KARL STEUERWALD

TÜRKISCH – DEUTSCHES WÖRTERBUCH

TÜRKÇE – ALMANCA SÖZLÜK

KARL STEUERWALD

TÜRKISCH-DEUTSCHES WÖRTERBUCH

TÜRKÇE-ALMANCA SÖZLÜK

2., verbesserte und erweiterte Auflage

OTTO HARRASSOWITZ WIESBADEN 1988

CIP-Titelaufnahme der Deutschen Bibliothek

Steuerwald, Karl:
Türkisch-deutsches Wörterbuch = Türkçe-Almanca sözlük /
Karl Steuerwald. – 2., verb. u. erw. Aufl. – Wiesbaden : Harrassowitz, 1988.
ISBN 3-447-02804-1
NE: HST

Gesamtherstellung: Allgäuer Zeitungsverlag GmbH, Kempten/Allgäu
Printed in Germany

Meiner lieben Frau
in langjähriger Verbundenheit

Vorwort

Der Verfasser des vorliegenden Wörterbuchs hat aufgrund einer insgesamt siebzehnjährigen Lehr- und Verwaltungstätigkeit in der Türkei Gelegenheit gehabt, sich mit der Landessprache an Ort und Stelle näher zu beschäftigen und ihre teilweise stürmische Entwicklung aus nächster Nähe zu verfolgen. Er hat dabei feststellen müssen, daß die lexikalische Erfassung des Türkischen[1] in mancher Hinsicht verbesserungsbedürftig ist. Wird in dem einen Wörterbuch den nicht unbeträchtlichen Veränderungen seit Einführung der Lateinschrift kaum Rechnung getragen, so wird in einem andern der arabisch-persische Traditionswortschatz bewußt stiefmütterlich behandelt. Ziemlich allgemein ist eine Vernachlässigung des europäischen Wortschatzes zu beobachten. Dies betrifft sowohl die früheren Übernahmen aus Mittelmeersprachen wie auch die, meist in französischer Form auftauchenden jüngeren Entlehnungen.

Diese Mängel mußten vermieden werden, wenn der aktive und passive Wort- und Ausdrucksschatz eines Türken einigermaßen erschöpfend aufgezeigt werden sollte. Das vorliegende Wörterbuch, das keine normative Tendenz verfolgt, sondern rein deskriptiven Charakter trägt, soll der Erschließung möglichst aller in Lateinschrift vorliegenden türkischen Originaltexte dienen und außerdem der gesprochenen Sprache gebührend Rechnung tragen. Dementsprechend war sowohl das ältere Wortgut zu berücksichtigen wie auch die Neubildungen und Neuübernahmen. Dem nichttürkischen Benutzer sollte gleichzeitig die Möglichkeit geboten werden, das frühere Türkisch mit dem Türkisch unserer Tage zu vergleichen. Die Anführung von Synonymen wird einen Einblick in die Vielschichtigkeit türkischer Ausdrucksweise sicherlich erleichtern.

Dieser neuen Bestandsaufnahme sind weitgehend Angaben zur Gebräuchlichkeit beigegeben worden. Diese beziehen sich in erster Linie auf den traditionellen Wortschatz. Bei Izafetkonstruktionen nach arabischem und persischem Muster ist von Angaben dieser Art im allgemeinen abgesehen worden.[2]

Das übliche lexikographische Prinzip, nur solches Wortgut aufzunehmen, dessen Bestand als gesichert anzusehen ist, läßt sich, was das heutige Türkisch betrifft, nicht mehr geradlinig durchführen. Einerseits sind viele ältere Ausdrücke, die heute unzweifelhaft als überholt gelten müssen, noch aufgeführt worden, vor allem, wenn es sich um Synonyma zu heute üblichem Wortgut handelt. Andererseits sind auch Neubildungen und Neuübernahmen, sei es aus türkischen Dialekten oder aus europäischen Sprachen aufgeführt, bei denen nicht mit Sicherheit zu sagen ist, ob sie sich auf die Dauer werden halten können. Unberücksichtigt geblieben ist nur dasjenige Wortgut, das sich schon in der Zeit der sprachlichen Reformbestrebungen als „Totgeburt" herausgestellt hat.

Neben einer möglichst erschöpfenden Angabe der lexikalischen Einzelbedeutungen war eine stärkere Berücksichtigung der Phraseologie geboten, da neuere Werke zum idiomatischen Gebrauch der türkischen Sprache noch weitgehend fehlen. Soweit der Verfasser nicht auf eigene Aufzeichnungen hat zurückgreifen können, sind geeignet erscheinende Beispiele aus anderen, vorzugsweise türkischen Quellen übernommen worden. Der Terminologie der Berufs- und Fachsprachen, insbesondere der sogenannten Schulwissenschaften, ist besonderes Augenmerk gewidmet worden. Die Umgangssprache der Gebildeten, die niedere Umgangssprache und auch die Vulgärsprache sind nach Möglichkeit einbezogen worden.

Hinweise auf türkische bzw. islamische Sitten und Gebräuche sowie auf Zustände früherer Zeiten sollen das sprachliche Bild nach der kulturhistorischen Seite hin abrunden. Erläuterungen zur Phonetik, Morphologie, Syntax und Semantik finden sich insbesondere dort, wo die sprachliche Erkenntnis nicht ohne weiteres als gesichert anzusehen ist. Geographische und historische Bezeichnungen bzw. Eigennamen sind in dem Umfang aufgenommen worden, wie der heutige Sprachgebrauch dies ratsam erscheinen läßt. Türkische und nicht-türkische Vor- und Familiennamen sind im allgemeinen nur insoweit aufgeführt, als ihre Erwähnung von sprachlicher oder kulturhistorischer Sicht aus erwünscht erscheinen muß. Den botanischen und zoologischen Ausdrücken ist

[1] Zu der Verwendung der Bezeichnung „Türkisch" in Beschränkung auf die Landessprache der Türkei vgl. Karl STEUERWALD, Untersuchungen zur türkischen Sprache der Gegenwart, Bd. I, Die türkische Sprachpolitik seit 1928, Berlin 1963.

[2] Näheres hierüber: Karl STEUERWALD, Untersuchungen zur türkischen Sprache der Gegenwart, Bd. III, Zur Ablösung des arabischen und persischen Grammatikgutes, Berlin–München–Zürich 1966.

regelmäßig die wissenschaftliche Fachbezeichnung beigegeben worden. Hinweise auf Volksetymologien, volkstümliche Lautungen und Formen, inkorrekten Sprachgebrauch, Kontraktionen, Kontaminationen, Metathesen usw. finden sich an den einschlägigen Stellen.
Quantitäts- und Betonungsangaben sind außerhalb der Graphik des Stichwortes in größtmöglicher Kürze und absichtlich nicht-systematisiert beigegeben worden. Die Orthographie basiert auf der in „Yeni Yazım (İmlâ) Kılavuzu, Ankara 1970, 5. baskı" gegebenen Neuregelung.
Das vorliegende Wörterbuch soll nicht nur Benutzern mit deutscher Muttersprache dienlich sein, sondern auch solchen mit anderer, insbesondere türkischer Muttersprache. Es ist deshalb auf die reichhaltige Nuancierung der deutschen Wiedergaben besonders geachtet worden. Wenngleich der große Schatz der türkischen Redewendungen möglichst stark ausgewertet worden ist, mußte doch bei den türkischen Sprichwörtern eine Beschränkung erfolgen, sollte der Umfang des Werkes nicht allzusehr anschwellen.
Besonderen Dank schuldet der Verfasser seinen türkischen Freunden und Kollegen, mit denen er lange Jahre in engem Kontakt gestanden hat, insbesondere Herrn Direktor Besim GÜRMEN, Istanbul (verstorben), und Herrn Prof. Cemal KÖPRÜLÜ, Istanbul–Ankara, deren unermüdliche Hilfsbereitschaft dem vorliegenden Werk sehr zugute gekommen ist.
Dem Verlag Otto HARRASSOWITZ gebührt Dank dafür, daß er es, trotz aller Schwierigkeiten der heutigen Zeit, unternommen hat, ein so umfangreiches Werk herauszubringen.
Verbesserungsvorschläge und Anregungen jeder Art werden von dem Verfasser begrüßt werden.

Karl Steuerwald

Zur zweiten Auflage

Mit der allmählichen Ablösung des traditionellen Osmanischen erfährt das Türkische, speziell die türkische Schriftsprache, eine starke Veränderung. Diese, seit über einem halben Jahrhundert bewußt und in größerem Umfang durchgeführte Neugestaltung kann zwar auch heute noch nicht als abgeschlossen gelten; die Auseinandersetzungen zwischen islamischer Geisteshaltung und westlichem Denken dauern nicht nur an, sondern haben sich sogar seit einiger Zeit noch verschärft. Die kemalistischen Sprachreformer haben gewiß nicht in allen Punkten ihr jeweils erstrebtes Ziel erreichen können, was zur Wiederaufgabe eines nicht unbeträchtlichen Teils der angesetzten Neuerungen geführt hat. Andererseits haben sie jedoch manches gebracht, was mittlerweile zum festen Bestandteil der Sprache geworden ist. – Die fortschreitende Entwicklung der Geisteswissenschaften und der Technik hat neue Begriffe aufkommen lassen, die teils als Fremdwörter, teils als Lehnübersetzungen verwendet werden, soweit nicht bisher schon gebräuchliche Wörter zusätzlich neue Bedeutungen erhalten haben. – Volkssprachliche und dialektische Ausdrücke und Redewendungen haben in immer stärkerem Umfang Eingang in die türkische Schriftsprache finden können. – All diese Umstände haben eine Neufassung des Türkisch-Deutschen Wörterbuchs nahegelegt. Entbehrlich erscheinende Angaben konnten nunmehr gestrichen werden, während bei Entlehnungen aus westlichen Sprachen die verstärkte Hinzufügung der französischen oder englischen Schriftform sicherlich begrüßt werden dürfte.

K. St.

Hinweise zum praktischen Gebrauch

Lautung und Schreibung im Türkischen

Zur türkischen Lautung und Schreibung vgl. u. a. TÜRK DİL KURUMU, Yeni Yazım (İmlâ) Kılavuzu, Ankara 1970, 5. Aufl.; H.-J. KISSLING, Osmanisch-Türkische Grammatik, Wiesbaden 1960. – Das Verhältnis von Phonetik und Graphik im Türkischen wird behandelt in: Karl STEUERWALD, Untersuchungen zur türkischen Sprache der Gegenwart, Bd. II, Zur Orthographie und Lautung des Türkischen, Berlin 1964.

Anordnung

Das Prinzip der alphabetischen Anordnung ist möglichst gewahrt worden. Auch die zu einem bestimmten Stichwort gehörigen weiteren lexikalischen Angaben sind grundsätzlich in alphabetischer Reihenfolge angeführt. Das gleiche gilt für die Abkürzungen, die absichtlich nicht gesondert aufgeführt worden sind. Sprachliche Fügungen sind, wenn nicht besondere Umstände dies verbieten, unter dem jeweiligen ersten Bestandteil eingereiht. Izafetkonstruktionen nach arabischem und persischem Muster stehen, wenn sie nicht infolge Zusammenschreibung als gesonderte Stichwörter anzugeben waren, durchweg am Ende einer Stichwortbehandlung.
Zur Angabe der Flexion bei Antritt vokalisch anlautender Endungen ist dem Stichwort die Akkusativform in Verkürzung beigegeben worden. Bei einer Reihe von Neubildungen oder dialektischen Übernahmen steht die amtliche Regelung noch aus.
Angaben nach einem als Stichwort angeführten Infinitiv weisen auf die Bildung des Aorists hin.
Die Tilde (~) ersetzt das Stichwort bzw. bei längeren Ausführungen das Unterstichwort in der angeführten Form und bringt gleichzeitig getrennte Schreibung zum Ausdruck. Der Bindestrich (-) kennzeichnet die Zusammenschreibung und wird speziell dort verwendet, wo das Stichwort in flektierter oder suffigierter Form auftritt.
Tilde bzw. Bindestrich mit kleinem Kreis darüber (~̊ bzw. -̊) weisen auf einen Wechsel zwischen Groß- und Kleinschreibung hin.

Quantität und Betonung

Bei der Darstellung der Quantitäten sämtlicher Silbenträger eines Wortes ist für die (relativ) lange Quantität das Zeichen [−], für die kurze Quantität das Zeichen [·] verwendet worden. Zur Wiedergabe der langen Quantität einzelner Silbenträger ist vorzugsweise von der verkürzten Angabe [ā], [ū] usw. Gebrauch gemacht worden. Silbenträger mit Zirkumflex haben in den weitaus meisten Fällen lange Quantität und benötigen daher in der Regel keine Quantitätsangabe.
Betonungsangaben finden sich dort, wo eine Abweichung von der üblichen gleichschwebenden Betonung vorliegt. Hierfür wird das Zeichen [×] verwendet. Hat ein betonter Silbenträger lange Quantität, so wird diese durch das Zeichen [×̱] dargestellt.

Zeichen

Zur Verwendung der Tilde (~), des Bindestrichs (-) sowie der durch [ ] gekennzeichneten Aussprachebezeichnung s. S. IX.

*	Synonym
<	entstanden aus
a.	auch
abergl.	abergläubisch
Abk.	Abkürzung
Abl.	Ablativ
abus.	abusiv
Abw.	Abwehrformel
Adj.	Adjektiv
Adv.	Adverb
agr.	Landwirtschaft
Akk.	Akkusativ
e–r	einer
e–s	eines

Abkürzungen

allg.	allgemein
Alph.	Alphabet
ält.	älter
an.	Anatomie
Anm.	Anmerkung
ant.	antonym
ar.	arabisch
arch.	Baukunst
arm.	armenisch
ästh.	Ästhetik
astr.	Astronomie
astrol.	Astrologie
b–de	biri(si)nde
b–den	biri(si)nden
Bed.	Bedeutung
Beh.	Behördensprache
bes.	besonders
Besch.	Bescheidenheitsausdruck
best.	bestimmt
Bet.	Beteuerungsformel
betr.	betreffend
Bez.	Bezeichnung
b–i	biri(si)
Bild.	Bildung
Bill.	Billard
biol.	Biologie
b–le	biri(si)yle
Bl.i.	Blasinstrument
b–ne	biri(si)ne
b–ni	biri(si)ni
b–nin	biri(si)nin
bot.	Botanik
bş	bir şey
bşde	bir şeyde
bşden	bir şeyden
bşe	bir şeye
bşi	bir şeyi
bşin	bir şeyin
bşle	bir şeyle
Buchst.	Buchstabe
bzw.	beziehungsweise
Ch.	Chauffeurargot
chem.	Chemie
D.	Distrikt
Dat.	Dativ
dgl.	dergleichen
d. h.	das heißt
dial.	dialektisch
Dim.	Diminutiv
dopp.	doppelt
e–e	eine
el.	Elektrizität
e–m	einem
e–n	einen
engl.	englisch
et.	etwas
eth.	Ethik
euph.	Euphemismus
f	Femininum
F	Umgangssprache der Gebildeten
Fb.	Fußballspiel
Fem.	Femininum
fig.	figürlich
fin.	Finanzwesen
Fn.	Familienname
folg.	folgend
form.	formelhaft
Forts.	Fortsetzung
fr.	früher
franz.	französisch
Füg.	Fügung
G	Gelegenheitsbildung
gebr.	gebräuchlich
gegr.	gegründet
gel.	gelegentlich
Gen.	Genitiv
geogr.	Geographie
geol.	Geologie
geom.	Geometrie
ges.	gesondert
Ggs.	Gegensatz
gln.	gleichnamig

gr.	Grammatik
griech.	griechisch
H	Handel und Wirtschaft
hist.	historisch
Höfl.	Höflichkeitsausdruck
hum.	humoristisch
Hv.	Hilfsverb
idiom.	idiomatisch
Imp.	Imperativ
Inf.	Infinitiv
Int.	Interjektion
interr.	interrogativ
intr.	intransitiv
iron.	ironisch
irrt.	irrtümlich
isl.	islamisch
isol.	isoliert stehend
ital.	italienisch
Jh.	Jahrhundert
jm.	jemand
j–m	jemandem
j–n	jemanden
Journ.	Journalismus
j–s	jemandes
jur.	Jurisprudenz
Ka.	Kartenspiel
Kaus.	Kausativ/Faktitiv
k–de	kendi(si)nde
k–den	kendi(si)nden
Ki.	Kindersprache
k–le	kendi(si)yle
k–ne	kendi(si)ne
k–ni	kendi(si)ni
k–nin	kendi(si)nin
Kond.	Konditional
Konj.	Konjunktion
Kontr.	Kontraktion
Ksp.	Kinderspiel
Kspz.	Kinderspielzeug
La.	Leichtathletik
lev.	levantinisch
ling.	Sprachwissenschaft
lit.	literarisch
Lm.	Lautmalerei
log.	Logik
m.	mit
m	Maskulinum
Mask.	Maskulinum
math.	Mathematik
med.	Medizin
mel.	meliorativ
melod.	melodisch
met.	Meteorologie
Mf.	Märchenformel
M.i.	Musikinstrument
mil.	militärisch
min.	Mineralogie
mod.	Mode, Schneiderkunst
mot.	Motorenkunde
mst.	meistens
mus.	Musik
mV	männlicher Vorname
Myth.	Mythologie
n	Neutrum
naut.	Seewesen
nb.	näher bezeichnet
neg.	negiert, Negation
Neol.	Neologismus
n.pr.	Eigenname
O.	Ortschaft
Obj.	Objekt
od.	oder
opt.	Optik
orient.	orientalisch
osm.	osmanisch
öst.	österreichisch
P	niedere Umgangssprache
päd.	Pädagogik
parl.	Parlamentssprache
Part.	Partizip
pej.	pejorativ
Perf.	Perfekt
pers.	persisch
pharm.	Pharmakologie
phil.	Philosophie
philat.	Briefmarkenkunde
phon.	Phonetik
phot.	Photographie
phys.	Physik
pl., Pl.	Plural
poet.	dichterisch
pol.	Politik
port.	portugiesisch
Poss.	Possessiv
Pp.	Postposition
pr.	prägnant
präd.	prädikativ
Präs.	Präsens
Pron.	Pronomen
prov.	Provinzialismus
psych.	Psychologie
Px.	Präfix
q.v.	quod videatur
Ra.	Redensart
Rbz.	Regierungsbezirk
Refl.	Reflexivum
reg.	Regionalismus
Reg.	Regierungszeit
rel.	Religion
Rez.	Reziprokum
rhet.	Rhetorik
russ.	russisch
s.	siehe
Sa.	Soldatenargot

Sb.	Substantiv
Sch.	Schülerargot
Scha.	Schachspiel
schem.	schematisch
Schi.	Schimpfwort
Schr.	Schreibung
schweiz.	schweizerisch
scil.	nämlich
selt.	selten
sg., Sg.	Singular
S.i.	Saiteninstrument
snob.	snobistisch
soz.	Soziologie
span.	spanisch
spez.	speziell
Spk.	Spielkarte
spött.	spöttisch
Spr.	Sprichwort
ster.	stereotyp
stil.	Stilistik
Str.	Streichinstrument
Stw.	Stichwort
südd.	süddeutsch
Sx.	Suffix
syn.	Synonym
T	Türkifizierung
techn.	Technik
teleph.	Telephon
Th.	Theater
Titul.	Titulierung
tr.	transitiv
trig.	Trigonometrie
Tr.sp.	Tricktrackspiel
türk.	türkisch
typ.	Typographie
u.	und
u.a.m.	und andere(s) mehr
u.ä.(m.)	und ähnliches (mehr)
ungebr.	ungebräuchlich
urspr.	ursprünglich
usw.	und so weiter
V	Vulgärsprache
va.	veraltet
Verb.	Verbindung
Verk.	Verkürzung
Verst.	Verstärkung
Verw.	Verwaltungszentrum
vet.	Veterinärmedizin
vgl.	vergleiche
Vn.	Vorname
Vs.	Verbalsubstantiv
vulg.	vulgär
wörtl.	wörtlich
Wü.	Würfelspiel
wV	weiblicher Vorname
z.B.	zum Beispiel
Z.i.	Zupfinstrument
Zig.	Zigeunersprache
zo.	Zoologie
Zs.	Zeitschrift
Zss.	Zusammensetzung
Zs.schr.	Zusammenschreibung
z. va.	ziemlich veraltet

(Neben substantivischer Bedeutung auch gegebenenfalls adjektivische)

A

a, A [·] 1. erster Buchst. des türk. Alph. 2. *mus.* (Ton od. Note) A. Zu 1: **A'dan Z'ye kadar** von A bis Z; vollständig

a 1. [–] (Int. des Erstaunens, der Bewunderung, Ungeduld usw.) ach! oh! ah! nun! doch! aber! ja! 2. (Int. des leichten Tadels od. Vorwurfes, der Geringschätzung, Ironie usw.; gel. a. in Wiederholung) ach! aber! ja, aber! ja denn 3. Verst.partikel nach konsonantisch auslautendem Prädikat 4. Sx., das den auf **-san(ız)** endenden Formen des potentialen Kond. imper. Bed. verleiht; oft Zs.schr.; s. a. **e** (3) 5. [–] pers. Verb.partikel Zu 1: **A, ne güzel!** Ach, wie schön! **A, sen artık çok oluyorsun!** Nun ist es aber genug! Es ist ja nicht mehr zum Aushalten mit dir! Zu 2: **A, dostum, öyle şey olur mu?** Aber lieber Freund, wo gibt es denn so etwas? **A, mübarek, bunu düşünmedin mi?** Aber Menschenskind, hast du denn nicht daran gedacht? **Ne münasebetsiz adam, a?** Reichlich ungehörig, wie er sich benimmt! **A, a, a! Bunu ben mi yapmışım?** Ach nein, das soll ich getan haben? Zu 3: **Olur a!** Das gibt es auch! Ja, da staunst du, was! Warum denn nicht? **Söyledik a!** Wir haben es ja gleich gesagt! **Sen bu işten memnunsun a?** Jetzt bist du aber doch wohl zufrieden? **Bu, ondan iyi değil a!** Der (bzw. das) ist auch nicht besser! **Çocuktur, oynar a!** Ein Kind spielt nun einmal! Zu 4: **Alsan a!** Hier, nimm! Das ist für dich! **Biraz daha kalsana!** Bleib doch noch ein bißchen! **Baksan(ız)a!** 1. Sieh! Sehen Sie! 2. he! hallo! 3. Herr Ober! Zu 5: s. **lebalep, peyapey, rengârenk, serapa** usw.

-a, -e Endung des Dat. (s. a. **-e hali**)

aa(h) *F* ach wo! nein! keineswegs! unmöglich! auf keinen Fall!

a.a., A.A. s. **Anadolu Ajansı**

Aachen *n.pr.* (mst. in der franz. Form **Aix-la-Chapelle** bzw. **Ekslaşapel;** gel. a. in der Schr. **Ahen**) Aachen

ab, -bı [–] *va.* Wasser *n* *su. s. a. **abıhayat, abıru, abırevan, abüdane, abuhava**

aba 1. dicker Woll- od. Filzstoff, grobes Filztuch, Aba *f* 2. aus solchem Stoff od. Tuch gefertigt 3. spez. langer, kragenloser Überwurf (e–s Schäfers, Derwisches usw.) 4. *Ki.* für **abla** od. **ana** 5. *dial.* für **büyükanne, üvey anne, kaynana, yenge, teyze, hala;** ~ **altından değnek göstermek** 1. in versteckter Weise drohen 2. die Faust in der Tasche ballen ~ **gibi** grob und dick (Stoff) ~ **giymek** *fr.* Derwisch werden ~ **kebe** dickes, grobes Zeug (wie Dekken, Mäntel usw.) *çul çuval ≗ **vakti yaba, yaba vakti aba** *Spr.* s. **Kürkü orak vaktinde, orağı kürk vaktinde.** **≗nın kadri yağmurda belli.** *Spr.* Was grobes Zeug wert ist, zeigt sich erst, wenn es regnet. (*Vgl. a.* Enderunlu Fâzıl: **Bilinir kadri aba mevsimi bâran olsa.**) **-yı atmak** *fig.* sich von e–r drückenden Last (z.B. von e–r Verantwortung) befreien; endlich aufatmen können **-yı sermek** ungebührlich lange verweilen *postu sermek **-yı yakmak** (od. **tutuşturmak**) (b–ne) sich verlieben (in)

âba [– –] *va. Pl.* zu **eb(u)** Väter *pl.* ~ **ve ecdat** Väter und Vorfahren, Ahnen *pl.* **-yı kenisaiye** *va.* (christl.) Kirchenväter *pl.* *kilise babaları

abacı 1. Hersteller od. Verkäufer *m* von **aba** 2. *P* Schmarotzer, Nassauer, Parasit *asalak, bedavacı ~ **kebeci** die unmöglichsten Leute ≗ **kebeci sen neci?** Was hast du damit zu schaffen?

abad (I) [– –] s. **abat**

abad (II) [– –] *va. Pl.* zu **ebet**

abadan [–·–] *va.* bebaut, gut angebaut, kultiviert, blühend *bayındır, mamur

abadani [–·– –] *va.* s. **abadanlık**

abadanlık [–·–·] *va.* blühender Zustand, kulturelle Entwicklung; Blühen, Gedeihen *n*

abadî [– – –] mattgelbes, ziemlich kräftiges Seidenpapier (wie es spez. zum Marmorieren od. bei Vergoldungen verwendet wird)

abaju (*franz.* **abajoue**) Backentasche *f* (z.B. bei Affen) *ağız kesesi

abajur (*franz.* **abat-jour**) Lampenschirm *m*

abak, -kı (*franz.* **abaque**) 1. s. **abakus** 2. (*a.* **abaka**) Rechenbrett *n* *hesap makinesi, hesap tahtası; çörkü 3. *hist.* (in alttürk. Zeit) Götze(-n.bild *n*) *m*

abaka s. **kenevir muzu**

Abakanlar *n.pr.* Abakantataren, Schoren *pl.* (in Sibirien)

abakı Fetisch *m,* Götze(-n.bild *n*) *m* (bei primitiven Völkern)

abakus *arch.* Abakus *m,* Deckplatte des Säulenkapitells

abalı 1. in groben Stoff **(aba)** gekleidet 2. *fig.* schwach, schutzlos, gutmütig (und daher häufig mißbraucht), armer Kerl Zu 2: **Vur abalıya!** *F* Gib ihm Saures! Haut ihn, den Lukas! Da haben wir ja einen Sündenbock! *(a. iron.)*

abalımemeliler Hautflügler *pl.zo.* *derikanatlılar

abamak *(kaum gebr.)* 1. s. **imtina etmek** 2. s. **reddetmek**

Abana *n.pr.* O. u. D. im Rbz. Kastamonu

abandırmak 1. *spez.* niederknien lassen *diz çöktürmek 2. zu Boden strecken (z.B. Gegner im Ringkampf)

abandone (*franz.* **abandonné**) *(Sport),* aufgegeben ~ **etmek** aufgeben, nicht mehr weiter kämpfen

abanık *mus.* Vorschlag *m,* Appoggiatur *f* *çarpma

abanî [·– –] 1. weißer Baumwollstoff mit gelblicher Seidenstickerei (z.B. **Bursa abanîsi**) 2. hieraus hergestellt

abanlamak 1. *tr.* mit langen Schritten durchmessen 2. *intr.* große Schritte machen

abanmak 1. (bşe) sich stützen, sich lehnen, knien (auf) 2. (b–ne) *V* auf j-s Kosten leben

abanoz 1. Ebenholz *n* 2. aus Ebenholz gefertigt 3. schwarz 4. *P* Bordell *n* *genelev ~ **ağacı** 1. Ebenholzbaum *m bot.* Diospyros ebenum *Hint abanozu (a. andere, Ebenholz liefernde Bäume wie Brya ebenus, Inga vera, Dalbergia) 2. *bot.* die mediterran-vorderasiatische Leguminosengattung Ebenus ~ **gibi** 1. schwarz wie Ebenholz 2. sehr hart ~ **kesilmek** *fig.* 1. stahlhart (äußerst widerstandsfähig) werden 2. die Farbe verlieren ~ **yürekli** *fig.* gefühllos, gefühlsroh

abanozcu Kunsttischler *m*

abanozculuk Kunsttischlerei *f*

abanozgiller (*fr.* **abanoziye**) Ebenholzgewächse *pl.bot.* Ebenaceae

abanozlaşmak schwarz und hart werden (*spez.* Holz durch langes Liegen im Wasser)

abara 1. trichterförmiger Wasserbehälter (zur Druckerhöhung bei Wassermühlen) 2. hölzerne Wasserrinne (auf Feldern) 3. (in Bauernhäusern) freier Deckenraum (zwischen zwei Pfeilern)

abartılı oynamak *Th.* übertreiben (Schauspieler)

abartmak s. **obartmak**

abası *myth.* böser Geist (nach jakutischem Glauben)
abaso; abaşo [·×·] *naut.* 1. Unterteil *m, n* 2. Fuß-, Unterliek *n* 3. Kommando zum Niederholen von Takelwerk 4. Festmachen *n* e–s Schiffes an Land ~ **babafingo** Unterbram-segel *n*, -rah *f* ~ **gabya** Untermars-segel *n*, -rah *f* ~ **yakası** *naut.* untere Saumkante e–s Segels
abat [– –], **-dı** *va.* 1. blühend, gedeihend 2. froh, glücklich (*Anm.* Frühere Ortsnamen auf **-abat** sind durchweg geändert worden. Vgl. z. B. **Yabanabat**)
abataj (*franz.* **abattage**) s. **kazı** (3)
âbavüecdat, -dı [– –··–] *va.* s. **âba ve ecdat**
Abaza *n.pr.* Bez. für die zum Islam übergetretenen und 1830 großenteils nach der Türkei zugewanderten Abchasen. s. a. **Abhaz. -ya varmak** 1. ins Land der Abchasen fahren 2. masturbieren, onanieren
Abazaca abchasische Sprache, Abchasisch
abazan *V* 1. ausgehungert 2. liebesdurstig
abazanlık *V* in der Füg. ~ **çökmek** wütenden, grausamen Hunger haben
abazi *med.* Abasie, Gehunfähigkeit *f* *yürüyememe
abba Vater *(m)* (In der Ostkirche Anrede für Bischöfe)
Abbad *n.pr.* ~ **oğulları** *od.* **Abbadîler** *hist.* Abbadiden *pl.* (kleinere Dynastie, die nach dem Sturz der spanischen Omaijaden in Sevilla herrschte; 11. Jh.)
abbas [·–] 1. *va.* s. **sert, haşin** 2. s. **aslan** 3. ≗ *mV* ≗ **armudu** s. **Abbasî armudu.** ≗ **yolcu galiba.** 1. Es geht wohl mit ihm zu Ende. 2. (als Frage) Müssen Sie denn schon gehen? ≗ **yolcudur duramaz.** (spött. Ra. für j–n, der häufig seine Stelle wechselt) ≗**ın kör kadısı gibi atıştırır.** *F* Er schlingt wie ein Scheunendrescher
Abbasî [·– –] *hist.* 1. Abbaside *m* 2. abbasidisch ~ **armudu** Ankara-Birne *f* **-ler** *pl.* Abbasiden *pl.* (ar. Dynastie in Bagdad, 750–1258)
abbefetel (Abbé Fétel) **armudu** e–e mit Quitten gekreuzte Birnenart
ABC: ~ **silâhları** atomare, bakteriologische, chemische Waffen *pl.*
abece = **alfabe**
abd s. **abit**
ABD, A.B.D. s. **Amerika Birleşik Devletleri**
Abdal 1. *n.pr.* türk. Volksgruppe in Afghanistan 2. *n.pr.* anatolischer Nomadenstamm
abdal 1. *fr.* Ehrentitel für wandernde Derwische; der Heilige (dem prophetische Fähigkeiten zugeschrieben werden) 2. s. **aptal** 3. Zigeunermusiker *m.* Zu 1: **Dağ yürümezse,** ~ **yürür.** *Spr.* Wenn der Berg nicht zum Propheten kommt, muß der Prophet zum Berg kommen. ≗ **bekçi** Name e–s Karagözspiels ≗ **düğünden, çocuk oyundan usanmaz.** *Spr.* Man wird nicht müde, immer das zu tun, was man gerne hat. ≗**a malum olur.** *(spött.)* 1. Er hört das Gras wachsen. 2. Er muß es ja wissen.
abdar [– –] *va.* 1. wasserreich, wässerig 2. saftig 3. scharf (z. B. Schwert) 4. hübsch, reizend, nett (z. B. Gedicht)
abdest s. **aptes**
Abdi *mV* (Kurzform von Namen wie **Abdullah, Abdurrahman** usw.)
abdilavi kavunu ägyptische Melone *bot.* Cucumis chata
abdomen 1. *an.* Bauch, Unterleib *m* 2. *zo.* Hinterleib *m* (der Gliederfüßer)
abdominal zum Abdomen gehörig, abdominal
Abdullah *mV* ~ **bin Zübeyr** *hist. ar.* Heerführer u. Staatsmann; getötet 692 in der großen Moschee von Mekka
Abdurrahman [···–] *mV;* ~ **Çelebi** s. **Koyunun bulunmadığı** (usw.)
abdüktör s. **uzaklaştırıcı**
Abdülaziz [··×·] *n.pr.* osm. Sultan (Reg. 1861–1876)
Abdülhamit, -di [··×·] *n.pr.* 1. **Birinci A.,** osm. Sultan (Reg. 1774–1789) 2. **İkinci A.,** osm. Sultan (Reg. 1876–1909)
abdülleziz [i] (< **habbülleziz**) 1. s. **yer kestanesi** 2. Erdmandel *f bot.* Cyperus esculentus
Abdülmecit, -di [··×·] *n.pr.* 1. osm. Sultan (Reg. 1839–1861) 2. ~ **Efendi** der letzte Kalif (bis 1924)
Abdünnâsır *n.pr.* Abd el Nasser (*fr.* ägyptischer Ministerpräsident)
Abdüssamet, -di s. Stw. **samet**
Abdüsselâm *mV;* ~ **otu** s. **kankurutan** (1)
abdüsselâtin [··· – –] (< **habbüsselâtin**) Purgierkörner *pl.* *(pharm.)* Grana tiglii (Samen des Krotonölbaumes *bot.* Croton tiglium)
abe *Int. P* (spez. in Thrazien) he! holla!
abeci *V* dumm, blöd, einfältig
abede *va. Pl.* zu **âbit. -i esnam** *va.* Götzenanbeter *pl.*
abelya Abelie *f bot.* Abelia sinensis
aberan(-t) 1. aberrant, abweichend 2. s. **sapma** (5)
aberasyon Aberration *f:* 1. *astr.* scheinbare Ortsveränderung der Gestirne *sapınç, taharrüf 2. optischer Abbildungsfehler; Unschärfe *f* 3. *spez. bot.* starke Abweichung von der Art
abes 1. albern, dumm, zwecklos, nutzlos 2. überflüssig, müßig (z. B. Frage) 3. albernes, dummes Zeug; Unsinn *m* **-le uğraşmak** seine Zeit vertändeln, vertrödeln
Abese suresi Name der 80. Koran-Sure
abeyi (*franz.* **abbaye**) Abtei *f*
Abhaz *n.pr.* 1. Abchase *m,* Abchasin *f* 2. abchasisch. s. a. **Abaza**
Abhazistan; Abhazya *n.pr.* Abchasien (im Kaukasus)
abıhayat, -tı [–··–] (*P* ~ **suyu**) 1. Lebens-elixier, -wasser *n* *bengisu, *gel. a.* **abı Hızır, abı İskender** 2. *hum.* Raki, Anisbranntwein *m* 3. fein, ansprechend (Worte) 4. erfrischend, belebend (Getränke) ≗ **suyu** Name e-s Quellwassers vom Yuşa dağı ~ **içmiş** hochbejahrt, aber noch sehr rüstig
abıkevser [–···] *isl. Myth.* Wasser *n* aus der Paradiesquelle
abırevan [–··–] *va.* 1. fließendes Wasser *akarsu 2. Leben *n* *hayat 3. (Mystik) anhaltende Hochstimmung e–s Derwischs
abıru [–·–] Ehre, Selbstachtung *f* *yüzsuyu. ~ **dökmek** s. **yüzsuyu dömek**
abi (I) [–·] *gel. Schr.* für **ağabey**
abi (II) (*franz.* **habit**) Frack *m* *frak
âbidane [–·–·] *va.* s. **âbit;** ~ **yaşamak** nur dem Gebet leben
abide [ā] Denkmal, Monument, Ehrenmal *n,* Gedenkstein *m* *anıt, monüman
abideleşmek [ā] monumental, unsterblich werden
abidevî [–··–] monumental *anıtsal
âbidin [–·–] 1. *va. Pl.* Gottesverehrer, Andächtige, Fromme *pl.* 2. ≗ *mV*
abim [·–] (*franz.* **abîme**) *geogr.* s. **obruk**
abis (*franz.* **abysses**) *geogr.* Tiefsee(-graben *m*) *f* *ka'rı nayap
abisal (*franz.* **abyssal**) *geogr.* Tiefsee-
abit, -bdi Sklave, Knecht (Gottes), Mensch *m* **-i âciz** (*va.* od. *hum.*) ich **-i memlûkleri** *(osm. Besch.)* ich
âbit, -di 1. Gott anbetend 2. fromm, religiös
abiye (*franz.* **habillé**) Gesellschaftsanzug *m,* -kleid *n*
abiyotik ohne Leben, abiotisch (z. B. Himmelskörper)
abla [×·] 1. ältere Schwester 2. Anrede für ein Mädchen bzw. e–e Frau, das (die) wie e–e ältere Schwester angesehen und verehrt wird (z. B. ältere Dienerin) 3. *hist.* älteste Dienerin im Palast e–s Vornehmen 4. *P* s. **hanım** (3)
ablacı *V* s. **sevici**

ablak 1. rund, pausbäckig (Gesicht, Person) 2. grob geschnitten u. dümmlich aussehend (Gesicht)
ablaktasyon *med.* 1. s. **sütten kesme** 2. Aufhören *n* der Stillfähigkeit (e–r Mutter)
ablalık, -ığı Rang *m* od. Verhalten *n* e–r **abla**
ablasyon Ablation *f:* 1. *geogr.* Abtragung *f* (des Bodens) 2. *geol.* Abschmelzung *f* (am Gletscher) 3. *med.* a) Ablösung *f* (z.B. der Netzhaut) b) Wegnahme *f* (z.B. der weiblichen Brust)
ablatif *gr.* Ablativ *m* *çıkma durumu; -den hali
ablatya [·×·] *naut.* großes Fischernetz (*spez.* für den Fang von Blaubarschen **(lüfer)** u. Bonitos **(palamut, torik)**) ~ **gözü** weite Masche (in best. Netzen)
ablaut s. **apofoni**
ablefari *med.* Ablepharis *f*, Fehlen *n* des Augenlids
ablepsi *med.* Ablepsie, Blindheit *f* *körlük
abli [×·] *naut.* Hißtau *n,* Fall(-leine *f*) *n,* (Gaffel-)Geer *f* Gei(-tau *n*) *f* **-yi bırakmak (kaçırmak, koyvermek)** 1. das Segeltau aus der Hand lassen 2. *fig.* die kühle Überlegung verlieren, aus dem Gleichgewicht kommen
ablici [×··] *naut. va.* Matrose *m* am Geitau
abluka [·×·] Blockade(-ring *m*) *f*, Blockierung, Zernierung, (See-)Sperre *f* ~ **bölgesi** Blockade-, Sperr-gebiet *n* ~ **etmek** *od.* **-ya almak** blockieren, die Blockade ausüben ~ **kaçağı** wer unbemerkt durch e–e Zernierung hindurchschlüpft **-dan kurtarmak** entsetzen (z.B. belagerte Stadt) **-yı kaldırmak** die Blockade aufheben **-yı yarmak** den Blockadering durchbrechen
abo(-v) s. **abu**
abomasum [··×·] s. **şirden**
abone 1. abonniert (auf), Abonnent(-in *f*) *m* 2. Abonnement *n* 3. (Fernsprech-)Teilnehmer *m* ~ **bedeli** Abonnementsgebühren *pl.* ~ **fiyatı** Bezugs-, Liefer-preis *m* ~ **olmak** (bse) abonniert sein (auf e–e Zeitschrift, Zeitung usw.); beziehen, halten ~ **şartları (şeraiti)** Bezugsbedingungen *pl.* ~ **ücreti** s. ~ **bedeli; -yi kesmek** das Abonnement aufgeben, (e–e Zeitung usw.) abbestellen, nicht mehr halten
abonman 1. Fahr-, Gut-scheinheft *n* bzw. Zeit-, Dauerkarte *f* 2. Abonnement(-sgebühren *pl.*) *n* ~ **sigortası** laufende Versicherung
aborda [·×·] *naut.* längs-, lang-seit, Bord an Bord ~ **etmek** (bir yere) 1. *naut.* längsseit anlegen 2. *V* sich nähern 3. anstoßen (an) ~ **olmak** längsseit liegen, festgemacht (vertäut) sein
abordo s. **aborda**
abortif *med.* 1. abortiv, im Keim erstickend (z.B. Krankheit) 2. abtreibend 3. Abortivum *n* 4. *biol.* nicht voll ausgebildet ~ **tedavi** *med.* (Penizillin-)Behandlung *f* (vor dem Ausbruch e–r Krankheit)
abosa [·×·] *naut.* genug! halt an! fest! ~ **etmek** 1. *naut.* vermuren, vertäuen, festhieven 2. *allg.* aufhören, innehalten
abra *dial.* 1. Ausgleichsgewicht *n* (auf der Waagschale) 2. Zugabe *f* (bei e–m Tausch)
abrakadabra *selt.* 1. Abrakadabra *n* (Zauberwort; *fr.* häufig in Dreiecksform als Abwehr gegen Krankheiten) 2. *fig.* sinnloses Gerede
abraksas Stachelbeerspanner *m zo.* Abraxas grossulariata
abramak *naut.* lenken, führen, steuern (Schiff) *idare etmek
abraş 1. scheckig (Pferd) 2. Scheck(-e *f*) *m* 3. mit großem, sichtbarem Muttermal 4. mit weißen Flecken od. Blättern 5. *gel.* aussätzig, lepros 6. andersfarbige Fortführung (e–s Teppichmusters)
abraşlamak scheckig werden, weiße Stellen bekommen (z.B. Mantel in der Reinigung)
abraşlık der durch **abraş** gekennzeichnete Zustand
abraz *va.* unfruchtbar, steril
abrazif 1. abschleifend 2. Schmirgelleinwand *f*, Schleifmittel *n*
abrazyon 1. Abschleifung, Abschabung *f* 2. *techn.* Abrieb *m* 3. *med.* Eiterbildung *f* (auf der Haut) 4. *geogr.* Abrasion *f* (Abtragung der Küste durch die Brandung) ~ **yüzeyi** Abrasions-, Brandungs-platte *f*
abrile [·×·] *naut.* Kommando zum Aufgeien des Groß- od. Fock-segels
absans *med.* Absence, Bewußtseinstrübung *f*
absanteizm 1. *agr.* Absentismus *m* (gewohnheitsmäßige Abwesenheit e–s Großgrundbesitzers von seinem Gut) 2. unentschuldigtes Fernbleiben (vom Arbeitsplatz)
abse; absent(-izm) s. **apse; apsent(-izm)**
absisiyon *bot., med.* Herausschneiden *n*
absolü *selt.* absolut
absolüsyon *rel.* Absolution, Sündenvergebung *f* ~ **vermek** Absolution erteilen
absolütizm Absolutismus *m* *saltçılık
absorbe absorbiert ~ **etmek** absorbieren (z.B. ultraviolette Strahlen)
absorpsiyon *phys., biol., pol.* Absorption, Aufsaugung *f*
abstraksiyon Abstrahierung, Abstraktion *f* *mücerrediyet
abstraksiyonizm s. **soyutçuluk**
abstrakt, -tı *selt.* s. **abstre**
abstre *a. math.* abstrakt *mücerret, soyut ~ **sayı** abstrakte od. unbenannte Zahl *soyut sayı, mücerret adet
absürd s. **apsürt**
abu [·–] *P* (Int. des Staunens od. Erschreckens) Nanu? Ja, was ist das? Um Gotteswillen!
abucehil s. **ebucehil**
abuhava [×··–] *va.* Klima *n* *iklim
abuk sabuk unzusammenhängend, ungereimt, unüberlegt, ohne Sinn und Verstand ~ ~ **insan** ein Mensch, der Sinnloses tut od. dummes Zeug daherredet ~ ~ **konuşmak** ganz ungereimt daherreden
Abukır s. **Ebukır**
abuli *psych.* Abulie, Willensschwäche *f* *fıkdanı irade, irade yitimi
abullabut *V* ungeschliffen, ungebildet, beschränkt; Tölpel, Dummkopf *m*
abullabutluk *V* ungeschliffenes und ungebildetes Verhalten; Tolpatschigkeit, Dummheit *f*
abur cubur 1. wirr durcheinander; wie Kraut und Rüben 2. ungereimt, sinnlos ~ ~ **yemek** wahllos hinunterschlingen
abus [·–] mürrisch, unfreundlich, abweisend (Mensch, Gesicht, Verhalten)
abuse etmek *V* nicht weiterreden, j–m die Stimme verschlagen
abusus *jur.* s. **hakkın kötüye kullanılması**
abusülvecih [ū] *va.* s. **abus**
abuzambak *P* s. **abuk sabuk**
abuzettinbey *V* eitler Geck, Laffe, Stutzer, Dandy *m*
abü (*franz.* **abus**) *selt.* 1. Mißbrauch *m* 2. Laster **n** (dem sich jm. ergeben hat).
abüdane [–·–·] *va.* 1. Wasser und Korn 2. tägliches Brot 3. Vorsehung *f*
abüheva s. **abuhava**
acaba [×··] (affektische Fragepartikel bei Neugierde, Unsicherheit, Zweifel usw.) etwa, wohl, denn, ob ... wohl ≗ **bu usule neden riayet etmemiş?** Warum hat er sich denn nicht an die Regel gehalten? ≗ **gitsem mi?** Ob ich wohl besser gehen sollte? ≗ **sonu ne olacak?** Wie mag die Geschichte wohl ausgehen?
acaibat [·–·–] *va. Pl.* 1. sonderbare Dinge 2. s. **teratoloji**
acaibisebaiâlem die sieben Weltwunder *dünyanın yedi harikası

acaip, -bi s. **acayip**

acaleten [·–··] *va. Adv.* sofort, schleunigst

acar 1. impulsiv, draufgängerisch, energisch, wer sich durchzusetzen weiß 2. scharf (Hund) 3. kräftig und geschickt 4. *dial.* neu 5. ≗ *mV* od. *türk. Fn.*

Acar(alı)lar *n.pr.* Adscharen *pl.*

Acaristan *n.pr.* Adscharien (im Kaukasus)

acayip, -bi 1. eigenartig, sonderbar, merkwürdig, komisch, seltsam *garip, tuhaf 2. (Ausruf) Erstaunlich! Sonderbar! Komisch! ~ **şey** (*od.* **amma** ~ **şey** *od.* **ne** ~ **şey**) wie ulkig! **-ine gitmek** (b–nin) j–m sonderbar vorkommen

acayipçe 1. recht sonderbar 2. komische Ausdrucksweise, sprachliche Monstrosität

acayipleşmek seltsam, eigenartig werden

acayiplik Eigenartigkeit, Merkwürdigkeit *f*

accelerando [···×·] *mus.* accelerando; im Tempo schneller werdend

acelacayip *P* für **alelacayip**

acele 1. Sich-Beeilen *n,* Beschleunigung *f* 2. Eile, Überstürzung *f* 3. eilig, dringlich, dringend 4. voreilig, überstürzt 5. *spez. mil.* Not-, Behelfs- Zu 2: ≗ **si vardı bekleyemedi.** Er hatte Eile und konnte nicht warten. Zu 3: ≗ **işim var.** Ich habe et. Dringendes zu erledigen. ~ **etmek** 1. sich (be-)eilen, es eilig haben 2. ungeduldig und überstürzt handeln ~ **haller** *a. mil.* dringende Fälle *pl.* ~ **hüküm** voreiliges (vorschnelles) Urteil ~ **ile** eilig(-st), überstürzt ≗ **işe şeytan karışır.** *Spr.* Eile mit Weile! (*gel. a.* in der ar. Form **El'aceletü mineşşeytan vetteenni min errahman**); ≗ **işin sonu nedamet.** *Spr.* Überstürzung endet mit Reue. ~ **itiraz** *jur.* sofortige Beschwerde ~ **olarak** eilig, dringend ~ **rampa** *mil.* Notrampe *f* ~ **sargı** *mil.* Notverband *m* ~ **vaziyetler** *a. mil.* die dringenden Lagen *pl.* ≗ **yürüyen yolda kalır.** *Spr.* Wer überstürzt marschiert, bleibt unterwegs liegen. **-ye boğmak** (bir işi) et. überstürzt in Angriff nehmen, übereilen **-ye gelmek** 1. überstürzt werden 2. in Zeitnot kommen **-ye getirmek** et. m. großer Eilfertigkeit betreiben (spez. um dabei betrügen zu können)

aceleci 1. ungeduldig und überstürzt handelnd; temperamentvoll, hitzig, hastig (Mensch) 2. *selt.* schnell (Gang). Zu 2: ~ **adımlarla** mit schnellen Schritten

acelecilik Überstürzung *f,* Übereifer *m,* Hast *f*

aceleleştirmek *selt.* beschleunigen, beeilen *çabuklaştırmak, tesri etmek

acelesiz ohne Eile, langsam, bedächtig

acem *mus.* ein dem Ton E nahekommender Klang in der türk. Musik

Acem 1. Perser(-in *f*) *m* 2. persisch 3. Türke aus Aserbeidschan (im Karagözspiel; mst. reicher Teppichhändler) 4. e–e melod. Weise um den Ton **E** in der türk. Musik ~ **aslanı** *spött.* ein schöner Held ~ **borusu** Trompetenblume *f bot.* Bignonia capreolata ~ **dutu** s. **Japon kâğıtdutu;** ~ **gömleği** langer, weiter Arbeitskittel ~ **halayı** ein best. Rundtanz (Südanatolien *spez.* Adana) ~ **kılıcı** 1. zweischneidiges Schwert 2. *fig.* Scheinheiliger, Heuchler *m* ~ **kılıcı gibi** 1. was seine Vorteile und seine Nachteile hat 2. s. **eyyamcı;** ~ **kılıcı gibi kesmek** *spött.* aufschneiden, angeben ~ **külâhı** s. **sarı hatmi;** ~ **lâlesi** s. **güneş topu;** ~ **mannası** Mannastrauch *m bot.* Alhagi maurorum var. karduchorum ~ **mübalağası** (*od.* ~ **palavrası**) typisch persische Übertreibung ~ **otu** s. **oğulotu;** ~ **patı** s. **saman çiçeği**

acemaşiran [ī]; **acembuselik** [ü] zwei melod. Weisen in der türk. Musik

Acemce [·×·] *P* 1. persische Sprache, Persisch 2. persisch (Anm. **Acem, Acemce** und bes. **Acemistan** werden heute infolge ihres urspr. pej. Charakters gern gemieden) *Farsça, Farisî(-ce), İran dili

acemi 1. unerfahren, ungeübt, unkundig 2. Anfänger, Neuling *F:* Murkser *m* 3. wer in e–r Gegend fremd ist (z.B. Neuzugezogener) 4. (~ **er,** ~ **asker**) *mil.* Rekrut *m* 5. *hist.* ohne höfische Ausbildung; vgl. **kadın** (4); Zu 3: **O zaman ben bu şehrin -si idim.** Damals war ich mit den Verhältnissen in der Stadt noch nicht vertraut. ~ **çaylak** 1. blutiger Anfänger; Stümper *m* 2. einfältiger schwerfälliger Mensch ≗ **çaylak bu kadar uçar.** Kann man von e-m Tolpatsch mehr erwarten? ~ **deposu** *mil.* Rekrutendepot *n* ~ **doğan** noch nicht (bzw. noch nicht vollständig) abgerichteter Falke ~ **ocağı** *hist.* Ausbildungsstätte für die Janitscharenzöglinge (vgl. **devşirme**); ~ **oğlan** *hist.* 1. junger Page 2. Ausbildungszögling *m* der Janitscharen ~ **öğretmeye vaktim yok.** *(grob)* Ich kann nicht mit j–m diskutieren, der nicht die nötigen geistigen Voraussetzungen mitbringt.

acemice recht ungeschickt, stümperhaft

acemileşmek herumstümpern (z.B. aus Befangenheit trotz Erfahrung)

acemilik 1. Unkenntnis, Unerfahrenheit, fehlende Übung *f* 2. Stümperei *f* (e–s Anfängers) 3. Fremd-Sein *n,* Nicht-Vertraut-Sein *n* 4. Scheu, Ängstlichkeit *f* 5. Verhalten *n* e–s Rekruten ~ **etmek** (herum-)stümpern

Acemistan *n.pr.* Persien, Iran *İran (s.a. **Acemce** Anm.)

acemkürdî e–e melod. Weise in der türk. Musik

acenta; acente [·×·] 1. Vertreter *m* (e–r Firma), Handels- spez. Schiffs-agent *m* 2. Vertretung *f* (e–r Firma), Handels- spez. Schiffs-agentur *f* 3. *fr.gel.* Nachrichtenbüro *n* ~ **vekili** *H* Unter-agent, -vertreter *m*

acentalık; acentelik 1. Tätigkeit *f* e–s Vertreters, Agenten 2. s. **acenta** (2); ~ **etmek** Vertreter sein, e–e (Schiffs-)Agentur betreiben

acep [×·] 1. *va.* Wunder *n* 2. (Fragepartikel) wohl, etwa *acaba ≗ **nola?** od. ≗ **nolsa gerek?** Was mag das wohl sein?

aceplenmek *selt.* sich wundern; staunen

aceze (*va.Pl.* zu **âciz**) Hilflose, Arme, Sieche *pl.* s.a. **Darülaceze**

acı 1. bitter (Geschmack, Kälte, Worte usw.) 2. ranzig (Fett, Öl usw.) 3. scharf (z.B. Pfeffer) 4. laut, schrill, ohrenzerreißend, gellend 5. hart, kränkend (z.B. Worte) 6. schmerzlich, kummervoll, traurig, betrüblich 7. grell, schreiend (z.B. Farben) 8. bitterer Geschmack 9. körperlicher Schmerz 10. Kummer *m,* Leid *n,* Trübsal *f,* Schweres 11. Rache *f* *intikam, öç ~ ~ *Verst.* von ~ z.B. ~ ~ **bağırmak** jämmerlich schreien ≗ ~ **kapı çalındı.** Es wurde heftig an die Tür gepocht. ≗ **acıyı bastırır.** *Spr.* Ein Keil treibt den andern. Ein Schaden hebt den anderen auf. Ein neuer Kummer läßt den alten vergessen. ~ **badem** 1. bittere Mandel *bot.* Prunus amygdalus var. amara 2. *V* pfiffig, schlau, gerissen ~ **badem kurabiyesi** Bittermandelmakrone *f* ~ **badem şurubu** Bittermandelscherbett *m, n* (bes. gegen Leibschmerzen) ~ **bakla** 1. ägyptische Lupine *f bot.* Lupinus termis *Yahudi baklası, Mısır baklası, termiye 2. Pferdebohne *f bot.* Vicia faba var. equina *ufak bakla, atbaklası ~ **basmak** Leid, Unglück erfahren ~ **biber** scharfe Paprika *bot.* Capsicum conicum ~ **bir teessürle haber almak** zu seinem tiefsten Bedauern erfahren müssen ~ **çaça** s. **çaçabalığı;** ~ **çekmek** viel Schweres durchmachen müssen, Schmerzen (od. Gewissensbisse) haben ~ **damkoruğu** scharfe Fetthenne; Mauerpfeffer *m bot.* Sedum acre ~ **dil** harte (kränkende, vorwurfsvolle) Worte *pl.* ~ **göl** Salz(wasser)see *m* ~ **görmek** den Tod e–s nahen Angehörigen erleben ~ **görmüş** leidgeprüft ~ **ılgın** bittere Tamariske *bot.* Tamarix orientalis ~ **ile sarsılmak** tiefen Schmerz empfinden ~ **kahve içmek** (Besch. in Ra. wie:) **Buyrun da bir acı kahve içelim!** Kommen Sie mit nach

Hause, wir wollen etwas trinken. ~ **kök** *P* (Ankara) Meerrettich *m bot.* Cochlearia armoracia ~ **manyok** bitterer Maniok, bittere Juka *bot.* Manihot utilissima ~ **marul** Giftlattich *m bot.* Lactuca virosa ~ **mercimek** s. **yonca otu;** ~ **ot** gemeines Bitterkraut *bot.* Picris (hieracioides u. a. m.) ≗ **patlıcanı kırağı çalmaz.** *Spr.* Unkraut verdirbt nicht. ~ **pelin** Wermut *m bot.* Artemisia absinthium ~ **serçe dili** Ruhr-Holarrhena *f bot.* Holarrhena antidysenterica ~ **ses** Angstruf, Schmerzensschrei *m* ~ **soğuk** schneidende Kälte ~ **söylemek** Bitteres, Hartes sagen ~ **söz** Vorwurf, Tadel *m,* Rüge *f* ~ **su** 1. Bitterwasser *n* 2. ungenießbares Wasser 3. hartes Wasser 4. *geogr.* Brackwasser *n* ~ **su sabunu** Seife, die auch in hartem Wasser schäumt ~ **sütotu** bittere Kreuzblume *bot.* Polygala amara ~ **şeyler, fakat gerçek** bitter, aber wahr ~ **tatlı** *(mst. fig.)* bittersüß ~ **tereotu** bitteres Schaumkraut *bot.* Cardamine amara ~ **yitimi** s. **analjezi; ≗sı çıkıyor** (bsin) Es stellt sich ein Nachteil (ein Pferdefuß) heraus (bei). Etwas rächt sich. **≗sı tepemden çıktı.** 1. Ich habe mir dabei sehr weh getan. 2. Es hat mich sehr geschmerzt. **≗sı yüreğine** (*od.* **içine**) **çöktü** (*od.* **işledi; indi**). Der Schmerz (um, über) hat sich tief in sein Herz eingefressen. Er kann nicht hinwegkommen (über). **-sına su serpmek** ein Trost für j–n sein **-sını çekmek** seine Strafe erleiden (für); auslöffeln müssen, was man sich eingebrockt hat. **-sını çıkarmak** 1. den bitteren Geschmack von et. beseitigen 2. den Schmerz stillen; über e–n Kummer hinweghelfen 3. sich rächen, Rache nehmen (für) Zu 3: **Bunun -sını elbet çıkarırım!** Das werde ich ihm heimzahlen! **-sını bağrına basmak** (*od.* **içine gömmek**) seinen Kummer in sich verschließen **-sını sırtından çıkarmak** aus Ärger j–n verprügeln **-sını yanına koymamak** sich rächen, Rache nehmen (für)

acıağaç, -cı Quassie *f,* Bitterholzbaum *m bot.* Quassia (amara) *kavasya

acıbalık Bitterling *m* (Fisch); *zo.* Rhodeus amarus *gördek, ilik balığı, kiraz balığı

acıca recht (*od.* ziemlich) bitter

acıçiğdem Herbstzeitlose *f bot.* Colchicum autumnale *güzçiğdemi

acıçiğdemgiller die Gattung Colchicum der Liliazeen *güzçiğdemgiller, lahlahiye

acıdülek, -eği Spritz-, Esels-gurke *f bot.* Ekballium elaterium *eşekhıyarı

acıelma s. **acıhıyar**

acıhıyar Koloquinte *f bot.* Citrullus colocynthis *ebucehilkarpuzu, ithıyarı

acık Schmerz, Kummer *m,* Trauer *f* ~ **gelmek** 1. Schmerz empfinden 2. ärgerlich werden

acıkılmak Pass. zu **acıkmak. Bu saatte acıkılır mı?** Wie kann man jetzt Hunger haben?

acıklanmak betrübt sein, Kummer haben

acıklı 1. betrüblich, traurig *hazin 2. sentimental 3. betrübt, traurig, bekümmert, unglücklich; ~ **komedya** *Th.* Rührstück *n*

acıklılık 1. betrüblicher Zustand 2. sentimentaler Charakter (z. B. e–r Geschichte) 3. Kummer *m,* Betrübnis *f*

acıkmak 1. Hunger haben *od.* bekommen 2. *fig.* starkes Verlangen tragen, sehr begehren. Zu 1: **Karnım acıktı.** Ich habe Hunger bekommen. Der Magen knurrt mir. **Acıkmasına acıkmıştım.** Ich hatte Hunger wie ein Wolf.

acıkmış hungrig

acıksınmak (bşe) *dial.* betrübt (bekümmert) sein (über) *müteessir olmak, üzülmek

acıktırmak hungrig (*od.* begierig) werden lassen

acılanmak; acılaşmak 1. bitter *od.* scharf werden 2. ranzig werden (Öl, Fett) 3. verpfeffert *od.* versalzen werden (Speisen) 4. *fig. selt.* betrübt, traurig werden 5. *fig. selt.* erzürnt (ärgerlich, böse, „sauer") werden

acılı 1. bitter 2. *fig.* betrübt, traurig ~ **gicili** kräftig gewürzt (z. B. Suppe)

acılık 1. Bitterkeit *f,* bitterer Geschmack, Schärfe *f* (bei Speisen) 2. Härte *f* (des Wassers *od. fig.*)

acıma 1. *Vs.* zu **acımak** 2. Erbarmen, Mitleid *n,* Barmherzigkeit *f* *merhamet 3. Bedauern *n,* Reue *f* *esirgeme

acımak 1. schmerzen, weh tun 2. bitter werden (z. B. Gurke) 3. ranzig werden 4. (b–ne) j–n bedauern, bemitleiden; Mitleid haben (mit) 5. et. bereuen; sich et. dauern lassen (z. B. Ausgaben) Zu 1: **Kolum acıyor.** Der Arm tut mir weh. Zu 4: **Zavallıya çok acıdım.** Der arme Kerl tat mir sehr leid, dauerte mich sehr. Zu 5: **İnsan sıhhati için paraya acımamalı.** Ausgaben für die Gesundheit sollen einem nicht leid tun! **Doğrusu, emeklerime acıdım.** Ich habe es offengestanden bereut, daß ich mich so bemüht habe.

acımasız(-casına); acımaz erbarmungslos, grausam

acımasızlık, -ığı Grausamkeit, Erbarmungslosigkeit *f*

acımık *dial.* s. **pelemir**

acımış ranzig (Öl, Fett)

acımsı; acımtırak 1. ziemlich bitter 2. recht scharf gewürzt (gesalzen, gepfeffert)

acın *Adv.* hungrig

acınacak bemitleidenswert, bedauernswert *şayanı merhamet

acınaklı kläglich, ergreifend, rührend *suzişli

acındırmak 1. betrüben, rühren, j–s Mitleid erregen 2. (b–ni b–ne) j–n Mitleid empfinden lassen (mit)

acınmak 1. Pass. zu **acımak** 2. (bşe) bekümmert, betrübt sein (um, wegen) Zu 1: **Zavallının haline acınır.** Der arme Mensch kann e–m leid tun. **Hayırlı bir iş için verilen paraya acınmaz.** Was man für ein gutes Werk ausgegeben hat, braucht e–m nicht leid zu tun.

Acıpayam *n.pr.* (*fr.* **Garbî Karaağaç**) O. u. D. im Rbz. Denizli

acırak s. **acımsı**

acırga s. **yabanî turp**

acırganmak (b–ne) *selt.* Mitleid haben (mit)

acısız schmerzlos (z. B. Zahnbehandlung)

acıtmak 1. Schmerzen zufügen, schmerzen lassen, weh tun 2. bitter (ranzig) werden lassen Zu 1: **Kolumu acıttınız.** Sie haben mir am Arm wehgetan. s. a. **Vurursan acıt, yedirirsen doyur!**

acıyonca Bitterklee *m bot.* Menyanthes trifoliata

acibe [ī] *z.va.* Sonderbares, Merkwürdiges; Wunder *n* **-i hilkat** 1. Naturwunder *n* 2. *pej.* Monstrum *n* *hilkat garibesi

acil [–·] *va.* aufgeschoben, verschoben, zurückgestellt, später, zukünftig

âcil 1. schnell, beschleunigt, eilig, sofortig (z. B. Maßnahme) 2. schnell, baldig (z. B. Genesung) 3. sofort wirkend (z. B. Arznei) ~ **durum** Dringlichkeit, (plötzliche) Notlage *f* ~ **ışıklandırması** Notbeleuchtung *f* (auf Flugplatz) ~ **işareti** Notsignal *n* (z. B. e–s Flugzeugs) ~ **vaka** dringlicher Fall (für Arzt od. Polizei), unverzüglich

âcilâne *Adv.* 1. eilig(-st) 2. überstürzt

âcilen [×··] *Adv.* 1. schnell, in aller Eile, schleunigst 2. bald(-igst), umgehend, unverzüglich

acinî [·––] *va.* 1. pastos, teigartig 2. fig. formbar, biegsam ~ **kil** s. **çömlekçi kili**

aciniyet, -ti [·–··] *va.* 1. pastoser Zustand 2. *fig.* Formbarkeit, Biegsamkeit *f*

acip, -bi [ī] *selt.* sonderbar, eigentümlich, seltsam, komisch *garip, tuhaf

acir [–·] *va.* Vermieter, Verpachter *m* *kiralayan, mucir

acitato [··×·] *mus.* agitato; heftig bewegt

aciyo s. **acyo**

aciz (I), **-czi** 1. Kraftlosigkeit, Schwäche, Hilflosigkeit, Unfähigkeit *f* 2. Ungeschick(-lichkeit *f*) *n* *beceriksizlik 3. **(hali)** *jur.* Zahlungsunfähigkeit, Insolvenz *f* *ödeme güçsüzlüğü; ödeyemezlik ~ **vesikası** *jur.* Besserungsschein *m* (bei Pfändung) *ödeme güçsüzlüğü belgesi **-e karşı sigorta** *jur.* Kreditversicherung *f*

aciz (II), **-czi** (*a.* **azmı** ~) s. **sağrı kemiği**

âciz 1. kraftlos, schwach, hilflos, außerstande, unfähig 2. ungeschickt *beceriksiz 3. *jur.* zahlungsunfähig, insolvent *ödeme gücü olmayan ~ **kalmak** (bşi yapmaktan) nicht imstande sein (zu) **Cevap vermekten ~ kaldım.** Ich war nicht imstande zu antworten. **-leri** *od.* ~ **bendeleri** *va. Besch.* ich; meine Wenigkeit

âcizane [—·—·] (*z.va. Besch.* in Füg. wie) **maruzatı -m** meine unmaßgeblichen Darlegungen **şahsı -m** meine bescheidene Person, meine Wenigkeit ~ **bir hediye** ein bescheidenes Geschenk

âcizî (*va. Besch.* in Füg. wie) **refikai** ~ meine Frau **tarafı -ye** an meine Wenigkeit

acuk, -uğu *dial.* (wilder) Holzapfel *yabanî elma

acul, -lü [ü] ungeduldig und überstürzt handelnd; temperamentvoll, hitzig, ungestüm *aceleci

acun 1. s. **kâinat, kozmos** 2. s. **dünya**

acunbilim Kosmologie *f* *kozmoloji

acunbilimsel kosmologisch *kozmolojik

acundoğum Kosmogonie *f* *kozmogoni

acunsal kosmisch *kevnî

acur (I) 1. Anguriengurke *f bot.* Cucumis anguria 2. *V* streitsüchtig, zänkisch, übler Bursche

acur(II)(-lu) s. **ajur(-lu)**

acuz *(selt.); mst.* **acuze** [ü] *pej.* häßliches, altes Weib, böses Weib; böse Lästerzunge, alte Hexe

acuzelik [ü] Boshaftigkeit *f*

âcüssin *va.* s. **dişkemiği, fildişi**

acyo [×·] *H* Agio, Aufgeld *n*

acyocu [×··] Börsen-spieler, -spekulant *m*

acyolu [×··] mit Aufgeld

acyotaj Agiotage, Börsenspekulation *f* (Ausnutzung von Kursschwankungen)

aczî *an.* Kreuzbein-, Kreuz-; s. Stw. **fıkarat**

aç (I), **-çı** 1. hungrig 2. in Not und Elend lebend 3. (bşe) hungrig (nach, auf), interessiert (für, an) 4. gierig, unersättlich ≗ ~ **ile yatınca arada dilenci doğar.** *Spr.* Wenn sich ein Hungriger zu e-r Hungrigen gesellt, kommt ein Bettler zur Welt. ~ **açık** 1. in Not und Elend lebend 2. Landstreicher *m* ~ **açına** mit leerem (knurrendem) Magen; ohne et. gegessen zu haben ≗ **ayı oynamaz.** *Spr.* Einem leeren Magen ist schlecht predigen. ~ **bırakmak** (*od.* **koymak**) 1. hungern und darben lassen 2. aushungern (z. B. belagerte Stadt) ~ **biilâç** in Not und Elend, in Armut und Dürftigkeit ~ **çıplak** in Dürftigkeit und Armut ~ **doyurmak** den Armen zu essen geben ~ **durmak** nichts gegessen (zu sich genommen) haben ≗ **gezmektense tok ölmek yeğdir.** *Spr.* Besser satt sterben als hungrig umherlaufen. ≗ **ile eceli gelen söyleşir.** *Spr.* Es ist gefährlich, mit e–m Hungrigen zu streiten. ~ **kalmak** 1. hungrig bleiben *od.* sein 2. in Not und Elend geraten ~ **karnına** 1. auf nüchternen Magen 2. *fig.* unzeitig, unangebracht ≗ **kılıca sarılır.** *Spr.;* ≗ **kiminle ol(ur)sa savaşır.** *Spr.* (beides): Not kennt kein Gebot. ≗ **kurt aslana saldırır.** *Spr.* Ein hungriger Wolf fällt (sogar) e–n Löwen an. ~ **kurt gibi** wie ein hungriger Wolf; voller Gier ≗ **tavuk, kendini arpa** (od. **buğday**) **ambarında sanır.** *Spr.* Der Wunsch ist der Vater des Gedankens. ≗ **yanında sarpın kurcalanmaz.** *Spr.* Vor e–m Hungrigen kratzt man keine Teigschüssel aus. ≗**ın karnı doyar, gözü doymaz.** *Spr.* Seine Augen sind größer als der Magen.

aç (II), **-cı** Hunger *m;* (in den Füg.:) **acından ölmek** Hungers sterben; verhungern **acın kabadayısı** *V* großzügig, freigebig (trotz eigener pekuniärer Schwierigkeiten)

açalya [·×·] Azalee *f*, Almrausch *m*, Alpenrose *f bot.* Rhododendron (hirsutum u. a.) *Amerika hanımeli, ağıağacı, komar, ormangülü

açan 1. Öffner *m* 2. Eroberer *m* *fatih 3. s. **gerici** (II)

açar 1. Schlüssel *m* (üblicher: **anahtar)** 2. *dial.* kleiner Imbiß; Vorspeise *f*, Aperitif *m*

açevele [×·×·] *naut.* 1. äußerste Drehung der Rahen (mittels Brassen) 2. (Kommando) Rahen vollbrassen! 3. Ausfahren *n* des Spriets. ~ **gönderi** Sprietbaum *m* ~ **gönderli yelken** Sprietsegel *n* ~ **tutmak** das Spriet ausfahren

açgı *dial.* 1. Bodenbelag, Teppich *m*, Matte *f* 2. Schlüssel *m*

açgözlü gefräßig, unersättlich (hab-)gierig, habsüchtig ~ **taya** (od. **doya**) **çocuğu** Nimmersatt, Vielfraß *m*

açgözlülük Gefräßigkeit, Unersättlichkeit, (Hab-)Gier, Habsucht *f*

açı 1. *math.* Winkel *m* *zaviye 2. Standpunkt, Gesichtswinkel *m* *zaviye ~ **tepesi** Scheitel *m* e–s Winkels *zaviye re'si ~ **uzaklığı** *astr.* Winkelabstand *m* (zweier Sterne für den Beobachter) *bu'du müzevva

açıcı 1. öffnend 2. appetitanregendes Mittel; Aperitif *m* 3. kontrollierender Zollbeamter 4. s. **gerici** (II, 2)

açık, -ığı *Adj.* 1. offen, unverschlossen bzw. geöffnet 2. nackt, bloß, unbedeckt (z. B. Körperteil) 3. weit, geräumig (z. B. Platz) 4. frei: a) ohne Hindernisse (z. B. zu passierende Strecke) b) unbeschrieben, unausgefüllt c) unbesetzt, vakant (Beamtenstelle) *münhal d) offenstehend, zugänglich 5. weit auseinander stehend (z. B. Augenbrauen) 6. weit, lang, groß (Schritte) 7. hell (Farbe) 8. klar, deutlich, leicht verständlich, offenkundig 9. klar, unbewölkt 10. unverblümt, unbeschönigt 11. ohne Prüderie, freimütig, offenherzig, unverhüllt 12. **(kadın, kız)** *pej.* leichtfertig; moralisch bedenklich 13. günstig (Schicksal) 14. blühend, aufgeblüht 15. öffentlich, publik *alenî 16. unverteidigt, offen (Stadt) 17. Blanko- 18. fehlend (z. B. Geldbetrag) *Sb.* 1. nicht verschlossener (bzw. verschließbarer), jedem zugänglicher Ort 2. freier Himmel (*ant.* das Dach über dem Kopf) 3. Fehl-betrag, -bestand *m*, Defizit *n* 4. unbesetzte (Beamten-)Stelle 5. *mst. pl.* von der Küste ziemlich entfernte Stelle des Meeres; Höhe *f* 6. knappe Entfernung außerhalb e–s Ortes 7. *spez. Fb.* Außen-, Flügel-stürmer *m* Zu 1: **Eti -ta bırakma, kedi kapar.** Laß das Fleisch nicht offen liegen, sonst holt es die Katze. Zu 5: **Marmara -larında** auf dem offenen Marmara-Meer **Bakırköy -larında** auf der Höhe von Bakırköy Zu 6: **Tren yolu şehrin -ından geçer.** Die Eisenbahnlinie verläuft außerhalb der Stadt. ~ ~ *Verst.* von **açık** z. B. ganz offen, ohne Umschweife, ganz unverblümt. ~ ~ **konuşmak** ganz offen sprechen, das Ding beim richtigen Namen nennen ~ **adımlar** große, weitausgreifende Schritte *pl.* ~ **adres** genaue Anschrift ~ **al** 1. hell-, rosa-rot 2. helles Karminrot, mattes Rosarot 3. Hellfuchs *m* (Pferd) ~ **alınla** (od. **alınlı**) ehrenhaft, unbescholten ~ **arazi** *mil.* offenes Gelände ~ **artırma** öffentliche Versteigerung *müzayedei aleniye ~ **ateş** *mil.* direktes Feuer ~ **atlama** *(Turnen)* Grätschsprung *m*, Grätsche *f* ~ **baş** 1. ohne Kopfbedeckung, barhäuptig 2. kahl, glatzköpfig 3. unmoralisch ~ **bilet** für e–e best. Zeitdauer gültige Rückfahrkarte ~ **bir yer** ein lieblicher Ort, e–e hübsche Gegend ~ **bono** *H* Wechselblankett *n* ~ **bono vermek** *fig.* Blankovollmacht erteilen ~ **bulundurmak** offenhalten ~ **bulunmak** 1. offenstehen 2. vakant sein, noch nicht besetzt sein (Posten) 3. (*m. Abl.*) sich fernhalten (von) ~ **bütçe** nicht ausgeglichener Staatshaushalt ~ **celse** *jur.* öffentliche Sitzung ~ **cenah** *mil.*

offener Flügel ~ **ciro** *H* Blankoindossament *n* ~ **çek** *H* Blankoscheck *m* ~ **deniz** 1. offenes Meer, hohe See 2. freies Weltmeer ~ **deniz kablosu** Tiefseekabel *n* ~ **denize çıkmak** das offene Meer erreichen (gewinnen) ~ **dil** *(Flugwesen)* Klartext *m* ~ **dolaşım sistemi** *biol.* offenes Blutgefäß-System ~ **doru** goldbraun (Pferd) ~ **durmak** sich nicht in et. einmischen, sich fernhalten ~ **duruş** *(Turnen)* Grätschstellung *f* ~ **düşme** Berührung *f* des Bodens mit dem Hinterteil (was bei dem **„yağlı güreş"** genannten Ringen Niederlage bedeutet) ~ **eksiltme** öffentliche Submission *münakasai aleniye ~ **el** 1. offene Hand 2. *fig.* Freigebigkeit *f* *cömertlik ~ **elâ** grünlichhellbraun (Augenfarbe) ~ **elbise** tiefausgeschnittenes Damenkleid ~ **elli** freigebig ~ **farkla kazanmak** überlegen gewinnen (**daha** ~ **farkı önlemek** (z.B. *Fb.*) e–e noch höhere Niederlage verhüten) ~ **fikirli** 1. vorurteilslos, aufgeschlossen 2. offenherzig ~ **fikirlilik** 1. Vorurteilslosigkeit, Aufgeschlossenheit *f* 2. Offenherzigkeit *f* ~ **gagalı leylek** Klaffschnabel *m zo.* Anastomus lamelligerus ≗ **gel!** *V* 1. Lüg nicht! Nicht doch! 2. Hau ab! *Defol! ~ **gelmek** 1. et. weit sein (Anzug usw.) 2. Abstand halten, nicht zu nahe kommen ~ **giyinmek** sich „offenherzig" kleiden ~ **gönülle** *Adv.* ehrlich, aufrichtig ~ **haşhaş** die Schlafmohnart Papaver somniferum spontaneum ~ **hava** 1. wolkenloser blauer Himmel 2. freier, nicht bebauter Raum (Platz) ~ **hava okulu** Unterricht *m* im Freien ~ **hava sineması** Freiluftkino *n* ~ **hava tiyatrosu** Freilichttheater *n* ~ **havada** im Freien ~ **hece** offene (d.h. vokalisch auslautende) Silbe ~ **hesap** offenstehende (noch unbeglichene) Rechnung ~ **ışıldak** *Th.* Flutlichtleuchte *f* ~ **imza** Blankounterschrift *f* ~ **işletme** *(Bergwerk)* Tagebau *m* ~ **itibar** *H* s. **beyaz itibar;** ≗ **kaba it değer** (od. **siyer**) *Spr.* Was man nicht unter Verschluß hält, wird leicht besudelt. ~ **kabul** *H* Blankoakzept *n* ~ **kadın(kız)** Kokotte *f*, Flittchen *n* ~ **kalmak** bloßliegen (Körperteil beim Schlafen) ~ **kalpli** offenherzig ~ **kanat** *mil.* freier (offener) Flügel ~ **kapı** 1. *a.* *H* offene Tür 2. *fig.* Hintertürchen *n* 3. Gastfreundlichkeit *f* ~ **kapı bırakmak** sich noch e–n Ausweg offen lassen ~ **kapı siyaseti** Politik *f* der offenen Tür ~ **kapıyı zorlamak** offene Türen einrennen ~ **kart** *fig.* unbeschränkte Vollmacht ~ **kaş** auseinanderstehende Augenbrauen ~ **keşide** *H* Blankotrassierung *f* ~ **kırık** s. **bileşik kırık;** ≗ **konuşalım!** Sprechen wir offen! Es ist doch nun einmal so, daß ... ~ **konuşmak** 1. deutlich sprechen 2. offen, frei sprechen ~ **koyu** *(spez. Malerei)* Helldunkel *n* ~ **kredi** Blankokredit *m* ~ **liman** 1. Freihafen *m* 2. Reede *f* ~ **maaşı** halbes Gehalt (Wartegeld) ~ **mavi** hellblau ~ **mektup** 1. Brief *m* ohne (od. in offenem) Umschlag 2. offener Brief (mit Veröffentlichung in e–r Zeitung) ~ **mevzi** *mil.* offene Stellung ~ **mukaveleler** offene Konventionen *pl.* ~ **okumak** laut lesen ~ **olmak** 1. aufrichtig, ehrlich sein 2. (bir yer b–ne) j–m immer offenstehen (Ort), gern gesehen sein (Gast, Besucher) ~ **ordugâh** *mil.* Feldlager, Biwak *n* ~ **oturum** 1. Podiumsgespräch *n* 2. öffentliche Sitzung ~ **oturuş** *(Turnen)* Grätschsitz *m* *gergin oturuş ~ **oy** (od. **rey**) 1. offener Stimmzettel 2. offene Abstimmung ~ **öz tok söz** *fig.* aufrichtig und ehrlich ~ **pazar** offener (*od.* freier) Markt ~ **poliçe** *H* Blankopolice *f* ~ **resim** pornographisches Bild ~ **resmi** Landschaftsbild *n* ~ **ressamı** Landschaftsmaler(-in *f*) *m* *peyzajist ~ **saçık** 1. halbnackt 2. ungeniert, ohne Rücksicht auf das Schamgefühl anderer 3. unverblümt, offen 4. sittenlos, unmoralisch (z.B. Worte) ~ **saçık gezmek** unordentlich herumlaufen (Frau) ~ **seçik** klar und deutlich ~ **senet** *H* Blankowechsel *m*, Wechselblankett *n* ~ **sıklet** All-Kategorie *f* (bei Judo) ~ **söylemek** frei (offen, unverblümt) reden, kein Blatt vor den Mund nehmen ~ **söz** 1. offenes Wort 2. leicht zu verstehendes Wort ~ **sözlü** unverblümt redend ~ **sözlülük** Offenherzigkeit *f*, Freimut *m* ~ **şehir** 1. offene Stadt 2. *hist.* ausländische Konzession ~ **şehir ilân etmek** zur offenen Stadt erklären (im Krieg) ~ **teşekkür** öffentliche Danksagung *alenî teşekkür ~ **tutmak** s. ~ **bulundurmak;** ~ **vermek** 1. (*a.* Sport, *spez.* Boxen) sich e–e Blöße geben 2. *H* ein Defizit haben ~ **vicdanla** mit gutem (ruhigem) Gewissen ~ **yan** *mil.* offene Flanke ~ **yer** offene Stelle, unbesetztes Amt ~ **yer korkusu** Platzangst *f* ~ **yürekle** offenherzig, ehrlich ~ **yüz** Lächeln *n*, Freundlichkeit *f* ~ **zaviye** *geom.* stumpfer Winkel *geniş açı, zaviyei münferice ~ **zihinli** (geistig, innerlich) aufgeschlossen ~ **zincir serisi** s. **yağ serisi. -a almak** s. **-a çıkarmak; -a boyamak** hell färben **-a çıkarma** *jur.* einstweilige Versetzung in den Ruhestand **-a çıkarmak** 1. enthüllen, aufdecken 2. klären 3. zur Disposition stellen (Offizier), auf Wartegeld setzen **-a çıkmak** 1. (Sache) an das Tageslicht kommen, offenkundig werden 2. (Person) entlassen werden **-a imza** Blankounterschrift *f* **-a satış** Blankoverkauf *m* **-a varmak** in See stechen **-a vermek** ausplaudern, verraten, enthüllen **-a vurmak** 1. s. **-a vermek** 2. *intr.* offenkundig werden, sich herausstellen *açığa çıkmak **ºı çıktı.** Es wurde ein Fehlbetrag in seiner Kasse festgestellt. **-ı kapatmak** die Lücke füllen, den Fehlbetrag decken, das Defizit ausgleichen **-lar** 1. *hist.* (Tanzimatperiode) zeitweilig unbeschäftigte Offiziere *pl.* 2. *hist.* osm. Kriegsflotte auf der Donau 3. *fig.* Fehlverhalten *n* **-lar livası** *hum.* umherstreunend; Vagabund *m* **-lar livası olmak** *a.*entlassen (*F:* hinausgeschmissen) sein **-ta** 1. an offener, nicht verschlossener Stelle 2. im Freien, unter freiem Himmel 3. auf offener Reede (Schiff) 4. obdachlos 5. stellungslos, entlassen **-ta bırakmak** 1. (Speisen usw.) offen liegenlassen 2. j–m keine Arbeit od. Beschäftigung geben 3. j–n ohne Obdach lassen **-ta bulunmak** zur Disposition gestellt sein (Offizier) **-ta durmak** sich fernhalten **-ta kalmak** 1. offen daliegen 2. keine geregelte Arbeit finden 3. obdachlos sein **-ta olmak** s. **-ta kalmak** (2, 3); **-ta yatmak** die Nacht unter freiem Himmel zubringen; bei Mutter Grün übernachten **-tan** 1. offen, ehrlich (z.B. et. aussprechen) 2. von fern her; zusätzlich; als Außenseiter 3. ohne Anstrengung, mühelos 4. ohne Gegenleistung (z.B. Gehalt beziehen) **-tan açığa** ganz offen, ungeniert, unverblümt **-tan kazanmak** mühelos zu Geld kommen **-tan para almak** nebenher Geld verdienen **-tan satış** *(Börse)* Blanko-, Leer-verkauf *m* **-tan tayin edilmek** angestellt werden, ohne bisher in dem betr. Beruf tätig gewesen zu sein **-tan uydurmak** mit mehr od. minder unpassenden Mitteln zurechtstoppeln **üç lira -tan vermek** drei Pfund noch darauf zahlen

açıkağız 1. offener Mund 2. *fig.* Erstaunen *n*, Verblüffung *f* 3. *fig.* dummer Schwätzer 4. Nachtviole *f bot.* Hesperis acris ≗ **aç kalmaz** (sprichwörtl. Entschuldigung e-s Bittstellers) Man muß schon sagen, was e–m fehlt (*scil.* sonst bekommt man nichts). Ein blöder Hund wird selten fett.

açıkça [·×·] offen, freimütig, unumwunden **-sı** wenn ich es offen aussprechen darf; auf gut Deutsch

açıkçı Baissier, Blankospekulant, Leerverkäufer (an der Börse) *m* *tenezzülcü

açıkgöz 1. klug, schlau, pfiffig; Schlaukopf, Pfiffikus *m* 2. *V* rundes Loch des türk. Abortes

açıkgöz(lü)lük Klugheit, Schlauheit, Pfiffigkeit *f*

açıkhavacı Landschaftsmaler(-in *f*) *m*

açıklama *Vs.* zu **açıklamak** *spez.* Erklärung, Verlautbarung *f* ~ **yaptırmak** s. **tavzih ettirmek**

açıklamak 1. *tr.* darlegen, erklären, erläutern, näher angeben *izah (tavzih, tasrih) etmek 2. bekanntgeben, eröffnen, mitteilen 3. enthüllen, aufdecken *ifşa etmek 4. *selt.*

intr. offenkundig werden od. in aller Öffentlichkeit getan werden
açıklamalı mit Erklärungen, Erläuterungen
açıklandırmak *selt.* enthüllen, aufdecken
açıklanmak Pass. zu **açıklamak; adının açıklanmasını istemeyen memur** der Beamte, der keine Namensnennung wünscht
açıklaştırmak aufhellen (Farbton)
açıklayıcı 1. erklärend, ergänzend, zusätzlich 2. Kommentator, Erläuterer *m* 3. *gr.* Apposition *f*
açıklı (in der Füg.:) ~ **koyulu** mit hellen und dunklen Farben
açıklık, -ığı 1. Offen-sein, -stehen *n,* Öffnung *f* 2. Bloß-Sein *n,* Nacktheit *f,* Unbedeckt-Sein *n* 3. Weite, Geräumigkeit *f* 4. Abstand *m,* Entfernung *f* 5. Hell-Sein *n* (e–r Farbe) 6. Klarheit, Deutlichkeit, Leichtverständlichkeit *f* 7. freier offener Platz 8. Wolkenlosigkeit *f* 9. Spannweite *f* (e–r Brücke, e–s Gewölbebogens) 10. Unverhüllt-Sein *n* 11. *astr.* Azimut *m* *semt 12. Publizität, Öffentlichkeit *f,* öffentlicher Charakter (e–r Angelegenheit) *aleniyet 13. Leichtfertigkeit *f,* kokottenhaftes Benehmen 14. Entfremdung, Spannung *f* (z. B. zwischen früheren Freunden) 15. *phot.* Blende *f* *diyafram 16. (innere) Aufgeschlossenheit 17. *phon.* Öffnungsgrad *m* ~ **hızı** s. **açısal hız; Durum hâlâ -a kavuşmamıştır.** Die Sachlage ist noch immer ungeklärt.
açıkmeşrep, -bi 1. vergnügungssüchtig 2. zügellos, unmoralisch (*spez.* Frau, Mädchen)
açıktohumlular *bot.* Gymnospermen, Nacktsamige *pl.* *üryanülbüzur
açıkyüreklilik Offenherzigkeit, Ehrlichkeit *f*
açılamak erforschen, erkunden, auskundschaften, herausfinden
açılı *geom.* mit nb. Winkel
açılım *astr.* s. **bahar açısı**
açılış 1. (Er-)Öffnung *f* 2. Einweihung, Enthüllung *f* 3. Beginn *m* 4. Entfaltung *f,* Aufblühen *n* ~ **resmi** (od. **töreni**) Eröffnungsfeier(-lichkeit) *f,* feierliche Eröffnung *resmi küşat
açılma *Vs.* zu **açılmak** *spez.* 1. *mil.* Entfaltung *f* 2. s. **açılış** 3. s. **çatlama** (2)
açılmadık nicht geöffnet (in best. Füg. wie): ~ **kutu** Heimlichtuer *m od.* wer sein Wissen nicht preisgeben will **örtüsü** ~ **sırlar** Geheimnisse, deren Schleier noch nicht gelüftet worden ist **yakası** ~ **küfür** wüster Fluch, grobes Schimpfwort **yakası** ~ **laflar etmek** unflätige Worte gebrauchen, üble Reden führen **yakası** ~ **usuller** ganz neue Methoden *pl.* **yakası** ~ **tabir** ungewohnter, sonderbarer Ausdruck
açılmak 1. *Pass.* zu **açmak** 2. sich öffnen, (lassen), aufgehen (z. B. Tür) 3. sich aufhellen, sich aufklären (Himmel, Wetter) 4. hell(-er) werden (z. B. Zimmer durch Tünchen) 5. Erleichterung verspüren (z. B. Kranker) 6. aus sich herausgehen, seine Befangenheit verlieren (z. B. Redner) 7. seine bisherige Zurückhaltung aufgeben 8. (b–ne) sich j–m eröffnen, anvertrauen 9. seine Liebe (*od.* sich) erklären 10. sich deutlicher ausdrücken 11. aufblühen, zum Blühen kommen 12. den Betrieb wieder eröffnen, die Tätigkeit wieder aufnehmen (*Th., Schule* usw.) (*a. allg. intr.*) beginnen, anfangen, einsetzen 13. sich erweitern, weiter (geräumiger) werden, sich ausdehnen, sich entfalten; *a.:* seinen Geschäftsbetrieb ausdehnen 14. wieder zu sich kommen, das Bewußtsein wieder erlangen 15. sich bloßstrampeln, sich aufdecken (während des Schlafes) 16. sich zerteilen, Platz machen (z. B. Volksmenge) 17. sich vom Ufer entfernen (od. entfernt halten) (Schiff) 18. hinausschwimmen (z. B. ins freie Meer) 19. freiwerden (Posten, Stelle) *inhilâl etmek 20. (bir yere) hinausgehen (auf), liegen (nach) (Fenster, Tür usw.) 21. wieder sauber (*od.* blank) werden 22. durch unerwartete Ausgaben in pekuniäre Schwierigkeiten geraten. Zu 22: **Biz açıldık** Wir kommen mit unserem Geld nicht ganz aus. **Açıl kilidim açıl!** Name e–s türk. Ksp. **Açıl Susam açıl!** Sesam öffne dich! (1001 Nacht) **Açılan solar, ağlayan güler.** *Spr.* Nichts ist dauernd als der Wechsel. (Börne) **açılıp kapanır (sandalve** usw.) Klapp-(Stuhl usw.) **açılıp saçılmak** 1. ausge-, zer-, verstreut werden 2. seine Kräfte vergeuden od. zersplittern 3. sich zu frei kleiden (Frau, Mädchen) 4. sein Herz ausschütten
açılır kanat Ausziehplatte *f* **açılır masa** Ausziehtisch *m*
açılmadık s. *ges. Stw.* **açılmış vaziyette yürüyüş** *mil.* entfalteter Marsch
açım 1. s. **şerh, teşrih** 2. (feierliche) Eröffnung, Einweihung *f*
açımlamak erklären, erläutern, kommentieren *izah (şerh, tefsir) etmek
açımlayıcı Erklärer, Kommentator *m* *sarih
açın s. **keşif**
açındırma 1. *biol.* Sich-Entfaltenlassen *n* 2. *math.* Netz *n* e–s geom. Körpers *inkişaf
açındırmak 1. *biol.* sich entfalten lassen, zur Entwicklung bringen 2. *math.* e–n geom. Körper in e–e Ebene ausbreiten *geliştirmek, inkişaf ettirmek
açınım 1. *biol.* Entfaltung, Entwicklung *f* 2. *math.* Ausbreitung *f* e–s geom. Körpers in e–e Ebene *inkişaf
açınlamak s. **keşfetmek**
açınmak *biol.* sich entfalten, sich entwickeln *gelişmek, inkişaf etmek
açınsama *geogr.* Erforschung *f* *istikşaf
açınsamak *geogr.* erforschen *istikşaf etmek
açıortay *geom.* Winkelhalbierende *f* *munassıf, nasıf
açıölçer Goniometer *n*
açısal auf e–en Winkel bezüglich, Winkel- ~ **hız** *phys.* Winkelgeschwindigkeit *f* *zaviyevî sürat
açış (Er-)Öffnung *f* ~ **konuşması** Eröffnungsrede *f*
açıt, -tı Tür-, Fenster-öffnung ~ **yanağı** (Tür-, Fenster-)-Leibung *f*
açkı 1. Lack, Firnis *m* *cilâ 2. Politur *f,* Glanz *m* 3. Reibahle (zur Erweiterung von Bohrungen) *f* 4. jedes zum Öffnen dienende Instrument (Schlüssel, Flaschenöffner usw.)
açkıcı Lackierer, Polierer *m*
açkılamak lack(ier)en, polieren
açkılı lackiert, gelackt, gefirnißt, poliert, glänzend
açlık 1. Hunger *m* 2. Hungersnot *f* 3. Not, Armut *f,* Elend *n* ≗ **Bozkırı** *n.pr.* Hungersteppe *f* (in Kasachstan) ~ **çekmek** Hunger leiden ~ **grevi** Hungerstreik *m* ~ **ödemi** *med.* Hungerödem *n* ≗ **ta darı ekmeği helvadan tatlıdır** (*od.* **âlâ gelir**). *Spr.* Hunger ist der beste Koch. *Spr.* **-tan götü örümcek bağlanmak** *V* nichts zu brechen und zu beißen haben **-tan kırılmak** furchtbaren Hunger leiden **-tan nefesi kokmak** 1. großen Hunger haben 2. in ärmlichen Verhältnissen leben **-tan ölmek** Hungers sterben **-tan imanı gevremek** grimmigen Hunger haben
açma 1. *Vs.* zu **açmak** 2. Rodung *f,* Neuland *n* 3. Name e–s ringförmigen, fetten Gebäckes 4. Öffnung *f* 5. Loch *n* am Bein e–s geschlachteten Tieres (zum Aufhängen bzw. Abhäuten) 6. (Turnen) Spreizen *n* (der Beine od. der Arme) *fırlatma
açmacılık Rodung, Urbarmachung *f*
açmak, (-ar) 1. öffnen, aufmachen, (Deckel) aufklappen, (Buch) aufschlagen, (Zeitung) entfalten 2. eröffnen (Konto, Sitzung, Schule, Feier, Restaurant usw.) 3. feierlich einweihen 4. entkorken (Flasche) 5. feierlich enthüllen (Denkmal) 6. aufziehen (Vorhang, Schublade usw.) 7. aufspannen (Segel, Schirm usw.) 8. freimachen

(bedeckendes Kleidungsstück wegnehmen) 9. freimachen (Bahn, Weg, Straße) 10. aufknoten (Paket, Schuhnestel usw.), lösen (Knoten) 11. ausbreiten (Papierrolle, Stoffballen, Arme usw.); spreizen (Beine) 12. ausrollen (Teig) 13. weiter (geräumiger) machen, ausweiten, ausdehnen; auseinanderziehen, -biegen u. ä. m. 14. spitzen (Bleistift), zuschneiden (Rohrfelder) 15. graben, bohren (Loch, Brunnen usw.) 16. den Hörer abnehmen; anrufen (Telephon) 17. in Tätigkeit setzen: (Licht) einschalten, andrehen, (Wasserhahn) aufdrehen, (Radio) anstellen u. ä. m. 18. heller werden lassen, höher schrauben (z. B. Petroleumlampe) 19. aufhellen (Farbe), erhellen, Glanz verleihen 20. ansprechend auf j–n wirken 21. (bşden od. **söz, bahis** usw.) ein Thema anschneiden, et. aufs Tapet bringen 22. j–m gut stehen 23. im Kampf nehmen, einnehmen, erobern 24. entstehen lassen, nach sich ziehen 25. anregen (Appetit) 26. roden, urbar machen (Land, Boden) 27. (b–ne bşi) anvertrauen, enthüllen, mitteilen (z. B. Geheimnis) 28. anstrengen, anhängig machen (Prozeß) *ikame etmek 29. vom Ufer abtreiben (z. B. Strömung ein Schiff) 30. schneiden (z. B. Gewinde); *med.* aufschneiden (Bauch, Geschwür usw.) 31. erklären, erläutern *açıklamak 32. *V* sich auf und davon machen 33. (b–ni) *F* j–n erfreuen, ansprechen, j–m gefallen, zusagen, passen 34. *intr.* zum Blühen kommen, sich entfalten 35. *intr.* sich aufhellen (Himmel, Wetter) 36. *intr.* heraus-, hervor-kommen (Sonne) 37. *selt.* beginnen, kommen Zu 3: **Yeni yolu vali açacak.** Der Regierungspräsident wird die neue Straße feierlich dem Verkehr übergeben. Zu 8: s. **başını** ~ Zu 13: **meydanı** ~ den Platz verbreitern **aralığı** ~ den Zwischenraum größer werden lassen Zu 16: **Yanlış açmışsınız.** Sie haben offenbar e–e falsche Nummer gewählt. Zu 19: **Bu ayna odayı açtı.** Durch diesen Spiegel ist das Zimmer erst richtig schön geworden. Zu 20: **Burası beni açmadı, başka yere gidelim!** Die Gegend (das Lokal usw.) spricht mich gar nicht an; gehen wir doch woanders hin! Zu 24: s. **İş işi açar.** Zu 27: **Meseleyi kimseye açmayınız!** Sprechen Sie zu niemand darüber! Zu 30: s. **diş(kılavuz)** ~ Zu 37: s. **Bahar açtı. Aç başı** 1. *V* Schau, daß du weiter kommst! 2. *naut.* Wende zum Meer hinaus! **Aç gözünü, açarlar gözünü!** *Spr.* Halte die Augen offen, sonst kommst du zu Schaden! **açarak fondü** *(Kino)* Einblendung *f* **Açtı ağzını yumdu gözünü.** Ohne auf et. Rücksicht zu nehmen, schrie er wütend los.

açmalık *selt.* Reinigungsmittel *n* (wie Seife, Benzin usw.)

açmaz 1. wer et. nicht öffnen od. enthüllen will *a. fig.* taktvoll, zurückhaltend, verschwiegen 2. *Scha.* od. *Damespiel* schwierige Stellung *spez. Scha.* Fesselung *f* 3. *allg.* schwierige Lage, Sackgasse *f* 4. listiges Manöver, Falle *f* 5. ein Wort, das dem Gesprächspartner Gelegenheit gibt, e–n Witz od. e–e Ra. anzubringen. Zu 5: s. **laf -ı;** ~ **oynamak** listig spielen; den Gegner in e–e Falle locken ~ **yapmak** 1. j–n in e–e schwierige Lage bringen 2. *V* s. **lakırdıya çanak tutmak** 3. *V* schwindeln, betrügen **-a düşmek** (*od.* **gelmek**) in e–e Falle gehen, sich übers Ohr hauen lassen **-a getirmek** übertölpeln, düpieren **-da olmak** *Scha.* gefesselt sein (Figur)

açmazlık Takt *m,* Zurückhaltung, Verschwiegenheit *f*

açraşık divergent, divergierend *ıraksak, mütebait

açraşıklık Divergenz *f*

açraşmak auseinandergehen, divergieren

açtırmak Kaus. zu **açmak. Açtırma çuvalın ağzını!** *od.* **Açtırma kutunun kapağını!** *od.* **Açtırma kutuyu söyletme kötüyü!** *Spr.* Laß die Sache auf sich beruhen? (*scil.* es könnten dir sonst Unannehmlichkeiten entstehen)

ad (I), **-dı** 1. Name *m* 2. Ruf *m,* Reputation *f,* Ansehen *n* 3. Ruhm *m,* Berühmtheit *f* 4. Verruf *m* 5. Bezeichnung, Benennung *f* 6. *gr.* Substantiv *n* Zu 1: **Meliha -ında bir kız** ein Mädchen namens Meliha **Yalnız -ı var.** Das existiert nur dem Namen nach. ~ **almak** berühmt werden ~ **durumu** *gr.* Kasus *m* ~ **durumu eki** *gr.* Kasusendung *f* ~ **koymak** e–n Namen geben ~ **takmak** 1. s. ~ **koymak** 2. e–n Spitznamen geben ~ **tamlaması** (*od.* ~ **tümlemesi**) *gr.* s. **isim takımı;** ~ **tümcesi** s. **isim tümcesi;** ~ **vermek** 1. s. ~ **koymak** 2. e–n Namen sagen (verraten); sagen, wer jm. ist **-a yazılı** s. **nama muharrer; -dan türeme ad** (*bzw.* **eylem**) *gr.* denominatives Substantiv (*bzw.* Verb) **-ı anılan** erwähnt *mezkûr; sözü geçen **-ı anılmak** unvergessen sein **-ı batası(-ca)** *od.* **batsın!** 1. Hol ihn der Teufel! 2. *Euph.* bei schweren Krankheiten, deren Namen man nicht aussprechen will 3. verdammt, verflucht **-ı batmak** 1. nicht mehr erwähnt werden; in Vergessenheit geraten 2. aussterben (z. B. Familie) 3. untergehen, ruiniert werden, *F:* vor die Hunde gehen **-ı belirsiz** unbekannt, unberühmt **-ı bile okunmamak** nicht die geringste Beachtung finden **-ı bozulmak** in Verruf geraten, in Mißkredit kommen **-ı çıkmak** 1. berühmt (bekannt) werden 2. *pej.* in üblen Ruf kommen 3. *mst. pej.* gelten (als) Zu 2: **Adı çıktı dokuza, inmez sekize.** *Spr.* Wenn jm. in Verruf geraten ist, kommt er kaum davon los. Zu 3: **Biri duyarsa, adın deliye çıkar.** Wenn das jm. hört, erklärt er dich für verrückt. **-ı geçen** obenerwähnt **-ı kalmak** im Mund der Nachwelt weiterleben **~ı lâzım değil.** Der Name tut nichts zur Sache. **-ı olmak** 1. heißen; den Namen ... haben 2. *gel.* zu Unrecht berühmt sein (Zu 1: **Adın nedir?** Wie heißt du?) **-ı sanı** 1. sein Vor- und Zu-name 2. sein voller Name, seine genaue Benennung 3. sein Ruf, sein Leumund **-ı sanı meçhul** unbekannt **-ı sanı dünyayı tutmak** (bşin) in der ganzen Welt berühmt werden **~ı simdi dilime gelmiyor.** Ich komme im Augenblick nicht auf den Namen. **-ı üstünde** wie schon der Name besagt **~ı var.** nur in der Phantasie vorhanden; imaginär **-ına** im Namen (von) z. B. **kanun -ına b–ni tutmak** im Namen des Gesetzes j–n verhaften (*od.*) **-ına konuşmak** (b–nin) in j–s Namen (Auftrag) sprechen. **-ına davranan** (*od.* **davranıcı**) s. **mümessil, temsilci; özdeyen, özdeyici; -ına davranma** s. **temsil, özdeme; -ına denmek** genannt werden **-ını ağıza almamak** 1. j–s Namen nicht mehr nennen wollen 2. mit j–m nichts mehr zu tun haben wollen **-ını anmak** sprechen (von), j–n od. et. nennen **-ını bağışlamak** *P* seinen Namen nennen **-ını ... '-e çıkarmak** j–n in den Ruf (z. B. e–s Geizhalses) bringen **-ını hayır ile anmak** e–s Toten mit guten Worten gedenken **-ını çıkarmak** (*od.* **kirletmek**) (b–nin) j–n in Verruf bringen **-ını koymak** *P* den Gegenwert (Preis) von et. festsetzen **-ını ölüye çıkarmak** j–n für tot ausgeben **-ını vermek** 1. j–n melden, anzeigen 2. sich auf j–n berufen; sagen, daß man auf j–s Empfehlung kommt **-iyle saniyle** 1. mit seinem vollen Namen, mit der geläufigen Benennung 2. dem Namen und der Persönlichkeit nach 3. s. **adlı sanlı**

ad (II), **-ddi** Zählen (zu), Halten (für), Rechnen, Betrachten *n* (als) *vgl. a.* **addetmek**

ada 1. Insel *f* *cezire 2. Katasterbezirk, Häuserblock *m* 3. Parzellengelände *n* 4. herausragender Hügel ~ **çiçeği** s. **düğünçiçeği;** ~ **gibi** sehr groß; riesig (Schiff) ~ **sümbülü** s. **adasoğanı;** ~ **yavrusu** kleineres, mit 2–3 Ruderpaaren ausgestattetes Fischerboot (Bosporus) **~lar Medeniyeti** Kykladenkultur *f* (Teil der kretisch-mykenischen Kultur)

âda [– –] (*va. Pl.* zu **aduv**) Feinde *pl.*

adabalığı, -nı Pottwal, Kaschelott *m zo.* Physeter catodon *amberbalığı, kaşalot

adabımuaşeret, -ti [– – · · – ·] gutes Benehmen, guter Ton; korrekte Umgangsformen *pl.,* Anstand *m,* Lebensart *f* *görgü

adabımünazara [——··—··] *va.* korrekte Formen *pl.* der Diskussion
adabüahlâk, -kı [——··—] *z. va.* Sitte und Anstand
adabüerkân [——··—] s. **adap**
adacık 1. Inselchen, Eiland *n* *cüzeyre 2. s. **Langerhans -ları**
adaco [·×·] *mus.* 1. adagio, sanft, langsam 2. Adagio *n*
adaçayı, -nı 1. Gartensalbei *m, f bot.* Salvia officinalis *bahçe adaçayı 2. s. **devetabanı** (7); ~ **tütsüsü** 1. Räuchern *n* von Salbei 2. Inhalieren *n* von Salbeidämpfen
adad [——] (*va. Pl.* zu **adet**) 1. Zahlen, Stücke, Mengen *pl.* 2. Zinszahlen *pl.* **-ı asliye** s. **bölünmez sayılar; -ı rütbiye** s. **sıra sayıları; -ı tevziiye** s. **üleştirme sayıları** (*od.* **sıfatları**)
adadiyoz *V* abgerissen, schäbig gekleidet *bitirim, pırpırı
adagio s. **adaco**
adak 1. Gelübde *n* 2. Votivgeschenk *n* *(1, 2) nezir ~ **adamak** ein Gelübde ablegen ~ **budak** *dial.* Zuruf an Kinder, die laufen lernen
Adakale *n.pr.* kleine Donauinsel bei Orschowa (bis 1923 mit türk. Bezirksvorsteher)
adakarası, -nı e—e Traubenart der Marmarainsel Avşa und der hieraus hergestellte Wein
adaklamak *dial.* laufen lernen (Kleinkind)
adaklı 1. wer ein feierliches Gelübde abgelegt hat 2. versprochen, verlobt
adaklık, -ığı Votivkirche *f*
Adalar *n.pr.* Prinzeninseln *pl.* (D. des Rbz. Istanbul) *Kızıl adalar
Adalardenizi, -ni *n.pr.* Ägäisches Meer *Ege denizi
adalât, -tı (*va.Pl.* zu **adale**) Muskeln *pl.*
adale *an.* Muskel *m* *kas; ~ **iltihabı** *med.* Muskelentzündung, Myositis *f* **-i daliye** s. **delta kası; -i kalp** s. **yürek kası; -ı sadriye** s. **göğüs kası; -i zatürrüusu selâse** s. **üçbaşlı kas.**
adaleli muskulös
adalet, -ti [·—·] 1. Gerechtigkeit *f* *tüze 2. Gerichtswesen *n*, Justiz *f* 3. Sinn *m* für Gerechtigkeit und Billigkeit ≗ **Bakanı (Bakanlığı)** Justizminister(-ium *n*) *m* *Adliye Vekili (Vekâleti) ~ **divanı** (internationaler) Gerichtshof ~ **doktoru** s. **tabibi adlî;** ≗ **Partisi** Gerechtigkeitspartei *f* (Nachfolgerin der Demokratischen Partei nach der Aburteilung von Menderes) ~ **sarayı** Justizpalast *m* **-e teslim etmek** den Gerichten übergeben **-in pençesi** der (strafende) Arm der Gerechtigkeit
adaletçi [·—··] die Gerechtigkeit liebend und wahrend; Förderer *m* der Rechtspflege
adaletli [·—··] gerecht, voll Gerechtigkeit
adaletsiz [·—··] ungerecht
adaletsizlik [·—···] Ungerechtigkeit *f*
adalı 1. Inselbewohner(-in *f*) *m, pej.* Insulaner(-in *f*) *m* 2. *pr.* Bewohner(-in *f*) *m* e—r ägäischen Insel
adalî 1. Muskel- *kasıl 2. muskulös **nesci** ~ s. **kasdoku**
adam 1. Mensch *m* 2. Mann *m* 3. *mel.* tüchtiger (ehrenhafter, ordentlicher, brauchbarer usw.) Mann 4. Diener, Gefolgsmann *m;* im *Pl.* a. Beamte, Angestellte, Leute 5. Günstling, Schützling *m* 6. Parteigänger, Anhänger *m* 7. Gönner, Protektor *m* 8. man, einer, jeder, alle 9. s. **Adam sen de!** Zu 3: **Tam -ını buldun!** *iron.* Da hast du dir ja gerade den Richtigen ausgesucht! **O da kendini** ~ **oldum sanıyor.** Er hält sich auch schon für wunder was! Zu 8: ≗**ı kukla gibi oynatır.** Er läßt alle nach seiner Flöte tanzen. ≗ **-a lâzım olur.** *Spr.* Der Mensch steht nicht allein (braucht die anderen). ~ **ağızlı adam** mit wem man vernünftig reden kann; zugänglich ≗ **ahbabından bellidir.** *Spr.* Sage mir, mit wem du umgehst, und ich sage dir, wer du bist. ~ **aktarmak** (Ringen) besiegen ~ **almamak** voller Menschen sein (Straßen) ~ **azmanı** ein Hüne von Gestalt ~ **başına** pro Kopf, auf jeden Mann, *F* pro Nase ~ **beğenmemek** alle Leute verachten; an jedem et. auszusetzen haben ~ **boyu** 1. Mannslänge *f* 2. mannshoch, -tief ≗ **değil cüdam.** Den kann man ja gar nicht als Menschen rechnen. ~ **eti yemek** klatschen, lästern ~ **etmek** 1. ausbilden, erziehen, z e—m ordentlichen Menschen heranbilden 2. gut pflegen (z.B. Sträucher) 3. regeln, in Ordnung bringen ~ **evlâdı** 1. wohlerzogener Mensch aus gutem Hause 2. angesehene Persönlichkeit ~ **gibi** ordentlich, anständig, vernünftig, ruhig ~ **içine çıkacak yüzü kalmamak** sich unmöglich machen; sich nicht mehr blicken lassen können ~ **içine çıkmak** s.a. **insanlar arasına karışmak;** ≗ **iş başında belli olur.** *Spr.* Das Werk lobt den Meister. *Spr.* ~ **kaldırma** *jur.* Entführung *f*, Menschenraub *m* ~ **kıtlığı** Mangel *m* an (ausgebildeten) Arbeitskräften ~ **kıtlığında** *a.* da niemand Besseres zu finden ist (war); faute de mieux ~ **kullanmasını bilmek** es verstehen, mit Leuten umzugehen ≗ **odur ki sözünden dönmeye.** *Spr.* Ein anständiger Mensch steht zu seinem Wort. ~ **oğlu** (~) s. ~ **evlâdı.** ≗ **olana bir söz yeter.** *Spr.* Sapienti sat. ~ **olmak** ein ordentlicher, brauchbarer Mensch sein (bzw. werden) ~ **öldürme** *jur.* Mord, Totschlag *m*, Tötung *f* *katil, katletme ~ **sarrafı** erfahrener Menschenkenner ~ **seçmek** protegieren, begünstigen ≗ **sen de!** *P* (*gel. a. nur* **adam** *od. nur* **sen de**) 1. Aber, aber! Pfui! 2. Ach was! Wozu denn? 3. Du blöder Kerl du! 4. Was geht das dich an? ~ **sırasına geçmek** (*od.* **girmek**) 1. Mann werden (der Statur nach) 2. *mst. pej.* in die Höhe kommen; e—n einflußreichen Posten erhalten (und dadurch hochnäsig werden) ≗ **var adamcık var.** *F* Es gibt sone und solche. ~ **yerine koymak** 1. die gebührende Ehre erweisen 2. j—n für voll nehmen, als Erwachsenen betrachten ~ **yerine koymamak** 1. j—n links liegen lassen 2. j—n nicht für vollnehmen ~ **yokluğunda** *Besch.* 1. da sonst niemand zur Verfügung stand (*scil.* habe ich es gemacht) 2. wenn niemand Besseres da ist **-a benzemek** (*od.* **dönmek**) sich sehen lassen können: 1. besser gekleidet sein (als früher) 2. wieder ordentlich aussehen (z.B. renoviertes Haus) **-dan saymak** 1. ehrerbietig behandeln 2. Wert (Bedeutung) beimessen **-ı** 1. der Mann, der ihm gewachsen ist 2. der richtige Mann (der helfen kann) **-ı adama takmak** *va.* den einen gegen den anderen ausspielen; Zwietracht säen **-ım** *V* mein Lieber! ≗**ın iyisi alışverişte belli olur.** *Spr.* Ob jemand anständig ist, stellt sich heraus, wenn man geschäftlich mit ihm zu tun hat. ≗**ın yere bakanından, suyun sessiz akanından kork!** *Spr.* s. **Suyun yavaş akanından** (usw.); **-ına çatmak** (*oft iron.*) gerade an den Richtigen geraten (z.B. streitsüchtiger Mensch) **-ına göre** je nach Verdienst
adamak 1. geloben, versprechen, ein Gelübde ablegen *nezretmek, vaat etmek 2. (k—ni) ~ (m. Dat.) sich einsetzen (für; sich widmen) **Ada bana, adayım sana!** *Spr.* E—e Liebe ist der anderen wert. *Spr.* ≗**la mal tükenmez** (*a. m. der Forts.* **Hak saklasın vermekten!**) *Spr.* Versprechungen haben noch keinen arm gemacht. (Gott behüte, daß man wirklich et. gibt!)
adamakıllı [·×···] 1. gehörig, tüchtig, ordentlich, recht 2. sorgfältig, genau 3. treffend (z.B. Wort), angebracht 4. *F* angesehen, in guter Stellung
adamca [·×·] s. **adamcasına; insanca**
adamcağız der Biedere, Gute, der gute Mann, der arme Kerl **-lar** die guten Leutchen *pl.*
adamcasına 1. menschlich 2. ordentlich, wie es sich gehört, anständig
adamcık *pej.* kleiner Mann; Männchen, Kerlchen *n*
adamcıl 1. *va.* Griesgram, Menschenfeind, Misanthrop *m* 2. die Menschen meidend (Tier), ungezähmt, wildlebend 3. zutraulich, zahm (Tier) 4. den Menschen angreifend

(od. ihn tötend) (Tier, *spez.* Kamel) Zu 1: *vgl.* ≗, Le Misanthrope (Molière – Ahmet Vefik Paşa)
adamcılıyın *selt. Adv.* ordentlich, anständig
adamkökü, -nü s. **kankurutan** (1)
adamlık 1. Menschlichkeit *f*, menschliches Verhalten 2. Edelmut *m* 3. Männlichkeit *f*, Mut *m* 4. Anstand *m*, Ehrenhaftigkeit *f*
adamotu, -nu s. **kankurutan** (1)
adamsendeci(-lik) s. **nemelâzımcı(-lık)**
adamsı inselförmig
adamsız 1. ohne Menschen 2. ohne (das nötige) Personal, ohne (die erforderlichen) Hilfskräfte 3. *P* ohne (Ehe-)Mann ≗ **kaldım.** Ich muß alles allein tun.
adamsızlık 1. Personalmangel *m* 2. Fehlen *n* (*od.* Mangel *m*) an Unterstützung, fehlende Protektion
Adana *n.pr.* Stadt u. Rbz. (Südanatolien) ~ **göknarı** zilizische Tanne *f bot.* Abies cilicica
adanç(-lamak) s. **vaat (etmek)**
adan(ıl)mak Pass. od. Refl. zu **adamak**
adap, bı [– –] (*Pl.* zu **edep**) 1. gutes (korrektes, anständiges, ordentliches) Benehmen *aktöre 2. Regeln, Normen, Gebräuche, Sitten *pl.* ~ **(ve) erkân; adabü erkân** anständiges und gesittetes Verhalten **-ı umumiye** Sitte und Anstand, Sittlichkeit *f* *ahlâkı umumiye, edep töreleri **-ı umumiye aleyhine suçlar** *jur.* Sittlichkeitsverbrechen *pl.* Verbrechen und Vergehen *pl.* wider die Sittlichkeit
Adapazarı, -nı *n.pr.* 1. Stadt und (seit Dez. 1954) Verw. des (neuen) Rbz. Sakarya 2. *fr.* D. im Rbz. Kocaeli
adaptasyon 1. freie Übertragung und Bearbeitung e–s fremdsprachlichen Literaturwerkes spez. Theaterstückes 2. Anpassung *f* (z.B. von Fremdwörtern an die heimische Lautung *od. biol.*) *intibak, uyma 3. Verfilmung *f* ~ **yapmak** s. **adapte etmek**
adapte 1. frei übertragen und bearbeitet 2. verfilmt 3. angepaßt ~ **etmek** 1. frei übertragen und bearbeiten 2. verfilmen 3. bearbeiten 4. anpassen ~ **olmak** 1. Pass. zu **adapte etmek** 2. sich anpassen
adaptör (*franz.* **adaptateur**) 1. Bearbeiter *m* 2. *phot.* Zusatzgerät *n* 3. *techn.* Anschluß-, Zwischen-stück *n*
adasoğanı, -nı 1. Meerzwiebel *f bot.* Urginea maritima 2. s. **kum zambağı**
adaş Namens-vetter *m*, -schwester *f* ~ **kelimeler** *ling.* gleichlautende od. gleichgeschriebene Wörter mit verschiedener Bedeutung (z.B. **yüz : yüz; katil : katil**)
adaşlık Namensgleichheit *f*
âdat, -tı [– –] (*va. Pl.* zu **âdet**) Sitten, Gebräuche *pl.* ~ **ve ahlâk** Sitten und Gebräuche *pl.* **-ı ticariye** *va.* Handelsusancen, -bräuche *pl.*
adat, -dı s. **adad**
adatavşanı, -nı Wildkaninchen *n zo.* Oryctolagus cuniculus *yaban tavşanı
adatepe *geogr.* Inselberg *m*
adavet, -ti [·–·] *z. va.* 1. Feind-schaft, -seligkeit *f* 2. Groll, Haß *m*, Mißgunst *f*
adavetkâr [·–·–] *va.* 1. feindlich, feindselig 2. gehässig, mißgünstig, rachsüchtig
aday 1. Bewerber, Kandidat *m* 2. Anwärter *m* *(1, 2) namzet ~ **adayı** Kandidat *m* für die Vorwahlen (innerhalb e–r Partei) ~ **göstermek** j–n als Kandidaten aufstellen ~ **yoklaması** s. **önseçim**
adaylık, -ığı Kandidatur, Bewerbung *f* *namzetlik **-ını koymak** s. **namzetliğini koymak**
adcı *phil.* nominalistisch; Nominalist *m* *nominalist
adcılık *phil.* Nominalismus *m* *ismiye, nominalizm
adçekme Bestimmung *f* durch das Los
adçekmek 1. e–n Namen ziehen (beim Losen) 2. s. **adını çıkarmak**
add s. **ad** (II)
addaks Mendesantilope *f zo.* Addax nasomaculata (Nordafrika)
addeğişimi, -ni (*stil.*) Metonymie *f* *mecazı mürsel
addetmek [×··] zählen (zu), halten (für), rechnen, betrachten, ansehen (als) *saymak **Bunu olmamış addetmeli.** Dies muß man als ungeschehen betrachten.
Addis Ababa *n.pr.* Addis Abeba (Äthiopien)
addolunmak *Pass.* zu **addetmek: Geç kalan gelmemiş addolunur.** Verspätung rechnet als Nicht-Erscheinen.
aded, -di s. **adet, -di**
ededen [×··] *Adv.* zahlenmäßig, numerisch ~ **azlık** zahlenmäßige Unterlegenheit ~ **faik** (*od.* ~ **üstün**) zahlenmäßig überlegen
adedî zahlenmäßig, numerisch, Zahlen- *sayısal, numaral ~ **nispet** arithmetisches Verhältnis (*ant.* hendesî nispet) ~ **olarak** zahlenmäßig, numerisch *sayısalca, numaralca ~ **silsilei alelvilâ** s. **aritmetik dizi**
adele s. **adale**
adem 1. Nicht-vorhandensein, -existieren, Fehlen *n* *yokluk 2. in Füg. nach pers. Muster: Un-, Nicht-, Miß-, A-; -losigkeit; mangelnd, fehlend *-sizlik, -mezlik (Zu Füg. wie **ademi kabul, ademi riayet** usw. s. die Stw. **kabul, riayet** usw.)
Âdem *n.pr.* Adam ~ **evlâdı** Mensch(-ensohn) *m*, Menschen *pl.* ~ **inciri** s. **muz ağacı**
âdem *va.* Mensch, Mann *m* ~ **uşakları** *va.* Menschenkinder *pl.*
âdembaba *V* 1. nachlässig gekleideter, ungepflegter Tourist 2. Opiumsüchtiger 3. Komplize von Erpressern (im Gefängnis)
âdemelması, -nı *an.* Adamsapfel *m*
ademî *va.* nichtexistent
âdemî *va.* 1. auf Adam bezüglich 2. menschlich 3. Adamssohn, Mensch *m*
âdemiyet, -ti *va.* 1. Menschheit *f* 2. Menschlichkeit *f* 3. menschliche Natur 4. Männlichkeit, Mut *m*
âdemoğlu, -nu Mensch(-ensohn) *m* Menschheit *f*
Aden *n.pr.* 1. Aden (Stadt) 2. Eden Zu 2: **cenneti** ~ der Garten Eden *İrem bağı ~ **Himayesi** *n.pr.* Aden-Protektorat *n*
adenit, -ti *med.* Lymphknoten-, Drüsen-entzündung, Adenitis *f*
adenya [·×·] **sarmaşığı** Adenie *f bot.* Adenia venenata
aderans *techn.* Adhäsion *f*
aderanslı Adhäsions- ~ **demiryolu** Adhäsionsbahn *f*
ades *va.* s. **mercimek**
adese 1. *phys.* optische Linse *mercek 2. *bot.* Lentizelle, Rindenpore *f* *kovucuk 3. s. **büyüteç** 4. *phot.* s. **objektif; -i ayniye** s. **göz camı; -i mer'iye** s. **objektif; -i şahsiye** s. **hedef camı**
adeseli mit (optischen) Linsen ~ **nişan tertibatı** Dioptervisier *n*
adesî *va.* linsenförmig, Linsen- **azmı** ~ s. **mercimek kemiği**
adet, -di 1. Zahl *f* 2. Stückzahl *f*, Stück, Exemplar *n*, Nummer *f* *(1, 2) sayı. ~ **barajı** s. **engel sayı; -i murabba** s. **kare sayı**
âdet, -ti 1. Gewohnheit *f*, Brauch *m*, Sitte *f* *görenek 2. Menstruation *f* *aybaşı, hayız. ~ **bezi** Menstruationsbinde *f* ≗ (*od.* ~ **etmek**) **budur en sonra gelir bezme ekâbir.** So ist es nun einmal Brauch: die Großen kommen zum Gelage zuletzt. (*vgl.* Je später der Abend, desto feiner die Gäste.) ~ **edinmek** e–e Gewohnheit annehmen ~ **görmek** die Menstruation haben ~ **güçlüğü** s. **dismenore;** ≗ **ikinci tabiattır.** Gewohnheit ist die zweite Natur. ~ **kesilmesi** *med.* Aufhören *n* der Menstruation in den Wechseljahren der Frau; Menopause *f* ~ **romanı** zeitgenössischer Roman; (Milieuschilderung *f*) ~ **üzere** übli-

cherweise, gewöhnlich ~ **yerini bulsun diye** *(mst. iron.)* damit der alte Brauch zu seinem Recht kommt (auch wenn er überholt erscheint) **-i veçhile** nach seiner Gewohnheit **-ten hariç** ungewohnt, ungebräuchlich **-ten kesilmek** keine Menstruation mehr haben

âdeta [×·–] 1. *va.* gewöhnlich, üblich 2. *va.* nur, bloß, gerade 3. fast, beinahe, so gut wie, geradezu 4. Schritt *m* (als Pferdegangart) 5. *mil.* Kommando beim Reiten: Im Gleichtritt!

adetçe s. **ad**e**den**

âdeten *va. Adv.* üblicherweise

adha [·–] *(va. isol. Pl.)* Opfer(-lämmer) *pl.* vgl. **ıydi** ~

adhezyon(-lu) s. **aderans(-lı)**

adıl *gr.* s. **zamir**

adım 1. Schritt *m* 2. *fig.* Schritt *m,* Handlung *f* 3. Schritt *m* (Längenmaß von 75–80 cm.) ~ **açmak** eilig gehen ~ ~ schrittweise, allmählich, langsam ~ ~ **takip etmek** (b–ni) j–m auf Schritt und Tritt folgen ~ **atmak** 1. (soundsoviele) Schritte machen, schreiten, gehen 2. betreten 3. (langsame) Fortschritte erzielen ~ **başın(d)a** auf Schritt und Tritt; alle paar Schritt ~ **sayacı** Schrittmesser *m* ~ **uydurmak** sich anpassen (an), nachahmen ~ **uzunluğu** Schrittweite *f* **-ı tetik almak** achtsam, wachsam sein; behutsam vorgehen **-ını alamamak** *selt.* die Selbstbeherrschung verlieren **-ını almak** *selt.* s. **-ı tetik almak. -ını geri almak** *fig.* ein Unternehmen wieder aufgeben **-ını tek** (*od.* **denk**) **almak** bedachtsam vorgehen, nichts überstürzen **-larını sıklaştırmak** seine Schritte beschleunigen **-larını uzatmak** (*od.* **açmak**) ausschreiten; schneller gehen

adımlamak 1. (m. Akk.) abschreiten, durchmessen 2. umherschlendern

adımlı mit soundsoviel Schritten

adımlık soundsoviel Schritt entfernt **iki (dört, beş)** ~ **yer** ganz nahe; e–n Katzensprung weit

adımölçer; adımsayar Schritt-messer, -zähler *m* *odometre

Adıyaman *n.pr.* Städtchen im gln. Rbz. (Südanatolien)

adi [––] 1. üblich, gewöhnlich, normal 2. *pej.* gemein, gewöhnlich, ordinär, vulgär *(1, 2) bayağı ≗ **adım marş!** *mil.* Ohne Tritt marsch! ~ **alacaklar** *jur.* einfache od. gewöhnliche Konkursforderungen *pl.* ~ **buhar** *techn.* gesättigter Dampf ~ **cehri** s. **akdiken** (1); ~ **çek** *H* offener Scheck, Barscheck *m* ~ **düğünçiçeği** Ackerhahnenfuß *m* *bot.* Ranunculus arvensis ~ **fiğ** Futterwicke *f bot.* Vicia sativa ~ **geyik** s. **kızılgeyik;** ~ **gün** Werktag *m* ~ **hisse senedi** Stammaktie *f* ~ **icar** (*od.* **kira**) *jur.* Miete *f* ~ **içtima** s. **olağan toplantı;** ~ **iflâs** s. **olağan batkınlık;** ~ **itiraz** *jur.* einfache Beschwerde ~ **kediotu** Baldrian *m* *bot.* Valeriana sativa ~ **kefalet** *jur.* einfache Bürgschaft *bayağı boyunluluk ~ **kefil** *jur.* einfacher Bürge *bayağı boyunlu ~ **küçük kabak** Eierkürbis *m bot.* Cucurbita pepo var. ovifera ~ **mektup** einfacher (od. gewöhnlicher) Brief ~ **muhakeme usulü** *jur.* ordentliches Prozeßverfahren ~ **müruruzaman** s. **olağan yıllanma;** ~ **orman asması** gemeine Waldrebe *bot.* Clematis vitalba ~ **palanga** *naut.* Arbeitstalje *f,* loses Takel ~ **papatya** s. **mayıs papatyası;** ~ **pelin** gemeiner Beifuß *bot.* Artemisia vulgaris *ayvadana, miskotu ~ **piyan bağı** *naut.* Hart-, Herz-bändsel *n* ~ **senet** *jur.* Privaturkunde *f* *hususî senet, mabeyin senedi, gayri resmî senet ~ **şirket** *jur.* Gesellschaft des bürgerlichen Rechtes *bayağı ortaklık ~ **umumî heyet** *jur.* ordentliche Generalversammlung

adil, -dli Gerechtigkeit, Billigkeit *f*

âdil 1. gerecht, billig 2. *selt.* berechtigt 3. **Âdil** *mV;* **Âdile** *wV* ~ **fiyat** angemessener Preis

adîl *va.* gleich(-wertig), ebenbürtig

adileşmek gewöhnlich (gemein) werden

Adilcevaz *n.pr.* O. u. D. im Rbz. Bitlis

adilik [––·] 1. *selt.* Üblich-Sein *n,* normaler Zustand 2. *pej.* Gewöhnlichkeit, Gemeinheit *f;* vulgäres Benehmen; Minderwertigkeit *f*

âdillik s. **adalet**

adim [·–] Fem. **adime(t);** *(nur in va. Füg.)* entblößt, beraubt; ohne **-ülcenah** s. **apteriks; -üliktidar** s. **kudretsiz; -ülimkân** s. **imkânsız; -etüttüveyç** s. **taçsızlar**

Adin s. **Aden** (2)

adinami *med.* Adynamie *f* (Körper- *spez.* Muskelschwäche *f*)

adinamik *med.* adynamisch, kraftlos, schwach

adipoz; adipozite (*franz.* **adipose, adiposité**) *med.* Adipositas, Fett-sucht, -leibigkeit *f*

adisiyon *selt.* Addition, Zusammenrechnung *f* ~ **fişi** Abrechnungsbeleg *m* (in e–m Lokal)

adit, -di [·–] *va.* zahlreich. **vukuatı -e** zahlreiche Vorkommnisse *pl.*

adiyabat, -tı *techn.* Adiabate *f*

adiyabatik *techn.* adiabatisch. ~ **münhani** Adiabate *f*

Adiyat suresi Name der 100. Sure

adiyo [·×·]; **adiyö** *mst. lev.* Auf Wiedersehen! Adieu!

adla, -aı [·–] *va.Pl.* zu **dılı** 1. s. **kaburga** 2. s. **kenarlar**

adlamak *selt.* s. **adlandırmak**

adlandırmak (be-)nennen, bezeichnen

adlanmak 1. ge-, be-nannt werden; e–n Namen bekommen 2. *mel.* sich e–n Namen machen, berühmt werden 3. *pej.* in Verruf kommen

adlı 1. mit Namen, namens 2. berühmt ~ **adınca söylemek** j–m et. ins Gesicht sagen ~ **adiyle** 1. unter dem Namen, wie ihn jeder kennt. 2. richtiggehend (z. B. sich verlieben) *(1, 2) adiyle saniyle. ~ **sanlı** bekannt, berühmt *maruf, tanınmış, meşhur, şöhretli

adlî Justiz-, Gerichts- *tüzel ~ **altın** Name e–r Goldmünze aus der Zeit Mahmuts II. (1808) ~ **amir** *jur., mil.* Gerichtsherr *m* ~ **hata** *jur.* Fehl-spruch *m,* -urteil *n,* Justizirrtum *m* ~ **heyet** *jur.* Gerichtshof *m* ~ **imtiyaz** s. **kapitülasyon** (2) ~ **muamele** *jur.* Prozeßhandlung *f* ~ **müzaheret** *jur.* Armenrecht *n* ~ **rapor** gerichtsmedizinischer Befund ~ **sicil** *jur.* Strafregister *n* ~ **subay** *mil.* Gerichtsoffizier *m* ~ **tabip; tabibi** ~ *jur.* Gerichtsarzt *m,* gerichtsmedizinischer Sachverständiger ~ **takibat** *jur.* gerichtliches Verfahren; Strafverfolgung *f* ~ **tasfiye** *jur.* gerichtliche Liquidation; Vergleichsverfahren *n* zur Abwendung des Konkurses ~ **tatil** Gerichtsferien *pl.* ~ **tebliğ (tebligat)** gerichtliche Zustellung ~ **tevbih** gerichtlicher Verweis ~ **tıp; tıbbı** ~ *jur.* 1. gerichtliche Medizin 2. gerichtsmedizinisches Institut ~ **yardım** *jur.* Rechtshilfe *f* ~ **yıl** *jur.* Justizjahr *n* ~ **zabit** s. ~ **subay**

adliye 1. Justiz *f,* Rechts-wesen *n,* -pflege *f* 2. Gericht *n* 3. **(sarayı)** Gerichtsgebäude *n,* Justizpalast *m* 4. s. **adlî altın** 5. **Adliye (Vekâleti)** Justizministerium *n* *Adalet Bakanlığı ~ **çavuşu** s. **mübaşir;** ~ **haberleri** *(Zeitungsspalte)* Aus dem Gerichtssaal ~ **kuvveti** s. **kaza kuvveti;** ~ **mahkemeleri** *jur.* ordentliche Gerichte *pl.* ~ **tatili** Gerichtsferien *pl.* ~ **tebligat müdürlüğü** Zustellungsbüro *n* der Justizverwaltung **-nin pençesi** *selt.* s. **adaletin pençesi; -ye müracaat etmek** sich an das Gericht (*od.* die Gerichte) wenden **-ye vermek** dem Gericht (den Gerichten) übergeben

adliyeci im Staatsdienst tätiger Jurist *spez.* Richter *m*

adlünasfet, -ti *va.* Recht und Billigkeit

administratör *selt.* Verwalter, Geschäftsführer, Kurator *m,* Mitglied *n* e–s Verwaltungsrates

admiraltı demiri s. **çipolu demir**

ADN = Allgemeiner Deutscher Nachrichtendienst (DDR)

adonis 1. ≗ *griech. Myth.* Adonis 2. Frühlingsteufelsauge *n* *bot.* Adonis vernalis 3. Adonisfalter *m zo.* Lycaena

adrenal bez s. **böbreküstü bezi**

adrenalin *med.* Adrenalin, Nebennierenhormon *n*
adres Adresse, Anschrift *f* ~ **değiştirmek** *V* abkratzen, draufgehen (= sterben) ~ **koymak** e–e Adresse draufschreiben ~ **(baskı) makinesi** Adressiermaschine, Adrema *f* ~ **rehberi** Adreßbuch *n* ~ **sahibi** Adressat *m*
adresli 1. m. nb. Adresse 2. adressiert
adresograf (*franz.* **adressographe**) s. **adres (baskı) makinesi**
Adriyatik 1. ~ **(denizi)** *geogr.* Adria *f* 2. ~ **ırkı** s. **Dinar ırkı**
Adriyen *n.pr.* Hadrian (röm. Kaiser; Papstname)
adsız 1. namenlos, unbenannt, ungenannt, unbekannt, unberühmt 2. (*in alttürk. Zeit*) junger Mann, der sich von seinem Stamm trennte, um sein Glück auf eigene Faust zu suchen
adsızparmak Ringfinger *m* *yüzükparmağı
adsorpsiyon *chem.* Adsorption *f* *soğrumsama
adu [·–] *va.* Feind *m* *düşman
adudî [·––] *va.* den (Ober-)Arm betreffend
adut, -du *va.* s. **üst kol. azmı** ~ s. **kol kemiği**
aduv s. **adu**
adüktör s. **yaklaştırıcı**
advantis (*franz.* **adventice**) *phil.* von außen hinzukommend; zufällig auftretend
ad valorem *H* dem Wert nach; ~ ~ **gümrük vergisi** Wertzoll *m*
adventisya [··×·] s. **damar dış gömleği**
adyabat(-ik) s. **adiyabat(-ik)**
aeriyen (in der Füg. **ataşeaeriyen**) Luft-
aerob *biol.* aerob (Sauerstoff zum Leben brauchend)
aerodinamik, -ği 1. Aerodynamik *f* 2. aerodynamisch, windschnittig ~ **biçim** Stromlinienform *f* ~ **tecrübe enstitüsü** aerodynamische Versuchsstation
aerodrom *selt.* Flughafen *m*
aerofaji *med.* Aerophagie *f*, (krankhaftes) Luftschlucken
aerofit, -ti *bot.* Aerophyt *m* *epifit
aerofobi *med.* Aerophobie, (krankhafte) Luftscheu *f*
aeroglisör (*franz.* **aéroglisseur**) Schwebeschiff, Luftkissenfahrzeug *n* *hoverkraft
aerolit, -ti s. **taşımsı göktaşı**
aerometre [···×·] Aerometer *n*, Luftmesser *m* *havaölçer
aeromihanik 1. Aeromechanik *f* 2. aeromechanisch
aeroplan *z.va.* Flugzeug *n*
aerostatik, -ği 1. Aerostatik *f*, Luftschiffahrt(-skunde) *f* 2. aerostatisch, Flug-, Luft-
aeroterapi *med.* Aero-, Luft-therapie *f*
AET = Avrupa Ekonomik Topluluğu, Europäische Wirtschaftsgemeinschaft, EWG *f*
af, -ffı 1. Verzeihung, Vergebung, Entschuldigung, Begnadigung, Amnestie *f* *yarlıgama 2. Erlassen *n*, Erlassung *f* (e–r Tributzahlung, verhängten Strafe usw.) *bağışlama 3. Entlassung *f* (aus dem Amt), Enthebung *f* ~ **arzuhali** Begnadigungsgesuch *n* ≗ **buyurunuz!** Entschuldigen Sie bitte! ~ **dilemek** um Verzeihung (Vergebung) bitten ~ **hakkı** Begnadigungsrecht *n* ~ **kanunu** Amnestieerlaß *m* ~ **salâhiyeti** Begnadigungsrecht *n* ≗**ımı dilerim** (Formel der höfl. Ablehnung z.B. bei angebotenem Amt) Ich bitte, mich entschuldigen zu wollen **-ınıza mağruren** *z.va.* im Vertrauen auf Ihre Verzeihung ≗**ınıza mağruren mektubu okudum.** Ich habe mir erlaubt, den Brief zu lesen. ≗**ınıza mağruren söyleyeyim ki** Ich bitte um Verzeihung, wenn ich sage ... ≗**ınızı rica ederim.** Ich bitte um Entschuldigung. **-ı umumî** s. **genel af; gayri kabili** ~ unverzeihlich, unentschuldbar
afacan Lausbub, Schlingel *m* ≗**a gelsin inşallah!** (*Fluch*) Hol ihn der Teufel!
afacanlaşmak mutwillig, ungebärdig werden
afacanlık Lausbubenstreich *m* (*od. allg.*) Verhalten *n* e–s Lausbuben ~ **etmek** Lausbubenstreiche verüben
afak, -kı [––] *va.Pl.* zu **ufuk; -ı tutmak** s. Stw. **şöhret**
afakan s. **hafakan**
afaki *med.* Aphakie *f* (Fehlen *n* der Linse im Auge)
afakî [–––] 1. objektiv, streng sachlich *nesnel, objektif 2. oberflächlich, seicht (z.B. Unterhaltung) 3. ≗ *va.* ein nicht aus Mekka stammender Pilger ~ **hukuk** s. **objektif hukuk**
afakîlik [–––·]; **afakiyet, -ti** 1. Objektivität *f* 2. Oberflächlichkeit *f*
afakiye s. **nesnelcilik**
afal dumm, verständnislos, verdutzt, verblüfft ~ ~ **bakmak** völlig verständnislos dreinsehen, ein verdutztes Gesicht machen
afalla(ş)mak ganz verdutzt (verblüfft) sein, sprachlos dastehen
afara *dial.* mit Erde und Steinen untermischte Spreu (nach dem Dreschen)
afaralamak *dial.* die Spreu zusammenkehren
afaroz 1. *V* Fortjagen *n* 2. s. **aforoz;** ~ **etmek** *V* 1. fortjagen, j–m den Laufpaß geben 2. j–m die kalte Schulter zeigen; j–n links liegenlassen
afarozlamak *V* s. **afaroz etmek**
afarozname [···–·] *V* Entlassungsschreiben *n*, Laufpaß *m*
afat, -tı [––] *va.Pl.* zu **afet. -ı semaviye ve arziye** *va.* Naturkatastrophen *pl.*
afatlamak *P* 1. schimpfen, fluchen 2. dummes Zeug reden
afatlatmak *P* 1. plagen, quälen 2. reizen; ungeduldig werden lassen; verrückt machen
afazi Aphasie *f*, Verlust *m* der Sprechfähigkeit *söz yitimi, zıyaı kelâm
afekt, -ti *psych.* Affekt *m*, Gemütsbewegung, -erregung *f*
afektif affektisch; das Gefühl berührend
afeli (*franz.* **aphélie**) s. **günöte**
aferez (*franz.* **aphérèse**) *ling.* Aphärese *f* (Wegfall *m* e–s anlautenden Phonems)
aferide [–·–·] *va.* 1. ge-, er-schaffen 2. Geschöpf *n*
aferim *P* für **aferin**
aferin [×··] 1. bravo! sehr gut! ausgezeichnet! *bravo 2. *fr.* schriftl. Belobigung (in der Schule) 3. (in Zss.en) *va.* Schöpfer *f* ~ **almak** e–e Belobigung erhalten (allg.). ≗ **sana!** Das hast du prima gemacht!
aferist, -ti (*franz.* **affairiste**) 1. Wichtigtuer, Gschaftlhuber *m* 2. übler Geschäftemacher, Schieber, Gauner *m*
afet, -ti [ā] 1. Plage *f*, Unglück *n*, Geißel *f* (z.B. des Kriegs) 2. (*a.* **tabiî** ~) Naturkatastrophe *f* 3. Landplage *f* 4. *med.* Verletzung *f* 5. (*a.* ~ **gibi** *od.* **-i can**) bildhübsche Frau 6. **Afet** *wV* ~ **teorisi** Kataklysmentheorie *f* *katastrofizm
afetdide [–·–·]; **afetzede** [ā] von e–m Unglück (e–r Naturkatastrophe) betroffen; Opfer *n*, Geschädigter
affetmek [×··] 1. verzeihen, entschuldigen, vergeben 2. erlassen (Strafe usw.); amnestieren 3. entlassen (aus dem Amt), entheben. Zu 3: **Vazifesinden affedildi.** Er wurde seines Amtes enthoben. **Affedersiniz!** 1. (Einleitung zu e–r Bitte) Entschuldigen Sie bitte! Wenn Sie gestatten ... 2. (Entschuldigung für ein Versehen usw.) Ich bitte um Entschuldigung. *Affınızı rica ederim 3. (scharfer Einwand) Aber gestatten Sie ... Zu 1. **Affedersiniz size bir şey soracağım.** Entschuldigen Sie bitte, dürfte ich Sie etwas fragen? Zu 3: **Siz onu affedersiniz** (*od.* **affetmişsiniz**) Aber gestatten Sie einmal ...
affetmez 1. rücksichtslos, unnachsichtig 2. tödlich (Krankheit)
affettuoso [···×·] *mus.* affettuoso, liebevoll, zärtlich
affolunmaz unverzeihlich
affüziyon (*franz.* **affusion**) *med.* Übergießen *n* (mit warmem od. kaltem Wasser); Aufguß *m*
Afgan afghanisch ~ **ahalisi** afghanische Bevölkerung
Afganca s. **Peştu (dili)**
Afganî Afghani *m* (afghanische Münzeinheit)

Afganistan *n.pr.* Afghanistan
Afganlı 1. Afghan-e *m,* -in *f* 2. afghanisch
afi *V* Angebertum *n,* Angeberei *f,* Prahlen *n;* falscher Schein ~ **kesmek (satmak, yapmak)** *V* angeben, prahlen, wichtig tun
afidavit, -ti *H* Affidavit *n,* eidesstattliche Erklärung
afif [·–] 1. keusch, tugendhaft, 2. ehrenhaft, rechtschaffen 3. **Afif** *mV,* **Afife** *wV*
afili *V* angeberisch, prahlerisch; *V:* großkotzig
afinite 1. *phil.* (Wesens-)Verwandtschaft *f* 2. Ähnlichkeit *f* 3. *chem.* Affinität *f*
afiş (*franz.* **affiche**) 1. Plakat *n,* Maueranschlag *m* 2. *V* Prahlerei *f,* Schwindel *m,* Lüge *f* ~ **asmak** Plakate anschlagen ~ **ressamı** Plakatmaler *m* **-te kalmak** *Th.* lange Zeit auf dem Spielplan bleiben (Schauspiel) **-ten inmek** *Th.* vom Spielplan abgesetzt werden
afişe (*franz.* **affiché**) übel beleumundet, in Verruf geraten ~ **etmek** 1. ins Gerede bringen 2. **(kamuoyuna)** anprangern
afitap, -bı [–·–] *va.* 1. Sonne *f* *güneş 2. schönes Antlitz
afiv (phon. unberechtigte und offiziell nicht anerkannte) häufige Schr. von **af**
afiyet, -ti [ā] Gesundheit *f,* Wohlbefinden *n* ~ **bulmak** (wieder) gesund werden **-le yemek** (bşi) sich et. gut schmecken lassen, et. m. Appetit verzehren ≗ **(ler) olsun!** Guten Appetit! Wohl bekomm's!
affiyetlemek [ā] e–n guten Appetit wünschen
aflorman (*franz.* **affleurement**) *geol.* Aufschluß *m,* Zutagestreichen *n* (e–r Erzader)
afoni Aphonie *f* (Stimmlosigkeit *od.* überaus starke Heiserkeit) *ses yitimi
aforizm(-a) Aphorismus, Gedankensplitter *m* *fikir kırıntısı
aforoz Kirchenbann *m,* Exkommunikation *f,* Anathema *n* ~ **etmek** (*od.* ≗ **okumak**) 1. m. dem Kirchenbann belegen; exkommunizieren 2. *fig.* kaltstellen 3. *fig.* von j–m nichts mehr wissen (*od.* hören) wollen
aforozlamak s. **aforoz etmek** u. *V* **afarozlamak**
aforozlu 1. m. dem Kirchenbann belegt; exkommuniziert 2. *fig.* kaltgestellt; in Acht und Bann getan
aforozname [···–·] Bannbulle *f* (des Papstes)
afortiori [···×·] *phil.* um so berechtigter, noch viel eher, um so mehr, erst recht *haydi haydi
Afrika *n.pr.* Afrika. ~ **ceylanı** s. **keseli antilop;** ~ **cırlak sıçanı** Hamsterratte *f zo.* Cricetomys gambianus ~ **çam ağacı** Atlas- od. Silberzeder *f. bot.* Cedrus atlantica *Atlas sediri ~ **devekuşu** s. **devekuşu;** ~ **domuzu** s. **düğmeli Afrika domuzu;** ~ **fili** afrikanischer Elefant *zo.* Elephas africanus ~ **gergedanı** Spitznashorn *n zo.* Diceros bicornis ~ **göçmen çekirgeşi** Wanderheuschrecke *f zo.* Locusta migratoria ~ **hatmisi** s. **şeytan keneviri;** ~ **kakulesi** Malagetta *f bot.* Aframomum melegueta ~ **karsağı** Wüsten-, Ohren-fuchs, Fennek *m zo.* Fennecus zerda ~ **kokarcası** Zorilla *f,* Bandiltis *m zo.* Ictonyx striatus *zorilla ~ **lâlesi** s. **yılan soğanı** (1); ~ **lastik ağacı** Kautschukliane *f bot.* Landolphia comorensis ~ **manatisi** afrikanische Seekuh *zo.* Trichechus senegalensis ~ **mercan çiçeği** afrikanische Goldblume *bot.* Dimorphoteca aurantiaca ~ **mis kedisi** afrikanische Zibetkatze; Zivette *f zo.* Viverra civetta ~ **mür ağacı** die Myrrhenart Commiphora Schimperi ~ **sümbülü** weiße Galtonie; Riesenhyazinthe *f bot.* Galtonia candicans *yaz sümbülü ~ **tavuğu** s. **Beç tavuğu;** ~ **yaban eşeği** nubischer Wildesel *zo.* Equus asinus afrikanus ~ **yıldızçiçeği** afrikanische Aster *bot.* Agatha amelloides ~ **zambağı** s. **muhabbetçiçeği** (2)
Afrikalı 1. Afrikaner(-in *f*) *m* 2. afrikanisch
Afrodit, -ti 1. *griech. Myth.* Aphrodite 2. Titel e–s bekannten Romans von Pierre Louys
afrodizyak 1. Aphrodisiakum *n* 2. aphrodisisch; den Geschlechtstrieb steigernd
afsun [ū] Zauberei, Hexerei *f,* Zauber-spruch *m,* -kunst *f* (*fig. mst.* **efsun**); ~ **okumak** mit einem Zauber belegen
afsuncu Zauberer *m,* Zauberin *f,* Hexe(-nmeister *m*) *f* *büyücü, sihirbaz
afsunculuk Hexen *n,* Zauberei *f*
afsunlamak 1. (ver-)zaubern, (ver-)hexen 2. *fig.* bezaubern, verführen
afsunlu (wie) verzaubert, verhext
afsunname [·––·] Zauber-, Beschwörungs-buch *n*
Afşar 1. Name e–s Turkmenenstammes, der spez. in Nordpersien und Südanatolien stärker verbreitet ist 2. von Angehörigen dieses Stammes hergestellte Teppichart ~ **otu** gemeine Haselwurz *bot.* Asarum europaeum
Afşin *n.pr.* O. u. D. im Rbz. Maraş
aft, -tı *med.* Aphthe (-n *pl.*) *f* (Mundausschlag) ~ **humması** *vet.* Maul- und Klauenseuche *f*
aftap s. **afitap**
aftos *V* Geliebte *f,* Verhältnis *n,* Mätresse, Freundin *f*
aftospiyos *V* 1. unwichtig, wertlos, unbrauchbar 2. So ein jämmerliches Würstchen (von Mensch)! ~ **iki tavuk bir horoz** (etwa): Hokuspokus, eins, zwei, drei!
afur (in der Füg.:) ~ **tafur** *P* 1. Angebertum *n,* Prahlerei *f,* Benehmen *n* e–s Parvenüs 2. Anmaßung, Arroganz *f*
afyon 1. Opium *n* 2. **Afyon** *Abk.* von **Afyonkarahisar;** ~ **ağacı** Baummohn *m bot.* Dendromecon rigidum ~ **çiçeği** s. **haşhaş;** ~ **ruhu** Opiumtinktur *f.* Laudanum *n* ~ **tiryakisi** Opiumraucher *m* **-u başına vurmak** *fig.* sich vor Wut nicht mehr kennen ≗**un keyfini tiryakiden sormalı.** *Spr.* Was ein Opiumrausch ist, kann man nur von einem Opiumraucher erfahren. *d. h.* Wenn man et. genau erfahren will, muß man sich an die richtige Adresse wenden. **-unu patlatmak** (b–nin) *V* j–n aus der Ruhe bringen, aufschrecken, wütend machen
afyoncu 1. Opium-erzeuger, -hersteller *m* 2. Opiumhändler *m*
afyonculuk 1. Opium-erzeugung, -herstellung *f* 2. Opiumhandel *m*
Afyonkarahisar *n.pr.* Stadt u. gln. Rbz. (Westanatolien)
afyonkeş opiumsüchtig, *spez.* Opiumraucher *m*
afyonkeşlik Opiumsucht *f*
afyonlamak *fig.* narkotisieren, benebeln
afyonlu 1. Opium enthaltend, Opium- 2. wer Opium zu sich genommen hat 3. *fig.* im Dämmerzustand befindlich 4. ≗ aus Afyonkarahisar stammend
aga *prov.* jovial, ungezwungen
agâh 1. (m. Dat.) informiert, Bescheid wissend, eingeweiht 2. erfahren, kundig 3. **Agâh** *mV* ~ **etmek** informieren, Bescheid geben
agalya [·×·] *griech.* leise, lautlos
agama Agame *f zo.* Agama (mutabilis u. a.)
agami s. **borazan kuşu**
aganta [·×·] 1. *naut.* (Kommando) genug! halt! aufhören! 2. fest! festzurren! ~ **etmek** 1. *naut. od. allg.* (an-)halten festhalten, packen 2. *naut.* straffziehen, festzurren, anholen (z. B. Brassen)
agaragar *pharm.* Agar-Agar *m, n* (Schleimstoff aus ostasiat. Rotalgen *jeloz; Seylan yosunu
agat, -tı (*franz.* **agate**) s. **akik**
agav Agave *f bot.* Agave americana *Amerika sabır ağacı
agaz [––] *va.* Anfang, Beginn *m* ~ **etmek** (bşe) *va.* anfangen, beginnen
agel dicke, schwarze Kordel (über der arabischen **kefiye**)
agelli 1. wer **agel** trägt; Araber *m* 2. *fig.* unangenehm arabisch klingend (Wort)
agitato s. **acitato**
Aglebîler *n.pr.* Aghlabiden *pl.* (Dynastie in Nordafrika; 9. Jh.)

aglomera *geol.* Agglomerat, Trümmergestein *n* *topak, yığışım
aglomerasyon Anhäufung, Zusammenballung, Agglomeration *f* *topaklama
aglütinasyon *biol., med.* Agglutination *f*
aglütinin *biol., med.* Agglutinin *n* (Abwehrstoff)
agnostik, -ği 1. agnostizistisch 2. Agnostiker *m* *bilinemezci
agnostisizm *phil.* Agnostizismus *bilinemezcilik, lâedriye
agnozi *psych.* Agnosie *f* (Störung des Erkennens) *fıkdanı marifeti hissiye, tanısızlık
agogik *mus.* s. **güdüm**
agoni *med.* Agonie *f*, Todeskampf *m* *can çekişme
Agop *arm. Vn.* Jakob **Agop'un kazı gibi bakmak** 1. dumm dreinschauen 2. Maulaffen feilhalten **Agop'un kazı gibi yutmak** et. unbesehen (od. ohne zu kauen) hinunterschlucken
agora *hist.* Agora *f*, Forum *n*
agorafobi (*franz.* **agoraphobie**) *psych.* Platzangst *f* *havfı füshat, meydan korkusu; topluluk korkusu
agözi *med.* Ageusie *f*, Verlust *m* der Geschmacksempfindung
agraf 1. Schmucknadel, Agraffe, (Haken-)Spange *f* 2. s. **kilit taşı**
agrafi *psych.* Agraphie *f* (Verlust des Schreibvermögens) *yazma yitimi, zıyaı tahrir
agramatizm *med.* Agrammatismus *m* (Sprachstörung)
agrandisman (*franz.* **agrandissement**) *phot.* Vergrößerung *f* *büyültme ~ **makinesi** Vergrößerungsapparat *m*
agrandismancı *phot.* wer Vergrößerungen herstellt
agrandisör *phot.* Vergrößerungsapparat *m*
agrarpolitik *selt.* Agrarpolitik *f*
agregasyon (in Frankreich): Aggregation *f*
agreje (in Frankreich): 1. Agrégé *m* 2. a.o. Prof. (spez. in e–r jur. od. med. Fakultät)
agreman *pol.* Agrément *n*
agrikültür *selt.* Landwirtschaft *f* *ziraat
agrimonya [··×·] s. **kızılyaprak**
agronom Agronom, Diplomlandwirt *m*
agronomi Agronomie, Ackerbaukunde, Landwirtschaftswissenschaft *f*
agrostis s. **çayırgüzeli**
agu Lm. des zufriedenen Lallens e–s Säuglings ~ **bebek** Wickelkind *n*, Säugling *m*
agucuk: ~ **bebek** (*od.* ~ **yavru**) (*spött.*) Kindskopf *m* **-lar yapmak** s. **agulamak**
agulamak zufrieden lallen (Säugling)
agus [– –] *va.* 1. Brust *f*, Busen *m* 2. Umarmung *f*
aguti Goldhase *m zo.* Dasyprocta aguti (Südamerika)
ağ 1. Netz *n* (*a. fig.*) 2. Zwickel *m* (in e–r (Unter-)Hose) *apışlık 3. (*a.Pl.* **ağlar**) *Fb. usw.* Netz *n* 4. dial. s. **ak** Zu 3: **-lara takmak** (topu) den Ball ins Netz setzen ~ **atmak** (*od.* **bırakmak**) das Netz auswerfen (Fischer) ~ **gemisi** *naut.* Netz-, Sperren-leger *m* ~ **gözü** Masche *f* ~ **kepçe** Kescher, Handhamen *m* (der Fischer) *çolum, çolun ~ **kurtları** Raupen *pl.* der Gespinstmotten *zo.* Hyponomeutidae ~ **manii** *mil.* Netzsperre *f* ~ **oyunu** (Tennis) Netzspiel *n* ~ **örmek** ein Netz knüpfen ~ **sıklığı** Maschenweite *f* (e–s Fischernetzes) ~ **yatak** *selt.* Hängematte *f* *hamak **-a tutulmak, -da yakalanmak** *a. fig.* umgarnt werden **-ı çekmek** das (ausgeworfene) Netz einholen (Fischer) **-ına düşürmek** *fig.* ins Netz locken
ağa 1. *fr.* Herr, Meister, Kommandant, Chef, Vorstand *m; hist.* Titel für Offiziere, Palasteunuchen usw. 2. älterer Bruder *ağabey 3. begüterter, aber mst. ungebildeter Bauer 4. (seit der ausgehenden osm. Zeit) Volkstitulierung für bewährte, in ihrem Kreis angesehene, fr. mst. des Lesens und Schreibens unkundige Diener, Angestellte, Feldhüter, Gewerbetreibende usw. Zu 1: s. **çarşı (yeniçeri) -sı;** ~ **divanı** *hist.* die unter dem Vorsitz des **yeniçeri ağası** abgehaltene Versammlung; **Ağa Han** *n.pr.* Aga Khan ~ **kapısı** *hist.* Dienststelle *od.* Amtsbereich des Oberbefehlshabers der Janitscharen ~ **paşa** *hist.* Titel e–s zum Minister ernannten **yeniçeri ağası;** ~ **yamağı** *hist.* Ordonnanz *f* des Oberbefehlshabers der Janitscharen **-nın beygiri** *fig.* frech, unverschämt *küstah ~**nın gözü, öküzü** (*od.* **ineği**) **semiz eder.** *Spr.* Das Auge des Herrn macht die Herde fett.
ağababa 1. Anrede e–s Kindes an seinen Vater, der den Titel **ağa** hat *od.* an e–n älteren angesehenen Mann 2. Großvater *m* 3. Riesen- 4. *fig.* Protagonist, Meister *m* Zu 3: **tırtılların -sı** Riesenraupe *f*
ağabey [ābi], 1. älterer Bruder 2. achtungsvolle Anrede *a.* bei Nicht-Verwandtschaft Zu 2: **Sınıfımızın bey** (*od.* **efendi**) **ağabeyi ...** der angesehene Angehörige unseres (Prüfungs-)Jahrganges ...
ağabeylik [ābilik] Rechte und Pflichten *pl.* e–s älteren Bruders *od.* entsprechende Tätigkeit ~ **etmek** als (bzw. wie ein) älterer Bruder (für e–n jüngeren) sorgen
ağacık (*Dim.* zu **ağa;** häufig in der Zigeunersprache) junger (bzw. lieber) Herr!
ağaç, -cı 1. Baum *m* 2. Strauch *m* 3. Holz *n* 4. Stange *f*, Mast, Posten, Balken *m* u. ä. m. 5. hölzern, Holz- Zu 3: **meşe -ından** aus Eichenholz Zu 5: ~ **tekne** Holztrog *m* ~ **balı** Gummiharz *n* (bei Pflaumen-, Aprikosen- u. a. Bäumen) ~ **bayramı** Tag *m* des Baumes ~ **biti** Baumwanze *f zo.* Pentatoma rufipes ~ **çivi** Holz-nagel, -stift, Dübel *m* ~ **delgisi** (*od.* ~ **matkabı**) Holzbohrer *m* (Werkzeug) ~ **ebegümeci** Baummalve *f bot.* Lavatera cretica ~ **fındığı** türkische Hasel *bot.* Corylus colurna *Türk fındığı ~ **fulü** Pfeifenstrauch *m bot.* Philadelphus coronarius ~ **fundası** Baumheide *f bot.* Erica arborea *süpürgeotu ~ **hamuru** Holzschliff *m* (bei Papierherstellung) ~ **heykelciliği** Holzbildhauerei, Bildschnitzerei *f* ~ **incir kuşu** Baumpieper *m zo.* Anthus trivialis ~ **iskelet** (hölzernes) Sattelgestell *n* ~ **istromaça** *naut.* Holzfender *m*, Schutzholz *n* ~ **işleme makinesi** Holzbearbeitungsmaschine *f* ~ **işleri** Zimmerwerk, Gebälk *n* ~ **kabuğu** Baumrinde *f* ~ **kangurusu** Bärenkänguruh *n zo.* Dendrolagus ursinus ~ **kapaması** *mil.* Baumsperre *f* ~ **kaplama** Holzverkleidung, Täfelung *f* ~ **karası** *P* schwärzliches Harz (mancher Bäume) ~ **kazık** Holzpfahl *m* ~ **kemiren karınca** s. **termit;** ~ **koruma** Holzschutz *m* *emprenye ~ **kova** Holzeimer *m* ~ **kovuğu** größeres Loch od. Höhlung *f* in e–m Baumstamm ~ **kurbağası** Laubfrosch *m. zo.* Hyla arborea ~ **kurdu** 1. Holzwurm, Klopfkäfer *m*, Totenuhr *f; zo.* Anobium pertinax (od. punctatum) *odun (tahta) kurdu 2. Weidenbohrer *m zo.* Cossus cossus ~ **küpesi** s. **ebutaylûn;** ~ **lâlesi** Tulpenbaum *m bot.* Liriodendron bzw. Magnolia ~ **mantarı** 1. *allg.* Baum-pilz *m*, -flechte *f* 2. s. **katran mantarı;** ~ **metre** Zollstock *m* ~ **minesi** Wandelröschen *n*, Lantane *f bot.* Lantana camara (Treibhauspflanze) ~ **olmak** *V* sich die Beine in den Leib stehen ~ **oyma (-cılığı)** Holzschnitt *m* *ksilografi ~ **pamuğu** die Baumwollpflanze Gossypium arboreum ~ **sakızı** Baumharz *n* ~ **sansarı** s. **zerdeva;** ~ **sıpa** Holz-, Säge-bock *m* ~ **sütleğeni** Springwolfsmilch *f bot.* Euphorbia lathyris (Die Samen dienen als Abführmittel.) ~ **şakayıkı** Strauchpäonie *f bot.* Paeonia moutan ~ **tahtakurusu** s. ~ **biti;** ~ **tarlakuşu** s. **ağaççıl tarlakuşu;** ~ **tavuğugiller** Hokkovögel *pl. zo.* Cracidae ~ **taze** (*od.* **yaş**) **iken eğilir.** *Spr.* Was Hänschen nicht lernt, lernt Hans nimmermehr. ~ **tıkaç** Faßspund *m* ~ **tıpa** Holzdübel *m* ~ **tırmık** Holzrechen *m* ~ **tokmak** Holzhammer *m* ~ **törpüsü** Holzraspel *f* ~ **uru** Gall-, Eich-apfel *m* ~ **üzümü** s. **dut;** ~ **yılanı** Glanznatter *f zo.* Dendrophis pictus **Ağaca çıksa, pabucu yerde kal-**

maz. Er versteht es, sich auch aus der schwierigsten Lage herauszuwinden.
ağaççık 1. junger Baum; Bäumchen *n* 2. Strauch, Busch *m,* Staude *f*
ağaççıl tarlakuşu Heidelerche *f zo.* Lullula arborea
ağaççılık Baumzucht *f;* Anpflanzung *f* von Bäumen s. a. **meyva ağaççılığı**
ağaççileği, -ni Himbeere *f bot.* Rubus idaeus *ahududu; dağ çileği
ağaçkakan Specht *m zo.* Picus *u. a. m.*
ağaçkavunu, -nu Zitronat- *od.* Zedrat-zitrone *f bot.* Citrus medica var. cedro *kitra, sitra
ağaçkesen Rosenblattwespe *f zo.* Hylotoma rosae
ağaçkurbağasıgiller Laubfrösche *pl. zo.* Hylidae
ağaçlama 1. Verschalung, Holzverkleidung *f,* Getäfel *n,* 2. *(im Bergwerk)* Schachtholz *n* 3. Aufforstung *f*
ağaçlamak 1. täfeln, verschalen, mit Holz verkleiden 2. *(im Bergwerk)* auszimmern, absteifen 3. mit Bäumen *od.* Sträuchern bepflanzen 4. j–n verprügeln
ağaçlandırmak 1. mit Bäumen od. Sträuchern bepflanzen 2. aufforsten *teşcir etmek
ağaçlaşma 1. Marmorierung, Äderung, Maserung *f* (z. B. bei Achat) 2. Bildung *f* von Eisblumen *od.* Rauhreif
ağaçlı mit Bäumen bestanden ~ **bozkır** *geogr.* Baumsteppe *f* ~ **yol** Allee *f*
ağaçlık 1. Wäldchen *n,* Hain *m,* Baumgruppe *f* 2. mit vielen Bäumen bestanden, baumreich
ağaçlıklı mit reichem Baumbestand (z. B. Garten)
ağaçsı(-l) 1. holzartig, holzig 2. strauchförmig, staudenartig *haşebî ~ **bitki** Strauch *m,* Staude *f*
ağaçsız baumlos
ağaçsızlanma Abforstung, Entwaldung *f*
ağaçsızlık Fehlen *n* der Bäume
ağalanmak sich wie ein **ağa** benehmen: 1. *mel.* großmütig *od.* freigebig sein 2. *mel.* in Obhut nehmen, beschützen 3. *pej.* ein hochfahrendes Wesen an den Tag legen; wichtig tun
ağalık 1. Stand *od.* Rang *m* e–s **ağa** 2. vornehmes, freigebiges Verhalten 3. *pej.* hochfahrendes Wesen; Anmaßung *f* ~ **etmek** s. **ağalanmak**
ağan *selt.* s. **akanyıldız**
ağanlar s. **usûl**
ağarma 1. Verbleichen, Grauwerden *n* 2. Morgendämmerung *f,* -grauen *n*
ağarmak, (-ır) 1. bleichen *(intr.)* (z. B. Wäsche) 2. ver-, aus-bleichen, verschießen 3. grauen, anbrechen (Morgen, Tag) 4. ergrauen, grau *od.* weiß werden (Haar) 5. in der Ferne auftauchen Zu 3: **Ortalık** (*od.* **gün**) **agardı.** Der Tag brach an (kam herauf).
ağartı 1. Milchprodukte *pl.* 2. weißlicher Schimmer (in der Ferne)
ağartma 1. Bleichen, Weißen *n* 2. *chem.* Raffination *f* *beyazlatma 3. Reinigen und Aufpolieren *n* (von Silber)
ağartmak 1. bleichen *(tr.)* 2. weiß *od.* grau werden lassen 3. ausbleichen; verschießen lassen 4. reinigen und aufpolieren (Silber) 5. s. **yüzünü** ~ Zu 3: **Güneş kumaşın rengini ağarttı.** Die Sonne hat den Stoff ausgebleicht.
ağaz [– –] s. **agaz**
ağbanî s. **abanî**
ağcık 1. s. **börkenek** 2. ≗ s. **Retikül** (5)
ağda Latwerge *f;* dicke, zähflüssige Masse (*fr. a.* Enthaarungsmittel) ~ **kullanmak** (*od.* **yapıştırmak**) ein Enthaarungsmittel auftragen
ağdacı 1. Hersteller od. Verkäufer *m* von **ağda** 2. wer ein Enthaarungsmittel anbringt 3. *fig.* lästiger, zudringlicher Mensch
ağdacılık Gewerbe od. Tätigkeit e–s **ağdacı**
ağdalanmak; ağdalaşmak 1. zähe Konsistenz annehmen 2. *fig.* dickflüssig od. schwerfällig werden (*z. B.* Stil)
ağdalı 1. dickflüssig, zäh 2. *fig.* schwerfällig, schwer verständlich (*z. B.* Ausdruck) 3. *fig.* pompös, hochtrabend (*z. B.* Stil) 4. *V* ellenlang, wüst (Fluch)
ağdalık Dick-, Zäh-flüssigkeit *f*
ağdık *va.* 1. Fehler, Mangel *m* 2. fehlerhaft, mangelhaft 3. schwer, gewichtig
ağdırmak 1. in die Höhe steigen lassen od. hinabhängen lassen 2. dickflüssig werden lassen 3. *intr.* sich auf der e–n Seite heben, auf der anderen senken (*spez.* ungleich verteilte Traglast e–s Tieres)
ağı *P* Gift *n* *zehir ~ **böceği** *P* s. **çam keseböceği;** ~ **gibi** gallenbitter ~ **kurdu** spanische Fliege *zo.* Lytta vesicatoria
ağıağacı,-nı 1. s. **zakkum** 2. s. **açalya**
ağıl 1. Hürde, Einzäunung *f* (für Schafe *od.* Ziegen) 2. Halo, Hof *m* (*spez.* um den Mond) *hale 3. s. **agel** 4. *phot.* Lichthof *m* 5. (Vieh-)Herde *f* ~ **resmi** *fr.* Kleinviehsteuer *f* ≗**da oğlak doğsa ovada otu biter.** *Spr.* Gott sorgt für jeden.
ağılamak *P* 1. vergiften *tesmim etmek, zehirlemek 2. Bäume od. Sträucher mit e–m Schädlingsmittel bespritzen 3. *fig.* irreführen, täuschen 4. (bşe) Gift beimischen
ağılı *P* giftig *zehirli ~ **baldıran** 1. echter Schierling *bot.* Conium 2. Wasserschierling *m. bot.* Cicuta
ağılıböcek Laufkäfer *m. zo.* Carabus
ağıllamak in e–m Pferch halten (Schafe *od.* Ziegen)
ağıllanmak 1. Pass. zu **ağıllamak** 2. e–n Hof bekommen (*spez.* Mond)
ağılmak *selt.* s. **ağınmak**
ağılönler *phot.* lichthoffrei
ağım Spann, Rist *m* (am Fuß)
ağımlı 1. mit nb. Spann 2. *pr.* mit hohem Spann
Ağın *n.pr.* O. u. D. im Rbz. Elazığ
ağınmak sich auf dem Boden wälzen (Tier)
ağıotu s. **baldıran**
ağır, -ğrı 1. schwer (Gewicht) 2. in die Waagschale fallend, gewichtig, bedeutend, wertvoll (z. B. Geschenk) 3. s. **ağırbaşlı** 4. schwer, schwierig, mühsam 5. schwer, ernst, besorgniserregend (z. B. Krankheit) 6. schwer verdaulich 7. Beschwerden verursachend, anstrengend; ungesund (Klima) 8. unangenehm, aufdringlich (Geruch), stinkend 9. kränkend, beleidigend (Worte, Behandlung usw.) 10. langsam, träge, schwerfällig, langweilig, öde, lästig 11. nur langsam begreifend, *F* schwer von Begriff 12. teuer, wertvoll (Waren) 13. (Sport) *Verk.* von ~ **sıklet;** ~ **adam** 1. schwerfälliger, phlegmatischer Mensch 2. unsympathischer Mensch 3. *mel.* ruhiger, ernster Mensch; Respektsperson *f* ~ ~ *Verst. von* **ağır** *spez.* 1. ganz langsam, sehr würdevoll, überaus schwerfällig, ganz gemächlich 2. mehr als, reichlich Zu 1: ≗ ~ **gel!** *naut.* (Kommando an den Rudergänger): Komm auf! Zu 2: ≗ ~ **bir kilo geliyor.** Es macht gut und gern ein Kilo aus. ~ **aksak** 1. ganz langsam; schwerfällig 2. e–e best. Taktart in der türk. Musik ~ **almak** (bir işi) 1. langsam arbeiten 2. *fig.* sich et. zu Herzen nehmen ~ **anlamak** schwer von Begriff sein ~ **araba kolu** *mil.* schwere Kolonne *f* ~ **basmak** 1. zu schwer sein 2. nachdrücklich auftreten, energisch vorgehen, das ganze Gewicht (seiner Macht, seines Ansehens usw.) in die Waagschale werfen 3. (b–ni) sich wie ein Alpdruck legen (auf) 4. weitaus in der Mehrzahl sein ~ **bir dille konuşmak** s. ~ **dil kullanmak;** ~ **bomba topu** *mil.* schwerer Minenwerfer ~ **boy** hervorragend, erstklassig, exquisit ~ **canlı** s. **ağır adam** (1, 2); ~ **ceza** 1. *allg.* schwere Strafe 2. *spez.* Zuchthausstrafe *f* ~ **ceza işleri** *jur.* schwere Straftaten; Kapitalsachen *pl.* ~ **ceza mahkemesi** die für schwere Verbrechen zuständige Straf-

kammer der zweiten Instanz: 1. Schwurgericht *n* 2. Große Strafkammer *f* ~ **çekmek** schwer wiegen ~ **davranmak** 1. langsam vorgehen *od.* handeln 2. schwerfällig reagieren, *F* nicht recht anbeißen wollen ~ **deniz** *naut.* grobe See *kaba deniz ~ **dil kullanmak** sich in Beleidigungen ergehen ~ **dilli** 1. stockend sprechend, stammelnd 2. sich in Beleidigungen ergehend ~ **divan rahtı** lange goldgestickte Satteldecke ~ **durmak** (*od.* ~ **olmak**) 1. seine Kaltblütigkeit bewahren 2. sich zusammennehmen ~ **duymak** s. ~ **işitmek;** ~ **elli** wessen Schläge sehr schmerzen ~ **eylemlik** *gr.* der volle Infinitiv (z.B. **bakmak**); ~ **ezgi fıstıkî makam** *(oft iron.)* ganz gemächlich (*z. B.* daherschlendern) ≗ **gel!** *V* Nur mal langsam! Nicht so überheblich! ~ **gelmek** 1. Gewicht haben, sich durchsetzen 2. schwerfallen, j–n hart ankommen 3. kränkend *od.* beleidigend wirken (z.B. Äußerungen) 4. (b–ne) j–m lästig werden, zur Last fallen ~ **giyinmek** sich kostbar kleiden ~ **hamla** *naut.* langsamer Schlag (beim Pullen, Rudern) ~ **hapis** schwerer Kerker; Zuchthaus *n,* Zwangsarbeit *f* *hidematı şâkka, kürek ~ **hapis cezası** Zuchthausstrafe *f* ~ **hastalık** schwere Krankheit ~ **hava** 1. schwüles, drückendes Wetter 2. ungesundes Wetter (*od.* Klima) ~ **hıyanet** *jur.* Hochverrat *m* ~ **hidrojen** s. **deuterium;** ~ **ihmal** (*od.* ~ **kusur**) *jur.* grobe Fahrlässigkeit ~ **iş** 1. schwierige Arbeit 2. Schwerarbeit *f* ~ **işçi** 1. Schwerarbeiter *m* 2. *V* Dirne, Hure *f* ~ **işçi kartı** Lebensmittelkarte *f* für Schwerarbeiter (bei Lebensmittelrationierung) ~ **işitmek** schwerhörig sein, auf e–m Ohr nicht recht hören *(a. fig)* ~ **kaçmak** das Maß des Zulässigen überschreiten ~ **kanlı** faul, träge, schlafmützig ~ **kasırga** schwerer Sturm; Orkan *m* ≗ **kazan geç kaynar.** *Spr.* Gut Ding will Weile haben. *a. in folg. Bed.:* 1. Ein besonnener Mensch ereifert sich nicht schnell. 2. *spött.* E–m Faulen geht nichts von der Hand. 3. *spött.* Er ist eben begriffsstutzig. ~ **kılıç** *hist.* Flamberg *m* (beidhändig geführtes Schwert) ~ **konuşmak** 1. langsam und bedächtig sprechen 2. aggressiv, ausfällig werden ~ **kusur** s. ~ **ihmal;** ~ **lokma** *fig.* ein harter Brocken (z.B. Arbeit) ~ **makineli tüfek** *mil.* schweres Maschinengewehr ~ **mazot** Schweröl *n* ~ **mesele** 1. schwierige (vertrackte) Angelegenheit 2. wichtige Sache, Angelegenheit *f* von Bedeutung ≗ **ol!** Langsam! Vorsichtig! ≗ **ol batman gelesin!** *Spr.* Wer überlegt handelt, gewinnt Achtung. ~ **oturmak** teuer zu stehen kommen ~ **para cezası** empfindliche Geldstrafe ~ **piyade havanı** *mil.* schwerer Minenwerfer ~ **sahra topçusu** *mil.* schwere Feldartillerie ~ **sanayi** Schwerindustrie *f* ~ **sıklet** (Schwerathletik) Schwergewicht *n* ~ **silâh** *mil.* schwere Waffe ~ **soy** s. ~ **boy;** ~ **söylemek** kränkende Worte verwenden ~ **söz** 1. kränkende, beleidigende Äußerung 2. Schelte, Rüge *f,* Tadel, Verweis *m* ~ **takımdan** *F* vornehm ~ **tank** *mil.* schwerer Tank ≗ **taş yerinden oynamaz.** *Spr.* Ein ernster Mensch geht nicht leicht von e–m einmal gefaßten Beschluß ab. ~ **topçu** *mil.* schwere Artillerie ~ **tortu** *geol.* (Gold- usw.) Seife *f* ~ **tutmak** sich nicht beeilen ~ **uçak defi topu** *mil.* schwere Flak ~ **uyku** fester, tiefer Schlaf ~ **vücut** 1. dick, beleibt, korpulent 2. schwanger, in anderen Umständen ~ **yaralı** schwerverwundet ≗ **yol!** *naut.* Fahrt vermindern! ≗ **yongayı yel kaldırmaz.** *Spr.* Selbstsicherheit trotzt allen Angriffen. **-a satmak (k–ni)** sich sehr bitten lassen, sich zieren **-dan almak** 1. (bir işi) langsam vorgehen, Unlust an den Tag legen (bei) 2. jedes Übermaß vermeiden 3. sich zieren **-ına gitmek** (b–nin) kränken, beleidigen (z.B. Worte) **-ınca** 1. seinem Gewicht nach 2. *fig.* seinem Wert entsprechend **-ınca altına tartılmak** mit Gold aufgewogen werden **-ını takınmak** ernst(-er) werden, e–n ernsten Ton anschlagen

ağırayak hochschwanger

ağırbaşlı 1. besonnen, ruhig, ernst, gesetzt, würdig *vakur 2. ehrsam, tugendhaft (Frau, Mädchen)

ağırbaşlılık 1. Besonnenheit, Ruhe, Würde *f,* Ernst *m* *vakar 2. ehrsames, tugendhaftes Verhalten (e–r Frau, e–s Mädchens)

ağırkanlılık, -ığı Trägheit, Lässigkeit, Indolenz *f*

ağırküre s. **ağıryuvar**

ağırlama 1. *Vs.* zu **ağırlamak** 2. lebhafte türk. Musikweise, die bei dem Empfang der Braut *od.* des Bräutigams gespielt wird 3. ehrende Zeilen am Ende e–s Gedichtes ~ **günü** (Tag *m* der) Vorbesichtigung (e–r Kunstausstellung)

ağırlamak 1. sich verlangsamen, langsamer werden *yavaşlamak 2. übel riechen; stinken (z.B. verdorbenes Fleisch) 3. *tr.* ehrenvoll aufnehmen und reichlich bewirten (Gast) *izaz ve ikram etmek

ağırlanmak 1. Pass. zu **ağırlamak** (3) 2. *selt.* schwer(-er) werden, an Gewicht zunehmen 3. *selt.* ernst (*od.* wichtig) werden

ağırlaşmak 1. schwer(-er) werden, an Gewicht zunehmen 2. schwierig(-er) werden, sich erschweren 3. sich verlangsamen, sich langsamer drehen, langsamer laufen (z.B. Maschine) 4. ernst(-er), besonnen(-er) werden 5. sich verschlimmern (Krankheit) 6. träge, schwerfällig werden 7. zu stinken anfangen; angehen (Speisen spez. Fleisch) 8. kurz vor der Entbindung stehen (schwangere Frau)

ağırlaştırmak 1. an Gewicht zunehmen lassen, schwerer machen 2. erschweren 3. verlangsamen, (e–e Maschine) langsamer laufen lassen 4. ernst(-er), besonnen(-er) werden lassen 5. e–e Verschlimmerung herbeiführen 6. träge, schwerfällig werden lassen 7. Anlaß sein od. zulassen, daß et. verdirbt (Speisen spez. Fleisch)

ağırlatıcı sebepler *jur.* erschwerende Umstände *pl.* *esbabı müşeddide

ağırlatmak 1. verlangsamen 2. schwer(-er) werden lassen 3. veranlassen, daß jm. gastfreundlich empfangen wird

ağırlık, -ığı 1. Schwere *f,* Gewicht *n,* Last, Bürde *f; Th. a.* Gegengewicht *n* 2. *phys.* Schwerkraft *f,* Gewicht *n* 3. Gewichtigkeit, Bedeutung *f;* (großer) Wert 4. Ernst *m,* Würde *f,* Besonnenheit, Ruhe *f* 5. *(bei Frauen a.):* Ehrsamkeit, Tugendhaftigkeit *f* 6. Schwere *f,* Ernst *m* (e–r Krankheit) 7. Schwer-Verdaulichsein *n* 8. Unbehagen *n,* (körperliche) Beschwerde 9. Lästigfallen *n* 10. Alpdruck *m* 11. kränkender, beleidigender Charakter (von Worten usw.) 12. Langsamkeit, Trägheit, Schwerfälligkeit *f* 13. langsames Begreifen 14. *mil.* Troß, Train, Nachschub *m* 15. Geschenke, die der Bräutigam der Sitte gemäß bei der Heirat zu geben hat (z.B. **burma**); *a.* Geldgeschenk als Beihilfe zur Beschaffung der Aussteuer *kalın 16. Aussteuer *f* (e–r Braut) 17. *P* für **mihri muaccel;** 18. Schmuck *m* (e–r Frau) 19. Wirkung *f,* Eindruck *m* (z.B. stechender Blick) 20. Plumpheit, Ungeschliffenheit *f* 21. *(Sport)* Gewichtsklasse *f* ~ **basmak** s. **üştüne ağırlık basmak;** ~ **kaydırması** Gewichtsverlagerung *f* (bei Pferderennen) ~ **kolu** *mil.* Troßkolonne *f* ~ **merkezi** (*od.* **noktası**) 1. *phys.* Schwerpunkt *m* *merkezi sıklet 2. *fig.* Schwer-, Kern-punkt *m* (e–r Angelegenheit) ~ **ölçme** s. **tartma;** ~ **ölçüleri** Gewichtsmaße *pl.* ~ **vermek** 1. belasten, bedrücken, beschweren, auf j–m lasten 2. (bşe) *fig.* besonderes Gewicht beimessen ²**ınca altın değersin.** Du verdienst mit Gold aufgewogen zu werden. **-ını takınmak** eine ernste Miene aufsetzen

ağırlıklı *techn.* gewichtsbelastet (z.B. Ventil)

ağırlıksızlık *phys.* Schwerelosigkeit *f* *çekimsizlik

ağırsamak s. **istiskal etmek**

ağırsu *chem.* schweres Wasser (Sauerstoff-Deuterium-Verbindung)

ağırşak 1. Wirtel *m* (e–r Spindel) 2. Knopf *m* (z.B. an

e−m Stock); abgerundete Spitze 3. kleine runde Scheibe ~ **kemiği** s. **dizkapağı kemiği**
ağırşaklanmak 1. rund, scheibenförmig werden 2. anschwellen
ağırtı 1. dickgewordene Milch, Quark *m* 2. *dial.* Joghurt *m*
ağıryağ Schwer-, Heiz-, Treiböl *n*
ağıryuvar Barysphäre *f*, Erdkern *m* *ağırküre, barisfer
ağış Aufsteigen *n* (von Wasserdampf, Nebel usw.) *said hareket
ağıt, -dı, -tı 1. Totenklage *f* *nevha 2. (in der türk. Volkslit.) Lobgedicht *n* zu Ehren e−s Verstorbenen; Trauerode *f* *mersiye 3. *reg.* s. **kabak** (3); ~ **düzmek (koparmak, söylemek, yakmak)** zu Ehren e−s Toten od. anläßlich e−s tragischen Ereignisses e−e Trauerode verfassen bzw. vortragen
ağıtçı Klageweib *n*
ağıtlama ehrender Nachruf (bei Totengedenkfeier)
ağıtlamak e−n Toten beklagen (und seine Verdienste rühmen)
ağız (mit Poss. Sx. **ağzı**) 1. Mund *m* 2. Maul *n*, Schnauze *f* 3. Schnabel, Ausguß *m*, Schnauze, Tülle *f* (e−s Gefäßes) 4. Öffnung *f* (bei e−r Flasche, Zange, e−m Schraubenschlüssel usw.) 5. Mündung *f* (e−s Geschützes, Wasserlaufs usw.); oberster Teil e−s Hochofens; Gicht *f* 6. Aus- bzw. Ein-gang *m* (z.B. bei e−r Höhle) 7. Anfang *m* bzw. Ende *n* (e−r Straße) 8. Ein- bzw. Aus-fahrt *f* (bei e−m Hafen); *gel. a.* Bucht, Bai *f* 9. **(sütü)** Erst-, Kolostralmilch *f* 10. beste Qualität Honig *od.* Butter 11. Schneide *f* (e−s Messers, Schwertes usw.) 12. Kreuzungspunkt *m* (von Wegen od. Straßen) *kavşak 13. *mus.* regionale Eigenheit e−r Musikweise 14. Sprache, Sprechweise, Aussprache, Lautung *f* 15. Ausdrucksweise *f*, Ton(-art *f*) *m* 16. Mundart *f*, Dialekt *m* *şive 17. *(selt.)* Mal *n* *defa 18. *mst. pl.* Gerede *n* 19. Schmeichelworte *pl.*, Schmeichelei *f* *nağme 20. Bart *m* (e−s Schlüssels) 21. unmittelbare Nähe; Rand *m* (e−r Gefahrenstelle) 22. äußerstes Ende; Spitze *f* 23. ≗ *n.pr. astr.* der Stern Archarnar (im Sternbild Eridanus) Zu 7: s.a. **ilk -da(n)** Zu 10: **balın -ı** erster Honig; Jungfernhonig *m* **yağın -ı** erste Butter Zu 13: **Harput -ı** die für die Gegend um Harput typische Musik Zu 14: **halk -ı** Volkssprache *f* Zu 14. bzw. 16: **Anadolu -ı** 1. anatolische Sprechweise *od.* Lautung 2. anatolischer Dialekt Zu 15: s. **≗ınızı değiştiriniz!** Zu 17: **Sobayı günde iki ~ yakıyoruz.** Wir zünden den Ofen täglich zweimal an. s.a. **bir ~; ilk -da;** Zu 18 bzw. 19: s. **Bu -lara gelmem** (s. Stw. **gelmek**); **Bu -lara kayık yanaştırmam** (s. Stw. **kayık**) Zu 21: **uçurumun -ında** am Rande des Abgrunds Zu 22: **kalem -ı** Federspitze *f* ~ **açıcı** s. **stomatoskop;** ~ **açıklığı** Mundöffnung *f* ~ **açkısı** Gerät *n* zum Aufsperren des Maules bei geangelten größeren Fischen (zur Entfernung des Widerhakens) ~ **açmak** den Mund aufmachen: 1. zu sprechen beginnen; sprechen, reden 2. Mund und Nase aufsperren (vor Verwunderung) 3. Verwünschungen ausstoßen, zu schimpfen anfangen ~ **açmamak** den Mund nicht auftun, nicht ein einziges Wort sagen ~ **açtırmak** j−n zum Reden bringen ~ **açtırmamak** (b−ne) j−n nicht zu Wort kommen lassen ~ **-a** 1. richtig, entsprechend, angemessen 2. vertraulich (Unterhaltung) ~ **-a dolu** gesteckt (bis an den Rand) voll ~ **-a vermek** die Köpfe zusammenstecken; tuscheln ~ **alevi** *mil.* Mündungsfeuer *n* ~ **aramak** s. **ağzını aramak;** ~ **armonikası** Mundharmonika *f* ~ **atmak** *prov.* prahlen, aufschneiden ~ **bağı** *naut.* Mausing, Musing *f* ~ **ballandırmak** sich Trost zusprechen, sich trösten ~ **banyosu** *med.* Mundspülung *f* ~ **bir etmek** *od. va.* ~ **biriktirmek** s. **ağızbirliği etmek;** ~ **boşluğu** *an.* Mundhöhle *f* ~ **bozmak** s. **ağzını bozmak;** ~ **bozukluğu** wüstes Schimpfen, Fluchen ~ **burun birbirine karışmak** 1. ganz entstellt werden (Gesicht durch Schlag) 2. sich verziehen (Gesicht durch saures Getränk) 3. *fig.* j−m et. am Gesicht ablesen können (Kummer, Wut usw.) ~ **burun ekşitip çehre etmek** ein Gesicht wie drei (sieben) Tage Regenwetter machen ~ **çevre kası** *an.* Ringmuskel *m* des Mundes ~ **dalaşı** scharfer Wortwechsel ~ **dalaveresi** gegenseitige Beschimpfung ~ **değişikliği** Abwechslung *f* beim Essen ~ **değiştirmek** 1. sich e−r anderen Tonart befleißigen, e−n anderen Ton anschlagen 2. Abwechslung im Essen bringen ~ **dil vermemek** nicht mehr sprechen können, bewußtlos darniederliegen (Schwerkranker) ~ **dolusu** 1. aus vollem Hals (z.B. fluchen) 2. e−n ganzen Mundvoll (z.B. abbeißen) ~ **dolusu küfür** wüster, ellenlanger Fluch ~ **eğmek** 1. den Mund verziehen (in spött. Ablehnung) 2. sich despektierlich äußern 3. spotten ~ **etmek** 1. mit der Sprache herausrücken, *F* auspacken 2. j−m gut zureden 3. bombastisches Reden führen 4. sich vorher absprechen ~ **gazı** *techn.* Gichtgas *n* (e−s Hochofens) ~ **gevşekliği** Schwatzhaftigkeit *f* ~ **iltihabı** s. **stomatit;** ~ **kâhyası** (in Füg. wie:) **Ben istediğimi söylerim; siz benim ağzımın kâhyası mısınız?** Ich rede, wie es mir paßt; wollen Sie mir vielleicht Vorschriften machen? ~ **kalabalığı** (unzusammenhängender) Wortschwall ~ **kalabalığına getirmek** j−n durch vieles Reden ganz irremachen, *F* j−n dumm-schwätzen ~ **kalıbı** (Gebiß-)Abdruck *m* (beim Zahnarzt) ~ **kapağı** Mündungsdeckel *m*, -klappe *f* ~ **karası** Verleumdung *f*, üble Nachrede ~ **kavafı** zudringlicher, lästiger Schwätzer ~ **kavgası** heftiger Wortwechsel ~ **kesesi** *an.* Backentasche *f* *abaju ~ **kokusu** 1. schlechter Mundgeruch 2. *fig.* Launenhaftigkeit *f*, launisches Verhalten ~ **kokusunu çekmek** (b−nin) 1. j−s Launen ertragen 2. j−m (zu Dank) verpflichtet sein ~ **kokusunu çekememek** j−n nicht riechen können ~ **köpüğü** Speichel, Geifer *m* ~ **kullanmak** 1. reden, sprechen, sich ausdrücken 2. ordentlich, in gesetzter Ausdrucksweise sprechen 3. *pej.* j−n dumm schwätzen wollen ~ **kuşağı** *naut.* Reling *f* ~ **kuşağı tirizi** *naut.* Schandeck(-el) *m*) *n* ~ **marjı** *typ.* äußerer Rand e−r Druckseite, Außensteg *m* ~ **mızıkası** Mundharmonika *f* ~ **nişanı** heimliche Verlobung ~ **patırdısı yapmak** sich (mit Worten) streiten ~ **patlangıcı** *P* Ballon-, Knallgummi, Bubblegum *m* ~ **persengi** s. **dilin persengi;** ~ **sakızı** dauerndes Gesprächsthema ~ **satmak** *V* angeben, aufschneiden, bramarbasieren, übertreiben ~ **suyu** Speichel *m* ~ **sütü** s. **ağız** (9); ~ **şakası** Scherzwort *n* ~ **tadı** Genuß *m*, Ruhe *f*; Behagen *n* ~ **tadiyle** behaglich, gemütlich, mit Genuß ~ **tamburası** *mus.* Maultrommel *f*, Brummeisen *n* ~ **tamburası çalmak** 1. et. sagen, was e−n anderen stört 2. mit Worten zu beschwichtigen suchen ~ **tavanı** Gaumen *m* *damak ~ **tüfeği** Blasrohr *n* ~ **tütünü** Kautabak *m* ~ **uçları** Mundwinkel *pl.* ~ **yapmak** 1. Ausflüchte versuchen 2. j−n durch falsche Darstellungen zu et. überreden wollen 3. um et. herumreden ~ **yaymak** nicht aufrichtig reden ~ **yoklamak** s. **ağzını yoklamak; -a alınmadık; -a alınmaz** abscheulich, unerhört (Worte, Fluch) **-a almak** 1. (ein Wort, e−n Ausdruck) in den Mund nehmen 2. erwähnen; sprechen (über) 3. *pej.* durchhecheln; schlecht reden (über) **-a düşmek** 1. ins Gerede kommen; beredet werden 2. bekannt, publik werden (z.B. Vorgang) **-a koyacak bş** et. Eßbares **-a tat, boğaza feryat** *F spött.* gerade e−e Kostprobe, aber nicht genug, um sich satt zu essen **-da laf** (*od.* **söz**) **çiğnemek** sich in Andeutungen ergehen, nicht offen reden **-da sakız gibi çiğnemek** durchhecheln; klatschen (über) **-dan** *a.*: mündlich **-dan ağıza** von Mund zu Mund **-dan ağıza solunum** *med.* Mund-zu-Mund-Beatmung *f* **-dan artma** in jedermanns Mund **-dan dolma** 1. *fr.* Vorderlader *m* (Geschütz *od.* Gewehr) (*ant.* arkadan dolma) 2. unzusam-

menhängende Kenntnisse *pl.* (wie man sie mehr od. minder zufällig aufgeschnappt hat) 3. wer sich solche Kenntnisse angeeignet hat **-dan kapma** was man vom Hören her gelernt (sich angeeignet) hat **-dan kapmak** 1. j–m ein Geheimnis entlocken 2. (durch Zuhören) et. aufschnappen **-dan kulağa söylemek** heimlich (weiter-)sagen, zuflüstern **-dan sakız avlamak** *fig.* bei j–m auf den Busch klopfen **-la kuş tutmak** *fig.* sehr geschickt (gewandt, fähig) sein **-larda bir parmak bal olmak** dem Klatsch Nahrung bieten; ins Gerede kommen

(ağzı): ~ **açık** 1. mit offenem Mund, verdutzt, verblüfft 2. (a. m. der Forts. **ayran delisi**) dumm, blöd, begriffsstutzig ~ **(bir karış) açık kalmak** Mund und Nase aufsperren ≗ ~ **açılırdı.** Er pflegte viel zu reden. ~ **aya, gözü çaya bakmak** *F* 1. krumm sein 2. unordentlich sein 3. verblüfft sein ~ **bağlı** 1. schweigsam 2. verschwiegen ~ **bir** einstimmig, einmütig (mst. auf Grund vorheriger Absprache) ≗ **bir karış açıldı.** Da blieb ihm doch der Mund vor Verwunderung offenstehen. ~ **boş** s. **ağzı gevşek;** ~ **bozuk** 1. lästerlich fluchend, sich in Verwünschungen ergehend 2. Lästermaul *n* ~ **burnu yerinde** 1. nett, hübsch 2. *fig.* richtig, korrekt (z. B. Verwendung e–s Fremdwortes) ~ **burnu yerinde olmamak** weder Hand noch Fuß haben ~ **buruşmak** (s. Stw. **buruşmak**); ~ **büyük** 1. übermäßig viel redend 2. Großmaul *n,* Aufschneider *m* ~ **çelikli** mit gut geschmiertem Mundwerk ~ **çiriş çanağına dönmek** e–n trockenen Mund bekommen ≗ **çorbadan yanmış yoğurdu üstüne üflüyor (derler).** Wer sich den Mund an (heißer) Suppe verbrannt hat, bläst sogar den (kalten) Yoghurt. ~ **değişmek** in anderem Ton reden ~ **dili bağlanmak** j–m die Rede verschlagen ~ **dili kurumak** ganz verdurstet (ausgetrocknet) sein ~ **diline dolaşmak** ganz verdattert sein ~ **dört köşe olmak** (b–nin) *V* gut gelaunt, fröhlich sein ~ **eğri** Hetzer, Störenfried *m* ~ **gevşek** Plaudertasche *f* ~ **havada** 1. stolz, von oben herab 2. unverschämte Preise fordernd 3. unachtsam, sorglos 4. verblüfft, verdutzt ~ **ile aslan tuttuğunu söylemek** furchtbar aufschneiden, angeben, renommieren ~ **ile kuş tutmak** (birisi için) sich schier zerreißen für j–n. s. a. **ağızla kuş tutmak** und **Ağınla kuş ...;** ~ **kalabalık** wer überstürzt und unzusammenhängend zu reden pflegt; leerer Schwätzer ~ **kapanmak** ad absurdum geführt werden, nichts mehr zu erwidern wissen ~ **kara** 1. wer gern Unheil verkündet, *F* unkend 2. Lästerer *m,* loses Maul, spitze Zunge, Zuträger *m,* Klatschbase *f* ~ **kenetli** (*od.* ~ **kilitli**) 1. verschwiegen (Person) 2. mit weißlichen Lefzen (Pferd) ≗ **kulaklarına varıyor** (*od.* **yırtılıyor**) Er freut sich wie ein Schneekönig. ~ **kurumak** sich den Mund fusselig reden ≗ **kurusun!** (Erwiderung auf Fluch, Verwünschung *od.* auf die Prophezeiung eines Unheils) Möge ihm seine Zunge verdorren! ~ **laf yapmak** gute und interessante Ausführungen machen ~ **lağım gibi (kokmak)** *fig.* ein richtiges Schandmaul sein ~ **mühürlü** verschwiegen wie das Grab ~ **örtülü küp** der zugedeckte Tonkrug ~ **paça olmak** *V* sich dumm und dusselig freuen ~ **pek** s. **ağzı sıkı;** ~ **pis** 1. wer andauernd schimpft und flucht 2. wer sich ordinär ausdrückt 3. Lästermaul *n* ~ **sıkı** verschwiegen (Person) ~ **söyleyip burnu dinlemek** so leise reden, daß niemand ihn verstehen kann ≗ **sulandı.** Das Wasser lief ihm im Mund zusammen. ~ **süt kokmak** *fig.* noch nicht trocken hinter den Ohren sein ~ **şapırdamak** (s. Stw. **şapırdamak**); ~ **tatlı** liebenswürdig (im Gespräch) ~ **teneke ile kaplı** mit ausgepichter Kehle ≗ **torba değil ki büzesin.** Vgl. die Stw. **âlem** und **herkes.** ≗ **var dili yok.** Er läßt alles über sich ergehen. Er ist ein gutmütiges Schaf. ~ **varmak** (bşi söylemeğe) es wagen (es über sich bringen, sich hinreißen lassen) et. zu sagen (**Söylemeğe ağzım var(a)mıyor.** Ich bringe es nicht über die Lippen.) ~ **yanmak** (bşden) *fig.* sich den Mund (die Finger) verbrennen (bei) ~ **yayvan** geschwätzig, schwatzhaft ~ **yok** zurückhaltend, verschwiegen ≗ **yok, burnu yok, karnı tomtok** (Rätsel; Auflösung: das Ei) ~ **yükselmek** im Preis aufschlagen (Händler) **Ağzımın kaşığı gözümün ışığı!** (volkstüml. Anrede am Briefanfang)

(ağzın): ≗ **aşınmaz ya!** *iron.* „Dein Mund nutzt sich ja wohl nicht ab" (*scil.* wenn du e–n Gruß aussprichst, ein paar Höflichkeitsworte sagst usw.) ~ **laf yapması** Wortgewandtheit *f* ≗ **var olsun!** (Ausdruck der Freude über e–e gemachte Mitteilung) Das ist ja großartig! ≗**la kuş tutsan bile nafile!** Und wenn du dich auf den Kopf stellst, es ist doch alles vergebens!

(ağzına): ~ **aptesle almak** (bşin adını) mit Ehrfurcht gedenken ~ **bakakalmak** an j–s Lippen hängen ~ **bakmak** (b–nin) 1. darauf warten, was jm. sagt 2. j–m nach dem Munde reden 3. genau das tun, was jm. will ~ **baktırmak (kendi)** die Zuhörer aufs höchste fesseln ~ **beraber** bis zum Rand (voll), gesteckt (voll) ~ **biber koymak** (b–nin) „j–m Pfeffer in den Mund tun" (halb scherzhafte Drohung gegenüber Kindern, die et. Ungehöriges gesagt haben) ~ **bir çöp (bir lokma, bir şey) koymamak** keinen Bissen zu sich nehmen ~ **bir kemik atmak** (b–nin) j–m e–n Knochen vorwerfen (wie e–m Hund; um ihn zum Schweigen zu bringen) ~ **bir parmak bal çalmak** 1. j–m allerhand Schönes versprechen 2. j–n mit Versprechungen abspeisen ≗ **bir zeytin verir, altına tulum tutar.** *fig.* Er wirft mit der Wurst nach dem Schinken. ~ **burnuna bulaştırmak** et. verkorksen ~ **geldiği gibi** unüberlegt ~ **geleni söylemek** 1. unhöfliche und kränkende Worte aussprechen 2. viel und unüberlegt reden; seine Zunge nicht zügeln können ~ **girecek gibi yaklaşmak** ganz nahe an j–n herankommen ~ **göre kaşık olmamak** nicht zu j–m passen ~ **göre olmamak** (bş b–nin) für j–n zu hoch (unerreichbar) sein ~ **kadar açmak** 1. sperrangelweit aufreißen (z. B. Tür) 2. auf höchste Lautstärke stellen (z. B. Radio) ~ **kadar dolu** gesteckt (bis an den Rand) voll ~ **kedi ciğere bakar gibi bakıp dinlemek** mit gespanntester Aufmerksamkeit zuhören ~ **kilit vurmak** 1. (kendi) ein Schloß vor dem Mund haben; nichts sagen 2. (b–nin) j–n zum Schweigen bringen ~ **kira istemek** s. **diline kira istemek;** ~ **lâyık** prima, ausgezeichnet (Essen usw.) ~ **pek** s. **ağzı pek, ağzı sıkı;** ~ **piyaz çalmak** (b–nin) j–m um den Bart gehen ~ **sakız etmek** 1. immer wieder reden (von), *F* et. dauernd auftischen 2. durchhecheln ~ **sakız olmak** (b–nin) durchgehechelt werden ~ **sıçmak** *P* j–m gewaltig über den Mund fahren ~ **söz tıkmak** (b–nin) j–n nicht zu Worte kommen lassen ~ **sürmemek** (bşi) nicht anrühren (Speise) ~ **taş almış** sich nicht am Gespräch beteiligend ~ **tükürdüğüm adamı!** (Fluch) der elende Kerl! ~ **tükürmek** (birbirinin) 1. wie auf Verabredung das gleich sagen 2. sich gegenseitig den Ball zuspielen (z. B. bei e–r Diskussion) ~ **verilmesini beklemek** (*od.* **istemek**) darauf warten, daß e–m die gebratenen Tauben in den Mund fliegen ≗ **vur, lokmasını al!** 1. *mel.* Er ist die Gutmütigkeit (od. Verträglichkeit) in Person 2. *pej.* Er ist ein ausgemachter Trottel. ≗ **yakışmıyor!** Solche Reden hätte man von dir (von ihm) nicht erwarten sollen! ~ **yüzüne bulaştırmak** s. **yüzüne gözüne bulaştırmak**

(ağzında): ≗ **bakla ıslanmaz.** Er kann kein Geheimnis für sich behalten. ≗ **bakla mı var?** Warum redest du nicht? Hast du et. zu verschweigen? ~ **bir bakla olmak** nicht mit der Sprache herausrücken, *F* herumdrucksen ≗ **çakıl taşı mı var?** „Hast du vielleicht Kieselsteine im Mund"? (scil. daß du so undeutlich redest) ≗ **dili yok** s. **Ağzı var, dili yok.** ~ **gevelemek** (lafı, sözü, lakırdıyı) 1. nicht recht mit der Sprache herauswollen 2. et. nicht über die Zunge bringen ~ **kaldı** (laf, lakırdı, söz) Das Wort blieb ihm in der Kehle stecken. Er konnte nicht zu Ende sprechen. ~ **sakız çiğnemek** sich gewunden ausdrücken; um et. herumreden ≗ **torba dikili değil ya!** Warum sprichst du nicht offen? ≗ **torba mı var?** Warum sagst du nichts? ~ **tükrüğü** (*od.* **dili**) **kurumak** 1. e–n trockenen Mund bekommen 2. sich den Mund fusselig reden ~ **tüy bitmek** s. **dilinde tüy bitmek. -ki baklayı (çevirip) ıslatmak** nichts sagen, den Mund halten

(ağzından): ~ **ateşler saçılmak** wütende Worte schleudern; fluchen ~ **baklayı çıkarmak** mit der Sprache herausrücken, *F* auspacken ≗ **bal şeker akar.** 1. Er versteht es, sehr fesselnd zu erzählen. 2. Er fließt über vor Höflichkeit. ~ **ballar akıtarak anlatmak** in den verlockendsten Farben schildern ~ **çıkanı kulağı işitmemek** (*od.* **duymamak**) sehr unbesonnen daherreden (s. a. **ağzınızdan ...**); ~ **dirhemle çıkmak** (söz, lakırdı) sich jedes Wort sozusagen abkaufen lassen ~ **dökülmek** 1. (sözleri) *F* nur widerwillig reden, sehr zurückhaltend sein 2. aus seinen Worten ersichtlich sein (z. B. Lüge) ~ **düşürmemek** dauernd reden, klatschen (über) ~ **(emdiğini) burnundan getirmek** j–n schwer büßen lassen; j–m et. eintränken ~ **girip burnundan çıkmak** schmeichlerisch überreden ~ **inci saçmak** wunderschön reden ~ **kaçırmak** et. (ungewollt) ausplaudern, sich ein unbedachtes Wort entschlüpfen lassen ~ **kapmak** 1. j–m ein Geheimnis entlocken, j–n überrumpeln 2. (lafı) j–m das Wort aus dem Munde nehmen ~ **konuşmak** (b–nin) s. **ağziyle konuşmak;** ~ **laf** (*od.* **söz**) **almak** *F* j–n zum Reden bringen, *F* j–m die Würmer aus der Nase ziehen ~ **lokmasını almak** (b–nin) 1. j–m unberechtigterweise et. wegnehmen 2. j–n verdrängen ~ **sakat bir söz kaçırmak** unwillkürlich vor sich hin fluchen ~ **sakız avlamak** hinter j–s Geheimnis kommen ≗ **söz** (*od.* **lakırdı**) **dirhemle çıkıyor.** Es ist kaum et. aus ihm herauszubringen. ≗ **yel alsın!** s. **Ağzını hayra aç!**

(ağzını): ≗ **açacağına gözünü aç!** Red' nicht so viel, sondern sperr' deine Augen auf! ~ **açarken küçük dilini görmek** *F* ein schlauer Kerl sein; gleich wissen, woran man ist ~ **açmak** 1. den Mund aufmachen, zu reden beginnen 2. *pej.* zu schimpfen anfangen Zu 2: s. a. **Açtı ağzını yumdu gözünü.** ~ **açmamak** nichts sagen, keine Einwände erheben, stillschweigend gewähren lassen ~ **açtırmamak** j–n nicht zu Wort kommen lassen ~ **aramak** (*od.* **yoklamak**) j–n aushorchen, ausholen; j–m auf den Zahn fühlen ≗ **bıçak açmıyor** 1. Es ist nichts aus ihm herauszubringen. 2. Er ist sehr bekümmert. ~ **bozmak** grob (ausfällig) werden; Schimpfworte gebrauchen ~ **bur(uştur)mak** s Stw. **bur(uştur)mak;** ~ **burnunu toplamak** *fig.* die korrekte Form (z. B. e–s Fremdwortes) verwenden ~ **büzmek** den Mund verziehen ≗ **çarşamba pazarına çeviririm!** *(Drohung)* Ich schlag' dir die Zähne ein! ~ **dağıtmak** 1. zu weit gehen, unverschämt werden 2. j–m eins auf den Mund geben (wegen despektierlicher Äußerungen); j–m die Zähne einschlagen ≗ **dilini bağladın.** Du hast ihm den Mund verschlossen. *d. h.* Dir zuliebe (*od.* aus Furcht, Respekt usw. vor dir) sagt er nichts. ~ **çalkalamak** sich den Mund ausspülen ~ **düzeltmek** e–n höflicheren Ton anschlagen ≗ **ecel alsın** (Verwünschung; etwa): Hol' ihn der Teufel! ~ **eğmek** inständig bitten, demütig anflehen ~ **faraş gibi açmak** e–e freche Antwort geben ~ **havaya** (*od.* **poyraza**) **açmak** das Nachsehen haben, *F* in den Mond schauen ≗ **hayra aç!** Mußt du denn immer unken? ~ **ıslatmak** e–n genehmigen (= Alkohol trinken) ~ **kapamak** 1. (kendi) schweigen 2. (b–nin) j–m den Mund stopfen 3. ein Gefäß zudecken ~ **kilitlemek** schweigen; keine Antwort geben ≗ **kiraya mı verdin?** Du hast wohl ein Schloß vor dem Mund? ~ **koklamak** j–n anflehen, demütig ersuchen ~ **kullanmak** (*od.* **satmak**) j–m die Meinung beibringen wollen, et. Suggeriertes als eigenes Gedankengut ansehen ~ **mühürlemek** sich zu et. nicht äußern ≗ **öpeyim** (*od.* **seveyim**)! 1. Laß dich küssen (für die Freudenbotschaft)! 2. Wunderbar, wie du das sagst! 3. Ich wollte gerade das gleiche vorschlagen! ~ **pek** (*od.* **sıkı**) **tutmak** reinen Mund halten ~ **poyraza açmak** s. ~ **havaya açmak;** ~ **satmak** s. **ağzını kullanmak;** ~ **silmek** 1. sich den Mund wischen 2. *fig.* schweigen ~ **sulandırmak** j–m den Mund wässerig machen ~ **şapırdatmak** s. Stw. **şapırdatmak;** ~ **takınmak** einen ernsten Ton anschlagen ~ **tıkamak** 1. j–m den Mund stopfen 2. (dummes Gerede usw.) zum Verstummen bringen ~ **toplamak** mit dem Fluchen (Klatschen usw.) aufhören, den Mund halten ~ **tutmak** 1. schweigen, den Mund halten 2. j–n nicht reden lassen ~ **yaymak** 1. breit und selbstgefällig erzählen 2. sein ungewaschenes Maul aufreißen ~ **yırtmak** *(in Ra. wie:)* **Sus,** ~ **(kulaklarına kadar) yırtarım!** (Drohung bei unverschämter Redeweise des anderen) Halt den Mund, oder du wirst etwas erleben! ~ **yoklamak** s. **ağzını aramak;** ~ **yormak** sich die Seele aus dem Leibe reden

(ağzının): ≗ **aşı mı?** Ist er seiner Aufgabe gewachsen? ~ **içine bakmak** an den Lippen des Redners hängen ~ **içine baktırmak** (kendi) die Zuhörer mitreißen ~ **kalayını vermek** (b–nin) *V* j–m gehörig über den Mund fahren ≗ **kaşığı** (*od.* **kalıbı**) **değildir** 1. Er paßt nicht zu dir. 2. Es steht dir nicht an, den Schnabel an ihm zu wetzen. 3. Das ist nichts für dich. Das kannst du nie erreichen. ~ **kokusunu çekmek** *fig.* sich in j–s Launen fügen ~ **mührü ile** fastend; während des Fastens ~ **ölçüsünü** (*od.* **payını**) **almak** sich den Mund verbrennen, schlimme Erfahrungen machen ~ **ölçüsünü** (*od.* **payını**) **vermek** (b–nin) j–m gehörig über den Mund fahren ≗ **perhizi yok.** 1. Er redet viel Unüberlegtes. 2. Er ist recht ausfallend in seinen Worten. ~ **perhizini vermek** (b–nin) j–n zum Schweigen bringen ≗ **suyu akıyor.** Das Wasser läuft ihm im Munde zusammen. ~ **suyunu akıtmak** j–m das Wasser im Munde zusammenlaufen lassen ~ **tadı bozulmak** gestört werden, aus seiner Ruhe aufgescheucht werden ~ **tadını almak** (bşden) schlimme Erfahrungen machen (bei) ~ **tadını bilmek** et. zu würdigen wissen; keinen schlechten Geschmack haben ~ **tadını bozmak** (b–nin) j–m das Vergnügen stören; j–m et. verleiden ~ **tadını vermek** j–m gehörig über den Mund fahren

Ağzınızdan çıkanı kulaklarınız işitsin! Sie könnten sich Ihre Worte et. besser überlegen! **Ağzınızı değiştiriniz!** Ich verbitte mir diesen Ton! **Ağzınızı düzeltiniz!** Nehmen Sie sich gefälligst et. in acht mit Ihren Worten!

ağziyle konuşmak 1. im Namen e–s anderen sprechen 2. j–n nachäffen

ağızbirliği, -ni (vorherige) Absprache ~ **etmek** 1. e–e vorherige Absprache treffen 2. in das gleiche Horn tuten

ağızlak trichterförmige Öffnung am Mundstück einiger M.i.

ağızlamak 1. *techn.* einpassen (z. B. Eisenteil in e–n anderen) 2. *naut.* bis zur Mitte e–r Einfahrt gelangen (Hafen,

Meerenge) 3. j−m gute Ratschläge erteilen 4. zu grünen beginnen (Pflanze)
ağızlaşma *biol.* Anastomose *f* *mufagama
ağızlatmak *P* schärfen, schleifen, wetzen *bilemek
ağızlı mit nb. **ağız** s. **iki ~ tüfek; keçi ~; ~ susak ~; şom ~**
ağızlık 1. Zigaretten-, Zigarren-spitze *f* 2. Mundstück *n* (bei Bl.i., Wasserpfeife usw.) 3. (Hunde-)Maulkorb *m* 4. die auf Obstkörbe gepackten Blätter und Zweige 5. Brunnenrand *m* 6. Maulkorb, Nasenriemen *m* 7. Kettfadenwächter *m* (am Webstuhl) 8. Sprechmuschel *f* (am Telephonhörer) 9. *dial.* Trichter *m* *huni 10. *techn.* Schelle *f*, Flansch *m* **~ gülü** rosettenförmiges Metall- od. Holzplättchen (für den Türklopfer) *pul **~ kayışı** Kandarenzügel *m*
ağızlıkçı Hersteller und Verkäufer von Zigarettenspitzen (Gebetskränzen usw.)
ağızlıklı mit **ağızlık; ~ sazlar** *mus.* Blech(blas)instrumente *pl.*
ağızotu, -nu *fr.* Zündkraut *n* (für Geschütze)
ağızsı(-l) *phon.*: **~ fonem** Mundlaut *m* (Ggs. Nasallaut) **~ ünlü** nicht-nasalierter Vokal
ağızsız *fig.* ruhig, schweigsam, sanftmütig, unterwürfig
ağkanatlılar s. **sinirkanatlılar**
ağkat s. **ağtabaka**
ağkepçe Kescher, Hamen *m,* Fangnetz *n*
ağlama *Vs.* zu **ağlamak. Ağlama duvarı** *n.pr.* Klagemauer *f* (der Juden in Jerusalem)
ağlamak 1. weinen 2. (m. Dat.) beweinen, beklagen 3. Saft ausfließen lassen (Bäume). **Ağlamayan çocuğa meme vermezler** *Spr.* (Sinn): Man muß sich rühren, wenn man et. erlangen will. **Ağlayasım geldi** Ich hätte weinen mögen.
ağlamaklı dem Weinen nahe
ağlamalı 1. s. **ağlamaklı** 2. weinerlich
ağlamış s. **ağlamsık**
ağlamsamak weinerlich tun: flennen, greinen
ağlamsık weinerlich; Heulsuse *f*
ağlanmak beweint (betrauert) werden
Ağlasun *n.pr.* O. u. D. im Rbz. Burdur
ağlaşmak 1. vereint weinen od. klagen 2. sich bitterlich beklagen
ağlatmak zum Weinen bringen, weinen lassen, zu Tränen rühren
ağlaya ağlaya unter Tränen; in Tränen aufgelöst
ağlayan weinend **~ çam** s. **ak çam ağacı** (3)
ağlayangelin Kaiserkrone *f bot.* Fritillaria imperialis
ağlayanservi Trauerzypresse *f bot.* Cupressus funebris *yaslı servi
ağlayıcı Klageweib *n*
ağlayık *P* tränenreich; ganz aufgelöst
ağlayış 1. Weinen *n* 2. Klagen *n* **Bir ~ ağladı ki** Er weinte (klagte) so sehr, daß ...
ağlep, -bi (Elativ zu **galip**) überwiegend, vorherrschend, stärker **ağlebi ihtimal** aller Wahrscheinlichkeit nach, höchstwahrscheinlich *galip ihtimale göre
ağlı mit großem, herunterhängendem Zwickel (z.B. Bauernhose)
ağma 1. *Vs.* zu **ağmak 2.** *selt.* s. **akanyıldız**
ağmak, (-ar) *va.* 1. aufsteigen, sich heben (z.B. Nebel) 2. herunter-, herab-hängen (z.B. Pflanzen)
ağman *dial.* s. **eksiklik, kusur, ayıp**
ağnadın mı? *P* für **anladın mı?** Hast du verstanden?
ağnam [·–] *va. Pl.* zu **ganem** Schafe, Ziegen *pl.* **~ vergisi (resmi, rüsumatı)** Kleinviehsteuer *f*
ağna(n)mak s. **ağınmak**
ağniya [··–] (*va. Pl.* zu **gani**) die Reichen, Besitzenden *pl.*
ağraz [·–] (*va. Pl.* zu **garez**) Ziele, Interessen *pl.* **-ı şahsiye** persönliche Interessen *pl.*

ağrep, -bi (*va. Elativ* zu **garip**) sonderbarer, sonderbarste **ağrebi garaip** *va.* im höchsten Grad befremdlich
ağrı 1. Schmerz *m* 2. *spez.* Wehen *pl.* **²sı tuttu** Die Wehen haben eingesetzt.
Ağrı *n.pr.* 1. Rbz. in Ostanatolien (mit dem Verw. Karaköse) (fr. Name **Bayazıt**) 2. s. **Ağrıdağı**
Ağrıboz s. **Eğriboz**
Ağrıdağı, -nı *n.pr.* Ararat *m* s.a. **Büyük (Küçük) Ağrı(dağı)**
ağrık *P* für **ağrı**
ağrıklı 1. kränklich, krank 2. dauernd schmerzend
ağrılı 1. schmerzend, schmerzhaft 2. mit Schmerzen behaftet
ağrılıklı *selt.* schmerzhaft, schmerzend, weh (tuend), entzündet
ağrıma *Vs.* zu **ağrımak** *spez.* Piroplasmose *f* (malariaähnliche Rinderkrankheit) *hayvan sıtması, kırçan, zerik
ağrımak *intr.* schmerzen, weh tun (Kopf, Zahn usw.)
ağrın ağrın s. **yavaş yavaş**
ağrısız 1. wer keine Schmerzen hat 2. keine Schmerzen verursachend, schmerz-los, -frei **~ baş** *fig.* ohne Kummer und Sorgen **≗ baş mezarda gerek** (*od.* **olur.**) *Spr.* Sorgenfrei ist nur der Tote. **≗ başa kaş bastı.** *Spr.* 1. Wer keine Sorgen hat, macht sich oft überflüssige Gedanken. 2. unberührt, unbeeindruckt (von irgendwelchen Vorkommnissen) bleiben
ağrıtmak Schmerzen verursachen, schmerzen lassen **Bu koku başımı ağrıttı.** Dieser Gestank hat mir Kopfweh verursacht.
ağsı netzförmig, Netz- *şebekî
ağtabaka *an.* Retina, Netzhaut *f* (des Auges) *tabakai şebekiye
ağtonoz *arch.* Netzgewölbe *n*
ağu(-lamak, -lu) s. **ağı(-lamak, -lı)**
ağustos August *m* (Monat) **~ gülü** s. **nesrin; ~ zambağı** Herzlilie *f bot.* Funkia alba **²ta suya girse balta kesmez buz olur.** Er hat dauernd Pech.
ağustosböceği, -ni 1. (Sing-)Zikade, Baumgrille *f zo.* Cicada plebeja 2. *fig.* lästiger Schwätzer
ağuş s. **aguş**
ağyar [·–] *Pl.* zu **gayr(-ı)** 1. die anderen 2. *spez.* andere Leute als der (die) Geliebte 3. fremde Elemente (Bestandteile) *pl.*
ağzamak *(selt.)* deutlich aussprechen, artikulieren
ah 1. (Int. als Ausdruck von Reue, Zorn, Liebe, Freude, Bewunderung usw.) Ach! Oh! Ah! 2. [–] (Int. als Ausdruck von Schmerz od. Sehnsucht) Ach! Oh! 3. *Sb.* a) Seufzer *m*, Stöhnen *n* b) Verwünschung, Verfluchung *f* **~ almak** 1. verflucht werden; Verwünschungen auf sich laden 2. vom Schicksal bestraft werden **≗ deme ki düşmanın oh demesin!** Klage nicht, dein Feind würde nur frohlocken ! **~ deyip ~ işitmek** nicht helfen können, machtlos dastehen **~ etmek** 1. seufzen, stöhnen, sich beklagen 2. *(m. Dat.)* verfluchen, verwünschen **~ ile vah ile** 1. kümmerlich, mühsam, 2. unter großen Schmerzen **~ minelaşk** s. **minelaşk; ~ minelmevt** s. **minelmevt; ~ salmak** e−n Seufzer ausstoßen **-a gelmek** (*od.* **uğramak**) 1. s. **ah almak** 2. seine verdiente Strafe erleiden **-ı çıkmak; -ı tutmak; -ı (yerde) kalmamak** sich erfüllen (Fluch) **Galiba beni onun ahı tutuyor.** Vielleicht muß ich das büßen, was ich ihm angetan habe.
Aha! [·×] Aha! Ach so! So, so! Na also! Sieh an!
ahadınas [– – · –] *va.* das ungebildete Volk
ahadiyet, -ti Einheit, Einzigkeit *f*, Vorhandensein *n* e−s einzigen Gottes (vgl. Koran, Sure 112)
ahali [·–·] (*urspr. Pl.* zu **ehil**) 1. Be-, Ein-wohner *pl.*, Bevölkerung *f* 2. Volk *n*, Öffentlichkeit *f* **~ mübadelesi** Bevölkerungsaustausch *m*

ahar Stärkeglanz *m* (bei Papier- od. Leinwandherstellung) (Schicht aus Reismehl und Stärke; darüber eine solche aus Eiweiß und Alaun)
âhar ander-, anderweitig, anderslautend, *başka(-sı) **O, bahsi -dır.** Das ist ein anderes Thema. Das gehört nicht hierher.
aharlamak kalandern, lüstrieren
aharlı mit Stärkeglanz od. (mittels anderer Technik) kalandert, lüstriert (Papier, Leinwand usw.)
ahat, -dı *va.* 1. ein(-er) (z.B. Gott) 2. [− −] *pl.* s. **sade birimler bölüğü**
ahbap, -bı [· −] (*urspr. Pl.* zu **habip**) 1. (vertraute) Freunde *pl.* 2. (vertrauter) Freund *m* 3. (als Anrede) mein Lieber! Herr Nachbar! 4. Bekannte *m* ~ **çavuşlar** *F* unzertrennliche Freunde ~ **olmak** 1. Freundschaft schließen 2. befreundet sein
ahbapça(-sına) freundschaftlich, wie Freunde
ahbaplaşmak 1. sich anfreunden 2. *pej.* sich anbiedern
ahbaplık enge Freundschaft ~ **etmek** 1. miteinander befreundet sein 2. gemütlich plaudern
ahbar (I) [· −] *va.Pl.* zu **haber**
ahbar (II) [· −] (*va.Pl.* zu *ungebr. ar.* **hibr**) *hist.* (jüdische) Schriftgelehrte *pl.*
ahbar (III) (*arm.* **yeğpayr**) Bruder *m*
ahcar [· −] (*va.Pl.* zu **hacer**) Steine *pl.*, Gestein *n* **-ı dalle** s. **sapkın** (*od.* **göçmen) kaya**
ahçı 1. Koch *m* 2. Inhaber e−r Garküche 3. *hist.* Titel e−s Janitscharenmajors ~ **baltası** Hackmesser *n* ≗ **çok olduğu yerde çorba bozulur.** *Spr.* Viele Köche verderben den Brei. *Spr.* ~ **dükkânı** (einfaches) Eßlokal ~ **güzeli** Name e−r pikanten Sauce ~ **iskambili** ältere hum. Bez. für **pastırа;** ~ **kadın** Köchin *f* ~ **yamağı** Küchen-gehilfe, -junge *m*, -mädchen *n*
ahçıbaşı, -nı, -yı 1. Küchenchef *m* 2. ehrende Anrede für e−n Koch
ahçılık 1. Tätigkeit *f* (Aufgaben *pl.* usw.) e−s Kochs 2. Kochen *n*, Kochkunst *f* ~ **etmek** als Koch (Köchin) tätig sein
ahd s. **ahit**
ahdar *va.* grün *yeşil
ahden [×·] *va. Adv.* vertragsmäßig
ahdetmek [×··] geloben, versprechen, sich verpflichten, fest zusagen, schwören *ant etmek
ahdî *z.va.* 1. auf eine Zusage (ein Gelöbnis usw.) bezüglich 2. Vertrags-, Vereinbarungs- ~ **tarife** *jur.* Vertrags-, Konventionaltarif *m*
Ahdiatik [··· −] Altes Testament
Ahdicedit, -di [··· −] Neues Testament
ahdüpeyman [··· −] *z.va.* feierliches Gelöbnis od. Versprechen ~ **etmek** feierlich geloben, fest versprechen, zuschwören
ahen [− ·] *va.* Eisen *n* *demir
ahenger [ā] *va.* Schmied *m*
ahenin [− · −] *va.* 1. eisern, aus Eisen 2. eisenfest, -hart; dauerhaft
ahenk, -gi [ā] 1. *mus.* Harmonie *f*, Zusammenklang *m*, Stimmung *f* 2. Ton, Klang *m* 3. Eintracht, Harmonie *f* 4. Musik *f*, Konzert *n* 5. gemütliches Beisammensein (m. orient. Musik) 6. *gr.* Harmonie *f*, Ausgleich *m* *uyum ~ **etmek** 1. *selt.* sich ergötzen, gemütlich zusammensein 2. *mus.* stimmen (M.i.) ~ **kaidesi** (türk.) Vokalharmonie *f* ~ **kapağı** *mus.* 1. Resonanzkörper *m* *uyum tahtası 2. s. **perdelik;** ~ **tahtası** *mus.* Stimmstock *m* (im Klavier) **-i ezelî** s. **öncel düzen; -i savait** s. **sesli uyumu**
ahenkleşmek allmählich harmonisch werden
ahenkli [ā] 1. *mus.* od. *allg.* harmonisch 2. gestimmt (S.i.) 3. gemütlich Zu 3: **Çoktan beri bir ahenkli âlem gördüğüm yok.** Ich habe schon seit langem kein gemütliches Zusammensein mehr erlebt.
ahenklilik [ā] *mus.* Wohlklang *m* *öfoni
ahenksiz [ā] 1. (*mus.* od. *allg.*) unharmonisch 2. *fig.* nicht aufeinander abgestimmt; zerfahren (z.B. Fb.)
ahenksizlik [ā] Mangel *m* an Harmonie od. Übereinstimmung, Mißklang *m*
ahenktar(-lık) s. **ahenkli(-lik)**
aheste [ā] *z.va.* langsam, gemächlich ~ ~ 1. ganz gemächlich, allmählich, nach und nach 2. ganz leise (z.B. vor sich hinweinen) ~ **beste** in gemächlichem Tempo ~ **revan** 1. langsam gehend 2. bedächtig handelnd
ahfat, -dı [· −] (*Pl.* zu **hafit**) 1. Enkel(-kinder) *pl.* 2. Nachkommen, -fahren *pl.*
ahfeş tagblind; (in der Füg.:) **-in keçisi** *hum.* gottbegnadeter Dummkopf, ausgemachter Esel ≗**in keçisi gibi ne söyleseler başını sallar.** Er sagt zu allem ja und amen.
ahı 1. s. **akı** (II) 2. *hist.* Mitglied *n* e−r **ahılık** genannten Gemeinschaft
ahıbaba 1. *hist.* Vorstand *m* der Gewerbetreibenden in der **ahılık** genannten Gemeinschaft 2. s. **ahubaba**
ahılgan s. **propolis**
ahılık 1. *hist.* Name e−r anatol., mittelalterlichen Gemeinschaft, die sich spez. aus Handwerkern, Gewerbetreibenden und Bauern zusammensetzte und kollektive wirtschaftliche und kulturelle Ziele verfolgte 2. Wesen *n* von 1) 3. s. **cömertlik, erlik, yiğitlik**
ahım şahım *F* 1. auffallend gekleidet; herausstaffiert, aufgedonnert 2. was e−m besonders gefallen könnte, imponierend Zu 2: **Onlar da tabiî pek** ~ ~ **şeyler değildir.** Mit diesen Leuten ist natürlich auch nichts Besonderes los. **k−ni** ~ ~ **bir şey sanmak** sich für wunder was halten
ahır Stall *m* (für Tiere) ~ **aktarması** *agr.* erste Feldbestellung (im Frühjahr) ~ **bölmesi** Stall-, Lattier-baum *m* ~ **gibi** Saustall *m (fig.)* ~ **gübresi** Stall-mist, -dung *m* ~ **nöbetleri** Stallwache(-n *pl.*) *f* ~ **sineği** s. **baldırsokan; -a çekmek** in den Stall führen (und anbinden) (Tiere) **-a çevirmek** *fig.* zum richtigen Saustall machen **-a gelmek** fügsam werden (Tier)
âhır s. **âhir**
ahırlamak durch zu langen Aufenthalt im Stall an Leistungsfähigkeit einbüßen (spez. Pferde)
ahi(-lik) s. **ahı(-lık)**
ahibba [· · −] (*Pl.* zu **habip**) Freunde, nahe Bekannte *pl.*
ahir [· −] *va.* letzt-, hinterst (in e−r Reihe)
âhir 1. letzt- 2. Ende *n* ~ **olmak** *va.* zu Ende gehen ~ **ömrünü anavatanda geçirmek üzere** um seine letzten Lebensjahre in der Heimat zu verbringen ~ **vaktimde** in e−m Alter wie dem meinigen, am Ende meines Lebens ~ **zaman** 1. letzte (jüngste, heutige) Zeit 2. *(isl.Myth.)* Zeit *f* vor dem Weltuntergang; die letzten Tage ~ **zaman peygamberi** der letzte Prophet (Mohammed)
ahiren [ī] *va.Adv.* vor kurzem, neulich, letzthin, kürzlich *geçenlerde, son zamanda
ahiret, -ti [ā] s. **ahret**
âhirin [− · −] *va.Pl.* die Letzten (Späteren, Heutigen) *pl.;* Nachkommenschaft *f*
âhirülemir *va.* schließlich, endlich
ahit, -hdi 1. feste Zusage; Gelöbnis, Versprechen *n*, Schwur *m*, Verpflichtung *f* 2. Vereinbarung *f* 3. *va.* Zeit, Periode, Ära, Epoche *f* 4. *va.* Regierungszeit *f* Zu 1: ≗**im olsun bu işi yapacağım.** Auf mein Wort: Ich werde das ausführen. Zu 2: **-e vefa etmek** die Vereinbarung erfüllen, sein Wort halten; **-e mugayir hareket** vertragswidriges Verhalten ~ **sandığı** Gesetzes-, Bundes-lade *f* (der Juden)
ahitleşmek sich gegenseitig verpflichten; ein Abkommen treffen

ahitli wer e–e Zusage gegeben od. e–e Verpflichtung übernommen hat
ahitname [··–·] schriftliche Verpflichtung; Vertrag *m*
ahiz, -hzi *va.* 1. Nehmen *n* 2. Empfang(-en *n*) *m* ~ **kabiliyeti** Rezeptivität *f* **ahzi asker** *va.* Aushebung, Rekrutierung *f* *asker alma, askere alınma **ahzi sar** *va.* Rache(-nehmen *n*) *f*
âhiz *va.* Empfänger *m* (Person)
ahize [–··] 1. Empfangsgerät *n*, Empfänger *m* 2. (Telephon-)Hörer *m* *(1, 2) almaç, alıcı alet
ahkaf [·–] (*ar.* Sandhügel *pl.*) ⁓ **suresi** Name der 46. Koran-Sure
ahkâm (*Pl.* zu **hüküm**) spez. Bestimmungen *pl.* ~ **çıkarmak** 1. weissagen (aus e–m Traum) 2. sich in unbewiesenen Behauptungen ergehen ~ **kesmek** mit fertigen Urteilen zur Hand sein. **-ından geçilmemek** sich von seiner (vorgefaßten) Meinung nicht abbringen lassen. **-ı amire** s. **amir hükümler. -ı cezaiye (kanunu)** Strafrecht *n*, strafrechtliche Bestimmungen *pl.* **-ı nahiye** s. **nehyedici hükümler. -ı şahsiye** *jur.* Personalstatut *n*
ahlâf (*Pl.* zu **halef**) 1. Nachkommen *pl.* 2. Nachfolger *pl.* (z.B. in e–m Amt)
ahlâk, -kı (*Pl.* zu **hulk**) 1. Moral *f*, Sitten *pl.* *sağtöre 2. Sittenlehre, Ethik *f* *ilmi ahlâk, törebilim 3. Charakter (-eigenschaften *pl.*) *m*, Eigenart *f* 4. Verhalten *n* e–s Menschen innerhalb e–r Gemeinschaft ~ **bozukluğu** Sittenverderbnis, Immoralität *f* ~ **düşkünlüğü** Sittenverfall *m* ~ **hocalığı etmek** sich als Sittenrichter aufspielen ~ **kaidesi** *jur.* ethische Norm; Regel *f* der Moral (Sittlichkeit) ~ **ve adap** *jur.* Sittlichkeit, Moral *f*, gute Sitten *pl.* ~ **ve adaba aykırı muameleler** *jur.* Verstöße (Handlungen) gegen die guten Sitten; Sittenverstöße *pl.* ~ **zabıtası** s. **ahlâkî zabıta; -a aykırı** unmoralisch, sittenlos, unsittlich *gayri ahlâkî **-ı bozuk** charakterschwach, unehrlich, korrupt **-ı mazbut** charaktervoll, anständig, ehrlich **-ın sukutu** moralischer Verfall **-ını bozmak** j–n charakterlich verderben **-ını değiştirmek** seinen Charakter ändern, sich verleiten (verführen) lassen **-ı umumiye** gute Sitten *pl.*, anständiges Benehmen, Sitte und Anstand *adabı umumiye **-ı zemime** *va.* schlechter Charakter, tadelnswerte Charaktereigenschaften *pl.*
ahlâkan; ahlâkça *Adv.* in moralischer, sittlicher Hinsicht
ahlâkçı 1. streng moralisch 2. Moralist, Sittenlehrer *m*
ahlâkçılık 1. streng moralische Lebensführung 2. Moralismus *m*
ahlâkdışçılık; ahlâkdışı s. **amoralizm; amoral**
ahlâkî 1. moralisch, ethisch, sittlich *törel 2. Sitten- ~ **bilinç** moralisches Bewußtsein, Gewissen *n* *vicdan ~ **zabıta** Sittenpolizei *f* **gayri** ~ unmoralisch, sittenlos, unsittlich *törelsiz **gayri ahlâkıye** s. **immoralizm**
ahlâkîlik Moralität, Sittlichkeit *f* **gayri** ~ Immoralität, Unsittlichkeit *f* *ahlâksızlık, törelsizlik
ahlâkiyat, -tı *Pl.* Moral, Ethik *f* *törebilim
ahlâkiyet, -ti Moralität, Sittlichkeit *f*
ahlâkiyun [·–·–] *va.* Moralisten, Sittenlehrer *pl.*
ahlâklı 1. *m. nb.* Moralauffassung 2. *mel.* moralisch gefestigt, sittenstreng Zu 1: **acayip** ~ **bir adam** ein Mensch m. sonderbaren Moralbegriffen
ahlâklılık 1. Moralauffassung *f*; ethische Betrachtung 2. Moralität, Sittlichkeit *f*; moralische Festigung *ahlâkiyet, törellik
ahlâksal s. **ahlâkî**
ahlâksız 1. unmoralisch, sittenlos, moralisch minderwertig 2. von schlechtem Charakter, unverträglich, launisch
ahlâksızlık 1. Unmoral, Sittenlosigkeit *f* 2. unmoralisches, sittenloses Verhalten 3. schlechter Charakter; Unverträglichkeit, Launenhaftigkeit *f*
ahlamak ächzen, seufzen, stöhnen, klagen **ahlayıp ohlamak** (*od.* **oflamak**) s. **sızlanmak**
ahlat, -tı 1. wilder Birnbaum *bot.* Pirus communis var. achras *yabanî armut ağacı 2. Holzbirne *f* *yaban armudu 3. (~ **ağa**) *F* ungehobelter, dummer Kerl; Holzbock *m* ⁓**ın** (*od.* **Armudun**) **iyisini ayı yer.** *Spr.* Der dümmste Bauer hat die dicksten Kartoffeln. *Spr.*
Ahlat, -tı *n.pr.* O. u. D. im Rbz. Bitlis
ahlât, -tı (*Pl.* zu **hılt**) (Körper-)Säfte *pl.* *suyuklar **-ı erbaa** (nach der fr. Physiologie) die vier Körpersäfte (Blut, Schleim, Milz, Galle)
ahmak dumm, beschränkt, stupid, schwer von Begriff ⁓ **ahmağı bulur.** *Spr.* Gleich und gleich gesellt sich gern. *Spr.* ~ **aldatan** *z.va.* leichter Regenguß ~ **ıslatan** feiner Sprühregen
ahmaklaşmak dumm werden, verblöden
ahmaklaştırmak verdummen, verblöden *(tr.)*
ahmaklık 1. Dummheit, Beschränktheit, Stupidität *f* 2. Torheit *f*, törichte Handlung; dumme Worte *pl.*
ahmasülkadem s. **ayak tabanı**
Ahmedî s. **Bedeviye**
ahmediye s. **çatma** (4)
Ahmediye *n.pr.* isl. Sekte der Neuzeit (Missionstätigkeit, Übersetzung des Korans)
ahmer *va.* rot *kırmızı kızıl
ahnasiye s. **ananasgiller**
ahpun *dial* s. **gübre**
ahrar [·–] *va.Pl.* zu **hür** Liberale *pl.*
Ahrariye [·–··] *n.pr.* ein Zweig des Nakşibendî-Ordens
ahraz *dial.* s. **dilsiz**
ahreç don die Farbe scheckiger Tiere
ahret, -ti Jenseits *n.* ~ **adamı** Eremit, Einsiedler *m* ~ **bilgisi** Eschatologie *f* ~ **evi** Jenseits *n* ~ **evlâdı** s. ~ **oğlu;** ~ **kardeşi** 1. Adoptivbruder *m*, -schwester *f* 2. Schwester *f* (im Kreis bigotter Frauen) ~ **kardeşi olmak** ein aufrichtiger Freund sein ~ **oğlu** Adoptivsohn *m* ~ **öküzü** dumm, einfältig ~ **suali sormak** (b–ne) j–m mit Fragen zusetzen, *F* j–m ein Loch in den Bauch fragen ~ **yolculuğu** Tod *m*, Ableben *n* **-e göre yönetim** Priesterherrschaft, Hierokratie *f* **-e intikal etmek** (*F:* **-i boylamak; -in yolunu tutmak**) ins Jenseits eingehen, sterben **-ini yapmak** (*od.* **zenginleştirmek**) sich viel Verdienste für das Jenseits erwerben **-te on parmağı** (*od.* **iki eli**) **yakasında olmak** vor Gottes Thron von j–m Rechenschaft fordern
ahretlik 1. adoptierte Waise; Zieh-, Pflege-kind (Dienstmädchen) *n* 2. frömmelnd, bigott 3. auf das Jenseits bezüglich; Jenseits-
Ahriman s. **Ehrimen**
ahsen (*va. Elativ* zu *ar.* **hasen**) besser, schöner, vorteilhafter; sehr gut (schön, vorteilhaft), beste, schönste, vorteilhafteste
ahşa [·–] (*Pl.* zu *ungebr.* **haşa**) s. **bağırlar**
ahşap, -bı aus Holz (hergestellt), Holz- ~ **çatı** Zimmerwerk, Gebälk *n*
ahtapot, -tu 1. Polyp *m*, Krake *f* *zo.* Octopus 2. *med.* Auswuchs *m*, Geschwulst *f*, Polyp *m* (bes. an der Nasenschleimhaut) *(1, 2) polip 3. *V* Schmarotzer, Nassauer *m* ~ **gibi** zudringlich, lästig
ahter *va.* 1. Stern *m* *yıldız 2. *fig.* Geschick, Schicksal *n*
ahtu *V* Beischlaf, Koitus *m*
ahu [––] Gazelle *f* *zo.* Antilope dorcas *ceylan ~ **gibi** bildhübsch (Mädchen) ~ **gözlü** rehäugig, (gazellenäugig)
ahubaba 1. Spuk *m*, Gespenst *n* 2. *hum.* Bez. für e–n alten Mann, der an seinen Gewohnheiten hängt; etwa: der alte Knacker
ahududu, -nu Himbeere *f* *bot.* Rubus idaeus *ağaççileği
ahudulaşma Umschlagen *n* von süßem Apfelwein
ahunigâh *va.* s. **ahu gözlü**

ahunt, -du [– –] 1. *va.* hochgestellt 2. schiitischer Theologe und Rechtsgelehrter (im Iran)
Ahuramazda [···×·] s. **Hürmüz** (1)
ahüfigan [–··–] **etmek** *z.va.* jammern, wehklagen
ahüvah [–·–] Wehklagen *n* ~ **etmek** ach und weh schreien, sich beklagen, jammern und seufzen
ahüzar [–·–] *va.* s. **ahüvah**
ahval, -li [·–] (*Pl.* zu **hal**) 1. Fälle *pl.* 2. Vorgänge, Ereignisse *pl.* 3. Zustand *m,* Situation, Lage *f* **-i âlem** *va.* Weltereignisse *pl.* *dünya ahvali ²i **âlemden haberi yok.** Er weiß nicht, was in der Welt vor sich geht. **-i hazıra** gegenwärtige Zustände *pl.,* jetzige Lage **-i isim** *va. pr.* Fälle *pl.,* Deklination *f* **-i ruhiye** Seelen-zustand *m,* -leben *n* **-i sıhhiye** Gesundheitszustand *m* *sıhhî durum **-i sıhhiyesine binaen** aus Gesundheitsrücksichten **-i şahsiye** s. **kişi durumları; -i şahsiye sicili** s. **kişi durumları kütüğü**
ahvalüşerait, -ti *va.* Zustände, Umstände, Verhältnisse *pl.,* Situation, Lage *f*
ahvel *va.* schielend
ahyan [·–] (*va.Pl.* zu **hin**) Zeiten *pl.*
ahyanen [·–·] *va.Adv.* von Zeit zu Zeit, ab und zu
ahzab [·–] (*ar.Pl.* zu **hizip**) 1. Teile, Abschnitte *pl.* 2. jeweils der 4. Teil e–s **cüz** (2) ² **suresi** Name der 33. Koran-Sure
ahzar s. **ahdar**
ahzetmek [×··] *va.* 1. erhalten, bekommen 2. empfangen, aufnehmen (z.B. Rundfunksendung)
ahzukabız, -bzı *jur.* Einziehung, Einkassierung *f,* Inkasso *n* *alış
ahzukabzetmek einziehen, einkassieren, vereinnahmen
ahzügirift (müzekkeresi) *jur.va.* Haftbefehl *m*
ahzüita [··––] *va.* Nehmen und Geben *n,* Kauf und Verkauf *m,* Handel, Verkehr *m,* Geschäft *n* *alışveriş; s.a. **aksata**
aidat, -tı [–·–] *Pl.* 1. Einkünfte *pl.,* Ertrag *m* 2. Beitrag *m* (z.B. e–s Vereinsmitglieds) *ödenti
aidiyet, -ti [ā] 1. Zugehörigkeit *f* 2. Zuständigkeit, Kompetenz *f* 3. Beziehung *f* (zu), Zusammenhang *m* (mit) Zu 3: **Bu işin bana -i yoktur.** Das hat mit mir nichts zu tun. **-i cihetiyle** (*od.* **hasebiyle**) zuständigkeitshalber *ilgisi yüzünden
aile [–··] *mst.* [ayle] 1. Familie *f* (in engerer od. weiterer Bed.) 2. Ehefrau, Gemahlin, Gattin *f* 3. Gesamtheit *f* von Betriebsangehörigen 4. Gesamtheit *f* der e–m best. Kulturkreis angehörigen Nationen 5. Tier- od. Pflanzenfamilie *f* Zu 3: **Maarif -si** alle im Unterrichtswesen tätigen Personen Zu 4: **Garp medeniyeti -si** die europäischen Kulturvölker ~ **adı** s. **soyadı;** ~ **bahçesi** (*od.* ~ **gazinosu**) einfache Gartenwirtschaft (mst. mit alkoholfreien Getränken) ~ **büyüğü** Familienvorstand *m* ~ **cüzdanı** *gel.* Sparbuch *n* ~ **doktoru** Hausarzt *m* ~ **dostu** Freund *m* der Familie ~ **efradı** Familienangehörige *pl.* ~ **hassası** Name e–s einfachen Leinenstoffes ~ **hukuku** Familienrecht *n* ~ **ismi** s. **soyadı;** ~ **kadını** 1. verheiratete Frau 2. anständige Frau ~ **kızı** Mädchen *n* aus guter Familie ~ **malları** *jur.* Familienvermögen *n* ~ **malları ortaklığı** *jur.* gemeinsamer Familienbesitz *aile şirketi emvali ~ **meclisi** *jur.* Familienrat *m* ~ **nizamı aleyhinde suçlar** *jur.* strafbare Handlungen *pl.* gegen den Bestand der Familie ~ **ocağı** häuslicher Herd; Zuhause, Heim *n* ~ **ortaklığı** *jur.* Familiengesellschaft *f* ~ **reisi** Haushaltungsvorstand *m,* Familienoberhaupt *n* ~ **saadeti** häusliches Glück ~ **sahibi** Familienvater *m* ~ **sofrası** Familientisch *m* ~ **şirketi emvali** *jur.* s. **aile malları ortaklığı;** ~ **terbiyesi** Erziehung *f* durch das Elternhaus; Kinderstube *f* ~ **vakfı** *jur.* Familienstifung *f* ~ **vesayeti** *jur.* Familienvormundschaft *f* ~ **yardımcısı** *jur.* Unterhaltspflichtiger, (Familien-)Versorger, Ernährer *m* ~ **yurdu** Heimstätte *f* ~ **yuvası** s. ~ **ocağı**
ailece [–··] 1. in der Familie (z.B. Besprechung) 2. von der Familie (z.B. geliebt) 3. mit der ganzen Familie *maa aile, en famille
ailelik s. **ailevî**
ailevî [–··–] die Familie betreffend, Familien-
Âişe *n.pr.* s. **Ayşe**
ait, -di *urspr.* [–·] 1. (an-, zu-)gehörig 2. angehend, betreffend, sich beziehend (auf), Angelegenheit, Sache *f* (von) 3. zuständig, kompetent 4. *fig.* gemünzt (auf) 5. stammend (von) (z.B. Zitat) Zu 1: **Bu kitap bana -tir.** Dieses Buch gehört mir. Zu 2: **Bu iş bana -tir.** Das fällt in mein Ressort. **size** ~ **bir mektup** ein Brief für Sie **Bu vazife size -tir.** Das ist et., was Sie erledigen müssen. **Mesuliyet bizzat bu gazeteye -tir.** Die Verantwortung hat die Zeitung selber zu tragen. **Hüküm tarihe -tir.** Das Urteil (hierüber) kann erst die Geschichte fällen. **Ceset ...'e -tir.** Es handelt sich um die Leiche von ... **O kinaye bana -tir.** Die Anspielung ist auf mich gemünzt. **Bu, size** ~ **bir mesele değildir.** 1. Das betrifft Sie nicht. 2. *pej.* Das geht Sie nichts an.
AİTİA = Ankara İktisadî ve Ticarî İlimler Akademisi, Hochschule für Wirtschafts- und Handelswissenschaften in Ankara
aitlik [ā] s. **aidiyet;** ~ **eki** s. **ilgi eki**
Aix-la-Chapelle *n.pr.* s. **Aachen**
aizze [·×·] (*va.Pl.* zu **aziz**) Heilige *pl.* **-den biri** ein Heiliger
ajan 1. Handelsagent, Vertreter *m* 2. *pol.* Agent *m, a.pej.* Spitzel *m* 3. *jur.* Staatsvertreter *m* (bei den gemischten Gerichten) 4. *jur.* Staatskommissar *m* (bei Prisengerichten) 5. *selt., pol.* Sonderbeauftragter *m* 6. Agens *n,* wirkende Kraft 7. Privatdetektiv *m* ~ **provokatör** Agent provocateur, Lockspitzel *m,* bezahlter Aufwiegler
ajanda [·–·] (*franz.* **agenda**) Notiz-kalender *m,* -buch *n* *muhtıra
ajanlık 1. Tätigkeit *f* e–s Agenten, Vertreters usw. 2. Vertretung *f,* Spitzeltum *n*
ajans (*franz.* **agence**) 1. Nachrichten-, Presse-büro *n;* Presse-agentur, -stelle *f* 2. Agentur-meldung, -nachricht *f* 3. Zweigniederlassung, Depositenkasse *f* (e–r Großbank) 4. (privates) Detektivbüro ~ **bülteni** Nachrichtenblatt *n od.* Nachrichten *pl.* e–r Presseagentur
ajansçı wer in e–r Agentur tätig ist
Ajderhan s. **Ejderhan**
ajisan (*franz.* **agissant**) *selt.* lebendig, betriebsam, rege, wirksam
ajitasyon 1. Erregung *f* *heyecan 2. *med.* (körperliche) Unruhe (e–s Kranken)
ajur 1. Ajourstickerei, Durchbrucharbeit *f,* Hohlsaum *m* (bei Taschentüchern, Bettbezügen usw.) 2. Ajourfassung *f* (e–s Edelsteins)
ajurlu 1. mit Ajourarbeit 2. mit Ajourfassung 3. durchbrochen (spez. Strümpfe)
ajüstaj (*franz.* **ajustage**) *techn.* 1. (Ad-)Justierung, Einstellung, (Nach-)Regulierung *f* 2. Montage, Aufstellung *f* (e–r Maschine)
ajüste *techn.* (ad-)justiert ~ **etmek** (ad-)justieren (usw. vgl. **ajüstaj**)
ak, -kı 1. weiß 2. rein, unbefleckt 3. hellfarbig 4. Weiße *n* (z.B. im Auge) 5. weißer Flecken ~ **akça** *va.* Silbergeld *n* ² **akça kara gün içindir.** *Spr.* Spare in der Zeit, so hast du in der Not. ~ **alaca** mit weißen Flecken ~ **alınlı kaz** Bläßgans *f zo.* Anser albifrons ~ **altın** Weißgold *n* ~ **Arap** der eigentliche Araber (im Ggs. zum Neger) ~ **babaya dönmek** ganz grau od. weiß werden (Haare) ~ **baldıran** Hundskerbel *m bot.* Anthriscus vulgaris ~ **balıkçıl** Silberreiher *m zo.* Egretta **alba** ~ **ballıbaba** weiße

Taubnessel *bot.* Lamium album ~ **baykuş** Sumpfohreule *f zo.* Asio flammeus ~ **benizli** blaß, bleich, blutarm ~ **bıyık** bejahrt, alt ~ **ceviz** Holz *n* des weißen Hickory-Nußbaums (*bot.* Carya alba) ~ **çam ağacı** 1. Edel-, Weiß-, Silber-tanne *f bot.* Abies alba (*od.* A. pectinata) 2. Blaßtanne *f bot.* Abies concolor 3. Weymouthskiefer *f bot.* Pinus strobus 4. Sapindusfichte *f. bot.* Picea orientalis ~ **dağkeçisi** Schneeziege *f zo.* Oreamnos montanus ♀ **don (bacak, göt, koyun, köpek) kara don (bacak, göt, koyun, köpek) geçit basında (geçitte, hamamda) belli olur.** *Spr.* s. **Akı karası geçitte belli olur.** ~ **dökme** Weißguß *m* ~ **dökme demir** Weißgußeisen *n* ~ **düşmek** 1. (saça, sakala) allmählich weiß od. grau werden (Kopf-, Bart-haar) 2. (gözüne) *med.* Albugo od. Leukom haben ~ **elli jibon** weißhändiger Gibbon *zo.* Hylobates lar *lar ~ **fesleğen** weißes Basilienkraut *bot.* Ocimum album ~ **gergedan** Stumpfnashorn *n zo.* Ceratotherium simus ~ **gözlü** 1. mit hellfarbigen Augen 2. *P* mit dem bösen Blick 3. *P* gemein, niederträchtig ~ **gül** weiße Heckenrose *bot.* Rosa eglanteria ~ **hardalotu** weißer Senf *bot.* Sinapis alba ~ **hindiba** großer Krümmling *bot.* Chondrilla juncea ~ **ısırgan** s. ~ **ballıbaba;** ~ **kanatlı tarlakuşu** Weißflügellerche *f zo.* Melanocorypha leucoptera ~ **karanfil** *P* für **tatula;** ~ **karınlı sağan** Alpensegler *m zo.* Apus melba ~ **kazayağı** s. ~ **pazı;** ~ **kirpani** schmutzig-weiß ♀ **koyunu gören içi dolu yağ sanır.** *Spr.* Der Schein trügt. ♀ **koyunun kara kuzusu da olur.** *fig.* Auch in einer guten Familie gibt es einmal ein schwarzes Schaf. ♀ **köpek kara köpek** *pej.* Einer taugt so wenig wie der andere. ~ **kulaklı bülbül** Kurzfußdrossel *f*, Bülbül *m zo.* Pycnonotus leucotis ~ **kuyruklu kartal** Seeadler *m zo.* Haliaëtus albicilla ~ **kuyruklu soreks** Wimperspitzmaus *f zo.* Pachura etrusca ~ **kuyruksallayan** weiße Bachstelze *f zo.* Motacilla alba ~ **ladin** Blaufichte *f bot.* Picea glauca ~ **leylek** s. **beyaz leylek;** ♀ **mı kara mı, önüne düşünce görürsün.** (Sinn): Wenn es soweit ist, stellt es sich schon heraus (*scil.* Du brauchst dir also jetzt nicht den Kopf zu zerbrechen.) ~ **mika** *min.* Katzensilber *n* *beyaz mika ~ **mukallit** s. **beyaz mukallit;** ~ **nilüfer** weiße Seerose *bot.* Nymphaea alba *su zambağı ~ **pak** 1. blank, blitzsauber 2. angegraut, bejahrt ~ **pazı** weißer Gänsefuß *bot.* Chenopodium album ~ **pelin** österreichischer Beifuß *bot.* Artemisia austriaca ~ **sakaldan yok sakala gelmek** alt und taperig werden ~ **sakallı** weißbärtig, bejahrt ~ **salkım** 1. *selt.* weiße Akazie *bot.* Acacia albida 2. s. **yalancı akasya;** ~ **sarmaşık** wilde (weißblühende) Winde *bot.* Convolvulus *öksüz urganı ~ **sıcak** glühende (Sonnen-)Hitze ~ **su** 1. *P* schäumend dahinfließendes Wasser 2. s. **aksu;** ~ **süt emmiş** von guter Herkunft; anständig, ordentlich ~ **şeytan kara şeytan** *fig.* mit Mühe und Not ~ **tavus** Albino-Pfau *m* ~ **tavus otu** s. **beyaz ayrık otu;** ~ **Yahudi baklası** weiße Lupine *bot.* Lupinus albus ~ **yüz ile** erfolgreich (und ehrenvoll) ~ **zaç** *chem.* Zinksulfat *n* **-a çekmek** s. **temize çekmek; -ı ak karası kara** 1. mit deutlichem Hervortreten der Gegensätze 2. *spez.* mit weißer Haut, schwarzen Augen und schwarzen Haaren **-ı bokuna karışmak** *V* e–e Heidenangst bekommen **-ı kara, karayı ak göstermek** et. vollkommen verdrehen **-ı karadan seçmek** *fig.* die Böcke von den Schafen trennen **Akı karası geçitte belli olur.** *Spr.* Wer der Richtige (Was das Richtige) ist, stellt sich erst nach genauer Prüfung heraus. **-ı karayı seçememek** noch keinen (*bzw.* nicht den geringsten) Verstand besitzen (Kleinkind *bzw.* Dummkopf) **-ım derken bokum demek** *P* sich verhaspeln (beim Sprechen) **Akın adı karanın tadı.** *Spr.* Mädchen mit hellem Teint sind berühmt, solche mit dunklem Teint jedoch haben besonderen Charme. **-la karayı seçmek** viel Mühe und Not haben

aka *reg.* für **ağa**

akaar s. **akar** (I)

Akaba s. **akabe** (3)

akabe 1. steiler Berg mit Paßhöhe 2. *fig.* gefährlicher Weg, Engpaß *(fig.) m,* Gefahr *f* 3. **Akabe** *n.pr.* Akaba (Bucht und O.östl. der Sinai-Halbinsel) **-ı ula (saniye)** Bez. der zwei nächtl. Besprechungen Mohammeds mit Leuten aus Medina auf dem Paßweg östl. von Mekka

akabî [ī] *va.* auf die Ferse bezüglich, Fersen-

akabinde s. Stw. **akap**

akaç Abfluß-rohr *n,* -rinne *f*

akaçlama Entwässerung, Dränage, Trockenlegung *f* *drenaj, tefcir

akaçlamak entwässern, dränieren, trockenlegen *tefcir etmek

akademi 1. Akademie *f* (als Hochschule, Forschungsinstitut od. Vereinigung von Künstlern, Schriftstellern) *bilimtay; encümeni daniş 2. Aktzeichnen *n* ~ **armağanı** Akademiepreis *m*

akademici 1. Akademiemitglied *n* 2. *(mst. pej.)* wer nach akademischen Regeln gestaltet (Maler, Bildhauer usw.)

akademicilik *pej.* Akademismus *m*

akademik; akademisel 1. akademisch, Hochschul- 2. akademisch gebildet, mit Hochschul-, Universitäts-bildung ~ **kariyer** akademische Laufbahn ~ **kostüm** Talar *m* der Universitätsprofessoren

akademisyen 1. Akademiker *m* 2. Mitglied *n* e–r Akademie

akademizm s. **akademicilik**

akademya [··×·] 1. s. **akademi** 2. *phil.* Akademie *f;* Platonische Schule

akağa *hist.* weißer Eunuch im Sultanspalast

akağaç, -cı Weißbirke *f bot.* Betula pendula

akait, -di [·–·] (*Pl.* zu **akide**) 1. Dogmen *pl.*, Glaubenslehre *f* 2. Dogmatik, Theologie *f*

akaju (*franz.* **acajou**) 1. Mahagoni(-holz) *n* 2. aus Mahagoni hergestellt 3. mahagonifarben, rötlich-dunkelbraun

akak *dial.* 1. Abflußgraben *m* (z.B. für Wasser) 2. Abzugsrohr *n* (für Rauch, Luft) 3. Flußbett *n*

akala Akala(-Sorte) *f* der Hochland-Baumwolle *bot.* Gossypium hirsutum (seit einiger Zeit auch in der Türkei angepflanzt)

Akalar *n.pr. hist.* Achäer *pl.*

akalli [×··] *P* mindestens, wenigstens

akalliyet, -ti Minderheit, Minorität *f* *azınlık *gel. a.* azlık. **-in hakları** *jur.* Rechte *pl.* der Minderheit **-ler hukuku** *jur.* Minderheiten-, Minoritäten-recht *n* **-lerin temsili** *jur.* Reststimmenverwertung *f*

Akamanışlar *n.pr. hist.* Achämeniden *pl.* (pers. Dynastie) *Keyaniyan

akamber 1. Name e–s angenehm duftenden Gummiharzes 2. s. **esmer amber**

akamet, -ti [·–·] 1. Unfruchtbarkeit, Sterilität *f* 2. Ergebnislosigkeit *f*, Mißerfolg *m* **-e uğramak** erfolglos verlaufen; scheitern **-e uğratmak** vereiteln; scheitern lassen

akant, -tı Akanthus *m,* Laubverzierung *f* (am korinthischen Kapitell)

akantit, -ti *min.* Akanthit, Silberglanz *m*

akanyıldız Sternschnuppe *f*, Meteor *m* *ağan, akma, şahabı sakıp ~ **yağmuru** Sternschnuppenfall, Meteorschauer *m*

akap, -bi *va.* 1. Ferse *f* *topuk 2. unmittelbare Folge Zu 1: **azmı** ~ s. **ökçe kemiği; -inde** gleich danach, unmittelbar darauf

akar (I) [·–] Immobiliarbesitz *m*, Liegenschaft *f*

akar (II) fließend, flüssig ♀ **ı yok kokarı yok!** Alles ist in bester Ordnung! Tipptopp! Tadellos!

akar (III) vgl. **akarlar**

akaramber 1. Amberbaum *m bot.* Liquidambar orientalis

bzw. styraciflua 2. flüssige Ambra *pharm.* Styrax liquidus *amberi sail, sığala yağı, mia
akarat [·−−], **-tı** s. **akar** (I)
akarca *P* 1. s. **akarsu** 2. s. **kaplıca** 3. eiteriges Geschwür; Fistel *f*
akarçeşme ungefaßte, dauernd fließende Quelle
akaret (I) [·−·], **-ti** s. **akar** (I)
akaret (II) [·−·] *va.* Unfruchtbarkeit *f*
akarisit, -di *agr., med.* Akarizid *n* (Schädlingsbekämpfungsmittel *spez.* gegen Milben)
akaritler; akarlar Milben *pl. zo.* Acarina *müvahidülcisim
akarsu, -yu 1. fließendes Wasser; Fluß, Bach, Wasserlauf *m* 2. einreihiges Brillantkollier od. Perlenhalsband ~ **bilimi** Flußkunde, Potamologie *f* *potamoloji ≗ **pislik tutmaz** (*od.* **murdar olmaz**). *Spr.* In fließendem Wasser kann sich nichts Schmutziges festsetzen. **-da süratli akış yeri** Stromschnelle *f* *ivinti yeri
akaryakıt, -tı flüssiger Brennstoff *ihrakiye, mayii mahruk ~ **kamyonu** Tank(kraft)wagen, Tanker *m* *tanker
akaryazı Wanderschrift *f* (als Reklame) *bantreklam
akaryenler s. **akaritler**
akasma Waldrebe *f bot.* Clematis (vitalba u.a.) *filbahar, Meryemana asması, yaban asması
akasya [·×·] 1. Akazie *f spez.* orientalische Akazie *bot.* Albizzia Julibrissin *ipek ağacı, 2. Robinie *f,* unechte Akazie *bot.* Robinia pseudacacia *yalancı akasya
akbaba [×··] Geier *m spez.* 1. Schmutzgeier *m zo.* Neophron percnopterus 2. Lämmergeier *m zo.* Gypaetus barbatus grandis 3. Mönchsgeier *m zo.* Aegypius monachus 4. älterer, reifer Mann 5. **Akbaba** Name e−r satirischen türk. Zeitschrift (seit 1923) ~ **kıralı** Königsgeier *m zo.* Cathartes papa
akbalık 1. Weißfisch *m zo.* Leuciscus 2. s. **akyabalığı** 3. s. **incibalığı**
akbalina Weißwal *m,* Beluga *f zo.* Delphinapterus leucas
akbasma *P med.* grauer Star *aksu, katarakt, perde
akbasmak *P med.* vom grauen Star befallen werden (Auge)
akbaş 1. Weißwangengans *f zo.* Branta leucopsis *denizkazı 2. **(maymun)** Weißkopf-Affe *m zo.* Pithecia (leucocephala u.a.) 3. weißer Steinklee *bot.* Melilotus albus 4. *reg.* a) Roggenähre ohne Korn b) s. **karnabahar** c) e−e Getreidekrankheit
akbaşlı weißköpfig ~ **yelve** Fichtenammer *f zo.* Emberiza leucocephala
akbenek *med.* Leukom *n,* weißer Hornhautfleck (im Auge) **-ler** s. **boya aralıkları**
akborsa (*Neubild.* nach **karaborsa**) offizielle Börse od. Notierung ~ **fiyatı** offizieller Preis od. Kurs
akbörk *hist.* weiße Filz-Kopfbedeckung der Janitscharen (mit e−m bis auf die Schultern herabhängenden, **yatırma** genannten Teil)
akbuğday e−e weißschalige, im Herbst gesäte Weizenart
akburçak Linsenwicke *f bot.* Vicia ervilia *Kanada mercimeği
akciğer *an.* Lunge *f* *rie ~ **atardamarı** Lungenschlagader *f* ~ **bilimi** *med.* Pneumologie *f* *pnömoloji ~ **borucuğu** s. **bronşçuk;** ~ ~ **borusu** s. **bronş;** ~ **göbeği** Lungen-Hilus *m,* -Pforte *f* *sürrei rie ~ **iltihabı** Lungenentzündung *f* *pnömoni, zatürree ~ **kelebeği** Lungenegel *m zo.* Paragonimus Westermani ~ **kelebek hastalığı** *med.* Lungenegelbefall *m* ~ **keseciği** Lungenbläschen *n* *huveysalı rievî ~ **kılkurdu** Lungenwurm *m zo.* Müllerius minutissimus ~ **petekleri** Lungenalveolen *pl.* *esnahı rieviye ~ **toplardamarı** Lungenvene *f* *veridî rievî ~ **veremi** Lungen-tuberkulose, -schwindsucht *f* ~ **zarı** Rippen-, Brustfell *n,* Pleura *f* *gışayı cenp ~ **zarı iltihabı** s. **plörezi;** ~ **zarı kovuğu** Pleurahöhle *f* *cevfi plevraî
akciğerli mit Lunge; Lungen- ~ **balıklar** Lurchfische *pl. zo.* Dipnoi ~ **salyangozlar** Lungenschnecken *pl. zo.* Pulmonata *rieviye
akciğerliler s. **akciğerli balıklar**
akciğer-mide siniri Vagus, Parasympathicus *m an.* Nervus vagus *vagus
akciğersiz ohne Lunge ~ **semender** Silbersalamander *m zo.* Plethon glutinosus
akça (I) weißlich ~ **armudu** kleinere, hellgrüne, beliebte Birnenart ~ **pakça** hübsch, ansprechend und mit hellem Teint (Mädchen)
akça (II) 1. *hist.* Asper *m* (kleinste Silbermünze; dritter Teil e−s Para) (vgl. a. **kese, pul, yük**) 2. *hist.* Tageslöhnung *f* e−s Soldaten 3. Geld *n* ~ **düşkünü** auf Geld versessen; habgierig ~ **etmez** wertlos ~ **farkı** Aufgeld, Agio *n* ~ **ile bohça ile** (*urspr.* mit Geld, das in ein Tuch gewickelt war), unter Bestechung ~ **kesmek** viel Geld besitzen, sehr reich sein ~ **ödeme** s. **tediye;** ~ **tahtası** Zahlbrett *n* des Geldwechslers
Akçaabat *n.pr.* O. u. D. im Rbz. Trabzon
akçaağaç, -cı Ahorn *m bot.* Acer *isfendan ~ **yapraklı çınar** ahornblättrige Platane *bot.* Platanus acerifolia
akçaağaçgiller Ahorngewächse *pl. bot.* Aceraceae
akçabaşı, -nı s. **sarrafiye** (2)
Akçadağ *n.pr.* 1. (*fr.* **Arga**) O. u. D. im Rbz. Malatya 2. Berg westl. von Malatya (2747 m)
Akçakale *n.pr.* O. u. D. im Rbz. Urfa
akçakavak Silber-, Weiß-pappel *f bot.* Populus alba *akkavak
akçakesme Stein-, Lorbeerlinde *f* (Ölbaumgewächs) *bot.* Phillyrea (latifolia u.a.)
Akçakoca *n.pr.* 1. O. u. D. im Rbz. Bolu 2. Name des Eroberers von Kocaeli (zu Beginn der osm. Herrschaft)
akçalı geldlich, pekuniär, finanziell
akçapak Güster *m,* Blick *f* (Fisch) *zo.* Blicca bjoerkna
akçayel 1. Südostwind *m* 2. *naut.* Südosten, SO *keşişleme
akçe s. **akça** (II); ~ **kesesi** Geldbeutel *m* ~ **rayici** Geldwert *m*
akçıl 1. weißlich *beyazımtırak 2. angegraut; leicht meliert (z.B. Bart) 3. verschossen, ausgeblichen 4. graugelb, isabellfarbig (Pferd)
akçılyay s. **lunula** (1)
akçınlık s. **akşınlık**
akçöpleme s. **cöpleme** (3)
Akdağmadeni, -ni *n.pr.* O. u. D. im Rbz. Yozgat
akdarı echte Hirse *bot.* Panicum miliaceum *Arnavut darısı, karacadarısı
akdem (*va. Elativ* zu **kadim**) 1. früher, vorausgehend, älter 2. wichtiger 3. vor(-her) *evvel Zu 2: **Bu, her şeyden -dir.** Das geht allem andern vor.
akdemce [·×·] *va.* 1. kurz vorher 2. zuerst
akdemir Schmiedeeisen *n* *dövme demir
Akdeniz *n.pr.* Mittelmeer *n,* Mittelländisches Meer *fr.* Bahri Sefit ~ **humması** s. **Malta humması;** ~ **kalaazarı** *med.* Mittelmeerleishmaniose *f* **-e kaptan Mısıra sultan** *spött.* maßlos eingebildet
akderi 1. Pergament *n* 2. s. **akörtü**
akdes 1. (*Elativ* zu *ar.* **kıddîs**) hochheilig, sakrosankt 2. **Akdes** *m V*
akdetmek [×··] 1. schließen (Vertrag, Bündnis, Ehe usw.) 2. einberufen (z.B. Versammlung) 3. abhalten (z.B. Sitzung) 4. aufnehmen (Anleihe)
akdî vertraglich, vereinbart *sözleşimsel, sözleşmeli ~ **faiz** *jur.* vertragliche (vereinbarte) Zinsen *pl.* ~ **nesep** *jur.* Adoptivverwandtschaft *f*
akdiken 1. gemeiner Kreuzdorn *bot.* Rhamnus cathartica *geyikdikeni, karaçalı 2. s. **beyaz diken** 3. Heidenmyrte *f bot.* Phylica *geyikotu 4. s. **erkek** ~
akdoğan Jagd-, Gier-falke *m zo.* Falco rusticolus *sungur

akdühal, -lli *lit.* Übertragung *f* e–r Prosaerzählung in Verse *od.* e–r Verserzählung in Prosa
akgerdan s. **kuyrukkakan** (4)
akgömlek *an.* Schleimschicht *f*
akgöt, -tü Braunkehlchen *n zo.* Saxicola rubetra
akgöz e–e Kartoffelart des Agäisgebietes
akgünlük 1. Weihrauch *m,* Olibanum *n* 2. **(ağacı)** arabischer Weihrauchbaum *bot.* Boswellia Carteri
akgürgen *P* Buchenholz *n*
akhardal weißer Senf *bot.* Sinapis alba
akhaşhaş 1. Alpenmohn *m bot.* Papaver alpinum 2. Opiumsirup *m*
Akhisar *n.pr.* Stadt u. gln. D. im Rbz. Manisa
Akhunlar Name e–r türk. Volksgruppe (6.–7. Jh.)
akı (I) *phys.* Fließen, Strömen *n* *seyelân
akı (II) *dial.* 1. freigebig *eli açık, cömert 2. tapfer, schneidig *yiğit
akıbet, -ti [–··] 1. Ende *n* 2. Resultat *n,* Folge *f;* Ausgang *m* (z. B. e–s Unternehmens) 3. Geschick, Los, Schicksal *n* 4. *Adv.* endlich, schließlich, als Endergebnis **-i meçhul** *spez. mil.* vermißt **Osman Kaya'nın -i aydınlığa kavuşamadı.** Was aus dem (vermißten) O. K. geworden ist, konnte noch nicht geklärt werden. **-ini tayin etmek** j–s Schicksal besiegeln
akıbetbin; akıbetendiş [ā, ī] *(beides va.)* umsichtig, bedachtsam, vorsichtig
akıbetülemir *va.* am Ende, schließlich, auf die Dauer
akıcı flüssig, fließend *(a. fig.)* *akışkan ~ **madde** Flüssigkeit *f* ~ **sessiz** *(od.* ~ **ünsüz)** *phon.* Liquida *f*
akıcılık s. **selâset, seyyaliyet**
âkıd s. **âkit**
âkıdeyn (*va. Dual* zu **âkıd, âkit**) die beiden vertragschließenden Parteien (Teile) s. a. **tarafeyni** ~
akıl, -klı 1. Vernunft *f,* Verstand *m* *us 2. Verständnis, Unterscheidungsvermögen *n,* Klugheit *f* 3. Gedanke *m,* Überlegung *f,* Sinn *m* 4. Erinnerung *f,* Gedächtnis *n* 5. Rat(-schlag) *m; iron.* gute Lehre; Weisheit *f* 6. *va.* Blutgeld *n* **diyet. Zu 3:* **Ne ~?** Was ist das für ein (verrückter) Gedanke? Zu 4: **Adı -ımda kalmadı.** Sein Name ist mir nicht in Erinnerung geblieben. Zu 5: **Sana üç ~ öğreteyim.** Ich will dir drei gute Ratschläge geben. **Bu -ı sana kim verdi** *(od.* **ögretti)?** Wer hat dir denn das beigebracht? Wer hat dir denn den Floh ins Ohr gesetzt? ≗ **-dan üstündür.** (Ra. bei e–m neuen, einleuchtenderen Vorschlag; spez. Eingeständnis e–s ersten Sprechers; etwa): Das Bessere ist der Feind des Guten. ~ **almak** 1. sich Rat holen, um Rat fragen 2. begreifen, verstehen ~ **almaz** unbegreiflich, unvorstellbar, unfaßlich ~ **bırakmamak** j–n völlig durcheinanderbringen ≗ **bu ya!** 1. *iron.* Das ist mir auch et. Gescheites! 2. Es kam mir eben so in den Sinn. ~ **çalmak** faszinieren, bestricken ~ **danışmak** (b–ne) j–s Meinung einholen, sich mit j–m besprechen ~ **defteri** Notizbuch *n od.* -zettel *m* ~ **dışı** unvernünftig, dumm ~ **durdurucu** verblüffend, erstaunlich ~ **duyuları** *psych.* Sinnesempfindungen *pl.* ~ **eksikliği** fehlende Urteilskraft ~ **erdirmek** (bşe) begreifen, verstehen ~ **erdirememek** beim besten Willen nicht verstehen können ~ **etmek** (bşi) an et. denken. **İyi ki bunu akıl ettin!** Gut, daß du daran gedacht hast! ~ **fikir** alle Gedanken *pl.,* ganze Aufmerksamkeit ~ **fikir dagıtmak** *(od.* **bırakmamak)** j–m die ruhige Überlegung rauben, j–n ganz verrückt machen ~ **fukarası** dumm ~ **hastalıkları** Geisteskrankheiten *pl.* *emrazı akliye ~ **hastalıkları uzmanı** s. **akliye mütehassısı;** ~ **hastanesi** Anstalt *f* für Geisteskranke ~ **hocalığı etmek** (b–ne) j–n beraten ~ **hocalığı yapmak** *iron.* weise Ratschläge erteilen ~ **hocası** 1. wer gute Ratschläge erteilt, Berater, Mentor *m* 2. *pej.* wer alles besser wissen will ≗ **için yol** *(fr. a.* **tarik)** **birdir.** Bei vernünftiger Überlegung kommt jeder zum gleichen Ergebnis. ≗ **kabul edecek şey değil!** Das soll nun ein vernünftiger Mensch begreifen! ~ **kârı** was ein vernünftiger Mensch tut ~ **kârı olmamak** unsinnig sein ~ **kesmek** s. ~ **almak** (2); ≗ **kişiye sermayedir.** *Spr.* Köpfchen muß man haben; das ist das wahre Kapital. ~ **kumkuması** *(od.* **kutusu)** (oft *iron.*) wer bei allen Schwierigkeiten e–n Rat weiß; Schlaumeier *m* ~ **melekâtı** geistige Fähigkeiten *pl.* *aklî melekât ~ **öğrenmek** 1. sich Rat holen, um Rat fragen 2. mst. *iron.* weise Lehren erteilt bekommen ~ **öğretmek** 1. j–m e–n guten Rat erteilen, j–n belehren, anleiten 2. *pej.* j–m weise Lehren erteilen 3. j–m e–n Floh ins Ohr setzen ~ **satmak** (mst. *iron.*) j–m weise Ratschläge erteilen ~ **sır erecek gibi değil** *od.* ~ **sır ermez** unverständlich, unerklärlich, geheimnisvoll ~ **sormak** sich Rat holen, sich erkundigen ~ **terelleli** (b–de) *F* ein verrückter Kerl! ≗ **var, izan** *(od.* **yakın** *od.* **mantık)** **var.** 1. Das ist doch ganz einfach zu verstehen. 2. *iron.* Wo bleibt da die Logik? 3. Du bist wohl nicht recht gescheit! ~ **ve tedbir** Bedächtigkeit, Umsicht *f* ~ **vermek** s. ~ **öğretmek;** ~ **yaşatmak** s. ~ **almak** (2); ≗ **yaşta değil, baştadır.** *Spr.* 1. Alter schützt vor Torheit nicht. *Spr.* 2. Auch ein junger Mensch kann et. Gescheites tun *(od.* sagen). ~ **yürütme** logische Schlußfolgerung; Beweis *m* ~ **zayıflığı** Geistesschwäche *f,* Schwachsinn *m* ~ **züğürdü** von geringen Geistesgaben; et. beschränkt **-da tutmak** im Kopf (Gedächtnis) behalten **-dan çıkarmak** vergessen; in Vergessenheit geraten lassen **-dan gayri müsellah** *hum.* s. **kafadan gayri müsellah; -dan gitmemek** *(od.* **söküp atmamak)** et. nicht vergessen **-dan yana züğürt olmak** (geistig) beschränkt sein ≗**lara durgunluk!** Da steht e–m ja der Verstand still! **-ları durdurmak** allgemeine Verblüffung hervorrufen ≗**ları pazara çıkarmışlar** *(od.* ≗**lar gelin olmuş), yine herkes kendininkini beğenmiş almış.** *Spr.* Jedem Narren gefällt seine Kappe. *Spr.* **Akla gelmeyen başa gelir.** *Spr.* Man stößt doch immer wieder auf et. Unerwartetes! **akla dokunmak** verblüffen **akla getirmek** s. **aklına getirmek; akla hayale getirmek** (bşi) denken (an) **akla hayale sığmayan** unvorstellbar, undenkbar **akla sığmak** verständlich sein, einleuchten **akla yakın** plausibel, triftig, einleuchtend, annehmbar **Akla** *(od.* **akıllara)** **zarar** *(od.* **ziyan)!** Nein, so etwas! Das kann man ja fast nicht glauben! Ist so et. möglich?

(aklı:) ~ **almak** (bşi) 1. verstehen, begreifen 2. glauben, daß et. eintritt (**Bunu aklım almaz.** 1. Das kann ich nicht begreifen. 2. Das kommt bestimmt nicht.) ~ **başına gelmek** 1. wieder zu sich kommen, die Besinnung wieder erlangen 2. wieder zur Vernunft kommen; endlich et. einsehen ~ **başında** vernünftig, einsichtsvoll, klug ~ **başında olmamak** nicht vernünftig denken können ~ **başından bir karış yukarı** *(od.* **havada)** gedankenlos, zerfahren, unüberlegt ~ **(başından) gitmek** 1. schwinden (Sinne) 2. in die größte Verwirrung geraten, e–n Todesschrecken bekommen ~ **bokuna karışmak** *V* vor Entsetzen völlig den Kopf verlieren ~ **bozuk** verrückt, geistesgestört ~ **çalık** leichtsinnig, unbesonnen ~ **çıkmak** in größte Angst geraten ~ **dağılmak** sich nicht auf et. konzentrieren können ~ **durmak** ganz verblüfft sein ~ **ermek** 1. verstehen, begreifen können 2. geistig heranreifen Zu 1: **Buna aklım ermez.** Das ist mir einfach unverständlich. ~ **fikri** sein ganzes Denken, alle seine Gedanken ~ **fikri birbirine karışmak** ganz verwirrt werden ~ **(başından) gitmek** ganz bestürzt (*F* verdattert) sein ~ **kabul etmek** 1. verstehen, einsehen 2. sich et. vorstellen (können) ~ **karışmak** in Verwirrung geraten, sich verblüffen lassen ~ **kesmek** glauben; zur Überzeugung kommen (daß et. eintritt) (**Artık benim de aklım kesti ki**

... Ich bin jetzt auch zu der Überzeugung gekommen, daß ...) ~ **kesmemek** et. für ganz unwahrscheinlich halten; j–m unvorstellbar sein ~ **kıt** (*od.* **kısa**) beschränkt, ziemlich dumm ≗ **kurusun!** so ein blöder Kerl! ≗ **okkadan dört yüz dirhem eksik!** *V* Vernünftig denken kann er ja nicht! ~ **oynamak** *P* in die größte Bestürzung geraten ~ **saplanmak** dauernd an et. denken müssen ~ **sarmak** (bşi) erfassen, verstehen, begreifen ~ **sıçramak** s. **afalla(ş)mak;** ≗ **sıra** (mst. *iron.*) Er denkt sich das so (*scil.* aber es ist ganz anders); *F* wie der kleine Moritz sich die Weltgeschichte vorstellt ~ **sivri kimseler** vgl. **sivriakıllı;** ≗ **sonradan geldi.** 1. Er hat das erst später einsehen lernen. 2. Die vernünftige Überlegung ist bei ihm zu spät gekommen. ~ **takılmak** s. ~ **saplanmak;** ~ **tepesinden yukarı** zerstreut, zerfahren, geistesabwesend ~ **uçmak** in Begeisterung geraten ~ **yatmak** (bşe) 1. verstehen, begreifen 2. überzeugt sein, daß et. so kommt, wie man es annimmt ≗ **zıvanasından çıkmış görünüyor.** Er ist wohl ein bißchen verrückt. º**m emanet sana ya Rabbim!** (Ausruf der höchsten Verwunderung) Ich werde verrückt! º**ma gelen başıma geldi.** Nun ist es doch so gekommen, wie ich befürchtet habe! **-mda** das bei dem Vielliebchenspiel (**lâdes**) vereinbarte Wort **-n başına yâr ise** wenn du vernünftig denken kannst **-n ucundan bile geçmemek** auch nicht im entferntesten in den Sinn kommen **-n zincirini koparmak** den Verstand verlieren **-na esmek** j–m in den Sinn kommen (et. zu tun) **-na bir fenalık gelmemek** an nichts Schlechtes denken; sich keiner Schlechtigkeit versehen **-na düşürmek** (b–nin) s. **-na koymak; -na gelen başına da gelmek** e–e Vorahnung haben **-na gelmek** 1. in den Sinn kommen 2. sich erinnern (an) Zu 1: **Belki akıllarına başka bir şey gelir.** *a.*: Vielleicht denken sie sich et. Schlechtes dabei **-na getirmek** (kendi bzw. b–nin) sich bzw. e–m anderen et. ins Gedächtnis rufen; sich bzw. e–n anderen an et. erinnern **-na hiffet getirmek** s. Stw. **hiffet; -na kestirmek** j–m einleuchten, et. annehmbar finden **-na koymak** (bşi) 1. sich et. in den Kopf setzen, sich et. fest vornehmen 2. (bşi başkasının) j–m et. suggerieren, j–m e–n Floh ins Ohr setzen **-na sığdırmak** 1. (kendi) begreifen, verstehen 2. (b–nin) j–m et. begreiflich machen º**na şaşarım** (*od.* **şaşayım** *od.* **-na turp sıkayım**)! Er ist so dumm, daß er e–m leid tun kann! **-na uymak** e–r Versuchung nachgeben º**na yelken etmek** 1. seiner Phantasie freien Lauf lassen 2. unüberlegt handeln º**nca** s. **Aklı sıra;** º**nda bir bozukluk varmış.** Er ist wohl ein bißchen verrückt. **-nda kalmak** j–m im Gedächtnis bleiben; sich noch recht gut erinnern (an) **-nda tutmak** im Kopf behalten, sich et. merken **-ndan çıkmak** dem Gedächtnis entschwinden; (j–m) entfallen **-ndan geçirmek** sich et. einfallen (in den Sinn kommen) lassen **Böyle bir şeyi kimse aklından geçirmezdi.** So etwas hätte sich niemand träumen lassen **-ndan geçmek** in den Sinn kommen; j–m einfallen; an et. denken º**ndan zoru varmış.** Bei ihm ist wohl eine Schraube los. **-nı başına almak** 1. Vernunft annehmen, vernünftig werden 2. sich (*od.* seine fünf Sinne) zusammennehmen **-nı başına getirmek** (b–nin) j–n zur Vernunft bringen **-nı (başından) almak (devşirmek, toplamak)** (bş, b–nin) j–m den Verstand rauben, j–m den Sinn verwirren **-nı beğenmemek** sich um die Meinung anderer Leute keinen Deut scheren **-nı bozmak** (bşle) den Verstand verlieren, verrückt werden (bei e–r Angelegenheit, mit der man sich dauernd beschäftigen muß) **-nı çalmak** (bş, b–nin) j–n brennend interessieren **-nı çelmek** 1. (b–nin) überreden, verführen 2. (b–nin) abbringen (von); j–m et. ausreden 3. (*a.* **-nı değiştirmek**) (kendi) sich anders besinnen; von dem urspr. Vorhaben Abstand nehmen **-nı işletmek** seinen Verstand gebrauchen **-nı kaçırmak** (*od.* **oynatmak**) den Verstand verlieren **-nı perişan etmek** (b–nin) j–n in Verwirrung bringen º**nı peynir ekmekle yemiş!** *hum.* 1. *mel.* Da kann man nur staunen, was er alles zuwege bringt! 2. *pej.* Er ist wohl verrückt geworden. **-nı şaşırmak** reinweg verrückt werden, den Verstand verlieren (z. B. vor großer Freude Erregung usw.) **-nı yormak** sich den Kopf zerbrechen **-nın terazisi bozulmak** vollkommen durchgedreht sein (und Unvernünftiges tun) º**nla bin yaşa!** 1. *mel.* eine prima Idee! 2. *pej.* Was Besseres fällt dir wohl auch nicht ein! **aklı evvel** 1. *va.* Gott; göttliche Weisheit 2. *mst. hum.* sehr klug, überaus gescheit, wer das Gras wachsen hört **aklı kül** göttliche Weisheit und Ordnung

akılcı 1. vernünftig, logisch denkend 2. rationalistisch, vernunftbetont, Rationalist *m*

akılcılık *phil.* s. **rasyonalizm**

akıldişi, -ni Weisheitszahn *m* *yirmi yaş dişi

akılgın weiße Tamariske *bot.* Tamarix mannifera

akılık *dial.* 1. Freigebigkeit *f* *cömertlik 2. Tapferkeit *f,* Schneid *m* *yiğitlik

akıllanmak 1. verständig (vernünftig, klug) werden, Vernunft annehmen 2. auf e–n klugen Gedanken kommen

akıllanmaz wer keine Vernunft annehmen will; unverbesserlich; hoffnungsloser Fall

akıllı 1. mit nb. Verstand, Sinn od. Charakter 2. *mel.* vernünftig, verständig, klug, intelligent ≗ **bildiğini söylemez, deli söylediğini bilmez.** *Spr.* Der Kluge sagt nicht, was er weiß, der Dumme (Verrückte) weiß nicht, was er sagt. ≗ **düşününceye kadar deli oğlunu everir.** *Spr.* Bis der Kluge mit seinem Überlegen fertig wird, verheiratet der Dumme (Verrückte) seinen Sohn. ≗ **düşman akılsız dosttan yeğdir.** *Spr.* Besser e–n gescheiten Feind haben als e–n dummen Freund. ~ **geçinmek** sich für besonders gescheit halten ~ **harcı** (*od.* **kârı**) s. **akıl kârı;** ~ **uslu** ordentlich, gesetzt, artig, brav

akıllıca 1. recht klug (vernünftig) 2. sinnreich (z. B. erdacht)

akıllılık vernünftiges (kluges, verständiges) Denken od. Handeln; Vernunft, Klugheit *f* ~ **etmek** Vernunft, Klugheit an den Tag legen

akılsız 1. unvernünftig, unverständig, dumm, töricht 2. zerfahren 3. unbedacht, unbesonnen, unvorsichtig ≗ **başın zahmetini ayak çeker.** *Spr.* ≗ **iti yol kocatır.** *Spr.* (beides:) Was man nicht im Kopf hat, muß man in den Beinen haben. *Spr.*

akılsızlık 1. unvernünftiges (dummes, törichtes) Denken od. Handeln; Unvernunft, Dummheit, Torheit *f* 2. Zerfahrenheit *f* 3. Unbedachtsamkeit, Unbesonnenheit, Unvorsichtigkeit *f* ~ **etmek** e–e Dummheit begehen

akım 1. Durchflußmenge, Wasserführung *f* 2. *phys.* Strom *m,* Strömung *f* 3. geistige Strömung od. Bewegung *(2, 3) cereyan ~ **regülâtörü** *el.* Stromregler *m* ~ **şiddeti** Stromstärke *f*

akımlık s. **akak**

akımsar s. **iyimser, nikbin**

akın 1. (Zu-)Strom, Andrang *m* 2. Raubzug *m* 3. *mil.* Vorstoß, Streifzug, Einfall, Raid *m* (in Feindesland) 4. (Luft-)Angriff *m* 5. *Fb.* Angriff *m* Zu 5: **bir -ı durdurmak** (*od.* **kesmek**) e–n Angriff stoppen (abwehren) ~ ~ in Strömen, in hellen Scharen, scharenweise ~ **etmek** 1. scharenweise hinausströmen 2. massenhaft einströmen (z. B. Fremdwörter), 3. *selt.* überfallen, ausplündern ~ **halinde** s. ~ ~**;** ~ **kayası** die Grundelart Gobius quadrimaculatus

akıncı 1. Plünderer *m* 2. Streifzügler *m* (Soldat im Feindesland) 3. *Fb. selt.* Stürmer *m* *forvet, muhacim 4. unternehmungslustig, energisch, voll Initiative 5. **-lar** *hist.* der unbesoldete, auf Plünderung angewiesene Vortrab der

mittelalterlichen osm. Armee ~ **müfrezesi** *mil.* Kommando(-trupp *m*) *n* *komando ~ **müfrezeleri** *hist.* Bez. der irregulären nationalen Streitkräfte unter İbrahim Ethem im türk. Freiheitskrieg
Akıncılar *n.pr.* s. **Selçuk** (3)
akıncılık *hist.* Kriegführung *f* der **akıncılar**
akındırık *P* Harz *n* *reçine
akıntı 1. Fließen, Strömen *n* 2. Strom *m,* Strömung *f* 3. *med.* wässeriger od. eiteriger Ausfluß (z.B. aus e–r Wunde) *seyelân 4. Neigung *f,* Gefälle *n* ~ **aşağı** stromabwärts **Akıntı burnu** *n. pr.* kleiner, in den Bosporus vorspringender Landzipfel in der Nähe von Arnavutköy (vgl. a. **Büyük Akıntı**); ~ **çağanozu** *Schi.* Krüppel *m,* Krummbein *n* ~ **demiri** *naut.* Stromanker ~ **ile** stromabwärts ~ **kanalı** Abzugs-kanal, -graben *m* ~ **midyesi** rötliche (braune) Miesmuschel *f zo.* Mytilus edulis ~ **payı** *naut.* Abtrift *f* ~ **suları** strömender Regen, reißender Gießbach ~ **vermek** abfließen lassen ~ **yukarı** stromaufwärts ~ **zaviyesi** *naut.* Abtrift *f* **-ya kapılmak** von der Strömung erfaßt und fortgerissen werden **-ya karşı** stromaufwärts **-ya kürek çekmek** sich vergeblich abmühen
akıntılı 1. mit starker Strömung 2. mit wässerigem (eiterigem) Ausfluß 3. mit Gefälle, abgeschrägt (z.B. Dach)
akırkarha s. **nezle otu** (2)
akış 1. Fließen *n,* Strömung *f,* Lauf *m* 2. *techn.* Ausfluß *m* 3. Abfluß *m* 4. *fig.* Ablauf *m* (e–r Handlung) 5. *fig.* Einfluß *m,* Auswirkung *f* ~ **aşağı** fluß-, stromabwärts ~ **çizgisi** *techn.* Stromlinienform *f* ~ **yukarı** fluß-, stromaufwärts
akışkan *phys.* flüssig, fließend *seyyal ~ **mantarlar** s. **cıvıkmantarlar**
akışkanlık flüssiger Zustand *seyyaliyet
akışkansı zähflüssig, viskos
akışsız ohne **akış** (q. v.); ~ **bölge** *geogr.* abflußloses Gebiet
akıtma 1. Vs. zu **akıtmak** 2. weißer Stirnfleck (bei Pferden), Blesse *f* 3. ähnliche Süßspeise wie **yassı kadayıf** 4. Deckenverzierung *f* (aus Gips) 5. *dial.* Halsband *n* od. Armreif *m* 6. *dial.* Harz *n* ~ **deliği** *techn.* Abastichloch *n* (bei Hochofen) ~ **demir** s. **dökme demir;** ~ **zayiatı** *techn.* Ableitungsverlust *m*
akıtmacık *P* e–e Verzierung auf Wollsachen
akıtmak 1. fließen lassen 2. langsam ausgießen 3. vergießen lassen (Tränen usw.) 4. vergießen (z.B. Blut) 5. eintropfen, -träufeln 6. verhütten (Erz) 7. verschwenderisch umgehen (mit) Zu 1: **Nehri diğer bir mecraya akıttılar.** Man hat den Fluß umgeleitet. Zu 3: **Bu adam, çok gözyaşı akıttı.** Dieser Mensch hat viele Tränen auf dem Gewissen. Zu 4: **masum kanı** ~ unschuldiges Blut vergießen
akıtmalı mit Blesse (Pferd)
akız *dial.* Flüssigkeit *f* Strom *m* *seyyale
âkid s. **âkit**
akide [ī] 1. Dogma *n,* religiöse Lehre 2. religiöse od. innere Überzeugung; Glaubensbekenntnis *n* 3. **(şekeri)** Bonbon *m, n* 4. *stil.* Floskel *f* Zu 1: **-yi bozmak** 1. vom rechten Glauben abweichen 2. *fig.* sich vom rechten Weg entfernen Zu 2: **-si bozuk** (bzw. **sağlam**) wessen religiöser Glaube erschüttert (bzw. unerschütterlich) ist **-lerle süslenmiş** mit Floskeln geschmückt
akif *[ā]* 1. *va.* beharrlich, ausdauernd 2. **Akif** *mV*
akik, -ki [·–] *min.* Achat *m* *süleymanî
akil (I) [–·] 1. essend, fressend 2. starker Esser; Vielfraß *m* **-ülbeşer** s. **yamyam; -ülesmak** s. **balıkçıl; -ülhaşayiş** s. **otçul, otoburlar; -ülhevam, -ülhaşarat** s. **böcekçil; -ülhububat** s. **tanecil; -ülkül** s. **hepçil; -üllahim, -üllühum** s. **etçil, etoburlar**
akil (II) [–·] 1. vernünftig, verständig, klug, intelligent *akıllı 2. ♀ *mV,* **Akile** *wV* ~ **baliğ** herangereift, erwachsen, heiratsfähig
akilane [–·–·] *z. va.* s. **akıllıca**
akile [–··] *va.* die sich immer tiefer fressende Wunde; Brand *m*
akilen (*franz.* **aquilin**) *selt.* s. **gagavari**
akim [·–] 1. unfruchtbar, steril 2. erfolg-, ergebnis-, fruchtlos ~ **bırakmak** vereiteln, zuschanden machen ~ **kalmak** 1. unfruchtbar bleiben 2. erfolglos (ergebnislos, fruchtlos) verlaufen
akinezi *med., psych.* Akinesie, Bewegungsarmut, -hemmung *f*
akip, -bi s. **akap**
akis, -ksi 1. Widerschein *m,* Spiegelung *f,* Reflex *m,* Spiegelbild *n* 2. *math., log.* Umkehrung *f* *evirtim 3. Widerhall *m,* Echo *n* (z.B. e–r pol. Rede) *yankı 4. Gegenteil *n* 5. *log.* Konversion *f* *evirme 6. *stil., rhet.* Epanodos, Regression, Reversion, Umkehrung *f* *çaprazlama, aksütebdil, tardüakis 7. entgegengesetzt, umgekehrt **-çe nazir** *math.* umgekehrt entsprechend *antihomolog **-ler uyandırmak** *fig.* 1. e–n Widerhall, ein Echo finden 2. e–e Reaktion hervorrufen **aksini iddia etmek** das Gegenteil behaupten **aksi mürekkep** *log.* Kontraposition *f;* conversio per contra *tersevirme **kabili akis** 1. *phys.* umkehrbar, reversibel *tersinir 2. *log.* umkehrbar *evrilir s.a. **aksi(-ne), aksiseda, aksitesir, aksülamel**
âkis *va.* 1. widerspiegelnd, reflektierend 2. *phys.* Reflektor *m* 3. widerhallend
âkise *va.* Reflektor *m*
akisî *va.* auf e–e Umkehr bezüglich, Umkehr- s.a. Stw. **kabiliyet**
akisli mit **akis;** s.a. **billur** ~
akit, -kdi 1. Abschluß *m* (e–s Vertrags, Bündnisses usw.) 2. Eheschließung *f* 3. Aufnahme *f* (e–r Anleihe) 4. Vertrag *m,* Abkommen *n,* Übereinkunft *f,* Kontrakt *m,* Einigung, Vereinbarung, Abmachung *f* *sözleşme 5. Einberufung *f* (z.B. einer Versammlung) 6. Abhaltung *f* (z.B. einer Sitzung) ~ **fesih hakkını kullanma öneli** *jur.* gesetzliche Kündigungsfrist ~ **serbestisi** *jur.* Vertragsfreiheit *f* *sözleşme özgürlüğü ~ **yapılırken işlenen kusur** *jur.* Verschulden *n* beim Vertragsabschluß ~ **yapma mecburiyeti** *jur.* Kontrahierungszwang *m* ~ **yapma vaadi** *jur.* Vorvertrag *m,* Vertragsversprechen *n* *sözleşme kurma sözvermesi; ön sözleşme ~ **yeri kanunu** *jur.* Recht *n* des Vertragsabschlußortes **akdin icra edilmemiş olması def'i** *jur.* Einrede *f* des nichterfüllten Vertrags **akdin inikadı** *jur.* Vertragsabschluß *m* *sözleşmenin kuruluşu **akdin taalluk ettiği şeyde hata** *jur.* Identitätsirrtum *m* **akdin zatında hata** *jur.* Geschäftsirrtum *m* **akitten doğan borçlar** *jur.* Schuldverhältnisse *pl.* aus Verträgen; vertragliche Schuldverhältnisse *pl.* **akdi nikâh etmek** s. **nikâh kıymak**
âkit 1. vertragschließend 2. Vertrags-partner, -gegner, Kontrahent *m;* vertragschließende Partei *(1, 2) sözleşen
Akitanya [··×·] (*a.* **Akiten**) *n. pr.* Aquitanien
akite (*franz.* **acquitté**) **etmek** *H* 1. bezahlen, entrichten *ödemek 2. quittieren *ödeme makbuzu vermek 3. entlasten *tebriye etmek
akitleşmek *selt.* e–n Vertrag abschließen (miteinander)
akito [·×·] *Bill.* Probestoß *m* ~ **çekmek** durch Probestoß feststellen, welcher der beiden Spieler beginnt
akkâm 1. *va.* Kameltreiber *m* 2. *hist.* mit Trommel ausgerüsteter Sammelhelfer (für die **sürre**)
akkâmbaşı *fr.* Anführer *m* der **sürre** *(q. v.)*
akkan s. **lenf**
akkaranfil *P* s. **tatula** (1)
akkarınlı sağan Alpensegler *m zo.* Apus melba

Akkat, -dı *n. pr.* Akkad (altbabylonische Stadt am Euphrat)
Akkatça *ling.* Akkadisch(-e), Chaldäisch(-e) *n* *Kalde dili
Akkatlılar *n. pr. hist.* Akkader *pl.* Bewohner *pl.* von Akkad
akkavak s. **akçakavak**
akkefal Laube *m* (Fisch) *zo.* Alburnus alburnus
akkelebek Baumweißling *m zo.* Aporia crataegi *beyaz ağaçkelebeği
akkılıf s. **akörtü**
akkın(-lık) s. **selis; selâset**
akkolat, -dı *typ., mus.* Akkolade *f*, geschweifte Klammer *kaş
akkor 1. weißglühend *müteşehhip 2. Weißglut *f* *nârıbeyza ~ **ışıldak** Jupiterlampe *f*
akkorlu Glüh- ~ **lamba** *selt.* Glühlampe *f* *ampul
akkorluk Weißglut, Inkandeszenz *f* *teşehhüp
Akkoyunlular *n. pr.* die Turkmenendynastie vom Weißen Hammel (14./15. Jh.)
akkömür s. **beyaz kömür**
akkulaklı bülbül Bülbül *m*, Fruchtdrossel *f zo.* Pycnonotus leucotis
Akkuş 1. *gel.* Hundename 2. O. u. D. im Rbz. Ordu 3. ♀ weiße Taube
akkuyruk grüner Tee (spez. für Teemischungen)
akkü *Abk.* für **ak(k)ümülâtör**
akküzatif *selt. gr.* Akkusativ *m* *-i hali, mefulünbih
aklâm *va. Pl.* zu **kalem**
aklamak 1. s. **beyazlaştırmak** 2. s. **ibra, tebriye etmek** 3. s. **temizlemek**
aklan *geogr.* Abdachung *f*, Abhang *m* *maile, versan
aklanmak 1. weiß werden (z. B. Wäsche) 2. s. **beraat etmek, teberri etmek**
aklen [×·] *Adv.* vernunftgemäß, verstandesmäßig ~ **ve naklen** *va.* vernunft- und traditionsgemäß
akletmek s. **akıl etmek**
aklı mit weißen Flecken (Punkten, Strichen usw.) ~ **karalı** 1. schwarz-weiß 2. bunt-scheckig
aklıevvel 1. geistreich, hochbegabt 2. *spött.* übergescheit *ukalâ 3. *(Mystik)* Gott; göttliche Weisheit
aklık 1. Weiß-Sein *n* 2. weiße Farbe *od.* Schminke 3. s. **yüzaklığı** 4. **(derecesi)** *astr.* Albedo *f*
aklıselim [ī] gesunder Menschenverstand *sağduyu
aklî 1. Geistes-, geistig, intellektuell 2. Vernunft-, Verstandes-, vernunftgemäß, rational *makul, ussal ~ **hukuk** s. **tabiî hukuk;** ~ **melekât; melekâtı akliye** geistige Fähigkeiten *pl.* *akıl melekâtı
akliyat, -tı [··–] *Pl.* verstandesmäßig erworbenes Wissen; Vernunftwissen *n*
akliye 1. Geisteskrankheiten *pl.* 2. Klinik *f* für Geisteskranke, psychiatrische Station od. Klinik 3. s. **rasyonalizm;** ~ **hekimi** (*od.* **mütehassısı**) Psychiater *m*
akliyeci Psychiater *m*
akloropsi *med.* Achloropsie, Grünblindheit *f*
aklütedbir [ī] *va.* s. **akıl ve tedbir**
akma 1. Vs. zu **akmak** 2. s. **akanyıldız;** ~ **borusu** Ausgußrohr *n* ~ **çelik** Flußstahl *m* ~ **valfı** Ausgußventil *n*
akmadde *an.* weiße Substanz (im Gehirn) *cevheri ebyaz, beyaz cevher
akmak, (-ar) 1. fließen 2. **(kan)** vergossen werden, bluten 3. herunterfließen, herablaufen, auf den Boden tropfen 4. lecken, rinnen (z. B. Gefäß, Dach) 5. leise und unauffällig weggehen, *F* sich verdrücken 6. zerschleißen (Stoff) 7. fallen (Sternschnuppe) 8. in Mengen kommen; hereinströmen (Leute, Geld usw.) **Akacak kan damarda durmaz.** Spr. Es kommt alles, wie es kommen muß. **Akan sular durur.** 1. Jetzt schlägt's doch dreizehn! Da hört sich doch alles auf! 2. (bunun karşısında) Das Argument ist nicht zu entkräften. Dagegen läßt sich schlechterdings nichts einwenden. Zu 1: **Bu mantık karşısında akan sular durur!** Bei einer solchen Logik kann man sich nur an den Kopf fassen. **Akmasa da damlar.** Fließt es nicht, so tropft es doch. *F* Kleinvieh macht auch Mist. **akmış çorap** Strumpf *m* mit Laufmasche **akmış kumaş** zerschlissener Stoff
akmalık Abzugs-rohr *n*, -schacht *m*, -rinne *f*
akman *dial.* sauber, anständig
akmantar Blätterpilz *m bot.* Agaricus campestris *keçimantarı, kuzugöbeği
akmaz 1. stehend, stagnierend (Wasser) 2. (*mst. pl.* **-lar**) Altwasser *n*
Akmescit, -di *n. pr. fr.* türk. Bez. der Stadt Simferopol (Krim)
akne *med.* Akne *f*, Finnenausschlag *m*
akomodasyon *med.* Akkomodation *f* (des Auges), Anpassung *f* *uyum
akompanyatör (*franz.* **accompagnateur**) *mus.* s. **akompanyeci**
akompanyatris *mus.* Begleiterin *f*
akompanye *mus.* begleitet ~ **etmek** begleiten (z. B. am Flügel)
akompanyeci *mus.* Begleiter(-in *f*) *m* *eşlikçi, refakatçi
akompanyıman *mus.* Begleitung *f*
akonit, -ti Eisenhut *m bot.* Aconitum napellus *kaplanboğan
akonitin *med.* Akonitin *n*
akont, -tu (*franz.* **acompte**) Abschlags-, An-, Akonto-zahlung *f*, Vorschuß *m*
akordeon 1. Ziehharmonika *f*, Schifferklavier *n* 2. maschinell hergestellte Plisseefalten *pl.* ~ **kapı** Harmonika-Tür *f* ~ **olmak** *V* sich ineinanderschieben (z. B. Eisenbahnwagen bei Zusammenstoß)
akordeoncu Ziehharmonikaspieler(-in *f*) *m*
akordeonlu 1. mit Ziehharmonika 2. fein plissiert
akordör (*franz.* **accordeur**) s. **akortçu**
akordu(v)ar (*franz.* **accordoir**) s. **akort çekici**
akort, -du 1. *mus.* Stimmung *f*, Stimmen *n* (e–s M. i.) 2. *mus.* Akkord *m* *düzen 3. **(ücret)** Akkord-, Stück-lohn *m* Akkord, Stücklohn *m* ~ **anahtarı,** ~ **çekici** Stimmschlüssel, -hammer *m* *akordu(v)ar; düzen anahtarı ~ **etmek** 1. stimmen (M. i.) 2. *a. techn.* abstimmen ~ **parası** Akkord-, Stück-lohn *m* ~ **vermek** *mus.* e–n Akkord anschlagen ~ **vidası** Wirbel *m* (an e–m S. i.) **-u bozuk** *fig.* unharmonisch, mißtönend
akortçu Klavierstimmer *m*
akortlamak stimmen (M. i.)
akortlu gestimmt, tonrein
akortsuz verstimmt (M. i.)
akova [×··] *(naut. Kommando:)* in Höhe des Wasserspiegels einhieven!
Akova *n. pr.* die Ebene von **Adapazarı** *Adapazarı ovası
akoz etmek *V* 1. schweigen, den Mund halten 2. zum Schweigen bringen
akoza [·×·] *V* s. **aktize**
akozlamak *V* zuflüstern, zuwispern
akörtü *an.* Bindegewebs-, Sehnen-haut, Faszie, Aponeurose *f* *akzar, fasya, sıfak
akr (*franz.* **acre**) *selt.* Morgen *m* (Flächenmaß)
akraba (*urspr. Pl.* zu **karip**) 1. die Verwandten *pl.* *akrabalar 2. Verwandte *m, f* 3. *Adj.* verwandt ~ **çıkmak** sich als verwandt herausstellen ~ **diller** verwandte Sprachen *pl.* ~ **kayırıcılığı** Nepotismus *m*, Vetternwirtschaft *f*
akrabalık 1. Verwandtschaft *f* 2. Verwandte *pl.*
akran [·–] (*urspr. Pl.* in *Sg.bed.*) Gleichalterige *m, f* Koätan(-in *f*) *m*, Klassenkamerad(-in *f*) *m*, Kollege *m*, Kollegin *f*, Kamerad(-in *f*) *m*; im gleichen Semester stehend,

gleichgestellt ≗ **akrandan azar.** Böse Beispiele verderben gute Sitten *Spr.* **-ından kalmak** hinter seinen Kameraden zurückstehen
akrancılık (ausschließlicher) Verkehr mit Kollegen *od.* Gleichgestellten
akranlık 1. Gleichaltrigkeit *f* 2. Gleichgestelltsein *n*
akrebiye s. **akrepler**
akredite (*franz.* **accrédité**) akkreditiert, beglaubigt
akreditif *H* Akkreditiv *n,* Kredit-auftrag, -brief *m*
akremayer (*franz.* **à crémaillère**) Zahnrad-(Bahn usw.)
akrep, -bi 1. *zo.* Skorpion *m* (vgl. **kara ~, sarı ~, su -i**) 2. der kleine Uhrzeiger; Stundenzeiger *m* 3. **Akrep** *astr.* Skorpion *m* (Sternbild od. Tierkreiszeichen) ≗ **etmez akrabanın akrabaya ettiğin!** *Spr.* Ein Skorpion bringt nicht fertig, was ein Verwandter einem anderen antun kann. ~ **gibi** 1. kränkend, verletzend 2. heimtückisch, niederträchtig ~ **kuyruğu** Raupenkraut *n bot.* Scorpiurus *tırtıl otu ~ **kuyruğu bıyık** hochgezwirbelter Schnurrbart ~ **otu** 1. die Enzian-Art Erythraea spicata 2. europäisches Heliotrop *bot.* Heliotropium europaeum *bambul olu, günçiçeği, vanilya çiçeği ~ **sinekleri** Skorpionsfliegen *pl. zo.* Panorpidae ≗ **yüreği** *astr.* Antares *m*
akrepler *zo.* Gruppe *f* der Skorpionen *akrebiye
akrobasi 1. Akrobatik *f,* Seiltänzerkünste *pl.* 2. Kunstflug *m*
akrobat, -tı 1. Akrobat, Seiltänzer *m* 2. Kunstflieger *m*
akrobatik 1. akrobatisch, Seiltänzer- 2. Kunstflug-
akrobatlık s. **akrobasi**
akromatik *phys.* achromatisch *renksemez
akromatopsi s. **renkkörlüğü**
akromegal, -li (*franz.* **acromégale**) *med.* mit Riesenwuchs
akromegali *med.* Akromegalie *f,* Riesenwuchs *m* (der Extremitäten) *devleşme
akropol, -lü 1. Stadtburg, Akropolis *f* 2. *spez.* **Akropol** Akropolis *f* in Athen
akrostik s. **karga baldırıkara**
akrostiş Akrostichon *n* *istiharaç, muvaşşah, uçlama
aks *selt.* Achse *f* *eksen, mihver
aksa s. **arıza**
aksâ (*va. isol. Elativ*) ganz entfernt, äußerst **Aksâyı Şark** *va.* der Ferne Osten *Şarkı Aksâ, Uzak-Şark, Uzak-Doğu
aksak 1. hinkend, lahm 2. verkrüppelt 3. nicht recht funktionierend, nicht vorangehend 4. lebhafte Taktart in der türk. Musik ~ **dövüşü** *Ksp.* Hahnenkampf *m,* Rempeln *n* ≗ **eşekle yüksek dağa çıkılmaz.** *Spr.* Mit e–m lahmen Esel kommt man auf keinen hohen Berg. ~ **ezgi** s. **ağır ezgi;** ~ **gönye** *math.* bewegliches Winkelmaß; Schmiege *f* **Aksak Timur** *n. pr.* Timurlenk *Timurlenk, Topal Timur
aksakal(-lı) 1. weißbärtig, alt, bejahrt 2. der Dorfälteste od. e–r der Dorfältesten, Gemeindevorsteher *m* ~ **karasakal** *fig.* jung und alt, arm und reich
aksaklık 1. Hinken, Lahmen, Lahmsein *n* 2. Verkrüppelung *f* 3. Störung *f,* Defekt *m,* Stockung *f* ~ **göstermek** nicht recht vorangehen, dauernd stocken
aksam [·–] (*Pl.* zu **kısım**) 1. (Bestand-)Teile *pl.* 2. Zubehörteile *pl.* 3. Verbindungsstück *n* (zweier Rohre) **-ı kelâm** s. **söz bölükleri; -ı rihve** *an.* Weichteile *pl.*
aksamak 1. hinken, lahmen 2. *fig.* nicht recht vorangehen (z. B. Unternehmen)
aksan 1. Akzent, Ton *m,* Betonung *f,* Druck *m* 2. Tonfall *m,* Aussprache *f* 3. (graphischer) Akzent ~ **sirkonfleks** (*franz.* **accent circonflexe**) Zirkumflex *m*
aksanlı 1. akzentuiert, betont 2. mit nb. Tonfall Zu 2: **Ermeni ~ Türkçe** Türkisch mit armenischem Tonfall (*od.* arm. Aussprache)
Aksaray *n. pr.* 1. Stadt u. D. im Rbz. Niğde 2. Stadtviertel in Istanbul

aksata T. von **ahzüita**
aksatmak 1. *a. mil.* lähmen, lahmlegen 2. *mil.* niederhalten *baskı altında tutmak 3. stark behindern, nicht recht vorangehen lassen
aksaz s. **sukamışı**
akse (*franz.* **accès**) 1. *med.* Anfall *m. spez.* Fieberanfall *m* 2. *biol.* Reflex *m*
Akseki *n. pr.* O. u. D. im Rbz. Antalya
akselerasyon (*franz.* **accélération**) *mot.* Beschleunigung *f,* Gasgeben *n*
akseleratör 1. *mot.* Fuß-, Gas-hebel *m,* Gaspedal *n* 2. *(Film)* Zeitraffer *m*
akselere 1. beschleunigt 2. *(Film)* Zeitraffer-Aufnahme *f* ~ **etmek** beschleunigen
akseptans; akseptasyon *H* Akzept *n* *kabul
aksesu(v)ar 1. Zubehör(-teile *pl.*) *n* 2. Zusatzgeräte *pl.* 3. *Th.* Requisiten *pl.* (*a.* für e–e Filmszene) 4. *Th.* Nebenrolle *f* 5. *geol.* akzessorisch *eklenti ~ **masası** *Th.* Requisitentisch *m*
aksesu(v)arcı; aksesu(v)arist, -ti *(Th., Film)* Requisiteur *m*
aksetmek [×··] 1. sich spiegeln; reflektieren *(intr.)* 2. widerhallen 3. erklingen; zu hören sein 4. zu Ohren kommen, zur Kenntnis (von) gelangen 5. gelangen, hinkommen (nach) Zu 1: **suya** ~ sich im Wasser spiegeln Zu 4: **Vaka polise aksetti.** Der Vorfall gelangte zur Kenntnis der Polizei. Zu 5: **Ankara'ya akseden haberlere göre ...** Wie Nachrichten besagen, die nach Ankara gelangt sind ...
aksettirmek 1. widerspiegeln, reflektieren *(tr.)* 2. widerhallen lassen 3. erklingen lassen, hören lassen 4. zur Kenntnis (von) bringen 5. gelangen (hinkommen) lassen (nach) Zu 4: **Polise ancak tek bir hadise aksettirilmiştir.** Die Polizei ist nur über e–n einzigen Vorfall in Kenntnis gesetzt worden.
aksırık, -ğı Niesen *n* ~ **tozu** Schnupf-, Nies-pulver *n* **-ı cinli** schnell aufbrausend (Person)
aksırıklı tıksırıklı 1. wer dauernd niest 2. *fig.* abgelebt, hinfällig
aksırma Niesen *n* ~ **otu** Bertramgarbe *f,* weißer Dorant *bot.* Achillea ptarmica
aksırmak niesen **Aksıracağım** (*F. a.* **Aksırasım**) **geliyor** (*od.* **tutuyor**). Ich muß niesen.
aksırtıcı zum Niesen reizend, Nies-
aksi 1. entgegengesetzt, gegenteilig 2. widersetzlich, ungefällig, abweisend, unfreundlich, unangenehm (Person) 3. nicht wunschgemäß verlaufend; vertrackt, widrig, unangenehm (Sache) Zu1: **Belki siz ~ fikirdesiniz.** Vielleicht sind Sie gegenteiliger Ansicht. Zu 3: **İşlerim aksi gidiyor.** Es geht mir alles daneben. ~ **akıntı** Gegenströmung *f* ≗ **çıktı.** Es ist genau das Gegenteil eingetreten. ~ **delil** Gegenbeweis *m* ~ **gibi** wie zum Trotz, unglücklicherweise ~ **halde** s. ~ **takdirde;** ~ **mütalaa** entgegengesetzte Meinung (Ansicht, Darlegung) ~ **olarak** umgekehrt, im Gegenteil ~ **şeytan** s. **hay ~ şeytan;** ~ **takdirde** andern-, widrigen-falls, sonst ~ **tesadüf** Pech, Mißgeschick *n,* unglücklicher Zufall, widriges Geschick ~ **tesir** 1. gegenteilige Wirkung 2. Gegen-, Rück-wirkung *f; chem.* Reaktion *f*
aksiamel *fast ungebr.* s. **aksülamel**
aksidan (*franz.* **accident**)1. *selt.* Zufall, Unglücksfall *m* 2. *mus.* Vorzeichen *n* *belik
aksidantal (*franz.* **accidentel**) 1. zufällig, nebensächlich, unwesentlich 2. unglücklich 3. *mus.* mit Vorzeichen
aksilenmek; aksileşmek 1. ungefällig sein, sich abweisend verhalten 2. überaus pedantisch sein
aksilik -ği 1. Entgegengesetztsein *n* 2. Widerspruchsgeist *m* 3. Ungefälligkeit, Unfreundlichkeit *f;* abweisendes unangenehmes Benehmen (e–s Menschen) 4. ungünstiger (unangenehmer, widriger) Verlauf (e–r Angelegenheit);

Ungunst, Widrigkeit *f* Zu 4: **bir ~ çıkmazsa** wenn nichts dazwischenkommt ≗ **bu ya!** (*od.* ≗**e bakın ki!**) Ausgerechnet! (*d. h.* Gerade so, wie es nicht zu erwarten war.) ~ **etmek** Schwierigkeiten machen **-i tutmak** s. **inat etmek**

aksine genau entgegengesetzt, gerade umgekehrt **İş bunun tamamiyle -dir.** Es verhält sich genau umgekehrt.

aksinekler Mottenschildläuse *pl. zo.* Aleurodidae

aksinit, -ti *min.* Axinit, Thumerstein *m*

aksinli ein **kaşık oyunu** (*q. v.*) *spez.* in der Konya-Gegend

aksiseda [···–] *phys.* Echo *n,* Widerhall *m* *yankı ~ **vermek** widerhallen, ein Echo haben (od. finden) (*a. fig.*)

aksiyal *techn.* axial

aksiyoloji s. **değer kuramı**

aksiyom *math.* Axiom *n* *belit, mütearife

aksiyomatik 1. *math.* Axiomatik *f* 2. axiomatisch

aksiyometre [···×·] *naut.* Axiometer *n*

aksiyon 1. Aktie *f,* Anteilschein *m* *hisse senedi 2. Tätigkeit, Handlung (*a.* z. B. im Drama) *f* ~ **birliği** *lit.* Einheit *f* der Handlung ~ **türbini** *techn.* Aktionsturbine *f* ~ **ve obligasyon borsası** Effektenbörse *f* ~ **-a dayanan oyun** *Th.* Handlungsdrama *n*

aksiyoner Aktionär, Besitzer *m* von Anteilscheinen *hissedar

aksolotl s. **sukulu**

akson [×·] *an.* Achsenzylinder *m,* Axon *n,* Neurit *m* *mihveri üstüvanî; silindireksen

aksoy edel, adlig, vornehm, aristokratisch

aksoyluk Adel *m*

aksöğüt, -dü Silberweide *f bot.* Salix alba *küfeci söğüdü

aksu [×·] *P med.* grauer Star *m* (Augenkrankheit) *akbasma, katarakt, perde ~ **gülü** s. **beyaz nilüfer;** ~ **inmek (gözlere)** vom grauen Star befallen werden

aksungur 1. e–e Jagdfalkenart 2. ≗ Name verschiedener Seldschukenfürsten

aksülamel Reaktion, Rückwirkung *f,* Gegen-druck *m,* -wirkung *f* *tepki, reaksiyon *chem.* Reaktion *reaksiyon, teamül, tepkime ~ **yapmak** 1. e–e Reaktion auslösen 2. *chem.* reagieren *tepkimek

aksülümen *chem.* Sublimat, Quecksilber-II-Chlorid *n* *süblime

aksünger s. **süngertaşı**

aksütebdil [ī] s. **akis** (6)

aksüyek (in alttürk. Zeit) s. **havas** (1)

akşam 1. Abend *m* 2. am Abend 3. gestern abend 4. heute abend 5. **Akşam** *n. pr.* Istanbuler Zeitung (gegr. 1918) ≗ **ahıra, sabah çayıra.** *spött.* Essen, Trinken und Schlafen, sonst kennt er nichts. ~ **balığı** am Abend gefangene und am nächsten Morgen zum Verkauf angebotene Fische ~ **demez, sabah demez** den lieben langen Tag, zu jeder Tageszeit ~ **etmek** den Tag zu Ende bringen ~ **ezanı** 1. Abendgebetsruf *m* 2. Abendzeit *f* ~ **garipliği** abendliche Schwermut ~ **gazetesi** Abend-zeitung, -blatt *n* ≗ **ise yat, sabah ise git!** *Spr.* (*od.*) ≗ **oldu kon, sabah oldu göç!** (*Spr.*) Alles zur rechten Zeit! ~ **karanlığı** Abenddämmerung *f* Zwielicht *n;* An-, Ein-bruch *m* der Dämmerung ≗ **kavil, sabah savul.** *Spr.* Am Abend verspricht er goldene Berge, am nächsten Morgen will er von nichts mehr wissen. ~ **kırmızılığı** (*od.* ~ **kızıllığı**) Abendrot *n* ~ **namazı** Abendgebet *n* ~ **olmak** Abend werden ~ (*od.* **-ki**)**yediğini sabah unutmak** überaus vergeßlich (zerstreut, zerfahren) sein ~ **tanı** s. **gün kararması;** ~ **tavus kelebeği** Abendpfauenauge *n* (Schmetterling) *zo.* Smerinthus ocellata ~ **üstü** *od.* ~ **üzeri** gegen Abend, um die Abendzeit ~ **yemeği** Abendessen *n* **-a** bis zum Abend, noch vor Abend **-a doğru** (*od.* **karşı**) gegen Abend **-a sabaha** in kurzer Zeit, bald **-dan kalma** wer bis spät in die Nacht hinein zecht **-dan kalmış** noch ganz verkatert **-dan kavur, sabaha savur** wer von der Hand in den Mund lebt, wer keine Ersparnisse macht **-dan sonra merhaba** *fig.* jetzt, wo es zu spät ist **-ı bulmak** (*od.* **etmek**) s. **akşamlamak;** ≗**ın işini sabaha bırakma!** *Spr.* Verschiebe nicht auf morgen, was du heute kannst besorgen! ≗**ın hayrından sabahın şerri yeğdir.** *Spr.* Beginne auf jeden Fall e–e Arbeit nicht am Abend, sondern am Morgen! *Sabah ola hayır ola! *Spr.* ≗**lar** (*od.* ≗**ınız**) **hayrolsun!** (*z. va. a.*): ≗**ı şerifler (-iniz) hayırlar olsun!** Guten Abend! **-ları** 1. jeden Abend, allabendlich 2. jeweils am Abend

akşamcı 1. wer abends regelmäßig (sein Gläschen Raki) trinkt 2. wer e–e best. Arbeit abends bzw. nachts zu tun pflegt: Nachtarbeiter(-in *f*) *m* 3. *V z. va.* Bummler, Nachtschwärmer *m* 4. wer sich abends früh zu Bett legt 5. wer abends Wache hat

akşamcılık abendliche Zusammenkunft bei Raki und kleineren Speisen

akşamgüneşi, -ni 1. Abendsonne *f* 2. von orangeroter Farbe 3. Lebensende *f,* letzte Lebensjahre *pl.* 4. e–e fr. verwendete changierende Stoffart 5. ≗ Roman von Reşat Nuri Güntekin (1926) ~ **gibi** flüchtig, schnell vergehend, nur vorübergehend

akşamki abendlich

akşamlamak *z. va.* 1. den ganzen Tag bis zum Abend irgendwo bzw. mit irgendeiner Beschäftigung verbringen 2. irgendwo den Abend verbringen 3. (nach der Neumondphase) spät aufgehen (Mond)

akşamleyin um die Abendzeit, abends

akşamlı sabahlı jeden Abend und jeden Morgen

akşamlık 1. für den Abend bestimmt od. geeignet, Abend- 2. Abendanzug *m,* Gesellschaftskleid *n* ~ **sabahlık** mit nahe bevorstehendem, unvermeidlichem Ergebnis z. B. **hasta** ~ **sabahlık** todkrank **gebe** ~ **sabahlık** hochschwanger

akşamsefası, -nı s. **gecesefa(-sı)**

Akşamyıldızı, -nı s. **Çulpan**

akşar Albino *m* *albinos, çapar

Akşehir *n. pr.* Stadt mit Grabdenkmal für Nasrettin Hoca u. gln. D. im Rbz. Konya

akşın s. **akşar**

akşınlık s. **albinizm**

akt, -tı 1. *Th.* Akt, Aufzug *m* 2. Akt, Vorgang *m,* Handlung *f*

akta [·–] ähriges Christophskraut *bot.* Actaea spicata

aktar (I) Krämer *m* (der Kurzwaren, Briefpapier, Drogerieartikel, Gewürze usw. verkauft)

aktar (II) [·–] (*va. Pl.* zu **katra**) Tropfen *pl.*

aktar (III) [·–] (*va. Pl.* zu **kutur**) 1. Seiten, Richtungen *pl.* 2. Länder, Gebiete *pl.* 3. Durchmesser *pl.* *çaplar

aktarıcı 1. Dachdecker *m* 2. Lochkartenmaschine *f* 3. (*bei Volleyball*) wer den Ball über das Netz schlägt

aktariye Krämer- *spez.* Kurz-waren *pl.*

aktarım 1. Übertragung, Transfusion *f* (vgl. **kanaktarım**) 2. *mus.* s. **transpozisyon**

aktarımcı *mus.* s. **transpozeci, transpozitör**

aktarlık 1. Gewerbe und Tätigkeit e–s Krämers 2. s. **aktariye**

aktarma 1. Vs. zu **aktarmak** 2. Umsteigen *n* (in ein anderes Verkehrsmittel) 3. *mil.* Umschlag *m* 4. (*Buchhaltung*) Übertrag *m* 5. Durcheinander -bringen, -rühren *n* 6. a) Übernahme *f* (e–s Wortes, Zeitungsartikels usw.) b) *Adj.* entlehnt, übernommen 7. Überwechseln *n* (zu e–m anderen Sportklub) *transfer 8. (*spez. Fb.*) Ab-, Weitergabe *f* des Balls an e–n Mitspieler 9. Vererbung *f* (*spez.* von Eigenheiten) 10. *phon.* Übertragung *f* e–s Phonems auf ein anderes (vorausgehendes od. folgendes) *spez.* Umlaut *m,* Lautangleichung *f* *dilasyon 11. *H* Transit *m* 12. Auszug *m* (von Bienen in e–n anderen Bienenstock)

13. *ling.* s. **göçüşme** 14. s. **aktarım** (2) 15. *agr.* Pflügen, Ausroden *n* 16. Umfüllen *n* 17. vollständiges Durchlesen (e–s Buches) 18. Durchsicht, Überprüfung *f* 19. *naut.* Ver-, Aus-laden *n* ~ **eşyası** Transit-waren, -güter *pl.* ~ **etmek** s. **aktarmak;** ~ **limanı** Umschlaghafen *m* ~ **merkezi** (*od.* ~ **yeri**) *mil.* Umschlagstelle *f*, Umladeplatz *m* ~ **yapmak** 1. umsteigen (in ein anderes Verkehrsmittel) 2. *(Buchhaltung)* übertragen

aktarmacılık, -ığı Übertragung *f* (e–s Textes), sinngemäße Wiedergabe

aktarmak 1. von e–r Stelle an e–e andere bringen 2. umladen 3. umfüllen (Flüssigkeit in anderes Gefäß) 4. übertragen (*z.B.* Blut) 5. umsteigen lassen 6. (von Hand zu Hand) weiterreichen (z.B. Ziegelsteine beim Bau) 7. übernehmen (Textstelle); übertragen (Text in andere Sprache) 8. durcheinander-bringen, -rühren 9. überstellen, überweisen (z.B. Häftling in andere Justizvollzugsanstalt) 10. durchsehen, überprüfen *gözden geçirmek 11. weiterleiten, übermitteln 12. ab-, weiter-geben (z.B. Fb.) 13. von Anfang bis Ende lesen (*spez.* Koran) 14. **(çatı, kiremit)** umdecken (Dach) 14. *agr.* umpflügen, ausroden (Feld) 15. **(cep)** ausleeren 16. *mus.* s. **transpoze etmek** 17. umstellen, verlagern 18. *va.* niederstrecken 19. **(tahtından yere)** entthronen 20. zu Fall bringen (z.B. Reiter) 21. j–m et. zustecken (z.B. Diebesgut)

aktarmalı mit Umsteigen (in ein anderes Verkehrsmittel) ~ **bilet** Umsteigebillet *n*, *F* Umsteiger *m* ~ **tren** Anschlußzug *m*

aktarmasız ohne Umsteigen, direkt, durchgehend

aktavşan Wüstenspringmaus *f zo.* Jaculus jaculus *Arap tavşanı; *cırboğa

aktavus otu weißes Straußgras *bot.* Agrostis alba

aktı Gesamt- od. Pauschal-entlohnung *f* für verschiedene geleistete Arbeiten

aktif 1. aktiv, tätig *faal, fiilî 2. lebhaft 3. fleißig 4. wirksam *etkili, müessir 5. Aktiva *pl.* (e–r Bilanz) *mevcudat ve matlubat 6. *selt. gr.* Aktiv *n* *malum fiil ~ **borç** *H* ausstehende Forderung ~ **husumet ehliyeti** (*od.* **salâhiyeti**) *jur.* s. **aranç** (*od.* **dilem**) **yöneltme yetkisi;** ~ **kelime haznesi** *ling.* aktiver Wortschatz ~ **kömür** Aktivkohle *f* (als Absorptionsmittel)

aktifleşmek aktiv(-er) werden, Aktivität entfalten

aktifleştirici *chem.* Aktivator *m*

aktifleştirmek aktivieren

aktiflik s. **aktivite**

aktinitler *chem.* (die Gruppe der) Aktiniden *pl.*

aktinyum [·×·] *chem.* Aktinium *n* (radioaktives Element)

aktinolit, -ti *min.* Aktinolith, Strahlstein *m*

aktinometre [···×·] Aktinometer, Strahlenmeßgerät *n*

aktinomisin *med.* Aktinomyzin *n* (Antibiotikum)

aktivasyon Aktivierung, Belebung *f*

aktivist, -ti aktiv(-istisch), Aktivist *m* *etkinci

aktivite Aktivität, Betriebsamkeit *f* Tätigkeitsdrang *m*

aktivizm Aktivismus *m* *etkincilik, fiiliye

aktize [·×·] *V* Also heraus mit der Sprache! *akoza

aktör (*franz.* **acteur**) Schauspieler *m* (*a. fig.*) ~ **amatör** Laienschauspieler *m*

aktöre *jur.* s. **adap**

aktörlük, -üğü 1. Rolle, Tätigkeit *f* e–s Schauspielers 2. *Th.* als Schauspieler tätig sein 2. *pej.* schauspielern

aktris (*franz.* **actrice**) Schauspielerin *f*

aktrislik, -iği Rolle, Tätigkeit *f* e–r Schauspielerin

aktutma *dial.* Eiweißharnen *n*, Albuminurie *f*

aktüalite 1. Aktualität, Gegenwartsnähe *f* 2. Zeit-, Tagesgeschehen *n* 3. aktuelles Thema ~ **filmi** Wochenschau *f* ~ **haline gelmek** aktuell werden, zum Tagesgespräch werden

aktüalizm s. **edimselcilik**

aktüatör (*franz.* **actuateur**) Auslöser *m* (an automatischen Waffen)

aktüel 1. aktuell, zeitgemäß, zeitnah 2. effektiv, wirklich *edimsel ~ **hale gelmek** s. **aktüelleşmek**

aktüelleşmek aktuell (zum Tagesgespräch) werden

aktüellik s. **aktüalite**

aktüer (*franz.* **actuaire**) Versicherungs-mathematiker, -statistiker, Aktuar *m*

akumba Mohrenmaki *m zo.* Lemur macaco

akuple (*franz.* **accouplé**) *techn.* gekoppelt ~ **etmek** koppeln, kuppeln, zusammenschalten

akuplman (*franz.* **accouplement**) *techn.* Kupplung *f* ~ **biyeli** Kupplungsstange *f*

akuplmanlı *mot.* gekuppelt, Kupplungs-

akur [·–] *z. va.* 1. bissig, bösartig (Hund) 2. erbittert, wütend (Feind)

akustik 1. Akustik, Lehre *f* vom Schall *ilmi savt 2. Akustik, Klangwirkung *f* 3. akustisch ~ **boru** *med.* Hörrohr *n* (für Schwerhörige) ~ **siniri** *an.* Gehörnerv *m*

akuşör (*franz.* **accoucheur**) Geburtshelfer *m* *lavta

akuşöz (*franz.* **accoucheuse**) Geburtshelferin, Hebamme *f* *ebe, kabile

akut, -tu *med.* akut *hâd

akü s. **akümülatör**

aküçgül Weißklee *m bot.* Trifolium repens

aküdük, -üğü (*franz.* **aqueduc**) Aquädukt *m*, Wasserleitung *f*

aküfer (*franz.* **aquifère**) wasserleitend (Boden; geol. Formation)

akümülasyon Akkumulation, Anhäufung *f* *birikme, teraküm

akümülatör Akkumulator *m*, Batterie *f* ~ **kavanozu** Akkumulatorenglas *n* ~ **levhası** Akkumulatorenplatte *f* ~ **merkezi** Akkumulatorenanlage *f*

akümüle *techn.* akkumuliert ~ **etmek** akkumulieren, speichern, sammeln

aküpünktür *med.* Akupunktur *f*

akva [×·] *naut.* s. **akova**

akval, -li [·–] (*va. Pl.* zu **kavil**) Worte *pl.* ~ **ve efal** *va.* Worte und Taten *pl.*

akvam [·–] (*z. va. Pl.* zu **kavim**) Völker *pl.* **Akvam Cemiyeti; Cemiyeti Akvam** *n.pr. hist.* Völkerbund *m* *Milletler Cemiyeti

akvamarin *min.* Aquamarin *m*

akvarel 1. Aquarell *n* 2. als Aquarell ausgeführt, Aquarell- *suluboya ~ **resimler** Aquarellbilder *pl.*

akvarelci Aquarell-maler, -ist *m*

akvaryum [·×·] 1. Aquarium *n* 2. *fig.* enger, bedrückender Raum

akvatinta (*franz.* **aquatinta**) s. **lekebastı**

akya [×·]; **akyabalığı, -nı** Bläuel *m*, Gabelmakrele *f zo.* Lichia amia

akyarma Name e–r best. Pfirsichart (vgl. **yarma şeftali**)

Akyazı *n. pr.* O. u. D. im Rbz. Sakarya

akyel *P* West- od. Südwest-wind *m*

akyem Köderfisch *m*

Akyıldız *astr.* Sirius *m* *Siryüs; Şi'râ-yı Yemânî

akyuvar *an.* weißes Blutkörperchen; Leukozyte *f* *beyaz kürecik; küreyvei beyza; lökosit ~ **çoğalması** *med.* Leukozytose *f* (krankhafte Vermehrung der weißen Blutkörperchen) *lökositoz

akzambak s. **beyaz zambak**

akzar s. **akörtü**

al (I) 1. (hoch-, hell-)rot 2. rötlich-braun (Pferdefarbe) 3. Rouge *n*, rote Schminke *allık 4. *med.* Erysipel *n*, Wundrose *f* 5. *med.* Kindbettfieber *n* ~ **basmak** 1. erröten 2. **(loğusayı)** Kindbettfieber bekommen (s.a. **albastı**); ~ **bayrak;** ~ **sancak** türkische Fahne ♀ **elmaya taş**

atan çok olur. *Spr.* Neider und Mißgünstige gibt es immer in Menge. ≗ **giymedim ki alınayım.** Damit habe ich nichts zu tun und fühle mich deshalb auch (durch die Worte) nicht betroffen. ≗ **gömlek gizlenemez.** *Spr.* E–e Wahrheit läßt sich (auf die Dauer) nicht verheimlichen. ~ **kanlar içinde revan** (*od.* **puyan**) in e–r großen Blutlache ~ **kanlara boyanmak** s. **kana boyanmak;** ≗ **kiraz üstüne kar yağar.** *Spr.* 1. Glück und Glas, wie leicht bricht das! *Spr.* 2. Unverhofft kommt oft. *Spr.* ~ **kuşaklı ördek** Brandente *f zo.* Tadorna tadorna ~ **pehlivan üzümü** Name e–r rötlichen Traubensorte (Thrazien) ~ **renkli şakrak kuşu** Karmingimpel *m zo.* Carpodacus erythrinus ~ **yanaklar** rote Wangen *pl.* ~ **yanaklı maymun** s. **resus maymunu;** ~ **yasemin** s. **Hint yasemini; -a bulanmak** sich rot färben **-ı -ına moru moruna** *od.* **-ı** ~ **moru mor** 1. ganz aufgeregt 2. abgehetzt, außer Atem, keuchend 3. puterrot (z.B. vor Verlegenheit) **-lar giymek** vor Freude ganz rot werden

al (II) (Hinter-)List, Intrige, Schurkerei *f*, Winkelzug *m* ≗ **ile aslan tutulur.** *Spr.* Mit List fängt man sogar e–n Löwen. **-a getirmek** täuschen, betrügen, hintergehen

âl, -li 1. Familie *f*, Haus *n*, Dynastie *f*, Nachkommenschaft *f* 2. hoch, erhaben, erlaucht ≗**i İmran** Name der 3. Koran-Sure **-i Osman** das Haus Osman, die osmanische Dynastie **-i resul** Nachkommenschaft *f* des Propheten (Mohammed)

ala (I) 1. bunt, gesprenkelt, scheckig, gefleckt, gestreift, getüpfelt 2. hell-kastanienbraun ~ **doğan** s. **alacadoğan;** ~ **görmek** et. verschwommen sehen ~ **gözlü** mit verschiedenfarbigen Augen ~ **gübük** die Blasenkäferart Mylabris ~ **kır** grauscheckig (Pferd) ~ **sığın** s. **alageyik;** ~ **tav** gerade mit der richtigen Bodenfeuchtigkeit (Acker)

ala (II) **ala** (in den Füg.:) ~ ~ **hey!** Lm. des Schreiens und Zurufens e–r größeren Volksmenge ~ **-ya kalkmak** anfangen zu schreien und toben (Menschenmenge)

ala (III) s. **alabalık**

ala- (*franz.* **à la** ...) (*in Zss.*) nach der Art von ...; s. **alafranga, alaturka** usw.

alâ (I) (*va.* und nur mehr in festen Verb. wie z.B. **Alâettin**) Höhe *f*, hoher Rang

alâ (II) (*ar. Präp.*) 1. auf 2. gegen

âlâ (*Elat.* zu **âli,** hoch) 1. höher, besser 2. (sehr) gut, ausgezeichnet, hervorragend, vorzüglich, erstklassig, prima (*a.* als Wertstufe vgl. **hil'at**) 3. (*a.* **daha** ~) besser **Âlâhazreti Hümayun Şehinşahı İran** *z. va.* Seine Kaiserliche Hoheit, der Schah von Persien **Âlâ suresi** Name der 87. Koran-Sure *Sebbih suresi; **âlânın âlâsı** das Beste vom Besten; ganz hervorragend *âliyülâlâ

alabacak mit weißgefleckten (Vorder-)Füßen (Pferd)

alabalık, -ğı Forelle *f zo.* Salmo trutta s.a. **Avrupa (Anadolu, çelikbaş, dere) alabalığı; deniz (göl) alası**

alabalıkgiller (Fam. der) Lachse *pl. zo.* Salmonidae

alabanda [··×·] 1–4 *naut.* 1. (*a.* ~ **küpeşte**) innere Bordwand 2. Schiffsseite *f* 3. scharfe Drehung des Schiffes 4. Breitseite *f* (Gesamtheit der Geschütze auf einer Seite bzw. Feuer dieser Geschütze) 5. *fig.* scharfe Zurechtweisung; Anpfiff *m* 6. *dial.* Tumult, Krawall *m* 7. *V* auf-, zudringlich, lästig, Quälgeist *m* 8. Prahlen, Aufschneiden, Großtun *n* ~ **ateş** s. **meze borda ateş;** ~ **etmek** 1. das Steuer ganz herumwerfen (*naut.* das Ruder überlegen) ~ **iskele!** hart Backbord! ~ **iskele etmek** das Ruder ganz nach Backbord umlegen ~ **kaplaması** Innenbeplankung, Wegerung *f* ~ **kontra astarı** Plankengang *m* (zwischen den Gabelhölzern), Setzweger *m* ≗ **kürek** Riemen (Ruder) einziehen! ~ **sancak** hart Steuerbord! ~ **sancak etmek** das Ruder ganz nach Steuerbord umlegen ~ **vermek** (b–ne) *V* scharf zurechtweisen, *F* j–n anpfeifen ~ **yemek** *V* gerüffelt werden **-da** 1. binnenbords 2. im Schiffsraum

alabandin (*franz.* **alabandine**) *min.* Karfunkelstein *m*

alabandit, -ti (*franz.* **alabandite**) *chem.* Manganblende *f*

alabaster s. **albatr**

alabastra [··×·] *va.* birnenförmiges Parfümfläschchen

alabaş (lahana) Kohlrabi *m bot.* Brassica oleracea var. gongyloides

alabık *dial.* scheinheilig, heuchlerisch *ikiyüzlü, mürai

alabildiğine 1. aus Leibeskräften; unentwegt; so ... wie nur möglich 2. nicht enden wollend 3. maßlos, äußerst ~ **gitmek** unentwegt weitergehen; unbeirrt seinen Weg fortsetzen ≗ **koşuyor.** Er läuft, was er kann. ~ (*od.* **aldığına**) **orsa** *naut.* voll und bei! hart am Wind! ~ **romantik** denkbar romantisch ~ **şişman bir adam** ein unglaublich dicker Mann

alabora [··×·] *naut.* 1. Kaien *n* (der Rahen) 2. Hoch-ziehen, -heben, Hissen *n* 3. *spez.* Einholung des Staaknetzes **(dalyan)** 4. Kentern, Umschlagen *n* 5. *fig.* Durcheinander *n* ~ **babafingo etmek** *naut.* die Bramstenge niederholen ~ **etmek** *naut.* 1. (die Rahen) kaien 2. hissen (Segel, Flagge), hochziehen, heben 3. (die Riemen) zum Salut hochheben 4. einholen, hochziehen (Staaknetz) 5. umschlagen lassen, zum Kentern bringen (z.B. Boot) 6. *fig.* j–n ganz durcheinanderbringen ~ **olmak** 1. *naut.* umschlagen, kentern 2. *fig.* ganz verwirrt werden

alaborina [···×·] (in der Füg.:) ~ (*od.* **sına**)**seyretmek** vor dem Wind laufen (Schiff), raumschots segeln

alaböcekgiller Buntkäfer *pl. zo.* Cleridae

alabrigan (*franz.* **à la brigand**) *selt.* nach Räuberart

alabros (*franz.* **à la brosse**) Igel-, Stiften-kopf *m;* Bürste *f*

alabura s. **alabora**

alaca (I) 1. s. **ala** (I,1) 2. *mus.* chromatisch *kromatik 3. *fig.* Naturanlage *f*, Charakter *m* 4. Flecken *m*, Körpermal *n* 5. geschmacklose Farbzusammenstellung 6. Bez. für verschiedene bunte türk. Stoffe ~ **ağaçkakan** Buntspecht *m zo.* Dendrocopus major ~ **akik** s. **kadıköytaşı;** ~ **at** Scheck(-e *f*) *m* (geflecktes Pferd) ~ **aydınlık** Morgendämmerung *f*, -grauen *n* ~ **baykuş** Waldkauz *m zo.* Strix aluco *yaylakuşu ~ **boyama** Buntanstrich *m* (z.B. zur Tarnung) ~ **bulaca** 1. schreiend bunt 2. *fig.* bunt durcheinander gewürfelt ~ **çalışmak** unsystematisch arbeiten ~ **don** geflecktes Fell ~ **dostluk** unsichere, wacklige Freundschaft ~ **gök** Abendhimmel *m* ~ **gölge** (*Malerei*) Halbschatten *m* ~ **gre** (*od.* ~ **kumtaşı**) *min.* Buntsandstein *m* ~ **karga** s. **ekin kargası;** ~ **kargaya borçlu** überall in der Kreide (verschuldet) ~ **keme** Lauchtrüffel *m bot.* Tuber magnatum ~ **kokarca** s. **benekli kokarca** ~ **kök** s. **fil kulağı** (1); ~ **mersin** gemeiner Stör *zo.* Acipenser sturio ~ **sülün** Buntfasan *m zo.* Phasianus versicolor ~ **tavuk** s. **büyük örümcek; -sı içinde** heimlich, hinterhältig, verschlagen, arglistig

alaca (II) Ab-, Über-nahme *f* *tesellüm ~ **verece** Übernahme und Abnahme *f* *teslim tesellüm

Alaca *n.pr.* O. u. D. im Rbz. Çorum

alacabalıkçıl Rallenreiher *m zo.* Ardeola ralloides *toparak

alacadoğan 1. Wanderfalke *m. zo.* Falco peregrinus 2. Turmfalke *m zo.* Falco tinnunculus *kerkenez 3. Habicht *m zo.* Accipiter gentilis *atmaca

Alacahisar *n.pr.* osm. Bez. der serbischen Stadt Kruševac

Alacahöyük *n.pr.* berühmte Ausgrabungsstätte im D. Alaca (Rbz. Çorum)

alacak, -ğı was man noch zu erhalten hat *spez.* ein Geldbetrag; *jur.* Forderung *f*, Anspruch *m*, *H* Haben *n* ~ **davası** *jur.* Forderungsklage *f* ~ **geçirilen** *jur.* Zessionär *m* *alacağı temellük eden ~ **isteyemeyeceğinin tespiti davası** *jur.* s. **müdahalenin men'i davası;** ~ **olan** Empfänger *m* (*ant.* gönderen) ~ **senedi** Schuld-schein *m*, -urkunde *f*,

-verschreibung *f* ~ **üzerinde intifa hakkı** *jur.* Forderungsnießbrauch *m* ~ **üzerinde rehin hakkı** *jur.* Forderungspfandrecht *n* ~ **verecek** Geschäftsbeziehung *f* ~ **verecek meselesi** *jur.* strittige Forderungsklage **-ı geçiren** *jur.* Zedent *m* *alacağı temlik eden; ~ **olmak** et. zu bekommen haben **²ı olsun (benden)!** *(Drohung:)* Das werde ich ihm e–s Tages heimzahlen! **²ım elli liradır.** Ich habe noch fünfzig Pfund zu bekommen. **-ın muacceliyet iktisap etmesi** *jur.* Fälligkeitstermin *m* **-ın temliki** (*od.* ~ **devri**) *jur.* Zession, Abtretung *f* (von Forderungen) *alacağın geçirilmesi **²ına şahin vereceğine karga** *spr. Ra.* Er ist ein unerbittlicher Gläubiger, aber ein säumiger Schuldner. **-ına tutmak** et. als Faustpfand (für e–e Forderung) besitzen **-ını almak** 1. seine Forderung einkassieren 2. *fig.* et. heimgezahlt bekommen **²la verecek ödenmez.** *Spr.* Es läßt sich nicht alles gegenseitig aufrechnen. **-lar** Guthaben, Forderungen, Außenstände *pl.*

alacakaranlık, -ğı 1. s. **alaca aydınlık** 2. Abenddämmerung *f* 3. *med.* Dämmerzustand *m* 4. *met.* Zwielicht *n*

alacaklandırmak *H* gut-bringen, -schreiben

alacaklı Gläubiger, Kreditor *m* *dâyin ~ **bakiye** *H* Habensaldo *m* ~ **talebine bağlı usul** s. **re'sen hareket usulü;** ~ **taraf** *H* Habenseite *f* ~ **toplantısı** (*od.* **toplanması**) Gläubigerversammlung *f* ~ **ve borçlu sıfatının birleşmesi** *jur.* Konfusion, Vereinigung *f* (von Schuld und Forderung in einer Person) **-lar heyeti** *H* Gläubigerausschuß *m* **-nın temerrüdü** *jur.* Gläubiger-, Annahme-verzug *m*

alacalamak bunt(-scheckig) machen od. anstreichen; sprenkeln, tüpfeln, punktieren

alacalanmak 1. bunt(scheckig usw.) werden 2. (vor Erregung) bald blaß, bald rot werden 3. Flecken bekommen (z.B. Stoff) 4. *P* nur verschwommen erscheinen

alacalı 1. s. **ala** (I,1) 2. grellbunt bemalt 3. unklar, verschwommen ~ **akik** s. **jasp;** ~ **bulacalı** s. **alaca** (I) **bulaca**

alacalık 1. Buntscheckigkeit *f*, buntes Durcheinander 2. *fig.* Wankelmut *m*, Unbeständigkeit *f* 3. (Abend-)Dämmerung *f* ~ **etmek** wankelmütig, unbeständig sein

alacamenekşe s. **hercaîmenekşe**

alacehri echte Gelbbeeren *pl.* (grünliche, etwa erbsengroße, unreife Früchte verschiedener Kreuzdornarten wie Rhamnus cathartica, Rh. infectoria, Rh. saxatilis, Rh. petiolaris, Rh. oleoides; Färbemittel; früher bedeutende Ausfuhr nach Europa) *cehri

alacık 1. *dial.* Laube *f*, Gartenhäuschen *n* 2. ein in der Gegend von Tokat üblicher Volkstanz 3. Zelt *n* aus gestreiftem Filzstoff, tatarisches Zelt

alaçam 1. Rottanne *f bot.* Picea excelsa 2. **Alaçam** *n.pr.* O. u. D. im Rbz. Samsun ~ **kerestesi** Rottannenholz *n*

alaf *dial.* s. **alev**

alafranga [··×·] nach europäischer Art, europäisch (*ant.* alaturka) ~ **helâtaşı** Klosett(schüssel *f*) *n* ~ **musiki** europäische Musik ~ **saat** europäische Uhrzeit (Einführung in der Türkei 1910) ~ **sofra** nach europäischer Art gedeckter Tisch ~ **yemekler** europäische Speisen *pl.*, europäisches Essen **-nın bebesi** *V* unwissend, unerfahren; Grünschnabel *m*

alafrangacı *F* Anhänger (Freund, Liebhaber) *m* europäischer Sitten und Gebräuche, europäischer Lebensweise od. Kultur

alafrangacılık *F* starke Neigung zu europäischem Brauchtum; Modernismus *m*

alafrangalaşmak sich europäisieren

alafrangalık europäische Lebensweise; europäische Sitten und Gebräuche *pl.*

alafrangamsı an europäische Art gemahnend

alafransez (*franz.* **à la française**) *selt.* nach französischer Art

alagarson (*franz.* **à la garçonne**) 1. jungenhaft 2. Herrenschnitt, Bubikopf *m*

alageyik Damhirsch *m zo.* dama dama *sığın

alagransenyör *selt.* wie ein Grandseigneur

alagrek *selt.* nach griechischer Art

alagün *dial.* bedecktes Wetter

alâhalihi [·–×··] *va.* in dem Zustand, wie es ist *olduğu gibi

alâim (*va. Pl.* zu **alâmet**) Anzeichen *pl.* **-i cevviye** s. **meteor** (1); **-i veçhiye** s. **fizyonomi**

alâimisema [·–···–] Regenbogen *m* *alkım, ebekuşağı, kavsikuzah, yağmurkuşağı

Alâiye *n. pr.* s. **Alanya**

alajapone(-z) (*franz.* **à la japonais(-e)** nach japanischer Art ~ **piket** s. **japone piket**

alâk *va.* s. **aleka;** ≗ **suresi** Name der 96. Koran-Sure

alâka 1. Interesse *n* 2. Zuneigung, Liebe *f* 3. nähere Beziehung, engeres Verhältnis; Zusammenhang *m*, Verbundenheit *f* 4. Anspruch *m* 5. *chem.* Affinität *f* *ilgi ~ **göstermek** Interesse zeigen ~ **uyandırmak** Interesse wecken (erwecken, erregen) ~ **verici** interessant, fesselnd **-sı kesilmek** *H* ausscheiden (z.B. als Teilhaber) **²sı ne?** Was hat er damit zu schaffen? Was geht ihn das an? **²sı var.** 1. Er hat Interesse (dafür). 2. **(kıza)** Er ist ihr zugetan. Er ist in sie verliebt. **-sını kesmek** die Beziehungen abbrechen **-yı kesme** s. **kat'ı alâka; -i tasarrufiye** *jur.* Verfügungsanspruch *m*

alâkabahş *va.* interessant, fesselnd *enteresan *ilginç

alâkadar [·–·–] 1. interessiert 2. Interessent(-in *f*) *m* 3. zusammenhängend (mit), in Beziehung stehend (zu), betreffend, in Frage stehend 4. maßgeblich, zuständig ~ **etmek** 1. Interesse erwecken, interessieren 2. berühren, betreffen, angehen ~ **olmak** 1. Interesse haben, interessiert (Interessent) sein 2. berührt (betroffen) sein 3. (bşle) Bezug nehmen (auf) 4. (bşle) in Zusammenhang stehen (mit) 5. (bşle) verwickelt sein (in) *methaldar olmak

alâkadaran [·–·––] *va. Pl.* zu **alâkadar**

alâkadarlık *selt.* Interessiertsein, Interesse *n*

alâkad(e)rilimkân *va.* im Rahmen des Möglichen *olabildiği kadar

alâkad(e)rilistitaa *va.* soweit wie möglich *elden geldiği kadar, gücü yettiği kadar

alâkalamak *selt.* berühren, betreffen **Bu evlenme yalnız kıralın hususî hayatını -tadır.** Diese Ehe ist e–e rein persönliche Angelegenheit des Königs.

alâkalandırmak 1. interessieren, Interesse erwecken 2. berühren, betreffen, angehen 3. Anlaß sein, daß sich jm. verliebt

alâkalanmak 1. sich interessieren, Interesse haben (für), Interesse gewinnen (an) 2. sich verlieben

alâkalı 1. interessiert, Interessent *m* 2. verliebt 3. maßgeblich, zuständig 4. in Verbindung stehend (mit) 5. beteiligt (an) 6. verwickelt (in) ~ **makam** zuständige Stelle *od.* Behörde

alakarga 1. s. **kestane kargası** 2. *selt.* s. **leş kargası** 3. s. **ekin kargası** 4. *selt.* s. **büyük örümcek kuşu** 5. *dial.* s. **saksağan**

alakart nach der (Speise-)Karte, à la carte

alâkasız 1. un-, des-interessiert, interesselos 2. kein Interesse bietend, uninteressant

alâkasızlık 1. fehlendes od. mangelndes Interesse; Uninteressiertheit, Interesselosigkeit *f* 2. Nicht-Interessieren *n*

alâkavlin [·–×·] *va.* e–m Gerücht nach, e–m Ondit zufolge

alâkiye s. **sülükgiller**

alakok (*franz.* **à la coque**) weichgekocht (Ei)

alako(y)mak s. **alıko(y)mak**

alâküllihal [·–×·–] *va.* 1. jedenfalls, wie es auch immer sein mag 2. soweit wie möglich ≗ **geçiniyoruz.** (Antwort auf die Frage nach dem Ergehen): Nun man schlägt sich eben so durch. Danke solala.

alalamak *va.* mit Tarnanstrich (bunten Punkten, Streifen, Flecken usw.) versehen, tarnen

âlâlık Vortrefflichkeit, Überlegenheit *f*

alali *med.* Alalie *f* (Unfähigkeit, artikulierte Laute zu bilden)

alalmak s. **alarmak**

alalman (*franz.* **à l'allemand**) nach deutscher Art

alâm *va. Pl.* zu **alem**

âlâm *va. Pl.* zu **elem**

Alaman 1. s. **Alman** 2. *V* Zehn-Pfundschein *m* **-lar** *n.pr.* Alemannen *pl.*

alamana [··×·] *naut.* 1. Lugger, Logger *m* 2. **(ağı)** großes Schleppnetz (der Fischer)

Alamanca; Alamanya s. **Almanca, Almanya**

alamaroken (*franz.* **à la marocaine**) nach marokkanischer Art

alâmeleinnas [·–×··–] *va.* vor aller Augen, coram publico, in aller Öffentlichkeit *göz önünde, herkesin önünde

alâmeratibihim [·–·×···] *va.* ihrem Rang nach, der Reihe nach, gradweise *aledderecat, sırasınca, sıralarınca

alameriken (*franz.* **à l'américaine**) nach amerikanischem Muster (Vorbild), nach amerik. Mode

alâmet, -ti 1. (Kenn-)Zeichen, Merkmal, Symbol *n* Marke *f* 2. *a. mil.* Abzeichen *n* 3. Anzeichen, Symptom *n* 4. Zeichen *n,* Geste *f,* Hinweis *m,* Andeutung *f* 5. was durch seine Größe auffällt Zu 3: **Bu hal, hiç de hayra ~ değil.** Das hat nichts Gutes zu bedeuten. **-i farika** 1. Fabrikzeichen *n* -marke *f* Warenzeichen *n,* Schutzmarke *f* *marka 2. Kennzeichen *n,* besonderes Abzeichen, Merkmal *n* 3. *naut.* Toppzeichen *n*

alaminüt (*franz.* **à la minute**) sofort, auf der Stelle **~ yemekler** Pfannengerichte *pl.*

alamot (*franz.* **à la mode**) 1. modisch 2. *pej.* neumodisch

alan (I) 1. (abgesteckter od. freier) Platz; Feld *n* *kort. meydan, saha 2. *phys.* (Kraft-, Spannungs-)Feld *n* 3. *fig.* (Sach-, Arbeits-)Gebiet *n;* Bereich *m* *sahe 4. Flächeninhalt *m,* -maß *n* *mesahai sathiye; yüzölçümü 5. (Wald-) Lichtung *f* 6. *hist.* (in altrömischer Zeit) Arena *f* **~ derinliği** *phot.* Tiefenschärfe *f* **~ jimnastiği** Freiluftturnen *n* **~ tiyatrosu** Freilicht-theater *n,* -bühne *f* **~ yönetmeni** (Boxen) Schieds-, Ring-richter *m*

alan (II) (*Part. Präs.* zu **almak**) 1. nehmend, empfangend, kaufend 2. Empfänger, Käufer *m*

alangle (-z) (*franz.* **à l'anglais(e)** nach englischer Mode, nach englischem Schnitt (Muster, Vorbild usw.)

alanlamak freien Raum lassen

alan talan od. **alan taran** *F* in völliger Unordnung in heillosem Wirrwarr, bunt durcheinander *karmakarışık **~ ~ etmek** durchstöbern, durchwühlen, durcheinander-werfen, in Unordnung bringen

alantopu, -nu *Neol.* 1. Tennis(-spiel) *n* *tenis 2. Tennisball *m* *tenis topu

Alanya [·×·] *n. pr.* Städtchen u. D. im Rbz. Antalya (*fr.* Name: **Alâiye**)

alaperdri (*franz.* **à la perdrix**) *selt.* nach Rebhuhn-Art

alaportekiz (*franz.* **à la portugaise**) *naut.* provisorisches Zusammenbinden (Laschen) zweier Trossen (Kabel usw.) mit darüber- und darunter greifendem Tau **~ pıyan** (*od.* **pıyan bağı**) (hierbei verwendetes) Zurr-, Näh-tau *n,* Zurring *f* **~ toplamak** zusammenbinden, laschen, zurren

alarga [·×·] 1. *naut.* fernbleiben! nicht näher kommen! zurück! 2. offene See (*naut. a.:* Seeraum *m,* Räumte *f*) 3. *P* Hau ab! Troll dich! **~ durmak** 1. sich fernhalten 2. *V* sich reserviert verhalten **~ etmek** 1. *naut.* abstoßen (vom Ufer); auf die hohe See hinausfahren 2. *naut.* sich fernhalten, nicht näher herankommen 3. *V* Abstand halten, nicht zu nahe kommen **~ olmak** *z. va.* s. **~ etmek; ~ topu** *hist.* weittragendes Geschütz **-da** 1. *naut.* auf offener Reede; außerhalb des Hafens *od.* in einiger Entfernung von der Küste 2. *fig.* in einiger Entfernung; abseits **-da bırakmak** (*od.* **tutmak**) 1. fernhalten 2. *fig.* nicht näher eingehen (auf) **-da dolaşmak** *F fig.* um et. herumreden **-da yatmak** *naut.* auf offener Reede ankern **-dan** *fig.* von fern; aus (in) gesicherter Entfernung (z. B. beobachten) **-dan gelmek** *P. z. va.* sich den Teufel darum kümmern **-ya çıkmak** 1. aufs offene Meer hinausfahren 2. *P* abhauen, türmen

alârivayetin [·–·×··] *va.* dem Vernehmen nach, wie man hört, gerüchteweise

alarm 1. Alarm *m* 2. *spez.* Fliegeralarm *m* 3. Alarmzustand *m* **~ düdüğü** Alarmpfeife *f* **~ emrinin ulaştırılması** *mil.* Alarmübermittlung *f* **~ hazırlığı** *mil.* Alarmbereitschaft *f* **~ hazırlığı konağı** *mil.* Alarmquartier *n* **~ işareti** 1. Warnzeichen *n* (spez. bei Luftgefahr) 2. *mil.* Alarm-signal, -zeichen *n* **-a geçirmek** in Alarmzustand versetzen

alarmak *dial.* 1. rot od. reif werden (Tomaten, Getreide usw.) 2. *fig.* rotwerden, sich schämen

alarus (*franz.* **à la Russe**) *selt.* nach russischer Art

Alasonya *n. pr.* (*griech.* **Elassona**) (griech. Ort in der Nähe von Larissa, bekannt durch die Kämpfe 1897)

alasulu *dial.* 1. unangebracht (Wort) 2. halbreif, noch grün 3. trocken (Essen)

alaşa *dial.* 1. noch nicht abgerichtet (Reitpferd) 2. Packpferd, Saumtier *n*

alaşağı: ~ etmek 1. mit Gewalt herunterholen; herunter-, nieder-reißen; zu Boden werfen; gewaltsam entthronen 2. niederzwingen, niederhalten (z. B. Raubtiere im Zirkus) **~ olmak** Pass. zu **~ etmek;** *a. fig.* den kürzeren ziehen

Alaşehir *n. pr.* O. u. D. im Rbz. Manisa

alaşık *va.* (Rand-) Besatz, Saum *m,* Bordüre *f* (an Kleidungsstücken)

alaşım *chem.* Mischung *f,* Gemisch *n,* Legierung *f* *halita

alaşımlı legiert (z. B. Eisen)

Alaşkırt s. **Eleşkirt**

alât, -tı [– –] (*Pl.* zu **alet**) 1. Werkzeuge, Instrumente, Geräte *pl.* 2. Organe *pl.* **~ ve edevat** Werkzeuge und Geräte *pl.,* Material *n* **-ı cinsiye** (od. **tenasüliye**) an. Geschlechtsorgane *pl.* **-ı ziraiye** landwirtschaftliche Geräte *pl.*

alat s. **alet** (5)

alaturka [··×·] nach (alt-)türkischer bzw. orient. Art. (*ant.* alafranga) **~ 1320'de** im Jahre 1320 nach der früheren Zeitrechnung **~ helâtası** türkischer Abort *çömelme helâtaşı **~ musiki** (alt-)türkische Musik **~ saat** s. **ezanî saat; ~ yemekler** türkische Speisen *pl.,* türkisches Essen

alaturkacı *F* wer e–e Vorliebe für Alttürkisches *spez.* (alt-)türk. Musik hat

alaturkacılık *F* Vorliebe für alttürkische Gebräuche *spez.* (alt-)türk. Musik

alaturkalık alttürkische Sitte, orientalischer Gebrauch

alatya Angoraziege *f* mit bräunlichen od. schwarzem Fell

alavalyer [·×·×] *selt.* wie e–e Lavallière (Künstlerkrawatte mit großer Schleife)

alavant, -dı *naut. va.* s. **alabora** (5); **~ etmek** s. **alabora etmek** (5); **~ olmak** s. **alabora olmak** (1)

alavere [··×·] 1. Durcheinander *n,* Wirrwarr, Tumult *m* 2. das von Hand zu Hand Weiterreichen (z. B. von Ziegelsteinen beim Abladen) 3. Ladetreppe *f* (für die Verladung von Schiffskohle) 4. *V* betrügerisches Vertauschen von Würfeln (beim Spiel) 5. s. **alışveriş; ~ dalavere çevirmek (oynamak, yapmak)** j–m e–n (gemeinen) Streich spielen **~ dalavere Kürt Mehmet'e nöbete** (unter Geschrei) immer derselben Person et. anlasten **~ paleti**

naut. englische Matte, Stoßmatte *f* ~ **tulumbası** Saug- und Druck-pumpe *f* *emmebasma tulumba(-sı)

alavereci 1. Spekulant *m* 2. *V* wer in betrügerischer Absicht echte Würfel mit gefälschten vertauscht

alavereli tulumba s. **alavere tulumbası**

ala Vilhelm (Schnurrbart *m*) wie ihn Wilhelm II. getragen hat

alaviyerj (*franz.* **à la vierge**) *selt.* jungfräulich

Alavotr [··×] (*franz.* **à la vôtre**) Auf das Ihre! (Erwiderung auf **Avotr sante!**)

alay 1. (Fest-, Leichen-, Um-)Zug *m,* Geleit *n* 2. Feier (-lichkeit) *f* 3. *mil.* a) Regiment *n* b) (Flugzeug-)Geschwader *n* 4. (Menschen-)Menge *f,* große Schar, Haufen *m* 5. alle 6. Spott, Hohn *m,* Auslachen *n,* Ironie *f* Zu 4: **tembel -i** große Schar von Faulenzern; s. a. **bir alay** Zu 5: ⁓ **ımızı sorguya çektiler.** Man hat uns alle verhört. ~ ~ in hellen Scharen, in (großen) Mengen ~ **başhekimi** *mil.* Regimentsarzt *m* ~ **beyi** *fr.* Gendarmerieoberst *m* ~ **bozmak** Spielverderber sein ~ **böcekleri** *zo.* Raupen *pl.* des Prozessionsspinners (vgl. **çamkeseböceği**); ~ **elbisesi** Paradeuniform *f* ~ **emini** *fr.* Regimentszahlmeister *m* ~ **emri** *mil.* Regimentsbefehl *m* ⁓ **etme!** Ist das wahr, was du da sagst? Das ist doch ganz unglaublich! ~ **etmek** (b–le) sich lustig machen (über), j–n verspotten, zum besten haben, *F* verhohnepipeln ~ **geçirmek** 1. *va.* die Parade abnehmen 2. *V* nicht zuhören, keine Beachtung schenken ~ **geçmek** *F* s. ~ **etmek.** ~ **gibi gelmek (insana)** j–m wie ein schlechter Scherz vorkommen ~ **göstermе** *va.* Parade *f* *resmigeçit ~ **göstermek** *va* e–e Parade veranstalten ~ **icin** zum Spaß ~ **karargâhı** *mil.* Regimentsstab *m* ~ **kelebekleri** Prozessionsspinner *pl. zo.* Thaumatopoeidae ~ **kesmek;** s. ~ **etmek;** ~ **komutanı** (od. **kumandanı**) *mil.* Regiments-kommandeur, -chef *m* ~ **komutanlığı** (od. **kumandanlığı**) *mil.* Regimentskommandantur *f* ~ **kopmak** sich (plötzlich) zusammenrotten ~ **kurmak** sich formieren, sich in Reih und Glied aufstellen ~ **malay** alle zusammen, die ganze Gesellschaft, *F* die ganze Blase *cümbür cemaat ~ **meydanı** Paradeplatz *m,* Esplanade *f* ~ **muhabere takımı** *mil.* Regimentsnachrichtenzug *m* ~ **sancağı** *mil.* Regimentsfahne *f* ~ **sancakları** zur Ausschmückung dienende Fahnen *bzw.* Wimpel *pl.; naut.* Flaggenschmuck *m* Beflaggung *f* **-a almak** 1. verspotten, *F* durch den Kakao ziehen 2. (işi) nicht ernst nehmen. **-ı** *P* alle; die ganze Schar ⁓**ın sırası değil!** Scherz ist nicht am Platz! **-ında olmak** (bşin) et. nicht ernst nehmen **-lar-lar** ein türk. Volkstanz **-i valâ** *va.* prunkvoller, prächtiger Auf- od. Um-zug

alaybozan 1. s. **oyunbozan** 2. *hist.* Zündschnurgewehr *n*

alaycı wer sich gern über andere lustig macht; Spötter(-in *f*) *m,* Spaßvogel *m* ~ **kuş** Spottdrossel *f zo.* Mimus polyglottus

alaycılık Spötterei, Spöttelei *f*

alayık s. **at frengisi**

âlâyiş Pomp, Prunk *m,* (leere) Aufmachung *gösteriş

âlâyişli prunkvoll, pompös

alaylı 1. prunkvoll, prächtig 2. unterhaltsam, amüsant, lustig 3. spöttisch, ironisch 4. aus dem Soldatenstand hervorgegangen (Offizier, der keine Kriegsschule besucht hat) 5. nur geringe Kenntnisse besitzend; s. a. **dışı kalaylı** (usw.)

alaysı 1. spöttisch klingend 2. nicht ernst gemeint

alaz *va.* (Feuer-)Flamme *f*

alâzalık s. **binaenalâzalık**

alazlama 1. *Vs.* zu **alazlamak** 2. *med.* Auftreten *n* von roten Flecken auf der Haut; Hautröte *f,* Erythem *n*

alazlamak 1. (ab-)sengen (z.B. Haare e–s geschlachteten Tieres) *ütülemek 2. *F* j–m ein paar freundliche Worte sagen

alazlanmak 1. Pass. zu **alazlamak** 2. sich röten, rote Stellen bekommen (menschliche Haut)

alazlaşmak s. **alazlanmak** (2)

albardak (eriği) rötliche, ovale Tafelzwetschge

albasma; albastı 1. Kindbettfieber *n* *hummayı nifasî 2. Alpträume *pl.* e–r Wöchnerin

albatr (*franz.* **albâtre**) Alabaster *m* *kaymaktaşı, sumermeri ~ **kalkeri** s. **hacıbektaş taşı**

albatros Albatros *m zo.* Diomedea exulans

albay *mil.* Oberst, Regimentskommandeur *m* *miralay ⁓**ım!** Herr Oberst!

albaylık Rang *m* (Aufgaben *pl.,* Titel *m* usw.) e–s Obersten, Regimentskommandeurs *miralaylık

albedo 1. *astr.* Albedo *f* 2. Möndchen *n* (am Fingernagel) *aklık (derecesi)

albeni *P* Anziehungskraft *f,* Charme *m,* anziehendes (gewinnendes, einnehmendes) Wesen; Sex-Appeal *m* *alım, cazibe

albenili *P* reizend, anziehend, charmant

albenisiz *P* reizlos, nicht anziehend

albinizm *med.* Albinismus *m*

albino(-s) Albino *m* *çapar, beyaz zenci

albit, -ti *min.* Albit, Natronfeldspat *m*

albora [·×·] *naut.* 1. s. **alabora** 2. Ausguck *m* (auf e–m Fischerboot bei der Schleppnetzfischerei; vgl. **alamana**)

alborata [··×·] *hist. naut.* e–e best. Segelform im ausgehenden Mittelalter

alborina [··×·] *va. naut.* Bram-stenge *f,* -segel *n*

albugo *med.* 1. Albugo *f,* Leukom *n* weißer Hornhautfleck (im Auge) 2. Leukonychie *f* (weiße Fleckung der Fingernägel

albura s. **alabora**

albüm Album *n*

albümin *med.* Albumin, Eiweiß *n* ~ **işeme hali** *med.* Eiweißharnen *n,* Albuminurie *f*

albüminli eiweißhaltig, Eiweiß-

alca *selt.* rötlich

alçacık [×··] recht niedrig

alçak 1. niedrig (nicht hoch od. niedriggelegen) 2. niederträchtig, gemein, verachtenswert 3. feige 4. von kleiner Statur 5. leise (Klang, Ton, Stimme) 6. *mus.* tief (Ton) 7. *Schi.* Gemeiner Kerl! Schuft! ~ **arazi** Niederung *f* ~ **arzlar** *geogr.* niedere Breitegrade *pl.* ~ **basınç** *met.* Tief *n* ⁓ (od. **Alçacık**) **eşeğe kim olsa biner.** *Spr.* 1. Leichtes bringt jeder fertig. 2. E–m gutmütigen Menschen kann man das Unmöglichste aufhalsen. ~ **eşek** *fig.* wer sich alles bieten läßt; Trottel *m* ~ **frekans amplifikatörü** *el.* 1. Niederfrequenzverstärker *m* 2. *spez.* (Radio) Audionverstärker *m* ~ **gerilim** *el.* Niederspannung *f* ~ **güverte** *naut.* Kuhl, Well *f,* Versaufloch *n* ~ **hava taarruzu** *mil.* Tiefangriff *m* ~ **kabartma** Basrelief, Flachbildwerk *n* ~ **kemer** *arch.* Stich-, Flachbogen *m* ~ **ova** Tiefebene *f* ~ **ruhlu** niedriggesinnt; von gemeinem Charakter ~ **sahil** Flachküste *f* ~ **ses** 1. leise Stimme 2. *mus.* tiefer Ton ~ **sis** Bodennebel *m* ~ **tabiatli** s. **alçak ruhlu;** ~ **takım** Hefe *f* des Volkes ~ **tazyik** *techn.* Niederdruck *m* ~ **tazyikli türbin** Niederdruckturbine *f* ~ **tevettür** (*od.* ~ **voltaj**) *el.* Niederspannung *f* ~ **tevettürlü cereyan** *el.* Schwachstrom *m* ~ **yaklaşma uçuşu** *mil.* Tiefanflug *m* **-larda** in geringer Höhe **-tan almak** es im guten (od. in aller Freundschaft) versuchen **-tan görüşmek** bescheiden und nachgiebig auftreten **-tan uçmak** 1. niedrig, in geringer Höhe fliegen 2. *fig.* bescheiden auftreten **-tan uçuş** Tiefflug *m*

alçakça 1. ziemlich niedrig 2. [·×·] in gemeiner, niederträchtiger Weise

alçakgönüllü schlicht, einfach, bescheiden *mütevazı

alçakgönüllülük Schlichtheit, Einfachheit, Bescheidenheit *f* *tevazu

alçaklamak geringschätzig behandeln, wegwerfend sprechen (von)
alçaklanmak 1. Pass. zu **alçaklamak** 2. sich würdelos benehmen
alçaklaşmak 1. abfallen, sich senken 2. *fig.* herunterkommen, entarten
alçaklık 1. geringe Höhe, niedrige Lage 2. kleine Statur 3. *fig.* Gemeinheit, Niedertracht *f* 4. *fig.* Feigheit *f*
alçalan: ~ **kerteleme** *stil.* s. **tedrici hâbit;** ~ **titrem** *phon.* Fallton *m*
alçalış *fig.* Niedergang, Verfall *m*
alçalma 1. *Vs.* zu **alçalmak** 2. *spez. geogr. geol.* Einsinken, Sich-Senken *n,* Senkung *f* 3. Ebbe *f* 4. Fallen *n* (des Barometers)
alçalmak 1. niedrig(-er) werden, sich senken, (weiter) heruntergehen; fallen (z. B. Wasserstand) 2. sich würdelos benehmen, sich erniedrigen
alçaltmak 1. niedriger machen; senken (*a.* Stimme) 2. tiefer stimmen (*M. i.*) 3. *fig.* erniedrigen, demütigen
alçamak *va.* 1. beschimpfen, beleidigen, kränken; geringschätzig behandeln od. sprechen (von) *tahkir etmek 2. gemein werden, sich würdelos benehmen
alçarak nicht sonderlich hoch, ziemlich niedrig
alçı 1. *min.* Gips *m* 2. Gipsmörtel *m* ~ **kabuğu** Gipskruste *f* ~ **kalıbı** Gips-abguß *m,* -form *f* ~ **taş ocağı** Gips-grube *f,* -bruch *m* ~ **taşı** *min.* Gips(-stein) *m* ~ **yatağı** *med.* Gipsbett *n* **-ya koymak** in Gips legen (z. B. gebrochenes Bein)
alçıcı 1. Gipsbrucharbeiter *m* 2. Gips-brenner, -verkäufer *m* 3. Gipser, Gipsarbeiter *m*
alçılamak mit Gips bedecken (ausschmieren, überziehen); (ver-, ein-, aus-)gipsen
alçılı 1. gipshaltig 2. mit Gips bedeckt (überzogen); vergipst; ein-, aus-gegipst
aldaç 1. s. **desise, hile** 2. s. **kâzip**
aldamak *prov.* für **aldatmak**
aldanç *va.* einfältig, unerfahren, leichtgläubig
aldangıç *va.* Täuschung *f,* Betrug *m,* Arglist, Gaunerei *f*
aldanık *va.* betrogen, getäuscht, geprellt
aldanmak 1. sich irren, sich täuschen 2. betrogen werden, sich betrügen lassen, hereinfallen, überrumpelt werden 3. vorzeitig zum Blühen kommen (Pflanzen) 4. e–e Enttäuschung erfahren
aldatıcı 1. täuschend, irreführend 2. trügerisch
aldatma *Vs.* zu **aldatmak** *hile ~ **manevrası** *mil.* Täuschungsmanöver *n*
aldatmaca 1. Täuschungsmanöver *n* 2. Attrappe *f*
aldatmak 1. täuschen, irreführen, zu e–r falschen Annahme verleiten 2. betrügen (*a.* z. B. den Ehepartner), verführen (Mädchen), prellen, beschwindeln, hinters Licht führen, belügen 3. (b–ni) j–m gegenüber sein gegebenes Wort nicht halten 4. ein wenig beschwichtigen (Hunger od. anderes Bedürfnis) **Aldatayım diye aldanır.** *Spr.* Wer anderen eine Grube gräbt, fällt selbst hinein. *Spr.*
aldayıcı *prov.* für **aldatıcı**
Aldebaran s. **Eldebaran**
aldehit, -di *chem.* Aldehyd *m*
aldırış Achtgeben *n,* Beachtung *f,* Hinhören *n,* Sich-Kümmern *n* (um) ~ **etmek** (bşe) achtgeben, beachten, hinhören; sich kümmern (um) ~ **etmemek** *a.:* so tun, als ob es e–n nichts anginge, sich indifferent verhalten, sich an nichts kehren, j–n völlig ignorieren
aldırışsız nicht beachtend, sich nicht kümmernd (um), indifferent, gleichgültig, sorglos *lâkayt
aldırışsızlık Indifferenz, Gleichgültigkeit, Unbekümmertheit *f*
aldırmak (Kaus. zu **almak**) 1. veranlassen od. zulassen, daß jm. et. nimmt (abholt, kauft usw.) 2. sich et. wegnehmen lassen 3. j–n irgendwohin bringen 4. *med.* herausnehmen (*bzw.* ziehen) lassen (Rachenmandeln, Zähne usw.) 5. hinein-, unter-bringen *sığdırmak 6. *mus.* anfangen (zu spielen od. zu singen) 7. (bşe) (fast nur in neg., interr. od. konditionaler Verwendung) s. **aldırış et(me)mek; aldırmadan** *od.* **aldırmayarak** dessenungeachtet, nichtsdestoweniger, trotzdem
aldırmaz gleichgültig, indifferent, unbekümmert *lâkayt
aldırmazlık Gleichgültigkeit, Indifferenz, Unbekümmertheit *f* *lâkaydi **-tan** (*od.* **aldırmamazlıktan**) **gelmek** so tun, als ob es e–m gleichgültig wäre
ale *selt.* Allee *f*
alebon *V* ehrliches Spiel
aledderecat [····–] *va.* s. **alâmeratibihim**
aleddevam [·×·–] *va.* dauernd, ununterbrochen, in einem fort, immerzu, beständig
alegori 1. Allegorie *f* *istiarei temsiliye, orunlama 2. allegorische Darstellung
alegorik allegorisch *orunlamalı
aleka *va.* 1. *med.* Blutgerinnsel *n* 2. klebriger Schmutz
aleksandren alexandrinisch ~ **dizisi** Alexandriner *m* (Versform)
aleksi *psych.* Alexie, Wortblindheit *f* *zıyaı kıraat, okuma yitimi
alelacayip [··×··] eigenartig, sonderbar, merkwürdig *acayip, tuhaf, garip
alelacele [··×··] 1. in aller Eile, hastig, schleunigst 2. dringend 3. oberflächlich, obenhin
alelâde [×·–·] 1. gewöhnlich, üblich, normal *olağan 2. *pej.* gewöhnlich, gemein, ordinär *bayağı ~ **ikame** *jur.* Ersatzerbeneinsetzung *f* *yedek harcama ~ **karine** *jur.* widerlegbare Vermutung
alelâdelik Gewöhnlichkeit *f*
alelâmya [··––] *va.* ohne weitere Überlegung, blindlings, aufs Geratewohl, auf gut Glück *körü körüne
alelekser meistens, zumeist, in den meisten Fällen *ekseriyetle
alelfevir *va.* plötzlich, sofort
alelgafle *va.* s. **gafleten** (spez. 4)
alelhadise; alelhadisiye s. **gölegeolay(-cılık)**
alelhesap auf Konto, a conto ~ **olarak** zur späteren Verrechnung, zur Anrechnung als Teilzahlung *mahsuben
alelhusus [···–] *va.* s. **bilhassa**
alelıtlak [·×·–] *z. va.* absolut, ohne Einschränkung, schlechthin, überhaupt
alelinfirat [····–] *z. va.* getrennt, gesondert, einzeln *ayrı ayrı, birer birer, teker teker
alelumum [·×·–] *z. va.* 1. allgemein, im allgemeinen *umumiyetle 2. gemeinhin, gewöhnlich
alelusul [···–] *z. va.* wie üblich, in der üblichen Weise, regulär, normal
alelûya [··×·] *selt.* halleluja
alem 1. Fahne *f,* Banner *n* Standarte *f,* Feldzeichen *n* 2. (Kenn-, Wahr-)Zeichen *n* 3. (vergoldeter) Halbmond auf e–m Minarett od. e–r Moscheekuppel; Halbmond mit Stern auf e–r Fahnenstange; *gel. a.* Tulpe *f* 4. Minarettspitze *f* 5. *gr.* Eigenname *m* *ismihas 6. Partisane *f* (Stichwaffe)
âlem 1. Welt *f* *cihan, dünya 2. ein best. Personenkreis 3. (Natur-)Reich *n* 4. **(halkı)** alle *pl.,* jeder, die Leute *pl.,* man 5. Zustand *m,* (Lebens-)Lage *f* 6. Sache *f* od. Person *f* mit best. Eigenschaften 7. Vergnügen *n,* Unterhaltung *f,* gemütliches Beisammensein, gesellschaftliche Veranstaltung Zu 2: **edebiyat -i** literarische Kreise *pl.* Literaturwelt *f* Zu 3: s. **bitkiler (hayvanlar) -i** Zu 4: **Bu işe ~ ne der?** Was sagen die Leute dazu? Zu 5: **evlilik -i** Eheleben *n* s. a. **Ne -desiniz?** Zu 6: **Burası bir ~!** Das ist schon e–e Welt für sich! **Bizim arkadaş bir ~!** 1. Unser Freund ist schon ein schnurriger Kerl! 2. *mel.* Unser Freund ist e–e

„Wucht"! Zu 7: s. **içki -inde;** ~ **yapmak** sich ein Vergnügen machen **bir** ~ **etmek** sich unterhalten; gemütlich beisammen sein **-de** 1. (Verst. in Wunschsatz) doch nur, einmal, doch, nur einmal 2. (Verst. in neg. Sätzen) durchaus nicht, gar nicht, auf keinen Fall, ausgeschlossen Zu 1: **Âlemde o kitaplar benim elime geçmeliydi!** Ach, diese Bücher hätten mir nur einmal in die Hände kommen sollen! Zu 2: **Ben oraya âlemde gitmem.** Ich gehe auf keinen Fall dorthin. **-e sakal dağıtmak** *fig.* aller Welt gute Lehren geben wollen **≗i nasıl bilirsin kendin gibi!** *Spr.* Man soll nicht immer von sich auf andere schließen. **-i var mı? (... etmenin)** Gehört es sich denn, daß man ... (tut)? **≗in ağzı torba değil ki büzesin!** (*od.* **büzülsün!**) *Spr.* Man kann ja den Leuten nicht den Mund verbieten! **-in götünde parmak çalmak** *(grob)* sich an alle möglichen Leute heranmachen **-i ebediyet** Jenseits *n,* andere Welt *f* **-i mana** *va.* Traum *m* *rüya. **-i manada görmek** *va.* träumen (von)

a'lem s. **Allahu** ~ **bissavap**

Alemanik *ling.* alemannisch; Alemannische *n*

alembik (*engl.* **alembic**) s. **imbik**

Alemdağ(-ı) *n. pr.* Berg im Westen der Halbinsel Kocaeli (mit bekannten Quellwassern wie **Taşdelen** od. **Defneli;** *a.* Ausflugsort für Istanbuler

alemdar [··–] 1. Fahnenträger, Fähnrich *m* *bayraktar, sancaktar 2. *fig.* Bannerträger, Vorkämpfer, Pionier, Führer *m* *mücahit, önder, piyonye

alemdarlık [··–·] 1. Rang *m* e–s Fähnrichs 2. Vorkämpfertum *n,* Avantgardismus *m*

âlemeyn *(z. va. Dual)* die beiden Welten, das Diesseits und das Jenseits

âlemgir [–·–] *va.* Welteroberer *m* *cihangir

âlemî *va.* 1. zur Welt gehörig, weltlich, weltumfassend Welt- 2. sterblich; Sterbliche *m, f* 3. vergänglich; Vergängliche(s) *n*

âlemiab [–··–] *va.* Zechgelage *n* *içki meclisi

âlempenah [–..–] *va.* Sultan *m*

alemprovist (*franz.* **à l'improviste**) *selt.* unerwartet, plötzlich, sofort

âlemşümul, -lü [ū] weltumfassend, weltweit

alenen [×··] öffentlich, in der Öffentlichkeit, coram publico, vor aller Augen

alengir *V* 1. Schick *m,* Eleganz *f* 2. Angeberei, Prahlerei *f*

alengirli *V* 1. gut aussehend, schick, elegant (Person) 2. angeberisch, prahlerisch; *V* großkotzig

alenî öffentlich, publik *açık ~ **celse** öffentliche Sitzung ~ **muhakeme** öffentliche Gerichtssitzung ~ **münakasa** (*va.* **münakasai aleniye**) öffentliche Submission *açık eksiltme ~ **mükâfat vaadi** öffentliches Preisausschreiben (s. a. **mükâfat ilânı; mükâfatlı müsabaka ilânı**); ~ **müzayede** s. **açık artırma;** ~ **satış** öffentlicher (freihändiger) Verkauf

alenîlik -liği; aleniyet, -ti Publizität, Öffentlichkeit *f,* öffentlicher Charakter (z. B. e–r Angelegenheit) *açıklık ~ **prensibi** *jur.* Öffentlichkeits-, Publizitäts-prinzip *n* **-e vurmak** s. **açığa vurmak**

alerji *med.* Allergie, Überempfindlichkeit *f*

alerjik *med.* allergisch, überempfindlich

alert, -ti 1. Alarm *m spez.* Fliegeralarm *m* 2. Alarmzustand *m*

alessabah *z. va.* morgens, in der Frühe *sabahleyin, sabahları

alesseher *va.* im Morgengrauen, bei Tagesanbruch

alesseviye *va.* gleichmäßig, durcheinander (ohne Unterschied)

alesta (*V a.* **alestra**) [·×·] 1. *naut.* klar (zum Manöver)! 2. (Achtung) fertig! 3. (yapmağa) bereit (zu) 4. sofort, sogleich ~ **beklemek** 1. schon warten, schon bereitstehen 2. Ausschau halten ~ **durmak** sich klar (in Bereitschaft) halten ~ **etmek** bereitstellen, fertigmachen ~ **fero!** *naut.* klar bei Anker! ~ **hazır** *P* fix und fertig ~ **olmak** (od. **durmak**) bereitstehen, fertig sein ~ **tiramola!** *naut.* klar zum Wenden! ~ **vela!** *naut.* Segel klar!

Aleşkirt s. **Eleşkirt**

alet, -ti [ā] 1. Werkzeug, Instrument, Gerät *n* 2. Organ, Glied *n* 3. (einzelner) Maschinenteil *m* 4. *Scha.* Figur *f,* Offizier *m* 5. [alat] *V* Penis *m* ~ **çantası** Werkzeugtasche *f* ~ **etmek** 1. als Mittel (bei et.) verwenden 2. j–n Handlangerdienste verrichten lassen **≗ işler el övünür.** *Spr.* „Das Werkzeug arbeitet, die Hand rühmt sich". (d. h. Die Ehre für e–e Leistung nimmt (oft) ein anderer in Anspruch als der, der sie erbracht hat.) ~ **olmak** (m. Dat) 1. als Mittel dienen (zu, für) (Sache) 2. sich als Werkzeug od. Mittel verwenden lassen; die Hand bieten (zu) (Person) ~ **sandığı** Werkzeug-, Geräte-schrank *m* ~ **tablosu** *techn.* Armaturenbrett *n* ~ **ve edevat** Werkzeug *n* und Geräte *pl. m* **-ler bilgisi** *mus.* Instrumentenkunde *f* **-i tecfif** *chem.* Exsikkator *m* *kurutaç **-i tenasül** Fortpflanzungs-, Geschlechts-organ *n*

aletçilik *phil.* Instrumentalismus *m* *enstrümantalizm

aletli jimnastik s. **araçlı jimnastik**

aletlik 1. wofür ein Werkzeug erforderlich ist (Arbeit) 2. *pej.* Helfershelferdienste *pl.*

Aleut adaları *geogr.* Aleuten *pl.*

alev 1. (Feuer-)Flamme *f* 2. Lanzenwimpel *m* 3. **Alev** *wV* ~ **ağacı** Flammenbaum *m bot.* Brachychiton acerifolium ~ ~ **yanmak** in hellen Flammen stehen ~ **almak** 1. Feuer fangen 2. *fig.* in Erregung geraten ~ **borusu** Feuer-, Siede-, Heiz-, Flammen-rohr *n* ~ **cihazı** *mil.* Flammenwerfer *m* ~ **çiçeği** Flammenblume *f* Phlox *m, f bot.* Phlox Drummondii ~ **fırını** Flammofen *m* ~ **kesilmek** in höchsten Zorn geraten ~ **kıtası** *mil.* Flammenwerfertrupp *m* ~ **lambası** Lötlampe *f* ~ **makinesi** s. **alev cihazı; ≗ saçağı** (od. **bacayı**) **sardı.** 1. Die Lage ist überaus kritisch. Die Sache geht übel aus. 2. Es ist nichts mehr zu retten. Jetzt ist es zu spät. ~ **salma borusu** Lötröhrchen, Gebläse *n,* Düse *f* *şalümo ~ **yağı** Flammöl *n* **-lere yem olmak** ein Raub der Flammen werden, den Flammen zum Opfer fallen

Alevî 1. Anhänger *m* Ali's (des 4. Kalifen u. Schwiegersohns von Mohammed), Alide, Schiit *m* 2. *spez.* Alauit *m* (Angehöriger e–r syrischen Sekte, die auch unter dem Namen **Nusayriye** *od.* **Ansariye** bekannt ist) 3. alauitisch

Alevîlik 1. Schia *f,* Schiitentum *n* 2. *spez.* Alauitentum *n*

alevlendirmek 1. auflodern lassen, entzünden, entflammen 2. intensivieren, verschärfen 3. auffrischen, wachrütteln; wieder aufleben lassen (Erinnerung) 4. j–n in Erregung bringen

alevlenirlik Entzündbarkeit, Brennbarkeit *f*

alevlenme *chem.* Sich-Entzünden *n,* In-Brand-Geraten *n* *iştial ~ **noktası** *techn.* Flammpunkt *m*

alevlenmek 1. aufflammen, auflodern, sich entzünden 2. *fig.* sich verschärfen, sich zuspitzen, akuten Charakter annehmen, e–r Entscheidung zudrängen 3. *fig.* in Erregung geraten

alevlenmez *chem.* unentzündlich *gayri kabili iştial

alevli 1. aufflammend, auflodernd 2. *fig.* sich verschärfend, sich zuspitzend 3. *fig.* entflammt, entbrannt, erregt ~ **haşhaş fidanı** Mohnling *m bot.* Meconopsis (heterophylla u. a. m.) ~ **kömür** Flammkohle *f*

aleyh 1. gegen, wider (*ant.* leh) 2. (in festen Füg.:) auf ihn, über ihn **e-dönmek** 1. sich dagegenstellen, opponieren 2. zum Nachteil ausschlagen **-in(d)e** (b–nin) gegen j–n, zu Ungunsten von j–m **-inde bulunmak** 1. (bşin) Gegner von et. sein, dagegen sein 2. (b–nin) a) gegen j–n eingenommen sein b) gegen j–n hetzen **-inde söylemek** (b–nin) gegen j–n hetzen **-ine olmak** (b–nin) zu j–s

Schaden ausgehen **-te olmak** dagegen sein (z. B. bei e–r Diskussion)
aleyhisselâm 1. (rel. Formel, spez. bei der Nennung von Propheten) Frieden (Heil, Segen) über ihn! 2. *zur iron. Verwendung* s. die Stw. **hışır, odun, öküz**
aleyhtar [··–] Gegner *m* (*ant.* taraftar)
aleyhtarlık Gegnerschaft, Feindschaft *f*
aleyk *va.* auf dich! über dich!
aleyküm *va.* auf (über) euch! auf (über) Sie!
aleykümselâm! Antwort auf den Gruß **selâmünaleyküm**
alfa (I) (*franz.* **alfa**) Spartgras *n bot.* Stipa tenacissima
alfa (II) Alpha *n* (griech. Buchst.) ~ **ışınları** (*od.* **şuaları**) Alphastrahlen *pl.* ~ **parçacığı (partikülü, taneciği)** Alphateilchen *n*
alfabe 1. Alphabet *n* *elifbe 2. (Schul-)Fibel *f* 3. *fig.* Anfang *m* e–r Sache ~ **sırasiyle** in der alphabetischen Reihenfolge, alphabetisch (z. B. ordnen)
alfabetik alphabetisch ~ **esasa göre tanzim etmek** alphabetisch ordnen
alfenit, -di (*franz.* **alfénide**) Neusilber *n*
alfons *V* Kuppler, Zuhälter *m*
algarina [··×·] *naut.* 1. mit Hebekränen ausgerüstetes Spezialschiff; Hebeschiff *n* 2. Ladebaum *m,* Heck- *od.* Bugkran *m*
algerdan s. **kızılgerdan**
algı (I) *psych.* Perzeption, Wahrnehmung *f* *idrak
algı (II) bei der Mohnernte verwendeter Löffel
algıcılık *phil.* Perzeptionalismus *m*
algılamak *psych.* perzipieren, wahrnehmen *almak; idrak etmek
algılanabilirlik *psych.* Perzeptibilität, Wahrnehmungsfähigkeit *f*
algılanır *psych.* perzeptibel, wahrnehmbar *alınır, kabili idrak
algılayıcı *psych.* perzeptiv, perzeptorisch
algınlık nur in der Füg. **soğuk algınlığı** *(q. v.)*
Algol s. **Umacı** (2)
algolog; algoloji(-k) s. **yosunbilimci; yosunbilim(-sel)**
algoncar 1. Schlehe *f,* Schwarzdorn *m bot.* Prunus spinosa 2. Pflaumenschlehe *f bot.* Prunus insititia *yabanî erik ağacı 3. kokettes bzw. gleichgültiges Verhalten der (bzw. des) Geliebten
algonkiyen *geol.* Algonkium *n*
algoritma [··×·] Algorithmus *m* *Horzumlu yolu
Alhambra s. **Elhamra**
-alı s. **-(y)alı, -(y)eli**
alıcı 1. Käufer (-in *f*) *m,* Abnehmer (-in)*f*) *m,* Kunde *m,* Kundin *f* *müşteri 2. Empfänger (-in *f*) *m,* Adressat (-in *f*) *m* *mürselünileyh 3. Empfänger *m,* Empfangsgerät *n* *ahize 4. (*a.* ~ **alet**) (Film-)Aufnahmegerät *n,* Filmapparat *m* 5. aufnehmend, empfangend, Aufnahme-, Empfangs- 6. blendend, anziehend, bezaubernd 7. s. **karşılayan** 8. s. ~ **melek;** ~ **boru** Einlaßrohr *n* ~ **gözüyle bakmak** *fig.* sich et. ganz genau betrachten ~ **kuş** Raubvogel *m* ~ **lamba** (Radio) Empfängerröhre *f* ~ **melek** der Todesengel (Azrail) ~ **radyo makinesi** Rundfunkempfangsgerät *n* ~ **verici** wer ein gegebenes Geschenk zurückfordert ~ **verici telsiz** Funksprechgerät *n* ~ **yönetmeni** (Film) Kameramann *m* **-lara oynatma** Filmvorführung *f* (für Verleiher und Kritiker)
alıç, -cı 1. s. **beyaz diken** 2. s. **ekşi muşmula ağacı** 3. Azarole *f bot.* Crataegus azarolus *yemişen
alığımsı s. **alıkça**
alık 1. dumm, töricht, einfältig 2. ungeschickt, täppisch 3. e–e Kennzeichnung von Kleinvieh durch Abscheren des Fells u. Kennzeichnung an der Bauchunterseite ~ ~ **bakmak** s. **bön bön bakmak**
alıkça 1. dümmlich, recht einfältig 2. tapsig
alıklamak *dial.* Kleinvieh (*spez.* Lämmer) durch **alık** (3) kennzeichnen
alıklaşmak sich verblüffen lassen; sprachlos, verdutzt dastehen
alıklık Dummheit, Torheit, Einfältigkeit *f,* Eselei *f*
alıko(y)ma *Vs.* zu **alıko(y)mak;** ~ **hakkı** *jur.* s. **hapis hakkı**
alıko(y)mak 1. zurück(be)halten 2. bei sich behalten (Gast, Besuch usw.) 3. (bşden) in e–r Tätigkeit aufhalten 4. aufheben, aufbewahren, zurücklegen, reservieren **k-ni bşden alıkoyamamak** nicht umhin können (zu), sich (z. B. des Lachens) nicht erwehren können, unwillkürlich (z. B. lachen müssen
alıksi s. **alıkça**
alım 1. Nehmen, Empfangen *n* 2. Kauf, Erwerb *m* 3. Tragweite *f* (e–s Geschosses) 4. anziehendes (gewinnendes) Wesen; Anziehungskraft *f,* Charme *m,* 5. *z. va.,* Aufnahmefähigkeit *f* ~ **çalımlı** s. **alımlı çalımlı;** ~ **fiyatı** Einkaufs-, Selbstkosten-preis *m* Gestehungskosten *pl.* ~ **hakkı** *jur.* s. **iştira hakkı;** ~ **satım** Kauf und Verkauf, Handel *m*
alımcı *dial.* Kassierer *m spez.* Steuereinnehmer *m* *tahsildar
alımlı 1. anziehend, einnehmend, gewinnend, sympathisch, charmant, reizend, nett, attraktiv, verführerisch, *cazip, cazibeli 2. *va.* wer leicht und schnell lernt; begabt, intelligent ~ **çalımlı** *Verst.* von **alımlı**
alımlılık *selt.* 1. Charme, Reiz *m* 2. *va.* Begabung, Intelligenz *f*
alımsa s. **irtişa, rüşvet**
alımsak s. **mürtekip, mürteşi**
alımsız ohne jeglichen Charme, wenig sympathisch, reizlos *cazibesiz
alımsızlık Fehlen *n* des Charmes
alın (mit Poss. Sx. **alnı**) 1. Stirn *f* 2. Stirnseite, Front(-seite) *f* 3. (Stollen-)Ort *m* (im Bergwerk) 4. *fig.* Gesicht *n* 5. *fig.* Kühnheit, Verwegenheit, *pej.* Dreistigkeit, Frechheit *f* 6. s. **güneşin -ında;** ~ **açmak** (bşe) jede Herabwürdigung hinnehmen ~ **akı** 1. Untadeligkeit, Unbescholtenheit *f* 2. (ehrenvoller) Erfolg, (errungene) Ehre ~ **cenderesi** Stirnknebel *m* (*fr.* Folterinstrument) ~ **çatısı** die Stelle zwischen den Augenbrauen ~ **çatkısı** Stirnband *n* ~ **çatmak** die Stirn runzeln, die Augenbrauen zusammenziehen ~ **çemberi** Sirnreif *m* ~ **çizgisi** Stirnfalte *f* ~ **damarı** (od. **derisi**) **çatlamak** kein Schamgefühl (mehr) besitzen ~ **doğruları** *math.* Frontallinien *pl.* *cephe hatları ~ **düzlemi** *math.* Frontal-ebene -fläche *f* *cephe müstevisi ~ **karası** 1. Schande *f* 2. Mißerfolg *m,* Pech, Unglück *n* ~ **kası** *an.* Stirnmuskel *m* *adalei cephiye ~ **kemiği** *an.* Stirnbein *n,* Os frontale *azmı cephî ~ **sinüsü** *an.* Stirnhöhle *f* ~ **teri** Schweiß *m* des Angesichts; große Mühe (**Servetimi alnımın teriyle kazandım.** Mein Vermögen habe ich aus eigener Kraft (*bzw.* ehrlich) erworben.) ~ **teri dökmek** sich sehr abmühen ~ **teriyle geçinmek** im Schweiße seines Angesichtes sein Brot verdienen müssen **²da yazılan görülür.** (*od.* **başa gelir.**) *Spr.* Es kommt alles, wie es vorherbestimmt ist. **-dan ter boşanmak** *fig.* sich sehr abmühen, sich abplagen, sich abrackern

(alnı:) ~ **açık yüzü ak** ehrenhaft, unbescholten, mit untadeligem Ruf ~ **ak** unbescholten, untadelig, tüchtig, erfolgreich ~ **davul derisi** mit eherner Stirn, unverschämt ~ **elifli** mit e–r senkrechten Falte auf der Stirn ~ **pak** ehrlich, rechtschaffen, untadelig **²n yazısı başa gelir.** *Spr.* Es kommt alles so, wie es e–m bestimmt ist. **²na öyle yazılmıştı.** Es war ihm eben vorherbestimmt. **-ndan öpmek** (b–nin) j–n auf die Stirn küssen (als Zeichen der Segnung od. des Abschieds) **²nı karışlarım!** (Herausforderung od. Drohung) Es soll sich nur e–r unterstehen! **ºnı karışlayayım!** *spött.* Von deiner Art können zehn daherkommen! **-nın akiyle çıkmak** (bşden) sich (bei e–r Probe, Prüfung usw.) bewähren **ºnın damarı çatlamış galiba!** Das ist ja die Höhe der Unverschämtheit! **-nın karayazısı** sein widriges Geschick, sein unseliges Schicksal

alınç s. **makbuzat, mehuzat, tahsilât**

alındı 1. er (sie, es) ist genommen worden 2. (*a.* ~ **belgesi** *od.* **kâğıdı**) Quittung *f* *makbuz (senedi)

alıngaç *selt.* s. **alıngan**

alıngan empfindlich, übelnehmerisch, argwöhnisch

alınganlık übermäßige Empfindlichkeit; Argwohn *m*

alınır 1. er (sie, es) wird genommen 2. *psych.* perzeptibel, wahrnehmbar *algılanır, kabili idrak

alınlı 1. mit nb. Stirn 2. *pr.* breitstirnig 3. *fig.* frech, unverschämt

alınlık 1. Stirnschmuck *m,* Diadem *n* 2. Schmuck *m,* Verzierungen *pl.* an der Vorderseite e–s Hauses 3. Kopftuch *n* (e–r Frau) ~ **tablası** *arch.* Giebelfeld, Tympanon *n*

alınma *Vs.* zu **alınmak** *spez. ling.* Übernahme, Entlehnung *f*

alınmak 1. Pass. zu **almak** 2. et. auf sich beziehen, übelnehmen Zu 1: **alındığı fiyat** s. **alım fiyatı; alındığını bildirme** *H* Empfangs-anzeige, -bestätigung *f* Zu 2: **Kimse üstüne alınmasın!** Das soll niemand auf sich beziehen! **alınmış** (bşden) gekränkt (über)

alınsalık Stirnriemen *m* (am Pferdegeschirr)

alınyazısı, -nı „Stirnschrift" *f* d. h. Los, Geschick, Schicksal *n* *kader ≗ **böyle imiş.** Es war ihm vom Schicksal so bestimmt.

alırlık *psych.* Rezeptivität, Aufnahmefähigkeit *f* *kabiliyeti ahz

alış 1. Nehmen, Empfangen *n* 2. Kaufen *n* 3. *techn.* Einlaß *m* 4. *techn.* Entnahme *f* 5. s. **tesellüm** 6. Eintreibung, Einkassierung *f* (e–r Geldsumme) *ahzukabız ~ **fiyatı** s. **alım fiyatı;** ~ **valfı** *techn.* Einlaßventil *n* **-ına veriş** *fig.* Heimzahlung *f* mit gleicher Münze

alışık 1. (an j–n od. et.) gewöhnt; vertraut (mit) 2. zahm, zutraulich

alışıklık 1. Gewöhnung, Vertrautheit *f* 2. Zutraulichkeit *f*

alışılagelmiş; alışılmış üblich, gewöhnlich

alışılmak Pass. zu **alışmak. Her şeye alışılır.** Man gewöhnt sich an alles.

alışım s. **alışma**

alışkan 1. gewöhnt (an), vertraut (mit) 2. *reg.* leicht entzündlich

alışkanlık 1. Gewöhnung, Vertrautheit *f* *istinas, yatkınlık 2. (An-)Gewohnheit *f*

alışkı *selt.* Gewohnheit, Sitte *f,* Brauch *m* âdet

alışkın(-lık) s. **alışkan(-lık)**

alışma 1. *Vs.* zu **alışmak** 2. Übung *f* *mümarese, temrin, egzersis

alışmak 1. (m. Dat.) sich gewöhnen (an), sich anpassen (an), allmählich hineinpassen (in) 2. sich üben; trainieren 3. zutraulich, zahm werden 4. *reg.* zu brennen beginnen (Zigarette, Ofen usw.) Zu 1: **muhite** ~ sich der Umgebung anpassen; sich eingewöhnen **Vida somuna -tadır.** Die Schraube paßt allmählich in die Mutter hinein. **Alışmış kudurmuştan beterdir.** *Spr.* Gewohnheit ist die zweite Natur.

alışmaz störrisch, renitent

alıştırma 1. *Vs.* zu **alıştırmak** 2. Übung *f* *mümarese, temrin, egzersis ~ **mastarı** *techn.* Paßstück *n* ~ **testeresi** Feinsäge *f*

alıştırmak 1. gewöhnen (an) 2. zutraulich, zahm machen; zähmen 3. *techn.* einpassen (bes. Holz od. Metall) 4. unterweisen, unterrichten, schulen 5. lau werden lassen (heißes Wasser durch Zugießen von kaltem) 6. bilden, formen 7. *mus.* stimmen (M. i.) *düzen vermek 8. *mus.* geschmeidig machen (kalte Finger) **b–ni alıştırarak haber vermek** j–m et. schonend beibringen

alışveriş 1. Kauf und Verkauf, Handel *m,* Geschäft *n* 2. Geschäfts-gang *m,* -zeit *f,* Tätigkeit, Arbeit *f* 3. Beziehungen, Verbindungen *pl.,* Verhältnis *n* *münasebet 4. Sache *f,* Unternehmen *n* ~ **etmek** 1. Handel treiben 2. (biriyle) zu j–m Beziehungen unterhalten ~ **yapmak** Einkäufe machen **-i kesmek** alle Beziehungen abbrechen **-ten dönmek** von Einkäufen, Besorgungen (z. B. in der Stadt) zurückkommen

alıt s. **makbuz**

Ali *mV spez.* Schwiegersohn Mohammeds und vierter Kalif ~ **Baba ve Kırk Haramîler** Ali Baba und die vierzig Räuber (1001 Nacht) ~ **dost, Veli dost, tekkede kaldı eski post** *(türk. Mf.)* ~ **Ekber** Typ des Persers (in Wirklichkeit Türke aus Azerbaycan) im Karagözspiel ~ **Paşa müslümanı** wer gewaltsam zum Islam bekehrt worden ist ~ **Paşa vergisi** 1. ein Geschenk, das wieder zurückgefordert wird 2. leere Versprechung, nichtgehaltenes Gelübde **'nin külâhını Veli'ye, Veli'ninkini Ali'ye giydirmek** et. anstellen, ein Ding drehen *dalavere çevirmek

âli 1. hoch, erhaben, höchst, oberst 2. geschätzt, wert 3. **Âli** *mV* Zu 1: **Âli Askerî Şura** *mil.* Hoher Wehrrat, Oberster Kriegsrat **heyeti -ye** hohe Versammlung **zatı -niz, -leri** „Ihre werte Person", Sie s. ferner: **huzuru -niz; malumuâliniz; tasdiki** ~ Zu 2: **İsmi -niz nedir?** Wie ist der werte Name? Darf ich (Sie) nach Ihrem Namen fragen?

âliaba [–··–] die nächsten Angehörigen des Propheten Mohammed (seine Tochter Fatima, sein Schwiegersohn Ali und seine Enkel Hasan und Hüseyin)

âlicenabane [–···–·] s. **âlicenap. onun** ~ **teklifleri** seine großzügigen Vorschläge

âlicenap hochherzig, großmütig, edel(-mütig, -denkend), wohlwollend, hilfsbereit, freigebig, großzügig

âlicenaplık Hochherzigkeit, Großmut *f,* Edelmut *m,* Wohlwollen *n,* Hilfsbereitschaft, Freigebigkeit, Großzügigkeit *f,* edle Denkungsart

alicengiz (in der Füg.:) ~ **oyunu** Intrige *f,* Komplott *n,* hinterlistiger Streich

alidat, -tı Alhidade *f* (drehbarer Meßarm bei Winkelmeßinstrumenten)

alifatik bileşikler *chem.* aliphatische Verbindungen *pl.*

aligator Alligator *m zo.* Alligator (mississippiensis u. a.)

aligorna [··×·] Name e–r best. Art Kunstdruckpapier

âlikadir, -dri *z. va.* hochgeehrt, angesehen, hervorragend, tüchtig

alikıran başkoparan (*od.* **başkesen**) mit wem nicht gut Kirschen essen ist; gewalttätig, herrisch; Despot, Tyrann *m*

Alikız Mannweib *n, F* Dragoner *m*

alikurna ein ähnliches Seidenpapier wie **abadî**

alil [·–] *va.* 1. leidend, krank, kränklich, siech 2. lahm, hinkend; Krüppel *m* 3. blind Zu 3: **iki gözden** ~ auf beiden Augen blind

alim (I) [·–] *z. va.* allwissend, Allwissende(r) *m* (Gott)

alim (II) [–·] Gelehrter, Wissenschaftler *m* *bilgin

âlimakam olmak *z. va.* in hohen Ehren stehen (z. B. Heiliger)

alimallah [·–·–] *Bet.* Weiß Gott! Gott sei mein Zeuge!

alimane [–·–·] gelehrt, sachkundig, mit großer Sachkenntnis

alimantasyon (*franz.* **alimentation**) *selt.* Verpflegung, Ernährung, Beköstigung *f* *iaşe

alimlik [ā] Bildung, Sachkenntnis, Gelehrsamkeit *f,* profundes Wissen

âlişan 1. *selt.* ruhmreich, hervorragend 2. e–e best. Tulpenart 3. **Âlişan** *mV*

Alişar Höyük *n. pr.* hettitische Ruinenstadt (47 km. südöstl. von Yozgat)

âlitebar [–··–] *va.* von hoher Abstammung, von adliger Herkunft
aliterasyon Alliteration *f*, Stabreim *m*
alivre (*franz.* **à livrer**) (in den Füg.:) ~ **almak** *H* auf Termin kaufen (z.B. die Ernte auf dem Halm) ~ **satış** Zeit-, Termin-, Lieferungs-kauf *m*
âliyülâlâ *va.* hervorragend, ganz vorzüglich
alizarin (natürl. od. künstl.) Alizarin *n* ~ **kırmızısı** s. **kökkırmızısı**
alize (*franz.* **alizé**) *geogr.* Passatwind *m*
alkalen (*franz.* **alcalin**) alkalin, laugensalzartig
alkali *chem.* Alkali, Salzkraut, Laugensalz *n* *kalevî
alkalik *chem.* alkalisch *kalevî
alkalimetre [···×·] *chem.* Alkalimeter *n* *mikyası kalevî, alkalölçer
alkalisiz alkalifrei
alkaloit, -di *chem.* Alkaloid *n* *şibih kalevî
alkalölçer s. **alkalimetre**
alkarna [·×·] Fischernetz *n* mit Eisenrandöffnung (für Muscheln- od. Austern-fang)
Alkazar s. **Elkasr**
alkım s. **alâimisema**
alkış Beifall, Applaus *m*, Klatschen *n*, Ovation *f* ~ **tufanı** (*od.* ~ **fırtınası**) tosender (lärmender, brausender) Applaus ~ **tutmak** 1. Beifall klatschen 2. in Beifallsrufe ausbrechen
alkışçı *pej.* 1. würdeloser Schmeichler, Speichellecker *m* 2. (gedungener) Beifallklatscher; Claqueur *m* *şakşakçı
alkışlama Beifallklatschen *n*, Applaus *m*
alkışlamak Beifall klatschen; applaudieren; beifällig (*od.* stürmisch) begrüßen
alkışlanmak mit Beifallklatschen, Applaus begrüßt werden; Beifall, Applaus finden
alkil *chem.* Alkyl *n*
alklar Algen *pl. bot.* Algae *suyosunları, üşniye
alkol, -lü (*franz.* **alcool**) Alkohol, Spiritus *m* *küul, ispirto ~ **absolü** reiner Alkohol *saf ispirto ~ **almış olan** wer Alkohol zu sich genommen hat ~ **kanfre** *pharm.* Kampferspiritus *m* ~ **lambası** s. **kamineto**
alkolcü(-lük) s. **alkolik (2); alkolizm**
alkolik 1. alkoholisch 2. trunksüchtig, Alkoholiker(-in *f*) *m*, Säufer *m* ~ **içki** alkoholisches Getränk
alkolizm Alkoholismus *m*
alkolleştirmek Alkohol beimischen
alkollü 1. alkoholhaltig, alkoholisch 2. unter Alkoholeinfluß stehend; alkoholisiert; in angetrunkenem Zustand ~ **içkiler** alkoholische Getränke *pl.* *meşrubatı küuliye
alkolometre [···×·]; **alkolölçer** Alkoholmesser *m*
alkolsüz alkoholfrei
Alkor *astr.* Alkor *m*, *P* „Reiterlein“ *n* bei **Mizar** *q. v.*)
alkuşaklı ördek s. **kuşaklı ördek**
Allah [·–] 1. Gott; Herrgott *m*, Herr *m* 2. (bei sb. Füg. gel. Verst. des zweiten Begriffes) 3. (Ausruf bei verschiedenen Gemütsbewegungen) Gott! mein Gott! Zu 2: **-ın ayazında** im bitterkalten Winter **-ın tembeli** stinkfauler Bursche Zu 3: s. a. ~ ~; ~ **acısın!** Möge Gott Mitleid haben (und helfen, nachdem Menschenkraft nichts mehr ausrichten kann) ~ **acısını unutturmasın!** Möge ihm Schlimmeres erspart bleiben! ~ **adamı** *euph.* Ekstatiker *m* *ehlihal ~ **afiyet versin!** Möge Gott Gesundheit (und Kraft) verleihen! (*scil.* zur Durchführung dieser Aufgabe) ~ **akıllar versin!** „Gott möge Einsicht (Verstand) geben“ *d.h.* 1. (Ablehnung e–s Einwandes) Ja warum denn nicht? Warum sollte das unmöglich sein? 2. (Kritik an e–r ungeschickten od. dummen Handlung) Das muß man aber schon et. gescheiter anfangen! 3. *spött.* Mensch, bist du dämlich! ~ **a'lem!** 1. Gott ist allweise! 2. Wahrhaftig! Sicherlich! (Vgl. **ellâlem**) ~ ~ 1. (Ausruf der Bewunderung od. des höchsten Staunens) Mein Gott! Alle Achtung! Donnerwetter! Ja, ist so et. möglich! 2. (Ausruf bei Ärger od. Verstimmung) O Gott, o Gott! 3. Schlachtruf der türk. Soldaten beim Sturmangriff ~ **aratmasın** (Erwiderung bei Beanstandungen) Besser es hat Fehler, als daß es überhaupt nicht da ist! ~ **aşkına** 1. (Ausdruck des inständigen Flehens) um Gottes willen! 2. (Ausruf ungläubigen Erstaunens) Was Sie nicht sagen! Ist so et. möglich! 3. (bei dringenden Ermahnungen od. Vorhaltungen oft dem deutschen „doch“ entsprechend ~ **ayağına dolaştırsın!** Möge Gott ihn dafür bestrafen! ~ **baba** der liebe Herrgott ~ **bağışlasın!** Möge Gott dir (ihm, euch, ihnen usw.) den Sohn (den Vater, das Besitztum usw.) erhalten ~ **bana, ben de sana!** (Ausrede gegenüber Wünschen od. Forderungen) (etwa): Woher nehmen und nicht stehlen! ~ **başka türlü ayrılık vermesin!** Gebe Gott, daß dies kein Abschied für immer sein möge! ~ **belâsını versin!** Straf' ihn Gott! Hol' ihn der Teufel! ~ **bereket versin!** (formelhafter Dank bei Empfang e–s ausmachenden Betrags) ~ **beterinden esirgesin!** Hoffentlich kommt nichts Schlimmeres nach! ~ **bildirmesin!** s. **göstermesin!** ~ **bilir!** „Gott weiß es“ *d.h.* 1. möglicherweise, vielleicht 2. Ich glaube schon. 3. Gott weiß wo (wann, wie usw.) ~ **bir adamın basarı basiretini bağlayınca böyle olur.** So ergeht es e–m Verblendeten! ~ **bir dediğinden gayri sözüne inanılmaz.** Bei dem Kerl ist alles Lug und Trug. ~ **bir, inanmam!** Bei Gott, das glaube ich nicht! ~ **bir, söz bir!** (Bet. für ein gegebenes Versprechen) Ein Mann, ein Wort! ~ **bir gününüzü bin etsin!** Gott schenke Ihnen langes Leben! ~ **bu işin encamını hayreylesin!** Gott möge die Sache zu e–m guten Ende führen! ~ **birdir.** Es gibt nur einen Gott. ~ **büyüktür.** 1. Gott wird diese Ungehörigkeit gebührend bestrafen. 2. Gott ist nichts unmöglich. Die Zeit bringt alles ins Geleise. ~ **canını alsın!** Hol' ihn der Teufel! ~ **cezanı vermesin** (*od.* **versin**)! (Ausruf starker Verwunderung, nur seltener e–s wirklichen Ärgers) Hol' dich doch der od. jener! ~ **cezasını versin!** s. ~ **belâsını versin!** ~ **çocuklarına bağışlasın!** Gott erhalte ihn seinen Kindern (am Leben)! ~ **dağına göre kar verir** (*od.* **verir kışı**) *Spr.* Gott weiß, wieviel Leid er dem einzelnen aufbürden kann. ~ **derim.** (Stereotype, nichtssagende Antwort auf die Frage **Ne dersin(-iz)?**) *etwa:* Da weiß ich auch keinen Rat. ~ **dilinden kurtarsın** od. ~ **diline düşürmesin!** Gott möge (uns) vor dieser Lästerzunge bewahren! ~ **dirlik düzenlik versin!** Möge Gott euch immer Frieden und Eintracht schenken! (Wunsch bei Hochzeitsgratulation) ~ **dokuzda verdiğini sekizde almaz.** *Spr.* Es kommt alles so, wie es Gott bestimmt hat. ~ **dört gözden ayırmasın!** Gott möge ihm (*scil.* dem Kind) seine Eltern erhalten! ~ **düşmanıma vermesin!** Das möchte ich meinem ärgsten Feind nicht wünschen! ~ **ecir sabır versin!** (Kondolenzformel) Gott gebe Ihnen Kraft, diesen Verlust zu ertragen! ~ **eksik etmesin!** 1. (bei dankbarer Erinnerung an geleistete Dienste) Gott möge ihn (sie, dich, euch usw.) am Leben erhalten! 2. (form. Abschwächung e–r Klage); Zu 2: **Allah eksik etmesin, her gün geç gelir.** Wenn ich auch sonst keine Klagen über ihn habe, aber jeden Tag kommt der Bursche zu spät. ~ **eksikliğini göstermesin!** (bei Klagen od. Beanstandungen) Gott möge es uns nicht ganz entziehen, aber gut kann man es wirklich nicht nennen (z.B. Brot) ~ **emeklerini eline vermesin!** Möge es ihm vergönnt sein, seine Arbeit erfolgreich zu Ende zu bringen! ~ **emsali kesiresiyle müşerref eylesin!** (a. heute noch, *spez.* an Kurban Bayramı und Şeker Bayramı verwendete Gratulationsformel) Möge Gott Ihnen noch viele solcher Festtage bescheren! ~ **encamını hayreylesin** (*od.* **hayreyleye**)! Gott möge es zu e–m guten Ende füh-

ren! ~ **esirgesin** (*od.* **esirgeye)!** Gott behüte! Möge Gott es verhüten! ~ **etmesin!** Gott verhüte! ~ **evi** Gotteshaus *n*, Tempel *m*, Kirche *f spez.* Moschee *f* ~ **feyzini artırsın!** (z.B. zu e–m Studenten gesagt) Gott möge deine Studienzeit ertragreich und erfolgreich werden lassen! ~ **fidanı** Götterduft *m*, Bukkostrauch *m bot.* Diosma ericoides ~ **gani gani rahmet eylesin!** Gott gebe ihm (ihr, ihnen usw.) die ewige Ruhe! Gott sei ihm (ihr, ihnen usw.) gnädig! ~ **gecinden versin!** (Abw. bei Erwähnung von schicksalhaft Unvermeidbarem, bes. dem Tod) Möge Gott ein langes Leben bescheren! ~ **göstermesin!** Da sei Gott vor! ~ **güler yüzünü soldurmasın!** Gott möge dir (ihm) immer deinen (seinen) Frohsinn erhalten! ~ **günah yazmasın!** *Abw.* Möge Gott es mir nicht als Sünde anrechnen (wenn ...)! ~ **hakkı için** (Schwurformel) bei Gott ~ **hakkını versin** s. **lâyığını versin!** ~ **hoşnut olsun!** Gott möge ihm seine gute Tat lohnen! ~ **ıslah etsin!** (form. in bezug auf e–n unverbesserlichen Menschen gesagt) Möge Gott ihn bessern (*scil.* wir können es nicht) ~ **ıslah etsin, bir türlü içkisiz yapamıyor.** Er kommt nun einmal nicht vom Alkohol los ~ **için** bei Gott! wahrlich! ~ **iflâh etsin!** *z. va.* Gott möge ihn bessern! ~ **imhal eder, ihmal etmez.** *Spr.* Gottes Mühlen mahlen langsam, aber sicher. *Spr.* ~ **(seni) inandırsın** *Bet.* wahrlich, wahrhaftig, so ist es! *vallahi ~ **isterse** Wenn es Gott gefällt ~ **işinizi rast getirsin!** Gott möge euerm Tun Erfolg schenken! ~ **izin verirse** wenn es Gott gefällt ~ **kabul etsin!** Möge Gott ihm diese verdienstliche Tat anrechnen! ~ **kahretsin!** Gott möge ihn verdammen! ~ **kavuştursun!** (Wunschformel bei der Abreise e–s Angehörigen od. Bekannten; von e–m Zurückbleibenden zu e–m anderen Zurückbleibenden gesagt): Möge Gott uns (euch, sie) wieder zusammenführen! ~ **kavuşturşuna gitmek** j–n besuchen, dessen Angehöriger od. Bekannter abgereist ist und dabei den Wunsch aussprechen, daß der Abwesende wieder gesund zurückkehren möge ~ **kazadan belâdan saklasın** (*od.* **korusun** *od.* **esirgesin**) (mst. von Bettlern verwendete Ra.) Gott möge dich vor allem Unheil bewahren! ~ **kelâmı Gottes Wort** *n* ~ **kerim!** Gott ist gnädig! d.h. man muß auf Gott vertrauen. ~ **kimseye muhtaç etmesin!** Gebe Gott, daß man niemand braucht! ~ **kimseyi diline düşürmesin!** Gott möge jeden vor dieser Lästerzunge bewahren! ~ **kolaylık versin!** s. **Kolay gelsin!** ~ **korkusu** Gottesfurcht *f* ~ **korusun!** Gott behüte (uns, mich usw.) ~ **kör etsin!** s. **Hay** ~ **kör etsin!** ~ **kulu** Mensch(-enseele *f*) *m* (**Onu bir** ~ **kulunun gelip aradığı yok ki!** Es kommt ja keine Menschenseele zu ihm!) ~ **kurtarsın!** s. **korusun!** ~ **kulunun götüreceği kadar verir.** *Spr.* Gott teilt jedem nicht mehr zu, als er bewältigen (aushalten) kann. ~ **kuru iftiradan saklasın!** Gott möge e–m e–e solche unsinnige Anschuldigung ersparen! ~ **kuvvet versin!** (Ermunterungszuruf an e–n Arbeitenden) Möge Gott dir die nötige Kraft verleihen! ~ **lâyığını versin!** 1. *mel.* Gott möge ihn (dich) für seine (deine) guten Taten belohnen! 2. (form. bei Erwähnung e–r überraschenden, nicht restlos erfreulichen Tatsache) Na, so ein Kerl! Donnerwetter! Verflucht! Verdammt noch einmal! 3. (tadelnd) *selt.* Gott möge ihn (dich) gebührend strafen! ~ **manda şifalığı versin!** *hum.* Gott gebe ihm den entsprechenden Büffelmagen (*scil.* für all das Viele und Schwere, das er ißt) ~ **muinin olsun!** Gott möge dein Helfer sein! Gott möge dir beistehen! ~ **muvaffak etsin!** Möge Gott Erfolg verleihen! ~ **mübarek etsin!** *(oft iron.)* Möge Gott seinen Segen dazu geben! ~ **müstahakkını versin!** 1. *pej.* Gott möge ihn (dich) gebührend strafen! 2. *mel. selt.* Gott möge ihm (dir) die verdiente Belohnung zuteilwerden lassen! ~ **namerde muhtaç etmesin!** Gebe Gott, daß man nie auf e–n nichtswürdigen Menschen angewiesen ist! ~ **nasip ederse** wenn Gott es gewährt ~ **ne muradın varsa versin!** Gott lohne es dir! ~ **ne verdi ise yeriz.** Wir essen eben, was da ist. ~ **ne verir de kul kaldırmaz?** Was Gott auferlegt, muß man ertragen. ~ **nice nice yıllara eriştirsin!** s. Stw. **nice.** ~ **ona son gürlüğü verdi.** Gott hat ihm (wenigstens) im Alter noch Wohlhabenheit und Glück beschert. ~ **onların yıldızlarını barıştırsın!** (Segenswunsch für Neuvermählte) Gott gebe, daß sie sich gut miteinander vertragen! ~ **(uzun) ömürler versin!** (*od.* ~ **ömrünüze ömür(-ler) katsın!** (*mst. form.* als ehrerbietiger Gruß od. Dank) Gott gebe (Ihnen) ein langes Leben! *edamallah ~ **övmüş de yaratmış.** 1. (bei Erwähnung e–s mit bes. Schönheit ausgestatteten Menschen) bildschön 2. (als Abschwächung e–s von e–m anderen ausgesprochenen Tadels): Was Gott geschaffen hat, soll der Mensch nicht tadeln! ~ **payı** ungleichmäßiger Anteil ~ **peygamber tanımaz.** Er ist ein ungläubiger Heide. ~ **rahatlık versin!** Schlafen Sie gut! Angenehme Ruhe! ~ **rahmet eylesin!** s. ~ **gani gani rahmet eylesin!** ~ **rahmetine kavuşmak** in die Gnade Gottes eingehen; sterben ~ **razı olsun!** s. ~ **senden razı olsun!** ~ **rızası için** 1. (Formel des inständigen Flehens) um Gotteswillen! 2. um Gotteslohn; kostenlos ~ **sabır versin!** s. ~ **ecir sabır versin!** ~ **sağ eli sol ele muhtaç etmesin!** Gott möge e–n davor bewahren, daß man einmal fremde Hilfe benötigt! ~ **saklasın!** s. ~ **vermesin!** ~ **selâmet versin!** Gott befohlen! Gott möge dich (euch, ihn usw.) sicher geleiten! Behüt' dich (euch, ihn usw.) Gott! (in folg. Verwendungen): 1. (Wunsch gegenüber e–m abreisenden Freund od. Bekannten) Gute Reise! 2. (Wunsch bei Schwierigkeiten unterwegs) 3. (bei der Erwähnung e–s nicht anwesenden lieben Freundes od. Bekannten) 4. (bei der Erwähung der Naivität od. Beschränktheit e–s Menschen) 5. (in der Bed.) Tu, was du willst! Du mußt schon selber wissen, was du zu tun und zu lassen hast! Zu 4: ~ **selâmet versin, Ahmet' in bu işe aklı ermez.** Das versteht der gute Ahmet eben nicht besser. ~ **senden (sizden) razı** *selt.* **hoşnut) olsun!** Vergelt's Gott! Gott möge es dir (Ihnen, euch) lohnen! ~ **seni dünya boş kalmasın diye yaratmamış!** Gott hat dich ja wohl nicht deswegen geschaffen, weil die Erde nicht leer bleiben soll (*scil.* sondern vielmehr dazu, daß du et. Tüchtiges leistest!) ~ **seni muammer etsin** (od. **eyleye!**) *z. va.* Gott schenke dir ein langes (und glückliches) Leben! ~ **son gürlüğü versin!** Gott gebe ihm Kraft bis ans Ende seiner Tage! ~ **söylese** und wenn Gott es selber sagte d.h. nie und nimmer ~ **şifa versin!** Gott gebe dir (ihm, ihr usw.) baldige Besserung! Gute Besserung! *(gel. a. iron.)* ~ **taksimi** ungleichmäßige Verteilung (*ant.* kul. taksimi) ~ **taksiratını affetsin!** Gott möge es (d.h. seine Unterlassungssünde) ihm verzeihen! ~ **tamamına yetiştirsin!** Gott möge es zur Vollendung führen! ~ **teâlâ** s. Stw. **teâlâ.** ~ **utandırmasın!** *F* Na, dann gutes Gelingen! ~ **vere de ...** Gebe es Gott, daß ...; wenn nur ...; wenn doch ... ~ **vere de yağmur yağmasa!** Wenn es nur nicht regnet! ~ **vergisi** Gottesgabe *f*, natürliche, gute Veranlagung; angeborenes Talent ~ **vermesin!** (*Abw.* bei Erwähnung e–s eventuell unglücklichen Ausgangs) Verhüte Gott! Gott möge dies nicht eintreten lassen! ~ **versin!** 1. (gegenüber lästigen Bettlern) Gott möge dir geben (*scil.* ich aber nicht) 2. (wohlwollende Anerkennung od. a. Anzüglichkeit gegenüber e–m Erfolgreichen) z.B. ~ **versin, bugünlerde işler pek yolunda görünüyor!** Na, das scheint ja heutzutage alles großartig zu gehen! 3. s. **vere;** ~ **yapısı** Gottes Werk *n*, Werk *n* der Natur ~ **yapısı değildir.** Das ist nur von Menschenhand geschaffen (*scil.* und demgemäß notwendigerweise unvollkommen) ~ **yarattı dememek** grausam behandeln *spez.* unbarmherzig auf j–n losprügeln ~ **yardım ederse kuluna, her iş girer yoluna.** *Spr.* An Gottes Segen ist alles gelegen *Spr.* ~ **yardımcım olsun!** Gott steh' mir bei! ~ **yazdı ise bozsun!** (bei Ablehnung e–s Vorschlages) Das kommt für mich gar nicht in Frage! ~ **yolunuzu açık etsin!** Gott gebe Ihnen gute Reise! ~ **yürü ya kulum demiş** (bewundernd, neidisch od. spött.) Der hat es ja in kurzer Zeit sehr weit gebracht! ~ **ziyade etsin!** Gott möge es dir (ihm, euch usw.) mehren! (*urspr.:* Gott gewähre dir noch mehr, als was du mir angeboten hast); danke sehr! (*spez.* bei Ablehnung e–r angebotenen Speise) **-a bin şükür!** Gott sei tausendmal Lob und Dank! **-a bir can borcu olmak** s. **Azraile** (usw.); **-a emanet ...** (in Verb. mit e–m Lob) Möge Gott seine schützende Hand über ihn halten! Möge er immer so bleiben! **-a emanet ol (-un)!** (Abschiedsgruß des Scheidenden) Auf Wiedersehen! **-a havale etmek** (j–s Bestrafung) Gott anheimstellen **-a ısmarladık** [alasmarladık] [·×··] (Abschiedsgruß des Scheidenden) Auf Wiedersehen! (vgl. **güle güle**); **-a kalmak** s. Stw. **iş; -a minnet olsun!** Gott gebührt (unser) Dank! **-a sığınmak** seine Zuflucht bei Gott suchen; seine Sache Gott anheimstellen **-a şükür!** Gott sei (Lob und) Dank! *hamt olsun **-a tân etmek** Gott lästern. **-a tevekkül edenin yaveri Hak'tır.** (Ziya Paşa) Wer auf Gott vertraut, hat nicht auf Sand gebaut. *Spr.* **-a yalvar!** (Erwiderung auf die Klage dessen, der sein Unglück selber verschuldet hat) Du hast es ja nicht anders gewollt! **-ı çok, insanı az bir yer** menschenleere (öde, einsame, verlassene) Gegend **-ı para olmak** nur auf Geld aus sein **-ım!** mein Gott! **-ı(nı) seversen** „wenn du (deinen) Gott liebst" *d.h.* 1. Tatsächlich? Das ist ja kaum zu glauben! 2. (mst. form. bei e–m Vorwurf od. bei ungehaltener dringender Aufforderung) um Gottes willen! (oft a. durch „doch", „denn" wiederzugeben) **-ın belâsı** Gottesgeißel *f* **-ın binasını yıkmak** sich selbst bzw. e–n anderen Menschen umbringen; e–n Mord (Totschlag) begehen **-ın birliğine emanet!** Gott befohlen! **-ın cezası** (*spez.* von e–m boshaften, widerwärtigen Menschen gesagt) Plage *f* Gottes **-ın emanetini geri alması** Lebensende *n,* Tod *m* **-ın emri Peygamberin kavliyle** (kız istemek) nachdem es Gott so gewollt hat (form. Ra. bei der Brautwerbung) **-ın evi** Herz *n,* Seele *f* (e–s Menschen) **-ın evini yıkmak** kränken, verletzen, beleidigen **-ın gazabı** 1. s. **Allahın cezası** 2. s. **Allahın belâsı; -ın gazabına geleyim ki** *(Bet.)* Ich will Gottes Zorn auf mich laden (*scil.* wenn ich nicht die Wahrheit spreche)! **-ın gücüne gitmesin!** Möge Gott es mir nicht übelnehmen (wenn ...)! **-ın günü** jeder Tag (den der liebe Herrgott werden läßt) **-ın hikmeti** 1. Gottes unerforschlicher Ratschluß 2. (*a.* **-ın hikmetine bak!**) (Ausruf höchsten Erstaunens) Wie wunderbar! Was soll man nur dazu sagen! **-ın işine bak!** Nun sieh mal e–r an, was daraus geworden ist! **-ın izniyle (inayetiyle, lütfiyle)** mit Gottes Hilfe *biiznillahi teâlâ **-ın keskin kılıcına geleyim ki** *(Bet.)* Das scharfe Schwert Gottes soll mich treffen (*scil.* wenn ich nicht die Wahrheit spreche) **-ın rahmetine kavuşmak (ulaşmak, ermek)** in die Gnade Gottes eingehen **ın kulu** Knecht (Diener) *m* Gottes *d.h.* Mensch *m* **-ın öldürmediğini kimse öldüremez.** *Spr.* Es fällt kein Sperling auf die Erde ohne den Willen Gottes. **-ına kavuşmak** zu seinem Gott eingehen; sterben **-ından bulsun!** Möge ihn die gerechte Strafe Gottes treffen! (*scil.* Ich werde keine Rache üben.) **-ını seven tutmasın** (form. Ra. zum Ausdruck e–s schnellen, aufgeregten Laufens): **Öyle bir kaçış kaçtı ki -ını seven tutmasın!** *F* Der hat sich aber schleunigst verdrückt! **-ını seversen** s. **-ı seversen; -tan** 1. Gott sei Dank! Es war gut, daß ... Es war e–e Fügung des Himmels, daß ... 2. von Natur aus **-tan bulsun!** Möge Gott ihn strafen! (bei Verzicht auf eigene Rache) **-tan gelene razı olmak** sich in sein Schicksal ergeben **-tan kork!** „Fürchte Gott!" *d.h.* Wie kann man nur so et. tun (wollen)! Du solltest dich aber schämen! Hast du denn kein Gewissen? **-tan korkmaz** mitleidslos, hartherzig, grausam, unmenschlich **-tan korkmayandan korkmalı.** *Spr.* Vor dem muß man sich fürchten, der Gott nicht fürchtet. **-tan mağfiret dileriz.** (rel. Formel, bes. in Todesanzeigen) Gott sei ihm (ihr, ihnen) gnädig! **-tan olacak** 1. durch ein gütiges Geschick; glücklicherweise 2. gerade eben **-tan sıska ne yapsın muska?** *Spr.* Mit der Dummheit kämpfen Götter selbst vergebens (Schiller) **-tan vergili** begabt, talentiert **-u a'lem bissavap** 1. Gott weiß, was richtig ist. 2. Gott weiß es besser. **-u ekber** (Formel zu Beginn des isl. Gebetes) Gott ist erhaben! Ruhm sei Gott! **-u ekber âzam kebire** (Anrufung Gottes, um nicht im Zorn et. Häßliches zu sagen) **-uekber dağı** *n. pr.* Gebirgszug im Rbz. Kars (höchste Erhebung 3125 m)

allahasen s. **allasen**

Allahlık 1. Gott-Sein *n,* Gottheit *f,* Göttlichkeit *f* 2. was kaum jemand verstehen kann 3. wer es faustdick hinter den Ohren hat; undurchsichtiger Mensch, stilles Wasser 4. harmloser, gutmütiger, leichtgläubiger od. frömmelnder Mensch, von dem keine energische Tat erwartet werden darf. 5. ohne Schutz und Pflege; sich selbst überlassen ~ **atfetmek** vergotten, deifizieren **-tır.** Mit ihm ist nicht viel los.

Allahsız Ungläubiger, Atheist, Ketzer *m*

Allahsızlık Unglaube, Atheismus *m,* Ketzerei *f*

allahümme salli (euph. Zornesausruf) (*urspr.* Anfang e–r rel. Formel; s. Stw. **salavat)**

allâk 1. unzuverlässig, wankelmütig 2. wortbrüchig 3. hinterlistig, betrügerisch, arglistig, intrigant

allak bullak wüst durcheinander, in größter Unordnung *altüst, karmakarışık ~ ~ **etmek** 1. die größte Verwirrung anrichten, alles auf den Kopf stellen 2. e–e Panikstimmung hervorrufen, Panik verbreiten 3. **(aklını, başını, zihnini)** j–n völlig durcheinanderbringen

allak bullaklık wüstes Durcheinander, heilloser Wirrwarr, allgemeine Ratlosigkeit *karışıklık, keşmekeş

allâklık Unzuverlässigkeit *f,* Wankelmut *m*

allamak (nur in): ~ **pullamak** *pej.* aufputzen, herausstaffieren

allâme *z. va.* 1. hochgelehrt, großer Gelehrter, bedeutender Wissenschaftler 2. *iron.* Neunmalkluge *m* **-i kül** *spött.* wer den Stein der Weisen entdeckt hat

allâmelik etmek sich (trotz Unwissenheit) als Kenner aufspielen

allanmak sich rötlich färben (*z. B.* Berggipfel) **allanıp pullanmak** *pej.* sich herausputzen, sich aufdonnern

allasen [·×·] Verk. von **Allahı(-nı) seversen**

allegretto [··×·] *mus.* 1. allegretto, mäßig lebhaft 2. Allegretto *n*

allegro [·×·] *mus.* 1. allegro, lebhaft 2. Allegro *n*

allem (in der Füg.:) ~ **etmek kallem etmek** 1. alles nur Denkbare unternehmen; von Pontius zu Pilatus laufen 2. mit schönklingenden Zusagen abspeisen 3. j–m um den Bart gehen

allı mit rötlicher Farbe (Schminke) ~ **morlu** (*od.* ~ **yeşilli**) grellbunt ~ **pullu** auffällig gekleidet, mit Schmuck überladen, *F* aufgedonnert

allık 1. Rot-Sein *n,* Röte *f* 2. Rouge *n,* rote Schminke

alma 1. *Vs.* zu **almak** *tesellüm, ahzükabız 2. *dial. Lautung* von **elma;** ~ **haberi** Empfangsbestätigung *f (Post)* ~ **merkezi** *mil.* Empfangsstelle *f*

almaç, -cı *phys.* 1. Empfangsgerät *n,* Empfänger *m* 2. Hörer *m* (Teil des Telephonapparates) *(1, 2) ahize

almak, (-ır) 1. (mit-)nehmen (z. B. Mantel) 2. (weg-, fort-, an sich)nehmen 3. mit sich fortführen; wegreißen, davontragen (z.B. Wind) 4. (ab-)wenden (z.B. den Blick) 5. fesseln, anziehen, auf sich lenken 6. erhalten; zugestellt bekommen (z.B. Brief, Nachricht) 7. erreichen, erlangen, (schließlich) bekommen, *F* kriegen 8. (Verk. von **satın almak**) kaufen, käuflich erwerben 9. fassen, aufnehmen können (Gefäß, Raum usw.); *fig.* erfassen, begreifen, verstehen 10. (ver-)kürzen, kürzer machen, verringern, vermindern 11. annehmen (z.B. Bestechungsgelder) 12. aufnehmen (z.B. Mieter); eintreten lassen; führen 13. durchlässig sein (für); et. eindringen lassen 14. (von e–m Mann, nur selt. von e–r Frau gesagt) heiraten 15. sich zuziehen (Krankheit, Strafe usw.) 16. einhüllen, umgeben (Rauch, Nebel usw.) 17. befallen (Schrecken usw.) 18. (anderswohin) stellen, rücken, schieben (Tisch, Stuhl usw.) 19. herausholen, entfernen, beseitigen (z.B. Kugel aus e–r Wunde) 20. im Blickfeld haben 21. einnehmen, erobern 22. empfinden, wahrnehmen (z.B. Geruch) 23. übernehmen 24. ergreifen, treffen (Maßnahmen) 25. machen (Gefangene) 26. gewinnen (Spiel) 27. einholen (Direktiven, Anweisungen) 28. erheben (Gebühren usw.) 29. (m. Dat.) auffassen, nehmen (als) 30. *intr.* angehen (Pflanzen, Pfropfreis usw.) 31. *intr.* halten (Farbe) 32. *intr.* angehen; Feuer fangen (z.B. Docht) 33. *intr.* wirken, wirksam werden 34. *intr.* mit Heftigkeit einsetzen; losbrechen (Sturm, Regen usw.) 35. *mst. intr.* in e–r best. Weise sprechen od. sich benehmen; et. aussprechen *getirmek Zu 2: **b–den bşi** ~ j–m et. fort-, ab-, weg-nehmen Zu 3: **Sel köprüyü almış.** Der Gießbach hat die Brücke weggerissen. Zu 4: **Gözümü ondan alamıyorum.** Ich kann den Blick nicht von ihm (ihr) wenden. Ich muß ihn (sie) dauernd ansehen. Zu 5: **Zihnimi aldı.** Das fesselte mich. Zu 7: s. **izin** ~ Zu 9: **Bu salon bin kişi alır.** Der Saal faßt tausend Personen. Zu 10: **ceketi boyundan** ~ das Jakett et. kürzen Zu 12: **Misafiri salona aldılar.** Man führte den Gast in das Empfangszimmer. Zu 17: **Ortalığı bir korkudur aldı.** Alle wurden von Furcht befallen. Zu 18: **masayı ileri** ~ den Tisch nach vorne rücken Zu 20: **Bu pencere denizi de alır.** Von dem Fenster aus kann man auch das Meer sehen. Zu 26: s. **oyunu** ~ Zu 29: **bir sözü şakaya** ~ et. als Scherzwort betrachten Zu 34: **Yola çıkarken bir yağmurdur aldı.** Als wir aufbrachen, setzte ein furchtbarer Regen ein. Zu 35: s. **aşağıdan ~; tekbir ~; Al(-ınız)!** Da! Schau! **Al Allah kulunu zapteyle delini!** E–r solchen Verrücktheit kann nur Gott noch Einhalt gebieten.! **al aşağı etmek** s. **alaşağı etmek; Al aşağı ver yukarı uyumuşlar.** Nach einigem Hin und Her wurden sie handelseinig. **Al başına çal!** s. Stw. **çalmak; al baştan** von neuem; erneut *sil baştan; **Al benden de o kadar.** *F* 1. Mir geht es genauso. 2. Ich bin der gleichen Meinung. 3. Du sprichst mir aus dem Herzen. **Al bir aksilik daha!** Da! Noch e–e Widerwärtigkeit! **Al birini çarp öbürüne!** (*od.* **Al onu vur ona!**) 1. Es ist kein Unterschied zwischen beiden. 2. *pej.* Der eine taugt so wenig wie der andere. **Al bundan da on paralık!** Vollkommen abwegiger Gedanke! **Al cevabını** (*od.* **lafı**) **otur aşağı!** Jetzt hast du dein Fett weg! **Al gülüm ver gülüm.** 1. Für e–e Gefälligkeit muß man sich revanchieren. 2. die Zeit der Rosen (= der jungen Liebe) **Al iskeleyi!** *V* Hau ab! Verschwinde! **Al kaşağı gir ahıra yağrı** (*od.* **yarası**) **olan kocunur.** *Spr.* Ein schlechtes Gewissen verrät sich selbst. (Die gleiche Ra., jedoch **kocunsun**): Tu das, was du für recht hältst, und kümmere dich nicht um das Gerede der Leute! **Al sana bir daha!** (bei Eintritt von et. Unerwünschtem) Das hat gerade noch gefehlt! *(iron.)* Auch das noch! **Al takke** (*od.* **külâh**), **ver külâh!** 1. Ein Wort gab das andere (*scil.* und der Streit begann.) 2. sich herumraufen 3. auf sehr vertrautem Fuß stehen 4. (a. mit Ersetzung von **külâh** und **takke** durch andere Wörter zur Bez. e–r Reziprozität): **Al mektup ver mektup** Briefwechsel *m* **Alan razı, satan razı, bize ne?** *Spr.* Wenn sich die beiden, die es angeht, einig sind, so haben wir uns als unbefugte Dritte nicht einzumischen. **Aldı** (mit Nachstellung des betr. Eigennamens) 1. (in der türk. Volkslit.) Er begann zu sprechen. Er hub an. 2. Er war an der Reihe. Er hatte das Wort. **aldı yürüdü** s. **alıp yürüdü. Aldığı aptes ürküttüğü kurbağaya değmez.** 1. Das Gute, das er geleistet hat, steht in keinem Verhältnis zu dem von ihm angerichteten Schaden. 2. Der große Aufwand steht in keinem Verhältnis zu dem kläglichen Erfolg. **Aldığım kile ile veririm.** *fig. z. va.* Ich erzähle es so, wie ich es gehört habe. **aldığına** *z. va.* s. ges. Stw. **alabildiğine. Aldın mı?** *V* 1. Siehst du? 2. Hast du es jetzt mitgekriegt? **Aldın mı babayı?** *V* Siehst du, das bringst du kaum zustande! **alıp gitmek** sich (im Zorn) zu et. hinreißen lassen **alıp satmak** 1. kaufen und verkaufen, Handel treiben 2. mit j–m zu tun (zu schaffen) haben **alıp vermek** 1. Herzklopfen bekommen 2. (b–le) mit j–m zu tun (zu schaffen) haben 3. sich zanken 4. s. **değiş tokuş etmek** Zu 2: **Benim seninle ne alıp vereceğim var?** Was habe ich überhaupt mit dir zu schaffen? **alıp verememek** (b–le) mit j–m nicht ins reine kommen, sich mit j–m herumzanken **alıp yürüdü** 1. *(wertfrei)* ... kommt immer mehr auf; ... verbreitet sich immer mehr 2. *mel.* ... kommt allmählich in Schwung; ... hat sich schon gut entwickelt 3. *pej.* ... hat allmählich überhand genommen 4. Er ist ohne Umschweife darauf losgegangen. Er ist mit der Tür ins Haus gefallen. **alır almaz** sofort, auf der Stelle **Alma!** (*od.* **Almada tut!**) *(Rudern):* Halt! Ruder an! **almada tutmak** die Riemen glattlegen **Alma mazlumun ahını, çıkar aheste aheste!** Lade nicht die Verwünschung e–s Gequälten auf dich; sie wird früher od. später an dir in Erfüllung gehen!

Alman 1. Deutsche *m, f* 2. deutsch ~ **Çeşmesi** *n.pr.* der von Kaiser Wilhelm II. im Jahre 1898 gestiftete Brunnen in Istanbul ~ **hamamböceği** deutsche Schabe *zo.* Blatella germanica *küçük hamamböceği ~ **kalburu** s. **ayaklı kalbur;** ~ **Kamu İşçileri Sendikası** (die deutsche) Gewerkschaft Öffentliche Dienste, Transport und Verkehr, ÖTV *f* ~ **papatyası** s. **Rumî papatya;** ~ **para reformu** deutsche Währungsreform (1948) ~ **rakısı** Wiener Trank *m pharm.* Aqua laxativa Viennensis (starkes Abführmittel) ~ **usulü** die Regel, daß jeder für sich bezahlt ~ **yazısı** deutsche (gotische) Schrift; Fraktur *f*

almanak, -ğı Jahrbuch *n,* Almanach *m* *yıllık, sâlname

Almanca [·×·] 1. deutsche Sprache, Deutsch 2. deutsch. Zu 1: **Bunun -sı nedir?** Wie heißt das auf Deutsch? ~ **gramer** deutsche Grammatik ~ **öğretmeni** Deutschlehrer(-in *f*) *m* ~ **sözlü bir filim** ein Film in deutscher Sprache; ein deutschsprachiger Film

Almancalaşmak zu e–m deutschen Wort werden; eingedeutscht werden

Almancalaştırmak eindeutschen

Almancı *P (hum.-spött. Neubildung)* ein nach langjähriger Gastarbeitertätigkeit in Deutschland endgültig in die Heimat zurückgekehrter Türke, der sowohl durch e–n gewissen Wohlstand wie auch durch typisch-deutsches Verhalten unter seinen Landsleuten auffällt

almandin *min.* Almandin *m* *seylantaşı

almangümüşü, -nü Neusilber *n* *arjantan, mayşor, yenimaden

Almanlaşmak 1. deutsche Sitten und Gebräuche annehmen 2. zum (zur) Deutschen werden

Almanlaştırmak 1. zu e–m Deutschen machen 2. deutsch werden lassen

Almanlık 1. Deutschtum *n* 2. deutsche Staatsangehörigkeit
Almanya [·×·] *n.pr.* Deutschland ~ **harbak otu** deutsche Tamariske *bot.* Myricaria germanica ~ **saparnası** s. **ayak otu;** ~ **susamı** s. **ketencik**
Almanyalı 1. Deutsche *m, f* 2. aus Deutschland stammend, deutsch
almaş 1. *dial.* s. **münavebe** 2. *dial.* s. **becayiş** 3. *phil.* s. **terdit**
almaşık 1. s. **mütenavip** 2. *bot.* wechselständig *müteakıp
almaşmak 1. (gegenseitig) austauschen 2. schichtweise arbeiten
Almus *n.pr.* O. u. D. im Rbz. Tokat
alnaç *dial.* Vorderseite, Front, Fassade *f* (e–s Gebäudes *od. fig.*) *cephe
alo! (am Telephon) hallo!
alokasya [··×·] Tropenwurz *f bot.* Alocasia cuprea
alokton *geol.* allochthon *yabancı
alonj *H* Allonge *f* (bei Scheck od. Wechsel)
alopati *med.* Allopathie *f* *tedavi bizzıt
alopesi s. **kellenme**
alotropi *chem.* Allotropie *f*
alotropik *chem.* allotrop
alp, -pı (*va. od.* nur mehr in Eigennamen wie **Alpa(r)slan, Alpdoğan** usw.) tapfer, heldenmütig; Held *m*
Alp *gel. Abk.* von **Alp dağları.** ~ **berisi** zisalpin ~ **dağkeçisi** Alpensteinbock *m zo.* Capra hircus ibex ~ **dağ sıçanı** s. **dağ sıçanı;** ~ **gülü** 1. Alpenrose *f bot.* Rhododendron arboreum 2. s. **zakkum;** ~ **ırkı** alpine Rasse ~ **kartopu çiçeği** Alpenglöckchen *n bot.* Soldanella ~ **lâlesi** gemeine Zahnlilie; Hundszahn *m bot.* Erythronium dens-canis ~ **ötesi** transalpin ~ **semenderi** Alpensalamander *m zo.* Salamandra atra ~ **şarkıcı kuşu** Alpenbraunelle *f zo.* Prunella collaris
Alp dağları *n.pr.* Alpen **Alp dağlarının misk otu** 1. Moschusgarbe *f bot.* Achillea moschata 2. Silberraute *f*, Alpenbeifuß *m bot.* Artemisia glacialis
alpaka [·×·] 1. Alpaka *n zo.* Lama glama pacos 2. Alpakawolle *f*, -stoff *m* 3. Alpaka (Alpacca) *n* (e–e Art Neusilber)
alpçı Bergsteiger(-in *f*) *m*, Alpinist(-in *f*)*m*
alpçılık Bergsport, Alpinismus *m*
alpinist, -ti; alpinizm s. **alpçı(-lık)**
Alplar *n.pr.* Alpen *pl.* *Alp dağları
Alsas *n.pr.* Elsaß *n* **Alsas-Loren** *n.pr.* Elsaß-Lothringen
Alsaslı 1. Elsässer(in *f*) *m* 2. elsässisch
alşimi Alchimie *f* *simya
alşimist, -ti Alchimist *m* *simyager
alt, -tı 1. der untere Teil von et.; Unterseite *f*, Boden *m* 2. (Lauf-)Sohle *f* (am Schuh) 3. Gesäß *n*, Popo *m* 4. Fortsetzung, Folge *f* 5. die e–r best. Wirkung ausgesetzte Stelle 6. (b–nin, bşin) **-ına, -ında** *(lokal)* a) unter (m. Akk. bzw. Dat.) b) *Adv.* darunter (z.B. schieben bzw. liegen) 7. unter-, unterst-, Unter- Zu 1: **Tencerenin -ı delinmiş.** Der Boden des Topfs hat ein Loch bekommen. Zu 3: s. **-ına sandalye çekmek;** ferner: **çocuğun -ını temizlemek** dem Kind den Popo abwischen Zu 4: **Bu yazının -ı yok mu?** Geht das Schreiben nicht weiter? **güneş -ında oturmak** in der Sonne (im Sonnenschein) sitzen Zu 5: s. **ayak (top, rüzgâr) -ı** Zu 7: ~ **köşe** untere Ecke ~ **dudak** Unterlippe *f* ~ **akıntı** Unterströmung *f* (z.B. im Bosporus) ~ **-a** untereinander, der eine unter dem anderen ~ **-a üst üste** Zank, Streit *m* ~ **-a üst üste boğuşma** wüstes Geraufe ~ **ana toplardamar** *an.* untere Hohlvene *veridi ecvefi süfla ~ **aradan** indirekt, mittelbar ~ **aşağı vurmak** zu Boden werfen; besiegen ~ **bacak** Unterschenkel *m* *baldır ~ **başında** 1. (unmittelbar) darunter 2. gleich neben ...; unmittelbar bei ... ~ **başından** von ganz unten an ~ **çenesinden girip üst çenesinden çıkmak** *fig.* j–n überreden, beschwatzen wollen ~ **durumlu yumurtalık** *bot.* unterständiger Fruchtknoten *mebizi esfel ~ **düzen** Fahr-, Dreh-gestell *n* ~ **etmek** zu Boden werfen; besiegen, unterkriegen ~ **havaküre** (*od.* ~ **havayuvarı**) *met.* Troposphäre *f* ~ **kalıp** 1. *techn.* Untergesenk *n* 2. *typ.* Matrize *f* ~ **kat** 1. Parterre, Untergeschoß *n* 2. Unterholz(-bestand *m*) *n* (im Wald) ~ **kenar** Unterkante *f* ~ **kısım** unterer (unterster) Teil ~ **kol** *geogr.* s. **aşağı kol;** ~ **levha** Grundplatte *f* ~ **olmak** zu Boden geworfen werden, besiegt werden, klein beigeben müssen ~ **satıh** Grundfläche *f* ~ **taraf** 1. Unterseite *f* 2. Fortsetzung *f*, Übriges *arka, geri, mabat 3. Ende *n* ~ **tarafı** bestenfalls, höchstens, schließlich (≗ **tarafı on lira!** Es handelt sich ja nur um zehn Pfund! ≗ **tarafı çıkmaz sokak.** Dabei kommt nichts heraus.) ~ **tetiğe almak** in Vorderraststellung bringen (Gewehrhahn) ~ **tetik** Vorder-, Ruh-rast *f* ~ **triyas** s. **alaca gre;** ~ **ucu** (bşin) Zweck *m*, Ergebnis *n* (bei et.) ~ **ulaşım** s. **metro;** ~ **yanı** 1. das Weitere 2. s. ~ **tarafı;** ~ **yanını sormak** (bşin) et. genauer untersuchen **-a gitmek** besiegt werden **-a itme** *psych.* Verdrängung *f* (ins Unterbewußtsein) *ihtibas, röfulman ≗**ı alay üstü kalay!** *F* oben hui, unten pfui! **-ı çapanoğlu** nachträglich auftretende Schwierigkeit *od.* Unannehmlichkeit **-ı çizilmiş kelime** unterstrichenes Wort **-ı kaval üstü şişane** *F* unten glatt, oben gezogen (Gewehrlauf) *d.h.* nicht zueinander passend; ... paßt wie die Faust aufs Auge **-ına almak** 1. zu Boden werfen (*od.* reißen), besiegen 2. unter sich begraben (Einsturz, Erdbeben) 3. j–n tüchtig durchprügeln **-ına etmek** sich verunreinigen, sich beschmutzen (durch Kot, Urin) **-ına kaçırmak** den Stuhl *od.* das Wasser nicht mehr halten können, sich verunreinigen, sich beschmutzen **-ına koyvermek** s. **-ına etmek; -ına sandalye çekmek** (b–nin) e–m Gast den Stuhl zurechtrücken **-ında kalmak** (bşin) 1. darunter begraben sein (z.B. unter den Trümmern e–s Hauses) 2. überfahren werden 3. et. nicht erwidern (*od.* vergelten), et. nicht halten Zu 3: **bir iyiliğin -ında kalmamak** e–e Wohltat vergelten; sich revanchieren **bir kötülüğün -ında kalmamak** j–m et. heimzahlen **bir sözün -ında kalmamak** sein Wort einlösen **-ından** von unten her **-ından çapanoğlu çıkmak** s. Stw. **çapanoğlu; -ından girip üstünden çıkmak** 1. alles (Geld) ausgeben; bis zum letzten Pfennig verpulvern 2. ein heilloses Durcheinander anrichten **-ından kalkmak (bir zorluğun)** e–e Schwierigkeit überwinden **-ını çizmek** unterstreichen **-ını ıslatmak** sich naß machen, *F* sich in die Hosen pinkeln **-ını imzalamak** (bşin) seine Unterschrift unter et. setzen **-ını tutmamak** s. **-ına kaçırmak; -ını üstüne getirmek** (bir yerin) 1. das Oberste zuunterst kehren, e–e heillose Verwirrung anrichten 2. nichts undurchsucht lassen **-ta kalmak** unterliegen, besiegt werden, zu Schaden kommen ≗**ta kalanın canı çıksın!** Wehe den Besiegten! Vae victis! **-tan almak** (*od.* **gelmek**) 1. weichwerden, nachgeben 2. e–n gemäßigten Ton anschlagen **-tan -a** 1. heimlich, verstohlen 2. indirekt, zwischen den Zeilen, andeutungsweise **-tan anlatmak** durchblicken lassen, zu verstehen geben **-tan görüş** *phot.* Froschperspektive *f* **-tan güreşmek** *fig.* langsam und unauffällig, aber erfolgreich arbeiten **-tan su alır çark** unterschlächtiges Wasserrad **-tan vuruş** *(Boxen)* Tiefschlag *m*
altabaso; altabaşo [··×·] *naut.* Unterteil *n* (bei der Takelage) ~ **çalımı** s. **istralya payı;** ~ **yakası** unterer Segelrand
Altair *astr.* der Stern Atair (im Sternbild des Adlers)
altalamak *selt.* besiegen, unterkriegen *yenmek, mağlup etmek
altan 1. *hist.* alttürk. Herrscherinsignien *pl.* 2. ≗ *mV*
altasıralı subordiniert, untergeordnet *tabi
altayistik Altaistik *f*, altaiische Philologie
altbacak; altbaldır *(Turnen)* Unterschenkel *m*

altbilinç *psych.* Unterbewußtsein *n* *sübkonsiyan(-s), tahteşşuur

altbilinçsel *psych.* unterbewußt, im Unterbewußtsein existierend *sübkonsiyan, tahteşşuur(-î)

altboya *(Malerei)* Grundierung *f* *taban boya

altbölüm Unterabteilung *f*

altcins *bot., zo.* Untergattung *f* *cinsaltı

altçeken *mus.* s. **altdominant**

altçene (kemiği) *an.* Unterkiefer *m* *fekki esfel, mandibula

altderi *an.* 1. Lederhaut *f*, Corium *n*, Kutis *f* *edeme, koryum, kutis 2. Hypoderm *n*

altdominant, -tı *mus.* Subdominante *f* *altçeken, dominantaltı

altdudak *an.* 1. Unterlippe *f* 2. Labium *n* (bei Insekten) *labyum

alterasyon *mus.* Alteration *f*, chromatische Veränderung *değişim

altere *mus.* alteriert, chromatisch verändert *değişimli ~ **etmek** alterieren, chromatisch verändern *değişimlemek

alternatif 1. Alternative *f* 2. abwechselnd, Wechsel-, Alternativ 3. *bot.* wechselständig ~ **akım** *el.* Wechselstrom *m* *dalgalı akım ~ **borç** *jur.* Alternativobligation, Wahlschuld *f* ~ **hareket** *techn.* Hin- und Her-gang *m* (e–s Maschinenteils)

alternatör *phys.* Wechselstromgenerator *m*

altes (*franz.* **altesse**) Hoheit *f* **Altes Ruayal** Königl. Hoheit **Son Altes** Seine (bzw. Ihre) Hoheit

altfamilya *biol.* Unterfamilie *f* *tahtı fasile

altgeçiş *astr.* untere Kulmination

altgeçit, -di Unterführung *f*

altgergi Kehlbalken *m* (im Dachstuhl) *pekitme bırakması

altı 1. sechs 2. (Zahl) Sechs *f* ~ **ay** halbes Jahr ~ **ay hastalığı** *vet.* (Hunde-)Staupe *f* ~ **aylık** halbjährlich ≗ **aylık seyisliği var, kırk yıllık fışkı karıştırır.** *spr. Ra.* Will der grüne Junge auch schon mitreden? ~ **kapıya almak** *V* j–n ganz in seine Gewalt bekommen ~ **karış beberuhi** Dreikäsehoch *m* ~ **kemerli tatu** Sechsbindengürteltier *n zo.* Dasypus sexcinctus *poyu ~ **köşeli** 1. sechseckig 2. Sechskant- ~ **köşeli demir** Sechskanteisen *n* ~ **ok** die sechs Pfeile (Emblem auf der Fahne der Türk. Republikanischen Volkspartei) ~ **okka etmek** j–n an Armen und Beinen packen und fortschleppen ~ **oklu bayrak** Fahne *f* mit den sechs Pfeilen (Vgl. ~ **ok**) ~ **yarıklı balık** Grauhai *m zo.* Hexanchus griseus **-da bir** ein Sechstel **-dan yemek** volle Kost (für Krankenhauspatienten, die keine Diät zu halten brauchen)

altıayaklılar s. **böcekler**

altıdörtlük *mus.* Sechsvierteltakt *m*

altıgen *math.* Sechseck, Hexagon *n* *müseddes ~ **biçme** sechsseitiges Prisma *müseddesî menşur, altıgen prizma ~ **dizgesi** *geol.* hexagonales System

altık 1. impliziert, in et. anderem mitenthalten *zımnî 2. *phil.* untergeordnet *mütedahil

Altıkardeş *astr.* Kassiopeia *f* *Zatülkürsî

altıkça s. **zımnen**

altıköşe 1. sechs-eckig, -kantig 2. Name e–s türk. Kinderspiels

altıköşeli s. **altıköşe** (1)

Altıkulaç s. **Beberuhi** (Karagözspiel)

altılama *mus.* Sextole *f* *sekstole

altılı sechs Einheiten umfassend *spez.*: 1. *Spk.* Sechs *f* 2. *mus.* Sexte *f*

altılık 1. sechs Kurusch (*od.* Pfund) kostend, sechs Meter ausmachend, sechs Kilo schwer usw., Sechser- (z. B. Aufstellung) 2. *fr.* Sechs-Kurusch-Stück *n* 3. s. **müseddes** (3) 4. *typ.* Nonpareille-Satz *m* 5. s. **sekstant** Zu 1: **Bu kumasın -ı da var, yediliği de.** Wir haben diesen Stoff zu sechs oder zu sieben Pfund. ~ **direk** Sechsmeter-Balken *m*

altın 1. Gold *n* 2. Goldmünze *f spez.* Goldpfund *n* 3. golden, aus Gold 4. *fig.* sehr schön 5. *fig.* Reichtum *m*, Vermögen *n* ~ **adı pul olmak** in Verruf geraten; an Ansehen einbüßen ~ **adını bakır etmek** *fig.* 1. herab-setzen, -würdigen; j–s Verdienste schmälern 2. seinen guten Namen aufs Spiel setzen ≗ ~ **akçe gibi doğru sözün de milliyeti yoktur.** Bei Gold und richtigen Aussprüchen beschränkt sich die Gültigkeit nicht auf ein einzelnes Volk. ≗ **anahtar her kapıyı açar.** *Spr.* Gold öffnet jede Tür. *Spr.* ~ **ankesi** Goldreserven *pl.* ~ **ayvası** *Goldquitte *f* (e–e bes. in der Umgebung von Ankara wachsende Quittenart) ~ **babası** steinreicher Mensch, Krösus *m* ~ **balık** s. **havuz balığı;** ~ **başak** Goldrute *f bot.* Solidago virgaurea ≗ **beşik** (*a.* ≗ **beşiğe kim biner? Alacalı bulacalı kız biner.**) Name e–s türk. Ksp. ~ **bilezik** 1. goldenes Armband 2. *fig.* gute Erwerbs- *od.* Einkunftsquelle ~ **böcek** gemeiner Rosenkäfer *zo.* Cetonia aurata *gülböceği, ziba, zina ~ **Bülbül** s. **İbiş;** ~ **çağ** goldenes Zeitalter ~ **çan** überhängende Forsythie; Gelbbecher *m*, Goldweide *f bot.* Forsythia suspensa ~ **çiçeği** 1. Goldblume *f bot.* Helichrysum Stoechas 2. s. **Afrika mercan çiçeği;** ~ **damarı** Goldader *f* ~ **devir** 1. goldenes Zeitalter 2. (b–nin) ~ **devri** j–s Glanzzeit *f* (z. B. e–r Dynastie) ~ **dolgusu** Goldplombe *f* ≗ **eli bıçak kesmez.** *Spr.* Wer Talent hat, setzt sich im Leben gegen alles Unheil durch. ~ **esası** Goldstandard *m* ~ **fonu** *fin.* Goldpool *m* (England) ~ **gibi** sehr wertvoll ~ **güneş çiçeği** Sonnengold *n bot.* Helichrysum chinophilum ~ **haşhaş** s. **alevli haşhaş fidanı;** ~ **ışıklı günler** glückliche Tage *pl.* ~ **iplik** dreiblättrige Goldwurz *bot.* Coptis trifolia ~ **kambiyo sistemi** Golddevisenwährung *f* ~ **karşılığı** Golddeckung *f* ~ **kartal** s. **kaya kartalı;** ~ **kaydı** Goldwertklausel *f* ~ **kemeri** Ledergürtel *m* zur Aufbewahrung von Goldstücken ~ **keseği** Goldklumpen *m* ~ **kesit** *math.* goldener Schnitt ~ **kesmek** steinreich sein ~ (*od.* ~ **kıçlı**) **kelebek** Goldafter *m zo.* Euproctis chrysorrhoea ~ **kıymeti şartı** *jur.* Goldwertklausel *f* ~ **kız** „Goldmädchen“ *n* (Gewinnerin e–r Goldmedaille) ≗ **kolan vursan eşek yine eşektir.** *Spr.* s. **Eşeğe altın semer vursalar, yine eşektir.** ~ **koşar kınkanatlı** Goldlaufkäfer *m zo.* Carabus auratus ~ **köstebek** Goldmull *m zo.* Chrysochloris aurea ~ **kuron** Goldkrone *f* (Münze *od.* Zahnersatz) ~ **külçe sistemi** Goldkern-Goldbarren-währung *f* ~ **külçesi** Goldbarren *m* ~ **küpü** ein wahrer Krösus ~ **leğene kan kusmak** reich, aber krank sein ~ **madeni** Goldgrube *f* ~ **miyar rejimi** Goldwährung *f* ~ **mucize** „Goldwunder“ *n* d. h. glänzender Erfolg ~ **öğüt** goldener Ratschlag ~ **para** s. ~ **sikke;** ~ **para sistemi** Goldwährung *f* ~ **pelin** s. **sarı pelin;** ~ **penguen** Felsenpinguin *m zo.* Eudyptes chrysocome ~ **saat** goldene Uhr ~ **saçı** Goldhaar *n bot.* Chrysocoma **Altın Sahili** *n.pr.* Goldküste *f* (in Westafrika) (seit 1957: **G(h)ana**); ~ **sarısı** 1. goldgelb 2. goldblond (Haar) ~ **sayı** 1. *astr.* goldene Zahl (im 19-jährigen Mondzyklus 2. s. ~ **kesit;** ~ **sikke** Goldmünze *f* ~ **sikke sistemi** Goldmünzwährung *f* ~ **sinek** Goldfliege *f zo.* Lucilia caesar ~ **sülün** Goldfasan *m zo.* Chrysolophus pictus ~ **şartı** *jur.* Goldklausel *f* ≗ **tutsa toprak (bakır, pul) olur.** *od.* ≗**a yapışsa elinde bakır kesilir.** *fig.* Es geht ihm alles daneben. Er hat dauernd Unglück. ~ **varak** 1. Blattgold *n* 2. Goldpapier *n* (z. B. für Bonbons) ~ **yağmurkuşu** Goldregenpfeifer *m zo.* Charadrius apricarius ~ **yağmuru** s. **sarısalkım;** ~ **yapağı** *griech. Myth.* goldenes Vlies ~ **yapraklı** Sternapfelbaum, Kainito *m bot.* Chrysophyllum cainito ~ **yıkayıcısı** Goldwäscher *m* ~ **yumurtlayan tavuğu öldürmek** die Henne schlachten, die die goldenen Eier legt; sich selbst den Ast absägen, auf dem man sitzt ~ **-a batmış** im Gold schwimmend; steinreich

altınbaş 1. was e–en goldenen bzw. vergoldeten Oberteil

hat 2. e–e geschätzte rundliche Zuckermelonenart mit dicker Schale (Westanatolien) 3. Name e–r best. Teesorte 4. Name e–s 50prozentigen Rakis ~ **kefal** Gold-Meeräsche *f zo.* Mugil auratus
altınbölüm s. **altın kesit**
altıncı (I) sechst-
altıncı (II) *z. va.* Goldschmied *m*
altıncık 1. gebräuchliche Ringelblume *bot.* Calendula officinalis *aynısafa 2. s. **kasım çiçeği; -lar** das liebe Gold
Altındağ *n.pr.* Stadtteil von Ankara u. D. im Rbz. Ankara
altıngöz Schellente *f zo.* Bucephala clangula
altınımsı ins Goldene spielend (Farbe)
altıniplik dreiblättrige Goldwurz *bot.* Coptis trifolia
altınkamışı, -nı Gelbweiderich *m bot.* Lysimachia vulgaris *bahariye
Altınkaya *n.pr.* s. **Abana**
altınkökü, -nü 1. Ipekakuanha-Pflanze *f*, Brechwurz *f bot.* Uragoga ipecacuanha sowie deren Wurzel, die Brechwurzel **(ipeka)** 2. Goldwurzel, Golddistel *f bot.* Scolymus hispanicus
altınkuyruk s. **ev(bahçe) kızılkuyruğu**
altınlamak 1. vergolden 2. *chem.* in Königswasser tauchen
altınlı 1. Gold enthaltend *od.* führend 2. mit Gold überzogen, vergoldet 3. mit Gold geschmückt *od.* beschlagen; golden ~ **düğünçiçeği** s. **yakıcı düğünçiçeği**
altınoluk 1. gestickte Bäuerinnenhose *od.* entsprechender Stoff 2. goldene (Regen)-Rinne (an der Kaaba) 3. s. **sarık teli**
Altınordu *n.pr. hist.* Goldene Horde *f*
altınotu, -nu 1. Schuppen-Vollfarn *m bot.* Ceterach officinarum *dalakotu 2. s. **sarı papatya** (2) 3. s. **saman çiçeği**
Altınözü, -nü *n.pr.* O. u. D. im Rbz. Hatay
altınsaç Goldhaar *n,* goldblondes Haar
altınsuyu, -nu *chem.* Königswasser *n* *mai zerrin
altıntabak (çiçeği) Butterblume *f bot.* Ranunculus
altıntas 1. Name e–r gelblichen, dickschaligen Traubenart *spez.* in Erdek 2. *min.* Chrysolith, Olivin *m* 3. **Altıntaş** *n. pr.* O. u. D. im Rbz. Kütahya
altıntop, -pu 1. s. **altıntopu** 2. s. **amber çiçeği** 3. s. **grepfrut**
altıntopu, -nu 1. (*a.* ~ **gibi**) hübsches, rundliches Baby, kleiner Schatz 2. kugelige Trollblume *bot.* Trollius europaeus
altınyüzük *reg.* (Erzurum, Erzincan) Name e–s Volkstanzes *hoşbilezik
altıparmak 1. ein Mensch mit sechs Fingern an e–r Hand *od.* mit sechs Zehen an e–m Fuß 2. s. **palamut** (I) 3. *dial.* goldgesticktes Brautkleid *od.* für Brautkleid geeigneter Seidenstoff mit sechs verschiedenfarbigen Streifen 4. **(kirazı)** e–e kleinere, dunkelrote Kirschenart
altıpatlar 1. sechsschüssige Pistole 2. *P* Schuhe mit durchgelaufenen Sohlen
altısekizlik *mus.* Sechsachteltakt *m*
altışar je sechs; ~ ~ zu jeweils sechs
altıyüzlü 1. sechsseitig (z.B. Prisma) 2. Hexaeder, Sechsflächner *m*
altimetre [··×·] *met.* Altimeter *n,* Höhenmesser *m* *yükseklikölçer
altitüt, -dü Höhenlage *f*, Höhe *f* über dem Meeresspiegel *irtifa, yükselti ~ **hastalığı** *med.* Höhenkrankheit *f*
altjura s. **liyas** (II)
altkarın *an.* Unterleib *m,* Hypogastrium *n*
altkarşıt -tı *log.* subkonträr (Verhältnis) *tahtı mütezat
altkomisyon Unterausschuß *m*
altla(n)ma *log.* Subsumtion *f* *idraç
altlamak *log.* subsumieren *idraç etmek
altlı (in Füg. wie:) ~ **ve üstlü iki cereyan** e–e Ober- und e–e Unter-strömung (z.B. in den Dardanellen, dem Bosporus usw.) ~ **üstlü** 1. das Obere und das Untere zusammen 2. im Unter- und Ober-geschoß (z.B. wohnen) 3. von oben bis unten 4. alles durcheinander, drunter und drüber
altlık was unter et. anderes gelegt, gesetzt *od.* gestellt wird *spez.* 1. Schreibunterlage *f* *sumen 2. Untersatz *m* (für Teller, Töpfe, Schüsseln usw.) 3. Linienblatt *n* 4. *techn.* Ladegestell *n* 5. Fußlappen *pl. od.* Füßling *m* (ohne Wadenteil) 6. *typ.* (Setz-)Schiff *n* 7. Säulenfuß, Sockel *m,* Postament, Piedestal *n* 8. (Laub-)Decke *f* (des Waldbodens) 9. Unterkleid *n* (für Damen) ~ **kirişi** *arch.* Unterzug *m*
altmış *mst.* [atmış] sechzig ~ **paralık** *fr.* 1. eineinhalb Kurusch 2. wertloses Zeug
altmışaltı 1. sechsundsechzig 2. *Ka.* Sechsundsechzig *n* **-ya bağlamak** 1. *V* mit leeren Versprechungen hinhalten; abwimmeln 2. handelseinig werden
altmışar je sechzig
altmışdokuz *V* Kunnilingus *m*
altmışdörtlük *mus.* Vierundsechzigstelnote *f* *dört çengelli, kadrüplkroş ~ **es** *mus.* Vierundsechzigstelpause *f*
altmışıncı sechzigst-
altmışlamak 1. bis zur Zahl 60 kommen 2. sechzig Jahre alt werden
altmışlık 1. was sechzig Einheiten umfaßt 2. sechzigjährig
altnot, -tu Fußnote, Anmerkung *f* *dipnot
alto [×·] (*franz.* **alto**) *mus.* 1. Viola, Bratsche *f* 2. Alt (-partie, -stimme *f*) *m* *kontralto 3. Althorn *n,* Sax-horn *n,* -trompete *f*
altocu *mus.* 1. Bratschist(-in *f*) *m* 2. Althornbläser *m*
altokümülüs s. **kababulut**
altostratüs s. **katmanbulut**
altoyuk, -uğu Höhlung *f* (z.B. unter e–m Uhrglas)
altrüist, -ti altruistisch, selbstlos, uneigennützig *diğerbin, diğerendiş, diğerkâm, gayrendiş, özgeci
altrüistlik; altrüizm Altruismus *m,* Selbstlosigkeit, Uneigennützigkeit *f*
altsınıf *biol.* Unterklasse *f* *tahtı sınıf
altşube *biol.* Unterabteilung *f* *tahtı şube
alttabaka Substrat *n* *sübstratum
alttakım 1. *bot., zo.* Unterordnung *f* 2. *Fb.* zweite Mannschaft
alttür *biol.* Subspezies *f*
altunî goldfarben, golden
altüst, -tü das Oberste zu unterst gekehrt; wirr durcheinander ~ **böreği** Pastetenart, die unter Umwenden auf beiden Seiten gebacken wird ~ **etmek** 1. durcheinander bringen, auf den Kopf stellen; e–e heillose Verwirrung anrichten 2. vollkommen entstellen (z.B. Druckfehler e–n Text) 3. keine Stelle undurchsucht lassen ~ **olmak** Pass. zu ~ **etmek**
altyapı Fundament *n,* Unterbau *m,* Infrastruktur *f*
altyazı 1. s. **haşiye, dipnot** 2. Untertitel *m* (*spez.* bei ausländischen Filmen)
aluatta s. **uluyan maymun**
Alucra *n.pr.* O. u. D. im Rbz. Giresun
alûde [– –·] *va.* beschmutzt, befleckt, besudelt ~ **etmek** *va.* beschmutzen, besudeln, beflecken
-alût [– –] *va. pers. Sx.* besudelt, befleckt (mit)
alüfte 1. *va.* s. **alışkan** 2. Liebesdienerin, Dirne, Hure *f*
alümin Aluminiumoxyd *n,* reine Tonerde
alüminyum [··×·] Aluminium *n* ~ **hidroksit** *chem.* Tonerdehydrat *n* ~ **taşı** *geol.* Bauxit *m* *boksit
alün *selt.* Alaun *m* *şap
alünit, -ti Alunit, Alaunstein *m*
alüvyon Anspülung, Anschwemmung, Alluvion *f;* Schwemm-, Alluvial-land *n* *lâhik, lığ
alüvyonlamak anschwemmen

alüvyonlaşma Angeschwemmtwerden *n,* Anschwemmung *f* *lığlaşma
alüvyonlu alluvial *lâhkî, lığlı
alveol, -lü 1. *an.* s. **dişyuvası** 2. *an.* s. **akciğer keseciği** 3. s. **petek gözü**
alyanak 1. mit roten Wangen 2. *reg.* Name e–r Aprikosensorte 3. s. **çipura**
alyanaklı maymun s. **resus maymunu**
alyans (*franz.* **alliance**) Trau-, Ehe-ring *m*
alyenist, -ti (*franz.* **aliéniste**) *med.* Irren-arzt *m,* -ärztin *f*
Alyon 1. Name e–s reichen Franzosen zur Zeit des Sultans Abdülmecit II. 2. ≗ *V* klotzig reich, gut bei Kasse ~ **kadar zengin.** Er ist ein Krösus. **Herif ~ kesildi.** Der Kerl ist schwerreich geworden.
alyuvar *biol.* rotes Blutkörperchen; Erythrozyt *m* *kırmızı kürecik, küreyvei hamra, eritrosit
am (I), **-mı** *V* äußerer weibl. Geschlechtsteil; Vulva *f* *ferç ~ **biti** s. **kasıkbiti; ≗ını buldun da kılını mı arıyorsun?** *V* Die Hauptsache hast du gefunden, was brauchst du dich da noch mit Nebensächlichkeiten zu befassen?
am (II), **-mmı** [ā] *va.* 1. allgemein, öffentlich 2. gewöhnlich, gemein (vgl. a. **amme**)
âm *va.* Jahr *n* *sene, yıl
am(m)a [×·] 1. aber, jedoch, indessen 2. *Sb.* Aber *n* 3. (mit folg. **da** als affektischer Ausruf) 4. (Verst. e–s Urteils *od.* Befehls) 5. (am Ende e–s Satzes als Warnung *od.* Drohung) 6. (Ausruf) wie, wie sehr Zu 2: **≗sı (mamasısı)yok.** Da gibt es kein Aber! Zu 3: **≗ da beni kapamazsın!** Ätsch, du fängst mich nicht! (Name e–s türk. Ksp.) **≗ da iş!** (Ausruf der Verwunderung *od.* des Ärgers) Na so etwas! **≗ da yazıyor!** Fabelhaft, wie er schreibt! **≗ da yaptın ha!** a) Unglaublich, was du da geleistet hast! b) (zweifelnd) Nanu, wie hast du denn das zuwege gebracht? c) (*a. iron.*) Da hast du dir aber et. Schönes geleistet! d) Ja, was du nicht sagst! e) Ach wo! Wo denkst du hin! Zu 4: **Güzel ~ güzel bir söz söyledi.** Das hat er aber wirklich schön gesagt! **Sen de gel ~ gel!** Nun komm doch schon! Zu 5: **Böyle söylersen darılırım ~!** Wenn du so et. sagst, werde ich aber böse! Zu 6: **≗ güzel şey!** Was ist das doch schön! Wie schön ist das doch!
amâ *va.* Blindheit *f* *körlük **-yı elvan** s. **renkkörlüğü; -yı eşgal** s. **apraksi**
âmâ *z. va.* (auf beiden Augen) blind *kör
amabile [·×··] *mus.* amabile, liebenswürdig, freundlich
amaç, -cı 1. **(tahtası)** Zielscheibe *f* 2. Ziel *n,* Zweck *m,* Absicht *f* *gaye, hedef, maksat
amaçlamak (*m. Akk.*) zum Ziel haben; abzielen (auf) *istihdaf etmek, kastetmek
amaçlayarak s. **kasten; kastî olarak**
amaçlı mit (nb.) Ziel; ~ **cimnastik** Zweckgymnastik *f*
amade [– – –] *va.* fertig, bereit
amal (I), **-li** [– –] (*va. Pl.* zu **amel**) Handlungen, Taten, Arbeiten *pl.* **-i erbaa** s. **dört işlem;** s. a. **defteri ~**
amal (II), **-li** [– –] (*va. Pl.* zu **emel**) Hoffnungen, Wünsche *pl.* **-i hayriye** *va.* gute Wünsche *pl.*
amalgam 1. Amalgam *n,* Quecksilberlegierung *f* 2. *fig.* Mischung, Verschmelzung *f*
amalgamasyon 1. Amalgamierung *f* 2. *fig.* Verschmelzung *f,* Aufgehen *n* (z. B. in e–m anderen Volk)
amalgame amalgamiert ~ **etmek** 1. amalgamieren 2. *fig.* verschmelzen, aufgehen lassen
âmâlık *va.* Blindheit *f* *körlük
Amalika [··×·] *n.pr.* Amalekiter *m* (Bibel)
amame [·–·] *va.* Turban *m* *sarık
aman (I) [·–] 1. Schutz *m,* Gnade *f,* Mitleid *n* 2. Hilfe! 3. (Ausruf des Flehens) ach! um Gotteswillen! 4. (bei e–r Bitte) ach doch! um Gotteswillen! 5. (als Ausdruck ärgerlicher Ungeduld) ach, jetzt aber, doch, endlich 6. (in Verb. mit Warnung *od.* Einschärfung) um Gotteswillen, ja, daß du mir ja ... 7. (*a.* ~ **da**) (Ausruf der Bewunderung) ach! oh! 8. (Ausruf des Schmachtens *od.* Sich-Sehnens) ach! 9. (Ausruf flehender, jedoch nicht immer ernst gemeinter Abwehr) ach, nicht doch! Zu 3: **≗ bir daha yapmam!** Ich will es auch ganz gewiß nicht wieder tun! Zu 4: **≗ öyle söylemeyin!** Um Gotteswillen, sag so et. nicht! Zu 5: **≗ bırak beni!** Laß mich doch endlich in Ruh'! Zu 6: **≗ çocuğa iyi bak!** Daß du mir ja gut auf das Kind achtgibst! Zu 7: **≗ (da)ne güzel!** Ach, wie nett! Nein, wie hübsch! ~ **Allah çağırmak** Gott um Hilfe anrufen *d. h.* in sehr bedrängter Lage sein **Aman aman bir güzelliği yok!** *F* Ein Ausbund von Schönheit ist sie ja gerade nicht! ~ **aralık vermemek** nicht zu Atem (zur Ruhe, zur Besinnung) kommen lassen; j–m dauernd zusetzen ~ **bulmak** 1. sich retten 2. gerettet werden ~ **dedirtmek** zur Unterwerfung (in die Knie) zwingen ~ **demek** s. ~ **dilemek; ≗ derim!** Tu es ja nicht! **≗ derim zaman derim çare yok.** Da hilft alles Ach und Wehgeschrei nichts. ~ **dilemek** 1. um Gnade bitten, sich unterwerfen 2. *fr.* gegen freien Abzug die Übergabe (e–r belagerten Festung) anbieten **≗ efendim!** Aber ich bitte Sie! ~ **vermek** verzeihen, begnadigen ~ **vermemek** 1. s. ~ **aralık vermemek** 2. *mil.* keinen Pardon geben, mitleidlos umbringen **≗ ya Rabbi!** Gott helfe mir! Ach Gott! Um Gotteswillen! ~ **zaman bilmez** (*od.* **dinlemez**) j–m mitleidslos und ununterbrochen zusetzend ~ **zaman vermemek** s. ~ **aralık vermemek; ≗ zaman yok.** 1. Da hilft jetzt keine Ausrede. 2. Man muß sich entscheiden. 3. unweigerlich, unrettbar **-a düşürmek** s. **aman dedirtmek; -a gelmek** sich schließlich doch unterwerfen müssen **-a getirmek** s. **aman dedirtmek; ≗a** (*od.* **≗ diyene**) **kılıç kalkmaz.** *Spr.* Wenn jemand um Gnade fleht, darf man ihn nicht umbringen. **-ı kesilmek** keine Kraft mehr besitzen **≗ı zamanı yok.** Es gibt kein Entkommen *d. h.* unbedingt müssen **≗ım yandı** *selt.* Jetzt ist es aber aus mit meiner Geduld! **≗ın** *P* (Ausruf in schwieriger Lage) Um Gottes willen! O weh! Hilfe! **-ını tüketmek** (b–nin) j–n nicht zur Ruhe kommen lassen; j–n völlig auspumpen
aman (II) (*franz.* **amant**) *selt.* Liebhaber, Geliebter *m* *âşık
amanit, -ti Blätterpilz *m bot.* Amanita (s. a. **sinek öldüren ~**)
Amanos dağları *n.pr.* Amanosgebirge *n* (Ausläufer des Taurusgebirges; Südanatolien) *Nur dağları
amansız [·–·] unbarmherzig, erbarmungslos, unerbittlich (*a.* z. B. Krankheit) ~ **düşman** Todfeind *m*
amaril (*span.* **amarillo**) *med.* Gelbfieber-Erreger *m*
amarilis [··×·] Belladonnalilie *f bot.* Amaryllis belladonna *sarı nergis, nergis zambağı
Amasya *n.pr.* Stadt am Yeşilırmak; gln. Rbz. (nördl. Mittelanatolien) ~ **eriği** Name e–r beliebten Pflaumenart **Amasya'nın bardağı, biri olmazsa, biri daha.** *Spr.* 1. Klappt es das erste Mal nicht, muß man es eben noch einmal versuchen! 2. Es gibt ja genug andere!
amatör wer e–e Tätigkeit nicht berufsmäßig, sondern aus Liebhaberei ausübt, *spez.* Kunstliebhaber, Amateur(-photograph), Laienspieler, Herrenfahrer, Sportfreund *m* usw.; *a. pej.* (Musik-)Dilettant *m;* nicht fachlich ausgebildet, ungelernt
amatörlük 1. Amateurwesen *n* 2. Amateureigenschaft *f* 3. *pej.* Dilettantismus *m;* fehlende fachliche Ausbildung
amazon 1. *myth.* Amazone *f* 2. *pej.* Frau *f* mit stark maskulinem Einschlag, Mannweib *n* 3. Sport-, *spez.* Spring- und Jagd-reiterin *f* 4. Reitkostüm *n* 5. **Amazon(nehri)** *n.pr.* Amazonas *m;* **Amazon lâlesi** Amazonenlilie *f bot.* Eucharis grandiflora **Amazon su zambağı** *(bot.)* Victoria regia (Seerosenart) *viktorya(su tepsisi)
amazonit, -ti *min.* Amazonenstein *m* *yeşil feldispat

amazonluk 1. *myth.* Amazonentum *n* 2. *pej.* Verhalten *n* e–s Mannweibs, *F* Dragonertum *n* 3. Damenreitsport *m*
ambak *dial.* grüne Schale (e–r Nuß)
ambaklamak *(dial.)* die grünen Nußschalen entfernen
ambalaj 1. Verpackung, Emballage *f* 2. Packung *f* Zu 2: **onluk -ı** Zehnerpackung *f* (Tabletten usw.) ~ **bezi** Packleinwand *f* ~ **kâğıdı** Packpapier *n* ~ **masrafları** Verpakkungskosten *pl.* ~ **talaşı** Holzwolle *f* ~ **yapmak** ver-, einpacken
ambalajcı Packer(-in *f*) *m*
ambalajlamak ver-, ein-packen
ambalajsız ohne Verpackung
ambale (*franz.* **emballé**) benommen ~ **etmek** überlasten (Motor) ~ **olmak** ganz benommen sein (von Lärm usw.); den Kopf voll haben (mit)
ambar 1. Lager(-haus *n,* -schuppen, -raum *m*) *n,* Magazin *n,* Speicher *m* 2. Korn-speicher *m,* -kammer *f* 3. Kornkiste, -lade *f* 4. Laderaum *m* (e–s Schiffes) 5. Raummaß von 75 ccm (für Sand, Kies u.ä.) 6. Transportgesellschaft *f* ~ **ağzı** Ladeluke *f* ~ **ağzı mezarnası** *naut.* Lukensüll *n* ~ **(ağzı) paladoru** *naut.* Schiebebalken, Scherstock *m* ~ **ağzı tirizleri** *naut.* (Luken-)Schalklatten *pl.* ~ **buğusu** *naut.* feuchtwarmer Dunst im Lagerraum e–s Schiffes ~ **defteri** Lagerbuch *n* ~ **kapağı** *naut.* Lukendeckel *m* ~ **memuru** Speicher-, Magazin-verwalter, Lageraufseher *m* ~ **sözleşmesi** *jur.* Einlagerungsvertrag *m* *ardiye mukavelesi
ambarcı 1. Lagerhalter *m* 2. s. **ambar memuru** 3. *naut.* Stauer, Schauermann *m* *istivador
ambarcılık Lager-verwaltung *f,* -wesen *n*
ambardoku *biol.* Speichergewebe *n*
ambargo [·×·] Embargo *n:* 1. (staatliche) Zurückhaltung *od.* Beschlagnahme von Schiffen; Hafensperre *f* 2. staatliches Waren- und Kapital-ausfuhrverbot ~ **koymak** (bşe) mit Beschlag belegen, beschlagnahmen
ambarlamak (ein-)lagern
amber 1. Amber *m,* Ambra *f* 2. *fig.* Duft, Wohlgeruch *m,* Parfüm *n* 3. *poet.* Haar *n* e–r schönen Frau 4. s. **akaramber** (2) ~ **güvesi** s. **buğday güvesi;** ~ **kabuğu** 1. Kaskarillrinde *f* 2. Kaskarill-Strauch *m bot.* Croton eluteria ~ **tohumu** Moschus-, Bisam-, Ambrette-körner *pl.* (Samen der Pflanze Hibiscus abelmoschus) **-i sara** *z. va.* Bez. für die beste Art Amber (*fr.* bei Räucherungen zu angeblicher Nervenstärkung verwendet)
amberağacı, -nı 1. s. **Meryem otu** 2. s. **sıgala ağacı**
amberbalığı, -nı s. **adabalığı**
amberbaris [··×·] s. **kadıntuzluğu**
amberbu(y) [ū] 1. e–e beim Kochen angenehm duftende pers. *od.* indische Reissorte mit großen, langen Körnern (s.a. **çilav** u. **Acem pilavı**) 2. s. **sarı amberçiçeği**
amberçiçeği, -ni 1. Cassie *f* (Blüte von Acacia farnesiana) 2. Moschuseibisch *m bot.* Hibiscus abelmoschus *yaylaçiçeği 3. Kugelamarant *m,* rote Immortelle *bot.* Gomphrena globosa 4. die Blüte von **amberağacı**
amberin [··–] 1. mit Ambraduft 2. *allg.* wohlriechend, duftend, parfümiert
amberiye 1. s. **amberçiçeği** (2) 2. Traubenkraut *n bot.* Ambrosia maritima *yabanî pelin
amberli 1. mit Ambra gemischt 2. amberduftend
ambisyon *selt.* Ambition *f,* Ehrgeiz *m*
ambiyans (*franz.* **ambiance**) Umgebung, Umwelt *f,* Milieu *n,* Lebenskreis *m*
amblem Emblem, Sinnbild, Kenn-, Hoheits-Zeichen *n; typ.* Signet, Buchdrucker-, Verleger-zeichen *n*
amboli *med.* Embolie *f*
ambreyaj (*franz.* **embrayage**) *mot.* Einkuppeln *n* ~ **yapmak** einkuppeln
ambreye (*franz.* **embrayé**) *mot.* ein-geschaltet, -gekuppelt ~ **etmek** ein-schalten, -kuppeln
ambriyoloji; ambriyon s. **embriyoloji; embriyon**
ambrosia [·×·] Ambrosia, Götterspeise *f*
ambuvatman (*franz.* **emboîtement**) (Holz-)Verschalung *f*
ambülans 1. Unfallstation, Rettungswache *f,* Sanitätsdienst *m* 2. (*a.* ~ **otomobili**) Sanitätsauto *n,* Krankenwagen *m*
ambülansçı Sanitäter *m*
amca [×·] 1. Vatersbruder, Onkel *m* 2. *P* (halb ehrerbietige, halb vertrauliche Anrede für Angehörige der älteren Generation) ~ **kızı** Kusine *f* ~ **oğlu** Vetter *m* **♀mla dayım, hepsinden aldım payım.** Von keinem Verwandten habe ich Unterstützung erfahren; ich werde mich hüten, e–n noch einmal anzugehen.
amcalık [×··] 1. Stellung *f* (Rang *m,* Ansehen *n* usw.) des Vatersbruders, (Onkelschaft *f*) 2. wer die Stelle e–s **amca** (Onkels) einnimmt, Stiefonkel *m* ~ **etmek** wie ein Onkel handeln
amcazade [··–·] 1. Vetter *m* 2. Kusine *f*
amd *va.* s. **kast, taammüt**
amden [×·] *va. Adv.* 1. absichtlich, beabsichtigt, bewußt, gewollt 2. systematisch geplant
amed [–·] *va.* (An-)Kommen *n* *gelme
amedî [–·–] 1. *va.* ein (An-)Kommen betreffend 2. in osm. Zeit Beamter, der den Schriftwechsel zwischen Großwesir und Sultan zu führen hatte und erster Sekretär des Ministerrates war *ametçi
amedi [–·–] *pers.* du bist gekommen vgl. **hoşamedi**
amediye [ā] **resmi** *hist.* e–e osm. Steuer auf Waren, die von e–m Rbz. in e–n anderen verbracht wurden
amel 1. Handlung, Tat, Arbeit *f* 2. Durchführung *f* e–r Arbeit *od.* (geschaffenes) Werk 3. Verhalten *n* e–s Menschen hinsichtlich seiner kirchlichen Pflichten 4. Diarrhoe *f,* Durchfall *m* *ishal, sürgün 5. *math.* Rechnungsart *f* *işlem ~ **ilâcı** *P* Abführmittel *n* ~ **olmak** Diarrhoe, Durchfall haben ~ **olunmak** *va.* s. **tatbik edilmek;** ~ **vermek** purgieren, abführen **-e getirmek** *va.* es nicht bei bloßen Worten bleiben lassen; in die Tat umsetzen **-i salih** *rel.* gutes Werk, fromme Tat
amele *(urspr. Pl.)* 1. Arbeiter(-innen *f*) *pl.* *işçiler, ameleler 2. Arbeiter(-in *f*) *m* *işçi ~ **arı** Arbeitsbiene *f* ~ **çavuşu** Vorarbeiter *m* ~ **kıtası** *mil.* Arbeitstruppe *f* ~ **partisi** Arbeiterpartei *f* ~ **ücreti** Arbeitslohn *m*
amelebaşı, -nı Aufseher, Vorarbeiter, Polier *m*
amelehu *va.* (über der Signatur e–s Kunstwerkes) geschaffen von ...
ameleleşmek *selt.* zum Proletarier werden
ameleleştirmek *selt.* proletarisieren
amelelik 1. Tätigkeit e–s Arbeiters 2. (Hand-)Arbeit *f*
amelî praktisch *pratik ~ **muharrikler** die eigentlichen Drahtzieher, die treibenden Kräfte *pl.*
amelimanda [···×·] 1. arbeitsunfähig, invalid 2. arbeitslos, ohne Arbeit 3. langsam, schwerfällig
ameliyat, -tı *(urspr. Pl.)* 1. *va.* Taten, Arbeiten, Handlungen, Leistungen *pl.* 2. Tat, Arbeit, Handlung, Leistung *f* 3. *va.* praktische Übungen *pl.* 4. Praxis *f* 5. *med.* Operation *f* *operasyon 6. Aufräumungsarbeiten *pl.* (z.B. nach Zugentgleisung) 7. *V* Hiebe, Schläge *pl.* (auf der Polizeiwache) ~ **etmek** *med.* operieren ~ **gömleği** Operationskittel, -mantel *m* ~ **görmek** *z. va.* praktizieren, ausüben ~ **olmak** *med.* 1. operiert werden 2. sich operieren lassen
ameliyatçı *selt.* Praktiker *m*
ameliyathane [····–·] Operationssaal *m*
ameliyatlı *med.* operiert
ameliye 1. Arbeit(-en *pl.*) *f,* Handlung *f,* Unternehmen *n,* Verfahren *n,* Aktion *f* 2. *chem.* Experiment *n,* Versuch *od.* Prozeß *m* 3. *med.* Operation *f* 4. Leistung, Tat *f* Zu 1: **darp -siyle** auf dem Multiplikationsweg, durch Multi-

plikation **tahliye -si** Löschung(-sarbeiten *pl.*) *f* (e–r Ladung) **kurtarma -si** Rettungsaktion *f*
amelmande s. **amelimanda**
amelnüvis [ī] s. **işyazar**
amelsiz *z. va.* 1. reiner Theoretiker 2. unwirksam ≗ **alim yemişsiz ağaç gibidir.** *Spr.* Probieren geht über Studieren. *Spr.*
amenajman (*franz.* **aménagement**) 1. Nutzung, Ertragsregelung *f* (Forstwirtschaft) 2. rationelle Einrichtung 3. Bewirtschaftung *f* (*spez.* von Naturschätzen)
amenna [–×–] *(ar.)* Richtig! In Ordnung! Zugegeben! Einverstanden! Gut! **Babasının doğruluğuna ~, ancak oğlunu tanımıyoruz.** Der Vater ist gewiß in Ordnung, mit dem Sohn wollen wir aber nichts zu tun haben. ~ **demek** *F* annehmen, sich einverstanden erklären
amenore *med.* Amenorrhoe *f* (Ausbleiben bzw. Fehlen der Menstruation)
amentum s. **tırtılsı**
amentü [×··] *(ar.)* 1. *rel.* Glaube *m* an die isl. Grundlehren 2. *allg.* Grundgedanken *pl.* Leitsatz *m* ~ **demek** unbedingt an et. glauben
amer (*franz.* **amer**) Bitterschnaps, Magenbitter *m*
Amerik Vespüs *n.pr.* Amerigo Vespucci
Amerika *n.pr.* 1. Amerika 2. *spez.* Vereinigte Staaten von Nordamerika *pl.*, USA 3. *V* reich; gut bei Kasse ~ **antilopu** Gabelgemse *f zo.* Antilocapra americana ~ **armudu** Aguacate *f*, Avocatobirne *f bot.* Persea gratissima ~ **ateş çiçeği** Poinsettia *f bot.* Euphorbia heterophylla ~ **badem ağacı** Topffruchtbaum *m bot.* Lecythis ~ **balkabağı** Schmuckkürbis *m bot.* Cucurbita pepo var. typica ~ **baldıranı** kanadische Schierlingstanne *bot.* Tsuga canadensis ~ **beyaz zambağı** Liliennarzisse *f bot.* Crinum americanum ~ **biladerağacı** s. **Amerika elması;** ~ **Birleşik Devletleri** Vereinigte Staaten von Amerika *pl.*, USA **va.:* ~ Cemahiri Müttehidesi; *selt.* ~ Birleşik Cumhuriyetleri (vgl. a. unter **birleşik**); ~ **bizonu** Bison *m zo.* Bison bison ~ **çançiçeği** Glockenwinde *f bot.* Nolana atriplicifolia ~ **çöveni** s. **çöven** (1); ~ **devekuşu** Pampastrauß, Nandu *m zo.* Rhea americana ~ **elma ağacı** Sapote-, Sapotillbaum *m bot.* Achras sapota *Amerika sıtma ağacı ~ **elması** westindischer Nieren- *od.* Acajoubaum *bot.* Anacardium occidentale *Amerika biladerağacı ~ **hanımeli** niederliegendes Felsenröschen *bot.* Loiseleuria procumbens *sarı açalya 2. s. **açalya;** ~ **karaağacı** 1. Bastardzeder *f bot.* Guazuma tomentosa 2. gemeiner Lederstrauch *bot.* Ptelea trifoliata ~ **kerkenezi** Buntfalke *m zo.* Falco sparverius ~ **kurtboğanı** amerikanischer Sturmhut *bot.* Aconitum uncinatum ~ **lâleağacı** gemeiner Tulpenbaum *bot.* Liriodendron tulipifera ~ **manatisi** Lamantin *m zo.* Trichechus manatus ~ **mandası** s. ~ **bizonu;** ~ **meyankökü** Paternosterkraut *n bot.* Abrus precatorius ~ **ödağacı** fädige Palmenlilie *bot.* Yucca filamentosa ~ **pamuk fidanı** rauhe Baumwolle *f bot.* Gossypium hirsutum ~ **sabır ağacı** s. **agav;** ~ **sıtma ağacı** s. ~ **elma ağacı;** ~ **sumağı** Dividivistrauch *m bot.* Caesalpinia coriaria ~ **tavşanı** s. **aguti;** ~ **timsahı** Spitzkrokodil *n zo.* Crocodilus americanus ~ **üzümü** s. **şekerciboyası;** ~ **vizonu** Mink *m zo.* Mustela vizon ~ **yabandomuzu** s. **gobekli domuz**
Amerikalı 1. Amerikaner(-in *f*) *m* 2. amerikanisch 3. *F* reicher Provinzonkel
Amerikalılaşmak sich amerikanisieren, Amerikaner werden
Amerikalılaştırmak amerikanisieren, zum Amerikaner werden lassen
Amerikan 1. Amerikaner(-in *f*) *m* 2. amerikanisch 3. s. ~ **bezi;** ~ **aynası** (Spann-)Futter *n* (e–r Drehbank) ~ **bar** Bar *f* (in Hotel *od.* Restaurant) ~ **bezi** ungebleichter Kaliko; Nessel(-tuch *n*) *f* ~ **Birleşik Devletleri** *zieml. selt.* s. **Amerika Birleşik Devletleri;** ~ **çayı** Lot-Pflanze *f bot.* Symplocos racemosa (liefert gelben Farbstoff) ~ **çınarı** s. **batı çınarı;** ~ **darısı** Rohrkolbenhirse *f bot.* Pennisetum typhoideum *od.* P. americanum ~ **devesi** s. **lama** (I); ~ **doğanı** Merlin, Zwergfalke *m zo.* Falco columbarius ~ **fıstığı** s. **yerfıstığı;** ~ **fulü** Jasminbaum *m bot.* Plumiera alba ~ **güzeli** s. **kız gözü;** ~ **hamamböceği** amerikanische Schabe *zo.* Periplaneta americana ~ **kokarcası** s. **kokarca** (2); ~ **matkabı** Spiralbohrer *m* ~ **piresi** s. **kum piresi;** ~ **sarmaşığı** wilder Wein; Jungfernrebe *f bot.* Parthenocissus quinquefolia ~ **sığala ağacı** amerikanischer Amberbaum *bot.* Liquidambar styraciflua ~ **şekeri** Grießzucker *m* ~ **tifüsü** s. **sarıhumma;** ~ **yardımı** amerikanische Entwicklungshilfe
Amerikanca amerikanisches Englisch
Amerikancılık; Amerikanizm Amerikanismus *m*
Amerikanvari [·····––] nach amerikanischer Art
amerikyum [··×·] *chem.* Americium *n*
âmet *V* s. **göt**
ametal Nichtmetall, Metalloid *n* *şibih maden; madensi
ametçi [ā] s. **amedî** (2)
âmetçi *V* s. **kulampara**
ametist, -ti *min.* Amethyst *m*
amfi s. **amfiteatr**
amfibi 1. s. **ikiyaşayışlı** 2. Amphibienfahrzeug *n*
amfibol, -lü *min.* Amphibol *m*, Hornblende *f* *hornblent, tremolit
amfimiksi (*franz.* **amphimixie**) s. **karışmalı cücüklenme**
amfiteatr 1. Amphitheater *n* 2. großer Hörsaal mit halbkreisförmigen und aufsteigenden Sitzreihen 3. stufenförmig ansteigendes Gelände
amfiyoksüs s. **batrak**
amfizem *med.* Emphysem *n*
amfor *hist.* Amphora, Amphore *f*
amfoter *chem.* amphoter
amibiye s. **amipler**
amidon (*franz.* **amidon**) *chem.* Stärke *f* *nişasta
amigdalit, -ti (*franz.* **amygdalite**) *med.* Mandelentzündung *f* *bademcik iltihabı
amik, -kı [·–] 1. *va.* tief *(a. fig.)* *derin 2. ≗ *n.pr.* Ebene (auch **Hatay ovası** genannt) und See im Hatay-Gebiet; Zu 1: s.a. **arizüamik**
amikdüzü [ī] *a.* **amikkabası** genannt) ein in der Gegend von Gaziantep üblicher, dem **halay** ähnlicher Volkstanz
amil [ā] 1. *va.* handelnd, tätig, wirkend 2. Faktor *m*, wirksames Moment, treibende Kraft; Agens *n*, veranlassende Ursache *etken 3. *biol.* Entwicklungsfaktor *m* *etmen 4. (in der ar. Gr.) regierendes Wort. 5. *selt.* Hersteller, Fabrikant, Produzent *m*
Amilkar *n.pr. hist.* Hamilkar Barkas
âmin (I) Amen! (*a.* als Bekräftigung des frommen Wunsches e–s anderen): Ja, so soll es sein! Gott gebe es! ~ **alayı** *fr.* Feierlichkeit *f* bei der Erstaufnahme von Kindern in die Volksschule
âmin (II) *va.* sicher, in Sicherheit
amin *chem.* Amin *n*, Ammoniakbase *f*
âminci wer zu allem ja und amen sagt
Âmine *wV spez.* Mutter des Propheten Mohammed
âminen *va. Adv.* gesund und munter
âminhan [–·–] *va.* s. **âminci**
aminoasit, -di, -ti *biol.* Aminosäure *f*
amip, -bi (*franz.* **amibe**) Amöbe *f*, Wechseltierchen *n zo.* Amoeba **-ler** *zo.* (die Gruppe der) Amöb(in)en *pl.* *amibiye
amipli Amöben- ~ **dizanteri** *med.* Amöbenruhr *f*
amir (I) [–·] 1. *va.* (bşi) gebietend, vorschreibend *buyuran, buyurucu 2. *va.* Gebieter *m* 3. Vorgesetzter, Chef, Leiter *m* *üst 4. *mil.* Kommandeur *m* Zu 1: **İmtihan**

talimatı bunu -dir. Die Prüfungsordnung schreibt dies vor. Zu 3: daire -i Abteilungsleiter *m* ~ hükümler *jur.* zwingendes Recht; zwingende Vorschriften *pl.* *kesin hükümler -i adlî s. adlî ~; -i ita s. ita -i; -i mücbir *jur.* Erpresser *m*

amir (II) [—·] 1. *va.* blühend, gedeihend, kultiviert 2. *hist.* kaiserlich-osmanisch Zu 2: **ıstablı -e** Pferdepark *m* des Sultans **Matbaai Amire** Kaiserlich-Osmanische Druckerei (später: **Devlet Matbaası** u. **Maarif Basımevi**)

amiral, -li Admiral *m* ~ **gemisi** Flaggschiff *n* ~ **yaveri** Flaggleutnant *m* **-ler** Flaggoffiziere *pl.*

amirallik 1. Rang *m od.* Stellung *f* e–s Admirals 2. Admiralität *f* ~ **lordu** britischer Marineminister

amirane [—·—·] *z. va.* gebieterisch, herrisch ~ **bir tavır takınmak** e–e herrische Miene aufsetzen, ein herrisches Gebahren annehmen

Amirante adaları *n.pr.* Amiranten *pl.* (nördl. von Madagaskar)

amiriyet, -ti *va.* s. **amirlik; -ini takınmak** e–e Amtsmiene aufsetzen

amirlik [ā] 1. Amt *n* (Stelle, Tätigkeit *f*, Rang *m* usw.) e–s Vorgesetzten (Chefs, Kommandeurs) 2. Kommandantur *f* ~ **taslamak** sich herrisch (anmaßend) benehmen

Amirote adaları *n.pr.* Admiralitätsinseln *pl.* (nördl. von Neuguinea)

amit, -di *chem.* Amid *n*

amitoz *biol.* s. **eşeysiz bölünme**

amiyane [—·—·] *va.* in unteren Volksschichten üblich; gewöhnlich, vulgär ~ **tabiriyle** mit dem volkstümlichen Ausdruck; im Volksmund

amiyant s. **amyant**

-amiz [——] *(va. pers. Sx.)* 1. untermischt (mit), enthaltend 2. hervorrufend; vgl. **hakaretamiz, nasihatamiz, tahrikâmiz, tehdidamiz** usw.

amizeş [——·] *va.* Einvernehmen *n*

amma s. **am(m)a;** ~ **ve lâkin** *Verst.* zu **amma**

amme (I) [—·] 1. (*Adj.*: *Fem.* zu **am**) allgemein, öffentlich 2. *Sb.* Öffentlichkeit, Allgemeinheit *f*, Gesamtheit *f* des Volkes *kamu ~ **davası (efkârı)** s. **kamu davası; kamuoyu;** ~ **hakları (hizmeti, hukuku)** s. **kamu hakları (hizmeti** *od.* **görevi; hukuku)** ~ **hükmî şahısları** s. **kamu tüzelkişileri;** ~ **idaresi (iktidarı** *od.* **kudreti; intizamı; itimadı)** s. **kamu yönetimi (gücü** *od.* **erki; düzeni; güveni)** ~ **malları (menfaati; müesseseleri)** s. **kamu malları (yararı** *od.* **çıkarı; kuruluşları)** ~ **nizamı** 1. öffentliche Ordnung *kamu düzeni 2. *jur.* Vorbehaltsklausel *f* ~ **sigortası** s. **kamu sigortası;** ~ **şahidi** *jur.* Belastungszeuge *m* ~ **teşebbüsleri** s. **kamu girişimleri**

amme (II) [—·] *va.* bis zur Hirnhaut reichende klaffende Kopfwunde

amme (III) *va.* 1. *(ar.)* wovon? 2. erstes Wort der 78. Sure ~ **cüz'ü** letzter Teil des Korans (ab Sure 78) *a.* als Schulbuch verwendet **(amme suparası);** ≗ **suresi** die 78. Koransure

ammonit, -ti *biol.* Ammonit *m,* Ammonshorn *n*

amnezi *med.* Amnesie *f*, Gedächtnisschwund *m*

amnios [×··] s. **döl kesesi;** ~ **suyu** s. **çağnak** (II)

amok, -ku Amok(-lauf) *m*

amonyak 1. Ammoniak(-wasser) *n* 2. Salmiakgeist *m* *nışadırruhu

amonyaklı ammoniakhaltig

amonyum [·×·] Ammonium, Ammon *n* (Atomgruppe) ~ **kalay kloridi** Pinksalz *n* ~ **karbonat** Ammoniumkarbonat, Hirschhornsalz *n* *nışadırkaymağı

amor! [·×] *(franz.* **à mort!**) *va.* Hängt ihn! Schlagt ihn tot!

amora [·×·] *naut.* 1. Gei-, Segel-, Halte-tau *n* 2. Kommando zum Losmachen von Groß- und Focksegel ~ **etmek** die unteren Segel losmachen

amoral *phil.* 1. außerhalb des Moralbegriffs stehend, amoralisch 2. sich über die Moralbegriffe hinwegsetzend, amoralisch *(1, 2) ahlâkdışı, lâahlâkî, töredışı

amoralizm *phil.* Amoralismus ***ahlâkdışçılık,** lâahlâkiye, töredışçılık

amorf olmak 1. form-, gestalt-los sein 2. *V* blamiert dastehen, sich schämen müssen 3. *V* Prügel beziehen

amorti 1. amortisiert 2. *techn.* abgeschwächt, abgefedert, gedämpft (Stoß, Schall usw.) 3. *gel.* Amortisierung, Amortisation *f* *amortisman 4. Lotteriegewinn *m,* der dem eingezahlten Betrag entspricht ~ **çarpmak** *V* an e–e alte Frau geraten ~ **etmek** amortisieren, tilgen ~ **tutarı** *H* Abschreibungssumme *f* **-si mümkün** *H* tilgbar

amortisman 1. Amortisierung, Amortisation, Abschreibung, Tilgung *f* 2. *techn.* Abschwächung, Abfederung, Dämpfung *f* ~ **bedeli** *H* Tilgungsfonds *m* ~ **nispeti** *H* Abschreibungssatz *m* ~ **payı** *H* Abschreibungsquote *f* ~ **sandığı** Amortisations-, Tilgungs-kasse *f*, -fonds *m* ~ **sigortası** *jur.* Hypothekentilgungsversicherung *f*

amortisör *techn.* (Stoß-)Fänger, (Schall-)Dämpfer *m,* Federung *f*, (Gummi-)Puffer *pl.*

amortizasyon *selt.* s. **amortisman**

amortize *selt.* s. **amorti**

ampelopsis [··×·] s. **frenkasması**

amper *el.* Ampere *n*

amperaj *el.* Amperezahl *f*

amperlik mit soundsoviel Ampere

ampermetre [··×·]; **amperölçer** *el.* Amperemeter *n*

ampersaat, -tı Amperestunde *f*

ampes *V* Haschisch *n*

ampir Empire(-Stil *m*) *n*

ampirik empirisch *ihtibarî, görgül

ampirist, -ti 1. Empiriker, Empirist *m* 2. *pej.* Quacksalber *m*

ampirizm 1. Empirismus *m,* Empirie *f* *görgücülük, ihtibariye 2. *pej.* Quacksalberei *f*

ampiyesman *(franz.* **empiècement**) Schulter-teil *n,* -einsatzstück *n,* Passe *f* (bei Damenkleidern)

amplifikasyon *(franz.* **amplification**) Verstärkung *f* (*spez.* bei Radioapparat)

amplifikatör 1. *el.* Verstärkungsapparat *m,* Verstärker *m* *yükselteç 2. *phot.* Vergrößerungsapparat *m*

amplifiye verstärkt (z. B. Rundfunkempfang) ~ **etmek** verstärken

amplitüt, -dü 1. *phys.* Schwingungsweite, Amplitude *f* 2. *geogr.* jährliche Temperaturschwankung 3. *med.* Blutdruckunterschied *m* zwischen Systole und Diastole

ampul, -lü 1. Glüh-lampe, -birne *f* 2. Ampulle *f* (*spez.* für Injektionen) 3. *V* weibliche Brust

ampullu mit nb. Glühbirnen bzw. Ampullen

ampütasyon *med.* Amputation *f*

ampyem *med.* Empyem *n* (Eiteransammlung in natürlichen Körperhöhlen)

Amr *ar.* Name; *fr.* Bez. e–r 2. Person in Gr. und Rechtssprache; vgl. **Zeyd**

amrışaş Name e–s türk. Ka.

Amu-Darya s. **Ceyhun**

amuden [·×·] *(va. Adv.)* in senkrechter Richtung, senkrecht

amudî [·——] senkrecht, lotrecht *dikey ~ **arzanî makta** *naut.* Spantriß *m* (e–s Schiffes) *enine dikine kesit ~ **makta** Aufriß *m*

amudiyet, -ti *va.* senkrechte Stellung, Lage usw.

amudufıkarî [·—··——] s. **belkemiği** (1)

Amun *n.pr.* Ammon (altägypt. Gott)

amur [·—] *(franz.* **amour**) *selt.* Liebe *f* *aşk, sevgi

amura s. **amora**

amut, -du [·—] 1. *va.* Säule *f*, Pfeiler *m* 2. senkrechte Linie,

Senkrechte *f*, Lot *n* *dikme ~ **ikame etmek** *math.* das Lot, die Senkrechte errichten ~ **indirmek** (*od.* **tenzil etmek**) *math.* das Lot fällen **-a kalkmak** den Handstand (bzw. Kopfstand) machen **-un mevkii** *math.* Lotfußpunkt *m*, Fußpunkt *m* der Senkrechten

-amuz [– –] *(va. pers. Sx.)* lehrend

amyant, -tı Amiant *m*, weißer Asbest *taşpamuğu, yanmaz taş, haceri fitile

an (I) [–] Augenblick, Moment *m* **-ı vahitte** (in der ält. Frauensprache) mit e–m Mal, urplötzlich

an (II) *psych.* Geist, Verstand *m*, Verstandeskraft *f*, Sinn *m* *anlık, zihin

an (III) *(ar. Präp.)* von (nur mehr in festen *va.* Verb. wie **ankarip, ansamimülkalp** usw.)

ân *va.* 1. Schönheit *f* 2. Charme, Reiz *m*

-an (I) [–] *va. (pers. Pl.endung bei Lebewesen)* (**alâkadaran, hissedaran, mebusan, münevveran, zabitan** usw.)

-an (II), **-en** *(ar. Adv.endung)* (vgl. **hukukan, takriben** usw.)

-an (III) s. **-(y)an, -(y)en**

ana 1. Mutter *f* 2. *rel.* Ehrentitel für best. Frauen (z.B. **Fatma anamız, Meryem ana**) 3. achtungsvolle Anrede für bejahrte Frauen 4. wer mütterlich für j–n sorgt; Wohltäterin *f* 5. Muttertier *n* 6. Schuldsumme *f* ohne Zinsen 7. Hauptteil *m* (von et.), z.B. Souche, Juxta *f od.* Hauptquelle *f* 8. Haupt-, Ur-, Grund-, Stamm-, Leit- ~ **akça** angelegtes Kapital; Grundkapital *n* (im Ggs. zu den Zinsen) ~ **ambar** *techn.* Hauptraum *m* ~ **arı** *selt.* s. **arı beyi;** ~ **arma** *naut.* s. **sabit arma;** ~ **arter** Hauptverkehrsstraße *f* ~ **atardamar** s. **büyük atardamar;** ≗ **avrat asfaltta koşuyor** (*od.* **dümdüz gidiyor**) (sehr vulgäre Beschimpfung) Alle Frauen seiner Familie gehen auf den Strich. ~ **baba** s. **anababa;** ~ **bağ levhası** *naut.* Stringerplatte *f* ~ **bir (baba ayrı)** Stiefgeschwister *pl.* mit der gleichen Mutter ~ **biteler** *naut.* Poller *pl.* (auf dem Vorderdeck) ~ **bitki** *bot.* Mutterpflanze *f* ~ **boru** Hauptrohr *n* (z.B. bei Gasleitung) ~ **bucağı** Matrilokalität *f* (in mutterrechtlichen Kulturen) ~ **buyruğu (buyruklu)** s. **anaerki(-l);** ~ **cıvadra** *naut.* Bugspriet *n* (im engeren Sinn *d. h.* ohne Klüver- und Außenklüver-baum) ~ **çark** *techn.* Führungsrad *n* ~ **çizgi** *math.* 1. Mantellinie, Erzeugende *f* *ana doğru, müvellit 2. Grundlinie *f* 3. *fig.* roter Faden (e–r Handlung) ~ **dal** s. **dal** (I, 1); ~ **defter** *H* Hauptbuch *n* *defteri kebir ~ **değil hamam anası** Rabenmutter *f* ~ **demiryolu** Hauptstrecke *f* (Eisenbahn) ~ **direk** 1. Hauptstützpfeiler *m* 2. *naut.* Untermast *m* ~ **doğru** s. ~ **çizgi;** ~ **duvar** Stützmauer *f*, tragende Wand ~ **evi** das Haus, in dem man geboren und aufgewachsen ist ~ **evlâdı** s. **anababa evlâdı;** ~ **fikir** Grund-, Leit-gedanke *m* ~ **gemi** (Flugzeug-)Mutterschiff *n* ~ **gibi yâr olmaz, Bağdat gibi diyar olmaz.** *Spr. va.* Wie Bagdad ohnegleichen ist, so gibt es keinen besseren Freund als die Mutter. ~ **hat** 1. Haupt-linie, -leitung *f*, -gleis *n* 2. Grundlinie *f* ~ **hatlar** Grund-linien, -züge, Haupt-richtlinien, -punkte *pl.* ~ **iklim bölgeleri** *geogr.* klimatische Zonen *pl.* ~ **ile kız helva ile koz.** *Spr.* eng zusammengehörig sein ~ **istralya** *naut.* Stag *n* des Untermastes ~ **işler** Hauptarbeiten, wichtigste (grundlegende) Arbeiten *pl.* *mesaii esasiye ~ **kadın** hochgeachtete ältere mütterliche Frau (in e–r Familie *od.* e–r anderen Gemeinschaft) ~ **kaide** s. **temel kural;** ~ **karnına** (*od.* **rahmine**) **düşmek** der Beginn des Lebens (Schicksals) sein ~ **katili** Muttermörder *m* ~ **katilliği** Muttermord *m* ~ **kazan** *techn.* Hauptkessel *m* ~ **kısmı** Kindergarten *m* (als Teil e–r Schule) ≗ **kızına taht kurar, kız bahtı kocadan arar.** *(od.)* ≗ **kızına taht kurmuş, baht kuramamış.** *Spr.* Das Glück e–r Frau hängt nicht von ihrem Reichtum ab, sondern von der Liebe des Mannes. ~ **koynu** Mutterbrust *f*, -schoß *m* ~ **kraliçe** Königinmutter *f* *valide kraliçe ~ **kucağı** 1. Mutterschoß *m* 2. Kinder-bewahranstalt *f*, -heim *n* ~ **kulumbur** *naut.* Topp *m* des Untermastes ~ **kuzusu olmak** (noch) am Schürzenband hängen; unselbständig sein ~ **lisanı** s. **anadili;** ~ **makinesi** Brutapparat *m* ~ **mektebi** s. **anaokulu;** ~ **mesele** Grund-, Haupt-frage *f*, wichtiger Punkt, Kernpunkt *m* ~ **meydan** *mil.* Flughafen *m* *esas meydan ~ **mil** Leitspindel *f*, Kurbelwelle *f* ~ **Moğol dili** *ling.* Urmongolisch(-e) *n* ~ **muhabere hattı** (*od.* **mihveri**) *mil.* Stammleitung *f* ~ **nizamname** s. **esas mukavalename;** ~ **omurga** *naut.* fester Kiel ~ **ortalık** *H* Muttergesellschaft *f*, Stammhaus *n* ~ **para** s. ~ **akçe;** ~ **sermaye** Grund-, Stamm-kapital *n* ~ **ses** 1. *mus., phys.* Grundton *m* aslî ses 2. *mus.* s. **birli** (3); ~ **sigorta** *el.* Hauptsicherung *f* ~ **soluk borusu** *an., zo.* Luftröhre, Trachee *f* *şiryanışezen, trake(-a) ~ **soyu yerliliği** s. **ana bucağı;** ~ **sütü** Muttermilch *f* ~ **şaft** Gelenk-, Kardan-welle *f* ~ **şalter** Hauptschalter *m* ~ **şasi** *techn.* Rahmen *m* (z.B. e–r Karosserie) ~ **tarafı** mütterliche Abstammung ~ **tarafından** mütterlicherseits ~ **tem** *mus.* Hauptthema *n* ~ **tırhandil (postaları)** *naut.* Heckbalken *pl.* ~ **ticaret evi** *H* Stammhaus *n*, -firma *f* ~ **toplardamar** *an.* (obere bzw. untere) Hohlvene *f* ~ **türbin** Vollturbine *f* ~ **tüzük** *jur.* Statut *n*, Satzung *f* ~ **valf** *techn.* Hauptventil *n* ~ **yarısı** *fig.* Tante *f* ~ **yatak** *techn.* Hauptlager *n* ~ **yelkenler** *naut.* Untersegel *pl.* **-dan doğma** 1. (çıplak) ganz nackt, splitterfasernackt 2. von Geburt an, angeboren, kongenital *vilâdî **-dan (yeni) doğmuşa dönmek** 1. wieder ganz gesund werden 2. sich wie neugeboren fühlen **-dan kontak** *V* s. **kafadan kontak; -dan** (*od.* **-dan doğma**) **kör** blind geboren **-dan üryan** s. **-dan doğma** (1); **-lar kusuru** Rabenmutter *f* **-m** 1. *P allg.* Anrede an Frauen 2. (Ausruf bei verschiedenen Gemütsbewegungen) **≗ları ne ki danaları ne olsun!** Was kann man von Kindern solcher Mütter anderes erwarten! **≗m avradım olsun!** *V* Meine Mutter soll meine Frau sein (*scil.* wenn ich nicht die Wahrheit spreche)! *P:* Ich will e–n dreckigen Besen fressen, wenn (nicht) ... **-m babam!** *V* meine Lieben! **≗mın ölüsünü öpeyim ki ...** *Bet. V* Möge meine Mutter sterben (*scil.* wenn ich nicht die Wahrheit sage)! **≗n seni bugün için doğurdu.** Heute ist ein großer Glückstag für dich! **-n yahşi baban yahşi demek** *fig.* j–m (mit Schmeichelworten) um den Bart gehen; j–n anflehen; winseln und betteln **-n yerinde kadın** eine Frau, die dem Alter nach deine Mutter sein könnte **≗nın ak sütü gibi helâl olsun!** *Ra.* bei e–m Geschenk, für das man keine Gegengabe erwartet. **≗nın karnında dokuz ay nasıl durdun?** Sei doch nicht so ungeduldig! Überstürze nicht alles! **-nın körü** (*od.* **örekesi**) *P* Dummes Zeug! Blödsinn! Einen Dreck ist es so! **-sı ağlamak** Böses erleiden *spez.* getötet, umgebracht werden **-sı danası** *F* Mutter und Anhang **≗sı Kadir gecesi doğurmuş.** Er ist ein ausgesprochenes Glückskind. **-sı kılıklı** ganz die Mutter (nach Aussehen und Naturell) **-sı turp babası şalgam** *P* von unbekannter Herkunft **-sına babasına pay veren** *P* für **aslanağzı** (1); **≗sına bak kızını al, kenarına (kıyısına, tarağına) bak bezini al!** *Spr.* Sei vorsichtig in deiner Wahl! **-sından doğduğu gibi** unberührtes, jungfräuliches Mädchen **-sından doğduğuna pişman etmek** 1. in rüdester Weise zurechtschimpfen 2. ganz verzweifeln lassen **-sından doğduğuna pişman olmak** 1. rüde behandelt werden 2. am Leben geradezu verzweifeln **≗sından emdiği süt burnundan geldi.** Er war in einer verteufelten Situation. Er schwitzte Blut und Wasser. **-sından emdiği sütü (fitil fitil) burnundan getirmek** j–n weidlich ausnützen; das letzte aus j–m herausholen **-sından kalma** mütterlicherseits ererbt (überkommen) **-sını ağlatmak** (b–nin) j–m et. Böses antun, es j–m „besorgen" *spez.* j–n töten, umbringen **-sını bellemek** (*od.* **fallamak**) *V* „j–s

Mutter vergewaltigen" *d.h.* j–n übel beschimpfen **≗sını eşek kovalasın!** *P* Hol' ihn (bzw. es) der Teufel! **≗sını sat** (*od.* **satayım!**) *V* 1. Jetzt nehme ich aber auf nichts mehr Rücksicht! 2. (form. Fluch) der verdammte Kerl! 3. Mach dir nichts draus! 4. Darüber lasse ich mir keine grauen Haare wachsen! **-sının çocuğu** ganz die Mutter (Kind) **-sının gözü** *V* pfiffig, schlau, verschlagen, abgefeimt; ein übles Subjekt **-sını herifi** s. Stw. **vay; -sının ipini** (*od.* **ipliğini) satmış** (*od.* **pazara çıkarmış**) heruntergekommen; Strolch, Stromer *m;* wem alles Schlechte zuzutrauen ist **-sının karnından düşmek** zur Welt kommen; geboren werden **-sının kızı** *pej.* genau wie ihre Mutter **-sının körpe kuzusu** 1. Mutters Liebling 2. (noch) am Schürzenband hängend; unerfahrenes Kind **-sının nikâhını istemek** *fig.* e–n unerhört hohen Preis verlangen; j–n neppen, ausnehmen **-sının rahminde babasına götünü dönmek** *V* von frühester Jugend an Lustknabe sein **-ya karşı tutku** *psych.* Ödipus-Komplex *m* **-ya zammetmek** (die Zinsen) zum Kapital schlagen

anababa Eltern *pl.* *ebeveyn ~ **bir (kardeş)** leibliche Geschwister *pl.*, leiblicher Bruder, leibliche Schwester *öz kardeş ~ **duası almış** wer aufopferungsvoll für seine Eltern sorgt ~ **eline bakar** wer finanziell noch von den Eltern abhängig ist ~ **evlâdı** 1. das liebe Kind 2. verhätscheltes Kind ~ **günü** 1. Tag *m* der Auferstehung 2. wüstes Durcheinander, gefährliches Gedränge, Chaos, Tohuwabohu *n* ~ **sevgisi** Elternliebe *f* ~ **terbiyesi** Kinderstube *f (fig.)*

anababula lärmendes Durcheinander, Chaos *n,* Wirrwarr *m* ~ **etmek** (m. Akk.) ein lärmendes Durcheinander (ein Chaos) veranstalten (bei)

anabas s. **tırmaşık balık**

Anabatistler *hist.* Wiedertäufer *pl.*

Anabatistlik Anabatizm *hist.* Anabaptismus *m;* Lehre *f* der Wiedertäufer

anabina Hauptgebäude *n*

anabolizm(-a) *biol.* aufbauender Stoffwechsel

anaca mütterlich; wie e–e Mutter

anacadde Haupt(verkehrs)straße *f*

anacık Mütterchen *n*

anacıl *fig.* an Mutters Rockschößen hängend

anaç 1. gebärfähig (Tier) 2. tragfähig (Obstbaum) 3. *fig.* erfahren, schlau, gerissen 4. groß und alt 5. *agr.* Unterlage *f* (Unterteil e–r veredelten Pflanze)

anaçla(ş)mak 1. gebärfähig werden (Tier) 2. tragfähig werden (Obstbaum) 3. erfahren (schlau, gerissen) werden 4. groß und alt werden

anadil Ursprache *f*

anadili, -ni Muttersprache *f*

Anadol s. **Anadolu**

Anadolu *n.pr.* Anatolien, Kleinasien ~ **ağası** vgl. **Rumeli ağası;** ~ **Ajansı** Anatolische Nachrichtenagentur (begr. 1920 von Atatürk) ~ **alabalığı** Lachsforelle *f zo.* Salmo trutta var. macrostigma ~ **beylerbeyi** vgl. **Rumeli beylerbeyi;** ~ **kertenkelesi** die Eidechsenart Lacerta anatolica ~ **mavisi** türkischblau (dunkelblau) ~ **ve Rumeli Müdafaai Hukuk Cemiyeti** s. **Müdafaai Hukuk Cemiyeti;** ~ **yakası** anatolisches (asiatisches) Ufer des Bosporus

Anadoluhisar(-ı) *n.pr.* alte Festung und O. auf dem kleinasiatischen Ufer gegenüber von **Rumelihisar(-ı)**

Anadolulu; Anadollu 1. Anatolier(-in *f*) *m* 2. anatolisch, kleinasiatisch

anaerki Mutterrecht, Matriarchat *n* *maderşahîlik

anaerkil mutterrechtlich *maderşahî

anaerob organizma *biol.* Anaerobier, Anaerobiont *m*

anaeser klassisches Werk

Anafartalar (Büyük ve Küçük) *n.pr.* durch die Abwehrkämpfe 1915 berühmt gewordene Orte auf der Halbinsel Gallipoli ~ **Kahramanı** s. **Atatürk**

anafilaksi *med.* Anaphylaxie, Überempfindlichkeit *f*

anafor 1. Gegenströmung *f* (im Wasser *od.* in der Luft) 2. (durch Gegenströmung hervorgebrachter) Wirbel 3. (*a.* ~ **rüzgâr** *od.* ~ **rüzgârı**) Fallwind *m* 4. müheloser *od.* unrechtmäßiger Gewinn; *a.:* Bestechungsgeld *n* ~ **etmek** wirbeln, strudeln ≗ **kalktı!** *V* Geklaut (*od.* genassauert) wird hier nicht! ~ **su;** ~ **suyu** *naut.* Stauwasser *n* **-a konmak** *V* auf anderer Leute Kosten leben, sich durchschmarotzen **-dan** *V Adv.* unrechtmäßig, mühelos, kostenlos **-dan** (*od.* ~) **gelmek** (b–ne) *V* kostenlos zu et. kommen

anaforcu 1. *selt.* nachlässig in der Pflichterfüllung 2. *V* wer sich et. mühelos, unrechtmäßig *od.* kostenlos beschafft: Dieb, Langfinger, Nassauer, Schmarotzer *m,* bestochener Beamter *od.* Angestellter

anaforculuk 1. *selt.* Nachlässigkeit *f* (in der Pflichterfüllung) 2. *V* Stehlen, Klauen, Schmarotzen, Nassauern *n,* (passive) Bestechung *f*

anaforlamak 1. s. **anafor etmek** 2. *V* sich mühelos, kostenlos *od.* unrechtmäßig et. beschaffen; schmarotzen, „organisieren", stehlen, klauen

anaglif (*franz.* **anaglyphe**) (Film) plastische Wiedergabe

anagöze *bot.* Mutterzelle *f* *anahücre

anagram *lit.* Anagramm *n*

anahtar *P a.* [inahtar] 1. Schlüssel *m* (für e–e Tür, ein Tor, e–e Uhr usw.) 2. *mus.* Schlüssel *m* 3. Entzifferungs-, Telegramm-schlüssel *m* 4. Schlüssel *m* (e–s Rätsels, Geheimnisses usw.); *a.:* Mittel *n,* um et. zu erreichen 5. Flaschenöffner *m* 6. s. **İngiliz anahtarı** 7. *el.* (Einfach-) Schalter, Stromunterbrecher *m* 8. *mil.* Schlüsselstellung *f* 9. Wirbel *m (an. S.i.)* 10. Stöpsel *m* (vgl. a. Stw. **anahtarlı**); ~ **ağızlığı** 1. Schlüsselloch *n* 2. Schlüssel-, Schloßblech *n* ~ **deliği** Schlüsselloch *n* ~ **dili** (*od.* ~ **dişi**) Schlüsselbart *m* ~ **külçesi** Schlüsselbund *m* ~ **taşı** *arch.* Schlußstein *m* (e–s Bogens) *kilit taşı ~ **uydurmak** 1. e–n Nachschlüssel machen *od.* verwenden 2. *fig.* Ränke schmieden; intrigieren ~ **yolu** Zündschloß *n* (am Auto) **-ı beline takmak** selbstherrlich schalten (im Haus) **-ı donatmak** *mus.* die Tonart vorzeichnen **-ını bulmak** (bşin) entdecken, wie man es anstellen muß (um zu ...)

anahtarcı Schlüssel-hersteller, -verkäufer, -wärter *m* usw.

anahtarlı mit (nb.) Schlüssel(-n) *od.* Stöpsel(-n) ~ **devre değiştirici** Stöpselumschalter *m* ~ **ekleme** s. **kamalı ekleme;** ~ **katıa** Stöpselschalter *m*

anahtarlık Schlüssel-ring, -bund *m,* -tasche *f*

anahücre s. **anagöze**

anakapı Portal, Eingangs-tor *n,* -pforte *f* *portay

anakara Festland *n,* Kontinent *m* *ber, kara, kıta

anakaya *geol.* Grundgestein *n*

anakiriş Längsträger *m* (in e–m Bauwerk)

anakol Waagscheit *n* (am Pferdefuhrwerk)

anakolüt, -tü *ling.* Anakoluth *n,* Satzbruch *m*

anakonda [··×·] Anakonda *f zo.* Eunectes marinus (größte Boaschlange)

anakoret, -ti Anachoret, Klausner, Einsiedler *m*

anakronik anachronistisch

anakronizm Anachronismus *m*

anakruz *mus.* Auftakt *m* *dış ölçü, eksik ölçü

anal *med.* anal, den After betreffend

analeptik *med.* 1. analeptisch, wiederbelebend, anregend, stärkend 2. Analeptikum *n,* wiederbelebendes Mittel

analı 1. mit e–r Mutter 2. mit nb. Mutter Zu 1: ~ **kuzu kınalı kuzu** *fig.* Nichts kann e–m Kind die Mutter ersetzen. Zu 2: s. **iki** ~ **kuzu;** ~ **kızlı** Mutter und Tochter zusammen

analık 1. Mutterschaft *f* 2. Mutterliebe *f* 3. Mütterlichkeit *f,*

mütterliche Handlung 4. Mutterstelle vertretende Frau *f* 5. Adoptiv-, Stief-mutter *f* ~ **etmek** (b–ne) Mutterstelle vertreten (bei); j–n mütterlich umsorgen ~ **hakkı** Recht *n* e–r Mutter, Mutterrechte *pl.* ~ **ocak** Verwandte *pl.* mütterlicherseits *maderî aile ~ **sigortası** *jur.* Mutterschaftsversicherung *f*
analist, -ti *selt.* Analytiker *m*
analitik analytisch *tahlilî ~ **felsefe** s. **yenipozitivizm;** ~ **geometri** analytische Geometrie ~ **yöntem** *Th.* analytisches Drama
analiz *a. chem.* Analyse *f* *tahlil ~ **etmek** analysieren *analizlemek, çözümlemek, tahlil etmek
analizci Analytiker *m*
analize analysiert ~ **etmek** analysieren
analizlemek s. **analiz etmek**
analizleyen *phys.* Analysator *m* *muhallil
analjezi *med.* Analgesie, Schmerzlosigkeit *f* *acı yitimi, zıyaı elem
analjezik; analjik *med.* 1. analgetisch, schmerzstillend 2. Analgen, Analgetikum *n,* schmerzstillendes Mittel
analler *pl. selt.* Annalen, Jahrbücher *pl.*
analog analog, ähnlich, entsprechend
analoji Analogie, Ähnlichkeit, Übereinstimmung, Verwandtschaft *f* *örnekseme
analojik verwandt, ähnlich, gleichförmig, übereinstimmend
analojizm Analogismus, Ähnlichkeitsschluß *m*
anamal(-cı, -cılık) s. **kapital(-ist, -izm)**
anamnez *med.* Anamnese *f* (Vorgeschichte e–r Krankheit)
anamodel Ur-form *f,* -bild *n,* Archetyp *m*
anamotif Leitmotiv, Grundthema *n*
Anamur *n.pr.* O. u. D. im Rbz. İçel (mit alter Burg und südlichstem Kap von Anatolien)
anamutrata [···×·] *naut.* e–e bes. Art Fischernetz, das in türk. Küstengewässern nicht verwendet werden darf (vgl. a. **tirol)**
ananas Ananas *f bot.* Bromelia ananas ~ **çiçeği** punktierte Schopflilie *bot.* Eucomis punctata ~ **çileği** Ananas-Erdbeere *f bot.* Fragaria grandiflora *frenkçileği ~ **patiskası** Ananas-batist *m,* -leinen *n*
ananasgiller *bot.* Bromeliazeen, Ananasgewächse *pl.* *ahnasiye
ananat, -tı [··–] *va. Pl.* zu **anane**
anane Tradition, Überlieferung *f,* Herkommen *n* *gelenek ~ **kabilinden** traditionell **-siyle anlatmak** sehr ausführlich erzählen
ananeci(-lik) T. von **ananeperest(-lik)**
ananeleşmek zur Tradition, traditionell werden
ananeperest, -ti 1. *mel.* traditions-liebend, -verbunden 2. *pej.* stockkonservativ
ananeperestlik Traditionalismus *m*
ananet, -ti [·–·] *med.* sexuelle Impotenz *puluçluk
ananevî traditionell, überliefert, Traditions- *geleneksel
ananeviye *phil.* Traditionalismus *m* *gelenekçilik
anaokulu, -nu (selbständiger) Kindergarten
anarı *dial.* 1. gegenüberliegende Seite 2. drüben 3. hinüber
anarşi 1. Anarchie, Gesetzlosigkeit *f* 2. Unordnung *f,* Durcheinander *n,* Zügellosigkeit *f* *başsızlık, erksizlik, fevza
anarşik anarchisch
anarşist, -ti 1. Anarchist(-in *f*) *m* 2. anarchistisch
anarşistlik 1. Anarchistentum *m,* anarchistische Bewegung *f* 2. Anarchismus *m,* Anarchie *f*
anarşizm Anarchismus *m,* Anarchie *f*
anartri *psych.* Anarthrie *f* (Störung *f* der Lautbildung) *dil tutukluğu, suubeti telaffuz
anasaat Kontrolluhr *f* (e–r Sternwarte)
anasal s. **esasî**
anasanlı metronymisch, nach der Mutter benannt *madernamî
anaseren *naut.* Unterrah *f*
anasıl [×··] *va.* ursprünglich, eigentlich
anasır [·–·] (*va. Pl.* zu **unsur)** Elemente *pl.*
anasız mutterlos
anason 1. Anis *m bot.* Pimpinella anisum 2. (Gewürz-)Anis *m* ~ **güvesi** s. **kimyongüvesi;** ~ **yağı** Anisöl *n*
anasoniye Stein-Bibernelle *f bot.* Pimpinella saxifraga
anasonlu 1. Anis enthaltend 2. mit Anis zubereitet
Anastaz *n.pr.* Anastasius (*spez.* Name zweier oströmischer Kaiser)
anastigmat, -tı *opt.* anastigmatisch ~ **objektif** Anastigmat *n*
anastomoz s. **ağızlaşma**
anastrof *ling.* Anastrophe *f* (Umkehrung der üblichen Wortstellung)
anasu *min.* Mutterlauge *f*
anaşehir Metropole, Hauptstadt *f,* Mittelpunkt *m*
anat, -tı [––] *(va. Pl.)* Nuancen, Schattierungen *pl.* *nüanslar **-ı maani** *va.* Begriffsschattierungen *pl.*
anatas *min.* Anatas *m*
anatemel Haupt-grundlage, -quelle *f,* (eigentlicher) Ursprung
anatip, -pi Ur-bild *n,* -form *f,* Archetyp *m*
anatomi 1. Anatomie *f* *teşrih(-hane) 2. Lehre *f* von Form und Körperbau 3. *selt.* Sezierung, Sektion *f*
anatomici Anatom *m*
anatomik anatomisch
anatomist, -ti s. **anatomici**
anatosizm *H* Anatozismus *m* (Kapitalisierung der aufgelaufenen Zinsen)
anavasya [··×·] *naut.* Wanderung *f* der Fische im Frühling vom Marmarameer und dem Ägäischen Meer her zum Schwarzen Meer (*ant.* **katavasya)**
anavata Umwickelung *f* von grobem Garn mit Seidenfaden
anavatan Mutterland *n,* Heimat *f*
anayapı *arch.* Hauptbau *m*
anayasa *pol.* Verfassung *f,* Staatsgrund-, Verfassungs-gesetz *n* *teşkilâtı esasiye ~ **dışı hareket** verfassungswidrige Handlung **-nın ihlâli** Verstoß *m* gegen das Grundgesetz
anayasacı Staatsrechtler *m*
anayasal verfassungsmäßig (z. B. Recht)
anayol 1. Hauptstraße *f* 2. Hauptverkehrslinie *f* 3. *(Bergwerk)* Grund-, Haupt-förderstrecke *f*
anayön (Haupt-)Himmelsrichtung *f* **-ler** die vier Himmelsrichtungen *pl.* *cihatı erbaa
anayurt, -du Heimat *f* ~ **hava meydanı** Heimatflughafen *m* ~ **içi** Heimatgebiet *n* ~ **limanı** Heimathafen *m*
anayün Wolle *f* von ausgewachsenen weiblichen Schafen
anbean [–·–] jeden Augenblick (Moment), jede Minute *dakkadan dakkaya **Gelmeleri ~ beklenir.** Ihr Eintreffen wird jeden Augenblick erwartet.
anca [×·] (in der Ra.:) ~ **beraber kanca beraber** 1. Mitgegangen, mitgefangen, mitgehangen. 2. unzertrennlich 3. mit allem, was dazugehört
ancak [×·] 1. nur, allein, lediglich *yalnız 2. kaum, knapp, nur mit Mühe, gerade noch eben, höchstens, frühestens, erst 3. jedoch, aber, indessen, nur ~ **ve** ~ einzig und allein
ancehlin [·×·] *va.* aus Unkenntnis, aus Unwissenheit, unwissend *bilmeyerek
ancelika [·×··] Engelwurz *f bot.* Archangelica officinalis *melekotu
ancılayın *va.* 1. auf diese Weise; so 2. so sehr 3. demgemäß
ançizlemek *V* weggehen, verschwinden, *F* verduften *V* abhauen, türmen
ançüez An(s)chovis *f*
And dağları (*od.* **Andlar)** *n.pr.* Anden *pl.* (in Südamerika)

andaç s. **hatıra**
andante [×·] *mus.* 1. andante, in gehender Bewegung 2. Andante *n*
andantino [··×·] *mus.* 1. andantino; mäßig langsam 2. Andantino *n*
andavallı *V* dumm, einfältig, leichtgläubig
andavallılık *V* Dummheit, Leichtgläubigkeit, Beschränktheit *f*
andelip, -bi [ī] 1. *va.* s. **bülbül** 2. ♀ Beiname des Dichters Mehmet Faik Esat (1873–1902)
andemi *med.* Endemie *f*
andemik *med.* endemisch
andezin *min.* Andesin *m*
andezit, -ti *min.* Andesit *m* (vulkan. Gestein) *Ankara taşı
andıç s. **ajanda, muhtıra**
andık 1. Name e–r Hyänenart ohne Borstenmähne 2. s. **angıt**
andırak *dial.* Merkzeichen *n*
andıran 1. Part. Präs. zu **andırmak** 2. *log.* analog *mümasil
Andırın *n.pr.* O. u. D. im Rbz. Maraş
andırış; andırma 1. *Vs.* zu **andırmak** 2. *log.* Analogieschluß *m* *temsil
andırışma 1. gegenseitiges Wachrufen von Erinnerungen 2. Verwechslung *f* *iltibas
andırmak 1. ins Gedächtnis zurückrufen 2. denken lassen (an), gemahnen (an), erinnern (an), ähneln 3. (k–ni b–ne) sich bei j–m e–n Namen schaffen
andız 1. syrischer Wacholder *bot.* Juniperus *bzw.* Arceuthos drupacea 2. *va.* Dickicht, Gestrüpp 3. *va.* Bordellgegend *f*
andızotu, -nu Alant *m bot.* Inula *spez.* echter Alant; Helenenkraut *n bot.* Inula helenium
andiv Endivie *f bot.* Cichorium endivia
ando- s. **endo-**
Andor prensliği *n.pr.* Fürstentum Andorra
andoreik (*franz.* **endoréique**) s. **içakışlı**
androjen *med.* Androgen *n*, männliches Geschlechtshormon *erkek eşey hormonu; testosteron
Andromet, -di 1. *astr.* Andromeda *f* (Sternbild) 2. ♀ s. **yabanî biberiye; ~ Büyük Nebülözü** *astr.* Andromeda-Nebel *m* **~ yağmuru** *astr.* Andromediden *pl.* (Sternschnuppenschwarm)
andropogon s. **Mekke sazı**
ane [–·] s. **kasık; ~ biti** s. **kasıkbiti; azmı ~** s. **kasıkkemiği**
-ane [–·] Adj. und Adv. bildendes pers. Sx. Bei vokalischem Auslaut des Grundwortes: **-yane**
anekdot, -tu Anekdote *f* *fıkra
anele [·×·] *naut.* Festmachring *m*, Fangöse *f*, Roring *m* (an Anker, Boje usw.) **~ bağı** *naut.* Roringstek *m* **~ deliği** *naut.* Auge *n* (e–s Ankers) **~ kerpeteni** *naut.* Spannkloben *m*
aneleli [·×··] mit **anele; ~ mapa** Ringbolzen *m*
anemi *med.* Anämie, Blutarmut *f* *fakrüddem, kansızlık
anemik *med.* anämisch, blut-los, -leer, -arm
anemofil; anemogam *bot.* durch den Wind bestäubt (Pflanze)
anemograf *met.* Anemograph *m* (Windschreiber *m*)
anemogram Anemogramm *n* (Aufzeichnung e–s Anemographen)
anemometre [···×·] Anemometer, Windmeßgerät *n*
anemon s. **Manisa lâlesi**
anemoskop, -pu *met.* Anemoskop *n* (Instrument zum Ablesen der Windgeschwindigkeit)
anenfeanen [–··–·] *va.* s. **anbean**
anerji *med., psych.* Anergie, Abulie, Energielosigkeit *f*
aneroit, -di Aneroid(-barometer) *n*
anestezi 1. Anästhesie, Unempfindlichkeit *f* *duyum yitimi, zıyaı his, butlanı his 2. Anästhesierung *f* **~ etmek** betäuben, narkotisieren **~ raşidiyen** s. **raşianestezi**
anestezik (*franz.* **anesthésique**) *med.* 1. anästhesierend, betäubend 2. Anästhetikum, Betäubungsmittel *n*
anestezist, -ti *med.* Anästhesist, Narkose-arzt *m*, -schwester *f*
anesteziyolog *med.* Anästhesiologe, Narkoseforscher *m*
anesteziyoloji *med.* Anästhesiologie *f*, Lehre *f* von der Schmerzbetäubung
anevrizma [··×·] *med.* Aneurysma *n*, Schlagadergeschwulst *f*
anfi s. **amfi**
anfilat, -dı (*franz.* **enfilade**) *mil.* Längsreihe *f* **~ ateşi** *mil.* Längs-feuer *n*, -bestreichung *f*
anfiteatr s. **amfiteatr**
anfizem s. **amfizem**
angaje 1. engagiert 2. belegt **~ etmek** 1. engagieren, verpflichten, berufen 2. besetzen, belegen (z. B. Platz)
angajman 1. Engagement *n*, Berufung *f* 2. Verpflichtung, Bindung *f* **-lara girmek** Verpflichtungen eingehen
angarya; angarye [·×·] 1. Zwangs-, Sklaven-arbeit *f*, Frondienst *m*, Ausbeutung *f* 2. viel Mühe und Arbeit; Plackerei *f*; *naut. a.*: zusätzliche Arbeiten *pl.* (außerhalb der regulären Verpflichtungen) 3. Beschlagnahme *f* ausländischer Schiffe *od.* inländischer privater Verkehrsmittel (in Kriegszeiten) 4. *Adv.* mit innerem Widerstreben; unfreiwillig, gezwungenermaßen
angaryeci *naut.* Matrose, der (als Strafe) zusätzliche Arbeiten auszuführen hat
angı *psych.* Erinnerung *f*, Gedächtnis *n* *hatıra **~ çağrısı** s. **hatıraların daveti; -ların saptanımı** s. **tespiti hatırat**
angıç *dial.* Seitenteil *m* e–s (von Ochsen *od.* Pferden gezogenen) Leiterwagens
angın *dial.* wohlbekannt; berühmt
angıt, -dı 1. Rostgans *f zo.* Casarca ferruginea 2. *V* dumm, beschränkt, blöd, stupid
angıtî s. **angudî**
angle 1. vgl. **alangle** 2. *selt.* Engländer *m*
anglez 1. vgl. **alanglez; dantel anglez; supanglez** 2. *selt.* Engländerin *f* 3. Anglaise *f* (fr. Gesellschaftstanz) 4. engl. Kursivschrift
Anglikan 1. Anglikaner(-in *f*) *m* 2. anglikanisch **~ Kilisesi** Anglikanische (Hoch-)Kirche
Anglikan(cı)lık; Anglikanizm *rel.* Anglikanismus *m*
anglisist, -ti (*franz.* **angliciste**) Anglist(-in *f*) *m*
anglisizm *ling.* Anglizismus *m*
Anglo-Amerikan angloamerikanisch **-lar** (*od.* **Anglo-Amerikalılar**) Angloamerikaner *pl.*
Angloarap, -bı Vollblutpferd *n*
anglofil 1. anglophil, englandfreundlich 2. Englandfreund *m*
anglofob 1. anglophob, englandfeindlich 2. Englandfeind *m*
Anglosakson 1. Angelsachse *m*, Angelsächsin *f* 2. angelsächsisch **~ devletleri** die angelsächsischen Staaten *pl.*
angofrazi *psych.* Angophrasie *f* (stoßweises Sprechen)
Angola *n.pr.* Angola **~ fasulyesi** Mungobohne *f bot.* Phaseolus radiatus
angop, -bu Engobe *f* (keramische Überzugsmasse)
angoplamak engobieren (Tonwaren)
angrenaj (*franz.* **engrenage**) *techn.* Zahnradgetriebe *n*
Angström 1. *n.pr.* Ångström (schwed. Physiker) 2. **angström** Ångström(-einheit *f*) *n* (für Licht- und Röntgenwellenlänge; 10^{-10} m)
angudî rostbraun, ziegelrot
angusturin Angostura(-bitter) *m* (Aroma zur Bereitung e–s Likörs)
angut s. **angıt**

anh *(ar.)* von ihm (nur in festen Verb. *spez.* der Kirchen- und Rechtssprache)
anha [×·] *(ar.)* von ihr (vgl. **anh**); ~ **minha** *F* 1. nach einigem Zögern (Hin und Her) 2. so ungefähr, so ziemlich, annähernd 3. von hier und da, von diesem und jenem **-sı minhası** *F* 1. alles Erreichbare (Verfügbare, Mögliche) 2. alles in allem gerechnet, summa summarum, kurz
anhüm *(ar.)* von ihnen (vgl. a. **anh**)
anı s. **angı**
anık 1. begabt, fähig, talentiert *müstait, kabiliyetli 2. fertig, bereit *hazır, müheyya
anıkla(n)ma *psych.* Reproduktion *f* der Vorstellungen *ihzar
anıklamak (m. Akk.) 1. befähigen 2. fertig (bereit) machen, *chem.* darstellen 3. *psych.* sich besinnen (auf), sich entsinnen (m. Gen.)
anıklık 1. Begabung *f*, Talent *n*, Fähigkeit *f*, Befähigung *f* *istidat 2. Bereitsein *n* *hazırlık
anıksama s. **anımsama**
anıksız unbegabt, untalentiert *istidatsız
anıksızlık Unbegabtheit, Untalentiertheit *f*, mangelndes Talent *istidatsızlık
anılamak s. **hatırlamak**
anılmak Pass. zu **anmak:** 1. im Gedächtnis sein, erinnerlich sein 2. erwähnt werden Zu 2: **Bu şey ... namiyle anılır.** Dies wird mit dem Ausdruck ... bezeichnet.
anımsama *psych.* undeutliche Erinnerung; Anklang *m*, Reminiszenz *f* *müphem tahattur
anımsamak (bşi) sich unklar an et. erinnern
anımsatmak kurz ins Gedächtnis rufen; j–n an et. erinnern
anırmak 1. schreien (Esel) 2. *V* große Reden führen; prahlen 3. *V* sich in Zoten ergehen
anırtı Schreien *n* des Esels
anış Erinnerung *f*, Gedenken *n*
anıştırma Anspielung, Allusion *f* *telmih
anıştırmak anspielen (auf) *ihsas (ima, telmih) etmek
anıt, -tı Denkmal, Monument, Ehrenmal *n*, Gedenkstein *m* *abide, monüman **Anıt Tepe** *n.pr.* Hügel in Ankara mit dem Mausoleum Atatürks *(fr.:* **Rasat Tepe)**
Anıtkabir, -bri Grabdenkmal, Mausoleum *n* *(spez.* für Atatürk in Ankara) *mozole
anıtlaşmak monumental, unsterblich werden
anıtsal monumental *abidevî ~ **film** Monumentalfilm *m*; *pej.* Monsterfilm *m*
anıtsı an ein Denkmal gemahnend
anız 1. Stoppeln *pl.* (Halmreste nach dem Mähen) 2. Stoppelfeld *n* ~ **bozma pulluğu** *agr.* Grubber, Kultivator *m* ~ **bozmak** *agr.* um-pflügen, -brechen (Stoppelfeld) ~ **böceği** s. **haziran böceği**
anızbozan s. **anız bozma pulluğu**
anızlık Stoppelfeld *n*
anî [– –] plötzlich eintretend, momentan, unvorhergesehen, unerwartet, unvermutet ~ **kızma** heftige Gefühlsaufwallung; blinde Erregung
ani westindischer Kuckuck *zo.* Crotophaga
Anibal *n.pr.* Hannibal
anîde [– –·] *Adv.* sogleich, sofort *derhal, hemen
anîden *Adv.* unerwartet, plötzlich
an(h)idrit, -ti *min.* Anhydrit *m* *sert alçıtaşı
an(h)idrit, -di *chem.* Anhydrid *n*
anif [–·] *va.* vorhergehend, oben
anîf *va.* hart, streng, grausam, brutal
anifen [×··] *va.* oben, gerade eben, vorher *demincek, biraz yukarıda
anifülbeyan [–··· –] *va.* s. **anifüzzikir**
anifüzzikir [ā] *va.* obenerwähnt, obengenannt *bahsi geçen
anilgıyap [···×] *va.* in Abwesenheit, in contumaciam *gıyaben
anilin *chem.* Anilin *n* ~ **boya** Anilinfarbe *f*
anilmerkez *phys.* zentrifugal ~ **kuvvet** s. **santrifüj kuvvet**
animalizm Animalismus *m* (religiöse Verehrung von Tieren)
animato [··×·] *mus.* animato, beseelt, belebt
animatör 1. Stimmungsmacher, Conférencier *m* 2. Seele *f* (e–s Unternehmens)
animist, -ti Animist *m*, animistisch
animizm *phil.* Animismus *m* *canlıcılık, ervahiye
anit, -ti *(franz.* **anite)** *med.* Afterentzündung *f*
anizet, -ti Anisett, Anisbranntwein *m*
anjambman *(franz.* **enjambement)** s. **ulantı** (2)
anjin *med.* Angina *f* *boğak, hunnak ~ **dö puvatrin** *med.* Angina pectoris *f* *göğüs anjini; hunnakussadır
anjinli an Angina erkrankt
anjinö *(franz.* **angineux)** *med.* anginaartig
anjiyoloji *med.* s. **damarbilim**
anjiyopati *med.* Angiopathie *f*, Gefäßleiden *n*
Anka [·–] großer Vogel der Legenden und Märchen *(a.* **Zümrüdüanka** *od.* **simürg)**: 1. Vogel *m* Greif; Roch *m* 2. **(kuşu)** *a. astr.* Phönix *m* 3. *(a.* ~ **gibi)** a) sagenhaft, legendär b) sehr selten zu finden, weißer Rabe 4. *V* schwerreich
ankadrıman *(franz.* **encadrement)** Ein-fassung, -rahmung, Umrahmung *f*, Rahmen *m*
Ankara 1. *n.pr.* Ankara *(va.* Angora) Hauptstadt der Türkei seit 1923; gln. Rbz. (westliches Mittelanatolien) u. Fluß 2. türk. Zigarrenmarke ~ **armudu** Name e–r kleineren, grünlichen, sehr süßen Birnenart ~ **çiğdemi** *bot.* die leuchtendgelbe Zeitlosenart Colchicum ancyrensis ~ **keçisi** s. **tiftik (keçisi);** ~ **kedisi** Angorakatze *f zo.* Felis domesticus angorensis (taub; verschiedenfarbige Augen; weißes Fell) ~ **Muharebesi** Schlacht *f* bei Ankara (1402) ~ **Paktı** Bündnisvertrag *m* von Ankara (1939) mit England und Frankreich ~ **Radyosu** Radio Ankara ~ **sofu** Mohär *m* ~ **taşı** s. **andezit**
Ankaralı 1. aus Ankara stammend 2. seit längerer Zeit in Ankara ansässig
ankarip [··–] *va.* s. **yakında**
ankastin [·×·] *va.* s. **kasten**
ankebut, -tu [ū] *va.* Spinne *f* *örümcek ≗ **suresi** Name der 29. Koran-Sure
ankebutî [··– –] *va.* 1. die Spinnen betreffend, Spinnen- 2. s. **örümceksi; gışayı** ~ s. **örümceksi zar.**
ankebutiye [··– –·] s. **örümcekler**
ankes *(franz.* **encaisse)** Kassenbestand *m*, Barguthaben *n*
ankesman *(franz.* **encaissement)** Einkassierung, Erhebung, Einziehung *f* (von Geldern), Inkasso *n*
ankesör *(franz.* **encaisseur)** 1. *selt.* Kassierer, Kassenbeamter (e–r Bank) 2. Münzfernsprecher *m* *kasalı telefon
ankesörlü telefon s. **ankesör** (2)
anket, -ti *(franz.* **enquête)** 1. Rund-, Um-frage, Erhebung *f* 2. Untersuchung *f* *tahkikat, soruşturma ~ **açmak** e–e Rundfrage veranstalten ~ **parlımanter** parlamentarische Untersuchung
anketçi; anketör 1. wer e–e Umfrage durchführt 2. Untersuchungs-beamter *m*, -beamtin *f*
ankiloz *med.* Ankylose *f*, (Gelenk-)Versteifung, Verkrümmung *f* *eklem katılaşması; iltisakı mafsal
ankimoz *(franz.* **enchymose)** Blutunterlaufung *f*, Erröten *n*, *med.* Bluterguß *m*
ankistman *(franz.* **enkystement)** *med.* Einkapselung *f* (e–s Fremdkörpers im Gewebe)
anklav *pol.* Enklave *f*
ankonsinyasyon *(franz.* **en consignation)** (in der Füg.): ~ **satış** *jur.* Konsignationsgeschäft *n*
ankostik, -iği Enkaustik *f*, enkaustisch

ankraj (*franz.* **ancrage**) Verankerung *f* (z.B. e–r Zahnbrücke)
anksiyete (*franz.* **anxiété**) *psych.* Beklemmung *f*, innere Unruhe
anlak, -ağı *psych.* Verstand *m*, Fassungskraft, Intelligenz *f* *zekâ
anlakalır *psych.* 1. verstandesmäßig faßbar *anlaşılır 2. nur geistig faßbar, intelligibel *(1, 2) makul
anlakalmaz *psych.* mit dem Verstand nicht faßbar *anlaşılmaz
anlaklı *psych.* intelligent, klug *anlayışlı, zeki
anlam Sinn *m*, Bedeutung *f* *mana, mefhum ~ **ayrılığı** Bedeutungsunterschied *m* ~ **aykırılığı** *spez. Th.* Widersinn *m* ~ **bayağılaşması** *ling.* Bedeutungsverschlechterung, Pejoration *f* ~ **çokluğu** *ling.* Polysemie, Viel-, Mehr-deutigkeit *f* ~ **daralması** *ling.* Bedeutungsverengerung *f* ~ **değişmesi** *ling.* Bedeutungswandel *m* ~ **genişlenesi** *ling.* Bedeutungserweiterung *f* ~ **kayması** *ling.* Bedeutungsverschiebung *f* ~ **oyunu** s. **müşakele;** ~ **sanatları** s. **sanayii maneviye;** ~ **yanacı** *stil.* figura synonymica (z.B. laf söylemek) **-a** (*bzw.* **-ına**) **çekmek** auslegen, interpretieren **-ına gelmek** bedeuten
anlama 1. *Vs.* zu **anlamak** 2. *psych.* Verständnis *n* *tefehhüm
anlamak 1. verstehen, begreifen 2. in Erfahrung bringen, erfahren, kennenlernen 3. erkennen, feststellen 4. (bşden) (in neg. *od.* interr. Sätzen) e–n Nutzen sehen, e–n Vorteil erblicken 5. (bşden) a) j–n *od.* et. erkennen (an) b) et. verstehen (von), sich auskennen (in); ein guter Kenner sein (von) 6. *V* (bşden) Nutzen ziehen (aus), profitieren (von) Zu 4: **Bu kâğıtları parçalamaktan ne anlıyorsunuz?** Was haben Sie davon, wenn Sie die Papiere zerreißen? **Bu ilâçtan hiçbir şey anlamadım.** Die Medizin hat mir gar nicht geholfen. Zu 5a: **Atların yaşını dişlerinden anlarlar.** Das Alter der Pferde erkennt man an ihren Zähnen. Zu 5b: **Spordan anladığımızı iddia etmeyeceğiz.** Wir wollen nicht behaupten, daß wir viel von Sport verstünden. **Anladımsa Arap olayım!** Wenn ich das verstehe, will ich Hans heißen! Das soll nun ein Mensch verstehen! **Anlayana sivrisinek saz, anlamayana davul zurna az.** *Spr.* 1. Klugen Leuten ist gut predigen. 2. Mit der Dummheit kämpfen Götter selbst vergebens. (Schiller) 3. Wer Ohren hat zu hören, der höre! (Bibel); **anlayıp dinlemek** sich genauer erkundigen
anlamaklık Verstehen, Begreifen *n*
anlamamazlık Nichtverstehen *n* **-ığa vurmak** (*od.* **gelmek**), **-tan gelmek** so tun, als ob man nicht verstünde
anlamazlık *puristisch* für **anlamamazlık**
anlambilim *ling.* Bedeutungslehre, Semantik *f* *semantik
anlamdaş gleichbedeutend, sinnverwandt, synonym *eşanlam(-lı), sinonim
anlamdaşlık 1. Sinnverwandtschaft *f* (von Wörtern) 2. *Th.* Doppelsinnigkeit, Zweideutigkeit *f*
anlamlandırmak erklären, interpretieren
anlamlı bedeutungsvoll, beachtlich, bedeutsam, vielsagend *manalı, manidar
anlamlık s. **semantem**
anlamsal semantisch, Sinn-, Bedeutungs- *manaya müteallik
anlamsız sinnlos, unsinnig, ohne Bedeutung, nichtssagend *manasız
anlamsızlık Unsinnigkeit, Sinnlosigkeit *f*
anlan(ıl)mak *va.* Pass. zu **anlamak.** Vgl. **anlaşılmak** (2)
anlaş(a)mamazlık mangelndes Einvernehmen *ademi itilâf, uyuşamamazlık
anlaşık wer mit e–m anderen übereinstimmt *bzw.* ein Übereinkommen trifft *mütelif
anlaşıklık Übereinstimmung *f*, Einvernehmen *n*
anlaşılan 1. verständlich, begreiflich 2. offenbar, wahrscheinlich, vielleicht
anlaşılır 1. verständlich, begreiflich 2. *psych.* verstandesmäßig faßbar *anlakalır, makul
anlaşılırlaştırmak (*G.*) verständlich(-er) werden lassen (z.B. sprachlichen Ausdruck)
anlaşılırlık Verständlichkeit *f*
anlaşılmak 1. sich herausstellen, sich erweisen, ersichtlich (offensichtlich) sein, hervorgehen (aus) 2. a) Pass. zu **anlamak** b) zu e–r Verständigung kommen; getroffen werden (Übereinkommen) Zu 1: **Anlaşıldı mı?** Ist die Sache jetzt klar? Verstehen Sie, was ich meine? **Bu izahattan anlaşıldığına göre ...** Wie aus diesen Darlegungen hervorgeht ... Zu 2a: **Cesedin hüviyeti anlaşıldı.** Die Leiche konnte identifiziert werden. **Bunda anlaşılmayacak ne var?** Was soll dabei nicht zu verstehen sein?
anlaşılmaz 1. unbegreiflich, unverständlich 2. *psych.* mit dem Verstand nicht faßbar *anlakalmaz Zu 1: **Sen ~ bir adamsın!** Aus dir soll ein Mensch schlau werden!
anlaşılmazlaşmak (*G.*) unverständlich werden
anlaşılmazlık Unbegreiflichkeit, Unverständlichkeit, Unfaßlichkeit *f*
anlaşıt Kompromiß *m, n* *tarzı itilâf, kompromi
anlaşma 1. *Vs.* zu **anlaşmak** 2. Verständigung *f*, Einvernehmen *n* 3. Abkommen, Übereinkommen *n*, (völkerrechtlicher) Vertrag; Konvention *f* *itilâfname Zu 2: **diğer dost devletlerle ~ halinde** im Einvernehmen mit den anderen befreundeten Staaten
anlaşmak 1. sich gegenseitig verstehen 2. sich verständigen, zu e–r Verständigung kommen 3. ein Abkommen treffen 4. *pr.* sich gut verstehen; gute Freunde sein
anlaşmalı worüber ein Abkommen getroffen worden ist ~ **hekim** Vertrauensarzt *m* (der Sozialversicherung)
anlaş(ma)mazlık Meinungsverschiedenheit, Unstimmigkeit, Differenz *f*, Streit *m* *ihtilâf
anlaştırmak e–e Verständigung herbeiführen (zwischen)
anlatı 1. Darlegung, Deutung, Erklärung *f* 2. Erzählung *f*, Bericht *m*
anlatıbilim *ling.* Stilistik *f* * stilistik
anlatıcı Erzähler *m*
anlatıcılık Erzählen *n* ~ **gücü** Erzählerkunst *f*
anlatım 1. s. **anlatı** 2. Ausdruck *m* *ifade ~ **aracı** *Th.* Ausdrucksmittel *n* ~ **cimnastiği** Ausdrucksgymnastik *f* ~ **titremi** *ling.* logische Betonung
anlatımcı(-lık) s. **dışavurumcu(-luk)**
anlatımlı 1. nachdrücklich 2. *mus.* ausdrucksvoll
anlatış 1. Art und Weise *f* der Darlegung 2. Ausdruck *m* *ifade ~ **vurgusu** *gr.* logischer Akzent **ºa göre verirler fetvayı.** *Spr.* Recht bekommt der, der seine Sache am einleuchtendsten vorträgt.
anlatışlı leicht verständlich dargelegt
anlatışsız schwer verständlich; unverständlich (Darlegung)
anlatmak 1. erklären, darlegen, auseinandersetzen 2. erzählen, berichten 3. j–m gründlich die Meinung sagen; j–m et. beibringen (zeigen), j–m helfen Zu 2: **Anlat, bakalım, ne oldu.** Nun berichte einmal, was sich zugetragen hat! Zu 3: **Ben ona anlatırım!** Dem werde ich es aber zeigen! **Ben ona böyle söylemesini anlatırım!** Ich werde ihm schon helfen, so et. zu sagen!
anlayış 1. Verstehen, Verständnis *n* *anlama, idrak 2. Begriffsvermögen *n*, Fassungskraft *f* 3. *pr.* gute Auffassungsgabe, Klugheit, Intelligenz *f* *feraset, zekâ 4. Auffassung, Anschauung *f* *telakki 5. Mentalität, Geisteshaltung *f* *zihniyet 6. Vernunft *f*, Verstand *m* *izan 7. Nachsicht *f*, Mitgefühl *n*

anlayışlı 1. intelligent, klug *anlaklı, ferasetli, zeki 2. nachsichtig, mitfühlend
anlayışsız 1. ohne Verständnis, verständnislos 2. schwer von Begriff; dumm *gabi 3. unnachsichtig
anlayışsızlık 1. Verständnislosigkeit *f* 2. mangelnde Auffassungsgabe 3. Unnachsichtigkeit, Intoleranz *f*
anle s. **anele**
anlı (in der Füg.): ~ **sanlı** (*od.* ~ **şanlı**) 1. ansehnlich, ansprechend 2. herausgeputzt 3. angesehen, geachtet
anlık 1. s. **an** (II) 2. s. **intelekt**
anlıkçılık s. **intelektüalizm**
anlıksal *psych.* intellektuell, verstandesmäßig *zihnî
anlıkyoğrum *psych.* Intelligenz *f*, geistige Bildung
anma *Vs.* zu **anmak;** ~ **serisi** Gedenkserie *f* (Briefmarken) ~ **töreni** Gedenkfeier *f*
anmak, (-ar) *(m. Akk.)* 1. sich et. ins Gedächtnis zurückrufen, sich erinnern, denken (an); gedenken (m. Gen.) 2. erwähnen, aussprechen; sprechen (von) 3. (b–ni bşle) sich nach j–s Befinden erkunden und dabei ein Geschenk überreichen; j–m e–e Aufmerksamkeit erweisen **An beni bir kozla, o da çürük çıksın!** *Spr.* s. **Yarım elma gönül alma.**
anmalık Erinnerungsstück, Andenken, Souvenir *n* *andaç, hatıra
anne [×·] 1. Mutter *f* (s. a. **ana**) 2. *fig.* Ursprung *m*, Quelle *f* ~ **cihetinden** (*od.* **tarafından**) mütterlicherseits **Anneler Günü** Muttertag *m* (in der Türkei 1954 eingeführt) **²m beni bir kere doğurdu!** Einmal und nicht wieder! **-si yerinde yaşlı** (e–e Frau), die dem Alter nach seine (bzw. ihre) Mutter sein könnte
anneanne Großmutter *f* (mütterlicherseits)
anneciğim! Mama! Mammi! Mutti! liebe Mutter! Mütterchen!
annelik, -iği Mutterschaft *f* ~ **etmek** (b–ne) Mutterschaft vertreten (bei) **Fatma, bu çocuğun -ini iddia etti.** Fatma behauptete, die Mutter des Kindes zu sein.
annüle annulliert ~ **etmek** annullieren, widerrufen, rückgängig machen
anodin *med.* schmerzstillendes Mittel, Anodyn *n*
anofel Anopheles *f*, Gabel-, Malariamücke *f zo.* Anopheles maculipennis *sıtma sivrisineği
anomal anomal, unregelmäßig ~ **yıl** s. **ayrıksı yıl**
anomali Anomalie, Regelwidrigkeit *f*
anonim anonym, unbenannt; Anonymus *m* ~ **şirket** (*od.* ~ **ortaklık**) *H* Aktiengesellschaft *f*
anonimlik, -iği Anonymität *f*
anons (*franz.* **annonce**) Ansage *f* (in Rundfunk, Fernsehen, Ka.); Ankündigung *f* ~ **etmek** (*od.* ~ **yapmak**) ansagen, ankündigen
anonse (*franz.* **annoncé**) angesagt, angekündigt ~ **etmek** s. **anons etmek**
anonsör (*franz.* **annonceur**) Ansager *m* *spiker *bzw.* takdimci
anoreksi *med.* Anorexie, Appetitlosigkeit *f*
anorganik *chem.* anorganisch
anormal 1. anormal 2. abnorm, krankhaft 3. verrückt
anormallık, -iği 1. Anomalie *f* 2. Abnormität *f*
anoş *V* Geliebte, Freundin *f* **-um** *V* mein Liebling!
anot, -du, -tu *phys., chem.* Anode *f* (*ant.* katot) ~ **ışınları,** ~ **şuaları** Anodenstrahlen *pl.* ~ **voltajı** *el.* Anodenspannung *f*
anörin Aneurin *n*, Vitamin B 1
anpiyem s. **ampiyem**
anraje (*franz.* **enragé**) *med.* tollwütig
anrejistrıman (*franz.* **enregistrement**) Aufnahme *f* (auf Platte, Band usw.)
anroşman (*franz.* **enrochement**) *techn.* Steingrund(-ierung *f*) *m*
ansal *psych.* geistig *zihnî
ansalamak *dial.* 1. *tr.* nach-ahmen, -äffen; verspotten 2. *intr.* den Hanswurst spielen
ansambl 1. Damenkleid *n* mit Jacke *od.* Mantel aus gleichem Stoff: Ensemble, Komplet *n* 2. *mus., Th.* Ensemble *n* (kleine Besetzung *bzw.* Gesamtheit *f* der Solisten *bzw.* Musiknummer *f* mit mehreren Solisten) 3. *mus., Th.* Zusammen-wirken, -spiel *n*, Einheit(-lichkeit) *f* 4. Innenausstattung *f*
ansamimülkalp [ī] *va.* von ganzem Herzen, aufrichtigst, herzlichst
Ansar s. **Ensar**
Ansariye s. **Alevî**
ansefal *an., med.* Gehirn, Hirn, Enzephalon *n* *kafaiçi, tümbeyin
ansefalit, -ti *med.* Gehirnentzündung, Enzephalitis *f* *beyin iltihabı
ansefalografi *med.* Enzephalographie *f*
ansefalogram *med.* Enzephalogramm *n*
anselman (*franz.* **ensellement**) *geol.* Senke *f* zwischen zwei Höhen
ansılamak *va.* s. **ansalamak**
ansız 1. *Adj.* plötzlich, unvorhergesehen, unerwartet, unvermutet *anî 2. *Sb. dial.* uneheliches Kind *piç
ansızın [×··] *Adv.* s. **ansız** (1) *birdenbire, anî olarak
ansiklopedi Enzyklopädie *f*, Konversationslexikon, Sachwörterbuch, Allbuch *n* *dairetülmaarif, muhitülmaarif, kamusülulum, genbilik
ansiklopedici s. **ansiklopedist**
ansiklopedik enzyklopädisch
ansiklopedist, -ti 1. Enzyklopädiker *m* 2. *hist.* Enzyklopädist *m*
Anşante! (*franz.* **Enchanté**) Sehr erfreut!
anşlus *pol.* Anschluß *m* (*spez. hist.* von Österreich an Deutschland) *iltihak
anşuva s. **ançüez**
ant, -dı 1. Schwur, Eid *m* *yemin, kasem 2. Gelöbnis, Versprechen *n*, feste Zusage *vaat ~ **etmek (içmek)** (bşi yapacağına) schwören, e–n Schwur ablegen (leisten), geloben, zusagen, fest versprechen *ahdetmek, yemin etmek ~ **içirmek** schwören lassen; vereidigen *tahlif etmek ~ **kardeşi** Blutsbruder *m* *kan kardeşi **² olsun!** *Bet.* Das schwöre ich! ~ **verdirmek** j–n schwören lassen, j–m den Eid abnehmen ~ **vermek** j–n bestürmen, beschwören (et. zu tun) **-ını bozmak** seinen Eid brechen
antagonist, -ti 1. Antagonist, Gegner, Widersacher *m* 2. *biol.* Gegenwirker *m* 3. *Th.* Gegenspieler *m*
antagonizm 1. Antagonismus *m*, Gegnerschaft *f*, Widerstreit *m* 2. *biol., chem.* Antagonismus *m*, gegensätzliche Wirkung
Antakya [·×·] *n.pr.* Antakya, Antiochia (Stadt im Rbz. Hatay)
Antalya [·×·] *n.pr.* Hafenstadt u. Rbz. in Südanatolien
antant, -tı 1. Einvernehmen *n* 2. Ab-, Überein-kommen *n* 3. Bund *m*, Bündnis *n*, Entente *f* *(1–3) anlaşma, itilâf ~ **kalmak** *(von Puristen beanstandete Fügung)* einig sein, konform gehen **Antant Kordiyal** *hist.* Entente Cordiale *f* (1904)
Antares s. **Akrep yüreği**
antarktik antarktisch ~ **kara** s. **Antarktika**
Antarktika [·×··] Antarktika *f*, Südpolarkontinent *m* *Kutbu Cenubî Kıtası
antasis *arch.* Entase *f* (Schwellung des Säulenschaftes)
antbeti s. **ahitname**
antedilüvyen 1. vorsintflutlich 2. *pej.* altmodisch
antedon Mittelmeerhaarstern *m zo.* Antedon mediterranea *komatula
anten 1. *naut.* Spiere, Rah, Gaffel *f* 2. *phys.* Antenne *f* 3.

zo. Fühler *m* *lâmise, duyarga 4. *V* Verstand, Kopf *m* ~ **çekmek** (*od.* **koymak**) e–e (Radio-)Antenne ziehen (spannen) ~ **inişi** Antennenzuführung *f*
Antep, -bi *Verk.* von **Gaziantep;** ~ **işi** Hohlsaumarbeiten aus Gaziantep
antepfıstığı, -nı Pistazie *f* (Baum *od.* Frucht) *bot.* Pistacia vera
antepfıstığıgiller Sumachgewächse *pl. bot.* Anacardiaceae
anter *bot.* Anthere *f,* Staubbeutel *m* *başçık
anterit, -ti *med.* Darmentzündung, Enteritis *f* *iltihabı em'a, barsak ingini
anteriyör (*franz.* **antérieur**) *selt.* vorn befindlich; Vorder- *ön
anterlin (*franz.* **entreligne**) s. **satır aralığı**
antet (*franz.* **en-tête**) (vorgedruckter) Briefkopf
antetli mit (vorgedrucktem) Briefkopf
antialkolik 1. antialkoholisch 2. Antialkoholiker(-in *f*) *m*
antialkolizm Antialkoholikerbewegung *f,* Antialkoholismus *m*
antiasit, -di (*franz.* **antiacide**) *med.* Säure neutralisierend(-es Mittel)
antibiyotik *med.* 1. Antibiotikum *n* 2. antibiotisch
antibiyotikli ein Antibiotikum enthaltend (Salbe usw.)
antidemokratik anti-, un-demokratisch
antidot, -tu *med.* Antidoton, Gegengift *n* *panzehir
antienfeksiyö *med.* infektionsbekämpfend; die Vermehrung von Krankheitserregern hindernd
antifaşist, -ti 1. antifaschistisch 2. Antifaschist(-in *f*) *m*
antifebrin (*franz.* **antifébrine**) *med.* Antipyretikum *n,* fiebersenkendes Mittel
antifeding *(Radio)* 1. selbsttätiger Schwundausgleich; Schwundregler *m* 2. Röhre *f* für den selbsttätigen Schwundausgleich
antifriz [··–] (*engl.* **anti-freeze**) 1. *Adj.* Gefrier-, Frostschutz-(Mittel, Methode, Anlage usw.) 2. *Sb.* Frostschutz-mittel *n,* -anlage *f* 3. *V* Schnaps, Alkohol *m*
antigen s. **antijen**
Antigon *n.pr.* 1. Antigone (Tochter des Ödipus) 2. Antigonos (*spez.* Name verschiedener Mazedonierkönige)
antigripal *med.* grippeverhütend
antihalo *phot.* lichthoffrei
antihistaminik *med.* die Wirkungen des Histamins aufhebend ~ **ilâç** Antihistaminikum *n* (z. B. gegen Heuschnupfen)
antihomolog *math.* umgekehrt entsprechend *akisçe nazir
antijen *med.* Antigen *n* (Antikörper erzeugender artfremder Eiweißstoff)
antik 1. antik, altertümlich, alt 2. s. **antika;** ~ **çağ** klassisches Altertum; Antike *f*
antika [·×·] 1. Antiquität *f* 2. antik; von Antiquitätswert 3. Hohlsaumarbeit *f* *sıçandişi 4. *V* komisch, sonderbar ~ **meraklısı** Antiquitätensammler *m*
antikacı [·×··] Antiquitätenhändler *m*
antikacılık [·×···] 1. Beruf *m,* Tätigkeit *f* e–s Antiquitätenhändlers 2. Antiquitätenhandel *m* ~ **etmek** Antiquitätenhandel betreiben
antikalaştırmak (Gegenstände) auf antik frisieren
antikalık [·×··] 1. Antiquitätswert *m* 2. *V* et. Sonderbares, Komisches *spez.* sonderbares (dummes) Benehmen
antikanseröz (*franz.* **anticancéreuse**) *med.* krebsverhütend (Mittel, Methode)
antikiklon *met.* Antizyklone *f,* Hochdruckgebiet *n*
antikite 1. Altertum *n spez.* klassisches A. 2. Antiquität *f* **-ler** Antiquitäten, Altertümer *pl.* *asarıatika
antiklerikal antiklerikal, kirchenfeindlich
antiklerikalizm Antiklerikalismus *m,* Kirchenfeindlichkeit *f*
antiklinal *geol.* 1. antiklinal, sattelförmig 2. Antiklinale, Sattelfalte *f* *yukaç
antiklor *chem.* Antichlor *n* *muzaddı klor
antikomintern Antikomintern *f* ~ **pakt(-ı)** Antikominternpakt *m*
antikor (*franz.* **anticorps**) *biol.* Antikörper, Abwehrstoff *m*
Antil (adaları) *od.* **Antiller** *n.pr.* Antillen *pl.* ~ **denizi** *n.pr.* Karibisches Meer *Karaipler denizi
antiloji *phil.* Unlogik *f,* logischer Widerspruch
antilojik *phil.* unlogisch, sich logisch widersprechend
antilop, -pu Antilope *f zo.* Antilope (cervicapra u. a.)
antilopgiller die (Familie der) echten Antilopen
Antilübnan *n.pr.* Antilibanon *m*
antimanyetik antimagnetisch; gegen magnetische Einflüsse geschützt (z. B. Uhr)
antimasonik (*franz.* **antimaçonnique**) freimaurerfeindlich
antimilitarist, -ti antimilitaristisch, Antimilitarist(-in *f*) *m*
antimilitarizm Antimilitarismus *m*
antimisil (*franz.* **antimissile**) *mil.* Gegen-, Abwehr- *spez.* Antiraketen-
antimon *chem.* Antimon *n* *demirbozan; rastık taşı
antimonlu antimonhaltig
antimoral moralisch nicht zu verantworten; der Ethik zuwiderlaufend
antimu(v)an s. **antimon**
antin *V* 1. Dirne, Hure *f* 2. hinter-, Hinter- 3. Südwestwind *m* *lodos
antinevraljik *med.* antineuralgisch; Antineuralgikum *n,* schmerzstillendes Mittel
antinomi *phil., jur.* Antinomie *f* (Widerspruch e–s Satzes in sich *od.* zweier gültiger Sätze) *çatışkı
antiparazit, -ti Störschutz *m* (bei Radio)
antiparlımanter 1. Gegner *m* der Parlamente 2. unparlamentarisch (z. B. Ausdruck)
antipati Antipathie *f,* gefühlsmäßige Abneigung *karşıtduygu
antipatik unsympathisch; gefühlsmäßig abstoßend ~ **bulmak** sich nicht befreunden können (mit)
antipiretik *med.* antipyretisch, fieberbekämpfend; Antipyretikum *n,* fiebersenkendes Mittel
antipirin *med.* Antipyrin *n* (Fiebermittel)
antipot, -du Antipode *m* *mütekabilülkadem, taban karşısı
antipropaganda Gegenpropaganda *f*
antiroman s. **aykırıroman**
Antirovito [···×·] s. **Tavşan adası**
antirümatizmal *med.* antirheumatisch; Antirheumatikum *n*
antisemit, -ti Antisemit(-in *f*) *m,* Judengegner(-in *f*) *m*
antisemitik antisemitisch, judenfeindlich
antisemitizm Antisemitismus *m*
antisepsi *med.* Antisepsis, Antiseptik *f* *def'i taaffün
antiseptik *med.* 1. antiseptisch 2. Antiseptikum *n*
antisiklon s. **antikiklon**
antisipasyon (*franz.* **anticipation**) *(spez. mus.)* Vorausnahme *f* ~ **faizi** *fin.* Vorauszahlung *f* der Zinsen
antisoler (*franz.* **antisolaire**) Sonnenschutz- (z. B. Creme)
antisosyal a-, un-sozial
antispazmodik (*franz.* **antispasmodique**) *med.* krampfstillend(-es Mittel)
Antisten *n.pr.* Antisthenes (griech. Philosoph)
antişambr Vor-zimmer *n,* -saal *m*
antitank *mil.* Panzer-, Tank-abwehr-
antite *phil.* Entität *f* (Dasein im Ggs. zum Wesen e–s Dinges)
antitermik *med.* fiebersenkend(-es Mittel)
antitetanik *med.* Tetanus verhütend (Mittel, Spritze usw.)
antitez *phil.* Antithese *f* *karşısav; nakîzi müddea
antitiyatro *Th.* Antitheater *n*
antitoksik *med.* Gegengift- ~ **serum** Heilserum *n*
antitoksin *biol.* Antitoxin *n*
Antitoros (dağları) *n.pr.* Antitaurus *m*

Antivari *n.pr.* O. im montenegrinischen Litorale (heute: **Bar**)
antlaşma 1. gegenseitige (eidliche) Verpflichtung 2. Vertrag *m,* Abkommen *n* *muahede
antlaşmak 1. sich gegenseitig eidlich (ehrenwörtlich) verpflichten *ahitleşmek 2. e–n Vertrag schließen, ein Abkommen treffen
antlı 1. durch e–n Eid gebunden 2. vereidigt
antoloji Anthologie, literarische Auswahl, Chrestomathie *f*
antolojik anthologisch, ausgewählt
antomolog s. **antomolojist**
antomoloji Entomologie, Insekten-, Kerbtier-kunde *f* *böcekbilim
antomolojik entomologisch *böcekbilimsel
antomolojist, -ti Entomologe, Insektenforscher *m*
antonomaz (*franz.* **antonomase**) *stil.* Antonomasie *f* (1. Umschreibung e–s Eigennamens z. B. „der Korse" = Napoleon 2. Bez. e–r Gattung durch e–n Eigennamen z. B. „Krösus" = reicher Mann)
antraknoz Anthraknose *f* (Pilzkrankheit bei Pflanzen)
antrakoz *med.* Anthrakose *f*, Kohlenstaublunge *f*
antraks *med.* Milzbrand, Anthrax *m*
antrakt, -tı (*gel. a.* **antrak, -kı**) 1. Entreakt *m,* Zwischenakt *m,* -musik *f* 2. Pause, Unterbrechung *f*
antrasit, -ti (*a.* ~ **kömürü**) Anthrazit *m,* Glanzkohle *f*
antrasen (*franz.* **antracène**) *chem.* Anthrazen *n*
antrdö (*franz.* **entre-deux**) (Spitzen-)Einsatz *m* (bei Kleidern)
antre (I) (*franz.* **entrée**) 1. Eingang *m* 2. *selt.* Diele *f*, Vorraum *m* 3. Eintritt *m* 4. Eintrittsgebühr *f* 5. erster Gang; Vorgericht *n,* Vorspeise *f* 6. *Th.* Auftritt *m* (e–s Schauspielers)
antre (II) (*franz.* **entrez!**) Herein! Bitte eintreten! *Giriniz!
antreli 1. mit nb. Eingang 2. nur gegen Entrichtung e–r Eintrittsgebühr zu betreten (besichtigen) Zu 1: **müstakil** ~ mit Separateingang
antrene (*franz.* **entraîné**) (durch-)trainiert ~ **etmek** trainieren *(tr.)*
antrenman (*franz.* **entraînement**) Training *n,* systematisches Üben ~ **yapmak** trainieren *(intr.)*
antrenör (*franz.* **entraîneur**) Trainer *m* *çalıştırıcı
antrenörlük, -üğü Aufgaben *pl.*, Tätigkeit *f* e–s Trainers ~ **kursu** Trainerlehrgang *m* **-ünü yapmak** (b–nin) (e–n Sportler) trainieren
antrepo (*franz.* **entrepôt**) 1. Zoll-speicher *m,* -lager *n* 2. Warenlager, Lagerhaus *n*
antrepocu Lagerverwalter *m* (*spez.* für Monopolwaren)
antresiz *selt.* mit freiem Eintritt
antrıkot, -tu (*franz.* **entrecôte**) Mittelrippenstück *n* (Rindfleisch), Entrecote *n*
antrnu (*franz.* **entre nous**) unter uns gesagt; ganz im Vertrauen gesagt
antrok (*franz.* **entroque**) **kalkeri** Krinoiden-, Trochitenkalk *m*
antropocoğrafya Anthropogeographie *f*
antropofaj 1. menschenfressend 2. Menschenfresser, Kannibale *m* *yamyam
antropoit, -di s. **insansı**
antropojenez Anthropogenese *f*, Lehre *f* von der Entstehung der Menschen
antropojeografi s. **antropocoğrafya**
antropolog Anthropologe *m,* Anthropologin *f*
antropoloji Anthropologie *f* *beşeriyat, insanbilim
antropolojik anthropologisch
antropolojist, -ti s. **antropolog**
antropolojizm *phil.* Anthropologismus *m* (Lehre, die den Menschen in den Mittelpunkt philosophischer Erkenntnis stellt)
antropometrie Anthropometrie, Körpermessung *f*
antropometrik anthropometrisch
antropomorf anthropomorph *insanbiçimi, müşebbeh
antropomorfizm Anthropomorphismus *m,* Vermenschlichung *f* *insanbiçimcilik, müşebbihe
antroponim *ling.* Personenname *m*
antroponimi *ling.* Anthroponymie, Personennamenkunde *f*
antroponimik *ling.* anthroponymisch
antroponimist, -ti *ling.* Personennamenforscher(-in *f*) *m*
antroposantrik *phil.* anthropozentrisch
antroposantrizm *phil.* anthropozentrisches Denken *insaniçinçilik
antropozoik *geol.* Anthropozoikum *n*
antrparantez (*franz.* **entre parenthèses**) beiläufig, nebenbei (gesagt) *istitraden
Antuvan *n.pr.* Anton(-ius) *spez. hist.* Marcus Antonius
antuzyazm *selt.* Begeisterung *f*, Enthusiasmus *m*
anudane [·‒‒·] hartnäckig, zäh, verbissen (z. B. Widerstand)
anus [×·] *an.* After *m* *şerç ~ **yüzgeci** *an.* Afterflosse *f* *misbahı şercî
anut (I), **-du** [·‒] *va.* eigensinnig, hartnäckig *direngen, inatçı, muannit
anut (II) *V* ehrenamtlicher Führer im Istanbuler Basar (für Touristen)
anüite *H* Annuität *f*, jährliche Zahlung
anüle etmek annullieren, für ungültig erklären
anüri *med.* Anurie, Harnverhaltung *f*
Anvers *n.pr.* Antwerpen
anyon Anion *n* (negativ geladenes Ion)
Anzac; Anzak (< *engl.* **Australian (and) New Zealand Army Corps**) 1. australische und neuseeländische Einheiten, die zusammen mit englischen Truppen im I. Weltkrieg auf Gallipoli kämpften 2. *geogr.* Name e–r Bucht auf der Westseite von Gallipoli (Schlachtfeld im I. Weltkrieg) ~ **mezarlığı** britischer Ehrenfriedhof bei Arıburnu (Gallipoli)
anzarot, -tu 1. Sarcocoll-Gummi, Sarcocollin *n* (ein fr. zur Wundbehandlung verwendetes Baumharz) 2. *V* Raki, Anisbranntwein *m* ~ **ağacı** *bot.* das Penäagewächs Penaea sarcocolla
Anzavur (Ahmet) *n.pr.* Tscherkesse, der im Auftrag der osm. Regierung zu Anfang des türk. Freiheitskrieges gegen Atatürk operierte (getötet 1921)
anzim s. **enzim**
A. O.; AO = Anonim Ortaklık *(q. v.)*
aort, -tu s. **büyük atardamar;** ~ **yayı** *an.* Aortenbogen *m* *kavsi epher
AP 1. = **Associated Press** (Amerikanisches Nachrichtenbüro) 2. s. **Adalet Partisi**
APA = Austria Presse-Agentur
apaçık *verst.* **açık** *spez.* evident *bedihî, aşikâr
apaçıklık *verst.* **açıklık** *spez.* Evidenz *f*
apagoji *log., rhet.* apagogischer Beweis
apak ganz weiß, schneeweiß
apakay posta *V* Alles zusammen! (*d. h.* den ganzen Gewinn einsetzen; bei Paseta *od.* Barbut)
apalak s. **ablak;** ~ **topalak** wie ein Posaunenengelchen (Baby *od.* Kleinkind)
apandis *an.* Appendix, Wurmfortsatz *m* (des Blinddarms) *körbarsak takısı; zeyl
apandisit, -ti *med.* Appendizitis, Blinddarmentzündung *f* ~ **ameliyatı** Blinddarmoperation *f* ~ **olmak** Blinddarmentzündung haben *bzw.* bekommen
apansız [×··]; **apansızın** [×···] *Adv.* ganz plötzlich, urplötzlich, ganz unerwartet, wie aus heiterem Himmel
apar (I) (*franz.* **à part**) *Th.* für sich, beiseite
apar (II) **topar** *V* Hals über Kopf, in aller Eile

aparat, -tı *selt.;* **aparey** *selt.* Apparat *m,* Gerät *n*
aparmak 1. weg-, fort-bringen, -reißen 2. *V* stehlen, entwenden, stibitzen, klauen, *F* abservieren
aparte (*franz.* **aparté**) *Th.* 1. s. **apar** (I) 2. Selbstgespräch *n*
apartımanize etmek *(G.)* in ein Mietshaus umwandeln (Eigenheim)
apartmak s. **aparmak**
apartman 1. Mietshaus *n* 2. *a.* ~ **(dairesi)** Etagenwohnung *f*
apaş (I) Apache *m; fig.* Messerheld, Rowdy, Strolch *m*
apaş (II) *reg.* [İzmir] Sack *m* der Schwammfischer
apaşikâr [×··–] vollkommen klar, absolut einleuchtend
apati *psych.* Apathie, Teilnahmslosigkeit *f* *duygusuzluk, lâkayıtlık
apatit, -ti *min.* Apatit *m* (phosphorhaltiges Düngemittel)
apaydın [×··] ganz klar, ganz offensichtlich
apayrı [×··] 1. vollkommen voneinander getrennt 2. gänzlich verschieden
apaz 1. innere Handfläche 2. Handvoll *f* 3. *V* Rebbach *m*
apazlama *naut.* 1. achterlicher als dwars 2. Backstagsbrise *f,* Dreiviertelwind *m,* raumer Wind 3. mit Backstagsbrise Zu 1: **Rüzgâr ~ esiyor.** Der Wind kommt raum ein (weht über das Backstag ein). Zu 3: ≗ **gidiyoruz.** Wir fahren mit Backstagsbrise. ~ **seyretmek** *naut.* raumschots segeln *alaborinasına seyretmek
apazlamak 1. in die Hand nehmen; greifen 2. e–e Handvoll (von et.) nehmen 3. sich blähen (Segel) 4. mit Backstagsbrise fahren 5. *V* an sich reißen; schnappen
apeks *astr.* s. **günerek**
Apel *n.pr.* Apelles (griech. Maler)
Apenin dağları *n.pr.* Apennin *m,* Apenninen *pl.*
aperitif Aperitif *m*
aperitör (*franz.* **apériteur**) *H* Erstversicherer *m*
aperkat, -tı *(Boxen)* Uppercut, Aufwärtshaken *m*
apersepsiyon (*franz.* **aperception**) s. **tamalgı**
aperseptif (*franz.* **aperceptif**) s. **tamalgısal**
apış innerer Teil des Oberschenkels **-ını açmak** die Beine spreizen, grätschen
apışak s. **apşak**
apışarası, -nı s. **perine; -nda gezmek** e–m dauernd vor den Füßen herumlaufen (und ihn stören)
apışık 1. mit eingeklemmtem Schwanz, müde *od.* ängstlich daherkommend (Tier) 2. *fig.* ratlos, hilflos
apışlık Zwickel, Keil *m* (z.B. in e–r Hose) *ağ
apışmak 1. erschöpft zusammensinken (Tier) 2. wie angenagelt stehenbleiben 3. hilflos, ratlos dastehen **apışıp kalmak** ganz verdattert sein
apıştırmak *Kaus.* zu **apışmak** *spez.* 1. ein Pferd zuschanden reiten 2. *naut.* vermuren (Schiff) 3. j–n völlig verblüffen
apiko [·×·] 1. *naut.* auf und nieder, nahezu senkrecht (*spez.* Anker bei gestraffter Kette) 2. fertig, bereit 3. *V* flink, gewandt 4. *V* schick, elegant, piekfein 5. *V* Schick *m,* Eleganz *f* Zu 1: **Demir ~ olmuş.** Der Anker ist gerade (senkrecht) unter dem Schiff. ~ **beklemek** *V* auf dem Quivive sein ~ **etmek** *naut.* senkrecht hieven ~ **gezmek** *V* geschniegelt und gebügelt umherstolzieren
apikoluk, -ğu *V* 1. Flinkheit, Gewandtheit *f* 2. Schick *m,* Eleganz *f* **-un üstünde** *V* geschniegelt und gebügelt
Apis(öküzü) *n.pr.* Apis *m* (heiliger Stier in Altägypten) (*a.* **Hapi**)
AP'li Angehöriger der **Adalet Partisi**
aplik, -ği (*franz.* **applique**) 1. Wandleuchter *m* 2. Einlege-, Zier-stück *n*
aplikasyon (*franz.* **application**) Applikation, Aufnäharbeit *f* (*spez.* Steppverzierung *f*), Besatz *m*
aplike (*franz.* **appliqué**) 1. s. **aplikasyon** 2. appliziert, mit Applikation ~ **etmek** applizieren, aufnähen
Apocular Anhänger *pl.* der illegalen kurdischen separatistisch-terroristischen Arbeiter- und Bauernpartei
apodoz *ling.* Apodose *f,* Nachsatz *m* (*spez.* nach Kond.-satz)
apofiz 1. *an.* Apophyse *f,* Knochenfortsatz *m* 2. *geol.* s. **kol uzantı**
apofoni (*franz.* **apophonie**) Ablaut *m* *ablaut
apoftegma *lit.* Apophthegma *n* (witziger, prägnanter Aus-, Sinn-spruch; Zitat, Sentenz) *özdeyiş
apoje (*franz.* **apogée**) 1. *astr.* Apogäum *n* *yeröte 2. *fig.* Kulminations-, Höhe-punkt, Gipfel *m*
apokaliptik apokalyptisch
apolet, -ti (*franz.* **épaulette**) 1. **(subay -i)** Schulter-, Achselstück *n,* Epaulette *f* (bei Offizieren) 2. **(erat -i)** Schulter-, Achsel-klappe *f* (bei einfachen Soldaten) ~ **kazanmak** *mil.* befördert werden
apolitik unpolitisch
Apollon *n.pr. griech. u. röm. Myth.* Apoll(-o) ~ **kelebeği** Apollofalter *m zo.* Parnassius (apollo u.a.)
apolog Apolog *m spez.* Lehrfabel *f*
Apolyont gölü s. **Ulubat gölü**
aponevroz s. **akörtü**
apopleksi *med.* Schlaganfall *m* *damla, nüzul, felç, inme
apoplektik 1. apoplektisch 2. Apoplektiker *m*
apor (*franz.* **apport**) *fin., jur.* Ein-lage *f,* -schuß *m,* Apport *m* (bei e–r Kapitalgesellschaft)
apori (*franz.* **aporie**) s. **çıkmazlık**
Aport! (Zuruf an den Jagdhund) Apport! Bring's her!
aposteriori [····×·] *phil.* 1. a posteriori 2. aposteriorisch, aus Erfahrung gewonnen *bâdi, sonsal
apostolik *selt.* apostolisch, päpstlich
apostrof 1. Apostroph *m,* Auslassungszeichen *n* 2. Unterbrechungszeichen *n* *(1, 2) koma; kesme işareti
apotek *bot.* Apothecium *n* (bei Schlauchpilzen und Flechten) *cihazı tenasülü şeybiye
apotem (*franz.* **apothème**) *math.* s. **içyarıçap**
apoteoz Apotheose, Vergötterung, Verherrlichung, Lobpreisung *f* *tanrılaştırma
apotesyum s. **apotek**
apotr (*franz.* **apôtre**) *selt.* s. **havari**
apozisiyon *bot., gr.* Apposition *f*
appassionato [····×·] *mus.* appassionato, leidenschaftlich
apraksi *psych., med.* Apraxie *f* *edi (*od.* işlev) yitimi
apre (I) (*franz.* **apprêt**) 1. Appretur *f,* Glanz *m* (bei Stoffen) 2. Zurichtung *f* (von Pelzen)
apre (II) (*franz.* **appareil**) (*Sa.* um 1920) Flugzeug *n*
apreci Zurichter *m*
apreli appretiert, zugerichtet
apremidi (*franz.* **après-midi**) 1. *selt.* Nachmittag *m* 2. Nachmittagskleid *n*
april (*reg.* in Anatolien) s. **nisan**
apriori [··×·] *phil.* 1. a priori 2. apriorisch; von vornherein; aus Vernunftgründen *kablî, önsel
aprioricí(-lik) s. **apriorist; apriorizm**
apriorist, -ti Apriorist *m* *önselci
apriorizm *phil.* Apriorismus *m,* Erkenntnis *f* a priori
apro [×·] *V* Null (bei Roulett)
apron (*engl.* **apron**) (betoniertes) Vorfeld der Flughalle
apse (*franz.* **abcès**) *med.* Abszess *m,* Eitergeschwür *n*
apsent, -ti 1. Absinth *m* (Getränk) 2. s. **pelin (otu)**
apsentizm (*franz.* **absinthisme**) *med.* s. **pelin zehirlenmesi**
apsis *math.* Abszisse *f*
apsit, -di 1. *astr.* Apside *f* 2. *arch.* Apsis *f,* halbrunde Altarnische
Apsürt! *(snob. Ausruf)* Absurd! Kommt gar nicht in Frage! ≗ **tiyatro** absurdes Theater
apşak 1. krummbeinig, O-beinig 2. wer vor Erschöpfung nicht mehr gehen kann; *F:* ganz „erschossen"
aptal 1. dumm, beschränkt, einfältig 2. (Ausruf) Blöder Kerl! ~ **oğlu** ~ *Schi.* Hornochse *m,* Rindvieh *n,* ausge-

machter Dummkopf ~ **yerine koymak** j–n wie e–n dummen Jungen behandeln; s. a. **abdal**
aptalca recht dumm ~ **balık** Laube *m zo.* Alburnus lucidus
aptallaşmak 1. dumm werden, verdummen *(intr.)* 2. sich verblüffen lassen, aus der Fassung geraten
aptallaştırmak 1. verdummen *(tr.)* 2. verblüffen; aus der Fassung bringen
aptallık, -ığı 1. Dummheit *f* 2. Eselei, Torheit *f* ~ **etmek** töricht handeln; e–e Dummheit begehen **-a vurmak** sich dumm stellen **-ına doymamak** noch immer nicht gescheit werden (trotz schlechter Erfahrungen)
aptalsı recht dumm; dümmlich
apteriks *zo.* Schnepfenstrauß, Kiwi, Apteryx *m zo.* Apteryx australis *adimülcenah, kivi
aptes 1. rituelle Waschung *bzw.* Reinigung 2. Kot, Stuhl, Urin *m* 3. *gel.* Rüffel, Anpfiff *m* Zu 3: **Bu -le çok namaz kılar.** *F* An dem Anpfiff wird er noch lange Zeit zu würgen haben. ~ **aldırmak (arabaya)** *Ch.* nach der Rückkehr e–r gemischten Vergnügungsgesellschaft den Wagen waschen (lassen) ~ **almak** die rituelle Waschung (Reinigung) vornehmen ~ **bozacağı gelmek** austreten müssen, auf die Toilette gehen müssen ~ **bozmak** austreten; auf die Toilette gehen *def'i hacet etmek ~ **iktiza etmek** s. **düş(-ü) azmak;** ~ **suyu** s. **Cafer ağanın aptes suyu;** ~ **tazelemek** die rituelle Waschung (Reinigung) von neuem vornehmen (da die erste ungültig geworden ist) **-i bozulmak** den Stand der rituellen Reinigung verlieren **˜i kaçtı.** Das Bedürfnis auszutreten ist nicht mehr vorhanden. **-i gelmek** (*od.* **-i olmak**) auf die Toilette gehen müssen; austreten müssen **-inden şüphesi olmamak** sich nichts vorzuwerfen haben, ein gutes Gewissen haben **-ini vermek** (b–ne) 1. j–n tüchtig abkanzeln 2. *selt.* j–n bestrafen
aptesane s. **apteshane**
aptesbozan 1. s. **sığır şeridi** 2. s. ~ **otu;** ~ **otu** gemeiner (*bzw.* kleiner) Wiesenknopf *bot.* Sanguisorba officinalis (*bzw.* minor)
apteshane [··–·] Abort *m* *ayakyolu, helâ, kademhane ~ **çukuru** Abortgrube *f* ~ **taşı** der in der Mitte mit rundem Loch versehene Stein der orientalischen Aborte
aptesli wer die rituelle Waschung (Reinigung) vorgenommen hat
apteslik 1. Ort *m* der rituellen Waschung (Reinigung) 2. *fr.* ärmelloses überwurfartiges Gewand bei der rituellen Waschung
aptessiz 1. wer die rituelle Waschung (Reinigung) nicht oder nicht in der vorgeschriebenen Form vorgenommen hat 2. *fig.* verworfen, schlecht; moralisch verderbt ~ **olmak** *a.* ihre Regel haben (Frau) ~ **yere basmamak** *fig.* die rituellen Vorschriften peinlich genau einhalten; fromm und rechtschaffen sein
apukurya [··×·] Karneval *m* (vor Beginn der christl. Fastenzeit) *etkesimi, karnaval
apul apul breitbeinig, watschelnd (von kleinen, dicklichen Kindern gesagt)
ar (I) *math.* Ar *n*
ar (II) *selt.* Kunst *f* *sanat ~ **dramatik** Bühnenkunst, Dramatik *f*
ar (III) [ā] 1. Scham(-gefühl *n*) *f* 2. Schande, Beschämung, Unehre, Schmach *f* Zu 1: **Bu adamda hiç ~ yok mudur?** Hat denn der Mensch da gar kein Schamgefühl? Zu 2: **Öğrenmeğe ~ olmaz.** *Spr.* Lernen ist keine Schande. ~ **belâsı** Angst *f* vor dem Gerede der Leute *namus belâsı **˜ çekmekten bar çekmek evlâdır.** *Spr.* Lieber e–e Zentnerlast tragen als das Gefühl der Schande. ~ **damarı** aufsteigendes Schamgefühl ~ **damarı çatlamak** kein Ehrgefühl haben ~ **etmek** sich schämen ~ **namus Hak getire** *od. iron.* ~ **namus tertemiz** *od.* **-ı satmış namusu kiraya vermiş.** Er hat keinen Funken Ehrgefühl im Leib. **˜ yılı değil, kâr yılı.** *Spr.* Ein blöder Hund wird selten fett. *Spr.* **-ına dokunmak** (*od.* **-ına gitmek**) j–m gegen die Ehre gehen
-ar s. **-er**
ara 1. Abstand, Zwischenraum *m,* Raum *m* zwischen zwei Punkten 2. Beziehung *f,* Verhältnis, Einvernehmen *n* (zweier Partner) 3. (Zwischen-)Zeit *f* 4. Unterbrechung, Pause *f* 5. Mittel *n* 6. Altersunterschied *m* 7. Nähe, Umgebung *f* 8. *arch.* Zwischenfeld *n* (bei Ornamenten) 9. **(arasına, arasında)** unter, zwischen, bei ~ **açmak** s. ~ **bozmak;** ~ **alkışı** *Th.* Szenenapplaus *m* ~ ~ von Zeit zu Zeit, ab und zu, hin und wieder ~ **ayı** s. **zilkade;** ~ **bağı** *an.* Nasenscheidewand *f* *burun perdesi ~ **bırakmak** 1. e–n Zwischenraum lassen 2. Zeit geben ~ **bozmak** Unruhe stiften, e–e hetzerische Tätigkeit entfalten ~ **bozucu** Aufwiegler, Unruhestifter, Hetzer *m* ~ **bulmak** 1. e–n Zwischenraum (e–e Zeit *od.* ein Mittel) finden 2. vermitteln *telifibeyn etmek (s. a. **-sını, -larını bulmak**) ~ **çubuk** Querscheit *n,* Spange *f* (am Pferdefuhrwerk) ~ **dağlar** *geogr.* Faltengebirge *n* ~ **danteli** Spitzeneinsatz *m* ~ **dinlenmesi** Arbeitspause *f* ~ **doğrusu** *math.* Mittelsenkrechte *f* der Grundlinie *münebbih hat ~ **duvarı** Zwischenwand *f* ~ **finansman** Zwischenfinanzierung *f* ~ **harekât hedefi** *mil.* Zwischenziel *n* der Operation(-en) ~ **hattı** *mil.* Mittel-, Trennungs-linie *f* ~ **imtihanı** Zwischenprüfung *f* (*spez.* nach dem 4. Studiensemester) ~ **iniş meydanı** *mil.* Zwischenlandeplatz *m* ~ **istasyonu** Zwischenstation *f* ~ **kapı** Verbindungstür *f* (zwischen zwei Zimmern *od.* Gebäuden) ~ **karar(-ı)** *jur.* Zwischenentscheid *m,* -urteil *n* ~ **levhası** *techn.* Zwischen-, Trennungs-platte *f* ~ **limanı** Zwischenhafen *m* ~ **merkezi** Verbindungs-, Vermittlungs-stelle *f* ~ **müziği** Intermezzo, Zwischenspiel *n* ~ **nağmesi** s. **aranağme;** ~ **parçası** Zwischen-, Füll-stück *n* ~ **payı** Zwischenraum, Abstand *m* ~ **postası** (*od.* **posta zinciri**) *mil.* Läuferkette *f* ~ **renk** Halbschatten *m* (Malerei) ~ **rondelası** *techn.* Distanzscheibe *f* ~ **seçimi** *pol.* Nachwahl *f* ~ **siperi** Querwall *m* ~ **sokak** Querstraße *f* ~ **tahkikatı** *jur.* Eröffnungsbeschlußverfahren *n* ~ **vermek** 1. (bir işe) e–e Pause einlegen (bei); aussetzen (mit); et. unterbrechen 2. (b–ne) j–m Zeit gewähren ~ **yerde** s. **arada;** ~ **yerden kaldırmak** s. **ortadan kaldırmak; ˜da dağlar kadar fark var.** Da ist ein himmelweiter Unterschied. **-da dönen (yalnız) bir hatır olmak** *F* et. nur aus Gefälligkeit tun **-da** dazwischen, dabei, darunter, inmitten **-da bir** ab und zu einmal, nur gelegentlich, ziemlich selten **-da çıkarmak** et. (bei e–r anderen Tätigkeit) miterledigen **-da gitmek** 1. auch noch untergebracht werden können (z. B. einzelner Gast an e–r Tafel) 2. (als Unbeteiligter an e–m Streit) den Schaden davontragen **-da kalmak** in et. verwickelt sein (werden), *F* selber et. aufgehalst bekommen (z. B. nachdem man nur vermitteln wollte) **-da karaçalı gibi bitmek** s. **aralarına karaçalı gibi girmek; -da kaynamak** verloren gehen, abhanden kommen (z. B. im Gedränge) **-da sırada** s. **arasıra; -daki farkı kapatmak** *(Sport)* den Vorsprung des Gegners aufholen **-dan** inzwischen, unterdessen, in der Zwischenzeit; darüber *(temporal)* **-dan çekilmek** s. **-dan çıkmak; -dan çıkarmak** 1. entfernen, beseitigen 2. e–e Arbeit schleunigst beenden, um sich mit et. Dringlichem befassen zu können **-dan çıkmak** 1. sich zurückziehen; nichts mehr zu tun haben wollen (mit) 2. sich aus e–r mißlichen Affäre ziehen 3. e–n Ausweg finden 4. gleichzeitig miterledigt werden **-dan geçmek** darüber hin-, ver-gehen, ins Land gehen (Zeit) **˜ları açıktır.** Ihr gutes Einvernehmen ist getrübt. **-ları açılmak** sich entzweien, sich zerstreiten, übers Kreuz sein (mit) **˜ları bozuldu.** Ihr gutes Einvernehmen ist gestört worden. **˜la-**

rı iyileşti. Sie haben sich ausgesöhnt. Sie haben wieder ein gutes Verhältnis zueinander. **≗ları soğudu.** Es trat e–e (merkliche) Abkühlung in ihren Beziehungen ein. **≗ları şekerrenk.** Sie stehen sich nicht (mehr) gut miteinander. **≗ları yağ bal.** Sie sind ein Herz und e–e Seele. **-larına almak** in e–n Kreis (von Menschen) aufnehmen **-larına bir kara kedi sokmak** Unstimmigkeiten verursachen (zwischen) **≗larına dar girdik.** Wir konnten nur mit Mühe verhindern, daß sie handgreiflich gegeneinander vorgingen **-larına karaçalı gibi girmek** Freunde entzweien **-larına karışmak** 1. heranwachsen, groß werden 2. enger verkehren (mit) **-larına nifak** (*od.* **tefrika**) **düşmek** sich entzweien, uneins werden **-larında asal** (*od.* **bölünmez**) **sayılar** *math.* relative Primzahlen *pl.* *mütebayin adetler **≗larında bir geldi geçti olmamış.** Früher waren sie ein Herz und e–e Seele. **≗larında (bir) sır olmamış.** Keiner hatte vor dem anderen ein Geheimnis. **-larında kan olmak** in Blutsfehde leben **-larında karlı dağlar olmak** himmelweit voneinander verschieden sein **-larından kara kedi geçmek** einander grollen, böse sein **≗larından su sızmaz.** Sie sind unzertrennliche Freunde. **-larını açmak** das freundschaftliche Verhältnis stören **-larını bozmak** Zwietracht säen, Unfrieden stiften **larını bulmak** das gute Einvernehmen wiederherstellen; vermitteln, ausgleichen, aussöhnen **-larını düzeltmek** e–e Unstimmigkeit bereinigen, schlichten **≗mıza girdi.** Er hat sich uns zugesellt. Er ist zu uns gestoßen. **-mızda** unter (*od.* bei) uns **≗mızda ayrı gayrı yoktur.** Bei uns gibt es keine Zeremonien (*spez.* keine gesonderte Kasse). **≗mızı açmaya kıyam etmeyin!** Daß ihr mir ja nicht unser gutes Einvernehmen stört! **-mızı bozmak için** um uns auseinander zu bringen **≗nızda ne oldu?** Was ist zwischen euch vorgefallen? **-sı** s.a. ges. Stw. **≗sı geçti.** Das ist mittlerweile vergangen (*od.* vergessen). **-sı geçmeden (uzamadan, soğumadan)** recht bald danach; alsbald, gleich **-sı hoş** (*od.* **iyi**) **olmak** 1. eng befreundet sein 2. Gefallen finden (an); ganz angetan sein (von) **≗sı soğudu.** (işin) Die Sache ist eingeschlafen (*od.* nicht mehr aktuell). Das Interesse an der Angelegenheit ist abgeflaut. **Oyunumuzun arası soğumasın!** Unser Spiel soll keine allzulange Unterbrechung erfahren! **sını bulmak** (iki ifradın) zwischen zwei Extremen e–n Ausgleich schaffen; e–e Kompromißlösung finden **-sını soğutmak** 1. Zwietracht säen 2. et. vernachlässigen, einschlafen lassen **-ya almak** in die Mitte nehmen; umringen **-ya girmek** 1. sich ins Mittel legen, zu vermitteln suchen 2. auftauchen; sich einstellen; dazwischenkommen (z.B. unerwartete Schwierigkeiten) **-ya gitmek** 1. nutzlos ausgegeben werden, *F* draufgehen 2. daran glauben müssen, beträchtlichen Schaden erleiden **-ya karışmak** in der Menge untertauchen **-ya kaynamak** *V* spurlos verschwinden **-ya koymak** (*od.* **sokmak**) (b–ni) sich j–s Vermittlung bedienen, j–n einschalten **-ya lakırdı karıştırmak** s. Stw. **lakırdı; -ya ricacı koymak** sich der Vermittlung e–s Fürsprechers bedienen **-ya soğukluk girmek** sich merklich abkühlen (z.B. Freundschaft) **-ya sokuşturmak** die Bereinigung e–r Frage zu ungeeigneter Zeit (und an ungeeignetem Ort) unternehmen **-ya vermek** opfern, unnütz ausgeben **-yı açmak** (b–den) *(Sport)* e–n Vorsprung gewinnen (gegenüber) **-yı kapatmak** *(Sport)* den Vorsprung des Gegners aufholen **25 metre arayla** im Abstand von 25 Metern

âra [– –] (*va. Pl.* zu **rey**) 1. Stimmen *pl.* 2. Abstimmung *f* 3. Meinung(-en *pl.*) *f* **-ya müracaat etmek** zur Abstimmung schreiten, die Abstimmung vornehmen; abstimmen **-yı umumiye** *va.* 1. öffentliche Meinung *f* 2. Abstimmung *f* 3. Volksabstimmung *f spez.* Volksentscheid *m*

-ârâ *(va. pers. Sx.)* schmückend, verschönernd s.a. **meclisârâ**

araba 1. Wagen *m,* Kutsche, Equipage, Droschke, Kalesche *f* usw. 2. Karre *f,* Karren *m* 3. Wagen *m,* Auto *n,* Kraftwagen *m* 4. Wagenladung, Fuhre *f* 5. Haufen *m* 6. *Bill.* Durchstößer *m* ~ **alt sandığı** Wagenkasten *m* ~ **alt sökesi** Runge *f* ~ **alt takımı** Wagengestell *n* ~ **alt yayı** Wagenfeder *f* ~ **atı** Zugpferd *n* ~ **basamağı** Trittbrett *n* (am Wagen) ~ **burgusu** *techn.* Stangenbohrer *m* (des Stellmachers *od.* Zimmermanns) ≗ **devrilince yol gösteren çok.** *Spr.* Hinterher läßt sich leicht raten. ~ **dingil kovanı** *techn.* Achsbüchse *f* ~ **dingil yağı** Wagenschmiere *f* ~ **dingili** Wagenachse *f* ~ **dolusu küfretmek** wie ein Rohrspatz schimpfen ~ **durağı** *a. mil.* Wagenhalteplatz *m* ~ **falakası** Ort-, Zug-scheit *n* (am Pferdefuhrwerk) ≗ **ile tavşan avlanmaz.** *Spr.* Um e–n Erfolg zu erzielen, muß man sich der nötigen Mittel bedienen. ~ **imalâthanesi** Stellmacherei *f* ~ **izi** Fahrgeleise *n* ~ **kapısı** Tor-weg *m,* -einfahrt *f* ≗ **kırılınca ...** s. ≗ **devrilince ...;** ~ **kolu** 1. Fahrkolonne *f* 2. s. ~ **oku;** ~ **körüğü** Wagen-verdeck *n,* -plane *f* ~ **kullanmak** e–n Wagen lenken, steuern; ein Auto fahren ~ **makası** (*od.* **yayı**) Wagenfeder *f* ~ **neferi** *mil.* Wagenbegleiter *m* ~ **oku** Wagendeichsel *f* ~ **oku zinciri** Deichselkette *f* ~ **parkı** *mil.* Wagenpark *m* ~ **sepeti** aus Weidengeflecht bestehende Seitenwand e–s Wagens ~ **takım bağlantısı** Achsband *n* ~ **vapuru** Fährdampfer *m,* -schiff *n,* Fähre *f* ~ **yapıcısı** Stellmacher, Wagenbauer *m* ~ **yolu** Fahrweg *m* **-nın tekerine taş koymak** *fig.* j–m Steine in den Weg legen **-sını düze çıkarmak** *fig.* über das Gröbste hinwegkommen **-sını sürmek** die Zugtiere antreiben **-yı çekmek** *V* sich verdrücken; sich verkrümeln; verschwinden, abhauen **-yı devirmek** *V* die rituell vorgeschriebene Ganzwaschung *(gusül)* vornehmen müssen **-yı koşmak** Zugtiere an den Wagen spannen; anspannen **-yı sallamak** *V* den Wagen fahren (fremder Chauffeur) **-yı sola kırmak** nach links fahren **-yı sürmek** den Karren fahren

arabacı 1. Kutscher, Wagenlenker *m* 2. Kärrner, Fuhrmann *m* 3. Stellmacher (Wagenbauer, Wagner) *m* 4. ≗ *astr.* Fuhrmann *m* (Sternbild) ~ **neferi** *mil.* Fahrer *m*

arabacılık Tätigkeit *f bzw.* Beruf *m* e–s **arabacı**

arabalı 1. mit Wagen 2. **(vapur)** Fährdampfer *m* ~ **hasta ve yaralı nakliye bölüğü** *mil.* Fahreskadron *f* zum Transport der Kranken und Verwundeten ~ **nakliye kolu** *mil.* Fahrkolonne *f*

arabalık 1. für Wagen *od.* zur Herstellung von Wagen geeignet 2. Wagenschuppen *m,* Remise *f* 3. Wagenladung, Fuhre *f,* ein Karren voll

araban 1. e–e melod. Weise in der türk. Musik 2. ≗ O. u. D. im Rbz. Gaziantep **-kürdî** e–e ältere melod. Weise in der türk. Musik

arabesk Arabeske *f* (Ornament)

arabeyin, -yni *an.* Zwischenhirn *n*

Arabî 1. arabisch 2. arabische Sprache, Arabisch ~ **ve Farisî terkipler** arabische und persische Fügungen *pl.* ~ **ve Farisî dersleri** Unterricht *m* im Arabischen und Persischen

ârabi [– · –] Wüstenaraber, Beduine *m*

arabîci *va.* Anhänger (Befürworter) *m* des Arabischen

Arabistan *n.pr.* 1. die Halbinsel Arabien 2. *irrt.* das von Arabern besiedelte Gebiet *spez.* (im irakischen Sprachgebrauch) die pers. Provinz Chusistan ~ **akasyası** *bot.* Name verschiedener Akazienarten, die Gummiarabikum liefern *spez.* Acacia verek *zamk akasyası ~ **çayı** Katpflanze *f bot.* Catha edulis *kat ~ **Çölü** *n.pr.* Große Arabische Wüste *f* ~ **defnesi** s. **kurtbağrı** (2); ~ **inciri** s. **firavuninciri** (1); ~ **mersin ağacı** afrikanische Trugmyrte *bot.* Myrsine africana ~ **meşesi** s. **pırnal;** ~ **yasemini** Nacht-Jasmin *m,* Trauerblume *f bot.* Nyctanthes arbor tristis

Arabiyat, -tı [··· –] Arabistik *f*
arabozan s. **ara bozucu**
arabozanlık Hetze *f*, Unruhestiften *n*, Intrigen, Umtriebe, Machenschaften *pl.*
arabulucu Vermittler(-in *f*) *m*, Friedensstifter(-in *f*) *m*
arabuluculuk Rolle *f* e–s Vermittlers ~ **yapmak** die Rolle e–s Vermittlers übernehmen; vermitteln (z.B. bei pol. Streitigkeiten)
aracı 1. Mittelsperson *f*, Vermittler, Makler *m* *mutavassıt, vasıta 2. Medium *n* 3. *zo.* s. **arakonak(-çı)**
aracılık 1. Rolle *f*, Aufgaben *pl.* e–s **aracı** *tavassut, vasıtalık, vesatet 2. Verbindungsglied *n* ~ **etmek** 1. Vermittler (Makler, Medium) sein 2. Bindeglied sein
aracümle s. **aratümce**
araç, -cı 1. Instrument, Mittel, Werkzeug *n* 2. Fahrzeug *n* 3. s. **ay -ı**; ~ **durumu** *gr.* Instrumentalis *m* ~ **durumu ile ikileme** *gr.* zweigliedrige Koordinationsgruppe im Instrumentalis (z.B. **canla başla**)
Araç *n.pr.* O. u. D. im Rbz. Kastamonu
araçlı 1. mit **araç** *(q.v.)* 2. mittelbar, indirekt *bilvasıta, endirek(t), vasıtalı ~ **bölünüm** s. **karyokinez;** ~ **cimnastik** Geräteturnen *n* ~ **geçişli** s. **ettirgen;** ~ **kızak** Skijöring *n* ~ **üslup** *stil.* indirekte Rede ~ **vergiler** indirekte Steuern *pl.*
araçsız 1. ohne **araç** *(q.v.)* 2. unmittelbar, direkt *bilâvasıta, direkt, vasıtasız ~ **alıştırmalar** *(Turnen)* Freiübungen *pl.* ~ **üslup** *stil.* direkte Rede
aradeniz *geogr.* Binnenmeer *n*
aradevre *med.* Zwischenstadium *n* (anfallsfreie Tage z.B. bei Epilepsie)
araf [– –] Limbus *m* (nach isl. Lehre befestigter Platz zwischen Himmel und Hölle; s.a. Koran, Sure 7, Suretülaraf)
Arafat, -tı [·· –] *n.pr.* Granithügel 29 km südöstl. von Mekka, wo nach der isl. Sage Adam und Eva nach ihrer Vertreibung aus dem Paradies wieder zusammengekommen sind; Gebets- und Rastort der Mekkapilger am 9. Zilhicce **-ta soyulmuş hacıya dönmek** *fig.* bis aufs Hemd ausgeplündert werden
Aragon *n.pr.* 1. Aragonien (in Spanien) 2. **(ırmağı)** Aragon *m* (Fluß) 3. aragonisch
aragonit, -ti *min.* Aragonit *m* (häufig als Sinter)
aragüverte *naut.* Zwischendeck *n*
arahayvan s. **arakonak(-çı)**
arak 1. Name e–r best. Tonfolge in der türk. Musik 2. *selt.* Arrak, Branntwein *m* 3. *V* Hand *f* 4. *V* Stehlen, Klauen *n*
araka Name e–r großen Erbsenart
arakat s. **asma kat**
arakatkı *geol.* Einlagerung *f*
arakçı *V* Dieb, Langfinger *m*
arakçılık *V* Diebstahl *m*
arakçın 1. s. **arakıye** (1) 2. *fr.* silberverzierte Brautkappe mit umgebundenem Brautschleier
arakesit, -ti *geom.* Schnitt-punkt *m*, -fläche *f* faslı müşterek
arakıye 1. *fr.* weicher Ziegenhaarfilz (unter e–m Turban) 2. *fr.* Derwischmütze *f* 3. e–e kleinere Art **zurna**
arakiton s. **dulavratotu**
araklamak *V* stehlen, klauen, entwenden, mitgehen heißen
Araklı *n.pr.* O. u. D. im Rbz. Trabzon
araknoit, -di s. **örümceksi zar**
araknoloji(-k) s. **örümcekbilim(-sel)**
arakonak(-çı) *zo.* Zwischenwirt *m* (e–s Parasiten)
aral *va.* Archipel *m* *cezairi müçtemia, takımada
aralama 1. *Vs.* zu **aralamak** 2. *agr.* Auslichtung *f* (von Sträuchern *od.* Bäumen zwecks besseren Wachstums)
aralamak 1. e–n Zwischenraum entstehen lassen; trennen, zerteilen 2. e–n Spalt weit öffnen (Tür, Vorhang usw.) 3. etwas weiter auseinanderstellen (z.B. Stühle) 4. *typ.* durchschießen
aralanmak 1. Pass. zu **aralamak** 2. Abstand nehmen (z.B. bei Freiübungen) 3. *V* sich trollen, sich verdrücken 4. sich verlaufen (Menschenmenge) 5. öde und einsam werden (Örtlichkeit) 6. sich e–n Spalt öffnen (z.B. Augen) 7. zeitweise aussetzen (z.B. Geschäftsgang) 8. erscheinen, sich zeigen, auftreten *görünmek
aralaşmak 1. (bşle) sich voneinander entfernen (Dinge) 2. s. **aralanmak**
aralaştırmak e–n Zwischenraum zwischen zwei Dingen entstehen lassen (z.B. e–n Spalt weit öffnen)
aralatmak 1. Kaus. zu **aralamak** 2. s. **aralamak**
aralı mit Zwischenräumen *od.* Unterbrechungen; intermittierend, stoßweise; zeitweilig aussetzend ~ **işler** Gelegenheitsarbeiten *pl.*
aralık, -ığı 1. Zwischenraum, Abstand *m* 2. Spalt *m*, Spalte, Lücke, Ritze, Öffnung *f*, Riß *m*, Loch *n*, Aussparung *f* 3. *mil.* Seitenabstand, Zwischenraum *m* 4. (Zwischen-) Zeit, Unterbrechung, Pause *f* 5. (günstige) Zeit, (passende) Gelegenheit *f* 6. schmaler Durchgang, Korridor *m* 7. *mus., phys.* Intervall *n*, Abstand *m* in der Tonhöhe *fasıla 8. Abort *m* 9. **(ayı)** a) Dezember *m* *kânunuevvel, ilkkânun, birinci kânun b) *fr.* der Monat Zilkade (zwischen Şeker Bayramı und Kurban Bayramı) 10. e–n Spalt weit offen; angelehnt 11. **Aralık** *n.pr.* O. u. D. im Rbz. Kars. ~ ~ gelegentlich; von Zeit zu Zeit; ab und zu ~ **arazi** *mil.* Zwischenfeld *n* ~ **bırakmak** halb öffnen, anlehnen (Tür) ~ **bulmak** e–e passende Gelegenheit finden ~ **cıvata** *techn.* Distanzschraube *f* ~ **etmek** e–n Spalt weit öffnen ~ **hattı** Zwischen-, Trennungs-linie *f* ~ **olarak yanıp sönen ışık** Blinklicht *n* (e–r Verkehrsampel) ~ **oyun** *Th. fr.* Zwischenspiel *n*, Gesangseinlage *f* ~ **vermeden** pausenlos, ununterbrochen ~ **vermek** zeitweise aufhören (mit et.) **-a gitmek** s. **araya gitmek; -lardan ateş** *mil.* Lückenfeuer *n* **-ta** währenddessen, zwischendurch
aralıklı 1. mit Zwischenraum (*bzw.* Zwischenräumen) 2. zeitweilig
aralıksız ununterbrochen, pausenlos
araltı Stall-, Lattier-baum, Hängequerbalken *m*
aralya [·×·] 1. Aralie *f bot.* Aralia (chinensis u.a.) 2. fünfblättrige Kraftwurz; Ginseng *m bot., pharm.* Aralia quinquefolia
aram [– –] *va.* Ruhe, Rast *f* ~ **etmek** *va.* ruhen, rasten, sich ausruhen
Âram *n.pr. va.* Syrien mit Mesopotanien (zusammen)
arama *Vs.* zu **aramak** *spez. jur.* Durch-, Haus-suchung *f* ~ **belgesi** Schürfschein *m* *taharri vesikası ~ **değneği** Wünschelrute *f* ~ **emri** (*od.* ~ **müzekkeresi**) *jur.* Haussuchungsbefehl *m*
aramaç *selt.* archäologische Ausgrabung
aramak 1. suchen 2. durchsuchen 3. vermissen, entbehren; sich sehnen (nach) 4. untersuchen, erforschen, prüfen 5. verlangen, fragen (nach) 6. schürfen 7. (als Beweis) heranziehen, sich berufen (auf) 8. be-, auf-suchen; sich kümmern (um) 9. sich auf et. zu besinnen versuchen 10. *intr.* (*od.* **belâsını** ~ *P*) sein Unglück selber verschulden, sich selbst in ein Unglück hineinreiten Zu 5: **Bu romanı bütün kütüphanelerde arayınız!** Dieser Roman ist in allen Buchhandlungen erhältlich. **hakkını** ~ sein Recht verlangen **telefonla** ~ telephonisch zu erreichen suchen; anrufen **Kendisini çokluk aramazlarmış.** Sie kümmerten sich nicht sonderlich um ihn. **Ara ki bulasın!** Da kannst du vergeblich suchen! Keine Rede davon! **Aradığını buldu.** Er hat den verdienten Lohn erhalten. **Arama!** 1. Suche nicht! 2. Du brauchst nicht erst zu suchen! (*scil.* es ist doch nicht da!) **aramakla bulunmaz** ein weißer Rabe

Arayan bulur (*a. m. der Forts.* **inleyen ölür**) *Spr.* Suche, und du findest! **Arayan Mevlâsını da bulur, belâsını da.** *Spr.* Jeder erhält das, was er verdient. Jeder ist seines Glückes Schmied. *Spr.* **arayıp bulmak** 1. suchen und (tatsächlich) finden 2. sich selbst in ein Unglück hineinreiten **arayıp da bulamamak** *a. fig.*: sehr kostbar sein **arayıp sormak** 1. sich nach j–m erkundigen 2. j–m e–n Höflichkeitsbesuch machen **arayıp taramak** durchsuchen, durchstöbern, absuchen **arayıp yatmak** dauernd suchen (nach)

Âramca s. **Âramî** (2)

aramgâh [– – –] *va.* 1. Ruheort, Rastort *m* 2. Wohnort *m*, Wohnung *f*

Âramî 1. Aramäer *m* 2. aramäische Sprache, Aramäisch 3. aramäisch

aramsaz [– – –] *va.* 1. wer sich ausruht 2. wohnend

aramsız [– –·] *z. va.* beunruhigt, unruhig, nervös, befangen

aranağme 1. (in der türk. Musik) zwischen den einzelnen Liedern und am Ende gespieltes Stück (ohne Gesang) 2. *fig.* stereotype Redensart 3. *fig.* ewiges Lied, gleiche Leier 4. Intermezzo, Zwischenspiel *n*

aranç, -cı s. **dava;** ~ **konusu** *jur.* s. **müddeabih, münazaunfih;** ~ **yöneltilme yetkisi** *jur.* s. **pasif husumet ehliyeti;** ~ **yöneltme yetkisi** *jur.* s. **aktif husumet ehliyeti; -a katılma** *jur.* s. **davaya müdahale; -ın bildirilmesi** *jur.* s. **davanın ihbarı**

arançcı; arançlı s. **davacı; davalı**

aranılmak Pass. zu **aramak**

aranje *mus.* arrangiert ~ **etmek** arrangieren, bearbeiten

aranjelemek s. **aranje etmek**

aranjman 1. Regelung, Anordnung *f*, Arrangement *n* 2. *mus.* Arrangement, Umsetzung, Bearbeitung *f* 3. *selt.* Abkommen *n*, Vereinbarung *f* 4. Blumen-Arrangement *n*

aranjör *mus.* Arrangeur, Umsetzer, Bearbeiter *m*

aranmak 1. Pass. zu **aramak** 2. viel verlangt werden (z. B. best. Buch) 3. (allein) auf die Suche gehen (nach) 4. bei sich selber (z. B. in allen Taschen) et. suchen 5. *V* sein Unglück selber verschuldet haben 6. vermißt werden; fehlen Zu 1: **Tahsil aranmaksızın herkes alınır.** Jeder kann aufgenommen werden; Vorbildung ist nicht erforderlich.

araoyun *Th. fr.* Zwischenspiel, Interludium *n*

Arap, -bı 1. Araber(-in *f*) *m* (im Karagözspiel u. im Ortaoyunu oft der Typ des Diebes, Bettlers *od.* Baklava-Händlers) 2. arabisch 3. von schwarzer *od.* sehr dunkler Hautfarbe; Neger *m* (*spez.* im türk. Märchen) 4. der schwarze Mann (als Kinderschreck) 5. *gel.* Hundename Zu 3: s. a. **kara** ~; ~ **aklı** von geringer Urteils- *od.* Denkfähigkeit; primitiv denkend ~ **-a yüzün kara demiş.** *Spr.* Ein Esel schilt den andern Langohr. *Spr.* ~ **ardında!** (Zur Einschüchterung kleiner Kinder) Gleich kommt der schwarze Mann (und holt dich)! ~ **aşiretleri** Beduinenstämme *pl.* ~ **atı** arabisches Pferd; Araber *m* ~ **bacı** (alte) schwarze Dienerin ~ **baklası** Ackerkuhkraut *n bot.* Vaccaria segetalis ~ **Birliği** *hist.* Arabische Liga ~ **bocisi** Schrottau *n*, Seil-Rollschräge *f* (*spez.* für das Heraufholen *od.* Hinablassen von Fässern) ~ **bülbülü** Gelbsteißbülbül *m zo.* Pycnonotus xanthopygus ~ **cevizi** *naut.* s. **gerdel cevizi;** ~ **çakmağı** (Zunder-)Feuerzeug *n* ~ **çiçeği** s. **kayısıçiçeği;** ~ **çorap** die unmöglichsten Leute ~ **dilini çıkarmış gibi** grellrot ~ **fıstığı** s. **yerfıstığı;** ~ **gibi olmak** wie ein Neger ausschauen *d. h.* sehr eingebräunt sein ~ **halayık** Typ der Negerin im Karagözspiel ~ **harfleri** die (bis 1928 in der Türkei gebräuchliche) arabische Schrift ~ **inciri** s. **Mısır inciri** (1); ~ **kirazı** Mehlbeere *f bot.* Sorbus aria *sadır ağacı ~ **mavnası** großes Boot; Barke *f* ~ **olayım!** s. **Anladımsa** ~ **olayım!** ~ **otu** kleines Träubelchen *bot.* Muscari botryoides ~ **rakamları** arabische Ziffern *pl.* *Hint rakamları ~ **sinamekisi** schmalblättrige Senneskassie *bot.* Cassia angustifolia *dar yapraklı sinameki ~ **tavşanı** s. **aktavşan;** ~ **tavşanıgiller** Springmäuse *pl. zo.* Jaculidae; Dipodidae ~ **tavuğu** Spießflughuhn *n zo.* Pterocles alchata ~ **uyandı** *F* 1. Er ist (durch Erfahrungen) gewitzigt worden. 2. Das Glück beginnt ihm endlich zu lächeln. ~ **yasemini** s. **Mısır yasemini;** ~ **yazısı** s. ~ **harfleri; -ın derdi kırmızı pabuç** *F* immer nur mit den eigenen Gedanken beschäftigt sein (d. h. nicht zuhören) **-ın gözü açıldı** s. ~ **uyandı. Benim** ~ **oynadı.** *V* Ich habe Dusel (Schwein) gehabt.

arapbülbülügiller (Familie *f* der) Kurzfußdrosseln *pl. zo.* Pycnonotidae

Arapça [·×·] 1. arabische Sprache, Arabisch 2. arabisch ~ **değil mi** (*od.* **bilir misin**) **uydur uydur söyle!** (*Ält. Ra.*) Beim Arabischen kommt es nicht so genau darauf an; die Wortform, die du zusammenstoppelst, paßt schon irgendwie! **Bu, benim için -dır.** *fig.* Ich verstehe kein Wort davon!

Arapçalaşmak arabisiert werden, arabische (Sprach-)Form annehmen

Arapçalaştırmak arabisieren, nach dem Arabischen ausrichten (z. B. Wortform)

Arapçalı 1. arabisch gefärbt, mit arabischem Einschlag (z. B. Ausdrucksweise) 2. arabisch (z. B. Wörter)

Arapçı fanatischer Anhänger alles Arabischen (z. B. im Ggs. zu **Türkçü**)

Arapkir *n.pr.* O. u. D. im Rbz. Malatya

Araplaştırmak arabisieren

Araplı mit arabischen Elementen durchsetzt

Araplık Arabertum *n*

arapsabunu, -nu Schmierseife *f* *potas sabunu; yumuşak sabun

arapsaçı, -nı 1. krauses Haar, Negerhaar *n* 2. *fig.* heilloses Durcheinander, schrecklicher Wirrwarr; Rattenkönig *m* 3. unentwirrbar 4. *fig.* sehr verwickelt, unübersichtlich *F* verzwickt, vertrackt 5. s. **civanperçemi; -na dönmek** 1. völlig durcheinander geraten (Angelegenheit) 2. sehr verwickelt (ganz unübersichtlich) werden

Arapsun s. **Gülşehir**

arapzamkı, -nı Gummiarabikum *n* *zamkı Arabî ~ **ağacı** s. **Arabistan akasyası**

Ararat, -tı *n.pr.* der (Große) Ararat (höchster Berg der Türkei, 5172 m) *Büyük Ağrıdağı

ararot, -tu Arrowroot *n*: 1. Pfeilwurz *f* (Marantengewächs) 2. Stärkemehl *n* (wie Maranta-, Maniok-stärke) ~ **kamışı** s. **maranta**

Aras *n.pr.* Fluß in der Osttürkei (*hist.* Araxes *m*)

Arasat, -tı [··–] *n.pr. isl. Myth.* Versammlungsort beim Jüngsten Gericht *mahşer meydanı

-arası (*a.* getrennt geschrieben) 1. inter-, zwischen- 2. (mst. ohne Übersetzung) Zu 1: s. **devletler** ~, **milletler-, müttefikler-, parlamentolar** ~, **uluslar-** usw. Zu 2: s. **atomlar** ~, **gazeteler** ~, **şehirler-** usw.

arasıl s. **koşut, paralel**

arasıra von Zeit zu Zeit, ab und zu, gelegentlich, manchmal

arasız ununterbrochen, dauernd

arasöz kurze Abschweifung vom Thema, Einschaltung, Zwischenbemerkung, Digression *f*, Exkurs *m*

arasta 1. *va.* Marktlager *n*, Marketenderei *f* 2. derjenige Teil e–s Marktes, wo die Handwerker *od.* Händler der gleichen Branche zusammen sind

arastak, -ağı *fr.* Dachverzierungen *pl.*

âraste *va.* 1. vorbereitet, vorgesehen, angeordnet 2. geschmückt

araşe (*franz.* **arraché**) (*Sport*) (mit Schwung) gestemmt *od.* gerissen (z. B. Scheibenhantel)

araşit, -ti (*franz.* **arachide**) s. **yerfıstığı; ~ yağı** Erdnußöl *n*
araşmak *selt.* sich gegenseitig suchen
araştırıcı 1. forschend, untersuchend 2. Forscher(-in *f*) *m* 3. s. **meraklı, mütecessis** 4. *med.* Probe- (z.B. Punktion)
araştırma 1. *Vs.* zu **araştırmak** 2. (wissenschaftliche) Untersuchung, Forschung, Studie *tefahhus, tetebbu ~ **enstitüsü** Forschungsinstitut *n* ~ **gezisi** Forschungsreise *f*
araştırmacı Forscher(-in *f*) *m*
araştırmak 1. durch-, ab-suchen, durchwühlen *taharri etmek 2. wissenschaftlich untersuchen, erforschen, studieren *tefahhus etmek, tetebbu etmek
aratmak Kaus. zu **aramak; eskisini aratmamak** dem früheren in nichts nachstehen **aratıp taratmak** 1. überall suchen lassen 2. eine genaue Untersuchung anordnen
aratümce *gr.* Zwischen-, Schalt-satz *m,* eingeschobener Satz
araverme 1. Pause, Unterbrechung *f* 2. Zwischen-, Spielraum *m*
aravul *dial.* Späh-, Aufklärungstrupp *m* *istikşaf kıtası
arayıcı 1. suchend; Sucher(-in *f*) *m,* Prüfer(-in *f*) *m* 2. kontrollierender Zollbeamter Zu 1: **maden -ları** Erzsucher *pl.* ~ **fişeği** Schwärmer *m od.* ähnlicher Feuerwerkskörper
arayış (Durch-)Suchen *n*
ârayiş [− − ·] *va.* Schmuck *m,* Zier *f*
araz 1. *a. med.* Symptom *n* *belirti 2. Akzidens *n,* Sekundärerscheinung *f* *ilinek 3. *selt.* Zufall *m* *tesadüf 4. *selt.* Unfall *m* *kaza
âraz [− −] *z. va. Pl.* zu **araz**
araza s. **haraza**
arazbar [· · −] 1. e−e melod. Weise in der türk. Musik 2. *(im Ortaoyunu)* Gespräch *n,* Dialog *m* ~ **buselik** e−e melod. Weise in der türk. Musik
arazi [· − −] *urspr. Pl.* zu **arz** (I) 1. Gelände, Terrain *n,* Boden *m* *yerey 2. Gebiet, Land *n* 3. a) Ländereien, Grundstücke *pl.* b) Grundstück *n* *yer parçası ~ **açma** (Land-)Rodung *f* ~ **bilgisi** Geländekunde *f* ~ **bölgesi** Geländeabschnitt *m* ~ **binişi** Geländeritt *m* ~ **çöküntüsü** (*od.* **çukuru**) (Boden-)Senke *f* ~ **dalgası** Gelände-welle, -falte *f* ~ **düzeltimi** (Boden-)Planierung *f* ~ **eşkâlinin mütalaası** Gelände-beschreibung *f,* -studium *n* ~ **fedakârlığı** territoriales Opfer ~ **hukuku** *jur.* Bodenrecht *n* ~ **icarı** Landverpachtung *f* ~ **kabiliyetli** geländegängig (Fahrzeug) ~ **kazanmak** Boden gewinnen ~ **kesimi** Gelände-abschnitt, -streifen *m* ~ **keşfi** Geländeerkundung *f* ~ **mâniası** Geländehindernis *n* ~ **masunluğu** territoriale Integrität *mülkî tamamiyet ~ **mesahası** Aufmessung *f* des Geländes ~ **mesaha etmek** (*od.* **ölçmek**) aufmessen ~ **mıntıkası** s. ~ **bölgesi** (*od.* **kesimi**); ~ **müzakeresi** Geländebesprechung *f* ~ **noktası** Geländepunkt *m* ~ **otomobili** geländegängiger Wagen, Geländekraftwagen *m* ~ **ölçümü** Landvermessung *f* ~ **örtüsü** Geländebedeckung *f* ~ **taslağı** Geländeskizze *f* ~ **tatbikatı** Geländeübung *f* ~ **terki** Gebietsabtretung *f* ~ **vergisi** Grundsteuer *f* ~ **yarışı** Steeplechase *f* **-de hareket kabiliyeti** Geländegängigkeit *f* **-den istifade** Geländeausnutzung *f* **-nin çıkıntı noktası** markanter Punkt im Gelände **-nin faydası** Geländevorteil *m* **-nin görüş hâkimiyeti** Übersichtlichkeit *f* des Geländes, Geländeübersicht *f* **-nin hali** Gelände-, Boden-beschaffenheit *f* **-nin kayması** Bodenverschiebung *f* **-nin kıymetlendirilmesi** Ausnutzung *f* des Geländes **-nin tahkimi** Ausbau *m* des Geländes **-nin zehirlenmesi** Geländevergiftung *f* **-ye uymak** *V* sich verstecken, sich verbergen
arazî 1. symptomatisch 2. akzidentell, sekundär *ilinekli
arazöz *irrt.* für **arozöz**
arbalet (*franz.* **arbalète**), **-ti** Armbrust *f* *Tatar oku
arbede Zank, Streit, Lärm, Krakeel, Krawall, Tumult *m* **-ler** *a.* Aufruhr *m,* Unruhen *pl.*
arbedecu [ū] *va.* streitsüchtig, zänkisch
arbitraj 1. (Börsen-)Arbitrage *f* 2. *spez.* Effektenhandel *m* 3. Herbeiführung *f* e−s Schiedsspruchs; Schieds-verfahren *n,* -gerichtsbarkeit *f* ~ **şartı** *H* Arbitrageklausel *f*
ard s. **art**
arda 1. Dreh-meißel, -stahl *m,* -eisen *n* 2. eingerammter Pflock *od.* Stab (als Zielpunkt) 3. Kommandostab *m gel. a.* Zepter *n* 4. **Arda** *n.pr.* Nebenfluß der Maritza (Meriç) ~ **kalemi** Kantenmeißel *m* (des Steinmetzen)
Ardahan *n.pr.* O. u. D. im Rbz. Kars
ardak, -ağı Stockflecke *pl.* (im Holz)
ardaklamak *dial.* abrichten, dressieren (Tiere) *tedrip etmek
ardala 1. große Kamelglocke 2. Sattelkissen *n*
ardalı mit **arda** (1, 2) ausgestattet
Ardanuç *n.pr.* O. u. D. im Rbz. Artvin
ardardalık, -ığı Aufeinanderfolge *f*
Ardaşir s. **Erdeşir**
Arden dağları (*od.* **Ardenler**) *n.pr.* Ardennen *pl.*
Ardeşen *n.pr.* O. u. D. im Rbz. Rize
ardıç (I), **-cı** gemeiner Wacholder *bot.* Juniperus communis ~ **katranı** Harz *n* des Sadebaums **(karaardıç),** Stockholm-, Schweden-teer *m* ~ **rakısı** *va.* Wacholderbranntwein, Gin *m* *cin ~ **tohumu** Wacholderbeeren *pl.*
ardıç (II), **-cı (kuşu)** Wacholderdrossel *f,* Krammetsvogel *m zo.* Turdus pilaris *bozbakkal ~ **bülbülü** Sprosser *m* (Vogel) *zo.* Luscinia luscinia
ardıçkuşugiller s. **karatavukgiller**
ardıl 1. aufeinanderfolgend *mütevali 2. Nachfolger *od.* Nachkomme *m* *halef 3. *phil.* konsekutiv, Folge- *müteakıp
ardıllık 1. (Aufeinander-)Folge *f* *teakup, tevali 2. s. **halefiyet, istihlâf**
ardılmak *dial.* 1. aufeinanderfolgen 2. sich stützen (auf), sich hängen (an) 3. *fig.* et. befolgen 4. angreifen
ardın ardın rückwärts (gerichtet), nach rückwärts ~ ~ **gitmek** rückwärts gehen, zurückweichen
ardınca unmittelbar hinterdrein, hinterher, hintereinander
ardısıra s. **ardı sıra**
ardışık *math.* gleichmäßig aufeinanderfolgend *müteakıp, mütevali ~ **olgular** *med.* Folgeerscheinungen, Nachwirkungen *pl.* (e−r Krankheit)
ardil aus Erdnüssen gewonnene Kunstfaser
ardiye 1. Lager(-haus *n,* -platz *m*) *n,* Speicher, Einlagerungsort *m,* Aufbewahrungs-, Hinterlegungs-stelle *f* 2. Lager-geld *n,* -gebühr *f* ~ **mukavelesi** s. **ambar sözleşmesi**
ardiyeci Lagerverwalter *m*
ardoda s. **artoda**
arduvaz (*franz.* **ardoise**) (Ton-)Schiefer *m* *damtaşı, kayağantaş, kaygantaş ~ **mavisi** schieferblau
arefe s. **arife**
areik (*franz.* **aréique**) s. **akışsız**
areka Betelpalme *f bot.* Areca catechu ~ **cevizi** Betelnuß *f*
aren 1. Arena *f* 2. *fig.* Schauplatz *m* (e−s Geschehens)
arena [· × ·] 1. feiner Sand (für die Verpackung von Schwämmen) 2. Scheuersand *m* 3. s. **aren**
arenacı Scheuersand-Verkäufer(-in *f*) *m* (mst. Zigeuner)
arenalı s. **kumlu**
arenikola [· · × · ·] Sandwurm *m zo.* Arenicola (als Fischköder verwendet) *büyük deniz kurdu
areol, -lü (*franz.* **aréole**) s. **ayla** (2)
areometre [· · · × ·] *phys.* Aräometer *n,* hydrostatische Senkwaage *sıvıölçer
areopaj *hist.* Areopag *m* (höchster Gerichtshof im antiken Athen)
arete (*franz.* **arrêté**) **etmek** *selt.* an-, fest-halten, zum Stillstand bringen (*a.* z.B. Fieber)

Arga *n.pr.* s. **Akçadağ**
argaç, -cı 1. Einschlag, (Ein-)Schuß *m* (beim Weben) *atkı 2. *dial.* Bergrücken *m* ~ **atmak** s. **argaçlamak**
argaçlamak ein-schießen, -schlagen (beim Weben)
argaçlık, -ığı 1. Schußfaden *m* 2. Webstück *n* 3. kleiner Kelim
argali Argali *n* (zentralasiatisches Wildschaf) *zo.* Ovis ammon *yaban koyunu
argalya s. **alkarna**
argan *naut. va.* Hebewinde *f*, Spill *n*
argant, -dı (in der Füg.): ~ **gaz hamlacı** Argand-, Ringbrenner *m*
argentina 1. Silberfisch *m zo.* Argentina sphyraena (Mittelmeer) 2. s. **kazayağı** (2)
argentit, -ti *min.* Argentit, Silberglanz *m*
argımak *va.* 1. abmagern 2. ermatten, kraftlos werden
argın schwach, matt, kraftlos *bitap
argınlık 1. Schwäche, Mattigkeit, Kraftlosigkeit *f* 2. *psych.* Über-anstrengung, -bürdung *f*
argıt Gebirgsübergang, Paß *m* *dağ geçidi; derbent
argo [×·] 1. Sonder-, Fach-, Berufs-sprache *f* 2. Argot, Rotwelsch *n*, Gaunersprache *f*, Jargon, Slang *m* 3. Vulgärsprache *f*
Argo (gemisi) *n.pr.* 1. *(griech. Myth.)* Argo *f* (Schiff) 2. *astr.* Schiff *n* (Argo) (am südl. Sternhimmel) *Gemi, Sefine
argon *chem.* Argon *n* (Edelgas)
Argon (dağları) *n.pr.* Argonnen *pl.*
argonot, -tu Argonautenmuschel *f zo.* Argonauta argo
Argonotlar *(griech. Myth.)* Argonauten *pl.*
Argovi; Argovya [·×·] *n.pr.* Aargau *m* (Schweizer Kanton)
Argovyalı aus dem Aargau stammend, Aargauer(-in *f*) *m*
argustek, -eği *reg.* Amulett *n*, Talisman *m* *muska, tılsım
Arguvan *n.pr.* O. u. D. im Rbz. Malatya
argüman Argument, Beweismittel *n*
Argüs 1. *n.pr. (griech. Myth.)* Argus 2. *fig.* Argus *m*, scharfäugiger Wächter
Arhavi *n.pr.* O. u. D. im Rbz. Artvin
arhont s. **arkont**
arı (I) 1. Biene *f zo.* Apis (mellifica) (s.a. **bal arısı**) 2. Wespe *f*, Hornisse *f* (*vgl.* **eşekarısı, yabanarısı**); ≗ **bal alacak çiçeği bilir.** *Spr.* Er weiß, wo Barthel den Most holt. ~ **beyi** Bienenkönigin *f*, Weisel *m* *bey arı, ana arı ~ **biti** Bienenlaus *f zo.* Braula caeca ~ **canavarı** Bienenwolf *m zo.* Philanthus triangulum ~ **çiçeği** s. **mumçiçeği** (2); ~ **dikeni** Bienenstachel *m* ~ **gibi** sehr fleißig; bieneneifrig ~ **gibi sokmak** heftige Schmerzen verursachen ~ **gibi vızıldamak** quengeln (Kind) ~ **güvesi** s. **petek güvesi;** ~ **ishali** (*od.* ~ **sürgünü**) Nosemaseuche *f* (der Bienen) *nozem(iy)oz ~ **kovanı** 1. Bienenstock *m* 2. s. **pas renkli yüksükotu** 3. ≗ Krippe, Praesepe *f* (Sternhaufen im Sternbild des Krebses) ≗ **kovanı gibi işliyor.** Es herrscht ein geschäftiges Treiben. ~ **otu** Schneckenkleestrauch *m*, Mondklee *m bot.* Medicago arborea ~ **sürüsü** Bienenschwarm *m* ~ **şahini** Wespenbussard *m zo.* Pernis apivorus ~ **yuvası** 1. Wespennest *n (a. fig.)* 2. (Menschen-)Gewimmel *n* ≗**dan korkan bal yemez.** *Spr.* Wer nicht wagt, der nicht gewinnt. *Spr.* **-lar** s. **zarkanatlılar; -nın yuvasına kazık dürtmek** (*od.* **sokmak**) in ein Wespennest stechen
arı (II) 1. rein, sauber 2. rein, unvermischt, unverfälscht *saf 3. unschuldig *masum 4. gereinigt (z.B. Sprache) ~ **dilci(-lik)** *selt.* s. **tasfiyeci(-lik)** ~ **duru** 1. kristallklar 2. blitzblank ~ **ispirto** reiner Alkohol
arıbal s. **süzme bal**
Arıburnu, -nu *n.pr.* Vorgebirge auf Gallipoli (Schlachtfeld 1915)
arıcı (I) Bienenzüchter, Imker *m*
arıcı (II) *selt.* s. **pürist**
arıcıl bienenfressend
arıcılık (I) Bienenzucht, Imkerei *f*
arıcılık (II) *selt.* s. **pürizm**
arık 1. mager, abgemagert *zayıf 2. *fig.* unfruchtbar (Boden) 3. sauber, rein *temiz
arıkil(-leşme) s. **kaolin(-izasyon)**
arıkla(n)mak 1. abmagern, mager werden 2. kraftlos werden, ermatten
arıklık 1. Abgemagertsein *n*, Magerkeit *f* 2. Sauberkeit, Reinheit *f*
arıkmak *dial.* s. **arıkla(n)mak**
arıkuşu, -nu Bienenfresser *m zo.* Merops apiaster *petekkıran
arılamak für untadelig erklären *tenzih, tezkiye etmek
arılaştırmak purifizieren (Sprache)
arılık (I) Bienen-haus *n*, -stand *m*
arılık (II) 1. Reinheit, Sauberkeit *f* 2. Ehrenhaftigkeit *f* 3. Schuldlosigkeit *f*
arılmak *va.* 1. rein, sauber werden 2. *fig.* allmählich genesen
arımak 1. *selt.* s. **arınmak** 2. abmagern 3. gesund werden, genesen
arınmak 1. gereinigt werden, sich reinigen *temizlenmek 2. freigesprochen werden, als unbelastet hervorgehen *teberri etmek, beraat etmek 3. sich bessern, in sich gehen **askerden arınmış bölge** entmilitarisierte Zone *gayri askerî mıntıka
arıözü, -nü Weiselfuttersaft *m* (zur Ernährung der jungen Bienen *od.* der Bienenkönigin)
arısili *dial.* blitzblank (z.B. Zimmer)
arısütü, -nü s. **arıözü**
arış 1. Kette *f*, Zettel, Aufzug *m* (beim Weben) *çözgü 2. *P* Deichsel *f* (am Ochsenkarren) 3. s. **arşın;** ~ **ve argaç** Zettel und Einschlag (beim Weben)
arışlamak 1. s. **arşınlamak** 2. (Weberei) die Kette anscheren
arıtlamak s. **arılamak**
arıtmacılık, -ığı Purismus *m* *özleştirmecilik
arıtmak 1. reinigen, säubern *temizlemek 2. *chem.* raffinieren *tasfiye etmek 3. aus-, ver-lesen (Linsen, Reis usw.)
arız [–·] eintretend, sich ereignend (*mst.* unerwartet) 2. sich nebenbei (sekundär) einstellend 3. hinderlich 4. s. **katmanbulut** 5. *va.* Wange, Backe *f* 6. was die Aussicht versperrt (Wolke, Berg usw.) 7. zufällig *tesadüfî ~ **olmak** 1. unvermutet eintreten (z.B. Krankheit), sich unerwartet einstellen, entstehen (z.B. Schwierigkeiten) 2. (m. Dat.) überkommen (z.B. Neugier), befallen (z.B. Husten)
arıza [–··] 1. unerwartetes Hindernis; Störung *f*, Zwischenfall *m*, Mißgeschick *n* 2. Motorendefekt *m*, Panne *f*, Maschinenschaden *m*, Betriebsstörung *f* 3. Gebrechen *n*, Mangel, Nachteil *m* 4. *geogr.* Unebenheit *f* der Bodenfläche *engebe 5. *mus.* Versetzungs-, Vor-zeichen *n* 6. s. **fay** (I); **-ya uğramak** 1. von e–m unvorhergesehenen Ereignis betroffen werden 2. e–n Defekt bekommen, e–e Störung erfahren
arızalanmak [–····] e–e Panne bekommen (z.B. Auto)
arızalı [–···] 1. mit Schwierigkeiten verknüpft, voller Hindernisse 2. mit e–m Defekt *od.* Mangel behaftet 3. *geogr.* uneben (Bodenfläche) *engebeli 4. *mus.* mit Versetzungszeichen ~ **arazi** *mil.* unebenes (zerschnittenes, schwer zu befahrendes, schwieriges) Gelände ~ **sağlam** *mil.* bedingt tauglich
arızasız [–···] 1. ohne Schwierigkeiten (Hindernisse, Zwischenfälle); *a.* bequem, leicht 2. ohne Defekt (Schaden, Störung, Panne) 3. eben, leicht befahrbar (Gelände) *engebesiz

arızî [–·–] 1. als Folge- *od.* Neben-erscheinung auftretend; akzidentell, zufällig, unwesentlich 2. vorübergehend (Zustand) 3. akut (Krankheit) *hâd
Ari [––] 1. Arier(-in *f*) *m* 2. arisch *(1, 2) Ariyen
ari [–·] 1. nackt, bloß 2. (m. Abl.) ohne: a) beraubt (z.B. des Schmucks), entblößt, entkleidet b) frei (von), un-, -los Zu 2: **kusurdan** ~ fehlerlos, untadelig **riyadan** ~ frei von Heuchelei
arid (*franz.* **aride**) *agr. selt.* dürr, ausgetrocknet
arif [–·] 1. kennend, wissend 2. Kenner, Kundiger, Verstehender 3. bewandert, erfahren, kenntnisreich 4. **Arif** *mV* ≗ **olan anlar.** *Spr.* 1. Gehelrten ist gut predigen. 2. Sapienti sat. ≗**e tarif ne hacet?** Sapienti sat!
arifane (I) [–·–·] wie nur ein Kenner es fertigbringt; geschickt (z.B. Handlung), klug (z.B. Wort)
arifane (II) [–·–·] (< *va.* **harîfane** gemeinschaftlich) *va.* Picknick *n* (zu dem jeder Teilnehmer et. beisteuert) ~ **ile** gemeinsam (z.B. bezahlen)
arife 1. Vortag *m* e–s Ereignisses (Festes, Feiertags) *spez.* ~ **(günü)** 9. Tag des Monats Zilhicce (unmittelbar vor Kurban Bayramı) (*vgl. a.* unter **arafat**) 2. *fig.* Vorabend *m* (z.B. großer Ereignisse), Schwelle *f* Zu 2: **yeni bir buhran -sinde** am Vorabend e–r neuen Krise ≗ **günü yalan söyleyenin bayram günü yüzü kara çıkar.** *Spr.* Lügen haben kurze Beine. *Spr.* **ihtiyarlık -sine gelmek** an die Schwelle des Greisenalters gelangen **uyku -sinde** unmittelbar vor dem Schlafengehen ~ **böceği** (*od.* ~ **çiçeği**) *spött.* 1. wer sein Feiertagsgewand schon tags zuvor anhat 2. geschniegelt und gebügelt ~ **divanı** *hist.* Empfang *m* bei Hof (am Vorabend e–s rel. Festes) ~ **muayedesi** *hist.* Feierlichkeit *f* am Vortag des **Şeker** u. **Kurban Bayramı** im Serail
ariflik [ā] *phil.* 1. Gnosis *f*, mystische Erkenntnis 2. Gnostik *f*, Gnostizismus *m*
arileşmek [–···] arisiert werden, arisch werden
arileştirmek [–····] arisieren
Aristetalis(-iye) s. **Aristo(-culuk)**
Aristid *n.pr.* Aristides
Aristip, -pi *n.pr.* Aristippos (griech. Philosoph)
Aristo [·×·] *n.pr.* Aristoteles ~ **feneri** *zo.* Laterne *f* des Aristoteles (bei Seeigeln) ~ **ile irfan satmak** den Kenner spielen
Aristocu 1. Aristoteliker *m* 2. aristotelisch
Aristoculuk [·×··] 1. Philosophie *f* des Aristoteles, peripatetische Philosophie 2. Aristotelismus *m*
Aristofan *n. pr.* Aristophanes (griech. Komödiendichter)
aristokrasi Aristokratie *f*
aristokrat, -tı Aristokrat(-in *f*) *m*
aristokratik aristokratisch
aristokratlık 1. vornehme Abkunft, Zugehörigkeit *f* zum Adel 2. Aristokratentum *n*, aristokratisches Benehmen 3. Aristokratie *f* 4. aristokratischer Gedanke, Aristokratismus *m* 5. Adelsherrschaft, Aristokratie *f* *beyerki, zadegânlık
Aristot(-elizm) s. **Aristo(-culuk)**
aritmetik 1. Arithmetik, Zahlenlehre *f*, Rechnen *n* 2. arithmetisch, rechnerisch ~ **dizi** *math.* arithmetische Reihe *adedî silsilei alelvilâ ~ **işlem** Rechenart *f* ~ **ortalama** arithmetisches Mittel
aritmetikçi Arithmetiker *m*
aritmi *spez. med.* Arrhythmie *f*, Unregelmäßigkeit *f* der Herztätigkeit *bzw.* des Pulses
aritmik arrhythmisch ~ **nabız** *med.* unregelmäßiger, intermittierender Puls
aritmomani *psych.* Arithmomanie *f*, krankhafter Zählzwang
Ariusçuluk, -uğu s. **Aryanizm**
ariva [·×·] *naut.* Enter auf!
arive *(Sport)* Erreichen *n* des Ziels
arivist, -ti Streber, Ehrgeizling *m*
arivistlik; arivizm Strebertum *n*
Ariyen s. **Ari**
ariyere 1. in der Entwicklung zurückgeblieben 2. rückständig ~ **borç** rückständige Zahlung
ariyerpanse (*franz.* **arrière-pensée**) *selt.* Hintergedanke *m*
ariyet, -ti [ā] 1. entliehen, ausgeborgt 2. (Aus-)Leihe *f* ~ **akdi** *jur.* Leihvertrag *m* *eğreti sözleşmesi ~ **almak** sich et. ausborgen, ausleihen ~ **direk** *naut.* Notmast *m* ~ **vermek** verleihen, ausborgen
ariyeten [ā] *Adv.* leihweise
ariz [·–] *va.* breit, weit, ausgedehnt, umfangreich (s.a. **arizüamik**)
ariza [·–·] 1. *z. va.* Brief *m*, Schreiben *n* (an e–n Höherstehenden) 2. Ergebenheitsschreiben *n* 3. Bittschrift *f*
arizüamik [·–···–] *z. va.* des langen und breiten, ausführlich, eingehend *enine boyuna, etraflıca
arizülcisim [·–···] s. **yassısolucanlar**
arjantan (*franz.* **argentan**) Neusilber *n* *mayşor
arjante 1. silberweiß, silberig 2. versilbert 3. *Abk.* für **rönar** ~ *od.* ~ **tilki** Silberfuchs(-pelz) *m*
Arjantin *n.pr.* Argentinien
Arjantinli 1. Argentinier(-in *f*) *m* 2. argentinisch
arjantit, -ti Argentit, Silberglanz *m chem.* Silbersulfid *n*
arjilit, -ti (*franz.* **argilite**) s. **kil taşı**
arjirit; arjiroz s. **arjantit**
ark, -kı (I) 1. Bewässerungs-kanal, -graben *m*, -furche *f* *cetvel, kanal 2. Abflußrinne *f*
ark, -kı (II) Licht- *od.* Brücken-bogen *m* ~ **lambası** Bogenlampe *f;* (Film) Jupiterlampe *f* ~ **testeresi** Bogensäge *f*
arka 1. Rücken *m* 2. Rück-, Hinter-seite *f*, linke Seite, hinterer *od.* rückwärtiger Teil 3. Weiterführung, Fortsetzung, Folge *f*, Schlußteil *m*, Ende *n* (z.B. e–s Zeitungsartikels) 4. Rückhalt *m*, Fürsprache *f*, Schutz *m*, Hilfe *f* 5. Fürsprecher, Beschützer, Protektor *m* 6. Lehne *f* (z.B. e–s Stuhls) 7. *Adj.* hinter, rückwärtig, posterior, Hinter- *art, halfî 8. **(arkasına, arkasında)** hinter, nach ~ **ambar** *techn.* Hinterraum *m* ~ **arabası** *mil.* Anhänger *m* ~ ~ rückwärts ~ **arkaya** hinter-, nach-einander ~ **arkaya gelmek** aufeinanderfolgen, einander ablösen ~ **arkaya vermek** 1. sich Rücken an Rücken lehnen 2. *fig.* sich gegenseitig helfen; zusammenarbeiten ~ **-ya beş gün** fünf volle Tage ~ **ateşi** *mil.* Rückenfeuer *n* ~ **beyin** s. **artbeyin;** ~ **boşluk** s. **burun boşluğu;** ~ **cep** Gesäßtasche *f* ~ **cephe** Hinterfront *f* (e–s Gebäudes) ~ **çantası** 1. Rucksack *m* 2. Tornister *m* 3. Schulranzen *m* ~ **çatal** Sprießarm *m* (am Wagen) ~ **çevirmek** *fig.* j–m den Rükken kehren, sich von j–m abwenden; links liegenlassen ~ **çıkmak** (b–ne) als Helfer erstehen; Fürsprecher sein; sich hinter j–n stellen (*fig.*) ~ **çizgi** *(Tennis)* Grundlinie *f* ~ **damak sesi** *phon.* Velarlaut, Hintergaumenlaut *m* ~ **kapı** 1. hintere Tür 2. *fig.* Hintertürchen *n* ~ **kapıdan çıkmak** *fig.* 1. von der Schule abgehen (ohne Erfolg) 2. mit Hängen und Würgen durch die Prüfung kommen ~ **kaş** Hinterzwiesel *m* (e–s Reitsattels) ~ **mengene** Hinterzange *f* (e–s Tischlers) ~ **müziği** *Th.* Hintergrundmusik *f* ~ **olmak** (b–ne) j–n stützen, schützen, protegieren (s.a. **arkası var**); ~ **plan** Hintergrund *m* (*a. fig.*) ~ **plana atmak** *fig.* in den Hintergrund drängen (*od.* treten lassen) ~ **sıra** *mil.* hinteres Glied ~ **siper** Rücken-deckung, -wehr *f* ~ **takım** Hintergestell *n* (e–s Wagens) ~ **taraf** Rückseite *f* ~ **tekerlek** Hinterrad *n* ~ **telsizi** *mil.* Tornisterfunkgerät *n* ~ **üstü düşmek** auf den Rücken fallen, rücklings hinfallen ~ **üstü yatmak** 1. auf dem Rücken liegen 2. *fig.* faulenzen ~ **vermek** 1. helfen, unterstützen 2. sich gegen et. stützen *od.* lehnen ~ **yüz** Rückseite *f* (z.B. e–r Banknote), Revers *m* (e–r Münze) *verso ~ **zemin** Hintergrund *m* (e–s Gemäldes) **-da** hinten **-da bırakmak** 1. (b–ni) j–n überholen, überflügeln 2. (bşi)

hinter sich lassen, sich ein gutes Stück entfernen (von) **-da kalanlar** 1. Zurückbleibende *pl.* 2. Hinterbliebene *pl.* **-da kalmak** in den Hintergrund treten **-da koymak** 1. et. geflissentlich übersehen 2. auf später verschieben **-dakiler** s. **arkada kalanlar; -dan** 1. von hinten, im Rücken 2. hinterher, hinterdrein, nachher, nachträglich, danach 3. in j–s Abwesenheit **-dan -ya** hinterrücks, in hinterhältiger Weise; heimlich **-dan dolma** Hinterlader *m* (Geschütz *od.* Gewehr) (*ant.* ağızdan dolma) **-dan gelmek** 1. von hinten kommen 2. hinterdreinkommen 3. verfolgen **-dan görünüş** Rückansicht *f* **-dan söylemek** (über e–n Abwesenden) herziehen; j–n durchhecheln **-dan taarruz etmek** im Rücken angreifen **-dan vurmak** (b–ni) j–m treulos in den Rücken fallen **-dan zorlayış** *mil.* Nachdrängen *n* **²nı göreyim!** *F* Mach, daß du fortkommst! **-sı alınmak** zu Ende gehen; aufhören **-sı -sına sıralamak** hintereinander aufstellen **-sı çapanoğlu çıkmak** s. Stw. **çapanoğlu; -sı çorap söküğü gibi gitmek** unaufhaltsam weitergehen **²sı gelmedi.** Mehr ist nicht erschienen. **-sı gelmek** *a.* zu Ende gehen **-sı kalın** (*od.* **kavi**) s. **-sı pek; -sı kesilmek** (bşin) aufhören, zu Ende sein **Mektuplarının arkası kesildi.** Es kamen keine Briefe mehr von ihm. **-sı kuvvetli** mit festem Rückhalt **-sı mihrapta olmak** *fig.* Beziehungen *od.* e–n starken Rückhalt haben **-sı pek** 1. mit fester (warmer) Kleidung 2. wer gute Fürsprache *od.* festen Rückhalt hat; stark, kraftvoll **-sı sıra** unmittelbar hinterdrein, hinterher **-sı üstü** hintenüber, rücklings **²sı var.** 1. Fortsetzung folgt; ... geht noch weiter; ... ist noch nicht zu Ende 2. Es ist noch mehr erschienen (z. B. an Nummern e–r Zeitschrift) 3. Das ist noch nicht alles. Die Sache hat noch ein Nachspiel. 4. ... hat e–e Lehne (z. B. Bank) 5. Er hat e–n einflußreichen Gönner. **-sı yere gelmemek** dauerhaft (stark, widerstandsfähig, nicht unterzukriegen) sein **²sı yufka!** Mehr gibt es nicht! Und damit basta! **-sına almak** auf den Rücken nehmen **-sına bakmadan gitmek** weggehen ohne sich umzusehen bzw. ohne sich um die Zurückbleibenden zu kümmern **-sına düşmek** 1. (b–nin) j–n verfolgen, sich an j–s Sohlen heften 2. (bir işin) et. eifrig verfolgen, energisch hinterher sein **-sına takmak** j–n hinter sich hergehen lassen **²sında gezmek (dolaşmak** *od.* **olmak)** hinterher sein, hinterherlaufen, nicht mehr loslassen **-sında koşmak** 1. (bşin) e–r Sache nachjagen, et. verfolgen 2. (b–nin) j–m hinterherjagen, nachlaufen **²sında yumurta küfesi yok ya!** (*a. m. der Forts.* **dönüverir**) 1. Er hat ja nichts zu verlieren! 2. Es hindert ihn ja nichts! Er kann sich frei bewegen! 3. *pej.* Er hängt den Mantel nach dem Wind! Es ist kein Verlaß auf ihn! 4. ohne die geringste Scham, ungeniert **-sından** 1. *(temporal)* danach, hinterher, hinterdrein 2. in seiner Abwesenheit **-sından bakmak** hinterdreinsehen, nachschauen **-sından övmek** e–n Abwesenden loben **-sından teneke çalmak** s. Stw. **teneke; -sını almak** 1. vervollständigen, fertigmachen, (Restliches) erledigen 2. die Folgen von et. rechtzeitig verhüten **-sını bırakmak** von et. Abstand nehmen; et. aufgeben (z. B. Verfolgung) **-sını bırakmamak** mit Ausdauer verfolgen, unablässig an et. arbeiten **-sını çevirmek** den Rücken kehren (*od.* zudrehen, zuwenden) **-sını dayamak** (b–ne, bşe) sich verlassen (auf j–n, auf et.); bauen (auf j–n, auf et.) **-sını dönmek** s. **sırtını çevirmek; -sını getirememek** et. (gut Begonnenes) nicht zu Ende bringen können **-sını kesmek** e–r Sache ein Ende machen, et. unterbinden **-sını sıvamak** 1. schmeicheln, liebenswürdige Worte an j–n richten 2. j–m Glück auf den Weg wünschen **-sını takip etmek** hinterdreingehen, verfolgen **-sını toplamak** aufräumen (herumliegende Gegenstände) **-sını vermek** (b–ne) 1. j–m den Rücken zukehren 2. auf j–s Schutz bauen **-sını yere getirmek** (b–nin) j–n besiegen, unterkriegen (Ringkampf *od.* allg.) **-ya atmak** 1. sich nicht weiter kümmern (um) 2. verschieben **-ya bırakmak** (*od.* **koymak**) ver-, auf-schieben, zurückstellen **-ya kalmak** 1. zurückbleiben 2. Pass zu **-ya bırakmak** Zu 2: s. a. **Erteye ...** usw. **²ya kalan dona kalır.** *Spr.* Wer zu spät kommt, hat das Nachsehen. *Spr.* **-ya takla** *(Turnen)* Rolle *f* rückwärts **yı koruma** *mil.* Rückenschutz *m*

arkacı 1. Stütze *f*, Beistand, Helfer *m* 2. s. **artçı**

arkadaş 1. Freund(-in *f*) *m*, Kamerad(-in *f*) *m* 2. Genosse *m*, Genossin *f*, Gefährte *m*, Gefährtin *f* 3. Kollege *m*, Kollegin *f* Zu 2: **Mehmet ve arkadaşları** *jur.* Mehmet und Genossen ~ **canlısı** wer Wert auf gute Freundschaft legt ~ **değil arka taşı** *iron.* ein schöner Freund (*scil.* der e–m Schaden zufügt)! ~ **olmak** gute Freunde werden **²ını söyle, kim olduğunu söyleyeyim.** *Spr.* Sage mir, mit wem du umgehst, und ich sage dir, wer du bist. *Spr.*

arkadaşça freundschaftlich, kameradschaftlich

arkadaşlık 1. Freundschaft, Kameradschaft, Kollegialität *f* 2. Freundeskreis *m* 3. freundschaftliches Verhalten *od.* Handeln ~ **etmek** 1. Freundschaft, Kameradschaft halten 2. kollegial handeln, freundschaftlich unter die Arme greifen, e–n Freundschaftsdienst erweisen 3. begleiten (z. B. auf e–r Reise) 4. regen freundnachbarlichen Verkehr pflegen

arkaik; arkaizm s. **arkayik; arkayizm**

arkalamak (m. Akk.) 1. et. auf den Rücken nehmen 2. helfen, unterstützen *yardım etmek, müzaheret etmek

arkalanmak 1. Pass. zu **arkalamak** 2. sich auf j–n verlassen

arkalı 1. mit Lehne 2. breitrückig 3. wer e–n starken Rückhalt hat, gedeckt, protegiert 4. rückseitig beschrieben (Blatt) ~ **testere** Zapfen-, Ansatz-säge *f*

arkalıç s. **arkalık** (3)

arkalık 1. Rücken- 2. *spez. fr.* ärmellose, warme Hausjacke 3. Traguntersatz *m* (e–s Lastträgers) 4. Gepäckträger *m* (am Fahrrad *od.* Auto) 5. Lehne *f* (z. B. e–s Stuhls) 6. Fersenleder *n* (z. B. an e–m Pantoffel) ~ **tahtası** Zielbrett *n* (bei Basketball)

arkalıklı mit **arkalık** ausgestattet

Arkanjel *n.pr.* Archangelsk (Rußland)

arkansiyel (*franz.* **arc-en ciel**) *selt.* Regenbogen *m* *eleğimsağma

arkasız 1. ohne Lehne 2. ohne (starken) Rückhalt

arkat, -dı *arch.* Arkade *f*

arkayik archaisch, altertümlich, veraltet

arkayizm Archaismus *m*, veraltetes Wort, veraltete Ausdrucksweise

arkebüz *hist.* Arkebuse, Hakenbüchse *f*

arkeen (*franz.* **archéen**) *geol.* Archaikum *n* Erd-Urzeit *f* *başlangıç çağı

arkegon *bot.* Archegonium *n* *uzvu te'nis

arkeolog Archäologe *m*, Archäologin *f*

arkeoloji Archäologie *f* *atikıyat; ilmi asarıatika; kazı(m)bilim

arkeolojik archäologisch

arkeolojist, -ti s. **arkeolog**

arkeopteriks s. **ilkelkuş**

arketip, -pi *phil.* Archetyp(-us) *m*, Urbild *n*

arkitekt *gel.* für **arşitekt**

arklı mit **ark** (I, II) ausgestattet ~ **lamba** s. **ark lambası**

arkont, -tu *hist.* Archont *m* (höchster Beamter im alten Athen u. anderen Stadtstaaten)

arkontluk *hist.* Archontat *n*

arkoz *min.* Arkose *f* (*fr.*: regenerierter Granit)

arktik 1. arktisch 2. arktische Zone ~ **kuşak** arktische Zone *şimal kutbu mıntıkası, kuzey kutbu bölgesi

Arktürüs *astr.* Arkturus *m* (im Sternbild des Bootes) *Simakıramih

arlanmak sich schämen

arlanmaz mit eherner Stirn, unverschämt
arleken (*franz.* **harlequin**); **arlekino** *Th.* Harlekin *m*
arma [×·] 1. Wappen, Abzeichen *n* *ongun 2. Takelwerk *n,* Takelage *f* (e–s Schiffes; *naut.:* Gut *n*) 3. *naut.* Kommando zur Ausführung best. Arbeiten 4. *naut. va.* Flotte 5. *V* Uhr *od.* Kette *f* 6. *V* Brillantring *m gel. a.* goldene Uhr *od.* Uhrkette 7. *V* Rüffel, Anpfiff *m* Zu 2: s. **sabit** ~; ~ **budamak** *naut. hist.* das Takelwerk (e–s feindlichen Schiffes) zerschießen ~ **budatmak** *naut.* das Takelwerk kappen ⁓ **direk!** Segel anschlagen! ~ **doldurmak** das Takelwerk festzurren ~ **donatmak** 1. *naut.* das Takelwerk klar machen, aufriggen 2. *fig.* heftig anfahren, ausschelten ~ **etmek** *naut.* be-, auf-takeln, aufriggen ~ **gibi donanmış** *fig.* aufgetakelt; geschmacklos aufgeputzt ~ **grandi** *naut.* Großbulin *f* ~ **levhası** (*od.* ~ **plakası**) (kleines) Wappenschild ~ **soymak** *naut.* abtakeln ~ **uçurmak** *naut.* s. ~ **budatmak;** ~ **yapmak** s. ~ **etmek;** ⁓ **yelken!** Segel setzen! **-da** *naut.* oben, in der Takelung **-yı almak** abtakeln (Schiff)
armabilim; armacılık Wappenkunde, Heraldik *f* *heraldik
Armada [·×·] *hist.* Armada *f*
armadilyo s. **üç kemerli tatu**
armador *naut.* Takelmeister, Takler *m* ~ **mağazası** *naut.* Takelboden *m*
armadorluk *naut.* Beruf *m* e–s Taklers
armadura [··×·] *naut.* Nagelbank *f* ~ **çeliği** *naut.* Belegnagel *m* (für laufendes Gut) ~ **çemberi** *naut.* Nagelbank *f* in Kreisform (z. B. am Unterteil e–s Mastes)
armağan 1. Geschenk *n,* Gabe *f* *hediye 2. Belohnung *f,* Preis *m* ~ **etmek** 1. schenken, zum Geschenk machen *hediye etmek 2. vergeben, verschenken (z. B. Gewinnpunkte im Sport)
armalı 1. mit Wappen 2. *naut.* aufgetakelt, betakelt 3. *V* dehnbar, mehrdeutig (Worte)
armatör Reeder(-eibesitzer) *m*
armatür (*franz.* **armature**) *phys.* 1. Anker *m* (e–s Elektromagneten) 2. Plattensatz *m* (in e–m el. Kondensator) 3. Gerüst *n* (für e–e Bildhauerfigur) *tutturma demiri
Armel Kanalı *n.pr. (fast ungebr.)* Ärmelkanal *m* *Manş denizi
armoda [·×·] *naut.* Trippleine *f* des Kattakels *od.* der Fischtalje
armoni s. **harmoni**
armonik (I); **armonika** 1. (*a.* **ağız armonikası**) Mundharmonika *f* 2. Ziehharmonika *f,* Schifferklavier *n* *akordeon 3. Handharmonika, Handorgel *f,* Leierkasten *m*
armonik (II) s. **harmonik**
armonikçi 1. Mundharmonikaspieler *m* 2. Ziehharmonikaspieler *m* 3. Handharmonikaspieler, Leierkastenmann *m*
armonilemek s. **armonize etmek**
armonize *mus.* harmonisiert ~ **etmek** harmonisieren
armonyum [·×·] Harmonium *n*
armoz *naut.* (Stoß-)Fuge *f,* Plankenstoß *m* ~ **açmak** auf-, aus-räumen (Fugen) ~ **kaplama** Fugenbeschlag *m,* Stoßblech *n,* Lasche *f* ~ **kaplamalı** kraweel-, glatt-gebaut (mit nicht-übereinandergreifenden Planken)
armozlu s. **armoz kaplamalı**
armudî birnenförmig
armut, -du 1. Birne *f* 2. *V* dumm, beschränkt, einfältig (Mensch) ~ **ağa** s. **ahlat ağa;** ~ **ağacı** Birnbaum *m bot.* Pirus communis ~ **ağacı kerestesi** Birnbaumholz *n* ⁓ **ağacından uzak düşmez.** *Spr.* Der Apfel fällt nicht weit vom Stamm. *Spr.* ~ **gibi** *F* reichlich beschränkt ~ **kakı** getrocknete Birnen, Dörrbirnen *pl.* ~ **otu** großes Wintergrün *bot.* Pyrola rotundifolia ~ **piş ağzıma düş demek** warten, daß einem die gebratenen Tauben in den Mund fliegen ~ **sapına dönmek (boynu)** nur mehr Haut und Knochen sein ~ **şeklinde** birnenförmig ⁓**un iyisini ayı yer** s. Stw. **ahlat; -un sapı var, üzümün çöpü var demek** *fig.* an allem et. auszusetzen haben, ewig nörgeln, meckern
armutbiçim birnenförmig
armutçuluk Birnenanbau *m,* Birnbaumzucht *f*
armutkabağı, -nı Birnenkürbis *m* (Zierfrucht)
armuttop s. **pançin-bol** (1)
armür *mus.* s. **başlık**
Arnavut, -du 1. Alban(i)er(-in *f*) *m* 2. albanisch ~ **beli** zweizinkige Gabel *od.* Hacke; Karst *m* ~ **bacası** Bodenfenster *n,* Dachluke *f* *çatı ışıklığı ~ **besası** *pej.* ein Vertrag, von dem man annehmen muß, daß er bald gebrochen wird; *fig.* Punica fides, Treulosigkeit *f* ~ **biberi** rundliche, scharfe, rote Paprikaschote *kiraz biberi, İspanyol biberi ~ **ciğeri** gedünstete Hammelleber ~ **darısı** 1. s. **akdarı** 2. quirlblättrige Borstenhirse *bot.* Setaria verticillata ~ **derzi** unregelmäßige Mörtellinie (bei e–r Mauer aus roh behauenen Steinen) ~ **fesi** albanischer Fes (aus weißem Filz) ~ **İskenderiyesi** *n.pr. hist.* s. **İşkodra;** ~ **kaldırımı** schlechtes, unebenes Pflaster (der fr. Zeit) ~ **zarı** fünfeckige Würfelart; Drehwürfel *m*
Arnavutça [··×·] 1. albanische Sprache, Albanisch 2. albanisch
Arnavutköy *n.pr.* Stadtteil von Istanbul (am Bosporus)
Arnavutluk, -uğu 1. Veranlagung *f* (Temperament, Verhalten *n* usw.) e–s Albaniers *spez.* Unberechenbarkeit *f* 2. albanische Staatsangehörigkeit 3. *n.pr.* Albanien Zu 1: ⁓**u tuttu.** Sein albanisches Blut brach durch. *d.h.* Er sprach (*od.* handelte) mit unerwarteter Impulsivität.
arni s. **Hint mandası**
arnika [·×·] Arnika *f,* (Berg-)Wohlverleih *m bot.* Arnica montana *öküzgözü, sığırgözü, dağ tütünü, dağ küsteresi, mastıçiçeği ~ **kökü** Alpengemswurz *f bot.* Doronicum scorpioides *çemen otu
arnuvo (*franz.* **art nouveau**) 1. Jugendstil *m* 2. e–e Milchglasart
arokarya Araukarie *f;* s. a. **salon -sı; Şili -sı**
aroma [·×·] Aroma *n,* Duft, Wohlgeruch *m*
aromatik aromatisch, gewürzig
arozöz (*franz.* **arroseuse**) 1. Sprengwagen *m* 2. Rasensprenger *m*
arp(-çı) s. **harp(-çı)**
arpa 1. echte Gerste *bot.* Hordeum sativum 2. *V* Moneten *pl.,* Pinke *f* (Geld) ~ **ağzı söz söylemek** kaum den Mund auftun ~ **boyu** winzig klein ~ **boyu kadar gitmek** kaum vorankommen **Kendisinden** ~ **boyu incinmedim.** Von seiner Seite habe ich auch nicht die geringste Kränkung erfahren. ⁓ **ektim, darı çıktı.** *fig.* Das war wohl eine Enttäuschung für mich! ~ **emini** *hist.* Getreidekontrolleur *m* (der insbesondere die Gerstenlieferung für die Ställe des Sultans zu überwachen hatte) ~ **güvesi** Getreidemotte *f zo.* Sitotroga cerealella ~ **kapalı rastığı** Gerstenbrand *m* (verursacht durch die Pilzart Ustilago hordei) ~ **küspesi** (*od.* ~ **posası**) Treber *pl.* (bei der Bierherstellung) ~ **özütü** Malzextrakt *m* *malt özütü ~ **şehriye** Fassonnudeln *pl.* in länglicher, gerstenkornähnlicher Form ~ **tanesi** 1. (einzelnes) Gerstenkorn 2. *fr.* Gewichtsmaß von 3,5 g **-sı az gelmek** nur wenig gescholten werden; geringfügig bestraft werden **-sı çok gelmek** wild, lebhaft werden **-yı buğdaya katmak** alles durcheinanderbringen; Unsinn reden
arpacı (I) Gersten-händler, -verkäufer *m* ~ **kumrusu** zahme Ringeltaube *f* ~ **kumrusu gibi düşünmek** sich Sorgen machen, bekümmert sein
arpacı (II) *V* Dieb, Langfinger *m*
arpacık 1. *med.* Gerstenkorn *n* (am Auge) *itdirseği 2. Korn *n* (auf Gewehr, Pistole usw.) ~ **soğanı** 1. Steck-, Perl-zwiebel *f* 2. Schalotte *f bot.* Allium ascalonicum

arpacılık, -ğı *V* Diebstahl *m* (in der Öffentlichkeit), Entwendung *f*
Arpaçay *n.pr.* O. u. D. im Rbz. Kars
arpağ *(in vorisl. Zeit)* Beschwörung(-sformel) *f*, Zauberspruch *m*
arpağcı *(in vorisl. Zeit)* Zauberer; Schlangen-, Krankheitsbeschwörer *m*
arpalama 1. *Vs.* zu **arpalamak** 2. **(hastalığı)** Rehe *f* (Pferdekrankheit)
arpalamak 1. Gerste *od.* Gerstenzusatz verwenden 2. an Gerstenüberfütterung *od.* durch schlechtes Futter erkranken (Pferd) 3. **Herifçioğlu arpalamış.** *V* Dem Burschen hat es offensichtlich die Petersilie verhagelt.
arpalı gut genährt; fett (Tier)
arpalık 1. für Gerstenanbau bestimmt *od.* geeignet (Feld) 2. Gersten-speicher *od.* -behälter *m* 3. *(in frühosm. Zeit) urspr.* Sachleistungen *pl. später* Geldbetrag zur Honorierung hoher geistl. Würdenträger 4. *fig.* Pfründe, Sinekure *f* 5. Bohne, Kunde *f*, Altersfleck *m* in Pferdezähnen 6. s. **başmaklık**
arpasuyu, -nu *va.* Gerstensaft *m*, Bier *n* *bira
arpej *mus.* Arpeggio *n*
arpejlemek *mus.* arpeggieren, arpeggio spielen
arsa Bau-gelände *n*, -grund *m*, Terrain *n* ~ **spekülasyonu** Bodenspekulation *f*
arsacı 1. Grundstücksmakler *m* 2. Bodenspekulant *m*
Arsakidler *n.pr.* Arsakiden *pl.* (Parther-Dynastie in Iran; 247 v. Chr.–226 n. Chr.) *Eşkâniyan
arsalaştırmak in Baugrund umwandeln (z.B. Park)
arsen s. **arsenik**
Arsen Lüpen (*franz.* **Arsène Lupin**) *n.pr.* Typus des Gaunerkönigs
arsenal *selt.* 1. Arsenal, Zeughaus *n* 2. *fig.* Rüstkammer *f*
arsenik, -iği *chem.* Arsen(-ik) *n* (Arsentrioxyd) *sıçanotu, zırnık ~ **zehirlenmesi** Arsen(ik)vergiftung *f*
arsenikli arsenhaltig
arsenopirit, -ti s. **mispikel**
arsıulusal s. **beynelmilel**
arsız 1. schamlos 2. frech, dreist, unverschämt 3. lästig, zudringlich, ungezogen 4. überall wuchernd (Unkraut) ~ **pirsiz** ganz unverschämt ²**ın yüzüne tükürmüşler, yağmur yağıyor demiş.** *Spr.* Man spuckte e–m zudringlichen Menschen ins Gesicht, da sagte er noch: „Es regnet!"
arsızlanmak; arsızlaşmak schamlos (frech, unverschämt, zudringlich) werden
arsızlık 1. Fehlen *n* jeglichen Schamempfindens, Schamlosigkeit *f* 2. Frechheit, Dreistigkeit, Unverschämtheit *f* 3. Zudringlichkeit, Ungezogenheit *f* ~ **etmek** e–e Unverschämtheit begehen
arsin (gazı) Arsin, Blaukreuz *n* (Giftgas) *mavi salip
Arsin *n.pr.* O. u. D. im Rbz. Trabzon
arslan s. **aslan**
arş (I) *(fr. mil. Kommando)* Marsch! *marş
arş (II) 1. Thron *m* Gottes 2. neunter Himmel 3. *va.* Schutzdach *n* 4. *va.* Gitter, Spalier *n* **-ı âlâ** *od.* **-ı ilâhi** *va.* Empyreum *n*, neunter Himmel
arş (III) *el.* Bügel *od.* Stromabnehmer *m* (bei Straßenbahn)
arşe (*franz.* **archet**) 1. *mus.* (Violin- usw.) Bogen *m* 2. s. **arş** (III)
arşevek, -ki *od.* **-ği** (*franz.* **archevêque**) Erzbischof *m*
arşeveklik 1. Rang *m* (Würde *f*, Aufgaben *pl.* usw.) e–s Erzbischofs 2. Erzbistum *n* 3. Sitz *m* e–s Erzbischofs
arşın 1. *(fr. türk. Längenmaß)* Elle *f* (0,648, 0,68, 0,758 m) (vgl. **camcı, çarşı, mimar**) **-ı** 2. (großer) Schritt 3. Berechnung, Überlegung *f* 4. Vorstellung *f*, Gedanke *m* ~ ~ 1. mit der Elle gemessen; ellenweise 2. sehr viel; e–e ganze Menge ~ **endaze ile satmak** *fr.* en détail verkaufen ~ **murabbaı** *fr.* 0,5746 qm **-a vurmak** mit der Elle messen ²**ları açmak** *V* mit großen Schritten eilen
arşınlamak 1. mit der Elle messen 2. mit großen Schritten durchmessen, durchrasen (z.B. Auto e–e Gegend) 3. **(sokakları)** sich auf der Straße herumtreiben
arşınlık soundsoviele Ellen lang
arşidük, -kü (*franz.* **archiduc**) Erzherzog *m*
arşidüklük 1. Rang *m* e–s Erzherzogs 2. Erzherzogtum *n*
arşidüşes (*franz.* **archiduchesse**) Erzherzogin *f*
arşimandrit, -ti Archimandrit *m* (Vorsteher von Klöstern in der Ostkirche; *a.* Ehrentitel)
Arşimed *n.pr.* Archimedes ~ **aynası** Brennspiegel *m* ~ **helezonu** archimedische Schraube ~ **prensipi** archimedisches Prinzip
arşipel *va.* s. **takımada(-lar)**
arşitekt, -ti *selt.* Architekt, Baumeister *m* *mimar
arşitektonik architektonisch
arşitrav *arch.* Architrav *m*
arşiv (historisches) Archiv *hazinei evrak, mahzeni evrak ~ **karıştırmak** *V* unter dem Tisch Liebesspiele treiben
arşivci; arşivist, -ti Archivar(-in *f*) *m*
arşüferş *va.* Himmel und Erde
art, -dı 1. hinterer Teil; Hinterseite *f*, Rücken *m* 2. der Raum *od.* Platz hinter et. 3. Fortsetzung *f* (*od.* Ende *n*, Schluß *m*) 4. hinten befindlich, hinter- *posteriyör 5. (b–nin, bşin) **ardına, ardında** hinter, nach 6. *Adj.* hinter, posterior, Hinter-, rückwärtig *arka, halfî ~ **arda** hintereinander ~ **arda gelmek** hintereinander kommen, aufeinanderfolgen, einander ablösen *teakup etmek ~ **aradan** 1. von dem rückwärtigen freien Raum aus 2. *fig.* indirekt, auf Umwegen 3. *fig.* hintenherum, heimlich ~ **boyunlu** *jur.* s. **kefile kefil;** ~ **bölge** Hinterland *n* *hinterlant ~ **düşünce** Hintergedanke *m* ~ **elden** hinter j–s Rücken, heimlich, unbemerkt ~ **eteğinde namaz kılmak** 1. ein anständiger Mensch sein 2. *iron.* ein Heuchler sein ~ **etki** Nachwirkung *f* (z.B. e–r Atombombe) ~ **heyet** *mil.* Nachkommando *n* ~ **kapıdan çıkmak** s. **arka kapıdan çıkmak;** ~ **mirasçı** *jur.* Nacherbe *m* ~ **oyun** *Th.* Nachspiel *n* ~ **sarsıntı** Nachbeben *n* ~ **ülke** s. ~ **bölge; -a atmak** vernachlässigen, auf die lange Bank schieben, hinauszögern **-a kalmak** s. **artakalmak; -ı arası** (*od.* **arkası**) **kesilmeden** unaufhörlich, pausenlos **-ı ına** eins nach dem andern; unaufhörlich **-ı arkası gelmeyen** unendlich, endlos **-ı kesilmek** aufhören **-ı sıra** 1. hinterdrein 2. nacheinander 3. kurz darauf **-ı sıra dolaşmak** hinterher sein, verfolgen **-ı yufka** ohne Rückhalt, ohne Protektion **-ına adam toplamak** Anhänger sammeln **-ına düşmek** verfolgen, hinterdrein sein, nicht mehr loslassen **-ına kadar açık** sperrangelweit offen **-ına koymak** verschieben, hinauszögern **-ına koymamak** sich rächen **-ınca** 1. unmittelbar hinterdrein 2. (birbiri) eins nach dem andern; unaufhörlich **-ında gezmek** (*od.* **dolaşmak**) eifrig verfolgen, energisch hinterher sein ²**ında yüz köpek havlamayan kurt, kurt sayılmaz.** *Spr.* (Sinn:) Je höher jem. steht, desto mehr Feinde hat er. **-ından gitmek** hinterhergehen **-ından kesilmek** sich (von j–m) trennen **-ından koşmak** (bşin) e–r Sache nachjagen; et. verfolgen **-ından sapan taşı yetişmemek** *fig.* blitzartig verschwinden *od.* vorbeisausen **-ını almak** 1. den Rückzug verlegen (abschneiden) 2. (*a.* **-ını getirmek**) vervollständigen, vollenden, beendigen **-ını boşlamak** Abschied nehmen (von); et. aufgeben **-ını kesmek** unterbrechen, nicht weiterführen **-ta kalmak** s. **artakalmak; -tan dolaşmak** hintenherumgehen (z.B. um das Haus)
artağan mehr als erwartet *od.* als üblich; besonders groß (*od.* viel); reichlich (z.B. Ertrag) *bereketli
artağanlık besonders großer Ertrag
Artahşarta s. **Erdeşir**

artakalan 1. Überlebende *m, f* 2. überlebt (Brauch, Sitte, Tradition usw.) *peszinde
artakalmak 1. übrig-, zurück-, ver-bleiben 2. am Leben bleiben
artam 1. s. **meziyet** 2. **Artam** türk. Fn.
artamak *va.* zurück-, übrig-bleiben *spez.* seine Kinder überleben
artamlı s. **meziyetli**
artan (verbleibender) Rest; Überschüssiges *kalan, bakiye (*s. a.* **artmak**); ~ **aşınma-yıpranma payı yöntemi** *fin.* progressive Abschreibung
artardalık *selt.* s. **ardıllık**
artavurt ünsüzü *phon.* velarer Seitenlaut
artbeyin *an.* Hinterhirn *n*
artçı *mil.* 1. Nachhut *f* 2. die Nachhut bildend, Nachhut- 3. Schlußmann *m* (z.B. bei Klettersport) ~ **-sı** Nachtrupp *m* ~ **büyük kısmı** Haupttrupp *m* der Nachhut ~ **kıta** Nachtrupp *m* ~ **savaşı** Nachhutgefecht *n* ~ **ucu** Nachhutspitze *f*
artdamak *an., phon.* Hintergaumen *m* ~ **ünsüzü** s. **artdamaksıl**
artdamaksıl *phon.* Hintergaumen-, Postpalatal-, Velar-laut *m*
artdişsi *phon.* Postdentallaut *m*
artene [·×·] *naut.* Rah *f* für ein Lateinsegel
arter 1. *med.* Arterie, Schlag-, Pulsader *f* *atardamar 2. Verkehrsader *f* Zu 2: s.a. **ana arter**
arterit, -ti *med.* Arteritis, Schlagaderentzündung *f* *iltihabı şerayin
arteryoskleroz *med.* Arterienverkalkung, Arteriosklerose *f* *damar sertliği, tasallübü (*od.* tekellüsü) şerayin
arteryosklerozlu an Arteriosklerose leidend
artezyen (kuyusu) (*franz.* **puits artésien**) artesischer Brunnen
artı *math.* 1. plus *zait 2. **(işareti)** Pluszeichen *n* *zait işareti 3. *math., phys., chem.* positiv *müspet, pozitif ~ **değer** *soz.* Mehrwert *m* ~ **kutup** *phys.* Pluspol *m* ~ **sayı** positive Zahl *müspet (*od.* pozitif) sayı ~ **yön** *astr.* entgegen der Uhrzeigerrichtung
artık, -ığı 1. mehr (als nötig) *daha çok, lüzumundan fazla 2. übriggeblieben, restlich (Speise *od.* Getränk) 3. Rest *m,* Überbleibsel *n,* Rückstand, Abfall *m,* Zuviel *n* 4. zuviel, überflüssig, überschüssig 5. [×·] (*P. a.:* ~ **ilallah**) nunmehr, endlich, jetzt, schließlich 6. (mit Neg.) (nicht) mehr 7. *mus.* übermäßig (Intervall) Zu 1: **Bu, ondan ~.** Das ist mehr als das andere. Zu 2: ~ **su** übriggebliebenes Wasser Zu 3: **yemek -ı** Essens-, Speisereste *pl.* **kumaş -ı** Stoffrest *m* ~ **döküntü** (*od.* ~ **parça**) Lederabfälle *pl.* Zu 4: ≗ **mal göz çıkarmaz.** *Spr.* 1. Man kann nie zuviel besitzen. 2. Doppelt genäht hält besser. *Spr.* Zu 5: ≗ **gidelim!** Jetzt wollen wir aber gehen! **Bıktım ~ ilallah!** *P* Jetzt habe ich aber die Sache satt! Zu 6: ~ **değil** nicht mehr; ~ **... yoktur** ... ist nicht mehr da. ~ **bitti!** Genug! Punktum! ≗ **bu da umur oldu!** *F* Was macht man doch für ein Aufhebens davon! ≗ **bu kadarı da fazla!** Das ist denn doch zu stark! Das schlägt dem Faß den Boden aus! ≗ **çok oluyorsun!** Jetzt langt's mir aber mit dir! ~ **eksik** darüber oder darunter, mehr oder weniger; ungefähr ~ **gaz** Abgas *n* ≗ **kokuttu** *F* Das geht e–m allmählich auf die Nerven. Das hält ja kein Mensch mehr aus. ~ **magnetizma** *phys.* remanenter Magnetismus *mıknatısiyeti mütebakiye ~ **mal** 1. überschüssige (nicht verkaufte) Ware 2. Überangebot *n* ~ **sıcaklık** *techn.* Abwärme *f*
artığıyle in Hülle und Fülle, im Überfluß
artıkçı wer sich von Abfällen nährt
artıkgün Schalttag *m* *ekgün, yevmi kebis
artıklama s. **haşiv**
artıklı was beim Kochen sehr aufgeht (*spez.* Reis)
artıklık 1. Überfluß *m* 2. Überlegenheit *f*
artıküretim Überproduktion *f* *sürprodüksyon
artıküstü *mus.* s. **çift artık**
artıkyıl Schaltjahr *n* *ekliyıl, senei kebise
artılıpul Briefmarke(-n *pl.*) *f* mit Zuschlag
artım s. **artma**
artımlama *ling.* Perissologie *f* *haşvi melih
artımlamalı *ling.* perissologisch
artımlı s. **artıklı**
artırılmış *mus.* übermäßig (Intervall)
artırım 1. Sparen *n* 2. Sparsamkeit *f* *tasarruf, tutum
artırma 1. Versteigerung, Auktion *f* *müzayede 2. s. **artırım**
artırmak 1. vermehren; zunehmen *od.* anwachsen lassen; steigern 2. sparen 3. erhöhen (Preise, Bestände usw.) 4. (mehr) bieten, steigern; *Ka. a.* reizen 5. verstärken (z.B. Druck) 6. erweitern (z.B. Kenntnisse) 7. s. **işi** ~ 8. *intr.* vorankommen, Fortschritte machen 9. *intr.* zu weit gehen; das (zulässige) Maß überschreiten
artış Steigerung, Zunahme *f* (*s. a.* **artmak**)
artifisiyel (*franz.* **artificiel**) *selt.* 1. künstlich, kunstmäßig 2. erkünstelt, gemacht, unecht *(1,2) sunî, yapma
artikl 1. *selt.* Artikel *m,* Geschlechtswort *n* *harfitarif 2. *H* Handelsartikel *m*
artikülatör (*franz.* **articulateur**) das bei der Herstellung e–r Zahnprothese verwendete Gipsmodell
artiküler (*franz.* **articulaire**) *an.* die Gelenke betreffend, Gelenk-
artist, -ti 1. Künstler(-in *f*) *m* 2. Schauspieler(-in *f*) *m* 3. Artist(-in *f*) *m* ~ **gibi** gut gebaut und hübsch (Frau, Mädchen) **-ler salonu** *Th.* Künstlerzimmer *n* *konuşma odası
artistik 1. künstlerisch 2. artistisch ~ **patinaj** Eiskunstlauf *m* ~ **zekâ** künstlerische Begabung
artistlik, -iği 1. Künstlertum *n* 2. Kunstfertigkeit *f*
artizan (*franz.* **artisan**) *selt.* Handwerker *m*
artizlenimcilik Nachimpressionismus *m*
artkafa *an.* Hinterkopf *m* ~ **kemiği** *an.* Hinterhaupt(s)bein *n* *azmı kafa
artma *Vs.* zu **artmak** *spez.* Vermehrung *f,* Anwachsen *n,* Zunahme *f,* Zuwachs *m*
artmak, (-ar) 1. sich vermehren; anwachsen, zunehmen 2. sich erhöhen (Preise, Bestände usw.) 3. sich verstärken (z.B. Druck) 4. sich erweitern (z.B. Kenntnisse) 5. mehr (als genug) sein, zuviel sein, übrigbleiben
artoda *an.* hintere Augenkammer *beyti halfî
Artova *n.pr.* O. u. D. im Rbz. Tokat
artrit, -ti *med.* Arthritis, Gelenkentzündung *f* *iltihabı mafsal
artritik *med.* arthritisch, gichtisch
artritizm *med.* 1. Arthritismus *m,* Anlage *f* zu Gicht usw. 2. *abus.* Arthritis, Gelenkentzündung *f*
artrodez *med.* Arthrodese *f,* künstliche Versteifung durch operative Entfernung e–s Gelenks
artroloji (*franz.* **arthrologie**) *med.* Gelenkkunde *f* *eklembilim
artrolit, -ti *med.* Arthrolit *m,* Gelenkmaus *f*
artropati *med.* Arthropathie *f,* Gelenkleiden *n*
artroz *med.* Arthrose *f,* chronisches Gelenkleiden
artsız arasız ununterbrochen, pausenlos, dauernd
arttansolungaçlılar Hinterkiemer *pl. zo.* Ophistobranchia
arttırmak *irrt.* für **artırmak**
artülke Hinterland *n*
Artvin *n.pr.* Städtchen am Fluß Çoruh; gln. Rbz. (Nordostanatolien)
arus [·–] *va.* 1. Braut *f* *gelin 2. *gel.* s. **güvey** 3. *chem.* s. **kükürt**
arusek, -eği [·–·] *va.* 1. grünlich-rötlich schimmerndes Perlmutt 2. Bräutchen *n* 3. bildschönes Mädchen 4. Eu-

lenmutter *f* *dişi baykuş 5. s. **ateş böceği** 6. *mil.* e–e kleinere Steinschleuder (Katapult)
arusiye [ū] *fr.* e–e osm. Heiratssteuer
aruz [·–] 1. (*a.* **ilmi** ~) Metrik, Prosodie *f* 2. (vezni) das quantitierende ar.-pers. Versmaß (*ant.* hece vezni; parmak hesabı) 3. letzter Versfuß des ersten Halbverses e–s Distichons
aruzcu [·–·] 1. wer im **aruz vezni** Gedichte schreibt 2. Vertreter dieser Prosodie
arvana *dial.* Kamelstute *f*
arvat *P* für **avrat**
arya (I) [×·] *naut.* Niederholen *n* (sowie das entsprechende Kommando) ~ **etmek** niederholen (z.B. Stenge), streichen (z.B. Segel, Flagge), wegfieren ≗ **kürek!** Riemen einziehen! ~ **kürek etmek** die Riemen einziehen (die Ruder aushängen) ~ **sancak etmek** *naut.* die Flagge niederholen, streichen
arya (II) [×·] *mus.* (Opern-)Arie *f*
Aryanizm *hist.* Arianismus *m*
aryapma *(Gerberei)* Beseitigung *f* der nach dem Scheren des Felles verbliebenen Haarstoppeln mit dem Gerbermesser
aryetta [·×·] *mus.* Ariette *f*, kleine Arie
aryozo [·×·] *mus.* 1. arioso, liedmäßig 2. Arioso *n*
arz (I) 1. Erde *f* *yer 2. Landstrich *m*, Land *n*, Gegend *f* 3. (Erd-)Boden *m* **-ın kışrı; kışri arz** Erdrinde *f* *yerkabuğu ≗ı **Cedit** *n. pr. va.* s. **Ternöv; -ı meskûn** Ökumene *f*, bewohnte Erde **Arzı Kenan; Arzı Mevut; Arzı Mukaddes** Gelobtes Land (Bibel)
arz (II) *spez. geogr.* Breite *f* ~ **dairesi** s. **enlem dairesi;** ~ **derecesi** s. **enlem; -ı şimalî (cenubî)** nördliche (südliche) Breite
arz (III) 1. Darlegen *n*, Ausdruck *m*, Kundgebung *f* (von Gefühlen) 2. Vorlegung, Unterbreitung *f* 3. Zeigen, Anerbieten *n* 4. *H* Angebot *n*, Offerte *f* 5. (höfliche) Mitteilung *f*, Hinweis *m* ~ **etmek** 1. vorlegen, unterbreiten *sunmak 2. zeigen, darlegen, kundtun *göstermek 3. höflich mitteilen *saygı ile bildirmek ~ **odası** Audienzsaal *m* (*spez.* in der Hohen Pforte) ~ **ve talep** *H* Angebot und Nachfragan **-ı cemal** *va.* Enthüllen *n* des Gesichtes **-ı endam etmek** sich zeigen, sich darbieten; erscheinen, auftauchen **-ı hal** *va.* 1. Schilderung der eigenen Lage 2. s. **arzuhal; -ı hoşamedi** Willkommenheißen *n*, Begrüßung, Bewillkommnung *f* **-ı hoşamediye gelmek** sich zur Begrüßung einfinden **-ı hulus etmek** sich j–m empfehlen, j–n ehrerbietig grüßen (Briefstil) **-ı hürmetler (ederim, eylerim)** Ich verbleibe Ihr sehr ergebener ... **-ı ihtiramat** s. Stw. **ihtiramat; -ı şükran etmek** seinen Dank abstatten, danken **-ı tazimat etmek** 1. seine Aufwartung machen 2. seine Ehrerbietung bezeugen *od.* ausdrücken **-ı teslimiyet etmek** kapitulieren, sich ergeben **-ı veda etmek** (b–ne) sich verabschieden (von)
arzan [×·] *va. Adv. (spez. geogr.)* der Breite nach
arzanî [·––] transversal, Quer-, latitudinal *enine ~ **çatlak** Querriß *m* ~ **çizgi** *math.* Transversale *f* ~ **dağılma** *mil.* Querstreuung *f* ~ **dikiş** Quernaht *f* ~ **elyaf** Querfasern *pl.* ~ **irtibat** Querverbindung *f* ~ **istikamet** Querrichtung *f* ~ **kiriş** Querbalken *m* ~ **makta** Querschnitt *m* ~ **makta hamulesi** Querschnittsbelastung *f* ~ **titreme** Transversalschwingung *f* ~ **vadi** Quertal *n*
arzeyn *va. Dual* zu **arz** (II) *naut.* die beiden Breiten s.a. **tefavütü** ~
arzhane [·–·] Audienzsaal *m* (im Topkapı Sarayı) *arz odası
Arzıtilek s. **Merkür**
arzî (I) die Erde betreffend; Erd-, irdisch *yersel
arzî (II) die Breite betreffend, *spez. geogr.* Breiten-
arziyat, -ti [··–] *va.* s. **jeoloji**
arziye s. **ardiye**
arzu [·–] 1. Wunsch, Wille *m*, Lust *f*, Verlangen *n*, Sehnsucht *f*, Begierde *f* *dilek, istek 2. ≗ *wV* (*spez.* in der Volkserzählung ≗ **ile Kamber;**) ~ **doğmak** entstehen (Wunsch) ~ **etmek** (~ **buyurmak**) wünschen, Lust haben; mögen, Verlangen tragen, begehren ~ **izhar etmek** e–n Wunsch äußern ~ **olunduğu gibi** nach Belieben ~ **şartı** *jur.* Wollensbedingung *f* *sırf iradî şart; dilek koşulu ~ **vermek** den Wunsch erwecken **-su vechiyle** seinem Wunsch entsprechend; wunschgemäß **-ya düşmek** wollen, wünschen, begehren **-yu hayat** *va.* Lebenswille *m* *yaşama isteği **-yu umumî üzerine** *z. va.* auf allgemeinen Wunsch hin
arzubeyan etmek *va.* darlegen, auseinandersetzen
arzuhal, -li [··–] (*urspr.* **arz-ı hal**) Bittschrift *f*, (Bitt-)Gesuch *n*, Eingabe, Petition *f*, Ansuchen *n*, Antrag *m* *dilekçe, istidaname ~ **encümeni** *parl.* Petitionsausschuß *m* ~ **gibi** (*od.* **kadar**) ellenlang (Brief) ~ **hakkı** *jur.* Beschwerderecht *n* ~ **vermek** e–e Bittschrift (ein Gesuch, e–n Antrag) einreichen
arzuhalci [··–·] Straßenschreiber *m* (der für Analphabeten Gesuche, Briefe usw. gegen Entgelt schreibt) ~ **dükkânı** das kleine Büro e–s **arzuhalci**
arzuhalcilik Tätigkeit *f* e–s **arzuhalci**
arzukeş s. **arzulu; Zaten -ti.** Nichts hatte er sich mehr gewünscht. Man hätte ihm keinen größeren Gefallen tun können.
arzulamak (m. Akk.) 1. sehnlichst herbeiwünschen, heftig begehren 2. sich sehnen, Sehnsucht haben (nach)
arzullahı vâsia *va.* weites, unbewohntes Gebiet
arzulu heftig begehrend, sehnsüchtig, begierig, begehrlich
arzument, -di [ū] *va.* s. **arzulu**
arzusuz nicht gewillt; widerstrebend
arzusuzluk Widerstreben *n*
arzutalep, -bi s. **arz ve talep**
AS; A.S. = aleyhisselâm *(q. v.)*
as (I) 1. Hermelin *n*, großes Wiesel *zo.* Mustela erminea *kakım 2. Hermelinpelz *m*
as (II) 1. *Spk.* As *n* *bey, birli 2. *fig.* tüchtiger Kerl, Bester, Prominenter, *F* Kanone *f*, As *n* (Person) *aso
as (III) [ā] *va.* Myrte *f bot.* Myrtus communis *mersin ağacı
as- *Px.* (< **ast**) Unter-, Vize, stellvertretend
A.S.A.; ASA (= American Standard Association) amerikanische Maßzahlen für die Lichtempfindlichkeit e–s Films
asa [·–] 1. langer Stock, Stab *m* (z.B. e–s Greises) 2. *fr.* Derwischstab *m* 3. Marschallstab *m* 4. Hirtenstab *m* (e–s Bischofs) 5. Zepter *n* (e–s Herrschers) **-yı dikmek** *F* et. mit Hartnäckigkeit verfolgen
-âsa [––] *va. pers. Sx.* wie, gleich, ähnelnd. s. **devâsa**
asaba; asabe *va.* 1. (einzelner) Nerv 2. Verwandte väterlicherseits; Agnaten *pl.* 3. s. **kabile, kavim** 4. s. **yardımcı; avene** 5. *arch.* Zierleiste *f* 6. *jur.* wer nach Aufteilung e–r Hinterlassenschaft an die Haupterben von dem eventuellen Rest e–n Anteil erhält
asabat, -tı [··–] *z. va.* Nerven *pl.* **-ı bozulmak** *Sch.* nervös, zappelig werden
asabî 1. die Nerven betreffend, Nerven-, Neur(al)- *sinirsel 2. nervös *sinirli 3. reizbar, ärgerlich **kavsi** ~ s. **sinirsel yay; nesci** ~ s. **sinirdoku**
asabîleşmek nervös werden *sinirlenmek
asabîleştirmek nervös machen *sinirlendirmek
asabîlik Nervosität *f* *asabiyet, sinirlilik
asabiye 1. Nervenkrankheiten, neurologische Erkrankungen *pl.* 2. Nervenklinik *f od.* neurologische Abteilung e–s Krankenhauses
asabiyeci Neurologe, Nervenarzt *m*

asabiyet, -ti 1. s. **asabîlik** 2. *va.* Verwandtschaft *f* 3. *va.* Parteilichkeit *f* **-e kapılmak** nervös werden
asabîyülcenah [··—··—] s. **sinirkanatlılar**
asacak s. **askı**
asaf *va.* s. **gebreotu**
Asaf [—·] 1. *n.pr.* a) weiser Ratgeber Salomons b) *mV* 2. **asaf(-tedbir)** weiser Ratgeber; Wesir, Minister *m*
asafî [—·—] *va.* Minister- s. **sarayı** ~
asafir [·—·] s. **serçegiller**
asakir [·—·] *va. Pl.* zu **asker; Asakiri Mansure (-i Muhammediye)** *hist.* Bez. für das nach der Beseitigung der Janitscharen neugebildete osm. Heer
asal s. **aslî, esasî;** ~ **analiz** *chem.* Vorprüfung *f* *tahlili aslî ~ **çarpanlara ayırmak** *math.* in Primfaktoren zerlegen ~ **gazlar** *chem.* Edelgase *pl.* ~ **sayı** s. **bölünmez sayı**
ASALA Name e–r arm. Untergrundorganisation (gegr. 1975)
asalak, -ğı Schmarotzer, Parasit *m* *parazit, tufeylî ~ **arılar** Schmarotzerbienen *pl. zo.* Ichneumonidae ~ **bitki** s. **bitkisel** ~; ~ **böcekler** Schmarotzerinsekten *pl. zo.* Insecta parasitica ~ **hayvan** s. **hayvansal** ~; ~ **sinekler** s. **tırtılsinekleri**
asalakbilim Parasitologie, Parasitenkunde *f* *parazitoloji ~ **uzmanı** Parasitolog-e *m,* -in *f* *parazitolog
asalakbilimsel parasitologisch *parazitolojik
asalakçılık s. **asalaklık**
asalakkıran Parasiten vernichtend (Mittel) *parazitisit
asalaklı 1. mit Parasiten behaftet; *biol.* Wirt *m* *konakçı 2. durch Parasiten hervorgerufen ~ **tiroidit** *med.* Chagassche Krankheit (in Mittel- u. Süd-Amerika) *Şagaz hastalığı
asalaklık Schmarotzertum *n,* Parasitismus *m*
asalaksal parasitär, parasitisch
asalet, -ti [·—·] 1. Adel *m,* vornehme Abstammung 2. etatmäßige Inhaberschaft e–s Amtes (*ant.* vekâlet) 3. persönliche Wahrnehmung (von Interessen, Rechtsansprüchen usw.), persönliches Erscheinen (vor Gericht) (*ant.* vekâlet) 4. edle Ausdrucksweise (*spez.* in ält. Lit.)
asaleten [·—··] 1. etatmäßig (d.h. nicht als Vertreter) 2. in eigener Person, persönlich (*ant.* temsilen, vekâleten) ~ **tayin** etatmäßige Anstellung; Verbeamtung *f*
asaletli [·—··] von vornehmer Abstammung; adlig, vornehm
asaletlü [·—··] osm. Titul. für europäische Botschafter *od.* andere Würdenträger
asaletmeap, -bı [·—··—] *va.* Ew. Hoheit
asam, -mmı *va.* 1. taub *(a. fig.)* 2. ohne Resonanz 3. *math.* irrational (Zahl)
asamble (*franz.* **assemblée**) (Rats-)Versammlung *f,* Rat *m* **-nin toplanması** Zusammentritt *m* der Ratsversammlung *meclisin içtimaı **Milletler Cemiyetinin Asamblesi** *hist.* Völkerbundsrat *m* **Birleşmiş Milletler Asamblesi** UNO-Vollversammlung *f*
asan [——] *va.* leicht, mühelos, bequem
asansör (*franz.* **ascenseur**) 1. Fahrstuhl, Lift, Aufzug *m* 2. Hebe-werk *n,* -maschine *f,* Elevator *m* ~ **kafesi** (*od.* ~ **boşluğu**) Fahrstuhlschacht *m* ~ **merdiven** Rolltreppe *f*
asansörcü Fahrstuhlführer, Liftboy *m* ~ **kız** Fahrstuhlführerin *f*
asansörlü mit Fahrstuhl bzw. Elevator
Asansyon(adası) *n.pr.* Ascension (Insel im Atlantischen Ozean)
asap, -bı *an.* Nerv *m* *sinir ~ **cümlesi** Nervensystem *n* *cümlei asabiye **-ı vusta** s. **ortadamar**
âsap, -bı [——] *va. Pl.* zu **asap; -ı bozulmak** mit den Nerven herunter sein; demoralisiert sein **-ı nühaiye** s. **omurilik sinirleri**
asar (I) [——] *va. Pl.* zu **eser; -ı mehdiye** s. **nutasyon, üğrüm; cinnet -ı** Anzeichen *pl.* von Geistesgestörtheit
asar (II) [——] *va. Pl.* zu **asır**
asarıatika [——··—·] Altertümer, Antiquitäten *pl.* *eski yapıtlar ~ **alimi** s. **arkeolog;** ~ **ilmi** s. **arkeoloji;** ~ **müzesi** Antikenmuseum *n*
asaron 1. Haselwurz *f bot.* Asarum 2. Haselwurzöl *n*
asas *hist.* 1. Polizist, Gendarm *m* 2. (Nacht-)Wächter *m*
asasbaşı, -nı, -yı *hist.* Polizeipräsident *m*
asayiş [——·] 1. Ruhe und Sicherheit *f* (in e–m Land) 2. *mil.* Ordnung *f* ~ **berkemal** *va.* völlig gesicherte Ruhe und Ordnung **-i iade etmek** die Ruhe und Ordnung wiederherstellen (z.B. Polizei)
asayişli [——··] ruhig, sicher (Gebiet)
asayişsiz [——··] unruhig, unsicher (Gebiet)
asayişsizlik 1. Unruhen *pl.,* Unsicherheit *f* (in e–m Land) 2. *mil.* Unordnung *f*
asbaşkan Vizepräsident *m,* zweiter Vorsitzender *reis vekili
asbaşkanlık Vizepräsidium *n;* Amt *n* des zweiten Vorsitzenden
asbest, -ti Asbest *m* ~ **contası** Asbestpackung *f*
asbestli aus Asbest hergestellt
Asdik (*engl.* **Asdic = Allied Submarine Detection Investigation Committee**) s. **sonar**
Asdrübal *n.pr.* Hasdrubal (Bruder von Hannibal)
asel *va.* 1. s. **bal** 2. ~ *isl. Myth.* Name e–r der vier Paradiesquellen
aselbent, -di 1. arabischer Weihrauchbaum *bot.* Boswellia Carteri *akgünlük ağacı 2. papierrindiger Weihrauchbaum *bot.* Boswellia papyrifera 3. Benzoebaum *m bot.* Styrax officinalis *karagünlük ağacı 4. aus (3) gewonnenes Benzoeharz; Styrax *m,* Storax *m*
asellus s. **tatlısu tespihböceği**
Aselsan = Askerî Elektrik Sanayi ve Ticaret A.-Ş. Militärische Elektroindustrie- und Handelsgesellschaft A.-G.
asenkron *phys., techn.* asynchron (z.B. Motoren) *yadınkurun
asepsi *med.* Asepsis, Keimfreiheit *f* *mikropsuzluk
aseptik *med.* aseptisch, keimfrei
ases(-başı) s. **asas(-başı)**
asetat, -tı *chem.* Azetat *n* *halliyet ~ **dalüminyum** *med.* essigsaure Tonerde
asetik (*franz.* **acétique**) essigsauer, Essig- ~ **ester** *chem.* Essig-Ester *m*
asetilen *chem.* Azetylen(-gas) *n*
asetilenli Azetylen- ~ **lamba** Azetylenlampe *f*
asetizm (*franz.* **ascétisme**) s. **çilecilik**
aseton *chem.* Azeton *n*
asfalt, -tı 1. *min.* Erd-pech, -harz *n,* Asphalt *m* 2. (Straßen-)Asphalt *m* 3. *P* für **asfalt yol** 4. asphaltiert, Asphalt- ~ **biti** *V* Volkswagen *m* (deutsche Automarke), „Straßenfloh *m*" ~ **fabrikası** (*od.* **değirmeni**) Asphaltmüllerei *f* ~ **üzerinde** *P* an der Asphaltstraße gelegen (z.B. Haus) ~ **yol** asphaltierter Weg; Asphaltstraße *f*
asfaltlamak asphaltieren
asfalya *(in der vulg. Ra.)* **~ları gevşemektedir.** Die Knie beginnen ihm zu schlottern.
asfar *va.* gelb *sarı
asfiksi *med.* Asphyxie *f* (Atemstillstand *m,* tiefe Ohnmacht)
asfur s. **aspur; yalancısafran**
asgar (*Elativ* zu **sağîr**) kleiner, geringer, kleinste, geringste, sehr klein (gering) **-ı müşterek** kleinster gemeinsamer Punkt (bei konträren Darlegungen) **-ı namütenahi** *math.* s. **sonsuz küçük**
asgarî 1. mindest, geringst, Minimal- 2. Minimum, Mindestmaß *n* *minimum 3. *Adv.* mindestens, wenigstens ~

fiyat Mindestpreis *m* ~ **geçim haddi** Existenzminimum *n* ~ **ücret** Mindestlohn *m* **-ye indirmek** auf ein Mindestmaß reduzieren
Asgısar? *arm.* Hast du verstanden? Kapiert?
ashap [·–] (*z. va. Pl.* zu **sahip**) *sahipler, sahabe **Ashabı Kehf** *n.pr.* Siebenschläfer *pl.* von Ephesus (Yemliha, Mekseleyna, Misleyna, Mernuş, Tebernuş, Sazenuş, Keferştetayış sowie deren Hund Kıtmir) *Yedi Uyurlar **-ı kiram** *va.* Schüler und Gefährten *pl.* Mohammeds **-ı mesalih** *va.* dienstliche Besucher (bei e–r Behörde) *pl.* *iş sahipleri, erbabı mesalih **-ı şimal** *isl. Myth.* die zur Hölle Verdammten
ası (I) Schwebe *f* **-da olmak** (*od.* **kalmak**) in der Schwebe sein *muallakta olmak (*od.* kalmak)
ası (II) s. **menfaat, faide**
ası (III) *(Neol.)* s. **afiş**
-ası s. **-(y)ası, -(y)esi**
asıcı 1. *an.* Aufhänge- (Band, Muskel) 2. wer aufhängt 3. Henker *m* *cellât
asıcıbağ *an.* Aufhängeband *n* (*spez.* der Leber) *ribatı muallik
asıcıl s. **menfaatperest**
âsıf *va.* s. **burağan, sayyip**
Âsıfe *wV*
asık 1. mürrisch, unfreundlich, bärbeißig 2. aufgehängt, gehenkt
asıklık, -ığı mürrisches Gesicht; Bärbeißigkeit *f*
asıl, -slı 1. Basis, Grundlage *f* 2. Ursprung *m,* Entstehung, Quelle *f* 3. Abstammung, Ab-, Her-kunft *f,* Stamm *m,* Geschlecht *n,* Familie *f* 4. *fig.* Grundstock *m,* Wurzel *f* 5. Original *n* (im Ggs. zur Abschrift) 6. *fig.* Wahrheit *f* 7. eigentlich, ursprünglich, Original- 8. eigentlich, wirklich, wahr, tatsächlich, echt, unverfälscht, rein, 9. grundlegend, fundamental, Grund-, Haupt- 10. her-kommend, -stammend 11. hauptsächlich, vor allem, eigentlich, besonders ~ **gabya** *naut.* Obermarsrah *f* ~ **hani balığı** Sägebarsch *m zo.* Serranus cabrilla ~ **harekât hedefi** *mil.* Hauptoperationsziel *n* ~ **hat** Haupt-linie, -strecke *f* ~ **istinat noktası** Hauptstützpunkt *m* ~ **kol** *mil.* Hauptkolonne *f* ~ **kuvvetler** *mil.* Hauptkräfte *pl.* ~ **maksatları** seine eigentlichen, wirklichen Absichten *pl.* ~ **mevzi** *mil.* Hauptstellung *f* ~ **muharebe hattı** *mil.* Hauptkampflinie, HKL *f* ~ **muharebe meydanı** *mil.* Hauptkampffeld *n* ~ **mukavemet tesisleri** *mil.* Hauptwiderstandsanlagen *pl.;* Anlagen *pl.* im Hauptkampffeld ~ **netice** *mil.* Entscheidung *f* ~ **sayılar** *gr.* Kardinal-, Grund-zahlen *pl.* ~ **taarruz** *mil.* Hauptangriff *m* ~ **üs** Hauptbasis *f* ~ **vurgu** *phon.* Hauptton *m* ~ **yürüyüş yolu** *mil.* Hauptvormarschstraße *f* **-ları fasılları** die kleinsten Einzelheiten, die unbedeutendsten Details *pl.* *icikleri cicikleri **-ı astarı** (bşin) wirklicher Sachverhalt, tatsächlicher Vorgang **≗ı astarı yok.** Es ist kein wahres Wort daran. Es ist völlig aus der Luft gegriffen. **-ı çıkmak** sich als wahr herausstellen **-ı nesli bellisiz** von unbekannter Ab-, Her-kunft **≗ı var.** Es hat schon seine Bewandtnis damit. Es beruht auf Tatsachen. Es ist etwas daran. **≗ı yok faslı** (*od.* **nesli**) **yok** s. **≗ı astarı yok. ≗ına uygun** (*od.* **mutabık**) Gleichlautend mit dem Original (Stempel auf beglaubigter Abschrift) **-ında** eigentlich, im Grunde genommen **-ını ara(ştır)mak** e–r Sache auf den Grund gehen **-ını astarını öğrenmek** den wahren Sachverhalt erfahren
asılacak 1. wer gehängt werden soll (wird) 2. reif für den Galgen, Galgen-strick, -vogel *m* Zu 1: **≗ suda boğulmaz.** *Spr.* Es kommt alles so, wie es vorherbestimmt ist.
asılak(-lık) s. **asalak(-lık)**
asılanmak s. **intifa etmek; yararlanmak**
asılı (I) 1. auf-, an-gehängt, hängend 2. freischwebend *muallak 3. erhängt; Gehenkter *m* ~ **çubuk** *Th.* Aufhängevorrichtung *f,* Haken *m* ~ **dekor** *Th.* Hängedekoration *f* ~ **ilerleme** *(Turnen)* Hangeln *n*
asılı (II) s. **faydalı, menfaatli**
asılıcı *P* beharrlich auf et. zurückkommend; lästig
asılış *Vs.* zu **asılmak** *spez. fig.* Drängen *n,* Zudringlichkeit *f*
asıllı 1. der Herkunft nach; gebürtig 2. von nb. Volkszugehörigkeit (z. B. Kurde)
asılmak 1. Pass. *od.* Refl. zu **asmak** 2. beharren, bestehen (auf), drängen 3. (bşe) sich mit seinem ganzen Körpergewicht an et. hängen; aus Leibeskräften ziehen 4. schleunigst ergreifen 5. *P* (b–ne) j–m mit seiner Zudringlichkeit lästig werden, auf die Nerven fallen 6. *V* masturbieren Zu 1: **Asılmış adamın evinde ipten bahsedilmez.** *Spr.* Im Haus des Gehenkten soll man nicht vom Strick sprechen. **Asılacaksan İngiliz sicimiyle asıl!** *spött.* Wenn du dich absolut aufhängen willst, so nimm wenigstens e–e ordentlichen Strick! Zu 4: **Hemen küreklere asıldı.** Er legte sich sofort in die Riemen. **Asılma depoya gider!** *V* Bemüh dich nicht! Bei dieser Frau hast du keinen Erfolg!
asılmalık Leder-schlaufe *f,* -griff *m* (in Straßenbahn, Autobus usw.)
asılmışadam das Knabenkraut Loroglossum (aus dessen Wurzeln **Salep** gewonnen wird)
asılsız jeder Grundlage entbehrend; unbegründet, unrichtig, unwahr (z. B. Gerücht) ~ **fasılsız** völlig unbegründet; in keiner Weise der Wahrheit entsprechend
asılsızlık, -ığı Unbegründetsein *n,* Unrichtigkeit, Unwahrheit *f* **-ı anlaşılmak** sich als unbegründet (unrichtig) herausstellen
asıltı *chem., phys.* Suspension, Aufschlämmung *f* *süspansyon
asılzade [··–·] 1. von vornehmer Abstammung, adlig; Adlige *m, f* 2. *V* Kuppler, Zuhälter *m*
asılzadegân [··–·–] *va. Pl.* zu **asılzade**
asılzadelik Adel(-s.stand) *m*
âsım 1. *va.* anständig, ehrenhaft, unbescholten 2. **≗** *mV;* **Âsıme** *wV*
asım takım; asımlık *dial.* Schmucksachen *pl.* (für Frauen) *hulliyat
asıntı 1. Verschiebung *f,* Aufschub *m,* Verzögerung *f,* Verzug *m,* Vertagung *f,* zeitweilige Einstellung 2. unbeglichene Schulden *pl.* (in e–m Geschäft) 3. *V* zudringlicher, lästiger Kerl **-da kalmak** unerledigt liegenbleiben (Arbeit) **-ya bırakmak** et. zurückstellen, nicht gleich erledigen
asır, -srı 1. Jahrhundert *n* *yüzyıl 2. Zeitalter *n,* Epoche, Ära *f* 3. *va.* später Nachmittag **≗ suresi** Name der 103. Koran-Sure **-larca** jahrhundertelang **asrı hazır** *z.va.* jetziges Jahrhundert
asırdide [ī] *z.va.* s. **asırlık**
asırlık 1. hundertjährig 2. jahrhundertealt ~ **bir ağaç** ein jahrhundertealter Baum ~ **düşman** Erbfeind *m*
asi [––] aufständisch, rebellisch, Aufrührer, Rebell, Empörer *m* ~ **olmak** rebellieren, meutern
Asi *n.pr.* Fluß im Hatay-Gebiet, *hist.* Orontes *m*
aside [ī] orient. Gericht aus Reis- bzw. Gerstenmehl, Bamia und Fleisch
asider; asiderit, -ti *astr.* Meteorstein ohne (*od.* überwiegend ohne) Eisen
asideroz *med.* Asiderose *f,* Eisenmangel *m* in Blut u. Geweben
asidimetre [···×·] (*franz.* **acidimètre**) *chem.* Säuremesser *m* *mikyası hamız, asitölçer
asidite (*franz.* **acidité**) s. **asitlik**
asidoz *med.* Azidose *f* (Säurevergiftung)
asil [·–] 1. von vornehmer Abstammung, adlig 2. edel, vornehm (in der Gesinnung) 3. Amts(stellen)inhaber *m* (*ant.* vekil) 4. *jur.* für wen gebürgt wird; eigentlicher

Schuldner ~ **gaz** Edelgas *n* *necip gaz ~ **haslet** vornehmer Charakter ~ **kan** vornehme Abstammung ~ **maden** Edelmetall *n* *soy maden ~ **ruhlu** vornehm denkend, Seelenadel besitzend
asilane [·––·] vornehm, adlig, edel, hochanständig
asilbent s. **aselbent**
asilik [––·] Aufruhr, Aufstand *m,* Empörung, Meuterei, Rebellion *f* ~ **etmek** rebellieren, meutern, sich empören; revoltieren
asilleşmek [ī] vornehm werden, Adel gewinnen
asilleştirmek veredeln, vornehm(-er) werden lassen, Adel verleihen
asillik [·–·] s. **asalet;** ~ **bir hareket** hochanständiges Verhalten
âsim *va.* Sünder, Missetäter, Verbrecher *m*
asimetri (*franz.* **asymétrie**) s. **simetrisizlik**
asimetrik s. **simetrisiz;** s.a. **bar** ~
asimilasyon 1. Assimilation, Angleichung *f* 2. *biol.* s. **özümle(n)me**
asimptot, -tu *math.* Asymptote *f* *mütecanip, sonuşmaz
asimptotik *math.* asymptotisch
asinerji *med.* Asynergie, Koordinationsstörung *f*
asiriyoloji Assyriologie *f*
asiriyolojist, -ti Assyriologe *m*
asistan 1. (Hochschul-)Assistent *m* 2. Assistenzarzt *m* 3. Gehilfe *m* 4. Mitarbeiter *m*
asistanlık Tätigkeit *f* (Rang *m* bzw. Beruf *m*) e–s Assistenten (usw.); Assistentenstelle *f,* Assistenten-
asistant, -tı Assistentin *f*
asiste etmek *med.* Assistenzdienste leisten
asit, -di, -ti (*franz.* **acide**) *chem.* Säure *f* *hamız ~ **arsenik** Arsensäure *f* ~ **asetik** Essigsäure *f* *hamızı hal ~ **askorbik** Askorbinsäure *f,* Vitamin *n* C ~ **barbitürik** Barbitursäure *f* ~ **borik** Borsäure *f* ~ **derecesi** Säuregrad *m* ~ **fenik** (*od.* **karbolik**) Karbolsäure *f* ~ **formik** Ameisensäure *f* ~ **hidroklorik** (*od.* **kloridrik**) Salzsäure *f* ~ **hidrosiyanik** (*od.* **siyanidrik**) Blausäure *f* ~ **hidrosülfürik** Schwefelwasserstoff *m* ~ **karbonik** 1. Kohlendioxyd *n,* CO_2 2. Kohlensäure *f* ~ **nitrik** Salpetersäure *f* ~ **oksalik** Oxal-, Klee-säure *f* ~ **pikrik** Pikrinsäure *f* ~ **sülfürik** Schwefelsäure *f* *hamızı kibrit ~ **ürik** Harnsäure *f* **-e dayanıklı** säure-fest, -beständig
asitan [–·–] *va.* Schwelle *f* *eşik
asitane [–·–·] *va.* 1. Schwelle *f* *eşik 2. Eingang *m* zum Sultanspalast 3. Derwischkloster *n* (Zentrale e–s Ordens mit Grabmal des Ordenstifters) 4. **Asitane** *n.pr.* Istanbul
asitleme *Vs.* zu **asitlemek;** ~ **usulü** Ätzverfahren *n*
asitle(ndir)mek (an-, auf-)säuern, ätzen
asitleşmek *chem.* zu Säure werden
asitleştirmek *chem.* in Säure verwandeln
asitli säurehaltig
asitlik Säure-grad *m,* -wirkung *f,* Azidität *f* *hamıziyet
asitölçer s. **asidimetre**
asiya; asiyap, -bı [–·–] *va.* 1. (Wasser-)Mühle *f* 2. Leitung, Direktion, Verwaltung *f*
asiye [ā] s. **mersingiller**
âsiye *va.* 1. Pfeiler *m,* Säule *f* *direk, sütun 2. Frau in Trauer 3. ♀ *wV spez.* Name der Pharaonentochter, die Moses aus dem Nil gerettet haben soll
ask, -kı *bot.* Askogon *n*
askarit, -di *zo.* Spulwurm *m* (des Menschen) *zo.* Ascaris lumbricoides *barsak solucanı
askat, -ti *math.* Teile *pl.* e–r Maßeinheit; Unterteilung *f* *ecza
asker 1. Soldat *m,* Wehrmachtsangehöriger *m* 2. *zo.* Soldat (Ameisen- *od.* Termitenkrieger) 3. Soldaten *pl.,* Militär *n,* Truppen *pl.* 4. diszipliniert, ordnungsliebend 5. militärisch tüchtig 6. **Asker** türk. Zigarettenmarke 7. *V* Moneten *pl.,* Kies *m,* Pinke *f* (Geld) 8. *V fr.* Einpfundschein *m* ~ **alma** (Truppen-)Aushebung *f* ~ **alma dairesi** Wehrkreis, -bezirk *m* ~ **almak** Truppen ausheben ~ **çekmek** Truppen detachieren, einsetzen ~ **çıkarmak** Truppen landen, ausschiffen ~ **firarîsi** Fahnenflüchtiger, Deserteur *m* ~ **gibi** *mel.* soldatisch, militärisch ~ **kaçağı** Fahnenflüchtiger, Deserteur, Überläufer *m* ~ **kisvesi** Uniform *f* ~ **nakliyatı** Truppentransport *m* ~ **nakliye gemisi** Truppentransporter *m* ~ **nakliye uçağı** Truppentransportflugzeug *n* ~ **ocağı** Militär(-organisation *f*) *n,* Heer *n,* Armee *f* ~ **tayını** Verpflegungsration *f* ~ **toplamak** 1. Truppen einziehen, mobilisieren 2. Truppen konzentrieren ~ **yazmak** Soldaten anwerben, rekrutieren ~ **yönetimi** *pol.* Militärregime *n* **-den kaçma** Fahnenflucht *f* **-den kaçmak** Fahnenflucht begehen; desertieren **-den tecrit etmek** entmilitarisieren **-e çağırmak** zum Militärdienst einberufen **-e davet** Einberufung *f* zum Militärdienst **-e gitmek** (zum Militär) einrücken **-i kırdırmak** den Untergang der Truppe herbeiführen (durch mangelhafte Führung)
askerce [·×·] *mel.* in militärischem Ton, in militärischer Art; soldatisch, wie ein richtiger Soldat
askerî militärisch, Militär-, Heer(-es)-, soldatisch, Wehr- ~ **adalet** s. ~ **kaza;** ~ **adlî hâkim** 1. Militärjustizbeamter 2. Kriegsgerichtsrat *m* (im Range e–s Majors) ~ **ataşe** s. **ataşemiliter;** ~ **bölge** Wehrkreis *m* ~ **ceza hukuku** Militär-, Wehr-strafrecht *n* ~ **ceza muhakeme usulü** Militärstrafprozeßrecht *n* ~ **coğrafya** Militärgeographie *f* ~ **cüzütam** militärische Einheit, militärischer Verband ~ **çadırlar** Militärzeltlager *n* ~ **devriye** Militärpatrouille, Streifwache *f* ~ **eczacı** Militär-, Heeres-apotheker *m* ~ **fabrikalar** Heereswerkstätten, Rüstungsbetriebe *pl.* ~ **fesat** Meuterei *f* ~ **hâkimiyet** Wehrhoheit *f* ~ **hapishane** Militärgefängnis *n* ~ **harekât** militärische Operationen *pl.* ~ **hastane** Militärkrankenhaus, Lazarett *n* ~ **hastane gemisi** Lazarettschiff *n* ~ **hastane idaresi** Heereslazarettverwaltung *f* ~ **hat komiseri** Linienkommissar *m* ~ **heyet** Militärmission *f* ~ **hizmet** Militär-, Wehrdienst *m* ~ **hizmete tabi** wehrdienstpflichtig ~ **hükümet** Militärregierung *f* ~ **idare** Militärverwaltung *f* ~ **idare hukuku** Militärverwaltungsrecht *n* ~ **ihtiramatta bulunmak** militärische Ehren erweisen ~ **ihtiyaçlar** Wehrbedarf *m* ~ **iktisadiyat** Wehrwirtschaft *f* ~ **inzibat** militärische Disziplin ~ **isyan** Meuterei, Militärrevolte *f* ~ **junta** Militärjunta *f* ~ **karakol** Militärwache *f* ~ **kaza** Militärgerichtsbarkeit *f* ~ **kıtalar** Truppen *pl.,* Militär *n* (im Ggs. zu Gendarmerie- *od.* Polizeitruppen) ~ **kıyafet** militärischer Anzug ~ **kuvvetler** Truppen *pl.,* Militär *n* ~ **kütüphane** Heeresbücherei *f* ~ **liman** Kriegshafen *m* *harp limanı ~ **lise** Militärgymnasium *n,* Kadettenanstalt *f* ~ **makam** Militärbehörde *f* ~ **mahkeme** Militär-, Kriegs-gericht *n* ~ **memur** Militärbeamter ~ **mevki** Garnison *f,* Standort *m* ~ **mıntıka** 1. Militär-, Sperr-zone *f* 2. Wehrbezirk *m* ~ **muhabir** Militärkorrespondent *m* ~ **murahhas** Militärbevollmächtigter ~ **mühendis** Kriegsbaumeister *m* ~ **mükellefiyet** Wehrpflicht *f* ~ **münekkit** Militärkritiker *m,* militärischer Sachverständiger ~ **müze** Armee-, Heeres-museum *n* ~ **nakliyat** Truppentransport *m* ~ **orman idaresi** Heeresforstverwaltung *f* ~ **öğrenci** Kadett, Offiziersanwärter *m* ~ **öğretmen** Lehrer *m* an e–r Kadettenanstalt ~ **rüesa** Spitzen *pl.* der Wehrmacht ~ **rütbeler** militärische Dienstgrade *pl.,* militärische Rangordnung *f* ~ **saha** Militärgebiet *n* ~ **sıhhiye işleri** Wehrmachtssanitätswesen *n* ~ **suçlar** militärische Verbrechen und Vergehen *pl.* ~ **şahıs** Militärperson *f* ~ **tahakküm** Militärherrschaft *f* ~ **tavır** militärische Haltung ~ **tayyareci** Militärflieger *m* ~ **tebliğ** Heeres-, Wehrmachts-bericht *m* ~ **teçhizat ve malzeme** Heeresausstattung *f* ~ **temaslar** militärische

Besprechungen *pl.* ~ **temyiz mahkemesi** Militärkassationshof *m* ~ **tenezzüh** (*od.* **gezinti**) militärischer Spaziergang ~ **terimler** militärische Fachausdrücke *pl.* ~ **tesisat** militärische Anlagen *pl.* **Askerî Tıp Akademisi** Militärärztliche Akademie ~ **tren** Militärzug *m* ~ **valii umumî** Militärgouverneur *m* ~ **veteriner yüksekokulu** Hochschule *f* für Heeresveterinäre ~ **yıllık** Heeresrangliste *f* ~ **yoklama memuru** Aushebungsoffizier *m* ~ **yollama memuru** Heeresversandbeamter ~ **zabıta** Militärpolizei *f* **gayri askerî** 1. unsoldatisch, unmilitärisch 2. entmilitarisiert Zu 2: ~ **mıntıka** entmilitarisierte Zone

askerîleşmek wieder mit Truppen belegt werden (bisher entmilitarisiertes Gebiet)

askerîleştirmek (ein Gebiet) wieder mit Truppen belegen

askerleşmek militärisches Wesen annehmen

askerleştirmek 1. Kaus. zu **askerleşmek** 2. *selt.* s. **askerîleştirmek**

askerlik, -iği 1. Militär-, Heeres-, Wehr-dienst *m* 2. Militärberuf *m* 3. Militär-, Wehr-pflicht *f* 4. militärisch, Militär- ~ **adliyesi** Militärjustiz *f* ~ **başhekimi** Wehrkreisarzt *m* ~ **başkanlığı** Wehrbezirkskommando *n* ~ **cüzdanı** Militär-, Wehr-paß *m* ~ **çağı** Wehrdienstalter *n* ~ **dairesi** Aushebungs-, Wehr-bezirk *m* ~ **dersi** (*od.* **dersleri**) militärischer Unterricht (z.B. an den höheren Schulen der Türkei) ~ **etmek** den Militärdienst ableisten ~ **fenni** Kriegs-, Wehr-wissenschaft *f* ~ **hizmeti** Militär-, Wehrdienst *m* ~ **kanunu** Gesetz *n* über die Wehrpflicht, Wehrgesetz *n* ~ **meclisi** 1. militärische Untersuchungskommission 2. Aushebungskommission *f* ~ **mükellefiyeti** Wehrpflicht *f*, militärische Dienstpflicht ~ **ruhu** (*od.* **zihniyeti**) soldatischer Geist ~ **sanatı** Kriegskunst *f* ~ **şubesi** Aushebungs-, Wehrbezirk *m* ~ **şube taksimatı** Wehrbezirkseinteilung *f* ~ **vergisi** Wehrsteuer *f* ~ **yoklaması** Musterung *f* **-e elverişli** militärdiensttauglich **-ini ifa etmek** seiner Wehrpflicht genügen **-ten tecrit etmek** entmilitarisieren **-ten terhis etmek** aus dem Militärdienst entlassen

askersizleştirmek entmilitarisieren

askı 1. *allg.* woran man et. aufhängen kann 2. Hosenträger *m, pl.* 3. Kleiderbügel *m* 4. Haken *m* e–r Kleiderablage *od.* diese selbst 5. Aushängen *n*, Aushang *m* (e–r öffentlichen Bekanntmachung) 6. Büschel, (Frucht-, Wein-) Gehänge *n* usw. (zum Trocknen *od.* zur Aufbewahrung) 7. ein Tuch, das an dem Dach e–s neuen Hauses von dem Hausbesitzer angebracht wird bzw. ein Tuch, das an der Brautkutsche von demjenigen aufgesteckt wird, der die Hochzeit ausrichtet (Geschenk für den Baumeister bzw. den Kutscher) 8. Gehänge *n* (verschiedener Art) *spez. fr.* Gold- *od.* Perlen-gehänge; Geschmeide *n*, Halskette *f*, Schmuck *m* (*spez.* Blumenschmuck im Haus *od.* im Brautgemach der jungen Frau) 9. Kronleuchter *m* 10. Aufschub *m*, Verschiebung *f* 11. *arch.* Stützwerk *n*, Absteifung *f* 12. *fr.* (an der Wand aufgehängter) Siegespreis für den Besten bei Sängerwettbewerben 13. *reg.* zur Verpuppung der Seidenraupen dienendes Reisig ~ **ağacı** Spriegel, Aufhängebügel *m* (für Fleisch) ~ **asmak** 1. mit Schmuck behängen 2. festlich schmücken ~ **çelenk** *arch.* Girlande *f*, Feston *m* ~ **halatı** Tragseil *n* (z.B. bei Fahrstuhl) ~ **indirmek** *fr.* Sieger werden und **askı** (12) gewinnen; *fig.* den Vogel abschießen ~ **kancası** (Bronze-)Rosette *f* (auf eisernen Gegenständen) ~ **kayışı** Wehrgehänge *n*, Hängeriemen *m* **-da bırakma** *Th.* Verzögerung, Retardierung *f* **-da bırakmak** ungeklärt, in der Schwebe lassen **-da kalmak** 1. unerledigt, unentschieden, noch in der Schwebe sein 2. e–e best. Zeit angeschlagen bleiben (Heiratsaufgebot, Versteigerungsanzeige usw.) **-dan sökmek** *reg.* die Kokons des Seidenspinners aus dem Reisig lösen und sammeln **-ya almak** 1. abstützen (Gebäude), absteifen *payanda vurmak 2. ein gesunkenes *od.* gestrandetes Schiff an e–m Hebe- *od.* Hilfs-schiff festmachen und heben 3. *selt.* verschieben (Termin) **-ya çıkmış** (*scil.* **kâğıtları**) Das Brautpaar ist öffentlich aufgeboten worden. **-ya koymak** (*od.* **çıkarmak**) öffentlich aushängen (Heiratsaufgebot, Versteigerungsanzeige usw.)

askıcı 1. wer **askı** herstellt, anbringt, verkauft usw. 2. *V* a) wer seine Schulden nicht bezahlt b) saumselig (bei der Arbeit)

askılı mit **askı**; ~ **yatak** Hängematte *f* *hamak

askın s. **asık**

askısız ohne Aufhänger (Kleidungsstück)

Asklepyos s. **Esküläp**

asklı mantarlar Askomyzeten, Schlauchpilze *pl.* *askomiçet

askomiçet s. **asklı mantarlar**

askomutan *mil.* Unterführer *m*

askorbik s. **asit askorbik**

askospor *bot.* Askospore *f*

asla [×–] durchaus nicht, keinesfalls, niemals, überhaupt nicht (*fr. a.* ~ **ve kat'a**)

aslan (I) 1. Löwe *m zo.* Panthera leo 2. *fig.* kühn, tapfer, heldenmütig, Held *m* 3. tüchtig, wacker 4. ♌ Löwe *m* (Sternbild, Tierkreiszeichen) *Eset ~ **ağzında** (*gel. a.* **midesinde**) **olmak** *fig.* schwer zu erlangen sein ~ **ayağı** Edelweiß *n bot.* Leontopodium alpinum ~ **bakışlı** kühn in die Welt blickend ~ **dişi** s. **karahindiba;** ~ **gibi** 1. groß und kräftig 2. kerngesund ~ **gibi kükremek** wütend losschreien ~ **kesilmek** löwenmutig werden ~ **kuyruklu makak** Bartaffe *m zo.* Macaca silenus ~ **mürebbisi** Löwenbändiger, -dompteur *m* ~ **payı** Löwenanteil *m* ~ **payı sözleşmesi** *jur.* leoninischer Vertrag ~ **sütü** Raki, Anisbranntwein *m* ~ **sütü emmiş** *fig.* löwenmutig ~ **yağmuru** *astr.* Leoniden *pl.* (Sternschnuppenschwarm im November) ~ **yatağı** löwenreiches Gebiet ~ **yürekli** löwenmutig **Aslan Yürekli Rişar** *hist.* Richard Löwenherz **-a dönmek** 1. wie ein Löwe brüllen 2. Löwenmut zeigen **-ı tilkiye boğdurmak** *fig.* sich von e–m Schwächeren besiegen lassen **♌ım!** Mein Wackerer (Braver, Tüchtiger)! (*a.* als Lob e–s Älteren gegenüber e–m Jüngeren)

aslan (II) [×·] *Adv.* ursprünglich, eigentlich, der Herkunft nach ♌ **Fransızdır.** Er ist gebürtiger Franzose.

aslanağzı, -nı 1. großes Löwenmaul *bot.* Antirrhinum majus *anasına babasına pay veren; vakvak çiçeği 2. s. **nevruzotu** 3. Wasserspeier *m* (Löwe in Stein) 4. *med. selt.* s. **tavşandudağı**

aslanağzıgiller Rachenblütler *pl. bot.* Scrophulariaceae

aslancı 1. Löwenwärter *m* 2. Löwen-bändiger, -dompteur *m*

aslanhane [··–·] 1. Löwen-käfig, -zwinger *m*, -haus *n* 2. *gel. irrt.* für **arzhane**

aslankuyruğu, -nu gemeiner Löwenschwanz; Herzgespann *n bot.* Leonurus cardiaca *yabanî pırasa, yerpırasası, farasyon kalbi, sığırkuyruğu

aslanlaşmak ein wahrer Löwe an Tapferkeit werden

aslanlı 1. mit Löwe(-n) 2. *hist.* seldschukische Silbermünze mit Löwe und Sonne im Wert von 1 Kurusch 3. *va.* (bei Versteigerungen) Kurusch *m*

aslanlık 1. Verhalten *n* e–s Löwen 2. *fig.* Löwenmut *m*

aslanpençesi, -ni 1. gemeiner Sinau, Frauenmantel *m bot.* Alchimilla vulgaris *domuzağırşağı, keffüleset 2. s. **devetabanı** (4)

aslen s. **aslan** (II)

aslık mit organischer Fehlbildung der Genitalien (Frau)

aslî 1. ursprünglich, eigentlich, primär, anfänglich, Grund- 2. Haupt-, hauptsächlich 3. Original- 4. *jur.* (Gericht) erster Instanz ~ **adet** s. **asal sayı** (1, 2) ~ **aza** eigentliches, ursprüngliches Mitglied (*a. Pl.*) ~ **ceza** *jur.* Hauptstrafe *f* ~ **cihetler** Haupthimmelsrichtungen *pl.* ~ **cümle**

gr. Hauptsatz *m* ~ **dava** *jur.* Haupt-klage *f*, -anspruch *m* ~ **fail** *jur.* Haupttäter, Urheber *m* (e–s Deliktes) ~ **haklar** *jur.* 1. Grundrechte, natürliche Rechte *pl.* 2. Hauptrechte *pl.* ~ **iktisap** *jur.* originärer, ursprünglicher Erwerb ~ **maaş** Grundgehalt *n* ~ **madde** s. **maddei asliye;** ~ **müdahale** *jur.* Hauptintervention *f* ~ **nüsha** Urschrift *f*, Original *n* ~ **ses** *phys.* Grundton *m* *ana ses ~ **vazifesi** seine eigentliche Aufgabe, seine Haupt-aufgabe, -tätigkeit ~ **zilyet** *jur.* selbständiger Besitzer *bağımsız elmen ~ **zilyetlik** *jur.* Eigenbesitz *m*

Asliye Mahkemesi *jur.* Gericht *n* erster Instanz; Landgericht *n* *İlk Yargılık

asliyet, -ti 1. Ursprünglichkeit, Originalität, Ur-, Eigenwüchsigkeit *f* *orijinalite 2. Ursprung *m* *orijin

asma (I) 1. Rebe *f* 2. *spez.* Weinrebe *f bot.* Vitis vinifera ~ **ağustosböceği** die Zikadenart Chloropsaltria alhageos (die *spez.* in den Weinbergen Südanatoliens Verheerungen anrichtet) **dial.* çemçur, çemşör, sırsır ~ **bıyığı** Weinranke *f* *sülük ~ **biti** s. **filoksera;** ~ **çubuğu** 1. Wein-rebe *f* 2. Rebenschößling *m* ~ **dalı** Weinranke *f* (als Ornament) ~ **filizi** 1. Weinrebenschößling *m* 2. grünlich, hellgrün ~ **kütüğü** Wein-, Reb-stock *m* ~ **yaprağı** Weinbeerblatt *n* (*spez.* für **yaprak dolması**); **-lar budamak** *fig.* dumme Reden führen

asma (II) 1. *Vs.* zu **asmak** 2. Hänge-, hängend (auf-, an-) gehängt, freischwebend 3. *V* unbeglichene Schulden ~ **ahır bölmesi** Hängequer-balken, -baum *m* ~ **araba** *fr.* Kalesche *f* ~ **bahçe** hängender Garten (der Semiramis) ~ **branda yatak** s. **branda;** ~ **dere** Dachtraufe *f* ~ **dikmek** *V* seine Schulden nicht begleichen ~ **durgu** *mus.* s. **rötar;** ~ **hat** *mil.* hochverlegte Fernsprechleitung, hochgestellte Drahtleitung ~ **iskele** *techn.* Hängegerüst *n* ~ **kandil** Hängelämpchen *n* (in e–r Moschee) ~ **kandillik** eiserne, schön verzierte Hängevorrichtung (für **asma kandil**); ~ **kapı** *fr.* Fallgatter *n* (an e–r Festung) ~ **kat** Zwischenstockwerk *n* (mit ziemlich kleinen und niedrigen Räumen; mst. zwischen 1. u. 2. Stockwerk); Mezzanin *n* ~ **kilit** Vorhängeschloß *n* ~ **köprü** Hänge-, Kettenbrücke *f* ~ **lamba** Hängelampe *f* ~ **merdiven** *naut.* Fallreep(-treppe *f*) *n* ~ **parmaklık** s. ~ **kapı;** ~ **peyke** Klapp-, Not-sitz *m* ~ **pusula** *naut.* Hängekompaß *m* ~ **saat** Pendel-, Wand-uhr *f* ~ **sakal takma bıyık** *V* Schwindel, Bluff *m*, Flunkerei *f* ~ **salıncak** Hängeschaukel *f* ~ **tramvay** *selt.* Bergbahn *f* *havaî hat ~ **yatak** 1. s. **branda** 2. *techn.* Hängelager *n*

asmabilim Weinbau *m*

asmagiller Rebengewächse *pl. bot.* Vitaceae; Ampelidaceae

asmak, (-ar) 1. hängen, aufknüpfen (Person) 2. auf-, anhängen 3. *V* seine Schulden nicht (*od.* nicht gleich) bezahlen 4. *V* j–n abhalftern; sich loseisen (von) 5. *V* (m. Akk.) unentschuldigt e–r Pflicht fernbleiben 6. *V* liegenlassen (Arbeit); auf die lange Bank schieben 7. s. **surat** ~ Zu 5: s. **mektebi ~; asıp kesmek** ungesetzlich und grausam wüten (Despot) **astığı astık kestiği kestik olmak** keinem Menschen Rechenschaft schuldig sein; selbstherrlich vorgehen; unberechenbar sein

asmakabağı, -nı (*a.* **asmakabak**) Flaschenkürbis *m bot.* Lagenaria vulgaris *sukabağı, testi kabağı

asmalık mit Reben bepflanztes Gebiet

asman Kronleuchter *m* *avize

aso [×·] *Ka.* As *n; s. a.* **as** (II)

Asompsyon 1. Mariä Himmelfahrt (15. August) *Meryem Ana Günü, Bakire Meryem Günü 2. Asunción (Hauptstadt von Paraguay)

asonans Assonanz *f*, vokalischer Gleichklang, Halbreim *m*

Asor adaları *od.* **Asorlar** *n.pr.* Azoren *pl.*

asorti (farblich) abgestimmt ~ **etmek** (farblich) abstimmen

asosyasyon (*franz.* **association**) 1. Vereinigung, Gesellschaft *f* 2. (Ideen-)Assoziation *f*

asosyasyonizm (*franz.* **associationnisme**) s. **çağrımcılık**

Aspendos *n.pr.* alte Ansiedlung etwa 45 km östl. v. Antalya mit berühmtem Theater (Festspiele); in der Nähe der Ort **Belkıs**

asperj (*franz.* **asperge**) *selt.* s. **kuşkonmaz**

asperül (*franz.* **aspérule**) s. **kokulu yapışkan**

aspidistra [··×·] Aspidistra, Schildblume *f bot.* Aspidistra (elatior u. a.)

aspir s. **aspur**

aspirasyon (*franz.* **aspiration**) *med.* Einatmen *n*

aspiratör (*franz.* **aspirateur**) 1. Staubsauger *m* 2. Saugewerk *n* (Anlage für Schiffsentladungen)

aspirin *med.* Aspirin *n*

Aspis engereği Aspisviper *f zo.* Vipera aspis

aspur 1. s. **yalancısafran** 2. (aus der Färberdistel gewonnene) rote Farbe

Asr suresi Name der 103. Koran-Sure

asrî modern, neuzeitlich; dem heutigen Stand der Technik *od.* Zivilisation entsprechend *çağcıl, modern

asrîleşmek sich modernisieren

asrîleştirmek modernisieren

asrîlik 1. Neuzeitlichkeit *f*, neuer Geist, moderne Geschmacksrichtung 2. (*a. pej.*) heutiger Zeitgeist

assai [·×·] *mus.* ziemlich, besonders

assubay *mil.* 1. Unteroffizier *m* 2. *selt.* Subalternoffizier *m*

asşuur Unterbewußtsein *n* *altbilinç, tahteşşuur

ast, -tı 1. *Adj.* s. **alt** 2. *spez. mil.* Untergebener *madun ~ **makamlar** nachgeordnete Dienststellen *pl.*

asta diyavolo! (*griech.*) Verflucht noch einmal! Verflixt! Hol ihn der Teufel!

astar 1. (Unter-)Futter *n*, Futter(-leinwand *f*, -stoff *m*) *n* 2. grobe Deckschicht (auf e–r zu streichenden Wand) 3. *naut.* Verstärkung *f* (e–s Segels usw.) ~ **boya(-sı)** Grund-anstrich *m*, -farbe *f* ~ **çekmek** (*od.* **vurmak**) den Grundanstrich geben ~ **etmek** *V* den Beischlaf ausüben ~ **geçirmek** füttern, unterlegen ⁓ **yüzden taşıyor.** Das Anzugfutter schaut etwas vor. ⁓**ı yüzünden pahalı.** *fig.* 1. Das Drum und Dran kostet mehr als die Sache selbst. Die Brühe kostet mehr als der Braten. 2. Die Nebenausgaben sind höher als die eigentlichen und vorgesehenen Unkosten. 3. Die Ausgaben (*od.* Mühen) stehen in keinem Verhältnis zu dem erzielten Resultat. Die Sache lohnt sich nicht. **-ı Kâbe** die schwarze Decke (in der Kaaba)

astarlamak 1. füttern (Anzug, Schuhe usw.) 2. grundieren 3. *naut.* verstärken (z. B. Segel)

astarlı 1. mit Futter; gefüttert 2. mit e–r Deckschicht

astarlık 1. als Futterstoff (bei Anzug usw.) geeignet 2. zur Herstellung e–r Deckschicht geeignet (Farbe, Verputz usw.) ~ **kumaş** Futterstoff *m*

astarsız 1. ungefüttert 2. ohne Grundierung 3. ohne Verstärkung *od.* Unterlage

astarte [·×·] Sandkorn-Astarte *f zo.* Astarte (elliptica u. a.) (Muschelart)

astarya [·×·] s. **starya**

astasım *log.* Episyllogismus *m* *kıyası mülhak

astazi *med.* Astasie, Stehunfähigkeit *f*

asteğmen *mil.* Offiziersanwärter, Oberfähnrich *m* (Unterleutnant *m*) *zabit vekili

asteni *med.* Asthenie, Entkräftung, Erschöpfung *f*

astenik *med.* asthenisch, kraftlos, schwach

aster (I) s. **yıldızçiçeği**

aster (II) s. **asterisk**

asterisk, -ki Asteriskus *m*: 1. *typ.* Sternchen *yıldız 2. (Ostkirche): gebogenes Kreuz mit Stern über geweihtem Brot

asteriskli *typ.* mit Sternchen gekennzeichnet
asteroit, -di *astr.* Asteroid, Planetoid *m*
astım(-lı) s. **astma(-lı)**
astigmat, -tı 1. *opt.* astigmatisch 2. *med.* mit Astigmatismus behaftet
astigmatizm 1. *opt.* Astigmatismus *m* 2. *med.* Astigmatismus *m,* Stabsichtigkeit *f*
astigmatlı(-k) s. **astigmat(-izm)**
astik *V* Kuppler, Zuhälter *m*
astika (*franz.* **astic**) 1. Glättbein *n* (des Schusters) 2. *mil.* Putzschmiere *f* (für Metallteile)
astkol *geogr.* Zufluß *m* e–s Nebenflusses
astlık Untergeordnetsein *n* *madunluk
astma [×·] *med.* Asthma *n,* Atemnot *f* *nefes darlığı, zıykısadır, daülbehir ~ **krizleri** Asthmaanfälle *pl.*
astmalı asthmakrank; Asthmatiker(-in *f*) *m*
astragal 1. s. **geven** 2. s. **aşık kemiği**
astragan Persianerpelz *m,* Persianer-
Astragan; Astrakan *n.pr.* Astrachan (am Kaspisee) *Ejderhan
astrenjan (*franz.* **astringent**) 1. *an., med.* zusammenziehend, kontraktil, adstringierend 2. *med.* a) Antidiarrhoikum *n,* Mittel *n* gegen Durchfall b) Adstringens *n,* blutstillendes Mittel
astrodome (*franz.* **astrodôme**) Kuppel *f* für astronomische Navigation (im Flugzeug)
astrofizik, -iği Astrophysik *f* *gökfiziği
astrofizikçi; astrofizisiyen Astrophysiker *m*
astrograf Astrograph *m:* 1. Fernrohr *n* zur phot. Aufnahme von Gestirnen 2. Vorrichtung zum Zeichnen von Sternkarten
astrolap s. **usturlap**
astrolatri Astrolatrie, Sternanbetung *f*
astrolog Astrologe *m,* Astrologin *f*
astroloji Astrologie *f* *ilmi nücum
astrolojik astrologisch
astrometri Astrometrie *f* *gökölçümü
astronef (*franz.* **astronef**) Raumschiff *n* *uzay gemisi
astronom Astronom(-in *f*) *m* *heyetşinas
astronomi Astronomie *f* *(ilmi) heyet, ilmi nücum
astronomik astronomisch *hey'î ~ **fiyatlar (rakamlar)** astronomische Preise (Zahlen) *pl.*
astronot, -tu Astronaut, Weltraumfahrer *m* *uzay gemicisi
astronotik 1. Astronautik, Raumschiffahrt *f* 2. astronautisch
Astropalya [··×·] **adası** *n.pr.* die Insel Astypaläa (Dodekanes)
astropika *geogr.* Subtropen *pl.* *tahtı medar
astropikal subtropisch
astsubay s. **assubay**
asude [−−·] ruhig, beruhigt, unbesorgt, sicher *rahat
asudegi [−−·−] *va.;* **asudelik** [−−··] Ruhe, Unbesorgtheit, Sicherheit *f*
asuman [−·−] *va.* 1. Himmel *m* 2. Himmelsgewölbe *n* 3. *wV*
asumanî [−·−−] *va.* 1. Himmels-, himmlisch 2. himmelblau *gökmavi 3. Engel *m*
asuplisman (*franz.* **assouplissement**) Geschmeidigmachen *n* (der Körperglieder)
Asur *n.pr.* 1. Assyrien 2. assyrisch ~ **İmparatorluğu** *hist.* das Assyrische Reich
Asurî [·−−] 1. Assyrier(-in *f*) *m* 2. assyrisch
Asuriye [ū] *n.pr. hist.* Assyrien
Asurlu s. **Asurî**
asürans (*franz.* **assurance**) *H* Versicherung *f* *sigorta
Asvas (*arm.*) Gott
Asya *n.pr.* Asien ~ **çiçeği** *fr.* Fleckenmergel *m* ~ **fili** s. **Hindistan fili;** ~ **mis kedisi** asiatische Zibetkatze *zo.* Viverra zibetha ~ **Türkiyesi** asiatische Türkei *Anadolu ~ **yaban atı** asiatisches Urwildpferd *zo.* Equus Przewalskii ~ **yaban eşeği** Onager *m* (südwestasiatischer Halbesel) *zo.* Equus hemionus onager
Asyaî [·−−] 1. Asiate *m,* Asiatin *f* 2. asiatisch ~ **bir boşluk** asiatische Leere, asiatischer Leerraum
Asyalı 1. Asiate *m,* Asiatin *f* 2. asiatisch **Mihverin ~ ortağı** *hist.* der asiatische Achsenpartner (Japan im II. Weltkrieg)
asyanik (*franz.* **asianique**) vorderasiatisch, Vorderasiat *m*
asyön Zwischenhimmelsrichtung *f* (wie z. B. Nordosten) *tali cihet
A.Ş., AŞ = Anonim Şirket
aş (I) 1. (fertig gekochtes) Essen *n,* Speise *f* 2. *reg.* Suppe *f* (aus Weizenkörnern u. Mehl) 3. s. **aşure** (2); ~ **damı** *reg.* Küche(-n.herd *m*) *f* ~ **ermek** (*od.* ~ **yermek**) s. **aşermek;** ~ **kabı** *mil.* Kochgeschirr *n* ≗ **olsun!** (zu Kindern gesagt) Guten Appetit! ~ **otu** *reg.* Küchenkraut *n* ≗ **pişti kaşık üstüne dikildi.** *fig.* Alles steht bereit. ≗ **taşınca kepçeye paha olmaz.** *Spr.* (Sinn:) In Notzeiten gewinnen auch nebensächliche Dinge an Bedeutung. **-ın koyusunda işin kıyısında** *fig.* nur auf den eigenen Vorteil bedacht, aber lässig bei e–r Arbeit *od.* Hilfeleistung ≗**ından yemedim tütsünden kör oldum.** *fig.* Das hat mir nicht nur keinen Nutzen gebracht, sondern obendrein noch geschadet. **-ta tuzu bulunmak** s. **çorbada tuzu bulunmak;** ≗**tan dönenin kaşığı kırılsın!** s. **Pilavdan** (usw.)
aş (II) *gel.* Bez. des Buchst. H *he
aşâ *va.* Abendessen *n* **-yı Rabbanî âyini** *(christl.)* Kommunion *f,* Abendmahl(-feier *f*) *n*
aşağı 1. der untere Teil von et. 2. was sich unter et. anderem befindet 3. unter, Unter-; folgend, nachstehend (z. B. Buchseiten) 4. minderwertig, gewöhnlich, gemein, erbärmlich, verachtungswürdig, schlecht 5. gering, niedrig (Preis, Wert usw.) 6. her-, hin-unter; nach unten *aşağıya Zu 3: **onsekiz yaşından ~ çocuklar** Jugendliche *pl.* unter achtzehn Jahren ~ **adam** gemeiner, erbärmlicher Kerl ~ **almak** (um-)stürzen, niederreißen, zerstören ~ **Alamanca** Plattdeutsch *n* ~ **atlama** *(Turnen)* Abgang, Absprung *m* (vom Gerät) ~ **atmak** mißachten, nicht schätzen; *a.* schlechtmachen ~ **bitkiler** *bot.* niedere Pflanzen *pl.* *nebatatı süfliye ~ **değil** mindestens ebensoviel ~ **düşmek** absinken, an Niveau verlieren ~ **düşürmek** sinken lassen; senken, herabsetzen ~ **gelmek** 1. herunterkommen, herabsteigen 2. einstürzen ~ **görmek** 1. verachten 2. unterschätzen ~ **indirmek** senken, herabsetzen (Preis) ~ **inmek** 1. hinuntergehen 2. in die Stadt (Istanbul) fahren ~ **kalır yeri olmamak** in nichts nachstehen ~ **kalmak** (b–den) hinter j–m zurückstehen, j–m nachstehen ~ **kesim** *geogr.* Unterlauf *m* (e–s Flusses) ~ **kol** *geogr.* Unterarm *m* (z. B. e–s Deltas) ≗ **kurtarmaz.** 1. Billiger kann ich es nicht geben. 2. *hum.* Er sieht keinen für voll an, der unter ihm steht. 3. Etwas Geringeres wäre unter seiner Würde. ~ **Latince** *ling.* Vulgärlatein *n* ~ **lorta** kleiner Leisten des Schuhmachers ~ **mal** minderwertige Ware ≗ **Mısır** *n.pr.* Unterägypten ~ **omurgalılar** *zo.* niedere Wirbeltiere, Anamnier *pl.* *fıkariyei süfliye ~ **oturmak** sich nach unten setzen *d. h.* bescheiden sein, *fig.* sich ruhig verhalten, seine Grenzen kennen ~ **saymak** (*od.* ~ **tutmak**) s. ~ **görmek;** ~ **tabaka** gewöhnliches Volk; Mob *m* ~ **tazyik** *techn.* Unter-, Nieder-druck *m* ≗ **tükürsem sakal(-ım), yukarı tükürsem bıyık (bıyığım).** *Spr.* Wie ich es auch anstellen mag, ist es verkehrt. Ich bin in einem scheußlichen Dilemma. ~ **vurmak** herabsetzen (Preis), et. billiger geben (Ware) ~ **yukarı** 1. etwa, ungefähr, circa *takriben 2. (mit jeweils vorhergehendem Sb., mst. Namen) hier und da, hinten und vorn Zu 2: **Emin aşağı, Emin yukarı** Emin hier und

Emin da, *F* Emin hinten und Emin vorn **-da** unten **-daki** untenstehend, unten angeführt, weiter unten erwähnt **-dan** von unten (her) **-dan almak** 1. Nachsicht *od.* guten Willen zeigen, keine Schwierigkeiten in den Weg legen 2. bewußt e–n gemäßigten Ton anschlagen (gegenüber der scharfen Ausdrucksweise e–s anderen) **-dan güreşmek** *fig.* et. auf die sanfte Tour erreichen **-nın bayağısı bir yerde** an e–m ganz üblen Ort **-ya** s. **aşağı** (7)

aşağıki unten befindlich (stehend, gelegen)

aşağılak *mus.* s. **inici**

aşağılamak 1. *z.va.* s. **aşağılatmak** 2. (an Wert *od.* Ansehen) fallen, sinken, herunterkommen, sich verschlechtern *tezellül etmek 3. sich erniedrigen, sich herabwürdigen *tenezzül etmek

aşağılanmak; aşağılaşmak s. **aşağılamak** (2, 3)

aşağılatmak erniedrigen, senken, verschlechtern, herabwürdigen *tenzil etmek, tezlil etmek

aşağılı (in der Füg.:) ~ **yukarılı** 1. der untere und obere Teil zusammen 2. mit e–m unteren und e–m oberen Teil 3. mit Parterre und erstem Stock (Haus) 4. *fig.* arm und reich

aşağılık 1. Minderwertigkeit, Inferiorität, Gewöhnlichkeit *f* *adilik 2. minderwertig, verachtenswert, inferior, gewöhnlich *adi ~ **adam** ein gewöhnlicher Kerl ~ **dil** niedere Umgangssprache ~ **duygusu** mangelndes Selbstvertrauen ~ **kompleksi** Minderwertigkeitskomplex *m,* Gefühl *n* der Inferiorität ~ **mal** minderwertige Ware

aşağ(ı)samak verachten, gering schätzen *tezyif etmek

aşama Grad, Rang *m,* Stufe *f* *derece, mertebe, rütbe

aşar [– –] (*Pl.* zu **öşür**) 1. *fr.* der Zehnte, die Zehnten (Abgabe des 10. Teils der Felderträge; abgeschafft 1925) *ondalık 2. *math.* Zehntel *pl.* 3. aus zehn Versen bestehender Koranteil

aşarcı [– – ·] *fr.* Zehntenerheber *m*

aşarî [– – –] *math.* dezimal, Dezimal- *ondalık ~ **adet** Dezimalzahl *f* *ondalık sayı ~ **hesap** Dezimalrechnung *f* ~ **usul** s. **metre sistemi**

aşçı(-lık) s. **ahçı(-lık)**

aşebiye s. **otsular**

aşer *va.* zehn *on

aşerat, -tı [· · –] *math.* die Zehner *pl.* *onluk birimler bölüğü

aşere *math.* 1. Zehner *m* *onluk 2. *va.* zehn *on **Aşerei Mübeşşere** die zehn Gefährten (denen Mohammed das Paradies versprochen hat); s.a. **evamiri aşere**

aşermek ein krankhaft gesteigertes Verlangen nach *od.* e–e solche Abneigung gegen best. Speisen zeigen (Frau während der Schwangerschaft)

aşevi, -ni 1. Speisehaus *n* (bescheidener als **lokanta**) 2. Volks-, Armen-küche *f* *imaret 3. behelfsmäßige Küche (bei größeren Veranstaltungen wie z.B. e–r Hochzeit) 4. Küche *f* (in *fr.* Derwischklöstern)

aşgı *reg.* irdener Kochtopf

aşhane [· – ·] s. **aşevi** (2)

aşı 1. Impfen *n,* Impfung *f,* Impfstoff *m* 2. Pfropfen, Okulieren *n,* Veredelung, Kopulation *f* 3. Pfropf-reis, -auge *n* ~ **bıçağı** Pfropf-, Okulier-messer *n* ~ **kâğıdı** Impfschein *m* ~ **kalemi** Pfropfreis *n* ~ **neşteri** Impfmesser *n* ~ **olmak** sich impfen lassen; geimpft werden ~ **şahadetnamesi** s. ~ **kâğıdı;** ~ **tutmak** 1. *agr.* fest verwachsen (Pfropfreis) 2. erfolgreich sein; angehen (Impfung) ~ **vurmak** *P med.* impfen ~ **yapmak** pfropfen, okulieren, veredeln

aşıboyalı mit Ocker gestrichen

aşıboyası, -nı 1. *min.* (Eisen-)Ocker *m* *tıynı hadidî 2. von ockergelber Farbe, ockerrot

aşıcı wer e–e Impfung (bzw. Pfropfung, Okulierung, Veredelung) vornimmt *spez.* Impf-arzt *m,* -ärztin *f*

aşık, -ğı 1. (*a.* ~ **kemiği**) *an.* Fußknöchel *m spez.* Sprungbein *n,* Astragalus *m* *astragal, azmı kâb 2. Knöchel *m* (von Schafen *od.* Ziegen; als Würfel verwendet) 3. *arch.* (Mittel-)Pfette *f* (im Dachstuhl) *aşırma 4. Kugel *f* (in e–m Drehgelenk) ~ **atmak** 1. (*a.* ~ **oynamak**) knöcheln, würfeln 2. *fig.* (b–le) in Wettbewerb treten (mit); es mit j–m aufnehmen (~ **atılamaz kimse** gegen wen nicht aufzukommen ist; **Onunla** ~ **atılmaz.** *a. pej.* Mit ihm darf man sich nicht einlassen.) ~ **çıkıntısı** *an.* (innerer *od.* äußerer) Fußknöchel *malleol ~ **oyunu** Knöchelspiel *n* ~ **takozu** Knagge *f* (im Dachstuhl) ²**ı bey (çift, cuk) oturuyor.** *fig.* Er hat Glück (*F:* Schwein).

âşık, -ğı, -kı 1. (b–ne, bşe) verliebt, vernarrt (in); inbrünstig liebend (z.B. Freiheit) 2. begeisterter Anhänger 3. wandernder Volkssänger, Troubadour *m* *saz şairi 4. *pej.* Liebhaber *m* 5. *hum.* Träumer, Langweiler *m* 6. Kerl, Bursche *m;* (als Anrede *a.*) mein Lieber! 7. *fr.* Bettelmönch *m* *Hak -ı 8. ² *mV* ~ **kahvesi** s. **semai kahvesi;** ~ **olmak** (m. Dat.) sich verlieben *od.* verliebt sein ~ **sazı** s. **meydan sazı;** ~ **ve maşuk** Liebespaar *n* ~ **yolu** *(Ornament)* Mäander *m* *meandr, menderes ~ **yolunu şaşırdı** (*od.* **şaşırmış**) Zickzackstickerei *f* ²**a Bağdat sorulmaz.** *Spr. od.* ²**a Bağdat ırak değil.** *Spr.* Lust und Liebe zum Ding macht alle Müh' und Arbeit gering. *Spr.* ²**ın gözü kördür** (*od.* **kör olur**). *Spr.* Liebe ist (*od.* macht) blind. *Spr.* ²**la aşık atılmaz.** *Spr.* E–m Verliebten ist nicht beizukommen.

âşıkane [– · – ·] 1. verliebt, hingebungsvoll 2. Liebes- ~ **şarkı** Liebeslied *n*

âşıklı *P* verliebt, vernarrt (in) **Ben bu işin -sı değilim.** Ich bin nicht übermäßig erpicht darauf.

âşıklık 1. Verliebtheit *f,* leidenschaftliche Liebe 2. Leben *n* und Tätigkeit *f* e–s Volkssängers ~ **etmek** (b–ne) e–e Liebelei unterhalten (mit)

âşıktaş wer e–e Liebelei unterhält

âşıktaşlık Liebelei, Liebschaft *f* ~ **etmek** e–e Liebschaft unterhalten

aşılama 1. *Vs.* zu **aşılamak** 2. okulierter (veredelter) Baum *od.* Strauch 3. mit Pfropfreis; okuliert, veredelt 4. gekühlt, kalt gestellt (z.B. Trinkwasser) 5. Mischgetränk *n* (Fruchtsaft)

aşılamak 1. impfen 2. pfropfen, okulieren, veredeln 3. übertragen (z.B. Krankheit) 4. *fig.* beibringen; annehmen lassen; einimpfen 5. kalt stellen, kühlen (Getränke)

aşılı 1. (m. Dat.) geimpft (gegen) 2. gepfropft, okuliert, veredelt

aşılmak Pass. zu **aşmak. Onlar, aşılamayacak türden güçlükler değildir.** Das sind keine unüberwindlichen Schwierigkeiten.

aşım 1. Befruchtung, Deckung *f* 2. *mus.* Verflechtung *f* zweier Melodien *çaprazlanış, verevleniş

aşındıran *chem.* ätzend, zerfressend *ekkâl

aşındırma 1. *Vs.* zu **aşındırmak** 2. *geol.* Auswaschen, Abtragen *n,* Erosion *f* *itikâl ~ **muharebesi** *mil.* Abnutzungsschlacht *f*

aşındırmak 1. abnutzen 2. auswaschen, aushöhlen, erodieren 3. *chem.* ätzen, zerfressen

aşınık s. **aşıntı**

aşınım s. **aşınma** (*spez.* 2)

aşınma 1. *Vs.* zu **aşınmak** 2. *geol.* Auswaschung, Abtragung, Erosion *f* *erozyon, itikâl 3. Abnutzung *f,* Verschleiß *m* ~ **payı** Abnutzungsquote *f*

aşınmak 1. sich abnützen; abgenützt (ausgewaschen, ausgehöhlt) werden 2. sich abtragen (z.B. Anzug) 3. sich abreiben, sich abschleifen 4. sich ausleiern (z.B. Gewinde)

aşınmaz sich nicht abnützend; widerstandsfähig, fest, beständig

aşınmaztepe *geol.* Härtling *m*

aşıntı abgewetzte (ausgewaschene, ausgehöhlte) Stelle *f*

aşır, -şrı bei religiösen Feiern verlesene Koranverse *pl.*
aşıramento [···×·] *F* Stibitzen *n,* heimliches Entwenden ~ **etmek** stibitzen, klauen; mitgehen heißen
aşıramentocu *F* Langfinger *m*
aşırı 1. zu weit gehend, Maß und Ziel überschreitend, über alle Maßen, über-mäßig, -groß, -trieben, radikal, Über-, Hyper-, Ultra-, zu viel, Übermaß *n* 2. über ... hinaus (befindlich); jenseitig, weiter 3. s. **günaşırı** Zu 1: **her şeyin -sı** jegliches Übermaß Zu 2: **Onlar bizden bir ev aşırı otururlar.** Sie wohnen ein Haus weiter (als wir). s. a. **denizaşırı;** ~ **denkleştirme** *psych.* Überkompensation *f* ~ **derecede** über alle Maßen ~ **dondurucu** Tiefkühl-anlage, -truhe *f* ~ **dondurulmuş** eingefroren, tiefgekühlt ~ **evirtim** s. **haşivli takdim tehir;** ~ **gitmek** zu weit gehen, seine Grenzen überschreiten ~ **hız** überhöhte Geschwindigkeit (e–s Autos) ~ **ışıklama** *phot.* s. **sürekpozisyon;** ~ **ışıklı** *phot.* s. ~ **sürekpoze;** ~ **istekler** zu weit gehende Wünsche *pl.* ~ **istihdam** Überbeschäftigung *f* ~ **kıllanma** übermäßig starke Behaarung; *med.* Hypertrichose *f,* Hirsutismus *m* *hipertrikoz, hirsütizm ~ **kuraklık** extreme Trockenheit ~ **milliyetçi** Rechtsradikaler, Faschist *m* ~ **nikbinler** Überoptimisten *pl.* ~ **sağcı** Rechtsextremist *m* ~ **sigorta** *H* Überversicherung *f* ~ **solcu** Linksextremist, Kommunist *m* ~ **söylemek** zu viel sagen ~ **taşırı** ohne Maß und Ziel ~ **telâfi** s. ~ **denkleştirme;** ~ **uyarılma** *psych.* Überreizung *f* ~ **üretim** Überproduktion *f* *sürprodüksyon ~ **yorgunluk** s. **sürmenaj** (1); ~ **yük** *techn.* Überbelastung *f* *sürşarj (2)
aşırıbasınç, -cı *phys., techn.* Überdruck *m*
aşırıbellem *psych.* Hypermnesie *f* (abnorme Steigerung des Gedächtnisses) *fartı hıfız
aşırıbesi *biol.* Hypertrophie, Überernährung *f* *fartı tağdiye
aşırıcı 1. Radikaler, Extremist *m* 2. Plagiator *m* *aşırmacı
aşırıcılık 1. Radikalismus, Extremismus *m* 2. Plagiat *n* *aşırmacılık
aşırıdoyma *phys.* Übersättigung *f* *fevkı işba
aşırıduyarlık *med.* 1. Anaphylaxie *f* (Überempfindlichkeit gegen artfremdes Eiweiß) *anafilaksi 2. s. **idiyosenkrazi**
aşırıduyu *psych.* Hyperästhesie, Überempfindlichkeit *f* *fartı hassasiyet; hiperestezi
aşırıergime *phys.* Siedepunktserhöhung *f* (bei e–r Lösung) *fevkı zeveban
aşırısıtıcı *techn.* Überhitzer *m*
aşırıkısa Ultrakurz- (z. B. Wellen)
aşırılık 1. Übermaß *n,* Übertreibung *f* *mübalağa 2. Radikalismus *m* 3. *gr.* Elativ *m*
aşırıntı *P* gestohlenes Gut
aşırma 1. *Vs.* zu **aşırmak** 2. *V* a) gestohlen, entwendet b) s. **aşırıntı** 3. s. **aşık** (3) 4. über et. gelegt *od.* gebunden *spez.* Stirnteil e–s Kopfschleiers **(yaşmak)** 5. verschifft, transportiert 6. *techn.* Zuführung *f* (z. B. von Wasser) 7. *lit.* Plagiat *n* 8. *(Tennis)* s. **lob** (I) 9. *(türk. Musik)* Übergang von e–r melod. Tonfolge in e–e andere ~ **atışı** *mil.* Überschießen *n* ~ **kayışı** Treibriemen *m,* Transmission *f* ~ **kürek** *naut.* wechselweise Anordnung der Riemen (Ruder) (teils rechts, teils links) ~ **vuruşu** *Fb.* Weitschuß *m* (auf das Tor)
aşırmacı *lit.* Plagiator *m* *müntehil
aşırmacılık *lit.* geistiger Diebstahl; Plagiat *n*
aşırmak 1. (bir yerden) et. über e–e Höhe *od.* durch ein schwer passierbares Gebiet bringen 2. *F* stehlen, entwenden, *F* abservieren 3. fort-, weg-bringen, in Sicherheit bringen 4. *V* sich (e–n lästigen Menschen) vom Hals schaffen, j–n loswerden, wegjagen 5. (e–r Gefahr, e–m Unglück usw.) entgehen 6. verschiffen, transportieren 7. *mus.* von e–r melod. Tonfolge in e–e andere übergehen
aşırmalı (in der Füg.:) ~ **yelken** *naut.* Lugger-, Logger-, Sturm-segel *n,* Breitfock *f*
aşırmasyon *F* s. **aşıramento**
aşırtı Unterschlagung, Veruntreuung *f* *ihtilâs
aşırtıcı Veruntreuer, Defraudant *m* *muhtelis
aşırtım *mus.* s. **aykırılatım**
aşırtma *Vs.* zu **aşırtmak;** ~ **ateş** *mil.* indirektes Feuer
aşırtmak 1. Kaus. zu **aşırmak** 2. s. **aşırmak** (1)
aşısız 1. nicht geimpft 2. nicht gepfropft (okuliert, veredelt)
aşıt, -tı Steg *m,* schmale Brücke
aşıtaşı -nı unverarbeiteter roter Ocker
aşifte [ā] 1. wild verliebt; liebestoll 2. Kokotte, Dirne, Hure *f* 3. verführerisch, verlockend *fettan
aşiftelik [ā] 1. tolle Verliebtheit; Liebestollheit *f* 2. Kokotten-, Dirnen-tum *n,* Hurerei *f* ~ **etmek** sich wie e–e Kokotte benehmen
aşikâr [–·–] offenkundig; klar vor Augen liegend; allen bekannt; deutlich sichtbar; klar, evident *apaçık ~ **etmek** überall bekannt machen, verbreiten; offenbaren, kundtun, enthüllen, aufdecken, verraten, ans Licht bringen
aşikâre [–·–·] *va. Adv.* offen ~ **söylemek** *va.* offen reden; kein Blatt vor den Mund nehmen **-ye vurmak** enthüllen, ans Licht bringen
aşıkârlık Evidenz, Offenkundigkeit *f*
Aşil *n.pr.* Achilles ~ **kirişi** Achillessehne *f*
aşina [–·–] 1. gute (nahe) Bekannte *m, f* 2. (m. Dat.) erfahren, bewandert (in et.); Kenner *m;* kundig (m. Gen.), vertraut (mit et.), sich verstehend (auf et.) 3. *va. pers. Sx.* ~ **olmak** (bşe) vertraut sein (mit), bewandert sein (in), sich verstehen (auf)
aşinalık [–·–·] 1. gute (nahe) Bekanntschaft 2. Höflichkeitserweisung *f,* Gruß *m,* Verbeugung *f* 3. genaue Kenntnis (von); Bewandertsein *n* (in), Vertrautsein *n* (mit) ~ **etmek** (*od.* **göstermek**) 1. höflich grüßen, sich verbeugen 2. Bekanntschaft schließen
aşinayi [–·––] *va.* s. **aşinalık** (1) und (3)
aşir [–·] 1. *va.* zehnt- *onuncu 2. *fr.* Zehntenerheber *m* 3. **Aşir** *mV*
aşiran [··–]; **aşiran buselik** zwei melod. Weisen in der türk. Musik
aşiret, -ti [ī] (Volks-, Nomaden-)Stamm *m*
aşiyan [–·–] *va.* 1. Nest *n* 2. Haus *n,* Wohnung *f*
aşiyane [–·–·] *va.* s. **aşiyan**
aşk, -kı 1. Liebe *f* 2. Eifer *m,* begeisterte Hingabe, eifrige Bemühung; Streben *n* 3. *fr.* Grußformel der Derwische untereinander ~ **ateşi** Feuer *n* der Liebe ~ **çocuğu** Kind *n* der Liebe; uneheliches Kind ~ **elinden** nur aus Liebe ~ **izdivacı** Liebesheirat *f* ~ **macerası** Liebesabenteuer *n* ~ **nostaljisi** Liebessehnsucht *f* ≗ **olmayınca** (*od.* **olmazsa**) **meşk olmaz.** *Spr.* Ohne Lust und Liebe lernt man nichts. *Vgl.a.* Lust und Liebe zum Ding macht (alle) Müh' und Arbeit gering. *Spr.* ~ **yapmak** flirten ~ **yuvası** Liebesnest *n* **-a gelmek** 1. Lust bekommen 2. *pej.* e–n Rappel bekommen **-ına** 1. um ... willen 2. ≗ Prosit! ≗**ınıza!** Auf Ihr Wohl! ≗**ı Memnu** „Verbotene Liebe" (berühmter Roman von Halit Ziya Uşaklıgil)
Aşkabat, -dı *n.pr.* Hauptstadt von Turkmenistan
Aşkale *n.pr.* O. u. D. im Rbz. Erzurum
aşkar *va.* 1. dunkelrot 2. rothaarige Person 3. rotbraunes Pferd; Fuchs *m*
aşkâr(-e) s. **aşikâr(-e)**
aşkefza [··–] e–e melod. Weise in der türk. Musik
Aşkenazim [ī]; **Aşkenazlar** Aschkenasim *pl.* (die mittel- u. osteuropäischen Juden)
aşketmek [×··] *P* versetzen, herunterhauen (Ohrfeige)
aşkın 1. übersteigend; hinausgehend (über); mehr (als) 2. überragend, überlegen 3. *phil.* transzendent *müteal 4.

brünstig (männliches Tier) Zu 1: **İşi başından aşkındır.** Er hat übermäßig viel zu tun. Er ist überlastet. **Elli yaşını ~ bir adamdır.** Er hat die Fünfzig überschritten. ~ **sigorta** *jur.* Überversicherung *f* ~ **taşkın** ganz übermäßig

aşkınlık, -ığı Übermaß *n*

aşkî *va.* Liebes-; erotisch

aşklı 1. liebevoll 2. verliebt

Aşkolsun! 1. Bravo! 2. *iron.* Das ist ja noch schöner! So ist es recht! 3. *fr.* Begrüßungsformel der Derwische untereinander

aşlama s. **aşılama** (3, 4)

aşlamak 1. s. **aşılamak** (5) 2. ernähren; zu essen geben 3. essen

aşlık, -ığı *P* 1. gereinigter und getrockneter Weizen 2. Lebensmittel(-vorrat *m*) *pl.* *zahire

aşlıkçı 1. wer Lebensmittel verkauft 2. wer mit der Lagerung von Lebensmittelvorräten für e–e Gemeinschaft beauftragt ist

aşmak, (-ar) 1. über-schreiten, -steigen, -fliegen, -springen 2. hinausstoßen (über) *(intr.)* 3. zurücklegen (Weg) 4. hinausragen (über) 5. *Fb.* überspielen 6. durch-, überqueren; passieren; hinwegkommen (über); überwinden 7. übersteigen (ein Körpermaß, e–e Zahl) 8. an Größe übertreffen, größer sein (als) 9. (m. Dat.) decken, bespringen; beschälen (Stute) 10. *V* heimlich verschwinden, sich aus dem Staub machen **aşıp taşmak** übermäßig sein

aşna *P* für **aşina;** ~ **fişne** *V* 1. Liebhaber *m* 2. Mätresse, Freundin, Geliebte *f* 3. Liebelei, Liebschaft *f* ~ **fişne etmek** e–e Liebschaft unterhalten

aşnalık s. **aşinalık**

aşnı *dial.* alt, altertümlich, aus alter Zeit stammend *atik, kadim

aşnılamak künstlich alt machen; antikisieren (Gegenstände)

aşnılık *dial.* s. **çoktanlık, kıdem**

aşocağı, -nı s. **aşevi**

aşoz *naut.* Sponung, Spundung *f* ~ **açmak** (*od.* **yapmak**) *naut.* aneinanderschäften

aşozlu *naut.* mit Sponung; in e–e Sponung einlaufend (Planken)

Aştart, -tı *n.pr.* Astarte (orient. Liebesgöttin)

aşuğ (< âsık) armenischer Volkssänger

aşup, -bu [– –] *va.* 1. s. **karışlık** 2. s. **karıştırıcı**

aşure [·–·] 1. der zehnte Tag des Monats Muharrem (an dem nach der isl. Myth. Noah die Arche verlassen hat) 2. *mst.* [–··] e–e suppenartige Süßspeise aus geschrotetem Weizen, Sultaninen, Pignolen und Zucker (urspr. zur Erinnerung an Noah) 3. *fig.* Gemisch, Sammelsurium *n* ~ **ayı** der Monat Muharrem ≗ **yemeye giden kaşığını belinde taşır.** *Spr.* Wer sein Ziel erreichen will, muß die nötigen Vorbereitungen treffen.

aşurelik [–··] zur Herstellung von **aşure** geeignet *od.* bestimmt (*spez.* Weizen)

aşüfte(-lik) s. **aşifte(-lik)**

aşvades Herzmuschel *f zo.* Cardium edule

aşyermek s. **aşermek**

at (I) *fr.* Schreibung von **ad**

at (II), **-tı** 1. Pferd *n zo.* Equus caballus 2. *Scha.* Springer *m* *(1, 2) beygir ~ **alanı** Pferderennbahn *f*, Hippodrom *n* ~ **anası** s. **atlar anası;** ~ **askaridi** s. ~ **solucanı;** ~ **ayağı** 1. Gang *m* e–s Pferdes 2. *med.* Pferdefuß *m* ~ **başı beraber** (*od.* **bir**) gleichschnell, nebeneinander, auf der gleichen Stufe, Kopf an Kopf ~ **başı beraber gitmek** 1. ein totes Rennen liefern 2. *fig.* einander in nichts nachstehen ~ **beslemek** Pferdezucht betreiben ≗ **binicisine göre eşinir.** *Spr.* Wie der Herr so's Gescherr. *Spr.* ≗ **binenin, kılıç kuşananındır.** *Spr.* Das Pferd gebührt dem, der es reiten kann, das Schwert dem, der es umgürten kann. ~ **boncuğu** s. **katırboncuğu;** ~ **börülcesi** Pferdekorn *n bot.* Dolichos biflorus ≗ **bulunur eyer bulunmaz.** *Spr.* Hat er das eine, fehlt ihm das andere. ≗ **bulunur meydan bulunmaz, meydan bulunur** ~ **bulunmaz.** *Spr.* Regnet's Brei, fehlt ihm der Löffel; hat er den Löffel, fehlt ihm der Brei. *Spr.* ~ **cambazı** 1. Pferdehändler 2. Kunstreiter, Voltigeur *m* (im Zirkus) 3. Zureiter *m* 4. **(gibi)** verschlagen wie ein Roßtäuscher ~ **cambazlığı** 1. Pferdehandel *m* 2. Kunstreiten *n*, Reitkunstvorführung *f* 3. Zureiten *n* ≗ **çalındıktan sonra ahırın kapısını kapar.** *Spr.* Wenn das Kind in den Brunnen gefallen ist, deckt man ihn zu. *Spr.* ~ **çatlatmak** ein Pferd zuschanden reiten ≗ **değil, deve değil!** Das kostet ja nicht die Welt! ~ **dili** Zungenmäusedorn *m bot.* Ruscus hypoglossum *Yalova mercanı ~ **doldurmak** ein Pferd zur höchsten Eile antreiben ~ **donu** 1. Haar(-farbe *f*) *n*, Behang *m* (e–s Pferdes) 2. *fr.* Roßharnisch *m* ~ **eri** Reiter *m* ~ **evi** Unterstellmöglichkeit *f* für Pferde (in Karawanserei usw.) ~ **frengisi** Beschälseuche *f vet.* Trypanosomiasis equiperdum *alayık ~ **gibi** 1. groß und stark gebaut 2. *pej.* Mannweib *n*, Dragoner *m* ~ **hırsızı gibi** grobschlächtiger, wenig Vertrauen einflößender Mensch ≗ **ile avrata inan olmaz.** *Spr.* Pferd und Weib darf man nicht trauen. ≗ **ile yola giden eşeğin vay haline!** Ach der arme Esel, der zusammen mit e–m Pferd traben soll! ≗ **izi it izine karışır.** Alles kommt durcheinander (so daß man das Gute nicht mehr von dem Schlechten unterscheiden kann). ~ **kasnısı** 1. gemeines Steckenkraut *bot.* Ferula communis 2. der daraus gewonnene Sagapen-Gummi ~ **kılı** Roßhaar *n* ~ **koşturmak** s. ~ **oynatmak;** ~ **koşturacak kadar** sehr weit, sehr ausgedehnt ~ **koşulu kollar** *mil.* Fahrtruppe *f* ~ **koşusu** Pferderennen *n* ~ **kulağı** 1. hohes, langstieliges Glas 2. *reg.* s. **labada;** ~ **larva sineği** Pferdebremse *f zo.* Fasterophilus equi ~ **meydanı** 1. Pferderennbahn *f*, Hippodrom *n* 2. **At Meydanı** *n.pr.* der historisch berühmte Platz vor der Sultan-Ahmet-Moschee, der in römischer Zeit als Hippodrom Verwendung fand ~ **nalı** 1. Pferdehufeisen *n* 2. s. **katırkuyruğu** (1); ~ **nalı kadar** *hum.* Riesenstück *n* (Orden, Medaille usw.) (dial.: Bladschari *m*, Trumm *n*) ~ **nalı kemer** *arch.* Hufeisenbogen *m* ~ **nalı sakal** Fräse *f* (Barttracht) ~ **nanesi** Pferdeminze *f bot.* Monarda fistulosa ~ **oğlanı** Reitknecht, Groom, Page *m* ~ **oynatmak** 1. das Pferd tummeln 2. Reitkünste vorführen 3. erfolgreich tätig sein 4. etwas zu sagen haben, einflußreich sein 5. ganz nach Gutdünken verfahren ~ **parkı** *mil.* Pferdepark *m* ≗ **pazarı değil can pazarı!** Es geht schließlich um Kopf und Kragen! ≗ **pazarında eşek osurtmuyoruz.** *P* (grobe Zurechtweisung desjenigen, der nicht zuhört, wenn ihm et. erklärt wird) ~ **sineği** Pferdelausfliege *f zo.* Hippobosca equina ~ **solucanı** Pferdespulwurm *m zo.* Ascaris megalocephala ~ **sürmek** das Pferd zur Eile antreiben ~ **takımı** Pferdegeschirr *n* ≗ **teper katır teper, ara yerde eşek ölür.** *Spr.* Wenn zwei Große sich streiten, muß der Kleine die Zeche zahlen. ~ **tersi** Backbunge *f bot.* Veronica beccabunga ~ **uşağı** Pferde-, Stallknecht *m* ~ **vebası** Pferdepest *f vet.* Pestis equorum ~ **yapılı** groß und stark gebaut ~ **yarışı** s. ~ **koşusu;** ~ **yılı** s. **yont yılı;** ≗**a bin!** *mil.* Aufgesessen! **-a binmeden ayaklarını sallamak** et. verfrüht in Angriff nehmen; das Fell verkaufen, bevor man den Bären hat **-a binmek** 1. aufsitzen 2. reiten ≗**a deveye değil a!** s. **At değil, deve değil!** ≗**a dost gibi bakmalı, düşman gibi binmeli.** *Spr.* Das Pferd muß man pflegen wie e–n Freund, aber reiten wie e–n Feind. **-a et, ite ot yedirmek** (*od.* **vermek**) *fig.* 1. verkehrt zuteilen 2. alles verkehrt machen; das Pferd beim Schwanz aufzäumen ≗**ı alan Üsküdar'ı geçti.** *Spr.* Jetzt ist es zu spät! **-ı arabaya koşmak** das Pferd vor den Wagen spannen **-ı eşkin kılıcı keskin** *fig.* immer den anderen überlegen, immer erfolgreich, siegreich **-ı oynatmak** das Pferd zureiten *od.* einfahren **²ın ölümü arpadan olsun!** *Spr.* 1. Von et. Gutem kann man nie zuviel bekommen! 2. Nobel muß die Welt zugrundegehen! 3. (im Hinblick auf j–n, der e–e schädliche Angewohnheit nicht ablegen will:) Er weiß ja, daß es ihm nicht bekommt. **-nı sağlam kazığa bağlamak** *fig.* auf Nummer Sicher gehen **-la arpayı dövüştürmek** (*od.* **dalaştırmak**) *fig.* Unruhen stiften; hetzen **-la gitmek** (fort-)reiten **-lar anası** grobschlächtig gebaut (Frau, Mädchen), Mannweib *n,* Dragoner *m,* Maschine *f* *dağlar anası **²lar nallanırken kurbağalar ayak uzatmaz.** *Spr.* Wenn Erwachsene reden, haben Kinder zu schweigen. **²lar tepişir, arada eşekler ezilir.** *Spr.* Wenn sich die Großen streiten, müssen die Kleinen bluten. *Spr.* **-tan inip eşeğe binmek** *fig.* von seiner stolzen Höhe herabsteigen müssen **-tan inmek** (vom Pferd) absteigen

ata 1. Vater *m* 2. ehrwürdiger Greis 3. Ahn, Vorfahr *m* 4. **Ata** s. **Atatürk** Zu 4: **Atamız** unser geliebter Atatürk ~ **buyruklu** s. **ataerkil;** ~ **buyrukluğu** (*od.* ~ **erkliği**) s. **ataerki;** ≗ **malı mal olmaz** (*a. m. der Forts.* **kendin kazanmak gerek**). *Spr.* Was du ererbt von deinen Vätern hast, erwirb es, um es zu besitzen (Faust). ~ **mirası** nachgeborener Sohn ~ **yurdu** (*od.* **-lar bucağı**) Heimat *f* der Vorfahren; Zentralasien **-dan oğula geçmek** vom Vater auf den Sohn vererbt werden **-lardan kalma** (*od.* **kalan**) überkommen, traditionell *ananevî **-ya çekme** s. **atacılık, atavizm**

atâ *va.* 1. Schenken *n* 2. Freigebigkeit *f* 3. Gabe *f,* Geschenk *n* 4. Verzeihen *n* Zu 4: s.a. **Hata benden,** ~ **senden.**

atabek; (atabey) 1. (in seldschukischer Zeit) Prinzenerzieher *m* 2. Bez. für verschiedene kleinere Fürsten in der isl. Geschichte

Atabey *n.pr.* O. u. D. im Rbz. Isparta

atacılık s. **atavizm**

ataç 1. *dial.* traditionell, vererbt, überkommen *ceddanî 2. **Ataç** *türk. Fn.*

Atadan *(Fn.),* **Makbule** *(Vn.)* Atatürks jüngere Schwester (1885–1956)

ataerki Vaterrecht, Patriarchat *n* *pederşahîlik

ataerkil vaterrechtlich *pederşahî

atak (I) 1. impulsiv, unternehmungslustig, voll Initiative 2. wagemutig, draufgängerisch, heftig, ungestüm 3. unbesonnen handelnd *od.* sprechend *(1–3) cüretkâr

atak (II), **-ğı** (*franz.* **attaque**) 1. *Fb.* blitzschneller Angriff, Vorstoß *m* 2. *mus.* Einsatz *m* *atılış 3. *(Fechten)* Ausfall *m*

atake (*franz.* **attaqué**) **etmek** 1. *Fb.* blitzschnell angreifen, vorstoßen 2. *mus.* einsetzen *ataklamak, atılmak

ataklamak s. **atake etmek**

ataklık 1. impulsiver Charakter; Unternehmungsfreudigkeit *f* 2. Wagemut *m,* Draufgängertum *n,* Kühnheit, Heftigkeit *f,* Ungestüm *n* 3. Unbesonnenheit, Unüberlegtheit *f,* unüberlegte Handlung *(1–3) cüret

ataksi *med.* Ataxie *f* (Störung im geordneten Ablauf von Bewegungen)

atalarsözü s. **atasözü**

atalet, -ti [·–·] 1. Untätigkeit *f* 2. Müßiggang *m,* Trägheit *f* 3. *phys.* Beharrungszustand *m* *süredurum ~ **anı** Trägheitsmoment *n* ~ **halinde olan** im Zustand der Beharrung *süreduran ~ **iktidarı** (*od.* **kudreti** *od.* **kuvveti**) Beharrungsvermögen *n* ~ **kanunu** *phys.* Trägheits-, Beharrungs-gesetz *n* **-ten uyandırmak** j–n aus seiner Gleichgültigkeit (Trägheit) aufrütteln **-i ruhiye** s. **psikasteni**

atalık 1. Vaterschaft *f* 2. Vaterstelle vertretender Mann (z.B. Erzieher, Hofmeister) 3. bejahrter Mann 4. (in Turkestan) Wesir, Minister *m*

atamak s. **nasbetmek, tayin etmek**

ataman (Kosaken-)Hetman *m* *hetman

atan Part. Präs. zu **atmak** *spez. (Tennis)* Aufschläger *m* *servis yapan ≗ **ilerde!** *(Tennis)* Vorteil auf!

atanık ernannt *mansup

atanmak Pass. zu **atamak; atanmış kalıtçı** *jur.* s. **mansup mirasçı**

ataraksi(-ya) *phil.* Ataraxie, Unerschütterlichkeit, Seelenruhe *f*

atardamar Schlagader, Arterie *f* *arter, şiryan

atardamarcık, -ığı *an.* Arteriole *f*

atarkanal *an.* Ejakulationskanal *m* *kanatı dafika

atasağun *va.* Arzt *m* *hekim, doktor

atasözü, -nü 1. Sprichwort *n* *darbımesel 2. Redensart *f* in traditioneller Form

ataş (*franz.* **attache**) Büroklammer *f*

ataşe (Botschafts-, Gesandtschafts-)Attaché *m*

ataşeaeriyen Luftattaché *m* *hava ataşesi

ataşekomersiyal Handelsattaché *m* *ticaret ataşesi

ataşekültürel Kulturattaché *m* *kültür ataşesi

ataşelik, -iği Stellung *f,* Rang *m,* Aufgaben *pl.* e–s Attachés

ataşemiliter Militärattaché *m* *askerî ataşe

ataşenaval Marineattaché *m* *deniz ataşesi

ataşman (*franz.* **attachement**) 1. *techn.* Zusatzgerät *n* 2. Befestigung, Verbindung *f* 3. Mechanismus *m*

Atatürk *n.pr.* Fn. des Begründers der neuen Türkei und ersten türk. Staatspräsidenten Gazi Mustafa Kemal Paşa (geb. in Saloniki 1881, Titel Gazi 1921, Staatspräsident 1923–1938, gest. 1938; der Fn. wurde auf Antrag der Großen Nationalversammlung am 24. 11. 1934 zuerkannt. Der Fn. ist gesetzlich geschützt.) ~ **öncesi dönem** die vorkemalistische Zeit ~ **yılı** das Atatürk-Jahr (1981)

Atatürkçü Kemalist(-in *f*) *m* *Kemalist

Atatürkçülük Kemalismus *m* *Kemalizm

atavik 1. von altersher überkommen; vererbt 2. *biol.* atavistisch

atavizm Atavismus *m* *atacılık, ceddaniyet

ataya [·––] *va. Pl.* zu **atiyye**

atbaklası, -nı s. **acı bakla** (2)

atbalığı, -nı s. **yayın** (I)

atçı Pferde-züchter, -pfleger, -zureiter *m*

atçılık, -ığı Tätigkeit *f* e–s **atçı**

ate (*franz.* **athée**) *selt.* 1. atheistisch, freidenkerisch 2. Atheist, Freidenker *m*

atebe *va.* 1. Schwelle *f* *spez.* Eingang *m* zu e–m Palast 2. (Treppen-)Stufe *f* **-i âliye (ulya, seniye, felekmertebe)** *(alles va.)* Serail *m*

atebrin *med.* Atebrin *n* (*spez.* gegen Malaria)

ateh 1. geistige Altersschwäche, kindisches Wesen (e–s alten Menschen) 2. geistige Umnachtung: Verblödung, Dementia, Demenz *f* ~ **getirmek** 1. altersschwach, kindisch werden (Greis) 2. in geistige Umnachtung fallen

ateist, -ti Atheist(-in *f*) *m* *tanrıtanımaz

ateizm Atheismus *m* *tanrıtanımazlık

atelektazi *med.* Atelektase *f* (Luftverknappung in der Lunge)

atelye Atelier *n,* Werkstatt *f,* Studio *n* ~ **resmi** *techn.* Detailzeichnung *f* *detay resim

atematik *mus., gr.* athematisch

Atena [·×·] *n.pr.* Athene (griech. Göttin)

aterina [··×·] s. **gümüşbalığı**

aterom *med.* Atherom *n,* Talgdrüsen-, Haarbalg-geschwulst *f,* Grützbeutel *m*

ateş 1. Feuer *n* 2. glühender Körper 3. Fieber *n* *hararet 4. Feuer *n* (von Schußwaffen) 5. Leidenschaft(-lichkeit),

Begeisterung *f*, Eifer *m* 6. (Kommando) Feuer! 7. Feuersbrunst *f* *yangın 8. Glut, Liebe *f* 9. Gefahr *f*, Unglück *n* 10. Röte *f*, rot 11. feurig, glühend, verzehrend Zu 11: **Damarlarını müthiş bir kıskançlık ateşidir sardı.** Er wurde von verzehrender Eifersucht befallen. ≗ **bakışlarını bana doğru çevirdi.** Er schaute mich glühenden Blickes an. ~ **açmak** *mil.* das Feuer eröffnen ~ **alanı** s. ~ **sahası;** ~ **alır gibi** (*od.* ~ **almaya gelmiş gibi**) im Handumdrehen ~ **almak** 1. Feuer fangen, sich entzünden, in Brand geraten 2. *mil.* Feuer erhalten 3. (sich) Feuer holen, nehmen (um et. anzustecken) 4. losgehen (Schußwaffe) 5. *fig.* wütend werden, in Erregung geraten, sich aufregen ≗ **almaya mı geldin?** (Tadelnd für j–n, der kaum gekommen, schon wieder weggehen will) Warum denn so eilig? ~ **altına almak** *mil.* unter Feuer (*od.* Beschuß) nehmen; beschießen; mit Feuer belegen ≗ **bacayı sardı.** s. **Alev bacayı sardı.** ~ **baskını** *mil.* Feuerüberfall *m* ≗ **bastı.** (m. Dat. *od.* Akk.) 1. Das Blut stieg ihm zu Kopf. Er geriet in große Erregung. Er wurde ganz rot im Gesicht. 2. Panisches Entsetzen überfiel ihn. (*s. a.* Stw. **utanç**); ~ **bastırmak** s. Stw. **bastırmak;** ~ **başı** Kamin *m*, Heim *n* ~ **bırakmak** (canına, gönlüne *od.* içine) ein Herz in Flammen setzen ~ **birliği** *mil.* Feuereinheit *f* ~ **boyu** *mil.* Feuerbereich *m*, Raum *m* der Kriegshandlungen ~ **çamuru** feuerfester Ton; Schamotte *f* ~ **çanağı** s. **mangal göbeği;** ~ **çarpmak** verursachen, daß jm. ganz benommen wird (Kohlengas aus schlecht brennendem Kohlenbecken) ~ **çengeli** Feuerhaken *m*, Schüreisen *n* ~ **çıkmak** ausbrechen (Feuer, Feuersbrunst, Brand) ~ **çiçeği** rotglänzende Salbei *bot.* Salvia splendens ~ **çizgesi** *med.* Fieberkurve *f* (e–s Kranken) ~ **darbesi** *mil.* Feuer-stoß, -schlag *m* ~ **desteği** *mil.* Feuerschutz *m* ~ **dikeni** Feuerdorn *m bot.* Crataegus pyracantha *kuş alıcı, Musa ağacı, çalı muşmulası ~ **dilli** feurig, hitzig, leidenschaftlich, ungestüm, wild (Redner usw.) ~ **düşmek** s. **içine** ~ **düşmek;** ≗ **düştüğü yeri yakar.** *Spr.* Wo das Feuer hinfällt, verbrennt es die Stelle. (hinsichtlich j–s Verliebtheit *od.* Kummer gesagt) ~ **edilen saha** *mil.* Feuerraum *m* *ateş sahası ~ **etmek** 1. (ab-)feuern (Waffe, Schuß) 2. (b–ne) schießen (auf) ~ **fasılası** Feuerpause *f* ~ **feneri** Purpurglöckchen *n bot.* Heuchera sanguinea ~ **gecesi** Johannisnacht *f* (in der die Griechisch-Orthodoxen Feuer abbrennen) (24. Juni) ~ **geçmez** feuerfest ~ **gemisi** Brander *m* (*fr.* ein mit leicht entzündlichen Stoffen beladenes Schiff, das auf die feindliche Flotte losgelassen wurde, um diese in Brand zu stecken) ~ **gibi** 1. sehr heiß 2. lebhaft, frisch, kraftvoll, energiegeladen ~ **gömleği** s. **yılancık** (2); **Ateş Haçlılar** *hist.* Feuerkreuzler *pl.* (rechtsradikaler franz. Verband, gegr. 1928, aufgelöst 1936) ~ **hakkı** Dekalo *m*, *n*, Gewichtsverlust *m* bei Brot (beim Backen) ~ **hattı** *mil.* Feuerlinie *f* ~ **himayesi** *mil.* Feuerschutz *m* ~ **huzmesi** Feuergarbe *f* ~ **idaresi** *mil.* Feuerleitung *f* ~ **idaresi planı** *mil.* Feuerleitungsplan *m* ~ **inzibatı** *mil.* Feuerdisziplin *f* ~ **kafesi** Kaminvorsetzer, Feuerschützer *m* ~ **karıncası** s. **hırsız karınca;** ~ **kaydırmak** *mil.* das Feuer verlegen ~ **kesilmek** 1. vor Wut in die höchste Erregung geraten; Gift und Galle speien 2. (çehresi) ganz rot im Gesicht werden 3. Feuer und Flamme sein ~ **kesmek** *mil.* das Feuer einstellen ~ **kırmızısı** feuerrot ~ **kili** feuerfester Ton; Schamotte *f* ~ **koymak** in Brand stecken ~ **kuşu** s. **feniks;** ~ **kutusu** *techn.* Feuerbüchse *f* (in e–r Lokomotive) ~ **kütlesi** *mil.* Masse *f* des Feuers ~ **mânia hattı** *mil.* Feuersperrgürtel *m* ~ **menzili** *mil.* Reichweite *f*, Schuß-weite *f*, -bereich *m* ~ **merkezi sıkleti** *mil.* Hauptkraft *f* (*od.* Schwerpunkt *m*) des Feuers ~ **mevzii** *mil.* Feuerstellung *f* ~ **mıntıkası** *mil.* Feuerraum *m* ~ **muharebesi** *mil.* Feuerkampf *m* (*spez.* auf größere Entfernung mit schweren Waffen) ~ **oku** *fr.* Brandpfeil *m* ~ **olmak** s. ~ **kesilmek;** ≗ **olmayan yerden duman çıkmaz.** *Spr.* Von nichts kommt nichts. *Spr.* Das hat schon seinen Grund. ≗ **olsa cirmi** (*od.* **cürmü**) **kadar yer yakar.** Was kann er schon Großes ausrichten! ~ **opali** *min.* Feueropal *m* ~ **pahası** furchtbar teuer ~ **parçası** *fig.* 1. impulsiver, ungestümer Mensch 2. mutwilliges Kind; Schlingel *m* ~ **payı** *jur.* s. **hakkı nâr;** ~ **porseleni** feuerfestes Porzellan ~ **püskürmek** 1. Feuer speien 2. *fig.* seiner Wut ungehemmten Lauf lassen; fuchsteufelswild sein ≗ **saçağı sardı.** s. **Alev saçağı sardı.** ~ **saçmak** s. a. **ateş püskürmek;** ~ **sahası** *mil.* 1. Feuerbereich *m* 2. Feuerraum *m* ~ **silindiri** *mil.* Feuerwalze *f* ~ **siperi** Kaminvorsetzer, Ofenschirm *m* ~ **sürgüsü** *mil.* Feuerriegel *m* ~ **taksimi** *mil.* Feuerverteilung *f* ~ **tanzimi** *mil.* Einschießen *n*, Feuerregelung *f* ~ **tapınağı** s. **ateşgede;** ~ **tedavisi** Heilfieberbehandlung, Fiebertherapie *f* (mittels künstlich erzeugten Fiebers) ~ **teksifi** *mil.* Feuer-überlagerung, -verdichtung *f* ~ **temerküzü** *mil.* Feuerkonzentration *f*, Vereinigung *od.* Zusammenfassung *f* des Feuers ~ **tesiri** Feuerwirkung *f* ~ **toprağı** feuerfester Ton *yanmayan toprak ~ **tufanı** Feuersturm *m* ~ **tuğlası** Schamotte (-stein *m*) *f* ~ **tutmayan yer** *mil.* unbestrichener Raum ≗ **ülkesi** *geogr.* Feuerland *n* *Terdöfö ~ **vermek** in Brand stecken ~ **yağdırmak** (m. Dat.) mit e–m Geschoßhagel überschütten (z. B. mit Artillerie zudecken) ~ **yağmak** (başına) ins Unglück geraten ~ **yakmak** Feuer anzünden **-e atmak** 1. ins Feuer werfen 2. (k–ni) sehenden Auges in sein Verderben rennen **-e dayanıklı** feuerfest **-e düşmek** in Aufregung (Verwirrung, Besorgnis) geraten **-e gitmek** (für j–n) durchs Feuer gehen **-e göstermek** (*od.* **koymak**) ans (*od.* aufs) Feuer setzen **-e kesmek** vernichten **-e körükle gitmek** *fig.* Öl ins Feuer gießen, den Streit schüren **-e maruz saha** *mil.* Feuerbereich *m* **-e mukavim** feuerfest (z. B. Geschirr) **-e tapan** Feueranbeter *m* **-e tutmak** 1. leicht erwärmen 2. schießen (auf), beschießen, unter Feuer nehmen **-e vermek** 1. in Brand stecken 2. in große Besorgnis versetzen; e–e Panik hervorrufen 3. Unglück und Leid über ein Land heraufbeschwören **-e vurmak** aufs Feuer setzen; aufsetzen (Essen zum Kochen) ≗**e vursan duman vermez.** *fig.* 1. Er taugt zu nichts. 2. Er ist unglaublich knickerig. **-e yakmak** in Liebe erglühen lassen **-e yanmak** von schwerem Unglück betroffen werden **-e yarar adam** wer für die Hölle reif ist; Satansbraten *m* **-e yürümek** tollkühn sein **-i almak** sich ereifern; in Fahrt kommen **-i az saha** *mil.* feuerarmer Raum **-i başına vurmak** 1. in Eifer geraten 2. nervös werden **-i düşmek** fallen (Fieber) **-i körüklemek** *fig.* den Streit schüren **-i sönmek** (*od.* **soğumak**) erlahmen (Eifer, Schwung) **-i uyandırmak** das Feuer wieder anfachen ≗**i var.** Er hat Fieber. **-in ağzına atılmak** sich in Todesgefahr stürzen **-in birleştirilmesi** (*od.* **toplanması**) *mil.* s. **ateş temerküzü; -in ileriye kaydırılması** (*od.* **nakli**) *mil.* Vorverlegung *f* des Feuers **-in oynaklığı** *mil.* Beweglichkeit *f* des Feuers **-ine yanmak** (b–nin) durch j–s Schuld Unannehmlichkeiten bekommen **-ini deşmek** et. Unangenehmes erneut aufs Tapet bringen; alte Wunden aufreißen ≗**le barut bir arada olmaz.** *Spr.* Ein Mädchen kann man nicht mit e–m jungen Mann alleinlassen. **-le destekleme** *mil.* Feuerunterstützung *f* **-le oynamak** *fig.* mit dem Feuer spielen **-lere kurban gitmek** den Flammen zum Opfer fallen **-ten gömlek** *fig.* 1. unerträgliche Lage 2. Feuer-, Zerreiß-probe *f* 3. ≗ ≗ berühmter Roman von Halide Edip Adıvar (1922) **-ten indirmek** vom Feuer nehmen (Kochtopf) **-ten mahfuz** *mil.* gegen Feuer geschützt

ateşbalığı, -nı Sardine *f zo.* Clupea pilchardus

ateşbaz [–·–] Feuerschlucker *m*

ateşböceği, -ni Leuchtkäfer *m*, Glühwürmchen *n zo.* Lampyris noctiluca *kandilböceği, yıldızböceği ≗ **görse yan-**

gın sanır. *(spött. Ra.)* Aus jeder Mücke macht er gleich e–n Elefanten.

ateşçi Heizer *m* (auf e–m Schiff, e–r Lokomotive usw.)

ateşçilik Beruf *m od.* Tätigkeit *f* e–s Heizers

ateşek, -eği *va.* 1. *mil.* Kleinfeuer *n* 2. s. **ateşböceği** 3. s. **şimşek** 4. s. **frengi** (1)

ateşfeşan [–··–] *va.* feuersprühend *(a. fig.)*

ateşgâh [–·–]; **ateşgede** [–···] Feuertempel *m* (der Zoroastrier)

ateşgöz Feuerauge *n* (Vogel; Brasilien) *zo.* Pyriglena leucoptera

ateşhane [–·–·] *va.* 1. s. **ateşgede** 2. s. **külhan**

ateşî [–·–] *va.* 1. feuerfarben 2. s. **ateşli** 3. s. **hiddetli** 4. Höllenwärter *m*

ateşin [–·–] *va.* 1. brennend, verzehrend 2. feurig, lebhaft 3. s. **parlak**

ateşkayığı, -nı 1. *urspr.* großes Boot zum Transport des Feuerlöschgeräts 2. *fig.* Lastboot *n* (für den Transport von Eseln, Pferden usw.) 3. großes Ruderboot (mit loderndem Feuer) zum Sardinenfang

ateşkes *mil.* Feuereinstellung *f*

ateşleme *Vs.* zu **ateşlemek** *spez. techn.* Zünden *n,* Zündung *f* ~ **anahtarı** Zündschlüssel *m* ~ **eksantriği** Zündnocken *m* ~ **fitili** Zündschnur, Lunte *f* ~ **iğnesi** Zünd-bolzen *m,* -nadel *f* ~ **kolu** Zündhebel *m* ~ **voltajı** Zündspannung *f*

ateşlemek 1. *tr.* in Brand stecken, anzünden 2. *techn.* heizen (Kessel) 3. abfeuern (Schußwaffe) 4. in Erregung versetzen: a) wütend machen b) begeistern

ateşlenmek 1. in Brand gesteckt werden 2. Feuer fangen, sich entzünden, in Brand geraten 3. *fig.* in Erregung geraten: a) wütend werden b) in Begeisterung geraten 4. Fieber bekommen

ateşleyici *techn.* Anzünder *m*

ateşli 1. mit Feuer(-stätte) 2. lebhaft, feurig, temperamentvoll, hitzig, heftig, begeistert, beschwingt, impulsiv 3. *med.* mit Fiebererscheinungen verbunden (z.B. Krankheit) 4. *mil.* feuernd, Feuer- ~ **gözler** (zorn-)glühende Augen *pl.* ~ **silâhlar** Feuerwaffen *pl.* *eslihai nâriye

ateşlik 1. Feuerung *f* (z.B. bei Heizkessel) 2. s. **mangal göbeği** 3. Pfeifenkopf *m* (bei Wasserpfeife) *lüle 4. als Brennmaterial geeignet *od.* dazu bestimmt

ateşlilik Lebhaftigkeit *f,* Feuer *n,* Begeisterung, Beschwingtheit, Impulsivität *f* *coşkunkluk, hararet

ateşnak, -ki [–·–] *va.* glühend heiß

ateşpare [–·–·] *va.* 1. Feuerfunke *m* 2. glühende Kohle 3. *fig.* ungestümer, unbändiger Mensch

ateşperest, -ti Feueranbeter(-in *f*) *m spez.* Parse *m,* Parsin *f*

ateşperestlik Religion *f* der Feueranbeter, *spez.* Mazdaismus *m*

ateşsiz ohne Feuer, feuerlos ~ **silâh** blanke Waffe

ateşyuvar s. **pirosfer**

ateşzeban [–··–] *va.* s. **ateş dilli**

atfen [×·] *Adv.* (m. Dat.) 1. auf Grund (von), gemäß, nach 2. angeblich stammend (von); j–m zugeschrieben (in den Mund gelegt, nachgesagt)

atfetmek [×··] 1. zuschreiben, zu-, bei-messen, beilegen, zurückführen (auf) *isnat etmek 2. richten (Blick)

atfi *gr.* kopulativ, Bindungs-, Binde- s.a. **sıygai atfiye**

atgiller (Familie *f* der) Pferde *pl. zo.* Equidae *feresiye

atıcı 1. (guter) Schütze 2. *pej.* Aufschneider, Prahlhans, Schwadroneur *m* 3. s. **hallaç** 4. (Bomben- usw.) Werfer *m* ~ **kanal** s. **atarkanal**

atıcılık 1. Schießen *n,* Schießkunst *f* 2. *pej.* Aufschneiderei, Großsprecherei *f,* Schwadronieren *n* ~ **okulu** Schießschule *f*

atıf, -tfı 1. Zuschreiben *n* (usw. vgl. **atfetmek**) 2. Richten *n* (des Blickes) 3. *jur.* Rückverweisung *f* *gönderme ~ **edatı** *gr.* kopulative Konjunktion; Bindewort *n* ~ **grupu** s. **ikizleme;** ~ **terkibi** *gr.* Verbindung *f* zweier synonymer *od.* antonymer Begriffe mittels pers. **vavı mevsule** (z.B **âbavüecdat, siyakussibak, sevkuidare** usw.) ~ **ve isnat** *jur. va.* s. **iftira;** ~ **yapmak** verweisen (z.B. auf ein Werk) **-ı beyan** *gr.* Apposition *f* *koşuntu **-ı nazar** (*od.* **-ı nigâh**) **etmek** *va.* e–n Blick werfen **-ı tefsirî** s. ~ **terkibi**

âtıf *va.* 1. *gr.* Verbindungs- 2. geneigt, gütig, wohlwollend, mitleidig 3. ≗ *mV*

atıfet [ā], **-ti** 1. Zuneigung, Freundlichkeit, Sympathie *f,* Wohlwollen, Mitleid *n* 3. ≗ *wV*

atıfeten [ā] *va. Adv.* aus Freundlichkeit (Sympathie)

atıfetkâr [–··–] *va.* wohlwollend, freundlich

atıfetlü [ā] *fr.* Titul. der osm. Beamten im **balâ** – Rang

atıflı cümleler s. **bağlı cümlecikler**

atık kleineres Butter- *od.* Joghurt-faß

atıl [–·] 1. faul *tembel 2. untätig, müßig *işsiz 3. *phys.* träg, beharrend *süreduran 4. unbenutzt, außer Gebrauch, aufgegeben, verlassen ~ **durmak** (*od.* **kalmak**) 1. untätig verharren 2. außer Gebrauch sein ~ **kapasite** s. **kullanılmayan kapasite;** ~ **para** brachliegende Gelder; totes Kapital *oturan para ~ **sermaye** totes Kapital *duran sermaye

atılgan 1. unternehmungs-lustig, -freudig, impulsiv 2. verwegen, kühn, draufgängerisch, stürmisch

atılganlık 1. Unternehmungslust *f,* impulsive Veranlagung 2. Verwegenheit, Kühnheit *f,* Draufgängertum *n*

atılım s. **atılış**

atılış *Vs.* zu **atılmak** *spez.* 1. Wurf, Sprung, Schwung *m* 2. ungestümes Drauflosgehen, plötzlicher Angriff *hamle, savlet 3. Elan, Schwung *m,* Ungestüm *n,* Begeisterung *f* *hamle 4. Eile *f* 5. *mus.* s. **atak**

atılmak 1. Pass. zu **atmak** *(q.v.)* 2. j–m ins Wort fallen; mit et. herausplatzen 3. schnell versetzen (erwidern, einfallen) 4. sich stürzen, sich werfen (auf) 5. *mus.* s. **atake etmek; Atılan ok geri dönmez.** *Spr.* 1. Die Würfel sind gefallen. 2. Jetzt ist es zu spät. **atıldı atılacak** angriffsbereit

atım 1. Schuß- *od.* Wurf-weite *f* 2. Schuß *m*

atımcı s. **hallaç**

atımlık 1. Schuß(-ladung *f*) *m* 2. *fig.* letzte Kraftreserve Zu 1: **iki** ~ **barut** zwei Schuß Pulver Zu 2: **İki** ~ **canı var.** Er ist dem Ende nahe.

atış 1. *Vs.* zu **atmak** *(q.v.)* 2. Art und Weise *f* des Schießens *od.* Werfens 3. Schießen *n,* Schuß *m* *endaht 4. *fig.* Prahlerei, Aufschneiderei *f,* Großtun *n* 5. (*mst.* ~ **tutuş**) Lüge, Unwahrheit *f* Zu 1: **Adım -ını beğendim.** Es hat mir gefallen, wie er vorankommt. Zu 3: s. **kaleye** ~**; birinci** ~**;** ~ **arazisi** *mil.* Schießgelände *n* ~ **barutu** Schießpulver *n* ~ **bilgisi** *mil.* Schießlehre *f* ~ **cüzdanı** *mil.* Schießbuch *n* ~ **fenni** *mil.* Schießtechnik, Ballistik *f* ~ **hassaları** *mil.* Schießleistung *f* ~ **hazırlığı** *mil.* Vorbereitung *f* zur Feuereröffnung ~ **kabiliyeti** *mil.* Schießleistung *f* ~ **listesi** *mil.* Schießliste *f* ~ **mangası** (*od.* ~ **müfrezesi**) *mil.* 1. Ehrenabteilung *f* (die am Grab e–e Ehrensalve abfeuert) 2. Erschießungskommando *n* ~ **mazgalı** Schießscharte *f* ~ **menzili** *mil.* Reichweite, Schuß-weite, -bereich *m* ~ **mesafesi** Schieß-entfernung, -weite *f* ~ **meydanı** 1. Schießplatz *m* 2. Schußfeld *n* ~ **nişanı** Schießauszeichnung *f* ~ **poligonu** Schieß-platz, -stand *m* (*a.* für Kleinkaliber- *od.* Pistolen-schießen) ~ **rampası** Abschußrampe *f* (z.B. für Raketen) ~ **sahası** *mil.* Schußfeld *n* ~ **sehpası** Schießgestell *n* ~ **talim ve terbiyesi** Schießausbildung *f* ~ **talimatnamesi** Schießinstruktion *f* ~ **tatbikatı** Übungsschießen *n* ~ **tutuş** s. **atış** (4); ~ **vazifesi** *mil.* Schießaufgabe *f* ~ **yeri** Schießplatz *m* **-a hazır** schußbereit, -fertig

atışmak 1. aufeinander schießen *od.* werfen 2. (b–le) sich gegenseitig Vorwürfe machen, sich zanken, sich streiten, sich beschimpfen 3. durcheinandergeraten (z.B. Äste im Sturmwind) 4. *Ki.* wieder gut sein wollen (nach e–m Streit) und das Wort an j–m richten 5. gegenseitig mit feinen Anspielungen antworten (*spez.* bei dem Wettstreit von Volkssängern)

atıştırmak 1. Kaus. zu **atışmak** 2. in Eile hinunter-schlingen (Essen) *od.* -stürzen (Getränk), *a.* e–n „genehmigen", „heben" (Getränk) 3. nieseln (Regen) 4. in kleinen Flokken fallen (Schnee) *(3, 4) serpiştirmek 5. ausschelten, auszanken, heruntermachen 6. beschimpfen, beleidigen

ati [– –] 1. kommend, (nach-)folgend 2. Zukunft *f* *gelecek zaman **-de** weiter unten, im folgenden **-deki beyanatta** (*od. va.* **beyanatı atiyede**) **bulunmak** die nachfolgende Erklärung abgeben **ᵊsi var.** Er ist ein vielversprechender Mann. **-ye nesil bırakmadan ölmek** ohne Nachkommen sterben

atik (I) flink, hurtig, gewandt, behend ~ **davranmak** schnell bei der Hand sein; voranmachen, aufspringen ~ **tetik** auf dem Quivive; blitzschnell handelnd

atik (II), **-kı** [· –] 1. alt, altertümlich 2. *va.* freigelassen (Sklave)

atikıyat, -tı [· – · –] *va.* s. **arkeoloji**

atikleşmek flink (hurtig, gewandt, behend) werden

atiklik Flinkheit, Gewandtheit, Hurtigkeit, Behendigkeit *f*

atimi *psych.* Athymie, Schwermut *f*

Atina [× · ·] *n.pr.* Athen

Atinalı Athener(-in *f*) *m,* athenisch

atipik *spez. med.* atypisch, anormal, von der Regel abweichend

atiyen [– – ·] *va. Adv.* in Zukunft, später

atiyye 1. Geschenk *n,* Gabe *f* (*mst.* an e–n im Rang tiefer Stehenden) 2. ℒ *wV*

atkafalı dumm, beschränkt, *ahmak, etkafalı

atkafalılık, -ğı Dummheit, Beschränktheit *f*

atkestanesi, -ni Roßkastanie *f* (Baum und Frucht) *bot.* Aesculus hippocastanum *yabanî kestane, hintkestanesi

atkestanesigiller Roßkastaniengewächse *pl. bot.* Hippocastanaceae

atkı 1. Einschlag, (Ein-)Schuß *m* (beim Weben) *argaç 2. große Gabel zum Aufladen von Garben 3. Hals-, Umschlag-tuch *n,* Schal, Schulterüberwurf *m* 4. Spange *f* (z.B. an Damen- *od.* Kinder-schuhen) 5. *arch.* Fenster- *od.* Tür-sturz *m* *lento 6. *typ.* punktierte Linie (z.B. in e–m Formular für Bemerkungen, Unterschrift usw.) *rigaj, tinta

atkılamak einschießen, einschlagen (beim Weben) *argaçlamak

atkılı mit **atkı;** ~ **ayakkabı** Spangenschuh *m* ~ **elbise** tiefausgeschnittenes Damenkleid mit Achselträgern

atkuyruğu, -nu 1. Schachtelhalm *m bot.* Equisetum *ekliot, ulama, zemberek otu, zenebülhayl 2. Tannenwedel *m bot.* Hippurus vulgaris ~ **(saç)** Pferdeschwanzfrisur *f*

atkuyruğugiller Schachtelhalmgewächse *pl. bot.* Equisetaceae *zenebülhayliye

atlama Springen *n,* Sprung *m* ~ **araçları** *(Turnen)* Sprunggeräte *pl.* ~ **beygiri** Sprung-, Lang-pferd *n* (Turngerät) ~ **çukuru** *La.* Sprunggrube *f* ~ **gergisi** Sprungtuch *n* (der Feuerwehr) ~ **havuzu** *La.* Sprungbecken *n* ~ **ipi** Sprungseil *n* ~ **kulesi** Sprungturm *m* (bei Schwimmsport) ~ **sehpası** Sprungständer *m* (z.B. bei Hochsprung) ~ **taşı** in e–n Bach *od.* e–e Schmutzstelle gelegter größerer Stein, über den man trockenen Fußes hinübergelangen kann *atlangıç ~ **taşı yapmak** *fig.* et. als Sprungbrett verwenden

atlamak 1. (hinüber-, hinunter, -hinein-)springen 2. (bşe) eilig besteigen, sich werfen (z.B. in ein Auto), sich schwingen (z.B. aufs Fahrrad) 3. *(Zeitungssprache)* nicht bringen (Nachrichten) 4. überspringen, auslassen (z.B. beim Lesen *od.* Schreiben) 5. überstehen (Unfall usw.), entrinnen (e–r Gefahr) 6. *V* geben, herausrücken 7. (bşde) sich irren, sich täuschen (bei) 8. *selt.* abgewimmelt werden 9. s. **adlamak** 10. (üstüne) überfallen, angreifen 11. übergehen (z.B. zu e–m anderen Thema) 12. *V* s. **cima etmek; Atladı gitti genç Osman!** 1. Das wäre also fertig! 2. Das wäre einmal gut überstanden! **atlayıp gelmek** sofort herbeikommen

atlambaç, -cı *Ksp.* Bockspringen *n*

atlandırmak (b–ni) 1. j–m ein Pferd zukommen lassen *od.* beschaffen 2. j–n ein Pferd besteigen *od.* reiten lassen 3. s. **adlandırmak**

atlangaç, -cı s. **tekedikeni**

atlangıç, -cı s. **atlama taşı**

atlanmak 1. Pass. zu **atlamak** 2. sich wie ein Pferd aufbäumen 3. *z. va.* sich ein Pferd beschaffen, zu e–m Pferd kommen 4. in den Sattel steigen; reiten 5. s. **adlanmak**

atlante *arch.* Atlant *m* *telamon

Atlantid *n.pr.* 1. Atlantis (sagenhaftes Land) 2. **(-ler)** *pl. myth.* Töchter des Atlas

Atlantik (denizi, okyanusu) *n.pr.* Atlantischer Ozean, Atlantik *m* ~ **beyannamesi** *hist.* Atlantikcharta *f* (1941) ~ **duvarı** *hist.* Atlantikwall *m* (im II. Weltkrieg) ~ **paktı** Atlantikpakt *m* **Atlantiğin mezarlığı** s. **şeytan üçgeni**

atlas 1. *geogr.* Atlas *m* 2. Atlas(-seide *f*) *m* 3. *an.* Atlas *m,* oberster Halswirbel *fıkrai amudiye 4. Bild- *od.* Tafelanhang *m* (in e–m Buch) 5. glänzend, glatt, ebenmäßig 6. *va.* abgenutzt, zerschlissen

Atlas *n.pr. myth.* Atlas (Sohn des Zeus) ~ **dağları** *n.pr.* Atlasgebirge *n* (in Nordafrika) ~ **okyanusu** *selt.* s. **Atlantik;** ~ **sediri** s. **Afrika çam ağacı**

atlasağacı, -nı westindisches Satinholz (*spez.* für Furniere)

atlasçiçeği, -ni Kaktus *m,* Kaktee *f bot.* Cactus *kaktüs, sabbar

atlasçiçeğigiller Kaktusgewächse *pl. bot.* Cactaceae *sabbariye

Atlasî *va.* 1. atlantisch 2. s. **atlaslı**

atlaskemiği, -ni s. **atlas** (3)

atlaslı mit Atlasseide

atlassediri, -ni Atlaszeder *f bot.* Cedrus atlantica

atlaşmak von kräftigem, gestähltem Körperbau sein

atlatış; atlatma Vs. zu **atlatmak** *spez.* Abwimmeln, Vertrösten *n* (e–s Bittstellers)

atlatmak 1. springen lassen 2. verursachen *od.* zulassen, daß jm. et. überspringt *od.* ausläßt 3. glücklich überstehen (Krankheit, Unfall, Gefahr) 4. (e–n Bittsteller) abwimmeln; j–n mit leeren Versprechungen abspeisen, auf später vertrösten 5. *F* abhängen (lästigen Begleiter) 6. *Fb. usw.* überspielen

atlayıcı *La.* Springer(-in *f*) *m*

atlayış 1. Art und Weise *f* des Springens; Sprung, Schwung *m* 2. leere Versprechung

atlet, -ti 1. Leichtathlet, Sportler *m* 2. *selt.* Schwerathlet *m* 3. Sporttrikot *n* (der Leichtathleten, Ruderer usw.) 4. **(fanilası)** ärmelloses Trikot *od.* Netzunterhemd (für Herren) 5. sportlich gestählt, gut gewachsen ~ **yapılı** athletisch gebaut

atletik 1. leichtathletisch 2. *selt.* schwerathletisch ~ **sporlar** s. **atletizm;** ~ **tip** athletischer Typus (Kretschmer)

atletizm 1. Leichtathletik *f,* Sport *m* *atletik sporlar 2. *selt.* Schwerathletik *f* ~ **pisti** Aschenbahn *f*

atlı 1. mit e–m *od.* mehreren Pferden ausgerüstet (bespannt usw.) 2. beritten, reitend, zu Pferd; Reiter *m* 3. s. **adlı;** ~ **araba** Pferdefuhrwerk *n,* Droschke *f* ~ **ases gibi gezmek** *fig.* den großen Herrn spielen; herumkommandieren ~ **avcı** *mil.* Jäger *m* zu Pferd ~ **bölüğü** *mil.* Schwadron *f* ~ **emirber** (*od.* **emir eri**) *mil.* Meldereiter *m* ~ **haber kolu** *mil.* Meldereiterpatrouille *f* ~ **haberci** s. ~

emirber; ~ **heykel** Reiterstandbild *n* ~ **kadro tatbikatı** *mil.* Übungsritt *m* ~ **keşif kıtası** *mil.* berittene Aufklärungsabteilung ~ **kıtaat** *mil.* berittene Truppen *pl.* ~ **muharebe** *mil.* Kampf *m* zu Pferde ~ **polis** berittene Polizei ~ **seyis** *mil.* berittener Pferdewärter ~ **spor** Reitsport *m* ~ **süvari** „berittener Kavallerist" (Muster der Tautologie; s.a. Stw. **Babıâli**); ~ **sınıf** *mil.* berittene Waffe ~ **tramvay** *fr.* Pferdebahn *f* **-yı atından indirmek** *fig.* j–n ganz aus dem Häuschen bringen (wütend machen) **-yı attan, yaylıyı yoldan çevirmek** *fig.* mit jedem fertigwerden

atlıkarınca 1. Karussell *n* 2. geflügelte Ameise *zo.* Ponera grandis

atmaca 1. Sperber *m zo.* Accipiter nisus 2. *gel.* Habicht *m zo.* Accipiter gentilis *çakır kuşu 3. *Kspz.* Schleuder, Zwille *f* *sapan ~ **gibi atılmak** wie ein Sperber auf et. losschießen ~ **kartalı** Habichtsadler *m zo.* Hieraetus fasciatus ~ **yetiştirici** s. **atmacacı**

atmacacı Falkner *m*

atmacalık, -ğı *(Jägersprache)* Schuß *m* auf ein von e–m anderen Jäger aufgespürtes Wild

atmak, (-ar) 1. werfen, schleudern 2. *La.* stoßen (z.B. Kugel) 3. wegwerfen, auf den Boden werfen, fortschleudern, abwerfen; ausscheiden (z.B. Fremdkörper); weg-, aus-lassen 4. fortbringen, verbannen 5. darantun, dazugeben (z.B. Salz an die Suppe) 6. an Land spülen (Meer) 7. *F* hinter die Binde gießen; genehmigen 8. (ab-)schießen, (ab-)feuern 9. (in Verb. mit **sille, tekme, tokat, sopa** usw.) schlagen, versetzen, geben 10. krempeln, kardätschen (*spez.* Wolle *od.* Baumwolle) 11. sprengen, in die Luft fliegen lassen *uçurmak, berhava etmek 12. ver-, auf-schieben; zurückstellen 13. umhängen, umwerfen (z.B. Schal) 14. hinauswerfen (z.B. Mieter aus e–m Haus) 15. ablegen, nicht mehr tragen (*od.* verwenden) 16. abstoßen, weggeben, losschlagen, verschenken *od.* verkaufen (z.B. alte Sachen) 17. lagern (z.B. Getreide), einfahren (lassen) (z.B. Winterkohle) 18. von e–m Ort an e–n anderen bringen; transportieren 19. (in Verb. mit Wörtern wie **laf, lakırdı, söz**) (b–ne) zurufen 20. (in Verb. mit Ausdrücken des Lügens *od.* Prahlens) sagen 21. aufbürden, zuschreiben, bei-, zu-messen, in die Schuhe schieben (z.B. Schuld) 22. daruntersetzen (Unterschrift), daraufsetzen (z.B. Datum) 23. spielen 24. **(şarkı)** *V* singen 25. *V* s. **etmek** 26. stecken (z.B. die Hand in die Tasche) 27. aufschneiden, angeben, prahlen, renommieren 28. *intr.* heftig pochen *od.* schlagen (z.B. Herz) 29. *intr.* platzen, springen, aufgehen 30. *intr.* verblassen, verschießen (Farben, Stoff usw.) 31. *intr.* anbrechen, grauen (Morgen) 32. *intr.* herabfallen (Kinn) 33. **k-ni** ~ s. Stw. **kendi** Zu 1: s.a. **hapse atmak** Zu 4: **Adamcağızı uzak bir yere attılar.** Man hat den armen Kerl an e–n abgelegenen Ort verbannt. Zu 7: **bir tek** ~ „einen heben" *(F)* Zu 8: **Havaya iki el silâh attı.** Er feuerte zwei Schuß in die Luft. **Ona üç kurşun attı.** Er feuerte dreimal auf ihn. Zu 12: **Meselenin konuşulmasını gelecek haftaya attılar.** Man verschob die Diskussion auf die folgende Woche. Zu 14: **okuldan atmak** der Schule verweisen; dimittieren Zu 22: s. **imza (tarih)** ~ Zu 23: s. Stw. **tavla** Zu 25: **dans** ~ *V* für **dans etmek** Zu 26: **Gene atmağa başladı.** Er hat schon wieder angefangen zu renommieren. Zu 26: s. **cebine** ~ u. **elini cebine** ~ Zu 28: **Şakakları atıyor.** Das Blut pocht ihm in den Schläfen. **Nabzı artık atmıyordu.** Er hatte keinen Puls mehr. s.a. **üç buçuk** ~ Zu 29: **Kumaş, dikiş yerinden attı.** Der Stoff ist an der Naht aufgeplatzt. **Mermer yontulurken attı.** Bei der Bearbeitung ist der Marmor gesprungen. Zu 30: **Bu kumaş çabuk atacağa benziyor.** Der Stoff wird wohl leicht verschießen. Zu 31: s. **Tan atıyor.** Zu 32: s. **çenesi** ~; **At atamazsın, sat satamazsın.** (*od.* **Atsan atılmaz, satsan satılmaz.**) hinnehmen müssen, wie e–e Sache *od.* Person eben ist **At martini Debre'li Hasan!** (Zitat aus e–m volkstümlichen Lied) 1. Du lügst ja das Blaue vom Himmel herunter! 2. Nun höre aber endlich einmal auf mit deiner Angeberei! **Atarlar sengi tarizi dırahtı meyvedar üzre.** Die schlechtesten Früchte sind es nicht, woran die Wespen nagen. (Bürger) **atıp tutmak** 1. Schlechtes reden; schimpfen, *F* meckern, räsonieren (über) 2. aufschneiden, angeben, bramarbasieren 3. nur zufällig das Richtige treffen **atıp savurmak** s. **atıp tutmak** (2); **Atma Recep!** (*a. m. der Forts.* **din kardeşiyiz**) Erzähl' keine Märchen, mein Lieber! **Attığı taşı yerine vardırıyor.** (*od.* **Attığına varıyor.** *od.* **Attığını vuruyor.**) 1. Er verfehlt sein Ziel nicht. 2. Er erreicht, was er beabsichtigt. **attığı tırnak olamamak** *od.* **attığı tırnağa benzememek** (b–nin) sich nicht im entferntesten messen können (mit)

atman Atman *m, n,* Weltseele *f* (in der indischen Philosophie)

atmasyon *F* Flunkern, Aufschneiden *n,* Schwindel *m*

atmasyoncu *F* Flunkerer, Aufschneider, Angeber, Schwindler *m*

atmasyonculuk *F* Aufschneiderei *f,* Angebertum *n*

atmık s. **meni, sperma**

atmıksal s. **menevî, spermatik**

atmidometre; atmometre Atmometer *n,* Verdunstungsmesser *m*

atmosfer 1. Atmosphäre *f* *cevvi hava, havayı nesimî, havaküre, kürei nesimî 2. *phys.* Atmosphäre *f* (als Einheit des Drucks) 3. *fig.* Atmosphäre, Umwelt *f,* Milieu *n* ~ **basıncı** Luftdruck *m* ~ **kirlenmesi** Luftverschmutzung *f* ~ **parazitleri** atmosphärische Störungen *pl.* (*spez.* im Rundfunk)

atmosferbilim(-sel) s. **meteoroloji(-k)**

atmosferik atmosphärisch *cevvî

atmosferlik mit soundsoviel Atmosphären (Druck)

atol, -lü *geogr.* Atoll *n,* ringförmige Koralleninsel *halkaada, mercanada

atom Atom *n* *cüzüfert ~ **ağırlığı** Atomgewicht *n* ~ **bombası** Atombombe *f* ~ **çağı** Atomzeitalter *n* ~ **çekirdeği** Atomkern *m* ~ **parçalanması** Atomzertrümmerung *f* ~ **reaktörü** Atomreaktor, Atommeiler *m* **-lar arası enerjisi** Atomkraft *f*

atomal atomar, Atom- *cüzüferdî ~ **ağırlık** Atomgewicht *n*

atombilim Atomwissenschaft *f*

atombilimsel atomwissenschaftlich

atomcu 1. *phil.* Atomist(-in *f*) *m* 2. Atomforscher *m* 3. atomistisch

atomculuk s. **atomizm**

atomik 1. atomar, Atom- 2. *Fb.* (wie) mit Atomkraft geladen ~ **dezentregrasyon** Kernspaltung, Atomzertrümmerung *f*

atomist, -ti s. **atomcu**

atomize atomisiert ~ **etmek** atomisieren ~ **olmak** atomisiert werden

atomizm *phil.* Atomismus *m*

atomizör (*franz.* **atomiseur**) Zerstäuber *m*

atomlamak *Sch.* sitzenbleiben, nicht versetzt werden (Schüler)

atomlanmak s. **atomize olmak**

aton (*franz.* **atone**) *med.* starr, ausdruckslos

atonal, -li *mus.* atonal

atonalite, atonallık *mus.* Atonalität *f*

atoni *med.* Atonie, (Muskel-)Erschlaffung *f*

atölye s. **atelye**

atraksiyon Attraktion *f,* Zugstück *n,* Schlager *m*

atraş *V* Hintern *m,* Hinterteil *n,* Popo, *V* Arsch *m*

Atre *n.pr.* Atreus **-ler** Atriden *pl.*
Atrid(-ler) s. **Atreler**
atrina; atrine s. **aterina**
atriyum *an.* Vor-hof *m,* -kammer *f* (des Herzens), Atrium *n*
atrofi *med.* Atrophie *f* (Schwund von Organen, Zellen *od.* Geweben) *körelme
atrofiye (*franz.* **atrophié**) *med.* atrophisch
atropin *med.* Atropin *n*
atsız 1. ohne Pferd(-e), unberitten, zu Fuß 2. s. **adsız**
atsineği, -ni Pferdelausfliege *f zo.* Hippobosca equina *yabansineği
atsülüğü, -nü Pferdeegel *m zo.* Limnatis nilotica *yaban sülüğü
atş *va.* 1. Durstig-sein *od.* -werden *n,* Durst *m* 2. *fig.* starkes Verlangen, Begehren *n*
atşan [·–] *va.* 1. durstig 2. heftig verlangend, begehrend, begierig
atta *Ki.* atta (= hinaus, auf die Straße gehen)
attar s. **aktar**
Attik yarımadası *n.pr.* Halbinsel *f* Attika (Griechenland)
Attila [×··] *n.pr.* 1. Attila, Etzel 2. *mV*
atu (*franz.* **atout**) *Ka.* Trumpf(-karte *f*) *m* *koz
atufet(-lü) s. **utufet(-lü)**
av 1. Jagd *f* 2. Fischfang *m* 3. Wild *n* (jagdbare Tiere) 4. Wildbret *n,* Jagdbeute *f,* gefangene Fische *pl.* 5. *allg.* Beute *f* ~ **alayı** *mil.* Jagdgeschwader *n* ~ **aramak** Beute suchen, auf Raub ausgehen, ein Opfer suchen ~ **atı** Jagdpferd *n* ≗ **avlanmış, tav tavlanmış** (*a. m. der Forts.* **deli kız evlenmiş**). 1. Es läßt sich nichts mehr daran ändern. 2. Jetzt ist es zu spät. ≗ **avlayanın, kemer bağlayanın.** *Spr.* Nur wer seine Kenntnisse geschickt und systematisch anwendet, kommt zum Ziel. ~ **bıçağı** Hirschfänger *m,* Bowiemesser *n* ~ **borusu** Jagd-, Wald-horn *n* ~ **bölüğü** *mil.* Jagdstaffel *f* ~ **bulmak** 1. e–e (willkommene) Beute finden 2. unverhofft in den Besitz von et. gelangen ~ **havası** 1. gutes Jagdwetter 2. *fig.* günstige Gelegenheit (z.B. für e–n Dieb) ~ **hukuku** *jur.* Jagdrecht *n* ~ **kaldırmak** 1. ein Wild aufspüren 2. e–e günstige Gelegenheit erspähen ~ **koşusu** Jagdreiten *n,* Parforcejagd *f* ~ **köpeği** Jagdhund *m* ≗ **Köpekleri** *astr.* Jagdhunde *pl.* (Sternbild) ~ **kuşu** 1. Jagd-falke, -sperber *m* 2. erlegter Vogel ~ **kuvvetleri** *mil.* Jagdfliegerkräfte *pl.* ~ **mevsimi** Jagd(-zeit) *f* ~ **sahası** *mil.* Jagdraum *m* ~ **takımı** Jagdausrüstung *f* ~ **tezkeresi** Jagdschein *m* ~ **tüfeği** Jagdgewehr *n* ~ **uçağı** *mil.* Jagdflugzeug *n,* Jäger *m* ~ **uçakçılığı** *mil.* Jagdfliegerei *f* ~ **yasağı** Jagdverbot *n* ~ **yatağı** gutes Jagdgebiet, wildreiches Gebiet **-a çıkmak** (*od.* **gitmek**) auf die Jagd (bzw. zum Fischen) gehen ≗**a gelmez kuş olmaz, başa gelmez iş olmaz.** *Spr.* Niemand kann seinem Schicksal entgehen. ≗**a giden avlanır.** *Spr.* Wer andern e–e Grube gräbt, fällt selbst hinein. *Spr.* **-ı bastırmak** seine Beute im Flug packen (Falke) **-ını yere vurmak** *a. fig.* das Wild zur Strecke bringen
ava s. **kava biberi**
avadan *selt.* Werkzeug *n od.* Werkzeugtasche *f*
avadancı *hist.* Name e–r best. Klasse von Dienern im Sultanspalast
avadanlık 1. Tischler-, Drechsler- *od.* Zimmermanns-werkzeug *n,* (*a. allg.*) Werkzeug(-tasche *f*) *n* 2. *V* Eichel *f* (am Penis) 3. Zubehör *n* (z.B. bei Spielen) 4. *techn.* Profilstahl *m,* -stück *n* (der Bauschreiner) *silme 5. *va.* Schmuck *m* (e–r Frau) 6. bestelltes Feld 7. blühende Gegend
avait, -di [·–·] (*va. Pl.* zu **aide**) 1. Einkünfte *pl.* 2. Bezüge, Trinkgelder *pl.*
avakıp, -bı [·–·] (*va. Pl.* zu **akıbet**) Folgen, Ergebnisse *pl.*
aval (I), **-li** 1. Wechselbürgschaft *f,* Aval *m, n* 2. Wechselbürge, Avalist *m* ~ **sigortası** s. **itibar sigortası**
aval (II) *V* dumm, einfältig ~ ~ **bakmak** 1. dumm dreinschauen 2. (b–ne) j–n anstieren
avalanş Lawine *f* *çığ
avalim [·–·] *va. Pl.* zu **âlem**
avallık *V* Dummheit, Einfältigkeit *f*
avam [·–] (*z. va. Pl.* zu **amme**) niederes (einfaches) Volk, *ant.* **havas** (II); **Avam Kamarası** *n.pr.* englisches Unterhaus ~ **lisanı** *va.* Volks- bzw. Vulgär-sprache *f* ~ **takımı** s. **ayaktakımı**
avamca [·–·] *z. va.* 1. bei dem einfachen Volk gebräuchlich 2. gemeinhin, vulgo
avamil [·–·] (*va. Pl.* zu **amil**) 1. Faktoren, treibende Kräfte *pl.* 2. *fr.* Kapitel über die Vokalisierung in der alten Schrift (*a.* eigenes Lehrbuch)
avan s. **evan**
avanak 1. *arm.* Eselsfüllen *n* 2. *V* dumm, einfältig, naiv, leichtgläubig
avanaklık *V* Dummheit, Einfältigkeit, Naivität, Leichtgläubigkeit *f*
avangart, -dı 1. *mil. selt.* Vorhut *f* 2. Vorkämpfer, Avantgardist *m* *öncü
avani s. **evani**
Avanos *n.pr.* O. u. D. im Rbz. Nevşehir
avanproje Vor-, Roh-entwurf *m* *öntasar(-ı)
avanprömiyer (*franz.* **avant-première**) (*Th., Film*) Voraufführung *f* (für Kritiker, Presse usw.)
avans 1. Vorschuß *m* 2. (Bank-)Beleihung, Bevorschussung, Vorauszahlung *f; gel. a.* Anzahlung *f* *pey, Darlehen *n,* Kredit *m spez.* Lombardierung *f* 3. *selt. mil.* Vorrücken *n* 4. Vorgabe *f* (beim Spiel) 5. Avance *f* (ermutigendes Entgegenkommen) 6. *arch.* Vor-bau, -sprung *m* 7. *techn.* Vor-zündung *f,* -schub *m* ~ **vermek** 1. e–n Vorschuß zahlen 2. Avancen machen (Mädchen, Frau)
avansen (*franz.* **avant-scène**) s. **önsahne**
avanta [·×·] 1. Nutzen, Verdienst, Gewinn, Profit *m* 2. *V* müheloser (kostenloser, unrechtmäßiger) Gewinn, Schmu *m* 3. *V* Schweigegeld *n* (das ein Mogler im Glücksspiel e–m Mitwisser zahlt) 4. *V* Mogelei *f* (beim Glücksspiel) Zu 1: **bir** ~ **çıkarmak** e–n Profit (bei et.) herausschlagen Zu 2: ~ **etmek** *V* e–n mühelosen (kostenlosen, unrechtmäßigen) Gewinn machen
avantacı *V* wer mühelos (kostenlos, unrechtmäßig) in den Besitz von et. gelangt *od.* zu gelangen versucht; Profit-, Schmu-macher *m,* Ausbeuter, Nutznießer *m*
avantacılık, -ığı Verhalten *n* e–s **avantacı**
avantaj 1. Vorteil, Vorzug *m* 2. (*Sport spez. Tennis*) Vorteil *m* ~ **kaidesi** *Fb.* Vorteilsregel *f*
avantajlı vorteilhaft, gewinnbringend
avantren (*franz.* **avant-train**) 1. Vorderwagen *m* (e–s Fahrzeugs) 2. *mil.* Protzwagen *m*
avantür (*franz.* **aventure**) Abenteuer *n* *macera, sergüzeşt, serüven
avantürin s. **yıldıztaşı**
avantüriye Abenteurer *m* *maceraperest, sergüzeştçi
avantüriyelik *selt.* Abenteurertum *n*
avara [·×·] 1. *naut.* Abstoßen *n* (e–s Bootes vom Ufer) 2. *naut.* Entferntsein *n* e–s Schiffes *od.* Sich-Entfernen *n* (von e–m anderen Schiff *od.* der Küste) 3. *naut.* (Kommando, ein Boot von der Küste abzustoßen) 4. **(kolu)** *techn.* Auslösevorrichtung *f,* Ausrückhebel *m,* Kupplungshebel *m,* Schaltkupplung *f* 5. *techn.* Leerlauf *m* ~ **çatalı** *techn.* (Treib-)Riemengabel *f* ~ **etmek** 1. *naut.* abstoßen (Boot vom Ufer) 2. *F* Distanz halten 3. *V* j–n von der Arbeit abhalten ~ **kasnağı** *techn.* Leerlaufscheibe *f* ~ **kasnak işlemek** *fig.* im Leerlauf arbeiten ~ **mili** *techn.* Vorlegewelle *f* ~ **olmak** *V* von der Arbeit abgehalten werden ~ **payı** *naut.* Vorläufer *m* (der Logleine) ~ **terti-**

batı *techn.* Ausrückvorrichtung *f* **-ya almak** *techn.* ausrücken
avaracı Salinenarbeiter, der die vollen Salzwagen fortschiebt
avaraj (*franz.* **avérage**) Durchschnitt *m* *ortalama
avaralı *techn.* Ausrück- ~ **kavram** Ausrückkupplung *f*
avare [– –·] 1. unstet umherwandernd 2. vagabundierend; Landstreicher *m* 3. müßig, untätig, träge, faul 4. s. **kararsız** 5. alleinstehend *kimsesiz 6. *va.* verbannt 7. wild umherblickend (Augen) ~ **blok** s. **sapkın kaya;** ~ **etmek** (*od.* ~ **kılmak**) j–n von der Arbeit abhalten ~ **olmak** in der Fremde leben
avarelik [– –··] 1. unstetes Umherwandern 2. Vagabundieren, Vagabundentum *n* 3. Müßiggang *m,* Untätigkeit, Trägheit, Faulheit *f*
avarız [·–·] *Pl.* zu **arıza** 1. Hindernisse, Störungen, Zwischenfälle *pl.* 2. *geogr.* s. **engebelik** 3. *(in osm. Zeit)* Sondersteuer *f*
avarızcı [·–··] *hist.* wer die Sondersteuer **(avarız)** einzutreiben hatte
Avarlar *n.pr.* 1. Awaren *pl.* (6.–8. Jh.) 2. Name e–r isl. Volksgruppe in Daghestan
avarya [·×·] *naut.* Havarie, Haverei *f*, Seeschaden *m* ~ **mazbatası** protokollarische Zusammenstellung derjenigen Transportgüter, die zur Rettung des Schiffes aus Seenot über Bord geworfen werden mußten *protesto ~ **raporu** offizielle Erklärung über große Haverei *prova di fırtına ~ **yapmak** „havarieren" d. h. e–n Teil der Fracht in Seenot bzw. aus Versicherungsgründen über Bord werfen
avaryat, -tı *naut. va.* havariert (Schiff *od.* Ladung)
avatıf [·–·] (*va. Pl.* zu **atıfet**) Wohltaten, Hilfeleistungen *pl.*
av'ava *va.* s. **havlama**
avaz [– –] 1. *urspr.* Stimme *f*, Ton, Klang *m* 2. *va.* Ruhm *m* *şöhret 3. gellendes Schreien, Wehgeschrei *feryat ~ ~ **bağırmak** *od.* ~ **-ı çıktığı kadar bağırmak** aus vollem Hals schreien, los-schreien, -brüllen ~ **çekmek** s. **şarkı söylemek; -a gelmek** schreien, (los-)brüllen s. a. **bir -ı yerde, bir -ı gökte**
avaze [– –·] *va.* lautes Rufen, Geschrei *n*
avazlı mit lauter Stimme
avcı 1. Jäger *m* 2. Fischer *m* 3. *mil.* Jäger, Schütze *m* 4. Jagd-, Jäger-, Schützen- 5. Raub-, Greif- (z. B. Vogel) 6. wer auf et. Jagd macht ~ **akarlar** Raubmilben *pl. zo.* Cheyletidae ~ **ateşi** *mil.* Schützenfeuer *n* ² **avında, yolcu yolunda gerek.** *Spr.* Alles, wie es sich gehört! ~ **başı** *hist.* Janitscharenoffizier, dem 33 Mann unterstanden ~ **bölüğü** *mil.* Schützenkompanie *f* ~ **çantası** Jagdtasche *f* ~ **çukuru** *mil.* Schützenloch *n* ~ **hattı** *mil.* Schützenlinie *f* ~ **hendeği** *mil.* Schützengraben *m* ~ **kedi** gute Mäusefängerin (Katze) ~ **kuş** Jagd-falke, -sperber *m* ~ **mangası** *mil.* Schützengruppe *f* ~ **sinek** Raubfliege *f zo.* Asilus germanicus *yırtıcı sinek **Avcı Sultan Mehmet** (Beiname Mehmets IV.; 1648–1687) ~ **taburu** *mil.* Jägerbataillon *n* ~ **tahtakuruları** Raubwanzen *pl. zo.* Reduviidae ~ **tayyaresi** (*od.* **uçağı**) *mil.* Jagdflugzeug *n,* Jäger *m* ~ **tümeni** *mil.* Jägerdivision *f* ~ **uçak alayı** *mil.* Jagdgeschwader *n* ~ **zağarı** 1. Jagdhund *m* 2. *fig.* kriecherisch, schmeichlerisch; Schmeichler, Speichellecker *m* ~ **zağarı gibi titremek** vor Jagdgier (*od.* Aufregung) zittern ~ **zinciri** *mil.* Schützenkette *f*
avcılık 1. Jagdwesen *n,* Jägerei *f* 2. Fischerei *f* 3. Jagen *n* (nach et.) 4. Verfolgungsfahren *n* (bei Radrennen)
avcıotu s. **kanavcıotu**
avdet, -ti Rück-, Heim-, Wieder-kehr *f* *dönüş ~ **etmek** zurück-, heim-kommen *dönmek ~ **seferi** Rückfahrt *f* (e–s Schiffes)
avdetçi Heimkehrer *m*
avdetî *fr. Bez.* für **dönme**
avdetname [··–·] *fr.* Rückberufung(-s.schreiben *n*) *f* (für e–n in der Provinz tätigen Beamten)
avel *V* s. **aval** (II)
aven (*franz.* **aven**) s. **düden**
avenan (*franz.* **avenant**) *jur.* Versicherungsnachtrag *m* *zeylname
avene *(isol. Pl.)* Helfer, Gehilfen, *spez. pej.* Helfershelfer *pl.*
avenk, -gi 1. hochgespannte Schnur z. B. für Girlanden, Tabaksblätter usw. 2. (solche) Girlanden, Büschel, Bündel *pl.,* Gehänge *n;* s. a. **hevenk**
avenü *selt.* Avenue *f* (mit Bäumen bestandene Prachtstraße)
âver *va.* 1. s. **tekgözlü** 2. s. **körbarsak**
-aver [–·] *va. pers. Sx.* bringend, besitzend, verursachend. Vgl. **heyecanaver**
averaj s. **avaraj**
averta [·×·] *F* offen, frei (Kasse für Einsatz im Paseta-Spiel)
Avesta [·×·] Awesta *n* (heilige Schriften der Parsen)
avgın Abfluß-rohr, -loch *n* (z. B. in e–r Mauer)
avgit, -ti *min.* Augit *m*
avisto [·×·] *H* bei Sicht, bei Vorlage, a vista (z. B. zahlbar, Wechsel)
avitaminoz *med.* Avitaminose *f*, Vitaminmangel(-krankheit *f*) *m*
-aviz [– –] *va. pers. Sx.* hängend, gehängt
avize [ī] Kronleuchter *m*
avizeağacı Palmlilie *f bot.* Jucca gloriosa
avizo [·×·] *naut.* Aviso *m,* Patrouillenboot *n*
avlak (I) 1. Jagd-gegend *f*, -bezirk *m* 2. *dial.* zur Jagd abgerichtet (Hund)
avlak (II) *griech.* 1. Tal *n* 2. Bewässerungsgraben *m* 3. Ackerfurche *f* *karık; saban izi
avlama *(Volleyball)* gute Plazierung des Balls mit Punktgewinn
avlamak 1. jagen 2. fischen 3. fangen, erbeuten, erlegen 4. *fig.* übertölpeln
avlanılmak Pass. zu **avlamak. Bu mevsimde avlanılmaz.** In dieser Jahreszeit darf nicht gejagt werden.
avlanmak 1. Pass. zu **avlamak** 2. auf die Jagd gehen
avlı reich an (jagdbarem) Wild
avlu 1. (mit Mauern umgebener) Hof 2. *selt.* Vor-halle *f*, -hof *m,* Atrium *n* 3. *naut.* Einlaß *m* e–s Staaknetzes **(dalyan)**
Avlunya [·×·] *n.pr.* Valona (in Albanien)
avn *va.* Hilfe, Unterstützung *f* *yardım
Avni [×·] *mV*
avniye 1. *fr.* Regenumhang *m* mit Kapuze 2. **Avniye** *wV*
avokado Avokado-Baum *m bot.* Persea gratissima ~ **armudu** Avokadobirne *f* ~ **yağı** Avokadoöl *n*
Avotr sante! *selt.* Auf Ihr Wohl!
avra *med.* Aura *f* (Unbehagen vor e–m Epilepsie-Anfall)
avraks s. **Avrupa bizonu**
avrana s. **arvana**
Avrasya [·×·] *geogr.* Eurasien
avrat, -tı *P* 1. Frau *f* Weib *n* 2. Ehefrau *f* ~ **pazarı** 1. *fr.* Sklavinnenmarkt *m* 2. *(heute)* Markt, auf dem Frauen mit kleineren Waren handeln **Avrat Taşı** *n.pr.* Säule *f* des Arkadius (in Istanbul) **²ın saçı uzun olur, aklı kısa.** *Spr.* Lange Haare, kurzer Sinn. *Spr.* **²tan vefa zehirden şifa.** *Spr.* Treue kann man von e–r Frau ebensowenig erwarten wie Heilung durch Gift.
avret, -ti (yeri) Schamgegend *f*, Geschlechtsteile *pl.* *ut yeri

avrık 1. gekrümmt, gebogen, gebeugt 2. *pej.* krumm, schief 3. gekräuselt, geringelt
avrıklık der durch **avrık** charakterisierte Zustand
avrılmak verkrümmt wachsen (Baum)
avrikula *an.* 1. s. **kulacık** 2. s. **kulak kepçesi**
avrita [·×·] **(balığı)** *reg.* (Köyceğiz) s. **haskefal**
Avrupa [·×·] *n.pr.* Europa ~ **alabalığı** Lachsforelle *f zo.* Salmo trutta var. fario ~ **asaronu** europäische Haselwurz *bot.* Asarum europaeum ~ **Atom Enerjisi Birliği** *n.pr.* Europäische Atomgemeinschaft, Euratom ~ **Birliği** *pol.* europäische Integration, Paneuropa ~ **bizonu** Wisent *m zo.* Bison bonasus ~ **Ekonomik Topluluğu** s. **AET;** ~ **engereği** s. **sağıryılan;** ~ **fener böceği** Laternenträger *m,* Leuchtzirpe *f zo.* Pseudophana europaea ~ **görmüş olmak** Lebensart besitzen; wissen, was sich gehört ~ **İktisadî İşbirliği Teşkilâtı** s. **OEEC;** ~ **kayını** s. **orman kayını;** ~ **kızılcığı** s. **kırmızı yapraklı kızılcık;** ~ **kiremidi** flacher Dachziegel ~ **Konseyi** *pol.* Europarat *m* ~ **Kömür ve Çelik Birliği** Montanunion *f* ~ **malı** europäische Ware ~ **musu** europäischer Elch *zo.* Alces alces ~ **Ortak Pazarı** s. **AET;** ~ **Ödemeler Birliği** Europäische Zahlungsunion ~ **Para Anlaşması** Europäisches Währungsabkommen ~ **toprağı çiğnemiş olmak** s. ~ **görmüş olmak;** ~ **Türkiyesi** europäische Türkei *Rumeli, Trakya ~ **vaşağı** Nordluchs *m zo.* Lynx lynx ~ **vizonu** s. **bataklık samuru;** ~ **yaban atı** s. **tarpan;** ~ **yassıburunlu yarasa** Zweifarbfledermaus *f zo.* Vespertilio marinus ~ **Yatırımlar Bankası** Europäische Investitionsbank
Avrupaî *z. va.* 1. Europäer(-in *f*) *m* 2. europäisch
Avrupakârî *selt.* europäisch, nach eur. Vorbild ausgerichtet, mit stark eur. Einschlag
Avrupalı 1. Europäer(-in *f*) *m* 2. aus Europa stammend, europäisch
Avrupalılaşmak sich europäisieren
Avrupalılaştırmak europäisieren
Avrupalılık 1. europäisches Wesen 2. Europäertum *n* ~ **şuuru** europäisches Bewußtsein
Avşa *n.pr.* e–e der größeren Marmara-Inseln
avşak *reg. (Isparta)* s. **İngiliz anahtarı**
Avşar s. **Afşar**
avt s. **avut**
avtbort, -du (*engl.* **outboard**) [×·] 1. Außenbord- 2. Boot *n* mit Außenbordmotor
avtriger [×··] *naut.* 1. Ausleger *m* (e–s Bootes) (als Kenterschutz *od.* Ruderstütze) 2. Ausleger, Ausholer *m* 3. Outrigger *m* (langes, schmales Rennruderboot)
avtsayder [×··] *(Sport)* Outsider, Außenseiter *m*
avuç, -vcu 1. innere Handfläche 2. Handvoll *f (a. fig.)* Zu 2: **bir avuç insan** e–e Handvoll Menschen ~ **açmak** betteln *dilenmek ~ ~ händevoll, reichlich ~ **dolusu** 1. Handvoll *f* 2. s. ~ ~; ~ **ısırmak** *fig.* in Wut geraten ~ **içi** Handteller *m,* Hohlhand *f* *aya ~ **içi gibi bilmek** wie seine Westentasche kennen; genau Bescheid wissen ~ **içi kadar** sehr klein; winzig (Örtlichkeit) ~ **unu** Anteil *m* des Müllers am fertigen Mehl **-u yummak** die Faust ballen **ᵒum kaşınıyor.** Es juckt mich in der Hand. *d.h.* Es sieht so aus, als bekäme ich Geld. **-una saymak** bar auf die Hand zahlen; auf den Tisch des Hauses legen (blättern) **-undan okumak** j–m aus der Hand lesen **-unu yala(t)mak** (*od.* **koklatmak**) leer ausgehen; nichts abbekommen; in den Mond schauen **-unun içi gibi bilmek** wie seine Westentasche kennen; genau Bescheid wissen **-unun içinde** *fig.* in j–s Gewalt **-unun içinde tutmak** *fig.* j–n in der Hand haben **-unun içine almak** *fig.* j–n völlig in die Hand bekommen; j–n um den Finger wickeln können
avuçlamak 1. in die Hand nehmen; greifen 2. sich e–e Handvoll von et. nehmen
avukat, -tı 1. Rechtsanwalt, Advokat *m* 2. *fig.* Rabulist *m* ~ **tutmak** sich e–n Rechtsanwalt nehmen **-lar levhası** *jur.* Anwaltsliste *f*
avukatlık, -ığı 1. Beruf *m,* Tätigkeit *f* e–s Rechtsanwalts 2. *pej.* Rabulisterei *f* ~ **etmek** den Beruf e–s Rechtsanwalts ausüben **-ını yapmak** (b–nin) j–n als Anwalt vertreten
avul Aul *m* (Zeltlager der Yörüken)
avunç *dial.* Trösten *n,* Trost *m,* Tröstung *f* *teselli
avundurmak 1. trösten 2. (von e–m Schmerz) ablenken
avunmak 1. Trost finden, sich trösten *teselli bulmak, müteselli olmak 2. Ablenkung, Zerstreuung finden; auf andere Gedanken kommen 3. *dial.* trächtig sein (Tier)
avuntu was Trost, Zerstreuung *od.* Ablenkung gibt
avurt, -du 1. innerer Teil der Backe 2. Backentasche *f* 3. *abus.* Backe, Wange *f* 4. *fig.* Prahlerei, Aufschneiderei *f* ~ **dağıtmak** 1. losbrüllen 2. *(in Drohungen)* durchprügeln, verhauen ~ **dolusu** gebrüllt, gegrölt; lauthals ~ **etmek (kesmek, satmak)** *od.* ~ **zavurt etmek** sich aufspielen, sich aufplustern, den Helden spielen, großtun *çalım satmak ~ **öttürmek** s. **gevezelik etmek;** ~ **şişirmek** die Backen aufblasen ~ **ünsüzü** *phon.* Lateral-, Seiten-laut *m* **-u avurduna çökmüş (geçmiş, göçmüş)** mit eingefallenen Wangen; nur mehr Haut und Knochen **-u keseli fare** Taschenratte *f zo.* Geomys bursaria
avurtlamak s. **avurt etmek**
avurtlaşmak *va.* schwatzen
avurtlu 1. mit Backentaschen 2. *V* vornehm tuend, aufgeblasen, eingebildet, bombastisch daherredend, Prahlhans, Bramarbas, Eisenfresser *m* 3. *V* ungehalten, verärgert
Avustralya [··×·] *n.pr.* Australien ~ **devekuşu** s. **tepeli devekuşu;** ~ **karatavuğu** s. **lir kuşu;** ~ **kirpisi** Stachelschwein *n zo.* Hystrix cristata *oklukirpi ~ **tembelhayvanı** s. **kuskus** (II)
Avustralyalı [··×··] 1. Australier(-in *f*) *m* 2. aus Australien stammend, australisch
Avusturya [··×·] *n.pr.* Österreich ~ **marksizmi** *pol.* Austromarxismus *m* ~ **Veraset Harbi** *hist.* Österreichischer Erbfolgekrieg (1740–1748)
Avusturyalı [··×··] 1. Österreicher(-in *f*) *m* 2. aus Österreich stammend, österreichisch
avut, -tu (*engl.* **out**) (*Fb., Tennis* usw.) aus; außerhalb (des Spielfelds), Aus *n* ~ **olmak** ins Aus gehen (Ball) **-a atmak** (den Ball) ins Aus schlagen **-a çıkmak** ins Aus gehen (Ball)
avutmaç, -cı was als Trost *od.* Zerstreuung dient
avutmak 1. trösten, beruhigen, (über et.) hinweghelfen 2. beschwichtigen (z. B. Kind) 3. hinhalten, vertrösten 4. an der Nase herumführen
avutucu tröstlich, hinhaltend, beschwichtigend (z. B. Worte)
Avva [·–] *astr.* s. **Çoban** (4)
avyofon (*franz.* **aviophone**) Sprechfunkanlage *f* (im Flugzeug)
AWAC = Airborne Warning and Control System Luftgestütztes Warn- und Überwachungssystem
ay (I) 1. Mond *m* *kamer 2. Halbmond *m* (*spez.* als Ornamentsabschluß auf e–m Minarett *od.* Moscheegewölbe) *hilâl 3. Monat *m* Zu 2: s. ~ **yıldız; Kızılay; Yeşilay;** ~ **ağılı** Hof *m* um den Mond, Halo *m* ~ **aracı** Mondsonde *f* ~ **aydın** im hellen Mondschein, ganz hell ~ **aydın gün beyaz** *fig.* unbeschwerte Zeit ~ **aydın hesap belli** sonnenklar ~ **aydını** (*od.* **aydınlığı**) Mondschein *m* **ᵒ bastı.** Er hatte e–n Anfall von Mondsucht. (Schlafwandler) ~ **francalası** 1. Horn *n* des (Halb-)Monds 2. *fr. a.* Gebäck in dieser Form ~ **gibi** wunderschön, bildhübsch ~ **görmek** sein Glück versuchen **ᵒ görmüşün yıldıza minneti**

(*od.* **itibarı) yoktur.** *Spr.* 1. Wer sich an bessere Verhältnisse gewöhnt hat, findet an den früheren keinen Gefallen mehr. 2. Wer in e–e hohe Stellung gelangt ist, verachtet (oft) die früheren Freunde. ~ **harmanlanmak** e–n Hof bekommen (Mond) ~ **kalem** s. **oluklu kalem;** ~ **karanlığı** schwaches Mondlicht (hinter den Wolken) ~ **mehtabı** *P* Vollmond *m* ~ **otu** s. **deniz lahanası** (2); ~ **parçası** bildhübsch, wunderschön (Mädchen) ≗ **parçasına benziyordu.** Sie (es) war bildhübsch. ~ **tabya** *hist.* Lünette, Brille(-n.werk *n*) *f* ~ **taşı** *min.* Adular *m* *sedefli feldispat ~ **tutulması** Mondfinsternis *f* *husuf ≗ **var yılı besler, yıl var ayı beslemez.** *Spr.* s. **Gün var** (usw.); ~ **yıldız** Halbmond und Stern ~ **yıldızlı bayrak** die türk. Fahne ~ **yılı** Mondjahr *n* (rund 354 Tage) **Aya, ya sen doğ, ya ben doğayım demek.** wunderschön sein (Mädchen) **-da yılda bir** selten; alle Jubeljahre einmal ≗**da yılda bir namaz, onu da şeytan komaz.** *Spr.* Bietet sich tatsächlich einmal e–e seltene Gelegenheit, so wird sie e–m bestimmt verdorben. **-dan aya** von Monat zu Monat **-ı günü belli olmamak** noch unbestimmt sein (Zeitpunkt) **-ı günü tamam olduğu zaman** als ihre Zeit gekommen war (schwangere Frau vor der Geburt) ≗**ı var yıl var ivecek ne var?** *spött.* Er läßt sich eben Zeit. ≗**ın dört çarşambası bir araya gelmiş.** 1. Die Schwierigkeiten haben sich nur so gehäuft. 2. Ich stecke bis an den Hals in Arbeit. **-ın evreleri** Mondphasen *pl.* ≗**ın kaçı?** Den wievielten haben wir heute? **-ın on dördü** Vollmond *m* **-ın on dördü gibi** bildhübsch, bezaubernd schön (Mädchen, gel. a. Jüngling) **-ın ortası** Mitte *f* des Monats **-ın son çarşambası** letzter Mittwoch im Monat (nach dem Volksaberglauben ein Unglückstag) **-larca** monatelang

ay (II) (Int. für verschiedene Gemütsbewegungen) ei! ach! aber! ah! so! au! um Gotteswillen! o weh! s. a. **ayol**

ay (III) s. **ay-ay**

aya 1. Handteller *m*, Hohlhand *f* *avuç içi 2. Fußsohle *f* 3. Blattfläche *f* 4. *va.* Waagschale *f* *terazi kefesi ~ **budu kabartısı** s. **iç** (bzw. **dış**) **aya budu kabartısı;** ~ **kemeri** s. **kalça kemeri**

Aya *griech.* heilig, Hagia, Sankt, Santi ~ **İrini Kilisesi** *n.pr.* Irenenkirche *f* (im Topkapı Sarayı, Istanbul; heute Militärmuseum) ~ **Nikola** s. **Noel baba;** ~ **Triyada** *n.pr.* (griech.-orthodoxe) Kirche der. Hl. Dreieinigkeit (Taksim; Istanbul) ~ **Triyada Manastırı -Rum rahipler okulu** *n.pr.* griech. Priesterseminar (auf der Insel Heybeli) s. a. **Ayasofya, Ayasaranda, Ayandon**

âya *va.* Dubitativpartikel 1. ob wohl, ob etwa 2. möglicherweise, vielleicht

ayak, -ağı 1. Fuß *m* (e–s Menschen, Tieres, Geräts), Pfote, Tatze *f*, Huf *m* 2. Bein *n* (e–s Menschen, Tieres, Möbelstücks usw.) 3. *gel.* unterer Teil des Körpers 4. Sockel *m*, Piedestal *n*, Ständer *m* 5. Brücken-, Stütz-pfeiler *m* 6. Sicherheitspfeiler *m* (in Bergwerk) 7. Schaft *m* (am Webstuhl) 8. Ende *n* e–s Schriftstücks 9. Neben-, Zu-fluß *m* 10. Abfluß *m* (aus e–m See, Teich, Bassin) *gideğen 11. Stufe *f* (e–r Treppe) 12. Sprosse *f* (e–r Leiter) 13. Fuß *m* (als Längenmaß) *kadem 14. Art *f* des Gehens, Tempo *n*, Gangart *f*, Schritt *m* 15. *math.* Fuß(-punkt) *m* e–r Senkrechten 16. Reim *m* (in der türk. Volksdichtung) 17. ≗ *astr.* Rigel *m* (im Sternbild des Orions) 18. *(Metrik)* Versfuß *m* *tef'ile Zu 3: **Ayağına bir pantalon çekti.** Er zog sich e–e Hose an. s. a. **ayağında donu olmamak.** Zu 4: s. a. **lamba ayağı.** Zu 14: **Senin ayağınla köye akşama kadar varamayız.** Wenn wir so langsam gehen wie du, kommen wir bis zum Abend nicht ins Dorf. **Ben buradan ~ atmam.** Ich gehe keinen Schritt von hier weg. ~ **açmak** mit e–m best. Reim beginnen (Volksliedsänger beim Wettstreit) ~ **aksaklığı** Fußleiden *n* ~ **alamamak** (bşden) et. nicht aufgeben können; nicht verzichten können (auf) ≗ **almadık taş olmaz, başa gelmedik iş olmaz.** *Spr.* Jeder Mensch macht im Leben Kummer und Leid durch. ~ **altına almak** 1. et. unterlegen (um daraufzutreten) 2. *fig.* mit Füßen treten, rücksichtslos hinweggehen (über), unterdrücken, vergewaltigen 3. in großen Zorn geraten 4. jeden Rat ausschlagen 5. ins Auge fassen, daß alles verloren geht 6. gehörig durchprügeln ~ **altında dolaşmak** (*od.* **dolanıp durmak**) herumstehen, j–m im Weg stehen (Person) ~ **altında durmak** herumstehen, im Weg stehen (Sache) ~ **altında kalmak** unterdrückt, vergewaltigt werden ~ **atmak** 1. schreiten, gehen, marschieren 2. betreten; den Fuß setzen (auf) ~ **atmamak** 1. (bir yere) e–n Ort nicht betreten 2. (bir yerden) keinen Schritt weit weggehen ~ ~ **üstüne atmak** die Beine übereinanderschlagen ~ **ayası** Fußsohle *f* ~ **bağı** 1. Fessel *f*, Hindernis *n*, Hemmschuh *m* 2. *fig.* Ehe *f* ~ **bağı olmak** j–m hinderlich (im Wege) sein ~ **bağlantısı** Steg *m* (e–s Stuhls usw.) ~ **basacak yer olmamak** nicht mehr treten können (vor lauter Gedränge) ~ **basılmamış** s. ~ **değmemiş;** ~ **basmak** 1. auftreten; den Fuß aufsetzen 2. (bir yere) den Boden (von) betreten; seinen Fuß setzen (auf) 3. energisch auftreten 4. *z. va.* sich gegen et. stemmen, sich widersetzen bzw. auf et. bestehen ~ **bastika(-sı)** *naut.* Kinnbacks-, Fuß-block *m* ~ **berberi** umherziehender Friseur ~ **bezi** Schuhtuch *n*, Putzlappen *m* ~ **bileği** 1. Fußgelenk *n;* (bei e–m Tier:) Fessel(-gelenk *n*) *f* 2. Fußwurzel *f*, Tarsus *m* *rusgülkadem ~ **bileği kemikleri** Fußwurzelknochen *pl.* ~ **bileziği** Fuß-, Knöchel-reif *m* *halhal ~ **burnu** Fußspitze *f* ~ **çarkı** Töpferscheibe *f* ~ **çevirme** Fußkreisen *n* (als gymnastische Übung) ~ **değiştirmek** den Tritt wechseln (beim Marschieren) ~ **değmemiş** unbetreten, unberührt, jungfräulich (z. B. Schnee) ~ **diremek** hartnäckig auf et. bestehen, Eigensinn an den Tag legen *direnmek, inat, taannüt etmek ~ **divanı** osm. Ratsversammlung *f* bei besonders dringlichen Anlässen (in Gegenwart des Sultans, der als einziger saß) ~ **esnafı** s. ~ **satıcısı;** ~ **freni** Fußbremse *f* ~ **gaz pedali** Gaspedal *n* (im Auto) ~ **iskemlesi** Fußbank *f*, Schemel *m* ~ **işi** Herumlaufen *n* (zur Erledigung von Geschäften) ~ **işi görmek** Besorgungen machen (z. B. Diener) ~ **izi** Fußspur *f*, -tapfen *pl.* ~ **kavafı** 1. Vagabund *m* 2. Hausierer *m* 3. Betrüger, Schwindler *m* ~ **kemeri** Wölbung *f* des Fußes ~ **kenedi** *(Turnen)* Kletterschluß *m* *tırmanma kilidi ~ **kirası** Botenlohn *m* ~ **klavyesi** s. **pedalye;** ~ **kök** s. **ek kök;** ~ **kündesi** Fußfessel *f* (beim Ringen) ~ **mafsalı** *an.* Fuß- bzw. Huf-gelenk *n* ~ **makarası** Laufrolle *f*, Gleiter *m* (an Möbelstücken) ~ **makinesi** Maschine *f* mit Fußantrieb *spez.* Nähmaschine *f* ~ **marşı** Kickstarter *m* (am Motorrad) ~ **murabbaı** Quadratfuß *m* (Flächenmaß) ~ **nıkrisi** Podagra *n*, Fußgicht *f* ~ **oltası mâniası** *mil.* Fußangel *f* ~ **otu** Segge *f bot.* Carex comans *Almanya saparnası ~ **parmağı** *an.* Zehe *f* ~ **parmağı (dizi) kemikleri** *an.* Zehenknochen *pl.* ~ **patırdısı** 1. lärmendes Trampeln 2. *fig.* Einschüchterungsversuch, Schreckschuß *m* ~ **patırdısına pabuç bırakmak** *fig.* sich einschüchtern (verblüffen, ins Bockshorn jagen) lassen ~ **perdesi** Schwimmhaut *f* ~ **pıtırdısı** tappendes Geräusch leichter Schritte ~ **satıcısı** Straßenverkäufer *m* ~ **satıcılığı** Straßenhandel *m* ~ **sesleri** Schritte *pl.* (die man hört) ~ **sürtmek** umherschlendern, bummeln, sich herumtreiben ~ **sürümek** (*od.* **süründürmek**) sich von e–r Pflicht drücken wollen; sich nicht beeilen ~ **tabanı** Fußsohle *f* *ahmasülkadem ~ **tandırı** Fußwärmer *m* (Kohlenbecken in e–m Behälter) ~ **tarağı** *an.* Mittelfuß, Metatarsus *m* *muştülkadem ~ **tarağı kemikleri** *an.* Mittelfußknochen *pl.* ~ **taşı** 1. Bimsstein *m* (zum Scheuern der Fußsohlen im Bad) 2. Steinplatte *f* (als Antritt z. B. vor e–r Moschee) 3. *fr.* Kennzeichen *n* (für den weitesten Bogenschuß) 4. durchlöcherter Marmorstein (zum Beschweren e–s Grundnetzes) ~ **tavuşu** leichte Schritte *pl.*, Trippeln *n* ~ **tedavisi** ambulante Behandlung ~ **tekerleği** Laufrad *n* ~ **torno(-su)** *naut.* Leitblock *m* (für Tauwerk) ~ **türabı (gibi)** übermäßig bescheiden ~ **uçlarında yürüyüş** Zehengang *m* ~ **uydurmak** 1. Schritt halten 2. sich anpassen ~ **uyuzböceği** Kalkbeinmilbe *f zo.* Cnemidocoptes mutans (vgl. a. **taşayak**); ~ **uzatmak** 1. die Beine von sich strecken 2. sich nachlässig, salopp benehmen ~ **üstü;** ~ **üzeri** 1. Spann, Rist *m* 2. *Adv.* stehend, im Stehen, ohne Platz zu nehmen 3. in Eile ~ **üstü bar** Imbißstube, Snackbar *f* ~ **üstü durmak** sich auf den Beinen halten ~ **voltası** Auf- und Ab-gehen *n* ~ **yanlışı** *(Tennis)* Fußfehler *m* ~ **yapmak** *V* schwindeln, betrügen, belügen ~ **zırhı** Eisenschuh *m* (als Teil e–r Rüstung)

(ayağa): ~ **düşmek** 1. seinen Wert verlieren; billig zu bekommen sein 2. s. **Söz ayağa düştü.** ~ **fırlamak** aufspringen ~ **geçirmek** schnell anziehen (z.B. Hosen) ~ **kaldırmak** 1. aufstehen lassen, sich erheben lassen 2. auf die Beine stellen; aufheben, aufrichten 3. aufwiegeln, aufhetzen, in Aufruhr versetzen 4. sträuben (Haare, Gefieder) ~ **kalkmak** 1. aufstehen; sich erheben 2. (hasta) vom Krankenbett aufstehen; gesund werden 3. (b–ne) aufstehen und seine Reverenz erweisen 4. sich auflehnen, sich empören, revoltieren 5. sich sträuben, sich aufrichten (Haare, Gefieder)

(ayağı): ~ **alışmak** (bir yere) häufig besuchen, oft *od.* regelmäßig irgendwohin gehen (kommen) ~ **çarıklı** 1. ungehobelt, ungeschliffen, bäurisch, tölpelhaft 2. arm, bedauernswert 3. bauernschlau ~ **çelmek** j–m ein Bein stellen; j–n zu Fall bringen ~ **dolaşmak** 1. über die eigenen Füße fallen, stolpern 2. vollkommen verwirrt werden (und et. Dummes tun) ~ **düşmek** (bir yere) vorbeikommen (bei) ≗ **düze bastı.** Er ist über das Gröbste hinweg. Es geht (wieder) einigermaßen glatt (bei ihm). ~ **eşikte olmak** im Begriff sein wegzugehen ~ **göğe ilişmek** auf ein unerwartetes Hindernis stoßen ~ **ile gelmek** 1. freiwillig kommen 2. mühelos erreicht werden; sich ergeben ~ **ile gitmek** freiwillig irgendwohin gehen ~ **ile kanaraya gitmek** den Tod suchen ~ **ile tuzağa düşmek** selber in die Grube fallen, die man e–m anderen gegraben hat ≗ **iyi gelmedi.** Er hat kein Glück gebracht. ~ **kademli** glückbringend (Person) ~ **karıncalı** zweifelhaft; moralisch minderwertig; unsittlich (Frau) ~ **kaymak** 1. ausrutschen, zu Fall kommen 2. *fig.* auf Abwege geraten (moralisch) 3. aus dem Amt entfernt werden ≗ **kurusun!** (Fluch; etwa): Hol ihn der Teufel! ~ **suya ermek** endlich zur Einsicht (richtigen Erkenntnis) kommen ~ **şaşmak** e–n falschen Schritt tun ~ **takılmak** (*od.* **taşa dokunmak**) auf ein unvorhergesehenes Hindernis stoßen ~ **tutuşmak** *fig.* in heller Aufregung *od.* ganz verzweifelt sein ~ **uğurlu (uğursuz)** wer Glück (Unglück) bringt ~ **üzengide** im Aufbruch begriffen, zur Abreise bereit, reisefertig, *F* auf dem Sprung ~ **yanmış it gibi** „wie ein Hund mit verbrannter Pfote" d.h. ruhelos bald hierhin, bald dorthin laufen ~ **yerden kesilmek** 1. mit den Füßen nicht den Boden berühren 2. nicht zu Fuß gehen müssen 3. fliegen

(ayağına): ~ **bağ olmak** ein lästiges Hindernis bilden ~ **bağ vurmak** j–m e–n Hemmschuh anlegen ~ **çabuk** 1. leichtfüßig, hurtig, behend, wie ein Wiesel 2. flink (bei der Hand), eifrig, tüchtig, fleißig ~ **çelme takmak** j–m Prügel zwischen die Beine werfen ~ **davet etmek** zu sich entbieten (*od.* kommen lassen), rufen lassen ~ **dolanmak** s. ~ **dolaşmak** (1, 2); ~ **dolaşmak** 1. sich um j–s Bein winden 2. den Lohn für seine Undankbarkeit erhalten, zum eigenen Unheil ausschlagen 3. j–m in den Schoß fallen (z.B. unverhofftes Glück) Zu 2: **Ettiği fenalık ayağına dolaştı.** Für seine Schlechtigkeit muß er jetzt büßen. Zu 3: s. Stw. **devlet;** ~ **düşmek** j–m zu Füßen fallen ~ **gelmek** 1. zu j–m kommen (gehen) 2. sich bieten (Gelegenheit), j–m in den Schoß fallen (unverhofftes Glück) ~ **gitmek** (b–nin) zu j–m hingehen, sich hinbemühen ~ **ip takmak** (b–nin) 1. herziehen, klatschen (über) 2. j–n hinterlistig (durch Intrigen) zu Fall bringen ~ **kadar gelmek** zu j–m kommen, sich herbemühen ~ **kapanmak** sich j–m zu Füßen werfen ~ **karasu inmek** sich die Beine in den Leib stehen; zum Umfallen müde sein ≗ **kira mı istiyorsun?** 1. Warum läßt du dich so selten bei uns blicken? 2. Warum gehst du nicht (und holst das Verlangte)? ~ **oturmak** sitzen, passen (Schuhe) ~ **pabuç olamamak** (b–nin) nicht geschaffen sein (für); viel tiefer stehen (als) ~ **sarılmak** s. ~ **kapanmak;** ~ **sıcak su dökmek** *fig.* freudig empfangen, freundlich aufnehmen ≗ **sıcak su mu dökelim, soğuk su mu?** Sollen wir dich jetzt freudig begrüßen, oder sollen wir dir böse sein, daß du so lange nicht gekommen bist? ~ **sıkı** gut zu Fuß; unermüdlich ~ **su dökememek** j–m das Wasser nicht reichen können; ungleich tiefer stehen (als) ~ **üşenmemek** im Haushalt tüchtig und fleißig sein ~ **yüz sürmek** 1. seiner Verehrung Ausdruck geben 2. *fig.* sich demütigen, e–n Fußfall tun ~ **yüz sürülecek bir adam** ein verehrungswürdiger Mann

(ayağında): ~ **demir çarık** mit eisenbeschlagenen Schuhen, mit festen Wanderschuhen ≗ **donu yok, fesleğen ister** (*od.* **takar**) **başına!** *Spr.* Über seine Verhältnisse leben. *(spött.)* Nobel geht die Welt zugrunde!

(ayağını): ~ **alamamak** 1. sein Bein nicht bewegen können (z.B. vor Schmerzen) 2. auf et. nicht verzichten wollen; sich von et. nicht trennen können 3. sich nicht mehr aus et. heraushalten können ~ **bağlamak** ein Hindernis, e–e Fessel sein (für) ~ **bağlı bırakmak** (b–nin) j–n nicht freigeben; sich nicht scheiden lassen (von) ~ **bırakıp elini, elini bırakıp eteğini öpmek** s. **elini bırakıp** usw. ≗ **çabuk tut!** Beeile dich! Nimm die Beine in die Hand! ~ **çekmek** (bir yerden) 1. nicht mehr (wie bisher) irgendwohin gehen 2. e–n Ort verlassen; weg-, fort-gehen ~ **çelmek** (b–nin) j–m ein Bein stellen ~ **çıkar(t)mak** die Schuhe ausziehen ~ **denk almak** vorsichtig (auf der Hut) sein, umsichtig handeln ~ **giymek** die Schuhe anziehen ~ **kaydırmak** (b–nin) j–m e–n Prügel zwischen die Beine werfen *spez.* j–n um seine Stellung bringen ~ **kesmek** 1. nicht mehr (wie bisher) irgendwohin gehen *od.* irgendwo verkehren 2. weg-, fort-gehen 3. veranlassen, daß jm. nicht mehr irgendwohin geht *od.* irgendwo verkehrt 4. j–n nicht mehr über die Schwelle lassen; j–m das Haus verbieten ≗ **öpeyim!** *P* 1. Ich flehe dich an! Ich bitte dich dringend. 2. Ich bitte inständig um Verzeihung. ~ **sürümek** 1. (mit den Füßen) schlurfen 2. schwerfällig sein 3. *hum.* (andere Gäste) herbeiziehen ~ **sürünmek** 1. die längste Zeit irgendwo gewesen sein; vor dem Aufbruch stehen 2. dem Tod nahe sein ~ **taştan esirgememek** kein Mitleid haben; grausam vorgehen ~ **tek** (*od.* **tetik) almak** s. ~ **denk almak;** ~ **vurmak** den Fuß wundscheuern (Schuh) ~ **yere bastırmamak** *fig.* j–n mit größter Zuvorkommenheit behandeln ≗ **yorganına göre uzat!** *Spr.* Man muß sich nach der Decke strecken.

(ayağının): ~ **altına almak** (b–ni) j–n gehörig durchprügeln ~ **altına karpuz kabuğu** (*od.* **sabun kalıbı) koymak** (b–nin) *fig.* j–m ein Bein stellen, j–n hinterlistig (durch Intrigen) zu Fall bringen (wollen) ~ **bağını çözmek** 1. *va.*

seine Frau verstoßen 2. *hum.* entlassen; zum Teufel jagen ≗ **bastığı yerde ot bitmez.** Wo er hintritt, wächst kein Gras mehr. ~ **birini çekmemek** ab und zu noch irgendwohin gehen; sich nicht völlig trennen können (von) ~ **pabucu olamamak** (b–nin) weit unter j–m stehen; keinen Vergleich aushalten können (mit) ~ **pabucunu başına giymek** 1. unter seinem Stand heiraten 2. e–n Unwürdigen in e–e hohe Stellung bringen ~ **tozu ile** sofort nach seiner Ankunft ~ **türabı olmak** j–m sklavenhaft ergeben sein ≗ **türabı olayım!** s. **Ayağını öpeyim!** ~ **üzerine basamamak** (mit dem Fuß) nicht auftreten können

Ayağınıza sıcak su mu dökelim? (Zu e–m Besucher gesagt) Wir sind Ihnen sehr verbunden, daß Sie den weiten Weg nicht gescheut haben. **ayakla** zu Fuß

(ayaklar): ~ **altına almak** s. **ayak altına almak.** ≗ **baş, başlar ayak oldu.** Leute, die bisher unten standen, sind an die Spitze gerückt, und die früheren führenden Persönlichkeiten sind abgetreten. **-ı ağırlaşmak** immer langsamer gehen (vor Ermüdung) **-ı dikmek** *V* abkratzen, krepieren, sterben **-ı dolaşmak** 1. über die eigenen Füße stolpern 2. *fig.* in Verwirrung geraten; durcheinanderkommen **-ı geri geri gitmek** 1. zurückweichen 2. unlustig irgendwohin gehen **-ı suya ermek** s. **ayağı suya ermek; ºı yere basmıyor** (*od.* **değmiyor**). Er ist vor Freude schier aus dem Häuschen. **ºım kırılaydı!** Wäre ich doch nie dorthin gegangen! **ºımın yerden kesildiğini duydum.** Es war mir, als ob mir der Boden unter den Füßen weggezogen würde. **-ın ucuna basarak** auf Zehenspitzen **-ına kapanmak** s. **ayağına kapanmak; -ına karasu inmek** s. **ayağına karasu inmek; -ını sürüklemek** (*od.* **sürümek**) sich dahinschleppen **-ını taştan esirgemek** (b–nin) auf j–n aufpassen, achtgeben; dafür sorgen, daß j–m nichts Böses geschieht **-ını yere vurmak** mit den Füßen aufstampfen; trampeln

(ayakta): 1. stehend, im Stehen 2. ohne bettlägerig zu sein 3. aufrührerisch, rebellisch ~ **durmak** stehen ~ **duruş** *(Turnen)* Stand *m,* Grundstellung *f* ~ **gövdeyi yana bükme** *(Turnen)* Rumpfbeuge *f* seitwärts ~ **heykel** Fußstandbild *n* ~ **kalmak** 1. keinen Sitzplatz finden können 2. weiter aushalten; sich weiter behaupten 3. stehen bleiben (z.B. Gebäude nach e–m Erdbeben) ~ **nişan vaziyetinde** *mil.* im Anschlag stehend ~ **tedavi** *med.* ambulante Behandlung ~ **terazi** *(Turnen)* Standwaage *f* ~ **tutmak** (b–ni) 1. j–m keinen Stuhl anbieten 2. j–n aufrechthalten (= vor dem Hinfallen bewahren) 3. j–n (zeitlich) aufhalten 4. (bşi) den Fortgang von et. sichern ~ **uyumak** 1. so müde sein, daß man im Stehen schlafen könnte 2. nicht bemerken, was um e–n herum vor sich geht

ayaktan lebend (Schlachtvieh)

ayakaltı, -nı 1. Fußsohle *f* 2. Boden *m* unter den Füßen 3. belebte, verkehrsreiche Gegend *od.* Straße

ayakbastı (parası) s. **toprakbastı (parası)**

ayakçak *dial.* 1. Antritt *m* (kleinere Leiter) 2. Pedal *n,* Fußhebel *m* *pedal

ayakçaklık s. **pedalye**

ayakçı 1. Ausläufer, Laufbursche *m* 2. zeitweilig eingestellter Diener

ayakçın Fußtritt *m* (am Webstuhl)

ayakkabı, -yı (*pl.* **ayakkabılar** *od.* **ayakkapları**) Schuh (-werk *n*) *m,* Fußbekleidung *f* ~ **düğme kancası** Schuhknöpfer *m* ~ **mantarı** Kork-Einlegesohle *f* **-sına tuz koymak** alles versuchen, um e–n unerwünschten Gast loszuwerden (nach fr. Aberglauben) **ayakkaplarını çevirmek** (b–nin) *fig.* höfl. abweisen, hinauskomplimentieren

ayakkabıcı Schuhmacher, Schuster, Schuhhändler *m*

ayakkabıcılık 1. Herstellung *f* von Schuhen 2. Schuhhandel *m*

ayaklamak 1. nach Fuß ausmessen 2. mit Füßen treten 3. et. mit Füßen (Beinen) versehen

ayaklandırmak aufwiegeln, aufhetzen

ayaklanma; ayaklanış Aufstand, Aufruhr *m,* Empörung, Rebellion *f*

ayaklanmak 1. Pass. zu **ayaklamak** 2. aufstehen 3. sich empören; revoltieren

ayaklı 1. mit Fuß (Füßen, Bein, Beinen), -füßig, -beinig 2. wandelnd, umherziehend ~ **ayna** *fr.* großer Drehspiegel ~ **canavar** (von ungebärdigen Kindern gesagt) Unband *m,* ungezogener Bengel ~ **fener** 1. Straßenlaterne *f* *sokak feneri 2. Kandelaber *m* 3. Stehlampe *f* ~ **kadeh** Stengelglas *n* ~ **kalbur** Stehsieb *n,* Durchwurf *m* ~ **kütüphane** *fig.* Lexikon *n* auf zwei Beinen, lebender Brockhaus ~ **merdiven** (zusammenklappbare) Treppenleiter *f* ~ **saat** Standuhr *f* ~ **tabak** Tafelaufsatz *m* (*spez.* für Obst)

ayaklık 1. für Füße *od.* Beine bestimmt 2. soundsoviel Fuß lang (breit, hoch) 3. aus soundsoviel Stufen *od.* Sprossen bestehend (Treppe bzw. Leiter) 4. Antritt *m,* Bockleiter *f* 5. Stelze *f* 6. Fußhebel *m,* Tretkurbel *f,* Pedal *n, gel. a.* Fußplatte *f* 7. Fußgestell *n,* Säulenfuß *m,* Postament, Piedestal *n*

ayaksız ohne Füße (Beine), fußlos, beinlos

ayaksızlar Apoden *pl. zo.* Gymnophiona *madumürrücul

ayaktakımı, -nı Pöbel, Janhagel, Mob *m,* Gesindel, Pack *n*

ayaktaş 1. Kamerad, Reisegefährte *m* 2. *pej.* Komplize, Helfershelfer *m*

ayakteri, -ni 1. *urspr.* Fußschweiß *m* 2. Botenlohn *m,* Trinkgeld *n* (für e–e Besorgung) 3. Honorar *n* (für Krankenbesuche e–s Arztes)

ayaktopu, -nu Fußball *m* *futbol

ayakucu, -nu 1. Fußende *n* (des Bettes) 2. *astr.* Nadir *m* *semtikadem 3. *(Turnen)* Fußspitze, Zehe *f*

ayakyolu, -nu Abort *m,* Toilette *f* *aptesane, helâ, kademhane, yüznumara **-na çıkmak** auf die Toilette gehen; austreten

ayal, -li [·–] *urspr. Pl.* 1. *selt.* (zu ernährende) Familie *f* 2. *P* (Ehe-)Frau *f* *karı ~ **sahibi** *selt.* Familienvater *m*

ayalama *dial.* 1. *Vs.* zu **ayalamak** 2. Handvoll *f*

ayalamak *dial.* 1. s. **avuçlamak** 2. *agr.* walzen (Feld)

Ayamavra *n.pr.* Leukas (griech. Insel) *Lefke

ayambuhur *P* für **eyyamı bahur**

ayan [·–] offenkundig, deutlich, klar, evident ~ **beyan** ganz offenkundig; sonnenklar ~ **etmek** *selt.* erklären, darlegen, auseinandersetzen

âyan [––] (*urspr. Pl.* zu **ayn**) 1. angesehene Bürger, Notabeln *pl.* 2. Senatoren *pl.,* Senat *m* ~ **azası** 1. Senatoren *pl.* 2. Senator *m* ~ **meclisi** Senat *m* *senato, sena **-dan** *od.* ~ **meclisinden** (falan) Senator (Soundso) *senatör

Ayancık *n.pr.* O. u. D. im Rbz. Sinop

Ayandon 1. *n.pr.* (< **Aya Andon**) St. Antonius 2. **(fırtınası)** *naut.* ein bes. im Schwarzen Meer gefürchteter period. Seesturm (gegen 28. Januar)

ayar [·–] 1. Gold- *od.* Silber-feingehalt *m* 2. Normal-, Orts-zeit *f* 3. (richtige) Einstellung (e–r Maschine, Uhr, e–s Apparates usw.) 4. Eich-, Normal-Maß *n,* Maß- und Gewichtseinheit *f* 5. Wert(-grad) *m,* Qualität *f,* Niveau *n,* Standard *m* 6. s. **labunya** Zu 1: **on sekiz -ında altın** 18-karätiges Gold Zu 2: **Istanbul -ı** Istanbuler Ortszeit *f* Zu 3: **Saatin -ı bozuk.** Die Uhr geht nicht richtig. Zu 5: **Bu -dan bir kimseden ancak böyle bir hareket beklenir.** Von e–m solchen Menschen erwartet man schon nichts anderes. ~ **aleti** Eichgerät *n* ~ **bobini** Abstimmspule *f* (Radio) ~ **çizgisi** Eichstrich *m* ~ **dairesi** Eichamt *n* ~ **damgası** 1. Feingehaltsstempel *m* 2. *fig.* Stempel *m* der Echtheit ~ **düzeni** Einstellvorrichtung *f* ~ **eksantriği** *techn.* Steuernocken *m* ~ **etmek** 1. *chem.* titrieren, meßanalytisch bestimmen *titrilemek 2. richten, stellen (z. B. Uhr) 3. eichen (z. B. Gewichte) 4. richtig einstellen (z. B. Mühle, Photoapparat usw.), regulieren 5. steuern ~ **ibresi** Rükkerzeiger *m* (in der Taschenuhr) ~ **kaması** Stellkeil *m* ~ **kolu** Einstellhebel *m* ~ **somunu** Stellschraube *f* ~ **tertibatı** Reguliervorrichtung *f* ~ **valfı** Regulierventil *n* ~ **vidası** Stellschraube *f* **-a vurmak** 1. bemessen, bewerten 2. den Feingehalt prüfen **-dan düşmek** an Wert verlieren **-ı bozuk** 1. nicht in Ordnung; defekt 2. nicht richtig gehend (Uhr) 3. moralisch minderwertig; charakterlich nicht einwandfrei 4. nicht recht bei Verstand **-ını bulmak** das richtige Maß treffen **-ını bozmak** *techn.* verstellen

ayarcı *fr.* Kontrollbeamter für Maße und Gewichte

ayarlamak 1. auf das richtige Maß bringen; regulieren, abstimmen 2. einstellen (Taxiuhr, Photoapparat usw.); richten, stellen (Uhr) 3. eichen *ölçülemek 4. steuern 5. kalibrieren; die richtige Weite geben 6. *V* j–n „zurechtbiegen"

ayarlayıcı regulierend; Regulator *m*

ayarlı 1. richtig eingestellt 2. verstellbar 3. mit vollem Feingehalt (Gold, Silber) ~ **bomba** Bombe *f* mit Zeitzünder ~ **delgi** (*od.* ~ **matkap**) verstellbarer Bohrer ~ **gönye** *techn.* Schmiege *f* ~ **koltuk** Liegesitz *m* (in Flugzeug, Eisenbahn) *kuşet koltuk

ayarmak *dial.* 1. *intr.* verleitet, verführt werden *baştan çıkmak 2. *tr.* antreiben, anstacheln, ermuntern, aufhetzen *kışkırtmak, teşvik etmek

ayarsız 1. nicht richtig eingestellt 2. nicht richtig funktionierend (z. B. Beleuchtungsanlage); ohne den richtigen Feingehalt

ayartı 1. Verführung *f* 2. Abwerbung *f*

ayartmak 1. verleiten, verführen *baştan çıkarmak 2. j–n abwerben

Ayas Paşa *n.pr.* 1. Großwesir zur Zeit Solimans des Prächtigen 2. die nach ihm benannte Stadtgegend (Istanbul) zwischen Taksim und Fındıklı (*mst. inkorrekt:* **Ayazpaşa**)

Ayasaranda [···×·] *n.pr.* Santi Quaranta; Saranda (südlichster Hafen von Albanien)

Ayasofya [··×·] *n.pr.* Hagia Sophia, Sophienkirche *f* (in Istanbul) (seit 1934 Museum)

Ayas(o)luk *n.pr.* bis 1914 Name des Städtchens **Selçuk** (nach Johannes dem Evangelisten; *griech.* Ayos Theologos)

Ayastefanos [··×··] *n.pr.* San Stefano (das heutige **Yeşilköy** bei Istanbul) ~ **Muahedesi** Vertrag *m* von San Stefano (3. 3. 1878)

Ayaş *n.pr.* O. u. D. im Rbz. Ankara

ay-ay Fingertier *n zo.* Daubentonia madagascariensis *uzun parmaklı hayvan

ayaz 1. trockene und strenge Kälte während der hellen Winternächte 2. klar und kalt (Wetter, Nacht) 3. haarlos 4. *V* schlecht, übel, mies 5. *Sch.* schwer, gefährlich (Unterrichtsstunde) ~ **almak** zu spät kommen und et. versäumen bzw. nicht erlangen; leer ausgehen ~ **kafa** Glatzkopf *m* ~ **kesmek** lange Zeit draußen in der Kälte sein und frieren ~ **olmak** klar und kalt sein (Nacht) ♀ **Paşa kol geziyor** (*od.* **kola çıktı**). *hum.* Es herrscht e–e furchtbare Kälte. ~ **vurmuş** gefroren **-a çekmek** klar und kalt werden (Wetter) **-da bırakmak** s. **ayazlatmak; -da kalmak** 1. in der Kälte stehen 2. vergebens warten **-ın çatında** mitten im strengsten Winter

ayazağa *Sch.* strenger, gefürchteter Lehrer

ayazlamak 1. klar und kalt werden (Wetter) 2. bei großer Kälte lange warten und frieren 3. *F* vergeblich warten

ayazlanmak eiskalt werden (z. B. Wasser, das kalt gestellt worden ist)

ayazlaşmak 1. klar und kalt werden 2. *fig.* sich verschlechtern (Lage)

ayazlatmak 1. bei großer Kälte lange warten und frieren lassen 2. *F* vergeblich warten lassen 3. im Freien kalt stellen (Getränk)

ayazlık *dial.* Balkon *m,* Veranda *f*

ayazma [·×·] 1. von Griechisch-Orthodoxen als heilig betrachtete, mst. in der Nähe e–r Kirche befindliche Quelle 2. (*in byzant. Zeit*) unterirdische (Trinkwasser-)Zisterne

Ayazpaşa s. **Ayas Paşa** und **Ayaz Paşa**

aybalığı s. **pervanebalığı**

aybalta 1. *fr.* Streitaxt, Hellebarde *f* *teber 2. *naut.* Zimmermannsbeil *n*

aybar *va.* strahlend, leuchtend (wie der Vollmond)

aybastı s. **aysar**

Aybastı *n.pr.* O. u. D. im Rbz. Ordu

aybaşı, -nı 1. Monatsanfang *m* 2. (*a.* **kırmızı** ~) Menstruation *f*, monatliche Regel *âdet, hayız ~ **görmek** die Periode (Regel) haben ~ **kesilmek** s. **âdet kesilmek; -sı tutmak** *P* e–n Koller (Rappel) bekommen (Frau)

aybeay *z. va.* Monat für Monat; jeden Monat

aybıçak halbrundes Schlichtmesser (in der Gerberei: Schlichtmond *m*)

ayboci s. **hayboci**

aycık s. **tırnak ayçası**

ayça Mondsichel *f* *hilâl

ayçiçeği, -ni 1. Sonnenblume *f bot.* Helianthus annuus *günçiçeği, günebakan 2. kleinblätterige Mondviole *bot.* Lunaria parviflora 3. s. **Hint çalı dudu**

aydağacı s. **hayıt ağacı**

aydede 1. *Ki.* Mond *m* 2. zeitweiliges Pseudonym von Refik Halid Karay im gln. Witzblatt **-ye misafir olmak** die Nacht im Freien verbringen; kein Dach über dem Kopf haben

aydemir 1. Rundbeil *n*, Segerz *f, n* (des Böttchers) 2. ♀ *mV, Fn*

aydın 1. hell, erhellt, klar *aydınlık 2. *fig.* klar, leicht verständlich *vazıh 3. glücklich, fröhlich *mutlu, sevinçli 4. Intellektueller, Gebildeter *münevver 5. vielversprechend, verheißungsvoll Zu 3: s. **Gözün aydın! Günaydın! Tünaydın!** ~ **gölge** s. **gölge ışık;** ~ **gün** unbeschwerte, sorgenfreie Tage

Aydın *n.pr.* Stadt u. Rbz. in Westanatolien (das alte Tralleis)

aydınlamak 1. aufhellen (dunklere Stellen e–s Bildes) 2. s. **aydınlanmak**

aydınlandırmak s. **aydınlatmak**

aydınlanma 1. Beleuchtung *f* *tenevvür 2. *fig.* Klärung *f* (z. B. e–r Lage) 3. **(devri)** Aufklärung(-szeitalter *n*) *f*

aydınlanmak 1. beleuchtet werden *od.* sein 2. hell, klar werden *od.* sein 3. Aufklärung erhalten 4. *fig.* aufgeheitert werden 5. sich aufklären: geklärt werden

aydınlatıcı 1. beleuchtend, erhellend 2. *fig.* aufklärend ~ **filim** Aufklärungsfilm *m* ~ **fişek** Leuchtrakete *f*

aydınlatma Beleuchtung *f* *tenvir ~ **gücü** (*od.* ~ **kuvveti**) *a. astr.* Leuchtkraft *f* ~ **mermisi** *mil.* Leuchtgeschoß *n*

aydınlatmak 1. beleuchten, erhellen 2. *fig.* klarmachen, (er-)klären, deutlich machen, verdeutlichen 3. j–n aufklären 4. j–n erfreuen

Aydınlı 1. Einwohner *m* von **Aydın** 2. Typus des schwadronierenden, hünenhaften Ordnungshüters (im Karagözspiel; *gel. a.* in der Rolle des **Tuzsuz Bekir**)

aydınlık, -ığı 1. hell, erhellt, klar 2. Helle, Helligkeit *f*, (helles) Licht; *fig.* Glanz *m,* Freude *f* 3. *fig.* Klarheit, Verständlichkeit, Deutlichkeit *f* *sarahat, vuzuh 4. Lichtöffnung: Bodenluke *f,* Dachfenster *n,* Ober-, Decklicht *n,* Lichtschacht *m* 5. freigebliebener Raum auf e–m ganz *od.* teilweise umbauten Gelände Zu 1: ~ **bir oda** ein helles Zimmer ~ **çağı** Aufklärungszeitalter *n* ~ **feneri** *arch.* s. **ışık bacası;** ~ **a çıkmak** (*od.* **kavuşmak**) sich klar herausstellen

aydınsız ungebildet

Aydonat, -tı *n.pr.* Paramythia, Premet (albanischer Marktflecken)

aydos *naut.* Spaltwache *f,* Plattfuß *m* ~ **nöbet(-i)** (*od.* **vardiya**) *naut.* Zweimannstrupp *m* (Einteilung der Mannschaft in zwei Wachen) **birinci** (bzw. **ikinci**) ~ **nöbeti** (*od.* **postası**) erster (bzw. zweiter) Plattfuß (16.00–18.00 Uhr bzw. 18.00–20.00 Uhr)

aydönümü, -nü (*Neubild.* nach **yıldönümü**): **Büyük taarruzun -dür.** Heute vor e–m Monat war der Beginn der großen Offensive.

ayet, -ti [–·] 1. Gottes-zeichen, -wunder *n* 2. Koran- *od.* Bibel-vers *m* 3. ein entsprechender Teil in e–r anderen als heilig angesehenen Schrift **-ullah** [–··–] führender geistlicher Würdenträger (in Iran)

ayevi, -ni Hof *m* um den Mond, Halo *m* *ay ağılı

aygın (in der Füg.): ~ **baygın** 1. schmachtend, über beide Ohren verliebt 2. ganz erschöpft

aygır 1. (Zucht-)Hengst *m* 2. *fig.* ungeschlachter Kerl; Rüpel, Lackel *m* 3. *va.* Brems-schuh, -klotz *m*

aygıt, -tı 1. *biol.* Apparat *m,* System *n,* Organe *pl.* 2. *chem., phys.* Apparat *m* *(1, 2) cihaz

ayı 1. Bär *m zo.* Ursus 2. *spez.* brauner Bär *zo.* Ursus arctos 3. plumper, ungeschickter, täppischer Mensch 4. Grobian *m* ~ **boku ile oynamak** *V* s. ~ **yavrusu ile oynamak;** ~ **fındığı** s. **karagünlük ağacı** (2b); ~ **gibi** plump, täppisch, tapsig, grob ~ **gülü** s. **şakayık** (2); ~ **kaval dinler gibi** s. **koyun** (usw.); ~ **oğlu** ~ ungeschlachter dummer Mensch ~ **otu** s. **-kulağı** (1); ~ **oynatmak** den Bären tanzen lassen ~ **pavuryası** Bärenkrabbe *f zo.* Dromia vulgaris ~ **pençesi** 1. Bärenklau *m, f,* Akanthus *m bot.* Acanthus mollis *dikensiz kenger otu 2. Bärenfuß *m bot.* Arctopus ~ **rezenesi** haarblätterige Bärwurz *bot.* Meum athamanticum ~ **sarmısağı** Bärenlauch *m bot.* Allium ursinum ≗ **sevdiği yavrusunu hırpalar.** *Spr.* Wer sein Kind liebhat, der züchtigt es. (Bibel) ~ **şakası** grober, handgreiflicher Scherz ~ **yavrusu ile oynamak** *fig.* seine Überlegenheit an e–m Schwächeren ausprobieren **≗nın kırk hikâyesi varmış hepsi ahlat üstüne.** *fig.* Er erzählt immer das gleiche. **-ya dayı demek** *fig.* (e–m verabscheuten *od.* gefürchteten Menschen) schön tun, um den Bart gehen; j–n hofieren (um e–e best. Absicht durchzusetzen) **-ya kaval çalmak** (*od.* **dinletmek**) *fig.* e–m dummen Menschen et. zu erklären versuchen **≗yı görmektense çalıyı dolaşmak iyidir.** *Spr.* Vorsicht ist die Mutter der Weisheit (*F* der Porzellankiste). *Spr.* **-yı vurmadan postunu satmak** das Fell verkaufen, bevor man den Bären hat

ayıbacağı, -nı *naut.* Spinnaker *m,* großes Zusatz- *od.* Dreieck-segel

ayıbalığı, -nı Seehund *m,* Robbe *f zo.* Phoca *fok balığı

ayıboğan 1. säuerliche Holzbirne 2. *fig.* grober, ungeschlachter Kerl; Hüne *m*

ayıcı 1. Bärenjäger *m* 2. Bärenführer *m* 3. *Schi.* Grobian, Taps *m*

ayıgiller (Familie *f* der) Bären *pl. zo.* Ursidae *dübbiye

ayık 1. nüchtern; nicht (mehr) betrunken 2. wieder zu sich gekommen (nach e–r Ohnmacht) 3. ruhig und klar denkend 4. geweckt, umsichtig

ayıkelebeği, -ni Brauner Bär (Schmetterling) *zo.* Arctia caja

ayıklamak das Schlechte von dem Guten trennen; auslesen (z. B. Steinchen aus dem Reis); ausjäten (z. B. Unkraut) **Ayıkla şimdi pirincin taşını!** *fig.* Jetzt kann man zusehen, daß man aus dem Schlamassel wieder herauskommt!

ayıklanma *biol.* Auslese *f* *ıstıfa

ayıklık 1. Nüchternheit, Ernüchterung *f* 2. volles klares Bewußtsein, ruhiges klares Denken 3. Gewecktheit, Umsichtigkeit *f*

ayıkmak *P* s. **ayılmak**

ayıkulağı, -nı 1. Bärenohr *n bot.* Arctotis grandis *ayı otu 2. Bergaster *f bot.* Aster amarellus 3. s. **meyankökü** 4. Aurikel *f bot.* Primula auriculata

ayılık Ungeschicklichkeit, Tapsigkeit *f*

ayılmak 1. wieder zu sich kommen (z. B. nach e–r Ohnmacht) 2. erwachen (z. B. aus Zerstreutheit) 3. wieder nüchtern werden (nach e–m Rausch)

ayılıp bayılmak 1. Übelkeit verspüren, sich übel fühlen 2. von e–r Ohnmacht in die andere fallen 3. (b–ne) sich über beide Ohren verlieben (in)

ayıltmak 1. j–n wieder ins Bewußtsein zurückrufen 2. erwachen lassen 3. ernüchtern, den Rausch verfliegen lassen

ayın 21. Buchst. des osm. Alphabets **-ları çatlatmak** *pej.* den **ayın**-Laut (nach ar. Vorbild) als starken Kehlkopfverschlußlaut aussprechen; affektiert sprechen

ayınka *V* Tabakschmuggel *m*

ayınkacı *V* Tabakschmuggler *m*

ayınkacılık *V* Geschäfte *pl.* e–s Tabakschmugglers

Ayıntap s. **Antep, Gaziantep**

ayıp, -ıbı 1. Schande *f,* schändliches Benehmen, ungehörige Handlung 2. Mangel, Fehler, Makel, *jur.* Sachmangel *m,* Sachmängel *pl.* 3. ungehörig, schändlich, schmählich, Sitte und Anstand zuwiderlaufend 4. *Int.* pfui! ~ **davası** *jur.* Mängelgewährleistungsklage, Wandlungs- *od.* Minderungs-klage *f* ≗ **değil!** Das ist durchaus zulässig! Es ist nichts dabei. ~ **etmek** (*od.* **yapmak**) et. tun, was sich nicht gehört ~ **kapayan** s. **kel örten;** ~ **olmak (düşmek, kaçmak)** (in Ra. wie:) **Sormak** ~ **olmasın!** Nehmen Sie mir bitte die Frage nicht übel! Nichts für ungut! ~ **sallamak** *Ch.* s. ~ **etmek** (bes. im Streit darüber, wer den anderen z. B. im Kaffeehaus freihalten soll) ~ **sesleri** Pfuirufe *pl.* ~ **yerler** Schamteile *pl.* **-ını örtmek** (*od.* **kapamak**) et. beschönigen wollen **-ını yüzüne vurmak** j–m unverblümt seine Fehler vorhalten **-lara karşı tekeffül** (*od.* **teminat**) *jur.* s. **bozukluklara karşı sağlama; ≗tır söylemesi** Entschuldigen Sie, daß ich davon rede; mit Verlaub gesagt; ohne mich rühmen zu wollen

ayıplamak 1. als ungehörig (ungebührlich, schändlich, unanständig) bezeichnen 2. mißbilligen, kritisieren, tadeln; et. auszusetzen *od.* zu bemängeln haben

ayıplanmak Pass. zu **ayıplamak; Ayıplanmaz.** Das ist zu entschuldigen. Das kann jedem passieren.

ayıplı 1. fehler-, mangel-haft 2. schändlich, schimpflich, schmählich, unehrenhaft, unanständig, häßlich, verwerflich

ayıpsız 1. fehler-, makel-los 2. untadelig, anständig, ordentlich

ayıraç *chem.* Reagens *n* *miyar

ayıran 1. *phys.* zerstreuend, Zerstreuungs-, Dispersions- *intişarî 2. *math.* Diskriminante *f*

ayırga s. **nifak, tefrika**

ayırıcı 1. trennend, unterscheidend 2. *techn.* Scheider, Sichter, Filter *m*

ayırım s. **ayrım**

ayırma Vs. zu **ayırmak;** ~ **cihazı** s. **ayırıcı** (2); ~ **hunisi** *chem.* Scheidetrichter *m* *tefrik hunisi ~ **kaması** Spaltkeil *m* (Schutzvorrichtung bei der Kreissäge) ~ **kuvveti** Trennschärfe *f* *(Radio)* *selektivite

ayırmacılık *pol.* Rassendiskriminierung *f*

ayırmaç unterscheidendes Merkmal, charakteristische Eigenschaft *farika

ayırmak 1. trennen, scheiden, abteilen, (ab-)sondern, ausklinken 2. unterscheiden, auseinanderhalten 3. (b–ni b–den) e–e Entfremdung herbeiführen (zwischen) 4. verschieden behandeln 5. auswählen 6. et. zur Seite legen, zurücklegen, reservieren (*a.* z.B. Platz) 7. teilen (z.B. Apfel); scheiteln (Haar); brechen (Licht) 8. aussetzen, auswerfen (z.B. im Budget) 9. anweisen, bestimmen, festlegen (z.B. Grenze)

ayırt 1. Unterschied *m,* Verschiedenheit *f* 2. Unterscheidung *f* 3. s. **vasıf;** ~ **edilir** 1. unterscheidbar *kabili temyiz 2. trennbar ~ **edilmez** 1. nicht unterscheidbar 2. untrennbar ~ **etmek** 1. trennen, scheiden, sondern 2. unterscheiden, differenzieren 3. aus-, heraus-suchen *(1–3) tefrik etmek, temyiz etmek

ayırtı *lit.* feiner Unterschied (bei Synonymen) *nüans

ayırtım s. **temyiz;** ~ **gücü** s. **temyiz kudreti;** ~ **gücü olan;** ~ **güçlüsü** s. **mümeyyiz;** ~ **güçsüzlüğü** s. **temyiz kudretsizliği**

ayırtlamak *va.* 1. aus-suchen, -lesen, -wählen 2. reinigen 3. aus-, ver-lesen

ayırtman 1. s. **ehlivukuf** 2. s. **mümeyyiz**

ayışığı, -nı 1. Mondschein *m* 2. Zeit *f* des Vollmonds

ayıt ağacı s. **hayıt ağacı**

ayıtabanı, -nı Monstera *f,* Philodendron *n bot.* Monstera deliciosa

ayıtmak *dial.* 1. sprechen, reden (über) 2. rezitieren *söylemek 3. behandeln, erörtern, besprechen

ayıüzümü, -nü 1. Bärentraube *f bot.* Arctostaphylos uva ursi 2. s. **yabanmersini** (1)

ayıyoncası, -nı Bärenklau *m, f,* Krebsdistel *f bot.* Acanthus arboreus *kenger otu (2)

ayin [––] 1. religiöse Zeremonie *od.* Feier 2. *fr.* best. Rezitationsgesänge in den Mewlewi-Klöstern 3. *selt.* alter Brauch **-i Cem** 1. *fr.* e–e spezielle Feier der Bektaschi-Derwische (in anderer Form auch bei den Mevlewis) 2. *fig.* Zechgelage, Bacchanal *n* ~ **musikisi** liturgische Musik **-i ruhanî** kirchliche Feier; Gottesdienst *m* *dinî ayin

âyine 1. *va.* s. **ayna** 2. ♀ *va.* s. **Kapella** 3. ♀ kurzlebiges Istanbuler Witzblatt (1921–1923) **-i devran** „Spiegel der Zeit": 1. Schicksal, Los *n* 2. Name e–s türk. Ksp. **-i İskender** sagenhafter, angeblich von Aristoteles hergestellter Spiegel, in dem Alexander der Große die Welt betrachten konnte

aykırı 1. ungewöhnlich, eigenartig, auffällig, befremdlich, sonderbar 2. zuwiderlaufend, entgegengesetzt; unvereinbar (mit) 3. quer, kreuzförmig *çapraz 4. schief, krumm *eğri; *math. a.* unregelmäßig (z.B. Vieleck) 5. unfreundlich, ungefällig (Person) Zu 2: **kanuna** ~ **bir hareket** e–e ungesetzliche (gesetzwidrige) Handlung ~ **doğrular** *math.* die windschiefen Geraden *yesarî hatlar ~ **düşmek** entgegengesetzt sein, entgegenstehen ~ **gitmek** 1. von e–r best. Richtung abweichen 2. *fig.* mißlingen, schiefgehen ~ **katmanlaşma** *geol.* diskordante Lagerung *uyumsuz katlaşma ~ **sofu** Fanatiker *m* ~ **sofuluk** Fanatismus *m*

aykırılama *naut.* Schwoien *n* (e–s vor Anker liegenden Schiffes)

aykırılaşma 1. Vs. zu **aykırılaşmak** 2. *spez. ling.* Dissimilation *f* *benzeşmezlik

aykırılaşmak 1. ungewöhnlich, befremdlich werden 2. divergieren; in Gegensatz kommen (zu)

aykırılatım *mus.* Springen *n* des Geigenbogens *aşırtım

aykırılık 1. Ungewöhnlichkeit, Eigenartigkeit *f,* befremdlicher, sonderbarer Charakter (e–r Angelegenheit) 2. Zuwiderlaufen, Entgegengesetztsein *n,* Divergenz *f* 3. *geogr., ling.* Anomalie, Unregelmäßigkeit *f*

aykırıroman *lit.* Antiroman *m* *antiroman

ayla 1. s. **ağıl, hale** 2. *an.* Warzenhof *m* *areol

aylak 1. unbeschäftigt, untätig, müßig *işsiz; boş gezen 2. *P* s. **aylakçı** (1); ~ **kapasite (para, sermaye)** s. **atıl kapasite (para, sermaye)**

aylakböcekler s. **tokmakböcekleri**

aylakçı 1. wer keine regelmäßige Arbeit hat; Gelegenheitsarbeiter, Tagelöhner *m* 2. *fr.* Söldner *m* (auf Zeit; in der osm. Marine)

aylakçılık 1. Gelegenheitsarbeit *f* 2. s. **avarelik**

aylama *arch.* halbmondförmige Öffnung; Lichtloch *n*

aylamak *dial.* 1. s. **döndürmek** 2. e–n Monat irgendwo verbringen 3. warten und sich die Zeit vertreiben

aylandız Götterbaum *m bot.* Ailanthus glandulosa *pis kokulu ağaç

aylanmak *dial.* kreisen, sich drehen *dönmek, dolanmak

ayle s. **aile**

aylelik, aylesel s. **ailevî**

aylı Mond-bewohner, -mensch *m*

aylık, -ığı 1. Monats-gehalt *n,* -lohn *m,* -geld *n* 2. für e–n Monat bestimmt; einmal im Monat ausgegeben *od.* erscheinend; Monats-, monatlich 3. von der Dauer e–s Monats; -monatig 4. soundsoviele Monate alt (bzw. dauernd, umfassend usw.) Zu 3: **bir** ~ **yol** e–e einmonatige Reise **bir -ına** für die Dauer e–s Monats Zu 4: **altı** ~ **çocuk** sechs Monate altes Kind ~ **mecmua** monatlich erscheinende Zeitschrift, Monatsschrift *f* ~ **mizan** (*od.* **vaziyet**) *H* Monatsbilanz *f* *mizanı şehrî ~ **rapor** Monatsbericht *m*

aylıkçı 1. wer ein festes Monatsgehalt bezieht 2. Gehaltsempfänger *m*

aylıklı wofür (*od.* wem) monatlich Lohn *od.* Gehalt gezahlt wird (Arbeit, Arbeiter usw.)

aymak aufwachen, wieder zu sich kommen

aymaz(-lık) *P* s. **gafil, gaflet**

ayn *va.* 1. Auge *n* *göz 2. Blick *m* *nazar 3. Quelle *f* *kaynak 4. *jur.* Sache *f,* Ding *n* 5. vgl. **aynı; -ı mürekkep** s. **bileşik göz; petekgöz**

ayna 1. Spiegel *m* 2. jede lichtreflektierende Fläche 3. Türfüllung *f* 4. unbewegtes, glattes, glänzendes Innere e–s durch Strömung und Gegenströmung erzeugten Wasserwirbels 5. Scheibe *f* 6. Mauerrosette *f* (Kranzscheibe, die das Ofenrohr gegen die Wand abschließt) 7. Kniescheibe *f* (*spez.* bei Pferden) 8. Seespinne *f zo.* Maja squinado 9. einzelner Fensterladen, (Klapp-)Laden *m;* einzelnes bewegliches Brettchen (bei Jalousien) 10. *V* in Ordnung; gut verlaufend; prima, ausgezeichnet 11. *naut.* Teleskop *n,* Fernstecher *m* (des Signalgastes) 12. *naut.* Riemenblatt *n* 13. Vorhang *m* (im Karagözspiel) 14. Ebenbild *n* 15. *arch.* Metope *f* 16. *naut.* Sextant *m* *sekstant ~ **açma** Kennzeichnung *f* der zu fällenden Bäume (im Wald) sakar açma ~ **gibi (tertemiz) olmak** *V* vollkommen blank sein (beim Spiel alles Geld verlieren) ~ **gibi parlak** spiegelblank ~ **göz** mit großen, glänzenden Augen; rehäugig ~ **kıçlı gemi** Schiff *n* mit Plattheck ~ **otu** Frauenspiegel *m bot.* Specularia speculum Veneris ~ **taşı** die senkrechte Steinfläche e–s Brunnens, wo der Hahn angebracht ist **-ya bakmak** sich im Spiegel betrachten

aynabakar 1. s. **sığırgözü** (4) 2. s. **inekgözü** 3. große, ovale, rötlich-blaue Zwetschenart

aynacı 1. Spiegelfabrikant *m* 2. Spiegelhändler *m* 3. Betrüger, Schwindler, Gauner *m* 4. *naut.* a) Ausguckmann *m* b) wer den Sextant bedient

aynalı 1. mit Spiegel(-n), Spiegel- 2. Scheiben-, Plan- 3. *V* prima, fein, *F* schnieke, Klasse 4. *V* Falschwürfel *m* *hileli zar 5. e–e best. Kelim-Art ~ **dolap** Spiegelschrank *m* ~ **ırakgörür** (*od.* ~ **teleskop**) s. **yansıtmalı ırakgörür;** ~ **pembe** putzsüchtig, eitel (Frau) ~ **salon** Spiegelsaal *m* ~ **sazan** Spiegelkarpfen *m* ~ **yazı** symmetrisch angeordnete Ornamentalschrift

aynalık *naut.* Spiegel(-heck *n*) *m* e–s Schiffes ~ **tahtası** Rückenlehne *f* am Heck e–s Bootes

Aynalıkavak (Kasrı) *n.pr. fr.* Palast am Goldenen Horn ~ **Tenkihnamesi** *hist.* (Bereinigungs-)Abkommen *n,* Konvention *f* von Aynalıkavak (1779)

Aynaroz (dağı) *n.pr.* der Berg Athos (Ausläufer der Chalkidike) *Akti

aynasız 1. ohne Spiegel, spiegellos 2. *V* unerwünscht, unschön, häßlich, schlecht, gefährlich, *F* faul 3. *V* Polizist, Gendarm *m* (*V* Bulle, Polyp *m*) 4. *V* Würfel *m* ~ **gitmek (iş)** *V* schiefgehen, nicht so verlaufen, wie man es sich wünscht

aynasızlaşmak *V* sich ungehörig benehmen

aynasızlık der durch **aynasız** charakterisierte Zustand

aynelbakar s. **aynabakar**

aynen *Adv.* 1. wortgetreu, wörtlich, genau dem Text entsprechend; ohne jede Änderung; genau so; ebenso 2. in natura, in Waren

aynfülung *psych.* Einfühlung *f* *özümseme

aynı [×·] (*urspr.* **ayn** mit Izafetbindevokal; das Auslaut-ı gilt auch als Poss. Sx.) der-, die-, das-selbe; gleich, identisch *identik, mutabık, özdeş ~ **ağızı kullanmak** sich im gleichen Sinne äußern; denselben Gedanken vorbringen ~ **hakka malik** gleichberechtigt ~ **kafada olmak** s. **kafa dengi olmak;** ~ **kapıya (yere, yola) çıkmak** auf das gleiche hinauslaufen; Jacke wie Hose sein ~ **şekilde** in der gleichen Form, ebenso ~ **telden çalmak** *fig.* in das gleiche Horn stoßen (*od.* blasen) ~ **yolun yolcusu** mit dem gleichen Mißerfolg ~ **zamanda** 1. *(temporal)* gleichzeitig, zur gleichen Zeit 2. *(mit adversativer Färbung)* gleichzeitig, dabei (z.B. ist zu beachten, daß ...), jedoch, indessen. **Bu kalem sizinkinin aynıdır.** Das ist die gleiche Feder wie die Ihre. **-nı almak** (*od.* **çıkarmak**) e–e genaue Abschrift anfertigen **-nı bulmak** das Gleiche finden

aynıbakar s. **aynabakar**

aynılık s. **ayniyet.** ~ **prensipi** *log.* Gesetz *n* der Identität; principium identitatis

aynısafa [···–] 1. Acker-Ringelblume *f bot.* Calendula arvensis *ölü çiçeği 2. gebräuchliche Ringelblume *bot.* Calendula officinalis *altıncık

aynıyle [·×·] s. **aynen** (1)

aynî 1. sachlich, dinglich, Sach-, Real- *nesnel 2. in Naturalien bezahlt 3. das Auge (*od.* die Augen) betreffend; Augen- 4. hochwertig (bewegliche Gegenstände) 5. **Ayni** [×·] *mV* ~ **akitler** *jur.* 1. Real-verträge, -kontrakte *pl.* 2. dingliche Verträge *pl.* ~ **dava** *jur.* dingliche Klage ~ **haklar** *jur.* Sachenrechte, dingliche Rechte *pl.* *nesnel haklar ~ **halefiyet** *jur.* dingliche Surrogation ~ **kıymet** Sachwert *m* ~ **kredi** Realkredit *m* ~ **mesuliyet** *jur.* Sachhaftung *f,* dingliche Haftung ~ **rasyon** *mil.* Naturalverpflegung *f* ~ **sermaye** *H* Sachkapital *n* *malsal sermaye ~ **statü** *jur.* Real-, Sach-statut *n* ~ **teminat** *jur.* dingliche Sicherheiten *pl.* ~ **tevdiat** Effektendepot *n* ~ **vergi** Realsteuer *f* ~ **yardım** Sachspenden *pl.,* Unterstützung *f* mit Sachwerten *özdek yardımı

aynileştirmek *math.* identifizieren, gleichsetzen *identiklemek, mutabakat ettirmek, özdeşlemek

aynilik s. **aynılık, ayniyet**

ayniyat, -tı [··–] 1. Sachwerte *pl.* 2. Gesamtinventar *n* 3. Zahlung *f* in natura, Naturalleistung *f* Zu 1: **Hediyeler, Kızılay ~ makbuzu mukabilinde kabul edilecektir.** Die Spenden werden gegen e–e von dem Roten Halbmond ausgestellte Sachquittung in Empfang genommen werden. Zu 2: ~ **muhasebe ve hesap teftiş dairesi** Rechnungs- und Kontroll-behörde *f* für das Gesamtinventar ~ **muhasibi** Lagerbuchhalter *m*

ayniye 1. Mobiliarvermögen *n* 2. Sachleistung *f* 3. Augenheilkunde *f* 4. Augenklinik *f* bzw. ophthalmologische Abteilung (in e–m Krankenhaus)

ayniyet, -ti Identität *f* *identiklik, mutabakat, özdeşlik

ayniyle [·×·] s. **aynen** (1)

aynstaynyum *chem.* Einsteinium *n*

aynülbakar 1. *med.* Buphthalmie *f,* Glotzauge *n* 2. *min.* geäderter Achat 3. s. **aynabakar**

aynülhirre s. **kedigözü**

Aynüssevir s. **Eldebaran**

aynüşşems *min.* Edelopal *m* *soy opal

ayol (*gel. a.* **ayo**) (< **ay oğul**) (mst. in der Frauensprache) 1. he! hallo! hör mal! 2. nanu? wieso?

ayraç, -cı s. **parantez**

ayran 1. erfrischendes Getränk aus Joghurt, Wasser u. et. Salz 2. Buttermilch *f* 3. Molke *f* ~ **budalası (delisi;** *V* **ağızlı)** dumm wie Bohnenstroh; begriffsstutzig ~ **gönüllü** wer schnell Verzicht leistet **-ı kabarmak** (*od.* **şişmek**) 1. in hellen Zorn geraten 2. lüstern werden (sexuell) **~ı yok içmeye, atla** (*od.* **tahtırevanla**) **gider biçmeye** (*od.* *V* **sıçmaya**). Er ist so arm wie e–e Kirchenmaus, aber er gibt an wie e–e Tüte Fliegen. **~ım ekşi diyen olmaz.** *Spr.* Jeder Krämer lobt seine Ware. *Spr.*

ayrancı wer **ayran** herstellt *od.* verkauft

ayrancılık Herstellung *f od.* Verkauf *m* von **ayran**

ayrı 1. getrennt, geschieden, gesondert, einzeln, allein für sich, Separat-, Sonder- 2. anders (als), verschieden (von) *başka 3. einzelstehend (Haus) Zu 2: **Bu, ayrı bir mesele.** Das ist e–e Sache für sich. Das ist et. anderes. ~ ~ jeder einzeln, jeweils für sich, getrennt, gesondert *birer birer; teker teker ~ **basma** (*od.* **basım**) s. **ayrıbasım;** ~ **baş çekmek** seinen eigenen Weg gehen ~ **çanakyapraklılar** *bot.* die Getrenntkelchblättrigen, die Choripetalen *pl.* ~ **düşmek** weit voneinander entfernt leben ~ **gayrı bilmemek** keine gesonderte Rechnung führen (z.B. bei gemeinsamer Bezahlung von Kosten) ~ **koymak** beiseite legen, gesondert legen ~ **seçi olmak** (*od.* **düşmek**) 1. getrennte Kasse führen 2. Gütertrennung durchführen ~ **seçi yapmak** e–n Unterschied machen (zwischen), verschieden beurteilen ~ **sesli** mit verschiedener Lautung (schriftgleiche Wörter) ~ **sulh** Sonder-, Separat-friede *m* ~ **sulh şayiaları** Gerüchte *pl.* um e–n Sonderfrieden ~ **taçyapraklılar** *bot.* die Getrenntblumenblättrigen, die Choripetalen *pl.* ~ **tutmak** unterschiedlich behandeln ~ **yumurta ikizleri** *biol.* zweieiige Zwillinge **-sı gayrısı olmamak** 1. s. ~ **gayrı bilmemek** 2. keinen Unterschied machen 3. nicht zeremoniell sein

ayrıbasım Sonder-, Separat-druck *m,* Separatum *n*

ayrıca [×··] 1. gesondert 2. eigens, *F* extra 3. nebenbei 4. außerdem

ayrıcalık 1. Verschiedenheit *f,* Unterschied *m* 2. s. **imtiyaz**

ayrıcinsten heterogen, ungleichartig *gayri mütecanis

ayrıcinstenlik Heterogenität, Ungleichartigkeit *f* *heterojeni

ayrıç 1. Abschnitt *m,* Kapitel *n* (in e–m Buch) *fasıl 2. *dial.* Kreuzung *f,* Schnittpunkt *m,* Gabelung *f* (von Wegen)

ayrık 1. getrennt, gesondert 2. gespreizt 3. gescheitelt (Haar) 4. auseinanderstehend (Augen) 5. e–e Ausnahme darstellend, Ausnahme- *müstesna, şaz 6. s. **ayrık otu** 7. *log.* disjunktiv (Urteil) *munfasıl ~ **adımlarla** spreizbeinig, breitspurig ~ **dişli sazan** s. **dişli sazancık;** ~ **kanyan** e–e bes. in Gärten wuchernde Queckenart ~ **kökü** *pharm.* Radix graminis (Wurzelstock der Quecke;

harntreibendes Mittel) ~ **otu** 1. gemeine *od.* Acker-Quecke *f bot.* Agropyron repens 2. gemeines *od.* Rasen-Straußgras *n bot.* Agrostis vulgaris 3. gemeiner Windhalm *m bot.* Apera spica venti
ayrıklık 1. *phil.* Disjunktion, Trennung *f* *ademi irtibat 2. Ausnahmefall *m* *istisnaiyet
ayrıksı sonderbar, exzentrisch *tuhaf, acayip, eksantrik ~ **yıl** *astr.* anomalistisches Jahr
ayrıksız ausnahmslos *istisnasız
Ayrıl! (Befehl des Unparteiischen bei Boxkämpfen) Auseinander!
ayrılama Vs. zu **ayrılamak** *spez. phil.* Segregation, Absonderung *f*
ayrılamak 1. (ab-)sondern, getrennt legen 2. gruppieren, klassifizieren, gliedern *tasnif etmek
ayrılamaz *phil.* inhärent; unzertrennlich verbunden
ayrılamazlık *phil.* Inhärenz *f* *lüzumu gayri müfarık
ayrılanma Vs. zu **ayrılanmak** *spez.* Segregation, Absonderung *f*
ayrılanmak 1. sich absondern, sich isolieren, e–e (von dem bisherigen Ganzen) gesonderte Entwicklung durchmachen, selbständige Form annehmen 2. abweichen, differieren
ayrılaşmak 1. sich voneinander trennen 2. e–e verschiedene Entwicklung durchmachen 3. allmählich isoliert *od.* verschieden werden *(1–3) teferrüt etmek
ayrılı getrennt, gesondert, geschieden *munfasıl ~ **gayrılı** vollkommen voneinander getrennt
ayrılık 1. Trennung *f,* Getrenntsein *n* 2. Fernsein *n* (z. B. e–s Angehörigen) 3. Absonderung, Isolierung *f* 4. Unterschied *m* 5. *jur.* Trennung *f* (von Tisch und Bett) 6. Auseinandergehen *n,* Verschiedenheit, Divergenz *f; astr.* Abweichung *f* 7. Andersartigkeit *f* ~ **çeşmesi** von e–r Ortschaft nicht allzu weit entfernter Brunnen, bis zu dem man e–n Abreisenden zu begleiten pflegt ~ **davası** *jur.* Trennungsklage *f* ~ **gözyaşı** Abschiedstränen *pl.* ~ **kargası** Eichelhäher *m zo.* Garrulus glandarius *kestane kargası ~ **sebepleri** s. **boşanma sebepleri**
ayrılıkçı *pol.* Separatist *m,* separatistisch
ayrılma 1. Vs. zu **ayrılmak** 2. *phys.* Dispersion *f,* (Licht- *od.* Farben-)Zerstreuung *f* *intişar 3. *geol.* Zerfall *m,* Verwitterung *f* 4. *(Kunst, Politik)* Sezession *f* ≗ **Savaşı** Sezessionskrieg *m* (Amerika; 1861–1865)
ayrılmak 1. Pass. zu **ayırmak** 2. sich absondern; sich trennen; sich entfernen; fortgehen; (aus e–m Amt) ausscheiden; (ein Amt) niederlegen 3. sich teilen 4. sich scheiden lassen *od.* geschieden werden 5. abreisen, abfahren 6. sich unterscheiden Zu 1: **ayrılmaz bir şekilde bağlı bulunmak** untrennbar verbunden sein Zu 2: **Vazifesinden ayrıldı.** Er hat sein Amt niedergelegt (bzw. niederlegen müssen). Er ist aus seinem Amt ausgeschieden. Zu 3: **Küçük gruplara ayrıldılar.** Sie teilten (spalteten) sich in kleine Gruppen.
ayrıltı s. **tahsis(-at)**
ayrım 1. Unterschied *m,* Verschiedenheit *f,* Differenz *f* *fark, tefavüt 2. Kapitel *n,* Abschnitt *m* *fasıl 3. Trennung, Unterscheidung *f* *tefrik 4. Szene *f* (in e–m Film)
ayrımcı *pol.* Separatist(-in *f*) *m,* separatistisch
ayrımlaşma 1. Vs. zu **ayrımlaşmak** 2. *phil.* Differenzierung, Unterscheidung *f* *tehalüf
ayrımlaşmak e–e Eigenentwicklung durchmachen, sich gesondert entwickeln
ayrımlı 1. e–n Unterschied aufweisend; unterschiedlich, differenziert *farklı, mütefavit 2. in Abschnitte (Kapitel) eingeteilt
ayrımsal *phil.* differentiell, differential *tefazulî ~ **damıtma** *chem.* fraktionierte (*od.* gebrochene) Destillation *taktiri tedricî ~ **hesap** Differentialrechnung *f* *tefazulî hesap ~ **inceleme** *math.* Analysis *f* ~ **palanga** *techn.* Differentialflaschenzug *m*
ayrıntı 1. Einzelteil *m* 2. Einzelheit *f,* Detail *n* *detay, feri 3. *Th.* Nebenumstand *m* 4. Farbnuance *f* ~ **çekimi** *(Film)* Großaufnahme *f*
ayrıntılı detailliert ~ **bilgi vermek** detaillierte Angaben machen ~ **cizim** Modell-, Werkstatt-zeichnung *f,* Bauriß *m* *kârname, kurampa ~ **tiyatro** s. **natüralist tiyatro**
ayrıpetalli s. **ayrıtaçyapraklı(-lar)**
ayrısayma Rassendiskriminierung *f*
ayrışabilir *chem.* löslich *kabili tahallül
ayrışık 1. zerfallen, aufgelöst, zersetzt 2. verschieden(-artig) *muhtelif
ayrışıklık 1. Auflösung, Zersetzung *f* 2. Verschiedenheit *f* 3. Meinungsverschiedenheit *f*
ayrışım *chem.* Zersetzung *f* *tahallül
ayrışma 1. *bot., chem.* Zerfall *m,* Auflösung, Zersetzung *f* 2. *chem.* a) Hydrolyse *f* b) Dissoziation *f* 3. *phon.* Dissimilation *f*
ayrışmak *chem.* sich lösen, sich zersetzen; zerfallen *tahallül etmek
ayrıştırmak 1. *chem.* (auf-)lösen; sich zersetzen lassen *tahallül ettirmek 2. *phys.* zersetzen, zerlegen *tahlil etmek
ayrıt, -tı *geom.* Kante *f*
aysar 1. mondsüchtig 2. launisch, unbeständig
aysberk, -gi s. **buzdağı**
aysbot, -tu Eissegelboot *n*
aysfilt, -di Eis-feld *n,* -kappe *f,* Inlandeis *n*
aysı (halb-)mondförmig, Mond-
ayş s. **ıyş**
Ayşe *wV* (*Anm.* Der Name der Lieblingsfrau Mohammeds begegnet mst. in der Lautung [â'işe])
ayşekadın fasulyesi grüne Schnittbohnen
ayta *Th.* Deklamation *f* ~ **vurgusu** rhetorische Betonung
aytedirginliği, -ni *astr.* Evektion *f*
aytışmak 1. diskutieren *münakaşa etmek 2. in e–m best. Reim wetteifern (Volkssänger)
Ayuş *F* = **Ayşe**
ayüs s. **paşaağacı**
ayva Quitte *f* ~ **ağacı** Quittenbaum *m bot.* Cydonia vulgaris ~ **gibi** 1. ganz blaß 2. kränklich aussehend ~ **göbekli** mit Nabelvertiefung (Person) ~ **murabbası** (dick eingekochte) Quittenkonfitüre *f* ~ **sarısı** von hellgrünlich-gelber Farbe ~ **tüyü** 1. Flaumhaare *pl.* der Quitte 2. zarter Flaum (auf der Wange) ~ **yapraklı muşmula ağacı** Quitten-, Zwerg-mispel *f bot.* Cotoneaster pyracantha **-yı tutmak** sich e–n Rausch antrinken **-yı yemek** *V* in der Klemme (*F:* aufgeschmissen) sein
Ayvacık *n.pr.* O. u. D. im Rbz. Çanakkale
ayvadana s. **adi pelin**
ayvalık Quitten-garten *m,* -plantage *f*
Ayvalık *n.pr.* Städtchen u. D. im Rbz. Balıkesir
ayvan 1. *va.* Veranda *f,* Balkon *m* 2. *va.* Säulenhalle *f* 3. kleiner Schutzvorbau an der Eingangstür türk. Einzelhäuser
Ayvansaray *n.pr.* Stadtviertel in Istanbul
ayvaz 1. *fr.* Küchengehilfe im Palast e–s vornehmen Herrn (*mst.* Armenier) 2. *hist.* Gehilfe des Chirurgen auf e–m Kriegsschiff 3. ≗ Typ des Armeniers im Karagözspiel (später **Karabet** genannt) 4. s. **bir köroğlu bir ayvaz;** ≗ **kasap hep bir hesap.** 1. Da ist kein Unterschied. 2. *pej.* Der eine ist nicht besser als der andere.
ayyar [·–] *va.* unverschämter Spitzbube, listiger Betrüger **Ayyar Hamza** Titel der Bearbeitung von Molières „Les Fourberies de Scapin"; (Mehmet Ali Bey; 1871)
ayyarlık [·–·] *va.* Abgefeimtheit, Gaunerei *f*
ayyaş 1. Trunkenbold, Gewohnheitstrinker, Quartalsäufer, Saufbold *m* *bekrî, içken 2. *va.* vergnügungssüchtig

ayyaşlık Trunksucht *f*, Säufertum *n*
ayyuk, -ku [·–] 1. ≗ s. **Kapella** 2. *fig.* höchste Stelle des Himmels **-a çıkarmak** in den Himmel heben; nicht genug Lobes finden (für) **-a çıkmak** (*od. va.* **-a ser çekmek**) 1. bis zum Himmel reichen 2. *pej.* zum Himmel schreien (*od.* stinken) 3. allbekannt sein 4. die höchste Lautstärke annehmen (Lärm, Getöse)
az 1. wenig, gering(-fügig) 2. Weniges, Geringes, geringe Zahl *od.* Menge 3. selten *nadiren 4. *(temporal)* kurz 5. etwas, ein bißchen ~ **ateş tutan yer** *mil.* feuerarmer Raum ~ ~ s. **azar azar;** ~ **buçuk** *F* 1. nur wenig; spärlich, dürftig 2. (doch) etwas, (immerhin) ein wenig; gewiß Zu 2: ~ **buçuk benzerlik** e–e gewisse Ähnlichkeit ~ **bulmak** wenig finden; als unzureichend ansehen ~ **bulunur** selten, rar ≗ **buz değil!** 1. Gar nicht so wenig! Nicht von schlechten Eltern! 2. Schon ziemlich lange. 3. Das ist kein Pappenstiel. *F* Allerhand Schnee! ~ **çok** 1. mehr oder minder 2. ziemlich, einigermaßen ~ **çok dememek** ohne lange Widerrede annehmen ~ **daha** 1. et. mehr 2. beinahe, fast ~ **değil** 1. nicht wenig 2. wer es faustdick hinter den Ohren hat ~ **dumanlı** rauchschwach (Pulver) ~ **gelişmiş memleketler** Entwicklungsländer *pl.* ~ **gelişmiş ülke** *V* schmächtige Person ~ **gelmek** wenig sein, nicht ausreichen ≗ **gitmiş uz** (*od.* **buz**) **gitmiş dere tepe düz gitmiş.** (Mf.) Er wanderte immer weiter. ~ **görmek** 1. weniger finden als man erwartet hat 2. als unzureichend ansehen 3. für unbedeutend *od.* geringfügig ansehen; unterschätzen ~ **görünür** s. ~ **bulunur;** ~ **günün adamı olmamak** in e–m langen Leben viel Erfahrung gesammelt haben ~ **işlek ek** *gr.* unproduktives Suffix ≗ **kaldı düşüyordu.** Beinahe wäre er hingefallen. ≗ **kalsın boğulacaktı.** Beinahe wäre er ertrunken. ~ **kere** *selt.* wenige Male, selten ≗ **konuştu öz konuştu.** Er hat nur wenig gesprochen, aber das war überaus treffend. ~ **maz** *F* mehr oder weniger ~ **miktarda** in geringer Zahl ≗ **olsun, uz** (*od.* **öz**) **olsun!** Wenig, aber gut! ~ **sonra** bald danach ~ **söylemek uz söylemek** wenig, aber treffend reden ≗ **tamah çok ziyan getirir.** *Spr.* Habsucht im Kleinen bringt Schaden im Großen. *Spr.* ~ **uz** s. **şöyle böyle;** ≗ **veren candan çok veren maldan.** *Spr.* Der Wille und nicht die Gabe macht den Geber. (Lessing) ≗ **ye de, bir uşak tut!** Du mußt dich schon nach e–m anderen umsehen, ich kann dir nicht helfen (*od.* ich bin doch nicht dein Laufbursche)! ~ **zaman içinde** binnen kurzer Zeit ~ **zaman evvel** vor kurzem, neulich **-a çoğa bakmamak** sich mit dem Vorhandenen begnügen; nehmen, was man bekommt ≗**a demişler: „Nereye". Çoğun yanına demiş.** *Spr.* Wo Tauben sind, da fliegen Tauben hin. *Spr.* ≗**a kanaat etmeyen çoğu hiç bulmaz.** *Spr.* Wer den Heller nicht ehrt, ist des Talers nicht wert. *Spr.* **-ı çoğa tutmak** (*od.* **saymak**) den guten Willen für die Tat nehmen
aza [––] (*urspr. Pl.* zu **uzuv**) 1. Glied(-er *pl.*) *n* (des Körpers) *uzuv, uzuvlar 2. Mitglied(-er *pl.*) *n,* Beisitzer *m, pl.* *üye, üyeler 3. Organ(-e *pl.*) *n* (des Körpers) *organ, organlar ~ **devlet** s. **federe devlet;** ~ **kaydolunmak** (m. Dat.) Mitglied werden (bei) ~ **mülâzımı** Mitgliedschaftsanwärter *m* (bei e–m Gerichtshof)
azacık s. **azıcık**
azade [––·] 1. unabhängig, frei, in Freiheit *serbest 2. (bşden) frei, befreit (von), ledig (m. Gen.), unbelästigt (durch) 3. **Azade** *wV*
azadegi [––·–] *va.;* **azadelik** Freiheit, Unabhängigkeit *f* *serbesti
Azak *n.pr.* Asow (Stadt) ~ **denizi** *n.pr.* Asowsches Meer ~ **eyiri** gemeiner Kalmus *bot.* Acorus calamus *eyir otu
azalan sich verringernd ~ **aşınma-yıpranma payı yöntemi** *fin.* degressive Abschreibung ~ **dizi** s. **eksilen dizi;** ~ **vergi sistemi** *fin.* degressive Besteuerung

azalea s. **açalya**
azalık [––·] Mitgliedschaft *f* *üyelik
azalmak sich verringern, sich vermindern, nachlassen, abnehmen; geschmälert (verkürzt, abgeschwächt) werden
azaltıcı 1. verringernd, reduzierend 2. *Th.* Abblendvorrichtung *f,* Lichtdämpfer *m*
azaltmak verringern, reduzieren, vermindern; herunter-, herab-setzen, schmälern, verkürzen, (ab-)schwächen
azam [–·] *Elativ* zu **azim** (II) höher, größer, sehr hoch, sehr groß, höchste, größte
azamet, -ti 1. Größe, Herrlichkeit, Würde, Majestät, Erhabenheit *f* 2. Stolz, Hochmut *m,* Anmaßung *f* 3. Prunk, Pomp *m,* Gepränge *n,* Pracht(-entfaltung) *f* ~ **sahibi** s. **azametli;** ~ **taslamak** (*od.* **satmak**) den großen Herrn spielen
azametfürus [ū] *va.* anmaßend, prahlerisch, hochtrabend, großtuend
azametfürusluk *va.* Anmaßung, Wichtigtuerei *f*
azametlenmek 1. groß, prächtig, prunkvoll werden 2. stolz (hochmütig, anmaßend) werden 3. gewaltiger werden; an Intensität zunehmen (z. B. Fliegerangriffe)
azametli 1. groß, herrlich, würdig, erhaben, majestätisch 2. stolz, hochmütig, anmaßend 3. prunkvoll, pompös, prächtig
azametlü 1. s. **azametli** 2. osm. Titul. des Sultans
azamî [–·–] 1. höchst, maximal, Maximal- *en büyük, olanca 2. Höchstmaß, Maximum *n* 3. *Adv.* höchstens ~ **ağırlık** (*od.* **sıklet**) Höchstgewicht *n* ~ **devamlı çalışma derecesi** kontinuierliche Höchstleistung (e–r Maschine, e–s Motors) ~ **fiyat** Höchstpreis *m* ~ **hızla** mit größter Beschleunigung ~ **sürat** Höchst-, Maximal-geschwindigkeit *f* ~ **takat** *techn.* Spitzenleistung *f* ~ **tazyik** *techn.* Höchstspannung *f*
azap (I), **-bı** [·–] 1. Strafe *f* (im Jenseits) 2. (körperliche *od.* seelische) Pein, Qual, Marter *eziyet 3. Reue *f,* Gewissensbisse *pl.* 4. Angst, Furcht *f* 5. große Bedrängnis ~ **çekmek** Qualen leiden ~ **vermek** 1. *va.* bestrafen, züchtigen 2. quälen, peinigen, martern, foltern **-a düşmek** in qualvolle Bedrängnis geraten
azap (II), **-bı** 1. *va.* ledig, unverheiratet; Junggeselle *m* 2. *reg.* (Anatolien) Gutsknecht *m* 3. **-lar** *hist.* bei Bedarf ausgehobene Soldaten *od.* Matrosen (zur Zeit der Janitscharen)
azaplı quälend, peinigend
azapsız 1. ohne Qualen erleiden zu müssen 2. ohne sich schämen zu müssen
azar (I) 1. *va.* Verletzen, Quälen *n,* Belästigung *f* 2. Rüge *f,* Verweis, Tadel, Rüffel *m* ~ **işitmek** getadelt (gerügt, gescholten) werden; e–n Verweis bekommen
azar (II) **azar** in kleinen Mengen, nach und nach, allmählich
-azar [––] *va. pers. Sx.* verletzend, kränkend, quälend
azarlamak tadeln, rügen, schelten, *F* rüffeln
Azarya *n.pr.* „L'Avare" (Molière; Übersetzer: Ahmet Vefik Paşa)
azat, -dı [––] 1. Freilassung *f* 2. Freigelassener 3. [··] schulfreie Zeit 4. wer frei hat (Schüler) ≗ **buzat beni cennet kapısında gözet!** *Ra.* bei dem Freilassen von Vögeln *od.* anderen Tieren ~ **etmek** 1. freilassen, in Freiheit setzen, die Freiheit wiedergeben 2. freigeben; die Schüler nach Hause schicken 3. von e–r drückenden Fessel befreien ≗ **kabul etmez bendeniz** *osm. Höfl.* vor e–r Briefunterschrift
azatlamak s. **azat etmek**
azatlı freigelassen, in Freiheit gesetzt (Sklave)
azatlık 1. Freilassung *f* 2. wer freigelassen werden soll (Sklave, Gefangener)

azatname *hist.* Urkunde über Freilassung e–r Haremsdienerin *ıtıkname
azatsız nicht freigelassen, noch in Sklaverei lebend
Azazil [·– –] *n.pr. isl. Myth.* Name des Teufels, als er noch Engel war
azb *va.* süß, wohlschmeckend **-ülbeyan** *va.* süßklingend, mit lieblicher Ausdrucksweise (*fr.* Epitheton ornans für das Osm.)
azca ziemlich wenig, nur etwas
azcık s. **azıcık**
Azdavay *n.pr.* O. u. D. im Rbz. Kastamonu
azdırmak Kaus. zu **azmak** *spez.* 1. exaltieren, erregen, aufbringen 2. verführen, verderben; verwöhnen (Kinder) 3. schlimmer werden lassen (Wunde, Krankheit usw.) 4. die Wäsche so schmutzig werden lassen, daß sie kaum mehr zu reinigen ist
azer [–·] *va.* Feuer *n*
Azer denizi s. **Hazerdenizi**
Azerbaycan *n.pr.* Aserbeidschan
Azerbaycanlı 1. Aserbeidschaner(-in *f*) *m* 2. aserbeidschanisch
azergede [–··] Feuertempel *m* (der Zoroastrier)
Azerî [–·–] 1. Aserbeidschaner(-in *f*) *m* 2. aserbeidschanisch ~ **Türkçesi** das Aseri, Aserbeidschanische, Aserbeidschan-Türkisch
Azerîce s. **Azerî Türkçesi**
Azerîleştirmek (*pej. G*) das Türkei-Türkisch nach dem Aserbeidschan-Türkisch ausrichten; (*pej.* verschandeln)
azerperest, -ti [ā] Feueranbeter(-in *f*) *m spez.* Parse *m*, Parsin *f* *ateşperest
azgelişmiş *soz.* unterentwickelt
azgelişmişlik *soz.* Unterentwicklung *f*
azgın 1. ungebärdig, ungezogen, aufsässig 2. wild, rasend, wütend 3. schwärend (Wunde) 4. geil 5. zum Äußersten entschlossen (Verbrecher), rabiat 6. unverbesserlich (z.B. Dieb)
azgınlaşmak 1. ungebärdig, wild werden 2. zu schwären beginnen (Wunde) 3. geil werden
azgınlık, -ığı 1. Übermaß *n* (von Gefühlen *od.* Handlungen) 2. Ungebärdigkeit, Aufsässigkeit *f* 3. Raserei, Wut *f* 4. Schwären *n* (e–r Wunde) 5. Heftigkeit *f* *şiddet 6. Geilheit *f* 7. Wirrwarr *m*, Durcheinander *n* 8. (moralische) Verderbtheit; Verkommenheit *f* 9. *med., psych.* Hochstimmung *f* ~ **etmek** über die Stränge schlagen
azı; (a. azıdişi) Backenzahn *m*
azıcık [×··] nur wenig, nur etwas, ein bißchen ≗ **aşım ağrısız başım!** *Spr.* Lieber habe ich nur wenig Besitz als vielen Besitz mit Kummer und Sorgen!
azık 1. Reiseproviant, Mundvorrat *m*, Wegzehrung *f* *kumanya, nevale 2. Lebensmittel *pl.*, Nahrung *f*, Essen *n* 3. Futter *n* (z.B. Körnchen für Vögel)
azıklanmak sich selbst ernähren, verpflegen
azıklı wer die Armen speist; hochherzig, freigebig
azıklık, -ığı 1. Speisen, Eßwaren *pl.* 2. Unterhalt *m*, Verpflegung *f* 3. Proviantsack, Eßbeutel *m*
azılı 1. s. **azgın** 2. gefährlich, gewalttätig 3. ausgewachsenes Wildschwein ~ **bir hırsız** ein notorischer Dieb ~ **müfrit** ultraradikal eingestellt ~ **sıtma** Tropenfieber *n med.* Malaria tropica *karasıtma
azım, -zmı *an.* Knochen *m* *kemik
azımsamak 1. für ungenügend (unzureichend) ansehen 2. für unbedeutend (geringfügig) erachten; unterschätzen *(1, 2) istisgar etmek
azın *math., phys.* Minimalwert *m*
azınlık, -ığı Minderheit, Minorität *f* *akalliyet **-ta kalmak** (*od.* **olmak**) *parl.* in der Minderheit bleiben
azırganmak *va.* 1. wenig (aus-)geben, sparsam umgehen (mit) 2. geizig sein
azışmak 1. an Heftigkeit zunehmen; heftiger werden (z.B. Streit), sich verschlimmern 2. *z. va.* sich raufen, sich prügeln, handgemein werden
azıtmak 1. zu weit gehen, vom richtigen Weg abkommen, wild (ungebärdig) werden 2. übertreiben, übersteigern, ins Extrem treiben Zu 2: **O, gittikçe işi azıtıyor.** Er treibt die Sache allmählich ins Extrem. Er geht allmählich zu weit. s.a. **kameti** ~
azıv, -zvı *va.* unbewiesene Behauptung; Anschuldigung, Verleumdung *f*
azil, -zli Absetzung, Entlassung, Abberufung *f*
azim (I), **-zmi** 1. fester Entschluß 2. entschlossenes Handeln; Entschlossenheit *f* 3. Wille, Eifer *m*, Anstrengung *f* 4. Absicht *f* *niyet 5. Hoffnung *f* *ümit ~ **sahibi** entschlossen ~ **ve cezim ile** mit kühner Entschlossenheit; entschlossen und energisch ~ **ve irade kuvveti** Willenskraft, -stärke *f* **-ini gevşetmek** im Eifer nachlassen
azim (II) [·–] 1. sehr groß; riesig, enorm, kolossal 2. erhaben, hoch 3. bedeutend, mächtig, einflußreich 4. heftig, unbezwinglich 5. prächtig, großartig **-üşşan** [ā] (Epitheton ornans bei **Allah** *od.* **Kur'an**) an oberster Stelle stehend
azime [·–·] 1. *va.* Ausdauer, Entschlossenheit *f* 2. Amulett *n* (*od.* Gebet *n*) zum Schutz vor bösen Geistern, Schlangen usw. 3. ≗ [×··] *wV* ~ **okumak** e–n Zauberspruch hersagen
azimet, -ti [ī] Abreise, Abfahrt *f* *gidiş ~ **etmek** abreisen, abfahren *gitmek, yola çıkmak
azimkâr entschlossen, energisch, willenskräftig
azimkârane [··– –·] s. **azimkâr**; ~ **hareket** entschlossenes Handeln, energisches Zupacken
azimkârlık feste Entschlossenheit; Energie *f*
azimli s. **azimkâr**
azimut, -tu s. **güney açısı**
Âzir *n.pr.* Lazarus (Bibel)
aziz [·–] 1. *va.* mächtig, ruhmreich 2. heilig, verehrungswürdig, Heiliger 3. kostbar, lieb, teuer *sevilen 4. **Aziz** [×·] *mV* ~ **çiçeği** Franzenbeutel *m* (Akanthusgewächs) *bot.* Crossandra infundibuliformis ~ **etmek** (*od.* **kılmak**) verehrungswürdig werden lassen
azize [·–·] (*ar. Fem.* zu **aziz**) *spez.* 1. Heilige *f* 2. **Azize** [×··] *wV* **-m!** meine Liebe!
Aziziye tabyası *n.pr.* Festungswerk nordöstl. von Kars (türk. Sieg im Feldzug 1877/78)
aziziye *fr.* (nach **Abdülâziz**) ziemlich niedrige Form des Fes
azizleştirme (christl.) Heiligsprechung *f*
azizlik, -iği 1. *selt.* Lieb- und Teuersein *n* 2. Ulk, Streich, Possen, Spaß, Scherz, Schabernack *m* *muziplik 3. Stand *m* der Heiligkeit ~ **etmek** (*od.* **yapmak**) sich e–n Ulk erlauben, e–n Possen (Streich) spielen **-e çıkarmak** heiligsprechen, kanonisieren
azlaşmak s. **azalmak**
azletmek [×··] absetzen, entlassen, abberufen (Beamte). **Vazifesinden azledildi.** Er ist seines Amtes entsetzt worden.
azlık 1. geringe Anzahl, kleine Menge 2. spärliches *od.* ungenügendes Vorhandensein; Mangel *m*, Knappheit *f* 3. Ausfall *m*, Verringerung *f* 4. gering, klein, spärlich 5. s. **azınlık**
azma 1. Vs. zu **azmak** 2. durch Rassekreuzung entstanden; Bastard, Mischling *m* *kırma, metis, melez 3. *pej.* Entartung, Mißbildung, Entstellung *f* Zu 3: (bşden) ~ *a.*: e–e entstellte Form (von)
azmak (I) *dial.* 1. schilfbestandener Sumpf 2. kleiner Teich 3. ausgetrockneter See *od.* Gießbach 4. Bewässerungsgraben, -kanal *m* *ark 5. Ausflußöffnung *f* (z.B. an e–m Staudamm) 6. Salzgarten *m*
azmak (II), **(-ar)** 1. sich ungebärdig (ungebührlich, aufsäs-

sig) benehmen, über die Stränge schlagen 2. wütend werden 3. wild werden (z. B. Meer), sehr stark anschwellen, über die Ufer treten (z. B. Fluß) 4. schlimmer werden, sich verschlimmern (z. B. Wunde) 5. monströse Formen annehmen (z. B. Lebewesen); *fig.* beunruhigende Formen annehmen; drohend und gefährlich werden 6. brünstig (brünftig, läufig) werden (Tier); dem Geschlechtstrieb nachgeben (Mensch) 7. nicht mehr zu säubern sein (schmutzige Wäsche) 8. (m. Abl.) aus der Kreuzung (mit ...) hervorgehen (Tier) **Azan kurda kızan köpek** *Spr.* (etwa:) Auf e–n groben Klotz gehört ein grober Keil. *Spr.* **azmış kudurmuş** wild geworden

azman 1. riesig, monströs, ungeheuer; abnorm groß; Monstrum *n* 2. s. **azma** (2) 3. großer Holzblock (Bauholz) 4. *dial.* (behauener) Vierkantbalken 5. e–e best. Olivenart Zu 1: **adam -ı** hünenhafter Kerl **mantar -ı** Riesenpilz *m* ~ **kaya** s. 1. die Grundelart Gobius Joze 2. s. **tokmakbaş**

azmetmek [×··] 1. den festen Vorsatz fassen, entschlossen sein (et. zu tun) 2. et. energisch, mit Nachdruck in Angriff nehmen

azmî (I) *va.* Knochen- *kemiksel **nesci** ~ s. **kemikdoku**

azmî (II) *va.* 1. auf e–n festen Entschluß bezüglich 2. **Azmi** [×·] *mV*

azmüiman [·–––] *va.* fester Glaube

azmüirade s. **azim ve irade**

aznavur *(georgisch)* 1. *va.* tapferer Held 2. unbändig, fürchterlich; Grobian *m* (mst. in der Füg.:) ~ **gibi** wie ein Räuberhauptmann aussehend

aznif 1. e–e best. Art des Dominospiels 2. **Aznif** *arm. wV*

azoik *geol.* 1. Azoikum *n* 2. azoisch

azot, -tu (*franz.* **azote**) *chem.* Stickstoff *m* *nitrojen ~ **oksit** *chem.* Stickoxyd *n*

azotat, -tı *chem.* salpetersaure Verbindung ~ **dö potas** *chem.* salpetersaures Kali

azotî *va.* s. **azotlu**

azotik stickstoffhaltig, Stickstoff- ~ **asit** Salpetersäure *f* *kezzap; nitrik asit

azotiyet, -ti *va.* s. **nitrat**

azotlu stickstoffhaltig, Stickstoff-

Azra *astr.* s. **Başak**

Azrail [·––] *n.pr.* der Todesengel (der nach der isl. Myth. die Seelen der Abgeschiedenen in Empfang nimmt *can alıcı; melekülmevt **-e bir can borcu olmak** *fig.* 1. am Rande des Grabes stehen 2. lebensüberdrüssig sein 3. sehr stark abmagern 4. keinem Menschen etwas schuldig sein 5. nur Gott und sonst niemand fürchten **-e el ense çekmek** *V* gerade noch einmal mit dem Leben davonkommen

azrak selten *nadir ~ **eleman** *geol.* Spurenelement *n*

Aztekler; Aztekalar *n.pr.* Azteken *pl.* (Mexiko)

azüre (*franz.* **azuré**) *typ.* Azureelinie(-n *pl.*) *f* (Sicherung gegen Fälschungen) *grize çizgisi

azürit, -ti *min.* Azurit *m,* Kupferlasur *f*

azva [·–] (*va. Pl. zu ungebr.* **zu** Licht *n*) **-yı bahriye** *naut.* s. **gemici nuru**

azvay 1. Aloe *f bot.* Aloe *sarısabır 2. Aloeextrakt *m* (Abführmittel)

azviyat, -tı [··–] *va. Pl.* unbewiesene Beschuldigungen; Verleumdungen *pl.*

azze *va.* Er sei gepriesen! (*spez.* Sultan)

B

b, B [bɛ] 1. zweiter Buchst. des türk. Alph. 2. *mus.* (Ton *od.* Note) B (nach deutschem Muster) bzw. H (nach engl. Muster)

b. (*euph.* für **bok**)

ba [–] *(va. pers. Präp.)* mit *ile

Baas *n.pr.* Bath(-Partei *f*) (Syrien, Irak usw.)

Baasçı rejim Bath-Regime *n*

bab s. **bap; Babıâli**

baba 1. Vater *m* 2. (**babalar** *pl.*) Vorfahren, Ahnen *pl.* 3. *fr.* (bei einzelnen Orden *spez.* den Bektaschi) Klostervorstand, Abt *m* (*a.* Titel und Anrede) 4. väterlicher Beschützer; Wohltäter *m* 5. Bez. für e–n älteren, ehrwürdigen Mann 6. männlich (Truthahn) 7. Geländerknopf, Knauf, Stockknopf *m* u. ä. m. 8. a) Pfosten b) *naut.* Poller *m* bzw. Beting *m, f* 9. Prellstein *m* 10. Erdpfeiler *m* (zum Messen ausgeschichteter Erde) 11. s. **çatı babası** 12. Fallsucht, Epilepsie *f* 13. Wutanfall, Koller *m* 14. *V* Penis *m* Zu 3: z. B. **Bektaşî -sı;** (bei Namen bald vor-, bald nachgestellt: **Gül Baba, Nur Baba, Baba İlyas** usw.) Zu 5: **bir oduncu** ~ ein biederer alter Holzfäller; s. a. **bey ~;** ~ **adam** älterer, gutherziger Mann ~ **bir** von demselben Vater stammend (Stiefgeschwister) ~ **bucağı** väterliches Anwesen; Vaterhaus *n* ~ **değil tırabzan babası** Rabenvater *m* ~ **dostu** 1. väterlicher Freund 2. *V* übler Kerl ~ **evi** s. ~ **bucağı; Baba Himmet** Figur im Karagözspiel *od.* im Ortaoyunu (grobschlächtiger, hünenhafter, aber gutmütiger Mann aus Kastamonu; Holzfäller mit e–r Axt auf der Schulter) *Hırbo; Himmet Dayı; Dursun Ağa; Memiş Ağa; Türk ~ **hindi** großer, gemästeter Truthahn ~ **hindi gibi kabarmak** sich wie ein Truthahn blähen ~ **lohusalığı** *soz.* Männerkindbett *n* ~ **malı** (*od.* **mirası**) väterliches Erbe, Erbteil *n* ≗ **malı tez tükenir.** *Spr. od.* ≗ **mirası yanan mum gibidir.** *Spr.* Vatersgut ist schnell verbraucht. ~ **nasihati** väterlicher Rat ~ **ocağı** s. ~ **bucağı;** ~ **tarafı** väterliche Linie ~ **yurdu** s. ~ **bucağı; -dan babaya** vom Vater zum Großvater (Urgroßvater usw.) **-dan görme** von den Vorfahren überkommen; ererbt, traditionell **-dan kalma** ererbt, überkommen **-dan oğula** 1. vom Vater auf den Sohn (Enkel usw.); in ununterbrochener Erbfolge 2. seit den ältesten Vorfahren; seit altersher **-ları tutmak** (*od.* **-ları üstünde olmak**) s. **babası tutmak; ºlarımı ayağa kaldırma!** *fig.* Mach mich nicht wütend! **-larımız** unsere Vorfahren **-m** (Verst. *spez.* beim Imper.): **Git babam git!** Nur immer weiter! **Konuşur babam konuşur.** Er redet und redet und hört nicht auf. **-m mezardan kalksa** *fig.* nie und nimmer **ºmın adı Hıdır, elimdem gelen budur.** *Spr.* Besseres kann ich nicht leisten. **-na rahmet** *fig.* 1. Bravo! Großartig! 2. Gott lohne es dir! **ºna yuttur!** *V* künstlicher Busen **ºnın aşıkkemiğine** (*od.* **ºnın şarap çanağına**)**!** *V (Ausruf der Unzufriedenheit)* Dummes Zeug! Ach was! **-nın canı için** (bei inständiger Bitte) um Gotteswillen! **-nın canına rahmet** (*od.* **değsin**) s. **babana rahmet; -nın hayrına** weil du es bist (*scil.* will ich es tun) **-sı tutmak** 1. *urspr.* e–n epileptischen Anfall bekommen *od.* Amok laufen (Schwarzer) 2. e–n plötzlichen Wutanfall (Koller) bekommen 3. übler Laune sein; mit dem linken Fuß zuerst aufgestanden sein **ºsına rahmet okumaz** (biri ötekinin). Er ist nicht gut auf ihn zu sprechen. **-sından yetim kalmak** den Vater verlieren **-sının hayrına** ohne auf e–n persönlichen Vorteil zu spekulieren; in uneigennütziger Weise; (mst. in neg. *od.* interr. Verwendung, z. B.): **O, babasının hayrına gelmedi.** *iron.* Aus purer Gutherzigkeit ist er nicht gekommen (*scil.* sondern, weil er sich e–n Vorteil davon

verspricht) **-sının oğlu** *mel.* der echte (würdige) Sohn seines Vaters
babaanne Mutter *f* des Vaters; Großmutter *f* väterlicherseits
babacan(-ca) 1. väterlich wohlwollend, jovial, gutmütig 2. ungeniert, ungezwungen
babacanlılık 1. Jovialität, Gutmütigkeit *f* 2. Ungeniertheit, Ungezwungenheit *f*
babacığım lieber Vater! Väterchen!
babacıl sehr am Vater hängend
babacılık s. **paternalizm**
babaç 1. das größte und älteste Tier im Geflügelstall 2. ansehnlich, stattlich *gösterişli
babaçko *V* robust gebaut (*spez.* Frau)
Babadağ *n.pr.* O. in der Dobrudscha
babadalya [··×·] *naut.* an der Reling angebrachte Stützpfosten (zur Sicherung von Holzladungen)
Babaeski *n.pr.* Städtchen u. D. im Rbz. Kırklareli
babafingo [··×·] 1. *naut.* Bram *f spez.* Bramsegel *n* 2. *V* Penis *m* ~ **çubuğu** (*od.* **direği**) Bramstenge *f* ~ **grandi** Großbramsegel *n* ~ **istralyası** Bram(stenge)stag *n* ~ **sereni** Bramrah *f* ~ **yelkeni** Bramsegel *n*
babakoru Achat, der so geschnitten ist, daß die Äderung waagrecht auf der Oberfläche verläuft
babaköş Blindschleiche *f zo.* Anguis fragilis *kahverengi kör-yılansı
babakuru s. **babakoru**
babalanmak s. **babası tutmak** (2)
babalı 1. mit nb. **baba** 2. wer epileptische Anfälle bekommt *od.* Amok läuft 3. *P* wer e–n plötzlichen Wutanfall (Koller, Rappel) bekommt ~ **bastika** *naut.* Wegweiser (-block) *m* ~ **kâğıt** *V* s. **doktorlu (kâğıt)**
babalık, -ığı 1. Vaterschaft *f* 2. väterliches Verhalten 3. *F* Adoptiv-, Stief-vater *m* 4. *F* Schwiegervater *m* 5. (vertrauliche, aber ehrerbietige Anrede an e–n älteren Mann einfachen Standes) Väterchen *n* 6. *F* der gute Alte ~ **davası** *jur.* Vaterschaftsklage *f* ~ **etmek** (b–ne) liebevoll, wie ein Vater (be-)handeln ♀ **fırın has işler!** *(spött.)* Von Vaters Geldbeutel läßt sich trefflich leben! ~ **karinesi** *jur.* Vermutung *f* der Vaterschaft ~ **ocak** die Verwandten väterlicherseits *pederî aile **-ın tespiti** *jur.* Feststellung *f* der Vaterschaft
babasız 1. wessen Vater tot ist 2. mit unbekanntem Vater
babatatlısı, -nı Name e–r türk. Süßspeise
babatorik *V* männliches Glied; Penis *m*
babayanî [··–·] (< **babayane**) 1. väterlich; gesetzt, ernst und wohlwollend, jovial 2. schlicht, bescheiden, einfach, altväterisch 3. zwanglos, ungeniert 4. weitärmeliger, langer, schwarzer Überwurf der isl. Geistlichen
babayanîlik [··–··] 1. Väterlichkeit *f*, Gesetztheit *f*, wohlwollender Ernst; Jovialität 2. Schlichtheit, Einfachheit *f* 3. Zwanglosigkeit, Ungeniertheit *f*
babayiğit, -di 1. kräftiger, junger Bursche *od.* Mann 2. a) mannhaft, mutig, tapfer b) keck, kühn 3. ehrenhaft, lauter
babayiğitlik, -iği 1. Mannesalter *n* 2. a) Mut *m*, Tapferkeit *f* b) Keckheit, Kühnheit *f* 3. Ehrenhaftigkeit, Lauterkeit *f* ~ **satmak** den Beherzten spielen
Babıâli [–·–·] *P a.* [babali] 1. *n.pr.* Hohe Pforte *f* *Sadaret Dairesi 2. *hist.* Kaiserlich-Osmanische Regierung ~ **caddesi** (*heute:* **Ankara caddesi**) (Istanbul) *n.pr.* (die Straße der Verlage, Buchhandlungen, Druckereien) ~ **efendisi** *fr.* osm. Staatsbeamter *devlet memuru ~ **efendisi gibi konuşmak** gestelzt reden; *F* geschwollen daherreden ♀ **yüksek kapısından mürur edip geçerken atlı bir süvariye tesadüfen rasgeldim.** (als Muster von Tautologien öfters zitierter Satz)
Babî [––] Anhänger *m* der Lehre vom Bab
Babil [–·] *n.pr.* Babylon, Babel ~ **dili** 1. babylonische Sprachverwirrung, sprachliches Tohuwabohu 2. *selt.* s. **Akkatça;** ~ **esareti** babylonische Gefangenschaft (der Juden) ~ **kulesi** Turm *m* zu Babel
babilhane *va.* 1. Bordell *n* 2. Faulenzerparadies *n* 3. Diebeshöhle *f*
Babîlik [––·] die (mystische) Lehre vom Bab (19. Jh.)
Babilistan [–··–] *n.pr.* Babylonien, Chaldäa
Babilli Babylonier(-in *f*) *m*, Chaldäer(-in *f*) *m* *Kaldeli
babör (*franz.* **babeurre**) (*kaum gebr.*) 1. Buttermilch *f* 2. hieraus (durch Kochen) hergestellter Käse
babuin s. **köpekbaşlı maymun**
babuk 1. *dial.* Knochenwirbel *m* *fıkra, omur 2. *V* Päderast *m* *şapçı
babukluk *V* Päderastie *f*
babur 1. s. **bebir** 2. ♀ Nachkomme Timurs und Gründer des Reichs der Großmogulen (Indien)
Babülmendep, -bi *n.pr.* Bab-el-Mandeb
Babüssaade [–··–·] 1. das dritte Tor im Topkapı Sarayı 2. Harem *m* des Sultans
Babüssaadetüşşerife ağası *fr.* Obereunuch *m*
Babüsselâm s. **Orta Kapı**
baca 1. Schornstein, Kamin, Schlot *m*, Esse *f*, Rauchfang *m*, Abzugsröhre *f* 2. Dachfenster *n*, -luke *f* 3. Luftloch *n* (z.B. für e–e unterirdische Anlage) 4. Einsteigloch *n*, Straßenschacht *m* 5. Schlot, Eruptionskanal *m* (e–s Vulkans) 6. Pumpensteigrohr *n* (bei Erdölgewinnung) 7. *dial.* flaches Dach (e–s Hauses) ~ **başı** steinerne Einfassung des Abzugsrohres (für Dampf *od.* Rauch) über e–m türk. Herd ~ **ceketi** Schornsteinmantel *m* ~ **feneri** s. ~ **peteği;** ~ **fırıldağı** (sich drehende) Schornsteinhaube *f* ~ **forsu** *naut.* Schornsteinmarke *f* (der Reederei) ~ **gibi olmak** wie ein Schlot rauchen (Person) ~ **kaşı** Kaminsims *m* ~ **kulağı** Seitenteil *n* von **baca başı;** ~ **kurumu** Kaminruß *m* ~ **külâhı (şapkası, tepeliği)** Schornsteinaufsatz *m*, Kaminkappe *f* ~ **künkü** (ins Freie führendes) Ofenrohr ~ **kürsüsü** Rauchfänger *m* (am Kamin) ~ **peteği** Schornsteinkappe *f* ~ **şevliği** Dossierung *f* (e–s hohen Fabrikschornsteins) ~ **temizleyicisi** Kaminkehrer, Schornsteinfeger *m* ~ **tomruğu** der über das Dach reichende Teil e–s Schornsteins **♀sı eğri ama, tütünü doğru çıkar.** *Spr.* Trotz allem wahrt er die gebührende Form. **-sı tütmek** 1. in häuslichem Frieden leben 2. richtig funktionieren; seinen geregelten Gang gehen **-sı tütmez olmak** in übler Lage (verarmt, mittellos, ruiniert, alleinstehend) sein
bacak, -ağı 1. Bein *n* (e–s Menschen *od.* Tieres) 2. *Spk.* Junge, Bube, Bauer *m* *oğlan, vale 3. e–e Jagdhundart 4. *mus.* s. **kuyruk;** ~ ~ **üstüne atmak** die Beine übereinanderschlagen ~ **kadar** winzig, klein, schwächlich ~ **kadar boy** 1. Kleinheit, Winzigkeit, Schwächlichkeit *f* 2. Unwichtigkeit, Belanglosigkeit *f* ~ **kalemi** s. **kaval kemiği;** ~ **levyesi** *(Ringen)* Beinhebel *m* ~ **zırhı** Beinschiene *f* (bei e–r Rüstung) **-ını sürümek** (*od.* **sürüklemek**) das eine Bein nachziehen **♀larım kopuyor.** Die Beine könnten mir abfallen vor Müdigkeit. **-larını uzatmak** die Beine ausstrecken und nichts tun **Bizim iş yine -larını salladı!** *fig.* Aus unserer (bzw. meiner) Angelegenheit ist wieder einmal nichts geworden!
bacaklı 1. m. (nb.) Bein(-en) 2. *pr.* langbeinig, hochgewachsen 3. *P fr.* holländische Goldmünze 4. *med.* Beinspreize *f* (am gynäkologischen Stuhl) ~ **yazı** große und gut lesbare Schrift
bacaksız 1. ohne Beine, beinlos 2. kurzbeinig; klein, untersetzt 3. (bes. für Kinder, die et. unternehmen wollen, was ihre Fähigkeit übersteigt) Wicht, Dreikäsehoch, Zwerg *m* Zu 3: **Hele şu -a bak!** Nun schau sich einer diesen Dreikäsehoch an!

bacaksızlık 1. Beinlosigkeit *f* 2. Kurzbeinigkeit *f*, untersetzter Wuchs 3. Benehmen *n* e–s Wichts, Dreikäsehochs
bacaluşka [··×·] *naut.* haubitzenähnliches Geschütz des 16. Jh.
bacanak, -ğı 1. Schwippschwager *m* (Ehemann der Schwester der Ehefrau) 2. *F* Freund, Kamerad, Kumpel
bacanaklık Schwippschwägerschaft *f* (verwandtschaftliche Beziehung zwischen den Ehemännern von Schwestern)
bacı 1. *F* Schwester *f* *kızkardeş 2. *F spez.* ältere Schwester *abla 3. alte, langjährige *spez.* schwarze Dienerin 4. *fr.* Frau *f* e–s isl. Abtes 5. *F* Ehefrau *f* ~ **kadın** s. **dadı**
baç, -çı 1. *fr.* Zoll *m* für ankommende Schiffe *od.* Karawanen 2. *gel. allg.* Steuer, Abgabe *f* 3. Erpressungssumme *f* *haraç
bad (I) [–] *ar. Präp.* nach (temporal) (nur mehr in best. Füg.)
bad (II) [–] *va.* Wind *m* *rüzgâr
badana 1. weiße Tünche, Kalkfarbe *f* 2. *fig.* trügerischer Schein, Firnis *m*, Tünche *f*, leere Aufmachung 3. *fig.* oberflächliche Ausbesserung *od.* Verschönerung 4. *V* Beischlaf außerhalb der Scheide ~ **çekmek** *V* den Beischlaf außerhalb der Scheide vollziehen *fırça çekmek, fırçalamak ~ **etmek** (*od.* ~ **vurmak** *od.* ~ **yapmak**) 1. tünchen, weißen, kalken 2. oberflächlich ausbessern *od.* verschönern ~ **fırçası** Streich-, Weiß-bürste *f* (des Tünchers)
badanacı 1. Tüncher, Anstreicher, Maler *m* 2. *V* wer den Beischlaf außerhalb der Scheide vollzieht
badanacılık 1. Tätigkeit *f* e–s **badanacı** 2. Weißen, Tünchen *n*
badanalamak s. **badana etmek**
badanalı 1. getüncht, geweißt, gekalkt 2. übermäßig geschminkt und gepudert (Frau)
badanasız ungetüncht
badar Bärenjunge *n*
badarna s. **baderna**
badaş Dreschabfall *m* auf der Tenne; (Spreu *f*)
badaşmak s. **bağdaşmak**
badat 1. e–e bes. zuckerhaltige Topinambur-Art 2. s. **düztaban**
badaz *dial.* kränklich bleich
badban [––] *va.* Segel *n* *yelken
bade (I) [–·] *va.* Wein *m* *şarap
bade (II) [–·] s. **bad** (I); ~ **bu'din** *va.* nach geraumer Zeit ~ **harabil Basra** nachdem es zu spät ist; *F* wenn Tuten und Blasen vorbei ist ~ **zemanin** *va.* etwas später
badehu [–··] *va.* hierauf, darauf, nachher, danach *sonra
badelmevt [ā] *va.* nach dem Tod *ölümden sonra; s.a. **bâsübadelmevt**
badelmilât [–··–] *va.* nach Christi Geburt *milâttan sonra; *ant.* kablelmilât
badem [ā] 1. Mandel *f* 2. mandelförmig 3. Name e–r kleinen, etwa 10 cm langen Gurkenart ~ **ağacı** gemeiner Mandelbaum *bot.* Prunus amygdalus ~ **arısı** Keulenblattwespe *f zo.* Cimbex quadrimaculatus ~ **ekmeği** Mandelbrot *n* (für Diabetiker) ~ **ezmesi** Marzipan *n* ~ **fındığı** Lambertsnuß *f bot.* Corylus maxima (Zierstrauch) ~ **göz** mandelförmiges Auge ~ **helvası** e–e Helva-Art mit zerkleinerten Mandeln ~ **içi** 1. Mandelkern *m* 2. geschälte Mandeln *pl.* ~ **kürk** Fuchspelz *m* (aus den Beinen des Tieres) ~ **parmak** *z. va.* s. **başparmak;** ~ **şekeri** 1. kandierte Mandeln *pl.*, Zuckermandeln *pl.* 2. *V* Pistolen-, Revolverkugel *f* ~ **sübyesi** erfrischendes Getränk aus geschälten Mandeln *somata ~ **tatlısı** türk. Grieß-Süßspeise mit gehackten Mandeln ~ **tırnak** schön gewölbte, lange Fingernägel *pl.*
badema [×·–] *va.* von nun an, von jetzt an *bundan sonra
bademcik [ā] *an.* Gaumen-, Rachen-mandel, Tonsille *f* *levze ~ **iltihabı** Mandelentzündung *f* **-lerini almak** (*od.* **çıkarmak**) j–m die Mandeln herausnehmen
bademî [–·–] 1. die Mandeln betreffend, Mandel- 2. mandelförmig
bademli [ā] *va.* 1. Mandeln enthaltend 2. mit Mandeln hergestellt, Mandel-
bademlik [ā] Mandelbaum-pflanzung *f*, -garten *m*
bademsi mandelförmig
bademyağı, -nı Mandelöl *n*
badenuş [–·–] *va.* Weintrinker, Zecher *m*
baderna [·×·] *naut.* Schladding, Serving *f* (Schutz e–s Taus gegen Schamfilen) ~ **etmek** (Taue) schladden (mit altem Tauwerk gegen das Schamfilen bewickeln *od.* bekleiden)
badesselâm [–··–] *va.* nach dem Gruß, nach der Begrüßung ~ **vettahiyye** *va.* nach der Begrüßung und den guten Wünschen
badezzeval; badezzuhur (*beides va.*) nachmittags
badıç, -cı Schote *f* (der Hülsenfrüchte)
badıharabı Basra s. **bade harabil Basra**
badısaba [–··–]; **badıseher** (*beides va.*) frisches Morgenlüftchen; Zephyr *m* *tanyeli
badi *P* Ente *f* *ördek ~ ~ **bacak** kurzbeinig ~ ~ **gitmek** (*od.* **yürümek**) watscheln, (daher-)latschen
bâdi (I) *va.* 1. erscheinend, sichtbar 2. verursachend, Ursache *f*, Grund *m* 3. Anfang, Beginn *m* ~ **olmak** *va.* verursachen, herbeiführen
bâdi (II) s. **bedevî**
bâdi (III) *va.* s. **aposteriori**
badijonaj (*franz.* **badigeonnage**) 1. Anstreichen *n*, Anstrich *m* 2. *med.* Bepinseln *n*
badik, -ği *P* 1. Ente *f* *ördek 2. krummbeinig, watschelnd 3. untersetzt, stämmig 4. *V* kraftlos, (*F:*) lahmer Kerl
badiklemek s. **badi badi gitmek**
badincan(-iye) *va.* s. **patlıcan(-giller)**
badir [ā] *va.* 1. plötzlich eintretend 2. wer sofort et. tun will 3. Vollmond *m* *dolunay 4. a) voll entwickelt (Kind) b) reif (Obst)
badire [ā] *z. va.* 1. unerwarteter Vorfall 2. plötzlich entstandene gefährliche Situation; Eventualität *f* 3. aus Erregung begangener Fehler 4. plötzliche Bemerkung 5. Spitze *f*
badiye [ā] *va.* Wüste, Wildnis *f*
badiyenişin [–···–] *va.* Wüstenbewohner, Beduine *m*
badminton Federballspiel *n*
badnüma [–·–] *va.* Wetter-, Wind-fahne *f*
Badra osm. Bez. von Patras (Griechenland)
badya [×·] Kübel, Zuber, Bottich *m*
Baf *n.pr.* Paphos (Zypern)
bafa ausgenommene Meeräsche **(kefal)**
bafer (*engl.* **buffer**) *naut.* Stoßdämpfer *m* (an Geschützen)
bafeting (*engl.* **buffeting**) Hin- und Herschaukeln *n* (e–s Flugzeugs)
Bafra *n.pr.* Städtchen u. D. im Rbz. Samsun 2. türk. Zigarettenmarke (*fr.:* **Bafra Maden**)
bafun *prov.* für **fakfon** (*q.v.*)
bagaj 1. (Reise-)Gepäck *n* 2. s. ~ **vagonu** 3. Koffer-, Gepäck-raum *m* (in e–m Auto) ~ **arabası** 1. Steck-, Sackkarre *f* 2. Rollkarren *m* (auf Bahnhöfen) ~ **dairesi** Gepäck-abteilung, -abfertigung *f* (am Bahnhof) ~ **deposu** Gepäck-abgabe, -aufbewahrung *f* ~ **kâğıdı (puslası, makbuzu)** Gepäckschein *m* ~ **vagonu** Gepäckwagen *m* *furgon **-a vermek** (Gepäck) aufgeben (Eisenbahn)
bagajcı Gepäckträger, Hausdiener *m* (e–s Hotels)
bagal *va.* 1. Achselhöhle *f* *koltuk 2. Umarmung *f* 3. Bergrand *m* 4. s. **kasık**
bagala mit 1–2 Lateinsegeln ausgestattetes Handelsschiff im Pers. Golf und im Roten Meer
bagalek, -ki *va.* s. **köpekmemesi** (1)

bagatella *mus.* Bagatelle *f*
baget, -ti (*franz.* **baguette**) 1. Stab *m,* dünner Stock 2. Taktstock *m* (des Dirigenten) 3. s. **karmaç** 4. Trommelstock, -schlegel *m* 5. rechteckiger Diamant mit 25 Facetten 6. zum Auswalzen bestimmter Gold- *od.* Silberbarren (des Goldschmieds)
bagetlik, -iği Tragtasche *f* für die Trommelstücke (am Riemen der Trommel)
bagi [− −] *va.* Aufrührer, Rebell *m* *asi
bağ (I) 1. Weinberg *m* 2. *z. va.* Garten *m* *bahçe ~ **bahçe sahibi** begütert ~ **bozmak** die Weinlese halten, die Trauben ernten ~ **budamak** 1. die Reben be-, ver-schneiden 2. *fig.* dummes Zeug reden ~ **çubuğu** s. **asma çubuğu;** ≗ **dua değil çapa ister.** *Spr.* Der Weinberg braucht kein Gebet, sondern die Hacke. ~ **evi** Gartenhäuschen *n,* Laube *f* ~ **kaya koruğu** rispige Fetthenne *bot.* Sedum cepaea ~ **kökbiti** s. **filoksera;** ~ **kütüğü** s. **asma kütüğü;** ~ **meydanı** Grünanlage *f* (in der Stadt) ~ **mildiyusu** Peronospora *f* (Rebenkrankheit) *bot.* Plasmopara viticola ~ **salyangozu** Weinbergschnecke *f zo.* Helix pomatia ~ **tavası** großes Kupfergefäß zur Herstellung von **pekmez** (*q.v.*) ~ **yaprağı** s. **büyük sinirotu**
bağ (II) 1. alles, was zum Binden, Festmachen verwendet wird z.B. Seil *n,* Schnur *f,* Band *n,* Fessel *f,* Draht *m,* Schnürsenkel, Schuhriemen, Gürtel *m,* Strumpfband *n,* Sockenhalter *m* usw. *techn. a.* Verbindung, Verankerung *f* 2. Binde *f,* Verband *m* *sargı 3. Bündel *n,* Garbe *f* 4. Verbundenheit, Verwandtschaft *f;* enge Beziehung 5. Umstandsgürtel *m* 6. Zimmerung *f* (in e−m Bergwerk) 7. *an.* (Sehnen-)Band, Ligament *n* *ribat 8. *gr.* Konjunktion *f,* Bindewort *n* *bağlaç, rabıta 9. *chem., mus.* Bindung *f* 10. *naut.* (Schiffer-)Knoten, Stek *m* 11. (Post-)Bündel *n* *liyas 12. Bleifassung *f* (an Fenstern) 13. Metallklammer *f* (z.B. für zerbrochenes Porzellan) 14. Hindernis *n* *engel ~ **çiçeği** Büschelblume *f bot.* Desmanthus ~ **kolanı** Sattelgurt *m* (für den Sattel *od.* die Satteldecke)
bağa 1. Rückenschild *n* (der Schildkröte) *karapas 2. (echtes *od.* imitiertes) Schildpatt 3. Schildpatt-, Horn- ~ **gözlük** Hornbrille *f* ~ **tarak** Schildpattkamm *m*
bağan(-a) *P* 1. Astrachan *m* (Fell des totgeborenen Lammes) 2. Früh-, Fehl-geburt *f* *cenini sakıt; düşük 3. Kleinkind *n* (bis zu drei Jahren)
bağatur s. **bahadır**
bağban [· −] *va.* 1. Gärtner *m* *bahçıvan 2. Weinbergwächter *m*
bağbilim *med.* Bänderlehre, Syndesmologie *f*
bağbilimsel *med.* syndesmologisch
bağboğan Cuscuta, Seide, Klebe *f bot.* Cuscuta *küsküt otu
bağbozumu, -nu 1. Weinlese, Traubenernte *f* 2. Herbst *m* *sonbahar, güz ~ **fırtınası** Name e−s period. Sturmes gegen Ende Oktober
bağcı Winzer, Weinbauer *m* ~ **bıçağı** Hippe *f,* Lese-, Rebmesser *n*
bağcık 1. Wickelband *n* 2. Schuhnestel *f*
bağcılık Weinbau *m* ~ **bilimi** Rebsortenkunde, Ampelographie *f*
bağda *P* 1. s. **bağdaş** 2. s. **çelme;** ~ **atmak** s. **çelme takmak**
bağdadî [· − −] 1. Bretter- *od.* Rohr-fütterung *f* e−r Gipswand *od.* -decke 2. e−e solche Gips-wand, -decke 3. **Bağdadî** *va.* s. **Bağdatlı**
bağdadîlik 1. schmale Leisten *pl.* (für **bağdadî**) 2. hierbei verwendete Nägel
bağdalamak *(Ringen)* mit dem e−n Bein ein Bein des Gegners umklammern, um diesen zu Boden zu werfen
bağdamak 1. fest ineinander verschlingen 2. ein heilloses Durcheinander anrichten *kördüğüm etmek, takit etmek
bağdan *P* Verbindungs- Stoß-stelle, Fuge *f*
bağdaş Sitzen *n* mit gekreuzten Beinen; Schneider-, Türken-sitz *m* ~ **kurmak** den Türkensitz einnehmen
bağdaşamamak (bşle) unvereinbar sein (mit) *kabili telif olmamak
bağdaşık s. **imtizaçlı**
bağdaşım s. **insicam**
bağdaşma s. **imtizaç**
bağdaşmak 1. (b−le) sich gut verstehen, harmonieren (mit) *imtizaç etmek 2. (b−le) (bei Ksp.) sich e−n Partner (Mitspieler, Kameraden) wählen *eş tutmak 3. (bşile) auf die gleiche Höhe der Entwicklung gelangen (wie) 4. (bşe) sich mit et. befreunden; Geschmack finden (an) 5. (bşle) vereinbar sein (mit) *kabili telif olmak
bağdaşmazlık fehlende Harmonie; Unverträglichkeit *f* *ademi imtizaç, geçimsizlik
bağdaştırmak Kaus. zu **bağdaşmak;** *a.* vereinigen (z.B. verschiedene Systeme)
Bağdat, -dı *n.pr.* Bagdad ~ **çıbanı** s. **Halep çıbanı;** ~ **harap oldu.** *hum.* Ich habe furchtbaren Hunger. ~ **köşkü** *n.pr.* Teil des Topkapı Sarayı (errichtet 1639 zur Erinnerung an die Einnahme von Bagdad) ~ **mamur.** Ich bin satt. ~ **Paktı** *pol.* Bagdad-Pakt *m* (Vorläufer von CENTO) **-ı tamir etmek** *hum.* et. essen und den Hunger stillen
Bağdatlı Einwohner(-in *f*) *m* von Bagdad
bağdokusu s. **katılgandoku**
bağfiil s. **ulaç**
bağı Zauberei, Hexerei, Zauber-, Hexen-kunst *f*
bağıcı 1. Zauberer *m,* Hexe *f* *sihirbaz, büyücü 2. gewinnend, anziehend 3. bezaubernd, verführerisch, täuschend *iğfal edici
bağıç, -cı *P* Spannseil *n* (für ein Zelt)
bağıl (I) 1. (durch et. anderes) bedingt 2. relativ, spezifisch *izafî 3. Nebengebäude *n, a.* Stallung *f*
bağıl (II) *va.* Maultier *n* *katır, ester
bağıldak, -ağı 1. um e−e Wiege gebundener breiter Stoff-Streifen, der das Herausfallen des Kindes verhüten soll (mst. e−r über der Brust und e−r über den Beinen des Kindes) 2. Menstruationsbinde *f* *âdet bezi
bağıllık Relativität *f* *izafiyet
bağım Abhängigkeit *f* *tabiiyet
bağımlaşım; bağımlaşma gegenseitige Abhängigkeit *mütekabil tabiiyet
bağımlı 1. abhängig 2. parteilich *od.* ideologisch gebunden ~ **cümle** *gr.* untergeordneter Satz; Nebensatz *m* *tabi (*od.* tali *od.* yan) cümle
bağımlılık, -ığı 1. Abhängigkeit *f* *tabiiyet 2. parteiliche *od.* ideologische Bindung
bağımsız unabhängig, selbständig, ohne Bindung *müstakil ~ **cümle** *gr.* selbständiger Satz *müstakil cümle ~ **elmen** *jur.* s. **aslî zilyet;** ~ **milletvekili** parteiloser Abgeordneter
bağımsızca s. **müstakillen**
bağımsızlaştırmak in die Freiheit entlassen (Kolonialvolk)
bağımsızlık Unabhängigkeit, Selbständigkeit *f* *istiklâl
bağın 1. s. **bağım** 2. Absteifung *f,* Stützwerk *n* 3. Bindung *f* 4. Verbindung *f*
bağıntı 1. *a. math.* Verhältnis *n* *münasebet, nispet 2. *phil.* Verhältnis *n,* Bedingtheit, Relation, Beziehung *f* *görelik, izafet
bağıntıcılık, -ığı s. **relativizm**
bağıntılı 1. verbunden 2. s. **izafi** 3. begrenzt, ungefähr, annähernd 4. *mus.* parallel (Tonarten) *ilgili
bağıntılık, -ığı s. **izafiyet**
bağır (I), **-ğrı** 1. Brust-, Vorder-seite *f* des Körpers *göğüs 2. mittlerer Teil (e−s Bogens *od.* Berges) 3. *an.* generelle Bez. für Organe in Körperhöhlungen wie Hirn *n,* Leber *f* usw. s.a. **bağırlar** 4. Herz *n* *yürek ~ **sesi** s. **göğüs sesi;** ~ **yeleği** *fr.* Lederkoller *n* (unter e−r Rüstung) **-ı açık** nachlässig, unordentlich gekleidet **-ı çökük** mit ein-

gefallener Brust **-ı kara** (*od.* **-ı yanık**) 1. wer viel Kummer und Leid durchgemacht hat 2. betrübt, niedergeschlagen, verzweifelt **-ı Kerbelâ'ya dönmek** furchtbaren Durst bekommen **-ı kül olmak** (*od.* **-ı yanmak**) sehr leiden **-ına basmak** 1. an die Brust ziehen, ans Herz drücken, auf den Schoß (in die Arme) nehmen; herzen 2. *fig.* j–n unter seine Fittiche nehmen; protegieren **-ına işlemek** sehr zu Herzen gehen **-ına taş basmak** *fig.* die Zähne zusammenbeißen; Geduld beweisen; et. in sich hineinfressen **-ını delmek (deşmek, ezmek)** j–n zutiefst treffen, j–m das Herz zerschneiden **-ını doğramak** j–m das Herz zerreißen **-ını kan etmek** (b–nin) *selt.* j–n in großes Leid stürzen

bağır (II) **bağır bağırmak** s. **bar bar bağırmak**

bağırcak *dial.* Sicherungsstrick *m* e–s Schäfers (der das e–e Ende um die Schafe, das andere um seine Hüften festbindet)

bağırdak s. **bağıldak**

bağırgan s. **büyük (küçük) kartal;** ~ **renkler** grelle, schreiende Farben *pl.* **-lar** echte Schreivögel *pl. zo.* Clamatores

bağırıcı grell, schreiend (Farben)

bağırışmak s. **bağrışmak**

bağırlar *an.* Eingeweide *n* *ahşa, iç organlar

bağırmak 1. schreien, brüllen, heulen; (Elefant) trompeten 2. j–m et. laut zurufen, zuschreien 3. wütend anschreien; losbrüllen (auf j–n) **bağırıp çağırmak** losschreien, losbrüllen, herumschreien

bağırsak(-çı) s. **barsak(-çı)**

bağırtı Schreien, Geschrei *n*

bağırtlak, -ağı 1. s. **yaz (kış)** ~ **ördeği** 2. s. **kum -ı;** ~ **kuşu** Steppenhuhn *n zo.* Syrrhaptes paradoxus

bağış 1. Spenden *n,* Spende *f* *hibe, teberru 2. s. **af; -ta bulunmak** spenden

bağışçı Spender(-in *f*) *m*

bağışık 1. von e–r Verpflichtung entbunden 2. *med.* immun *(1, 2) muaf ~ **kılmak** 1. dispensieren 2. *med.* immunisieren *(1, 2) muafiyet vermek

bağışıklamak s. **bağışık kılmak**

bağışıklık, -ığı s. **muafiyet**

bağışlama 1. *jur.* Schenkung, Spende *f* *hibe 2. s. **af**

bağışlamak 1. schenken, spenden *teberru etmek 2. erlassen (z.B. Strafe) *affetmek 3. verzeihen, vergeben *affetmek 4. (kabahatini, kusurunu, hatasını) über et. hinweggehen; begnadigen 5. j–m et. nicht wegnehmen, j–m et. lassen *od.* schenken 6. *Höfl.* nennen, sagen (Namen) 7. schützen, bewahren (Gott) Zu 5: s. **canını** ~ Zu 7: s. **Allah bağışlasın!**

bağışlanan *jur.* der Bedachte, der Beschenkte *mevhubünleh

bağışlayan; bağışlayıcı *jur.* Schenker, Spender *m* *vahip

bağıt(-çı) s. **akit; âkit**

bağıtla(ş)mak s. **akdetmek (akitleşmek)**

bağıtlı 1. s. **münakit** 2. s. **taahhütlü**

bağkesen Rebenschneider *m zo.* Lethrus apterus *makaslıböcek (2)

Bağ-Kur Sozialversicherungsgesellschaft für Gewerbetreibende und andere freiberuflich Tätige

bağkuşak, -ağı s. **bağlama** (4)

bağla *dial.* Wehr *n,* Staudamm *m,* Talsperre *f* *bent, set

bağlaç, -acı 1. Büro-, Heft-klammer *f* *raptiye 2. *gr.* Konjunktion *f,* Bindewort *n* *rabıt

bağlaçlı: ~ **tamlama** *gr.* adj. *od.* subst. syndetische Fügung ~ **yantümce** *gr.* Aussagesatz mit **ki** (z.B. **Diyorlar ki.**) *cümlei istidrakiye

bağlaçsız: ~ **bağlama** *gr.* asyndetische Fügung (z.B. **okur yazar**)

bağlaçsızlık *stil.* Asyndeton *n,* Asyndese *f*

bağlağı *dial.* s. **bağla**

bağlak 1. *dial.* s. **bağla** 2. *Th.* s. **epilog**

bağlam Bündel *n,* Garbe *f,* Bund *m* *demet, huzme

bağlama 1. Vs. zu **bağlamak** 2. *mus.* mit drei Doppelsaiten bespannte Gitarre **(tambura)** (kleiner als **bozuk** und größer als **bulgari**) 3. Strebe, Spreize, Stütze *f,* Verbindungsbalken, Eisenträger, Stützpfeiler *m* usw. 4. Gerüstbug *m,* Bugbrett *n* (beim Bau) *bağkuşak 5. Gelenkverbindung *f* (bei Maschinenteilen) 6. *(türk. Volkslit.)* Abfassung *f* e–s Werkes 7. (in Liedern) Refrain *m* *kavuştak ~ **borusu** Verbindungsrohr *n* ~ **cıvatası** Verbindungsbolzen *m* ~ **çeliği** (Stahl-)Absteifung *f* (beim Bau) ~ **çengeli** Kupplungshaken *m* ~ **çubuğu** Verbindungs-, Quer-stange *f* ~ **direği** Ankermast *m* (für Luftschiffe) ~ **edatı** s. **bağlaç** (2); ~ **hançeri** s. **kılıç** (7); ~ **kablosu** Verbindungskabel *n* ~ **kovanı** Verbindungsmuffe *f* ~ **krokisi** Schaltschema *n* ~ **limanı** Heimathafen *m* *tescil limanı ~ **merteği** *arch.* Sparren *m* ~ **somunu** Kupplungsmutter *f* ~ **şamandırası** *naut.* Vertäuungsboje *f* ~ **ulacı** *gr.* Gerundium *n* auf **-ip** *sıygai atfiye ~ **vidası** Heftschraube *f* ~ **yeri** Verbindungsstelle *f* ~ **zinciri** Kupplungskette *f*

bağlamak 1. (an-, zu-, fest-)binden; (ver-, zu-)schnüren 2. festmachen, befestigen (an et. anderem), (an-)kuppeln, anhängen (z.B. Eisenbahnwagen); umgürten (z.B. Schwert) 3. knoten, binden, knüpfen (z.B. Krawatte) 4. verbinden (*a.* z.B. Wunde), verknüpfen, vereinigen 5. zusammenschnüren (und ein Paket, Bündel, e–n Ballen usw. machen) 6. umwickeln (z.B. Kopf) 7. schließen, zustopfen 8. ziehen (Mauer) 9. schließen (Bündnis) 10. bilden (Kruste, Fettschicht, Reihe usw.); ansetzen, annehmen, gewinnen (z.B. Farbe); hervorbringen; entstehen lassen 11. aussetzen (Lohn, Gehalt usw.) *tahsis etm. 12. in best. Form festlegen; abmachen 13. verpflichten 14. fesseln, lähmen, lahmlegen 15. zu Ende führen; beenden, abschließen 16. (j–n innerlich für et.) einnehmen, gewinnen 17. verzaubern, verhexen 18. beifügen (z.B. Unterlagen) 19. *techn.* schalten 20. vertonen, komponieren 21. binden: a) *mus.* b) (Suppe, Sauce) 22. festlegen (z.B. Kapital *od.* durch Vertragsklausel) 23. begrenzen, einschränken 24. *med.* abbinden (Adern usw.) 25. e–n Raum einnehmen; sich ausdehnen (auf) *kaplamak, sarmak 26. (b–se para) Geld ausgeben (für) 27. zuschreiben; (auf et.) zurückführen Zu 2: s. **kılıç** ~ Zu 4: **yarayı** ~ die Wunde verbinden **perşembeyi cumaya bağlayan gece** die (bzw. in der) Nacht von Donnerstag auf Freitag Zu 10: s. **kabuk (kaymak, renk, tohum)** ~ Zu 12: **işleri mukaveleye** ~ das Ganze vertragsmäßig festlegen **bir esasa** ~ e–e feste Regelung treffen Zu 13: **Beni buraya bağladı, iki saat boşuna bekletti.** Er hat mich hierherbestellt und mich zwei Stunden vergeblich warten lassen. Zu 14: s. **basireti ~; göz** ~ Zu 15: s. **lakırdıyı (masalı)** ~ Zu 16: **gençliği demokrasi fikrine** ~ die Jugend für das demokratische Denken gewinnen. **Bu hareketi beni ona bağladı.** Diese seine Handlungsweise hat mich für ihn eingenommen Zu 20: s. **beste** ~

bağlamalık s. **gergi** (3)

bağlan Kragentrappe *f zo.* Chlamydotis undulata

bağlanım 1. s. **irtibat** 2. Bindung *f* (z.B. an e–e Partei)

bağlanış 1. Verschnürung *f* (z.B. e–s Pakets) 2. *techn.* Verbindung, Kopplung, Befestigung *f* 3. *lit.* Epilog *m*

bağlanma Vs. zu **bağlanmak;** ~ **tarzı** *techn. a.* Schaltung *f*

bağlanmak Pass. *od.* Refl. zu **bağlamak. Çocuk öğretmenine bağlanıverdi.** Der Junge war sofort für seinen Lehrer eingenommen. **büyük ümitle bağlandığımız güreşçi** der Ringer, auf den wir so große Hoffnungen gesetzt hatten

bağlantı 1. *(a. mus.)* Bindung *f* 2. Verbindung, Verknüpfung, Kupplung, Koppelung *f* 3. was mit et. anderem verbunden *od.* davon abhängig ist 4. Vorort *m* (e–r

Stadt) 5. *techn.* Band *n,* Verstrebung *f* 6. (Geschäfts-) Abschluß *m* 7. *geol.* a) Korrelation *f* *irtibat b) Scharung *f* ~ **ipi** Sicherungsseil *n* (z.B. e–r Seilmannschaft) ~ **koymak** verstreben ~ **kurmak** e–e Verbindung schaffen ~ **taşları** *arch.* Verzahnung *f*
bağlantılı 1. verknüpft, verbunden, zusammenhängend *mürtebit 2. s. **bitişken** (2); ~ **suçlar** *jur.* zusammenhängende Straftaten *pl.*
bağlantısız ohne Bindung, *pol.* blockfrei
bağlantısızlık *pol.* Blockfreiheit *f*
bağlaşma(-k) s. **ittifak (etmek)**
bağlayıcı verbindend, verknüpfend ~ **edat** s. **bağlaç** (2)
bağlı 1. (an-, zu-, fest-)gebunden, zugeschnürt, verschnürt, festgemacht (usw. s. **bağlamak**) 2. (m. Dat.) abhängig (von), beruhend (auf) *mütevakkıf, menut, vabeste 3. (zu-)geschlossen; ver-, ge-sperrt *kapatılmış olan 4. gelähmt, lahmgelegt 5. angeschlossen, angegliedert, e–n Teil bildend 6. a) (birbirine) eng verknüpft, ineinander verschlungen b) anhänglich, liebevoll, verbunden 7. beigefügt (z.B. Unterlage) 8. *selt.* zuständig 9. eingeschränkt *kayıtlı 10. *(Volksaberglaube)* durch Hexerei unfähig zum Geschlechtsverkehr (Mann); impotent 11. interessiert, aufgeschlossen 12. *mus.* gebunden ~ **balon** Fesselballon *m* *sabit balon ~ **cümlecikler** *gr.* koordinierte (beigeordnete) Sätze *pl.* *atıflı (*od.* tertipli) cümleler ~ **nedensellik** Kausalnexus *m* *mürtebit illiyet ~ **ortaklık** *H* Tochtergesellschaft, Filiale *f*
bağlık 1. für e–n Weinberg geeignet *od.* best. 2. mit Weinberg(-en) 3. *pr.* reich an Weinbergen ~ **bahçelik** reich an Weinbergen und Gärten
bağlılaşma *phil.* Korrelation, Wechselbeziehung *f* *münasebet
bağlılık, -ığı 1. Verbundensein *n,* Verbundenheit *f* 2. Gebundensein *n,* Abhängigkeit *f* 3. Anhänglichkeit *f* *(1–3) merbutiyet 4. *a. med.* Korrelation, Wechselbeziehung *f* *korelasyon 5. Beachtung, Einhaltung *f* *riayet ~ **akçesi** Haftungssumme *f,* Reugeld *n* ~ **borcu** Treupflicht *f* *sadakat borcu
bağmak 1. s. **bağlamak** 2. s. **büyülemek** 3. s. **baştan çıkarmak**
bağnak *dial.* s. **bağan(-a)**
bağnaz(-lık) s. **mutaassıp, (taassup)**
bağrıkara 1. Schwarzkehlchen *n zo.* Saxicola torquata 2. s. **bağrı kara**
bağrış Schreien, Geschrei, Gebrüll, Geheul *n*
bağrışmak (zu mehreren) schreien, brüllen, heulen, kreischen
bağtak *fr.* 1. hoher Kopfputz führender Haremsdamen 2. großes Umschlagtuch; Schal *m*
bağteten *va.* plötzlich, mit einem Mal, unvermutet, unerwartet *ansızın
bah! (Int. der Geringschätzung) pah! bah! ach was! Unsinn!
bâh *z. va.* Sinnlichkeit, (sexuelle) Wollust *f,* Geschlechtstrieb *m*
baha s. **paha**
bahadır [·–·] sehr tapfer; heldenhaft; Held *m* *kahraman, yiğit
bahadırlanmak 1. zum Helden werden 2. sich wie ein Held gebärden
bahadırlık [·–··], **-ığı** große Tapferkeit; Heldenmut *m* *kahramanlık, yiğitlik
Bahaî [·––] Anhänger(-in *f*) *m* des Behaismus
Bahaîlik [·––·], **-iği; Bahaiye** [·––·] Behaismus *m* (isl. Sekte und deren Lehre; Fortführung der Lehre vom Bab)
bahane [·–·] Vorwand *m,* vorgeschützter Grund; Ausflucht, Ausrede *f,* (leere) Entschuldigung ~ **aramak** Ausflüchte versuchen; ausweichen ~ **bulmak (göstermek, uydurmak)** 1. e–n Vorwand finden 2. die Schuld auf et. schieben (Zu 2: vgl. Stw. **tedbir**); ~ **etmek** et. als Vorwand angeben; et. vorschützen ~ **tutmak** sich auf et. hinausreden (wollen)
bahanecilik, -iği Ausflüchtemachen *n*
bahar (I) 1. Frühling *m,* Frühjahr *n,* Lenz *m* *ilkbahar, rebi 2. neue Blätter und Blüten *pl.* 3. *fig.* Jugendzeit *f,* Lenz *m* des Lebens 4. ≗ türk. Zigarettenmarke ~ **açısı** *astr.* Rektaszension *f* *metalii müstakime ≗ **açtı** (*od.* **oldu**). Der Frühling ist gekommen. Es ist Frühling geworden. **Bahar Bayramı** Frühlingsfest *n* (staatlicher Feiertag; 1. Mai) ~ **devinmesi** *astr.* Präzession *f* ~ **faslı** (*od.* ~ **mevsimi**) Frühlingszeit *f* ~ **köpüğü** Kuckucksspeichel *m* (der Schaumzikaden) ~ **müjdecisi** Frühlings-bote, -künder *m* ~ **nezlesi** s. **saman nezlesi;** ~ **noktası** *astr.* Frühlings-, Widder-punkt *m,* Äquinoktium *n* *ılım, itidal, rebiî nokta ~ **yıldızı** kriechendes Gipskraut *bot.* Gypsophila repens ≗ı **başına vurmuş.** *spött.* „Der Frühling ist ihm (ihr) zu Kopf gestiegen.“: 1. Er (Sie) ist zu dünn gekleidet. 2. Für sein (ihr) Alter kleidet er (sie) sich zu jugendlich. 3. Er (Sie) ist wohl verrückt geworden.
bahar (II) Gewürz *n* ~ **bitkileri** Gewürzpflanzen *pl.* ~ **karanfil ağacı** s. **karanfil ağacı**
baharat, -tı *urspr.* [·––] *mst.* [··] 1. Gewürze *pl.* 2. Gewürz *n* *bahar 3. *pr.* s. **yenibahar; Baharat adaları** *n.pr.* Gewürzinseln, Molukken *pl.* *Moluklar
baharatçı(-lık) Gewürz-händler, (-handel) *m*
baharcı 1. s. **baharatçı** 2. wer Gewürze liebt
bahariye [·–··] 1. (in der fr. türk. Lit.) Frühlings-lied, -gedicht *n* 2. s. **altınkamışı** 3. *hist.* die jährliche Sommeruniform der Janitscharenoffiziere 4. ≗ Name zweier Stadtviertel in Istanbul
baharlı gewürzt, Gewürz- ~ **ekmek** (leicht abführender) Lebkuchen aus Roggenmehl, Honig und Gewürzen
bahçe 1. Garten *m* 2. Laufstall *m* (für Kleinkinder) 3. s. **aile bahçesi** 4. s. **bahçelik;** ~ **adaçayı** s. **adaçayı;** ~ **avlu** Hof *m* mit Anpflanzungen (Rasen usw.) (z.B. Gefängnishof) ~ **bezelyesi** Garten-, Feld-erbse *f bot.* Pisum sativum ~ **bülbülü** s. ~ **ötleğeni;** ~ **çuhaçiçeği** Gartenaurikel *f bot.* Primula hortensis ~ **döşeği** Gartenbeet *n* ~ **düğünçiçeği** asiatischer Hahnenfuß *m bot.* Ranunculus asiaticus ~ **glayölü** gemeine Siegwurz *f bot.* Gladiolus communis ~ **hezareni** Gartenrittersporn *m bot.* Delphinium ajaciş ~ **kanepesi** Gartenbank *f* ~ **kasımpatı** Kronenwucherblume *f bot.* Chrysanthemum coronarium ~ **kekiği** Gartenthymian *m,* römischer Quendel *bot.* Thymus vulgaris ~ **kızılkuyruğu** Gartenrotschwanz *m zo.* Phoenicurus phoenicurus ~ **koşarkınkanatlısı** Gartenlaufkäfer *m zo.* Carabus hortensis ~ **kovası** Gießkanne *f* (des Gärtners) ~ **köşkü** Lustschlößchen *n* ~ **meraklısı** Gartenfreund *m* ~ **mimarı** Gartenarchitekt *m* *bahçeci ~ **mimarisi** (*od.* ~ **mimarlığı**) Gartenarchitektur *f* ~ **ötleğeni** Gartengrasmücke *f zo.* Sylvia borin ~ **parmaklığı** Gartenzaun *m* ~ **salyangozu** Gartenschnecke *f zo.* Cepaea hortensis ~ **sefası** Gartenfest *n* ~ **sineği** Märzfliege *f zo.* Bibio marci *mart sineği ~ **şakayıkı** 1. Gartenwindröschen *n bot.* Anemone stellata *yıldızlı numan çiçeği 2. Kronenwindröschen *n bot.* Anemone coronaria *gelincik, Girit şakayıkı, numan çiçeği ~ **şebboyu** Gartenlevkoje *f bot.* Matthiola incana (bzw. oxyceras) ~ **tarağı** Gartenrechen *m* ~ **teresi** Gartenkresse *f bot.* Lepidium sativum ~ **tırmaşık kuşu** Gartenbaumläufer *m* (Vogel) *zo.* Certhia brachydactyla ~ **uyuklayanı** Gartenschläfer *m zo.* Eliomys quercinus ~ **üvezi** Spierling *m bot.* Sorbus domestica ~ **vanilyası** s. **akrep otu** (2); ~ **yoncası** s. **acı bakla** (1); **-ye duvar çekmek** den Garten mit e–r Mauer umgeben
Bahçe *n.pr.* O. u. D. im Rbz. Adana

bahçeci 1. Garten-besitzer, -freund *m* 2. Gärtner *m* 3. Gartenarchitekt *m* *bahçe mimarı
bahçecilik, -ği 1. Garten-bestellung *f*, -bau *m* 2. Gartenarchitektur *f*
bahçelendirmek mit Garten (bzw. Gärten) ausstatten
bahçeli mit Garten (bzw. Gärten); Garten- ~ **evler** 1. Garten-siedlung, -stadt *f* 2. **Bahçeli Evler** *n.pr.* Stadtteil in Ankara *od.* Istanbul ~ **lokanta** Gartenrestaurant *n* ~ **şehir** Gartenstadt *f* *sitejarden
bahçelik, -ği 1. für e–n Garten geeignet *od.* best. 2. Gartenland *n* 3. reich an Gärten; gartenreiche Gegend 4. *naut.* Heck-, Hinter-, Achter-galerie *f* (auf alten Kriegsschiffen) *galeri, kalarya
Bahçesaray *n.pr.* Bachtschisarai (Stadt auf der Krim; fr. Residenz der Tatarenchane)
bahçesiz gartenlos
bahçe-sokak *(G)* breite Straße mit Grünanlagen (wie z. B. Atatürk Bulvarı in Ankara) *yeşil-yol
bahçeşehir s. **bahçeli şehir**
bahçıvan Gärtner *m* ~ **aletleri** Gartengeräte *pl.* ~ **bıçağı** Hippe *f*, Gartenmesser *n* ~ **makası** Garten-, Heckenschere *f*
bahçıvancı *P* für bahçıvan
bahçıvanlık 1. Gartenbau(-kunst *f*) *m*, Gartenarbeit *f* 2. Gärtnerei *f* 3. Blumen- (Obst-, Gemüse-)Zucht *f*
bâhî Geschlechts-, Liebes-, Sexual- **kuvvei bâhiye** Sexualkraft *f* (des Mannes)
bahil [·–] *va.* 1. geizig *cimri, pinti, hasis 2. *fig*, s. **çorak**
bahir, -hri 1. *va.* Meer *n* *deniz 2. Versart *f* (im **aruz**) 3. Einzelteil *m* im **mevlût** 4. *va.* großer See *od.* Fluß 5. *va.* berühmter Wissenschaftler
bâhir *va.* 1. deutlich, klar, evident, offensichtlich 2. glänzend, leuchtend
bahis, -hsi 1. Erwähnung, Erörterung, Besprechung, Diskussion *f* 2. Thema *n*, Frage *f*, erwähnter Gegenstand; Kapitel *n* 3. Wette *f* (Zu 1: **Bundan** ~ **yok.** Davon ist nicht die Rede.) ~ **açmak** (bşden) et. erörtern, besprechen ≗ **derinleşti.** Man ging tiefer auf das Thema ein. ≗ **felsefeye döküldü.** Man kam auf Philosophie zu sprechen. ~ **konusu** (*od.* ~ **mevzuu**) **(etmek)** s. **mevzubahis (etmek);** ~ **koymak** (*od.* **tutuşmak**) *od.* **-e gir(iş)mek** wetten. (**Ne bahsine istersen girerim!** Ich halte jede Wette!) ~ **yürütmek** (bşe dair) seine Meinung darlegen **-e dönmek** zum Thema zurückkehren **-i geçen** obenerwähnt
bâhis (bşden) *va.* besprechend, erörternd; handelnd (von)
bahisçi *selt.* wer e–e Wette eingeht; Wetter *m*
bahmal *fr.* Baumwollsamt *m*, Velvet *m*, *n*
bâhname [––·] pornographische Schrift; Pornographie *f*
Bahrelabyat, -dı *n.pr.* Weißer Nil *Beyaz Nil
Bahrelazrak *n.pr.* Blauer Nil *Mavi Nil
bahren *va. Adv.* zur See, auf dem Seeweg
bahri 1. Eisvogel *m zo.* Alcedo atthis *yalıçapkını 2. s. **yumurta piçi**
bahrî See-, Meer-, Marine- *denizel, denizsel, enginsel ~ **hizmet** Marinedienst *m* ~ **iklim** Seeklima *n*, ozeanisches Klima ~ **imparatorluk** Vorherrschaft *f* zur See ~ **müsademe** *va.* Schiffszusammenstoß *m* *çatma ~ **müsadere** *va.* Prisenrecht *n* *denizde zabıt ve müsadere ~ **tahdidi teslihat** Abrüstung *f* zur See, Flottenabrüstung *f*
Bahri- *(in va. Füg.:)* **-ahmer** *n.pr.* s. **Kızıldeniz; -hazer** *n.pr.* s. **Hazerdenizi; -lût** *n.pr.* s. **Lût denizi; -muhit** s. **okyanus; -muhiti Atlasî** *n.pr.* s. **Atlantik; -muhiti Kebir** *n.pr.* s. **Pasifik; -muhitî** zum Ozean gehörig *od.* diesen betreffend; ozeanisch *okyanusal; **-müncemit, -di** *n.pr.* s. **Buz okyanusu; -sefit, -di** *n.pr.* s. **Akdeniz; -siyah** *n.pr.* s. **Karadeniz**
bahriye Kriegsmarine *f* ~ **birinci feriki** *fr. Bez.* für **oramiral;** ~ **feriki** *fr. Bez.* für **koramiral;** ~ **kaymakamı** s. **deniz yarbayı;** ~ **mavisi** s. **deniz mavisi;** ~ **miralayı** s. **deniz albayı;** ~ **mirlivası** *fr.* Konteradmiral *m* ~ **mülâzımı** *fr.* Fähnrich *m* zur See ≗ **Vekâleti** (türk.) Marineministerium *n* (1924–1928) ~ **yakası** Matrosenkragen *m*
bahriyeli 1. Matrose, Marine-soldat, -offizier *m* 2. Schüler *m* der Kriegsmarineschule
bahsetmek [×··] 1. (m. Abl.) besprechen, erwähnen, diskutieren, erörtern; sprechen (von) 2. wetten Zu 2: **Böyle olduğuna bahsediyorum.** Ich wette, daß es so ist.
bahsî *phil.* diskursiv *gidimli
bahsimüşterek Totalisator *m*, Toto *m*, *n*
bahş 1. gnädiges Gewähren; Schenken, Geben *n* 2. Vergeben, Verzeihen *n* ~ **etmek** 1. gnädig gewähren; schenken, geben, bewilligen, zugestehen; gelangen lassen (zu) 2. verzeihen, vergeben
-bahş *z. va. pers. Sx.* 1. gewährend, gebend, erweisend, erweckend, erregend, zeitigend; Anlaß gebend (zu); führend (zu) 2. *selt.* verzeihend Zu 1: Vgl. **alâka-, endişe-, hayat-, netice-, şeref-, ümit-bahş** usw. Zu 2: Vgl. **hata-bahş**
-bahşâ *va. pers. Sx.* s. **-bahş**
bahşayiş *va.* 1. Geschenk *n* 2. Verzeihung, Vergebung *f*
bahşiş 1. Trinkgeld *n* 2. *selt.* geschenkt ≗ **atın dişine bakılmaz.** *Spr.* Einem geschenkten Gaul sieht man nicht ins Maul. *Spr.*
bahşüihsan etmek *va.* (gnädig) gewähren, schenken, geben
baht, -tı 1. Schicksal, Geschick, Los *n* 2. *mel.* günstiges Geschick; Glück *n*, Gunst *f* des Schicksals ≗ **billurdandır, çok parlarsa çatlar.** *Spr.* Glück und Glas, wie leicht bricht das! *Spr.* ~ **işi** Glücks-, Zufalls-sache *f* ~ **körlüğü** Unglück, Pech *n* ~ **veya tesadüfe bağlı mukavele** *jur.* aleatorischer (*od.* gewagter) Vertrag ~ **yıldızı** *fig.* Glücksstern *m* **-ı açık** wer Glück hat; Glücksvogel *m* ≗**ı açıldı.** Das Glück begann ihm zu lächeln. **-ı aydınlanmak** sich freuen; gute Botschaft erhalten **-ı bağlı olmak** keinen Mann (ab-)bekommen; sitzenbleiben (Mädchen) **-ı gülmek** (auf einmal) Glück haben **-ı kara** Unglücksrabe, Pechvogel *m* ≗**ın gür olsun!** Viel Glück! **-ına küsmek** s. Stw. **küsmek;** ≗**ınıza!** wenn Sie Glück haben (*scil.* gelingt Ihnen Ihr Vorhaben)
bahtiyar [··–] glücklich ~ **etmek** glücklich machen; erfreuen ≗ **olanın bahtı yâr olur.** *Spr.* (Wortspiel) (etwa:) Wo Tauben sind, da fliegen Tauben zu. *Spr.*
bahtiyarlık [··–·], **-ğı** Glück(-lichsein) *n*
bahtlı glücklich
bahtsız unglücklich, vom Unglück verfolgt; Pechvogel *m*
bahtsızlık, -ğı Unglück, Pech, Mißgeschick *n*
bahur [––] *astr.* Großer Hund *Büyük Köpek; *s. a.* **eyyamı bahur; -un fırtınası** *naut.* Name e–s period. Seesturms (gegen 31. Juli)
bahusus [×·–] s. **bilhassa**
bahü (*franz.* **bahut**) 1. *va.* Truhe *f* 2. niedriges Büfett; Anrichte *f*
bais [–·] *va.* Grund *m*, Ursache *f*, Anlaß *m* ~ **olmak** (bşe) *va.* verursachen, veranlassen, bewirken, herbeiführen
bait, -di [·–] *va.* fern(-liegend), entfernt (z. B. Möglichkeit)
bakacak, -ağı *dial.* 1. s. **pencere** 2. s. **ayna** 3. natürliche, hohe Beobachtungsstelle (*spez.* zur Feststellung des Ramazan-Beginns) 4. s. **balkon** 5. mit schönem Ausblick
bakaç, -cı *dial.* s. **dürbün**
bakadurmak; bakakalmak s. Stw. **bakmak**
bakaf s. **yürek sarmaşığı**
bakak, -kı Dornengras *n bot.* Crypsis Schoenoides
bakalarya [··×·] *naut.* Gillung (Gilge, Gilling) *f* (des Hinterschiffs)
bakalit, -ti Bakelit *n* (Werkstoff)
bakalorya [··×·] Reifeprüfung *f*, Abitur *n*

bakalyaro [··×·] **(balığı)** s. **mezgit**
bakan 1. Part. Präs. zu **bakmak** 2. Minister *m* *nazır, vekil. ≗**lar Kurulu** Ministerrat *m,* Kabinett *n* *Heyeti Vekile, İcra Vekilleri Heyeti
bakanak, -ağı 1. gespaltener Huf (der Wiederkäuer) 2. Polster *n* am Kamelfuß
bakanal, -li Bacchanal *n;* wüstes Trinkgelage
bakanlık, -ığı 1. Tätigkeit *f* (Rang *m,* Aufgaben *pl.* e–s Ministers *nazırlık, vekillik 2. Ministerium *n* *nezaret, vekâlet ~ **emrine alınmak** zur Disposition gestellt werden (zeitweilige Amtsenthebung zur Sicherung offizieller Untersuchungen) ~ **yetkilisi** zuständiger *od.* beauftragter Ministerialbeamter ≗**lar** *n.pr.* Ministerienviertel *n* (in Ankara)
bakant, -tı Priesterin *f* des Bacchus, Bacchantin, Mänade *f*
bakar *va.* 1. Rind *n,* Ochse *m* *sığır, öküz 2. *fig.* dumm, blöd
bakara (I) s. **bakar;** ≗ **suresi** Name der 2. Koran-Sure
bakara (II) *Ka.* Bakkarat *n*
bakarî *z. va.* Rinds-, Rinder-
bakariye (*od.* **hayvanatı** ~) s. **sığırlar**
bakarkör 1. wessen Blindheit an den Augen nicht zu erkennen ist; starblind 2. *fig.* unachtsam, zerstreut
bakaya [·––] *z. va. Pl.* zu **bakiye** 1. Rest *m,* (Über-)Reste *pl.,* Überbleibsel *n, pl.* *kalıntı(-lar) 2. *spez.* Steuerrückstände *pl.* *mütedahil vergi 3. *(Militärrecht)* Dienstflüchtiger 4. Ruinen, Trümmer *pl.* ~ **emsaliyle gelmeyenler** *mil.* Rückstand *m* ~ **kur'a fazlası** *mil.* Mannschaftsüberschuß *m,* überschüssige Mannschaften, Überzählige *pl.*
bakayalık [·––·], **-ığı** *(Militärrecht)* Dienstflucht *f*
bakı 1. Inspektion *f* *teftiş 2. a) Pflege *f* (e–s Kranken) b) Sorge *f* (für ein Kind) 3. *geogr.* Lage *f* (in bezug auf die Himmelsrichtung) *maraz
bakıcak, -ağı *dial.* s. **bakacak** (3)
bakıcı 1. sorgend (für), pflegend 2. Pfleger(-in *f*) *m* 3. *va.* Wahrsager(-in *f*) *m* *falcı, kâhin Zu 2: s. **çocuk ~; hasta-**
bakıcılık, -ığı 1. Pflegen *n,* Pflege *f* 2. *va.* Wahrsagen *n,* Wahrsagerei *f* *falcılık, kehanet
bakılamak (kaum gebr.) s. **teftiş etmek**
bakıldak s. **bağıldak**
bakılmak Pass. zu **bakmak. Çocuğa iyi bakıldı.** (*od. F* **Çocuk iyi bakıldı.**) Das Kind wurde gut gepflegt. **Muhakemesine bugün nakzen bakıldı.** Unter Aufhebung des ersten Urteils fand heute e–e neue Gerichtsverhandlung gegen ihn statt. **bakılacak yüze pencere bırakmak** es nicht ganz mit j–m verderben wollen (z. B. bei e–r heftigen Auseinandersetzung)
bakım 1. Blick *m* 2. Beobachtung *f* 3. Aufmerksamkeit *f* 4. Pflege *f* 5. Gesichts-, Stand-punkt, Hinblick *m,* Hinsicht *f* 6. Unterhalt(-ung *f*) *m,* Wartung *f* 7. s. **nafaka, geçimlik** Zu 5: **bu -dan** von diesem Gesichtspunkt aus betrachtet ~ **masrafları** (*od.* **giderleri**) Unterhalt(-ung)s.kosten *pl.* ~ **personeli** Bodenpersonal *n* (im Flugzeugwesen) ~ **yurdu** 1. Siechenhaus, Altersheim *n* *darülaceze 2. Waisenhaus *n* 3. Heim *n* für schwer erziehbare Kinder
bakımevi, -ni 1. Klinik *f* für ambulante Behandlung; Sanitätsstation *f* *dispanser 2. Kinderkrankenhaus *n* 3. Kinderhort *m* *kreş 4. s. **bakım yurdu**
bakımlı 1. gut gepflegt 2. gut in Ordnung gehalten
bakımlık, -ığı 1. *phot.* Bildwerfer *m* 2. Filmüberprüfungsgerät *n*
bakımsız ohne Pflege, ungepflegt, verwahrlost
bakımsızlık, ığı Fehlen *n* jeglicher Pflege *od.* ungenügende Pflege; Verwahrlosung *f*
bakıncak, -ağı 1. s. **nişangâh** 2. s. **şahnişin**
bakındı [×··] *P* Int. der Verwunderung *od.* Ablehnung *olur şey değil ≗ **hele!** Ach was! ≗ **yaramazın yaptığına!** Nun schau sich einmal einer an, was der Lausbub angestellt hat!
bakınmak forschend um sich schauen; umherblicken
bakır 1. Kupfer *n* 2. kupfern, aus Kupfer hergestellt 3. Kupfergefäß *n* ~ **basması** Kupfer-druck, -stich *m* *taydus ~ **boru** Kupferrohr *n* ~ **çağı** *geol.* Kupferzeit *f* *eneolitik ~ **çalığı** s. ~ **pası;** ~ **çalmak** (bir yemeği) *od.* ~ **çalığı olmak** nach Kupfer schmecken lassen (schlecht verzinntes Kupfergefäß) ~ **kaplama** Verkupferung *f* ~ **kazan** Kupferkessel ~ **kireç bulamacı** Kupferkalkbrühe *f* (*spez.* gegen Rebläuse) *Bordo bulamacı ~ **nefesli çalgılar** *mus.* Blechblasinstrumente *pl.* ~ **oyma** Kupferstechkunst *f* ~ **pası** Grünspan *m* ~ **rengi** Kupferrot *n* *kızıl kahverengi ~ **sülfat** (*od.* ~ **tuzu**) s. **göztaşı;** ~ **talaşı** Kupferspäne *pl.* ~ **tel** Kupferdraht *m* **-lar** s. **tenekeler**
bakırcak kleineres Kupfergefäß
bakırcı 1. Kupferschmied *m* 2. Kupferwarenhändler *m*
bakırcılık, ığı Gewerbe *n* e–s **bakırcı**
bakırhane [··–·] *va.* Kupferschmiede *f*
Bakırköy *n.pr.* (*fr.:* **Makriköy**) D. im Rbz. Istanbul und gln. Mittelpunkt (mit Irrenanstalt) **-'ü boylamak** ins Irrenhaus kommen; verrückt werden
bakırlanmak sich mit Kupfer(-resten) füllen (Züge e–s Geschützrohrs)
bakırlaşmak kupferrot werden
bakırlı mit Kupfer vermischt, Kupfer enthaltend, Kupfer- ~ **pirit** *min.* Kupferkies, Chalkopyrit *m* *kalkopirit
bakırtaşı, -nı *min.* Malachit, Kupferspat *m* *malakit
bakış Blicken *n,* Blick *m* *nazar ~ **açısı** Gesichtswinkel *m* ~ **doğrultusu** *astr.* Gesichtslinie *f,* Visionsradius *m*
bakışık *math.* symmetrisch *mütenazır, simetrik, simetrili, tenazurî
bakışım *math.* Symmetrie *f* *simetri, tenazur
bakışımlı s. **bakışık**
bakışımsız *math.* asymmetrisch *gayri mütenazır, simetrisiz
bakışımsızlık, -ığı *math.* Asymmetrie *f* *ademi tenazur; simetrisizlik
bakışlı m. nb. Blick *od.* Aussehen
bakışmak 1. blicken, schauen (zu mehreren) 2. (birbirine) sich gegenseitig ansehen *od.* beobachten
bakıt, -tı *dial.* s. **bakacak** (3)
baki [––] (I) 1. dauernd, dauerhaft, bleibend, ständig, ewig 2. übrig-, ver-, zurück-bleibend 3. das Übrige (Weitere) 4. *math.* Rest *m* (bei Division) 5. (bei Addition *od.* Multiplikation): bleibt ...; gemerkt ... 6. der Ewige, Unsterbliche 7. ≗ *mV spez.* türk. Dichter (1526–1600) 8. *va. Adv.* übrigens ~ **kalmak** übrig-, ver-, zurück-bleiben, bestehen bleiben ~ **olmak** dauernd (ewig, unsterblich) sein ~ **selâm** *(osm. Briefschluß)* Erneut herzliche Grüße! **Sizler ~!** s. **Sizlere ömür!**
baki (II) 1. *va.* weinend *ağlayan 2. s. **karabulut**
bakir [–·] 1. jungfräulich, unberührt, unbefleckt 2. funkelnagelneu (Münzen) 3. *fig.* unverbraucht, schaffenskräftig (z. B. Künstler) ~ **fikirler** unverfälscht gebliebene Ideen *pl.* ~ **orman** Urwald *m* *balta değmemiş orman ~ **toprak** jungfräulicher Boden
bakire [–··] 1. Jungfrau *f* *kız oğlan kız 2. ≗ *astr.* s. **Başak;** ≗ **Meryem Günü** s. **Meryem Ana Günü**
bakirelik, -iği Jungfräulichkeit *f*
bakiye 1. Rest *m,* Überbleibsel *n* *kalıntı 2. *H* (Konten-) Saldo, Rechnungsvortrag *m* 3. ver-, übrigge-blieben *kalan, artan, artık 4. Ergebnis, Resultat *n* 5. ≗ *wV* **-i matlup** *H va.* Rest-guthaben *n,* -forderung *f*
bakiyeisüyuf; bakiyetüssüyuf *va.* die vom Schwert verschont Gebliebenen; Überlebende *pl.;* Reste *pl.* e–r geschlagenen Armee
bakiyevî restlich, Rest- ~ **sahra** s. **kırıntı tortul**
bakka s. **üzümsü meyve**

bakkal Gemischt-, Kolonial-warenhändler, Krämer, *F* Kaufmann *m* ~ **çakkal** Krämer und ähnliche Leute *pl.* **ᵒ defteri değil** Das ist kein Schmierheft (in dem man herumkritzelt) ~ **dükkânı** s. **bakkaliye** (1); ~ **kâğıdı** *pej.* dickes, grobes Papier ~ **sandalı** *naut.* Marketenderboot, Bumboot *n* **-a bırakmak** *hum.* *(Kalauer)* Schieb das nicht auf die lange Bank (*scil.* indem du **„bakalım“** sagst)
bakkaliye [·–··] 1. Gemischtwarenhandlung *f*, Kolonialwarengeschäft *n* 2. Gemischt-, Kolonial-waren *pl.*
bakkallık, -ğı Tätigkeit *f* e–s **bakkal**
bakkam 1. Kampesche-, Blut-holz *n* 2. s. ~ **boya;** ~ **ağacı** 1. Pernambukholzbaum *m bot.* Caesalpinia echinata *kızılağaç 2. Kampescheholzbaum *m bot.* Haematoxylon campechianum ~ **boya** 1. unechte und wenig haltbare Farbe (*ant.* has boya) 2. *fig.* unecht; der Wahrheit *od.* Wirklichkeit nicht entsprechend ~ **kırmız ağacı** Sappenholz(-baum *m*) *n bot.* Caesalpinia sappan
bakla (I) Pferde-, Sau-bohne *f bot.* Vicia faba ~ **atmak** (*od.* **dökmek**) *od.* ~ **falı açmak** Saubohnen werfen (als Orakel), aus Saubohnen wahrsagen ~ **biti** Bohnenkäfer *m zo.* Bruchus rufimanus ~ **kadar** 1. von der Größe e–r Saubohne 2. dick, riesig (Floh, Wanze, Laus; Letter) ~ **oda nohut sofa** s. **nohut oda** ~ **sofa;** ~ **yaprakbiti** Bohnenblattlaus *f zo.* Aphis fabae **ᵒyı ağzında ıslatmaz.** Er kann kein Geheimnis für sich behalten. **yı çıkarmak** s. **ağzından -yı çıkarmak**
bakla (II) Kettenglied *n* ~ **zinciri** Gliederkette *f*
baklaçiçeği, -ni von gelblicher *od.* schmutzigweißer Farbe
baklagiller *bot.* Hülsenfrüchtler, Leguminosen *pl.* *bakliye fasilesi
baklakırı, -nı graugefleckt (Pferd); Apfel-, Grau-schimmel *m*
baklalı Glieder-, Ring- ~ **zincir** Glieder-, Ring-kette *f*
baklamsı saubohnenähnlich ~ **meyve** (*od.* ~ **yemiş**) Springfrucht *f* (als Kollektivbez. der Hülsenfrüchte) *semeri baklî
baklan s. **bağlan**
baklava mit Honig und Mandel- *od.* Nußfüllung hergestellte sehr geschätzte, mst. rautenförmige süße Blätterteigpastete ~ **biçimi** rhomben-, rauten-förmig ~ **börek** *fig.* 1. reichhaltig (Tafel) 2. *fig.* leicht und angenehm (Arbeit) ~ **dikiş** rhomben-, rauten-förmige Steppverzierung ~ **dilimi** s. ~ **biçimi;** ~ **tepsisi** rundes Blech mit niedrigem Rand (für **baklava**)
baklavalı 1. rautenförmig 2. *fr.* Stoff *m* mit rautenförmigem Muster ~ **saç** *spez. naut.* Riffelblech *n*
baklavamsı s. **baklavalı** (1)
baklî auf Hülsenfrüchte bezüglich **semeri** ~ s. **baklamsı meyva**
bakliyat, -tı [··–] *z. va. Pl.* Hülsenfrüchte *pl.*
bakliye (fasilesi) s. **baklagiller**
bakmak, (-ar) (m. Dat. *od.* ohne Obj.) 1. schauen (nach), hin-, an-schauen, hinsehen, betrachten 2. suchen 3. (hinaus-)gehen (auf), liegen (nach) (Fenster, Haus usw.) 4. pflegen, betreuen; sorgen (für) 5. ernähren; für j–s Lebensunterhalt sorgen 6. behandeln (Arzt e–n Kranken) 7. prüfen, nachsehen, sich vergewissern, feststellen, versuchen 8. sich beschäftigen (mit); erledigen, machen (Arbeiten) 9. abhängen (von); Sache sein (von); benötigen, brauchen; warten (auf) 10. (in e–e Farbe) spielen *od.* schimmern 11. Wert legen (auf); sich kümmern (um); vor Augen halten; achten (auf), berücksichtigen 12. erkennen, merken 13. (gerichtlich) verhandeln 14. bedienen, servieren (Kellner) 15. es j–m gleichtun wollen; nachahmen 16. **bakmamak** *gel. a.* nicht m. j–m rechnen; j–n aus dem Spiel lassen Zu 1: **Bakmadım ki göreyim.** Ich habe nicht eigens hingeschaut. Zu 2: **Çocuğa bak, nerededir?** Such das Kind, wo ist es denn? Zu 3: **Evin arkası denize bakıyor.** Das Haus geht mit der Rückseite nach dem Meer hinaus. Zu 4: **Bakarsan bağ olur, bakmazsan dağ.** *Spr.* Gute Pflege rentiert sich. Zu 6: **Hastaya hangi doktor bakıyor?** Welcher Arzt behandelt den Kranken? Zu 7: **Çorbanın tadına bakar mısınız?** Würden sie einmal die Suppe kosten? **Yarın çalışıp çalışmadığınıza bakacağım.** Ich werde mich morgen vergewissern, ob ihr fleißig (gewesen) seid. Zu 8: **Pasaport işine polis bakar.** Paßangelegenheiten werden von der Polizei geregelt. Zu 9: **Bu iş, beşyüz liraya bakar.** Hierfür benötigt man fünfhundert Pfund. **Bu evlerin hepsi kav gibi bir kibrite bakıyor.** Die Häuser hier sind alle wie Zunder; sie warten sozusagen nur auf ein Streichholz. Zu 10: **Bu kumaş yeşile bakıyor.** Dieser Stoff hat e–n grünlichen Schimmer (spielt ins Grünliche). Zu 11: **O, yalnız para kazanmağa bakıyor.** Ihm liegt nur am Geldverdienen. **bakmayarak** *a.*: trotz, ungeachtet Zu 12: **Baktım ki laf anlamıyor, sesimi kestim.** Ich merkte, daß mit ihm nicht zu reden war und sprach nicht weiter. Zu 13: **Hakaret davasına bakıldı.** Die Beleidigungsklage wurde verhandelt. Zu 14: **Burasına kim bakar?** Wer bedient hier? Zu 15: **Ördek kaza bakarak çatlar.** *Spr.* Schuster, bleib bei deinen Leisten! *Spr.* **bak!** 1. sieh! schau! 2. *mil.* (Kommando in den Füg.:) **Sağa (Sola) bak!** 3. (Ausruf der Verwunderung; häufig in Wiederholung) Nun sieh mal e–r an! 4. *spött.* Na, so ein (sonderbares) ... 5. Vergleiche! (Zu 3: **Bak, bak, neler oluyor!** Ja, was es nicht alles gibt! **Bak hele!** s. **bakındı** Zu 4: **Kıyafete bak!** Nun schau dir einmal den Aufzug an! **Lafa bak!** Nun hör dir nur einmal das Geschwätz an! Zu 5: **Bak dendi sıralarına!** Vergleiche die gesonderten Stichwörter!) **bakadurmak** dauernd anschauen; unentwegt anstarren (anstieren) **bakakalmak** 1. ganz verblüfft dastehen; vor Verwunderung Mund und Nase aufsperren 2. (b–ne) verwundert anstarren **bakalım** (*od.* **bakayım**) 1. (als Vermeidung e–r präzisen Zusage, als Vertröstung usw.) Wir werden schon sehen! Es wird sich schon geben! Warten wir es nur ab! u. ä. m. 2. (bei Aufforderung *od.* Drohung) na, mal, doch; nun einmal; nun endlich 3. (in Fragen) wohl, denn, also, nun (Zu 2: **Atla bakayım!** Na, nun spring mal! (z. B. Zuruf an ein Kind) **Elden gel bakalım yirmi lirayı!** Nun rück schon endlich die zwanzig Pfund heraus! **Söyle bakalım!** Nun sag mal ... **Dur** ~ **!** Bleib ja stehen! Zu 3: **Gidiyoruz ama, bakalım evde midir?** Wir gehen schon hin, aber ob er auch zu Hause sein wird?) **Bakar mısın(-ız)?** *(Zuruf)* Hallo! Heda! **Bakarsın** Es könnte sich ergeben, daß ...; möglicherweise **Bakın bakalım!** Passen Sie auf! **Bakmakla usta olunsa, köpekler** (*od.* **kediler**) **kasap olurdu.** *Spr.* 1. Von bloßem Zusehen lernt man noch nichts. 2. *gel.* Nur uneigennützige Betrachtung ermöglicht ein treffendes Urteil. **bakıp durmak** s. **bakadurmak. Hiç bakmaz.** *fig.* Er kennt keine Rücksicht. **Baksan(-ız-)a** s. **a** (3); **Baktıkça alır.** Er (Sie, Es) gewinnt bei näherer Betrachtung.
bakman(-lık) s. **müfettiş(-lik)**
bakmazlanmak so tun, als ob man nicht (hin-)sähe
bakraç, -cı 1. kleinerer, mst. aus Kupfer gefertigter Eimer (Kochtopf, Kessel usw.) 2. *naut.* Kohlen- *od.* Ascheneimer *m*
baks (*engl.-amerikanisch* **box**) Stange *f* (Zigaretten)
bakteri Bakterie *f*
bakteridi (*franz.* **bactéridie**) *med.* Milzbrandbazillus *m*
bakterigiller Bakterien *pl. zo.* Bacteriaceae
bakterisit, -di *med.* 1. bakterizid, bakterientötend 2. Bakterizid *n*, keimtötendes Mittel
bakteriyel bakteriell; durch Bakterien hervorgerufen
bakteriyemi *med.* Bakteriämie *f* (massenhaftes Auftreten von Bakterien im Blut)

bakteriyofaj Bakteriophage *m* (Bakterien vernichtendes Kleinlebewesen)
bakteriyoliz *med.* Bakteriolyse *f*, Zerstörung *f* von Bakterien
bakteriyolog Bakteriolog-e *m*, -in *f*, Bakterienforscher(-in *f*) *m*
bakteriyoloji Bakteriologie, Bakterienkunde *f*
bakteriyolojik bakteriologisch
bakteriyolojist, -ti s. **bakteriyolog**
bakteriyoz *biol.* Bakteriose *f* (durch Bakterien verursachte Pflanzenkrankheit)
baktırmak Kaus. zu **bakmak; k-ne** ~ 1. die Blicke (anderer) auf sich lenken 2. sich pflegen lassen
Bakû *n.pr.* Baku
bakûre [––·] *va.* 1. Früh-obst, -gemüse *n* 2. früh entwikkelt
Baküs *n.pr.* Bacchus
bal (I) 1. Honig *m* 2. austretender Saft (an der Rinde e–s Baumes *od.* bei überreifen Feigen) 3. *bot.* Nektar, Honig *m* (e–r Blüte) *nektar ~ **ağzı** erster Honig, Jungfernhonig *m* ~ **alacak çiçek** *fig.* 1. wen man schröpfen (ausnehmen) kann; melkende Kuh 2. lukrative Tätigkeit ~ **alacak çiçeği bilmek** wissen, wo et. zu holen ist ~ **arısı** (Honig-)Biene *f zo.* Apis mellifica (zur Differenzierung von **eşekarısı**). ≗ **bal demekle ağız tatlılanmaz.** *Spr.* Von schönen Versprechungen ist noch keiner satt geworden. ~ **başı** besonders reiner Honig ~ **çalmak** verlocken, verführen, ködern ~ **çiçeği** großer Honigstrauch *bot.* Melianthus major ~ **dök de yala!** *fig.* peinlich sauber gehalten; blitzblank (*F* man könnte vom Fußboden essen) ~ **gibi** 1. honigsüß, schmeichlerisch 2. ordentlich, tüchtig *adamakıllı 3. ohne Schwierigkeit, ganz leicht 4. mit Fug und Recht, mit dem richtigen Ausdruck (Zu 2: **Bal gibi yaparsın!** Und ob du das tun wirst! Zu 3: **Sen bunu bal gibi anladın ama, anlamamış gibi yapıyorsun.** Du hast das recht gut verstanden; du tust nur so, als hättest du es nicht kapiert. Zu 4: **Buna bal gibi çete derler.** So et. nennt man mit Fug und Recht „Räuberbande".) ~ **gömeci** gestickte, wabenförmige Stoff-Fältelung ~ **güvesi** s. **petek güvesi;** ~ **kelebeği** Bienenmotte *f zo.* Galleria mellonella ~ **kursağı** Kropf *m* (der Vögel) ≗ **olan yerde sinek de olur** (*od.* **bulunur**). *Spr.* Wo Honig ist, da sammeln sich die Fliegen (Wespen). *Spr.* ~ **otu** nickendes Perlgras *bot.* Melica nutans ~ **peteği** Honigwabe *f* ~ **rengi** (*od.* ~ **sarısı**) honig-, gold-gelb ~ **sağmak** zeideln (die Honigwaben aus dem Bienenstock ausschneiden) ~ **suyu** Honigwasser *n* (Heil- *od. fr.* Erfrischungsgetränk) ~ **süzücüsü** (*od.* ~ **süzme makinesi**) Honigschleuder *f* ≗ **tutan parmak yalar.** *Spr.* Gelegenheit macht Diebe. *Spr.* (Vgl. Goethe: Handelt einer mit Honig, er leckt zuweilen die Finger.) **-la kesmek** s. **Sözünüzü balla kesiyorum.**
bal (II) s. **balo;** ~ **kostüme** Kostümfest *n* ~ **maske** Maskenball *m* ~ **pare** Faschings-, Kostüm-, Masken-ball *m*, Bal paré *m*
bâl (I), **-li** *va.* Herz, Gemüt *n*, Stimmung *f*
bâl (II), **-li** *va.* Flügel *m*, Schwinge *f* *kanat
Bâl *n.pr.* Basel (Schweiz)
bala 1. Kind *n*, Junge *m* *çocuk, yavru 2. Junge *n* e–s Tieres 3. klein
balâ [––] *va.* 1. hoch, erhaben, hervorragend 2. vorhergehender Teil (e–s Schriftsatzes) 3. s. **rütbei** ~ 4. s. Stw. **hil'at; -da muharrer** *va.* oben erwähnt *yukarıda yazılı
Balâ *n.pr.* O. u. D. im Rbz. Ankara
balaban 1. groß, riesig (Mensch, Tier) 2. Tanzbär *m* 3. große Trommel mit Schlegel 4. *reg.* s. **atmaca** (1, 2) 5. *(bei Turkmenen)* e–e kleinere Oboe **(zurna)** 6. s. **balabankuşu**
balabankuşu, -nu große Rohrdommel *f zo.* Botaurus stellaris *okar; telli balıkçıl
balabanlanmak; balabanlaşmak riesig groß werden
balad *lit., mus.* Ballade *f*
balada s. **bulada**
baladen (*franz.* **baladin**) 1. Possenreißer *m* 2. Schmierenkomödiant *m*
baladör (*franz.* **baladeur**) *techn.* Gangschaltung *f* (im Auto)
baladur 1. *naut.* wer zollamtlich geöffnete Waren neu verpackt 2. s. **bekçi** 3. *reg. (Izmir)* Innungsvorstand *m* (der Trauben- und Feigenhändler)
balagan *z. va.* Flachdach *n*, Dachterrasse *f*
balak 1. Junge *n* e–s Tieres *spez.* Büffelkalb *n* *malak 2. Büffeljacke *f*
Balaklava *n.pr.* Hafenstadt auf der Krim
balalayka [··×·] Balalaika *f* (russ. M. i.)
balama Typ des Europäers (*spez.* Griechen) im Ortaoyunu *od.* Karagözspiel
balançina [··×·] *naut.* Toppnant *f*, Hänger *m* (Draht *od.* Kette zum Auftoppen von Ladebäumen, Rahen usw.)
balanit, -ti *med.* Balanitis, Vorhautentzündung *f*
balansiye *techn.* Balancier *m*, Schwinge *f*
balansiyeli mit e–r Schwinge ausgestattet; Balancier-
balansuar (koltuğu) Schaukelstuhl *m*
balanus Seepocke *f zo.* Balanus balanoides (*bzw.* crestatus)
balâpervaz [––·–] *z. va.* 1. hochfliegend 2. arrogant 3. ehrgeizig
balar s. **padavra**
balast, -tı 1. (Straßen-)Schotter *m* 2. (Gleis-)Bettung *f* 3. *naut.* Ballast *m* *safra (I) ~ **gemi** *naut.* Schiff *m* ohne Ladung
balastlamak 1. mit Schotter belegen 2. *naut.* mit Ballast beladen (Schiff)
Balat, -tı Stadtviertel von Istanbul am Goldenen Horn mit vorwiegend jüdischer Bevölkerung
balata (zamkı) Balata *f* (kautschukähnliches Naturprodukt) ~ **kayış** Balatariemen *m*
balayı, -nı Flitterwochen *pl.* ~ **seyahati** (*od.* ~ **yolculuğu**) Hochzeitsreise *f*
balbal (in alttürk. Zeit) Gedenkstein *m* (auf e–m Grab)
balcı 1. Imker, Bienenzüchter *m* 2. Honighändler *m*
balcılık, -ğı 1. Imkerei, Bienenzucht *f* 2. Honighandel *m*
balçak, -ağı *P* 1. Säbelkorb *m*, Glocke *f* (e–s Degens) 2. s. **kabza** (2)
balçık 1. Lehm, Ton *m*, Töpfererde *f* 2. Schlamm *m* *mil, salsal 3. schlammig, lehmig ~ **çulluğu** Zwergschnepfe *f zo.* Lymnocryptes minimus ~ **dökümü** Lehmguß *m* ~ **hurması** (bzw. **inciri**) (zusammengepreßte) Kisten-datteln (bzw. -feigen) *pl.* ~ **kalıp** Lehmform *f* ~ **kurdu** die Larve der Federmücke **(titrersinek);** ~ **maça** Lehmkern *m* **-la sıvamak** mit Lehm beschmieren (s. a. Stw. **güneş**)
balçıklamak s. **balçıkla sıvamak**
balçıklı 1. lehmig 2. mit Lehm beschmiert
balçıkyiyen Schlammbeißer *m zo.* Misgurnus fossilis (Schmerlenart)
baldaken Baldachin *m*
baldır 1. Unterschenkel *m* *sâk, encik 2. Wade *f* ~ **bacak** *F* nackte Beine (e–r Frau) ~ **çevresi** Wadenumfang *m* ~ **ikiz kası** *an.* Zwillingsmuskel *m* ~ **kemiği** s. **kamış kemiği;** ~ **patlatan** doppelter Beinhebel (bei **yağlı güreş**); ~ **sineği** s. **karasinek;** ~ **üçbaşlısı** *an.* dreiköpfiger Wadenmuskel **-ı çıplak** Strolch, Vagabund, übler Bursche
baldırak, -ağı 1. unterer Teil e–r Hose (e–r Unterhose *od.* e–s Säbelkoppels) 2. Wickel- *od.* Leder-gamaschen *pl.*
baldıran Schierling *m bot.* Conium (maculatum u. a.) *ağıotu ~ **şerbeti** *fig.* bitter erkaufter Gewinn
baldırgan s. **şeytan boku** (2)

baldırıkara Frauen-, Venus-haar *n bot.* Adiantum capillus Veneris *karabaldır, venüssaçı
baldırlık s. **baldırak** (2)
baldırsokan Wadenstecher *m* (gemeine Stechfliege) *zo.* Stomoxys calcitrans *ahır sineği; güğüm
baldız Schwester *f* der Ehefrau; Schwägerin *f*
baldudak s. **tatlı dilli**
bale(-ci) s. **balet(-çi)**
Balear adaları *n.pr.* Balearen *pl.*
balena s. **balina** (2)
balerin(-a) 1. Ballerine, Ballettänzerin, Balletteuse *f* 2. Ballettschuh(-e *pl.*) *m*
balet, -ti Ballett *n* ~ **dansçısı** s. **baletçi;** ~ **eğitmeni** Ballettmeister *m*
baletçi 1. Ballettänzer *m* 2. s. **balerin(-a)** (1)
baletli mit Ballett ~ **komedi** Ballettkomödie *f*
balgam Auswurf, Schleim *m* ~ **atmak** (*od.* **bırakmak**) *fig.* 1. verächtlichmachen, böswillige Anspielungen machen 2. verleumden ~ **çıkarmak** (*od.* **sökmek**) ausspeien; den Schleim auswerfen ~ **söktürücü** schleimlösend
balgamî *va.* schleimig, Schleim- ~ **Amut** *n.pr.* Schwitzende Säule *f* (in der Hagia Sophia)
balgamtaşı, -nı *min.* geäderter Chalzedon; Onyx *m* *Hacıbektaş (*od.* Kadıköy) taşı; mühresenk, oniks
balgarisa [··×·] *naut.* die beiden Ausbuchtungen e–s Radkastens (bei Raddampfern)
balık, -ığı 1. Fisch *m* 2. **Balıklar** *astr.* Fische *pl.* (Sternbild und Tierkreiszeichen) *Hut 3. *alttürk.* Stadt, Festung, Burg *f* (vgl. **Hanbalık**); ~ **ağı** Fischnetz *n* ~ **avı** Fischfang *m,* Fischerei *f* *balıkçılık, saydı mahi ~ **avlamak** 1. fischen, Fische fangen 2. *V* e–n guten Fischzug machen ⁓ **baştan kokar.** *Spr.* Die Korruption beginnt bei den führenden Männern. ~ **biti** Schalenkrebs *m zo.* Argulus foliaceus (Parasit an Fischen, *spez.* an Karpfen) ~ **buğulaması** gedünsteter Fisch ~ **corumu** s. Stw. **corum;** ~ **ezmesi** Fischpaste *f* ~ **fırtınası** *naut.* Name e–s period. Seesturms gegen Ende Oktober ~ **gibi** aalglatt ~ **gübresi** *agr.* Fischdüngemehl *n* ~ **ızgarası** 1. Fischgrill *m* 2. gegrillter Fisch ~ **iğnesi** Angelhaken *m* ~ **istifi gibi** zusammengepreßt wie die Heringe ⁓ **kaçtı** Name e–s türk. Ksp. (ähnlich wie Blindekuh) ~ **kartalı** Fischadler *m zo.* Pandion haliaëtus ~ **kavağa çıkınca** wenn der Fisch auf die Pappel steigt; (nach anderer Erklärung): wenn der Fisch bei **Kavak** ans Land steigt *d.h.* am St. Nimmerleinstag ~ **kılçığı** 1. Fischgräte *f* 2. Fischgrätenmuster *n* ~ **kılçığı örgü** Fischgratgewebe *n* ~ **kulağı** 1. (Fisch-)Kieme *f* 2. Seeohr *n zo.* Haliotis tuberculata (*a.* als Talisman verwendet; vgl. **katırboncuğu**); ~ **paçası** Fischsülze *f* ~ **pastırması** geräucherter *od.* getrockneter Fisch ~ **pazarı** Fischmarkt *m* ~ **pulu** (Fisch-)Schuppe *f* ~ **salamurası** Pökelfisch *m* ~ **sepeti** Fischreuse *f* ~ **suyu** Fischbrühe *f* ~ **sülüğü** gemeiner Fischegel *zo.* Piscicola geometra ~ **tavası** 1. Fischbratpfanne *f* 2. gebratener Fisch ~ **tenyası** Grubenkopf, Fischbandwurm *m zo.* Diphyllobothrium latum *geniş tenya ~ **torbası** Sacknetz *n* (für gefangene Fische) ~ **tutkalı** Fischleim *m* ~ **tutmak** *Sch.* Glück haben (*spez.* in e–r Prüfung) ~ **üretimi** Fischzucht *f* ~ **yağı** 1. Fischtran *m* 2. *spez.* Lebertran *m* ~ **yumurtası** 1. Fischlaich *m* 2. Rogen *m* 3. Kaviar *m* *havyar, tarama ~ **yuvası** Laichplatz *m* ~ **zehiri otu** Tephrosie *f bot.* Tephrosia senticosa **-a çıkmak** auf Fischfang gehen (ausfahren) **-ın belkemiğini bulmak** *fig.* entdecken, worauf es ankommt
balıkadam Froschmann *m* (Taucher) *kurbağa adam
Balıkağzı, -nı *astr.* der Stern Alpha im Sternbild Südlicher Fisch
balıkbilim Fischkunde, Ichthyologie *f* *ihtiyoloji
balıkbilimsel fischkundlich, ichthyologisch *ihtiyolojik
balıkçı 1. Fischer *m* 2. Fisch-verkäufer, -händler *m* ~ **bağı** *naut.* Fischer-stek, -knoten *m* ~ **gamselesi** Ölzeug *n* (der Fischer) ~ **gemisi** Fischereifahrzeug *n* ~ **halkası** Fischerring *m* (des Papstes) ~ **kayığı** Fischerboot *n* ~ **kepçesi** Sacknetz *n* ~ **kuşu** s. **balıkçıl** (2)
balıkçıl 1. Fische fressend, sich von Fischen nährend 2. (*a.* **külrengi** ~) Fischreiher *m zo.* Ardea cinerea 3. s. **balabankuşu; -lar** Reihervögel *pl. zo.* Ardeae; s. a. **ak (alaca, erguvanî, kaşıklı)** ~ sowie **gece (öksüz) -ı**
balıkçılık 1. Beruf *m* (Gewerbe *n,* Tätigkeit *f* usw.) e–s Fischers *od.* Fischhändlers 2. Fischfang *m,* Fischerei *f* *balık avı; saydı mahi 3. **(bilimi)** Fischereikunde *f* 4. Fischzucht *f* ~ **hukuku** *jur.* Fischereirecht *n*
balıkçın 1. Flußseeschwalbe *f zo.* Sterna hirundo *denizkırlangıcı 2. s. **balıkçıl**
Balıkesir *n.pr.* westanatolische Stadt im gln. Rbz.
balıketi, -ni *od.* **balıketinde** (*selt.* **balıketli**) vollschlank
balıkgözü objektif *phot.* Weitwinkel-Objektiv *n*
balıkhane [··–·] Fisch-halle *f,* -markt *m*
balıklak s. **balıklava**
balıklama(-sına) 1. mit e–m Kopfsprung (ins Wasser tauchen) 2. geradewegs hinabstürzend (z.B. Lastauto in e–n Abgrund)
balıklamak *selt.* wie ein Fisch zappeln
balıklandırma Einsetzen *n* von Fischen in ein Gewässer
balıklava fischreiches Gewässer; gute Fischgründe *pl.*
balıklı fischreich
balıknefsi, -ni Walrat *m,* Spermazet *n* *ispermeçet (yağı)
balıkotu, -nu 1. das Mondsamengewächs Anamirta cocculus 2. die Pikrotoxin enthaltenden und als Fischbetäubungsmittel verwendeten Kokkels- *od.* Fisch-körner *pl.*
balıksırtı, -nı 1. leicht gewölbt, nach beiden Seiten hin abfallend, mit gewölbtem Profil (z.B. Straße) 2. Fischgrätenmuster *n* 3. (schräg angelegtes) Treibbeet *yastık 4. *naut.* starke Erhöhung des Bug- und Heck-decks ~ **eğe** *techn.* Halbrundfeile *f*
Balım sultan *n.pr.* der bedeutendste Bektaschi-Scheich nach Hacı Bektaş
baliğ [–·] 1. erreichend, herankommend 2. sich belaufend (auf) 3. herangereift, erwachsen *erin 4. *H* Höhe *f* des (mit Zinsen) aufgelaufenen Kapitals ~ **olmak** 1. erreichen 2. sich belaufen (auf) 3. herangereift, erwachsen sein *akil baliğ olmak, bülûğa ermek **baliğan mabelâğ** *va.* mehr als genug, überreichlich; gut und gern *bol bol; fazlasiyle
balimez s. **balyemez**
balin [––] *va.* (rundes) Sitzkissen, Polster *n*
balina [·×·] 1. Walfisch, *spez.* Grönlandwal *m zo.* Balaena mysticetus *kadırgabalığı 2. Fischbein(-stäbchen *pl.*) *n* 3. ⁓ *astr.* Walfisch *m* (Sternbild) *Kaytus ~ **avcılığı** Walfang *m* ~ **biti** Wallaus *f* (Parasit) *zo.* Cyamus ~ **çubuğu** (*od.* ~ **dişi**) Walfischbarte *f* ~ **gemisi** Walfänger, Waler *m* (Schiff) ~ **gemisi filosu** Walfangflotte *f* ~ **işleme gemisi** Walfangmutterschiff *n*
balinagiller Wale, Waltiere *pl. zo.* Cetaceae *kıytasiye
balinalı 1. mit Walfischen 2. mit Fischbeinstäbchen; Fischbein- (z.B. Korsett)
balinasız 1. ohne Walfische 2. ohne Fischbeinstäbchen
balistik 1. ballistisch 2. Ballistik *f* *fenni endaht
balk, -kı *dial.* Wetterleuchten *n*
balkabağı, -nı Moschus-, Melonen-kürbis *m bot.* Cucurbita moschata 2. *fig.* Dumm-, Schafs-kopf *m,* Kamel *n*
balkan steiler und bewaldeter Gebirgszug
Balkan *n.pr.* 1. **(dağları)** Balkangebirge *n* 2. Balkan *m* ~ **Antantı** Balkan-bund *m,* -entente *f* (von 1934) ~ **Harbi** Balkankrieg *m* ~ **yarımadası** *n.pr.* Balkanhalbinsel *f* **-lar** Balkan-halbinsel *f,* -länder *pl.,* -gebiet *n*

Balkaniyat, -dı *(Sport)* Balkaniade *f* **bisiklet -ı** Balkan-Radrennen *n*
Balkanlararası Balkan-
Balkanlı aus dem Balkan stammend, Balkanbewohner(-in *f*) *m,* Balkan- ~ **komşularımız** unsere Balkannachbarn
Balkarlar *n.pr.* Balkaren *pl.* (türk. Volksstamm im Kaukasus)
balkarmata [··×·] *naut. hist.* kleineres Kriegsschiff des 17. Jh.; etwa: Schaluppe *f*
balkımak *dial.* 1. glänzen, leuchten, strahlen *parıldamak 2. klopfen *od.* stechen (schlecht heilende Wunde) 3. blitzen *şimşek çakmak Zu 1: **Ay suya balkıyor.** Der Mond spiegelt sich im Wasser.
balkır *dial.* 1. Glanz *m,* Leuchten, Strahlen, Funkeln *n* *parıltı 2. Blitz *m* *şimşek
balkon 1. Balkon *m* (*a.* als Theater- *od.* Kinoplatz), Empore *f* 2. *V* weibliche Brust; Busen *m,* „Vorbau" *m* 3. *Th.* Proszeniumsloge *f* 4. *naut.* Galerie *f,* Laufgang *m*
balkonlu 1. mit Balkon, Balkon- 2. *V* mit großem Busen 3. mit Proszeniumsloge ~ **oda** Balkonzimmer *n*
ballandırmak 1. dick *od.* süß wie Honig werden lassen 2. *fig.* in den verlockendsten Farben schildern; in den Himmel heben 3. *V* geben, herausrücken **ballandıra ballandıra anlatmak** sich in den höchsten Tönen ergehen (über)
ballanmak 1. dick *od.* süß wie Honig werden 2. Saft ausfließen lassen (reife Früchte) 3. *fig.* anziehend wirken
ballı 1. Honig enthaltend, Honig- 2. mit Honig zubereitet, Honig- ~ **börek** 1. Honigpastete *f* 2. *fig.* was man sich sehnlichst wünscht; innigster Herzenswunsch ~ **fasulye** s. **ferasetsiz fasulye;** ~ **güllü yutulur gibi olmamak** kein Zuckerlecken sein
ballıbaba Taubnessel *f bot.* Lamium
ballıbabagiller Lippenblütler *pl. bot.* Labiatae *şefeviye
ballık 1. e–e Pilzerkrankung (Oidium) der Weinreben *od.* der Melonen 2. zusätzlicher Bienenstock 3. s. **yaprakbiti** 4. s. **balözülük**
ballota s. **beyaz (kara) yerpırasası**
balmumu, -nu (natürliches *od.* verarbeitetes) Bienenwachs ~ **ağacı** s. **mum ağacı;** ~ **çiçeği** Wachsblume *f bot.* Hoya carnosa ~ **gibi erimek** sehr abmagern ~ **gibi sararmak** ganz blaß werden ~ **heykelciliği** Zeroplastik, Wachsbildnerei *f* *keroplasti ~ **ile davet etmek** s. **kırmızı dipli** (usw.); ~ **müzesi** Wachsfigurenkabinett *n* ~ **rengi** (*od.* ~ **sarısı**) gelblich-bräunlich ~ **yapıştırmak** (m. Dat.) sich et. (*od.* j–n) merken
balneoloji Balneologie, Bäder-, Heilquellen-kunde *f*
balneoterapi Balneotherapie *f,* Heilbehandlung *f* durch Bäder
balo [×·] Ball *m* (Tanzveranstaltung) ~ **vermek** *od.* **tertip etmek** e–n Ball geben (veranstalten)
balon 1. (Luft-)Ballon *m* (*a.* als Kspz.) 2. Luftschiff *n,* Zeppelin *m* 3. *chem.* Glaskolben *m,* Retorte *f* *kornü 4. *techn.* Behälter, Speicher *m* 5. *fig.* Versuchsballon *m* (z.B. in der Presse) 6. (*a.* ~ **istromaça**) *naut.* Kugel-, Korkball-fender *m* ~ **balığı** e–e Kugelfisch-Art *zo.* Tetrodon spadiceus ~ **barajı** (*od.* **mâniası**) Ballonsperre *f* (als Sicherung e–s best. Luftraumes) ~ **çapası** (*od.* **demiri**) Ballonanker *m* ~ **edevatı** Ballonzubehör *n* ~ **hangarı** Ballon- bzw. Luftschiff-halle *f* ~ **imlâ gazı** Ballongas *n,* -füllung *f* ~ **joje** (*franz.* **jaugé**) s. **ölçülü balon;** ~ **pilotu** Ballonführer *m* ~ **rasıdı** Ballonbeobachter *m* ~ **sepeti** Ballongondel *f* ~ **tarassudu** (*od.* ~ **gözetlemesi**) Ballonbeobachtung *f* ~ **yelken** *naut.* Ballon *m* (leichtes Vorsegel auf Jachten) ~ **uçurmak** 1. e–n Versuchsballon starten 2. Gerüchte in die Welt setzen
baloncu 1. Luft-fahrer, -schiffer *m* 2. Verkäufer *m* von Luftballons
baloncuIuk 1. Tätigkeit *f* e–s **baloncu** 2. Ballonwesen *n,* Luftschiffahrt *f*
balonlamak *naut.* bauchig werden, auf-, an-schwellen, sich (aus-)bauchen, sich blähen (z.B. Segel)
balonlu mit **balon.** ~ **fok** Klappmütze *f zo.* Cystophora cristata
balotaj Ballotage *f,* geheime Abstimmung (mittels weißer und schwarzer Kugeln), Stichwahl *f*
baloz 1. Vergnügungslokal *n* niederer Art; Matrosenkneipe *f* 2. Apachenball *m*
balözü, -nü *bot.* Nektar; Honigsaft *m* der Blüten *nektar, rahik
balözülük *bot.* Nektarium *n,* Honigdrüse *f* *nektar uzvu
balsaağacı, -nı 1. Balsabaum *m bot.* Ochroma (lagopus u.a.) 2. Balsaholz *n*
balsam Balsam *m* *belsem, pelesenk ~ **ağacı** 1. Balsam-, Myrrhen-baum *m bot.* Commiphora 2. Salbenbaum *m bot.* Amyris ~ **köknarı** Balsamtanne *f bot.* Abies balsamea
balsamin s. **kınaçiçeği**
balsamiye s. **kınaçiçeğigiller**
balsıra 1. Name e–r Manna-Art 2. ein Pilzbelag auf Pflanzenblättern
balta 1. Axt *f,* Beil *n* 2. s. **aybalta;** ~ **asmak** *fig.* lästig fallen ~ **değmemiş (girmemiş, görmemiş) orman** jungfräulicher Wald; Urwald *m* ~ **ile girişiyor** (işe) *fig.* Er benimmt sich wie der Elefant im Porzellanladen. ~ **ile yontulmuş** *fig.* ungehobelt, ungeschliffen, bäurisch, flegelhaft (Mensch) ~ **kaması** Schneidenspitze *f* der Axt ~ **olmak** (b–ne) *fig.* hartnäckig et. verlangen und j–m dadurch lästigfallen; j–m dauernd zusetzen ~ **resmi** *fr.* Schlachtgebühr *f* *zephiye ~ **sapı** 1. Holm (Helm, Stiel) *m* e–r Axt, e–s Beils 2. *fig.* Helfer, Schützer *m* ~ **vurmak** (bşe) fällen, umhauen (Baum) **-ya sap olmak** s. **bir baltaya sap olmak; -yı kapıya asmak** *fig.* j–m nicht von der Pelle gehen, j–m lästig fallen **-yı taşa vurmak** *fig.* e–e Tapsigkeit (Ungeschicklichkeit) begehen; et. Unpassendes *od.* Unhöfliches sagen *od.* tun
baltabaş; baltaburun 1. *naut.* mit senkrechtem Vordersteven (Schiff) 2. mit Hakennase (*F:* mit e–m Mordszinken im Gesicht)
baltacı 1. wer Beile *od.* Äxte herstellt bzw. verkauft 2. Holzhacker *m* 3. (mit Beil ausgerüsteter) Feuerwehrmann 4. *fr.* Pionier(-soldat) *m* 5. *fr.* Hellebardier *m* (*spez.* in der Leibwache des Sultans)
baltacık (kleineres) Handbeil
baltalama 1. Vs. zu **baltalamak** 2. Sabotage *f* *sabotaj **-dan gitmek** auf grobe, gewaltsame Art vorgehen; die Aussprache (von Wörtern) verballhornen
baltalamak 1. *selt.* mit der Axt *od.* dem Beil schlagen 2. sabotieren, Sabotageakte verüben *sabotaj yapmak 3. frevlerisch Hand an et. legen; zerstören, vernichten 4. unbarmherzig aufräumen (mit) 5. keine Möglichkeit mehr bestehen lassen (z.B. für Frieden), zum Scheitern bringen (z.B. Konferenz)
baltalayıcı 1. Holzfrevler *m* 2. Saboteur *m* *sabotajcı
baltalayıcılık 1. Holzfrevel *m* 2. Sabotage *f* *sabotaj
baltalı 1. mit Axt *od.* Beil (bzw. Äxten *od.* Beilen) 2. *selt.* s. **gammalı;** ~ **kazma** Beilpicke *f* ~ **mızrak** *fr.* Hellebarde, Streitaxt *f*
baltalık 1. Gemeindewald *m* 2. abholzbar, schlagbar (Wald) ~ **hakkı** Holzgerechtsame *f,* Holzungsrecht *n*
baltamalı mit der Axt behauenes Holz
Baltazar *n.pr.* Belsazar
Baltık 1. baltisch 2. **(denizi)** *n.pr.* Ostsee *f* ~ **devletleri** die baltischen Staaten *pl.* ~ **filosu** Ostseeflotte *f*
baltrap (*engl.* **balltrap**) 1. Trap-schießen *n* (e–e Art des

Tontaubenschießens) 2. die dabei verwendete Wurfmaschine
balüzümü, -nü *reg.* *(Gaziantep)* weiße, rundliche aromatische Traubenart
balya [×·] 1. (Waren-)Ballen *m* 2. *naut. z. va.* Fender *m* (aus altem Tauwerk) 3. *naut. hist.* Zündstock *m* (für alte Geschütze) 4. s. **palya;** ~ **bezi** Packleinen *n* ~ **hacim** *naut.* Laderaum *m* (e–s Schiffes) ~ **izbirosu** s. **denk izbirosu;** ~ **presi** Packpresse *f* ~ **yapmak** in Ballen packen
Balya *n.pr.* O. u. D. im Rbz. Balıkesir
Balyabadra s. **Badra**
balyalamak s. **balya yapmak**
balyemez (*ital.* **ballamezza**) *hist.* weitreichendes Geschütz mittleren Kalibers *spez.* auf alten Kriegsschiffen, Feldschlange *f,* Falke *m;* s. a. **büyük (küçük)** ~
balyos *hist.* Bez. für europäische und *spez.* venezianische Gesandte bei der Hohen Pforte
balyoz schwerer Schmiedehammer; Vorschlag-, Zuschlaghammer, Schotterschlegel *m* ~ **gibi** sehr schwer, sehr gewichtig
bam [ā] *va.* 1. s. **çatı, dam** 2. s. **kubbe** 3. Tagesanbruch *m* 4. s. **bamteli**
bambaşka [×··] ganz anders, völlig anders, gänzlich verschieden
bamboşat, -dı Bambocciade *f* (Gemälde aus dem Volks- und Bauernleben)
bambu Bambus(-rohr *n*) *m bot.* 1. Bambusa vulgaris 2. Riesenbambus *m bot.* Dendrocalamus strictus; s. a. **hezaren; hintkamışı;** ~ **ayısı** Bambusbär *m* *büyük panda
bambul *dial.* Getreidelaufkäfer *m zo.* Anisoplia (austriaca u. a.) ~ **otu** s. **akrep otu** (2)
bamburuk (in der vulg. Füg.:) **-larını sökmek** j–n übel zurichten
bambuza [·×·] s. **bambu**
bamteli, -ni Baß-Saite *f* (einiger M. i.) 2. Spitzbart *m* 3. *fig.* Achillesferse *f,* empfindlichste Stelle **-ne basmak** (*od.* **dokunmak**) (b–nin) j–n an seiner empfindlichsten Stelle treffen, *F* es bei j–m verschütten, *F* bei j–m ins Fettnäpfchen treten
bamya [×·] 1. eßbarer Eibisch; Gumbo *m,* Okra *f,* Griechenhorn *n,* Bamia *f bot.* Hibiscus esculentus 2. *V* Schwänzchen *n* (Penis *m*) (bei Kindern) ~ **tarlası** *V* Friedhof *m;* s. a. **kusura bamya**
ban (I) *hist.* Statthalter, Ban(-us) *m* (in Kroatien), Gespan *m* (in Ungarn)
ban (II) Ban *m* (100. Teil e–s rumän. Leu)
-ban [ā] *(va. pers. Sx.)* Wärter, Wächter, Hüter *m*
-bana *va.* (Bosnien) s. **ılıca**
bana Dat. zu **ben** (I) mir ≗ **bak(-sana)!** (Zuruf) 1. he! holla! 2. Herr Ober! ≗ **bakma!** Auf mich kannst du nicht rechnen. Mich mußt du dabei aus dem Spiel lassen. ≗ **bir akıl öğret!** Gib mir doch e–en guten Rat! ≗ **da mı lololo?** s. Stw. **lololo;** ~ **gelince** was mich betrifft; was mich angeht ≗ **göre hava hoş!** Mir ist beides (bzw. alles) recht. ~ **kalırsa** s. Stw. **kalmak;** ≗ **kör diyen kendisi bir badem gözlü olsa!** *F* Der braucht sich nicht so aufzuspielen, er sitzt selber im Glashaus. ~ **mısın dememek** auf nichts reagieren; dickfellig sein *aldırış etmemek ≗ **ne!** Was geht das mich an! Meinetwegen! Von mir aus! ≗ **söylemez** *F* Davon verstehe ich nichts.
banagöre persönliche Meinung *od.* Vorliebe; Subjektivismus *m*
banağacı, -nı 1. echter Ben-Nußbaum *bot.* Moringa (aptera u. a.) *sorgun ağacı 2. *(Diwanlit.)* ranke, schlanke Gestalt der Geliebten
banal banal, alltäglich, gewöhnlich
banalite Banalität, Alltäglichkeit *f*
banalizasyon (*franz.* **banalisation**) 1. Verwendung *f* e–r Lokomotive durch mehrere Arbeitstrupps 2. Pendelverkehr *m*
bananfişi *(Radio)* Bananenstecker *m*
banat, -tı 1. *hist.* Banat *n,* Banschaft *f* 2. ≗ *n.pr. geogr.* Banat *n*
banatit s. **diyorit**
banavele [··×·] **deliği** *naut. va.* Soldatengatt *n*
Banaz *n.pr.* 1. O. u. D. im Rbz. Uşak 2. **(çayı)** Nebenfluß des Mäander
banco [×·] *mus.* Banjo *n* (M. i.)
bancocu Banjospieler(-in *f*) *m*
band s. **bant**
bandaj 1. Bandage *f,* (Wund-, Schutz-)Verband *m* 2. Eisen- *od.* Gummibereifung *f* 3. *gel.* Bruchband *n* ~ **demiri** Bandeisen *n*
bandajlı 1. bandagiert, verbunden 2. mit Eisen- *od.* Gummibereifung 3. *gel.* mit Bruchband
bandıra 1. *naut.* Schiffsflagge *f* (e–r ausländischen Nation) 2. farbiger Wimpel 3. Staatsangehörigkeit *f* *tabiiyet, uyrukluk
bandıralı unter nb. Flagge fahrend (Schiff). **Yunan** ~ **vapur** der unter griechischer Flagge fahrende Dampfer
bandırma 1. Vs. zu **bandırmak** 2. wurstartige Form von Nüssen, Mandeln usw., die auf e–r Schnur aufgereiht und in stärkehaltigen Traubensaft getaucht worden sind 3. Gefäß *n* mit Kaliwasser, in das Trauben eingetaucht werden, bevor sie an der Sonne getrocknet werden
Bandırma *n.pr.* Stadt u. gln. D. im Rbz. Balıkesir ~ **taşı** *min.* Borazit *m*
bandırmak s. **banmak**
bandırol, -lü 1. Banderole *f,* Steuerstreifband *n* 2. Umwicklung *f* (bei Paketen, Flaschen usw.) 3. Schmuckwimpel *m,* Inschriftenband *n* ~ **usulü** Banderolensystem *n*
bandikut, -tu Kurznasen-Beuteldachs *m zo.* Perameles obesula (Australien)
bando (I) (*ital.* **banda**) (*a.* **bando-mızıka** *od.* **askerî bando**) *mil.* Musikkorps *n,* Militärkapelle *f*
bando (II) *(naut. Kommando)* lego! (*engl.* **let go**) laß gehen! ~ **etmek** loslassen (Trosse usw.)
bando (III) (*franz.* **bandeau**) flachanliegendes Haar mit Mittelscheitel
bandölet, -ti (*franz.* **bandelette**) Anhängsel *n,* Leiste *f* (an Briefmarken)
bandura Bandura *f* (gitarrenähnliches S. i.)
bang s. **hintkeneviri** (5)
bangaboz s. **bangoboz**
bangaçça [·×·] *naut.* Spind *m, n;* verschließbarer Kasten
banganot *P* für **bankınot**
bangır bangır Lm. e–s heftigen Weinens *od.* wüsten Schreiens ~ ~ **ağlamak** s. **hüngür hüngür ağlamak;** ~ ~ **bağırmak** laut schreien, grölen, lärmen
bangırdamak (*a.* **bangır bangır** ~) s. **bangır bangır bağırmak**
bangiz s. **bankiz**
bangoboz *V* dumm, einfältig, blöd, stupid
bani [– –] 1. Erbauer *m* 2. Gründer, Schöpfer *m* *(1, 2) kurucu Zu 2: **Türkiye'nin büyük -si** der große Schöpfer der (neuen) Türkei
banjo(-cu) s. **banco(-cu)**
bank, -kı 1. (in Namen wie **Etibank, Sümerbank** usw.) s. **banka** 2. Sitzbank *f* (in Anlagen usw.) 3. (Muschel-, Sand- usw.) Bank 4. *va.* Ruderbank, Ducht *f*
banka 1. Bank(-haus, -geschäft *n*) *f* 2. *med.* Bank *f* (z. B. Blutbank) 3. *V* Bordell *n* 4. Glastrage *f,* Glaserkasten *m* ~ **gibi** steinreich ~ **hesabını tecavüz** *H* Konto-Überschreitung *f* *depasman ~ **kabulü** *H* Bankakzept *n* ~ **memuru** s. **bankacı** (1); ~ **muameleleri** Bankgeschäfte *pl.* ~ **müdürü** Bankdirektor *m* ~ **parası** s. **kaydî para;** ~

soygunu (bewaffneter) Banküberfall ~ **soyguncusu** (*od.* ~ **yağmacısı**) Bankräuber *m* **-ya yatırmak** 1. (bei der Bank) einzahlen 2. ins Safe legen
bankabl (*franz.* **bancable**) s. **reeskontabl**
bankacı [×··] 1. Bankbeamt-e *m*, -in *f*, Bankangestellte *m, f* 2. Bankfachmann *m*
bankacılık Bankwesen, Bankiergewerbe *n*, Banktätigkeit *f* ~ **hukuku** *jur.* Bankrecht *n* ~ **sırrı** Bankgeheimnis *n*
bankalık bankfähig, begebbar (Wechsel)
banker 1. (Privat-)Bankier *m*, Inhaber *m* e–s Bankhauses *od.* großen Wechselgeschäftes 2. *fig.* steinreicher Mensch, Krösus *m*
banket, -ti 1. Sitzbank *f* (in e–m Verkehrsmittel) 2. Bankett *n*, Fußgängerweg *m* 3. Erdaufschüttung *f*
bankınot, -tu Banknote *f*, Schein *m*, Abschnitt *m*
bankiye 1. *selt.* Bankier, Bankinhaber *m* 2. *(bei Spielen)* Bankhalter *m*
bankiz (*franz.* **banquise**) Eisschollenfeld *n*, Eisbarriere *f*, Packeis *n* *deniz buzulu, deniz buzlası
banknot s. **bankınot**
banko [×·] 1. *(bei Spielen)* Einsatz *m* in der Höhe des Bankbetrages (*a.* als Ausruf) 2. *selt.* Schreibpult *n* 3. Sitzbank *f* (in Anlagen usw.) 4. *naut.* Hack-klotz, -block *m od.* Hobelbank *f* 5. Werk-, Arbeits-bank *f* 6. Abstellbrett *n* (an Ladentischen)
banlamak 1. *va.* laut rufen 2. den Gebetsruf singen *ezan okumak
banlık s. **banat** (1)
banliyö [×··] (*franz.* **banlieue**) nähere Umgebung; Vororte *pl.* (e–r Stadt) ~ **hattı** Stadtbahnnetz *n* ~ **treni** Vorort-, Nah-zug *m*
banmak (bşi bşe) et. in e–e Flüssigkeit ein-tauchen, -tunken, -stippen
banotu, -nu 1. Bilsenkraut *bot.* Hyoscyamus (niger u.a.) *gâvur haşhaşı 2. die als Narkotikum verwendeten Samen dieser Pflanze; *a. pharm.* Bilsenkraut-blätter *pl.*, -extrakt *m*
bant, -dı 1. Band *n*, Binde *f*, Flor *m* (z.B. Trauerflor) 2. Streifen *m* (*u.a.a.* an Taxidroschken) 3. Blende *f* (an Damenkleidern) 4. Schreibmaschinenband *n* 5. Wellenteil *m*, -band *n* (am Rundfunkgerät) 6. *Bill.* Bande *f* *spont 7. Tonband *n* 8. s. **bando** 9. Heftpflaster *n od.* Klebestreifen *m* 10. Film-, Bild-streifen *m* 11. Damenbinde *f* 12. Fahrbahn(-streifen) *m* (für Autos) Zu 7: **-a almak** (*od.* **-la zaptetmek**) auf (Ton-)Band aufnehmen
bantam s. **horoz sıklet**
bantlı mit **bant** *(q. v.)*; ~ **klepisto** *Bill.* Bandenrückzieher *m*
bantreklam s. **akaryazı**
bantsız ohne **bant** *(q. v.)*
banu [– –] *va.* 1. s. **kadın** 2. vornehme Dame; Prinzessin *f* 3. Braut *f* *gelin 4. Karaffe *f* 5. ≗ *wV*
banyağı, -nı Ben-Öl, Behen-Öl *n* (*spez.* Abführmittel)
banyan (ağacı) bengalischer Banjanbaum *bot.* Ficus benghalensis *Bengal incir ağacı
banyo [×·] 1. Bad(-en) *n*, Badekur *f*; *med. a.* Spülung *f* 2. Badewanne *f* 3. Bade-raum *m*, -zimmer *n* ~ **dairesi** Wasch- und Baderaum *m* (z.B. in e–m Internat) ~ **kazanı** *P* für **termosifon;** ~ **küveti** s. **banyo** (2); ~ **odası** Badezimmer *n* ~ **salonu** großes Badezimmer; Baderaum *m* ~ **süngeri** Badeschwamm *m zo.* Euspongia officinalis ~ **yapmak (almak, etmek)** baden; ein Bad nehmen
banyol *naut. hist.* Gefängnis *n* der Galeerensklaven, Kriegsgefangenen usw. (in Istanbul bis 1863)
banyolu mit Bad (Badewanne, Badezimmer)
baobap (ağacı) Baobab *m*, Adansonie *f*, Affenbrotbaum *m bot.* Adansonia digitata *maymun ekmeği ağacı
bap (I), **-bı** [–] 1. Tor *n*, Tür, Pforte *f* *kapı 2. Abschnitt, Teil *m*, Kapitel *n* (in e–m Buch) *bölüm 3. Thema *n*, Stoff, Gegenstand *m*, Angelegenheit *f* *mevzu, konu 4. *(ar.Gr.)* Verbalsubstantiv *n* 5. *(isl. Mystik)* Tür *f* zur Erkenntnis der göttlichen Wahrheit 6. *(vor der Tanzimatperiode)* Schloß *n*; *(später)* Bez. für verschiedene Regierungsgebäude 7. ≗ *n.pr.* Beiname des Begründers der Lehre vom Bab (Mirza Ali Muhammed von Şiraz; 1821–1850) Zu 3: **bu -ta** in dieser Sache (Angelegenheit); hierüber **bu -taki** diesbezüglich **... -ında** hinsichtlich ≗**ı Âli** s. **Babıâli;** ≗**ı Hümayun** *n.pr.* Eingangstor zum Topkapı Sarayı in Istanbul ≗**i Meşihat** s. **Şeyhülislâm Kapısı;** ≗**ı Saadet** Tor *n* zum III. Hof (im Topkapı Sarayı) ≗**ı Sami** *va.* s. **Babıâli;** ≗**ı Selâm** s. **Orta Kapı;** ≗**ı Seraskerî** osm. Kriegsministerium; Seraskerat *n*
bap (II), **-bı** [–] *va.* geeignet, glückverheißend ~ **tutmak** *va.* für günstig halten
baplı [–·] mit nb. **bap** (I) z.B. **Neye istif'al** ~ **arapçasını kullanalım?** Warum sollen wir hier das ar. Vs. des istif'al-Typus (10. Form des Verbs) verwenden?
Baptist, -ti Baptist(-in *f*) *m*
Baptizm *rel.* Baptismus *m*
bar (I) ein in Nord- u. Ostanatolien weitverbreiteter Volkstanz (mit vielen lokalen Varianten) (*Anm.* als typisch gilt **Erzurum barı**); ~ **başı** (*od.* ~ **çeken**) Anführer *m* bei **bar** (der ein Taschentuch schwingt)
bar (II) *P* 1. Unsauberkeit *f* in nicht gut ausgewaschenen Gläsern *od.* Glasgefäßen 2. Zungenbelag *m* (bei manchen Krankheiten)
bar (III) Bar *f*, Diele *f* ~ **kadını** (*od.* ~ **kızı**) Bardame *f*
bar (IV) Bar *n* (Maßeinheit des Luftdruckes)
bar (V) (*franz.* **barre**) 1. Stab *m*, Stange *f* 2. Barre *f* (Sand- *od.* Schlamm-bank an e–r Hafeneinfahrt) 3. Trennstrich *m* 4. s. **maskare;** ~ **asimetrik** Stufenbarren *m* (Turngerät); s.a. **barfiks; barparalel**
bar (VI) **bar bağırmak** aus vollem Hals schreien; brüllen
-bar [–] *va. pers. Sx.* 1. vergießend 2. reich (an)
bâr *va.* 1. Last, Bürde *f* *yük 2. Leibesfrucht *f* *cenin 3. s. **sıkıntı;** ~ **gelmek** (*od.* **olmak**) (b-ne) j–m zur Last fallen
Barabalar *n.pr.* türk. Volksstamm in Westsibirien
baraban s. **balaban**
barabat, -tı 1. zweiteiliges Fischernetz (mit e–r Stange in der Mitte) 2. e–e Art Treibnetz
baraj 1. Sperre *f*, Damm *m* 2. *spez.* Talsperre *f*, Staudamm *m* *bent Zu 1: **kunduzların yaptığı -lar** die Dammbauten *pl.* der Biber ~ **ateşi** *mil.* Sperrfeuer *n* ~ **balonu** *mil.* Sperrballon *m* ~ **yapmak** s. **duvar yapmak; -ı aşmak** e–e Prüfung bestehen
barak, -ğı 1. haariger, grober Woll- *od.* Filz-stoff 2. (*a.* **kıl** ~) a) langhaariger Jagdhund b) langhaariges Pferd *spez.* Shetlandpony *n* 3. hochgezogener (gepfählter) Weinstock
baraka [·×·] 1. Baracke *f* 2. Schuppen *m* 3. Behelfsheim *n* 4. Verkaufsstand, Kiosk *m*
barakalı [·×··] aus Baracken bestehend, Baracken- ~ **ordugâh** Barackenlager *n*
barakan ein grober Wollstoff
Baraklar türk. Volksstamm in Südostanatolien und Syrien
baran *P* 1. Weinstock-, Obstbaum-, Pflanzen-reihe *f* 2. die beim Pflügen entstandene Ackerfurche
bâran [– –] *va.* Regen *m* *yağmur
bâranî; bâraniye 1. *va.* Regenmantel *m* 2. *hist.* dunkelblauer Stoff für Wintermäntel der Janitscharen *od.* diese Mäntel selber *zemistanî
baranta [·×·] Raubzug *m*
barata [·×·] 1. *hist.* Tuch-kappe, -mütze *f* (*spez.* der **bostancı** u. **baltacı**) 2. Ledermütze *f* der Berg- *od.* See-leute 3. Pfaffenhütchen *n bot.* Evonymus europaeus 4. Barett *n* 5. s. **kırmızı zambak** Zu 1: s. **bostancı -sı**
baratarya [··×·] *jur.* Baratterie *f*, Unterschleif *m*, Verun-

treuung *f* (e–s Mitglieds der Schiffsbesatzung gegenüber dem Reeder)
barba [×·] *naut.* 1. (bei Matrosen und Schauerleuten der Handelsmarine) Bez. des Schiffseigentümers (Reeders, Befrachters) 2. vertrauliche Anrede für e–n bejahrten griech. Kneipwirt *od.* Fischer ⁓ **Yorgos** Typ des ungebildeten rumänischen Hirten im Karagözspiel (ähnlich wie **Baba Himmet**)
barbakan (*franz.* **barbacane**) *hist.* 1. Schießscharte *f* (in e–r Festungsmauer) 2. Außenwerk *n* (e–r Burg)
barbar 1. Barbar(-in *f*) *m* 2. barbarisch, grausam
barbarişka [··×·] *naut.* 1. (Ketten-)Stopper *m* *bosa 2. **(bağı)** Roll-stich, -steek *m*
barbarizm 1. *selt.* s. **barbarlık** 2. s. **barbarizma**
barbarizma [··×·] Barbarismus *m,* sprachwidrige Bildung
barbarlık Barbarei *f,* Barbarentum, barbarisches Vorgehen *od.* Verhalten
Barbaros *n.pr.* „Rotbart“ Beiname des türk. Seehelden und Siegers in der Schlacht von Preveze (Prevesa) (1538) ~ **Hayrettin Paşa**
barbata [·×·] *z. va.* Brustwehr *f* *parapet ~ **sığıncası** (*od.* ~ **siperi**) s. **baru kalkanı**
barbe (*franz.* **barbet**) (Jagd-)Spaniel *m*
barbekü (*engl.* **barbecue**) Gartengrillfest *n* (bei dem ganze Ochsen usw. gebraten werden)
barbet, -ti (*franz.* **barbette**) *naut.* Geschützbank *f* *top siperi
barbitürik asit *chem.* Barbitursäure *f*
barbun s. **barbunya**
barbunya [·×·] 1. rote Meerbarbe *zo.* Mullus barbatus 2. *(gel. in Istanbul)* Streifenbarbe *f zo.* Mullus surmuletus 3. (*a.* ~ **fasulyesi**) türkische Bohne, Feuerbohne *f bot.* Phaseolus coccineus 4. *V* Zehnpfundschein *m* 5. *Sch.* Note 10 (beste Note)
barbunyagiller Meerbarben *pl. zo.* Mullidae
barbus s. **bıyıklıbalık**
barbut, -tu ein als Hasardspiel polizeilich verbotenes Würfelspiel
barcı Barmann *m,* Bardame *f*
barcılık Beruf *m,* Tätigkeit *f* e–s Barmannes, e–r Bardame
barç, -cı (*engl.* **barge**) *naut.* flaches Flußboot; Lastkahn *m*
barça; barçe *naut.* 1. *hist.* Galeere *f* 2. Barkasse *f* 3. (Segel-) Fischerboot *n* (auf Flüssen)
barçak s. **balçak**
barda 1. Ziegelhammer *m* (der Dachdecker) *çatı keseri 2. Hohldechsel *f* (der Böttcher) *fıçıcı keseri
bardacık *reg. (Izmir, Bursa)* e–e best. Feigenart
bardak, -ağı 1. (Trink-)Becher *m,* Glas *n* 2. *reg.* Tonkrug *m,* Wasserkanne *f* *testi ibrik ~ **ağacı** s. **suibriği;** ~ **tabağı** Untersatz *m* (für Becher, Gläser) ~ **zarfı** (metallener) Gläserhalter ⁓**ı taşıran damla** Tropfen *m,* der das Glas zum Überlaufen bringt **-taki fırtına** *fig.* Sturm *m* im Wasserglas ⁓**tan boşanırcasına** (*od.* **boşanır gibi**) **yağmur yağıyor.** Es gießt wie mit Mulden. Es regnet in Strömen.
bardakçı wer (Trink-)Becher, Gläser herstellt *od.* verkauft
bardakeriği, -ni große, ovale Tafelzwetsche
bardaklık Gläserschrank *m* (des **kahveci**)
bardo (*franz.* **bardeau, bardot**) Maulesel *m zo.* Equus hinnus (Kreuzung von Hengst und Eselin). Vgl. **katır.**
barej (*franz.* **barège**) ein leichter Wollstoff (für Kleider *od.* Decken)
barekâllah [×̄··–] 1. *va.* Gott segne dich! 2. *a. iron.* Bravo! Großartig! Wunderbar!
barelyef Basrelief *n* (Flachbildwerk)
barem (nach dem franz. Mathematiker Barrême, 1640–1703) 1. Liste *f* der Besoldungsklassen und der ausmachenden Gehälter 2. (etatmäßige) Besoldung, (gehaltliche) Einstufung 3. Rechentabelle *f* ~ **cetveli** Besoldungsplan *m,* Gehaltsliste *f* ~ **kanunu** Beamtenbesoldungsgesetz *n* **-e geçmek** (nunmehr) etatmäßig besoldet werden
baremlendirmek gehaltlich einstufen
baremli etatmäßig besoldet; in e–r best. Gehaltsklasse stehend ~ **faiz** s. **Hamburg usulü**
barfiks (*franz.* **barre fixe**) Reck *n* (Turngerät) *yatay demir
bargam *zo.* e–e kleinere Meeräschen-Art
bargarisa [··×·] *naut.* Rad-gehäuse *n,* -kastenplattform *f*
barhana 1. großes, halbverfallenes Gebäude 2. Gepäck *n,* Troß *m* (e–s hohen Herrn) 3. Karawanengüter *pl.* 4. Karawane *f,* Zug, Trupp *m* 5. *fr.* Karawanenherberge, Karawanserei *f* ~ **gibi** sehr geräumig; riesengroß, viel zu groß (Haus)
barı *dial.* 1. Zufluchtsort, Unterschlupf *m* 2. mit Mauern umgebener fester Platz
barılanmak (m. Dat.) sich irgendwo verschanzen *tahassun etmek
barımak *reg.* s. **barındırmak**
barınak 1. Zufluchtsort, Unterschlupf *m* 2. Haus, Heim *n* *ev, yurt 3. *selt.* Wartehäuschen *n* (bei Straßenbahn, Autobus usw.)
barındırmak 1. j–m Unterschlupf gewähren 2. unterbringen *ibate etm. 3. einträchtig zusammenleben lassen 4. schützen, bewahren *muhafaza etmek
barınma: ~ **hattı** Ausweichgleis *n* ~ **limanı** Nothafen *m*
barınmak 1. e–n Unterschlupf finden; sich flüchten (nach) 2. e–e Unterkunft *od.* ein Unterkommen finden; wohnen 3. einträchtig zusammenleben; sich vertragen
barınmalık s. **barikat**
barış 1. Versöhnung *f* 2. Frieden *m,* Eintracht *f* *müsalaha, sulh 3. ⁓ *n.pr.* s. **Ulus;** ~ **görüş olmak** sich wieder vertragen; das Kriegsbeil begraben ~ **antlaşması** *pol.* Friedensvertrag *m* ~ **içinde bir arada yaşama** *pol.* friedliche Koexistenz *f* ~ **yapmak** *pol.* Frieden schließen ⁓ **Yargıcı** s. **Sulh Hâkimi;** ⁓ **Yargılığı** s. **Sulh Mahkemesi;** ~ **yoliyle** auf friedlichem Wege
barışçı; barışçıl versöhnlich, verträglich, friedlich, friedliebend *müsalemetperver **barışçı yollardan çözüm** Lösung *f* auf gütlichem Wege
barışçılık 1. Versöhnlichkeit, Verträglichkeit *f,* friedliches Verhalten 2. Versöhnungs-, Friedens-politik *f*
barışık 1. versöhnt, ausgesöhnt, in Frieden lebend (mit) 2. harmonisch, zueinander passend, abgestimmt (z.B. Farben)
barışıklık Versöhnt-, Ausgesöhnt-sein *n,* friedliches Zusammenleben; Friede *m*
barışlık 1. Frieden(-szustand) *m,* Eintracht *f* *hazar, müsalemet 2. Friedens- *hazarî Zu 2: **ordunun** ~ **kadrosu** Friedensstärke *f* des Heeres
barışma Aussöhnung, Versöhnung *f*
barışmak sich aussöhnen, sich versöhnen, Frieden schließen
barışmaz unversöhnlich
barışsever(-lik) 1. s. **barışçı(-lık)** 2. Pazifist(-in *f*) *m* (Pazifismus *m*)
barıştırmak 1. aussöhnen, versöhnen 2. in Übereinstimmung bringen; abtönen (Farben)
bari [– –] 1. wenigstens, mindestens *hiç olmazsa 2. wenn doch ... *keşki 3. nur einmal *bir defa olsun 4. in diesem Falle, deswegen, nur, so Zu 4: **Ay, güleyim ~!** Ei, da kann ich nur lachen!
Bari [– –] Schöpfer *m* (Gott) *Yaradan
baridane [–·–·] *va.* s. **barit** (II)
barik [ā] *va.* blitzend, strahlend, glänzend
barika [–··] *va.* Blitzen *n,* Blitz *m,* Wetterleuchten *n* ⁓**i hakikat, müsademei efkârdan çıkar.** (Namık Kemal) Der

Blitz der Wahrheit entsteht aus dem Zusammenprall der Meinungen.
barikade verbarrikadiert ~ **etmek** verbarrikadieren
barikat, -dı Barrikade *f* **-la kapatmak** verrammeln, verbarrikadieren
barikatlamak verrammeln, verbarrikadieren
barisfer s. **ağıryuvar**
baristaroniye *va.* s. **mineçiçeğigiller**
barit (I), **-ti** *min.* Baryt, Schwerspat *m*
barit (II) [ā], **-di** *va.* 1. kalt, kühl 2. *fig.* kühl, unfreundlich *soğuk
baritin; baritik s. **barit** (I)
bariton *mus.* 1. Bariton *m* 2. Baritonist *m* 3. Baritonhorn *n*
bariyer Barriere *f*, Schlagbaum *m*, Schranke *f* ~ **kapısı** kleine Gittertür (neben e–r Bahnschranke)
bariz [–·] 1. klar, deutlich, evident, augenfällig, offensichtlich 2. akzentuiert
bark, -kı 1. Wohnung *f*, Haus, Heim *n;* s.a. **ev bark** 2. mausoleumsartiger Überbau auf alttürk. Gräbern (Zentralasien)
barka [×·] Barke *f*, Kahn *m*, großes Ruderboot
Barka *n.pr.* ält. Bez. der Cyrenaika; s.a. **Bingazi, Sirenaik**
barkacı Barken-, Kahn-führer *m od.* Besitzer *m* e–r Barke
barkacılık Gewerbe *n*, Tätigkeit *f* e–s **barkacı**
barkalonga [··×·] *naut. hist.* spanisches Kanonenboot (des 17. Jh.)
barkan *geogr.* Barchan *m*, Sichel-, Hufeisen-düne *f*
barkarol, -lü *mus.* Barkarole *f*
barklanmak (*mst.* **evlenmek** ~) 1. sich ein Haus *od.* e–e Wohnung verschaffen bzw. dazu kommen 2. e–n Hausstand begründen; heiraten
barklı s. **evli barklı**
barko [×·] *naut.* Bark *f* (drei- *od.* mehr-mastiges Segelschiff mit zwei vollgetakelten Masten)
barkobastiya [··×·] *naut.* Schonerbark, Barkantine *f* *navi
barlam Seehecht, Meerdorsch *m zo.* Merluccius merluccius
barlı vagon Eisenbahnwagen mit Getränkeausschank
barmen 1. Büfettier, Schankkellner *m* 2. Barmixer, Barmann *m*
barmeyd (*engl.* **bar-maid**) Bardame, Kellnerin *f*
barname [––·] 1. Zolldeklaration *f*, Warenverzeichnis *n* 2. Frachtbrief *m* *nakliye senedi
baro [×·] (*franz.* **barreau**) 1. (Rechts-)Anwaltskammer *f* 2. = **bay** (im Karagözspiel) ~ **levhası** *jur.* (örtliche) Anwaltsliste *f*
barograf Barograph, Luftdruckschreiber *m*
barogram Barogramm *n* (vom Barograph aufgezeichnete Luftdruckkurve)
barok, -ku 1. **(sanatı)** Barock *n* 2. barock
barokçuluk, -uğu Vorliebe *f* für alles Barocke
barometre [··×·] Barometer *n* *mizanülhava ~ **depresyonu (düşüklüğü, minimumu)** niedriger Barometerstand, Tief *n*, Wettersturz *m* *düşük basınç ~ **taksimatı** Barometerskala *f* ~ **yüksekliği** Barometerstand *m*
barometrik barometrisch
baron Baron, Freiherr *m*
barones Baronin, Freifrau *f*
baronluk Baronat *n*, Baronie *f*, Freiherrenwürde *f*
baroskop, -pu Baroskop *n*
barparalel (*franz.* **barres parallèles**) Barren *m* (Turngerät) *koşut ağaç
barrakuda [··×·] s. **ıskarmoz** (4)
barsak *an.* Darm *m* ~ **askısı** *an.* Gekröse, Mesenterium *n* *masarika ~ **bakterileri** *med.* Darmflora *f* ~ **bükümü** *an.* Darm-windung, -schlinge *f* ~ **çıkıntısı** *V* s. **çük;** ~ **düğümlenmesi** *med.* Darmverschlingung *f* ~ **falı** Haruspizium *n* (Wahrsagung aus den Eingeweiden) ~ **felci** *med.* Darmlähmung *f* ~ **florası** s. ~ **bakterileri;** ~ **humması** Unterleibstyphus *m* ~ **iltihabı** (*od.* **ingini**) Darmentzündung, Enteritis *f* *anterit ~ **kazıntısı** 1. schleimige Ausscheidung bei Dickdarmerkrankungen 2. *V* Spätling *m* (letztes Kind e–s älteren Ehepaares) ~ **nezlesi** Darmkatarrh *m* ~ **oluşumu** *biol.* Gastrulation *f* ~ **sancısı** Bauchgrimmen *n* ~ **solucanı** Bez. für verschiedene Eingeweidewürmer *spez.* 1. Spulwurm *m zo.* Ascaris lumbricoides 2. Bandwurm *m zo.* Taenia solium ~ **suyu** Darmsaft *m* ~ **taşı** *med., vet.* Darm-, Kot-stein; Enterolith *m* ~ **tıkanması** Darmverschluß *m med.* Ileus *m* *ileus ~ **tümürü** *an.* Darmzotte *f* ~ **ufuneti** s. ~ **ingini;** **-lar** Gedärme *pl.*, Eingeweide *n* *em'a
barsakçı 1. Darmhändler *m* 2. Kuttelfleck-, Kaldaunenhändler *m*
barsakçılık Handel *m* mit Därmen *od.* Kaldaunen
barsam Viperqueise *f zo.* Trachinus vipera (Stachelflosser)
barsama s. **marsama**
Barselon *n.pr.* Barcelona (Spanien)
barsoy Barsoi *m* (langhaariger russischer Windhund)
Bartın *n.pr.* O. u. D. im Rbz. Zonguldak
baru (I) [––] *fr.* 1. Wall *m* (e–r Festung) 2. Turm *m* auf e–m Festungswall 3. Festung, Veste *f* ~ **kalkanı** *hist.* Teil *m* der Burgmauer zwischen zwei Schießscharten *barbata sığıncası; mazgal siperi
baru (II) *V* 1. einfältig, dumm, stupid, blöd 2. fremd
barudî [·––] pulver-, blei-grau
baruş *fr.* Barutsche *f* (zweirädrige Kutsche)
barut, -tu (Schieß-)Pulver *n* ~ **ağacı** s. **yabanî akdiken;** ~ **ambarı** (*od.* **deposu**) Pulvermagazin *n* ~ **fıçısı (gibi)** *fig.* Pulverfaß *n* ~ **gibi** 1. in hellem Zorn 2. sauer wie Essig; gallenbitter 3. a) unfreundlich, barsch b) leicht aufbrausend; jähzornig 4. Heißsporn *m* ~ **hakkı** (notwendige) Pulver-menge, -ladung *f* ~ **hazinesi** Pulver-kammer *f*, -magazin *n* ~ **kabağı** *fr.* Pulverhorn *n* ~ **kesilmek** (*od.* **olmak**) *fig.* in großen Zorn geraten, wütend werden ~ **kokusu gelmek** im Anzug sein (Kriegsgefahr) **-la oynamak** *fig.* mit dem Feuer spielen
barutçu 1. Hersteller *od.* Verkäufer *m* von (Schieß-)Pulver 2. Arbeiter(-in *f*) *m* in e–r Pulverfabrik 3. Sprengarbeiter *m*
baruthane [··–·] 1. Pulverfabrik *f* 2. Pulvermagazin *n*
barutluk 1. Pulver-behälter *m*, -horn *n*, -flasche *f* 2. Pulvermagazin *n*
baryum [×·] *chem.* Barium *n* ~ **sülfat** Schwerspat *m*
bas (I) s. **basso;** ~ **bariton** *mus.* Baßbariton *m*
bas (II) **bas bağırmak** s. **bar bar bağırmak**
bâs, -i *va.* 1. Sendung *f* (*spez.* e–s Propheten durch Gott) 2. Wiederbelebung *f* *diriliş, diriltme (vgl. a. **Baas** und **bâsübadelmevt)**
basadora [··×·] *naut.* Fußpferd, Peerd *n* (von wo aus die Segel bedient werden) (Handelsmarine: *marsapet)
basal(-a) *va.* s. **soğan**
basamak 1. Stufe *f* (e–r Treppe) 2. Sprosse *f* (e–r Leiter) 3. Trittbrett *n* 4. *math.* Ordnung *f* (e–r Kurve usw.), Stelle, Reihe *f* (der Einer, Zehner usw.), Grad *m* (e–r Gleichung) *mertebe 5. Grad *m*, Stufe *f* 6. Amtsstelle, Instanz *f* *merci 7. Sprungbrett *n (fig.)* 8. *mus.* Vorschlag *m* *abanık, çarpma ~ **metodu** s. **Hamburg usulü;** ~ **yapmak** *fig.* 1. et. als Sprungbrett benützen 2. j–n seinen Zwecken dienstbar machen
basamaklı mit nb. Stufen, Sprossen usw. ~ **damarlar** *bot.* Leiter *od.* Treppen-gefäße *pl.* *eviyei süllemiye ~ **ızgara** Stufen-, Treppen-rost *m* ~ **piramit** Stufenpyramide *f* ~ **tiyatro** Amphitheater *n* ~ **valf** Stufenventil *n*
basamaksı damarlar s. **basamaklı damarlar**
basan Part. Präs. zu **basmak;** s.a. **karabasan**
basar Sehen *n* *görme **-ı ayneynî** s. **ikigözle görme; -ı basi-**

ret *va.* Umsichtigkeit *f,* Scharfsinn *m,* Voraussicht *f,* Weitblick *m*
basarık 1. Pedal *n,* Fußhebel *m* (z.B. am Webstuhl), Fußantrieb *m* 2. Sperrvorrichtung *f* (z.B. an e–r Tür)
basarî *va.* Gesichts-, Seh-, visuell, optisch *görsel
basarna [·×·] 1. *spez. naut.* Hebebaum *m* 2. Brechstange *f* 3. Hebelbewegung *f*
basatıka 1. gestopft voll 2. dick satt
basbasa *va.* 1. Schweifwedeln *n* (des Hundes) 2. *fig.* Kriecherei, Speichelleckerei *f*
basbayağı [×···] 1. ganz gewöhnlich (üblich, normal) *Adv. a.:* ganz einfach, weiter nichts als 2. *pej.* ganz gewöhnlich (gemein, ordinär, vulgär, schlecht)
base (*franz.* **basset**) Dackel *m*
basen (*franz.* **bassin**) Beckenumfang *m* (Maß für Damenkleider)
bası 1. Druck(-en *n*) *m* *tabı 2. Auflage *f* *tabı, baskı
basıcı 1. Drucker *m* 2. Verleger *m* *(1, 2) tabi
basık 1. flach, abgeplattet, breitgedrückt (z.B. Nase) 2. niedrig (Pantoffel, Zimmer, Stirn usw.) 3. *mus.* halblaut, leise 4. bedrückend, beklemmend ~ **çatı** Flachdach *n* (mit geringer Schrägung) ~ **dil** *med.* Lispeln *od.* Stottern *n* ~ **söylemek** stammeln, murmeln
basıklık 1. Flach-, Abgeplattet-, Breitgedrückt-sein *n* 2. Niedrigsein *n* 3. *math.* Verhältnis *n* der Differenz zweier Ellipsenachsen zur größeren Achse 4. *arch.* Drückung *f* (e–s Bogens) 5. Abplattung *f* (der Erdkugel)
basıla Imprimatur *n,* Druckerlaubnis *f* *bonatire
basılı 1. hineingepreßt 2. gedruckt 3. verlegt *(2, 3) basılmış, matbu 4. Druck-, Preß-
basılış *Vs.* zu **basılmak** *spez.* Auflage *f* *tabı, tiraj
basım 1. Buchdruckerkunst, Typographie *f* *tabaat 2. Druck *m* *bası, tabı ~ **makinesi** Druck-, Rotationsmaschine *f* **-a vermek** in Druck geben; drucken lassen
basımcı 1. Drucker(-eibesitzer) *m* 2. Druckerei-arbeiter, -angestellter, (Buch-)Drucker, Typograph *m* *(1, 2) matbaacı
basımcılık 1. Tätigkeit *f* e–s **basımcı** 2. s. **basım** (1)
basımevi, -ni (Buch-)Druckerei *f* *matbaa
basın Presse *f* (als Gesamtheit der periodischen Druckschriften) *matbuat ~ **ajansı** Presseagentur *f* ~ **ataşesi** Presseattache *m* ~ **konferansı** (*od.* ~ **toplantısı**) Pressekonferenz *f* ~ **suçu** *jur.* Pressevergehen *n* ≗ **Şeref Divanı** Presseehrenrat *m* **-a aksetmek** von der Presse aufgegriffen werden (Vorkommnis) **basın-yayın araçları** (Presse-) Medien *pl.*
basınç, -cı *phys.* Druck *m* *tazyik ~ **düşüklüğü** *met.* Depression *f,* Tief *n*
basınçlama deposu s. **hidrofor**
basınçlı Druck-, Preß- *tazyikli ~ **sıcak su deposu** s. **boyler**
basınçölçer s. **barometre**
basıölçer s. **manometre**
bâsıra Gesichtssinn *m,* Sehkraft *f* *görüm
basırganmak Alpdrücken haben *kâbus çökmek
basırmak *dial.* 1. nötigen, (er-)zwingen; Gewalt anwenden (gegen) *cebretmek, zorlamak 2. e–e Niederlage beibringen; besiegen *mağlubiyete uğratmak
bâsıta *an.* s. **gerici** (II, 2)
basil *med.* Bazillus *m*
basir [ī] *va.* 1. alles sehend (Gott) 2. s. **basiretli**
basiret, -ti [ī] 1. Klugheit, Urteilskraft, intuitive Erkenntnis *f* 2. Scharf-, Weit-blick *m* 3. Um-, Vor-sicht, Wachsamkeit *f* *(1–3) sağgörü 4. ≗ *n.pr.* eine der ersten bedeutendsten türk. Tageszeitungen (1869–1878 sowie kurze Zeit um 1908) **-i** (*va.a.* **basarı -i**) **bağlanmak** (b–nin) 1. wie mit Blindheit geschlagen sein; verblendet sein 2. ganz verwirrt sein (Person)
basiretli [·–··] 1. klug, scharfsinnig, weitblickend 2. umsichtig, vorsichtig, wachsam *(1, 2) sağgörülü
basiretsiz [·–··] 1. wem es an Scharfblick *od.* Voraussicht mangelt 2. unvorsichtig *(1, 2) sağgörüsüz
basiretsizlik [·–···] 1. Mangel *m* an Scharfblick *od.* Voraussicht 2. Unvorsichtigkeit *f* *(1, 2) sağgörüsüzlük
basit, -ti 1. *va.* ausgedehnt, weit 2. *va.* flach, eben 3. einfach; nicht zusammengesetzt 4. unkompliziert, einfach, leicht 5. ohne besondere hervorstechende Anlagen (Mensch) 6. schlicht, bescheiden, einfach ~ **akreditif** *H* glattes Akkreditiv ~ **cümle** *gr.* einfacher Satz *yalın tümce ~ **devirli ondalık kesir** *math.* einfacher, periodischer Dezimalbruch *kesri aşarî devrî basit ~ **faiz** einfacher Zins (im Ggs. zu Zinseszins) ~ **ikrar** *jur.* uneingeschränktes Geständnis ~ **itiraz** *jur.* s. **adi itiraz;** ~ **kelime** *gr.* Simplex *n,* einfaches Wort *kelimei asliye ~ **kesir** *math.* echter Bruch ~ **muhakeme usulü** *jur.* vereinfachtes *od.* summarisches Verfahren ~ **selâse kaidesi** s. **üçlü kaidesi;** ~ **vaziyetler** *mil.* einfache Verhältnisse *pl.* ~ **zaman çekimi** s. **bildirme kipi**
basita [ī] *va.* s. **güneş saati**
basitleşmek 1. sich vereinfachen 2. schlichter werden
basitleştirmek 1. vereinfachen 2. schlichter gestalten
basitlik 1. Einfachheit, Unkompliziertheit *f* 2. Schlichtheit *f*
basketbol Basket-, Korb-ball *m* *sepettopu
basketbolcu; basketçi Basketballspieler(-in *f*) *m*
baskı 1. Presse *f* (Werkzeug) 2. Preßform *f* 3. Druck(-art *f*) *m* 4. Druckabzug *m,* Exemplar *n* 5. *typ.* Auflage *f* 6. *typ.* Auflagenhöhe *f* 7. Druck, Zwang *m* *tazyik 8. Bremse *f* *fren 9. *techn.* Stampfer *m* 10. Schlichthammer *m* (des Schmiedes) 11. *naut.* Kalfateisen *n* 12. *gel. irrt.* für **basınç** 13. Saum *m,* Einfassung *f* (an Kleidern) 14. (Gerberei) Narben *n* des Leders 15. *phot.* Herstellung *f* von Abzügen ~ **altında** 1. unter strengem Druck 2. im Druck befindlich, unter der Presse (Buch) ~ **altında tutmak** 1. unter Druck halten 2. *mil.* niederhalten *aksatmak ~ **çarığı** Rad-, Brems-schuh *m* ~ **çarkı** Bremsrad *n* ~ **çemberi** Hemmring *m* ~ **halatı** Hemmtau *n* ~ **hatası** Druckfehler *m* *mürettip hatası ~ **kolu** (*od.* ~ **manivelası**) Bremshebel *m* ~ **makinesi** 1. *typ.* Druckmaschine *f spez.* Schnellpresse *f* 2. *phot.* Schnell-Kontakt-Kopiergerät *n* ~ **masrafları** Druckkosten *pl.* ~ **mili** Bremsspindel *f* ~ **pedali** Bremspedal *n* ~ **ressamı** Graveur *m* ~ **takozu** Bremsklotz *m* ~ **tertibatı** Brems-, Hemm-vorrichtung *f* ~ **tuğlası** Preßziegel *m* ~ **yapmak** (b–ne) j–n unter Druck setzen **-ya koymak** 1. in Druck geben 2. j–n zu diszipliniertem Verhalten zwingen **-yı gevşetmek** die Bremse lösen
baskıcı 1. wer Stoffe mit Druckmustern versieht 2. *selt.* Unterdrücker, Tyrann *m* 3. Druckereiarbeiter *m* 4. s. **gard(ı)fren**
baskılık Briefbeschwerer *m* *prespapye
baskın 1. *selt.* überlegen, stärker, unwiderstehlich 2. unerwarteter Angriff; Überfall *m* 3. Razzia *f,* unerwartete Haus- *od.* Durch-suchung 4. *biol.* s. **dominant** 5. unerwartete Gäste *pl.* 6. *bot.* vorherrschende Pflanzenart *f* 7. s. **deniz(su, sel) -ı;** ~ **alayı** Haberfeldtreiben *n* ≗ **basanındır** (*a. m. der Forts.* **av vuranın**). *Spr.* (etwa:) Angriff ist die beste Verteidigung. ~ **çıkmak** (*od.* **gelmek**) (m. Abl.) sich überlegen erweisen; stärker sein; übertreffen ~ **hareketi** *mil.* Überraschungsmanöver *n* ~ **müfrezesi** *mil.* Sonderkommando *n,* Kommandotrupp *m* ~ **taarruzu** *mil.* Überraschungsangriff *m* ~ **vermek** 1. überrascht, überrumpelt werden (bei e–r Razzia) 2. ertappt werden ~ **yapmak** 1. überraschen, überrumpeln 2. j–n bei et. ertappen **-a uğramak** s. ~ **vermek; -a uğratmak** s. ~ **yapmak**

baskıncı 1. wer sich rücksichtslos Zutritt verschafft; Eindringling *m* 2. wer e–n Überfall ausübt
baskınlık 1. *biol.* Dominanz *f* (von Erbfaktoren) 2. Vorherrschaft, Botmäßigkeit *f* 3. *psych.* Drang *m* zu e–r Führerrolle 4. *selt.* Ungestüm *n,* unwiderstehliche Gewalt
baskıresim sanatları graphische Künste *pl.*, Graphik *f*
baskısız 1. unkontrolliert 2. disziplinlos
Baskil *n.pr.* O. u. D. im Rbz. Elazığ
basklarnet, -ti *mus.* Baßklarinette *f*
basküI (*franz.* **bascule**) Brücken-, Dezimal-, Personenwaage *f*
basküllü: ~ **pencere** s. **yatay eksenli döner pencere;** ~ **sandalye** Schaukelstuhl *m*
baskülör (*franz.* **basculeur**) *techn.* Kipper, Kipphebel *m*
basma 1. Vs. zu **basmak** 2. Druckkattun *m* 3. Gedrucktes; Drucksache *f* *matbua 4. Überschwemmung, Überflutung *f* (durch das Meer) *istilâ 5. Name e–s türk. Ka. 6. gedruckt *basılmış, matbu Zu 4: s.a. **deniz -sı;** ~ **beton** Preßbeton *m* ~ **tulumba** Druckpumpe *f*
basmacı 1. Hersteller *od.* Verkäufer *m* von Druckkattun 2. Räuber *m* 3. turkestanischer Freiheitskämpfer (seit 1918) 4. *va.* s. **matbaacı**
basmacılık 1. Gewerbe *n,* Tätigkeit *f* usw. e–s **basmacı** 2. Räuberunwesen *n* 3. turkestanische Freiheitsbewegung (seit 1918) 4. *va.* s. **matbaacılık**
basmahane [··–·] *va.* Druckerei *f* *matbaa
basmak, (-ar) 1. (bir yere) treten (auf), betreten 2. so und so alt werden; ein best. Alter erreichen 3. kräftig ziehen (z.B. Glocke), kräftig läuten *od.* klingeln 4. drücken, pressen; keltern (Trauben); daraufsetzen (z.B. Siegel), hineinpressen, niedertreten 5. unterdrücken 6. drucken (z.B. Bücher) 7. prägen (z.B. Münzen) 8. plötzlich angreifen; überfallen 9. befallen (Fieber); eindringen (z.B. Wasser in ein Haus); über-schwemmen, -fluten (z.B. Felder); überwuchern (z.B. Unkraut den Garten) 10. e–e Razzia (Haussuchung usw.) vornehmen, ausheben, überrumpeln (z.B. Verbrecher) 11. plötzlich et. tun *od.* sagen, *F* loslegen (mit) 12. (m. Akk. *od.* ohne Obj.) hereinbrechen (über), plötzlich einsetzen (Dunkelheit, Hitze usw.) 13. überraschend kommen (z.B. Besuch) 14. *intr.* brüten, glucken (Henne) 15. decken (Farbe) 16. sich senken (z.B. Haus) 17. *intr.* (auf den Füßen) stehen können (Kleinkind) 18. *intr. V* (*a.* **basıp gitmek**) sich auf die Socken machen; abhauen 19. *V* hinters Licht geführt werden, beschummelt werden Zu 1: **Çimlere basmayınız!** Betreten des Rasens verboten! **Ayağıma bastı.** Er hat (ist) mir auf den Fuß getreten. s.a. **ayak (çürük tahtaya, dalına, faka)** ~ Zu 2: **yirmi yaşına** (*od.* **yirmisine**) ~ zwanzig Jahre alt werden Zu 3: s. **zile** ~ Zu 5: s. **örtbas etmek** Zu 9: **Evleri sel bastı.** Das Wasser ist in die Häuser eingedrungen. Zu 10: **Polis, hırsızın evini basmıştır.** Die Polizei nahm in dem Haus des Diebs eine Razzia vor. **Kalpazanları bastılar.** Man hat die Falschmünzer ausgehoben. Zu 11: s. **çığlığı (şamarı, yaygarayı** usw.) ~ Zu 12: **Hararet bastıkça bastı.** Die Hitze wurde immer drückender. Zu 16: **Bina, bu taraftan bastı.** Das Haus hat sich auf dieser Seite gesenkt. Zu 18: **Bas!** *V* Troll dich! Verschwinde! **Bas orsa alabanda!** *naut.* Ruder in Lee! Anluven! **basıp geçmek** leichthin über et. hinweggehen; e–r Sache keine Bedeutung beimessen **bastığı yerde ot bitmemek** überallhin Unheil bringen **bastığı yeri bilmemek** 1. nicht achten, wohin man tritt 2. *fig.* freudig (fröhlich) gestimmt sein 3. ganz verwirrt sein 4. tapsig, ungeschickt sein
basmakalıp, -bı 1. schablonen- *od.* klischee-mäßig hergestellt 2. *fig.* herkömmlich, üblich 3. *fig.* ständig gebraucht; stereotyp, abgedroschen

baso(-cu) s. **basso(-cu)**
bason (*franz.* **basson**) *mus.* Fagott *n* *fagot
basoncu; basonist, -ti *mus.* Fagottist *m* *fagotçu, fagotist
Basra *n.pr.* Basra (*fr. a.* Balsora) ~ **harap olduktan sonra** s. **bade harabil Basra;** ~ **körfezi** *n.pr.* Persischer Golf
basra *reg.* s. **yaprakbiti**
bassa *dial.* s. **pasa** (3)
bassaksofon *mus.* Baß-Saxophon *n*
bassist, -ti s. **bassocu**
basso [×·] *mus.* 1. Baß(-stimme, -begleitung *f*) *m* 2. Bassist *m* (Sänger) 3. Baß-Tuba *f*, Bombardon *n* ~ **tutmak** die Baßbegleitung spielen
bassocu *mus.* Baß-Spieler, Bassist *m*
bast, -tı *va.* ausführliche Darlegung; Auseinandersetzung, Erklärung *f;* s.a. **bastütemhit;** ~ **etmek** *va.* ausführlich darlegen, auseinandersetzen, erklären
basta [×·] 1. s. **pasta** (3) 2. *naut. Kommando:* Genug! Halt an! Fest!
bastak *dial.* 1. Fußantritt *m,* Pedal *n* 2. kleine Druckereimaschine mit Fußantritt 3. kleine Stehleiter
bastard *selt.* Bastard, Mischling *m*
bastarda [·×·] 1. *hist.* mittelgroße Kriegsgaleere 2. *hist.* (*a.* **-i hümayun**) Flaggschiff *n* 3. *naut.* Groß- *od.* Kreuzbramstagsegel *n* 4. *naut.* Fockbaum *m*
bastardo schwarze portugiesische Trauben
bastı 1. e–e Art Ragout (Schmorgericht) aus Fleischbrühe, Gemüse und Hackfleisch (z.B. **kabak bastısı**) 2. *Verk. von* **külbastı**
bastıbacak 1. klein von Statur; Knirps, Dreikäsehoch *m* 2. krummbeinig
bastık *dial.* s. **pestil**
bastırak s. **kompresör**
bastırım *selt.* 1. Vs. zu **bastırmak** 2. Zwang *m*
bastırma 1. Vs. zu **bastırmak** 2. s. **pastırma** 3. *psych.* s. **itilme** 4. e–e best. Ringertechnik
bastırmak Kaus. zu **basmak** *spez. tr.* 1. unterdrücken, niederschlagen, niederwerfen (z.B. Revolte) 2. stillen (z.B. Hunger) 3. löschen (Brand) 4. übertreffen, in den Schatten stellen 5. e–n Stoffrand einschlagen und festnähen (gegen Ausfransung) 6. (hinein-)pressen, drücken 7. übertönen 8. (m. e–r Antwort *od.* e–m Urteil) sofort zur Hand sein 9. ohne vorherige Anmeldung zu j–m gehen, j–n überraschen, *F* überfallen 10. befallen (z.B. Fieber) 11. (m. Akk.) hereinbrechen (über) 12. *intr.* plötzlich einsetzen (Kälte, Schnee usw.) 13. *V* herausrücken (Geld) 14. mit den Fängen packen (Falke) 15. drucken lassen 16. ausbrüten (Eier) Zu 4: **Kurnazlıkla arkadaşlarını bastırdı.** An Schlauheit übertraf er alle seine Kameraden. Zu 8: **Cevabı bastırdı.** Er war gleich mit einer Antwort zur Hand. **Olamaz'ı bastırdı.** „Das ist unmöglich!" platzte er heraus. Zu 9: **Bu akşam Mehmet'i bastıralım!** Heute abend wollen wir Mehmet einmal (mit unserem Besuch) überraschen! Zu 10: **O gece beni şiddetli bir ateş bastırdı.** In der Nacht bekam ich plötzlich hohes Fieber. Zu 11: **Kış İtalya'yı bastırdı.** Der Winter ist plötzlich über Italien hereingebrochen. Zu 12: **Soğuklar bastırdı.** Starke Kälte hat eingesetzt. **bastıran uykuyu dağıtmak** sich mühsam wach halten
bastika [·×·] *naut.* 1. Schäkel *m* 2. Kinnbacks-, Fuß-, Leitblock *m* **-ya vurmak** in den Schäkel (Leitblock) einlegen (Tau usw.)
bastiyon 1. Bastion *f* (als Teil e–r Festung) 2. *fig.* Bastion, Festung *f,* Bollwerk *n,* fester Stützpunkt
bastiyonlaştırmak *mil.* bastionieren
bastiyonlu Bollwerks-, bastioniert ~ **tahkimat** Bollwerksbefestigungen *pl.*
baston 1. Spazierstock *m* 2. (*a.* **büyük** ~ *od. va.* **-diflok**) *naut.* Klüverbaum *m* 3. *naut.* Leesegelspiere *f* ~ **francala**

französisches Stangen-Weißbrot ~ **(yutmuş) gibi** als ob er e–n Ladestock verschluckt hätte **-u kırmak** *V* sich den Tripper holen (*V:* sich die Pfeife verbrennen)

bastütemhit, -di [ī] *va.* ausführliche Darlegung, eingehende Schilderung ~ **etmek** *va.* ausführlich darlegen, eingehend schildern

basur [– –] schleimige *od.* blutige Ausscheidung infolge Darmentzündung, Durchfall, Ruhr *od.* Hämorrhoiden ~ **fitili** Hämorrhoidenzäpfchen *n* *süpozituvar ~ **memesi** Hämorrhoide *f*, Hämorrhoidalknoten *m*

basurotu, -nu Scharbockskraut *n bot.* Ranunculus ficaria *mayasıl otu; kediayası

basurî *va.* Hämorrhoidal-

basurlu mit Hämorrhoiden behaftet

bâsübadelmevt, -ti Auferstehung *f* (der Toten)

basya [×·] 1. *bot.* die Gattung Bassia der Sapotagewächse 2. das aus den Samen gewonnene, für Seifen- und Kerzen-herstellung verwendete Bassia-Fett

baş 1. Kopf *m*, Haupt *n* 2. *fig.* (An-)Führer, Chef, Leiter *m*, Haupt *n* 3. Anfang, Beginn, Ausgangspunkt *m* 4. Anfangsbuchstabe *m* (e–s Wortes) 5. Grundlage, Basis *f*, das Wichtigste 6. höchster Punkt, Gipfel *m* (z.B. e–s Berges) 7. rundlicher Ausläufer *od.* rundliches Ende: Kopf, Knopf, Knauf *m; a. mus.* Notenkopf *m* *gövde 8. *naut.* vorderer Teil e–s Schiffes, Vorschiff *n* 9. das e–e von zwei Enden z.B. Brückenende *n* 10. Stück *n* (als Zählwort bei Schlachtvieh, Zwiebeln, Knoblauch) 11. Wechslergebühr *f* *sarrafiye *gel. a.* Agio *n*, Diskont *m* 12. Vieh *n* 13. unmittelbare Nähe *od.* nähere Umgebung 14. *in Zss.* Haupt-, Chef-, General-, Meister-, Ehren-, Ober-, Vorder-, führend, leitend, oberste, erste 15. *(in idiom. Ra.)* die eigene Person, man selbst 16. *(Ringen)* die oberste der fünf Wertungsklassen 17. Gedächtnis *n*, Erinnerung *f* 18. Knäuel *n* (Seide, Garn) 19. Quelle *f*, Ursprung *m* (e–s Wasserlaufes) 20. Grund *m*, Ursache *f* 21. s. **baş süsü** Zu 2: s. **ahçı (ırgat, kol, sınıf** usw.) **-ı** Zu 3: s. **hafta (omuz, pınar, satır, yıl) -ı** Zu 4: **bu kelimenin iki -ı** die beiden Anfangsbuchstaben dieses Wortes Zu 5: **Her şeyin -ı sağlık.** Gesundheit ist das Wichtigste im Leben. Zu 7: s. **çivi (meme; toplu iğne) -ı** Zu 10: **bir ~ sarmısak** e–e Knoblauchknolle **yirmi ~ koyun** zwanzig Schafe Zu 12: s. **büyük (küçük)** ~ Zu 13: s. **havuz (mangal, masa, piyano, vazife) -ında.** Zu 14: s. ~ **hakem (prensip, köşe, yemek); -buğ, -hekim, -muharrir, -pehlivan** usw.; ~ **açmak** verfluchen, verwünschen *s. a.* **-ını açmak;** ~ **ağrısı** 1. Kopfweh *n*, Kopfschmerzen *pl.* 2. *fig.* Ärger, Verdruß *m*, Plage, Last, Qual *f*, beunruhigender Gedanke, lästige Angelegenheit, zudringliche Person ~ **ağrısı kalemi** Migränestift *m* ~ **ağrısı vermek** 1. Kopfschmerzen verursachen 2. *fig.* plagen, belästigen, quälen, j–m auf die Nerven gehen ~ **ağrıtmak** s. ~ **ağrısı vermek;** ~ **akçe** s. **sermaye;** ~ **alamamak** 1. **(işten)** alle Hände voll zu tun haben 2. sich nicht retten können (z.B. vor Besuchern) ~ **almak** 1. *z. va.* den Kopf abschlagen 2. *naut.* ansteuern ~ **aşağı** 1. den obersten (*od.* vordersten) Teil nach unten gekehrt; abwärts, verkehrt, mit dem Lauf nach unten (z.B. umgehängtes Gewehr) 2. flußabwärts ~ **aşağı bombardıman usulü** (tayyare ile) Stukaangriff *m* (Angriff durch Sturzkampfflugzeuge) ~ **aşağı düşmek** e–n unfreiwilligen Purzelbaum schießen ~ **aşağı etmek** zu Boden schlagen ~ **aşağı gelmek** (*od.* **gitmek**) 1. vom Schicksal verfolgt sein, dauernd Schaden erleiden 2. sich dauernd verschlechtern; abwärts gehen (mit) ~ **bacadan aşmak** *fig.* allmählich über das heiratsfähige Alter hinauskommen, ein spätes Mädchen sein ~ **bağlamak** 1. e–n Kopf (Knospe u.ä.) bilden 2. e–e best. Tätigkeit aufnehmen; sich widmen (z.B. e–m Beruf), einschlagen (z.B. Beamtenlaufbahn); gehen (z.B. zum Theater) 3. in ein nahes (enges, gutes, freundschaftliches) Verhältnis treten (zu), engere Beziehungen anknüpfen (zu) ~ **bağlatmak** verheiraten ~ **balerin** Primaballerina *f* ~ ~ hauptsächlich ~ **başa** 1. unter vier Augen; mit jemand allein zusammen 2. gemeinsam 3. s. **-tan -a;** ~ **başa bırakmak** alleinlassen (zwei Personen) ~ **başa çatmak** sich beraten ~ **başa gelmek** einander gleich sein ~ **başa kalmak** mit j–m allein sein, sich unter vier Augen sprechen ~ **başa olmak** ein Tête-à-tête haben ~ **başa vermek** 1. sich treffen, sich zusammensetzen, zusammenkommen (um et. zu besprechen) 2. *pej.* die Köpfe zusammenstecken; tuscheln 3. *mel.* gegenseitig für einander einstehen, solidarisch vorgehen ⚭ **başa vermeyince taş yerinden kalkmaz.** *Spr.* Einigkeit macht stark. ~ **belâsı** Plage *f*, Verdruß *m*, Quelle *f* dauernden Ärgernisses *gel. a.* Plagegeist *m* ~ **beyin kalmamak** (b–de) ganz durcheinander sein (Person) ~ **bezi** Kopftuch *n* (e–r Frau) ~ **biberi** s. **darifilfil;** ~ **biti** Kopflaus *f zo.* Pediculus capitis ~ **bodoslama astarı** *naut.* Binnenvorsteven *m* ~ **bodoslaması** *naut.* Vor-, Vorder-steven *m, hist. a.* Schiffsschnabel *m* ~ **boy** von erster Qualität, erstklassig, erstrangig, prima ~ **buğday** erstklassiger Weizen ~ **bulmak** Gewinn abwerfen ~ **çanağı** Schädel *m* *kafatası ~ **çatmak** ein Kopftuch umbinden ~ **çekmek** 1. Rädelsführer sein (bei) 2. (b–den) sich auflehnen (gegen) 3. leiten (Spiel, Vergnügen usw.) 4. et. unternehmen ~ **çevirmek** den Kopf abwenden *d.h.* Gleichgültigkeit *od.* Ärger an den Tag legen ~ **dağılmak** dumm, albern werden ~ **dalgası** *naut.* Bugwelle *f* ~ **dayacağı** Kopflehne, Backe *f* (e–s Sessels) ~ **dayama örtüsü** Sesselschoner *m* ~ **dayanağı** Kopfstütze *f* (bei dem Photographen) ~ **denizleri** *naut.* Bug-wellen *pl.*, -see *f* ~ **derdine düşmek** mit seinen eigenen Sorgen zu tun haben ~ **dikmek** als Führer aufstellen ~ **direği** s. **pruva direği;** ~ **döndürmek** schwindlig werden lassen; Schwindel erregen ~ **döndürücü hızla** mit schwindelerregender Eile ~ **dönmesi** Schwindel(-anfall *m*, -gefühl *n*) *m* ~ **edebilmek** (bşle) et. bewältigen können ~ **edememek** (b–le) nicht aufkommen (sich nicht durchsetzen) können (gegen); es nicht aufnehmen können (mit); ins Hintertreffen geraten (gegenüber) ~ **edilmez** gegen wen nicht aufzukommen ist ~ **eğmek** 1. sich (nach anfänglichem Widerstand) unterwerfen, nachgeben, gehorchen; einwilligen (in); sich beugen müssen, *F* klein beigeben müssen *inkıyat etmek 2. sich beschämt fühlen ~ **eğmemek** sich nicht unterkriegen lassen ~ **elde iken** lebend, zu Lebzeiten ~ **emir** *mil.* Einführungsbefehl *m* ~ **eti yemek** sich abhärmen, sich in Kummer verzehren ~ **etmek** überwinden, besiegen; fertigwerden (mit) *s. a.* ~ **edebilmek;** ~ **edememek;** ~ **figürü** s. **pruva figürü;** ~ **filim** Hauptfilm *m* ~ **forsu** *naut.* Reedereizeichen *n* (am Vorschiff) ~ **giyeceği** (*od.* ~ **giyimi**) Kopfbedeckung *f* *başlık ~ **giysici** *Th.* Kostümentwerfer *m* ~ **göstermek** auftreten, sich herausstellen, sich zeigen, ausbrechen (z.B. Krankheit) ~ **göz etmek** *F* verheiraten *evlendirmek ~ **göz olmak** *F* verheiratet werden bzw. sich verheiraten *evlen(diril)mek ~ **göz sadakası** s. **başının gözünün sadakası;** ~ **göz üstüne** sehr gern; mit dem größten Vergnügen ~ **göz yarmak** *fig.* alles verkehrt machen; lauter Unheil anrichten (*spez.* bei e–m zu erledigenden Auftrag) ~ **güreşi** die oberste Kategorie bei **yağlı güreş;** ~ **hakem** oberster Schiedsrichter ~ **halatı** *naut.* Bugtau *n* ~ **halife** s. **serhalife;** ~ **harem ağası** *fr.* Obereunuch *m* ~ **harf** Anfangsbuchstabe *m*, Initiale *f* ~ **heykeli** s. **büst;** ~ **indirmek** sich ergeben *teslim olmak ~ **kafiye** (*spez.* in der türk. Volkslit.) Anfangsreim *m* ~ **kaldıramamak** 1. nicht aufstehen können (Patient) 2. übermäßig viel zu tun haben ~ **kaldırmak** 1. sich auflehnen, rebellieren, revoltieren, meutern 2. sich herausstellen, zutagetreten ~ **kaldırmamak** *(a.)* ununterbrochen (ohne aufzusehen) arbeiten ~ **kaldırtmamak** *fig.* j–n niederhalten ~ **kasara(-sı)** *naut.* 1. Vorderdeck *n,* Back(-deck *n*) *f* 2. Logis *n* ~ **kaygısı** Todesangst *f* ~ **kesmek** 1. den Kopf abschlagen 2. den Kopf einziehen (*od.* senken) 3. sich leicht verbeugen (mit der rechten Hand auf der Brust) ≗ **kıç belli değil** (*od.* **belirsizdir**). Man weiß nicht mehr, was vorne und was hinten ist. ~ **kıç yapmak** (*od.* **vurmak**) *naut.* stampfen (Schiff) ≗ **kırılır fes içinde, kol kırılır yen içinde.** *(Sinn):* Man breitet nicht seine schmutzige Wäsche vor allen Leuten aus. ~ **kipesi** *(Turnen)* Kopfstandüberschlag *m* ~ **kisvesi** s. ~ **giyimi;** ~ **korkusu** Angst *f* um das eigene Leben ~ **koşmak** hartnäckig beharren, sich widersetzen ~ **koymak** 1. seinen Kopf riskieren 2. sich nachgiebig zeigen; gehorchen ~ **köşe** Ehrenplatz *m* ~ **köşeyi işgal etmek** den Ehrenplatz einnehmen (z. B. an e–r Tafel) ~ **lorta** großer Leisten des Schuhmachers ~ **maliyetler** *H* Selbst-, Gestehungs-kosten *pl.* ≗ **nereye giderse, ayak da oraya gider.** *Spr. (Sinn):* Die Kleinen ahmen immer das Beispiel der Großen nach. ≗ **ol da, ne başı olursa ol!** *iron.* An der Spitze muß man stehen, gleichgültig wovon! (Bei unverblümter Redeweise *a.*): ≗ **ol da eşek başı ol!** ~ **olmak** 1. Führer sein bzw. werden 2. enden, ausgehen ~ **orta** die dritte der fünf Ringerklassen ~ **öğretmek** (bir ata) ein Pferd zureiten ~ **örtmek** ein Kopftuch umbinden ~ **örtüsü** s. **başörtü;** ~ **paçası** aus Hammelköpfen hergestellte Sülze ~ **palamarı** s. **pruva palamarı;** ~ **prensip** oberster Grundsatz; Leitgedanke *m* ~ **sağlığı dilemek** (den Hinterbliebenen) Gesundheit (und langes Leben) wünschen *d. h.* kondolieren ~ **sağlığına gitmek** e–n Kondolenzbesuch machen ~ **sallamak** 1. **(her şeye)** zu allem ja und amen sagen; (scheinbar *od.* wirklich) mit allem Gesagten einverstanden sein 2. ärgerlich *od.* warnend den Kopf schütteln ~ **sayfalar** *typ.* Titelei *f* ~ **sedir** Ehrenplatz *m* ~ **sedire geçmek** 1. den obersten (ersten, führenden) Platz einnehmen 2. e–e bedeutende Persönlichkeit sein ~ **sedire kurulmak** sich auf dem Ehrenplatz niederlassen ~ **selâmı** leichte Verbeugung ~ **sesi** *mus.* Kopf-, Fistel-, Falsett-stimme *f* *boğaz sesi, foset, kafa sesi ~ **süsü** (*od.* ~ **süslemesi**) Kopfputz *m* ~ **taban** *arch.* Architrav *m* ~ **tacı** *fig.* wer *od.* was besonders geliebt (geehrt, geschätzt) wird, e–n Ehrenplatz einnimmt ~ **tacı etmek** 1. (j–m *od.* e–r Sache) den Ehrenplatz einräumen 2. über den Schellenkönig loben ~ **taraf** 1. Kopf *m od.* Anfang *m* (z. B. e–s Zeitungsartikels) 2. *fig.* Spitze, Leitung *f,* Ruder *n* 3. *naut.* Bug *m* (e–s Schiffes) 4. Kopfende *n* (des Bettes) ~ **tutmak** *naut.* seinen normalen Kurs nehmen (auf) ~ **tutmamak** dem Steuer nicht mehr gehorchen (Schiff) ~ **tuvaleti** Frisur, Haartracht *f* ~ **üstü** 1. kopfüber 2. *naut.* Back *f,* Vorderdeck *n* ~ **üstü vuruş** *Fb.* Rückzieher *m* ~ **üstünde taşımak** sich ehrerbietig erweisen ~ **üstünde tutmak** mit besonderen Ehren aufnehmen (und bewirten) ~ **üstünde yeri olmak** (b–nin) in besonderen Ehren, in besonders hohem Ansehen stehen ≗ **üstüne!** Gewiß! Zu Befehl! ~ **ütülemek** sich wortreich ergehen; j–n halbtot reden ≗ **üzerinde yeri var.** *fig.* Er ist allgemein geachtet und angesehen. ~ **vergisi** Kopfsteuer *f* ~ **vermek** 1. den Tod ins Auge fassen 2. sich zeigen, auftreten, sich herausstellen 3. **(çamaşıra)** gewaschene Wäsche kalt abspülen ~ **vurağı** Stelle *f,* an die man sich mit e–m Anliegen wendet ~ **vurma** 1. Eingabe *f,* Ersuchen *n,* Antrag *m* 2. s. **müracaat** 3. s. **rücu** (5); ~ **vurma boyunlusu** s. **rücua kefil;** ~ **vurmak** (m. Dat.) 1. sich wenden (an) *müracaat etmek 2. et. (*od.* es mit et.) versuchen 3. sich bewegen; schwanken (zwischen e–m Maximum und e–m Minimum) 4. anbeißen (Fisch) ~ **yapıt** Hauptwerk *n* (e–s Schriftstellers) ≗ **yarılır fes içinde** usw. s. ≗ **kırılır** usw.; ~ **yarmak** *fig.* 1. zudringlich, lästig sein 2. s. **baş göz yarmak;** ~ **yastığı** Kopfkissen *n* *yüz yastığı ~ **yatırmaları** *naut.* Bugbänder *pl.* (e–s Schiffes) ~ **yemek** 1. Hauptgericht *n* (bei e–r Mahlzeit) 2. j–s Entlassung *od.* j–s Tod verursachen ~ **yinelemesi** *rhet., stil.* Anaphora, Anapher *f* ~ **yoması** *naut.* Anhaltseil *n* (Befestigungsseil am Bug e–s Schiffes)

(başa):
~ **baş** s. **başabaş;** ~ **binmek** zudringlich sein (*od.* werden), lästig fallen, belästigen ~ **çıkamamak** sich nicht durchsetzen können ~ **çıkarmak** 1. (bir işi) et. erfolgreich ausführen 2. (b–ni) j–n verwöhnen (*spez.* durch allzu freundliche und nachsichtige Behandlung) ~ **çıkmak** 1. (bşle) et. fertigbringen, leisten 2. (b–le) mit j–m fertigwerden, aufkommen (gegen) ~ **çıkmamak** (bir iş) nicht fertig werden können (Arbeit wegen Mangels an Zeit *od.* an Mitteln) ~ **geçmek** sich an die Spitze setzen ≗ **gelen çekilir.** *Spr.* Wenn man nichts dagegen tun kann, muß man es eben geduldig ertragen. ~ **gelmek** zustoßen, passieren, (be-)treffen ≗ **gelmez iş olmaz, ayağa değmez taş olmaz.** *Spr.* Jeder Mensch macht im Leben allerhand Schweres durch. ~ **güreşmek** 1. *(Ringen)* sich in der schwierigsten Kategorie versuchen 2. *fig.* sich mit dem schwierigsten Teil e–r Angelegenheit befassen ~ **hasır yakmak** *fig.* 1. in Verzweiflung sein 2. sich beklagen; murren ~ **kaka anlatmak** (*od.* **söylemek**) ungeschminkt reden; kein Blatt vor den Mund nehmen ~ **kakmak** s. **başına kakmak;** ~ **sürmek** bis zum Ende durchführen ~ **tirimli** *naut.* buglastig (Schiff) ~ **varmak** fertigstellen, beenden ≗ **yazılan gelir.** *Spr.* Es kommt alles, wie es kommen muß (wie es e–m bestimmt ist).

(başı):
~ **açık** 1. ohne Kopfbedeckung; barhäuptig 2. ganz klar, offenkundig 3. schamlos 4. *selt.* frei, unabhängig ~ **açık bir yalan** eine ganz unverschämte, dummdreiste Lüge ~ **açılmak** ausgehen (Kopfhaar) ~ **ağırlaşmak** schläfrig werden ~ **ağrımak** 1. Kopfschmerzen haben 2. *fig.* Kummer haben, bekümmert sein ~ **altından çıkmak** s. **başının altından çıkmak;** ~ **araya girmek** in e–n Streit hineingezogen (und ein unschuldiges Opfer) werden ~ **ateşe yanmak** s. ~ **nâra yanmak;** ~ **bacayı aşmamış olmak** noch im heiratsfähigen Alter sein (Mädchen) ~ **bağlı** 1. nicht (mehr) frei 2. verlobt *od.* verheiratet ~ **bağlı bulunmak** nicht mehr frei sein ~ **bağlı olduğu halde** mit verbundenem Kopf ~ **başa çatmak** die Köpfe zusammenstecken; sich beraten ~ **belâya uğramak** ins Unglück geraten; sich Unannehmlichkeiten zuziehen ~ **beyni yerine gelmek** wieder zu sich kommen, sich erholen ~ **bez** Frau *f,* Weib *n* ~ **çekmek** Anführer sein ~ **çıplak** kahl; ohne Haare ~ **dara gelmek** in Not geraten ~ **darda olmak** 1. in gedrückten Verhältnissen leben 2. in e–r Zwangslage (in Not) sein ~ **derde girmek** 1. Kummer und Leid durchmachen müssen 2. sich Unannehmlichkeiten zuziehen ~ **derdine düşmek** ganz mit seinen eigenen Sorgen beschäftigt sein ~ **dertte olmak** (b–le) seinen Kummer haben (mit) ~ **dışarıda olmak** ein Herumtreiber sein ~ **dik** s. **başı pek;** ~ **dinç** 1. frisch und ausgeruht 2. ruhig und unbesorgt ~ **dönmek** 1. j–m schwindlig (*od.* schwarz vor den Augen) werden 2. größenwahnsinnig werden ~ **dönük** 1. schwindlig 2. verdutzt, verblüfft ~ **dumanlı** 1. dessen Gipfel in Wolken gehüllt ist (Berg) 2. über beide Ohren verliebt 3. angesäuselt, benebelt, leicht beschwipst, berauscht ~ **eğik** unterwürfig, gehorsam ~ **eğik olmak** *a.* in j–s Schuld stehen; j–m zu Dank verpflichtet sein ~ **göğe ermek** 1. vor Freude ganz aus dem Häuschen geraten;

im siebenten Himmel sein 2. *(seltener)* stolz sein; sich rühmen ~ **gömülü gemi** *naut.* vorderlastiges Schiff ~ **gözü sadakası** beträchtliches Opfer zur Abwendung e–s drohenden Übels ~ **havada olmak** die Nase hochtragen, von sich sehr eingenommen sein ~ **havalanmış bir genç** ein junger Mann, dem die Liebe den Kopf verdreht hat ~ **hoş olmamak** 1. (bşle) keinen rechten Gefallen finden (an) 2. (b–le) sich nicht gutstehen (mit) ~ **için** (b–nin) j–m zuliebe, um ... willen ~ **kalabalık** 1. wer viele Leute abzufertigen hat 2. wer für e–e große Familie zu sorgen hat 3. s. ~ **kazan (gibi) olmak;** ~ **kapalı** geheimnisvoll, rätselhaft ~ **kazan (gibi) olmak** e–m nur so dröhnen (Kopf) ⁓ **kel mi?** s. **Benim başım kel mi?** ~ **kıçı belli olmayan bir şey** *F* was weder Hand noch Fuß hat ~ **kızmak** wütend werden, sich sehr ärgern ⁓ **kopasıca!** s. **Kafası kopasıca!** ~ **nâra yanmak** sich e–s anderen willen ins Unglück stürzen; sich die Finger an et. verbrennen ~ **önünde** 1. mit hängendem Kopf; gesenkten Hauptes; niedergeschlagen 2. brav, anständig, anspruchslos, bescheiden, nicht nach fremdem Gut lüstern ~ **örtülü** 1. verschleiert (Frau) 2. *selt.* s. **üstü örtülü;** ~ **pek** dickköpfig, eigensinnig, stur ~ **sancımak** (b–nin) stechende Kopfschmerzen haben ~ **sert** 1. guten Reden *od.* Ratschlägen unzugänglich; verstockt 2. störrisch (Pferd) ~ **sıkılmak** 1. in Not (Bedrängnis, *F* die Klemme) geraten 2. Kummer und Sorgen haben ~ **tas** glatzköpfig, mit kahlem Kopf ~ **taşa** um so schlimmer für ihn ~ **taşa değmek** (*od.* **gelmek**) 1. mit dem Kopf auf e–n Stein aufschlagen 2. *fig.* sich den Kopf einrennen; bittere Erfahrungen machen ~ **tavana değmek** *fig.* prahlen, aufschneiden ⁓ **tutuyor.** Der Kopf schmerzt e–n (infolge Lärms). ~ **ucunda** 1. bei (neben) ihm 2. unter Überwachung ~ **yastık yüzü görmemek** kein Auge zutun; nicht schlafen können ⁓ **yastık görmeden öldü.** Er starb ganz unerwartet. ~ **yerde olmak** vornübergebeugt sein, den Kopf hängen lassen ~ **yerine gelmek** wieder zur Besinnung kommen, zu sich kommen, seine Zerstreutheit abschütteln ~ **yukarıda** stolz, hochmütig, eingebildet, selbstgefällig ~ **yumuşak** nachgiebig, gefügig, friedfertig, verträglich, ruhig *uysal ~ **zaptolunmamak** (atın) durchgehen (Pferd) **başımla beraber** gerne **Başın(-ız) sağ olsun!** *(Kondolenzformel)* Mein aufrichtiges Beileid! **başın(-ız) sağ olsuna gitmek** e–n Kondolenzbesuch abstatten

(başına):
~ pro Kopf, auf jeden, *F* pro Nase ~ **almak (çıkartmak, sarmak)** sich Unannehmlichkeiten aufbürden ~ **atmak** j–m et. an den Kopf werfen (verächtliche Rückgabe e–s Geschenkes) ~ **belâ getirmek** j–m Unannehmlichkeiten bereiten ~ **belâ olmak** (*od.* **kesilmek**) j–m lästig fallen ~ **belâyı satın almak** in Unannehmlichkeiten geraten (wegen e–s anderen) ~ **belâlı bir iş açmak** (kendi) sich et. einbrocken ⁓ **benim kadar taş düşsün!** Sei du nur einmal solchen Anschuldigungen wie ich ausgesetzt! (*scil.* dann wirst du anders reagieren!) ~ **binmek** zusetzen, drängen, lästig fallen ~ **bir belâ açmak** sich e–e Plage auf den Hals laden ⁓ **bir hal gelirse** *euph.* Wenn ihm etwas zustoßen sollte *d. h.* Wenn er sterben sollte ~ **bitmek** s. ~ **belâ olmak;** ~ **buyruk** (*a. mit der Forts.* **iki kanat bir kuyruk**) *pej.* eigenwillig, selbstherrlich ⁓ **cinler üşüşmüş galiba!** Er ist schrecklich nervös. ~ **çalmak** j–m et. vor die Füße werfen; s. a. Stw. **çalmak;** ⁓ **çelenk takarım!** Das hast du brav gemacht! *(F:)* Du verdienst e–n Orden! ~ **çıkmak** 1. s. ~ **binmek** 2. frech und aufdringlich werden 3. j–m auf der Nase herumtanzen 4. j–m zustoßen; über j–n kommen; s. a. Stw. **çıkmak;** ~ **çorap örmek** 1. Ränke schmieden, Intrigen anzetteln 2. j–n hereinlegen ~ **çökmek** über j–n hereinbrechen (z. B. Krieg) ~ **dermek** s. ~ **toplamak;** ~ **dert açmak** (b–nin) Kummer und Leid über j–n bringen ~ **dert çıkarmak** (kendi) sich et. auf den Hals laden ~ **dert olmak** (b–nin) j–m zur Last fallen, j–n plagen, quälen ~ **devlet kuşu konmak** ein großes Glück besehen; *(F:)* e–n Mordsdusel haben ~ **dikilmek** (b–nin) sich vor j–m aufpflanzen ~ **dolamak** (b–nin) 1. zudringlich werden, j–m auf die Nerven fallen 2. (b–nin bşi) j–m et. aufbürden, aufhalsen ~ **dünyayı zindan etmek** s. Stw. **dünya;** ~ **ekşimek** (b–nin) 1. e–e schwere Last sein (für); sich mit et. herumplagen müssen 2. j–m zum Hals heraushängen; et. überdrüssig sein 3. *V* j–m dauernd in den Ohren liegen; j–n ewig belästigen ~ **geçirmek** (bşi) j–m mit et. über den Kopf schlagen ~ **gelmek** j–m zustoßen; et. Schweres durchmachen müssen; s. a. **Benim başına gelen ...;** ~ **gün doğmak** ein unverhofftes Glück besehen ~ **güneş gelmek** ganz benommen sein; zu lange in der Sonne gewesen sein ~ **hal gelmek** 1. in große Schwierigkeiten geraten 2. in Unruhe kommen 3. *euph.* s. ⁓ **bir hal gelirse;** ~ **indirmek** (b–nin) j–m et. auf den Kopf prasseln lassen ~ **iş açmak (çıkarmak)** s. Stw. **iş;** ~ **kâhya kesilmek** (b–nin) j–m dauernd Vorschriften machen wollen ~ **kakmak** (b–nin bşi) j–m (erwiesene Wohltaten) vorhalten, *F* unter die Nase reiben ~ **kalmak** j–m auf dem Hals liegen ~ **karalar bağlamak** großen Kummer haben ~ **koymak** *fig.* achten, ehren; s. a. **Öp de başına koy.** ~ **lânet yağmak** von aller Welt verflucht werden ~ **patlamak** s. Stw. **kabak;** ~ **sardırmak** s. ~ **dolamak;** ~ **sevda gelmek** sich verlieben *sevdaya düşmek ~ **sıçratmak (uykusunu)** j–n um seinen Schlaf bringen ~ **soğuk geçmek** *V* e–e Eselei begehen ~ **taç etmek** *fig.* j–n besonders hoch schätzen; j–m den Ehrenplatz einräumen ~ **tarak geçirmek** (*od.* **vurmak**) sich kämmen, sich frisieren ~ **taş yağmak** von e–m Unglück betroffen werden ⁓ **teller taksın!** *mst. iron.* Von mir aus mag er sich ein Loch in den Bauch freuen! ~ **tokmak olmak** (b–nin) unter strenger Kontrolle halten; niederhalten ~ **toplamak** zusammenrufen, *F* zusammentrommeln ⁓ **toprak!** Krepieren soll er! ~ **toprak saçmak** (*od.* **koymak**) sich Asche aufs Haupt streuen (als Zeichen der Trauer) ~ **üşüşmek** (b–nin) sich auf j–n stürzen; s. a. **Bütün şeytanları başına üşüşüyor.** ⁓ **vur, ağzından lokmasını al!** s. **Ağzına vur, lokmasını al!** ~ **vurmak** 1. zu Kopf steigen; berauschen (Alkohol) 2. Kopfschmerzen verursachen 3. s. ~ **kakmak;** ~ **yular geçirmek** j–m Zügel anlegen; j–n beherrschen ~ **zindan etmek** s. **dünyayı başına zindan etmek**

(başında):
~ **ateş yanmak** (b–nin) viel Unangenehmes durchmachen müssen ~ **beklemek** (*od.* **durmak**) 1. j–n *od.* et. beobachten 2. zur Stelle sein (um j–m zu helfen) ~ **değirmen çevirmek** (b–nin) j–n durch dauernden Lärm nervös machen ~ **dert tütmek** tief bekümmert sein ~ **hamam tokmağı olmak** (b–nin) e–e dauernde Plage sein (für) ~ **hulyalar esmek** Luftschlösser bauen ~ **kavak yelleri esmek** (b–nin) 1. ein unruhiger Geist sein; zu allerhand tollen Streichen aufgelegt sein; *F* Hummeln im Hintern haben 2. Luftschlösser bauen ~ **kışlamak** (b–nin) nicht loszubringen sein (zudringliche Person) ~ **muhabbet yelleri esmek** unsterblich verliebt sein ~ **olmak** 1. (bir hal b–nin) über j–n kommen (z. B. Unglück) 2. j–n zu ernähren haben, für j–n sorgen müssen ~ **taşımak** hochschätzen; große Ehren erweisen ~ **torbası eksik** *F* unvernünftig (wie ein Tier), ohne Verstand, ohne Einsicht ⁓ **yazılmıştı.** Es war ihm so bestimmt. ~ **yeri olmak** j–m willkommen sein (**Her zaman başında yeriniz vardır.** Sie sind mir jederzeit willkommen!) ~ **yuları eksik** *fig.* dumm, unfähig

(başından):
~ **almak** ganz von Anfang an erzählen ~ **aşağı kaynar sular dökülmek** *fig.* in tödliche Verlegenheit geraten ≗ **aşağı soğuk sular dökülmüş gibi oldu.** Ein kaltes Grausen überlief ihn. ~ **aşkın olmak** (*od.* **aşmak**) s. Stw. **aşkın;** ~ **atmak** 1. sich et. vom Halse schaffen 2. j–n abwimmeln ~ **ayrılmamak** j–m nicht von der Seite weichen; j–m immer beistehen ~ **beri** von Anfang an ~ **büyük halt** was man nicht bewältigen kann, was über j–s Kräfte geht ~ **büyük işlere girişmek (kalkışmak, kalkmak)** 1. sich an Dingen versuchen, denen man nicht gewachsen ist 2. sich mehr aufladen als man bewältigen kann ≗ **büyük yalan söylüyor.** *iron.* Ein Wunder, daß er an seiner faustdicken Lüge nicht erstickt ist. ~ **defetmek** j–n abblitzen lassen; j–n abweisen ~ **geçmek** et. durchmachen: **Artık başından nikâh geçti.** Du bist nun einmal verheiratet (*scil.* und hast dich dementsprechend zu verhalten). **Başından büyük bir kaza geçmiş.** Er hat e–n schweren Unfall hinter sich. **Bu tecrübe, başından geçti.** Er hat diese Erfahrung am eigenen Leibe gemacht. ~ **korkmak** 1. für sein Leben fürchten 2. Angst haben, e–e Schuld auf sich zu laden *bzw.* e–e Verantwortung zu übernehmen ~ **savma** schludrig gearbeitet ~ **savmak** (*od.* **savuşturmak**) 1. j–n abwimmeln 2. (bir belâyı) ein Unheil abwenden 3. sich et. vom Halse schaffen

(başını):
~ **açmak** die Kopfbedeckung abnehmen (s. a. **Aç başı!**) ~ **adamak** sich e–r heiligen Sache widmen ≗ **(Başınızı) ağrıtmayayım.** Ich will dich (Sie) nicht lange auf die Folter spannen. Das ist e–e lange Geschichte ~ **alıp gitmek** sich verdrücken *(F)* ~ **almak** in Freiheit bleiben ~ **ateşlere yakmak** j–m et. Übles antun ~ **bağlamak** 1. (bir kızın) ein Mädchen verloben *bzw.* verheiraten (in feste Hände geben) 2. (bir yere) j–m irgendwo e–e geregelte Arbeit verschaffen *od.* zuweisen ~ **beklemek** 1. (bşin) et. nicht aus den Augen lassen 2. (b–nin) aufopfernd pflegen (Kranken) ≗ **belâya sokma!** Stürze ihn nicht ins Unglück! (*scil.* dadurch, daß du ihn zu et. Schlechtem veranlaßt) ~ **belâya uğratmak** (kendi) sich selbst ins Unglück stürzen, sich selber Unannehmlichkeiten bereiten ~ **bir kümese sokmak** ein bescheidenes Häuschen erwerben ~ **boş bırakmak** 1. j–n in Ruhe lassen 2. j–n sich selbst überlassen ≗ **cellât ettiririm!** Ich lasse dir den Kopf abschlagen! ~ **derde sokmak (salmak, uğratmak)** j–n ins Unglück stürzen; Kummer und Leid über j–n bringen ~ **dik tutmak** den Kopf hoch tragen ~ **dinlemek** sich ausruhen, sich erholen, *F* ausspannen, verschnaufen ~ **döndürmek** schwindlig (*bzw.* größenwahnsinnig *od.* verrückt) werden lassen ~ **elleri arasına almak** den Kopf in die Hände stützen ~ **ezmek** (b–nin) 1. j–m den Kopf zertreten; j–m die Giftzähne ausbrechen 2. j–n gehörig durchprügeln ~ **gözünü yarmak** 1. j–m das Gesicht zerschlagen 2. *fig.* verpfuschen, verderben 3. verstümmeln, radebrechen ~ **istemek** (b–nin) j–s Kopf verlangen ~ **kaşımağa vakti olmamak** vor lauter Arbeit kaum aus den Augen sehen können (*scil.* und daher keine andere Arbeit übernehmen können) ~ **kesmek** (b–nin) j–m den Kopf abschlagen, j–n enthaupten ~ **kestirmek** *V* auf seinen Kopf bestehen; stur sein ~ **kırmak** 1. (b–nin) j–n gewaltsam zur Räson (Unterwerfung) bringen, j–n demütigen, *F* j–m eins auf den Kopf (die Nase) geben 2. (kendi) sich demütigen, sich unterwerfen, *(F)* kuschen ~ **koltuğunun altına almak** et. unternehmen, was den Kopf kosten kann, *F* sein Testament machen können ~ **kundak yapmak** s. **kundaklamak** (4); ~ **musallat olmak** herfallen (über) ~ **nâra yakmak** s. **başını ateşlere yakmak;** ~ **ortaya koymak** seinen Kopf aufs Spiel setzen, sein Leben riskieren ~ **önüne eğmek** 1. die Augen niederschlagen (vor Scham) 2. den Kopf hängen lassen ~ **pencereden uzatmak** den Kopf zum Fenster hinausstrecken ~ **saçını yolmak** sich die Haare raufen, *fig.* verzweifelt sein ~ **sallamak** 1. mit dem Kopf nicken 2. den Kopf schütteln (als Zeichen der Verwunderung *od.* der Ablehnung) ~ **seccadeden kaldırmamak** *spött.* ein rechter Betbruder sein ~ **secdeye koymamış** wer sein Gebet nicht verrichtet hat ~ **sokacak bir yeri olmamak** kein Dach über dem Kopf haben ~ **sokmak** (bir yere) recht und schlecht irgendwo unterkommen ~ **şişirmek** 1. langweilen *od.* belästigen 2. j–m den Kopf benehmen (z. B. Lärm) ~ **taşa vurmak** 1. e–e bittere Erfahrung machen, sich den Kopf einrennen 2. et. bereuen ~ **taştan taşa vurmak** 1. viel Lehrgeld bezahlen müssen 2. et. bitter bereuen ~ **toplamak** sich kämmen, sich frisieren (Frau, Mädchen) ~ **uçurmak** j–m den Kopf abschlagen ~ **vermek** sein Leben opfern ~ **yapmak** s. **başını toplamak;** ~ **yarmak** (b–nin) j–m den Kopf spalten ~ **yastıktan kaldıramamak** sich hundeelend fühlen ~ **yemek** (b–nin) 1. j–n zugrunderichten, ins Grab bringen, j–m den Kopf kosten 2. j–n umbringen, töten, aus dem Wege räumen ~ **... yoluna koymak** sich ganz e–r Sache widmen; ganz aufgehen (in)

(başının):
~ **altında** unter dem Kopfkissen ~ (*od.* **başı**) **altından çıkmak** (b–nin) 1. auf j–s Machenschaften zurückzuführen sein 2. (*fikri*) herstammen (von); *(F)* auf j–s Mist gewachsen sein Zu 1: **Hep bunlar, onun başı altından çıkıyor.** An allem ist nur er schuld. ~ **çaresine bakmak** (bşden) nach Abhilfe trachten; et. zu beseitigen versuchen; zusehen, daß man et. los wird ~ **derdi** ein rechter Plagegeist (Kind) ~ **derdine düşmek** genug um die Ohren haben ~ **etini yemek** (b–nin) j–m dauernd in den Ohren liegen ~ **gözünün sadakası** ein fühlbares Opfer (zur Abwehr e–s drohenden Übels) ~ **rahat olması için** um keine Unannehmlichkeiten zu haben

(başta):
~ 1. an der Spitze 2. vor allem, besonders, an erster Stelle ~ **gitmek** (*od.* **gelmek**) an der Spitze liegen; führen (z. B. in einem Wettbewerb) ~ **taşımak** s. **başında taşımak; -ki** an der Spitze stehend; führende Persönlichkeit; Staatsmann *m*

(baştan):
~ 1. von Anfang an, von vorne 2. zuerst 3. wiederum; noch einmal ~ **aşağı** (*od.* **ayağa**) von Kopf bis Fuß, von oben bis unten, vollständig, durch und durch, ganz und gar, überall, gehörig; nach allen Regeln der Kunst ~ **aşağı süzmek** von Kopf bis Fuß (mit scharfem Blick) mustern ~ **aşmak** (*od.* **aşkın olmak**) zuviel sein ~ **atmak** s. **başından atmak;** ~ **baş** ganz hervorragend; ausgezeichnet, erstklassig, prima ~ **başa** 1. vom Anfang bis zum Ende 2. von einem Ende zum andern ~ **bindirmek** (*od.* **bulmak**) (auf et.) auflaufen (Schiff) ~ **çıkarmak** verleiten, verführen, verderben; den Kopf verdrehen ~ **çıkmak** verleitet, verführt werden; auf Abwege geraten ~ **geçen** was jem. durchmachen muß z. B. Widerwärtigkeit *f*, Schicksalsschlag *m*, Kummer und Leid; Unglücksfall *m*, bittere Erfahrung usw. ~ **hüküm vermek** voreilig urteilen ~ **inmek** (birdenbire) plötzlich kommen, hereinbrechen (z. B. Winter) ~ **işareti** *mus.* Wiederholungszeichen *n* ~ **kalmış** (*od.* **kalma**) schon von e–m andern benutzt ≗ **kıça haber yok.** Es herrscht ein blindwütiges Durcheinander. ~ **savma** 1. oberflächlich, nur so obenhin, ohne gehörige Sorgfalt 2. ausweichend (Antwort) ~

savmak s. **başından savmak;** ~ **tırnağa (kadar)** vom Scheitel bis zur Sohle, von Kopf bis Fuß, überall, ganz und gar; ausgemacht (z. B. Schuft) ~ **yukarı** übermäßig; über alle Maßen ~ **yükletme** *mil.* Verladung *f* über Kopf

başabaş 1. gleich-stehend, -wertig, -kommend 2. *H* pari 3. *H* Pari *n* 4. *Scha.* patt, unentschieden, remis 5. gleichzeitig, zusammen ~ **çıkmak** 1. j–m gleichkommen, in nichts nachstehen 2. *Scha.* patt stehen, remis halten ~ **gelmek** 1. nicht mehr und nicht weniger sein (als ein best. Soll) 2. gleichzeitig eintreffen ~ **noktası** *H* Rentabilitätsgrenze *f* **-tan aşağı** (*od.* **az**) unter Pari stehend **-tan yukarı** (*od.* **fazla**) über Pari stehend

başağa *P* 1. s. **başçavuş** 2. *z. va.* (gewählter) Anführer e–r Dorfjugend *yiğitbaşı

başağaç Hirnholz *n* (in der Holzbearbeitung)

başağırlık *(Sport)* Superschwergewicht *n*

başak 1. Ähre *f* *sümbüle 2. Nachlese *f* (bei Getreide *od.* Obst) 3. s. **civankaşı** 4. Eisenspitze *f* (an Lanze, Pfeil) 5. ♎ *astr.* Jungfrau *f* (Sternbild, Tierkreiszeichen) *Azra, Bakire, Kız, Sümbüle ~ **bağlamak** (*od.* **tutmak**) Ähren ansetzen ~ **toplama** Ähren-, Nach-lese *f*, Stoppeln *n*

başakçı 1. Ährenleser(-in *f*) *m* 2. ♎ Spika *f* (im Sternbild der Jungfrau) *Simakıazel

başakçık (Gras-)Ährchen *n*, Blütenähre *f*

başakçılık; başaklama *dial.* s. **başak toplama**

başaklanmak Ähren ansetzen

başaklı 1. mit Ähren; in Ährenform 2. mit Eisenspitze (Lanze, Pfeil)

başaktör 1. *Th.* Hauptdarsteller *m* 2. Rädelsführer *m*, führender Kopf

başaktris *Th.* Hauptdarstellerin *f*

başaltı, -nı [×··] 1. zweite Klasse (bei Ringkämpfern) 2. Mannschafts-wohnraum *m*, -kajüten *pl.* (auf Schiffen) **-ndan yetişme** *naut.* von der Pike auf gedient (Schiffsoffizier)

başarı Gelingen *n*, Erfolg *m* (erfolgreiche) Leistung *muvaffakıyet ~ **elde etmek** Erfolg haben ~ **göstermek** (*od.* **sağlamak**) sich erfolgreich erweisen; Erfolge aufzuweisen haben **-lar dilemek** j–m allen Erfolg wünschen

başarıcı wer Erfolge aufzuweisen hat; erfolgreich *muvaffakıyetli

başarılı 1. erfolgreich vorgehend *muvaffak 2. mit Erfolg durchgeführt; erfolgreich, geglückt *başarılmış

başarılmak Pass. zu **başarmak. başarılmış bir teşebbüs** ein geglücktes Unternehmen

başarısız ohne Erfolg; erfolglos

başarısızlık Erfolglosigkeit *f*, Mißerfolg *m*

başarmak (bşi) erfolgreich aus-, durch-führen, fertigbringen, (Prüfung) bestehen, zu Ende bringen *muvaffak olmak

başartist, -ti *Th.* Hauptdarsteller(-in *f*) *m*

başasistan erster Assistent

başasistanlık Stelle *f*, Aufgaben *pl.* usw. e–s ersten Assistenten

başat *biol.* vorherrschend, dominierend *hâkim

başatlık, -ığı *biol.* Vorherrschen *n*, Dominanz *f* ~ **yasası** s. **hâkimiyet kanunu**

başbakan [×·] Ministerpräsident, Premierminister, Reichs-, Bundes-kanzler *m* *başvekil ~ **yardımcısı** stellvertretender Ministerpräsident *başvekil muavini

başbakanlık [×··] 1. Rang *m* (Aufgaben *pl.*, Tätigkeit *f* usw.) e–s Ministerpräsidenten *başvekillik 2. Ministerpräsidium *n*, Reichs-, Bundes-kanzlei *f* *başvekâlet

başbakman s. **başmüfettiş**

başbaşalık, -ığı 1. Sessel *m* mit zwei Sitzen 2. Teegeschirr *n* für zwei Personen

başbent, -di *va.* Leitartikel *m* (e–r Zeitung) *başmakale

başbuğ (fast nur in bezug auf die Türkei verwendet) 1. Oberbefehlshaber, Generalissimus *m* *başkomutan, başkumandan 2. Kommandant *m* der Pfadfinder

başçavuş *mil.* Stabsfeldwebel *m*

başçevirten kas *an.* Kopfhalter, (Kopf-)Nicker *m*

başçı 1. Vorarbeiter, Polier *m* 2. Verkäufer *m* von (gekochten *od.* ungekochten) Lamm-, Hammel- *od.* Rinderköpfen

başçık, -ığı *bot.* Staubbeutel *m*, Anthere *f* *anter, haşefe

başçuhadar s. **çuhadar başı**

başdayamalık, -ığı Kopf-lehne *f*, -polster *n*, Backe *f* (e–s Sessels)

başdefterdar *hist.* osm. Finanzminister (15.–19. Jh.)

başdirek *naut.* Fock-, Vor-mast *m*

başdiyakoz Vertreter *m* des Bischofs

başdost, -tu *selt.* bester Freund *od.* Helfer

başefendi *hist. od. P* Bürovorsteher *m*

başeksik, -iği *mus.* Auftakt *m*

başeser Haupt-, Meister-werk *n*

başeski *hist.* 1. ranghöchster Diener im Serail *od.* in e–m Palast 2. ein Offiziersrang bei den Janitscharen (*etwa:* Leutnant)

başfilim Hauptfilm *m*

başgedikli *mil.* Stabsfeldwebel *m*

başgönder *naut.* Bugflaggenstock *m*

başhaham s. **hahambaşı**

başhakem *(Sport)* oberster Schiedsrichter

başharf (verzierte) Initiale

başhekim Oberarzt, Chefarzt *m*

başhemşire Oberschwester *f*

başıboş 1. herrenlos; frei umherlaufend (Hund) 2. ungezähmt, ungebändigt, frei 3. verwahrlost, umherstreunend (Kind) 4. Wind und Wellen preisgegeben (Schiff) 5. *selt.* Bummler, Faulenzer, Taugenichts *m* ~ **bırakmak (dolaştırmak, salıvermek)** frei umherlaufen lassen; sich selbst überlassen

başıboşluk Unbeaufsichtigtsein *n*, Freiheit *f*

başıbozuk, -uğu 1. Zivilperson *f* 2. Zivilkleidung *f* 3. **(savaşçı)** Freischärler *m*, irregulärer Soldat, Partisan *m* ~ **alayı** regelloser Haufen (Menschen) ~ **paşası** *hum.* Anführer *m* von Freischärlern

başıbozukluk, -uğu Regellosigkeit, Disziplinlosigkeit *f*

başıdikenliler s. **kılçıkbaşlılar**

başıkabak 1. glatzköpfig 2. mit ganz kurzgeschnittenen Haaren 3. *selt.* mit unbedecktem Kopf, barhäuptig

başırgat, -tı *naut.* Bug-winde *f*, -gangspill *n*

başik *selt.* bacchantisch

başikbal *fr.* ranghöchste Favoritin des Sultans

başka 1. ander-, verschieden 2. *gel.* später 3. et. anderes, e–e Sache für sich 4. *mel.* ganz ander-, wesentlich besser 5. *pej.* extravagant 6. (m.Abl.) außer (ein- *od.* ausschließlich) 7. **(ettikten)** ~ nicht nur ... (sondern auch); ohne zu reden (von), abgesehen (von) 8. *V* Zigeuner *m* 9. *va.* unabhängig, allein Zu 2: **Muhakeme ~ güne bırakıldı.** Die Gerichtsverhandlung wurde vertagt. Zu 6: **Bu kitaptan ~ size defter de vereceğim.** Außer diesem Buch gebe ich Ihnen noch Hefte. **Bunu sizden ~ herkes bilir.** Jeder weiß das, nur Sie nicht. ~ ~ 1. ganz ander(s), ganz verschieden 2. besonder-, gesondert, separat ~ **biri** ein anderer, jemand anderes ~ **gözle bakmak** schlecht verhehlte Absichten haben ♎ **işi yok mu?** *iron.* Und sonst hat er gar nichts zu tun? (*scil.* und beschäftigt sich also mit solchen überflüssigen Dingen) ♎ **kapıya (müracaat)!** 1. Versuchen Sie es woanders! 2. Das können Sie j–m anders erzählen. ~ **tarafa bağlamak** *techn.* umschalten ~ **telden çalmak** e–n anderen Ton anschlagen ♎ **türlü edemem.** Ich kann nicht anders. **-ları** andere Leute *pl.* **-sı** 1. ein anderer 2. et. anderes **-sı adına davranan** s. **mümessil, temsilci; -sı adına davranma** s. **temsil; -ı hesabına sigorta**

Versicherung *f* für fremde Rechnung **-sını kendi yerine geçirme** s. **ikame** (7); **-sını sakatlama** s. **müessir fiil; ²sının yalancısıyım.** Ich habe gutgläubig weitererzählt, was man mir berichtet hat (*scil.* aber offenbar stimmt das nicht). **-sının fiilini taahhüt** *jur.* Vertrag *m* zu Lasten Dritter

başkaca 1. gesondert, besonders, außerdem *ayrıca 2. et. verändert, et. weniger gut aussehend

başkacılık Altruismus *m*

başkadın (*a.* ~ **efendi**) *fr.* die ranghöchste Gemahlin des Sultans (Mutter des Thronfolgers)

başkalamak 1. verändern 2. *pej.* schlechter werden lassen; zersetzen, verderben, entstellen (Tatsachen)

başkalaşım; başkalaşma 1. Ver-, Um-wandlung, Metamorphose *f*, Metamorphismus *m* *istihale, metamorfoz 2. unterschiedliche Entwicklung 3. *rel.* Transfiguration, Verklärung *f* (Christi)

başkalaşmak 1. anders werden, sich ändern, e–e Metamorphose durchmachen *istihale etmek 2. außer Fassung geraten, sich beunruhigen

başkalaşmalılar (*bzw.* **başkalaşmasızlar**) Insekten, die e–e (*bzw.* keine) Metamorphose durchmachen

başkalaşmış kayaç *geol.* metamorphes Gestein

başkalaştırmak 1. (ab-, ver-)ändern 2. verstellen (z. B. Stimme) 3. beunruhigen

başkaldırı; başkaldırma s. **isyan**

Başkale *n.pr.* O. u. D. im Rbz. Van

başkalık 1. Andersartigsein *n*, Eigenart, Abweichung *f* 2. Veränderung *f*, verändertes Aussehen; Wechsel, Umschwung *m*

başkan Präsident, Vorsitzender, Vorstand *m* *reis ~ **yardımcısı** zweiter Vorsitzender; Vizepräsident *m*

başkanlık 1. Amt *n* (Rang *m*, Funktion *f* usw.) e–s Präsidenten, Präsidium *n*, Vorsitz *m* 2. Führung *f* (e–r Delegation, Mission, Abordnung) 3. (Staats-, Reichs-, Bundes-)Präsidentschaft *f* *(1–3) reislik, riyaset ~ **sistemi** *pol.* Präsidialsystem *n*

başkapı Haupttor *n*

başkâtip, -bi [×–·] erster Sekretär, Bürovorsteher *m*

başkemer (kaburgası) *arch.* Archivolte, Schwibbogenverzierung *f*

başkent, -ti [×·] Hauptstadt *f*, Regierungssitz *m* *başşehir; hükümet merkezi; makar, payitaht

başkesit, -ti Querschnitt *m* (durch e–n Baum) *makta kesit

Başkırdistan *n.pr.* Baschkirien

Başkırt, -dı 1. Baschkir-e *m*, -in *f* 2. baschkirisch

başkilise s. **katedral**

başkiriş *arch.* Architrav *m*, Epistyl *n*

başkomutan(-lık) s. **başkumandan(-lık)**

başkonakçı Hauptwirt *m* (e–s Parasiten)

başkonsolos [×···] Generalkonsul *m*

başkonsolosluk [×····] 1. Generalkonsulat *n* 2. Amt *n*, Tätigkeit *f* e–s Generalkonsuls

başkule *hist.* Schloßturm, Bergfried *m*

başkumandan [×···] Oberbefehlshaber, Generalissimus *m* *başbuğ, başkomutan

başkumandanlık [×····] 1. Rang *m* (Stellung *f*, Tätigkeit *f*) e–s Oberbefehlshabers; Oberbefehl *m* 2. Oberste Heeresleitung *f*, Oberkommando *n* ~ **karargâhı** *mil.* Großes Hauptquartier ² **Meydan Muharebesi** *n.pr.* die von Mustafa Kemal Paşa (Atatürk) geleitete Entscheidungsschlacht im türk. Freiheitskrieg (26.–30. 8. 1922)

başkur *(bis 18 cm breiter)* Bandstreifen am oberen Teil e–s Zeltes

Başkurdistan; Başkurt s. **Başkırdistan; Başkırt**

başlahana [×··] Kopf-, Weiß-kohl *m bot.* Brassica oleracea var. capitata

başlala [×··] *fr.* oberster Prinzenerzieher

başlama 1. Vs. zu **başlamak** 2. Schuhsohle *f* 3. (türk. Volkslit.) s. **matla** (2) 4. *phon.* Anfangslaut *m* 5. *geol.* Wiederbeginn *m* der Erosion ~ **atışı** Aufschlag *m* (Tischtennis) ~ **çizgisi** *(Tennis)* Aufschlaglinie *f* *servis hattı ~ **durumu** *(Turnen)* Ausgangsstellung *f* ~ **fiili** *gr.* inchoatives Verbum (z. B. ister oldu; gelmez olsun usw.) *iptida fiili ~ **müziği** *Th.* Introduktion *f* ~ **zili** *Th.* Anfangszeichen *n*

başlamak 1. (m. Dat. *od.* ohne Obj.) anfangen, beginnen 2. schon wieder anfangen (Unangenehmes) *(tr. od. intr.)* 3. in Zorn geraten 4. begründet werden (z. B. Freundschaft) 5. sich bieten, sich offenbaren (z. B. Aussicht) Zu 1: **başlayarak** (m. Abl.) von … an Zu 2, 3: **Başlama gene!** Nun fang nicht schon wieder an! Nun ist es aber genug!

başlangıç, -cı Anfang, Beginn *m* ~ **meridyeni (öğleni; tul dairesi)** Nullmeridian *m* (von Greenwich) ~ **noktası** *math.* Ausgangspunkt, Ursprung *m* ~ **vaziyeti** *mil.* Ausgangslage *f* **-ta** zu Anfang (Beginn), anfangs

başlanılmak s. **başlanmak** (1)

başlanmak 1. Pass. zu **başlamak** 2. e–n Kopf (Knopf, Knauf, e–e Knolle) ansetzen, bekommen, treiben

başlantı Beginnen, Anfangen *n*, Beginn, Anfang *m*

başlatıcı *ling.* Inchoativ-

başlatmak Kaus. zu **başlamak; işe** ~ das Zeichen zum Beginn der Arbeit geben **çocuğu okula** ~ das Kind einschulen **Oyunu başlatın da gürültü kesilsin!** Nun laßt das Spiel endlich anfangen, damit der Lärm einmal aufhört!

başlayıcı Anfänger(-in *f*) *m*, Debütant(-in *f*) *m* *müptedi

başlayış 1. Art und Weise *f* des Anfangens, Beginnens; Anfang, Beginn *m*

başlı 1. mit nb. Kopf 2. *pr.* mit großem Kopf; dick und rund 3. mit soundsoviel Köpfen 4. wichtig, wesentlich 5. gehäuft voll (Gefäß) 6. *fig.* stolz; erhobenen Hauptes Zu 1: s. **büyük (koyun, küçük, sivri, yumuşak)** ~ Zu 3: s. **iki** ~; ~ **başına** für sich allein; selbständig, unabhängig *kendi başına ~ **başına bir mesele** e–e Sache für sich ~ **buyruk** s. **başına buyruk;** ~ **cıvata** Kopfbolzen *m* ~ **daire hedefi** *mil.* Kopfringscheibe *f* ~ **diken** s. **köpek dili** (1); ~ **gemi** *naut.* vorderlastiges Schiff ~ **kama** Haken-, Nasen-keil *m* ~ **vida** Kopfschraube *f*

başlıca [×··] hauptsächlich, wesentlich, wichtigst, Haupt- ~ **hedef** Hauptziel *n* ~ **rol** *(a. fig.)* führende Rolle

başlıgöğüs Kopfbruststück *n* (bei Schalentieren) *sefalotoraks

başlık 1. das mit e–m Kopf (Knopf, Knauf usw.) Versehensein 2. Kopf-bedeckung *f*, -tuch *n*, -putz *m* (*spez.* e–r Braut); Haube *f* (*a.* Fliegerhaube) 3. Kopfschutz *m*, Kapuze *f* Helm *m* 4. Kopfstütze *f* 5. Kopfzeug *n* (am Pferdegeschirr) 6. Artikel-, Kapitel-überschrift *f*, Buchtitel *m* 7. (in der Holzbearbeitung) a) Rahmenstück *n* (e–r Tür) b) Holzverbindung *f* 8. *arch.* Kapitell *n* (oberer Säulenabschluß) 9. Nabe *f* (z. B. e–s Rades) 10. *a. techn.* Kalotte, Kappe *f* 11. Führung *f*, Kommando *n*, Vorsitz *m* 12. *mus.* Versetzungs-, Vor-zeichen *n* *armür, donatım 13. *reg.* (Anatolien) das von dem Bräutigam entrichtete Brautgeld ~ **cıvatası** *techn.* Nabenbolzen *m* ~ **çiçeği** Helmblume *f bot.* Coryanthes ~ **forması** *typ.* Titelei *f* ~ **harfleri** *typ.* Großbuchstaben, Versalien *pl.* ~ **sayfası** *typ.* Titelblatt *n* (e–s Buches) ~ **somunu** *techn.* Überwurfmutter *f* ~ **tablası** *arch.* Säulendeckplatte *f*, Abakus *m*

başlıkçı Verkäufer *od.* Verleiher *m* von Brautkronen

başlıklı mit **başlık** *z. B.* mit Kopfbedeckung; mit nb. Überschrift usw. ~ **maymun** Kapuzineraffe *m zo.* Cebus capucinus *sapaju, say

başlıksız ohne **başlık** *z. B.* ohne Kopfbedeckung, barhäuptig; ohne Überschrift usw.

başlıkurt, -du s. **kırbaçkurdu**

başmabeyinci *hist.* Oberhofmeister *m*

başmadenci Steiger *m* (in e–m Bergwerk)

başmak *fr.* Schuh, Pantoffel *m*
başmakale Leitartikel *m* (e–r Zeitung) *başyazı
başmakçı 1. *fr.* Schuster, Schuhhändler *m* 2. Moscheediener *m* (der die beim Betreten der Moschee abgelegten Schuhe aufbewahrt)
başmaklık *hist.* Pantoffelgeld *n* (das e–r Sultans-gattin *od.* -tochter gezahlt wurde) *arpalık, has
başmal [×·] *P* Kapital *n* *sermaye
başman 1. führende Persönlichkeit *ileri gelen 2. ⁓ *türk. Fn.* **-lar** die führenden Persönlichkeiten, die obersten Würdenträger, die Spitzen der Beamtenschaft *erkân, rüesa
başmanlık 1. führende Stellung; Vorrangstellung *f* 2. Primat *m, n* *evveliyet
başmelek, -eği *rel.* Erzengel *m*
başmemur leitender Beamter
başmeridyen *geogr.* Nullmeridian *m*
başmimar *hist.* 1. s. **mimar başı** 2. Chef *m* des osm. Marinebauamtes
başmuallim s. **başöğretmen**
başmuavin Direktorstellvertreter *m,* zweiter Direktor
başmuharrir [×···] Chefredakteur, Hauptschriftleiter *m* *başyazar
başmuharrirlik [×····] Tätigkeit *f* (Amt *n,* Aufgaben *pl.*) e–s Chefredakteurs, Hauptschriftleiters *başyazarlık
başmurahhas Hauptdelegierte *m*
başmurahhaslık Tätigkeit *f,* Aufgaben *pl.* e–s Hauptdelegierten
başmurakıp, -bı leitender Kontrollbeamter
başmüddeiumumî(-lik) s. **başsavcı(-lık)**
başmüdür [×··] *selt.* Generaldirektor *m*
başmüdürlük [×···] *selt.* Amt *n,* Tätigkeit *f,* Aufgaben *pl.* e–s Generaldirektors 2. Generaldirektion *f*
başmüfettiş [×···] Generalinspektor *m*
başmüfettişlik 1. Amt *n,* Aufgaben *pl.,* Tätigkeit *f* e–s Generalinspektors 2. Generalinspektion *f*
başmühendis Oberingenieur *m*
başmürettip, -bi erster (leitender) Setzer (e–r Druckerei) *sermürettip
başmüşavir [×·–·] erster Berater, oberster Ratgeber
başnot, -tu 1. Untertitel *m* 2. Erläuterung, Bildunterschrift *f*
başoda Empfangssalon *m* *misafir odası
başomuzluk, -uğu *naut.* stumpfe Staffellinie *f*
başoyuncu Hauptdarsteller *m* (Film)
başöğretmen [×···] Rektor(-in *f*) *m* e–r Volksschule
başöğretmenlik [×····] Rektorat *n* (e–r Volksschule)
başöliye *selt.* Abiturient *m* *lise mezunu
başörtü, -yü [×··] Kopftuch *n*
başörtülü ein Kopftuch tragend
başörtüsü, -nü s. **başörtü**
başpapaz *rel.* Superintendent *m*
başpapazlık *rel.* Superintendentur *f*
başpare [·–·] *z. va.* 1. Mundstück *n* (bei Nargileh *od.* Bl. i.) 2. Schutzwand *f* (hinter der Zielscheibe bei Bogenschießen)
başparmak, -ağı 1. Daumen *m* 2. große Zehe 3. (einzelne) Hinterkralle (bei Vögeln) **-ını bükmek** *V* e–n Taschendiebstahl begehen
başpehlivan [×···] Meisterringer *m*
başpehlivanlık Würde *f* e–s Meisterringers
başpiskopos [×···] Erzbischof, Metropolit *m*
başpiskoposluk Stellung *f,* Rang *m,* Tätigkeit *f* e–s Erzbischofs, Metropoliten 2. Sitz *m* e–s Erzbischofs; Erzbistum *n,* Erzdiözese *f,* Metropole *f*
başporsun *naut.* Oberbootsmann *m*
başrahibe Äbtissin, Priorin *f*
başresmi, -ni Kopfbild, Porträt *n*
başressamı, -nı Porträtist(-in *f*) *m,* Porträtmaler(-in *f*) *m* *portreci, portretist
başrol Hauptrolle *f* (*a. fig.*) ~ **oyuncusu** *Th.* Hauptdarsteller *m*
başsağı Kondolenz, Beileidsbezeugung *f* *taziye ~ (*od.* **-ları**) **dilemek** kondolieren, sein Beileid aussprechen *taziye etmek, başsağlığı dilemek ~ **mektubu (telgrafı, ziyareti)** Beileids-, Kondolenz-schreiben (-telegramm *n,* -besuch *m*)
başsağlamak *selt.* s. **başsağı dilemek**
başsağlığı, -nı s. **başsağı**
başsavcı(-lık) *jur.* Generalstaatsanwalt(-schaft *f*) *m*
başsayfa 1. Titelseite *f* (e–r Zeitung) 2. Titelblatt *n* (e–s Buches)
başsedir (etwas erhöhter) Ehrensitz (in alttürk. Haus)
başsız 1. ohne Kopf, kopflos 2. ohne Führung, führerlos 3. undiszipliniert ~ **dipsiz** ohne Hand und Fuß; ungereimt (Worte) ~ **perçin** *techn.* versenkter Niet **-lar** *biol.* Muscheln (*va.* Azephalen) *pl.*
başsızcılık s. **anarşizm**
başsızlık 1. Fehlen *n* des Kopfes *od.* e–s Führers 2. s. **anarşi**
başsinir düğümü *zo.* Zerebralganglion *n*
başspiker [×–·] erster Sprecher; Chefsprecher *m* (im Rundfunk)
başşehbender [×···] *va.* Generalkonsul *m* *başkonsolos
başşehir, -hri [×··] 1. Hauptstadt *f,* Sitz *m* der Regierung 2. **-ler** *pl.* die wichtigsten Städte *pl.* (e–s Landes)
baştaban *arch.* Architrav *m*
baştabip, -bi s. **başhekim**
baştankara (I) 1. *naut.* Strandung *f* 2. Zugrundegehen *n* 3. Betrunkensein *n* ~ **etmek** 1. *naut.* ein Schiff (absichtlich) auf Strand setzen 2. *fig.* e–n letzten verzweifelten Versuch unternehmen ~ **gitmek** *fig.* unbedacht draufloswirtschaften
baştankara (II) Kohlmeise *f* *zo.* Parus major
baştankaragiller Meisen *pl.* *zo.* Paridae
baştanrı [×··] oberster (heidnischer) Gott
baştarda s. **bastarda**
baştene (*in osm. Zeit*) vererbbarer Landbesitz (christlicher Bosnier)
başucu, -nu 1. Kopfende *n* (des Bettes) 2. oberster Teil von et. 3. *astr.* Zenit, Scheitelpunkt *m* *semtürreis, zenit 4. allernächste Nähe 5. *arch.* Chorhaube *f* (e–r Kirche) 6. Bleischmuck *m* (an e–r Dachrinne) ~ **kitabı** Lieblingsbuch *n* ~ **masası** Nachttisch(-chen *n*) *m* ~ **mumu** Nachtlicht *n,* -kerze *f* ~ **uzaklığı** *astr.* Zenitdistanz *f* e–s Gestirns *bu'du semtürreis ~ **yağmurları** *met.* Zenitalregen *pl.* (Regenfälle der Tropen) **-mda** nahe bei mir, dicht neben mir, an meinem Bett, an meiner Seite **-na dikilmek** (b–nin) j–m auf dem Nacken sitzen, j–m zusetzen, j–n unablässig bedrängen
başucul *astr.* Zenit-, Scheitelpunkt- *semtürre'sî
başülke [×··] Mutterland *n* (im Ggs. zu den Kolonien)
başvekâlet, -ti s. **başbakanlık**
başvekil s. **başbakan** ~ **vekili** (*od.* **muavini** *od.* **yardımcısı**) stellvertretender Ministerpräsident; Vizekanzler *m*
başvekillik, -iği s. **başbakanlık; ⁓e seçildi.** Er wurde zum Ministerpräsidenten gewählt.
başvezir(-lik) s. **sadrazam(-lık)**
başvurma(-k) s. **baş vurma(-k)**
başvuru *selt.* s. **baş vurma**
başyapımcı verantwortlicher Produktionsleiter (Film)
başyapıt s. **şaheser**
başyargıç, -cı oberster Richter
başyaver [×–·] erster Adjutant; Flügeladjutant *m*
başyazar(-lık) s. **başmuharrir(-lik)**
başyazı [×··] Leitartikel *m* (e–r Zeitung) *başmakale

başyazman s. **başkâtip**

başyer Ehrenplatz *m*

başyıldız *astr.* Hauptkomponente *f* e–s Doppelsterns

bat (I) 1. *va.* Wildgans *od.* Wildente *f* 2. *P* e–e Art Reibahle aus Buchsbaumholz zum Öffnen von Bleirohren (Klempnerwerkzeug)

bat (II) (*franz.* **batte**) Schlagholz *n* (z. B. bei Kricket)

bataet, -ti [·–·] Schwerfälligkeit, Langsamkeit, Saumseligkeit, Trägheit *f* *ağırlık, yavaşlık ~ **göstermek** 1. langsam handeln 2. schwerfällig reagieren

batak, -ağı 1. Schlamm, Sumpf, Morast *m* 2. schlammig, sumpfig, morastig 3. keinen Nutzen abwerfend; nicht rentabel 4. verloren, draufgegangen, ausgegeben, zerronnen (z. B. Geld) 5. verzweifelt, verfahren (Angelegenheit) ~ **otu** gemeiner Schlammling *m bot.* Limosella aquatica **-a saplanmak** im Sumpf steckenbleiben *(a. fig.)*

batakçayır Torfmoor *n*

batakçı 1. wer seine Schulden nicht zahlt bzw. auch nicht die Absicht hat, sie zu zahlen 2. Schwindler, Betrüger, Gauner *m* 3. Verschwender *m* **≗ya mal kaptırdın mı?** Hast du dir von e–m Schwindler Hab und Gut abnehmen lassen? (*scil.* daß du das Ausgeliehene gleich wieder zurückverlangst.)

batakçıl s. **bataksal**

batakçılık 1. Verhalten *n od.* Charakter *m* e–s **batakçı** 2. Schwindel, Betrug *m,* Gaunerei *f* 3. Verschwendung, Vergeudung *f*

batakhane [··–·] 1. Spielhölle, Räuberhöhle *f* 2. Bordell *n* 3. Spelunke *f* 4. *fig.* Stelle *f,* an der man nicht vorankommt

bataklı schlammig, sumpfig, morastig

bataklık Sumpf-land, -gebiet *n,* Bruch *m, n,* Moor *n* ~ **ardıcı** Sumpfrohrsänger *m zo.* Acrocephalus palustris ~ **atkuyruğu** Sumpfschachtelhalm *m bot.* Equisetum palustre ~ **baştankarası** Sumpfmeise *f zo.* Parus palustris ~ **baykuşu** Sumpfohreule *f zo.* Asio flammeus **P* ishakkuşu ~ **çamı** s. **uzun iğne yapraklı çam;** ~ **çamur** Schlamm, Morast *m* ~ **çulluğu** s. **bekasin;** ~ **düğünçiçeği** Gifthahnenfuß *m bot.* Ranunculus sceleratus ~ **gazı** Sumpfgas, Methan(-gas) *n* ~ **humması** Sumpffieber *n* ~ **kaplumbağası** Teichschildkröte *f zo.* Emys orbicularis ~ **kaymanı** Schakaré *m zo.* Caiman latirostris (südamerikan. Krokodilart) ~ **keteni** Wollgras *n bot.* Eriophorum ~ **kırlangıcı** Brachschwalbe *f zo.* Glareola pratincola ~ **kırlangıcıgiller** Rennvögel *pl. zo.* Glareolidae ~ **kısamahmudu** s. **yabanî dalakotu;** ~ **kömürü** Torf *m* *torba ~ **köprüsü** Knüppeldamm, Bohlenweg *m* ~ **kunduzu** Sumpfbiber *m zo.* Myocastor coypus ~ **kurbağası** Moorfrosch *m zo.* Rana arvalis ~ **kuşları** Sumpfvögel *pl. zo.* Grallae *od.* Gruiformes ~ **salkımotu** gemeines Rispengras *bot.* Boa trivialis ~ **samuru** Nerz *m zo.* Mustela lutreola *Avrupa vizonu ~ **serçesi** Weidensperling *m zo.* Passer hispaniolensis ~ **servisi** Sumpfzypresse *f bot.* Taxadium distichum ~ **süseni** gelbe Schwertlilie; Wasserschwertlilie *f bot.* Iris pseudacorus ~ **şahini** s. **kızıldoğan;** ~ **tavuğu** 1. Moorhuhn *n zo.* Lagopus albus 2. Tüpfelsumpfhuhn *n zo.* Porzana porzana ~ **yağmurkuşu** s. **kıyı koşarı;** ~ **yakıotu** Sumpfweidenröschen *n bot.* Epilobium palustre ~ **yosunu** Torfmoos *n bot.* Sphagnum *sfagnum **-ların kurutulması** Trockenlegung *f* der Sümpfe

bataklıklı *selt.* mit Sumpfland bedeckt; sumpfig, morastig

bataksal in Sümpfen *od.* Mooren lebend *od.* wachsend, Sumpf-, Moor- *merzagî

batalya s. **patalya**

batapu [–··] *va.* mit e–r vom Grundbuch- und Katasteramt ausgestellten Eigentumsurkunde; verbrieft

batar *P* für **zatürree**

batardo [·×·] Abdämmung *f,* Kasten-, Fang-, Koffer-damm *m,* Notdeich *m* (bei Bauten auf wasserbespülter Stelle) *sututmalık

batarya [·×·] 1. *mil.* (Feld-)Batterie *f* 2. Geschütze *pl.* und Geschützstellungen *pl.* an der Breitseite e–s Kriegsschiffes 3. *el.* Batterie *f* 4. *P* Verweis *m,* Rüge *f,* Anpfiff *m* Zu 3: s. **elektrik (musluk) -sı;** ~ **cereyanı** Batteriestrom *m* ~ **döşemeği** *mil.* Batteriebettung *f* ~ **dürbünü** *mil.* Batteriefeldstecher *m,* Scherenfernrohr *n* ~ **kamacısı** *mil.* Batterie-schlosser, -mechaniker *m* ~ **yuvası** *mil.* Batterienest *n* **-yı yemek** *P* e–n Anpfiff bekommen

bataryalı 1. mit Batterien bestückt 2. aus soundsoviel Batterien bestehend 3. mit el. Batterie betrieben (z. B. Rasierapparat)

batası 1. s. **Adı (yere)** ~ 2. verflucht, verdammt, verflixt

batata [·×·] s. **tatlı patates**

batay (*franz.* **bataille**) Name e–s franz. Ka. (zu zweien)

bateri s. **batri**

baterist, -ti *mus.* Schlagzeuger *m* *batrici

batı 1. Westen *m* *garp 2. westlich, West- *batısal, garbî 3. Westwind *m* 4 *astr.* Punkt *m,* an dem die Sonne am 20. März untergeht 5. ≗ Westen *m,* Abendland *n* ≗ **Almanya** 1. Westdeutschland 2. s. **Federal Almanya Cumhuriyeti;** ≗ **Avrupa(-sı)** Westeuropa ~ **bölge** Westsektor *m* (in Berlin) ~ **cenup,** ~ **güney** Südwesten *m,* südwestlich, Südwest- *cenubu garbî ~ **cephe(-si)** *hist.* Westfront *f* ~ **çınarı** abendländische Platane *bot.* Platanus occidentalis *Amerikan çınarı ≗ **Frat** Westlicher Euphrat *Karasu ≗ **Hint Adaları** *n.pr.* Westindische Inseln *pl.* ~ **kafalı** westlich eingestellt, europäisch gesinnt ~ **karayel** *naut.* Westnordwest, WNW ~ **kerte karayel** *naut.* West zu Nord ~ **kerte lodos** *naut.* West zu Süd ~ **lodos** *naut.* Westsüdwest, WSW ~ **şimal** Nordwesten *m,* nordwestlich, Nordwest- *şimali garbî ≗ **Trablus** *(kaum gebr.)* s. **Trablusgarp;** ≗ **Türkçesi** Westtürkisch *n*

batıcı (I) 1. stechend, Stich- 2. *fig.* kränkend, verletzend, beleidigend ~ **aletler** Stichwaffen *pl.* ~ **eğreltiotu** stachliger Schildfarn *bot.* Aspidium aculeatum

batıcı (II) **(-lık)** s. **garpçı(-lık)**

batık 1. untergegangen, gesunken (z. B. Schiff) 2. eingefallen (z. B. Brust), eingesunken, hohl *çökük, çukur ~ **gözlü** s. **çukur gözlü;** ~ **olarak yol almak** getaucht fahren (Unterseeboot)

batıl [–·] 1. falsch, unrichtig, unsinnig 2. nutzlos, wertlos 3. leicht zu widerlegen; unhaltbar, unbegründet, leer 4. *jur.* nichtig, nicht-existent, ungültig 5. *z. va.* unsinnige Worte *od.* Gedanken *pl.* ~ **dinler** heidnische Religionen *pl.* *kitapsız dinler ~ **itikat** Aberglaube *m* *boş inan ~ **itikatlı** abergläubisch ~ **kimya** *va.* Alchimie *f* *alşimi, simya ≗ **makıysünaleyh olamaz.** 1. E–n Unsinn kann man nicht zur Richtschnur nehmen. 2. Inkomparable Dinge lassen sich nicht miteinander vergleichen.

batılcı *selt.* abergläubischer Mensch

batılı 1. westlich, West- 2. Europäer(-in *f*) *m* 3. Westdeutsche(-r *m*) *f* 4. Angehöriger der Westmächte 5. westlich orientiert 6. geringwertig (Edelstein) (*ant.* **doğulu**); ~ **devletler** (*od.* **kuvvetler**) Westmächte *pl.*

batılılaş(tır)mak s. **garplılaş(tır)mak**

batım s. **inkıraz**

batın, -tnı 1. Bauch(-höhle *f*) *m,* Unterleib *m* *karın 2. Hinterleib *m* der Gliederfüßler, Abdomen *n* 3. Mutterleib, Uterus *m* 4. Generation *f* 5. *phys.* Schwingungs-, Wellen-bauch *m* *karın 6. *z. va.* Familie *f,* Geschlecht *n* **-ı kebirden atmak** *va.* s. **işkembei kübradan atmak**

bâtın 1. innerlich, Innen- 2. verborgen, mystisch, geheimnisvoll, geistig 3. Innere *n,* wahrer Kern, tieferer Sinn, wirklicher Sachverhalt *iç, içyüz 4. *selt.* Geheimnis, Mysterium *n*

bâtınen (*va. Adv.* zu **bâtın**) innerlich, im Innern

bâtınî 1. innerlich 2. geheimnisvoll, mystisch, esoterisch *içrek 3. ≗ Anhänger *m* der **Bâtıniye,** Esoteriker *m*
Batınîlik; Bâtıniye *n.pr.* 1. isl. Richtung, die verschiedene Koranstellen nicht wörtlich, sondern in übertragener Bedeutung auffaßt 2. *allg.* esoterische Philosophie; s. a. **İsmailiye**
batır s. **bahadır**
batırmak 1. versenken (z.B. Schiff) 2. ein-, unter-tauchen 3. hineinstechen 4. (geschäftlich) ruinieren 5. über j–n herziehen, j–n schlechtmachen, diskreditieren 6. verschwenden, *F* auf den Kopf hauen (Geld) Zu 2: **kalemi hokkaya** ~ die Feder (ins Tintenfaß) eintauchen
batısal westlich, West- *batı, garbî
batış 1. (Ver-, Ein-)Sinken *n* 2. Untergehen *n,* Untergang *m*
bati (I) [·–] schwerfällig, langsam, saumselig, träge *ağır, yavaş
bati (II) **etmek** *naut.* umwechseln (z.B. feste und holende Part e–s Jolltaus)
batik 1. Batik *m* 2. gebatikter Stoff (Baumwollgewebe)
batiklemek batiken (Stoff)
batimetri Bathymetrie, Tiefenmessung *f*
batis s. **batist**
batisfer 1. Bathysphäre *f* (tiefste Schicht des Weltmeeres) 2. Tiefseetauchkugel *f*
batiskaf Bathyskaph *m* (Tiefseetauchgerät)
batist, -ti Batist *m*
Batist; Batizm s. **Baptist; Baptizm**
batkı s. **iflâs;** ~ **yığını** s. **iflâs masası**
batkın 1. ein-, unter-getaucht 2. s. **müflis 3.** *dial.* tief, hohl, ausgehöhlt, tiefliegend *derin, çukur
batkınlık 1. Ein-, Unter-getauchtsein *n* 2. Bankrott *m* 3. Vertiefung, Senkung *f*
Batlamyos *n.pr.* Ptolemäus (*spez.* der Astronom P.) ~ **sistemi** Ptolemäisches System
batldres (*engl.* **battle-dress**) Felduniform *f* (auch im türk. Heer), Kampfanzug *m*
batma Vs. zu **batmak** *spez.* Untergang *(a. astr.)* Zusammenbruch *m,* Ende *n* *inkıraz
batmak, (-ar) 1. (ver-, ein-)sinken 2. untergehen (Schiff, Sonne, Schwimmer usw.) 3. verlorengehen, in den Händen zerrinnen, *F* draufgehen (z.B. Geld) 4. in Vergessenheit geraten (z.B. Name) 5. Bankrott machen 6. eingehen (z.B. Zeitung) 7. in e–n schlechten (unordentlichen, zerlumpten, abgerissenen) Zustand geraten 8. eindringen (z.B. Splitter in e–n Finger); einwachsen (Finger- *od.* Zehen-nagel ins Fleisch) 9. (b–ne) schmerzlich berühren, kränken 10. stören, lästig fallen Zu 7: **Üstüm başım battı.** Ich bin in e–m ganz jämmerlichen Aufzug. s.a. **tere (borca)** ~ Zu 8: **Elime diken battı.** Ich habe e–n Dorn in die Hand bekommen. Zu 9: **Onun her sözü bana batar.** Jedes Wort von ihm kränkt mich. Zu 10: **Bazı kimselere para batar, sarf edecek yer ararlar.** Manche Leute drückt ihr Geld, und sie schauen, wo sie es ausgeben können. **bata çıka** nur mühsam, nur mit größter Anstrengung (z.B. sich dahinschleppen) **batar söz** kränkende Worte *pl.* **batası** (in Flüchen) Möge untergehen! **batasıya gitmek** unbedacht draufloswirtschaften; sich ruinieren **batıp bulanmak** ganz in et. versinken **batmayan yıldız** *astr.* Zirkumpolarstern *m* **Battı balık yan gider.** s. **Ne olursa olsun.**
batmalık drohender Ruin
batman *fr.* türk. Gewicht (örtl. verschieden; 2–8 Okka)
Batman *n.pr.* Städtchen u. D. im Rbz. Siirt (große Erdöllager)
Batnaz (adası) *n.pr.* die Insel Patmos (Dodekanes)
batnî Bauch-, abdominal *karınsal; **cevfi** ~ s. **karın boşluğu**
batok, -oğu (*engl.* **buttock**) *naut.* Bille, Heckrundung *f*

batolit, -ti *min.* Batholith *m*
batoloji (*franz.* **battologie**) 1. unnütze Wiederholung (e–s Wortes, Satzes usw.) 2. Stottern *n* *kekeleme
baton (*franz.* **bâton**) rechteckiges Tortenstück
batonsale (*franz.* **bâton salé**) Salzstange *f*
batöz (*franz.* **batteuse**) Dreschmaschine *f* *harman makinesi
batpazarı s. **bitpazarı**
batrak Lanzettfisch *m zo.* Amphioxus lanceolatum
batri (*franz.* **batterie**) *mus.* 1. Schlagzeug *n* 2. Arpeggiolauf *m*
batrici *mus.* Schlagzeuger *m* *baterist
battal 1. wertlos, unbrauchbar 2. annulliert, gestrichen, ungültig, entwertet (z.B. Briefmarke) 3. ungewöhnlich groß, Riesen- (z.B. Fuß) 4. tapfer, heroisch, Held *m* (*a.* als Beiname) 5. *fr.* dickes Konzeptpapier (der Kanzleien) 6. ungeschickt, schwerfällig 7. *naut.* schwer zu steuern (Schiff) 8. müßig, unbeschäftigt ~ **boy** *typ.* Folio(-format), Großfolio *n* ~ **çizgisi çekmek** ausstreichen ~ **etmek** (*od.* **çekmek**) entwerten, ungültig machen, abschaffen, annullieren; unbrauchbar machen ~ **kuyu** ausgetrockneter Brunnen *kör kuyu ~ **torbası** *fr.* Ablegekasten *m* (für erledigte Akten)
battallık 1. Wertlosigkeit, Unbrauchbarkeit, Ungültigkeit, Annullierung *f* 2. ungewöhnliche Größe
battaliye *fr.* s. **battal torbası**
battaniye [·×··] Wolldecke *f* (*gel. a.* aus anderem Material; Verwendung über *od.* anstelle e–r Steppdecke)
batur s. **bahadır**
batuta [·×·] 1. *mus.* Takt *m* *ölçü 2. *Ka. fr.* betrügerischer Trick (*spez.* bei Bakkarat)
batyal den obersten Teil der Tiefsee (200–800 m) betreffend; bathyal
bav Abrichten *n* von Tieren zur Jagd
bavcı wer Tiere zur Jagd abrichtet
bavlı 1. (zur Jagd) abgerichtet 2. künstlicher Vogel *od.* anderes Hilfsmittel zur Abrichtung von Tieren zur Jagd
bavlımak zur Jagd abrichten (Hund, Vogel)
bavole (*franz.* **bavolet**) Spritzblech *n* (an manchen Autos)
bavul (größerer) Koffer; Reisekoffer *m*
bavulcu Hersteller *od.* Verkäufer *m* von Reisekoffern
Bavyera [·×·] *n.pr.* Bayern
Bavyeralı 1. Bayer(-in *f*) *m* 2. bay(e)risch
bay (I) *va.* 1. wohlhabend, reich 2. groß **-ü geda** *va.* reich und arm
bay (II) 1. (vor e–m Namen) Herr ... 2. (ohne folg. Namen *od.* Titel) Herr *m*
bay (III) **bay!** *snob.* Auf Wiedersehen!
bayader 1. (indische) Bajadere *f* 2. buntgestreifter Stoff (*bes.* Damenschal)
bayağı [×··] 1. gewöhnlich, üblich, normal, alltäglich 2. *pej.* gewöhnlich, gemein, ordinär, vulgär, minderwertig, schlecht 3. *Adv.* offenbar, beinahe, geradezu etwas ..., einfach, schlechtweg; recht wohl, gut und gern, ziemlich ~ **boyunluluk** s. **adi kefalet;** ~ **engerek** Kreuzotter *f zo.* Vipera berus ~ **gün** Werk-, Arbeits-tag *m* *iş günü ~ **kaçmak** recht gewöhnlich ausfallen ~ **kamış** Schilfrohr *n bot.* Phragmites communis ~ **karakurbağası** Erdkröte *f zo.* Bufo bufo ~ **korkmak** (bşden) e–e Heidenangst haben (vor) ~ **köpekbalığı** Spierhai *m zo.* Mustelus laevis ~ **mal** Dutzendware *f* ~ **ortaklık** s. **adi şirket;** ~ **semender** Streifenmolch *m zo.* Triturus vulgaris **-dan da aşağı** noch gemeiner als gemein; ganz minderwertig, *V* hundsmiserabel, *V* hundsgemein
bayağıkesir *math.* gemeiner Bruch *kesri adi
bayağılaşmak *pej.* gewöhnlich (gemein, ordinär, vulgär, minderwertig, schlecht) werden; verrohen

bayağılık *pej.* 1. gewöhnlicher (gemeiner usw.) Charakter 2. gemeines (ordinäres usw.) Verhalten; Vulgarität, Primitivität, Trivialität *f*
bayak *Adv. reg.* anfangs, zuerst, eben, vor kurzem *başlangıçta, demin, az önce
bayan (die übliche Lautung [·–] wird von türk. Puristen bekämpft) 1. (mit folg. Namen) Frau ..., Fräulein ... 2. (ohne Namen) a) (Anrede) Gnädige Frau! Gnädiges Fräulein! b) Dame *f* ~ **ahçı** Köchin *f* ~ **atlet** Sportlerin *f* ~ **eleman** weibliche Kraft (Person) ~ **garson** *selt.* Kellnerin *f* **-lar!** meine Damen! **-lar, baylar!** meine Damen und Herren!
bayar 1. *va.* hoch, groß, erhaben 2. ≗ *türk. Fn.* 3. **Mahmut Celâl** ≗ 3. türk. Staatspräsident (1950–1960)
bayat, -tı 1. alt(-backen) (z.B. Brot), verdorben (z.B. Fisch) 2. abgelagert (z.B. Wein) 3. abgehangen (Fleisch) 4. schal, abgestanden (Bier) 5. ranzig 6. alt, überholt (z.B. Nachrichten) 7. *V* rückständig (in Ansichten und Urteilen)
bayatımsı recht altbacken (*usw.* vgl. **bayat**)
bayatî e–e best. Weise in der türk. Musik
bayatlamak 1. altbacken werden; verderben (z.B. Fisch) 2. ablagern 3. abhängen 4. schal werden 5. ranzig werden 6. überholt werden 7. *V* rückständig werden (vgl. **bayat**)
bayatlatmak Kaus. zu **bayatlamak** *spez.* abhängen lassen (Fleisch)
Bayazıt, -dı *n.pr.* 1. ält. Name von **Doğu Bayazıt** sowie des heutigen Rbz. **Ağrı** 2. Name des 4. und 8. osm. Sultans 3. der nach Bayazıt II. genannte Stadtteil in Istanbul mit Moschee und großem Platz (*Anm.* Bei (3) wird die Lautung und Graphik **Beyazıt** bevorzugt.)
Bayburt *n.pr.* Städtchen u. D. im Rbz. Gümüşhane
baygın 1. bewußtlos, besinnungslos, ohnmächtig 2. schmachtend, verliebt (z.B. Blick) 3. ganz verzückt (vor Freude), ganz hingerissen (von Begeisterung) 4. leicht und angenehm (z.B. Geruch) 5. leise und zart (z.B. Stimme) ~ **düşmek** vor Erschöpfung zusammenbrechen ~ **koku** betäubend süßlicher Duft (z.B. von **iğde**)
baygınlaşmak 1. in Ohnmacht fallen 2. ganz verzückt dreinblicken, schmachtende Blicke werfen
baygınlık 1. Bewußt-, Besinnungs-losigkeit, Ohnmacht *f* 2. Verzückung *f* 3. Betäubung *f* 4. Erschöpfung, Schwäche, Kraftlosigkeit *f* ~ (*od.* **-lar**) **geçirmek** überkommen (Schwächeanfall) ~ **hastalığı** e–e Bakterienkrankheit der Seidenraupen *sütleğen illeti
baygıntı 1. s. **baygınlık** 2. Unfähigkeit *f* des Seidenspinners, sich zu verpuppen
bayılmak 1. das Bewußtsein verlieren, in Ohnmacht fallen 2. ganz verzückt (hingerissen) sein 3. (bşe) ganz vernarrt sein (in), ganz begeistert sein (von), schwärmen (für) 4. *V* (m. Akk.) bezahlen, berappen, blechen, herausrücken (müssen) 5. *V* (m. Akk.) alles Geld (beim Spiel) verlieren 6. (zur Bez. e–s Übermaßes) 7. welk werden (Blumen, Gemüse) 8. *naut.* Schlagseite (Krängung) bekommen (Schiff) Zu 6: **gülmekten** ~ *od.* **bayılasıya gülmek** sich halb totlachen; **susuzluktan** ~ schier verdursten
bayıltıcı 1. betäubend 2. anästhesierend, narkotisierend
bayıltma Vs. zu **bayıltmak** *spez.* 1. Betäuben *n* 2. Narkose *f*
bayıltmak Kaus. zu **bayılmak** 1. betäuben, anästhesieren, narkotisieren 2. (gemiyi) *naut.* ein Schiff zur Ausbesserung auf die Seite legen
bayındır bebaut, gut angebaut, kultiviert, blühend *abadan, mamur
Bayındır *n.pr.* Städtchen u. D. im Rbz. İzmir
bayındırlaştırmak aufblühen lassen (*fig.*)
bayındırlık blühender Zustand, kulturelle Entwicklung; (Auf-)Blühen, Gedeihen *n* *abadanlık, mamuriyet, umran ≗ **Bakanı (Bakanlığı)** Minister(-ium *n*) *m* für Öffentliche Arbeiten *Nafia Vekili (Vekâleti) ~ **işleri** öffentliche Arbeiten *pl.* *umuru nafia
bayındırmak 1. bebauen 2. auf-, aus-bauen, (aus-)gestalten, kultivieren *imar etmek
bayındırsız unbebaut, unbestellt, unkultiviert, öde, wüst *gayri mamur
bayır 1. Abhang *m*, Böschung *f* 2. Hügel *m* ~ **aşağı** abwärts ~ **kuşu** 1. s. **çalıbülbülü** 2. s. **ağaç tarlakuşu**
bayırcık 1. kleiner Hügel 2. Knopf *m* am oberen Ende e–r Fahnenstange
bayırcın s. **bayır kuşu**
bayırlaştırmak *techn.* abböschen
bayırmak *selt.* zu Vermögen *od.* Besitz kommen, reich werden
bayırturpu, -nu 1. e–e große Rettichart 2. *fig.* grober, ungeschliffener Mensch
bayi, -ii [–·] (Klein-)Händler *m* (*öst.* Trafikant *m*)
bayilik [–··] (Einzelhandels-)Verkauf *m* (*öst.* Trafik *f*)
Baykan *n.pr.* O. u. D. im Rbz. Siirt
baykuş Eule(-nvogel *m*) *f*; s. a. **ak(alaca, cüce, peçeli)** ~; **kulaklı orman (bataklık) -u; (kukumav, puhu kuşu);** ~ **gibi** wer (nach abergläubischer Vorstellung) Unglück bringt ≗**un kısmeti ayağına gelir.** *Spr.* Gott läßt niemand verhungern.
baylan *dial.* 1. gekünstelt (Bild) 2. verwöhnt, verzogen (*spez.* Kind)
baylık *va.* 1. s. **dölyatağı** 2. Reichtum *m*, Wohlhabenheit *f* 3. Adel *m*
bayonet, -ti Bajonett, Seitengewehr *n* ~ **kavramı** *techn.* Bajonettkupplung *f* ~ **kilidi** *techn.* Bajonettverschluß *m*
baypas (*engl.* **by-pass**) 1. Umleitung *f* 2. Nebenleitung *f* 3. **(ameliyatı)** *med.* Arterien-Überbrückung *f*
bayrak, -ağı 1. Fahne, Flagge *f* 2. Banner, Panier *n*, Wimpel *m* 3. *fig.* Symbol *n* 4. *fig.* Führer *m*, Oberhaupt *n* 5. *fig.* wichtig, grundlegend 6. *hist. mil.* Bataillon *n* ~ **açmak** 1. *hist. mil.* Freiwillige anwerben 2. Widerspenstigkeit an den Tag legen 3. revoltieren, rebellieren, sich empören 4. das Banner entfalten (*fig.*) ~ **altı** Militär-, Wehr-dienst *m* ~ **askeri** *hist. mil.* für e–e best. Zeit angeworbene Matrosen ~ **asmak** (*od.* **çekmek**) die Fahne hissen (setzen) ~ **boyu** Fahnenlänge *f* ~ **çiçeği** s. **kuyruk çiçeği;** ~ **dikmek** die Fahne aufpflanzen ~ **direği** Fahnen-stange *f*, -mast *m* ~ **donanması** *naut.* Flaggengala *f* ~ **esası** *jur.* Recht *n* der Flagge; Flaggenprinzip *n* ~ **gibi** 1. klar, offenkundig 2. leuchtend rot ~ **gönderi** *naut.* Flaggenstock *m* (am Vordersteven) ~ **koşusu** (*od.* **yarışı**) Stafettenlauf *m* ~ **merasimi** Flaggenparade *f* ~ **olmak** Symbol sein (für) ~ **tasdiknamesi** *jur.* Flaggen-zeugnis, -attest *n* **-ı altına girmek** (b–nin) sich unter den Fahnen (von ...) sammeln **-ı indirmek** die Fahne einholen (einziehen, herunterholen) **-ı yarıya çekmek** (*od.* **indirmek**) die Fahne auf Halbmast setzen **ını arya etmek** *hist. naut.* die Flagge niederholen; kapitulieren **-ını dikmek** 1. seine Fahne aufpflanzen 2. *fig.* sich Geltung verschaffen **-ları açmak** anmaßend und ausfällig werden; gereizt antworten **-ları indirmek** 1. die Fahnen einholen 2. *fig.* zu schimpfen aufhören
bayrakçı s. **bayraktar**
bayraklı 1. mit Fahne(-n) (*usw.* s. **bayrak**) 2. s. **eli** ~
bayraklık *selt.* s. **bayraktarlık**
bayraktar 1. Fahnenträger *m* 2. *fig.* Bannerträger, Vorkämpfer *m* 3. *fr.* Anführer *m* von irregulären Soldaten
bayraktarlık 1. Aufgaben *pl.* e–s Fahnenträgers 2. Vorkämpfertum *n*, Avantgardismus *m* 3. *fr.* Führerschaft *f* ~ **etmek** Vorkämpfer sein (für)
bayram 1. (staatlicher *od.* rel.) Feiertag; Fest *n* 2. ≗ *mV* ≗ **ağa** Figur des Albaners im Karagözspiel (*spez.* Boza-Verkäufer; verträglicher, aber *gel.* jähzorniger Typ) ~

alayı *hist.* die feiertägliche Fahrt des Sultans zur Moschee (und die damit verbundenen Zeremonien) ~ **ayı** der auf den Ramazan folgende (Mond-)Monat Şevval ~ **böceği** s. **hanım böceği;** ≗ **değil, seyran değil, eniştem beni niye öptü?** Wie komme ich zu dieser Freundlichkeit? ~ **etmek** (*od.* **yapmak**) 1. ein Fest feiern 2. *fig.* außer sich vor Freude sein ~ **haftasını mangal tahtası anlamak** *hum.* vollkommen falsch verstehen ~ **havası** 1. Kaiserwetter *n* *(F)* 2. Festtagsstimmung *f* ~ **koçu** geschmückter Opferhammel (den ein Bräutigam nach altem Brauch an **Kurban Bayramı** in das Haus der Braut schickte) ~ **koçu gibi** wie ein Pfingstochse herausstaffiert ~ **namazı** das isl. Gebet am Morgen des 1. Tages von Şeker (bzw. Kurban) Bayramı ~ **şekeri** Zuckerwerk *n* (*mst.* kandierte Mandeln); übliches Gastgeschenk *spez.* an **Şeker Bayramı;** ~ **tatili** Arbeitsruhe *f* an Feier- *od.* Fest-tagen ≗ **tatilini Istanbul'da geçirecektir.** Er wird die Feiertage in Istanbul verbringen. ~ **topu** Böller *m* ~ **üstü** kurz vor den Feiertagen, kurz vor dem Fest **-dan -a** *fig.* recht selten ≗**dan sonra bayramın mübarek olsun!** hinterdrein; jetzt, wo es zu spät ist! **-ınız kutlu** (*od.* **mübarek**) **olsun!** Gesegnetes Fest! Fröhliche Feiertage! **-ı şerif** rel. Feiertag

bayramak *(kaum gebr.)* feiern *tesit etmek, kutlamak

bayramertesi, -ni die auf Feier- *od.* Festtage unmittelbar folgende Zeit

Bayramiç *n.pr.* O. u. D. im Rbz. Çanakkale

Bayramîlik; Bayramiye *hist.* isl. Orden (türk. Zweig der Safeviye bzw. des Nakschibendi-Ordens; gegründet von Hacı Bayram Veli, Ankara)

bayramlaşmak sich gegenseitig gesegnete Feiertage (ein frohes Fest) wünschen

bayramlık 1. für Fest-, Feier-tage geeignet *od.* bestimmt 2. Geschenk *n* anläßlich e–s hohen Festtages 3. Feiertagseinkäufe *pl.* 4. Festkleid *n,* Feiertagsanzug *m* ~ **ağız** *V* Fluch *m,* Verwünschung *f* ~ **ağzını açmak** *V* (ver-)fluchen, verwünschen

bayrampaşa enginarı e–e bes. große, sehr schmackhafte Auberginen-Art

bayramyeri, -ni Festplatz, Vergnügungsplatz *m* (für Kinder an Feiertagen

bayramzade [··–·] *selt.* Sonntagskind *n*

bayrı *dial.* s. **atik, kadim**

bayrılık *dial.* s. **çoktanlık, kıdem**

baysal *dial.* s. **asude**

baysallık *dial.* s. **asudegi, asayiş**

baysungur 1. *allg.* Bez. e–s großen Raubvogels; in der mel. Bed. etwa: Adler *m* 2. ≗ Name verschiedener mongolischer *od.* turkmenischer Fürsten

baytar Tierarzt, Veterinär *m* *veteriner

baytarî tierärztlich, Veterinär-

baytariye *z. va.* Veterinär- ~ **hizmeti** *mil.* Veterinärdienst *m*

baytarlık 1. Veterinärwissenschaft *f* 2. Beruf *m,* Tätigkeit *f* e–s Tierarztes ~ **hukuku** *jur.* Veterinärrecht *n*

baz (I) 1. *chem.* Base *f* *esas 2. *math.* Grundzahl, Basis *f* (bei Logarithmen) *kaide 3. Basis, Grundlage *f,* Ausgangspunkt *m* *geom.* Grundlinie *f* *taban ~ **morfin** *pharm.* Morphinbase *f*

baz (II) [ā] *va.* 1. s. **açık** 2. s. **tekrar** 3. s. **geri(-ye)**

baz (III) [ā]; **bazi** [––] *va.* Falke *m* *doğan; s.a. **şahbaz**

-baz *urspr.* [–] *(pers. Sx.)* (ver-)spielend, verlierend, ausgebend s. **cambaz, hokkabaz, kumarbaz, küfürbaz** usw.

baza Sockel *m* (e–s Möbelstücks) *kasa

bazal 1. *chem.* basisch 2. *biol.* an der Grundfläche befindlich

bazalt, -tı *min.* Basalt *m*

bazaltik basalten, basaltisch

bazan; bazen [×·] *Adv.* manchmal, gelegentlich, bisweilen, ab und zu *arasıra, arada bir, kimi vakit

bazı [×·] 1. *Adj.* manche, etliche, einige, mehrere, verschiedene 2. *Adv.* s. **bazen;** ~ ~ s. **bazen;** ~ **defa** (*od.* ~ **kere**) einige Male, manchmal, bisweilen, zuweilen ~ **nispetler dairesinde** einigermaßen **-ları** *od.* **-sı** manche Leute, manche, einige **-larınca** nach Meinung einiger Leute

baziçe [––·] *va.* Spielzeug *n* *oyuncak

bazidiyospor (*va.* **bazidülbüzur**) *bot.* Basidiospore *f*

bazik basisch ~ **külteler** *geogr.* basische (kieselsäurearme) Gesteine *pl.*

bazilik toplardamar *an.* Armblutader *f*

bazilika [·×··] *arch.* Basilika *f*

bazit, -di *bot.* Basidie *f* (Sporenträger der Basidiomyzeten)

bazitli Basidien-, Basidio- ~ **mantarlar** *bot.* Basidiomyzeten, Basidienpilze *pl.* *futuru kaidülbüzur

bazlama(-ç) 1. e–e sehr süße und dicke Art **gözleme** 2. ungesäuerter Fladen *pide

bazoka; bazuka [·×·] *mil.* Panzerfaust *f*

bazu [––] s. **pazı** (II)

bazubent(-li) s. **pazıbent(-li)**

BBC, B.B.C. = **British Broadcasting Corporation** Britische Rundfunkgesellschaft

B.C.G. (= **Bacillus Calmette Guérin**) Tuberkulose-Impfstoff *m*

be (I) Name bzw. Lautung des Buchst. B

be (II) *Int. F* ei, doch, na, ja, he, holla, nur, gelt; **Yapma ~!** Laß das doch! ≗ **çocuk!** He, Junge! **Dur ~!** Wart einmal!

be (III) *(z. va. pers. Präp.)* mit, für, um; s.a. **anbean, beanşart ki, günbegün, saat besaat, mahbemah, özbeöz** usw.

be (IV) [–] s. **beee**

BEA = **British European Airways** Britische Luftfahrtgesellschaft für Europa

beanşart ki [·–··] *z. va.* unter der Bedingung, daß ...; vorausgesetzt, daß ...; wenn nur ...

bebe s. **bebek** (1, 2); ~ **yaka** Babykragen *m*

bebecik *pej.* Bez. für Erwachsene, die sich kindisch benehmen; etwa: das liebe Kindchen

bebek 1. Säugling *m* *meme çocuğu 2. Baby, Kleinkind *n* *kucak çocuğu 3. *Kspz.* Puppe *f* 4. *fig.* herausgeputzt 5. Puppchen, Püppchen *n* (Kosename) ~ **gibi** 1. kindisch 2. wunderschön (Frau, Mädchen) ~ **terazisi** Babywaage *f*

Bebek *n.pr.* O. am Bosporus (zwischen Arnavutköy und Rumelihisar)

beberuhi [··–·] 1. kleiner, untersetzter Mann (nach der gln. Figur im Karagözspiel) 2. *fig.* Knirps, Wicht, Dreikäsehoch *m*

bebgaiye [ā] s. **papağanlık**

bebir, -bri *va.* 1. s. **kaplan** 2. s. **pars**

beblek *(ar.) (Mf.)* Was steht zu Diensten?

bebop s. **bop** (I)

beca [·–] *va.* angebracht, passend, am Platz

becayiş [ā] Stellentausch, Versetzungsschub *m,* Umbesetzung *f,* Revirement *n* ~ **etmek** ein Revirement vornehmen

becbece *va.* Singen *n* e–s Wiegenliedes *od.* andere Mittel, ein Kleinkind zu beschwichtigen

becelleşmek s. **mecelleşmek**

beceri(-k) *selt.* s. **beceriklilik**

becerikli geschickt, gewandt

beceriklilik Geschicklichkeit *f,* Gewandtheit, Gelenkigkeit *f*

beceriksiz ungeschickt, unbeholfen, linkisch

beceriksizlik Ungeschicklichkeit, Unbeholfenheit *f*

becerilmek Pass. zu **becermek**

becermek (m. Akk.) 1. erfolgreich durchführen; zurecht-

kommen (mit), fertigbringen, leisten, *F* deichseln 2. *iron.* beschmutzen, kaputtmachen, zugrunde richten 3. richtig aussprechen (Wort) 4. töten, umbringen 5. *V* zum Beischlaf verführen; *(V)* hinkriegen
becet, -ti *reg.* kleiner Vogel wie z.B. Sperling *od.* Zaunkönig
becit, -ddi [·×] *va.* 1. dringlich, eilig, wichtig 2. im Ernst, tatsächlich, gewiß
Beç, -ci *osm. Bez.* für Wien *od.* Österreich ~ **palazı** junges Perlhuhn ~ **tavuğu** Perlhuhn *n zo.* Numida meleagris *Afrika (Gine, Firavun, Mısır, Nemçe) tavuğu
bed (I) 1. schlecht, übel, häßlich, schlimm *kötü, çirkin 2. Schlechtigkeit *f*, Böses, üble Tat ~ ~ **bakmak** mit hinterhältigen Blicken betrachten ~ **gelmek** (*od.* ~ **görünmek**) unschön wirken; nicht passen ~ **suratlı** wem man die Hinterhältigkeit am Gesicht ablesen kann **-ine gitmek** (b–nin) 1. plagen, belästigen, quälen 2. kränken, beleidigen 3. verärgern, verdrießen 4. nicht über et. hinwegkommen
bed (II) s. **bedi** (I)
bedaat, -ti [·–·] *va.* 1. Schönheit *f*, schöne Ausdrucksweise 2. Neuheit, Originalität *f*
bedahet, -ti [·–·] 1. Klarheit, Evidenz *f* 2. Improvisation *f*, unvorbereitete Rede 3. plötzliches Ereignis 4. Anfang *m*
bedaheten [·–··] *Adv.* 1. improvisiert, aus dem Stegreif *bilbedahe, irticalen 2. klar, deutlich 3. plötzlich
bedahetli [ā] augenfällig, evident
bedasıl *va.* von schlechter Herkunft; gemein
bedava [×··] 1. kostenlos, unentgeltlich, gratis, umsonst 2. (*gel.* in Übertreibung) so gut wie umsonst, spottbillig 3. *selt.* mühelos ≗ **sirke** (*od.* **pekmez**) **baldan tatlıdır.** *Spr. etwa:* E–m geschenkten Gaul schaut man nicht ins Maul. *Spr.* **-dan** *od.* **-sına** s. **bedava; -dan ucuz** *hum.* spottbillig **-ya konmak** *fig.* sich ins gemachte Bett legen
bedavacı Schmarotzer, Nassauer *m* *cabacı
bedavacılık Herumschmarotzen, Nassauern *n* ≗ **yok!** Hier wird nicht genassauert!
bedavet, -ti [ā] s. **bedevîlik**
bedayi, -ii [ā] (*z. va. Pl.* zu **bedia**) Schönes; schöne und kostbare Dinge, wunderbare Werke *pl.*
bedbaht, -tı 1. unglücklich, bedauernswert 2. bekümmert, verzweifelt ~ **etmek** unglücklich machen
bedbahtlık 1. Unglück *n*; bedauernswerte Lage 2. hereinbrechendes Unglück; Verhängnis *n*
bedbin [ī] s. **kötümser;** ~ **etmek** pessimistisch stimmen
bedbini [·––] *va.;* **bedbinlik** s. **kötümserlik**
bedçehre *va.* von häßlichem Aussehen
beddua [··–] Fluch *m*, Verwünschung *f* ~ **etmek** (b–ne) verfluchen, verwünschen ~ **sinmek** (b–ne) sich an j–m erfüllen (Fluch, Verwünschung) **-sını almak** (b–nin) verflucht, verwünscht werden (von)
bedel 1. Gegenwert *m*, Äquivalent *n*, Preis *m* 2. Ersatz *m*, Gegenleistung *f ling.* Ersatzwort *n* 3. (*a.* **-i nakdî**) *fr.* Loskaufsgeld *n* (von der Wehrpflicht) 4. (*a.* **-i şahsî**) *fr.* wer anstelle e–s anderen den Wehrdienst ableistet; Ersatzmann *m* 5. wer im Namen e–s anderen und auf dessen Kosten die Wallfahrt nach Mekka unternimmt 6. a) gleichwertig, wert b) wer es aufnehmen kann (mit); gewachsen 7. *(Pp. m. Dat.)* anstelle von ...; anstatt Zu 6a: **Bir deve, iki beygire -dir.** Ein Kamel ist soviel wert wie zwei Pferde. **bir ömre** ~ ein Leben wert Zu 6b: **Okadar kuvvetlidir ki, üç kişiye -dir.** Er ist so stark, daß er es mit drei Männern aufnehmen kann. Zu 7: **buna** ~ **(olarak)** 1. anstelle hiervon bzw. an seiner Stelle 2. als Ersatz ~ **etmek** ersetzen ~ **girmek** (b–nin yerine) *fr.* als Ersatzmann dienen (beim Militär) ~ **tutmak** *fr.* e–n Ersatzmann stellen (für die abzuleistende Wehrpflicht) ~ **vermek** Ersatz leisten ≗**i hesaptadır.** *H* Wert in Rechnung. ≗**i nakden alınmıştır.** *H* Betrag bar erhalten. **-i askerî** *hist.* die anstelle der **cizye** ab 1856 erhobene Wehrsteuer **-i keşif** veranschlagter Wert **-i keşifli** im veranschlagten Wert von ...; in e–m Taxwert von ... **-i muhammen; muhammen bedel** *val.* Schätz-, Tax-wert *m* *tahmin edilen bedel, tahmin bedeli
bedelci *fr.* 1. wer sich von seiner Wehrpflicht (ganz *od.* teilweise) freigekauft hat 2. wer mit Freistellungsscheinen handelt
bedelen als Ersatz, als Gegenleistung
bedelli 1. mit Gegenleistung 2. s. **bedelci**
bedelsiz ohne Gegenleistung *spez.* kostenlos **Bu kitabı bana** ~ **verdi.** Er hat mir das Buch geschenkt.
beden 1. Körper, Leib *m* 2. Stamm *m* (e–s Baumes) 3. Festungswall *m* 4. Hauptteil *m* (z.B. e–s Gebäudes), Rumpf *m* (des Körpers) 5. Größe *f* (bei Anzügen *od.* Kleidern) 6. Oberteil *n* (e–s Kleides) 7. *naut.* Bucht *f* (e–s Taues), Schlinge, Schleife, Kink *f*, Törn *m* 8. *naut.* Schaft *m* (e–s Ankers) 9. *naut.* Trommel *f* (e–s Gangspills, e–r Winde usw.) 10. eigene Person, eigener Geldbeutel Zu 10: **-den masraf etmek** aus eigener Tasche bezahlen (müssen) ~ **arızası** körperliches Leiden ~ **bağı** s. **kamçı bağı;** ~ **cezası** *jur.* Leibesstrafe *f* ~ **değiştirme** s. **ruh göçü;** ~ **duvarı** tragende Wand ≗ **Eğitim** (*fr.:* **Terbiye**) **Enstitüsü** *n.pr.* Turn- und Sporthochschule *f* (in Ankara) ~ **eğitimi** (*od.* **terbiyesi**) Leibeserziehung *f* ~ **hareketleri** turnerische Vorführungen *pl.* ~ **işçisi** wer (vorwiegend) körperlich arbeitet ~ **mükellefiyeti** *jur.* Arbeitspflicht *f* **-inden vermek** selber bezahlen, persönlich tragen (z.B. Kosten)
bedenen [×··] *Adv.* 1. körperlich, leiblich 2. persönlich, selbst ~ **çalışma mükellefiyeti** *jur.* Arbeitsdienstpflicht *f*
bedenî 1. körperlich, leiblich, Leibes- 2. *phil.* somatisch *oyrumsal, tensel ~ **ehliyet vesikası** Bescheinigung über körperliche Eignung (Flugwesen)
bedenlenme Fleischwerdung *f* **yeniden** ~ s. **reenkarnasyon**
bedensel s. **bedenî**
bedesten derjenige Teil e–s Basars (*spez.* des Großen Basars in Istanbul), wo Antiquitäten und andere wertvolle Gegenstände verkauft werden
bed'etmek *va.* beginnen, anfangen *başlamak
bedevî 1. *allg.* Wüstenbewohner, Nomade *m* *göçebe 2. *spez.* Wüstenaraber, Beduine *m* 3. Wüsten- 4. Beduinen- 5. Renner *m* (ar. Pferd) 6. ≗ a) Anhänger *m* der **Bedeviye** b) s. **Bedevîlik, Bedeviye;** ~ **aşiretler** Beduinenstämme *pl.* ≗ **tarikatı** s. **Bedeviye**
Bedevîlik; Bedeviye *n.pr.* ein von Ahmet Bedevî gegründeter Derwischorden *Ahmedî
bedevîlik; bedeviyet, -ti 1. *allg.* Nomaden-tum, -leben *n* 2. *spez.* Leben *n* der Wüstenaraber, Beduinentum *n* 3. *fig.* Primitivität, Kulturlosigkeit *f* (*ant.* medeniyet)
bedhah(-lık) [ā] s. **kötücül(-lük)**
bedhuy *va.* bösartig, heimtückisch
bedi (I), **-d'i** *va.* Anfang(-en *n*) *m*, Beginn(-en *n*) *m*
bedi (II), **-ii** [·–] 1. Wortästhetik *f*, Lehre *f* von den Stilfiguren 2. Schöpfer *m* (Gott) 3. neu, Neuheit *f* 4. wunderbar, hervorragend, einzigartig 5. ≗ *mV*
bedia [ī] 1. einzigartige Schöpfung, großes Kunstwerk 2. ≗ [×··] *wV*
bedihe [ī] *va.* 1. spontan gefundener schöner Ausdruck, treffende Erwiderung 2. Schlagfertigkeit *f* *hazırcevaplık
bedihî klar, deutlich, einleuchtend, evident
bedihiyat, -tı [·–·–] *va. Pl.* evidente Tatsachen *pl.* unmittelbar einleuchtende Wahrheit
bediî 1. schön, ansprechend 2. ästhetisch *estetik 3. ≗ *mV* **hissi** ~ ästhetischer Sinn; Geschmack *m*
bediiyat, -tı [·–·–] 1. schöne Werke *od.* Aussprüche *pl.* 2. Ästhetik *f* *estetik

bediiyatçı(-lık) s. **estetikçi, estetizm**
bedir, -dri (*a.* **bedri tam**) Vollmond *m* *dolunay
Bedir gazası *hist.* der erste kriegerische Zusammenstoß zwischen Anhängern Mohammeds und nicht-mohammedanischen Mekkanern (623 n. Chr.)
bedirlenmek sich runden (Mond)
bedleşmek s. **çirkinleşmek**
bedmaye [ā] *z. va.* schändlich, frevelhaft, ruchlos
bedmest, -ti sinnlos betrunken und grölend
bedmesti [ī]; **bedmestlik** Zustand *m* e–s sinnlos Betrunkenen, der herumgrölt; übler Rausch
bedmington s. **badminton**
bednam [ā] *va.* berüchtigt, verrufen ~ **etmek** in Verruf bringen, diffamieren
Bedrettin; Bedri *mV*
Bedriye 1. ein Zweig der **Sühreverdî** 2. *wV*
beduh [ū] *fr.* e–e Buchst.verbindung, der man günstigen Einfluß zuschrieb, und die gerne auf Talismanen, Stempeln *od.* als ovaler Schnörkel auf der Rückseite von Briefumschlägen angebracht wurde
beee [bɛ:] mäh!
begayet [ā] *va.* (heute mst. in spött. Verwendung) äußerst, überaus, im äußersten Grade
begonya [·×·] Begonie *f*, Schiefblatt *n bot.* Begonia
begonyagiller Schiefblattgewächse *pl. bot.* Begoniaceae
begonyasiye s. **begonyagiller**
begüm Begum *f* (Titel indischer Fürstinnen)
beğence s. **takriz**
beğendi (*fr. a.* **hünkâr-**) Auberginenpüree *n* mit Fleisch
beğendirmek (b–ne bşi) Kaus. zu **beğenmek** *spez.* j–m et. plausibel, annehmbar machen
beğeni Gefallen *n,* Geschmack *m* *zevk
beğenik *selt.* angenehm, beliebt, gepriesen, bewundert *makbul
beğenilmek beliebt werden; gefallen
beğenisiz s. **beğensiz**
beğenmece s. **muhayyer, seçmece**
beğenmek (m. Akk.) 1. Gefallen finden (an), gern haben, gerne mögen, lieben; zufrieden sein (mit) 2. am meisten Gefallen finden (an); heraussuchen (was e–m bes. gefällt) 3. et. Passendes finden 4. raten 5. (k–ni) von sich eingenommen sein; selbstgefällig, eingebildet sein Zu 1: **Beğendin mi yaptığın işi?** *(a. iron.)* Bist du jetzt zufrieden mit dem, was du fertiggebracht hast? Zu 4: **Kime rast gelsem beğenirsiniz?** Raten Sie einmal (*od.* Was meinen Sie), wen ich getroffen habe? **Beğen beğendiğini!** Such dir aus, was dir gefällt!
beğenmemek (m. Akk.) 1. *neg.* **beğenmek** 2. *spez.* seine Bedenken hegen (hinsichtlich) Zu 2: **Ben bu işin sonunu beğenmiyorum.** Mir kommt der Ausgang dieser Sache nicht geheuer vor. **Beğenmeyen beğenmesin!** Wem das nicht behagt, der braucht es nicht zu nehmen! **Beğenmeyen küçük oğluna almasın!** *od.* **Beğenmeyen küçük kızını vermesin!** *spött.* Wenn es ihm nicht paßt, so soll er es anders machen!
beğenmezci wer an allem et. auszusetzen hat; ewiger Nörgler
beğenmezlenmek j–m offenbar nicht gefallen
beğenmezlik Aversion, Abneigung *f*, Widerwille *m*
beğensiz s. **nahoş, zevksiz**
beha s. **paha**
Behaî s. **Bahaî**
behane s. **bahane**
behaviorist; behaviorizm s. **davranışçı(-lık)**
behçet, -ti (1–3 *va.*) 1. Schönheit *f* 2. Freude, Fröhlichkeit *f* 3. Liebenswürdigkeit *f* 4. ≗ *mV*
behemehal [·×·–] auf jeden Fall, auf alle Fälle, unbedingt
beher [·×] jeder einzelne, das einzelne Stück, einzeln **-ine** 1. pro Person (Kopf, *F* Nase) 2. pro Stück
beherglas *chem.* Becherglas *n*
behey (Int. der Erregung, Entrüstung usw.) Ach du ...! Oh du ...! Ja, aber hör mal!
behiç [ī], **-ci** 1. *va.* schön, hübsch 2. *va.* fröhlich, heiter, liebenswürdig, strahlend 3. ≗ *mV;* **Behice** *wV*
behime [ī] *va.* Tier *n*, Vierfüßler *m*
behimî [·–·–] 1. tierisch, viehisch, brutal, bestialisch 2. geil, lüstern ~ **hisler** tierische Gelüste *pl.*
behimiyet, -ti [·–··] 1. Brutalität, Bestialität *f* 2. *med. va.* Stumpfsinn *m*
behişt, -ti *va.* Paradies *n*, Himmel *m* *cennet
behiştî *va.* paradiesisch, himmlisch
behiye 1. *va.* schön 2. ≗ *wV*
behle; behli *va.* lederner Stulpenhandschuh e–s Falkners
behlûl 1. *va.* wer viel lacht *od.* andere oft zum Lachen bringt 2. *va.* gütig, wohltätig 3. ≗ *mV* **Behlûli Dânâ** *n.pr.* isl. Mystiker, der durch seine geistreichen Anspielungen berühmt ist
behmen s. **brehmen**
behre 1. Anteil *m* *hisse, pay 2. Schicksal, Los *n*
behredar [ā], **behreli, behrement** Anteil besitzend; teilhabend
behresiz *z. va.* (bşden) wer keinen Anteil hat (an); völlig bar (m. Gen.); ohne irgendwelche(-n) ... **insaftan** ~ aller Gerechtigkeit bar
beht, -ti *va.* Staunen *n*, Verwunderung, Verblüffung *f* **-ühayret içinde kalmak** *va.* von e–m Erstaunen ins andere fallen; sich höchlichst verwundern
beis, -e'si 1. Schaden, Nachteil *m* 2. Angst, Furcht *f* ~ **görmemek** keinen Nachteil in et. erblicken ≗ **yok.** Es schadet nichts. Es macht nichts aus.
bej beige (Farbe)
bek (I), **-ki** *Fb. usw.* Verteidiger *m* *müdafi ~ **kulesi** *hist.* Bergfried, Wachtturm *m* **-e almak** *Fb.* in die Verteidigung zurücknehmen (z. B. Läufer)
bek (II), **-ki** 1. s. **gaga** 2. Gas-, Bunsen-brenner *m* *gaz ibiği
beka [·–] Dauer *f*, Fortbestehen, Weiterleben *n*, Ewigkeit, Unsterblichkeit *f* *kalım ~ **bulmak** dauernd (*od.* von Dauer) sein; fort-, weiter-bestehen, weiterleben
bekaçe [·×·] s. **bekas**
bekar (*franz.* **bécarre**) *mus.* Auflösungszeichen *n*
bekâr 1. unverheiratet, ledig 2. Junggeselle *m* 3. Strohwitwer *m* 4. Internatsschüler *m*, der in den Ferien bzw. am Sonntag nicht nach Hause fährt 5. Landbewohner, der in der Stadt tätig ist und dessen Familie weiter auf dem Land lebt ~ **dikişi dikmek** Wäsche und Kleider e–s Junggesellen ausbessern ~ **odası** Junggesellen-zimmer *n*, -wohnung *f*, *F* -bude *f*
bekâret, -ti 1. Jungfräulichkeit, Jungfernschaft, Unberührtheit *f* 2. Originalität *f* (von Gedanken, Werken usw.) ~ **kemeri** Keuschheitsgürtel *m* (des Mittelalters) **-i izale** s. **izalei bikir; -ten etmek** entjungfern, deflorieren
bekarize s. **bekarlı;** ~ **etmek** s. **bekarlamak**
bekarlamak *mus.* das Auflösungszeichen setzen (vor e–e Note)
bekarlı *mus.* mit Auflösungszeichen
bekârlık 1. Unverheiratet-, Ledig-sein *n* 2. Junggesellentum, -dasein, -leben *n* 3. Strohwitwertum *n* 4. Zustand *m* *od.* Lage *f* e–s **bekâr** (4, 5); ≗ **maskaralık.** *Spr.* Ein Junggeselle hat immer et. Komisches an sich. ≗ **sultanlık.** *Spr.* Ledigsein heißt glücklich sein. ~ **vergisi** Junggesellensteuer *f*
bekas Waldschnepfe *f zo.* Scolopax rusticola *çulluk
bekasin Sumpfschnepfe, Bekassine *f zo.* Gallinago gallinago *bataklık çulluğu, su çulluğu
bekaya s. **bakaya**

bekçi 1. Wärter *m* 2. (Nacht-)Wächter *m* 3. (Feld-)Hüter *m* ~ **askeri** *hist.* spätere Bez. für **poylak;** ~ **köpeği** Wachhund *m*
bekçili mit Wärter ~ **tren yolu** beschrankter Bahnübergang
bekçilik Tätigkeit *f* (Aufgaben *pl.* usw.) e–s **bekçi;** ~ **etmek** wachen (über); bewachen
bekçisiz ohne Wärter ~ **tren yolu** unbeschrankter Bahnübergang
bekhent, -di *(Tennis)* Rückhand(-schlag *m*) *f* *röver
beking (*engl.* **baking-powder**) Backpulver *n*
bekinmek *dial.* halsstarrig sein; hartnäckig auf et. bestehen *ısrar etmek
bekir 1. *va.* Frühaufsteher *m* 2. ≗ *mV*
Bekirağabölüğü, -nü *n.pr. fr.* Militärgefängnis in Istanbul (nach dem seinerzeitigen Direktor, Major Bekir Ağa, genannt; nach 1950 abgerissen)
bekit(-çi, -lemek) s. **vakıf (vâkıf, vakfetmek)**
bekleme Vs. zu **beklemek;** ~ **kulübesi** 1. *mil.* Schilderhaus *n* 2. Wärterhäuschen *n* ~ **listesi** Warteliste *f* ~ **mevzii** *mil.* Wartestellung *f* ~ **süresi** 1. *a. jur.* Wartezeit *f* (vgl. **iddet müddeti**) 2. *naut.* Liegezeit *f* (e–s Schiffes) *starya ~ **odası** 1. Wartezimmer *n* 2. *gel.* Sprechzimmer *n* ~ **salonu** Wartesaal *m* ~ **titizliği** ungeduldiges Warten
beklemek (m. Akk. *od.* ohne Obj.) 1. warten (auf), erwarten, erhoffen 2. (bşi) bewachen, beaufsichtigen, hüten, aufpassen, achtgeben (auf) 3. sich e–r Sache versehen; (von j–m) et. erwarten; j–m et. zutrauen 4. beobachten, belauern 5. sich gedulden Zu 1: **Amcamı bekliyorum.** Ich warte auf meinen Onkel. Ich erwarte meinen Onkel. Zu 3: **Sizden bunu beklemezdim.** Das hätte ich von Ihnen nicht erwartet. **Bekle yârin köşesini!** *od.* **Bekle sabaha kadar!** *F* Da kannst du lange warten! (*scil.* Deine Hoffnung erfüllt sich kaum!)
beklenilmek s. **beklenmek; beklenilmeyen vaziyet** *jur.* Erschütterung *f* der Geschäftsgrundlage
beklenmedik unerwartet, unvermutet, plötzlich
beklenmek Pass. zu **beklemek; beklenen haklar** *jur.* Anwartschaftsrechte *pl.* *muntazar haklar **Bu, senden beklenmezdi.** Das hätte man von dir nicht erwartet. **beklenmeyen** (*od.* **beklenmedik**) **bir hadise** (*od.* **olay**) unerwartetes Ereignis; Unfall *m*
beklenmezlik s. **terdit** (3); ~ **fiili** *gr.* Verbalform der spontanen Anwandlung (in Verb. m. **tutmak**) (z.B. **güleceği tutmak, öksüreceği tutmak**)
bekleşmek 1. gemeinsam warten *od.* wachen 2. sich gegenseitig erwarten
bekletmek Kaus. zu **beklemek; Eşyayı ona beklettim.** Ich habe ihm gesagt, er solle auf das Gepäck achtgeben. **Beni çok bekletmeyin!** Lassen Sie mich nicht zu lange warten!
bekrî Gewohnheitstrinker, Trunkenbold, Quartalsäufer *m* *ayyaş, içken; içkiye düşkün ≗ **Mustafa** Prototyp des Trunkenbolds
bekrîlik Trunksucht *f*
bektaş *va.* 1. s. **akran** 2. s. **eşit** 3. ≗ *mV*
Bektaşî [ā] 1. Bektaschi *m* (Mitglied des auf Hacı Bektaş Veli zurückgehenden Derwischordens) 2. wer sich wie ein Bektaschi benimmt *spez.* vorurteilslos, unbefangen, freidenkend 3. *va.* s. **yeniçeri;** ~ **kabağı** Türkenbund *m* (Zierkürbis) ~ **külâhı** s. **bektaşîkavuğu;** ~ **sırrı** *F* unergründliches Geheimnis ~ **taşı** s. **balgamtaşı**
bektaşîkavuğu, -nu Igelkaktus *m bot.* Echinocactus *Bektaşî külâhı, dikenli frenkinciri
Bektaşîlik 1. Bektaschi-Orden *m* 2. Zugehörigkeit *f* zum Bektaschi-Orden 3. Verhalten *n* e–s Bektaschi
bektaşîüzümü, -nü Stachelbeere *f bot.* Ribes grossularia
Bektaşiye s. **Bektaşîlik** (1)
bel (I) 1. Taille, Gürtelgegend *f* 2. Lende(-n *pl.*) *f*, Nierengegend *f*, Kreuz(-gegend *f*) *n* 3. Rücken *m* (e–s Tieres) 4. Sattel *m* (e–s Berges) 5. Engpaß *m* 6. *naut.* mittlerer Teil e–s Schiffes 7. s. ~ **suyu;** ~ **ağrısı** Kreuz-weh *n*, -schmerzen *pl. spez.* Hexenschuß *m med.* Lumbago *f* ~ **bağı** Gürtel, Gurt *m* ~ **bağlamak** 1. sich auf j–n verlassen 2. seine ganzen Hoffnungen setzen (auf); sich (e–r Person *od.* Sache) völlig verschreiben ~ **bölgesi** *an.* Lendengegend *f* *nahiyei kataniye ~ **bükmek** 1. s. **-ini bükmek** 2. sich verneigen ~ **çekimi** *phot.* Brustbild *n* ~ **eğmek** *fig.* erschöpft sein; den Kopf hängen lassen ~ **geçidi** Hochpaß *m* ~ **gevşekliği** (sexuelle) Impotenz *f* *ademi iktidar ~ **gibi akmak** nur spärlich fließen ~ **kayışı** 1. (Säbel-)Koppel *n* 2. Leibriemen *m* ~ **kuşağı** Leibbinde *f* ~ **kündesi** *(Ringen)* Hüft-zange, -fessel *f* ~ **omurları** *an.* Lenden-, Lumbal-wirbel *pl.* *fıkaratı kataniye ~ **suyu** Samen(-flüssigkeit *f*) *m* des Mannes, Sperma *n* *meni, sperma ~ **vermek** 1. sich wölben, sich biegen, sich ausbauchen, e–e Ausbuchtung bekommen 2. nachgeben (Saite e–s M.i.); *techn. a.* durch-hängen, -sacken, sich durchbiegen ≗**den aşağı Kasımpaşa!** *V* Mir scheißegal! *(V)* **-i açılmak** 1. den Urin nicht halten können 2. sich überheben (wörtl.) ≗**i büküldü.** 1. Sein Rücken ist vom Alter gebeugt. 2. Er ist (vom Unglück) schwer getroffen. Er ist ganz gebrochen. **-i çökmek** e–n Buckel bekommen **-i çökük** satteltief (Pferd) **-i gelmek** 1. aufsteigen (Same des Mannes beim Beischlaf) 2. *V* lästig werden (dauernde Wiederholung von Worten) **-i kırık** ganz erschöpft (*od.* entmutigt) **-i kırılmak** ganz erschöpft *od.* entmutigt werden **inden gelmek** von j–m abstammen ≗**ine kadar kızarıyor.** Er wird rot bis hinter die Ohren. **-ine sağlam olmak** charakterlich einwandfrei sein **-ine sokmak** (hançeri) in den Gürtel stecken (Dolch) **-ini alamamak** sich nicht wieder aufrichten können **-ini bükmek** 1. (bş b–nin) schwer treffen, niederwerfen, j–m viel zu schaffen machen 2. *P* kurzen Prozeß machen (mit) 3. s. **bir sürü lafın -ini bükmek; -ini çökertmek** sich verbeugen **-ini doğrultmak** sich wieder aufrichten, sich aufrappeln **-ini kırmak** (b–nin) j–n unfähig machen (et. zu tun), j–m das Rückgrat brechen
bel (II) Spaten *m od.* (mst. zweizinkige) Gabel *f* (zum Umgraben des Bodens) ~ **bellemek** um-graben, -spaten
bel (III) (in der Füg.:) ~ ~ *F* ganz verblüfft ~ ~ **bakmak** dumm dreinschauen, stieren, starren
bel (IV) (Kenn-, Merk-, Erkennungs-)Zeichen, Merkmal *n* *işaret
bel (V) *phys.* Bel *n* (Meßgröße für Schwingungen); vgl. a. **desibel**
belâ 1. Unannehmlichkeit, Mühsal, Plage *f*, Ungemach, Mißgeschick, Übel *n*, Heimsuchung *f*, Unglück, Unheil *n* 2. s. **baş belâsı** 3. (verdiente) Strafe *f* 4. Fluch *m* ~ **aramak** Streit suchen; e–n Streit vom Zaune brechen ~ **berzah şeyler** bedrückende Umstände, mißliche Geschichten *pl.* ≗ **bundadır ki** Das Übel liegt darin, daß ... ~ **çekmek** viel Mühseligkeiten durchmachen müssen ~ **çıkarmak** 1. Unannehmlichkeiten verursachen 2. Anlaß zu e–m Streit geben ≗ **çıkıyor.** Es entstehen Unannehmlichkeiten. ≗ **dur vardım demez.** *Spr.* Unglück kommt (meist) unerwartet. ~ **kesilmek** belästigen; zudringlich werden ~ **okumak** verwünschen, verfluchen *(nämlich sagen:)* **Allah belâmı (belânı, belâsını) versin!** ~ **olmak** s. **başına** ~ **olmak; -lar mübareki** 1. Pechvogel, Unglückswurm *m;* wer sich nicht zu helfen weiß 2. *iron.* Das durfte natürlich auch nicht fehlen! **-sını aramak** s. **aramak** (10); **-sını bulmak** seine verdiente Strafe erhalten; in e–e üble Lage kommen **-sını çekmek** für et. büßen müssen; was man sich eingebrockt hat, auslöffeln müssen ≗**ya bak ki** Das Unglück wollte es, daß ...; unglücklicherweise **-ya çatmak (düşmek, girmek, tutulmak, uğramak)** in die

größten Unannehmlichkeiten geraten (**Çattık belâya** *a.*: Da haben wir den Salat!) **-ya sokmak** s. **başını -ya sokmak; ²yı gör ki** s. **²ya bak ki; -yı (para ile) satın almak** sehenden Auges in sein Verhängnis laufen; an seiner bedrängten Lage selber schuld sein **²yı savmak** Mißhelligkeiten entgehen **-yı berzah** *z. va.* mißliche Angelegenheit, unangenehme Geschichte
beladon s. **belladon**
belâgat, -ti 1. präzise Ausdrucksweise, sprachliche Korrektheit 2. Beredsamkeit *f* 3. *fig.* beredte Sprache (z.B. e–r Statistik) 4. dichterische Schönheit 5. s. **belâgatçilik** 6. **(ilmi ~)** Bedeutungslehre und Stilistik *f* Zu 3: **sükûtun -i** beredtes Schweigen Zu 4: **Bu şiirin -ine hayran oldum.** Ich war von der wunderbaren Schönheit des Gedichtes ganz hingerissen.
belâgatçi Rhetoriker *m*
belâgatçilik Rhetorik *f*
belâgatli beredt *(a.fig.)* *beliğ; **manalı ve ~ hadiseler** bedeutsame und beredte Ereignisse *pl.*
belâhat, -ti Dummheit, Beschränktheit, Schwachsinnigkeit *f*
belâlı 1. mühselig, anstrengend, unangenehm, lästig 2. streitsüchtig, zänkisch, rechthaberisch 3. Zuhälter *m* **~ herif** (rechter) Plagegeist **-sına çatmak** an den Unrechten kommen
belâya [·––] *va.Pl.* zu **beliyye**
belbele Schnabeltasse *f*
belce s. **kaşarası**
Belçika *n.pr.* Belgien **~ şartı** *jur.* Attentatsklausel *f* (von 1856)
Belçikalı 1. Belgier(-in *f*) *m* 2. belgisch
belde 1. Ortschaft *f* 2. Stadt *f* 3. Wohnort *m* **~ devleti** Stadtstaat *m* (*spez.* in der Antike) **-i tayyibe** *va.* Beiname der Stadt Medina
beled *va.* s. **belde; ²suresi** Name der 90. Koran-Sure
beledi s. **tatlısu kefali**
beledî 1. städtisch, Stadt-, kommunal 2. Städter(-in *f*) *m* 3. heimisch (Pflanze) 4. endemisch (Krankheit)
belediye 1. Stadtverwaltung *f* 2. Stadtgemeinde *f* **~ başkanı** s. **~ reisi; ~ dairesi** (*od.* **konağı**) Rathaus *n* **~ doktoru** Kommunalarzt *m* **~ encümeni** Magistratsausschuß *m* **~ işleri** städtische Angelegenheiten *pl.* **~ meclisi** Stadtverordnetenversammlung *f*, Magistrat *m*, Stadtrat *m* **~ murakıbı** städtischer Preiskontrolleur **~ reisi** (Ober-) Bürgermeister *m* **~ seçimleri** Kommunalwahlen *pl.* **~ suçları** Übertretungen *pl.* ortspolizeilicher Vorschriften **~ zabıtası** Orts-, Gemeinde-, Stadt-polizei *f* **²ler Bankası** *n.pr.* (türk.) Kommunalbank *f* (gegr. 1923; Bez. seit 1945: **İller Bankası**)
belediyeci 1. Kommunalpolitiker *m* 2. städtischer Beamter *od.* Angestellter
belediyecilik Kommunal-verwaltung, -politik *f* **~ kongresi** Kongreß *m* für Kommunalpolitik
belediyeleştirmek kommunalisieren
belek *dial.* 1. (Kinder-)Windel *f* 2. Geschenk *n* (des Bräutigams an die Braut; an Ringer) 3. Hügel *m*, Anhöhe *f* 4. scheckig, bunt (Tier) 5. s. **belik**
belemek (I) *dial.* 1. wickeln, in Windeln legen (Kind) *kundaklamak 2. s. **bulamak** 3. s. **karıştırmak**
belemek (II) [–··] 1. s. **melemek** 2. *mus.* tremolieren
belemir s. **peygamberçiçeği**
belen *dial.* 1. Sattel *m* (e–s Berges) 2. Engpaß *m*
Belens(iy)e s. **Velense**
belermek ganz rund und groß werden (Augen vor Verwunderung)
belesan [ā] s. **pelesenk**
beleş *V* umsonst, kostenlos, gratis, geschenkt ⚬ **atın dişine** (*od.* **yaşına** *od.* **dizginine** *od.* **yularına**) **bakılmaz.** *Spr.* Einem geschenkten Gaul schaut man nicht ins Maul. *Spr.* **-e konmak** *V* sich durchschmarotzen **-ten** s. **beleş**
beleşçi *V* Schmarotzer, Nassauer *m*
beleşcilik *V* Schmarotzertum *n*
bel'etmek *va.* 1. hinunter-schlucken, -schlingen, verschlingen *yutmak 2. aufsaugen, absorbieren
belga Belga *f* (Währungseinheit in Belgien; 1926–1946)
belge 1. Bescheinigung, Bestätigung, Urkunde *f*, Beleg, Nachweis *m* *vesika 2. Bescheid *m* über Verweisung von der höheren Schule bei zweimaligem Sitzenbleiben in der gleichen Klasse **~ almak** von der Schule verwiesen werden **~ filim** Dokumentarfilm *m*
belgeci Hersteller *m* e–s Dokumentarfilms
belgeleme Dokumentation *f*
belgele(ndir)mek belegen, nachweisen, dokumentieren, attestieren, bescheinigen *ihticaç (tevsik) etmek
belgeli 1. wer im Besitze e–s Dokumentes (Ausweises) ist 2. bestätigt, belegt, erwiesen 3. wer zweimal in der gleichen Klasse sitzengeblieben ist (Schüler)
belgelik Archiv *n*, Urkundensammlung *f*
belgesel dokumentarisch (*spez.* Film)
belgi 1. Kennzeichen, Merkmal *n* *alâmet, nişan, marka 2. Eigenart *f*, Charakteristikum *n* *şiar 3. Firmenzeichen, Geschäftsschild, Wappenbild *n*
belgilemek; belgili s. **belirlemek; belirli**
belgin 1. klar, deutlich *apaçık 2. ⚬ *wV*
belginlik Klarheit, Deutlichkeit, Bestimmtheit, Genauigkeit *f* *sarahat
belgisiz unbestimmt *gayri muayyen **~ adıl** *gr.* Indefinitpronomen *n* *müphem zamir **~ sıfat** *gr.* unechtes (*d.h.* verbundenes) Indefinitpronomen; indefinites Adjektiv *müphem sıfat
belgit, -di, -ti 1. s. **senet** 2. s. **burhan, delil, hüccet**
belgitleme *log.* Beweis *m* *burhan
belgitlemek *log.* überzeugend darlegen, einwandfrei beweisen
Belgrat, -dı *n.pr.* Belgrad **~ ormanı** *n.pr.* Belgrader Wald *m* (bei Istanbul)
beli (I) (in den Ostprovinzen) ja *evet
beli (II), **-l'i** *va.* Schlucken *n* *yutma **~ sistemi** *jur.* Absorptionsprinzip *n* (bei Strafbemessung)
beliğ [ī] 1. beredsam, beredt *belâgatli 2. eindringlich, ausdrucksvoll, überzeugend
belik (I) *P* Haar-zopf *m*, -zöpfchen *n* *saç örgüsü **~ ~** in Zöpfen geflochten (Haar)
belik (II) s. **aksidan** (2)
belin abergläubische Furcht, heilige Scheu *haşyet
belinlemek 1. abergläubische Furcht *od.* heilige Scheu haben (vor) 2. (aus dem Schlaf) auffahren
belinograf Bildfunksender *m*
belinogram Funkbild, Bildtelegramm *n*
belirgi 1. klares Zutagetreten *tebarüz 2. Spur, Fährte *f* *iz
belirgin 1. s. **belirli** 2. markant, hervorstechend
belirimsizlik *phil.* Unbestimmtheit, Verschwommenheit, Unklarheit *f*; fehlende Präzision *gayri muayyeniyet
belirlemek 1. genau bestimmen *od.* abgrenzen; feststellen *tayin etmek 2. *log.* (e–n Begriff) definieren, determinieren 3. spezifizieren **kimlikleri belirlenemeyen kişiler** nicht identifizierbare Personen
belirlenmezlik s. **bellisizlik, belirsizlik**
belirli 1. klar, deutlich, bestimmt, genau, fest 2. *math.* determiniert *(1, 2) muayyen **~ belirsiz** nicht recht deutlich, schwer zu unterscheiden **~ geçmiş kipi** *gr.* Präteritum *n* des Augenscheins, der bestimmten Aussage *-di'li geçmiş zaman; mazii şühudî **~ süreli hizmet akdi** *jur.* Dienstvertrag *m* auf (bestimmte) Zeit
belirlilik Bestimmtheit, Genauigkeit *f*
belirmek 1. e–e feste Form annehmen, sich herauskristalli-

sieren *tebellür etmek 2. sichtbar werden, in Erscheinung treten, sich kundtun, sich herausstellen, sich abzeichnen (z. B. drohende Gefahr) *tezahür etmek 3. klar hervortreten, unmißverständlich werden *tebarüz etmek, sarahat kesp etmek 4. s. **belermek**

belirsiz 1. unbestimmt, ungewiß, nicht fest 2. *math.* indeterminiert *(1, 2) gayri muayyen 3. unklar, ungeklärt, dunkel, undeutlich, nicht recht verständlich *müphem 4. unbekannt *meçhul ~ **geçmiş kipi** *gr.* Präteritum *n* des Hörensagens, der unbestimmten Aussage *mazii naklî; -miş'li geçmiş zaman

belirsizlik s. **bellisizlik**

belirteç, -ci *gr.* s. **zarf** (5)

belirten *gr.* 1. erster Teil e–r turksprachl. sb. Füg. (wie **evin** in **evin kapısı**) *muzafünileyh 2. attributives Adjektiv *sıfat 3. s. **determinant**

belirtgen s. **karakteristik** (2)

belirti 1. An-, Kenn-zeichen *n*, Beweis *m* *alâmet 2. *biol. med.* Symptom *n* *araz 3. s. **karakteristik** (2); ~ **bilimi** 1. *med.* Symptomatik, Semiotik *f* (Lehre von den Krankheitserscheinungen) 2. *bot.* Phänologie *f* ~ **tedavisi** *med.* symptomatische Therapie

belirtici 1. deutlich hervortreten lassend 2. charakteristisch ~ **nitelik** charakteristische Eigenschaft ~ **yıkama** *phot.* Entwicklung *f*

belirtik *phil.* ausdrücklich (expressis verbis) festgestellt *od.* dargelegt; klar ausgesprochen *musarrah, sarih

belirtilen *gr.* näher bestimmtes Wort: 1. zweiter Teil e–r turksprachl. sb. Füg. (wie **kapısı** in **evin kapısı**) *muzaf 2. durch ein Adj. determiniertes bzw. qualifiziertes Sb. *mevsuf

belirtili 1. symptomatisch 2. genau gekennzeichnet, bestimmt ~ **nesne** *gr.* suffigiertes Akkusativobjekt (z. B. **parayı** verdim) *marife; mefulünsarih ~ **tamlama** *od.* ~ **isim takımı** *gr.* Genitivfügung *f*, suffigierte Nominalkomposition (des Typus **bahçenin kapısı**) *tayinli izafet terkibi

belirtisiz nicht gekennzeichnet; unbestimmt *belgisiz ~ **nesne** *gr.* nicht-suffigiertes Akkusativobjekt (z. B. **para** almak) *mefulü gayri sarih ~ **tamlama** *od.* ~ **isim takımı** *gr.* suffigierte Nominalkomposition (des Typus **bahçe kapısı**) *tayinsiz izafet terkibi

belirtme 1. Vs. zu **belirtmek** 2. *math.* Determination *f* *tayin ~ **arancı** (*od.* **dilemi**) *jur.* s. **tespit davası**; ~ **durumu** *gr.* Akkusativ *m* *-i hali ~ **grupu** *gr.* sb. *od.* adj. Fügung (wie z. B. **evin kapısı** *od.* **büyük kapı**) *tamlama ~ **sıfatı** *gr.* determinatives Adjektiv *tayinî sıfat ~ **vurgusu** *gr.* s. **anlatış vurgusu**

belirtmek 1. klar hervortreten lassen; verdeutlichen, aufzeigen, darlegen *tayin (tasrih) etmek, tebarüz ettirmek 2. *math.* determinieren, genau bestimmen *tayin etmek Zu 1: **doğu haşmetini belirten bir düğün** e–e Hochzeit mit aller orientalischen Prachtentfaltung

belit *log., math.* Axiom *n* *aksiyom, mütearife

belitke *log.* Axiomatik *f*, Lehre *f* von den Axiomen

belitsel *log.* axiomatisch, Axiom-

beliyye [·—·] *z. va.* Heimsuchung, Naturkatastrophe *f*, großes Unglück

belkemiği, -ni 1. Wirbelsäule *f*, Rückgrat *n* *amudufıkarî, omurga 2. *fig.* wesentlicher *od.* lebenswichtiger Teil, Angelpunkt *m*, Rückgrat *n*

belkemikliler *selt.* s. **omurgalılar**

Belkıs *n.pr.* 1. sagenhafte Königin von Saba (Jemen) 2. s. **Aspendos** 3. *wV* ~ **minaresi** volkstüml. Bez. der Juliansäule (in Ankara)

belki [×·] 1. vielleicht, möglicherweise 2. sogar, darüber hinaus, noch mehr 3. (nach Neg.) sondern (sogar), aber, höchstens, im Gegenteil, vielmehr ~ **de** vielleicht sogar; möglicherweise auch; es ist auch nicht ausgeschlossen, daß ...

belkili [×··] *phil.* problematisch (z. B. Urteil) *ihtimalî

belkilik Möglichkeit, Wahrscheinlichkeit, Eventualität *f*

belladon 1. s. **güzelavratotu** 2. Belladonna *f*, Atropin *n*

Bellatrik *astr.* der Stern Bellatrix (im Sternbild des Orion)

bellavista [··×·] Schönblick *m* (Bez. für Örtlichkeiten, Parks, Villen usw.)

bellek *psych.* Gedächtnis *n*, Mneme *f*, Erinnerung(-svermögen *n*) *f* *hafıza ~ **arızası** Gedächtnisstörung *f* ~ **karışıklığı** Erinnerungsillusion, Paramnesie *f* *teşevvüşü tahattur ~ **yitimi** 1. Gedächtnisschwund *m*, Amnesie *f* *hafızasızlık 2. zeitweiliges Aussetzen des Gedächtnisses

belleksel *psych.* 1. Erinnerungs-, Gedächtnis- 2. mnemotechnisch *(1, 2) hıfzî, hafızavî

bellem *psych.* Lernfähigkeit *f*

belleme 1. Vs. zu **bellemek** 2. Satteldecke *f* 3. *dial.* Belag *m* (waagerechte Gerüstbretter) 4. *dial.* kurzes Wollwams 5. *agr.* Umgraben *n* (des Bodens)

bellemek 1. lernen und im Gedächtnis behalten; auswendig lernen; sich et. merken *ezberlemek 2. glauben, meinen *sanmak, zannetmek 3. mit Spaten *od.* Gabel (s. **bel** II) den Boden umgraben

bellenmiş şekiller (Malerei) konventionelle Formen *pl.*

Bellergal *med.* Name e–s Beruhigungs- und Schlafmittels

belleteç *psych.* 1. Mnemotechnik, Gedächtniskunst *f* 2. mnemotechnisches Hilfsmittel, Gedächtnishilfe *f*

belleten wissenschaftliche Zeitschrift *bilim dergisi; ilmî mecmua

belletici mnemotechnisch

belletmek Kaus. zu **bellemek** *spez.* lehren, beibringen

belli (I) 1. bekannt, notorisch *malum 2. klar, deutlich, augenfällig, evident, einleuchtend, offenkundig *aşikâr, bedihî, zâhir 3. bestimmt, fest, genau umrissen, determiniert *belirli, muayyen ~ **başlı** 1. klar ersichtlich, einleuchtend, plausibel 2. bestimmt 3. hervorstechend, hauptsächlich, bedeutendste 4. bekannt, angesehen, geachtet ~ **belirsiz** 1. mehr oder weniger unbekannt 2. nicht recht klar, nicht genau umrissen; kaum merklich ~ **beyan** ganz offensichtlich ~ **etmek** 1. bekannt (deutlich) machen, genau bestimmen 2. verraten, ausplaudern (z. B. Geheimnis) ~ **etmemek** 1. nicht erkennen lassen; sich et. nicht anmerken lassen 2. nicht verraten, nicht ausplaudern ~ **günler** bekannte (*od.* bestimmte) Tage *pl.* (*a. Euph.* für Menstruationszeit) ~ **olmaz** vielleicht ~ **ücret** Grundgebühr *f* (Post) *maktu ücret

belli (II) mit nb. Taille bzw. Gabel (s. **bel** I, II); s. **ince** ~; **karınca** ~

bellilik 1. Bekanntsein *n* 2. Klarheit, Deutlichkeit, Augenfälligkeit, Evidenz *f* *bedahet 3. Festumrissensein, Bestimmtsein *n* *muayyeniyet 4. *dial.* Kennzeichen, Merkmal *n* *işaret, marka

bellisiz s. **belirsiz**

bellisizlik 1. Unbekanntsein *n* *meçhuliyet 2. Ungewiß-, Unbestimmt-, Nichtfestumrissen-sein *n* *gayri muayyeniyet 3. Unklarheit, Undeutlichkeit *f*, verschwommene Darstellung *od.* Ausdrucksweise *müphemiyet

bello boçka s. **Karadeniz yunusbalığı**

belone [·×·] s. **zargana**

belot, -tu (*franz.* **belote**) Name e–s Ka.

Belönü s. **Ağlasun**

belsem s. **pelesenk**

belsiz ohne Taille bzw. Gabel (s. **bel** I, II)

belsoğukluğu, -nu *med.* Tripper *m*, Gonorrhöe *f* *seyelânı muhatî **-una uğratmak** (bir sözü, bir işi) *V* durch unangebrachte Einmischung den natürlichen Ablauf von et. hemmen (z. B. j–m ins Wort fallen)

beltrame *Th. (commedia dell'arte)* Person, die alles Gesagte falsch versteht
belûce *Ch.* hübsch, nett, schön
Beluciler s. **Beluçlar**
Belucistan *n.pr.* Belutschistan
Beluçlar *n.pr.* Belutschen *pl.*
belûm *an.* Schlund(-kopf), Pharynx *m* *yutak
belût, -tu *va.* 1. s. **meşe** 2. s. **palamut** (II, 2)
belûtiye *va.* s. **palamut(lu)lar**
belvedere [··×·] Aussichtsterrasse *f* u. ä. s. **bellavista**
belvü (*franz.* **belle vue**) s. **bellavista**
bema *(griech.)* Bema *n* (erhöhter Platz in e–r Synagoge *od.* e–r griech. Kirche)
bembeyaz [×··] schnee-, blüten-weiß *apak ~ **etmek** gründlich reinigen ~ **kesilmek** (*od.* ~ **olmak**) ganz blaß werden (z. B. vor Schrecken)
bemol, -lü (*franz.* **bémol**) *mus.* 1. Erniedrigungszeichen *n,* Vorzeichnung *f* (b) (*ant.* diyez) 2. der so erniedrigte Ton Zu 2: **mi** ~ (der Ton) es; **si** ~ (der Ton) b
bemolize *mus.* s. **bemollü;** ~ **etmek** s. **bemollemek**
bemollemek *mus.* das Erniedrigungszeichen setzen (vor e–e Note)
bemollü *mus.* mit Erniedrigungszeichen (der Vorzeichnung [b]) versehen; erniedrigt (*ant.* diyezli)
ben (I) 1. ich 2. *psych., phil.* Ich *n* *ene ~ ~ **demek** nur an sich selbst denken ~ **benci** 1. egoistisch, egozentrisch 2. arrogant, eingebildet ≗ **öldükten sonra, taş taş üstünde kalmasın!** Nach mir die Sintflut! (Après moi, le déluge!) ≗ **sana hayran, sen cama tırman.** (Ra., deren Inhaltslosigkeit e–e Absurdität, romantische Verstiegenheit u. ä. m. zum Ausdruck bringt) ≗ **şahımı bu kadar severim.** 1. Das ist alles, was ich tun kann (*scil.* ohne mich selbst zu gefährden). 2. So weit geht die Liebe nicht! ≗ **yoğum.** 1. Ich bin nicht da. 2. *gel. a.* Ich befasse mich nicht damit. Zu 2: **Öyle bir iş çıkarsa, bana bakmayın, ben yoğum.** Wenn so etwas eintritt, rechnen Sie (bitte) nicht mit mir; ich will damit nichts zu tun haben. ~ **yaşta** in meinem Alter **-im** s. ges. Stw.
ben (II) Leber-, Schönheits-fleck *m,* Pigmentmal *n,* Sprenkel *m* ~ **düşmek** dunkel werden; reifen (Trauben)
ben (III) *dial.* Köder *m,* Lockspeise *f*
ben (IV) **ağacı** s. **banağacı**
ben (V) (*franz.* **bain**) (nur in Zss. wie **benmari, şofben**) Bad *n*
benam [·–] *va.* namhaft, bekannt, berühmt *meşhur, şöhretli, ünlü
benat, -tı [·–] (*va. Pl.* zu *ar.* **bint**) Töchter *pl.* **-ı Havva** Evastöchter *pl.*
bence meiner Meinung nach, meines Erachtens
benci(-lik) s. **bencil(-lik)**
bencik ich armer Kerl; das arme Ich
bencikli ayva *reg. (Izmir)* e–e gefleckte Quittenart
bencil 1. egoistisch, selbstsüchtig *hodbin, hodkâm 2. Anhänger *m* des phil. Egoismus
bencileyin wie ich
bencilleşmek sich egoistisch erweisen
bencillik, -iği 1. Egoismus *m,* Selbstsucht *f* 2. Egotismus *m* **-ten silkinmek** seinen Egoismus ablegen
benç, -ci s. **banotu**
bende (I) [·×] Lok. zu **ben** (I). ≗ **... var.** Ich habe ... (bei mir). **Bu akşam -siniz çocuklar!** Jungens, heute abend seid ihr meine Gäste!
bende (II) [×·] *va.* Diener, Sklave *m* *köle, kul **-niz** (langsam veraltende Besch.) „Ihr Diener", meine Wenigkeit, ich ~ **cennet kuşu** ich armer Tropf **-i kemterin** *va. osm. Besch.* (Ihr unwürdiger Diener) = Ihr sehr ergebener ...
bendegân (*va. Pl.* zu **bende** (II)) *fr.* Diener *pl.* des Sultans
bendegi [ī] *va.* Sklaverei, Knechtschaft *f*
bendeğil *phil.* Nicht-Ich, Fremd-Ich *n* *benolmayan, lâene
bendehane [ā] *va. osm. Besch.* „das Haus Ihres Dieners", meine bescheidene Behausung, meine Wohnung
benden Abl. zu **ben** (I). ≗ **de al o kadar!** Ich bin der gleichen Meinung. ≗ **günah gitti.** Ich wasche meine Hände in Unschuld.
bender *va.* 1. Seehafen *m* 2. Handelsstadt *f* 3. Ankerplatz *m* 4. ≗ *n.pr.* Stadt in Bessarabien
benderek, -eği *z. va.* 1. kleinerer Handelshafen (mit Festungsanlagen) 2. s. **mendirek**
Benedikten Benediktiner *m* ~ **tarikatı** Benediktinerorden *m*
Benediktin 1. Benediktinerin *f* 2. ≗ Benediktinerlikör *m*
benefsenciye *va.* s. **menekşegiller**
benefşe *va.* s. **menekşe**
benefşevî; benefşî *va.* violett
benek, -eği 1. (kleinerer) Fleck(-en), Sprenkel, Tupfen *m,* Tüpfelchen, Pünktchen *n* *leke, nokta 2. Gold- *od.* Silber-stickerei auf Atlasseide 3. nicht-lupenreine Stelle (*spez.* in Brillanten) *sinek ~ ~ 1. gesprenkelt, getüpfelt 2. *fig. (Personen)* in kleineren Gruppen ~ **bulgurcukları** *astr.* Sonnenfackeln, Lichtflecken *pl.* ~ **çiçeği** Fleckenblume *f bot.* Acmella *kılıç otu ~ **düşmek** s. **ben** (II) **düşmek;** ~ **sakal** Fliege *f* (Barttracht)
beneklemek tüpfeln, sprenkeln
beneklenmek 1. getüpfelt, gesprenkelt werden 2. fleckig werden (z. B. Bild)
benekli gefleckt, gesprenkelt, getüpfelt ~ **ballıbaba** gefleckte Taubnessel *bot.* Lamium maculatum ~ **çayır mantarı** Pantherpilz *m bot.* Amanita pantherina ~ **hani** Beutelbarsch *m zo.* Serranus hepatus ~ **hintkamışı** Rotangpalme *f,* spanisches Rohr *bot.* Calamus Rotang ~ **ısırgan** s. ~ **ballıbaba;** ~ **kertenkele** Perleidechse *f zo.* Lacerta lepida ~ **kırlangıçbalığı** grauer Knurrhahn *zo.* Trigla gurnardus ~ **kokarca** Tigeriltis *m zo.* Vormela peregusna (Balkan) *alaca kokarca ~ **köpekbalığı** s. **küçük kedibalığı;** ~ **kuskus** Kuskus *m zo.* Phalanger orientalis ~ **lâle** Schachblume *f bot.* Fritillaria meleagris ~ **semender** gefleckter Erdsalamander *zo.* Salamandra maculosa ~ **sırtlan** Tüpfelhyäne *f zo.* Hyaena crocuta; s. a. **dört** ~
beneksiz nicht gefleckt, nicht gesprenkelt, ohne Punkte
Benelüks *n.pr.* Benelux(-staaten *pl.*) *f*
beneviş s. **meneviş**
beng s. **banotu**
Bengal *n.pr.* Bengalen ~ **ateşi** (*od.* **alevi**) bengalisches Feuer ~ **incir ağacı** s. **banyan ağacı**
Bengallı 1. Bengal-e *m,* -in *f* 2. bengalisch
bengalov s. **bungalov**
bengi (I) ewig *ebedî
bengi (II) ein Volkstanz (*spez.* in Balıkesir)
bengile(ştir)mek verewigen *ebedîleştirmek
bengilik 1. Ewigkeit *ebet, ebediyet 2. Unsterblichkeit *f* *ölmezlik 3. endlos lange Zeit 4. s. **banotu** (2); ~ **otu** s. **kara tatula**
bengisu, -yu Lebens-wasser, -elixier *n* *abıhayat
beni (I) Akk. zu **ben** (I) mich ≗ **gör!** *V* Ich bekomm' auch etwas davon ab! (bei unrechtem Spielgewinn) ≗ **sokmayan yılan bin yıl yaşasın!** *Spr.* Eine Schlange, die mich nicht sticht, kann von mir aus tausend Jahre leben! ≗ **tilki yiyeceğine aslan yesin!** *Spr.* Wenn ich schon umkommen soll, dann soll mich wenigstens ein (edler) Löwe fressen, nicht aber ein (gemeiner) Fuchs!
beni (II) [·–] *Pl.* zu *ar.* **ib(i)n** Söhne *pl.* ~ **beşer** Menschen(-geschlecht *n*) *pl.,* Menschheit *f* ~ **İsrail** Kinder Israel, Israeliten, Juden *pl.* *İsrailoğulları ~ **nevi** Mitmenschen *pl.,* Nächste *m* ~ **Ümeyye** *va.* Omaijaden *pl.* *Emevîler

beniâdem Adamskinder, Menschen *pl.*
beniçincilik egozentrisches Denken; Egozentrik, Ich-Befangenheit *f* *benmerkezcilik, egosantrizm, lil'eneiye
benim 1. [×·] Ich bin (es). 2. [·×] Gen. zu **ben** (I) a) meiner b) mein(-e) Zu 1: ~ **diyen** irgendein-, erstbest-, x-beliebig *değme; olur olmaz ≗ **diyen adam bu işi yapamaz.** Das bringt nicht jeder x-beliebige fertig. Zu 2: ≗ **var.** Ich habe, besitze. ~ **için** für mich ~ **tarafımdan** meinerseits, von mir (aus) **Bu hikâye** ~ **değildir.** Diese Geschichte stammt nicht von mir. *F* Diese Geschichte ist nicht auf meinem Mist gewachsen. ≗ **başım kel mi?** *fig.* Gehöre ich vielleicht nicht mehr dazu? Bekomme ich denn nichts ab? ≗ **başıma gelen pişmiş tavuğun başına gelmedi!** Du glaubst nicht, was ich alles habe durchmachen müssen! ≗ **oğlum bina okur, döner döner yine okur.** (*spr. Ra.* für ein erfolgloses Bemühen *od.* ein ewiges Wiederholen)
benimki meinige *m, f, n* **-ler** die Mein(ig)en, meine Angehörigen *pl.*
benimsemek (m. Akk.) 1. sich et. (Fremdes) aneignen, et. übernehmen, sich zu eigen machen *tesahup etmek 2. et. liebgewinnen und sich damit verwachsen fühlen 3. annehmen, zustimmen *kabul etmek, muvafık bulmak 4. für sich in Anspruch nehmen *sahip çıkmak
benivar *Th.* s. benyuvar
beniz, -nzi Gesichtsfarbe *f*, Aussehen *n* ~ **solgunluğu** blasse Gesichtsfarbe; Blässe *f* **-i atmak (ağarmak, uçmak)** sich verfärben, bleich (blaß) werden, erbleichen, erblassen **-i bozuk** von ungesundem Aussehen, kränklich aussehend **-i bozulmak** (*od.* **solmak**) bleich werden, ein kränkliches Aussehen bekommen **-i kül gibi olmak** aschfahl (im Gesicht) werden **-i sararmak** (*od.* **sararıp solmak**) ganz blaß werden; alle Farbe verlieren ≗**inde kan kalmamış.** Er wurde totenbleich (vor Angst usw.). 2. Er sieht recht schlecht aus. **-ine kan gelmek** s. **yüzüne kan gelmek**
benizli mit nb. Gesichtsfarbe s. **saz** ~
benizsiz *selt.* bleich; kränklich aussehend
benjuven (*franz.* **benjoin**) Benzoe(-harz *n*) *f* *aselbent
benk, -gi s. **banotu**
benkiye s. **suibriğigiller**
benli (I) s. **senli benli**
benli (II) mit Leberflecken, Pigmentmalen ~ **benek** mit Flecken übersät (*spez.* Gesicht)
benlik, -iği 1. (eigenes) Ich, Ego *n* 2. *mel.* persönliche Note, Persönlichkeit *f*; Eigenständigkeit *f* (z.B. e–r Sprache) 3. *pej.* Überheblichkeit, Selbstüberschätzung, Anmaßung, Arroganz *f* ~ **davası** Ich-Betontheit *f*, Egotismus *m*, Egozentrik *f* ~ **davası güden** s. **benlikçi;** ~ **davasında olmak** egozentrisch denken und handeln ~ **ikileşmesi** *psych.* Spaltung *f* des Ich-Bewußtseins, Doppel-Ich *n* *tezaufu şahsiyet ~ **sahibi kimse** ausgeprägte Persönlichkeit ~ **üstü otorite** *psych.* Über-Ich *n* (Freud) ~ **yitimi** *psych.* Schwund *m* des Ich-Bewußtseins *zıyaı şahsiyet **-inden çıkmak** nichts mehr von seinem früheren Menschen an sich haben; sich völlig ändern
benlikçi Egozentriker, Egotist *m*
benlikçilik *phil.* Egotismus *m*, Eigenliebe *f* *egotizm, fartı enaniyet
benmari s. **su banyosu**
benmerkezcilik s. **beniçincilik**
benolmayan *phil.* s. **bendeğil**
bensiz 1. ohne mich, ohne meine Hilfe 2. ohne Leberflekken (s. **ben** II)
bent, -di (2–8 *va. od. z. va.*) 1. Staudamm *m*, Talsperre *f* *baraj 2. Band *n*, Fessel *f*, *a.* Seil *n* 3. Knoten *m* *spez.* verzierter Trennungsknoten in e–r Gebetskette 4. Pfand *n od.* Geisel *f* 5. Gelenk *n* 6. *(Ringen)* listiger Griff 7. (in älteren Gesetzen) a) Kapitel *n*, Abschnitt *m* b) Absatz *m* 8. Zeitungsartikel *m* *makale 9. *lit.* Gedichtstrophe *f* 10. *lit.* Doppelvers *m*, der in den Gedichtformen **terkibibent** und **terciibent** auf **terkiphane** bzw. **tercihane** folgt ~ **etmek** *va.* 1. binden, befestigen 2. *fig.* (k–ne) anziehen, fesseln, bestricken, bezaubern ≗**imi çiğner aşarım!** Jetzt hält mich nichts mehr zurück!
-bent, -di *pers. Sx.* 1. bindend 2. gebunden
benyuvar (*franz.* **baignoire**) 1. Badewanne *f* 2. *Th.* Parkettloge *f*
benzek 1. s. **taklit** 2. s. **pastiş** 3. s. **nazire**
benzemek (m. Dat.) 1. Ähnlichkeit haben (mit), ähneln, gleichen; erinnern, denken lassen (an) 2. den Anschein erwecken, e–n best. Eindruck machen, aussehen (nach), scheinen 3. *iron.* ruiniert (*F* verkorkst) werden Zu 1: **Bu adam kardeşime benziyor.** Der Mann hier sieht meinem Bruder ähnlich. Zu 2: **Bu çocuk akıllı bir şeye benziyor.** Der Junge macht einen recht intelligenten Eindruck. **Bir şeye benzemiyor.** 1. Es sieht nach nichts aus. 2. Es kommt wohl nichts dabei heraus. **Ümide kesmişe benziyor.** Es sieht so aus, als ob er alle Hoffnung aufgegeben hätte. **İşte şimdi bir şeye benzedi!** Jetzt sieht es erst nach etwas aus! **Topçu düellosu gittikçe vahimleşeceğe benziyor.** Das Artillerieduell scheint sich allmählich zu verschärfen. Zu 3: **İşte şimdi tam benzedi!** Jetzt ist die Sache ganz verkorkst!
benzemez ungleich, verschieden
benzer 1. *a. math.* ähnlich *müşabih 2. Pendant, Gegenstück, Ebenbild *n* Zu 1: **bu kumaşın -i** ein ähnlicher Stoff wie der hier **ve buna** ~ **şeyler** und dergleichen mehr ~ **hece yutumu** *ling.* Silbenschichtung *f*, syllabische Superposition ~ **minör gam** *mus.* zugehörige Molltonart **-i bulunabilen şeyler** *jur.* s. **mislî eşya; -i bulunamayan nesneler** *jur.* s. **kıyemî eşya; -i yok** ohnegleichen; einzig in seiner Art **-ini yapmak** nachahmen
benzerkanatlılar s. **eşkanatlılar**
benzerli: ~ **nesneler** *jur.* s. **mislî eşya**
benzerlik 1. Ähnlichkeit *f* *müşabehet, teşabüh 2. s. **mimikri;** ~ **teoremi** *math.* Ähnlichkeitssatz *m*
benzersiz ohnegleichen; einzig in seiner Art *yekta ~ **nesneler** *jur.* s. **kıyemî eşya**
benzeş ähnlich, gleichartig *müşabih
benzeşen *ling.* assimiliert (Laut)
benzeşik *biol.* s. **homolog**
benzeşim 1. Ähnlichkeit *f* *müşabehet, mümaselet 2. s. **benzeşme**
benzeşimli ähnlich klingend (Wörter)
benzeşleme *stil.* Paronomasie *f*
benzeşlik *phil.* Ähnlichkeit *f* *müşabehet
benzeşme *ling., med.* Assimilation *f* *özümleme, temsil ~ **kanunu** *med.* Ähnlichkeitsgesetz *n* (Hahnemann)
benzeşmek sich (einander) angleichen, sich assimilieren
benzeşmezlik 1. Unähnlichkeit *f* (z.B. von Stimmen) 2. *ling.* Dissimilation *f* *ayrışım (z.B. muşamma > muşamba)
benzet, -ti Nachahmung *f* *taklit
benzeti 1. *stil.* Vergleich *m* *teşbih 2. Nachbildung, Kopie *f* ~ **ressamı** Kopist *m* (von Gemälden)
benzetici *astr.* Simulator *m* *simülatör ~ **ressam** *(Malerei)* betrügerischer Nachahmer
benzetilen 1. verglichen 2. *stil.* e–m Vergleich unterliegend; verglichener Gegenstand *müşebbeh
benzetiş s. **benzetme**
benzetlemek nachahmen *taklit etmek
benzetme Vs. zu **benzetmek:** 1. *stil.* Vergleich *m* *teşbih 2. nachgeahmt, gefälscht 3. s. **pastiş** 4. *selt.* s. **analoji;** ~ **edatı** *stil.* Vergleichs-partikel *f*, -suffix *n* *edatı (*od.* vasıtai) teşbih ~ **öğeleri** *stil.* Bestandteile *pl.* e–s Vergleichs (nämlich **benzetilen, benzetmelik, benzetme yönü** und

benzetme edatı) *erkânı teşbih ~ **yönü** *stil.* Tertium comparationis *n,* Vergleichspunkt *m* *veçhi şebeh
benzetmek 1. abstimmen (in der Farbe); ähnlich machen, anähneln; nach-ahmen, -machen 2. Ähnlichkeit finden (bei); vergleichen (mit) 3. sich in e–r Person irren; j–n verwechseln mit, halten (für) 4. ruinieren, kaputtmachen 5. (bşe) et. wieder in Ordnung bringen (so daß es „nach et. aussieht") 6. *F* durchhauen, verprügeln Zu 2: **Karşıdaki adamı birdenbire amcama benzettim.** Ich hätte geradezu gemeint, mein Onkel säße mir gegenüber. Zu 4: **Çocuk, oyuncağını benzetti.** Das Kind hat sein Spielzeug kaputtgemacht. ≗ **gibi olmasın!** Ich will keinen (unangebrachten) Vergleich ziehen!
benzetmelik zum Vergleich dienend *müşebbehünbih
benzeyiş Ähneln, Ähnlichsein *n,* Ähnlichkeit *f*
benzin Benzin *n F* Sprit *m* ~ **almak** tanken (Auto) ~ **bidonu** Benzinkanister *m* ~ **borusu** Benzinleitung *f* ~ **çakmağı** Benzinfeuerzeug *n* ~ **deposu** 1. Benzinlager *n* 2. Tankstelle *f* 3. Benzin-behälter, -tank *m* ~ **fıkdanı** Benzinmangel *m;* ~ **göstergesi** Benzin-, Treibstoff-uhr *f* ~ **istasyonu** Tankstelle *f* ~ **karnesi** Benzingutscheinheft *n* ~ **memesi** Benzindüse *f* ~ **sarfiyatı** Benzinverbrauch *m* ~ **sarnıcı** Benzintank *m* ~ **tenekesi** Benzinkanister *m* ~ **tiketi** Benzingutschein *m* (für Touristen) *yakıt kartı
benzinci Benzinverkäufer, Tank(stellen)wart *m*
benzinli mit Benzin getrieben (versehen, gefüllt usw.) ~ **çakmak** Benzinfeuerzeug *n*
benzol Benzol *n*
benzuvat, -tı *chem.* Benzoat *n* ~ **dö sut** *chem.* Natriumbenzoat *n*
ber, -rri *va.* s. **anakara**
ber- *pers. Präp.* auf, in, gemäß
-ber *pers. Sx.* 1. tragend 2. ausführend
beraat, -tı 1. Freigesprochenwerden *n,* Freispruch *m* 2. Entlastung *f* ~ **etmek** 1. freigesprochen werden 2. Entlastung erteilt bekommen, entlastet werden ~ **ettirmek** 1. freisprechen 2. entlasten ~ **kararı** *jur.* Freispruch *m* ~ **kazanmak** 1. freigesprochen werden 2. als unbelastet (unschuldig) hervorgehen ≗**ına karar verildi.** Das Urteil lautete auf Freispruch. **-ı istihlâl** *(in der älteren Lit.)* zum Thema passende Einleitungsworte *pl.* *hüsnüiptida **-ı zimmet** Freisein *n* von Verpflichtung, Verantwortung *od.* Schuld *spez.* Schuldlosigkeit *f* ≗**ı zimmet asıldır.** Ein Angeklagter gilt so lange als schuldlos, bis seine Schuld erwiesen ist.
beraber [ā] 1. gemeinsam, zusammen 2. gleichstehend, auf gleicher Höhe, Seite an Seite 3. Begleitung *f* *eşlik, refakat Zu 1: s. **ile** ~ Zu 2: s. a. **yerle** ~; ≗ **al!** Takt halten! (beim Rudern) ~ **kalmak** unentschieden enden (z. B. Spiel) ~ **olmak** 1. (tamamivle) sich in voller Übereinstimmung befinden (z. B. Politik zweier Länder) 2. (yerle) dem Erdboden gleichgemacht werden (bzw. sein) **-e bitmek** *(Sport, Spiel)* unentschieden, remis enden **-e kalmak** *(Sport, Spiel)* gleichstehen, die gleiche Punktzahl erzielen, sich unentschieden trennen **-inde** bei sich (z. B. tragen), mit sich (z. B. führen, nehmen, bringen) (yapmakla, olmakla); ~ s. **ile** ~
beraberce [ā] zusammen, gemeinsam ~ **düşüp kalkacak kadar dost olmak** unzertrennliche Freunde sein
beraberlemek ausrichten; auf die gleiche Linie bringen (z. B. Steine *od.* Ziegel bei dem Bau e–r Mauer)
beraberlik [ā] **-iği** 1. Zusammensein *n,* Gemeinschaft *f* 2. Zusammenarbeit, Solidarität *f* 3. unentschiedener Stand *od.* Ausgang, Gleichstand, Ausgleich *m,* Remis *n,* totes Rennen 4. Einheitlichkeit, Geschlossenheit *f* ~ **golü** *Fb.* Ausgleichstor *n* ~ **müziği** Ensemblemusik *f* (im Ggs. zu Solistenmusik) **-i sağlamak** *Fb.* Gleichstand erzielen **-le bitmek** unentschieden enden, remis ausgehen (Wettkampf)
beraet, -ti s. **beraat, -tı**
berat, -tı Bestallungs-brief *m,* -schreiben *n,* Verleihungsurkunde *f,* Patent *n* ≗ **gecesi** (*od.* **kandili**) (*va.*: **Leylei Berat**) die Nacht der Berufung Mohammeds zum Propheten (die Nacht vom 14./15. Şaban; isl. Fest)
beratlı mit Bestallungsbrief *od.* Patent; bestallt *bitili
beray [ā] für, zu, zwecks (in *va. pers.* Füg. wie): **-ı hatır** aus Gefälligkeit **-ı ihtiyat** vorsorglicherweise **-ı muhafaza** (b–ni) zum Schutz (von) **-ı tebdili hava** zur Luftveränderung **-ı tebliğ** als öffentliche Bekanntmachung **-ı teftiş** zur Inspektion
beraya [·––] *va.* 1. Leute *pl.,* Volk 2. *(vor der Tanzimatzeit)* Staatsbürger *pl.* isl. Religion im Osm. Reich (*ant.* reaya)
berbat, -tı [·–] 1. schmutzig, unsauber 2. schlecht, verdorben, häßlich, übel, *F* miserabel 3. ohne alle Ordnung, ungepflegt, verwahrlost ~ **etmek** 1. beschmutzen, besudeln, verunreinigen 2. vollkommen verderben, *V* verhunzen, *V* versauen 3. vollkommen durcheinander bringen 4. *selt.* schänden, deflorieren (Mädchen)
berbatlık 1. schmutziger *od.* miserabler Zustand 2. völliges Durcheinander
berber 1. (Herren-, Damen-)Frisör *m,* Frisörgeschäft *n* Zu 1: s. **erkek (kadın) -i;** ~ **salonu** Friseurladen *m,* Frisiersalon *m*
berberbalığı, -nı Rötling *m zo.* Serranus anthias
Berberî 1. Berber(-in *f*) *m* 2. berberisch
Berberîce Sprache *f* der Berber; Berberisch(-e) *n*
Berberistan *n.pr. va.* Berberei *f* (Küstenländer des westl. Nordafrika) ~ **ördeği** s. **mis ördeği**
berberlik Friseurgewerbe *n* ~ **etmek** das Friseurgewerbe ausüben
berbermaymunu, -nu Berberaffe *m zo.* Macaca silvana *mago
berceste *va.* auserlesen, von besonderer Schönheit
berd *va.* Kälte *f* *soğuk **-i acuz** s. **berdelacuz**
berdar [ā] *va.* gehängt, aufgeknüpft (am Galgen) ~ **etmek** hängen, aufknüpfen
berdelacuz [ū] s. **kocakarı soğuğu**
berdevam [ā] dauernd **yapmakta** ~ **olmak** dauernd tun
berduş [ū] *va.* auf den Schultern; s. **haneberduş**
bere (I) 1. brauner *od.* blauer Flecken auf der Haut (von Prellungen *od.* Quetschungen) 2. leichte Hautabschürfung, Prellung *od.* Quetschung *f*
bere (II) (*franz.* **béret**) Baskenmütze *f*
berefşan [ā] e–e Taktart in der türk. Musik
bereket, -ti 1. reichliches Vorhandensein; Überfluß *m,* großer Reichtum; Fruchtbarkeit *f,* Segen *m* (Gottes) 2. *P* Regen *m* s. a. **bet bereket;** ~ **boynuzu** *myth., arch.* Füllhorn *n* *gürlük boynuzu ~ **parası** Heckpfennig *m* ≗ **versin!** 1. (Dank e–s Verkäufers bei Erhalt des Kaufgeldes *od.* e–s Bettlers bei Erhalt e–s Almosens) Möge es Segen bringen! Wohl bekomm's! Vielen Dank! 2. (*a.* ≗ **versin(ki)** *od.* ≗ **ki**) Gott sei Dank, glücklicherweise ≗**i içindedir.** (Anerkennung e–s kleineren Verdienstes) (Es ist zwar wenig, aber) es liegt Segen darin!
bereketli 1. segensreich, gesegnet 2. reichlich, ergiebig, fruchtbar ~ **mahsul** reicher Ertrag ≗ **ola** (*od.* **olsun!**) 1. Wohl bekomm's! Guten Appetit! 2. Möge es ergiebig sein (*scil.* das Obst, das Sie gerade pflücken)!
bereketsiz 1. des Segens ermangelnd 2. sich nicht vermehrend, unfruchtbar 3. nicht ergiebig *od.* nicht dauerhaft
bereketsizlik 1. Ermangelung *f* des Segens 2. geringe Ergiebigkeit; Unfruchtbarkeit *f*
berelemek 1. braune und blaue Flecken verursachen (Schlag, Tritt, Prellung usw.) 2. e–e leichte Hautab-

schürfung (Prellung, Quetschung) hervorrufen; wundreiben, -kratzen
berelenmek Pass. *od.* Refl. zu **berelemek. Yüzü berelenmiştir.** Er trug im Gesicht leichte Abschürfungen davon.
bereli 1. mit braunen und blauen Flecken 2. mit leichten Abschürfungen (Prellungen, Quetschungen); wund-gerieben, -gekratzt 3. mit Baskenmütze
Berenis'in saçı *astr.* Haar *n* der Berenike (Sternbild)
bereotu, -nu *bot.* s. **altınkamışı**
beretta [·×·] Beretta-Pistole *f*
Bergama *n.pr.* Bergama, Pergamon (Stadt u. gln. D. im Rbz. İzmir)
bergamo (*a.* ~ **pamuklusu**) ein grober Woll- *od.* Baumwoll-stoff
bergamot, -tu (ağacı) 1. Bergamotte *f bot.* Citrus aurantium var. bergamia 2. s. **bey armudu;** ~ **şekeri** Bonbons *pl.* mit Bergamottgeschmack ~ **yağı** Bergamottöl *n*
bergen e–e best. Art des Dominospiels
bergüzar [ā] *va.* 1. Gedenken *n,* Erinnerung *f,* Denkmal *n* 2. Geschenk, Erinnerungszeichen, Andenken *n*
berhane s. **barhana**
berhava [··–] 1. in die Luft gesprengt 2. zerstört, vernichtet 3. fehlgeschlagen, mißlungen ~ **etmek** 1. in die Luft fliegen lassen; sprengen 2. zerstören, vernichten, unbrauchbar machen ~ **olmak** 1. in die Luft fliegen, gesprengt werden 2. zerstört (vernichtet, unbrauchbar gemacht) werden 3. ergebnislos verlaufen, fehlschlagen, mißlingen, nutzlos verpuffen *boşa gitmek
berhayat *va.* am Leben; gesund
berhu(r)dar [ā] wer die Frucht seiner Mühen erntet oder den Lohn für e–e gute Tat erhält; erfolgreich, gesegnet, glücklich ꠰ **ol!** (Segenswunsch e–s Älteren *od.* Höherstehenden): Gottes (weiterer) Segen über dich!
berhu(r)darlık [ā] *selt.* Segen *m,* Glück *n*
beri 1. dem Betrachter *od.* Sprecher nächstgelegen (Ort, Seite, Gegend usw.) 2. diesseitig 3. hierher, hier herüber, näher 4. *(Pp. m. Abl.)* seit, von ... an, von ... aus (gerechnet) Zu 1: **Biraz -ye gel!** Komm etwas näher! **꠰den geç!** a) Komm und geh hier weiter! b) Geh hinüber! Zu 2: **suyun** ~ **yakası** das diesseitige Ufer Zu 3: ꠰ **gel!** Komm hierher! Zu 4: **harpten** ~ seit dem Krieg **Istanbul'dan** ~ von Istanbul aus gerechnet
berî (m. Abl.) *va.* 1. frei(-gesprochen), befreit (von) 2. weit entfernt (von)
beria [ī] 1. *va.* von erlesener Schönheit (Frau, Mädchen) 2. *va.* Geliebte *f* 3. ꠰ [×··] *wV*
beriberi [··×·] **hastalığı** Beriberi(-krankheit) *f*
beriki, -ni 1. diesseitig 2. hier in der Nähe befindlich; dieser (diese, dieses) hier 3. der andere *diğeri, öbürü
beril *min.* Beryll *m*
berilyum [·×·] *chem.* Beryllium *n*
berit, -di *va.* Bote, Melder *m* *ulak
berjer (*a.* ~ **koltuk**) Bergere *f,* gepolsterter Lehnstuhl
berk (I), **-kı** *va.* Blitz *m* *yıldırım
berk (II), **-ki** *va.* Blatt *n* (e–r Pflanze) *yaprak
berk (III), **-ki** 1. fest, solide, widerstandsfähig *sağlam 2. hart, rauh, streng, derb, grob *haşin, katı, sert ~ **bağlamak** festbinden
Berka s. **Barka**
berkarar [··–] *z. va.* 1. fest, unbeweglich 2. festgegründet, dauerhaft, unveränderlich 3. nach dem Beschluß (von) ~ **olmak** andauern, weitergehen
berkelyum [·×·] Berkelium *n* (radioaktives Element)
berkemal [ā] *va.* in Ordnung; ausgezeichnet *yolunda; mükemmel
berkende s. **brigantin**
berkinmek; (berkitmek) s. **sağlamlaş(tır)mak**
berklik 1. s. **sağlamlık** 2. s. **sertlik**

berlam s. **barlam**
Berlin [×·] 1. *n.pr.* Berlin 2. ꠰ *fr.* Berline *f* (gedeckte, vierrädrige Reisekutsche) 3. ꠰ *fr.* ein polkaähnlicher Tanz im ²⁄₄-Takt
Berlinli 1. Berliner(-in *f*) *m* 2. aus Berlin stammend, berlin(er)isch
Bermekîler *n.pr. hist.* Barmakiden *pl.* (zur Zeit von Harun al Raschid)
berminvali [ā] **muharrer** *va.* wie oben erwähnt
bermucip [ū]; **bermuktaza** [···–] nach, gemäß, auf Grund von (in *va.* Füg. wie:) **bermucibi karar** beschlußgemäß, **bermuktazayı emir** befehlsgemäß
bermuda Bermuda-Shorts *pl.*
bermurat, -dı [ā] *va.* wer sein Ziel erreicht ~ **olmak** sein Ziel erreichen *muradına ermek
bermutat, -dı [×––] wie üblich (gewöhnlich, meistens)
berrak, -kı *od.* **-ğı** [ā] (kristall-)klar, durchsichtig, hell
berraklaşmak (kristall-)klar (durchsichtig, hell) werden
berraklık [ā] Kristallklarheit, Durchsichtigkeit *f*
berren [×·] *va. Adv.* zu Land, auf dem Landweg
berrî *va.* das Festland betreffend, Festland-, Land-, kontinental *karasal, kıtasal, kitavî ~ **teşekkül** s. **karasal oluşuk**
berriye *va.* Wüste *f* *çöl
bersöz *mus.* Berceuse *f,* Wiegenlied *n*
berş *va.* Latwerge *f* aus Hanfblättern, Opium u. Sirup
Berşavuş *va.* s. **Perse**
bertaraf 1. zur Seite gelegt, weggestellt, aus dem Weg geräumt, beseitigt, beiseite 2. ausgenommen; abgesehen (von), bis auf Zu 1: **Latife ~!** Scherz beiseite! Zu 2: **bir iki memleket** ~ bis auf ein paar Länder ~ **etmek** beseitigen, aus dem Weg räumen ~ **olmak** 1. Pass. zu ~ **etmek** 2. verschwinden, aufhören
Bertha 1. Dicke Bertha (42-Zentimeter-Mörser des I. Weltkriegs) 2. Lange Bertha; Langrohrgeschütz *n,* schweres Ferngeschütz (des II. Weltkriegs)
bertik *dial.* 1. s. **incinmiş** 2. s. **bere**
berti(k)mek *dial.* 1. s. **incinmek** 2. s. **berelenmek** 3. s. **morarmak**
Berut s. **Beyrut**
berveçhi- (in *va.* Füg.:) wie; auf Art und Weise (von) **-ati** wie folgt, in folgender Weise **-balâ** wie oben angegeben (dargelegt, ausgeführt, erwähnt) **-matlup** wie gewünscht; weisungsgemäß **-mezkûr** wie erwähnt **-muharrer** wie oben angegeben **-peşin** im voraus **-zir** wie unten angegeben (dargelegt, ausgeführt)
berzah 1. Zwischen-raum *m,* -zeit *f* 2. Landenge *f,* Isthmus *m* *kıstak 3. *fig.* Abgrund *m* 4. *isl. Myth.* Ort und Zeit zwischen Tod und Auferstehung 5. *fig.* Ort *m* der Qualen, Zustand *m* der Pein; *(christl.)* Fegefeuer *n*
bes *va.* 1. genügend, ausreichend *kâfi 2. viel *çok
besa [×·] *(albanisch)* Abmachung *f,* Abkommen *n,* Waffenstillstand *m,* Zusage *f* (z.B. Ehrenwort *n*), Vertrag *m;* s.a. **Arnavut -sı**
besalet, -ti [ā] *va.* Mut *m,* Tapferkeit *f* *şecaat, yiğitlik
besaletli [ā] *va.* mutig, tapfer
Besarabya [··×·] *n.pr.* Bessarabien
Besarabyalı 1. Bessarabier(-in *f*) *m* 2. bessarabisch
besarye *naut.* Pfahl, an dem die großen Schnüre e–r Ringwade **(dalyan)** befestigt sind
besatet, -ti [ā] *va.* Einfachheit, Unkompliziertheit, Simplizität *f* *basitlik, yalınçlık
besbedava [×···] 1. völlig umsonst, ohne alle Kosten 2. spottbillig
besbelli [×··] 1. absolut bekannt 2. ganz klar, sehr deutlich 3. ohne allen Zweifel, ganz bestimmt, vollkommen sicher 4. *Adv.* allem Anschein nach

besbeter [×··] 1. noch schlechter, noch übler 2. ganz besonders schlimm
besbol s. **beysbol**
beselemek s. Stw. **eselemek**
Besemer *n.pr.* Bessemer (engl. Ingenieur des 19. Jhdts.) ~ **ameliyesi** Bessemerprozeß *m* ~ **çeliği** Bessemerstahl *m* ~ **konvertörü** (*od.* **muhavvilesi**) Bessemerbirne *f*
besermek s. Stw. **esermek**
besi 1. Ernährung *f* *tagaddi, tağdiye 2. Mast(-weide) *f* 3. Stütz- *od.* Feststell-vorrichtung, Unterlage *f; (beim Bau a.)* Knagge *f*, Kragstein *m* **-ye çekmek (almak, koymak)** 1. ernähren 2. mästen
besici Vieh-halter, -züchter *m*
besidoku *bot.* Endosperm *n* (Nährgewebe im Samenkorn) *endosperm, süveyda
besili 1. gemästet, dick, fett, wohlgenährt *semiz, semirtilmiş 2. *techn.* unterlegt 3. dickflüssig (Farbe) ~ **ateş** *mil.* anhaltendes Feuer
besim [ī] 1. *va.* (immer) lächelnd; freundlich, zuvorkommend 2. ♀ [×·] *mV*
besin Nahrung(-smittel *n*) *f* *gıda
besiözü, -nü s. **besidoku**
besisuyu, -nu *bot.* aufsteigender Saft *usare
beslek *dial.* s. **besleme** (2)
beslem s. **iaşe**
besleme 1. Vs. zu **beslemek** *spez.* Ernähren *n,* Unterhalt *m; mil.* Verpflegung *f* 2. gegen freie Verpflegung und Wohnung arbeitendes junges Dienstmädchen *spez.* angenommenes Kind; Pflegekind *n* *ahretlik 3. *techn.* Verstärkung, Unterlage *f* 4. *techn.* Zuführung, Speisung *f* (e–r Maschine) ~ **borusu** Zuführungsleitung *f*, Zuleitungsrohr *n* ~ (*a.* **kelbesleme**) **gibi** (*od.* ~ **kılıklı**) unvorteilhaft, ärmlich gekleidet (Mädchen) ~ **levhası** *techn.* Unterleg-scheibe, -platte *f* ~ **pompası** Zuführungspumpe *f*
beslemek 1. ernähren; zu ernähren *od.* zu versorgen haben 2. mästen *semirtmek 3. halten (z.B. Hühner); züchten 4. ausfüllen, ausstopfen, ausfüttern (Hohlraum) 5. *techn.* verstärken, unterlegen 6. *techn.* zuführen; speisen (Maschine); einführen (z.B. Papier in Schreibmaschine) 7. *fig.* hegen (Groll, Haß, Hoffnung, Absicht usw.) 8. im Sinn behalten; wachhalten (Erinnerung) **Besle kargayı oysun gözünü!** *Spr.* Undank ist der Welt Lohn. *Spr.* (*Vgl.* e–e Natter am Busen nähren)
beslenen *phys.* (an-)dauernd, stetig, fortgesetzt *devamlı, sönümsüz
beslengi *dial.* s. **besleme** (2)
beslenme Ernährung *f* *nütrisyon
beslenmek Pass. *od.* Refl. zu **beslemek. O, kendine beslenen ümitleri boşa çıkarmamıştır.** Die auf ihn gesetzten Hoffnungen hat er nicht enttäuscht.
besleyici (er-)nährend, nahrhaft
besleyiş Vs. zu **beslemek** *spez.* Ernährung *f*
besli s. **besili**
besmele 1. Name der isl. Einleitungsformel **bismillah irrahman irrahim** 2. *fig.* Anfang, Beginn *m* ~ **çekmek (demek, okumak)** 1. die Bismillah-Formel (vor Beginn e–r Arbeit) aussprechen 2. *fig.* e–e Arbeit beginnen ~ **görmüş şeytana dönmek** *V* große Angst bekommen; am ganzen Leibe zittern
besmelesiz *Schi.* Hurenkind *n,* Bastard *m*
Besni *n.pr.* Städtchen u. gln. D. im Rbz. Adıyaman
bespaye s. **kaya eğreltisi**
beste 1. *va.* gebunden, eingesperrt; verpflichtet 2. *mus.* Komposition, Vertonung, Melodie *f* (*Ggs.* Liedtext) ~ **bağlamak** s. **bestelemek**
bestebilim s. **bestecilik** (2)
besteci Komponist(-in *f*) *m* *kompozitör
bestecilik 1. Komponieren *n,* Komponistentätigkeit *f* 2. Kompositionslehre *f*
bestekâr(-lık) s. **besteci(-lik)**
bestelemek 1. komponieren, ein Musikstück schreiben 2. vertonen, in Musik setzen
besteli 1. komponiert 2. vertont, in Musik gesetzt
bestenigâr e–e melod. Weise in der türk. Musik
beş (I) 1. fünf 2. Zahl *f* Fünf 3. *V* s. ~ **yıldız** 4. vgl. **iki** (3); ~ **aşağı** ~ (*od.* **üç**) **yukarı** nach einigem Feilschen ~ **aşağı** ~ **yukarı aynı** ziemlich das gleiche, nur unwesentlich voneinander verschieden ~ **aşağı** ~ **yukarı gezmek** auf- und ab-gehen ~ **aşağı** ~ **yukarı uyuşmak** sich schließlich einigen (beim Aushandeln des Preises) ~ ~ **dökmek** lautlos vor sich hinweinen ♀ **beş sayıyor.** *iron.* Er glaubt wunder was er für ein großes Geschenk gemacht hat. ~ **dilimli kemer** *arch.* Vorhangbogen *m* ~ **duyu(-lar)** die fünf Sinne *havâsı hamse ~ **gün humması** wolhynisches Fieber; Fünftagefieber *n med.* Rickettiosis quintana ~ **kollu yıldız** Pentagramm *n,* Drudenfuß *m* ~ **kök** appetitanregendes u. harntreibendes Mittel (aus den Wurzeln von Fenchel, stachligem Mäusedorn, hohem Merk, Spargel u. Petersilie) ~ **on** 1. fünf bis zehn 2. einige, ein paar ♀ **para etmez.** Das ist keinen roten Heller (*od.* keinen Schuß Pulver) wert. ~ **paralık etmek (olmak)** s. Stw. **paralık;** ~ **parasız** ohne e–n roten Heller, ohne e–n Pfennig Geld (in der Tasche) ♀ **parmak bir değil.** Finger ist nicht gleich Finger *d.h.* Die Menschen sind nun einmal nicht gleich. ~ **taş** ein mit fünf kleinen Steinchen gespieltes Ksp. ~ **vakit namaz** die im Islam vorgeschriebenen fünf täglichen Gebete ~ **yapraklı disotu** fünfblättrige Zahnwurz *f bot.* Dentaria quinquefolia ~ **yaşlarında bir çocuk** ein etwa fünfjähriger Junge ~ **yıldız** *V* Strichjunge *m* ~ **yıllık plan** Fünfjahresplan *m* **-i bir arada** *od.* **-ibiryerde** *od.* **-ibirlik** türk. Fünfpfundstück *n* (aus Gold) (oft als Schmuck getragen) **-te bir** ein Fünftel
beş (II) (in Verb. m. **hoş**) s. **hoşbeş**
beşaret, -ti [ā] *z. va.* 1. gute Nachricht, frohe Botschaft, Freudenbotschaft *f* 2. häßliche, unförmige Frauenkleidung ~ **etmek** e–e frohe Botschaft verkünden ♀**i Meryem** Mariä Verkündigung (25. März)
beşaretli glückverheißend
beşaşet, -ti [ā] *va.* 1. lachendes, fröhliches Gesicht 2. Fröhlichkeit *f*, fröhliche Stimmung; Frohsinn *m*
beşbeter [×··] *P* für **besbeter. Onu evvelkinden ~ bir halecan aldı.** Er regte sich noch viel mehr auf als (schon) zuvor.
beşbıyık Mispelart mit großen Früchten vgl. **muşmula** und **ezgil**
beşer (I) je fünf ~ ~ zu je fünf
beşer (II) Mensch *m,* Menschheit *f* ~ **hakları** Menschenrechte *pl.* *hukuku beşer ♀ **şaşar.** *Spr.* Irren ist menschlich. *Spr.* ~ **üstü** über-menschlich, -natürlich
beşere 1. *an.* Oberhaut, Epidermis *f* *üstderi 2. *bot.* Kutikula *f* *kütikül **-i muhatiyei mide** s. **mide sümük zarı; nesci -i muhatiye** s. **epitelyum**
beşerî menschlich, Anthropo- ~ **coğrafya** Anthropogeographie *f*
beşeriyat(-çı) *va.* s. **antropoloji; antropolog**
beşeriyet, -ti 1. menschliche Natur 2. (gesamte) Menschheit *f* *insaniyet, insanlık **-e karşı suçlar** Verbrechen *pl.* gegen die Menschheit
beşerli zu je fünf angeordnet
beşgen *math.* Fünfeck, Pentagon *n* *muhammes ~ **biçme** *od.* ~ **prizma** fünfseitiges Prisma *muhammesî menşur
beşibirlik; beşibiryerde s. **beşi bir arada**
beşik, -iği 1. (Kinder-)Wiege *f* 2. *fig.* Wiege *f* (e–r Kunst, Kultur usw.) 3. *mil.* Wiege *f* (e–s Geschützrohres) ~ **alayı** *fr.* feierliche Überreichung e–r Prunkwiege durch

Kämmerer bei der Geburt e–s osm. Prinzen ~ **çatı** *arch.* Satteldach *n* *eşeksırtı, harpuşta ~ **dibeği** Nachttopf *m* unter e–m in der Wiege angebrachten Loch ~ **kemer** *arch.* Rundbogen *m* ~ **kertme nişanlı** *od.* ~ **kertiği** *od.* ~ **kertmesi** schon in der Wiege miteinander verlobt ~ **salıncak** Schiffsschaukel *f* ~ **sallamak** 1. die Wiege hin- und herschaukeln 2. *fig.* die ganze Nacht über wachbleiben ~ **sandalye** (*od.* ~ **koltuk**) Schaukelstuhl *m* ~ **tonoz** *arch.* Tonnengewölbe *n* **-ini sallamak** 1. j–n von klein auf kennen 2. j–n großziehen 3. j–m von Jugend an dienen **-le mezar arasında açılmış ömür köprüsü** das Leben von der Wiege bis zur Bahre

beşikçi wer Wiegen herstellt und verkauft

beşikörtü s. **beşik çatı**

beşiktaş 1. Steinsarg, Sarkophag *m* 2. ≗ *n.pr.* Stadtteil von Istanbul und gln. D. des Rbz. Istanbul (am Bosporus)

beşinci fünft- ~ **dizgini almak** sich an die Mähne des Pferdes klammern *od.* sich am Sattel festhalten ~ **hastalık** *med.* Megalerythem *n* (harmlose Kinderkrankheit) ~ **kol** (*anfänglich a.* ~ **kolon**) *pol.* fünfte Kolonne

beşir [ī] *z. va.* 1. Überbringer *m* e–r guten Nachricht, Freudenbote *m* 2. s. **güleryüzlü** 3. Prophet *m* 4. ≗ [··] *mV*

Beşiri *n.pr.* O. u. D. im Rbz. Siirt

beşiz Fünfling(-e *pl.*) *m*

beşizli 1. mit Fünflingen (gesegnet) 2. fünf-teilig, -armig (z.B. Leuchter)

beşkardeş(-ler) *hum.* Ohrfeige *f* **-i yemek** e–e gehörige Backpfeife bekommen **≗in tadını tatmamış.** E–e tüchtige Ohrfeige würde ihm nichts schaden.

beşleme 1. Vs. zu **beşlemek** 2. *mus.* Quintole *f* *kentole 3. *agr.* Kreuzpflanzung *f*

beşlemek 1. verfünffachen 2. in fünf Teile zerlegen

beşli fünf Einheiten umfassend *spez.* 1. *Spk.* Fünf *f* 2. volkstümliche Gedichtform mit Strophen zu je fünf Halbversen 3. *mus.* Quinte *f* *kent 4. s. **kentet** Zu 1: **kupanın -si** Herz-Fünf *f* ~ **düzen** *mus.* Dreiklang *m* ~ **yaprak** *arch.* Fünfblattrosette *f* ~ **yıldız** fünfzackiger Stern **-ler devrimi** (*od.* **değirmisi**) *mus.* Quintenzirkel *m*

beşlik 1. Fünfpara-, Fünfkurusch-, Fünfpfund-stück *n*, Fünfpfundnote *f*, Briefmarke *f* zu fünf Para (Kurusch, Pfund) 2. *V* Strichjunge *m* ~ **simit gibi kurulmak** (*od.* **kasılmak**) ein hohles, aufgeblasenes Wesen zur Schau tragen, sich arrogant benehmen

beşme 1. Stoff *m* mit fünf verschiedenfarbigen Streifen 2. Bock *m* e–r Drehbank *çıkrıkçı tezgâhının kütüğü 3. ungegerbtes Fell 4. *med.* Augentropfen *pl.* *çeşmezen

beşparmak Seestern *m zo.* Asterias vulgaris *beşpençe, deniz yıldızı, necmi bahrî ~ **ağacı** s. **hayıt ağacı**

beşparmakotu, -nu 1. Fingerkraut *n bot.* Potentilla 2. s. **sıçankulağı**

beşpençe 1. s. **beşparmak** 2. schallende Ohrfeige ~ **yeri** Abdruck *m* aller fünf Finger (bei e–r heftigen Ohrfeige)

beşspont, -tu *Bill.* 1. Doppelquart, Quinte *f* 2. Ball, der mit drei *od.* mehr Banden gespielt wird, Dreibandenball *m*

beşuş [ū] *va.* lächelnd, heiter, fröhlich

beşyüz fünfhundert **≗ler konseyi** *hist.* Rat *m* der 500 (Frankreich, 1795) **≗ler meclisi** *hist.* Ratsversammlung *f* (im alten Athen); Bule *f*

beşyüzlü *math.* Fünfflächner *m*, Pentaeder *n*

beşyüzlük Fünfhundertpfundschein *m*

bet (I), **-ti** Verst. zu: 1. **beniz** 2. **bereket** Zu 1: ~ **beniz** Gesichtsfarbe *f*, Aussehen *n* ~ **beniz kalmamak** (b–de) kreidebleich werden **≗i benzi ağardı (attı, uçtu).** Jeder Blutstropfen wich ihm aus dem Gesicht. Er wurde ganz blaß. **≗i benzi duvar kesildi** (*od.* **kül kesildi** *od.* **kül gibi oldu**). Er wurde weiß wie die Wand. **≗i benzi günden güne sararıyor.** Er sieht von Tag zu Tag schlechter aus. **≗i benzi limon gibi oldu.** Er verfärbte sich. Zu 2: **-i bereketi olmamak** (bşin) 1. nicht darauf ruhen (Segen) 2. rasch aufgebraucht werden (z.B. Geld) 3. sich nicht halten, rasch faul werden (z.B. Obst)

bet (II) s. **bed**

beta Beta *n* (griech. Buchst.) ~ **ışınları** (*od.* **şuaları**) *phys.* Betastrahlen *pl.* ~ **tanecikleri** *phys.* Betateilchen *pl.*

betahsis [ī] *va.* besonders, speziell

betatron Betatron *n*, Elektronenschleuder *f*

betel ağacı s. **tembul**

betelemek s. Stw. **etelemek**

betelenmek sich beklagen, sich beschweren *sızlanmak

betelmek *dial.* grob, ausfällig werden

beter (*a.* **daha** ~) schlechter, übler, schlimmer ~ **etmek** verschlimmern, verschlechtern ~ **olmak** sich verschlimmern, sich verschlechtern **≗in -i var.** 1. Nichts ist so schlecht, daß es nicht et. noch Schlechteres gäbe. 2. Es kommt noch schlimmer. **-ine uğramak** *Euph.* sterben

beti Figur, Gestalt *f*, Bild *n* *şekil

betik s. **bitik** (I); ~ **taşı** s. **kitabe, yazıt**

betikçe s. **libretto**

betilemek 1. bilden, gestalten 2. mit Bildern erläutern; illustrieren

betili bildlich, figürlich ~ **sanat** darstellende (gegenständliche) Kunst

betim(-leme) 1. Beschreibung *f* *tasvir, tavsif 2. (Malerei, Bildhauerei) Bild *n*, Darstellung *f*

betimlemek 1. beschreiben *tasvir etmek 2. (bildende Kunst) darstellen

betimsel deskriptiv, beschreibend, darstellend ~ **geometri** s. **tasarı geometri**

betir, -tri (Durch-, Ab-)Schneiden, Kupieren *n;* s.a. **kuyruk betri**

betisel bildlich, figürlich

betisiz *(Kunst)* gegenstandslos, abstrakt, nonfigurativ

betiz (*franz.* **bêtise**) *selt.* Dummheit (die jem. begeht)

beton 1. Beton *m* 2. Beton-, betoniert ~ **direk** Betonmast *m* ~ **gibi** 1. äußerst haltbar; eisenfest 2. *Sch.* ausgezeichnet beschlagen (in e–m Fach) ~ **inşaat** s. ~ **yapı;** ~ **kar(ıştır)ıcı** Betonmischer *m* ~ **karma makinesi** s. **betoniyer;** ~ **levha** Betonplatte *f* ~ **temel** Betonfundament *n* ~ **yapı** Betonbau *m* ~ **yol** betonierte Straße

betonaj Betonierung *f*

betonarme 1. Eisenbeton *m* 2. Eisenbeton- ~ **kazık** Eisenbetonträger, Rammpfahl *m*

betonarmeci 1. Lieferant *m* von Eisenbetonmaterial 2. Fachmann *m* für Eisenbetonbauten

betoniyer (*franz.* **bétonnière**) Betonmischmaschine *f* *mikser

betonkaran s. **beton karıştırıcı**

betonlamak betonieren

betonlaşmak *fig.* eisenhart werden

betul, -lü [ū] *va.* 1. Jungfrau *f* 2. Frau, die sich Gott widmet *spez.* a) Jungfrau *f* Maria b) Fatima (Tochter des Propheten und Frau des Kalifen Ali) 3. ≗ *wV*

betunika [·×··] s. **kestere** (1)

bevatron Bevatron *n*, Protonenschleuder *f*

bevelek s. **büvelek**

bevil, -vli Harn, Urin *m* *idrar, sidik

bevle Harnstoff *m* *üre

bevletmek [×··] *va.* Wasser lassen, urinieren, harnen

bevlî Harn-, Urin-

bevliye 1. Harnkrankheiten *pl.* 2. Urologie *f* *üroloji 3. urologische Klinik bzw. urologische Abteilung in e–m Krankenhaus

bevliyeci Urologe *m* *ürolog

bevval, -li [ā] (in der *va.* Füg.:) **-i çehi Zemzem** wer in den (heiligen) Zemzem-Brunnen pißt (um dadurch bekannt zu werden); wer e–e herostratische Tat begeht

bevvap, -bı [ā] 1. *va.* Pförtner *m* 2. *fr.* Schuldiener *m* (in Gemeindeschulen) 3. (*a.* **-ı mide**) s. **mide kapısı**

bey (I) 1. (der) Herr (Anrede *od.* Bez. für Gebildete; in Verb. mit e–m Namen Nachstellung; verstärkt: **beyefendi;** 1934 offizielle Ersetzung durch **bay**) 2. *va.* Reicher, Vornehmer; Prinz, Fürst *m* 3. *va.* Stammeshäuptling *m* 4. Herrscher, Beg, Bei *m* 5. *Ka.* As *n* *birli, as 6. (im Knöchelspiel) Knöchel, mit dem bestimmte Vorteile erzielt worden sind (vgl. **Aşıgı ~ oturuyor.**) 7. (Ehe-)Mann *m* 8. *mil.* (nach 1908) Anrede für Stabsoffiziere 9. ≗ modernisierter Typ des **Çelebi** im Karagözspiel Zu 1: **Bir ~ sizi aradı.** Ein Herr hat nach Ihnen gefragt. **Emin ~** Herr Emin Zu 4: s. **Tunus -i; ~ arı** s. **arı -i; ~ armudu** Bergamottbirne *f* **~ balığı** s. **mersin (balığı); ~ börkü** gefüllter Hahnenkamm *bot.* Celosia cristata **~ gibi yaşamak** herrlich und in Freuden leben

bey (II) s. **beyi, -y'i**

bey- (< pers. **bî-** in Füg. wie **beyhude, beynamaz** usw.)

beyaban [·––] *z. va.* Wüste, Einöde *f* *çöl

beyağabey [*P* beyābi] angesehener Mann in mittleren Jahren; Herr *m*

beyan [ā] 1. Erklärung, Darlegung, Kundgebung *f* *açıklama 2. (**ilmi** ~) *stil., rhet.* Lehre *f* von Vergleich und Metapher 3. klar, deutlich, augenfällig Zu 1: **bir -da bulunmak** e–e (offizielle) Erklärung abgeben Zu 3: s. **ayan-; ~ etmek** erklären, darlegen, kundtun **-ı hoşamedi etmek** (b–ne) *z. va.* j–n willkommen heißen, bewillkommnen, begrüßen **-ı taziyet etmek** sein Beileid aussprechen; kondolieren

beyanat, -tı [·––] *urspr. Pl.* (abgegebene) Erklärung *f* *demeç **-ta bulunmak** *od.* **~ vermek** eine (offizielle) Erklärung abgeben

beyanî [·––] *va.* erklärend, darlegend **izafeti beyaniye** *gr. va.* qualitative Nominalfügung (Typus: **elmas bilezik**)

beyanname [·––·] 1. offizielle Verlautbarung (Veröffentlichung, Bekanntmachung, Erklärung); Deklaration *f*, Manifest *n* 2. Zolldeklaration, Steuererklärung *f* u. ä. 3. polizeilicher Meldeschein 4. Waren-register, -verzeichnis *n* 5. Flugblatt *n*, Aufruf *m*

beyatî s. **bayatî**

beyaz 1. weiß; *fig.* hell, verklärt 2. weiße Stelle 3. das Weiße (im Auge, Ei usw.) 4. unbeschriebenes Papier 5. Reinschrift *f* 6. *mus.* halbe Note *ikilik, blanş 7. *V* Heroin *n* **~ adaçayı** weiße Salbei *bot.* Audibertia polystachya **~ afyon çiçeği** s. **~ haşhaş; ~ ağaç kelebeği** s. **akkelebek; ~ akağaç** Weißerle *f bot.* Alnus incana **~ alınlı denizkırlangıcı** Zwergseeschwalbe *f zo.* Sterna albifrons **~ altın** Weißgold *n* **~ ayı** Eisbär *m zo.* Ursus maritimus *kutup ayısı **~ ayrık otu** weißliches Straußgras; Fioringras *n bot.* Agrostis alba **~ balıkçıl** s. **ak balıkçıl; ~ balina** s. **akbalina; ~ ballıbaba** s. **ak ballıbaba; ~ banotu** weißes Bilsenkraut *bot.* Hyoscyamus albus **~ baykuş** Schnee-Eule *f zo.* Nyctea scandiaca **~ bayrak çekmek** die weiße Fahne hissen; sich ergeben **~ bezelye ağacı** silberblättriger Salzstrauch *bot.* Halimodendron argenteum **~ bıyıklı denizkırlangıcı** Weißbartseeschwalbe *f zo.* Chlidonias hybrida **~ boru zambağı** langblütige Lilie *bot.* Lilium longiflorum **~ cevher** s. **akmadde; ~ ciro** Blankoindossament *n* **~ çam ağacı** s. **ak çam ağacı** (2); **~ çam fıstık ağacı** s. **ak çam ağacı** (3); **~ çam sakız ağacı** Weißfichte *f bot.* Picea alba **~ çayır mantarı** Schaf-Champignon *m bot.* Psalliota arvensis **~ çiçekli akasya** s. **yalancı akasya; ~ çotuk** der aus der Erde herausragende Teil e–s Baumstumpfes **~ çöpleme** weißer Gerber *bot.* Veratrum album **~ deniz kurdu** s. **nereyis; ~ diken** Weißdorn *m bot.* Crataegus oxyacantha *akdiken **~ dut ağacı** weiße Maulbeere *bot.* Morus alba **~ etmek** ins Reine schreiben **~ farasyon** 1. s. **beyaz yerpırasası** 2. s. **köpekayası; ~ fasulye** weiße Bohnen *pl.* **~ flama** *mil.* weiße Flagge **~ geyikotu** weißer Diptam *bot.* Dictamnus albus *gazalotu **~ gözlügiller** Brillenvögel *pl. zo.* Zosteropidae **~ harp** Nervenkrieg *m*, kalter Krieg **~ hardal** s. **İngiliz hardalı; ~ harfler** (in europäischen Zeitungen üblicher) Normaldruck **~ haşhaş** Schlafmohn *m bot.* Papaver somniferum *beyaz afyon çiçeği **~ herdem taze** perlblütiges Katzenpfötchen *bot.* Anaphalis margaritacea **~ ırk** weiße Rasse, europider Rassenkreis **~ ısırgan** s. **ak ballıbaba; ~ ihtilâl** 1. Umsturz *m* ohne Blutvergießen 2. *spez.* der Umschwung durch den Wahlsieg der Demokratischen Partei (Türkei; 14. 5. 1950) **~ irmik** Reisgrieß *m* **~ isfendan ağacı** s. **gümüşî akçaağaç; ~ iş** Weißstickerei *f* **~ jura** s. **üst jura; ~ kabul** *H* Blankoakzept *n* **~ kadeh çiçeği** Nierembergie *f bot.* Nierembergia rivularis **~ kadın ticareti** Mädchenhandel *m* **~ kanatlı denizkırlangıcı** Weißflügelseeschwalbe *f zo.* Chlidonias leucopterus **~ kanatlı tarlakuşu** Weißflügellerche *f zo.* Melanocorypha leucoptera **~ karınca** s. **termit; ~ keme** weiße Trüffel *bot.* Tuber album **~ kızılağaç** Grau-Erle *f bot.* Alnus incana **~ kitap** *pol.* Weißbuch *n* **~ kitre zamk ağacı** echter Tragant *bot.* Astragalus gummifer **~ kömür** weiße Kohle, Wasserkraft, Elektrizität *f* **~ kuduzotu** weiße Graukresse *bot.* Alyssum incanum **~ kurt** Engerling *m* **~ kurtluca** s. **sakız dikeni; ~ kuyruklu kartal** Seeadler *m zo.* Haliaëtus albicilla **~ kürecik** s. **akyuvar; ~ leylek** Weißstorch *m zo.* Ciconia ciconia **~ mika** s. **ak mika; ~ mukallit** Blaßspötter *m zo.* Hippolais pallida **~ Nil** *geogr.* Weißer Nil *Bahrelebyat **~ nilüfer** 1. weiße Seerose *bot.* Nymphaea alba 2. Lotosblume *f bot.* Nymphaea lotus *lotus, Mısır fulü, hintfulü **~ otu** s. **pamuk otu** (1); **~ oy** *(bei Abstimmung)* Ja-Stimme *f* **~ pelikan** Rosapelikan *m zo.* Pelecanus onocrotalus **~ safran** weißer Safran *bot.* Crocus reticulatus **~ Ruslar** 1. *pol.* Weißrussen, zaristische Russen *pl.* 2. *ethnogr.* Weißrussen *pl.* **~ salkım ağacı** s. **yalancı akasya;** ≗ **Saray** Weißes Haus (in Washington) **~ sığırkuyruğu** weiße Königskerze *bot.* Verbascum plicatum **~ sırtlı ağaçkakan** Weißrückenspecht *m zo.* Dendrocopos leucotos **~ söğüt** s. **aksöğüt; ~ sürgün** (*od.* **~ ishal**) s. **civcivlerin beyaz ishali; ~ süsen** s. **Floransa süseni; ~ şarap** Weißwein *m* **~ tarçın** echter Winterrindenbaum *bot.* Drimys Winteri **~ tatula** weißer Stechapfel *bot.* Datura fastuosa var. alba *cin otu, şeytan otu **~ tel** 1. (einzelnes) weißes Haar 2. s. **kolajen tel; ~ toz** *F* DDT-Pulver *n* **~ tutkal** s. **balık tutkalı; ~ Türkçe** klares, leicht verständliches Türkisch **~ vitriyol** Zinkvitriol *n* *çinko sülfatı **~ yabanî papatya** Wucherblume, Margerite *f bot.* Leucanthemum vulgare **~ yağ gülü** weiße (Garten-)Rose *bot.* Rosa alba **~ yakalı sinekyutan** Halsbandschnäpper *m* (Vogel) *zo.* Ficedula albicollis **~ yalan** fromme Lüge **~ yazı** s. **beyaz harfler; ~ yerpırasası** unechter Diptam *bot.* Ballota pseudodictamnus *beyaz farasyon **~ yoğurtotu** weißes Labkraut *bot.* Galium mollugo **~ yonca** Weiß-, Stein-klee *m bot.* Trifolium repens **~ zambak** weiße Lilie *bot.* Lilium candidum **~ zamk ağacı** Verek-Akazie *f bot.* Acacia Senegal **~ zehir** Heroin, Morphin *n* **~ zenci** *P* Albino *m* **-a çekmek** s. **~ etmek; -a çıkarmak** j–n entlasten, reinwaschen **-ın adı, karanın tadı** s. **akın adı, karanın tadı**

beyazcam s. **incili beyaz perde**

Beyazdeniz *n.pr.* Weißes Meer

beyazgöz (balığı) Laxierfisch *m zo.* Maena vulgaris

beyazımsı; beyazımtırak weißlich

Beyazıt s. **Bayazıt**

beyazî 1. der Weiße (*ant.* siyahî) 2. s. **sığır** (3)

beyazlanmak; beyazlaşmak weiß werden

beyazlaştırmak weiß machen. **Yazı beyazlaştırıldı.** Der (nach Einführung der Lateinschrift in den türk. Zeitungen anfänglich verwendete) fettere Druck wurde aufgegeben und dafür der europäische Normaldruck (vgl. **beyaz harfler**) eingeführt.
beyazlatma Vs. zu **beyazlatmak** *a. chem.* Weißen, Bleichen *n,* Raffination *f* *ağartma
beyazlatmak 1. weiß machen 2. (aus-)bleichen
beyazlı mit weißen Stellen (Teilen); teilweise weiß
beyazlık 1. Weiß-Sein *n,* Reinheit *f* 2. Weiße *n,* weiße Farbe, weißlicher Schimmer
beyazperde Filmleinwand *f*
beyazpeynir weißer Schafskäse
beybaba [*P* beybā] 1. achtungsvolle Anrede für e–n älteren Mann; *gel.* „Verehrtester" 2. (in konservativen Familien) Vater *(m)* 3. *naut.* Kapitän *m*
beyefendi vgl. **bey** (I)
beyeri *va.* s. **elmabaş**
beyerki s. **aristokratlık**
bey'etmek [×··] *va.* verkaufen *satmak
beygir 1. Pack-, Last-, Zug-pferd *n* 2. Wallach *m,* kastrierter Hengst 3. *(allg. od. Turngerät)* Pferd *n* *at 4. *Scha.* Springer *m* *at 5. s. **beygirgücü;** ~ **bakımı** Pferdepflege *f* ~ **başlık takımı** Kopfzeug *n* e–s Pferdes ~ **gibi** plump, schwerfällig ~ **hastanesi** *mil.* Pferdelazarett *n* ~ **kuvveti** s. **beygirgücü;** ~ **sineği** s. **baldırsokan**
beygirci Pferde-halter, -verleiher *m*
beygircilik Gewerbe *n* e–s **beygirci**
beygirgücü, -nü *phys.* Pferde-kraft, -stärke *f*
beygirli mit e–m Pferd (bzw. mit mehreren Pferden) bespannt; Pferde- ~ **kızak** Pferdeschlitten *m*
beygirlik mit soundsoviel Pferdekräften **15** ~ **bir motosiklet** ein Motorrad mit 15 PS
beyhan 1. *va.* wer kein Geheimnis für sich behalten kann; Schwätzer *m* 2. ≗ *mV, wV*
beyhude [ū] **(yere)** vergeblich, erfolglos, nutzlos, umsonst
beyhudelik [ū] Vergeblichkeit, Nutzlosigkeit, Erfolglosigkeit *f*
beyi, -y'i *z. va.* Verkauf(-en *n*) *m* (*ant.* şira) **bey'i bilvefa** *jur.* Rückkauf(-srecht *n*) *m* **bey'i fasit** *va.* illegaler Verkauf **bey'i men yezit** *fr.* s. **açık artırma; bey'i sahih** *va.* legaler Verkauf
beyin, -yni 1. *an.* Gehirn, Hirn *spez.* Großhirn *n* *dimağ, muh 2. *fig.* Verstand *m,* Vernunft *f,* Verstehen, Denken *n,* Sinn, Geist *m* 3. *fig.* wer am Schalthebel (e–s größeren Betriebes) sitzt; Schaltstelle *f* ~ **büklümü** *an.* Hirnwindung *f* ~ **edisi** Gehirntätigkeit *f* *beyinleşme ~ **epifizi** s. **kozalaksı bez;** ~ **gangliyonu** *an.* Zerebralganglion *n* ~ **haşlaması** gekochtes Hirn ~ **iltihabı** *med.* Gehirnentzündung *f* ~ **kabuğu** *an.* Großhirnrinde *f* ~ **kanaması** *med.* Gehirnblutung *f* ~ **karıncıkları** *an.* Hirnventrikel *pl.* ~ **patlatmak** (*od.* **yormak**) sich den Kopf zerbrechen ~ **sarsılması** (*od.* ~ **sarsıntısı**) *med.* Gehirnerschütterung *f* ~ **sektesi** *med.* Gehirnschlag, Schlaganfall *m* ~ **sinir düğümü** s. **gangliyon;** ~ **sulanması** *med.* Gehirnerweichung *f* ~ **tavası** gebackenes Hirn ~ **tümseği** s. **Varol köprüsü;** ~ **yarım yuvarları** *an.* Hemisphären *pl.* (des Gehirns) ~ **yumuşaması** *med.* Gehirnerweichung *f* ~ **zarı** Hirnhaut *f* *med.* Meninx *f* *kışrı dimağ **-e girmemek** nicht in den Kopf hineinwollen; absolut unverständlich sein **-e nakşetmek** s. **zihne nakşetmek; -e sarmak** beeindrucken **-i almamak** nicht fassen (glauben) können **-i atmak** in höchsten Zorn geraten **-i bulanmak** (*od.* **uyuşmak**) 1. wie betäubt sein (z.B. durch Lärm) 2. wie vor den Kopf geschlagen dastehen 3. Unheil wittern **-i dağılmak** abgelenkt werden **-i dağınık** abgelenkt, zerstreut, zerfahren **-i delinmek** s. **-i bulanmak** (1); **-i durmak** ganz verblüfft sein **-i kalın** 1. Dickschädel *m* 2. Dummkopf *m* **-i karıncalanmak** nicht mehr richtig denken können (vor Erschöpfung) **≗i sulanmış.** 1. Er ist schon recht verkalkt (*od.* kindisch). (alter Mann) 2. Er ist ganz durchgedreht. (z.B. vor dem Examen) **-inde şimşek(-ler) çakmak** (b–nin) j–m ein Seifensieder aufgehen **≗inden vurulmuşa döndü.** Er war wie vor den Kopf geschlagen. **-ine dank etmek** (*od.* **demek**) s. Stw. **dank; -ine kurşun sıkmak** sich e–e Kugel vor (*od.* durch) den Kopf schießen **-ine sokmak** einprägen, einschärfen, *F* eintrichtern, einhämmern **≗ine turp sıkayım!** s. **Aklına turp sıkayım!**
beyincik *an.* Kleinhirn, Zerebellum *n* *dimağçe, muheyh ~ **ağacı** s. **hayat ağacı;** ~ **karıncığı** *an.* Kleinhirnkammer *f* *buteyni muheyhî
beyinleşme s. **beyin edisi**
beyinli 1. mit nb. Gehirn 2. *pr.* mit Verstand begabt; klug, intelligent Zu 1: s. **kuş** ~; ~ **pilav** Reis *m* mit Hirn (-stückchen)
beyin-omurilik: ~ **ekseni** *an.* Zerebrospinalachse *f* *mihveri nühaişevkî ~ **sıvısı** (*od.* **sıvığı**) *an.* Zerebrospinalflüssigkeit, Gehirn-Rückenmarksflüssigkeit *f* *mayii dimağîi şevkî ~ **zarı iltihabı** s. **menenjit;** ~ **zarları** *an.* Zerebrospinalhäute, Meninges *pl.* *sehayayı dimağîı şevkî
beyinorağı, -nı *an.* Hirnsichel *f,* Falx cerebri *mişveli muh
beyinsel 1. Gehirn-, zerebral 2. geistig *(1, 2) dimağî
beyinsi gehirnähnlich ~ **boğumlar** *an.* Oberschlundganglien *pl.,* Gehirn *n* (bei wirbellosen Tieren) *ukadatı şibih muhiye
beyinsiz 1. ohne Hirn 2. *fig.* ohne Verstand, ohne Überlegung, dumm
beyinsizlik 1. Fehlen *n* des Hirns 2. Unüberlegtheit, Dummheit *f*
beyit, -yti 1. *va.* Haus *n,* Behausung, Kammer *f* 2. *lit.* (Doppel-)Vers *m* (bestehend aus zwei **mısra**); **-i halfi** s. **artoda; -i kuddamî** s. **önoda; ≗i Mukaddes** *n.pr.* 1. Omar-Moschee *f,* Felsendom *m* (in Jerusalem) 2. die Kaaba (in Mekka) *Kâbe
beyiye 1. Maklergebühr, Courtage *f* Verkaufsprozente *pl.* (z.B. bei Stempelmarken) *satımlık 2. offizielle Verkaufsstelle (z.B. für Stempelmarken)
beykoz *Ka.* As *n* *birli, as
Beykoz *n.pr.* O. u. D. im Rbz. Istanbul
beylerbeyi, -ni 1. *hist.* Generalgouverneur *m* 2. ≗ *n.pr.* O. bei Istanbul auf der asiatischen Seite des Bosporus (und Palast, ≗ **Sarayı**)
beylerbeyilik *hist.* 1. Würde *f,* Rang *m,* Funktionen *pl.* e–s osm. Generalgouverneurs 2. e–m osm. Generalgouverneur unterstehendes Gebiet
beyli *va.* von e–m Fürsten regiert
beylik 1. Titel, Rang *m,* Ansehen *n,* Abstammung *f,* Benehmen *n* e–s Bey 2. Herrschaftsgebiet *n* e–s Bey, etwa: Fürstentum *n* 3. *va.* Regierung *f* 4. Staatseigentum *n* 5. dem Staat (Fiskus) gehörig, fiskalisch, ärarisch, offiziell, staatlich, Staats- *mirî 6. allgemein verwendet, trivial, abgedroschen 7. kleine, dünne Wolldecke (für Soldaten) 8. s. **kebe** 9. *fig.* geruhsames Leben ~ **ahır** *fr. P* Pferdepark *m* des Sultans *ıstablı amire ~ **arazi** Staatsgut *n,* Domäne *f* ~ **bina** staatliches Gebäude ~ **cevap** stereotype Antwort ≗ **fırın has çıkarır.** An der Staatskrippe läßt sich gut leben. ~ **gemi** ein dem Staat gehöriges Schiff *spez. fr.* Kriegsschiff ~ **gezi** *hist.* Wagenfahrt *f* der Haremsdamen ~ **kalemi** *hist.* Kaiserlich-Osmanische Kanzlei ~ **kapı(-sı)** offizielle Dienststelle; Behörde *f,* Amt *n* ~ **lakırdı (laf, söz)** Gemeinplatz *m,* Trivialität, Banalität, Platitüde *f* ~ **satmak** sich als großen Herrn aufspielen ~ **tabanca** Dienstrevolver *m*
beylikçi *hist.* Vorstand *m* der Kaiserlich-Osm. Kanzlei
beyn *va.* s. **ara. ≗leri açıldı.** *va.* s. **Araları açıldı; arkadaşlar**

-inde *va.* unter (den) Kameraden **Söz -imizde kalsın!** Das soll aber unter uns bleiben!
beynamaz (< **bînamaz**) 1. wer das rituelle isl. Gebet vernachlässigt 2. *allg.* nachlässig, träge, faul ~ **özrü** *fig.* fadenscheinige Entschuldigung; faule Ausrede
beyneddılî s. **eğelerarası**
beyneddüvel *va.* zwischenstaatlich
beynel *Scha.* Doppeldrohung *f* durch den Springer (vgl. **çatal**)
beyneladale *med.* intramuskulär *entramüsküler
beynelakran [···–] unter seinen Altersgenossen
beynelavam [···–] *va.* bei dem einfachen (gewöhnlichen) Volk
beynelcinseyn s. **cinsarası**
beynelesabi [···––] s. **parmaklararası**
beynelhalk *va.* im Volk, allgemein
beynelhücrevî s. **hücrelerarası**
beynelmedareyn *va.* s. **tropiklerarası**
beynelmilel international, zwischenstaatlich, *gel. a.* Welt- *arsıulusal, budunlararası, enternasyonal, milletlerarası, uluslararası
beynelmilelci internationalistisch
beynelmilelcilik Internationalismus *m,* internationaler Gedanke **insanî** ~ **fikri** Idee *f* des humanitären Internationalismus
beynelmileliyet, -ti Internationalität *f,* internationaler Charakter (e–r Sache)
beynelmileliyetçilik *selt.* s. **beynelmilelcilik**
beynelmilelleşmek international werden, internationalen Charakter annehmen
beynelmilelleştirmek internationalisieren, internationalen Charakter verleihen
beynelmilellik *T* von **beynelmileliyet**
beynelmilliyetçilik s. **beynelmilelcilik**
beynennas [ā] *va.* unter den Leuten, unter dem Volk, im Volk, beim Publikum
beynennevm vel yakaza *va.* im Halbschlaf
beynunet, -ti [ū] 1. *va.* Zwischenraum, Abstand *m* 2. *va.* Meinungsverschiedenheit, Differenz *f* 3. (*a.* **-i azamiye**) s. **uzanım**
beyoğlu, -nu 1. *selt.* Fürstensohn *m od.* Prinz *m* 2. ≗ *n.pr.* Beyoğlu (Stadtteil von Istanbul u. gln. D. im Rbz. Istanbul)
Beypazarı, -nı *n.pr.* O. u. D. im Rbz. Ankara
Beyrut, -tu *n.pr.* Beirut (Libanon)
beysbol, -lü Baseballspiel *n*
beysbolcu Baseballspieler *m*
Beyşehir *n.pr.* O. u. D. im Rbz. Konya
beyt s. **beyit**
beytî *va.* das Haus betreffend, Haus-, Heim-
beytullah [··–] 1. Kaaba *f* (in Mekka) 2. Moschee *f* 3. Mekka
beytutet, -ti [ū] *va.* Übernachten *n,* Übernachtung *f* ~ **etmek** *va.* übernachten
beytülgazel *lit.* schönster Doppelvers (beyit) e–s Gasels *şahbeyit, şehbeyit
Beytülharam [···–] die Kaaba (in Mekka)
beytülkasit, -di *lit.* schönster Doppelvers (beyit) e–r Kasside
Beytüllahim *n.pr.* Bethlehem (Städtchen in Palästina)
beytülmal [ā] *fr.* 1. Staatsschatz *m* 2. Behörde, die Erbschaften nach isl. Gesetz zu behandeln hatte
beytülmalci [ā] *fr.* Beamter im **beytülmal** (2)
Beytüşşebap, -bı *n.pr.* O. u. D. im Rbz. Hakkâri
bey'üşira [ā] *va.* s. **alışveriş**
beyyine Dokument *n,* Beweis(-stück *n*) *m* ~ **başlangıcı** *jur.* Indiz *n* *mukaddemei beyyine ~ **külfeti** *jur.* Beweislast *f* *ispat ödevi; tanıt yükü ~ **nevileri** *jur.* Beweis-arten, -mittel *pl.* ~ **sistemleri** *jur.* Beweis-systeme, -prinzipien *pl.* ≗ **suresi** Name der 98. Koran-Sure
beyza (I) *va.* Ei *n* *yumurta; s. a. **yek ~ ...**
beyza (II) [·–] *ar. Fem.* zu **ebyaz** (nur in ält. Füg.) weiß s. **küreyvei ~; nârı-**
beyzade [ā] Sohn *m* e–s Vornehmen, vornehmer junger Mann, Aristokrat *m,* Adliger, Fürstensohn, Prinz *m*
beyzadelik [ā] *va.* Aristokratentum *n,* Adel *m*
beyzare Walkholz *n*
beyzbol s. **beysbol**
beyzî oval *oval, söbe ~ **kalker** s. **ovolitli kalker**
bez (I) 1. Leintuch, Leinen *n* 2. einfacher Baumwollstoff 3. Tuch *od.* Stoff zu verschiedenen Zwecken z. B. Wischlappen *m,* Aufwischtuch *n* 4. s. **keten -i** Zu 3: s. **âdet (çocuk, el, sofra, toz, yelken) -i;** *Zur fig. Verwendung* s. Stw. **tarak;** ~ **bağlamak** wickeln (Säugling) ~ **bebek** 1. Puppe *f* 2. Faulpelz *m* ~ **ciltii** in Leinwand gebunden (Buch) ~ **dokumak** *fig.* Geschäfte treiben ~ **işareti** *mil.* Markierungszeichen *n* aus Leinwand; Tuchzeichen *n* ~ **kavı** Zunder *m* ~ **manika** *naut.* Wind-hutze *f,* -sack *m* ~ **zımpara** Schmirgelleinwand *f* **-den bebek** *fig.* wer zu nichts taugt *hayırsız adam ≗**i herkesin arşınına göre vermezler.** *Spr.* Man kann nicht für jeden eine Extrawurst braten.
bez (II) *an.* Drüse *f* *beze, gudde
bezbaz [ā] *va.* Muskatblüte *f*
bezbol s. **beysbol**
bezci Textil-fabrikant, -verkäufer *m* *bezzaz
bezdirici Verdruß bereitend, ärgerlich, lästig *usandırıcı
bezdirmek 1. verdrießen, ärgern, j–m lästig fallen 2. (b–ni bşden) j–m et. verekeln
bezdoku *bot.* s. **balözülük**
bezdokusu, -nu *an.* Drüsengewebe *n* *nesci guddevî
beze (I) s. **bez** (II)
beze (II) geformter, noch nicht gebackener Laib Brot *pazı
beze (III) Baiser *n,* Meringe *f* (Schaumgebäck aus Eierschnee u. Zucker)
bezek, -eği Schmuck *m,* Verzierung *f,* Ornament *n*
bezekçi 1. Wand-, Stuben-, Dekorationsmaler *m* 2. Stukkateur *m* 3. *fr.* Frau, die Bräute kleidete und schmückte
bezekçil ornamental, dekorativ, Schmuck- *tezyinî
bezekçilik 1. Dekorations-, Ornamentmalerei *f* 2. Stuckarbeit, Stukkatur *f* 3. *fr.* Aufgaben *pl.,* Tätigkeit *f* e–r **bezekçi** (3)
bezekleme Verzierung *f,* Ornament *n*
bezekli ausgeschmückt, verziert
bezeksel s. **bezekçil**
bezel die Drüsen betreffend, Drüsen- *guddevî
bezele *Verst.* zu **hazele**
bezelemek (b–ne) j–m e–e Grimasse schneiden *mezelemek
bezeli in Meringenumhüllung (vgl. **beze** III)
bezelye Erbse *f bot.* Pisum (sativum u. a.) ~ **ağacı** echter Erbsenstrauch *bot.* Caragana microphylla ~ **biti** Erbsenkäfer *m zo.* Bruchus pisorum ~ **taşı** s. **pizolit;** ~ **yaprakbiti** Erbsenblattlaus *f zo.* Macrosiphum pisi **-nin kabuğunu çıkarmak** Erbsen entschoten
bezeme 1. Vs. zu **bezemek** 2. s. **bezek;** ~ **kıvrımı** *arch.* Volute *f* (e–r ionischen Säule)
bezemeci wer Verzierungen, Ornamente herstellt
bezemek schmücken, verzieren
bezen (auffallender) Schmuck
bezenlik, -iği wertvoller Schmuck *spez.* Juwelen *pl.*
bezenmek Pass. *od.* Refl. zu **bezemek**
bezesten s. **bedesten**
bezgin unmutig, verdrießlich, (arbeits-)unlustig, lebensüberdrüssig *meftur
bezginlik Unmut, Verdruß *m,* (Arbeits-)Unlust *f,* Lebens-

überdruß *m* *fütur ~ **getirmek** arbeitsunlustig (verdrießlich, lebensmüde) werden ~ **vermek** verdrießlich stimmen; langweilen
bezik *Ka.* Bésigue *n*
bezil, -zli Hingabe *f,* reichliche Aufwendung (von Geld, Kraft usw.), großzügiges Spenden
bezim s. **bezm**
bezimsenmek allmählich ärgerlich werden
bezir, -zri *z. va.* 1. Samen *m,* Saatkorn *n spez.* Leinsamen *keten tohumu 2. Aussaat, Landbestellung *f* 3. was ausgestreut ist ~ **cilâsı** (*od.* ~ **verniği**) Leinölfirnis *m* *pişmiş bezir ~ **isi mürekkebi** *fr.* Kalligraphentinte, Tusche *f* ~ **yağı** s. **keten yağı**
bezirgân 1. Händler, Krämer *spez.* fliegender Händler, Hausierer *m* 2. *pej.* gewinnsüchtiger, habgieriger Mensch 3. *(pej. Bez. für Juden)* Krämerseele *f* ~ **başı** 1. *hist.* wer im Serail für Anschaffungen und Aufbewahrung von Stoffen und Tüchern zu sorgen hatte 2. Name e–s türk. Ksp. ~ **inciri** e–e kleinere dunkle Feigenart
bezirgânlık *pej.* (jüdischer) Krämergeist
bezirlemek mit Leinöl bestreichen
bezlemek auf Leinwand aufziehen (z.B. Landkarten)
bezletmek reichlich spenden
bezli (I) mit *od.* auf Stoff (Leinen, Tuch) ~ **zımpara** s. **bez zımparası**
bezli (II) Drüsen- ~ **mide** s. **şirden**
bezm 1. Zusammenkunft *f,* (Trink-)Gelage *n* 2. Bankett, Festmahl *n* 3. große Zahl; Menge *f*
bezme Vs. zu **bezmek** Unlust *f,* Verdruß, Widerwille *m*
bezmek unlustig, verdrossen werden; et. überbekommen
bezribenç, -ci Bilsenkrautsamen *m* (*spez.* für Gebetsketten)
beztüyler *an.* Drüsenhaare *eş'arı guddeviye
bezzaz [ā] *va.* 1. s. **bezci** 2. Textilmarkt *m*
BG = beygirgücü
bıcıl 1. *an.* Würfelbein *n* 2. Knöchelspiel *n*
bıcılgan *P* 1. schwärend (Wunde) 2. *vet.* Mauke *f* (*spez.* bei Pferden)
bıcırgan *techn.* Polierstahl *m,* Reibahle *f* (für Rohre)
bıçak, -ğı *P a.* [pıçak, pıcak] Messer *n* ~ **ağzı** (*od.* ~ **yüzü**) Schneide *f* des Messers ~ **altına yatmak** sich unter das Messer legen; sich e–r Operation unterziehen ~ **atmak** s. **bıçaklamak;** ~ **bıçağa gelmek** mit dem Messer aufeinander losgehen ~ **gibi** 1. messerscharf 2. zusammengepreßt (Lippen) ~ **gibi kökünden kesmek** mit Stumpf und Stiel vernichten ~ **kemiğe dayanmak** unerträglich sein, j–m über die Hutschnur gehen ~ **kını** Messer-etui, -täschchen *n* ≗ **kendi kınını kesmez.** *Spr. (etwa):* Eine Krähe hackt der andern nicht die Augen aus. *Spr.* ~ **sapı** Messergriff *m* ~ **savurucu** Messerwerfer *m* (im Zirkus) ~ **sırtı** 1. Messerrücken *m* 2. *fig.* geringer Abstand 3. *fig.* gefährliche Lage *od.* Örtlichkeit ~ **sırtı farkla** äußerst knapp (z.B. gewinnen) ~ **sırtı kadar aralık** winziger Zwischenraum ~ **sırtı kadar fark** kaum merklicher Unterschied ~ **silmek** *fig.* et. beenden, abschließen ~ **vurmak** erstechen, erdolchen ~ **yarası** Stichwunde *f* ~ **yemek** e–n Messerstich abbekommen ~ **yeri** Narbe *f* e–r Stichwunde **-ı hakkı için** *fig.* um sein Mütchen zu kühlen **-ı göğsüne dayamak** (b–nin) j–m das Messer auf die Brust setzen *(wörtl. u. fig.)* **-ın ağzında olmak** *fig.* auf des Messers Schneide stehen **-ına güvenmek** *fig.* auf seine Kraft pochen
bıçakçı 1. Messerschmied *m* 2. Messer-händler, -verkäufer *m* 3. Messer-stecher, -held *m*
bıçakçılık Herstellung *f* und Verkauf *m* von Messern
bıçaklamak 1. durch e–n Messerstich verletzen 2. erstechen 3. *selt.* mit dem Messer schneiden
bıçaklı mit Messer(-n) versehen *od.* ausgerüstet
bıçaklık 1. Messerkasten *m* 2. zur Herstellung von Messern geeignet (Metall)
bıçık *dial.* s. **talveg**
bıçkı 1. Schrot-, Wald-säge *f* 2. Spannsäge *f* 3. Halbmondmesser *n,* Sattlerkneif *m* ~ **talaşı** Sägespäne *pl.* ~ **tozu** Sägemehl *n*
bıçkıcı 1. Sägearbeiter, Säger *m,* 2. Hersteller *od.* Verkäufer *m* von Sägemaschinen
bıçkıhane [ā] Säge-werk *n,* -mühle *f*
bıçkılısinekgiller s. **yaprakarısıgiller**
bıçkın *P* 1. Tunichtgut, Herumtreiber, Gauner *m* 2. *selt.* mutig, draufgängerisch
bıdaa; bıdaat, -tı [·–·] *va.* 1. *H* Kapital *n* *sermaye 2. Wissen *n,* Kenntnisse *pl.* *bilgi
bıdık 1. kurz und dick (z.B. Finger) 2. untersetzt (Person) 3. klein (z.B. Obst)
bıkıntı Unlust, Langeweile *f,* Verdruß *m*
bıkkın überdrüssig, müde, gelangweilt
bıkkınlık Überdruß, Widerwille *m* ~ **gelmek** s. **bıkmak;** ~ **vermek** Überdruß verursachen
bıkmak (m. Abl.) e–r Sache *od.* Person überdrüssig werden; genug bekommen (von) **bıkıp usanmak** (e–r Sache *od.* Person) im höchsten Grad überdrüssig werden
bıktırıcı abstoßend, widerwärtig
bıldır *P* (< **bir yıldır**) vergangenes Jahr; vorjährig
bıldırcın 1. Wachtel *f zo.* Coturnix coturnix 2. (gibi) *V* untersetzte üppige Schöne ~ **fırtınası** *naut.* ein periodischer Seesturm in der ersten Septemberwoche ~ **kılavuzu** Wachtelkönig *m,* Wiesenschnarre *f zo.* Crex crex *kızıl sutavuğu ~ **otu** grimmiger Eisenhut *m bot.* Aconitum ferox ~ **ördeği** s. **yaz bağırtlak ördeği**
bıllık bıllık prall, drall, rundlich, gut genährt, mollig *eti budu yerinde, etine dolgun
bıngıl bıngıl 1. s. **bıllık bıllık** 2. sich in den Hüften wiegend (Frau, Mädchen beim Gehen) 3. zitternd, vibrierend, wabbelig (wie Pudding *od.* Sülze)
bıngıldak 1. *an.* Fontanelle *f* (bei Säuglingen) *imik 2. drall, rundlich (Mädchen, Frau) 3. tändelnd, kokett
bıngıldamak 1. schlappen, spritzen (Flüssigkeit in e–m Gefäß) 2. wabbeln, vibrieren
bıngıllık Rundlichkeit *f* (e–r Frau, e–s Mädchens)
bırakı s. **bırakıt**
bırakışmak e–n Waffenstillstand vereinbaren *mütareke yapmak
bırakıt, -tı Hinterlassenschaft *f,* Erbe *n,* Nachlaß *m* *tereke
bırakma Vs. zu **bırakmak** *spez. jur.* Aufgabe *f,* Abandon *m,* Abandonnierung *f* *terk ~ **kirişi** *arch.* waagerechter Dachbalken
bırakmak, (-ır, *selt.* **-ar)** 1. (liegen) lassen, sein lassen, in Ruhe lassen 2. beiseite lassen, nicht mehr sprechen (von) 3. überlassen, anheimstellen 4. anvertrauen, (zeitweilig) übergeben, deponieren (Geld), aufgeben (Briefe) 5. ver-, zurück-, stehen-lassen, im Stich lassen; weggehen (von); abgeben (z.B. Klasse an e–n anderen Lehrer) 6. los-, frei-lassen; frei umherlaufen lassen 7. j–n in e–m best. (*mst.* unangenehmen) Zustand zurücklassen 8. (zu-)lassen, erlauben 9. herunterlassen, fallen lassen, werfen (z.B. Anker) 10. hinter-, zurück-lassen (z.B. Spuren) 11. weg-, fort-legen, aus der Hand legen 12. irgendwohin legen 13. (karı) sich scheiden lassen 14. sich e–n Bart *od.* Schnurrbart wachsen (*od.* stehen) lassen 15. nicht in die nächsthöhere Klasse versetzen (Schüler) 16. aufgeben (Gewohnheit), unterlassen (Tätigkeit) 17. auf-, ver-schieben 18. übereignen, vermachen 19. *intr.* abblättern, abgehen, sich loslösen 20. *intr.* die Spannung verlieren; nachgeben (z.B. Violinsaite) Zu 1: **Bırakın beni gideyim!** Laßt mich jetzt gehen! **bırakıldığı yerde otlamak** *P* 1. stockkonservativ sein 2. nicht wissen, was

in der Welt vor sich geht 3. nicht vorankommen (z. B. bei e–r Debatte) **Bırakınız yapsınlar, bırakınız geçsinler!** Laissez faire, laissez aller! Zu 2: **Bırak bu meseleyi!** Red' nicht mehr von dieser Angelegenheit! **Fakat bununla bırakmadı.** Dabei ließ er es aber nicht bewenden. **Bırak, Allahını seversen!** *(wegwerfend)* Ach, was! **bırak ki** ich will nicht davon reden, daß ...; s. a. **bir tarafa** ~ Zu 3: **Bu işi size bırakıyorum.** Das überlasse ich Ihnen. Zu 4: **Eşyamı size bırakacağım.** Ich werde meine Sachen bei Ihnen lassen. **Parayı bankaya bırak!** Deponiere das Geld auf der Bank! **Mektubu postaya bırak!** Trag den Brief zur Post! Zu 5: **Beni yarı yolda bırakma!** Laß mich nicht im Stich! Zu 6: **Hayvanı bırakma, kaçar.** Binde das Pferd an, sonst läuft es fort! Zu 7: s. **aç (çıplak; emrivaki karşısında; minnettar** usw.) ~ Zu 10: s. **iz(leke)** ~ Zu 11: **Elindeki değneği bırak!** Leg den Stock weg! s. a. **silâhları** ~ Zu 12: **Kâğıdı masanın üstüne bırakınız!** Legen Sie das Papier auf den Tisch! Zu 13: **Eskiden karı ~ en kolay işlerdendi.** Früher war e–e Ehescheidung denkbar einfach. Zu 14: s. **sakal(bıyık)** ~ Zu 15: **Öğretmen üç tembel çocuğu bıraktı.** Der Lehrer hat drei faule Schüler nicht versetzt. Zu 16: s. **tütünü** ~ Zu 17: **Gezmeyi haftaya bıraktık.** Unseren Spaziergang haben wir auf die nächste Woche verschoben. Zu 18: **Bizim komşu bütün malını Kızılaya bıraktı.** Unser Nachbar hat sein ganzes Hab und Gut dem Roten Halbmond vermacht. Zu 19: **Masanın kaplaması bırakmış.** Das Tischfurnier ist abgegangen.

bırakmamak (*a.* zur Bez. e–r Kontinuität): **yapmadığını** ~ et. unentwegt weiter tun

bıranda s. **branda**

bırtlak; bırtlamak s. **pırtlak; pırtlamak**

bıyık, -ığı 1. Schnurrbart *m* 2. Pflanzenranke *f* 3. Bartfäden *pl.* (bei einigen Fischen) 4. s. **cıvadra sereni** Zu 2: s. **asma -ı;** ~ **altından** heimlich, ganz leise, vor sich hin, verstohlen, verschmitzt ~ **altından gülmek** 1. verstohlen lachen 2. (m. Dat.) sich heimlich lustig machen (über) ~ **bırakmak** sich e–n Schnurrbart stehen (*od.* wachsen) lassen ~ **burmak** 1. den Schnurrbart zwirbeln 2. *fig.* den Schwerenöter spielen 3. *fig.* sich aufspielen, arrogant sein ~ **falı ile meşgul olmak** nachdenklich den Bart zwirbeln ~ **salmak** s. ~ **bırakmak; -ı terlemek** sprossen (Schnurrbart) **-ı yelli** eingebildet, stolz **-ına gülmek** (b–nin) verspotten, verhöhnen; sich lustig machen (über) **-ını balta kesmez olmak** j–m gegenüber dreist werden **-ını silmek** et. für erledigt ansehen und sich nicht mehr damit beschäftigen **-ları ele almak** *fig.* zum Jüngling heranreifen

bıyıklanmak e–n Schnurrbart bekommen

bıyıklı 1. schnurrbärtig, e–n Schnurrbart tragend 2. mit Ranken (Pflanze) 3. mit Bartfäden (Fisch) ~ **baştankara** Bartmeise *f zo.* Panurus biarmicus ~ **çopra** Bartgrundel *f zo.* Cobitis barbatula **-ya piyaz vermek** *V* sich mit der Polizei gut stehen

bıyıklıbalık Barbe *f zo.* Barbus barbus *spez.* Flußbarbe *f zo.* Barbus fluviatilis

bıyıksız 1. ohne Schnurrbart, glattrasiert 2. ohne Ranken (Pflanze) 3. ohne Bartfäden (Fisch)

bız s. **biz** (II)

bızaat s. **bıdaa(-t)**

bızbız (kleinerer) Paukenschlegel (für die linke Hand)

bızdık *V od. spött.* kleiner Junge

bızır *an.* Klitoris *f,* Kitzler *m* *dılak ~ **gemciği** *an.* Klitorisbändchen *n*

bi- (in ält. Füg.) 1. [ī] *(pers. Präp.)* ohne (s. a. **bey-**) 2. *(ar. Präp.)* mit, bei, unter, durch

biaman [–·–] s. **amansız**

biaslüesas [–···–] *va.* jeglicher Grundlage entbehrend; haltlos (z. B. Gerücht)

biat, -ti [–·] Huldigung *f* ~ **etmek** huldigen; j–n als Herrscher anerkennen

biatlon Biathlon *n* (Kombination von Ski-Langlauf und Scheibenschießen)

biavnihuda [····–]; **biavnillah** [···–] *(beides va.)* mit Gottes Hilfe, dank Gott

biaynihi [·×··] *va.* genau so, genau derselbe, genau der gleiche *tıpkı

bibehre [ī] 1. keinen Anteil habend 2. **(ilimden)** unwissend, ungeschickt 3. **(anlamaktan)** unfähig zu verstehen ~ **herif** Unglückswurm, Pechvogel *m*

biber 1. Pfeffer *m,* Paprika *m* 2. Pfeffer-, Paprika-schote *f* ~ **ağacı** 1. langer Pfeffer *bot.* Piper longum *darifilfil 2. Mastixbaum *m bot.* Schinus ~ **dolması** farcierte Pfefferschoten *pl.* ~ **ekmek** (m. Dat.) Pfeffer streuen (auf); pfeffern ~ **kutusu** Pfefferdose *f* ~ **mürver ağacı** Zwergpfeffer *m bot.* Peperomia (Sandersii u. a. m.) ~ **otu** kugelfrüchtiges Pillenkraut *bot.* Pilularia globulifera ~ **tanesi** Pfefferkorn *n* ~ **turşusu** in Essig eingelegte grüne Pfefferschoten *pl.*

biberiye 1. Rosmarin *m bot.* Rosmarinus officinalis *kuşdili 2. s. **karabibergiller** 3. Languedockische Nußdolde *bot.* Hippomaratrum libanotis

biberlemek 1. pfeffern 2. *fig.* anstacheln, reizen, antreiben

biberli gepfeffert

biberlik Pfeffer-streuer, -napf, -behälter *m,* -dose *f*

biberon *(franz.)* Milch-, Säuglings-flasche *f,* Fläschchen *n* ~ **lastiği** Sauger, Schnuller *m* (auf e–r Milchflasche)

bibi *P* 1. Tante *f* (Schwester des Vaters) *hala 2. *va.* Frau *f* (des Hauses)

bibliyofil(-i) s. **kitapsever(-lik)**

bibliyograf Bibliograph(-in *f*) *m*

bibliyografi 1. Bibliographie *f,* bibliographische Übersicht *od.* Zusammenstellung 2. Bücherkunde *f*

bibliyografik bibliographisch ~ **adres** bibliographische Angabe

bibliyografya(-cı) s. **bibliyografi; bibliyograf**

bibliyoloji(-k) s. **kitapbilim(-sel)**

bibliyoman Bibliomane, Büchernarr *m*

bibliyomani Bibliomanie, Bücherleidenschaft *f*

bibliyotek, -ği Bibliothek *f* *kütüphane

biblo [×·] *(franz.* **bibelot)** Nippsache *f,* Ziergegenstand *m,* Sächelchen *n*

bici(-li) s. **cici(-li)**

biçare [––·] arm, bedauernswert, hilflos *zavallı

biçarelik [––··] bedauernswerter Zustand; Hilflosigkeit *f*

biçek *P* für **bıçak**

biçerbağlar *agr.* Bindemäher, Mähbinder *m*

biçerdöğer *agr.* Mähdrescher *m*

biçici Schnitter, Mäher *m*

biçili (zu-)geschnitten

biçilme Vs. zu **biçilmek;** ~ **gerilmesi** Scherspannung *f* ~ **mukavemeti** Scherfestigkeit *f* ~ **zorlanması** Scherbeanspruchung *f*

biçilmek Pass. zu **biçmek; biçilmiş kaftan** wie angegossen, wie für ihn geschaffen, vollkommen passend

biçim 1. Mähen *n,* Schneiden *n* mit Sichel *od.* Sense 2. Erntezeit *f* 3. Form, Art, Weise, Manier *f,* Typ, Schlag *m,* Machart *f* 4. (Zu-)Schnitt *m* (bei Anzug, Kleid) 5. *pr.* richtige *od.* passende Form 6. *math.* Figur *f* *şekil 7. *phil.* Gestalt *f* *şekil 8. *phil.* Vorstellungsform *f* *şekil, suret 9. Modell, Muster *n,* Bauart *f* Zu 3: **kule -inde bir ev** ein in der Form e–s Turmes gebautes Haus **Bu ne ~ iş?** Was ist denn das für e–e sonderbare Angelegenheit? **Hepsi bir -dir.** 1. Sie sind alle von dem gleichen Schlag. 2. Das ist alles die gleiche Machart (*P* Masche). ~ ~ verschieden (-artig) ~ **verme** Formgebung *f* **-ine getirmek** 1. in Form bringen, passend machen 2. e–e Gelegenheit finden (zu)

biçimbilim(-sel) s. **morfoloji(-k)**
biçimci Formalist *m,* formalistisch *şekilci
biçimcilik Formalismus *m* *şekilcilik
biçimdeş von gleicher Form
biçimdeşlik Formgleichheit *f*
biçimleme Muster, Design *n,* Entwurf *m*
biçimlemek 1. *V* j–n blamieren, zum Gespött der Leute machen 2. *selt.* s. **biçimlendirmek**
biçimlendirmek formen, gestalten
biçimlenmek sich gestalten, sich herausbilden
biçimleyici: ~ **aranç** (*od.* **dilem**) s. **inşaî dava**
biçimli gut passend, sitzend; von schöner Form, kleidsam, hübsch, geschmackvoll, nett
biçimlik 1. bereitgestelltes Saatgut 2. Feld, das besät werden kann
biçimsel 1. formal, formell 2. s. **biçmesel;** ~ **mantık** formale Logik *formel (*od.* surî) mantık
biçimsiz 1. schlecht passend (sitzend, geschnitten), unschön (in der Formgebung) 2. *F* schlecht, übel, ungelegen, unpassend Zu 2: ~ **haber** schlechte Nachricht **Benim halim bugünlerde çok ~.** Mir geht es in den letzten Tagen recht schlecht.
biçimsizlenmek *V* ungezogen werden; sich flegelhaft benehmen
biçimsizlik schlechter Sitz (e–s Anzugs), Mangel *m* an Formgebung, Formlosigkeit; Häßlichkeit *f*
biçin yılı s. **maymun yılı**
biçki 1. Zuschneiden *n* 2. Zuschnitt *m,* Verarbeitung (z.B. e–s Kleids) *f* ~ **evi** Schneiderei, Schneiderwerkstatt *f* ~ **kalıbı** Schneiderpuppe *f* ~ **yurdu** Zuschneideschule *f*
biçkici Schneider(-meister) *m,* Schneiderin, Näherin *f*
biçkili herausgearbeitet (z.B. Schulterteil an e–m Damenkleid)
biçme 1. Vs. zu **biçmek** 2. *math.* Prisma *n* *menşur, prizma 3. behauener Holzklotz 4. *reg.* Baustein *m* ~ **salatası** Schnittsalat *m*
biçmek, (-er) 1. in e–r best. Form *od.* in best. Teile schneiden 2. zuschneiden (Stoff) 3. mit der Sichel *od.* Sense schneiden; mähen, ernten *(a. fig.)* 4. *fig.* niedermähen (z.B. mit Maschinengewehr); zermalmen (z.B. Zug e–n Autobus) 5. an-, fest-setzen (Preis) 6. s. **ölçüp** ~ Zu 5: s. **kıymet(paha)** ~
biçmesel *math.* prismatisch, prismaförmig *menşurî, prizmatik
bidaa s. **bıdaa**
bidar [– –] *va.* wach, munter, aufmerksam
bid'at, -ti (*spez.* unerwünschte) Neuerung, Ketzerei, Häresie *f* *türeç
bidayet, -ti [ā] Anfang(-en *n*) *m,* Beginn(-en *n*) *m* *başlama, başlangıç ~ **mahkemesi** *jur.* Gericht *n* erster Instanz **-te** s. **bidayeten**
bidayeten [ā] *z. va. Adv.* anfangs, zu Anfang, zuerst
bide Bidet *n* (längliches Becken für Spülungen)
bidiriğ [–·–] **etmek** *va.* nicht vorenthalten, nicht verweigern, gewähren *esirgememek
bidon *(franz.)* Blechbehälter, Kanister *m,* Tonne *f* (für Petroleum, Benzin, Teer usw.)
bidüziye s. **bir düziye**
biftek Beefsteak *n* (Rindslendenstück)
bifürkasyon (*franz.* **bifurcation**) s. **çatallanma**
Biga *n.pr.* Städtchen u. D. im Rbz. Çanakkale
Bigadiç *n.pr.* O. u. D. im Rbz. Balıkesir
bigami Bigamie, Doppelehe *f* *ikievlilik
bigâne [– –·] 1. *va.* fremd, unbekannt 2. gleichgültig, uninteressiert, indifferent, fremd *ilgisiz, aldırışsız
bigânelik 1. *va.* Fremdsein *n* 2. Gleichgültigkeit, Indifferenz *f*
bigare (*franz.* **bigarré**) buntscheckig
bigayrihakkın unberechtigt, ungerechtfertigt, unberechtigtermaßen ~ **mal edinme** *jur.* s. **sebepsiz iktisap**
bigayrikastin *va.* unabsichtlich, ungewollt, ohne böse Absicht *istemeyerek
bigudi (*franz.* **bigoudi**) Lockenwickel *m*
bigünah [–·–] s. **günahsız**
bihaber [ī] *va.* s. **habersiz**
bihad [ī] *va.* s. **hadsiz**
bihaddühesap [–···–] *va.* unermeßlich groß, unübersehbar; auch nicht annähernd anzugeben *hadsiz hesapsız
bihaddüpayan [–··––] *va. Verst.* von **bihad**
bihakkın 1. zu Recht, berechtigtermaßen 2. gründlich, vollkommen, tadellos, getreulich 3. tatsächlich, wahrlich, wirklich
bihamdillah [···–] *z. va.* 1. Gott sei gelobt! 2. durch die Gnade Gottes
bihter 1. *va.* ausgezeichnet, hervorragend 2. ♀ *wV*
bihuş [– –] *z. va.* 1. besinnungslos, bewußtlos 2. dumm, geistlos, unverständig 3. verblüfft, betäubt
biiznillahi teâlâ mit Gottes Hilfe (Genehmigung) *Allahın izniyle
biju Bijou, Kleinod, Schmuckstück *n*
bikarar [–·–] *va.* 1. s. **kararsız** 2. s. **rahatsız**
bikarbonat dö sut (*franz.* **bicarbonate de soude**) Natriumbikarbonat *n,* doppeltkohlensaures Natrium; Natron, Bullrichsalz *n*
bikes [ī] alleinstehend; ohne Verwandte *od.* Freunde; verwaist *kimsesiz
bikeslik [–··] Alleinstehen, Verwaistsein *n* *kimsesizlik
bikın [–·] (*engl.* **beacon**) Funkfeuer, Landelicht *n* (auf Flugplatz)
bikini [·×·] Bikini *m,* zweiteiliger Damen-Badeanzug
bikinili e–n Bikini tragend
bikir, -kri 1. Jungfernschaft, Jungfräulichkeit, Unberührtheit *f* *bekâret, erdenlik, kızlık 2. Jungfrau *f,* unberührtes Mädchen *bakire, erden, kız ~ **asması** wilder Wein; Veitchs Jungfernrebe *f bot.* Parthenocissus Veitchii **-ini izale etmek** (bir kızın) ein Mädchen entjungfern, deflorieren
bikrî *va.* jungfräulich; vgl. **tenasülü** ~
bil- *(ar. Präp. mit Artikel)* mit, bei, unter, durch
bilâ- ohne, un-, -los
bilâbedel s. **bedelsiz**
bilader (I) s. **birader**
bilader (II) **ağacı** ostindischer Merkfruchtbaum *bot.* Semecarpus anacardium
bilâhara 1. nachher, später, danach *sonra, sonradan, daha sonra, sonraları 2. schließlich, endlich *akıbet, nihayet
bilâistisna [·×··–] *va.* s. **istisnasız**
bilâkayıt, *mst.* **bilâkaydüşart, -tı** *va.* ohne jeden Vorbehalt, uneingeschränkt, bedingungslos *kayıtsız şartsız
bilakis [×··] sondern, ganz im Gegenteil, vielmehr, umgekehrt
Bilâli Habeşî *n.pr.* Genosse des Propheten Mohammed und erster Müezzin
bilanço [·×·] Bilanz *f,* Rechnungsabschluß *m* ~ **kârı** *H* Geschäftsgewinn *m* ~ **tanzim etmek** (*od.* **yapmak**) Bilanz ziehen
bilar Dichtungsmaterial *n* aus Werg und Teer (zum Kalfatern)
bilardo [·×·] Billard(-spiel) *n* ~ **masası** Billardtisch *m* ~ **salonu** Billardsaal *m*
bilat *V* für **bilet**
bilateral bilateral, zwei-, wechselseitig
bilateralizm Bilateralismus *m* (System zweiseitiger Handels- und Zahlungsabkommen)
bilâvasıta [·×–··] unmittelbar, direkt *araçsız, direkt, vasıtasız

bildedahe [··×·] aus dem Stegreif, improvisiert, unvorbereitet *irticalen
bilboke Bilboquet-Spiel *n,* (Kugelfang *m*)
bilcümle [×··] alle, sämtliche, jeder, jeglich
bildik 1. gewußt, bekannt 2. bewußt 3. Bekannte *m, f* Zu 2: **bu ~ otelde** in dem bewußten Hotel **~ çıkmak** sich als alte Bekannte herausstellen, sich wiedererkennen; s.a. **bilmek**
bilding (*engl.* **building**) *selt.* Büro-, Geschäfts-haus *n* *iş hanı
bildirge 1. offizielle Verlautbarung *tebliğ 2. Benachrichtigung *f,* Bescheid *m* *ihbar, ihbariye 3. Erklärung, Deklaration *f* *beyanname
bildiri 1. (offizielle) Mitteilung, Bekanntmachung, Information *f* *tebliğ 2. Deklaration *f* Zu 2: s. **insan hakları -si; ~ tiyatrosu** informatives Theater
bildirici 1. mitteilend, erläuternd 2. *selt.* Ansager(-in *f*) *m* (im Rundfunk)
bildirik was angekündigt worden ist
bildirim (schriftliche) Erklärung, Mitteilung *f*
bildirimsiz: ~ fesih hakkı *jur.* Recht *n* sofortiger Kündigung
bildiriş (Form *f* der) Mitteilung *f*
bildirişmek Nachrichten austauschen, sich gegenseitig verständigen *haberleşmek
bildirme Vs. zu **bildirmek; ~ kipi** *gr.* Indikativ *m,* Aussage-, Wirklichkeits-form *f* *sıygai ihbariye **~ koşacı** *gr.* Kopula *haber edatı **~ koşaciyle özne** *gr. (im Türk.)* Subjekt mit Kopula (z.B. **Bir kahkahadır koptu.**) **~ tümcesi** *gr.* Aussage-, Behauptungs-satz *m* *haber cümlesi
bildirmece *(G, spöttisch)* auch e–e Art von „Bekanntmachung"
bildirmek 1. wissen lassen, mitteilen, melden, informieren 2. ausdrücken, erklären 3. bekanntmachen, vorstellen Zu 3: **Hiç kendini bildirmedi.** Er gab sich ihm nicht zu erkennen.
bile (I) 1. *va.* zusammen *birlikte 2. sogar, selbst, auch 3. schon (wieder); (nicht nur) sondern sogar 4. (schon) allein 5. s. **bilye** Zu 1: **Sizinle ~ gideceğim.** *(va.)* Ich werde mit Ihnen zusammen gehen. Zu 2: **Bana ~ söyledi.** Er hat es sogar mir gesagt. **Yemin etse ~, inanmam.** Selbst wenn er einen Eid darauf leistet, glaube ich es ihm nicht. Zu 3: **Emin geldi mi? – Gitti ~!** Ist Emin gekommen? Er ist sogar schon wieder fortgegangen! Zu 4: **Bu haber ~, son felâketin vüsatı hakkında bir fikir vermeğe yeter.** Schon diese Meldung allein läßt den Umfang der Katastrophe erkennen.
bile (II) **bile** s. Stw. **bilmek**
bilece *dial.* zusammen, gemeinsam
Bilecik *n.pr.* größerer O. im gln. Rbz. (Westanatolien)
bileği Schleifwerkzeug *n* **~ çarkı** Schleifrad *n* (des Scherenschleifers) **~ demiri** Wetzstahl *m* *masat **~ kayışı** Streich-, Abzieh-riemen *m* **~ makinesi** Schleifmaschine *f* **~ taşı** Schleif-, Abzieh-stein *m*
bileğici (Messer-, Scheren-)Schleifer *m*
bilek (I), **-eği** 1. *urspr.* Vorderarm *m* 2. *an.* Handgelenk *n* 3. *an.* Handwurzel *f,* Carpus *m* 4. Fußknöchel *m* *ayak bileği **~ damarlarını kesmek** sich die Pulsadern aufschneiden **~ gibi (kadar, kalınlığında)** armdick (z.B. Wasserstrahl) **~ gücü** (*od.* **~ kuvveti**) Brachialgewalt *f* **~ kayışı** 1. (Leder- *od.* Stoff-)Armband *n* (*a.* als Gelenkschutz) 2. Handriemen *m* (z.B. am Bergstock) **~ saati** Armbanduhr *f* *kol saati **-inde altın bileziği olmak** *fig.* sehr einträglich, rentabel sein, „e–n goldenen Boden haben" (Handwerk) **-ine güvenmek** sich auf seine Kraft (*od.* seine Fähigkeit) verlassen; sich et. zutrauen **-ine** (*od.* **bileklerine) kadar** bis zu den Fußknöcheln (reichen, einsinken) **-inin hakkı ile** aus eigener Kraft
bilek (II); **bilek akmak** plätschern (Wasser)
bilek-spor yapmak *V* masturbieren
bileklik 1. *(spez. bei Sport)* (Hand-)Gelenkschutz *m* 2. Umwicklung *f* der Fesseln e–s Pferdes
bilelik *dial.* Gefolge *n* *elaltı, maiyet
bileme Vs. zu **bilemek; ~ makinesi** (Werkzeug-)Schleifmaschine *f* **~ mengenesi** Feilkloben *m* **~ taşı** s. **bileği taşı**
bilemek schleifen, schärfen, wetzen, abziehen
bilemsemek so tun, als ob man wüßte
bileşen Komponente *f* *mürekkip
bileşik zusammengesetzt *mürekkep **~ faiz** Zinseszins *m* *faizi mürekkep **~ fiil (isim, kelime, zaman)** s. **birleşik eylem (ad, sözcük, zaman); ~ göz** *biol.* Facetten-, Netzauge *n* *ayni mürekkep, petekgöz **~ kesir** *math.* unechter Bruch; gemischte Zahl *f* *kesri mürekkep **~ kırık** *med.* komplizierter (Knochen-)Bruch *aşık (*od.* katınç) kırık **~ sayı** *math.* gemischte Zahl *kesirli sayı **~ üçlü kaidesi** *math.* zusammengesetzte Schlußrechnung *mürekkep selâse kaidesi **~ yaprak** *bot.* zusammengesetztes Blatt *varakı mürekkep
bileşikgiller *bot.* Kompositen, Korbblütler *pl.* *mürekkebe
bileşim Zusammensetzung, Verbindung *f* *terekküp, terkip
bileşke *phys.* Resultante, Mittelkraft *f* (im Kräfteparallelogramm) *muhassala
bileşmek *chem., phys.* sich verbinden *terekküp etmek
bileştirme Vs. zu **bileştirmek** *spez. gr.* Zusammensetzung *f* (e–s Wortes) *terkip **~ aygıtı** *(Film)* Synchronisationsmaschine *f* **~ masası** *(Radio, Fernsehen)* Mischpult *n*
bileştirmek verbinden, vereinigen, zusammensetzen *terkip etmek
bilet, -ti 1. Fahr-karte *f,* -schein *m,* Billett *n,* Flugkarte *f* 2. Eintritts-, Theater-, Kino-karte *f* 3. (Lotterie-)Los *n* 4. Gutschein *m* **~ gişesi** (*od.* **~ satış yeri**) 1. Fahrkartenschalter *m* 2. (Theater-, Kino- usw.) Kasse *f* **~ kesmek** e–n Fahrschein abtrennen (und dem Fahrgast aushändigen) **~ payı** Zuteilung *f* von (*spez.* Schiffs-)Fahrkarten an ein Reisebüro
biletçi 1. (Straßenbahn-, Autobus- usw.) Schaffner *m* 2. Fahrkartenverkäufer(-in *f*) *m* 3. wer an e–m Schalter Eintrittskarten (für Theater, Kino usw.) verkauft 4. Fahrkartenkontrolleur *m* (Eisenbahn)
biletçilik Tätigkeit *f* e–s (e–r) **biletçi**
biletli wer e–e Fahr-(Flug-, Eintritts-)karte besitzt
biletsiz ohne **bilet** *(q.v.)* ≗ **var mı?** Noch jemand ohne Fahrschein?
biley(i)ci s. **bileğici**
bileytaşı s. **bileği taşı**
bilezik, -iği 1. Arm-band *n,* -reifen *m* 2. s. **ayak -i** 3. *V* Handschelle(-n *pl.*) *f* 4. s. **kuyu -i** 5. Metall-, Blech-ring *m* (für Säule, Geschützlauf, Ofenrohr usw.), *techn. a.* Manschette, Muffe, Schelle, (Messer-)Zwinge *f* **~ taşı** s. **kuyu -i**
bilezikçi wer **bilezik** (*spez.* Armbänder) herstellt *od.* verkauft
bilezikleme Beringen *n* (von Vögeln)
bilezikli mit **bilezik** ausgestattet **~ regülatör** *techn.* Muffenregler *m* **~ tane** *mil.* Ringgranate *f*
bilfarz [×·] (*gel. a.* mit dem Zusatz **vettakdir**) gesetzt den Fall, daß ..., angenommen *faraza, tutalım ki
bilfiil [×··] 1. in der Tat, tatsächlich, wirklich 2. effektiv, de facto 3. tatkräftig, aktiv 4. *phil.* aktuell *edimsel
bilge 1. weise *hakim 2. kenntnisreich, gelehrt 3. ≗ *mV, wV* **~ kişi** Wissenschaftler, Gelehrter
bilgelik 1. Weisheit *f* *hikmet 2. Gelehrsamkeit *f,* großes Wissen
bilgi 1. Wissen *n,* Kenntnis *f* *malumat, vukuf 2. *in Zss. a.:* -lehre, -kunde *f* 3. Erkenntnis, Wahrnehmung *f* 4. Anga-

be, Mitteilung *f* ~ **edinmek** Kenntnis nehmen ~ **kuramı** s. **epistemoloji; -ler katalogu** s. **sistematik katalog**
bilgicilik s. **safsata, sofizm**
bilgiç 1. kenntnisreich 2. wer sich den Anschein gibt, Kenntnisse zu besitzen 3. Superkluger, Besserwisser, Neunmalkluger 4. ≗ *türk. Fn.* ~ ~ **gülümsemek** vielsagend lächeln ≗ **Kadınlar** Les Femmes Savantes (Molière)
bilgiçlik 1. Reichtum *m* an Wissen 2. Spiegelfechterei *f*, Sophismus *m* 3. Superklugheit, Besserwisserei *f* ~ **satmak** (*od.* ~ **taslamak**) großtun; sich aufspielen (mit angeblichen Kenntnissen)
bilgi-işlem Informatik *f* *enformatik
bilgilendirmek (m. Akk.) j–m Kenntnisse vermitteln
bilgilenmek Kenntnisse erwerben
bilgili 1. kenntnisreich, gelehrt *malumatlı 2. bewußt, überlegt (z.B. sprechen) *bilerek
bilgilik *dial.* (Merk-)Zeichen, Merkmal *n* *nişan
bilgin Wissenschaftler, Gelehrter *alim
bilginlik fundamentales Wissen
bilgisayar Datenbank *f*
bilgisiz ohne Kenntnisse, unwissend *malumatsız, cahil
bilgisizcilik (absichtliches) In-Unwissenheit-Halten (z.B. e–s Volkes)
bilgisizlik Fehlen *n* von Kenntnissen, Unwissen(-heit *f*) *n*, Ignoranz *f* *malumatsızlık, cehalet
bilharziyoz s. **kan kelebeği hastalığı**
bilhassa [×··] 1. besonders, insbesondere, vor allem, speziell, hauptsächlich, namentlich *özellikle 2. absichtlich, zum Tort *mahsus (4) ~ **ve bilhassa** vor allem andern, an allererster Stelle
bili *phil.* Wissen *n*, Kenntnis, Kunde *f* *bilgi, malumat, vukuf
bilik, -iği Verständnis *n*, Urteilskraft *f*
bililtizam [···–] *va.* s. **kasten**
bilim Wissenschaft *f* (*in Zss. a.* -lehre, -kunde) ~ **adamı** Wissenschaftler, Gelehrter ~ **dalı** (*od.* ~ **kolu**) Wissenschaftszweig *m* *ilmî branş ~ **dergisi** s. **belleten;** ~ **dili** Gelehrtensprache *f* *ilmî lisan **-ler mantığı** s. **metodoloji**
bilimce 1. wissenschaftlich betrachtet 2. auf wissenschaftlichem Wege
bilimci Wissenschaftler, Forscher *m*
bilimcilik 1. wissenschaftliche Forschung 2. *phil.* Positivismus *m*
bilimsel wissenschaftlich *ilmî
bilimsellik Wissenschaftlichkeit *f* *ilmiyet
bilimsiz 1. unwissenschaftlich *gayri ilmî 2. Analphabet *m* *ümmî
bilimsizlik 1. Unwissenschaftlichkeit *f* 2. Analphabetentum *n*
bilimtay (*kaum gebr.*) s. **akademi**
bilinç, -ci 1. *psych.* Bewußtsein *n* *şuur 2. s. **ahlâkî;** ~ **çevresi** Schwelle (*od.* Grenze) *f* des Bewußtseins *şuur çevresi ~ **ocağı** Bewußtseinszentrum *n* *şuur nüvesi
bilinçaltı, -nı *psych.* 1. Unterbewußtsein *n* *altbilinç, tahteşşuur 2. unterbewußt, unterschwellig *altbilinçsel
bilinçdışı *psych.* das Unbewußte; unbewußte, seelische Tatbestände *pl.* *gayri şuur
bilinçlendirmek (b–ni) j–m et. ins Bewußtsein bringen
bilinçli *psych.* bewußt *şuurlu
bilinçsiz *psych.* unbewußt *şuursuz
bilinçsizlik Fehlen *n* des Bewußtseins; Unbewußtheit *f*
bilindik *math.* bekannte Größe; Bekannte *f* *malum
bilinemez *phil.* Unerforschliches
bilinemezci(-lik) s. **agnostik; agnostisizm**
bilinen *math.* s. **bilindik**
bilinircilik Gnostizismus *m* *gnostisizm, irfaniye
bilinmedik s. **bilinmeyen**
bilinmeyen *math.* unbekannte Größe, Unbekannte *f*
bilinmeyenli *math.* mit (soundsoviel) Unbekannten **birinci dereceden iki** ~ **denklem** *math.* Gleichung *f* ersten Grades mit zwei Unbekannten *derecei ulâdan iki meçhullü muadele
bilinmez 1. unbekannt *gayri malum; meçhul 2. unerforscht, undurchsichtig, undurchschaubar
bilinmezlik 1. Unbekanntsein *n* *meçhuliyet 2. Undurchschaubarkeit *f*
-bilir 1. *T* von **şinas** 2. vgl. **bilmek** (8)
bilirkişi s. **ehlihibre, ehlivukuf;** ~ **raporu** *jur.* Sachverständigengutachten *n*
bilirkişilik s. **ehlihibrelik, ehlivukufluk**
bilirlenmek (m. Akk.) so tun als ob man ... wüßte, kennte
-bilirlik 1. *T* von **şinaslık** 2. Möglichkeit *f* (vgl. z.B. **yaşayabilirlik**)
bilisiz(-lik) s. **bilgisiz(-lik)**
bilistifade [×··–·] Vorteil ziehend; s.a. Stw. **istifade**
bilistişare [ā] *va.* durch Konsultation
biliş 1. Wissen *n*; Kenntnis, Beherrschung *f* (e–s Wissensgebietes) *vukuf 2. *P* Bekannte *m*, *f* *bildik, tanıdık ~ **çıkmak** sich als alte Bekannte erkennen **Çarçabuk** ~ **görüş olduk.** Wir freundeten uns rasch an.
bilişmek sich gegenseitig kennen, miteinander bekannt sein *muarefesi olmak, tanışmak
bilittifak [×··–] *z. va.* einstimmig, einmütig, übereinstimmend *ittifakla
bilkuvve [×··] 1. *va.* mit Gewalt 2. *phil.* virtuell *gizil, tasarlı
bilkülliye [×···] *va.* gänzlich, völlig, vollständig, ganz und gar *tamamen, tamamiyle
billah [×–]; **billahi** [×–·] bei Gott! wahrhaftig!
billur 1. Kristall *n bzw. m* 2. *chem.* in Kristallform 3. *geol.* kristallin(-isch) 4. Kristallglas *n* 5. Bergkristall *m* *neceftaşı 6. kristallklar (z.B. Stimme) ~ **akisli** kristall-hell, -klar, -rein (Stimme) ~ **gibi** 1. kristallklar 2. makellos weiß (Arm, Hals usw.)
billurbilim Kristallographie *f* *kristalografi
billurbilimsel kristallographisch *kristalografik
billurcisim *an.* Kristallinse *f* (im Auge) *cismi billurî; göz merceği
billurcu Kristall-arbeiter *od.* -händler *m*
billurî 1. *chem.* in Kristallform, kristallen 2. *geol.* kristallin(-isch) 3. aus Bergkristall ~ **kırık** *techn.* kristallinischer Bruch ~ **sahra** s. **billurlu külte;** ~ **şist** s. **billurlu şist**
billuriye (mağazası) Kristallwarengeschäft *n*
billurlaşma Kristallisation *f* *tebellür ~ **suyu** *chem.* Kristallisationsflüssigkeit *f* *mai billurî
billurlaşmak *chem.* zu Kristallen anschießen, sich (heraus-)kristallisieren *tebellür etmek
billurlaşmış *chem.* kristallisiert *mütebellir
billurlaştırma Kristallisation *f* ~ **kabı** *chem.* Kristallisationsgefäß *n* *teblir kapsülü
billurlaştırmak *chem.* (heraus-)kristallisieren *teblir etmek
billurlu kristallin(-isch) *billurî ~ **külte** *geol.* kristallines Gestein *billurî sahra ~ **şist** *geol.* kristalliner Schiefer *billurî şist
billursal kristallin(-isch) *billurî
billursu 1. kristallähnlich 2. *chem.* Kristalloid *n* ~ **mercek** s. **göz merceği**
bilme Vs. zu **bilmek** *spez.* Wissen *n* *vukuf
bilmece Rätsel *n* (*mst.* als Unterhaltungsspiel) ~ **çözmek** (*od.* **halletmek**) Rätsel lösen ~ **gibi konuşmak** in Rätseln sprechen ~ **muhaveresi** *Th.* Rätsel-Dialog *m* (zwischen Karagöz u. Hacivat im Karagözspiel)
bilmedik [×··] 1. unbekannt 2. undurchschaubar, undurchsichtig 3. nicht wissend Zu 3: ≗ **kimse kalmadı.** Jeder weiß das.

bilmek, (-ir) 1. wissen, kennen 2. können, verstehen 3. erkennen, sich e–r Sache bewußt sein 4. glauben, meinen, annehmen; halten (für) 5. (b–ni *od.* b–den) j–n verantwortlich machen; sich halten (an) 6. für richtig finden; j–m passen 7. raten 8. *(modales Hv.)* können 9. s. **k–ni** ~ 10. sich erinnern 11. sich e–r Ordnung (e–m Gesetz usw.) fügen; et. anerkennen Zu 2: **Arapça biliyor musunuz?** Können Sie Arabisch? **Yüzmek bilir misin?** Kannst du schwimmen? s.a. **ütü** ~ Zu 3: **Benim kim olduğumu bildin mi?** Hast du gleich erkannt, wer ich bin? **Bunu kendi kabahatimiz bilelim!** Seien wir uns unserer Schuld bewußt! Zu 4: **Onu evlenmiş biliyordum.** Ich dachte, er sei verheiratet. **Ben bu iftirayı senden bilirim.** Diese Verleumdung dürfte von dir ausgehen. Zu 5: **Ben arkadaşını bilmem, seni bilirim!** Ich halte mich nicht an deinen Freund, sondern du stehst mir gerade! **Ayağına taş dokunsa, benden bilir.** *Spr.* Wenn ihm ein Stein auf den Fuß fällt, macht er mich dafür verantwortlich. Zu 6: **Siz bilirsiniz.** a) Wie Sie wünschen (*od.* meinen). b) Das hängt ganz von Ihnen ab. c) Das können Sie besser entscheiden als ich. Zu 7: **Bilemedin kaldır vur!** (Ausruf bei dem Ksp. **El el üstünde kimin eli var,** wenn falsch geraten worden ist) **Bil, bakalım!** Rat' einmal! Zu 8: **yapabilmek** tun können **görebilmek** sehen können **görmeyebilmek** möglicherweise nicht sehen **Bu toplantıya gelmeyebilirsiniz.** Sie brauchen nicht zu dieser Versammlung zu kommen. **bildiğime göre** meines Wissens; soviel ich weiß **bildiğinden şaşmamak** (*od. P* **kalmamak**) sich nicht von seiner Meinung abbringen lassen; auf seinem Kopf bestehen **bildiğini okumak** *fig.* nach seinem eigenen Kopf handeln **bildiğini yapmak** gegebene Ratschläge nur scheinbar befolgen **bildiğini yedi mahalle bilmez** mit allen Wassern gewaschen; gerissener Bursche **bile bile** 1. wissentlich, bewußt, absichtlich 2. ohne Scheu 3. (bşi) in voller Kenntnis **Bile bile lâdes!** (Ra., mit der man sich bewußt e–n Schwindel gefallen läßt; etwa): Na, wenn schon! **(hadi) bilemedin(-iz)** (als eigene Korrektur e–r Zahlangabe) vielleicht auch ...; na, wenn es hoch kommt ... **Bunu bilemeyecek ne var?** Was ist dabei nicht zu verstehen? **Bilen bilir.** (*a. mit der Forts.* **bilmeyen, aslı var sanır**) Sapienti sat! **bilerek** (*od.* **bilesiye**) 1. wissentlich 2. in voller Kenntnis (von) **bilerek kendini sakatlama** *mil.* Selbstverstümmelung *f* **bilerek sapkı** *(Sport)* absichtliches Foul **bilir bilmez** mit nicht allzu großen Kenntnissen **bilmeden** 1. ohne es zu bemerken (zu wissen, zu ahnen) 2. ohne den Ausgang e–r Sache zu kennen **Bilmediği beş vakit namaz** (*fr. a. mit der Forts.* **onu da bilir ama, şeytan komaz**). Er ist ein richtiger Tausendsassa. **Bilmem.** *gel. a.* Vielleicht. **bilmem hangi dairede** bei irgendeiner Behörde **bilmem kaç** soundsoviel **bilmem ki!** was weiß ich! **bilmem kim** irgendeiner **bilmem ne** 1. irgendein 2. und was sonst noch Zu 2: **birkaç kitapla daha bilmem ne** ein paar Bücher und was sonst noch **bilmem nesi** s. Stw. **osuruk**

bilmemek 1. *neg.* **bilmek** 2. (*spez.* m. Inf. von Verben der Veränderung) nicht in Frage kommen Zu 2: **Eskimek bilmiyor.** Das kann sich gar nicht abnützen. **Sabah gelmek bilmedi.** Der Morgen wollte und wollte nicht kommen. (z.B. bei Schlaflosigkeit)

bilmemezlik, -iği Nicht-kennen, -wissen *n* (in den Füg.:) **-ten** (*od.* **-iğe**) **gelmek** (*od.* **-iğe vurmak**) so tun, als ob man ... nicht kennte (wüßte) *tecahül etmek

bilmesinlercilik Obskurantismus *m*

bilmez 1. nicht kennend (wissend), ohne Kenntnis (von) 2. unwissend, ungebildet, dumm *cahil 3. undankbar **-den gelmek** s. **bilmemezlikten gelmek**

bilmezcilik *Th.* gespielte Ignoranz

bilmezlemek (m. Akk.) j–n als unerfahren, unwissend hinstellen; j–n der Unerfahrenheit, Unwissenheit zeihen *teçhil etmek

bilmezlenmek (bşi) so tun, als ob man nicht ... kennte (wüßte), von et. nichts verstünde; ignorieren *tecahül etmek

bilmezlik 1. Unkenntnis *f* 2. Unwissen *n*, Ignoranz *f* *cehil, cehalet 3. puristisch für **bilmemezlik** 4. Undankbarkeit

bilmisil [×··] (in der Füg. **mukabele** ~) mit Gleichem

bilmiş olmak wissen; Kenntnis haben (nehmen); s.a. **çokbilmiş**

bilmukabele [ā] 1. zur Erwiderung, als Antwort *karşılık olarak, cevap olarak 2. auch meinerseits, ich ebenfalls

bilmuvacehe [ā] *va.* unter Konfrontierung

bilmünakasa [··–··] *va.* auf dem Submissionsweg *münakasa suretiyle

bilmünasebe [ā] *z. va.* bei dieser Gelegenheit, im Zusammenhang hiermit *bu münasebetle

bilmünavebe [ā] *va.* wechselweise, abwechselnd

bilmüşahede [ā] *va.* durch eigene Beobachtung, durch Augenschein, mit eigenen Augen *müşahede ederek; görerek

bilsaniye s. **sarmaşıkgiller**

bilseme Wißbegier, Neugier *f* *tecessüs

bilumum [×·–] all, sämtlich, jeder, jeglich *bütün, hep

bilütfihi teâlâ *va.* durch Gottes Güte

bilvasıta [×–··] mittelbar, indirekt *araçlı, endirekt, vasıtalı

bilvesile [··–·] bei diesem Anlaß, bei dieser Gelegenheit, im Zusammenhang hiermit, hierbei, auf diese Weise, hierdurch *bu vesile ile **Teşrifinizi rica eder,** ~ **arzı hürmet eylerim, efendim.** *(osm.)* Ich bitte Sie höfl. um Ihren Besuch und verbinde damit den Ausdruck meiner Hochachtung.

bilya [×·] 1. *Kspz.* Murmel, Marmel *f* *zıpzıp 2. Kugel *f* (in e–m Kugellager, bei Roulett usw.) 3. (Billard-)Ball *m* ~ **tazyik yatağı** *techn.* Kugeldrucklager *n* ~ **yatağı** Kugellager *n* ~ **valfı** Kugelventil *n*

bilyalı mit Murmeln (Kugeln, Bällen) ~ **çıtçıt** Kugelschnäpper *m* (z.B. an e–r Schranktür) ~ **mafsal** (*od.* **oynak**) *techn.* Kugelgelenk *n* ~ **yatak** Kugellager *n*

bilye(-li) s. **bilya(-lı)**

bilyon 1. Billion *f* 2. (nach franz. *od.* amer. Vorbild) Milliarde *f* *milyar

bimar [––] *va.* 1. krank *hasta 2. verzückt, schmachtend (Blick)

bimarhane; bimaristan *(beides va.)* Irrenanstalt *f*

bimetalizm s. **çift maden standardı**

bimuhaba [–·––] ungeniert; ohne Rücksicht auf andere Leute zu nehmen *biperva

bin (I) 1. tausend 2. Zahl *f* Tausend 3. unzählig; unendlich (viel) ~ **belâ** e–e Unmenge Leid und Kummer ~ **belâ ile** mit größter Mühe und Not ~ **belâden artakalmak** unendlich viel Leid und Kummer durchgemacht haben ~ **bir** 1. tausendundeins 2. sehr viele, unzählige ~ **bir ayak bir ayak üstüne** (*od.* **üzerinde**) dichte Menschenmenge, furchtbares Gedränge ~ **bir kapının ipini çekmek** *fig.* herumzigeunern ~ **bir yaprak tatlısı** Blätterteigpastete *f* (mit Vanille-Creme-Füllung) ~ **can ile** mit dem größten Eifer ~ **derde deva olmak** 1. ein Allheilmittel sein 2. Mädchen für alles sein ~ **dereden(bin)su getirmek** s.Stw. **dere;** ~ **ezgi bir avaz** ein Aufschrei aus tausend Kehlen ~ **gemle bağlamak** an Händen und Füßen fesseln ≗ **işçi bir başçı.** *Spr.* Es ist immer ein Mann notwendig, der das Ganze leitet. ≗ **işit bir söyle.** *Spr.* Reden ist Silber, Schweigen ist Gold. *Spr.* ~ **kalıba girmek** 1. dauernd e–e andere Form annehmen 2. immer wieder anders gekleidet sein 3. dauernd den Beruf wechseln 4. dauernd seine Meinung ändern ~ **kuyruk ilâvesiyle uçurmak** maßlos übertreiben (z. B. bei e–m Bericht) ≗ **nasihatten bir musibet evlâdır** (*od.* **yeğdir**). *Spr.* Eine böse Erfahrung ist besser als tausend Ermahnungen. ≗ **ölçüp bir biçmeli!** *Spr.* Zuerst reiflich überlegen, dann aber entschlossen handeln! ~ **parça olmak** in tausend Stücke gehen (zerbrechen, zerspringen, zerplatzen usw.) ~ **pişman olmak** bitter bereuen ~ **renge girmek** 1. alle möglichen Farben annehmen 2. *fig.* unbeständig, launisch, wankelmütig sein 3. alle möglichen Ausflüchte (*od.* Listen) versuchen ≗ **tarakta (bin) bezi var.** 1. Er ist Hansdampf in allen Gassen. 2. Er hat viele Eisen im Feuer. ≗ **tasa bir borç ödemez.** *Spr.* Die Sache wird nicht besser, wenn man den Kopf hängen läßt. ≗ **yaşa(-yın)!** 1. Hoch! 2. Bravo! Großartig! Wunderbar! 3. Vielen herzlichen Dank! ≗ **yıl günahkâr, bir gün tövbekâr.** *spr. Ra.* 1. hartnäckiger Sünder (der nur gelegentlich Besserung gelobt) 2. Es wird Freude sein über e–n Sünder, der Buße tut. *(Bibel)* **-de bir** 1. ein Tausendstel, *H* ein Promill 2. (*mst.* in der Zs.schr. **bindebir**) äußerst selten *pek seyrek olarak **-i aşmak** (*od.* **geçmek**) in unzählbarer Menge vorhanden sein (vgl. **Kırdığı kozlar bini aştı.**) **-i bir para (-ya)** 1. spottbillig 2. gewöhnlich, wertlos 3. zahllos, unzählig, überaus häufig 4. ellenlang (Fluch), nicht enden wollend (Gelächter) º**in yarısı beşyüz.** „(Auch) die Hälfte von (diesen) Tausend ist Fünfhundert.“ d. h. Laß doch die dummen Gedanken! Es wird überall mit Wasser gekocht! **-ler bölüğü** *math.* die Gruppe der Tausender **-lerce** Tausende *pl.* º**lerce teşekkür!** Tausend Dank!

bin (II) *va.* Sohn *m* *oğul

-bin [–] *pers. Sx.* sehend; vgl. **bedbin, hurdebin, nikbin** usw.

bina [·–] 1. Gebäude *n* *yapı 2. (Er-)Bauen *n*, Gründung *f* 3. Bau *m (a. fig.)* 4. *fr.* Lehrbuch *n* der ar. Grammatik 5. s. **çatı** (5); ~ **etmek** 1. (er-)bauen 2. *fig.* bauen, stützen *dayamak Zu 2: **Fikirlerini ne üzerine ~ ediyorsun?** Worauf stützt du deine Ansicht? ~ **vergisi** Gebäudesteuer *f*

binaberin [·–·–] *va.* s. **binaenaleyh**

binaen [·×·] (m. Dat.) auf Grund (von), wegen, infolge; weil, da *dolayı; için **buna** ~ aus diesem Grunde, demgemäß, deshalb, demzufolge, folglich, also, infolgedessen *bundan dolayı, binaenaleyh

binaenalâzalik [·–··–··] *va.* daraufhin, deswegen

binaenaleyh [·×···] s. **buna binaen**

binam [––] *va.* 1. namenlos, unbenannt 2. unbekannt

binamaz s. **beynamaz**

binaullah [·–·–] Gottes Geschöpf, Lebewesen *n spez.* Mensch *m*

binbaşı, -yı 1. *mil.* Major, Bataillonskommandeur *m* 2. s. **deniz -sı**

binbaşılık Rang *m*, Stellung *f* e–s Majors

binbirdelik otu Johanniskraut *n bot.* Hypericum

Binbirdirek sarnıcı *n.pr.* Zisterne *f* des Philoxenos (in Istanbul) (mit 224 Säulen)

Binbir Gece Masalları *lit.* Märchen *pl.* aus Tausendundeiner Nacht

Binbir Gün Masalları *lit.* Märchen *pl.* aus Tausendundeinem Tag

Binbir Kilise *P* s. **Göreme**

binbiryaprakotu, -nu s. **civanperçemi**

bindallı dunkelvioletter Samt mit gold- *od.* silber-gestickten Zweigen (Blättern, Blüten) (als Decke *od.* Kleidungsstück)

bindebir s. **binde bir**

bindi *va.* Träger, Untersatz, Halter *m* *destek, hamil

bindirgi (Maler-)Staffelei *f* *sehpa, şövale

bindirilmek Pass. zu **bindirmek; bindirilmiş kuvvetler** *mil.* motorisierte Streitkräfte *pl.* **bindirilmiş top** *mil.* aufgeprotztes Geschütz

bindirme Vs. zu **bindirmek** *spez.* 1. *mil.* Verladung, Ver-, Ein-schiffung *f* *irkâp 2. *techn.* Überlappung *f* 3. *arch.* Überhang, Mauervorsprung *m*, Konsole *f* 4. *naut.* Sponung, Spundung *f* *aşoz 5. *phot.* Doppelbelichtung *f* 6. *(Film)* Überblendung *f* 7. Falltür *f* *döşeme kapağı 8. *V* betrügerische Art des Würfelns 9. überlappt ~ **armoz** *naut.* überlappte Fuge ~ **atmak** *V* betrügerisch würfeln ~ **çıtası** Querleiste *f* (im Bücherregal) ~ **iskelesi** *mil.* Verlade-, Landungs-brücke *f* (zum Verladen), Verladerampe *f* ~ **istasyonu** *mil.* Verladebahnhof *m* ~ **kaplamalı filika** *naut.* Boot *n* in Klinkerbauart ~ **kaynak** *techn.* Überlapptschweißung *f* ~ **limanı** Einschiffungs-, Verlade-hafen *m* ~ **perçini** Überlappungsniete *f* ~ **rampası** Verladerampe *f* ~ **tertibatı** Verladeeinrichtung *f*

bindirmek 1. einsteigen (aufsteigen, aufsitzen) lassen 2. beim Einsteigen (usw.) behilflich sein 3. *mil.* zusammenkoppeln (Geschütz und Protze) 4. verladen; ver-, einschiffen 5. (bşe) auf et. auflaufen; zusammenstoßen (mit); an-, auf-prallen (auf, an) 6. *techn.* überlappen 7. dachziegelartig übereinanderlegen 8. *F* ausfallend werden (gegen), *F* j–n heruntermachen Zu 5: **Gemi rıhtıma bindirdi.** Das Schiff ist gegen die Kaimauer gefahren.

bindirmelik *arch.* Krag-, Trag-stein *m*, Konsole *f*

binefsihi [·×··] *z. va.* 1. von selbst, ganz allein, spontan *içinden, kendiliğinden, tav'î 2. persönlich

binek 1. was zum Be-, Auf-steigen, Aufsitzen usw. dient 2. *spez.* Pferd, Reittier *n* 3. Schiff, Wasserfahrzeug *n* 4. Reit-, Personen- ~ **arabası** Wagen *m* zur Personenbeförderung ~ **atı** Reitpferd *n* ~ **merdiveni** Eingangstreppe *f* (vor der Haustür) ~ **otomobili** Personenkraftwagen, PKW *m*

binektaşı, -nı Antritt, Auftritt *m* (Stein, der das Aufsteigen auf ein Reitpferd erleichtert)

biner je tausend ~ ~ zu je tausend

bineva [–·–] *va.* in kümmerlichen Verhältnissen lebend

Bingazi *n.pr.* 1. Bengasi (Stadt) 2. Cyrenaika *f*

bingi *arch.* Gewölbezwickel *m* ~ **alınlığı** *arch.* Zwickelfeld *n*

Bingöl *n.pr.* Städtchen u. Rbz. (Ostanatolien)

bingözotu, -nu s. **mahmude**

bini *dial.* 1. Besteigen, Aufsteigen, Aufsitzen *n* 2. Schlagleiste *f* (bei Fenster, Tür, Schrank usw.)

binici Reiter(-in *f*) *m spez.* der (die) gute, erfahrene Reiter(-in) ~ **çizmesi** Reitstiefel *m (od. pl.)*

binicilik 1. Reiten *n*, Reitkunst *f* 2. Reitsport *m*, Sportreiten *n* ~ **kıyafeti** Reitanzug *m* ~ **müsabakası** Reitturnier *n* *konkuripik ~ **okulu** Reitschule *f*, Tattersall *m* ~ **öğretmeni** Reitlehrer *m* ~ **sanatı** Reitkunst *f* ~ **talim ve terbiyesi** Reitausbildung *f* ~ **talimnamesi** Reitvorschrift *f*

binihaye [–·–·] *z. va.* endlos, unendlich *sonsuz

bininci tausendst-

biniş 1. Reiten *n* 2. Ritt *m spez.* Ausritt *m*, Ausreiten *n* 3. *fr.* Reiterumzug *m*, berittener Umzug 4. *fr.* bei Reiterumzug getragene Tracht 5. loser, weitärmeliger Überwurf (wie ihn die Ulema *od.* andere hohe osm. Beamte trugen) *etwa:* Talar, Ornat *m* ~ **kartı** Schiffs- *od.* Flugkarte *f* ~ **yanı** linke Pferdeseite

binişmek 1. *selt.* zusammen besteigen 2. sich übereinanderschieben (z. B. Knochen bei Knochenbruch) 3. sich verkrampfen (Muskeln)

binit, -ti 1. *va.* s. **binek** 2. *P* Brotform *f* (für das zu backende Brot)

binkulaç s. **akasma**

binlik 1. *fr.* größere Flasche für etwa 3 Liter (Raki, Wein, Boza usw.); Gallone *f* 2. Tausendpfundschein *m* 3. *math.* Tausender ~ **basamağı** *math.* Tausenderstelle *f*

binme 1. Vs. zu **binmek** 2. dachziegelartig übereinandergreifend; schuppenartig 3. s. **eyer oturuşu**

binmek(-er) *(m. Dat.)* 1. ein-, auf-, be-steigen; aufsitzen, reiten 2. über-lagern, -lappen; überhängen 3. sich verkrampfen (Muskeln) 4. verwenden (Reitpferd, Fahrrad usw.) 5. e–n unerwünschten *od.* unerwarteten Verlauf nehmen 6. steigen (im Preis) Zu 1: s. **ata (bisiklete, gemiye)** ~; **bindiği dalı kesmek** den Ast absägen, auf dem man sitzt Zu 2: **komşu duvarına binmiş bir büyük çınar** e–e große Platane, deren Äste in den Nachbargarten ragen Zu 3: s. **Damar damara binmiş.** s. a. **demire** ~ Zu 4: **Bisiklete iyi biner.** Er fährt gut Rad. Zu 5: s. **İş fenaya (inada) binmiş.** Zu 6: **Pamuklulara yüzde on bindi.** Die Baumwollsachen sind um 10 % teurer geworden.

binmeli s. **binme** (2)

binmelik *arch.* Stützbalken, Träger *m,* Absteifung *f*

Binnaz *wV*

binnefis [·×·] 1. selbst, selber, persönlich 2. an (und für) sich

binnetice [··–·] *z. va.* infolgedessen, als Folge hiervon, in weiterer Konsequenz, demgemäß, demzufolge, schließlich

binnispe [·×·] *z. va.* verhältnismäßig, relativ *nispeten

binokl (*franz.* **binocle**) 1. Zwicker, Kneifer *m* 2. Lorgnon *n,* Lorgnette *f* 3. Brille *f* 4. Opernglas *n* 5. Name e–s Ka.

binoküler (*franz.* **binoculaire**) binokular, für das Sehen mit beiden Augen eingerichtet

binom *math.* Binom *n* ~ **teoremi** binomischer Lehrsatz

binominal *math.* binomisch ~ **dizi** binomische Reihe

bint, -ti *va.* 1. Tochter *f* 2. geborene ...

bintülinep, -bi *va.* „Tochter *f* der Rebe", Wein *m*

binyaprak ährenblütiges Tausendblatt *bot.* Myriophyllum spicatum ~ **otu** 1. Balsam-, Gewürz-garbe *f bot.* Achillea ageratum 2. s. **civanperçemi**

bipayan [–––] *va.* endlos, unermeßlich *sonsuz

biperva [–·–] s. **pervasız**

biplan Doppeldecker *m*

bipolar zweipolig *dipolar, ikikutuplu

bir 1. eins 2. Zahl *f* Eins 3. *(unbest. Artikel)* ein(-e) 4. *(Indefinitpronomen)* irgendein(-er) 5. einzig, allein 6. vereinigt, zusammen, gemeinsam 7. gleich, dasselbe 8. (zum Ausdruck e–r Verstärkung *od.* Unbestimmtheit) wie, recht, nur (einmal) 9. einmal 10. nur, allein, lediglich, bloß 11. vgl. **iki** (3) Zu 4: **akılsızın -i** ein dummer Kerl **günün -inde** e–s (schönen) Tages; s. a. ~ **gün,** ~ **zaman (-lar)** Zu 5: ... **olduğunu galiba bir sen bilmiyorsun** Du weißt wohl als einziger nicht, daß ...; s. a. **Allah -dir.** Zu 6: **Hep -iz ayrılmayız.** Wir bilden eine feste Gemeinschaft und trennen uns nicht voneinander. **Bizim kesemiz -dir.** Wir haben gemeinsame Kasse. Zu 7: **Bu kalemlerin ikisi -dir.** Diese Bleistifte sind einander gleich. s. a. **Hepsi** ~**.** Zu 8: ~ **güzel ki** wie schön, daß ... ≗ **gidin bakalım!** Nun geht nur einmal! ≗ **tuhaf bakıyor.** Er schaut recht komisch drein. Zu 9: ≗ **ona, bir bana baktı.** Er schaute einmal ihn, einmal mich an. ≗ **aldanan** ~ **daha aldanır** (*bzw.* **aldanmaz**). *Spr.* Wer sich einmal geirrt hat, kann sich auch ein weiteres Mal irren. *bzw.* Wer einmal hereingefallen ist, läßt sich ein zweites Mal nicht so leicht düpieren. Zu 10: **Her şey bitti,** ~ **bu kaldı.** Alles ist fertig, nur dies steht noch aus. **O,** ~ **don** ~ **gömlek dışarı fırladı.** Nur mit Hemd und Unterhose bekleidet, stürzte er hinaus. ≗ **abam var atarım, nerede olsa yatarım.** *Spr.* Zufriedenheit geht über Reichtum. *Spr.* ≗ **acı kahvenin kırk yıl hatırı** (*od.* **kırk yıllık hakkı**) **vardır.** s. ≗ **fincan kahvenin** usw. ≗ **ağacın gölgesinde bir sürü yatar.** *Spr.* Um den Reichen drängen sich die Freunde. ~ **ağız** *selt.* einmal ~ **ağızdan** alle zusammen, wie aus einem Munde, einstimmig ≗ **ağızdan çıkan bin dile** (*od.* **bir orduya**) **yayılır.** *Spr.* Gerüchte verbreiten sich schnell. ~ **akçe ile dokuz kubbeli hamam yapmak** 1. Luftschlösser bauen 2. sich in Tiraden ergehen ≗ **akçe verdik söylettik, bin akçe verdik dindiremedik.** Die ich rief, die Geister, werd' ich nun nicht los. *(Goethe)* ~ **âlâ** vollständig, ohne Fehl ~ **alay** (z. B. **iş, çocuk** usw.) ein Haufen, e–e Menge (Arbeit, Kinder usw.) ~ **an evvel** so bald wie möglich, möglichst rasch, umgehend, schleunigst, sofort ~ **aptesle çok namaz kılmak (istemek)** zwei Fliegen mit e–r Klappe schlagen (wollen) ~ **ara** 1. e–e Zeitlang 2. irgendwann einmal ~ **araba** 1. ein Wagen voll (Holz, Kohlen usw.) 2. *F* ein Haufen, e–e Unmenge (z. B. Worte) ~ **arada** (alle) zusammen, (alle) zugleich ~ **arada öğür olmak** *F* ein altes Gespann sein ~ **aralık** s. **bir ara;** ~ **araya** zusammen, gemeinsam ~ **araya gelmek** zusammenkommen, sich versammeln ~ **araya getirmek** zusammen-bringen, -stellen; zusammen (*od.* neben-, miteinander) verwenden ~ **araya toplamak** 1. *pleonastisch für einfaches* **toplamak** z. B. e–e Zusammenkunft einberufen 2. straff zusammenfassen ~ **aşağı beş yukarı gezinmek** auf und abgehen ~ **aşağı beş yukarı dolaşmak** (ohne Ziel) dahinschlendern ~ **aşağı bir yukarı koşmak** hinauf- und hinunterlaufen ≗ **at üç nal!** *Verk.* von **İşimiz üç nalla bir ata kaldı.** ~ **atım(-lık) barutu olmak** (*od.* **kalmak**) (b–nin) 1. noch e–n letzten Trumpf haben 2. mit seinen Mitteln sehr haushälterisch umgehen müssen ~ **atıp iki vurmak** zwei Fliegen mit einer Klappe schlagen ~ **avazda** (*od.* **avaza**) **kurtulmak** e–e leichte Geburt haben (Schwangere) ~ **avazı yerde bir avazı gökte** *fig.* aus Leibeskräften (brüllen) ~ **avuç** e–e Handvoll, sehr wenig ~ **avuç toprak olmak** *fig.* sterben ~ **ayağı** (bir yerde) dauernd irgendwohin gehen ~ **ayağı çukurda** (*od.* **mezarda**) **olmak** mit e–m Bein schon im Grabe stehen; hochbetagt sein ~ **ayağı içerde, bir ayağı dışarıda** schon halb zur Tür hinaus; s. a. **ayağı üzengide;** ~ **ayak evvel** 1. s. ~ **an evvel** 2. kurz vorher ~ **ayak üstünde bin bir sözün belini bükmek** *fig.* ein schreckliches Mundwerk haben; ununterbrochen schnattern ~ **ayak üstünde bin kişiyi aldatmak** die Leute nur so an der Nase herumführen ~ **ayak üstünde kırk yalan kıvırmak** Lügen über Lügen auftischen ~ **azıcık** nur ein ganz klein wenig, nur ein bißchen ~ **bakımdan** (*od.* **bakıma**) in e–r Hinsicht ~ **baltaya sap olmak** *fig.* e–e Anstellung finden, seinen Lebensunterhalt verdienen ~ **bardak suda boğulmak** *fig.* an e–r lächerlichen Kleinigkeit scheitern ~ **bardak suda fırtına koparmak** e–n Sturm im Wasserglas hervorrufen ~ **başına** ganz allein ~ **başka** außerdem ~ **baştan** auf einmal; plötzlich ~ **batında üç çocuk** (*od.* **üçüz**) **doğurmak** Drillinge zur Welt bringen ~ **bıçakta çıkarmak** mit e–m Streich erledigen ~ ~ einzeln, gesondert ~ **bok yapamamak** (*od.* ~ **boka yaramamak**) *V* 1. zu nichts taugen 2. nichts Übles antun können ≗ **boy gidelim, bakalım ne çıkacak!** Gehen wir einmal hin, wir werden schon sehen, was sich ergibt! ~ **boyda** gleichgroß ~ **boydan bir boya** s. **boydan boya;** ≗ **bu eksikti.** *iron.* Das durfte natürlich auch nicht fehlen! Das hat gerade noch gefehlt! ≗ **bugün iki yarından yeğdir.** *Spr.* Besser der Spatz in der Hand als die Taube auf dem Dache. *Spr.* ~ **cihetten** 1. in gewisser Hinsicht 2. einerseits ~ **cuma gecesi eksik** s. Stw. **cuma;** ~ **çala** *P* für e–n Augenblick ~ **çatı altında** 1. in e–m Haus zusammen-lebend, -wohnend 2. vertraut, befreundet 3. in der gleichen Lage ~ **çekirdek geri kalmamak** in nichts nachstehen ~ **çengelli es** *mus.* s. **sekizlik es;** ~ **çırpıda** 1. *selt.* in e–r geraden Linie 2. im Nu, im Augenblick, gleich, sofort, auf einmal, ohne abzusetzen Zu 2: **Böyle bir makaleyi bir çırpıda yazar.** E–n solchen Artikel schüttelt er nur so aus dem Ärmel. ≗ **çiçekle bahar** (*od.* **yaz**) **olmaz.** *Spr.* Eine Schwalbe macht noch keinen

Sommer. *Spr.* ~ **çiçekli** mit e–r einzigen Blüte ~ **çift söz** ein paar Worte, einige Worte ~ **çifte (kayık, sandal)** 1. Boot *n* mit einem Ruderpaar 2. (Renn-)Einer *m* ≗ **çöplükte iki horoz ötmez.** *Spr.* Viele Köche verderben den Brei. *Spr.* ~ **çuval inciri berbat** (*od. V* **bok**) **etmek** 1. e–n folgenschweren Fehler begehen; alles verderben 2. j–s Pläne vereiteln ~ **çuvala girmek** (b–le) *fig.* freundschaftlich zusammenleben ~ **daha** noch einmal ~ **daha yüzüne bakmamak** mit j–m böse sein ~ **dahaki yazımızda** in einem weiteren Artikel ~ **dalda durmamak** *fig.* unbeständig (wankelmütig, launenhaft, ein unsicherer Kantonist) sein ~ **dam altında** s. ~ **çatı altında;** ~ **damla** 1. ein Tropfen 2. *fig.* winzig klein ≗ **damla çocuğun yaptığı işlere bak!** Nun sieh mal einer an, was so ein Wicht (Knirps, Dreikäsehoch) schon alles fertigbringt! ≗ **damlacık ışık sızmadı** (dışarıya). Nach außen drang nicht der geringste Lichtschein. ~ **damlacık yavru** ein Kerlchen, ein kleiner Wicht ~ **de** 1. und auch, und noch, dann auch; außerdem; *(abschließend a.:)* übrigens, schließlich 2. (*spez.* in Verb. mit **bakmak** *od.* **görmek** zur Bez. von et. Unerwartetem): a) aber, nun aber b) plötzlich 3. selbst wenn Zu 1: **Ahmet, Mehmet, bir de Emin** Ahmet, Mehmet und (auch) Emin **Bir de şunu düşünmeli ki ...** Außerdem ist noch zu bedenken, daß ... Zu 2a: **Bir de ne göreyim?** Was meint ihr aber, was ich sah? Zu 2b: **Bir de baktım ki ...** *P* Plötzlich sah ich ... Zu 3: **Bir de öyle demişim, bundan ne çıkar?** Selbst wenn ich das gesagt haben sollte, was folgt daraus? ≗ **dediğim iki olmazdı.** 1. Er las mir jeden Wunsch an den Augen ab. Er verwöhnte mich grenzenlos. 2. Er gehorchte mir ohne Widerrede. ~ **dediğini iki etmemek** (*od.* **yapmamak**) (b–nin) 1. j–m jeden Wunsch an den Augen ablesen, j–n grenzenlos verwöhnen 2. ohne Widerrede gehorchen ~ **defa** 1. einmal 2. vor allem ~ **defaya mahsus olmak üzere** ausnahmsweise einmal ≗ **değil.** (Das sind) zwei verschiedene Dinge. (Das ist) nicht das gleiche. ~ **dereceye kadar** bis zu e–m gewissen Grad, etwas, ein wenig, ein bißchen ~ **dereceli seçim** direkte Wahl ~ **deri** ~ **kemik** nur mehr Haut und Knochen, ganz abgemagert ~ **deve yükü** „e–e Kamellast“ *d. h.* e–e Riesenmenge ~ **dikili ağacı olmamak** keinen Grund und Boden besitzen ~ **dikişte içmek** auf e–n Zug leeren ~ **dinde durmamak** *fig.* seine Überzeugung rasch wechseln; launisch, unbeständig sein ≗ **dirhem aklı yok.** Er hat keinen Funken Verstand. ≗ **dirhem et bin ayıp örter.** *Spr.* Ein wenig Rundlichkeit ist nur von Vorteil. ~ **diyecek bulmak** et. auszusetzen haben (an) ≗ **doğrusu varsa, o da ...** Wahr ist, daß ... ~ **don** ~ **gömlek** 1. in Unterwäsche 2. *fig.* abgerissen, schäbig, ärmlich, elend ≗ **dostluk kaldı!** (Ausruf von Verkäufern) Letztes Stück! ~ **dudağı yerde bir dudağı gökte** mit riesigen wulstigen Lippen (Neger) ~ **düziye** ununterbrochen, unaufhörlich, (an-)dauernd, ohne Unterlaß, in einem fort *bitevi, boyuna ~ **el ateş** (*od.* **silâh**) **atmak** e–n Schuß abfeuern ~ **el kesmek** *Ka.* e–n Stich machen ~ **elden sevk ve idare** *mil.* einheitliche Führung ~ **elden satılmak** als Ganzes, en bloc verkauft werden ~ **eli balda bir eli yağda** *fig.* sehr wohlhabend, gut situiert ≗ **elin nesi var, iki elin sesi var.** *Spr.* (*od.* ≗ **elin sesi çıkmaz.** *Spr.*) 1. Wenn nur einer dafür ist, kann man es nicht rechnen. 2. Audiatur et altera pars! 3. Was kann ein einziger schon fertigbringen? Vereint muß man arbeiten! ≗ **elinden girip bir** (*od.* **öbür**) **elinden çıkmak.** Wie gewonnen, so zerronnen. *Spr.* ≗ **elinin verdiğini öbür elin duymasın!** Laß deine linke Hand nicht wissen, was die rechte tut! *(Bibel)* ~ **elle verdiğini öbür elle almak** j–m zuerst et. Gutes, dann et. Schlechtes antun ~ **etmek** vereinigen *birleştirmek ≗ **evde dü zen olsa, o evde düzen olmaz.** *Spr.* Wenn zwei Frauen im Haushalt sind, kann es keine Ordnung (Ruhe) geben. ~ **eyyam** e–e Zeitlang ≗ **fincan kahvenin kırk yıl hatırı var.** *Spr.* Auch e–e kleine Gefälligkeit kann e–m recht gut im Gedächtnis bleiben. ~ **gömlek aşağı** um e–n Grad tiefer; nur um ein Geringes weniger (*od.* unterlegen) ~ **gömlek ziyade eskitmiş olmak** (b–den) *fig.* et. älter und erfahrener sein (als) ~ **gömlekten baş çıkarmak** (b–le) mit j–m zusammenarbeiten ~ **göz gülmek** halb lachen halb weinen ~ **gözü** (*od.* ~ **gözden**) **kör** auf dem e–n Auge blind ~ **gûna** s. Stw. **gûna;** ~ **gün** e–s (schönen) Tages ~ **gün evvel** s. **bir an evvel;** ≗ **günün beyliği beyliktir.** *Spr.* Besser einmal gut gelebt als keinmal! ~ **güzel** ordentlich, tüchtig, nach allen Regeln der Kunst (z. B. durchhauen) ~ **habbe** (in neg. Sätzen) überhaupt, gar (nichts, kein usw.) ~ **hadli** s. **birterimli;** ~ **haftaya kadar** 1. etwa eine Woche lang 2. etwa in e–r Woche ~ **hal olmak** 1. *Euph.* sterben 2. (yapmaktan) keine Kraft mehr haben (zu) 3. sich zum Schlechten verändern ~ **hamur olmak** sich (mit anderen) gut verstehen ~ **hayli** recht viel, beträchtlich, geraum (Zeit), tüchtig, ordentlich ~ **hoş** *iron.* auf sonderbare Art und Weise, in eigenartiger Form ~ **hoş** (*od.* **tuhaf**) **olmak** 1. keine rechte Freude mehr haben, mißgestimmt (gekränkt) sein 2. sich eigentümlich berührt fühlen 3. aus der Fassung geraten ~ **hoşluğu olmak** sich nicht recht wohl fühlen ~ **ıgrıpla** *P* für **bir takriple;** ~ **içim su** 1. ein Schluck Wasser 2. sehr hübsch, sehr niedlich (Mädchen, Frau) ~ **içim suya gitmek** zu e–m Spottpreis verkauft werden; geradezu verschleudert werden ~ **iki** ein paar, einige, etliche, wenige ~ **iki demeden** *od.* ~ **iki demeğe kalmadan** *od.* ~ **iki deyinceye kadar** im Nu, im Handumdrehen, in e–m Augenblick, ehe man sich's versieht ~ **iki güne kadar** *od.* ~ **iki günden** in ein paar Tagen ~ **iki tek atmak** *F* ein paar Gläschen genehmigen ~ **ileri bir geri gitmek** *fig.* zögern, zaudern ≗ **iplik çeksen kırk yana düşer.** *spr. Ra.* für ein abgetragenes, mit vielen Flicken besetztes Kleidungsstück ≗ **iştir oldu.** Es ist nun einmal geschehen (und nicht wieder gutzumachen). ~ **iyi** tüchtig, ordentlich, gehörig ~ **iyi olmak** *iron.* sonderbare Anwandlungen bekommen ~ **iyice okumak** genau lesen ~ **kaba kotaramamak** (*abus. a.* **kurtaramamak**) keine Lösung (*od.* keinen Ausweg) finden können ≗ **kalem geç!** Mach dir nichts draus! ~ **kalemde** in e–m Zug, auf e–n Streich, auf einmal ~ **kalıba dökmek** *fig.* 1. der Sache e–e Form geben 2. e–e Regelung finden (für et.) ~ **kalmak** s. **bir olmak** (5); ~ **kapıya baş vurmak** sich hilfesuchend wenden (an) ~ **kapıya çıkmak** auf das gleiche hinauslaufen ~ **kapıya girmek** bei j–m in Dienste treten ~ **karar üzere** (*od.* ~ **kararda**) unverändert, gleichmäßjig, regelmäßig ≗ **kararda bir Allah.** Im Menschenleben ist allein der Wechsel das Beständige. ~ **karış beberuhi** *od.* ~ **karış boylu** ein Knirps, Wicht, Dreikäsehoch ~ **karış dil uzatmak** e–e freche Antwort geben ≗ **karış boyun mu uzayacak?** Was soll dabei schon Großes herauskommen? ~ **kaşık** 1. ein Löffel 2. ein Löffelvoll ~ **kaşık suda boğmak (elinden gelse** *od.* **bıraksalar)** j–n am liebsten erwürgen (umbringen) mögen ~ **kaşıkla aş yemek** *fig.* der gleichen Meinung sein ~ **kazanda kaynamak** ein Herz und eine Seele sein ~ **kazanda kaynamamak** *fig.* einander spinnefeind sein ~ **kenara çekilmek** s. **kenara çekilmek** ~ **kere** einmal ~ **kerecik** nur ein einziges Mal ~ **kerede** auf e–n Streich ~ **kılına hata gelmemek** kein Haar gekrümmt bekommen ~ **kılına hata getirmemek** et. sehr sorgsam behandeln (z. B. ein Buch) ~ **kıyıda** in irgendeiner Ecke ~ **kol çengi** ein ausgelassener Kreis, e–e lustige Gesellschaft (**O, bir kol çengi gibidir.** Er kann allein e–e ganze Gesellschaft unterhalten.) ≗ **koltuğa iki karpuz sığmaz.** s. Stw. **iki;** ~ **koşmadır tutturmak** aus Leibeskräften zu laufen beginnen ~ **koşu** ganz geschwind; schnell, rasch; s. a. Stw. **koşu;** ≗ **koyundan iki deri çıkmaz.** *Spr.* Einem Schaf kann man nicht zwei Felle abziehen. *d. h.* 1. Ultra posse nemo obligatur. 2. Man darf auch nicht zuviel verlangen. ≗ **kör döğüşüdür gidiyor.** Es geht alles wüst durcheinander. ~ **köroğlu bir ayvaz.** 1. nur Mann und Frau 2. nur zwei Personen ≗ **kötünün yedi mahalleye zararı vardır.** *Spr.* Ein räudiges Schaf steckt die ganze Herde an. *Spr.* ~ **kulağı sağır etmek** sich taub stellen ~ **kulağı sağır olmak** *fig.* ein Auge zudrücken; fünf gerade sein lassen ~ **kulağından girip öbür kulağından çıkmak** zum e–n Ohr hinein und zum anderen wieder hinausgehen *d. h.* nicht genügend beachtet werden ~ **kulpuna getirmek** e–e Gelegenheit ergreifen (et. zu sagen) ~ **kuru canı kalmak** nichts behalten als das nackte Leben ~ **kuru ekmeğe kalmak** trocken Brot essen müssen; ganz verarmt sein ~ **kuru kemik kalmak** 1. nur mehr Haut und Knochen sein 2. s. ~ **kuru ekmeğe kalmak;** ~ **lokma** nur ein ganz klein wenig ~ **lokma bir hırka** ein Stück Brot und ein Wams *d. h.* die bescheidensten Ansprüche e–s Menschen (*fr. a.* Ruf der Betteldefwische) ~ **lokma ekmeğe muhtaç olmak** in bitterer Armut leben ~ **mısralı** s. **birçenetli;** ~ **miktar** 1. e–e Anzahl (z. B. Soldaten) 2. etwas, ein wenig, e–e kleine Menge ≗ **musibet, bin nasihatten yeğdir.** *Spr.* s. Stw. **bin;** ≗ **musibet, bir musibeti daha sürükler.** *Spr.* Ein Unglück kommt selten allein. *Spr.* ~ **müddet** e–e Zeitlang ~ **nebze** etwas, ein wenig; (in neg. Sätzen:) nicht im geringsten, überhaupt nicht ~ **nebzecik** ein ganz klein wenig, ein Quentchen ~ **nefes** e–n Augenblick lang ~ **nefeste** 1. in e–m Atemzug 2. in e–m Augenblick; schlagartig ~ **nice** sehr viel(-e), recht viel(-e) ~ **olmak** 1. sich vereinigen, e–e Einheit bilden, *a.* zusammenfließen 2. dasselbe sein, gleich sein 3. übereinstimmen 4. im gleichen Atem geschehen 5. (söyleye söyleye) sich den Mund fusselig reden (Zu 1: ~ **olup bşi yapmak** einhellig (z. B. Front machen gegen) Zu 4: **Ağlaması ile gülmesi bir oluyor.** Er lacht und weint in e–m Atem. **Gelmesiyle gitmesi bir oluyor.** Kaum ist er da, so geht er schon wieder weg.) ~ **o yana bir bu yana** 1. irgendwohin 2. bald hierhin bald dorthin ~ **öğünde** *z. va.* auf e–n Sitz (z. B. aufessen) ~ **örnek** in der gleichen Form, auf die gleiche Art ~ **paralık etmek** s. Stw. **paralık;** ~ **parça** 1. ein Stück 2. ein zusammenhängendes Stück, ein geschlossenes Ganzes 3. etwas, ein wenig, ein bißchen ~ **parmak bal** 1. e–e Fingerprobe Honig 2. Gegenstand *m* des Klatsches (vgl. **ağızlarda bir parmak bal olmak**). ≗ **patırdı bir gürültü, şeytan aldı cin götürdü.** s. **gürültüye getirmek;** ~ **pire için yorgan yakmak** *fig.* das Kind mit dem Bad ausschütten ~ **pul etmemek** nichts wert sein, nichts taugen ~ **pula satmak** (b–ni) 1. nicht auf j–n hören 2. j–n links liegen lassen 3. treulos handeln (gegen) **saat evvel** s. **bir an evvel;** ~ **saat yakında** in allernächster Zeit ~ **sağına** ~ **soluna bakmak** nach rechts und nach links schauen ≗ **sıçrarsın çekirge, iki sıçrarsın çekirge, üçüncüde ele geçersin çekirge.** *Spr.* Auch der schlaueste Fuchs geht einmal in die Falle. ~ **sıkımlık canı olmak** 1. nur mehr ein Schatten seiner selbst sein 2. (bşde) überhaupt nichts verstehen (von) ~ **sıraya** eins nach dem andern ~ **sigara içimi** auf e–e Zigarettenlänge ~ **soluk** s. ~ **nefes;** ~ **solukta** 1. in e–m Atemzug; ohne abzusetzen 2. im Nu; sofort ≗ **söyle on** (*od.* **bin**) **isit** (*od.* **dinle**)! *Spr.* Reden ist Silber, Schweigen ist Gold. *Spr.* ~ **sözle** mit e–m Wort; kurz ~ **suretle** 1. auf irgendwelche Weise 2. derart, daß ... ~ **süre** e–e Zeitlang, für einige Zeit ~ **süre önce** vor einiger Zeit ~ **süreden beri** seit einiger Zeit ~ **sürü** ein Haufen, e–e Menge ~ **sürü lafın belini bükmek** ein unausstehlicher Schwätzer sein ~ **şey** etwas ≗ **şey almaz mısınız?** Wollen Sie nicht etwas zu sich nehmen? (Essen, Trinken) ~ **şey değil** 1. nichts 2. s. **bir şey deme değil** 3. bitte sehr! nichts zu danken! ≗ **şey deme değil ama, ...** Es ist zwar nicht von Bedeutung, aber ... ~ **şey olmak** es zu etwas bringen, etwas werden ≗ **şey var** (yapmasında) Es muß etwas dahinterstecken, daß er ... ~ **şey yapmak** 1. et. unternehmen 2. e–n Beruf ausüben 3. et. zustandebringen; erfolgreich sein ~ **şey yapmamak** nichts tun, nichts arbeiten ≗ **şeydir oldu.** Es ist nun einmal geschehen. Es läßt sich nichts mehr ändern. ~ **şeye benzemek** recht geeignet (brauchbar) sein ~ **şeye benzememek** nichts taugen; unter aller Kanone sein ~ **şeye benzetmek** et. ordentlich machen ~ **şeyi** (*od.* **şeysi**) **olmak** (b–nin) in verwandtschaftlicher (freundschaftlicher usw.) Beziehung stehen (zu) ~ **şeyler** etwas, einiges, verschiedenes (**Ona bir şeyler olmamış.** Es ist ihm nichts passiert.) ~ **şeyler,** ~ **şeyler** und so weiter, und so fort ~ **tahtada** auf einmal (z. B. Geld bezahlen) ~ **tahtası eksik olmak** *F* nicht ganz bei Trost sein; e–n Sparren zuviel (zuwenig) haben ~ **takım** s. **birtakım;** ~ **takriple** 1. im passenden Augenblick 2. unter Ausnützung der günstigen Gelegenheit (irgendwie; durch List) (z. B. et. indirekt mitteilen) ~ **talih eseri olarak** durch e–n glücklichen Zufall; glücklicherweise ~ **tanecik** einzig, alleinig ~ **tarafa bırakmak** (bşi) 1. beiseitelassen (z. B. Scherz), absehen (von) 2. et. nicht tragisch nehmen ~ **tarafa koymak** 1. zur Seite legen; sparen 2. beiseitelassen, vergessen (z. B. früheren Streit) ~ **taraflı defter tutma** einfache Buchführung ~ **tarafta** *a.* irgendwo ~ **taraftan ...** ~ **taraftan da** (*od.* **diğer taraftan**) einerseits ... andererseits ~ **taraftan öbür tarafa** überall, durch und durch, vollkommen ~ **tarihte** irgendwann einmal (in früheren Zeiten) ~ **taş atımı** e–n Steinwurf weit ~ **taşla iki kuş vurmak** zwei Fliegen mit e–r Klappe schlagen ~ **tek atmak** e–n heben (= trinken) ~ **temiz** ordentlich, gehörig, tüchtig *adamakıllı ~ **tencerede kaynamak** *fig.* sich ausgezeichnet verstehen ~ **tesadüf eseri** ein reiner Zufall ~ **teviye** s. **biteviye;** ~ **torba kemik** *fig.* klapperdürr; nur mehr Haut und Knochen ~ **tuhaf olmak** s. **bir hoş olmak;** ~ **tutmak** (k–ni başkasiyle) glauben, daß man ebensoviel wert ist bzw. leistet wie ein anderer ~ **tutulmak** (bşe) gleichgestellt sein (mit), gleichstehen (mit) ~ **türlü** 1. e–e Art 2. nicht gut; schlecht 3. (Verst. e–r Neg.) auf keine Weise, überhaupt nicht, durchaus nicht (Zu 2: **Gelsem bir türlü, gelmesem bir türlü.** Komme ich, ist es nicht gut, und komme ich nicht, ist es schlecht. Zu 3: **Bir türlü onu kandıramadım.** Ich konnte ihn absolut nicht überzeugen (*bzw.* überreden). **Bir türlü yanmadı.** Es wollte und wollte nicht brennen.) ~ **uğurdan** *va.* alle zusammen; wie aus e–m Mund ≗ **uyuz keçi bir sürüyü boklar.** *Spr.* Ein räudiges Schaf steckt die ganze Herde an. *Spr.* ~ **üyeli** s. **birterimli;** ~ **vakit** 1. e–e Zeitlang *bir müddet 2. s. **bir vakitler** 3. provisorisch, zeitweilig ~ **vakitler** früher einmal, in vergangenen Zeiten, ehemals, einst ≗ **var** ~ **yok.** 1. Kommen und Gehen war eins. 2. *fig.* vergänglich, flüchtig, unbeständig *a.* Glück und Glas, wie leicht bricht das! *Spr.* ≗ **varmış bir yokmuş** 1. (Stereotype Anfangsformel des türk. Märchens): Es war(-en) einmal ... 2. *fig.* vergangen, nicht mehr vorhanden 3. *fig.* Wie überraschend schnell ist er doch gestorben! ~ **veçhile** irgendwie ~ **voli çevirmek** (*od.* **vurmak**) *fig.* e–n guten Fang machen ~ **volta** *naut.* halber Schlag; Halbstich *m,* halber Steek ≗ **vurmakla ağaç devrilmez.** *Spr.* Es fällt keine Eiche vom ersten (*od.* von einem) Streiche. *Spr.* ~ **yana** 1. ganz abgesehen davon, daß ... 2. beiseite (z. B. Scherz) ~ **yana atmak** verzichten (auf); et. aufgeben *vazgeçmek ~ **yana koymak** auf die Seite legen; sich (vorläufig) nicht beschäftigen (mit) ~ **yandan** gleichzeitig (mit e–r anderen Beschäftigung) ~ **yandan bir yana** von e–r Seite auf die andere ~ **yandan ... bir yandan da** einerseits ... andererseits ~ **yastığa baş koymak** verheiratet sein, ehelich zusammenleben ~ **yastıkta kocamak** zusammen alt werden (Mann und Frau) ≗ **yaşıma daha girdim!** *P* Ich hätte nie gedacht, daß es so etwas gibt! Das ist ja nicht zu glauben! ~ **yaşına daha girmek** um ein Jahr älter werden ~ **yerde** 1. an e–m Ort, irgendwo 2. (in neg. Sätzen) nirgends 3. zusammengebunden (z.B. zwei Bände) 4. in e–m Stück 5. s. ~ **bakıma** (Zu 2: ≗ **yerde bulunmaz.** a) Er ist nirgends zu finden. b) Es ist nirgends vorhanden. **O,** ~ **yerde durmaz.** Er hat kein Sitzfleisch. Er hält es nirgends lange aus. Zu 3: **iki cildi** ~ **yerde** beide Bände in e–m Zu 4: s. **beşibiryerde**); ~ **yere gelmek** 1. zusammenkommen, sich vereinigen 2. gespart werden ~ **yere getirmek** 1. zusammen-tun, -bringen, vereinigen, versammeln 2. sparen ~ **yığın** ein Haufen, e–e (Un-)Menge ≗ **yığın laf söyledi.** Er hat e–e Menge dummes Zeug dahergeredet. ~ **yıllık bitki** einjährige (nicht überwinternde) Pflanze ~ **yıllık çıban** s. **Halep çıbanı;** ~ **yiyip bin şükretmek** *fig.* mit seinem Los zufrieden sein; sich glücklich preisen ~ **yol** einmal ~ **yola çıkmak** auf das gleiche hinauslaufen ~ **yudum su** 1. ein Schluck Wasser 2. *fig.* mit wem bzw. womit man leicht fertig werden kann ~ **zaman(-lar)** s. ~ **vakit(-ler);** ~ **zaman için** behelfsmäßig, provisorisch, zeitweilig **-den** s. ges. Stw. **-den ziyade kimselerin bir şey üzerinde mülkiyeti** *jur.* s. **topluluk iyeliği; -e bin katmak** maßlos übertreiben, aus e–r Mücke e–n Elefanten machen **-e bin kazanmak** riesige Gewinne erzielen ≗**e geldi.** Es ist ein Uhr (geworden). **-e kadar** 1. bis ein Uhr, bis um eins 2. all, sämtlich, samt und sonders, mit Stumpf und Stiel **-e on katmak** s. **-e bin katmak; -i** s. ges. Stw. **-ler bölüğü** *math.* die Gruppe der Einer

bira [×·] Bier *n* ~ **bardağı altlığı** Bier-filz, -deckel *m* ~ **evi** (Bier-)Lokal *n,* Wirtschaft *f* ~ **fabrikası** (Bier-)Brauerei *f* ~ **fabrikatörü** (Bier-)Brauer *m* ~ **francalası** kleines Milchbrötchen ~ **mayası** Bierhefe *f*

biracı 1. (Bier-)Brauer *m* 2. Bier-händler, -verkäufer *m*

biracılık 1. Brau(er)gewerbe *n* 2. Gewerbe *n od.* Tätigkeit *f* e–s Bierhändlers

birader [ā] (*P a.* **bilader**) 1. Bruder *m* *erkek kardeş 2. *(Anrede)* mein Lieber *kardeşim 3. Anrede der Freimaurer untereinander

biraderane [·–·–·] *z. va.* brüderlich

biraderlik [ā] Bruderschaft, Brüderlichkeit *f*

birahane [··–·] Bier-wirtschaft *f,* -lokal *n,* -garten *m*

birahaneci [··–··] Besitzer *od.* Pächter *m* e–r Bierwirtschaft

birakil s. **filika birakili**

biraz [×·] etwas, ein wenig, ein bißchen ≗ **da biz ölelim!** (nach e–r Nasrettin-Erzählung) Wir wollen auch et. davon abbekommen! ~ **daha** noch ein bißchen; ein bißchen mehr; noch etwas weiter ~ **evvel** vor ganz kurzer Zeit, gerade eben (noch) ~ **ileride** 1. et. weiter unten (im Text) 2. et. weiter vorn 3. in einiger Entfernung; nicht weit davon ~ **olsun** wenigstens bis zu e–m gewissen Grad ~ **sonra** 1. bald danach, kurze Zeit später 2. binnen kurzem, recht bald

birazcık s. **bir azıcık**

birazdan [×··] 1. sogleich, sofort, in e–r Minute 2. kurz danach, in kurzer Zeit, binnen kurzem

bir(i)biri, -ni einander; gegen-, wechsel-seitig ~ **ardınca** (*od.* **arkasından**) e–r hinter dem andern, hintereinander ~ **üstüne** 1. eins aufs andere 2. zusammen ≗**mizi tanıyoruz.** Wir kennen einander. **-ne çivilemek** zusammennageln **-ne düşmek** s. **düşmek** (24); **-ne girmek** s. **girmek** (7); **-ne geçmek** 1. ineinander passen 2. in Durcheinander geraten, sich verwirren 3. miteinander Streit bekommen **-ni tutmazlık** Widersprüchlichkeit, Gegensätzlichkeit *f* *mübayenet, zıddiyet **-ni yemek** sich dauernd streiten

birci(-lik) s. **monist; monizm**

bircinsten [×··] homogen, gleichartig *mütecanis

bircinstenlik Homogenität, Gleichartigkeit *f*

birçenekliler [×····] *bot.* Monokotyledonen, Einkeimblättrige *pl.* *vahidülfilka nebatat

birçenetli [×···] *bot* einklappig *bir mısralı

birçok [×·], **-ğu** recht viel(-e), sehr viel(-e), e–e große Menge ~ **kimse(-ler)** recht viele Leute, gar mancher, so manche **-u, -ları** s. ~ **kimseler**

birdeliklıler s. **tekdeliklıler**

birden 1. alle(-s) zusammen, auf einmal, in e–m Zug (z.B. hinuntertrinken) 2. mit e–m Mal, plötzlich, sofort

birdenbire [·×··] 1. plötzlich, mit e–m Mal, ganz unerwartet 2. sofort, sogleich, auf der Stelle ~ **boşanmak** in heftiges Weinen ausbrechen

birdenbirelik Plötzlichkeit *f*

birdirbir [×··] **oynamak** *Ksp.* Bock springen

bire s. **bre**

birebir [·×·] wirksam, sehr geeignet (z.B. Medizin) ~ **gelmek** (bir hastalığa) ein ausgezeichnetes Mittel sein (gegen e–e Krankheit)

Birecik *n.pr.* Städtchen u. D. im Rbz. Urfa

birem birem *dial.* s. **birer birer**

biren(-lik) s. **münferit; infirat**

birer je einer (eine, eins) ~ ~ jeder für sich; gesondert, getrennt, einzeln *alelinfirat, ayrı ayrı, teker teker

bireşim *phil.* Synthese *f* *sentez, terkip

bireşimli; bireşimsel *phil.* synthetisch *sentetik, terkibî **bireşimsel neft** Terpentinöl-Ersatz *m* *sentetik neft

birevcikli *bot.* monözisch, einhäusig *vahidülmesken

birey(-ci) s. **fert; ferdiyetçi**

bireycilik 1. s. **endividüalizm, ferdiyetçilik** 2. wirtschaftlicher Liberalismus

bireyleme *phil.* Individuation *f* *tefrit

bireyleştirme(k) s. **ferdîleştirme(k)**

bireylik s. **ferdiyet**

bireyoluş *biol.* Onto-genese, -genie *f* *tekevvünü ferdî

bireysel(-leştirmek) s. **ferdî(-leştirmek)**

birgözeli s. **birhücreli**

birgün sineği s. **günlük sineği**

birhücreli *biol.* einzellig ~ **bitkiler** *bot.* Protophyten, einzellige Pflanzen *pl.* *nebatatı iptidaiye ~ **hayvanlar** *zo.* Protozoen, Urtiere, einzellige Tiere *pl.* hayvanatı iptidaiye

biri *od.* **birisi, -ni** 1. irgend-wer, -einer, jemand 2. (nach Gen. *od.* Abl.) eine(-r); ein(-e) 3. **biri ... biri** *od.* **birisi ... birisi** der eine ... der andere Zu 1: **Biri(-si) geldi sizi sordu.** Es ist jemand gekommen und hat nach Ihnen gefragt. Zu 2: **okurlarımızın** (*od.* **okurlarımızdan**) **biri** einer unserer Leser, ein Leser Zu 3: **Biri yer, biri bakar, kıyamet ondan kopar.** *Spr.* Der eine hat zu essen, der andere muß zuschauen; daraus entsteht der Streit. **Biri eker, biri biçer.** *Spr.* Der eine sät, der andere erntet. **biri beşikte, biri eşikte olmak** Kinder wie Orgelpfeifen haben **birinden biri** 1. e–r von ihnen; irgend jemand 2. einige, manche **birileri** ein paar (unbekannte) Leute

biribiri s. **bir(i)biri**

biricek [×··] nur einmal **Onu** ~ **görebilseydim!** Wenn ich ihn nur einmal hätte sehen können!

biricik [×··] einzig, allein(-ig) *yegâne

biriciklik, -iği Einmaligkeit *f*

birik *math.* s. **biricik**

birikim s. **birikinti**

birikinti Anhäufung, Aufschüttung *f* ~ **konisi** *geol.* Schuttkegel *m*, -halde *f* ~ **sular** Pfützen, Lachen *pl.*
birikişme *biol.* Agglutination, Verklebung *f* *aglütinasyon
birikme Vs. zu **birikmek** *spez. geogr.* Ansammlung, Anhäufung, Speicherung *f* ~ **havzası** (*od.* **teknesi**) *geogr.* Aufnahme-, Sammel-becken *n* *irikme (*od.* kabul) havzası; toplanma bölgesi ~ **yeri** Sammelstelle *f*
birikmek 1. sich ansammeln (z.B. Geld), sich anhäufen (z.B. Arbeit), auflaufen (z.B. Schulden) 2. zusammenkommen, sich versammeln (Leute) 3. konzentriert (zusammengezogen) werden (Truppen)
biriktireç, -ci; biriktirici s. **akümülatör**
biriktirmek 1. ansammeln, anhäufen 2. *techn.* speichern 3. sammeln (z.B. Briefmarken) 4. sparen (Geld) 5. konzentrieren, zusammenziehen (Truppen)
birim (I) 1. (Maß-)Einheit *f* 2. s. **birlik** (4) 3. *math.* Einer *m*
birim (II) **birim** *dial.* s. **birer birer**
birincasıf [··—·] *va.* s. **adi pelin**
birinci 1. (der, die, das) erste 2. erstklassig, vorzüglich, prima 3. primär 4. Erster; Primus *m* 5. türk. Zigarettenmarke ~ **atış** *(Tennis)* erster Aufschlag ~ **balkon** *Th.* erster Rang ~ **çağ** s. **paleozoik** (1); ~ **çeşit kaldıraç** einarmiger Hebel ~ **çıkmak** 1. Primus *m* e–r Abgangsklasse sein 2. s. ~ **gelmek;** ≗ **Dünya Harbi** (*od.* **Savaşı**) der Erste Weltkrieg ~ **fecir** s. **fecrikâzip;** ~ **ferik** *fr.* kommandierender General *korgeneral ~ **gelmek** als erster durchs Ziel gehen (Rennpferd) ~ **hat** *mil.* vorderste Linie ~ **kânun** s. **aralık ayı;** ~ **kat boya** Grundieranstrich *m*, Spachtelung *f* ≗ **Meşrutiyet** die erste konstitutionelle Verfassung in der Türkei (1876–1878) ~ **mülâzım** s. **üsteğmen;** ~ **nevi** *H* erstklassig ~ **şahıs** (*od.* **kişi**) *gr.* erste Person *şahsı mütekellim ~ **teşrin** s. **ekim** (2)
birincil primär *evvelî, ilk ~ **alkol** *chem.* primärer Alkohol *evvelî küul
birincileşmek der erste werden, sich vor anderen auszeichnen *teferrüt etmek
birincileyin *selt.* erstens *evvelâ, en önce, birinci olarak
birincilik, -iği 1. Rang *m* des Ersten 2. Meisterschaft *f* *şampiyonluk, şampiyona 3. erster Preis 4. Kampf *m* (Kämpfe *pl.*) um die Meisterschaft Zu 1: **-i kazanmak** Erster werden, die Meisterschaft gewinnen Zu 4: **Istanbul'da yapılan atletizm -leri** die in Istanbul ausgetragenen Meisterschaftskämpfe in Leichtathletik
birincizar *bot.* (von außen gerechnet) erstes Integument des Pflanzensamens *dışkabuk, primin
birisbis s. **brizbiz**
birisi, -ni s. **biri**
birkaç, -çı einige, ein paar, mehrere, etliche, verschiedene ~ **defa** verschiedene Male ~ **kitap** ein paar Bücher **-ı** einige davon bzw. von ihnen **-ımız** ein paar von uns
birkaçıncı soundsovielt-
birkindi s. **brigantin**
birle [×·] *va.* 1. mit, und *ile 2. (in der Füg.:) **Vurduğu birle yere serdi.** Schlagen und Niederstrecken war eins.
birlemek *va.* einen, vereinigen, zu e–m einheitlichen Ganzen zusammenschließen
birlenmek *va.* sich absondern, sich isolieren *teferrüt etmek
birleşek, -eği 1. *an.* Verbindungs-, Vereinigungs-stelle *f* (z.B. Mundwinkel) 2. *bot.* Fuge *f*
birleşen *math.* sich in e–m Punkt schneidend *kesişen, mütekatı
birleşik 1. vereinigt, vereint, *techn. a.* kombiniert *müttefik, müttehit 2. gemeinsam *müşterek 3. zusammengesetzt ~ **ad** *gr.* zusammengesetztes Substantiv *ismi mürekkep ≗ **Amerika Devletleri** (*od. selt.* **Hükümetleri**) *od.* ≗ **Devletler** *od.* ≗ **Şimalî Amerika (Devletleri)** *n.pr.* die Vereinigten Staaten von Nordamerika, USA ≗ **Amerika Hükümeti** die USA-Regierung ≗ **Amerikalı** *F* US-Amerikaner *m* ~ **belirteç** *gr.* adverbiale Bestimmung; Adverbiale *n* ~ **eylem** *gr.* zusammengesetztes Verbum (z.B. **gidivermek**) *mürekkep fiil ~ **harf** *typ.* Buchstabenverbindung *f* (zur Bezeichnung e–s Einzellautes; z.B. **sch** im Deutschen) ~ **kaplar** *phys.* kommunizierende Röhren *pl.* ≗ **Milletler Günü** Tag *m* der Vereinten Nationen ~ **salkım** *bot.* Rispe *f* (Blütenstand) ~ **sergi** kollektive Ausstellung ~ **sıfat** *gr.* zusammengesetztes Adjektiv (z.B. **açıkgöz**); ~ **sözcük** *gr.* Kompositum *n* ~ **tümce** *gr.* zusammengesetzter Satz ~ **zaman** *gr.* zusammengesetzte Zeit
birleşim 1. *biol.* Kopulation *f* *birleşme 2. Abhaltung *f* (e–r Sitzung) *inikat 3. Sitzung *f* *celse, oturum
birleşme 1. Vs. zu **birleşmek** 2. a) Geschlechtsverkehr *m* b) Kopulation *f* 3. *chem.* Verbindung *f* *ittihat 4. *jur.* Fusion, Verschmelzung, Vereinigung, (Real- *od.* Personal-) Union *f* 5. *astr.* Konjunktion *f* *iktiran ~ **borusu** Verbindungsrohr *n* ~ **değeri** *chem.* Valenz, Wertigkeit *f* *kıymeti ittihadiye ~ **evi** (geheimes) Bordell ~ **noktası** Schnittpunkt *m* ~ **parçası** Verbindungsstück *n*
birleşmek 1. sich vereinigen; zusammentreffen (Personen, Wege usw.); zusammenstoßen (z.B. Kanten) 2. *a. chem.* sich verbinden *imtizaç, ittihat etmek; kaynaşmak 3. einig werden, einiggehen, zu e–r Verständigung gelangen *uyuşmak 4. (b–le) geschlechtlich verkehren (mit) **Birleşmiş Milletler (Teşkilâtı)** *n.pr.* die (Organisation der) Vereinten Nationen, UN, UNO *f* **birleşmeyen işler** *jur.* unvereinbare Ämter *od.* Funktionen *pl.*
birleştirici verbindend, vereinigend, Einigungs- ~ **kol** *techn.* Kuppelstange *f* (z.B. bei Lokomotive) ~ **zekâ** Kombinationsfähigkeit *f*
birleştirilmek Pass. zu **birleştirmek; birleştirilmiş ateş** *mil.* zusammengefaßtes Feuer
birleştirim *mus.* Bindebogen *m*, Ligatur *f*
birleştirme 1. Vs. zu **birleştirmek** 2. *techn.* (Holz-, Eisen-) Verbindung *f* 3. *med.* Vernähung *f* (e–r Wunde) ~ **çizgisi** Bindestrich *m* *küçük (*od.* kısa)çizgi, tredünyon, tire ~ **kanalı** Verbindungskanal *m*
birleştirmek 1. vereinigen, verbinden 2. a) *jur.* zusammenfassen (z.B. verschiedene Delikte) *icmal etmek b) *med.* vernähen (Wundränder) 3. zu e–r Verständigung gelangen lassen
birli 1. *Spk.* As *n* 2. *(Domino)* Eins *f* 3. *mus.* Prime *f* *prim 4. für eine einzige Person bestimmt (z.B. Kaffeekocher)
birlik, -iği 1. einmaliges *od.* einziges Vorhandensein (Gottes) *vahdaniyet 2. Einheit, Einigkeit, Geschlossenheit *f* *vahdet 3. Vereinigung *f*, Verein, Verband, Bund *m*, Union *f* 4. *mil.* Einheit *f*, Verband *m* (z.B. Regiment, Kompanie usw.) 5. *lit., naut.* Einheit *f* 6. *mus.* ganze Note *ron, yuvarlak 7. eheliche Gemeinschaft 8. Münze, Briefmarke usw. zu 1 Kurusch bzw. 1 Pfund; Pfundnote *f* 9. für 1 Kilo, 1 Liter usw. 10. (im Katasterrecht) Gemeinde *f*, Dorf *n* ~ **dirlik içinde** in Frieden und Eintracht (lebend) ~ **es** *mus.* ganze Pause ~ **katarı** *mil.* Einheitszug *m* ~ **kumandanı** *mil.* Verbandsführer *m* ~ **olmak** sich vereinigen, zusammengehen (*spez.* zur Erreichung e–s best. Ziels) ~ **vurgusu** *ling.* Satz-, Gruppen-akzent *m* **-le** einmütig, einstimmig **-te** s. ges. Stw.
birliksiz ohne Einheitlichkeit, ohne innere Geschlossenheit, heterogen, zerfahren
birliksizlik Fehlen *n* e–r Einheitlichkeit, Mangel *m* an innerer Geschlossenheit, Uneinheitlichkeit, Heterogenität, Zerfahrenheit *f*
birlikte 1. zusammen, gemeinsam 2. mit sich, bei sich; mit- Zu 1: **ile** ~ s. **ile beraber;** ~ **asal** (*od.* **bölünmez**) **sayılar** *math.* absolute Primzahlen *pl.* *heyeti umumiyesinde aslî adetler ~ **borçlu** s. **müşterek borçlu;** ~ **çalışma** Zusam-

menarbeit *f* ~ **dava** *jur.* Streitgenossenschaft *f*, subjektive Klagenhäufung ~ **düşüp kalkmak** zusammenleben ~ **eğitim** Koedukation *f* ~ **getirmek** et. bei sich haben, mitbringen ~ **iye** s. **müşterek malik;** ~ **kefil** *jur.* Mitbürge *m* ~ **kusur** (*od.* **nedenleme**) s. **müterafık kusur;** ~ **münasebet** Korrelation *f* *korelasyon ~ **oluşum** Paragenese *f* ~ **sigorta** Gruppen-, Kollektiv-versicherung *f* ~ **tesir** *a. mil.* Zusammenwirken *n*

birliktelik 1. Zusammensein *n* 2. gemeinsame Tätigkeit *işteşlik

Birma [·×·]; **Birmanya** [·×·] *n.pr.* Birma, Burma

Birman(-yalı) 1. Birman-e *m*, -in *f*, Burmes-e *m*, -in *f* 2. birmanisch, burmesisch

birsam [ā] Halluzination, Sinnestäuschung *f* *sanrı ~ **halleri** s. **ımızganma halleri**

birsenelik karabaş einjähriger Ziest *bot.* Stachys annua

birtakım [×··] *(mit folg. Pl.)* einige, etliche, manche, allerhand, e–e Menge ~ **kimseler** e–e Menge Leute ~ **tavırlar takınmak** 1. sich geschraubt (gestelzt) benehmen 2. großtun; Dünkelhaftigkeit an den Tag legen

birterimli *math.* eingliedrig, monomisch, Mon(on)om *n* *bir (*od.* tek) hadli, bir üyeli, zuhaddi vahit

birteviye s. **biteviye**

birtürden homogen, gleichartig *mütecanis

birun [– –] *va.* 1. s. **dış dışarı, hariç** 2. äußere Teile *pl.* e–s osm. Palastes

birveren *bot.* einjährig, annuell, nicht überwinternd (Pflanze)

biryapımlı *chem.* homogen, gleichartig *homojen

bis! *(franz.)* da capo! ~ **etmek** s. **bisse etmek**

biseksüalite Bisexualität, Doppelgeschlechtigkeit *f*

bîset, -ti *va.* 1. Sendung *f* 2. Prophetentum *n* (Mohammeds)

bisiklet, -ti (*franz.* **bicyclette**) (Fahr-)Rad *n* ~ **hareketi** (*od.* ~ **devinimi**) Radfahren *n* (als gymnastische Übung) *pedallama ~ **kroskantrisi** Rad-rundfahrt, -sternfahrt *f* ~ **müsabakası** (*od.* **koşusu** *od.* **yarışı**) Radrennen *n* ~ **sürücüsü** Radfahrer(-in *f*) *m* ~ **turizmi** Radwandersport *m* ~ **yolu** Radfahrweg *m* **-e binmek** 1. das Rad besteigen 2. radfahren, radeln

bisikletçi 1. Radfahrer(-in *f*) *m* 2. Radsportler, Rennfahrer *m* 3. Fahrradhändler *m* 4. Fahrradreparateur *m*

bisikletli 1. mit Fahrrad (Fahrrädern), Radfahr- 2. Radfahrer(-in *f*) *m*

Biskra *n.pr.* Stadt in Algerien ~ **çıbanı** s. **Halep çıbanı**

bisküvi; bisküvit, -ti 1. Keks, Zwieback *m* 2. zweimal gebranntes unglasiertes Porzellan 3. *pharm.* Oblate, Kapsel *f*

Bismil *n.pr.* O. u. D. im Rbz. Diyarbakır

bismillah (*form.* bei Beginn e–r Arbeit; *a.* Ausruf des Erstaunens, der Furcht *od.* anderer Affekte) 1. Im Namen Gottes! 2. um Gottes willen! ~ **demek** *fig.* e–e Arbeit beginnen ~ **irrahman irrahim** im Namen Gottes des Erbarmers, des Allerbarmers

bissavap [·· –] s. **Allahu a'lem** ~

bisse (*franz.* **bissé**) *mus.* da capo verlangt (bzw. gesungen, gespielt) ~ **etmek** da capo verlangen (bzw. singen, spielen)

bistro [×·] *(franz.)* Kneipe *f*

bisturi Bistouri *m, n* (Ritzmesser des Chirurgen)

bisut [– –] *va.* nutzlos, unnötig, überflüssig ~ **muhaberat** unnötige Schreiberei

bişi *dial.* ein Gebäck, das in anatolischen Dörfern (*reg.* verschieden) an Feiertagen hergestellt wird

bişon (*franz.* **bichon**) Bologneser Hündchen *n*

bit, -ti 1. Laus *f zo.* Pediculus 2. Bez. für verschiedene Parasiten (z.B. **balık -i**); ~ **merhemi** *pharm.* Läusesalbe *f* ~ **sirkeli** mit (Läuse-)Nissen, verlaust ~ **sirkesi** (Läuse-)Nisse *pl.* **-i bakla olmak** (b–nin) auf die Folter gespannt sein; ungeduldig warten **-i kanlanmak** *od.* **-ini kanlandırmak** *fig.* sich herausmachen; (geschäftlich, finanziell usw.) auf e–n grünen Zweig kommen

bita s. **bite**

bitap, -bı – –] schwach, geschwächt, kraftlos, erschöpft, abgespannt, matt *argın, bitkin ~ **düşmek** schwach, kraftlos werden; von Kräften kommen

bitaplık [– – ·] Schwäche, Erschöpfung, Mattigkeit *f*

bitaraf [ī] 1. unparteiisch 2. *mil., pol.* neutral *tarafsız ~ **bayrağa geçiş** *jur.* Übergang *m* zur neutralen Flagge ~ **mıntıka** neutrale Zone

bitaraflaşmak [ī] *mil., pol.* neutralisiert werden, zur neutralen Zone (usw.) werden

bitaraflaştırmak [ī] *mil., pol.* neutralisieren

bitaraflık [ī] 1. Unparteilichkeit *f* 2. *mil., pol.* Neutralität *f*

bite *naut.* 1. Beting *f*, Poller *m* (auf dem Vordeck) 2. Pallbeting *f*, -pfosten *m* (an Ankerwinden) **-ye vurmak** *naut.* Enden belegen (Taue usw. kreuzweise um die Beting legen)

bitek fruchtbar, ergiebig *mümbit, verimli

biteklik Fruchtbarkeit, Ergiebigkeit *f*

biteksiz unfruchtbar, unergiebig

bitelge *(kaum gebr.)* s. **kuvvei inbatiye**

biter s. **bitter**

bitevi [×··]; **biteviye** [×···] 1. ununterbrochen, unaufhörlich, (an-)dauernd, ohne Unterlaß, in einem fort *bir düziye; boyuna 2. eintönig, monoton *yeknesak

biteviyelik [×····] 1. pausenloses Andauern 2. Monotonie, Eintönigkeit *f*

bitey Flora *f* *mecmuai nebatat, flora

biti; bitik (I) *va.* 1. Dokument, Schriftstück *n* 2. Inschrift *f* 3. mit Schrift versehenes Amulett (o. ä.)

bitik (II) 1. ganz erschöpft; schwach, matt (von Anstrengungen, Krankheit usw.) 2. *V* verliebt 3. übel, schlecht Zu 3: **Halimiz ~.** Ich bin ganz übel dran. **İşi ~.** 1. Es geht zu Ende mit ihm. 2. (pekuniär) Er pfeift auf dem letzten Loch.

bitikçi *va.* Schreiber, Sekretär *m*

bitili *va.* s. **beratlı**

bitim Ende *n* *hitam, son

bitimli 1. mit festen Grenzen, begrenzt *sınırlı, sonlu 2. endlich *mütenahi, sonlu

bitimlik Schlußverzierung *f* (an Gebäuden *od.* Möbelstücken)

bitimsiz *phil.* unendlich, endlos, ewig *namütenahi, sonsuz

Bitinya [·×·] *n.pr. hist.* Bithynien

Bitinyalılar *hist.* Bithynier *pl.*

bitirim *V* 1. wer das Benehmen e–s **külhanbeyi** hat *spez.* abgerissen, schäbig gekleidet *adadiyoz, pırpırı 2. Spielhölle (*spez.* für **barbut**) 3. sehr ansprechend; hübsch, nett (Person, Ort) 4. schlau, raffiniert ~ **yeri** *V* Spelunke, Spielhölle *f*

bitirimci *V* Besitzer *od.* Pächter *m* e–s Kaffeehauses, in dem **barbut** gespielt wird

bitirimhane [ā] *V* s. **bitirim yeri**

bitirme Vs. zu **bitirmek;** ~ **fiili** *gr.* perfektivisches Verbum (z.B. **istemiş oldu, görmüş olacak**) *intiha fiili

bitirmek 1. beend(ig)en, zu Ende führen, zu e–m Abschluß bringen, aufhören lassen; vollenden 2. verbrauchen, verzehren 3. aufreiben, ganz krank machen 4. vernichten, töten, „fertigmachen" 5. *hum.* zufriedenstellen 6. *selt.* wachsen lassen

bitirmiş *V* gerissen; mit allen Wassern gewaschen

bitiş 1. Ende *n*, Schluß *m*, 2. *Th., Film* Schlußszene *f* ~ **sözleri** *Th.* Schlußwort(-e *pl.*) *n*

bitişgi *arch.* Fuge, Verbindung, Abdichtung *f*

bitişgin *(Tischlerei)* fugendicht

bitişik 1. ganz nahe beieinander (mit Berührung), an(-einander-)stoßend, zusammenhängend, angrenzend, Neben- 2. Haus *n od.* Nachbar *m* nebenan ~ **çanakyapraklılar** *bot.* Verwachsenkelchblättrige *pl.* *mütelâsıkul vüreykatı ke'siye ~ **duruş** *(Turnen)* geschlossene Füße *pl.* ~ **harfler** *typ.* Ligatur *f* *yapışık harfler ~ **ikizler** *biol.* siamesische Zwillinge *pl.* ~ **oda** Nebenzimmer *n* ~ **taçyapraklılar** *bot.* Verwachsenkronblättrige *pl.* *mütelâsıkul vüreykatı tüveyciye ~ **yazmak** zusammen(-hängend) schreiben, in einem schreiben (Buchstaben, Wörter usw.)

bitişiklik 1. Angrenzen, Aneinanderstoßen *n* 2. *phil.* Kontiguität *f* *ittisal ~ **dolayısiyle çağrışım** *psych.* gedankliche Assoziation

bitişim(-li) s. **bitişkenlik (bitişken)**

bitişken 1. aneinanderstoßend 2. *ling.* agglutinierend *iltisakî

bitişkenlik *ling.* Agglutination *f*

bitişme Vs. zu **bitişmek;** ~ **yeri** Fuge, Verbindung *f* ~ **yoliyle çağrışım** s. **bitişiklik dolayısiyle çağrışım**

bitişmek sich berühren; aneinander-stoßen, -grenzen

bitiştirme mengenesi Schraubzwinge *f* (des Tischlers)

bitiştirmelik Fitting *n,* Rohrverbindung *f*

bitki *bot.* Pflanze *f,* Gewächs *n* *nebat ~ **bahçesi** botanischer Garten *nebatat bahçesi ~ **bilimi** s. **botanik;** ~ **bitleri** Pflanzenläuse *pl. zo.* Phytophthira ~ **coğrafyası** Geobotanik, Pflanzengeographie *f* ~ **gübresi** *agr.* Gründüngung *f* ~ **hastalıkları bilimi** Lehre *f* von den Pflanzenkrankheiten; Phytopathologie *f* *fitopatoloji ~ **örtüsü** s. **bitkisel örtü;** ~ **uyuzu** Gallapfel *m* *gal, ur

bitkicil s. **otçul**

bitkilenme *geogr.* Pflanzen-wuchs *m,* -kleid *n,* Vegetation *f* *tenebbüt

bitkimsi pflanzenähnlich ~ **hayvanlar** Pflanzentiere *pl.* (wie z. B. Korallen) *hayvanatı şibih nebatiye

bitkin erschöpft, müde, abgespannt, abgearbeitet ~ **düşmek** ganz erschöpft sein

bitkinlik Erschöpfung, Müdigkeit, Abspannung *f*

bitkisel Pflanzen-, pflanzlich, vegetabil(-isch), vegetarisch, vegetativ *nebatî ~ **asalak** Schmarotzerpflanze *f* ~ **at kılı** pflanzliches Roßhaar (aus den Blättern der Zwergpalme) ~ **beslenme** vegetarische Lebensweise *etyemezlik ~ **dirim konisi** *bot.* Vegetationspunkt *m* *hayatı nebatiye mahrutu ~ **fildişi** vegetabilisches Elfenbein; brasilianische Steinnuß (*vgl.* **fildişi ağacı**); ~ **hayat** (bloßes) Dahinvegetieren ~ **ipek** Orientseide *f* (aus **ipek pamuğu** gewonnen) *doğu ipeği ~ **kazein** s. **legümin;** ~ **kömür** *chem.* Pflanzenkohle *f* *fahmi nebatî ~ **örtü** *geogr.* Pflanzenkleid *n* *nebatî örtü ~ **tel** *biol.* Pflanzenfaser *f* *lifi nebatî ~ **turbit** *pharm.* ein aus der Wurzel von **turbit** *(q. v.)* gewonnenes Abführmittel (*a.* zur Herstellung von **Alman rakısı** verwendet)

bitlemek (b–ni) 1. j–m die Läuse absuchen, j–n lausen 2. *V* e–n Streit vom Zaune brechen (wollen)

bitlenmek 1. Pass. zu **bitlemek** 2. *Refl.* sich die Läuse absuchen, sich lausen 3. Läuse bekommen, verlaust werden 4. *V* Geld haben *od.* zu Geld kommen

bitli 1. voller Läuse, verlaust 2. *V* wer wenig *od.* gar kein Geld besitzt; abgebrannt, pleite ~ **bakla** *fig.* keinen Pfifferling wert ≗ **baklanın kör alıcısı olur.** *Spr. (Sinn:)* Auch die schlechteste Ware findet ihren Käufer. ~ **kokuş** *pej.* ungepflegt (Frau, Mädchen) ~ **ot** s. **bitotu**

Bitlis *n.pr.* 1. Städtchen im gln. Rbz. (Ostanatolien) 2. türk. Zigarettenmarke

bitmek (I), **(-er)** 1. zu Ende gehen; fertig (beendet, beendigt, vollendet) werden; aufhören 2. mit seinen Kräften allmählich ans Ende kommen, *F* allmählich erledigt sein 3. aufgebraucht (verbraucht, verzehrt) werden, *F* alle werden 4. ausgehen (Ware infolge starker Nachfrage) 5. (m. Dat.) ganz vernarrt sein (in), ganz begeistert sein (von) *bayılmak **bitip tükenmemek** (*od.* **bitmek tükenmek bilmemek**) nicht enden wollen **Bitmedi.** Fortsetzung folgt. *Devamı var. **bitmez tükenmez** unendlich lang *od.* viel

bitmek (II), **(-er)** wachsen (Gras, Haare, Federn usw.)

bitnik Beatnik *m*

bitotu, -nu 1. (Wald-)Läusekraut *n bot.* Pedicularis (silvatica) *bitli ot 2. scharfer Rittersporn; Läusekraut *n bot.* Delphinium staphisagria 3. *(allg.)* Mittel *n* gegen Läuse

bitpazarı, -nı Trödelmarkt, Flohmarkt *m*

bitpazarlık was auf dem Trödelmarkt gehandelt wird ~ **bir şeyler** alte Sachen *pl.,* alter Plunder; Trödel *m*

bittabi [×··] natürlich, selbstverständlich *tabiatiyle, elbette

bittakrip [··–] *va.* s. **bir takriple**

bittamam [··–] *va.* gänzlich, restlos, vollständig, ganz und gar *tamamen

bittavassut *va.* durch Vermittlung, durch Intervention ~ **kabul** *H* Ehren-, Interventions-annahme (e–s Wechsels) *f* ~ **tediye** *H* Ehren-, Interventions-zahlung (e–s Wechsels) *f*

bitter 1. Bitterschnaps *m* 2. Bittermittel *n* 3. bittere Schokolade

bitüm *min.* Bitumen *n spez.* Erdpech *n,* Asphalt *m* *yersakızı

bitümlemek asphaltieren

bitümlü bituminös ~ **kömür** Fettkohle *f*

bityeniği, -ni *fig.* wunder Punkt, versteckter Mangel, *F* faule Stelle *kurtyeniği **Bu işte bir ~ var.** Hier ist etwas faul im Staate Dänemark.

bivefa [–·–] *va.* treulos, unbeständig

bivuak, -kı (*franz.* **bivouac**) *selt.* Biwak, Feldlager *n* *açık ordugâh

Biyaric *n.pr.* Biarritz (Seebad in Südfrankreich)

biye (*franz.* **biais**) 1. schräg(-geschnitten, -verarbeitet) (Kleiderstoff) 2. schräge Verarbeitung *od.* Garnierung

biyel (*franz.* **bielle**) *techn.* Pleuelstange *f* ~ **çatalı** Pleuelgabel *f* ~ **gövdesi** Pleuelschaft *m* ~ **pini** Pleuelzapfen *m* ~ **yatağı** Pleuellager *n*

biyocoğrafya s. **biyojeografi**

biyograf Biograph(-in *f*) *m*

biyografi Biographie, Lebensbeschreibung *f* *tercümeihal

biyografik biographisch

biyojeografi Biogeographie, Pflanzen- und Tier-geographie *f* *yaşalabetim

biyokimya(-sal) s. **biyoşimi(-k)**

biyolog Biolog-e *m,* -in *f*

biyoloji Biologie *f* *hayatiyat, hayat ilmi

biyolojik biologisch

biyolojist, -ti s. **biyolog**

biyopsi *med.* Biopsie *f* (Untersuchung von lebendem Gewebe)

biyosenoz *biol.* Lebensgemeinschaft, Biozönose *f*

biyosfer Biosphäre *f* (Gesamtlebensraum der Erde) *dirimyuvarı

biyoşimi Biochemie *f*

biyoşimik biochemisch

biyotit, -ti s. **kara mika**

biyotop, -pu *biol.* Biotop *m, n,* Lebensraum *m*

biz (I) *Pl.* zu **ben** (I) 1. wir 2. *gel.* ich ≗ **bizeyiz.** Wir sind unter uns. ≗ **kırk kişiyiz, birbirimizi biliriz!** Wir wissen doch, was wir voneinander zu halten haben! ≗ **Müslüman değil miyiz?** (bei wirklicher *od.* vermeintlicher Benachteiligung) Gehören wir vielleicht nicht dazu? ≗**e göre içyüzü karanlık.** *F* Wir sehen nicht recht durch. **-ler** 1. wir alle 2. Leute wie wir; unsereiner

biz (II) (Schuster-, Sattler-)Ahle *f*, Pfriem, Stechbohrer *m*, Ort *m*, *n* *tığ
bizam sıçanı Bisamratte *f zo.* Ondathra zibethica *maskeret
Bizans *n.pr.* Byzanz ~ **İmparatorluğu** Oströmisches (Byzantinisches) Reich
Bizanslı 1. byzantinisch 2. Byzantiner(-in *f*) *m*
Bizanten; Bizantin byzantinisch
bizantinizm 1. Byzantinismus *m* 2. *lit.* Beschäftigung *f* mit unnützen Dingen
bizantolog Byzantolog-e *m*, -in *f*
bizantoloji Byzantologie *f*
bizantolojik byzantologisch
bizar [– –] belästigt, gestört, verärgert **Bu gramofondan artık ~ oldum.** Das Grammophon da bringt mich schier zur Verzweiflung.
bizatihi [·×··] 1. aus sich selbst heraus; selbständig, eigen *kendiliğinden 2. an (und für) sich *kendinden, kendisi
bizce [×·] unseres Erachtens, unserer Meinung nach
bizden 1. Abl. zu **biz** (I u. II) 2. *V* schlau, pfiffig, gerissen ≗ **geçti artık!** Dafür sind wir (bin ich) zu alt. ~ **iyiler** s. **iyi saatte olsunlar**
bizebanlar [–·–·] *hist.* „die Stummen" (Diener in osm. Palästen)
bizim Gen. zu **biz** (I) unser ~ **için** für uns ≗ **kazanda kaynamaz.** *F* Das können wir uns nicht leisten. **-le beraber** mit uns zusammen
bizimki 1. unsere, unserige 2. (Dienstbotensprache) Herr *m od.* Dame *f* (des betr. Hauses) 3. *P* mein Mann, meine Frau **-ler** die Unsern, Unserigen; unsere Leute *pl.*
bizlemek 1. *dial.* mit der Ahle ein Loch bohren 2. *P* mit spitzem Stock stechen
bizlengeç, -ci *P* 1. Ochsenstachel *m* *üğendire 2. Schusterahle *f*
bizmut, -tu *chem.* Wismut, Aschblei *n*
bizon (*franz.* **bison**) s. **Amerika (Avrupa) bizonu**
bizote (*franz.* **biseauté**) abgeschrägt, randgeschliffen (z. B. Spiegel); facettiert (Edelstein)
bizsiz ohne uns
bizzarure [··×·] 1. notwendigerweise, notgedrungen, mit Naturnotwendigkeit 2. gezwungenermaßen, wohl oder übel
bizzat [×–] selbst, selber, persönlich, in eigener Person ~ **ihkakı hak etmek** *jur.* zur Selbsthilfe greifen *kendi hakkını cebren vikaye etmek; kendiliğinden hak almak ~ **katılmak** (bşe) persönlich an et. teilnehmen
blakavt, -tı (*engl.* **black-out**) Verdunklung *f* (Luftschutz) *karartma
blakbotom Black-Bottom (*fr.* Tanz)
blanş *mus.* halbe Note *ikilik
blastula [×··] *biol.* Blastula *f*, Blasenkeim *m*
blazer Blazer, Klubjacke *f*, leichte Sportjacke
blefarit, -ti *med.* Blepharitis, Augenlid- *spez.* Lidrand-entzündung *f* *gözkapakları iltihabı, iltihabı ecfan
blendaj (*franz.* **blindage**) 1. *el.* Abschirmung, Entstörung *f* 2. Schachtzimmerung *f* (im Bergwerk)
blenoraji *med.* Blennorhagie, Blennorhoe *f*, eitrige Schleimhautabsonderung *spez.* Tripper *m*
blent, -di *min.* (Zink-)Blende *f*
blero (*franz.* **blaireau**) 1. *selt.* s. **porsuk** (II) 2. Dachshaar *n* 3. (*a.* ~ **fırça**) Rasierpinsel *m* 4. Flachpinsel *m* (des Malers)
blok, -ku 1. Block, Klotz *m* (aus Holz, Metall usw.) 2. *pol.* Block *m* (Zusammenschluß von Parteien, Staaten usw.) 3. (Zeichen-, Stenogramm- usw.)Block *m* 4. *philat.* (Briefmarken-)Block *m* 5. Häuserblock *m* 6. *(Boxen)* Abblocken, Abstoppen *n* ~ **inşaat** 1. Reihenbau *m* 2. Reihenhäuser *pl.* ~ **satır** *typ.* gegossene Zeile (bei Linotype)
blokaj 1. Zusammenfassung *f* zu e–m Block 2. Blockieren, Absperren *n*, Blockverschluß *m* 3. *H* Blockierung, Sperrung *f* (z. B. e–s Kontos), Stop *m* 4. *H* Sperrguthaben *n* 5. kleine Bruchsteine *pl.* (z. B. zur Ausfüllung e–s Fundamentes), Schotterung, Packlage *f* 6. *typ.* Blockade *f*, Fliegenkopf *m* 7. *med.* (Herz-)Infarkt *m* *enfarktüs 8. *Fb.* Auffangen, Stoppen *n* (des Balls)
bloke 1. (zu e–m Block) zusammengefaßt *od.* verarbeitet 2. mit Bruchsteinen ausgefüllt 3. *techn.* gehemmt, festgeklemmt 4. *techn., fin.* blockiert, gesperrt 5. *Fb.* aufgefangen, gestoppt; Auffangen, Stoppen *n* (des Balls) 6. *typ.* durch Blockade gekennzeichnet ~ **çek** *H* gesperrter Scheck ~ **etmek** 1. zu e–m Block zusammenfassen *od.* verarbeiten 2. *H* sperren, blockieren 3. *(Boxen, Fb. usw.)* auffangen, stoppen ~ **hesap** Sperrkonto *n*
blokhavz [×·] 1. Blockhaus *n* 2. *mil. gel.* Bunker *m* *kazamat, kale, sığınak 3. *naut.* gepanzerter Befehlsstand, Kommandoturm
bloklaşmak *pol.* sich zu e–m Block zusammenschließen
bloknot, -tu [×·] (*a.* ~ **defteri**) Notizblock *m*
bloksuz *pol.* blockfrei
bloksuzluk *pol.* Blockfreiheit *f*
bloküs (*franz.* **blocus**) Blockade(-ring *m*) *f* ~ **kontinantal** *hist.* Kontinentalsperre *f*
blont, -du blond
blö 1. bleu (Modefarbe) 2. (in franz. Zss.) blau Zu 2: ~ **dazür** himmelblau ~ **gri** graublau
blöf Bluff *m* ~ **yapmak** bluffen **bir -e aldanmak** auf e–n Bluff hereinfallen, sich bluffen lassen **bir -e kurban olmak** e–m Bluff zum Opfer fallen
blöfçü wer zu bluffen versucht *od.* sich darauf versteht **Ama ~ yahu!** Ach, der versucht nur zu bluffen!
blucin(-z); *a.* **blucinler** Blue jeans *pl.*
blucinli in Blue jeans
blum [ū] (*engl.* **bloom**) *techn.* (Eisen-)Luppe *f* ~ **haddesi** Luppenwalzwerk *n*
Blumcu Anhänger(-in *f*) *m* von Léon Blum (Chef der franz. Volksfrontregierung vor dem II. Weltkrieg)
bluz (I) [–] 1. (Damen-)Bluse *f* 2. Arbeitsbluse *f*
bluz (II) [–] Blues *m* (Tanz)
bluzon (*franz.* **blouson**) 1. kurze Jacke; Joppe *f* 2. *mil.* Feldbluse *f*
blüe (*franz.* **bluet**) *selt.* s. **peygamberçiçeği**
BM = Birleşmiş Milletler; BM Güvenlik Konseyi Weltsicherheitsrat *m*
B.M.M. = Büyük Millet Meclisi
Bn. = bayan
boa 1. **(yılanı)** Boa *f* (Name mehrerer Riesenschlangen) *spez.* Abgottschlange *f zo.* Boa constrictor 2. Boa *f* (Damenpelzkragen)
boagiller Boaschlangen *pl. zo.* Boidae
bob s. **bobsle**
bobak Steppenmurmeltier *n*, Bobak *m zo.* Marmota bobak
bobin (*franz.* **bobine**) 1. (Induktions-, Film-, Garn- usw.) Spule, Leittrommel, (Draht-)Rolle *f* 2. Aufspuler *m* 3. Seil-, Kabel-trommel *f* ~ **kutbu** *techn.* Ankerpol *m* ~ **maçası** *techn.* Ankerkern *m* ~ **teli** *techn.* Ankerdraht *m*
bobinör (*franz.* **bobineur**) Spuler *m* (Arbeiter)
bobinöz (*franz.* **bobineuse**) 1. Spulerin *f* (Arbeiterin) 2. Spulmaschine *f*
bobinuar (*franz.* **bobinoir**) 1. Spulmaschine *f* 2. Spulrad *n* (an der Nähmaschine)
bobinuarcı *selt.* Spuler(-in *f*) *m*
bobsle Bob(-sleigh), Rennschlitten *m*
bobstil 1. sonderbare Kleidung junger Leute (vor dem II. Weltkrieg) 2. Modegeck (der 30er Jahre), Fatzke *m*

bobstilizm; bobstillik Modegeckentum *n* (vor dem II. Weltkrieg)

boca [×·] 1–5 *naut.* 1. *va.* Steuerbord *n* *sancak 2. Lee (-seite) *f* *rüzgâraltı (*ant.* orsa) 3. leewärts 4. Abfallen *n* 5. Mit Ruder abfallen! Hart leewärts! 6. (plötzliches) Ausgießen, Ausschütten ≗ **alabanda!** s. **boca** (5); ~ **alabanda etmek** halsen; vor dem Wind wenden ≗ **alabanda tiramola!** Halsen! ~ **etmek** 1. das Ruder nach Lee drehen; abfallen 2. (plötzlich) aus-gießen, -schütten

bocalamak 1. *naut.* s. **boca etmek** (1) 2. (dahin-)torkeln; schwanken 3. *fig.* wankelmütig sein 4. *fig.* unsicher sein, sich (in der Aufregung) verheddern (Redner, Prüfling usw.)

boci [×·] *naut.* Schrägung *f* ~ **arabası** Sack-, Steck-karren *m* ~ **etmek** nach e–r Seite wenden; kanten ~ **postaları** *naut.* Kantspanten *pl.*

bocuk *z. va.* 1. Schwein *n* *domuz 2. Weihnachten *n* (der Griechisch-Orthodoxen) *Noel ~ **domuzu gibi** wie ein fettes Schwein

bocurgat, -tı (Hebe-)Winde *f*, (Gang-)Spill *n* ~ **mili** Gangspillwelle *f* ~ **yapmak** *V* in der Nase bohren (*F* pulen)

bocurum (*a.* ~ **yelkeni**) *naut.* kleines Hecksegel; Besan *m* ~ **bombası** *naut.* Besan-, Giek-baum *m* ~ **direği** *naut.* Besanmast *m* (auf e–m Kutter)

bocut *dial.* s. **boduç**

bodoslama 1. *naut.* Steven *m* 2. *V* Nase *f* 3. s. **bodoslamadan** Zu 1: s. **baş (kıç) bodoslaması**

bodoslamadan von vorn, von gegenüber, frontal

bodrum Keller *m* ~ **gibi** der reinste Keller (niedriges, sonnenloses, muffiges Zimmer) ~ **katı** Keller-geschoß *n*, -wohnung *f* ~ **mantarı** Kellerschwamm *m bot.* Coniophora cerebella ~ **mezarı** Grabgewölbe *n*, Gruft *f* ~ **tespihböceği** Kellerassel *f zo.* Porcellio scaber

Bodrum *n.pr.* O. u. D. im Rbz. Muğla (das antike Halikarnassos)

boduç *dial.* hölzerner *od.* irdener Krug

Boduen *n.pr.* Baudouin, Balduin

bodur 1. klein und stämmig, kurz und dick, untersetzt 2. verkrüppelt, verkümmert (Pflanze), Zwerg- ~ **ardıç** s. **cüce ardıç;** ~ **çam** Berg-, Latschen-kiefer *f bot.* Pinus montana ~ **çapak** Güster *m*, Blicke *f zo.* Blicca bjoerkna ~ **fasulye** Buschbohne *f* ~ **hurma ağacı** s. **kısa hurma ağacı;** ~ **meşe ağacı** Stieleiche *f bot.* Quercus robur *kaya meşesi, kısa meşe, pelit meşesi ~ **mürver** s. **yaban mürveri;** ~ **nebatlar** Sträucher *pl.* ~ **palmiye** Zwergpalme *f bot.* Chamaerops humilis ~ **pas** Zwergrost *m bot.* Puccinia simplex (*od.* hordei) ~ **sinekkapan** stengelloses Leimkraut *bot.* Silene acaulis ~ **söğüt ağacı** krautige Weide *bot.* Salix herbacea ≗ **tavuk her gün** (*od.* **her dem**) **piliç.** *Spr. (Sinn:)* Untersetzte Frauen sehen immer jünger aus als sie sind.

bodurcuk *dial.* kleiner Krug

bodurluk kurzer, stämmiger Wuchs; Untersetztheit *f*

Boerler *n.pr.* Buren *pl.* (Südafrika)

bogasi s. **boğası**

boğa Stier *m zo.* Bos taurus ~ **antilopu** Elen-Antilope *f zo.* Taurotragus oryx ~ **dikeni** 1. s. **demir dikeni** (2) 2. s. **deveelması;** ~ **gibi** kräftig gebaut (junger Mann) ~ **güreşi** (*od.* **dövüşü**) Stierkampf *m* ~ **otu** Buffalogras *n bot.* Buchloë dactyloïdes ~ **yaprağı** das mediterrane Flohkraut *bot.* Plantago psyllium

Boğa *astr.* Stier *m* (Tierkreiszeichen *od.* Sternbild) *Sevir

boğaca s. **poğaca**

boğada 1. Wäsche-Lauge *f* 2. Einweichen *n* (schmutziger Wäsche) ~ **yapmak** mit Laugensalzen tränken

boğak *P* Mandelentzündung *f spez.* Angina *f* *anjin, hunnak

boğalık heranwachsender Zuchtstier (über ein Jahr alt)

boğan röhrenförmiges Schwefelgerät (zur Vertilgung von Feldmäusen; *spez.* in Südanatolien viel verwendet)

boğanak 1. Gewitterregen, Wolkenbruch *m* *sağanak 2. Sturm, Orkan *m* *bora

boğanotu, -nu s. **kaplanboğan, kurtboğan**

boğasak *dial.* stierig (Kuh)

boğası dünner Futterstoff für Anzüge, Kleider usw.

boğata 1. s. **boğada** 2. *naut.* a) Jungfer(-nblock *m*) *f* (für ein Taljereep) b) Kausche *f* (Metallring *od.* Öse mit Hohlrand)

boğaz 1. Kehle, Gurgel *f*, Schlund, Hals *m* 2. (Flaschen- usw.)Hals *m* 3. Tal *n*, Schlucht *f*, (Eng-)Paß *m*, Mündung *f* 4. Meerenge *f*, (Meeres-)Straße *f* 5. *naut.* (Anker-) Hals *m* 6. *Abk.* für **Boğaziçi** 7. für wessen Unterhalt gesorgt werden muß (*im Pl. a. F* die hungrigen Mäuler) 8. Essen und Trinken *n* 9. Verpflegung *f* 10. *gel.* Halsschmerzen *pl.* 11. *mil.* Enge *f* Zu 7: **Bizim evde beş boğaz var.** Wir haben zu Hause fünf hungrige Mäuler. Zu 9: **İşçilerin boğazı bizden olacak.** Die Verpflegung der Arbeiter übernehmen wir. ~ **açmak** den Boden um e–n Baum umgraben ~ **ağrısı** Halsschmerzen *pl.* ~ **ağzı** Mündung *f* (e–s Flußes, Kanals usw.) ~ **almak** j–m den Mund zusammenziehen (*spez.* saure, herbe, bittere Getränke) ~ **altı kayışı** Kehlriemen *m* ~ **-a gelmek** aneinandergeraten, einander an die Kehle fahren, aufeinander losschreien ~ **-a savaşma** Handgemenge *n*, Nahkampf *m* ~ **derdine düşmek** sich um das tägliche Brot kümmern müssen ≗ **dokuz boğumdur** (*a. m. der Forts.* **sözünü yutkuna yutkuna söyle)!** Man muß gut erwägen, was man sagt! ~ **doldurma** *agr.* An-, Auf-häufeln *n* (von Erde um Pflanzen) ≗ **durmaz!** Essen muß man immer! ~ **içine göndermek** hinunter-schlucken *od.* -gießen ~ **kavgası** *fig.* Kampf *m* um die Futterkrippe ~ **kaydında olmak** nur an Essen und Trinken denken ≗ **ola!** *P* Laß es dir schmecken! Guten Appetit! *Afiyet olsun! ~ **olmak** Halsschmerzen haben *od.* bekommen ~ **sesi** s. **baş sesi;** ~ **tokluğuna çalışmak** gegen freie Verpflegung (und Unterkunft) arbeiten ~ **zırhı** *fr.* Halsberge *f* (bei e–r Rüstung) **-dan yatmak** wegen Halsschmerzen das Bett hüten müssen **-ı açılmak** Appetit bekommen **-ı açmak** *mil.* die Enge öffnen **-ı ağrımak** Halsschmerzen haben **-ı ele vermek** verhaftet (*F* geschnappt) werden **-ı inmek** anschwellen (Rachenmandeln) **-ı işlemek** (b–nin) *hum.* 1. gerade et. Leckeres essen 2. immer mit Essen beschäftigt sein **-ı kısılmak** heiser werden; nicht (*od.* kaum) mehr sprechen können **-ı kurumak** 1. sehr durstig werden 2. e–n trockenen Hals bekommen (vom vielen Reden) **-ı tok** 1. gesättigt 2. *fig.* ohne Gelüste (Begierden) **-ı yırtılırcasına bağırmak** wie am Spieß schreien, brüllen ≗**ımın kökü tutuştu** (*od.* **yandı**). Ich habe mir den ganzen Schlund verbrannt (z. B. an scharfem Getränk). **-ına dizilmek** (*od.* **durmak**) keinen Bissen hinunterbringen **-ına düğümlenmek** im Hals stecken bleiben (Worte, Speise) **-ına düşkün** aufs Essen erpicht, *F* verfressen *gırtlağına düşkün **-ına inmek** *z. va.* sich e–e Erkältung zuziehen **-ına kadar boka batmak** *V* bis an den Hals in e–r üblen Sache stecken **-ına kadar borca girmiş olmak** bis über die Ohren in Schulden stecken **-ına kadar tok** dicksatt **-ına sabırsız** wer sich gierig auf alles Eßbare stürzt **-ına sarılmak** 1. j–m an die Kehle fahren 2. zornig auf j–n losfahren *üstüne yürümek 3. j–m zusetzen, j–m keine ruhige Minute mehr lassen **-ına tıkamak** (b–nin sözünü) j–n nicht zu Wort kommen lassen **-ında kalmak** (*od.* **durmak**) j–m im Halse steckenbleiben (**Boğazında kalsın!** scherzhafte Verwünschung dessen, der von et. Leckerem nichts abbekommt: Möge es dir im Halse steckenbleiben!) **-ından artırmak** (*od.* **kesmek**) 1. sich et. vom Munde absparen 2. (b–nin) j–m et. abgehen lassen **-ından geçmemek** 1.

s. **boğazında kalmak** 2. am Essen herumwürgen (aus Kummer) **-ını çıkartmak** *F* sich kümmerlich durchfretten **-ını doyurmak** sich satt essen **-ını yırtmak** 1. wie am Spieß brüllen 2. s. **göbeğini çatlatmak**
Boğaziçi, -ni *n.pr.* 1. Bosporus *m* 2. *fr.* türk. Zigarettenmarke **≗nde kavga var.** *(Kalauer)* Er kaut gerade mit vollen Backen.
Boğazkale *n.pr.* Dorf nordöstl. von Yozgat mit den Ruinen der hettitischen Hauptstadt Hattuşaş; s. a. **Boğazköy**
boğazkesen 1. Verteidigungsanlage *f* an e−r Meerenge 2. ≗ *fr. Bez.* von Rumelihisar
Boğazköy *n.pr.* bis 1937 Bez. für **Boğazkale**
boğazlamak (m. Akk.) die Kehle durchschneiden, nieder-, ab-stechen, *F* den Hals umdrehen; abschlachten (Opfertiere, Feinde)
Boğazlar *n.pr.* Meerengen *pl. spez.* Bosporus *m* und Dardanellen *pl.* ~ **Komisyonu** *n.pr.* Meerengenkommission *f* ~ **Müstameresi** *n.pr.* Straits Settlements (bis 1946) ~ **Rejimi** Meerengenstatut *n*
boğazlaşmak 1. sich gegenseitig niederstechen 2. *fig.* sich bis aufs Messer bekämpfen
boğazlayan 1. (Tier-)Schlächter *m* 2. Mörder *m* 3. *V* Spelunke *f*, Räuberhöhle *f*
boğazlı 1. *mel.* wer e−n guten Appetit hat; guter Esser 2. *pej.* gefräßig; Vielfraß *m*
boğazlık 1. *med.* Hals-verband, -wickel *m* 2. Pelzkragen *m* 3. Essen *n*
Boğazlıyan *n.pr.* O. u. D. im Rbz. Yozgat
boğazsıl phon. velar
boğazsız 1. wer keinen *od.* wenig Appetit hat; schlechter Esser 2. mäßig, anspruchslos, enthaltsam (im Essen und Trinken)
boğazsızlık Appetitmangel *m*
Boğdan s. **Buğdan**
boğdu *dial.* Stirnband *n*
boğma 1. Vs. zu **boğmak** 2. *dial.* s. **şalvar** 3. *dial.* Getränk aus gegorenen Feigen, Maulbeeren, Rosinen (*spez.* in Südanatolien) 4. *fr.* e−e Feigenart
boğmaca Keuch-, Stick-husten *m*, blauer Husten *med.* Pertussis ~ **matı** *Scha.* Erstickungsmatt *n*
boğmacalı von Keuchhusten befallen; keuchhustenkrank
boğmak (I), **(-ar)** 1. erwürgen, erdrosseln, ersticken 2. ertränken 3. fest zuhalten (zuschnüren, zubinden usw.) 4. j−m et. zu teuer verkaufen 5. (b−ni bşe) j−n überhäufen (mit Arbeit, Liebenswürdigkeit usw.) 6. übertönen 7. j−m nicht gut stehen (Farbe) 8. *naut.* (yelkeni) aufgeien *istinga etmek
boğmak (II) 1. Knoten-, Ring-stelle *f*, Gelenk *n* 2. *fr.* Halsschmuck *m* 3. *dial.* Platzregen *m* ~ ~ knorrig, knotig ~ **kemikleri** *an.* Finger- *od.* Zehen-knochen *pl.*
boğmaklı mit Knoten- *od.* Ring-stellen, Gelenken
boğmaklıkuş Kalanderlerche *f zo.* Melanocorypha calandra
boğucu 1. erstickend *muhnik 2. beklemmend 3. schwindlerisch, betrügerisch ~ **gaz** Giftgas *n* ~ **sıcak** schwüle Hitze
boğuk 1. rauh, heiser (Stimme) 2. *mus.* a) gedämpft (z. B. Pauke) b) gestopft (Blechbl.i.) 3. *phon.* dumpf ~ ~ **bağırmak** krächzen, mit heiserer Stimme rufen ~ **fıtık** *med.* eingeklemmter Bruch ~ **sesli** mit heiserer Stimme
boğuklaşmak heiser werden
boğukluk 1. *selt.* Ersticken *n*, Erstickung *f* 2. Rauheit *f* (der Stimme), Heiserkeit *f*
boğulma 1. Vs. zu **boğulmak** 2. Heiserwerden *n* 3. *med.* a) Atemnot *f* b) Asphyxie *f* c) Stenose, Striktur *f* 4. (innere) Beklemmung 5. Verwelken *n* (von Blumen) 6. Versinken *n* (von Land im Meer)
boğulmak 1. Pass. zu **boğmak** 2. *intr.* ersticken *od.* ertrinken 3. sich selbst erwürgen (erdrosseln, ersticken, ertränken) 4. (halb erstickt) keuchen 5. (m. Abl.) beinahe die Besinnung verlieren (vor) 6. *V* sein Geld loswerden, geneppt werden
boğum 1. Knoten *m* (an e−m Halm) 2. Ring *m* (z. B. e−r Raupe) 3. Teil *m* e−s Halms *od.* Rohrs zwischen zwei Knoten 4. *an.* Ganglion *n*, Knoten *m* *ukde 5. *fr.* Zoll *m* (ca. 3 cm) *arşın parmağı 6. verdickter Teil e−s (Hand-) Leuchters (zum besseren Anfassen) 7. *zo.* Bandwurmglied *n*, Proglottis *f* ~ **bağlamak** (*od.* **vermek**) Ähren ansetzen (Getreide) **-a kalkmak** entstehen, hervorkommen
boğumlama yeri *phon.* Artikulationsstelle *f* *çıkak, mahreç
boğumlanmak Knoten bilden
boğumlu 1. *bot.* knotig (z. B. Bambus) 2. *zo.* mit ringförmiger Halszeichnung (Tauben usw.) ~ **sıracaotu** knotige Braunwurz *f bot.* Scrophularia nodosa *basurotu
boğumlucaotu, -nu Weißwurz *f*, Salomonsiegel *n bot.* Polygonatum multiflorum *mührü Süleyman
boğuntu 1. Erstickungsanfall *m* 2. Beklemmung *f* 3. *V* Wucher *m* *ihtikâr, vurgunculuk 4. Betrug, Schwindel *m* ~ **yeri** *V* Spielhölle *f* **-ya getirmek** j−m das Geld aus der Tasche ziehen, *F* j−n schwer bluten lassen
boğunuk dumpfklingend, ohne Resonanz *gayri tannan
boğur s. **buhur** (II)
boğurdak *dial.* s. **soluk borusu**
boğursamak in die Brunft kommen (Kamelstute)
boğurtlak *dial.* Kehlkopf *m*
boğuşma Handgemenge *n*, Balgerei *f* ~ **ve didişme** heftige Auseinandersetzung
boğuşmak 1. handgemein werden, miteinander ringen, sich balgen, einander an die Kehle fahren 2. sich gegenseitig stoßen und schlagen; sich drängen *itişip kakışmak **boğuşa dövüşe** sich sehr abmühend; sich mühsam durchboxend (im Lebenskampf)
bohça 1. Einschlagtuch *n* 2. Bündel *n* (in Einschlagtuch) 3. kleiner, viereckiger Tabakballen von bes. guter Qualität 4. viereckiges Umschlagtuch (Schal) 5. Geschenk *n* 6. *V* Hinterteil *n*, Hintern *m*, Popo, *V* Arsch *m* ~ **etmek** in e−m Bündel zusammenpacken, bündeln ~ **göndermek** Hochzeitsgeschenke zusenden (*urspr.* in Bündel verpackt) ~ **otu** die Nieswurzart Helleborus orientalis var. hircutus **-sını bağlamak** (*od.* **toplamak**) sein Bündel schnüren (und gehen) **-sını koltuğuna** (*od.* **eline**) **vermek** (b−nin) j−n aus dem Haus werfen, j−m den Stuhl vor die Tür setzen
bohçaböreği, -ni Pastete *f*, die nach Art e−s Einschlagtuchs gewickelt ist
bohçacı 1. (Webwaren-)Hausiererin *f* 2. ein Hammal, der kleinere Gegenstände trägt 3. ambulanter Buchhändler
bohçacılık Tätigkeit *f* e−s (e−r) **bohçacı**
bohçalamak s. **bohça etmek**
bohem 1. Boheme *f* 2. Bohemien *m* 3. verbummelt, liederlich
bohemlik Boheme-Leben *n*
Bohemya [·×·] *n.pr.* Böhmen ~ **ve Moravya Himaye İdaresi** Protektorat *n* Böhmen und Mähren (im II. Weltkrieg)
Bohemyalı 1. Böhme *m*, Böhmin *f* 2. böhmisch
boji (*franz.* **bogie**) Drehgestell *n* (bei Eisenbahn)
bojili mit Drehgestell
bok, -ku 1. *V* Kot, Dreck *m*, Exkremente *pl.; (V)* Scheiße *f*, Scheißdreck *m* 2. *V* Drecks-, Scheiß- *(V)* 3. Schlacke *f* Zu 3: s. **demir (maden) -u;** Vulgarismen: ~ **atmak (bulaştırmak, sürmek)** j−n mit Dreck bewerfen; verleumden ~ **başı** *reg.* (Adana) Laube *f*, Gartenhäuschen *n* ~ **boğaz** s. **pisboğaz;** ~ ~ **üstüne koyamamak** nichts Gescheites fertigbringen ≗ **canına olsun!** So ein Drecksding! ~ **etmek** et. verderben (verhunzen, *P* versaubeu-

teln) ~ **karıştırmak** et. hinhunzen *(P)* ~ **soyu** s. **bokun soyu;** ~ **tulumu** Fettwanst *m* ~ **üstünde badem** was nicht zueinander paßt ~ **üstünde badem kadın** elegante Frau mit schlampigem Haushalt ~ **üstünde bok** hundsmiserabel *(P)* ~ **yemek** e–e Unbesonnenheit (Taktlosigkeit) begehen ≗ **yemek düşer** (ona)! Das geht ihn e–n feuchten Kehricht an! **(Bu artık) bok yemenin arapçası (alâsı, gülpembesi)!** 1. Das ist doch die Höhe! 2. Das ist e–e unverzeihliche Taktlosigkeit! ~ **yetiştirmek** (tabakhaneye) hasten; überstürzt in Angriff nehmen ~ **yolu** Abortablauf *m* ~ **yoluna** e–s Scheißdrecks wegen *(V)* ~ **yoluna gitmek** sinnlos umkommen **-a basmak** in Teufels Küche geraten **-a basmaz** maßlos eingebildet ≗**a nispetle tezek amber (-i sara gibi) dir!** Dagegen ist das ja der reinste Rosenduft! **-a taş atmamak** sich hüten, mit e–m üblen Kerl anzubinden **-tan** (*od.* **-tan künet** *od.* **-tan terazi**) miserabel; zu nichts zu gebrauchen **-tan boka sokmak** beschimpfen, beleidigen **-tan herif** Mistkerl; Scheißkerl *(V) m* **-tan kılıç** 1. miserables Schwert 2. *fig.* lärmender Prahlhans **-u bokuna** für nichts und wieder nichts **-u cinli** 1. gereizt, nervös 2. pedantisch ≗**u** (*od.* **Bokluğu**) **çıktı.** Jetzt ist es klar, was das für e–e mistige Sache (ein mistiger Kerl) ist. **-u ile kavga etmek** bei jedem Scheißdreck hochgehen *(V)* **-u kurumak** (götünde) e–n furchtbaren Bammel haben **-u püsürü** 1. (bşin) das ganze Drumherum 2. (b–nin) die ganze Mischpoche *(V)* **-u yemek** s. **hapı yutmak;** ≗**umun ağa babası!** Der kommt vor lauter Einbildung noch um! ≗**un soyu!** Verfluchter Mist! So ein Scheißdreck! *(V)* **-un üstünde** (*od.* **içinde**) **oturmak** ganz verdreckt sein **-una bıçak çekmek** bei jedem Scheißdreck gleich in die Luft gehen *(V)* **-una kurban olmak** j–m hörig sein **-una bok yemek** j–m blind ergeben sein; zu allem ja und amen sagen **-unda boncuk** (*od.* **boklavat**) **bulmak** *od.* **-unda inci aramak** 1. (b–nin) e–n Narren an j–m gefressen haben *(F)* 2. (kendi) sehr von sich eingenommen sein **-unda sinek öldürmek** nichts Gescheites zuwege bringen **-unu çekmek** 1. die Suppe, die man sich eingebrockt hat, auslöffeln müssen 2. (b–nin) ausfressen müssen, was ein anderer versaubeutelt hat *(V)* **-unu çıkarmak** 1. et. Übles bis zum Überdruß treiben 2. s. ~ **etmek; -unu çomaklamak** 1. e–n Scheißdreck breitschlagen *(V)* 2. *P* sich sehr servil benehmen **-unu temizlemek** 1. den Scheißdreck wegräumen *(V)* 2. (b–nin) die Fehler e–s anderen ausbaden müssen **-unu yemek** j–m völlig ergeben sein

bokal s. **potkal**

bokaponto [··×·] *naut.* Luke *f*

Bokas *n.pr.* Boccaccio (italien. Autor des 14. Jh.)

bokböceği, -ni heiliger Pillendreher; Skarabäus *m zo.* Scarabaeus sacer

bokça *V* übel, miserabel (*V:* beschissen) ~ **bülbül** 1. s. **çitkuşu** 2. *fig.* a) öder Schwätzer b) altklug *od.* naseweis schwatzendes Kind

boklağı *P* Abort (*P:* Abtritt *m*) *m*

boklamak *V* 1. beschmutzen, verdrecken, *V* verscheißen 2. et. schlecht ausführen; verderben, *F* verhunzen, *V* versauen 3. j–n schlecht machen, in Verruf bringen

boklaşmak *V* sich verschlechtern, *V* immer beschissener werden

boklu 1. *V* verdreckt (*V:* beschissen) 2. *V* wer et. verdreckt 3. *techn.* Schlacke enthaltend

bokluca bülbül s. **bokça** bülbül

bokluk, -ğu *V* 1. Dreck, Unrat *m* 2. *fig.* üble Lage, erbärmlicher Zustand (*V:* große Scheiße) 3. s. **boklağı; -u çıkmak** s. **boku çıkmak**

Bokrat, -tı *n.pr. va.* Hippokrates (griech. Arzt)

boks (I) Boxen *n* ~ **maçı** Boxwettkampf *m* ~ **yapmak** (*od.* **etmek**) boxen

boks (II) 1. Box *f*, (Pferde-)Stand *m bzw.* Einzelgarage *f* 2. *med.* kleineres Einbettzimmer

boksçu s. **boksör**

bokser Boxer *m* (Hunderasse)

Bokserler *n.pr. hist.* Boxer *pl.* (China)

boksit, -ti *min.* Bauxit *m* (Aluminiumerz)

boksör Boxer, Boxkämpfer *m*

boktanlık *V* üble, miserable (*V:* beschissene) Lage *od.* Sache

bokyedibaşı *V* wer seine Nase in alles hineinsteckt, *V* wer sich um jeden Scheißdreck kümmert

bol (I) 1. weit, groß, bequem, *F* völlig (z.B. Kleidungsstück) 2. zu weit, zu groß, zu völlig 3. viel, reichlich; in großer Menge vorhanden ~ **ağız** (übler) Schwätzer ~ **ağızdan atıp tutmak** den Mund schrecklich vollnehmen, furchtbar renommieren ~ **avurt** Prahlhans, Angeber *m* ~ **biçmek** reichlich bemessen ~ ~ 1. (über-)reichlich, im Überfluß 2. ganz bequem, gut und gern ~ **bolama (bolamat, bulama, bulamaç)** s. **bol bol;** ~ **boya** dick aufgetragene Farbe ~ **doğramak** 1. (das Geld) mit vollen Händen hinauswerfen 2. das Blaue vom Himmel herunter versprechen ~ **gelmek** zu weit sein (Kleidungsstück) ~ **götten osurmak** *V* s. **götünden büyük osurmak;** ~ **keseden atmak** 1. s. ~ **ağızdan atıp tutmak** 2. s. ~ **doğramak** (2); ~ **keseden vaat etmek** *iron.* mit seinen Versprechungen sehr freigebig sein ~ **mahsul** reiche Ernte ~ **miktarda** reichlich ~ **nişastalı** mit großem Stärkegehalt ~ **paça** 1. weitgeschnittene Hose 2. *fig.* schlampig, liederlich, unsauber, unordentlich ~ **paçadan atmak** s. ~ **ağızdan atıp tutmak;** ~ **sözlü** Schwätzer *m* ~ **vermek** reichlich spenden

bol (II) [–], **-lü** (*engl.* **bowl**) 1. Bowle *f* 2. Bowlenglas *n* 3. Fingerschale *f* (z.B. nach Obst-Essen) 4. Näpfchen *n* zum Anrühren von Gips usw. (Zahnarzt)

bol (III) [–] (*engl.* **ball**) 1. (in Zss. wie **basketbol, futbol** usw. *od.* in Füg. wie **geym** ~, **set** ~) Ball *m* 2. *pharm.* große, weiche Pille

bol (IV) [–] (*engl.* **bowl**) (hölzerne) Kugel bei Bowling

bol (V) (*franz.* **bol**) s. **eritin**

bola (I) 1. *va.* (angeheiratete) Tante *f* (Frau des Vatersbruders) 2. *dial.* Tante *f* (Schwester des Vatersbruders)

bola (II) Bola *f* (südamerikanische Schleuderwaffe)

bolahenk 1. volltönend, wohlklingend 2. *mus.* e–e Weise in der auf D basierenden Tonart *od.* diese selbst 3. hervorragender Sänger (Ehrentitel)

bolalmak *va.* s. **bollanmak**

bolero [·×·] Bolero *m* 1. *urspr.* rund aufgeschlagener Hut der Stierkämpfer 2. span. Tanz mit Kastagnettenbegleitung 3. kurzes Jäckchen

boliçe [·×·] *V* Jüdin *f; F* Schickse(-l *n*) *f*

bolivar 1. *fr.* Herrenhut mit breiter Krempe 2. Währungseinheit in Venezuela

Bolivya [·×·] *n.pr.* Bolivien

Bolivyalı 1. Bolivianer(-in *f*) *m* 2. bolivianisch

bollanmak; bollaşmak 1. zu weit (groß) werden 2. sehr ansteigen (Zahl), stark zunehmen, in großer Menge auf den Markt kommen (Waren)

bollaştırmak; bollatmak 1. (aus-)weiten, weiter (größer) machen 2. lockern, weiter aufmachen (z.B. Gürtel) 3. vermehren, in größerer Menge beschaffen

bolluk 1. Weite, Größe *f* 2. reichliches Vorhandensein; Überfluß *m* 3. Blüte *f*, Wohlstand *m*, Prosperität *f* 4. wo alles in Hülle und Fülle vorhanden ist (z.B. Land) 5. breiter Saum (zum evtl. Auslassen) 6. *H* Überangebot *n* ~ **kuşağı** *geol.* Hauptlager *n* *epibol

bolometre [··×·] Bolometer *n* (Meßgerät für Strahlenenergie)

bolşekilli vielgestaltig, polymorph *kesirüleşkâl

bolşevik 1. Bolschewist(-in *f*) *m* 2. bolschewistisch
bolşevikleşmek bolschewisiert werden
bolşevikleştirmek bolschewisieren
bolşeviklik bolschewistische Lehre *od.* Bewegung, Bolschewismus *m*
bolşevist(-lik) s. **bolşevik(-lik)**
bolşevizm s. **bolşeviklik**
Bolu *n.pr.* Städtchen im gln. Rbz. (westl. Nordanatolien)
Bolulu 1. aus Bolu stammend 2. Typ des Kochs aus Bolu (im Karagözspiel)
Bolvadin *n.pr.* Städtchen u. D. im Rbz. Afyon Karahisar
bom 1. *gel. a.* **boom; booom** *Int.* bumm! bums! 2. *V* Aufschneiden *n,* lügenhaftes Gerede ~ **atmak** *V* aufschneiden, das Blaue vom Himmel herunterlügen
bomba (I) [×·] 1. Bombe *f* 2. (Hand-, Gewehr-)Granate *f,* (geschleuderte) Mine 3. großes Faß 4. Druckbombe *f spez.* Sauerstoff-Flasche *f* 5. *hist.* Bombarde *f* (Geschütz bzw. zweimastiges Schiff) 6. *pr.* Atombombe *f* ~ **alayı** Bombengeschwader *n* ~ **atma** (*od.* **atışı**) Bombenabwurf *m* ~ **atma aleti** Bombenabwurf-, Ziel-gerät *n* ~ **çukuru** Bombentrichter *m* ~ **emniyetli** *mil.* bombensicher ~ **etkisi yapmak** s. ~ **tesiri yaratmak;** ~ **gemisi** *hist.* Bombardierschiff *n* ~ **gibi** *F* gut aussehend; imposant ~ **gibi patlamak** 1. s. ~ **tesiri yaratmak** 2. seinen Ärger nicht mehr bändigen können und unbeherrscht losschreien ~ **hamulesi** Bombenlast *f* ~ **hasarı** Bombenschaden *m* ~ **hunisi** Bomben-, Granat-trichter *m* ~ **isabeti** Bombentreffer *m* ~ **parçası** Bomben-, Granat-splitter *m* ~ **patlatmak** 1. *mst. fig.* e–e Bombe platzen lassen 2. *V* stehlen, klauen ~ **tam isabeti** Bombenvolltreffer *m* ~ **tesiri yaratmak** wie e–e Bombe einschlagen (z.B. Nachricht) ~ **topu** Minen-, Grant-werfer *m* ~ **uçağı** Bombenflugzeug *n,* Bomber *m* ~ **uçak alayı** Bombergeschwader *n* ~ **uçak birliği** Bomberverband *m* **-sı patlamak** *V* zutage treten
bomba (II) 1. *naut.* Giekbaum *m spez.* Besanbaum *m* 2. *techn.* (Kran-)Ausleger *m*
bombaatar *mil.* Granat-, Minen-werfer *m* (Gerät)
bombacı [×··] 1. Bombenhersteller *m* 2. Bombenträger *m* 3. Bombenflugzeug *n,* Bomber *m* 4. Bomben-werfer, -attentäter *m* 5. Handgranaten-, Granat-werfer *m* (Soldat) 6. *Fb.* Bomber *m* 7. Raubfischer *m* (der für den Fischfang Explosivstoffe verwendet)
bombacılık 1. Bomben-abwurf, -beschuß *m* 2. Raubfischerei *f*
bombalamak bombardieren, mit Bomben belegen
bombalı mit **bomba** (I, II)
bombarda [·×·] 1. *fr.* e–e Art Kanonenboot 2. ein mit Rudern und Segeln ausgestattetes Boot, wie es spez. in der Ägäis verwendet wird
bombardıman 1. Bombardierung *f,* Bombenabwurf *m* 2. Beschießung *f* ~ **etmek** 1. bombardieren 2. beschießen ~ **filosu** Bombengeschwader *n* ~ **uçağı** Bombenflugzeug *n,* Bomber *m*
bombardımancı; bombardiye (*franz.* **bombardier**) s. **bombardıman uçağı**
bombardon *mus.* Bombardon *n*
bombarta s. **bombarda**
bombasalan *mil.* Bombenabwurfgerät *n*
bombazen *fr.* Bombasin *m* (Gewebe aus Halbseide)
bombe (I) (*franz.* **bombé**) 1. Versteifung *f* der Kappe (am Schuh) 2. gewölbt (z.B. Glas), ausgebaucht 3. Ausbuchtung, Ausbauchung *f*
bombe (II) s. **bomba** (II)
bombeleşmek *techn.* sich ausbauchen
bombeleştirmek *techn.* ausbauchen
bombeli 1. mit Kappenversteifung (Schuh) 2. s. **bombe** (I, 2)
bombili *V* männliches Glied; Penis *m*
bombok [×·] *V* hundsmiserabel; beschissen wie e–e Hühnerleiter
bombon Bonbon *m, n*
bomboniyer Bonbonniere, Pralinenpackung *f*
bomborisa [··×·] *naut.* Bugspriet *n* *cıvadra
bomboş [×·] (*Verst.* von **boş**) vollkommen leer (usw.)
bombot, -tu *naut.* Bumboot, Marketenderboot *n*
bomboz *selt.* ganz bräunlich-grau
bomcu *V* Aufschneider, Prahlhans, Lügner *m*
bome (derecesi) *techn.* Baumégrad *m*
bomp, -bu *F* Zecherei, Schwelgerei *f*
bon (nur in best., mst. snob. Füg.) ≗ **amüzman!** Viel Vergnügen! Gute Unterhaltung! ≗ **apeti!** Guten Appetit! ≗ **fet!** Schöne Feiertage!
bonaça [·×·] *naut.* Windstille *f*
bonaprize [··×·] *naut. hist.* gute Prise
bonatire (*franz.* **bon-à-tirer**) Imprimatur *n,* Druckerlaubnis *f* *basıla
bonavela [··×·] s. **banavele**
bonbon(-iyer) s. **bombon(-iyer)**
boncuk, -ğu 1. Kügelchen *n,* Perle *f* (mst. rund und aus farbigem Glas; jedoch auch in anderer Form *a.* aus Holz, Stein, Perlmutt usw.; durchlöchert u. als Schmuck *od.* Talisman verwendet) 2. Buchsbaumring *m* (zur Befestigung der Spruchbänder **(mahya)** an den obersten Umgängen der Minarette) 3. *V* Zigeunerin *od.* Negerin *f* ~ **dizisi** Glasperlenschnur *f* ~ **gibi** winzig klein (Augen) ~ **illeti** Spasmophilie *f,* kindliche Tetanie; Gichtern *pl.,* Fraisen *pl.* ~ **mavisi** türkisblau ~ **silme** *arch.* Perlstab *m* *tespihli silme ~ **tutkal** Perlleim *m*
boncuklaşmak sich zu Kügelchen formen
boncuklu 1. mit Perlen bestickt 2. *min.* tropfenförmig (Gestein)
bonderizasyon (*franz.* **bondérisation**) *techn.* Bondern *n* (Rostschutzverfahren)
bone (*franz.* **bonnet**) Haube *f,* Häubchen *n*
boneli mit Haube (Häubchen)
bonelya [·×·] Sternwurm *m zo.* Bonellia
bonet, -ti (*franz.* **bonnette**) 1. zylindrischer Gummivorsatz am Okular e–s Zielfernrohrs 2. vorspringender Teil e–s Außenwerks (bei Befestigungsanlage)
bonfile (*franz.* **bon filet**) bestes Filet, Lendenstück
bongo *mus.* Bongos *pl.*
Bonifas *n.pr.* Bonifatius
bonifikasyon (*franz.* **bonification**) *H* Vergütung, Gutschrift *f,* Bonus *m*
bonjur 1. Guten Tag 2. s. **jaketatay**
bonkör (*franz.* **de bon cœur**) 1. gutherzig, freigebig 2. gern, bereitwillig, aufrichtig
bonkörlük 1. Gutherzigkeit, Freigebigkeit *f* 2. Bereitwilligkeit, Aufrichtigkeit *f*
bonmarşe (*franz.* **bonmarché**) Kauf-, Waren-haus *n*
bonnüi! (*franz.* **bonne nuit**) *selt.* Gute Nacht!
bono [×·] 1. *H* Wechsel *m spez.* eigener (trockener) Wechsel 2. Gutschein, Bon *m,* Anweisung *f* 3. Versicherungspolice *f* 4. Schuldschein *m* 5. Bezugs-karte *f,* -schein *m* (für rationierte Waren) (üblicher: **kart, vesika**) 6. *naut. hist.* (Antwort auf **bonovardiya**)
bonovardiya [··×··] *naut. hist.* Alles wohl? (Ruf der Wachen auf Segelschiffen) *vardiyabono
bonpuvan (*franz.* **bon point**) (*Sport, Schule usw.*) Pluspunkt *m*
bonsans (*franz.* **bon sens**) gesunder Menschenverstand *akılselim, sağduyu
bonservis (*franz.* **bon service**) 1. Dienstzeugnis *n* *hüsnühizmet vesikası 2. Leistungs-zeugnis *n,* -nachweis *m*
bonsuvar! (*franz.* **bon soir**) *selt.* Guten Abend!
bonşans! (*franz.* **bonne chance**)! Viel Glück!

bonvuayaj! (*franz.* **bon voyage**) *selt.* Gute Reise!
bop (I) *mus.* ein best. Jazz-Stil *bebop
bop (II) Pokereinsatz *m* ~ ~ *V* Pokerspiel *n*
boparlör (*franz.* **beau parleur**) *pej.* Schönredner *m*
bopstil(-lik) s. **bobstil(-lik)**
bor (I) *chem.* Bor *n*
bor (II) *dial.* 1. ungerodeter *od.* längere Zeit nicht gepflügter Boden 2. s. **borak** 3. Niederschlag *m* von trübem, schmutzigem Wasser in e–m Gefäß 4. *va.* Wein *m* *şarap
bor (III) Bordiamant *m*
Bor *n.pr.* 1. Städtchen u. D. im Rbz. Niğde 2. Städtchen in Jugoslawien
bora [×·] 1. Sturm, Orkan *m* 2. *met.* voller Sturm (Windstärke 10) 3. *fig.* heftiges Schelten, wütendes Schimpfen ~ **çıkmak** sich erheben (Sturm) ~ **kopmak** (*od.* **patlamak**) ausbrechen (Sturm) ~ **patlatmak** *V* wütend werden und losschimpfen ~ **yemek** (*od.* **-ya tutulmak**) 1. von e–m Unwetter überrascht werden 2. *V* ausgeschimpft werden
borağan s. **burağan**
borak *dial.* steinig, unfruchtbar, für Ackerbau nicht geeignet (Boden)
boraks *chem.* Borax *m* *tenekâr
boralı böig, stürmisch
boran s. **burağan, buran**
boranbulut, -tu *met.* Kumulonimbus *m,* Gewitterwolke *f* *kümülonimbüs
borancine [··×·] *naut.* Lagerfutter *n* (e–r Blockscheibe)
borani [ā] Gemüse (z.B. Spinat) mit Reis und Joghurt
boraniçe [··×·] *naut.* Boot, Kanu *n* (für die Flußfischerei in Thrazien)
borasit, -ti *min.* Borazit *m*
borat, -tı *chem.* Salz *n* der Borsäure, Borat *n*
borazan 1. Trompete *f,* Horn *n* 2. Trompeter, Hornist *m* ~ **başı** erster Trompeter ~ **çalmak** 1. Trompete blasen 2. *fig.* ausposaunen; an die große Glocke hängen ~ **hayvanı** Trompetentierchen *n zo.* Stentor ~ **kuşu** Trompetenvogel *m zo.* Psophia crepitans *agami
borazancı s. **borazan** (2)
borazancıbaşı s. **borazan başı**
borç (I), **-cu** 1. (obliegende) Pflicht, Verpflichtung *f* *vecibe 2. (geldliche) Schuld 3. *jur.* Leistung *f* *eda 4. Anleihe *f,* Darlehen *n* 5. *H* Soll *n* (in der Bilanz) ~ **almak** 1. Schulden machen 2. ein Darlehen aufnehmen ~ **altına girmek** 1. in Schulden geraten; Schulden machen 2. e–e Verpflichtung übernehmen ~ **bakiyesi** *H* Debet-, Passivsaldo *m* ~ **bilmek** es für seine Pflicht halten, sich verpflichtet fühlen ~ **bini aşmak** mehr Schulden haben als Haare auf dem Kopf ⁓ **bini aşınca, insan tavuk eti yer.** *(od.)* ⁓ **boğazını aştıktan sonra baklava börek ye!** Wenn man bis über beide Ohren verschuldet ist, so kann man auch (teures) Hühnerfleisch bzw. (teure) Baklava essen (*scil.* weil es dann auch nicht mehr darauf ankommt). ~ **etmek** (b–ne) sich Geld leihen (von); Schulden machen (bei) ~ **gırtlağa çıkmak** (*od.* **paçasından akmak**) bis über die Ohren verschuldet sein ~ **harç** mit Ach und Krach, auf alle mögliche Weise (z.B. sich Geld verschaffen) ~ **için hapis** Schuldhaft *f* ~ **ikrarı** *jur.* s. **borcun tanınması;** ~ **ilişkisi** *jur.* Schuldverhältnis *n* *~ münasebeti ~ **kapatma** s. **itfa** (2); ~ **kaynakları** *jur.* Entstehungsgründe *pl.* der Schuldverhältnisse ~ **münasebeti** *jur.* s. ~ **ilişkisi;** ~ **olmayan şeyin ödenmesi** *jur.* Zahlung *f* e–r Nichtschuld ⁓ **ödenir kira ödenmez.** *(Sinn:)* Es ist besser, sich ein Eigenheim zu beschaffen, auch wenn man Schulden aufnehmen muß. ~ **senedi** Schuldschein *m* ~ **vermek** 1. ein Darlehen geben, Geld borgen 2. s. **borcunu vermek;** ⁓ **vermekle yol yürümekle tükenir.** *Spr.* Mit Schulden wird man dadurch fertig, daß man sie bezahlt, mit e–m Weg dadurch, daß man dahintippelt. (*Sinn:* Wenn e–e Schuld nicht auf einmal zurückgezahlt werden kann, so kann man sie doch langsam abtragen.) ~ **yemek** *F* auf Pump leben ~ **yüklenme** *jur.* s. **borcun yüklenilmesi; -a** als Schuld; auf Kredit ⁓**a batıyor.** Die Schulden wachsen ihm über den Kopf. **-a girmek** s. **borç altına girmek; -a tuta** s. Stw. **tuta; -un eda kabiliyetini iktisap etmesi** *jur.* Leistungszeit *f* **-un ifa edileceği gün** Fälligkeitstermin *m* (der Schuld) **-un nakli** *jur.* Schuld-, Erfüllungs-übernahme *f,* Schuldeintritt *m* **-un tanınması** *jur.* Schuld-bekenntnis *n,* -anerkenntnis *f* *borç ikrarı **-un tesviyesi** Begleichung *f* der Schuld **-un yüklenilmesi** *jur.* s. **-un nakli; -unu kapatmak (ödemek, vermek)** seine Schulden bezahlen (begleichen, abtragen) **-lar hukuku** Schuldrecht *n* **-ların mevcuttan fazla olması** Überschuldung *f* **-ların tasfiyesi** Schulden-regelung, -begleichung *f* **-tan kurtulma davası** *jur.* negative Feststellungsklage **-tan kurtulmak** seine Schulden loswerden
borç (II), **-çu** Borschtsch *m* (russische Kohlsuppe)
Borçka *n.pr.* O. u. D. im Rbz. Artvin
borçlandırmak 1. in Schulden stürzen *(tr.)* 2. verpflichten Zu 2: s. **teşekküre** ~
borçlanma 1. Verschuldung *f* 2. Verpflichtung *f* ~ **işlemi** *jur.* Verpflichtungsgeschäft *n* *iltizamî muamele
borçlanmak 1. Schulden eingehen 2. e–e Verpflichtung übernehmen
borçlu 1. verschuldet; Schuldner(-in *f*) *m* 2. verdankend 3. verpflichtet, verbunden 4. (m. Abl.) mit Sperrvermerk (in ...) versetzt (Schüler) *sorumlu Zu 1: ⁓**nun duacısı alacaklıdır.** *Spr.* Der Gläubiger wünscht dem Schuldner nur Gutes. **-nun temerrüdü** *jur.* Schuldnerverzug *m* **-ya kefil, güçlüye vekil** *fig.* riskant, waghalsig, tollkühn Zu 2: **Bunu münhasıran kendi kuvvetlerine -dur.** Das verdankt er ausschließlich seiner eigenen Kraft.
borçsuz 1. schuldenfrei 2. ohne Verpflichtung
borçsuzluk 1. Schuldenfreiheit *f* 2. Nicht-Verpflichtetsein *n*
borda [×·] 1. Bord *m,* (äußere) Schiffswand, (volle) Schiffsseite (über der Wasserlinie) 2. Breitseite *f* 3. größte Schiffsbreite (am Innendeck auf den Spanten) 4. *va.* Entfernung *f* e–s feindlichen Schiffes 5. *va.* Sackgasse *f* 6. Bord *m* (e–s Flugzeugs) 7. *V* s. **yan** Zu 7: ⁓**ma gel!** *V* Komm her! ~ **ateşi** Breitseite *f* (Feuer der Geschütze auf e–r Schiffsseite) ~ **atış gücü** *naut.* Feuerstärke *f* (e–r Breitseite) ~ ~ *V* nebeneinander ~ **-ya** längsseits (in bezug auf zwei Schiffe) ~ **değiştirmek** *naut.* s. **tiramola etmek;** ~ **etmek** längsseits e–s anderen Schiffes anlegen ~ **fenerleri** 1. Seitenlichter *pl.* e–s Schiffes 2. Positionslichter *pl.* e–s Flugzeugs ~ **hattı** *naut.* Dwarslinie *f* ~ **iskelesi** *naut.* 1. linke Schiffsseite 2. Fallreep(-treppe *f*) *n* ~ **kaplaması** *naut.* Schergang *m* (oberste Planke unterhalb des Oberdecks) ~ **küpeşte** äußere Bordwand ~ **metaforası** *naut.* Backspiere *f,* Schwingbaum *m* *yan metaforası ~ **muhakeme usulü** *jur.* Bordverfahren *n* ~ **sathı** *naut.* Freibord *n* (zwischen Deck und Wasserlinie) ~ **tablosu** Armaturen-, Instrumenten-brett *n* (Flugzeug, Auto) ~ **tirizi** *naut.* Schandeck, Dollbord *n* ~ **yelkeni** *z. va.* Sturmsegel *n* **-da** querab, dwars (im rechten Winkel zum Kiel) **-sında** längsseits **-ya almak** so manövrieren, daß e–e best. Stelle querab vom Schiff liegt
bordalamak 1. mit der Schiffswand anlegen 2. der Küste entlang fahren
Bordo 1. *n.pr.* Bordeaux 2. ⁓ bordeaux-, wein-rot 3. (*a.* ~ **şarabı**) Bordeaux(-wein) *m* ~ **bulamacı** s. **bakır kireç bulamacı**
bordro [×·] detaillierte schriftliche Aufstellung, genaue Liste; Verzeichnis *n,* Postenzusammenstellung *f,* Bordereau *m, n spez.* 1. *H* Schluß-nota *f,* -schein *m* 2. Lohn-

steuerliste *f* 3. Lohn-, Gehalts-liste *f;* s. a. **kasa (maaş) bordrosu**
bordür 1. Einfassung *f* (z. B. mit Buchsbaum), Rabatte *f,* (Rand-)Beet *n* 2. Besatz *m,* Bordüre *f* 3. Bordstein *m*
borga *fr.* Hifthorn *n*
borgata s. **burgata**
borik s. **asit borik**
borike (*franz.* **boriqué**) *med.* Borsäure enthaltend; s. **vazelin ~**
borikli s. **borike; ~ su** *pharm.* Borwasser *n*
borina [·×·] *naut.* (bei der Kriegsmarine) Buline *f* *göncü ~ **gitmek** hart am Wind fahren (*naut.*: laufen) (Schiff) ~ **grandi** Großbuline *f* ~ **kaçmak** an den Wind gehen, anluven ~ **patası** Buline-spriet *n,* -hahnepot *f* **-sına gitmek** vor dem Wind laufen (Schiff)
borinata [··×·] *naut.* Brambuline *f*
bornit, -ti *min.* Buntkupfererz *n*
borno *naut.* s. **perno**
Bornova *n.pr.* Stadt (nahe bei Izmir; mit der **Ege Üniversitesi**) u. D.
bornoz; bornuz 1. Burnus *m* (ärmelloser *od.* kurzärmeliger ar. Überwurf aus weißem Wollstoff mit Kapuze) 2. Bademantel *m*
borsa [×·] *H* (*spez.* Fonds-, Effekten-)Börse *f* ~ **acentası** Börsen-makler, -agent *m* ~ **bülteni** Börsenbericht *m* ~ **cetveli** Kurszettel *m* ~ **dışı** außerbörslich ~ **fiyatı** Börsen-preis, -kurs *m* ~ **hukuku** Börsenrecht *n* ~ **işlemleri** (*od.* **muameleleri**) Börsengeschäfte *pl.* ~ **komiseri** Börsenkommissar *m* ~ **manevraları** (*od.* **oyunları**) Börsenspekulationen, -manöver *pl.* ~ **nizamnamesi** Börsenordnung *f* ~ **rayici** amtlicher Börsenkurs ~ **simsarı** (*od.* **tellalı**) Börsenmakler *m* **-da muamele görmek** an der Börse gehandelt werden
borsacı [×··] 1. Börsenmakler *m* 2. *pej.* Börsianer, Börsenspekulant *m*
borsacılık 1. Tätigkeit *f* e–s Börsenmaklers 2. *pej.* Börsenspekulation *f*
bort s. **bor (III)**
boru 1. Rohr *n,* Röhre *f* 2. *an.* Röhre *f,* Kanal, Schlauch *m* *embube 3. Trompete *f,* Signalhorn *n* 4. Signal *n* 5. Hülse *f* 6. *fr.* Grammophontrichter *m* 7. Orgelpfeife *f* *tüyo 8. Höhlung *f* der Pfeilspitze 9. Hohlring *m* (als Gefäßschutz) 10. Megaphon *n* 11. *V* a) leer, hohl, sinnlos b) schlecht, riskant, gefährlich, *F* faul c) albernes Geschwätz Zu 4: s. **kalk (yat, yemek) -su** Zu 5: s. **irtibat -su;** ~ **ağacı** Kanonenbaum *m bot.* Cecropia peltata ~ **ağı (düzeni, sistemi, şebekesi, tertibatı)** Rohr-leitung *f,* -netz *n* ~ **ağız parçası** *techn.* Rohrstutzen *m* ~ **anahtarı** Rohrschlüssel *m* ~ **bağlanması** *techn.* Rohr-verbindung, -befestigung *f* ~ **bileziği** dünnes Weißblech-Zierband über der Verbindungsstelle einzelner Ofenrohrteile ~ **çalmak** 1. Trompete blasen 2. hupen (Auto) ~ **dayağı** Rohrstütze *f* ≗ **değil!** *V* Das ist nicht von schlechten Eltern! Das heißt schon etwas! ~ **dirseği** Rohrkrümmer *m* ~ **döşemek** Röhren (ver-)legen ~ **elması** lange Hohlwurzel *bot.* Aristolochia longa ~ **gibi ötmek** viel ungereimtes Zeug daherreden ~ **gömleği** Rohr-mantel *m,* -bekleidung *f* ~ **hattı** (*od.* ~ **yolu**) Rohrleitung *f* ~ **işareti** Trompetensignal *n* ~ **kavramı** Röhrenkuppelung *f* ~ **kelepçesi** Rohrschelle *f* ~ **keskisi** Rohrabschneider *m* (Werkzeug) ≗ **mu bu?** *F* Ist das vielleicht nichts? Gelt, da staunst du! Kunststück! Kein Wunder! ~ **öttürmek** ins Horn stoßen ~ **paftası** Gewindeschneidkluppe *f* ~ **patlaması** Rohrbruch *m* ~ **şapkası** Blechabdeckung *f* am Ende e–s ins Freie führenden Ofenrohrs ~ **şeklinde** röhrenförmig ~ **tapası** Rohrstöpsel *m* **-su ötmek** *F* et. zu sagen haben, e–e gewichtige Rolle spielen ≗**su artık ötmüyor.** *F* Er hat ausgespielt. Er ist abgemeldet. **-suna ot tıkamak** s. **çanına ot tıkamak. -sunu çalmak** (b–nin) in j–s Horn blasen **-yu çalmak** *fig.* ein unverhofftes Glück besehen
borucu 1. wer **boru** herstellt *od.* verkauft 2. Feuerwehrmann, der das Strahlrohr bedient 3. Rohrleger, Installateur *m* 4. Trompeter *m* **-lar** *mil.* Trompeterkorps *n*
borucuk 1. Röhrchen *n* 2. Kanälchen *n*
boruçiçeği, -ni 1. wurzelnde Klettertrompete *bot.* Campsis radicans 2. s. **tatula** (1) 3. die Windenart Convolvulus althaeoides 4. s. **gecesefa(sı)** 5. s. **çançiçeği**
boruçiçeğigiller Blumenrohrgewächse *pl. bot.* Cannaceae
borukabağı, -nı e–e längliche Kürbisart
borulu mit **boru** ausgestattet *spez.* Röhren- ~ **hanımeli** s. **boruçiçeği** (1); ~ **kazan** Heizrohr-, Röhren-kessel *m* ~ **kondansatör** Röhrenkondensator *m* ~ **kundak** *mil.* Röhrenlafette *f*
borumsu *an.* röhren-, schlauch-förmig *embubî
bos (I) s. **boy bos**
bos (II) (*Bildhauerkunst*) Bosse *f,* Relief *n;* s. a. **tam(yarım) ~**
bosa [×·] *naut.* 1. (Ketten-)Stopper, Kettenkneifer *m* 2. Rahkette *f* ~ **cevizi** *naut.* Stopperknoten *m* ~ **etmek** *naut.* an beiden Enden an der Küste vertäuen (Schiff) ~ **kancası** *naut.* Schlipphaken *m*
boseks (*franz.* **beau sexe**) *selt.* schönes Geschlecht, Frauen *pl.*
Bosfor *selt.* s. **Boğaziçi**
boslu s. **boylu boslu**
Bosna *n.pr.* Bosnien ~ **Hersek** *n.pr.* Bosnien und die Herzegowina ~ **Saray** s. **Saraybosna**
Bosnalı 1. Bosnier(-in *f*) *m* 2. bosnisch
Bosniyak, -kı s. **Boşnak**
bostağan *z. va.* bauchiges Trinkgefäß
bostan 1. Gemüsegarten *m* 2. Melonen- *od.* Gurken-feld, -beet *n* 3. (Zucker- *od.* Wasser-)Melonen *od.* Gurken *pl.* ~ **beli** *agr.* langstieliger Spaten (zum Umgraben) ~ **beygiri gibi dönüp durmak** sich dauernd im Kreis drehen ~ **bozmak** den Garten (bzw. das Feld) abernten ~ **çukuru** Dunggrube *f* ~ **dolabı** Schöpf-, Paternoster-werk *n,* Noria *f* (zur Bewässerung von Gärten) ~ **güzeli** s. **horozibiği** (2); ~ **korkuluğu** 1. Vogelscheuche *f* 2. *fig.* unfähiger, aber arroganter Mensch, *F* die reinste Schießbudenfigur ~ **kuyusu** Brunnen *m* mit Schöpfwerk ~ **patlıcanı** rundlich-ovale Auberginenart (vgl. **kemerpatlıcanı**); ~ **sineği** Kohlschnake *f zo.* Tipula oleracea
bostanbozan s. **canavarotu**
bostancı 1. Gemüsegärtner *m* 2. Melonen- *od.* Gurkenzüchter *m* 3. *hist.* Angehöriger der Leibgarde des Sultans ~ **baratası** *fr.* hohe, rote Tuchmütze der Leibgardisten des Sultans ~ **başhasekisi** *hist.* höherer Offizier in der Leibwache des Sultans (vgl. a. **haseki ağa**); ~ **ustası** *hist.* Kompaniechef *m* der Leibgarde des Sultans
bostancıbaşı *hist.* Kommandeur der Leibgarde des Sultans (häufig mit der Hinrichtung von Würdenträgern beauftragt)
bostancılık Garten-arbeit *f,* -bau *m*
bostankesen s. **danaburnu** (2)
boston 1. Boston *n* (amerik. Ka. mit 52 Blatt für 4 Personen) 2. Boston *m* (e–e Art langsamer Walzer)
bostriks s. **helisel çiçek durumu**
bosu *dial.* Dachboden *m*
bosun Statur *f,* Wuchs, Körperbau *m* *endam, kamet
boş 1. leer 2. leerstehend, nicht vermietet (z. B. Wohnung) 3. frei, unbesetzt, verfügbar (Platz, Stellung, Amt usw.) 4. *Fb.* freistehend, ungeschützt (Tor) 5. unbeladen (Wagen) 6. unbeaufsichtigt 7. ohne Reiter bzw. Wagen (Pferd) 8. menschenleer, verödet (z. B. Straße) 9. unbebaut (Grundstück) 10. leer, nichtig (z. B. Worte) 11. unbrauchbar, unverwertbar (z. B. Idee) 12. erfolglos 13.

ohne geregelte Beschäftigung, ohne Arbeit 14. ohne Kenntnisse, unwissend 15. schlaff, nicht gespannt (Tau) 16. geschieden (Frau) 17. sinnlos, dumm ~ **adam** 1. wer keine geregelte Beschäftigung hat 2. Hohlkopf *m* ~ **almak** 1. *naut.* ein (schlaffes) Tau spannen 2. abstützen (Gebäudeteile) ~ **ambar dipsiz kile** s. Stw. **dipsiz;** ~ **arazi** freies Gelände ~ **atıp dolu tutmak** (*od.* **vurmak**) unerwartet ins Schwarze treffen, Erfolg haben ~ **boşuna** s. **boşuboşuna;** ~ **böğür** s. **böğür** (2); ~ **bulunmak** *fig.* 1. nicht achtgeben, zerstreut sein 2. überrascht werden 3. aufschrecken *(intr.)* ~ **çektiği su** *naut.* Leertiefgang *m* ~ **çevirmek** j–n unverrichteterdinge abziehen lassen, kein Ohr haben (für) ~ **çıkmak** 1. sich als nutzlos oder unbegründet herausstellen 2. keinen Gewinn bringen (Lotterielos), e–e Niete sein ~ **çıkmamak** (bir işten) nicht ganz mit leeren Händen heimkommen ≗ **çuval ayakta** (*od.* **dik**) **durmaz.** *Spr.* 1. Mit leerem Magen ist nicht gut arbeiten. 2. Glück hat auf die Dauer doch zumeist wohl nur der Tüchtige. (Moltke) ~ **derece** *jur.* offene (leere) Pfandstelle, Lücke *f* ~ **dönmek** (eli, kolu) unverrichteter Sache zurückkommen ~ **durma** Arbeitslosigkeit *f* ~ **durma sigortası** Arbeitslosenversicherung *f* ~ **durmak** 1. ohne Arbeit sein 2. *pej.* nichts zu tun haben, herum-lungern, -stehen, faulenzen ~ **düşmek** *fr.* geschieden werden (Frau) ~ **fikir** dummer Gedanke, Unsinn *m* ~ **fikirli** s. ~ **kafalı;** ~ **filim** unbelichteter Film ~ **geçmiş bin yıllar** die lange Zeit, in der nichts geleistet worden ist ~ **gezenin boş kalfası** *hum.* Erzfaulenzer *m* (*gel. a.* ~ **gezenin baş kalfası** „oberster Gehilfe des Nichtstuers") ~ **gezmek** faulenzen, nichts tun ≗ **gitti dolu gelsin elek Dimyat'a varsın.** *fig.* Die Daumen drehen und warten, daß e–m die gebratenen Tauben in den Mund fliegen. ~ **inan** Wunder-, Aber-glaube *m* *batıl itikat ~ **işleme** Leerlauf *m (a. fig.)* ~ **kafa(-lı)** Hohlkopf *m* ~ **kâğıdı** *fr.* Scheidungsbrief *m* ~ **kalmak** nichts zu tun haben; Muße haben ~ **kile dipsiz ambar** s. **dipsiz kile** (usw.); ~ **koymak** 1. *naut.* ein gespanntes Tau lockern 2. j–n e–r Sache berauben; j–m et. versagen *mahrum etmek ~ **küp** s. ~ **kafa;** ~ **küpe osurmak** *V* 1. bluffen; e–n Schreckschuß abfeuern 2. prahlen, aufschneiden ~ **laf etmek** überflüssiges Zeug reden ~ **lakırdı** leeres Gerede ≗ **lakırdı karın dovurmaz.** *Spr.* Leere Versprechungen machen nicht satt. ≗ **ol!** *fr.* Formel, mit der e–e Frau verstoßen wurde ~ **olmak** 1. *fr.* geschieden werden (bzw. sein) (Frau) 2. *naut.* nicht gestrafft sein (Tau) ~ **oturmak** s. **kalmak;** ~ **satır** *typ.* Leerzeile *f* ~ **sefer** *a. mil.* Leerfahrt *f* ~ **su hattı** s. ~ **çektiği su;** ~ **şey** leere Hoffnung; Illusion *f* ~ **tel** *mus.* Leersaite *f* ~ **vakit** freie Zeit, Muße(-stunden *pl.*) *f* ~ **vermek** 1. (m. Dat.) *V* keine Bedeutung beimessen, nicht hinhören, et. nicht tragisch nehmen 2. *Ka.* e–e Lusche geben 3. *naut.* ein straff gespanntes Tau lockern ~ **yer** 1. freier (unbesetzter) Platz 2. unbesetzte (Amts-) Stelle ~ **yere** unnütz, vergeblich ~ **zaman** Freizeit *f* ~ **zaman ilgisi** Liebhaberei *f*, Steckenpferd, Hobby *n* ~ **zamanlarında** in seinen Mußestunden **-a alma tertibatı** *techn.* Auslöse-, Ausrück-vorrichtung *f* **-a almak** 1. mit Strebebalken stützen 2. *techn.* (e–n Maschinenteil) ausrücken *avaraya almak **-a atmak** *fig.* sein Ziel nicht erreichen **-a çıkarmak** 1. enttäuschen (Hoffnungen) 2. vereiteln **-a çıkmak** 1. sich nicht erfüllen (z. B. Hoffnung) 2. keinen Erfolg haben, fehlschlagen, sich zerschlagen **-a gitmek** ergebnislos verlaufen, verpuffen, vergeblich sein (z. B. Bemühungen) **-a işleme** Leerlauf *m* (e–r Maschine) ≗**a koysam dolmaz, doluya koysam almaz.** *Spr.* (bei e–r Alternative) Ich kann tun, was ich will; verkehrt ist es auf jeden Fall. **-a taşmak** vor-springen, -kragen (Gebäudeteil) **-ta** 1. arbeitslos, unbeschäftigt 2. s. **avare** (2); **-ta gezmek (kalmak, olmak, oturmak)** keine geregelte Beschäftigung haben **-uboşuna, -una** s. die ges. Stw. **-unu almak** 1. spannen, anziehen (z. B. lockergewordenes Seil) *naut.* die Lose (e–s Endes) durchholen 2. die nötigen Abstriche machen (bei j–s Übertreibungen)

Boşa s. **Poşa**

boşalma Vs. zu **boşalmak** *spez.* 1. *techn.* Ausfluß *m* 2. Freiwerden *n* (e–r Stelle) 3. *P* Orgasmus *m* 4. *phys., psych.* Entladung *f* ~ **borusu** Ausflußrohr *n* ~ **deliği** Ausflußöffnung *f* ~ **hamlacı** Ausflußdüse *f*

boşalmak 1. sich leeren, leer werden 2. auslaufen (Flüssigkeit), ausströmen (z. B. Flaschengas) 3. geleert *od.* umgefüllt werden 4. sich losreißen (angebundenes Tier) 5. abgefeuert werden (Geschütz usw.) 6. sich ergießen; münden *dökülmek 7. frei werden (Stelle) *inhilâl etmek 8. *P* zum Orgasmus kommen 9. sich lockern; herausspringen (z. B. Sprungfeder) 10. sich (innerlich) erleichtern

boşaltaç *phys.* Luftpumpe *f* (zur Erzeugung e–s Vakuums) *boşluk tulumbası, muhalliye

boşaltan *phys.* Entlader *m*

boşaltı s. **boşaltım**

boşaltıcı s. **ejektör**

boşaltılma 1. Entleerung *f* 2. Entschärfung *f* (z. B. e–r Mine)

boşaltım 1. *biol.* Ausscheidung, Exkretion *f* *ifrağ 2. ausgehobene Erde; Schutt *m* ~ **aygıtı** *biol.* Ausscheidungs-, Exkretions-apparat *m* *cihazı müfriğ ~ **maddesi** *biol.* Exkrement *n*, Ausscheidung *f*

boşaltma Vs. zu **boşaltmak** *spez.* 1. Aus-, Ent-ladung, Löschung *f* 2. *mil.* Entfaltung *f* 3. *techn.* Aus-, Ab-laß *m* 4. *techn.* Entlüftung *f* 5. Räumung, Evakuierung, Freimachung *f* (z. B. e–s Geleises) 6. Aus-höhlung, -bohrung, -kehlung *f* 7. Intaglio *n*, Gemme *f* 8. Ausstoß *m* (z. B. e–r Rakete); Absonderung *f* (z. B. e–s Geschwürs) 9. *geogr.* Entwässerung *f* *akaçlama ~ **aleti** Entlader *m* ~ **borusu** Ausguß- bzw. Abfluß- *od.* Auslaß-rohr *n* ~ **deliği** Ausguß *m* ~ **havzası** *geogr.* Entwässerungsbecken *n* *tefcir havzası ~ **kalemi** Hohleisen *n* *oymaç ~ **limanı** Löschungshafen *m* ~ **musluğu** Ablaßhahn *m* ~ **müddeti** Entlade-, Löschungs-zeit *f* ~ **tulumbası** s. **boşaltaç**

boşaltmak 1. aus-, ent-leeren, leer machen, (aus-)räumen 2. aus-, ent-laden, löschen 3. *techn.* entlüften 4. *techn.* ab-, aus-lassen, abblasen 5. (aus-, um-)gießen, umfüllen 6. evakuieren (Bevölkerung) 7. abfeuern, *a.* leerschießen (Waffe) 8. Entlastungsstraßen anlegen 9. freien Raum schaffen (z. B. um ein Denkmal herum) 10. sich (innerlich) freimachen (von) Zu 1: **evi** ~ das Haus räumen; ausziehen **bardağı yere** ~ das Glas ausgießen Zu 2: **vapuru** ~ die Ladung des Dampfers löschen Zu 5: **sütü başka bir kaba** ~ die Milch umfüllen Zu 7: **silâhı** ~ e–n Schuß (bzw. Schüsse) abfeuern Zu 10: s. **içini** ~

boşaltmalık Auslaß-öffnung *f*, -hahn *m*

boşamak 1. *fr.* seine Frau verstoßen *tatlik etmek 2. *V* verzichten, keinen Wert legen (auf)

boşanma Vs. zu **boşanmak** *spez.* Ehescheidung *f* ~ **davası** *jur.* Ehescheidungsklage *f* ~ **oranı** Scheidungsziffer *f* (in der Statistik) ~ **sebepleri** *jur.* Ehescheidungsgründe *pl.*

boşanmak 1. (m. Abl.) geschieden werden, sich scheiden lassen (von) 2. abgeschirrt, abgespannt werden (Zugtier) 3. sehr stark fließen; strömen (Blut, Tränen, Regen usw.) 4. plötzlich losgelassen werden *od.* von selbst losschnellen (z. B. zusammengepreßte Feder), losgehen (Feuerwaffe) 5. sich alles vom Herzen reden 6. in heftiges Weinen ausbrechen **boşanıp da semerini yemek** *F* ein schrecklicher Vielfraß sein

boşatmak die Scheidung veranlassen, herbeiführen

boşbarsak, -ğı *an.* Leerdarm *m*

boşboğaz schwatzhaft, geschwätzig, Schwatzmaul *n,* Klatschtante *f* *çenesi düşük; geveze

boşboğazlık Schwatzhaftigkeit, Geschwätzigkeit *f* ~ **etmek** alles ausschwatzen, ausplaudern ≗ **karın doyurmaz.** *Spr.* Leere Reden machen nicht satt.

boşburun Hohlnase *f zo.* Coelorhynchus coelorhynchus (Tiefseefisch des Mittelmeers)

Boşimanlar *n.pr.* Buschmänner *pl.* (in Südafrika)

boşlamak (m. Akk.) 1. loslassen, gehen lassen, aufgeben 2. sich nicht mehr beschäftigen (mit), vernachlässigen, versäumen 3. keinen Zwang auferlegen 4. *V* et. ignorieren, et. nicht tragisch nehmen 5. *techn.* aussetzen (Motor)

boşlu *typ.* s. **boş satır**

boşluk 1. Leersein, Leerstehen *n* (usw. s. **boş**) 2. Nichtigkeit, Nutzlosigkeit *f* 3. freie Zeit; Muße *f* 4. freier Platz (ohne Gebäude, Bäume usw.) 5. *phys.* luftleerer Raum; Vakuum *n* *halâ, vakum 6. Hohl-, Zwischen-raum *m* 7. *(Flugwesen)* Luftloch *n* 8. Lücke *f,* spürbarer Mangel 9. *an.* Höhlung, Höhle *f* *cevf, kovuk 10. *geol.* Geode, Mandel *f* (im Gestein) Zu 8: **bir** ~ **doldurmak** e–e Lücke ausfüllen ~ **korkusu** Horror vacui *m;* Scheu *f* vor dem leeren Raum; Fülltrieb *m* (Kunst) ~ **oranı** Porosität *f* *mesamiyet ~ **tulumbası** s. **boşaltaç;** ~ **yeri** Spielraum *m* **-ta düşme kanunları** *phys.* Gesetze *pl.* des freien Falls *sukut kanunları

boşlukçuluk *phil., phys.* Theorie *f* e–s leeren (Welten-) Raums

boşluklu 1. mit Hohlräumen *od.* Geoden 2. *fig.* lückenhaft

Boşnak, -kı Bosniak-e *m,* -in *f,* Bosnier(-in *f*) *m* ~ **güzeli** bosnische Schöne (blond, rotwangig, rundliches Gesicht)

Boşnakça bosnische Sprache *od.* Sprechweise *f*

boşsözcülük 1. Verbalismus *m,* Wortemacherei *f* *lafziye 2. Redseligkeit *f*

boşu (luftleerer) Raum; Vakuum *n* *halâ

boşuboşuna ganz umsonst, völlig vergebens, vollkommen zwecklos, für nichts und wieder nichts ~ **dönmesi** *techn.* Leertakt *m* (e–s Motors) ~ **gayretler** vergebliche Bemühungen *pl.,* vergebliche Liebesmühe

boşuğ *jur.* 1. s. **izin** 2. s. **cevaz**

boşuna umsonst, vergebens, erfolglos *beyhude, nafile ~ **çalışmak (koşuşmak, uğraşmak)** sich vergeblich abmühen

bot (I), **-tu** (*engl.* **boat**) Boot *n,* kleineres Schiff (z. B. Patrouillenboot *n*) ~ **kanadı** Schwimmer *pl.,* Schwimmgestell *n* (z. B. bei Wasserflugzeug)

bot (II), **-tu** (*franz.* **botte**) 1. hohe Stiefel *pl.,* Wasserstiefel *pl.* 2. Russenstiefel *pl.* (für Damen)

botanik 1. Botanik *f* *bitki bilimi; ilmi nebatat 2. botanisch ~ **bahçesi** botanischer Garten

botanikçi; botanist, -ti Botaniker(-in *f*) *m*

botargo [·×·] gesalzener Fischrogen (von **haskefal**)

bote (*franz.* **beauté**) 1. Schönheit, Anmut *f* 2. Schönheit, schöne Frau *f*

botin s. **potin**

botlamak s. **potlamak**

botlu mit **bot** (I, II, III) ausgestattet

Botni (*od.* **Botniya**) **körfezi** *n.pr.* Bottnischer Meerbusen

boturak s. **pıtrak**

botülizm *med.* Botulismus *m* (bakterielle Lebensmittelvergiftung)

bovarizm *(urspr. lit.)* Unbefriedigtsein *n* (e–r Frau)

bovling (amerikanisches) Kegeln

boy (I) (Nomaden-)Stamm *m,* primitive Völkerschaft *kabile ~ **beyi** 1. Fürst, Häuptling *m* e–s Stammes 2. *fig.* untätig

boy (II) 1. Höhe, Größe *f,* Wuchs *m,* Statur *f* 2. Format *n,* Größe, Nummer *f* 3. Länge, Ausdehnung *f, (Sport a.)* (Pferde-, Boots-)Länge *f* 4. Umfang *m,* Ausmaß *n* 5. Ufer *n* (e–s Wasserlaufes) 6. *phot.* Ganzaufnahme *f* (*ant.* büst) 7. Umgebung *f,* Gelände, Gebiet *n* (z. B. Grenzgebiet) 8. Wassertiefe *f* Zu 1: **1,72 boyunda** 1,72 (m) groß Zu 2: **fındık -unda dolu** haselnußgroße Hagelkörner *pl.* ~ **almak (atmak, sürmek)** stark wachsen, in die Höhe schießen ~ **aptesi** rituelle Ganzwaschung *gusül ~ **aynası** s. **endam aynası;** ~ **bos** 1. (hoher) Wuchs, (gute) Statur, Körperbau *m* 2. *selt.* (jugendliches) Alter ~ ~ 1. in verschiedener Größe 2. in verschiedener Preislage 3. verschiedenartig Zu 3: ≗ **boy çarşılara gitti.** Er klapperte alle möglichen Geschäfte ab. ~ **çekmek** s. ~ **almak;** ~ **çiçeği** s. **boyotu;** ~ **çukuru** *mil.* Schützen-loch *n,* -graben *m* (für aufrechtstehende Schützen) ~ **entarisi** bis zu den Füßen reichender langer Überwurf ~ **etmek** der Größe nach sondern (Melonen, Orangen usw.) ~ **göstermek** sich zeigen, sich aufspielen ~ **heykeli** Standbild *n,* Statue *f* ~ **kerestesi** Schnittholz *n* ~ **kesme** Ablängen *n* (von Holz) ~ **kürkü** langer Pelzmantel ~ **menteşesi** *techn.* Langband *n* (Scharnierart) ~ **ölçüşmek** sich messen, in Wettbewerb treten (mit) ~ **portresi** Ganzaufnahme *f* ~ **rendesi** Rauhbank *f* (Langhobel des Tischlers) ~ **saati** Standuhr *f* ~ **salmak** s. ~ **almak;** ~ **satmak** sich wichtig tun, sich aufspielen ~ **sırasiyle dizmek** der Größe nach anordnen ~ **siperi** s. ~ **çukuru;** ~ **sürmek** s. ~ **almak;** ~ **tohumu** s. **boyotu;** ~ **vermek** 1. mannstief sein (Wasser) 2. der Größe nach ordnen 3. sich entwickeln; wachsen (Pflanzen) 4. ausreichend sein (z. B. Stoff für e–n Anzug) **-a çekmek** (*od.* **yetmek**) in die Höhe schießen (Kind) **-ca** s. ges. Stw. **-dan** von e–r Art (Sorte), daß ...; so beschaffen, daß ... **-dan aşmak** zu weit gehen, es zu weit treiben *haddini aşmak **-dan boya** von oben bis unten, der ganzen Länge nach, von e–m Ende bis zum andern **-u** (*od.* **-una** *od.* **-unca**) **beraber** so groß wie er selber (z. B. Sohn) **-u bosu yerinde** groß und stattlich gewachsen ≗**u boyuna, huyu huyuna.** Eheleute (Freunde usw.) müssen äußerlich und innerlich zueinander passen. ≗**u** (mit *od.* ohne **bosu**) **devrilsin!** *(Fluch; etwa:)* Krepieren soll er! Der Teufel soll ihn holen! **-u eninden fazla** länglich **-una, -unca, -unda** s. die ges. Stw. **-undan büyük işlere karışmak** (*od.* **kalkışmak**) sich an et. versuchen, dem man nicht gewachsen ist; sich die Finger verbrennen **-unun ölçüsünü almak** die Grenzen seiner Fähigkeit erkennen müssen; e–n erfolglosen Versuch unternehmen

boy (III) 1. Hotel-page, -boy *m* 2. eingeborener Diener; Boy *m*

boy (IV) **(tohumu)** Samen *m* von **boyotu** *(q.v.)* *çemen

boya 1. Farbe *f,* Farbstoff *m,* Färbemittel *n* 2. aufgetragene Farbe; Anstrich *m* 3. Farbe *f* *renk 4. Schuhwichse *f* 5. Druckerschwärze, Tusche, Tinte *f* *mürekkep 6. *fig.* Firnis *m,* trügerisches Äußere ~ **abraşı** Streifigwerden *n* (e–s schlecht gefärbten Stoffes) ~ **ağacı** glänzender Färberbaum *m bot.* Baphia nitida ~ **almak** (e–e best.) Farbe annehmen, sich färben ~ **aralıkları** weiß belassene Stellen in e–m Gemälde (*spez.* in e–m Aquarell) ~ **atmak** verblassen, verschießen ~ **bıçağı** Palettenmesser *n* ~ **bulaşması** Beschmutzung *f* (von Papier beim Druck) ~ **çekmecesi** Farb-, Mal-kasten *m* ~ **çekmek** Farbe aufstreichen, -tragen ~ **çıkarıcı** Abbeizmittel *n* ~ **fabrikası** 1. Farbenfabrik *f* 2. Färberei *f* ~ **fidanı** die Zierwindenart Pharbitis hispida ~ **kabı** Farbtopf *m* ~ **kalem** Farbstift *m* *renkli kalem ~ **maddesi** (*od.* ~ **cevheri**) s. **pigment;** ~ **malası** Malspachtel *m, f* ~ **merdanesi** *typ.* Farbauftragswalze *f* ~ **otu** Färberröte *f bot.* Rubia tinctorum ~ **(püskürtme) tabancası** Spritzpistole *f* ~ **ressamı** (Kunst-)Maler *m* ~ **salonu** Schuhputzgeschäft *n* ~ **sürmek** (bşe) Farbe auftragen; streichen ~ **teknesi** Färberbottich *m* ~ **tulumu** Farbtube *f* ~ **tutmak** 1. die Farbe halten, nicht verblassen (verschießen) 2. die Farbe annehmen (Holz) ~ **vurmak** (bşe) Farbe auftragen (auf), et. (an-)streichen **-nın geçmesi** *typ.* Durchschlagen *n* der Druckerschwärze **-yı içirmek** die aufgetragene Farbe eindringen lassen

Boyabat *n.pr.* O. u. D. im Rbz. Sinop

boyacı 1. Farb-verkäufer, -händler *m* 2. Färber *m* 3. Anstreicher, Maler *m* 4. Schuhputzer *m* *lostracı 5. wer durch äußere Aufmachung zu blenden versucht ~ **asfuru** s. **yalancı safran;** ~ **dikeni** Immergrün *n bot.* Rhamnus tinctoria ~ **fırçası** 1. Malerpinsel *m* 2. Schuhbürste *f* ~ **kedisine** (*od.* **köpeğine**) **benzemek** aussehen wie ein bunter Hund ~ (*od.* **-lar**) **kökü** s. **kızılkök;** ~ **küpü** 1. Farbtopf *m* 2. *fig.* gemischte Gesellschaft 3. *fig.* oberflächlich und ungeschickt zusammengestoppelt; schematisch, abgedroschen 4. *fig.* kinderleichte Sache; Kinderspiel *n* ♁ **küpü değil ya** (*a. m. der Forts.* **hemen daldırıp çıkarasın**)! *od.* ♁ **küpü mü bu?** 1. So einfach wie du dir das vorstellst, ist es nun nicht! 2. Das erfordert schon einige Zeit! ~ **küpüne girmiş gibi** *spött.* übermäßig geschminkt und gepudert; angemalt (Frau, Mädchen) ~ **macunu** Kalkkitt *m* (des Anstreichers) ~ **otu** s. **boyacılar katırtırnağı;** ~ **papatyası** Färberhundskamille *f bot.* Anthemis tinctoria ~ **sumağı** s. **sarı sumak; -lar katırtırnağı** Färberginster *m bot.* Genista tinctoria *boyacı otu

boyacılık 1. Farbenhandel *m* 2. Gewerbe *n od.* Tätigkeit *f* e–s Farbverkäufers, Färbers, Anstreichers, Malers *od.* Schuhputzers

boyagözesi, -ni *bot.* Chromatophor *n*

boyahane [··–·] Färberei *f*

boyahücresi, -ni s. **boyagözesi**

boyak, -ğı Farbstoff *m*

boyalamak (m. Akk.) 1. et. mit Farbe bestreichen; färben 2. *pej.* mit Farbe beschmieren

boyalı 1. gefärbt, gestrichen, Farb- 2. farbig, von e–r best. Farbe 3. *fig.* sehr geschminkt 4. *fig.* gefärbt, geschminkt ~ **hanım kelebeği** s. **devedikeni kelebeği**

boyama 1. Vs. zu **boyamak** 2. buntes Taschentuch *od.* bunter Druckkattun 3. gefärbt, nicht naturfarben 4. *fig.* unecht, imitiert ~ **resim** farbige Zeichnung

boyamak 1. färben, (an-)streichen 2. schminken Zu 1: **kumaşı siyaha** ~ den Stoff schwarz färben **saçı** ~ die Haare färben

boyan s. **meyan** (I)

boyana [·×·] 1. Wricken, Wriggen *n* 2. kleineres Boot ~ **etmek** (*od.* ~ **ile kullanmak**) ein Boot wricken, wriggen ~ **küreği** Wrick-, Wrigg-riemen *m* ~ **vurmak** s. ~ **etmek**

boyanacı *naut.* Wrigger *m*

boyanmak Pass. *od.* Refl. zu **boyamak. Ortalık kızıla boyandı.** Alles färbte sich rot.

boyar *hist.* Bojar *m* (slawischer Adliger)

boyaresim Gemälde *n*

boyarmadde *chem.* Farbstoff *m* *maddei mülevvine

boyasız 1. nicht gefärbt, nicht gestrichen 2. nicht farbig 3. nicht geschminkt 4. *fig.* ungefärbt, ungeschminkt, einfach, schlicht

boyasızlık der durch **boyasız** bez. Zustand

boyata *V* Hinterteil *n,* Hintern *m,* Gesäß *n,* Popo *m, V* Arsch *m*

boyayıcı färbend, Färber- ~ **bitki** Färberpflanze *f* ~ **maddeler** Farbstoffe *pl.*

boyca [×·] 1. der Länge (Höhe, Größe) nach 2. sehr groß 3. im ganzen Umfang, in vollem Ausmaß ~ **akran olmak** gleichgroß sein ~ **evlât** Kind *n,* das eigentlich schon zu den Erwachsenen gerechnet werden sollte ~ **günaha girmek** e–e große Sünde begehen ~ **günaha sokmak** j–n zu e–r großen Sünde veranlassen ~ **kalıbını basmak** s. **boyunca kalıbını basmak;** ~ **kefil olmak** (b–ne) sich voll und ganz verbürgen (für)

boydaş 1. von gleicher Größe (Höhe, Statur), gleichgroß 2. Altersgenosse *m*

boykot, -tu 1. Boykott *m* 2. Ausschluß *m* 3. *(Sport)* Spielverbot *n,* Sperrung *f* ~ **etmek** 1. boykottieren 2. ausschließen 3. *(Sport)* Spielverbot verhängen (über); e–n Spieler sperren

boykotaj Boykott(-ierung *f*) *m*

boykotçu Boykotteur *m*

boykotçuluk Boykott(-ierung *f*) *m* ~ **etmek** boykottieren

boykotlu 1. boykottiert 2. ausgeschlossen 3. *(Sport)* gesperrt (Spieler)

boylam (derecesi) *astr., geogr.* Länge *f* *tul derecesi

boylama Vs. zu **boylamak;** ~ **halatı** Zugschnur *f* (am Fischernetz) ~ **kirişi** Längsschwelle *f* (bei Eisenbahn) *longrin

boylamak 1. der Länge (Höhe, Größe) nach ausmessen 2. der Länge nach durch-messen, -schreiten 3. längelang hinfallen 4. (bir yeri) (ungewollt *od.* ungern) irgendwohin gehen, gelangen Zu 4: s. a. **ahreti (mahkemeyi)** ~

boylanmak 1. in die Höhe schießen; wachsen, groß (größer) werden 2. den Weg fortsetzen, weitergehen (bis) 3. sich ausdehnen 4. Pass. zu **boylamak; boylanıp poslanmak** erstaunlich schnell wachsen

boylatmak 1. in die Höhe schießen lassen 2. ausdehnen 3. j–n irgendwohin schicken

boyler Boiler, Durchlauferhitzer *m*

boylu 1. von nb. Größe (Höhe, Länge) 2. *pr.* groß, hoch, lang, von hohem Wuchs, stattlich Zu 1: s. **kısa (uzun)** ~ Zu 2: **Kardeşim benden -dur.** Mein Bruder ist größer als ich. ~ **ardıç** hoher Wacholder *bot.* Juniperus excelsa *yüksek ardıç ~ **boslu** großgewachsen, stattlich, von hohem, stattlichem Wuchs ~ **boyuna** (*od.* ~ **boyunca**) 1. der ganzen Länge nach, längelang 2. ganzseitig (z. B. Illustration) ~ **mazı** Riesenlebensbaum *m bot.* Thuja gigantea

boyluluk Größe, Höhe *f*

boyna [×·] s. **boyana**

boynik s. **voynuk**

boynuz 1. Horn *n* (e–s Tieres), *pl. a.* Geweih, Gehörn *n* 2. aus Horn verfertigt, Horn- 3. Hobelhorn *n* 4. *va.* Schuhanzieher *m* 5. Schröpfkopf *m* 6. **(kap)** *fr.* Trinkhorn *n* 7. Signalhorn *n,* Trompete *f* 8. *zo.* Fühlhorn *n,* Fühler *m* *duyarga 9. Fitting, Rohranschlußstück *n* ~ **ağacı** Geweihbaum *m bot.* Gymnocladus (canadensis dioica) ~ **çekmek** s. **şişe çekmek;** ~ **dalı** Geweih-ende *n,* -sprosse *f* ~ **dikmek** *fig.* 1. Hörner aufgesetzt bekommen 2. (b–ne) (*a.* **diktirmek**) j–m Hörner aufsetzen ~ **kanıtı** *log. va.* Syllogismus cornutus *ikilem ~ **kaşık** Hornlöffel *m* ~ **maddesi** s. **keratin;** ~ **otu** 1. s. **tahtabiti otu** 2. s. **çöpleme;** ~ **takmak** *fig.* 1. (*a.* **takınmak**) Hörner aufgesetzt bekommen 2. (*a.* **taktırmak**) (b–ne) j–m Hörner aufsetzen ~ **vurmak** auf die Hörner nehmen; aufspießen (Ochse, Stier) ~ **yapraklı** glattes Wasserhornkraut *bot.* Ceratophyllum submersum **-ları yaldızlamak** *F* s. ~ **diktirmek; -u kurtlu** wer seine Frau verkuppelt

boynuzcuk 1. Hörnchen *n* 2. *an.* Nasenknochenplättchen *n*

boynuzlamak 1. auf die Hörner nehmen; aufspießen 2. Hörner aufsetzen (Frau)

boynuzlanmak 1. Hörner (*od.* ein Geweih) bekommen 2. auf die Hörner genommen werden 3. Hörner aufgesetzt bekommen (Ehemann)

boynuzlatmak zum Hahnrei machen

boynuzlu 1. gehörnt, mit Horn (Hörnern, Geweih) 2. gehörnter Ehegatte; Hahnrei *m* 3. Kuppler(-in *f*) *m* ~ **baldırıkara** Geweihfarn *m bot.* Platycerium bifurcatum ~ **kimyon** niederliegende Lappenblume *bot.* Hypecoum

procumbens ~ **Mısır engereği** Hornviper *f zo.* Cerastes cornutus
boynuzlugagalıgiller Nashornvögel *pl. zo.* Bucerotidae
boynuzlugiller Horntiere *pl. zo.* Bovidae
boynuzlukarga Hornrabe *m zo.* Bucorvus abyssinicus
boynuzluteke Spieß-, Held-bock *m zo.* Cerambyx cerdo (Käfer)
boynuzsu tabaka s. **saydam tabaka**
boynuzsuz ohne Hörner (Geweih), ungehörnt ~ **koyun** *fig.* 1. harmloser Mensch 2. wer sich nicht verteidigen kann; hilflos, wehrlos
boyotu, -nu Bockshornklee *m bot.* Trigonella foenum graecum *çemen, boy tohumu
boyskavt, -tı Pfadfinder *m* *izci, keşşaf
boysuz 1. untersetzt, von kleiner Statur 2. niedrig (z.B. Gebäude)
boysuzluk 1. Untersetztheit *f*, kleine Statur 2. niedriger, gedrungener Bau
boyun, -ynu 1. Hals, Nacken *m* 2. Kamm *m* (bei Schlachtvieh) 3. (Flaschen- usw.) Hals *m* 4. Bergsattel, Paß (-straße *f*) *m* 5. *fig.* Auf-sich-Nehmen *n,* Verpflichtung, Verantwortung *f* ~ **atardamarı** *an.* Halsschlagader, Karotis *f* ~ **atkısı** Hals-, Umschlag-tuch *n,* Kragenschoner *m* *kaşkol ~ **bağlamak** s. ~ **kesmek** (1); ~ **borcu** Dankes-pflicht, -schuld, Ehrenpflicht *f* ~ **bükmek** den Nakken beugen, e–e demütige Haltung annehmen ~ **çemberi** *z. va. an.* Schlüsselbein *n* ~ **çeviren** s. **boyunburan;** ~ **deri kası** *an.* Halshautmuskel *m* ~ **eğmek** sich unterwerfen, sich in sein Schicksal ergeben ~ **flegmonu** s. **köstebek illeti;** ~ **karadamarı** s. ~ **toplardamarı;** ~ **kaşımak** sich hinter den Ohren kratzen, um e–e Antwort verlegen sein ~ **kesmek** (*od.* ~ **kırmak**) 1. den Kopf senken; gehorchen 2. (nur) mit dem Kopf nicken (als Begrüßung) ~ **kökü** *an.* Genick *n* ~ **köstegi** (lange) Halskette ~ **noktası** Bergsattel *m* ~ **olma** s. **kefalet;** ~ **omurları** *an.* Hals-, Zervikal-wirbel *pl.* *fıkaratı rakabiye ~ **sargısı** 1. Halsumschlag *m* 2. Halstuch *n* ~ **toplardamarı** *an.* Drosselvene *f*, Vena jugularis *veridi vidacî; vidaç ~ **tutmak** Einwände erheben, kritisieren, et. auszusetzen haben ~ **tutulması** *med.* steifer Hals ~ **uzatmak** 1. e–n langen Hals machen 2. seinen Hals darbieten 3. sich geduldig in alles fügen ~ **vermek** s. **boynunu vermek;** ~ **yatağı** *techn.* Halslager *n* (e–r Welle) ~ **zırhı** *fr.* Halsberge *f* (e–r Rüstung)

(boynu): ~ **altında kalmak** 1. sterben, umkommen 2. in e–e mißliche Lage geraten ≗ **altında kalsın!** *(Fluch)* Hol ihn der Teufel! ~ **armut sapına** (*od.* **kiraz çöpüne**) **dönmüş** ganz abgemagert ~ **burkulmak** s. ~ **tutulmak;** ~ **bükük (buruk, burulu)** traurig, mutlos, hoffnungslos, niedergeschlagen, enttäuscht ~ **bükülmek** den Kopf hängen lassen, *F* alle seine Felle davonschwimmen sehen ≗ **devrilesi!** Der Hals gehört ihm umgedreht! ~ **eğri** 1. wer e–e Dankesschuld noch nicht abgetragen hat; j–m verpflichtet 2. demütig; in alles einwilligend 3. bemitleidenswert, kläglich, erbärmlich ~ **hilâlli** (*od.* **halkalı**) **kaz** Ringelgans *f zo.* Branta bernicla ~ **kıldan ince** *fig.* wer bereit ist, e–e verdiente Strafe auf sich zu nehmen ≗ **kopsun** (*od.* **kırılsın**)! s. ≗ **altında kalsın!** ~ **tutulmak** e–n steifen Hals haben **-na almak** auf sich nehmen (Verantwortung, Pflicht, Strafe usw.) **-na atılmak** (b–nin) sich j–m an den Hals werfen **-na atmak** j–m et. aufbürden (in die Schuhe schieben) wollen **-na binmek** (b–nin) j–n drängen, j–m zusetzen **-na borç olmak** moralisch verpflichtet sein **-na geçirmek** et. Anvertrautes unterschlagen **-na kadar borçta** bis über beide Ohren verschuldet **-na sarılmak** (b–nin) 1. um j–s Hals gewunden werden 2. j–m um den Hals fallen **-na yük olmak** j–m zur Last fallen; j–m auf der Tasche liegen **-nda olmak** aufzukommen (geradezustehen, zu sorgen) haben (für) **-nu bükmek** 1. von Kummer und Sorgen niedergedrückt sein, den Kopf hängen lassen 2. sich in das Unvermeidliche schicken **-nu kırmak** *spött.* 1. weggehen, verschwinden, *F* abhauen 2. sich in alles schicken (Zu 1: **Haydi, kır boynunu!** Jetzt verschwinde aber schleunigst!) **-nu uzatmak** s. **boyun uzatmak; -nu vermek** 1. e–e Strafe auf sich nehmen 2. keine Widerrede erheben (bei Tadel, Verweis usw.) 3. sich ergeben, sich unterwerfen **-nu vurmak** (b–nin) j–m den Kopf abschlagen, j–n enthaupten
boyuna 1. in der Längsrichtung, Längs-, longitudinal *tulânî 2. [×··] unaufhörlich, dauernd, immerfort, immerzu, beständig 3. entlang Zu 1: ~ **çizgili** längsgestreift ~ **kesit** Längsschnitt *m* ~ **vadi** Längstal *n* Zu 3: **yolun** ~ die (der) Straße entlang ~ **beraber** so groß wie er selber
boyunaltı unter dem Hals befindlich ~ **bezi** s. **özden;** ~ **kayışı** Kehlriemen *m* (des Pferdes)
boyunbağı, -nı Krawatte *f*, Schlips, Binder *m* *kravat ~ **çubuğu** Krawatten-stange *f*, -halter *m* (in e–m Schrank) *kravatlık
boyunburan Wendehals *m zo.* Jynx torquilla *gerdankıran
boyunca 1. hinsichtlich der Größe (Länge, Höhe) 2. auf e–r best. Strecke; entlang 3. e–e best. Zeit hindurch; während; im Verlauf (von) 4. in vollem Umfang 5. sehr groß *boyca Zu 1: ~ **beraber** so groß wie er selber Zu 2: **hudut** ~ an der Grenze, der (ganzen) Grenze entlang **yol** ~ auf dem ganzen Weg Zu 3: **asırlar** ~ Jahrhunderte hindurch, jahrhundertelang Zu 4: ~ **kalıbını basmak** *fig.* volle Bürgschaft übernehmen; mit Brief und Siegel garantieren
boyuncuk, -ğu 1. Hälschen *n* 2. *bot.* (Blumen-)Griffel *m* *iğne, ibre 3. *an.* Zahnhals *m*
boyunda entlang **yalı** ~ **gezinti** ein Spaziergang am Meer entlang **sınır** ~ **çarpışmalar** Zusammenstöße *pl.* an der ganzen Grenze (entlang)
boyunduruk, -ğu 1. Joch *n* (z.B. für Zugochsen) 2. *fig.* Joch *n,* Knechtschaft, Sklaverei *f* *esaret 3. *(Ringen)* Krawatte *f*, „Schwitzkasten" *m* 4. Tür-, Fenster-sturz *m* ~ **altına almak** unterjochen, versklaven ~ **altına girmek** unterjocht, versklavt werden ~ **altında öküz** *fig.* unterjocht ~ **kemer** *arch.* Strebe-, Schwibb-bogen *m* ~ **zinciri** Jochkette *f* **-a vurmak** unterjochen, versklaven
boyunduruklu yılan gelbgrüne Zornnatter *zo.* Coluber viridiflavus
boyunlu 1. s. **ensesi kalın** 2. s. **kefil**
boyunluk was um den Hals getragen wird *spez.* Hals-band *n*, -binde *f*, -kette *f*, -geschmeide *n*
boyunluluk s. **kefalet;** ~ **konusu** s. **mekfulünbih**
boyut, -tu 1. *math.* Dimension, Ausdehnung *f* 2. Format *n* (z.B. bei Postsachen) **-larını almak** Maß nehmen; ausmessen
boz 1. bräunlich- *od.* schwärzlich-grau *sincabî 2. ungerodet, nicht kultiviert, nicht angebaut (Boden) ~ **ayı** brauner Bär *zo.* Ursus arctos ~ **bulanık** trübe, schmutzig ~ **ceviz ağacı** s. **tereyağı ceviz ağacı;** ~ **çekirdekler** *an.* graue Kernmasse (des Gehirns) ~ **ördek** Eiderente *f zo.* Somateria mollissima ~ **sırtlan** Schabrackenhyäne *f zo.* Hyaena brunnea ~ **vatoz** s. **tırpana;** ~ **yel** Südwind *m* *lodos
boza kaltes, dickflüssiges, süßes Wintergetränk aus gegorener Hirse (mit Zimt und Ingwer bestreut) ~ **gibi** dick und trübe (Flüssigkeit) ~ **olmak** *P* für **bozum olmak**
bozacı Hersteller *od.* Verkäufer *m* von **boza**
bozacılık Herstellung *f od.* Verkauf *m* von **boza**
bozar (*franz.* **beaux-arts**) [– –] *selt.* s. **güzel sanatlar**
bozardıç s. **kokarardıç**

bozarmak 1. bräunlich- *od.* schwärzlich-graue Farbe annehmen 2. blaß werden, erblassen (*ant.* kızarmak)
Bozbaba s. **Strati(adası)**
bozbakkal 1. s. **ardıçkuşu** 2. s. **kolyeli ardıçkuşu**
bozboğaz Heckenbraunelle *f* (Vogel) *zo.* Prunella modularis
bozca 1. ins Bräunlich-, Schwärzlich-Graue spielend 2. ungerodeter, mit Unterholz bestandener Boden
Bozcaada *n.pr.* Insel *f* Tenedos (westl. von Troja) 2. D. im Rbz. Çanakkale
bozcamgöz s. **altı yarıklı balık**
bozdağan s. **bozdoğan** (3)
bozdoğan 1. Merlin-, Zwerg-falke *m zo.* Falco regulus *od.* Falco columbarius 2. Feldeggsfalke *m zo.* Falco biarmicus Feldeggi 3. (*a.* **bozdağan**) *fr.* Keule *f*, Streitkolben *m* *gürz
Bozdoğan *n.pr.* O. u. D. im Rbz. Aydın ~ **armudu** Name e−r geschätzten Birnenart ~ **kemeri** *n.pr.* Aquädukt *m* des Valens (in Istanbul) *Kırkçeşme (*od.* Valans) kemeri
bozdurmak Kaus. zu **bozmak. Bozdur bozdur harca** (*od.* **kullan**)! (*hum. Ra.* bei e−r lächerlich kleinen Menge)
bozdurulabilme *jur.* s. **bozulabilme**
bozgu *(Basketball)* technisches Foul
bozgun 1. vollkommene Niederlage, völliger Zusammenbruch, wilde Flucht 2. vollständige Verwirrung; Auflösung, Panik *f* 3. in wilder Flucht, in völliger Auflösung *od.* Panik; zersprengt (Heer usw.) ~ **havası** Zustand *m* der allgemeinen Panik ~ **vermek** (*od.* **yemek**) *od.* **-a uğramak** e−e völlige Niederlage erleiden **-a uğratmak** e−e völlige Niederlage beibringen
bozguncu 1. defätistisch, miesmacherisch 2. Defätist(-in *f*) *m*, Mies-, Flau-macher(-in *f*) *m*
bozgunculuk 1. Defätismus *m*, Mies-, Flau-macherei *f* 2. *selt.* Sabotage *f*
bozgunlu in wilder Flucht, in völliger Auflösung *kahkari
bozgunluk 1. s. **bozgun** (1, 2) 2. Zustand *m* e−s in völliger Auflösung zurückflutenden Heeres
bozırk weiße Rinderrasse mit spitzen Hörnern
bozkır [×·] 1. Steppe *f* *step 2. schwärzlich-graues Pferd ~ **antilopu** Saiga *f zo.* Saiga tatarica *sayga ~ **doğanı** s. **step doğanı;** ~ **kedisi** die asiatische Wildkatzenart Felis manul ~ **koyunu** Steppenschaf *n zo.* Ovis vignei ~ **pangolini** s. **step pangolini**
Bozkır *n.pr.* O. u. D. im Rbz. Konya
bozkırlaşma *geogr.* Versteppung *f*
bozkurt, -du 1. grauer Wolf (nationaltürk, Emblem) 2. s. **tırpankurdu**
Bozkurt, -du *n.pr.* O. u. D. im Rbz. Kastamonu
bozlak 1. ins Bräunlich-, Schwärzlich-Graue spielend 2. *lit., mus.* Name e−r best. Volksweise (*spez.* in Zentral- u. Süd-anatolien) *od.* des dazugehörigen Textes
bozlamak *dial.* 1. schreien (Kamel) 2. schreien, brüllen
bozma 1. Vs. zu **bozmak** 2. zerstört, vernichtet, kaputtgemacht 3. aus Altmaterial hergestellt 4. minderwertige Nachahmung 5. Verstümmelung, Entstellung *f* (z.B. e−s Wortes) 6. **(kararı)** *jur.* Aufhebung *f* und Zurückverweisung *f* des Urteils; Kassierung *f* 7. Mischling *m*
bozmacı wer Altwaren, alten Schmuck, alte Häuser, Schiffe usw. zur Materialverwertung ankauft *spez.* Altwarenhändler, Trödler *m*
bozmadde *an.* graue Substanz (im Gehirn) *cevheri sincabî
bozmak, (-ar) 1. kaputtmachen, unbrauchbar machen, verderben, vernichten, zerstören, ruinieren 2. über den Haufen werfen (z.B. Pläne); stören 3. angreifen, beeinträchtigen (z.B. Haut) 4. abbrechen (z.B. Zelt), nieder-, ab-reißen (Haus, Mauer usw.) 5. sehr mitnehmen (z.B. Krankheit e−n Menschen) 6. a) wechseln (größeres Geld in kleineres) b) umarbeiten (z.B. älteres Kleidungsstück) 7. bloßstellen, demütigen, blamieren 8. e−e vollkommene Niederlage beibringen; entscheidend schlagen (Feind) 9. wenden, drehen 10. abschaffen, aufheben, für ungültig erklären, kassieren (z.B. Urteil), auflösen (z.B. Verlobung) 11. brechen (Schwur, Schweigen, Vertrag usw.) 12. abernten 13. (kız) entjungfern 14. *intr.* wahnsinnig, verrückt werden 15. *intr.* sich verschlechtern; umschlagen (Wetter) 16. (bşle) ganz vernarrt sein (in), sich dauernd beschäftigen (mit) 17. *(Boxen)* e−e Regelwidrigkeit begehen 18. **bozmamak** s. **istifini bozmamak** Zu 1: **Bu yemek midemi bozdu.** Ich habe mir an dem Gericht den Magen verdorben. Zu 2: **Bu iki radyo istasyonu birbirini bozuyor.** Diese beiden Rundfunksender stören einander. Zu 3: **Fena sabunlar deriyi bozar.** Schlechte Seife greift die Haut an. Zu 5: **Hastalık, zavallıyı ne kadar da bozmuş!** Was hat die Krankheit doch den armen Kerl mitgenommen! Zu 6: **Yüz lira bozar mısınız?** Könnten Sie mir wohl hundert Pfund wechseln? Zu 9: s. **şakaya (latifeye) ~; bozacağını bildirme** s. **feshi ihbar** Zu 12: **Patlıcanı bozduk.** Wir haben die Auberginen abgeerntet. Zu 14: **Galiba adam bozuyor.** Der Mann wird offenbar verrückt.
bozoğlan *P* s. **eşek**
Bozok *n.pr.* 1. *hist.* Bez. für die eine Hälfte der Oghusenstämme 2. *türk. Fn.* (vgl. **Üçok)**
Bozova *n.pr.* O. u. D. im Rbz. Urfa
bozrak ins Bräunlich-, Schwärzlich-Graue spielend
bozucu zerstörend (usw. vgl. **bozmak**); ~ **koşul** s. **infisahî şart;** ~ **posta** *(Radio)* Störsender *m*
bozuculuk Tätigkeit *f* e−s Störenfrieds (usw. vgl. **bozmak)**
bozuk (I) 1. kaputt(-gemacht); ruiniert; verzerrt (Radioempfang); verdorben, schlecht (z.B. Luft); verderbt (Ausdruck, Sprache, Sitten) entzwei (usw. s. **bozmak**) 2. Narbe *f*, -narbig Zu 2: s. **çiçekbozuğu;** ~ **adam** charakterlich minderwertiger Mensch ~ **bir gününde olmak** e−n schwarzen Tag haben ~ **çehre** verzerrtes Gesicht (das die innere Erregung widerspiegelt) ~ **dizgi** *typ.* nicht-linienhaltender Satz ~ **döküm** Fehlguß *m* ~ **duruş** *(Turnen)* schlechte Haltung ~ **eşkin** 1. Halbpaß *m* (e−s Pferdes) 2. den Halbpaß gehend (Pferd) ~ **para** Klein-, Wechsel-geld *n* *bozukluk, ufaklık ~ **para gibi harcamak** (b−ni) *fig.* j−n zu allen möglichen Diensten einspannen ~ **süt** verdorbene Milch ~ **yumurta** verdorbenes Ei
bozuk (II) *mus.* ein mit dreimal drei Saiten bespanntes Z.i. (et. größer als **bağlama** und kleiner als **meydan sazı)**
bozukdüzen 1. unordentlich, miserabel 2. aufgeregt, erregt, *F* ohne Rand und Band
bozukluk 1. Defekt *m*, Störung, Panne *f* 2. Gebrechen *n*, Beschwerden *pl.* 3. Unzulänglichkeit, Fehlerhaftigkeit *f* *sakamet 4. Klein-, Wechsel-geld *n* 5. Verderb *m* **-lara karşı sağlama** *jur.* Gewährleistungspflicht *f* wegen Sach- und Rechtsmängeln *ayıplara karşı tekeffül (*od.* teminat)
bozulabilme *jur.* Anfechtbarkeit *f* *nispî butlan
bozulacak zerbrechlich (z.B. Sendung)
bozulamak *dial.* s. **bozlamak**
bozulmak 1. Pass. zu **bozmak** 2. verderben (z.B. Fleisch) 3. abmagern, elend werden 4. seinen Wert verlieren 5. *V* in Erregung geraten; wütend werden **bozulmaz denge** *phys.* indifferentes Gleichgewicht *muvazeneti gayri mütehavvile **bozulup büzülmek** ganz verwirrt werden **bozulup kalmak** blamiert dastehen
bozulmalar *pl. geogr.* Verschiebungen *pl.* in der Erdoberfläche
bozultmak Kaus. zu **bozulmak** *spez.* verderben lassen
bozum Vs. zu **bozmak** *spez.* 1. Vernichtung *f* 2. Abernten *n* 3. *V* Geldverlegenheit, Pleite *f* 4. *V* Beschämung, Verlegenheit, Blamage *f* ~ **etmek** *V* bloßstellen, blamieren ~

havası *V* Betretenheit, Verlegenheit, Beschämung *f* ~ **havası çalmak** (b–ne) *V* j–n zum Gespött der Leute machen; bloßstellen, blamieren ~ **olmak** *V* blamiert dastehen
bozumca Name e–r schwärzlich-grauen Eidechsenart
bozuntu 1. *z. va.* Trümmer, Bruchstücke *pl.*, Schrott *m* 2. völlige Verwirrung; Kopflosigkeit, Panik *f* 3. Karikatur *f*, Zerr-, Spott-bild *n* 4. übler Typ; -ähnlich; wer eher die Bez. ... verdient Zu 2: **-ya uğramak** völlig den Kopf verlieren Zu 3: **filozof -su** Zerrbild *n* e–s Philosophen Zu 4: **eşkıya -su bir bekçi** ein Nachtwächter, den man eher e–n Räuber nennen müßte **-ya vermemek** so tun, als ob man e–n Fehler nicht bemerkt hätte
bozuşmak sich überwerfen, sich verfeinden, sich entzweien
bozuşturmak e–e Entzweiung, Verfeindung herbeiführen; Zwietracht säen (zwischen)
bozuşuk verfeindet, entzweit
bozuşukluk Verfeindung, Entzweiung *f*
bozut(-çu, -çuluk) s. **fesat (müfsit, mefsedet)**
bozutmak s. **fesada vermek, ifsat etmek**
Bozüyük *n.pr.* Städtchen u. D. im Rbz. Bilecik
bozyürük Sandschlange *f zo.* Eryx jaculus
böbrek *an.* Niere *f* *kilye ~ **havuzcuğu** (*od.* ~ **leğeni**) *an.* Nierenbecken *n* ~ **iltihabı** s. **nefrit;** ~ **kızartması** geröstete Nieren *pl.* ~ **sancısı** *med.* Nierenkolik *f* ~ **taşı** *med.* Nierenstein, Nephrolith *m*
böbreküstü bezi *an.* Nebenniere *f*
böbür 1. s. **bebir** 2. Klippschliefer *m zo.* Hyrax syriensis
böbürlenmek sich auf-blasen, -blähen, sich in die Brust werfen, dicktun
böcek, -ği 1. *P allg. Bez.* für Schmetterlinge, Motten, Maden, Raupen, Würmer usw. 2. Käfer *m* 3. Insekt, Kerbtier *n* *haşere 4. Laus *f* *bit 5. Seidenraupe *f* *ipekböceği 6. (in altosm. Zeit) Polizeispitzel, Geheimpolizist *m* (s. a. **hırsız -i**) 7. *z. va.* Hummer *m od.* Flußkrebs *m* (s. a. **langust**) 8. Kosename für e–e kleine Person bräunlichen Typs 9. kleine Harke (beim Hummer- *od.* Krebs-fang) ~ **bilgini** s. **antomolojist;** ~ **çıkarmak** Seidenraupenzucht betreiben ~ **gibi** klein und mit dunklem Teint (Kind) ~ **sabrı ile mücadele etmek** sich unablässig bemühen ~ **uru** Gallapfel *m* *mazı ~ **zehiri** Insektenvertilgungsmittel, Fliegengift *n*
böcekbaşı, -nı 1. (in altosm. Zeit) Chef *m* der (*spez.* für Diebstähle zuständigen) Geheimpolizei 2. *(später)* s. **böcek (6)**
böcekbilim(-sel) s. **antomoloji(-k)**
böcekçi 1. Entomolog-e *m*, -in *f* 2. Insektensammler(-in *f*) *m* 3. Insekten- *spez.* Seidenraupen-züchter(-in *f*) *m*
böcekçil 1. Insekten fressend, Insektenfresser, Insektivor *m* *akilülhaşerat 2. auf Insekten lebend (Parasit) ~ **bitki** s. **böcekkapan**
böcekçilik 1. Entomologie, Kerbtierkunde *f* 2. Insektensammeln *n* 3. Insekten- *spez.* Seidenraupen-zucht *f*
böcekhane [ā] Station *f* für die Zucht *od.* Untersuchung von Insekten, Käfern usw. *spez.* Seidenraupenzüchterei *f*
böcekkabuğu, -nu von metallisch glänzender grünlichblauer Farbe
böcekkapan fleischfressende Pflanze
böceklenmek von Insekten *od.* Käfern befallen werden; madig, wurmstichig werden
böcekli von Insekten *od.* Käfern befallen; madig, wurmstichig
böceklik s. **böcekhane**
böcekyiyen s. **böcekçil** (1) *spez.* Sonnentau *m bot.* Drosera
böcü 1. s. **öcü, umacı** 2. *P* s. **böcek**
böcül böcül die Augen nach beiden Seiten wandern lassend
böğ Walzenspinne *f zo.* Galeodes (araneoides u. a.)
böğelek s. **büvelek**
böğrülce s. **börülce**
böğrüşmek gemeinsam brüllen, schreien
böğür (I), **-ğrü** 1. Seite *f* 2. *an.* Flanke, Weiche *f* *boş böğür 3. Fehlrippe *f* (bei Rindfleisch) ~ **biti olmak** wie e–e Klette an j–m hängen ~ **döven** Hängequerbalken *m* (im Stall)
böğür (II) **böğür** s. **böğüre böğüre**
böğürdelen *fr.* Seiten-forts, -befestigungen, -batterien *pl.*
böğürmek brüllen (Ochsen, Büffel, Kamele, *fig. a.* Menschen) **böğüre böğüre** brüllend, laut schreiend **böğüren maymun** s. **uluyan maymun**
böğürtlen 1. Brombeerstrauch *m bot.* Rubus fruticosus 2. Brombeere *f* 3. *V* s. **kusmuk;** ~ **çıkarmak** *V* sich übergeben, sich erbrechen, *V* kotzen
böğürtü 1. Brüllen, Gebrüll *n* 2. Röhren *n* (von Hirschen) ~ **zamanı** Brunft(-zeit) *f* der Hirsche
böh! (*Int.* der Angst *od.* des provozierenden Spottes) bäh!
böke *dial.* 1. kräftiger, mutiger Kerl 2. Sieger *m* (in e–m Wettkampf)
böle *dial.* Vetter *m*, Kusine *f*
bölen *math.* Divisor *m* *maksumunaleyh
bölge 1. Gebiet *n*, Gegend *f*, Abschnitt, Sektor, Raum, Bereich *m*, Zone *f* *havali, mıntıka 2. *an.* Körpergegend, Region, Zone *f*, Gebiet *n* 3. Teilstrecke *f* (bei Verkehrslinien) 4. *mil.* Kampfabschnitt *m* *kesim 5. (im Katasterrecht) aus verschiedenen Dörfern, Weilern usw. bestehende Dorfeinheit *f* ~ **gazetesi** Lokalzeitung *f* ~ **komutanı** *mil.* Abschnittführer *m* ~ **tiyatrosu** *Th.* Landesbühne *f*
bölgesel auf ein best. Gebiet (e–e Gegend, e–n Abschnitt) bezüglich; regional, zonal, zonar *mevziî, mıntıkavî ~ **anestezi** *med.* Lokalanästhesie *f*, örtliche Betäubung ~ **kalkınma** regionale wirtschaftliche Entwicklung
bölgü *arch.* Fensterkreuz *n*
bölme 1. Vs. zu **bölmek** 2. Neben-gelaß *n*, -raum *m*, abgegrenzter Raum; Schranken *pl.* (*a. z. B.* vor Gericht) 3. *math.* Division, Teilung *f* *taksim 4. Scheide-, Zwischenwand *f*, Bretterverschlag *m* 5. *naut.* durch Schotten abgedichteter, wasser- und feuer-sicherer Einzelraum (auf e–m Schiff) 6. *an., med.* s. **perde** (3) 7. *P* s. **gusülhane;** ~ **dayakları** *naut.* Schottsteife *f* ~ **işareti** Divisions-, Teilungs-zeichen *n* ~ **perdeleri** *naut.* Schotten *pl.* ~ **sırığı** s. **böğür döven**
bölmek, (-ür) 1. (in Teile) zerlegen, zerspalten, teilen 2. (ab-)trennen 3. *math.* dividieren, teilen *taksim etmek
bölmeli (ab-)geteilt, ~ **mine** Zellenschmelz *m*, Cloisonné *n* (in der Emailmalerei)
bölü 1. fällige Zahlungsrate *taksit 2. *math.* geteilt (dividiert) durch *taksim Zu 2: **a** ~ **b** a geteilt durch b
bölücü 1. teilend 2. *pol.* Spalter *m* 3. *fig.* Zwietracht säend
bölük 1. Teil, Anteil *m* 2. (gesonderter) Raum (in e–m Haus) 3. große Menschenmenge *insan kalabalığı 4. Haar-zopf *m*, -zöpfchen *n* *belik 5. *mil.* Kompanie, Schwadron, Batterie, Staffel *f* 6. *math.* Gruppe *f* (der Einer, Zehner usw.) *cümle *gel. a.* Gruppe (als zusammengehöriger Teil e–s Ganzen) 7. *hist.* (zahlenmäßig variierende) Unterabteilung e–r **ocak** genannten mil. Organisation, *spez.* bei den Janitscharen; *etwa:* Regiment *n* 8. *hist.* (in der osm. Kriegsmarine) ein Viertel, Fünftel *od.* Sechstel der Besatzung (je nach Schiffsgröße) ~ **ağası** *hist.* 1. Offizier bei den **kapıkulu** *(q.v.)* 2. Gendarmeriehauptmann (19. Jh.) ~ **başı** 1. s. **yayabaşı** 2. s. **hamalbaşı;** ~ ~ 1. in großen Scharen, in hellen Haufen 2. *mil.* kompanie-, schwadron-, batterie-, staffel-weise 3. in Teilen; stückweise *parça parça ~ **emini** *fr.* Rechnungsführer *m* (Unteroffizier), Furier *m* ~ **halkı** *fr.* Kavallerie *f* ~ **komutanı** (*od.* **kumandanı**) *mil.* Kompaniechef, -führer *m* ~ **pörçük** nur in Bruchstücken, unvoll-

ständig, lückenhaft **-le talim etme** *mil.* Kompanieexerzieren *n*

bölüklü in Teilen (usw. vgl. **bölük**); ~ **filim** Fortsetzungsfilm *m*

bölüm 1. *math.* Quotient *haricikısmet 2. (Ein-, Ver-)Teilung, Gliederung, Klassifizierung *f* 3. *mil.* Truppengliederung *f* *taksimi kuva 4. *biol.* Einteilungsgruppe, Kategorie *f* 4. (Buch-)Kapitel *n,* Abschnitt *m* 5. *Th.* Akt *m* 6. Epoche, Ära *f,* Zeitalter *n* *çağ, devir, epok 7. Abteilung, Sektion *f,* Referat *n* 8. Teil *m* (e–s Ganzen) 9. *mus.* Satz *m* (z. B. e–r Symphonie) Zu 2: **düşman kuvvetlerinin -ü** Kräfteverteilung *f* des Gegners **kıtaların -ü** Truppeneinteilung *f;* s. a. **işbölümü;** ~ **başlığı** *typ.* Kapitelüberschrift *f* ~ **çizgisi** Teilungsstrich *m* ~ **havalığı** Entlüftungs-rohr *n,* -schacht *m*

bölümcük *Th.* Szene *f,* Auftritt *m*

bölümlemek gliedern, einteilen, klassifizieren *tasnif etmek, sınıfla(ndır)mak

bölümlük: 13 ~ **dizi** 13teilige Folge (z. B. Film)

bölümsel s. **kısmî;** ~ **ödeme** s. **kısmen tediye**

bölün s. **tefrika** (2)

bölünebilir *math.* ohne Rest teilbar *kabili taksim

bölünebilirlik; bölünebilme *math.* Teilbarkeit *f* (ohne Rest) *kabiliyeti taksim

bölünen *math.* Dividend *m* *maksum

bölünme 1. (Ein-, Ver-, Auf-)Teilung; Spaltung *f* 2. *chem.* Hydrolyse *f* 3. *biol.* Zellteilung *f* *tecezzi, tekessür

bölünmez unteilbar, unzerlegbar, untrennbar *gayri kabili inkısam ~ **doku** *bot.* s. **değişmezdoku;** ~ **sayı** *math.* Primzahl *f*

bölüntü 1. Einzelteil *m* 2. s. **bölme** (2) 3. Lieferung *f* (e–s erscheinenden Werkes) *fasikül **-ler** Teile *pl.* e–s Ganzen

bölünür *bot.* meristematisch, teilungsfähig

bölünüş s. **bölünme**

bölüşmek unter sich teilen *mukaseme etmek

bölüştürücü distributiv ~ **adalet** s. **tevzii adalet;** ~ **sayı sıfatı** *gr.* s. **üleştirme sıfatı**

bölüt, -tü *zo.* Körperabschnitt *m,* Segment *n*

bölütlenme *zo.* Metamerie *f*

bön einfältig, dumm, stupid ~ ~ **bakmak** ganz verblüfft dreinsehen, nicht das geistreichste Gesicht aufsetzen

bönleş(tir)mek s. **aptallaş(tır)mak**

bönlük Einfältigkeit, Dummheit, Stupidität *f*

bönsümek s. **aptallaşmak**

Bönuva *n.pr.* 1. Benedikt 2. Benoît (franz. Schriftsteller)

bööz *Ch.* diesmal

börek Pastete *f*

börekçi Pasteten-bäcker, -verkäufer, -händler *m*

börekçilik Gewerbe *n od.* Tätigkeit *f* e–s **börekçi**

börk, -kü *fr.* hohe, mst. rechteckige Kopfbedeckung (oft aus Tierfell) mit nach hinten überhängendem Teil (*spez.* bei den Janitscharen)

börkenek (I) *an.* 1. Retikulum *n* (Netzmagen *m* der Wiederkäuer) *cirye, retikül 2. *selt.* Kropf- *od.* Muskel-magen *m* (von Vögeln)

börkenek (II) *reg.* (Südanatolien) Wollhaube *f* (mit gestickten Zipfeln)

börtmek *dial.* nur wenig gekocht (gebraten, gedünstet, geröstet, gebacken) werden *od.* sein

börttürmek leicht dünsten, rösten usw.; ankochen, anbraten

börtü (in der Füg.:) ~ **böcek** alle möglichen Käfer *pl.;* Ungeziefer *n*

börtük *dial.* 1. s. **bere, morartı** 2. halb gar

börü *(alttürk.)* Wolf *m* *kurt

Börü Teçen *od.* **(Börü Tekin)** *n.pr.* legendarischer Schmied, der die Türken aus **Ergenekon** herausgeführt haben soll

börülce generelle Bez. für die Bohnenarten Vigna und Dolichos *spez.* 1. Augenbohne *f bot.* Vigna sinensis 2. ägyptische Fasel *bot.* Dolichos lablab

bösmek *dial.* explodieren *infilâk etmek

böy s. **böğ**

böyle 1. solch, so ein, derartig 2. derart, auf solche Weise, so ~ ~ 1. auf solche (diese) Weise 2. langsam, allmählich ~̊ **ağanın** (*od.* **efendinin**) **böyle hizmetkârı olur.** *Spr.* Wie der Herr, so's Gescherr (so der Knecht). ~̊ **gelmiş,** ~ **gider.** So war es, und so bleibt es auch. ~ **iken** *od.* ~ **ise de** gleichwohl, indessen, jedoch *mamafih, bununla beraber **Bunlar kim ~?** Was sind denn das für (sonderbare) Leute? ~̊ **hep ~.** So ist es immer. **Gazetelerde neşrolunan havadisler ~ değildir.** Anders steht es jedoch mit Zeitungsnachrichten.

böylece [×··] so, auf solche (diese) Weise, derart

böylecene *(P);* **böylelikle; böylemesine** s. **böylece**

böylesinden s. **öylesinden**

böylesine in so ungehöriger Art ~̊ **söz söylenir mi?** So kann man doch nicht reden!

bradikardi *med.* Brachykardie *f,* langsamer, schleichender Puls

bradip, -pi (*franz.* **bradype**) s. **tembelhayvan**

braga; brago [×·] *naut.* Brok *f,* Sicherungstau *n* (e–s Schiffsgeschützes)

bragozo [·×·] *naut. fr.* zweimastiges, mit Lateinsegeln ausgestattetes Fischerboot (Adria)

Brahma *n.pr.* Brahma

Brahman 1. Brahmane *m spez.* Brahmapriester *m* 2. brahmanisch

Brahman(cı)lık; Brahmanizm Brahma(n)ismus *m*

brak, -kı Bracke *m (selt. f)* (Spürhund)

brakikom Kurzschopf *m bot.* Brachycome iberidifolia

b(i)rakil *naut.* Verbindungs-kette *f od.* -tau *n* zwischen Klüverbaum und Außenklüverbaum; s. a. **filika -i**

brakiloji *rhet., stil.* Brachylogie *f,* kurze, knappe Ausdrucksweise

brakisefal rundschädelig, brachyzephal *kısakafalı, müstarazürreis

brakisefallık Kurzköpfigkeit, Brachyzephalie *f*

brakte s. **bürgü** (4)

brakteol, -lü s. **bürgücük**

branda [×·] (*a.* ~ **yatak**) *naut.* Hängematte *f* (*spez.* auf Kriegsschiffen) ~ **bağı** *naut.* Marlschlag *m* *mezevolta ~ **bezi** Segeltuch *n* ~ **kurmak** Hängematten aufspannen

brandalık *naut.* Verschlag *m* zur Aufbewahrung der Hängematten

brandi [×·] Weinbrand, Kognak *m*

branş 1. Abteilung, Branche, Gruppe, Kategorie *f,* Geschäftszweig *m* 2. wissenschaftliches Arbeitsgebiet, Fach *n*

branşlı mit nb. Abteilungen (usw. vgl. **branş**)

bras(y)a [×·] *naut.* 1. Brasse *f* 2. *(Kommando)* Brassen! ~ **etmek** (die Rahen) anbrassen ~̊ **filo!** Luvbrassen anholen! ~ **filo etmek** aufbrassen ~ **kavança etmek** die Rahen drehen ~ **pupaya almak** (serenleri) die Rahen vierkant brassen ~ **sobra etmek** back-, gegen-brassen ~ **tokaya almak** scharf brassen ~ **tornosu kamçısı** Brassen-schenkel, -ständer *m*

Braşov *n.pr.* Braschow, Kronstadt (Siebenbürgen)

bravo [×·] 1. bravo! sehr gut! ausgezeichnet! *aferin 2. Bravo *m,* gedungener Mörder, Meuchelmörder *m*

bravocu Bravo-rufer, *pej.* -schreier *m*

bravoyun *P* s. **bravo**

bravur [·×] *mus.* Bravour *f* ~ **havası** Bravourstück *n* *çalımlı hava

Bray *n.pr.* Braille (franz. Erfinder der Blindenschrift) ~ **yazısı** Braille-, Blinden-schrift *f*
braytşvants Breitschwanz *m* (Persianerpelzart)
bre *Int.* 1. *reg.* ei, doch, na, ja, he, heda, nun *be 2. (Ausdruck der Verwunderung) nanu! Donnerwetter! aber! na so etwas! oho! *vay 3. (Ausdruck der unwilligen Ablehnung) ach! ach was! Mensch! du Kerl! 4. (bei wiederholtem Imp. zur Bez. e–r langen Dauer) Zu 2: ≗, **bu ne büyük gemi!** Ja, was ist das für ein Riesenschiff! Zu 4: **Öyle bir yol ki git ~ git!** Ein Weg, sage ich dir, der hört gar nicht mehr auf! ≗ **aman!** (Ausruf der Angst, Erregung, Verblüffung usw.) Um Gotteswillen! ≗ **muhabbet olsun diye!** (Inhaltlich nichtsbesagende Abw. gegenüber lästigen Fragern): Ach nur so!
breh s. **bre**
Brehmen(-lik) s. **Brahman(izm)**
brek s. **brik** (II)
breş (I) *geol.* Breccie *f* *köşeli yığışım
breş (II) *mil.* Bresche *f* *gedik, rahne
Brendizi *n.pr.* Brindisi (in Italien)
bretel(-li) s. **brötel(-li)**
Bretonca [·×·] Bretonisch(-e) *n* (Sprache)
Bretonlar *n.pr.* 1. *hist.* die (alten) Briten *pl.* 2. Bretonen *pl.*
Bretonya [·×·] *n.pr. selt.* Bretagne *f*
Bretonyalı *selt.* 1. Breton-e *m*, -in *f* 2. bretonisch
brey(i)z (*engl.* **brace**) *techn.* Handbohrer *m*
brezil s. **brezilya** (2)
Brezilya [·×·] 1. *n.pr.* Brasilien 2. ≗ Brasilien- bzw. Brasiletto-holz *n* ~ **biber ağacı** brasilianischer Pfefferbaum *bot.* Schinus terebinthifolia ~ **ceviz** (*od.* **kestane**) **ağacı** Paranußbaum *m bot.* Bertholletia excelsa ~ **çayı** s. **Paraguay çayı**; ~ **orman çıbanı** amerikanische Leishmaniose *med.* Leishmaniosis tropica brasiliensia
Brezilyalı 1. Brasilianer(-in *f*) *m* 2. brasilianisch
brıçka [×·] Britschka *f* (leichter, einspänniger Wagen)
briç, -çi 1. *Ka.* Bridge *n* 2. (Zahn-)Brücke *f*
briççi Bridgespieler(-in *f*) *m*
brifing [–·] *mil.* 1. Anweisung, Instruktion *f* 2. Einsatzbesprechung, Befehlsausgabe *f* ~ **salonu** Besprechungszimmer *n*
brigantin *naut.* Brigantine, Schonerbrigg *f* ~ **armalı gemi** *naut.* Schonerbark *f*
brigat, -dı *selt.* s. **tuğay**
brik (I), **-ği** *naut.* Brigg *f* ~ **donanımlı skuner** *naut.* Schonerbrigg *f* *brik-golet, kabasorta skuner
brik (II), **-ki** Break *m, n* (leichter, offener, vierrädriger Pferdewagen für Jagd- und Gesellschaftsfahrten)
brik-golet s. **brik donanımlı skuner**
briket, -ti 1. Brikett *n*, Preßkohle *f* 2. Kohlenziegel *m* (Mauerstein aus Kohlenschlacken und Zement)
briketlemek in Brikettform bringen; brikettieren
brikol (*franz.* **bricole**) *Bill.* Vorbande *f*
brikollu *Bill.* mit Vorbande gespielt, Vorbanden(-Ball)
brisk, -ki *Spk.* As *n od.* Zehn *f* im Bésigue
Britanya [·×·] *n.pr.* 1. **(adası)** Britische Insel, England und Schottland 2. Großbritannien und Nordirland 3. *selt.* Bretagne *f* ~ **İmparatorluğu** *hist.* Britisches Weltreich ~ **Milletler Topluluğu** Britische Völkergemeinschaft; Commonwealth *n*
Britanyalı 1. Brite *m*, Britin *f* 2. britisch
briyantin 1. Brillantine *f* 2. Glanzperkal *m* (Stoff)
briyantinli 1. mit Brillantine; pomadisiert (Haar) 2. mit Glanzperkal
briyofitler s. **karayosunları**
briz [–] (*franz.* **brise**) s. **meltem**
brizbiz (*franz.* **brise-bise**) Scheibengardine *f* ~ **borusu** Gardinenstängchen *n*
brizbizli mit Scheibengardinen ausgestattet (Fenster)
brode 1. ge-, be-stickt 2. Stickerei, Stickarbeit *f* 3. *mus.* mit Verzierungen ~ **etmek** 1. (be-)sticken 2. *mus.* mit Verzierungen versehen *işlemek
broderi 1. Stickerei, Stickarbeit *f* 2. *mus.* Verzierung *f* *işleme
broderili 1. mit Stickerei besetzt, ge-, be-stickt 2. *mus.* mit Verzierungen
broka *selt.* Krug *m*
brokar (*franz.* **brocart**) 1. Brokat *m* 2. aus Brokat, Brokat- (z.B. Kleid)
brolik, -iği *naut.* Ruderboot *n* (in seichten Gewässern)
brom 1. *chem.* Brom *n* 2. Goldhafer *m bot.* Trisetum flavescens
bromat, -tı *chem.* Bromat *n*, Salz *n* der Bromsäure
bromik asit *chem.* Bromsäure *f*
bromlamak *chem.* bromieren
bromür *chem.* Bromsalz *n*, Bromid *n*
bromüral *pharm.* Bromural *n* (Beruhigungs- und Schlafmittel)
bromürdarjan (*franz.* **bromure d'argent**) *chem.* Bromsilber *n*
bronkopnömoni *med.* Broncho-Pneumonie *f* *iltihabı kasaba ve rie
bronş *an.* Luftröhrenast, Bronchus *m*, Bronchie *f* *kasaba; soluk borusu dalı
bronşçuk *an.* Bronchiole *f* *kuseybe; soluk borucuğu; bronşiyol
bronşit, -ti *med.* Bronchitis *f*, Bronchialkatarrh *m* *iltihabı kasabat
bronşiyol s. **bronşçuk**
brontozor Brontosaurier *m*
bronz 1. Bronze *f* *tunç 2. aus Bronze hergestellt, Bronze- 3. bronzefarben ~ **çağı** Bronzezeit *f*
bronzlaşmak s. **tunçlaşmak**
broş 1. Brosche *f*, Schmuck-, Busen-, Ansteck-nadel, Agraffe *f*, Klips *m* 2. *techn.* Schraubenspindel *f*
broşe 1. eingewebt, durchwirkt 2. durchwirktes Gewebe ~ **etmek** einweben, durchwirken
broşür 1. Broschüre *f*, kleine, ungebundene Schrift *risale 2. *typ.* Broschur *f* Zu 2: s.a. **İngiliz -ü**
brovnik Browning *m* (Schußwaffe)
brön *selt.* (hell-)braun
brötel (*franz.* **bretelle**) 1. Hosenträger *pl.* 2. Achselband *n*, Träger *m*
brötelli mit Hosenträgern bzw. Achselbändern ~ **eteklik** Trägerrock *m* (für Kinder *od.* junge Mädchen)
bröve (*franz.* **brevet**) Diplom, Zeugnis *n spez.* Pilotenschein *m*
Brunswick *n.pr.* Braunschweig
bruto *selt.* s. **brüt**
Brüj *n.pr.* Brügge (Stadt in Belgien)
Brüksel *n.pr.* Brüssel ~ **dantelaları** Brüsseler Spitzen *pl.* ~ **hindibası** Chicorée *f* (Wintertrieb von Cichorium intybus) ~ **lahanası** Rosenkohl *m bot.* Brassica oleracea gemmifera *küçük lahana
brülör *techn.* (Bunsen-, Gas-, Öl-, Schweiß- usw.)Brenner *m*
brüseloz *med.* Brucellose *f* (Bangsche Krankheit, Maltafieber usw.)
brüt brutto ~ **ağırlık** Bruttogewicht *n* ~ **ücret** Brutto-gehalt *n*, -löhnung *f* *temel ücret
Brütüs *n.pr.* Brutus
bu (I), **-nu** (verbundenes *od.* unverbundenes Demonstrativpronomen) dieser, diese, dieses; der, die, das (hier) (Hinweis auf e–e Person *od.* Sache, die sich in nächster Nähe befindet; vgl. **şu, o**). ≗ **aptesle daha çok namaz kılınır.** *fig.* Damit kann man noch allerhand anfangen (mit e–m als wertlos bezeichneten Ding). ~ **arada** 1.

während dieser Zeit, währenddessen, in diesem Augenblick 2. (adversativ) dabei, gleichzeitig, jedoch (z.B. darf man nicht vergessen ...) ~ **aralık(-ta)** s. **arada** (1); ≗ **balık başka balık!** Ja, Bauer, das ist etwas anderes! ~ ~ s. **öteberi; öteki beriki;** ~ **cihetten** 1. in dieser Richtung 2. von diesem Standpunkt aus betrachtet 3. in dieser Hinsicht ~ **cümleden olarak** s. Stw. **cümle;** ≗ **da bir şey!** 1. *(anerkennend)* Das will et. heißen! 2. *iron.* Das ist auch e–e Leistung! ≗ **da bir şey mi?** Was bedeutet das schon! ~ **defa** diesmal, dieses Mal ~ **defalık** (nur) für dieses Mal ~ **dünyada o dünyada** ewig, immer ~ **gecelik** für heute Nacht ~ **gibi** solch, derartig ~ **günler** heutzutage ~ **günlerde** in diesen Tagen, gerade jetzt ≗ **günlerden ne?** Was ist heute für ein Tag? ~ **haysiyetle** von diesem Standpunkt aus ~ **itibarla** 1. unter diesem Gesichtswinkel gesehen 2. bei (gebührender) Berücksichtigung dieser Tatsache ~ **kabil(-den)** s. Stw. **kabil** (II); ~ **kadar** [×··] (*a.* ~ **kadara kadar**) 1. so viel, so sehr 2. Das ist alles. Das genügt. 3. (mit folgendem Adj.) so 4. (nach e–r runden Zahl zur Bez. e–s geringen Mehrwertes) und soundsoviel, und einige mehr, einige Zu 1: ≗ **kadar olur.** Mehr kann man nicht erreichen. ≗ **kadar bağırmayınız!** Schreit nicht so laut! ≗ **kadarı da fazla.** a) Schon das ist mehr als genug. b) Das ist denn doch zu stark! ≗ **kadar kusur kadı kızında da bulunur.** Solche (kleinen) Mängel hat selbst die Tochter des Kadi (*d.h.* die Vornehmste). **Yalnız** ~ **kadarla kalsa** Wenn es nur dies wäre *d.h.* Damit nicht genug ... ≗ **kadara para bu kadar boya.** Für die paar Kröten können Sie nicht mehr verlangen. ≗ **kadarı şakayı asıyor.** Das ist kein Scherz mehr. Das geht zu weit. Zu 3: ≗ **kadar mühim değildir.** Das ist nicht so wichtig. Darauf kommt es nicht so sehr an. Zu 4: **kırk** ~ **kadar yıl sonra** nach einigen vierzig Jahren **bin** ~ **kadar yıl önce** vor tausend und soundsoviel Jahren **oniki lira** ~ **kadar kuruş** zwölf Pfund und soundsoviel Kurusch **otuz** ~ **kadar sene evvel** vor etwas mehr als dreißig Jahren; vor einigen dreißig Jahren ~ **kadarcık** so gering (wenig, klein) ~ **kadarcık kusur** ein so geringer Fehler ~ **kadarıncı** soundsovielt- ≗ **ne pehriz** ~ **ne lahana turşusu?** Wie reimt sich das zusammen? ~ **sabah (akşam, gece)** heute morgen (abend, nacht) ~ **sabahlık** für heute morgen (z.B. müssen Sie mich entschuldigen) ~ **sefer** s. ~ **defa;** ≗ **sıcağa kar mı dayanır?** *F* 1. Was kann man schon dagegen tun? 2. Solchen Ausgaben ist auch der größte Geldbeutel nicht gewachsen. ~ **tarafa** hierher *buraya ~ **tarafta** hier *burada ~ **taraftan** von hier *buradan ≗ **terazi bu yükü çekmez.** *fig.* Das geht über seine Kräfte. ~ **vakit** 1. diese Zeit 2. um diese Zeit, zu dieser Zeit ~ **yakınlarda** 1. vor kurzem 2. sehr bald, in allernächster Zeit ~ **yana** 1. hierher 2. (m. Abl.) (von ...) bis jetzt, bis heute ~ **yılki** diesjährig ≗**m var şum var böbürleniyor.** Er brüstet sich, indem er sagt: „Ich habe dies und das." **-nda da** auch dabei, darin ebenfalls ≗**nda bir iş var!** Dahinter steckt et.! ≗**nda gülecek ne var?** Was soll dabei komisch sein? **-ndan başka** außerdem, übrigens, überdies **-ndan böyle** hiernach, danach, von jetzt an, in Zukunft, hinfort *bundan sonra ≗**ndan iyisi sağlık** (*od.* **can sağlığı**). 1. In dieser Art gibt es nichts Besseres. 2. Das ist die Höchstleistung, die man erzielen kann. **-ndan sonra** s. **-ndan böyle; -nun burası** *P* das hier ≗**nun neresine?** Wofür denn? **-nun üzerine** daraufhin, danach, dann **-nunla birlikte** (*od.* **beraber**) 1. außerdem 2. jedoch, aber, indessen, trotzdem

bu (II) [ū] (< *ar.* **ebu**) *va.* Vater *m* *baba, peder

bu (III) [–] (*a.* **buy**) *va.* 1. Geruch, Duft *m* *koku 2. *fig.* Hoffnung, Erwartung *f* 3. *(va. pers. Sx.)* duftend

buat, -tı (*franz.* **boîte**) *selt.* 1. Nachtlokal *n* 2. *el.* Schaltanlage *f* *kutu

buba gel. Lautung von **baba**

bubi [ū] **tuzağı** (*engl.* **booby-trap**) 1. *mil.* Minenfalle *f* 2. Sprengladung *f* (in harmlos aussehendem Gegenstand)

bubon (*franz.* **bubon**) s. **hıyarcık**

bubu *P* s. **çavuşkuşu**

bucak, -ağı 1. versteckter *od.* entfernter Winkel; Ecke *f* 2. Gegend *f*, Gebiet *n*, Teil *m* 3. Bezirk *m* (mehrere Gemeinden umfassende Unterabteilung von **ilçe**) *nahiye Zu 1: **yurdun her -ında** überall im ganzen Land ~ ~ 1. an verschiedenen Stellen, stellenweise 2. überall, in allen Ecken 3. von e–m Schlupfwinkel in den anderen Zu 2: ~ ~ **aramak** an allen möglichen Orten suchen; alles absuchen Zu 3: ~ ~ **kaçmak** sich bald hier, bald dort verstecken

Bucak *n.pr.* 1. Städtchen u. D. im Rbz. Burdur 2. *fr.* Bez. des südlichen Bessarabiens

bucarta [·×·] (*franz.* **boucharde**) *techn.* 1. Zackenmeißel *m* 2. Spitzhammer *m* 3. Riffelwalze *f*

bucuk s. **bocuk**

bucurdak; bucurgat s. **bocurgat**

buç, -cu Ende *n*, äußerster Endpunkt *münteha

buçuk 1. (In Verb. mit e–m anderen Mengenbegriff, *spez.* e–m Zahlwort) halb 2. *isol.* halbe Stunde Zu 1: **dört** ~ 1. viereinhalb 2. (Uhrzeit) halb fünf; s.a. **az** ~ Zu 2: **Bu saat, -ları ve çeyrekleri de çalıyor.** Diese Uhr schlägt die halben Stunden und die Viertelstunden.

buçuklu Bruch-, Teil-, Klein- *kesirli ~ **para** Kleingeld *n*, Scheidemünzen *pl.* *ufaklık

buçukluk im Wert *od.* in der Menge von (soundsoviel und) e–m halben. **iki** ~ **altın** Zweieinhalbpfundstück *n* in Gold

Buda *n.pr.* 1. Buddha 2. Buddhafigur *f* 3. Buda, Ofen (Teil von Budapest)

Budacı 1. Buddhist(-in *f*) *m* 2. buddhistisch

budacık 1. Ästchen, Zweiglein *n* 2. kleines Aststück (im Holz)

Budacılık Buddhismus *m*

budak 1. (von e–m Hauptast ausgehender Neben-)Ast, Zweig *m* 2. Ast(-ansatz *m*, -stück *n*) *m* (im Holz) 3. ≗ *mV* ~ **gözü** Astloch *n* ~ **özü** frischer Trieb (an e–m Ast) *taze sürgün

budaklandırmak Kaus. zu **budaklanmak** *spez. fig.* komplizieren; unübersichtlich werden lassen

budaklanmak 1. Äste und Zweige ansetzen 2. *fig.* (*mst.* **dallanmak** ~ *od.* **dallanıp** ~) verwickelt (unübersichtlich, verworren, zu weitläufig) werden; sich komplizieren

budaklı 1. mit Ästen und Zweigen 2. mit Aststücken (Astansätzen); knorrig 3. *fig.* (*mst.* **dallı** ~) kompliziert, unübersichtlich, verworren, weitläufig, vielfältig, ein wahrer Rattenkönig

budaksız 1. ohne Äste und Zweige 2. ohne Aststück (Astansatz), astfrei

budala 1. einfältig, dumm 2. ganz närrisch, versessen (auf), ganz vernarrt (in), -narr Zu 2: s. **kitap -sı**

budalaca recht dumm, dümmlich

budalalaş(tır)mak s. **aptallaş(tır)mak**

budalalık 1. Dummheit *f* 2. (begangene) Dummheit, Eselei *f* ~ **etmek** e–e Eselei begehen

budala(m)sı dümmlich, recht einfältig

budama 1. Ausästung *f* (der Bäume) 2. Herausschneiden *n* (bei e–m Film) 3. Beschneiden *n* der Ränder (bei e–m Druckwerk) 4. (bei **yağlı güreş**) Wegschlagen *n* der Hände des Gegners *çırpma 5. *fig.* Abstrich *m* (z.B. an e–m Budget) ~ **bıçağı** Gartenhippe *f*

budamak 1. ausholzen, ausästen, beschneiden (Bäume) 2. *fig.* verringern, vermindern, herabsetzen, verkürzen, beschneiden 3. *fig.* dezimieren, lichten; übel hausen (in, unter) 4. s. **gemiyi** ~

budanmak 1. Pass. zu **budamak** 2. (mit Dat.) mit Eifer an e–e Sache gehen
budantı *va.* Gesamtheit *f* der abgeschnittenen Äste
Budapeşte *n.pr.* Budapest
budayıcı wer Bäume ausholzt, beschneidet; Baumgärtner *m*
buden (*franz.* **boudin**) s. **tekerlek çenesi**
Budin *n.pr.* ältere osm. Bez. für **Buda** (3)
Budist, -ti; Budizm s. **Budacı(-lık)**
budun s. **kavim, millet**
budunbetim(-sel) s. **etnografi(-k)**
budunbilim(-sel) s. **etnoloji(-k)**
budunlararası s. **milletlerarası**
budunsal s. **etnik**
budunsu Völker-schaft *f*, -stamm *m* (auf primitiver Kulturstufe)
budvar Boudoir *n* (kleineres, elegant eingerichtetes Damenzimmer)
buf (*franz.* **bouffe**) *Th.* Posse *f*
bufa [×·] **(balığı)** s. **taşemen**
buffan (*franz.* **bouffant**) bauschig, Puff- (z.B. Ärmel), Pluder- (z.B. Hosen)
buffobas *mus., Th.* Baß-Buffo *m*
buffon (*franz.* **bouffon**) Possenreißer *m, hist. a.* Hofnarr *m*
bugenvilla s. **cehennem çiçeği**
bugivugi [×·×·] Boogie-Woogie *m* (Tanz)
bugran (*franz.* **bougran**) s. **bukram**
bugün [×·] 1. heutiger Tag 2. heutige Zeit 3. heute, am heutigen Tag ~ **bana ise, yarın da sana!** Was mir heute passiert ist, kann dir morgen auch zustoßen! ~ **buldum,** ~ **yerim; yarına Allah kerim!** Für heute habe ich zu essen; für morgen wird Gott schon sorgen! ~ **yarın** in den nächsten Tagen; recht bald ~ **yarın demek** vertrösten, hinhalten **-den tezi yok** unverzüglich; ohne Aufschub **-den yarına** in kurzer Zeit; bald danach **-e bugün** letzten Endes; schließlich; immerhin (**Bugüne bugün amirinizdir!** Vergiß nicht, daß er dein Vorgesetzter ist!) **-lerde** in diesen Tagen; allernächstens
bugünkü [×··] heutig ~ **günde** heutzutage ~ **tavuk yarınki kazdan iyidir.** *od.* ~ **yumurta yarınki tavuktan iyidir.** *Spr.* Besser ein Spatz in der Hand als e–e Taube auf dem Dach. *Spr.*
bugünlük [×··] für heute ~ **bu kadar yeter.** Soviel für heute. ~ **yarınlık** 1. was in allernächster Zeit zu erwarten ist 2. e–e nur für kurze Zeit ausreichende Menge
buğ *va. mil.* Anführer, Kommandant *m*
Buğdan *n.pr. hist.* Moldau *f* (Rumänien) *Moldavya
buğday 1. Weizen *m bot.* Triticum sativum 2. *fr.* osm. Juwelier- *od.* Apotheker-gewicht (etwa ⅕ g) ~ **ambarı** Korn-speicher, -boden *m* ~ **başak verince orak pahaya çıkar.** *Spr.* Wenn der Weizen Ähren ansetzt, steigt die Sichel im Preis. ~ **benizli** (*od.* ~ **tenli**) mit hellbraunem Teint ~ **biti** schwarzer Kornkäfer *m zo.* Calandra granaria *ekin biti ~ **çürüğü** (*od.* ~ **rastığı**) Getreidebrand *m bot.* Ustilago tritici ~ **güvesi** Kornmotte *f zo.* Tinea granella ~ **karıncası** Ernteameise *f zo.* Messor semirufus ~ **kileri** Kornkammer *f* (*mst. fig.*) ~ **kurdu** *zo.* Kornwurm *m* (des Kornkäfers *od.* der Kornmotte) ~ **küllemesi** Getreidemehltau *m bot.* Erysiphe graminis ~ **rengi** bräunlicher Teint ~ **solucanı** Weizenälchen *n zo.* Anguilullina tritici ~ **sürmesi** Steinbrand *m bot.* Tilletia tritici ~ **tanesi** Weizenkorn *n* ~ **unu** Weizen-, Weiß-mehl *n*
buğdaycıl bülbül Blaukehlchen *n zo.* Luscinia svecica cyanecula
buğdaygiller Süßgräser *pl. bot.* Gramineae *necliye
buğdayî *va.* bräunlich (Teint)
buğdaypası Schwarzrost *m bot.* Puccinia graminis *sehk
buğdaysı weizenähnlich, Süßgras- ~ **meyve** (*od.* ~ **yemiş**) Schalfrucht, Karyopse *f* *semeri mücevvez
buğdaysılar *bot.* Graminiden, süßgrasähnliche Pflanzen *şibih necliye
buğra *va.* s. **buhur** (II)
buğrasamak nach dem Hengst verlangen (Kamelstute)
buğu 1. heißer Wasserdampf 2. feuchtwarme Luft, warmer Dunst 3. Beschlag *m* (durch feuchtwarme Luft) ~ **kebabı** gedünstetes Gulasch **-da pişirmek** dünsten, dämpfen, schmoren
buğuevi, -ni; buğuhane [ā] 1. Desinfektionsanstalt *f* 2. Dampfbad *n* 3. chemische Reinigung
buğulama 1. Vs. zu **buğulamak** 2. *(Kochkunst)* gedämpftes *od.* gedünstetes Gericht
buğulamak 1. mit heißem Dampf behandeln 2. *(Kochkunst)* dämpfen, dünsten
buğulanmak 1. Pass. zu **buğulamak** 2. (sich) beschlagen (Brille, Trinkglas, Fensterscheibe usw.)
buğulaş(tır)mak s. **buharlaş(tır)mak**
buğulu 1. dunstig, dampfend 2. beschlagen (z.B. Brille)
buğun *va.* s. **buharî** (3)
buğur(-samak) *va.* s. **buhur** (II); **buğrasamak**
buğz *va.* Groll *m*, Feindschaft *f*, Haß, Neid *m*, Mißgunst *f* ~ **bağlamak** Groll hegen, von Animosität erfüllt sein
buhar [·–] 1. Dampf *m* 2. Nebel, Dunst *m* ~ **banyosu** *med., techn.* Dampfbad *n* ~ **çekici** Dampfhammer *m* ~ **deposu** Dampfdom *m* (bei Lokomotive) ~ **gemisi** Dampfschiff *n*, Dampfer *m* *vapur ~ **haline geçme** *techn.* Abdampfung *f* ~ **kazanı** Dampfkessel *m* ~ **kuvveti** Dampfkraft *f* ~ **makinesi** Dampfmaschine *f* ~ **mikyası** Dampfmesser *m* ~ **teshinatı** Dampfheizung *f* ~ **türbini** Dampfturbine *f*
Buhara *n.pr.* 1. Buchara (in Mittelasien) 2. **(halısı)** Bucharateppich *m* 3. **(kumaşı)** s. **bukram** 4. ~ **pilavı** s. **Özbek pilavı**
Buharalı aus Buchara stammend
Buharî 1. *va.* s. **Buharalı** 2. *n.pr.* ar. Schriftsteller und berühmter Traditionswissenschaftler (810–869) 3. ~ Rauchabzug, Kamin *m*
buharlama Abdämpfen *n* (von Stoffen *od.* Holz)
buharlaşma Verdampfen *n*, Verdunstung *f* *tebahhur ~ **ısısı** *phys.* Verdampfungswärme *f* *tebahhur harareti
buharlaşmak verdampfen, verdunsten *tebahhur etmek
buharlaşmaölçer *met., phys.* Evaporimeter, Atmometer *n* *evaporometre
buharlaştırıcı *techn.* Verdampfer *m* *evaporatör; tephir kazanı
buharlaştırmak zum Verdampfen (zur Verdunstung) bringen; verdampfen, verdunsten lassen *tephir etmek
buharlı 1. mit Dampf erfüllt, voller Dampf 2. mit Dampf betrieben, Dampf- ~ **ısıtma;** ~ **kalorifer** Dampfheizung *f* ~ **lokomotif** Dampflokomotive *f* ~ **makine** Dampfmaschine *f* ~ **tokmak** Dampfhammer *m*, Ramme *f* ~ **vinç** Dampfkran *m*
buhayre s. **denizkulağı**
buhran [ā] 1. Krise, Krisis *f* *kriz, bunluk 2. Mangel *m*, Not *f*, ungenügendes Vorhandensein (von) 3. drohender Verfall (z.B. der Moral) Zu 2: s. **çimento (hizmetçi, mesken) -ı;** ~ **alâmetleri** Krisen-, Zersetzungs-zeichen *pl.* ~ **geçirmek** e–e Krise durchmachen ~ **noktası** *phys.* kritischer Punkt ~ **sühuneti** *phys.* kritische Temperatur *kritik sıcaklık ~ **vergisi** Krisen-, Not-steuer *f*
buhranlı 1. kritisch, gespannt, bedenklich 2. in e–r Krise stehend Zu 1: ~ **vaziyet** *a.mil.* kritische (gespannte) Lage Zu 2: ~ **Fransa** Frankreich in der Krise ~ **zamanlar** Krisen-, Not-zeiten *pl.*
Buhtunnasır *n.pr.* Nebukadnezar *Nabuhodonosor, Nabukodnosor

buhur (I) [·–] Weihrauch *m* *günlük
buhur (II) männliches Zuchtkamel; Kamelhengst *m*
buhur (III) [·–] *va. Pl.* zu **bahir**
buhuraki [··×·] *fr.* gestreifter Stoff (für e–n Turban)
buhurcu wer Weihrauch verkauft *od.* abbrennt
buhurdan(-lık) s. **buhurluk**
buhurlamak Weihrauch abbrennen; räuchern
buhurlu 1. mit Weihrauch erfüllt 2. gestreift (Stoff)
buhurluk Weihrauch-, Räucher-gefäß *n* *buhurdan(-lık)
buhurumeryem [·–··] 1. europäisches Alpenveilchen *bot.* Cyclamen europaeum *domuz (*selt.* hınzır) ekmeği, domuz soğanı, Macar şalgamı, siklamen, tavşankulağı, yer somunu 2. dorniges Goldauge *n bot.* Pallenis spinosa
buji (*franz.* **bougie**) *mot.* Zündkerze *f*
bukagı 1. *fr.* schwere Eisen-kette *od.* -fessel (am Fuß e–s Sträflings) 2. Kettenfessel *f* (für Pferde), Spannkette *f* (für Weidetiere) ~ **vurmak** s. **bukağılamak**
bukağılamak (m. Akk.) fesseln, Fesseln anlegen; anketten
bukağılı 1. gefesselt, angekettet 2. mit weißen Fußfesseln (Pferd)
bukağılık Fessel *f* (Teil des Pferdefußes) ~ **mafsal** Fesselgelenk *n* (des Pferdes)
bukalemun 1. Chamäleon *n zo.* Chamaeleon vulgaris 2. *fig.* unbeständiger (flatterhafter, wankelmütiger) Mensch; wer den Mantel nach dem Wind hängt 3. changierender Stoff, schillernde Seide **fr.* dibayı rumî 4. ♎ *astr.* Chamäleon *n* (Sternbild) ~ **gibi renkten renge girmek** unbeständig sein
bukalemunluk *biol.* Schutzfärbung, Mimikry *f*
bukanye (*franz.* **boucanier**) *hist.* 1. Büffeljäger *m* 2. Bukanier *m* (westindischer Seeräuber des 17. Jh.) 3. Pirschbüchse *f* der Büffeljäger
buke Aroma *n,* Blume *f,* Bukett *n* (des Weins)
buket, -ti (Blumen-)Bukett *n*
buketçilik Herstellung *f* und Verkauf *m* von Buketts (Sträußen, Girlanden usw.)
bukle 1. (Haar-)Locke *f* 2. gekräuselt, geringelt, krimmerartig 3. Bouclé *n* (Garn) 4. Bouclé *m,* Noppengewebe *n* ~ **yünlü** Bouclé-Wollstoff *m*
bukleli lockig (Haar)
buklet, -ti (*franz.* **bouclette**) Löckchen *n*
Bukovina [··×·] *n.pr.* Bukowina *f*
Bukovinalı [··×··] 1. Bukowiner(-in *f*) *m* 2. bukowinisch
bukram Buckram *m,* Buchbinder-, Steif-leinwand *f*
bukran Wollabfälle *pl.* (wie sie von Sattlern verwendet werden)
Bukrat s. **Bokrat**
bulada [·×·] *(griech.)* noch nicht einjähriges Huhn
bulak Quelle *f* *kaynak, memba, pınar ~ **otu** Brunnenkresse *f bot.* Nasturtium officinale *suteresi
bulama 1. Vs. zu **bulamak** 2. Weinbeermus *n* (dick eingekochter Weinmost) 3. *P* a) s. **ağız** (9) b) eine daraus hergestellte Speise
bulamaç, -cı 1. klebrige Breimasse 2. (Mehl-)Brei *m* (*a.* als Kinderkost) 3. *dial.* Gemisch *n,* Mischung *f* 4. Pflanzenschutzmittel, Schädlingsvertilgungsmittel *n;* s. a. **bordo -ı**
bulamak 1. (bşi bşe) et. in Mehl, Ei usw. wälzen *od.* damit beschmieren 2. (bşi bşe) besudeln, verunreinigen (mit) 3. *va.* (m. Akk.) um-, durcheinander-rühren (Flüssigkeit); schlagen (Ei) Zu 1: s. **una** ~ Zu 2: s. **çamura** ~
bulancak 1. *dial.* trüber Wasserlauf 2. ♎ *n.pr.* O. u. D. im Rbz. Giresun
bulandırıcı 1. Brechreiz verursachend 2. widerlich, abstoßend, ekelhaft 3. hetzerisch, agitatorisch; Hetzer(-in *f*) *m,* Agitator(-in *f*) *m*
bulandırıcılık *pol.* Brunnenvergiftung, Hetze, Agitation *f*
bulandırmak 1. trüben, aufrühren (z. B. Wasser); den Glanz verlieren lassen 2. Brechreiz verursachen, Übelkeit hervorrufen 3. verunstalten, *F* verhunzen, *V* versauen Zu 2: s. **mide** ~
bulanık 1. trübe (z. B. Wasser) 2. diesig (Wetter), bedeckt (Himmel) 3. unklar, dunkel, verschwommen *mültebis, müphem 4. *phot.* s. **flu;** 5. glanzlos (Auge) 6. undeutlich (Stimme) 7. *fig.* nicht recht verständlich (z. B. Freudengeschrei) ~ **değerlilik** Ambivalenz, Doppelwertigkeit, Zwiespältigkeit *f* ~ **görmek** nur verschwommen sehen ~ **hava** trübes, diesiges Wetter ~ **suda balık avlamak** *fig.* im Trüben fischen ~ **yağmur** Schmutzregen *m*
Bulanık *n.pr.* O. u. D. im Rbz. Muş
bulanıklık 1. Trübung *f,* Getrübtsein *n* 2. Diesigkeit *f* 3. Unklarheit, Verschwommenheit *f*
bulanıksı recht trübe (usw. s. **bulanık**)
bulanmak 1. Pass. zu **bulamak** 2. (bşe) sich mit et. beschmieren, besudeln, verunreinigen 3. sich trüben, trübe werden, seinen Glanz verlieren 4. diesig werden 5. Brechreiz *od.* Übelkeit empfinden 6. sich verwirren; durcheinanderkommen 7. unruhig *od.* erregt werden (z. B. Zuhörer) Zu 1: **Üstüm toza bulandı.** Ich war über und über mit Staub bedeckt. Zu 3: s. **Hava bulandı.** Zu 6: s. **zihni** ~
bulantı 1. Brechreiz *m,* Übelkeit *f* 2. *med.* Trübung *f* Zu 2: s. **karniye -sı**
bulaşıcı ansteckend (Krankheit) *bulaşık, sâri
bulaşıcılık Ansteckungsgefahr *f*
bulaşık 1. beschmutzt, schmutzig, beschmiert, besudelt, verunreinigt, 2. ansteckend (Krankheit) *sâri 3. mit e–r ansteckenden Krankheit behaftet bzw. infiziert 4. *fig.* unredlich, unehrlich 5. störend, belästigend (Person) 6. gebrauchtes, unabgewaschenes Küchengeschirr 7. Flekken, Spritzer *m* Zu 7: s. **kan -ları;** ~ **bezi** Abwaschtuch *n,* Spüllappen *m* ~ **deniz** minen-gefährdetes, -verseuchtes (See-)Gebiet ~ **gemi** unter Quarantäne stehendes Schiff ~ **iş** trübe Affäre ~ **patenta** *naut.* unreiner Gesundheitspaß ~ **suyu** 1. Abwasch-, Spül-wasser *n* 2. **(gibi)** widerliches Gesöff, das reinste Spülwasser ~ **teknesi** Spülstein *m* (in der Küche) ~ **yeri** Spülküche *f* ~ **yıkama makinesi** Geschirrspülmaschine *f* ~ **yıkamak** Geschirr spülen
bulaşıkçı Geschirr-, Teller-wäscher(-in *f*) *m*
bulaşıkçılık Tätigkeit *f* e–s (e–r) **bulaşıkçı**
bulaşıklık 1. Beschmutzung, Verunreinigung *f* 2. Verkehr *m* mit infizierten Personen
bulaşkan 1. *selt.* ansteckend (Krankheit) *bulaşık, sâri 2. nicht leicht zu beseitigen; klebrig (Schmutz usw.)
bulaşma Vs. zu **bulaşmak** *spez.* 1. Verunreinigung *f* 2. *med.* Ansteckung *f,* Infekt(-ion *f*) *n, m* 3. Verseuchung *f* (z. B. durch Kernstrahlen) 4. *ling.* analogische Beeinflussung 5. (ungewolltes) Hineingezogenwerden (in e–e Angelegenheit)
bulaşmak (ohne Obj. *od.* m. Dat.) 1. schmutzig (beschmutzt, besudelt, verunreinigt, beschmiert, verseucht) werden (mit) 2. übertragen werden (Krankheit); sich übertragen 3. sich ausdehnen (auf) (z. B. Feuer), übergreifen (auf), et. ergreifen. 4. j–n nicht in Ruhe lassen, stören, belästigen 5. anfangen, unternehmen (schwierige Arbeit) 6. infiziert werden bzw. sich infizieren, sich anstecken 7. (ungewollt) in et. hineingezogen werden Zu 1: **Tabak bulaştı.** Der Teller ist schmutzig. **Tabağa yağ bulaştı.** Der Teller ist ganz fettig. **Boya üstüme bulaştı.** Ich habe mich mit Farbe beschmiert. Zu 2: **Boğmaca nasıl bulaşır?** Wie überträgt sich Keuchhusten? **Çocuğa suçiçeği bulaştı.** Das Kind hat sich die Windpocken geholt. Zu 3: **Yangın daha başka taraflara bulaşmasına mani olmak için ...** Um ein weiteres Übergreifen des Feuers zu verhüten ... Zu 4: **Kabahat bende ki sana bulaştım.** Ich bin schuld, weil ich dich nicht in Ruhe gelassen habe. **Şuna buna bulaşma da işine bak!** Belästige nicht alle

möglichen Leute, sondern kümmere dich um deine eigene Angelegenheit! Zu 5: **Bu işe bir kere bulaşmış bulundum bitirmeliyim.** Ich habe das nun einmal angefangen und muß es auch zu Ende führen.
bulaştırmak Kaus. zu **bulaşmak** *a.*: verseuchen; vgl. a. **yüzüne gözüne** ~
Buldan *n.pr.* O. u. D. im Rbz. Denizli
buldatmaca (mst. in der Füg.:) **aldatmaca** ~ Gaunerei *f*, Betrug *m*
buldatmak (mst. in der Füg.:) **aldatmak** ~ täuschen, begaunern, übers Ohr hauen
buldatman Gauner, Betrüger *m*
buldok [×·] Bulldogge *f zo.* Canis familiaris molosus hibernicus
buldozer Bulldozer *m*, Räummaschine, Planierraupe *f*, Großräumpflug *m* *yoldüzer
buldumcuk olmak 1. *F* vor Freude ganz aus dem Häuschen geraten (bei Erlangen von et. sehnlich Gewünschtem) 2. (*spez.* in der Frauensprache) j–m plötzlich wieder einfallen (et. Vergessenes)
Bulgar 1. Bulgar-e *m*, -in *f* 2. bulgarisch
Bulgarca [·×·] 1. bulgarische Sprache, Bulgarisch 2. bulgarisch
bulgari *mus.* mit zwei Doppelsaiten bespanntes türk. Z.i. (größer als **cura** und kleiner als **bağlama**)
Bulgaristan [·×··]; **Bulgarya** [·×·] *n.pr.* Bulgarien
bulgu 1. Fund *m*, Finden *n* 2. Erfindung *f* *icat, ihtira 3. Entdeckung *f* *keşif 4. *med.* Befund *m*
bulgur 1. Weizen *m*, der gekocht, getrocknet, geschält und zerkleinert ist; Weizengrütze *f* 2. Graupeln *pl.* (kleinere Hagelkörner) *ebebulguru 3. Glas-pulver, -mehl *n* 4. Unebenheit *f* (im Porzellan) ~ **pilavı** Weizengrütze *f* (als Speise) **Kar** ~ ~ **yağıyor.** Es graupelt.
bulgurcu 1. Verkäufer *m* von Weizengrütze 2. *V* Dieb, Langfinger, Räuber *m*
bulgurcuk 1. *met.* kleine Graupeln 2. *astr.* Granulationselement *n*; s. a. **benek -ları**
bulgurculuk 1. Handel *m* mit Weizengrütze 2. *V* Diebstahl *m*, Räuberei *f*
bulgurlanma *astr.* Granulation *f* (feinkörnige Oberflächenstruktur der Sonne)
Bulgurlu *n.pr. fr.* Bez. des **Büyük Çamlıca** (Berg bei Istanbul) **-'ya gelin mi gidecek?** 1. Wozu denn diese dauernde Näherei und Stickerei? 2. *fig.* Wozu denn so viel Aufhebens?
bulgusal *phil.* heuristisch *ihtiraî
bullak s. **allak bullak**
bulmaca (Wort- *od.* Bilder-)Rätsel *n*
bulmak, (-ur) 1. (auf-)finden 2. finden, meinen, denken 3. ausfindig machen, wiederfinden, wieder erlangen 4. erfinden *icat, ihtira etmek 5. entdecken *keşfetmek 6. erreichen; gelangen (zu) (Ort *od.* Zeit) 7. sich belaufen (auf); steigen, sich erhöhen (auf) (Betrag, Ziffer usw.) 8. (aus-)wählen, aussuchen 9. seine gerechte Strafe finden 10. raten (z. B. Rätsel), erraten (z. B. j–s Absichten) 11. (b–ne) zuschieben, zuschreiben (Schuld) 12. (Verwendung als Hv.) 13. *naut.* auf Grund (z. B. Sandbank) fahren Zu 2: **Bu kumaşı nasıl buluyorsunuz?** Was halten Sie von diesem Stoff? Zu 6: **Konuşa konuşa evi bulmuşuz.** Wie wir so plauderten, waren wir mit e–m Mal am Haus angelangt. **Yetmişini buldu.** Er ist siebzig Jahre alt geworden. Zu 8: **Arkadaş olarak bu haylazı mı buldun?** Mußtest du ausgerechnet diesen Nichtsnutz zu deinem Kameraden machen? Zu 9: s. **Eden bulur; Etme bulma!** Zu 12: s. **son** ~; **şifa** ~; **vuku-. Bul karayı al parayı!** Finde die schwarze Karte, dann bekommst du das Geld! (bei dem verbotenen Glücksspiel **Üç kâğıt**); **bula bula** ~ 1. ausgerechnet das Schlechteste wählen 2. **Bu hastalık bula bula beni buldu.** Jetzt hat mich doch diese Krankheit (auch) erwischt! **Buldukça bunar şımarır.** *od.* **Bulmuş da bunamış.** *Spr.* 1. Der Appetit kommt beim Essen. *Spr.* 2. Je mehr e–r hat, desto mehr begehrt er. 3. Reicht man ihm den kleinen Finger, will er gleich die ganze Hand. *Spr.* **bulup buluşturmak** 1. schließlich doch noch finden; et. auftreiben 2. zusammensuchen **bulup çıkarmak** erfinden, entdecken, ausfindig machen, herausfinden
bulo (*franz.* **bouleau**) *selt.* Birke *f bot.* Betula pendula *kayın ağacı, huş ağacı
bulon (*franz.* **boulon**) *techn.* Bolzen *m*
bulucu 1. Finder, Enthüller, Aufdecker *m* 2. (elektromagnetisches) Suchgerät; s. a. **kristal** ~
buluğ s. **büluğ**
bulunak 1. *dial.* häufig vorkommend, überall anzutreffen 2. (*Neol.*) s. **adres**
bulunç(-lu) s. **vicdan(-lı)**
bulundurmak veranlassen *od.* Sorge tragen, daß ... vorhanden (vorrätig) ist; bereithalten, zur Verfügung halten; stationieren
bulundurulmak Pass. zu **bulundurmak. Bu cihet göz önünde bulundurulacaktır.** Diesen Punkt (Diese Tatsache) muß man sich vor Augen halten. **Bu münasebetle dükkânlar saat 23'e kadar açık bulundurulacaktır.** In Zusammenhang hiermit werden die Geschäfte bis 23 Uhr offen bleiben.
bulunma Vs. zu **bulunmak; -sı kabil** auffindbar, aufzutreiben(-d)
bulunmak 1. Pass. zu **bulmak** 2. sich befinden, sich vorfinden, sich aufhalten 3. zugegen (da, anwesend) sein 4. vorhanden (vorrätig, da) sein 5. (m. Dat.) helfen, beistehen, seine Unterstützung gewähren *yardımı dokunmak 6. (Hv. zur Bez. e–s Zustands) sein 7. (Hv. mit Lok.) tun, (e–e best. Tätigkeit) ausführen Zu 2: **Siz, sabahları nerede bulunursunuz?** Wo sind Sie immer morgens? Zu 4: **bulunmadığı için** *a.*: mangels ... Zu 5: **O, herkese daima bulunur.** Er ist gegen jedermann stets hilfsbereit. Zu 6: s. **boş (öfkeli)** ~ usw. Zu 7: s. **beyanatta (maruzatta, münakaşada)** ~; **bulunmaz** s. ges. Stw. **bulunmuş eşya** Fund-sachen, -gegenstände *pl.* **bulunmuş eşya deposu** Fundbüro *n*
bulunmaz 1. unauffindbar, nicht zu erreichen, nicht aufzutreiben 2. nur schwer zu finden *od.* aufzutreiben; selten begegnend *od.* vorkommend ~ **hintkumaşı** *hum.* etwas Besonderes, Rarität *f*, weißer Rabe **Bu,** ~ **hintkumaşı değil ya!** Das ist ja nichts Ausgefallenes! Das gibt es ja wie Sand am Meer! **sanki** ~ **hintkumaşı imiş** man könnte wunder meinen, was das für eine Rarität sei
bulunmazlık Fehlen, Nicht- *od.* ungenügendes Vorhandensein *n*, Mangel *m* *fıkdan
buluntu 1. Fund *m* (z. B. bei Ausgrabungen) 2. *dial.* Findelkind *n* *melkut
bulunulmak Pass. zu **bulunmak. Tenkitleri hakkında müzakerede bulunulmuştur.** Seine kritischen Einwände wurden besprochen.
bulunuş 1. Anwesenheit *f*, Vorhandensein *n* 2. Verfügbarkeit, Bereitschaft *f* 3. Erfindung, Entdeckung *f* 4. Beistand *m*, Hilfe *f*
buluş 1. Vs. zu **bulmak** 2. was nicht jedermann gleich eingefallen wäre wie z. B.: guter Einfall, glänzende Idee, treffende Wortersetzung usw. 3. Erfindung, Entdeckung *f* *icat, keşif ~ **belgesi** s. **ihtira beratı;** ~ **ikramiyesi** Erfinderprämie *f* ~ **sahibi** Erfinder, Entdecker *m*
buluşak *dial.* Treffpunkt *m*
buluşlu erfindungsreich, intelligent
buluşma Vs. zu **buluşmak;** ~ **yeri** Treffpunkt *m*, verabredete Stelle ~ **zamanı** verabredete Zeit

buluşmak 1. sich treffen; zusammenkommen 2. zusammentreffen (z.B. Wege) *kavuşmak 3. *fig.* übereinkommen; der gleichen Auffassung sein
buluşturmak ein Treffen vereinbaren
buluşulacak yer Treffpunkt *m*
bulut, -tu 1. Wolke *f (a. fig.)* *sehap 2. Trübung *f* (in e–m Edelstein) 3. *V* vollkommen betrunken; sternhagelvoll ~ **gibi** 1. in dichten Scharen (z.B. Fliegen) 2. *V* s. **bulut** (3); ~ **kesilmek** *V* sich besaufen ~ **tabakası** Wolken-schicht, -decke *f* **²lar boşanıyor.** Es gießt in Strömen. **-tan nem almak** (*od.* **kapmak**) überempfindlich sein; sich leicht getroffen fühlen; alles auf sich beziehen **-unu vermek** *V* s. **bulut kesilmek**
bulutdelen s. **gökdelen**
bulutlanmak 1. sich mit Wolken überziehen; sich bewölken 2. s. **gözleri** ~
bulutlu 1. bewölkt; mit Wolken überzogen 2. trübe (z.B. Glas) 3. *fig.* nebelhaft, verschwommen, verworren (z.B. Gedanken)
bulutluluk 1. Bewölkung, Wolkendecke *f* *sehabiyet 2. Trübung *f* 3. Verschwommenheit *f*
bulutsu *astr.* Nebel(-fleck) *m* *nebülöz, sehabiye ~ **kümesi** *astr.* Nebelhaufen *m*
bulutsuz wolkenfrei, unbedeckt, klar
bulvar große, breite, mst. mit Grünanlagen versehene (Ring-)Straße; Boulevard *m* ~ **komedyası** *Th.* Boulevardkomödie *f*
bum (I) [–] *va.* s. **baykuş**
bum (II) s. Stw. **bu** (I)
bum III) [ū] (*engl.* **boom**) 1. Reklamerummel *m* 2. Hausse *f* 3. Hochkonjunktur *f*
bum (IV) (*Int. spez.* für Kanonendonner) bum!
bumba [×·] *naut.* s. **bomba** (II)
bumbar 1. Dickdarm *m* (bei Schlachtvieh) 2. ein Gericht mit Füllsel (wie Leber, Hackfleisch, Reis *od.* Bulgur) im Dickdarm 3. längliche, mit Baumwolle usw. ausgestopfte Rolle (zur Abdichtung von Fenster- *od.* Türritzen)
bumbarlık Füllsel *n*, Farce *f* (für **bumbar** (2))
bumbarta s. **bombarda**
bumbulanık [×···] ganz trüb
bumburuşuk [×···] ganz zerknüllt (zerknittert, faltig, runzlig)
bumbuz eiskalt
bumrang Bumerang *m*
bun 1. s. **müzayaka, sıkıntı** 2. s. **buhran**
buna (I) Dat. zu **bu** (I); ~ **binaen (mukabil)** s. die Stw. **binaen** u. **mukabil**
buna (II) Buna *m, n* (synthetischer Gummi)
bunağımsı wie ein Geistesgestörter (wirkend)
bunak 1. altersschwach, kindisch *matuh 2. geistesgestört, irre ~ ~ (*od.* **bunakça) söylemek** ohne Sinn und Verstand daherreden; irre reden
bunaklık 1. geistige Altersschwäche 2. kindisches Benehmen (e–s Greises) 3. geistiger Defekt; Irresein *n*
bunaksı wie geistesgestört
bunalım 1. Vs. zu **bunalmak** 2. s. **buhran**
bunalımlı s. **buhranlı**
bunalmak 1. wie betäubt, ganz benommen sein *(a. fig.)* 2. beinahe ersticken, umkommen (z.B. vor Husten, Hitze usw.)
bunaltı Beklemmung, Bedrückung *f*
bunaltıcı betäubend, erstickend, (er-)drückend, schwül ~ **bir hararet** erdrückende Hitze
bunaltmak fast betäuben; ganz benommen werden lassen
bunama s. **bunaklık**
bunamak 1. altersschwach, kindisch werden (Greis) 2. in geistige Umnachtung fallen *(1, 2) ateh getirmek 3. s. **bunak bunak söylemek**
bunamış s. **bunak**
bunca [×·] 1. ziemlich viel, recht lange 2. so viel, die vielen ... 3. derart, so Zu 1: **≗ zamandır sizi görmedim.** Ich habe Sie recht lange (*F* e–e Ewigkeit) nicht mehr gesehen. Zu 2: **≗ yol yürüdük, daha ulaşamadık.** Jetzt sind wir so lange marschiert und sind immer noch nicht am Ziel. Zu 3: ~ **uzak ülkelerde** in derart weit entfernten Ländern ~ **yıllık dost** ein alter Freund
buncağız das (kleine Ding) hier
buncalayın 1. so viel(-e) 2. auf diese Weise
bunda Lok. zu **bu** (I); *va.* s. **burada. ≗ bir iş var.** Da steckt et. dahinter.
bundan Abl. zu **bu** (I); *va.* s. **buradan;** ~ **başka** außerdem **≗ başka Istanbul yok.** s. **Istanbul'dan başka Istanbul yok.** ~ **böyle** (*od.* ~ **sonra**) von nun an; hinfort; in Zukunft ~ **dolayı (~ ötürü,** ~ **naşi)** aus diesem Grunde; folglich, also **≗ iyisi can sağlığı.** Etwas Besseres gibt es nicht.
bunduk(-a) *va.* 1. s. **fındık** 2. s. **Tatar oku**
bungalov *selt.* Bungalow *m* (einstöckiges Sommerhaus *od.* Wohnhaus)
bungun *dial.* 1. trübe, bedrückend, beklemmend 2. kummervoll, traurig
bunker 1. *naut.* Kohlenbunker *m* 2. *mil.* Bunker *m* ~ **hattı** *mil.* Bunkerlinie *f*
bunlar (*F, P a.* [bunnar]) *Pl.* zu **bu** (I)
bunlu *dial.* 1. in bedrückendem (beklemmendem, kritischem) Zustand lebend (z.B. Kranker) 2. kritisch (z.B. Lage)
bunluk, -uğu 1. Bedrücktsein *n*, Depression *f* 2. *(a. med.)* kritischer Zustand; Krise *f*
bunmak, (-ar) *dial.* immer mehr haben (besitzen) wollen; s.a. **Buldukça bunar**
Bunsen *n.pr.* Bunsen (deutscher Chemiker; 19. Jh.) ~ **beki** Bunsenbrenner *m* ~ **kömürü** Bunsenkohle *f* ~ **pili** Bunsenelement *n*
bunsuz ohne diesen (diese, dieses)
buntsantştayn s. **alaca gre**
bunu Akk. zu **bu** (I)
bunun Gen. zu **bu** (I); ~ **burası** schließlich, kurz gesagt *senin anlayacağın
bura (I) [×·] 1. diese Stelle, diese Gegend, dieses Land, der Ort hier *(je nach dem Zusammenhang)* 2. (in sb. Füg.:) hier, hiesig Zu 1: **²m ağrıyor.** Hier tut es mir weh. Zu 2: ~ **adamları** die Leute hier; die hiesigen Leute **-da** (*a.* **burda**) hier, an dieser Stelle **-dayım diye bağırmak** *fig.* in die Augen springen **-daki** hier befindlich **-dan** (*a.* **burdan**) von hier (aus) **²dan geçilmez.** Durch-gang, -fahrt verboten. **²dan git!** Komm hier vorbei! (*Aber:* **Git -dan!** Verschwinde! Hau ab! Troll dich!) **-larda** in der hiesigen Gegend **²sı Kerbelâ mı?** Mensch, habe ich e–n Durst! **²sı neresi?** Wie heißt der Ort (die Station, das Dorf usw.) hier? Wo sind wir hier? **-ya** hierher
bura (II) [·×] **bura** s. Stw. **burmak**
buraca *selt.* 1. hier 2. von hier Zu 1: **≗ bilinmiyor.** Er ist hier nicht bekannt.
buracık diese (kleine) Stelle hier (*Anm.* Die Dim.bed. geht öfters mehr oder minder verloren.) **İzin verirseniz -ta başınızı ağrıtmadan hikâyeyi anlatıvereyim.** Wenn Sie gestatten, will ich Ihnen, ohne aufdringlich zu sein, die Geschichte gleich hier erzählen.
burada(-n) s. Stw. **bura** (I)
burağan s. **buran**
burak s. **borak**
Burak, -kı *n.pr. isl. Myth.* Name des geflügelten Reittiers (mit Frauenkopf und Pfauenschwanz), das Mohammed in der Nacht seiner Himmelfahrt bestieg
buralı hiesig; Hiesige *m, f*

buram buram (Lm. der Intensität in Verb. mit Begriffen wie Rauch, Geruch, Schnee, Schweiß usw.) in dicken Wolken, in Wirbeln, sehr, furchtbar, in großer Menge (u. ä. m.) ≗ ~ **duman çıkıyor.** Der Rauch steigt in dicken Wolken in die Höhe. ≗ ~ **kar yağıyor.** Es schneit in dicken (dichten) Flocken. ~ ~ **kokmak** sehr aufdringlich riechen ~ ~ **terlemek** ganz in Schweiß gebadet sein ~ ~ **tütmek** furchtbar qualmen ~ ~ **yağmur** *selt.* Platzregen, Wolkenbruch *m* ≗ ~ **yağmur yağıyor.** Es gießt in Strömen.
buran 1. heftiges Ungewitter, schweres Gewitter 2. *spez.* Buran *m* (orkanartiger Sturm mit starken Schneeverwehungen in Rußland)
buranca(otu) s. **küçük çiçekli sığırkuyruğu**
burani s. **borani**
burası, -nı [×··] s. Stw. **bura**
burcu *dial.* angenehmer Duft ~ ~ stark und angenehm duftend
burcumak *dial.* e–n angenehmen Geruch verbreiten, lieblich duften
burç, -cu 1. Festungs-, Burg-turm *m,* Bastion *f* 2. *astr.* Tierkreiszeichen *n* 3. s. **ökseotu** 4. *dial.* Trieb, Schößling *m* **-lar ışığı** *astr.* Zodiakallicht *n* **-lar kuşağı** *astr.* Tierkreis, Zodiakus *m* *zodyak **-lar takımyıldızı** *astr.* zodiakales Sternbild
burçak 1. Platterbse *f bot.* Lathyrus *hıntai esvet 2. Wicke *f bot.* Vicia *spez.* Saatwicke *f bot.* Vicia sativa 3. gewunden, gedreht, gekräuselt, geringelt 4. Haarlocke *f* Zu 1: s. a. **ak(sarı)** ~ Zu 2: s. a. **kara** ~
burçin Hirschkuh *f* *dişi geyik
burçlu mit **burç** ausgestattet; bastioniert ~ **tahkimat** bastionierte Befestigungen *pl.*
burçun s. **burçin**
burda 1. s. **burada** 2. s. **bürde**
burdağan brüten wollend; gluckend (Huhn)
burdan s. **buradan**
burdon (*franz.* **bourdon**) *mus.* 1. Bordun *m* (bei Orgel *od.* Dudelsack) 2. Orgelpunkt *m* 3. große Glocke
Burdur *n.pr.* Städtchen u. Rbz. (Südwestanatolien)
buret, -ti Bourrette(-seide) *f,* Seidenfrottee *m, n*
burga (gedrehte) Eisenspitze *f* (z. B. an Gartenzäunen)
burgacık [×··] s. **kargacık burgacık**
burgaç, -cı 1. *geogr.* Strudel, Malstrom *m;* Wirbel *m* (in der Luft *od.* im Wasser) *anafor, çevri, eğirim, girdap, girdibat 2. gedreht, gewunden 3. *va.* s. **eğri büğrü;** ~ **deliği** s. **devkazanı;** ~ **hareketi** Wirbelbewegung *f* *türbülans ~ **süs** Borte, Tresse, Litze *f*
burgaçkurtları, -nı Strudelwürmer *pl. zo.* Turbellaria *türbelalar
burgaçlama Strudelwirkung *f*
burgaçlanmak sich ineinander verwickeln
burgaçlı in Wirbelbewegung *türbülanslı ~ **buran** *geogr.* Wirbelsturm *m,* Windhose *f* *hortum ~ **sütun** spiralartig geriefelte Säule
burgata [·×·] *naut.* 1. Zollstärke *f* (bei Tauwerk) 2. Lochbrett *n* (zum Messen der Zollstärke bei Tauwerk) 3. Peilstock *m* (zur Feststellung des Flüssigkeitsstandes z. B. im Wassertank)
burgatalık soundsoviel Zoll stark (Tau)
burgaz (*griech.* **pyrgos**) Burg, Zitadelle, Festung *f* (in Ortsnamen wie **Kemerburgaz, Lüleburgaz** usw.)
Burgaz *n.pr.* 1. **(adası)** Burgas, Antigoni (drittgrößte der vier Prinzeninseln bei Istanbul) 2. **(şehri)** Burgas (in Bulgarien)
Burgondlar *hist.* Burgunder *pl.*
Burgonya [·×·] 1. *hist.* Burgund 2. Bourgogne *f*
burgonyon (şarabı) Burgunderwein *m*
burgu 1. größeres *od.* kleineres Bohrwerkzeug wie Nagel-, Stich-, Drill-, Stein-bohrer, Bohrmeißel, Trepan *m* 2. Pfropfen-, Korken-zieher *m* *tirbuşon 3. *(Ringen)* Krawatte *f* 4. (Gesichts-)Schleier *m* (*spez.* in ar. Ländern) *peçe 5. Wirbel *m* (an S.i.) ~ **gibi** störend, belästigend ~ **kuyusu** artesischer Brunnen *artezyen (kuyusu) ~ **kuyusu basıncı** artesischer Druck ~ **makinesi** Bohrmaschine *f* ~ **ucu** Bohrerspitze *f* ~ **yapmak** abtrudeln (Flugzeug)
burgucu 1. Hersteller *od.* Verkäufer *m* von Bohrern 2. Bohrer *m* (Arbeiter) 3. *naut.* Matrose *m* an der Schiffsschraube
burgulamak (an-, auf-, durch-)bohren
burgulu mit Bohrer, Gewinde *od.* Schraube ausgestattet; Bohr-, Schraub- ~ **kapak** Schraubverschluß *m*
burgumsu kamçılılar *zo.* Trypanosomen *pl.* (Gattung der Geißeltierchen) *tripanozomalar
burhan [ā] 1. Beweis *m,* Argument *n* 2. ≗ *mV*
Burhaniye *n.pr.* Städtchen u. D. im Rbz. Balıkesir
burina(-ta) s. **borina(-ta)**
burjuva Angehöriger der Bourgeoisie, Bourgeois *m,* Bürgerlicher ~ **oyunu** *Th.* bürgerliches Schauspiel
burjuvalaşmak *pol., mst. pej.* zum Bourgeois werden
burjuvazi Bourgeoisie *f,* Bürgertum *n,* bürgerliche Kreise *pl.,* Mittelstand *m* *orta sınıf
burka *va.* 1. Gesichtsschleier *m* *peçe tül 2. Decke *f* über der Kaaba 3. siebter Himmel
burkat, -tı 1. Götzenbild *n* (Zentralasien) 2. Götzentempel *m* (China)
burkatlık Tempel *m* mit Götzenbildern
burkmak 1. (um-)drehen 2. verdrehen, verrenken, verstauchen 3. umknicken (z. B. Fuß) Zu 2: **b—nin kolunu** ~ j—m den Arm halb ausrenken Zu 3: **Ayağım burktu** (*od.* **burkuldu**). Ich habe mir den Fuß verrenkt (*F* verknackst).
burkulma Verzerrung, Verstauchung (Distorsion), Verrenkung *f* (Luxation)
burkulmak 1. Pass. zu **burkmak** 2. umknicken (z. B. Fuß) 3. *fig.* sich winden; in sich zusammensinken 4. *fig.* sich unverwandt heften (Augen) 5. **(içi, kalbi)** sich zusammenkrampfen (Herz) Zu 1: **Vida paslanmış burkulmuyor.** Die Schraube ist eingerostet und läßt sich nicht mehr drehen. Zu 2: s. **burkmak** (3)
burkulu 1. verzerrt, verstaucht, verrenkt 2. *fig.* verkrampft
burlesk s. **bürlesk**
burlota [·×·] s. **ateş gemisi** **va.* froğra cuvara
burma 1. Vs. zu **burmak** 2. Gewinde *n,* Windung *f; a.* (Haar-)Locke *f* 3. Stielstich *m* (Stickerei) 4. heftige Leibschmerzen *pl.,* Kolik *f* 5. schweres Goldarmband 6. Wasserhahn *m* 7. s. **sarığı-** 8. gedreht, gewunden, gezwirbelt, schrauben-, spiral-förmig 9. kastriert, verschnitten 10. *arch.* Seilleiste *f* 11. (Faß-)Zapfen *m* 12. Schraube *f,* Schraubstift *m* 13. spiralförmig gewundene Säule 14. s. **burulma;** ~ **anı** *techn.* Drehmoment *n* ~ **bezek** Flechtornamentik *f* ~ **sarık** *fr.* e–e best. Turbanart ~ **terazi** *geol.* Dreh-, Torsions-waage *f*
burmak 1. drehen, winden; (tütenförmig) zusammenrollen, kräuseln 2. kastrieren, verschneiden (Tier) *idiş etmek 3. s. **bıyık** ~ 4. **(ağzını)** den Mund zusammenziehen (säuerliche Frucht) 5. **(mide, bağırsak)** Leibschmerzen, Kolik haben 6. **(burun)** (die Nase) rümpfen 7. s. **kulak** ~ 8. **(içini, kalbini)** Kummer verursachen; traurig stimmen **bura bura sıkmak** fest auswringen (z. B. nasse Wäsche)
burmalamak *arch.* mit Flechtornamentik versehen
burmalı gewunden, gedreht ~ **kanca bağı** *naut.* Kattenpot *f* (Knotenart) ≗ **Sütun** (*od.* **Yılanlı Sütun**) *n.pr.* Schlangensäule *f* (in Istanbul) ~ **tüfek** Gewehr *n* mit gezogenem Lauf
burnaz mit großer, langer Nase, *F* mit e–m Mordszinken im Gesicht

burnuz s. **bornoz, bornuz**
burs (*franz.* **bourse**) Stipendium *n* *harçlık, öğrenmelik ~ **talebesi** 1. Stipendiat(-in *f*) *m* 2. Stipendiat-en *pl.*, -innen *pl.* *bursiye(-ler), burslu talebe(-ler) harçlıklı(-lar)
Bursa *n.pr.* Bursa, Brussa (Stadt u. gln. Rbz. (Nordwestanatolien)) ~ **çekmesi** mit Seide untermischter Stoff ~ **üslubu** Brussa-Stil *m* (1. Periode der türk.-osm. Kunst) ~ **yahnisi** gedünstete Hammelkeule mit Gemüse
Bursalı 1. Einwohner(-in *f*) *m* von Bursa 2. aus Bursa stammend
bursiye (*franz.* **boursier**) Stipendiat(-in *f*) *m*
burslu wofür ein Stipendium gewährt ist *od.* wer ein Stipendium bezieht ~ **talebe** s. **burs talebesi**
bursuk s. **porsuk ağacı**
burtak *va.* steinig, voller Steine
burtlak 1. junges Schwein; Ferkel *n* 2. *dial.* steinige Gegend *taşlık
burtun *naut. hist.* großes Kriegsschiff (Galeone) mit 30–40 Geschützen
buru *P* 1. Kolik *f* *burma, buruntu 2. Geburtswehen *pl.*
buruk 1. gedreht, gewunden 2. kastriert, verschnitten 3. gezwirbelt (Schnurrbart) 4. säuerlich, herb (z.B. best. Früchte) 5. infolge säuerlichen Geschmacks sich zusammenziehend (Mund) 6. *fig.* empfindlich, übelnehmerisch, mürrisch 7. mit Drehwuchs (Baum) ~ **lezzetli** angenehm säuerlich schmeckend
burukluk 1. säuerlicher Geschmack; Herbheit *f* 2. *fig.* Verstimmung *f*, Verdruß, Unwille *m*
buruksu recht herb, ziemlich säuerlich
burulma 1. Vs. zu **burulmak** 2. *phys.* Torsion *f* *iltiva ~ **anı** Torsionsmoment *n* ~ **zaviyesi** Drehwinkel *m*
burulmak 1. Pass. zu **burmak** 2. sehr schmerzen (Bauch) 3. (bşe) et. leicht übelnehmen, gekränkt sein (durch), überempfindlich sein (gegen)
burulu gedreht, gewunden, gezwirbelt
burum burum 1. *selt.* gewaltsam drehend 2. Lm. in Verb. mit **burulmak** Zu 1: ~ ~ **koparmak** gewaltsam entwinden *od.* herausreißen Zu 2: **Barsaklarım** ~ ~ **buruluyor.** Ich habe fürchterliche Leibschmerzen.
burun (mit Poss. Sx.:) **-rnu** 1. *an.* Nase *f* 2. Schnauze *f* (e–s Tieres) 3. Landzunge *f*, Vorgebirge, Kap *n* *çıkıntı 4. vorderer, schmal zulaufender Teil (z.B. Schuhspitze, Stoßkappe) 5. Bug *m* (e–s Schiffes) 6. *fig.* Stolz, Hochmut *m*, Anmaßung, Arroganz *f* ~ **akıntısı** Nasenfluß *m* ~ **başı** *geogr.* Spitze *f* e–s Vorgebirges ~ **biçimi** Nasenform *f* ~ **boku** 1. (verhärteter Nasenschleim), (Nasen-) Popel *m* 2. *Schi.* Lächerlicher Fant! ~ **boşluğu** Nasenhöhle *f* ~ **burmak** (m. Dat.) die Nase rümpfen (über) ~ **buruna** dicht beieinander, einander gegenüber ~ **buruna gelmek** einander plötzlich gegenüberstehen, beinahe aufeinanderprallen ~ **buruna vermek** s. **ağız ağıza vermek;** ~ **bükmek** verächtlich die Nase rümpfen ~ **büyüklüğü** *fig.* Hochnäsigkeit *f*, Dünkel *m* ~ **dalgası** *naut.* Bugwelle *f* ~ **deliği** Nasenloch *n*, Nüster *f* *minhar ~ **demiri** Stoßplatte *f* (am Schuh) ~ **direği** Nasenscheidewand *f*, Septum *n* ~ **direği kırılmak** s. **Burnunun direği kırılıyor.** ~ **göstergesi** *(Anthropologie)* Verhältnis *n* der breitesten Nasenstelle zur Höhe ~ **gözyaşı kanalı** *an.* Tränennasengang *m* ~ **halkası** Nasenring *m* (z.B. für e–n Stier) ~ **indirmesi** Drücken *n* des Flugzeugs; Sturzflug *m* ~ **ingini** Schnupfen *m* *nezle ~ **kaldırma** Hochziehen *n* des Flugzeugs ~ **kanadı** Nasenflügel *m* ~ **kanaması** Nasenbluten *n* ~ **kanatmamak** *fig.* keinem ein Haar krümmen ~ **kanı** hellrote Farbe ~ **kemiği** Nasenbein *n* *azmı enfî ~ **kılları** 1. Nasenhärchen *pl.* 2. Schnurr-, Spür-haare, Vibrissen *pl.* (*spez.* bei Katzen *od.* Hasen) 3. Schnabelborsten *pl.* (mancher Vögel) ~ **kıskacı** Nasenklemme *f* (für störrische Stiere) ~ **kıvırmak** s. ~ **burmak;** ~ **maskesi** Maulkorb *m* (für Hunde) ~ **perdesi** Nasenscheidewand *f*, Septum *n* ~ **plastiği** *med.* Nasenplastik *f* ~ **sesi** Nasallaut *m* ~ **silmek** sich die Nase putzen, sich schneuzen ~ **sürtmek** s. **burnunu yere sürtmek;** ~ **tekerleği** Bugrad *n* (e–s Flugzeugs) ~ **vejetasyonları** *med.* adenoide Wucherungen (im Nasenraum); Polypen *pl.* ~ **yapmak** *fig.* die Nase hoch tragen, sich überlegen vorkommen ~ **yutak boşluğu** *an.* Nasenrachenraum *m* **-dan buruna seyir** *naut.* Fahrt *f* entlang der Küste **-dan konuşma** Näseln *n* **-dan pike yapmak** *naut.* gegen die ankommenden Wellen fahren **-dan soluk almak** (*bzw.* **vermek**) durch die Nase ein- (*bzw.* aus-)atmen **-dan solumak** vor Wut schnauben (kochen) **-dan söyler gibi** mit näselnder Stimme

(burnu): ~ **(bile) kanamadan** ohne daß ihm auch nur ein Haar gekrümmt worden wäre; mit heiler Haut (z.B. davonkommen) ~ **bir karış yukarda** *fig.* recht eingebildet ~ **boka batmak** *V* in die Scheiße geraten *(V)* ~ **büyük** hochnäsig, dünkelhaft, eingebildet, arrogant ~ **büyümek** e–n Dünkel bekommen, hochnäsig werden ~ **dönmek** ein Vorgebirge umfahren ~ **havada** hochnäsig, eitel, eingebildet ~ **kabarmak** s. **burnu büyümek;** ~ **kalkık** s. ~ **büyük;** ~ **Kafdağında** (*od.* ≗ **Kafdağından su içer**) s. ~ **büyük.** ≗ **kanamadı.** Ihm wurde kein Härchen gekrümmt. ~ **kırılmak** 1. von seinem hohen Roß heruntersteigen müssen; ganz klein und häßlich werden 2. *mel.* angenehm in die Nase steigen (lieblicher Duft) 3. *pej.* es vor lauter Gestank kaum aushalten können ≗ **koku almıyor.** Er kann nichts mehr riechen (*spez.* infolge Schnupfens). ~ **kokuyu iyi almak** *fig.* e–e gute Spürnase haben ≗ **sarkıyor.** Er ist ärgerlich (böse, verdrießlich, verstimmt). Er macht ein langes Gesicht. ~ **sürtülmek** s. **burnunu yere sürtmek;** ~ **şişirmek** s. **burnu büyümek;** ≗**na boklu kamış yetişmez.** *V* Er ist maßlos eingebildet. **-na çıkmak** (*od.* **gelmek**) (bş b–nin) allmählich unerträglich werden, j–m über werden **-na dikilmek** sich (drohend) vor j–m aufpflanzen **-na girmek** zu nahe an j–n herankommen, j–m lästig werden **-na götürmek** an et. riechen **-na gülmek** (b–nin) j–m ins Gesicht lachen **-na hırızmayı takmak** 1. (e–m Bären usw.) e–n Ring durch die Nase ziehen 2. *fig.* j–n nach seiner Flöte tanzen lassen **-nda tütmek** bei j–m große Sehnsucht erwecken, *F* j–m in der Nase stecken **-ndan damlamak** aufs Haar gleichen ≗**ndan düşen bin parça oluyor.** 1. Er ist hochnäsig (eingebildet, arrogant). 2. Er macht ein Gesicht wie drei Tage Regenwetter. **-ndan düşmüş** (b–nin) j–m wie aus dem Gesicht geschnitten **-ndan (fitil fitil) gelmek** j–n teuer zu stehen kommen; schwer zu büßen haben (für); s.a. **Anamdan emdiğim süt** (usw.); **-ndan getirmek** j–m et. eintränken, heimzahlen **-ndan kan damlayıncaya kadar çalışmak** sich halbtot arbeiten **-ndan kıl aldırmamak** 1. zu keinerlei Zugeständnissen bereit sein, unnahbar sein 2. überempfindlich sein **-ndan solumak** 1. furchtbar schnaufen müssen (vor Anstrengung) 2. *fig.* sehr erregt (*od.* wütend) sein **-ndan ter damlayarak çalışmak** schwer schuften müssen **-ndan yakalamak** (b–ni) 1. j–n dingfest machen 2. *fig.* j–n festnageln **-nu çekmek** 1. (geräuschvoll Luft durch die Nase ziehen), schnuffeln 2. *fig.* das Nachsehen haben **-nu karıştırmak** (sich) in der Nase bohren, pulen **-nu kırmak** s. **başını kırmak.** ≗**nu sıksan canı çıkar!** Er ist doch nur e–e halbe Portion! **-nu silmek** sich die Nase putzen, sich schneuzen **-nu sokmak** (bşe) seine Nase in et. stecken, sich in et. einmischen **-nu yere sürtmek** 1. sich zu et. herbeilassen müssen, klein beigeben müssen 2. (b–nin) a) j–n demütigen, kleinkriegen b) j–m e–n Dämpfer aufsetzen; j–n vom hohen Roß herunterbringen **-nu şişirmek** hochnäsig werden **-nu tıkamak** sich die Nase zuhalten **-nun dibinde** gerade vor seiner

Nase, in allernächster Nähe; e–n Katzensprung weit **-nun dikine** (*od.* **doğrultusuna**) **gitmek** sich nicht belehren lassen; auf seinem Kopf beharren **²nun direği kırılıyor.** Es ist vor lauter Gestank nicht auszuhalten. Das stinkt ja wie die Pest. **-nun direği sızlamak** 1. große Schmerzen verspüren 2. *fig.* tief bekümmert sein **-nun doğrusuna gitmek** *od.* **-nun doğrusundan ayrılmamak** stur sein, auf niemand hören **-nun ucunda** gerade vor seiner Nase **-nun ucundan ilerisini** (*od.* **ötesini**) **görmemek** 1. nicht über seine Nasenspitze (den Kirchturm seines Dorfes) hinaussehen können; beschränkt sein 2. sich für das Maß aller Dinge halten **-nun ucunu görememek** 1. unglaublich eingebildet sein 2. sternhagelvoll sein **-nun yeli saman** (*od.* **harman**) **savurmak** 1. vor Wut schnauben 2. wichtigtun, sich wunders wie vorkommen

burunaltı oluğu *an.* Philtrum *n* (Rinne in der Mitte der Oberlippe)

burunduruk Nasen-klemme, -bremse *f* (für bissige Pferde beim Beschlag *od.* Striegeln) *yavaşa

buruni *va. hum.* s. **burunlu** (3)

burunlamak *P* die Nase rümpfen; j–m nicht (mehr) gefallen

burunlanmak *P* herabgewürdigt werden

burunlu 1. mit nb. Nase 2. mit nb. Ende (Spitze) 3. *fig.* hochmütig, eingebildet, arrogant

burunluk 1. Nasenring *m* (z.B. für Stiere) 2. *hist.* Nasenschutz *m* (e–r Rüstung) 3. Stoßplatte *f* (am Schuh)

burunotu, -nu Schnupftabak *m* *enfiye

burunsak Stachelmaulkorb *m* (*spez.* für Lämmer bei Entwöhnung)

burunsalık 1. Nasen-klemme, -bremse *f* (*spez.* für störrische Ochsen *od.* bissige Kamele) 2. Maulkorb *m*

burunsuz 1. ohne Nase, nasenlos 2. ohne Spitze

buruntu starke Leibschmerzen *pl.*, Bauchweh *n*, Kolik *f*

buruş buruş 1. ganz runzelig 2. vollkommen zerknittert

buruşko 1. sehr scharf (Essig) 2. recht herb (Wein)

buruşmak 1. Falten bilden; (sich) knüllen, (sich) knittern 2. runzelig werden 3. sich ver-, zusammen-ziehen (Mund bei säuerlich herbem Obst)

buruşmaz *a.* knitterfrei (z.B. Krawatte)

buruşturmak 1. zerknittern, zerknüllen, zusammenknautschen 2. runzelig werden lassen; runzeln (z.B. Stirn) 3. **(ağzını)** j–m den Mund zusammenziehen 4. s. **yüzünü** ~

buruşuk 1. zerknüllt, zerknittert, zusammengeknautscht 2. voller Falten *od.* Runzeln 3. verzogen (Mund) 4. Falte, Runzel *f*

buruşukluk 1. Zerknüllt-, Zerknittert-sein *n* 2. Runzeligkeit *od.* Unebenheit *f* der Haut 3. Verziehen *n* (des Mundes)

buruşuksuz glatt, ohne Unebenheiten

Buryat, -tı 1. Burjät-e *m*, -in *f* 2. burjätisch

Buryatistan *n.pr.* Burjätien (Sowjetrepublik südl. des Baikal-Sees)

busbulanık [×··] Verst. zu **bulanık**

buse [–·] Kuß *m* ~ **almak** e–n Kuß rauben; küssen ~ **vermek** 1. e–n Kuß geben 2. sich küssen lassen

buselik [ū] *mus.* e–e best. Tonfolge in der türk. Musik (mit vielen Unterarten)

buş (*engl.* **bush**) *techn.* Lagerfutter *n*

buşon (*franz.* **bouchon**) 1. Stöpsel, Pfropfen, Zapfen *m* 2. *el.* Sicherungsstutzen *m*

but, -du 1. Oberschenkel *m* 2. Keule *f* (bei Schlachtvieh)

butafor *Th.* Setz-, Versatz-stück *n*

bute [ū] 1. *va.* Strauch *m* 2. *va.* Schmelztiegel *m* *pota 3. Blumenmuster *n* (auf Stoffen *od.* Teppichen)

buteyn Dim. zu **batın;** s. **karıncık; -i muheyhî** s. **beyincik karıncığı**

butik, -iği Boutique *f* (kleiner Modeladen)

butlan [·–] 1. Unrichtigkeit, Nichtigkeit, Unhaltbarkeit *f* *çürüklük 2. *va.* Ungerechtigkeit *f* 3. Ungültigkeit *f* ~ **davası** *jur.* Nichtigkeits-, Anfechtungs-klage *f* **-ı his** s. **anestezi**

butluk, -uğu 1. *hist.* Diechling *m* (Teil der Rüstung) 2. (kurze) Kniehose *f*

buu! *Int.* buh (wie kalt)!

buut, -u'du 1. *math.* Dimension, Ausdehnung *f* *boyut 2. Länge, Entfernung, Distanz *f*, Abstand *m* *uzaklık ~ **rakamı** Maßstab *m* (z.B. auf geogr. Karten) *ölçek **-u kutup** s. **kutup uzaklığı; -u semtürreis** s. **başucu uzaklığı; -u müzevva** s. **açı uzaklığı**

buutlu 1. -dimensional 2. von e–r best. Länge *od.* Entfernung Zu 1: s. **üç** ~ **filim**

buy s. **bu** (III)

buymak *dial.* erfrieren

buyot, -tu (*franz.* **bouillotte**) 1. kleinerer, *mst. el.* Wasserkessel 2. (Bett-)Wärmflasche *f*

buyotu s. **boyotu**

buyruk, -uğu 1. Befehl, Erlaß *m*, Gebot, Geheiß *n* 2. *mil.* Kommando *n* *komut, kumanda 3. *gr. selt.* Imperativ *m* *emir kipi 4. Herrschaft, Befehlsgewalt *f* 5. *va. selt.* s. **buyrukçu;** ~ **tutmak** e–m Befehl nachkommen **-ğa yazılı** Order- (z.B. Scheck) *emre muharrer

buyrukçu Herrscher, Gebieter, Diktator *m*

buyrukçuluk Despotismus *m*, Diktatur *f*

buyrulmak Pass. zu **buyurmak;** vgl. z.B. **müsaade** ~

buyrultu *hist.* 1. Befehl, Erlaß *m*, amtliche Verfügung; Order *f*, Dekret *n*, Exequatur *n* (e–s Konsuls); Patent *n*, Bestallung *f* (e–s Offiziers) 2. *spez.* amtlicher Geleit-, Schutz-brief, Passierschein (für Reisen im osm. Reich)

buyrultucu Aussteller *m* e–s **buyrultu**

buyrultulu mit **buyrultu;** ~ **zabit** bestallter Offizier

buyur *P* 1. bitte! 2. wie bitte? 3. (als Antwort auf e–n Ruf) ja bitte! ~ **etmek** *P* e–n Gast hereinbitten *od.* ihn zum Sitzen auffordern

buyurmak 1. befehlen, e–n Befehl erlassen, anordnen *emretmek 2. geruhen (zu) 3. *Höfl.* für **söylemek** sagen, meinen, äußern 4. *Höfl.* für **gelmek, gitmek, girmek, geçmek** kommen, gehen, eintreten, vorbeigehen 5. *Höfl.* für **almak** nehmen 6. *Höfl.* für **etmek, eylemek;** vgl. a. die ges. Stw. **buyur** und **buy(u)run(-uz)** Zu 3: **Ne buyurdunuz?** Wie meinten Sie bitte? Zu 4: **Bize buyurmaz mısınız?** Wollen Sie nicht einmal zu uns kommen? **Buyursunlar!** 1. Sie mögen eintreten! 2. (offiziell *od.* halb scherzhaft) Bitte treten Sie näher! **Siz önden buyrun!** Bitte nach Ihnen! **Siz yan odaya buyurursanız.** Würden Sie sich bitte in das Nebenzimmer bemühen! **Yine buy(u)run inşallah!** Besuchen Sie uns doch bald wieder einmal! Zu 5: **Buy(u)runuz kahvenizi!** Darf ich Ihnen Ihren Kaffee reichen? Zu 6: z.B. **arzu (kabul, müsaade, teşrif, zahmet)** ~

buyurtmak Kaus. zu **buyurmak. Misafiri bahçeye buyurttuk.** Wir haben den Gast in den Garten gebeten (geleitet, geführt).

buyurucu 1. s. **amir** (I) 2. wer gerne herumkommandiert ~ **türe kuralları** s. **emredici hukuk kuralları**

buy(u)run(-uz) (*höfl. Aufforderung*) 1. bitte! 2. herein! 3. Bitte treten Sie näher! 4. Bitte nehmen Sie Platz! 5. Bitte greifen Sie zu! Bitte, bedienen Sie sich. **Buyrun cenaze namazına** s. Stw. **cenaze**

buz (I) 1. Eis *n* 2. (*als Ausruf*) unerfreulich! unsympathisch! abstoßend! ~ **adası** s. **buzdağı;** ~ **akıntısı** Treibeis *n* ~ **alanı** s. **buzla;** ~ **bacaları** *geol.* Eispfeiler *pl.* ~ **bağlamak** sich mit e–r Eisschicht bedecken; zufrieren ~ **başlık** *geol.* Eiskappe *f* ~ **bulutu** *met.* Eiswolke *f*, Zirrostratus *m* ~ **çağlayanı** *geol.* Gletscherfall *m* ~ **çiçeği** Eiskraut *n bot.* Mesembryanthemum crystallinum *buz otu ~ **çökeli** Eisniederschlag *m,* Vereisung *f* (am Flugzeug) ~ **çözümü** (*od.* ~ **çözülmesi**) *geogr.* Eisgang *m* ~ **dalgıcı** Eistaucher *m zo.* Colymbus glacialis ~ **doğumu** *geogr.* Kalben *n* (e–s Gletschers) ~ **eksilmesi** *geol.* Ablation *f,* Abschmelzung *f* am Gletscher *ablasyon ~ **fabrikası** Eisfabrik *f* ~ **gibi** 1. wie Eis; eisig 2. mit wem man nicht recht warm werden kann *od.* was abstoßend wirkt 3. fest und fett (Fleisch) 4. (als Bekräftigung e–r Feststellung) (Zu 4: ~ **gibi hırsız** *V* ein Dieb, wie er im Buch steht ~ **gibi koroydo** *V* dumm wie Bohnenstroh ~ **gibi soğuk** 1. eiskalt 2. (Ausruf der Ayran- *od.* Limonade-verkäufer) schön eisgekühlt! ~ **gibi temiz** ganz rein (sauber), blitzblank ~ **gibi soğumak** (b–den) sehr kühl behandeln) ~ **hokey** Eishockey *n* ~ **kabuğu** Eisschicht *f* ~ **kazması** Eispickel *m* ~ **kemeresi** *naut.* Eis-stringer, -gürtel *m* ~ **kesilmek** 1. zu Eis erstarren, e–e ablehnende Haltung einnehmen 2. regungslos verharren (vor Angst *od.* anderer Erregung) ~ **kesmek** sehr frieren, ganz steif werden (vor Kälte) ~ **kırıcı** 1. Enteiser, Entfroster *m* (Flugwesen) 2. *naut.* s. **buzkıran;** ~ **kütlesi** Eisscholle *f* ~ **makinesi** Kältemaschine *f* ~ **mıhı** Eisnagel *m* (als Gleitschutz an Schuhen *od.* Hufeisen) ≗ **okyanusu** *n.pr.* Eismeer *n* *Bahrimüncemit ~ **otu** s. **buz çiçeği;** ~ **örtüsü** *geogr.* Inlandeis *n* ~ **parçası** *geogr.* Eisblock *m* ~ **patencisi** Eis-, Schlittschuh-läufer(-in *f*) *m* ~ **patinuvarı** (*od.* **sahası**) Eis-(lauf)-, Schlittschuh-bahn *f* ~ **sarkıtması** *arch.* zapfenförmige Verzierung ~ **seddi** *geogr.* Eisbarriere *f,* Packeis *n* *bankiz ~ **sisi** Eisnebel *m,* Frostrauch *m* ~ **takkesi** Eiskappe *f* ~ **tutma** Zufrieren *n* (e–s Gewässers) ~ **tutmak** vereisen, sich mit e–r Eisschicht überziehen ~ **üstüne yazı yazmak** 1. sich vergeblich abmühen 2. keine nachhaltige Wirkung erzielen 3. et. in den Schornstein schreiben; et. *od.* j–n abschreiben ~ **yağmuru** Eisregen *m* ~ **yalağı** *geogr.* Kar *n* *sirk ~ **yarığı** Gletscherspalte *f* ~ **yığılması** Eisstau *m* (in e–m Fluß) ~ **yığını** *geogr.* Packeis *n* ~ **zinciri** Schnee-, Gleitschutz-kette *f* ≗**lar çözüldü** *fig.* Das Eis war gebrochen.

buz (II) *Lm.* Verst. von **az**

buzağı noch nicht entwöhntes Kälbchen; Milchkalb *n* ~ **burnu** s. **aslanağzı** (1); ~ **derisi** 1. Fell *n* e–s Milchkälbchens 2. Pergament, Velin *n*

buzağıdişi s. **danaburnu** (2)

buzağılamak kalben, ein Kalb werfen

buzağılık Pferch *m* (bzw. geeignetes Futter) für Milchkälbchen

buzcuk Glatteis *n*

buzdağı, -nı (schwimmender) Eisberg *aysberk, isberk

buzdolabı, -nı Eis-, Kühl-schrank *m*

buzhane [ā] 1. Eisfabrik *f* 2. Eiskeller, Kühlraum *m*

buzkar 1. s. **buzulkar** 2. Eiswürfel *pl.* (für Getränke)

buzkarlanma *geogr.* Firndecke *f*

buzkıran Eisbrecher *m* (Schiff)

buzla Eis-feld *n,* -bank *f,* Packeis *n* *bankiz

buzlamak einfrieren *(tr.)* (z.B. Lebensmittel in Tiefkühltruhe)

buzlanmak 1. sich mit Eis bedecken *od.* überziehen 2. den Glanz *od.* die Politur verlieren; stumpfwerden 3. anlaufen, beschlagen (Fenster, Brille usw.)

buzlu 1. Eis(-stücke) enthaltend 2. mit Eisdecke (z.B. Bach); zugefroren 3. aus Eis hergestellt 4. eisgekühlt 5. matt, undurchsichtig (Scheibe) 6. beschlagen (Glas) ~ **cam** beschlagenes (Brillen- usw.)Glas; s.a. **buzlucam;** ~ **dolap** s. **buzdolabı;** ~ **göl** zugefrorener See ~ **patinuvar** *od.* ~ **paten sahası** s. **buz sahası;** ~ **yağmur** s. **buz yağmuru**

buzlucam 1. Milchglasscheibe *f* 2. *phot.* Mattscheibe *f*

buzluğan *dial.* hoher Berggipfel mit ewigem Schnee

buzluk 1. s. **buzhane** 2. Eisschrank *m* 3. Tiefkühlfach *n* (im Kühlschrank) 4. *geogr.* Eishöhle *f*

buzul Gletscher *m* *cümudiye, glasye ~ **aşındırması** Glazialerosion *f* ~ **balinası** Nordkaper *m zo.* Balaena glacialis ~ **buzu** Gletschereis *n* ~ **çağı** Glazial-, Eis-zeit *f* *glasye devri ~ **değirmeni** Gletschermühle *f* ~ **kazanı** s. **devkazanı;** ~ **piresi** Gletscherfloh *m zo.* Isotoma saltans ~ **seli** Gletscherbach *m* *glasye seli ~ **sütü** Gletschermilch *f*

buzulbilim Glaziologie, Gletscherkunde *f*

buzulbilimsel glaziologisch, gletscherkundlich

buzulkar Gletscherschnee, Firn *m*

buzullararası çağlar Interglazialzeiten *pl.*

buzullaşma Vergletscherung, Gletscherbildung *f*

buzulmasası, -nı Gletschertisch *m* *glasye masası

buzultaş Moräne *f* *moren

buzzer *(engl) techn.* Summer *m*

büber s. **biber**

bücür klein und schmächtig (Person)

bücürlük kleine Statur; Untersetztheit *f*

büçentor (*franz.* **bucentaure**) 1. *myth.* Buzentaur, Stiermensch *m* 2. *hist.* Bucintoro *m* (venezianische Prunkbarke)

büdü s. Stw. **edi**

büfe [×·] 1. Büfett *n,* Kredenz, Anrichte *f* 2. Büfett *n* (das gereicht *od.* vorgesetzt wird) 3. Büfett *n* (auf Bahnhöfen, in Kinos usw.) 4. Erfrischungsraum *m* 5. Verkaufsstand, Kiosk *m* 6. *mus.* Orgelgehäuse *n*

büfeci Büfettier *m*

büfecilik Büfettbetrieb *m*

büğe(-lek) s. **büve(-lek)**

büğemek (m. Akk.) *dial.* stauen (Wasser in e–m Fluß)

büğet, -ti *dial.* 1. gestautes Wasser 2. Damm *m,* Talsperre *f* *bent, set, baraj

büğlü (*franz.* **bugle**) Bügel-, Flügel-horn *n*

büğrek, -eği Flanke, Seite *f*

büğrü s. **eğri büğrü**

büğrülük, -üğü Krümmung, Biegung, Windung *f*

büğü s. **büyü**

büğünlemek *va.* s. **büğemek**

bühtan [ā] ungerechtfertigte Verdächtigung, falsche Beschuldigung; Verleumdung *f* *iftira, isnat ~ **etmek** (b–ne) (ungerechtfertigt) verdächtigen, bezichtigen; (fälschlich) beschuldigen; verleumden, anschwärzen *iftira etmek, isnat etmek **-a duçar olmak** Opfer *n* e–r Verleumdung werden

bühtancı [ā] Verleumder(-in *f*) *m* *müfteri

bühtanlı [ā] Opfer *n* e–r Verleumdung

bük, -kü *P* Gestrüpp, Dickicht *n* (*spez.* an e–m Wasserlauf: Au *f*)

büken *an.* Beugemuskel, Flexor *m* *kabıza

bükey krumme Linie; Kurve *f*

bükeyli krummlinig

büklüm 1. Windung *f,* Bogen, Kringel *m* 2. Falte *f,* Knick *m* Zu 2: s. **iki** ~ **olmak;** ~ ~ geringelt, gelockt, spiralig gewunden **-ler** *geogr.* Mäander *m* (Flußwindungen)

büklümboru Rohrschlange *f* (in der Installation)

büklümlü s. **büklüm büklüm**

bükme 1. Vs. zu **bükmek** 2. gedrehte Schnur; Besatzschnur, Litze, Tresse *f* 3. Zwirn *m* 4. Krepon *m* (Kreppstoff mit wolligen Falten) 5. *(Turnen)* Rumpfbeuge *f* 6. s. **yaprak dolması;** ~ **ipek** Seidenfaden *m,* Nähseide *f* ~ **makinesi** Abkantmaschine *f*

bükmek 1. zusammendrehen, zwirnen, spinnen 2. *naut.* schlagen (Tauwerk) 3. krümmen, (um-)biegen, beugen 4. falten, zusammenlegen (z.B. Teppich) **Bükemediğin eli öp de başına koy.** *Spr.* Wenn du den Gegner nicht unterkriegen kannst, so küß ihm die Hand und lege sie auf deinen Kopf (als Zeichen der Unterwerfung). (*Vgl. a.* aus der Not e–e Tugend machen)

Bükolik, -ği 1. Bucolica *pl.* (von Vergil) 2. ≗ s. **pastoral**

Bükovin s. **Bukovina**

Bükreş *n.pr.* Bukarest

Bükreşli 1. Bukarester(-in *f*) *m* 2. aus Bukarest stammend

büksül sich schlängelnd; gewunden, krumm, schief *muveç, muavveç

büksüllük Windung, Krümmung *f* *ivicaç

büksülmek auf e–e längere Strecke hin gekrümmt *od.* gewunden sein; sich dahinwinden

bükücü 1. Spinner(-in *f*) *m,* Zwirner(-in *f*) *m* 2. **(kas)** s. **büken**

bükük gekrümmt, gebogen, gedreht, geknickt, gefaltet ~ **asılma** *(Turnen)* Beugehang *m* ~ **oturuş** *(Turnen)* Hocksitz *m*

bükülgen flektierend (Sprache) *bükünlü, insırafî

bükülgenlik 1. s. **bükülme** 2. *geol.* Flexur, Falte *f*

bükülme Vs. zu **bükülmek** *spez.* 1. Biegung, Krümmung *f,* Knick *m* 2. *opt.* Bildverzerrung, Distorsion *f* ~ **anı** *techn.* Biegungsmoment *n* ~ **boyu** Knicklänge *f* ~ **mukavemeti** Knickfestigkeit *f* ~ **yarım kutru** Krümmungsradius *m*

bükülmek 1. Pass. zu **bükmek** 2. sich biegen, sich krümmen, sich bücken 3. sich verbiegen, sich durchdrücken (z.B. Reißnagel) 4. (bir yere doğru) e–e best. Richtung einschlagen; s.a. **eğilip** ~

bükülmüş iplik Garn *n*

bükülü 1. zusammengedreht, gezwirnt, gesponnen 2. *naut.* geschlagen (Tauwerk) 3. gekrümmt, umgebogen 4. gefaltet, zusammengelegt ~ **tomar** *mil. hist.* Krätzer, Drahtzieher *m* (für alte Geschütze)

bükülür biegsam

büküm 1. Vs. zu **bükmek** 2. Knick, Kniff *m,* Falte, Fältelung, Plissierung *f* 3. Krümmung, Biegung, Kurve *f* 4. *math. phys.* Wendung *f* 5. Drall *m* 6. Knie *n* (z.B. bei Ofenrohr) 7. *naut.* (Rechts- bzw. Links-)Schlag *m* (bei Tauwerk), Stek *m* ~ **makinesi** Vorspinn-, Zwirn-maschine *f* ~ **noktası** *math. phys.* Wendepunkt *m* *initaf noktası

bükümhane [ā] (Seiden-)Spinnerei *f*

bükümlü leicht gewickelt, geringelt

bükün *ling.* Flexion, Beugung *f* *insıraf

bükünlü *ling.* 1. flektiert, flektierbar 2. flektierend (Sprache) *bükülgen, insırafî

bükünmek 1. *va.* s. **bükülmek, kıvrılmak** 2. sich vor Schmerzen winden 3. (an e–r Stelle) zusammenfließen (Gewässer)

büküntü 1. Krümmung, Biegung, Kurve *f* 2. Falte *f,* Knick, Kniff *m,* Fältelung, Plissierung *f* 3. Knoten *m* 4. Litze, Tresse, (Gold- *od.* Silber-)Raupe *f* 5. Abfälle *pl.* (beim Spinnen) 6. heftige Leibschmerzen *pl.,* Kolik *f*

büküntülü gewunden, sich schlängelnd (Weg, Fluß)

bülbül 1. Nachtigall *f zo.* Luscinia megarhynchos 2. generelle Bez. der Kurzfußdrosseln (*zo.* Pycnonotidae) 3. mit wohlklingender Stimme 4. *naut.* Tauschlinge *f* 5. ≗ Beiname des Propheten Mohammed 6. (in der ält. Lit.) Sinnbild der Gott in mystischer Liebe ergebenen Seele ~ **çanağı gibi** winzig klein (Gefäß) ~ **dişi** Name e–r bes. zierlichen Art von **oya** (Häkelspitze) ~ **gibi açılmak** lustig drauflosplaudern, aus sich herausgehen ~ **gibi konuşmak (okumak)** fließend sprechen (lesen) ~ **gibi ötmek** *(mst. iron.)* schön daherreden, *F* große Töne spukken ~ **gibi söylemek** alles sagen, nichts verheimlichen, *F* auspacken ≗ **gibi söyletirim!** Ich werde ihn schon zum Reden bringen! ~ **gibi şakımak** *fig.* lustig plaudern ~ **gözyaşı** s. **halkaören.** ≗**ün çektiği dili(-nin) belâsıdır.** *Spr. fig.* So etwas kommt heraus, wenn man seine Worte nicht in acht nimmt.

bülbülyuvası, -nı „Nachtigallennest" *n* (Name e–r türk. Süßspeise)

bülent, -di 1. *z. va.* groß, hoch, erhaben 2. *z. va.* laut 3. ≗ *mV*

bülheves *z. va.* launisch, unbeständig, wetterwendisch *maymun iştahlı

bülheveslik *z. va.* Launenhaftigkeit, Unbeständigkeit *f,* Wankelmut *m*

bülten 1. amtlicher Bericht 2. Nachrichten-, Veröffentlichungs-blatt *n* 3. Nachrichten *pl.* 4. Zeitschrift *f* ~ **tahtası** schwarzes Brett (für Anschläge)

Bülucistan s. **Belucistan**

bülüğ [·–] Geschlechtsreife, Mannbarkeit *f* *erinlik **-a ermek** geschlechtsreif werden, heranreifen, mannbar werden *akil baliğ olmak, erinleşmek

bülûtiye s. **palamut(lu)lar**

büngüldek *dial.* (geräuschvoll) plätschernde Quelle

Bünyamin [·––] *n.pr.* Benjamin (Bibel)

bünyan [ā] *va.* 1. Bau *m,* Errichtung *f* 2. Bau *m,* Gebäude *n* 3. Baustil *m* ~ **etmek** *va.* erbauen, errichten

Bünyan *n.pr.* O. u. D. im Rbz. Kayseri

bünyat, -dı [ā] *va.* 1. Grund(-lage *f*) *m* 2. Bau *m* 3. Gebäude *n* ~ **etmek** *va.* den Grund legen, (be-)gründen

bünye Bau *m,* Struktur *f spez.* 1. Körperbau *m,* Konstitution *f* 2. *gr.* Bau *m,* Struktur *f,* Konstruktion, Bildung *f* *yapı 3. Aufbau *m,* Gliederung *f* **-i dahiliye** *bot.* s. **içyapı**

bünyevî 1. körperlich, konstitutionell 2. strukturell *yapısal ~ **durum** körperliche Verfassung

bünyon (*franz.* **bunion**) *med.* entzündeter Fußballen

bür (*franz.* **bure**) Blindschacht *m* (im Bergwerk) *kör kuyu

bürçük, -üğü 1. (Stirn-, Schläfen-, Hänge-, Schmacht-)Locke *f* *zülüf 2. *bot.* Dolden-, Schirm-traube *f* *demet, huzme 3. *astr.* Schweif *m* (e–s Kometen), Koma *f*

bürde *va.* Umhang, Mantel *m* (z.B. von Derwischen)

büret, -ti *chem.* Bürette *f*

bürgü 1. Umhängetuch *n* 2. Kopftuch *n* 3. dünner Vorhang 4. *bot.* Deckblatt *n,* Braktee *f* *brakte; çiçek yapracığı

bürgücük, -üğü *bot.* Vorblatt *n,* Brakteole *f* *brakteol; çiçek yapracığı

bürhan s. **burhan**

Büridan *n.pr.* Buridan (franz. Scholastiker des 14. Jh.) **-ın eşeği** Buridans Esel

bürkân(-î, -iyet) s. **yanardağ(-sal); volkanizm**

bürlesk, -ki 1. burlesk, possenhaft 2. Burleske *f,* Schwank *m* Posse *f* 3. *mus.* Burleske *f* *kaşmerlik

bürme *dial.* 1. s. **çarşaf** 2. großes Kopftuch 3. s. **burma sarık**

büro [×·] 1. Büro, Kontor, Geschäftszimmer *n* 2. Kanzlei *f,* Sekretariat *n* 3. Dienststelle, Abteilung *f* (in e–m Amt) 4. Schreibtisch *m* ~ **eşyası** Büroartikel *pl.* ~ **malzemesi** Büromaterial *n* ~ **mobilyası** Büromöbel *pl.* ~ **şefi** Bürovorsteher *m;* s.a. **danışma -su**

bürokomersyal kaufmännisches Rechnen

bürokrasi Bürokratie *f,* Bürokratismus *m pej.* Amtsschimmel, Papierkrieg *m* *kırtasiyecilik

bürokrat, -tı Bürokrat, Aktenmensch *m*

bürokratik bürokratisch

bürokratlaşma *pej.* Bürokratisierung *f*

bürokratlık 1. Bürokratentum *n* 2. Bürokratie *f*

büruç, -cu [·–] *va. Pl.* zu **burç;** ≗ **suresi** die 85. Koransure (über Auferstehung und Vergeltung)

bürudet, -ti [ū] *va.* 1. Kälte *f* *soğuk(-luk) 2. *fig.* Kälte *f* (der Beziehungen)

bürük, -üğü Zug-band *n,* -schnur *f* (für Beutel, Unterwäsche usw.)

bürülü eingewickelt, eingehüllt, umhüllt, verschleiert, vermummt

bürüm 1. Falte *f,* Einschlag *m* 2. was eingewickelt, eingehüllt ist 3. Rolle *f* fester Sahne *lüle 4. *bot.* Hülle *f* *lifafe

bürümcek Büschel, Bündel, Knäuel *n*
bürümcük 1. *bot.* kleine Hülle; Hüllchen *n* 2. Rohseide *f* 3. dünner Rohseide-Stoff (z.B. für e–n Tscharschaf)
bürüme s. **bürme**
bürümeden *Adv.* oberflächlich, nur so oben hin, ohne gehörige Sorgfalt *baştan savma
bürümek einwickeln, einhüllen, umgeben, umhüllen, verschleiern, vermummen **Dağ başını duman bürüdü.** Um den Berggipfel lag leichter Dunst. s. a. **gözünü kan** ~ und **gözlerini** ~
bürüncük s. **bürümcük**
bürünmek (m. Dat.) Pass. *od.* Refl. zu **bürümek; bir renge** ~ e–e Farbe annehmen **Olay büyük bir siyasî skandal niteliğine bürünmüştür.** Aus dem Vorfall wurde ein großer politischer Skandal. **Sanatçı kimliğine büründü.** Er gab sich als Künstler aus. Er markierte den Künstler.
büsbütün [×··] ganz und gar, vollständig, vollkommen, restlos
büst, -tü 1. Büste *f* (als Plastik) *baş heykeli 2. Brustbild *n*
bütan *chem.* Butan(-gas) *n*
bütçe 1. Budget *n,* Etat *m,* Haushaltsplan *m spez.* Staatshaushalt *m* 2. Vermögensverhältnisse *pl.*, *F* Geldbeutel *m* ~ **açığı** Haushaltsdefizit *n* ~ **dönemi** Haushaltsperiode *f* ~ **encümeni** Budgetkommission *f* ~ **fazlası** Haushaltsüberschuß *m* ~ **lâyihası** Staatshaushaltsplan *m* ~ **tahmini** Vorschlag *m,* vorläufiger (Staats-)Haushaltsplan **-nin hazırlanması** Aufstellung *f* des Haushaltsplans **-nin parlamentoda müzakeresi** Etatberatung *f*
bütçeleme tekniği Technik *f* der Finanzplanung
büte (*franz.* **butée**) *techn.* Widerlager *n,* Anschlag *m* ~ **yatağı** Drucklager *n* *eksen yatağı
bütirik asit *chem.* Buttersäure *f*
bütirometre [···×·] s. **yağölçer**
bütten kâğıdı s. **el kâğıdı**
bütün 1. ganz, vollständig, restlos 2. ganz (*Ggs.* geteilt) 3. all, sämtlich, Gesamt- 4. Einheit *f;* unteilbares Ganzes 5. *math.* Summe *f* *yekûn 6. *V* Zehnpfundschein *m* Zu 1: **Bir oturuşta** ~ **bir ekmeği yedi.** Er hat ein ganzes Brot auf einen Sitz aufgegessen. Zu 2: **bir** ~ **ekmek** ein ganzes Brot (*scil.* nicht etwa nur ein Stück) Zu 3: ~ **halk** alle Leute ~ ~ (*od.* ~ **bütüne**) s. **büsbütün;** ~ **imaniyle** mit ganzem Herzen (z.B. bei e–r Sache sein), von echtem Schrot und Korn, hundertprozentig ♎ **kapılar kapandı.** *fig.* Es gab keinen Ausweg. ~ **masraflar** Gesamtkosten *pl.* ~ **sayı** ganze Zahl ♎ **sinirleri oynadı.** Er geriet in die größte Erregung. ♎ **şeytanları başına üşüşüyor.** *fig.* Alle Anwesenden werden von großer Wut (auf den Sprecher) erfaßt. ~ **zehrini dökmek** sein ganzes Gift verspritzen
bütüncü peinlich gewissenhaft; äußerst penibel
bütüncül s. **totaliter**
bütünleme Vs. zu **bütünlemek;** ~ **sınavı** Nach-, Wiederholungs-, Ergänzungs-prüfung *f* (in e–m nicht bestandenen Fach) *ikmal imtihanı **-ye kalmak** sich e–r Nachprüfung unterziehen müssen
bütünlemeci Ausstatter, Raumgestalter, Innenarchitekt *m*
bütünlemek 1. ergänzen, vervollständigen *ikmal etmek 2. ausgestalten (Räume) 3. Kleingeld in e–n größeren Schein umtauschen
bütünlemeli wer sich e–r Nachprüfung zu unterziehen hat (Schüler, Student)
bütünler *math.* Supplement-, Ergänzungs- *mütemmim ~ **açı** *math.* Supplement(-winkel *m*) *n* *mütemmim zaviye; zaviyei munzama
bütünleşme *spez. pol.* Integration, Integrierung *f* *entegrasyon
bütünleşmek integriert werden; sich zu e–m einheitlichen Ganzen zusammenschließen
bütünleştirmek integrieren, vereinheitlichen
bütünleyici Ergänzungs-
bütünleyin *selt.* summa summarum, alles in allem, total, vollständig
bütünlük Ganzheit, Gesamtheit, Geschlossenheit, Integrität *f* *tamamiyet ~ **görmek** et. in seiner Gesamtheit betrachten ~ **harbi** *selt.* totaler Krieg *topyekûn harp
bütünsel s. **tümel**
büve(-lek) 1. Dasselfliege *f zo.* Hypoderma diana 2. s. **sığır büveleği;** ~ **sokmuşa dönmek** vor Wut ganz außer sich geraten
büvet, -ti 1. s. **büğet** 2. Erfrischungsstand *m*
büye(-lek) s. **büve(-lek)**
büyeyz *va. Dim.* zu **beyza** s. **yumurtacık**
büyü Zauber(-ei *f*) *m,* Hexerei, Magie *f* *sihir ~ **bozmak** e–n Zauber brechen ~ **etmek** s. ~ **yapmak;** ~ **otu** s. **tatula** (2); ~ **yapmak** j–n behexen ♎**süne tavşan başı!** *Abw.* „Ein Hasenkopf gegen seine Zauberei!" **-yü bozmak** den magischen Bann brechen
büyücek ziemlich groß, recht groß, ansehnlich, beträchtlich, stattlich *büyükçe
büyücü Zauber-er *m,* -in *f,* Hexe(-nmeister *m*) *f,* Magier *m* *bağıcı, sihirbaz; ~ **kaçırıcısı** Hexen-banner, -beschwörer *m* ~ **kadın** Hexe, Zauberin *f* ~ **kökü** s. **düğünçiçeği;** ~ **küpü** *fig.* ewiger Unruhestifter
büyücülük Zauber(-ei *f*) *m,* Hexerei, Magie *f* *büyü, sihir
büyük 1. groß (*ant.* küçük) 2. groß, weit, breit, geräumig *geniş 3. alt, älter, ältest; *im Pl.* ältere Leute, Erwachsene; *a.* an Rang Höherstehende *pl.* 4. von großem Ausmaß, umfangreich, beträchtlich, wichtig, bedeutungsvoll 5. hochgestellt, führend, bedeutend, leitend, wichtig, an der Spitze stehend 6. *Sb.* hochgestellte (führende, leitende, an der Spitze stehende) Persönlichkeit, höherer Beamter *od.* Würdenträger, hoher Chef Zu 3: **Benden üç yaş -tür.** Er ist drei Jahre älter als ich. ~ **açıklıklı mercek** *phot.* Weitwinkelobjektiv *n* ~ **adam** bedeutende Persönlichkeit ~ **Afrika antilopu** s. **boğa antilopu;** ~ **ağırlık** *mil.* große Bagage, großer Troß ~ **ağızlı balık** Großmaul *n zo.* Chauliodus sloanei ♎ **Ağrı(-dağı)** *n.pr.* Großer Ararat *Ararat ~ **ahenk kaidesi** s. ~ **ünlü uyumu;** ♎ **Akıntı** *n.pr.* die Große Strömung (des Bosporus bei Arnavutköy) ~ **akşam** Tag *m* der gesellschaftlichen Umschichtung (nach der Theorie der Ultraradikalen) ~ **alaca ağaçkakan** großer Buntspecht *zo.* Dryobates major ~ **aptes** Stuhlgang *m* ~ **aptesi gelmek** Stuhldrang haben ~ **ata** *va.* s. **büyükbaba;** ~ **atardamar** *an.* Aorta *f* *aort, epher ~ **atkuyruğu** Riesenschachtelhalm *m bot.* Equisetum maximum ♎ **Atlas** s. **Yüksek Atlas;** ~ **avarya** *jur.* große Haverei ~ **ayrık otu** gemeines Hundszahngras *bot.* Cynodon dactylon *domuz ayrığı ~ **azıdişler** die großen Backenzähne, Mahlzähne, Molaren *pl.* ~ **bağırgan kartal** Schelladler *m zo.* Aquila clanga ♎ **balık küçük balığı yutar** (*od.* **yer**). *Spr.* Macht geht vor Recht. *Spr. F* Der Ober sticht den Unter. ~ **balyemez** *hist.* Falkaune *f* ~ **baston** s. **baston** (2). ♎ **başın ağrısı** (*od.* **derdi**) **büyük olur.** *Spr.* Würde bringt Bürde. *Spr.* ~ **başlı** 1. mit großem Kopf 2. klug, intelligent, aufgeweckt ~ **bilmek (görmek, tutmak)** 1. hochschätzen 2. (k–ni b–den) sich j–m überlegen vorkommen ~ **birlik** *mil.* größerer Verband ~ **boy kukla** *Th.* Marionette *f* ~ **boynuzlu baykuş** s. **puhu (-kuşu);** ♎ **Britanya** *n.pr.* Großbritannien ~ **buhran ve depresyon** *hist.* Weltwirtschaftskrise *f* (1929) ~ **burjuvazi** wohlhabendes Bürgertum ~ **camgöz balığı** Riesenhai *m zo.* Cetorhinus maximus ~ **cennetkuşu** großer Paradiesvogel *zo.* Paradisea apoda ~ **Cezayir menekşesi** großes Immergrün *bot.* Vinca major ~ **çağlayan** s. **çavlan;** ~ **çam oyuncusu** Kiefernprachtkäfer *m zo.* Chalcophora mariana ♎ **Çamlıca suyu** Name e–s beliebten Quellwassers (Istanbul) ~ **çançiçeği** Marienglockenblume *f bot.*

Campanula medium *hasekiküpesi ~ **çaplı** großkalibrig ~ **çapta** in großem (bzw. größerem) Umfang; weitgehend ~ **çapta bomba** Bombe *f* schweren Kalibers ⁓ **Çarşı** *n.pr.* Großer Basar (in Istanbul) *Kapalı Çarşı ⁓ **Çekmece** *n.pr.* O. am Marmarameer in der Nähe von Istanbul ~ **çıkma** *hist.* Ernennung bzw. Beförderung *f* anläßlich der Thronbesteigung e–s Sultans ~ **çiçekli hezaren** großblütiger Rittersporn *bot.* Delphinium grandiflorum ~ **çiçekli semizotu** Zierportulak *m,* Portulakröschen *n bot.* Portulaca grandiflora ~ **çiçekli yüksükotu** großblättriger Fingerhut *bot.* Digitalis grandiflora ~ **çizgi** Gedankenstrich *m* *çizgi, uzun çizgi ~ **çocuklar** die älteren Kinder ⁓ **Çuha adası** *n.pr.* Kythira (Cerigo) ~ **çuhaçiçeği** hohe Schlüsselblume *bot.* Primula elatior ~ **damkoruğu** s. **büyük herdem taze;** ~ **dede** Urgroßvater *m* ~ **defter** *H* Hauptbuch *n* *ana defter; defteri kebir ~ **deniz kurdu** s. **arenikola;** ~ **devedikeni** s. **yabanî enginar;** ~ **devletler** *pol.* Großmächte *pl.* ~ **duka** *hist.* (russischer) Großfürst ~ **düğünçiçeği** Kugelranunkel *f bot.* Ranunculus asiaticus (mit vielen Kulturformen) ~ **ebegümeci** wilde Malve *bot.* Malva silvestris *yabanî ebegümeci ~ **erkânıharbiye** *mil.* Großer Generalstab *m* genelkurmay, erkânıharbiyei umumiye ~ **erkânıharbiye ikinci reisi** *mil.* Generalquartiermeister *m* *genelkurmay ikinci başkan ~ **erkânıharbiye reisi** *mil.* Chef *m* des Großen Generalstabs *genelkurmay başkanı ~ **erkânıharbiye reisliği** Chef *m* des Großen Generalstabs (als Amtsbez.) ~ **evren** Makrokosmos *m* ~ **flok** *naut.* Klüver *m* (*im Ggs.* zu **kontraflok**); ~ **folyo boy** *typ.* Großfolioformat *n* ~ **forma** Paradeuniform *f* ⁓ **Frederik** *n.pr.* Friedrich der Große ~ **frenkmenekşesi** gemeine Nachtviole *bot.* Hesperis matronalis ~ **gazelboynuzu** Sumpf-Hornklee *m bot.* Lotus uliginosus ~ **gelim** *geogr.* Springflut *f* *meddi kâmil ~ **gelmek** zu groß *od.* zu weit sein (Kleidung, Schuhwerk) ~ **gidim** *geogr.* Nippflut *f,* flache Flut *cezri kâmil ~ **göğüs kası** *an.* großer Brustmuskel ~ **gösteri oyunu** *Th.* Ausstattungs-, Spektakel-stück *n* ~ **gözdemiri** *naut.* bester Buganker ~ **günah** *rel.* Todsünde *f* ~ **hanım** die alte Dame (*im Ggs.* zur Tochter *od.* Schwiegertochter) ~ **halile** s. **kırlangıç otu;** ~ **harf** Großbuchstabe *m,* Versal *m,* Majuskel *f* *kapital; majüskül (harf) ⁓ **Harp** Weltkrieg *m* *Umumî Harp ~ **herdem taze** Hauswurzbaum *m bot.* Sempervivum arboreum ~ **hindistancevizi** s. Stw. **hindistancevizi;** ~ **ısın** s. **kilokalori;** ~ **ibre** s. **yelkovan** (1); ~ **ikramiye** das große Los; Haupttreffer *m* ~ **inciçiçeği** s. **inciçiçeği;** ~ **infilâklı bomba** Hochbrisanzbombe *f* ~ **İskender** *n.pr.* Alexander der Große ~ **iskete** s. **flurya** (1); ~ **kâfur ağacı** Bastard-Mahagoni *n bot.* Eucalyptus robusta ~ **kalori** s. **kilokalori;** ~ **kantaron** große Flockenblume *bot.* Centaurea centaurium ~ **kapıya çıkmak** *Euph.* ein großes Geschäft verrichten ~ **karabaşlı martı** Mantelmöwe *f zo.* Larus marinus ~ **karabatak** großer Kormoran *zo.* Phalacrocorax carbo ~ **karaciğer kelebeği** großer Leberegel *zo.* Fasciola hepatica ~ **karakafesotu** gemeiner Beinwell *bot.* Symphytum officinale (die Wurzel dient gegen Durchfall) ~ **karga** Kolkrabe *m zo.* Corvus corax *garap, kara karga, kuzgun ~ **karıncayiyen** großer Ameisenbär *zo.* Myrmecophaga tridactyla *tamanuar ~ **karides** Kieler Krabbe *f zo.* Penaeus trisulcatus ~ **kasa** Hauptkasse *f* ~ **kavak tekeböceği** s. **kavakoyan;** ~ **kaza** 1. T von **kazayı mübrem** 2. seidene Schnur (zur Hinrichtung) ~ **kedibalığı** großgefleckter Katzenhai *zo.* Scyllium stellare *büyük sakız levreği ~ **kediotu** großer Baldrian *bot.* Valeriana dioscorides *Girit sümbülü ~ **kerkenez** Gänsegeier *m zo.* Gyps fulvus *kızıl akbaba ~ **kervan çulluğu** großer Brachvogel *zo.* Numenius arquata ~ **kısım** *mil.* Gros *n* *kısmı azamî ~ **kulaklı yarasa** s. **uzun kulaklı yarasa;** ~ **kum yılanbalığı** Sandaal *m zo.* Ammodytes lanceolatus ~ **kumandanlık** *mil.* obere Führung ~ **kupür banknotlar** große Abschnitte (*od.* Scheine) *pl.* ~ **kurna** *Sch.* Vorsitzender *m* der Disziplinarkommission ~ **kuvvet merkezi** Großkraftwerk *n* ~ **kuyruklu denizkırlangıcı** Küstenseeschwalbe *f zo.* Sterna macrura ~ **Latin çiçeği** s. **Latin çiçeği;** ~ **lombar kapısı** s. **yük lombarı;** ~ **mağaza** Kauf-, Waren-haus *n* ~ **martı** s. **gümüşsel martı;** ~ **marul** Giftlattich *m bot.* Lactuca virosa ⁓ **memnuniyetle!** Sehr gern! ⁓ **Menderes** *n.pr.* Mäander *m* (Fluß in Westanatolien) ~ **mevlut ayı** s. **rebiyülevvel;** ~ **mikyasta** s. ~ **çapta;** ⁓ **Millet Meclisi** Große (Türkische) Nationalversammlung *f* ~ **mizansenli filim** Ausstattungsfilm *m* ~ **mola** *mil.* große Rast ~ **muharebe** *mil.* Großkampf *m* ~ **mus** Riesenelch *m zo.* Alces gigas ~ **nalburunlu yarasa** Großhufeisennase *f zo.* Rhinolophus ferrum-equinum ~ **nine** Urgroßmutter *f* ⁓ **Nutuk** *hist.* Atatürks 36stündige Rede auf dem Kongreß der Republikanischen Volkspartei (15.–20. Oktober 1927) ~ **oğlu** sein ältester Sohn ~ **oğlun üstünlüğü** Primogenitur *f,* Erstgeburtsrecht *n* ⁓ **Okyanus** *n.pr.* Großer *od.* Stiller Ozean, Pazifischer Ozean, Pazifik *m* ~ **opera tenoru** Heldentenor *m* ~ **orman bahçıvanı** großer Waldgärtner; Kiefernmarkkäfer *m zo.* Myelophilus piniperda ~ **orta** die dritte der insgesamt fünf Ringerklassen ~ **oynamak** hoch spielen ~ **oyun** Spiel *n* mit hohen Einsätzen ~ **ölçüde** s. ~ **çapta;** ~ **ömür ağacı** s. **boylu mazı;** ~ **önerme** *log.* Obersatz *m,* propositio major *kübra ~ **örümcekkuşu** Grauwürger *m zo.* Lanius excubitor ~ **panda** großer (*od.* chinesischer) Panda; Bambusbär *m zo.* Ailuropoda melanoleuca ~ **papatya** Ackerhundskamille *f bot.* Anthemis arvensis ~ **peder** s. **büyükbaba;** ~ **pehriz** katholische Fastenzeit (von Aschermittwoch bis Ostern) ~ **pelin** s. **acı pelin;** ⁓ **Petro** *n.pr.* Peter der Große ~ **plan** (Film) Großaufnahme *f* ~ **sahil göknarı** Silber-, Edel-tanne *f bot.* Abies amabilis ⁓ **Sahra** s. **Sahra(-yı kebir);** ~ **sakız levreği** s. ~ **kedibalığı;** ~ **sanayi** Großindustrie *f* ⁓ **Saray** s. **Topkapı Sarayı;** ~ **sargı merkezi** *mil.* Hauptverbandsplatz *m* ~ **sedefotu** deckblättrige Raute *bot.* Ruta bracteosa ~ **sempatik** *an.* Sympathicus *m* **va.* sempatii kebir ~ **sevk ve idare** *mil.* Obere Führung *f* ~ **sığırkuyruğu** filzige Königskerze *f bot.* Verbascum phlomoides ~ **sinirotu** großer Wegerich *bot.* Plantago major var. asiatica *bağ yaprağı ~ **söz** Prahlerei, Aufschneiderei *f* ~ **(söz) söylemek** große Töne reden, den Mund voll nehmen ~ **sözler** *a. mel.* berühmte Aussprüche *pl.* ⁓ **sözüme tövbe!** *P* 1. Ich will ja gewiß nicht aufschneiden, aber ... 2. (mst. mit folg. neg. Verb) Ich tue es bestimmt nicht mehr! ~ **su dökmek** *Euph.* ein großes Geschäft verrichten ~ **sukamışı** breitblättriger Rohrkolben *bot.* Typha latifolia ~ **su zambağı** s. **Amazon su zambağı;** ~ **şamdan** Kandelaber, Stehleuchter *m* ~ **şehir** Großstadt *f* ⁓ **Taarruz** *hist.* die entscheidende Großoffensive im türk. Freiheitskampf (26.–30. 8. 1922) ~ **taneli buğday** s. **İngiliz buğdayı;** ~ **taşkın** Riesenüberflutung, Sintflut *f* *tufan ~ **tavus kelebeği** großes Nachtpfauenauge *zo.* Saturnia pyri ~ **tekeböceği** großer Eichen- *od.* Held-bock *m zo.* Cerambyx cerdo ~ **tekke** *fr.* (größeres) Kloster (in dem die Derwische zu Zeremonien zusammenkamen) *han(e)gâh, hankâh ⁓ **Teodorik** *n. pr.* Theoderich der Große ~ **terim** *log.* Oberbegriff *m,* terminus major *haddi ekber ~ **testere gagah ördek** Gänsesäger *m zo.* Mergus merganser ~ **tirajlı** mit hoher Auflagenziffer ~ **tonoz (demiri)** *naut.* Stromanker *m* ~ **toy kus̡u** Großtrappe *f zo.* Otis tarda ~ **tövbe ayı** s. **cemaziyelevvel;** ~ **tutmak** s. ~ **görmek;** ~ **üniforma** große Uniform; Paradeuniform *f* ~ **ünlü uyumu** *ling.* große Vokalharmonie (im Türk.) ~ **yangın** Großfeuer *n* ~ **yapraklı ıhlamur** s, **yaz ıhlamuru** ~ **yarasalar** Groß-Flattertiere *pl. zo.* Megachiroptera ~

yazıklar olsun! jammerschade! ~ **yelkovan** großer Sturmtaucher **zo.** Puffinus gravis ~ **yeminler etmek** sich hoch und heilig verschwören ~ **yol** Landstraße, Chaussee *f* ~ **yosun balığı** s. **yırtmaçlı balık; -le büyük küçükle küçük olmak** *fig.* sich seiner Umgebung anpassen **-ler komedisi** *Th.* Heldenkomödie *f* **-ten büyüğe** jeweils auf den ältesten Sohn übergehend

Büyükada [·×··] *n.pr.* Büyükada, Prinkipo (die größte der vier Prinzeninseln bei Istanbul)

büyükamiral, -li Großadmiral *m*

büyükamirallik Rang *m,* Stellung *f* e–s Großadmirals

büyükanne Großmutter *f* (väterlicher- *od.* mütterlicherseits) *nine

Büyükayı *astr.* Großer Bär *Dübbüekber

büyükbaba Großvater *m* (väterlicher- *od.* mütterlicherseits) *dede

büyükbaldıran großer *od.* gefleckter Schierling *bot.* Conium maculatum *lekeli baldıran

büyükbaş (hayvan) Großvieh *n*

büyükçe ziemlich groß; größer; recht groß, recht ansehnlich *büyücek

büyükelçi Botschafter *m* *sefir

büyükelçilik Botschaft *f* *sefaret, sefirlik, sefarethane

büyükısırgan große Brennessel *bot.* Urtica dioica

Büyükköpek *astr.* Großer Hund (Sternbild) *Kelbiekber

Büyükkulüp, -bü *n.pr.* türk. Zigarettenmarke (*fr.* **Serkldoryan,** *heute:* **Kulüp**)

büyüklemek *selt.* achten, ehren, schätzen

büyüklenme Überheblichkeit, Anmaßung, Einbildung *f*

büyüklenmek 1. den großen Herrn spielen (markieren) 2. blasiert sein, vornehm tun 3. sich sehr bitten lassen

büyüklü (in der Füg.:) ~ **küçüklü** groß und klein, alt und jung

büyüklük, -ğü 1. (relative *od.* absolute) Größe *f* 2. Format *n* (z.B. bei Papier, Büchern usw.) 3. Bedeutung *f* 4. *med.* Anschwellung, Vergrößerung *f* (z.B. der Prostata) 5. hochherziges Verhalten; Großmut *f,* Edelmut *m,* Wohlwollen *n,* Hilfsbereitschaft, Freigebigkeit, Großzügigkeit *f* *âlicenaplık 6. *pej.* Hochmut *m,* Arroganz *f,* hochfahrendes Benehmen Zu 1: **fındık -ünde bir inci** e–e haselnußgroße Perle; s.a. **ses -ü;** ~ **göstermek** *mel.* ein hochherziges Verhalten an den Tag legen ~ **hezeyanı (iddiası, kuruntusu)** Größenwahn *m,* Megalomanie *f* ~ **satmak** *pej.* großtun, sich wichtig machen, den Großmogul spielen

büyüksemek 1. übertreiben 2. überschätzen *(1, 2) izam etmek

büyüksü ziemlich groß, recht groß (z.B. Kind)

büyülemek 1. verzaubern, verhexen 2. bezaubern, magisch bannen *teshir etmek

büyüleyici bezaubernd, faszinierend, entzückend

büyültme *phot.* Vergrößerung *f* *agrandisman

büyültmek 1. größer (geräumiger, weiter) machen; ausziehen *od.* verlängern (z.B. Tisch) 2. *phot.* vergrößern 3. übertreiben

büyültücü 1. *phot.* Vergrößerungsapparat *m* 2. *ling.* Augmentativ *n*

büyülü 1. verhext, verzaubert 2. bezaubert 3. Zauberkraft besitzend, Zauber-, Hexen- 4. bezaubernd, charmant, magisch anziehend ~ **daire** magischer Kreis ~ **fener** Laterna magica *f*

büyüme Vs. zu **büyümek** *spez.* 1. Wachsen, Wachstum *n* *nema 2. *med.* (krankhafte) Vergrößerung; Schwellung *f* Zu 2: s. **dalak -si;** ~ **eğrisi** *biol.* Wachstumskurve *f* ~ **hızı** *H* Wachstumsrate *f* ~ **hormonu** 1. *bot.* Auxin *n* 2. *biol.* Auxon *n* ~ **konisi** *bot.* Vegetationskegel *m* *vejetasyon konisi ~ **ucu** Knöspchen *n* (der keimenden Pflanze)

büyümek 1. groß *od.* geräumig werden; größere Ausmaße annehmen (z.B. Feuersbrunst) 2. wichtiger *od.* ernster werden 3. (heran-, auf-)wachsen 4. sich steigern; an Intensität zunehmen *şiddetlenmek 5. sich vermehren; anwachsen *çoğalmak 6. (im Rang *od.* Ansehen) steigen

büyümüş de küçülmüş 1. *mel.* für sein Alter schon erstaunlich weit; (vernünftig, verständig) (Kind) 2. *pej.* altklug (Kind)

büyüteç *phys.* Lupe *f,* Vergrößerungsglas *n* *pertavsız

büyütkendoku *bot.* Kambium *n* (Teilungsgewebe) *tabakai müvellide

büyütme 1. Vs. zu **büyütmek** 2. Pflege-, Zieh-kind *n*

büyütmek 1. größer *od.* geräumiger machen, vergrößern, erweitern 2. wichtiger *od.* ernster werden lassen 3. auf-, groß-ziehen (Kinder) 4. übertreiben, aufbauschen

büz (*franz.* **buse**) 1. Zementrohr *n* (für Abwässer) 2. Wassergang *m,* (Mühl-)Gerinne *n*

büzdeklemek s. **üzdekleyip büzdeklemek**

büzdük *va.* 1. zusammengezogen, gekräuselt, faltig, runzelig 2. *an.* After *m*

büzgen *an.* Schließmuskel, Sphinkter *m* *muassıra

büzgü Kräuselung, Fältelung *f* (an Kleidern, Anzügen usw.) ~ **dikişi** Smokarbeit *f* **-lerle yapılmış** gezogen (Kleid); mit Kräuselung *od.* Fältelung

büzgülü gekräuselt, gefältelt, gesmokt (Kleid, Anzug)

büzlengeç *P* s. **bizlengeç**

büzme 1. Vs. zu **büzmek** 2. oben in Falten gelegt und gezogen (Sack, Beutel usw.) 3. *selt.* s. **ünlü düşmesi**

büzmeç, -ci *dial.* die durch e–e Schnur zusammengezogene Öffnung e–s Beutels *od.* e–r Unterhose

büzmek kräuseln, fälteln, zusammenziehen

büzmeli s. **büzme** (2)

büzrük s. **büzürg** (6)

büzur [·–] (*z. va. Pl.* zu **bezir**) Samen *pl.*

büzurat, -tı [·––] (*dopp. Pl.* zu **bezir**) Samen *pl.* **-ı müteharrike** s. **zoospor**

büzücü 1. *an., med.* zusammenziehend, kontraktil, adstringierend *astrenjan 2. s. **büzgen**

büzük, -ğü 1. gekräuselt, gefältelt, zusammengezogen 2. eingeschrumpft 3. *V* a) After *m* b) Mut *m,* Courage *f,* Schneid *m (f)* 4. *reg. (Erzurum)* befangen, sich genierend **-ü sıkı** verwegen, draufgängerisch

büzüktaş *V* Gesinnungsgenosse, Freund *m*

büzülebilirlik *med., techn.* Kontraktilität *f*

büzülme 1. Kontraktion *f* 2. Schrumpfung *f,* Einlaufen *n* 3. *med.* Stenose *f* ~ **kuramı** *geol.* Kontraktionstheorie *f*

büzülmek 1. Pass. zu **büzmek** 2. sich zusammenziehen, sich kräuseln 3. Falten bilden, faltig werden; ein-, zusammenschrumpfen 4. sich zusammenkauern **büzülüp oturmak** sich in e–n Winkel verkriechen *od.* sich still und bescheiden in e–e Ecke setzen

büzürg *va.* 1. groß, lang 2. alt 3. kräftig, stark 4. heilig 5. Vorsitzender 6. e–e melod. Weise in der türk. Musik

büzüşmek faltig werden, sich zusammenziehen

C

c, C [dʒɛ] 1. dritter Buchst. des türk. Alph. 2. *mus.* (Ton *od.* Note) C 3. s. **cilt**
-ca(-k) s. **ce** (II)
câ s. **cây**
caba [×·] 1. kostenlos, gratis, unentgeltlich, umsonst 2. obendrein; außerdem noch; noch dazu 3. kostenlose Zugabe Zu 2: **O da ~!** *iron.* Auch das noch (obendrein)!
cabacı [×··] s. **bedavacı**
cabadan [×··] *Adv.* s. **caba**
câbecâ [–·–] *va.* 1. hier und da, mancherorts 2. *selt.* überall
cabi [––] 1. *hist.* wer die Almosensteuer *od.* die Einkünfte aus den frommen Stiftungen kassierte 2. *va.* s. **çekirge**
cabilik [––·] *hist.* 1. Aufgabe *f*, Tätigkeit *f* e–s **cabi** 2. die 12½prozentige Provision e–s **cabi**
cabir [ā] *va.* 1. s. **zorlayıcı** 2. s. **kırıkçı** 3. s. **düzeltici** 4. ≗ *mV*
cacık erfrischendes Gericht aus kleingeschnittenen Gurken *od.* Lattich **(marul),** Joghurt, Knoblauch, Wasser und Salz **Senden ~ bile olmaz!** Du bist aber auch zu gar nichts zu gebrauchen!
cacıklık *V* dumm, blöd, einfältig
cadaloz intrigante Schwatzbase; Megäre *f*, alte Vettel; (im türk. Puppenspiel:) Typ der Stiefmutter
cadalozluk aufdringliches Geschwätz; Verhalten *n* e–r **cadaloz**
cadde, -yi Straße *f* ~ **kumandanı** *mil.* Straßenkommandant *m* ~ **mâniası** *a. mil.* Straßensperre *f* **-yi tutmak** 1. die Straße sperren 2. *V* weggehen, verschwinden, verduften Zu 2: **≗yi tut bakalım!** *V* Jetzt schau aber, daß du weiterkommst!
cadı 1. (Nacht-)Gespenst *n*, Vampir *m* 2. Hexe, Zauberin *f* *büyücü 3. boshaftes (zänkisches) Weib; alte Hexe; Megäre *f* ~ **fındığı** Zaubernuß, Hamamelis *f bot.* Hamamelis virginiana ~ **gibi** wie e–e Hexe (unsaubere Frau mit Zottelhaar und langen Fingernägeln) ~ **kazanı** Hexenkessel *m fig. a.* Unruheherd *m* ≗ **kazani gibi kaynıyor.** Es geht zu wie in e–m Hexenkessel. ~ **maki** Koboldmaki *m zo.* Tarsius tarsius ~ **süpürgesi** Hexenbesen *m* (an Bäumen)
cadılaşmak 1. zur Megäre werden (Frau) 2. verwildern (Pflanzen)
cadılık 1. Hexenwesen *n* 2. Hexerei, Zauberei *f*, Bann *m*
caf *H* s. **cif**
cafcaf *F* 1. aufdringliches (prahlerisches, protziges) Geschwätz 2. leere Aufmachung, hohler Prunk 3. Aufgetakelt-, Aufgedonnert-sein *n* ~ **etmek** 1. prahlen 2. prunken
cafcaflı 1. aufdringlich, protzig, prahlerisch (z.B. Worte) 2. prunkvoll und hohl 3. aufgedonnert, aufgetakelt ~ **diksiyon** *Th.* gezierte Aussprache
cafcuf s. **cafcaf**
cafer [ā] 1. *va.* Bach, Fluß, Kanal *m* 2. ein Spezialpapier (z.B. für Miniaturen 3. ≗ *mV* ≗ **ağanın aptes suyu** *P* elendes Gesöff
Caferî [–·–] 1. Name e–r schiitischen Sekte 2. Angehöriger dieser Sekte
Caferiye s. **Caferî** (1)
cağ *dial.* 1. Treppengeländer *n* 2. Radspeiche *f* (*spez.* am Wagen) 3. großer Sack 4. Abfluß *m* (z.B. im Spülstein)
Cağaloğlu *n.pr.* Stadtteil in Istanbul (zwischen Sirkeci und Çemberlitaş; benannt nach dem Großwesir Cigalazade, 16. Jh.)
-cağız s. **-ceğiz**
cah [–] *va.* 1. Platz *m*, Stelle *f* 2. *pr.* hohe Stellung, hohes Amt, Würde *f* Zu 2: s. **harisi ~; hırsı ~**
cahil [–·] 1. unwissend, dumm, ungebildet 2. unerfahren, (zu) jung, Grünschnabel *m*, (blutiger) Anfänger 3. et. nicht kennend *od.* wissend, sich auf et. nicht verstehend 4. *va.* heidnisch, vorislamisch (Araber) Zu 1: **≗e söz anlatmak, deveye hendek atlatmaktan güçtür.** *Spr.* Gegen Dummheit kämpfen Götter selbst vergebens. Zu 2: **Kusura bakmayın, -dir.** Man muß schon Nachsicht mit dem jungen Fant haben. Zu 3: **tamamen -i olmak** (bşin) keine Ahnung haben (von) **O, bu işin -idir.** Er ist hierin vollkommener Laie. ~ **düşürmek** j–s Unwissenheit aufdecken, j–n bloßstellen
cahiliye [–·–·] **(devri)** s. **cahiliyet** (1)
cahiliyet, -ti [ā] 1. *ar.* Heidentum *n* (vor Mohammed) 2. Unwissenheit, Ignoranz *f*, fehlende Bildung 3. Unerfahrenheit, Jugend *f* 4. Unkenntnis *f*
cahillik [ā] 1. s. **cahiliyet** (2–4) 2. begangene Dummheit Zu 1: ≗ **eseri!** Das kommt eben von seiner Unerfahrenheit! Zu 2: **Bir -tir etti, kusurunu bağışlayınız!** Er hat e–e Dummheit gemacht; haben Sie Nachsicht mit ihm!
cahim [·–] Hölle *f* (nach isl. Myth. die vierte von sieben Stufen)
cahit, -di 1. *va.* strebsam, fleißig 2. ≗ *mV;* **Cahide** *wV*
cair [ā] *va.* quälend, grausam; Tyrann *m*
caiz [–·] 1. erlaubt, zulässig, gestattet 2. *va.* möglich 3. richtig, passend 4. der Logik entsprechend Zu 2: **-dir ki** es könnte sein; vielleicht ~ **görmek** billigen, gutheißen **gayri** ~ unerlaubt, unstatthaft, unzulässig
caize [–··] 1. *va.* Belohnung *f* (*spez.* diejenige für ein Lobgedicht, **methiye**) 2. Abzeichnung *f* (auf e–m Aktenstück) 3. Wiederholungszeichen, Gänsefüßchen *pl.*
cak (I) s. **ce**
cak (II) **cuk** schmatzend, saugend
-cak (III) s. **-cek**
caka [×·] *V* Prahlen, Angebertum *n*, falscher Schein (mit dem sich jemand zu umgeben versucht) ~ **satmak** *V* prahlen, aufschneiden, angeben
cakacı [×··] *V* Prahler, Angeber, Renommist *m*
cakalı [×··] *V* prahlerisch, hochtönend, großsprecherisch (z.B. Worte)
Cakarta [·×·] *n.pr.* Djakarta (*fr.* Batavia) (Hauptstadt von Indonesien; auf Java)
caket s. **ceket**
calada [·×·] *naut.* Benommenheit *f*, Tiefenrausch *m* (e–s Tauchers)
calî [––] gekünstelt, unecht, falsch, unaufrichtig ~ **içtima** *jur.* s. **fikrî içtima**
Calinus [–––] *n.pr.* Galen (griech. Arzt; 2. Jh. n. Chr.)
calip, -bi [ā] *va.* auf sich ziehend *od.* lenkend; hervorrufend **-i dikkat** *va.* beachtlich, beachtenswert **-i memnuniyet** *va.* zufriedenstellend, erfreulich **-i merhamet** *va.* bemitleidenswert
calis [ā] *va.* sich setzend bzw. sitzend **tahta ~ olmak** *va.* den Thron besteigen
Calut, -tu [––] *n.pr.* der Riese Goliath (Bibel)
cam 1. Glas *m* (Material) 2. Glas-, Fenster-scheibe *f* 3. Spiegelscheibe *f* 4. (Brillen-, Uhren- usw.)Glas *n* 5. *phot.* Platte *f* 6. optische Linse *adese 7. aus Glas, gläsern, Glas- 8. teilweise aus Glas bestehend, Glas- ~ **boru** Glasröhre *f* ~ **çubuk** *chem.* Glasstab, Rührer *m* ~ **elektriği** *phys. va.* s. **pozitif elektrik;** ~ **elyafı sırık** Glasfiberstab *m* (bei Stabhochsprung) ~ **eşya** Glaswaren *pl.* ~ **evi** 1. Rinne *f*, in die e–e Fensterscheibe eingesetzt wird 2. Glaserei *f*, Glasergeschäft *n* ~ **fabrikası** Glas-hütte, -fa-

brik *f* ~ **gibi** 1. durchsichtig *şeffaf 2. (Auge) glanzlos, starr ~ **göz** Glasauge *n* (s.a. **camgöz**); ~ **güzeli** *bot.* das rotblühende Balsaminengewächs Impatiens sultani ~ **huni** Glastrichter *m* ~ **imalâtı** Glasherstellung *f* ~ **kapak** Glasfenster *n* (über e–m Treibbeet) ~ **kapı** Glastür *f* ~ **keseceği** Glasschneider *m* (Werkzeug) ~ **kırığı** 1. Stück *n* e–r Fensterscheibe 2. *fr.* Bez. e–s Federmessers bes. Form ~ **kırmak** *V* ein Mädchen entjungfern ~ **levha** Glasplatte *f* ~ **mozaik** Glasmosaik *n* ~ **otu** s. **serçe dili;** ~ **pamuğu** Glaswolle *f* ~ **sanayii** Glasindustrie *f* ~ **sileceği** Scheibenwischer *pl.* (e–s Autos) ~ **suyu** Wasserglas *n* (Kolloidalflüssigkeit) ~ **tabak** Glasteller *m* ~ **takmak** 1. e–e Fenster-, Spiegel-scheibe, ein Brillenglas usw. einsetzen 2. **(bir resme)** ein Bild unter Glas legen ~ **tüp** Glasröhre *f* ~ **yuvası** s. ~ **evi** (1); ~ **yünü** s. ~ **pamuğu;** ~ **zımpara kâgıdı** Glas-, Schmirgel-papier *n* **-ı çerçeveyi indirmek** demolieren; alles kurz und klein schlagen **-ın üflenmesi** Glasbläserei *f*

câm *va.* 1. Becher *m* 2. Spiegel *m* **-ı Cem** 1. Zauberbecher *m* des sagenhaften pers. Königs Dschem(-schîd) 2. sagenhafter Spiegel, der alle Ereignisse kundtut

camadan 1. *fr.* mit Seiden- *od.* Gold-fäden bestickte kurze pekeschenartige Samtweste 2. *naut.* Reff(-zeising *f*) *n* 3. große Kleidertruhe ~ **astarı** *naut.* Reff *n* ~ **bağı** *naut.* Reff-, Kreuz-knoten *m* ~ **bağlamak** *naut.* ein Reff einstecken ~ **halatı** (*od.* **kamçısı**) *naut.* Reffleine *f* ~ **kuşağı** *naut.* Reffbändsel *n* ~ **matafyonu** *naut.* Reffgattchen *n* ~ **vurmak** *naut.* ein Reff einstecken; reffen **-ı fora etmek** *naut.* ausreffen

camal s. **hamal** ~

camar *V* Brieftasche *f*

cambaz 1. Seiltänzer, Akrobat, Jongleur, Kunstreiter, Radkünstler *m* 2. Pferde-händler *od.* -bereiter, *pej.* Roßtäuscher *m* 3. schlau, verschlagen, listig *kurnaz, hilekâr

cambazhane [··–·] 1. Zirkus *m* 2. Varieté *n*

cambazlık 1. Beruf *m od.* Tätigkeit *f* e–s **cambaz** 2. Akrobaten-, Zirkus-kunststück *n,* Seiltanzen, Jonglieren, Kunst-reiten, -fahren *n* 3. *selt.* Pferdehandel *m* 4. Schlauheit, List, Verschlagenheit *f* *kurnazlık, hilekârlık

camboyama resim Hinterglasmalerei *f*

cambul cumbul s. **cumbul cumbul**

cambuz 1. Glatteis *n* 2. Eisglätte *f*

camcı 1. Glaser *m* 2. Glas-hersteller, -händler *m* 3. s. **rontkenci** (2) 4. *fig.* gerissen, schlau ~ **elması** Glaserdiamant *m* ~ **kalemi** Glasschneider *m* (Werkzeug) ~ **macunu** Glaserkitt *m*

camcılık 1. Glaserhandwerk *n* 2. Glas-fabrikation, -industrie *f* 3. s. **rontkencilik** (2)

came [–·] *va.* Kleid, Gewand *n*

camedar [–·–] 1. *hist.* wer für die Garderobe e–s hohen Würdenträgers zu sorgen hatte 2. *va.* s. **vestiyer**

camekân 1. Schaufenster(-kasten *m*) *n;* Glas-tür *f,* -fenster *n,* -verkleidung *f* 2. Glas-kasten, -schrank *m,* Vitrine *f* 3. Gewächs-, Treib-haus, Treibbeet *n od.* die Verglasung e–s solchen 4. Auskleideraum *m* im türk. Bad 5. *V* Brille *f*

camekânlı mit **camekân** ausgestattet; *V* e–e Brille tragend

camgöbeği, -ni flaschengrün, grünlich-blau

camgöz 1. s. **cam göz** 2. Hundshai *m zo.* Galeus canis 3. *fig.* gierig, gefräßig, unersättlich, habsüchtig *açgözlü, tamahkâr

camgözgiller Stachelhaie *pl. zo.* Squalidae

cami (I) [ā], **-ii** (mit Poss. Sx. a. **-si**) 1. (größere) Moschee mit Minarett und Kanzel (s.a. **mescit**); 2. *V* großes Gedränge ~ **kapısı** 1. Moscheetür *f* 2. *fig.* Standort *m* der Bettler ≗ **ne kadar büyük olsa, imam gene bildiğini okur.** *Spr.* Ultra posse nemo obligatur. ≗ **yıkılmış ama, mihrabı yerinde.** *fig.* trotz vorgerückten Alters immer noch schön zu nennen (Frau)

cami (II) [ā], **-ii** *z. va.* 1. zusammenstellend, vereinigend 2. umfassend, enthaltend, in sich fassend (s.a. **tarif**); ~ **olmak** 1. in sich vereinigen 2. enthalten, umfassen

camia [–··] 1. *rel.* Gemeinde *f* 2. Volksgemeinschaft *f* 3. *phys.* Sammler, Kollektor *m* *toplaç ~ **harbi** *selt.* totaler Krieg *topyekûn harp ≗ **suresi** s. **Şuara suresi**

camit, -di [–·] 1. starr, steif, tot 2. leblos, unbelebt, anorganisch

Cami-ül-Ezher; Ezher Camii s. **Ezher**

Camiye [ā] *n.pr.* e–e Unterabteilung des Nakschibendi-Ordens

camkanatlıgiller Glasflügler *pl. zo.* Aegeriidae; Sesiidae

camkesen s. **camcı elması**

camkıran Nothammer *m* (z.B. im Autobus)

camlamak ein-, ver-glasen

camlaşmak glasartige Konsistenz annehmen

camlı mit Glas (Glasscheiben usw.), Glas- ~ **bez** Schmirgelleinwand *f* ~ **bölme** Glasverschlag *m* ~ **dolap** Glasschrank *m,* Vitrine *f* ~ **kâğıt** Glaspapier *n* ~ **kapı** Glastür *f* ~ **köşk** Glasveranda *f* ~ **yastık** Treibbeet *n*

camlık 1. Glasverschlag *m* 2. kleineres Gewächshaus 3. Glastrage *f,* Glaserkasten *m* 4. zur Herstellung von Glas geeignet

camresim 1. bleigefaßtes buntes Fensterglas 2. Glasmalerei *f*

camsı glasartig ~ **cisim** *an.* Glaskörper (des Auges) ~ **göktaşı** Tektit, Glasmeteorit *m* ~ **porselen** feines, halbdurchsichtiges Porzellan ~ **suyuk** s. ~ **cisim;** ~ **süngerler** Glasschwämme *pl. zo.* Triaxonida

camus [––] s. **manda** (I, 1)

can 1. Seele *f* 2. Leben *n* 3. (Lebens-)Kraft *f* 4. Herz *n* 5. eigene Person, eigenes Leben 6. *allg.* Person *f,* Mensch *m,* Menschen-leben *n,* -seele *f* 7. *fr.* Ordens-, Mit-bruder, Konfrater *m* (bei den Mewlewi- *od.* Bektaschi-Derwischen) 8. lieb, liebenswert, sympathisch 9. *(Pl.)* liebe Freunde (Kameraden) Zu 3: **Sende hiç ~ yokmuş.** Du hast wohl gar keine Kraft. Zu 6: **Evinde sekiz ~ besliyor.** Er hat acht hungrige Mäuler zu stopfen. **Köyde bir tek ~ kalmamış.** Im Dorf ist keine Menschenseele mehr. Zu 8: **ne kadar ~ adam!** was für ein reizender (sympathischer) Mensch! **ne ~ çocuk!** was für ein liebes Kind! ein netter Junge! Zu 9: **≗lar, bahtınız açık olsun!** Glückauf, liebe Kameraden! ~ **acısı** 1. heftiger körperlicher Schmerz 2. seelischer Kummer ~ **acısıyle** in Todesangst ~ **acıtmak** j–m weh tun ~ **alacak nokta (taraf, yer)** 1. empfindlichste Stelle, wunder Punkt 2. wichtigster (entscheidender, springender, ausschlaggebender) Punkt; Kernpunkt *m,* Schlüssel *m* (zu); des Pudels Kern ~ **alıcı** Tod(-esengel) *m* (Beiname des Erzengels Azrail) ~ **alıp can vermek** *fig.* 1. in Not und Elend leben 2. vor Kummer und Sorgen schier vergehen ~ **alıp verme mertebesinde ehemmiyetli** sozusagen e–e Frage über Leben und Tod ~ **almak** 1. das Leben nehmen 2. Leben (Belebung, Beseelung) erhalten ~ **arkadaş** s. **canciğer;** ~ **atmak** 1. (bşe) sehr große Lust haben (zu, nach); große Begeisterung zeigen (für), Feuer und Flamme sein (für), sehnlichst wünschen 2. (bir yere) eiligst laufen (flüchten, sich irgendwo verstecken) ≗ **baş üstüne!** (Ausdruck der Bereitwilligkeit) Aber sehr gern! ~ **başa düşmek** in Gefahr geraten ~ **beraber** lieb wie das eigene Leben ~ **beslemek** 1. es sich gutgehen lassen; leben wie Gott in Frankreich 2. zu ernähren haben ≗ **boğazdan gelir.** *Spr.* Wer leben will, muß essen. ~ **boğazına gelmek** (b–nin) *fig.* 1. größte Bedrängnis auszustehen haben 2. e–r Sache überdrüssig werden ~ **bulmak** 1. ein neues Leben beginnen (nach schwerer Krankheit *od.* kritischer Lage) 2. s. **canlanmak**

~ **-a** 1. in engster Umschlingung 2. unter vier Augen ~ **-a, baş başa** ein Augenblick, wo jeder nur an die eigene Rettung denkt (Rette sich wer kann!) ≗ **canın yoldaşıdır.** *Spr.* Ein Mensch braucht immer Mitmenschen. ≗ **cümleden aziz.** *Spr.* Das eigene Leben steht (dem Egoisten) näher als alles andere. ~ **çekişme** Todeskampf *m*, Agonie *f* *haleti nezi ~ **çekişmek** im Sterben liegen, mit dem Tod ringen, *pej.* am Verenden sein ≗ **çıkmadan** (*od.* **çıkmayınca) huy çıkmaz.** *Spr.* 1. Art läßt nicht von Art. *Spr.* 2. Die Katze läßt das Mausen nicht. *Spr.* ~ **damarı** 1. Lebens-ader *f*, -nerv *m* 2. *fig.* empfindlichste Stelle ≗ **dayanır mı buna?** s. Stw. **dayanmak;** ~ **direği** Stimmstock *m*, Stimme, Seele *f* (bei Str. *spez.* Geige) ~ **dost** s. **canciğer;** ~ **dostu** Busenfreund *m* ~ **düşmanı** Tod-, Erb-, Erz-feind *m* ~ **evi** 1. Herzmagengrube *f* 2. *fig.* empfindlichster Punkt; Herz *n* ≗ **feda!** 1. Wunderbar! Großartig! 2. Mit dem größten Vergnügen! Herzlich gern! ~ **filikası** *naut.* Rettungsboot *n* ~ **gözü ile bakmak** genau und liebevoll ansehen, sorgsam prüfen ~ **güvenliği** Sicherheit *f*, daß keine Lebensgefahr besteht ~ **halatı** *naut.* Rettungsleine *f* ~ **havliyle** 1. in Todesangst 2. mit allen Kräften, aus Leibeskräften, verbissen (z.B. kämpfen) ~ **içe sığmamak** s. **canı içine sığmamak;** ~ **kalmamak** 1. s. **gülmekten can kalmamak** 2. s. **canı kalmamak;** ~ **kaybı** Menschenverluste *pl.* ~ **kaygısına düşmek** in Todesangst geraten ~ **korkusu** Todesangst *f*, Angst *f* um das eigene Leben ~ **kulağiyle dinlemek** die Ohren spitzen, ganz Ohr sein, genau zuhören ≗ **kurban!** s. **Can feda!** ≗ **kurtaran yok mu?** Zu Hilfe! ~ **kuşu** Seele *f* *ruh ~ **noktası** s. ~ **alacak nokta;** ~ **oyunu** lebensgefährliches Wagnis ~ **pahasına** 1. unter Preisgabe des eigenen Lebens 2. indem man sein Leben aufs Spiel setzt ~ **pazarı** lebensgefährliche Situation ~ **sağlığı** Gesundheit *f*, Leben *n*; s.a. **Ötesi** ~ **sağlığı** und **Bundan iyisi** ~ **sağlığı;** ≗ **sağlığı olsun!** s. **Canı sağ olsun!** ~ **sevecek bir şey** was e–m gefallen kann; nett, hübsch, liebenswert ~ **sıkıcı** 1. Verstimmung bereitend; ärgerlich, verdrießlich (Sache) 2. beklemmend 3. langweilig ~ **sıkıntısı** 1. Verstimmung *f*, Ärger, Verdruß *m* 2. Beklemmung *f* 3. Langeweile *f* ~ **sıkıntısından çatlamak** geradezu platzen können vor Ärger (*bzw.* Langeweile) ~ **sıkmak** 1. auf die Nerven gehen; verdrießen, ärgern, verstimmen 2. Beklemmung verursachen 3. langweilen; s.a. **Canı sıkılıyor** und **canını sıkmak;** ~ **sigortası** Personenversicherung *f* (*ant.* mal sigortası); ~ **simidi** Rettungsring *m* ~ **suyu** *agr.* Wasser für Setzlinge ~ **taşıyanlar** die Lebenden ≗ **tatlıdır.** *Spr.* Jeder hängt am Leben. ~ **tutmak** s. **et can tutmak;** ~ **ve gönülden** (*od.* **yürekten**) von ganzem Herzen, aufrichtig, ehrlich ~ **ve mal güvenliği** Sicherheit *f* für Leib und Eigentum ~ **vermek** 1. sterben, umkommen 2. (bşe *od.* bş için) sein Leben für et. hingeben *d.h.* sehnlichst begehren, mit allen Fasern seines Herzens wünschen 3. (b–ne) seelische Kraft verleihen 4. (b–ne) Leben einhauchen, zum Leben erwecken, Kraft einflößen (s.a. **canını vermek**); ~ **yakmak** 1. unterdrücken, vergewaltigen 2. quälen, peinigen, j–m weh tun 3. großen Schaden zufügen, in Not und Unglück stürzen 4. *gel.* ein Herz in Brand setzen; verführerisch sein ~ **yeleği** s. **cankurtaran yeleği;** ~ **yeri** Lebensnerv *m* ~ **yoldaşı** Lebensgefährt-e *m*, -in *f* *hayat arkadaşı ~ **yoldaşlığı** Lebensgemeinschaft *f* **-a can istemek** auf Blutrache ausgehen **-a can katmak** 1. die Lebenskraft und Lebensfreude erhöhen 2. stärken, kräftigen, *F* aufpulvern 3. verstärken, intensivieren **-a değmek (geçmek, işlemek)** zu Herzen gehen; beeindrucken **-a gelmek** s. **canlanmak; -a kasıt** *jur.* Mordanschlag *m* **-a kasteden tecavüz** Anschlag *m* auf j–s Leben **-a kıymak** 1. (erbarmungslos) töten, umbringen 2. Menschenleben fordern (z.B. Hauseinsturz) 3. Herzen brechen **-a minnet bilmek** (bşi) sich schon immer et. sehnlichst gewünscht haben **-a yakın** liebenswert, nett, sympathisch **-dan** von Herzen, aufrichtig, ehrlich **-dan etmek** töten, umbringen, unter die Erde bringen **-dan geçmek** 1. sterben, verscheiden 2. mit dem Leben abschließen, dem Tod ins Auge sehen 3. bereit sein, sein Leben zu opfern **-dan olmak** sterben, umkommen (*a. fig.* z.B. vor Neugierde) **-dan sevmek** innig lieben **-dan yürekten** ehrlich und aufrichtig **-ı acımak** sich sehr weh tun, große Schmerzen verspüren **-ı ağzına** (*od.* **boğazına**) **gelmek** 1. zu Tode erschrocken sein 2. halbtot, ganz erschöpft sein 3. dem Sterben nahe sein 4. die Geduld verlieren **-ı başına sıçramak** sehr erschrecken; in große Bestürzung geraten; ganz aufgeregt werden **-ı burnuna** (*od.* **burnundan**) **gelmek** 1. sich ab-rackern, -plagen, -schinden 2. die Geduld verlieren **-ı burnunda olmak** ganz erschossen sein (*F*) **-ı cana ölçmek** *va.* ein fremdes Leben an dem Wert des eigenen messen (und Mitleid haben) **-ı -ına sığmamak** sehr ungeduldig werden **-ı cebinde** *fig.* nur mehr ein Strich, furchtbar abgemagert ≗**ı cehenneme!** Hol ihn doch der Teufel! **-ı çekilmiş gibi** wie tot (z.B. daliegen); wie abgestorben (z.B. Finger vor Kälte) **-ı çekmek** sehnlichst wünschen; herbeisehnen; lebhaft erstreben **-ı çıkmak** 1. sterben, verscheiden 2. *pej.* krepieren, draufgehen 3. *fig.* beinahe umkommen (vor Arbeit, Mühe usw.) 4. *fig.* sich abtragen, sich abnutzen, fadenscheinig werden **-ı çıksın** (*od.* **çıkasıca**)! Hol ihn doch der Teufel! **-ı dudaklarına gelmek** 1. dem Tod nahe sein 2. es nicht mehr länger aushalten können **-ı elinde olmak** (b–nin) in j–s Gewalt sein **-ı gelmek** s. **can bulmak; -ı gibi saklamak** wie seinen Augapfel hüten **-ı gidip gelmek** (*od.* **gelip gitmek**) aus e–r Ohnmacht in die andere fallen **-ı içine sığmamak** es vor lauter Ungeduld nicht (*od.* kaum) mehr aushalten können **-ı istemek** 1. wollen, wünschen 2. Lust *od.* Appetit haben (auf) **-ı isterse** 1. wenn es ihm gerade gefällt, in den Sinn kommt 2. wenn er es absolut will (*scil.* so soll er es doch tun); er wird schon sehen, was herauskommt 3. (Erwiderung bei abschlägigem Bescheid) Dann nicht! Ist mir auch recht! **-ı kalmamak** 1. ganz erschöpft sein 2. ganz blaß werden 3. ganz erstarrt sein (z.B. Finger vor Kälte) **-ı ortaya koymak** das Leben aufs Spiel setzen **-ı oynamak** (b–nin) erschrecken, Angst bekommen **-ı pek** widerstandsfähig, zählebig, unverwüstlich, nicht umzubringen ≗**ı sağ olsun!** (bei kleinerem Verlust *od.* Schaden) Hauptsache, er ist gesund! **-ı sevmek** (m. Akk.) liebgewinnen **-ı sıkılmak** 1. (bşe) mißmutig werden, enttäuscht sein, sich et. ärgern (über) 2. ein bedrückendes Gefühl nicht loswerden können, in Unruhe sein 3. sich langweilen ≗**ı sopa istiyormuş.** Ihn juckt wohl das Fell. **-ı tatlı** *iron.* wer zu bequem ist, sich Mühen zu unterziehen, eine verantwortungsvolle Tätigkeit zu übernehmen usw. **-ı tez** ungeduldig, ungestüm, temperamentvoll, hitzig **-ı vurulmak** ganz verliebt sein **-ı vücudundan çekilmek** alle Lebenskraft verlieren **-ı yanmak** 1. sehr leiden, große Schmerzen haben 2. (bşle) schmerzlich betroffen sein (von) 3. (bşden) sich bei et. die Finger verbrennen, bös hereinfallen (bei) ≗**ı yok mu?** Er ist doch auch ein Mensch (*scil.* und braucht et. Vergnügen). **-ım** 1. [×·] (vorwurfsvoll) ja, aber, doch; wie kann man denn ... 2. [·×] mein Lieber! 3. [·×] lieb, nett, wunderbar, herrlich (Zu 1: **Bu ne iş, -ım!** Aber so etwas tut man doch nicht! Aber ich bitte dich! Zu 3: **-ım ciğerim!** mein Liebling! **o -ım halılar** diese herrlichen Teppiche) ≗**ım feda** (*od.* **kurban**)! s. **Can feda! -ım hakkı için** ganz bestimmt! *F* meiner Seel'! (bei e–m Überredungsversuch) ≗**ım hulkuma geldi.** Ich war vollkommen fertig. Ich glaubte schon, mein letztes Stündlein hätte geschlagen. ≗**ım yok mu?** Rechne ich überhaupt nicht mehr? ≗**ıma minnet!** 1.

Ich könnte mir nichts Besseres wünschen! Um so besser! 2. Ich tue es mit großer Freude! **≈ımı sokakta** (*od.* **pazarda) bulmadım!** 1. Ich habe keine Lust, mein Leben aufs Spiel zu setzen! 2. Einer solchen Mühe unterziehe ich mich nicht! **-ımın içi** s. **canım** (2); **-ımın yongası** mein ganzes Leben **-ına ateş bırakmak** s. Stw. **ateş; -ına değmek** 1. besonders gut gefallen 2. in Frieden ruhen (Zu 1: **Bu limonata canıma değdi.** Die Limonade hat mir ausgezeichnet geschmeckt. Zu 2: **Babanın -ına değsin!** Dein Vater ruhe in Frieden!) **-ına ezan okumak** (b–nin) *V* j–n töten, umbringen **-ına filan ettiğim** *V* verflucht, verdammt **≈ına garîm olsun!** *z. va.* Soll er seine Untat am eigenen Leib verspüren! **-ına geçmek** (*od.* **işlemek** *od.* **kâr etmek**) 1. ins Herz schneiden, sehr bedrücken 2. tief beeindrucken **-ına kastetmek** j–m nach dem Leben trachten, e–n Anschlag auf j–s Leben verüben **-ına kıymak** 1. (b–nin) j–n (erbarmungslos) umbringen, totschlagen 2. (kendi) sich umbringen, Selbstmord begehen **≈ına minnet!** Um so besser für ihn! Da wird er sich aber sehr freuen! *(a. iron.)* **-ına minnet bilmek** 1. heilfroh sein, sein Glück preisen 2. sich abfinden (mit) **-ına okumak** (b–nin *od.* bşin) *V* 1. ruinieren, kaputtmachen 2. j–n sich abschuften lassen 3. verprügeln **≈ına rahmet!** Bravo! Ausgezeichnet! **-ına sokacağı gelmek** ganz vernarrt sein (in) **-ına susamak** 1. j–m nach dem Leben trachten 2. erbarmungslos gegen j–n vorgehen 3. (kendi) sich selbst ins Unglück bringen 4. tollkühn handeln **-ına tak demek** (*od.* **etmek**) j–m zuviel werden, über die Hutschnur gehen **-ına tükürdüğüm(-ün)** *od.* **üfürdüğüm (-ün)** *od.* **yandığım(-ın)** *V* verflucht, verdammt, elend (**-ına yandığım dünya** *od.* **-ına yandığımın dünyası** *V* die elende Welt!) **-ına yâsîn okumak** (b–nin) j–n schlecht behandeln **-ına yetmek** *F* j–m zum Hals heraus hängen **-ından bezmek (bıkmak, usanmak)** 1. (bşle) e–r Sache überdrüssig werden 2. lebensüberdrüssig werden **-ından emin olmamak** seines Lebens nicht mehr sicher sein **-ından olmak** sein Leben verlieren; umkommen **-ından usanmak** über und über genug haben, et. von ganzem Herzen leid sein **-ını acıtmak** *fig.* kränken, betrüben **-ını almak** 1. j–m das Leben nehmen, j–n töten, umbringen 2. j–n um jeden Preis zufriedenstellen wollen **-ını bağışlamak** j–n am Leben lassen, j–m das Leben schenken, nicht umbringen **-ını burnuna getirmek** j–n maßlos ärgern **-ını cehenneme göndermek** *fig.* töten, umbringen **-ını cehenneme ısmarlamak** *va.* sterben (Sünder) **-ını çıkarmak** 1. j–n töten, umbringen 2. *fig.* j–n beinahe umbringen, *F* j–m den letzten Nerv töten 3. abnutzen, abwetzen **-ını dar atmak** (bir yere) sich mit Mühe und Not irgendwohin retten können **-ını dışarı atmak** hinausstürzen (z. B. an e–r Haltestelle aus e–m Autobus) **-ını dişine almak** (*od.* **takmak**) 1. zu jedem, auch dem höchsten Opfer bereit sein; (schwächer): sich ein Herz fassen 2. sich abrackern, sich abschuften, sich abplagen **-ını dişle tutmak** entschlossen kämpfen **-ını feda etmek** das eigene Leben opfern **-ını kurtarmak** 1. (b–nin) j–m das Leben retten 2. (kendi) sein Leben retten **-ını ortaya koymak** s. **başını ortaya koymak; -ını oynamak** sein Leben aufs Spiel setzen **-ını oynatmak** (b–nin) j–n erschrecken, ängstigen **≈ını seveyim!** Laß dich küssen! **-ını sıkmak** 1. j–m die ganze Freude verderben 2. plagen, belästigen, langweilen, ärgern **-ını teslim etmek** die Seele aufgeben (aushauchen); verscheiden **-ını vermek** 1. sein Leben zum Opfer bringen 2. *fig.* keine Entbehrungen (Mühen, Kosten usw.) scheuen (um ein best. Ziel zu erreichen); sein Leben hergeben können (für); ganz versessen sein (auf) **-ını yakmak** s. ~ **yakmak; -ının derdine düşmek** 1. nur mehr an sein eigenes Leben denken 2. auf dem Spiel stehen (Leben, lebenswichtige Belange usw.) **-ının içine sokacağı gelmek** (bşi) ganz vernarrt sein (in et.) **-iyle uğraşmak** um das nackte Leben kämpfen **-la başla** mit größtem Eifer, eifrigst

canan [– –] 1. Geliebte *f* 2. (in der isl. Mystik) Gott

canatış sehnlicher Wunsch *m*

canavar 1. wildes, reißendes Tier; Untier, Ungeheuer *n* 2. *reg.* Bez. verschiedener, dem Menschen gefährlicher Tiere *spez.* Wolf *m,* Wildschwein *n,* Schlange *f* 3. *fig.* erbarmungsloser Mörder, vertierter Mensch; Tier *n* in Menschengestalt 4. *fig.* unbändiger kleiner Teufel (s. a. **ayaklı ~; canlı ~**) 5. *selt.* Drache *m* *ejderha ~ **balığı** Riesen-, Menschen-, Wal-hai *m zo.* Carcharodon (carcharias u. a.) ~ **düdüğü** (Fabrik-, Warn-)Sirene *f* *siren ~ **ini** 1. Höhle *f* e–s wilden Tieres 2. *fig.* Räuberhöhle, Mördergrube *f* ~ **kesilmek** zum wilden Tier werden; rasen, toben

canavarcasına wie ein reißendes Tier

canavarlık 1. Blutgier, Wildheit *f* 2. erbarmungsloses Niedermetzeln, viehische Tat 3. Teufelei, Ungezogenheit *f,* Lausbubenstreich *m*

canavarotu, -nu Sommerwurz *f bot.* Orobanche *bostanbozan; verem otu

canavarotugiller Sommerwurzgewächse *pl. bot.* Orobanchaceae *orobanhiye

cancağız Dim. zu **can; -ı isterse** s. **canı isterse; -ım!** mein Liebling!

canciğer eng befreundet, ein Herz und e–e Seele ~ **kuzu sarması** unzertrennliche Freunde *pl.*

candan s. Stw. **can**

candar [– –] *va.* 1. lebend 2. lebendig, lebhaft 3. Lebewesen *n* 4. *hist.* Leibwächter, Prätorianer *m*

candarma *P* für **jandarma**

candaş nahestehender Freund

caneriği, -ni grüne Pflaumenart, die im Frühling auf den Markt kommt

canfes 1. Taft *m* 2. aus Taft, taften, Taft- ~ **gibi yaprak** frisches, grünes (Weinbeer-, Maulbeer-)Blatt

canfeza [··–] 1. Name e–r Tonfolge in der türk. Musik 2. *va.* (*urspr.* belebend), reizend, nett, lieblich

cangâh [– –] *va.* s. **can evi**

cangıl cungul 1. Läuten, Klingeln *n* (z. B. von Herdenglokken) 2. läutend, klingelnd, bimbam, klingklang

canhıraş [–·–] 1. durchdringend, gellend 2. herzzerreißend

cani [– –] Verbrecher *m spez.* Mörder *m*

canibî [–·–] *va.* seitlich, lateral, Seiten- *yanal ~ **satıh** s. **yanal yüzey**

canip, -bi [–·] *va.* 1. Seite, Gegend *f* 2. Nähe, Nachbarschaft *f* 3. Richtung *f* 4. ≈ *mV* **Polis Mürdiriyeti ≈i Âlisine** *(osm.)* An die Hohe Polizeidirektion

caniptar [–·–] *va. mil.* die Seitendeckung bildend, Seiten- *yancı

caniyane [–·–·] verbrecherisch (Handlung, Anschlag usw.)

cankurtaran 1. jedes Rettungsgerät (wie z. B. Rettungsboot, -floß; Sanitätsflugzeug usw.) 2. (Lebens-)Retter *m* 3. **(filikası)** Rettungsboot *n* 4. *naut.* **(demiri)** Pflichtanker *m* *ocaklık demir ~ **arabası** Krankenwagen *m* ~ **ceketi** s. ~ **yeleği;** ~ **çanı** (*bzw.* **düdüğü**) Signal-glocke bzw. -pfeife *f* (im Gebrauch unserem Nebelhorn entsprechend) ~ **gemisi** zur Hilfe herbeieilendes Schiff; Bergungsdampfer *m* ~ **halatı** Rettungsleine *f* ~ **kemeri** (*od.* **kuşağı**) Schwimm-, Rettungs-gürtel *m* ~ **kulübesi** 1. Schutzhütte *f* 2. Rettungsstation *f* (am Badestrand) ~ **otomobili** Sanitäts-, Unfall-, Rettungs-wagen *m* ~ **sandalı** Rettungsboot *n* ~ **simidi** Rettungsring *m* ~ **şamandırası** Rettungsboje *f* ~ **yeleği** Schwimmweste *f*

cankurtaranlık Lebensrettung *f*

canlandıran *a.* Filmdarsteller(-in *f*) *m*
canlandırıcı Zeichner(-in *f*) *m* von Trickfilmen
canlandırım Rekonstruktion, Wiederherstellung *f*
canlandırma filmi Zeichentrickfilm *m*
canlandırmak 1. beleben, Leben verleihen 2. zum Bewußtsein zurückbringen, aus e–r Ohnmacht erwachen lassen 3. kräftigen, stärken, *F* wieder auf die Beine helfen 4. in Aktion treten lassen 5. wachrufen (Erinnerung); erinnern (an) 6. anschaulich schildern; fast greifbar vor j–s Augen erstehen lassen 7. zum Ausdruck bringen; darstellen, spielen 8. auffrischen (Farben e–s Bildes)
canlanma Belebung *f*, Aufschwung *m*
canlanmak 1. sich beleben; (wieder) aufleben *(a. fig.)* 2. wieder zu sich kommen, aus e–r Ohnmacht erwachen 3. *F* wieder auf die Beine kommen 4. lebendig vor Augen treten 5. zum lebenden Wesen werden; belebt werden
canlı 1. lebend 2. lebendig (*a. fig.* z.B. Farben, Stil) 3. lebhaft, kraftvoll, vital, rührig, energisch 4. effektvoll; plastisch wirkend 5. rüstig, rege 6. Lebewesen *n* 7. Organismus *m* 8. et. sehr liebend; *pej.* versessen (auf) 9. geistreich, witzig (z.B. Wort) Zu 8: **ahbap -sı** wer gerne e–n großen Freundeskreis hat; s.a. **çocuk (para) -sı;** ~ **aks** *techn.* Antriebswelle ~ **araçlar** lebende Anschauungsmittel (in der Schule) ~ **bebek** hübsch, reizend, niedlich (Mädchen) ~ **canavar** quicklebendiger kleiner Teufel, flinker Lausebengel ~ **cenaze** nur mehr Haut und Knochen, zum Skelett abgemagert ~ **dil** lebende Sprache ~ **ek** s. **işlek ek;** ~ **fosil** (*od.* ~ **kalıntı**) lebendes Fossil; Relikt *n* (Vertreter e–r bisher als ausgestorben geltenden Tier- oder Pflanzenart) ~ **hayvanlar** Viehbestand *m*, lebendes Inventar ~ **hedef** *mil.* lebendes Ziel ~ **karagöz** *P* für **ortaoyunu;** ~ **kuvvet** lebendige Kraft ~ **maddecilik** s. **canlıözdekçilik;** ~ **magnetizma** animaler Magnetismus, Heilmagnetismus, Mesmerismus *m* ~ **model** lebendes Modell (in der darstellenden Kunst) ~ **resim** Zeichentrickfilm *m* ~ **tablo** lebendes Bild *tablovivan ~ **yayın** (Fernsehen) Livesendung, Direktübertragung *f* ~ **yem** lebender Köder (beim Fischfang) **-lar coğrafyası** Biogeographie *f* **-lar kimyası** Biochemie *f* **-lar küresi** Biosphäre *f*
canlıcılık s. **animizm**
canlılaş(tır)mak s. **canlan(dır)mak**
canlılaştırma *lit.* Prosopopöie *f* *teşhis ve intak
canlılık 1. Lebendigsein *n* 2. Lebhaftigkeit, Regsamkeit, Rührigkeit, Vitalität *f* 3. Kraft, Wirksamkeit *f*, Nachdruck *m* 4. Scharfsinnigkeit *f*
canlıözdekçilik *phil.* Hylozoismus *m* *hilozoizm
cansız 1. leblos, unbelebt, tot 2. ohne Feuer, energie-, taten-, kraft-los 3. schwächlich, schwach, verblaßt, *F* lahm (z.B. Ausdruck) 4. stagnierend (z.B. Marktlage) ~ **araçlar** unbelebtes (totes) Anschauungsmaterial (in der Schule) ~ **at** *fig.* s. **tabut** (1); ~ **doğa** Stilleben *n* *natürmort ~ **düşmek** ganz von Kräften kommen, körperlich herunterkommen ~ **hedef** *mil.* totes Ziel ≗ **koyundan süt sağar.** *Spr.* 1. *iron.* Er schlachtet das Schaf, und dann will er es noch melken. 2. Er schlägt aus allem und jedem Gewinn.
cansızlaştırmak abtöten, anästhesieren (Zahnheilkunde)
cansızlık 1. Leblosigkeit *f* 2. Energie-, Taten-losigkeit *f*, mangelnde Aktivität 3. Schwächlichkeit, Schwäche, Kraftlosigkeit, *F* Lahmheit *f* 4. Stagnieren *n*, Stagnation, Flaute *f*
cansiparane [··–––·] *z. va.* aufopferungs-, entsagungs-voll (z.B. Opfer); mit dem ganzen Einsatz seiner Person
cantiyane s. **centiyana**
canüdilden [ā]; **canügönülden** [ā] *z. va.* s. **can ve gönülden**
capcanlı [×··] quicklebendig
car (I) *reg.* tscharschafähnliches Umschlagtuch für Frauen ≗ **başında, çarık ayağında!** Alles, wo es hingehört!
car (II) *dial.* lautes Rufen, Ausrufen *n*, öffentliche Bekanntmachung (durch e–n **carcı**); ~ ~ laut, lärmend, schreiend ~ ~ **etmek** herum-lärmen, -schreien ~ **çekmek** (*od.* **etmek**) ausrufen, öffentlich bekannt geben
carcar *P* 1. geschwätzig, schwatzhaft, redselig 2. s. **car car**
carcı *dial.* öffentlicher Ausrufer *münadi, tellal
carcur *P* für **şarjör**
cari [––] 1. fließend 2. laufend (Monat, Rechnung usw.) 3. üblich, gebräuchlich, gangbar; innegehalten, herrschend (z.B. Sitte) 4. gültig, in Kraft ~ **ay** *H* laufender Monat ~ **fiyat** Markt-preis, -wert *m* ~ **hesap** laufende Rechnung, Kontokorrent *n* *yürüyen hesap ~ **hukuk düzeni** *jur.* gültige Rechtsordnung ~ **işler** laufende Geschäfte, Routinearbeiten *pl.* (z.B. e–r Behörde) ~ **muhataralar ihtiyatı** *jur.* Prämienüberträge *pl.* (als technische Reserve) ~ **para** gültiges Zahlungsmittel
carih [–·] *va.* 1. verwundend, verletzend 2. Messerstecher (Angreifer, Täter) *m* 3. wer e–e Behauptung widerlegt 4. reißend (Tier) ~ **silâh** blanke Waffe
cariha [–··] s. **yırtıcılar**
caris [–·] *va.* 1. geschwätzig, redselig, schwatzhaft 2. zänkisch, geifernd, zeternd (*spez.* alte Frau), Zankteufel *m*
carislenmek [ā] *va.* zu e–r geschwätzigen, zänkischen Vettel werden
carislik [ā] *va.* 1. Geschwätzigkeit *f* 2. Herumzanken *n*
cariye [ā] 1. *fr.* Sklavin, leibeigene Dienerin, *a.* Konkubine 2. s. **kadın** (4) 3. *osm. Besch.* bei der Nennung von Frauen *od.* Mädchen Zu 3: **-niz** *od.* **-leri** „Ihre Dienerin" *d.h.* ich **kerimem -niz** meine Tochter **hemşirelerim -leri** meine Schwestern
cariyelik 1. Stand *m* e–r **cariye** 2. Konkubinat *n*, wilde Ehe
carlamak 1. sehr laut *od.* sehr viel reden; schreien 2. (m. Akk.) *dial.* ausrufen, bekanntgeben
carlı *reg.* in **car** (I) gehüllt
carlık lautes Ausrufen, öffentliche Bekanntgabe
carmak *arm.* 1. weiß 2. Unbescholtenheit, Ehrenhaftigkeit *f* 3. *V* Raki, Anisbranntwein *m*
carmakcur (*arm.* weißes Wasser) *V* s. **carmak** (3)
caro [×·] *V* Null *sıfır
cart (Lm. des Zerreißens) ratsch! ritsch, ratsch! ~ ~ (*a.* **cart curt) ötmek** laut und rechthaberisch reden, *F* in der Gegend herumschreien ≗ **kaba kâğıt!** *V iron.* Nur immer weiter so! Angabe ist das halbe Leben!
carta *V* (fahrengelassener) Wind; Furz *m* *osuruk ~ **çekmek** *V* e–n Wind fahren lassen; furzen *yellenmek **-yı çekmek** *V* sterben, umkommen; abkratzen *(V)*
cartadak [×··]; **cartadan** [×··] bauz!
cascavlak [×··] splitternackt, ratzekahl, ganz leer, glatzköpfig *od.* mit ganz kurz geschorenen Haaren **(soyup);** ~ **etmek** leerplündern (z.B. e–n Baum) ~ **kalmak** *fig.* vollkommen auf dem Trockenen sitzen; pleite sein
-casına s. **-cesine**
casus [ā] 1. Spion *m* 2. Agent, Kundschafter *m* ~ **uçak** Spionageflugzeug *n*
casuslamak [–···] (aus-)spionieren, (aus-)kundschaften
casusluk [ā] Spionage *f*, Kundschafterdienst *m* ~ **etmek** s. **casuslamak; -la mücadele servisi** Spionageabwehr *f*, Antispionagedienst *m* **-tan şüpheli** spionageverdächtig
cav s. **cağ**
Cava [×·] 1. *geogr.* Java 2. ≗ Javatee *m* 3. ≗ *fr.* Modetanz Java *m* ~ **insanı** Pithekanthropus *m* aus Java *biol.* Pithecanthropus erectus
cavalacosti [···×·]; **cavalacoz** *V* 1. unbedeutend (z.B. Kerl) 2. wertlos 3. zusammengestoppelt
Cavalı [×··] 1. Javaner(-in *f*) *m* 2. javanisch
cavcav *P* aus altem Kaffeesatz hergestellter Kaffee (*a.* mit Zusatz von Zichorie, gerösteten Kichererbsen usw.; *F* Muckefuck *m*)

cavers [ā] *va.* s. **karaca darı**
caversî [–·–] *med.* miliar, hirsekorngroß **dai** ~ 1. s. **kabarcık hastalığı** 2. s. **pamukçuk**
cavi (kalemi) *va.* 1. Rohrfeder *f* für bes. zierliche Kalligraphie 2. e–e solche Schrift
cavidan [–––] 1. *va.* ewig, immerwährend *ebedî, sonsuz 2. ⩯ *wV*
cavit, -di [––] 1. s. **cavidan** (1) 2. ⩯ [x·] *mV*
cavlak, -ağı 1. haarlos, kahlköpfig 2. nackt, federlos (Vogel) 3. *fr.* umherziehender Kalenderî-Derwisch **-ı çekmek** *V* sterben, umkommen (*V* abkratzen) **-i soyulmak** e–e Glatze bekommen
cavlaklaşmak *V* 1. aufdringlich werden 2. Krakeel anfangen
cavlaklık 1. Kahl-, Glatz-köpfigkeit *f* 2. *V* Abgebranntsein *n*, Mittellosigkeit *f*
cavlamak 1. s. **cavmak** 2. von seinem Thema abkommen und zu faseln anfangen (Redner) 3. *V* s. **cavlağı çekmek**
cavmak vom Ziel abirren (Pfeil)
cavşır otu s. **çavşır otu**
câ(y) *va.* 1. geeigneter Platz, richtiger Ort, günstige Zeit 2. wert, würdig, verdienend, angebracht **-i mülâhaza** *va.* der Erwägung (näheren Betrachtung) wert **-i sual** *z. va.* 1. der (die) Frage wert; es erscheint nicht unangebracht, die Frage aufzuwerfen 2. fraglich 3. Es muß noch angefragt werden (hinsichtlich)
caydırmak (b–ni bşden) j–n von seinem Vorhaben abbringen; j–m et. ausreden
cayır cayır Lm. e–r Intensität(-ssteigerung) ~ ~ **vermek** *P* herausrücken, (unter Zwang) zahlen ~ ~ **yanmak** lichterloh brennen ~ ~ **yırtılmak** in lauter Fetzen zerrissen werden **Ben ondan hakkımı** ~ ~ **alırım.** Was ich zu bekommen habe, wird er schleunigst herausrücken! **Bu dükkân** ~ ~ **işliyor.** In dem Laden geht es zu wie in e–m Taubenschlag.
cayırdamak 1. knacken, krachen (Ast usw.) 2 knistern (z.B. Feuer) 3. knarren, quietschen (Tür usw.) 4. zischen 5. brüllen, schreien 6. schmettern (Trompete) 7. s. **cıyırdamak**
cayırtı 1. Knacken, Krachen *n* 2. Knistern *n* 3. Knarren, Quietschen *n* 4. Zischen *n* 5. Geschrei, Gebrüll *n* 6. s. **cıyırtı;** ~ **vermek** j–n durch Anschreien einschüchtern **-yı basmak** (*od.* **koparmak**) ein fürchterliches Gebrüll anstimmen
cayma Vs. zu **caymak;** ~ **hakkı** *jur.* Rücktrittsrecht *n* ~ **tazminatı** *jur.* Reugeld *n*
caymak (bşden) 1. ein Vorhaben aufgeben, auf et. verzichten, zurücktreten (von) 2. sich die Sache anders überlegen, seine Zusage zurückziehen
caymalık s. **cayma tazminatı**
cayropilot, -tu Selbststeuerungsgerät *n* (Flugzeug, *naut.*)
cayropusula Kreiselkompaß *m*
cayroskop, -pu 1. *phys.* Gyroskop *n*, Kreisel *m* 2. *naut.* Geradlaufapparat *m* (bei e–m Torpedo)
caz (I) Jazz(-musik *f*) *m* ~ **orkestrası** Jazz-orchester *n*, -kapelle *f*, -band *f*
caz (II) Lm. e–s Stechens: pieks!
caz (III) Lm. des Zischens (z.B. von glühendem Eisen, bei Berührung mit Wasser)
cazbant, -dı [x·] s. **caz orkestrası**
cazbantçı s. **cazcı** (1)
cazcı 1. Jazzbandspieler(-in *f*) *m* 2. Jazzkomponist *m*
cazcılık Tätigkeit *f* e–s **cazcı**
cazgır wer Ringkämpfer dem Publikum vorstellt und anfeuernde (*mst.* traditionelle) Worte spricht *meydan şeyhi
cazır cazır 1. prasselnd (Feuer) 2. laut tönend (Radio)
cazırdamak 1. prasseln 2. *fig.* laut tönen; schreien (z.B. Radio)
cazibe [ā] 1. *phys.* Schwer-, Anziehungs-kraft, Gravitation *f* *çekim 2. Reiz, Charme *m*, Anziehung(-skraft) *f*, anziehendes (gewinnendes, einnehmendes) Wesen (e–s Menschen) *alım **-sıne kapılmak** j–s Charme unterliegen **-i arz** s. **yerçekimi; cazibe (-i umumiye) kanunu** Gravitationsgesetz *n*
cazibedar [–··–] *z. va.* s. **cazibeli**
cazibeli [ā] *fig.* anziehend, sympathisch, bezaubernd, charmant, reizvoll, attraktiv
cazibesiz [ā] *fig.* reizlos, ohne Charme, wenig sympathisch, nicht attraktiv
cazibesizlik [ā] *fig.* mangelnder Reiz, fehlender Charme
cazim [ā] 1. *va.* fest, unerschütterlich (z.B. Glaube) 2. ⩯ *mV*
cazip, -bi [ā] s. **cazibeli;** ~ **bir teklif** ein verlockender Vorschlag
caziye [ā] (*ar.* Belohnung, Vergeltung *f*) ⩯ **suresi** Name der 45. Koran-Sure
cazzadak Lm. e–s Brutzelns *od.* Zischens (z.B. von Fett in der Pfanne)
CBS = Columbia Broadcasting System (USA; Amerikanische Rundfunkgesellschaft)
ce (I) (*Ki.*) guck! guck! ⩯ **demeğe mi geldin?** *hum.* Wolltest du nur guck! guck! sagen? (*scil.* daß du so schnell wieder gehst)
ce (II) **(cek, ca, cak)** *va. Pp.m.Dat.* 1. bis, bis zu, bis an 2. selbst, sogar Zu 1: **Sabaha ca uyuyamadı.** Bis zum Morgen konnte er nicht schlafen. **Şimdiye cek bekledik.** Wir haben bis jetzt gewartet. Zu 2: **Çocuklara cak herkes duydu.** Alle haben es gehört, selbst die Kinder.
ce (III) Name bzw. Lautung des Buchst. C
-ce (-ca, -çe, -ça) *produktives Sx.* 1. Bez. e–r Menge *od.* Dauer 2. Bez. e–s qualifikativen Vergleichs (*a.* Erweiterung durch **-sine, -sına**) 3. Bez. der Sprache e–s Volkes 4. Charakterisierung der Eigenart e–s Volkes, Stammes usw. 5. Diminutiv- *od.* Augmentativ-bedeutung 6. status respectivus, status agentis, status copiae bzw. inopiae 7. Zu **-ince, (-ınca), -dikçe, (-dıkça)** s. die ges. Stw. 8. *gel., spez. P* Erweiterung durch **-cik (-cık)** zur Bez. besonderer Intensität 9. *gel.* Anfügung an die Verbalform auf **-(y)esi** 10. Bez. e–r Zusammenfassung *od.* kurzen Darstellung 11. finaler, konditionaler *od.* resultativer Aspekt bei Antritt an e–n verkürzten Infinitiv Zu 1: s. **bunca, zerrece, binlerce, yüzlerce** usw. – s. **saatlerce, günlerce, haftalarca senelerce; ömrü müddetince, uzunluğunca, yaşça** usw. Zu 2: s. **askerce, çocukça, öylece, eşekçe (-sine)** usw. Zu 3: **Türkçe** a) die türkische Sprache, das Türkische, Türkisch, die türkische Bezeichnung (Benennung, Ausdrucksweise) b) in türkischer Sprache abgefaßt (geschrieben, erscheinend usw.), türkisch c) der türkischen Sprache angehörig *od.* diese betreffend; türkisch Zu 4: s. **Çingenece, Frenkçe** Zu 5: s. **güzelce, kızılca, yavaşça** usw. – s. **çokça, haylice, uzunca** usw. Zu 6: s. **bence, fikrimce, fehvasınca; kanunlarca hareket; kendisince, kimyaca, biribiri ardınca** usw. – **herkesçe malum** von jedem gekannt; jedermann bekannt **bizce müstamel** bei uns gebräuchlich **Bu köpek, bütün ailece çok sevilmiştir.** Der Hund ist von der ganzen Familie sehr geliebt worden. **hükümetçe** von seiten der Regierung, durch die Regierung – **mevaddı azotiyece zengin** *(va.)* stickstoffreich Zu 8: s. **çabucacık, hemencecik** usw. Zu 9: s. **gözü kör olası(-ca)** Zu 10: s. **tarihçe, ruznamçe** Zu 11: s. **bilmece, bulmaca, darılmaca, gücenmece, kesmece, seçmece, şaşırtmaca, yutturmaca** usw.
cebanet, -ti [ā] *z. va.* Feigheit, Verzagtheit *f*, Kleinmut *m* *korkaklık
cebanetli [ā] *z. va.* feige, verzagt, kleinmütig *cebin, korkak
cebbar [ā] *z. va.* 1. allmächtig (Gott) 2. gewalttätig, despo-

tisch, tyrannisch *zorba 3. kräftig, stark 4. geschickt, gewandt (Frau) 5. ♀ a) *mV* 2. s. **Elcebbar, Oriyon**
cebe *va.* 1. Panzer, Harnisch *m,* Rüstung *f* 2. Waffe *f*
cebeci *hist.* Waffenschmied *m* (bei den Janitscharen), Angehöriger des Korps der Waffenschmiede *od.* Kürassier *m* zu Fuß ~ **başı** *hist.* Oberkommandierender der Waffenschmiede ~ **ocağı** *hist.* Korps *n* der Waffenschmiede
Cebeci *n.pr.* Stadtteil von Ankara
cebehane [ā] *va.* Waffenlager, Arsenal *n*
cebel *va.* Berg *m* *dağ ♀**i Musa** s. **Sina (dağı); (♀i) Nur** s. **Hıra dağı**
Cebeldruz [ū] *n.pr.* die Drusenrepublik (in Syrien)
cebelendirmek *va.* ausrüsten, bewaffnen *silâhlandırmak, teçhiz etmek
cebelenmek *va.* sich ausrüsten, sich bewaffnen
cebeli (in frühosm. Zeit) 1. Angehöriger e–r von den Inhabern e–s **tımar** *od.* **zeamet** gestellten Truppe 2. berittener Ortspolizist in der Provinz
Cebelit(t)arık s. **Cebelüttarık**
cebelleşmek *P* für **cedelleşmek**
cebellezi [·×··] *V* Entwenden, Stehlen, Klauen *n* ~ **etmek** *V* entwenden, stehlen, klauen ~ **olmak** *V* Pass. zu ~ **etmek**
cebellokum *va.* Amethyst *m* *ametist
Cebelüttarık, -kı [ā] *n.pr.* Gibraltar ~ **boğazı** Straße *f* von Gibraltar *Septe boğazı ~ **humması** s. **Malta humması**
ceberut, -tu [ū] *z. va.* 1. Allgewalt, Majestät *f* (Gottes) 2. *pej.* Tyrannei, Grausamkeit *f* 3. gewalttätig, mitleidslos *merhametsiz, zorba
cebin (I) [ī] *va.* feige, verzagt, kleinmütig *korkak, cebanetli
cebin (II) [ī] *va.* Stirn *f* *alın
cebir, -bri 1. Zwang *m,* (Anwendung von) Gewalt *f jur. a.* Nötigungszustand *m* 2. *va.* Reparatur, Wiederherstellung *f* 3. *va.* Einrenkung *od.* Schienung *f* (e–s gebrochenen *od.* verrenkten Gliedes) 4. *math.* Algebra *f* ~ **denklemi** (*od.* ~ **muadelesi**) algebraische Gleichung ~ **kullanmak** (Brachial-)Gewalt anwenden ~ **sayısı** algebraische Zahl *cebirsel sayı ~ **siyaseti** Gewaltpolitik *f* **-i adi** s. **ilk** ~; **-i âlâ** s. **yüksek** ~; **-i hatır etmek** *va.* e–n Gekränkten wieder versöhnen **-i mafat etmek** *va.* sich schadlos halten
cebirci *selt.* Algebralehrer(-in *f*) *m*
cebire [ī] 1. *med.* Schiene, Schindel *f* *kırık tahtası, süyek 2. *techn.* (Schienen-)Lasche *f* (bei Eisenbahn) ~ **vidası** *techn.* Laschenschraube *f*
cebirsel algebraisch *cebrî ~ **değer** algebraischer Wert *kıymeti cebriye ~ **eğri** (*od.* ~ **münhani**) algebraische Kurve ~ **ifade** algebraischer Ausdruck ~ **sayı** s. **cebir sayısı**; ~ **toplam** algebraische Summe *mecmuu cebrî
Cebrail [·––] *isl. Myth.* Erzengel *m* Gabriel *Ruhulkudüs
cebren [×·] *Adv.* gewaltsam, unter Anwendung von Gewalt *zorla ~ **ele geçirme** Gewaltstreich *m* ~ **ırza geçmek** Notzucht verüben
cebretmek [×··] 1. (er-)zwingen, Gewalt anwenden (gegen), nötigen *zorlamak 2. aufzwingen, gewaltsam auferlegen *empoze etmek; s. a. **nefsine** ~
cebrî 1. gewalt-mäßig, -sam, Gewalt-, zwangsmäßig, Zwangs-, Not- 2. *math.* algebraisch *cebirsel ~ **adet** algebraische Zahl ~ **artırma** *jur.* Zwangsversteigerung *f* ~ **geçiş** *mil.* erzwungener (Fluß-)Übergang ~ **gülüş** gequältes, verkrampftes Lachen ~ **hareket** Gewalttat *f* ~ **hücüm** *mil.* gewaltsamer Angriff ~ **icra** *jur.* Zwangsvollstreckung *f* *zorla yerine getirtme; zorla yürütüm ~ **istikraz** Zwangsanleihe *f* ~ **keşif** *mil.* gewaltsame Aufklärung (Erkundung) ~ **keşif taarruzu** *mil.* gewaltsamer Erkundungsvorstoß ~ **mecmu** algebraische Summe ~ **muamele** Zwangsbehandlung *f* ~ **münhani** algebraische Kurve ~ **ölüm** gewaltsamer Tod ~ **satış** Zwangsverkauf *m* (im Wege der Zwangsvollstreckung) ~ **taarruz** *mil.* gewaltsamer Angriff ~ **tasarruf** Zwangssparen *n* ~ **tasfiye** *jur.* Zwangsliquidation *f* ~ **tedbir** Zwangsmaßnahme *f* ~ **yürüyüş** *mil.* Gewalt-, Eil-marsch *m* ~ **ziraat** Treibhauszucht *f* **gayri** ~ **adet** *math.* transzendente Zahl
cebrinefs [··×] Selbst-überwindung, -beherrschung *f* ~ **etmek** sich selbst überwinden, sich zusammennehmen, seine Gelüste bezähmen
cebriye s. **kadercilik**
ceddanî [·––] *va.* 1. von alters her überkommen; traditionell, vererbt 2. *biol.* atavistisch *(1, 2) atavik ~ **seciyeler** s. **çekinik ıralar**
ceddaniyet, -ti [ā] *va.* s. **atavizm**
cedde *va.* 1. Großmutter *f* 2. Ahne, Ahnfrau *f*
cedel 1. *va.* Streit, Disput *m* 2. *phil.* (*a.* **ilmi cedel**) Dialektik *f* *diyalektik, eytişim
cedelî dialektisch *diyalektik, eytişimsel
cedelleşmek debattieren, diskutieren, sich streiten
cederî *med.* Blattern, Pocken, Variola *pl.* *çiçek hastalığı **-i kâzip** *med.* s. **suçiçeği**
Cedi [ī] s. **Oğlak**
cedit, -di [ī] *va.* neu, modern *yeni
cedre *med.* Kropf *m,* Struma *f* *guşa, guatr
cedvar [ā] Zitwerwurzel *f bot.* Curcuma zedoaria
cedvarî 1. die Zitwerwurzel betreffend 2. *med.* die Menstruation fördernd
cefa [ā] ungerechte (grausame, harte) Behandlung, Mißhandlung, Quälerei *f* ~ **çekmek** (*od.* **görmek**) mißhandelt, gepeinigt, gequält werden ~ **etmek** mißhandeln, peinigen, quälen
cefakâr [·––] 1. *urspr.* Quäler, Peiniger *m* 2. *(übliche Bed.):* wer viel Leid und Qual zu erdulden hat
cefakeş [ā] *va.* gepeinigt, gemartert, gequält
ceffelkalem [×···] *z. va.* aufs Geratewohl, ohne genauere Untersuchung *od.* Überlegung, ohne Feststellung des wirklichen Sachverhalts, sofort, sogleich
cefn *va.* 1. s. **gözkapağı** 2. Messer- *od.* Degen-scheide *f* 3. s. **asma çubuğu**
-cığız (-cağız) (Denominales produktives Sx.) 1. bei einsilbigen Wörtern überwiegt die Dim.bed. 2. bei mehrsilbigen Wörtern begegnet vorwiegend Ästimativbedeutung (Mitleid, verständnisvolles Wohlwollen, leichte Ironie usw.) Zu 1: **evceğiz** Häuschen *n* **gözceğiz** Äuglein *n* **elceğiz** Händchen *n* **kızcağız** a) kleines Mädchen b) das gute Kind, das arme Wesen Zu 2: s. **adamcağız, kadıncağız**
cehalet, -ti [ā] *va.* Unwissenheit, Ignoranz, Unkenntnis *f,* Nichtwissen *n* *bilmezlik, bilgisizlik
cehdetmek [×··] *va.* sich bemühen, sich anstrengen
cehdügayret, -te *va.* Mühe und Anstrengung *f*
cehele (*va. Pl.* zu **cahil**) Ignoranten, Unwissende *pl.;* alberne, dumme Leute *cühelâ **-den biri** ein alberner Kerl
cehennem 1. Hölle *f,* Inferno *n (a. fig.)* 2. *fig.* reinster Backofen ~ **azabı** 1. Höllenstrafe *f* 2. *fig.* Höllenqualen *pl.* ~ **azabı çekmek** (*bzw.* **çektirmek**) Höllenqualen ausstehen (*bzw.* bereiten) ~ **çiçeği** Bougainvillea, Drillingsblume *f bot.* Bougainvillea spectabilis ~ **gibi** 1. höllisch 2. *fig.* furchtbar heiß ~ **hayatı** ein Leben wie in der Hölle ~ **kırbacı** Säulenkaktus *m bot.* Cereus (peruvianus u. a.) ~ **kütüğü** Satans-, Höllen-braten *m;* reif für die Hölle ♀ **ol!** Scher dich zum Teufel! ~ **suratlı** häßlich wie die Nacht ~ **zebanisi** Höllenwärter *m,* höllischer Dämon **-e direk olmak** unweigerlich in die Hölle kommen ♀**e girse yüzü kızarmaz.** Er ist die personifizierte Unverschämtheit (*od.* Schamlosigkeit). **-e gitmek** (*od.* **girmek**) in die Hölle kommen ♀**e kadar yolun var!** 1. Scher dich weg, wohin du willst, von mir aus in die Hölle! 2. Geh doch, zu wem du willst (*scil.* ich habe keine Angst). **-e postu**

(*od.* **seccadeyi**) **sermek** ein sündhaftes Leben führen **-i boylamak** 1. in die Hölle kommen 2. ins Unglück rennen; umkommen **-in bucağı** (*od.* **dibi**) *F* Ende *n* der Welt, sehr weit entfernt

cehennemî höllisch, Höllen-, infernalisch ~ **sürat** übermäßige Geschwindigkeit (*P:* Affenzahn *m*)

cehennemleşmek *fig.* zur Hölle werden

cehennemlik 1. s. **cehennem kütüğü** 2. Feuerung *f* im türk. Bad *külhan, odkun

cehennemtaşı, -nı Höllenstein *m,* Silbernitrat *n* *gümüş nitrat

Cehepeli (= C.H.P.'li) Anhänger der Cumhuriyet Halk Partisi

cehil, -hli *va.* s. **cehalet; ≗in ol mertebesi sehlolmaz.** *va. iron.* Derartige Ignoranz findet man nur selten. **-i basit** *va.* eingestandene Unkenntnis **-i mürekkep** *va.* Unkenntnis *f* dessen, der überzeugt ist, genaue Kenntnis zu besitzen

cehir, -hri *va.* lautes (deutliches, öffentliches) Sprechen *od.* Lesen

cehit, -hdi *va.* s. **ceht**

cehre Spindel, Spule, Haspel, Garnwinde *f* *iğ

cehren [×·] *va. Adv.* laut, deutlich, öffentlich (z.B. vorlesen)

cehrî *va.* laut, deutlich, öffentlich

cehri 1. s. **akdiken** 2. s. **alacehri** 3. Färberwau *m bot.* Reseda luteola ~ **ağacı** immergrüner Kreuzdorn *bot.* Rhamnus alaternus *geyikdikeni

cehrigiller Kreuzdorngewächse *pl. bot.* Rhamnaceae *hünnapgiller, ünnabiye

ceht, -di *va.* Eifer *m,* Bemühung, Anstrengung *f*

cehut s. **cühut**

cek s. **ce** (II)

-cek, (-cak) (Erstarrtes Sx.:) 1. *mst.* Dim.bed. 2. *gel.* Augmentativbed. Zu 1: s. **büyücek, küçücek, yavrucak** Zu 2: s. **çabucak**

ceket, -ti (*franz.* **jaquette**) 1. Jacke *f,* Jackett *n,* Rock *m* (als Teil e–s Herrenanzugs) 2. Jacke *f* (e–s Damenkostüms) ~ **borusu** *techn.* Mantelrohr *n*

ceketatay s. **jaketatay**

ceketlik für ein Jackett ausreichend *od.* bestimmt (Stoff)

ceketsiz ohne Jacke; in Hemdsärmeln

celâdet, -ti 1. *va.* Mut *m,* Tapferkeit, Unerschrockenheit *f* *kahramanlık, yiğitlik 2. ≗ *mV*

celâl *va.* 1. Erhabenheit, Allmacht, Majestät *f* (Gottes) 2. Zorn, Grimm *m* 3. ≗ [×·] *mV*

Celâl Bayar *n.pr.* Ministerpräsident unter Atatürk; Staatspräsident von 1950–1960; Führer der fr. Demokratischen Partei

celâlet, -ti *va.* Größe, Erhabenheit *f*

celâletmeap [·–·–] *va.* Majestät *(f)*

Celâlettin Rumî s. **Mevlâna**

Celâlî 1. (in frühosm. Zeit) Empörer *m* gegen die Dynastie Osman in Anatolien 2. *fr. a.* Räuber *m* 3. (*a.* **takvimi** ~) *hist.* von Sultan Celâlettin Melekşah eingerichteter Kalender (um 1100)

celâllenmek in großen Zorn geraten

celâlli 1. streng und unnahbar 2. sehr reizbar, jähzornig, aufbrausend 3. aufgebracht, erregt, zornig

celâsin s. **cilâsun**

celbe Jagd-netz *n,* -tasche *f*

celep, -bi (*fr. a.* **celepçi, celepkeş**) Schlachtviehhändler *m*

celeplik Handel *m* mit Schlachtvieh ~ **etmek** mit Schlachtvieh handeln

celî 1. *va.* klar, deutlich 2. *va.* glänzend 3. e–e bes. große ar. Schriftart

celil [ī] 1. *va.* hoch, erhaben (*a.* Gottesattribut) 2. (im osm. Eingabestil) hoch 3. ≗ [×·] *mV* Zu 2: **Maarif Vekâleti ≗esine** (*va. Briefstil*) An das Hohe Unterrichtsministerium **-ülcebbar** *va.* der Allgewaltige und Allmächtige (Gott)

Celile *wV*

Celile(-li) s. **Galile(-li)**

cellâdiye *va.* Entlohnung *f* des Scharfrichters; Henkerslohn *m*

cellât, -dı 1. Scharfrichter, Henker *m* 2. **(gibi)** unbarmherzig, grausam ≗ **Çeşmesi** *hist.* Brunnen *m* (im Topkapı Saray nahe dem Orta Kapı), wo der Scharfrichter nach getaner Arbeit Hände und Schwert reinigte (s.a. **İbret Taşı**); ~ **ettirmek** s. **Başını cellât ettiririm. -ı felek** *va.* Todesengel *m* *Azrail

cellâtbaşı oberster Scharfrichter

cellâtlık 1. Aufgabe, Tätigkeit *od.* Entlohnung *f* e–s Scharfrichters, Henkers 2. *fig.* Grausamkeit, Erbarmungslosigkeit *f*

celle celâlehu (*a.* **celle ve alâ; celle ve şanuhu; azze ve celle**) *ar. rel.* Er sei gepriesen! (Gott)

celp, -bi 1. Anziehungskraft *f* 2. Herbeibringenlassen, Zu-sich-Entbieten *n* 3. *mil.* Einberufung *f* 4. gerichtliche Vorladung ~ **etmek** 1. auf sich ziehen, lenken 2. zu sich kommen lassen, bringen lassen, entbieten, vorladen *mil.* einberufen 3. verursachen, hervorrufen ~ **müzekkeresi** (*od.* ~ **kâğıdı**) s. **celpname**

celpname [ā] 1. *mil.* Einberufung(-sorder) *f* 2. *jur.* schriftliche (Vor-)Ladung

celse 1. Sitzung *f* 2. *spez.* Gerichtssitzung *f* 3. *Th.* Szene *f* (in e–m Aufzug) ~ **raporu** (*od.* **zaptı**) Sitzungsbericht *m,* -protokoll *n* **-yi açmak** die Sitzung eröffnen **-yi kapa(t)mak** die Sitzung schließen **-yi tatil etmek** 1. die Sitzung unterbrechen 2. die Sitzung vertagen

celve; celvet, -ti *fr.* erste Entschleierung der Braut und das dabei überreichte Geschenk des Bräutigams **(yüzgörümlüğü)**

Celvetîlik; Celvetiye Name e–s isl. Ordens

Cem *n.pr.* 1. sagenhafter pers. König aus der Pischdadian-Dynastie 2. *va.* Beiname von Salomo *od.* Alexander dem Großen ~ **Sultan** *hist.* Sohn von Mehmet II. (15. Jh.) ~ **Sultan helvası** e–e Helwa-Art mit geschälten Mandeln, Grieß, Zimt u. Vanille

cem, -mmi *va.* (nur mehr in der Füg. **cemmigafir** *q.v.*)

cemaat, -ti [·–·] 1. die zum Gottesdienst versammelte Gemeinde 2. Religions-gemeinschaft, -gesellschaft *f* 3. Menschenmenge *f,* (großer) Haufen ≗ **ne kadar çok olsa, imam gene bildiğini okur.** *Spr.* s. **Cami ne kadar büyük olsa ...; -e uymak** *fig.* mit dem Strom schwimmen **-le namaz kılmak** ein gemeinsames Gebet verrichten

cemadat, -tı [·––] (*Pl.* zu **cemat**) unbelebte Dinge *pl.*

cemadî [·––] *va.* unbelebt, anorganisch

cemahir [·––] (*va. Pl.* zu **cumhur**) Staaten, Republiken *pl.* ≗i **Müttehidei** (*od.* **Müttefikai**) **Amerika** *va.* s. **Birleşik Devletler**

cemal, -li [ā] 1. *va.* schönes Aussehen, Schönheit *f* 2. Güte, Gnade *f* (Gottes) 3. ≗ [×·] *mV,* selt. *wV*

cem'an [×·] *Adv.* insgesamt, alles in allem, summa summarum ~ **yekûn** alles zusammengerechnet, insgesamt

cemaniye [ā] s. **kolektivizm**

cemat, -dı [ā] *z. va.* unbelebtes Ding

cemaziyelâhır [·–··–·] 6. Monat des ar. Mondjahres *küçük tövbe ayı

cemaziyelevvel [ā] 5. Monat des ar. Mondjahres *büyük tövbe ayı **-ini bilmek** 1. (b–nin) j–s Vorleben (Vergangenheit, schlechte Taten) kennen 2. (bşin) die Vorgeschichte von et. kennen

cembî 1. lateral, Seiten- 2. *med.* Rippenfell-, Brustfell-, pleural ~ **tazyik** *arch.* Seitendruck *m*

cembiye ar. Krummdolch *m*

cemek flaches, an e–m Stock befestigtes Kratzeisen
cemel *va.* (ausgewachsener) Kamelhengst ≗ **vakası** *hist.* der Kampf zwischen dem Kalifen Ali und seinen Gegnern, die von der auf e–m Kamel reitenden Ayşe (Frau des Propheten) unterstützt wurden (656)
cemeliye s. **devegiller**
cemetmek [×··] 1. sammeln, vereinigen, zusammenbringen 2. *math.* addieren, zusammenzählen *(1, 2) toplamak
cemi (I), **-m'i** 1. Sammeln, Vereinigen *n* 2. *math.* Addition *f,* Addieren *n* *(1, 2) toplama 3. *gr.* Plural *m,* Mehrzahl *f* *çoğul ~ **hatası** s. **toplam yanlışı;** ~ **yapmak** 1. addieren, zusammenzählen 2. in den Plural setzen **cem'i ianat** *jur.* öffentliche Kollekte, Sammlung **cem'i mükesser** *gr. ar.* gebrochener Plural
cemi (II), **-ii** [ī] 1. ganz, insgesamt, all, sämtlich 2. s. **cem'î;** ~ **cümle** *va.* jeder *herkes
cem'î *phil.* Gemein(-schafts)-, gemeinschaftlich, kollektiv *maşerî, kolektif, ortaklaşa ~ **idmanlar** turnerische Gruppenübungen *pl.*
cemil [·–] 1. *va.* schön, ansehnlich, stattlich (Mann) 2. allgütig (Gott) 3. ≗ [×·] *mV*
cemile [ī] 1. schön, hübsch, anmutig (Frau, Mädchen) 2. Freundlichkeit, Liebenswürdigkeit, (erwiesene) Aufmerksamkeit, Zuvorkommenheit *f* 3. ≗ [×··] *wV* ~ **olsun diye** zuvorkommenderweise
cemilekâr [ī] freundlich, liebenswürdig, aufmerksam, zuvorkommend
cemilekârlık s. **cemile** (2)
cemile(-ndir)mek *gr.* in den Plural setzen *çoğullaştırmak
cemilik *gr.* Plural-begriff *m od.* -form *f*
cemiyet, -ti 1. Gesellschaft *f,* Verein *m* 2. Gesellschaft *f,* Kollektiv *n,* (Volks-)Gemeinschaft *f* *topluluk 3. Verband, Bund *m* 4. Feier, Festlichkeit *f* *düğün 5. Gesamtheit *f* der bei e–r Feier *od.* Festlichkeit Anwesenden *dernek 6. *stil.* Assoziativbegrifflichkeit des Ausdrucks (vgl. a. **telfik** 2). ≗ **adaları** *n.pr.* Gesellschaftsinseln *pl.* (Südpazifik) ~ **birlikleri** Zentralverband *m* ~ **hayatı** gesellschaftliches Leben ~ **hürriyeti** *jur.* Vereinsfreiheit *f* ~ **sahibi** Veranstalter *m* (e–s Festes, e–r Feier), Gastgeber *m* **-ler hukuku** *jur.* Vereins- und Korporationsrecht *n* ≗**i Akvam** *hist.* Völkerbund *m* *Milletler Cemiyeti ≗**i Akvam Heyeti** *hist.* Vollversammlung *f* des Völkerbundes, Bundesversammlung *f* ≗**i Akvam Meclisi** *hist.* Völkerbundsrat *m* **-i belediye** *va.* s. **belediye meclisi; -i hatır** *va.* innere Sammlung, geistige Konzentration, ruhige Überlegung **-i hayriye** karitative Vereinigung
cemiyetçi *selt.* Förderer *m* der Volksgemeinschaft
cemiyetgâh *va.* Versammlungsort *m*
cemiyetli 1. stark besucht, voller Menschen 2. bedeutungsvoll, inhaltsreich (z.B. Worte) 3. *stil.* von assoziativbegrifflicher Reichhaltigkeit (z.B. Rede)
cemmigafir [···–] große Menschenmenge
cemolmak [×··] *selt.* sich versammeln, zusammenkommen, sich vereinigen
cemolunmak [×···] Pass. zu **cemetmek**
cemp, -bi 1. *va.* Seite(-ngegend) *f* 2. *med.* Rippen-, Brustfell *n,* Pleura *f* *akciğer zarı, gışayı ~
cemre 1. *va.* glühende Asche; Glut *f* 2. Wärmeanstieg vom 20. Februar bis zum 6. März (nach türk. Volksglauben in drei Abschnitten: zuerst in der Luft, dann im Wasser, zuletzt im Boden) 3. *rel.* a) Werfen *n* von je 7 Steinchen auf drei Steinhaufen in Mina bei Mekka (pflichtmäßige Zeremonie bei der Pilgerfahrt nach Mekka) b) ein solches Steinchen c) e–r der drei Steinhaufen 4. *va.* s. **karakabarcık** Zu 2: **Birinci ~ havaya düşer.** Zuerst wird die Luft wärmer. ~ **hastalığı** Brenner *m,* Pech *n* (Krankheit der Weinreben) ≗ **kömürlüğe düşmüş.** *hum.* Die Winterkohlen sind vorzeitig aufgebraucht. **-i araziye** *vet.* Rauschbrand *m* (schwere Rinderseuche)
cemse (General Motors Corporation) G.M.C.-Auto *n*
Cemşid s. **Cem** (1)
cemütefrik [ī] *stil.* s. **tefrik**
cenabet, -ti [ā] 1. rituelle Unreinheit (durch Samenerguß) 2. rituell unrein *cünüp 3. *Schi.* schmutzig, ekelhaft, widerwärtig ~ **olmak** rituell unrein werden
cenah [ā] *z. va.* 1. Flügel, Fittich *m (a. fig.)* 2. *arch., mil., pol.* Flügel *m* *(1, 2) kanat 3. *va.* Arm *m* *kol ~ **bataryası** *mil.* Anschlußbatterie *f* ~ **taarruzu** *mil.* Flügelangriff *m* **-ı geri kırmak** *mil.* den Flügel zurückbiegen
cenahlı [ā] 1. mit Flügel(-n) 2. *pol.* auf e–m best. Flügel stehend Zu 2: s. **sol -lar**
cenahvari [·–––] *mil. va.* flügelweise
cenan [ā] 1. *va.* Herz *n,* Seele *f,* Geist *m* 2. ≗ [×·] *mV*
cenap, -bı [ā] 1. *urspr.* Seite, Richtung *f* 2. (Ehrenbezeichnung) hohe Persönlichkeit; Majestät, Exzellenz *f* 3. ≗ [×·] *mV* **Cenabı Hak** (*seltener:* **Cenabı Allah**) der Herrgott; Gott ≗**ı Hilâfetpenahî** *hist.* S.M. der Kalif **sefir -ları** Seine Exzellenz der Herr Botschafter
cenaze [ā] 1. Leiche *f,* Leichnam *m,* sterbliche Hülle 2. Beisetzung *f,* Begräbnis *n* ~ **alayı** 1. Trauer-, Leichenzug *m,* Trauergeleite, Leichenbegängnis *n* 2. Beisetzung *f,* Begräbnis *n* ~ **arabası** Leichenwagen *m* ~ **gibi** toten-, leichen-blaß ~ **marşı** Trauermarsch *m* ~ **merasimi** (*od.* ~ **töreni**) feierliche Beisetzung ~ **namazı** Gebet *n,* das an dem Aufbahrungstisch **(musalla taşı)** gesprochen wird **Buy(u)run ~ namazına!** *F* Jetzt ist alles aus! Jetzt gibt es keine Rettung mehr! ~ **otomobili** Leichenauto *n* **-de bulunmak** am Leichenzug teilnehmen, dem Begräbnis beiwohnen **-yi kaldırmak** den Sarg aus dem Haus des Verstorbenen auf den Schultern zum Friedhof tragen
cenbî, cenbiye s. **cembî, cembiye**
cendere 1. Presse *f* (als Werkzeug) 2. Walzen- *od.* Rollenpresse, Wäschemangel *f* 3. enges Tal; Engpaß *m* *boğaz 4. Not, Bedrängnis *f* Zu 1: s. **su -si;** ~ **baklavası** die mit dem **yufkası cendere** genannten Wälgerholz **(oklava)** ausgerollte **baklava; -den kurtarmak** *fig.* j–m aus der Zwickmühle helfen **-ye koymak** *fig.* in die Zange nehmen, bedrängen, j–m scharf zusetzen
cenderehane [ā] *va.* Bügelzimmer *n* mit (Heiß-)Mangel
-cene, -çene *selt. Sx.* s. **mühimcene, çabukçene** usw.
ceneral 1. s. **general** 2. *hist.* venezianischer Admiral ~ **konsolos** *va.* Generalkonsul *m* *başkonsolos
ceneralya [··×·]: ~ **çiçeği** Aschenkraut *n,* Zinerarie *f bot.* Cineraria maritima
Ceneviz [×··] *hist.* 1. Genueser *pl.* 2. **(Cumhuriyeti)** Republik Genua
Cenevizli [×···] *hist.* 1. Genueser *m* 2. genuesisch 3. s. **Ceneviz Cumhuriyeti**
Cenevre [·×·] *n.pr.* Genf (in der Schweiz) ~ **Mukavelesi** (*od.* **Konvansiyonu**) Genfer Abkommen *n* (Konvention *f*)
Cenevreli [·×··] 1. Genfer(-in *f*) *m* 2. aus Genf stammend
cengâver 1. kriegerisch, kämpferisch, kriegs-tüchtig, -gewohnt 2. mutig, tapfer
cengâverlik 1. kämpferischer Geist; Kriegstüchtigkeit *f* 2. Mut *m,* Tapferkeit *f*
cenge *selt.* 1. Feuerfunken *m* 2. s. **ateşböceği**
cengel 1. Dschungel *m, (n)* 2. Duke Ellingtons Jazzstil
cenger (< **jengâr**) Grünspan *m* *bakır pası; yeşil küf
Cengiz *n.pr.* 1. **(Han)** Dschingis-Khan 2. *mV*
cenin [ī] Fötus *m,* (Leibes-)Frucht *f* *dölüt ~ **kesesi** *med.* Fruchtblase, Embryohülle *f* *amnios, döl kesesi ~ **suyu** *med.* Fruchtwasser *n* *amnios mayii; çağnak **-i sakıt** 1. abgetriebene Frucht 2. Früh-, Fehl-geburt *f*
cenk, -gi Kampf, Krieg *m* ~ **arabası** *hist.* Streit-, Kampf-

wagen *m* ~ **çekici** *hist.* Schlachtkeule *f* ~ **etmek** kämpfen, streiten, fechten
cenkcu [ū] *va.* zänkisch, streitsüchtig
cenkçi kriegerisch, Krieger, Kämpfer *m*
cenkleşmek 1. miteinander bzw. gegeneinander kämpfen 2. sich herumstreiten
cenkname [ā] Bericht *m* über kriegerische Ereignisse
cennet, -ti 1. *va.* Garten *m* 2. *a. fig.* Paradies *n* 3. ≗ *wV* ~ **ağacı** Flamboyant, Flammenbaum *m bot.* Poinciana regia *tavus çiçeği ~ **balığı** Paradiesfisch *m zo.* Macropodus viridi-auratus (Zierfisch) ≗ **canıma minnet!** Damit haben Sie mir aber e–e große Freude bereitet! ~ **ehli** Bewohner *pl.* des Paradieses ~ **gibi** paradiesisch schön; idyllisch ~ **öküzü** (*od.* **buzağı**) Mondkalb *n,* Einfaltspinsel *m,* Riesenroß *n* ~ **somya** Sprungfedermatratze *f* ~ **tohumu** Paradieskörner *pl.* (Gewürz) ~ **yeşili** s. **zümrüt yeşili; -in kapısını açmak** sich das Himmelreich verdienen
cennetkuşu, -nu 1. kleines, kränkliches Kind mit wenig Lebensaussichten 2. Paradiesvogel *m zo.* Paradisea (apoda u. a.)
cennetli im Paradies befindlich, verstorben, selig
cennetlik 1. wer das Himmelreich verdient; fromm, gläubig 2. *iron.* wer in die Hölle gehört 3. paradiesischer Zustand 4. s. **cennetmekân**
cennetmekân *va.* verstorben, hochselig (in bezug auf verstorbene Herrscher)
Cenova [×··] *n.pr.* Genua (in Italien)
Cenovalı [×···] 1. Genueser(-in *f*) *m* 2. genuesisch
cenp s. **cemp**
centilmen (adam) feiner (höflicher, gebildeter, vornehmer, korrekter) Herr, Gentleman *m* *çelebi ~ **agriment** Gentleman's Agreement *n* (Übereinkommen *n* ohne formalen Vertrag, Abkommen *n* auf Treu und Glauben) ~ **koşusu** *(Sport)* Rennen *n* der Herrenreiter
centilmence [··×·] fein, höflich, gebildet, vornehm, korrekt, hochanständig (gentlemanlike)
centilmenlik feines (höfliches, gebildetes, vornehmes, korrektes) Verhalten *od.* Benehmen, faires Spiel
centiyana; centiyane Enzian *m bot.* Gentiana
centiyangiller; (*va.* **centiyaniye**) s. **kızılkantarongiller**
CENTO *n.pr.* Cento *f* (Central Treaty Organisation), Nahostpakt *m* (1955 bzw. 1959) vgl. **Bağdat Paktı**
cenuben [·×·] *va. Adv.* südlich; von Süden her, nach Süden hin
cenubî [·– –] *z. va.* südlich, Süd- *güneysel, güney ≗ **Amerika** *n.pr.* Südamerika *Güney Amerika
cenup, -bu *urspr.* [·–] Süden *m* *güney ≗ **Amerika(-sı)** *n.pr.* Südamerika ~ **kutbu** Südpol *m* *kutbu cenubî; güney kutbu ~ **kutbu kıtası** s. **Antarktika;** ~ **kutbu mıntıkası** s. **antarktik** (2); **cenubu garbî** s. **güneybatı; cenubu şarkî** s. **güneydoğu**
cenuplu *va.* s. **güneyli**
cep, -bi 1. Tasche *f* (in e–m Kleidungsstück) 2. *mil.* (seit 1940) Einbruchsstelle *f,* Durchbruchskeil *m,* Frontlücke *f* 3. s. **ceyp** 4. Gehsteigeinbuchtung *f* (als Haltestelle für Omnibusse) 5. *geol.* Einsprengsel *n* (in Gestein) 6. *zo.* Beutel *m* *kese 7. Leerraum *m* (im Bergwerk) ~ **astarı** *V* Brieftasche *f* ~ **aynası** Taschenspiegel *m* ~ **boşaltmalık** Kästchen *od.* Nachttischchen *n* (zur Ablage von Schmuck, Wertsachen usw.) ~ **çakmağı** Taschenfeuerzeug *n* ~ **defteri** Taschennotizbuch *n* ~ **feneri** s. ~ **lambası;** ~ **harçlığı** Taschengeld *n* ~ **kitabı** Taschenbuch *n* (broschiertes Buch in Taschenformat) ~ **kruvazörü** Taschenkreuzer *m* ~ **lambası** Taschen-lampe, -laterne *f* ~ **lûgati** (*od.* ~ **sözlüğü**) Taschenwörterbuch *n* ~ **saati** Taschenuhr *f* ~ **takvimi** Taschenkalender *m* **-e el etmek** den Geldbeutel ziehen **-i boş** (*od.* **delik**) 1. Habenichts *m* 2. ohne e–n Pfennig Geld, abgebrannt, pleite **-i para görmek** gut verdienen ≗**i şıkırdıyor.** Es klappert nur so in seiner Tasche. *d. h.* Er hat ordentlich Geld. ≗**imde!** Das habe ich fest! **-inde yüz anahtar** *P* Gauner, Schwindler *m* **-inden çıkarmak** 1. (bşi) aus seiner Tasche herausziehen 2. (b–ni) es mit j–m aufnehmen können, *F* j–n in die Tasche stecken **-inden vermek** aus der eigenen Tasche bezahlen (müssen) **-ine atmak** (*od.* **-ine indirmek**) sich et. aneignen, ungehörigerweise et. in die eigene Tasche stecken **-ine koymak** 1. in die Tasche stecken 2. s. **-ine atmak** Zu 1: vgl. **İstemem, yan cebime koy!** ≗**ine sıçan düşse başı yarılır.** *fig.* In seinem Geldbeutel herrscht e–e gähnende Leere. **-ini doldurmak** *pej.* sich die Taschen füllen **-inin içi gibi bilmek** wie seine Westentasche kennen
cephane [ā] 1. *fr.* Zeughaus, Militärarsenal *n* 2. *va.* Pulvermagazin *n* 3. Munition *f* 4. *V* Opium *n* ~ **ambarı** Munitions-lager *n,* -park *m* ~ **çantası** Patronen-tasche *f,* -gürtel *m* ~ **deposu** s. **cephane ambarı;** ~ **ikmali** Munitionsnachschub, -ersatz *m* ~ **istihkakı** Munitionsrate *f* ~ **kolu** Munitionskolonne *f* ~ **sarfiyatı** Munitionsverbrauch *m* **-yi tüketmek** die Munition verschießen **-yi şeritlere imlâ etmek** Patronen gurten
cephaneci [ā] *mil.* Soldat, der Munition herbeiträgt (z. B. Granaten zum Laden von Geschützen)
cephanelik [ā] Munitions-lager *n,* -raum *m*
cephanesiz [ā] ohne (bzw. ohne ausreichende) Munition
cephanesizlik [ā] Munitionsmangel *m*
cephe 1. Stirn *f* 2. Stirn-, Vorder-seite, Front, Fassade *f* 3. *mil.* Front(-linie *f,* -gebiet *n*) *f* 4. *fig.* Seite *f,* Gesicht *n* 5. *pol.* Parteienverbindung *f,* geschlossene Front Zu 4: **iktisadî -den** von der wirtschaftlichen Seite aus betrachtet ~ **almak** (b–ne *od.* b–ne karşı) Front machen (gegen), Widerstand leisten ~ **askeri** *mil.* Frontsoldat *m* ~ **ateşi** *mil.* Frontalfeuer *n* ~ **büyütmek** *mil.* in Front aufmarschieren ~ **duruşu** *(Turnen)* Liegestütz *m* vorlings ~ **gerisi** *mil.* Gebiet *n* hinter der Front, rückwärtiges Gebiet; Etappe *f, gel. a.* Heimat *f* ~ **hatları** s. **alın doğruları;** ~ **hattı** *mil.* Frontlinie *f* ~ **hücumu** Frontalangriff *m* ~ **kesimi** *mil.* Frontabschnitt *m* ~ **kurmak** *(a. fig.)* e–e Front bilden (gegen) ~ **muharebesi** *mil.* Frontalkampf *m,* frontales Ringen ~ **müstakimleri** *math.* s. **yanay doğruları;** ~ **müstevisi** 1. *math.* s. **alın düzlemi** 2. *mil.* Frontalebene *f* ~ **taarruzu** *mil.* Frontalangriff *m* ~ **tebliği** Frontbericht *m* ~ **tenviratı** Fassadenbeleuchtung *f* ~ **zammı** Frontzulage *f* **-den** von vorne, frontal **-den hücuma geçmek** *mil., a. fig.* zum Frontalangriff übergehen **-nin hassas noktası** *mil.* neuralgischer Punkt der Front **-ye girmek** *mil.* in die Front eingesetzt werden **-ye sokmak** *mil.* in die Front einsetzen **-ye yanaştırmak** *mil.* zur Front heran-führen, -ziehen **-yi bozmak** *mil.* die Front eindrücken **-yi geri almak** *mil.* die Front zurückverlegen **-yi ileriye (geriye) kaydırmak** die Front vor- (bzw. zurück-)verlegen
cepheleşmek sich in zwei Fronten gegenüberstehen
cepheli mit nb. Front *od.* Seite; s. **geniş ~ yürüyüş; tek ~**
cephî *va.* frontal, Stirn- **adalei cephiye** s. **alın kası; azmı ~** s. **alın kemiği**
cepken kurze, bortenbesetzte Jacke mit Schlitzärmeln; Dolman *m*
cepkenli mit **cepken**
cepli mit Tasche(-n) (z. B. Anzug)
cepsiz ohne Taschen
cepvari [·– – –] sackartig ~ **mevzi** *mil.* sackartige Stellung
cer, -rri 1. Ziehen *n* 2. Zug *m* ~ **atelyesi** Eisenbahnreparaturwerkstätte *f* ~ **dairesi** Abteilung *f* für das Zugmaterial (der Eisenbahn) ~ **hocası = cerre çıkan** (vgl. **cerre çıkmak**); ~ **kuvveti** Zugkraft *f* ~ **makinesi** *selt.* Zugmaschine *f* **-e çıkmak** (*od.* **gitmek**) 1. *fr.* in den Monaten Recep, Şaban und Ramazan aufs Land gehen und sich durch

Predigen *od.* kirchliche Hilfsdienste Geld *od.* Lebensmittel verdienen (Medresestudenten) 2. *fig.* ein-sammeln, -heimsen **-i menfaat etmek** *z. va.* ausnutzen, auswerten
cerahat [·–·], **-ti** 1. Eiter *m* *irin, kıyh 2. *va.* Wunde *f* *yara ~ **bağlamak** (*od.* ~ **toplamak**) eitern *irinlenmek
cerahatlenmek [·–··] (ver-)eitern, eiterig werden
cerahatli [·–··] eiternd, eiterig, vereitert
ceraskal s. **cerrieskal** (2)
cerbeze 1. Fähigkeit *f*, rasch Freundschaften zu schließen, sich schnell anzubiedern *girginlik 2. *mel.* Redefertigkeit, Wortgewandtheit *f* 3. *pej.* Maulfertigkeit *f;* gut geschmiertes Mundwerk
cerbezeli 1. wer rasch Freundschaften schließt, sich schnell anbiedert *girgin 2. *mel.* redefertig, wortgewandt 3. *pej.* maul-, zungen-fertig
cerci *selt.* s. **cer hocası**
cereme *va.* 1. Aufkommen *n* (für den von e–m anderen angerichteten Schaden) 2. Geldbuße *f* Zu 1: **Çocukların yaptığı ziyanın -sini babaları çeker.** Für den Schaden, den ein Kind verursacht, muß der betreffende Vater aufkommen.
cerep, -bi *med. va.* Räude, Krätze *f* *uyuz
ceres *va.* kleine Glocke; Glöckchen *n*
ceresî *bot.* glocken-, glöckchen-artig, Glocken-
ceresiye s. **çançiçeğigiller**
cereyan [ā] 1. Fließen, Strömen *n,* Strömung *f,* (Wasser-, Fluß-)Lauf *m* 2. *el.* Strom *m* *akım 3. Ab-, Ver-lauf, Gang *m,* Entwicklung *f* 4. geistige Strömung, Bewegung 5. (Luft-)Zug *m* Zu 3: **İşi kendi -ına bırakalım!** Die Sache soll ihren Gang gehen! ~ **anahtarı** Einschalter *m* ~ **düğmesi** Schaltknopf *m* ~ **etmek** 1. fließen, strömen 2. ab-, ver-laufen, sich abspielen, sich zutragen, vor sich gehen 3. noch nicht abgeschlossen sein, noch im Fluß sein (Verhandlungen usw.) Zu 2: **Söz, daima ... hakkında cereyan etti.** Es wurde andauernd über ... gesprochen. ~ **kesici** (Strom-)Ausschalter *m* ~ **kesilmesi** Strom-ausschaltung, -unterbrechung *f* ~ **sarfiyatı** Stromverbrauch *m* ~ **vermek** den Strom einschalten **-ı kesmek** den el. Strom ausschalten, abstellen
cereyanlı [ā] 1. mit Strom betrieben 2. mit nb. Strom ~ **radyo makinesi** Netzanschlußgerät *n*
cereyansız [ā] ohne Strom
cereyansızlık [ā] Fehlen *n,* Ausfall *m* des Stroms
cerh 1. Verwunden, Verletzen *n* 2. Widerlegen *n,* Widerlegung *f* ~ **etmek** 1. verwunden, verletzen *yaralamak 2. widerlegen * çürütmek
cerha s. **ceriha**
ceri [·–], **-ii** *va.* mutig, tapfer, unerschrocken
ceride [ī] *z. va.* 1. Zeitung *f* *gazete 2. Zeitschrift *f* *mecmua, dergi 3. Tagebuch *n,* Niederschrift *f* 4. Register, Verzeichnis *n* Zu 3: s. **harp(zabıt) -si;** ²**i Havadis** *n.pr.* e–e der frühesten türk. Zeitungen (1840–1864) ²**i Resmiye** *va.* (türk.) Amtsblatt *n* (gegr. 1920); spätere Bez.: **Resmî Ceride:** dann **Resmî Gazete**
ceriha [ī] *va.* Verwundung, Verletzung, Wunde *f* *yara
cerime s. **cereme**
cerip s. **cirip**
cermanist, -ti Germanist(in *f*) *m*
cermanistik Germanistik *f*, deutsche Philologie
cermanizm 1. *pol.* Pangermanismus *m* 2. *ling.* Germanismus *m*
Cermanya [·×·] *n.pr.* 1. Germanien 2. *selt.* Deutsches Reich (im Mittelalter)
Cermen 1. German-e *m,* -in *f* 2. germanisch 3. deutsch *Alman ~ **aslından** von deutscher Abstammung, deutschstämmig ~ **kanaryası** Harzer Roller *m* ~ **menteşe(-si)** Fischband *n* *lambalı menteşe
Cermence germanische Sprachgruppe
Cermenik *selt.* germanisch
Cermenlik 1. Germanentum *n* 2. germanische Abstammung 3. Deutschtum *n od.* deutsche Abstammung
cerrah [ā] 1. *va.* Barbier, Feldscher, Quacksalber *m* 2. Chirurg *m* *operatör, şirürjiyen ~ **binbaşı** *mil.* Stabs-, Regiments-arzt *m* ² **Mehmet Paşa** *n.pr.* Minister und Großwesir unter Mehmet III. (Der Stadtteil **Cerrahpaşa** in Istanbul ist nach ihm benannt.) ~ **turnikesi** *med.* Ader-presse, -klemme *f*
cerrahhane [·––·] *hist.* osm. Ausbildungsstätte für Feldchirurgen
cerrahi [·––] Chirurgie *f* *cerrahlık, şirürji
cerrahî [·––] chirurgisch *şirürjik ~ **aletler** chirurgische Instrumente *pl.* ~ **müdahale** chirurgischer Eingriff; Operation *f* ~ **şok** *med.* Schockwirkung *f* bei (*od.* nach) e–r Operation
Cerrahî 1. Angehöriger des Cerrahiye-Ordens 2. s. **Cerrahiye**
Cerrahiye *fr.* Derwischorden; türk. Zweig der Halvetiye
cerrahlık 1. Tätigkeit *f* e–s **cerrah** 2. Chirurgie *f* *cerrahi, şirürji
cerrahname [·––·] *fr.* Lehrbuch *n* der Chirurgie
Cerrahpaşa *n.pr.* Stadtteil in Istanbul (mit bedeutendem Krankenhaus); s.a. **Cerrah Mehmet Paşa**
cerrar [ā] 1. lästiger, aufdringlicher Bettler 2. *va.* zahlreich, stark (Truppe)
cerretmek [×··] 1. (durch-)ziehen (z.B. Draht) 2. schleppen (z.B. Kahn)
cerrieskal [ā] *va.* 1. Heben *n* schwerer Lasten 2. Bewegungslehre, Mechanik *f* *mihanik, mekanik 3. (*mst.* **ceraskal**) *naut.* Hebevorrichtung *f*, Verladekran *m* *palanga, vinç
cersume [ū] s. **cürsume**
ces, -ssi *med.* Abtasten *n,* Abklopfen *n,* Palpation *f*
cesamet, -ti [ā] 1. (relative) Größe *f,* Umfang *m,* Ausmaß *n* 2. (absolute) Größe *f,* Großsein *n* 3. Wichtigkeit, Bedeutung *f*
cesametli [ā] 1. von nb. Größe 2. von beträchtlichen Ausmaßen, riesig, umfangreich
cesaret, -ti [ā] 1. Mut *m,* Kühnheit, Unerschrockenheit *f* 2. Wagen *n,* Wagemut *m* 3. Verwegenheit, Tollkühnheit *f* 4. *pej.* Dreistigkeit *f* ~ **almak** (m. Abl.) (neuen) Mut fassen, ermutigt werden (durch) ~ **bulmak** (m. Abl.) kühner *od.* dreister werden (infolge) ~ **denemesi** Mutprobe *f* ~ **etmek** (m. Dat.) et. wagen ~ **gelmek** (b–ne) Mut fassen ~ **göstermek** 1. Mut beweisen 2. *pej.* Dreistigkeit an den Tag legen ~ **harikaları göstermek** Wunder an Tapferkeit verrichten ~ **kırıcı** entmutigend ~ **satmak** schwadronieren ~ **vermek** (b–ne) j–m Mut machen, einflößen; ermutigen ~ **verici muvaffakıyetler** ermutigende Erfolge **-e gelmek** (birisi) Mut fassen **-ini kırmak** (b–nin) j–m den Mut benehmen, j–n entmutigen **-ini toplamak** allen Mut zusammennehmen; sich ein Herz fassen **-i medeniye** Zivilcourage *f*
cesaretlendirmek [ā] 1. ermutigen 2. *pej.* dreist werden lassen
cesaretlenmek [ā] 1. mutig werden, Mut fassen 2. wagemutig werden 3. *pej.* dreist werden
cesaretli [ā] 1. mutig, kühn 2. wagemutig, verwegen 3. *pej.* dreist
cesaretlilik [ā] s. **cesaret**
cesaretsiz [ā] mutlos, ängstlich, feig
cesaretsizlik [ā] 1. Mutlosigkeit, Ängstlichkeit, Feigheit *f* 2. fehlender Wagemut
cesedî *va.* körperlich, leiblich, physisch
cesediyet, -ti *va.* Körperlichkeit, Stofflichkeit *f*

ceset, -di 1. *va.* Körper *m* 2. Leiche *f*, Leichnam *m* ~ **morluğu** Toten-, Leichen-flecken *pl.*
cesetsiz *va.* körperlos
cesim [ī] *z. va.* 1. groß, umfangreich 2. bedeutend, wichtig *büyük, iri, kocaman
-cesine, (-casına) produktives Sx., das an Sb., den Aoriststamm und Partizipien antreten kann; in Verb. mit Sb. et. stärkere Intensität als **-ce (-ca):** 1. wie; in der Art (von) 2. als ob, als wenn, wie wenn; vgl. **canavarcasına, durmamacasına, damdan düşercesine, yırtılırcasına, yıldırımla çarpılmışçasına** (*od.* **vurulmuşçasına**)
ceste ceste nach und nach, allmählich, Stück für Stück *azar azar, kısım kısım
cesur [ū] mutig, kühn, verwegen, tapfer *cesaretli
cesurluk Unerschrockenheit *f*, Mut *m*
cet, -ddi 1. Großvater *m* *büyükbaba 2. Ahn(-herr), Vorfahr *m* *ata Zu 2: **insanın -i** Urmensch *m* ~ **becet** 1. von Generation zu Generation 2. seit (undenklichen) Generationen **ºine lânet!** *V* Verdammter Kerl! Elender Schuft! **ºine rahmet!** 1. Bravo! So ist es recht! 2. Gott möge es dir vergelten! **-i âlâ** *va.* Urahn, Stammvater *m*
cetvel 1. **(tahtası)** Lineal *n* 2. Skala *f* 3. Formular *n*, Vordruck *m* 4. Verzeichnis *n*, Tabelle, Tafel *f*, Register *n*, Liste *f* 5. Übersichtstafel *f* 6. Aufstellung *f* 7. Schriftrahmen *m* (in e−m Buch) 8. Be- *od.* Ent-wässerungs-kanal *od.* -graben *m* 9. ≗ *astr.* Winkelmaß *n* (Sternbild des Südhimmels) ~ **açmak** e−n Kanal graben ~ **çekmek** s. **kalem çekmek;** ~ **kalem** *P* für **ceffelkalem;** ~ **kalemi** Reißfeder *f* ~ **halinde** tabellarisch ~ **kapısı** Schleuse *f* **-ini yapmak** tabellarisch zusammenstellen
cetvelkeş *fr.* wer in Handschriften die Umrahmungslinien anbrachte
cev, -vvi Himmels-, Welten-raum *m* **-i hava** s. **atmosfer**
cevaben [ā] (bşe) in Beantwortung (Erwiderung), als Antwort (auf), antwortlich *karşılık olarak
cevabî [·−−] Antwort-, Erwiderungs- ~ **mektup** Antwortschreiben *n* ~ **nota** *pol.* Antwortnote *f* ~ **ziyaret** Gegenbesuch *m*
cevahir [ā] (*Pl.* zu **cevher**) Edelsteine, Juwelen *pl.* ~ **bedesteni** Juwelenmarkt *m* (im Großen Basar von Istanbul) ≗ **yumurtluyor.** *fig.* Er meint wunder wie gescheit er daherredet.
cevahirci [ā] 1. Edelsteinhändler *m* 2. Juwelier *m*
cevahircilik [ā] 1. Edelsteinhandel *m* 2. Juweliergewerbe *n*
cevahirli [ā] mit Edelsteinen (Juwelen) besetzt (verziert, geschmückt) *murassa
cevami, -ii [·−−] (*va. Pl.* zu **cami, camia**) *spez.* Moscheen *pl.*
cevanip, -bi [ā] (*va. Pl.* zu **canip**); **-i erbaa** *va.* die vier Seiten (Himmelsrichtungen)
cevap, -bı *urspr.* [·−] 1. Antwort, Beantwortung, Erwiderung *f* (*a. fig.*) 2. *jur.* Klagebeantwortung *f* Zu 1: **bu sualin -ı** Beantwortung *f* dieser Frage; Antwort *f* auf diese Frage ~ **aleccevap** s. **cevaba cevap;** ~ **almak** e−e Antwort erhalten ~ **etmek** *va.* s. ~ **vermek;** ~ **flaması** *naut.* Antwortwimpel *m* ~ **lâyihası** *jur.* Klagebeantwortungsschrift *f* ~ **pulu kuponu** internationaler Post-Antwortschein ~ **süresi** *jur.* Frist *f* zur Klagebeantwortung ~ **vermek** (e−e) Antwort geben, antworten (auf); beantworten, erwidern (*a. fig.*) ~ **yetiştirmek** schleunigst zu beantworten suchen ~ **ziyareti** Erwiderungs-, Gegen-besuch *m* *iadei ziyaret **-a cevap** *jur.* Replik, Duplik *f* **-ı dayatmak** (*od.* **dikmek**) *F* 1. scharf erwidern; kurz ablehnen 2. e−e patzige Antwort geben **-ı yapıştırmak** prompt antworten; um e−e Antwort nicht verlegen sein **-ında bulunmak** antworten **-ı cevap** *va.* s. **-a cevap**
cevapla(ndır)mak 1. beantworten 2. Gleiches mit Gleichem vergelten
cevaplı 1. Antworten enthaltend (z. B. Werk für Selbstunterricht) 2. mit Antwort- *od.* Rück-schein 3. mit bezahlter Rückantwort Zu 2: ~ **posta kartı** Postkarte *f* mit Rückantwort ~ **taahhütlü mektup** Einschreibbrief *m* mit Rückschein Zu 3: ~ **telgraf** Telegramm *n* mit bezahlter Rückantwort
cevapname [·−−·] Antwortschreiben *n*, schriftliche Beantwortung (Erwiderung, Antwort)
cevapsız 1. wer keine Antwort erhält bzw. erhalten hat 2. worauf keine Antwort erteilt worden ist; unbeantwortet ~ **bırakmak** unbeantwortet lassen, nicht beantworten (z. B. Brief) ~ **kalmak** 1. keine Antwort erhalten 2. unbeantwortet bleiben (z. B. Frage)
cevat, -dı [ā] 1. *va.* großzügig, freigebig 2. ≗ [×·] *mV*
cevaz [ā] 1. Nicht-Verbotensein *n*, Zulässigkeit *f* 2. Erlaubnis *f* ~ **görmek** als zulässig erachten ~ **göstermek** (*od.* **vermek**) (m. Dat.) die Erlaubnis gewähren, Zulaß gewähren, erlauben, zulassen **-ı istihdam kararı** *jur.* Rehabilitierungsbeschluß *m* (bei Amtsverlust) **-ı şer'î** die Tatsache, daß et. durch isl. Religionsgesetz nicht verboten ist
cevdet, -ti 1. *va.* Vortrefflichkeit, Untadeligkeit *f* 2. ≗ *mV*
cevelân 1. Kreislauf *m*, Zirkulation *f* 2. Rund-fahrt *f*, -gang, -flug *m*, Spazier-fahrt *f*, -gang *m* ~ **etmek** kreisen, zirkulieren, umlaufen (z. B. Gerüchte) **-i dem** Blutkreislauf *m*
cevelângâh *va.* best. Bezirk, in dem man sich bewegt z. B. **avcıların -ı** Jagdrevier *n*
cevf *an.* Höhle, Höhlung *f*, Innenraum *m* *boşluk, kovuk **-i batnî** s. Stw. **batnî; -i fem** s. **ağız boşluğu; -i peritonî** s. **karınzarı kovuğu; -i sadrî** s. Stw. **sadrî**
cevher 1. *biol.* Substanz *f*, Stoff *m* 2. *phil.* (unveränderliche) Substanz *f*, Dauerndes, Wesenhaftes *töz 3. Kern *m*, Wesentliches; Wesen *n* 4. Naturanlage *f; mst. mel.* gute Anlage; Begabung *f*, Talent *n* 5. Edelstein *m* 6. Erz *n* 7. *fr.* ein mit Punkt versehener Buchst. des ar. Alphabets (im ebced-Chronogramm) 8. Kraft, Energie *f* 9. Verzierung *f* (auf e−r Schwertklinge) ~ **fiili** s. **ekfiil;** ~ **tarih** s. **mücevher tarih;** ~ **yumurtlamak** (*od.* **saçmak**) s. **cevahir yumurtlamak; -ini tüketmek** am Ende seiner Kraft sein, ratlos dastehen, sich nicht mehr zu helfen wissen **-ler** *pl. a.:* Erzvorkommen *n od. pl.* **-i ebyaz** s. **akmadde; -i fert** s. **cüzüfert; -i sincabî** s. **bozmadde**
cevherci *phil.* 1. substantiell 2. Anhänger(-in *f*) *m* des Substantialismus *tözcü
cevhercilik *phil.* Substantialismus *m* *sübstansiyalizm, tözcülük
cevherî *z. va.* 1. auf Edelsteine *od.* Erz bezüglich 2. substantiell, stofflich 3. natürlich bedingt; naturwesentlich ~ **tarih** s. **mücevher tarih; fiili** ~ s. **ekfiil**
cevheriye s. **cevhercilik**
cevherli 1. wesentlich 2. begabt, talentiert 3. mit Edelsteinen besetzt (geschmückt usw.) 4. wertvoll 5. erzführend
cevir, -vri *va.* ungerechte und grausame Behandlung, Mißhandlung; Quälerei *f*
ceviz 1. Walnuß *od.* andere Nuß *f* *koz 2. **(ağacı)** echter Nußbaum *bot.* Juglans regia 3. Nußbaumholz *n od.* hieraus gefertigt 4. *naut.* Stek, Knoten, Schlag *m* ~ **boyası** Nußbeize *f* ~ **içi** 1. Nußkern *m* 2. geschälte Nüsse *pl.* ~ **kabuğu doldurmaz** *fig.* lächerlich unwichtig ~ **kabuğu gibi** wie e−e Nußschale (Schiff auf hohen Wellen) ~ **kurdu** Nußbohrer *m zo.* Datana ministra ~ **oyunu** *Ksp.*, bei dem Nüsse aus e−r best. Entfernung in e−e kleine Mulde *od.* nach e−m auf e−n kleinen Pflock gelegten Geldstück geworfen werden ~ **sucuğu** s. **sucuk** (2); **-i mâsil** *va.* s. **tatula** (1)
cevizgiller Walnußgewächse *pl. bot.* Juglandaceae *cevziye
cevizli mit Nüssen *od.* Nußbäumen ~ **sucuk** s. **sucuk** (2)

cevizlik, -iği mit Nußbäumen bestandener Garten
cevretmek [×··] (b–ne) *va.* ungerecht und grausam behandeln; quälen, peinigen
cevşen *hist.* Panzerhemd *n*
cevval [ā], **-li** lebhaft, regsam, rege (Geist, Person usw.)
cevvî s. **atmosferik**
Cevza [ā] 1. s. **İkizler** 2. *wV*
cevziye s. **cevizgiller**
Ceyhan *n.pr.* Stadt, D. und Fluß im Rbz. Adana
Ceyhun *n.pr. va.* Amu-Darja, Oxus *m* *Amu-Darya
ceylan Gazelle *f zo.* Gazella dorcas *gazal ~ **bakışlı** gazellen-, reh-äugig ~ **gibi** schlank wie e–e Gazelle ~ **kadar çevik** flink wie e–e Gazelle
ceyp, -bi *va.* 1. s. **cep** 2. s. **yaka** 3. *math.* Sinus *m* *sinüs **~i Hümayun** *hist.* Privatschatulle *f* des Sultans (getrennt von **Hazinei Hassa**); **-i tamam** *va. math.* Kosinus *m* *kosinüs Zu 1: vgl. **derceyp etmek**
ceyran *P* für **ceylan;** ~ **kâgıdı** *fr.* feinstes Pergament (für bes. wertvolle Handschriften)
ceyş *va.* Heer *n* s. **sevkulceyş**
ceyyit, -di *va.* gut, schön, rein; klar und frisch (z. B. Luft)
ceza [ā] 1. Strafe, Bestrafung *f* *kıyın 2. *gr.* der e–m Konditionalsatz folg. Hauptsatz; Apodosis *f* ~ **almak** 1. e–e Strafe bekommen, bestraft werden (*spez.* Schüler, Sportler) 2. mit Geldbuße belegen ~ **atışı** s. ~ **vuruşu;** ~ **basmak** j–m e–e Strafe aufbrummen ~ **çekmek** e–e Strafe verbüßen ~ **davası** *jur.* Straf-verfahren *n*, -prozeß *m* ~ **davası inhisarı** s. **amme davası;** ~ **dogmatiği** *jur.* Strafrechtswissenschaft *f* ~ **ehliyeti** (*od.* **-ya ehliyet**) s. **cezaî ehliyet;** ~ **faizi** *H* Verzugszinsen *pl.* ~ **görmek** bestraft werden ~ **günü** *rel.* Jüngstes Gericht ~ **hafiflemesi** (*od.* **indirilmesi**) *jur.* Strafmilderung *f* ~ **heyeti umumiyesi** *jur.* die vereinigten Strafsenate *pl.* ~ **hukuku** Strafrecht *n* ~ **kanunu** Strafgesetzbuch *n* ~ **kararnamesi** Strafbefehl *m* ~ **kesmek** 1. e–e Geldstrafe auferlegen bzw. (von dem Gehalt) abziehen 2. (b–ne) *Ch.* für j–n et. mitbestellen (Tee, Kaffee usw.) ~ **mahkemesi** Strafkammer *f* der ersten Instanz, Schöffengericht *n* ~ **muhakeme usulü** Strafprozeß(-verfahren *n*) *m* ~ **psikolojisi** Kriminalpsychologie *f* ~ **sahası** *Fb.* usw. Strafraum *m* ~ **siyaseti** Kriminalpolitik *f* ~ **takibatı** Strafverfolgung *f* ~ **takibatından vazgeçme** Niederschlagung *f* des Strafverfahrens ~ **ve tevkif evleri hukuku** Gefängnisrecht *n* ~ **vermek** 1. bestrafen 2. e–e Strafe bezahlen ~ **vuruşu** *Fb. u. ä.* Strafstoß *m* ~ **yazmak** s. **ceza kesmek** (1); ~ **yemek** *F* e–e (Geld-)Strafe aufgebrummt bekommen ~ **zamanaşımı** *jur.* Strafverjährung *f* **-da kanunîlik** (*od.* **-da mümaselet**) Vergeltung, Talion *f* **-ların cem'i sistemi** *jur.* Straf(en)häufung *f* **-nın düşmesi** (*od.* **-nın sukutu**) *jur.* Erlöschen *n* der Strafe **-nın hafiflemesi** (*od.* **-nın indirilmesi**) *jur.* Strafmilderung *f* **-nın infazı** Straf-vollstreckung *f*, -vollzug *m* **-nın şiddetlendirilmesi** *jur.* Straf(ver)schärfung *f* **-nın takdiri** Strafzumessung *f* **-nın tayini** *jur.* Strafmaß *n* **-nın tebdili** Strafumwandlung *f* **-nın tecili** Strafausstand, -aufschub *m;* Verurteilung *f* mit Bewährungsfrist **-sını bulmak** seine gerechte Strafe finden (bekommen) **-sını bulmak** (*od.* **çekmek**) 1. (bir işin) für et. büßen müssen; die Folgen von et. zu tragen haben 2. seine Strafe verbüßen **-sını tamamlamak** seine Strafe verbüßen **-ya çarptırılmak** in Strafe genommen werden, bestraft werden **-ya çarptırmak** sofort (bzw. schwer) bestrafen **-ya kalmak** nachsitzen müssen (Schüler) **-ya uğramak** verurteilt werden *mahkûm olmak **-yı ağırlatıcı sebepler** erschwerende Umstände, Straferhöhungs-, Strafverschärfungs-gründe *pl.* **-yı hafifletici sebepler** mildernde Umstände, Strafmilderungsgründe *pl.* **-yı kaldıran sebepler** Strafausschließungs-, Strafaufhebungs-gründe *pl.*
cezaen [ā] *va. Adv.* als (*od.* zur) Strafe
cezaevi, -ni (heute offiziell für **hapishane**) Strafanstalt *f*, Justizvollzugsanstalt *f*, (Gefängnis *n*) ~ **hukuku** s. **ceza ve tevkif evleri hukuku**
cezaî [·– –] Straf-, Strafgesetz-, straf-gesetzlich, -rechtlich ~ **ehliyet** *jur.* Zurechnungsfähigkeit, Strafmündigkeit, Schuldhaftigkeit, Strafwürdigkeit *f* ~ **hükümler** Strafbestimmungen *pl.* ~ **mesele** *jur.* Strafsache *f* ~ **mesuliyet** (*od.* ~ **sorumluluk**) *jur.* strafrechtliche Verantwortung ~ **şart** *jur.* Vertrags-, Konventional-strafe *f* *sözleşme kıyını (*od.* cezası)
cezair [ā] *va. Pl.* zu **cezire;** **~i İsnaaşer** *va.* s. **Oniki Ada (-lar); -i müçtemia** s. **takımada(-lar); -i Seb'a** *va.* s. **Yedi Adalar**
cezalandırmak [·–···] bestrafen; e–e Strafe verhängen (über)
cezalanmak [·–··] bestraft werden
cezalet [ā], **-ti** *va.* sprachliche Korrektheit
cezalı [ā] 1. bestraft 2. Straf- ~ **erler bölüğü** *mil.* Strafkompanie *f* ~ **posta ücreti** Strafporto *n*
cezasız ohne Strafe; nicht bestraft; straf-frei, -los
Cezayir *n.pr.* 1. (**şehri**) Stadt *f* Algier 2. Land *n* Algerien ~ **dayısı** *hist.* osm. Militärgouverneur in Algier, Tripolis und Tunis; Dey *m* (bis 1830) ~ **dayısı** (*od.* **kadısı**) **gibi kurulmak** sich in die Brust werfen, sich in Positur setzen ~ **menekşesi** Immergrün *n bot.* Vinca ~ **ocağı** *hist.* die algerischen Janitscharen *pl.*, die Militärkolonie Algier
Cezayirli 1. Algerier(-in *f*) *m* 2. algerisch
cezbe Ekstase *f*, mystische Verzückung
cezbelenmek in Ekstase, Verzückung geraten
cezbeli ekstatisch, verzückt
cezbetmek [×··] 1. anziehen (Magnet) *çekimlemek 2. *fig.* anziehend, sympathisch wirken; bezaubern 3. ein-, aufsaugen
cezi, -z'i *va.* 1. Baumstamm *m* 2. Rumpf *m* *(1, 2) gövde
cezim, -zmi 1. *va.* Durch-, Ab-schneiden *n*, Amputieren *n* 2. (in der ar. Schrift) diakritisches Zeichen für die Vokallosigkeit e–s Konsonanten 3. (*a.* **kalın** ~) Ornament in der ar. Kunstschrift 4. fester Entschluß; Entschlossenheit, Willenskraft *f* 5. Gewißheit, Bestimmtheit *f*
cezimli 1. mit dem **cezim** genannten Zeichen bzw. Ornament ausgestattet 2. fest entschlossen, energisch, willensstark 3. gewiß, bestimmt ~ **tirfil** e–e Abart des **tirfil** genannten Ornaments (in der ar. Kunstschrift)
cezir (I), **-zri** 1. *bot. math.* Wurzel *f* *kök 2. *gr.* Wurzel (-wort *n*) *f* *köken, maddei asliye 3. *chem.* Radikal *n*, Grundstoff *m* *kök 4. s. **yabanî şeker havucu;** ~ **işareti** s. **kök işareti; -ini almak** *math.* radizieren **-i arızî** s. **ek kök; -i mikâp** s. **küp kök; -i murabba** s. **kare kök; -i rişî** s. **saçak kök; -i vetedî** s. **kazıkkök**
cezir (II), **-zri** *geogr.* Ebbe *f* ~ **hali** s. **inik deniz;** ~ **hareketi** s. **inme; -i kâmil** s. **büyük gidim**
cezire [ī] *va.* Insel *f* *ada
cezmen *va.* mit Bestimmtheit
cezmetmek [×··] 1. *va.* durch-, ab-schneiden, amputieren 2. (in der ar. Schrift) e–n Konsonanten mit dem diakritischen Zeichen der Vokallosigkeit versehen 3. sich entschließen; beschließen 4. genau wissen *od.* verstehen
cezmî 1. *va.* gewiß, bestimmt 2. **Cezmi** [×·] *mV*
cezp, -bi 1. Anziehung *f* 2. Charme, Anreiz *m*, Verlockung, Betörung *f* 3. Ein-, Auf-, An-saugen *n*
cezrî 1. radikal, grundlegend, fundamental 2. *chem.* zu e–m Radikal gehörig *köksel
cezrîlik, cezriye s. **radikalizm**
Cezuliye *n.pr.* ein Zweig des **Şazeliye**-Ordens
cezve kleines Stielgefäß zur Zubereitung von türk. Kaffee ~ **sürmek** den Kaffeekocher aufs Feuer setzen
cezvit(-lik) s. **cizvit(-lik)**

cezzar [ā] *va.* 1. (Kamel-)Schlächter *m* 2. *fig.* Despot, Tyrann *m* 3. *fig.* grausam, blutrünstig
cf (= cost and freight) *H* Verkaufspreis *m* einschließlich Fracht- und Verlade-kosten
C.H.P., CHP = Cumhuriyet Halk Partisi
C.H.P.'li s. **Cehepeli**
-cı s. **-ci**
cıbıl *dial.* 1. nackt 2. arm, besitzlos
cıbır *dial.* 1. s. **cıbıl** 2. schwächlich, bedauernswert
cıcık, -ığı 1. rohes Fleisch (ohne Haut) 2. *reg.* innere Organe; Innereien *pl.* **-ı çıkmak** sich abnutzen **-ını çıkarmak** (durch vielen Gebrauch) abnutzen, übel zurichten, ruinieren
cıdağı, cıdağu, cıdav *P* Widerrist *m* (des Pferdes)
cıdıroğlu, -nu *dial.* Veranstalter und Leiter von Volkstänzen (in anatol. Dörfern)
cıgara [×··] (*a.* **sigara**) Zigarette *f* ~ **ağızlığı** Zigarettenspitze *f* ~ **bademi** s. **kâğıt bademi;** ~ **içmek** Zigaretten rauchen ~ **kâğıdı** Zigarettenpapier *n* ~ **kâğıdı gibi** hauchdünn ~ **molası** Zigarettenpause *f* ~ **salonu** Rauchsalon *m* ~ **tablası** Aschenbecher *m* ~ **yakmak** (sich) e–e Zigarette anzünden **-sını daima atacağı -sından yakmak** (sich immer e–e Zigarette an der andern anzünden
cıgaracı s. **sigaracı**
cıgaralık 1. s. **sigaralık** 2. *V* Haschisch *n*
cığa *dial.* verschiedenfarbige Federn *od.* Rauschgoldplättchen im Kopfputz e–r Braut (Anatolien)
cığıldamak s. **çağıldamak**
cık cık tz! tz! (Int. der Überraschung *od.* der beipflichtenden Mißbilligung)
-cık s. **-cik**
cıklamak schnalzen
-cıl s. **-cil**
-cılayın s. **-cileyin**
cılgar s. **çıvgar**
cılgıt, -tı *geogr.* Moorboden *m*
-cılıyın s. **-cileyin**
cılız mager, abgemagert, kraftlos, elend, schwach, schwächlich ~ **eser** schwächliches Werk; Machwerk *n* ~ **neticeler** magere Resultate *pl.*
cılızlaşmak abmagern, kraftlos (elend, schwach) werden *kurumak
cılızlık Magerkeit, Kraftlosigkeit, Schwächlichkeit *f*
cılk, -kı 1. überreif und verdorben (Früchte) 2. faul und stinkend (Ei) *iğdin 3. eiterig *od.* nässend (Wunde) ~ **çıkmak** 1. überreif und verdorben sein (Früchte) 2. faul sein und stinken (Eier) 3. *fig.* sich als Niete (taube Nuß) herausstellen; miß-glücken, -lingen, keinen Erfolg haben (z.B. Plan) ~ **olmak** verderben (z.B. Eier) **-ı çıkmak** (b–nin) *F* ganz erledigt sein (Person; z.B. vor Hitze)
cılkava aus dem Nackenfell e–s Wolfes *od.* Fuchses gearbeiteter Pelz
cıllık s. **cıcık**
cımbar Breithalter *m* (am Webstuhl)
cımbıstra [·×·] *selt.* s. **cımbız**
cımbız 1. Pinzette *f* 2. Noppeisen *n* (des Webers) 3. kränkendes Wort
cımbızlamak noppen
cınak s. **cırnak**
cıncık *dial.* Glas- und Porzellanwaren *pl.* *zücaciye ~ **boncuk** unechter Schmuck; Straß *m*
cıngıl s. **cingil**
cıngır s. **çıngır**
cır (Lm. e–s schrillen Klingelns) klingeling! ~ ~ (Lm. e–s andauernden, dumpferen *od.* schrilleren, auf die Nerven gehenden Geräusches) knarrend, quäkend, plärrend, zirpend, zeternd, durchdringend, schrill **Sabahtan akşama kadar** ~ ~ **öter.** Von morgens bis abends plärrt er daher. ~ ~ **etmek** laut und unaufhörlich schwatzen; ungereimtes Zeug reden ~ ~ **olmak** *P* Durchfall haben *iç sürgünü olmak
cırboğa 1. s. **aktavşan** 2. *fig.* mageres, schwächliches Kind
cırcır 1. Quäken, Plärren *n* 2. lästiger Schwätzer; Schwatzbase *f* 3. s. **kaynana zırıltısı;** 4. s. **cırcırböceği;** ~ **delgi** (*od.* ~ **matkap**) Drillbohrer *m*
cırcırböceği, -ni 1. Feldgrille *f zo.* Gryllus campestris 2. Heimchen *n,* Hausgrille *f zo.* Gryllus domesticus
cırcırlı tornavida *techn.* Drillschraubenzieher *m*
cırdaval *fr.* langer Speer (mit Eisenspitze); Lanze *f*
cırdavallı *fr.* mit **cırdaval** bewaffneter Soldat
cırgana [·×·] *naut.* Schalstück *n od.* Wuhling *f* (für Masten, Spieren usw.) ~ **etmek** verschalen (Mast), mit Tauen umwickeln, bewuhlen (Spiere)
cırıkçı *V* wer Streit anfängt; Radaubruder, Krakeeler *m*
cırıldamak knarren, quäken, plärren; zirpen (Grillen, Zikaden); zetern, schrill und durchdringend ertönen
cırıltı Knarren, Quäken, Plärren, Zirpen, Zetern *n;* schrilles und durchdringendes Geräusch
cırlak 1. knarrend, quäkend, plärrend, zirpend, zeternd; durchdringend und schrill (Geräusch, Stimme) 2. grell, aufdringlich (z.B. Farben) 3. *P* s. **cırcırböceği;** ~ **sıçan** s. **hamster**
cırlamak s. **cırıldamak**
cırlanmak 1. dauernd knarren, quäken usw. (vgl. **cırıldamak**) 2. vor sich hinbrummen; brummeln
cırlayık, -ığı Würger *m zo.* Lanius
cırnak *P* Kralle, Klaue *f* (e–s Raubtiers)
cırnık Abflußrohr *n* (in e–m Staudamm)
cırrr s. **cır**
cırt! ritsch! ratsch!
cırtlak 1. s. **cırlak** (1) 2. eitler Schwätzer; Angeber *m* 3. überreif und aufgesprungen (Tomaten, Obst)
cırtlamak (*intr.*) 1. knirschend zerreißen (Papier usw.) 2. überreif sein und aufplatzen (Tomaten, Obst)
cıscıbıl *P* 1. splitterfasernackt 2. ohne jeglichen Besitz
cıscıvık *Verst.* von **cıvık**
cıva [×·] 1. *chem.* Quecksilber *n* 2. *V* funkelnagelneu 3. Barometer *n* ~ **gibi** quecksilbrig; schwer zu bändigen (Kind) ~ **sütunu** Quecksilbersäule *f*
cıvadra [·×·] *naut.* Bugspriet *n* ~ **çarmıkları** Bugsprietwanten, Backstage *pl.* ~ **destemorası** Bugspriet-Eselshaupt *n* ~ **döşeği** (*od.* **yatağı**) Bugsprietfischung *f* ~ **gönderi** s. ~ **sancak gönderi;** ~ **gözcüsü** Ausguck, Beobachtungsposten *m* ~ **sakalı** Stampfstock *m* am Bugspriet ~ **sancağı** Gösch *f*, kleine Flagge ~ **sancak gönderi** Göschstock, Bugflaggenstock *m* ~ **sereni** Ausleger *m* des Klüverbackstags ~ **tringa etmek** die Bugsprietzurring einscheren ~ **tringaları** Bugsprietzurring *f* ~ **yelkeni** *fr.* Sprietsegel *n*
cıvalı 1. quecksilberhaltig *od.* mit Quecksilber hergestellt 2. beschwert, gefälscht (Würfel) ~ **barometre (termometre)** Quecksilber-barometer, (-thermometer) *n* ~ **maden halitası** Amalgam *n*
cıvasız 1. kein Quecksilber enthaltend; ohne Quecksilberzusatz 2. nicht mit Quecksilber beschwert; echt (Würfel)
cıvata [·×·] 1. Kopf-, Steck-schraube *f*, (Schraub-)Bolzen, Stift *m* 2. *naut.* Betingsbolzen *m* ~ **anahtarı** Schraubenschlüssel *m* ~ **başı** Bolzenkopf *m* ~ **somunu** Schraubenmutter *f*
cıvatalama Verbolzung *f*
cıvatalamak verbolzen
cıvgar s. **çıvgar**
cıvık 1. schmierig, klebrig, zäh, schleimig 2. *fig.* albern, läppisch, auf-, zu-dringlich *sulu ~ **çamur** klebriger (Straßen-)Schmutz
cıvıklamak 1. s. **cıvıklanmak** 2. s. **cıvıtmak**

cıvıklanmak; cıvıklaşmak 1. schmierig *od.* klebrig werden 2. *fig.* albern *od.* aufdringlich werden 3. *fig.* aus dem geregelten Gang kommen; schiefgehen (z. B. Angelegenheit)
cıvıklık 1. Schmierig-, Klebrig-sein *n* 2. *fig.* albernes läppisches Benehmen; Auf-, Zu-dringlichkeit *f*
cıvıkmak *V* auf-, zu-dringlich werden
cıvıkmantarlar Schleimpilze *pl. bot.* Myxomycetes *futuru muhatiye
cıvıl cıvıl 1. zwitschernd (Vögel) 2. piepend (Küchlein) 3. fröhlich lachend und plaudernd 4. belebt, verkehrsreich (Gegend) ~ ~ **ötmek** s. **cıvıldamak**
cıvıldamak 1. zwitschern (Vögel) 2. piepen (Küchlein) 3. fröhlich lachen und plaudern
cıvıltı 1. Zwitschern, Gezwitscher *n* 2. Piepen *n* 3. fröhliches Lachen und Plaudern
cıvıltılı munter, fröhlich
cıvımak 1. s. **cıvıklanmak** 2. s. **cıvıkmak**
cıvıtmak 1. schmierig, klebrig werden lassen 2. aus dem Gleis bringen; verderben (Vergnügen; vernünftiges Gespräch usw.); schiefgehen lassen (Angelegenheit)
cıvmak s. **çıvmak**
cıyak, -ağı 1. Gekrächze, Geschrei *n* (von Krähen usw.) 2. *reg.* s. **çaylak;** ~ ~ **bağırmak** s. **cıyaklamak**
cıyaklamak jämmerlich schreien (z. B. Kinder)
cıyırdamak *(intr.)* knirschend zerreißen (Papier, Leinwand usw.)
cıyırtı knirschendes Geräusch (bei Zerreißen von Papier, Leinwand usw.)
cız 1. *Ki.* Feuer *n* *ateş 2. Brutzeln, Zischen *n* 3. Lm. e–s plötzlichen scharfen Schmerzes Zu 3: **Arı** ~ **diye soktu.** Pieks, da stach ihn die Biene. ~ **etmek: Bu manzara karşısında yüreğim cız etti.** Bei diesem Anblick krampfte sich mir das Herz zusammen.
cızbız auf dem Rost gebraten; gegrillt (*spez.* **köfte**)
cızdam *V* Verschwinden, Verduften *n* ~ **etmek** *od.* **-ı çekmek** *V* sich davonmachen, verschwinden, verduften, abhauen, türmen
cızık, -ığı 1. die (bei Auslassen von **kuyrukyağı** entstehenden) Grieben *pl.* 2. s. **çizgi**
cızıktırmak hinkritzeln, hin-, zusammen-schmieren
cızıldamak s. **cızırdamak**
cızıltı(-lı) s. **cızırtı(-lı)**
cızır cızır 1. brutzelnd, zischend 2. knirschend (z. B. Glas beim Schneiden) 3. leicht kratzend (z. B. Feder beim Schreiben) ~ ~ **etmek** s. **cızırdamak**
cızırdamak 1. brutzeln, zischen 2. knirschen 3. leicht kratzen 4. überstürzt und unverständlich reden
cızırtı 1. Brutzeln, Zischen *n* 2. Knirschen *n* 3. leichtes Kratzen
cızırtılı 1. brutzelnd, zischend 2. knirschend 3. leicht kratzend
cızlam *V* s. **cızdam**
cızlamak 1. s. **cızırdamak** 2. (in Verb. mit **iç** *od.* **yürek**) s. **cız etmek**
cızlamlamak *V* s. **cızdamı çekmek**
cızlatmak 1. s. **cızırdatmak** 2. s. **yüreği** ~
cızsineği, -ni s. **büvelek**
-ci (-cı, -cu, -cü; -çi, -çı, -çu, -çü; bei deverbaler Ableitung mst. **-ici, -ıcı, -ucu, -ücü)** (Produktives Sx.; im wesentlichen denominal und deverbal, jedoch auch bei anderen Wortarten *od.* satzähnlichen Gebilden begegnend) 1. wer e–e best. Tätigkeit regelmäßig *od.* gel. ausübt 2. wer e–e best. Einstellung (Gewohnheit, Vorliebe usw.) erkennen läßt 3. bei adj. Verwendung mst. durch ein Part. Präs., gel. a. durch ein Adj. wiederzugeben 4. *gel. a.* als Ersatz von *pers.* **-cu** Zu 1: s. **boyacı, eskileralayımcı, gazeteci, kimyacı, kitapçı, kunduracı** usw. – **davacı, davetçi, futbolcu; kan verici; tezahüratçı, yolcu** usw. Zu 2: s. **bedavacı, cumhuriyetçi, itaatçi, kralcı, nemelâzımcı, pekiefendimci, revizyoncu, statükocu, ucuzcu, yalancı** usw. Zu 3: s. **boğucu sıcak; geçici heves; memnuniyet verici; yatıştırıcı sözler; yırtıcı hayvan** usw. Zu 4: s. **cidalci, harpçı** usw.
cibal, -li [ā] (*va. Pl.* zu **cebel**) Berge *pl.*, Gebirge *n*
cibavet; cibayet, -ti [ā] Erhebung *f* (von Steuern, Abgaben usw.) ~ **etmek** erheben, einnehmen
Cibaviye s. **Sadiye**
cibillet s. **cibilliyet**
cibillî natürlich, angeboren, natureigen, kongenital *fıtrî, hilkî
cibilliyet, -ti Naturanlage *f*, Naturell *n*, Charakter *m*, Veranlagung *f* **-i bozuk** s. **cibilliyetsiz** (1)
cibilliyetsiz 1. charakterlich *od.* moralisch niedrigstehend; gemein, charakterlos 2. geizig, knauserig
cibin *va.* Stechmücke *f*, Moskito *m*, Papatacciflige *f* u. ä. m.
cibinlik 1. Moskitonetz *n*, Mull-, Tüll-vorhang *m* 2. *va.* moskitoverseuchte Gegend ~ **kurmak** das Moskitonetz aufspannen
cibre [×·] Treber, Trester *pl.* (von ausgepreßten Früchten) ~ **rakısı** Treber-Raki *m* *düz rakı
Cibril [·–] s. **Cebrail**
cici *Ki.* 1. schön, hübsch, nett, niedlich, lieb, brav, gut 2. et. Schönes, Hübsches usw.; Spielzeug, Schmuckstück, Sächelchen *n*, Putz *m* ~ **baba** *V* (halb vertraulich, halb ehrende Anrede; etwa): Verehrtester! Meister! ~ **bebek** liebes Kindchen ~ **bey** *spött.* schöner Herr ~ **bici** 1. niedlich, hübsch, nett (kleinere Gegenstände) 2. hübsches Sächelchen, kleine Zierfigur ~ **burun** Himmelfahrtsnäschen *n* ~ **el** *Ki.* das gute (*d. h.* das rechte) Händchen ~ **mama** *V* erste geschlechtliche Liebe e–s jungen Mannes **-m!** mein Süßes! mein Liebling! **-m pilicim!** mein Herzchen! mein süßer Liebling!
ciciali *Kspz.* Glasmurmel *f*
cicianne *Ki. gel.* Bez. für die Großmutter *od.* e–e nahestehende Verwandte ähnlichen Alters; (*selt.* für die Stiefmutter)
cicik s. **icik**
cicili bicili mit auffälligem Schmuck überladen (z. B. Kleid); herausstaffiert
cicim 1. dünner, gestrickter, aus schmalen Einzelteilen zusammengenähter Kelim, der als Vorhang *od.* Decke dient 2. s. Stw. **cici**
cicoz 1. *Kspz.* Murmel *f* 2. *Ksp.* Murmelspiel *n* 3. *V* rein gar nichts vorhanden (*spez.* Geld) ~ **oyunu** ein Gesellschaftsspiel, bei dem die im Kreis sitzenden Mitspieler e–n auf e–r Schnur aufgereihten Ring, den der **ebe** (*q. v.*) suchen muß, weiterschieben
cicozlamak *V* abhauen, verduften, verschwinden
cidal, -li [ā] 1. Kampf *m*, Schlacht *f* 2. Streit *m*, Auseinandersetzung *f* **-i hayat** *va.* Kampf *m* ums Dasein
cidalci; cidalcu [ū] *(beides va.)* [·––] *va.* streitfertig (z. B. Publizist)
cidar [ā] *biol., phys.* (Seiten-, Scheide-)Wand, Innenseite *f* *çeper
cidarî [·––] *va.* wandständig, parietal **azmı** ~ s. **yan kafa kemiği**
cidarlı [ā] mit (nb.) Wand; -wandig **ince** ~ **mermi** *mil.* dünnwandiges Geschoß
Cidde *n.pr.* Dschidda (Stadt am Roten Meer)
cidden [×·] *Adv.* 1. ernstlich, im Ernst 2. wirklich, tatsächlich 3. (zur Bez. e–s Elativs) sehr, überaus, äußerst
ciddî *(a. Adv.)* 1. ernst, seriös, gediegen 2. ernsthaft, ernstgemeint, ohne Spaß 3. belehrend, sachlich (nicht zur Unterhaltung dienend) 4. wichtig, bedeutungsvoll 5. wahr,

wirklich, tatsächlich 6. solide, vertrauenswürdig 7. genau, sorgfältig 8. kritisch, gefährlich; ernst zu nehmend ~ **mukavemet** ernsthafter Widerstand ~ **söylemek** im Ernst sprechen (**≗ mi söylüyorsun?** Ist das wirklich dein Ernst?) **-ye almak** 1. et. für Ernst halten 2. et. ernstnehmen
ciddîleşmek 1. ernst(-er) werden, kritisch(-er) werden, sich verschärfen 2. bedrohlich werden, sich zuspitzen (z. B. Lage)
ciddîlik; ciddiyet, -ti 1. Ernsthaftigkeit, Seriosität, Solidität, Vertrauenswürdigkeit *f* 2. Wahrheit, Wirklichkeit *f* 3. Ernst *m* (der Lage); Gefährlichkeit *f*
Cide *n.pr.* O. u. D. im Rbz. Kastamonu
cif *mst.* [sif] *H* **(c.i.f. = cost, insurance, freight)** Verkaufspreis *m* einschließlich Versicherung und Frachtgebühren
cife [ī] *va.* 1. Kadaver *m,* Aas *n* *leş 2. et. Widerwärtiges ~ **herif** ekelhafter Kerl
cifeleşmek *z. va.* ekelhaft, abstoßend wirken
cifir, -fri Onomantie *f* (Wahrsagen *n* aus Zahlen, Namen, Zeichen und Buchstaben)
cifrî 1. onomantisch 2. Wahrsager *m*
cigara s. **cıgara**
cigaret, -ti (< ciğer + et) Name e–s *spez.* in Diyarbakır u. Siirt im Februar abgehaltenen Volksfestes
ciğer 1. Lunge *f* *akciğer 2. Leber *f* *karaciğer 3. s. ~ **takımı** 4. lebenswichtige Teile *pl.* des Körpers *spez.* Herz *n* 5. Inneres e–r Sache 6. Person *f,* Mensch *m* 7. Gesamtbezeichnung der Empfindungen 8. Mut *m* 9. (Kosewort) Liebling *m* Zu 6: **Senin -in kaç para eder?** Was ist schon an dir dran? ~ **acısı** Schmerz *m* über den Verlust e–s Kindes ~ **sote(-si)** gedünstete Leber ~ **sökmek** *fig.* j–m das Herz aus dem Leibe reißen ~ **takımı** Herz, Leber und Lunge (zusammen) ~ **tavası** gebackene Leber ~ **yahnisi** gedünstete Leber und Lunge (mit viel Zwiebeln) ~ **yosunu** 1. vielgestaltiges Leberkraut *bot.* Marchantia polymorpha 2. echte Lungenflechte *bot.* Lobaria pulmonaria **-e ateş düşmek** e–n großen Schmerz erleiden **-i ağzına gelmek** s. **canı ağzına gelmek. ≗i beş para etmez.** Der ganze Kerl ist keinen roten Heller wert. Nichtsnutz, Taugenichts, Tagedieb *m* **-i dağlı** tief bekümmert **-i kebap olmak** sehr leiden *spez.* Liebeskummer haben **-i sızlamak** 1. j–n sehr schmerzen 2. j–m das Herz zerreißen **-i yanmak** 1. große Schmerzen ausstehen; Qualen durchmachen 2. e–n Stich im Herzen verspüren **-im** (*od.* **-imin köşesi**) mein Liebling! **-ine** (*od. va.* **ciğergâhına kadar**) **işlemek** (b–nin) j–m ans Herz greifen, sehr nahegehen; j–n sehr betrüben **-ini dağlamak (doğramak, yakmak)** j–m das Herz zerreißen **-ini delmek** j–n durchbohrend ansehen **≗ini dişleyesin!** (halb scherzhaft) Zerreißen soll es dich! **-ini okumak** (*od.* **-inin içini bilmek**) 1. j–s Gedanken lesen können 2. j–n genau kennen *od.* durchschauen **-ini sökmek** grausam behandeln, malträtieren **-leri bayram etmek** 1. e–e bes. gute (Zigaretten-)Marke rauchen 2. den Lungen et. Gutes antun a) durch frische Luft b) *iron. V* auf Lunge rauchen; inhalieren
ciğerci 1. Kaldaunenhändler *m* (der Leber, Lunge, Kaldaunen, Hammel-beine, -köpfe usw. verkauft) 2. Garkoch *m* (der Lebergerichte herstellt) 3. herumziehender Händler, der Leber und Lunge verkauft ~ **sırığı** schmal und hochaufgeschossen (Mensch), *F* reinste Bohnenstange
ciğerdeldi 1. Lochstickerei *f* 2. Lochstecher *m* (Werkzeug)
ciğerköşe s. **ciğerparçası, ciğerpare**
ciğerotları, -nı Lebermoose *pl. bot.* Hepaticae *ciğeryosunları, kebediyeler
ciğerotu, -nu 1. isländische Tartschenflechte *bot.* Cetraria islandica, *pharm.* isländisches Moos 2. gebräuchliches Lungenkraut *bot.* Pulmonaria officinalis
ciğerparçası; ciğerpare [ā] Liebling *m,* Herzchen, Schätzchen *n*
ciğeryosunları, -nı s. **ciğerotları**
cihadiye [ā] alte türk. Silbermünze von 200 Para (= 5 Kurusch) (zur Deckung von Kriegskosten; 1810)
cihan [ā] Welt *f* *âlem, dünya ~ **âlem** *P* alle Welt, jedermann ~ **efkârı** Weltmeinung *f* ~ **harbi** Weltkrieg *m* *umumî harp ~ **yandı** (Name) Sexbombe *f* **-a gelmek** zur Welt kommen; geboren werden **-dan el çekmek** dahinscheiden, sterben **-ın yangınlarına salâ okumak** provozieren, herausfordern
Cihanbeyli *n.pr.* O. u. D. im Rbz. Konya
cihandeğer [ā] *va.* von unschätzbarem Wert
cihandide [·‒‒·] *va.* wer die Welt gesehen hat; wer große Erfahrung besitzt
cihangir [·‒‒] 1. Welteroberer *m* 2. ≗ *n.pr.* a) *mV* b) ein nach dem früh verstorbenen Sohn von Kanunî Süleyman benannter Stadtteil von Istanbul
cihangirlik [·‒‒·] 1. Charakter *m od.* Taten *pl.* e–s Welteroberers 2. Welteroberung *f* ~ **hırsı** (*od.* **sevdası**) Welteroberungsgelüste *pl.*
cihannüma [·‒·‒] 1. *va.* die Welt zeigend 2. *va.* Weltkarte *f od.* Werk *n* (*spez.* von Kâtip Çelebi) über die gesamte Erdkunde 3. Aussichts-terrasse *f,* -zimmer *n*
cihanşümul, -lü [·‒·‒] welt-umfassend, -weit ≗ **Posta İttihadı** s. **Milletlerarası Posta İttihadı;** ~ **şöhretli İspanyol mugannisi** der weltberühmte spanische Sänger
cihar [ā] (< *pers.* **çihar**) *(Wü. spez. Tr.sp.)* vier *dört **-dü, -üdü, -ıdü** vier und zwei **-üse, -ıse** vier und drei (**Ciharıse severler güzeli genç ise.** Stereotype Ra. beim Wurf von vier und drei) **-üyek, ıyek** vier und eins
cihat (I), **-tı** [ā] *va. Pl.* zu **cihet;** ~ **kalemi** e–e Abteilung in der Verwaltung der Frommen Stiftungen; s. a. **cihet** (5); **-ı asliye** *od.* **-ı erbaa** s. **anayönler**
cihat (II) [ā], **-dı** 1. (*a.* **mukaddes** ~ *od.* ~ **fisebilillah**) der Heilige Krieg (der Mohammedaner) 2. *mV* **-ı ekber** *va.* Kampf *m* gegen die eigenen Gelüste
cihaz [ā] 1. s. **çeyiz** 2. *a. chem., phys.* Apparat *m* 3. Besteck *n* (e–s Chirurgen) 4. *biol.* Apparat *m,* Organe *pl.,* System *n* 5. was für die Bestattung e–s Toten erforderlich ist ~ **sigortası** Aussteuer-, Ausstattungs-versicherung *f* ~ **usulü** System *n* der Ehesteuer (bei Gütertrennung), Dotalvertragssystem *n* **-ı basar(-î)** s. **görme aygıtı; -ı hazmî** s. **sindirim aygıtı; -ı müfriğ** s. **boşaltım aygıtı; -ıtenasülü şeybiye** s. **apotek; -ı teneffüs** s. **solunum aygıtı**
cihazla(-ndır)mak ausrüsten, versehen, ausstatten (mit) *teçhiz etmek
cihazlanmak [·‒··] Pass. *od.* Refl. zu **cihazlamak**
cihet, -ti 1. Seite, Richtung, Gegend *f* 2. Hinsicht *f,* Gesichtspunkt *m,* Überlegung *f* 3. *math., phys.* Richtungssinn *m* *(1–3) yön, (1, 2) yan 4. Umstand *m,* Tatsache *f,* Punkt, Grund *m,* Ursache *f* 5. e–e von der Verwaltung der Frommen Stiftungen bezahlte Tätigkeit (*spez.* Moscheedienst) 6. *phil.* Modalität *f* *kiplik, keyfiyet 7. **(olduğu -le)** da, weil; in Anbetracht, daß ... Zu 2: **Ispanağın vitamin -inden ne kadar zengin olduğunu bilirsiniz.** Sie wissen, wie vitaminreich Spinat ist. s. a. **bir -ten** Zu 4: **Hasta idi; bu -ten gelemedi.** Er war krank; deshalb konnte er nicht kommen. **bu -i takdir ederek** in Würdigung dieser Tatsache ~ ~ 1. hier und da; verschiedenerorts 2. hierher und dorthin ~ **tayini** *mil.* Orientierung, Ortung *f* **-i askeriye** Militärbehörde *f*
cihetleme *math.* 1. Geben *n* e–s best. Richtungssinnes *yöneltme 2. Verlauf *m* in e–m best. Richtungssinn *yönelme
cihetlenmek *math.* e–n best. Richtungssinn besitzen *yönelmek

cihetlenmiş *math.* in e–m best. Richtungssinn verlaufend *yöneltik, yönlü
cik cik etmek piepen, fiepen (Maus)
-cik (-cık, -cuk, -cük; -çik, -çık, -çuk, -çük); (vgl. a. **-cak, -cek**) *Produktives denominales Sx.* 1. bei zwei- und mehrsilbigen Grundwörtern (ausgenommen Vn. und Verwandtschaftsbez.) vorwiegend Dim.bed. 2. bei einsilbigen Grundwörtern überwiegt Ästimativbedeutung (liebevolle *od.* ehrende Anrede, Ironisierung usw.) 3. bei Vn. durchweg liebevolle Anrede 4. Zu **Mehmetçik** s. das ges. Stw. Zu 1: **adamcık** Männchen, Kerlchen *n* **ayacık** Füßchen *n* **buruncuk** Näschen *n* Zu 2: **beyciğim** (bes. von Verkäufern viel verwendet) mein (lieber) Herr! Zu 3: **Eminciğim!** (mein) lieber Emin! **Nuriyeciğim!** (meine) liebe Nuriye! Zu 4: **anneciğim** liebe Mutter!
-cil (-cıl, -cul, -cül; -çil, -çıl, -çul, -çül) *(erstarrtes denominales mehrdeutiges Sx.)* s. **adamcıl, akçıl, balıkçıl, bencil, böcekçil, etçil, insancıl, kırçıl, tavşancıl, tuzcul** usw.
cilâ 1. Politur *f*, Glanz *m* 2. Glasur *f* 3. Poliermittel *n*, Glanzfarbe *f*, Bohnerwachs *n*, Schuhcreme *f*, Lack, Firnis *m* 4. *fig.* glänzender Anstrich, Firnis *m*, Tünche *f* ~ **ağacı** Lichtnußbaum, Bankul *m bot.* Aleurites moluccana ~ **bezi** Polierlappen *m* ~ **etmek** s. **cilâmak;** ~ **macunu** Bohnerwachs *n* ~ **makinesi** Poliermaschine *f* ~ **mumu** Glättwachs *n* ~ **sürmek (vermek, vurmak)** s. **cilâlamak;** ~ **topu** Polierballen *m* ~ **tozu** Polier-, Schleif-pulver *n* ~ **yağı** Polieröl *n*
cilâcı Polierer, Lackierer *m*
cilâlamak polieren, lackieren, firnissen, wichsen
cilâlı poliert, lackiert, gefirnißt, gewichst ~ **kâğıt** s. **perdahlı kâğıt;** ~ **taş devri** Neolithikum *n*, Jungsteinzeit *f* *neolitik çağ
cilâsız unpoliert, ungewichst
cilâsun (*urspr.* Held *m;* in der Füg.:) ~ **gibi** 1. großgewachsen, stattlich 2. kräftig und beherzt
cilav Kopfzeug *n*, Halfter *n*, *m* (e–s Pferdes)
cilbent, -di 1. *va.* große Aktentasche *od.* großes Notizbuch 2. *va.* chirurgisches Besteck 3. *selt.* Akten-, Schnell-hefter, Ordner *m* *klasör, sıralaç 4. Kartonmappe *f* (für Bilder, Zeichnungen usw.)
cildî Haut-, dermatisch *derisel ~ **hastalıklar** Hautkrankheiten, Dermatosen *pl.* ~ **ihsaslar** s. **deri duyumları**
cildiye 1. Hautkrankheiten *pl.* 2. Dermatologie *f* 3. Hautklinik *f* bzw. dermatologische Abteilung in e–m Krankenhaus 4. Kosten *pl.* für das Binden e–s Buches
cildiyeci Dermatolog-e *m*, -in *f*, Haut-arzt *m*, -ärztin *f*
-cileyin; -ciliyin (bzw. **-cılayın; cılıyın**) (an Sb. *od.* Pron. antretendes Adverbialsx.) wie, nach Art (von), entsprechend, würdig; vgl. **adamcılıyın, oncalayın, senciliyin** usw.
cilt, -di 1. Haut *f* *deri 2. Einband *m* (e–s Buches) 3. Band *m* (e–s Werkes) ~ **atelyesi** Buchbinderei *f* ~ **bezi** Heftgaze *f* (der Buchbinder) ~ **birliği** Sammelband *m* ~ **dikiş tezgâhı** Heftlade *f* (des Buchbinders) ~ **hastalığı** Hautkrankheit, Dermatose *f* *dermatoz ~ **iltihabı** Hautentzündung, Dermatitis *f* *dermit ~ **kanadı** s. **miklap;** ~ **kaytanı** Kap(i)talband *n*
ciltçi Buchbinder *m* *mücellit
ciltçilik Gewerbe *n od.* Tätigkeit *f* e–s Buchbinders
ciltevi, -ni Buchbinderei *f*
ciltlemek binden (Buch) *teclit etmek
ciltli gebunden (Buch)
ciltsiz ungebunden, broschiert
cilve 1. Anmut, Grazie *f*, (Lieb-)Reiz *m* 2. Ziererei *f*, Sich-Bitten-Lassen *n*, affektiertes Benehmen, Koketterie *f* *işve, naz 3. Erscheinung, Manifestation *f*, Zutagetreten(-Lassen) *n*, Bezeugung *f* 4. *pej.* Schattenseite *f*, widriger Verlauf; Laune, Ironie *f* (des Schicksals) Zu 3: **İhtimal bu da bir nevi dostluk -sidir.** *iron.* Das ist offenbar auch e–e Art Freundschaftsbezeugung. Zu 4: s. **talihin -si;** ~ **dökmek** (*od.* **yapmak**) s. **cilvelenmek; kutusu** ein Ausbund von Koketterie
cilvekâr *va.* s. **cilveli**
cilvelenmek sich kokett benehmen, sich zieren; sich bitten lassen
cilveleşmek 1. miteinander kokettieren; poussieren 2. sich gegenseitig necken
cilveli 1. anmutig, graziös, reizend, verführerisch, bezaubernd 2. kokett, launisch
cim [–] 6. Buchst. des osm. Alph. ~ **karnında bir nokta** Punkt *m* in der Krümmung des **cim** *d. h.* herzlich unbedeutender, unwissender Mensch, vollkommene Null **-i Farisî** *va.* s. **çim** (I)
cima, -ai [ā] Beischlaf, Koitus *m* ~ **etmek** geschlechtlich verkehren
cimbakuka [··×·] mißgestalt, zwergen-, gnomen-haft
cimcime *P* 1. e–e kleine bes. süße Wassermelonenart 2. reizende kleine Frau
cimcirik, -iği *V* schmächtiges Männchen
cimdallı Name e–s türk. Ka.
cimkana [·×·] Gymkhana *n*
cimnastik; cimnaz s. **jimnastik; jimnaz**
cimri knauserig, knickerig, geizig, Geizhals *m* *pinti, hasis
cimrilik Knauserigkeit, Knauserei, Knickerigkeit *f*, Geiz *m* *hasislik, pintilik
cin (I) Gin, Wacholderbranntwein *m* ~ **fiz** Gin Fizz *m* (gespritzer Gin)
cin (II), **-nni** guter *od. spez.* böser Geist; Dämon, Dschinn *m* ~ **arabası** *va.* Fahrrad *n od.* Auto *n* ~ **atına binmek** s. **ifrit kesilmek;** ~ **aynası** Konvex-, Vexier-spiegel *m* ~ **bakışlı** verschlagen aussehend ~ **çalığı** von abstoßendem Äußeren (Person) ~ **çarpması** 1. Schlaganfall *m* 2. Anfall *m* von Geistesgestörtheit ~ **çarpmış** wie besessen; s. a. **çarpmak** (6); ~ **fikirli** klug, pfiffig, schlau; anstelliger Kopf ~ **gibi** gewandt, anstellig ~ **gibi çocuk** kleiner Teufelsbraten ~ **ifrit kesilmek** (*od.* **olmak**) in unbeschreibliche Wut geraten ~ **otu** s. **beyaz tatula;** ~ **saçı** s. **küsküt;** ≗ **suresi** die 72. Koransure ~ (*od.* **-i**) **tutmak** 1. den Verstand verlieren *çıldırmak 2. sich wie besessen gebärden; toben und schreien ~ **yavrusu** kluges, aber unbändiges Kind **-ler(-i) başına çıkmak (toplanmak, üşüşmek)** *od.* **-leri ayağa kalkmak** in heftige Erregung geraten; furchtbar wütend werden ≗**ler (İn cin; Ecinniler) top** (*od.* **cirit**) **atıyor** (*od.* **oynuyor**) 1. menschenleer, wie ausgestorben sein 2. ganz abseits *od.* weit entfernt liegen **-leri başına toplamak** j–n aufs höchste ärgern; j–n auf die Palme bringen
cin (III) (*engl.* **gin**) (in der Füg.:) ~ **blok** *naut.* Ladeblock *m*
cinaî [·– –] 1. kriminell, Kriminal- 2. verbrecherisch ~ **roman** Kriminalroman *m* ~ **şube** Kriminalabteilung *f*, Abteilung *f* für Strafsachen
cinan [ā] (*va. Pl.* zu **cennet**) 1. Gärten *pl.* 2. paradiesische Gegenden *pl.*
cinas [ā] 1. **(oyunu)** Wortspiel *n*, Wiederholung *f* e–s Wortes in anderer Bedeutung, *gel. a.* Kalauer *m* 2. *stil., rhet.* Paronomasie *f* bzw. Parachresis *f*
cinasçı [ā] wer Wortspiele macht, Witzbold *m*
cinasçılık [ā] Witzelei *f*
cinaslı [ā] anzüglich
cinayet, -ti [ā] (schweres) Verbrechen *spez.* Mord *m* ~ **işlemek** ein Verbrechen begehen; sich vergehen ~ **mahalli** Tatort *m* ~ **masası** Mordkommission *f* ~ **teşebbüsü** Anschlag *m*, Attentat *n*

cinayetkâr [·–·–] verbrecherisch
cinci (I) *P* für **cündi;** ~ **meydanı** Reitplatz *m; a.* Name e–s Platzes in der Gegend von Kadırga (Istanbul)
cinci (II) (*a.* ~ **hoca** nach dem Namen e–s berühmten Exorzisten des 17. Jh.) Exorzist, Geisterbeschwörer, Gesundbeter *m*
cincilik Exorzismus *m,* Geisterbeschwörung, Gesundbeterei *f*
cindarısı *P* s. **cinmısırı**
cingar s. **çıngar**
cingil 1. kleineres Traubenbüschel mit wenig Beeren 2. *P* kleiner Kupfertopf
cingo(-izm) s. **şoven(-izm)**
cingöz pfiffig, verschlagen, gerissen
cinlenmek *P* in die höchste Wut geraten
cinli 1. von bösen Geistern heimgesucht 2. (wie) besessen; tobsüchtig, rasend
cinmısırı, -nı Popcorn *n,* Puffmais *m bot.* Zea mays everta *patlak mısır
cinnet, -ti Irresein *n,* Wahnsinn *m,* Verrücktheit *f* ~ **alâmeti** Anzeichen *n* von Wahnsinn ~ **getirmek** den Verstand verlieren; irrsinnig (wahnsinnig, verrückt) werden *çıldırmak, delirmek **-i maniyai inhitatiye** manisch-depressives Irresein
cinni s. **cin** (II)
cins 1. *biol.* Gattung *f* 2. Geschlecht *n* 3. *gr.* Genus, Geschlecht *n* 4. Kategorie, Gruppe, Art, Gattung *f* 5. Rasse, Abstammung *f,* Schlag *m* (bei Tieren); Qualität (z.B. e–r Ware) 6. *pr.* von edler Rasse, reinrassig, Rasse(n)-; erstklassig 7. *V* komisch, sonderbar, eigentümlich Zu 5: **iyi cins(-ten) demir** hochwertiges Eisen, Qualitätseisen *n* Zu 6: ~ **bir köpek** reinrassiger Hund, Rassehund *m* ~ ~ verschiedenartig(-e *pl.*) ~ ~ **ayırmak** nach Arten trennen ~ **halı** erstklassiger, hochwertiger Teppich ~ **ismi** (*od.* ~ **adı**) *gr.* Gattungsname *m* **-ini belirtmek** *H* spezifizieren **-i latif** das schöne Geschlecht **-i münkariz** s. **tükenmiş tür**
cinsaltı, -nı *biol.* Untergattung *f* *altcins
cinsarası, -nı intersexuell *beynelcinseyn
cinsel s. **cinsî** (1); ~ **aydınlatma** sexuelle Aufklärung ~ **birleşmede bulunmak** Geschlechtsverkehr haben ~ **çekicilik** Sex-Appeal *m* ~ **eğitim** Sexualpädagogik *f* ~ **güçsüzlük** *med.* Impotenz *f* ~ **hastalık** Geschlechtskrankheit *f* ~ **ilişki** Geschlechtsverkehr *m* ~ **kölelik** sexuelle Hörigkeit ~ **olgunluk** Geschlechtsreife *f* ~ **organlar** Geschlechtsorgane *pl.* ~ **perhiz** s. **cinslik perhizi;** ~ **sapık (sapınç)** s. **cinsî sapık (sapınç);** ~ **soğukluk** Frigidität *f* ~ **suçlar** Sexualdelikte *pl.* ~ **sürtünme** s. **badana** (4); ~ **temas** s. ~ **ilişki**
cinsellik s. **cinsiyet** (3)
cinsî 1. geschlechtlich, sexuell, Geschlechts-, Sexual- *cinsel, eşeysel 2. die Gattung betreffend, Gattungs-, generisch *cinsil ~ **cazibe** s. **cinsel çekicilik;** ~ **çoğalma** *biol.* geschlechtliche Vermehrung ~ **dürtü** s. **cinsiyet özlemi;** ~ **hijiyen** Sexualhygiene *f* ~ **muamele** (*od.* ~ **münasebet**) s. **cinsel ilişki;** ~ **münasebet suçları** s. **cinsel suçlar;** ~ **sapık** geschlechtlich abnorm veranlagt; pervers ~ **sapınç** sexuell abnorme Veranlagung; Perversität *f* ~ **sevkıtabiî** Sexual-, Geschlechts-trieb *m,* Libido *f* *cinsiyet meyli ~ **terbiye** s. **cinsel eğitim;** ~ **uyarı bölgeleri** erogene Zonen *pl.*
cinsibir von gleichem Geschlecht
cinsil s. **cinsî** (2)
cinsiyet, -ti 1. *z. va.* Zugehörigkeit *f* zu e–r Rasse *od.* Nation 2. Sexus *m,* Geschlecht, Genus *n* *cinslik, eşey 3. Sexualität, Geschlechtlichkeit *f,* Geschlechts-, Sexual-leben *n* *cinsellik, eşeylik ~ **bezleri** *an.* Geschlechts-, Keim-drüsen *pl.* ~ **meyli** (*od.* ~ **özlemi**) s. **cinsî sevkıtabiî;** ~ **perhizi** sexuelle Abstinenz ~ **tanrısı** *myth.* Gott *m* der Fruchtbarkeit ~ **tespiti** Geschlechtsbestimmung *f*
cinsiyetsiz geschlechtslos *cinsliksiz, eşeysiz
cinslik s. **cinsiyet** (2)
cinslikbilim s. **seksoloji**
cinsliksiz s. **cinsiyetsiz**
cip, -pi [–] (*engl.* **jeep < general purpose**) Jeep, Geländekraftwagen *m*
cips 1. s. **çips** 2. s. **jips, alçıtaşı**
ciranta [·×·] *H* Girant, Indossant *m*
circir [·–] *va.* 1. s. **horozcuk** 2. s. **suteresi** (I) 3. s. **roka** (I)
cirevet, -ti (*franz.* **girouette**) *selt.* Wetterfahne *f* *fırıldak, yelkovan
cirim, -rmi 1. unbelebter Körper *cisim 2. Größe, Ausdehnung *f,* Volumen, Ausmaß *n* *hacım Zu 2: **kendi -i kadar** soweit es in seinen Kräften steht; nach Vermögen; nach Maßgabe seiner bescheidenen Kräfte **-i semavî** s. **gökcismi**
cirip, -bi [·–] *fr.* Flächenmaß von 60 Quadrat-Arşın etwa: Morgen *m*
cirit, -di 1. Wurfspeer *m* ohne Spitze 2. alttürk. Reiterspiel mit Wurfspeeren 3. *La.* Speer *m* ~ **atma** *La.* Speerwerfen *n* ~ **oynamak** 1. das **cirit** genannte Kampfspiel veranstalten 2. *fig.* sich frei tummeln
ciritçi 1. Teilnehmer *m* an dem **cirit** genannten Reiterspiel 2. *La.* Speerwerfer *m*
ciritçilik Speerwerfen *n* (in dem **cirit** genannten Kampfspiel *od.* in der *La.*)
ciro [×·] *H* 1. Indossament, Giro *n* 2. Umsatz *m* ~ **bankası** Girobank *f* ~ **eden** *H* s. **ciranta;** ~ **edilen** *H* Indossatar *m* ~ **etmek** *H* indossieren, girieren, übertragen (letzteres *a. fig.*) ~ **parası** s. **kaydî para**
cirolu *H* giriert, begebbar (Scheck, Wechsel)
cirosuz *H* nicht giriert, nicht begebbar
cirye s. **börkenek**
cisim, -smi 1. *an. phys.* Körper *m* 2. Substanz, Materie *f* 3. Gegenstand *m,* Ding *n* *nesne 4. Welt *f* *dünya 5. wässerige Aufschlämmung von Kaolin, Feldspat u. Quarz (Masse zur Herstellung von Porzellan) ~ **merceği** s. **nesne merceği; -i azım** s. **kemik gövdesi; -i billurî** s. **billurcisim; -i latif** *va.* Engel, Geist *m* **-i nuhamî** s. **hipofiz; sümüksü bez**
cisimcik, -iği Körperchen *n,* Korpuskel *n, f* *cüseyme
cisimlendirmek 1. verkörperlichen, konkretisieren 2. plastisch hervortreten lassen
cisimlenmek; cisimleşmek 1. sich verkörperlichen, sich konkretisieren 2. plastisch hervortreten
cisir, -sri *va.* Brücke *f* *köprü **-i atik** *fr.* „die alte Brücke“ (an der Stelle der heutigen Atatürk-Brücke) (Istanbul) **-i cedit** *fr.* „die neue Brücke“ (*fr.* Bez. der Galata-Brücke) (Istanbul)
cismanî [·––] 1. körperlich, materiell (*ant.* manevî) 2. *rel.* weltlich (*ant.* ruhanî) ~ **arzu** fleischliches Gelüst ~ **ceza** körperliche Strafe; Leibesstrafe *f* ~ **zarar** *jur.* Körperverletzung *f,* körperliche Schädigung ~ **zevk** Sinnengenuß *m* **gayri** ~ unkörperlich, geistig, innerlich, seelisch, psychisch, moralisch, ideell, spirituell *manevî, ruhanî, tinsel
cismanîlik; cismaniyet, -ti s. **maddîlik**
cismen [×·] *Adv.* körperlich, physisch, materiell
civa(-lı) s. **cıva(-lı)**
civan [ā] 1. jung, jugendlich 2. gut aussehender junger Mann *od.* hübsches Mädchen **-ım** mein Lieber, mein Liebes
civankaşı, -nı e–e gezackte Randstickerei
civanlık [ā] 1. jugendliches Aussehen 2. Jugendkraft *f* 3. jugendlich-überschäumendes Verhalten
civanmert, -di [ā] 1. edel(-mütig), ritterlich 2. freigebig

civanmertlik [ā] 1. Edelmut *m,* Ritterlichkeit *f* 2. Freigebigkeit *f*
civanperçemi, -ni [ā] Schafgarbe *f bot.* Achillea millefolium *arapsaçı, binyaprak, kandil otu
civar [ā] 1. Umgegend, Umgebung *f* 2. Nachbarschaft, Nähe *f* 3. benachbart, Nachbar- ~ **kan hısımlığı** *jur.* Verwandtschaft *f* in der Seitenlinie *yan çizgi hısımlığı ~ **köyler** Nachbardörfer *pl.* **-ında** 1. in der Umgebung (von), bei, nahe bei 2. ungefähr, etwa Zu 2: **Fiyatı kırkbeş, elli lira -ında idi.** Der Preis betrug etwa 45–50 Pfund. **saat on -ında** gegen 10.00 Uhr
civarna [·×·] *naut.* 1. (Wasser-)Wirbel, Strudel *m* 2. leichte Brise; Sprühwasser *n,* (kleinere Wellen) 3. *dial.* regnerisches, stürmisches Wetter
civasız s. **cıvasız**
civciv 1. Küchlein, Küken *n,* Nestling *m* 2. Zwitschern, Piepen *n* 3. Stimmengewirr *n* 4. große Menge; Haufen *m* **-lerin beyaz ishali** weiße Kükenruhr; Pullorumseuche *f* *pulloroz
civcivli 1. mit Küken (Henne) 2. lebhaft, angeregt, lustig, fröhlich 3. intensiv, heftig, stürmisch 4. stark besucht (z.B. Markt) Zu 3: **muharebenin en ~ günü** der Tag, an dem besonders heftige Kämpfe stattfanden **kışın en ~ zamanı** die Zeit der strengsten Winterkälte Zu 4: **pazarın ~ zamanı** die Zeit, wo der Markt stärker besucht wird
civcivlik Gehege *n* für 8–10 Wochen alte Küken
civelek 1. lebhaft, frisch, lebendig, hurtig, flink, sich leicht anschließend und Freunde gewinnend 2. *hist.* neu zu den Janitscharen kommender junger Mann 3. Landarbeiter, Tagelöhner *m* 4. Jüngling *m* 5. Kamelfüllen *n*
ciyadet, -ti [ā] 1. Güte, Schönheit, Vortrefflichkeit *f* 2. Klarheit und Frische *f* (z.B. der Luft)
ciyak ciyak s. **cıyak cıyak**
ciyu-citsu s. **jiyu-jitsu**
ciziktirmek s. **cızıktırmak**
Cizre *n.pr.* O. u. D. an der syrischen Grenze im Rbz. Mardin
Cizvit, -ti 1. Jesuit *m* 2. jesuitisch 3. *pej.* Aufwiegler, Hetzer, Unruhestifter *m* 4. *Schi. für Mohammedaner* ungläubig, gottlos ~ **çayı** s. **Paraguay çayı;** ~ **eriği** e–e große, gelbliche, süße Pflaumenart ~ **gibi** 1. jesuitisch 2. *fig.* hinterhältig, böswillig ~ **papazı** Jesuitenpater *m* ~ **tarikatı** Jesuitenorden *m*
Cizvitlik Jesuitentum *n* (*a. pej.* s. **Cizvit**)
cizye *hist.* Kopfsteuer *f* (bis 1856 von Nicht-Mohammedanern als Militärdienstablösung entrichtet)
cizyegüzar [ā] *va.* tributpflichtig
cober *selt.* Jobber, Börsenspekulant *m*
coğrafi 1. geographisch 2. *va.* Geograph *m*
coğrafiyun [ū] *va.* Geographen *pl.*
coğrafya [·×·] Geographie, Erdkunde *f* ~ **boylamı (enlemi)** geographische Länge (Breite)
coğrafyacı [·×··] 1. Geograph *m* 2. Kartograph *m* 3. Geographielehrer(-in *f*) *m*
cok s. **cuk**
cokey [×·] Berufsrennreiter, Jockey *m*
combik *V* Freundin, Geliebte, Mätresse *f*
Coni [×·] Spitzname für englische Soldaten
Conkikirik *hum.* Engländer *m*
conta 1. *techn.* (Ab-)Dichtung, Liderung, Packung *f* 2. *naut.* Lasche *f,* Stoßstück *n* (mit Nieten *od.* Klinkbolzen)
contalamak *techn.* (ab-)dichten
contalık *techn.* 1. Dichtungsmaterial *n* 2. als Dichtungsmaterial geeignet *od.* dienend 3. Dichtungs- ~ **pay** der durch die Dichtung gegebene Abstand zweier aneinanderstoßender Dinge ≗ **pay kalmamıştır.** *Ch. hum.* Sie hielten sich ganz eng umschlungen (Liebespaar).
Contürkler s. **Jöntürkler**
cop, -pu 1. dicker Stock mit rundlichem Kopf 2. (Polizei-) Knüttel, Gummiknüppel *m* ~ **kaldırma** Name e–s bäuerlichen Spiels in Westanatolien ~ **yemek** Prügel beziehen **-a sıçmak** *V* Mißerfolg, Pech haben
corp (diye)! plumps!
corum Zusammenströmen *n* (e–r größeren Menge) **balık -u** Massenstrom *m* von Fischen (bes. von Makrelen, die vor großen Fischen fliehend, der Küste zustreben)
coşku starke Erregung, Begeisterung *f,* Enthusiasmus *m* *şevkuteheyyüç ~ **vurgusu** *ling.* emotionaler Akzent
coşkulu s. **coşkun**
coşkun 1. feurig, lebhaft, begeistert, erregt, aufgeregt, exaltiert 2. stark bewegt (z.B. Meer) 3. über die Ufer tretend (Fluß) 4. besonders heftig, sehr stark (Wind, Regen usw.) 5. ≗ *mV* ~ **tezahürat** jubelnde Ovationen *pl.*
coşkunluk 1. Feuer *n,* Lebhaftigkeit, Begeisterung *f* 2. *psych.* Erregtheit, Aufregung, Exaltation *f;* heftige Bewegung *cuşiş 3. starke Bewegung (des Meeres) 4. Über-die-Ufer-Treten *n* (e–s Flusses) 5. Heftigkeit *f* (bei Wind, Regen usw.) ~ **ve savlet** *lit.* Sturm und Drang *m*
coşmak 1. feurig (lebhaft, begeistert) werden 2. erregt, aufgeregt werden, in starke Bewegung geraten (*a.* z.B. Meer) 3. über die Ufer treten (Fluß) 4. an Heftigkeit zunehmen (Wind, Regen usw.)
coşturmak Kaus. zu **coşmak** anfeuern, begeistern usw.
covino *V* elegant, schick, herausgeputzt
cömert, -di 1. großzügig, freigebig *eli açık 2. *fig.* fruchtbar, ergiebig, ertragreich (Boden) *mümbit, verimli ≗ **derler maldan ederler, yiğit derler candan ederler.** *Spr.* Wer auf Schmeichelworte hört, kommt leicht zu Schaden. ≗**lere aşk olsun!** Den edlen Spendern herzlichen Dank!
cömertleşmek großzügig, freigebig werden bzw. fruchtbar werden
cömertlik 1. Großzügigkeit, Freigebigkeit *f* 2. Fruchtbarkeit, Ergiebigkeit *f* (des Bodens)
cönk, -kü 1. *urspr.* Dschunke *f,* Schiff *n* 2. *fr.* Gedichtsammlung, Anthologie *f od.* Zusammenstellung *f* verschiedener Aufsätze in besonderer Heftung (das Buch wurde von unten nach oben geöffnet)
cu (I) [–], **-uu** *va.* Hunger *m* *açıklık **cuu kelbî** *med. va.* Heißhunger *m*
cu (II) [–] *va.* s. **cüstücu**
cu (III) [–] (*a.* **cuy**) *va.* Bach, Wasserlauf *m*
-cu (I) s. **-ci**
-cu (II) [ū] *va. pers. Sx.* suchend, wünschend, liebend; begeistert (für); s. **cidalcu** usw.
cud [ū] der Typ des Juden (Karagözspiel, Ortaoyunu)
cudam (in der Füg.:) **Adam değil, ~ !** Das ist kein Mensch, sondern nur ein erbärmlicher Tropf!
Cudi [– –] *n.pr.* 1. **(dağı)** Berg in der Nähe von Cizre am Tigris, wo nach dem Glauben der mesopotamischen Bevölkerung die Arche Noah gelandet sein soll, bzw. der Berg Ararat 2. ≗ *mV*
cudo(-cu, -ka) s. **judo(-cu, -ka)**
cueto [·×·] *V* Gesamtbez. für Kaffeehausspiele wie **tavla, piket, pastıra** usw.
cuk 1. *dial.* (gewünschtes) Aufrechtstehen des Knöchels beim Knöchelspiel (s.a. Stw. **aşık**) 2. *V* Haschisch *n* ~ **oturmak** 1. s. **Aşığı ~ oturuyor.** 2. *F* ruhig (anständig, ordentlich) sitzen
-cuk s. **-cik**
cukboks [ū] (*engl.* **juke-box**) Musikautomat *m*
cukcuk 1. Mundstück *n* der türk. Oboe **(zurna)** 2. geschnitztes Kinderpfeifchen 3. *dial.* Keimansatz *m* in der Zwiebel
-cul s. **-cil**
cum s. **cump**

cuma 1. Freitag *m* (bis 31. 5. 1935 Wochenfeiertag) 2. Freitagsgebet *n* 3. *z. va.* Zusammenkunft *f* 4. ⁓ *mV* ~ **alayı** s. **selâmlık** (3); ~ **ertesi** s. **cumartesi;** ~ **gün** *(va.);* ~ **günü** Freitag *m* ~ **namazı** Freitagsgebet *n* (in der Moschee) ~ **selâmlığı** s. **selâmlık** (3); ⁓ **suresi** die 62. Koran-Sure ~ **vaizleri** s. **kürsü şeyhleri; bir -sı eksik** *V* 1. Trottel, Einfaltspinsel *m* 2. Pechvogel *m* **Onu annesi** ~ **günü doğurmuş olacak.** *fig.* Er muß wohl ein Sonntagskind sein. ⁓**i Atik** s. **Eski Cuma**
cumalık *va.* 1. für den Freitag geeignet *d.h. fr.* sonn-, feiertäglich 2. Festtags-, Sonntags-kleidung *f* 3. s. **paçalık** (3)
cumartesi, -yi (*va.:* **-ni**) [·×··] Samstag, Sonnabend *m* ~ **çocuğu** *V* Bankert *m,* Hurenkind *n* ~ **kibarı gibi süslenmek** *pej.* sich herausputzen
cumba [×·] (*spez.* an alttürk. Häusern) 1. vorspringender Erker *od.* vorspringendes Stockwerk 2. (*a.* ~ **kafes**) vorgewölbtes Gitterfenster; Muscharabie *f* 3. Mauervorsprung, Überhang *m* ~ **açmak** s. **cumbalamak;** ~ **burunlu** mit stark vorspringender Nase
cumbadak [×··] 1. *Lm.* des ins Wasser Plumpsens e–s schweren Körpers *od.* Gegenstandes; plumps! plauz! platsch! *tombadak 2. urplötzlich; wie aus dem Boden gewachsen
cumbalak, -ağı 1. Purzelbaum *m od.* Herumpurzeln *n* 2. Hinplumpsen *n,* dröhnendes Hinfallen **-ı atmak** *P* hopsgehen, draufgehen, umkommen
cumbalamak bestoßen (Holzkanten)
cumbalanmak sich nach außen wölben (Mauer)
cumbalı 1. mit vorspringendem Erker *od.* Stockwerk 2. mit vorgewölbtem Gitterfenster, mit Muscharabie
cumbul cumbul 1. glucksend, gluckernd, gurgelnd (Wasser) 2. rumpelnd, dröhnend, dumpf rollend 3. zu viel Flüssigkeit enthaltend (Speise)
cumbuldamak 1. glucksen, gluckern, gurgeln (Wasser) 2. rumpeln, dröhnen, dumpf rollen 3. (hinein-)plumpsen
cumbultu s. **cumburtu**
cumbur Rumpeln, Dröhnen, Hineinplumpsen *n* ~ **cemaat** s. **cümbür cemaat;** ~ ~ s. **cumbul cumbul**
cumburdamak s. **cumbuldamak**
cumburlop 1. plumps! 2. *(Lm. e–s Stehlens)* schwupp!
cumburtu 1. Glucksen, Gluckern, Gurgeln *n* (des Wassers) 2. (Hinein-)Plumpsen *n* (ins Wasser) 3. *fig.* Lärm, Tumult *m,* Ausgelassenheit *f,* Getöse *n*
cumhur *urspr.* [·–] 1. Volk *n* 2. Volksgemeinschaft, Republik *f* 3. (bei einigen rel. Orden) = **ilâhi** Zu 1: ⁓**a muhalefet, kuvvei hatadandır.** *Spr.* 1. Es ist unvernünftig, gegen den Strom zu schwimmen. 2. Volkes Stimme (ist) Gottes Stimme. *Spr.*
cumhurbaşkanı, -nı Staats-, Reichs-, Bundes-präsident *m* *cumhurreisi, reisicumhur
cumhurbaşkanlığı, -nı Amt *n* des Staats-, Reichs-, Bundespräsidenten; Staats-, Reichs-, Bundes-präsidentschaft *f*
cumhurcu *selt.* s. **cumhuriyetçi**
cumhurî *va.* republikanisch
cumhuriyet, -ti 1. Republik *f,* Frei-, Volks-staat *m* 2. *V fr.* Einpfundschein *m* 3. ⁓ **(gazetesi)** führende Istanbuler Tageszeitung (gegr. 1924) ~ **başsavcısı** *(türk.)* Generalstaatsanwalt ⁓ **Bayramı** Republikfest *n* (29. Oktober; Arbeitsruhe vom 28. nachmittags bis 30. Okt.) ⁓ **Güven Partisi** Republikanische Vertrauenspartei (Türkei) ⁓ **Halk Partisi** *n.pr.* Republikanische Volkspartei (1923: **Halk Fırkası;** 1924–1935: **Cumhuriyet Halk Fırkası**); (s.a. **Müdafaai Hukuk Cemiyeti**); ⁓ **Merkez Bankası** (Türkische) Zentralbank *f* (seit 1931) ~ **senatosu üyesi** s. **senatör;** ⁓ **Türkiyesi** die republikanische Türkei (*im Ggs.* zur osm. Türkei)
cumhuriyetçi 1. Republikaner(-in *f*) *m* 2. republikanisch
cumhuriyetçilik Republikanismus *m* (republikanische Einstellung *od.* Eintreten *n* für republikanische Ziele)
cumhurluk *selt.* s. **cumhuriyet**
cumhurreisi, -ni s. **cumhurbaşkanı**
cumhurreisliği, -ni; cumhurriyaseti, -ni s. **cumhurbaşkanlığı**
cump *Lm.* des (ins Wasser) Plumpsens ~ ~ **diye** plumps!
cumur(-luk) s. **cumhur(-luk)**
cumursal s. **cumhurî**
cuna *P* e–e leichte Musselinart
cunda [×·] *naut.* 1. Rahnock *f* 2. Piek *f* (e–r Gaffel), Gaffelnock *f* 3. oberes Ende e–s Mastes *od.* e–r Stenge; Topp *m* 4. Flaggenmast *m* 5. **(yelkeni)** Leesegel *n* ~ **marsapeti** Nockpferd *n* ~ **seren etmek** (e–e Gaffel) toppen, auf-, an-pieken ~ **serenleri** Leesegelspieren *pl.* **-sına binmek** *fig.* j–n nach seiner Pfeife tanzen lassen
cunta 1. s. **junta** 2. Stoßstelle, Naht, Fuge *f*
cup plumps!
cuppadak s. **cumbadak**
cura 1. *mus.* kleinere, zwei- *od.* drei-saitige Gitarre 2. kleinere Sperberart 3. *V* Zigarettenstummel *m, F* Kippe *f,* Hugo *m; a.:* letzter Zug aus e–m Zigarettenstummel 4. *V* s. **göt** (1); ~ **zurna** kleine, schrill klingende türk. Oboe
curcuna [·×·] 1. sehr lebhafte Taktart in der türk. Musik 2. Name e–s ausgelassenen, lärmenden Tanzes (bes. zu Anfang e–s **ortaoyunu**) (von bizarr gekleideten Clowns mit spitzer Kopfbedeckung) 3. *fig.* Stimmengewirr *n,* Lärm *m* ~ **tepmek** die **curcuna** tanzen **-ya çevirmek (döndürmek, vermek)** (bir yeri) mit Lärm und Geschrei erfüllen **-ya kalkmak** 1. lärmen, sich ausgelassen benehmen 2. Streit anfangen **-yı koparmak** e–n Heidenlärm vollführen
curcunabaz; curcunacı 1. **curcuna**-Tänzer *m* (mit spitzer Kopfbedeckung; manchmal mit Gesichtslarve) 2. Lärmmacher *m* (*spez.* zur Ablenkung von Kindern bei der Beschneidung)
curnal 1. (zur Zeit des osm. Absolutismus) Denunziationsschrift, Anzeige *f* 2. *fr.* Polizeiprotokoll *n* 3. Anwesenheitsheft *n* (in das sich Beamte und Angestellte öffentlicher Ämter *od.* größerer Betriebe morgens und abends einzutragen haben) 4. **(gemi** *od.* **seyir -ı)** Schiffs-tagebuch, -journal *n* ~ **etmek** (*od.* **vermek**) denunzieren, anzeigen
curnalcı *fr.* Agent, Spitzel, Denunziant *m*
curnalcılık Agenten-, Spitzel-wesen *n*
curnallamak s. **curnal etmek**
curnata [·×·] Eintreffen *n* der Wachteln
curum s. **corum**
cuş [–] *va.* 1. Auf-kochen, -wallen *n* 2. starke Erregung; Aufregung *f* 3. Begeisterung *f,* Entzücken *n*
cuşan [– –] *va.* 1. in Wallung, in heftiger Bewegung 2. sehr erregt, ganz aufgeregt
cuşiş [ū] *va.* 1. Bewegung, Aufregung *f* (im Volk) 2. *psych.* große Begeisterung; Exaltation *f* *coşkunluk
cuşişli [ū] *va.* erregt, begeistert
cuşühuruş [–··–] *z. va.* 1. öffentliche Erregung *od.* Aufregung; *a.:* allgemeine Begeisterung 2. Lärm *m,* Getöse *n,* **-a boğmak** begeistern **-a gelmek** in allgemeine Begeisterung versetzt werden
cuy(-bar) s. **cu** (III)
-cü s. **-ci**
cübbe(-li) s. **cüppe(-li)**
cüce Zwerg(-in *f*) *m,* Zwerg- ~ **ağustosböcekleri** Zwergzikaden *pl. zo.* Jassidae ~ **antilop** Zwergantilope *f zo.* Neotragus pygmaeus ~ **ardıç** Zwergwacholder *m bot.* Juniperus nana ~ **balaban** Zwergrohrdommel *f zo.* Ixobrychus minutus ~ **bataklık tavuğu** Bruchhühnchen *n zo.* Porzana parva ~ **baykuş** Zwergohreule *f zo.* Otus scops *küçük puhu ~ **çam** Zwergkiefer *f bot.* Pinus pygmaea ~

doğan s. **bozdoğan;** ~ **kalmak** klein bleiben, nicht wachsen (können) ~ **karabatak** Zwergscharbe *f zo.* Phalacrocorax pygmaeus ~ **karıncayiyen** Zwergameisenfresser *m zo.* Cyclopes didactylus ~ **kartal** Zwergadler *m zo.* Hieraëtus pennatus ~ **maki** Mausmaki *m zo.* Microcebus murinus ~ **martı** Zwergmöwe *f zo.* Larus minutus ~ **pinçer** Zwergpinscher *m* ~ **salyangoz** Zwergschnecke *f zo.* Carychium ~ **sıçan** Zwergmaus *f zo.* Micromys minutus ~ **sıvacı kuşu** korsikanischer Kleiber *zo.* Sitta canadensis ~ **sinekkapan** Zwergschnäpper *m zo.* Muscicapa parva ~ **yarasa** Zwergfledermaus *f zo.* Pipistrellus pipistrellus ~ **yayın** s. **köpek yayını;** ~ **yelve** Zwergammer *f zo.* Emberiza pusilla ~ **yıldız** *astr.* Zwergstern *m* ~ **yırtıcı balıkçıl** s. **balabankuşu**

cücegeyikgiller Zwergmoschustiere *pl. zo.* Tragulidae

cücelik Zwergentum *n,* Zwerg-haftigkeit *f,* -wuchs *m,* Nanismus *m*

cücemsi zwergenhaft; Knirps, Dreikäsehoch *m*

cücük 1. *va.* süß, wohlschmeckend 2. *P* Vogeljunge *n,* Nestling *m* 3. Pflanzenschößling, Keim *m* (*spez.* bei Kartoffeln) 4. innerer Teil, Herz *n* (bei Zwiebeln, Kopfsalat usw.) 5. kleinster Teil (von et.) 6. *fig.* Miniaturausgabe *f* (von et.) 7. Kinnbärtchen (in der Mitte) *n,* Knebelbart *m*

cücüklenme *biol.* Embryonalentwicklung *f*

cücüklenmek zu keimen beginnen (Pflanze)

cücümek *P* süß und zart werden

cüda [ā] getrennt, fern (von der Heimat, lieben Angehörigen usw.) ~ **düşmek** (m. Abl.) getrennt sein (von); fern sein; sich sehnen (nach)

cüdam *in der Ra.* **Adam değil cüdam** *(q.v.)*

cüdre s. **cedre**

Cüdyo *selt.* s. **Yahudi**

cühelâ (*va. Pl.* zu **cahil**) Unwissende, Toren *pl.* *cehele

cühut, -du [ū] *va.* 1. wer beharrlich leugnet 2. Jude *m* 3. eigensinnig *od.* hinterlistig

-cük; -cül s. **-cik; -cil**

cülus [· –] Thronbesteigung *f* ~ **etmek** den Thron besteigen

cümbür cemaat (< cumhur cemaat) *F* alle zusammen, die ganze Gesellschaft, *F* die ganze Blase; mit Kind und Kegel

cümbüş 1. *va.* Bewegung *f* 2. ausgelassene Fröhlichkeit, lärmendes Vergnügen (mit Tanz, Musik usw.) *gel. a.* Orgie *f* 3. gitarreähnliches Z.i. mit langem Hals und trommelartig bespanntem Resonanzkörper 4. ⚭ s. **İbiş** 5. *gel.* Durcheinander *n,* Wirrwarr *m* Zu 5: s. **renk -ü;** ~ **etmek** sich (bei Musik, Tanz) vergnügen; es hoch hergehen lassen

cümbüşî Stimmungsmacher *m,* humoristischer Ansager

cümbüşlü angeregt, lebhaft, ausgelassen (*spez.* Vergnügen)

cümcüme *va.* s. **kafatası**

cümel *va. Pl.* zu **cümle**

cümhur(-iyet) s. **cumhur(-iyet)**

cümle 1. [×·] all, ganz, sämtlich 2. Ganzes; Gesamtheit *f,* Rahmen *m* 3. *gr.* Satz *m* *tümce 4. *math.* Menge *f* 5. *math.* Gruppe *f* (der Einer, Tausender usw.) *bölük 6. *biol.* System *n* *sistem 7. *chem.* System *n* (periodisches System der chemischen Grundstoffe) *sistem 8. *biol.* Apparat *m,* Organe *pl.,* System *n* *cihaz, aygıt 9. *mus.* Phrase *f* Zu 1: **-miz** wir alle Zu 2: **bu -den olarak** so zum Beispiel; unter anderem; in diesem Zusammenhang; **... bu -dendir.** ... ist hierher zu rechnen. ... gehört hierher. **tatbikat -sinden** im Rahmen der praktischen Übungen Zu 4: **-ler nazariyesi** *math.* Mengenlehre *f* Zu 8: **hazım -si** Verdauungs-apparat *m,* -organe *pl.* **-i asabiye; asap -si** Nervensystem *n* *sinir dizgesi, sinirsel sistem **-i lenfaiye** s. **lenf sistemi;** ~ **âlem** die ganze Welt, alle Leute ~ **kapısı** Haupttür *f* (e–s größeren Gebäudes), Hauptttor *n* ~ **metodu** *päd.* Ganzheitsmethode *f* (im Leseunterricht) ~ **tonu** s. **tümce tonu;** ~ **unsurları** s. **tümcenin öğeleri.** **ºnin kaşığı bir kaba girsin!** Es soll jeder daran teilnehmen (bzw. teilhaben)! **ºnin maksudu bir amma, rivayet muhtelif.** *Spr.* 1. Sie meinen alle das gleiche, nur nennen sie es verschieden. 2. Über ein und dasselbe kann man ganz verschieden denken. **-i asliye** s. **temel tümce; -i iltizamiye** s. **istek tümcesi; -i istidrakiye** 1. s. **bağlaçlı yantümce** 2. s. **karşıtlı cümle; -i mutarıza** s. **aratümce; -i şartiyei faraziye** s. **sözde şart cümleciği; -i şartiyei hakikiye** s. **gerçek şart cümleciği**

cümlecik *gr.* Teilsatz *m* *kaziye

cümleleyiş *mus.* s. **fraze**

cümlemsi s. **tümcemsi**

cümleten [×··] gänzlich, sämtlich, alle zusammen

cümudiye [ū] Gletscher *m* *buzul, glasye ~ **devri** s. **buzul çağı**

cümudiyeleşme s. **buzullaşma**

cündî *va.* (erfahrener) Reiter, (geschulter) Kavallerist *binici; s. a. **cinci**

cündîlik *va.* Reitkunst *f*

cünha *va.* Vergehen *n* (leichter als **cinayet,** aber schwerwiegender als **kabahat)**

cünun [ū] Irresein *n,* Wahnsinn *m* *cinnet, delilik

cünüp, -nbü, -mbü rituell unrein (nach dem Geschlechtsakt) *cenabet

cünyor s. **junior**

cüppe Robe *f,* Talar *m,* Ornat *n* (Amtstracht der Geistlichen, Professoren, Richter, Rechtsanwälte) ~ **gibi** sehr weit und lang (Umhang)

cüppeci Hersteller *od.* Verkäufer *m* von **cüppe**

cüppeli 1. im Talar 2. in der Robe

cür'a 1. Schluck *m* (Alkohol) 2. im Trinkglas verbliebener Rest 3. s. **cura** (3)

cüret, -ti 1. Mut *m,* Wagen *n,* Wagemut *m,* Kühnheit *f* *atılganlık 2. *pej.* Dreistigkeit, Frechheit, Unverschämtheit *f* ~ **etmek** 1. wagen; sich die Freiheit nehmen (zu); sich erkühnen; verwegen genug sein (zu) 2. *pej.* die Frechheit haben (zu) **(yapmak) -inde bulunmak** sich erkühnen, sich erdreisten, sich erfrechen (zu)

cüretkâr 1. mutig, verwegen 2. *pej.* dreist, frech, unverschämt

cüretkârlık, -ığı 1. kühnes, mutiges Verhalten, verwegene Tat 2. *pej.* dreistes (freches, unverschämtes) Benehmen **-ı bir kat daha artırmak** die Frechheit noch weitertreiben (steigern)

cüretlendirmek 1. ermutigen, kühn werden lassen 2. *pej.* dreist (frech, unverschämt) werden lassen

cüretlenmek 1. mutig (kühn, verwegen) werden 2. sich erdreisten; frech, unverschämt werden

cüretli *T* von **cüretkâr**

cüretsiz ohne Wagemut; feig

cüretsizlik Fehlen *n* jeglichen Wagemutes; Feigheit *f*

cüretyap, -bı [ā] *va.* den Mut *od.* die Dreistigkeit findend ~ **olmak** (bşi yapmağa) *va.* sich erkühnen, sich erdreisten, sich erfrechen (et. zu tun)

cürmümeşhut [ū] frische Tat ~ **halinde yakalamak** auf frischer Tat, in flagranti ertappen ~ **yapmak** j–m e–e Falle stellen, um ihn in flagranti zu erwischen

cürsume [ū] *va.* s. **çim** (II, 6)

cürt büzük *P pej.* Schnüffler *m*

cüruf [ū] Schlacke(-n *pl.*) *f* *dışık **-unu almak** *techn.* abschlacken

cüruflu [·–·] Schlacken- ~ **beton** Schlackenbeton *m* ~ **tuğla** Schlackenstein *m*

cüruflaşmak verschlacken

cürüm (I), **-rmü** Vergehen *n,* strafbare Handlung; Gesetzesübertretung *f* *suç ~ **işlemek** sich ein Vergehen zuschulden kommen lassen ~ **ortağı** Helfershelfer, Kom-

plize *m* *şeriki cürüm ~ **tasnii** *jur.* falsche Anschuldigung **-e teşebbüs** *jur.* Versuch *m* e–r strafbaren Handlung
cürüm (II), **-ü** s. **corum**
cüseymat, -tı [ā] *va. Pl.* zu **cüseyme**
cüseyme s. **cisimcik**
cüsse 1. Leib, Körper(-bau) *m* 2. *pr.* großer, starker Körper
cüsseli 1. von nb. Körperbau 2. *pr.* groß und stark gebaut *iri cüsseli, iriyarı
cüssesiz schmächtig gebaut *ince yapılı
cüst, -tü (in der Füg.:) **cüstücu** [ū] **etmek** *z. va.* 1. (durch-, ab-)suchen 2. erkunden, erforschen
cüz, -z'ü 1. einzelner Teil (e–s Ganzen) 2. e–r der dreißig Teile des Korans 3. Heft, Bändchen *n,* Lieferung *f* (e–s im Druck erscheinenden Werkes) *fasikül 4. *fr.* e–e 20-seitige Handschrift ~ **kesesi** *hist.* Umhängetäschchen aus Samt mit Goldstickerei (für die in der Schule gelesenen Koranteile *od.* die Fibel) **-den külle** *log.* vom Einzelnen zum Allgemeinen; induktiv
cüzam [ā] Aussatz *m,* Lepra *f* *miskin hastalığı
cüzamhane [·– –·] *va.* Leprosarium *n*
cüzamlı [ā] vom Aussatz, von der Lepra befallen, aussätzig, lepros; Leprakranke *m, f* *miskin
cüzdan [ā] 1. Brieftasche *f* 2. Portefeuille *n* 3. Aktentasche *f* 4. Büchlein in Taschenformat wie z. B. Sparbuch, Kontobuch *n,* Ausweis *m* Zu 4: s. a. **hizmet -ı; nüfus -ı**
cüzdanlı [ā] mit **cüzdan**
cüzdanlık [ā] *P* für **cüzdan**
cüzeyr *va. Dim.* zu **cezir** (I) Würzelchen *n,* Wurzelfaser *f*
cüzeyre (*va. Dim.* zu **cezire**) Inselchen *n* *adacık
cüzî 1. sehr wenig, sehr gering, winzig, unbedeutend, unerheblich 2. Teil-, partikulär *tikel ~ **halefiyet** *jur.* Einzelrechtsnachfolge, Singularsukzession *f* *tikel ardıllık ~ **hüküm** Teilurteil *n*
cüzîce nur ganz wenig, ganz unerheblich, nur leicht (z. B. verwunden)
cüziyat, -tı [ā] *va. Pl.* unbedeutende Dinge, Nichtigkeiten *pl.*
cüzlenmek sich teilen *tecezzi etmek
cüzüferdî Atom- *atomal
cüzüferdiye s. **atomizm**
cüzüfert, -di 1. Atom *n* *atom 2. *gel.* Molekül *n* *cevheri fert ~ **cazibesi** Molekularanziehung *f*
cüzülâyetecezza [··–··×·] *va.* s. **cüzüfert**
cüzümütemmim *va.* integrierender, wesentlicher Bestandteil
cüzütam, -mmı [ā] (in sich geschlossene) Einheit *f* *birlik (5)

Ç

ç, Ç [tʃɛ] 4. Buchst. des türk. Alphabets
-ça s. **-ce**
çaba Eifer *m,* Anstrengung, Bemühung *f; pej.* Betreiben *n* *ceht ~ **harcamak** sich bemühen
çabalamak 1. zappeln 2. sich abmühen, sich anstrengen 3. sich vergebens abrackern **Çabalama kaptan ben gidemem!** Bemüh dich nicht; es ist ja doch alles vergebens!
çabalanmak s. **debelenmek**
çabucacık [×···] 1. s. **çabucak** 2. im Handumdrehen
çabucak [×··] schnellstens, in aller Eile, sofort
çabuk 1. schnell, rasch, eilig, geschwind, hurtig, flink, behende, gewandt 2. *Adv.* schleunigst, flugs, sofort, sehr bald, *F* fix ~ **ateş** *mil.* Schnellfeuer *n* ~ **baskı makinesi** *typ.* Schnellpresse *f* ~ ~ ganz schnell, sehr rasch ~ **değişme** *Th.* schnelle Verwandlung ~ **donan çimento** schnellbindender Zement ~ **köprü** *mil.* Schnellbrücke *f* ~ **olmak** 1. schnell sein, sich beeilen 2. rasch erledigt werden ≈ **parlayan çabuk söner.** *Spr.* 1. Wie gewonnen, so zerronnen. *Spr.* 2. Gut Ding will Weile haben. *Spr.* ~ **torna çeliği** *techn.* Schnelldrehstahl *m* ~ **tutmak** s. **Ayağını (elini)** ~ **tut!** ≈ **veren iki verir.** *Spr.* Doppelt gibt, wer schnell gibt. *Spr.* ~ **yürümek** schnell gehen, flott marschieren
çabukça s. **çabucak**
çabukçene [·×··] *P* recht schnell, *iron.* mit etwas Beschleunigung
çabuklan(dır)mak s. **çabuklaş(tır)mak**
çabuklaşmak schneller werden, sich beschleunigen, sich beeilen
çabuklaştırmak beschleunigen *aceleleştirmek, hızlandırmak, tesri etmek
çabukluk, -uğu 1. Schnelligkeit, Eile, Behendigkeit, Beschleunigung, Fixigkeit *f,* beschleunigtes Verfahren, rasche Abwicklung 2. s. **el -u**
çaça [×·] 1. s. **çaçabalığı** 2. *V* a) erfahrener alter Seemann (auf Handelsschiffen), alter Seebär b) Bordellwirtin *f* c) Rauhbein *n* 3. s. **çaçaça**
çaçabalığı, -nı Sprotte *f,* Breitling *m zo.* Spratella sprattus phalerica
çaçaça Cha-Cha-Cha *m* (Modetanz)
çaçaron geschwätzig, redselig
çaçaronluk Geschwätzigkeit, Redseligkeit *f*
Çad *n.pr.* Tschad *m* (afrikanischer Staat)
çadır 1. Zelt *n* 2. (teilweise in Ostanatolien und *spez.* im Iran) s. **çarşaf** (1, 2) 3. *fr.* großes Sonnendach (auf dem Heck von Kriegsschiffen) ~ **ağırşağı** scheiben- *od.* knopf-förmiger Abschluß am oberen Ende e–r Zeltstange ~ **bezi** 1. Zeltleinwand *f* 2. Segeltuch *n* ~ **çanağı** Laufrad *n* am oberen Teil e–r Zeltstange (zur Befestigung der Zeltbahn) ~ **çatı** *arch.* Zeltdach *n* ~ **direği** Zelt-stange *f,* -stock *m* ~ **ipi** Zeltleine *f* ~ **kaldırmak** das Zelt abbrechen ~ **kazığı** Zeltpflock, Hering *m* ~ **kelebekleri** Glucken *pl. zo.* Lasiocampidae ~ **kurmak** ein Zelt aufschlagen ~ **kuşağı** s. ~ **uşağı;** ~ **mehterbaşı** *hist.* Kommandant *m* der **çadır mehterleri;** ~ **mehterleri** *hist.* osm. Truppe, welche bei Feldzügen für die Zelte des Sultans zu sorgen hatte ~ **tekerleği** (*od.* **topu**) s. **çadır ağırşağı;** ~ **tiyatrosu** *Th.* Zeltbühne *f* (e–r fahrenden Theatertruppe) ~ **tozluğu** unterer Abschlußstreifen an e–m Zelt (als Schutz gegen Staub, Sand usw.) ~ **uşağı** Ammoniakpflanze *f bot.* Dorema ammoniacum ~ **yıkmak** s. ~ **kaldırmak**
çadırcı wer Zelte herstellt, verkauft *od.* aufbaut; Zeltmacher *m*
çadırçiçeği, -ni indische Teichrose *bot.* Euryalus (mit großen Blättern; häufige Verwendung bei türk. Ornamenten)
çadırhayal Marionette *f* (Turkestan, Usbekistan)
çadırlı aus Zelten bestehend *od.* mit Zelten versehen; Zelt- ~ **ordugâh** Zeltlager *n*
çağ 1. Zeit(-punkt *m*) *f* 2. Lebens-alter *n,* -abschnitt *m* 3. Periode *f,* Zeitalter *n,* Epoche, Ära *f* 4. richtige Zeit, geeigneter Augenblick 5. *dial.* Spülstein *m* (in der Küche) *od.* Ablauf *m* für Spülwasser 6. *hist.* alttürk. 12-

Jahres-Zyklus ~ **açmak** e–e neue Periode (Epoche), e–n neuen Abschnitt einleiten **-ı geçmek** altern, verblühen (Frau)
çağa *dial.* s. **çocuk**
çağala s. **çağla**
çağan Fußfessel, Spannkette *f* (für Kamele)
çağana; çağanak 1. Kastagnette(-n *pl.*) *f* 2. Takt- *od.* Tempo-instrument *n* aus Metallplättchen, die auf Draht aufgezogen sind (verwendet von Tänzern) 3. kleines Zigeunertamburin 4. *fig.* Lärm *m,* Ausgelassenheit *f*
çağanoz Strandkrabbe *f zo.* Carcinus maenas *Çingene (*od.* kıyı) yengeci ~ **gibi** krumm und bucklig (Mensch)
çağanozlaşmak *V* krumm und bucklig einhergehen *pavuryalaşmak
Çağatay 1. *n.pr.* zweiter Sohn von Dschingis Khan 2. zentralasiatischer Türke; Osttürke *m* 3. tschagataiisch, osttürkisch
Çağatayca [··×·] 1. das Tschagataiische, Osttürkische 2. tschagataiisch, osttürkisch *Doğu Türkçe
çağcıl zeitgemäß, modern *asrî, modern ~ **oyun** *Th.* Zeitstück *n*
çağcıllık, -ığı Modernismus *m* (in der Kunst) *modernizm
çağdaş 1. zeitgenössisch, modern 2. Zeitgenoss-e *m,* -in *f*
çağdaşlaşmak sich modernisieren
çağdaşlaştırmak modernisieren
çağdaşlık, -ığı Zeitgenössisch-Sein *n,* Gleichzeitigkeit *f*
çağdışı 1. unzeitgemäß 2. *mil.* nicht im wehrpflichtigen Alter stehend
çağdışılık, -ığı 1. unzeitgemäße Erscheinung 2. *mil.* nichtwehrpflichtiges Alter
çağıl çağıl plätschernd, rieselnd, rauschend (Wasser) ~ ~ **akmak** dahinplätschern
çağıldamak plätschern, rieseln, rauschen
çağıltı Plätschern, Rieseln, Rauschen *n*
çağır s. **çakır** (II)
çağırgan 1. lärmend, schreiend 2. e–e Elsterart
çağırı s. **çağrı**
çağırıcı 1. s. **davetçi** 2. *Th.* Inspizient *m* 3. wer ein Lied singt
çağırılmak s. **çağrılmak**
çağırma Vs. zu **çağırmak;** ~ **işareti** Rufzeichen *n* ~ **numarası** Rufnummer *f*
çağırmak, (-ır) 1. (zu-, herbei-)rufen; schreien 2. (mündlich *od.* schriftlich) einladen 3. auffordern, empfehlen, (dringend) nahelegen 4. einberufen 5. singen Zu 4: s. **askerliğe** ~
çağırtı Rufen, Schreien *n*
çağırtkan Lockvogel *m* (bei der Jagd) *mostra, pırlak
çağla [×·] grünes Obst (das halbreif gegessen wird) (wie z.B. Mandeln, Aprikosen, best. Pflaumensorten usw.) ~ **bademi** grüne Mandeln, die mit der Schale gegessen werden ~ **yeşili** grünlich-grau
çağlamak 1. rauschen, strömen, brausen (herabstürzendes Wasser) 2. weinen
çağlanmak heranreifen, reif werden, ins mannbare Alter kommen
çağlar s. **çağlayan**
çağlararası türe s. **intikalî hukuk**
çağlayan 1. kleinerer Wasserfall; Kaskade *f* 2. Stromschnelle *f*
çağlayık, -ığı s. **kaynarca**
çağlı *P* mit nb. Statur; gesund und kräftig; s.a. **pehlivan** ~
çağlık, -ığı 1. *dial.* s. **gusülhane** 2. periodisch *mevkut
çağlıyan s. **çağlayan**
çağmak *P* 1. glänzen, leuchten 2. (bir yere) bescheinen (Sonne) 3. s. **cavmak** 4. sich aus-, ver-breiten (Hitze, Geruch usw.) Zu 2: s. Stw. **nisan**
çağnak *biol.* Fruchtwasser *n* *amnios suyu

çağrı 1. Aufforderung zu kommen *spez.* a) Einladung *f* b) (Vor-)Ladung *f* c) Einberufung *f* d) Aufforderung *f* zum Beitritt *davet e) *allg.* Aufforderung *f,* dringende Empfehlung 2. Interjektion *f* *nida, ünlem ~ **hali** *gr.* Vokativ *m* *seslenme durumu ~ **kâğıdı** s. **davetiye; -da bulunmak** (m. Dat.) einberufen (z.B. Versammlung)
çağrıcı s. **çağırıcı**
çağrık; çağrılı s. **davetli**
çağrılık s. **davetiye**
çağrım Rufweite *f*
çağrısız s. **davetsiz**
çağrış Rufen, Schreien *n*
çağrışım *psych.* Assoziation *f* *ortaşım, tedai, teşarük
çağrışımcılık Assoziationspsychologie *f* *teşarükiye
çağrışmak 1. vereint rufen (schreien, lärmen) 2. *selt.* gemeinsam singen 3. sich gegenseitig rufen, einander zurufen
çah s. **çeh**
çaiye s. **çaygiller**
çak (I) 1. metallisches Klirren, Geklirr *n* 2. Klatschen *n* ~ ~ klitsch! klatsch! ~ **çuk** *Lm.* des Kauens
çak (II) *va.* 1. genau, richtig 2. bis auf ...; bis zu ... *ta Zu 1: ~ **ortasında** genau mittendrin Zu 2: ≗ **dağın doruğuna çıktılar.** Sie kletterten bis ganz auf den Gipfel des Berges.
çâk, -ki *va.* 1. zerrissen, zerfetzt, geplatzt, gespalten 2. Riß, Spalt *m,* klaffende Wunde ~ ~ ganz zerrissen (zerfetzt, gespalten, geplatzt), in Fetzen ~ **etmek** zerreißen, zerfetzen, platzen lassen, spalten
çakal 1. Schakal *m zo.* Canis aureus 2. *V* hilflos, schwach 3. *V* abgefeimt, gerissen, mit allen Wassern gewaschen; Schurke, Schuft *m* 4. ≗ Beiname des Terroristen Carlos ~ **olmak** *V* verdorben sein (*bzw.* werden) *berbat olmak
çakaleriği, -ni 1. unreife Pflaume 2. Schlehe *f bot.* Prunus spinosa *yaban eriği
çakaloz, (*a.* **çakanoz**) *hist.* Steinschleudergeschütz *n,* Mörser *m*
çakar 1. großes Grundnetz (für den Makrelenfang an seichteren Meeresstellen 2. (auf-)blitzend 3. *naut.* kleineres Blinklicht
çakaralmaz *V* 1. kaputt, unbrauchbar *spez.* alte verrostete Pistole *od.* nicht funktionierendes Feuerzeug 2. schwer von Begriff
çakaralmazlıktan gelmek *V* so tun, als ob man nicht verstünde; sich dumm stellen
çâker *va.* 1. Sklave, Diener *m* 2. *osm. Besch.* Zu 2: **-iniz** Ihr ergebener Diener, ich
çâkerane [–·–·] *va.* 1. wie es einem Diener gebührt 2. *osm. Besch.* Zu 2: **reyi -mde** meiner unmaßgeblichen Meinung nach
çâkerhane [–·–·] s. **fakirhane** (2)
çâkerzade [–·–·] *osm. Besch.* mein Sohn
çakı Taschenmesser *n* ~ **gibi** lebhaft, aktiv, hurtig, rasch bei der Hand ≗ **gibi maşallah!** *F* Ein Pfundskerl!
çakıcı 1. wer Taschenmesser herstellt *od.* verkauft 2. ≗ **(Mehmet Efe)** *P* für **Çakırcalı Mehmet Efe**
çakıcılık Gewerbe *n* e–s Taschenmesser-fabrikanten *od.* -händlers
çakıl 1. Kiesel(-stein) *m* 2. Kiesaufschüttung *f* ~ **çukul** unbeholfen, schwerfällig (sprechen) ~ **döşek** Kiesbettung *f* ~ **döşemek** 1. mit Kieselsteinen auslegen 2. mit Kies bestreuen ~ **kayaç** *geol.* Konglomerat *n* ~ **ocağı** Kiesgrube *f* ~ **pidesi** auf heißen Kieselsteinen gebackener Fladen ~ **tabakası** Kiesbelag *m* ~ **taşı** Kieselstein *m*
çakıldak 1. Sperr-klinke, -vorrichtung *f,* -hebel *m* (an e–m Rad) *spez.* Mühlklapper *f* 2. *Kspz.* Ratsche, Schnarre *f* *kaynanazırıltısı 3. Schwätzer *m,* Schwatzbase *f* 4. trok-

kenes Mistklümpchen in der Wolle e–s Tieres *spez.* am Hinterteil e–s Schafes *od.* e–r Ziege
çakıldamak klappern, rasseln, rappeln
çakılı 1. angenagelt 2. ein-, fest-geklemmt **Direksiyona ~ kalmıştır.** (Der verunglückte Autofahrer) war am Steuerrad eingeklemmt.
çakıllı 1. Kieselsteine enthaltend, kieselreich, kies(el)ig 2. mit Kieselsteinen ausgelegt 3. mit Kies bestreut ~ **beton** Kieselbeton *m* ~ **kum** Kieselsand *m*
çakıllık 1. Kiesstrand *m od.* trockenes Flußbett 2. Kiesgrube *f* 3. mit Kieselsteinen ausgelegter *od.* mit Kies bestreuter Platz
çakılmak 1. Pass. zu **çakmak** 2. (yere) abstürzen; am Boden zerschellen (z.B. Flugzeug) 3. *V* bemerkt werden **çakılmadan** *V* ohne daß es jemand gemerkt hätte; verstohlen, geheim, schlau, geschickt
çakıltı Klappern, Rasseln, Rappeln *n*
çakım; çakın 1. Blitz *m* *şimşek 2. Funke *m* *kıvılcım
çakıntı 1. Aufblitzen *n* 2. *V* Zechgelage *n*
çakır (I) 1. bläulich-braun *od.* graublau (z.B. Auge) (braun bzw. grau mit bläulichen Streifen) 2. s. **çakırdoğan;** ~ **kuşu** s. **atmaca** (2)
çakır (II) *va.* Wein *m* *şarap
çakır (III) **çukur** 1. uneben, holperig 2. mit Gepolter 3. *Lm.* des Kauens
çakırca leicht bläulich (Augenfarbe)
Çakırcalı Mehmet Efe *n.pr.* sehr volkstümlich gewordener Räuber (um 1900), der in der Gegend von Aydın und Muğla etwa 15 Jahre lang reiche Leute ausplünderte, den Armen aber viel Geld zuwandte; der türk. Schinderhannes
çakırcı 1. *fr.* Falkner *m* 2. *va.* wer Wein *od.* andere alkoholische Getränke herstellte *od.* verkaufte, Schankwirt *m* ~ **başı** 1. *fr.* Oberfalkner *m* 2. Schankwirt *m*
çakırdiken Mannstreu *f bot.* Eryngium maritimum *deveelması
çakırdoğan s. **atmaca** (2)
çakırkanat, -dı Krickente *f zo.* Anas crecca
çakırkeyf *F* angeheitert, angesäuselt, leicht beschwipst
çakırpençe 1. wer sich durchzusetzen versteht 2. wer es versteht, überall et. für sich herauszuschlagen 3. habgierig
çakışık *math.* kongruent
çakışmak 1. sich ineinander festhaken 2. zusammen-, aufeinander-schlagen *(intr.)* 3. (mit Worten) wetteifern 4. *math.* sich decken; kongruieren
çakıştırmak 1. Kaus. zu **çakışmak** 2. *F* trinken, zechen, e–n heben 3. *P* vergleichen, gegenüberstellen *karşılaştırmak, mukayese etmek 4. gegeneinander aufhetzen
çakız olmak s. **çakoz olmak**
çakkal s. **bakkal çakkal**
çakma (I) 1. Vs. zu **çakmak** 2. Punze *f od.* Stichel *m* des Goldschmieds 3. Punzier- *od.* Ziselierarbeit *f* 4. s. **çakmak** (II) 5. Gaufrage *f* (Narbung, Musterung *f* von Papier *od.* Geweben)
çakma (II) s. **şebek**
çakmak (I) 1. Feuerstahl *m* 2. *fr.* Flintenschloß *n* 3. Feuerzeug *n* 4. gewölbt, gekrümmt ~ ~ lodernd, glühend (*spez.* Augen) ~ ~ **yanmak** lodern, glühen **çakmağı çakmak** das Feuerzeug in Tätigkeit setzen
çakmak (II) *med.* Impetigo, Eiterflechte *f*
çakmak (III), **(-ar)** 1. einschlagen, eintreiben (z.B. Nägel) 2. mit Nägeln befestigen; annageln 3. an e–n Pflock anbinden (Weidetier) 4. *V* j–m et. aufhängen, andrehen (z.B. Falschgeld), aufschwatzen 5. *V* herunterhauen, versetzen 6. zünden lassen; anzünden (z.B. Streichholz) 7. *va.* abfeuern (Kanone, Gewehr) 8. (auf-)blitzen 9. (mit den Zähnen) schnappen; plötzlich zubeißen 10. (m. Akk.) *V* (be-)merken, hinter et. kommen 11. *z. va.* servile Unterwürfigkeit bezeugen 12. *V* a) sitzenbleiben (Schüler) b) in e–r Prüfung durchfallen, *F* hängenbleiben 13. (bşden) *V* verstehen, e–e Ahnung haben (von) 14. *V* trinken, zechen, e–n heben, genehmigen Zu 5: s. **tokat** ~ Zu 6: s. **çakmağı (kibrit)** ~ Zu 10: **İşi çaktı.** Er hat gemerkt, was gespielt wird. Zu 12: **İki dersten çaktı.** Er ist in zwei Fächern hängengeblieben. Zu 13: **Felsefeden de çakıyor.** Er versteht auch et. von Philosophie.
çakmakçı 1. wer mit Feuerzeugen handelt *od.* solche herstellt 2. *fr.* Waffenschmied *m*, der Flintenschlösser herstellte *od.* reparierte
çakmaklaşmak lodern, glühen (Augen)
çakmaklı 1. mit Flintenschloß 2. blitzend ~ **ışık** *naut.* Blinkzeichen *n* (e–s Schiffes) ~ **tüfek** Steinschloßgewehr *n*, Flinte *f*
çakmaksız 1. unbrauchbar (Gewehr, Pistole) 2. *fr. Bez.* für **kibrit** (Streichholz)
çakmaktaşı, -nı 1. *min.* Feuerstein, Flint *m* *sileks 2. künstlicher Feuerstein (z.B. im Feuerzeug)
çakoz *V* 1. Beobachten, Lauschen, Zuhören *n* 2. Merken, Begreifen *n* Zu 1: **Sesini kes, çakoz olmasın!** *V* Halt den Mund, es könnte e–r zuhören! ~ **etmek** (m. Akk.) *V* 1. beobachten, spähen, umherschauen 2. merken, begreifen, hinter et. kommen
çakozlamak *V* s. **çakoz etmek** (2)
çakra 1. Rad *n*, Reifen *m*, Scheibe *f* 2. altindisches Sonnensymbol
çakrak e–e best. Schafart (vgl. **karayaka**)
çakşır 1. Hose *f* **(şalvar)** aus dünnem Stoff mit angenähtem leichtem Schuhwerk 2. Federkrause *f* (an den Füßen von Tauben *od.* anderen Vögeln) ~ **otu** das Doldengewächs Ferula meifolia (dessen Wurzeln als Aphrodisiakum dienen)
çakşırlı 1. mit **çakşır** genannten Hose bekleidet 2. mit Federkrause an den Füßen (Vogel)
çaktırmak Kaus. zu **çakmak** z.B. *V* ausplaudern, verraten, verpfeifen **çaktırmadan** *a.*: ohne j–s Aufmerksamkeit zu erregen; unbeobachtet, unbemerkt
çal (I) *dial.* 1. bräunlich-grau 2. kahler Berggipfel
çal (II) (in der Füg.:) ~ **vurmak** anzügliche Bemerkungen machen; sticheln
Çal *n.pr.* O. u. D. im Rbz. Denizli
çal- s. **çala** (3); vgl. **çalçene, çalkumar, çalyaka**
çala 1. *dial.* Mal *n* *defa 2. Augenblick *m* *an 3. e–e Art Px. zur Bez. e–r Intensität ~ ~ s. Stw. **çalmak; -değnek** e–e ordentliche Tracht Prügel **-durmak** 1. dauernd spielen *(M.i.)* 2. Sturm läuten **-kalem yazmak** eilig (mit fliegender Feder) schreiben **-kamçı** (*selt.* **-kırbaç**) **vurmak** dauernd mit der Peitsche bearbeiten **-kaşık yemek** *F* ordentlich in sich hineinfuttern, tüchtig zulangen (beim Essen) **-kılıç yürümek** 1. sich mit dem Schwert e–e Gasse bahnen 2. *fig.* sich mutig in ein Unternehmen stürzen **-kürek çekmek** (*od.* **açılmak**) aus Leibeskräften rudern, *(naut.)* scharf pullen (rojen) **-kürek gitmek** sich schleunigst auf den Weg machen **-paça** 1. zum Gehen zwingend 2. hinter sich her schleifend **-pala** aus Leibeskräften, mit größter Anstrengung **-saz** aus Leibeskräften musizierend **-taban** so schnell ihn seine Füße tragen konnten; raschestens, schleunigst
çalâk, -ki [– –] *va.* 1. schnell, gewandt, flink 2. klug, schlau, scharfsinnig
çalap, -bı *va.* 1. *(christl.)* Kreuz *n* *çelipa 2. ⩪ Herrgott *m*, Gott
çalapa s. **jalapa**
çalar 1. mit Läute-, Schlag- *od.* Spiel-werk 2. Läute-, Schlag- *od.* Spiel-werk *n* Zu 2: **-ı bozuk saat** e–e (Wekker-)Uhr, deren Schlag- bzw. Läute-Werk nicht mehr

funktioniert ~ **saat** 1. Uhr *f* mit Schlagwerk 2. *fr.* Repetieruhr *f* 3. Spieluhr *f* 4. Wecker(-uhr *f*) *m*

çalçene [×··] geschwätzig, redselig; Schwätzer *m*, Schwatzbase *f*

çalçenelik [×···] Redseligkeit, Geschwätzigkeit *f*

çaldır çuldur *Lm.* des Trippelns *od.* leichten Tappens ~ ~ **gelmek** angetrippelt kommen (z. B. Zwerge im Märchen)

çaldırmak 1. Kaus. zu **çalmak** 2. et. gestohlen bekommen Zu 1: s. **çalgı** ~ Zu 2: **Saatimi çaldırdım.** Man hat mir meine Uhr gestohlen.

çalenç s. **çelenç**

çalgı 1. Musik *f*, Musikmachen *n* 2. Musikinstrument *n* 3. Orchester *n*, Kapelle *f* 4. *reg.* Besen *m* 5. Restaurant *n* mit Musikkapelle 6. Musikunterhaltung *f* 7. ≗ *astr.* Lyra, Leier *f* (Sternbild) *Şelyak ~ **çağanak** mit Musik, Lärm und Ausgelassenheit ~ **çaldırmak** aufspielen lassen ~ **çalmak** 1. ein M.i. spielen 2. Musik machen ~ **kutusu** Spieldose *f* ~ **musikisi** Instrumentalmusik *f* ~ **orağı** Sense *f* *tırpan ~ **takımı** *va.* 1. (Musik-)Kapelle *f* 2. Instrumente *pl.* e–r (Musik-)Kapelle ≗ **yağmuru** *astr.* Lyriden *pl.* (Sternschnuppenfall Ende April)

çalgıcı 1. wer M.i. herstellt *od.* verkauft 2. *mst. pej.* Musikant(-in *f*) *m*, *fr. a.* Spielmann *m*

çalgıcıotu, -nu 1. Acker-Schotendotter *m bot.* Erysimum cheiranthoides 2. gebräuchlicher Rautensenf *bot.* Sisymbrium officinale *yaban hardalı

çalgıcılık 1. Herstellung *f od.* Verkauf *m* von M.i. 2. Beruf *m od.* Tätigkeit *f* von Musikanten 3. Musikantentum *n*

çalgıç *dial.* s. **mızrap**

çalgılamak *mus.* instrumentieren

çalgılı mit Musik, mit musikalischer Unterhaltung ~ **kahve** Musik-Café, Unterhaltungs-Café *n* ~ **lokanta** Restaurant *n* mit Musikkapelle

çalgın *P* wer e–n Schlaganfall erlitten hat; gelähmt

çalı 1. (Dorn-)Busch, Strauch *m* 2. Gestrüpp, Gebüsch *n* ~ **çırpı** 1. Reisig, Dorngestrüpp *n* 2. Besenheide *f bot.* Erica scoparia ~ **çit** Reisighecke *f* (als Schutz von Gärten *od.* Weinbergen) ~ **demeti** 1. *mil.* Faschine *f* 2. Reisigbündel mit darin angebrachten Fleischstückchen (zum Krebsfang) ~ **gibi** dicht, struppig (Haar, Bart) ~ **karidesi** Garnele *f zo.* Crangon crangon ~ **mânialar** Reisighürden *pl.* (bei Rennen) ~ **meşesi** s. **pırnal;** ~ **muşmulası** s. **ateş dikeni;** ~ **süpürgesi** 1. Reiserbesen *m* 2. Baumheide *f bot.* Erica arborea ~ **şahteresi** buschiger Erdrauch *bot.* Fumaria capreolata ~ **taşlamak** *fig.* auf den Busch klopfen; vorsichtig sondieren ~ **yelvesi** Zaunammer *f zo.* Emberiza cirlus **-dan çalıya sıçramak** 1. unvermittelt von e–m Thema auf das andere zu sprechen kommen 2. *fig.* wetterwendisch sein; heute so, morgen anders denken

çalıbülbülü, -nü Dorngrasmücke *f zo.* Sylvia communis *(gri) ötleğen

çalıcı *mus.* Spieler, Ausführender, Instrumentalist *m*

çalıdikeni, -ni Christusdorn *m bot.* Paliurus aculeatus *karaçalı, karadiken

çalıfasulyesi, -ni Buschbohne *f*

çalıhorozu, -nu Auerhahn *m* (Auerhuhn *n*) *zo.* Tetrao urogallus

çalık 1. schief, krumm, nach der Seite geneigt 2. schräg geschnitten (Stoff) 3. störrisch, eigensinnig (Pferd, Maultier) 4. von dem normalen Zustand abweichend; (bei Farben): verschossen, verblaßt 5. *va.* gestrichen (z. B. Name in e–r Liste) 6. mit Narben im Gesicht 7. (Pokken-)Narbe *f* 8. Räude *f* (bei Schafen) Zu 4: s. a. **aklı** ~; ~ **oyunu** s. **çelik çomak**

çalıkavak s. **sepetçi söğüdü**

çalıkuşu, -nu 1. Wintergoldhähnchen *n zo.* Regulus regulus 2. *fig.* unbeständiger, wankelmütiger Mensch 3. *fig.* quecksilbrig (Mädchen) 4. ≗ Roman von Reşat Nuri Güntekin (Istanbul 1922; deutsch 1942)

çalıkuşugiller (die Familie der) Goldhähnchen *pl. zo.* Regulidae

çalılık 1. Gestrüpp, Gebüsch *n*, Buschwald *m*, Macchia *f* *fundalık 2. mit Dorngestrüpp bewachsen

çalım 1. *va.* Schlag, Streich *m* 2. Schneide *f* (e–s Säbels usw.) 3. arrogantes Benehmen; Großtuerei, Prahlerei *f* 4. *naut.* Vorpiek *f* (*ant.* kuruz) 5. *Fb.* Täuschung *f*, Trick *m*, Manöver *n* 6. *mus.* Bravour *f* ~ **atmak** *Fb.* (den Gegner) überspielen ~ **etmek** (*od.* **satmak**) sich arrogant, affektiert benehmen, großtun, prahlen **-ına getirmek** *fig.* e–e günstige Zeit *od.* Lage für et. erreichen; e–r Sache die passende Form geben **-ından yanına varılmamak** *F* die Hochnäsigkeit in Person sein; sich aufplustern

çalımcı Angeber, Prahler, Wichtigtuer *m*

çalımlı 1. affektiert, arrogant, aufgeblasen 2. *naut.* schmal, mit hohem Bug und schnellfahrend (Schiff) ~ **hava** s. **bravur havası**

çalımsı buschähnlich ~ **bitki** Staudengewächs *n*

çalın *va.* Stahl *m* zum Feuerschlagen

çalınmak Pass. zu **çalmak; çalınan mallar** *jur.* gestohlene Sachen *pl.*

çalış 1. Vs. zu **çalmak** 2. Pinselstrich *m*

çalışkan fleißig, arbeitsam, eifrig, emsig

çalışkanlık Fleiß, Eifer *m*, Emsigkeit *f*

çalışma 1. Vs. zu **çalışmak** *a.* Arbeiten *n* des Holzes 2. Studie, Untersuchung *f* *inceleme, mütalaa, tetkik 3. *Th.* Probe *f* 4. *(Sport spez. Fb.)* Übungsspiel, Trainingswettspiel *n* Zu 3: s. **son (genel)** ~; ~ **arkadaşları** Arbeitskameraden, Kollegen, Mitarbeiter *pl.* ≗ **Bakanlığı** Arbeitsministerium *n* ~ **belgesi** Arbeitszeugnis *n* (*spez.* bei Ausscheiden des Arbeitnehmers) ~ **birliği** Arbeitsgemeinschaft *f* ~ **çizelgesi** *Th.* Probenplan *m* ~ **emniyeti** Betriebssicherheit *f* ~ **günü** Arbeits-, Werk-tag *m* *işgünü ~ **güvenliği** gesicherter Arbeitsplatz ~ **hürriyeti** *jur.* Arbeitsfreiheit *f* ~ **karnesi** Arbeitsbuch *n* ~ **mükellefiyeti** *jur.* Arbeitspflicht *f* ~ **müsaadesi** Arbeitserlaubnis ~ **nizamı** s. **işdüzeni;** ~ **odası** Arbeits-, Herren-zimmer *n* ~ **saatleri** (*od.* ~ **süresi**) Arbeits-, Büro-zeit *f* ~ **salonu** Arbeitssaal *m* (z. B. in e–m Gefängnis) ~ **yasağı** Verbot *n* der Übernahme e–r anderen Arbeit (während des bezahlten Jahresurlaubs) ~ **zorunluğu** *jur.* Zwangsarbeit *f* (e–s gerichtlich Verurteilten, der die verhängte Geldstrafe nicht entrichtet) **-ya koyulmak** an die Arbeit gehen

çalışmak, (-ır) 1. arbeiten; fleißig sein 2. tätig sein (z. B. in e–m Betrieb), seinen Beruf ausüben 3. in Tätigkeit sein; laufen (z. B. Maschinen); in Betrieb sein, fahren (z. B. Taxi) 4. sich bemühen 5. (bşe) lernen, studieren Zu 1: ≗ **ibadetin yarısıdır.** *Spr.* Arbeit ist die halbe Gottesverehrung. Zu 2: **Şimdi nerede çalışıyorsunuz?** Wo sind Sie jetzt tätig? Zu 4: **Arzunuzu yapmağa çalışacağım.** Ich will mich gern bemühen, Ihren Wunsch zu erfüllen. Zu 5: **Çocuk dersine çalışıyor.** Der Junge lernt seine Lektion. **çalışıp çabalamak** sich nach besten Kräften bemühen

çalışman s. **eleman** (2)

çalıştıran Arbeitgeber *m* *işveren

çalıştırıcı *(Sport)* Trainer *m*

çalıştırıcılık *(Sport)* 1. Aufgaben *pl. od.* Tätigkeit *f* e–s Trainers 2. Training *n*

çalıştırma Vs. zu **çalıştırmak.** ~ **cezası** *jur.* Arbeitszwang *m*, Strafe *f* auf Unterbringung im Arbeitshaus ~ **yasağı** Beschäftigungsverbot *n* (s. a. **çocukları ç. y.**)

çalıştırmak Kaus. zu **çalışmak** *spez.*: 1. veranlassen *od.* zulassen, daß jemand arbeitet *od.* lernt; j–n *od.* et. bei e–r Tätigkeit verwenden 2. beschäftigen (z. B. Arbeiter) 3. betreiben (Unternehmen) 4. *(Sport)* trainieren *(tr.)* 5. *V*

seinen Spaß treiben (mit), *F* j–n auf den Arm nehmen 6. *V* geben, herausrücken (z. B. e–e Zigarette)
çalkağı *dial.* s. **çalkar** (2)
çalkala(n)mak s. **çalka(n)mak**
çalkama 1. Vs. zu **çalkamak** 2. durch Schütteln (Stoßen, Umrühren) hergestellt (z. B. **ayran**)
çalkamak 1. (aus-, ab-)spülen 2. schütteln (z. B. Medizin in e–r Flasche), rütteln 3. hin- und herwerfen (z. B. Sturm ein Schiff) 4. **(sütü)** Butter stoßen 5. (um-)rühren 6. schlagen (Eier) 7. worfeln (Körnerfrüchte) 8. die Eier umdrehen (Bruthenne) 9. (b–ni) j–m nicht bekommen Zu 1: s. **ağzını** ~ Zu 2: s. a. **göbek** ~ Zu 9: **Süt, çocuğu çalkadı.** Das Kind hat die Milch nicht vertragen können.
çalkanmak 1. Pass. zu **çalkamak** 2. sich schütteln (z. B. Enten) 3. bewegt, unruhig werden; Wellen schlagen (Meer) 4. hin- und hergeworfen werden; stampfen, schlingern (Schiff) 5. in aller Munde sein (z. B. Gerücht) 6. wiegenden Ganges gehen Zu 1: **Salonun tavanı gürültülerle çalkandı.** Der Saal bebte nur so von all dem Lärm. **çalkanmış** *a.*: angebrütet
çalkantı 1. heftiger Stoß, starke Erschütterung 2. ausgesiebte Spreu 3. heftiger Seegang, Stampfen *n od.* Schlingern *n* (e–s Schiffes) 4. was geschlagen (geschüttelt, umgerührt) worden ist 5. heftiges Erbrechen *od.* starker Durchfall 6. starke innere Erregung; Aufgewühltsein *n* Zu 4: s. **yumurta -sı**
çalkar 1. *va.* schwer verdaulich 2. Entkörnungsmaschine *f* (für Baumwollkapseln) 3. Abführmittel *n*
çalkumar [×··] verwegenes Glücksspiel (mit hohen Einsätzen)
çalma 1. Vs. zu **çalmak** 2. eilig aufgesetzt 3. *fr.* unordentlich gewundener Turban 4. Ziselierung *f*; ziseliert 5. gestohlen, entwendet 6. Tonwiedergabe *f* (Kino) 7. hinzugetan, hineingerührt 8. *dial.* Kopftuch 9. *P* s. **kaygana**
çalmacı Ziseleur *m*
çalmak, (-ar) 1. schlagen 2. werfen, schleudern 3. hinzutun, -fügen, hineinrühren 4. (auf-)streichen 5. stehlen, entwenden; *fig.* rauben 6. klopfen 7. erklingen lassen, (ein M.i.) spielen 8. (zili) e–e Klingel (Glocke, Schelle) in Tätigkeit setzen 9. (m. Akk.) einwirken (auf); *pej.* sich schlecht auswirken (auf) 10. (bşi) den Rand von et. schräg *od.* schief schneiden *çelmek 11. wegnehmen, beseitigen (z. B. Staub); behauen (Steine) 12. (m. Dat.) in e–e (andere) Farbe (hinüber-)spielen; nach e–r (anderen) Richtung tendieren; e–n best. Geschmack haben (z. B. säuerlich, bitter, scharf usw. schmecken) 13. ziselieren 14. *intr.* läuten, klingeln, schellen, schlagen Zu 1: s. **kamçı(kılıç)** ~ Zu 2: s. **yere** ~ Zu 3: **çorbaya un** ~ Mehl in die Suppe rühren Zu 4: **ağzına bir parmak bal** ~ Zu 5: s. **gönül** ~; **uykuyu çalan ağrılar** Schmerzen *pl.*, die e–m den Schlaf rauben Zu 6: s. **kapıyı** ~ Zu 7: s. **çan (davul, hava, ıslık, keman, piyano)** ~ Zu 9: **Bu halıyı güneş çaldı.** Die Sonne hat den Teppich ausgebleicht. **yemeği bakır(is)** ~ dem Essen e–n Kupfer- (bzw. Rauch-)Geschmack verleihen; s. a. **Acı patlıcanı kırağı çalmaz.** Zu 12: s. **mavije (ekşiye)** ~; **Dili Hırvata çalıyor; is** ~ Zu 14: s. **Çan (Saat, Zil) çalıyor. çal kapı gelmek** unangemeldet kommen **çala çala ezgisini getirmek** *fig.* nach zähen Bemühungen sein Ziel erreichen **çalar** s. ges. Stw. **çalıp çarpmak** (*od.* **çırpmak**) stehlen, entwenden, klauen **Çalma elin kapısını, çalarlar kapını.** *Spr.* Was du nicht willst, daß man dir tu', das füg' auch keinem andern zu. *Spr.* **çalmadan oynamak** 1. gut aufgelegt sein, sehr vergnügt sein 2. sehr viel Lust und Interesse an et. zeigen **Bunu al da başına çal!** *verächtl.* Laß dir das sauer braten! Das kannst du dir einsalzen! Werde doch selig damit!
çalpara 1. Kastagnetten *pl.*, Holzklapper *f* (*a.* zur Tempoangabe in der türk. Musik) *kastanyet 2. Samt-, Schwimm-krabbe *f zo.* Portunus puber 3. *techn.* Gleitbock *m* 4. *naut.* Pumpenkolben *m*
çalparalı mit **çalpara;** ~ **tulumba** *naut.* Kettenpumpe *f*
çalparasız ohne **çalpara;** ~ **oynamak** s. **çalmadan oynamak**
çaluk, -uğu ausgestopfter Tierbalg
çalukçu Ausstopfer *m*
çalyaka [×··] beim Kragen packend ~ **etmek** beim Kragen packen; fassen, erwischen, verhaften, *F* hopsnehmen **Hırsızı** ~ **götürdüler.** Man packte den Dieb und brachte ihn fort.
çam 1. Generelle Bez. für fast alle Koniferen, Nadelbäume 2. *spez.* Kiefer, Föhre *f bot.* Pinus 3. Billard-Kegel *m* ~ **baştankarası** Tannenmeise *f zo.* Parus ater ~ **baykuş kelebeği** Kiefern-, Forl-eule *f* (Schmetterling) *zo.* Panolis griseovariegata ~ **biti** Fichtengallaus *f zo.* Chermes abietes ~ **çaprazgagası** Kiefernkreuzschnabel *m zo.* Loxia pytiopsittacus ~ **devirmek** 1. e–e Tapsigkeit begehen, sich blamieren 2. angeblich et. wissen *od.* verstehen, in Wirklichkeit jedoch dummes Zeug reden 3. unbesonnen mit et. herausplatzen ~ **fıstık ağacı** s. **fıstık çamı;** ~ **geometresi** Kiefernspanner *m zo.* Bupalus piniarius ~ **katran yağı** Kienöl *n* ~ **kelebeği** Fichtenspinner *m*, Nonne *f zo.* Lymantria monacha ~ **kerestesi** Kiefern-, Fichten-, Tannen-holz *n* ~ **keseböceği** Tannen-Prozessionsspinner *m zo.* Thaumatopoea pytiocampa ~ **kozalağı** Tannen-, Kiefern- usw. -zapfen *m* ~ **mantarı** Lärchenschwamm *m bot.* Polyporus officinalis *ağaç (katran) mantarı, katranköpüğü ~ **ormanı** Nadelwald *m* ~ **özü** eßbares Saftholz (einiger Pinienarten) ~ **sakız ağacı** s. **ladinağacı;** ~ **sakızı** s. **çamsakızı;** ~ **sürgün büküçüsü** Kieferntriebwickler *m* (Forstschädling) *zo.* Tortrix buoliana ~ **yarması gibi** 1. Riesen-, Bären-kerl, Hüne *m* 2. ein rechter Grobian
Çamardı *n.pr.* O. u. D. im Rbz. Niğde
çamariva [··×·] *naut.* Alle Mann nach oben! (zum Aufziehen des Takelwerks, der Segel usw.) ~ **etmek** nach oben gehen (alle Mann) ~ **ile selâmlamak** *naut.* ein anderes vorüberfahrendes Schiff mit **yaşa**-Rufen begrüßen (Mannschaft an Bord)
çamaşır 1. (Leib-, Bett-, Haushaltungs- usw.)Wäsche *f* 2. schmutzige Wäsche 3. Waschen *n*, Wäsche *f*, Waschtag *m* ~ **ağası** *fr.* Wäschebewahrer *m* (im Sultanpalast *od.* im Hause e–s Vornehmen) ~ **azgını** nicht mehr sauber zu bekommen (Wäschestück) ~ **çırpmak** Wäsche in klarem Wasser ausspülen ~ **değiş(tir)mek** die Wäsche wechseln ~ **dolabı** Wäscheschrank *m*, Kommode *f* *şifoniye(-r) ~ **günü** Waschtag *m* ~ **ipi** Wäscheleine *f* ~ **leğeni** kupfernes Waschbecken (zum Wäschewaschen) ~ **makinesi** Waschmaschine *f* ~ **mandalı** Wäscheklammer *f* ~ **mengenesi** Wäschemangel *f* ~ **sıkmak** (nasse) Wäsche auswringen ~ **sodası** Bleichsoda *f* ~ **suyu** Wasch-wasser *n*, -lauge *f* ~ **takımı** Wäschegarnitur *f* ~ **teknesi** s. ~ **leğeni;** ~ **tokmağı** s. **tokaç;** ~ **yıkamak** Wäsche waschen **-a gitmek** sich als Wäscher (Waschfrau) verdingen **-ı basmak** die Wäsche einweichen
çamaşırcı Wäscher(-in *f*) *m* ~ **ayı** Waschbär *m zo.* Procyon lotor ~ **kadın** Wäscherin, Waschfrau *f*
çamaşırcılık Tätigkeit *f od.* Beruf *m* e–s Wäschers, e–r Wäscherin ~ **etmek** *spez.* als Waschfreu tätig sein
çamaşırevi, -ni; çamaşırhane [···–·] 1. Wäscherei, Waschanstalt *f* 2. Wasch-küche *f*, -haus *n*
çamaşırlık 1. s. **çamaşırevi** 2. Waschtrog *m* 3. zur Herstellung von Unterwäsche geeignet *od.* best. 4. Wäscheschrank *m*, -kommode *f*
çambuka s. **çamuka**
çamça [×·] Plötze *f*, Rotauge *n zo.* Leuciscus rutilus *kızılgöz
çamçak, -ağı 1. Napf *m*, Schale, Schüssel *f* (aus Holz) 2. Trink- *od.* Eß-gefäß *n* (aus Glas, Porzellan usw.) 3. *reg.*

hölzerne Schöpfkelle 4. *naut.* Ösfaß *n* (kleine Holzschaufel zum Ausschöpfen des Wassers aus Booten) 5. s. **çamça**
Çameli, -ni *n.pr.* O. u. D. im Rbz. Denizli
çameriya s. **flurya** (1)
çamfıstığı, -nı Piniennuß, Pignole *f*
çamgiller Nadelhölzer *pl. bot.* Coniferae *köknarlar, tennubiye
çamıç 1. *F* niedlich klein 2. Augen mit kleiner Pupille 3. Korinthen *pl.* *kuşüzümü 4. *dial.* reizbar, empfindlich *hırçın
çamlamak mit Nadelhölzern bepflanzen
çamlı mit Kiefern, Fichten usw. bewachsen
Çamlıca *n.pr.* („Fichtenberg") zwei Höhen (**Büyük Ç.** 267 m u. **Küçük Ç.** 226 m) bei Üsküdar (Istanbul) (mit schöner Aussicht auf Bosporus und Marmarameer)
Çamlıdere *n.pr.* O. u. D. im Rbz. Ankara
Çamlıhemşin *n.pr.* O. u. D. im Rbz. Rize
çamlık 1. Nadel-, Tannen-wald, Pinienhain *m* 2. mit vielen Nadelbäumen bestanden (Ort)
çamsakızı, -nı 1. Fichtenharz *n* 2. *fig.* (*a.* ~ **gibi**) zudringlich, lästig, wer sich nicht abschütteln läßt ≗ **çoban armağanı.** (*Besch.* bei der Überreichung e–s Geschenkes) Was ein armer Schäfer schenken kann, ist nur ein Stückchen Fichtenharz. (Wenig, aber von Herzen)
çamuha [·×·] *naut.* Schwamm *m* geringerer Qualität
çamuka [·×·] Ährenfisch *m zo.* Atherina hepsetus ~ **ağı** halbkreisförmiges Zugnetz der Fischer
çamur 1. Schlamm, Schlick *m* 2. (Straßen-)Schmutz *m* 3. *fig.* Schmutz, Dreck, Unflat *m* 4. Ton, Lehm *m,* Töpfererde *f,* Modellierton *m* 5. Meer- *od.* Fluß-ablagerung *f* 6. (Lehm-)Bewurf *m* (e–s Hauses) 7. *V* a) s. **ziyafet** b) aufdringlich, zudringlich, unverfroren ~ **atmak (sıçratmak, sıvamak)** *od.* **-a bulamak** 1. beschmutzen, besudeln 2. *fig.* mit Schmutz bewerfen, verleumden, herunterreißen ~ **banyosu** *med.* Schlammbad *n* ~ **dubası** *naut.* (Naß-) Bagger *m* ~ **eşek arıları** Lehmwespen *pl. zo.* Eumenidae ~ **ev** Lehmhütte *f* ~ **gemisi** *naut.* Baggerschute *f* ~ **gibi** nicht recht durchgebacken; *F* knatschig (Schwarzbrot) ~ **humması** *med.* Feld-, Schlamm-fieber *n* *hasat (*od.* tarla) humması ~ **ığrıbı** an schlammigen Stellen verwendetes langes Fischernetz (zum Fang von Grundeln, Garnelen usw.) ~ **kalemi** Modellierholz *n* (der Bildhauer) ~ **mavunası** *naut.* Baggerprahm *m* ~ **olmak** beschmutzt, besudelt werden ~ **sandığı** Mörtelpfanne *f* (der Maurer) ~ **semenderi** Armmolch *m zo.* Siren lacertina ~ **tepesi** *geol.* Schlammvulkan *m,* Salse *f* *sals ~ **yatağı** s. **çamurlu yer;** ~ **yılanı** Korallenrollschlange *f zo.* Ilysia scytale **-a basıp çalıya asmak** sehr schlampig arbeiten (Wäscherin) **-a basmak** (unschuldig) in e–e üble Affäre geraten **-a batmak** in Not geraten **-a bulaşmak** 1. sich in e–e schmutzige Angelegenheit einlassen 2. auf Unlauterkeit stoßen **-a düşmek** in e–e Patsche geraten **-a sürüklemek** j–n in den Schmutz ziehen **-a taş atmak** *fig.* mit e–m charakterlich minderwertigen Menschen anbinden und sich dessen unflätigen Angriffen aussetzen ≗**a** (*od.* **Çirkefe) taş atma üstüne sıçrar.** *Spr.* Wer Pech angreift, besudelt sich. *Spr.* **-a yatmak** *V* 1. seine Schulden nicht bezahlen 2. gut aufgelegt sein *sekiz köşe olmak **-dan çekip çıkarmak** (b–ni) 1. j–m aus der Patsche helfen 2. j–s Ehre retten **-u karnında** s. **çiçeği burnunda**
çamurcuk e–e kleinere Karpfenart
çamurculkurbağagiller Krötenfrösche *pl. zo.* Pelobatidae
çamurcun e–e kleinere, in Teichen *od.* Sümpfen lebende Entenart
çamurkoşarları, -nı Schlammläufer *pl. zo.* Limicolae
çamurlama 1. Vs. zu **çamurlamak** 2. *agr.* Einsetzen *n* von Stecklingen in feuchte Düngererde
çamurlamak 1. mit Schmutz (Schlamm, Lehm) bedecken *od.* bewerfen 2. *fig.* in den Schmutz ziehen; entehren, diffamieren
çamurlanmak 1. Pass. *od.* Refl. zu **çamurlamak** 2. verschlammen (z. B. Hafen)
çamurlaşmak 1. zu Schmutz werden 2. *fig.* zudringlich, aggressiv werden
çamurlu 1. schlammig, lehmig 2. schmutzig ~ **yağmur** Schlammregen *m* ~ **yer** Morast *m* *çamur yatağı
çamurluk, -ğu 1. Schutzblech *n* (z. B. am Fahrrad), Kotflügel *m* 2. *fr. gel. a.* Trittbrett *n* (e–s Autos) 3. Mulde *f,* Trog *m* (e–s Töpfers) 4. schmutzige Stelle; Morast *m* 5. (Straßen-)Gamaschen *pl.* 6. hohe Stulpenstiefel, Wasserstiefel *pl.* 7. (*a.* ~ **paspas**) metallener Fußabtreter, Kratzeisen *n* 8. s. **kın -u**
çan 1. Glocke *f spez.* größere Glocke, Kirchenglocke *f* 2. Gong *m, n* (beim Boxen) ~ **çadırı** Rundzelt *n* ~ **çalgısı** Glockenspiel *n* ~ **çalmak** 1. die Glocke läuten 2. *fig.* et. an die große Glocke hängen, et. ausposaunen 3. *intr.* läuten (Glocke) ~ **çatması** Glockenstuhl *m* ~ **çıngırağı** Läutewerk *n* ~ **dili** s. ~ **tokmağı;** ~ **dökümhanesi** Glokkengießerei *f* ~ **etmek** schwatzen, plaudern ~ **halatı** Glockenseil *n* ~ **hayvanı** Glockentierchen *n zo.* Vorticella ~ **kafası** Obersatz *m spez.* Haube *f* (e–r Glocke) ~ **kulesi** Glockenturm *m* ~ **sarmaşığı** s. **kobe;** ~ **sesi** Glokken-ton, -schlag *m* ~ **sesleri** Glocken-schläge *pl.,* -geläute *n* ~ **şamandırası** s. **çanlı şamandıra;** ~ **şeklinde** glokkenförmig ~ **tokmağı** Glocken-schwengel, -klöppel *m* ~ **üzengisi** *arch.* Tragebalken *m,* Glockenwelle *f* **-ına ot tık(a)mak** *fig.* j–m den Mund stopfen, j–n zum Schweigen bringen
Çan *n.pr.* O. u. D. im Rbz. Çanakkale
çanak, -ğı 1. Topf *m,* Schüssel *f,* Napf *m,* Schale *f* 2. *bot.* (Blüten-)Kelch *m* *keis 3. die Öffnung nach oben (bei verschiedenen ar. Buchstaben) 4. Abflußrohr *n* (des türk. Aborts) 5. *arch.* Echinus, Igelwulst *m* (an der dorischen Säule) 6. *geol.* Mulde *f* Zu 1: **Onlar, ~ yoldaşıdır.** Sie essen aus derselben Schüssel. *d. h.* Es läßt sich von beiden das gleiche sagen. ~ **açmak** (bşe) *F* Anlaß geben (zu), et. heraufbeschwören ~ **bastı** fertig zubereitetes Hackfleisch (das in e–n Topf gepreßt wird) ~ **çömlek** irdenes Geschirr; Töpferware *f* ~ **çömlek tezgâhı** Töpferscheibe *f* ~ **gibi** (*od.* **kadar**) groß (Mund *od.* Gefäß) ~ **likeni** Mannaflechte *f bot.* Lecanora esculenta ~ **tutmak** 1. betteln 2. e–e tüchtige Abfuhr (e–n Denkzettel) verdienen 3. s. ~ **açmak;** ~ **üzengi** Steigbügel *m od. pl.* mit bes. großer Sohle ~ **yalayıcı** 1. Schmarotzer, Nassauer *m* 2. Speichellecker *m* *dalkavuk, kâselis **-ını yalamak** (b–nin) 1. schmarotzen (bei) 2. j–m in kriecherischer Weise schmeicheln
çanakçı 1. Töpfer *m* 2. Verkäufer *m* von Töpferwaren
çanakçılık 1. Töpfergewerbe *n* 2. Handel *m* mit Töpferwaren
Çanakkale [·×··] *n.pr.* Stadt im gln. Rbz. (an den Dardanellen) ~ **boğazı** *n.pr.* Dardanellen *pl.,* Hellespont *m*
çanaklık 1. Herstellungs- *od.* Aufbewahrungs-ort *m* für Töpferwaren 2. *naut.* Mars *m* (Mastkorb *m*)
çanaksı *bot.* kelch-förmig, -ähnlich *ke'sî ~ **memecikler** *an.* Geschmacksknospen *pl.* (auf der Zunge)
çanakyaprağı, -nı *bot.* Kelchblatt, Sepalum *n* *varakı ke'sî
çanakyapraklı *bot.* mit nb. Kelchblättern s. a. die Stw. **ayrı** und **bitişik**
cancı 1. Glockengießer *m* 2. Glöckner, Küster *m*
çançan 1. Glockengeläute *n* 2. *F* anhaltendes lautes Geschwätz ~ **etmek** in e–m fort laut schwatzen
çançiçeği, -ni 1. Glockenblume *f bot.* Campanula edulis *od.* laciniata *boruçiçeği, zehrei ceresiye 2. Schellenblume *f bot.* Adenophora liliiflora

çançiçeğigiller Glockenblumengewächse *pl. bot.* Campanulaceae *fasilei ceresiye
çandır *dial.* 1. Weizen mit Gerste untermischt 2. nicht reinrassig (Schafe)
çangıç *urspr. Form* von **zangoç**
çangıl çungul (*od.* **çangır çungur**) 1. klirrend, klappernd, polternd, rasselnd 2. in harter bäuerlicher Sprechweise 3. in gebrochenem Türkisch
çangırdamak klirren, klappern, poltern, rasseln
çangırtı Klirren, Klappern, Poltern, Gerassel *n*
çanıltı Glockengeläute *n*
Çankaya *n.pr.* D. im Rbz. Ankara und hochgelegener Stadtteil (im Süden von Ankara), wo sich u. a. der Palast des türk. Staatspräsidenten befindet
Çankırı *n.pr.* Stadt u. gln. Rbz. (nördl. Zentralanatolien)
çanlı 1. mit Glocke(-n) 2. glockenförmig, Glocken- ~ **şamandıra** *naut.* Glocken-boje, -tonne *f* *sesli şamandıra
çanlık Glockenturm *m*
çanta [×·] 1. Hand-, Trag-, Reise-tasche *f* 2. Aktentasche, Mappe *f* 3. Leder-futteral, -täschchen *n* wie z. B. Brieftasche *f*, Geldbeutel *m* 4. (Schul-)Ranzen, Tornister, (Reise-)Koffer *m* *valiz ~ **çiçeği** Pantoffelblume *f bot.* Calceolaria integrifolia *marmuza, çarık otu **-da keklik** 1. fest in der Tasche; gesichert 2. schon für e–e Sache gewonnen
çantacı 1. Hersteller *m od.* Verkäufer *m* von (Hand-, Akten- usw.)Taschen; Taschenmacher, Täschner *m* 2. Amtsdiener *m*, der (den Referenten usw.) Akten, Dokumente usw. überbringt 3. wer e–e Tasche trägt (z. B. Jagdgehilfe *od. hist.* der e–n Sultan begleitende Beutelträger)
çap, -pı 1. *math.* Durchmesser *m* *kutur 2. *mil.* Kaliber *n* (e–s Geschützrohres *od.* Geschosses) 3. Katasterplan, Grundbuchauszug *m* 4. Größe *f*, Körperumfang *m*, Volumen *n* *hacim 5. *fig.* Umfang *m*, Ausmaß *n* 6. *arch.* Maße, Abmessungen *pl.* 7. *fig.* geistiges Niveau; Leistungsfähigkeit *f* Zu 4: s. **iri -ta bir adam** Zu 5: s. **dünya -ında; genişlediği -ta** in dem Maß, wie sich ... erweitert hat Zu 7: **-ı yüksek** sehr befähigt, hochbegabt ~ **birliği** *mil.* Kalibereinheit *f* ~ **gönyesi** Meßkluppe *f* ~ **mastarı** Kaliberlehre *f* ~ **pergeli** Greifzirkel *m*, (Feinmeßschraub-)Lehre *f*, Taster *m* ~ **tayini** *mil.* Kaliberabstimmung *f* **-ın tevsii** *mil.* Kalibervergrößerung *f* **-ına getirmek** abvieren (Baumstämme) **-tan düşmek** *V* nicht mehr leistungs-, arbeits-fähig sein
çapa [×·] 1. Hacke *f*, Karst *m* 2. *naut.* Anker-hand, -flunke *f* 3. *naut.* (Schaufel-)Anker *m* 4. *selt.* Ankergebühr *f* *demirleme harcı 5. *selt.* Ankerplatz *m* *demir yeri 6. *naut.* Bugholz *n* (starker Plankengang) 7. ≗ *n.pr.* Stadtteil in Istanbul ~ **almak** *naut.* den Anker lichten ~ **atmak** *naut.* Anker werfen ~ **halkası** Ankerring *m* ~ **gövdesi** Ankerschaft *m* ~ **kolu** Ankerarm *m* ~ **resmi** Ankergebühr *f* ~ **tarımı** *agr.* Hackfruchtanbau *m* ~ **ürünleri** *agr.* Hackfrüchte *pl.* ~ **zinciri** Ankerkette *f*
çapacı [×··] 1. Hersteller *od.* Verkäufer *m* von Hacken 2. wer mit (Auf-, Um-)Hacken beschäftigt ist; Landarbeiter *m* 3. *mil. hist.* Pionier *m* (Sappeur *m*)
çapaçul nachlässig, schlampig, unordentlich, abgerissen, liederlich (z. B. gekleidet)
çapaçulluk Nachlässigkeit *f* (in Kleidung)
çapak, -ğı 1. Augen-butter *f*, -schmalz *n* 2. Grat *m*, Hammerschlag *m*, körniger Ansatz; Gußnaht *f* (*spez.* bei Metallbearbeitung) 3. unebene Stelle (bei Metallgegenständen) 4. s. **çapak balığı** (vgl. **bodur çapak**) 5. Überstehen *n* e–s Steins (in e–r Mauer) 6. *typ.* Papierflecken *m od.* fehlerhafter Druck ~ **balığı** Bleie *f*, Brachsen *m zo.* Abramis brama *taranga ~ **kalemi** Schaber *m* (des Kupferstechers) ~ **rayması** *techn.* Winkelreibahle *f* ~ **silerken göz çıkarmak** *fig.* verschlimmbessern ~ **tutmak** s. **çapaklanmak; -ını almak** *techn.* abgraten
Çapakçur *n.pr.* 1. *fr.* Name von **Bingöl** (bis 1945) 2. Name e–s Kurdenstammes
çapaklanmak voll Augenbutter sein; triefen (Auge)
çapaklı 1. voll Augenbutter; triefend (Auge) 2. schmutzig (im Gesicht) 3. *typ.* mit Fehlern *(Druck)* ~ **göz** Triefauge *n* ~ **gözlü** triefäugig
çapalamak (auf-, um-)hacken, umgraben
çapalı haç Ankerkreuz *n* (e–e Kreuzform)
çapan *fr.* berittener Postkurier
çapanak *va.* 1. Schmuggelware *f* *kaçak mal 2. Raub *m*, Beute *f*
çapanoğlu, -nu nachträglich auftretende Schwierigkeit *od.* Unannehmlichkeit **Bu işin altından** ~ **çıktı.** Die Sache hatte e–n Haken. Das dicke Ende kam nach. **İşi kurcalama, alt tarafından** ~ **çıkar!** Laß die Sache auf sich beruhen, sonst kommt nur Unangenehmes heraus! **-nun aptes suyu (gibi)** miese Brühe; elendes Gesöff (Getränk *spez.* Tee)
Çapanoğulları, -nı *n.pr.* mächtige türk. Adelsfamilie im 18. u. 19. Jh. (Zentralanatolien)
çapar (I) 1. s. **çapan** 2. scheckig, gefleckt, gesprenkelt *abraş, benekli 3. Albino *m* *albinos 4. *va.* Held *m*
çapar (II) ein *spez.* an der Schwarzmeer-Küste verwendetes Boot (et. größer als **taka**)
çaparhane [··–·] *hist.* 1. *(Post)* Relais *n* 2. Brieftaubenstation *f*
çaparı *(Fischerei)* Schwimmleine *f* mit 10–30 Angelschnüren (*spez.* für Makrelenfang)
çaparız 1. *naut.* quer vor dem Bug (e–s anderen, vor Anker liegenden Schiffes) 2. *naut.* unklar 3. *fig.* Hindernis *n*, Störung, Schwierigkeit, Komplikation *f* 4. *F* verzwickt, kompliziert, mühselig, beschwerlich 5. *F* verkehrt, widrig, ungelegen ~ **açmak** entwirren, lösen ~ **çıkmak** (*od.* **düşmek**) 1. *naut.* quer vor den Bug zu liegen kommen 2. auftauchen (Schwierigkeit) 3. verkehrt ausgehen; schiefgehen; aus dem Geleis geraten (Sache, Angelegenheit) ~ **deniz** *naut.* gekreuzter Seegang ~ **etmek** (*od.* **gelmek**) (b–ne) j–m Schwierigkeiten (Unannehmlichkeiten) verursachen, in die Quere kommen ~ **rüzgâr** *naut.* Gegenwind *m* ~ **vermek** (m. Dat.) j–m Schwierigkeiten in den Weg legen; *F* querschießen; durchkreuzen, vereiteln (z. B. Pläne) **-a getirmek** *V* j–n hereinlegen, übers Ohr hauen
çaparızlanmak *z. va.* verwickelt werden, sich schwierig gestalten, sich komplizieren
çaparızlı 1. *F* schwierig, voller Hindernisse; verwickelt, kompliziert 2. *naut.* unklar (Anker)
çaparızlık 1. *naut.* Lage *f* quer vor dem Bug 2. *naut.* Unklarsein *n* 3. *fig.* Schwierigkeit *f*, Hindernis *n*
çaparızsız *F* ohne Hindernisse; glatt
çapari s. **çaparı**
çapavul *fr.* zum Plündern und Rauben in feindl. Gebiet einfallende Soldaten; Beutemacher, Plünderer *pl.*
çapı *va.* 1. Laufen, Rennen *n*, Trab, Galopp *m* 2. Raub-, Beute-zug *m*, Einfall *m* in feindliches Gebiet
çapıcı *va.* 1. wer läuft (rennt, trabt, galoppiert) 2. wer an e–m Raub-, Beute-zug, Einfall in feindliches Gebiet teilnimmt; Marodeur, Plünderer *m*
çapkılamak *va.* 1. laufen, rennen, traben, galoppieren 2. s. **çapmak** (2)
çapkın 1. *va.* Pferd *n*, das gut läuft (trabt, galoppiert) 2. *z. va.* Vagabund, Landstreicher *m* 3. Schürzenjäger, Don Juan, Wüstling, Playboy *m* 4. sinnlich, begehrlich (z. B. Blick) 5. (scherzhaft) Lausbub, Nichtsnutz *m* ~ **dili** Gaunersprache *f*, Rotwelsch *n*
çapkınca nach Art e–s **çapkın**

çapkınlaşmak zum Playboy werden
çapkınlık 1. *va.* flottes Laufen (Traben, Galoppieren) e–s Pferdes 2. *z. va.* Vagabundieren *n* 3. Schürzenjägertum *n,* Ausschweifung *f* 4. Sinnlichkeit, Begehrlichkeit *f* 5. (scherzhaft) Lausbubenstreich *m od. allg.* Verhalten *n* e–s Lausbuben ~ **etmek** (*od.* **-a gitmek**) ein ausschweifendes Leben führen
çapla 1. (*a.* ~ **kalem**) Radiernadel *f,* Grabstichel *m* (des Kupferstechers) 2. *fr.* Prüfstein *m* für Silber 3. Drehmeißel, Drehstahl *m* (für Erzschürfung)
çaplamak 1. mit e–m best. Durchmesser bzw. Kaliber versehen; kalibrieren 2. die Länge und Breite von et. ausmessen 3. s. **çapına getirmek**
çaplı 1. von best. Durchmesser bzw. Kaliber 2. *pr.* großkalibrig 3. *F* großgewachsen 4. *arch.* maßstäblich
çapmak *va.* 1. **(atını)** zum Laufen, Galopp antreiben (Pferd) 2. e–n Raub-, Beute-zug, Einfall in feindliches Gebiet unternehmen 3. sich herumtreiben; herumstrolchen
çaprak Schabracke, Satteldecke *f*
çapraşık 1. kreuzweise gelegt (befestigt, verschnürt), über Kreuz angebracht; schräg, gekreuzt, kreuzförmig 2. *fig.* verwickelt, unübersichtlich, kompliziert, schwierig (zu lösen) *muğlak
çapraşıklaşmak s. **çaprazlaşmak**
çapraşıklık 1. kreuzweise Befestigung 2. *fig.* Unübersichtlichkeit, Kompliziertheit, Schwierigkeit *f;* verwickelte, komplizierte Angelegenheit
çapraşmak 1. sich kreuzen, sich schneiden 2. sich verflechten, sich verschlingen 3. s. **çaprazlaşmak**
çapraz 1. s. **çapraşık** (1) 2. quer über die Brust; quer, schräg, diagonal 3. mit Verschnürung *od.* Haken zu schließendes Kleidungsstück (z. B. e–s Kochs); Pekesche *f* 4. Schränk-eisen *n,* -zange *f* (für die Zähne e–r Säge) 5. *(Ringen)* Unterarmgriff bzw. Doppelnelson *m* 6. *hist.* Waffengürtel *m* mit Schnalle Zu 5: s. **çift(tek)** ~**;** ~ **ateş** *mil.* 1. Kreuzfeuer *n* 2. plötzlicher Angriff ~ **bağ** Diagonalband *n* ~ **bağ demiri** Diagonalbandschiene *f* ~ **bağlama** Querleisten *pl.* (bei Tischbeinen) ~ **bıçkı** Schweifsäge *f* ~ **boyunduruk** Querholz *n* (e–s Fensterkreuzes) ~ **dokuma** Kreuzgewebe *n,* Köper *m* ~ **döllenme** (*od.* ~ **tozlaşma**) *bot.* Fremdbestäubung, Allogamie *f* ~ **kafiye** *lit.* Kreuzreim *m* ~ **katmanlaşma** (*od.* ~ **tabakalanma**) *geol.* Diagonalschichtung *f* ~ **kavrama** *(Turnen)* Kreuzgriff *m* ~ **kayış(-lar)** gekreuzte Riemen *pl.* ~ **kelime bulmacası** Kreuzworträtsel *n* ~ **kerteriz** *naut.* Kreuzpeilung *f* ~ **keski** Kreuzmeißel *m* ~ **kesme** *techn.* Kreuzung *f* ~ **mastarı** *techn.* Schränklehre *f* ~ **oynak** *techn.* Kreuzgelenk *n* ~ **sahın** *arch.* Querschiff *n* (e–r Kirche), Transept *m, n* *transept ~ **vaziyet** *Fb.* seitliche Stellung (zum Tor) ~ **vermek** schränken (Sägeblatt)
çaprazgaga Fichtenkreuzschnabel *m zo.* Loxia curvirostra *yenidünya
çaprazlama 1. Vs. zu **çaprazlamak** 2. s. **çapraz** (1, 2) 3. s. **akis** (6) 4. s. **melezleme** 5. *mus.* s. **kruvazman**
çaprazlamak 1. über Kreuz *od.* kreuzweise verarbeiten (z. B. Stoff e–s Damenkleides) 2. kreuzweise legen, verkreuzen, verschränken 3. *techn.* schränken 4. *biol.* kreuzen (Rassen)
çaprazlanış *mus.* s. **aşım** (2)
çaprazlanmak 1. Pass. zu **çaprazlamak** 2. kreuzweise, schräg, diagonal, quer verlaufen
çaprazlaşmak verwickelt, unübersichtlich werden, sich komplizieren *çapraşmak
çaprazlı 1. mit Haken *od.* Verschnürung (Kleidungsstück) 2. dreikantig (Feile) 3. geschränkt (Zähne e–s Sägeblatts)
çaprazlık Gekreuzt-Sein *n* (vgl. **çapraz** 1, 2)
çaprazölçer s. **çapraz mastarı**
çaprazvari kreuzförmig, gekreuzt
çapsal 1. auf den Durchmesser bezüglich; diametral 2. diametral entgegengesetzt
çapul 1. Raub-, Beute-zug *m,* Rauben, Plündern *n* 2. *va.* (Kriegs-)Beute *f* ~ **etmek** e–n Beute-, Raub-zug unternehmen; rauben, plündern ~ **gemisi** Kaperschiff *n*
çapulcu 1. Plünderer, Marodeur *m* 2. *allg.* wer sich et. widerrechtlich aneignet; Räuber *m*
çapulculuk Raubzug *m,* Plündern *n,* Plünderung *f,* Marodieren *n* ~ **etmek** s. **çapul etmek**
çapullamak 1. plündern, rauben 2. *allg.* sich widerrechtlich et. aneignen 3. ausplündern, ausrauben (Ort)
çapur *Zig.* Mädchen *n*
çaput 1. Fetzen, Lappen, Flicken *m* 2. abgetragene, zerlumpte Kleidung 3. *reg.* s. **bez** (I); ~ **kilim** aus langen Streifen zusammengesetzter Wandteppich
çar (I) *hist.* Zar *m* ≗ **Rusyası** *hist.* zaristisches Rußland
çar (II) (< *pers.* çihar) *(nur mehr in best. Füg.)* vier
çar (III) s. **car** (I)
çâr s. **cihar**
çarçabuk [×··] schleunigst, blitzschnell, in Windeseile, unverzüglich
çarçur leichtsinniges Geldausgeben; Verschwendung, Vergeudung *f* ~ **etmek** leichtsinnig ausgeben, verschleudern, verschwenden, zum Fenster hinauswerfen (*spez.* Geld) ~ **olmak** Pass. zu ~ **etmek**
çardak Laube(-ngang *m*) *f,* Pergola *f* ~ **gülü** Kletter-, Schling-rose *f*
Çardak *n.pr.* O. u. D. im Rbz. Denizli
çardaklı mit Laube(-ngang), Pergola
çardaş Csárdás, Tschardasch *m* (ungar. Tanz)
çare [ā] 1. Mittel *n,* Weg *m* (zu e–m Ziel) 2. (Ab-)Hilfe *f,* Ausweg *m,* Lösung *f,* Heilmittel *n* Zu 2: **Bunun -si nedir?** *od.* **Ne** ~**?** Was läßt sich schon dagegen machen? (*scil.* Leider nichts); wohl oder übel **ne** ~ **ki** jedoch, aber ~ **aramak** e–n Ausweg suchen, auf Abhilfe sinnen, e–e Lösung suchen ~ **bulmak** Mittel und Wege finden; Abhilfe schaffen ~ **olarak** (bşe) als Abhilfe (gegen) ≗ **yok.** Dagegen läßt sich nichts machen. **-sine bakmak** (bşin) nach Abhilfe trachten, et. zu beseitigen versuchen **Sen -sine bak!** Sieh, wie du zurechtkommst! **-sini görmek** s. ~ **bulmak; -i hal** s. **hal çaresi**
çaresaz [–·–] *va.* abhelfend, Abhilfe bringend ~ **olmak** (bşe) abhelfen (e–m Übelstand); heilen
çaresiz [ā] 1. wer kein Hilfsmittel, keine Rettung weiß; wem nichts anderes übrigbleibt; arm, hilflos, wehrlos 2. wogegen kein Kraut gewachsen ist; unheilbar (Krankheit) 3. unvermeidlich, unabänderlich, gebieterisch 4. wohl oder übel ≗ **derde Lokman neylesin?** *Spr.* Gegen den Tod ist kein Kraut gewachsen. *Spr.* ~ **kalmak** keinen Ausweg haben, keine andere Wahl mehr haben, nicht mehr anders können
çaresizlik [ā] 1. Hilflosigkeit, Wehrlosigkeit, Not, Armut *f,* Mangel *m* 2. Unheilbarkeit *f* 3. Unabänderlichkeit, Unvermeidlichkeit *f;* gebieterische Notwendigkeit
çareviç *hist.* Zarewitsch *m*
çarevna *hist.* Zarewna *f*
çargâh 1. *va.* s. **dört yön(-ler)** 2. *va.* s. **âlem** 3. (türk. Musik) a) der Ton C b) e–e auf C basierende Tonfolge
çarh s. **çark**
çarha *va.* Vorpostengefecht, Scharmützel, Geplänkel *n*
çarhacı *va.* Plänkler *m*
çarık, -ığı 1. opankenartiger grober Bauernschuh aus ungegerbtem Leder 2. Hemmschuh, Bremsklotz *m* 3. *V* Brieftasche *f* 4. *Ch.* äußerer Teil e–s Autoreifens; Mantel *m* ~ **çürük** s. **çürük** ~**;** ~ **hırsızlığı** ganz gemeiner Diebstahl

~ **otu** s. **çanta çiçeği; -ı çekmek** *fig.* et. in Angriff nehmen **-ı ters giydirmek** s. **külâhını ters giydirmek**
çarıkçı Hersteller *od.* Verkäufer *m* von **çarık**
çarıklı 1. wer Opanken trägt *d. h.* Bauer *m,* Bäuerin *f,* bäuerlich 2. mit Bremsschuh ausgestattet ~ **baskı** Klotzbremse *f* ~ **bezirgân (diplomat, erkânıharp)** bauernschlauer Mensch
çariçe *hist.* Zarin *f*
çarin *selt.* s. **çariçe**
çark, -kı 1. (Mühl-, Schwung-, Schaufel-, Wasser-, Zahn- usw.)Rad *n;* Rädchen *n* (am Sporn); vorderes Kettenrad (am Fahrrad) (vgl. **pinyon**) 2. **(takımı)** Räderwerk, Getriebe *n* 3. Scheibe *f* 4. Schleifstein *m* *bileği taşı 5. *mil.* Schwenkung *f* 6. Himmel *m,* Firmament *n* 7. Schicksal, Geschick *n* 8. *fig.* treibende Kraft Zu 3: s. **kösele (zımpara) -ı;** ~ **çevresi** Radkranz *m* ~ **etmek** 1. e–e Wendung vornehmen *(a. fig.)* 2. *mil.* e–e Schwenkung ausführen; schwenken ~ **göbeği** (Schaufel-)Radnabe *f* ~ **işi** Drechslerarbeit *f* ~ **işletmek** 1. *va.* e–e Maschine in Bewegung setzen 2. *fig.* in die eigene Tasche arbeiten ~ **kanadı** Radschaufel *f* ~ **kayışı** Transmissionsriemen *m* ~ **mahfazası** Radkasten *m* ~ **mihveri** *mil.* Schwenkungsachse *f* ~ **noktası** *mil.* Drehpunkt *m* ~ **tablası** Dreh-, Töpfer-scheibe *f* **-a çektirmek (tutmak, vermek)** schleifen, schärfen (Messer, Schere usw.); schleifen lassen, schärfen lassen (Messer, Schere usw.) **-a tutmak** *fig.* mehr Schwung geben; vorantreiben; *F* mehr Dampf dahintersetzen **-ı bozulmak** *fig.* Pech haben **-ı dönmek** *fig.* richtig funktionieren; in Ordnung sein **-ına etmek (okumak, yapmak)** *F* et. vollkommen verderben (*F* verhunzen)
çarka s. **çarha**
çarkçı 1. Maschinist *m* (auf e–m Dampfer) 2. Scherenschleifer *m* *bileyici 3. Drechsler *m* *tornacı ~ **lostromosu** *naut.* Hilfskesselheizer *m*
çarkçıbaşı, -nı, -yı *naut.* erster Maschinist
çarkçılık Beruf *m,* Tätigkeit *f* e–s **çarkçı**
çarkıfelek 1. *va.* Himmel(-sgewölbe *n*) *m* 2. (wechselndes) Schicksal, Rad *n* des Schicksals, Los *n* 3. Feuer-rad *n,* -sonne *f* (als Feuerwerk) 4. Passionsblume *f bot.* Passiflora (caerulea u.a.) *fırıldakçiçeği 5. *hist.* fahrbares Schutzdach (der Belagerer e–r Festung) 6. *fr.* ein best. Motiv auf Stoffen
çarkıfelekgiller Passionsblumengewächse *pl. bot.* Passifloraceae
çarklı mit Rad (Rädern); Rad-
çarköşe [ā] *va.* viereckig
çarlanmak sich in ein Umschlagtuch hüllen
çarlık 1. *hist.* Zarentum *n,* zaristische Regierung 2. *pej.* Zarismus *m,* zaristische Herrschaft (Knute) ≗ **Rusyası** *hist.* zaristisches Rußland
çarliston 1. Charleston *m* (*fr.* Tanz) 2. ~ **(marka)** *V* a) Geck, Stutzer, Dandy *m* b) neu erfunden *od.* neu auf den Markt gekommen; noch nicht häufig zu finden c) eigenartig, verblüffend ~ **biberi** lange, spitze Paprikaart
çarmıh 1. Kreuz *n* (zur Hinrichtung *od.* als Symbol) 2. *V va.* Homosexualität *f* (bei Männern) 3. s. **çapraz boyunduruk; -a germek** ans Kreuz schlagen; kreuzigen
çarmık, -ğı 1. s. **çarmıh** 2. *naut.* Want *f* (seitliches Haltetau an Masten) 3. Haltetrosse *f* Zu 2: ~ **bükümü** *naut.* Wantschlag *m* ~ **bükümü halat** *naut.* vierschäftiges, rechts geschlagenes Tauwerk mit e–m Herz
çarnaçar [– – –] gezwungenermaßen, wohl oder übel, nolens volens *ister istemez
çarpa [– –] *va.* Vierfüßler *m* *dörtayak
çarpan *math.* Multiplikator *m* *madrubunfih **-lara ayırma** *math.* Zerlegung *f* in Faktoren *madrubata tefrik
çarpanbalığı(-giller) s. **trakunya(-giller)**
çarpara s. **çalpara**
çarpı 1. Tünche *f,* Kalk *m* (zum Anstreichen *od.* Weißen der Wände) *badana 2. *math.* multipliziert (mit); mal *zarp Zu 2: **a** ~ **b** a mal b
çarpıcı 1. auffällig, grell 2. stark, schwer (Wein, Tabak) *sert ~ **çekim** Blitzlicht(-aufnahme *f*) *n* *flaş ~ **renkler** schreiende Farben *pl.*
çarpık 1. schief, krumm, verkrümmt, verdreht, verbogen, verrenkt, verzerrt, verworfen (z.B. Holz) 2. vom Schlag getroffen; gelähmt 3. von schlimmer Vorbedeutung; unheilvoll 4. (von e–m Dämon) besessen; verrückt ~ **adam** 1. Paralytiker, Gelähmter 2. Besessener, Verrückter ~ **ağızlı** mit schiefstehendem Mund, *F* schiefmäulig ~ **ayak** wer Unglück bringt ~ **bacaklı** krummbeinig ~ **çurpuk** krumm und schief, *F* aus aller Fasson *eğri büğrü; kargacık burgacık ~ **fikir** ausgefallene (verschrobene) Idee ~ **omuzlu** schiefgewachsen
çarpıklık, -ığı 1. (Ver-)Krümmung *f* 2. Lähmung *f* (durch Schlaganfall) 3. Übelstand *m,* bedrohliche Aussichten *pl.* 4. Besessenheit, Verrücktheit *f* **hafif bir kol -ı** e–e leichte Armverkrümmung
çarpılan *math.* Multiplikand *m* *madrup
çarpılma Vs. zu **çarpılmak** *spez. geol.* Verwerfung *f*
çarpılmak 1. Pass. zu **çarpmak** 2. sich krümmen, sich verbiegen, sich (ver-)werfen; krumm (schief) werden, verrutschen (z.B. Krawatte) 3. e–n Schlaganfall erleiden 4. besessen sein, verrückt sein 5. *V* (b–ne) sich über beide Ohren verlieben (in) 6. sich gekränkt fühlen, et. übelnehmen 7. wie vom Blitz getroffen werden Zu 1: s. **cezaya** ~ Zu 2: **Tahta çarpılıyor.** Das Holz arbeitet (wirft sich, verzieht sich).
çarpıltmak (Kaus. zu **çarpılmak**) verkrümmen, verbiegen, verzerren, verziehen, verwerfen
çarpım *math.* Produkt *n* *hâsılı zarp ~ **tablosu** Multiplikationstafel *f,* Einmaleins *n* *kerrat cetveli
çarpınma Vs. zu **çarpınmak** *spez.* konvulsivische Bewegung *od.* Zuckung
çarpınmak 1. mit Armen und Beinen um sich schlagen; sich hin- und herwerfen 2. sich anstrengen, sich abmühen
çarpıntı 1. Stoß, Schlag, Anprall *m;* Auf-schlagen, -prallen *n* (z.B. der Wellen) 2. starkes Klopfen; Schlagen (des Herzens), Pulsieren *n* (des Blutes) 3. starke Erregung ~ **almak** in heftige Erregung geraten ~ **çekmek** an Herzklopfen leiden
çarpışık 1. aufeinanderprallend, kollidierend, im Widerstreit miteinander stehend 2. unübersichtlich, verworren, unklar 3. krumm, schief, unregelmäßig, ungeordnet, fehlerhaft, inkorrekt 4. übereinanderstehend (Zähne)
çarpışıklık 1. Kollidieren *n,* Widerstreit *m* 2. Verworrenheit, Unklarheit *f* 3. Unregelmäßigkeit, Fehlerhaftigkeit, Inkorrektheit *f* 4. Übereinanderstehen *n* (der Zähne)
çarpışma 1. Zusammenstoß *m,* Kollision *f* 2. Rauferei, Schlägerei *f,* Handgemenge *n* 3. *mil.* Gefechtsberührung *f,* Scharmützel *n* 4. Farbenkontrast *m* (auf e–m Bild) ~ **kuvveti** *mil.* Gefechtskraft *f*
çarpışmak 1. aufeinander-prallen, -stoßen; kollidieren, zusammenstoßen 2. aneinandergeraten; handgemein werden, sich raufen 3. kämpfen, streiten, fechten 4. um den Sieg ringen 5. *V* s. **cima etmek**
çarpıştırmak (Kaus. zu **çarpışmak**) (z.B.) e–e Kollision herbeiführen
çarpıtmak krumm und schief werden lassen; verdrehen, verzerren (z.B. Gesicht)
çarpma 1. (Vs. zu **çarpmak**) Anstoßen *n,* Anprall *m,* heftiger Schlag usw. 2. Mörtelbewurf *m* 3. *math.* Multiplikation *f,* Multiplizieren *n* *zarp 4. *mus.* s. **abanık** 5. fünfteiliger Angelhaken; *a.* Blinker *m* (Angelgerät) 6. Schnapper *m,* Falle *f* (am Türschloß) 7. gestoßen, geschlagen;

als Relief gearbeitet; erhaben, getrieben ~ **işareti** Multiplikationszeichen *n* ~ **kapı** Pendeltür *f* ~ **kuvveti** *mil.* Stoßkraft *f* ~ **menteşe** Pendeltürband *n* ~ **resim** tokkiertes (skizzenhaft gemaltes) Bild ~ **sıva** dünner Bewurfmörtel ~ **tahtası** *(Basketball)* Zielbrett *n*

çarpmak, (-ar) 1. rauben; mit Gewalt wegnehmen 2. stoßen, schlagen, werfen, schleudern; e–n Faustschlag versetzen; e–e Ohrfeige geben 3. niederschlagen; zu Boden werfen 4. *math.* multiplizieren *darp etmek 5. stehlen, entwenden, aus der Tasche ziehen 6. krank werden lassen *od.* in e–n bedauerlichen Zustand versetzen 7. (m. Dat.) auf-, an-fahren; auf-, an-prallen (auf, an, gegen), et. rammen; j–n anrempeln 8. mit Mörtel *od.* Gips bewerfen (Mauer, Wand) 9. *intr.* heftig klopfen, schlagen; *naut.* killen (Segel im Wind) Zu 2: **Kolunu duvara çarptı.** Er hat sich den Arm an der Wand angestoßen. s. a. **gözüne** ~ Zu 3: s. **yere** ~ Zu 5: **cebinden para kesesini** ~ (b–nin) j–m den Geldbeutel aus der Tasche ziehen Zu 6: **Bu şarap bana çarptı.** Der Wein hier ist mir zu Kopf gestiegen. **Ona güneş çarptı.** Er hat e–n Sonnenstich bekommen. **Ona cin çarpmış.** 1. Der Schlag hat ihn getroffen. 2. Er ist verrückt geworden. **cin çarpmışa dönmek** wie gelähmt dastehen **Kur'an** *(od.* **evliya) ona çarptı.** Er hat für seinen Meineid (sein Vergehen usw.) die gerechte Strafe erhalten. Zu 7: **Otomobil, bir ağaca çarptı.** Der Wagen ist gegen e–n Baum gefahren. Zu 8: s. **yüreği** ~

çarptırmak 1. Kaus. zu **çarpmak** 2. et. entwendet bekommen 3. s. **cezaya** ~

çarpuk(-luk) s. **çarpık(-lık)**

çarşaf 1. Bett-laken *n*, -tuch *n* 2. überwurfartiges, ärmelloses, mst. schwarzes Straßenkleid der isl. Frauen; Tscharschaf *m* 3. *V* a) Tausendpfundschein *m* b) Haschischzigarette *f* ~ **değiştirmek** die Bettwäsche wechseln ~ **gibi** ruhig; ganz unbewegt; spiegelglatt (Meer) ~ **giydirmek** s. **çarşaflamak** (2); ~ **giymek** s. **çarşaflanmak** (2); ~ **kadar** sehr groß (Taschentuch, Brief usw.) **-a girmek** *(od.* **bürünmek)** *fr.* den Tscharschaf anlegen (heranwachsendes Mädchen)

çarşaflamak 1. (frisch) überziehen (Bett) 2. j–m den Tscharschaf anlegen 3. *V* in e–e üble Lage geraten

çarşaflanmak 1. (frisch) überzogen werden (Bett) 2. den Tscharschaf anlegen *od.* tragen

çarşaflı 1. (frisch) überzogen (Bett) 2. in den Tscharschaf gehüllt

çarşaflık Stoff *od.* Tuch für Bettlaken *od.* Tscharschaf

çarşamba Mittwoch *m* ~ **karısı** *(od.* ~ **cadısı)** Schreckgespenst *n*, Hexe *f*, Vampir *m* ~ **karısı gibi** schlampige, ungekämmte Frau; alte Hexe ~ **pazarı** *fig.* Durcheinander *n*, Wirrwarr *m* ~ **pazarına çevirmek** s. Stw. **surat; ≗dır ~!** stur an seiner Meinung festhalten

Çarşamba *n.pr.* Städtchen u. D. im Rbz. Samsun

çarşı 1. (ständiger) Markt, Basar *m* 2. Ladengeschäfte *pl.* ~ **ağası** 1. *fr.* osm. Kontrollbeamter für die Märkte und Geschäfte 2. *V* Stadtpolizist *m* ~ **arşını** *fr.* Längenmaß *spez.* für Stoffe (0,68 m = **8 rubu = 64 kırak**); ~ **böreği** im Straßenhandel verkaufte Pastete ~ **esnafı** Händler *pl.* im Großen Basar ~ **güzeli** *fr. hum.* e–e Frau, die gern im Großen Basar (Istanbul) herumgeht ~ **halkı** Marktleute *pl.* ~ **hamamı** öffentliches türk. Bad ~ **meydanı** Marktplatz *m* ~ **tuğlası** Flachziegel *m* **-ya çıkarmak** zum Verkauf bringen, auf den Markt bringen **-ya gitmek** Einkäufe machen

çarşılı Händler, Kaufmann *m*

Çarşıyıkebir [ī] *va.* s. **Kapalı Çarşı**

çartak [– –] *va.* 1. viereckiges Zelt 2. s. **çardak**

çarter Charter *m* (Miete e–s Schiffes, Schiffsraums *od.* Flugzeugs) ~ **mukavelesi** *(od.* ~ **sözleşmesi)** *jur.* Charter-, Raumfracht-, Seefracht-vertrag *m* ~ **parti** *jur.* Charterpartie *f* ~ **uçak şirketi** Charterfluggesellschaft *f*

çasar [– –] *hist.* osm. Bez. für den in Wien residierenden deutschen Kaiser bzw. den russischen Zaren

çasariçe [– – ×·] *va.* deutsche Kaiserin bzw. russische Zarin

-çasına s. **-cesine**

çaşıt(-lamak, -lık) s. **casus(-lamak, -luk)**

çat (I) (Lm. e–s Klatschens, Schlagens, Klopfens *od.* Brechens) klatsch! patsch! bums! krach! ~ ~ *od.* ~ **çut** klatsch, klatsch! patsch, patsch! bumbum! mit dauerndem Krachen ≗ **diye orta yerimden çatlayacağım!** Jetzt platze ich doch gleich vor Wut entzwei! ~ **etmek** klatschen, plumpsen, klopfen, krachen ≗ **kapı bizim ev sahibi geldi.** Da klopfte es mit e–m Mal an der Tür, und herein kam unser Hauswirt. ~ **orada,** ~ **burada,** ~ **kapı arkasında** einmal hier, einmal da und dann wieder woanders (z. B. auftauchen, sich herumtreiben usw.) ~ **pat** 1. s. **çat çat** 2. stückweise, abgehackt, etwas, nur wenig 3. ab und zu; gelegentlich einmal (Zu 2: **Çat pat Fransızca konuşuyor.** Er radebrecht Französisch. **Çocuk** ~ **pat konuşmaktadır.** Das Kind kann gerade ein paar Worte sprechen. Zu 3: **O, bize çat pat gelir.** Er kommt nur gelegentlich einmal zu uns.)

çat (II), **-tı** *dial.* 1. Kreuzungsstelle *f* zweier Wege; Zusammenfluß *m* zweier Wasserläufe 2. Höhepunkt *m*, höchster Grad Zu 2: s. **ayazın (kışın, sıcağın) -ında**

Çat *n.pr.* O. u. D. im Rbz. Erzurum

çatadak *Int.* 1. klatsch! patsch! bums! 2. plötzlich; mit einem Mal

çatak *dial.* 1. Tal *n* 2. Dickicht, Gestrüpp *n* 3. *fig.* ineinander verschlungen; verwickelt, kompliziert 4. Doppel-, Zwillings- (z. B. Frucht) 5. streitsüchtig, zänkisch 6. s. **çat** (II) 7. Nomadenzelt *n* (Zentralasien) 8. Rohbau *m* (e–s Hauses) ~ **çutak** heruntergekommen, vernachlässigt, verfallen

Çatak *n.pr.* O. u. D. im Rbz. Van

çatal 1. (Eß-, Ast-, Heu-, Fahrrad- usw.)Gabel *f* 2. Zinke, Spitze *f* (e–r Gabel); Ende *n*, Zacke *f* (z. B. e–r Harpune) 3. Gabelung(-sstelle) *f*, Abzweigung *f* 4. *fig.* Schwierigkeit *f*, Dilemma *n* 5. *naut.* (Gaffel-)Klau *f* 6. Geweih *n* (e–s Hirsches usw.) 7. *Scha.* Doppeldrohung *f* (durch e–n Bauern) (vgl. **beynel**) 8. gegabelt, gabelförmig, gespalten (z. B. Huf), zweispitzig (Bart), geteilt 9. schwierig, verwickelt, kompliziert 10. doppeldeutig (Wort) 11. schrill, mißtönend *(od.)* sich überschlagend *(od.)* heiser (Stimme) 12. *fig.* Trennungspunkt *m* 13. Kalfateisen *n* ~ **anahtar** Schraubenschlüssel *m* ~ **atmak** *V* seine Nase in et. stecken ~ **avuç** zwei Händevoll ~ **ayak** *mil.* Gabelstütze *f* (für Maschinengewehr) ~ **bel** *agr.* Grabgabel *f* ~ **bıçak** 1. Gabel und Messer 2. Messerschmiedarbeiten *pl.* ~ **bıçak takımı** Eßbesteck *n* ~ **çekiç** s. **çatallı çekiç;** ~ **çivi** Haspe *f* ~ **çomak** Handschuhweiter *m* ~ **çutal** s. **Sesi** ~ **çutal oldu.** ~ **dayaklama** *arch.* Gabelstütze *f* ~ **flama** *naut.* Doppelstander *m* ~ **geçme** Scherzapfen *m* (Holzverbindung) ~ **görmek** 1. schielen, doppelt sehen 2. *fig.* verkehrt sehen, Fehler machen ~ **halatı** *naut.* Klaufall *n* ~ **iğne** *(Angelfischerei)* 1. Doppel- *od.* Drillings-haken *m* 2. Wobbler *m* (mit künstlichem *od.* lebendem Fisch als Köder) ~ **iş** schwierige (verwickelte, komplizierte) Angelegenheit, Dilemma *n* ~ **kasa** *naut.* Tauende *n* mit doppeltem Augspleiß ~ **kazık** e–e Sache, die ihren Haken hat bzw. deren Ausgang zweifelhaft erscheint ≗ **kazık yere batmaz.** *Spr.* Viele Köche verderben den Brei. *Spr.* ~ **mafsal** *techn.* Gabelgelenk *n* ~ **matal** *F* schielend, schieläugig ≗ **matal kaç çatal?** Wieviele Finger sind das? (Bei diesem Spiel steigt der Fragesteller demjenigen, der raten soll, auf die Schulter, hält ihm mit e–r Hand die Augen zu und zeigt einige Finger der anderen Hand.) ~

ok Gabeldeichsel *f* ~ **pin** Splint *m,* geschlitzter Stift ~ **sakal** W-förmiger Bart ~ **teşkili** *mil.* Gabelbildung *f* ~ **tırnaklı** paarzehig; Zweihufer *m* ~ **yol** Scheideweg *m* ~ **yürek** stark, kräftig; Held *m*

çatalağız (Fluß-)Delta *n* *delta

Çatalca *n.pr.* O. u. D. im Rbz. Istanbul 2. osm. Bez. der Stadt Pharsala (Pharsalos) in Thessalien

Çatalhöyük *n.pr.* archäologisch bedeutsame Fundstelle (1961) in der Nähe des Dorfes Küçükköy (*Rbz.* Konya, *D.* Çumra)

çatalkuyruk Gabelschwanz *m* (Schmetterling) *zo.* Dicranura vinula

çatalkuyruklu balinagiller Finnwale *pl. zo.* Balaenopteridae

çatallanmak; çatallaşmak 1. sich gabeln (z. B. Weg) 2. *fig.* sich unübersichtlich gestalten, sich erschweren 3. doppeldeutig werden

çatallı 1. sich gabelnd; gegabelt 2. mit Gabelgestell 3. *fig.* schwierig, unübersichtlich, kompliziert 4. doppeldeutig (Worte) ~ **cümle** s. **ikircil cümle;** ~ **çekiç** Klau-, Zangenhammer *m* ~ **perçin** Zweispitz-, Spalt-niet *m* ~ **yosun** Gabelzahnmoos *n bot.* Dicranum ~ **yükleyici** Gabelstapler *m*

çatallık 1. Gabel-behälter, -ständer *m* 2. s. **çatallılık**

çatallılık 1. Gabelung, Bifurkation, Verzweigung, Verästelung *f* 2. *fig.* Unübersichtlichkeit, Kompliziertheit *f* 3. Doppeldeutigkeit *f* (e–s Wortes)

çatalmuk ein Schmarotzergras in Weizenfeldern

çatalsı gabelförmig

Çatalzeytin *n.pr.* O. u. D. im Rbz. Kastamonu

çatana [·×·] kleineres Dampfschiff od. Motorboot

çatapat s. **çıtpıt** (2)

çatarı s. **çıtarı**

çatı 1. Dach(-stuhl *m*) *n,* Giebelwerk *n* 2. Baugerüst *n* 3. Knochengerüst *n* 4. (Gewehr-)Pyramide *f* 5. *gr.* Aktionsform *f* des Verbums; Genus verbi *n;* Diathese *f* *bina 6. Klaviergehäuse *n* *dolap 7. *an.* Symphyse *f* *irtifak 8. *V* s. **ferç;** ~ **altı** 1. Dachstuhl *m* 2. *fig.* Zufluchtsort *m* ~ **arası** (*od.* ~ **boşluğu**) Dachboden, Bodenraum *m* ~ **anteni** Dach-, Hoch-antenne *f* ~ **babası** (*od.* ~ **direği**) Ständer *m* (vertikaler Balken im Fachwerk) ~ **bağlaması** (*od.* ~ **makası**) Dachstuhl(-verband) *m* ~ **çatıya** zusammenhängend, nebeneinander ~ **gövdesi** Dachstuhl *m* ~ **ışıklığı** (*od.* ~ **penceresi**) Bodenfenster *n,* Dachluke *f* ~ **kaplamacısı** Dachdecker *m* ~ **katı** Dachgeschoß *n,* Mansarde *f* ~ **kemiği** s. **kasık kemiği;** ~ **keseri** s. **barda** (1); ~ **kırması** Aufschiebung *f* (am Dachstuhl) ~ **kiremidi** Dachziegel *m* ~ **kirişi** (*od.* ~ **merteği**) Dachsparren *m* ~ **kulesi** *arch.* Dachreiter *m* ~ **oku** Firstbalken *m* ~ **oluğu** Dachrinne *f* ~ **omurgası** Dachpfette *f* ~ **örtüsü** Bedachung *f* ~ **sağrısı** *arch.* Walm *m* (dreieckige Dachfläche über dem Giebel) ~ **tabanı** Dachbalken *m* ~ **yapısı** Dachkonstruktion *f* **-ya çıkmak** *V* s. **cima etmek**

çatık 1. dachstuhlartig gefügt od. gestellt; zusammengefügt 2. zusammengewachsen (Augenbrauen über der Nase) 3. zusammengezogen, gerunzelt (z. B. Stirn), wütend, finster (z. B. Gesicht)

çatıkkaş 1. über der Nase zusammengewachsene Augenbrauen 2. wer solche Augenbrauen hat, Rätzel *n* (Mensch) 3. *fig.* mürrisches (finsteres, brummiges) Gesicht

çatıklık s. **kaş çatıklığı**

çatıkotu, -nu s. **duvar arpası**

çatılmak 1. Pass. zu **çatmak** 2. *P* s. **çatlamak** (2)

çatır çatır 1. (*a.* **çatır çutur**) krachend, knackend (usw. vgl. **çatırdamak**) 2. so oder so 3. ganz leicht; ohne weiteres Zu 1: **Bina** ~ ~ **yıkıldı.** Das Gebäude brach krachend zusammen. Zu 2: **Ben ondan paramı** ~ ~ **alırım.** So oder so hole ich mir mein Geld zurück. **Kızcağızı** ~ ~ **Ahmet'e nikâh ettiler.** Ohne viel zu fragen, hat man das arme Mädchen mit Ahmet verheiratet. Zu 3: ≗ ~ **söylettiler.** Recht bald hat man ihn zum Reden gebracht.

çatırdamak knacken, knirschen, prasseln, knistern, knattern, (zusammen-)krachen

çatırtı Knacken *n* (usw. vgl. **çatırdamak**)

çatısız ohne ein Dach über dem Kopf zu haben

çatışık 1. aneinanderstoßend 2. einander widersprechend od. entgegengesetzt (Meinungen, Äußerungen usw.) *mütenakız

çatışkı Antinomie *f* *tesavii nakîzeyn

çatışma 1. Vs. zu **çatışmak** 2. Zusammenstoß *m,* Kollision *f* 3. *mil.* a) Zusammentreffen *n* (verschiedener Truppenteile an e–m Kreuzungspunkt) b) (größere od. kleinere) Kampfverwicklung 4. Konflikt *m* *tesadüm 6. *geogr.* Scharung *f*

çatışmak 1. in e–m best. Winkel zueinander stehen od. gefügt, verbunden sein 2. sich widersprechen, einander entgegengesetzt sein *mütenakız olmak 3. aneinandergeraten, aufeinander losgehen 4. sich begatten (Hunde, Kamele) 5. zusammentreffen, sich kreuzen (z. B. Blicke) Zu 2: **Bugünkü fikirleriniz dünkülerle çatışıyor.** Ihre heutigen Ansichten stehen in Widerspruch zu Ihren gestrigen.

çatışmalık s. **çatmalık**

çatkı 1. mit der Spitze zusammengestellte Gewehre, Stangen *pl.* usw. 2. Stirn-, Kopf-band *n,* Binde *f* *kaşbastı 3. Aufbau *m,* Konstruktion *f* 4. Zimmerwerk, Gebälk *n* 5. Gestell, Gerüst *n* 6. Heften, Reihen *n* (in der Schneiderei) 7. s. **sehpa;** ~ **bezi** Malleinwand *f* (als Dekoration)

çatkılı mit **çatkı** (*q.v.*) *spez.* ein Stirnband tragend

çatkılık waagerechter Holzbalken, der das Joch zweier Zugochsen miteinander verbindet

çatkın 1. s. **çatık** (3) 2. *P* Günstling, Schützling, Protegé *m* *müntesip

çatkınlık 1. mürrisches Äußere 2. *P* Günstlingsstellung *f*

çatlak 1. Riß, Sprung *m,* Spalte, Fissur, Kluft *f* 2. rissig, geborsten, gesprungen, aufgesprungen (z. B. Hände), geplatzt 3. geistig beschränkt 4. Schaumbildung *f* (an seichten Küsten) ~ **dalgası** s. **çatlayan dalgalar;** ~ **kafa** beschränkt, dumm ~ **ses** brüchige, krächzende Stimme ~ **zurna** *fig.* widerlicher Schwätzer od. Krakeeler *m*

çatlama 1. Vs. zu **çatlamak** 2. *bot.* Platzen, Aufbrechen *n* (der reifen Samenschoten, Fruchthüllen usw.), Dehiszenz *f* *açılma, inficar 3. s. **çatlak** (4)

çatlamak 1. e–n Sprung bekommen (z. B. Glas), rissig werden (z. B. Boden), bersten, (zer-)springen, (auf-)platzen, Schrunden bekommen (Hände) 2. zugrundegehen, tot zusammenbrechen (z. B. überanstrengtes Tier) 3. (m. Abl.) beinahe platzen, beinahe umkommen (vor Neugier, Eifersucht, Hitze usw.); verzehrt werden (von) 4. sich brechen (Wellen) **Çatla patla!** *F* Und wenn du platzest (*scil.* so hilft dir doch alles nichts!) **Çatladın mı?** (grob) Dir ist wohl der Geduldsfaden gerissen? **çatlamış** rissig **Çatlasa da patlasa da!** Und wenn er sich auf den Kopf stellt ... **çatlayan dalgalar** *geogr.* Brandung *f* (des Meeres) **Çatlayasıya güldüm.** Ich hätte platzen können vor Lachen. **çatlayasıya yemek** *P* sich toll und voll fressen

çatlatmak 1. Kaus. zu **çatlamak** 2. *P* verrückt werden **(hayvanı, atı) çatlatasıya sürmek** das Pferd schier zu Tode hetzen; s. a. **ayınları** ~

çatlıçene wer unaufhörlich redet (ohne zuzuhören)

çatma 1. Vs. zu **çatmak** 2. *jur.* Schiffszusammenstoß *m* 3. (bei Anprobe): aufgeheftetes Besatzstück od. Heft-, Reih-naht *f* 4. *fr.* e–e Samtart (für Kissen, Vorhänge usw.) (z. B. **Üsküdar -sı; Bilecik -sı)** 5. (Bau-)Gerüst *n* 6. Herausforderung, Provokation, Anpöbelung *f* 7. provisorisch od. oberflächlich zusammengestellt; *pej.* zusammengestoppelt; gereiht, geheftet, provisorisch genäht 8. *P* Kopftuch *n* 9. Stützwerk, Gestell *n* (z. B. für Statuen) Zu 7: s. **derme ~; ~ kaş** s. **çatıkkaş** (1); (kaşlarına) ~ **rastık çekmek** die Augenbrauen so schminken, daß sie e–e Linie bilden

çatmak 1. mit der Spitze zusammenstellen (Gewehre, Stangen usw.); giebelförmig aneinanderfügen (z. B. Balken) 2. runzeln, zusammenziehen (Stirn) 3. errichten, bauen (z. B. Dach) 4. heften, reihen, provisorisch zusammennähen *teyellemek 5. e–m Tier e–e Traglast aufladen (die zu beiden Seiten herunterhängt) 6. festbinden (Kopftuch, Stirnband usw.) 7. (m. Dat.) anfahren, anprallen, auffahren 8. begegnen, treffen; zusammenstoßen (mit), stoßen (auf) 9. (m. Dat.) scharf kritisieren; herunterreißen; anbinden (mit) 10. (m. Dat.) j–s Schutz (Gunst, Protektion) gewinnen; sich einschmeicheln (bei) 11. kommen, eintreten, hereinbrechen Zu 2: s. **kaşlarını** ~ Zu 3: **Çardağı iki saatte çattılar.** Sie bauten die Laube in zwei Stunden. Zu 7: **Araba duvara çattı.** Der Wagen prallte an die Mauer. Zu 8: s. **adamına (belâya, deliye, derde)** ~ *a. ohne Obj.*: **Çattık!** Da haben wir den Salat! Zu 9: s. **sağa sola** ~ Zu 11: **Kış geldi çattı.** Der Winter ist hereingebrochen. **Senedin vadesi çattı.** Der Wechsel ist fällig geworden. **Bir akşam üstü, kulağı boncuklu tekir geldi çattı.** Eines Abends tauchte plötzlich eine grauschwarze Katze mit einer blauen Perle im Ohr auf.

çatmalık Prellbock, Puffer *m*, Stoßstange *f*

çatpat s. Stw. **çat** (I)

çatra patra [×·×·] 1. mit lautem Gepolter od. Gerassel 2. gebrochen, sehr fehlerhaft, radebrechend Zu 2: ~ ~ **Türkçe söylüyor.** Er spricht nur gebrochen Türkisch.

çatur çutur s. **çatır çatır**

çav *dial od. va.* 1. Stimme *f* *ses 2. Ruhm *m*, Ehre *f*, Ansehen *n* *ün 3. Nachricht, Mitteilung *f* *haber 4. Penis *m* (größerer Tiere wie Pferd, Esel usw.)

çavalye [·×·] 1. Deckelkorb *m* (für gefangene Fische) 2. s. **kömür -si**

çavdar Roggen *m bot.* Secale cereale ~ **ekmeği** Roggen-, Schwarz-brot *n* ~ **mantarı** s. **çavdarmahmuzu**

çavdarmahmuzu, -nu Mutterkorn *n bot.* Claviceps purpurea ~ **hastalığı** *med., vet.* Ergotismus *m*, Mutterkornvergiftung *f*

çavlan Wasserfall *m* *büyük çağlayan, şelâle

çavlanmak sich verbreiten, in die Öffentlichkeit gelangen *şüyu bulmak

çavlı junger, für die Jagd noch nicht abgerichteter Falke od. Sperber

çavmak 1. s. **cavmak** 2. s. **çağmak** 3. sich aus-, ver-breiten (Hitze, Strahlen, Geruch usw.)

çavşır otu wilde Pastinake *bot.* Opopanax Chironium

çavun Ochsenziemer *m*, Lederpeitsche *f*

çavuş 1. *urspr.* öffentlicher Ausrufer (von Erlassen, Befehlen usw.) 2. *später* e–e Art Adjutant im Dienst des Sultans 3. *mil.* Unteroffizier *m* 4. Ehrentitel für bewährte und mit e–r et. höheren Aufgabe betraute Amtsdiener od. Vorarbeiter 5. stereotyper Ausruf der Traubenverkäufer (vgl. **-üzümü**) 6. Klassenerster in e–r Militärschule ~ **namzedi** Unteroffiziersanwärter *m*

çavuşbaşı 1. *fr.* oberster **çavuş** (1, 2) 2. *P* Gehilfe *m* des **başağa** (2)

çavuşkuşu, -nu Wiedehopf *m zo.* Upupa epops *hüthüt kuşu

çavuşüzümü, -nü sehr geschätzte weiße Traubenart (mit dünner Schale, kleinen Kernen und großen Beeren); Gutedeltraube *f*

çavuşluk Tätigkeit *f*, Aufgabe *f* bzw. Rang *m*, Dienststellung *f* e–s **çavuş**

çavut, -tu *z. va.* Umgebungsmauer *f*

çay (I) kleinerer Fluß *spez.* Nebenfluß *m* (größer als **dere,** kleiner als **ırmak**); ~ **kenarında kuyu kazmak** 1. Überflüssiges tun; Eulen nach Athen tragen 2. beharrlich eigene Wege gehen ~ **taşı** *geol.* Schotter *m*, Geröll *n* ~ **yolu** Flußbett *n* **~dan geçersin arkta boğulursun.** *Spr.* Große Schwierigkeiten hast du überwunden und scheiterst jetzt an e–r Kleinigkeit. **~ı görmeden** (*od.* **~a varmadan**) **paçaları sıvama!** s. **Dereyi görmeden** usw.

çay (II) 1. Teestrauch *m bot.* Thea sinensis 2. Tee(-blätter *pl.*) *m* 3. Tee *m* (als Getränk) 4. Tee(-einladung, -veranstaltung *f*) *m* ~ **arabası** Teewagen *m* ~ **bardağı** Teeglas *n* ~ **demliği** kleines Teekännchen (in dem Tee als starker Extrakt zubereitet wird) ~ **elbisesi** Nachmittagskleid *n* ~ **fincanı** Teetasse *f* ~ **harmanı** Teemischung *f* ~ **ibriği** Teekessel *m* ~ **komple** komplettes Frühstück mit Tee ~ **kutusu** Teebüchse *f* ~ **külâhı** Teewärmer *m* ~ **ocağı** s. **kahve ocağı;** ~ **salonu** Tearoom *m*, (Teestube *f*) ~ **sempl** *lev.* Tee einfach *d. h.* ohne Brot, Butter, Konfitüre ~ **süzgeci** Teesieb *n* ~ **takımı** Tee-geschirr, -service *n* ~ **üzümü** Heidel-, Blau-beere *f bot.* Vaccinium myrtillus ~ **ziraati** Teeanbau *m* ~ **ziyafeti** Tee(-veranstaltung, -einladung *f*) *m* **-a çağırmak** (*od.* **davet etmek**) zum Tee einladen

çay (III) (im Karagözspiel) = **bayan**

Çay *n.pr.* Städtchen u. D. im Rbz. Afyon Karahisar

çaycı 1. wer Tee anbaut 2. Tee-händler, -verkäufer *m* 3. Besitzer od. Pächter *m* e–s Teehauses 4. wer Tee zubereitet od. dem Gast bringt 5. wer gern und viel Tee trinkt

çaycılık 1. Beruf *m*, Tätigkeit *f* e–s **çaycı** 2. Tee-anbau *m*, -kultur *f*

Çaycuma *n.pr.* O. u. D. im Rbz. Zonguldak

çaydaçıra türk. Volkstanz (mit Lichtern) (Elazığ)

çaydan(-lık) s. **çay demliği**

Çayeli, -ni *n.pr.* Städtchen u. D. im Rbz. Rize

çayevi, -ni s. **çayhane**

çaygiller Teegewächse *pl. bot.* Theaceae, Ternstroemiaceae *çaiye

çayhane [·–·] Tee-haus *n*, -stube *f*

çayır (I) 1. Wiese *f*, Weide(-land *n*) *f* 2. Weide-, Wiesengras *n* ~ **adaçayı** s. **yabanî adaçayı;** ~ **atkuyruğu** Wiesenschachtelhalm *m bot.* Equisetum pratense ~ **biçmek** Gras mähen (schneiden) ~ **böreği** Pastete *f* aus Mehl, Käse u. Eiern ~ **çekirgesi** die grüne Heuschreckenart Decticus verrucivorus ~ **çimen** Wiese, Grünfläche *f*, Rasen *m* ~ **doğanı** Wiesenweihe *f zo.* Circus pygargus ~ **düğmesi** großer Wiesenknopf, große Pimpernelle *bot.* Sanguisorba officinalis *sıncan (otu) ~ **engereği** Wiesenotter *f zo.* Vipera ursinii ~ **gazelboynuzu** gemeiner Hornklee *bot.* Lotus corniculatus ~ **göbeleği** s. **çayırmantarı;** ~ **hıntası** s. **çayıryulafı;** ~ **hokeyi** Rasenhockey *n* ~ **incirkuşu** Wiesenpieper *m zo.* Anthus pratensis ~ **kebabı** gedünstetes Fleisch mit Gemüse ~ **kelpkuyruğu** s. ~ **otu** (4); ~ **kertenkelesi** die Eidechsenart Lacerta praticola ~ **kimyonu** s. **Karaman kimyonu;** ~ **köpeği** Präriehund *m zo.* Cynomys socialis ~ **kurbağası** Grasfrosch *m zo.* Rana temporaria ~ **makinesi** s. **çayırbiçer;** ~ **mücveri** e–e Frikadellenart aus Lamm-Hackfleisch, **kaşkaval** (*q. v.*), Eiern, Zwiebeln und Gewürzen ~ **nergisi** 1. gemeine Trompeten-Narzisse *bot.* Narcissus pseudonarcissus *yabanî nergis 2. s. **çuhaçiçeği;** ~ **otlak** Weideland *n* ~ **otu** 1. Weide-, Wiesen-gras *n* 2. Nelken-Zwergschmiele *f bot.* Aira caryophyllea 3. Schwingelgras *n bot.* Festuca (*spez.* F. altissima) 4. Wiesen-Lieschgras; Timothygras *n bot.* Phleum pratense *fleol 5. Wiesen-Rispengras *n bot.* Poa sinaica 6. Sperk, Spark *m bot.* Spergula (diandra u. a. m.) *kişniş ~ **papatyası** Gänseblümchen *n bot.* Bellis perennis ~ **patüreni** (*od.* ~ **salkımotu**) Rispengras *n bot.* Poa pratensis ~ **püskürgeci** Rasensprenger *m* ~ **safranı** Frühlingszeitlose *f bot.* Bulbocodium vernum ~ **soğukları** *met.* ein Kälteeinbruch im Mai (vgl. „die Eisheiligen“) ~ **soyları** Wiesengräser *pl.* ~ **tavuğu** Präriehuhn *n zo.* Tympanuchus cupido ~ **teresi** Wiesenschaumkraut *n bot.* Cardamine pratense ~ **tilki kuyruğu** Wiesenfuchsschwanz *m bot.* Alopecurus pratensis ~ **üçgülü** s. **çayırtirfili; -a çıkarmak** weiden (od. grasen) lassen

çayır (II) **çayır** s. **cayır cayır**

Çayıralan *n.pr.* O. u. D. im Rbz. Yozgat

çayırbiçer Rasenmäher *m*

çayırgüzeli, -ni großähriges Liebesgras *bot.* Eragrostis major *halfa

çayırkuşu, -nu s. **tarlakuşu**

çayırlamak 1. weiden, grasen 2. von dem gefressenen Weidegras krank werden (Tiere)

çayırlanmak weiden, grasen

çayırlaşmak zur Weide (zum Weide-platz od. -gras) werden

Çayırlı *n.pr.* O. u. D. im Rbz. Erzincan

çayırlık 1. Wiesen-, Weide-land *n* 2. frischgeschnittenes Wiesengras; Wiesenheu *n* 3. Weidegebühr *f*

çayırmantarı, -nı Blätterpilz *m (allg. Bez.) bot.* Agaricus; Amanita; Psillota u. a.; s. a. **zehirli** ~

çayırmelikesi, -ni s. **erkeçsakalı**

çayırpeyniri, -ni im Frühling hergestellter frischer, salzloser Rahmkäse

çayırsedefi, -ni Wiesenraute *f bot.* Thalictrum (*Anm.* Die Wurzel dient als Abführmittel)

çayırtirfili, -ni Wiesenklee *m bot.* Trifolium pratense *mor üçgül

çayıryulafı, -nı hoher Wiesenhafer; Fromental *m bot.* Arrhenatherum elatius *çayır hıntası

çayka s. **şayka**

Çaykara *n.pr.* O. u. D. im Rbz. Trabzon

çaylak 1. Gabelweihe *f spez.* **kara** ~ schwarzer Milan *zo.* Milvus migrans 2. *P* habgierig, gewinnsüchtig, unersättlich 3. *V* unerfahren; grüner Anfänger, krasser Neuling *(spez. Ch.)* ♀ **beni kapamazsın!** Name e–s türk. Ksp. ~ **fırtınası** *naut.* Name e–s periodischen Seesturms (gegen 13. September)

çaylan *dial.* 1. Furt *f* 2. Sandbank *f*

çaylı mit Tee ~ **dans** *gel.* für **danslı çay**

çaynuğ *dial.* für **çınar ağacı**

çayşekeri, -ni *V* Haschisch *n*

çayüzümü, -nü *P* s. **yabanmersini** (1)

çe (I) s. **çi**

çe (II) Name bzw. Lautung des Buchst. Ç

-çe s. **-ce**

çeç *dial.* 1. ausgedroschenes Getreide 2. reiche Getreideernte Zu 2: s. Stw. **nisan**

çeçe (sineği) Tsetsefliege *f zo.* Glossina morsitans (*bzw.* palpalis) ~ **hastalığı** 1. s. **uyku hastalığı** 2. Tsetsekrankheit, Nagana *f* (*spez.* bei Rindern) *vet.* Trypanosomiasis brucei

Çeçen 1. Tschetschen-e *m*, -in *f* (im Kaukasus) 2. tschetschenisch

Çeçence Tschetschenisch (Sprache)

çedene *dial.* Hanf- od. Lein-samen *m*

çedik (< iç edik) *fr.* leichter, gelber Saffianschuh, wie er von Damen od. Geistlichen im Haus getragen wurde (Zur Verwendung außerhalb des Hauses wurde ein Überschuh darübergezogen.) ~ **pabuç** Saffianschuhe *pl.* mit Überschuhen

çegane [ā] 1. kleines Zigeunertamburin 2. Rasselinstrument *n* mit Metallplättchen, die auf Draht aufgereiht sind (zur Tempoangabe beim Tanzen)

çeganebaz [ā, ā] Zigeunertänzerin *f* mit **çegane; çego** s. **dazlak şempanze**

çeh *va.* 1. Brunnen *m* *kuyu 2. Höhlung, Grube *f*, Loch *n* *çukur Zu 1: s. Stw. **bevval**

Çeh(-li) s. **Çek(-li)**

çehre 1. Gesicht *n*, Miene *f* 2. Anblick *m*, Aussehen *n*, Äußeres 3. *pej.* finsteres (mürrisches, unfreundliches, gelangweiltes) Gesicht Zu 2: **Şehrin -si çok değişti.** Das Gesicht der Stadt hat sich sehr gewandelt. Zu 3: **Bu** ~ **kime?** Wem gilt dieses mürrische Gesicht? ~ (*od.* **-sini**) **asmak (çatmak)** ein mürrisches Gesicht aufsetzen ~ **eğmek** (*od.* **etmek**) s. ~ **asmak;** ~ **züğürdü** von abstoßendem Äußeren, häßlich wie die Nacht **-si bozulmak** ganz bleich werden **²sinden düşen bin parça oluyor.** Er schaut sehr griesgrämig drein. **-yi ekşitmek** ein schiefes Gesicht ziehen

çehreli 1. mit nb. Gesicht 2. *pej.* finster (mürrisch, unfreundlich, gelangweilt) dreinblickend

çek, -ki Scheck *m* ~ **karnesi** Scheckheft *n*

Çek, -ki 1. Tschech-e *m*, -in *f* 2. tschechisch ~ **kuronu** tschechische Krone, Tschechenkrone *f*

Çeka *n.pr.* Tscheka *f* (die 1917 gegründete und 1922 in die GPU umgewandelte russische Staatspolizei)

çekap (*engl.* **check-up**) *med.* eingehende Untersuchung

Çekçe 1. tschechische Sprache, Tschechisch 2. tschechisch

çekçek vierrädriger Handwagen

çekecek, -ği 1. Schuh-löffel, -anzieher *m* *kerata 2. Reih-, Geschirrein-zug *m* (am Webstuhl) **-i olmak** *fig.* große Schwierigkeiten haben (mit)

çekek (yeri) *reg.* Ort, wo Boote zur Reparatur an Land gezogen werden

çekel *dial.* 1. kleine Hacke 2. Eisenteil *m* e–s Stachelstocks (zum Entfernen von Erdklumpen am Pflug)

çekeleve [··×·] s. **sakolava**

çekelez *dial.* s. **sincap**

çekem s. **ökseotu**

çekememek *neg.* Möglichkeitsform von **çekmek** *spez.* 1. et. nicht ertragen können 2. neidisch od. eifersüchtig sein (auf); e–n nicht ausstehen können

çeke(me)mezlik 1. Nicht-Ertragenkönnen *n*, Ungeduld od. Empfindlichkeit *f* 2. Neid od. Eifersucht *f* ~ **etmek** (*od.* **göstermek**) Neid od. Eifersucht an den Tag legen; zu erkennen geben, daß man j–n nicht ausstehen kann

çeken *mus.* s. **dominant;** ~ **yedili düzeni** *mus.* s. **dominant yedili akoru**

çeker Tragfähigkeit *f* (e–r Waage)

Çekerek *n.pr.* Fluß, O. u. D. im Rbz. Yozgat

çeki 1. Wiegen *n*, Gewicht *n* 2. *va.* große, primitive Waage für Holz, Steine, Kalk usw. 3. Gewichtstück *n* von rund 250 kg od. die entsprechende Wiegelast (z. B. e–e Pferdelast Holz) 4. Angemessenheit, Ordnung *f*, gebührende (gehörige) Art und Weise 5. *dial.* Kopftuch *n* 6. Gewichtseinheit von 300 g (z. B. für Seide) ~ **çengeli** Kuppel-, Zug-haken *m* ~ **kayışı** Zugriemen, Strang *m* (am Pferdegeschirr) ~ **öküzü** Zug-, Arbeits-ochse *m* **-ye gelmek** sich schicken, sich gebühren, sich gehören; passen, entsprechen **-ye gelmez** 1. furchtbar schwer 2. maßlos viel od. übermäßig groß 3. unerträglich 4. *fig.* unpassend, unbedacht (z. B. Worte)

çekici 1. ziehend 2. *fig.* anziehend, reizvoll *cazip ~ **araç** (*od.* ~ **vasıta**) Zugmaschine *f*, Traktor *m* ~ **teleskop** (*od.* ~ **ırakgörür)** *astr.* Astrograph *m*

çekicilik Anziehungskraft *f*: a) Schwerkraft, Gravitation *f* b) Reiz *m*, Anmut *f*, Charme *m*

çekiç, -ci 1. Hammer *m* 2. Schlegel, Klöpfel, Fäustel *m* 3. s. ~ **kemiği** 4. *mus.* Hammer *m* (im Klavier) 5. s. **cenk -i** 6. ♀ *türk. Fn.* ~ **atma** *La.* Hammerwerfen *n* ~ **balığı** Hammer(kopf)hai *m zo.* Zygaena malleus (od. tudes) ~ **kam-**

pana Name e–s türk Ksp. ~ **midyesi** Hammermuschel *f zo.* Malleus vulgaris ~ **sapı** Hammerstiel *m* ~ **yüzü** Hammerbahn *f*

çekiçbaşlı uçarköpek Hammerkopf-Flughund *m zo.* Hypsignathus monstrosus

çekiççi *La.* Hammerwerfer *m*

çekiççik kleiner Hammer; Hämmerchen *n*

çekiçhane [ā] Schmiede *f*, Hammerwerk *n* (in der Eisenindustrie)

çekiçkemiği, -ni *an.* Hammer *m* (im Ohr), Malleus *m* *azmı matraka

çekiçlemek hämmern, mit dem Hammer bearbeiten

çekiçlenmek 1. Pass. zu **çekiçlemek** 2. zum Hammer werden od. die Form e–s Hammers annehmen 3. *selt.* in den Besitz e–s Hammers gelangen

çekiçli mit Hammer (Hämmern); Hammer- ~ **endüktör** Hammerinduktor *m* ~ **katıa** *techn.* Hammerunterbrecher *m*

çekidüzen 1. Putz, Schmuck *m*, Aufmachung *f* 2. (gehörige) Ordnung (und Sauberkeit) Zu 2: **Odada ~ kalmadı.** Im Zimmer liegt alles kreuz und quer durcheinander. ~ **vermek** 1. in Ordnung bringen; aufräumen 2. (k–ne) Schmuck anlegen, sich herausputzen, sich zurechtmachen

çekik 1. et. zur Seite stehend, et. abstehend (Auge, Augenbraue usw.) 2. et. nach innen gewölbt; fliehend (Kinn) 3. zu kurz (z.B. Rücken e–s Kleidungsstückes) ~ **deniz** *geogr.* Niedrigwasser *n* ~ **durum** (*od.* ~ **su**) *geogr.* niedrigster Wasserstand (e–s Flußlaufes) ~ **gözlü** *a.* schlitzäugig ~ **yatağı** *geogr.* Mittelwasserbett *n*

çekilgen s. **resesif**

çekili düzenli 1. geschmückt, geputzt 2. in gehöriger Ordnung

çekilik e–e viertel Tonne schwer

çekilimli nota *mus.* s. **duygun nota**

çekiliş Vs. zu **çekilmek** *spez.* (Lotterie-)Ziehung *f* *keşide

çekilme 1. Vs. zu **çekilmek** 2. *geol., geogr.* a) Regression *f* (Sinken des Meeresspiegels) *rücuu bahir b) s. **çekik durum** 3. *mil.* Rückzug *m* *ricat 4. s. **istifa;** ~ **akıntısı** *geogr.* Ebbeströmung *f* ~ **hareketi** *mil.* Rückzugs-, Absetz-bewegung *f* ~ **kenarı** Bauwich *m* (Zwischenraum zwischen zwei Häusern) ~ **muharebesi** *mil.* Rückzugsgefecht *n* ~ **sahası** *mil.* Rückzugsgebiet *n* ~ **yeri** Ort *m* der Zurückgezogenheit; Einsiedlerklause *f* **-yi temin etmek** *mil.* den Rückzug sichern

çekilmek 1. Pass. zu **çekmek** 2. sich zurückziehen; zurückweichen 3. *mil.* den Rückzug antreten 4. zurücktreten, demissionieren *istifa etmek 5. **(oyundan)** aufgeben (in e–m Wettspiel usw.) 6. sich spannen (z.B. Muskeln) 7. einlaufen (Stoff beim Waschen) 8. sich verringern (od.) ganz aufhören **Çekil oradan!** *F* Mach, daß du weiter kommst! **Çekilir şey değil!** Es ist ganz unerträglich! **çekilmez** unerträglich **çekilmiş** gemahlen (Kaffee, Zimt, Pfeffer usw.)

çekilmezlik Unerträglichkeit *f* *tahammül edilmezlik

çekim 1. Vs. zu **çekmek** 2. *va.* Ebenmaß *n*, Harmonie *f* *tenasüp 3. s. **çekicilik** 4. *gr.* Flexion, Beugung, Abwandlung *f* *tasrif 5. a) Prise, Probe *f* b) *V* Prise *f* Heroin 6. Verfilmung *f* od. photographische Aufnahme 7. *dial.* Fähigkeit, Kraft *f*, Vermögen *n* ~ **eki** *gr.* Flexionsendung *f* *lâhikai tasrifiye ~ **örneği** *gr.* Paradigma, Musterbeispiel, Flexionsmuster *n* *emsile

çekimlemek 1. anziehen (Magnet) *cezbetmek 2. *gr.* flektieren

çekimli 1. *va.* ebenmäßig gebaut; von schöner, gut proportionierter Form; anmutig 2. attraktiv, charmant 3. *gr.* flektierbar 4. *mus.* s. **çekilimli;** ~ **eylem** *gr.* Verbum finitum *n* *tasrifli (esas, tükel) fiil

çekimlik Zug *m* (aus e–r Zigarette usw.)

çekimsemek s. **istinkâf etmek**

çekimser(-lik) s. **müstenkif; istinkâf**

çekimsiz 1. wenig anziehend 2. *gr.* nicht flektierbar

çekimsizlik 1. geringe Anziehungskraft 2. Schwerelosigkeit *f* 3. *gr.* Nichtflektierbarkeit *f*

çekince s. **kaydı ihtirazî; mahzur**

çekinecek s. **mahzur**

çekingen 1. vorsichtig, zurückhaltend, zögernd 2. scheu, schüchtern, befangen, sich genierend

çekingenlik 1. Vorsicht, Zurückhaltung *f*, Zögern *n* 2. Scheu, Schüchternheit, Befangenheit *f* 3. *selt.* gedrückte Stimmung

çekingi s. **haydı ihtirazî**

çekinik *biol.* rezessiv *resesif ~ **ıralar** atavistische Züge *pl.* *ceddanî seciyeler

çekinmek (1–3 *m. Abl.*, 4 *tr.*) 1. sich genieren, Angst od. Respekt haben (vor) 2. vermeiden; sich zurückhalten (von); nichts zu tun haben wollen (mit); sich hüten, sich in acht nehmen (vor); sich (der Stimme, der Unterschrift usw.) enthalten 3. zögern, Skrupel haben, nicht recht den Mut haben (zu) 4. (bei sich selber) auftragen (z.B. Schminke)

çekinser s. **çekimser**

çekirdecik *biol.* Kernkörperchen *n*, Nukleole *f* *nukleolus, nüveyt

çekirdek 1. (Obst-)Kern *m* 2. (Kaffee-)Bohne *f* 3. *biol.* Zellkern, Nukleus *m* *nukleus, nüve, nevat 4. *phys.* Atomkern *m* 5. *fig.* Ausgangspunkt *m* (e–r Entwicklung) 6. *fr.* Gran *n* (Goldschmiedgewicht von 0,05 g) 7. *fig.* Atom *n*, Deut *m* 8. Kern-, Elite-truppe *f* 9. Erdkern *m* ~ **biber** ganzer (ungemahlener) Pfeffer ~ **bölünmesi** *bot., phys.* Kernspaltung *f* ~ **çıkarıcı** Entkernungsgerät *n* ~ **enerjisi** Atomenergie *f* ~ **fiziği** Kernphysik *f* ~ **kabuğu** *geol.* Erdmantel *m* ~ **kahve** ungemahlener Kaffee; Kaffeebohnen *pl.* ~ **kimyası** Kernchemie *f* ~ **özü** *biol.* Nuklein *n* *nüklein ~ **özsuyu** *biol.* Kernsaft *m* *nevat usaresi, usarei nevatiye ~ **zarı** *biol.* Kernmembran *f* *gışayı nevatî, nukleus zarı **-ten yetişme** 1. von der Pike auf gedient 2. schon von Jugend an

çekirdekçik s. **çekirdecik**

çekirdeklenmek Kerne bekommen; in Samen schießen

çekirdekli mit Kern(-en); Kern-

çekirdeksel Atom-, Kern-, nuklear *nükleer

çekirdeksiz ohne Kerne; kernlos ~ **üzüm** 1. kernlose Trauben *pl.* 2. Sultaninen *pl.*

çekirdemek *intr.* klappern, rappeln, rasseln

çekirge Heuschrecke *f zo.* Locusta (u.a.) ~ **otu** die Orchideenart Acriopsis ~ **ötleğeni** Feldschwirl *m zo.* Locustella naevia ~ **salgını** massenhaftes Auftreten von Heuschrecken ~ **sürüsü** Heuschreckenschwarm *m* ~ **tohumu** Heuschreckeneier *pl.*

çekirgeler s. **düzkanatlılar**

çekirgekuşu, -nu s. **sığırcık**

Çekistan *selt.* s. **Çekya**

çekiş 1. Vs. zu **çekmek** 2. *mus.* s. **tire** 3. Arbeitskraft *f* (e–r Maschine) ~ ~ nicht durchgebraten; zäh (Fleisch) **-ten düşmek** nicht mehr so gut arbeiten wie früher (Maschine)

çekişme Vs. zu **çekişmek** *spez.* Zank, Streit, Wortwechsel *m* *ihtilâf, niza; s.a. **can ~; halat ~**

çekişmek 1. gegenseitig ziehen 2. sich herumzanken 3. lange und heftig debattieren 4. beiderseits e–e Waffe zükken 5. (zusammen) ein Los (od. ä.) ziehen 6. rivalisieren **çekişe çekişe pazarlık etmek** lange herumfeilschen

çekişmeli 1. *Fb.* mit wechselndem Erfolg 2. strittig, umstritten *ihtilâflı, münazaalı

çekişmesiz: ~ yargı s. **nizasız kaza**

çekiştirici wer über andere herzieht; Lästerer *m*
çekiştiricilik Klatschen, Lästern, Herziehen *n*
çekiştirmek 1. aufeinanderhetzen (Leute) 2. et. nach entgegengesetzten Richtungen ziehen 3. fortgesetzt et. tun (z.B. dauernd an der Wasserpfeife ziehen; am Bart herumzupfen usw.) 4. klatschen, herziehen, lästern (über); j–n durchhecheln
çekitaşı, -nı Gewichtstein *m* von rund 250 kg ~ **gibi** 1. sehr schwer (Gewicht) 2. schwerfällig, langsam 3. unempfindlich, gefühllos 4. dumm, stumpfsinnig
çekkin *selt.* (m. Abl.) abgewandt (von), abhold (z.B. Vergnügungen)
Çekli 1. Tschech-e *m*, -in *f* 2. tschechisch
çekme 1. Vs. zu **çekmek,** *a. z. B.* Anziehung *f* *cazibe 2. zum Ziehen best.; Zug- 3. Schub-lade *f*, -fach *n* *çekmece 4. ausgezogen, ausgewalzt, Walz- 5. weite Arbeitshose 6. Ast-schere *f*, -schneider *m spez.* Hippe *f* (des Winzers) 7. schön geformt; gerade 8. mit den Fingern od. mittels Schlagring gespielt (M.i.), Zupf- 9. *fr.* Handlaterne *f* (zur Heimbegleitung von Gästen) 10. (k–ni) *(Turnen)* Klimmzug *m* 11. Drechslerarbeit *f* 12. s. **Bursa -si;** ~ **ağ** Zug-, Schlepp-netz *n* ~ **boru** gezogenes Rohr ~ **burunlu** mit schöngeformter, gerader Nase ~ **cıvatası** Zugbolzen *m* ~ **çalgı** *mus.* Zupfinstrument *n* ~ **çekici** Streckhammer *m* ~ **çelik** Walzstahl *m* ~ **çengeli** Zughaken *m* ~ **demir** Walzeisen *n* ~ **düzeni** 1. Zugmaschine *f*, Schlepper *m* 2. *astr.* Aufnahmegerät *n* (im Teleskop) ~ **funya** *mil.* Abreiß-, Zug-zünder *m* ~ **gazı** Sauggas *n* ~ **gözü** Schubladenfach *n* ~ **gücü** *phys.* Zugkraft *f* ~ **halat** Zugseil *n* ~ **kancası** Kupplungshaken *m* (bei Eisenbahnwagen) ~ **kat** Penthouse *n* (Dachwohnung im Hochhaus) *teras katı ~ **kolu** Zugstange *f*, Deichselarm *m*, Achsschere *f* ~ **köprü** Zugbrücke *f* ~ **kurşun** Walzblei *n* ~ **kuvveti** Zugkraft *f (a. fig.)*; Anziehungskraft *f* ~ **mukavemeti** Zugfestigkeit *f* ~ **oranı** Schwundmaß *n* (bei Holz) ~ **payı** Zugabe *f*, Einschlag *m* (am Stoff zu eventuellem späterem Ausgleich) ~ **potin** Zugstiefel *m od. pl.* ~ **saç** Walzblech *n* ~ **tahta** Ausziehplatte *f* (an e–m Tisch) ~ **tel** Walzdraht *m*
çekmece 1. Schub-lade *f*, -fach *n* 2. Schmuckkästchen *n* 3. geschützte Bucht 4. Zugbrücke *f* 5. kleines Schreibpult *od.* kleiner Schreibtisch 6. ♀ s. **Büyük (Küçük)** ♀; ~ **tokmağı** Griff *m* an e–r Schublade
çekmek, (-er) 1. ziehen (Wagen, Los, Linie, an e–m Seil usw.) 2. heranziehen, an sich ziehen, *fig. a.* anziehend wirken (auf) 3. anziehen (Stiefel, Hose usw.) 4. weg-, fort-ziehen, auf die Seite ziehen 5. abschleppen (z.B. beschädigtes Auto) 6. (heraus-)ziehen (z.B. Zahn); zükken (z.B. Dolch); schöpfen (Wasser) 7. vor-, zu-ziehen (Vorhang usw.) 8. inhalieren, einziehen (z.B. Rauch), ein-, auf-saugen (z.B. Flüssigkeit) 9. schlürfen 10. wegnehmen (und an e–n anderen Ort bringen) 11. aufkaufen (z.B. Ware auf e–m Markt) 12. walzen, strecken (Metalle) 13. aufgeben, absenden, schicken (Telegramm) 14. zurückziehen, abheben (Bankguthaben) 15. zurück-, ab-berufen (z.B. Gesandten) 16. weg-, fort-holen (z.B. vom Spiel) 17. erdulden (aushalten, durchmachen) müssen; auszustehen od. zu tragen haben; erleiden; leiden (an) 18. verbüßen, absitzen (Strafe) 19. wiegen *(tr.)* 20. e–e best. Tragfähigkeit od. Belastungsgrenze besitzen 21. *fig.* et. aushalten od. ertragen können 22. zurechtrücken (z.B. Stuhl) 23. destillieren 24. (in Linienform) auftragen bzw. auf-, hinein-streichen (Farbe, Schminke usw.) 25. (kâğıda) notieren, aufzeichnen, abschreiben, abzeichnen 26. machen (Bild, Photographie) 27. mahlen (Kaffee, Zimt, Pfeffer usw.) 28. ziehen, errichten (Mauer, Zaun usw.) 29. ausstellen, ausschreiben, ziehen (Wechsel, Scheck usw.) 30. (auf sich od. auf et.) lenken (Aufmerksamkeit, Interesse usw.) 31. *F* trinken, e–n genehmigen, e–n hinter die Binde gießen 32. (e–r Prüfung, Kontrolle, Bastonnade usw.) unterwerfen 33. (in e–m best. Sinn) auslegen, interpretieren 34. bespringen (od. decken) lassen (weibl. Tier), paaren (mit männl. Tier) 35. *Fb.* schießen; (e–n Wurf, Schuß) ausführen 36. *gr.* flektieren, beugen, abwandeln, deklinieren, konjugieren *tasrif etmek 37. geben (Bankett) 38. durch die Finger laufen lassen (Gebetskette) 39. soundsoviel Zeit umfassen 40. zur Verfügung stellen; überreichen, schenken 41. aufziehen, hissen, setzen (Fahne) 42. erfordern, in Anspruch nehmen, dauern 43. *hum.* halten (Rede, Ansprache) 44. (b–ne) in der Erbanlage j–m nachschlagen, auf j–n herauskommen 45. *intr.* sich verziehen, sich werfen, arbeiten (Holz) 46. *intr.* einlaufen (z.B. Stoff beim Waschen) 47. *intr.* (od. mit Gewichtsangabe) ein best. Gewicht haben; wiegen 48. fahren (ohne Obj.) Zu 4: s. **el** ~ Zu 6: s. **diş** ~ Zu 8: s. **enfiye** ~; **burnuna su** ~ Wasser in die Nase ziehen Zu 10: **ekini tarladan** ~ das Getreide einfahren Zu 13: s. **tel** ~ Zu 17: s. **acı (cefa, eziyet, güçlük, hastalık)** ~ Zu 19: **Çuvalı çekiniz!** Wiegen Sie den Sack! Zu 20: **Bu araba beşyüz kilodan fazla çekmez.** Die Maximalbelastung für den Wagen ist e–e halbe Tonne. **En çok çekeceği ağırlık on kilodur.** Höchstbelastung (dieser Waage) zehn Kilogramm. Zu 21: **Bu kadar nazı kimse çekemez.** Soviel Ziererei kann ja kein Mensch aushalten. Zu 24: s. **boya** ~; **gözlere sürme** ~; **kaşına rastık** ~ Zu 26: s. **resim (fotoğraf)** ~ Zu 29: s.a. **protesto** ~ Zu 30: s. **dikkati** ~ Zu 31: s.a. **kafayı** ~ Zu 32: s. **falakaya (sorguya, hesaba)** ~ Zu 33: **Bak, sözümü neye çekti!** Sieh dir nur einmal an, wie er meine Worte ausgelegt hat! Zu 34: **Arap aygırını Macar kısrağına çektiler.** Man ließ die ungarische Stute durch e–n arabischen Hengst decken. Zu 35: s. **şut** ~ Zu 37: s. **ziyafet** ~ Zu 38: s. **tespih** ~ Zu 39: **Şubat, dört yılda bir yirmi dokuz gün çeker.** Alle vier Jahre hat der Februar neunundzwanzig Tage. Zu 40: **Ona güzel bir at çektiler.** Man stellte ihm ein schönes Pferd zur Verfügung. Zu 42: **Bu yol iki saat çeker.** Der Weg dorthin erfordert zwei Stunden. Für diesen Weg braucht man zwei Stunden. Zu 44: **Oğlan dayıya, kız halaya çeker.** Der Sohn kommt auf den Bruder der Mutter heraus, die Tochter auf die Schwester des Vaters. **İnatçılığı babasına çekmiş.** Den Eigensinn hat er von seinem Vater. Zu 46: **Kumaş yıkanınca çekti.** Der Stoff ist beim Waschen eingelaufen. Zu 47: **Yaş odun ağır çeker.** Nasses Holz wiegt schwer. Zu 48: **Arabacı, yavaş çek!** Kutscher, fahr langsam! – **Çek!** 1. Fahr (zu, los)! 2. Hau ab! Verschwinde! 3. Weiter! Nicht aufhören! **Çek arabanı** (*od.* **kuyruğunu**)! *F* Troll dich! Verdufte! Verschwinde! **çekeceği olmak** (b–le) sich mit j–m herumplagen müssen **çekememek, çeke(me)mezlik** s. die ges. Stw.; **çekip almak** mit Gewalt entreißen **çekip çekiştirmek** durchhecheln; herziehen (über) **çekip çevirmek** (b–ni) 1. ordentlich und umsichtig lenken (leiten, führen) 2. für et. sorgen, et. betreuen **çekip çıkarmak** ausreißen, ausrotten **çekip gitmek** fortgehen, ohne et. zu sagen (bzw. ohne sich zu verabschieden); sich davonmachen **çekip uzatma** Weitschweifigkeit *f* **Çekiver kuyruğunu!** *V* Laß die Finger davon! **çektiği su** *naut.* Tiefgang *m* (e–s Schiffes)
çekmel *agr.* Obstpflücker *m* (Gerät)
çekmeli ausziehbar
çekmen 1. Saugrüssel *m* (der Insekten), Saugnapf *m* (der Würmer), Saugnäpfchen *n* (bei Pflanzen) 2. Schröpfkopf *m* *(1, 2) mihcem 3. s. **cepken** 4. Regenmantel *m* *yağmurluk 5. weite Hose **(şalvar)**
Çekoslovak, -kı 1. Tschechoslowak-e *m*, -in *f* 2. aus der Tschechoslowakei stammend, tschechoslowakisch

Çekoslovakya [···×·] *n.pr.* Tschechoslowakei *f*
Çekoslovakyalı [···×··] s. **Çekoslovak**
çektiri *hist.* mit Segeln und Rudern versehene Galeere od. Galeasse
çektirme 1. Vs. zu **çektirmek** 2. s. **çektiri** 3. großes Frachtboot (für Holz, Kohlen usw.) mit Segeln und Rudern 4. Reisgericht *n* mit Zwiebeln u. Mohrrüben ~ **ağı** Schleppnetz *n*
çektirmek Kaus. zu **çekmek** *a. mus.* zupfen (Saiten bei Pizzikatospiel)
çekül Senkblei, (Blei-)Lot *n* *şakul ~ **derz** senkrechte Fuge (bei Mauersteinen) **-den kaçmak** nicht im Lot stehen (Wand, Mauer)
çekvalf (*engl.* **check-valve**) s. **geri tepmeli vana**
Çekya [×·] *hist.* Tschechei *f* (der nach der Loslösung der Slowakei (1939) verbliebene tschechische Staat)
çelâçe Gerberlauge *f*
çelbeşik s. **çelpeşik**
çelebi 1. *z. va.* feiner (vornehmer, gebildeter, höflicher, leutseliger) Herr (der ausgehenden osm. Zeit); der osm. Gentleman 2. *z. va.* fein, aufmerksam, entgegenkommend, verbindlich, vornehm, gebildet, höflich, leutselig 3. *fr.* Titel für Gelehrte od. Geistliche 4. Titel der höchsten Geistlichen des Bektaschi- od. Mewlewi-Ordens 5. (in frühosm. Zeit) Prinz *m* 6. Name e–s best. Würfelspiels 7. ♎ Typ des reichen, eleganten Snobs im Karagözspiel (in verschiedenen Zeitmoden auftretend; vgl. a. **Kınnapzade, Narçin bey**) Zu 3: **Evliya** ~ (1611–1682) berühmter Chronist (Werk: **Seyahatname**); **Kâtip** ♎ **(Hacı Halife)** (1608?–1657) e–r der größten osm. Gelehrten und Bibliographen Zu 5: ♎ **(Sultan) Mehmet** = Mehmet I. (1403 bzw. 1413–1421) (Sohn von Bayazıt I.)
çelebilik *z. va.* 1. Rang *m* e–s **çelebi** 2. feines und vornehmes Benehmen *n*, Höflichkeit, Bildung, Leutseligkeit *f*
çelenç, -ci (*engl.* **challenge**) *(Sport)* 1. Herausforderung *f* 2. Wander-preis *spez.* -pokal *m*
çelenk, -gi 1. Kranz *m* 2. *fr.* aufrechtstehender Frauenkopfputz (z. B. edelsteinbesetzte Reiherfedern *pl.*); Diadem *n* 3. große Federn des Vogelflügels ~ **koymak** e–n Kranz (bzw. Kränze) niederlegen
çelep *hist.* Bez. für best. Serail-Pagen od. für best. Janitscharenzöglinge
çelermek *dial.* 1. umkommen, verenden (*spez.* Schafherde) 2. vor Durst schier verschmachten 3. würgen (an e–m Bissen im Hals) 4. sich erkälten
çelesta *mus.* Celesta *f* (Klavier mit Stahlplättchen statt Saiten)
çelgi *dial.* unter dem Kinn gebundenes Kopftuch
çelik (I), **-iği** 1. Rute, Gerte *f*, Stock, Stab *m* 2. *agr.* Schößling, Steckling, Setzling, Ableger *m* 3. spannenlanges, an beiden Enden zugespitztes und seitlich abgerundetes Aststück, das mit e–m Stock **(çomak)** möglichst weit geschlagen wird 4. *naut.* Marlpfriem *m* 5. *naut.* s. **armadura -i**
çelik (II), **-iği** 1. Stahl *m* 2. aus Stahl hergestellt, stählern, Stahl- 3. *fig.* stahlhart (z. B. Faust); durchdringend (z. B. Blick) 4. Spachtel *f* *spatül ~ **başlık** 1. Stahlnabe *f* 2. s. ~ **miğfer;** ~ **bilezik** (*od.* **çember**) Stahlring *m* ~ **boru** Stahlrohr *n* ~ **ciğer** *med.* eiserne Lunge ~ **çekirdekli mermi** *mil.* Stahlkerngeschoß *n* ~ **el bombası** Stahlhandgranate *f* ~ **fabrikası** Stahlwerk *n* ~ **gibi (katı)** 1. wie Stahl; stahlhart 2. *fig.* abgehärtet, widerstandsfähig 3. *spez.* schmächtig, aber zäh (Mensch) ~ **halat** Stahlseil *n* ~ **kalem** Grabstichel *m*, Radiernadel *f*, Stechbeitel *m* ~ **kalemucu** Stahlfeder *f* ~ **kaplama** Verstählung *f* ~ **levha** Stahlplatte *f* ~ **macunu** Spachtelkitt *m* ~ **metre** Stahlbandmaß *n* ~ **mızrak** Stahlrohrlanze *f* ~ **miğfer** Stahlhelm *m* ~ **oyma** Stahlstich *m* ♎ **Palas** *n.pr.* Hotel in Bursa mit Stahlbädern ~ **pamuğu** Stahlwolle *f* ~ **potası** *techn.* Konverter *m* ~ **saç** Stahlblech *n* ~ **tüp** Stahlflasche *f* ~ **yelek** kugelsichere Weste **-e (çifte) su vermek** den Stahl (doppelt) härten, *techn. a.* abschrecken
çelik (III) *va.* 1. konisch zulaufend 2. abgeschrägt 3. abgelenkt, abgewendet (von et.) (bzw. zu et.); überredet 4. behoben
çelikbaş alabalık Regenbogenforelle *f zo.* Salmo irideus
çelikçi *selt.* 1. Stahlarbeiter *m* 2. Besitzer *m* e–s Stahlwerks
çelikçomak türk. Ksp. (vgl. **çelik** I) (*dial.* Spatzeck, Schaptschek, Bottscheck, Kinnekel usw.)
Çelikhan *n.pr.* O. u. D. im Rbz. Adıyaman
çelikhane [ā] Stahlwerk *n*
Çelikkale s. **Kırıkkale**
Çelikkalem *n.pr. astr.* Caelum (Sternbild) *Kalem
çeliklemek 1. stählen; mit Stahlzusatz versetzen 2. durch Stecklinge vermehren
çelikleştirmek s. **çeliklemek** (1)
çelikli 1. mit Stahl, stahlhaltig, Stahl- 2. mit Stecklingen Zu 1: ~ **beton** Stahlbeton *m* ~ **su** (künstliches) Stahlwasser
çeliksi stahlartig
çelim 1. Körperbau *m*, Statur *f* 2. *pr.* guter Wuchs, schöne Statur
çelimli von schönem Körperbau, gut entwickelt, gut gebaut, schön gewachsen, kräftig
çelimsiz von unansehnlicher Statur, von schwächlichem Körperbau, schmächtig, zart
çelimsizlik unansehnliche Statur, schwächlicher Körperbau; Schmächtigkeit, Zartheit *f*
çelipa [ā] *va.* 1. Kreuz, Kruzifix *n* 2. gebogene Linie 3. *fr. lit.* (Frauen-)Locke *f*
çelişik *log.* wider-sprechend, -spruchsvoll, gegensätzlich, einander ausschließend, kontradiktorisch *mütenakız
çelişiklik s. **çelişme**
çelişken s. **çelişik**
çelişki s. **çelişme**
çelişme *log.* Widerspruch *m*, Kontradiktion *f;* kontradiktorischer Gegensatz *tenakuz ~ **ilkesi** *log.* Satz *m* des Widerspruches
çelişmek (bşle) miteinander in Widerspruch stehen *mütenakız olmak **İnsanın işi sözüyle çelişmemeli.** Die Taten e–s Menschen sollen mit seinen Worten nicht in Widerspruch stehen.
çelişmeli s. **çelişik**
çellist, -ti *mus.* Cellist(-in *f*) *m*, Cellospieler(-in *f*) *m*
çello [×·] *mus.* Cello *n* *viyolonsel
çelme 1. Vs. zu **çelmek** 2. hinten lose geknüpftes Kopftuch (z. B. e–s **zeybek**) 3. Beinstellen *n* 4. *fig.* Querschuß *m* ~ **atmak** (*od.* **takmak**) 1. j–m ein Bein stellen 2. querschießen; j–m Schwierigkeiten in den Weg legen
çelmek, (-er) 1. leicht klopfen od. schlagen 2. den Rand von et. schräg od. schief schneiden *çalmak 3. die beiden Enden (z. B. e–s Kopftuches) binden 4. rauben, (be-)nehmen, hinfällig machen *selp etmek 5. von dem eingeschlagenen Weg abbringen 6. *(Fechtkunst)* ausschlagen 7. *Fb.* ablenken (z. B. Fußball zur Ecke) 8. s. **çelme atmak** 9. **(aklını** *od.* **zihnini)** a) überreden, verführen b) j–n von et. abbringen, j–m et. ausreden 10. logisch aufheben (umwerfen, umstoßen) *nakzetmek 11. *P* anspitzen (z. B. Bleistift) Zu 9: **Siz aklımı çelmeseydiniz, ben bu işe girecektim.** Wenn ihr mich nicht davon abgebracht hättet, wäre ich in die Sache eingestiegen. Zu 10: **Bu sözünüz, deminkini çeliyor.** Mit dem, was Sie jetzt sagen, stoßen Sie Ihre früheren Ausführungen um.
çelmelemek s. **çelme atmak**
çelmik atmak s. **çelmiklemek**
çelmiklemek *mus.* ein Zupfinstrument spielen

çelpeşik *dial.* 1. unklar, verworren, unverständlich 2. stotterig (Sprechen) 3. regnerisch
çeltik 1. ungeschälter Reis 2. **(tarlası)** Reisfeld *n* ~ **değirmeni** (*od.* **fabrikası**) Reismühle *f* ~ **kargası** brauner Sichler *zo.* Plegadis falcinellus ~ **makinesi** Reisschälmaschine *f*
çeltikçi wer Reis anbaut
çeltikçilik Reisanbau *m*
çeltiklik Gebiet mit Reisanbau od. Reisfeld *n*
çembalo s. **klavsen**
çember 1. Faß-band *n,* -reifen *m* 2. *Kspz.* Reifen *m* 3. Zwinge *f*, Eisenreifen, Metallring *m* 4. Beschlag, Reifen *m* (Bez. verschiedener Schlosserbeschläge) 5. **(demir)** Bandeisen *n* 6. *dial.* großes Kopftuch aus bedrucktem Kattun 7. *pol.* Einkreisung *f* 8. *mil.* Umklammerung *f*, Kessel *m* 9. s. **sevk çemberi** 10. *math.* Peripherie, Kreislinie *f*, -umfang *m* *daire çevresi, muhiti daire 11. (halb-) kreisförmig, rund 12. e–e Taktart in der türk. Musik 13. Eisenring *m* (des Basketballkorbs) ~ **çevirmek** Reifen spielen (schlagen, treiben) ~ **çizgisi** Freiwurflinie *f* (bei Basketball) ~ **geçirmek** mit (e–m od. mehreren) Reifen umgeben ~ **(içine alma) siyaseti** Einkreisungspolitik *f* ~ **kayık** Boot *n* mit rundem Heck ~ **sakal** Vollbart *m* ~ **sakallı** e–n Vollbart tragend **-e** (*od.* ~ **içine) almak** (*bzw.* **düşmek**) *mil., pol.* einkreisen, umzingeln (bzw. eingekreist, umzingelt werden)
çemberdeş *geom.* mit gleichem Abstand vom Mittelpunkt
çemberleme Vs. zu **çemberlemek;** ~ **ateşi** *mil.* Feuer-riegel *m,* -glocke *f*, Abriegelungsfeuer *n* ~ **hareketi** *mil.* Einkreisung *f* ~ **meydan muharebesi** *mil.* Kesselschlacht *f* ~ **siyaseti** Einkreisungspolitik *f* ~ **taarruzu** *mil.* Umfassungsangriff *m*
çemberlemek 1. mit (e–m od. mehreren) Reifen umgeben; bereifen 2. *mil., pol.* einschließen, einkreisen, einkesseln
çemberlenmek 1. Pass. zu **çemberlemek** 2. kreisförmig werden
çemberli mit Reifen umgeben, beringt, Ring- ~ **baskı** (*od.* **fren**) Bandbremse *f*
Çemberlitaş *n.pr.* 1. Verbrannte Säule (od. Konstantinssäule *f*) (in Istanbul) 2. Name des betr. Stadtteils
çemçe *dial.* großer hölzerner Schöpflöffel ~ **balığı** *allg. Bez.* für größere Plattfische
çemçör; çemçur *dial.* s. **asma ağustosböceği**
çemen 1. Kreuzkümmel *m bot.* Cuminum cyminum *kimyon 2. rötlicher Brei aus diesem zu Pulver zerriebenen Kümmel, Knoblauch und Paprika für die Zubereitung von türk. Dörrfleisch **(pastırma)** 3. s. **boyotu** 4. s. **çimen;** ~ **otu** s. **arnika kökü**
çemender *V hum.* s. **eşek** (*spez.* im Ortaoyunu)
çemenli mit **çemen** zubereitet
çemkirmek *dial.* 1. heulen (Hund) 2. *fig.* scharf erwidern 3. Laut geben (Hund bei gestelltem Wild)
Çemişkezek *n.pr.* O. u. D. im Rbz. Tunceli
çemre(le)mek 1. aufkrempeln (Hosenbein, Ärmel), aufschürzen (Rock) 2. die Enden von et. übereinanderlegen und festbinden Zu 2: **kollarını geriye** ~ (b–nin) j–m die Hände auf den Rücken binden
çemrenmek 1. (sich) die Ärmel od. Hosenbeine aufkrempeln, (sich) den Rock aufschürzen 2. *fig.* sich ernsthaft an e–e Arbeit machen
çend *va.* 1. s. **birkaç** 2. (*a.* **her** ~) s. **her ne kadar**
çendan [ā] *va.* s. **o kadar**
çender Goldhaar *n bot.* Chrysocoma
çene 1. Kinn(-backen *m,* -lade *f*) *n*, Kiefer *m* *fek 2. Neigung *f*, viel zu reden; *F* gut geschmiertes Mundwerk 3. s. **çenelik** 4. *naut.* äußerstes Ende e–s Schiffskiels (am Bug), Stevenanlauf *m* 5. Backe *f* (e–s Schraubstocks, e–r Zange usw.) ~ **açmak** unaufhörlich reden ~ **atmak** 1. mit den Zähnen klappern 2. plaudern 3. im Sterben liegen ~ **çalmak** schwatzen ~ **çukuru** Grübchen *n* im Kinn ~ **dersleri** mündliche Unterweisung ~ **kavafı** (*od.* ~ **bezirgânı**) Schwätzer *m,* Schwatzbase, Plaudertasche, Klatschmaul *n* ~ **kavaflığı** 1. Gerede, Geschwätz *n* 2. Geschwätzigkeit, Schwatzhaftigkeit *f* ~ **kemiği** Kieferknochen *m,* Kinnlade *f* ~ **kilitlenmesi** *med.* Kieferklemme, Mundsperre *f* ~ **oyunu** *fig.* gutes Essen ~ **patlatmak** unaufhörlich auf j–n einreden ~ **sakızı** stereotype Redensart (e–r Person) ~ **satmak** schwatzen; vom Hundertsten ins Tausendste kommen ~ **yarışı** laute Rede und Gegenrede (*spez.* im **Ortaoyunu** zwischen **Peşekâr** und **Kavuklu**); ~ **yarıştırmak** 1. sich gegenseitig furchtbar viel zu erzählen haben 2. sich herumstreiten, heftig disputieren ~ **yormak** sich den Mund fusselig reden **²n pırtı!** Hör doch endlich auf mit dem Geschwätz! **²n tutulsun** (*od.* **kısılsın**)! „Das Kinn gehört dir festgebunden (wie e–m Toten)!" *d.h.* Kannst du denn gar nicht aufhören mit deinen pessimistischen Voraussagen? **²ne çekitaşı!** Dir gehört ein Schloß vor den Mund! **²ni tut!** 1. Sprich zu niemand darüber! 2. Sei doch still! *F* Halt die Klappe! **-si atmak** s. ~ **atmak** (3); **-si bağlanmak** 1. s. **dili tutulmak** 2. sterben **-si düşük** (*od.* **gevşek**) geschwätzig, schwatzhaft, Schwatzbase *f* *boşboğaz, geveze **-si** (*od.* **-leri) kilitlenmek** *med.* nicht mehr sprechen können **²si kuvvetli.** Er hat ein gutes Mundwerk. **-si oynamak** (*od.* **-sini oynatmak**) mit vollen Backen kauen; *F* mampfen **-sine tükürmek** s. **-sini açmak** (2); **-sine üşenmez** ewiger Schwätzer; unverbesserliche Schwatzbase **-sini açmak** 1. zu e–m Redestrom ansetzen 2. j–m die Zunge lösen **-sini bağlamak** e–m Toten das heruntergesunkene Kinn mit e–m Tuch festbinden **²sini bıçak açmıyor.** Es ist kein Wort aus ihm herauszubringen. **-sini kesmek** (*od.* **kısmak**) den Mund halten; schweigen **-sini tutmak** kein Sterbenswörtchen verlauten lassen **-sini yormak** das dauernde Gesprächsthema bilden (s. a. Stw. **zengin**); **-ye kuvvet** durch die Kraft seiner Worte; *pej.* dank seinem guten Mundwerk **-ye tutmak** s. **lafa tutmak**
-çene s. **-cene**
çenealtı, -nı 1. Unterseite *f* des Kinns 2. Kehlriemen *m* (am Pferdegeschirr) ~ **bezi** Unterkieferdrüse *f*, Glandula submaxillaris *guddei tahtelfekkiye ~ **çukuru** Kehlgang *m* (des Pferdes)
çenebaz geschwätzig, redselig, Schwätzer *m,* Schwatzbase *f*
çenek 1. *bot.* Keimblatt *n* (der Samenpflanzen), Kotyledone *f* *filka 2. oberer od. unterer Teil e–s Vogelschnabels bzw. des Kiefers bei beißenden Insekten *fekçe
çenekli 1. mit soundsoviel Keimblättern 2. mit nb. Schnabel bzw. Kiefer
çenel die Kiefer betreffend, Kiefer- *fekkî
çeneli 1. mit nb. Kinn 2. redselig, gesprächig, geschwätzig 3. hartnäckig disputierend 4. hartnäckiger Bittsteller ~ **ekskavatör** *techn.* Greifbagger *m* ~ **sülüklüler** Kieferegel *pl. zo.* Gnathobdellidae
çeneliağızlılar Kiefermäuler *pl. zo.* Gnathostomata
çenelik Kinnstütze *f* (z. B. an der Geige)
Çenesuyu *n.pr.* ein best. Quellwasser aus Eskişehir
çenet, -ti *bot.* Fruchtklappe *f* *mısra
çenetlemek die Schalen aufknacken und den Kern essen (Kürbis-, Pistazien-kerne usw.)
çenge *reg.* anatolisches Hochzeitslied, das von angeworbenen Leuten beim Einzug der Braut in das Haus des Bräutigams gesungen wird
çengel 1. Haken *m* 2. **(işareti)** Paragraphenzeichen *n* *paragraf 3. *va.* großer Dorn 4. *mus.* Notenschwanz *m* 5. *fr.* Kralle, Klaue *f* 6. s. **çengelliiğne** 7. Umklammerung des gegnerischen Beines mit dem eigenen (bei **yağlı güreş**) 8. **(armudu)** Name e–r beliebten Birnenart 9. *agr.*

(2–4 zackige) Mistgabel 10. hakenförmig 11. oberer Eckzahn des Hirsches (von Jägern als Krawattennadel verwendet) ~ **atmak** sich an j–n od. et. heranmachen ~ **beygiri** *mil. fr.* 1. Vorderpferd 2. vorderstes der drei Pferdegespanne (bei der bespannten Artillerie) ~ **burun** Hakennase *f* ~ **cezası** *fr.* Hinrichtung *f* durch Pfählung ~ **çivisi** Spannhaken *m* *korniş çivisi ~ **haç** (*od.* ~ **salip**) *(beid. va.)* Hakenkreuz *n* *gamalı haç ~ **iğne** s. **çengelliiğne;** ~ **izbiro** *naut.* Kanthaken *m* ~ **parmaklılık** *med.* Krallenzehen *pl.* (Fußdeformation) ~ **şeklinde** hakenförmig ~ **takmak** s. ~ **atmak;** ~ **vuruş** *(Boxen)* Haken *m* ♀**de kokmuş etim yok.** Meine Tochter hat noch genug Zeit zum Heiraten. **-e dönmek** *fig.* krumm und bucklig werden (durch Krankheit od. Alter) ♀**e gelesi!** Aufgeknüpft gehört er! **-e vurmak** *fr.* pfählen (Hinrichtungsart)

çengelcik Häkchen *n*

çengelcikli 1. mit Häkchen 2. häkchenförmig

çengelçeneliler s. **yapışıkçeneliler**

çengellemek 1. (an-, ein-, zu-)haken; aufhängen 2. mit Sicherheitsnadel(-n) befestigen 3. **(kuyruğu)** ringeln (Katze ihren Schwanz) 4. *fr.* s. **-e vurmak**

çengellenmek 1. Pass. zu **çengellemek** 2. an e–m Haken hängenbleiben 3. *fig.* nicht loskommen (können) (von) Zu 3: **Kafamda bir sual çengellendi.** Eine Frage beschäftigt mich dauernd.

çengelli 1. mit (e–m od. mehreren) Haken 2. krumm, gekrümmt, Haken- 3. *va.* mit großen Dornen 4. (*a.* **bir** ~) *mus.* Achtelnote *f* *kroş, sekizlik ~ **çivi** Krampe *f* (U-förmig gebogener Haken) *kancalı çivi ~ **kurt** s. **kancalı kurt**

çengelliiğne Sicherheitsnadel *f*

çengelsakızı, -nı die Kardenart Chondrilla juncea od. der hieraus gewonnene Mastix *enger, kengelsakızı

çengelsi hakenförmig

çengelsiz 1. ohne Haken 2. *va.* ohne Dornen

çengi (Berufs-)Tänzerin und Musikantin *f* (mst. Zigeunerin) ~ **kolu** Sing- und Tanztruppe *f* (mst. Zigeunerinnen)

çengilik Beruf *m,* Tätigkeit *f* e–r **çengi**

Çengiz s. **Cengiz**

çengüçegane [ā] orient. Musikunterhaltung *f*

çenilemek *dial.* heulen (Hund)

çenk, -gi *va.* 1. Tatze, Kralle, Klaue *f* 2. kleines, harfenähnliches M.i.

çent, -ti Cent *m* (100. Teil e–s Dollars)

çentik 1. Einschnitt *m,* Kerbe, Kimme *f* 2. Scharte *f* 3. eingekerbt 4. schartig 5. *geogr.* (Küsten-)Einbuchtung *f* ~ ~ *od.* ~ **çüntük olmak** 1. voller Kerben sein 2. ganz schartig sein ~ ~ **yapmak** 1. über und über mit Kerben versehen 2. ganz schartig werden lassen

çentiklemek s. **çentmek** (1, 2)

çentiklenmek 1. Pass. zu **çentiklemek** 2. schartig werden

çentikli 1. mit Kerben od. Scharten 2. *mus.* s. **köprücük**

çentilmek 1. Pass. zu **çentmek** 2. schartig werden

çentiyan 1. (*a.* ~ **kılıç**) breites Schwert 2. Krummdolch *m* 3. *P* s. **çintan**

çentiyangiller; (*va.* **çentiyaniye**) s. **kızılkantarongiller**

çentmek 1. mit Kerben versehen; einkerben 2. schartig werden lassen 3. in kleine Teile schneiden (Zwiebeln, Gurken usw.)

çepakin [ā] scherzhaft gebildeter Pl. zu **çapkın**

çepçevre [×··]; **çepeçevre** [·×··] ringsum(-her), im ganzen Umkreis *dairenmadar, fırdolayı ~ **manzara** Rundblick *m,* Panorama *n*

çepel *P* 1. schlecht, garstig, eklig (Wetter) 2. schmutzig, unsauber 3. *fig.* unangenehm, widerlich 4. mit fremden Bestandteilen untermischt; nicht gereinigt, nicht gejätet usw. 5. störender fremder Bestandteil (z.B. Stiele bei Beeren) 6. Gewitterregen *m* 7. ♀ Name e–r größeren Donauinsel bei Budapest ~ **iş** Schmutzarbeit *f* ~ **hava** Schmutzwetter *n*

çepellemek *dial.* 1. schmutzig machen; beschmutzen 2. verschlechtern, verderben

çepelli 1. schmutzig 2. mit fremden Bestandteilen untermischt (z.B. Getreide)

çepellik *dial.* 1. Schmutz *m,* Beschmutztsein *n* 2. Untermischtsein *n* mit andersartigen Dingen; Durcheinander *n* *spez.* Schneematsch *m* 3. schmutziger Ort

çeper 1. *an. phys.* (Scheide-, Seiten-)Wand, Innenseite *f* *cidar 2. Häutchen *n,* Membran *f* *zar 3. Flecht-, Gitterwerk *n* ~ **kemiği** s. **yan kafa kemiği**

çepiç, -ci 1. Zicklein, Kitzlein, Ziegenlamm *n* (im ersten Jahr) 2. gut gepflegtes Angora-Ziegenlamm (das erstklassige Wolle liefert)

çepin kleine Gartenhacke

çepken s. **cepken**

çepreşik; çepreşmek s. **çapraşık; çapraşmak**

çer s. **çör(-çöp)**

çerağ 1. s. **çırağ** 2. s. **çırak**

çerçeve Rahmen *m:* 1. Bilderrahmen *m* 2. Tür- od. Fensterrahmen *m* 3. Schaft(-rahmen) *m* (am Webstuhl) 4. Fassung *f,* Gestell *n* (z.B. e–r Brille) 5. (Bienenstock-) Rahmen *m* 6. *typ.* (viereckiger) Schriftrahmen 7. s. **kasnak** 8. Gitterleiter *f* (schwedisches Turngerät) 9. *fig.* Rahmen *m* e–s geistigen Gebietes od. dieses selber Zu 5: **-si içinde** *a.:* im Zug (z.B. *mil.* Operationen) ~ **başlığı** *arch.* Kyma *n* ~ **dağıtmak** *V* ein Mädchen entjungfern ~ (*bzw.* **-ye**) **geçirmek** (*od.* **takmak**) mit e–m Rahmen versehen; einrahmen ~ **tiyatrosu** *Th.* Rahmenbühne *f*

çerçeveci wer Rahmen herstellt od. verkauft

çerçevelemek 1. mit Rahmen versehen; (ein-)rahmen 2. den Rahmen (die Grenzen) von et. abstecken

çerçeveli (ein-)gerahmt, Rahmen- ~ **ateş** *mil.* Feuerglocke *f* ~ **nişangâh** *mil.* Rahmenvisier *n*

çerçi 1. auf dem Land umherziehender Kurzwarenhändler, Hausierer, Posamentier *tuhafiyeci 2. Kurzwaren *pl. a.* Ramschware *f,* Kram *m* ♀ **başındakini satar.** *Spr.* Der Hausierer kann nur das verkaufen, was er hat. Ultra posse nemo obligatur.

çerçici s. **çerçi** (1)

çerçilik Hausierhandel *m*

çerçöp, -pü s. **çörçöp**

Çeremişler *n.pr.* Tscheremissen *pl.* (Volksstamm an der nördl. Wolga) *Mariler

çerez 1. Speisen, die nicht als Hauptmahlzeit rechnen und mst. e–n kleinen Imbiß darstellen 2. Vorspeise *f* (wie Sardellen, Kaviar, Oliven, Wurst usw.) od. Nachspeise *f* (*spez.* Früchte) 3. Beilage *f* (z.B. Käse od. Konfitüre beim Frühstück)

çerezci wer **çerez** genannte Speisen verkauft

çerezlenmek 1. et. essen, was als **çerez** gerechnet wird; e–n kleinen Imbiß zu sich nehmen; vespern 2. *fig.* e–n kleinen Gewinn (*F* Rebbach) machen

çerezlik alles, was als **çerez** dienen kann

çerge 1. kleines provisorisches Zelt *spez.* Zigeunerzelt *n* 2. Bretterbühne *f* für Musikanten od. Tänzer(-innen) in e–m Kaffeehausgarten 3. (*a.* ~ **çerisi**) Zigeuner *pl.* 4. umherziehend 5. *hist. mil.* Festzelt *n*

çergeci 1. Hausierer *m* (mit Marktstand) 2. *hist.* wer vor dem Zelt des Sultans ein Zelt aufschlagen durfte 3. *hist. mil.* Bez. der 17. Janitscharen-Orta

çergelemek 1. ein (provisorisches) Zelt aufschlagen 2. *fig.* oberflächlich errichten (Bau)

çergi(-ci) s. **çerge(-ci)**

çeri *fr.* 1. Soldat *m* 2. kleinere od. größere mil. Einheit

çeribaşı, -yı 1. *fr.* Truppenkommandeur *m* 2. Zigeunerhauptmann *m*

çeribrandi Cherry Brandy *m* (feiner Kirschlikör)
Çerigo s. **Büyük Çuha adası**
Çerigotto s. **Küçük Çuha adası**
çerimonya [··×·] *selt.* Zeremonie *f*, Zeremoniell *n*
Çerkeş *n.pr.* O. u. D. im Rbz. Çankırı
Çerkez 1. Tscherkess-e *m*, -in *f* 2. tscherkessisch ~ **biberi** Pfeffersauce *f* (als Gewürz bei tscherkessischen Gerichten) ~ **Cemiyeti Edebiyesi** (*a.* ~ **Teavün Cemiyeti**) *hist.* Name e–r türkenfeindlichen tscherkessisch-separatistischen Vereinigung ~ **çorbası** Kornsuppe *f* (aus Gerste, Weizen, Mais usw.) ~ **fasulyesi** rötliche Bohnen **(barbunya)** in Olivenöl mit Nußsauce ~ **halayık** *Th.* Typ der Schwatzbase (im Karagözspiel) ~ **tavuğu** tscherkessisches Huhn (e–e als besondere Delikatesse geschätzte Zubereitung von gekochtem Hühnerfleisch mit Fleischbrühe, Walnüssen und süßem Paprika)
Çerkezce 1. tscherkessische Sprache, Tscherkessisch 2. tscherkessisch
Çerkezköy *n.pr.* O. u. D. im Rbz. Tekirdağ
çermik *dial.* heiße Quelle *ılıca, kaplıca
Çermik *n.pr.* O. u. D. im Rbz. Diyarbakır
Çernoviç *n.pr.* Czernowitz, Cernauti (Hauptstadt der Bukowina)
çernozem; çernozyom s. **karatoprak**
çerukta [·×·] Süßwasser-Sardelle *f* (mit roten Flossen)
çervela [·×·] *selt.* Hirn, Gehirn *n* *beyin
çerveta [·×·] *fr.* s. **çalma** (3)
çerviş 1. zerlassenes Rinderfett; Talg *m* 2. Fettsauce *f* (bei Speisen)
çervoneç Tscherwonez *m* (*fr.* russ. Banknote zu 10 Rubel; 1922–1947)
-çesine s. **-cesine**
çeşim, -şmi *va.* Auge *n* *göz
çesimhane [ā] *va.* s. **gözevi**
çeşit, -di 1. Sorte *f*, Muster *n*, Art *f* 2. Einheitlichkeit *f* (bei e–m Service, Satz usw.) 3. *biol., bot.* Spielart, Abart, Form, Varietät *f* 4. Abart *f* (e–r Briefmarke) 5. verschieden(-artig) Zu 1: **her -ten kumaş** Stoffe der verschiedensten Art **... iki -tir.** Es gibt zweierlei ... Zu 2: ≗ **bozuldu.** Der Satz ist nicht mehr einheitlich. ~ ~ von verschiedenen Arten (Sorten, Mustern) verschieden(-artig, -farbig) ~ **düzmek** (*od.* **yapmak**) s. **çeşitlemek** (1)
çeşitkenar *math.* ungleichseitig *muhtelifüladla ~ **üçgen** ungleichseitiges Dreieck *müsellesi muhtelifüladla
çeşitleme 1. Vs. zu **çeşitlemek** 2. *stil.* Abwechslung *f* im Ausdruck *tefennün fil ibare 3. *mus.* Variation *f* 4. Betriebsumstellung *f* 5. *geol.* Sortierung, Seigerung *f*
çeşitlemek 1. verschiedene Arten od. Sorten zusammenstellen, assortieren 2. Mannigfaltigkeit, Abwechslung bringen; variieren
çesitlemeli ses *Th.* variable Stimme
çeşitli 1. verschiedenartig, von verschiedenen Farben (Mustern, Qualitäten usw.), in vielen Spielarten auftretend; allerlei, mannigfach *mütenevvi 2. verschiedene, mehrere, ziemlich viele *muhtelif
çeşitlilik Mannigfaltigkeit, Verschiedenartigkeit *f* *tenevvü
çeşme 1. (gefaßte) Quelle *f*, Brunnen *m* 2. *va.* Auge *n* *göz ~ **burması** Brunnenhahn *m* ~ **lülesi** Rohr *n* e–r gefaßten Quelle ~ **yalağı** Brunnenbecken *n* ≗**ye gitse** ~ **kuruyacak.** *Spr.* Er ist wirklich ein Pechvogel.
Çeşme *n.pr.* 1. O. u. D. im Rbz. İzmir 2. ein (*a.* unter den Bez. **Kütahya; Kütahya Çeşmesi; Gülme Komşusuna** bekanntes) Karagözspiel
çeşmezen s. **beşme** (4)
çeşmibülbül [×···] *fr.* in Çubuklu (Beykoz) hergestellte Streifenglas-Waren *pl.*
çeşmisiyah *va.* 1. schwarzäugig 2. ≗ s. **Karagöz**
çeşni 1. Geschmack *m* (von Speisen od. Getränken), Würze *f* 2. Kostprobe *f* 3. Muster *n* 4. Versuch *m* 5. Herstellungsart *f* (z.B. bei Brot) 6. die einleitenden Töne bei e–m Musikstück 7. *fig.* Note *f*, Charakter, Einschlag, Anklang *m* 8. *fr.* Zündhütchen *n* 9. *fr.* Feingehalt *m* (von Gold- od. Silbermünzen) ~ **almak** e–e Kostprobe nehmen ~ **degiştirmek** *fig.* sich auch mit anderen Frauen einlassen (Ehemann) ≗ **helâldir!** Kostprobe unverbindlich! ~ **lokantası** Schlemmerlokal *n* ~ **tutmak** Mehl und Wasser im richtigen Verhältnis mischen (bei der Brotherstellung) ~ **üzerinde satış** *H* Verkauf (bzw. Kauf) *m* auf Grund vorheriger Kostprobe **-sine bakmak** (bşin) probieren, kosten, abschmecken, e–e Kostprobe von et. nehmen
çeşnici *fr.* 1. („Vorkoster“), Küchenmeister *m* (e–s hohen Herrn) 2. *fr.* Münzprüfer *m*
çeşnicibaşı, -nı 1. *fr.* Oberküchenmeister *m* 2. *fr.* oberster Münzprüfer 3. *fig.* ein Mann, der häufig seine Frau wechselt
çeşnigir [···] *va.* s. **çeşnici** (1)
çeşnilemek schmackhaft machen; würzen
çeşnilenmek 1. Pass. zu **çeşnilemek** 2. schmackhaft werden
çeşnili 1. schmackhaft 2. e–n best. Geschmack, Charakter, Einschlag aufweisend 3. *fr.* mittels Zündhütchen abgefeuert Zu 2: **tasavvuf** ~ **şiirler** Gedichte *pl.* mit mystischem Einschlag
çeşnilik (die e–r Speise beigegebene) Würze
çete [×·] irreguläre Truppe: 1. *mel.* Frei-schar *f*, -korps *n*, Partisanengruppe *f* 2. *pej.* (Räuber-)Bande *f* 3. s. **potra** (2); ~ **harbi (muharebesi, savaşı)** Klein-, Banden-krieg *m*, Guerilla(-krieg *m*) *f*, Partisanenkämpfe *pl.* ~ **kayığı** *hist.* kleineres (Fluß-)Kanonenboot ~ **reisi** 1. Freikorps-, Freischaren-, Partisanen-führer *m* 2. *pej.* Bandenhäuptling *m*
çeteci [×··] Angehöriger e–r **çete; -ler** 1. Freischärler, Freikorpskämpfer, Partisanen *pl.* 2. *pej.* Komitadschis, Bandenangehörige *pl.*
çetecilik [×···] 1. Tätigkeit *f* e–s Freikorps; Partisanentätigkeit *f* 2. *pej.* Komitadschiwesen, Bandenunwesen *n*
çetele [×··] 1. Kerbholz *n* (als primitive Art der Rechnungsführung) 2. *mus.* s. **köprücük;** ~ **çekmek** (*od.* **tutmak**) Kerbholzrechnung führen **-ye dönmek** voller Schnitte od. Abschürfungen sein (z.B. Gesicht); *F* aussehen wie ein geschundener Raubritter
çetin 1. schwierig, schwer, hart 2. schwer zu bearbeiten, hart (z.B. Stein) 3. schwierig zu behandeln, eigenwillig, halsstarrig, stur (Mensch) 4. steil (Berg), uneben (Fläche) ~ **arazi** *mil.* schwieriges Gelände ~ **ceviz** 1. harte Nuß (*a. fig.*) 2. *fig.* schwer zu lenken; eigenwillig (Mensch)
Çetine *n.pr.* Cetinje (Montenegro)
çetinleşmek 1. sich schwierig gestalten, sich komplizieren, schwer(-er) werden, sich erschweren *güçleşmek, zorlaşmak 2. sich versteifen, hartnäckig auf seinem Kopf bestehen
çetinleştirmek 1. erschweren, komplizieren, behindern, hemmen, verzögern (den Gang e–r Handlung) *güçleştirmek, işkâl etmek, zorlaştırmak 2. eigensinnig werden lassen
çetinlik 1. Schwierigkeit, Kompliziertheit *f* 2. Härte *f* 3. Starrköpfigkeit *f*, Eigensinn *m*
Çetnikler *n.pr.* Tschetniki *pl.* (die Anhänger des jugoslawischen Generals Mihailowitsch im II. Weltkrieg)
çetrefil 1. verworren, unübersichtlich, unklar, kompliziert, schwer zu verstehen (zu lesen, zu entziffern, zu lösen usw.) 2. gebrochen, geradebrecht, stümperhaft Zu 2: **Onun dili pek ~.** Er kann sich nur sehr gebrochen ausdrücken. ~ **söylemek** gebrochen sprechen, (Worte) verstümmeln; radebrechen

çetrefilleşmek 1. verworren (unübersichtlich usw.) werden 2. verstümmelt (verschandelt, *V* verhunzt) werden
çetrefilleştirmek 1. verworren (unübersichtlich usw.) werden lassen, verwirren, komplizieren 2. verstümmeln, verschandeln, *V* verhunzen (z. B. den sprachlichen Ausdruck); radebrechen
çetrefilli s. **çetrefil** (1)
çevalye 1. s. **çuvaliye** 2. *gel. irrtüml.* für **şövalye** *od.* **sövale**
çevdar s. **cedvar**
çevgen 1. Polostock *m* 2. **(oyunu)** Polo(-spiel) *n* 3. *fig.* blindes Schicksal 4. *mus.* Schellenbaum *m*
çevik flink, gewandt, behend, hurtig, beweglich, schnell ~ **kertenkele** Zauneidechse *f zo.* Lacerta agilis ~ **kıtalar** *mil.* schnelle Truppen *pl.* ~ **kurbağa** Springfrosch *m zo.* Rana agilis
çevikleşmek 1. flink werden 2. sich beeilen
çevikleştirmek j–m Beine machen
çeviklik Gewandtheit, Behendigkeit, Beweglichkeit, Schnelligkeit *f, mus. a.* Fingerfertigkeit
çeviren Part. Präs. zu **çevirmek** *spez.* Übersetzer(-in *f*) *m*
çevirge Wender *m* (Küchengerät)
çevirgeç s. **komütatör**
çevirgi 1. Dreh-schalter, -knopf *m*, -klingel *f* usw. 2. s. **turnike**
çeviri Übersetzung *f* *tercüme ~ **eser** Übersetzungswerk *n*, Übertragung *f* (*naut.* telif eser)
çevirici 1. Dreh-, Umkehr- 2. Übersetzer(-in *f*) *m* 3. *techn.* Konverter *m* 4. Wiedergabegerät *n* (bei Fernschreiben od. bei Verschlüsselung)
çevirim Vs. zu **çevirmek** *spez.* Drehen *n* (e–s Films) ~ **günü** *(Film)* Aufnahmetag *m* ~ **süresi** *(Film)* Dauer *f* der Dreharbeiten
çevirme 1. Vs. zu **çevirmek** 2. Spießbraten *m* 3. *mil.* Umgehung, Umfassung, Einkreisung *f* 4. *selt.* Einkreisungspolitik *f* 5. übersetzt, übertragen 6. weiches, *spez.* aus dem Saft der Bergamottbirne hergestelltes Zuckerwerk Zu 5: **Fransızcadan ~ bir eser** ein aus dem Französischen übertragenes Werk ~ **ağı** *naut.* Treibnetz *n*, Ringwade *f* ~ **hareketi** *mil.* Umfassungsmanöver *n* ~ **kolu** Andrehkurbel *f*
çevirmek, (-irir) 1. wenden (Rücken, Anzug usw.) 2. drehen *(a. Film)*, kreisen lassen, in rotierende Bewegung versetzen 3. richten (Blick, Waffe usw.); zuwenden, zudrehen 4. abwenden, wegdrehen 5. j–n seinen Weg nicht fortsetzen lassen; j–n od. et. zurückschicken 6. j–n (von e–m eingeschlagenen Weg, e–r Absicht usw.) abbringen 7. zum Kentern bringen; umwerfen, umkippen 8. umdrehen, umwenden, umblättern, umschlagen 9. lenken, leiten, führen, verwalten *idare etmek 10. willkürlich auslegen (deuten, interpretieren) *tevil etmek 11. in e–n best. Zustand bringen; machen (zu), werden lassen (zu), umwandeln (in); (um-)wechseln (z. B. Geld) 12. zurückschicken; zurückgehen lassen (in) 13. anzetteln (Intrigen); spinnen, schmieden (Ränke); anwenden (List, Trick) 14. übersetzen, übertragen *tercüme etmek 15. *mil.* umzingeln, einkreisen, umfassen 16. umgeben, einfassen (mit) 17. *(Film)* die Rolle (von) spielen; darstellen 18. *F* spielen (z. B. Poker) 19. brechen (z. B. Vertrag) 20. (m. Dat.) werden (zu), umschlagen (in) (z. B. Wetter) Zu 1: s. **arkasını** ~ Zu 2: s. **çember (topaç)** ~ Zu 3: **Dünyanın gözü Paris'e çevrildi.** Der Blick der ganzen Welt war auf Paris gerichtet. **Tabancayı polise çevirdi.** Er richtete seinen Revolver auf den Polizisten. Zu 4: s. **lakırdıyı** ~ Zu 5: **Polis gelenleri çevirdi.** Die Polizei schickte jeden, der des Wegs kam, wieder zurück. Zu 6: **bir hedeften** ~ j–n von der Verfolgung e–s Zieles abbringen; s. a. **yarı yoldan** ~ Zu 8: **sayfayı** ~ (die Seite) umwenden; umblättern Zu 10: **Sözü, işine geldiği gibi çevirdi.** Er interpretierte den Ausspruch so, wie er ihm am besten in den Kram paßte. s. a. **lakırdıyı** ~ Zu 11: **hapse çevirilen müebbet kürek cezası** die in Gefängnisstrafe umgewandelte lebenslängliche Zuchthausstrafe; s. a. **gole (maskaraya, paçavraya)** ~ Zu 12: **Kendisine yollanan parayı çevirmiş.** Den ihm übersandten Betrag ließ er zurückgehen. Zu 13: **Öyle bir desise çevirdi ki neuzibillah!** Er hat ganz unglaublich intrigiert. **bir iş** ~ ein Ding drehen Zu 16: **Bağı duvarla çevirdi.** Er hat den Weinberg mit e–r Mauer umgeben. Zu 20: **Hava kara çevirdi.** Es ist plötzlich Schnee gekommen. **Çevir kazı yanmasın!** *P iron.* zu j–m, der e–e gewaltsame Interpretation versucht *od.* der e–m Gespräch e–e andere Wendung geben will: (Ver-)Dreh nur, sonst brennt dir die Gans an!
çevirmen Übersetzer(-in *f*) *m* *mütercim
çevirti Einfassung, Bordüre *f* (e–s Beets, Teppichs usw.)
çevkân s. **çevgen**
çevre 1. *a. math.* Umfang(-slinie *f*) *m*, Peripherie *f spez.* Kreisumfang *m* *muhit(-i daire) 2. Umkreis *m*, Umgebung *f* 3. Milieu *n*, Umwelt *f*; Kreis *m* (best. Personen *spez. pol.*) *muhit, mahfil 4. (*a.* ~ **çizgisi**) Umriß *m*, Kontur *f* 5. Taschentuch (*selt.* Kopftuch) *n* mit schön verziertem Rand 6. s. **seçim -si** 7. s. **kaplam, şümul** Zu 2: **Berlin -sindeki ormanlar** die Wälder *pl.* in der Umgebung von Berlin Zu 3: **siyasî -ler** politische Kreise *pl.* ~ **kası** *an.* Ringmuskel *m* ~ **kesmek** ausschneiden ~ **kirlenmesi** (*od.* ~ **kirliliği**) Umweltverschmutzung *f* ~ **oyunu** *Th.* Milieustück *n* ~ **sorunları** Umweltprobleme *pl.* ~ **tiyatrosu** Rundtheater *n* **-sinde dönmek** (b–nin) s. **başında dönmek; -sini dolaşmak** (bşin) ganz herumgehen (um) **-sini sarmak** (bşin) umfassen, umgeben, umschließen
çevreaçı *math.* Umfangswinkel *m* *muhitî zaviye
çevrebilim Ökologie, Umweltforschung *f* *ekoloji
çevrebilimsel ökologisch *ekolojik
çevrecilik Lehre *f* von der Umweltbeeinflussung
çevredalız *arch.* Chorumgang *m* (in roman. od. gotischen Kirchen)
çevregörünüş Rundblick *m*, Panorama *n*
çevre-içi s. **kaplam, şümul**
çevrel 1. Umkreis-, Umfangs-, Rand-; peripherisch *muhitî 2. kreisförmig *dairesel 3. *bot.* quirlständig *halkadizilişli ~ **çember** *geom.* Umkreis *m* *hariçen mersum daire
çevrelemek 1. in sich schließen, umfassen, umgeben, umschließen *kuşatmak 2. beschränken, begrenzen, einschränken *hasretmek 3. umreißen (Thema)
çevrelenmek 1. Pass. zu **çevrelemek** 2. sich beschränken (auf) *inhisar etmek
çevrem 1. *bot.* Quirl, Wirbel *m* 2. *geogr.* Umfang, Umkreis *m*
çevremli s. **çevrel**
çevren Gesichtskreis, Horizont *m* *ufuk ~ **çizgisi** Horizontlinie *f*
çevresel Rand-, Grenz- ~ **haller** *phil.* Begleitumstände *pl.* ~ **sinir sistemi** *an.* peripherisches Nervensystem
çevresöz *ling.* Umschreibung *f* *dolaylama
çevreteker *bot.* Perizykel *m* (Gewebe in Pflanzenwurzel) *dairei muhitiye
çevri (I) 1. Strudel, Wasserwirbel *m* *burgaç, girdap, su çevrisi 2. Wirbelsturm, Zyklon *m* *girdibat, hava çevrisi
çevri (II) s. **tevil**
çevrik 1. (um-)gedreht 2. umgeben, umschlossen 3. umgestürzt, umgestoßen 4. zugewandt 5. schnelle kreisende Bewegung; Wirbel *m*
çevriktepe *geogr.* Umlaufberg *m* (bei Mäander)
çevrilemek s. **tevil etmek**
çevrilgen *mus.* umkehrbar
çevrili 1. umgeben, umschlossen (von), enthalten (in), ein-

gefaßt (von) *muhat 2. gerichtet (z.B. Revolver) 3. s. **çevrik**
çevrilme 1. Vs. zu **çevrilmek** 2. *chem.* Umlagerung *f*
çevrilmek Pass. od. Refl. zu **çevirmek**
çevrim Zyklus *m,* regelmäßige Wiederkehr *devir, devre
çevrimli *dial.* mit Geschick leitend
çevrimsel *chem.* zyklisch, periodisch *devrî
çevrimsiz azyklisch
çevrinmek s. **tavaf etmek**
çevrinti 1. ständige Achsendrehung 2. (Wasser-)Strudel *m* 3. Getreidemischung *f*
çevrintili *a. techn.* wirbelig
çevrintisiz *a. techn.* wirbelfrei
çevriş s. **çerviş**
çevrit, -ti 1. überdachter Rundgang (am Haus) 2. deutliche Konturen (bei Gemälde)
çevriyazı *ling.* Transkription, Laut-, Um-schrift *f* *sesçil yazı; transkripsiyon
çevtere *va.* 1. erhöhter Sitz 2. Bank *f* 3. Podium *n,* Estrade *f*
çeyiz Brautausstattung, Aussteuer *f,* Heiratsgut *n,* Mitgift *f* (vgl. jedoch **drahoma**); ~ **alayı** *fr.* feierliche Überbringung der Brautausstattung in das Haus des Bräutigams ~ **çimen** komplette Aussteuer ~ **halayığı** *fr.* leibeigene Dienerin (die e–r Braut von ihren Eltern übergeben wurde) ~ **katırı** 1. *fr.* festlich geschmücktes Maultier (zur Überbringung der Aussteuer) 2. *fig. pej.* herausgeputzt; mit Schmuck überladen (Person) ~ ~ **sigortası (usulü)** s. **cihaz sigortası (usulü)**
çeyizlemek (m. Akk.) die Brautaussteuer geben
çeyizlenmek mit e–r Aussteuer bedacht werden od. sich e–e solche beschaffen
çeyizli e–e Aussteuer besitzend
çeyizlik zur Aussteuer geeignet od. bestimmt
çeyizsiz ohne Aussteuer ~ **çimensiz** ohne alles Besitztum, arm wie e–e Kirchenmaus (heiratsfähiges Mädchen)
çeyrek 1. Viertel *n* 2. Viertelstunde *f* 3. *fr.* vierter Teil e–r Medschidiye (Silbermünze) 4. Fünfkuruschstück *n* 5. jedes der vier hauptsächlichen Kleidungsstücke ~ **ses** *mus.* Viertelton *m*
çeyrekçi *fr.* umherziehender Fleischverkäufer
çeyrekfinal s. **kardöfinal**
çeyreklemek (m. Akk.) Säuglingsgymnastik vornehmen (bei) (kreuzweises Falten und Wiederausstrecken der Arme und Beine e–s Säuglings)
çeyreklik 1. *fr.* im Wert von ¼ Medschidiye bzw. 5 Kurusch 2. e–e Viertelstunde lang dauernd
çeyrekson *T* von **kardöfinal;** ~ **müsabakaları** *(Sport)* Ausscheidungskämpfe *pl.* für die Vorschlußrunde
çeyreksoncu *T* von **kardöfinalist**
Çezar s. **Sezar; -lar Roması** das alte Rom
-çı s. **-ci**
çıban 1. Abszeß *m,* Eitergeschwulst *f* 2. Furunkel *m,* Haarbalgentzündung, Schwäre *f,* Blutgeschwür *n* 3. Beule, Lymphknotenschwellung *f,* Bubo *m* 4. *V* Ring *m* (als Schmuckstück) Zu 2: s. **kan -ı** Zu 3: s. **Halep -ı;** ~ **ağırşağı** Rötung und Schwellung *f* (bei e–m Geschwür) ~ **başı** 1. Stelle *f,* an der ein Geschwür aufbrechen kann 2. *fig.* Eiterbeule *f,* schwärendes Übel ~ **başı deşmek** s. **-ın başını kopar(t)mak;** ~ **çıkarmak** ein Geschwür (bzw. Geschwüre) bekommen ~ **dökmek** sich über und über mit Geschwüren bedecken (Körper) ~ **işlemek** eitern (Geschwür) ~ **otu** Ehrenpreis *m, n bot.* Veronica ~ **özü** Eiterpfropf *m* **-ın başını kopar(t)mak** *fig.* e–e Eiterbeule aufstechen
çıdam(-ak, -lı, -sız) s. **sabır (sabretmek, sabırlı, sabırsız)**
çıfıt *Schi.* 1. (gerissener) Jude 2. *fig.* elender Knauserer od. Geizkragen 3. *fig.* boshafter (heimtückischer, hinterlistiger) Mensch ~ **çarşısı (gibi)** *fig.* Durcheinander *n,* Wirrwarr *m,* Sammelsurium *n* ~ **orucu** *fig.* was nicht lange dauert
çıfıtlık typische Charaktereigenschaft od. Handlungsweise e–s **çıfıt** *spez.:* 1. Knauserigkeit *f,* Geiz *m* 2. Boshaftigkeit, Heimtücke, Hinterlist *f* ~ **etmek** 1. knausern, geizig sein 2. boshaft (heimtückisch, hinterlistig) sein
çıftiko *P* für **çıfıt**
çıfuta [·×·] *naut.* Wiege *f* (als Stütze bei dem Stapellauf)
çığ 1. (Schnee-)Lawine *f* *avalanş 2. Zwischenwand *f,* Verschlag, Schirm *m,* spanische Wand 3. *selt.* lautes Geschrei; Lärm *m* Zu 1: **bir** ~ **gibi mütemadiyen büyümek** (*od.* **artmak**) lawinenartig anwachsen ≗ **uçuyor.** Die Lawine geht nieder. ~ **yolu** Lawinenbahn *f*
çığa (balığı) Sterlet *m zo.* Acipenser ruthenus
çığal *dial.* längste und schönste Schwanzfeder (z.B. bei e–m Hahn)
çığalanmak sich aufrichten (Pferdeschwanz)
çığıltı 1. Geschrei *n* (von Vögeln od. anderen Tieren) 2. *allg.* Lärm *m,* Stimmengewirr *n*
çığır, -ğrı 1. getretener Weg im Schnee 2. Lawinenbahn *f* 3. (Fuß-)Pfad *m* *patika 4. *fig.* Weg *m,* Bahn, Richtung *f* ~ **açmak** e–n neuen Weg einschlagen; bahnbrechend wirken **-ından çıkmak** aus der Bahn (dem Geleis, dem geregelten Gang) geraten; nicht mehr glatt gehen (z.B. Unternehmen)
çığırgan 1. Rufer, Schreier *m* 2. Lockvogel *m* (bei der Jagd)
çığırmak *P* s. **çağırmak**
çığırtı Geschrei *n*
çığırtkan 1. s. **çağırtkan** 2. Anreißer, Schlepper, Zubringer *m* (für Geschäfte, Spielhöllen usw.) 3. *F* Schreihals *m* 4. aufdringlicher Lobredner 5. *Zig.* Sänger *m* 6. Lockpfeife *f* (der Jäger)
çığırtkanlık, -ığı 1. Schreien, Geschrei *n* 2. lautes Anpreisen; Gewerbe *m* e–s Anreißers 3. Lobhudelei *f*
çığırtma 1. Vs. zu **çığırtmak** 2. türk. Querpfeife aus Holz mit sehr schrillen Tönen (ähnlich: **fifre**)
çığırtmacı wer die Querpfeife bläst
çığırtmaç *dial.* s. **tellâl**
çığırtmak s. **çağırtmak**
çığlık, -ığı 1. (Weh-)Geschrei *n,* lautes Jammern *feryat, figan 2. lautes, durchdringendes Schreien, (schriller) Lärm ~ **atmak** (*od.* **koparmak**) *od.* **-ı basmak** in lautes Geschrei ausbrechen, laut jammern und klagen ~ ~ *od.* ~ **-a** laut schreiend
çığlıkçı (berufsmäßiges) Klageweib
çığrık e–e als Lockvogel verwendete Dohlenart (bei Teichvogel-Jagd)
çığrışmak zusammen losschreien; durcheinanderschreien
çık çık Lm. des Klapperns ≗ ~ **eden nalçadır, iş bitiren akçedir.** *Spr.* Der Absatzbeschlag klappert zwar auch (wie Geld), aber die Rolle des Geldes kann er nicht übernehmen.
-çık s. **-cik**
çıkacak 1. Ausgang *m* (bei Saal, Gebäude usw.) 2. *fig.* Ausweg *m* 3. **b–ne** ~ **kimse** wer es mit j–m aufnehmen kann
çıkaç, -cı Steigung *f* (Vorderteil e–r Treppenstufe)
çıkagelmek unvermutet kommen, plötzlich auftauchen, sich unerwartet einstellen
çıkak 1. *selt.* (örtlicher) Ausgang *mahreç 2. *phon.* Artikulationsstelle *f* *boğumlama yeri; mahreç
çıkamak, -ağı Notausgang *m*
çıkan Part. Präs. zu **çıkmak;** *a. math.* Subtrahend *m* *matruh ~ **kalınbarsak** *an.* aufsteigender Grimmdarm *kolonu said
çıkar 1. herausgehend, herausführend (z.B. Weg) 2. möglich, gangbar 3. erfolgreich 4. persönliches Interesse;

Vorteil, Gewinn *m* *nefi, menfaat 5. Ausweg *m* Zu 3: **Girişilen teşebbüs ~ iş değildi.** Der unternommene Versuch ist erfolglos geblieben. Zu 4: **kendi -ına bakmak** *od.* **kendi -ını gözetmek** (nur) auf seinen eigenen Vorteil bedacht sein **-ında olmak** (bir işin) Profit schlagen wollen (aus) Zu 5: **işin bir -ını bulmak** e–n Ausweg finden ~ **yol** 1. Ausweg *m* 2. gangbarer und zum Erfolg führender Weg 3. Anschlußstraße *f* ≗ **yol değildir.** Das ist unmöglich (undurchführbar, vergeblich, nutzlos). Damit kommt man nicht weiter.

çıkarcı wer nur auf seinen eigenen Vorteil bedacht ist, selbstsüchtig *menfaatperest

çıkarcılık Selbstsucht *f* *menfaatperestlik

çıkarım 1. Ausstoßen *n* (von Lauten, Tönen) 2. *log.* Schlußfolgerung *f* (s. a. **dolaylı** ~)

çıkarlı vorteilhaft, gewinnbringend, lukrativ

çıkarma Vs. zu **çıkarmak** *spez.* 1. *math.* Subtraktion *f* *tarh 2. *mil.* Truppenlandung *f* (spez. an der Küste des Feindlandes), Truppenausladung *f* *debarkman 3. Spielverbot *n* (für Sportler), Auftrittsverbot *n* (für Schauspieler), Disqualifizierung *f* (e–s Boxers) 4. *med.* Extraktion, Exstirpation, Entfernung *f* ~ **aracı** *mil.* Landungsboot *n* ~ **harekâtı** *mil.* Landungsoperation *f* ~ **istasyonu** *mil.* Ausladebahnhof *m* ~ **kuvveti** *mil.* Landungskorps *n* ~ **kuyusu** Förderschacht *m* (im Bergwerk) ~ **yeri** *mil.* Lande-, Landungs-stelle *f*

çıkarmak, (-arır) Kaus. zu **çıkmak** 1. heraus-ziehen, -nehmen, -bringen, -holen, -reißen, -lösen 2. entnehmen, schließen, schlußfolgern *istidlâl etmek, istihraç etmek 3. entfernen (Personen od. Sachen) *spez.:* a) hinauswerfen (z. B. aus e–m Haus) b) ausstoßen (z. B. aus e–r Partei) c) **(hudut haricine)** ausweisen, des Landes verweisen d) **(tabiiyetten)** ausbürgern, die Staatsbürgerschaft aberkennen e) **(sahadan)** *(Sport)* vom Platz verweisen; hinausstellen *bzw.* disqualifizieren (Boxer) f) **(okuldan)** der Schule verweisen; dimittieren g) abschreiben *(fig.)* h) veräußern, losschlagen i) ausführen, exportieren *ihraç etmek j) *techn.* ab-leiten, -ziehen; aus-stoßen, -puffen 4. ausziehen (Kleider, Handschuhe usw.) 5. absetzen, abnehmen (Kopfbedeckung) 6. (bir yere) ausladen, an Land bringen, landen (z. B. Truppen) 7. *math.* subtrahieren, abziehen *tarh etmek 8. *biol.* eliminieren, ausscheiden *ıtrah etmek 9. herausgeben (z. B. Zeitung), veröffentlichen (z. B. Buch) *neşretmek 10. aussperren, ausstellen (z. B. Arbeiter) 11. fördern (Erz, Kohle usw.) 12. schaffen, produzieren, liefern, verursachen, entstehen lassen 13. herausbringen, erteilen, erlassen (z. B. Befehl) *ısdar etmek 14. erfinden, aufbringen (z. B. neues Spiel) 15. anfertigen (z. B. Abschrift) 16. ausfertigen, ausstellen od. für sich ausfertigen (ausstellen) lassen (z. B. Paß) 17. **(resim, foto)** machen (lassen) 18. erhöhen (Anzahl, Preise) 19. erheben (in e–n Rang); machen (zu) 20. heraus-bekommen, -bringen, entziffern, lösen 21. auslassen, überspringen *hazfetmek 22. zurücklegen (Wegstrecke, Zeitspanne); reichen, vorhalten (für e–e best. Zeit) 23. ausstreichen (z. B. Namen in e–r Liste), tilgen (z. B. Worte in Telegramm) *tayyetmek 24. von sich geben; ausbrechen, auswerfen 25. ausgeben, emittieren (z. B. Banknoten) 26. aufwerfen (z. B. Frage, Problem) 27. **(su yüzüne)** heben (gesunkenes Schiff) 28. bekommen (Zähne, Krankheit usw.) 29. stiften (Brand), anlegen (Feuer) 30. wieder wettmachen, wieder hereinbringen (z. B. Unkosten) 31. laut werden lassen (Stimme) 32. (bşi b–den) e–n Affekt an j–m auslassen 33. vorlegen (z. B. Stoffmuster); zeigen; vorführen (z. B. e–e Person e–r anderen); (e–m Gast et.) anbieten 34. nach oben schaffen (Sache) bzw. führen (Person) 35. annehmen (Gewohnheit) 36. extrahieren, destillieren (Essenzen) 37. j–s Tat aufzeigen, j–n entlarven 38. **(gol)** *Fb.* schießen (Tor) 39. phon. artikulieren 40. **(liraya)** (Kurusch-Beträge) auf volle (Türk-)Pfundbeträge aufrunden *iblâğ etmek Zu 1: s. **acısını (akıldan, canını, ekmeğini, satışa)** ~ u. andere idiom. Ra. Ferner: **Seni karşıma Allah çıkardı!** Dich schickt mir der liebe Gott! Du kommst mir wie gerufen! s. a. **diş** ~ Zu 2: **Bundan ne çıkarıyorsunuz?** Was schließen Sie hieraus? s. a. **mana** ~ Zu 3d: **Bazı kimseler Fransız tabiiyetinden çıkarıldı.** Einige Personen sind der französischen Staatsangehörigkeit für verlustig erklärt worden. Zu 3f: **İki yıl üst üste sınıfta kalanlar, okuldan çıkarılacaktır.** Wer zweimal in der gleichen Klasse sitzenbleibt, muß die Schule verlassen. Zu 3g: s. **gözden** ~ Zu 3h: s. **elden** Zu 11: **bakır çıkarılması hakkında** hinsichtlich der Kupferförderung Zu 12: **üzüm** ~ Trauben produzieren (liefern); s. a. **güçlük(iş)** ~ Zu 17: **Bir resim çıkaracaktım.** Ich wollte mich photographieren lassen. Zu 18: **Polis kuvvetleri iki misline çıkarılmıştır.** Die Polizeikräfte wurden verdoppelt. Zu 19: **Mareşallik payesine çıkarılmıştır.** Er wurde in den Rang e–s Generalfeldmarschalls erhoben. s. a. **ayyuka** ~ Zu 22: **Köyü bugün çıkarırız.** Bis zum Dorf schaffen wir es heute noch. **Hasta, kışı çıkaramadı.** Der Patient hat den Winter nicht überlebt. **Bu para ile ayı çıkaramayız.** Mit dem Geld reichen wir nicht bis Ende des Monats. **Bu palto kışı çıkarır.** Der Mantel geht noch den Winter über. **Kışı Mısır'da çıkarır.** Den Winter verbringt (verlebt) er in Ägypten. Zu 24: s. a. **çıkartı** Zu 25: **tedavüle çıkarılan yeni bankınotlar** die in Umlauf gesetzten neuen Banknoten Zu 28: s. **diş (çıban, kızamık)** ~ Zu 29: **Yangının kasten çıkarıldığı ihtimali gittikçe kuvvetleniyor.** Die Annahme absichtlicher Brandstiftung verdichtet sich. Zu 30: s. **masrafını** ~ Zu 31: s. **ses** ~ Zu 32: **Öfkesini benden çıkardı.** Seine Wut hat er an mir ausgelassen. Zu 33: **misafire yemiş** ~ dem Gast Obst anbieten **Bana çocuklarını çıkardı.** Er führte mir seine Kinder vor. Zu 34: **Kendisini üst kata çıkardılar.** Man führte ihn in das obere Stockwerk. Zu 35: **Yeni bir âdet çıkardı.** Er hat sich et. Neues angewöhnt. Zu 37: s. **hırsız (suçlu)** ~

çıkarsama *log.* Folgerung *f* *intikal

çıkartı 1. *biol.* ausgeschiedene Stoffe, Auswurfstoffe, Exkrete *pl.* *mevaddı ıtrahiye 2. Auswurf *m*; s. a. **volkan çıkartısı**

çıkartma 1. Vs. zu **çıkartmak** 2. Abziehbild *n* (der Kinder) *yapıştırma 3. *techn.* Aus-stoß, -puff *m*

çıkı 1. kleineres Bündel; Beutel, Packen *m* *küçük bohça 2. *selt.* der auf j–n entfallende Anteil

çıkıcı *mus.* steigend (Intervall) *çıkışlı, yukarılak

çıkık 1. verrenkt, ausgerenkt 2. vorstehend, vorspringend 3. Verrenkung, Luxation *f* 4. et. Vorstehendes od. Vorspringendes 5. *geol.* Horst *m*, Hochscholle *f* ~ **tahtası** *med.* Schiene, Schindel *f*

çıkıkçı (Knocheneinrenker *m*), (nicht approbierter) Chiropraktiker *kırıkçı, sınıkçı

çıkıkçılık, -ğı Chiropraktik *f* *kırıkçılık

çıkılamak *dial.* s. **çıkınlamak**

çıkılmazlaştırmak *(G)* die Ursache sein, daß man sich (z. B. durch e–e lange Satzperiode) nicht durchfindet

çıkın 1. kleineres Bündel; Beutel, Packen *m* 2. *spez.* kleines Tuch, dessen vier Enden zusammengebunden werden; (primitiver) Geldbeutel

çıkınlamak (m. Akk.) in ein Tuch einbinden; bündeln

çıkıntı 1. was über e–e normale waagerechte od. senkrechte Linie hinausragt *spez.* a) kleinere Erhebung; Erhöhung, Wölbung *f* b) Anhang, Fortsatz *m* c) Überhang *m* d) Vorsprung *m*; *arch.* Auskragung *f*, Risalit *m*; *mil.* (Front-)Ausbuchtung *f* e) Randbemerkung, Fußnote *f*, Korrekturzusatz *m* f) *geogr.* Vorgebirge, Kap *n* *burun

2. *selt.* (wertloser) Rückstand, (Über-)Rest *m* (z. B. in e–r Mühle) 3. *V* Zigarette *f* 4. *an.* siebter Halswirbel
çıkıntılı vor-stehend, -springend, sich ausbuchtend, herausragend, *arch.* auskragend, überhöht, überhängend, mit Ausbuchtungen od. Erhöhungen
çıkış 1. Vs. zu **çıkmak** z. B. Auszug *m* (der Kinder Israels aus Ägypten) 2. Ausgang *m* (z. B. in e–m Gebäude) 3. An-, Auf-stieg *m* 4. Auffahrt *f* 5. Erhebung, Anhöhe, Steigung *f* 6. Böschung *f* 7. *mil.* a) Ausfall *m* b) Feindflug *m* 8. Start *m* (bei Pferderennen usw.) 9. Auftreten, Erscheinen *n* 10. Abgang *m Th.* (von der Bühne); *a.* z. B. von Häftlingen in e–m Gefängnis 11. Tadel, Verweis, Vorwurf *m,* scharfe Zurechtweisung 12. Parade *f* der Ringer vor den Zuschauern 13. *(Radio)* (End-)Leistung *f* (e–r Röhre) 14. Entlassung *f* (z. B. e–s Arbeiters) Zu 11: **Bana bir ~ çıkıştı ki.** Er ist mir furchtbar über den Mund gefahren. Zu 14: **-ı verilen Hüsnü** der entlassene Hüsnü ~ **amplifikatörü** *(Radio)* Endverstärker *m* ~ **arazisi** ansteigendes Gelände ~ **borusu** Steigleitung *f* ~ **imtihanı** Abschlußexamen *n* ~ **kapısı** Ausgang(-stür *f*) *m* ~ **lambası** *(Radio)* End-, Leistungs-röhre *f* ~ **mevzii** *mil.* Ausgangsstellung *f* ≗ **o çıkış.** Er ging und kam nicht wieder. ~ **yeri** *phon.* Artikulationsstelle *f* ~ **yolu** Abfahrtsweg *m*
çıkışlı 1. mit Ausgang, Anstieg, Aufstieg (usw. vgl. **çıkış**) 2. s. **mezun** 3. *mus.* s. **çıkıcı**
çıkışlık Ausgehanzug *m,* Straßenkleidung *f*
çıkışmak 1. (b–ne) j–n ausschelten, zurechtweisen, hart anfahren, schimpfen 2. (b–ne od. b–le) sich messen, es aufnehmen, wetteifern (mit) 3. sich an et. wagen, was die eigenen Kräfte übersteigt; unternehmen, sich unterfangen 4. (m. Dat.) (ein best. Maß, e–e best. Zahl) erreichen 5. (ohne Obj.) genügen, ausreichen Zu 1: **Ona çıkışmağa hakkınız yoktur.** Sie haben kein Recht, ihn auszuschimpfen. Zu 2: **Çene yarıştırmada ben sana çıkışamam.** So gut reden wie du kann ich freilich nicht. Zu 3: **Böyle bir işe çıkışamam.** An so et. kann ich mich nicht heranwagen. Zu 4: **Biriktirdiğimiz para beşyüz liraya çıkıştı.** Wir hatten uns fünfhundert Pfund zusammengespart.
çıkıştırmak Kaus. zu **çıkışmak; Parayı çıkıştıramadım.** Ich bekam das nötige Geld nicht zusammen. **Müşteri şişman olduğu için terzi üç metreden zorla bir kostüm çıkıştırabildi.** Da die Kundin recht dick war, konnte die Schneiderin aus drei Meter Stoff nur mit Mühe ein Kostüm herausbringen.
çıkıt 1. (örtlicher) Ausgang *m* *mahreç 2. Absatz-markt *m,* -gebiet *n* *(1, 2) mahreç
çıkma 1. Vs. zu **çıkmak** 2. vorkragender, vorspringender Teil e–s Hauses; Überhang *m* 3. (Tür-, Bogen-)Fries *m* 4. Giebel-, Erker-fenster *n* 5. Vorgebirge *n,* Vorsprung *m* 6. Randbemerkung, Nachschrift *f,* Nachtrag, Zusatz *m* 7. *selt.* Anteil *m* 8. großes Badetuch (vgl. ~ **takımı**) 9. a) vorspringend, überhängend b) heraus-gekommen, -gebracht, erschienen, aufgetaucht, aufgekommen, erfunden 10. Erscheinen *n,* Publikation *f* *intişar, yayınlanma 11. *fr.* s. **edik** 12. s. **aflorman** Zu 9: **yeni ~ âdet** die neuaufgekommene Sitte ~ **desteği** *arch.* Konsole *f* ~ **durumu** *gr.* Ablativ *m* *-den hali ~ **kule** *hist.* Wartturm *m* (e–r Burg) *yavru kule ~ **takımı** großes Lendentuch sowie die nötigen Abreibetücher (die man bei dem Verlassen des eigentlichen Baderaums erhält) ~ **teşebbüsü** *mil.* Ausbruchsversuch *m*
çıkmak, (-ar) (1–12 *m. Abl.;* 13–27 *m. Dat.* 28–53 *ohne Obj.;* 54–55 *tr.*) 1. heraus-kommen, -gehen, hinausgehen, verlassen 2. absolvieren, beenden (z. B. Schule) 3. aufgeben; ausscheiden (aus e–m Amt usw.) 4. abtun, von sich werfen 5. entlassen werden (aus dem Gefängnis, Krankenhaus usw.) 6. austreten, fließen; vergossen werden (Blut) 7. gemacht werden können; herauskommen 8. subtrahiert (abgezogen) werden; abgehen (z. B. Steuern vom Gehalt) 9. sich ableiten lassen, sich ergeben, herauskommen, resultieren 10. gewonnen (hergestellt, produziert, extrahiert, destilliert) werden 11. Unkosten (Ausgaben, Verluste) haben 12. ausgezogen werden können (Kleidungsstück) 13. hinaufgehen, (be-, hinauf-) steigen, klettern 14. zu e–m Vorgesetzten gehen (in dienstlicher Angelegenheit) 15. vorübergehend irgendwohin ziehen 16. auf j–n entfallen (z. B. Gewinn); über j–n kommen (z. B. Unglück) 17. et. beginnen, anfangen 18. plötzlich auftauchen (vor) 19. *Th.* e–e Rolle spielen 20. irgendwohin führen (Weg) 21. es mit j–m aufnehmen, j–m gleichkommen, sich messen (mit) 22. kosten; zu stehen kommen 23. vor j–n hintreten, sich j–m zeigen; erscheinen 24. auf et. abfärben (wörtl.) 25. landen, an Land gehen 26. erreichen, gewinnen 27. **(bir yerden bir yere)** umziehen, übersiedeln 28. aus-, hinaus-, weggehen; das Haus verlassen 29. sich erweisen, sich herausstellen (als); *gel. a.* sich (klug, dumm usw.) verhalten 30. sich ergeben, sich bilden, entstehen 31. eintreffen, sich erfüllen, sich bewahrheiten 32. gefunden (bzw. erfunden) werden, zum Vorschein kommen 33. erscheinen (z. B. Zeitung), herauskommen (z. B. neue Publikation), veröffentlicht werden 34. angewiesen werden (Gehalt) 35. erlassen (erteilt) werden (z. B. Befehl) 36. auf den Markt kommen (z. B. Lebensmittel) 37. ausbrechen (Feuer, Krieg usw.) 38. aufgehen od. hervorkommen (Gestirn) 39. aufsteigen (z. B. Luftschiff) *havalanmak 40. sich ablösen; abgehen (Teil e–s Ganzen) 41. ausgerenkt, verrenkt werden 42. vergehen, verstreichen (Monat, Jahreszeit) 43. keimen, wachsen, sprießen 44. a) steigen, in die Höhe gehen, sich erhöhen (Preis) b) teuer werden (Ware) 45. heraus-kommen, -treten 46. mit dem Preis höher gehen, e–n höheren Preis bieten, et. zulegen (beim Bieten) 47. lauter sprechen (rufen, schreien) 48. sich ausbauchen, sich herauswölben; vorspringen, (über et.) hinausragen 49. herausgehen, verschwinden (Flecken) 50. austreten, auf die Toilette gehen, Stuhlgang haben 51. sich in nichts auflösen; verschwinden 52. zu e–m Ergebnis führen; ausgehen, ausfallen, geraten 53. durchschlagen (Fett) 54. *tr.* (er-)bauen 55. *tr. V* herausrücken, hergeben (Geld usw.) Zu 1: **evden ~** aus dem Haus gehen, das Haus verlassen **Çıkacak kan damarda durmaz.** *Spr.* Es kommt alles, wie es kommen muß. **Çıkmadık canda ümit var.** *(od.)* **Çıkmadık candan ümit kesilmez.** *Spr.* 1. Der Mensch hofft, solange er lebt. 2. Auch was unwiederbringlich verlorengegangen zu sein scheint, kann man hoffen, durch entsprechende Anstrengungen wiederzugewinnen. s. a. **hatırından ~** Zu 2: **Mülkiyeden çıkmış** Absolvent(-in) *m* der Verwaltungsakademie Zu 4: **İnsanlıktan çıktı.** Er hat nichts mehr Menschliches an sich. Zu 7: **Bu kumaştan bir palto çıkar mı?** Reicht dieser Stoff für e–n Mantel? Zu 8: **dörtten iki çıkarsa** wenn man von vier zwei abzieht Zu 9: **Bundan bir şey çıkmaz.** Das führt zu nichts. **Bundan şu mana çıkar ...** Das bedeutet soviel wie ... Zu 10: **Sütten yağ çıkar.** Aus Milch gewinnt man Butter. Zu 11: **On liradan çıktım.** Ich habe zehn Pfund zahlen müssen. s. a. **paradan ~** Zu 12: **Çizme ayağından çıkmıyor.** Der Stiefel will nicht abgehen. Zu 13: **Üst kata çıktı.** Er ist in das obere Stockwerk gegangen. **Dağın tepesine çıktı.** Er ist auf den Gipfel des Berges geklettert. **Çıktı dokuza, inmez sekize.** *spr. Ra.* Er läßt sich nicht von seiner Meinung abbringen. Er ist stur. (*vgl. a.* **Adı çıktı ...**); **çıkan kalınbarsak** *an.* aufsteigender Grimmdarm, Colon ascendens *kolonu said Zu 14: **müdüre (vekile) çıkmak** zum Direktor (Mini-

ster) gehen Zu 15: **Bu yıl Boğaziçi'ne çıkacağız.** Dieses Jahr ziehen wir (im Sommer) an den Bosporus. Zu 16: s. **piyangosu ~. Başımıza ne işler çıktı!** Was ist doch alles über uns gekommen! Zu 17: s. **gezmeğe (seyahate, yola)** ~ Zu 18: s. **önüne (karşısına, yoluna)** ~ Zu 19: **Otello'ya** ~ den Othello spielen; s.a. **zenneye** ~ Zu 20: **Bu yol nereye çıkar?** Wo führt dieser Weg hin? Zu 21: s. **çıkacak** Zu 22: **Bu kumaştan bir elbise kaça çıkar?** Wie teuer stellt sich ein Anzug aus diesem Stoff? Zu 23: **Eskiden kadınlar erkeklere çıkmazdı.** Früher durften sich Frauen nicht (unverschleiert) vor Männern sehen lassen. s.a. **mahkemeye** ~ Zu 24: **Kravatın boyası gömleğe çıkmış.** Die Krawatte hat auf das Hemd abgefärbt. Zu 25: s. **karaya** ~ Zu 26: s. **açık denize** ~ Zu 27: **evden apartmana** ~ aus dem eigenen Haus in e–e Mietswohnung überwechseln Zu 28: **Evdeler mi? Hayır, şimdi çıktılar.** Sind sie zu Hause? Nein, sie sind gerade weggegangen. Zu 29: **Bu adam, umduğum gibi çıkmadı.** Er hat meine Erwartungen enttäuscht. **Bu kumaş çürük çıktı.** Der Stoff hat sich als wenig dauerhaft erwiesen. Zu 30: **Çıban çıktı.** a) Es hat sich ein Geschwür gebildet. b) Es haben sich Geschwüre eingestellt. Zu 31: **Dediğim çıktı.** Es ist so gekommen, wie ich gesagt habe. Zu 32: **Cebinde beşyüz lira çıkan bir dilenci ...** Ein Bettler, bei dem fünfhundert Pfund gefunden wurden ... **Yeni bir makine çıktı.** Es ist e–e neue Maschine erfunden worden (bzw. auf den Markt gekommen). Zu 36: **Çilek daha çıkmadı.** Es sind noch keine Erdbeeren auf dem Markt. Zu 40: **Kitabın kabı çıkmış.** Der Buchdeckel ist abgegangen. Zu 41: **Çocuğun kolu çıktı.** a) Dem Kind ist der Arm ausgerenkt worden. b) Das Kind hat sich den Arm ausgerenkt. Zu 42: **Mart(kış) çıktı.** Der März (der Winter) ist vorüber. Zu 43: **Bıyığı çıktı.** Er hat e–n Schnurrbart bekommen. **Ekinler çıkmağa başladı.** Das Getreide hat zu sprießen begonnen. Zu 44a: **Fiyatlar çıktı.** Die Preise sind gestiegen. Zu 44b: **Pamuk çıktı.** Baumwolle ist teurer geworden (*H* hat angezogen). Zu 45: **Tencerenin bakırı çıktı.** An dem (verzinnten) Topf ist das Kupfer herausgekommen. **Zayıflıktan kemikleri çıkmış.** Er ist so mager, daß ihm die Knochen herausstehen. Zu 47: **Sesim elvermiyor, daha fazla çıkamam.** Meine Stimme reicht nicht aus; ich kann nicht lauter rufen. Zu 49: **Leke çıkmadı.** Der Flecken ist nicht herausgegangen. Zu 52: **Tuttuğun yol çıkmaz.** So wie du die Sache angefangen hast, kommt nichts dabei heraus. **O, çıkar değil.** Das führt zu nichts. **İş iyi çıkmadı.** Die Geschichte ist nicht gut ausgegangen. s.a. **çıkar yol** Zu 53. **Yağı çıktı.** Es ist alles fettig geworden. Zu 54: **Evinin ikinci katını çıkmadan havalar bozuldu.** Bevor man den zweiten Stock des Hauses bauen konnte, setzte schlechtes Wetter ein. Zu 55: **Çık bakalım paraları!** *V* Nun heraus mit dem Geld!

çıkmalı 1. mit vorspringendem Teil 2. *gr.* mit Ablativ ~ **ikileme** *gr.* zweigliedrige Koordinationsgruppe mit einem od. zwei Abl. (z.B. **dilden dile** *od.* **sağdan soldan**); ~ **tamlama** *gr.* sb. Füg. mit Abl. (z.B. **memurlardan bir kısmı**); ~ **tümleç** *gr.* Ergänzung *f* im Abl. (z.B. **yünden mamul**)

çıkmaz 1. nicht heraus-gehend, -führend, nicht weitergehend (z.B. Weg) 2. *fig.* was keine Erfolgsaussichten bietet 3. **(sokak)** *wörtl.* und *fig.* Sackgasse *f* 4. *med.* Divertikel *n*, Darm-Ausstülpung *f* ~ **ayın son çarşambasında** *F* am St. Nimmerleinstag ~ **iş** nutzloses Unterfangen ~ **vadi** s. **kör vadi;** ~ **yol** *mst. fig.* Sackgasse *f* **-a girmek (düşmek, saplanmak)** *fig.* in e–e Sackgasse geraten

çıkmazlık *log.* Aporie *f*, Aporem *n* *apori; gayri kabili hal mesele

çıkmış 1. Part. Perf. zu **çıkmak** 2. Einsatz *m* (beim Barbutspiel)

çıkolata s. **çikolata**

çıkra dichtes Gestrüpp; Buschwerk, Unterholz *n*

çıkralık mit dichtem Gestrüpp (Buschwerk, Unterholz) bestandene Stelle od. Gegend *f;* Buschwald *m,* Macchia *f*

çıkrık 1. Winde *f*, Wellrad *n*, Wellbaum *m, naut.* Spill *n* 2. Spulrad *n,* Aufspuler *m,* Spule *f* 3. (Garn-, Draht-)Haspel *m, f* 4. Spinnrad *n*

çıktı Produktion *f*, Ertrag, Ausstoß *m*

-çıl s. **-cil**

çılan *bot.* größere Spielart der filzblättrigen Jujube (vgl. **çiğde**)

çılbır 1. Speise aus Eiern, Fett, Joghurt und Knoblauch 2. Strick *m* od. Kette *f* am Pferdehalfter 3. *spez.* Longe *f* 4. Schlüsselkette *f*

çılbırtı der myrtenähnliche Strauch Fontanesia phillyreoides (Südanatolien)

Çıldır *n.pr.* O. u. D. im Rbz. Kars

çıldır çıldır Lm. e–s lebendigen hellen Glanzes ~ ~ **bakmak** mit glänzenden Augen dreinsehen **Işık** ~ ~ **yanıyor.** Das Licht brennt ganz hell.

çıldırmak 1. verrückt, wahnsinnig werden; den Verstand verlieren *delirmek, aklını oynatmak 2. *fig.* in Wut geraten; rasen 3. (birisi için) ganz vernarrt sein (in) **çıldırasıya sevmek** s. **çıldırmak** (3)

çılgar s. **çıvgar**

çılgın 1. verrückt, wahnsinnig 2. *fig.* toll, wütend, rasend 3. wild begeistert, unüberlegt handelnd ~ **bir sevinçle** ganz närrisch vor lauter Freude

çılgınca wie närrisch

çılgınlık 1. Wahnsinn *m* 2. Tollheit, Raserei *f* 3. wilde Begeisterung, unüberlegte Handlung 4. Narretei, (Mode-) Torheit *f* ~ **oyunu** *Th. hist.* Narrenstück *n* *soti

çıma [×·] *naut.* 1. Tamp *m,* Tau-Ende *n,* Augspleiß *m* (im Tau-Ende) 2. Taljereep *n* 3. *allg.* Seil, Anlegetau, Kabel *n,* Trosse *f* 4. *selt.* Kardeel *n,* Schaft *m* (e–s Taues) ~ **dikişi** *naut.* Kurzspleiß *m* ~ **ile gitmek** am Warpanker verholen (Schiff) ~ **kavelası** Tampenverjüngung *f* ~ **pıyanı** Takling *f* (Bekleidung e–s Tamps mit Segel- *od.* Takel-garn) ~ **vermek** ein Tau zuwerfen od. reichen **-yı almak** das Tau einziehen (zur Abfahrt) **-yı atmak** das Tau (Festmach-Ende) zuwerfen

çımacı Matrose, der an der Anlegestelle das Anlegetau zu bedienen hat, Vertäuer *m*

çımacılık Tätigkeit *f*, Aufgaben *pl.* e–s Vertäuers

çımariva s. **çamariva**

çımbar s. **cımbar**

çımçıt *dial.* Maus, Ratte *f* *fare, sıçan

çımkırık 1. Vogel-dung, -mist *m* 2. *reg.* Gießkanne *f* des Gärtners

çımkırmak 1. Kot ablagern (Vogel) 2. s. **fışkırmak** (1)

çın (I) Klingen, Hallen, Dröhnen *n* ~ ~ **kahkaha** dröhnendes Gelächter ~ ~ **ötmek** 1. laut klingen, hallen, dröhnen 2. wie ausgestorben daliegen; ganz leer sein **ortalığı** ~ ~ **öttürmek** die ganze Gegend mit Geschrei und Lärm erfüllen

çın (II) *va.* wahr, richtig *doğru, gerçek, sahih ~ **sabah** *va.* wirklicher Tagesanbruch *suphu sadık ~ **tutmak** *va.* bestätigen, bekräftigen *doğrulamak

çınakop s. **çinakop**

çınar (ağacı) Platane *f bot.* Platanus *spez.* **doğu çınarı** (*q.v.*); ≗ **vakası** *hist.* Janitscharenaufstand *m* (17. Jh.) *Vakai vakvakiye ~ **yapraklı akçaağaç** s. **çınarımsı akçaağaç**

Çınar *n.pr.* O. u. D. im Rbz. Diyarbakır

çınargiller Platanengewächse *pl. bot.* Platanaceae *delbiye

çınarımsı platanenähnlich ~ **akçaağaç** Spitzahorn *m bot.* Acer platanoides

çınarlık Platanenwäldchen *n*

çıngal *Th.* Typ des Kupplers **(pezevenk)** in Improvisationsstücken **(tuluat)**
çıngar *V* Streit, Lärm, Krach, Krakeel, Radau *m* ~ **çıkarmak** *V* Streit anfangen; krakeelen
çıngarlı (in der Füg.:) ~ **moruk oskisi** *V* französisches 20-Francs-Goldstück
çıngı *dial.* 1. s. **kıvılcım** 2. s. **zerre, parça** 3. Wasserbecher *m* *su maşrapası
çıngıl 1. kleines, etwas verkümmertes Traubenästchen 2. kleines Schmuckstück; Anhängsel *n,* Berlocke *f*
çıngır çıngır 1. klingeling! kling, klang! 2. scharf und durchdringend; schrill, gellend (Ton)
çıngırak 1. Klingel, Schelle *f* 2. Handglocke *f* 3. kleines kugelförmiges Glöckchen (z. B. am Tamburin *od.* am Hals von Weidetieren) 4. Rassel *f* (am Schwanzende der Klapperschlange) ~ **sesli ötleğen** Klappergrasmücke *f zo.* Sylvia curruca *çit ötleğeni **çıngırağı çekmek** (bşden) *V* an et. sterben
çıngıraklı mit Klingel, Schelle, Glocke usw.; Läute- ~ **değirmen** *V* Wanduhr *f* ~ **kahkaha** hellklingendes Lachen
çıngıraklıyılan Klapperschlange *f zo.* Crotalus horridus
çıngırdak 1. s. **çıngırak** 2. Kinderrassel *f*
çıngırdamak läuten, klingeln, schellen (intr.), ertönen
çıngırtı Klingeln, Schellen *n,* scharfes Läuten
Çıngız s. **Cengiz**
çınıldak Glockenspiel *n*
çınlak mit starkem Echo (Ort)
çınlama Klingen *n,* Resonanz *f*
çınlamak 1. klingen, hallen, dröhnen, Resonanz haben 2. widerhallen, erfüllt sein (mit Geräusch, Stimmen usw.)
çınlayışlı klingend, hallend
çınokop s. **çinakop**
çıpı çıpı *Ki.* Waschen *n*
çıpıl çıpıl Lm. des Planschens im Wasser: plansch plansch
çıpıldak Nackefrosch, Nackedei *m*
çıplak 1. nackt, bloß 2. blank, nicht isoliert (z. B. Draht) 3. kahl (z. B. Baum, Kopf) 4. leer (Zimmer, Wand; *Th.* Bühne usw.) 5. ungesattelt (Pferd) 6. *fig.* arm, ohne Besitztum 7. Akt(-bildnis *n,* -studie *f*) *m* 8. Nudist(-in *f*) *m* *nüdist 9. **-lar** *Pl. hist.* Bez. für best. osm. Seesoldaten, die auf den Werften *od.* Kriegsschiffen verwendet wurden und auf dem nackten Oberkörper nur ein ärmelloses Wams **(cepken)** trugen ~ **arpa** nackte Gerste *bot.* Hordeum distichum var. nudum ~ **at** 1. ungesatteltes Pferd 2. *fig.* Habenichts *m* ~ **ayaklı** barfüßig *yalınayak ~ **bırakmak** nackt od. ausgeplündert dastehen lassen ~ **gözle** mit bloßem Auge ~ **hakikat** ungeschminkte Wahrheit ~ **kesim** Kahlschlag *m* ~ **mülkiyet** *jur.* nacktes Eigentum ~ **resim** Aktbildnis *n* ~ **sazan** Lederkarpfen *m zo.* Cyprinus carpio ~ **sümüklüler** Nacktschnecken *pl. zo.* Limacidae ~ **tel** blanker Draht ~ **yarasa** Nacktfledermaus *f zo.* Chiromeles torquatus ~ **tohumlu yulaf** Nackthafer *m bot.* Avena nuda
çıplaklaşmak nackt werden, sich entblößen
çıplaklık, -ığı 1. Nacktheit *f* 2. Kahlheit *f* 3. *fig.* Armut, Not *f* ~ **mesleği** s. **nüdizm; (bütün) -iyle** in seiner ganzen Nacktheit; ungeschminkt, unbeschönigt (z. B. erzählen)
çıplaktohumlular s. **açıktohumlular**
çıplanmak nackt *od.* kahl werden, sich entlauben (Baum)
çıplatmak entblößen
çır 1. Zirpen, Knarren *n* 2. Klatschen, Klappen, Plätschern *n* 3. Ticken, Klappern *n* ~ ~ **akmak** dahinplätschern
çıra 1. Kienholz *n* 2. s. **çırağ;** ~ **ağacı** s. **çıralı çam;** ~ **gibi yanmak** s. **Marmara çırası gibi yanmak;** ~ **isi** Kienruß *m* ~ **yağı** Kienöl *n*
çırağ [ā] *va.* 1. Lampendocht *m* 2. jedes Beleuchtungsmittel wie z. B. Lampe, Kerze, Fackel *f* ~ **deliği** (*od.* ~ **gözü**) *fr.* Lampennische *f* **-ı yanmak** *fig.* noch lebendig sein (Name, Ruhm)
çırağan [·--] (*va. Pl.* zu **çırağ**) 1. Lichter *pl.* 2. **(safası)** abendliche Festbeleuchtung 3. Lampendocht *m* 4. *fr.* e-e Folterung (brennende Dochte in offene Wunden) ≗ **Sarayı** *n.pr.* zwischen Beşiktaş und Ortaköy gelegener, 1910 völlig ausgebrannter Sultanspalast ≗ **vakası** *hist.* der mißglückte Umsturzversuch von Ali Suavi (20. Mai 1878)
çırak 1. Lehrling *m,* Lehrmädchen *n* 2. (junger) Ladengehilfe 3. *fr.* bewährter, langjähriger Diener (im Palast od. im Hause e-s vornehmen Herrn), dem bei seinem Ausscheiden aus dem Dienst ein Gnadengehalt od. e-e Abfindung (e-r Dienerin mst. e-e Wäscheausstattung) gewährt wurde 4. *z. va.* Schüler *m* (e-s best. Meisters) ~ **çıkarmak** (*od.* **etmek**) 1. e-n jungen Mann (ein junges Mädchen) aus dem Lehrlingsverhältnis entlassen bzw. in den Gesellenstand erheben 2. *fr.* e-m langjährigen Diener (e-r langjährigen Dienerin) beim Ausscheiden aus dem Dienst e-e Abfindung, ein Gnadengehalt bzw. e-e Wäscheausstattung gewähren 3. *fig.* j-n ausstechen, überrunden ~ **çıkmak (çıkarılmak, edilmek, olunmak)** 1. seine Lehrzeit beendet haben 2. *fr.* mit e-r Abfindung (usw.) aus dem Dienst ausscheiden
çıraklık 1. Lehr-zeit *f,* -jahre *pl.* 2. von e-m Lehrling geleistete Arbeit; Lehrlings- 3. Taschengeld *n* e-s Lehrlings 4. *fr.* Abfindung *f,* Gnadengehalt *n,* Wäscheausstattung *f* (vgl. **çırak**); ~ **devresi** Lehrlings-, Lehr-zeit, Lehre *f* ~ **etmek** in die Lehre gehen, e-e Lehrzeit durchmachen ~ **mukavelesi** (*od.* ~ **sözleşmesi**) Lehrvertrag *m*
çırakma(-n) *va.* 1. Turm *od.* Eisenmast *m* mit Fackel (Leuchtturm *m*) 2. am Strand angezündetes Feuer (zum Anlocken von Fischen) 3. Laternenpfahl, Lichtmast, Leuchter *m,* Stehlampe *f,* Feuerrost *m* 4. *Zig.* Feuer *n* *ateş
çıralamak *selt.* 1. Kienholz ins Feuer legen 2. *fig.* Öl ins Feuer gießen
çıralı 1. mit Kienholz 2. kienholzartig, harzig ~ **çam** Pechkiefer *f bot.* Pinus rigida ~ **tahta** Anfeuerholz *n*
çıralık Anfeuerholz *n*
çıramoz Leuchtfeuer, das auf e-m Feuerrost an e-r langen Stange befestigt, weit über ein Boot hinausreicht (Hilfsmittel beim nächtlichen Fischfang)
çırçıl *naut.* s. **kancalı izbiro**
çırçıplak [×··] 1. vollkommen nackt, splitterfasernackt, im Adams- bzw. Eva-kostüm 2. im größten Elend, in bitterster Not 3. ganz leer (z. B. Zimmer) 4. ganz kahl; baumlos 5. *fig.* vollkommen offen; ganz ungeschminkt (reden)
çırçır 1. Lm. e-s Zirpens, Plätscherns usw. (vgl. **çır**) 2. s. **cırcırböceği** 3. *fig.* Schwätzer *m* 4. s. **çırçıl** 5. Winde *f,* Göpel *m,* Fördermaschine *f* 6. Egreniermaschine *f* (für Baumwollkapseln) 7. Teigroller *m,* Nudelholz *n* 8. kleines Rinnsal; Bächlein *n,* Quelle *f* 9. **(balığı)** schwarzäugiger Lippfisch *zo.* Crenilabrus griseus (mediterraneus u. a. m.) ~ **randımanı** der Ertrag von 100 kg ungereinigter Baumwolle nach dem Egrenieren ≗ **suyu** Name e-s Quellwassers aus **Sarıyer** (am Bosporus)
çırçırlamak egrenieren (Baumwolle)
çırgına s. **çırgana**
çırılçıpıldak [·×···]; **çırılçıplak** [·×··] s. **çırçıplak**
çırnık 1. größeres Fischer- od. Last-boot mit abgeflachtem Bug und Heck 2. *V (Matrosensprache)* wertlos, häßlich, plump
çırpı 1. kleinere Äste und Zweige *pl.;* Reisig *n* 2. gerade Linie *spez.* die mittels farb- od. kalk-getränkter Schlagschnur (~ **ipi**) angebrachte Schlaglinie 3. *fig.* richtiges Maß; Grenze *f* Zu 1: s. a. **çalı** ~; ~ **çırpmak** (*od.* ~ **çekmek**) mittels Schlagschnur e-e gerade Linie anbrin-

gen ~ **gibi** dünn, mager (Arme, Beine) ~ **ipi** Schlagschnur *f* ~ **tutmak** s. **çırpıya getirmek;** ~ **vurmak** die Schnittbahn (z.B. bei Holz) durch Schlagschnur kenntlich machen **-dan çıkmak** *fig.* 1. vom rechten Weg abweichen 2. zu weit gehen **-ya getirmek** in e–e gerade Linie bringen; ausrichten *hizaya getirmek
çırpıcı 1. wer schüttelt, schwenkt (usw. s. **çırpmak**) 2. Tuchwalker *m* (der bedruckten Kattun zur besseren Haltbarkeit der Farben in Meerwasser spült) ~ **taşı** großer, flacher Stein (am Rand e–s Baches od. Sees), auf dem Teppiche, Decken usw. gewaschen (gewalkt) werden
çırpıcılık (Tuch-)Walkerei *f*
çırpılık Gebüsch, Dorngestrüpp *n*
çırpınmak 1. zappeln, erregt um sich schlagen 2. *fig.* sehr erregt und besorgt sein 3. Zuckungen od. Krämpfe bekommen; konvulsivische Bewegungen ausführen *ihtilâç etmek 4. bewegt sein (Meer) 5. sich sehr abmühen (*F* sich abstrampeln)
çırpıntı 1. Zappeln, Um-sich-Schlagen *n* 2. (innere) Erregung 3. Zuckung, Konvulsion *f* 4. Plätschern *n* der Wellen 5. *z. va.* von den Wellen angespültes wertloses Zeug
çırpıntılı bewegt, unruhig (Meer)
çırpışmak mit den Flügeln schlagen, flattern (Vogel)
çırpıştırma 1. Vs. zu **çırpıştırmak** 2. oberflächlich ausgeführt z.B. hingekritzelt ~ **resim** leicht hingeworfene Skizze
çırpıştırmak 1. mit e–r Gerte leicht schlagen 2. et. oberflächlich ausführen z.B. hinkritzeln, zusammenschmieren, *F* hinhauen
çırpma 1. Vs. zu **çırpmak** 2. Randumnähung (e–s Stoffes) 3. s. **budama** (4); ~ **çalgı** s. **çekme çalgı**
çırpmak 1. (leicht) schütteln, schwenken 2. (aneinander) schlagen, klatschen 3. (aus-)spülen 4. beschneiden (z.B. Äste) 5. stehlen, klauen Zu 1: s. **halı** ~ Zu 2: s. **çırpı (el, kanat)** ~ Zu 3: s. **çamaşır** ~
çırt, -tı 1. das von e–m Tier gedrehte Wasserschöpfrad (die Noria) mit Schlauchbehältern aus Tierhaut 2. s. **cırt**
çırtlak 1. s. **cırcırböceği** 2. *selt.* s. **karga** 3. s. **cırtlak**
çıt, -tı 1. leichtes Geräusch wie Knistern, Knacken *n* 2. *Int.* knacks! Zu 1: **Odada** ~ **çıkmıyordu.** Im Zimmer war alles ruhig. Zu 2: ≗ **diye kırıldı.** Knacks, da brach es entzwei. ~ ~ 1. Lm. des Flüsterns *od.* Zischelns 2. Lm. des Knackens: knack, knack! ~ **çıkmamak** kein Laut zu hören sein ~ **etmemek** sich ganz ruhig verhalten, keinen Mucks von sich geben ~ **pıt konuşmak** leise sprechen, flüstern ≗ **yok.** Es ist mäuschenstill.
çıta [×·] Holzleiste *f*, Sparren *m;* Latte *f* (*a.* z.B. bei Hochsprung)
çıtak *dial.* 1. fremd (Person) 2. mit grober, ungebildeter Ausdrucksweise (Bauer) 3. reizbar, zänkisch
Çıtaklar *n.pr.* türk. Volksgruppe von ca. 40 000 Personen (1946) an der bulgar.-rumän. Grenze, deren Sprache auf das Kiptschakische zurückgeht und von den anderen thrazischen Türken als ungebildet angesehen wird
çıtarı 1. ein bes. in Ostanatolien viel verwendeter, mit Seide gemischter, gestreifter Baumwollstoff 2. s. **çitari**
çıtçıt, -tı 1. Lm. des leichten Knackens od. Knisterns 2. Druckknopf *m* *fermjüp
çıtı pıtı *F* 1. zierlich, niedlich, nett 2. leise gesprochen, geflüstert (Worte)
çıtır *V Ka.* kleiner Trumpf ~ ~ 1. Lm. e–s leichten Knakkens, Prasselns, Knisterns, Knirschens, Knarrens (et. leiser als **çatır çatır**) 2. *fig.* nur so herunterprasselnd, wie eingelernt (z.B. Antworten bei e–m Verhör) ~ ~ **konuşmak** wie geschmiert reden ~ **pıtır** 1. klein, niedlich, nett (z.B. Mädchen) 2. lustig, munter (z.B. plaudern)
çıtırdamak knacken, prasseln, knistern, knirschen, kratzen
çıtırdatmak Kaus. zu **çıtırdamak. Kalemini çıtırdata çıtırdata bir şeyler yazmağa koyuldu.** Er fing an, mit kratzender Feder et. hinzuschreiben. **bsi çıtırdata çıtırdata yemek** (geräuschvoll) knabbern
çıtırtı Knacken, Prasseln, Knistern, Knirschen, Kratzen *n*
çıtırtılı hırıltı *med.* Rasselgeräusch *n* (in der Lunge)
çıtkırıldım 1. überaus zierlich, leicht zerbrechlich 2. *fig.* Blümchen *n* Rührmichnichtan, Mimose *f* (überempfindlicher Mensch) 3. Geck, Stutzer, Zieraffe *m*
çıtkırıldımlık 1. (Über-)Empfindlichkeit *f* 2. Stutzertum *n*
çıtkuşu s. **çitkuşu**
çıtlamak knacken (z.B. Fingergelenke); knistern, leise prasseln (z.B. Feuer)
çıtlatmak 1. knacken lassen (z.B. Finger) 2. *fig.* (b–ne) j–m et. andeuten, j–m gegenüber et. durchblicken lassen
çıtpıt, -tı 1. leichtes Knacken od. Knistern 2. Zündplättchen *n* od. andere kleine Feuerwerkskörper, die beim Zertreten prasseln 3. (*selt.*) s. **çıtçıt**
çıvga *dial.* 1. schwächlich, dünn, mager 2. *reg.* mit zurückgebogenen Hörnern (Tier)
çıvgar *dial.* zusätzliches Zugtier (beim Pflügen od. bei steilen Wegen) z.B. Vorspannpferd *n* (*a.* **çılgar, şıvgar**)
çıvgın *dial.* Schneeregen *m*
çıvmak abprallen und seine Richtung ändern (z.B. Geschoß)
çıyan 1. Gürtelskolopender *m zo.* Scolopendra cingulata (fingergroßer, giftiger Tausendfüßler von gelblicher Farbe) 2. (*a.* **sarı** ~ *od.* ~ **gibi)** *fig.* unsympathisch wirkender blonder Mensch 3. s. **yılan** ~; ~ **otu** 1. Tüpfelfarn *m bot.* Polypodium vulgare 2. Hirschzunge *f bot.* Scolopendrium vulgare 3. s. **zeravent** (2) 4. s. **çıyancık** (2)
çıyancık 1. kleineres Exemplar des Skolopender (s. **çıyan**) 2. s. **kurtpençesi**
çızıktırmak s. **cızıktırmak**
çi *va.* was? *ne ~ **faide** (*od.* ~ **sud**)? umsonst, nutzlos, vergeblich
-çi s. **-ci**
çiçe *dial.* Tante *f* *hala, teyze, yenge
çiçek, -ği 1. Blüte *f* 2. Blume *f gel. a.* Pflanze *f* 3. Blumenmuster *n* 4. *arch.* First-, Kreuz-blume *f* 5. *chem.* durch Sublimation od. Effloreszenz entstandenes Salz 6. *fig.* übler (treuloser, unzuverlässiger usw.) Kerl (von gutem Aussehen) 7. **(hastalığı** *od.* **illeti)** Blattern, Pocken, Variola *pl.* *cederî 8. *V* jung und hübsch 9. leichtlebige Frau (*F* Pflanze) 10. *va.* Rose *f* 11. Pigmentfleck *m* Zu 5: s. **kükürt -i** Zu 6: **Onun ne** ~ **olduğunu hep biliriz.** Wir wissen alle, was wir von ihm zu halten haben. ~ **açmak** 1. zu blühen anfangen (z.B. Bäume) 2. herauskommen, sprießen (Blumen) ~ **arısı** Hummel *f zo.* Bombus ~ **aşısı** Pockenimpfung *f* ~ **aşısı kâğıdı** (*od.* **şehadetnamesi**) Impfschein *m* ~ **ayvası** s. **Japon ayvası;** ~ **bahçesi** Blumengarten *m* ~ **balı** Blütenhonig *m* ~ **biti** s. **yaprakbiti;** ~ **çerçeve** Vignette *f* ~ **çıkarmak** *(tr.)* die Blattern od. Pocken bekommen ~ **demeti** Blumenstrauß *m* ~ **dikmek** Blumen pflanzen ~ **dökmek** *(intr.)* s. **çiçek çıkarmak;** ~ **dökümü** Abblühen *n* (der Bäume) ~ **döşeği** Blumenbeet *n* ~ **durumu** *bot.* Infloreszenz *f*, Blütenstand *m* *vaziyeti ezhar ~ **dürbünü** s. **kaleydoskop;** ~ **fırtınası** *naut.* Name e–s period. Seesturms zu Anfang Mai ~ **gibi** 1. nett, niedlich, fein; geschmackvoll gekleidet (Mädchen, Frau) 2. pieksauber (Gegenstand) ~ **gibi açılmak** sich herausmachen ~ **inciri** frühreifende große grüne Feige ~ **koparmak** Blumen pflücken ~ **kokusu** Blumenduft *m* ~ **lahanası** Spargelkohl *m*, Brokkoli *pl. bot.* Brassica oleracea botrytis ~ **meraklısı** Blumen-freund(-in *f*) *m*, -züchter(-in *f*) *m* ~ **mihveri** *bot.* Blütenachse *f* ~ **nedbeleri** Pockennarben *pl.* ~ **pazarı** Blumenmarkt *m* ~ **resmi** Blumenstück *n* ~ **sapçığı** *bot.* Blütenstielchen *n* *züneybi

zühre ~ **sapı** Blumenstiel, Stengel *m* *zenebi zühre ~ **sinekleri** Blumenfliegen *pl. zo.* Anthomyidae ~ **sobası** s. **soba** (3); ~ **suyu** aus verschiedenen Obstblüten hergestelltes Parfüm *spez.* Orangenblüten-, Neroli-Öl *n* ~ **tablası** Blütenboden *m* *çiçeklik, mezher ~ **tarhı** Blumenbeet *n*, -anlage *f* ~ **yağı** 1. s. ~ **suyu** 2. Sonnenblumenöl *n* ~ **yaprağı** *bot.* Braktee *f* (Deckblatt e−r Seitenblüte) *bürgü; varakı zühre ~ **yaprakçığı** s. **bürgücük;** ~ **yetiştirmek** Blumen züchten **-i burnunda** (*a. mit der Forts.* **çamuru karnında**) *F* ganz frisch, ganz neu, frisch-, neugebacken **-lerin dili** Blumensprache *f*

çiçekbozuğu, -nu 1. Blatter- od. Pocken-narbe(-n *pl.*) *f* 2. blatter- od. pocken-narbig *çopur

çiçekçi 1. Blumen-züchter, -händler, -verkäufer, -freund (-in *f*) *m*, Florist(-in *f*) *m* 2. *V* Zuhälter *m* ~ **kız** Blumenmädchen *n*, -verkäuferin *f* ~ **lâlesi** Gartentulpe *f bot.* Tulipa Gesneriana ~ **yosunu** Torfmoos *n bot.* Sphagnum squarrosum

çiçekçik 1. Blümchen *n* 2. gesondert stehende Blüte

çiçekçilik 1. Blumen-zucht *f*, -handel, -verkauf *m*, -liebhaberei *f* 2. *V* Zuhälterei *f*

Çiçekdağı, -nı *n.pr.* O. u. D. im Rbz. Kırşehir

çiçeklendirmek zum Blühen bringen

çiçeklenmek Blüten bekommen, zum Blühen kommen, blühen

çiçekli 1. mit Blumen (geschmückt, verziert, gemustert, usw.), Blumen-, Blüten-, geblumt 2. mit Pocken od. Blattern behaftet ~ **basma** geblumter Kattun; Waschstoff *m* mit Blumenmuster ~ **bezek** Feston *n* ~ **bitkiler** *bot.* Phanerogamen, Blütenpflanzen *pl.* *zatülilkahı zâhire ~ **dal** Blütenzweig *m* ~ **dişbudak** Blumen-, Manna-Esche *f bot.* Fraxinus ornus ~ **eğreltiotu** Riesenfarn *m bot.* Osmunda ~ **halı** Teppich *m* mit Blumenmuster ~ **hasırotu** Schwanenblume *f bot.* Butomus umbellatus ~ **yosun** Greisen-Bartflechte *f bot.* Usnea barbata var. florida

çiçeklik 1. Blumenvase *f* 2. Blumennische *f* (*spez.* in älteren türk. Häusern) 3. Blumen-beet *n*, -anlage *f* *çiçek tarhı 4. Blumen-ständer, -tisch *m* 5. *bot.* s. **çiçek tablası** 6. Wintergarten *m*, Gewächshaus *n*

çiçeksime 1. *chem.* Effloreszenz, Auswitterung *f* 2. *med.* Effloreszenz *f*, Hautausschlag *m* *(1, 2) tezehhür, tozlaşma

çiçeksimek 1. *chem.* effloreszieren, auswittern 2. *med.* sich bilden; auftreten (Hautausschlag, Exantheme) *(1, 2) tezehhür etmek

çiçeksiyen 1. *chem.* effloreszierend, auswitternd 2. *med.* auftretend (Exantheme) *(1, 2) mütezehhir

çiçeksiz 1. ohne Blüten *od.* Blumen 2. *selt.* ohne Blattern od. Pocken ~ **bitkiler** *bot.* Kryptogamen, Sporenpflanzen *pl.* *sporlu bitkiler; zatülilkahı hafiye

çiçeksizlik 1. Fehlen *n* von Blüten od. Blumen 2. *selt.* Fehlen *n* von Pocken od. Blattern

çiçektozu, -nu *bot.* Pollen *m*, Blütenstaub *m* *gubarı tali ~ **borusu** *bot.* Pollenschlauch *m* *embubei taliye ~ **dışzarı** *bot.* Exine *f* ~ **içzarı** *bot.* Intine *f* ~ **kesesi** *bot.* Staubbeutel *m*, Anthere *f* *başçık ~ **kümesi** *bot.* Pollinium *n* *kütlei taliye

Çiçero(-n) *n.pr.* Cicero

çif- s. **çift-**

çifita s. **çıfuta**

çift, -ti 1. Paar *n* (Lebewesen od. leblose Dinge), Ehepaar *n* 2. Pärchen *n* (z.B. bei Vögeln) 3. Acker *m* 4. Ochsengespann *n* (vor dem Pflug) 5. der e−e Teil e−s Paares 6. gerade (Zahl) 7. zwei, doppelt, Doppel-, Zwillings- 8. Pinzette *f* (des Uhrmachers, Juweliers usw.) 9. (in Verb. mit **bir** gel. a.:) ein paar, einige, etliche Zu 5: **Genç -lere saadet dileriz.** Dem jungen Paar wünschen wir alles Gute (auf seinem Lebensweg). Zu 7: ~ **üç beş** (Angabe der Telefonnummer 335 beim Amt) Zu 9: s. **bir** ~ **söz;** ~ **adet** s. **çiftsayı;** ~ **ağızlı anahtar** s. **İngiliz anahtarı;** ~ **anahtar** Doppelschlüssel *m* ~ **artık** *mus.* doppelt übermäßig (Intervall) ~ **atlı (beygirli, koşulu)** zweispännig ~ **bacak kilidi** *(Ringen)* doppelter Beinschlüssel ~ **basamak** *mus.* Doppelvorschlag, Schleifer *m* ~ **bemol** *mus.* Doppel-b *n* ~ **bozan vergisi** *hist.* e−e Steuer, die von denjenigen Bauern zu entrichten war, die ihr Land nicht bestellten (und in die Stadt abwanderten) ~ **cinsellik** Androgynie *f*, Zwittertum *n* ~ **çan** Doppelglocke *f* ~ **çapraz** *(Ringen)* Doppelnelson *m* ~ **çember** Zwillingsreifen *m* ~ **çengel** *mus.* Sechzehntelnote *f* *dublkroş, onaltılık ~ ~ in Paaren, paarweise ~ **çubuk** 1. Feldarbeit *f* und die dabei verwendeten Geräte 2. Besitz *m* an Äckern, Vieh usw. 3. Landwirtschaft *f* 4. Besitz, Reichtum *m* ~ **çubuk sahibi** begütert, reich ~ **dışbükey** *opt.* bikonvex ~ **diş** *techn.* Doppelgewinde *n* ~ **diyez** *mus.* Doppelkreuz *n* ~ **dudaksıl** *phon.* Bilabiallaut *m* ~ **eksik** *mus.* doppelvermindert (Intervall) ~ **el ense** doppelter Nackenhebel (bei **yağlı güreş**); ~ **girişli muhasebe** *H* doppelte Buchführung *usulü muzaafa ~ **görme** *med.* Diplopie *f*, Doppelsehen *n* ~ **hadli** s. **ikiterimli;** ~ **hat** 1. zweigleisige Bahn 2. *techn.* Doppelleitung *f* ~ **hatlı** zwei-, doppelgleisig, zweispurig ~ **hayvan** Zugtier *n* ~ **içbükey** *opt.* bikonkav ~ **ikramiyeli muamele** *jur.* Stellage *f*, Stellgeschäft *n* ~ **kamış** *mus.* Doppelrohrblatt *n*, Bomhart *m*, Krummhorn *n* ~ **kanatlı pervane** doppelflügeliger Propeller ~ **kanatlı** (*od.* **satıhlı**) **uçak** Doppeldecker *m* ~ **kaplama** *techn.* Doppelhaut *f* ~ **kazan tulumbası** Duplexspeisepumpe *f* ~ **kol** Doppelkolonne *f* ~ **komütatör** Doppelumschalter *m* ~ **koşmak** Tiere vor den Pflug spannen ~ **koşulu** s. **çift atlı;** ~ **koşum beygiri** *mil.* Gespann *n* ~ **kuvvet** Kräftepaar *n* ~ **maden standardı** Bimetallismus *m* *bimetalizm ~ **makaralı palanga** s. **çifte dilli makara;** ~ **meclis sistemi** Zweikammersystem *n* ~ **merdiven** Lauf-, Maler-leiter *f* ≗ **mi tek mi?** Gerade oder ungerade? (Ratespiel) ~ **namlulu makineli tüfek** Zwillings-Maschinengewehr *n* ~ **nokta** *typ.* Trema *n* ~ **numaralı taksiler** Taxen *pl.* mit gerader Zahl ~ **parmaklık** Oxer *m* (bei Pferderennen) ~ **pervaneli** (*od.* **uskurlu**) **vapur** Doppelschraubendampfer *m* ~ **piston yolu** *techn.* Doppelhub *m* ~ **posta** *naut.* Doppelspant *n* ~ **salto** Doppelsalto *m* *havada çift takla ~ **satıhlı uçak** s. **çift kanatlı uçak;** ~ **sıra düğmeli** doppelreihig (z.B. Jackett) ~ **sıra perçin** doppelte Nietung ~ **sürmek** pflügen ~ **T putreli** Doppelträger *m* ~ **taban** doppelter Boden ~ **taraflı defter tutma** *H* doppelte Buchführung *usulü muzaafa ~ **tekerlek** s. **ikiz tekerlek;** ~ **tel sistemi** *techn.* Zweileitersystem *n* ~ **tertip erzak ağırlığı** *mil.* doppelte Ausrüstung mit Verpflegungstrossen ~ **tril** *mus.* Doppeltriller *m* ~ **uskurlu** s. **çift pervaneli;** ~ **vergileme** Doppelbesteuerung *f* ~ **yataklı valf** *techn.* Doppelsitzventil *n* ~ **yönlü** Worte, die von vorne od. hinten gelesen, gleichlautend sind ~ **zamanı** Zeit *f* der Feldbestellung (des Pflügens) **-e gitmek** zum Pflügen aufs Feld gehen **-e karşı tek** *(Tennis)* Dreierspiel *n* **-e koşmak** Tiere (die sonst nicht dazu verwendet werden) vor den Pflug spannen **-i katlamak** *z. va.* mehrmals pflügen

çiftakciğerliler s. **ikiakciğerliler**

çiftçi 1. Pflüger, Landarbeiter *m* 2. Bauer, Landwirt *m* ~ **cenderesi** Ackerwalze *f* ~ **memleketi** Agrarland *n* ~ **partisi** *pol.* Bauern-, Land-, Agrar-partei *f*

çiftçilik 1. Pflügen *n*, Feldbestellung *f*, Ackerbau *m*, Landwirtschaft *f* 2. Stand *m* od. Lebenslage *f* e−s Landwirts ~ **etmek** Ackerbau (Landwirtschaft) treiben

çiftdesimetre 20 cm langes Lineal mit Unterteilung in cm u. mm

çiftdişliler Doppelzähner *pl. zo.* Duplicidentata
çifte 1. doppelt, Doppel-, zwei- 2. die beiden ... 3. zwei Arten (von) 4. doppelläufige Flinte, Doppelbüchse *f*, Zwilling *m* 5. Ruderpaar *n* 6. mit soundsoviel Ruderpaaren ausgestattet (Boot) 7. Doppelschalmei *f* 8. Ausschlagen *n* mit beiden Hinterbeinen 9. zwei Haarkringel od. zwei Blessen (auf der Stirn e–s Pferdes) (was als böses Vorzeichen gilt) 10. Pinzette *f* (des Goldschmieds) Zu 6: s. **bir (iki) ~; ~ aharlı kâğıt** beiderseitig kalandertes Papier (*fr. spez.* für Schönschreibübungen) ~ **atmak** mit den Hinterbeinen ausschlagen (*spez.* Pferd) und (e–n Menschen) treffen ~ **bağlılık** *lit. fr.* ein Wort, das sowohl zu dem vorhergehenden wie auch zu dem folgenden Vers gerechnet werden kann *sihri halâl ~ **cambaz** *F* Zwillingswerk Solingen (nach dem Firmenzeichen) ~ **cam** Doppelfenster *n* ~ **cidarlı** doppelwandig ~ **cinayet** doppeltes Verbrechen *spez.* Doppelmord *m* ~ **cinayetin faili** Doppelmörder *m* ~ **demir** *naut.* Muringsanker *m* ~ **demir atmak** *naut.* vermuren ~ **demirde yatmak** *naut.* vermurt sein ~ **dilcik** *mus.* Doppelzunge *f* (an manchen Bl.i.) ~ **dilli makara** *naut.* Doppelblock *m*, zweischeibiger Block ~ **düğün** Doppelhochzeit *f* ~ **dürbün** 1. Feldstecher *m* 2. Opernglas *n* ~ **el merdiveni** s. ~ **merdiven;** ~ **gerdan** 1. Doppelkinn *n* 2. Hals, Kamm *m* (bei Schlachtvieh) ~ **hamam** größeres türk. Bad mit Herren- und Damenabteilung ~ **harf** 1. Buchstabenverbindung *f* (z.B. **sh** im Engl.) 2. *typ.* Ligatur *f* ~ **hasa** breiter Leinenbatist ~ **hat** s. **çift hat;** ~ **ikramiye** *H* Stellage *f*, Stellgeschäft *n* ~ **İsmailler** die beiden Ismail ~ **kâğıtları yapındırmak** *V* Marihuana-Zigaretten rauchen ~ **kanca** *naut.* Keilband *n* ~ **kapı** Doppeltür *f* ~ **karina** *naut.* Doppelboden *m* ~ **kavrulmuş** 1. Name e–r kleineren, festen Lokum-Art 2. *fig.* dickfellig, abgebrüht 3. *Sch.* s. **çiftedikiş;** ~ **kişilik** *Th.* Doppelrolle *f* ~ **köşebent** *techn.* U-Eisen, Rinneisen *n* ~ **kumrular** *fig.* unzertrennliche Freunde *pl.*, Kastor und Pollux, Orestes und Pylades; *a.* Liebespaar *n* ~ **kutup** *techn.* Dipol *m* ~ **kutuplu** *techn.* zweipolig, bipolar ~ **merdiven** Doppeltreppe *f* ~ **mezevolta** *naut.* zwei halbe Schläge (Steeks) ~ **minareli** mit zwei Minaretten (Moschee) ~ **nakkare** s. **çiftenağra;** ~ **nöbetçi** (*od.* **posta**) *mil.* Doppelposten *m* ~ **safhalı** zweiphasig ~ **sapkı** *(Basketball)* Doppelfoul *n* ~ **sigorta** Doppelversicherung *f* ~ **silyon fenerleri** *naut.* Richtfeuer *n* ~ **şamdan** zweiarmiger Leuchter ~ **takrirlik** doppelseitig beschriebenes Papier ~ **tayın** *mil.* doppelte Ration ~ **tedrisat** s. **ikili öğretim;** ~ **tüfek** Doppelflinte *f* ~ **uskurlu** Doppelschrauben- ~ **üstünlü** (als Zeichen der Nunation) mit doppeltem Fatha ausgestattet (*spez.* Endung von Adverbien wie **cem'an, cümleten, şimalen** usw.) (in der ar. Schrift) ~ **vergi** Doppelbesteuerung *f* ~ **vurmak** s. ~ **atmak**
çiftedikiş *Sch.* Wiederholungsschüler(-in *f*) *m*, Repetent (-in *f*) *m*
çiftehane [ā] Paarungskäfig *m* (für Vögel)
çiftelemek 1. mit den Hinterbeinen ausschlagen (Pferd, Esel, Maulesel) 2. *naut.* auch den zweiten Anker werfen
Çifteler *n.pr.* O. u. D. im Rbz. Eskişehir
çifteleşmek sich gegenseitig mit den Hinterbeinen treten (Tiere)
çifteli 1. mit den Hinterbeinen ausschlagend (Tier) 2. mit zwei Haarkringeln od. zwei Blessen auf der Stirn (Pferd) (was als böses Vorzeichen gilt) 3. von schlechter Vorbedeutung; Unheil verkündend 4. *fig.* boshaft, hinterlistig, ränkesüchtig
çiftenağra *mus.* Doppeltrommel *f* *kudüm
çifter çifter 1. jeweils doppelt, paarweise 2. haufenweise; in großer Zahl
çiftetelli türk. Volkstanz mit starken, rhythmischen und koketten Körperbewegungen
çiftevlenme Bigamie *f*
çiftkanatlılar Zweiflügler *pl. zo.* Diptera *sinekler, zülcenaheyn
çiftleme 1. Vs. zu **çiftlemek** 2. zwei unmittelbar aufeinanderfolgende Treffer (e–s Jägers)
çiftlemek 1. verdoppeln 2. paaren (Tiere)
çiftleşme 1. Vs. zu **çiftleşmek** 2. Paarung *f*, Sich-Decken *n* (von Tieren) 3. *bot.* Kopulation, Begattung, Befruchtung *f* ~ **hastalığı** s. **at frengisi;** ~ **zamanı** Paarungszeit *f*, Brunst, Brunft *f*
çiftleşmek 1. sich verdoppeln, ein Paar werden 2. sich paaren (Tiere) 3. sich begatten, sich befruchten (Pflanzen)
çiftleştirmek s. **çiftlemek**
çiftlik 1. (Land-)Gut *n* (Bauern-)Hof *m*, Gehöft *n* 2. Farm *f* 3. *selt.* Eheleben *n* 4. *V* a) Schlaraffenland *n* b) Marktplatz *m* ~ **avlusu** Wirtschafts-, Hühner-hof *m* ~ **gübresi** Stall-mist, -dünger *m* ~ **idaresi** Gutsverwaltung *f* ~ **kâhyası** Gutsverwalter *m* ~ **sahibi** 1. Gutsbesitzer *m* 2. Farmer *m*
Çiftlik *n.pr.* s. **Kelkit** (2)
çiftlikât, -tı *va. Pl.* zu **çiftlik;** ~**ı Hümayun** *fr.* Kaiserlich-Osmanische Güter *pl.*, Landgüter *pl.* des Sultans
çiftparmaklılar Paarhufer *pl. zo.* Artiodactyla
çiftpencere Doppelfenster *n*
çiftrende Doppelhobel *m*
çiftsayı *math.* gerade Zahl *çift adet
çiftzıvana Doppelzapfen *m* (bei Holzverbindung) ~ **çigan müziği** e–e *spez.* von rumänischen od. ungarischen Zigeunern gespielte Musikart
çiga s. **çığa**
çigan s. **tsigan**
çiğ (I) s. **çiy**
çiğ (II) 1. unreif (Obst, Gemüse usw.) 2. roh, ungekocht 3. nicht ganz gar gekocht (bzw. gebraten usw.) 4. unbedacht (und kränkend od. befremdend), wenig taktvoll (z.B. Worte); linkisch, ungeschickt (z.B. Benehmen) 5. unerfahren, unreif; töricht, albern, kindisch 6. auffallend, schreiend, grell (Farben) 7. brachliegend, unbestellt (Land) ~ **bal!** 1. erster Honig, Jungfernhonig *m* 2. (traditioneller Ruf der Maulbeeren-Händler) ~ ~ **yemek** *fig.* 1. mit wütendem Haß verfolgen 2. j–n zum Anbeißen hübsch finden ~ **düşmek** *fig.* sich unpassend ausnehmen; stark befremden ~ **iplik** ungesponnener Faden ~ **kahve** Rohkaffee *m* ~ **köfte** e–e Frikadellenart aus **bulgur** und rohem Hackfleisch ~ **madde kürü** Rohkost-kur, -diät *f* ~ **toprak** brachliegender Boden, unbestelltes Land ≗ **yemedim ki karnım ağrısın!** *fig.* Ich habe ein gutes Gewissen (*scil.* und brauche nichts zu befürchten).
çiğde Jujube *f spez.* gemeine Jujube *bot.* Zizyphus vulgaris *hünnap ağacı (*Anm.* Die rundlichen roten Früchte, die sogenannten Brustbeeren, werden als Obst od. als Brusttee verwendet.)
çiğdem 1. Alpen-, Berg-safran, Krokus *m bot.* Colchicum Ritchii *mahmurçiçeği 2. s. **acı ~; güz -i;** ~ **konsome** (fettlose) Fleisch- od. Hühner-brühe mit kleingeschnittenen Mohrrüben, Sellerie u. grünen Bohnen
çiğdemgiller s. **acıçiğdemgiller**
çiğdene 1. ≗ *n.pr.* kleiner Hafenort am Schwarzen Meer 2. ein für Außenwände von Holzhäusern viel verwendetes, an der Schwarzmeerküste geschlagenes Harzholz
çiğelmek *dial.* 1. sich nicht weich od. gar kochen lassen; zäh bleiben 2. dem Reißen nahe sein (Faden)
çiğil *geol.* (2–4 mm starke) Sandkörnchen
çiğin *va.* Schulter(-partie), Achsel *f* *omuz **-e almak** *va.* auf die Schulter nehmen; *(a. fig.)* übernehmen

çiğindirik Schulterholz *n* (der Wasserträger, Joghurtverkäufer usw.) *omuzluk
çiğit, -ti *P* Kürbis-, Melonen- u. *spez.* Baumwoll-kerne *pl.* ~ **pamuğu** Linters *pl.* (kurze Fasern des Baumwollsamens)
çiğleşmek 1. in die Augen stechen (Farben, grelles Licht) 2. *fig.* sich wenig taktvoll verhalten
çiğlik 1. Unreifsein *n* (von Obst, Gemüse usw.) 2. Ungekochtsein *n,* Rohzustand *m* 3. Nicht-Garsein, Nicht-ganz-Durchgebratensein *n* 4. unbedachtes und kränkendes (od. befremdendes) Wort; Ungeschicklichkeit *f,* linkisches Benehmen, Mangel *m* an Takt 5. törichtes (albernes, kindisches) Benehmen; Unerfahrenheit, Unreife *f;* Eselei *f* 6. Auffälligkeit, Grellheit *f* (von Farben) 7. Brachliegen, Unbestelltsein *n* (von Land) 8. Ungeschminktheit *f,* (verletzende) Offenheit ~ **etmek** (*od.* **yapmak**) e–e Ungeschicklichkeit od. Taktlosigkeit begehen ≗ **olur.** Das wäre taktlos (unhöflich).
çiğnek belebte, verkehrsreiche Gegend od. Straße
çiğnem *P* Mundvoll *m* (zum Kauen)
çiğneme Vs. zu **çiğnemek** *spez.* Kauen *n* *madg ~ **kası** *an.* Kaumuskel *m* *adalei madgiye
çiğnemek 1. (zer-)kauen 2. zer-treten, -quetschen, -malmen 3. treten (auf), betreten 4. überfahren (z.B. Person od. Haltesignal) 5. *fig.* mit Füßen treten, nicht die geringste Beachtung schenken 6. *fig.* ein Gebiet besetzen (Feind) 7. **(lakırdıyı)** undeutlich sprechen, nuscheln 8. **(şeker)** a) j–m den Mund wässerig machen b) j–n mit Versprechungen abspeisen Zu 3: **Çimeni çiğnemeyin!** Betreten des Rasens verboten! **Seni çiğneyip geçmek istemedim.** Ich wollte dir wenigstens in aller Eile Guten Tag sagen.
çiğnemik vorgekaute Speise (für Kleinkinder)
çiğrenkçiler die Fauvisten, „die Wilden" *fovlar
çiğrenkçilik Fauvismus *m* (Stil e–r franz. Malergruppe zu Beginn des 20. Jh.)
çihar s. **cihar**
-çik s. **-cik**
çikirdemek *dial.* sauer werden und zu gären beginnen *tahammür etmek
çiklet, -ti Kaugummi *m*
çikletçi Kaugummiverkäufer *m*
çikolata [··×·] 1. Schokolade *f* 2. schokoladefarben
çikolatacı Hersteller od. Verkäufer *m* von Schokolade (-waren)
çikolatacılık Herstellung *f* und Vertrieb *m* von Schokolade(-waren)
çikolatalı 1. Schokolade enthaltend 2. mit Schokolade hergestellt, Schokoladen-
çil (I) Haselhuhn *n zo.* Tetrastes bonasia 2. **(kuşu)** s. **turaç;** ~ **ardıcı** Drosselrohrsänger *m zo.* Acrocephalus arundinaceus *ırmak ardıcı ~ **yavrusu gibi dağılmak** auseinanderstieben
çil (II) 1. Sommersprosse *f* 2. blinde Stelle e–s Spiegels 3. Saug-, Faser-wurzel *f* 4. gesprenkelt, gefleckt
çil (III) 1. *va.* vierzig Goldstücke 2. glänzend, blank, funkelnagelneu (*spez.* Geldstück)
-çil s. **-cil**
çilan s. **çılan**
çilav aus pers. Reis zubereiteter Pilaw (s.a. **amberbu**); ~ **kebap** Pilaw aus pers. Reis mit Fleischstückchen und Butter
çile (I) 1. Strang *m,* Strähne *f,* Docke *f,* Gebinde *n* (bei Garn, Wolle, Seidenfäden usw.) 2. *va.* Bogensehne *f* *yay kirişi
çile (II) (< *pers.* **çihil,** vierzig) 1. *fr.* vierzigtägige Prüfungs- und Fasten-zeit e–s Novizen in e–m Derwischkloster 2. *fig.* Entbehrung, Drangsal, Trübsal, Not, Sorge, Mühe *f* *mihnet 3. verdunkelter Pferdestall (zur Kräftigung der Tiere) 4. christl. Leidensweg *m;* Passion Christi *f* 5. asketisches Leben ~ **çekmek (çıkarmak, doldurmak)** *od.* **-ye soyunmak (girmek)** 1. *fr.* sich kasteien 2. *fig.* Entbehrungen (Drangsal, Sorgen) durchmachen, sich abhärmen; leiden; in großer Bedrängnis sein **-den çıkarmak** aufs höchste erbittern, in Wut versetzen **-den çıkmak** in Wut geraten, sich nicht länger bezähmen können; aus der Haut fahren **-si dolmak** *fig.* am Ende e–r Leidenszeit stehen
çilecilik Askese *f* *asetizm, zühdiye
çilehane [ā] *fr.* Raum *m,* in dem ein Novize die Prüfungs- und Fastenzeit verbringt
çilek 1. Erdbeerstaude *f bot.* Fragaria 2. Erdbeere *f* ~ **ağacı** s. **kocayemiş ağacı;** ~ **elması** Beerenapfel *m bot.* Pirus baccata ~ **marmeladı** Erdbeermarmelade *f* ~ **reçeli** Erdbeerkonfitüre *f*
çilekçi 1. Besitzer *m* e–r Erdbeerplantage 2. Erdbeerverkäufer *m*
çilekçilik 1. Anbau *m* von Erdbeeren 2. Erdbeer-handel, -verkauf *m*
çilekeş 1. *fr.* Mönchsnovize, der die vierzigtägige Prüfungs- und Fasten-zeit durchzumachen hatte 2. *fig.* wer viel Trübsal und Leid durchzumachen hat; Vielgeplagte *m, f*
çilekli mit Erdbeeren, Erdbeer-
çileklik Erdbeerplantage *f*
çilelenmek 1. aufgewickelt werden (vgl. **çile** I) 2. *dial.* gut genährt und kräftig werden (vgl. **çile** II, 3)
çileli 1. s. **çilekeş** (2) 2. mit viel Mühen verbunden; beschwerlich 3. *dial.* gut genährt und kräftig (Pferd)
çilemek *dial.* singen (Nachtigall)
çilenti *dial.* leichter Regen; Sprühregen *m* *çiskin, serpinti
çilesiz frei von Sorgen und Trübsal; unbeschwert, gemütlich, erfreulich
çilingir 1. (Bau-)Schlosser *m* 2. *V* Einbrecher *m* ~ **atelyesi** Schlosserwerkstatt *f* ~ **sofrası** *V* Zechtisch *m* ~ **sofrasını kurmak** *V* zu zechen beginnen
çilingirlik 1. Schlosserhandwerk *n* 2. Schlosserarbeit *f*
çillenmek 1. Sommersprossen bekommen 2. blinde Stellen bekommen (Spiegel) 3. fleckig werden (Metall)
çilli 1. sommersprossig 2. mit blinden Stellen (Spiegel) 3. fleckig (Metall) 4. mit Saugwurzeln 5. reich an Haselhühnern 6. gefleckt, scheckig
çilsiz ohne Sommersprossen, blinde Stellen (usw. s. **çil** II)
çim (I) [–] 7. Buchst. des osm. Alph. (*fr.* a. **cimi Farisî** genannt)
çim (II) 1. (gesäter) Rasen; Deckrasen *m,* Rasen-, Grasdecke *f* 2. Rasen-, Wiesen-gras *n spez.* Lolch *m bot.* Lolium 3. Rasenplatz *m* (mit kurz gehaltenem Gras) 4. s. **çemen** 5. *selt.* Moos *n* od. Flechten *pl.* (an Bäumen od. Steinen) 6. Wurzel *f,* Keim *m* *cürsume ~ **ekmek** (*od.* **dikmek**) Rasen säen ~ **kesme makinesi** *agr.* Rasenmäher *m* ~ **otu** Schwingelgras *n bot.* Festuca ~ **tohumu** Gras-, Rasen-samen *m*
çim (III) **çim** *dial.* unlustig, unwillig
çimbalom s. **simbalom**
Çimbriler s. **Kimberler**
çimçek *dial.* kleiner Vogel z.B. Sperling *m*
çimçiğ *Verst.* von **çiğ** (II) in allen Bed.
çimdik 1. Kneifen, Zwicken *n* 2. Fingerspitze, Prise *f* 3. *fig.* kränkende Bemerkung ~ **atmak (basmak, vurmak)** kneifen, zwicken **Koluma bir ~ attı.** Er hat mich in den Arm gezwickt. ~ **dikişi** e–e Art Steppverzierung ~ **hotozu** *fr.* e–e Art Spitzhaube (für Frauen) ~ **yemek** gekniffen, gezwickt werden
çimdiklemek 1. kneifen, zwicken 2. mit zwei Fingern nehmen 3. *fig.* et. Kränkendes sagen
çimdirmek Kaus. zu **çimmek** 1. ein-, unter-tauchen *(tr.)* 2.

durchnässen, einweichen 3. baden *(tr.)* 4. *abus.* s. **çimdiklemek**
çimecek *dial.* für **çimek** (1)
çimek *dial.* 1. s. **gusülhane** 2. Bad, Badehaus *n* *hamam 3. Rasenplatz *m* *çimenli yer
çimen 1. (von selbst gewachsener) Rasen *m,* Gras *n,* Wiese *f* 2. Rasenplatz *m* 3. s. **çemen** (1, 2) 4. *Verst.* zu **çeyiz;** ~ **döşek** Rasenfläche *f* (am Haus) ~ **hokeyi** Rasenhockey *n*
çimendifer *P* für **şimendifer**
çimenlendirmek mit Rasen bepflanzen
çimenli mit Rasen bestanden, Rasen-
çimenlik 1. *selt.* Wiesenland *n* 2. Rasenplatz *m* 3. Grünanlage *f*
çimensiz 1. ohne **çimen** 2. *Verst.* zu **çeyizsiz**
çimento [·×·] 1. Zement *m* 2. aus (od. mit) Zement hergestellt; Zement- 3. Bindemittel *n,* Kitt *m* ~ **buhranı** Zementmangel *m* ~ **karo** Zement-, Beton-platte *f* *karosiman ~ **künk** Zementrohr *n* ~ **vurmak** (aus-)zementieren
çimentolamak 1. (aus-, ein-)zementieren 2. mit Zement verbinden
çimentolanma 1. Zementation *f* 2. *geol.* Verkittung *f*
çimentolu 1. (aus-, ein-)zementiert 2. Zement enthaltend od. mit Zement gemischt 3. mittels Zement hergestellt
çimenzar [ā] *z. va.* s. **çimenlik**
çimil *dial.* s. **anofel**
çimlenme Vs. zu **çimlenmek** *spez. bot.* Keimen *n* *intaş ~ **beneği** Keimfleck *m,* Macula germinativa *şeleli intaşiye ~ **gücü** Keimfähigkeit *f* ~ **plazması** Keimplasma *n*
çimlenmek 1. keimen 2. sich mit Rasen bedecken bzw. mit Rasen angepflanzt werden 3. *hum.* bei et. e–n kleinen Profit machen 4. allmählich wegnehmen 5. den Köder von dem Angelhaken abreißen (Fisch)
çimli 1. mit Rasen bedeckt 2. s. **çemenli**
çimlik Rasen(-platz) *m*
çimmek *P* 1. ein-, unter-getaucht werden 2. durchnäßt od. eingeweicht werden 3. baden *(intr.)*
çimre(n)mek s. **çemre(n)mek**
çimşir s. **şimşir**
Çin 1. *n.pr.* China 2. chinesisch ~ **ağacı** Himalaja-Zeder *f bot.* Cedrus deodora *Hint selvisi ~ **altın melezi** s. **yalancı melez;** ~ **anasonu** s. **yıldız anasonu;** ~ **çivitotu** Färberknöterich *m bot.* Polygonum tinctorium ~ **çobandeğneği** Heckenknöterich *m bot.* Polygonum dumetorum ~ **çuhaçiçeği** chinesische Primel *bot.* Primula sinensis ~ **gümüşü** Neusilber *n* ~ **Halk Cumhuriyeti** *n.pr.* Volksrepublik China; Rotchina ~ **Hindistanı** (*od.* ~ **Hindi**) *n.pr. fr.* Indochina *Hindiçinî ~ **ıspanağı** weiße Baselle *bot.* Basella alba ~ **ipeklisi** chinesischer Seidenstoff *Pekin ipeklisi ~ **işi** 1. Chinaware *f* 2. Scherzartikel *m* ~ **kâğıdı** China-Reispapier *n* ~ **karanfili** chinesische Nelke *bot.* Dianthus sinensis ~ **keneviri** Ramie *f bot.* Boehmeria nivea *rami ~ **lubyası** s. **soya fasulyesi;** ~ **Maçin** (*a.* **Çini Maçin** < ält. **Çinü Maçin**) 1. China und die Mandschurei 2. *fig.* weiter entfernter Ort ~ **mısırı** Name e–r kleinkörnigen Maisart ~ **mürekkebi** Tusche *f* ~ **porsukağacı** Steineibe *f bot.* Podocarpus macrophylla ~ **portakalı** s. **mandalina ağacı;** ~ **saparnası** s. **çöp çini;** ~ **Seddi** s. **Seddiçin;** ~ **şakayıkı** s. **şakayık** (2); ~ **tavuğu** Cochin(-china-)huhn *n* ~ **tarçını** chinesischer Zimtbaum *bot.* Cinnamomum cassia ~ **Türkistanı** s. **Sinkiyang;** ~ **verniği** Schellack *gomalaka, şelak ~ **yağı** Tung-, Holz-öl *n* *odun yağı
çin (I) [–] *va.* 1. Kringel *m,* Locke *f* 2. Falte, Furche, Runzel *f* **-i cebin; -i ebru** *va.* Stirnrunzeln *n,* finsterer Blick **-i cebin göstermek** *va.* finster dreinschauen **-i zülüf** *va.* (Haar-)Locke *f*
çin (II) s. **çın**
-çin [–] *va. pers. Sx.* pflückend, sammelnd, aufnehmend, entfernend, aufsaugend, auswählend
çinakop, -pu Bez. des Blaufisches **(lüfer)** bei e–r Länge von 10–15 cm
Çinbilim(-sel) s. **sinoloji(-k)**
Çince [×·] 1. chinesische Sprache, Chinesisch 2. chinesisch
çinçilya 1. **(büyük** *bzw.* **küçük** ~) Chinchilla *f zo.* Chinchilla (brevicaudata *bzw.* lanigera) 2. Chinchillapelz *m* ~ **tavşanı** Chinchilla *f* (deutsche Kaninchenrasse mit bläulich-aschgrauem Fell)
çinçilyagiller Hasenmäuse *pl. zo.* Viscaciidae
Çine *n.pr.* O. u. D. im Rbz. Aydın
Çingene [×··] 1. Zigeuner(-in *f*) *m* 2. ⚘ *fig.* unverschämt, dreist, zudringlich 3. ⚘ knickerig, knauserig, geizig ~ **borçları** Läpper-, Bagatell-schulden *pl.* ~ **çalar, Kürt oynar.** *Spr.* 1. Der eine taugt so wenig wie der andere. 2. **(bir yerde)** Es herrscht ein wahrer Hexensabbat (z. B. bei e–m Vergnügen). ~ **çergesi** 1. Zigeunerzelt *n* 2. *fig.* schmutziger, verwahrloster Ort, (wahre) Räuberhöhle ~ **çergesinde musandıra ne arar?** *Spr.* 1. Unmögliches erwarten 2. sich sinnlos und vergeblich abmühen ~ **düğünü** *fig.* lärmende, ausgelassene Gesellschaft ~ **gelini** *fig.* übermäßig aufgeputztes Mädchen ~ **karısı** Zigeunerweib *n,* Zigeunerin *f, pej.* alte Hexe ~ **kavgası** *fig.* wüstes, gegenseitiges Beschimpfen ~ **maşası gibi** hager, ausgemergelt (Person) ~ **palamudu** s. Stw. **palamut** (I); ~ **pavuryası** Strandkrabbe *f zo.* Carcinus maenas ~ **pembesi** grell-rötliche Farbe ~ **sarısı** knallgelb ~ **sepeti** Spankorb *m* ~ **şalvarı** *fig.* buntes Durcheinander ~ **yengeci** s. **çaganoz**
Çingenece 1. Zigeunersprache *f* 2. wie ein(-e) Zigeuner (-in) *d. h.* a) unverschämt b) geizig
çingeneleşmek 1. zum Zigeuner werden 2. *fig.* unverschämt od. geizig werden
çingenelik 1. Verhalten und Benehmen *n* e–s Zigeuners 2. Unverschämtheit *f* 3. Geiz *m* 4. Zigeunertum *n* 5. Zigeunerunwesen *n* ~ **etmek** *fig.* unverschämt od. geizig sein
Çingiz s. **Cengiz**
çingülü, -nü 1. s. **kamelya** 2. Rosen-Eibisch *m bot.* Hibiscus rosa sinensis *kontes, viskoz
çini 1. Tonfliese, Kachel *f* 2. Fayence, Majolika, Keramik *f* 3. kunstvolle Emailarbeit (auf Metall, Horn, Elfenbein, Perlmutt usw.) 4. (Lottospiel) Voll-Legung *f* e–r Reihe 5. mit Fliesen ausgelegt, gekachelt, Kachel- 6. Fayence-, Majolika-, Keramik- 7. mit kunstvoller Emailarbeit ~ **döşemek** Fliesen legen ~ **kaplamak** kacheln ~ **karo** Fliese, Kachel *f* *karofayans ~ **soba** Kachelofen *m* ~ **vazo** Majolikavase *f*
Çinî *selt.* China betreffend, chinesisch ~ **mürekkebi** s. **Çin mürekkebi**
çinici Hersteller od. Verkäufer *m* von **çini**
çinicilik 1. Tätigkeit *f,* Beruf *m* e–s **çinici** 2. Fayencekunst, Majolikaarbeit, Keramik *f*
çinilek 1. *dial.* Ort mit starkem Echo 2. *mus.* Raum *m* mit schlechter Akustik
çinili 1. mit Tonfliesen ausgelegt; gekachelt, Kachel- 2. Fayence-, Majolika-, Keramik- 3. mit kunstvoller Emailarbeit ⚘ **Köşk** *n.pr.* „Fayencenpalast" *m* (Gebäude im Topkapı Sarayı, Istanbul, heute Teil des Antikenmuseums)
çinko [×·] 1. Zink *n* *tutya 2. aus Zink hergestellt, Zink- ~ **beyazı** (*od.* ~ **üstübeci**) Zinkweiß *n* (Malerfarbe) ~ **blent** s. **blent;** ~ **kaplamak** mit Zinkbelag ausstatten, verzinken, galvanisieren ~ **levha** 1. Zinkplatte *f,* Zinkblech *n* 2. gewalztes Zink ~ **oksit** *chem.* Zinkoxyd *n* ~ **saç** Zinkblech *n* ~ **sülfat** Zink-sulfat *n,* -vitriol *m, n* **-dan banyo** Zinkbadewanne *f*
çinkograf Zinkätzer, Zinkograph *m*

çinkografi; çinkografya [··×·] Zinkätzung, Zinkographie *f*
çinkolamak verzinken, galvanisieren
çinkolu 1. mit Zink (versehen, ausgeschlagen usw.) 2. zinkhaltig, Zink-
çinleylağı, -nı s. **tespihağacı**
Çinli 1. Chines-e *m*, -in *f* 2. aus China stammend, chinesisch
çint(iy)an bauschige Hose der türk. Bauersfrauen
çip, -pi *od.* **çips** (Kartoffel-)Chips *pl.*
çipçiğ *Verst.* von **çiğ** (II)
çipil 1. mit entzündeten (triefenden) und wimperlosen Augen 2. s. **çepel** 3. *dial.* morastig, sumpfig
çipo [×·] *naut.* Ankerstock *m* ≗ **kalktı!** Anker gelichtet!
çipolu *naut.* mit Ankerstock ~ **demir** Stock-, Admiralitätsanker *m*
çiposuz demir stockloser Anker
çipura [·×·] **(balığı)** Goldbrasse *f zo.* Chrysophrys aurata
çir *dial.* Trocken-, Dörr-obst *n*
Çirçe *n.pr.* Circe, Kirke
çiredest [ī] *va.* geschickt, gewandt, anstellig
Çirio! (*engl.* **cheerio**) *snob.* 1. Mach's gut! Tschüs! 2. Prosit!
çiriş Kleister *m*, Steife *f spez.* von Schustern und Buchbindern verwendetes starkes Klebemittel aus den zu Pulver zerriebenen Asphodill- od. Tragant-wurzeln ~ **çanağı** 1. Kleistertopf *m* 2. *fig. pej.* schlecht zubereitete Speise, *V* Saufraß *m* ~ **(çanağı) gibi** klebrig und bitter **-le yapıştırmak** 1. zusammenkleben 2. *fig. pej.* zusammenkleistern, zurechtschustern, *F* hinhauen
çirişçi Hersteller od. Verkäufer *m* von **çiriş**
çirişçilik Gewerbe *n* e–s **çirişçi**
çirişlemek mit Kleister bestreichen; steifen, leimen
çirişlendirmek 1. veranlassen od. zulassen, daß et. mit Kleister bestrichen wird 2. zu (od. wie) Kleister werden lassen
çirişlenmek 1. Pass. zu **çirişlemek** 2. zu (od. wie) Kleister werden
çirişli 1. mit Kleister bestrichen, geklebt 2. appretiert, gesteift (Stoff)
çirişotu, -nu verzweigter Affodill *bot.* Asphodelus ramosus
çirk *va.* 1. Schmutz *m*, Unsauberkeit *f* 2. Rost *m* 3. Körperabsonderung *f* (z.B. Ohrenschmalz, Eiter) 4. schmutzig, unsauber
çirkef (< *pers.* **çirkâb**) 1. stinkendes Schmutzwasser 2. *fig.* widerwärtige, ekelhafte Person; übler Charakter 3. *fig.* widerwärtige, schmutzige Angelegenheit 4. *fig.* widerwärtig, schmutzig, ekelerregend Zu 2: **Şu çirkefi üstüne sıçratma!** *F* Leg dich nicht mit dieser Dreckschleuder an! ~ **atmak** s. **çamur atmak;** ~ **çamur** Faulschlamm *m*, Sapropel *n* ~ **içine düşmek** 1. in Schmutz geraten 2. *fig.* ungewollt in e–e schmutzige od. schimpfliche Angelegenheit verwickelt werden ~ **suyu** Abwässer *pl.* (aus Haushaltungen, Fabriken usw.) **-e taş atmak** s. **çamura taş atmak**
çirkin 1. häßlich, widerwärtig, widerlich, abstoßend 2. unziemlich, geschmacklos, niedrig, gemein, schändlich, unanständig 3. *va.* eiterige Wunde; Abszeß *m* ~ **bir manzara** widerliches Schauspiel ~ **görmek** häßlich finden; tadeln, mißbilligen ≗**le bal yenmez.** *Spr.* Mit e–m ekelerregenden Menschen kann man nicht zusammen Honig essen.
çirkince reichlich widerwärtig
çirkinleşmek häßlich (widerlich usw.) werden, seine Schönheit (seinen Reiz, Glanz) verlieren
çirkinleştirmek; çirkinletmek häßlich werden lassen, verunstalten, *F* verhunzen
çirkinlik 1. Häßlichkeit *f;* widerlicher Anblick 2. Unziemlichkeit, Geschmacklosigkeit, Gemeinheit, Unanständigkeit *f* (*bes.* als Charakterisierung e–r Handlung)
çirkinsemek 1. häßlich (widerwärtig usw.) finden 2. seiner Mißbilligung Ausdruck geben
çiroz 1. Makrele *f* nach dem Laichen 2. solche, in der Sonne getrocknete Makrelen 3. *fig.* spindeldürrer Mensch ~ **gibi (kurumuş)** wie ein ausgenommener Hering, nur mehr Haut und Knochen (Mensch)
çirozlaşmak 1. abmagern (Makrele nach dem Laichen) 2. klapperdürr werden (Person)
çis Manna *f, n* (zuckerhaltiger Ausfluß best. Pflanzen *spez.* der Manna-Tamariske; *a.* Abführmittel) *kudret helvası
çise 1. feiner, dünner Regen; Staub-, Sprüh-regen *m* 2. leichter Tau
çise(le)mek 1. **(yağmur)** nieseln, sanft regnen 2. **(çiy)** fallen (Tau)
çisimek s. **çise(le)mek**
çisinti s. **çise**
çiskin 1. s. **çise** 2. durch Sprühregen et. naß geworden
çiş *Ki.* Pipi *n*, Urin *m* ~ **bezi** (Kinder-)Windel *f* ~ **etmek** Pipi machen, ein kleines Geschäft verrichten; pissen **-i gelmek** Pipi machen müssen, „einmal müssen"
çişik, -iği *P* junger Hase; Häschen *n* od. junges Kaninchen
çit, -ti 1. (Flecht-, Reisig-)Hecke, Einfriedung *f*, Zaun *m*, *jur. a.* Grenz-hecke, -mauer *f* 2. Chintz *m* 3. s. **çıt** 4. Kopftuch *n* ~ **çekmek** e–e Hecke (e–n Zaun) ziehen ~ **hanımeli** rote Heckenkirsche *bot.* Lonicera xylosteum ~ **kaplama** (*od.* **-le iksa**) *mil.* Flechtwerkbekleidung *f* ~ **kertenkelesi** Zauneidechse *f zo.* Lacerta agilis ~ **makası** Heckenschere *f* ~ **örgü(-sü)** Flecht-, Gitter-werk *n* ~ **ötleğeni** s. **çıngırak sesli ötleğen;** ~ **serçesi** s. **bozboğaz; -ten duvar boktan sıva** *V* Bruchbude *f*
çita (I) s. **gepar**
çita (II) s. **çıta**
çitari Goldstrich, Blöker *m zo.* Box salpa *kupes; lopa balığı; sarpan
çitek Gitterwerk *n* (für Lauben) *çitme
çite(le)mek s. **çitmek** (2)
çiten *dial.* s. **sepet**
çiti 1. Reiben *n* (der Wäsche beim Waschen) 2. Verknotung *f* der Endfäden eines Teppichs ~ **yapmak** die Haare mit e–m engen Kamm durchkämmen (s. a. **çitmek**)
çitiha s. **şehdiye**
çitilemek reiben (Wäsche beim Waschen)
çitileşmek s. **çitişmek**
çitilgi Stickerei *f*
çitili gerieben (Wäsche beim Waschen)
çitimek s. **çitmek** (2)
çitişik 1. ineinander verwachsen (Bäume, Sträucher, Zähne) 2. ineinander verschlungen (verwoben, verfilzt)
çitişmek 1. ineinander verwachsen 2. sich ineinander verschlingen (verweben, verfilzen)
çitkuşu, -nu Zaunkönig *m zo.* Troglodytes troglodytes *bokluca (bokça, çöplüce) bülbül
çitkuşugiller (Familie *f* der) Zaunkönige *zo.* Troglodytidae
çitlembik, iği 1. Zürgelbaum *m bot.* Celtis (australis u.a.) 2. Zürgel-beere, -kirsche *f* (et. größer als e–e Linse; säuerlich schmeckend) ~ **ağacı** 1. westlicher Zürgelbaum *bot.* Celtis occidentalis 2. s. **terementi ağacı;** ~ **gibi** niedliches Mädchen mit braunem Teint, *F* netter Käfer
çitlemek 1. mit e–r Hecke (e–m Zaun) umgeben, einfriedigen 2. mit Chintz überziehen 3. Melonen- od. Kürbiskerne aufknacken und essen
çitlenmek 1. Pass. zu **çitlemek** 2. zu e–r Hecke (od. e–m undurchdringlichen Dickicht) werden
çitli 1. mit e–r Hecke (e–m Zaun) umgeben, eingefaßt 2. mit Chintz überzogen

Çitli madensuyu ein spez. bei Leber- und Nieren-krankheiten verwendetes Mineralwasser (aus der Brussa-Gegend)
çitlik 1. was bei der Herstellung e–r (Flecht-)Hecke Verwendung finden kann; Unterholz, Reisig *n* 2. mit Hekken umstandener Platz
çitme s. **çitek**
çitmek 1. zusammenbringen; ver-einigen, -flechten, -weben 2. stopfen, (aus-)flicken 3. die Zähne e–s Kammes zusammenbinden (so daß sie ganz eng stehen) 4. s. **çitilemek**
çitmik 1. s. **çıngıl** 2. Fingerspitze, Prise *f* *çimdik
çitsarmaşığı, -nı Zaunwinde *f bot.* Convolvulus sepium *kahkahaçiçeği, uleyk
çitsarmaşığıgiller Windengewächse *pl. bot.* Convolvulaceae
çivi 1. Nagel *m* 2. Keil, Pflock, Stift, Dübel *m* 3. s. **düğme** (5) 4. *mus.* Stimm-nagel, -wirbel *m* (Klavier) 5. Schmetterschlag *m* (bei Volleyball) ~ **baskısı** Nageleisen *n* ~ **başı (başlığı, tablası)** Nagelkopf *m* ~ **çakmak** Nägel einschlagen ~ **çeken** (*od.* **söken**) Nagelzange *f* (*spez.* der Dachdecker) *kerpeten ≗ **çıkar ama, yeri kalır.** *fig.* E–e tiefgehende Kränkung kann man verzeihen, aber kaum vergessen. ≗ **çiviyi söker.** *Spr.* (Ein Keil treibt den anderen heraus. *d.h.*) 1. Beharrlichkeit führt zum Ziel. 2. Auf e–n groben Klotz gehört ein grober Keil. 3. Auf e–m Bein kann man nicht stehen. (Aufforderung zu e–m zweiten Glas Alkohol) 4. Ein Schaden hebt den anderen auf. 5. Man treibt den Teufel mit Beelzebub aus. 6. Eine Laune folgt der andern. ~ **demircisi** Nagelschmied *m* ~ **diş** Milchzahn *m* (der Kinder) ~ **gibi** 1. kräftig und flink, gesund und munter; stramm (Mensch) 2. ganz klamm (z.B. Finger) ~ **kesmek** *fig.* frieren wie ein Schneider ~ **sökme kalemi** Geißfuß *m* (zum Ziehen von Nägeln) ~ **sürmek** (b–ne) *fig.* j–n plagen, quälen, nicht zur Ruhe kommen lassen ~ **vurmak** Nägel einschlagen ~ **yeri** Nagelloch *n* ~ **yukarı** e–e Ringertechnik (bei **yağlı güreş**), bei der man den Gegner an den beiden Beinen packt, ihn auf den Kopf stellt und dann rücklings zu Boden wirft
çivici 1. Hersteller od. Verkäufer *m* von Nägeln (Keilen, Pflöcken, Stiften, Dübeln usw.) 2. wer gegerbte Häute auf e–n Rahmen nagelt (zur Formgebung) 3. *(Volleyball)* wer e–n Schmetterball schlägt
çividî [·––] **(mavi)** indigoblau
çivileme Vs. zu **çivilemek;** ~ **atlamak** s. **çivilemek** (6) ~ **makinesi** Nagelmaschine *f*
çivilemek 1. mit Nagel (Nägeln) befestigen; (an-, auf-, fest-, zusammen-)nageln; *a. fig.* **(yatağa)** (ans Bett) fesseln (Krankheit) 2. eindübeln; an-, fest-pflöcken 3 *F* j–n durch Intrigen in Ungnade bringen 4. *V* mit dem Messer stechen od. verwunden 5. *V* den Beischlaf ausüben (Mann) 6. die Füße voraus senkrecht ins Wasser springen 7. *V* s. **ispiyonlamak**
çivilenmek 1. Pass. zu **çivilemek** 2. *fig.* (bir yere) irgendwo stecken-, hängen-bleiben, sich verspäten 3. *fig.* keine Anstalten machen wegzugehen
çivileşmek die Form e–s Nagels (Keils usw.) annehmen od. zu e–m solchen werden
çivili 1. mit Nägeln (beschlagen, gekennzeichnet usw.); (an-, auf-, fest-, zusammen-)genagelt; Nagel- 2. eingedübelt; an-, fest-gepflockt 3. *V* s. **doktorlu;** ~ **ayakkabı** 1. Nagelschuhe *pl.* 2. *La.* Dorn-, Sprinter-schuhe, Spikes *pl.* ~ **geçit** Fußgängerübergang *m* ~ **köpekbalığı** s. **kara camgöz**
çivisiz ohne Nägel (Keile usw.) ~ **kalkan balığı** Glattbutt *m zo.* Rhombus laevis
çivit, -di Indigo *m,* Waschblau *n* ~ **ağacı** (*od.* ~ **fidanı**) Indigopflanze *f bot.* Indigofera tinctoria ~ **mavisi** indigoblau *Türk mavisi
çivitlemek mit Waschblau behandeln, bläuen (Wäsche)
çivitli 1. Indigofarbe enthaltend 2. mit Waschblau behandelt (Wäsche)
çivitotu, -nu s. **mavi boya kökü**
çivitsiz 1. ohne Indigo(-farbe) 2. nicht gebläut (Wäsche)
çiviyazısı, -nı Keilschrift *f* *hattı mıhî, hattı mismarî
çivmek das Ziel verfehlen (z.B. Pfeil) *cavmak
Çivril *n.pr.* O. u. D. im Rbz. Denizli
çiy Tau *m* *jale, şebnem ≗ **düştü** (*od.* **yağdı**). Es ist Tau gefallen. ~ **kaplamış** mit Tau bedeckt, tauig ~ **noktası** *met.* Taupunkt *m* ~ **otu** rundblättriger Sonnentau *bot.* Drosera rotundifolia *güneşgülü
çiyli mit Tau bedeckt; tauig
çiysemek s. **çise(le)mek**
çizecek Reißahle *f*
çizer *pej.* für **yazar:** Schreiberling, Schmierfink *m*
çizelge (mit Linien, Rubriken usw. versehener) Vordruck; Liste *f*, Formular *n* *cetvel
çizge graphische Darstellung; Diagramm *n* *grafik
çizgeç s. **cetvel tahtası**
çizgi 1. Linie *f*, Strich *m; a.* Umrißlinie *f*, Zug *m* 2. Streifen *m* (auf Tigerfell, Stoffen usw.) 3. *math.* Linie *f* *hat 4. Falte *f* (im Gesicht) 5. Filete *f* (des Buchbinders) 6. (*a.* **büyük** *od.* **uzun** ~) Gedankenstrich *m* 7. (*a.* **küçük** *od.* **kısa** ~) Bindestrich *m* 8. Kratzer, Riß, Ritz *m,* Schramme *f* ~ **çatlak** s. **kıl çatlak;** ~ **çekmek** (*od.* **çizmek**) Linien ziehen ~ **hakemi** *Fb. usw.* Linienrichter *m* ~ **kalemi** 1. Reißnadel *f* 2. *Th.* Schminkstift *m* ~ **resim** technische Zeichnung ~ **ressamı** technischer Zeichner *desinatör ~ **sabunu** Schneiderkreide *f* ~ **sanatları** Zeichnen *n* und Malerei *f*
çizgil s. **çizgisel**
çizgili 1. liniiert, mit Strichen versehen, gestrichelt 2. gestreift 3. mit Falten (im Gesicht) 4. *geol.* gerieft (durch Gletschereinwirkung; z.B. Gestein) 5. mit Binde- (bzw. Gedanken-)strich ~ **altlık** Linienblatt *n* ~ **çalıbülbülü** s. **çizgili ötleğen;** ~ **çek** *H* gekreuzter Scheck ~ **kâğıt** 1. liniiertes Papier; Linienpapier *n* 2. Linienblatt *n* *çizgili altlık ~ **kas** *an.* quergestreifter Muskel *adalei muhattata ~ **kertenkele** die Eidechsenart Lacerta striata (südöstl. Schwarzmeergebiet) ~ **mercanbalığı** Marmorbrassen *m zo.* Pagellus mormyrus ~ **ötleğen** Sperbergrasmücke *f zo.* Sylvia nisoria ~ **sırtlan** Streifenhyäne *f zo.* Hyaena hyaena ~ **sinek** Gelbfiebermücke *f zo.* Aedes aegypti *sarıhumma sineği ~ **sinekkapan** s. **lekeli sinekyutan;** ~ **skink** Streifenskink *m zo.* Eumeces Schneideri ~ **zorilla** Banditlis *m*, Zorilla *f zo.* Zorilla striata
çizgilik Lineal *n* *cetvel tahtası
çizgisel *math.* linear *doğrusal, hattî
çizgisiz 1. ohne Linien od. Striche, unliniiert, nicht gestrichelt 2. nicht gestreift, glatt 3. faltenlos, glatt (z.B. Stirn) ~ **çek** *H* Barscheck *m*
çizi 1. s. **çizgi** 2. (beim Pflügen entstehende) Ackerfurche *f* *karık 3. *an.* Furche, Rille, Falte *f* *olukçuk, telem
çizik 1. s. **çizgi** 2. s. **çizili**
çizikli s. **çizgili;** ~ **filim** *phot.* Film *m* mit Kratzern
çiziksiz s. **çizgisiz**
çiziksizleme *phot.* Beseitigung *f* von Kratzern (auf e–m Negativ)
çiziktiri flüchtig hingeworfene Skizze; Entwurf *m*
çiziktirmek s. **cızıktırmak**
çizili 1. gezogen (Linie, Strich) 2. mit Furchen od. Rillen 3. aus-, durch-gestrichen 4. **(altı)** unterstrichen 4. s. **çizgili**
çizim 1. *math.* Konstruktion *f* (mit Zirkel und Lineal) *tersim 2. s. **terkin** 3. Zeichnung *f* ~ **gönyesi** s. **resim gönyesi;** ~ **ressamı** technischer Zeichner *desinatör ~ **tahtası** Reißbrett *n*
çizin Aufriß, Lageplan *m*

çizinti 1. kleine Hautverletzung; Schramme *f* 2. et. Ausgestrichenes 3. *phot.* Kratzer *m* (auf e–m Negativ)
çizme 1. Vs. zu **çizmek** 2. (Schaft-, Reit-)Stiefel *m* ~ **giymek** Stiefel anziehen (od. tragen) ~ **ile tandıra girmek** *fig.* sich ungehörig benehmen ~ **kalıbı** Stiefelleisten *m* **-den yukarı(-ya) çıkmak** *fig.* 1. von et. reden, was man nicht versteht, *F* besonders gescheit sein wollen, das Gras wachsen hören 2. hoch hinauswollen **≗den yukarı çıkma!** Schuster, bleib bei deinem Leisten! **-leri ayağına çekmek** sich die Stiefel anziehen
çizmeci Stiefel-hersteller, -verkäufer *m*
çizmek, (-er) 1. ziehen (Linien, Striche usw.) 2. liniieren, stricheln 3. zeichnen; entwerfen (*a. fig.*: Schilderung, Bild der Lage usw.) 4. einzeichnen 5. durch-, aus-streichen 6. leicht ritzen od. schrammen
çizmeli hohe Schaftstiefel tragend; gestiefelt ≗ **Kedi** der gestiefelte Kater (Märchenfigur bei Perrault) *Kedi Usta
çoban 1. Hirt, Schäfer *m* 2. *fig.* wer sich bäuerisch (ungeschliffen, plump, linkisch, schwerfällig) benimmt 3. das Parfüm Myrcia 4. ≗ *astr.* Bootes *m* *Avva, Elavva ≗ **adası** *n.pr.* Insel *f* Kos (bei Rhodos) ~ **aldangıcı** s. **çobanaldatan;** ~ **armağanı** Schäfergeschenk *n d. h.* einfaches, bescheidenes, aber von Herzen kommendes Geschenk (s. a. Stw. **çamsakızı**); ~ **aşısı** *agr.* Kronenveredelung *f* auf Stamm *taçvari aşı ~ **çiçeği** s. **amarilis;** ~ **deyişi** *lit.* 1. Pastourelle *f* 2. Stil *m* e–r Pastourelle ~ **itikadı** einfacher, aber unerschütterlicher Glaube; Köhlerglaube *m* ~ **kebabı** Schmorfleisch *n* mit Gemüse ~ **komedyası** *Th.* Schäferspiel *n* ~ **köpeği** Schäferhund *m* ≗ **köpeği gibi ne yer ne yedirir.** *fig.* Er ist unglaublich geizig. ~ **kulübesinde padişah rüyası görmek** Luftschlösser bauen ~ **matı** *Scha.* Schäfermatt *n* ~ **sakalı** s. **tosbağa çiçeği;** ~ **salatası** gemischter Salat ~ **şiiri** s. **pastoral;** ~ **taşı** *fr.* Name e–s bes. großen und schönen Diamanten im Besitz des Sultans (angeblich von e–m Schäfer gefunden) ~ **uykusu** leichter Schlaf (voller Argwohn) ~ **yolu** s. **keçiyolu; ≗a yağ kaygısı, keçiye can kaygısı** (*od.* **korkusu**). *Spr.* Jeder ist sich selbt der Nächste. *Spr.*
çobanaldatan 1. s. **keçisağan** 2. s. **sarı ~; -lar** Nachtschwalben *pl. zo.* Caprimulgi
çobancalık s. **çobanlık** (2)
çobançantası, -nı Hirtentäschel, Täschelkraut *n bot.* Capsella bursa pastoris
çobançökerten s. **demir dikeni** (2)
çobandağarcığı, -nı s. **kuş ekmeği**
çobandeğneği, -ni Knöterich *m bot.* Polygonum (aviculare u. a.)
çobandüdüğü, -nü europäische Haselwurz; Brechwurz *f bot.* Asarum europaeum *meyhaneci otu, avşar otu
çobaniğnesi, -ni 1. s. **ıtır çiçeği** 2. s. **frenkmaydanozu** 3. s. **turnagagası**
çobankalkıtan s. **demir dikeni** (2)
çobanlama *lit.* Schäfer-gedicht, -spiel *n* *pastoral
çobanlık 1. Aufgabe, Tätigkeit *f* e–s Schäfers 2. Entlohnung *f* e–s Schäfers 3. bäuerisches, schwerfälliges, plumpes Benehmen ~ **etmek** 1. Schafe (od. andere Tiere) hüten 2. *hum.* zusammenhalten, zusammentreiben, hüten (z. B. Kinder) 3. *F* sich bäuerisch benehmen
çobanmayası, -nı Wiesenkreuzblume *f bot.* Polygala vulgaris *sütotu
çobanmerhemi, -ni e–e Wundsalbe aus Talg und Terpentin
çobanminaresi, -ni Name e–r hohen Grasart
çobanpüskülü, -nü 1. Stechpalme *f bot.* Ilex aquifolium *dikenli defne 2. s. **ölmez dikeni**
çobanpüskülügiller *bot.* Aquifoliazeen, Stechpalmengewächse *pl.* *şerrabetürraiye
çobansı idyllisch, ländlich, einfach, bukolisch
çobansüzeği *od.* **çobansüzgeci, -ni** 1. kletterndes Labkraut *bot.* Galium aparine *kaz otu, yapışkanotu 2. Johannis-, Blut-kraut *n bot.* Hypericum perforatum
çobantarağı, -nı 1. Kardendistel, Weberkarde *f bot.* Dipsacus fullonum 2. kammförmiger Nadelkerbel; Venuskamm *m bot.* Scandix pecten Veneris *zühretarağı
çobantuzluğu, -nu 1. s. **kadıntuzluğu** 2. s. **kuzukulağı**
çobanüzümü, -nü s. **Trabzon çayı**
çobanyastığı, -nı s. **kuduzotu** (2)
Çobanyıldızı, -nı *astr.* Venus *f*, Morgenstern *m* *Çulpan, Venüs, Zühre, Kervankıran, Kervanyıldızı
çocuk, -uğu 1. Kind *n* 2. Sohn *m*, Tochter *f* 3. **-lar** *Pl. F* Jungens! Mädels! Kameraden! 4. *mel.* Junge, Bursche, Kerl *m* 5. *pej.* Kindskopf *m;* dummer Junge 6. Jugendliche *m, f* Zu 4: **Kendisini otuz yıldan beri tanırım, çok iyi bir -tur.** Ich kenne ihn seit dreißig Jahren; er ist ein kreuzbraver Mensch. ~ **akli** kindliches Gemüt ~ **aldırmak** e–e Abtreibung vornehmen lassen ~ **arabası** Kinderwagen *m* ~ **bahçesi** 1. Kindergarten *m* *kindergarten 2. Lauf-gitter, -ställchen *n* (für Kleinkinder) 3. Kinderspielplatz *m* ~ **bakıcı** Kinder-schwester, -pflegerin *f* ~ **bakıcılığı** Kinderpflege *f* ~ **bakımevi** Kinderhort *m*, Kleinkinderbewahranstalt *f* (Tagesheim *spez.* für Kinder berufstätiger Frauen) *kreş ~ **bakımı** Kinderbetreuung *f* ~ **bezi** (Kinder-)Windel *f* ~ **büyütmek** ein Kind (bzw. Kinder) großziehen ~ **canlısı** 1. kinderlieb 2. *pej.* Kinder-narr *m*, -närrin *f* ~ **çağı** Kindesalter *n*, Kindheit *f* ~ **çeteleri** *jur.* jugendliche Banden *pl.* ~ **denecek bir yaşta** schon als halbes Kind (z. B. schrieb er Verse) ~ **dili** Kindersprache *f* ~ **dispanseri** Kinderklinik *f* ~ **doğurmak** ein Kind (bzw. Kinder) gebären, zur Welt bringen ~ **doktoru** Kinderarzt *m* ≗ **düşe kalka büyür.** *Spr.* Man muß das Leben eben nehmen, wie das Leben ist. Erfahrung ist die beste Lehrmeisterin. ~ **düşen otu** Steintäschel *n bot.* Aethionema coridifolium ~ **düşürme** *jur.* Fehlgeburt (*mst.* künstlich), Abtreibung *f* *ıskatı cenin ~ **düşürmek** 1. (bei sich selber) e–e Abtreibung vornehmen, e–e Fehlgeburt herbeiführen 2. e–e Fehlgeburt haben, abortieren ~ **düşürtmek** (bei e–r anderen Person) e–e Abtreibung vornehmen, e–e Fehlgeburt herbeiführen ~ **edinen** s. **evlât edinen;** ~ **edinilen** s. **evlâtlik** (2); ~ **edinme** s. **evlât edinme;** ≗ **Esirgeme Kurumu** (*vor* 1934: **Himayei Etfal Cemiyeti**) Kinderschutzverein *m* (gegr. 1921) ~ **felci** spinale Kinderlähmung; Poliomyelitis *f* *günaydın felci, poliyomiyelit ~ **geçirme** Fehlgeburt *f* (durch natürliche Umstände) ~ **getirmek** s. **çocuk doğurmak;** ~ **gibi** 1. kindlich-naiv 2. kindisch, albern 3. leichtgläubig ~ **hastalıkları** Kinderkrankheiten *pl.* ~ **hekimi** s. **çocuk doktoru;** ~ **hekimliği** Kinderheilkunde, Pädiatrie *f* *pediyatri ~ **hırsızı** Kidnapper, Kindesentführer *m* ~ **hukuku** *jur.* 1. Jugendrecht *n* 2. Rechte *pl.* des Kindes ~ **ıslahevi** Besserungsanstalt *f* ~ **işi** *fig.* Kinderspiel *n*, Bagatelle *f* ~ **kaçırma** Kindesentführung *f*, Kidnapping *n* ~ **kurdu** s. **barsak solucanı** (1); ~ **lalası** *fig.* unwissend, dumm ~ **mahkemesi** *jur.* Jugendgericht *n* ~ **malları** *jur.* Kindesvermögen *n* ~ **olmak** 1. zum Kind werden 2. *pej.* sich kindisch benehmen ~ **oyuncağı** 1. Kinderspielzeug *n* 2. *fig.* Kinderspiel *n*, Bagatelle *f* 3. bloßer Zeitvertreib ~ **oyuncağı haline getirmek** (e–e ernste Angelegenheit) zur Farce, Hanswurstiade machen ~ **oyunu** *Th.* Kinderstück *n* ~ **öldürme** Kindestötung *f* ~ **önlüğü** Kinder-, Sabber-lätzchen *n* ~ **peydahlamak** ein Kind bekommen (unverheiratete Frau) ~ **saffeti** (*od.* **saflığı**) kindliche Naivität ~ **sahibi olmak** Kinder haben (bzw. bekommen) ~ **sevgisi** Elternliebe *f* ~ **sözcüğü** Lallwort *n* ~ **suçluluğu** *jur.* Jugendkriminalität *f* ~ **topluluğu** *Th.* Kindertruppe *f* ~ **yapmak** ein Kind (bzw. Kinder) zeugen, sich ein Kind (bzw. Kinder) anschaffen ~ **yuvası** Kinder-heim *n*, -bewahranstalt *f*, -hort *m* ~ **zammı** Kinder-zuschlag *m*, -zu-

lage *f* **-u almak** Geburtshilfe leisten; entbinden *(tr.)* **-u olmak** ein Kind (bzw. Kinder) bekommen **-u olmaz** kinderlos, unfruchtbar (Frau) **-un adını koymak** 1. dem Kind e–n Namen geben 2. *fig.* sich klar werden (über); et. festsetzen (*z. B.* Preis) **-un nesebini gizleme** *jur.* Kindes-unterschlagung, -unterschiebung, -verwechslung *f* **-ları çalıştırma yasağı** Verbot *n* der Kinderarbeit **-ların terki** *jur.* Aussetzung *f* hilfloser Personen *spez.* Kinder ≗**tan al haberi!** Kinder und Narren erzählen die Wahrheit. *Spr.*

çocukbilim Pädologie *(va.)*; Jugendkunde *f spez.* Kinder- und Jugend-psychologie *f* *etfaliyat, pedoloji

çocukbilimsel pädologisch *(va.)*; jugendpsychologisch

çocukcağız armer kleiner Kerl; kleiner Wicht

çocukça 1. kindlich 2. *pej.* kindisch ~ **heves** kindliches (bzw. kindisches) Wollen

çocukçalık *psych.* Infantilismus *m*

çocukçu *V* Päderast *m*

çocukçuluk Kinder-fürsorge, -betreuung *f*

çocuklaşmak 1. zum Kind werden 2. *pej.* sich kindisch benehmen

çocuklu mit (soundsoviel) Kindern **dört ~ anne** Mutter *f* von vier Kindern; s. a. **çok ~ aile**

çocukluk, -uğu 1. Kindheit *f*, Kindesalter *n* 2. Kind-Sein *n* 3. *pej.* Kinderei *f*, kindisches (dummes, albernes, unüberlegtes) Benehmen ~ **etmek** e–e Kinderei begehen, kindisch und unüberlegt handeln **-una vermek** (bşi) et. seiner Jugend zugute halten

çocuksu wie ein Kind; kindlich bzw. kindisch

çocuksuluk 1. Kindlichkeit *f* 2. kindisches Benehmen

çocuksuz ohne Kinder, kinderlos

çocuksuzluk Kinderlosigkeit *f*

çoçona [·×·] s. **folyabalığı**

çoğalan aritmetik dizi steigende arithmetische Reihe *silsilei adediyei mütezayide

çoğalma Vs. zu **çoğalmak;** *biol. a.* Fortpflanzung *f* *reprodüksyon, üreme

çoğalmak sich vermehren; anwachsen, zunehmen; sich steigern, sich erhöhen (z. B. Zahl, Menge)

çoğaltan s. **çarpan**

çoğaltı Vervielfältigung *f* *teksir

çoğaltma Vs. zu **çoğaltmak;** ~ **cihazı** (*od.* **makinesi**) Vervielfältigungsapparat, Hektograph *m* ~ **hakkı** *jur.* Copyright, Verlagsrecht *n* ~ **kağıdı** Durchschlagpapier *n* (für die Schreibmaschine)

çoğaltmak 1. vermehren, steigern, erhöhen; anwachsen od. zunehmen lassen 2. vervielfältigen, hektographieren

çoğu s. Stw. **çok**

çoğul *gr.* 1. Plural *m,* Mehrzahl *f* 2. pluralisch, im Plural stehend *(1, 2) cemi ~ **eki** *gr.* Pluralendung *f*

çoğulcu pluralistisch

çoğullamak; çoğullaştırmak *gr.* in den Plural setzen, pluralisieren *cemile(ndir)mek

çoğumsamak s. **çok görmek** (1)

çoğun; çoğunca [·×·] oft, häufig *çok defa, sık sık, ekseriya

çoğunluk, -uğu Mehrheit, Majorität *f* *ekseriyet ~ **derecesi** Quorum *n* *nisabı ekseriyet ~ **usulü** *pol.* Mehrheitswahlsystem *n* **-la** meistens, zum größten Teil **-umuz** die meisten von uns

çoğurcuk s. **sığırcık**

çok, -ğu 1. viel(e), zahlreich(e), reichlich, vielmals 2. sehr 3. lange (dauernd) 4. häufig, oft 5. zuviel, zu sehr, zu ...; übermäßig, zu lange, zu häufig, überreichlich 6. *in Zss.* über-, mehr- ~ **ağır makineli tüfek** *mil.* überschweres Maschinengewehr ~ **anlamlı** *ling.* mehrdeutig (Wort) ≗ **arpa atı çatlatır.** *Spr.* Allzuviel ist ungesund. *Spr.* ~ **bağlaçlılık** *stil.* Polysyndeton *n,* Polysyndese *f* ≗ **bilen çok yanılır.** *Spr.* Gerade wer viel weiß, irrt sich oft. ~ **bilinmeyenli denklem** *math.* Gleichung *f* mit mehreren Unbekannten ~ **buutlu feza** mehrdimensionaler Raum ~ **çocuklu aile** vielköpfige, kinderreiche Familie ~ ~ 1. sehr viel(e), in großer Menge, im Überfluß 2. wenn es hoch kommt, höchstens, längstens *en çok; olsa olsa ~ **daha ıssız gelmek** erst recht einsam werden ~ **defa** viele Male, häufig, oft, öfters *sık sık; ekseriya ~ **fazla** 1. viel zuviel, viel zu sehr, übermäßig, übertrieben 2. überaus groß, sehr beträchtlich (z. B. Verluste) ~ **geçmeden** binnen kurzem ~ **gelmek** 1. unnötig, überflüssig od. unerträglich sein 2. j–m als zu hoch (zuviel, übertrieben) vorkommen ≗ **gezen çok bilir.** *Spr.* Reisen bildet. *Spr.* ~ **görmek** *fig.* 1. für zu hoch (zuviel, überflüssig od. unerträglich) halten 2. versagen, verweigern, *F* nicht herausrücken wollen, nicht in die Schanze schlagen wollen *esirgemek, diriğ etmek 3. j–m et. nicht gönnen, mißgönnen 4. überschätzen ~ **görmemek** für angebracht halten ≗ **gülen** ~ **ağlar.** *Spr.* 1. Auf Lachen folgt Weinen. 2. Den Vogel, der am Morgen singt, holt am Abend die Katze. 3. Himmelhoch jauchzend, zu Tode betrübt. ~ **hadli** s. **çokterimli;** ~ **içen** starke(r) Trinker(-in); Alkoholiker(-in *f*) *m* ~ **kabiliyetliler** s. **üstün yetenekliler;** ~ **kademeli** mehrstufig (z. B. Turbine) ~ **katlı perçin** *techn.* mehrschnittige Nietung ~ **kere** s. ~ **defa;** ~ **kısa dalgalar** *phys.* Ultrakurzwellen *pl.* *mikro-ontlar ~ **kutuplu** *techn.* mehrpolig (z. B. Dynamo) ~ **motörlü uçak** mehrmotoriges Flugzeug ≗ **naz âşık usandırır.** *Spr.* Allzu viel Ziererei macht den Liebhaber überdrüssig. ~ **olmak** 1. zu weit gehen, j–m auf die Nerven fallen 2. zu viel oder zu zahlreich sein 3. überflüssig sein ~ **parlak kopya** *phot.* Hochglanzabzug *m* ~ **partili sistem** *pol.* Mehrparteiensystem *n* ~ **safhalı** s. **-fazlı;** ~ **sayıda** in großer Anzahl; zahlreich ~ **söylemek** *pej.* zu viel reden, ein Schwätzer, e–e Schwatzbase sein ~ **süratle gitmek** mit überhöhter Geschwindigkeit fahren ≗ **şey!** (Ausruf der Verwunderung; *oft iron.*) Allerhand! Eigenartig! Unglaublich! Ist so etwas möglich? Das hätte ich nicht gedacht! ≗ **şükür!** Gott sei Dank! ~ **taraflı** (*od.* **yönlü**) bunt, vielgestaltig, verwickelt (z. B. Abenteuer) ~ **taraflı akit** *jur.* mehrseitiger, multilateraler Vertrag ~ **taraflı takas** multilateraler Clearing-Verkehr ≗ **teşekkür ederim!** Recht herzlichen Dank! Besten Dank! Ich danke vielmals. ~ **tutmak** (bşi bşden) bevorzugen, lieber haben ~ **vakit** oft, häufig ~ **vecihli (cisim)** s. **-yüzlü;** ~ **vecihli zaviye** s. **-düzlemli açı;** ~ **vidalı pres** Furnierbock *m* (des Tischlers) ~ **yaşa** hoch und nochmals hoch! ≗ **yaşayan bilmez,** ~ **gezen bilir.** *Spr.* Nicht wer lange lebt, hat viel Erfahrung, sondern wer viel herumgekommen ist. ~ **yer tutan** sperrig (z. B. Postpaket) ~ **zaman** s. ~ **vakit; -a kalmaz (sürmez, varmaz, varmazdan)** binnen kurzem, in kurzer Zeit, bald; es wird nicht viel Zeit vergehen, bis ... **-a oturmak (patlamak, varmak)** (zu) teuer zu stehen kommen **-a varmak** *a.:* die Grenzen des Erlaubten überschreiten **-u** 1. ein großer od. der größte Teil (von et.), recht viel(e), die meisten *pl.* 2. häufig, oft, öfters *çok defa, sık sık, ekseriya 3. am häufigsten, am meisten *ekseriyetle ≗**u gitti azı kaldı.** *fig.* (Also voran!) Das Gröbste ist jetzt geschafft. **-u insanlar** recht viele (od. die meisten) Menschen **-u kere; -u kez** vielfach, oft **-u yerde** 1. vielerorts 2. vielfach, öfters, oft **-u zaman** a) recht oft b) meistens ≗**u zarar azı karar.** *Spr.* Man soll nie übertreiben. **-umuz** a) die meisten (der größte Teil) von uns b) recht viele von uns **bunun yarısından çoğu** mehr als die Hälfte hiervon

çoka [×·] s. **çığa balığı**

çokal 1. *fr.* Harnisch, Panzer *m,* Rüstung *f spez.* Roßharnisch *m* *küstüvan 2. grobe, dicke Glasur auf Steingut 3. glasiertes Steingut

çokallı 1. mit Harnisch (Panzer, Rüstung) 2. mit grober, dicker Glasur
çokamaçlı Mehrzweck-
çokayaklılar; çokbacaklılar Tausendfüßler *pl. zo.* Myriapoda
çokbakışımlı s. **ışınsı**
çokbiçimli vielgestaltig, polymorph *çokşekilli
çokbiçimlilik Vielgestaltigkeit, Polymorphie *f*
çokbilir in allen Sätteln gerecht; Tausend-sassa, -künstler *m* *hezarfen
çokbilmiş 1. schlau, raffiniert, abgefeimt, mit allen Wassern gewaschen; Pfiffikus *m* 2. frühreif, aufgeweckt, über sein Alter hinaus verständig; *pej.* altklug (Kind)
çokcücüklülük *bot., zo.* Polyembryonie *f*
çokça recht viel, ziemlich viel, reichlich, recht oft **bu çeşit kelimelerin -sı** ein beträchtlicher Teil dieser verschiedenen Wörter
çokçicekli vielblütig
çokçu 1. Pluralist *m* 2. pluralistisch
çokçuluk Pluralismus *m* *plüralizm
çokdilbilir s. **poliglot**
çokdoğuran 1. mehrgebärend 2. gebärkräftig
çokdüzlemli açı *math.* Polyederwinkel *m* *çok vecihli zaviye
çokembriyonluluk s. **çokcücüklülük**
çokevli in Vielehe lebend; polygam *poligam
çokevlilik Viel-, Mehr-ehe, Polygamie *f*
çokevreli; çokfazlı *phys.* mehrphasig, Mehrphasen- *çok safhalı
çokgen *math.* Vieleck, Polygon *n* *mudalla
çokgözeli s. **çokhücreli**
çokheceli *ling.* mehrsilbig
çokhücreli *biol.* 1. vielzellig 2. Vielzeller *m,* Metazoon *n* *kesîrülhücre ~ **bitkiler** *bot.* Metaphyten, vielzellige Pflanzen *pl.* *kesîrülhücre nebatat ~ **hayvanlar** *zo.* Metazoen, vielzellige Tiere *pl.* *hayvanatı taliye
çokkarılı in Polygamie lebend (Mann)
çokkarılılık *jur.* Doppelehe, Vielweiberei, Bi-, Poly-gamie, Polygynie *f*
çokkıllılar *zo.* Polychäten *pl.* (meerbewohnende Borstenwürmer)
çokkişililik *psych.* multiple Persönlichkeit
çokkocalı in Polyandrie lebend (Frau)
çokkocalılık *jur.* Vielmännerei, Polyandrie *f*
çoklaşmak 1. viel, zahlreich werden 2. s. **çoğalmak**
çokluk 1. große Zahl (Anzahl, Menge); Fülle, Vielheit, Vielfältigkeit, Mehrzahl, Überzahl *f* 2. überreichliches Vorhandensein; Überfluß *m* 3. (mst. in neg. Sätzen) oft, häufig, (nicht) sonderlich 4. s. **çoğunluk** Zu 1: **Onlar, bizden hayli -tur.** Sie sind gegen uns beträchtlich in der Überzahl. ~ **eki** *gr.* s. **çoğul eki** Zu 3: **O, bize ~ gelmez.** Er besucht uns nicht allzu häufig. Er kommt nur ab und zu einmal zu uns. Zu 4: s. **salt ~**
çokmaksatlı s. **çokamaçlı**
çokrağan *va.* reichlich sprudelnde Quelle
çokramak *va.* wallen, bullern, blubbern (z. B. kochendes Wasser) *fıkır fıkır kaynamak
çokrenkli viel-, mehr-farbig
çokritimlilik *mus.* Polyrhythmie *f*
çoksamak; çoksumak s. **çok görmek**
çoksanmak; çoksunmak 1. Pass. zu **çoksamak, çoksumak** 2. sich et. ersparen (z. B. Mühe)
çoksesli *mus.* polyphon(-isch), mehrstimmig
çokseslilik *mus.* Polyphonie, Mehrstimmigkeit *f*
çoktan (*a.* ~ **beri; -dır**) seit langer Zeit; seit langem; längst
çoktanki alt; schon seit langer Zeit bestehend
çoktanlık Alter *n;* Tatsache *f,* daß et. schon seit langer Zeit besteht *kıdem
çoktanrıcı(-lık) s. **politeist, politeizm**
çoktanrılı mit vielen Göttern, polytheistisch (z. B. Religion)
çoktasım *log.* Schlußkette *f,* Polysyllogismus *m* *kıyasatı müselsele
çokterimli *math.* viel-, mehr-gliedrig, polynomisch; Polynom *n* *çok hadli, zuhududu kesîre
çokumak *selt.* picken (Vögel)
çoküyeli s. **çokterimli**
çokyanlı s. **çok taraflı**
çokyapımlı *chem.* heterogen *gayri mütecanis
çokyıllık *bot.* perennierend, mehrjährig ~ **bitki** *bot.* Dauerpflanze *f* ~ **yerfesleğeni** Waldbingelkraut *n bot.* Mercurialis perennis
çokyuvarlılık *med.* (krankhafte) Vermehrung der Blutkörperchen: a) Polyzythämie *f* b) Leukämie *f*
çokyüzlü 1. *math.* Viel-flach *n,* -flächner *m,* Polyeder *n* 2. *techn.* mehrseitig
çolak 1. mit verkrüppeltem (verstümmeltem, gelähmtem) Arm od. e–r solchen Hand 2. einarmig od. einhändig
çolaklaşmak 1. verkrüppelt (verstümmelt, gelähmt) werden (Arm od. Hand) 2. e–n Arm od. e–e Hand verlieren
çolaklık 1. Verkrüppelung (Verstümmelung, Lähmung) *f* e–s Armes od. e–r Hand 2. Einarmigkeit, Einhändigkeit *f*
çolpa 1. *va.* mit verkrüppeltem Fuß; krummfüßig 2. mit dem linken Bein zuerst auftretend (*spez.* Pferd) 3. mit schmutzigen Füßen und Beinen 4. *fig.* ungeschickt, linkisch, täppisch, unbeholfen
çolpalık linkisches Benehmen; Ungeschicklichkeit, Unbeholfenheit *f*
Çolpan s. **Çulpan**
çoluk çocuk 1. das kleine Volk; Kinder(-schar *f*) *pl.* 2. Frau und Kinder, die ganze Familie, Kind und Kegel 3. *pej.* junge, unbedeutende Leute ~ ~ **sahibi olmak** e–e Familie zu ernähren haben **çoluğa çocuğa karışmış bir adam** ein Mann, der Frau und Kinder hat
çolum *reg.* Kescher, Handhamen *m* (der Fischer) *ağkepçe
çolun s. **çolum**
çomak 1. dicker, kurzer Stock; Knüttel *m,* Keule *f* 2. *hist.* Streitkolben *m* 3. Schlagstock *m* bei dem Ksp. **çelikçomak** 4. Schlegel *m* (für die große Trommel) 5. *bot.* Kolben *m* (z. B. bei Mais) ~ **hücresi** (*od.* ~ **gözesi**) *an.* Stäbchen *n* (in der Netzhaut des Auges)
çomakgöz *biol.* Ommatidium *n* (Einzelauge e–s Facettenauges)
çomaklamak mit der Keule (usw.) bearbeiten
çomar 1. großer, starker Hirtenhund; *a.* Hundename 2. *dial.* Schaf *n* ohne Hörner 3. *V* alter gerissener Kerl 4. *V* alter Kneipwirt
çopra 1. Fischgräte *f* 2. struppiges Unterholz; dichtes Dorngestrüpp 3. Schmerle, Grundel *f zo.* Cobitis Zu 3: s. a. **bıyıklı (dikenli) ~**
çopul *dial.* größere Bodenvertiefung zum Sammeln von Regenwasser (für die Bewässerung e–s Gemüsegartens)
çopur 1. entstellendes Gesichtsmal; Muttermal *n,* Blatternarben *pl.* 2. Junge *n* wilder Tiere 3. durch ein Gesichts-, Mutter-mal entstellt, blatternarbig
çopurina [··×·] Aland, (Schwarz-)Nerfling *m* (Weißfischart) *zo.* Idus melanotus
çopurlu s. **çopur** (3)
çopurluk Entstellung *f* des Gesichts durch Blatternarben
çor *dial.* 1. Krankheit *f,* Leiden *n* *hastalık, dert 2. *reg.* Rinderpest *f* *sığır vebası 3. *reg.* böser Geist
çorak 1. dürr, unfruchtbar (Boden) 2. bitter, salzig (Wasser) 3. wasserundurchlässige Schicht auf Erddächern 4. (natürlicher) Salpeter

çoraklaşmak dürr und unfruchtbar werden (Boden)

çoraklık 1. Dürre, Unfruchtbarkeit *f* (des Bodens) 2. dürrer, unfruchtbarer Boden 3. Salzhaltigkeit *f* (des Wassers)

çorap, -bı 1. Strumpf *m* 2. Socke *f* 3. *fig.* Intrige *f* ~ **bağı** 1. Strumpfband *n* 2. Sockenhalter *m* *(1, 2) jartiyer ≗ **kaçıyor.** Es entsteht e–e Laufmasche. ~ **örmek** 1. Strümpfe (Socken) stricken 2. *fig.* s. **başına ~ örmek;** ~ **söküğü** 1. Loch *n* im Strumpf, Laufmasche *f* 2. *fig.* was unaufhaltsam weitergeht, was kein Ende nehmen will; Rattenkönig *m* ~ **söküğü gibi gitmek** (*od.* **Arkası** ~ ~ **söküğü gibi gelmek**) 1. unaufhaltsam weitergehen 2. wie geschmiert gehen ~ **şişi** Stricknadel *f*

çorapçı 1. Strumpfwirker, Strumpf-, Socken-fabrikant *m* 2. Strumpf-, Socken-händler od. -verkäufer *m*

çorapçılık Herstellung *f* od. Verkauf *m* von Strümpfen und Socken

çoraplı Strümpfe od. Socken tragend

çorapsız ohne Strümpfe od. Socken, strumpflos

çorba 1. Suppe *f* 2. *fig.* Durcheinander *n* ~ **cümle** fehlerhaft gebauter Satz ~ **etmek** s. **çorbaya döndürmek;** ~ **gibi** 1. wässerig, matschig (Essen) 2. in Unordnung, durcheinander ~ **içmek** Suppe essen ~ **içmeğe çağırmak** zum Essen rufen ≗ **kapısı** *n.pr.* das (erhalten gebliebene) Eingangstor zur Fatih-Moschee (*urspr.* vier Tore) ~ **kaplumbağası** Suppenschildkröte *f zo.* Chelonia mydas ~ **kâsesi** Suppen-schüssel, -terrine *f* ~ **kaşığı** Eßlöffel *m* ~ **kepçesi** Suppenkelle *f* ~ **olmak** in heillosem Durcheinander sein, sich hoffnungslos verwirren ~ **tabağı** Suppenteller *m* *çukur tabak **-da tuzu** (*od.* **maydanozu**) **olmak** (*od.* **bulunmak**) 1. auch et. dazu beisteuern; e–n kleinen Beitrag liefern 2. ein Interesse daran haben ≗**dan ağzı yanan ...** s. **Sütten ağzı yanan ...** ≗**dan dönenin ...** s. **Pilavdan dönenin ... -sı tütmek** *fig.* sich gesund und wohl fühlen **-ya döndürmek** (ortalığı) ein heilloses Durcheinander anrichten **-ya dönmek** sich hoffnungslos verwirren **-yı kâsede pişirip, tencere ile sofraya getirmek** *fig.* sich dumm (täppisch, tolpatschig) anstellen

çorbacı 1. Hersteller *m* od. Verkäufer *m* von Suppen 2. wer gerne Suppen ißt 3. *fr.* angesehener Dorfbewohner (der durchreisende Fremde kostenlos bewirtete) 4. *P* reicher angesehener Christ (Ehrentitel) 5. *hist.* s. **yayabaşı** 6. *V* Arbeitgeber, Betriebsleiter, *F* Boß *m* 7. *(Matrosensprache)* Schiffsbesitzer, Reeder *m* 8. *hist.* (Ende des 18. Jh.) bulgarischer Mitarbeiter in der türk. Verwaltung von Bulgarien; *a.* Händler, Wucherer *m*

çorbalık 1. zur Herstellung von Suppen geeignet od. best. 2. Suppenwürfel *m* *komprime 3. Suppenterrine *f* ~ **pirinç** Suppen-, Brüh-reis *m*

çorçil (< Churchill) englischer Soldatenstiefel

Çorlu *n.pr.* Städtchen u. D. im Rbz. Tekirdağ

çorman s. **karman** (*od.* **harman**) **çorman**

çorpa *va.* Frischling *m* (Ferkel des Wildschweins)

çortu *dial.* 1. s. **lahana turşusu** 2. e–e aus (1) hergestellte Suppe

Çoruh *n.pr.* 1. *fr.* Name des Rbz. Artvin 2. **(ırmağı)** Fluß im nordöstl. Anatolien, der auf russischem Gebiet bei Batum mündet

Çorum *n.pr.* Stadt u. gln. Rbz. (nordöstl. von Ankara)

çotira (balığı) s. **çütre (balığı)**

çotra flaches, hölzernes Trinkgefäß (*spez.* für Reisen)

çotuk 1. Wurzelstock, Baumstumpf, Stubben *m* 2. Wein-, Reb-stock *m* *asma kütüğü; tevek 3. Weinvorrat *m*

çotur 1. flach *yassı 2. mit flacher, eingedrückter Nase (Person)

çöğen 1. *reg.* ein altes Reiterspiel 2. s. **çöven (otu)**

çöğmek *P* 1. in e–r Kurve niedergehen (Geschoß) 2. pissen, urinieren *işemek

çöğüncek *P* (Schaukel-)Wippe *f* *tahterevalli

çöğündür s. **kırmızı pancar**

çöğünmek *P* auf der e–n Seite hinauf-, auf der anderen Seite herunter-gehen (Waage, Schaukel)

çöğür (I) s. **meydansazı;** ~ **şairi** s. **saz şairi**

çöğür (II) *P* 1. s. **deveelması** 2. aus Samen gezogener Steckling

çöğürcü wer **çöğür** (I) herstellt od. spielt

çök etmek s. **diz çökmek**

çökek, -ği 1. Senkung, Vertiefung *f* 2. Schilfdickicht *n* 3. s. **tortu** 4. Stelle *f* e–s Niederkniens 5. e–e Art **çökelek** (*q. v.*)

çökel 1. *geol.* Ablagerung *f* 2. *chem.* Niederschlag, Bodensatz *m* *rüsup

çökelez *dial.* s. **sincap**

çökelge *P* 1. Schwemm-, Alluvial-land *n* *lığlı arazi 2. Sumpfgebiet *n* 3. tiefe Bodensenke

çökelmek *chem.* sich niederschlagen *teressüp etmek

çökelsel s. **tortul**

çökelti s. **çökel**

çökeltin *biol.* Präzipitin *n,* Niederschlag *m* (im Blut) *presipitin

çökeltmek *chem.* fällen, präzipitieren *tersip etmek

çökermek s. **çökertmek**

çökerti Ablagerung *f,* Niederschlag *m* (im Wasser) ~ **sekisi** *geogr.* Kalksinterterrasse *f* ~ **tepesi** Kalksinterkegel *m* (an e–m Geysir)

çökertme 1. Vs. zu **çökertmek** 2. *mil.* Einbruch *m* (in e–e Frontlinie) 3. vertiefte Stelle (bei e–r Schnitzerei) 4. großes viereckiges Fischernetz (das auf den Meeresboden hinabgelassen wird) ~ **tavan** s. **tekne tavan**

çökertmek 1. (ein Kamel) niederknien lassen *ıhlatmak 2. sich ablagern (niederschlagen) lassen 3. einschlagen, einrammen 4. *mil.* a) niederwerfen b) e–n Fronteinbruch erzielen 5. durch übermäßige Beanspruchung zusammenbrechen lassen

çökken stark eingesunken

çökkün 1. eingesunken 2. auf den Knien liegend 3. *fig.* körperlich od. geistig nicht mehr auf der Höhe; taperig 4. *psych.* depressiv *inhitatî

çökkünlük 1. Eingesunkensein *n* *inhifaz 2. *fig.* Taperigkeit *f* 3. *psych.* Depression *f*

çökme 1. Vs. zu **çökmek** 2. *geol.* Einsturz, Zusammenbruch *m* *inhidam

çökmek 1. sich senken; einsinken (Erdboden, Straße usw.) 2. hohl werden; einfallen (Wangen) 3. einstürzen, zusammenbrechen (Zimmerdecke, Haus, Reich usw.) 4. sich hinkauern, sich lagern 5. **(diz)** niederknien 6. hereinbrechen (Dunkelheit, Leid, Unglück) 7. fallen (*a.* z. B. in e–n Sessel); sich herabsenken (Nebel, Rauch usw.) 8. drohend aufsteigen (Gefahr) 9. befallen, sich lähmend legen (auf) (Alpdrücken, Schwermut usw.) 10. (körperlich) verfallen 11. hineingehen (Nagel, Dübel usw.) 12. sich (ab-)setzen, sich niederschlagen; ablagern (Wein) 13. *mil.* an e–r Stelle eingedrückt werden (Front)

çöktürmek 1. Kaus. zu **çökmek** 2. s. **çökertmek**

çökük 1. eingesunken, hohl (z. B. Augen) 2. zusammengebrochen 3. kniend od. lagernd 4. alt und schwach 5. (als Bodensatz) abgelagert 6. *mil.* an e–r Stelle eingedrückt (Frontlinie) 7. *geol.* Graben *m,* Tiefscholle *f*

çöküklük Senkung *f,* Eingesunkensein *n*

çökül Ablagerung *f* (e–s über die Ufer getretenen Flusses)

çöküm 1. Vs. zu **çökmek** *çöküş 2. kniende Haltung 3. *fig.* Niedergang, Verfall *m,* Entartung, Dekadenz *f* *gerileme, inhitat

çöküntü 1. Trümmer *pl.* (von et. Eingestürztem, Zusammengebrochenem) 2. Bodensatz, Niederschlag *m* (in e–r Flüssigkeit) *teressübat 3. *geogr.* Bodensenke *f* 4. Zu-

sammenbruch, Einsturz *m* *inhitat 5. Alterserscheinung *f* (z.B. Runzeln) 6. *psych.* Depression, Melancholie *f* ~ **hendeği** *geol.* tektonischer Graben *hufrei inhidamiye
çökür s. **çöğür** (II)
çök(t)ürme(-k) s. **çöker(t)me(-k)**
çöküş s. **çöküm**
çöküşmek 1. sich als Bodensatz niederschlagen 2. sich gemeinsam niederlassen (z.B. Vögel)
çöl 1. (Sand-)Wüste *f* 2. Wüstenland *n,* Wüstenei *f* ~ **agaması** Wüstenagame *f* (Nordafrika) *zo.* Agama mutabilis ~ **bitkileri** Wüstenflora *f* ~ **çekirgesi** s. **Sudan çekirgesi;** ~ **faresi** s. **çırboğa** (1); ~ **gemisi** Schiff *n* der Wüste, Kamel *n* ~ **koşarı** Wüstenläufer *m zo.* Cursorius cursor ~ **sıracaotu** arabische Braunwurz *bot.* Scrophularia Saharae ~ **şeridi** Wüstenstreifen *m* ~ **tavuğu** Flughuhn *n zo.* Pterocles ~ **tilkisi** s. **fenek;** ~ **varanı** (Wüsten-)Waran *m zo.* Varanus griseus **-deki derviş** *fig.* (einsamer) Rufer in der Wüste **-e dönmek** zur Wüstenei werden, verwüstet werden *harap olmak
Çölemerik *fr.* Name von **Hakkâri**
çölleşmek 1. zur Wüste (zum Ödland) werden 2. verwüstet werden *harap olmak
çöllü Wüstenbewohner, Nomade *m* *bedevî
çöllük 1. dürr, unfruchtbar, Wüsten- 2. mit ausgedehnten od. vielen Wüstenstrichen (Land)
çömçe s. **çemçe;** ~ **gelin** Name e–s primitiven Puppenspiels (Anatolien)
çömelik duruş *(Turnen)* Hockstellung *f*
çömelme Vs. zu **çömelmek;** ~ **helâtaşı** s. **alaturka helâtaşı**
çömelmek sich (sitzend) hinkauern; (sich) niederhocken
çömez 1. *fr.* Schüler *m* e–r Medrese, der gleichzeitig Dienste zu verrichten hatte 2. *allg.* Anhänger, Schüler, Jünger *m*
çömezlik etmek 1. (j–s) Schüler, Anhänger sein 2. ohne Entgelt Dienste verrichten
çömlek 1. irdener Topf 2. *mus.* s. **dümbelek;** ~ **hesabı** törichter Gedankengang; Milchmädchenrechnung *f* ~ **kebabı** größere Fleischstückchen, die zusammen mit Gemüse in e–m geschlossenen Topf geschmort werden ~ **peyniri** in e–n irdenen Topf gepreßter, luftdicht verschlossener Ziegenkäse, der längere Zeit in der Erde aufbewahrt wird
çömlekçi 1. Töpfer *m* 2. wer mit Töpferwaren handelt ~ **çarkı** (*od.* ~ **tornası**) Töpferscheibe *f* ~ **kili** (*od.* **çamuru**) Töpferton *m* *acinî kil
çömlekçilik Herstellung *f* od. Verkauf *m* von Töpferwaren; Töpferkunst *f*, Töpfereigewerbe *n,* Keramik *f* *seramik
çöngül *va.* kleines Sumpfloch; Pfuhl, Morast *m*
çöp, -pü 1. Stroh-, Gras-hälmchen *n;* kleines Holzstückchen; Splitter *m,* winziges Ästchen, kurzes Stielchen, (abgebranntes) Streichholz 2. Abfall, Kehricht, Müll *m* 3. *V* Penis *m* ~ **arabası** Müll-fuhrwerk *n,* -abfuhrwagen *m* ~ **atlamaz** 1. pedantisch genau 2. *selt.* gedrängt voll; überfüllt ~ **bacası** Müllschlucker *m* ~ **batmak** eindringen (z.B. in den Finger) ~ **bidonu** Mülltonne *f* ~ **boya** Pflanzenfarbe *f* (*spez.* für Teppiche) ~ **çini** (< çûbu Çinî) 1. Chinastechwinde *f bot.* Smilax China *Çin saparnası 2. *pharm.* Chinawurzel *f* ~ **gibi** mager und elend, ganz heruntergekommen ~ **kamyonu** Müllauto *n* ~ **kebabı** gedünstete Fleisch- u. Auberginen-stückchen auf Holzstäbchen ~ **kırmak** *fig.* ärgerlich werden ~ **kutusu** (*od.* ~ **tenekesi)** Müll-, Abfall-eimer *m* ~ **taşlamak** s. **kur'a çekmek;** ~ **ve fener parası** s. **temizleme ve aydınlatma resmi;** ~ **vergisi** *P* s. **tanzifat resmi;** ~ **yığını** Müll-, Abfallhaufen *m* **-e dönmek** sehr abmagern, spindeldürr werden **-ten çelebi** dünn wie ein Strich (Person) **-ten direk** *fig.* brüchig, unsolide aufgebaut, mangelhaft fundiert, auf tönernen Füßen stehend
çöpçatan 1. angebliche Schicksalskraft, welche die für einander bestimmten Menschen zusammenführt 2. Heiratsvermittler(-in *f*) *m* ≗ **böyle çatmış, ne denir?** Das Schicksal hat uns (euch, sie) eben so zusammengeführt. (Mann und Frau) ~ **olmak** s. **çöpçatanlık etmek**
çöpçatanlık Heiratsvermittlung *f* ~ **etmek** den Heiratsvermittler spielen
çöpçü 1. Müll-fuhrmann, -kutscher *m* 2. Straßenkehrer *m* ~ **balığı** s. **balçık yiyen**
çöpçülük 1. Tätigkeit *f* e–s **çöpçü** 2. Müllabfuhr *f* 3. Straßenreinigung *f*
çöpelemin Beschwörungsformel im Märchen zum Herbeirufen von Geistern
çöpkapan Bernstein *m* *kehlibar
çöpleme Nieswurz *f bot.* Helleborus *boynuz otu, harbak, marulcuk; s.a. **beyaz (kara, kokulu, yeşil)** ~
çöplenmek 1. ein paar Krümchen (Brosamen) essen 2. *fig.* bescheiden, anspruchslos leben 3. *fig.* hier und da e–n kleinen Gewinn machen
çöplü 1. mit Hälmchen, Stielchen usw. untermischt 2. mit Stengel, Stiel, Halm 3. mit Abfall beschmutzt od. bestreut
çöplüce bülbül s. **çitkuşu**
çöplük 1. Kehrichthaufen, Müllabfuhrplatz *m* 2. Abfallkorb, Mülleimer *m* ~ **gübresi** Kompost *m* ~ **horozu** *fig.* an Geschmacksverirrung leidend ~ **kurdu** s. **domuz kurdu**
çöpsüz ohne **çöp** *(q.v.);* ~ **üzüm** *fig.* 1. ein Idealfall; das reine Vergnügen 2. ohne Anhang (*spez.* Mann od. Frau bei Heirat)
çöpür *dial.* 1. Kammwolle *f* 2. Mohär *m*
çör *dial.* 1. s. **çor** 2. Stachel, Dorn *m* **-den** (*od.* **çerden**) **çöpten** 1. unsolide gebaut (z.B. Haus) 2. unwichtig, belanglos 3. wertlos, unbrauchbar
çörçöp, -pü 1. kleine Äste und Zweige *pl.*, Reisig, Dorngestrüpp *n* 2. allerlei kleine wertlose Dinge *pl.* 3. (bei einigen Spielen) a) Achtung! b) Verschwinde!
çördek *naut.* Klüver- od. Besan-fall *n* *mandar ~ **tornoları** s. **kapeladura tornoları**
çördük, -üğü 1. Ysop *m bot.* Hyssopus officinalis *zofa otu 2. *dial.* s. **ahlat**
çörek 1. rundes Gebäck (mit wenig Fett, mit od. ohne Zukker hergestellt, mst. mit Eigelb bestrichen; Kringel *m* 2. et. Rundes od. Gewundenes z.B. Rolle, Spule, Scheibe *f* 3. *naut.* a) Knoten *m* am Tauende b) geflochtene Schwimmweste ~ **kadayıfı** frischgemachte Fadennudeln *pl.*, die geflochten, in best. Längen geschnitten, in Sirup und heißer Butter zubereitet und überbacken werden ~ **otu** s. **çöreotu**
çörekçi wer **çörek** herstellt od. verkauft
çörekhane [ā] *hist.* Bäckerei *f* des Sultans
çöreklenmek 1. runde od. gewundene Form annehmen; sich zusammenringeln (*spez.* Schlange) 2. sich festsetzen *yerleşmek
çöreklik zur Herstellung von **çörek** geeignet od. bestimmt
çöreotu, -nu gebauter Schwarzkümmel *bot.* Nigella sativa *karamuk (*Anm.* Die Samenkörner dienen vielfach als Gewürz bei **çörek;** *fr.* a. von Frauen als Räuchermittel gegen den bösen Blick verwendet); s.a. **Şam** ~
çörkü 1. Rechenbrett *n* (*spez.* für Kinder) 2. Balkenhöhlung *f* (bei e–r Lehmmauer)
çörten *P* 1. Wasserabflußrohr *n,* Dachrinne *f* 2. *arch.* Wasserspeier *m*
çörtü *P* Gosse *f* (Öffnung des Mühltrichters)
çötele (< çetele) Warn-, Gefahren-zeichen *n*
çöten 1. Hamen *m,* Reuse *f* (zum Fischfang) 2. Kescher *m* (zum Fang kleiner Vögel)
çöven (otu) 1. echtes Seifenkraut *bot.* Saponaria officinalis

*sabunotu, Amerika çöveni, üşnan 2. krautiger Glasschmelz *bot.* Salicornia herbacea 3. weiße Lichtnelke *bot.* Melandryum album 4. Gipskraut *n bot.* Gypsophila (*Anm.* Die saponinreiche Wurzel spez. von (1) dient als Waschmittel. Man verwendet sie ferner bei der Herstellung von türk. Honig **(helva),** um der sirupartigen Flüssigkeit weiße Färbung zu geben. Daher die Bez. **helvacı kökü.**) 5. s. **çevgen**

çöz *dial.* Dickdarmfett *n,* Talg *m* *bumbar yağı

çözelti *chem., pharm.* Lösung, Lauge, Solution *f* *mahlul

çözge s. **hal çaresi**

çözgen *chem.* Lösungsmittel *n* *çözücü

çözgü 1. Kette *f,* Zettel, Aufzug *m* (beim Weben) *arış 2. *selt.* s. **çözme** (2)

çözgün 1. Auflösung *f,* Zerfall *m* *inhilâl 2. aufgelöst, zerfallen

çözgünlük s. **çözgün** (1)

çözme 1. Vs. zu **çözmek** 2. dünnes, auf Handwebstühlen angefertigtes Leinen (*spez.* für Bettwäsche)

çözmek, (-er) 1. aufbinden, lösen (z.B. Knoten), los-machen, -binden, -kuppeln, -schrauben, aufknoten, aufknöpfen; auftrennen (Gestricktes); entfesseln 2. *chem., math.* (auf-)lösen *inhilâl ettirmek *bzw.* halletmek 3. die Längsfäden auf e–n Webstuhl spannen 4. *fig.* lösen, entwirren 5. *V* s. **palamarları** (*od.* **payandaları**) ~

çözücü s. **çözgen**

çözük 1. aufgeknotet, losgemacht (usw. vgl. **çözmek**) 2. getaut, geschmolzen (Eis, Schnee)

çözülme Vs. zu **çözülmek** *spez.* 1. Tauen, Tauwetter *n* 2. *mil.* Sich-Absetzen *n* (vom Feind), Absetzbewegung *f* *sıyrılma 3. *geol.* Zerfall *m,* Verwitterung *f* *ufalanma 4. s. **çözülüm** (1–4)

çözülmek 1. Pass. zu **çözmek** 2. tauen, zu tauen beginnen (Schnee, Eis usw.) 3. auseinanderfallen, sich auflösen (z.B. Partei) 4. aufgehen (z.B. Paket) 5. sich lösen lassen (Problem usw.) 6. *V* sich aus dem Staub machen 7. *mil.* sich vom Feind absetzen *sıyrılmak 8. *V* geben, zahlen, herausrücken 9. sich lüften (z.B. Schleier e–s Geheimnisses) 10. schwach werden (z.B. Beine) (s.a. Stw. **diz)**

çözülüm 1. Vs. zu **çözülmek** 2. *psych.* Dissoziation *f,* Zerfall *m,* Auflösung *f* *dağılım, intiza 3. *mus.* Auflösung *f* (e–r Dissonanz) 4. *phon.* Entspannung *f,* Ausgang *m* (e–r Artikulation) *gevşeme, çözülme

çözülüş 1. *(a. lit.)* Lösung *f* (e–s Knotens) 2. Tauen, Tauwetter *n* 3. *mil.* Auflösung *f* (e–s Heeres) *dağılış 4. Zusammenbruch *m* *inkiraz, yıkılış

çözüm 1. *math.* (Auf-)Lösung *f* *hal; hal neticesi 2. *allg.* Lösung *f* (e–r Schwierigkeit) 3. *lit.* Lösung *f* (des Knotens) ~ **beklemek** der Lösung harren

çözümleme 1. Analyse *f* *analiz, tahlil 2. s. **hal** (III)

çözümlemek 1. analysieren *analizlemek, tahlil etmek 2. *mus.* auflösen (Dissonanz) 3. lösen (Problem)

çözümlemeli s. **çözümsel**

çözümsel analytisch *analitik, tahlilî ~ **geometri** analytische Geometrie ~ **yöntem** *Th.* analytisches Theater

çözümsüz *math.* unlösbar

çözünme *geol.* Verwitterung *f*

çözünmek *chem.* sich lösen *inhilâl etmek **çözünebilir** löslich *kabili inhilâl **çözünemez** unlöslich *gayri kabili inhilâl **çözünmüş** gelöst *münhal

çözüntü 1. Ausfaserung *f* 2. treibende Eisscholle 3. *mil.* Auflösungserscheinung *f* 4. Zusammenbruch *m*

çözünür *chem.* löslich *erir, münhal

çözünürlük *chem.* Löslichkeit *f* *inhilâl kabiliyeti

çözüşme Vs. zu **çözüşmek** *spez. chem.* Dissoziation *f* *intiza

çözüşmek sich (in seine Einzelbestandteile) auflösen; zerfallen

-çu s. **-ci**

çubuk, -uğu 1. (dünne, längere) Stange (*a.* z.B. bei Vanille, Zimt usw.) 2. frischer grüner Zweig; Rebe *f* 3. Tschibuk *m* (lange, dünne türk. Tabakspfeife) 4. Rohrstab *m,* Röhrchen *n;* dünner Stab 5. Litzenaufreihdraht *m* (am Webstuhl) 6. Kurbel *f* (an der Handpresse des Druckers) 7. Putzstock *m* (für ein Gewehr) 8. Streifen *m* (in Stoffen) (schmäler als **sopa**) 9. *naut.* a) Verlängerungsmast *m,* Stenge *f* *ekleme direk b) Ruderpinne *f* *dümen yekesi c) Rahe *f* *seren 10. Trommel-schlegel, -stock *m* *baget 11. einzelner Schienenteil 12. *arch.* Bandwerk *n,* Fries, Zierstreifen *m* ~ **ağacı** die Gattung Mabea der Wolfsmilchgewächse (mit Milchsaftschläuchen) ~ **böceği** s. **sopa çekirgesi;** ~ ~ mit Streifen (Stoff) ~ **çekmek** (*od.* **içmek**) den Tschibuk rauchen ~ **demir** Stabeisen *n* ~ **kükürt** Stangenschwefel *m* ~ **tarçın** Stangenzimt *m* ~ **teli** langer Draht zum Reinigen e–s Tschibuks; Pfeifenreiniger *m* **-u tellendirmek** *fig.* es sich bequem machen **-unu tüttürmek** 1. seine Pfeife rauchen 2. *fig.* träge und gleichgültig sein

Çubuk *n.pr.* O. u. D. im Rbz. Ankara ~ **barajları** die beiden Talsperren bei Ankara, welche die Hauptstadt mit Trinkwasser versorgen

çubukçu 1. Hersteller od. Verkäufer *m* von Tschibuks 2. *fr.* Diener *m* (in e–m Palast od. dem Haus e–s Vornehmen), der für die Tschibuks zu sorgen hatte; Pfeifenwärter *m*

çubuklamak (aus-)klopfen (*z.B.* Teppiche)

çubuklu 1. mit Stang(-en); *naut.* mit Stengen 2. mit frischen grünen Zweigen, Reben 3. den Tschibuk rauchend 4. gestreift (Stoff) ~ **direk** *naut.* vollgetakelter Mast (mit Mars- u. Bram-stenge) ~ **tırtıl otu** gestreifter Raupenklee *bot.* Scorpiurus sulcata

çubukluk *fr.* Tschibuk-ständer od. -schrank *m*

çuh çuh *Int. Ki.* Puff-puff *f* (Lokomotive)

çuha feiner, glatter Wollstoff; Tuch *n* ≗ **adası** *n.pr.* Insel *f* Kythira, Zythera, (Cerigo) (südlichste der Jonischen Inseln); s.a. **Büyük (Küçük)** ≗ **adası.**

çuhacı Tuch-weber od. -händler *m*

çuhacılık 1. Tuch-weberei *f* od. -handel *m* 2. Draperie *f,* Faltenwurf *m*

çuhaçiçeği, -ni Primel, Schlüsselblume *f bot.* Primula; s.a. **büyük (gövdesiz, tıbbî, unlu)** ~

çuhaçiçeğigiller Primelgewächse *pl. bot.* Primulaceae *rebiiye

çuhadar *fr.* 1. Beamter im Sultanspalast, der für die Mäntel und Pelze des Sultans zu sorgen hatte 2. Bedienter, der neben dem Pferd seines Herrn herzugehen hatte und innerhalb des Hauses als Lakai diente 3. Beamter im Außendienst e–r Behörde ~ **ağa** *fr.* Beamter im unmittelbaren Dienst des Sultans ~ **başı** (*a.* **başçuhadar**) *fr.* oberster Kämmerer im Sultanspalast

çuhlamak *Ki.* Puff-puff machen (Lokomotive)

çuinggam (*engl.* **chewing-gum**) Kaugummi *m* *çiklet

-çuk s. **-cik**

çuka (balığı) s. **çığa (balığı)**

çukadar s. **çuhadar**

çukulata s. **çikolata**

çukumak s. **çokumak**

çukur 1. Loch *n,* Grube *f* 2. Höhlung, Höhle, Vertiefung, Mulde *f* 3. Festungsgraben *m* 4. enge Bergschlucht 5. Grübchen *n* 6. tiefer Brunnen 7. Senkgrube *f* 8. *geogr.* Senkung, Vertiefung *f* (im Meeresboden) *hufre 9. Grab *n* 10. *fig.* Unglück, Unheil *n* 11. *V* After *m, V* Arschloch *n* 12. hohl, ausgehöhlt, tief(-liegend) ~ **açmak** (*od.* **kazmak**) e–e Grube ausheben ~ **ayna** Hohlspiegel *m* *içbükey ayna ~ **bel** Hohlkreuz *n* ~ **bostan** 1. offene Zisterne 2. tiefgelegener Gemüsegarten ~ **doldurmak** *V* sterben

~ **gözlü** mit ganz eingesunkenen, tiefliegenden Augen; hohläugig ~ **pli** Quetschfalte *f;* falsche Falte (in Anzügen od. Kleidern) ~ **tabak** tiefer Teller, Suppenteller *m* (*ant.* düz tabak) ~ **yanak** eingefallene Wangen *pl.* **-a düşmek** in e–e gefährliche Lage geraten, ins Unglück stürzen *(intr.)* **-a kaçmış** tiefliegend (Augen) **-unu doldurmak** ins Grab sinken; sterben **-unu kazmak** (b–nin) *fig.* j–m e–e Grube graben, j–n hinterlistig zu Fall bringen wollen

Çukurca *n.pr.* O. u. D. im Rbz. Hakkâri

çukurcuk, -uğu 1. kleine Vertiefung 2. Grübchen *n* *gamze 3. Narbe *f* *nedbe

çukurel *geogr.* Tiefland *n* *münhat arazi

çukurgöbek ayvası e–e Quittenart der Izmir-Gegend (mit nabelförmigem Stielansatz) *Midilli ayvası

çukurlanmak; çukurlaşmak 1. sich aushöhlen, tief werden 2. einsinken (Augen usw.) 3. ausgefahren werden (Straße usw.)

çukurlaştırmak Kaus. zu **çukurlaşmak** z.B. ausfahren (Straße)

çukurlatmak aushöhlen, tiefer machen

çukurlu mit Löchern, Höhlungen, Vertiefungen usw.

çukurluk 1. Tiefliegen, Hohl-, Ausgehöhlt-sein *n* 2. Senkung, Vertiefung *f* (im Erdboden) *münhat yer; *(Sb.* od. *Adj.)* (Gelände *n*) mit vielen Vertiefungen (Senkungen, Höhlen, Löchern)

Çukurova *n.pr.* Zilizische Ebene *f*

çul 1. grober Haarstoff 2. Pferdedecke *f* ~ **çuval** grobes Zeug (Decken, Mäntel usw.) *aba kebe ~ **çürütmek** *fig.* übermäßig lange bleiben (Gast) ~ **örtmek (ata)** dem Pferd e–e Decke auflegen ~ **tutmaz** 1. Verschwender *m* 2. unbeständig, wankelmütig **-u değiştirmek** (*od.* **düzmek**) *F* sich allmählich besser kleiden **-u tutmak** reich werden, zu Vermögen kommen

-çul s. **-cil**

çulgerme *V* Hurenkind *n,* Bastard *m*

çulha (am Handwebstuhl arbeitender) Weber ~ **tarağı** Weberkamm, Riet *m* ~ **tezgahı** (Hand-)Webstuhl *m*

çulhakuşu, -nu Beutelmeise *f zo.* Remiz pendulinus

çullama 1. Vs. zu **çullamak** 2. oben mit Fleisch bedeckte Teigspeise od. oben mit Teig bedeckte Fleischspeise (die in fest verschlossenem Topf zubereitet wird) (z.B. **hindi (kaz) -sı**)

çullamak 1. mit e–r (Pferde-)Decke zudecken (Tier) 2. in fest verschlossenem Topf zubereiten (Gericht) 3. überspülen (z.B. Sturzwellen das Deck e–s Schiffes)

çullanmak 1. Pass. od. Refl. zu **çullamak** 2. (b–ne) sich auf j–n stürzen 3. (b–ne) zudringlich sein, lästig sein, j–m nicht von der Seite gehen *tebelleş olmak

çulluk, -uğu Waldschnepfe *f zo.* Scolopax rusticola *bekas, bekaçe; s.a. **balçık (bataklık, deniz, kervan, kıyı) -u;** ~ **balığı** Schnepfenfisch *m zo.* Centriscus scolopax ~ **sinekleri** Schnepfenfliegen *pl. zo.* Rhagionidae; Leptidae

çullukgiller Schnepfenvögel *pl. zo.* Scolopacidae

çulpa s. **çolpa**

Çulpan s. **Çobanyıldızı**

çulsuz 1. ohne (Pferde-)Decke 2. *fig.* ärmlich gekleidet; bitterarm

çultar(-ı) *reg.* 1. Satteldecke *f* 2. e–e best. Kelim-Art

Çumra *n.pr.* Städtchen u. D. im Rbz. Konya

çurçur 1. s. **çırçır (balığı)** 2. (unbrauchbare) kleine Fische 3. wertlos, unwichtig

çurtun s. **çörten**

çutal *lm. Verst.* zu **çatal**

çuval 1. Sack *m* 2. *V* dick; Dickwanst *m* ~ **ağzı açmak** *V* aufpassen, achtgeben ~ **bezi** Sackleinwand *f*, Drillich *m* ~ ~ säckevoll, säckeweise ~ **gibi** 1. grobgewebt (Stoff) 2. weit und ungebügelt (Kleidungsstück) ~ **karınlı** mit aufgetriebenem Bauch (Pferd, das zuviel gefressen hat) ~ **yarışı** Sackhüpfen *n* (der Kinder)

çuvalcı wer Säcke herstellt od. verkauft

çuvaldız 1. Packnadel, Nähahle *f* 2. Nadel *f* des Sattlers, Polsterers usw. 3. *fr.* Wassermaß (vgl. **masura)**

çuvaliye *va.* henkellose Korbwanne

çuvallamak 1. in e–n Sack stecken; einsacken 2. *V* a) keinen Erfolg haben b) *Sch.* sitzenbleiben; die Klasse wiederholen müssen

Çuvaşça Tschuwaschische(-e) *n* (Sprache)

Çuvaşistan *n.pr.* das von Tschuwaschen bewohnte Wolga-Gebiet

Çuvaşlar *n.pr.* Tschuwaschen *pl.*

-çü s. **-ci**

çük *Ki.* Schwänzchen *n,* Penis *m*

-çük s. **-cik**

çükündür *dial.* s. **pancar**

çükür *reg.* Beilhacke *f*

-çül s. **-cil**

Çüngüş *n.pr.* O. u. D. im Rbz. Diyarbakır

çünkü (*fr. a.* **çünki**) 1. weil, da, denn 2. *va.* (am Anfang des ganzen Satzes) da nun einmal ..., wo doch ... 3. *va.* s. **ne vakit ki; vakta ki**

çüntük s. die Füg. **çentik** ~

çürük, -üğü 1. faul, verfault 2. morsch (Holz) 3. hohl, kariös (Zähne) 4. brüchig, wacklig, nicht fest, nicht solide 5. *fig.* schlecht fundiert, leicht zu widerlegen, unhaltbar, dumm, ungereimt, falsch 6. leer, seicht, wertlos, nutzlos 7. *jur.* nichtig, ungültig *batıl 8. unbedacht ausgegeben, unwiederbringlich verloren (z.B. Gelder) 9. *mil.* zum Militärdienst untauglich; ausgemustert 10. (durch Schlag, Stoß, Prellung, Quetschung usw. entstandener) brauner od. blauer Flecken 11. Fäule, Fäulnis *f* (s.a. **buğday -ü; diş -ü)** 12. *V* liederliches Frauenzimmer; Hure *f* ~ **akçe** minderwertiges Geldstück *hurde züyuf ~ **alışveriş** unsolides Unternehmen; *F* faule Sache (auf die man sich besser nicht einläßt) ~ **çarık** *fig.* 1. minderwertig, untauglich; was nicht lange hält 2. nicht recht gesund; kränklich; anfällig ~ **çıkmak** sich als faul (wacklig, unhaltbar, unbrauchbar usw.) erweisen ~ **demir** brüchiges Eisen ~ **buhar** Abdampf *m* ~ **elma** Name e–s türk. Ksp. ~ **gaz** *techn.* Abgas *n,* Auspuff *m* ~ **harf** schadhafte Drucktype ≗ **iple kuyuya inilmez.** *Spr.* An e–m morschen Seil läßt man sich besser nicht in den Brunnen hinab. ~ **istim** *techn.* verbrauchter Dampf; Abdampf *m* ~ **istim borusu** *techn.* Dampfauslaßrohr *n* ~ **merdivenle dama çıkmak** *fig.* bei e–m Unternehmen nicht die nötige Vorsicht walten lassen ~ **sakız** abgebraucht, banal, wirkungslos (Wort, Gedanke) ~ **senet** *H* Gefälligkeitswechsel *m* ~ **söz** leeres Geschwätz ≗ **tahta çivi** (*od.* **mıh) tutmaz.** *Spr.* Ein morsches Brett hält keinen Nagel. ~ **tahtaya basmak** *fig.* 1. sich auf ein unsolides Unternehmen einlassen 2. hereinfallen ~ **vesikası** *mil.* Ausmusterungsschein *m* ~ **yumurta** faules und stinkendes Ei **-e ayırmak** *mil.* ausmustern **-e çıkarmak** 1. ausrangieren, zum alten Eisen werfen 2. für den Militärdienst als untauglich erklären 3. unter Beibehaltung seines Grades entlassen (Offizier) **-e çıkmak** 1. ausgedient haben 2. zum alten Eisen geworfen werden, ausrangiert werden 3. für den Militärdienst als untauglich erklärt werden, ausgemustert werden 4. unter Beibehaltung seines Grades entlassen werden (Offizier)

çürükçül Saprophyt *m* (Fäulnispflanze) *saprofit

çürüklük, -üğü 1. Fäulnis *f*, Verfault-, Angefault-sein *n* 2. Morschheit *f* 3. (Zahn-)Karies *f* 4. Brüchigkeit, Wackligkeit *f*, unsolider Aufbau 5. Unhaltbarkeit *f* 6. *jur.* Nichtigkeit *f* *(mutlak) butlan (z.B. e–r Behauptung) 7. Ungereimtheit *f* 8. Leere, Seichtheit, Wert-, Nutz-losigkeit *f*

9. Untauglichkeit, Unbrauchbarkeit *f* 10. Abfallgrube *f*, Müllabfuhr-, Schuttablade-platz *m* 11. Armen-, Massengrab *n* **-e çıkarmak** die Unbrauchbarkeit od. Unhaltbarkeit von et. darlegen

çürümek 1. (ver-)faulen, in Fäulnis übergehen, verwesen, *naut.* rotten 2. morsch werden 3. kariös werden 4. schlecht, unbrauchbar werden; verderben, sich abnutzen 5. braune und blaue Flecken bekommen (durch Schläge, Püffe usw.) 6. sich aufreiben, alt und schwach werden, (körperlich) verfallen 7. sein Ansehen verlieren, in Mißkredit geraten 8. sich als unrichtig od. unhaltbar herausstellen (z.B. Behauptung), widerlegt werden 9. unbedacht ausgegeben werden, unwiederbringlich verloren gehen (z.B. Geld)

çürüntüler Garten-, Blumen-, Humus-erde *f*

çürütme çukuru s. **fosseptik**

çürütmek 1. verfaulen od. verwesen lassen 2. morsch od. kariös werden lassen 3. verderben lassen 4. abnutzen, abtragen, abwetzen (z.B. Stoffe) 5. braun und blau schlagen 6. (körperlich) herunterbringen, alt und schwach werden lassen 7. j–n in Mißkredit bringen 8. die Haltlosigkeit (z.B. e–r Behauptung) darlegen; et. widerlegen 9. unbrauchbar od. untauglich werden lassen 10. unbedacht ausgeben, unwiederbringlich verlieren (*spez.* Geld) 11. abhängen lassen (Fleisch) *bayatlamak 12. mürbe machen (den Teig durch Zusatz von Nierenfett, Joghurt usw.)

çüş 1. (Ruf des Eseltreibers, der sein Tier zum Stehen bringen will) Halt! 2. *V* brr! oha! (Ausruf der groben Zurechtweisung bei j–s ungebührlichem Verhalten od. bei evidenten Fehlern)

çütre (balığı) Horn-, Drücker-fisch *m zo.* Balistes (capriscus u.a.)

D

d, D [dɛ] 1. fünfter Buchst. des türk. Alph. 2. *mus.* (Ton od. Note) D

D 1. (römische Zahl) 500 2. s. **doğu;** ~ **günü** *mil.* der (geheimgehaltene) Tag X (e–r mil. Operation) ~ **katı** *met.* D-Schicht *f* (ionisierte Schicht der Atmosphäre; reflektiert Langwellen)

da; de (enklitische, zur Differenzierung von der Flexionsendung **-da, -de** isoliert geschriebene Partikel; unveränderte Graphik auch bei stimmlosem Auslaut des vorhergehenden Wortes; die Schreibungen **ta, te** begegnen nur anfangs der 30er Jahre öfters) 1. auch, ebenfalls, ebenso, desgleichen *(stärker): dahi, keza, kezalik 2. **da ... da, de ... de** (zur Hervorhebung e–r Parallelität, e–s Kontrastes od. e–r Alternative): a) sowohl ... als auch, nicht nur ... sondern auch *hem ... hem de b) **da mı ... da mı; de mi ... de mi** (bei Alternativfragen) c) **ise de ... değilse de** gleichgültig ob ... oder 3. (ja) sogar, ja noch mehr (als dies); selbst (nicht), (nicht) einmal 4. (bei Aufzählungen od. Gruppierungen): wiederum *ise 5. aber, jedoch, indessen 6. (nach Neg. gel.): a) sondern b) sondern auch, sondern sogar, sondern erst 7. a) (kopulativ): und b) (gel. drohend): (und) dann 8. a) (kausativ bzw. konsekutiv): und daher, und deshalb, und so ... denn auch b) ebenso in unvollendeten Sätzen; gel. mit folgendem **onun için** *od.* **ondan (dolayı)** 9. (nach Werturteil): daß bzw. Inf. 10. (Bez. durativer Aktionsart bei Wiederholung des Verbs): unaufhörlich, dauernd, in einem fort 11. (konzessiver bzw. adversativer Aspekt): und doch, und trotzdem 12. (als Erklärung od. als leichter Vorwurf): ja, doch, eben 13. (bei antonymbegrifflichen Verben): und sofort wieder, aber gleich wieder 14. a) (in affektischen Äußerungen) b) (bei Wiederholung e–s Sb. od. *Adj.*) als Ausdruck lobender Anerkennung 15. (verstärkendes Füllwort in Füg. wie **ne ... ne de; hem ... hem de; kimi ... kimi de**) 16. (zum Ausdruck e–s konzessiven Aspektes in Verb. mit kond. od. kond. begrifflichen Sätzen): a) selbst wenn, auch wenn b) obgleich, obwohl, wenngleich, wenn auch, zwar 17. (als Verst. in Wunschsätzen od. in Verb. mit Imper., gel. mit Hinzufügung von **tek**): nur, doch nur, nur ja einmal, endlich, wenn nur 18. (spezifizierend nach Kond.satz): ... so ist das ... (Zu anderer Spezifikation vgl. **ve bu da**) 19. (zum Ausdruck e–r Höherbewertung): lieber, eher, besser, ruhig, nur 20. (in Verb. mit dem Gerundium auf **-ip**): a) (als Verst.) b) (zur Differenzierung e–s positiven und e–s neg. Aspektes) c) (zur Kenntlichmachung der Beziehung zum Hauptverb) 21. vgl. **bir de** Zu 1: **Bunu da götürmeli!** Das soll er auch gleich mit fortnehmen! **Onu ben de gördüm.** Das habe ich auch gesehen. Zu 2a: **Ben de, sen de onu biliyoruz.** Das weißt du so gut wie ich. **kadın için de, erkek için de** für Männer wie für Frauen **Yoruldum da, acıktım da.** Müde bin ich, und Hunger habe ich auch. Zu 2b: **Bunu kendin gördün de mi söylüyorsun, yoksa başka birinden işittin de mi naklediyorsun?** Hast du selber gesehen, was du da erzählst, oder hast du es nur von anderen gehört! Zu 2c: **Gelse de, gelmese de, faydası yok.** Ob er nun kommt oder nicht kommt, bleibt belanglos. Zu 3: **Onu sayıyorum, seviyorum da.** Ich verehre ihn, ja noch mehr, ich liebe ihn. **Onu ben gördüm de.** Ich habe ihn sogar gesehen (*scil.* nicht etwa nur von ihm gehört). **Bu işe Ahmet de mi karıştı?** *iron.* Hat sich jetzt also glücklich auch noch Ahmet eingemischt? **Hakkı bu kadar da etmez.** Noch nicht einmal so viel ist das wert. Zu 4: **kimi(-si) ... kimi(-si) ... kimi (-si) de** der eine ..., der andere ..., der dritte wiederum Zu 5: **Bazen uyar, bazen de uymaz.** Manchmal paßt es, manchmal aber auch nicht. **Önce razı oldu, sonra da caydı.** Zuerst war er damit einverstanden, dann hat er sich jedoch die Sache anders überlegt. Zu 6a: **Onu almadım da, bunu aldım.** Nicht das dort habe ich gekauft, sondern das hier. Zu 6b: **Söylemekle kalmadım, yazdım da.** Ich habe es nicht nur mündlich geäußert, sondern auch schriftlich niedergelegt. **Niçin şimdi değil de sonra?** Warum nicht gleich, sondern erst nachher? Zu 7a: **Şunu al da sakla!** Nimm das und verwahre es! **Çabuk koş da gel!** Komm schnell her! **O, yerinden kalkıp da davranıncıya kadar, iş işten geçti.** Bis er aufstand und etwas unternahm, war Tuten und Blasen vorbei. Zu 7b: **Vur da gör!** Schlag nur zu, (und) dann kannst du was erleben! Zu 8a: **Çalışmış da kazanmış.** Er war fleißig und hatte denn auch Erfolg. **Anlamadım da sordum.** Ich habe es nicht verstanden und deshalb gefragt. Zu 8b: **Bir iki satır yazayım da ...!** Laß mich nur noch ein paar Zeilen schreiben (*scil.* dann stehe ich dir gern zur Verfügung)! **Sizi görmedim de onun için ...** Ich habe Sie (leider) nicht gesehen (*scil.* und deshalb habe ich Sie nicht gegrüßt, angesprochen usw.). Zu 9: **Budalalık etti de kandı.** Es ist dumm von ihm gewesen, daß er sich hat breitschlagen lassen. **Ne iyi ettin de geldin!** Wie gut, daß du gekommen bist! Zu 10: **Bir defa ağzını açtı mı söyler de söyler.** Hat er einmal den

Mund aufgemacht, dann redet er ohne Unterlaß. **Misafir gelmez gelmez de, birden gelir.** Ewig lange kommt der Gast nicht; auf einmal ist er da. Zu 11: **Gördü de selâm vermedi.** Er hat ihn gesehen und gleichwohl nicht gegrüßt. Zu 12: **Nasıl haber aldı? – Söylediler de.** Wie hat er es denn erfahren? – Nun, man hat es ihm eben gesagt. Zu 13: **Eve kadar gideyim de geleyim!** Ich gehe nur bis zu dem Haus und komme gleich wieder! Zu 14a: **Bu iş, hiç de doğru değil!** Das ist ja nun auf keinen Fall das Richtige! **Ne de güzel şey!** Wie wunderbar! **Bu yol o kadar da uzun ki!** Der Weg ist ja so schrecklich lang! **O da ne oluyor?** Ja, was soll denn das? **Çekil oradan, sen de!** Schau, daß du weiter kommst (du blöder Kerl du)! **Yorulmak da laf mı, canım çıktı.** Müde ist gar kein Ausdruck dafür, halb tot bin ich! **Nasıl olup da gelmedin?** Was ist denn nur los gewesen, daß du nicht gekommen bist? Zu 14b: **Ev de ev hani!** Das nenne ich ein (schönes) Haus! Das ist mir wohl ein Haus! **Sesi güzel de güzel!** Eine wunderbare Stimme hat er! Zu 15: **Ne o geldi ne de öbürü.** Weder er ist gekommen noch der andere. **hem yazlık hem de kışlık** sowohl für einen Sommer- wie für einen Winteranzug geeignet Zu 16a: **Görsem de tanıyamam.** Selbst wenn ich ihn sähe, könnte ich ihn nicht erkennen. **Hasımdan sakın karınca ise de.** *Spr.* Nimm dich vor jedem Gegner in acht, auch wenn es nur eine Ameise ist! **Ölür de söylemez.** Eher geht er zugrunde, als daß er es sagt. Zu 16b: **Gittimse de bulamadım.** Ich bin zwar hingegangen, aber angetroffen habe ich ihn nicht. Zu 17: **Mektup gelse de meraktan kurtulsak!** Wenn doch nur endlich ein Brief käme, daß wir unsere Sorge loswürden! **Gelsin de, ne zaman gelirse, gelsin!** Er soll nur kommen, gleichgültig wann! s. a. **Müft olsun da, zift olsun! Söyle de, çocuğu getirsinler!** Sage ihnen nur ja, sie sollen den Jungen herbringen! **Tek gelsin de geç gelsin!** Wenn er nur kommt, mag es auch spät sein! **Ne olursa olsun, tek beş on lira cebime girsin!** Soll es sein, wie es will, wenn ich dabei nur ein paar Pfund verdienen kann! Zu 18: **Böyle bir şey varsa, o da ...** Wenn es so etwas überhaupt gibt, so ist das ... Zu 19: **Sen otur da ben gideyim!** Setz dich nur ruhig hin, ich gehe schon! Zu 20a: Vgl. (Zu 7a) und (Zu 14a); Zu 20b: **İşine devam edip de tenkitlere aldırmamıştır.** Er arbeitete (ruhig) weiter und kümmerte sich nicht um die (hämischen) Kritiken. Zu 20c: **Şehre gidip de vapurla hareket edeceğimi bildirdim.** Ich fuhr in die Stadt und teilte telephonisch mit, daß ich abreisen würde.

-da; -de (Endung des Lok.; Zsschr.; bei progressiver Assimilation: **-ta, -te**) in, an, bei, zu, um **Bende ... var.** Ich habe ... (bei mir). **sekizde bir** ein Achtel **yüzde bir** ein Prozent **binde bir** ein Promill **haftada bir** wöchentlich einmal **Okumaktadır.** Er liest gerade. **saat beşte** um fünf Uhr **sokakta** auf der Straße

da [ā] (nur in ält. Füg.) Krankheit *f* *hastalık (s. **daülfil, daülkelp, daülmerak** usw.)

daavi [·– –] *va. Pl.* zu **dava**

dabbe [ā] *va.* (Last- od. Reit-)Tier *n* **-tülarz** *va.* „Tier *n* der Erde" (In der isl. Myth. ein Fabeltier, dessen Erscheinen zusammen mit dem des Deccal das Ende der Welt ankündigt); Behemoth *m*

dabılbotım (*engl.* **double-bottom**) *naut.* Doppelboden *m*, Tankdecke *f*

dablin (*engl.* **doubling**) *naut.* Doppelung *f*

dabruka s. **darbuka**

dacik *arm.* Türke *m*, Türkin *f*

Daçya [×·] *hist.* Dazien

Daçyalılar *hist.* Dazier *pl.*

dad 1. s. **dat** 2. der 18. Buchst. des osm. Alph. (entspricht den türk. Lautungen [d] od. [z])

dada 1. *va.* s. **dadı** 2. s. **dadacılık**

dadacı; dadaist, -ti Dadaist(-in *f*) *m*

dadacılık; dadaizm Dadaismus *m*

dadamak *dial.* e–n Köder, e–e Lockspeise auslegen

dadamık; dadanak *dial.* Köder *m*, Lockspeise *f*

dadandırmak Kaus. zu **dadanmak,** *a.*: anlocken

dadanmak (bşe) *mst. pej.* 1. Geschmack gewinnen an et. und sich sehr daran gewöhnen; ganz versessen sein (auf) 2. (bir yere) sich regelmäßig irgendwo einfinden (um et. zu bekommen; z. B. Katzen) **Dadanmış, kudurmuştan beterdir.** *spr.* (Dauernde) Gewöhnung ist schlimmer als ein (einmaliger) Tollwutsanfall.

dadaş *dial.* 1. Bruder *m* 2. junger, kräftiger Mensch 3. (Anrede in den Ostprovinzen)

Daday *n.pr.* O. u. D. im Rbz. Kastamonu

-dade [ā] *va. pers. Sx.* 1. gegeben habend 2. gegeben

dader [ā] *va.* Bruder *m* *erkek kardeş; birader

daderane [–·–·] *va.* brüderlich *kardeşçe, biraderane

dadı Kinder-frau *f*, -mädchen *n* *taya

dadıhak [–··]; **dadıhuda** [–··–] *va.* Gottes Geschenk *d. h.* angeborene Fähigkeit; Talent *n* *Tanrı vergisi

dadılık Beruf *m*, Aufgaben *pl.*, Tätigkeit *f* e–r Kinderfrau, e–s -mädchens ~ **etmek** als Kinder-frau, -mädchen tätig sein

dadüferyat, -dı [–··–] *va.* lautes Wehgeschrei

dadüsitat, -dı [–··–]; **dadüsitet, -di** *va.* Kaufen und Verkaufen *n*, Handel, Verkehr *m* *alışveriş

dafık, -kı [ā] *va.* in größeren Mengen ausströmend bzw. ausströmen lassend

dafi, -ii [ā] 1. zurück-, ab-stoßend 2. abwehrend, abschlagend, vertreibend **-i taaffün** *va.* antiseptisch **-i tayyare topu** *va.* Flak *f* *uçaksavar topu **-i tayyare topçusu** *va.* Flakartillerie *f*

dafire [ī] s. **örgü**

dagereotip, -pi *phot.* Daguerreotyp *n* (Photographie auf versilberter Kupferplatte)

dagereotipi *phot.* Daguerreotypie *f*

dağ (I) 1. Brand-mal *n*, -markung *f* 2. *med.* Ätzung, Kauterisation *f* 3. Kummer *m*, Betrübnis *f* 4. *va.* Narbe *f* ~ **basmak** (*od.* **vurmak**) brandmarken **-ı derun; -ı dil** *va.* s. **gönül yarası**

dağ (II) Berg *m; in Zss. a.*: Gebirgs-, wild ~ **abanozu** Berg-Ebenholz *n bot.* Bauhinia acuminata ~ **adamı** *fig.* 1. Grobian, Bauerntölpel *m* 2. von geringer Intelligenz ~ **akçaağacı** Bergahorn *m bot.* Acer pseudoplatanus ~ **ardı** Rückseite *f* des Berges ⁓ **ardında olsun da, yer altında olmasın!** Besser Sehnsucht nach e–m in der Ferne Weilenden als Trauer um e–n Toten! ~ **arnikası** s. **arnika;** ~ **avcı tümeni** *mil.* Gebirgsjägerdivision *f* ~ **ayısı** *fig.* ungeleckter Bär; Taps, Tölpel, Grobian *m* ~ **başı** 1. Berggipfel *m* 2. abgelegene (wilde, einsame) Gebirgsgegend ⁓ **başını duman almış ...** Dunst umhüllt den Berggipfel ... (*urspr.* Anfang e–s schwedischen, in der Türkei weit verbreiteten und von Atatürk bes. geschätzten Liedes; offizielles Parteilied der Türk. Republikanischen Volkspartei seit 1947; Titel des Liedes: **Gençlik ve Spor Marşı**); ~ **bilgisi** 1. (vergleichende) Gebirgskunde 2. Orographie *f* ~ **billuru** s. **neceftaşı;** ~ **birliği** *mil.* Gebirgseinheit *f* ~ **boğazı** Gebirgsenge, Schlucht *f* ~ **camı** Krummholzkiefer, Latsche *f bot.* Pinus montana ~ **çayırı** Alm, Bergweide *f* ~ **çileği** 1. s. **ağaççileği** 2. Walderdbeere *f bot.* Fragaria vesca ~ **çobanpüskülü** Berghulst *m bot.* Nemopanthes ⁓ ~ **üstüne olur, ev ev üstüne olmaz.** *Spr.* Eher kann man zwei Berge aufeinandertürmen, als daß zwei Familien (ohne Streit) zusammenleben. ⁓ **-a kavuşmaz** (*od.* **ulaşmaz**) **ama, insan insana kavuşur.** *Spr.* 1. Wie klein ist doch die Welt! 2. Wir werden uns schon wieder einmal treffen! ~ **deviren** (*a. m. der Forts.* **zincir**

kıran) 1. groß und stark 2. *pej.* grob, tölpelhaft; wie ein Elefant im Porzellanladen ~ **devirmek** *mel.* Berge versetzen, Unglaubliches zuwegebringen ⚬ **doğura doğura bir fare doğurmuş.** Der Berg kreißt und gebiert e–e Maus. ~ **elması** Salbeiapfel *m bot.* Salvia pomifera *elma otu ~ **elması yağı** Salbeiöl *n* ~ **eriği** 1. Schlehe *f bot.* Prunus spinosa 2. Braunelle *f bot.* Brunella vulgaris ~ **eteği** Fuß *m* des Berges; Gebirgsausläufer *m* ~ **evi** Unterkunfts-, Berg-hütte *f* ~ **geçidi** Gebirgsübergang, Hochpaß *m* ~ **gibi** riesengroß, hünenhaft ~ **göçebeliği** Transhumanz *f* ~ **göçmesi** s. ~ **kayması;** ~ **göçü** Auftrieb *m* (des Viehes auf die Alm) ~ **gülü** achtblätterige Silberwurz *bot.* Dryas octopetala ~ **harbi** Gebirgskrieg *m* ~ **havucu** Bergfenchel *m bot.* Seseli tortuosum ~ **horozu** Auerhahn *m zo.* Tetrao urogallus ~ **inciri** Wachsfeigenbaum *m bot.* Ficus variegata ~ **isketesi** s. **mavi baştankara;** ~ **ispinozu** Bergfink *m zo.* Fringilla montifringilla ~ **kadar** s. **-lar kadar;** ~ **kanunu** Brachialgewalt *f* *orman kanunu ~ **karaağacı** Bergulme *f bot.* Ulmus montana ~ **kargası** s. **mavi karga;** ~ **kayması** Berg-, Erdrutsch *m* *heyelân ~ **keçisi** Gemse *f zo.* Rupicapra rupicapra *şamua ~ **kediotu** Bergbaldrian *m bot.* Valeriana montana ~ **kekliği** s. **kınalı keklik;** ~ **kerevizi** Augenwurz *f bot.* Petroselinum oreoselinum ~ **kılavuzu** Bergführer *m* ~ **kıran** *fig.* Tolpatsch *m* ~ **kısamahmudu** Berggamander *m bot.* Teucrium montanum ~ **kıtası** *mil.* Gebirgstruppe *f* ~ **kimyonu** s. **Karaman kimyonu** (2); ~ **kolu** Ausläufer *m* e–s Gebirges ~ **kuyruksallayanı** Gebirgsstelze *f zo.* Motacilla cinerea ~ **küsteresi** s. **arnika;** ~ **lâlesi** Bergküchenschelle *f bot.* Anemone montana ~ **maydanozu** kümmelblättrige Silge *f bot.* Selinum carvifolia ~ **mazaryon ağacı** Alpen-Seidelbast *m bot.* Daphne alpina ~ **merası** Bergweide, Alm *f* *dağotlağı ~ **mersini** Heidelbeere *f bot.* Vaccinium myrtillus ~ **muharebesi** *mil.* Gefecht *n*, Kampf *m* im Gebirge ~ **muşmulası** Zwergmispel *f bot.* Cotoneaster nummularia ~ **nohudu** Kichertragant *m bot.* Astragalus cicer ~ **obüsü** Gebirgshaubitze *f* ~ **oluşması;** ~ **oluşu** s. **dağoluş;** ~ **ötleğeni** Berglaubsänger *m zo.* Phylloscopus Bonelli ~ **pire otu** Alpenflohkraut *n bot.* Inula saxatilis ~ **reyhanı** Zizikraut *n bot.* Ziziphora capitata ~ **sanikulası** große Astrantie *bot.* Astrantia major ~ **sarmısağı** Berglauch *m bot.* Allium carinatum ~ **serçesi** Feldsperling *m zo.* Passer montanus ~ **sıçanı** Murmeltier *n zo.* Marmota marmota *marmot ~ **sığınağı** Schutzhütte *f* ~ **sırtı** Berg-, Gebirgsrücken *m* ~ **sırtı çizgisi** Kammlinie *f* ~ **silsilesi** Gebirgszug *m*, Kettengebirge *n* ~ **su semenderi** Bergmolch *m zo.* Triturus alpestris ~ **talimgâhı** *mil.* Gebirgsübungsplatz *m* ~ **taş** 1. alles rings umher; weit und breit 2. sehr viel, e–e Unmenge ~ **taş aşarak** über Stock und Stein ~ **tavuğu** 1. s. ~ **horozu** 2. s. **çil** (I); ~ **teçhizatı** Gebirgsausrüstung *f* ~ **tepesi** Berggipfel *m* ~ **tereotu** s. **ayçiçeği** (2); ~ **topçusu** Gebirgsartillerie *f* ~ **topu** Gebirgsgeschütz *n* ~ **tutması** *med.* Berg-, Höhen-krankheit *f* ~ **tümeni** Gebirgsdivision *f* ~ **tütünü** s. **arnika;** ~ **vaziyeti** *mil.* Gebirgsverhältnisse *pl.* ~ **veymut çamı** s. **ak çam ağacı** (3); ~ **yakıotu** Bergweidenröschen *n bot.* Epilobium montanum ~ **yamacı** Bergabhang *m* ~ **yemişi** wildwachsende Früchte *pl.* ~ **yurdu** Berghospiz *n* ⚬ **yürümezse, abdal yürür.** s. Stw. **abdal;** ~ **zirvesi** s. ~ **tepesi; -a çıkmak** 1. e–n Berg besteigen 2. in die Berge gehen (Räuber od. Angehörige e–r Untergrundbewegung) **-a kaldırmak** verschleppen (z. B. als Geisel) ⚬**da bağın var yüreğinde dağın var.** *Spr.* 1. Besitz bringt Sorgen. 2. Um e–n in der Ferne weilenden Verwandten macht man sich immer Sorge. 3. *(selt.)* Wer Grund und Boden besitzt, braucht sich keine Sorgen zu machen. **-da büyümüş** s. **dağ adamı;** ⚬**daki kuşun kırkı bir akçeye.** Man kann leicht mit Unerreichtem prahlen. **-dan gelip** (*od.* **inip**) **bağdakini kovmaktadır.** *fig.* 1. Das Ei will klüger sein als die Henne. 2. Will der grüne Junge erfahrene Leute belehren? ⚬**dan gelmedik.** *fig.* Wir sind auch nicht hinter dem Mond zu Haus. **-lar** Gebirge *n* **-ın eskisi** *hist.* „der Alte vom Berge" **-lar anası** grobschlächtig gebaut (Mädchen, Frau), *F* Dragoner *m*, *V* Maschine *f* *atlar anası ⚬**lar dayanmaz.** 1. Das hält das stärkste Pferd nicht aus. 2. Da reicht das größte Vermögen nicht aus. **-lar kadar** riesengroß, enorm ⚬**lar kadar fark var.** Es ist ein himmelweiter Unterschied. **-lara düşmek** unstet umherwandern; vagabundieren ⚬**lara taşlara!** (Abw. bei der Erwähnung e–s Unglücks, Todesfalles usw.): Möge es uns fernbleiben! **-ların misafir aldığı mevsim** *hum.* Sommer *m* **-ların şenliği** *od.* **-ların gelin anası** *od.* **-ların gelin ablası** 1. *hum.* Bär *m* *ayı 2. *fig.* Trampel *m* (z. B. ungeschicktes Dienstmädchen)

dağalası, -nı Gebirgsforelle *f zo.* Salmo alpinus

dağar 1. *z. va.* Felleisen *n*, Reise- od. Hirten-tasche *f* 2. Kamellast *f* Getreide (altes Kornmaß) 3. *dial.* irdenes Gefäß mit breitem Ausguß Zu 1: ~ **dibi** *F* Ende *n*, Rest *m*

dağarcık, -ığı 1. kleinere Felltasche *f spez.* Proviantsack, Brotbeutel *m* 2. *fig.* Kenntnisse *pl.*, geistiges Gepäck Zu 2: **Onun ilim -ı pek yufka kalmıştır.** Seine Kenntnisse sind recht dürftig. **-ı yüklü** mit guten Kenntnissen ausgerüstet **-ına atmak** seinen Kenntnissen et. hinzufügen, et. dazulernen **-ındakini çıkarmak** *fig.* et. sagen, was man sich vorher zurechtgelegt hat **-ını doldurmak** große Kenntnisse erwerben **-ta bir şey kalmamak** *fig.* mit seinem Latein ans Ende kommen

dağcı 1. Berg-steiger, -sportler, Alpinist, Hochtourist(-in *f*) *m* 2. Gebirgs- ~ **bastonu (değneği, sopası)** Berg-, Alpenstock *m* ~ **ceketi** Kletterweste *f* ~ **grupu** (*od.* ~ **ekipi**) Seilschaft *f* ~ **kazması** Eispickel *m* ~ **kıtalar** *mil.* Gebirgs-truppen, -jäger *pl.*

dağcılık Berg-steigen *n*, -sport, Alpinistik, Hochtouristik *f* ~ **donatımı** alpine Ausrüstung

dağdağa 1. Lärm, Tumult *m*, Aufregung und Unruhe *f*, lärmendes Durcheinander, wirres Geschrei 2. Anstrengung, Mühe *f*, Kampf *m* **-ya vermek** (bir işi) von et. viel Aufhebens od. großes Wesen machen

dağdağalı 1. voll Unruhe und Aufregung, von wildem Lärm erfüllt, tumultuarisch 2. unnötige Aufregung verursachend od. Ungelegenheiten bereitend 3. mühsam, anstrengend

dağdağan *dial.* s. **çitlembik ağacı**

dağdağasız ohne Aufregung; ganz ruhig

dağdar [·–] *va.* 1. mit e–m Brandmal gekennzeichnet, gebrandmarkt 2. *fig.* leidend (unter), bekümmert

dağılım 1. *chem.* Dispersion, Dispersität *f* *intişar 2. *psych.* Dissoziation, Auflösung *f*, Zerfall *m* *çözülüm, intiza ~ **derecesi** *chem.* Dispersitätsgrad *m* *derecei inhilâliye

dağılış 1. Verteilung *f* *tevezzü 2. Zusammenbruch *m* *yıkılış

dağılma 1. *mil.* Streuung *f* (beim Beschuß) 2. *geogr.* Zersetzung *f* 3. *H* Dezentralisierung *f* ~ **demeti** Streuungsgarbe *f* ~ **sahası** Streuungsbereich *m*

dağılmak 1. sich auflösen, sich zerstreuen, auseinandergehen (z. B. Versammlung) 2. sich auflösen (z. B. Haare, Zucker usw.); sich zerteilen (z. B. Wolken); umhergewirbelt werden (z. B. lose Papiere) 3. zusammenbrechen (z. B. Möbelstück); zerbrechen *(intr.)* (z. B. Porzellanteller) 4. in Unordnung geraten (z. B. Zimmer) 5. sich ver-, aus-breiten 6. ver-, ausge-teilt werden (Essen, Briefe usw.) Zu 4: **Masanın üstü dağıldı.** Auf dem Tisch liegt alles wie Kraut und Rüben durcheinander.

dağınık 1. zerstreut, aufgelöst (*a.* z. B. Haare), auseinandergegangen (z. B. Versammlung) 2. in Unordnung, unaufgeräumt (z. B. Zimmer); umhergewirbelt; durcheinandergeraten 3. vereinzelt, zerstreut (z. B. Gehöfte) 4. *mil.* zer-, ver-sprengt 5. (geistig) zerfahren Zu 5: **Bugün zihnim ~.** Heute bin ich ganz zerfahren. ~ **düzen** (*od.* **nizam**) *mil.* geöffnete (od. aufgelöste) Ordnung ~ **köy** Weiler *m* ~ **muharebeler** vereinzelte Kämpfe *pl.*

dağınıklık 1. Zustand *m* des Aufgelöstseins 2. Unordnung *f*, Unaufgeräumtsein *n* 3. Zerstreut-, Vereinzelt-liegen *n* 4. *mil.* Zersprengtsein *n* 5. (geistige) Zerfahrenheit *f*

dağınmak *va.* s. **dağılmak**

Dağıstan *n.pr.* Daghestan (im Kaukasus)

Dağıstanlı 1. Daghestaner(-in *f*) *m* 2. daghestanisch

dağıtıcı 1. zerstreuend, auflösend, auseinanderjagend 2. *techn.* Verteiler, *a.* Automat *m* 3. Briefträger *m*

dağıtılmış: ~ **ışık** *Th.* Streulicht *n* ~ **kıta bakiyeleri** versprengte Truppenteile *pl.*

dağıtım Vs. zu **dağıtmak** 1. Verteilung *f* (usw. s. **dağıtmak**) 2. Filmverleih *m*

dağıtımcı 1. *selt.* Verteiler *m* 2. Filmverleiher *m* *işletmeci

dağıtımevi, -ni Filmverleih *m* (als Firma)

dağıtma Vs. zu **dağıtmak;** ~ **cihazı** *techn.* Verteiler *m* ~ **yeri (zamanı)** *mil.* Ausgabe-stelle (-zeit) *f*

dağıtmaç 1. Verteiler(-scheibe *f*) *m* *tevzi levhası 2. Zerstäuber(-düse *f*) *m*

dağıtmak 1. ver-, aus-teilen (Geschenke, Briefe, Essen, Flugblätter usw.) 2. in Unordnung bringen; unordentlich umherwerfen, umherstreuen 3. auseinander-jagen, -treiben, zerteilen, zerstreuen, auflösen (z. B. Versammlung), zersprengen (z. B. feindliche Truppen) 4. einschlagen, zertrümmern

dağî [− −] 1. e−e in Gebirgsgegenden übliche Musikweise 2. *(Malerei)* ländliche Szene; Pastorale *n, f* 3. *va.* s. **bagi**

dağlağı *P* s. **dağlama aleti**

dağlama Vs. zu **dağlamak;** ~ **aleti** 1. Brenn-, Brand-eisen *n* 2. *med.* Thermokauter *m* *termokoter ~ **taşı** *pharm.* Ätzkali *n*

dağlamak 1. mit Brandmal versehen, brandmarken 2. *fig.* stark in Mitleidenschaft ziehen; verbrennen; beißen (Hitze, Kälte, scharfe Gewürze od. Getränke usw.) 3. ausbrennen, ätzen, kauterisieren 4. *fig.* betrüben, bekümmern 5. tätowieren Zu 4: **Onun bu hali hepimizin içini dağladı.** Sein Zustand ist uns allen sehr zu Herzen gegangen.

dağlaşmak zu e−m Berg anwachsen; sich türmen

dağlayan ätzend, brennend *kâvi

dağlı (I) 1. gebrandmarkt 2. *va.* Narben tragend 3. s. **ciğeri (yüreği)** ~

dağlı (II) 1. Gebirgs-, Berglands-bewohner(-in *f*) *m,* Gebirgler(-in *f*) *m* 2. gebirgig 3. *pej.* Hinterwäldler *m,* ungeschliffener Bursche 4. *V Ka.* König *m* *papaz, rua ≗ **İhtiyar** *hist.* „der Alte vom Berge" ≗ **Türkler** die Kurden in der Türkei

dağlıç, -cı (koyun) Name e−r geschätzten Hammelart (Kreuzung aus **kıvırcık** und **karaman**)

dağlık 1. bergig, gebirgig 2. Gebirgsgegend *f* ~ **arazi** Bergland *n,* Gebirgsgegend *f* ~ **burun** *geogr.* Vorgebirge, Kap *n* ~ **kütük** Gebirgsstock *m,* Massiv *n*

dağoluş Gebirgsbildung, Orogenese *f* *orojenez, orojeni, tekevvünü cibal

dağoluşsal orogen(-etisch) *orojenik

dağotlağı, -nı Bergweide, Alm *f* *dağ merası

dağservisi, -ni s. **Lübnan sediri**

dağsoğanı, -nı s. **adasoğanı** (1)

dah s. **deh**

daha 1. bisher, bis jetzt, noch, noch immer *henüz 2. erst 3. noch mehr, noch weiter, darüber hinaus 4. (mit Neg.) a) noch nicht b) nicht mehr 5. schon 6. (vor Adj. und Adv. zur Bildung des Komparativs) 7. (beim Rechnen) und, plus Zu 1: ≗ **genç!** *V* Er hat noch Geld! (Spieler) **Siz ~ burada mısınız?** Seid ihr noch immer hier? Zu 2: ≗ **yapılıyor.** Es wird erst gemacht (gebaut usw.). ≗ **yeni geldim.** Ich bin erst vor kurzem gekommen. Zu 3: **Bir saat ~ beklemeliyiz.** Wir müssen noch eine Stunde (länger) warten. ≗ **neler var?** Was gibt es noch weiter? **biraz** ~ noch ein wenig **bir** ~ noch einmal ~ **da** noch mehr Zu 4a: ≗ **kimse gelmemiş.** Bisher ist noch niemand gekommen. ≗ **bir saat olmadı.** Es ist (war) noch keine Stunde vergangen. Zu 4b: **Herif bir ~ gelmeyecek.** Der Kerl wird nicht mehr kommen. **hiç bir** ~ nicht mehr, nicht noch einmal Zu 5: ~ **gençliğinde** schon in seiner Jugendzeit ~ **ilk günde** schon am ersten Tag ~ **şimdiden** schon jetzt Zu 6: ~ **iyi** a) besser b) (*a.* ~ **iyi ya**) um so besser Zu 7: **Bir, altı ~ yedi (eder).** Eins und sechs macht sieben. ~ **ileri olmamak** (bşden) nichts weiter darstellen (als); nur ... sein ≗ **neler!** 1. Ist so etwas möglich? Was du nicht sagst! 2. und was noch mehr; und so weiter ≗**sı var.** Ja noch mehr als dies. Und dies nicht allein. *(Gel. a.):* Es kommt sogar noch schlimmer.

dahame; dahamet, -ti [·−·] *med.* (krankhafte) Vergrößerung; Hypertrophie *f* *irileşme

dahdah *Ki.* Hottehüh *n* (Pferd *n*)

dahi (*mst.* durch **da, de** ersetzt) 1. auch 2. und, und auch 3. noch **bir defa ~ değil** nicht ein einziges Mal

dâhi [− −] 1. Genie *n,* geniale Persönlichkeit 2. genial (-isch)

dâhice genial(-isch)

dahil (I), **-hli** *va.* 1. Verwickeltsein *n* (in), Zu-tun-Haben *n* (mit) 2. Einmischung, Einmengung *f* 3. Einfluß *m* 4. Einkommen *n* *gelir Zu 1: **Bu işte benim -im yoktur.** Damit habe ich nichts zu tun.

dahil (II) [ā] 1. Inneres; innerer Teil 2. einschließlich, inbegriffen, miteingerechnet, inklusive 3. *va.* eintretend, hineingehend 4. Inland *n* 5. *fr.* ein best. Rang bei Universitätsprofessoren ~ **etmek** miteinrechnen, dazuzählen, hinzufügen, einsetzen (z. B. in e−e Rechnung) ~ **olmak** *(m. Dat.)* 1. eintreten (in), beginnen 2. dabei sein, teilnehmen, beitreten 3. einmarschieren (z. B. Heer) 4. angehören; gehören (zu) 5. (*od.* ~ **bulunmak**) eingeschlossen (inbegriffen, miteingerechnet) sein Zu 1: **-i meriyet olmak** *va.* in Kraft treten *meriyete (*od.* meriyet mevkiine) girmek Zu 2: **Oyuna biz de -iz.** Wir spielen auch mit. Zu 5: ~ **bulunma** *log.* Einbezogensein *n* *içindeleme ~ **olmak üzere** unter Einschluß (von), inbegriffen, inklusive ~ **olarak** einschließlich **-inde** 1. innerhalb, in 2. im Inland

dahîl *va.* 1. sich flüchtend, Zuflucht suchend 2. sich ergebend; kapitulierend *dehalet eden

dahile [ā] 1. s. **önek** 2. Gedanken *pl.;* Gemüt *n,* Sinn *m*

dahilen [ā] *Adv.* 1. inwendig, innerlich, im Innern 2. von innen her, Innen- 3. im Inland ~ **kullanılır** *med.* zum Einnehmen ~ **mersum mudalla** s. **iççokgen;** ~ **mersum daire** s. **içdaire;** ~ **mütebadil** s. **içters(açı)**

dahilî [−·−] 1. zum Innern gehörig, das Innere betreffend, inner, Innen-, Binnen- 2. das Inland betreffend, inländisch 3. *geol.* endogen ~ **azalar** innere Organe *pl.* ~ **deniz** s. **içdeniz;** ~ **harp** Bürgerkrieg *m* *sivil harp; iç savaş ~ **hastalıklar** innere Krankheiten *pl.* *emrazı dahiliye ~ **hat** *mil.* innere Linie ~ **hizmet** *a. mil.* innerer Dienst ~ **ihtiraklı motör** *techn.* Verbrennungsmotor *m* ~ **istihale** *geol.* s. **içbaşkalaşım;** ~ **işler** innenpolitische Angelegenheiten *pl.* ~ **kambiyo** Inlandkurs *m* ~ **kan seyelânı** *med.* innere Verblutung ~ **karakol** *mil.* Innenwache *f* ~ **memleket** 1. Landesinnere *n* 2. *mil.* Heimat *f* ~ **memleket mıntıkası** *mil.* Heimatgebiet *n* ~ **memleketin havaya karşı müdafaa** *mil.* Heimatluftschutz *m* ~ **merkez** s.

içmerkez; ~ **metanet** innerer Halt ~ **nizamname** *jur.* Haus-, Geschäfts-ordnung *f,* Regulativ *n* *içtüzük ~ **piyasa** einheimischer Markt ~ **senet** *H* inländischer Wechsel ~ **seyrüsefer** Binnenverkehr *m* ~ **şuun** *va.* Vorgänge (Ereignisse, Vorfälle) *pl.* im Inland ~ **talimatname** s. **içyönetmelik;** ~ **tertibat** Einbau *m* (z.B. in Auto) ~ **ticaret** s. **içticaret;** ~ **zaviye** s. **iç açı**
dâhilik Genie *n,* Genialität *f,* geniales Wirken, Geniales
dahiliye [ā] 1. *pol.* innere Angelegenheiten *pl.* 2. Innendienst *m* (bei Betrieben) 3. *Abk.* für ⁓ **Vekâleti** 4. innere Krankheiten *pl.* 5. Abteilung *f* für innere Krankheiten (in e–r Klinik) ~ **mütehassısı** *med.* Internist *m,* Facharzt für innere Krankheiten ~ **subayı** Verwaltungsoffizier *m,* aufsichtsführender od. in der Verwaltung beschäftigter Offizier ⁓ **Vekâlati** (bzw. **Nezareti**) Innenministerium *n* *İç (*mit od. ohne* İşleri) Bakanlığı ~ **Vekili** (bzw. **Nazırı**) Innenminister *m* *İç (*mit od. ohne* İşleri) Bakanı
dahiliyeci [ā] 1. Beamter od. Angestellter im Innenministerium 2. *med.* Internist *m*
dâhiyane [–·–·] s. **dâhice**
dahiye [ā] 1. großes Unglück; Heimsuchung *f* 2. bildschöne Frau 3. überaus kluger od. genialer Mann
dahla! *V* Schlag' es ihm doch vor! Frag' ihn doch einmal! (*scil.* ob er am Glücksspiel teilnehmen will)
dahlamak s. **dehlemek**
dahletmek [×··] *(m. Dat.)* 1. sich in et. einmengen, einmischen 2. kritisieren; et. aussetzen (an)
dahme *va.* 1. Grab(-gewölbe), Grabmal, Mausoleum *n,* Türbe *f* 2. Rakete *f* (beim Feuerwerk)
dai (I) [––] *va.* 1. betend, Segenswünsche sprechend 2. hervorrufend, veranlassend 3. „Berufer", Glaubensbote *m* (e–e Art Missionar bei den Ismailiten, Karmaten und Drusen) ~ **olmak** (bşi) *va.* hervorrufen, veranlassen **-niz; -leri** (*fr.* von Geistlichen verwendet) 1. ich 2. Ihr sehr ergebener ...
dai (II) [ā] **Dalton** s. **Dalton hastalığı**
daim [ā] *z. va.* (an-, fort-)dauernd, anhaltend, (be-)ständig, immerwährend *sürekli ~ **etmek** (an-, fort-, weiter-) dauern lassen ~ **olmak** (an-, fort-, weiter-)dauern
daima [–··] *mst.* [dayma] *Adv.* immer, stets, dauernd, fortwährend, jederzeit, jedesmal *her vakit, her zaman
daimerak s. **daülmerak**
daimî [–·–] ständig, dauernd, immerwährend, permanent, Dauer- *sürekli ~ **bitaraflık** *jur.* Neutralisation *f* ~ **borç münasebetleri** *jur.* Dauerschuldverhältnisse *pl.* ~ **delege** ständiger Delegierter ⁓ **Hakem Divanı** *n.pr.* Ständiger Schiedsgerichtshof ~ **hizmet** durchgehender Dienst ~ **ikametgâh** dauernder Wohnsitz ~ **istihkâmlar** *mil.* ständige (od. permanente) Befestigungen *pl.* ~ **istikraz** Anleihe *f* ohne Tilgungsfrist ~ **kar** s. **toktağan karlar;** ~ **ordu** stehendes Heer **nesci** ~ s. **değişmezdoku**
daimîlik; *(va.)* **daimiyet, -ti** 1. Dauerzustand *m* 2. Beständigkeit, Konstanz *f*
dâin s. **dayin**
dair [ā] *(Pp. m. Dat.)* betreffend, betreffs, über, hinsichtlich, bezüglich **buna** ~ hierüber, in bezug hierauf
daire [–··] *mst.* [dayre] 1. *geom.* Kreis *m* 2. Amt(-sgebäude), Büro *n* 3. Kreis, Bezirk, *a.* Amtsbereich, Verwaltungsbezirk *m* 4. Teil e–s Gebäudes od. e–r Verwaltung, Raum *m,* Abteilung, Sektion *f* 5. (Miets-, Etagen-) Wohnung *f* 6. Zimmerflucht *f* 7. *fig.* (umgrenztes) Gebiet, Umfang, Umkreis, Rahmen *m,* Grenzen *pl.* 8. Schellentrommel *f,* Tamburin *n* (der orient. Sänger(-innen) zur Tempo-Angabe) Zu 4: s. **bagaj -si; -ler** *a.:* Gemächer *pl.* Zu 7: **mantık -sinde konuşmak** (streng) logisch sprechen **aşağıdaki şartlar -sinde** im Rahmen der folgenden Bedingungen **Millî Eğitim Bakanlığından alacağı emir ve talimat -sinde** nach Maßgabe der Anordnungen und Direktiven, die er von dem (Türk.) Unterrichtsministerium erhalten wird ~ **basiti** *math.* Kreisevolvente *f* ~ **bıçkısı** Kreissäge *f* ~ **çevresi** *math.* Peripherie *f,* Kreis-linie *f,* -umfang *m* *çember, muhiti daire ~ **fonksiyonu** Kreisfunktion *f* ~ **hattı** Kreislinie *f* ~ **kavsi** Kreisbogen *m* ~ **kesiği** (*od.* **segmenti**) s. ~ **parçası;** ~ **kesimi** *techn.* Kreisquerschnitt *m* ~ **kesmesi** *math.* Kreis-sektor, -ausschnitt *m* *kıtâı daire ~ **parçası** *math.* Kreis-segment *n,* -abschnitt *m* *kıtaı daire ~ **sathı** (*od.* **yüzü**) Kreisfläche *f,* -inhalt *m* ~ **segmenti** s. ~ **parçası;** ~ **sektörü** s. ~ **kesmesi;** ~ **şeklinde** kreisförmig ~ **testere** Kreissägeblatt *n* ~ **testere makinesi** Kreissäge *f* **-nin kareleştirilmesi** 1. *math.* Quadratur *f* des Kreises 2. *fig.* Unmöglichkeit *f* **-i azime seyri** *naut.* Großkreissegelung *f* **-i faside** s. **kısır döngü; -i kaza** *jur.* s. **kaza dairesi; yargı çevresi; -i husuf** s. **tutulma dairesi; -i intihabiye** *va.* Wahlkreis *m* *seçim dairesi ⁓i **Meşihat** s. **Şeyhülislâm Kapısı; -i rüyet** *va.* Gesichtskreis *m*
daireli [ā] aus (soundsoviel) **daire** bestehend **altı** ~ **bir apartman** ein Mietshaus mit sechs Wohnungen
dairen [ā] *va. Adv.* kreisförmig, im Kreis
dairenmadar [–··––] *va.* ringsumher, im ganzen Umkreis *çepçevre, fırdolayı **şehre** ~ rings um die Stadt
dairesel s. **dairevî**
dairetülmaarif [–·····–·] *va.* (Name verschiedener Enzyklopädien)
dairevî [–··–] kreisförmig, Kreis- *dairesel ~ **bıçkı** Kreissäge *f* ~ **frekans** *phys.* Kreisfrequenz *f*
dairezen Tamburinspieler *m* (*spez.* im Karagözspiel)
daiye [ā] *va.* 1. Anlaß, Grund *m,* Motiv *n,* Antrieb *m* 2. Wunsch *m,* Verlangen *n*
dak, -kkı *va.* Klopfen, Schlagen *n*
dakik, -kı [·–] 1. fein, subtil 2. präzis, genau (z.B. Nachrichten) 3. genaugehend (z.B. Uhr) 4. eingehend (z.B. Besprechung)
dakika 1. Minute *f* (60. Teil e–r Stunde) 2. Minute *f* (60. Teil e–s Grades), Bogenminute *f* 3. *va.* [·–·] Feinheit *f,* hübsche Formulierung, subtiler Gedanke **-dan -ya** von Minute zu Minute, jede Minute, jeden Augenblick **-sı -sına** auf die Minute genau **-sı -sına uymaz** s. **günü gününe uymaz; -sında** sofort, unverzüglich **-larca** minutenlang
dakikalama *Th.* Spieldauer *f*
dakikalık soundsoviele Minuten ausmachend, dauernd
dakiklik [·–·] Genauigkeit, Exaktheit, Präzision *f*
dakka (I) s. **dakika**
dakka (II) s. Stw. **men**
dakkalık s. **dakikalık**
dakketmek [×··] *va.* klopfen, schlagen **kapıyı** ~ an die Tür klopfen
dakkor! (*franz.* **d'accord**) Einverstanden! *kabul, mutabık
daktilo (*franz.* **dactylo**) 1. Stenotypist(-in *f*) *m, F* Tippfräulein *n* 2. s. **daktilografi** 3. **(makinesi)** Schreibmaschine *f* *yazı makinesi ~ **dersleri** Unterricht *m* im Maschinenschreiben ~ **etmek** mit (od. auf) der Maschine schreiben; tippen ~ **ile yazılmış** mit der Maschine geschrieben; maschinenschriftlich ~ **kursu** Maschinenschreibkurs *m* ~ **şeridi** Farbband *n*
daktilograf *va.* s. **daktilo** (1, 3)
daktilografi Maschinenschreiben *n*
daktilografik *selt.* Beruf *m* od. Tätigkeit *f* e–r Maschinenschreiberin
daktilogram Fingerabdruck *m*
daktiloloji Fingersprache *f* (der Taubstummen) *şiroloji
daktiloluk s. **daktilografik;** ~ **imtihanı** Prüfung *f* in Maschinenschreiben
daktiloskopi Daktyloskopie *f,* Fingerabdruckverfahren *n*
dal (I) 1. (vom Baumstamm ausgehender) Ast 2. *fig.* Abtei-

lung, Gruppe *f*, Zweig *m; (Sport)* Disziplin *f* *şube, branş 3. *(dallar)* s. **füru** 4. *(biol. Systematik)* Stamm *m* 5. s. **boynuz -ı**; ~ **budak salmak (vermek, peyda etmek)** 1. Äste und Zweige ansetzen 2. *fig.* sich weit verzweigen, sich ausbreiten; *a.* bekannt, ruchbar werden 3. *pej.* sich ins Ungemessene auswachsen, weitläufig werden, sich immer mehr komplizieren ~ **gibi** schlank und schmächtig, zart und schwach **-dan dala atlamak** *fig.* von e–m Thema auf das andere kommen **-dan dala konan** *fig.* wankelmütig, unbeständig *mesleksiz, renksiz **-dan eğme** s. **daldırma** (2); **-ları basmak** zum Brechen voll hängen, sich unter ihrer Last fast bis auf den Boden biegen (Äste) **-ları bastı (kıraz)** (traditioneller Ruf der Kirschenverkäufer)

dal (II) (nur mehr in best. Ra.) Schulter(-n *pl.*) *f*, Rücken *m* **-ına basmak** (b–nin) j–m auf die Nerven fallen, j–n verärgern, es bei j–m verschütten **-ına binmek** (b–nin) 1. j–m zusetzen, lästig fallen, dauernd am Rockzipfel hängen, j–n nicht zur Ruhe kommen lassen, quälen, tyrannisieren 2. verärgern, ärgerlich machen

dal (III) (in Füg. wie **dalboy, dalburun, dalfes, dalkavuk** usw. *urspr.*:) nackt, bloß

dal (IV), **-li** [–] 10. Buchst. des osm. Alph. ~ **biçimi** (*od.* **boyu** *od.* **-e dönmüş**) *va.* ganz gebückt (gebeugt, krumm, bucklig)

dâl, -lli *va. (m. Dat.)* aufzeigend, hinweisend (auf), erkennen lassend, symptomatisch; Symptom *n*

dalabımak *P* 1. in der Brunft sein (männl. Tier) 2. schmeicheln, rühmen

dalacan *P* mutwillig; Ärgernis erregend (Junge)

dalaçıka s. **dala çıka** (Stw. **dalmak**)

dalak 1. *an.* Milz *f* *tahal 2. Honigwabe *f* *bal peteği 3. *hist.* als Sklave verkaufter Kriegsgefangener ~ **büyümesi** *med.* Milzschwellung *f* ~ **iltihabı** Milzbrand *m* *iltihabı tahal ~ **olmak** milzkrank sein

dalakotu, -nu 1. s. **duvar sedefi** 2. s. **altınotu** (1) 3. s. **kısamahmut** 4. gelber Gamander *bot.* Teucrium flavum

dalâl *va.* s. **dalâlet**

dalâlet, -ti Abirren *n*, Irr-, Ab-weg *m* **-e düşmek** *od.* ~ **yoluna sapmak** auf Irr-, Ab-wege geraten, vom rechten Weg abirren

dalamak 1. beißen (Hund, Bär usw.) 2. stechen (Insekt, Brennessel usw.) 3. (ver-)brennen (Flamme) 4. wundreiben, zerkratzen, Abschürfungen hervorrufen 5. *hist.* rauben; zum Kriegsgefangenen machen

dalan [– –] *arch.* 1. Vorhalle *f*, Vestibül *n* 2. Narthex *m* (e–r Basilika)

dalap, -bı *P* s. **kızgınlık**

dalarakıye *fr.* Derwischmütze *f*

dalaş 1. Streit, Zank, Tumult *m* *arbede 2. Rauferei, Schlägerei *f*, Handgemenge *n* 3. s. **dil -ı**

dalaşkan 1. zänkisch, streitsüchtig 2. Krakeeler, Raufbold *m*

dalaşmak 1. einander an die Kehle fahren, sich gegenseitig beißen (z.B. Hunde) 2. e–n scharfen Wortwechsel haben, sich heftig streiten

dalaşman s. **dalaşkan**

dalavere [··×·] *F* 1. Umtriebe, Machenschaften, Intrigen, Ränke *pl.* 2. Betrug, Schwindel *m* ~ **çevirmek** (*od.* **döndürmek**) 1. Ränke schmieden; intrigieren 2. betrügen, beschwindeln, *F* ein Ding drehen **Panama -si** *hist.* Panama-Skandal *m*

dalavereci *F* Intrigant, Ränkeschmied *m*

dalaverecilik Intrigantentum *n*

dalavereli *F* mit Ränken, Intrigen; intrigant

Dalaylama Dalai-Lama *m*

Dalaylamalık Würde *f* (Rang *m*, Aufgaben *pl.*) e–s Dalai-Lama

dalbastı e–e große rotgelbe Kirschenart mit festem Fleisch

dalboy dünn angezogen, leicht gekleidet

dalburun neugieriger, zudringlicher Mensch

dalcık Ästchen *n*, Zweig *m*

dalda s. **dulda**

daldırma 1. Vs. zu **daldırmak** 2. *agr.* Ableger, Absenker *m* (e–r Pflanze) 3. Henkelbecher *m* ~ **etmek** *agr.* absenken (Pflanzen) ~ **filizi** Absenker *m* e–s Weinstocks

daldırmak Kaus. zu **dalmak** *spez.* 1. (ein-, hinein-, unter-) tauchen 2. (hinein-)stecken 3. absenken (Pflanzen) 4. hinablassen (Taucher usw.) 5. *z. va.* verunglimpfen 6. in Gedanken versunken sein Zu 2: **elini cebine** ~ mit der Hand in die Tasche fahren Zu 6: **Fazla daldırmış, beni görmedi bile.** Er war so vertieft, daß er mich nicht einmal sah. **daldır çıkar** kleineres Fischernetz **(dalyan)** wie es bes. im Marmaragebiet verwendet wird

daldız *dial.* 1. Hohldechsel *f* 2. Imkergerät *n* zum Ausschneiden der Honigwaben aus dem Bienenstock

dalfes *va.* Fes *m* ohne Umhüllung (ohne **sarık** *od.* **yemeni**)

dalga 1. Welle, Woge *f* *mevce 2. *phys.* Welle *f* *mevç 3. *fig.* (Hitze-, Kälte-, Selbstmord- usw.)Welle *f* 4. vorbrechende Menschenmenge 5. Wellenlinie *f*, Streifen *m* (in Stoffen usw.) 6. *V* Intrigen, Machenschaften *pl.* *dalavere 7. *V* Haschisch *n* 8. *V* Zerstreutheit, Zerfahrenheit, Unaufmerksamkeit *f* *dalgınlık 9. *V* Zustand *m*, Lage *f*, Stand *m* (e–r Angelegenheit) 10. *V* Geliebte, Freundin *f* ~ **aşındırması** *geogr.* Abrasion *f* ~ **boyu** *phys.* Wellenlänge *f* *tulü mevç, dalga uzunluğu ~ **çatlaması** Brandung *f* (des Meeres) ~ **çizgisi** Wellenlinie *f* ~ **çukuru** (*od.* ~ **derinliği**) Wellental *n* ~ ~ 1. in Wellen, wellig (z.B. Haar) 2. nicht gleichmäßig aufgetragen (z.B. Farbe, Tünche usw.), streifig ~ **devimi** (*od.* ~ **hareketi**) Wellenbewegung *f* ~ **geçmek** *V* 1. zerstreut sein, nicht bei der Sache sein 2. keine ernsten Absichten haben (Mann gegenüber Mädchen) 3. (b–le) sich lustig machen (über); j–n auf den Arm nehmen ~ **gibi gelmek** e–r nach dem anderen kommen ~ **saymak** nichts tun, faulenzen, die Daumen drehen ~ **serpintisi** *geogr.* Gischt *f* ~ **şeklinde** wellenförmig ~ **tepesi** Wellenkamm *m* ~ **uzunluğu** s. **dalga boyu; -lar halinde taarruz** *mil.* rollender Angriff **-ya düşmek** *V* 1. abgelenkt werden 2. hereingelegt werden **-ya gelmek** *V* s. **dalga geçmek; -ya getirmek** *V* j–n beschwatzen, überreden **-yı başa almak** 1. die Spitze e–s Bootes od. Schiffes gegen die ankommenden Wellen richten; die Wellen abreiten 2. *fig.* den Stier bei den Hörnern packen

dalgacı 1. *F* zerstreut, unaufmerksam 2. *F* unbeständig, wankelmütig 3. *V* Intrigant, Ränkeschmied *m* ~ **Mahmut** *F* Hans der Träumer

dalgacık kleine Welle **-lar** *geol.* Rippelmarken *pl.*

dalgakıran Wellenbrecher *m*, Mole *f* *mendirek

dalgalandırmak Kaus. zu **dalgalamak. Lodos denizi dalgalandırdı.** Der Südweststurm hat das Meer aufgewühlt.

dalgalanma Vs. zu **dalgalanmak** *spez.* Wellenbewegung *f* ~ **hareketi** *a.*: Schlingerbewegung *f* **ruhî -lar** seelische Schwankungen *pl.*

dalgalanmak 1. wogen, sich wellen; bewegt (unruhig) werden (z.B. Meer) 2. flattern, wehen (Haare, Fahne usw.) 3. schlingern 4. streifig werden (Farbe) 5. fluktuieren, schwanken

dalgalı 1. wellig, bewegt, unruhig 2. in der Farbe nicht gleichmäßig; streifig 3. schwebend (Schulden) 4. mit nb. Wellenbereich (Radioapparat) 5. wellenförmig 6. laufend (Versicherung) Zu 4: **üç** ~ **radyo makinesi** Rundfunkgerät *n* mit drei Wellenbereichen **kısa** ~ **radyo makinesi** Kurzwellenapparat *m*, Radioapparat *m* mit Kurzwellenbereich ~ **akım** *phys.* Wechselstrom *m* *mütenavip cereyan ~ **arazi** welliges, unebenes Gelände ~ **borç-**

lar schwebende Schulden *pl.* ~ **deniz** rauhe See ~ **hareket** schwingende, wellenförmige Bewegung ~ **humma** *med.* Brucellose *f* (z.B. Bang'sche Krankheit *f* od. Maltafieber *n*) ~ **kumaş** moirierter Stoff *spez.* Seidenmoiré *m, n* ~ **saç** welliges Haar ~ **sigorta** s. **abonman sigortası;** ~ **taraklama** Guillochierung *f*

dalgalılık *techn.* Welligkeit *f*

dalgamotor *V* Geliebte, Freundin *f*, Verhältnis *n*

dalgasız 1. glatt, ruhig, ohne Wogen 2. gleichmäßig (Seide)

dalgı *dial.* Zerstreutheit, Unaufmerksamkeit *f*

dalgıç, -cı 1. (berufsmäßiger) Taucher 2. s. **tepeli** ~**; buz(ırmak)-ı** 3. *V* wer überall seine Ohren hat ~ **başlığı** Taucherhelm *m* ~ **çanı** (*od.* ~ **kampanası**) Taucherglocke *f* ~ **elbisesi** Taucheranzug *m* ~ **hastalığı** Druckluft-, Caisson-, Taucher-krankheit *f* *keson hastalığı; vurgun ~ **haznesi** Senkkasten, Caisson *m* ~ **kazası** Unfall *m* durch Tiefenrausch ~ **kuşları** Lappentaucher *pl. zo.* Pygopodes ~ **paleti** Tauch-, Schwimm-flossen *pl.* (beim Sporttauchen) ~ **piston** Tauchkolben, Plunger *m* (*spez.* an Wasserpumpen) ~ **takımı** s. ~ **elbisesi**

dalgıçböcekler Schwimmkäfer *pl. zo.* Dytiscidae

dalgıçördekler Tauchenten *pl. zo.* Aythyini

dalgıçlık Beruf *m*, Tätigkeit *f* e–s Tauchers

dalgın 1. ganz versunken, vertieft (in Gedanken, e–e Lektüre usw.) 2. zerstreut, unaufmerksam 3. im Dämmerzustand, halb bewußtlos (Kranker)

dalgınlık, -ığı 1. Versunkensein *n* 2. Zerstreutheit, Unaufmerksamkeit *f* 3. Dämmerzustand *m* **-ına gelmek** ganz zerstreut sein, nicht aufpassen **-ına getirmek** j–n beschwatzen, überreden

dalgır *dial.* Moirierung *f*, Wasserglanz *m* *hare

dalgış Unterwasserschwimmen *n* ~ **yüzmek** unter Wasser schwimmen

dalıcı tauchend (usw. s. **dalmak**); ~ **martıgiller** Flügeltaucher *pl. zo.* Alcidae ~ **uçak** *selt.* Sturzkampfflugzeug *n*

dalınç s. **istiğrak**

dalış Vs. zu **dalmak** *spez.* 1. *(Boxen)* Abducken *n* 2. *Fb.* Robinsonade *f* *plonjon 3. *(Basketball)* plötzlicher Durchbruch e–s Stürmers

dalız *an.* Vorhof *m*, Vestibulum *n* *dehliz

dalî [– –] *va.* deltaförmig; s.a. Stw. **adale**

Dalila *n.pr.* Delila (Bibel)

dalkavuk (*urspr.* **kavuk** *(q.v.)* ohne Umwickelung 1. Schmeichler, Kriecher *m*, würdeloser Speichellecker *müdahin 2. *hist.* Hofnarr, Spaßmacher *m*

dalkavukça schmeichlerisch, servil, unterwürfig

dalkavukluk würdeloses Schmeicheln; Kriecherei, Speichelleckerei *f* *müdahane ~ **etmek** schmeicheln, kriechen *(fig.)*

dalkelle ohne Kopfbedeckung *açık baş

dalkılıç 1. wer das Schwert gezogen hat 2. *Adv.* mit gezogenem (gezücktem, blankem) Schwert 3. in frühosm. Zeit Soldaten, die sich freiwillig für besonders gefährliche Unternehmen meldeten 4. *fig.* Bramarbas, Prahler *m*

dalkıran; dalkurutan die Borkenkäfer Anisandrus dispar *bzw.* Hylesinus oleiperda

dallandırmak 1. Äste und Zweige treiben lassen, e–n Baum nicht ausholzen 2. *fig.* komplizieren; unübersichtlich werden lassen 3. übertreiben; übertrieben groß zeichnen (z.B. Karikatur) 4. vom Hundertsten ins Tausendste kommen (beim Erzählen)

dallanma Vs. zu **dallanmak** *spez.* Verästelung, Verzweigung *f*

dallanmak 1. Äste und Zweige treiben 2. *fig.* (*mst.* ~ **budaklanmak** *od.* **dallanıp budaklanmak**) 1. verwickelt (verworren, weitläufig) werden, sich komplizieren 2. jedermann zu Ohren kommen 3. Weiterungen haben

dallantı *an., geol.* Dendrit *m* *dendrit

dallantılı *an., geol.* dendritisch *dendritik

dâlle [–·] s. **determinant**

dallı 1. Äste od. Zweige tragend 2. mit Ästen od. Zweigen bestickt od. bedruckt 3. *an.* verästelt, verzweigt *müteşaip ~ **budaklı** 1. mit vielen Ästen und Zweigen; dicht belaubt 2. *fig.* kompliziert, unübersichtlich, verworren, weitläufig, ein wahrer Rattenkönig

dalma 1. Vs. zu **dalmak** *spez.* Tauchsport *m* 2. *spez.* blitzschnelles Niedergehen e–s Ringers, der den Unterschenkel od. Fuß des Gegners zu packen versucht

Dalmaçya [·×·] *n.pr.* Dalmatien ~ **köpeği** Dalmatiner *m* (Hunderasse)

Dalmaçyalı 1. Dalmatiner(-in *f*) *m* 2. dalmatinisch

dalmak, (-ar) 1. (unter-)tauchen; ein-, unter-, ver-sinken 2. schnell irgendwohin gehen 3. sich widmen (z.B. e–r Arbeit), sich hingeben (z.B. Vergnügungen, Ausschweifungen, seinen Gedanken usw.) 4. sich vertiefen (z.B. in ein Buch) 5. in et. hineingeraten (z.B. in e–n Krieg) 6. s. **uykuya** ~ 7. das Bewußtsein verlieren (z.B. Kranker) 8. (bir yere) unangemeldet (ohne Erlaubnis, Eintrittskarte usw.) irgendwo auftauchen, eindringen 9. sich eilig an et. machen **dala çıka** mühselig, unter großen Strapazen **dalıp gitmek** 1. in tiefes Nachdenken versunken sein 2. wie betäubt sein

dalsepet, -ti geflochtener Korb

dalsikke *fr.* Kopfbedeckung *f* der Mewlewiderwische ohne Turbanstreifen (*ant.* **sarıklı sikke**)

daltaban 1. bar-fuß, -füßig 2. ohne Geldmittel, arm; Bettler *m*, armer Schlucker 3. *pej.* Strolch, Vagabund *m*

daltaşak *V* splitterfasernackt

Dalton hastalığı *med.* Daltonismus *m*, Rot-Grün-Blindheit *f* (Form der Farbenblindheit) *dai Dalton

daltonizm s. **Dalton hastalığı**

daltoniyen farbenblind

daluyku fester, tiefer Schlaf

dalya (I) [×·] Georgine, Gartendahlie *f bot.* Dahlia variabilis *yıldızçiçeği

dalya (II) [×·] (Ausruf, wenn beim Zählen e–e best. größere Einheit erreicht wird): Das wäre(-n) also ...; Jetzt haben wir also (100, 200 usw.)

dalyan Staaknetz *n*, Ringwade *f* (großes, an Pfählen befestigtes Fischernetz mit Beobachtungsplatz auf e–m dieser Pfähle) ~ **gibi (< taylan gibi)** großgewachsen, stattlich, von hohem Wuchs (Person) ~ **köftesi** Fleischklößchen *pl.* mit hartgekochten Eiern darin ~ **tarlası** die Meeresstelle, wo das Staaknetz ausgebreitet ist **-nın içine düşmek** ins (Staak-)Netz gehen (Fische)

dalyancı 1. Besitzer *m* e–s Staaknetzes 2. wer mittels Staaknetz Fische fängt 3. *spez.* wer den Beobachtungsposten innehat

dalyarak *V* Dummkopf, Tölpel *m*

dalyasan s. **talyasan**

dam (I) 1. Dach *n* 2. kleineres Gebäude; Haus *n* 3. Stall *m* *ahır 4. *V* Gefängnis *n* *hapishane ~ **aktarıcı** Dachdekker *m* ~ **aktarmak** das Dach ausbessern, umdecken (durch Einfügen neuer Ziegel) ~ **altı** 1. gedeckte, überdachte Stelle *spez.* Boden, Speicher *m*, Bodenkammer, Dachstube *f* 2. *fig.* Unterkunft, Behausung *f*, Zufluchtsort *m* ~ **altına girmek** 1. ein Dach über dem Kopf haben 2. Hausbesitzer werden ~ **deresi** (*od.* ~ **oluğu**) Dachrinne *f* ~ **kapağı** Dachluke *f* ~ **örtüsü** Bedachung *f* ~ **turası** Karnies *n*, Zierleiste *f* (am oberen Abschluß e–s Gebäudes) ≗ **üstünde saksağan, beline vurdum kazmayı** (*od.* **vur beline kazmaylan**). Alles Unsinn! Dummes Geschwätz! Papperlapapp! ~ **yelesi** *hist.* Bekrönung *f* (e–s Daches) **-a atmak** *V* ins Gefängnis werfen **-a çıkmak** *fig.* hysterisch, mannstoll werden **-(lar)da gezmek** *fig.* auf Abwege geraten (Frauen, Mädchen) **-dan çardağa atla-**

mak zusammenhanglos bald von diesem, bald von jenem reden, *F* kreuz und quer daherreden **~dan düşen, -dan düşenin halini bilir.** *Spr.* (Nur) derjenige kann wirklich mitfühlen, der ein gleiches Unglück durchgemacht hat. **-dan düşer gibi** (*od.* **düşercesine**) **bir şeyi söylemek** unvermittelt (unbekümmert, taktlos) mit et. herausplatzen; mit der Tür ins Haus fallen **-ı almak** das Dach decken (bei Neubau) **-ın doruğu** *fig.* hohe Stellung, hoher Rang
dam (II) 1. *hist.* Edelfrau *f* 2. wer den Schleier genommen hat; Nonne *f* 3. Tanzpartnerin *f* 4. *Ka.* Dame *f* *kız
dam (III) *Abk.* für **dekametre**
dâm *va.* Falle *f* **-ı iğfaline düşürmek** *va.* in e–e Falle locken **-ı tezvir** *va.* verlogenes Gerede; Intrige *f*
dama [×·] 1. Damespiel *n* 2. Dame *f* (im Damespiel) 3. *P* aus, fertig ~ **demek** 1. *selt.* Dame ansagen 2. nicht mehr weiter können, aufgeben, versagen, schlapp machen 3. ausgehen, zur Neige gehen (z. B. Geld) ~ **oynamak** Dame spielen ~ **tahtası** Damebrett *n* (mit 64 od. 100 Feldern) ~ **taşı** 1. Stein *m* im Damespiel 2. *fig.* wer kein Sitzfleisch hat; nicht ausdauernd, unstet ~ **taşı gibi** 1. s. ~ **taşı** (2) 2. nicht zur Ruhe kommend; dauernd hin- und hergeworfen ~ **taşı gibi oynatmak** dauernd anderswohin versetzen (Beamten) ~ **taşına dönmek** alle Hände voll zu tun haben **-ya çıkarmak** (e–n Stein) zur Dame machen (od. führen) (im Damespiel) **-ya çıkmak** (*od.* **varmak**) zur Dame werden (Stein im Damespiel)
damacana [··×·] (*franz.* **dame-jeanne**) Glasballon *m*, große Korbflasche
damacı (geschickter) Damespieler
damacılık Damespielen *n*
damak, -ağı 1. *an.* Gaumen *m* 2. *z. va.* Widerhaken *m* ~ **eteği** *an.* Gaumensegel *n*, Velum palatinum *şiraülhanek ~ **kemeri** (*od.* ~ **kubbesi**) *an.* Gaumenbogen *m* *kubbetülhanek ~ **kemiği** *an.* Gaumenbein *n*, Os palatinum *azmı hanek ~ **poturu** s. ~ **eteği;** ~ **sessizi** (*od.* ~ **ünsüzü**) *phon.* Gaumenlaut *m* *damaksı(-l); hanekî samit ~ **yarığı** *med.* Gaumenspalte *f*, Wolfsrachen *m* **-ı kurumak** e–n trockenen Gaumen bekommen; sehr durstig sein **-ını kaldırmak** *fig.* e–n zu Tod Erschreckten wieder beruhigen
damaklı mit (künstlichem) Gaumen ~ **diş** künstliches Gebiß (an Gaumenplatte befestigt)
damaksı(-l) *phon.* 1. Gaumen- 2. s. **damak sessizi**
damaksıllaşma s. **öndamaksı(l)laşma**
damaksız ohne (künstlichen) Gaumen ~ **diş** künstliche Zähne, die nicht an e–r Gaumenplatte befestigt sind (z. B. Stiftzähne)
damalı [×··] mit Karos od. schachbrettartigem Muster; kariert, gewürfelt *kareli, satrançlı
daman (I) s. **Güney Afrika** (*bzw.* **Suriye**) **-ı**
daman (II) [– –] *va.* Saum, Rand *m* (e–s Gewandes)
damar 1. *an.* Ader *f* 2. *geol.* Ader *f*, Gang *m*, Flöz *n* (im Pl. *a.* Äderung, Maserung *f*) 3. *bot.* Nerv *m* (im Pl. *a.* Nervatur *f* *useybat 4. *an., bot.* Gefäß *n* *via 5. *fig.* Jähzorn *m* od. Veranlagung *f* zum Eigensinn 6. *fig.* Veranlagung, Ader, Natur, Art, Laune *f* 7. *fig.* empfindlichste Stelle (e–s Menschen) 8. Faser, Fiber *f* *çizgi, elyaf Zu 6: s. **şairlik -ı;** ~ **atmak** pochen, schlagen (z. B. Puls) ~ **-a** (*od.* ~ **üstüne**) **binmek** sich verkrampfen (Muskeln) ~ **daralması** *med.* Gefäßverengerung *f* ~ **dış gömleği** *med.* Adventitia *f*, äußere Gefäßwand ~ **genişlemesi** *med.* Gefäßerweiterung *f* ~ **gevşemesi** *med.* Aneurysma *n*, Pulsadergeschwulst *f* ~ **hareket bozuklukları** *med.* Gefäßneurosen *pl.;* vasomotorische Störungen *pl.* ~ **iltihabı** *med.* Phlebitis, Venenentzündung *f* ~ **kat** *an.* Aderhaut *f* (des Auges), Chorioidea *f* ~ **kayacı** *min.* Gangstein *m* ~ **sertleşmesi** (*od.* **sertliği**) *med.* Arteriosklerose *f* ~ **sinirleri** *an.* Gefäßnerven *pl.*, vasomotorische Nerven *pl.* ~ **tabaka** s. ~ **kat;** ~ **taklidi yapmak** ädern (Holz) **-i bozuk** 1. von üblem Charakter; unverträglich 2. (Edelstein) fehlerhaft; nicht rein **-ı çatlak** (*od.* **-ı kırık**) frech, unverschämt **-ı çatlamak** frech, unverschämt werden **~ı kurusun!** (Fluch) etwa: Hol der Teufel diese Launenhaftigkeit! **-ı teprenmek** (*od.* **-ı tepreşmek**) eigensinnig, aufsässig werden **-ı tutmak** jähzornig, unberechenbar sein; *F* e–n Rappel (od. Raptus) bekommen (Mensch) **-ına basmak** (b–nin) j–m auf die Hühneraugen treten, j–n reizen, verärgern; es bei j–m verschütten; ins Fettnäpfchen treten **-ına çekmek** wie seine Vorfahren geartet sein **-ına dokunmak** j–m auf die Nerven gehen; j–n reizen **-ına girmek** (b–nin) sich bei j–m einschmeicheln, lieb Kind machen **-ına göre hareket etmek** ganz nach Laune verfahren **-ına** (*od.* **-larına**) **işlemek** in Fleisch und Blut übergehen, zur zweiten Natur werden **~ında var.** *F* Es liegt nun einmal in der Familie. **-ını bulmak** (b–nin) 1. j–s verwundbare Stelle (Achillesferse) herausfinden 2. es verstehen, j–m um den Bart zu gehen **-ları şaha kalkmak** *V* sehnlichst begehren; auf et. aus sein
damarbilim *med.* Angiologie, Gefäßkunde *f*
damardaraltan *an.* gefäßverengernd, Kontraktions- (Nerven) *mukabbızı eviye
damargenişleten *an.* gefäßerweiternd, Dilatations- (Nerven) *müvessii eviye
damarlanma *an., bot.* Äderung *f*
damarlı 1. mit Adern durchzogen, geädert 2. mit stark hervortretenden Adern 3. mit unangenehmen Charaktereigenschaften behaftet *spez.:* a) widersetzlich, eigensinnig b) jähzornig od. unverschämt c) ungefällig, unfreundlich, unangenehm (z. B. im Verkehr) 4. streifig, geädert, marmoriert ~ **çiçeksizler** *bot.* Gefäßkryptogamen, Pteridophyten *pl.* zatülilkahıhafiyei viaiye ~ **dişliler** Erdferkel *pl. zo.* Tubulidentata
damarlılık s. **damarlanma**
damarsız 1. ungeändert, nicht mit Adern durchzogen 2. *fig.* zänkisch, unverträglich 3. unverschämt
damasko [·×·] 1. Damast *m* 2. aus Damast hergestellt, damasten, Damast- 3. (imitierter) Damaszenerstahl
damat (I), **-dı** 1. Schwiegersohn *m* 2. *va.* od. *F* Bräutigam *m* *(1, 2) güvey 3. *hist.* Ehemann e–r osm. Prinzessin (z. B. Damat Ferit Paşa)
damat (II), **-tı** e–e Wildentenart
damatlık Stellung *f* e–s **damat** (I)
damdazlak [×··] ganz kahlköpfig od. mit e–r Riesenglatze
damdonör Ehren-, Hof-dame *f* *nedime
damen s. **daman** (II)
damenbus [–·–] *va.* 1. den Saum des Gewandes küssend (zum Zeichen der Ehrerbietung) 2. *fig.* würdeloser Schmeichler
damga 1. Stempel *m* (als Instrument) 2. Stempel(-aufdruck) *m spez.* Poststempel *m* 3. Brandeisen *n* 4. Brandmal *n* (*a. fig.*), Schandfleck, Makel *m* 5. Herkunftsstempel *m* od. Fabrikmarke *f* 6. *fig.* Gepräge *n*, Stempel *m*, Charakter(-istikum *n*) *m* 7. (*a.* **kurşun** ~) Stempelplombe *f* Zu 4: **firar -sını yemiş** mit dem Makel der Fahnenflucht behaftet ~ **basmak** s. ~ **vurmak;** ~ **çekici** Numerierstempel *m* (für Bäume) ~ **kanunu** Stempel(marken)-gesetz *n* ~ **mühür** Siegel *n* ~ **pulu** Stempelmarke *f* ~ **resmi** Stempel-gebühr, -abgabe, -steuer *f* ~ **vurmak** 1. (ab-)stempeln 2. mit (Stempel-)Plombe versehen 3. brandmarken (*a. fig.*)
damgacı 1. Hersteller od. Verkäufer *m* von Stempeln od. Brandeisen 2. Zollbeamter, der e–n Stempel anbringt od. et. plombiert 3. wer brandmarkt
damgalamak 1. mit Stempel od. Stempelmarke versehen, (ab-)stempeln, verstempeln 2. mit e–m Brandmal kenn-

zeichnen 3. *fig. mst. pej.* brandmarken, abstempeln 4. mit (Stempel-)Plombe versehen; plombieren
damgalı 1. (ab-)gestempelt 2. gebrandmarkt *(a. fig.)*; übel beleumundet; berüchtigt 3. plombiert 4. *V* Geld *n* (*V* Kies *m,* Pinke *f*) ~ **eşek** *hum.* bekannt wie ein bunter Hund
damgasız 1. ungestempelt, nicht abgestempelt 2. nicht mit Brandmal gekennzeichnet 3. unplombiert
damıtıcı 1. destillierend, Destillations- 2. Destillateur *m*
damıtık destilliert *mukattar **-su** destilliertes Wasser *mai mukattar
damıtma Destillieren *n,* Destillation *f* ~ **balonu** *chem.* Destillierkolben *m* *taktir balonu ~ **ürünü** Destillat *n*
damıtmak destillieren *taktir etmek, imbikten geçirmek
damız 1. *P* Stall *m* *ahır 2. Gestüt *n*
damızlık 1. zur Aufzucht geeignet od. best., Zucht- (Tiere od. Pflanzen) 2. *V* Gärstoff *m,* Ferment, Lab *n* ~ **boğa** Zucht-bulle, -stier *m* ~ **horoz** Zuchthahn *m*
damkoruğu, -nu Fetthenne *f bot.* Sedum (acre u. a.) *kaya koruğu, saksıgüzeli, kulak otu
damkoruğugiller Dickblattgewächse *pl. bot.* Crassulaceae *etlimsigiller, lahmiye
damla 1. Tropfen *m* 2. tropfenweise einzunehmende Medizin; Tropfen *pl.* 3. Schlaganfall *m,* Gehirn-, Herz-schlag *m* 4. *P* Gichtanfall *m* 5. ganz klein (z. B. Kind) Zu 5: s. **bir ~ çocuk;** ~ **çanağı** Tropfschale *f* ~ ~ tropfenweise ~ **hastalığı** *P* Gicht *f* *gut, nıkris ~ **inmek** (b–ne) 1. e–n Schlaganfall (Gehirn-, Herz-schlag) erleiden 2. *P* e–n Gichtanfall bekommen ~ **taşı** *arch.* rundlich geschliffener Stein (als Hausverzierung) ~ **yağdanı** *techn.* Tropföler *m*
damlacık 1. Tröpfchen *n* 2. ganz klein Zu 2: s. **bir ~ yavru**
damlalı 1. tropfenförmig od. in Tropfen 2. wer e–n Schlaganfall (*P* Gichtanfall) erlitten hat
damlalık 1. Tropfbrett *n* 2. Dach-, Regen-rinne *f* 3. *arch.* Kranzgesims, Traufdach *n* 4. *med.* Tropfenzähler *m* *kantgut
damlama Vs. zu **damlamak** *spez. bot.* Guttation *f* *gütasyon
damlamak 1. tropfen, rinnen 2. Wasser durchlassen; lecken (z. B. Eimer); laufen (z. B. Wasserhahn) 3. *(mst. pej.)* plötzlich auftauchen, unerwartet od. uneingeladen kommen; hereinschneien, aufkreuzen 4. *selt.* decken, (über-) dachen (Haus) **Damlaya damlaya göl olur.** *Spr.* (*a. m. der Forts.* **aka aka sel olur**) Aus vielem Kleinen wird ein Großes. *F* Kleinvieh macht auch Mist.
damlasakızı, -nı e–e bes. geschätzte Mastix-Art
damlataş 1. Tropfstein *m* 2. Cabochon *m* (mugelig rund geschliffener Edelstein) ~ **mağarası** Tropfsteinhöhle *f*
damlatmak 1. Tropfen fallen lassen, tröpfeln, träufeln 2. *selt.* s. **damıtmak**
damlatmalık *phot.* Trocken-ständer, -schrank *m* (für fertigentwickelte Glasplatten)
damlayakut, -tu reiner, fehlerloser Rubin; Rubinspinell *m*
damma(-lı) s. **zamme(-li)**
dammak 1. s. **damlamak** 2. *dial.* plötzlich ins Gedächtnis kommen, plötzlich einfallen
dammar (zamkı) Dammarharz *n* (*spez.* Bindemittel bei Emaillack)
damper (*engl.* **dumper**) *techn.* 1. Kipplore *f* (bei Bauarbeiten) 2. (Hinter- bzw. Dreiseiten-)Kipper *m* (bei Lastwagen)
damperli mit Kipplore bzw. Kipper ausgestattet
damping [×·] Dumping *n*
damtaşı, -nı s. **arduvaz**
dan dan *od.* **dan dun** 1. piff, paff! (Schüsse) 2. kling, klang! bim, bam!
Dan dili s. **Danca**

-dan (I); **-den** (Endung des Abl.; bei progressiver Assimilation **-tan, -ten**; *a.* pleonastische Anfügung an das Gerundium auf **-(y)erek, -(y)arak**) von, aus, wegen, weil, da **Evden geliyorum.** Ich komme von zu Haus. **bakırdan** aus Kupfer **denizden ve karadan** über (zu) Land und Meer **koleradan ölmek** an der Cholera sterben **çeşitli suçlardan yakalanan çocuklar** wegen verschiedener Vergehen verhaftete Jugendliche **gitmediğimizden** da wir nicht abgereist sind **kolundan tutmak** am Arm packen **evden (daha) büyük** größer als das Haus **kuzeyden sınırdaş bulunduğu Kızıl Çin** der nördliche Nachbar, Rotchina **... beş bin liradan satılmıştır** ... ist zu fünftausend Pfund verkauft worden; s. a. **açıktan, baştan, birden, toptan** usw.
-dan (II) [ā] *pers. Sx.* zur Bez. e–s Gefäßes, Behälters; häufig Verdeutlichung durch Anfügung von **-lık (-lık** usw.) s. z. B. **buhurdan(-lık), çaydan(-lık), kalemdan (-lık), sürmedan(-lık), şamdan** usw.
-dan (III) [ā] *pers. Sx.* kennend, wissend; s. **nadan, nüktedan** usw.
dana Kalb *n* ~ **başı** Kalbskopf *m* (als Speise; vgl. **danabaş**); ~ **derisi** 1. Kalbsleder *n* 2. Velin *n* (feines Pergament) ~ **dili** *P* s. **cönk** (2); ~ **eti** Kalbfleisch *n* **ºnın kuyruğu kopacak!** Jetzt wird es darauf ankommen! Jetzt wird es sich entscheiden! **ºnın kuyruğu koptu!** 1. Da haben wir den Salat! 2. Jetzt ist der Bart ab! Jetzt ist es endgültig aus (zwischen uns)!
dânâ *va.* 1. gelehrt, weise 2. (bşde) beschlagen, bewandert (in) 3. ♀ *mV*
danaayağı, -nı 1. s. **yılanyastığı** 2. giftige Dieffenbachie *bot.* Dieffenbachia seguine *kız kamışı
danabağırtan s. **bohça otu**
danabaş dumm; Dummkopf *m,* Mondkalb *n,* dumme Gans
danaburnu, -nu 1. Larve *f* des Maikäfers; Engerling *m* *kesken 2. Maulwurfsgrille *f zo.* Gryllotalpa gryllotalpa 3. Feld-Löwenmaul *n bot.* Antirrhinum orontium 4. *P* Umlauf *m,* Panaritium *n*
Danaidler *n.pr.* Danaiden *pl.* ~ **fıçısı** Faß *n* der Danaiden
danakıranotu Sumpfwurz *f bot.* Epipactis palustris
Danca Dänisch(-e) *n* (Sprache)
Dançig *gel.* für **Danzig**
dandi 1. Geck, Modenarr, Dandy *m* (*F* Lackaffe *m*) 2. *naut.* Schaluppe, Slup *f* (Fischerei- und Küsten-fahrzeug)
dandik babı [··–·] *F* Gefühlsduselei *f,* sentimentales Getue
dandini [×··] 1. Ausruf beim Reitenlassen von Kindern auf dem Knie od. beim Singen von Wiegenliedern 2. unordentlich, durcheinander, unaufgeräumt Zu 1: ~ **yavrum hoppala!** hoppe hoppe, Reiter! ♀ ~ **dastana!** Schlaf, Kindchen, schlaf! Zu 2: **Ortalık ~.** Es liegt alles wie Kraut und Rüben durcheinander. ~ **bebek** 1. verweichlichter Junge 2. Erwachsener, der sich kindisch benimmt, alberner Mensch ~ **beyim hoppala paşam ile terbiye görmüş** *fig.* verwöhnt, verzogen, verweichlicht, verhätschelt
dandizm *lit.* Dandytum, Stutzertum *n,* Geckenhaftigkeit *f* (1. Hälfte des 19. Jh.)
dandrit(-ik) s. **dendrit(-ik)**
dane s. **tane**
daneç, -ci (*engl.* **dunnage**) s. **istif tahtası**
daneçin [–·–] *va.* 1. Ährenleser(-in *f*) *m* 2. Nachleser(-in *f*) *m* in Weinbergen
dang hastalığı (*od.* ~ **humması**) Dengue-Fieber *n*
dangalak *F* 1. beschränkt, dumm 2. plump, grob, ungeschickt 3. *Schi.* Du blöder Kerl du!
dangalaklık *F* 1. Beschränktheit, Dummheit *f* 2. grobes, ungeschlachtes Benehmen ~ **etmek** 1. e–e Dummheit begehen 2. sich als Grobian benehmen
dangıl dungul bäurisch, ungepflegt, grobschlächtig, unfein (Sprechweise, Aussprache, Mensch)
dangır dungur s. **tangır tungur**

dangiya *naut.* fr. ein- od. zwei-mastiges ar. Handelsschiff mit breitem Boden und Lateinsegel(-n)

danıska s. **daniska**

danış Besprechung, Unterredung, Beratung *f* *müşavere

danışçılık Erteilung *f* guter Ratschläge

danışık 1. s. **danış** 2. *mst. pej.* vorheriges Übereinkommen; Verabredung, Abmachung *f* *muvazaa ~ **döğüşü** s. **danışıklı döğüş**

danışıklı vorher verabredet, ausgemacht; abgekartet ~ **döğüş** Scheinkampf *m, fig.* abgekartete Sache

danışım s. **danış**

danışma Vs. zu **danışmak;** ~ **bürosu** Auskunft(-sbüro *n*) *f* ~ **kurulu** Beratungsausschuß *m* *istişare heyeti

danışmak (bşi b–ne) 1. j–n befragen, um Rat fragen, zu Rate ziehen (wegen), sich bei j–m Rat holen, sich erkundigen (über), konsultieren (wegen) 2. sich beraten; beratschlagen *(1, 2) istişare etmek Zu 1: **Bu işi kime danışmalı?** Mit wem soll man sich darüber besprechen? **Danışan dağı aşmış, danışmayan(-ın) yolu şaşmış.** *Spr.* s. **Soran yanılmamış.**

danışman Berater, Ratgeber, Beistand *m* *müşavir

danışmanlık Beratung(-sstelle) *f*

Danıştay s. **Devlet Şurası**

danikavak *V* wer mit geliehenem Geld spielt (gegen Zinsen; bei Gewinn Halbpart)

Danimarka [··×·] *n.pr.* Dänemark ~ **köpeği** s. **danua** (2)

Danimarkaca [··×··] *selt.* s. **Danca**

Danimarkalı [··×··] 1. Däne *m,* Dänin *f* 2. dänisch

Daniska [·×·] *n.pr. hist.* Danzig

daniska [·×·] *F* (für et. qualitativ Hervorragendes od. für e–n sehr hohen Grad) (bşin) **-sı** ganz echt, ganz rein, von reinstem Wasser **Bunu yapmasını bilir mi? ≗sını!** Versteht er sich darauf? Na, und ob! **içkilerin -sı** prima Getränke **O, işin -sını bilir.** Er versteht sich großartig darauf. Er kennt das aus dem Effeff. **Bu yaptığın işe enayiliğin -sı derler!** Was du da gemacht hast, nennt man Idiotie in Reinkultur!

daniş [ā] *va.* 1. Kenntnisse *pl.,* Wissen *n,* Wissenschaft *f* 2. ≗ *mV*

danişment [ā], **-di** *va.* 1. gelehrt; Gelehrter *m* 2. *fr.* wer ein Studium an e–r Medrese abgeschlossen hatte 3. *fr.* Gehilfe e–s isl. Richterkommissars **(naip)** bei e–m kirchl. Gericht

dank (I) (in folg. Füg.:) **beynine** (*od.* **kafasına**) ~ **demek** (*od.* **etmek**) (b–nin) aufgehen, (auf-)dämmern, *F* ein Seifensieder aufgehen, allmählich verstehen

dank (II) s. **dang**

dans Tanzen *n,* Tanz *m* ~ **delisi** aufs Tanzen versessen, tanzwütig ~ **düzencisi** *Th.* Choreograph *m* *koreograf ~ **düzeni** *Th.* Choreographie *f* *koreografi ~ **etmek** tanzen ~ **konkuru** Preistanzen *n* ~ **meraklısı** wer gerne tanzt, tanzfreudig ~ **müziği** Tanzmusik *f* ~ **salonu** Tanz-saal *m,* -diele *f* **-a kaldırmak** (*od.* **davet etmek**) zum Tanz auffordern

dansçı 1. Tänzer(-in *f*) *m* 2. wer gerne tanzt

dansdövantr (*franz.* **danse de ventre**) *selt.* Bauchtanz *m*

dansimetre [··×·] *phys.* Densimeter *n*

dansing (*engl.* **dancing-house**) Tanzlokal *n*

dansite s. **yoğunluk**

dansitometre [···×·] s. **yoğunlukölçer**

danslı mit Tanz; Tanz- ~ **çay** Tanztee *m* *tedansan ~ **dine** Abendessen *n* mit (anschließendem) Tanz ~ **komedya** *Th.* Ballettkomödie *f*

dansör (Berufs-)Tänzer *m*

dansöz (Berufs-)Tänzerin *f*

dantel 1. s. **dantela** 2. Einkerbung, Rändelung *f* (z.B. an manchen Münzen) 3. *philat.* Zähnung *f* ~ **anglez** Litze *f* für Möbelstoffe

dantela [·×·] (Häkel-, Klöppel- usw.)Spitze *f* (an Damenkleidern, -wäsche usw.) *tentene ~ **iğnesi** Häkelnadel *f*

dantelacı [·×··] 1. Spitzenklöpplerin *f,* Spitzenverkäufer(-in *f*) *m*

dantelacılık [·×···] Herstellung *f* od. Verkauf *m* von Spitzen

dantelağacı, -nı westindischer Spitzenbaum *bot.* Lagetta lintearia *tentene ağacı

dantelalı spitzenbesetzt

dantelli 1. mit Spitzenbesatz 2. eingekerbt, gerändelt (Münzen) 3. *philat.* gezähnt (Briefmarke)

dantelsiz 1. ohne Spitzenbesatz 2. ohne Einkerbungen, nicht gerändelt, mit glattem Rand (Münzen) 3. *philat.* ungezähnt, geschnitten (Briefmarke)

dantin Zahnbein, Dentin *n*

dantisyon Zahnen *n,* Zahndurchbruch *m* *dişçıkarma

danua (*franz.* **danois**) 1. dänische Dogge 2. ≗ *selt.* s. **Danca**

Danyal *n.pr.* 1. Daniel (Bibel) 2. *mV*

dapdaracık [×···] ganz besonders eng, denkbar schmal, überaus knapp usw. (s. **dar**)

daprenatür (*franz.* **d'après nature**) nach der Natur (z.B. zeichnen)

dar (I) 1. eng, schmal 2. knapp, beschränkt (z.B. Zeit, Geld) 3. gering, nicht ausreichend, unzureichend, beschränkt (Geisteskraft, Phantasie, Möglichkeit usw.) 4. *phon.* halboffen 5. *math.* spitz (Winkel) 6. *fig.* Enge, Klemme *f* 7. *Adv.* gerade noch eben; knapp, kaum, mit Mühe (und Not), mit e–m blauen Auge (z.B. davonkommen) 8. streng, konservativ (z.B. Erziehung) ~ **açı** *math.* spitzer Winkel *zaviyei hadde ~ **açılı** *math.* spitzwinklig ~ **açılı ışın** *Th.* kleiner Lichtkegel ~ **atmak** s. **k–ni** ~ **atmak;** ~ **beyoğlu** *fr.* e–e bes. Art Fes ~ **boğaz** Engpaß *m (a. fig.)* ~ **boğazdan geçmek** e–n Engpaß überstehen; über e–e heikle Situation hinwegkommen ~ **burunlu maymunlar** Schmalnasen *pl. zo.* Catarrhina ~ **darına** s. **dara dar;** ~ **elli** knauserig *nekes, cimri ~ **etmek** (in Füg. wie:) **Sabahı** ~ **etti.** Er wartete ungeduldig auf den Morgen. ~ **filim** Schmalfilm *m* ~ **gagalı deniz çulluğu** Odinshühnchen *n zo.* Phalaropus lobatus ~ **geçit** *geogr.* Engpaß *m* ~ **gelirli** mit geringem Einkommen, minderbemittelt ~ **gelmek** zu eng sein (Schuhe, Anzug usw.) ~ **harfler** *typ.* magere Schrift ~ **hat** (*od.* ~ **hatlı demiryolu**) Schmalspurbahn *f* (mit Spurweite unter 1,435 m) ~ **kaçmak** (*od.* ~ **kurtulmak**) mit knapper Mühe entkommen ~ **kapıdan geçmek** *fig.* über ein Hindernis hinwegkommen ~ **manasında (kelimenin)** im engeren Sinn (des Wortes) ~ **paçalı** mit engen Hosen ~ **ses** *Th.* begrenzter Stimmumfang ~ **sesli** (*od.* ~ **ünlü**) *phon.* halboffener Vokal (im Türk.: i, ı, u, ü) *dar sâit ~ **yapraklı semerotu** schmalblättriger Rohrkolben *bot.* Typha angustifolia ~ **yapraklı sinameki** s. **Arap sinamekisi;** ~ **yapraklı sinir otu** Spitzwegerich *m bot.* Plantago lanceolata ~ **yetişmek** (m. Dat.) gerade noch erreichen, *F* im letzten Augenblick erwischen (z.B. abfahrendes Verkehrsmittel) **-a boğmak** j–s mißliche Lage ausbeuten, j–n erpressen **-a** ~ gerade noch eben; knapp, kaum, mit Mühe (und Not) (z.B. erreichen) *darı darına, dar darına **-a düşmek** (bzw. **düşürmek**) in Geldschwierigkeiten (Not) geraten (bzw. stürzen) **-a gelmek (başı)** 1. in die Enge (Klemme, e–e Zwangslage) kommen; (zeitlich) gehetzt werden 2. in aller Eile od. überstürzt erledigt werden müssen *aceleye gelmek **-a getirmek** 1. in die Enge treiben, j–m hart zusetzen 2. et. mit großer Eilfertigkeit betreiben (*spez.* um dabei zu betrügen) *aceleye getirmek **-da bulunmak** in Geldschwierigkeiten sein, in der Klemme sitzen **-da kalmak** 1. s. **-da bulunmak** 2. keine andere Wahl mehr haben, nicht mehr anders können *çaresiz kalmak **-ı -ına** s. **-a** ~

dar (II) [ā] *va.* 1. Baum *m,* Strauch *m* 2. Holzgerüst *n,* Galgen *m* Zu 1: s. **darifilfil** Zu 2: s. **darağacı**
dar (III) [ā] *(in ar. od. pers. Füg.)* 1. Haus, Gebäude *n* 2. Wohnung *f,* Heim *n,* Anstalt *f* 3. Ort, Platz *m,* Gegend, Stelle *f* 4. Land *n* **-ı ahiret** (*od.* **-ı beka**) *va.* Jenseits *n* **-ı fenâ** *va.* irdische Welt, Diesseits *n* ²ı **Şûra(-yı Askerî)** *hist.* Osm. Großer Rat (im Kriegsministerium)
-dar [–] (bei progressiver Assimilation: **-tar**) *pers. Sx.* habend, haltend, besitzend, tuend; beauftragt (mit), bewachend s. z. B. **bayraktar, defterdar, dindar, hissedar, hükümdar, serdar, silâhtar** usw.
dara [×·] 1. Tara *f,* (Verpackungs-)Gewicht *n* 2. das der Tara entsprechende Gewicht auf der anderen Waagschale 3. unberücksichtigter Rechnungsbetrag ~ **almak** s. **-sını düşmek;** ~ **taşı** s. ~ (2); **-sı çıkmış** (*od.* **alınmış**) *fig.* unbedeutend, wenig geeignet (Person) **-sını düşmek** (*od.* **çıkarmak**) *H* austarieren; die Verpackung abrechnen, das Nettogewicht ermitteln **-sıyla** Brutto(-Gewicht) **-ya atmak** (*od.* **çıkarmak**) *fig.* keinen Wert beimessen; links liegen lassen; nicht für voll nehmen
Dara [– –] 1. *n.pr.* Darius (Name mehrerer pers. Könige) 2. *va.* der Allmächtige (Gott) 3. allmächtiger Herrscher
daraban [··–] Klopfen, Schlagen *n,* Pulsschlag *m,* Herzklopfen *n* ~ **etmek** klopfen, pochen **-ı kalp** *va.* Herzklopfen *n* *yürek çarpıntısı
darabat, -tı [··–] (*va. Pl.* zu **darbe**) Schläge *pl.*
daracık [×··] ganz eng, recht schmal, äußerst knapp usw. s. **dar** (I)
daradar s. **dara dar**
darağacı, -nı Galgen *m* *sehpa **-na çekmek** aufhängen, aufknüpfen
daralamak das Gewicht e–r Ware durch **dara** (2) ausgleichen; austarieren
daralan Part. Präs. zu **daralmak;** ~ **yol** Verengerung *f* der Fahrbahn (Warnschild für Autoverkehr)
daralı 1. mit nb. Tara 2. brutto
daralma Vs. zu **daralmak** *spez.* 1. *med.* Vereng(er)ung, Stenose, Striktur *f* 2. *phon.* Verengung *f* e–s offenen zum halboffenen Vokal (z. B. **eğmek > iğmek**)
daralmak 1. eng(-er) od. schmal(-er) werden; sich verenge(r)n; einlaufen (z. B. Stoff) 2. knapp werden, drängen (z. B. Zeit) 3. *selt.* verkümmern (z. B. Sprache) 4. sich verringern
daralmalı s. **sızıcı ünsüz**
daraltı s. **geçit** (8)
daraltmak Kaus. zu **daralmak** z. B. enger machen (Anzug)
darasız ohne Tara, ohne das Gewicht der Verpackung od. des Gefäßes, netto
darat, -tı [– –] *va.* Prunk *m,* Pracht *f,* Pomp, Glanz *m*
darbe 1. Schlag, Hieb, Streich *m* 2. Schicksalsschlag *m,* Katastrophe *f* 3. *mil.* Stoß, Schlag *m* 4. Bürsten- od. Pinsel-strich *m* 5. Putsch, Staatsstreich *m* 6. *el.* Impuls *m* **bir** ~ **indirmek** *mst. fig.* e–n Schlag versetzen, schwer treffen **bir** ~ **yemek** 1. e–n Schlag (Hieb, Streich) versetzt bekommen 2. von e–m Schicksalsschlag (e–r Katastrophe) betroffen werden ~ **amplifikatörü** *el.* Impulsverstärker *m* **-i hararet** *va.* Hitzschlag *m* **-i hükümet (hükümet -si)** Staatsstreich, Putsch *m* **-i hükümet teşebbüsü** Putschversuch *m* **-i şems** *va.* Sonnenstich *m* *güneş çarpması
darbeci Putschist *m;* putschend
darbelemek 1. schlagen, Schläge versetzen 2. *fig.* Wunden schlagen; sehr beeinträchtigen
darbelenmek *mst. fig.* Schläge erhalten, versetzt bekommen
darbevari [··–·–] *mil.* schlagartig
darbımesel 1. Sprichwort *n* 2. traditioneller Ausspruch, feste Redensart; Spruch *m* *(1, 2) atalarsözü ~ **kabilinden** sprichwörtlich ~ **olmak** sprichwörtlich werden
darbımeselleşmek sprichwörtlich werden
darbız *dial.* 1. Bodenfeuchtigkeit *f* *toprak nemi 2. feuchter, fruchtbarer Boden
darbızlı *dial.* feucht, fruchtbar (Boden)
darbuka [·×·] becherförmige, irdene od. metallene Handtrommel
darbukacı wer die Handtrommel schlägt
dardağan 1. aufgelöst, umhergestreut, in Unordnung, bunt durcheinander 2. Auflösung, Durcheinander *n* ~ **darısı** gemeines Flattergras *bot.* Milium effusum (wurde fr. ausgestreut, wenn man j–m et. Böses wünschte) ~ **darısı saçmak** *fr.* j–m et. Böses wünschen, j–n verfluchen ~ **otu** s. **çobandeğneği;** ~ **sarık** *fr.* e–e best. Turbanart
dardağanlık s. **dağınıklık**
dardarına s. **dara dar**
Darende *n.pr.* O. u. D. im Rbz. Malatya
Daresselâm s. **Darüsselâm**
dareyn *va. Dual* zu **dar** (III) die diesseitige und die jenseitige Welt
darfikirli s. **darkafalı**
dargın erzürnt, ärgerlich, verstimmt, böse, verfeindet
dargınlık Mißmut *m,* Verstimmung *f,* Ärger, Zorn *m*
dargörüşlü engstirnig
darı 1. echte Hirse *bot.* Panicum miliaceum 2. *reg.* Mais *m* *mısır 3. Bez. für verschiedene hirseähnliche Pflanzen; s. a. **Amerikan (Arnavut, Hint, konak, şeker) -sı; uzun (yabanî, yeşil)** ~; ~ **güvesi** Hirsezünsler *m zo.* Pyralis nubilalis ~ **otu** Bluthirse *f bot.* Panicum sanguinale ²sı **başınıza!** Möge Ihnen das gleiche Glück beschieden sein (*scil.* zu dem Sie mir jetzt gratulieren)!
darıdünya [–··–] *va.* irdische Welt; Diesseits *n* **-da bir başı olmak** mutterseelenallein sein
darılgan empfindlich, reizbar, übelnehmerisch
darılganlık Empfindlichkeit, Reizbarkeit *f* (e–r Person)
darılışmak sich gegenseitig et. übelnehmen; sich überwerfen
darılmaca Sich-Gekränktfühlen *n* ² **gücenmece olmasın!** Es soll sich niemand gekränkt fühlen! ² **yok!** Nichts für ungut!
darılmak (m. Dat.) 1. ärgerlich (verstimmt, mißmutig, gekränkt) sein (über) 2. nichts mehr zu tun haben wollen (mit); j–m böse sein 3. auszanken, abkanzeln, zurechtweisen, *F* zusammenstauchen
darıltmak Kaus. zu **darılmak** *z. B.* verärgern
darifilfil [ā] 1. Vogel-, Ziegen-pfeffer *m bot.* Capsicum frutescens *baş biberi 2. langer Pfeffer *bot.* Piper longum *biber ağacı
darip, -bi [–·] *va.* 1. schlagend 2. prägend 3. multiplizierend **-i müşterek** s. **ortak çarpan**
Dariyüs s. **Dara**
darkafalı engstirnig, beschränkt, dumm
darkafalılık Engstirnigkeit, (geistige) Beschränktheit
darlanmak; darlaşmak s. **daralmak**
darlaştırmak; darlatmak s. **daraltmak**
darlık, -ğı 1. Engsein *n,* Enge *f* 2. Engpaß *m,* enger Durchgang 3. ungenügendes Vorhandensein; Knappheit *f,* Mangel *m* *azlık 4. Armut, Not *f* 5. *psych.* Beklemmung *f* 6. *med.* s. **daralma** (1) 7. *phon.* halboffene Qualität (e–s Vokals) ~ **çekmek** in beschränkten Verhältnissen leben **-a düşmek** in finanzielle Schwierigkeiten geraten
darling *snob.* Darling, Liebling *m*
darmadağan; darmadağın(-ık) bunt durcheinandergewürfelt, in völliger Unordnung, ganz aufgelöst, wild umhergestreut ~ **etmek** bunt durcheinanderwerfen, in völlige Unordnung bringen
darp, -bı *va.* 1. Schlagen *n,* Schlag *m* 2. (Münz-)Prägung *f*

3. *math.* Multiplikation *f* *çarpma 4. *math.* mal; multipliziert mit *çarpı 5. *mus.* Takt(-maß *n*) *m* 6. letzter Versfuß e–s zweiten Halbverses im **beyit** 7. Kraft, Wucht *f* 8. Errichten, Aufbauen *n* 9. Art *f* *çeşit, tür ~ **ameliyesiyle** s. Stw. **ameliye;** ~ **etmek** 1. schlagen 2. prägen (Münzen) 3. *math.* multiplizieren *çarpmak ~ **işareti** s. **çarpma işareti**
darphane [·–·] Münze, Münzstätte *f*
dars s. **azıdişi**
darüdiyar [–··–] *va.* Haus und Hof; Wohnsitz *m* *yer yurt
Darülaceze [–···] s. **Düşkünler Yurdu**
Darülbedayi [–··–·] *fr.* 1. *urspr.* Konservatorium *n* (für Musik) 2. Name des Istanbuler Stadttheaters (*heute:* Istanbul Şehir Tiyatrosu)
darülbeka [–··–] s. **darı beka**
Darülbeyza [–··–] *va.* s. **Beyaz Saray**
darülelhan [–··–] *va.* s. **konservatu(v)ar**
darüleytam [–··–] *z. va.* Waisenhaus *n* *öksüzler yurdu
darülfünun [–··–] *va.* s. **üniversite;** ~ **emini (eminliği)** *va.* s. **üniversite rektörü (rektörlüğü)**
darülfünunî [–··––] *va.* die Universität betreffend, Universitäts-
darülfünunlu [–··–·] *va.* s. **üniversiteli**
darülharp [–··] *mil.* Kriegsschauplatz *m*
darülharekât, -tı [–···–] *mil.* Operations-schauplatz *m*, -gebiet *n*
darülhilâfe [–··–·] *fr.* Sitz des Kalifen (Bagdad, Kairo und spez. Istanbul) ~ **altını** s. **sürre altını**
darülislâm [–··–] *va.* islamische Sprach- und Kultur-gemeinschaft, islamische Welt
darülmesai [–··––] *va.* s. **laboratu(v)ar**
Darülmuallimat, -tı [–····–] *va.* s. **Kız Öğretmen Okulu**
Darülmuallimin [–····–] *va.* s. **Erkek Öğretmen Okulu**
darülvilâde [–··–·] *va.* s. **doğumevi**
darüssaade [–··–·] *fr.* 1. Sultanspalast *m* 2. *spez.* Haremsgemächer *pl.* im Palast ~ **ağası** *fr.* Titel des schwarzen Obereunuchen im Harem des Sultans *kızlar ağası
darüssanayi [–··–·] *va.* s. **atelye**
darüsselâm [–··–] *va.* 1. Paradies *n* *cennet 2. ⚇ *hist.* Bez. für Bagdad zur Zeit der Abbasiden *Medinetüsselâm 3. ⚇ Daressalam (Hauptstadt von Tansania)
darüssınaa s. **tersane**
Darüşşafaka [–··–·] *n.pr.* Waisenschule *f* in Istanbul, *heute:* **Türk Okutma Kurumu**
darüşşifa [–··–] *va.* 1. *urspr.* Krankenhaus, Spital *n* 2. Heil- und Pflege-anstalt *f*, Irrenanstalt *f*
darüttabaa [–··–·] *va.* s. **basımevi**
Darveniye; Darvenizm s. **Darvincilik**
Darvinci Darwin-Anhänger(-in *f*) *m*
Darvincilik Darwinismus *m* 1. Abstammungs-, Deszendenz-lehre *f* 2. Lehre *f* von der natürlichen Auslese; Selektionsprinzip *n*
Daryal; Daryol *n.pr.* Grusinische Heerstraße (Kaukasus)
dasit, -ti *min.* Dazit *m*
dasitan [–·–] s. **destan**
dasitanî [–·––] 1. episch 2. legendarisch
daskaliçe [··×·] *griech.* Lehrerin *f*
daskalos *griech.* Lehrer *m*
dasnik *V* Kuppler(-in *f*); Zuhälter *m*
dastana s. **dandini dandini** ~
-daş; -deş (-taş, -teş) *Sx.* zur Bez. e–r Gemeinsamkeit, Gesellschaft, Anteilnahme usw.
dat, -dı [ā] *va.* 1. Gabe *f*, Geschenk *n* 2. Verkauf *m* 3. Gerechtigkeit, Billigkeit *f* 4. Wehklage *f*, Jammergeschrei *n* 5. *med. va.* (Haut-)Flechte *f* *temreği ~ **bir feryat iki** in lauten Tönen klagend (*a. iron.*) **-a gelmek** *va.* 1. Mitleid haben 2. anflehen **-ını almak** *va.* 1. sich sein Recht holen 2. Rache nehmen **-ı Hak, -ı Huda** s. **dadıhak, dadıhuda**
-dat [ā] *va. pers. Sx.* gegeben
Datça *n.pr.* O. u. D. im Rbz. Muğla
datif *selt. gr.* Dativ *m* *mefulünileyh, -e hali, yönelme durumu
datura s. **tatula**
daülbehir [ā] *va.* s. **astma**
daülcümut, -du [–··–] *va.* s. **katalepsi**
daülefrenç, [ā] **-ci** *va.* s. **frengi**
daülfil [–·–] s. **fil hastalığı**
daülkelp, -bi [ā] Tollwut, *med.* Rabies, Lyssa *f* *kuduz
daülmerak, -kı [–··–] *z. va.* Hypochondrie *f* *hipokondri
daülrakıs [–···] Veitstanz *m*, Chorea *f* *kore hastalığı
daüsseher [ā] *va.* Schlaflosigkeit *f*
daüssıla [–···] 1. Heimweh *n*, Sehnsucht *f* 2. Melancholie, Schwermut *f* **-sını çekmek** (bşin) Heimweh haben (nach), sich sehnen (nach) **-ya tutulmak** Heimweh haben
daüssılalı [–····] 1. voll Heimweh, voller Sehnsucht 2. schwermütig, melancholisch
daütteşhir [–··–] *psych.* Exhibitionismus *m* *utaçıcılık
dav (I) Dau, Dhaw *f* (arabisches Schiff)
dav (II) Burchell- (*a.* Wahlberg- od. Damara-)Zebra *n fr. a.* Burchells Tigerpferd *n*, Dauw *m zo.* Hippotigris Burchelli
dav (III) 1. *va.* Reihe *f*, Zug *m* (bei Dame- od. Schachspiel) 2. (Geld-)Einsatz *m* (bei Spielen) *spez.* (bei Gewinn im Glücksspiel) Verdoppelung *f* des Einsatzes Zu 1: **Şimdi ~ hakkı galiba benimdir.** Die Reihe ist wohl an mir. Ich bin wohl am Zug. Zu 2: ~ **demek** (*od.* **sürmek**) den Einsatz verdoppeln ~ **okumak** Paroli bieten ⚇ **sana!** *fig.* Auf dein Wohl!
dava *urspr.* [––], *heute mst.* [–·] 1. gerichtliche Klage; Prozeß, Rechtsstreit *m* *aranç, dilem 2. (Gerichts-)Verhandlung *f* *duruşma, mürafaa 3. *math.* Lehrsatz *m*, Theorem *n* *teorem 4. Gedanke *m* (den man vorbringt od. verteidigt), Behauptung, These *f*, Anspruch *m*, Forderung *f*, Sache *f* (um die es geht), verfolgtes Ziel; Absicht *f*, Plan *m* 5. (schwierige) Angelegenheit, (noch zu klärendes) Problem; Frage *f* 6. *math.* Aufgabe *f*, Problem *n* 7. *V* Sache, Geschichte *f*, Dingsda *n* 8. *V* Geliebte, Freundin *f* Zu 4: **Büyük bir adam olmak -sındadır.** Er will ein großer Mann sein. **sulh -sına hizmet etmek** der Sache des Friedens dienen ~ **açmak** (b–ne) e–n Prozeß anstrengen (gegen) **hakkında ayrıca ~ açılmış bulunan ...** *jur.* gegen den gesondert Klage erhoben wurde ~ **arzuhali** s. ~ **dilekçesi;** ~ **başı** Ausgangspunkt *m*, Grundpostulat *n* ~ **dilekçesi** *jur.* Klage-schrift *f*, -satz *m* ~ **eden** *jur.* Kläger(-in *f*) *m* ~ **edilebilir** *jur.* einklagbar ~ **edilen** Beklagte *m, f* ~ **edilen şey** *jur.* Streitobjekt *n* ~ **ehliyeti** s. **-ya ehliyet;** ~ **etmek** (b–ni) e–n Prozeß führen (gegen), j–n verklagen *arançlamak, dilemlemek ~ **gütmek** e–e Sache verfechten, für et. eintreten ~ **hakkı** *jur.* Klagerecht *n*, Rechtsschutzanspruch *m* ~ **ikame etmek** e–n Prozeß anstrengen ~ **ikamesi mecburiyeti prensipi** *jur.* Legalitätsprinzip *n*, Verfolgungszwang *m* ~ **ikamesi muhtariyeti prensipi** *jur.* Opportunitätsprinzip *n* ~ **manileri** *jur.* prozeßhindernde Einreden *pl.* *itirazatı iptidaiye **-da muallakıyet** *jur.* Rechtshängigkeit *f* **-dan vazgeçme** (*od.* **-dan sarfınazar etmek**) *jur.* Rücknahme *f* der Klage **-ların ayrılması** *jur.* Klagentrennung *f* **-ların birleştirilmesi** *jur.* Verbindung *f* mehrerer Prozesse, Klagenverbindung *f* **-nın dinlenememesi** *jur.* Unzulässigkeit *f* der Klage **-nın düşmesi** s. **-nın sukutu; -nın esasına cevap** *jur.* Einlassung *f* zur Hauptsache **-nın ıslahı** (*od.* **-nın tebdili**) *jur.* Klagänderung *f* **-nın ihbarı** *jur.* Streitverkündung *f* *arancın, dilemin bildirilmesi **-nın istimaı kabil olmaması** s. **-nın dinlenememesi; -nın nakli** *jur.* Überweisung *f* der

Sache an ein anderes Gericht **-nın reddi** *jur.* Abweisung *f* der Klage **-nın sukutu** *jur.* Einstellung *f* des Verfahrens **-nın üçüncü şahsa ihbarı** *jur.* Streitverkündung *f* ... **-sına düşmek** sich aufspielen (als) (s. Stw. **şairlik**); ... **-sında bulunmak** verlangen, fordern, beanspruchen **-ya ehliyet** *jur.* Prozeßfähigkeit *f* **-ya katılan** *jur.* Nebenkläger *m* *müdahil davacı **-ya müdahale** *jur.* Nebenklage *f* *aranca, dileme katılma **-yı hadise** s. **hadis** ~

davacı [–··] 1. klage-, prozeß-führend, Kläger(-in *f*) *m* *aranççı, dilemci 2. Verfechter(-in *f*) *m* (e–r Sache) ~ **taraf** prozeßführende Partei; Klägerpartei *f* **-lar** die prozessierenden Parteien, Gegner *pl.* **≗n Bursa'ya gitti.** *Spr.* Keiner tritt gegen dich auf. Du bist frei. **≗n kadı olursa yardımcın Allah olsun!** *Spr.* Wenn dein Ankläger gleichzeitig Richter ist, dann kann nur Gott dir noch helfen! **-nın cevabı** (*od.* **ikinci lâyihası**) s. **cevap aleccevap**

davacılık [–···] Verhalten od. Vorgehen *n* e–s **davacı;** ~ **etmek** 1. klagen 2. verfechten

davalanan [–···] (*T* von **müddeaaleyh**) Angeklagte, Beklagte *m, f*

davalaşmak miteinander prozessieren

davalı [–··] 1. worum ein Prozeß geführt wird; strittig, umstritten 2. s. **davalanan** *arançlı, dilemli 3. e–n Prozeß führend, in Prozeß liegend 4. e–e best. Tendenz verfolgend, e–n best. Gedanken propagierend, Tendenz- 5. anspruchsvoll, prätentiös Zu 3: **Bu ev yüzünden ~ oldular.** Wegen dieses Hauses prozessier(t)en sie miteinander.

davalık [–··] *jur.* Gebotensein *n* e–r Klage, Möglichkeit *f* des Einklagens

davar 1. Kollektivbez. für Schafe und Ziegen; Kleinvieh *n* 2. (**sürüsü**) Schaf- od. Ziegenherde *f* ~ **mal** Vieh *n* (Schafe, Ziegen u. Rinder)

davavekili, -ni 1. Prozeß-agent, -vertreter *m* 2. Rechtsanwalt *m*

davavekilliği, -ni 1. Rechtsvertretung *f* 2. Anwaltsberuf *m*

daver [ā] *va.* 1. gerechter Herrscher (Minister, Richter) 2. Allgerechte *m* (Gott) 3. ≗ *mV*

davet, -ti [ā] 1. Aufforderung *f spez.* a) Einladung *f* b) (Vor-)Ladung *f* c) Einberufung *f* *çağrı 2. Veranlassen, Anlaßgeben *n* (zu); Herbeiführen *n* (z. B. von Verwechslungen) 3. Fest(-lichkeit *f*) *n*, Bankett *n* ~ **çekmek** s. ~ **yapmak;** ~ **etmek** 1. einladen 2. (auf-)fordern 3. *jur.* (vor-)laden 4. herausfordern; führen (zu), Anlaß geben (zu), verursachen, hervorrufen, heraufbeschwören Zu 2: **bir dine ~ etmek** zum Übertritt zu e–r Religion auffordern **bir şeyi iadeye ~ etmek** auffordern, et. zurückzugeben **Şehir teslim olmağa ~ edilmiştir.** Die Stadt wurde zur Übergabe aufgefordert. **düelloya ~ etmek** zum Duell fordern Zu 4: **Bu, iltibasları ~ etmektedir.** Dies gibt Anlaß zu Verwechslungen. ~ **sadası** Aufruf *m* (z. B. vor Gericht) ~ **yapmak** zu e–m Zusammensein einladen *spez.* ein Fest veranstalten **-e icabet etmek** der Einladung Folge leisten

davetçi [ā] 1. wer einlädt, vorlädt, einberuft, auffordert 2. wer e–e Einladung (Vorladung, Einberufung, Aufforderung) überbringt

davetiye [ā] 1. Einladungskarte *f*, schriftliche Einladung 2. schriftliche Aufforderung od. Vorladung 3. Trinkgeld *n* für den Überbringer e–r Einladung

davetkâr [–·–] einladend, von einladendem Äußeren

davetli [ā] 1. geladener Gast 2. Aufgeforderte *m, f* 3. Vorgeladene *m, f* Zu 1: **Türk Hükümetinin -si olarak** als Gast der Türkischen Regierung

davetname [–·–·] 1. Einladungsschreiben *n*, schriftliche Einladung 2. schriftliche Aufforderung od. Vorladung ~ **göndermek** Einladungskarten verschicken

davetsiz [ā] nicht ein-, vor-geladen ~ **gelen** (*od.* **giden**) **döşeksiz oturur.** *Spr.* Wer uneingeladen kommt, kann nicht erwarten, daß er wie ein Gast geehrt wird. ~ **misafir** ungebetener Gast

davlum s. **davlun** (I)

davlumbaz 1. (halbkreisförmiger) Radkasten (bei Raddampfer) 2. Abzugshaube *f* (Einfassung des Abzugsschachtes über e–m türk. Herd), Rauchfang *m* 3. *hist.* Roßharnisch *m* 4. *va.* s. **davulcu** 5. *va.* große, am Pferdesattel befestigte Trommel (bei best. Jagden) ~ **kılıklı** *fig.* aufgedonnert, herausstaffiert

davlun (I) *dial.* länglich geschnittenes Rohleder für **çarık** (*q.v.*)

davlun (II) s. **tavlon, tavlun**

davranım(-cı, -cılık) s. **davranış(-çı, -çılık)**

davranış 1. Art und Weise *f* des Handelns 2. Verhalten, Benehmen, Betragen *n* 3. Rührigkeit, Anstrengung, Bemühung *f* ~ **bozukluğu** *psych.* Verhaltensstörung *f* ~ **psikolojisi** 1. *psych.* Verhaltensforschung *f* 2. *phil.* Behaviorismus *m*

davranışçı Behaviorist(-in *f*) *m*, behavioristisch

davranışçılık *phil.* Behaviorismus *m*

davranma Vs. zu **davranmak;** s. a. **davranış;** ~ **fiili** *gr.* intentionales Verbum (z. B. **gidecek olmak, kalıcı olmak** usw.) *niyet fiili

davranmak 1. handeln, tätig sein, vorgehen 2. (bşe) nach et. greifen, et. ergreifen, sich anschicken (zu) 3. sich benehmen, sich verhalten, sich betragen 4. sich rühren, sich regen, sich bewegen 5. *P* aufstehen (um wegzugehen) 6. *naut.* sich wieder aufrichten (auf der Seite liegendes Schiff) Zu 2: **tabancaya** ~ nach dem Revolver greifen Zu 3: **Onu görmüyor gibi davranınız!** Tun Sie, als ob Sie ihn nicht sähen! Zu 4: **Davranma!** Rühr dich nicht (von der Stelle)!

Davudî 1. auf David bezüglich 2. ≗ kräftig und laut (Stimme); Stentor- ~ **ney** große Rohrflöte

davul 1. große Trommel; Pauke *f* 2. s. ~ **gibi** (*spez.* 2) 3. *V* Hinterteil *n*, Hintern, Popo *m*, *V* Arsch *m* 4. Zugbaum *m* (am Webstuhl) ~ **çalmak** (*od.* **dövmek**) 1. die Pauke schlagen, trommeln 2. *fig.* ausposaunen, an die große Glocke hängen ≗ **çalsan işitmez.** 1. Er ist stocktaub. 2. Er ist denkbar zerstreut. ≗ **(falanın) boyunda, tokmak (filanın) elinde.** Der e–e trägt die Trommel (= Verantwortung), der andere gibt den Ton an. ~ **değneği** kleinerer, für die linke Hand best. Schlegel (bei der großen Trommel) ~ **etmek** *V* erzürnen, ärgern, in Wut versetzen, aufbringen ~ **gibi** 1. taub (Ohren) 2. dick, prall, unförmig ≗ **onun omuzunda, çomak başkasının elinde.** *fig.* Er ist nur ein (vorgeschobener) Strohmann. ~ **sesi** Trommelklang *m* ~ **tokmağı** (eigentlicher) Pauken-, Trommel-schlegel *m* (für die rechte Hand) ~ **tozu** *P* ein Ding der Unmöglichkeit ~ **tozu ile minare gölgesi aramak** *fig.* auf Spitzfindigkeiten aus sein ~ **zurna** *fig.* ländliche Lustbarkeit, dröhnende Dorfmusik ~ **zurna ile** öffentlich, vor aller Augen, prahlerisch, mit großem Tamtam ... **-a dönüyor** 1. (Der Kopf) brummt e–m (von all dem Getöse) 2. (Der Magen) platzt e–m beinahe (von dem vielen Essen und Trinken) 3. (Die Beule) wird faustgroß **≗u biz çaldık, parsayı başkası** (*od.* **el) topladı.** Wir haben uns angestrengt, und die Früchte hat ein anderer geerntet. **≗dan gelen zurnaya gider.** *Spr.* Wie gewonnen, so zerronnen. *Spr.* **≗un sesi uzaktan hoş gelir.** *Spr.* Die große Trommel klingt (nur) von weitem schön. **-un tokmağı elinde olmak** *fig.* die Fäden in der Hand halten

davulbaz [··–] *va.* 1. s. **davulcu** 2. s. **davlumbaz** (5)

davulcu Trommel-, Pauken-schläger, Tambour, Trommler *m*

Davut, -du *n.pr.* 1. David (Bibel) 2. *mV*
davya [×·] Extraktionszange *f* (des Zahnarztes)
daya s. **taya**
dayak, -ğı 1. Schlagen *n*, Schläge, Prügel, Hiebe *pl.* 2. Stütze, Spreize (Spann-)Strebe *f* 3. Stütz-, Strebe-pfeiler *m* 4. *techn.* Träger, Support *m*, Auflager *n* ~ **arsızı** unverbesserlich frech ~ **atmak (basmak, çekmek)** (b–ne) schlagen, (ver-)hauen, (ver-)prügeln, durchbleuen ~ **bileziği** Stützring *m* ≗ **cennetten çıkmadır.** *Spr.* 1. Wen der Herr liebhat, den züchtigt er. (Bibel) 2. Ein paar tüchtige Hiebe schaden manchmal gar nichts. ~ **cezası** Prügelstrafe *f* ~ **düşkünü (düşmanı, kaçkını)** wer e–e Tracht Prügel verdient hätte ~ **kolu** *techn.* Tragarm *m* ~ **koymak** s. ~ **vurmak**; ~ **kuvveti** *techn.* Auflagerkraft *f* ~ **levhası** Stützplatte *f* ~ **noktası** Stütz-, Auflager-, Drehpunkt *m* ~ **tazyikı** *techn.* Auflagerdruck *m* ~ **vurmak** e–e Stütze (Strebe) anbringen; et. abstützen ~ **yemek** Prügel beziehen ~ **yoksulu** s. ~ **kaçkını; -a susamış** *F* wen das Fell juckt
dayaklamak ab-stützen, -steifen, -spreizen; mit Stützen, Streben versehen
dayaklık 1. wer Prügel verdient 2. für die Herstellung von Stützen, Streben geeignet od. best. (Holz)
dayalı 1. gestellt, (an-)gelehnt, (ab-)gestützt 2. *fig.* basierend, gestützt (auf) ~ **döşeli** s. **döşeli** ~; ~ **yan** *mil.* angelehnte Flanke
dayama 1. Vs. zu **dayamak** 2. *dial.* flaches Brot; Fladen *m* 3. *P* Vorauszahlung *f* ~ **çekici** *techn.* Gegen-, Vor-halter, Nietkolben *m* ~ **merdiven(-i)** Anstell-Leiter *f*
dayamak 1. stellen, stützen, lehnen, stemmen 2. j–m et. heftig in die Hand drücken, j–m et. brüsk vorsetzen, j–m et. wütend vor Augen (*F* vor die Nase) halten 3. et. unverzüglich tun Zu 1: **merdiveni duvara** ~ die Leiter an die Wand lehnen **binaya bir destek** ~ das Gebäude abstützen **yumruklarını kalçasına** ~ die Fäuste in die Hüften stemmen Zu 2: **Eline süpürgeyi dayadı.** Sie drückte ihr den Besen in die Hand. **kahveyi** ~ brüsk den Kaffee vorsetzen **Mektubu gözüne dayadı.** Er hielt ihm den Brief vor die Nase. Zu 3: **cevabı** ~ um die Antwort nicht verlegen sein; sofort erwidern **istifayı** ~ sofort um seine Entlassung einkommen **protestoyu** ~ unverzüglich Protest einlegen **dayayıp döşemek** s. **döşeyip** ~
dayanak 1. **(noktası)** *mil.* Stützpunkt *m* *istinatgâh 2. s. **sübstratum** 3. feste Grundlage; Stütze *f*, Stützpunkt *m* *temel 4. Fenstersims *m*, *n* ~ **duvarı** Stützmauer *f* ~ **noktası** 1. Drehpunkt *m* (bei Hebelwirkung) 2. *naut.* Verstrebungsstelle *f* ~ **yıldızı** *astr.* Vergleichsstern *m*
dayanç, -cı 1. Stütze *f* (*a. fig.*) 2. Festigkeit *f* (z. B. bei Metall) ~ **alıştırmaları** *(Turnen)* Dauerübungen *pl.*
dayangaç, -cı Stütze, Krücke *f* *mütekâ
dayangan *va.* ertragend, aushaltend, widerstandsfähig
dayanık 1. s. **dayanıklılık** 2. gestützt, gelehnt *müstenit 3. *fig.* gegründet, sich stützend, basierend (auf)
dayanıklı 1. fest, solide, haltbar, dauerhaft *sağlam 2. ausdauernd, zäh, widerstandsfähig *metin, mukavim, mütehammil
dayanıklılık 1. Haltbarkeit, Festigkeit, Lebensdauer *f* (z. B. e–s Autos) *sağlamlık 2. Ausdauer, Zähigkeit, Widerstandskraft *f* *metanet, mukavemet, tahammül
dayanıksız 1. nicht dauerhaft; leicht zerbrechlich; leicht verschießend (z. B. Stoff) 2. ohne Ausdauer; schwächlich (Person); empfindlich (Pflanze) **daha** ~ weniger widerstandsfähig (als)
dayanıksızlık 1. mangelnde Festigkeit (Haltbarkeit, Dauerhaftigkeit) 2. fehlende Ausdauer (Zähigkeit, Widerstandskraft)
dayanılmak Pass. zu **daya(n)mak; dayanılarak** (bşe) gestützt, basierend (auf); auf Grund (von) *istinaden, müsteniden
dayanılmaz 1. unwiderstehlich, überwältigend 2. unerträglich 3. bezaubernd
dayanım(-lı) s. **dayanıklılık; dayanıklı**
dayanış 1. Aushalten, Ertragen *n* 2. Halt *m*, Stütze *f* 3. Widerstandsfähigkeit *f*
dayanışık s. **mütesanit**
dayanışma 1. soziale Verbundenheit, Solidarität *f* *tesanüt, tekâfül; toplum bağlılığı 2. *jur.* gesamtschuldnerische Haftung *teselsül ~ **grevi** Sympathiestreik *m*
dayanışmacılık Solidarismus *m* *solidarizm, tesanüdiye
dayanışmak solidarisch sein; gegenseitig füreinander eintreten *mütesanit olmak
dayanışmalı sorum(-luluk) s. **dayanışma** (2) *müteselsil mesuliyet
dayanma 1. Vs. zu **dayanmak** 2. *(Turnübung)* Stütz *m* ~ **ayağı** Stützpfeiler *m*, Widerlager *n* ~ **duvarı** Stützmauer *f* ~ **kemeri** Strebebogen *m* ~ **müddeti** Lebensdauer *f* (e–r Sache) ~ **noktası** s. **istinat noktası**
dayanmak (m. Dat.) 1. *selt.* Pass. zu **dayamak** 2. sich stützen, sich (an-)lehnen 3. *fig.* sich verlassen (auf); bauen (auf) 4. *fig.* beruhen, sich aufbauen, gegründet sein, sich stützen (auf) 5. aushalten, ertragen, überstehen; standhalten, widerstehen (können) 6. (bir yere) gelangen, kommen (nach); e–n Ort erreichen 7. sich gegen et. stemmen (um es fortzubewegen) 8. an j–m hängenbleiben (zu erledigende Arbeit) 9. *F* sich ins Zeug legen; unternehmen; (schnell) beginnen; herfallen (über) 10. (ohne Obj.) haltbar sein, lange Lebensdauer besitzen (Sache) 11. (Börsenpapier) feste Tendenz aufweisen Zu 5: **Can buna dayanır mı?** a) Wer kann da widerstehen? b) Wie soll das ein Mensch aushalten? c) Da fällt man von e–m Erstaunen in das andere. Das ist ja über alle Maßen schön. **O işe para dayanmaz.** Dafür reicht das (verfügbare) Geld nicht aus. Zu 8: **Bu iş sonunda bize dayanacak.** *iron.* Zum guten Schluß wird die Geschichte an uns hängenbleiben. Zu 9: **Baklavaya bir dayandı az kaldı tepsiyi bitiriyordu.** Er stürzte sich nur so auf die Baklava, und es hätte nicht viel gefehlt, so hätte er den ganzen Teller leer gegessen. **Şoför gaza dayandı.** Der Fahrer gab (plötzlich) Gas. Zu 10: **Bu kumaş çok dayandı.** Der Stoff hat sich als recht haltbar erwiesen.
dayanmalı: ~ **asma** (*od.* ~ **perende**) *(Turnen)* Überschlag *m*
dayanmalık 1. (Fenster-, Balkon-)Brüstung *f* 2. (Arm-, Rücken-)Lehne *f* ~ **duvar** s. **dayanma duvarı**
dayantı *arch.* Stütze, Strebe *f* *destek, payanda
dayantılma *arch.* Verstrebung *f*
dayatmak 1. Kaus. zu **dayamak** *spez.* lehnen, stützen 2. *F* a) sich sträuben, sich weigern (e–n Vorschlag anzunehmen) b) auf seiner Absicht beharren; kategorisch erklären Zu 2b: **On para inmem diye dayattı.** „Nicht um 10 Para gehe ich herunter", erklärte er kategorisch.
dâye *va.* s. **taya**
dayı 1. Onkel *m* (Bruder *m* der Mutter) 2. *V* Polizist, Gendarm *m* 3. *F* einflußreicher Gönner od. Protektor 4. *P* Anrede für e–n in mittleren Jahren stehenden, vertrauenswürdig aussehenden Mann einfacheren Standes *etwa:* Gevatter *(va.)*; Herr Nachbar 5. *hist.* Militärgouverneur, Dey *m* (von Algier) 6. *hist.* (Schiffs-)Kapitän *m* 7. *V* s. **kabadayı** Zu 3: **-sı dümende** *F* wer e–n einflußreichen Protektor hat Zu 4: ≗, **yumurta kaça!** Sag mal, was kosten die Eier? (auch mit Namen wie **Ahmet** ~ usw.)
dayılık 1. Stellung (Rolle *f*, Ansehen *n*) e–s **dayı** 2. Protektion *f*
dayızade [··–·] Sohn m od. Tochter *f* des Mutterbruders: 1. Vetter *m* 2. Kusine *f*

dayin [ā] Gläubiger *m* *alacaklı **-ler vekili** Vertreter *m* der Gläubiger
dayire *selt.* für **daire**
daz 1. Kahl-, Glatz-köpfigkeit *f* 2. kahl-, glatz-köpfig 3. nackter, kahler Boden ~ **selvi ağacı** virginische Sumpfzypresse *bot.* Taxodium distichum
dazara dazar *od.* **dazara dazır** eilig und aufgeregt
dazkır *geogr.* Salzsteppe *f*
Dazkırı *n.pr.* O. u. D. im Rbz. Afyonkarahisar
dazkırlaşma *geogr.* Verödung *f* (e–r Landschaft)
dazlak 1. kahl, glatzköpfig 2. mit glattrasiertem Kopf ~ **şempanze** die Schimpansenart Pan troglodytes troglodytes
dazlaklaşmak kahl-, glatz-köpfig werden
dazlaklık s. **daz** (1)
DDT [dɛdɛtɛ] das DDT (Insektenbekämpfungsmittel) (= Dichlordiphenyltrichloroäthan) *beyaz toz
D.D.Y. = **Devlet Demiryolları**
de (I) s. **da; de**
de (II); **di** *F* 1. he! heda! los! voran! *haydi 2. Verst. e–s Hinweises ≗ **bakalım!** Na, also voran. Nun fang schon mal an! ~ **şu herif** der Kerl dort ~ ~ ja, gewiß
de (III) Name bzw. Lautung des Buchst. D
-de s. **-da; -de;** ~ **hali** *gr.* Lokativ *m* *kalma durumu; mefulünfih
deavi [·––] s. **daavi**
debagat, -ti [·–·] 1. Gerben *n* 2. Gewerbe *n,* Tätigkeit *f* e–s Gerbers; Gerberei *f* ~ **etmek** gerben *sepilemek, tabaklamak
debarkader (*franz.* **débarcadère**) 1. Anlegestelle *f* (e–s Schiffes) 2. Ausladeort, Löschplatz *m*
debarkman Ausschiffung, Landung *f* (z.B. von Truppen) ~ **teşebbüsü** *mil.* Landungsversuch *m* ~ **yapmak** e–e Landung vornehmen
debbağ Gerber *m* *sepici, tabak (II) ~ **sumağı** s. **derici sumağı**
debbağhane Gerberei, Gerberwerkstatt *f* *tabakhane
debbe *va.* großer runder Kupferkrug mit Griff und Dekkel
debboy Militärdepot *n* (für Waffen, Munition, Uniformen usw.), *mil.* Kammer *f*
debdebe Pomp, Prunk *m,* Pracht *f,* Gepränge *n* *ihtişam, tantana
debdebeli pomphaft, pompös, prunkhaft, prächtig *muhteşem, tantanalı
debe *va.* 1. s. **fıtık** 2. s. **debbe**
debelenmek 1. mit Armen und Beinen um sich schlagen, sich winden; strampeln, zappeln 2. *fig.* sich vergeblich abmühen
debi (*franz.* **débit**) 1. Wasser-, Abfluß-, Durchlauf-menge *f* 2. *techn.* Leistung, Kapazität *f* *(1, 2) verdi
debil *med.* debil, schwächlich
debillik, -iği *med.* Debilität, Schwächlichkeit *f* (s. a. **zekâ -i**)
debistan [ā] *pers.* Schule *f* *mektep, okul **-ı İraniyan** *n.pr.* Persische Schule (in Istanbul)
deblokaj Freigabe *f* (von Sperrguthaben, Devisen usw.)
debloke freigegeben (Sperrguthaben) ~ **etmek** freigeben
Debre *n.pr.* Debar (Städtchen in Mazedonien)
debreyaj *mot.* Auskuppeln, Ausschalten *n* ~ **pedalı** Kupplungspedal *n* ~ **tertibatı** Ausrückvorrichtung *f* ~ **yapmak** auskuppeln, ausschalten
debreye ausgekuppelt, ausgeschaltet (Motor) ~ **etmek** auskuppeln, ausschalten
Decace [ā] *astr.* s. **Kuğu**
Deccal, -li [ā] 1. *n.pr.* falscher Messias; Antichrist *m* (der nach isl. Myth. kurz vor dem Untergang der Welt erscheint) 2. ≗ *va.* übelgesinnt, falsch; Lügner *m*
Dedal, -li *n.pr. griech. Myth.* Dädalus

dede 1. Großvater *m* (väterlicher- od. mütterlicherseits) *büyükbaba 2. Vorfahr, Ahn *m* 3. *F* Anrede für e–n alten Mann: Alter(-chen) 4. *fr.* Titel für Mewlewi-Derwische, die 1001 Tage Kasteiung durchgemacht hatten *gel. a.* = **şeyh** 5. *V* alter Strolch; Haschischraucher *m* 6. *Sch.* großer, älterer Schüler mit Schnurrbart **≗si koruk yemiş, torununun dişi kamaşmış.** *Spr.* Die Sünden (Fehler) der Vorfahren rächen sich an den Enkeln.
Dedeağaç, -cı *n.pr.* Dedeaghatsch, Alexandrupolis (Städtchen im griech. Thrazien)
dedebaba *hist.* oberster Bektaschi-Abt
dedektif *irrt.* s. **detektif**
dedelik Würde *f,* Rang *m,* Stellung *f* e–s **dede**
dedhit, -ti (*engl.* **dead-heat**) *(Sport)* totes (unentschiedenes) Rennen
dedik, -iği 1. wir haben gesagt 2. gesagt, gesprochen 3. Wort, Versprechen *n* **-i çıkmak** tatsächlich so kommen, wie er es vorausgesagt hat **-i** ~ **olmak** (b–nin) bei dem bleiben, was man gesagt hat; **-i** ~, **çaldığı düdük** *iron.* gewohnt, daß ihm jeder Wunsch erfüllt wird, *a. F* die Hosen anhaben (Frau) ... **-in** richtig, echt (**Erkek dediğin ağlamaz!** Ein richtiges Mannsbild heult doch nicht!) s. a. **İşte pasta dediğin böyle olur. -ine bakılırsa** (*od.* **göre**) nach dem, was er sagt **-ine gelmek** (b–nin) schließlich einsehen, daß jm. mit seinen Ansichten recht hat **-ini yapmak** sein Wort halten
dedikas *selt.* Widmung, Zueignung, Dedikation *f*
dedikodu Klatsch *m,* Gerede, Geschwätz *n* ~ **gazetesi** Revolverblatt *n* (marktschreierische Zeitung) ~ **kabilinden** als (leeres) Gerücht; unbegründeterweise ~ **kumkuması** Klatsch-maul *n,* -base *f,* Lästermaul *n* ~ **muharriri** Klatsch-feuilletonist(-in *f*) *m,* -reporter(-in *f*) *m* ~ **yapmak** klatschen, lästern
dedikoducu 1. klatschsüchtig 2. Klatsch-base *f,* -maul *n*
dedikoduculuk Klatschen *n,* Klatscherei *f,* Gerede *n*
dedikodulu 1. Klatsch enthaltend, Klatsch- 2. worüber viel geredet wird
dedirgin(-lik) s. **tedirgin(-lik)**
dedir(t)mek 1. j–n dazu bringen, zwingen, et. zu sagen 2. Anlaß geben zu nennen (sagen, bezeichnen) Zu 1: s. **pes** ~ Zu 2: **Kendisine tembel dedir(t)memek için çok çalışıyor.** Um sich nicht dem Vorwurf der Faulheit auszusetzen, arbeitet er sehr viel.
dedüksyon *phil.* Deduktion *f* *tümdengelim
dedüktif *phil.* deduktiv
dedveyt (kapasitesi) (*engl.* **dead-weight**) *naut.* Tragfähigkeit *f* e–s Schiffes
def 1. s. **tef** 2. s. **defi** (I) und **defütart**
defa Mal *n;* -mal **iki** ~ **büyük** (m. Abl.) doppelt so groß (wie) **-larca** zu verschiedenen Malen; öfters
defaat, -tı [··–] *va. Pl.* zu **defa; -la** *va.* mehrere Male, mehrmals
defalık (in Füg. wie:) **bir** ~ einmalig; **bu** ~ für dieses Mal
defans (*franz.* **défense**) 1. *(spez. Sport)* Verteidigung, Abwehr *f* 2. *V* Hintern, Popo, *V* Arsch *m* Zu 1: s. **kapalı** ~; ~ **müsküler** *med.* Reflexkontraktion *f* (von Muskeln bei örtlicher Infektion)
defansif defensiv, Verteidigungs-
defaten [×··] *va. Adv.* auf einmal, mit e–m Mal, als Ganzes
defatir [ā] *va. Pl.* zu **defter**
defayans *med.* Ohnmacht *f,* Schwächeanfall *m*
defe s. **tefe**
defeksiyon *med.* Defäkation, Stuhlentleerung *f*
defetist, -ti defätistisch; Defätist(-in *f*) *m,* Miesmacher *m*
defetizm Defätismus *m,* Miesmacherei, Schwarzseherei *f*
defetmek [×··] 1. verjagen, vertreiben, verdrängen, entfernen 2. *phys.* abstoßen *itelemek 3. zurück-, aus-stoßen

4. zurück-, ab-schlagen, abwehren (z.B. feindl. Angriff) 5. beseitigen, abschaffen
defi (I), **-f'i** 1. Verjagen, Vertreiben, Verdrängen, Entfernen *n* 2. *phys.* Abstoßung *f* *iteleme 3. Zurück-, Ausstoßen *n* 4. Zurückschlagen *n,* Abwehr *f* 5. *jur.* Einrede, Einwendung *f* ~ **topu** *mil.* Abwehrgeschütz *n* **def'i belâ kabilinden** *F* um die unangenehme Geschichte loszuwerden; um (weitere) Unannehmlichkeiten zu vermeiden **def'i dava** *jur.* Zurückweisung e–s erhobenen Rechtsanspruches (durch den Beklagten) **def'i hacet etmek** austreten, auf die Toilette gehen, sein Bedürfnis verrichten **def'i taaffün** *va.* s. **antisepsi; def'i tabiî** Stuhlgang *m* *def'i hacet
defi (II) (*franz.* **défi**) *(Sport)* Herausforderung *f*
defibrilatör *med.* Defibrillator *m* (Apparat zur Anregung des Herzmuskels)
defile 1. Vorbeimarsch, Aufzug *m* 2. Mode-schau, -vorführung *f*
defileli 1. mit Vorbeimarsch 2. mit Modeschau verbunden
defin (I), **-fni** 1. Begräbnis, Beerdigung, Bestattung, Beisetzung *f* 2. Vergraben *n* (z.B. e–s Schatzes)
defîn (II) *va.* 1. begraben 2. verschüttet 3. latent
define [ī] 1. (vergrabener) Schatz 2. *z. va.* unerwarteter od. unerschöpflicher Reichtum 3. *fig.* bescheiden wirkender Mensch von großer Befähigung ~ **arayıcıları** Schatzsucher *pl.*
defineci [·–··] Schatz-gräber, -sucher *m*
definecilik [·–···] Schatzgräberei *f*
definisyon (wissenschaftliche) Definition
defiye *(Sport)* herausgefordert ~ **etmek** herausfordern
deflasyon Deflation *f* (*ant.* enflasyon)
deflasyoncu; deflasyonist, -ti deflationistisch
deflektör *techn.* Deflektor *m,* Saug-, Rauch-kappe *f,* Schornsteinaufsatz *m,* Führungs-, Leit-blech *n*
deflemek *F* s. **defetmek**
defne Lorbeer *m* ~ **ağacı** edler Lorbeer *bot.* Laurus nobilis ~ **yaprağı** 1. Lorbeerblatt *n* 2. Bez. des Blaufisches **(lüfer)** bei e–r Länge bis zu 10 cm ~ **yapraklı kartopu** Steinlorbeer *m bot.* Viburnum tinus ~ **yapraklı sumak** myrtenblättriger Gerberstrauch *bot.* Coriaria myrtifolia
defnegiller Lorbeergewächse *pl. bot.* Lauraceae *gariye
Defneli (suyu) ein Quellwasser vom Alemdağ
defnetmek [×··] (bir yere) 1. begraben, beerdigen, bestatten, beisetzen 2. vergraben (z.B. Geld) Zu 1: **Cebeci kabristanına defnedildi.** Er wurde auf dem Friedhof von Cebeci (Ankara) beigesetzt.
defo (*franz.* **defaut**) *selt.* Fehler, Mangel *m,* Gebrechen *n,* Mißstand *m*
defolmak [×··] *mst. pej.* sich entfernen, seiner Wege gehen, *F* sich verdrücken **Defol!** Schau, daß du weiter kommst! Jetzt troll dich aber!
defolu *selt.* fehlerhaft (z.B. Stoff)
deformasyon Deformation, Formveränderung, Entstellung, Verunstaltung, Mißbildung, Verzerrung *f*
deforme deformiert (usw.) ~ **etmek** entstellen, verunstalten, verzerren, deformieren, die Form verlieren lassen ~ **olmak** seine Form verlieren
defose (*franz.* **défaussé**) *Ka.* abgeworfen ~ **etmek** *Ka.* abwerfen (Fehlkarten)
defransiyel (< *franz.* **différentiel**) *Ch.* Hintern *m;* die vier Buchstaben *pl.;* Popo *m*
defrişman (*franz.* **défrichement**) *geogr.* Rodung, Urbarmachung *f,* Erschließung *f* von Neuland *tarla açma
defter 1. Heft *n* 2. Liste *f* (für Wahlen, Werbungen, Eintragungen, Beiträge usw.) 3. Verzeichnis, Register *n* 4. **-ler** *pl.* (Steuerrecht) Bücher *pl.* ~ **açmak** 1. Listen auslegen 2. Beiträge sammeln 3. Freiwillige anwerben ~ **emini** 1. *fr.* Direktor *m* des Grundbuch- und Katasteramtes (*später:* **-i hakanî emini** und **-i hakanî nazırı** genannt) 2. (zeitlich vor 1) ständiger erster Sekretär im Finanzministerium ~ **eminliği** s. **defterhane;** ~ **tutma** *jur.* 1. Buchführung *f* 2. Errichtung od. Aufstellung *f* e–s Inventars ~ **tutmak** 1. Buch führen 2. Listen (Register) führen ~ **tutmamak** *F* sich nicht alles merken können **-den silmek** *fig.* die Beziehungen zu j–m abbrechen **-e geçirmek** (*od.* **kaydetmek**) ins Heft (Verzeichnis, Register) eintragen **-e yazmak** 1. ins Heft (Register) eintragen; buchen 2. *fig.* für verrückt erklären **-i dürülmek** *fig.* sterben bzw. umgebracht werden **-i kabartmak** 1. sich übernehmen, sich zuviel aufbürden od. zumuten (Ausgaben, Mühe, Arbeit usw.) 2. sich große Schulden aufladen **-i kapamak** *fig.* e–e Angelegenheit nicht mehr erwähnen, e–n Schlußstrich ziehen (unter) **-inde yazılı olmak** *fig.* j–m vorherbestimmt sein **-ini dürmek** *fig.* töten, umbringen **-leri tutmak** *H* die Bücher führen **-i amal** *isl. Myth.* Liste *f* der guten und bösen Taten (e–s Menschen) **-i hakanî** *fr.* osm. Grundbuch *n* (*heute:* **tapu sicili**); **-i kebir** *H* Hauptbuch *n* *ana defter **-i kebirinden okumak** *V* mörderlich fluchen und schimpfen **-i mahsus** Einzeichnungsliste *f,* Gästebuch *n,* Besucherliste *f*
defterci 1. Grundbuchbeamte *m* 2. *hist.* s. **beylikçi**
defterdar [ā] 1. Finanzdirektor *m* e–s Wilayets 2. (15.–19. Jh.) Finanzminister *m* ~ **kapısı** osm. Finanzministerium *n*
deferdarlık [ā] 1. Amt *n* e–s **defterdar** 2. Finanzdirektion *f* e–s Wilayets 3. *hist.* Finanzministerium *n*
defterhane [ā] *va.* Grundbuch- und Kataster-amt *n* (*noch früher:* **defter eminliği, defteri hakanî emaneti** *od.* **nezareti**); *heute:* **tapu ve kadastro dairesi**
defütart, -dı *mil.* Abwehr *f* ~ **etmek** *mil.* abschlagen, abwehren ~ **meydan muharebesi** *mil.* Abwehrschlacht *f*
degaj Sich-Freispielen *n* (e–s Fußballers usw.)
degaje *Fb.* freigespielt (umlagerter Ball) ~ **etmek** freispielen
degajman (*franz.* **dégagement**) *Fb.* Freispielen *n* (e–s umlagerten Balles)
De Gaulle'cü 1. Anhänger(-in *f*) *m* von De Gaulle 2. gaullistisch
De Gaullecülük Gaullismus *m* (Frankreich)
degradatör (*franz.* **dégradateur**) *phot.* Abtönvignette *f*
degutan (*franz.* **dégoûtant**) *selt.* widerlich, abstoßend, eklig
degüstasyon (*franz.* **dégustation**) 1. Kosten, Probieren *n* (von Speisen od. Getränken) 2. Probierstube *f*
değdirmek Kaus. zu **değmek; mektubu yerine** ~ den Brief an den Adressaten gelangen lassen **kitabı yüz liraya değdiren ...** was dem Buch e–n Wert von hundert Pfund verleiht, (ist die Tatsache, daß ...). **O lakırdıyı bana** ~ **istedi.** Dieses Wort war auf mich gemünzt.
değer 1. (m. Dat.) wert, wertentsprechend, würdig *lâyık, şayan 2. Wert *m;* wertvolle Eigenschaft *kıymet 3. Achtung, Wertschätzung *f* 4. Preis *m* *fiyat 5. Fähigkeit, Begabung *f* 6. angesehene (geschätzte, geachtete) Persönlichkeit 7. Licht-, Ton-wert *m* (in der Malerei) Zu 1: **zahmete** ~ **iş** e–e Arbeit (Mühe), die sich lohnt ~ **azalması** *H* Abschreibung *f* *amortisman ~ **biçmek** den Wert bestimmen (ansetzen, veranschlagen) *takdir etmek ~ **düşürümü** Devalvation *f* *devalüasyon ~ **fazlası** Mehrwert *m* ~ **kâğıdı** Wert-titel *m,* -papier *n* ~ **kira** angemessener Mietpreis ~ **konulmuş madde** *(Post)* Wertsendung *f* ~ **koymak** s. ~ **biçmek;** ~ **kuramı** *phil.* Wertphilosophie, Axiologie, Timologie *f* *kıymet nazariyesi ~ **paha** *jur.* gerechter, angemessener Preis ~ **sahibi** würdig, talentiert, begabt ~ **sözcüğü** *Th.* betonter Begriff ~ **vurgusu** s. **tümce vurgusu;** ~ **yargısı** Werturteil *n* **-i olmak** 1. wert sein; kosten 2. et. verdienen, e–r Sache würdig sein

3. wertvoll sein 4. befähigt (talentiert, tüchtig) sein **-ini düşürmek** devalvieren, abwerten
değerbilir s. **kadirşinas**
değerbilmez s. **kadirnaşinas**
değerlemek 1. (hoch-)schätzen, würdigen, achten *itibar, takdir etmek 2. veranschlagen, taxieren
değerlendirmek 1. Wert gewinnen lassen, im Wert steigen lassen, aufwerten 2. in bares Geld umsetzen (durch Verkauf) 3. *(spez. techn. od. Sport)* nutzen, ver-, aus-werten 4. s. **değerlemek** (2)
değerlenmek 1. Pass. zu **değerlemek** 2. an Wert gewinnen, im Wert steigen
değerli 1. von nb. Wert 2. soundsoviele Werte (Wertstufen) umfassend 3. a) wertvoll, kostbar (Sachen) b) tüchtig, verdient, fähig, angesehen, schätzenswert (Person) 4. (in der Anrede) geschätzt, geehrt *(1–4) kıymetli ~ **kâgıtlar** s. **kıymetli evrak;** ~ **taş** Edel- od. Halbedel-stein *m*
değerlik *chem.* Wertigkeit *valans
değerlikli *chem.* ...wertig
değerlilik Verdienst *n* und Würdigkeit *f* (e–r Person)
değersiz 1. wertlos, unbrauchbar 2. unerheblich, geringfügig 3. unbefähigt, unbegabt
değersizlik 1. Wertlosigkeit, Unbrauchbarkeit *f* 2. Geringfügigkeit *f* 3. Nicht-Befähigtsein *n*, fehlende Begabung
değgin gehörig (zu), zusammenhängend (mit), bezüglich, betreffend, hinsichtlich, über *ait, dair, müteallik
değil 1. nicht 2. nicht nur *yalnız değil 3. **(-dir)** er (sie, es) ist nicht Zu 1: **Sen ~, ben geldim.** Nicht du bist gekommen, sondern ich. **Evi ~, bahçeyi görmedim.** (*od.* **Evi gördüm, bahçeyi ~.**) Das Haus habe ich wohl gesehen, nicht aber den Garten. **Böyle bir şey yapacak -im.** Ich habe nicht die Absicht, so etwas zu tun. **(olduğunu) bilmez -iz.** Wir wissen sehr wohl, daß ... **Ev hoşuma gitmedi ~ yalnız ...** Nicht daß mir das Haus nicht gefallen hätte, nur ... Zu 2: ≗ **ben, sen bile** (*od.* **hatta sen de**) **geldin.** Nicht nur ich bin gekommen, sondern auch du. **Yazmaya ~ okumaya bile iktidarı yok.** Er kann nicht nur nicht schreiben, sondern auch nicht einmal lesen. ~ **a** abgesehen von; geschweige denn (**Ağaç ~ a, ot bile yok.** Gras gibt es keins, geschweige denn Bäume.) ~ **mi?** nicht wahr? ~ **mi ki** da ja; da nun einmal; in Anbetracht der Tatsache, daß ...; nachdem, wo (kausal) *mademki (≗ **mi ki bir defa yalanını tuttum, artık kendisine güvenemem.** Nachdem ich ihn einmal auf e–r Lüge ertappt habe, habe ich kein Vertrauen mehr zu ihm.) **bşinde -im, -sin** usw. nicht auf et. aus sein; j–m nicht gelegen sein (an) (**Ben parasında -im.** Es liegt mir nichts an seinem Geld.)
değim 1. Verdienst *n*, Würdigkeit, Bewährung *f* *fazilet, liyakat 2. Berührung *f* ~ **noktası** Berührungspunkt *m*
değimli 1. s. **değerli** 2. s. **liyakatli** 3. *(nicht mehr gebr.)* s. **muhterem**
değimsiz(-lik) 1. s. **değersiz(-lik)** 2. s. **liyakatsiz(-lik)**
değin (I) *Pp.* (m. Dat.) bis *kadar
değin (II) *dial.* s. **sincap**
değinmek 1. zu e–r Besprechung zusammenkommen 2. (b–le) in Verbindung stehen (zu), korrespondieren (mit) 3. (m. Dat.) zu sprechen kommen (auf), berühren (Thema)
değirmek 1. *P* für **değdirmek** 2. *dial.* s. **tebliğ etmek**
değirmen 1. (Wind-, Wasser-, Öl-, Hand- usw.)Mühle *f* 2. *V* Taschen- od. Wand-uhr *f*, *F* Zwiebel *f* ~ **çarkı** Mühlrad *n* ~ **hakkı** Mahlgebühr *f* ≗ **iki taştan, muhabbet iki baştan.** *Spr.* Die Liebe muß gegenseitig sein. ~ **kanadı** 1. Windmühlenflügel *m* 2. Schaufel *f* e–s Wasserrades ~ **sepeti** Rundsichter *m* (e–r Mühle) ~ **şeytanı** Lastenaufzug *m* bei e–r Mühle ~ **yanaşması** Müllerbursche *m* ~ **yolu** Mühlgraben *m* **-de sakal ağartmak** s. Stw. **sakal.** ≗**in sesini işitiyoruz, ununu gördüğümüz yok.** *fig.* Viel Geschrei und wenig Wolle! Viel Lärm um nichts! ≗**in suyu nereden geliyor?** *fig.* Und wo kommt das nötige Geld her?
değirmenci Müller *m*
değirmencilik Gewerbe *n* od. Tätigkeit *f* e–s Müllers
değirmenlik 1. wo sich viele Wasser- od. Windmühlen befinden 2. stark genug, eine Mühle zu treiben (Wasserlauf) ≗ **adası** *osm. Bez.* der Kykladeninsel Milos
değirmentaşı, -nı 1. Mühlstein *m* 2. Grit *m* (Quarzsandstein zur Herstellung von Mühlsteinen od. gel. für Bauten)
değirmi 1. rund *yuvarlak 2. Breite, Bahn *f* (e–s Stoffes) 3. ebenso breit wie lang; quadratisch ~ **sakal** dichter, runder Bart ~ **şerit testere** (laufende) Bandsäge ~ **testere** Kreissäge *f* ~ **yol kavuşağı** s. **ronpuan**
değirmilemek 1. rund machen 2. (e–m Stoff) quadratische Form geben
değirmilenmek 1. Pass. zu **değirmilemek** 2. s. **değirmileşmek**
değirmileşmek 1. rund werden 2. quadratische Form annehmen
değirmilik 1. Rundsein *n* 2. quadratische Form (e–s Stoffes od. Tuches)
değiş (Aus-)Tausch *m* *mübadele ~ **etmek** (bşi bşle) et. gegen et. anderes (aus-, ein-)tauschen ~ **tokuş** Tausch(-handel) *m* ~ **tokuş etmek** s. ~ **etmek**
değişebilme Veränderlichkeit, Variabilität *f* *varyabilite
değişen sich verändernd; wechselnd ~ **hareket** (*od.* **devim**) *phys.* ungleichförmige Bewegung *mütehavvil hareket
değişici wechselnd, veränderlich
değişik 1. was geändert worden ist od. sich von selber geändert hat; verändert, neu, anders 2. verschieden-, andersartig 3. veränderlich 4. (aus-)getauscht 5. sich nicht recht entwickelnd; in der körperlichen Entwicklung zurückgeblieben (z. B. Kinder) ~ **araçlı bilet** Verbundkarte *f* (für die Benutzung verschiedener Verkehrsmittel) ~ **arazi** schwer passierbares Gelände ~ **bir isimle** unter anderem Namen ~ **hatlar vücude getirmek** *mil.* die Linienführung verändern ~ **hava** veränderliches Wetter ~ **olarak** (m. Abl.) anders (als), im Gegensatz (zu) ~ **tarife** *H* Staffeltarif *m* ~ **vaziyet** veränderte Lage ~ **yapmak** (*od.* **değişiğe gitmek**) *P* sich zu gegenseitiger Hilfe (bei e–r Arbeit) zusammentun
değişikkanatlılar Ungleichflügler *pl. zo.* Heteroptera *tahtakuruları
değişikleme *stil.* Enallage *f*
değişikli 1. s. **değişik** 2. umtauschbar, auswechselbar
değişiklik 1. (Ver-)Änderung *f*, Wechsel *m* 2. Ab-, Umänderung, Umarbeitung *f*, Modifikation *f* 3. Anders-, Neu-sein *n* 4. Verschieden-, Anders-artigkeit *f* 5. Zurückbleiben *n* (in der körperlichen Entwicklung) ~ **önergesi** *parl.* Abänderungsantrag *m* *tadilname ~ **yapmak** e–e Änderung (usw.) herbeiführen *spez. Fb.* e–e Umgruppierung (der Spieler) vornehmen
değişilmek Pass. zu **değişmek** 1. (aus-)gewechselt werden 2. abgeändert werden, Änderungen unterliegen
değişim 1. Veränderung, Verwandlung, Metamorphose *f* 2. Wechsel *m*, Schwankung *f* 3. *biol.* Mutation *f* 4. *math., phys.* Variation *f* *tahavvül, tehalüf 5. *naut.* Windsprung *m* (plötzliche Richtungsänderung des Windes) 6. *mus.* Alteration *f*, chromatische Veränderung (e–s Tons) *alterasyon ~ **etmek** umschlagen (Wind) ~ **işareti** *mus.* Vor-, Versetzungs-zeichen *n* *arıza ~ **yuvarı** *met.* Troposphäre *f* *troposfer
değişimcilik s. **değşincilik**
değişimleme *mus.* s. **değişim;** ~ **işareti** *mus.* Vor-, Versetzungs-zeichen *n*

değişimlemek *mus.* alterieren, chromatisch verändern (Ton)
değişimli *mus.* alteriert, chromatisch verändert (Ton)
değişir veränderlich, wechselnd, unbeständig, variabel ~ **kemiyet** variable (veränderliche) Größe ~ **kıymet** *math.* Veränderliche *f*
değişirmek s. **değşirmek**
değişke *biol.* Modifikation *f* *tadil
değişkeli modifiziert
değişkeme s. **değişke**
değişkemek *biol.* modifizieren *tadil etmek
değişken *spez. math.* 1. veränderlich, variabel 2. Veränderliche *f* *(1, 2) mütehavvil ~ **maliyetler** *H* variable Kosten *pl.*
değişkenlik Variabilität, Veränderlichkeit *f*
değişkin (ab-)geändert, modifiziert *muaddel
değişleme *stil.* Hypallage *f*
değişme Vs. zu **değişmek** *spez.* 1. Wandel *m,* Veränderung *f* 2. (Aus-)Tausch *m* 3. (Kleider- od. Wäsche-)Wechsel *m* 4. *geol.* Verwitterung, Diagenese *f* *tecezzi ~ **durağı** *met.* Tropopause *f* (Grenze zwischen Troposphäre u. Stratosphäre)
değişmek 1. sich verändern *tahavvül etmek 2. sich ändern; wechseln *tebeddül etmek 3. *tr.* (gegenseitig) austauschen 4. *tr.* wechseln (Wäsche, Kleidung) 5. *tr.* eintauschen Zu 1: **değişmiş durum** veränderte Lage Zu 2: **Maliye Vekili değişti.** Der Finanzminister hat gewechselt. **Filim değişti.** Der Film hat gewechselt. Es läuft jetzt ein anderer Film. Zu 3: **Onunla saatlerimizi değiştik.** Wir tauschten (gegenseitig) unsere Uhren. Zu 4: **Çamaşır ~ istiyorum.** Ich will die Wäsche wechseln. **Üstümü değiştim.** Ich zog mich um. Zu 5: **Bunu dünyaya değişmem.** Das tausche ich gegen die ganze Welt nicht ein.
değişmez 1. unveränderlich, unwandelbar, fest, dauernd *lâyetegayyer 2. *math.* Konstante *f* *sabite ~ **maliyetler** *H* fixe Kosten *pl.* ~ **miktar** *math.* Invariante *f*
değişmezdoku *bot.* Dauergewebe *n* *nesci daimî
değişmezlik Unveränderlichkeit, Permanenz, Konstanz *f*
değiştirge *parl.* Abänderungsantrag *m* *tadil teklifi
değiştirgeç, -ci *chem., phys.* Konverter *m* *konvertisör, mübeddil
değiştirici 1. verändernd 2. Veränderungsfaktor *m* 3. Wechsler *m* Zu 1: s. **frekans** ~ Zu 3: s. **plak** ~
değiştirme 1. Vs. zu **değiştirmek** 2. *mil.* Ablösung *f* ~ **cihazı** s. **değiştirgeç;** ~ **işareti** s. **değişim işareti;** ~ **mevzii** *mil.* Wechselstellung *f* ~ **valfı** *techn.* Wechselventil *n*
değiştirmek 1. (ver-)ändern, wechseln 2. um-formen, -wandeln, -arbeiten 3. umstellen (z. B. Möbel) 4. (bşi bşe) et. eintauschen (gegen), umwechseln, *mil. a.* ablösen 5. verwechseln, vertauschen 6. (bşi bşle) et. gegen et. anderes ein-, um-tauschen Zu 1: **Fikrimi değiştirdim.** a) Ich habe meine Ansicht geändert. b) Ich habe jetzt et. anderes vor. s. a. **çamaşır (elbise, üstünü) ~; evini** ~ seine Wohnung wechseln **Hastalık onu değiştirmiş.** Die Krankheit hat ihn ganz verändert.
değiştirtmek Kaus. zu **değiştirmek. Onlara yerlerini değiştirttim.** Ich überredete sie, ihre Plätze zu tauschen.
değme (I) Vs. zu **değmek** *spez.* Berührung *f* ~ **başkalaşması** *geol.* Kontaktmetamorphose *f* *kontak metamorfizması ~ **noktası** Berührungspunkt *m* ~ **yeri** Berührungsstelle *f*
değme (II) irgendein, x-beliebig, erster bester, gewöhnlich *benim diyen, olur olmaz **Bu iş ~ adamın harcı değildir.** Das ist etwas, was nicht jeder fertigbringt. ~ **kâğıt** gewöhnliches Papier
değme (III) *gel.* für **deme** (s. ges. Stw.); **bir iş ki değme keyfine** *F* e–e ganz prima Sache!
değmede [×··] *P* nicht anzunehmen; recht unwahrscheinlich **Hava açacak mı dersiniz? – Değmede!** Glauben Sie, daß sich das Wetter aufhellt? – Kaum!
değmek, (-er; *fr. a.* **-ir)** (m. Dat.) 1. berühren, erreichen; rühren (an), reichen, kommen (an, bis) 2. gelangen (zu) 3. treffen (z. B. Ziel) 4. betreffen, berühren, angehen, sich beziehen (auf); j–s Sache sein 5. wert sein; kosten 6. wert sein, lohnen, entsprechen 7. vorzüglich schmecken, ausgezeichnet munden 8. (**yüreğine** *od.* **içine**) ans Herz greifen (z. B. Unglück); bis ins innerste Mark gehen (z. B. Kälte) 9. s. **eli** ~ Zu 1: **Başı tavana değiyor.** Er reicht mit dem Kopf bis an die Zimmerdecke. s. a. **makas değmedik sakal.** Zu 2: **Mektup elime değmedi.** Der Brief ist nicht in meine Hände gelangt. Zu 3: **Ona göz** (*od.* **nazar**) **değmesin!** Möge ihn nicht der böse Blick treffen! Unberufen! Zu 4: **Bu iş sana değmez.** Das betrifft dich nicht. Zu 5: **Bu kitap elli lira değer.** Das Buch kostet 50 Pfund. Zu 6: **Bu kadarcık bir kazanç bunca zahmetlere değer mi?** Ist denn ein so winziger Gewinn so viele Mühen wert? **Değmez.** Es lohnt sich nicht. Zu 7: **Bu kahve değdi doğrusu.** Der Kaffee hat wirklich ausgezeichnet geschmeckt.
değnek 1. Gerte, Rute *f,* Stecken *m* 2. Knüttel, Stock *m* 3. Schläge, Prügel *pl.* 4. Trommel-stock, -schlegel *m* 5. Taktstock *m* 6. Stange *f* (des Geigenbogens) ~ **çalmak** (*od.* **vurmak**) Prügel verabfolgen ~ **çekirgeleri** Gespenstheuschrecken *pl. zo.* Thasmidae ~ **gibi** ganz dünn, wie ein Stecken (Beine) ~ **yemek** Prügel bekommen ~ **ziyafeti çekmek** (b–ne) j–n gehörig durchprügeln **-le yürümek** am Stock gehen
değnekçi wer bei Kutschern, Chauffeuren, Bootsleuten, Lastträgern usw. für Einvernehmen und Ordnung sorgt; *F* Boß *m*
değnekli mit e–m Stock in der Hand ~ **kavas** *fig.* zänkisch, streitsüchtig
değre(-k) s. **daire(-vî)**
değşincilik *biol.* Mutationstheorie *f* *mütasyonizm
değşinim *biol.* Mutation, Idiovariation *f* *mütasyon,
değşirmek *dial.* s. **tahrif etmek**
deh (*od.* **dah**)! *Int.* hü! ~ **deyip salıvermek** *F* zum Teufel jagen, hochkant hinauswerfen
deha [ā] 1. Genie *n,* Genialität *f,* geniales Wirken, Genialisches 2. Geist *m,* Wesensart *f,* Genius *m* *(1, 2) jeni
dehakâr [·––] genial
dehalet, -ti [ā] 1. Sich-Flüchten, Zuflucht-Nehmen, Schutz-Suchen *n* 2. Um-Gnade-Bitten, Sich-Ergeben *n,* Kapitulation *f* ~ **etmek** (b–ne) 1. sich flüchten (zu); Zuflucht (Schutz) suchen (bei) 2. um Gnade bitten, sich ergeben, kapitulieren
dehdeh s. **dahdah**
dehan [ā] *va.* Mund *m* *ağız
dehhaş [ā] *va.* furchtbar, schrecklich, entsetzlich
dehidratasyon *med.* Dehydratation *f,* Wasserentzug *m*
dehir, -hri *va.* 1. Zeitalter *n,* Epoche, Ära *f* 2. Geschick, Schicksal *n* 3. Welt *f,* Leben *n* ♀ **suresi** die 76. Koran-Sure
dehlemek 1. antreiben (Pferde od. andere Reit-, Last- od. Zugtiere) 2. *F* zum Teufel jagen, hochkant hinauswerfen
Dehli *n.pr.* ält. Bez. der Stadt Delhi (Indien)
dehliz 1. Vor-, Eingangs-halle *f,* Narthex *m* (e–r Basilika), Atrium *n* 2. s. **dalız**
dehna, -aı [ā] 1. *va.* (Sand-)Wüste 2. ♀ s. **Rub'ülhali**
dehrî *va.* 1. zeitlich, weltlich, irdisch 2. Materialist, Atheist *m*
dehrîlik *va.* Materialismus, Atheismus *m*
dehriye *phil. va.* 1. Richtung, welche die Existenz Gottes und ein Leben nach dem Tod leugnet 2. s. **dehrîlik**
dehşet, -ti 1. Schrecken *m,* Entsetzen *n* 2. Terror(-herrschaft *f*) *m* 3. (Ausruf des Erstaunens): Donnerwetter!

Fabelhaft! Zu 3: ~, **bu ne güzellik!** Ja, das ist eine Schönheit! ~ **saçmak** (bir yere) *od.* **-e salmak** (bir yeri) Schrekken verbreiten (in)
dehşetaver [ā]; **dehşetengiz** [ī] *va.* s. **dehşetli** (1)
dehşetlendirmek 1. Entsetzen einjagen 2. terrorisieren
dehşetlenmek 1. in Entsetzen geraten 2. terrorisiert werden
dehşetli 1. schrecklich, furchtbar, fürchterlich, entsetzlich 2. fabelhaft, großartig 3. unglaublich viel, riesengroß, riesig 4. *Adv.* überaus; im höchsten Maße
deist, -ti deistisch; Deist(-in *f*) *m* *nedentanrıcı, yaradancı
deizm *rel.* Deismus *m* *nedentanrıcılık, yaradancılık
Dejanir *n.pr. griech. Myth.* Deianeira (Gemahlin des Herkules)
dejavü *psych.* Déjà-vu-Erlebnis *n*
dejenerasyon Degeneration, Entartung *f* (als Vorgang) *soysuzlaşma
dejeneratif *med.* degenerativ, Degenerations-
dejenere entartet, degeneriert
dejenereleşmek degenerieren, entarten *soysuzlaşmak
dejenerelik Degeneration, Entartung *f*
dejeneresans *selt.* Entartung *f* (als Zustand)
dejöne *snob.* 1. Frühstück *n* 2. Mittagessen *n*
dek (I) *Pp. m. Dat.* bis *kadar **akşama** ~ bis zum Abend
dek (II), **-ki** *va.* Täuschung, List *f*, Schwindel, Betrug *m* ~ **etmek** *va.* überlisten, täuschen, e–n Streich spielen, betrügen, hintergehen
dekadan dekadent, entartet
dekadanlık; dekadans Dekadenz, Entartung *f*, Verfall *m*
dekadizm Dekadenz *f* (in der franz. Literatur)
dekagram Dekagramm *n*, 10 Gramm
dekaik s. **dekayik**
dekalaj (*franz.* **décalage**) *techn.* Verschiebung, Entfernung, Spanne *f*, Abstand *m* *kayma
dekalitre [··×·] Dekaliter *n* (10 l)
dekalkomani (*franz.* **décalcomanie**) Abziehbild *n* *çıkarma
dekametre [··×·] 1. Dekameter *n*, 10 Meter 2. *(Geodäsie)* Zehn-Meter-Band *n* (od. -Kette *f*)
dekan Dekan *m* (e–r Fakultät)
dekanlık 1. Amt *n*, Tätigkeit *f*, Funktionen *pl.* e–s Dekans 2. Dekanat *n*
dekape (*franz.* **décapé**) *techn.* entrostet, mattiert ~ **etmek** entrosten, mattieren
dekar Dekar *n*, 10 Ar
Dekart, -tı *n.pr.* Descartes, Cartesius
Dekartçı 1. Anhänger *m* des Cartesius; Kartesianer *m* 2. kartesianisch
Dekartçılık *phil.* Kartesianismus *m*
dekaster Dekaster *m*, 10 Ster, 10 Kubikmeter
dekat, -dı *selt.* Dekade *f*
dekatir (*franz.* **décatir**) Dekatieren *n*, Dekatur *f* (von Wollstoffen)
dekatlon *(Sport)* Zehnkampf *m*
dekave (*franz.* **décavé**) wer im Spiel alles verloren hat; *F* völlig blank ~ **etmek** j–m im Spiel alles Geld abgewinnen ~ **olmak** ausgebeutelt werden
dekayik, -ki [ā] (*va. Pl.* zu **dakika**) Feinheiten, Einzelheiten, kleinste Details *pl.*
dekbaz [ā] *va.* Schwindler, Gauner *m*
dekbazlık [ā] *va.* 1. Schwindelei, Gaunerei *f* 2. ~ Les Fourberies de Scapin (Molière – Ahmet Vefik Paşa)
dekçi *va.* s. **dekbaz**
deklamasyon 1. Deklamation *f*, Vortrag(-skunst *f*) *m* 2. *mus.* Vortrag *m* 3. *pej.* Wort-schwall *m*, -geklingel *n*
deklame deklamiert; *(a. mus.)* vorgetragen ~ **etmek** 1. deklamieren, vortragen *inşat etmek 2. *pej.* geschwollen, schwülstig reden; Phrasen dreschen
deklanşman *phot.* 1. Auslösung *f* 2. s. **deklanşör**
deklanşör (*franz.* **déclencheur**) *phot.* Auslösevorrichtung *f*, Auslöser *m* ~ **otomatik** Selbstauslöser *m*
deklarasyon (offizielle) Erklärung *f* *beyanat, beyanname, bildirge ~ **yapmak** e–e (offizielle) Erklärung abgeben *beyanatta bulunmak
deklare 1. deklariert, angegeben 2. (offen) dargelegt, mitgeteilt, enthüllt 3. *(Poker)* *V* neu gesetzt ~ **etmek** 1. deklarieren, angeben (z.B. beim Zoll) 2. (offen) darlegen, mitteilen, enthüllen 3. *Ka.* bieten, ansagen 4. *(Poker)* *V* neu setzen
deklinasyon *astr.* s. **yükselim**
deklinometre [···×·] s. **sapmaölçer**
dekode (*franz.* **décodé**) entschlüsselt ~ **etmek** entschlüsseln (Geheimschrift)
dekoksiyon (franz. **décoction**) *pharm.* Absud *m*, Dekokt *n*
dekolman (*franz.* **décollement**) 1. Losgehen *n* (des Leims) 2. *med.* Netzhautablösung *f* 3. *geol.* Abscherung *f* *sıyrılma
dekolorasyon (*franz.* **décoloration**) Entfärbung, Ausbleichung *f*
dekolore gebleicht ~ **etmek** entfärben, bleichen (*spez.* Haare)
dekolte 1. dekolletiert, mit ausgeschnittenem Kleid (Dame) 2. ausgeschnitten (Damen-kleid, -schuhe usw.) 3. Dekolleté *n*, Ausschnitt *m* 4. offen, unverblümt, *pej.* allzu frei ~ **konuşmak** *F* kein Blatt vor den Mund nehmen, unverblümt reden; *a.* sich in Zoten ergehen
dekoltelemek ausschneiden, dekolletieren (Kleid usw.)
dekont, -tu (*franz.* **décompte**) *H* 1. Abzug *m*, Abrechnung *f* 2. detaillierte Schlußabrechnung
dekor 1. Dekoration, Ausstattung *f* 2. Schmuck *m*, Ausschmückung *f* 3. *Th.* Bühnenbild *n* ~ **değişimi** *Th.* Bühnenbildwechsel *m* ~ **dikmesi** *Th.* Kulissenstütze *f*
dekorasyon 1. Dekoration *f* 2. Innen-architektur, -ausstattung, Raumkunst *f* 3. Bühnenausstattung *f*
dekoratif dekorativ ~ **sanat** angewandte Kunst
dekoratör 1. Dekorateur *m* 2. Innenarchitekt *m* 3. Bühnenbildner *m*
dekoratris Fem. zu **dekoratör** *spez.* Innenarchitektin, Bühnenbildnerin *f*
dekorcu s. **dekoratör, dekoratris**
dekore (aus-)geschmückt, verziert, dekoriert ~ **etmek** (aus-)schmücken, verzieren, dekorieren
dekorlamak (aus-)schmücken, verzieren
dekovil (*franz.* **decauville**) Feld-, Förder-bahn *f*
dekre *selt.* Dekret *n*, Verordnung, Verfügung *f*, Erlaß *m*
dekreşendo [··×·] *mus.* 1. decrescendo, leiser werdend 2. Decrescendo *n*
dekroşman (*franz.* **décrochement**) *geol.* Verschiebung *f*
dekstrin Dextrin *n*, Stärkemehlgummi *m*
dekstroz Dextrose *f*, Traubenzucker *m* *glikoz
dekupaj (*franz.* **découpage**) 1. Ausschneiden *n* (von Bildern usw.) 2. *(Film)* Schnitt *m gel. a.* Drehbuch *n* 3. Photomontage *f* ~ **testeresi** Dekupiersäge *f*
dekupe ausgeschnitten, ausgesägt
dekuver (*franz.* **découvert**) s. **açık kredi**
dekvaç, -çı (*engl.* **deck-watch**) *naut.* Stoppuhr *f* *stopvaç
delâil (*z. va. Pl.* zu **delil**) Beweise, Beweismittel *pl.*
delaktasyon (*franz.* **délactation**) *med.* Entwöhnung *f* (e–s Säuglings) *sütten kes(il)me
delâl, -li *va.* Anmut *f*, Reiz, Charme *m*
delâlet, -ti 1. Anleitung, Führung *f*, Hinweis *m* 2. Anzeichen *n*, Beweis *m* 3. Vermittlung *f* 4. Bedeutung, Sinn *m* (z.B. e–s Wortes) ~ **etmek** 1. anleiten, führen, hinweisen 2. beweisen, zeigen, darlegen, erkennen lassen 3. bezeichnen 4. vermitteln 5. **(manasına)** bedeuten Zu 2: **Bu hareketi, zeki bir adam olmadığına ~ eder.** Was er da getan hat, zeugt nicht gerade von Klugheit. **... -iyle** 1.

durch Vermittlung (von), auf das Betreiben (von) 2. per Adresse
delbiye s. **çınargiller**
deldek, -ği *va.* od. *dial.* Wams *n,* Hausjacke *f*
delecen *dial.* 1. s. **delişmen** 2. s. **ağaçkakan**
delegasyon Delegation, Abordnung *f* von Bevollmächtigten *heyeti murahhasa
delege 1. Abgesandte, Delegierte *m, f* *murahhas 2. *V* blöder Kerl
delegelik Eigenschaft od. Tätigkeit *f* e–s (e–r) Abgesandten, Delegierten *murahhaslık
delen durch-löchernd, -bohrend; s.a. **kardelen, kargadelen**
Delf (*franz.* **Delphes**) *n.pr.* Delphi (in Griechenland) ~ **hatifi** Delphisches Orakel
delfin 1. s. **yunusbalığı** 2. ♀ s. **Yunus**
delgi 1. Bohrer, Locher *m* *matkap 2. (Papier-)Lochung *f* ~ **kolu** Bohrwinde *f*
delgiç, -ci Locher *m* (*spez.* für abzulegende Schriftstücke)
Delhi *n.pr.* Delhi (Indien) ~ **çıbanı** s. **Halep çıbanı**
deli 1. verrückt, irre, irrsinnig, wahnsinnig 2. ganz versessen, ganz närrisch, -narr, passioniert 3. ungestüm, heftig, feurig, aufbrausend 4. ♀ (später offiziell **Delil**) Name e–r osm. Reitertruppe (16.–19. Jh.) Zu 2: **dans -si** tanzwütig, aufs Tanzen versessen ~ **alacası (gibi)** mit grellbunten, schreienden Farben, mit grotesker Farbzusammenstellung (z. B. Stoff) ~ **bal(-ı)** ungenießbare Honigart in der Gegend von Trabzon (teilweise aus Blüten der gelbblütigen Azalee (Azalea pontica) ♀ **balkabağından olmaz ya!** Ein Verrückter ist ja schließlich auch ein Mensch! ~ **bayrağı açmak** (*od.* **çekmek**) *hum.* bis über beide Ohren verliebt sein ~ **canlı** unruhig, unberechenbar ♀ ~ **tepeli, eski hamam küpeli** *P* Ra., mit der man e–n Halbverrückten zu hänseln pflegt ♀ **-den hoşlanır, imam ölüden.** *Spr.* Jedem sein Vergnügen! ♀ **-yi sever.** *Spr.* Gleich und gleich gesellt sich gern. ~ **divane** 1. ganz verrückt 2. über beide Ohren verliebt ~ **etmek** 1. verrückt machen 2. in Wut bringen ~ **gibi** 1. wie ein Narr 2. wie ein Wilder; wütend ~ **gömleği** Zwangsjacke *f* ~ **güllabiciliği yapmak** um des lieben Friedens willen zu allem ja und amen sagen ~ **ırmak** reißender Fluß; Gieß-, Sturz-, Wild-bach *m* ~ **kızın çeyizi gibi** 1. überflüssigerweise hervorgeholt 2. alles in der gleichen Art; nach Schema F (wo Verschiedenheit geboten wäre) ~ **olmak** 1. verrückt, irrsinnig werden bzw. sein 2. in größte Wut geraten 3. sich über beide Ohren verlieben 4. (bş için) *F* ganz vernarrt sein (in) 5. (bşe) *F* sich wie ein Schneekönig freuen (über) ~ **pazarı** das reinste Tollhaus ♀ **Petro** (der Zar) Peter der Große *Büyük Petro ~ **poyraz** scharfer Nordostwind ~ **pösteki sayar gibi** Sisyphus-, Heidenarbeit *f* ~ **Raziye** *F* verrücktes Huhn (Frau, Mädchen) ~ **saçması** dummes, albernes Gerede; *F* blöder Quatsch ~ **saraylı gibi** geschmacklos aufgedonnert ♀**den al uslu haberi!** s. **Çocuktan al haberi! -nin eline değnek vermek** *fig.* den Bock zum Gärtner machen ♀**nin zoruna bak!** Was für ein ausgefallener Gedanke! **-ye çatmak** es mit e–m Verrückten zu tun haben **-ye dönmek** sich wie ein Verrückter gebärden ♀**ye (göre) her gün bayram.** *Spr.* „Für den Verrückten ist jeder Tag ein Feiertag." (*spött. Ra.* für Leute, die bei jeder Gelegenheit ein Fest feiern od. unbekümmert dahinleben) ♀**ye taş anma, başını yarar.** *Spr.* Sprich bei e–m Verrückten nicht von Steinen; sonst nimmt er e–n und wirft ihn nach dir.
delibalta grausamer, unbarmherziger Mensch; Despot, Tyrann *m*
delibaş *vet.* Drehkrankheit *f* (*spez.* der Schafe) *dolap hastalığı, dönek, devvare, salıncak illeti ~ **kurtçuğu** Gehirnblasenwurm *m vet.* Coenurus cerebralis ~ **şeridi** Quesenbandwurm *m vet.* Polycephalus multiceps
Delibaş, Mehmet *n.pr.* Führer *m* im Konya-Aufstand (**Delibaş isyanı,** 1920) gegen Kemal Atatürk
Delibaşı, -nı *hist.* Anführer der **Deli** genannten Reitertruppe (später Wachoffizier in Ministerien)
delibozuk überspannt, exzentrisch, extravagant, unberechenbar, launisch
Delice *n.pr.* O. u. D. im Rbz. Ankara
delice 1. leicht verrückt, etwas närrisch 2. [·×·] wie ein Wahnsinniger 3. sinnlos, unsinnig (z. B. Abenteuer) 4. giftig, schädlich 5. reißend, wild, unbändig (z. B. Fluß) 6. s. ~ **otu;** ~ **doğan** 1. Baum-, Stoß-falke *m zo.* Falco subbuteo *esperi 2. s. **mavi doğan;** ~ **mantar** giftiger Pilz ~ **otu** 1. ausdauernder Lolch, englisches Raygras *bot.* Lolium perenne 2. Taumel-Lolch *m,* Tollkorn *n bot.* Lolium temulentum *karamuk
Deliceırmak (*od.* **Delicesu**) *n.pr.* längster Nebenfluß des **Kızılırmak**
delici durchlöchernd, durchbohrend, durchbrechend **Sedan gediğinin -si Rommel.** Rommel, der den Durchbruch bei Sedan bewerkstelligt hat. ~ **atış** *mil.* Bohrschuß *m*
delicik *dial.* Pore *f* *gözenek, mesame
deliciler s. **iğneliler**
delidere Gieß-, Sturz-bach *m*
delidolu unüberlegt, unbesonnen ~ **söylemek** dummes Zeug daherreden
deliduman 1. wunderlich, launisch, halb verrückt 2. heftig, ungestüm, tollkühn 3. mannstoll, dirnenhaft
delifişek leichtsinnig, unbesonnen, launenhaft; Tollkopf *m*
delifişeklik Leichtsinn *m,* Unbesonnenheit, Launenhaftigkeit, Tollheit *f*
delik, -iği 1. Loch *n* 2. *V* Gefängnis *n, F* Loch, Kittchen *n* 3. *an.* Loch *n,* Öffnung *f* *sukbe 4. armselige Behausung; Loch *n* 5. Grundablaß *m* (in e–m Staudamm) 6. löcherig, durch-löchert, -bohrt, -stoßen, -stochen; perforiert, Loch-, porös ~ **açmak** ein Loch bohren ♀ **büyük yama küçük.** *fig.* Die Aufgabe ist zu groß, als daß sie mit den zur Verfügung stehenden Mitteln durchgeführt werden könnte. ~ **demiri** Locheisen *n,* Dorn *m* ~ **deşik** 1. ganz durchlöchert, voller Löcher 2. jeder Winkel (des Hauses) *köşe bucak Zu 1: ~ **deşik etmek** vollkommen durchlöchern ~ **ve deşikler** alle Risse und Spalten *pl.* Zu 2: ~ **deşik aramak** alles absuchen ~ **eğesi** Loch-, Raumfeile *f* ~ **işi** 1. Lochstickerei *f* 2. Anbringung *f* von Schlaufen an Wäschestücken (zum Durchziehen von Gummiband usw.) ~ **kalemi** Lochbeitel *m* (bei Holzbearbeitung) ~ **kapamak** ein Loch zustopfen, e–e Lücke schließen, et. Fehlendes beschaffen, den dringenden Bedarf decken ~ **makinesi** Langlochbohrmaschine *f* ~ **mastarı** Lochlehre *f* ~ **matkabı** Lochbohrer *m* ~ **pergeli** (Loch-, Innen-)Taster *m* ~ **testeresi** Stich-, Loch-säge *f* ~ **zımba demiri** Locheisen *n* ~ **zımba makinesi** Lochstanze *f* ~ **zımbası** Loch-stempel, -dorn *m* **-e tıkamak** *V* ins Kittchen stecken, *V* einlochen
delikanlı (feuriger) Jüngling, junger Mann
delikanlılık 1. Verhalten *n* e–s jungen Mannes 2. jugendlicher Übereifer 3. Jünglingsalter *n*
delikçik s. **delicik**
delikli 1. s. **delik** (4) 2. s. **kevgir;** ~ **kart** Lochkarte *f* ~ **kart makinesi** Hollerithmaschine *f* ~ **mantarlar** Löcherpilze *pl. bot.* Polyporaceae *kavmantarıgiller ~ **olma** 1. Löcherigsein *n* 2. Porosität *f* ~ **taş** Spül-stein *m,* -becken *n,* Ausguß *m* (mit Abflußloch) ♀ **taş yerde kalmaz.** *fig.* 1. Jedes Ding findet seinen Abnehmer. 2. Wer Kenntnisse besitzt, findet immer Arbeit. ~ **tuğla** Lochziegel *m*
delikliler Kammerlinge *pl. zo.* Foraminifera
deliksiz 1. nicht durchlöchert (durchbohrt usw.) 2. ununterbrochen (z. B. Arbeit), ungestört ~ **çıkarmak** *fig.* fehlerfrei ausführen ~ **uyku** tiefer, fester Schlaf

delil [ī] 1. *jur.* Beweis(-mittel *n*) *m* *kanıt 2. Argument, (An-)Zeichen, Indiz *n,* Hinweis *m* 3. Führer, Geleiter, Wegweiser *m* 4. *fr.* Führer aus dem Hedschas, der türkische Pilger nach Mekka geleitete 5. Zeuge *m* 6. ≗ s. **Deli** (4); ~ **getirmek** (*od.* **göstermek**) Beweise vorlegen (er-, bei-bringen) ~ **yetersizliği sebebiyle beraat** *jur.* Freispruch *m* aus Mangel an Beweisen **-lerin takdiri** *jur.* Beweiswürdigung *f* *kanıtların değerlendirilmesi **-lerin tesbiti** *jur.* Beweissicherung *f* **-lerini irat etmek** seine Gründe vorbringen

Delile s. **Dalila**

delilik, -ği 1. Irresein *n,* Wahnsinn *m* 2. Narrheit, Narretei, Extravaganz *f,* exzentrisches Verhalten ~ **alâmeti** Anzeichen *n* von Geistesgestörtheit ~ **etmek** verrückt handeln ~ **taslamak** verrückt spielen **-e vurmak** 1. **(işi)** verrückt werden 2. sich wie ein Verrückter benehmen, sich irrsinnig stellen

delilleme *lit.* Beweisführung *f*

delilsiz ohne **delil** *(q.v.);* ≗ **cennete bile girilmez.** *Spr.* Selbst zum Paradies bedarf es e–s Führers.

delimsi halbverrückt, überspannt, exzentrisch

delinmek 1. Pass. zu **delmek** 2. ein Loch (bzw. Löcher) bekommen, löcherig werden **delinmedik kabağa girmek** *F* ein ganz durchtriebener Bursche sein

deliorman 1. dichter, sich weit erstreckender Wald 2. ≗ *n.pr. fr.* Bez. für ein vorwiegend von Türken besiedeltes Gebiet an der rumänisch-bulgarischen Grenze

deliotu, -nu s. **kuduzotu**

delir *med. selt.* Delirium *n*

delirium tremens *med.* Delirium tremens *n,* Säuferwahnsinn *m* *hezeyanı mürtaiş

delirme Vs. zu **delirmek;** ~ **alâmetleri** Anzeichen *pl.* von Geistesgestörtheit

delirmek 1. verrückt, irrsinnig werden, den Verstand verlieren *çıldırmak 2. in hellen Zorn geraten 3. leidenschaftlich lieben, ganz vernarrt sein (in)

delişmen närrisch, reichlich verrückt, exzentrisch

delişmenlik verrücktes Benehmen, exzentrisches Verhalten

deliyulaf Bartgras *n bot.* Triticum ovatum

delk, -ki *phys.* Reiben *n,* Reibung, Friktion *f* *sürt(ün)me ~ **etmek** *phys.* reiben ~ **kasnağı** Friktionsscheibe *f* ~ **kavramı** Friktionskuppelung *f* ~ **sathı** Reibfläche *f* ~ **tekerleği** Friktionsrad *n*

dellal(-iye, -lık) s. **tellal(-iye, -lık)**

delme 1. Vs. zu **delmek** 2. ge-, durch-locht, ge-, durchbohrt, durchstoßen, durchstochen, perforiert, Loch-, Bohr-, Perforier- 3. Weste *f* *yelek ~ **çırçırı** Knarre, Bohrwinde *f* ~ **kudreti** *mil.* Durchschlagskraft *f* ~ **makinesi** Bohr-, Loch-maschine *f* ~ **tezgâhı** Bohrbank *f*

delmek, (-er) ein Loch machen (schlagen, bohren usw.) (in); (durch-)lochen, (durch-)bohren, durchstechen, perforieren; *mil. a.* durchbrechen, durchstoßen (z. B. feindliche Linie) **delip deşmek** ganz durchlöchern, zerschießen

delta [×·] 1. Delta *n* (griech. Buchst.) 2. *geogr.* Delta *n* *çatalağız ~ **madeni** *techn.* Deltametall *n* ~ **şuaları** (*od.* **ışınları**) Deltastrahlen *pl.*

deltakası, -nı *an.* Deltamuskel *m* *adalei daliye

deltamsı *an., bot., zo.* 1. deltaförmig, dreieckig 2. s. **deltakası**

deltoid 1. *geom.* Deltoid, Drachenviereck *n* 2. s. **deltamsı**

Delv s. **Kova**

dem (I) 1. Blut *n* *kan 2. Menstruation *f* *aybaşı, hayız ~ **dökmek** starke Blutungen haben (bei der Menstruation) ~ **döktürmek** bluttreibend wirken *spez.* die Menstruation befördern od. anregen **-i nifas** *med.* Wochenfluß *m,* Lochien *pl.* **-i şiryanî** s. **temizkan; -i veridî** s. **kirlikan**

dem (II) 1. Atemzug *m* *soluk 2. Alter *n,* Zeit *f,* Augenblick *m* *çağ, zaman, an, lahza 3. alkoholisches Getränk *içki 4. prahlerisches Gerede 5. *V* Haschisch *n* Zu 2: **gençlik -lerinde** in seinen Jugendjahren ~ **çekmek** 1. singen (Vögel) *spez.* schlagen (Nachtigall) 2. *hum.* Alkohol (*spez.* Wein) trinken; „e–n zwitschern" ~ **sürmek** ein glückliches Leben führen ~ **tutmak** *mus.* begleiten ~ **vurmak** (bşden) 1. prahlerisch von et. sprechen 2. verlangen, beanspruchen (ungerechtfertigterweise) Zu 1: **Amerika'ya gitmekten ~ vuruyor.** Er redet große Töne, daß er nach Amerika fahren werde. Zu 2: **Bin liradan ~ vuruyor.** Er verlangt tausend Pfund. **Alim olduğundan ~ vuruyor.** Er will als Gelehrter gelten. **-inde** *va.* zur richtigen Zeit

dem (III) Farbe *f* des Tees ~ **çekmek** ziehen (Tee) **-i çok** stark (Tee)

demadem [ā] *z. va.* von Zeit zu Zeit, öfters, immer wieder

demagocya *va.* s. **demagoji**

demagog Demagog(-in *f*) *m*

demagogya *va.* s. **demagoji**

demagoji Demagogie *f* ~ **yapmak** demagogisch vorgehen (z. B. in e–r Rede)

demagojik demagogisch

demans *med.* Dementia *f,* Wahnsinn *m,* Irresein *n* ~ **prekos** (*franz.* **démence précoce**) s. **erken bunama**

demanyetize (*franz.* **démagnétizé**) *phys.* entmagnetisiert

demarke *Fb. u. ä.* nicht abgedeckt; ungedeckt (gegnerischer Spieler) ~ **etmek** (*od.* **bırakmak**) (e–n Spieler der Gegenseite) nicht abdecken

demarş 1. Demarche *f,* Ergreifen *n* von Maßnahmen, Vorgehen *n spez.* diplomatischer Schritt 2. Kunden-beratung, -werbung *f* (e–r Bank)

demarşör (*franz.* **démarcheur**) Kunden-berater, -werber *m* (e–r Bank)

demaske demaskiert, entlarvt ~ **etmek** demaskieren, entlarven

dembedem *z. va.* 1. s. **demadem** 2. jeden Augenblick, immer mehr

dembeste *va.* verstummt, schweigend, still

demdeme *va.* 1. erregte Worte *pl.* 2. s. **hiddet, öfke** 3. s. **ün, şöhret** 4. s. **davul, kös** 5. s. **hile, aldatma** 6. s. **katliam** 7. s. **gürültü**

deme 1. Vs. bzw. neg. Imper. zu **demek** 2. Bedeutung *f,* Sinn *m* *mana 3. *(a.* ~ **yahu!**) (Ausruf des ungläubigen Staunens od. der iron. Ablehnung) Was du nicht sagst! Wirklich? Ja, gibt es so etwas? 4. (*a.* ~ **gitsin**) nicht zu sagen; unglaublich, unbeschreiblich 5. Daß du mir ja nicht ...! Hüte dich! Laß es dir nicht einfallen! 6. (mit Alternative) gleichgültig ob ... oder; unterschiedslos Zu 1: **Onun böyle -sine bakma!** Gib nichts darauf, wenn er so (komisch) daherredet! **≗ye kalmadı ...** Kaum hatte er ... gesagt, als schon ... **-ye getirmek** indirekt zum Ausdruck bringen Zu 1/2: **≗m o ~ değil.** *P* Ich habe etwas anderes gemeint. **≗m budur ki** *P* Was ich sagen will, ist ... Zu 2: **„Cazip", „çekici" -sinedir. Cazip** bedeutet soviel wie **çekici.** Zu 4: ~ **hasis** ein Geizkragen, wie er im Buch steht **Bir iş ki ~ keyfine!** Wunderbar! Großartig! **bir rezalet ki ~ gitsin** ein Skandal, der sich gewaschen hat; ein Mordsskandal **Öyle sevindim ki ~ gitsin.** Ich habe mich schrecklich gefreut. Zu 5: **Sakın baldan yiyeyim ~!** Daß du mir ja nicht von dem Honig ißt! Zu 6: ≗ **kış yaz durma hemen oku yaz!** Ob Winter oder Sommer, arbeite ohne Unterlaß! (Vgl. a. **dememek**)

demeç, -ci (abgegebene) Erklärung, (offizielle) Darstellung *beyanat ~ **vermek** e–e Erklärung abgeben

demek, (der) 1. sagen 2. (m. Dat.) sagen (für), (be-)nennen 3. (m. Dat.) meinen, sagen (zu) 4. e–n Laut hervorbringen; (mst. ohne eigene deutsche Wiedergabe) 5. erzählen, berichten, überliefern 6. hoffen, beabsichtigen, wollen, meinen, annehmen 7. kommen (Zeit) 8. ~ *od.* ~ **olmak** soviel bedeuten wie; heißen 9. also, das heißt, mit anderen Worten Zu 1: **Arkadaşım „biraz bekle" dedi.** (*od.*: **Arkadaşım dedi ki biraz bekle!**) Mein Freund sagte: „Warte ein bißchen!" **Sizin dediğinizi pekâlâ anladım.** Ich habe vollkommen verstanden, was Sie gesagt haben. **ben diyeyim otuz sene, siz deyiniz otuz beş** vielleicht dreißig oder fünfunddreißig Jahre (her) Zu 2: **Almanca'da kuş'a ne derler?** Was (od. wie) heißt **kuş** auf Deutsch? **Buna Türkçe ne derler?** Wie sagt man dafür auf Türkisch? Zu 3: **Buna ne diyorsun?** a) Wie nennst du das? b) Was meinst du dazu? **Ben camilere taş yığını diyesiymişim.** Ich soll angeblich Moscheen als Steinhaufen bezeichnet haben. Zu 4: **Küt dedi düştü.** Plumps, fiel es hin. Zu 6: **Bundan sonra gelir mi dersin?** Was meinst du, kommt er nachher? **Sen ne dedin de bu işe karıştın?** Wozu hast du dich überhaupt eingemischt? **Güzellik desen onda, zenginlik desen onda.** Willst du Schönheit, sie hat sie; willst du Reichtum, sie hat ihn. Zu 7: **Saat yedi dedi mi uyanırım.** Sowie es sieben Uhr ist, wache ich auf. Zu 8: **Sene yıl -tir. Sene** bedeutet dasselbe wie **yıl. Bu ne -tir?** Was soll das heißen? Zu 9: **Bu işe girişmişler,** ~ **oluyor ki** (*od.* ~ **ki**) **kuvvetlerine güveniyorlar.** Sie haben das in Angriff genommen, das heißt also, sie trauen sich das zu. **Düşünüyorum** ~ **varım.** Cogito, ergo sum. ≗ **siz gelmeyeceksiniz.** Mit anderen Worten: Sie wollen also nicht kommen. **dedik; deme** s. die ges. Stw. **demeğe getirmek** j–m durch die Blume zu verstehen geben **demeğe kalmadan** sofort, sogleich **dememek** 1. nicht sagen 2. *fig.* keine Beachtung schenken; sich nicht kümmern (um): **Yağmur kar demedi yola çıktı.** Er kehrte sich nicht an Regen oder Schnee und machte sich auf den Weg. **Yaz demez, kış demez.** Gleichgültig, ob Sommer oder Winter. s. a. **deme** (6); **der demez** 1. kaum hatte er gesagt 2. gerade in diesem Augenblick; alsbald; auch schon **derken** 1. indem (als, obwohl) ... sagte (od. gesagt wurde) 2. (mit Optativ) gerade als ... wollte 3. in diesem Augenblick, plötzlich; da, als 4. gleich danach, sofort, daraufhin 5. inzwischen, mittlerweile 6. (konzessiver Aspekt) obwohl man gerechnet hatte, daß ...; wenn man auch hinweisen kann (auf); wenngleich ... sollte usw. 7. (in idiom. Ra.) (Zu 2: **Biraz rahat edeyim** ~ **bir gürültü koptu.** Gerade als ich mich etwas ausruhen wollte, ging ein Spektakel los. Zu 3: **Yazı yazıyordum,** ~ **misafir geldi.** Ich schrieb gerade, da kamen Gäste. Zu 6: **Akşamdan önce varacağız** ~ **ancak gece yarısı varabildik.** Obwohl wir nach unserer Besprechung schon vor dem Abend hätten dort sein sollen, konnten wir erst um Mitternacht eintreffen. **Külâh, ışkırlak falan filan** ~ **kadın şapkası hepsinden daha acayip bir şekle girdi.** Wenn man auch auf (sonderbare Kopfbedeckungen wie) **külâh** oder **ışkırlak** hinweisen kann, so hat doch der Damenhut eine noch sonderbarere Form angenommen. Zu 7: **(ha) şurası (ha) burası** ~ a) durch langes Suchen b) während wir bald hier, bald da suchten **bir asağı bir yukarı** ~ während er so hin- und herging ...) **desene; desenize** *F* nämlich, das heißt, also, dann ... **deyip geçmemek** sich durch den äußeren Schein nicht täuschen lassen **diye** s. ges. Stw. **diyeceği yok** (b–nin bşe od. b–ne karşı) nichts auszusetzen haben (an); nichts einwenden (gegen) **diyelim ki** sagen wir einmal; nehmen wir einmal an

demet, -ti 1. Bündel *n,* Bund, Pack *m* 2. (Blumen-)Strauß, Bund *m* 3. Garbe *f,* Bündel *n* 4. *math., phys.* (Strahlen-) Bündel *n* *huzme 5. *bot.* Dolden-, Schirm-traube *f* *bürçük, huzme ~ **bağlamak** e–n Strauß (od. Garben) binden ~ ~ bündel-, garben-weise

demetçi wer e–n Strauß, e–e Garbe bindet

demetlemek 1. e–n Strauß binden 2. in Bündel od. Garben binden

demetli büschelförmig

demetlik für ein Bündel (e–e Garbe, e–n Strauß) bestimmte Menge

demevî 1. das Blut betreffend, Blut-, blutig 2. *pr.* blutreich, vollblütig, sanguinisch **nesci** ~ s. **kandoku**

demevîlik 1. Blutreichtum *m* 2. sanguinisches Temperament

demgüzar [ā] *va.* seine Zeit verbringend, sich die Zeit vertreibend (mit)

demhane [ā] *va.* Kneipe, Spelunke *f*

demi, -m'i *va.* Tränen *pl.*

demi- s. **dömi-**

dem'î Tränen- **guddei dem'iye** s. **gözyaşı bezi**

demin [×·] vor kurzem, vor ein paar Minuten, vorhin

demincek [×··] (*Verst.* v. **demin**) gerade eben noch

deminden [×··] s. **demin**

deminki [×··] was gerade vergangen (vorgefallen usw.) ist

demir 1. Eisen *n* 2. (Schiffs-)Anker *m* *çapa 3. Eisenteil *m* verschiedener Gegenstände wie z. B. Messerklinge, Pflugschar *f,* Gewehrlauf *m* usw. 4. aus Eisen, eisern, Eisen- 5. *fr.* Fußfesseln *pl.* (für Sträflinge) Zu 3: **kapı -i** Türklinke *f* **pencere -i** Fenstergriff *m* **ocak -i** Herdring *m* Zu 4: ~ **parmaklık** Eisengitter *n* ~ **almak** 1. den Anker lichten; absegeln, abfahren 2. *F* weg-, fort-gehen, sich davonmachen ~ **aralığı** *phys.* Luftspalt *m* (bei Generatoren od. Elektromagneten) ~ **at** Stahlroß *n,* Drahtesel *m* (= Fahrrad *n*) ~ **atma yeri** s. ~ **yeri;** ~ **atmak** 1. Anker werfen, vor Anker gehen, ankern 2. *fig.* lange Zeit an e–r Stelle bleiben *a. iron.* Wurzel schlagen (**Şu işte** ~ **attım.** Dieser Tätigkeit bleibe ich treu.) ~ **ayak** gut zu Fuß; unermüdlich (wandernd) ~ **bastika** *naut.* Gienblock *m,* Löschrad *n* (am Ladebaum) ~ **bedeni** *naut.* Ankerschaft *m* ~ **bırakmak** den Anker kappen ~ **boku** Eisenschlacke(-n *pl.*) *f* ~ **bozan** Antimon *n* *antimon, rastık taşı ~ **butluk** Diechling *m* (bei *fr.* Rüstung) ~ **cevheri** Eisenerz *n* ~ **çağı** Eisenzeit *f* ~ **çarık** ~ **asa** *(Märchenformel)* gut ausgerüstet (für e–e weite Reise) ~ **çatkı** Eisengerüst *n* ~ **çember** Eisen-bereifung *f,* -band *n* ~ **çubuk** Eisenstange *f* ~ **devri** Eisenzeit *f* ~ **dışığı** s. **demir boku;** ~ **diken** Fußangel *f* ~ **dikeni** 1. Erdburzeldorn *m bot.* Tribulus terrestris 2. Sternflockenbume *f bot.* Centaurea calcitrapa *boğa dikeni, çobankalkıtan 3. s. ~ **diken;** ~ **don** *hist.* Rüstung *f,* Panzer *m* ~ **dökümü** Eisenguß *m* ~ **dökümhanesi** Eisengießerei *f* ~ **dövmeli** schmiedeeisern ≗ **Dük** *hist.* der eiserne Herzog (Wellington) ~ **eğintisi** Eisenfeilspäne *pl.* ~ **elli** mit der Eisenfaust (*a.* Beiname des röm. Kaisers Aurelian) ~ **endüstrisi** eisenverarbeitende Industrie; Eisenindustrie *f* ~ **eritme fırını** Schmelz-, Hoch-ofen *m* ~ **eritme ocağının ağzı** Gicht *f* (e–s Schmelzofens) ~ **feneri** *naut.* Ankerlicht *n* ~ **filizi** Eisenerz *n* ~ **gibi** 1. kerngesund 2. sehr fest, solide 3. ganz kalt (Hände, Füße) ~ **gömlek** *hist.* Harnisch, Küraß *m* ~ **haddehanesi** Eisenwalzwerk *n* ~ **halat** Eisentrosse *f,* Drahtseil *n* ~ **hurdası** Eisenabfälle *pl.* ~ **iskeletli beton** s. **betonarme;** ~ **izabehanesi** Eisen-, Schmelz-werk *n,* -hütte *f* ~ **kafes** Eisengitter *n* ~ **kaldırmak** *naut.* den Anker lichten ~ **kama** Eisenkeil *m* ~ **kanca** Greif-, Klammer-haken *m* ~ **kastanyolası** *naut.* Ketten-kneifer, -stopper *m* ~ **kazık** 1. Eisenpfahl *m* 2. s. **Demirkazık;** ~ **kenet** Schienen *pl.* (für Verkrüppelte) ~ **kırı** Grauschimmel *m* (Pferd) ~ **kırıntısı** Schrott *m* ~ **kırmızısı** eisenoxydfarbig ~ **kıskacı** Feuer-, Schmiedezange *f* ~ **kilidi** *naut.* Ankerschäkel *m* ~ **kiriş** Eisenträger *m* ~ **kolu** *naut.* Ankerarm *m* ~ **kurdu** bröckeliger Rost (auf Eisen) ~ **küresi** *naut.* Ankerball *m* ~ **leblebi** *fig.* überaus schwierige Aufgabe; woran man sich die

Zähne ausbeißen kann ~ **levha** Eisenplatte *f* ~ **madeni** Erzgrube *f*, Eisenbergwerk *n* ~ **mahalli** s. ~ **yeri;** ~ **makara** Eisenrolle *f* ~ **mamulâtı** Eisenwaren *pl.* ~ **memesi** *naut.* Kreuz *n* (am Anker) ~ **metaforası** *naut.* Ankerdavit *m* ≗ **Muhafızlar** *od.* ≗ **Muhafız Teşkilâtı** *hist.* Eiserne Garde (in Rumänien) ~ **ocağı** (Eisen-)Hütte *f*, Hüttenwerk *n* ~ **ocak gazı** Gichtgas *n* ~ **oksit** Eisenoxyd, Polierrot *n* ~ **oltası** s. ~ **diken;** ~ **parmaklık** Eisengitter *n* ~ **pası** 1. Rost *m* 2. rost-farben, -braun ~ **perde** *Th.* eiserner Vorhang (s. a. **demirperde**); ~ **pıtrak** s. ~ **diken;** ~ **posası** Eisenschlacke(-n *pl.*) *f* ~ **rengi** eisengrau ~ **resmi** *naut.* Anker-gebühr *f*, -geld *n*, -zoll *m* ~ **saç** Eisen-, Schwarz-blech *n* ~ **sopa** Stahlrute *f* ~ **sülfat** Eisensulfat *n* *karaboya ~ **sülüğeni** Eisenmennige *f* ~ **şamandırası** *naut.* Ankerboje *f* ~ **şerit** Eisenband *n* ~ **talaşı** Eisenfeilspäne *pl.* ~ **taramak** *naut.* vor Anker treiben; schwoien (Schiff) ≗ **tavında dövülür** (*od.* **yaraşır**). *Spr.* Man muß das Eisen schmieden, solange es heiß ist. *Spr.* ≗ **tavında, dilber çağında.** *Spr.* (Sinn:) Alles zur rechten Zeit! ~ **tazeleme ameliyatı** *techn.* Frischungsprozeß *m* ~ **tel** Eisendraht *m* ~ **testeresi** Eisen-, Metall-säge *f* ~ **üzerinde** zur Abfahrt bereit (Schiff nach Lichtung des Ankers) ~ **üzerine salmak** s. ~ **taramak;** ~ **yatağı** *naut.* Ankerfütterung *f*, Schweinsrücken *m* ~ **yeri** Ankerplatz *m*, Reede *f* ~ **zinciri** Ankerkette *f* ~ **zinciri kaplumbağası** *naut.* Bug-, Deck-, Klüsen-stopper *m* **-de rahat yatmak** fest verankert sein (Schiff) **-de yatmak** vor Anker liegen **-den ayak; -den leblebi** s. ~ **ayak;** ~ **leblebi; -den pençe** eiserne Faust; Eisenfaust *f* **-e binmek** *naut.* e–e leichte Neigung zur Ankerkette hin bekommen (Schiff) **-e vurmak** in Eisen schlagen, in Ketten legen **-le kaplamak** mit Eisen beschlagen

demirağaç, -cı 1. Kasuarine *f bot.* Casuarine (equisetifolia u. a.) 2. das hieraus gewonnene Eisenholz

demirbaş 1. Inventar *n*, Bestands-(Waren-, Vorrats-, Vermögens- usw.)Verzeichnis *n*, eiserner Bestand 2. zum Inventar gehörig; inventarisiert, unveräußerlich 3. *fig.* unveränderlich, fest, dauernd 4. eiserner Kopf (z. B. e–s Werkzeugs) 5. *fig.* unerschütterlich (in seinen Entschlüssen), zäh, eigenwillig, hartnäckig; Starrkopf *m* 6. wer schon lange an e–r Stelle tätig ist; wer sozusagen zum Inventar gehört ~ **erzak** *mil.* eiserne Ration ~ **eşya** Inventarstücke *pl.;* festes Zubehör ≗ **Şarl** *n.pr.* türk. Bez. für den Schwedenkönig Karl XII. ~ **yem** *mil.* eiserne Ration (für Pferde)

demirci 1. Eisen-, Metall-warenhändler *m* 2. Schmied, Schlosser *m* 3. ≗ **Mehmet Efe** *n.pr.* kemalistischer Freiheitskämpfer (in Westanatolien) 4. ≗ *n.pr.* Städtchen u. D. im Rbz. Manisa ~ **çekici** Schmiedehammer *m* ~ **işi** Schmiedearbeit *f* ~ **keskisi** s. **örs keskisi;** ~ **kıskacı** Schmiedezange *f* ~ **körüğü** Schmiedeblasbalg *m*, Gebläse *n* ~ **mengenesi** Schraubstock *m* ~ **ocağı** Schmiedeesse *f* ~ **örsü** (Schmiede-)Amboß *m*

demirciböceği s. **taklaböceği**

demircilik 1. Eisenbearbeitung *f* 2. Eisenhandel *m* 3. Schmiede- od. Schlosser-handwerk *n* 4. Schmiedearbeit *f*

Demirelci Anhänger(-in *f*) *m* des früheren Ministerpräsidenten Demirel

demirhaç nişanı Eisernes Kreuz (deutscher Kriegsorden) *demirsalip nişanı **demirhaç nişanının şövalye haçı** Ritterkreuz *n* zum Eisernen Kreuz

demirhane [ā] Schmiede *f*, Eisenwerk *n* ~ **kömürü** Schmiedekohle *f* ~ **vinçi** Schmiedekran *m*

demirhindi (< temri Hindî) 1. Tamarinde *f bot.* Tamarindus indica *Hint hurması 2. erfrischendes Getränk aus dem süßsäuerlichen Fruchtmark der Tamarinde 3. *V* geizig, knauserig, habgierig 4. *fr.* Bez. für e–e bes. Form des Stiels bei Federmessern

Demirhisar *n.pr.* türk. Bez. für das mazedonische Städtchen Sidherokastron

demirî 1. von eisengrauer Farbe, schwarzgrau, fahl 2. Grauschimmel *m* (Pferd); ~ **kır** s. **demir kırı**

demirkapan Magnet *m* *mıknatıs

demirkapı 1. mit Felsen bestandene, für die Schiffahrt hinderliche Flußstelle 2. ≗ *n.pr.* a) (*a.* ≗**lar**) Eisernes Tor (bei Orschowa) b) Enge *f* zwischen Samarkand und Buchara c) Stadtteil von Istanbul am Goldenen Horn d) Name e–s Tores am Topkapı Sarayı 3. befestigter Engpaß

Demirkazık *astr.* Polarstern *m* *Kutupyıldızı

demirkırat, -tı Volksetymologie der 50er Jahre für **demokrat**

Demirköy *n.pr.* O. u. D. im Rbz. Kırklareli

demirleme Vs. zu **demirlemek;** ~ **harcı** Ankergebühr *f*

demirlemek 1. mit Eisen beschlagen 2. mit eisernem Riegel (od. Balken) versehen 3. verriegeln (z. B. Tür); verrammeln 4. vor Anker gehen, ankern (Schiff) 5. *naut.* verankern (z. B. Boje)

demirli 1. eisen-haltig, -führend, Ferro- 2. mit Eisen beschlagen od. ausgestattet 3. vor Anker liegend, verankert (Schiff) ~ **beton** s. **betonarme;** ~ **bulunmak** (*od.* **durmak** *od.* **olmak**) vor Anker liegen (Schiff) ~ **domuz** s. **oklukirpi;** ~ **göktaşı** *astr.* Eisenmeteorit, Siderit *m* ~ **kil** *geol.* eisenhaltiger Ton ~ **silisyum** Ferrosilizium *n* ~ **su** (künstliches) Stahlwasser

demirperde *pol.* eiserner Vorhang **bir** ~ **gerisi memleketinde** in e–m Land hinter dem eisernen Vorhang

demirsalip nişanı s. **demirhaç nişanı**

demirtaş s. **demirli göktaşı**

demiryol *va.* 1. Schienenweg *m* *tren hattı 2. s. **demiryolu**

demiryolcu 1. Eisenbahn-arbeiter *m* od. -beamter 2. Eisenbahntechniker *m* 3. Eisenbahnfachmann *m*

demiryolculuk 1. Eisenbahnwesen *n* 2. (Eisen-)Bahnbau *m*

demiryolları, -nı Eisenbahnverwaltung *f*

demiryolu, -nu 1. Eisenbahn(-linie) *f*, Bahn *f* *şimendifer 2. *V* Sechserpasch *m* (im Tr.sp.) *sırtıkara ~ **altgeçidi** (*od.* **altından geçit**) Bahnunterführung *f* ~ **bekçi kulübesi** Bahnwärterhäuschen *n* ~ **bekçisi** Bahnwärter *m* ~ **düğüm noktası** Eisenbahnknotenpunkt *m* ~ **geçidi** Bahnübergang *m* ~ **hat kumandanı** *mil.* Linienkommandant *m* ~ **hattı** Eisenbahnlinie *f* ~ **içtinap hattı** Ausweichgeleise *n* ~ **içtinap mevkii** Ausweichstelle *f* ~ **imlâsı** Bahndamm *m* ~ **inşaatı** Eisenbahnbau *m* ~ **irtibatı** Bahnverbindung *f* ~ **işareti** Eisenbahnsignal *n* ~ **işleri genel müfettişi** Generalinspektor *m* des Eisenbahnwesens ~ **işletmesi** Eisenbahnbetrieb *m* ~ **makas kolu** Weichenblock *m* ~ **makasçısı** Weichensteller *m* ~ **makası** Weiche *f* ~ **malzemesi** Eisenbahnmaterialien *pl.* ~ **memuru** Eisenbahnbeamter ~ **münakalesi** Bahnverkehr *m* ~ **nakliyatı** Eisenbahntransport *m* ~ **nihayet noktası** Eisenbahnendpunkt *m* ~ **rayı** Eisenbahngeleise *n* ~ **şebekesi** Eisenbahnnetz *n* ~ **tesisi** Bahnanlage *f* ~ **telgrafı** Bahntelegraph *m* ~ **topu** *mil.* Eisenbahngeschütz *n* ~ **üst geçidi** (*od.* **üzerinden geçit**) Bahnüberführung *f* ~ **yürüyüş kolu** *mil.* Eisenbahnmarschkolonne *f* ~ **zemin geçidi** Planübergang *m*

demiurgos [··×·] *phil.* Demiurg, Weltschöpfer *m* (bei Plato) *epitken, sânii kâinat

demkeş *va.* 1. einatmend 2. singend (Vogel) *spez.* a) schlagend (Nachtigall) b) gurrend (Tauben) 3. wer Alkohol od. Haschisch zu sich nimmt 4. Flötist, Oboist *m*

demle(ndir)mek 1. ziehen lassen (Tee) 2. heißmachen (Wurst) 3. *allg.* den richtigen Grad (Punkt) erreichen lassen

demlenmek 1. ziehen (angebrühter Tee) 2. *hum.* Alkohol

trinken; zechen 3. heißwerden (Wurst) 4. *allg.* den richtigen Grad (Punkt) erreichen
demli (Tee,) der stark gezogen hat
demlik s. **çay demliği**
demode (*franz.* **démodé**) aus der Mode gekommen, altmodisch, unmodern
demograf Demograph, Bevölkerungsstatistiker *m*
demografi Demographie, Bevölkerungsstatistik *f* *halkdevinbilim, halk ihsaiyatı
demografik demographisch, bevölkerungs-politisch, -statistisch
demokrasi Demokratie *f*, demokratische Staatsform (Verwaltung, Verfassung) *demokratlık, elerki, hükümeti amme ~ **saltanatı** *(G)* konstitutionelle Monarchie
demokrat, -tı 1. Demokrat(-in *f*) *m* 2. demokratisch ~ **İngiltere** das demokratische England ~ **kongresi** demokratischer Kongreß (Kongreß der demokratischen Parteien) ≗ **Parti** *n.pr.* Demokratische Partei (gegr. 7. 1. 1946 durch Celâl Bayar, Fuat Köprülü, Adnan Menderes und Refik Koraltan; regierte von 1950–1960; aufgelöst durch Gerichtsbeschluß 29. 9. 1960) ≗ **Parti'li** Anhänger(-in *f*) *m* der Demokratischen Partei
demokratik demokratisch
demokratlaşma Demokratisierung *f*
demokratlaşmak demokratischen Charakter annehmen
demokratlaştırmak demokratisieren
demokratlık 1. Demokratentum *n* 2. s. **demokrasi**
demon *selt.* Dämon *m*, böser Geist
demonetizasyon Demonetisierung, Außerkurssetzung *f* (von Geld)
demonizm *rel.* Dämonismus *m*
demonlu *selt.* dämonisch
demonstrasyon *selt.* Demonstration, Bekundung *f*
demontabl zerlegbar
demontaj Demontage, Zerlegung *f*, Abbau *m*, Abrüstung *f*
demonte (in Einzelteile) zerlegt, abgebaut, abmontiert, auseinandergenommen ~ **etmek** (in Einzelteile) zerlegen abbauen, abmontieren, auseinandernehmen
demoralize demoralisiert ~ **etmek** demoralisieren
Demosten *n.pr.* Demosthenes
demotik yazı demotische Schrift (in Altägypten)
demsaz [ā] *va.* vertrauter Freund
den *va.* richtiges Gewicht, entsprechende Stärke, richtiger Grad ~ **düşmek** *va.* sich ernsthaft e–r Sache widmen
-den s. **-dan; -den**
-den hali *gr.* Ablativ *m* *çıkma durumu
denaet, -ti [ā] Niederträchtigkeit, Gemeinheit *f* (als Handlung od. als Charaktereigenschaft) *alçaklık
denaetkâr [·–·–] niederträchtig, gemein, schändlich
denatürasyon Denaturierung *f*
dendan [ā] *va.* Zahn *m*, Zacke *f* (in der ar. Schrift)
denden Gänsefüßchen *pl.* (als Wiederholungszeichen)
dendrit(-ik) s. **dallantı(-lı)**
dendrokronoloji Dendrochronologie *f* (Altersbestimmung von Bäumen auf Grund der Jahresringe)
Denebola *astr.* Denebola (Stern Beta im Sternbild des Löwen)
denek 1. *va.* versucht, erprobt, durch Erfahrung od. Versuche festgestellt *denenmiş, mücerrep 2. *psych.* Versuchsperson *f* od. -gegenstand *m*
denektaşı, -nı Prüfstein *m* (des Juweliers od. *fig.*) *mihenk
deneme 1. Vs. zu **denemek** 2. Versuch *m*, Probe *f*, Experiment *n* *tecrübe 3. Versuch *m* (*spez.* e–r wissenschaftlichen Darstellung) 4. Erprobung, Prüfung *f* 5. *lit.* Essay *m, n* ~ **baskısı** Probeabdruck, Abzug *m* ~ **evliliği** Probeehe *f* *uzatmalı nişan ~ **kuyusu** *geol.* Schürfloch *n* ~ **okulu** Versuchsschule *f* ~ **oynatımı** Probeaufführung *f* (e–s Films) ~ **parçası** Prüfstück *n* ~ **pilotu** Testpilot *m* ~ **süresi** Probezeit *f* (bei Neueinstellung) ~ **uçuşu** Probeflug *m* ~ **yazarı** Essayist(-in *f*) *m* ~ **ya da yoklama ile satım** s. **tecrübe veya muayene ile satış**
denemeci s. **deneme yazarı**
denemek versuchen, (aus-)probieren, prüfen, erproben, auf die Probe stellen *tecrübe etmek
denemeli s. **deneyli**
denemelik Prüfstreifen *m* (e–s Films)
Denep, -bi *astr.* Deneb (Stern Alpha im Sternbild des Schwans) *Zenebi Decace
deneştirmek vergleichen *mukayese etmek
deneştirmeli vergleichend, Vergleichs-
denet, -ti Kontrolle, Überprüfung *f* *kontrol, murakabe
denetçi Kontrollbeamte, Prüfer, Revisor *m* *kontrolör, murakıp
denetim Prüfung, Kontrolle, Inspektion *f* ~ **motoru** *techn.* Servomotor *m* *servomotor
denetleme Vs. zu **denetlemek;** ~ **belgesi** Zensurbewilligung *f* (für Filme) ~ **heyeti** *jur.* 1. Kontrollrat *m* 2. Wahlausschuß, -vorstand *m* ~ **kurulu** 1. Prüfstelle *f* (für Filme) 2. Kontrollrat *m*, Überwachungsstelle *f* (für Staatsbetriebe) ~ **yetkisi** Kontrollbefugnis *f*
denetlemek prüfen, kontrollieren, überwachen, zensieren, inspizieren *kontrol etmek
denetleyici 1. Prüfer, Zensor, Kontrollbeamte *m* 2. Prüfgerät *n*
deney Versuch *m*, Experiment *n* *tecrübe ~ **balonu** *met.* Registrierballon *m* ~ **tüpü** s. **deneykap**
deneyci 1. Experimentator *m* 2. Empiriker, Empirist *m* *ampirist
deneycilik 1. Experimentismus *m* 2. Empirismus *m*, Empirie *f* *ampirizm, görgücülük
deneyim wissenschaftlicher Versuch; Experiment *n*, Probe *f* *tecrip, tecrübeleme
deneyimci Experimentator *m*
deneykap, -bı *chem.* Reagenzglas *n* *deney tüpü; mihber
deneylemek experimentieren
deneyli experimentell, Experimental- *tecrübî ~ **sesbilim** Experimentalphonetik *f*
deneysel s. **deneyli;** ~ **oyun** *Th.* Experimentierstück *n*
deneyselcilik s. **deneycilik**
deneyüstü transzendental *müteali, transandantal
deneyüstücülük *phil.* Transzendentalismus *m* *mütealiye, transandantalizm
denge 1. Gleichgewicht *n* *muvazene 2. Turnen *n* am Schwebebalken 3. Balanceakt *m* (im Zirkus) ~ **ağacı** (*od.* ~ **kalası**) Schwebebalken *m* (Turngerät) ~ **organı** *an.* statisches Organ, Gleichgewichtsorgan *statik organ ~ **sırığı** Balancierstange *f* (des Seiltänzers) ~ **taşı** *an.* 1. Statolith *m*, Gleichgewichtssteinchen *n*, Gehörsand *m* *kulaktozu, otolit, statolit 2. Stärkekörner *pl.* in Pflanzenwurzeln ~ **taşlı hücre (göze, kese)** *an.* Statozyste *f* *işitme kesesi, otosist, statosist ~ **tozu** s. ~ **taşı**
dengelemek ins Gleichgewicht bringen, ausgleichen, ausbalancieren
dengeleşmek ins Gleichgewicht kommen
dengeleştirmek s. **dengelemek**
dengeli 1. im Gleichgewicht, ausbalanciert 2. *fig.* vernünftig, nüchtern, klar
dengelilik Ausgeglichenheit *f*
dengesiz 1. nicht im Gleichgewicht, nicht od. schlecht ausbalanciert 2. *psych.* unausgeglichen, labil *(1, 2) muvazenesiz
dengesizlik 1. fehlendes Gleichgewicht 2. *psych.* Unausgeglichenheit, Labilität *f* *(1, 2) muvazenesizlik
denî niederträchtig, gemein, schändlich *alçak
denîlik [·–·] s. **denaet**

denilmek Pass. zu **demek; denilen** (so-)genannt **deniliyor ki** Es wird gesagt, daß ... Man erzählt, daß ...

deniz 1. Meer *n,* See *f* 2. See-, Wellen-gang *m* 3. weite Fläche; ein Meer von ... Zu 2: **Bugün çok ~ var.** Heute herrscht hoher Seegang. Zu 3: **çiçek -i** ein Meer von Blumen ~ **ablukası** Seesperre *f* ~ **açığı** hohe See ~ **akademisi** Marineakademie *f* ~ **alası** (Schwarz-)Meerforelle *f zo.* Salmo trutta trutta ~ **albayı** Kapitän *m* zur See ~ **almak** über Bord gespült werden ~ **amı** s. **denizanası;** ~ **aslanı** (Stellers) Seelöwe *m zo.* Eumetopias jubatus ~ **aşınımı** s. **abrasyon;** ~ **ataşesi** Marineattaché *m* *ataşenaval ~ **atı (atçığı, aygırı)** Seepferdchen *n zo.* Hippocampus hippocampus ~ **banyosu** Baden *n* im Meer ~ **baskını** Sturm-, Spring-flut *f* *şiddetli met hareketi ~ **basması** *geol.* Transgression *f*, Vordringen *n* des Meeres *istilâyı bahir ~ **başgediklisi** Oberbootsmann *m* ~ **beylerbeyi** *hist.* osm. Großadmiral *m* ~ **bilimi** s. **denizbilim;** ~ **binbaşısı** Korvettenkapitän *m* ~ **bindirmek** mit e–m Mal bewegt, unruhig werden (Meer) ~ **birliği** Flottenverband *m* ~ **bölgesi** Seegebiet *n* ~ **buzlası** (*od.* ~ **buzulu**) Eisschollenfeld, Packeis *n* ~ **cüzütamı** Flotteneinheit *f* ~ **çalkantısı** Seegang *m* ~ **çam fıstık ağacı** Stern-, See-kiefer *f bot.* Pinus maritima ~ **çalkıntısı** Wellenschlag *m* ~ **çulluğu** Thorshühnchen *n zo.* Phalaropus fulicarius; s.a. **dar gagalı ~ çulluğu;** ~ **demiri** *naut.* Treib-, See-anker *m* ~ **depozitleri** Meeresablagerung *f*, Schwemmland *n* ~ **depremi** Seebeben *n* ~ **derya ayak altında** mit wunderbarem Ausblick auf das Meer ~ **devleri** Meeresungetüme *pl.* (Walfische usw.) ~ **dikenli balığı** Seestichling *m zo.* Gasterosteus spinachia ~ **domuzu** s. **fok;** ~ **donu** Badehose *f* ~ **durmak** (*od.* **düşmek**) wieder ruhig werden (Meer nach e–m Sturm) ~ **eksibesi** s. **denizel kumul;** ~ **elverişliği** Seetüchtigkeit *f* ~ **eriştesi** s. **-kadayıfı;** ~ **erki** s. ~ **üstünlüğü;** ~ **etmek** bewegt (unruhig, rauh) sein (Meer) ~ **feneri** Leucht-feuer *n*, -turm *m* ~ **fili** Elefantenrobbe *f zo.* Macrorhinus leoninus ~ **ganaimi** (*od.* **ganimetleri**) **mahkemesi** *naut.* Prisengericht *n* ~ **gedikli çavuşu** Maat *m* ~ **gedikli subayı** *naut.* 1. Deckoffizier *m* 2. Offizier, Steuermann *m* ~ **gedikli üstçavuş** Obermaat *m* ~ **gerilemesi** (*od.* **çekilmesi**) s. **çekilme** (2); ~ **gülü** Seerose *f bot.* Actinia ~ **güzeli** Lamantin *m zo.* Trichechus manatus ~ **haczi** Seepfandrecht *n* ~ **haç otu** Färbewurz, Seeröte *f bot.* Crucianella maritima ~ **hâkimiyeti** (Vor-)Herrschaft *f* zur See, Seeherrschaft *f* ~ **hamamı** (öffentliches) Seebad ~ **hangarı** Dock *n* ~ **harp kuvvetleri** Seestreitkräfte *pl.* ~ **harbi** Krieg *m* zur See ~ **harbi sevk ve idaresi** Seekriegsführung *f* ~ **haritası** See-, Admiralitätskarte *f* *haritai bahriye ~ **hasarı** Seeschaden *m*, Havarie *f* ~ **hava üssü** Seeflughafen *m* ~ **haydudu** (*od.* **hırsızı**) Seeräuber, Pirat *m* *korsan ~ **haydutluğu** (*od.* **hırsızlığı**) *jur.* Seeräuberei, Piraterie *f* *korsanlık ~ **hekim binbaşısı** Marineoberstabsarzt *m* ~ **hekim yüzbaşısı** Marinestabsarzt *m* ~ **hindistancevizi** Seychellen-Nußpalme *f bot.* Lodoicea callipyge ~ **hortumu** Wasserhose, Trombe *f* ~ **hukuku** 1. Seerecht *n* 2. s. ~ **ticareti hukuku;** ~ **hükümranlığı** s. ~ **hâkimiyeti;** ~ **ıstakozu** s. **ıstakoz;** ~ **iaşe ofisi** Marineverpflegungsamt *n* ~ **ibiği** s. **taşkıranotu** (2); ~ **iklimi** See-, Meeres-klima *n* ~ **ilerlemesi** s. ~ **basması;** ~ **inci midyesi** Perlmuschel *f zo.* Meleagrina margaritifera ~ **inşaat mimarı** Marinebaumeister *m* ~ **inşaat tezgâhı** (Schiffs-)Werft *f* ~ **işaretleri** Seezeichen *pl.* ~ **itfaiyesi** *naut.* Feuerlöschboot *n* ~ **kablosu** s. **denizaltı kablosu;** ~ **kabuğu** Muschelschale *f* (*a.* als Ornament) ~ **kalmak** s. ~ **durmak;** ~ **kargası** s. **karabatak;** ~ **kartalı** Adlerrochen *m zo.* Leiobatus aquila ~ **kazası** Schiffbruch *m* ~ **kenarı** Küste *f* des Meeres ~ **kesilmek** 1. s. ~ **durmak** 2. s. Stw. **dört yanı** und **her tarafı;** ~ **keşfi** Seeaufklärung *f* ~ **kılavuzu** Seelotse *m* ~ **kıyısı** Küste *f*, Ufer, Gestade *n* des Meeres ~ **kolu** schmaler Meeresarm ~ **koyunu** Seebär *m*, Bärenrobbe *f zo.* Arctocephalus ursinus ~ **köpeği** s. **fok;** ~ **kudreti** Seemacht *f* ~ **kulübü** Jachtklub *m* ~ **kurdu** *fig.* alter Seebär ≗ **kurumadı ya!** Noch ist Polen nicht verloren! ~ **kutup havası** maritime Polarluft ~ **kuvvetleri** Seestreitkräfte *pl.* ~ **lahanası** 1. gemeiner Meerkohl *bot.* Crambe maritima *yabanî lahana 2. Garten-Mondviole *f bot.* Lunaria annua *ay otu ~ **lavantası** s. **kırmızı kuduzotu;** ~ **leoparı** Seeleopard *m zo.* Hydrurga leptonyx ~ **limanı** Seehafen *m* ~ **lisesi** höhere Marineschule, Seekadettenschule *f* ~ **manevrası** Flottenmanöver *n* ~ **martısı** s. **gülen martı;** ~ **mavisi** 1. marineblau 2. ultramarin ~ **meltemi** Seebrise *f*, leichter Seewind ~ **memesi** s. **denizanası;** ~ **mevsimi** Badesaison *f* ~ **mili** Seemeile *f* (1852 m) ~ **motoru** 1. Bootsmotor *m* 2. Motorboot *n* ~ **muhafaza kumandanı** Befehlshaber *m* des Geleitschutzes ~ **muharebesi** 1. Seeschlacht *f* 2. Seekrieg *m* ~ **muharebeleri hukuku** Seekriegsrecht *n* ~ **musluğu** Bodenventil *n*, Seehahn *m* (bei Schiffen) ~ **mühendisi** Marineingenieur *m* ~ **mühresi** Kaurimuschel *f* ~ **münakalâtı** Seeverkehr *m* ~ **müsadere mahkemeleri** *jur.* Prisengerichte *pl.* ~ **müstahkem mevkii** Seefestung *f* ~ **müsteşarı** (Unter-)Staatssekretär *m* für Marinefragen (im Kriegsministerium) ~ **müzesi** Marinemuseum *n* ~ **nakil vasıtaları** Seefahrzeuge *pl.* ~ **nakliyat sigortası** Seetransportversicherung *f* ~ **nakliyat şirketi** Schiffahrtsgesellschaft *f* ~ **nakliyatı askerî komiseri** *mil.* Militärkommissar *m* für Seetransporte ~ **otu** s. **denizkadayıfı;** ~ **ödüncü** *jur.* Bodmerei *f* ~ **önyüzbaşısı** Kapitänleutnant *m* ~ **pelini** Strand-Beifuß *m bot.* Artemisia maritima ~ **peliti** Meereichel *f* (Rankenfußkrebs) *zo.* Balanus balanoides ~ **pençesi** Korallenalge *f* ~ **piyadesi** Marineinfanterie *f* ~ **raporu** offizielle Havariemeldung des Kapitäns ~ **rasat merkezi** Seewarte *f* ~ **resmi** See-stück, -gemälde *n* ~ **ressamı** Marinemaler *m* ~ **rezenesi** s. **taşkıranotu** (2); ~ **saçı** s. **denizperçemi;** ~ **salyangozu** Uferschnecke *f zo.* Litorina litorea ~ **samuru** Seeotter *m zo.* Latax lutris ~ **sarmaşığı** Meerstrandswinde *f bot.* Calystegia soldanella ~ **sathı** Meeresspiegel *m* ~ **savaşları hukuku** *jur.* Seekriegsrecht *n* ~ **sazı** 1. Stechginster *m bot.* Ulex europaeus 2. s. **zoster;** ~ **serveti** *jur.* Schiffsvermögen *n* ~ **seviyesi** Meeresspiegel *m* ~ **seyahati** Seereise *f* ~ **seyrüseferi** Seefahrt *f* ~ **sigortası** See(transport)versicherung *f* ~ **sporu** Segelsport *m* ~ **subayı** See-, Marine-offizier *m* ~ **suyu** Meerwasser *n* ~ **süprüntüsü** Auswurf *m* des Meeres ~ **şeytanı** s. **fenerbalığı;** ~ **takvimi** nautisches Jahrbuch ~ **talebe mektep gemisi** Seekadettenschulschiff *n* ~ **taşemeni** Meerneunauge *n*, Lamprete *f zo.* Petromyzon marinus ~ **tavşancılı** s. **balık kartalı;** ~ **tavşanı** 1. Seehase *m zo.* Aplysia (Weichtier) 2. Seehase *m zo.* Cyclopterus lumpus (Fisch) ~ **tavuğu** Lumme *f zo.* Uria ~ **tayyare üssü** Seeflugstützpunkt *m* ~ **tayyaresi** (*od.* **uçağı**) See-, Wasser-, Marine-flugzeug *n* ~ **teğmeni** Leutnant zur See *m* ~ **tehlikeleri** Seetransportrisiko *n* ~ **tekesi** Garnele *f zo.* Crangon (u.a.) *karides, teke ~ **teresi** 1. gewöhnlicher Meersenf *bot.* Cakile maritima 2. s. **taşkıranotu;** ~ **teşekkülâtı** *geol.* Meeresbildung *f* *denizel oluşuk ~ **teşekkülü** Flottenverband *m* ~ **tezgâhı** Werft *f* ~ **ticaret okulu** Schule *f* für Seehandel ≗ **Ticaret Umum Müdürlüğü** Seehandelsamt *n* (Türkei) ~ **ticareti hukuku** Seehandelsrecht *n* ~ **tilkisi** s. **sabanbalığı;** ~ **tutmak** (b–ni) seekrank werden (**Sizi ~ tutar mı?** Werden Sie (leicht) seekrank?) ~ **tutması** Seekrankheit *f* ~ **tüyü** Seefeder, Federkoralle *f zo.* Pennatula ~ **uçağı** Wasserflugzeug *n* *hidravyon ~ **uçak defi topu** Marineflak *f* ~ **uçakçılığı** Marineflugwesen *n* ~ **uçurtması** s. ~ **demiri;** ~ **üssü** Flottenbasis *f*, Flotten-, Marine-stützpunkt *m* *üssü bahrî ~ **üsteğmeni** Oberleutnant zur See *m* ~ **üstünlüğü** 1.

See-herrschaft, -geltung *f* 2. Überlegenheit *f* zur See ~ **üzümü** zweijähriges Meerträubel *bot.* Ephedra distachya ꕀ **var.** Es herrscht hoher Seegang. ~ **yarbayı** Fregattenkapitän *m* ~ **yavşanı** s. ~ **pelini;** ~ **yılanı** Seeschlange *f* *zo.* Hydrophis ~ **yıldızı** s. **beşparmak;** ~ **yosunu** 1. angespülter Tang 2. s. **denizkadayıfı;** ~ **yüzbaşısı** *naut.* Kapitänleutnant *m* ~ **yüzü** Meeresspiegel *m* ~ **yüzü oynaması** *geogr.* eustatische Bewegungen *pl.* ~ **zabıtası** *jur.* Seepolizei *f* ~ **zabit namzedi** Seekadett *m* **-de balık** *fig.* Katze *f* im Sack **-de** (*od.* **-den**) **bir damla** *fig.* das reine Nichts ꕀ**de kum onda para.** Er hat Geld wie Heu. **-de sefer ilmi** Nautik *f* **-de zabıt ve müsadere hakkı** *jur.* Prisenrecht *n* ꕀ**deki balığın pazarlığı olmaz.** *Spr.* Man soll das Fell nicht verkaufen, ehe man (nicht) den Bären hat. **-den** über das Meer, auf dem Seeweg **-den bir avuç su** *od.* **-den bir katra** „e–e Handvoll (bzw. ein Tropfen) Wasser aus dem Meer" (verächtl. Bez. für das kleine Geschenk e–s Reichen) **-den çıkmış balığa dönmek** sich (an e–r neuen Stelle) vorkommen wie ein Fisch, der aufs Trockene geraten ist **-den geçip çayda** (*od.* **kıyıda**) **boğulmak** *fig.* nach Überwindung großer Schwierigkeiten schließlich an einem geringfügigen Hindernis scheitern **-den yükseklik** s. **yükselti; -e açılmak** in See stechen **-e atmak** *fig.* zum Fenster hinauswerfen, vergeuden, verschleudern **-e çıkmak** 1. s. **-e açılmak** 2. wieder zur See gehen (Matrose nach längerem Landaufenthalt) **-e dökmek** ins Meer werfen (z. B. besiegte Armee, spez. Griechen 1922) **-e dökülmek** sich ins Meer ergießen, ins Meer münden **-e düşmek** über Bord gehen (**Biri -e düştü!** Mann über Bord!) ꕀ**e düşen yılana sarılır.** *Spr.* Der Ertrinkende klammert sich an e–n Strohhalm. In der Not frißt der Teufel Fliegen. ꕀ**e düşse götüyle balık tutar.** *hum.* Es glückt ihm aber auch alles. **-e elverişlilik** *jur.* Seetüchtigkeit *f* **-e girmek** im Meer baden ꕀ**e girse kurutur.** *fig.* Er braucht nur zu kommen, und schon geht alles schief. **-e inmek** 1. vom Stapel laufen (Schiff) 2. aufs Meer niedergehen (Flugzeug), wassern **-e kabiliyetli** seetüchtig **-e kalkmak** s. **-e çıkmak** (2); **-e su götürmek** *fig.* Eulen nach Athen tragen **-i doldurmak** dem Meer Land abgewinnen **-i kabartmak** das Meer aufwühlen (Sturm usw.) **-i kurutmak** *fig.* 1. j–m alle Hoffnung benehmen 2. immer Pech haben **-in attığı enkaz** *jur.* Seewurf *m,* strandtriftige Gegenstände *pl.* **-in dibi** Meeres-boden, -grund *m* **-leri kollamak** *naut.* ein Schiff sicher durch die anbrandenden Wellen steuern **-leri yiyememek** *naut.* infolge hohen Seegangs nicht vorankommen (Schiff) **-lerin serbestisi** *jur.* Freiheit *f* der Meere

denizaltı 1. unter dem Meeresspiegel befindlich, unterseeisch, submarin 2. gegen Wellengang nicht geschützt 3. **(gemisi)** Unterseeboot, U-Boot *n* *tahtelbahir ~ **alıcısı** Unterwasserkamera *f* ~ **ana gemisi** Unterseebootsmutterschiff *n* ~ **avcısı** (*od.* ~ **avcı gemisi**) Unterseebootsjäger *m* ~ **bombası** Unterwasserbombe *f* ~ **defütardı** Unterseebootsabwehr *f* ~ **dinleme aleti** Unterwasserhorchgerät *n* ~ **inşaat atelyeleri** Unterseebootswerfthallen *pl.* ~ **kablosu** Tiefseekabel *n* ~ **kapanı** U-Bootfalle *f* ~ **sada tertibatı** Unterwasserschallgerät ~ **sahili** offene, gegen Wind und Wellen nicht geschützte Küste ~ **yanardağı** submariner Vulkan *denizaltı volkan

denizaltıcı wer auf e–m U-Boot Dienst tut *spez.* U-Boot-Offizier *m*

denizanası, -nı 1. Ohrenqualle *f* *zo.* Aurelia aurita *fercülbahir 2. *fig.* große, dicke Frau

denizaşırı 1. überseeisch, Übersee- 2. *gel.* anatolisch (aus der Sicht e–s Istanbulers) ~ **sularında** in überseeischen Gewässern ~ **ticareti** Überseehandel *m* ~ **ülkeler(-i)** überseeische Länder *pl.,* Übersee

denizaygırı, -nı s. **deniz atı**

denizayısı, -nı Seebär *m* *zo.* Arctocephalus ursinus

denizbilim Meereskunde, Ozeanographie *f* *oseanografi

denizbilimsel meereskundlich, ozeanographisch *oseanografik

denizci 1. Seefahrer, Matrose *m* 2. Seeheld *m* 3. seefahrend, seetüchtig 4. Wassersportler *m* 5. Reeder *m* *armatör ~ **kostümü** Matrosenanzug *m* ~ **yakası** Matrosenkragen *m* *bahriye yakası

denizcilik 1. Seeschiffahrt *f,* Schiffahrts-, Marine-wesen *n* 2. Wassersport *m* 3. *selt.* Reederei *f*

denizçakısı, -nı s. **süline**

denizdantelleri, -ni Punktkorallen *pl.* *zo.* Millepora

denizel zum Meer gehörig, im Meer wachsend, Meer-, See- *bahrî ~ **gökbilimi** nautische Astronomie; astronomische Navigation ~ **kumul** Küstendüne *f* *deniz eksibesi; kıyı kumulu ~ **oluşuk** *geol.* Meeresbildung *f* *deniz teşekkülâtı

denizgergedanı, -nı Narwal *m* *zo.* Monodon monoceros

denizhıyarı, -nı Röhrenholothurie *f* *zo.* Holothuria tubulosa

denizhıyarları, -nı Seewalzen *pl.* *zo.* Holothurioidea

denizısırganları, -nı Seenesseln, Lappenquallen *pl.* *zo.* Acalephae *gerçek medüzler; encüriyei bahriye

denizіğnesi, -ni große Seenadel *zo.* Syngnathus acus

denizineği, -ni Seekuh *f* *zo.* Hydrodamalis gigas

denizinekleri, -nı s. **denizkızları**

denizipeği, -ni Muschelseide *f,* Byssus *m*

denizkadayıfı, -nı eßbarer Flügeltang *bot.* Alaria esculenta

denizkaplumbağaları, -nı Seeschildkröten *pl.* *zo.* Chelonidea *bahriye

denizkazı, -nı s. **akbaş**

denizkedisi, -ni große Seekatze *zo.* Chimaera monstrosa

denizkestanesi, -ni Seeigel *m* *zo.* Echinus (melo u. a.)

denizkırlangıcı, -nı 1. *naut.* Schoner *m* *ıskuna 2. s. **balıkçın** (1)

denizkızı, -nı 1. s. **denizineği** 2. (in Märchen) Seejungfer, Nixe *f,* Fischweib *n* ~ **semendergiller** Armmolche *pl.* *zo.* Sirenidae

denizkızları, -nı Sirenen, Sehkühe *pl.* *zo.* Sirenia *zatüssedayayı bahriye

denizkozalağı, -nı Kegelschnecke *f* *zo.* Conus

denizköpüğü, -nü s. **lületaşı**

denizköstebeği, -ni See-raupe, -maus *f* *zo.* Aphrodite aculeata

denizkulağı, -nı 1. Lagune *f* *buhayre, lagün 2. Seeohr *n* *zo.* Haliotis (tuberculata u. a.) (Muschelart)

denizlâleleri, -ni Krinoiden, Seelilien *pl.* *zo.* Crinoidea *zambakîyüşşekil

Denizli *n.pr.* Stadt u. gln. Rbz. (Südwestanatolien) ~ **horozu** e–e Hahnenart, die sich durch langgezogenes Krähen auszeichnet ~ **horozu gibi konuşmak** *F* pausenlos reden

denizli 1. zum Meer gehörig 2. im Meer lebend

denizlik 1. *naut.* Wasch-, Schäl-, Setz-bord *m, n,* Schutzkleid *n* 2. äußerer Teil e–s Fensterbretts

denizmarulu, -nu Meerlattich *m* *bot.* Ulva lactuca

denizmaymunu, -nu 1. s. **kedibalığı** 2. s. **vatoz**

denizmenekşesi, -ni e–e Glockenblumenart

denizminaresi, -ni s. **kule salyangozu**

denizördeği, -ni s. **fırtınakuşu**

denizörümceği, -ni Meerspinne *f* *zo.* Maja squinado *bzw.* Hyas araneus

denizpalamudu, -nu Meereichel, Seepocke *f* *zo.* Balanus balanoides

denizperçemi, -ni echte Korallenalge *bot.* Corallina officinalis *deniz saçı

denizperisi, -ni 1. Manati, Lamantin *m* *zo.* Manatus manatus (Seekuh-Art) 2. *myth.* Ozeanide, Nereide, Meernymphe *f*

denizpırasası, -nı Riesen-Ledertang *m bot.* Durvillaca utilis *tatlı yosun

denizsel die Seeschiffahrt betreffend, Meer-, See-

denizserçesi, -ni Kiebitzregenpfeifer *m zo.* Squatarola squatarola

denizşakayığı, -nı Seeanemone, Aktinie *f zo.* Actinia anemonia

denizüstü, -nü 1. über Wasser befindlich 2. **(gemisi)** Überwasserschiff *n* (im Ggs. zum U-Boot) **-ler** *od.* ~ **kuvvetleri** Überwasserstreitkräfte *pl.*

denizyolu, -nu Seeweg *m* ~ **ajansı** Schiffsagent(-ur *f*) *m* ~ **ile** auf dem Seeweg

denk, -gi 1. halbe Traglast (e–s Tragtiers) 2. Ballen *m,* Bündel *n* 3. Gleichgewicht(-s.lage *f*) *n* 4. Gegengewicht *n* 5. osm. Juwelen- und Apotheker-gewicht (¼ miskal) 6. gleich-schwer, -artig, -geartet, -wertig, -stehend 7. *phys.* gleich stark *muadil 8. passend Zu 6: **O, size** ~ **olamaz.** Er kann Ihnen nicht das Wasser reichen. Zu 8: **Kız, bu gencin -i değildir.** Das Mädchen paßt nicht zu dem jungen Mann. ~ **almak** s. **ayağını** ~ **almak;** ~ **bağı** Packriemen *m* ~ **bağlamak** (als Ballen od. Bündel) verpacken ~ **bir hava içine girmek** *Fb.* allmählich ausgeglichenen Charakter annehmen (Spiel) ~ **bir şekilde** ausgeglichen (z. B. Spielverlauf) ~ **bütçe** ausgeglichenes Budget ~ **etmek** 1. verpacken (z. B. Möbel) 2. in Bündel od. Ballen packen 3. (ein Schiff) trimmen (in die richtige Schwimmlage bringen) 4. gleichstellen ~ **gelmek** gleich-artig, -wertig usw. sein; passen ~ **getirmek** gleich-artig, -wertig usw. machen; passend machen ~ **izbirosu** *naut.* Stropp *m* (Seilschlinge für Ballen, die aus- od. eingeladen werden) ~ **kasnağı** Schwungrad *n* ~ **kayışı** Packriemen *m* **-e koymak** *V* als Pfand geben **-i dengine** jedem, was ihm gebührt **-ine getirmek** (bşin) 1. den richtigen Augenblick wählen 2. e–e günstige Situation ausnützen **-iyle karşılamak** mit Gleichem vergelten, Vergeltungsmaßnahmen ergreifen, Repressalien ausüben *mukabelebilmisilde bulunmak

denkdurum Symmetrie *f* *tenazur

denklem *math.* Gleichung *f* *muadele ~ **kökü** *math.* für e–e Gleichungsunbekannte ermittelter Wert **-ler sistemi** *math.* Gleichungssystem *n* *hemzaman muadelât

denklemek 1. in Ballen od. Bündel packen 2. ausgleichen, ausbalancieren

denkleşmek gleich-schwer, -artig, -wertig usw. werden; sich das Gleichgewicht halten; einander entsprechen; *(naut.)* richtig getrimmt sein (Schiff)

denkleştirici ausgleichend, kompensierend ~ **sarkaç** Kompensationspendel *n*

denkleştirme *spez. jur.* Ausgleichung *f* (unter Miterben) *iade (10)

denkleştirmek ausgleichen, kompensieren, regulieren

denkli 1. ausgeglichen, im Gleichgewicht 2. stabil, standfest

denklik 1. Gleich-artigkeit, -wertigkeit *f* 2. Gleichgewicht *n* 3. Gleichheit *f* 4. Gleichstellung *f*

denkserlik Gerechtigkeit und Billigkeit *f* *hakkaniyet, nasfet

denksiz unausgeglichen, ungleich, unharmonisch, labil

denksizlik Unausgeglichensein *n,* Mißverhältnis *n,* Fehlen *n* des Gleichgewichts, Labilität *f*

denkteş ebenbürtig, gleichstehend *küfüv

denlemek *selt.* schätzen, hochachten

denli (I) gesetzt, taktvoll, feinfühlig *takt sahibi ~ **densiz söz söylemek** ungehörig daherreden

denli (II) s. **kadar. O** ~ **sıcak oldu ki ...** Es wurde so heiß, daß ... **Ne denli çalışırsa çalışsın ...** Und wenn er noch so fleißig arbeitet ...

-den'li *gr.* 1. im Abl. stehend, ablativisch (Obj.) 2. mit Abl. Obj. (z. B. Verb)

denlilik Takt-, Fein-gefühl *n* *takt

denmek Pass. zu **demek. Buna ne denir?** 1. Wie nennt man das? Wie heißt das? 2. Was soll man dazu sagen? **henüz genç denecek bir yaşta** in einem noch jugendlich zu nennenden Alter

denonsyasyon (*franz.* **dénonciation**) *jur.* Aufkündigung *f* (e–s Staatsvertrags)

densiz ungehörig, ungebührlich, taktlos

densizlenmek s. **densizlik etmek**

densizlik ungehöriges Benehmen; Taktlosigkeit *f* ~ **etmek** sich ungehörig (taktlos) benehmen

denşiren *chem.* denaturierend *tağyir edici

denşirmek *chem.* denaturieren *tağyir etmek

dentin; dentisyon s. **dantin; dantisyon**

denye Denier *n* (Einheit für die Fadenstärke; *spez.* bei Damenstrümpfen)

denyo *Zig.* 1. Typ *m* des dummen und aufdringlichen Gassenjungens (im Ortaoyunu) 2. *V allg.* Dummkopf, Tölpel *m* 3. *V* Pfand *n,* Sicherheit, Garantie *f*

deodoran *selt.* s. **dezodorizan**

deontoloji Deontologie, Pflichtenlehre *f* *ödevbilgisi, ilmi vazaif

depar 1. *(Skisport)* Abfahrtslauf *m* 2. Start *m* (z. B. bei e–m Rennen) 3. *fig.* Beginn, Anfang *m*

departman 1. (Verwaltungs-)Abteilung *f,* Geschäftsbereich *m* 2. Departement *n* (franz. Verwaltungsbezirk)

depasman (*franz.* **dépassement**) *H* Limitüberschreitung *f*

depigmantasyon *med.* Depigmentation *f* (Verlust des Farbstoffes z. B. bei Haaren) *renksizleşme

deplantuar (*franz.* **déplantoir**) *agr.* Pflanzenheber *m,* Hohlspatel *m, f* *fideleme (*od.* dikme) kaşığı

deplase etmek 1. *(Tennis)* (den Gegner) hin- und herjagen 2. *Fb.* anders stellen; umstellen (Spieler)

deplasman 1. *(Tennis)* Hin- und Herjagen *n* 2. *Fb.* Umstellung *f* von Spielern ~ **maçı** *Fb.* Auswärtsspiel *n*

deplasmanlı 1. *(Tennis)* unter dauerndem Hin- und Herjagen 2. *Fb.* a) unter Umstellung der Spieler b) auseinandergezogen, weitmaschig (Spiel) c) auswärtig (Spiel od. berufliche Tätigkeit)

depo [×·] 1. Lager(-haus), Depot *n,* Niederlage *f* 2. Packhof *m* 3. Schuppen, (Zoll-)Speicher *m* 4. Reservoir, Magazin *n,* Behälter, Tank *m* 5. Gestüt *n* *hara 6. *Sch.* in seinem Fach sehr beschlagen (Lehrer) 7. *Th.* Garderoben-, Requisiten-kammer *f* ~ **defteri** Lagerbuch *n* ~ **etmek** ins Depot legen; (ein-)lagern, speichern ~ **kök** *bot.* Knollenwurzel *f* ~ **senedi** Lagerschein *m* **-ya koymak** auf Lager legen **-yu boşaltmak** das Lager räumen

depocu Besitzer od. Pächter *m* e–s Lagers, Speichers usw., Lagerhalter *m*

depolamak s. **depo etmek**

depolarizasyon *phys.* Depolarisation *f*

depolarize *phys.* depolarisiert ~ **etmek** depolarisieren

depor *(Börse)* Deport, Kursabschlag *m*

depozit, -ti s. **depozito;** s. a. **deniz depozitleri**

depoziter *H* 1. Depositar, Verwahrer, Treuhänder *m* 2. Wiederverkäufer, Agent, Vertreter *m* ~ **jeneral** *H* Alleinauslieferer *m*

depozito *H* Hinterlegungs-, Sicherungs-summe *f,* Deposit, Pfand *n,* Kaution, Sicherheit *f*

deppoy s. **debboy**

deprem 1. Erdbeben *n* *hareketi arz; yer sarsımı; yersarsıntısı, zelzele 2. *fig.* seelische Erschütterung ~ **bölgesi** Erdbebengebiet *n,* seismische Region ~ **çizisi** Seismogramm *n* *sismogram ~ **ıskalası** s. **yeğinlik ölçeği;** ~ **merkezi** s.

~ **ortası**; ~ **ocağı** (*od.* ~ **odağı**) Hypozentrum *n*, Erdbebenherd *m* ~ **ortası** (*od.* ~ **özeği**) Epizentrum *n* ~ **sonrası sarsıntı** Relaisbeben *n* ~ **yeğinlik ölçeği** Stärkeskala *f* (für Erdbeben) **-e dayanıklı yapı** erdbebensicheres Gebäude
deprembilim Erdbebenkunde, Seismik, Seismologie *f* *sismoloji
deprembilimsel seismologisch *sismolojik
depremçizer s. **depremyazar**
depremgörür Seismoskop *n*, Erdbebenanzeiger *m* *sismoskop
depremlilik Seismizität *f*
depremölçer Seismometer *n*, Erdbebenmesser *m* *sismometre
depremsel seismisch, Erdbeben- *sismik, tezelzülî ~ **deniz dalgası** seismische Flutwelle
depremsiz bölge aseismische Region
depremyazar Seismograph, Erdbebenmesser *m* *sismograf, zelzelenüvis
depremzede *selt.* vom Erdbeben betroffen; erdbebengeschädigt
depre(n)mek s. **tepre(n)mek**
depresyasyon (*franz.* **dépréciation**) 1. Wertminderung *f* 2. *H* Abschreibung *f* *değer azalması
depresyon 1. *geogr.* Bodensenkung, Senke, Vertiefung *f* 2. *met.* Tief(-druckgebiet) *n* 3. *techn.* Unterdruck, Sog *m* 4. *psych.* Depression *f* 5. Wirtschaftskrise *f*, Niedergang *m*
depreşmek; depretmek s. **tepreşmek; tepretmek**
depüratif *med.* blutreinigend; Blutreinigungsmittel *n*
der (I) *va.* 1. Tür *f*, Tor *n* 2. Haus *n*, Palast *m* 3. Tal *n*, Paß *m* 4. *an.* Gang, Kanal *m*
der (II) (*va. pers. Präp.*) 1. in 2. innerhalb, unter 3. auf 4. betreffs
der (III) s. Stw. **demek**
deraguş [·——] *va.* Umarmung *f* ~ **etmek** *va.* umarmen *kucaklamak
derakap [×··] sofort, sogleich, unmittelbar darauf
derakî *an.* Schild- ~ **beze** (*od.* **gudde**) s. **kalkanbezi**
derakiye; guddei derakiye s. **derakî gudde**
Deraliye osm. Bez. für Istanbul
derambar etmek 1. aufschütten, aufhäufen 2. (ein-)lagern, speichern
derasine (*franz.* **déraciné**) *selt.* entwurzelt (*a. fig.*) ~ **etmek** entwurzeln
derayman (*franz.* **déraillement**) (Zug-)Entgleisung *f* ~ **etmek** entgleisen (Zug) *yoldan çıkmak
derbar [ā] *va.* Königs-, Fürsten-hof *m*
derbeder 1. Vagabund, Faulenzer, Strolch *m* 2. schlampig, liederlich, nachlässig (Mensch); Zigeuner *m* (*fig.*)
derbederlik 1. Vagabundieren *n*, Faulenzerei *f* 2. Schlampigkeit, Nachlässigkeit, Bohemewirtschaft *f*
derbent, -di Engpaß, Hohlweg *m*, Schlucht *f*, Gebirgsübergang *m* (*spez.* an e—r Grenze)
derbentçi *fr.* Soldat der irregulären Miliz (od. Zollbeamter), der an e—m Grenzübergang stationiert ist
derbi 1. (**koşusu** *od.* **yarışı**) Derby, Pferderennen *n* 2. *fr.* leichter, vierrädriger Wagen
dercengievvel [·×··] *va.* zuallererst, bevor man mit der Arbeit beginnt
derce(y)p etmek [·×··] *z. va.* einstreichen, einsacken, ergattern, in die Tasche stecken (Geld usw.)
derç, -ci 1. Ein-setzen, -rücken, -fügen, -schalten *n* 2. Einzahlung *f* ~ **etmek** 1. ein-setzen, -rücken, -fügen, -schalten (z.B. Zeitungsartikel, Inserat usw.) 3. einzahlen (z.B. freiwillige Spende)
derdest, -ti 1. *va.* in die Wege geleitet, in Bearbeitung, im Gang 2. dingfest gemacht; verhaftet, festgenommen 3. Verhaftung, Festnahme *f* Zu 1: **-i rüyet bir dava** *va.* ein Prozeß in Verhandlung **Mallar, -i irsaldir.** *va.* Die Absendung der Waren ist in die Wege geleitet. Zu 2: ~ **etmek** verhaften, festnehmen *tevkif etmek, yakalamak
dere 1. Bach *m* 2. Tal *n* 3. Dachrinne *f* 4. Rinnstein *m*, Gosse *f* ~ **alabalığı** Bachsaibling *m zo.* Salmo fontinalis ~ **balinası** s. **kalinos**; ~ **gibi akmak** (*kan*) in Strömen fließen (Blut) ~ **iskorpiti** Groppe *f zo.* Cottus gobio ~ **kayası** Grundel *f*, Gründling *m zo.* Gobius gobius ~ **kumrusu** Türken-, Lach-taube *f zo.* Streptopelia decaocto *gülen kumru ~ **kuşu** s. **iskelekuşu**; ~ **pisisi** Flunder *f zo.* Pleuronectes flesus ~ **tepe demeyip** über Stock und Stein ~ **tepe dolaşmak** über Berg und Tal wandern **-den tepeden konuşmak** (*od.* **ahbaplık etmek**) über dieses und jenes plaudern **²yi görmeden paçalarını sıvama!** *Spr.* Kremple dir nicht die Hosen auf, bevor du den Bach siehst! *d.h.* Eile mit Weile! *Spr.* Eins nach dem andern! **bin** (**yedi, kırk** *od.* **yetmişiki**) **-den su getirmek** *fig.* allerlei Ausflüchte vorbringen; tausenderlei Entschuldigungen zur Hand haben
derebeyi, -ni 1. *hist.* Feudal-, Lehns-herr, Großgrundbesitzer, Junker *m* 2. *fig.* Despot, Tyrann *m* ~ **kesilmek** zum Tyrannen werden, sich als Despoten aufspielen
derebeylik 1. *hist.* Leben *n*, Tätigkeit *f*, Benehmen *n* e—s Lehnsherrn 2. Gebiet *n* e—s Feudalherrn 3. Lehnsherrschaft *f* 4. Lehnswesen *n* 5. Feudalismus *m*, Junkertum *n*; despotisches, tyrannisches Verhalten
derecat, -tı [ā] *va. Pl.* zu **derece**; **-ı mehakim** s. **mahkemelerin dereceleri**
derece 1. Grad *m*, Stufe *f* 2. Umfang *m*, (Aus-)Maß *n* 3. Etappe *f*, Gang *m* (z.B. Wahlgang *m*) 4. (Rang-)Stufe *f*, Rang *m*, Klasse *f* 5. *math.* Grad *m* (e—r Gleichung) 6. *math.* Grad *m* (360. Teil e—s Kreises) 7. Grad *m* (auf Meßinstrumenten) 8. Thermometer *n* 9. Alkoholgehalt *m* 10. *gr.* Vergleichungsgrad *m* Zu 1/2: s. **bir -ye kadar** Zu 2: **Yataktan kalkamayacak -de hastadır.** Er ist so krank, daß er nicht aufstehen kann. **Bu hastalık yüzde 25 -sinde telefat verdirmektedir.** Diese Krankheit verläuft in 25% aller Fälle tödlich. **bunlar -sinde** so sehr wie diese; s.a. **son** ~ Zu 4: **ikinci -de gelen muharrirler** zweitrangige Schriftsteller *pl.* Zu 5: **ikinci -den muadele** Gleichung *f* zweiten Grades ~ **almak** 1. zu e—m Rang aufsteigen 2. lobend erwähnt werden ~ ~ stufen-, etappen-weise; langsam, allmählich, mehr und mehr *tedricen ~ **düşmesi** sozialer Abstieg ~ **koymak** das Fieberthermometer einlegen, die Temperatur messen ~ **taksimatı** Gradeinteilung *f* ~ **teşkili** *gr.* Steigerung, Komparation *f* **-sini aşmak** *fig.* das Maß überschreiten **-sini bildirmek** j—n in seine Schranken verweisen **-sini bilmez** frech, unverschämt **-ye girmek** (*od.* ~ **almak**) (*Sport*) e—n Preis erhalten **-i tafdil** *va.* 1. s. **karşılaştırma derecesi** 2. s. **üstünlük derecesi**
derecelemek einteilen, klassifizieren
derecelendirmek 1. bewerten (z.B. bei e—r Preisverteilung) 2. *mus.* abstufen
dereceleniş Vs. zu **derecelenmek** z.B. *mus.* Abstufung *f* (im Tempo od. in der Lautstärke)
derecelenmek 1. Pass. zu **derecelemek** 2. bewertet werden, e—e Bewertung finden 3. *mus.* abgestuft werden
dereceli 1. mit Gradeinteilung 2. e—n Grad, Rang usw. besitzend 3. mit soundsoviel Wahlgängen Zu 2: **üç** ~ **kalem** Bleistift Nr. 3 Zu 3: s. **bir(iki)** ~ **seçim**; ~ **deneykap** *chem.* Meß-glas *n*, -zylinder *m*
derecelik 1. von best. Grad od. Rang 2. soundsoviel Grad umfassend Zu 2: **Dik açılar doksan -tir.** Ein rechter Winkel hat 90 Grad.
derecesiz 1. ohne Gradeinteilung 2. keinen (od. e—n geringen) Grad besitzend 3. *Adv.* über alle Maßen, überaus
derecik 1. Tälchen *n* 2. Bächlein *n*

dereke (tiefe) Stufe, (niedriger) Grad **böyle bir -ye düşmek** *pej.* auf e–e solche Stufe herabsinken
Dereli *n.pr.* O. u. D. im Rbz. Giresun
dereotu, -nu Dill *m bot.* Anethum graveolens
derey *(kaum gebr.)* s. **vadi**
dergâh 1. größeres Derwischkloster *büyük tekke 2. **(-ı âli)** Sultanshof *m* 3. ≗ Name e–r kurzlebigen Zs. (1921–1923)
dergi Zeitschrift *f* *mecmua ~ **filim** (Kino) Wochenschau *f* *haber filmi
dergicilik Zeitschriftenwesen *n* *mecmuacılık
dergin in gesammelter Form herausgegeben *müdevven
derginlemek in gesammelter Form veröffentlichen (Gedichte, Gesetze usw.) *tedvin etmek
derhal [×·] sofort, sogleich, auf der Stelle, unverzüglich
derhatır [ā] **etmek** (bşi) *va.* sich erinnern (an) *hatırlamak
deri 1. (menschliche od. tierische) Haut *f* *cilt 2. Fell *n* 3. Leder *n* 4. dünne (äußere od. innere) Schale (bei Früchten), Haut *f* ~ **bağlamak** ver-, zu-heilen (Wunde) ~ **değişimi** *biol.* Häutung *f* ~ **duyumları** Hautempfindungen *pl.* *cildî ihsaslar ~ **frengisi** *med.* syphilitischer Hautausschlag ~ **hastalıkları** Hautkrankheiten, Dermatosen *pl.* ~ **hastalıkları bilimi** Dermatologie *f* ~ **kaplı** in Ledereinband (Buch) ~ **küflücesi** *med.* Hautpilzkrankheit *f* ~ **layşmanyozu** s. **Halep çıbanı;** ~ **mantarı** *med.* Hautpilz *m* ~ **sanayii** Lederindustrie *f* ~ **solunumu** *biol.* Hautatmung *f* ~ **ticareti** Lederhandel *m* **-si kemiğine yapışmış** *fig.* Er ist nur mehr Haut und Knochen. **-sine saman doldurmak** *F* j–n am liebsten zerreißen wollen **-sine sığmamak** sich vor lauter Hochmut nicht mehr kennen **-sini yüzmek** (b–nin) *fig.* quälen, peinigen, schinden **-yi soymak** (*od.* **çıkarmak**) das Fell abziehen **-yle kemik** s. **bir ~ bir kemik**
derialtı, -nı subkutan *tahtelcilt
derici 1. Fellhändler *m* 2. Hersteller od. Verkäufer *m* von Lederwaren ~ **sumağı** Gerbersumach *m bot.* Rhus coriaria *debbağ sumağı; tekri
dericik, -iği 1. s. **pelikula** 2. s. **kütikül**
deriçe [ī] *va.* Fensterchen od. Türchen *n*
deriğ s. **diriğ**
Derik *n.pr.* O. u. D. im Rbz. Mardin
derikanatlılar s. **abalımemeliler**
derilenmek zuheilen (Wunde)
derili 1. mit nb. Haut 2. mit Leder- od. Fell-bespannung ~ **çalgı** *mus.* Membraphon *n*
derilme s. **kaynaştırma**
derilmek 1. Pass. zu **dermek** 2. sich sammeln, zusammenkommen
derin 1. tief (Brunnen, Wunde usw.) 2. *fig.* tief (Schlaf); tiefgehend (Liebe, Wirkung); tiefgreifend (z.B. Veränderung) 3. tiefschürfend, eingehend, genau (z.B. wissenschaftliche Untersuchung) 4. tiefgründig, kompliziert 5. Tiefe *f* ~ **alâka** lebhaftes Interesse ~ **araştırma** wissenschaftliche (Er-)Forschung *tafahhus ~ ~ s. **derinlemesine;** ~ ~ **dalmak** sich den Kopf zergrübeln ~ **dipli** (*od.* ~ **karinalı**) *naut.* (Schiff *n*) mit großem Tiefgang ~ **düşünmek** tief nachdenken ~ **inceleme** genaue Untersuchung, eingehende Prüfung (e–r Angelegenheit) ~ **kademeli** *mil.* tief gegliedert, tief gestaffelt ~ **malumat** profunde Kenntnisse *pl.* ~ **saygılarımı sunarım** (Briefschlußformel) mit vorzüglicher Hochachtung; hochachtungsvoll ~ **su iskandili** Tiefsee-, Tiefen-lot *n* **-den** 1. aus der Tiefe 2. von weit her 3. sehr eingehend 4. aufrichtig; von Herzen kommend **-den derine** genauestens; von Grund auf **-den derine alâkalı** brennend interessiert **-lere dalmak** s. **derin derin dalmak**
derinbaskı *typ.* Tiefdruck *m* *tifdruk
derinlemesine gründlichst, genauestens *derin derin
derinleşmek 1. tiefer werden, sich vertiefen 2. eingehender, genauer werden; mehr in die Tiefe gehen (z.B. Studie) 3. genauere Kenntnisse erwerben
derinleştirmek 1. tiefer machen, vertiefen 2. genauer eingehen (auf), et. genauer verfolgen, gründlich(-er) betreiben
derinletmek tiefer machen, vertiefen
derinlik, -iği 1. Tiefe *f* *umk 2. entfernterer Teil e–s Raumes 3. tieferer Sinn (e–s Textes) 4. s. **alan (dalga, gemi, odak) -i;** ~ **çizimi** perspektivische Zeichnung ~ **sahası** *mil.* Tiefenzone *f* ~ **tesiri** Tiefenwirkung *f* **-i kısaltma** *mil.* Verkürzung *f* der Tiefe **-ine bölünme (inkısam, kademelenme, tertiplenme)** *mil.* Tiefen-gliederung, -staffelung *f* **-ine dağılma** *mil.* Tiefenstreuung *f* ~ **kayaçları** (*od.* ~ **taşları**) *geol.* plutonisches Gestein *umkî sahre **-ler psikolojisi** Tiefenpsychologie *f* **-lerine girmek** (bir olayın) e–n Vorfall näher untersuchen
derinti 1. Sammelsurium *n,* Mischmasch, Plunder *m* 2. Pack *n,* Bande *f* *güruh 3. zusammengeraffte Truppen *pl.*
derisel die Haut betreffend, Haut-, dermatisch *cildî
derisidikenliler Stachelhäuter *pl. zo.* Echinoderma *mukanfezülcilt
derişik verdichtet, konzentriert *kesif, mütekâsif, mütemerkiz ~ **sülfürik asit** s. **saçyağı**
derişme Verdichtung, Konzentration *f* *kesafet, konsantrasyon, temerküz
derişmek 1. sich konzentrieren *temerküz etmek 2. *chem.* sich verdichten, sich konzentrieren *tekâsüf etmek
derk, -ki *va.* Begreifen, Verstehen, Erfassen *n* ~ **etmek** *va.* begreifen, verstehen, erfassen
derkâr 1. *va.* beschäftigt, bei der Arbeit 2. in Kraft befindlich; gültig, effektiv 3. offensichtlich, evident *belli
derken s. Stw. **demek**
derkenar [ā] Randbemerkung, Aktennotiz *f* *çıkma ~ **etmek** mit Randbemerkung versehen
derkenarlı [ā] mit Randbemerkungen
derleme 1. Vs. zu **derlemek** 2. Erhebung *f* (z.B. für e–e Statistik) 3. Kompilation *f* 4. gesammelt, Sammel- ~ **dergisi** Sammel(zeit)schrift *f*
derlemeciler *(G)* e–e Gruppe von Sprachreformern (anfangs der 30er Jahre), die das Wortgut sämtlicher Turksprachen für das Türkische heranziehen wollten
derlemek 1. zusammen-stellen, -tragen, sammeln 2. erheben, ermitteln 3. kompilieren **derleyip top(ar)lamak** aufräumen, wieder in Ordnung bringen
derlenmek 1. Pass. zu **derlemek** 2. sich sammeln, sich fassen **derlenip top(ar)lanmak** 1. mühsam seine Fassung wiedergewinnen, sich zusammenreißen 2. sich zurechtmachen, sich herrichten
derli toplu 1. ordentlich, in geordneten Verhältnissen lebend 2. in Ordnung, aufgeräumt (z.B. Zimmer) 3. gut durchdacht, gut gegliedert (Schreiben, Werk usw.) 4. **(oyun)** *Fb.* gutes Kombinationsspiel
derman [ā] 1. Kraft *f* *takat 2. Arznei *f,* Heilmittel *n* *ilâç 3. Mittel *n,* Abhilfe *f* *çare ~ **getirmek** aushalten, ertragen **-dan** (*od.* **-ı**) **kesilmek** ganz erschöpft sein **≗-ım yok.** Ich habe keine Kraft mehr.
dermansız [ā] 1. schwach, matt, kraftlos, erschöpft *argın, bitkin 2. unheilbar (Leiden) 3. *selt.* unvermeidlich, nicht zu umgehen ~ **düşmek (düşürmek)** kraftlos sein (werden lassen)
dermansızlık [ā] 1. Schwäche, Mattigkeit, Kraftlosigkeit, Erschöpfung *f* 2. Unheilbarkeit *f* (e–s Leidens)
dermatit, -ti s. **dermit**
dermatograf *Th.* Schminkstift *m*
dermatolog Dermatolog-e *m,* -in *f,* Haut-arzt *m,* -ärztin *f*
dermatoloji Dermatologie *f*

dermatolojik dermatologisch
dermatolojist, -ti s. **dermatolog**
dermatoplasti *med.* Derm(at)oplastik, Hautübertragung *f*
dermatoz *med.* Dermatose, Hautkrankheit *f* *cilt hastalığı
derme 1. Vs. zu **dermek** 2. Sammlung, Anhäufung *f* 3. gesammelt, angehäuft ~ **çatma** 1. in der Eile zusammengerafft (z. B. Soldaten) 2. zusammengeschustert, schnell improvisiert, recht und schlecht gebaut (zusammengestellt usw.) *F* hingehauen 3. stümperhaft, oberflächlich (z. B. Fremdsprachenkenntnisse)
dermecilik Eklektizismus *m* *eklektizm
dermek zusammenraffen, sammeln, anhäufen
dermeyan [ā] 1. in der Mitte 2. zur Erörterung stehend, auf dem Tapet ~ **etmek** vorbringen, zur Sprache (zur Diskussion, aufs Tapet) bringen *ileri sürmek ~ **olmak** *va.* zur Erörterung stehen, vorgebracht werden, zur Sprache (aufs Tapet) gebracht werden
dermik *med.* die Haut betreffend, Haut- *derisel
dermit, -ti *med.* Dermatitis, Hautentzündung *f* *cilt iltihabı
dernek 1. Gesellschaft, gesellschaftliche Veranstaltung od. Unterhaltung, Versammlung, Zusammenkunft *f* 2. Kreis *m* (von Personen), Versammlungsort *m* 3. Gesellschaft *f*, Verein(-igung *f*) *m* *cemiyet, kurum 4. Sammlung *f*
derneşik s. **derli toplu; cemiyetli**
derneşmek sich sammeln; zusammenkommen
derpiş etmek [ī] in Erwägung ziehen, vorsehen, ins Auge fassen, in Rechnung stellen *göz önünde tutmak; öngörmek
derrace [ā] *va.* 1. *hist.* Testudo *f* (Schutzdach der angreifenden Belagerer) 2. Fahrrad *n* *bisiklet
ders 1. Unterricht *m*, (Lehr-)Stunde *f*, Vorlesung *f* 2. (zu lernende) Lektion *f* 3. *fig.* (erteilte) Lektion, Lehre *f*, Denkzettel *m* 4. *iron.* weise Lehre, Weisheit *f* ~ **almak** 1. Stunden (od. Unterricht) nehmen 2. seine Erfahrungen machen, e–e Lehre ziehen 3. (b–den) *iron.* seine Weisheit beziehen (von) 4. (m. Abl.) sich ein Beispiel nehmen (an); nacheifern 5. die Leviten gelesen bekommen 6. e–n Denkzettel bekommen ~ **araç ve gereçleri** Unterrichtsmittel *pl.* ~ **çizelgesi** *päd.* Stundenplan *m* ~ **etmek** *z. va.* lernen, studieren ~ **gezisi** Schul-, Klassen-fahrt, -besichtigung *f* ~ **görmek** (b–den) von j–m unterrichtet werden; Unterricht haben (bei) ~ **kesimi** Abbruch *m* des Unterrichts (vor den Jahresprüfungen) ~ **kitabı** Schul-, Lehr-buch *n* ~ **odası** Unterrichtsraum *m*, Klasse(-nzimmer *n*) *f*, Schulzimmer *n*, Hörsaal *m* *dershane ~ **okutmak** unterrichten; Vorlesungen halten ~ **senesi** (*od.* ~ **yılı**) Schul-, Unterrichts-jahr *n* ~ **vermek** 1. Stunden geben, Unterricht erteilen, unterrichten 2. *iron.* j–m et. in den Kopf setzen, *F* j–m e–n Floh ins Ohr setzen 3. e–e Lektion erteilen, die Leviten lesen **-e bakmak** lernen, studieren, arbeiten (Schüler) **-e çalışmak** 1. seine Schulaufgaben machen 2. sich für die Vorlesungen vorbereiten **-e kaldırmak** e–n Schüler (im Unterricht) aufrufen, *F* drannehmen **-i asmak** den Unterricht schwänzen **-ini yapmak** seine Schularbeiten machen **-i ibret** s. **ibret dersi**
Dersaadet, -ti osm. Bez. für Istanbul
dershane [ā] s. **ders odası**
dersî *va.* Unterrichts-, Schul- *tedrisî **senei dersiye** *va.* s. **ders yılı**
dersiam [··–] *fr.* 1. öffentliche (Universitäts- bzw. Moschee-)Vorlesung 2. wer e–e solche Vorlesung abhielt, (Universitäts-)Professor *m* *müderris
Dersim s. **Hozat;** ~ **isyanları** *hist.* Bez. für verschiedene Kurdenaufstände (spez. 1925 u. 1930)
derslik *selt.* s. **ders odası**
dert, -di 1. Kummer *m*, Leid *n*, (seelischer) Schmerz; Sorgen *pl.* 2. (chronisches) Leiden 3. *P* Auswuchs *m*, Geschwulst *f* *ur 4. Klage *f* ~ **açmak** s. **başına ~ açmak;** ~ **babası olmak** wem man sein Herz ausschütten kann; die Rolle e–s Beichtvaters übernehmen ~ **çekmek** Kummer (Leid, Schmerz) erdulden ~ **çıkarmak** s. **başına ~ çıkarmak.** ~ **değil!** *F* Nicht der Rede wert! ~ **dinletmek** (b–ne) j–m sein Leid klagen ~ **etmek** (*od.* **edinmek**) sich (grundlos) grämen, sich härmen ~ **olmak** s. **başına** (bzw. **içine**) ~ **olmak;** ~ **ortağı** 1. Leidensgefährt-e *m*, -in *f*, Leidensgenoss-e *m*, -in *f* 2. Vertraute *m, f* (dem man seinen Kummer mitteilt) ~ **ortaklığı etmek** an j–s Kummer (Leid, Schmerzen, Sorgen) Anteil nehmen ~ **üstü murat üstü** s. **dört üstü murat üstü;** ~ **yanmak** s. **-ini dökmek;** ~ **yüzü görmemek** keinen Kummer und keine Sorgen kennen **-e çatmak** s. **belâya çatmak;** (bir) **-e düşmek** Unannehmlichkeiten bekommen **-e girmek** s. **başı -e girmek; -e sokmak** (*od.* **uğratmak**) (b–ni *od.* b–nin başını) j–n ins Unglück stürzen, Kummer und Leid über j–n bringen **-i günü** (b–nin) wofür man bes. Interesse hat; Lieblingsbeschäftigung *f*, *pej.* wovon jm. wie besessen ist **~i ne imiş?** Was hat er denn? Was benötigt er? **-ine düşmek** (bşin) ganz vernarrt sein (in) **-ine yanmak** sein Los beklagen **-ini açmak** (*od.* **dökmek**) j–m sein Herz ausschütten, sein Leid klagen **-ini deşmek** (b–nin) j–s Kummer von neuem anfachen, e–e alte kaum vernarbte Wunde wieder aufreißen **~ini Marko Paşa'ya anlat!** *fig.* Erzähle deinen Kummer e–m anderen; ich kann dir nicht helfen. **~ini saklayan** (*od.* **söylemeyen**) **derman bulamaz.** *Spr.* Es ist keinem zu helfen, der nicht sagt, was ihm fehlt. **-iyle yanıp tutuşmak** (b–nin) über beide Ohren verliebt sein
dertakıl zudringlich, lästig *musallat, tebelleş
dertlenmek 1. bekümmert, traurig werden 2. Kummer (Leid, Sorgen) erfahren 3. *P* erkranken
dertleşmek sich gegenseitig das Herz ausschütten
dertli 1. wer Kummer (Leid, Sorgen usw.) hat 2. *P* kränklich, leidend, siech
dertop ganz rund, kugelrund ~ **büzülmek** (*od.* **olmak**) sich ein-, zusammen-rollen (wie ein Igel) ~ **etmek** et. zusammen-rollen, -packen
dertsiz 1. ohne Kummer (Leid, Sorgen), unbeschwert, unbekümmert, sorglos, heiter 2. gesund ~ **başını derde sokmak** sich selber überflüssige Unannehmlichkeiten bereiten; wegen e–s anderen Unannehmlichkeiten bekommen
dertsizlik 1. Unbeschwertheit *f* (des Gemüts), Sorglosigkeit, (innere) Heiterkeit *f* 2. Gesundheit *f*
derttaş Vertraute *m, f*, Mitwisser(-in *f*) *m*
deruhte etmek übernehmen, auf sich nehmen (Pflichten, Amt usw.); sich verpflichten *taahhüt etmek, üzerine almak
derun [ū] 1. Inneres; innerer Teil; Innenteil *m* 2. Herz *n*, Seele *f*, Gewissen *n* **-una sular serpilmek** sich erleichtert fühlen; aufatmen können *ferahlanmak
derunbin [·––] *med. va.* Endoskop *n* *endoskop
derunî [·––] 1. das Innere betreffend, inner, Innen- 2. herzlich, innig 3. wesentlich, eigentlich, wahr *özünlü, zatî ~ **murakabe** Meditation *f*, sinnende Betrachtung
derunîleşmek sich verinnerlichen, sich vergeistigen
derviş 1. Bettelmönch *m* 2. Ordensangehöriger; Derwisch *m* 3. *zo.* noch nicht ausgewachsener Knurrhahn od. kleinere Arten (vgl. **kırlangıçbalığı**) 4. *fig.* demütiger, bescheidener, mit allem zufriedener Mensch ~ **ruhlu** unbekümmert, lässig **~in fikri ne ise, zikri de odur.** *Spr.* Wes das Herz voll ist, des gehet der Mund über. (Bibel)
dervişane [ā] 1. zu e–m Derwisch passend od. von e–m Derwisch geübt 2. nach Derwischart ~ **sessiz selâm** stummer Gruß (nach Art der Derwische)
dervişçe(-sine) s. **dervişane;** ~ **bir tevazu** Bescheidenheit *f* e–s Derwischs

dervişlik 1. Leben *n* e–s Derwischs 2. Derwischtum *n* 3. *fig.* Demut, Bescheidenheit, Genügsamkeit *f*
dervişmeşrep, -bi einfach, bescheiden, altväterisch, altmodisch (Person)
derya [ā] 1. (Welt-)Meer *n,* Ozean *m* 2. *fig.* Person *f* mit reichem Wissen ~ **gibi** 1. sehr kenntnisreich 2. sehr viel ~ **kuzuları!** (Traditioneller Ruf der Bonito-(Palamut-) Verkäufer) **-dan bir katra** s. **denizden bir katra.** **≗nın suyu hanımın huyu.** *spr. Ra.* E–e Frau hat so viel Launen wie das Meer Wasser hat. **-ya çıkmak** *z. va.* in See stechen
deryadil [ā] 1. großherzig, verständnisvoll, nachsichtig, tolerant 2. s. **ehlidil** 3. *va.* mit Ausblick auf das Meer (Haus)
derz 1. Zumörteln *n* (von Spalten, Rissen usw. in e–r Mauer) 2. Mörtellinie *f* 3. *an.* Naht, Sutur *f* ~ **aralığı** (*od.* ~ **payı**) Fuge *f* (in e–r Mauer) ~ **etmek** (*od.* ~ **vurmak**) Fugen verschmieren; mörteln ~ **harcı** (Verbund-)Mörtel *m*
derzlemek s. **derz etmek**
desantralizasyon Dezentralisierung *f*
desantralize dezentralisiert ~ **etmek** dezentralisieren ~ **olmak** dezentralisiert werden; sich dezentralisieren
desatir [·– –] *va. Pl.* zu **düstur**
desdeğirmi [×···] kugel-, kreis-rund
desen 1. Zeichnung *f,* Muster, Dessin *n* (bei Teppichen, Stoffen, Socken usw.) 2. *(bildende Kunst)* Skizze *f,* Entwurf *m*
desenci (Muster-)Zeichner(-in *f*) *m*
desene; desenize s. Stw. **demek**
desenlemek mustern, mit Muster(-n) versehen (z. B. Stoffe)
desenli 1. mit nb. Zeichnung usw. 2. gemustert Zu 2: **ufak** ~ kleingemustert (z. B. Stoff)
desensiz nicht gemustert (Stoff usw.)
desepsyon *selt.* Enttäuschung *f*
deser *selt.* Dessert *n,* Nachtisch *m*
desibel *phys.* Dezibel *n,* ¹⁄₁₀ Bel
desigram Dezigramm *n*
desigrat, -dı Zehntelgrad *m*
desilitre [··×·] Deziliter *n*
desimetre [··×·] 1. Dezimeter *n* 2. Dezimetermaß *n* (mit Zentimeter- und Millimeter-Einteilung ~ **kare** (*od.* ~ **murabbaı**) Quadratdezimeter *n* ~ **küp** (*od.* **mikâbı**) Kubikdezimeter *n*
desinatör technischer Zeichner, (Konstruktions-, Maschinen-, Mode-, Muster-)Zeichner *m*
desise [i] Intrige, geheime Machenschaft, Hinterlist *f* *entrika, hile ~ **çevirmek** Intrigen anzetteln, Ränke spinnen (schmieden)
desiseci [·–··] Intrigant(-in *f*) *m,* Ränkeschmied *m;* abgefeimt
desisecilik [·–···] Intrigantentum, Intrigenspiel *n*
desisekâr(-lık) s. **desiseci(-lik)**
desiseli [·–··] hinterlistig, intrigant, voller Ränke
desister Dezister *m*
DESİYAB s. **Devlet Sanayi İşçi Yatırım Bankası**
deskripsiyon *selt.* Beschreibung *f*
deskriptif deskriptiv, beschreibend
desman Desman *m,* Bisamspitzmaus *f zo.* Desmana (od. Myogale) moschata
despot, -tu 1. Despot, Tyrann *m;* despotisch, tyrannisch, selbstherrlich 2. Anrede od. Bez. für griechische Geistliche spez. e–n (Erz-)Bischof (Metropoliten) 3. *hist.* christl. Fürst im byzantinischen Kaiserreich (später dem Sultan tributpflichtig)
despotça [·×·] despotisch, tyrannisch, herrschsüchtig
despothane [ā] Amtssitz (Palast *m,* Residenz *f*) des griechischen Erzbischofs (Metropoliten)
despotizm Despotismus *m,* Despotie *f,* Tyrannei, Gewaltherrschaft *f*
despotluk 1. s. **despotizm** 2. Verhalten *n* e–s Despoten, Tyrannen, Gewalttätigkeit *f* 3. Würde *f,* Rang *m* e–s griechischen (Erz-)Bischofs
dessam [ā] *an.* s. **kapacık; -ı iklilî** s. **ikili kapacık; -ı zuselâsetüşşerafe** s. **üçlü kapacık**
dessamat, -tı [·– –] *va. Pl.* zu **dessame; -ı siniye** s. **sigma kapacıkları**
dessame [ā] s. **dessam**
dessas [ā] hinterlistig, intrigant, abgefeimt, voller Ränke
dessaslık [ā] Hinterlist *f,* Intrigen, Ränke *pl.*
dessü (*franz.* **dessus**) *mus. va.* Diskant, Sopran *m* *soprano
dest, -ti *va.* Hand *f* *el, yet **-i izdivacını talep etmek (bir kızın)** *va.* um die Hand e–s Mädchens anhalten
destamora s. **destemora**
destan [ā] 1. erzählende Versdichtung 2. Helden-lied, -epos *n* *epope ~ **gibi** *hum.* ellenlang (z. B. Brief) ~ **olmak** s. **dillere ~ olmak;** ~ **yaratmak** e–e Heldentat vollbringen
destanî [·– –] *va.* 1. heldenhaft 2. episch ~ **şiir** Heldenlied, -epos *n*
destanlaştırmak heroisieren, verherrlichen
destar [ā] Turban *m* *sarık
destarlı [ā] Turbanträger *m*
deste (I) 1. *va.* Griff *m,* Heft *n,* Stiel, Henkel, Schwengel *m* u. ä. m. 2. (kleineres) Bündel, gebündelter Stoß 3. Lagen *pl.* (ungebundenen Papiers) 4. Spiel *n* Karten 5. die unterste der fünf Ringerklassen 6. s. **havaneli** 7. s. **orta halısı;** ~ **başı** 1. wer bei e–m (Um-)Zug vorangeht 2. *fig.* prominente Persönlichkeit 3. das bei e–m Bündel, Pakken usw. obenauf gelegte schöne Einzelstück ~ ~ 1. in Bündeln, in gebündelten Stößen, in Haufen 2. in großen Mengen, zu Dutzenden ~ **takvim** Kalenderblock *m*
deste (II) *naut.* ~ **etmek** straff spannen (Tau, Ankerkette usw.)
desteci Bündelträger(-in *f*) *m*
destegül *fr. hist.* langärmelige Mewlewi-Jacke
destek, -eği 1. Stützbalken, Balkenträger, Stützpfahl *m,* Verstrebung *f,* Tragarm *m,* Runge *f* 2. Stütze *f,* Stützpunkt *m* 3. *mil.* Rückhalt *m* 4. Hemmkeil *m* 5. Untersatz, Träger, Halter *m* *hamil 6. *phys.* Richtungsgerade *f* e–s Vektors *mesnet 7. Unterstützung *f* 8. Helfer, Fürbitter *m* 9. s. **muin;** ~ **kirişi** Stützbalken *m* ~ **koymak** s. ~ **vurmak;** ~ **örgüsü** s. **destekdoku;** ~ **talebi** *mil.* Unterstützungsanforderung *f* ~ **vurmak** (m. Dat.) mit Stütze (Stützbalken usw.) versehen
destekçe *arch.* Sparrenkopf *m*
destekdoku *biol.* Stütz(substanz)gewebe *n* *nesci muin
destekleme Vs. zu **desteklemek;** ~ **alımları** *H* Stützkäufe *pl.* ~ **duvar** *arch.* Stützmauer *f* ~ **kıtası** *mil.* Unterstützungstruppe *f*
desteklemek 1. (ab-)stützen, mit Stütze(-n) versehen, absteifen, verstreben 2. *a. mil.* unterstützen 3. (bir işi) e–r Sache Vorschub leisten
destekli 1. (ab-)gestützt, mit Stütze(-n), Strebe(-n) 2. unterstützt
desteklik was als Stütze dient
desteksiz nicht (ab-)gestützt ~ **atmak** *V* übertreiben; dick auftragen
destelemek bündeln, in Bündel packen
destemora [··×·] *naut.* Eselshaupt *n* (Verbindungsteil zwischen Mast und Stenge)
destere s. **testere**
destesenk, -gi *va.* Reibkeule *f* (für Farben)
destgâh *va.* s. **tezgâh**
destgir *va.* Helfer *m* *yardımcı
desti s. **testi**
destilasyon Destillation *f* ~ **cihazı** Destillationsapparat *m*

destile destilliert ~ **etmek** destillieren
destillemek *chem.* destillieren
destine (*franz.* **destinée**) *selt.* Schicksal, Geschick, Los *n* *kader, talih
destmal [ā] *va.* Handtuch *n* *havlu
destres olmak (bşe) *va.* 1. erreichen, erlangen 2. et. herausbringen, -bekommen; hinter et. kommen
destroyer [·×·] Torpedobootszerstörer *m* *muhrip, torpido muhribi
destur [ū] 1. *va.* Erlaubnis *f* 2. *Abw.* gegen böse Geister beim Wasserlassen 3. [×·] (Ausruf) Mit Verlaub! Achtung! Vorsicht! 4. s. **düstur; -unu tutamamak** *fig.* sein Wasser nicht halten können
desturluk *selt.* s. **ayakyolu**
destursuz *va.* 1. ohne Erlaubnis; verbotenerweise 2. ohne die Abw. **destur** auszusprechen ≗ **bağa gireni sopa ile kovarlar.** Wer unbefugt irgendwo eindringt od. sich in e–e fremde Angelegenheit einmischt, den wirft man hochkant hinaus.
desturun *P* Entschuldigen Sie den (häßlichen) Ausdruck; mit Verlaub gesagt *affedersiniz
-deş s. **-daş; -deş**
deşarj (*franz.* **décharge**) 1. *el.* Entladung *f* 2. *H* Entlastung *f* *ibra 3. *(Sport)* Angriff, Sturm *m* ~ **olmak** *fig.* sich erleichtern, sich aussprechen
deşe s. **deşet**
deşelemek 1. auf-, um-wühlen 2. *fig.* untersuchen **İşin aslını deşelememiş.** Den Kern der Sache hat er nicht berührt.
deşet, -ti (*franz.* **déchet**) *(mst. med.)* 1. Abfall(-stoff *m,* -produkt *n*) *m* 2. Verlust *m,* Minderung *f,* Schwund *m*
deşifraj (*franz.* **déchiffrage**) 1. Entzifferung, Entschlüsselung *f* 2. *mus.* Prima-Vista-Spiel (od. -Gesang)
deşifre 1. dechiffriert 2. *mus.* vom Blatt gespielt (gesungen) ~ **etmek** 1. dechiffrieren, ent-schlüsseln, -ziffern, -rätseln 2. *mus.* vom Blatt spielen (od. singen)
deşifreci *mus.* wer gut vom Blatt spielen (singen) kann, geübter Notenleser
deşifrelemek s. **deşifre etmek**
deşik 1. durch-, aufge-stochen; durch-, aufge-schnitten; auf-geschlitzt, -gerissen 2. Riß *m,* Spalte *f* 3. s. **delik** ~
deşilmek 1. Pass. zu **deşmek** 2. sich von selbst öffnen; aufgehen, -brechen (Geschwür)
deşmek 1. auf-, durch-stechen, -schneiden; auf-schlitzen, -reißen, -wühlen 2. *fig.* anschneiden, zur Sprache bringen, aufwerfen, erwähnen, besprechen; eingehen (auf) (Thema, Angelegenheit usw.)
deşt, -ti *va.* Steppe, Wildnis *f*
detant, -tı (*franz.* **détente**) *pol.* Entspannung *f* *yumuşama
detay Einzelheit *f,* Detail *n* *ayrıntı ~ **resim** s. **atelye resmi**
detayli detailliert, im einzelnen
deteksiyon (*franz.* **détection**) 1. Auffindung *f* 2. *a. mil.* Ortung *f*
detektif Geheimpolizist, Detektiv *m* ~ **filmi** Kriminalfilm *m* ~ **oyunu** *Th.* Kriminalstück *n*
detektör 1. (Radio) Detektor, Gleichrichter *m* 2. Such-, Peil-gerät *n* 3. Detektorempfänger *m*
detektörlü mit Detektor, Such-, Peil-gerät ausgestattet
detektris(lamba) Röhrendetektor *m* (Radio)
deterjan (*franz.* **detergent**) *chem.* 1. *allg.* Reinigungsmittel *n* 2. *med.* Wundreinigungsmittel *n*
determinant, -tı *math., biol.* Determinante *f* *belirten, dâlle
determinist, -ti 1. Vertreter(-in *f*) *m* des Determinismus, Determinist(-in *f*) *m* *gerekirci, icabiyeci 2. deterministisch
determinizm Determinismus *m* (als Lehre von der Unfreiheit des Willens od. als Glaube an ein vorherbestimmtes Geschick) *gerekircilik, icabiye
detonatör (*franz.* **détonateur**) Zündkapsel *f,* Sprengvorrichtung *f*
detone etmek *mus.* detonieren, falsch spielen od. singen
detonlamak *mus.* s. **detone etmek**
detramp, -pı (*franz.* **détrempe**) Temperafarbe *f*
deuterium [··×··] Deuterium *n,* schwerer Wasserstoff *ağır hidrojen
deuteron [×···] Deuteron *n* (Atomkern des Deuteriums)
dev 1. (böser) Geist, Dämon *m* (im Märchen) 2. Riese, Gigant *m* 3. Ungetüm, Ungeheuer *n* 4. mit bes. großen Fähigkeiten ausgestatteter Mensch 5. riesig, gigantisch ~ **adımı** Riesen-, Siebenmeilen-schritt *m* ~ **ağacı** s. **mamut ağacı;** ~ **anası** 1. Riesin, Riesenmutter *f* 2. *fig.* Mannweib *n* ~ **çıyan** Riesenskolopender *m zo.* Scolopendra morsitans (bis 25 cm lang; *a.* in Anatolien) *öldürücü çıyan ~ **eseri** gigantisches Werk ~ **gibi** Hüne, Riese, Bärenkerl *m* ~ **gökada** *astr.* großer Spiralnebel ~ **kaktüs(-ü)** Riesenkaktus *m* ~ **kanguru** graues Riesenkänguruh *zo.* Macropus giganteus ~ **kaplumbağa(-sı)** Riesenschildkröte *f* ~ **köpekbalığıgiller** Riesenhaie *pl. zo.* Lamnidae ~ **midye** Riesenmuschel *f zo.* Tridacna (Südpazifik) ~ **nispetlerle** *fig.* mit Riesenschritten (z. B. sich entwickeln) ~ **ölçüde** in gigantischem Ausmaß ~ **panda** s. **büyük panda;** ~ **pangolin** Riesenpangolin *m zo.* Manis gigantea ~ **slalom** Riesenslalom *m* ~ **yılancığı** *med.* Gesichts-, Kopf-rose *f* **-ler savaşı** *griech. Myth.* Titanenkampf *m,* Gigantomachie *f*
deva [ā] 1. Heilmittel *n* 2. *allg.* Mittel *n,* Abhilfe, Maßnahme *f* **-i kül** *va.* Allheilmittel *n*
devaî [·——] *va.* heilend, heilkräftig
devaimisk [ā] e–e Art Fondant aus zerkleinerten Mandeln u. Haselnüssen, verschiedenen Pflanzenwurzeln, Zucker und Moschus
devair [·—·] *va. Pl.* zu **daire**
deval [ā] Propolis *f* (Baustoff der Bienenwaben)
devali [·——] *va.* s. **varis**
devalorizasyon Devalorisierung *f* (Herabsetzung des Nennwerts von Banknoten) *kıymet tenzili
devalorize devalorisiert, herabgesetzt (Nennwert) ~ **etmek** devalorisieren, herabsetzen
devalüasyon Devalvation *f* (Abwertung der Parität) *değer düşürümü
devalüe devalviert, abgewertet (Geldparität) ~ **etmek** devalvieren, abwerten *değerini düşürmek
devam [ā] 1. (An-)Dauern *n,* Fortdauer *f* 2. Stetigkeit, Beständigkeit, Kontinuität *f* 3. Fortsetzung *f* 4. (regelmäßiger) Besuch (des Unterrichts, von Vorlesungen usw.) 5. *(Ausruf)* Weiter! Nicht aufhören! Zu 3: ≗**ı var.** Fortsetzung folgt. *Arkası var. Bitmedi. Mabadi var. ~ **defteri** (*od.* **cetveli**) Anwesenheitsheft *n* (in das sich die Beamten e–r Behörde jeden Morgen und Abend einzutragen haben) ~ **etmek** 1. (an-, fort-)dauern, weitergehen (z. B. Tätigkeit) 2. (m. Dat.) besuchen (Unterricht, Schule usw.) 3. (m. Dat. bzw. Lokativ) fortfahren (in, mit), fortsetzen; beharren (bei) Zu 3: **Hatip, sözlerine ~ ederek dedi ki** Im weiteren Verlauf seiner Ausführungen legte der Redner dar, daß ... **Yalan söylemekte ~ ediyor.** Er lügt beharrlich weiter. ~ **ettirmek** fort-, weiter-führen ~ **müddeti** (Zeit-)Dauer *f*
devamlı [ā] 1. (länger) dauernd, fortgesetzt, ununterbrochen, Dauer-, dauerhaft, stetig, nachhaltig, anhaltend **phys.* beslenen, sönümsüz 2. (den Unterricht) regelmäßig besuchend; fleißig, emsig, beharrlich ~ **alkol kullanan** Gewohnheitstrinker(-in *f*) *m* ~ **ateş** *mil.* Dauerfeuer *n* ~ **hat** *mil.* durchlaufende Linie ~ **müşteri** Stamm-, Dauer-kunde *m* ~ **sulh** dauerhafter Friede
devamlılık [ā] 1. Dauerhaftigkeit, Stetigkeit, Nachhaltigkeit *f* 2. regelmäßiger Unterrichtsbesuch od. Fleiß *m*

devamsız [ā] 1. nicht andauernd; unterbrochen 2. wer seine Arbeit nur unregelmäßig ausführt; unbeständig; nur unregelmäßig besuchend (z. B. Vorlesungen)
devamsızlık [ā] 1. Fehlen *n* e–r Kontinuität, dauernde Unterbrechung 2. Mangel *m* an Beständigkeit, Nichterfüllung *f* der Präsenzpflicht, unregelmäßiger (Schul-)Besuch, Pflichtversäumnis *f, n*
devar [ā] *va.* Schwindel(-anfall) *m* *baş dönmesi
devâsa [· – –] riesenhaft, riesig, ungeheuer, gigantisch
devasız [ā] unheilbar; wogegen kein Kraut gewachsen ist
devat, -ti [ā] s. **divit**
devattar [· – –] s. **divitçi**
devaynası, -nı Vergrößerungsspiegel *m* **-nda görmek** (k–ni) sich enorm wichtig nehmen, sich für unentbehrlich halten, sich überschätzen
Devdağları, -nı *n.pr.* Riesengebirge *n*
deve (ein- od. zwei-höckeriges) Kamel *zo.* Camelus **va.* cemel ~ **adımı** *fig.* langsames, schwankendes Gehen od. Vorankommen ~ **balığı** s. **sandıkbalığı.** ≗ **bir akçeye ~ bin akçeye.** *Spr.* Ist kein Bedarf für et. vorhanden, so bekommt man es halb geschenkt; wird das gleiche dringend benötigt, so ist kein Preis zu hoch. ≗ **büyüktür ama, beşini bir eşek yeder.** *Spr.* Kamele sind groß, aber fünf von ihnen werden von e–m Esel angeführt (in der Kamelkarawane). ~ ~ *P iron.* Das (bzw. der) hat uns gerade noch gefehlt! ~ **ekmeği** 1. Johannisbrot *n*, Karobe *f bot.* Ceratonia siliqua *keçiboynuzu ağacı 2. Samenkapseln *pl.* der Robinie ~ **etmek** s. ~ **yapmak;** ~ **gibi** groß und plump ~ **güreşi** Kamelkampf *m* ~ **hamuru** 1. *med.* Volksmittel gegen Verrenkungen 2. *pej.* et. Ungenießbares od. Schwer-Verdauliches ~ **kaçıran sinek** Viehbremse *f zo.* Tabanus ~ **kılavuzu** der e–r Kamelkarawane vorausgehende Esel ~ **kini** hinterhältige Rachsucht, unauslöschlicher Haß ~ **kini tutmak** rachsüchtige Gedanken hegen ~ **kinli** rachsüchtig ~ **kolu** *mil.* Kamelkolonne *f* ~ **köçeği** (*od.* ~ **köşeği**) s. ~ **yavrusu;** ~ **müfrezesi** *mil.* Kamelabteilung *f* ~ **nalbanda bakar gibi** *hum.* wie die Kuh vor dem neuen Scheuertor ~ **olmak** *F* verschwinden (z. B. unterschlagene Gelder) ~ **sırtında** auf e–m Kamel, auf Kamelen ~ **sinekbiti** Kamellausfliege *f zo.* Hippobosca camelina ~ **tellal iken** (*türk. Mf.*) als das Kamel Ausrufer war ~ **tırnağı** *fig.* etwas, was es nicht gibt ~ **yağı** Kamelfett *n* (Volksmittel gegen blutende Schrunden an Händen od. Füßen) ~ **yapmak** *hum.* 1. et. heimlich beiseiteschaffen, unterschlagen, ausgeben (fremdes Eigentum) 2. heimlich essen; naschen 3. hinters Licht führen ~ **yavrusu** Kamelfüllen *n* ≗ **yerine deve çöker.** *Spr.* Jeder (bzw. alles) läßt sich ersetzen. ~ **yuları** e–e best. Ringertechnik bei **yağlı güreş** (Festhalten des gegnerischen Armes und Zurseitedrückung des Kinns) ~ **yürekli** ängstlich, furchtsam, zaghaft ~ **yürüyüşü** langsames, aber beharrliches Marschieren **-de kulak** 1. überaus klein, so gut wie nichts 2. *fig.* ein Tropfen auf e–n heißen Stein ≗**den büyük fil var.** *Spr.* Es findet sich (immer) noch ein größerer. **-nin başı** (*od.* **nalı**) s. **yok -nin başı** (*od.* **nalı**); **-nin büyüğünü ahırda unutmak** *F* vor lauter Nebensächlichkeiten die Hauptsache vergessen **-ye binmek** *V* Haschisch rauchen **-ye hendek atlatmak** *fig.* 1. et. überaus Schweres versuchen 2. sich ohne rechten Erfolg abplagen ≗**ye hörgücü ağır gelmez.** *Spr.* Das Kamel trägt nicht schwer an seinem Höcker. ≗**ye ot lâzımsa** (*od.* **burç gerek olursa**) **boynunu uzatır.** *Spr.* Ohne Fleiß kein Preis. *Spr.* **-yi düze çıkarmak** *fig.* Schwierigkeiten überwinden; et. ins richtige Gleis bringen **-yi hamudiyle yutmak** *fig.* 1. e–n großen Diebstahl geschickt ausführen 2. den Rachen nicht voll genug kriegen ≗**yi yardan uçuran bir tutam ottur.** *Spr. fig.* Kleine Ursachen, große Wirkungen. *Spr.* ≗**yi yeden eşektir.** *Spr.* Wer führt die Kamele (Kamelkarawane) an? – Ein Esel! ≗**yi yüzdük kulağına geldik.** s. **Yüzdük yüzdük kuyruğuna geldik.**
devebağırtan steiler, morastiger Weg
deveboynu, -nu 1. Bergsattel *m* 2. U- od. S-förmiges Rohr, Rohrkrümmer *m* 3. gelbe Narzisse *bot.* Narcissus pseudonarcissus
deveci 1. Besitzer *m* von Kamelen 2. Kamelhändler *m* 3. Kameltreiber *m* ≗ **ile görüşen kapısını yüksek açmalı.** *fig.* Wer große Rosinen im Kopf hat, muß sich auf allerhand Opfer gefaßt machen.
devecilik 1. Kamelhaltung *f* 2. Kamelhandel *m* 3. Tätigkeit *f* e–s Kameltreibers
deveçökerten s. **çobançökerten**
devedikeni, -ni 1. *allg.* Distel *f bot.* (Gattungen Carduus, Cirsium u. a.) 2. *spez.* a) Ackerkratzdistel *f bot.* Cirsium arvense b) Stacheldistel *f bot.* Varduus acanthoides c) Milchdistel *f bot.* Galactites tomentosa d) syrischer Bärenklau *bot.* Acanthus syriacus e) s. **elhacı;** s. a. **büyük (gümüş renkli)** ~; ~ **kelebeği** Distelfalter *m zo.* Vanessa cardui *boyalı hanım kelebeği
devedili, -ni s. **sığırkuyruğu**
devedişi, -ni mit großen Kernen od. Körnern (Granatapfel, Weizen usw.)
devedöşlü mit schmalen, langen Flanken (Pferd)
deveelması, -nı Feldmannstreu *f bot.* Eryngium campestre *boğa dikeni, çakırdiken, İbrahim dikeni
devegiller (Familie *f* der) Kamele *pl.* **va.* cemeliye
devekulağı, -nı europäische Sanikel *bot.* Sanicula europaea
devekuşu, -nu Strauß *m zo.* Struthio camelus ~ **gibi olmak** *fig.* den Mantel nach dem Winde hängen (Im türk. Märchen gibt sich der Strauß je nach der Lage bald als Vogel **(kuş)**, bald als Kamel **(deve)** aus.) ~ **hikâyesi** *fig.* Vorwand *m*, faule Ausrede ~ **siyaseti** Vogel-Strauß-Politik *f*
develemek in der Füg.: **evelemek** ~ *q.v.*
Develi *n.pr.* Städtchen u. D. im Rbz. Kayseri
develiotu, -nu das Osterluzeigewächs Aristolochia hirta (in der Volksmedizin gegen Schlangen- und Skorpionbisse verwendet)
developatör (*franz.* **développateur**) *phot.* Entwickler(-lösung *f*) *m*
develope 1. entwickelt (Film od. mus. Thema) 2. langsam gestemmt (z. B. Scheibenhantel) ~ **etmek** 1. entwickeln (Film, Aufnahmen, mus. Themen) 2. langsam stemmen (z. B. Scheibenhantel)
developman 1. Entwicklung *f* (von Filmen, Aufnahmen, mus. Themen) 2. langsames Stemmen (der Gewichtheber) 3. *mus.* Durchführung *f* (in der Kompositionstechnik) *geliştirim ~ **mahlulü** *phot.* Entwickler(-lösung *f*) *m*
deveotu, -nu Traubenhafer *m bot.* Danthonia Forskalii *yabanî yulaf otu
dever (*franz.* **dévers**) (Kurven-)Überhöhung *f* (Eisenbahn)
deveran [ā] 1. Um-, Kreis-lauf *m* *dolaşım 2. Umgehen, Umlaufen *n* (z. B. von Gerüchten) 3. drehende, rotierende Bewegung, Rotation, Achsenumdrehung *f* *dönme ~ **etmek** 1. kreisen, rotieren 2. umgehen, umlaufen, zirkulieren (z. B. Gerücht) ~ **cihazı** *med.* Kreislauf-apparat *m*, -system *n* ~ **mihveri** Rotationsachse *f* (z. B. e–s Geschosses) **-ı dem** Blutkreislauf *m* *kan dolaşımı
deveranî [· · – –] *z. va.* kreisförmig, Kreis-, Rund-, Dreh-, Rotations-, rotierend **math.* dönel ~ **cisim** *phys.* Rotationskörper *m* ~ **hareket** Rotation, Achsenumdrehung *f* *dönme ~ **satıh** Rotationsfläche *f* ~ **testere** Rotations-, Kreis-säge *f*
devesakalı, -nı braunstieliger Milzfarn *bot.* Asplenium trichomanes *kırmızı baldırıkara
devetabanı, -nı 1. Philodendron *n bot.* Philodendron (verrucosum u. a.) 2. Monstera *f bot.* Monstera deliciosa 3. *va.* a) Humpen *m* b) *fig.* große Schritte 4. Huflattich *m*

bot. Tussilago farfara *aslanpençesi, farfara otu, öksürük otu 5. Vanille-Pestwurz *f bot.* Petasites fragrans *öksürük otu 6. Scharlachsalbei *f bot.* Salvia horminum 7. Muskatsalbei *f bot.* Salvia scarea *adaçayı
devetımarı, -nı *fig.* oberflächlich, flüchtig, ohne genügende Sorgfalt (gemacht, ausgeführt usw.)
devetüyü, -nü 1. Kamelhaar *n* 2. aus Kamelhaar hergestellt, Kamelhaar- 3. kamelhaarfarben, (rötlich-braun, von hellem Kaffeebraun)
Dev-Genç *n.pr.* „Revolutionäre Türkische Jugend" *f* (illegale Linksorganisation)
devheykel überlebensgroße Statue; Kolossalstatue *f*
deviduar (*franz.* **dévidoir**) Haspel *m, f,* Garnwinde *f,* Abroller *m* (z.B. für Tesa-Film)
devim *biol., phys.* Bewegung *f* *hareket
devimbilim *phys.* Kinematik, Phoronomie, Bewegungslehre *f* *kinematik, sinematik
devimbilimsel kinematisch
devimcilik *spez. geol.* Mobilismus *m*
devimli dynamisch wirkend (Bild) ~ **elektrik** Elektrodynamik *f*
devimsel erke *astr.* kinetische Energie
devindirmek in Bewegung setzen, bewegen *tahrik etmek
devinduyum *psych.* Kinästhesie *f,* Bewegungsgefühl *n,* Muskelsinn *m* *hareket duygusu; kinestezi
devinduyumsal *psych.* kinästhetisch *kinestezik
devingen *phys.* sich bewegend, beweglich, in Bewegung befindlich *hareketli, müteharrik ~ **damarlar** *an.* Gefäßnerven, Vasomotoren *pl.*
devingenlik *phys.* Beweglichkeit, Mobilität *f* *müteharrikiyet
devinim Bewegung *f* *hareket
devinirlik *biol.* Bewegungsfähigkeit, Beweglichkeit, Mobilität *f* *taharrükiyet
devinme olayı *astr.* Präzession *f* *presesyon
devinmek *dial.* sich bewegen *hareket etmek
devir, -vri 1. (Um-)Drehung *f,* Umlauf *m,* Rotation *f* 2. Epoche, Ära *f,* Zeit(-alter *n*) *f* 3. Periode, Phase, Etappe *f,* Stadium *n,* Zeitabschnitt *m,* Lebensalter *n* 4. Spazier-, Rund-gang *m* 5. Umladen *n,* Transport *m* (z.B. von Waren) 6. Übergabe, Abtretung, Zession *f* 7. Übertrag *m* (z.B. in e–r Bilanz) 8. *psych.* Konversion *f* (bei Freud) 9. *log.* Diallele *f,* Fehl-, Kreis-schluß *m* *diyalel 10. *H* Umsatz *m* 11. *(ar. Lit.)* 4–10strophiges Gedicht Zu 6–7: **-i mümkün** übertragbar ~ **açmak** e–e neue Zeit einleiten ~ **adedi** Umdrehungszahl *f* ~ **almak** s. **devralmak;** ~ **dairesi** *naut.* Drehkreis *m* (e–s Schiffes) *manevra kutru ~ **etmek** s. **devretmek;** ~ **hatmi** Verlesung *f* des ganzen Korans (durch mehrere Personen) ~ **istikameti** Drehrichtung *f,* -sinn *m* ~ **mekanizması** Umlaufgetriebe *n* ~ **merkezi** Drehpunkt *m* ~ **mihveri** Rotationsachse *f* ~ **müddeti** *phys.* 1. Umlaufzeit *f* 2. Schwingungszeit *f* ~ **ölçme saati** Umlaufzähler *m* ~ **sayıcısı** Umdrehungszähler *m,* Tachometer *n, m* ~ **senesi** *selt.* für **senei devriye;** ~ **sürati** Umlaufgeschwindigkeit *f* *dönme çabukluğu ~ **tulumbası** Umlaufpumpe *f* ~ **ve temlik** *jur.* Zession, Abtretung *f;* Übertragung *f* (e–s Rechts) ~ **ve teslim** 1. Übergabe *f* der Geschäfte, Amtsübergabe *f* 2. *allg.* Übergabe *f* ~ **tulumbası** Umlaufpumpe *f* ~ **yüzü** Rotationsfläche *f* **-in valisi** der damalige Regierungspräsident (Wali) **-i âlem seyyahı** Weltreisender; Globetrotter *m* **-i âlem (seyahati)** Reise *f* um die Welt **-i batıl** s. **kısır döngü;** **-i daim** dauernde Umdrehung (od. Bewegung) **-i daim makinesi** Perpetuum mobile *n* **-i daim tulumbası** Umlauf-, Zirkulations-pumpe *f* **-i muhbir** *va.* Anmelde-, Anzeige-frist *f* **-i refah** 1. goldenes Zeitalter 2. Prosperität *f* **-i saadet** goldenes Zeitalter *spez.* die Zeit Mohammeds und der ersten vier Kalifen **-i sabık** das frühere Regime **-i tefrik** Inkubation(-szeit) *f* **-i zaman** Schicksal, Los *n*
devirgi Kippvorrichtung *f,* Kipper, Wipper *m* *külbütör
devirli periodisch, zyklisch; in gleichmäßigen Abständen erfolgend *devrî ~ **kesir** *math.* Kettenbruch *m* *kesri mütevali; zincir(-leme) kesir ~ **ondalık kesir** *math.* periodischer Dezimalbruch *kesri aşarîi mütenavip
devirlilik Zyklus *m,* Periode *f*
devirme Vs. zu **devirmek;** ~ **yapmak** *agr.* umgraben, rigolen (Boden) *kirizme etmek
devirmek 1. um-werfen, -stürzen, -kippen, -stoßen, -schlagen 2. stürzen *(tr.)* (Minister, Regierung usw.) 3. hinunterstürzen, leeren, in e–m Zug austrinken 4. nach e–r Seite neigen, schräg aufsetzen (z.B. Hut)
devitken in Bewegung setzend, bewegend, (an-)treibend, Antriebs- *muharrik
devitmek in Bewegung setzen, bewegen *tahrik etmek
deviyasyon *med.* Deviation, Verlagerung, Abweichung *f* (von der richtigen Lage)
devkazanı, -nı *geol.* Riesentopf *m,* Strudelloch *n*
devkulağı, -nı Flügelschnecke *f zo.* Strombus gigas
devleşme 1. *med.* Gigantismus, Riesenwuchs *m* *akromegali, jigantizm 2. *allg.* übermäßiges Wachstum
devleşmek riesengroß werden
devlet, -ti 1. Staat *m,* Reich *n,* Macht *f* (als Konkretbegriff) 2. Regierung *f* 3. hohe Stellung, hoher Rang 4. Glück *n* ꕤ **adama ayağiyle gelmez.** *Spr.* Das Glück (Der Wohlstand) kommt nicht von selbst; es (er) muß errungen werden. ~ **adamı** Staatmann *m* ꕤ **adamlığı şüphesiz tecrübe ister.** Für e–n Staatsmann ist Erfahrung unerläßlich. ~ **arazisi** Staats-, Hoheits-gebiet *n* ꕤ **ayağına dolaşır.** Das Glück heftet sich an seine Fersen. ~ **baba** Vater Staat ~ **bakanı** Minister *m* ohne Geschäftsbereich ꕤ **Bakanlığı** Staatsministerium *n* ~ **bankası** Staatsbank *f* ꕤ **Basımevi** (*od.* **Matbaası**) Staatsdruckerei *f* vgl. **Matbaai Amire;** ~ **başkanı** Staats-oberhaupt *n,* -präsident *m* *reisicümhur ꕤ **benim.** [×·] L'état c'est moi. (Ludwig XIV.) ~ **borçları** Staatsschulden *pl.* ~ **davaları** *jur.* Fiskalprozesse *pl.* ~ **demiryolları** Staatseisenbahnen *pl.* ~ **düşkünü** wer bessere Tage gesehen hat; vom Glück verlassen, heruntergekommen ~ **emlâki** Staatsgüter, Domänen *pl.* ~ **emvali** Staatsvermögen *n* ~ **fiilleri** s. ~ **muameleleri;** ~ **gelirleri** Staatseinnahmen *pl.* ~ **giderleri** Staatsausgaben *pl.* ꕤ **Güvenlik Mahkemeleri** Staatssicherheitsgerichte *pl.* (1980) ~ **hazinesi** Staatskasse *f* ~ **hizmeti** Staatsdienst *m* ~ **işleri** Staatsangelegenheiten *pl.* ~ **işletmeleri** Staatsbetriebe *pl.* ~ **itibarı malîsini ihlâl** *jur.* Münz- und Währungs-verbrechen und -vergehen *pl.* ~ **kapısı** 1. Behörde *f,* Amt *n* 2. *pej.* Bürokratie *f* ꕤ **Konservatu(v)arı** Staatskonservatorium *n* (für Musik) (Ankara) ~ **kuşu** unerwartetes Glück ꕤ **Lise İmtihanı** Reifeprüfung *f,* Abitur *n* (Anm. Unter dieser Bez. Zusammenlegung von **Liseyi Bitirme İmtihanı** und **Devlet Olgunluk İmtihanı** im Jahre 1955) ꕤ **Matbaası** *n.pr.* Staatsdruckerei *f* ~ **memuru** Staats-beamte *m,* -beamtin *f* ~ **merkezi** *selt.* s. **hükümet merkezi;** ~ **muameleleri** *jur.* Staatsakte, Staatshandlungen *pl.* ꕤ **Olgunluk Diploması** Reifezeugnis *n* (vgl. **Liseyi Bitirme Belgesi**); ꕤ **Olgunluk İmtihanı** die zum Übertritt an e–e Hochschule erforderliche Reifeprüfung (abgeschafft: 1955; vgl. **Devlet Lise İmtihanı**); ~ **reisi** s. **devlet başkanı;** ꕤ **Sanayi İşçi Yatırım Bankası** Staatliche Investitionsbank für Industriearbeiter ~ **sırrı** Staatsgeheimnis *n* ꕤ **Su İsleri** Staatliche Wasserbetriebe *pl.* ~ **şekli** Staatsform *f* ꕤ **Şûrası** Staatsrat *m,* Oberverwaltungsgericht *n* *Şûrayıdevlet, Danıştay ~ **tahvilâtı** Staats-obligationen, -schuldverschreibungen *pl.* ~ **tasarrufları** s. **devlet muameleleri;** ~ **teşkilâtı** Staatsorganisation *f* ~ **varidatı** Staatseinnahmen *pl.*

~ **vekili** Minister *m* ohne Portefeuille (ohne Geschäftsbereich) ≗ **yasası** (*od.* **yasağı**) **bir hafta** (*od.* **üç gün**) **sürer.** *iron.* Ein Staatsgesetz (bzw. -verbot) gilt e–e Woche (od. drei Tage) lang. ~ **zimamdarı** *hist.* Staatsführer, Kondukatore *m* *kondükatör (seinerzeitige Bez. für den rumänischen General Antonescu) **-çe** staatlicherseits **-çe görülen lüzum üzerine** im Zug e–r staatlicherseits für notwendig erachteten Maßnahme **-i dönmek** sich wenden (Glück) **-in denetim ve kontrolü** Staatsaufsicht *f* **-in parçalanması** Zerstückelung, Teilung *f* e–s Staates **-in şahsiyeti aleyhine işlenen suçlar** *jur.* strafbare Handlungen gegen den Bestand des Staates; Hoch- und Landesverrat *m* **-in teftiş ve murakabesi** *jur.* Staatsaufsicht *f* ≗**le!** (*va. a.:* **Devletü ikbal ile!**) Kommen Sie gut nach Hause! Auf Wiedersehen! *güle güle **-ler arası** international, zwischen-, über-staatlich **-ler arası hukuk** s. **-ler umumî hukuku; -ler arası idareler hukuku** *jur.* Recht *n* der Internationalen Verwaltung **-ler arası ticaret hukuku** *jur.* internationales Handelsrecht **-ler hukuku** *selt.* s. **-ler umumî hukuku; -ler hususî hukuku** *jur.* internationales (zwischenstaatliches) Privatrecht; Zwischenprivatrecht, Grenz-, Kollisions-recht *n* **-ler konfederasyonu** *jur.* Staatenbund *m* **-ler umumî hukuku** *jur.* Völkerrecht *n* **-lerin esas hakları** *jur.* Grundrechte *pl.* der Staaten **-lerin tanınması** *jur.* Anerkennung *f* der Staaten **-i âliye** *fr.* Osmanisches Reich **-i fahime** *va.* Großmacht *f* **-i mutlaka** *va.* Monarchie *f* *monarşi

devletçi 1. etatistisch, staatssozialistisch 2. Etatist(-in *f*) *m* *(1, 2) etatist

devletçik, -iği (*G*) Kleinstaat *m*, Duodezfürstentum *n*

devletçilik 1. Etatismus, Staatssozialismus *m* *etatizm 2. *selt.* s. **himayecilik**

devleteyn (*va. Dual* zu **devlet**) (die) beide(n) Staaten **-i muahideteyn** *va.* die beiden vertragschließenden Staaten

devlethane [ā] (*va. osm. Höfl.*) (Ihr) Haus **-nizde** in Ihrem Haus, bei Ihnen zu Haus

devletleşmek verstaatlicht werden

devletleştirmek verstaatlichen

devletli 1. glücklich, reich, erfolgreich, ausgezeichnet 2. *selt.* s. **devletlü**

devletlü 1. s. **devletli** 2. (osm. Titul. für höchste Staatsbeamte, gel. a. für ausländische Fürsten od. Angehörige e–r regierenden Dynastie) erlaucht, Exzellenz ~ **inayetlü** osm. Titul. des Obereunuchen ~ **ismetlü** Titul. für osm. Prinzessinnen ~ **refetlü** osm. Titul. des Armee-Oberbefehlshabers ~ **prens cenapları** S. Kgl. Hoheit ~ **semahatlü** osm. Titul. des Scheich ül-Islam ~ **siyadetlü** osm. Titul. des Scherifen von Mekka ~ **utufetlü** osm. Titul. e–s Marschalls od. des Schwiegersohns des Sultans

devletmeap, -bı [ā] *va.* 1. Seine Majestät 2. Seine Exzellenz

devon *geol.* Devon *n* (Schichtfolge im Paläozoikum)

devonî s. **devonik**

devonik *geol.* der Devonformation angehörig, devonisch *devonî

devralmak übernehmen (z. B. die Leitung e–s Unternehmens)

devran [ā] Lauf *m* der Welt, Rad *n* der Zeit, Schicksalsrad *n* ~ **sürmek** im Wohlstand leben

devre (I) 1. Periode, Phase *f*, Zeitabschnitt *m*, Zeitspanne *f*, Stadium *n*, Stufe *f* (innerhalb e–s **devir**) 2. *phys.* Stromkreis *m* 3. *phys.* Umdrehung *f* *çevrim 4. *(Sport)* Runde, Halbzeit *f* *ravnt, haftaym 5. *parl.* Wahlperiode *f* *dönem Zu 4: ≗**golsüz kapandı.** Die Halbzeit ging torlos zu Ende. ~ **anahtarı** Schalter *m* ~ **açılması** Schaltung *f* ~ **arası** *Fb.* Pause *f* nach der ersten Spielhälfte; Halbzeit *f* ~ **kesici** s. **enterüptör;** ~ **sayısı** Periodenzahl *f* **-den çıkarmak** ausschalten (el. Strom) **-ye girmek** sich einschalten (z. B. in e–e ungeklärte Angelegenheit) **-ye sokmak** einschalten (el. Strom) **-i hesabiye** s. **hesap -si; -i intihabiye** s. **intihap -si; -i teşriiye** *parl.* Legislaturperiode *f* *içtima (devresi) **-i ula** *va.* erste Phase (z. B. e–r Krankheit)

devre (II) *dial.* verkehrt, umgekehrt, falsch

devrek *va.* Schüssel *f* mit breitem Ausguß

Devrek *n.pr.* O. u. D. im Rbz. Zonguldak

Devrekâni *n.pr.* O. u. D. im Rbz. Kastamonu

devrel *selt.* periodisch

devreli rinit *med.* s. **saman nezlesi**

devrelik soundsoviele **devre** umfassend **dört** ~ **bu maç** dieser über vier Runden gehende Wettkampf

devren [×·] *Adv.* 1. auf Übernahme, unter Eintritt in das bestehende privatrechtliche Verhältnis (spez. bei Mietsverträgen) 2. *va.* im Zug e–r Überprüfung ~ **kiralık** weiterzuvermieten; in Untermiete abzugeben

devrense [·×·] *naut. va.* Ankerkette *f*

devresi s. **devrisi**

devretmek [×··] 1. kreisen, sich drehen, rotieren 2. übergeben (Amt) 3. übertragen (z. B. Nutznießung) 4. umladen od. transportieren 5. inspizieren, besichtigen 6. von Anfang bis Ende lesen **devredilen kâr** *H* Gewinnvortrag *m*

devredil(e)mez nicht übertragbar; unveräußerlich

devrî 1. kreisend, kreisförmig, (Um-)Drehungs-, Rotations- 2. *chem.* zyklisch *çevrimsel 3. s. **devirli** 4. regelmäßig wiederkehrend 5. *mus.* zyklisch Zu 4: s. **senei devriye;** ~ **cünun** *psych.* zirkuläres Irresein *döner delilik ~ **edalar** *jur.* regelmäßige Leistungen *pl.* *dönemli edimler ~ **şekil** *mus.* zyklische Form **gayri** ~ **sınıf** s. **yağ serisi**

devrihindî [×··–] e–e Taktart in der orient. Musik

devrik 1. umge-worfen, -stürzt, -kippt, -stoßen, -schlagen 2. gestürzt 3. Umschlag-, Umlege- ~ **ağaçlar** *agr.* Windbruch *m* ~ **cümle** (*od.* ~ **tümce**) *gr.* unregelmäßiger Satzbau (mit umgangssprachlicher Syntax *spez.* ohne Endstellung des Prädikats; Anakoluth *n;* z. B.: **Kızarım ona. – Yapsınlar bunu şairlerimiz!**) ~ **yaka** Umlegekragen *m*

devrilme Vs. zu **devrilmek;** ~ **açısı** *naut.* Krängungswinkel *m*

devrilmek 1. Pass. zu **devirmek** 2. von selber um-fallen, -stürzen, -kippen, -schlagen; kentern **devrilerek boşalır araba** *techn.* Kippwagen *m* **devrilesi** s. **Boynu** ~

devrim 1. s. **ihtilâl, inkılâp** 2. *selt.* Krümmung, Biegung *f* 3. *selt.* runder Tisch

devrimci(-lik) s. **ihtilâlci(-lik); inkılâpçı(-lık)**

devrimkıçlı s. **karpuz kıçlı**

devrimsel 1. umwälzend, reformerisch 2. revolutionär

devrirevan [ā] e–e Taktart in der orient. Musik

devrisi *P* für **ertesi**

devriye 1. (Polizei-, Militär-)Patrouille *f*, Streife, Ronde *f* 2. *fr.* e–e Rangstufe bei Geistlichen 3. *fr.* mystisches Gedicht über Menschwerdung od. Himmelfahrt (bes. bei den Bektaschi-Derwischen) ~ **faaliyeti** Patrouillentätigkeit *f* ~ **gezen kol** patrouillierende Streife ~ **gezmek** patrouillieren, die Ronde machen ~ **hareketi** Patrouillenunternehmen *n* ~ **subayı** Rondeoffizier *m* ~ **uçuşu** Patrouillen-, Streif-flug *m* ~ **uçuşu yapmak** Patrouille fliegen

devrolunmak [×··] Pass. zu **devretmek; devrolunamayan haklar** *jur.* unübertragbare Rechte *pl.*

devrüteslim [ī] *va.* s. **devir ve teslim**

DEV-SOL „Revolutionäre Linke" (illegale türk. Linksorganisation)

devşirim 1. Vs. zu **devşirmek** 2. Obst- od. Gemüsemenge, die man auf einmal einsammeln kann; Ernte *f*

devşirimli *va.* ordentlich, aufgeräumt *derli toplu, mazbut

devşirimsiz *va.* unordentlich, unaufgeräumt, verstreut, aufgelöst *dağınık, perişan

devşirme 1. Vs. zu **devşirmek** 2. *hist.* Knabenaushebung *f* (für die Janitscharentruppe) 3. der durch solche Aushebung gewonnene Janitscharenzögling 4. ungeordnet; bunt durcheinander 5. Ernte(-zeit) *f* ~ **bölüğü** *mil.* Sammelkompanie *f* ~ **hizmeti** *mil.* Sammeldienst *m*
devşirmek 1. pflücken, (ein-)sammeln (z. B. Obst), ernten 2. zusammenlegen, falten (Wäsche, Teppiche usw.)
devvar [ā] sich drehend, kreisend, rotierend, Dreh-, Kreisel- ~ **köprü** Drehbrücke *f* ~ **levha** (*od.* **platform**) Drehscheibe *f* (für Lokomotiven) ~ **kule** (*od.* **taret**) *mil.* Drehturm *m* ~ **sahne** *Th.* Drehbühne *f* ~ **testere** Kreissäge *f* ~ **tulumba** Kreiselpumpe *f*
devvare [ā] *va.* 1. s. **delibaş** 2. s. **pergel**
DEV-YOL = Devrimci Yol Örgütü (illegale türk. Linksorganisation)
deycur [·–] *va.* 1. dunkel, finster 2. *fig.* tiefer Kummer
deyi 1. sprachliches Ausdrucksmittel, Ausdruck , Sprache *f,* Wort *n* *eifade vasıtası 2. Logos *m* *elogos, kelâm 3. *selt.* s. **diye;** ~ **yinelemesi** *stil.* Wiederholung *f* ein und desselben Begriffes durch verschiedene Sprachmittel
deyibilim s. **maani**
deyici wer et. sagt, ausspricht (s. a. Stw. **havan**)
deyicilik Sagen, Aussprechen *n* (s. a. **odun yarıcı**)
deyim 1. idiom. Ausdruck, stehende Redensart *tabir 2. (*a. mus.*) Ausdruck(-skunst *f*) *m* *ifade **başka bir -le** anders gesagt
deyin, -yni *va.* (Geld-)Schuld *f* *borç ~ **senedi** s. **borç senedi; -i hal** *va.* sofort zu entrichtende Schuld **-i müeccel** *va.* gestundete Schuld
deyirgi *dial.* 1. (Einbringen *n* der) Ernte *f* *orak, hasat 2. Erntezeit *f*
deyirmi s. **değirmi**
deyiş 1. (Art *f* der) Aussprache *f* *telaffuz, tarzı telaffuz 2. *P* Gedicht *n* *şiir 3. Aussage *f,* Worte *pl.,* Darstellung *f* *ifade 4. Stil *m* *üslup Zu 3: **Onun -ine bakılırsa iş öyle değil.** Nach seiner Darstellung verhält es sich anders.
deyit, -ti; deyitleme *mus.* s. **deklamasyon**
deyitlemek *mus.* s. **deklame etmek**
deymumet, -ti [ū] *va.* Dauerzustand *m* *daimîlik
deyn s. **deyin**
deyü s. **diye**
deyyus [ū] *Schi.* (etwa): Saukerl *m* (*urspr.* wer die Unzucht seiner Frau od. naher weiblicher Angehöriger begünstigt)
dezabiye Morgenrock *m,* Hauskleid, Déshabillé *n*
dezasimilasyon (*franz.* **désassimilation**) s. **yadımlama**
dezavantaj (*franz.* **désavantage**) Nachteil, Schaden *m*
dezenfeksiyon Desinfizierung, Desinfektion *f*
dezenfektan 1. desinfizierend 2. Desinfektionsmittel *n*
dezenfekte 1. desinfiziert, entkeimt 2. *abus.* Desinfizierung, Desinfektion *f* ~ **etmek** desinfizieren, entkeimen ~ **ilâcı** Desinfektionsmittel *n*
dezentegrasyon Zerfall *m,* Zersetzung, Spaltung, Desintegration *f*
deziderata [···×·] 1. Lücken, ungelöste Fragen *pl.* 2. *pol.* Anliegen, Wünsche *pl.*
dezidratasyon *med.* Dehydratation *f,* Entzug *m* von Wasser
dezilüsyon *selt.* Desillusion, Enttäuschung, Ernüchterung *f*
dezodorizan Deodorant *n,* Geruchsvertilger *m*
DGM = Devlet Güvenlik Mahkemesi, Staatssicherheitsgericht *n*
DHY = Devlet Hava Yolları
dıfdaiye [ā] s. **kurbağagiller**
dıfk, -kı *med.* Samenerguß *m,* Ejakulation *f* *fışkırma
dığdığı wer den r-Laut als ğ spricht (z. B. **geliyoğum** statt **geliyorum**)
-dıkça s. **dikçe**
dılacan *dial.* s. **dalacan**
dılak *an.* Klitoris *f,* Kitzler *m* *bızır, klitoris
dılı, -l'ı 1. *geom.* Seite *f* (z. B. e–s Dreiecks) 2. *geom.* Schenkel *m* (e–s Winkels) *(1, 2) kenar 3. *an.* Rippe *f* *eğe **dıl'ın ortasından çıkan amut** s. **orta dikme; dıl'ı kaim** s. **dik kenar; dıl'ı mücessem** s. **ayrıt**
dılılı *geom.* mit soundsoviel od. mit nb. Seiten
dıl'î 1. *geom.* Seiten- 2. *geom.* Schenkel- 3. *an.* Rippen-, kostal Zu 3: **azmı** ~ s. **eğe kemiği;** s. a. **beyneddıl'î**
dımdızlak [×··] 1. ganz nackt, splitter(faser)nackt 2. ganz kahl, haarlos, glatzköpfig 3. *V* ohne e–n Pfennig Geld, abgebrannt, pleite, blank
Dımışk, -kı *fr.* Name der Stadt Damaskus *Şam şehri
dımışkî *va.* Damaszener-arbeit *f,* -stahl *m,* -klinge *f*
dıngıldamak s. **dingildemek**
dıpkiye s. **ökseotugiller**
dır dır (Lm. e–s unaufhörlichen Redens, Schnatterns od. Murrens) wie ein Wasserfall, unaufhörlich ~ ~ **etmek** (*od.* **söylenip durmak**) unaufhörlich reden; schnattern, *F* immer et. zu meckern haben
-dır s. **-dir**
dırağan *V* 1. pleite, abgebrannt; Habenichts *m* 2. abgerissen; schäbig gekleidet
dıral (in der vulg. Füg.:) ~ **dedenin düdüğü gibi kalmak** in der Klemme stecken; blamiert sein; *a.* obdachlos sein
dırav *V* Moneten *pl.,* Pinke *f,* Kies *m,* Geld *n*
dırdır Schnattern, Geschwätz *n,* Meckerei *f*
dırdırcı; dırdırı Schwätzer *m,* Schnatterbase *f,* Meckerer *m*
dırdırlanmak s. **dırıldamak**
dırdırlaşmak s. **dırlaşmak**
dırıldamak unaufhörlich reden; schnattern; meckern
dırıltı 1. ewiges Schnattern, dummes Geschwätz, Meckerei *f* 2. Streit *m,* Auseinandersetzung *f* ~ **çıkarmak** e–n Streit vom Zaune brechen
dırlanmak s. **dırıldamak**
dırlaşmak 1. sich halblaut zanken, *F* sich kabbeln 2. nörgeln, meckern, murren
dırs s. **dars**
dış 1. äußerer Teil, Außenseite *f,* Äußeres 2. die außerhalb von et. gelegene Stelle 3. *geol.* exogen; von außen her einwirkend 4. äußer-, Außen- 5. ausländisch, fremd Zu 2: **Eve -ından baktı.** Er schaute von außen in das Haus hinein. **hudut -ı etmek** *od.* **hudut -ına çıkarmak** 1. ausweisen 2. über die Grenze abschieben ~ **açı** 1. *math.* Außenwinkel *m* *haricî zaviye 2. *mil.* ausspringender Winkel ~ **âlem** 1. Außenwelt *f* 2. Umgebung *f,* Milieu *n* ~ **balistik** äußere Ballistik ~ **bindirme** s. ~ **çıkıntı;** ~ **cenah** *mil.* äußerer Flügel, Außenflügel *m* ~ **çıkıntı** *techn.* Überlappung *f* ~ **çokgen** *geom.* umbeschriebenes Vieleck *haricen mersum mudalla ~ **daire** *geom.* Ankreis *m* *haricen mümas daire ~ **deniz** offenes Meer; Ozean *m* ~ **duvar** Außenwand *f* ~ **frezesi** *techn.* Außenfräser *m* ~ **göçü** s. **dışarıdan göç;** ~**haberler** Auslandsnachrichten *pl.* ~ **hastalıklar** äußere Erkrankungen *pl.* *emrazı hariciye ~ **istihkâmatı** *mil.* Außenwerke *pl.* ~ **kalıp** *geol.* Abdruck *m* (e–s festen Gegenstandes in Sand, Lehm usw.) ~ **kapak** *techn.* Abschlußdeckel *m* ~ **kapı** äußere Tür; Außentür *f* ~ **kapının** ~ **mandalı** *F* entfernte(r) Verwandte(r) *f, m; F* um sechs Ecken verwandt ~ **kaplama** *naut.* Außenhaut *f* (e–s Schiffes) ~ **karakol** *mil.* Außenwache *f* ~ **kundak bağlantısı** äußeres Achsband (am Wagen) ~ **kutur** *techn.* Außendurchmesser *m* ~ **küre** *met.* Exosphäre *f* ~ **lastik** (der den Schlauch umgebende) Mantel (bei Fahrrad, Auto) ~ **mahalle** Außenbezirk *m* (e–r Stadt) ~ **metamorfizm** s. **-başkalaşım;** ≗ **Moğolistan** *n.pr.* Äußere Mongolei ~ **ölçü** 1. *mus.* s. **anakruz** 2. *techn.* Außenmaß *n* ~ **örtme** Überlappung *f* ~ **özek(-li, -lik)** s. **dışmerkez(-li, lik);** ~ **pazar** Auslandsmarkt *m* ~ **pergeli** *techn.* Außentaster *m*

~ **püskürük kayaçlar** *geol.* Effusiv-, Erguß-gestein *n* ~ **safra** *naut.* Außenballast *m* (z. B. e–r Segeljacht) ~ **salgı** *med.* äußere Sekretion ~ **salgı bezi** exokrine Drüse *egzokrin bez ~ **siyaset** Außenpolitik *f* ~ **taban** Laufsohle *f* (am Schuh) ~ **tabya** Außenfort *n* ~ **taraf** Außenseite *f* ~ **ticaret** Außenhandel *m* ~ **turizm** Fremdenverkehr *m* **≗ı eli** (*od.* **seni**) **yakar, içi beni (yakar).** *od.* **≗ı kalaylı (hayhaylı), içi alaylı (vayvaylı)!** 1. Oben hui, unten pfui! (von einnehmendem Äußeren, aber charakterlos) 2. Er hat es faustdick hinter den Ohren. **-ına çıkmak** ganz außer sich geraten ... **-ında** abgesehen (von); wenn man ... nicht rechnen will **-lar** s. **dışterimler; -tan** 1. von außen 2. äußerlich 3. s. ges. Stw.

dışadönük *psych.* extravertiert, extrovertiert

dışadönüklük; dışadönüm; dışadönüş *psych.* Extraversion *f*

dışalım Einfuhr *f*, Import *m*

dışarda(n) = dışarıda(n)

dışarı 1. Außenseite *f*, Äußeres 2. Provinz *f* (im Ggs. zur Stadt) *taşra 3. Ausland *n* 4. hinaus, heraus, nach außen, in die Provinz bzw. ins Ausland *dışarıya 5. **-sında, -sına** außerhalb Zu 1: **≗sı soğuk.** Es ist draußen kalt. Zu 2: **Onu gene -ya tayin etmişler.** Man hat ihn wieder in die Provinz versetzt. Zu 3: **-dan mal getirmek** Waren aus dem Ausland beziehen Zu 4: ~ **aksettirilmek** nach außen dringen, bekannt werden (z. B. Geheimnis) **≗ çık!** Geh' hinaus! Zu 5: **şehrin -sında** außerhalb der Stadt ~ **akan miktar** Abflußmenge *f* ~ **akma borusu** Abflußrohr *n* ~ **akmak** abfließen, ausströmen ~ **atım** *bot.* Exkretion, Ausscheidung *f* ~ **atmak** (k–ni) hinaus-eilen, -stürzen ~ **çıkarmak** 1. aus-stoßen, -puffen (Dampf usw.) 2. ausschließen, entfernen ~ **çıkmak** 1. (hin-)ausgehen 2. ausströmen, abfließen 3. auf die Toilette gehen 4. Stuhlgang haben 5. (b–nin sözünden) nichts abschlagen können ~ **fırlamak** s. ~ **uğramak;** ~ **gitmek** *a.* verreisen, ins Ausland fahren ~ **kaçmak** hinausschlüpfen, entwischen ~ **sarkmak** sich hinaus-lehnen, -beugen (z. B. aus dem Fenster) ~ **uğramak** 1. hervorquellen, aus den Höhlen treten (Augen) 2. hinausströmen, herausfluten (z. B. Volksmenge) ~ **verilen sıcaklık** *techn.* Abwärme *f* ~ **vurmak** 1. nach außen schlagen (Krankheit) 2. offenkundig werden lassen **-da** 1. draußen 2. außerhalb des Hauses 3. in der Provinz 4. im Ausland 5. *(Sport)* Auswärts- (z. B. Spiel) **-da çevirim** *(Film)* Außenaufnahmen *pl.* **-dan** 1. von draußen 2. von der Provinz her 3. vom Ausland **-dan evlenme** Exogamie *f* (Heirat außerhalb des Stammes) *nikâhı haricî **-dan göç** Einwanderung *f* **-ya** s. **dışarı** (4); **-ya göç** Auswanderung, Emigration *f*

dışarılı Provinzler(-in *f*) *m* *taşralı

dışarlak; dışarlık Provinz *f* (im Ggs. zur Stadt) *taşra

dışarlıklı s. **dışarılı**

dışasalak Ekto(para)sit *m* (Schmarotzer der Außenhaut)

dışasalaklık *med.* Ektoparasitismus *m*, Außenschmarotzertum *n*

dışavurmak *psych.* äußern, kundgeben, vergegenständlichen (subjektive Eindrücke)

dışavurumcu Expressionist(-in *f*) *m*; expressionistisch *anlatımcı, ekspresyonist

dışavurumculuk Expressionismus *m* *anlatımcılık, ekspresyonizm

dışayabudu, -nu s. **tenar**

dışbaşkalaşım *geol.* exomorphe Kontaktwirkung *dış metamorfizm

dışbeslek; dışbeslenen *biol.* heterotroph (auf organische Nahrung angewiesen)

dışbeslenme *biol.* Heterotrophie *f*

dışborular *mus.* Prinzipale *pl.* (der Orgel)

dışbulutsu s. **gökada**

dışbükey konvex; nach außen gewölbt *konveks, muhaddep

dışbükeylik Konvexität, Auswölbung *f* *konvekslik, muhaddeplik

dışçı wer auf Äußerlichkeiten Wert legt

dışderi 1. *zo.* Ektoderm *n*, Außenhaut *f* *tabakai haricîi edimme 2. *bot.* Exodermis *f* *gışayı haricî

dışgebelik *med.* Extra-Uterinschwangerschaft *f* *ektopik gebelik

dışgezegen *astr.* äußerer Planet

dışgörünüş 1. Außenansicht *f* 2. äußere Erscheinung

dışgüçler *geogr.* exogene Kräfte *pl.*

dışı (e–e Art Sx.; jedoch mst. in graphischer Trennung von dem zugehörigen Wort) außerhalb (von), außen-, ex-, extra-

dışık, -ığı Schlacke(-n *pl.*) *f* *cüruf; maden posası (*od.* ~ köpüğü) ~ **konisi** *geol.* Schlackenkegel *m*

dışıksı schlackig

dışındalama Ausschließen *n*, Ausschluß *m*, Exklusion *f*

dışınlı äußerlich, äußer- *gayri zatî, hariçî, özdışı

dışişleri, -ni *pol.* auswärtige Angelegenheiten *pl.* **≗ Bakanı** Außenminister *m* *Hariciye Vekili (*bzw.* Hariciye Nazırı) ~ **Bakanlığı** Außenministerium *n*, Ministerium *n* für auswärtige Angelegenheiten, Auswärtiges Amt *Hariciye Vekâleti (*bzw.* Hariciye Nezareti)

dışkabuk, -uğu *bot.* 1. s. **birincizar** 2. Exokarp *n* *meyvedışı

dışkenar Außenrand *m*, Peripherie *f*

dışkı Exkremente, Fäkalien *pl.*, Kot *m* *mevaddı gaita

dışkılamak den Darm entleeren

dışkılık, -ığı *an.* Kloake *f* (bei Vögeln u. Reptilien) *makzere

dışkulak yolu *an.* äußerer Gehörgang

dışkutsal profan, weltlich

dışlak 1. äußerlich, Außen- *haricî 2. vorstehend (z. B. Hauer e–s Ebers)

dışlamak ausschließen

dışlı s. **içli** ~

dışlık, -ığı *dial.* Ruhe *f*, Frieden *m* **-ı azmak** s. **canı sıkılmak; -ı gelmek** aufatmen; sich erleichtert fühlen

dışlıksız *dial.* unruhiger Geist (*spez.* Kind)

dışliman Außenhafen *m*, Reede *f*

dışmerkez s. **deprem ortası**

dışmerkezli exzentrisch; außerhalb e–s Mittelpunktes liegend bzw. ohne gemeinsamen Mittelpunkt *eksantrik

dışmerkezlik Exzentrizität *f* *eksantriklik; hariç anilmerkeziyet

dışodun Splintholz *n*

dışperde *Th.* Proszeniumsvorhang *m*

dışplazma *biol., zo.* Ektoplasma *n* (peripherischer Zellteil) *ektoplazma

dışrak exoterisch; für weitere Kreise bestimmt; gemeinverständlich *haricî

dışsağ *Fb.* rechter Außenstürmer, Rechtsaußen *m*

dışsatım Ausfuhr *f*, Export *m* *ihracat

dışsıvı *an.* Perilymphe *f* (im inneren Ohr) *perilenf

dışsol *Fb.* linker Außenstürmer; Linksaußen *m*

dıştan als Folge- od. Neben-erscheinung auftretend; akzidentell, zufällig, unwesentlich *arızî

dışterimler *math.* Außenglieder *pl.* e–r Verhältnisgleichung *dışlar, yanlar

dışters (açı) *geom.* äußerer Wechselwinkel *haricen mütebadil

dışyarıçap *geom.* Radius *m* des e–m regelmäßigen Vielecks umbeschriebenen Kreises *nısfı kutur

dışyuvar s. **dış küre**

dışyürekzarı, -nı *an.* Herzbeutel *m*, Perikard *n* *şigafı haricîi kalp; perikart

dışyüz Außenseite *f*, Äußeres, äußere Erscheinung, äußeres Bild (e–r Sache od. Person) *sathı haricî
dışzar s. **çiçektozu dışzarı**
dız Lm. e–s Summens, Surrens od. Vor-Sich-Hin-Brummens ~ (*od.* ~ ~) **etmek** 1. summen, surren 2. vor sich hinbrummen 3. erschreckt zusammenfahren
dızdık, -ığı (in der Füg.): **-ının -ı** *F* um sechs Ecken verwandt
dızdızcı *V* Schwindler, Gauner, Betrüger *m, spez.* Taschendieb *m*
dızdızcılık *V* 1. Vorgehen *n* e–s **dızdızcı** 2. Schwindelmanöver *n,* Gaunerstreich *m*
dızgal *V* Bart *m* *sakal
dızgallı *V* bärtig *sakallı
dızıldamak s. **dız dız etmek**
dızıltı 1. andauerndes Summen, Surren, Brummen 2. s. **dırıltı**
dızlak 1. s. **dazlak** 2. *V* gut; in Ordnung
dızlamak 1. summen, surren, brummen 2. Angst bekommen; erschrecken, zittern 3. abschwirren, davonfliegen, sich davonmachen 4. *V* stehlen, entwenden, ergaunern
dızlanmak in e–m fort vor sich hinsummen
dızman *va.* 1. riesig, enorm, kolossal 2. extravagant
di s. **de; di**
diba [– –] 1. *va.* Brokat *m* 2. geblümter Seidenstoff
dibace [– – ·] *va.* 1. die mit Ornamenten versehenen ersten Seiten e–s Buches 2. *lit.* Vor-wort *n,* -rede *f* *mukaddeme, önsöz 3. Präambel *f* (z.B. e–s Vertrags)
dibata (< **dip ata**) ältester Vorfahr, Urahn *m*
dibek größerer Stein- od. Holz-mörser (z.B. fr. zum Kaffeestampfen) ~ **dövücünün hık deyicisi** s. Stw. **havan;** ~ **kahvesi** besonders fein gestoßener, qualitativ hervorragender Kaffee
dibelik [×··] *va. od. dial.* 1. ganz und gar; erst recht 2. immer, dauernd
dibet, -ti *va.* Tibet *m* (Kammgarnstoff in Köperbindung)
Dicle *n.pr.* 1. Tigris *m* 2. O. u. D. im Rbz. Diyarbakır
didaktik 1. didaktisch *talimî, öğretsel 2. Didaktik *f* *öğretke, didaktika
didaktika [·×··] s. **didaktik** (2)
didaktizm akroamatische Lehrweise
didan [– –] (*va. Pl.* zu **dud**) *spez.* (*a.*: **didanı em'a**) Spulwürmer, Askariden *pl.* *solucanlar **-ı haytiye** s. **ipsiler; -ı şeritiye** s. **şeritler**
didar [– –] *va.* Auge *n,* Blick *m,* Gesicht *n* **arzı** ~ **etmek** *va.* sich blicken lassen
dide [ī] *va.* Auge *n* *göz **²ler ruşen!** *va.* s. **Gözünüz aydın!**
-dide [ī] *pers. Sx.* 1. wer gesehen od. erlebt hat 2. was gesehen od. erlebt worden ist Zu 1: vgl. **asırdide, cihandide, zarardide** usw. Zu 2: vgl. **nadide**
dideban [– · –] *va.* Wächter *m,* Wache *f,* Posten, Aufseher *m* *gözcü, nöbetçi
didik 1. in Fasern zerlegt; ausgezupft 2. ausgekämmt, gekrempelt (Baumwolle, Flachs usw.) 3. in Stücke, Fetzen gerissen; zerstückelt, zerhackt, zerfetzt 4. *fig.* genau; bis in die Einzelheiten (z.B. durchsprechen) ~ ~ *verst.* **didik** in allen Bed. ~ ~ **etmek** s. **didiklemek;** ~ ~ **doğramak** in kleine Teile (kurz und klein) schneiden
didiklemek 1. aus(-einander-)zupfen 2. in Stücke hacken od. reißen; zer-stückeln, -hacken, -reißen, -rupfen, -fetzen 3. genau durch-, ab-suchen, durchforschen
Didim *n.pr.* Didyma (antikes Städtchen bei Milet)
didinmek 1. *va.* sich in seine Bestandteile auflösen 2. *fig.* sich sehr anstrengen, sich abmühen, sich abplagen
didişimci Eristiker *m*
didişimcilik *phil.* Eristik *f* *eristik
didişken wer gerne stichelt; angriffslustig
didişmek 1. *va.* sich gegenseitig zerfleischen (zerhacken, zerreißen) 2. *fig.* sich zanken, sich streiten, gegenseitig sticheln, aufeinander losgehen (*a.* tätlich)
didon *fr.* (< *franz.* **Dis donc!**) 1. *P* Franzose *m* 2. *V* Geck, Stutzer *m* *züppe; ~ (*od.* **didona**) **sakal** *fr. P* Spitz-, Knebel-bart *m* *emperyal
DİE = Devlet İstatistik Enstitüsü Staatliches Statistisches Amt (Türkei)
dielektrik *techn.* 1. dielektrisch 2. Dielektrikum *n, el.* Nichtleiter *m*
difana [·×·] Dreifachnetz *n* (der Fischer)
difaze *el.* zweiphasig
diferansyasyon (*franz.* **différenciation**) Differenzierung, Unterscheidung *f* *farklılaşma
diferansiyel 1. **(dişlisi)** Differential-, Ausgleichs-getriebe *n,* Differential *n* 2. *math.* Differential *n* ~ **hesap** *math.* Differentialrechnung *f* *tefazulî hesap ~ **kutusu** Differentialgehäuse *n*
difraksiyon *phys.* Diffraktion, Strahlenbrechung *f* *kırınım, tekâsür
difteri *med.* Diphtherie, Diphtheritis *f* *kuşpalazı ~ **larenjiti** *med.* s. **krup**
diftong *phon.* Diphthong *m* *ikili ünlü; ikiz vokal
diftonglaşma *phon.* Diphthongierung *f*
difüz *selt.* diffus (Licht)
difüzör 1. Diffuseur *m* (Auslaugungsapparat bei der Zuckerherstellung) 2. Scheinwerfer *m* mit Streuscheibe (Kino) 3. Kugelleuchter *m* 4. Flächenlautsprecher *m*
difüzyon 1. (Aus-)Streuung, Verteilung, Verbreitung *f* 2. Diffusion *f* (Auslaugung bei der Zuckerherstellung) 3. (Rundfunk-)Sendung *f* 4. s. **ışık dağılması**
Digor *n.pr.* O. u. D. im Rbz. Kars
digresyon 1. Abweichung, Abschweifung *f* (vom Thema) 2. *astr.* Digression *f*
diğdiği s. **dığdığı**
diğer [dîger] *od.* [dîer] ander-, weiter- *başka, öteki ~ **bir şekilde** in anderer Form ~ **bir tarzda** auf andere Weise ~ **biri** ein anderer, jemand anders ~ **cihetten** in anderer Hinsicht, andererseits ~ **taraftan** andererseits
diğerbin [··–] altruistisch, selbstlos, uneigennützig *diğerendiş, diğerkâm, gayrendiş, özgeci
diğerbinlik [··–·] Altruismus *m,* Selbstlosigkeit, Uneigennützigkeit *f* *diğerendişlik, diğerkâmlık, gayrendişlik, özgecilik
diğerendiş(-lik) s. **diğerbin(-lik)**
diğergûn *va.* verändert *değişik, başka
diğerkâm(-lık) s. **diğerbin(-lik)**
dijestibilite (*franz.* **digestibilité**) *med.* (leichte) Verdaulichkeit *f*
dijestif *med.* 1. die Verdauung fördernd 2. Digestivum *n,* verdauungsförderndes Mittel
dijestör *chem.* Digestor, Dampfkochtopf *m*
dijitalin *pharm.* Digitalis *f* (Extrakt des roten Fingerhuts)
dijitoksin s. **zehirli glikozit**
dik, -ki 1. steil, abschüssig 2. aufrecht, gerade 3. *math.* orthogonal, rechtwinklig, gerade *kaim 4. hoch und laut; schrill 5. scharf, heftig, stark, durchdringend 6. hart, streng, fest, starr, unbeugsam, unerbittlich ~ **açı** rechter Winkel *zaviyei kaime ~ **alâsı** (bşin) *fig.* Gipfel *m* (z.B. der Frechheit) ~ **aşağı** steil hinab ~ **ateşli top** Steilfeuergeschütz *n* ~ **bakmak** s. ~ ~ **bakmak;** ~ **basan** *med.* Stelzfuß *m* ~ **baş(-lı)** 1. stolz, unnachgiebig 2. eigensinnig, eigenwillig, störrisch, stur, unbelehrbar ~ **başlılık** 1. Stolz *m,* Unnachgiebigkeit *f* 2. Eigensinn *m,* Unbelehrbarkeit *f* ~ **biçme** *math.* gerades Prisma *kaim menşur, dik prizma ~ **burun balığı** Grauhai *m zo.* Oxyrhina spallanzanii ~ **burunlu harharyas** Heringshai *m zo.* Lamna cornubica ~ **burunlugiller** s. **dev köpekbalığıgiller;** ~ **çizgi** Senkrechte, *(techn.)* Normale *f* ~ ~ **bakmak** 1. anstie-

ren 2. wütend ansehen 3. j–m frech und herausfordernd ins Gesicht sehen 4. scharf anblicken (od. beobachten); fixieren ~ ~ **cevap vermek** gereizt antworten, scharf erwidern, e–e heftige Antwort geben ~ **dikine** s. **-i dikine;** ~ **dişleme** *techn.* stehende Verzahnung ~ **doğru** *math.* Senkrechte *f*, Lot *n* ~ **dörtgen** *math.* Rechteck *n* *mustatil ~ **dörtgenler prizması** vierseitiges Prisma; Quader *m* ~ **durmak** sich geradehalten, aufrecht stehen od. sitzen ~ **gelmek** sich widersetzen ~ **kafalı(-lık)** s. ~ **başlı(-lık);** ~ **kenar** *geom.* Kathete *f* (im rechtwinkligen Dreieck) *dıl'ı kaim ~ **mahrekle ateş** *mil.* Steilbahnfeuer *n* ~ **matkap makinesi** Vertikalbohrmaschine *f* ~ **mermi yollu topçu** Steilfeuerartillerie *f* ~ **paraçol** *naut.* Hänge-, Steck-knie *n* ~ **paralelkenar** s. ~ **dörtgen;** ~ **planya makinesi** Vertikalhobelmaschine *f* ~ **prizma** s. **dik biçme;** ~ **rüzgâr** *naut.* genau von vorne kommender Wind; Gegenwind *m* ~ **ses** 1. hoher und lauter Ton 2. schrille Stimme 3. Fistelstimme *f* ~ **silindir** *math.* gerader Zylinder *kaim üstüvane ~ **söz** scharfes od. strenges Wort ~ **sözlü** wer kein Blatt vor den Mund nimmt, wer unverblümt die Wahrheit sagt ~ **türbin** *techn.* Axialturbine *f* ~ **üçgen** *math.* rechtwinkliges Dreieck *müsellesi kaimüzzaviye ~ **ve kalkık yaka** Stehbündchen *n* (an Damenkleidern) ~ **vento** s. **vento** (2); ~ **yamaç** Steil-hang, -abhang *m* ~ **yollu atış** *mil.* Steilbahnfeuer *n* ~ **yamuk** *math.* Trapez *n* mit zwei rechten Winkeln *kaim şibih münharif ~ **yukarı** steil nach oben **-i dikine** 1. ganz steil hinauf (bzw. hinunter) 2. diametral entgegengesetzt 3. mit Beharrlichkeit **-ine** *Adv.* 1. senkrecht, vertikal 2. nun gerade, zum Trotz *inadına **-ine dalan tayyare** Sturzkampfflugzeug *n* *pike bombardıman tayyaresi **-ine gitmek** 1. (b–nin) aufsässig sein (gegen); j–m dauernd widersprechen od. genau das Gegenteil von dem tun, worum man gebeten worden ist 2. *V* j–m et. einreden wollen 3. unbekümmert loslegen, rücksichtslos herausplatzen **-ine havalanmak** senkrecht aufsteigen (starten) (z. B. Flugzeug) **-ine tıraş** 1. Rasur *f* gegen den Strich 2. *fig.* gegen den Strich gehend; ermüdend 3. Gerede, Geschwätz *n* 4. *V* Flunkern, Aufschneiden *n;* Versuch *m* zu bluffen **-ine tıraş etmek** 1. gegen den Strich rasieren 2. *fig.* widerborstig, aufsässig sein 3. ermüden, lästig fallen, reizen, erbittern 4. dummes Zeug reden 5. *V* flunkern, aufschneiden, bluffen wollen

dikçe *dial.* 1. fast senkrecht stehend 2. senkrechte Achse e–r Garnwinde

-dikçe (-dıkça, -dukça, -dükçe) 1. (*a. Verst.* durch **her**) immer (jedesmal) wenn ...; so oft als ... 2. solange als ... 3. in dem Maße wie ...; soweit ...; je mehr ... (desto mehr) 4. **(ettikçe ediyor)** immer mehr, viel, beträchtlich, riesig, furchtbar 5. s. **gittikçe; gün geçtikçe; oldukça** Zu 1: **Güldükçe güller açılır.** *spr. Ra.* Wenn sie lacht, öffnen sich Rosen. **icap ettikçe** nötigen-, gegebenen-falls Zu 2: **ömrümüz oldukça** unser Leben lang **dünya durdukça** solange die Welt besteht Zu 3: **Çocuk büyüdükçe yürek çarpıntısı olur.** In dem Maße, wie ein Kind heranwächst, wird es zum Herzklopfen (*d. h.* zur immer größeren Sorge der Eltern). **Çingene çoğaldıkça çeribaşı iftihar eder.** *Spr.* Je mehr Zigeuner es gibt, um so stolzer wird der Zigeunerhauptmann. Zu 4: **Havalar soğudukça soğuyor.** Es wird immer kälter. **Fil gibi yedikçe yer.** Er schlingt wie ein Scheunendrescher. Er ist ein unglaublicher Vielfraß.

dikek, -eği (irdener od. metallener) Kerzenhalter

dikel *agr.* 1. Misthacke *f* 2. Kartoffelkralle *f*

dikeleç *dial.* Pflanz-, Setz-holz *n*

dikelmek *P* 1. sich gerade halten 2. sich aufpflanzen, sich postieren, sich provozierend hinstellen 3. sich die Beine in den Leib stehen (bei übermäßigem Warten) 4. aufsässig sein od. Arroganz an den Tag legen 5. herumstehen (vgl. a. **dikilmek**)

diken 1. Dorn *m* 2. Stachel *m* (bei Pflanzen od. Tieren) 3. *an.* a) Flossenträger *m* (bei Fischen) b) größerer Knochenvorsprung 4. Stachel-gewächs *n*, -pflanze *f*, Dorngewächs *n* 5. *fig.* dauernde Quelle der Beunruhigung od. lästiges Hindernis ~ **batırmak** sich e–n Dorn einrennen ~ **çalıbülbülü** s. **çalıbülbülü;** ~ ~ **etmek (olmak)** s. Stw. **tüyleri(-ni);** ~ **kuyruklu agama** Dornschwanzeidechse *f* (Ägypten) *zo.* Uromastix spinipens ~ **üstünde oturmak** *fig.* wie auf Nadeln (od. glühenden Kohlen) sitzen ~ **üzümü** s. **kadıntuzluğu**

dikence kleiner Stichling *zo.* Gasterosteus pungitius

dikendutu, -nu s. **böğürtlen**

dikene s. **dikence**

dikenlenmek stachelig werden, Stacheln ansetzen

dikenli 1. mit Dornen od. Stacheln, dornig, stachelig 2. mit viel Stachelgewächsen bestanden ~ **balık** Stichling *m zo.* Gasterosteus ~ **ceviz** s. **tatula** (1); ~ **çalı** Dornstrauch *m* ~ **çalılık** Dorngestrüpp *n* ~ **çopra** s. **taşısıran;** ~ **çöven** gemeines Salzkraut *bot.* Salsola kali *kalya otu, üşnan ~ **defne** s. **çobanpüskülü** (1); ~ **dişbudak ağacı** Gelbholz *n bot.* Xanthoxylum (americanum u. a.) ~ **dülgerbalığı** Heringskönig, Petersfisch *m zo.* Zeus faber pungio ~ **elma** s. **tatula** (1); ~ **frenkinciri** s. **bektaşikavuğu;** ~ **haşhaş** 1. Stachelmohn *m bot.* Argemone mexicana 2. gemeiner Sandmohn *bot.* Papaver argemone *karaçalı ~ **hurma** s. **çobanpüskülü** (1); ~ **ıstakoz** s. **langust;** ~ **katır çiçeği** stachliger Ginsterbaum *bot.* Parkinsonia aculeata ~ **katırtırnağı** Stechginster *m bot.* Ulex europaeus ~ **kavunağacı** gemeiner Melonenkaktus, Türkenkopf *m bot.* Melocactus communis ~ **kelerbalığı** Glatt-, Hai-rochen *m zo.* Rhinobatus columnae *iğneli kelerbaliği ~ **ot** s. **yabanî enginar;** ~ **öksüz balığı** Gabelfisch, Steinpicker *m zo.* Peristedion cataphractum ~ **salyangoz** Stachelschnecke *f zo.* Murex *iskerlet ~ **saparna** rauhe Stechwinde *bot.* Smila bona nox ~ **sıracaotu** s. **pıtrak dikeni** (3); ~ **sıçan** Stachelmaus *f zo.* Acomys cahirinus ~ **sumak ağacı** Spitzdornsumach *m bot.* Rhus albida ~ **taç** Dornenkrone (Christi) *f* ~ **tel** Stacheldraht *m* ~ **tel çiti** Stacheldrahtzaun *m* ~ **tel manii** Stacheldrahthindernis *n* ~ **uyuşturanbalığı** s. **iğneli vatoz balığı;** ~ **yonca** kretischer Dornklee *bot.* Fagonia cretica

dikenlice s. **dikence**

dikenlik 1. stachlige Pflanze; Stachelgewächs *n* 2. mit Dorngestrüpp bestandener Ort

dikenliyılan Todes-, Dornen-otter *f zo.* Acanthophis antarcticum

dikenliyüzgeçliler Stachelflosser *pl. zo.* Acanthopterygii

dikenliyüzgeçligiller Schmerlen *pl. zo.* Acanthopsidae

dikensi dornähnlich, Dorn- ~ **çıkıntı** *an.* Dornfortsatz *m*, Processus spinosus *nütuu şevkî

dikensiz ohne Dornen (Stacheln, Gräten) ≗ **gül olmaz.** *Spr.* Keine Rose ohne Dornen. *Spr.* ~ **kalkan (balığı)** Glattbutt *m zo.* Rhombus laevis ~ **kenger otu** s. **ayıpençesi** (1)

dikensizlik Fehlen *n* von Dornen (Stacheln, Gräten)

dikey *geom.* senkrecht, lotrecht *amudî ~ **kalkışlı uçak** Senkrechtstarter *m* (Flugzeug) ~ **kesit** *geom.* Aufriß *m*

dikgen *geom.* senkrecht zueinander stehend; sich im rechten Winkel schneidend, orthogonal *kaim

dikici 1. Flickschuster *m* 2. Flickschneider *m* 3. wer et. anpflanzt

dikicilik 1. Ausbesserung *f* von Schuhen, Schuhflickerei *f* 2. Ausbessern *n* von Anzügen od. Kleidern, Flickschneiderei *f* 3. Anpflanzen *n*

dikili 1. aufgepflanzt, er-, aufge-richtet 2. genäht 3. gerichtet, starr (Blick) ≗ **ağacı yok.** *fig.* 1. Er nennt nichts sein

eigen. Er besitzt gar nichts. 2. Er hat keinerlei Angehörige.
Dikili *n.pr.* O. u. D. im Rbz. İzmir
dikilitaş 1. Obelisk *m* (*spez.* der 30 m hohe Obelisk aus der Zeit des Pharao Thutmosis III.; Istanbul) 2. Stele *f* *stel
dikilmek 1. Pass. od. Refl. zu **dikmek** 2. s. **dikelmek** 3. erigieren *intiaz etmek 4. starr gerichtet sein (Blick) 5. aufstehen; plötzlich auftauchen (vor j–m) Zu 2: **Karşımda ne dikilip duruyorsun?** Was stehst du mir dauernd vor den Füßen herum?
dikim Vs. zu **dikmek;** ~ **yurdu** s. **dikimevi;** ~ **zamanı** Pflanzzeit *f*
dikimevi, -ni Näherei, Schneiderei, Schneiderwerkstatt *f* *dikimhane
dikimhane [ā] s. **dikimevi** (*Anm.* fr. nur in staatlicher Regie)
dikine s. Stw. **dik**
dikiş Vs. zu **dikmek** *spez.* 1. Nähen *n,* Näharbeit *f* 2. Heften *n,* Heftschnur *f* 3. *a. an., med.* Naht *f* 4. *naut.* Spleiß *m,* Splissung *f* ~ **dikmek** nähen ~ **iğnesi** Nähnadel *f* ~ **ipliği** Nähgarn *n,* Heftzwirn *m* ~ **kaldı** fast, beinahe, um ein Haar (**Denize düşmesine** ~ **kaldı.** Um ein Haar wäre er ins Meer gestürzt. ~ **kaldı bayılacaktı** (*od.* **bayılıyordu**). Beinahe wäre er ohnmächtig geworden.) ~ **kaynağı** *techn.* Nahtschweißung *f* ~ **kutusu** Näh-kasten *m,* -kästchen *n* ~ **makinesi** Nähmaschine *f* (s. a. **tel** ~ **makinesi**); ~ **mumu** Schusterpech *n* ~ **payı** 1. Einschlag *m* (bei e–r Naht) 2. *fig.* gewisses Zugeständnis; Spielraum *m* 3. s. **kıl payı;** ~ **sepeti** Nähkorb *m* ~ **tezgâhı** Heftlade *f* (des Buchbinders) ~ **tutturmak** 1. erreichen, daß e–e Naht hält 2. *fig.* festen Fuß fassen; e–e Dauerstellung bekommen ~ **tutturamamak** *fig.* 1. sich in e–r Stellung nicht halten können, die Stellung wechseln müssen 2. e–n Liebhaber nicht dauernd an sich fesseln können 3. sich nicht festsetzen (einbürgern) können (z. B. Gebrauch) ~ **yeri** Naht(-stelle) *f* ~ **yurdu** 1. Nähschule *f* 2. Schule *f* für Damenschneiderei ~ **yüksüğü** *naut.* s. **radansa**
dikişçi Näher(-in *f*) *m spez.* Weißnäherin *f*
dikişçilik Tätigkeit *f* e–r (Weiß-)Näherin
dikişli 1. genäht, mit Naht 2. -maschig 3. gestickt ~ **kasa** *naut.* Augspleiß *m*
dikişsiz 1. nicht genäht, nahtlos 2. nicht gestickt ~ **boru** nahtloses Rohr
dikit, -ti *geol.* Stalagmit, Auftropfstein *m* *istalagmit
dikiz *V* 1. Auge *n* 2. Schauen, Spähen, Beobachten, Spionieren *n* 3. (m. Dat.) Gib acht auf ...! Vorsicht bei ...! ~ **aynası** 1. Beobachtungsspiegel *m, F* Spion *m* (an e–m Fenster) 2. Rückspiegel *m* (am Auto) ~ **etmek** (*od.* **geçmek**) *V* heimlich beobachten (j–s Bewegungen od. Tätigkeit)
dikizci *V* 1. Späher, Aufpasser, Helfershelfer *m;* wer Schmiere steht (bei e–m Diebstahl) 2. Voyeur *m*
dikizlemek *V* s. **dikiz etmek**
dikkat, -ti 1. Aufmerksamkeit *f,* Achtgeben, Aufpassen *n,* Sorgfalt, Vorsicht *f* 2. *(Ausruf)* Achtung! Vorsicht! 3. *mil.* Habt acht! ~ **bakışları** (*od.* **nazarı**) s. **nazarı** ~; ~ **etmek** 1. aufmerksam sein, achtgeben, aufpassen, genau überlegen, genau(-er) hinsehen, sorgfältig arbeiten, vorsichtig sein 2. bemerken, wahrnehmen *farkına varmak 3. genau überprüfen ~ **kesilmek** ganz Auge und Ohr werden; gespannt zuschauen und zuhören ~ **zorunluğu** *jur.* die (gesetzlich geregelte) Verpflichtung e–s Arbeitnehmers, die übertragenen Aufgaben mit der erforderlichen Sorgfalt auszuführen **-e almak** s. **nazarı -e almak; -e arz etmek** der Aufmerksamkeit empfehlen **-e çarpmak** s. **nazarı -ini celbetmek** (b–nin); **-e şayan (değer, lâyık)** bemerkenswert, beachtlich **-i çekmek** s. **nazarı -ini celp etmek** (b–nin); **-i uyandırmak** aufmerksam machen **-inden kaçmak** (b–nin) j–s Aufmerksamkeit entgehen **-ini vermek** sehr aufmerksam zuhören; seine ganze Aufmerksamkeit auf et. konzentrieren **-le** aufmerksam, gespannt, sorgsam, vorsichtig **-leri üstünde toplamak** die (allgemeine) Aufmerksamkeit auf sich lenken
dikkatdeğer s. **şayanı dikkat**
dikkatli 1. *(Person)* aufmerksam, sorgfältig, sorgsam, vorsichtig, bedächtig, umsichtig 2. (Sache) genau, sorgfältig ausgeführt
dikkatlilik *selt.* Umsicht, Bedächtigkeit *f*
dikkatsiz 1. *(Person)* unaufmerksam, zerstreut, unachtsam, gedankenlos, unvorsichtig, fahrlässig 2. *(Sache)* nachlässig, schlampig, oberflächlich
dikkatsizlik 1. Unaufmerksamkeit, Unachtsamkeit, Zerstreutheit, Gedankenlosigkeit, Unvorsichtigkeit 2. Fahrlässigkeit *f,* mangelnde Sorgfalt, Nachlässigkeit *f*
dikleme *(Adj.);* **diklemesine** *(Adv.)* senkrecht
diklenmek; dikleşmek 1. sich aufrichten *an. a.* erigieren 2. e–n heftigen Ton anschlagen (beim Sprechen) 3. fixieren; scharf ins Auge fassen 4. aufsässig, widerspenstig sein
dikletmek schriller werden lassen (Ton, Stimme)
diklik 1. aufrechte Haltung 2. Steilsein *n,* Abschüssigkeit *f* ~ **etmek** aufsässig (eigensinnig, halsstarrig) sein; sich widerspenstig benehmen
dikme 1. Vs. zu **dikmek** 2. *geom.* Lot *n,* Senkrechte *f* *amut 3. Setzling *m,* junge Pflanze *fidan 4. *naut.* Derrick (-kran), Auslegekran, Ladebaum *m* 5. *naut.* Sparren *m,* Spiere *f* 6. Verstrebung, Versteifung *f* 7. Pfosten *m* 8. aufrecht hingestellt; aufgepflanzt (usw. vgl. **dikmek**); ~ **ayağı** *geom.* Fuß *m* der Senkrechten *mevkii amut ~ **çelik** s. **makas dikmesi;** ~ **kaşığı** s. **deplantuar;** ~ **taş** 1. s. **dikilitaş** 2. s. **menhir**
dikmek 1. aufrecht hinstellen, er-, auf-richten, aufpflanzen, in die Höhe heben (Kopf), hineinstecken (z. B. Kerze in e–n Halter), spitzen (Ohren) 2. an-, ein-pflanzen 3. (zu-, zusammen-, ver-)nähen *naut.* spleißen, zusammensplissen (Tauwerk) 4. zum Mund führen; leeren (Glas) 5. richten (Augen, Blick) 6. (als Wärter, Wache) hin-, auf-, aus-stellen Zu 3: s. **dikiş** ~ Zu 5: s. **göz** ~
dikmeli mit **dikme** *z. B.* verstrebt, versteift
dikmelik Baumschule *f*
dikmen *dial.* kegelförmiger Hügel
Dikmen *n. pr.* Vorort von Ankara
dikse ein in baumlosen Gegenden aufgestellter Baum, dessen Äste mit Vogelleim bestrichen sind (zum Fang von Zugvögeln)
diksiyon (*franz.* **diction**) Sprech-, Vortrags-weise, Diktion *f,* Stil *m,* Sprache *f*
diksiyoner Wörterbuch *n* *lugat, kamus, sözlük
dikta 1. Diktat(-frieden *m*) *n,* aufgezwungener Friedensvertrag 2. (*a.* ~ **rejimi**) Diktatur(-regime *n*) *f*
diktafon Diktaphon *n,* Diktiermaschine *f*
diktat, -tı s. **dikta**
diktatora (*selt. a.* **diktatorya**) Diktatur(-regime *n*) *f*
diktatoryal *selt.* diktatorisch (z. B. Machtbefugnis)
diktatör Diktator *m*
diktatörizm Diktatur(-regime *n*) *f*
diktatörlük 1. s. **diktatörizm** 2. Rolle, Tätigkeit *f,* Wirken *n* e–s Diktators
diktatöroit, -di Diktator *m* im Miniaturformat
diktatür Diktatur(-regime *n*) *f*
dikte 1. diktiert 2. Diktat, Diktieren *n* *imlâ ~ **etmek** (*gel. a.* **ettirmek**) 1. (in die Feder) diktieren 2. *fig.* diktieren, auf-zwingen, -oktroyieren **-si altında** (b–nin) unter j–s Einfluß
dikton (*franz.* **dicton**) *selt.* sprichwörtliche Redensart
dil (I) 1. *an.* Zunge *f* 2. Sprache *f,* Worte *pl.* 3. Ausdrucks-

weise *f* 4. *pej.* böse Zunge, üble Nachrede 5. Zunge *f* (im Ansatzstück e–r Oboe) 6. Zünglein *n* (an der Waage) 7. (Schuh-)Lasche *f* 8. (Schnallen-)Dorn *m* 9. *techn.* Zapfen *m,* Welle *f a.* Angel *f* (e–s Messers) 10. (Schlüssel-)Bart *m* 11. Falle *f* (am Türschloß) 12. *naut.* Rolle, Scheibe *f* (e–s Blocks) 13. Nase *f* (e–r Schraube) 14. Landzunge *f* 15. *fr.* Kriegsgefangener, aus dessen Aussagen man best. Aufklärungen erhalten will 16. *mil. selt.* Durchbruchskeil *m* *cep ~ **ağız vermemek** s. **ağız ~ vermemek; ~ akrabalığı** (*od.* ~ **hısımlığı**) Sprachverwandtschaft *f* ~ **almak** s. ~ **tutmak;** ~ **avcısı** Aufpasser, Spion *m* ~ **belâsı** aus unüberlegtem Gerede entstandenes Unheil ~ **bilgini** Sprachwissenschaftler, Linguist *m* *lengüist, lisaniyatçı ~ **bilgisi** 1. Sprachwissenschaft, Linguistik *f* *lengüistik, lisaniyat 2. s. **dilbilgisi** 3. sprachliches Wissen od. Können ~ **bilimi** s. **dilbilim;** ~ **bir ikrar bir** *fig.* aufrichtig, ehrlich, ohne Falsch ~ **bir karış** (b–de) wer freche Antworten gibt ~ **birliği** s. **ağız birliği;** ~ **çıkarmak** (b–ne) 1. j–m die Zunge herausstrecken 2. *fig.* sich über j–n lustig machen ~ **dalaşı** scharfer Wortwechsel; Wort-gefecht *n,* -streit *m* ⌣ **Devrimi** s. ⌣ **İnkılâbı;** ~ **dökmek** j–m um den Bart gehen, Schmeicheleien sagen, *F* j–m et. vorschmusen ~ **duygusu** Sprachgefühl *n* ~ **düşüklüğü** Zurücksinken *n* der Zunge (z. B. bei tiefer Bewußtlosigkeit; *med.* Glossoptosis *f*) ~ **ebeliği** Geschwätz *n,* Klatsch *m* ~ **ebesi** Schwätzer *m,* Schwatz-, Klatsch-base *f* ~ **felci** *med.* Lähmung *f* der Zunge ~ **füme** Räucherzunge *f* ~ **gemciği** *an.* Zungenbändchen *n* ~ **ihtilâli** (*pej. G* anstelle des geläufigen **Dil İnkılâbı**); ~ **ilmi** Sprachwissenschaft, Linguistik *f* *lengüistik, lisaniyat ~ **iltihabı** *med.* Glossitis, Zungenentzündung *f* ⌣ **İnkılâbı** Türkische Sprachreform ~ **karhası** *med.* Zungengeschwür *n* ~ **kavgası** s. ~ **dalaşı;** ~ **kayması** s. ~ **sürçmesi;** ~ **kemiği** *an.* Zungenbein *n* ~ **koymak** sich (mit Worten) in et. einmischen ~ **kurultayı** Sprachkongreß *m* ~ **malası** Maurerkelle *f* ~ **oğlanı** *fr.* Übersetzer, Dolmetscher *m* (spez. bei ausländ. Botschaften) ~ **oluğu** *naut.* Keep *f* (tiefe Rille z. B. in e–m Block) ⌣ **otu mu yedin?** Du hast wohl Plapperwasser getrunken! ~ **pası** Zungenbelag *m* ~ **pelesengi** (*od.* ~ **persengi**) s. **dilin persengi;** ~ **satmak** große Töne reden, j–n durch leeres Geschwätz hinhalten ~ **seferberliği** s. **Türk Dil(-i) Seferberliği;** ~ **sürçmesi** Sich-Versprechen *n,* sprachliche Entgleisung; Lapsus linguae *m* *sürcü lisan ~ **şaklatmak** mit der Zunge schnalzen ⌣ **ve Tarih-Coğrafya Fakültesi** *n.pr.* Philosophische Fakultät der Universität Ankara ~ **tutmak** *fr.* Kriegsgefangene machen, aus deren Aussagen man wichtige Informationen zu gewinnen hofft ~ **tutukluğu** s. **anartri;** ~ **ucu** Zungenspitze *f* ~ **uzatmak** 1. die Zunge herausstrecken 2. (b–ne) *fig.* Schlechtes sagen (über); j–n herunter-, schlecht-machen 3. vorlaute Kritik üben (an) ~ **uzluğu** Rednergabe, Beredsamkeit *f* *natıka ~ **üfteri otu** zungenblättriger Sternpilzfarn *bot.* Niphobolus lingua ~ **üşürmek** *va.* sich gegen et. aussprechen ~ **yarası** *fig.* Kränkung, Beleidigung *f* (durch ein scharfes Wort) ⌣ **yutmuşluğu var.** Er ist ein ausgezeichneter Sprachkenner. **-den ağızdan düşmüş** ungebräuchlich geworden; veraltet (Wort, Ausdruck) **-den -e dolaşmak** von Mund zu Mund gehen **-den -e düşmek** ins Gerede kommen **-den düş(ürül)mek** nicht mehr genannt werden ⌣**den gelen elden gelse, her yoksul bir bey olur.** *Spr.* Wenn alles Gerede Wirklichkeit würde, könnte aus jedem armen Teufel ein reicher Herr werden. **-e alınmaz** s. **ağıza alınmaz; -e almak** s. **ağıza almak; -e düşmek** ins Gerede (in Verruf) kommen (*spez.* Mädchen, Frauen) **-e düşürmek** in Verruf bringen **-e gelmek** 1. s. **dile düşmek** 2. die Sprache wiederfinden 3. zu sprechen beginnen **-e gelmez** unbeschreiblich **-e getirmek** 1. ins Gerede bringen 2. (öffentlich) zur Sprache bringen 3. die Sprache wiederfinden lassen 4. (Tiere) sprechen lassen (z. B. in der Fabel) **-e kolay** leicht gesagt (*scil.* aber schwer auszuführen) **-e perhiz etmek** et. für sich behalten; nichts sagen **-e vermek** ausplaudern, verraten, enthüllen, preisgeben (z. B. Geheimnis) *ifşa etmek **-i açılmak** die Sprache wiederfinden **-i ağır** mit schwerer Zunge: stotternd **-i ağırlaşmak** nur (mehr) mühsam sprechen können (Kranker, Betrunkener) **-i ağzında kurumak** s. Stw. **kurumak; -i alışmak** geläufig werden (Wort) **-i bağlı** schweigend, stumm, ohne Widerspruch (z. B. et. hinnehmend) **-i bir karış** s. **-i kürek** (*od.* **pabuç**) **kadar.** ⌣**i bir karış dışarı çıktı.** Die Zunge hing ihm aus dem Mund (vor Erschöpfung). **-i çalmak** mit ausländischem Akzent sprechen; s. **Dili Hırvata çalıyor. -i çözülmek** s. **dili açılmak; -i damağı kurumak** (*od.* **-i damağına yapışmak**) wie ausgetrocknet sein (Mund), am Gaumen kleben (Zunge) **-i dışarı çıkmak** ganz erschöpft sein **-i dolaşmak** 1. zu stottern anfangen, *F* sich verhaspeln, sich verheddern 2. e–e schwere Zunge haben; lallen (Betrunkener) **-i döndüğü kadar** (*od.* **mertebe**) nach besten Kräften (z. B. erklären) **-i dönmemek** 1. et. nicht (od. nicht korrekt) aussprechen können 2. kein Wort herausbringen können **-i ekmekçi küreği kadar uzun** ein Lästermaul, wie es im Buch steht; *F* e–e wahre Dreckschleuder ⌣**i ensesinden çekilsin!** *(Fluch)* etwa: Der Kragen gehört ihm umgedreht! ⌣**i Hırvata çalıyor.** Er hat e–e Aussprache wie ein Kroate. **-i ile sokmak** 1. durch Worte verletzen, kränken 2. Lästerreden führen, haßerfüllte Worte finden **-i kaymak** 1. sich im Ausdruck vergreifen 2. sich ein unbedachtes (unpassendes) Wort entschlüpfen lassen 3. ungewollt die Katze aus dem Sack lassen *(F)* **-i kılıçtan keskin** s. **-i zifir; -i kısa** wer sich nicht recht ausdrücken kann **-i kısıp oturmak** dasitzen und nichts sagen **-i kurtlu** Klatschmaul *n* ⌣**i kurulsun!** s. ⌣**ini eşekarısı soksun!** ⌣**i kürek** (*od.* **pabuç**) **kadar.** Er hat ein freches Mundwerk. **-i olmak** (in Ra. wie): **Şu duvarların dili olsa da söylese!** Wenn diese Wände reden könnten (*scil.* so könnte man viel erfahren)! **-i tutuk** wer nur mühsam sprechen kann **-i tutulmak** 1. kein Wort herausbringen können (z. B. vor Erregung) 2. die Sprache verloren haben, nicht mehr sprechen können **-i uzamak** bissige Bemerkungen machen **-i uzun olmak** 1. e–e spitze Zunge haben; lästern 2. dauernde Widerreden führen **-i varmak** s. **ağzı varmak; -i yatkın** wer sich korrekt auszudrükken vermag **-i zifir** mit üblem Mundwerk, *V* Dreckschleuder *f* ⌣**ime öyle geldi.** Es ist mir so auf die Zunge gekommen. *d. h.* Ich habe mir nichts weiter dabei gedacht. ⌣**imi eşekarısı soksun!** Verflucht noch einmal! Dauernd verspreche ich mich. ⌣**imi ısırdım.** Ich hätte beinahe et. Unbedachtes gesagt. **-in altında evirmek çevirmek** herumdrucksen, et. nicht sagen können ⌣**in aşınmaz ya!** s. **Ağzın aşınmaz ya!** ⌣**in cirmi küçük cürmü büyük.** *Spr.* Die Zunge ist zwar klein, sie kann aber viel Unheil anrichten. ⌣**in kemiği yok!** *hum.* Die Leute reden nun einmal gerne! (*scil.* Das kann man nicht alles auf die Goldwaage legen!) **-in persengi** (*od.* **-in pelesengi**) dauernd verwendete überflüssige Einschubwörter (wie **şey, efendim** usw.) *ağız persengi ⌣**inde bir tutukluk var.** Er hat e–e Sprachstörung. Er kann nur stockend reden. **-inde tüy bitmek** (söyleye söyleye) sich den Mund fusselig reden **-inden anlamak** (bsin) sich auf et. verstehen; den Mechanismus von et. kennen **-inden düşürmemek** dauernd im Munde führen; e–r Person od. Sache dauernd gedenken **-inden kurtulamamak** dauernden Vorwürfen od. Angriffen ausgesetzt sein **-inden zehir dökülmek** e–e spitze Zunge haben **-ine dolamak** (bşi) dauernd im Munde führen; dauernd reden (von) **-ine düşmek** j–s Schmähungen ausgesetzt sein **-ine düşürmek** s. Stw. **Al-**

lah; -ine gelmemek im Moment nicht einfallen (z.B. Name) **-ine kıl dolaşmadan konuşmak** fließend sprechen **-ine kira istemek** *hum.* mundfaul sein; sich jedes Wort sozusagen abkaufen lassen **-ine pelesenk etmek** dauernd das gleiche sagen od. vor sich hinträllern (Melodie, Lied) **-ine sağlam olmak** 1. sich mit seinen Worten in acht nehmen 2. nichts ausplaudern **-ine tespih** (*od.* **virt**) **etmek** s. **diline dolamak; -ine yörük** (*od.* **yavuz**) redselig; Klatschmaul *n* **-ini açmak** s. **-ini çözmek; -ini bağlamak** 1. (b–nin) j–n mundtot machen 2. (kendi) den Mund halten, nicht (weiter-)reden **-ini bozmak** s. **ağzını bozmak; -ini çözmek** j–m die Zunge lösen, j–n zum Reden bringen **-ini değdirmemek** keine Speise anrühren; nichts essen **-ini döndürememek** kein Wort herausbringen können **-ini düzeltmek** korrekt und anständig sprechen lernen **ºini eşek arısı soksun!** Hol der Teufel diese Lästerzunge! **ºini fare (kuş, kedi) mi yedi?** Hat es dir auf einmal die Sprache verschlagen? **-ini kesmek** 1. (kendi) den Mund halten, nicht (weiter-)reden 2. (b–nin) j–m den Mund stopfen **-ini kısa tutmak** seine Zunge im Zaum halten **ºini koparırım!** (Drohung) Wenn du jetzt nicht gleich den Mund hältst... **-ini (sıkı) tutmak** 1. den Mund halten, schweigen 2. seine Zunge im Zaum halten, sich vorsichtig ausdrücken **-ini yakmak** ordentlich auf der Zunge brennen (z.B. starkgewürzte Speise) **-ini yutmuş gibi olmak** wie vor den Mund geschlagen sein **ºinin altında bir bakla** (*od.* **bir şey**) **var.** Er hat noch et. auf dem Herzen. **-inin altındaki baklayı çıkarmak** mit der Sprache herausrücken **-inin belâsını bulmak** (*od.* **çekmek**) die gerechte Strafe für seine lose Zunge erhalten **-inin ucuna (kadar) gelmek** auf die Zunge kommen (was man lieber nicht aussprechen möchte), j–m auf der Zunge liegen **-inin ucunda olmak** j–m auf der Zunge liegen (aber nicht deutlich erinnerlich sein) **-inin yettiği kadar** so gut er es darlegen (ausdrücken) konnte **-iyle sokmak** bissige Bemerkungen fallen lassen **-iyle tutulmak** (*od.* **yakalanmak**) sich in seinen eigenen Worten fangen; sich verplappern **-le** *selt.* s. **sözle; -le tarifi mümkün değil** unbeschreiblich (z.B. schön) **-ler dökmek** s. **dil dökmek; -lerde dolaşmak** (*od.* **gezmek**) das Stadtgespräch bilden, in aller Munde sein **-lere destan olmak** 1. viel genannt werden, volkstümlich sein 2. *pej.* berüchtigt, verrufen sein **-lere düş(ür)mek** s. **dile düş(ür)mek; -lerinden düşürmemek** (insanlar) zum geflügelten Wort werden (bei)

dil (II) *va.* 1. Herz, Gemüt *n* *gönül, kalp, yürek 2. Mut *m,* Tapferkeit *f* ~ **bağlamak** *va.* sich in j–n verlieben

dilagâh *va.* einfühlend, intuitiv, aufgeschlossen

dilak s. **dılak, bızır**

dilaltı, -nı 1. Unterseite *f* der Zunge 2. Höhlung *f* unter der Zunge 3. schmerzhaftes Bläschen unter der Zunge, Fröschleingeschwulst *f* 4. Pips *m* (Geflügelkrankheit) *(3, 4) kurbağacık ~ **bağı** *an.* Zungenbändchen, Frenulum *n* *dil gemciği, licam ~ **bezi** *an.* Unterzungendrüse *f,* Glandula sublingualis *guddei tahtellisan ~ **olmak** *a.:* et. nicht herausbringen (sagen) können (obwohl man es weiß)

dilârâ *va.* 1. angenehm, gefällig, reizvoll 2. Liebling *m*

dilâram [·––] *va.* 1. beruhigend 2. schön, anziehend

dilasyon s. **aktarma** (10)

dilatasyon *med.* Erweiterung, Ausdehnung, Dilatation *f*

dilatometre [···×·] *phys.* Dehnungsmesser *m,* Dilatometer *n*

dilâver *va.* Held *m,* schneidiger Kerl *yiğit

dilâverlik heldenhaftes, schneidiges Verhalten *yiğitlik

dilâzar [·––] *va.* verletzend, kränkend

dilbalığı, -nı 1. Laternenbutt *m zo.* Arnoglossus laterna 2. Seezunge *f zo.* Solea vulgaris 3. (*a.* **benekli** ~) Zwergzunge *f zo.* Solea lascaris

dilbasan *med.* 1. Zungen-halter *m,* -spatel *m, f* 2. spatelförmiges Rührstäbchen (für die Zubereitung von Arzneien)

dilbaz 1. unterhaltsam plaudernd, angenehmer Gesellschafter, gute(r) Erzähler(-in *f*) *m,* Witzbold *m* 2. beredt, überzeugend

dilbazlık 1. unterhaltsames Erzählen 2. Überredungsgabe *f*

dilber 1. schön, lieb, reizend, entzückend 2. Liebling, Schatz *m* ~ **çam ağacı** Purpurtanne *f bot.* Abies amabilis ~ **gözü** s. **nergis;** ~ **otu** Mormonentulpe *f bot.* Calochortus alba ~ **saçı** Wasserstern *m bot.* Callitriche aquaticus **-ler** die Schönen *pl.*

dilberdudağı, -nı Name e–r türk. Süßspeise (die etwa Lippenform hat)

dilbeste *va.* verliebt

dilbilgisi, -ni 1. Grammatik, Sprachlehre *f* *gramer, sarf ve nahiv, kavait 2. s. **dil bilgisi**

dilbilim Sprachwissenschaft, Linguistik *f* *lengüistik

dilbilimci Sprachwissenschaftler(-in *f*) *m,* Linguist(-in *f*) *m* *lengüist

dilbilimsel sprachwissenschaftlich, linguistisch *lengüistik ~ **coğrafya** Sprachgeographie *f*

dilci wer sich beruflich oder außerberuflich mit Sprachfragen beschäftigt, wer an sprachlichen Problemen interessiert ist; Sprachforscher(-in *f*) *m*

dilcik 1. Zünglein *n* (*a.* an der Waage) 2. Zeiger *m* od. Nadel *f* (an e–m Meßgerät) 3. *an.* s. **bızır** bzw. **küçük dil** 4. *bot.* Blatthäutchen *n* (der Gräser) 5. s. **kurbağacık** (4) 6. *mus.* Zunge *f* (an Bl.i.)

dilcilik Beschäftigung *f* mit Sprachproblemen

dilcu [ū] *va.* 1. fesselnd, reizend 2. geliebt 3. angenehm, erwünscht

dildade [ā] 1. verliebt 2. Geliebte *m, f* 3. Stirnband *n* (der Frauen)

dildar [ā] *va.* Geliebte *m, f*

dilek, -ği 1. Wunsch *m,* Bitte *f* 2. An-, Er-suchen, Verlangen, Anliegen *n* Zu 1: **Sizden bir -im var.** Ich hätte e–e Bitte an Sie. Zu 2: **-ini yerine getirmek** (b–nin) j–s Ersuchen stattgeben ~ **etmek** wünschen, begehren ~ **kipleri** *gr.* verbale Desiderativformen *pl.* (umfassend: dilekşart kipi, istek kipi, gereklik kipi, emir kipi) *inşaî sıygalar **dilek-şart kipi** *gr.* konditionaler Optativ (Typus: bitse) *temenni sıygası, fiili temenni, fiili şart ~ **koşulu** s. **arzu şartı**

dilekçe schriftliches Gesuch, schriftlicher Antrag *arzuhal, istida(-name) ~ **hakkı** *jur.* fPetitionsrecht *n* ~ **karma komisyonu** *parl.* Petitionsausschuß *m*

dilekçi Gesuch-, Antrag-steller(-in *f*) *m* *istidaname sahibi, müstedi

dilekli yantümce *gr.* desiderativer Bedingungssatz (z.B. **Hava güzel olsa ...** Wenn es (doch) schönes Wetter wäre ...)

dilem 1. *log.* s. **ikilem** 2. s. **dava, arançç;** ~ **konusu** s. **münazaunfih;** ~ **yöneltilme yetkisi** s. **pasif husumet ehliyeti;** ~ **yöneltme yetkisi** s. **aktif husumet ehliyeti; -e katılma** s. **davaya müdahale; -in bildirilmesi** s. **davanın ihbarı**

dilemci s. **davacı**

dilemli s. **davalı**

dilemek 1. wünschen, wollen 2. erbitten, ansuchen, bitten (um) *arzu etmek 3. e–m anderen et. wünschen *temenni etmek Zu 1: **Dile benden ne dilersen!** Wünsche von mir, was du willst! **Dilediğiniz gibi hareket edebilirsiniz.** Sie können tun und lassen, was Ihnen beliebt.

dilemma s. **ikilem**

dilenci 1. bettelnd, Bettel- 2. Bettler(-in *f*) *m* ~ **çanağı gibi** wo sich vielerlei, aber nur in kleiner Menge befindet ~ **çanağından para almak** fig. e–m armen Teufel das letzte Hemd wegnehmen ~ **değneğine dönmek** stark abmagern ~ **tarikatı** (christl. od. isl.) Bettelorden *m* ~ **treni** *F*

Bummelzug *m* ~ **vapuru** langsamer Dampfer (der an jeder Haltestelle anlegt) ~ **yırtıklığı** Zudringlichkeit *f* e–s Bettlers ºye **hıyar vermişler de eğri diye beğenmemiş.** *F* Trotz Armut noch anspruchsvoll!
dilencilik 1. Bettlertum *n*, Bettelei *f*, Bettel *m* 2. *fig.* Dreistigkeit, Zudringlichkeit *f* ~ **etmek** betteln (gehen) **-te profesyonelleşmek** zum Berufsbettler werden
dilencivari [···– –] bettlerhaft, abgerissen
dilendirmek 1. betteln gehen lassen od. zum Betteln schikken 2. an den Bettelstab bringen
dilenmek 1. Pass. zu **dilemek** 2. betteln, um Almosen bitten 3. flehentlich bitten, anflehen
diletant, -tı *selt.* 1. Nichtfachmann, Laie *spez.* Musik-, Kunst-Liebhaber, Amateur *m* 2. *pej.* Dilettant, Stümper *m*
diletantizm 1. Musik-, Kunst-liebhaberei *f* 2. *pej.* Dilettantismus *m*, Stümperei, Oberflächlichkeit *f* *yeleneklik
dilfırlatanlar Wurmzüngler *pl. zo.* Rhiptoglossa
dilgir [·–] *z. va.* 1. verletzend, kränkend 2. verletzt, gekränkt ~ **etmek** verletzen, kränken
dilgoz *V* beschränkt, dumm, stupid
dilhâh *z. va* (Herzens-)Wunsch, Wille *m* **İş -ı üzerine gitmedi.** Die Sache ist nicht nach seinem Wunsch verlaufen.
dilhıraş [ā] *va.* herzzerreißend, tragisch, entsetzlich
dilhun [·–] *va.* blutenden Herzens, tiefbekümmert ~ **etmek** (b–ni) e–m das Herz zerreißen
-di'li geçmiş zaman *gr.* s. **belirli geçmiş zaman**
dilican; dilijans *fr.* Eilwagen *m*, Schnellpost, Diligence *f*
dilim 1. Scheibe, Schnitte *f* 2. Streifen *m*, *a.:* Gebietsstreifen *m* 3. längliches schmales Stück (e–r Melone, Orange usw.) 4. Zwickel *m* 5. Bahn, Spur *f* 6. Ausschnitt *m*, kleiner Teil 7. Tranche *f* (z. B. e–r Anleihe) ~ ~ **etmek** (*od.* **kesmek**) in Streifen od. Scheiben schneiden
dilimlemek 1. in Scheiben od. Streifen schneiden 2. in einzelne Stücke zerlegen (z. B. Orange) 3. mit Zwickel versehen
dilimli 1. in Scheiben, Streifen; geteilt 2. *bot.* gekerbt ~ **kavun** Warzenmelone *f bot.* Cucumis melo var. Cantalupensis *kantalup kavunu, Van kavunu ~ **kazan** *techn.* Gliederkessel *m*; s. a. **tek** ~
dilinim *geol.* Schichtung *f* *teflik
dilinmek Pass. zu **dilmek**
dilîr *va.* 1. tapfer, heldenmütig 2. Held *m*
dilîrane *va.* s. **dilîr** (1)
dilkeş *va.* entzückend, bezaubernd
dilkeş-hâverân; dilkeşide *mus.* zwei türk. Musikweisen
dilküşa [ā] *va.* angenehm, erfreulich, gefällig
dillemek *z. va.* 1. mit der Zunge berühren, lecken 2. *fig.* kritisieren, schlechtmachen 3. mit **dil** ausstatten
dillendirmek Kaus. zu **dillenmek**
dillengeç *P* oft ausgesprochenes Wort
dillenmek 1. Pass. zu **dillemek** *spez.* kritisiert werden, ins Gerede kommen *dillere düşmek 2. zu plappern beginnen (Kinder) 3. sich vernehmlich machen; mit e–m Male redselig werden 4. murren, maulen
dilleşmek 1. sich gemütlich unterhalten 2. e–e fremde (ausländische) Sprache verwenden
dilli 1. mit **dil** ausgestattet 2. mit nb. Sprache 3. unterhaltsam plaudernd Zu 1: s. **çifte** ~ **makara** Zu 2: **Alman** ~ in deutscher Sprache; s. a. **tatlı (uzun)** ~ Zu 3: **pek** ~ **bir çocuk** munter plapperndes Kind ~ **kaval** Schnabelflöte *f*
dillidüdük 1. e–e Art Rohrpfeife 2. *F* geschwätzig, redselig; Plappermäulchen *n* ~ **etmek** (bşi) et. ausplaudern
dilmaç(-lık) s. **tercüman(-lık)**
dilme 1. Vs. zu **dilmek** 2. langer Vierkantbalken 3. Gewölberippe *f* ~ **makinesi** Gattersäge *f*
dilmek in langer, schmaler Form, in Streifen od. Scheiben schneiden; tranchieren
dilpesent, -di *va.* angenehm, gefällig
dilpeyniri, -ni zungenförmige, ungesalzene, faserige türk. Käseart
dilriş [·–] *va.* bekümmert, sorgenvoll
dilrüba [ā] *va.* anmutig, verlockend, reizend
dilsel 1. die Zunge betreffend, Zungen- 2. sprachlich, Sprach- *(1, 2) lisanî
dilsi zungenförmig
dilsiz 1. wer nicht sprechen kann, stumm 2. wer nicht gerne spricht, schweigsam, wortkarg 3. ohne **dil** 4. *hist.* s. **bizeban;** ~ **alfabesi** Taubstummenalphabet *n* ~ **etmek** 1. sprechunfähig machen, der Sprache berauben 2. wortkarg werden lassen ~ **harita** unbeschriftete Landkarte ~ **kaval** Querflöte *f* ~ **toka** Schnalle *f* ohne Dorn
dilsizlik 1. Stummheit *f* 2. Schweigsamkeit, Wortkargheit *f*
dilşat, -dı [·–] 1. *va.* froh, glücklich, zufrieden 2. ♀ *wV*
dilşikâr *va.* verlockend, verführerisch
dilşikeste *va.* gebrochenen Herzens
dilücan [ā] *va.* Herz und Gemüt. s. Stw. **ez**
dilüvyum [·×·] *geol.* Diluvium *n*, Eiszeit(-alter *n*) *f*
dimağ 1. *an.* Gehirn, Hirn *n* *beyin, muh 2. Bewußtsein *n*, Verstand, Geist *m* **-da yer tutmak** im Gedächtnis haften
dimağçe *an.* Kleinhirn *n*, Cerebellum *beyincik, muheyh
dimağî [·– –] 1. Gehirn-, zerebral 2. geistig *(1, 2) beyinsel ~ **meslekler** geistige Berufe *pl.* ~ **teşevvüş** geistige Verwirrung **iltihabı** ~ *med.* Gehirnentzündung *f* *ansefalit
dimağlı mit nb. Gehirn **taze** ~ **çocuklar** Kinder *pl.* mit ihrem zarten (empfänglichen) Gehirn
dimdik [×·] *Verst.* von **dik** *spez.* 1. sehr steil, sehr abschüssig 2. in ganzer Höhe aufgerichtet, kerzengerade 3. geradeaus 4. ganz starr (z. B. Blick) 5. *fig.* stolz, unbeugsam ~ **bakmak** (m. Dat.) an-stieren, -starren ~ **durmak** *a.:* starr, unbeweglich dastehen
Dimetoka [··×·] *n.pr.* türk. Bez. für das südl. von Edirne gelegene griech. Städtchen Didymotichon (bulgar. Dimotika)
dimi Barchent *m*
diminuendo [···×·] *mus.* 1. diminuendo, leiser werdend 2. Diminuendo *n*
Dimişk s. **Dımışk**
Dimyat, -tı 1. *n.pr.* Damiette (Stadt im Nildelta) 2. Finden *n* des Ringes beim Aufdecken der 1. od. 2. Tasse (fincan oyunu) (vgl. a. **Elin Dimyat'a varsın!**) **-'a pirince giderken evdeki bulgurdan olmak.** et. Sicheres einbüßen, weil man et. Ungewisses erlangen will
din (I) *phys.* Dyn *n* ~ **derecesi** *phot.* Scheiner *m*
din (II) [–] 1. Religion *f* 2. religiöse Vorschrift(-en *pl.*) *f* 3. Glaube *m* (*a.* in nichtkirchlicher Auffassung) 4. *z. va.* Jüngstes Gericht ~ **adamı** Geistlicher ~ **büyükleri evrensel toplantısı** *rel.* Ökumenisches Konzil ~ **değiştirme** Glaubenswechsel *m*, Konversion *f* *gönme ~ **devleti** Theokratie, Priesterherrschaft *f* *teokrasi ~ **günü** s. **kıyamet;** ~ **harbi** Religionskrieg *m* ~ **hürriyeti** (*od.* **serbestisi**) Religions-, Glaubens-freiheit *f* ~ **iman Hak getire!** ein vollkommen gottloser Mensch ~ **kardeşleri** Glaubens-brüder, -genossen *pl.* *ihvanı din ♀ **Muhammet dini, ekmek buğday ekmeği, yol Halep yolu!** Suche dir immer das Beste aus! **-den imandan çıkmak** *fig.* in blindwütigen Zorn geraten **-den imandan olmak** den Glauben verlieren **-i bir** (*od. va.:* **-i mübin**) **uğruna** für den isl. Glauben **-i gibi bilmek** sehr genau kennen **-i imanı para** geldgierig, Materialist *m* **-i yiyip arkasına** (*od.* **sırtına**) **atmış** wem alles Schlechte zuzutrauen ist **-im hakkı için!** auf mein Wort! auf Ehre! wirklich und wahrhaftig! ºince **dinlensin!** Er ruhe in Frieden! (Segenswunsch für verstorbene Nicht-Mohammedaner) **-inden döner davasından dönmez** (*etwa:*) ewiger Prozeßhansl (*dial.*) **-inden dönmek** den Glauben wechseln **-ine kuvvetli** gläubig,

fromm **Hay -ine yandığım!** Ei der verfluchte, (verdammte, verflixte) Kerl! **-ini değiştirmek** s. **-inden dönmek**
din (III) *dial.* (in den Füg.:) ~ **doruk;** ~ **tepe** höchster Gipfel (z.B. e–s Berges)
dinamik, -iği 1. Dynamik *f* *kuvvaniyet, güre 2. dynamisch, energiegeladen, energisch, temperamentvoll *kuvvanî, gürel
dinamikleşmek dynamischer werden, an innerer Kraft gewinnen (z.B. sprachlicher Ausdruck)
dinamit, -ti Dynamit *n* ~ **lokumu** Sprenggelatine *f*
dinamitlemek 1. mit Dynamitladung versehen *spez.* unterminieren 2. in die Luft sprengen
dinamitli mit Dynamit geladen; Dynamit-
dinamizm 1. *phil.* Dynamismus *m* 2. Dynamik *f* (z.B. e–s Geschehens); innewohnende Entwicklungskraft 3. Triebkraft *f*, Schwung *m*, Energie *f*
dinamo Dynamo(-maschine *f*) *m* ~ **göbeği** Dynamoanker *m*
dinamofar (*franz.* **dynamophare**) Lichtmaschine *f*, Dynamo *m* (am Fahrrad)
dinamograf Dynamograph *m*
dinamometre [···×·] Dynamometer *n*, Kraftmesser *m* *mikyası kuvvet, kuvvetölçer
dinar 1. Dinar *m* (Währungseinheit in Jugoslawien, Tunis, Jordanien u.a. Ländern) 2. *fr.* Goldstück im ungefähren Wert von ¼ Goldpfund
Dinar (I) *n.pr.* O. u. D. im Rbz. Afyon Karahisar
Dinar (II): ~ **Alpları** (*od.* ~ **Dağları**) Dinarische Alpen ~ **ırkı** dinarische Rasse *Adriyatik ırkı
dinayet *irrt.* für **diyanet**
dinbilgisi, -ni Theologie *f* *ilâhiyat, teoloji
dincelmek frisch (kräftig, gesund) werden
dinci [–·] 1. klerikal denkend (eingestellt, gesinnt) 2. Theokrat *m*
dincierki Theokratie *f* *teokrasi
dinç, -ci rüstig, frisch, kräftig, gesund
dinçleşmek s. **dincelmek**
dinçlik Rüstigkeit, Frische, Kraft, Gesundheit *f*
dindar [––] religiös, gläubig, fromm *mutekit
dindarlık [––·] echte Religiosität, Frömmigkeit *f*
dindaş [ī] Glaubens-bruder, -genosse *m* *din kardeşi
dindışı [ī] weltlich; nicht-kirchlich
dindirmek 1. aufhören lassen 2. stillen (Tränen, Bluten e–r Wunde usw.) 3. lindern (Schmerzen) 4. beruhigen, besänftigen 5. (aus-)löschen (Licht)
dine 1. *z. va.* Mittagessen *n* 2. Abendessen *n* ~ **dansan** Abendessen *n* mit (anschließendem) Tanz
dinek *dial.* 1. Ruhe-, Rast-ort *m* *aramgâh; mola yeri 2. nicht mit Ornamenten versehene Stelle
dinelek *dial.* widerspenstig, eigensinnig
dinelmek *P* 1. auf den Füßen stehen 2. aufstehen 3. erscheinen, sich zeigen 4. *dial.* widerspenstig sein, sich widersetzen
dinen [–·] *va. Adv.* vom religiösen Standpunkt aus
dineri [·×·] *Ka.* Karo *(n)*, Eckstein *(m)* *karo, orya
dingi [×·] 1. *naut.* Dingi *n* (kleines Beiboot, kleineres Sportsegelboot) 2. Schlauchboot *n* (Rettungsgerät in Flugzeugen bei Notlandung auf dem Wasser)
dingil 1. Achse *f* (e–s Rades, e–r Walze usw.) 2. Achsschere *f*, Deichselarm *m* ~ **arası (açıklığı, genişliği)** Achsabstand *m* ~ **başlığı** Achsenschwengel *m* ~ **bileziği** Achsband *n* ~ **çatkısı** Achsenquerverbindung *f* ~ **gömleği** Achsmantel *m* ~ **iskemlesi** Achssitz *m* ~ **kapağı** Radkappe *f* ~ **kırılması** Achsenbruch *m* ~ **kovanı** Achsbüchse *f* ~ **mesafesi** Radabstand *m* ~ **mili** Achswelle *f* ~ **pimi** Vorsteher, Achsnagel *m*, Lünse *f* *kopilya ~ **sürtünmesi** Achsenreibung *f* ~ **tazyikı** Achsdruck *m* ~ **torna tezgâhı** Achsendrehbank *f* ~ **yatağı** Achsenlager, Achsfutter *n*
dingildek nicht feststehend; wackelig
dingildemek 1. nicht festsitzen, wackeln, spielen, klappern (z.B. Rad) 2. *fig.* vor Angst zittern
dingilli mit Achse ausgestattet, Achsen-
dingin 1. überarbeitet, ganz ermattet, vollkommen erschöpft (z.B. Pferd) 2. *chem.* passiv *münfail 3. erloschen (Vulkan) *sönmüş 4. ruhig, still *sakin 5. friedlich, idyllisch (Bild)
dinginlik 1. Überarbeitung, Ermattung, Erschöpfung *f* 2. *chem.* Passivität *f* *münfailiyet 3. Erloschensein *n* (e–s Vulkans) 4. Ruhe, Stille *f* *sükûn, sükûner 5. Trägheit, Beharrung *f* *atalet, eylemsizlik ~ **bilimi** Statik, Gleichgewichtslehre *f* *statik
dingo [×·] Dingo *m zo.* Canis dingo **-nun ahırı** e–e Örtlichkeit, von der niemand weiß, wer ein- und ausgeht
dinî [––] die Religion bzw. den Glauben betreffend, Religions-, religiös, Glaubens- ~ **ayin** religiöse Feier; Gottesdienst *m* *ayini ruhanî ~ **cemaat** Religionsgesellschaft *f* ~ **cemiyet** religiöser Verein ~ **evlenme** s. ~ **nikâh;** ~ **hukuk** *jur.* religiöses (göttliches) Recht ~ **hürriyet** s. **din hürriyeti;** ~ **nikâh** religiöse Trauung *imam nikâhı **gayri** ~ 1. a-religiös 2. irreligiös, religionslos
dinibütün [–···] strenggläubig, fromm
dink Walke *f* (für Stoffappretur)
dinkçi Tuchwalker *m*
dinkleme marnı Walkerde *f*
dinklemek walken (Tuch)
dinleme Vs. zu **dinlemek** (z.B. *med.* Auskultation *f*) ~ **aleti** (*od.* **cihazı**) 1. Abhörapparat *m*, Horchgerät *n* 2. *med.* Stethoskop ~ **hizmeti** *mil.* Horch-, Lausch-, Abhör-dienst *m* ~ **merkezi** *mil.* Horch- Lausch-, Abhörzentrale *f* ~ **postası** *mil.* Horch-, Lausch-, Abhör-posten *m* ~ **salonu** Vorführ-, Sende-raum *m* *stüdyo **-de kalmak** auf Empfang bleiben (bei Sprechgerät)
dinlemek (m. Akk.) 1. zuhören, sich et. anhören, et. abhören (z.B. Telefongespräch) 2. die Ohren spitzen, lauschen, horchen 3. hören (auf Ratschlag, e–n Menschen usw.), beachten (z.B. Verbot) 4. ausruhen lassen 5. vernehmen, verhören (Zeugen) 6. (k–ni) ängstlich um die eigene Gesundheit besorgt sein Zu 3: **Beni dinlersen, bu işten vazgeç!** Wenn du auf mich hören willst, so laß die Finger davon! s.a. **söz** ~ Zu 4: s. **başını, kafasını** ~
dinlememek (bşi) sich nicht kehren (an); nicht hören (auf)
dinlendirici beruhigend, Beruhigungs ~ **alıştırmalar** *(Turnen)* Erholungsübungen *pl.*
dinlendirmek 1. ausruhen lassen, Ruhe gönnen 2. brachliegen lassen, nicht bebauen (Land) 3. ablagern lassen, alt werden lassen (z.B. Wein) 4. löschen (z.B. Licht) *söndürmek
dinlenek *dial.* s. **dinek**
dinlenme Vs. zu **dinlenmek** *spez. jur.* Arbeitsruhe *f* ~ **izni** Erholungsurlaub *m* ~ **yeri** Erholungs-, Kur-ort *m*
dinlenmek 1. Pass. zu **dinlemek** 2. sich ausruhen, sich Ruhe gönnen; *F* ausspannen
dinlenmelik Treppenabsatz *m*
dinleti(-m) *mus.* Aufführung *f*
dinletici Hörer *m* (Gerät)
dinletme Vs. zu **dinletmek** *spez.* Vorsprechen *n* (e–s Schauspielers); Vorsingen *n* (e–s Sängers)
dinletmek es fertigbringen, daß jemand zuhört **k–ni** ~ sich Gehör verschaffen
dinleyenler Zuhörerschaft *f*
dinleyici 1. (Zu-)Hörer(-in *f*) *m* 2. Gasthörer(in *f*) *m* (an Universität) *(1, 2) sami ~ **dilekleri** Hörerwünsche *pl.* (z.B. im Rundfunk)
dinmek 1. aufhören (z.B. Schmerzen, Musik usw.); verstummen (Geräusch) 2. sich legen (Wind, Regen usw.)

3. gestillt werden (z. B. Begierde) 4. sich beruhigen **dinmeden** unaufhörlich

dinozor(-yen) Dinosaurier *m* (ausgestorbenes Riesenkriechtier)

dinöncesi, -ni Zeit *f* vor dem Auftreten religiöser Anschauungen

dinsel s. **dinî;** ~ **eğitim** religiöse Erziehung ~ **evlenme** s. **dinî nikâh;** ~ **geçit alayı** *rel.* Prozession *f* ~ **mimari** Sakralarchitektur *f* ~ **müzik** Kirchenmusik *f* ~ **oyun** *Th.* geistliches Spiel

dinsiz [–·] 1. ohne Religion, religionslos 2. ungläubig, gottlos 3. erbarmungslos, grausam ºin **hakkından imansız gelir.** *Spr.* Auf e–n groben Klotz gehört ein grober Keil. *Spr.* Man kann ihm nur mit der gleichen Münze heimzahlen. ~ **imansız** ganz gottlos

dinsizlik [–··] 1. Religionslosigkeit *f* 2. Unglaube *m*, Gottlosigkeit *f* 3. Erbarmungslosigkeit, Grausamkeit *f*

Dinyeper *n.pr.* Dnjepr *m* (Strom in Rußland)

Dinyester *n.pr.* Dnjestr *m* (Strom in Rußland)

dip, -bi Stelle od. Fläche *f*, mit der et. in der Tiefenrichtung endet od. in der Höhenrichtung beginnt: 1. Grund *m* (z. B. des Meeres) *kaır 2. Boden *m* (z. B. e–s Topfes), Haarboden *m* u. ä. m. 3. tiefste Stelle; Tiefe *f* (e–s Abgrundes, Brunnens usw.) 4. unmittelbare Nähe 5. hinterer od. hinterster Teil, Hintergrund *m* (z. B. e–s Saals) 6. unterer od. unterster Teil (z. B. e–s Baumstammes); Fuß *m* (z. B. e–r Mauer) 7. Unter-, Boden-Fläche *f* (z. B. e–r Kerze) 8. *P* Gesäß *n*, Hintern *m* 9. *Adj.* unterst-, tiefst-, hinterst- Zu 2: **Tencerenin -i tutmuş!** Das Essen hat sich (bei der Zubereitung) im Topf festgehängt (und ist angebrannt). Zu 3: s. **yerin -ine geçmek** Zu 4: **ağacı -inden kesmek** den Baum nahe an der Wurzel fällen Zu 6: **Noel ağacının -ine hediye koymak** Geschenke unter den Weihnachtsbaum legen Zu 7: **Tencerenin -i isli.** Der Topf ist unten rußig. Zu 9: ~ **dişler** hinterste Zähne; Weisheitszähne *pl.* ~ **ağı** Grundnetz *n* (der Fischer) ~ **beygiri** *mil.* Hinter-, Stangen-pferd *n* ~ **buzu** Grundeis *n* ~ **buzultaşı** *geol.* Grundmoräne *f* ~ **canlıları** *biol.* Benthos *n* (Tier- und Pflanzen-welt auf dem Grund von Gewässern) ~ **çizgisi** *(Tennis)* Grundlinie *f* ~ **doruk** von unten bis oben, restlos, vollständig ~ **göstermek** (*od.* **sömürmek**) bis auf den letzten Tropfen austrinken ~ **kovanı** *techn.* Grundbüchse *f* ~ **mili** *techn.* Spurzapfen *m* ~ **oyulması** *geol.* Unterspülung *f* ~ **supapı** (*od.* ~ **valfı**) Boden-, Grund-, Fuß-ventil *n* ~ **tapası** *techn.* Bodenzünder *m* ~ **tahtası** *naut.* falscher Kiel ~ **tazyikı** *techn.* Bodendruck *m* ~ **yatağı** *techn.* Fuß-, Spur-, Steh-, Zapfen-lager *n* **-e çökmek** (*od.* **durulmak**) sich niederschlagen, sich setzen (z. B. Teilchen in e–r Flüssigkeit) **-e düz yıkmak** *P* dem Erdboden gleichmachen **-e gitmek** untergehen (Schiff, Ertrinkender) **-i görünmek** (bir kabın) gleich leer sein (Topf) ºi **kırmızı balmumu ile çağırmadım ya!** s. **dipli** (Zu 1); **-i yok** kein Ende nehmend; langweilig (Tätigkeit) **-inden budamak** *fig.* 1. untergraben (z. B. Autorität) 2. ausrotten, vertilgen **-ine darı ekmek** 1. restlos verbrauchen, vergeuden, verschwenden 2. vernichten, vertilgen 3. minutiös vorgehen, eingehend prüfen **-ine gelmek** (*od.* **inmek**) (bşin) beinahe alles verpulvert haben (spez. Geld) **-ini bulmak** (bir kabın) auf den Boden kommen, den Topf gleich leer gegessen haben **-ini tutmak** anbrennen (Speisen beim Kochen) **-ten doruğa** s. **dip doruk; -ten kazımak** s. Stw. **kazımak**

dipçik Gewehrkolben *m* ~ **darbesi** Kolben-hieb, -stoß *m* ~ **demiri** s. ~ **tabanı;** ~ **kabzası** Kolbenhals *m* ~ **tabanı** Kolbenkappe *f* ~ **yüzü** Kolbenwange *f*

dipçiklemek mit dem Gewehrkolben dreinschlagen (stoßen, bearbeiten usw.)

dipdiri [×··] 1. quicklebendig, vor Lebenskraft sprühend 2. ganz frisch (z. B. Gemüse)

dipfriz [––] (*engl.* **deep-freeze**) **bölmesi** Tiefkühlfach *n*

dipkoçanı, -nı *H* Juxta, Souche *f*, Talon *m*

diplarya [·×·] kleines Exemplar des **pisibalığı**

dipleme 1. Vs. zu **diplemek** 2. *dial.* Grundbuch *n*

diplemek *V* 1. sitzenbleiben, repetieren müssen 2. s. **cima etmek**

dipli 1. mit nb. **dip** 2. festverwurzelt, eingewurzelt, fundiert, grundlegend, gründlich *esaslı, köklü, temelli Zu 1: **Seni kırmızı ~ balmumu ile çağırmadım ya!** Ich habe dich ja nicht geheißen, dabei zu sein! (zu j–m gesagt, der unaufgefordert erschienen ist und sein Mißfallen äußert)

diplik, -iği 1. Hintergrund *m* 2. Untergrund *m* (e–s Stoffes)

diploma [·×·] 1. Diplom *n* 2. Abschlußzeugnis *n* ~ **tevzi merasimi** feierliche Aushändigung der Abgangszeugnisse (Diplome)

diplomalı [·×··] diplomiert, Diplom-; wer ein Abschlußzeugnis erworben hat; ordnungsgemäß ausgebildet; staatlich geprüft, approbiert ~ **ebe** staatlich geprüfte Hebamme

diplomasız wer kein Diplom erworben hat, wer nicht ordnungsgemäß ausgebildet ist, nicht approbiert

diplomasi Diplomatie *f* 1. (Gesamtheit der Diplomaten) 2. Diplomatie, Verhandlungskunst *f;* kluge Berechnung ~ **ilişkileri** diplomatische Beziehungen *pl.* ~ **imtiyaz ve muafiyetleri** *jur.* diplomatische Vorrechte und Immunitäten *pl.* ~ **masuniyeti** *jur.* Exterritorialität *f*, diplomatische Exemption (Immunität) ~ **mahfilleri** diplomatische Kreise *pl.* ~ **mümessil ve memurları** *jur.* die diplomatischen Vertreter und das Gesandtschaftspersonal ~ **yoliyle** auf diplomatischem Weg

diplomat, -tı 1. Diplomat *m* 2. geschickter Verhandlungspartner 3. kluger Berechner

diplomatik 1. diplomatisch 2. Diplomatik, Urkundenlehre *f* ~ **dokunulmazlık** s. **diplomasi masuniyeti;** ~ **ilişki tesisi** Aufnahme *f* diplomatischer Beziehungen ~ **ilişkilerin kesilmesi** Abbruch *m* der diplomatischen Beziehungen ~ **pasaport** Diplomatenpaß *m* ~ **servis** diplomatischer Dienst ~ **valizler** Kuriergepäck *n*

diplomatlık 1. Beruf *m*, Tätigkeit *f* e–s Diplomaten, Diplomatentum *n* 2. s. **diplomasi;** ~ **etmek** 1. den Beruf e–s Diplomaten ausüben 2. *fig.* auf diplomatischem Weg vorgehen ~ **mesleği** diplomatische Laufbahn

diplome diplomiert; staatlich geprüft ~ **etmek** diplomieren, ein Diplom ausstellen, staatlich prüfen

diplopi *med.* Diplopie *f*, Doppelsehen *n* *çift görme

dipnot, -tu Fußnote, Anmerkung *f* *altnot, haşiye

dipolar s. **bipolar**

dipsel s. **esasî**

dipsiz 1. bodenlos, grundlos 2. unbegründet, aus der Luft gegriffen (z. B. Behauptung) 3. *selt.* ohne Ausdauer, unbeständig ~ **kayaç** s. **batolit;** ~ **kile** (*neuerdings a.* **kiler**) **boş ambar** (*a. m. der Forts.* **ha ölç ha ölç!**) *od.* ~ **tencere camsız pencere** 1. wer sein Geld und Gut nicht zusammenhalten kann; Verschwendungssucht *f* 2. nutzlos, zwecklos, reine Zeitvergeudung ~ **testi** *fig.* wer sein Geld zum Fenster hinauswirft; Verschwender *m*

dipsoman(-yak) *med.* Dipsomane, Quartalssäufer *m*

dipsomani *med.* Dipsomanie *f*, periodisches Auftreten von Trunksucht

dipter Dipteros *m* (Tempel mit doppelter Säulenreihe)

diptik, -iği Diptychon *n:* a) zusammenklappbare Schreibtafel b) zweiflügeliges Altarbild

dipyüzey Hintergrund *m* (e–s Gemäldes)

-dir (-dır, -dur, -dür; -tir, -tır, -tur, -tür) 1. (er, sie, es) ist 2. (ohne spez. Bed. wie in:) **var(-dır), gelecek(-tir)** usw. 3. (zur Verst. bzw. Verdeutlichung wie in:) **gitmiştir** er ist

weggefahren; **duymuşsunuzdur** Sie haben sicherlich gehört, daß ... **Korkudur aldı.** Furcht überkam ihn. **Bir kıyamettir kopar.** Es herrschte ein unbeschreibliches Durcheinander. 4. (bei Zeitangaben) a) vor b) seit (Zu b: **Bir aydır onu bekliyorum.** Seit e–m Monat warte ich auf ihn (bzw. darauf). 5. Infix zur Bild. des Kaus.: **bilmek: bildirmek; yapmak: yaptırmak** usw.
dirahşan [··–] *va.* funkelnd, leuchtend, strahlend
diraht, -tı *va.* Baum *m* *ağaç
dirayet, -ti [ā] 1. Aufnahmefähigkeit *f*, Verständnis *n*, Intelligenz *f*, Gefühl *n* 2. Fähigkeit, Begabung *f*, Geschick *n*
dirayetli [ā] 1. aufnahmefähig, verständnisvoll, intelligent 2. fähig, begabt, geschickt
dirayetsiz [ā] 1. verständnislos, unintelligent 2. unbegabt, ungeschickt
dirayetsizlik [ā] 1. Mangel *m* an Intelligenz od. Verständnis 2. fehlendes Geschick
diraz [ā] *va.* lang *uzun
direfş *va.* Fahne *f*, Banner *n* *sancak, alem, bayrak
direk (I), **-eği** 1. Balken *m* od. Eisenträger *m* 2. Pfeiler *m* 3. (Telegraphen-, Leitungs-, Schiffs- usw.)Mast *m* 4. (Fahnen-, Zelt- usw.)Stange *f* 5. Säule *f* 6. *Fb.* Torpfosten *m* bzw. Torlatte *f* 7. *fig.* Fundament *n*, Grundlage *f*, Träger *m* 8. *fr.* (Flugzeug-)Strebe *f* 9. Kronenaufzug *m* (an der Taschenuhr) 10. *hist.* linker Fuß (bei Mewlewi-Tänzern) 11. s. **burun -i** Zu 6: s. a. **üst ~; ~ başı** *naut.* s. **~ şapkası; ~ başlığı** Stichbalken *m* **~ budamak** *naut.* den Mast kappen **~ çemberi** *naut.* Mast-ring *m*, -band *n* **~ dibi** *naut.* Maststuhl, Untermast *m* **~ dikmek** e–e Stange aufstellen, (e–n Mast, e–e Säule usw.) errichten **~ gibi** 1. laut, schrill, durchdringend (Stimme) 2. groß, hochgewachsen, baumlang **~ ~ bağırmak** schreien, daß es e–m in den Ohren gellt **~ mahmuzu** Steigeisen *n* **~ payı** *naut.* Spurzapfen *m* (des Mastes) **~ şapkası** *naut.* Mast-, Flaggen-knopf *m*, Rackkugel *f* **~ tutmak** *hist.* mit dem rechten Fuß auf den linken treten und sich drehen **~ vinci** Mastenkran *m* **-e çarpmak** *Fb.* an die Latte gehen **-i dikmek** *naut.* den Mast (in der Mastspur) aufrichten **-ler arası** 1. Säulenabstand *m* 2. freier Raum zwischen Säulen **-lerin arasından geçirmek** *Fb.* (den Ball) ins Tor schießen **-ten dönmek** *Fb.* vom Torpfosten (von der Torlatte) abprallen
direk (II) *P* für **direkt**
Direklerarası, -nı *n.pr. hist.* die Hauptstraße im alten Byzanz; heute: **Şehzadebaşı caddesi**
direkli mit **direk** ausgestattet **iki ~ gemi** zweimastiges Schiff; Zweimaster *m*
direklik zur Herstellung von **direk** (*spez.* Masten) geeignet (z. B. Baum)
direksiyon 1. Steuer-, Lenk-rad *n*, Steuer *n* (im Auto), Steuerung *f* (im Flugzeug) 2. *fig.* Steuer *n*, Leitung, Führung *f* Zu 1: **Şoför -u idare edememiştir.** Der Fahrer verlor die Gewalt über den Wagen. **-u sola kırmak** den Wagen (das Auto) nach links steuern **~ çubuğu** Lenk-, Führungs-stange *f* **~ sınavı** praktischer Teil der Fahrprüfung **~ sütunu** Steuersäule *f* **~ volanı** Steuer-, Lenk-rad *n*
direkt, -ti 1. direkt, unmittelbar 2. *(Boxen)* Geradschlag, Direkte *m*, Gerade *m*, *f* **~ ateş** *mil.* direktes Feuer **~ atış** *mil.* direkter Schuß **~ tevcih** *mil.* direktes Richten
direktif Direktive(-n *pl.*) *f*, Richtlinie(-n *pl.*) *f (a. mil.)* Anweisung(-en *pl.*) *f* **~ almak** 1. Direktiven bekommen 2. Direktiven einholen **~ vermek** Direktiven erteilen, mitgeben
direktör 1. Direktor, Leiter, Vorstand *m* 2. Kanzleichef, Verwaltungsdirektor *m* *(1, 2) müdür
direktörlük 1. Amt *n*, Tätigkeit *f* e–s Direktors 2. Direktion *f*, Direktorat *n* 3. Kanzlei, Verwaltungsdirektion *f*
direktriks *techn.* Direktrix, Leitlinie *f*
direktris *selt.* Direktorin, Direktrice, Leiterin *f* *müdire
direktuvar 1. Direktorium *n* 2. ♀ *hist.* Direktorium *n*, Direktorialregierung (in der Franz. Revolution)
diremek 1. stützen, stemmen *dayamak 2. straffen, aufrecht hinstellen *dikmek 3. tragen können *ağırlığını çekmek 4. Widerstand leisten, sich sträuben Zu 3: **Bu dal beni diremez.** Dieser Ast trägt mich nicht (hält mein Gewicht nicht aus, bricht unter mir zusammen). Zu 4: s. **ayak diremek**
diren(-ce) 1. *agr.* mehrzackige Heu-(Mist- usw.)Gabel 2. *P* s. **kol demiri**
direnç, -ci *phys.* Widerstand *m*, Festigkeit *f*
direnek *mil.* Stützpunkt *m*, Bollwerk *n*
direngen hartnäckig, beharrlich *inatçı **~ baso** *mus.* s. **ısrarlı baso**
direngenlik Hartnäckigkeit, Beharrlichkeit *f* *inatçılık
direngi *phil.* Nichtwollen, Widerstreben *n* *mukavemet
direnim 1. s. **direngenlik** 2. *phys.* Beharrungsvermögen *n*
direniş s. **direnme**
direnişçi *pol.* Widerstandskämpfer(-in *f*) *m*
direnlemek mit **diren(-ce)** *(q.v.)* arbeiten z. B. ausstreuen (Mist), aufladen (Getreidegarben) usw.
direnme 1. Widerstand *m*; *a. pol.* Widerstandsbewegung *f* (z. B. in Frankreich; 2. Weltkrieg: Resistance *f*) 2. Beharrlichkeit *f* **~ vurgusu** *gr.* emphatische Betonung (z. B. Olmaaz! eveet!)
direnmeci s. **direnişçi**
direnmek 1. Widerstand leisten; sich widersetzen; sich sträuben 2. s. **ayak diremek**
direşken zäh, ausdauernd, den Mut nicht verlierend *sebatkâr
direşmek Zähigkeit beweisen, Ausdauer an den Tag legen, sich nicht entmutigen lassen *sebat etmek
diretme zeitweilige Arbeitsniederlegung z. B. Warnstreik *m*
diretmek s. **direnmek; ayak diremek**
direveçe *naut.* s. **draveçe**
direy Fauna, Tierwelt *f* *fauna; mecmuai hayvanat
direyici *selt.* hartnäckig, verbissen
dirgen *dial.* s. **diren(-ce)**
dirhem 1. Drachme *f* (400. Teil e–r Okka; 3,1 g) 2. Name e–r alten ar. Silbermünze 3. Währungseinheit in Marokko und den Vereinigten Ar. Emiraten **~ ~** s. **azar azar; ~ kadar** sehr wenig **♀ini yiyen köpek kudurur.** *fig., pej.* im höchsten Grad verwerflich sein (z. B. Reden, Taten) **k–ni ~ ~ satmak** sich sehr bitten lassen (bis man sich zu et. herbeiläßt)
dirhemlik *hist.* röhrenförmiges Meßgerät für Gewehrpulver
diri 1. lebendig, lebend 2. frisch, grün (Blätter, Gemüse usw.) 3. nur abgebrüht (Gemüse), nicht ganz (bzw. ungenügend) durchgekocht od. durchgebraten (Fleisch) 4. vital, tatkräftig, energisch 5. scharf, unverblümt (Worte) **~ canlı** quicklebendig, voller Leben **~ ~ yemek** bei lebendigem Leib auffressen **~ odun** Splintholz *n*
diriğ *va.* 1. Ablehnung, Weigerung *f*, Widerstreben *n* 2. Reue *f*, Bedauern *n* 3. Kummer *m*, Sorge *f* 4. *Int.* Ach! Oh weh! **~ etmek** *va.* abschlagen, verweigern **Bu lütfü elbet benden ~ etmezsiniz.** *va.* Sie werden mir diese Bitte sicherlich nicht abschlagen.
dirijabl (*franz.* **dirigeable**) lenkbares Luftschiff *kabili sevk balon
dirijan 1. führender, leitender Staatsmann; Leiter, Lenker, Führer *m* (z. B. einer Partei) 2. *pej.* Drahtzieher *m*
dirije gelenkt, gesteuert **~ etmek** lenken, steuern
dirijizm Dirigismus *m* (staatliche Lenkung der Wirtschaft) *güdümcülük

diriksel physiologisch *gırizî, fizyolojik ~ **ısı** *biol.* Eigenwärme *f*, tierische Wärme *harareti gıriziye
diril 1. s. **diriksel** 2. Stoff *m* für Matratzenbezüge od. Arbeitshemden, Drell, Drillich *m*
dirilik 1. Lebendigsein *n* 2. Frisch-, Grün-sein *n* 3. einfaches Abgebrüht-(*F* Abgewellt-)sein, Nicht-durchgekocht(-gebraten)-sein *n* 4. Vitalität, Tatkraft, Energie *f* 5. Schroffheit *f*
diriliş; dirilme Wiederbelebung, Auferstehung *f* *bâsübadelmevt, ihya
dirilmek 1. wieder zum Leben erweckt werden; wieder lebendig werden; auferstehen 2. gesunden, genesen 3. sich wiederbeleben, wieder frisch werden (z. B. Blumen) 4. wieder Mut fassen
diriltmek wiederbeleben *ihya etmek
dirim Leben *n* *hayat; s. a. Stw. **ölüm;** ~ **konisi** *bot.* Vegetations-punkt, -kegel, -scheitel *m*
dirimli Leben besitzend, lebend, lebendig, belebt *zihayat
dirimlik 1. zum Leben gehörig, lebenswichtig, Lebens-, vital *hayatî 2. lebenslänglich *kaydı hayatla
dirimsel das Leben betreffend, Lebens-, lebenswichtig, vital *hayatî, hayevî ~ **direnç** Lebens-kraft, -bejahung *f*
dirimselci(-lik) s. **vitalist; vitalizm**
dirimyuvarı, -nı Biosphäre *f* *biyosfer
dirisa; dirise [·×·] *naut.* 1. Rechts- od. Links-schwenkung *f* (e–r Spiere, e–s Geschützes usw.) 2. Wechsel *m* der Windrichtung ≗ **bomba!** Spiere mittschiffs! ~ **dolabı** Schwenkvorrichtung *f* (z. B. für ein Geschütz) ~ **etmek** 1. nach rechts od. links schwenken 2. die Richtung wechseln; umschlagen (Wind) ~ **zaviyesi** horizontaler Richtungs-, Dreh-winkel *m* (e–s Geschützes)
dirlik 1. Leben *n*, Lebensumstände *pl.* 2. Lebensunterhalt *m*, Einkommen *n* 3. Wohlstand *m*, Ruhe, Bequemlichkeit *f* 4. Eintracht *f*, einträchtiges Zusammenleben, Verträglichkeit *f* 5. *hist.* Staats-pension, -rente *f* ~ **düzenlik** gutes Einvernehmen ~ **etmek** einträchtig zusammen leben ~ **vermemek** (b–ne) j–m keine Ruhe lassen, j–n nicht in Ruhe lassen ~ **yüzü görmemek** nicht zur Ruhe kommen
dirlikli *va.* reich, wohlhabend
dirliksiz 1. *va.* arm, bedürftig 2. unverträglich, übellaunisch, verdrießlich
dirliksizlik, -iği Unverträglichkeit *f* (e–s Menschen) *geçimsizlik
dirsek, -eği 1. (*an.* od. an der Kleidung) Ell(en)bogen *m* *mirfak 2. Krümmung, Biegung, Kurve *f* (e–s Weges usw.) 3. Bogen *m*, Knie *n*, Schleife *f* (e–s Wasserlaufes) 4. *naut.* Ausleger *m* (am Ruderboot) 5. Kurbel *f* 6. Knick *m* (e–s Rohres), (Rohr-)Krümmer *m* 7. a) *naut.* Stützmast *m* b) *arch.* Strebeband *n*, Stützstrebe *f* *makas ~ **başı omurgası** *naut.* Kimmkielschwein *n* ~ **biçiminde başçık** *bot.* Körbchen *n* (als Blütenstand) ~ **boyu** *fr.* Elle *f* ~ **çevirmek** (b–ne) sich abkehren, sich abwenden (von), j–n links liegen lassen, j–m die kalte Schulter zeigen ~ **çürütmek** 1. sich die Ellbogen durchwetzen 2. eifrig studieren ~ **çürütmüş** *fig.* recht gebildet ~ **değmesi** (*od.* ~ **teması**) *a. mil.* Tuchfühlung *f* ~ **kademesi** *mil.* Armauflage *f* (beim Schießen) ~ **kemiği** *an.* Elle, Ulna *f* (e–r der beiden Unterarmknochen) *azmı zent ~ **kolu** Kurbelarm *m* ~ **mili** Kurbelwelle *f* ~ **musluğu** Winkelhahn *m* ~ **parçası** Kniestück *n* ~ **sapı** Kurbelgriff *m* ~ **vurmak** s. **dirseklemek;** ~ **yastığı** Arm-lehne, -stütze *f* **-i dönmek** um die Ecke biegen
dirseklemek mit dem Ellbogen stoßen
dirsekli mit **dirsek** ausgestattet ~ **anahtar** Kurbelumschalter *m* ~ **boru** Knierohr *n* ~ **ıskarmoz** *naut.* Dolle *f* am Ausleger ~ **filika** Boot *n* mit Ausleger ~ **işletme kolu** Anwurfkurbel *f* ~ **mil** Krummzapfen *m*, gekröpfte Welle ~ **pres** Kurbelpresse *f* ~ **yatak** Konsollager *n*
dirseklik 1. *hist.* Ellbogenschiene, Armkachel *f* (als Teil der Rüstung) 2. Arm-lehne, -stütze *f* 3. Knierohr *n* 4. Geländer *n*, Brüstung *f*
disbarko s. **dizbarko**
diseksiyon Sezieren *n*, Sektion *f* (z. B. e–r Leiche)
disertasyon *selt.* (Doktor-)Dissertation *f*
disfaji *med.* Dysphagie *f* (schmerzhafte Störung des Schluckens)
disfazi *med.* Dysphasie *f* (Sprechstörung)
disfoni *med.* Dysphonie *f*, Stimmstörung *f*
disfonksiyon *med.* Dysfunktion *f* (gestörte Tätigkeit e–s Organs)
disimilasyon *gr., biol.* Dissimilation *f*
disiplin 1. Disziplin, Zucht *f* 2. wissenschaftliches Fach, wissenschaftliche Disziplin ~ **ceza hukuku** *jur.* Disziplinarstrafrecht *n* ~ **gücü** Disziplinargewalt *f*
disiplinli diszipliniert
disiplinsiz undiszipliniert
disiplinsizlik Disziplinlosigkeit, Undiszipliniertheit *f*
disjonktör (*franz.* **disjoncteur**) s. **şalter**
disk, -ki 1. *La.* Diskus *m* 2. Scheibe *f*: Nummernwählscheibe (Telephon) *kurs; Schmirgel- od. Karborund-scheibe (Zahnarzt); Signalscheibe (Eisenbahn); *techn.* Kupplungsscheibe; *an.* Bandscheibe *f* (s. a. **omurlararası** ~) 3. Schallplatte *f* ~ **fıtığı** *med.* Bandscheibenvorfall *m* ~ **hastalığı** *med.* Bandscheibenleiden *n*
DİSK *Abk. für* **Devrimci İşçi Sendikaları Konfederasyonu** Revolutionärer Gewerkschaftsverband
diskalifikasyon *(Sport)* Disqualifizierung *f*
diskalifiye *(Sport)* disqualifiziert ~ **etmek** disqualifizieren ~ **olmak** disqualifiziert sein (bzw. werden)
diskant, -tı *mus.* Diskant *m* ~ **anahtarı** Diskant-, Sopran-, C-Schlüssel *m*
diskaro (*engl.* **disk harrow**) *agr.* Scheibenegge *f*
diskcokey Disk-Jockey *m* (Ansager e–r Schallplattensendung)
diskçi 1. *La.* Diskuswerfer *m* 2. Schallplatten-freund, -liebhaber *m*
diskimsi scheibenförmig
diskli Scheiben- ~ **fren** *mot.* Scheibenbremse *f* ~ **halter** Scheibenhantel *f*
diskobol, -lü (antiker) Diskuswerfer
diskordans 1. *geol.* Diskordanz *f*, ungleichförmige Lagerung zweier Gesteinsverbände 2. *mus.* Diskordanz *f*, Mißklang *m*
diskotek, -ği Schallplatten-sammlung *f*, -archiv *n*, -schrank *m*, Diskothek *f* ~ **çocuğu** *V* Gymnasiast *m*
diskriminant, -tı *math.* Diskriminante *f* *ayıran, kasıma
diskromatopsi *med.* partielle Farbenblindheit, Dyschromatopsie *f* (s. a. **daltonizm, renkseçmezlik**)
diskur Rede *f* *nutuk ~ **geçmek** *spött.* e–e endlose Rede vom Stapel lassen 2. e–e Strafpredigt halten
diskürsif *phil.* diskursiv *gidimli
dislali *med.* Dyslalie *f*, Stammeln *n*
dislokasyon Dislokation *f*: 1. *geol.* Lagerungsstörung durch Faltung od. Bruch 2. *med.* Luxation *f* *çıkık; (1, 2) yerinden oynama; yersizme
dismenore *med.* Dysmenorrhöe *f*; gestörte, schmerzhafte Menstruation
disonan *mus.* dissonant ~ **düzen** s. **uyumsuz düzen**
disonans *mus. u. allg.* Dissonanz *f*, Mißklang *m*
disonanslı voller Dissonanzen
disosyasyon (*franz.* **dissociation**) s. **ayrışma**
dispanser (*franz.* **dispensaire**) (kostenlose) Poliklinik *f* (für ambulante Behandlung), Sanitätsstation *f* *bakımevi
disparite Ungleichheit, Verschiedenheit, Disparität *f*

dispaşör *naut.* Dispacheur *m* (Sachverständiger für Seeschadenberechnung) *dispeççi
dispeç, -çi *jur.* Dispache, Seeschadenberechnung *f*
dispeççi s. **dispaşör**
dispepsi *med.* Dyspepsie, Verdauungs-störung, -schwäche *f*
dispeptik *med.* dyspeptisch a) an Verdauungsstörungen leidend b) von Verdauungsstörungen herrührend
dispersiyon Dispersion *f* (feine Verteilung e–r Materie in e–r anderen) *dağılım
dispne *med.* Dyspnoe, Atemnot, Kurzatmigkeit *f*
disponibilite *H* Disponibilität, Verfügbarkeit, Flüssigkeit *f*
disponibl *H* disponibel, flüssig, greifbar, verfügbar
dispoze 1. disponiert, aufgelegt, bereit 2. *med.* empfänglich, anfällig (für Krankheiten)
dispozisyon 1. Disponiertheit, Bereitschaft *f* 2. *med.* Empfänglichkeit, Anfälligkeit *f*
disprosyum [·×·] *chem.* Dysprosium *n*
distenge *selt.* distinguiert, vornehm
distilasyon; distile s. **destilasyon; destile**
distorsiyon Distorsion *f*: a) *med.* Verstauchung *f* b) *opt.* Bildverzerrung *f*
distraksyon Zerstreuung, Ablenkung, Unterhaltung *f*, Vergnügen *n*
distribütör 1. *techn.* Verteiler *m* 2. *H* Vertreter, Wiederverkäufer *m* 3. Filmverleiher *m*
diş 1. *an.* Zahn *m* *sin 2. Zahn *m*, Zacke, Zinke, Spitze *f* (bei verschiedenen Instrumenten) 3. Zehe *f* (bei Knoblauch) 4. (einzelne) Gewürznelke *f* 5. (einzelner) Zähnungsstrich (bei der ar. Schrift) 6. Gewinde *n* (e–r Schraube, Schneidkluppe usw.) 7. *V* Haschisch *n spez.* Marihuana-Zigarette *f* 8. (Schlüssel-)Bart *m* 9. Scharte *f* *çentik, kertik 10. (Klavier-)Taste *f* *tuş 11. *(Näherei)* Langette(-n.stich *m*) *f* 12. **(dişler)** Profil *n* (z. B. bei Autoreifen) ~ **açma aynası** Gewindeschneidekopf *m* ~ **açma makinesi** Gewindeschneidemaschine *f* ~ **açmak** 1. ein Gewinde schneiden 2. mit Zähnen versehen; auszähnen (z. B. Säge) 3. auszacken ~ **aralığı** *(a. techn.)* Zahnlücke *f* ~ **arası** 1. *(a. techn.)* Zahn-abstand *m*, -teilung *f* 2. Steigung *f* (e–r Schraube) ~ **bakımı** Zahnpflege *f* ~ **bilemek** 1. *selt.* ans Essen gehen 2. (b–ne) tödlichen Haß hegen (gegen) ~ **boyu** Zahnlänge *f* ~ **çekmek** e–n Zahn (bzw. Zähne) ziehen ~ **çektirmek** sich e–n Zahn (bzw. Zähne) ziehen lassen ~ **çıkarmak** 1. Zähne bekommen; zahnen 2. s. ~ **çekmek;** ~ **çikartmak** e–n Zahn (bzw. Zähne) ziehen lassen ~ **çıkışı** *techn.* Gewindesteigung *f* ~ **çöpü** *(fast ungebr.)* Zahnstocher *m* *kürdan ~ **çukuru** s. **dişyuvası;** ~ **çukuru piyoresi** s. **parodontoz;** ~ **çürüğü** Zahnkaries *f* ~ ~ zackig, mit Zinken ~ ~ **kar yağmak** in großen Flocken fallen (Schnee) ~ ~ **kesmek** auszacken ~ **doktoru** Zahnarzt *m* ~ **doldurmak** Zähne plombieren, füllen ~ **fırçası** Zahnbürste *f* ~ **fistülü** Zahnfistel *f* ~ **formülü** *biol.* Zahnformel *f* ~ **geçirmek** 1. mit den Zähnen packen 2. *fig.* seinen Willen durchsetzen 3. j–m eins auswischen, j–m Böses antun ~ **geçirememek** (b–ne) j–m nicht beikommen (nichts anhaben) können; bei j–m auf Granit beißen ~ **gıcırdatmak** mit den Zähnen knirschen (z. B. vor Wut) ~ **gidişi** Gewindegang *m* ~ (*od.* **-lerini**) **göstermek** 1. die Zähne fletschen (Hund) 2. angriffslustig sein 3. (b–ne) j–n einschüchtern; j–n durch Drohungen zu et. zwingen ~ **hatvesi** Schränkung *f* (e–r Säge) ~ **hekimi** Zahnarzt *m* ~ **hekimliği** Zahnheilkunde *f* ~ **hilâli** Zahnstocherdolde *f bot.* Ammi visnaga ~ **kalınlığı** Zahnstärke *f* ~ **karıştıracağı** Zahnstocher *m* *kürdan ~ **kemiği** *an.* Zahnbein *n* *âcüssin, dantin, fildişi ~ **kesmek** verzahnen ~ **kırmak** *V* zerkleinerten Haschisch in e–e Zigarette füllen ~ **kirası** 1. *fr.* Gastgeschenk, das am Hof od. im Palast e–s Vornehmen nach eingenommenem Abendessen (iftar) im Ramazan gegeben wurde 2. *F* Geschenk *n*, Zuwendung *f* ~ **kovuğu** 1. Loch *n* im Zahn 2. Zahnhöhle *f* ~ **kovuğu doldurmamak** *fig.* sehr klein (gering, unansehnlich) sein (z. B. Geschenk) ~ **kökü** *an.* Zahnwurzel *f* ~ **kökü çıkarıcı** Wurzelheber *m* (zahnärztliches Instrument) ~ **kökü kabuğu** s. **seman;** ~ **lokması** Gewindeschneidebacke *f* ~ **macunu** Zahn-paste, -creme *f* ~ **mastarı** Gewindelehre *f* ~ **minesi** Zahnschmelz *m* ~ **nasuru** *va.* s. ~ **fistülü;** ~ **pası** Zahnbelag, -stein *m* ~ **pastası** s. ~ **macunu;** ~ **patı** *selt.* s. ~ **macunu;** ~ **protezi** Zahn-prothese *f*, -ersatz *m* ~ **sessizi** s. ~ **ünsüzü;** ~ **tababeti** Zahnheilkunde *f* ~ **tabibi** s. ~ **hekimi;** ~ **takımı** (künstliches) Gebiß ~ **tedavisi** Zahnbehandlung *f* ~ **tozu** Zahnpulver *n* ~ **törpüsü** *vet.* Zahnraspel *f* ~ **ünsüzü** *phon.* Dental(-laut), Zahnlaut *m* *diş sessizi, dişsel sessiz, sinnî samit **-e dokunur** 1. genießbar, mundgerecht 2. verwertbar, brauchbar, einträglich, nützlich, lohnend, nennenswert **-i ağrımak** Zahnschmerzen haben **-i tırnağı dökülmek** *fig.* sich halbtot arbeiten **-i tutmak** Zahnschmerzen bekommen **-inden tırnağına kadar** 1. von oben bis unten 2. bis an die Zähne (z. B. bewaffnet) **-inden tırnağından artırmak** sich et. vom Munde absparen **-ine değmemek** sehr wenig sein (Essen), *F* gerade für e–n hohlen Zahn ausreichen **-ine göre** 1. nach seinem Geschmack (Gusto), wie er es sich wünscht 2. soweit er dazu imstande ist **-ini çektirmek** s. ~ **çektirmek;** **-ini b–nin etine geçirmek** 1. j–n mit den Zähnen zu fassen kriegen 2. *fig.* j–m eins auswischen, j–m et. Böses antun **-ini sıkmak** die Zähne zusammenbeißen, sich durchkämpfen **-ini sökmek** (b–nin) *fig.* j–m die Giftzähne ausbrechen **-ini tırnağına takmak** *fig.* sich die größte Mühe geben **-inin kovuğuna bile gitmemek** s. **dişine değmemek; -le soyulmuş hıyara benzemek** *F* ganz verrupft aussehen (schlecht geschnittenes Haar) **-ler** *techn.* Verzahnung *f* **-leri dökülmek** ausfallen (Zähne); alt werden
dişbademi, -ni Knackmandel *f bot.* Prunus amygdalus var. fragilis *sakız bademi
dişbudak (ağacı) gemeine Esche *bot.* Fraxinus excelsior ~ **yapraklı akçaağaç** Eschen-Ahorn *m bot.* Acer negundo
dişbuğdayı, -nı 1. grobkörniger, weichgekochter, mit feinem Zucker und gemahlenen Nüssen überstreuter Weizen, der Freunden und Bekannten vorgesetzt wird, wenn ein Kind der Familie das erste Zähnchen bekommt 2. das hierbei gefeierte Familienfest 3. die hierbei verwendete grobkörnige Weizenart
dişçi 1. Zahnarzt, Dentist, Zahnpraktiker *m* 2. *V* wer Leichen ausgräbt, um sie der Goldzähne zu berauben ~ **kerpeteni** Extraktionszange *f* (des Zahnarztes)
dişçik, -iği Zähnchen *n* **-ler** *arch.* Auszackung *f*
dişçilik 1. Zahnheilkunde *f* 2. Beruf *m*, Tätigkeit *f* e–s **dişçi**
diş-dil ünsüzü s. **peltek diş ünsüzü**
diş-dudak ünsüzü *phon.* Labiodentallaut *m*
dişeği 1. Gewindeschneider *m* (*spez.* für Mühlsteine) 2. Schränkeisen *n* (für e–e Säge)
dişemek 1. s. **diş açmak** 2. s. ~ **çıkarmak** (1)
dişengi *dial.* Scharriereisen *n* (der Steinmetzen) ~ **vurmak** scharrieren
dişeti, -ni (*a.* **dişetleri, -ni**) Zahnfleisch *n* ~ **ünsüzü** *phon.* Alveolarlaut *m*
dişi 1. weibliches Tier, weibliche Pflanze 2. a) weiblich b) typisch für e–e Frau 3. (Aus-)Höhlung *f*, Loch *n* (z. B. für e–n Zapfen) 4. *techn.* hohl, Hohl-, Mutter- 5. weich, nicht gehärtet (Metall) 6. zart, behutsam (Worte) Zu 2b: ~ **gülüş** Lachen *n* e–r Frau ~ **açmak** e–e Aushöhlung, ein Zapfenloch machen ~ **anahtar** Hohlschlüssel *m* ~ **aslan** Löwin *f* ~ **bakır** weicheres, leicht zu bearbeitendes Kupfer ~ **çakma** 1. Ziselierarbeit *f* 2. Matrize *f* ~ **demir** nicht-gehärtetes Eisen ~ **doğrama** Schwalbenschwanz *m*

(Holzverbindung) ~ **domuz** Mutterschwein *n,* Sau *f* ~ **eğreltiotu** Waldfrauenfarn *m bot.* Athyrium filix femina ~ **ehli** s. **kadın kısmı;** ~ **fiş** *el.* Gerätestecker *m* ~ **geyik** Hirschkuh *f* ~ **iğnecik** *naut.* Spurlager *n* (des Ruderschaftes) ~ **kalıp** Matrize *f* ~ **karaca** *zo.* Ricke *f* ~ **kasnı** *pharm.* geschmolzenes und geläutertes Galbanum ~ **kızılcık ağacı** roter Hornstrauch *bot.* Cornus sanguinea ~ **kopça** Öse *f* ~ **köpek** Hündin *f* ~ **rende** Hohlkehlhobel *m* ~ **şakayık** Korallenpäonie *f bot.* Paeonia officinalis ~ **zeravent** runde Osterluzei *bot.* Aristolochia rotunda ~ **zıvana** s. **zıvana deliği**

dişicik Dim. zu **dişi;** ~ **başı** s. **tepecik** (2); ~ **borusu** s. **boyuncuk** (2)

dişikalkan balığı s. **çivisiz kalkan balığı**

dişil 1. das weibliche Geschlecht betreffend, Frauen- *nisaî 2. *gr.* weiblich; Femininum *n* *müennes

dişili (in der Füg.:) ~ **erkekli** (*od.* **erkekli** ~) 1. Männchen und Weibchen (zusammen) 2. mit vollem und mit hohlem Teil (Ösen, Schlüssel usw.)

dişilik 1. Zugehörigkeit *f* zum weiblichen Geschlecht (bei Tieren) 2. Weiblichkeit *f*, Frauentum *n*

dişil(l)eştirmek *gr.* in die Femininform setzen *te'nis etmek

dişimastar (Maler-)Schablone *f*

dişindirik *dial.* Maulkorb *m*

dişiorgan *bot.* Blütenstempel *m,* Pistill *n* *uzvu te'nis; pistil

dişkaranfil Gewürznelke *f*

dişkırmak *V* s. **diş kırmak**

dişlek 1. mit vorspringenden Zähnen 2. wer bei et. nicht locker läßt; zäh, beharrlich 3. *z. va.* mit Zahnlücken

dişleme *spez. arch., techn.* Auszackung *f*

dişlemek 1. anbeißen, anknabbern 2. auszacken, auszahnen 3. *fig.* stören, beunruhigen

dişlenme Vs. zu **dişlenmek** *spez.* Zahnen *n,* Zahndurchbruch *m*

dişlenmek 1. Pass. zu **dişlemek** 2. Zehen bilden (z.B. Knoblauch) 3. zahnen 4. nur zögernd j–s Geheiß erfüllen

dişlerarası, -nı *phon.* 1. interdental 2. s. **peltek diş ünsüzü**

dişley (*engl.* **dishley**) Name e–r in England gezüchteten Schafrasse

dişli 1. mit Zähnen, gezähn(el)t, Zahn- 2. mit Zacken, Zinken, Spitzen; ausgezackt, spitz 3. mit Gewinde 4. schädlich, nachteilig, verderblich 5. angesehen; wer sich durchzusetzen versteht; einflußreich 6. *fig.* zäh, hartnäkkig (z.B. Gegner) 7. Zahnrad *n* 8. mit Zahnrad (bzw. Zahnrädern), Zahnrad- 9. schartig ~ **balinalar** Zahnwale *pl. zo.* Odontoceti ~ **birleştirme** Schwalbenschwanz (-verbindung *f*) *m* (bei Holzverbindungen) ~ **çark** Zahn-, Ketten-rad, Ritzel *n* ~ **çevresi** Zahnkranz *m* ~ **çubuk** Zahnstange *f* ~ **çubuk mekanizması** Zahnstangengetriebe *n* ~ **demir** Zahn-stange, -schiene *f* ~ **demiryolu** s. ~ **tren;** ~ **donanım sandığı** *techn.* Getriebegehäuse *n* *karter ~ **doruk** *geogr.* Gebirgskette, Sierra *f* ~ **düzeni** Zahnradgetriebe *n* ~ **kalem** Gradier-, Scharrier-eisen *n* (Steinmetzwerkzeug) ~ **kas** *an.* Sägemuskel *m* ~ **kaya** s. **hortum kayası;** ~ **kelebek** *naut.* Ankerhalterung *f* ~ **kriko** Zahnstangengewinde *n* ~ **mısır buğdayı** Pferdezahnmais *m bot.* Zea indentata ~ **ray** Zahnschiene *f* ~ **rende** Zahnhobel *m* (für Holzbearbeitung) ~ **sazan(-cık)** ungleichfarbiger Zahnkarpfen *zo.* Aphanius dispar (in anatol. Flüssen) ~ **şimendifer** s. ~ **tren;** ~ **tırnaklı** 1. eigenwillig, wild, unbändig 2. schroff, barsch, aggressiv ~ **tirsi** Finte *f*, Marfisch *m zo.* Alosa finta ~ **tokmak** schweres Flächeneisen (Steinmetzwerkzeug) ~ **tren** Zahnradbahn *f*

dişotu, -nu 1. Bleiwurz *f bot.* Plumbago europaea *döven (kuduz, sıtma) otu 2. Zwiebel-Zahnwurz *f bot.* Dentaria bulbifera 3. s. **diş hilâli**

dişotugiller Bleiwurzgewächse *pl. bot.* Plumbaginaceae *şıtırciye

dişözü, -nü *an.* Zahnmark *n,* Pulpa *f* *lübbü sin

dişsel die Zähne betreffend, Zahn-, Dental- ~ **sessiz** s. **diş ünsüzü**

dişsi *phon.* Zahnlaut *m* ~ **dudaksıl** s. **diş-dudak ünsüzü**

dişsiz 1. ohne **diş** z.B. zahnlos, ungezähnt usw. 2. *fig.* glatt, fehlerfrei, tadellos ~ **balinalar** Bartenwale *pl. zo.* Mysticeti **-ler** Zahnarme *pl. zo.* Edentata

dişsizlik Zahnlosigkeit *f*

diştacı, -nı *an.* Zahnkrone *f* *tacüssin

dişyuvası, -nı *an.* Zahnfach *n,* Alveole *f* *sinh, yuva

ditiramp, -bı *lit.* Dithyramb-e *f*, -us *m*

ditmek, -der 1. (aus-)zupfen (z.B. Fäden) 2. kämmen, kardätschen, krempeln, hecheln (Wolle, Seide, Flachs usw.) 3. zer-fleischen, -hacken (z.B. Raubvogel seine Beute) 4. zerlegen (z.B. gekochtes Huhn)

dival mit Pappe unterlegte Gold- od. Silberstickerei

divan (I) [– –] 1. *fr.* hoher Rat; Kron-, Staats-rat *m* 2. *fr.* öffentliche Ratssitzung 3. Gedichte *pl.* der Volkssänger (in vierzeiligen Strophen) 4. *fr.* die gesammelten poetischen Werke e–s Schriftstellers 5. ehrerbietige Stellung ~ **durmak** 1. mit übereinandergelegten Händen ehrerbietig dastehen 2. in der Habt-Acht-Stellung stehen (Soldat) ≗ **edebiyatı** die klassisch-osm. Lit. (13.–19. Jh.) ~ **efendisi** *hist.* Sekretär *m* e–s osm. Generalgouverneurs ~ **etmek** *z. va.* e–e Ratssitzung abhalten ~ **halısı** Vorlegeteppich *m* (vor Diwan usw.) *sedir halısı; serendaz ~ **kalemi** *hist.* Kaiserlich-Osm. Kanzlei *f* *divanı hümayun ~ **kurmak** e–e Ratssitzung einberufen od. abhalten ~ **sazı** s. **meydan sazı;** ~ **teşrifatçısı** *hist.* Chef *m* des Kaiserlich-Osm. Protokolls ~ **tutmak** s. ~ **etmek; -ı ceza** (*od.* **-ı ilâhî**) *rel.* göttliches Gericht (am Jüngsten Tag) *mahkemei kübra **-ı hakanî** *hist.* e–e von dem osm. Sultan präsidierte Staatsratssitzung **-ı haysiyet; haysiyet divanı** Ehrengericht(-shof *m*) *n* **-ı hümayun** 1. s. ~ **kalemi** 2. Osm. Hoher Rat (der in Anwesenheit des Sultans abgehalten wurde)

divan (II) Diwan *m,* Couch *f*, Schlafsofa *n*

divançe [– – ·] *fr.* kleinere Sammlung lyrischer Gedichte e–s Autors

divane [– – ·] verrückt, wahnsinnig, irrsinnig *deli, kaçık **-si olmak** 1. (bşin) ganz vernarrt sein (in et.) 2. (b–nin) j–n maßlos lieben

divanelik [– – · ·] Verrücktheit *f*, Wahn-, Irr-sinn *m*

divanhane [– · – ·] 1. Ratsversammlung *f* 2. Gerichtshof *m* 3. in osm. Zeit Gebäude *n* der Admiralität in Kasımpaşa am Goldenen Horn 4. große Halle od. Diele in e–m türk. Privathaus Zu 2: s. **icra -si**

Divanıâli [– – · – –] *jur.* Staatsgerichtshof *m* (Sondergericht zur Aburteilung von Vergehen hochgestellter Beamter) *Yüce Divan

divanıharp, -bi [– – · ·] Kriegs-, Militär-gericht *n* *askerî mahkeme

Divanımuhasebat, -tı [– – · · – ·] Rechnungsprüfungsamt *n;* Oberster Rechnungshof *Sayıştay

divanî [– – –] 1. in der Kaiserlich-Osm. Kanzlei ausgebildete ar. Schriftart *divanî yazı, hattı divanî 2. s. **divan** (3) ~ **celîsi** die genannte Schriftart in großer Ausführung ~ **kırması** die genannte Schriftart in Aufzeichnungen und Konzepten

Divanyolu, -nu *n.pr.* die Straße zwischen Ayasofya und Hürriyet Meydanı (Istanbul)

divertikül s. **çıkmaz** (4)

dividivi Dividivi *n (urspr. Pl.)* (Gerbmittel aus den Hülsen des Sumachbaumes Caesalpinia coriaria)

divik s. **termit**

divil divil *dial.* unaufhörlich, ohne Unterlaß

divit, -ti alttürk. Schreibgerät, das in den Gürtel gesteckt werden konnte (längliche, metallene Federbüchse mit angesetztem Tintenfäßchen)

divitçi *fr.* 1. Sekretär *m* e–s Herrschers od. Ministers *devattar 2. Hersteller und Verkäufer *m* von **divit**

divitin s. **düftin**

divittar [ā] 1. s. **divitçi** (1) 2. *hist.* ein Beamtenrang bei den Mameluken

divizyonizm s. **yeni izlenimcilik**

divlek *dial.* 1. unreife Zuckermelone 2. Wintermelone *f*

divors *selt.* (Ehe-)Scheidung *f*

Divriği *n.pr.* O. u. D. im Rbz. Sıvas (mit Eisenerzlagern)

divrik, -iği *dial.* größerer Hügel od. Berggipfel *m*

diya s. **diyapozitif**

diyabaz *min.* Diabas *m* (Ergußgestein)

diyabet, -ti *med.* Zuckerkrankheit *f*, Diabetes *m* *şeker hastalığı

diyabetik; diyabetli *med.* 1. diabetisch 2. Diabetiker(-in *f*) *m*, Zuckerkranke *m, f*

diyabolo [·×··] *Kspz.* Diabolo(-Spiel) *n*

diyadem Diadem *n*, Stirn-band *n*, -reif *m* *kaşbastı

Diyadin *n.pr.* O. u. D. im Rbz. Ağrı

diyafan diaphan, lichtdurchlässig, durch-scheinend, -sichtig

diyafiz *an., med.* Diaphyse *f* (Mittelstück e–s Röhrenknochens) *kemik gövdesi

diyafram 1. *phot.* Blende *f* 2. Membran(-e), Schalldose *f* 3. *an.* Zwerchfell *n* *hicabı hâcız 4. *a. techn.* Scheide-, Zwischen-, Trennungs-wand *f* ~ **açıklığı** *phot.* Blendenöffnung *f* ~ **fıtığı** *med.* Zwerchfell-bruch *m*, -hernie *f* ~ **kası** *an.* Zwerchfellmuskel *m* *adalei hicabı hâciz

diyaframlamak *phot.* abblenden

diyagnostik, -iği *med.* Diagnostik *f* 2. diagnostisch 3. Erkennungszeichen *n*

diyagnoz 1. *med., bot.* Diagnose *f* 2. *met.* Wettervorhersage *f*

diyagonal 1. Diagonale *f* *köşegen 2. diagonal 3. schräggestreifter Stoff

diyagonlu diagonal

diyagram Diagramm *n*, graphische Darstellung

diyaklaz *geol.* Diaklase, Kluft *f*

diyakoz [·×·] Diakon *m*: a) niederer kathol. Geistlicher b) evang. Gemeindehelfer

diyakritik diakritisch ~ **işaret** diakritisches Zeichen

diyakroni *ling.* Diachronie *f*

diyalaj *min.* Diallag *m* (prismatischer Schillerspat)

diyalekt, -ti Dialekt *m* (e–r Sprache)

diyalektik 1. Dialektik *f* *cedel, eytişim, fenni münazara 2. dialektisch *cedelî, eytişimsel ~ **kanıtlar** *log.* Wahrscheinlichkeitsbeweise *pl.* ~ **maddecilik** (*od.* ~ **materyalizm**) dialektischer Materialismus *eytişimsel özdekçilik ~ **yöntem** dialektische Methode

diyalektoloji(-k) s. **lehçebilim(-sel)**

diyalel *log.* Diallele *f*, Fehl-, Kreis-schluß *m* *devir

diyaliz *chem.* Dialyse *f* ~ **edici** s. **diyalizleyen**

diyalizlemek *chem.* dialysieren

diyalizleyen; diyalizör *chem.* Dialysator *m*

diyalog 1. Dialog *m* 2. in Dialogform verfaßtes Werk

diyamanyetik diamagnetisch

diyamanyetizm Diamagnetismus *m*

diyametre [··×·] Durchmesser *m* *kutur, çap

Diyan *n.pr.* Diana, Artemis

diyanet, -ti [ā] 1. Frömmigkeit, Religiosität *f* 2. Religion *f* ~ **işleri** Kultusangelegenheiten *pl.* ≗ **İşleri Başkanlığı** Verwaltungsorganisation *f* der isl. Kirche (in der Türkei) (seit 1924) ~ **sahibi** fromm, religiös

diyanetkâr; diyanetli religiös, gläubig, fromm

diyanî [·––] *selt.* religiös ~ **tesis** *jur.* religiöse Stiftung *vakıf

diyapazon 1. Stimmgabel *f*, Diapason *m, n* 2. Stimm-, Tonumfang *m*

diyapozitif Dia(-positiv) *n*

diyar [ā] Gebiet, Land *n*

Diyarbakır *n.pr.* (bis 1937): **Diyarbekir)** Stadt u. gln. Rbz. (Südostanatolien) ~ **çıbanı** s. **Halep çıbanı;** ~ **karpuzu** e–e besonders große Wassermelonenart (häufig 50–60 kg schwer)

diyare *selt. med.* Durchfall *m*, Diarrhoe *f*

diyareli *selt. med.* an Durchfall (Diarrhoe) leidend

diyari *V fr.* Zweikurusch-Stück *n*

diyartroz s. **oynar eklem**

diyastaz 1. *med.* Diastase *f* 2. *chem.* Diastase, Amylase *f*

diyastol, -lü *med.* Diastole *f* (des Herzens) *yürek gevşemesi

diyatermi *med.* Diathermie(-behandlung) *f*

diyatez *med.* Diathese *f* (Anlage zu best. Krankheiten)

diyatomeler Diatomeen, Kieselalgen *pl.* *üşniyei hadra

diyatomik *chem.* doppelatomig, zweiwertig

diyatomit, -ti *min.* Kieselgur *m*, Infusorienerde *f*

diyatonik *mus.* 1. diatonisch 2. Diatonik *f* ~ **gam** diatonische Tonleiter *düz dizi

diyavolo [·×··] 1. *selt.* Teufel *m* *şeytan 2. (oyunu) Diabolospiel *n*

diye (< diyerek) 1. sagend, mit der Behauptung od. Versicherung (*Anm.* Zur Kenntlichmachung der direkten Rede dieser nachgestellt und öfters nicht eigens zu übersetzen) 2. in der Annahme, daß ...; da möglicherweise ...; weil vielleicht ... 3. *(final)* damit; um ... zu; zu, für 4. *(kausal) selt.* da, weil 5. namens, mit dem Namen 6. als; als angeblich (vorgeblich) 7. über (das Thema) mit dem Inhalt 8. unter der Bezeichnung (dem Namen) Zu 1: **Gelirim ~ bağırdı.** „Ich komme!" rief er. **Gelirim ~ bizi aldattı.** Mit der Versicherung, daß er kommen wolle, hat er uns angeführt. **Aziz dostum, seninle gelemiyorum ~ bana darılma!** Lieber Freund, sei mir nicht böse, wenn ich sage, daß ich dich nicht begleiten kann! **Gelsene ~ ~.** Wobei er immer wieder sagte: „Komm doch schon!" Zu 2: **Gücenirsiniz ~ bir şey söylemedim.** Da Sie vielleicht ärgerlich geworden wären, habe ich nichts gesagt. Zu 3: **Sizi göreyim ~ geldim.** Ich bin gekommen, um Sie zu sehen. **gelsin** ~ damit er kommt **Ne ~?** Wozu? **Ne ~ bunu yapmış?** Was hat ihn nur dazu veranlaßt? Was hat er sich dabei nur gedacht? Zu 4: **Paramız tükendi ~ derhal kalktık.** Weil wir kein Geld mehr hatten, brachen wir sofort auf. Zu 5: **İsa ~ bir insan mevcut olmuş mudur?** Hat einmal ein Mensch namens Jesus gelebt? Zu 6: **Bunu eğlence ~ mi yaptın?** Hast du das aus reinem Vergnügen getan? **Bunu ucuz ~ aldım.** Ich habe dies als angeblich billig gekauft. **yabancı ~ satılan yerli mallar** einheimische Erzeugnisse, die als angebliche Importware verkauft wurden ~ **işitmek** hören, daß angeblich ... Zu 7: **Pancar ekimi kârlıdır ~ bir yazı yazıverseniz!** Schreiben Sie doch e–n Artikel über die Rentabilität des Zukkerrübenanbaus!

diyecek s. Stw. **demek**

diyelek s. **diyalekt, lehçe**

diyem 1. Aussage *f* *ifade 2. Sinn, Inhalt *m* *mantuk, mazmun, meal

diyesi (in der Füg.:) ~ **gelmek** auf der Zunge haben; nahe daran sein, et. auszusprechen; et. sagen wollen

diyet (I), **-ti** 1. das (nach isl. Recht für e–n Getöteten od. Verwundeten zu entrichtende) Blutgeld 2. *selt.* Wert *m* ~ **istemek** Vergeltung fordern

diyet (II), **-ti** (*a. gel.* ~ **meclisi**) Reichs-, Bundes-, Land-tag *m*, Nationalversammlung *f*, Abgeordnetenkammer *f*, Parlament *n* **Prusya ~ meclisi** *hist.* Preußischer Landtag **Japon -i** Japanisches Parlament

diyet (III), **-ti** *med.* Diät(-kost *f*, -halten *n*) *f* ~ **yapmak** Diät halten
diyetetik, -iği *med.* 1. diätetisch 2. Diätetik *f* ~ **uzmanı** s. **diyetetisiyen**
diyetetisiyen *med.* Diätetiker *m*
diyerez Diärese *f:* a) *ling.* Trennung zweier Vokale (durch Trema) b) Einschnitt *m* im Vers mit Zusammenfall von Wort- und Versfuß-ende
diyez *mus.* 1. Erhöhungszeichen, Kreuz *n* 2. der so erhöhte Ton Zu 2: **do** ~ (der Ton) cis **si** ~ (der Ton) his
diyezlemek *mus.* das Erhöhungszeichen setzen (vor e–r Note)
diyezli *mus.* mit Erhöhungszeichen (Kreuz); erhöht (Note) (*ant.* **bemollü**)
Diyojen *n.pr.* 1. Diogenes 2. Name der ersten türk. hum. Wochenzeitschrift (gegr. 1869)
diyoptri *med.* Dioptrie *f*
diyorama [··×·] Diorama *n*
diyoramik das Diorama betreffend, dioramisch
diyorit, -ti *min.* Diorit *m* (Tiefengestein)
diyot, -du (Radio) Diode *f*
diyus [ū] (*engl.* **deuce**) *(Tennis)* Einstand *m* *beraberlik
diyüretik *med.* 1. diuretisch, harntreibend 2. Diuretikum *n*, harntreibendes Mittel
diyürez *med.* Diurese, Harnausscheidung *f*
diz 1. Knie *n* 2. *(mst. Pl.)* Schoß *m* (des Sitzenden) Zu 2: **Anne, çocuğu -lerine oturttu.** Die Mutter nahm das Kind auf den Schoß. ~ **ağırşağı** s. **-kapağı kemiği;** ~ **ardı çukuru** Kniekehle *f* ~ **boyu** knie-hoch, -tief ~ **bükme** *(Turnen)* Kniebeuge *f* ~ **çakşırı** *hist.* enge Kniehose der Janitscharen *dizlik ~ **çökmek** 1. niederknien 2. *fig.* sich ergeben ~ **çöktürmek** 1. niederknien lassen 2. unterwerfen ~ **çukuru** *mil.* Schützenloch *n* für kniende Schützen ~ **çürütmek** *selt.* s. **dirsek çürütmek;** ~ **dize** Knie an Knie, dicht beieinander (z.B. sitzen) ~ **donu** knielange Lederhose (bei **yağlı güreş**); ~ **kırmak** 1. das Knie (od. die Knie) beugen 2. knicksen ~ **mafsalı** Kniegelenk *n* ~ **mafsalı iltihabı** Kniegelenkentzündung, Gonathritis, Gonitis *f* *iltihabı mafsalı rıdfa ~ **örtüsü** Plaid *n*, Tartan *m* ~ **sırkavı** *Zig.* 1. Hose *f* 2. Unterhose *f* ~ **üstü (üstüne, üzere)** kniend, auf Knien **-de yüzmek** riesengroß sein (z.B. Skandal) **-den asılma** *(Turnen)* Kniehang *m* **-e gelmek** (*od.* **varmak**) 1. auf die Knie fallen 2. klein beigeben; zu Kreuze kriechen **-e getirmek** in die Knie zwingen; unterwerfen **-e kadar** unerhört (viel); unglaublich (groß) **-ine** (*od.* **-lerine**) **düşmek** kniefällig anflehen **-ini dövmek** et. bitter bereuen; ganz zerknirscht sein **²inin** (*od.* **²lerinin**) **bağı çözüldü.** *od.* **²leri kesildi.** Die Knie begannen ihm zu schlottern. **-inin dibinde oturmak** *od.* **-inin dibinden ayrılmamak** *fig.* j–m nicht von der Seite weichen **²leri bük!** *(Kommando)* Knie beugt! **-leri germek** die Knie durchdrücken **-lerine** (*od.* **-ine**) **kapanmak** sich j–m zu Füßen werfen
dizanteri *med.* Ruhr, Dysenterie *f* *kanlı basur ~ **amibi** Ruhramöbe *f zo.* Entamoeba histolytica
dizanterili *med.* wer an Ruhr (Dysenterie) erkrankt ist
dizbağı, -nı 1. Knieflechsen *pl.* 2. Strumpfband *n* ≗ **Nişanı** Hosenbandorden *m* (England)
dizbarko [·×·] *jur.* Disbargo *n*, Ausschiffungs- und Hafenkosten *pl.*
dizçek *hist.* Knie-schiene, -kachel *f* (als Teil e–r Rüstung)
dizdar [ā] *va.* 1. Schloßwächter, Kastellan *m* 2. Festungskommandant *m*
dize *lit.* Halbvers *m* *mısra
dizek *mus.* s. **porte**
dizel (I) Dieselmotor *m* ~ **yağı** Dieselöl *n*
dizel (II) *V* Kokotte, Dirne, Hure *f*
dizelleştirme Ersetzung *f* von Dampflokomotiven durch Diesellokomotiven
dizge 1. System *n* (als geschlossenes, gegliedertes Ganzes) 2. philosophisches System; Lehrgebäude *n*, Doktrin, Theorie *f* 3. *geol.* System *n*, Formation *f* 4. *dial.* Kniestrumpf *m*
dizgi 1. (An-)Ordnung *f*, System *n*, Reihenfolge *f* 2. *typ.* Setzen *n*, Satz *m* *tertip ~ **evi** *typ.* Setzerei *f* *mürettiphane ~ **hatası** Druckfehler *m* *mürettip hatası ~ **kasası** *typ.* Schrift-, Setz-kasten *m* ~ **makinesi** *typ.* Zeilensetzmaschine *f* (Linotype, Intertype usw.) ~ **teknesi** *typ.* Setzschiff *n* *gale ~ **yüzeyi** *typ.* Satzspiegel *m*
dizgici s. **dizici**
dizgin Zügel, Zaum *m (a. fig.)* **-e vurmak** (*od.* **çarpmak**) in die Zügel fallen **-i çekmek** *fig.* die Zügel anziehen **-ini kısmak** (b–nin) *fig.* j–n fester an die Kandare nehmen **-leri ele almak** (*od.* **elinde toplamak**) *fig.* die Zügel in die Hand nehmen **-leri ele vermek** (*od.* **başkasına kaptırmak**) sich die Zügel entgleiten lassen **-leri gevşetmek** die Zügel lockern (*bzw. pej.* die Zügel schleifen lassen)
dizginlemek 1. aufzäumen (Pferd) 2. j–n zügeln, bremsen
dizginsiz 1. ohne Zügel (Pferd) 2. *fig.* zügellos, ungezügelt, maßlos (z.B. Gier)
dizi 1. Reihe, Serie, Folge, Linie, Aufstellung, Anordnung *f* 2. was in e–r Reihe (od. auf e–r Schnur) angeordnet ist; -kette, -schnur *f* 3. *mus.* Tonleiter *f* *gam, ıskala 4. *math.* Progression, Reihe *f* *silsilei alelvilâ 5. *mil.* Rotte *f* ~ **derecesi** *mus.* Tonstufe *f* ~ ~ in Reihen; reihenweise ~ **kol nizamında** hintereinander, im Gänsemarsch
Dizi *astr.* der Stern Epsilon im Sternbild des Orion (mittlerer Stern der Jakobsleiter)
dizibaşı, -yı *mil.* Flügelmann *m* *kanat eri
dizici 1. wer et. aufreiht 2. *typ.* Setzer *m* *mürettip ~ **cetveli** s. **dizgi teknesi**
dizidroz *med.* Dyshidrosis *f*, Schweißekzem *n* (auf Handflächen und Fußsohlen)
dizilemek in e–r Reihenfolge anordnen; auf-, aneinanderreihen
dizili 1. auf-, aneinander-gereiht; geordnet, aufgestellt 2. *typ.* gesetzt
dizilik mit nb. Serie (Reihe) **oniki** ~ **elektrikli tren** aus zwölf Wagen bestehender elektrischer Zug
diziliş 1. Anordnung, Aufstellung *f* 2. *(Turnen; mil.)* Antreten *n* in Reih und Glied
dizilmek 1. Pass. zu **dizmek** 2. sich (in e–r Reihe) aufstellen 3. *Fb.* antreten (sich zum Spiel aufstellen)
dizim *mus.* fortschreitende Bewegung *kademeleniş
dizin Liste, Aufstellung *f*, Register *n*, Wert- od. Sach-verzeichnis *n* *liste ~ ~ s. **dizi dizi**
dizkapağı, -nı vorderer Teil des Knies, Kniescheibe *f* ~ **kemiği** *an.* Kniescheibe, Patella *f* *diz ağırşağı, ağırşak kemiği, azmı rıdfa, patella
dizlik 1. was über (od. bis an) das Knie gezogen wird z.B. Knieschützer *m* e–s Tormanns bei Fb., Hockey usw.; Kniekappe *f* (e–s Pferds); Kniebuckel *m* (bei e–r Rüstung); Stulpe *f* (e–s Stiefels); Beinschiene *f* 2. s. **diz çakşırı** 3. kurze, bis zum Knie reichende Unterhose
dizmek 1. (auf-, aneinander-)reihen, aufstellen, ordnen 2. *typ.* setzen 3. s. **kurşuna** ~
dizüri *med.* s. **sidik zoru**
dizyem 1. Zehntelgrad, Strich *m* (spez. auf Fieberthermometer) 2. *mus.* Dezime *f*
dizyemlik 1. soundsoviele Zehntelgrad (Striche) ausmachend 2. *mus.* soundsoviele Dezimen umfassend Zu 1: **Ertesi sabah hararetinde dört** ~ **bir düşme olmuş.** Am folgenden Morgen war das Fieber um vier Striche gefallen.
do *mus.* (Ton od. Note) C

doanahtarı, -nı C-Schlüssel *m* (Tenor-, Alt-, Diskantschlüssel)
dobak, -ağı *dial.* Baumstumpf, Stubben *m*
doberman Dobermann *m* (Wachhund)
doblin s. **dublin** (2)
dobra [×·] aufrichtig, ehrlich ~ ~ unverblümt, geradeheraus (reden, sprechen usw.)
doçent, -ti (Privat-)Dozent(-in *f*) *m*
doçentlik 1. Dozentur *f* 2. Dozententum *n* ~ **etmek** Dozent sein
Dodekanez *selt.* s. **Oniki Ada(-lar)**
Dofen 1. *hist.* Dauphin *m* (Thronfolger in Frankreich) 2. ≗ *arch.* Wasserrinne *f*
dogma [×·] Dogma *n* *inak, nas
dogmacı 1. s. **dogmatik** 2. s. **dogmatist**
dogmacılık s. **dogmatizm**
dogmalaştırmak dogmatisieren
dogmatik, -iği 1. dogmatisch *inaksal, nassî 2. Dogmatik *f* 3. Wissenschaft *f* 4. *gel. irrtüml.* s. **doğmalık** Zu 3: s. **ceza -i**
dogmatist, -ti Dogmatiker *m*
dogmatizm Dogmatismus *m* *inakçılık, nassiye
doğa Natur *f* *tabiat, mahiyet ~ **bilgini** Natur-forscher(-in *f*) *m*, -wissenschaftler(-in *f*) *m* *tabiatçı ~ **bilimleri** s. **doğal bilimler; -dan çalışma** nach der Natur (*bzw.* dem Modell) arbeiten (bildende Kunst)
doğaca(-lık) s. **tabiî(-lik)**
doğacı 1. Anhänger *m* der Naturreligion 2. Vertreter *m* der Lehre „Zurück zur Natur" 3. Verfechter *m* naturgetreuer Darstellung, Naturalist *m*
doğacılık 1. Natur-glaube *m*, -religion *f* *tab'aniye 2. die Lehre „Zurück zur Natur" 3. naturgetreue Darstellung (in den schönen Künsten), Naturalismus *m*
doğaç s. **saniha**
doğaçtan s. **bilbedahe, irticalen**
doğal die Natur betreffend, von selbst entstanden, natürlich *tabiî, natürel ~ **ayıklanma;** ~ **seçim** *biol.* natürliche Auslese *ıstıfayı tabiî ~ **bilimler** Naturwissenschaften *pl.* *tabiî ilimler ~ **coğrafya** physikalische Geographie *tabiî coğrafya ~ **düzen** natürliche Ordnung ~ **gaz** Erdgas *n* ~ **gübre** organischer Dünger ~ **hal** Naturzustand *m* *hali tabiî ~ **kişiler** s. **hakikî şahıslar;** ~ **sayı** *math.* natürliche Zahl ~ **verim** s. **tabiî semere**
doğalcılık Naturalismus *m* *natüralizm, tabiiye
doğan (I) Part. Präs. zu **doğmak**
doğan (II) 1. Falke *m. zo.* Falco 2. *spez.* Wanderfalke *m zo.* Falco peregrinus 3. Weihe *f zo.* Circus 4. ≗ *mV; türk. Fn.* ~ **burunlu** mit Adlernase **-ı salmak** den Falken steigen lassen
doğancı Falkner *m* ~ **başı** *fr.* Oberfalkner *m*
doğancılık 1. Kunst *f*, Falken abzurichten 2. Falknerei, Falkenjagd, Beize *f*
Doğanhisar *n.pr.* O. u. D. im Rbz. Konya
Doğanşehir *n.pr.* O. u. D. im Rbz. Malatya
doğaötesi, -ni 1. Metaphysik *f* 2. metaphysisch
doğarlık Geburten-ziffer, -frequenz *f* *doğum, tevellüdat
doğaüstü, -nü übernatürlich, das Übernatürliche *fevkattabia, tabiatüstü
doğay Fauna, Tierwelt *f* *direy, mecmuai hayvanat
doğdurmak Kaus. zu **doğmak** z. B. aufgehen lassen (Sonne usw.)
doğma 1. Vs. zu **doğmak** *spez.* Geburt *f*, Aufgang *m* 2. geboren Zu 2: ~ **büyüme Istanbullu** in Istanbul geboren und aufgewachsen; (wasch-)echter Istanbuler
doğmaca 1. *F* von Geburt an *doğuştan, anadan doğma 2. *mus.* s. **emprovizasyon;** ~ **yapmak** s. **emprovize etmek**
doğmak, (-ar) 1. geboren werden, zur Welt kommen 2. aufgehen (Gestirne) 3. entstehen, herrühren 4. (b–ne) auf e–n Gedanken kommen Zu 1: **Nerede doğdunuz?** Wo sind Sie geboren? **doğduğuna doğacağına pişman etmek** j–m et. eintränken **doğduğuna pişman** *fig.* arbeitsunlustig, verdrießlich, verdrossen, erschöpft, unmutig, lebensüberdrüssig **doğduğuna pişman etmek** j–m das Leben verekeln **Doğmadık oğlana don biçilmez.** *Spr.* Alles zu seiner Zeit! **doğduğu yer** Geburtsort *m* Zu 2: s. **Gün doğdu.** Zu 3: **Bir tayyare nasıl doğar?** Wie entsteht ein Flugzeug? Zu 4: **Bu fikir size nereden doğdu?** Wie kommen Sie auf diesen Gedanken?
doğmalık angeboren, kongenital *vilâdî
doğram (durch Zerschneiden, Zerteilen, Zerlegen usw. entstandenes) Stück ~ ~ stückweise, in Stücken
doğrama 1. Vs. zu **doğramak** 2. Zimmerwerk *n* e–s Hauses *spez.* Fenster-, Tür-rahmen *pl.* 3. ausgeschnitzter (ausgemeißelter, ausgestemmter) Teil Zu 3: s. **dişi** ~; ~ **etekliği** Wandsockel, Lambris *m*
doğramacı Bauschreiner, Zimmermann *m* ~ **kıskacı** s. **işkence** (2)
doğramacılık Bauschreinerei *f*, Zimmermannshandwerk *n*
doğramak 1. in Stücke schneiden; zer-schneiden, -teilen, -legen 2. (aus-)schnitzen, (aus-)meißeln, ausstemmen 3. nieder-metzeln, -machen
doğru 1. gerade, geradlinig, gerade-wegs, -aus, direkt 2. a) richtig, zutreffend b) richtig-, genau-gehend (Uhr) 3. wahr, der Wahrheit entsprechend, wahrheitsgetreu 4. richtig, recht, passend, treffend, angebracht 5. rechtschaffen, ehrlich, wahrheitsliebend 6. (m. Dat.) a) (räumlich) in Richtung auf . . .; auf . . . zu; gegen; nach . . . zu b) (zeitlich) gegen; um . . . herum 7. wirklicher Sachverhalt; Wahrheit *f* 8. *math.* gerade; Gerade *f* *müstakim Zu 1: **Bu yol,** ~ **oraya gider.** Der Weg führt direkt dorthin. Zu 2: **O,** ~ **söylüyor.** Was er sagt, ist richtig. **daha -su** besser gesagt Zu 3: ~ **ifade** wahrheitsgetreue Aussage Zu 4: ~ **hareket** richtiges Verhalten Zu 5: s. a. ~ **dürüst** Zu 6a: **dağa** ~ auf den Berg zu **batıya** ~ nach Westen zu Zu 6b: **akşama** ~ gegen Abend **ellisine** ~ um die Fünfzig herum Zu 7: **İşin -sunu anlayamadık.** Den eigentlichen Sachverhalt haben wir nicht ergründen können. Zu 8: **İki noktadan yalnız bir** ~ **geçebilir.** Durch zwei Punkte läßt sich nur e–e Gerade ziehen. ~ **açı** *math.* gestreckter Winkel ~ **akım** *phys.* Gleichstrom *m* *mütemadi cereyan ~ **barsak** *an.* Mastdarm *m*, Rektum *n* ~ **bulmak** 1. für richtig halten 2. (ein Rätsel) richtig lösen ~ **çıkmak** sich als wahr (richtig, zutreffend) herausstellen, sich bestätigen ~ **çizgi** *math.* gerade Linie; Gerade *f* *hattı müstakim ≗ ~ **dosdoğru.** *F* 1. Ganz genau so ist es. Das trifft haargenau zu. 2. um die Wahrheit zu sagen; offengestanden ~ **durmak** 1. aufrecht stehen 2. nichts Schlechtes od. Ungehöriges begehen, artig sein od. bleiben ~ **dürüst** vollkommen korrekt, in jeder Hinsicht einwandfrei ~ **gitmek** ehrlich handeln ~ **hamle** *(Fechten)* Ausfall *m* ~ **hat** direkte Verbindung (ohne Umsteigen) ~ **orantılı** *math.* proportional; im geraden Verhältnis stehend *mepsuten mütenasip ~ **oturmak** 1. ordentlich dasitzen bzw. sich ordentlich hinsetzen 2. stillsitzen, sich still verhalten ~ **parçası** *math.* Strecke *f* *müstakim kıtası ~ **posta** durchgehender Zug (od. Dampfer) ~ **söylemek** die Wahrheit sagen ≗ (*od.* ≗**yu**) **söyleyeni dokuz köyden kovarlar.** *Spr.* Die Wahrheit will niemand hören. ≗ **söz acıdır.** *Spr.* Die Wahrheit ist (oft) bitter. ≗ **söze ne denir?** (*od.* ≗ **söze can kurban.**) Mit seiner Behauptung hat er vollkommen recht. ~ **sözlü** wahrheitsliebend, ehrlich, aufrichtig ~ **yanlış cetveli** s. **yanlış doğru cetveli; doğru-yanlış** mehr falsch als richtig ~ **yol** 1. gerader od. direkter Weg 2. *fig.* der rechte Weg ~ **yoldan ayrılmak** vom rechten Weg abkommen, abweichen; auf Abwege geraten ~ **yürek** Rechtschaffenheit *f* **-dan** gerade-aus, -zu ≗**dan şaşma!** Ehrlich währt am läng-

sten! *Spr.* **-dan şaşmamak** (*od.* **ayrılmamak**) nicht vom rechten Weg abirren; ehrlich bleiben **-dan -ya** direkt, auf direktem Weg, geradeaus, geradezu **-dan -ya dava** *jur.* unmittelbare Klage, unmittelbares Klagerecht **-dan -ya mütenasip** *math.* direkt proportional **-dan doğruya zarar** *jur.* unmittelbarer Schaden **-dan -ya zilyetlik** *jur.* unmittelbarer Besitz **-su** 1. wahrer Sachverhalt 2. genau gesagt (od. genommen), offengestanden, schlechterdings, wirklich, wahrhaftig, tatsächlich **-sunu istersen** wenn du es genau wissen willst ...

doğruca [×··] direkt, gerade-aus, -wegs; in gerader Richtung; schnurstracks

doğrucu wahrheitsliebend, aufrichtig, ehrlich ~ **Davut** wer bestrebt ist, alles immer genauestens zu machen od. wer immer aufrichtig ist; *pej.* ehrpusselig

doğruculuk 1. Wahrheitsliebe, Aufrichtigkeit, Ehrlichkeit *f* 2. Wahrhaftigkeit *f* 3. *lit.* Verismus *m*

doğrudaş *math.* auf der gleichen Gerade liegend *kolineer

doğrulamak 1. bestätigen, bekräftigen *teyit etmek, tasdik etmek 2. korrigieren, verbessern, berichtigen *tashih etmek

doğrulmak 1. wieder gerade werden; gerichtet werden (z.B. gebrochenes Bein) 2. sich aufrichten 3. berichtigt (korrigiert, rektifiziert) werden 4. ins richtige Geleise kommen (Angelegenheit) 5. sich wenden od. gerichtet sein (nach, auf); geradewegs gehen (nach) 6. *F* gesichert, beschafft werden (Geld)

doğrultma Vs. zu **doğrultmak** *spez.* Rektifikation *f*

doğrultmaç *phys.* Gleichrichter *m* *redresör

doğrultmak 1. aufrichten 2. e–e best. Richtung geben 3. *F* Geld verdienen; s.a. **belini** ~

doğrultman *math.* Leitlinie *f*, Leit- *müvecchih

doğrultu *math., phys.* Richtung *f* *istikamet

doğrulu *math.* geradlinig, gerade *doğrusal, müstakim

doğruluk 1. gerade Richtung, direkter Verlauf 2. Richtigkeit *f*, Zutreffendsein *n* 3. Wahrheit *f* 4. Passend-, Angebracht-sein *n* 5. Geradheit, Ehrlichkeit, Rechtschaffenheit, Wahrheitsliebe *f*, korrektes Verhalten ~ **kâğıdı** Führungszeugnis *n* *hüsnühal vesikası

doğrulum s. **yönelim**

doğrusal *math.* 1. linear *çizgisel, hattî 2. geradlinig, gerade *doğrulu, müstakim Zu 1: ~ **denklem** lineare Gleichung Zu 2: ~ **devim** geradlinige Bewegung ~ **trigonometri** *math.* ebene Trigonometrie

doğu (I) 1. Osten, Orient *m*, Morgenland *n* *şark 2. östlich, Ost- *doğusal, şarkî 3. der Punkt, an dem die Sonne am 20. März aufgeht 4. ⩰ türk. Zigarettenmarke ⩰ **Afrika** Ostafrika ⩰ **Almanya** 1. Ostdeutschland 2. DDR, Deutsche Demokratische Republik ⩰ **Anadolu** Ostanatolien ~ **çıbanı** s. **Halep çıbanı;** ~ **çınarı** morgenländische Platane *f bot.* Platanus orientalis ⩰ **Frat** *n.pr.* Östlicher Euphrat *Murat suyu ~ **güney** 1. Südosten *m* 2. südöstlich, Südost- ~ **hamamböceği** Küchenschabe *f zo.* Blatta orientalis ~ **ipeği** s. **bitkisel ipek;** ~ **Karadeniz köknarı** Nordmannstanne *f bot.* Abies Nordmanniana *Kafkas köknarı ~ **kayını** Rotbuche *f bot.* Fagus macrophylla ~ **kerte poyraz** *naut.* Ost zu Nord ~ **kerte keşişleme** *naut.* Ost zu Süd ~ **keşişleme** *naut.* Ostsüdost, OSO ~ **kuzey** 1. Nordosten *m* 2. nordöstlich, Nordost- ~ **ladini** Sapindenfichte *f bot.* Picea orientalis ~ **poyraz** *naut.* Ostnordost, ONO ⩰ **Roma İmparatorluğu** *hist.* Oströmisches Reich ⩰ **Türkistan** s. **Sinkiyang**

doğu (II) *dial.* mit kleinen Ohren (Schaf, Ziege)

Doğubeyazıt *n.pr.* O. u. D. im Rbz. Ağrı

doğubilim Orientalistik *f* *şarkiyat

doğulu 1. östlich, Ost- 2. Orientale *m*, Orientalin *f* 3. Ostdeutsche(-r *m*) *f* 4. Angehöriger der Ostmächte 5. *pol.* östlich orientiert 6. hochwertig (Edelstein)

doğuluca(-lık) (*Neol.*) s. **alaturka(-lık)**

doğum 1. Geburt *f* 2. Geburtsjahr *n* 3. s. **doğarlık;** ~ **ağrıları** *med.* (Geburts-)Wehen *pl.* ~ **günü** Geburtstag *m* ~ **haddi** Geburtsrate *f* ~ **kâğıdı** Geburtsschein *m* ~ **hali** Status *m* nascendi *hali tevellüdî ~ **iskemlesi** *fr.* Gebärstuhl *m* ~ **kontrolü hapı** (*od.* **-u önleyici hap**) Antibabypille *f* ~ **kütüğü** Geburtsregister *n* ~ **nispetinin azalışı** (bzw. **artması**) Sinken *n* bzw. Steigen *n* der Geburtenziffer ~ **sancıları** (Geburts-)Wehen *pl.* *takallüsat ~ **senesi** (*od.* **yılı**) Geburtsjahr *n* ~ **sigortası** *jur.* 1. Aussteuerversicherung *f* (im Falle der Geburt e–s Kindes) 2. s. **analık sigortası;** ~ **tarihi** Geburtsdatum *n* ~ **ve kadın doktoru** Frauenarzt und Geburtshelfer *m* ~ **yapmak** entbunden werden; gebären ~ **yeri** Geburtsort *m* ~ **yıldönümü** Jahrestag *m* der Geburt, (jährlich wiederkehrender) Geburtstag **-un kontrolü** Geburten-kontrolle, -regelung *f*

doğumevi, -ni Entbindungs-anstalt *f*, -heim *n*

doğumlu in nb. Jahr geboren; Jahrgang soundso; **1960 -lar** Jahrgang 1960

doğuranlar *biol.* Lebendgebärende, Viviparen *pl.* *tenasülleri tevellüdî

doğurgan gebärkräftig, fruchtbar *velut ~ **doku** *bot.* Bildungsgewebe, Kambium *n* ~ **kertenkele** Bergeidechse *f zo.* Lacerta vivipara

doğurganlık Gebärkraft, Fruchtbarkeit *f* ~ **oranı** Geburtenziffer *f*

doğurmak 1. gebären, zur Welt bringen 2. entstehen lassen, hervorrufen, veranlassen, auf den Plan rufen Zu 2: **Bu hareket, fena neticeler doğurdu.** Diese Tat hat schlimme Folgen gezeitigt.

doğurtmak 1. befruchten, belegen 2. Geburtshilfe leisten

doğurtucu *phil.* mäeutisch *istilâdî, mayötik

doğurtuculuk *phil.* Mäeutik *f*, sokratische Methode *mayötik

doğurucu *zo.* lebendgebärend, vivipar *vivipar

doğusal östlich, Ost- *doğu, şarkî

doğuş 1. Geburt *f* 2. Aufgang *m* (von Gestirnen) **-tan** 1. von Geburt aus 2. angeboren *vehbî **-tan kalça çıkığı** *med.* angeborene Hüftgelenkverrenkung **-tan kibar** ein geborener Gentleman **-u** geborene (geb.) (verheiratete Frau)

doğuşlu 1. von nb. Herkunft 2. *pr. dial.* von vornehmer Abstammung, aus vornehmer Familie, edel, adlig *asil, necip, soylu

doğuştancı(-lık) s. **nativist; nativizm**

doğuşuk (ses) *mus.* s. **flajole**

doğut s. **maskatıreis**

Doğu-Ürdün s. **Maverayı Şeria**

doj *hist.* Doge m (von Venedig od. Genua)

dok, -ku 1. Dock *n* 2. Hafenbecken *n*, Anlegeplatz *m* (mit Kai und Lagerschuppen) ~ **işçisi** Dockarbeiter *m* *yükleme boşaltma işçisi

doka s. **duka**

dokanmak *P* für **dokunmak**

doksan 1. neunzig 2. Zahl *f* 90 ~ **kapının ipini çekmek** *fig.* alles mögliche versuchen

doksanar je neunzig

doksanıncı neunzigst-

doksanlı mit neunzig Stück

doksanlık neunzig Einheiten umfassend z.B. 90 kg schwer, 90 Kurusch (Pfund) kostend usw. ~ **bir ihtiyar** ein neunzigjähriger Greis

Doksanüç Harbi *hist.* der Russisch-Türkische Krieg 1877/78

doktor 1. Arzt *m* *hekim 2. wer den Dr.-Titel erworben hat, wer promoviert hat ~ **çıkmak** (*od.* **olmak**) 1. Arzt werden 2. den Doktor-Titel erhalten

doktora 1. Doktorat *n*, Doktor-titel *m*, -würde *f* 2. **(imtihanı)** Promotion, Doktorprüfung *f* ~ **almak** (*od.* **vermek**) *od.* **-sını yapmak** den Doktor-Titel erwerben, den Doktor machen ~ **tezi** (Inaugural-)Dissertation *f*, Doktorarbeit *f*

doktorlu (kâğıt) *V* gezinkt od. sonstwie gekennzeichnet (Spielkarten)

doktorluk, -uğu 1. s. **doktora** 2. ärztlicher Beruf; Arztpraxis *f* 3. ärztliche (medizinische) Wissenschaft 4. ärztliche Kunst 5. den Arzt od. die ärztliche Kunst betreffend *(2–5) hekimlik ~ **etmek** als Arzt tätig sein, e–e ärztliche Praxis ausüben **Haydelberg Üniversitesi fahrî -una seçildi.** Er wurde zum Ehrendoktor (Dr. h.c.) der Universität Heidelberg gewählt.

doktrin Doktrin, Lehre, Lehrmeinung, Theorie *f* *meslek, mezhep, öğreti

doktrinci; doktriner 1. doktrinär 2. Doktrinär *m*, Prinzipienreiter, wirklichkeitsfremder Fanatiker

doku 1. *biol.* Gewebe *n* *nesiç 2. *geol.* od. *fig.* Gefüge *n* ~ **aşısı** *med.* s. **transplantasyon;** ~ **erimesi** *med.* Gewebezerfall *m*, Histolyse *f* *histoliz ~ **yapımı** *med.* Histogenese, Histogenie *f*

dokubilim Gewebelehre, Histologie *f* *histoloji; ilmi ensaç

dokubilimsel gewebekundlich, histologisch *histolojik

dokum *biol.* Ineinander-Verflochtensein *n*, Zellgewebe *n* *intisaç

dokuma 1. Vs. zu **dokumak** 2. Gewebe, Gespinst *n*, Textilware *f* 3. Überschlagdecke *f* aus buntem Kattun 4. gewebt ~ **fabrikası** Weberei *f* ~ **makinesi** (*od.* **tezgâhı**) Webstuhl *m* ~ **sanayii** Web-, Textil-industrie *f* ~ **tarağı** Weberkamm, Riet *m*

dokumacı 1. Weber(-in *f*) *m* 2. Webwarenhändler *m*

dokumacıkuşu, -nu Webervogel *m zo.* Ploceus capensis

dokumacılık 1. Weberei *f* 2. Webwarenhandel *m* 3. Textilindustrie *f* 4. Webkunst *f*

dokumak 1. weben 2. *reg.* die Früchte e–s Baumes mit e–m Stock od. mit e–r Stange herunterschlagen 3. s. **meydana getirmek**

dokunaç, -acı *an.* Tentakel *m, n,* Fühl-, Tast-faden *m* *levahikı lâmise, tentakül

dokunaçlılar Tentakeltiere *pl. zo.* Tentaculata

dokunak (I) *va.* 1. seelische od. körperliche Auswirkung 2. Schaden, Nachteil *m* ~ **vurgusu** pathetischer Akzent (des Bedauerns)

dokunak (II) *mus.* Taste *f* *tuş

dokunaklı e–n seelischen od. körperlichen Eindruck hinterlassend: 1. rührend, zu Herzen gehend, schmerzlich, leidvoll, nahegehend 2. verletzend, kränkend, beleidigend, ehrenrührig 3. schwer (Wein, Tabak usw.) 4. nicht bekömmlich, nicht zuträglich 5. durchdringend, empfindlich (z.B. Kälte) 6. wirksam, nachhaltig *tesirli

dokunaklık *mus.* s. **klavye**

dokundurmak 1. berühren lassen 2. kränken lassen 3. unfreundliche Anspielungen machen Zu 1: **Masayı duvarlara dokundurmadan indiriniz!** Bringen Sie den Tisch herunter, aber beschädigen Sie die Wände nicht! Zu 2: **O yetim çocuğa dokundurmam.** Ich lasse es nicht zu, daß das Waisenkind gekränkt wird. Zu 3: **Lakırdıyı bana ~ istedi.** Was er sagte, war auf mich gemünzt.

dokunma (I) 1. Vs. zu **dokunmak** 2. Berührung *f*, Kontakt *m* 3. *biol.* Druck- und Berührungsempfindung *f*, Tastreiz *m* *lemis ~ **cisimciği** *an.* Tastkörperchen *n* ~ **duyusu** Tastempfindung *f* ~ **sathı** Berührungs-, Kontakt-fläche *f*

dokunma (II) **bana** 1. *P* Krebs(-krankheit *f*) *m* *kanser, incitmebeni 2. **(çiçeği)** a) s. **kınaçiçeği** b) s. **küstümotu**

dokunmak (I) Pass. zu **dokumak**

dokunmak (II) (m. Dat.) 1. berühren, (mit der Hand) kommen (an); anfassen, in die Hand nehmen, anrühren, antasten 2. stoßen, schlagen (an) 3. nicht gut bekommen, nicht zuträglich sein 4. stören, nicht in Ruhe lassen, quälen 5. rühren, e–n tiefen Eindruck machen 6. verletzen, kränken 7. (in Verb. mit Ausdrücken des Vorteils od. Nachteils) sein 8. betreffen, angehen; sich beziehen (auf) *ilişkin olmak Zu 1: **Bu kâgıtlara kimse dokunmasın!** Daß mir niemand die Papiere hier anrührt! **Kimsenin parasına puluna dokunmaz.** Er vergreift sich nicht an fremdem Gut. Zu 2: **Vazoya dokunup kırmış.** Er ist an die Vase gestoßen und hat sie zerbrochen. Zu 3: **Bu yemek bana dokunur.** Dieses Essen bekommt mir nicht. **Sinirleri zayıf olanlara yüksek yerler dokunur.** Leuten mit schwachen Nerven bekommt das Höhenklima nicht. **Bu, aklıma dokunuyor.** Das macht mich ganz verrückt. Das bringt mich in Raserei. Zu 4: **Bu zavallıya dokunmayın!** Laßt den armen Kerl in Ruhe! Zu 5: **Onun sözleri bana dokunmaz.** Seine Worte rühren mich nicht. Zu 6: s. **hissiyata** ~ Zu 7: **Onun kimseye zararı dokunmaz.** 1. Das schadet keinem. 2. Er tut keinem et. zuleide. **Bunun faydası dokunur.** Das ist recht vorteilhaft. **Bana çok iyiliği dokundu.** Er hat mir viel Gutes getan. **Size daha fazla bir yardımım dokunmaz.** Weiter kann ich Ihnen nicht behilflich sein. Das ist alles, was ich für Sie tun kann. s. a. **hizmetleri** ~ Zu 8: **eğitime dokunan bir yazı** e–e pädagogische Schrift **O işin bana dokunur ciheti yoktur.** Die Geschichte geht mich in keiner Hinsicht et. an. **dokunu dokunu vermek** (üstüne) *V* wiederholte Faustschläge versetzen

dokunsal Tast-, Gefühls- *lemsî

dokunulmaz unverletzlich, immun *masun **-lar** die Unberührbaren (Indien)

dokunulmazlık 1. Unverletzlichkeit, Immunität *f* *masuniyet 2. Tabu *n*

dokunum *biol.* Tastsinn *m*, Gefühl *n* *lems

dokunur schädlich

dokunuş 1. Gewebe *n* 2. *mus.* Anschlag *m* *tuş 3. (Pinsel-)Strich *m* 4. *lit.* Gefüge *n*, Aufbau *m*

dokunut, -tu *mus.* Fingersatz *m* *parmak (alırı, rakamı)

dokunutlamak *mus.* mit Fingersatz versehen

dokurcun 1. großer Heu- od. Getreide-haufen; Feimen *m* 2. Mühlespiel *n* *dokuztaş ~ **oynamak** Mühle spielen

dokuş(-mak, -turmak) s. **tokuş(-mak, -turmak)**

dokuyucu webend; Weber(-in *f*) *m*

dokuyuş Webart *f*

dokuz 1. neun 2. Zahl *f* 9 3. vgl. **iki** (3); ⚬ **ay nasıl bekledin?** s. **Ananın karnında ~ ay nasıl durdun?** ~ **ayın çarşambası bir araya gelmek** *pej.* sich häufen, alles zusammenkommen (Arbeit, Schwierigkeiten usw.) ~ **ayın on çarşambasını bir araya getirmek** alles auf einmal machen wollen ~ **babalı** 1. Kind *n* e–r Hure, Bastard *m* 2. *selt.* hochintelligent ~ **başlı** s. **çöpleme** (3); ~ **canlı** s. **it canlı;** ~ **doğurmak** *fig.* 1. Angst und Sorge ausstehen 2. sich sehr abplagen 3. es vor Ungeduld kaum aushalten können, wie auf glühenden Kohlen sitzen ~ **düğüm altında** *fig.* gut verwahrt ~ **kemerli tatu** Neunbindengürteltier *n zo.* Dasypus novemcinctus *peba ~ **körün bir değneği** *fig.* 1. einziger Ernährer e–r großen Familie 2. *allg.* einziger Helfer, einzige Stütze (für mehrere Personen); Mädchen *n* für alles ~ **köyden kovulmuş** überall hinausgeworfen (s.a. **Doğru(yu) söyleyeni ...**); ~ **monte** *V* betrügerisches Mischen (bei Poker) ~ **oturak oturma** *naut.* vollkommenes Festgelaufensein (e–s Schiffes auf e–r Sandbank, e–m Riff usw.) ~ **öksüz ile bir mağarada kapanmış olmak** ungepflegt sein; wie e–e Schlampe herumlaufen ⚬ **ölç bir biç!** *Spr.* Erst wäg's, dann wag's! *Spr.* ~ **tepeli** s. **çöpleme** (3); ~ **yorgan eskitmek** (*od.* **paralamak**) *fig.* 1. sehr lange leben 2. (vor dem Tod) noch sehr leiden müssen **-dan** s. **İşim dokuzdan.**

dokuzar je neun

dokuzgen *math.* Neuneck *n*

dokuzlamak 1. verneunfachen 2. durch neun teilen

dokuzlu neun Teile umfassend *spez.* 1. *Spk.* Neun *f* 2. *mus.* None *f*
dokuzluk neun Einheiten umfassend z.B. 9 kg schwer, 9 Kurusch od. Pfund kostend, 9 Jahre alt usw.
dokuztaş Mühlespiel *n* ~ **oynamak** Mühle spielen
dokuzuncu neunt-
doküman Dokument *n,* dokumentarischer Beweis ~ **fotoğraf** Bilddokument *n;* als dokumentarischer Beweis dienende Photographie
dokümantasyon 1. Dokumentation *f* 2. urkundliches Beweismaterial; Unterlagen *pl.* ~ **merkezi** Dokumentenzentrale *f*
dokümanter dokumentarisch, urkundlich, Dokumentar- ~ **filim** 1. Dokumentarfilm *m* 2. Kultur-, Lehr-film *m*
dolak Wickelgamasche *f*
dolalı (herum-, ein-)gewickelt
dolam 1. Mal *n* (des Herumwickelns) 2. Wickellänge *f* Zu 1: **Bu sargı ancak üç ~ dolanabilir.** Diese Binde läßt sich nur dreimal herumwickeln. Zu 2: **beş ~ kuşak** e–e Leibbinde, die sich fünfmal um den Körper wickeln läßt
dolama 1. Vs. zu **dolamak** 2. Nagelgeschwür, Panaritium *n,* Umlauf *m* *etyaran, domuz burnu, kurlağan 3. *fr.* langes, vorne übereinandergehendes und mit Gürtel getragenes loses Gewand, Dolman *m* 4. *arch.* Volute, Schnekke *f* (bes. im Barock- und Rokoko-stil)
dolamaç s. **dolambaç**
dolamadal s. **kıvrıkdal**
dolamak 1. (herum-, ein-)wickeln 2. umfassen, umgeben 3. *fig.* j–m et. (Unangenehmes) aufbürden, aufhalsen
dolaman *fr.* Dolman *m* (langes, an beiden Seiten geschlitztes Prachtgewand der Janitscharen)
dolamanlı *fr.* 1. wer e–n Dolman trägt 2. *spez.* Janitschar *m* in Paradeuniform
dolamaotu, -nu Nagelkraut *n bot.* Paronychia serpyllifolia *kurlağan otu
dolamaotugiller *pl.* Nagelkrautgewächse *pl.*
dolambaç 1. Windung, Kehre, Kurve *f* 2. s. **içkulak**
dolambaçlı 1. mit vielen Windungen (Kehren, Kurven), gewunden 2. labyrinthartig 3. unübersichtlich, verworren ~ **deyim** *Th.* Umschreibung *f* ~ **yollardan gitmek** *fig.* Ausflüchte versuchen, um et. herumreden
dolambaçsız 1. gerade; ohne Biegungen (Weg) 2. *fig.* ohne Umschweife
dolamık Falle, Schlinge *f,* Netz *n*
dolamlama Umschreibung *f,* Hüllwort *n,* Euphemismus *m* *edebikelâm
dolan (I) List *f,* Betrug *m,* Täuschung *f* (mst. in der Verb. **yalan ~**)
dolan (II) Dolan *n* (synthetische Faser)
dolandırıcı Betrüger, Gauner, Spitzbube, Schwindler *m*
dolandırıcılık 1. Betrug, Gaunertrick, Schwindel *m* 2. Gaunerunwesen *n*
dolandırmak 1. s. **dolaştırmak** 2. s. **dolamak** (1) 3. betrügen, prellen, bemogeln 4. j–m et. abschwindeln, et. ergaunern
dolanı 1. s. **dolambaç** 2. verwickelte Angelegenheit; heikle Sache; Wirrwarr *m,* Durcheinander *n*
dolanım hızı *H* Umlaufgeschwindigkeit *f* (des Geldes)
dolanlı 1. s. **dolambaçlı** 2. hinterlistig, betrügerisch *hileli
dolanma Vs. zu **dolanmak** *spez.* 1. *astr.* Umlauf *m* 2. Sich-Verheddern *n* (e–r Angelschnur od. e–s Fischernetzes) ~ **süresi** *astr.* Umlaufzeit *f* (e–s Gestirns) *yörünge dönümü
dolanmak 1. Pass. zu **dolamak** 2. sich im Kreis drehen 3. sich herumwickeln 4. herumgehen, umherschlendern 5. umgeben, umfassen, umschließen 6. durch-gehen, -machen (z.B. Alphabet) 7. s. **dolunmak** 8. *P* umknicken (z.B. Fuß) 9. sich verbreiten, von Mund zu Mund gehen (z.B. Nachricht)
dolanmalık *arch.* Säulengang *m*
dolantaşı, -nı *min.* Dolerit *m* *dolerit
dolantı *Th.* Intrige *f*
dolantılı *Th.* Intrigen- ~ **komedi** Intrigenstück *n*
dolap, -bı (*urspr.* ein sich drehender Gegenstand) 1. *fr.* Tretmühle *f* 2. Drehkreuz *n* *turnike 3. (Rundgang-)Göpel *m* (Antrieb für Schöpfwerk) 4. Karussell *n* 5. Trommel *f* (z.B. bei der Losziehung od. in der Gerberei) 6. *fr.* Drehschrank *m* (zwischen Küche und Eßzimmer), *heute allg.*: Schrank *m* 7. *mus.* Wiederholungszeichen *n* 8. (Uhr-, Klavier- usw.)Gehäuse *n* 9. Haspel *f,* Spinnrad *n* 10. (Hinter-)List, Intrige *f,* Kniff, Trick *m* 11. (Im Bedesten von Istanbul) kleinerer Laden 12. *z. va.* Geschäftstätigkeit *f,* Geschäfte *pl.* (e–s Kaufmanns) Zu 3: s. **bostan (kuyu) -ı; ~ beygiri gibi dönüp durmak** s. Stw. **bostan; ~ beygiri gibi çalışmak** schuften, sich abplagen, wie ein Roß arbeiten ~ **çevirmek (düzmek, kurmak)** Ränke spinnen, Intrigen anzetteln; ein Ding drehen ~ **çivisi** mittelgroßer Nagel ~ **dönmek** angezettelt werden (Intrigen; undurchsichtige Geschäfte usw.) ~ **hastalığı** s. **delibaş;** ~ **sopası** Schrank-stange *f,* -rohr *n* (zum Aufhängen von Kleidern) **-a girmek (gelmek, düşmek)** sich übers Ohr hauen lassen, in die Falle gehen **-a koymak** (*od.* **sokmak**) hereinlegen, beschwindeln, übers Ohr hauen **ꝯı bozuldu.** *fig.* Seine ganze Arbeit steht mit e–m Male still. Er kann nicht mehr weiterarbeiten.
dolapçı 1. wer **dolap** besitzt (betreibt, ausübt, herstellt, verkauft usw.) 2. *spez.* Gauner, Schwindler, Intrigant *m*
dolaplama Gerben *n* von Häuten in dem spez. Faß
dolaplı 1. mit **dolap** ausgerüstet (versehen, ausgestattet usw.) 2. *spez.* betrügerisch, schwindelhaft ~ **saat** Standuhr *f* bzw. Regulator *m*
dolar [×·] Dollar *m* (Währungseinheit *spez.* in USA)
dolarlık in Höhe von soundsoviel Dollar
dolaş *(nur in der Füg.)* **sarmaş** ~ *(q.v.)*
dolaşı s. **turne**
dolaşık 1. gewunden, sich schlängelnd 2. in Unordnung gebracht, ineinander verfilzt 3. verwickelt, kompliziert 4. gewunden (Ausdrucksweise) ~ **yol** Umweg *m*
dolaşıklık 1. Gewundensein *n* 2. Unordnung *f,* Durcheinander, Ineinander-Verfilztsein *n* 3. Kompliziertheit *f* 4. Gewundenheit *f* (des Ausdrucks)
dolaşıksız gerade verlaufend (Weg)
dolaşım 1. Vs. zu **dolaşmak** 2. Kreislauf *m* *deveran, sirkülasyon 3. *spez.* Blutkreislauf *m* *kan dolaşımı ~ **aygıtı (organı, sistemi)** *an.* Blutgefäß-System *n* ~ **bozukluğu** *med.* Durchblutungsstörung *f* ~ **tulumbası** Umlaufpumpe *f* ~ **yetmezliği** *med.* Asystolie *f* (Leistungsminderung des Herzens)
dolaşkan wer (beruflich) viel reist; umherziehend; *F* dauernd auf der Walze
dolaşlı 1. sich windend 2. verwickelt, umständlich
dolaşmak 1. e–n Rundgang od. e–e Rundreise machen, spazierengehen, herumgehen, umherschlendern, bummeln, auf und abgehen 2. umherlaufen (z.B. Hunde), umherschwimmen (z.B. Fische); umherfahren, sich bewegen (z.B. Schiffe in best. Gewässern) 3. e–n Umweg machen od. darstellen 4. (birbirine) sich ineinander verfilzen, ein unentwirrbares Durcheinander bilden (Haare, Garn, Schnüre usw.) 5. umgehen, umlaufen, die Runde machen, zirkulieren (Gerücht, Nachricht usw.), sich drehen (z.B. Gespräch) 6. kreisen, rollen (Blut) 7. (m. Akk.) durchgehen, durchmachen (z.B. das Alphabet) 8. (m. Akk.) durchwandern, bereisen, besichtigen, besuchen, spazierengehen (in) 9. *mil.* ein Umgehungsmanöver ausführen: umgehen 10. s.a. **arkasında (ardında, pe-**

şinde) ~ Zu 1: **bahçede** ~ im Garten spazierengehen Zu 3: **Bu yol çok dolaşıyor.** Das ist ein großer Umweg. **Bu yoldan giderseniz, çok dolaşırsınız.** Wenn Sie den Weg hier gehen, machen Sie e–n großen Umweg. Zu 5: s. **dilden dile ~. Lakırdı ... üzerinde dolaşıyor.** Das Gespräch dreht sich um ... Zu 6: **Damarlarında aynı kan dolaşıyor.** In seinen Adern rollt das gleiche Blut. Zu 8: **Biraz şehri dolaşalım!** Gehen wir doch etwas in der Stadt spazieren!

dolaştırmak Kaus. zu **dolaşmak** *spez.* 1. umher-, herum-, spazieren-führen 2. zirkulieren (kreisen) lassen, weiterreichen 3. in Durcheinander bringen, sich verfilzen lassen Zu 1: **Arkadaşım bana yeni yaptırdığı evi dolaştırıyordu.** Mein Freund führte mich in seinem neugebauten Haus herum. Zu 2: s. **elden ele** ~

dolay 1. Umgegend, Umgebung *f* *civar, etraf, havali 2. Windung, Kehre *f* *viraj **dolay(lar)ında** etwa, ungefähr

dolayı 1. Umgebung, Umgegend *f* 2. Kreis *m,* Milieu *n* 3. (Pp. m. Abl.) a) wegen, infolge, auf Grund (von) b) weil, da c) *va.* betreffend, über Zu 3a: **bundan** ~ deshalb, deswegen, daher, aus diesem Grund Zu 3b: **verdiğinden** ~ da er gegeben hat

dolayısiyle 1. indirekt, als mittelbare Folge od. auf mittelbarem Wege, folglich 2. in Zusammenhang hiermit, im Anschluß daran, in weiterer Auswirkung hiervon 3. zum Thema ...; zu ...; deswegen, demgemäß, entsprechend 4. auf Grund (von); anläßlich ~ **zarar** *jur.* mittelbarer Schaden ~ **zilyetlik** *jur.* mittelbarer Besitz

dolaykutupsal *astr.* zirkumpolar *etrafı kutupta olan ~ **yıldızlar** Zirkumpolarsterne *pl.*

dolaylama *stil.* meliorative Umschreibung (z.B. **Büyük Kurtarıcı** statt **Atatürk**)

dolaylamalı weitschweifig (Stil)

dolaylı mittelbar, indirekt ~ **adlama** *stil.* Antonomasie *f* ~ **çıkarım** *log.* indirekte Schlußfolgerung ~ **hal** *gr.* Casus obliquus; abhängiger Fall ~ **kanıt** apagogischer (indirekter) Beweis ~ **maliyetler** indirekte Kosten *pl.* ~ **tozlanma** *bot.* indirekte Bestäubung ~ **tümleç** *gr.* indirektes (od. entfernteres) Objekt *mefulü gayri sarih ~ **tümleç birliği** (*od.* ~ **öbeği**) *gr.* erweitertes indirektes Objekt

dolaysız direkt, unmittelbar *bilâvasıta, direkt ~ **hal** *gr.* Casus rectus, unabhängiger Fall *m* ~ **kanıt** direkter (*va.* ostensiver) Beweis ~ **maliyetler** direkte Kosten *pl.* ~ **tozlanma** *bot.* direkte Bestäubung ~ **tümleç** s. **düz tümleç**

dolaysızlık Unmittelbarkeit *f*

dolaz *dial.* Name reg. verschiedener Süßspeisen

doldrumlar *met.* Doldrum *n* (Kalmengürtel am Äquator)

doldurma Vs. zu **doldurmak** *spez.* 1. *phys.* Laden *n,* Ladung *f* *hamule 2. Kolmatage, Kolmation *f* (Aufhöhung von ertraglosem Gelände durch Überschwemmung mit sinkstoffhaltigem Wasser) 3. ausgestopft ~ **hunisi** (Ein-)Fülltrichter *m* ~ **kuş** ausgestopfter Vogel ~ **makinesi** Abfüllmaschine *f* ~ **parçası** Füllstück *n* ~ **tulumbası** Ladepumpe *f*

doldurmak 1. (an-, auf-)füllen, voll-stopfen, -gießen 2. a) (mit Erde) zuschütten b) auffüllen c) ausfüllen (Formulare; seinen Posten usw.) 3. plombieren, füllen (Zähne) 4. ausstopfen (Tiere) *tahnit etmek 5. laden (Gewehr, Batterie usw.) 6. farcieren 7. durchmachen, erleiden (müssen) 8. zu Ende bringen; vollenden (Zeit, Alter) 9. vollmachen (Summe, Betrag) 10. (b–ni) j–m et. einreden, einhämmern, suggerieren, j–m die Ohren vollblasen 11. ausschreiben (z.B. Scheck) 12. s. **gözünü** ~ 13. *naut.* an-, durch-, steif-setzen (strecken, spannen) (z.B. Wanten) 14. beschäftigen; in Anspruch nehmen (z.B. e–e best. Zeit) 15. einnehmen (Raum) 16. beleben; mit Leben erfüllen 17. j–n schlechtmachen Zu 3: s. **diş** ~ Zu 6: s. **hindi (kuzu)** ~ Zu 7: s. **çile** ~ Zu 8: **Bu müddeti hapishanede doldurdu.** Diese Zeit hat er im Gefängnis abgesessen. **Onbeşini doldurdu.** Er ist volle fünfzehn Jahre alt. s.a. **yaşını (yaş haddini)** ~ Zu 9: **Parayı yüz liraya doldurunuz!** Machen Sie die hundert Pfund voll!

doldurmalık *phot.* Kassette *f*

dolduruk, -uğu (Erd-)Aufschüttung *f*

dolduruş Vs. zu **doldurmak;** ~ **tutukluğu** *mil.* Ladehemmung *f*

dolerit, -ti s. **dolantaşı**

dolgu 1. An-, Auf-füllen *n* 2. a) Packlage *f* (Unterbau e–r Straße) b) Füllung *spez.* Zahnfüllung, Plombe *f* 3. *geol.* Gangart *f* (taube, wertlose Gesteinseinlagerung) ~ **cilâsı** Grundieren *n* (bei Holzbearbeitung) ~ **lifi** Seegras *n* (bei Sitzmöbeln) ~ **malzemesi** 1. Füllmaterial *n* 2. Dichtungsmaterial *n*

dolgulu mit Füllung z.B. plombiert (Zahn)

dolgun 1. gefüllt, voll (z.B. Wasserbecken) 2. rundlich, prall (z.B. Kissen), dick; gut gefüllt (Brieftasche) 3. rundlich, drall, mollig, gut genährt 4. gut bemessen, entsprechend (Gehalt) 5. mit guten Kenntnissen ausgerüstet 6. von Wut od. Rachsucht erfüllt, *F* geladen 7. voller Kummer, sehr betrübt Zu 2: s.a. **etine ~;** ~ **gözler** vom Weinen geschwollene Augen *pl.* ~ **maaşlı** gut besoldet ~ **mide** voller od. überladener Magen ~ **nabız** *med.* voller Puls, Pulsus plenus ~ **pahasiyle** zu vorteilhaftem, günstigem Preis ~ **yüzlü** mit rundem, vollem Gesicht

dolgunlaşmak 1. rundlich (prall, voll, mollig) werden 2. allmählich gut bemessen werden (Gehalt) 3. allmählich mit guten Kenntnissen ausgestattet werden

dolgunlaştırmak Kaus. zu **dolgunlaşmak** *a. (Gerberei)* schwellen

dolgunluk, -uğu 1. Rundlichkeit *f,* Prallsein *n,* Molligkeit, Fülle *f* 2. Gutbemessensein *n* (des Gehalts) 3. mit guten Kenntnissen Ausgestattetsein *n* 4. (aufgespeicherter) Ärger; Rachsucht *f* 5. Überladensein *n* des Magens 6. s. **kulak -u** Zu 4: **-u olmak** (b–ne) von Rachsucht erfüllt sein (gegen)

dolikosefal, -li *biol.* lang-köpfig, -schädelig, dolichozephal; Dolichozephale *m, f* *mustatilürreis, uzunkafalı

dolikosefali; dolikosefallik *biol.* Dolichozephalie, Langköpfigkeit *f* *uzunkafalılık

dolma 1. Vs. zu **dolmak** 2. an-, auf-gefüllt, aufgeschüttet; *a.* dem Meer abgewonnen (Land) 3. geladen 4. farcierte Speise 5. *V* Lüge *f,* Schwindel, Betrug *m* 6. *V Ka.* in betrügerischer Absicht besonders gemischt 7. *V* Haschischzigarette *f* Zu 4: s. **biber (hindi, kuzu, lahana, yaprak) -sı;** ~ **ahşap** *arch.* Fachwerk *n* *yarım kârgir ~ **derecesi** *techn.* Füllungsgrad *m* ~ **gibi** dick; gut gefüllt (z.B. Brieftasche) ~ **içi** Farce, Füllung *f,* Füllsel *n* ~ **kurşunkalem** Füllbleistift *m* ~ **lastik tekerlek** Vollgummireifen *m* ~ **tepe** aufgeschütteter Hügel ~ **yapmak** s. **dolmuş yapmak;** ~ **yutmak** *V* sich e–n Bären aufbinden lassen, hereingelegt werden ~ **yutturmak** *V* j–m e–n Bären aufbinden, j–n hereinlegen

Dolmabahçe *n.pr.* Istanbuler Stadtteil am Bosporus (mit gln. Schloß, Moschee und Stadion) (frühere Meeresbucht)

dolmacı 1. wer farcierte Speisen herstellt, verkauft od. gerne ißt 2. *V* Lügner, Schwindler, Betrüger *m*

dolmacık *V* Schwindel, Betrug *m*

dolmak, (-ar) 1. sich füllen, voll werden 2. (an-, auf-)gefüllt werden 3. zu Ende gehen; ablaufen (Zeit, Frist usw.) 4. (m. Dat.) e–n Hohlraum füllen 5. *fig.* die Geduld verlieren, wütend herausplatzen 6. sich hereindrängen 7. ganz erfüllt sein (z.B. von e–m Gefühl) Zu 1: **Sandık doldu.** Die Kiste ist voll geworden. **Tramvay doldu.** Die Straßenbahn ist (voll) besetzt. **dolup taşmak** gesteckt voll sein Zu 3: **birinci dakika dolmadan** vor Ablauf der ersten Minute **müddetin dolmasını beklemeden** ohne den Ablauf der Frist abzuwarten Zu 4: **karbüratörüne su dolan otomobil** der Wagen (das Auto), dessen Vergaser sich mit Wasser gefüllt hatte Zu 6: **Hepsi birden odaya doldular.** Sie drängten sich alle zusammen in das Zimmer herein.

dolmakalem Füllfederhalter, *F* Füller *m* ~ **koyacağı** Füllhalterständer *m*

dolmalık 1. zur Herstellung e–r farcierten Speise geeignet (Tomaten, Paprika usw.) 2. ovales Fladengebäck (mit Käse und Petersilie)

dolmen Dolmen *m* (keltisches Großsteingrab)

dolmuş 1. angefüllt, voll (geworden), (voll) besetzt 2. kleineres Verkehrsmittel (Boot, Auto, Wagen, **kaptıkaçtı** usw.), das erst abfährt, wenn es voll besetzt ist *spez.* auf e–r best. Route verkehrendes Taxi, das auch für Teilstrecken Fahrgäste zu festgesetzten verbilligten Preisen befördert; *etwa:* Linien-, Gemeinschafts-taxi bzw. Sammelboot *n* 3. s. **uzay dolmuşu;** ~ **kâhyası** wer für e–n reibungslosen Dolmusch-Betrieb sorgt ~ **yapmak** (*od.* **-a yolcu taşımak**) als Linientaxi (Sammelboot) fahren

dolmuşçu Fahrer *m* e–s Linientaxis od. ähnl. Verkehrsmittels

dolomi(-t) *min.* Dolomit, Bitterspat *m*

dolu (I) 1. gefüllt, voll 2. in großer Menge, reichlich vorhanden, viel, zahlreich 3. geladen (Pistole, Gewehr usw.) 4. massiv 5. exponiert (Film) 6. volles Glas (Schnaps usw.) 7. a) wer sehr beschäftigt ist; wer alle Hände voll zu tun hat b) ganz ausgefüllt (z. B. Tag) Zu 7a: **Bugün çok doluyum, yarın bulaşalım!** Ich habe heute noch sehr viel zu erledigen, treffen wir uns doch morgen! ~ **arpacık** *mil.* Vollkorn *n* *tam arpacık ~ ~ gehäuft voll, gesteckt voll ~ **mevsim** *F* Hauptreisezeit *f* ~ **piston** massiver Kolben ~ **tekerlek lastiği** Vollgummireifen *m* ~ **tüfek** *fig.* cholerischer Mensch ~ **zar** *V* zum Falschspiel präparierter Würfel **-su** (in Füg. wie:) **bir bardak -su şarap** ein Glas (voll) Wein **iki kepçe -su yağ** zwei Schöpfkellen Fett **sütunlar -su** spaltenlang (z. B. Zeitungsartikel) ²**ya koydum almadı, boşa koydum dolmadı.** *spr. Ra.* Wie ich es auch angestellt habe, es war alles verkehrt. **-yu çekmek** das (Schnaps-)Glas auf e–n Zug leeren

dolu (II) Hagel *m* ~ **dağıtıcı top** s. **paragrel;** ~ **fırtınası** Hagelschauer *m* ~ **tanesi** Hagelkorn *n* ² **yağıyor.** Es hagelt. **-ya karşı sigorta** Versicherung *f* gegen Hagelschaden, Hagelversicherung *f* **-ya tutulmak** in e–n Hagelschauer kommen

doludizgin mit verhängtem Zügel, in höchster Eile; mit Volldampf (z. B. et. betreiben)

doluk, -uğu Schlauch *m* aus ungenähter Tierhaut (für Honig, Wasser usw.)

dolukmak *dial.* sich mit Tränen füllen (Augen)

doluluk Vollsein *n*, Fülle *f*

dolun(-mak) s. **tolun(-mak)**

dolunay Vollmond *m* *bedir; bedri tam

doluş Vollwerden *n*

doluşmak 1. sich füllen (z. B. Saal) 2. sich drängen (Personen)

dom (I) 1. *techn.* (Dampf-)Dom *m* 2. *geol.* Dom *m*, Kuppel *f* *yuvarsı kemer

dom (II) 1. Titulierung bei Benediktinern, Kartäusern usw. 2. *port.* Dom, Herr *(m)*

domalan 1. Part. Präs. zu **domalmak** 2. Trüffel *f bot.* Tuber (melanosporum u. a.) *domuz elması; kem'e, yermantarı

domalansı trüffelförmig, knollig

domalıç 1. stark herausgewölbt, mit rundlicher Erhöhung 2. kleiner, runder Hügel 3. mit hervortretenden Schultern, etwas bucklig ~ **süpürge** Kopfthymian *m bot.* Thymus capitatus

domalika [··×·] s. **gomalaka**

domalmak 1. sich (heraus-)wölben, sich (aus-)bauchen, e–e rundliche Erhöhung bilden 2. sich ducken, sich hinkauern, sich niederknien

domanıç s. **domalıç**

Domaniç *n.pr.* O. u. D. im Rbz. Kütahya

domaran s. **domalan**

domates [·×·] Tomate *f bot.* Solanum lycopersicum ~ **çorbası** Tomatensuppe *f* ~ **salçası** Tomatensauce *f* ~ **suyu** Tomatensaft *m*

domatesli 1. aus Tomaten hergestellt 2. mit Tomatenzusatz 3. mit Tomaten (garniert usw.)

dombadız s. **tombadız**

dombalan s. **domalan**

dombay 1. Büffel *m zo.* Buffelus bubalus *camus, manda, susığırı 2. *reg.* Büffelkuh *f*

dombaz s. **tombaz**

dominans s. **baskınlık** (1)

dominant, -tı 1. *mus.* Dominante *f* *çeken, üstçeken 2. *biol.* dominant, vorherrschend, überdeckend (Erbfaktoren) *baskın ~ **yedili akoru** *mus.* Dominantseptakkord *m* *çeken yedili düzeni

dominantaltı s. **altdominant**

Dominik *n.pr.* 1. Dominik(-us) 2. **(Cumhuriyeti)** Dominikanische Republik 3. **(adası)** Insel *f* Dominica

Dominika Cumhuriyeti s. **Dominik Cumhuriyeti**

Dominikalı 1. dominikanisch 2. Einwohner(-in *f*) *m* der Dominikanischen Republik

Dominiken 1. dominikanisch 2. Dominikanermönch *m*

domino [×··] Domino(-spiel) *n* 2. (Ausruf des Dominospielers, der seinen letzten Stein setzt und damit gewinnt): Domino! Partie! Spiel (gewonnen)! 3. Domino *m* (beim Maskenball od. als Überwurf bei christl. Geistlichen) ~ **yapmak** Domino machen, die Dominopartie gewinnen

dominolu e–n Domino tragend; Domino *m*

dominyon [·×·] *fr.* (englisches) Dominion (heute: Country of the Commonwealth)

Domisiyen *n.pr.* Domitian (röm. Kaiser)

domuz 1. Schwein *n zo.* Sus scrofa domesticus 2. schmutzig, widerlich, eklig 3. hartnäckig 4. grausam 5. Verzierung *f* an Eisengittern Zu 2: **bu** ~ **karı** *V* dieses ekelhafte Weib ~ **arabası** 1. *techn.* Rollbock, Roller *m* 2. *fr. mil.* fahrbarer Schild ~ **ayrığı** 1. Knäuel-, Finger-gras *n bot.* Dactylis 2. s. **büyük ayrık otu;** ~ **başı** skrofulöse Schwellung ~ **biti** Schweinelaus *f zo.* Haematopinus suis ~ **budu** Schinken *m* *jambon ~ **burnu** 1. Schweinerüssel *m* 2. s. **dolama;** ~ **derisi** Schweinsleder *n* ~ **ekmeği** s. **buhurumeryem;** ~ **elması** s. **domalan;** ~ **enceği** s. ~ **yavrusu;** ~ **gibi** *F* 1. eigensinnig, stur 2. hinterhältig, tückisch, verräterisch 3. recht wohl; sehr genau Zu 3: ² **gibi bilir ama, söylemez.** Er weiß es ganz genau, aber er rückt mit der Sprache nicht heraus. ~ **gibi bakmak** *F* ein finsteres Gesicht ziehen ~ **kılı** Schweinsborste *f* ~ **kökü** s. **yılankökü;** ~ **kurdu** Trichine *f zo.* Trichinella spiralis ~ **kuyruğu** echter Haarstrang *bot.* Peucedanum officinale *hınzır rezenesi ~ **kuyruklu maymun** Schweinsaffe *m zo.* Macaca nemestrina ~ **soğanı** s. **buhurumeryem;** ~ **şeridi;** ~ **tenyası** Schweinebandwurm *m zo.* Taenia solium *dudu vahit; silâhlı tenya ~ **topu** die Hände an die Füße gebunden (*fr.* Folterung) ~ **topu gibi** wahllos zusammengerafft; kunterbunt ~ **vebası** Schweinepest *f* ~ **yağı** 1. Schweinefett *n* 2. Speck *m* ~ **yavrusu** Ferkel *n* ~ **yılı** *hist.* 12. Jahr des alttürk. 12-Jahres-Zyklus **-dan kıl çekmek** (*od.* **koparmak**) e–m Geizhals od. e–m anderen unsympathischen Menschen et. abknöpfen, et. aus ihm herausschlagen **-un gok dediği yer** *fig.* wo die Füchse und Hasen sich Gute Nacht sagen, ein weit entfernter Ort **-un kızıl hastalığı** (Schweine-)Rotlauf *m* **-una** 1. zum Trotz 2. ordentlich, tüchtig, recht *adamakıllı **-unu yenmek** s. **başını kırmak** (2)

domuzağırşağı, -nı s. **aslanpençesi** (1)

domuzayağı, -nı 1. Fußangel *f* 2. Erdburzeldorn *m bot.* Tribulus terrestris *demir dikeni 3. Geißfuß *m* (Nagelzieher) 4. *fr.* Kugelauszieher

domuzbalığı, -nı 1. Stachelhai *m zo.* Centrina vulpecula 2. kleiner Tümmler; Meerschwein *n zo.* Phocaena phocaena

domuzdamı, -nı 1. Schweine-stall, -koben *m* 2. *naut.* Stützwerk *n* (um e–n brüchigen Mast) 3. *(Bergwerk)* abgestützter Stollen 4. *mil.* Geschützbettung *f*

domuzdikeni, -ni 1. s. **kokarçalı** 2. s. **yaban domuzdikeni**

domuzgiller Schweine, Borstentiere *pl. zo.* Suicidae *hınzıriye

domuzkuyruklu maymun Schweinsaffe *m zo.* Macaca nemestrina

domuzlan (böceği) 1. Bombardierkäfer *m zo.* Brachynus crepitans 2. Gelbrand *m* (Schwimmkäferart) *zo.* Dytiscus marginalis

domuzluk, -uğu 1. Hinterhältigkeit, Tücke, Falschheit *f* 2. Halsstarrigkeit *f*, Eigensinn *m* 3. Grausamkeit *f* 4. Schweinestall *m* 5. an Schweinen reiche Gegend Zu 2: **Yine -u tuttu.** Er ist schon wieder bockbeinig.

domuztırnağı, -nı 1. Brecheisen *n* 2. *naut.* Kettenstopper *m*

don (I) 1. *va.* Kleidung *f*, Kleid *n* *giysi, libas 2. Unterhose *f* 3. *P* Wäsche *f* ~ **gömlek** s. **bir ~ bir gömlek;** ~ **taşı** *P* Waschplatz *m* **-una doldurmak** *F* e–n Mordsbammel haben **-una etmek** (*od.* **kaçırmak**) (den Stuhl od. das Wasser nicht halten können und) sich in die Hosen machen **-unun uçkurunu bağlayamamak** sich ungeschickt anstellen (bei e–r Arbeit)

don (II) Frost *m* ~ **aşındırması** (*od.* **ufalaması**) *geol.* Frostsprengung, -verwitterung *f* ~ **çatlağı** Frostriß *m* ~ **çözülmek** tauen ~ **olmak** (*od.* **tutmak**) gefrieren **-a çekmek (hava)** einsetzen (Frostwetter)

don (III) Haarfarbe *f* (bei Tieren *spez.* Pferden)

don (IV) in der Füg. ~ **ağacı** *naut.* 1. Geländer *n*, Handläufer *m* 2. Relingstütze *f* 3. obere Auflanger *pl.*

don (V) *span.* Don, Herr

dona s. **donya**

donakalmak 1. wie versteinert (wie vor den Kopf geschlagen) dastehen, wie angewurzelt stehenbleiben, sprachlos sein *kalıp kesilmek 2. in seinen Erwartungen enttäuscht werden Zu 2: s. **Sona kalan donakalır.**

donaklamak s. **donakalmak**

donanım 1. *naut.* Takelage *f*, Takelwerk *n* 2. *techn.* Rüstung, Armatur *f* 3. Verzierungen *pl.*, Ausschmückung *f* 4. *mus.* (Tonarten-)Vorzeichnung *f* 5. Turngeräte *pl.*

donanma 1. Vs. zu **donanmak** 2. Flotte *f* 3. Illumination, Fest-beleuchtung *f*, -schmuck *m*, Beflaggung *f* ~ **fişeği** Feuerwerkskörper *m* ~ **fişekçiliği** Pyrotechnik *f* ~ **ianesi** Flottenspende *f*, Spende *f* zum Ausbau der Flotte

donanmak (in der Bed. e–s Refl. od. Pass. zu **donatmak** *q.v.*) z.B. Festschmuck anlegen; sich schmücken; ausgeschimpft werden; ausgerüstet werden usw. **Ağaçlar yapraklarla donandı.** Die Bäume haben sich belaubt.

donantı Schmuckelemente *pl.* (in der Kunst)

donatan Part. Präs. zu **donatmak** *spez.* Reeder *m* *armatör **-ın mesuliyeti** *jur.* Reederhaftung *f*, Haftung *f* des Reeders

donatı Ausrüstung *f* *teçhizat

donatım 1. *mil.* Ausrüstung *f* 2. Ausstattung *f*, Beiwerk *n*, Gebäudeschmuck *m* 3. *mus.* s. **başlık** (12) 4. *Th.* Requisiten *pl.* *aksesuar ~ **dairesi** *mil.* Feldzeugmeisterei *f* ~ **limanı** *naut.* Heimathafen *m* (e–s Schiffes)

donatımcı *(Th., Film)* Requisiteur *m*

donatma Vs. zu **donatmak** *spez.* 1. Ausrüstung *f* (e–s Schiffes) 2. Reederei *f*, Schiffahrtsunternehmen *n* ~ **iştiraki** *jur.* Partenreederei *f*

donatmak 1. *va.* mit Kleidung ausstatten 2. schmücken, illuminieren, beflaggen 3. ausrüsten, ausstatten, bewaffnen, versehen (mit), herrichten, bestreichen (z.B. Äste mit Vogelleim) 4. prunkvoll aufzäumen (Pferd) 5. *naut.* a) (ein-)scheren, einziehen, durchholen (Tauwerk) b) auftakeln, aufriggen 6. *fig.* j–n tüchtig ausschimpfen, *F* j–n zusammenstauchen Zu 3: s. **sofra ~; gemiyi** ~ Zu 6: **Dünkü hareketi için onu adamakıllı donatmalı.** Für sein gestriges Verhalten gehören ihm gründlich die Leviten gelesen. **donatıp kuşatmak** *F* beschimpfen, beleidigen

doncumak 1. s. **donakalmak** 2. sich zusammenballen 3. außer Übung kommen, einrosten (Glieder) 4. den Winterschlaf halten 5. allmählich verfaulen (Heu, Stroh usw.) 6. *va.* betrübt, niedergeschlagen sein

dondurma 1. Vs. zu **dondurmak** 2. Speiseeis *n*, Gefrorenes 3. Gefrier-, Eis- ~ **kutusu** (*bzw.* **makinesi**) Eismaschine *f* (mit Hand- bzw. Maschinen-betrieb)

dondurmacı Hersteller od. Verkäufer *m* von Speiseeis, *F* Eismann *m*

dondurmacılık 1. Gewerbe *n*, Tätigkeit *f* e–s Herstellers od. Verkäufers von Speiseeis 2. Speiseeis-Zubereitung *f*

dondurmak 1. Kaus. zu **donmak** 2. stoppen (Preise, Löhne usw.) 3. einfrieren (lassen) (Guthaben)

dondurucu 1. eiskalt (z.B. Wind) 2. Gefrier-anlage *f*, -apparat *m;* s.a. **aşırı** ~

dondurulmuş eingefroren, Gefrier- (z.B. Fleisch); s.a. **aşırı** ~

done s. **donné**

Doneç *n.pr.* Donez (Fluß in Rußland) ~ **havzası** *geogr.* Donez-Becken

Donjuan *n.pr.* Don Juan *(a. fig.)*

Donjuanlık Leben *n* e–s Don Juan

donki *naut.* Donkey *m*, Hilfs-pumpe, -maschine *f*

Donkişot, -tu *n.pr.* Don Quichotte

Donkişotluk Donquichotterie *f*

Donkişotvari [···––] an Don Quichotte gemahnend

donlu *selt.* bekleidet

donluk *hist., mil.* a) Uniformgeld *n* b) sechs Ellen Tuch

donma Vs. zu **donmak** *spez.* 1. Gefrieren, Erstarren, Festwerden *n* *incimat 2. *med.* Erfrierung *f* (Unterkühlung *f*, Congelatio) 3. Abbinden *n* (des Zements) ~ **müddeti** Abbindezeit *f* (des Zements) ~ **noktası** Gefrierpunkt *m*

donmak, (-ar) 1. gefrieren, zufrieren (z.B. Fluß), erstarren, festwerden *incimat etmek 2. erfrieren (Mensch, Körperteil, Pflanzen usw.) 3. sehr frieren (Mensch) 4. einfrieren (z.B. Guthaben) 5. *techn.* (ab-)binden *(intr.)* (Zement) 6. erstarren (vor Entsetzen) Zu 3: **Dondum buydum.** *dial.* Ich habe ganz jämmerlich gefroren. Ich war halb erfroren. Zu 4: **donan paralar** eingefrorene Gelder *pl.* **donup** (*od.* **donmuş**) **kalmak** s. **donakalmak**

donmuş zugefroren ~ **toprak** *geogr.* Eis-, Frost-boden *m* (in den Polargebieten)

donné 1. *math.* bekannte Größe 2. Gegebenheit *f*, Ausgangspunkt *m* 3. Grundgedanke *m* (e–s Werks) **-ler** gegebene Tatsachen *pl.* *mutalar, veriler

donra 1. zugefrorener Sumpf; Tundra *f* *tondura 2. Kopfschuppen, Schinnen *pl.* *saç kepeği 3. festgewordene Schmutzschicht auf dem Körper e–s Lebewesens

donsuz 1. ohne Kleidung bzw. ohne Unterhose 2. *fig.* arm, verlassen, vagabundierend, herumzigeunernd

dontör Dompteur *m* *mürebbi, terbiyeci

dontöz Dompteuse *f* *mürebbiye, terbiyeci

donuk 1. *va.* gefroren, Eis- 2. beschlagen (Scheibe, Metall usw.) 3. glanzlos, matt, trübe *mat 4. schläfrig, energielos, tatenlos (Mensch) 5. schwächlich, schwach, *F* lahm

(z. B. Ausdruck) ~ **akik** s. **jasp;** ~ **altın** Mattgold *n,* mattgolden ~ **boya** Temperafarbe *f* ~ **cam** Opalglas *buzlucam ~ **taş** unreiner Edelstein
donuklanmak; donuklaşmak 1. *va.* gefrieren 2. beschlagen *(intr.)* (Scheibe, Metall usw.) 3. seinen Glanz verlieren, matt und trübe werden 4. seine Beweglichkeit und Lebendigkeit allmählich einbüßen 5. schwächlich (schwach, *F* lahm) werden (z. B. Ausdruck)
donuklaştırmak Kaus. zu **donuklaşmak** z. B. mattieren
donuklatmak s. **donuklaştırmak**
donukluk 1. *va.* Gefrorensein *n* 2. Beschlagensein *n* (e–r Scheibe usw.) 3. Fehlen *n* des Glanzes od. matter, trüber Glanz; Trübung *f* (e–s Edelsteins) 4. Energielosigkeit *f* 5. Schwächlichkeit *f,* Schwunglosigkeit *f*
donya [×·] (span. Anrede) Doña, Frau
donyağı, -nı 1. ausgelassenes Rinder- od. Hammel-fett; Talg *m,* Unschlitt *n* *içyağı, katıyağı, şahım 2. *fig.* unsympathischer Mensch ~ **ağacı** chinesischer Talgbaum *m bot.* Sapium sebiferum *içyağı ağacı ~ **gibi** wie ein Ölgötze dastehend **-iyle pekmez** wie Hund und Katze; wie die Faust aufs Auge; nicht zueinander passend
dopdolu [×··] gesteckt voll, bis an den Rand voll
doping (*Sport*) Doping *n* ~ **yapmak** dopen
Doppler-Fizeau etkisi (*od.* **olayı**) *phys.* Doppler-Effekt *m*
Dor 1. Dor(i)er *m* 2. dorisch 3. s. ~ **lehçesi;** ~ **başlığı** dorisches Kapitell ~ **düzeni** (*od.* **nizamı**) dorischer Stil ~ **lehçesi** *ling.* Dorisch(-e) *n* ~ **makamı** *mus.* dorische Tonart ~ **sütunu** dorische Säule
dore (*franz.* **doré**) 1. vergoldet 2. goldgelb
Dorik s. **Dor** (2)
dorking Name e–r engl. Hühnerrasse
dorsay *(engl., franz.)* langer (Herren-)Überzieher
dorset, -ti Name e–r engl. Schafrasse
dortu(v)ar Schlafsaal *m* (spez. in Internaten)
doru 1. rötlich-braun 2. Braune *m* (Pferd)
doruk 1. Berg-gipfel *m,* -spitze *f* *şahika, zirve 2. Wipfel *m* (e–s Baumes) 3. kleiner Kegel (bei voll gehäuftem Maß, z. B. bei Getreide) 4. *fig.* Höhepunkt *m* 5. *geol.* Kulmination, Aufwölbung *f* *külminasyon ~ **çizgisi** Höhenkamm *m,* -linie *f* *hattı balâ
doruklama 1. Vs. zu **doruklamak** 2. gehäuft voll
doruklamak gehäuft voll machen (Gefäß)
doruklu 1. gehäuft voll 2. mit Bergspitze ~ **dağlar** *geogr.* Bergkette *f*
dorum Kamelfüllen *n*
Doryen s. **Dor**
dosa [×·] (*a.* ~ **tahtası**) *naut.* Lauf-gang, -steg *m,* -planke *f,* Landgang *m,* Gangway *f*
dosdoğru [×··] *Verst.* von **doğru** z. B. schnur-, kerzen-gerade, absolut korrekt usw.
dost, -tu 1. Freund *m* (*ant.* düşman) 2. Freund(-in *f*) *m,* Geliebte *m, f,* Liebhaber *m* 3. befreundet, gut Freund 4. *(isl. Mystik)* Gott ≗ **ağlatır, düşman güldürür.** *Spr.* Ein Freund sagt e–m auch einmal e–e bittere Wahrheit; ein Feind schmeichelt nur. ~ **canlı** zutraulich ~ **devlet** befreundeter Staat ~ **düşman** jeder; alle Welt ~ **edinmek** Freunde gewinnen, sich Freunde schaffen ~ **gecesi** Liebesnacht *f* ~ **işi** Freundestat *f,* Freundschaftsdienst *m* ≗ **kara günde belli olur.** *Spr.* Der wahre Freund zeigt sich in der Not. ~ **kazığı** *F* üble Freundschaftsbezeigung ~ **olmak** (b–le) gut Freund sein, auf freundschaftlichem Fuß leben (mit) ~ **tutmak** e–n Geliebten (e–e Geliebte) haben **-a düşmana karşı** vor allen Leuten **-lar alışverişte görsün (diye)** damit es so aussieht, als wären wir eifrig bei der Arbeit; so tun, als ob ≗**lar başına!** Möge allen Freunden das gleiche zuteil werten! (bei Erwähnung von Glück, Erfolg usw.) ≗**lar başından ırak!** (*Abw.* bei Erwähnung e–s Unglücks:) Mögen alle Freunde davon verschont bleiben! ≗**lar şehit biz gazi.** *(Sinn:)* sich von anderen die Kastanien aus dem Feuer holen lassen ≗**un attığı taş baş yarmaz.** *Spr.* Auch harte Kritik e–s Freundes ist nur zu unserem Besten.
dostane [ā] freund(schaft)lich ~ **teşebbüs** gute Dienste *pl.,* Vermittlung *f* (e–s Staates) ~ **ve memnuniyet verici bir tarzda** in freundschaftlicher und zufriedenstellender Weise
dostça freund(schaft)lich (z. B. Rat)
dostluk, -uğu 1. Freundschaft *f* 2. intime Kameradschaft *f* 3. freundschaftliches Verhältnis od. Freundestat *f* ~ **anlaşması (paktı, muahedesi)** Freundschaftsabkommen *n* ~ **etmek** (*od.* **göstermek**) e–n Freundschaftsdienst erweisen ≗ **kantarla, alışveriş mıskalla (miskalle).** *Spr.* In Geldsachen hört die Gemütlichkeit auf. ~ **rabıtası** Freundschaftsband *n* ≗**un mihengi idbardır.** *Spr.* Der Prüfstein für die Freundschaft ist das Unglück. **Bir** ~ **kaldı.** Das ist das letzte Stück (*scil.* das ich zu verkaufen habe).
dosya [×·] 1. Akten(-bündel *n*) *pl.* 2. Aktenstück *n,* Akte *f,* Akt *m* 3. Schnellhefter *m* ~ **gömleği** Aktendeckel *m* **-ya koymak** ab-legen, -heften (Schriftstücke); zu den Akten nehmen
dosyalamak ein-, ab-heften, ablegen, zu den Akten nehmen
dosye [×·] s. **dosya**
doygu *dial.* tägliches Brot; Lebensunterhalt *m* *rızk
doygun 1. satt 2. *chem., phys.* gesättigt 3. vollauf befriedigt; e–r Sache nicht bedürfend *müstağni
doygunluk 1. Gesättigtsein *n,* Sättigung *f,* Befriedigtsein *n* 2. Entbehren-, Verzichten-, Entraten-können, Sich-Bescheiden *n,* Genügsamkeit, Bedürfnislosigkeit *f* *istiğna **-tan gelmek** et. entbehren können; genügsam sein
doyma Vs. zu **doymak** *spez.* Sättigung *f* *işba ~ **noktası** s. **çiy(-lenme) noktası**
doymak 1. satt werden 2. (bşe) sich vollsaugen (mit) 3. (bşe) genießen, sich erfreuen (m. Gen.) 4. **bşe doymamak** nicht genug bekommen können (von) 5. (bşden) *pej.* et. satt bekommen, e–r Sache überdrüssig werden 6. *techn.* gesättigt sein od. werden *meşbu olmak Zu 1: **Doydum.** Ich bin satt. Zu 2: **Toprak suya doydu.** Der Boden hat sich ganz mit Wasser vollgesogen. Zu 3: **gençliğine** ~ seine Jugend genießen **Gençliğine doyamadan öldü.** Er starb in der Blüte seiner Jahre. Zu 4: ~ **bilmez** unersättlich *(a. fig.)* **Bu kadar para kazandı, hâlâ (paraya) doymadı.** Nun hat er soviel Geld verdient, aber es ist ihm immer noch nicht genug. Zu 5: **Bundan doydum!** Ich habe die Sache jetzt satt. **doya doya** nach Herzenslust (z. B. betrachten, genießen usw.) **doyasıya** zur Genüge; reichlich (z. B. et. erleben)
doymamazlık Unersättlichkeit, Gier *f* *açgözlülük
doymamış 1. noch hungrig geblieben 2. *chem., phys.* ungesättigt *gayri meşbu 3. *fig.* unbefriedigt
doymaz(-casına) gierig, unersättlich
doymazlık Purifizierung des üblichen **doymamazlık**
doymuş 1. satt 2. befriedigt, saturiert 3. *chem., phys.* gesättigt *meşbu ~ **istim** *phys.* Sattdampf *m*
doyulmak Pass. zu **doymak. Bu kadar yemekle doyulur mu?** Und davon soll ein Mensch satt werden? **Güzel şeylere doyulmaz.** An Schönem kann man sich nie sattsehen.
doyum 1. Sattwerden *n,* Sättigung *f* 2. Genuß *m,* Freude *f,* Genug-haben, -bekommen *n* 3. Sattbekommen *n,* Überdruß *m* 4. *va.* Raub-, Beute-zug *m* **Buna** ~ **olmaz.** Davon kann man gar nicht genug bekommen. Daran kann man sich gar nicht sattsehen. **Size** ~ **olmaz.** (Halb scherzhaft beim Abschied gesagt) Man kann von Ihnen gar nicht

genug bekommen. (Ster. Antwort: **Size de inan olmaz.** Aber ich glaube Ihnen nicht.)
doyumluk 1. zur Sättigung ausreichend 2. *va.* Beute *f* (aus Raubzügen)
doyunmak *dial.* sich satt essen
doyuran *chem., phys.* sättigend
doyurmak 1. sättigen, satt machen 2. *chem., phys.* sättigen *işba etmek 3. zufriedenstellen, befriedigen (z. B. Trieb) 4. ernähren, versorgen 5. *gel.* Schmiergelder zahlen; schmieren Zu 4: **Beş nüfuzlu aile doyuruyor.** Er hat e–e fünfköpfige Familie zu ernähren.
doyurucu 1. sättigend 2. Ernährer *m* 3. befriedigend, überzeugend
doz 1. Dosis *f;* e–e best. Arzneimenge 2. *fig.* Beimischung *f* Zu 2: **Nutuktaki övgü dozu biraz fazla.** In seiner Rede hat er etwas zuviel gelobhudelt. ~ **fazlalığı** Überdosis *f* **-unu kaçırmak** 1. sich in der Dosierung vergreifen 2. *fig.* zuviel des Guten tun; übertreiben
dozaj *med.* Dosierung *f*
dozer s. **buldozer**
dozimetre [··×·] *med.* Dosimeter *n* (bei Röntgenbestrahlung)
dö 1. (*franz.* **de** in Füg. wie:) **Padökale, Prens dö Gal** usw. 2. *franz.* **deux** Zu 2: **dö per** (Poker) zweimal zwei Karten der gleichen Rangstufe; s. a. **döpiyes**
döğ- s. **döv-**
dökken *fr.* Streusand *m* (zum Ablöschen von Geschriebenem) *rıh
dökme 1. Vs. zu **dökmek** Gießen *n,* Guß *m* 2. gegossen, Guß- 3. offen gelagert; lose 4. Gelbguß *m* 5. offener Ausschank (von Flüssigkeiten) ~ **asfalt** Gußasphalt *m* ~ **beton** Gußbeton *m* ~ **çelik** Gußstahl *m* ~ **demir** Gußeisen *n* *font, pik ~ **otu** s. **yaş otu.** ≗ (*od.* **taşıma**) **su ile değirmen dönmez.** *Spr.* Mit unzureichenden Werkzeugen (bzw. Hilfsmitteln) kann man nichts Ordentliches leisten. ~ **yük** *naut.* Schüttgut *n*
dökmeci 1. Metall-, Gelb-gießer, Gießereiarbeiter *m* 2. *fr.* Geschützgießer *m*
dökmecilik 1. Tätigkeit *f* e–s Gießers 2. Gießen *n,* Guß *m*
dökmehane [ā] Gießerei *f spez. mil.* Geschützgießerei *f*
dökmek 1. (ein-, aus-, um-, ver-)gießen 2. in best. Form gießen (Metall, Zement usw.) 3. (aus-)streuen; versprühen (z. B. Gas) 4. (aus-, ver-)schütten 5. verlieren, abwerfen (z. B. Federn, Blätter) 6. verlieren (ausfallen) lassen 7. ausleeren (Aschenschale, Papierkorb usw.) 8. laufen lassen (z. B. Teig in heißes Fett); ausbacken 9. konzentrieren, anhäufen, zusammenziehen 10. **(para)** viel Geld ausgeben 11. *F* (e–e größere Anzahl von Prüflingen) nicht bestehen lassen, durchfallen lassen 12. a) wenden, drehen b) in anderer Form od. Sprache geben 13. legen (Minen) 14. laichen (Fische) 15. *intr.* auftreten (Pickel, Geschwür, rote Flecken usw.) 16. hin-, niederschreiben 17. äußern, darlegen, bekanntgeben (z. B. Gedanken) 18. vor sich hertreiben 19. hervorbringen (Blüten, Obst) Zu 1: **çiçeklere su** ~ die Blumen gießen **gözyaşı** ~ Tränen vergießen; s. a. **su** ~ Zu 2: **top** ~ Geschütze gießen Zu 3: **tavuklara yem** ~ den Hühnern Futter streuen Zu 4: s. **süt dökmüş kedi gibi** Zu 5: **Ağaç yaprağını döktü.** Der Baum verlor seine Blätter. s. a. **tüy** ~ Zu 6: **Hastalık bütün saçını döktü.** Durch die Krankheit hat er die ganzen Haare verloren. Zu 7: **kâğıt sepetini** ~ den Papierkorb ausleeren Zu 8: s. **lokma** ~ Zu 9: **hududa asker** ~ Truppen an die Grenze werfen Zu 11: **Sınıfın yarısını döktüler.** Die Hälfte der Klasse hat man durchfallen lassen. Zu 12a): **İşi alaya dökmeyiniz!** Drehen Sie die Sache nicht ins Lächerliche (od. Scherzhafte)! Zu 12b): **Nihayet bu işi Fransızcaya döktüm.** Schließlich sagte ich es auf Französisch. Zu 14: **yumurtalarını** ~ laichen (Fische) Zu 15: s. **çıban (çiçek)** ~ Zu 16: s. **kâğıda** ~ Zu 18: **düşmanı denize dökmek** den Feind (die feindlichen Armeen) ins Meer werfen **döküp saçmak** freigebig austeilen
döktürmek 1. Kaus. zu **dökmek** 2. *F* mit eleganter Leichtigkeit et. hinwerfen (sagen od. schreiben)
dökük unordentlich herunterhängend (Stoff, Haar usw.)
döküksaçık 1. unordentlich, aufgelöst (Haar) 2. struppig, ungekämmt
dökülmek 1. Pass. zu **dökmek** 2. (ab-)fallen (z. B. Blätter) 3. ausfallen (Haare, Zähne, Federn usw.) 4. abbröckeln (z. B. Verputz) 5. strömen (z. B. Menschenmenge), sich stürzen (auf), et. haben wollen 6. sich ergießen; münden 7. sich umbiegen (Stoff) 8. durchfallen (im Examen) 9. alt werden 10. sich abwetzen (Anzug, Kleid) 11. offen zutage treten 12. (bir yere) hinausdringen; zu hören sein 13. (iyi) gut sitzen (Kleidungsstück) *dökümlü olmak 14. *V* ganz zerschlagen (erschöpft, *F* erschossen) sein 15. *V* aussteigen (z. B. aus Linientaxi; **dolmuş**) Zu 5: **Herkes kırlara döküldü.** Alles strömte ins Freie. **Herkes altına döküldü.** Alle stürzten sich auf Gold. Zu 6: s. **denize** ~; **dökülüp saçılmak** 1. sich (ganz od. teilweise) ausziehen, sich luftig kleiden 2. viel Geld ausgeben, Verschwendung treiben 3. alles haarklein erzählen (z. B. Geheimnisse)
döküm 1. Gießen *n* (in der Gießerei) 2. Abguß *m,* Gußstück *n* 3. s. **yaprak -ü** 4. s. **hesabın -ü** 5. *V* abgerissen, zerlumpt 6. *V* häßlich (Frau, Mädchen) ~ **balçığı** Formlehm *m* ~ **eki** Gußnaht *f* ~ **kalıbı** Gieß-, Guß-form *f* ~ **kepçesi** Gieß-kelle *f,* -löffel *m* ~ **koku** Gießereikoks *m* ~ **kumu** Formsand *m* ~ **maçası** Gußkern *m* ~ **ocağı** Kupol-, Schmelz-, Schacht-ofen *m* ~ **potası** Schmelztiegel *m,* Gußpfanne *f*
dökümcü(-lük) s. **dökmeci(-lik)**
dökümevi, -ni; dökümhane [ā] s. **dökmehane**
dökümlü 1. gutsitzend (Kleidung), wie angegossen 2. detailliert (z. B. Rechnung)
dökünmek Refl. zu **dökmek** *spez.* 1. sich überschütten, sich begießen, sich abspülen 2. s. **soyunup** ~
döküntü 1. was verstreut, vergossen, ausgeschüttet ist, Abfall *m,* Späne, Splitter, Überreste, Überbleibsel, Trümmer *pl.* 2. Übriggebliebene *pl.,* Rest *m* 3. Hefe *f* des Volkes, Plebs, Janhagel, Mob *m* 4. Hautausschlag *m* *indifaat 5. *geogr.* Geröll(-ablagerung *f*) *n,* Schutt *m* *kayşat; mevaddı müteheyyile 6. Felsenriff *n* ~ **erler** *mil.* Nachzügler *pl.* ~ **mal** Ausschußware *f*
döküntülü mit **döküntü** z. B. mit Hautausschlag verbunden (Krankheit) *indifaî
döl 1. *va.* Samen *m,* Sperma *n* 2. Fötus, Embryo *m,* Leibesfrucht *f* 3. Geschlecht *n,* Stamm *m,* Nachkommenschaft, Generation *f* *nesil, generasyon ~ **almak** (e–e Stute usw.) belegen lassen ~ **almaşı** (*od.* **değişimi**) *biol.* Generationswechsel *m* *nesil münavebesi ~ **döş** Nachkommenschaft *f,* Kinder und Enkel *pl.* ~ **hayvancıkları** *biol.* Samentierchen, Spermatozoen *pl.* ~ **kesesi** *biol.* Amnion *n,* Fruchtblase, Embryohülle *f* *amnios ~ **tutmak** trächtig werden (Tier) ~ **vermek** ein Junges (bzw. Junge) werfen (Tier) ~ **yapmak** Nachkommenschaft erzeugen ~ **yitimi** Unfruchtbarwerden *n* (e–r Frau) *dişilik yitimi **-den kesilme** *med.* Menopause *f* *menopoz **-ü bozuk** s. **soysuz**
dölcek; dölcel *dial.* s. **doğurgan**
dölek *dial.* 1. s. **dülek** 2. eben, gerade 3. brav, artig (Kind) 4. Ernst(-haftigkeit *f*) *m* 4. Rechtschaffenheit *f* ~ **durmak** sich ruhig verhalten (Kind)
dölenmek *dial.* bedächtig vorgehen
döleşi, -ni *dial.* Plazenta, Nachgeburt *f,* Mutterkuchen *m* *etene, meşime

dölleme 1. Befruchten *n*, Befruchtung *f* 2. *bot.* Bestäuben *n*, Bestäubung *f* *(1, 2) ilkah
döllemek 1. befruchten 2. *bot.* bestäuben *(1, 2) ilkah etmek
döllemsiz s. **döllenmesiz**
döllenme 1. Befruchtung, Konzeption *f* 2. *bot.* Bestäubung *f* *(1, 2) ilkah
döllenmek Pass. zu **döllemek; döllenmiş yumurta** s. **zigot**
döllenmesiz 1. unbefruchtet 2. *bot.* unbestäubt ~ **cücüklenme (çoğalma, üreme)** *biol.* s. **partenojenez**
döllü döşlü mit Kindern und Enkeln
döllük s. **dölyatağı**
dölsüz ohne Nachkommen
dölüt *biol.* Fötus *m*, Leibesfrucht *f* *cenin, fetüs
dölyatağı, -nı *an.* Gebärmutter *f*, Uterus *m* *rahim
dölyolu, -nu *an.* Scheide *f*, Muttermund *m*, Vagina *f* *mehbil
dömbek s. **dümbelek**
dömi 1. *(in Zss.)* halb 2. halber Liter Bier
dömifinal, -li *(Sport)* Ausscheidungskampf *m* für die Endrunde, Vorschlußrunde *f*, Semifinale *n*
dömifinalist, -ti *(Sport)* Teilnehmer(-in *f*) *m* am Semifinale
dömifinalistlik *(Sport)* Teilnahme *f* an der Vorschlußrunde
dömifu *selt.* s. **yarımakıllı**
dömikoton Halbbaumwolle *f* od. daraus hergestellt
dömimond Halbwelt, Demimonde *f*
dömimonden Halbweltdame *f*
dömipiyes halbes Stück (Stoff)
dömisan Halbblutpferd *n*
dömisek 1. halbsüß (Wein) 2. halbtrocken (Schaumwein)
dömisezon 1. Übergangs(jahres)zeit *f* 2. Übergangs-mantel *m*, -kleid *n*
dömivole *(Fb., Tennis)* Halbflug-ball, -schlag, Half-volley *n*, Sprungaufschlag *m*
dönbaba s. **turnagagası** (1)
döndermek *dial.* 1. zurückschicken; umkehren lassen 2. spielen, schlagen (Kreisel) *çevirmek
döndürme Vs. zu **döndürmek** *spez.* Drehung *f* (z.B. beim Turnen) ~ **momenti** *phys.* Drehmoment *n*
döndürmek Kaus. zu **dönmek** z.B. 1. wenden (Anzug) 2. drehen (z.B. Rad) 3. leiten, verwalten 4. (b–ni kararından) j–n von seinem Entschluß abbringen
döndürücü drehend; in rotierende Bewegung versetzend; s.a. **plak** ~
döndürüş Rückschlag *m* (z.B. bei Tischtennis)
döne Turnier *n*, Wettkampf *m*
döneç *phys.* Rotor *m* *rotor
dönek 1. wer sein Versprechen nicht einhält od. seine Überzeugung leicht wechselt; unbeständig, wankelmütig 2. durchgefallen (in e–r Prüfung), sitzengeblieben (Schüler) 3. s. **delibaş** 4. e–e Taubenart, die sich beim Fliegen überschlägt
döneklik Unbeständigkeit *f*, Wankelmut *m*
dönel *math.* rotierend, Rotations- *deveranî ~ **cisim** Rotationskörper *m* ~ **karşılama** *(Boxen)* Mannschaftswettkampf *m* ~ **kavşak** Platz *m* mit Kreisverkehr
dönelmek 1. *dial.* den Höhepunkt seiner Laufbahn überschritten haben *zevale yüz tutmak 2. **(yatakta)** sich im Bett herumwerfen
dönem 1. Zeitraum, Abschnitt *m*, Periode *f* *devre 2. s. **müselsel bent** 3. Wahlperiode *f* *intihap devri 4. Semester *n* (Universität) 5. Runde *f* (z.B. beim Boxen) 6. Satz *m* (z.B. bei Tennis)
dönemeç 1. Kurve, Kehre, Krümmung, Biegung *f* (e–r Straße, Eisenbahn usw.) *viraj 2. *fig.* Wende(-punkt *m*) *f*
dönemeçli mit vielen Kurven; gewunden
dönemli s. **devri;** ~ **edimler** *jur.* s. **devrî edalar;** ~ **yel** periodischer Wind
dönen 1. Part. Präs. zu **dönmek** 2. Pferd *n* od. Kamel *n* im 3. Jahr 3. Schaf *n* od. Ziege *f* im 2. Jahr
dönence *astr.* Wendekreis *m* *medar ~ **iklimi** Tropenklima *n*
dönencel auf die Wendekreise bezüglich; tropisch *tropikal ~ **bitkiler** Tropenpflanzen *pl.* ~ **sıcaklık** tropische Hitze
dönencelerarası, -nı zwischen den Wendekreisen gelegen; tropisch ~ **kuşak** tropische Zone
dönenmek *dial.* sich ankleiden *giyinip kuşanmak
döner 1. sich drehend; Dreh-, Umlauf- 2. s. **döner kebap;** ~ **basamak** Stufe *f* e–r Wendeltreppe ~ **bobin** Drehspule *f* ~ **çark** Laufrad *n* (e–r Turbine) ~ **delilik** *psych.* zirkuläres Irresein *devrî cünun ~ **eklem** *an.* Drehgelenk *n* ~ **enterüptör** *el.* Drehschalter *m* ~ **fener** *naut.* Dreh(leucht)feuer *n* ~ **grev** flackernder Streik ~ **iskemle** Drehstuhl *m* ~ **kaldırak** Drehkran *m* ~ **kapı** Drehtür *f* ~ **kebap** stark gewürztes Hammelfleisch, das auf senkrecht stehendem Spieß, der sich vor etagenweise angeordnetem Holzkohlenfeuer dreht, geröstet und in Streifen abgeschnitten wird ~ **kemik** s. **önkol kemiği;** ~ **koltuk** Dreh-stuhl, -sessel *m* ~ **köprü** 1. Drehbrücke *f* 2. Drehscheibe *f* (Eisenbahn) ~ **körük** *techn.* Umlaufgebläse *n* ~ **levha** Drehscheibe *f* ~ **merdiven** Wendeltreppe *f* ~ **pano** *Th.* Drehkulisse *f* ~ **sahne** *Th.* Drehbühne *f* ~ **sermaye** *H* Betriebskapital *n* ~ **tabla** Töpferscheibe *f* ~ **vinç** Drehkran *m* ~ **yol** Drehscheibe *f* (für Lokomotiven) ~ **yükümler** *(Buchhaltung)* laufende Verpflichtungen *pl.*
dönerbasar *typ.* Rotationsmaschine *f* *rotatif
dönerboyun s. **boyunburan**
dönerböcek s. **fırıldak böceği**
dönerci wer **döner kebap** zubereitet und verkauft
dönercilik Gewerbe *n* e–s **dönerci**
döngel (ağacı) *P* s. **muşmula (ağacı)**
dönger *naut.* Wantenspanner *m*, Spannschraube *f*
döngü 1. *(Boxen)* Runde *f* 2. s. **dönme** (2) 3. s. **kısır ~;** ~ **atlama** *(Boxen)* Losvorteil *m*
döngül s. **eksen**
dönme 1. Vs. zu **dönmek** 2. Rotation, Achsenumdrehung *f* 3. zum Islam übergetreten, Konvertit *m* *spez.* Jude aus Saloniki (*fr. a.* **Avdetî** genannt) ~ **anı** *techn.* Dreh-, Rotations-moment *n* ~ **çabukluğu** Umlaufsgeschwindigkeit *f* *devir sürati ~ **dolap** 1. in e–r Wand angebrachter Drehschrank für Speisen usw. (zwischen den Frauen- und Männer-gemächern in fr. Palästen od. vornehmen Häusern) 2. Karussell *n* ~ **istikameti** Dreh-, Rotationsrichtung *f* ~ **mekanizması** *techn.* Umlaufgetriebe *n* ~ **mihveri** Rotationsachse *f* ~ **sayısı** Umlauf-, Umdrehungs-zahl *f* ~ **tazyikı** Rotationsdruck *m* *(nicht typ.!)* ~ **yönü** Dreh-richtung *f*, -sinn *m* ~ **zamanı** Umlauf-, Umdrehungs-zeit *f*
dönmek, (-er) 1. sich drehen; kreisen, rotieren, zirkulieren 2. sich umwenden, sich umdrehen, sich zuwenden; *a.* auf und ab gehen (z.B. im Zimmer) 3. umkehren, kehrtmachen; wenden (*intr.;* Schiff) 4. zurück-kehren, -kommen, -fahren 5. sich seitwärts wenden; abbiegen 6. anders werden; umschlagen (z.B. Wetter); *fig.* seine Meinung ändern 7. sich in et. verwandeln, zu et. werden 8. sitzenbleiben od. in e–r Prüfung durchfallen (Schüler, Student) 9. den Glauben wechseln, konvertieren, *pej.* zum Renegaten werden 10. **(sözünden)** sein Wort (seine Zusage, sein Versprechen) zurückziehen bzw. nicht halten 11. **(kararından)** von seinem Entschluß abgehen 12. **(pazarlıktan)** e–e Abmachung brechen 13. sauer werden (Milch) 14. richtig geleitet werden; seine Ordnung haben (z.B. Haushalt) Zu 1: **Topaç dönüyor.** Der Kreisel dreht sich. s.a. **başı** ~ Zu 2: **bana dönerek** zu mir gewandt Zu 4: **Istanbul'a ne zaman döneceksiniz?** Wann fahren Sie nach Istanbul zurück? Zu 5: **köşeden** (*od.* **köşeyi**) ~ um

die Ecke biegen Zu 6: **Hava birdenbire döndü.** Das Wetter ist plötzlich anders geworden. Zu 7: **Ortalık cennete döndü.** Das Ganze bekam ein paradiesisches Aussehen. s.a. **Beyninden vurulmuşa döndü; aslana (deliye)** ~ Zu 9: s. **dininden** ~ Zu 11: **Ben bu kararımdan dönmem.** Ich bleibe bei meinem Entschluß. **Dön baba dön!** (*spött. Ra.* bei e–r dauernden Wiederholung:) Immer dasselbe! **döne döne** 1. in Serpentinen aufsteigend (Straße, Weg) 2. sich in die Höhe schraubend (Flugzeug) 3. wechselnde Form od. Farbe annehmend (z.B. Horizont) **dönesiye** bis zur Rückkunft *geri dönünceye kadar **dönüp dolaşıp** am Ende, schließlich **dönüp dolaşmadan** sofort, sogleich **dönüp durmak** sich dauernd hin- und herdrehen (z.B. im Bett)

dönmeli rotierend, Rotations-

dönü 1. s. **tövbe** 2. Runde *f* (bei Tischtennis, Volleyball usw.)

dönük 1. abgewandt, den Rücken zugewandt 2. zugewandt; *fig. a.* orientiert 3. innerlich verbunden (mit); interessiert (für) 4. wulstig aufgeworfen (Lippen) 5. leicht schielend (Augen) 6. **(rengi)** verblaßt, verschossen

dönülmek Pass. zu **dönmek; dönülebilir akreditif** *H* widerrufliches Akkreditiv **dönülemez akreditif** *H* unwiderrufliches Akkreditiv

dönülmez ohne Rückkehr ~ **yol** *fig.* 1. gefährliches Wagnis 2. Tod *m*

dönüm (I) a) **eski** ~ = 920 qm b) **yeni** ~ (nach Einführung des metrischen Systems 1881) = 2500 qm c) seit 1931 nicht mehr offiziell verwendet; im prakt. Gebrauch = 1000 qm

dönüm (II) 1. Rückkehr *f* 2. Umdrehung, Wendung, Wende *f; Th.* Peripetie *f*, Umschwung *m*, entscheidender Wendepunkt (im Drama) 3. periodische Wiederkehr e–s best. Tages 4. Vorgang *m*, der e–e Hin- und Herbewegung erfordert 5. *astr.* Periode *f* Zu 3: s. **aydönümü, gündönümü, yıldönümü** Zu 4: **Saka iki** ~ **su getirdi.** Der Wasserträger hat zweimal Wasser geholt. ~ **noktası** Wendepunkt *m*

dönümlemek nach **dönüm** (I) vermessen

dönümlük 1. soundsoviel **dönüm** (I) umfassend 2. für soundsoviel **dönüm** (I) ausreichend (z.B. Saatgut)

dönüş 1. (Art und Weise *f* der) Rotation *f* 2. Rückkehr *f* (z.B. der Zugvögel); Rück-reise, -fahrt *f* 3. *psych.* Konversion *f* (nach Freud) *devir 4. Wendung *f* 5. s. **pivot** Zu 4: s. **sağa sola** ~; ~ **bileti** Rückfahrkarte *f* (Eisenbahn) 2. Kontrollkarte *f* (bei zeitweiligem Verlassen des Theaters) ~ **navlunu** *naut.* Rückfracht *f* ~ **uçuşu** Rückflug *m* **-te** bei der Rückkehr, auf der Rück-reise, -fahrt *dönüşün ~ **üçgeni** Gleisdreieck *n* ~ **yapmak** in die Heimat zurückkehren (z.B. Gastarbeiter)

dönüşçü wer umkehrt (zurückgeht) od. dies tun will

dönüşlü 1. mit Rückkehr 2. *gr.* reflexiv, rückbezüglich ~ **adıl** (*od.* ~ **zamir**) *gr.* Reflexivpronomen *mutavaat zamiri ~ **çaprazlama** Rückkreuzung *f* (Kreuzung e–s Bastards mit e–m Elternteil) ~ **çarpma** Sekundärwirkung *f* e–s Blitzschlags ~ **çatı** *ling.* reflexive Aktionsform ~ **eylem** (*od.* ~ **fiil**) reflexives Verbum *mutavaat fiili; öze dönüşlü fiil ~ **humma** *med.* Rückfallfieber *n*

dönüşme Vs. zu **dönüşmek** *spez. ling.* Dekomposition von **c** (ç) zu **j** (ş) unter der Einwirkung e–s unmittelbar folgenden Konsonanten (z.B. **Necdet** > **Nejdet; açtı** > **aştı**)

dönüşmek 1. (m. Dat.) e–e Umformung (Umwandlung, Transformation) erfahren (zu) *tahavvül etmek 2. auskommen (z.B. mit wenig Geld)

dönüştürmek 1. umformen, umwandeln, transformieren *tahvil etmek, istihale ettirmek, şeklini değiştirmek 2. Ursache sein, daß jemand mit et. auskommt

dönüşük 1. umgewandelt; Umwandlung *f* 2. *log.* umgekehrt; Umkehrung, Konversion *f* (e–s Urteils)

dönüştürüm Umwandeln, Umformen *n* *tahvil

dönüşüm Umwandlung, Umformung, Transformation *f* *tahavvül

dönüşümcü(-lük) s. **transformist; transformizm**

dönüşün [×··] s. **dönüşte**

dönye s. **denye**

döpiyes 1. zweiteiliges (Damen-)Kleid, Deux-pièces *n* 2. zweiteiliger Badeanzug *bikini

döpiyeslik für die Herstellung e–s zweiteiligen Damenkleides bzw. e–s Bikini geeignet od. bestimmt

dördayak(-lı) s. **dörtayak(-lı)**

dördel s. **dört el**

dörder je vier

dördül *dial.* Quadrat *n* *kare, murabba

dördün *astr.* Mondviertel *n* *terbi

dördüncü viert- ~ **hal** s. **-i hali;** ~ **hastalık** *med.* vierte od. Flatow-Dukes'sche Krankheit *f, med.* Rubeola scarlatinosa ~ **parmak** 1. Ringfinger *m*, vierter Finger *yüzükparmağı 2. vierte Zehe ~ **şube** Abteilung vier (bei dem Polizeipräsidium: die für Ausländer, Paßwesen usw. zuständige Stelle) ~ **zaman** *geol.* Quartär *n* *kuvaterner

dördüncül *geol.* quartär, Quartär-

dördüncüleyin *selt.* viertens *dördüncü olarak, rabian

dördüz Vierling(-e *pl.*) *m* ~ **tümsecikler** (*od.* ~ **yumrucuklar**) *an.* (dem Mittelhirn aufsitzender) Vierhügel *hudeybatı tevemiyei erbaa

dört, -dü 1. vier 2. Zahl *f* Vier 3. alle (vier), jeder, alle möglichen ... 4. vgl. **iki** (3); ~ **adımlık yer** Stelle, die nur e–n Katzensprung weit entfernt ist ~ **ayağını bir yere getirmek** mit allen Kräften bemüht sein ~ **ayak** s.a. **dörtayak;** ~ **ayak olmak** flinke Beine haben ~ **ayak üstüne düşmek** (wie e–e Katze) auf die Füße fallen, Glück im Unglück haben, mit heiler Haut davonkommen ~ **başı mamur** 1. in jeder Hinsicht zufriedenstellend, vollkommen, gutgehend, florierend (z.B. Geschäft) 2. wunschlos glücklich (Person) ~ **benekli** Vierer *m* (bei Ka., Domino usw.) ~ **bir bucağı** (*od.* **tarafı**) **(bir yerin)** jede Stelle **(dünyanın dört bir bucağında** überall auf der Welt) ~ **bir tarafa** überallhin ~ **bir taraftan** von überallher, von allen Ecken und Enden ~ **bir yana** nach jeder Richtung ~ **bir yandan** von allen Seiten ~ **bölük olmak** in Stücke gehen; zerbrechen ~ **bucakta** an allen Ecken und Enden, überall, allenthalben ~ **buçuk atmak** s. **üç buçuk atmak;** ~ **dilimli** *arch.* Vierpaß *m* (*spez.* in der Gotik) ~ **dişli balık** Vierzähner *m zo.* Tetrodon lagocephalus ~ **dolaşmak** 1. überall herumsuchen 2. sich abmühen, sich abplagen 3. in der Klemme sein ~ **dönmek** 1. verzweifelt nach e–m Ausweg suchen 2. j–n od. et. wie e–e Stecknadel suchen ~ **duvar arasında kalmak** in seinen vier Wänden bleiben müssen, zu Hause eingeschlossen sein ~ **el** vierhändig (auf dem Klavier) ~ **elle** auf allen vieren ~ **elle sarılmak** (*od.* **yapışmak**) 1. (bir işe) sich mit großem Eifer an et. machen, et. mit dem größten Eifer betreiben 2. (b–ne) fest auf j–n bauen ≗ **göz bir evlât için.** *Spr.* Ein Kind bedarf beider Eltern. ~ **gözle beklemek** gespannt (ungeduldig, sehnsüchtig) (er-)warten ~ **göz(-lü)** *F* bebrillt; Brillenträger(-in *f*) *m* ~ **işlem** *math.* die vier Grundrechenarten *amali erbaa ~ **kanatlı pervane** vierflügeliger Propeller ≗ **Kanton Gölü** *n.pr.* Vierwaldstättersee *m* (Schweiz) *Lüsern gölü ~ **kaşlı** flaumbärtig (junger Mann) ~ **kat** vierfach ~ **katlı** vierstöckig (Haus) ~ **kelime ile** in wenig Worten, ganz kurz ~ **kitap** die vier Offenbarungsschriften (Hexateuch, Psalter, Neues Testament, Koran) ~ **kol çengi** s. **bir kol çengi;** ~ **kollu** 1. vierarmig 2. in vier Abteilungen 3. vier-fädig, -strängig, *naut.* -kardeelig, -schäftig 4. mit vier Griffen 5. *F* Sarg *m*

~ **kollu demir** s. **filika demiri;** ~ **kolluya binmek** (*od.* **çıkmak**) *F* sterben ~ **koşulu araba kolu** *mil.* vierspännige Fahrkolonne ~ **köşe olmak (sevinçten)** vor Freude ganz außer sich geraten ~ **mevsimde açık** das ganze Jahr über geöffnet (Hotel) ~ **mezhep** die vier orthodoxen Rechtsschulen des sunnitischen Islam (Hanefî, Şafiî, Malikî, Hambelî) ~ **misli** viermal so viel ~ **nalla gelmek** angesprengt kommen ~ **namlılı taret** s. **dörtlü taret;** ~ **patlarlı dizel motörü** *V* erfahrene Dirne ~ **sekizlik müzik parçası** Musikstück *n* im Vierachteltakt ~ **tarafı açık ev** freistehendes Haus ~ **tarafı dolaşmak** 1. sich an allen möglichen Orten herumtreiben 2. nach allen möglichen Richtungen umherspritzen (z. B. Feuerwerkskörper) ~ **tarafına bakınmak** nach allen Seiten Umschau halten ~ **taraftan** von (od. auf) allen (vier) Seiten, von überallher, überall ~ **tek** *(Sportrudern)* Vierer *m* ~ **tekerlek freni** Vierradbremse *f* ~ **tekerlek muharrikli motörlü araba** Kraftfahrzeug *n* mit Vierradantrieb ~ **ucunu bırakmak** (*od.* **koyuvermek**) et. gänzlich aufgeben, sich nicht mehr interessieren (für) ~ (*od.* **dert**) **üstü murat üstü** wer das Angestrebte erreicht hat, vom Glück begünstigt; frei von Sorgen ~ **yana bakmak** 1. nach allen Seiten Ausschau halten 2. *fig.* mit aller gebotenen Vorsicht handeln ~ **yanı deniz kesilmek** *od.* ~ **yanına bakınmak** *fig.* sich in hoffnungsloser Lage befinden ~ **yanına bakmak** sich besorgt umschauen ~ **yön(-ler)** die vier Himmelsrichtungen *cihatı erbaa ~ **zamanlı motör** Viertaktmotor *m* **-ler paktı** Viererpakt *m* **-te bir** ein Viertel

dörtayak 1. Vierfüßler *m* *çarpa 2. *Adv.* auf allen vieren (z. B. kriechen)

dörtayaklı 1. vier-füßig, -beinig 2. Vierfüßler *m*

dörtcihar [ā] *Wü. spez. Tr.sp.* Viererpasch *m*, Doppelvier *f*

dörtçengelli *mus.* s. **altmışdörtlük**

dörtgen *math.* 1. Viereck *n* *zuerbaatüladla 2. vier-eckig, -seitig *münharifî ~ **biçme** *math.* vierseitiges Prisma *dörtgen prizma, münharifî menşur

dörtgöz Vierauge *n* (Zahnkarpfenfisch) *zo.* Anableps tetrophthalmus

dörtkaşlı 1. mit sprossendem Schnurrbart (Jüngling) 2. mit buschigen Augenbrauen

dörtkenar s. **dörtgen**

dörtköşe 1. Viereck *n* 2. viereckig 3. Vierkant- ~ **çivi** Vierkantnagel *m* ~ **demir** Vierkant-, Quadrat-eisen *n* ~ **eğe** Vierkantfeile *f* ~ **kesim** Quadratquerschnitt *m* ~ **olmak** 1. ausgelassener Stimmung sein 2. **(sevinçten)** außer sich vor Freude sein ~ **tekerlek** *fig.* falsch aufgezogenes und daher aussichtsloses Unternehmen

dörtköşelemek abvieren; vierkantig zuschneiden od. behauen

dörtköşeli vier-eckig, -kantig

dörtleme 1. Vs. zu **dörtlemek** 2. *mus.* Quartole *f* *kartole 3. *lit.* Tetralogie *f* 4. *lit.* s. **terbi** (3)

dörtlemek 1. vervierfachen 2. durch vier teilen

dörtleşmek sich vervierfachen, vier werden

dörtlü vier Einheiten umfassend *spez.* 1. *Spk.* Vier *f* 2. *mus.* Quarte *f* *kuart 3. *lit.* aus vier Halbversen bestehend, vierzeilig (Strophe) 4. *mus.* Quartett *n* ~ **baharat** Gewürzmischung *f* (Zimt, Nelken, Pfeffer, Muskatnuß) ~ **humma** *med.* Quartana(-fieber *n*) *f* (e–e Malariaart) ~ **taret** *mil.* Vierlingsturm *m*

dörtlük 1. vier Einheiten umfassend, Vierer-; vier Kilo wiegend, vier Kurusch (Pfund) kostend usw. 2. *mus.* Viertelnote *f* *nuar, siyah 3. *F* keinen Pfifferling wert; lächerlicher Fant 4. *lit.* Vierzeiler *m* 5. *astr.* Quadratur *f*, Geviertschein *m* *terbi ~ **aracı** *astr.* Quadrant, Viertelkreis *m* *rub'u daire ~ **es** *mus.* Viertelpause *f* ~ **tempo** *mus.* vierteiliger Takt

dörtnal (scharfer) Galopp (s. a. **kısa, orta, uzun** ~); ~ **koşturmak** *od.* **-a kaldırmak(atı)** das Pferd galoppieren lassen, zum Galopp antreiben **-a kalkmak** galoppieren (Pferd)

dörtnala *Adv.* galoppierend, im Galopp ~ **gitmek** galoppieren (Pferd)

dörtyaprak 1. *arch.* Vierpaß *m* 2. vierblätteriges (Klee-) Blatt

dörtyol ağzı Weg-, Straßen-kreuzung *f*, Kreuzweg *m*, Kreuzung *f*, Scheideweg *m*

Dörtyol *n.pr.* O. u. D. im Rbz. Hatay

dörtyüz 1. vierhundert 2. *F* Pokerspiel *n*

dörtyüzlü *math.* Vier-flach *n*, -flächner *m*, Tetraeder *n* *zuerbaatülvücuh

döş 1. vorderer bzw. oberer Teil der Brust 2. Flanke, Weiche *f* *boş böğür 3. *Verst.* zu **döl** (vgl. **döl döş**); ~ **azmak** s. **düşü azmak;** ~ **kemiği** (*bzw.* **yüzgeci**) s. **göğüs kemiği** (*bzw.* **yüzgeci**)

döşek, -ği 1. Matratze *f*, Bett *n* 2. *naut.* Schiffsbodenstück *n*, Bodenwrange *f* 3. *naut.* Auflanger, Sitzer *m* (der Spanten) 4. *agr.* a) (Pflanz-, Samen-)Beet *n* b) großes Feld (für Reisanbau) 5. (Sand-)Bett *n*, (Kies-, Zement-) Bettung *f* ~ **döşemek** ein Bett aufschlagen ~ **esiri olmak** bettlägerig sein, ans Bett gefesselt sein ~ **hastası** wer sich gerne hinlegt ~ **levhası** *naut.* Marspütting, Püttingschiene *f* **-e düşmek** bettlägerig werden **-e uzanmak** sich zu Bett legen **-i kabartmak** die Matratze aufschütteln **-lere sermek** aufs Krankenlager strecken **-te yatmak** im Bett bleiben; das Bett hüten müssen

döşekli 1. mit Matratze (od. Bett) 2. mit flachem Schiffsboden 3. *fig.* fest, solide 4. ruhig fahrend (Schiff)

döşeli 1. ausgelegt, ausgestattet; mit nb. Bodenbelag 2. möbliert *(1, 2) mefruş Zu 1: **muşamba** ~ **bir oda** ein mit Linoleum ausgelegtes Zimmer Zu 2: ~ **dayalı** vollständig möbliert, gut ausgestattet (z. B. Zimmer)

döşem Einrichtung, Anlage, Installation *f* *tesisat

döşeme 1. Vs. zu **döşemek** 2. Fußboden, Estrich *m* 3. Mobiliar *n*, Möbel(-einrichtung *f*) *pl.* *mefruşat, mobilya ~ **çeliği** *arch.* Stichbalken, Zwischenträger *m* (im Fußboden) ~ **kapağı** Falltür *f*; *Th.* Versenkung *f* ~ **kirişi** *arch.* Boden-, Quer-balken *m* ~ **pervazı** s. **süpürgelik;** ~ **tahtası** 1. einzelnes Brett des Fußbodens, Diele *f*, Riemen *m* 2. Bodenbrett *n* (in e–m Wagen) ~ **tahtasiyle kaplamak** dielen ~ **taşı** Steinplatte, Fliese *f*

döşemeci 1. Möbel-schreiner, -tischler *m* 2. Möbelhändler *m* 3. Tapezierer, Dekorateur, Polsterer *m* 4. Boden-, Parkett-leger *m* 5. Innenarchitekt, Formgeber, Gestalter *m* 6. s. **su -si;** ~ **çekici** Gurt-, Polster-hammer *m* ~ **çivisi** Polster-, Zier-, Gurt-nagel *m*

döşemecilik 1. Tätigkeit *f*, Gewerbe *n* e–s **döşemeci** 2. Innenausstattung *f*

döşemek 1. hinbreiten, hinlegen, auf dem Boden ausbreiten 2. überziehen, bedecken, dielen (Fußboden), pflastern (z. B. Straße), auslegen (z. B. mit Marmor) 3. einrichten, ausstatten, möblieren 4. legen (Schienen, Teppiche, Rohre, Stacheldraht, Minen usw.) **döşeyip dayamak** 1. vollständig möblieren (einrichten, ausstatten) (z. B. e–n Raum) 2. *F* j–m gehörig die Leviten lesen; j–n zusammenstauchen

döşemeli 1. mit nb. Fußboden 2. mit Mobiliar, möbliert Zu 1: **parke** ~ **oda** Zimmer *n* mit Parkettfußboden

döşemelik 1. als Fußbodenbelag (od. zur Herstellung e–s solchen) geeignet 2. als od. für Möbel (od. zur Herstellung von Möbeln) geeignet ~ **kumaş** Möbelbezugsstoff *m* (z. B. für Lehnsessel) ~ **levha** Steinplatte, Fliese, Kachel *f* ~ **muşamba** (Fußboden-)Linoleum *n*

döşenek, -ği Fußbodenüberzug *m* (aus Zement u. ä.)

döşengi *dial.* 1. s. **döşemelik levha** 2. s. **mefruşat**

döşenmek 1. Pass. zu **döşemek** 2. (b–ne) *F* j–m allerhand

Grobheiten an den Kopf werfen 3. (bş hakkında) *F* sich des langen und breiten ergehen *spez.* sich abfällig äußern (über), losziehen (gegen) 4. bettlägerig werden
döşeyici Installateur *m* *tesisatçı
döteron; döteryum s. **deuteron; deuteryum**
dövantür (*franz.* **devanture**) *selt.* Schaufenster *n,* Auslage *f*
dövdü *dial.* 1. Holzhammer *m* *tokmak 2. Nacken *m* (e–r Axt, e–s Beils usw.) 3. Bahn *f* (e–s Hammers)
döveç *dial.* kleinerer Holzmörser (zum Stampfen von Knoblauch)
döven 1. Dreschschlitten *m* (primitives Dreschgerät) 2. *fr. mil.* Morgenstern *m* Zu 1: s. a. **el -i;** ~ **otu** s. **dişotu**
döviz 1. Devisen, ausländische Zahlungsmittel, Valuten, Fremdwährungsforderungen *pl.* 2. Spruchband *n* 3. Devise *f,* Motto, Leitwort *n* *parola, şiar 4. *V* Geld *n* (Moneten *pl.,* Pinke *f*) ~ **kaçakçılığı** Devisenschmuggel *m* ~ **karşılığı avans** *H* Devisenlombard *m* ~ **takyidatı** Devisen-beschränkungen, -restriktionen *pl.*
dövme 1. Vs. zu **dövmek** 2. Tätowierung *f* *tevşim, veşim 3. gehämmert, geschmiedet, Schmiede-, Treib- ~ **altın** Goldblech *n* ~ **beton** Stampfbeton *m* ~ **çelik** Schmiedestahl *m* ~ **demir** Schmiedeeisen *n* ~ **demir işi** Schmiedekunst *f* ~ **gümüş** Blattsilber *n* ~ **parça** Schmiedestück *n* ~ **yapmak** tätowieren, (tatauieren)
dövmeci Tätowierer *m*
dövmek, (-er) 1. schlagen a) aufklopfen (z.B. Eier); ausklopfen (z.B. Teppiche) b) (ver-)prügeln, (ver-)hauen c) walken (Stoff) 2. (zer-)stoßen, (zer-)stampfen, mahlen 3. dreschen 4. schmieden, treiben, hämmern (Metall) 5. beschießen, mit Feuer belegen, bombardieren (Geschütze, Flugzeuge usw.) 6. *selt.* tätowieren
dövmeli tätowiert
dövüç *dial.* Wäsche-holz *n,* -schlegel *m*
dövülgen schmied-, hämmer-bar (Metall)
dövülgenleştirmek *techn.* glühfrischen (den Kohlengehalt von Eisen durch Glühen entfernen)
dövülgenlik Schmied-, Hämmer-barkeit *f*
dövülmek Pass. zu **dövmek; dövülebilir** *od.* **dövülür** schmiedbar, hämmerbar **dövülmüş avrat otu** gemeine Schmerwurz *bot.* Tamus communis *siyah akasma **dövülmüş biber** gemahlener Pfeffer **dövülmüş çelik** geschmiedeter Stahl **dövülmüş gümüş** s. **dövme gümüş**
dövüm Schmiedestück *n*
dövünme Vs. zu **dövünmek;** *a.* Brandung *f* (des Meeres)
dövünmek 1. sich selbst schlagen 2. sich vor den Kopf schlagen od. erregt um sich schlagen (vor Reue, Verzweiflung usw.); jammern, wehklagen 3. *naut.* sich stark heben und senken (*spez.* Vordersteven bei Stampfbewegung des Schiffes)
dövüş Vs. zu **dövmek** *spez.* 1. Handgreiflichwerden, Raufen *n,* Prügelei *f* 2. Kampf *m*
dövüşken 1. *pej.* Raufbold *m* 2. *mel.* gut kämpfend, Kampf- (z.B. Hahn) ~ **kuş** Kampfläufer *m zo.* Pavoncella pugnax
dövüşkenlik Kampflust *f*
dövüşmek 1. sich gegenseitig schlagen, sich raufen, sich prügeln 2. gemeinsam verprügeln 3. zusammenstoßen, sich schlagen; kämpfen 4. gemeinsam kämpfen (gegen)
dövüştürmek miteinander kämpfen lassen (z.B. Hähne)
D.P., DP = Demokrat Parti
DPA (Ajansı) = Deutsche Presseagentur *f*
DP'li Anhänger(-in *f*) *m* der Demokratischen Partei
DPT = Devlet Planlama Teşkilâtı Staatliche Planungsorganisation (Türkei)
dra Drap *m,* Tuch *n,* Wollstoff *m*
Draç *n.pr.* Durazzo (in Albanien), Durres
dragon 1. *fr.* Dragoner *m* (leichter Reiter) 2. *hist., mil.* Feldschlange *f* 3. *myth.* Drachen, Lindwurm *m* 4. *naut.* Drachen *m,* Wikingerboot *n* 5. *V* s. **dıragan;** ~ **yelkeni** *naut.* Dreieckssegel *n*
drahmi Drachme *f* (griech. Währungseinheit)
drahmilik in Höhe von soundsoviel Drachmen
drahoma [×··] Mitgift *f* (nach europäischer Art)
draht s. **diraht**
draje 1. *selt.* Konfekt *n* (*mst.* mit Schokoladeüberzug) od. überzuckerte Mandel 2. *med.* Dragée *n, f* ~ **pembesi** hellrosarot
drakoniyen drakonisch ~ **tedbirler** drakonische Maßnahmen *pl.*
drakosefalum [··×··] s. **ejder başı**
dral s. **dıral**
dram 1. *Th.* Drama, Bühnenschauspiel *n* 2. *fig.* Drama *n,* traurige Begebenheit, aufregendes Geschehen ~ **haline getirmek** s. **dramatize etmek** (2, 3)
dramatik 1. *Th.* dramatisch, Bühnen- 2. *fig.* dramatisch, aufregend, spannend
dramatist, -ti Dramatiker, Schauspieldichter *m*
dramatizasyon *Th.* Dramatisierung *f*
dramatize dramatisiert: 1. *Th.* bühnengerecht dargestellt 2. *fig.* spannend dargestellt 3. *pej.* übertrieben ~ **etmek** dramatisieren: 1. bühnengerecht darstellen 2. aufregend schildern, spannend darstellen 3. *pej.* übertreiben
dramatizm *Th.* Dramatik *f*
dramaturg; dramatürj Dramaturg(-in *f*) *m*
dramaturgi; dramatürji Dramaturgie *f*
dramlaştırmak dramatisieren (*wörtl. u. fig.*)
drape gerafft, drapiert ~ **etmek** raffen, drapieren, künstlerisch in Falten legen
draperi Faltenwurf *m*
drastik, -iği *med., pharm.* schnell wirkendes Abführmittel
Drava [×·] *n.pr.* Drau *f* (Fluß)
draveçe [·×·] (in der Füg.:) ~ **bezi** *naut.* Verdopplung *f,* Stoßlappen, Umschlag *m* (breiter Segelsaum)
draverse [·×·] *naut.* 1. Beidrehen bzw. Beigedreht-Liegen *n* (e–s Segelschiffs bei starkem Sturm) 2. Kreuzen *n* auf der Reede (wegen Hindernis in der Hafeneinfahrt)
drawback *jur.* Rückzoll *m* *reddi rüsum
drayfarming Dryfarming *n* (Ackerbauverfahren)
drayv (*engl.* **drive**) (*Tennis*) Treibschlag, Flachball *m*
drayvli (*Tennis*) mit Treibschlägen, Flachbällen
dreikanter s. **köşeli yel çakılı**
dren Drän, Entwässerungsgraben *m,* Abwasserröhre *f*
drenaj Dränage, Dränierung, Trockenlegung, Entwässerung *f* *akaçlama, tefcir
drene dräniert, entwässert, trockengelegt ~ **etmek** dränieren, entwässern, trockenlegen
dresaj 1. Abrichten, Dressieren *n* 2. Drill *m,* Schulung, Ausbildung *f* 3. (*Sportreiten*) Dressur *f*
dresu(v)ar Anrichtetisch *m* (für Speisen)
dretnot, -tu Dreadnought *m,* großes Schlachtschiff, Großkampfschiff *n*
drezin Draisine *f*
dribling *Fb.* Dribbling *n* (Laufen mit dem Ball am Fuß) ~ **yapmak** *Fb.* dribbeln
dril 1. Drillich *m* (festes Gewebe) 2. Drillbohrer *m* *cırcır delgi
drog, -gu *med.* Droge *f,* Arzneimittel *n*
drogeri Drogerie *f*
droget, -ti (*franz.* **droguet**) Name verschiedener halbwollener Stoffe
drogist, -ti Drogist(-in *f*) *m*
drop, -pu 1. Drops *m,* Fruchtbonbon *m* 2. (*Tennis*) kurzer Hochball
droseragiller (*fr.* **drozeraiye**) s. **sinekkapangiller**
drupa s. **zeytinimsi meyve**
DSİ = Devlet Su İşleri

DTCF = Dil ve Tarih-Coğrafya Fakültesi
dua [ā] 1. (Bitt-)Gebet *n* (vgl. **salât**) 2. Wunschformel *f* 3. Fürbitte *f* bei Gott ~ **etmek** 1. beten 2. (b–ne) (für e–n Wohltäter) Segenswünsche aussprechen, von Gott Gutes erflehen ~ **sandalyesi** Betstuhl *m* (in christl. Kirchen) **-sını almak** s. **hayır duasını almak**
duacı [ā] 1. Fürbitter *m* bei Gott 2. *fr.* wer im Dienst e–s Hochgestellten Segenswünsche zu sprechen hatte **-nız** *va.* „Ihr Fürbitter" d.h. ich *bendeniz
duagû [·––] *fr.* Geistlicher, der bei Feierlichkeiten Segenswünsche zu sprechen hatte und dafür e–e Entlohnung od. ein Monatsgehalt erhielt
duahan [·––] Gebets-sprecher, -sänger *m* (in der Moschee)
duayen 1. *va.* Dekan *m* (e–r Fakultät) *dekan 2. Doyen *m* (e–s diplomatischen Korps)
duayenlik 1. *va.* Amt *n* e–s Fakultätsdekans *dekanlık 2. Stellung, Würde *f* des Doyens e–s diplomatischen Korps
duba [×·] 1. Schlepp- od. Last-kahn *m* mit flachem Boden 2. Ponton *m,* Tonne *f;* Schwimmer *m* (z.B. an Wasserflugzeug) ~ **feneri** *naut.* Warnlicht *n* (Boje als Seezeichen) ~ **gibi** klein und dick, untersetzt, *F* wie e–e Tonne ~ **köprü** s. **tombaz köprü**
dubalı Ponton-, Schwimm- ~ **tarak** Schwimmbagger *m* ~ **vinç** Schwimmkran *m*
dubar gemeine Meeräsche; Großkopf *m zo.* Mugil cephalus *haskefal; top burunlu kefal
dubara [·×·] 1. *spez. Tr.sp.* Zweierpasch *m,* Doppelzwei *f* 2. *V* Doppelspiel *n,* Intrige, Lüge *f,* Schwindel *m,* Hinterlist, Schurkerei *f* ~ **atmak** e–n Zweierpasch würfeln ~ **etmek** (b–ne) *V* hinterlistig vorgehen (gegen) **-ya düşmek** (*od.* **gelmek**) *V* geprellt werden; hereinfallen
dubaracı [·×··] *V* Intrigant, Lügner, Schwindler, Schurke *m*
dubaracılık *V* Gaunerei *f*
Dubhe *astr.* der Stern Alpha im Sternbild des Großen Bären *Pişt
dubl 1. *(Tennis)* Doppel *n* 2. Doppelgänger *m* 3. *(Film, Th.)* Double *n* ~ **desimetre** s. **çift desimetre;** ~ **mikst** *(Tennis)* gemischtes Doppel
dublaj 1. *(Film)* Ersetzung *f* e–r Person durch ein Double 2. Synchronisierung *f* (e–s Films) 3. Dublieren *n,* loses Zwirnen ~ **yapmak** 1. e–e Person durch ein Double ersetzen 2. synchronisieren
duble (*franz.* **double** *bzw.* **doublé**) 1. Seidel *n* (Bier) (etwa ¼ Liter) 2. doppeltes Maß (Schnaps); *F* zweistöckig 3. verdoppelt *(a. mus.);* synchronisiert (Film) 4. Dublee *n* 5. Verdopplung *f* des (Spiel-)Einsatzes 6. a) Unter-futter, -kleid *n* b) mit Unterfutter, gefüttert 7. *Bill.* Vorbande(-n.ball *m) f* ~ **etmek** 1. verdoppeln (*a. mus.* z.B. durch Oktavtöne) 2. mit Dublee überziehen 3. synchronisieren (Film) 4. den Einsatz verdoppeln (*spez.* bei Glücksspielen) 5. s. **dublelemek** 6. *Bill.* mit Vorbande spielen
dublelemek (aus-)füttern (Kleidungsstück) *astarlamak
dubleli mit Unterfutter; gefüttert
dublelik als Unterfutter dienend (Stoff)
dublet, -ti *mus.* Doppelregister *n* (bei der Orgel)
dublfot, -tu (*franz.* **double faute**) Doppelfehler *m* (beim Aufschlag im Tennis)
dublfüg *mus.* Doppelfuge *f*
dublin 1. *fr.* Dublone *f* 2. *naut.* a) Lose *f* (schlaffes Taustück) b) lose hängendes Ende e–s Segels 3. dubliertes (gedoppeltes) Garn 4. *selt.* Quaste, Troddel *f* (aus Seidenfäden) ~ **almak (tutmak, vermek)** *naut.* (ein Schiff) vertäuen, festmachen ~ **halat** *naut.* Schlipp-, Spring-tau *n* ~ **üzerinde aşırmak** *naut.* mittels Schrottau (auf der Seil-Rollschräge) hinablassen bzw. heraufziehen; hinauf-, herab-schroten (Fässer od. andere schwere Lasten)
dublkroş *mus.* s. **ikiçengelli**
dublör 1. Double *n* (im Film) 2. Zwirner *m* 3. *techn.* Verdoppler *m* ~ **redresör** *el.* Doppelgleichrichter *m*
dublörlük, -üğü Rolle *f* e–s **dublör**
dublür 1. (Unter-)Futter *n,* Verkleidung *f* 2. *(Film)* Double *n* 3. Doppelgänger *m* 4. Doppel *n,* Dublette *f*
ducret s. **zucret**
duçar [––] 1. *va.* Auge in Auge, unter vier Augen 2. *va.* zufällig getroffen 3. (m. Dat.) betroffen, ergriffen, befallen (von); ausgesetzt; erleidend (z.B. Unfall), sich zuziehend. Zur Wiedergabe von ~ **olmak** s. **hastalığa (muaheзeye, sefalete, taarruza, zarurete)** ~ **olmak**
Duçe [×·] *hist.* Duce *m* (Mussolini)
dud [ū] *zo.* 1. Wurm *m* 2. Eingeweiden-, Spul-wurm *m* 3. Bandwurm *m* *şerit **-u hadis** s. **krizalit; -u mükeyyes** s. **keseli kurt; -u müsellah** s. **sığır şeridi; -u müstakim** s. **sivrikuyruk; -u vahit** s. **domuz şeridi**
dudak, -ağı 1. a) Lippe *f* b) Schamlippe *f* c) *bot., zo.* Labium *n* 2. *fig.* Rand *m* ~ **boyası** Lippen-schminke *f,* -stift *m* *ruj ~ **bükmek** 1. abweisend den Mund verziehen, *F* e–n Flunsch ziehen 2. *fig.* keine sonderliche Bedeutung beimessen 3. s. **-ını bükmek;** ~ **çatlamak** *fig.* in große Angst geraten ~ **çukuru** Rinne *f* in der Mitte der Oberlippe; *an.* Philtrum *n* ~ **dudağa** 1. Lippe auf (od. an) Lippe 2. einander ganz nahe ~ **gemciği** *an.* Lippenbändchen *n* ~ **ısırmak** *fig.* ganz verblüfft sein, vor Verwunderung Mund und Nase aufsperren ~ **köşesi** Mundwinkel *m* ~ **payı bırakmak** ein Glas (e–e Tasse usw.) nicht ganz voll gießen ~ **sarkıtmak** ein verdrießliches Gesicht machen; schmollen ~ **ünsüzü** *phon.* Lippen-, Labial-laut *m,* Labial *m* *şefevî samit ~ **yarığı** *med.* Hasenscharte *f* *tavşandudağı **-ı ağarmak** ganz bleiche Lippen bekommen **-ı çatlamak** aufgesprungene Lippen bekommen **-ından kan damlamak** s. **yanağından kan damlamak; -ını bükmek** dem Weinen nahe sein **-ını ısırmak** 1. ganz erstaunt dreinsehen 2. wie betäubt dastehen **-ları çekmek** die Lippen spitzen (bei Flöte, Oboe usw.)
dudak-damar yarığı *med.* Wolfsrachen *m* *kurdağzı
dudaklı mit nb. Lippen, -lippig ~ **ayı** Lippenbär *m zo.* Melursus ursinus ~ **kaplumbağa** Lippenschildkröte *f zo.* Trionyx triumguis ~ **kâse** Napf *m* mit Ausguß ~ **kefal balığı** e–e bes. Art der dicklippigen Meeräsche *zo.* Mugil labeo
dudaklık Lippenpflock *m* (bei primitiven Völkern)
dudaksı lippenförmig
dudaksıl *phon.* Labial-
dudaksıllaşma *phon.* Labialisierung *f* (z.B. **anbar** > **ambar**)
dudî [––] *va.* s. **solucanbiçim**
dudu 1. *fr.* etwa gleich **hanım** 2. alte Armenierin 3. s. ~ **kuşu** 4. hübsches, aber dummes und geschwätziges Mädchen Zu 1: **Esma** ~ *fr.* Frau Esma ~ **burnu hotoz** *fr.* e–e modische Kopfbedeckung von Damen in Istanbul ~ **dilli** 1. süß plaudernd 2. *pej.* plappernd ~ **gibi konuşmak** in e–m fort plappern ≗ **Kuşları** (Wiedergabe von: Les Précieuses Ridicules) (Molière – A. Vefik Paşa) ~ **kuşu** Papagei *m,* Wellensittich *m*
duetto [·×·] *mus.* Duett *n*
dufayda s. **iribaş**
duglas Douglastanne *f bot.* Pseudotsuga (taxifolia u.a.)
duguduk, -uğu amerikanisches Pokerspiel
duha [ā] *va.* s. **kuşluk vakti;** ≗ **suresi** Name der 93. Koran-Sure
duhan [ā] *va.* 1. Rauchtabak *m* *tütün 2. Rauch *m* ≗ **suresi** Name der 44. Koran-Sure
duhanî [·––] *chem.* Rauch entwickelnd, rauchend, rauchig *dumanlı
duhter *va.* 1. Tochter *f* 2. Mädchen *n*
duhul, -lü [·–] 1. Eintreten *n,* Eintritt *m,* Einreise *f* 2. *mil.*

Einmarsch *m* 3. Ausübung *f* des Geschlechtsakts durch den Mann, Beiwohnen *n* 4. Enthaltensein, Inbegriffensein *n* 5. Eintritt, Beginn, Anfang *m* 6. Einfuhr *f*, Import *m* ~ **etmek** 1. eintreten, einreisen 2. *mil.* einmarschieren 3. den Geschlechtsakt ausüben (Mann) 4. anfangen, beginnen 5. eingeführt, importiert werden ~ **hakkı** *jur.* Einreiserecht *n* ~ **imtihanı** *va.* Aufnahmeprüfung *f*, Zulassungsexamen *n*
duhuliye [·–··] 1. Eintritts-geld *n*, -gebühr *f* 2. Eintrittskarte *f* 3. billigster Platz (im Kino) 4. Einfuhrzoll *m*
duka [×·] 1. Herzog *m* 2. (venezianischer) Dukaten 3. s. **doj** 4. *V* s. **ferç**
dukalık [×··] 1. Herzogswürde *f*, Stellung *f* e–s Herzogs 2. Herzogtum *n* 3. soundsoviele Dukaten ausmachend
dukka s. Stw. **men** (II)
dul [–] 1. Witwer *m* 2. (*a.* ~ **kadın**) Witwe *f* 3. verwitwet 4. *selt.* geschieden ~ **aylığı** Witwenpension *f* *eramil maaşı ~ **kalmak** verwitwet sein ~ **karı enciği** *V* schwatzhaftes Mädchen ~ **yaşmağı** Witwenschleier *m* ♀ **yaşmağı başına!** *(Fluch)* Mögest du zur Witwe werden!
dulaptalotu, -nu Seidelbast *m bot.* Daphne mezereum
dulaptalotugiller Seidelbastgewächse *pl. bot.* Thymelaeaceae
dulavratotu, -nu (große) Klette *f bot.* Arctium lappa
dulda Deckung *f*, Schutz(-vorrichtung *f*) *m* *siper
duldalamak decken, schützen *siper altına almak
duldalanmak in Deckung gehen *siper altına girmek
dulluk [–·] 1. Witwertum *n* 2. Witwen-schaft *f*, -stand *m* 3. *selt.* Geschiedensein *n*
dum [ū] (I) Dum-Palme *f bot.* Hyphaena thebaica
dum (II) **duma** s. **kim kime dum duma**
duma; dumağı *dial.* Katarrh *m*, Erkältung *f*, Schnupfen *m* *ingin, nezle
Duma [×·] *n.pr.* Duma *f* (Parlament im zaristischen Rußland)
duman 1. Rauch, Qualm *m* 2. Dunst, Dampf, Nebel *m*, leichter Beschlag 3. Staubwolke *f* 4. Hauch *m* (auf Früchten) 5. *F* benebelt (Kopf) 6. *V* vergeblich 7. *F* schlecht, übel, mies, belemmert (Angelegenheit, Lage, Zustand) 8. *gel.* Hundename 9. *V* naiv, leichtgläubig 10. *V* feige 11. *V* Marihuana-Zigarette *f* 12. *V* besonders großer Gewinn bei geringem Einsatz ~ **attırmak** (b–ne) *V* 1. unter der Knute halten; terrorisieren 2. nicht zur Besinnung kommen lassen; j–m gehörig Dampf machen ~ **bulutu** Rauchwolke *f* ~ **çıkarmak** Rauch hervorstoßen; rauchen *(intr.)* ♀ **çöküyor.** Der Rauch (Nebel) fällt (senkt sich). ~ **etmek** *V* kaputt machen ~ **gazları** Rauchgase *pl.* ~ **imha eden** rauchverzehrend ~ **kapağı** Zugklappe *f* ~ **mermisi** Rauchgeschoß *n* ~ **olmak** *V* 1. **(hali; işi)** übel dran sein (*spez.* geschäftlich) 2. spurlos verschwinden ~ **perdesi** *mil.* künstliche Nebelwand ~ **rengi** rauchfarben; bläulich-grau ~ **sütunu** Rauchsäule *f* ~ **yapmak** *V* mit geringem Einsatz hohe Spielgewinne erzielen ~ **yolu** Rauch-, Zug-kanal *m* **-a boğmak** vernebeln *(wörtl. u. fig.)*, einnebeln **-ı başına vurmak** *fig.* wütend werden ♀**ı doğru çıksın!** *fig.* 1. Man kann es schon gelten lassen (auch wenn es nicht ganz ordnungsgemäß ist). Immerhin ...; Die Hauptsache ist ... 2. Man muß wenigstens den Schein wahren. **-ı üstünde** ganz frisch (neu, aktuell)
dumanağacı, -nı s. **sarı sumak**
dumancı *V* wer mit geringen Einsätzen hohe Spielgewinne erzielt
dumanlamak 1. räuchern (z. B. Fische) 2. mit Rauch erfüllen; verräuchern 3. *mil.* vernebeln 4. verwirren, trüben 5. **(kafayı)** sich e–n Schwips antrinken
dumanlanmak 1. Pass. zu **dumanlamak** 2. von Rauch (Nebel, Dunst) erfüllt werden 3. sich beschlagen (z. B. Glas) 4. neblig werden 5. sich e–n Schwips antrinken 6. sich verschleiern (Blick)
dumanlaşmak *selt.* zu Rauch werden
dumanlı 1. Rauch entwickelnd, rauchend 2. mit Rauch erfüllt, rauchig 3. neblig, dunstig 4. beschlagen (z. B. Glas) 5. benebelt, beschwipst, betrunken 6. verschleiert (Blick) ~ **barut** rauchstarkes Pulver ~ **kafa ile** in benebeltem, berauschtem Zustand ~ **nitrik** (*od.* ~ **sülfürik**) **asit** *chem.* rauchende Schwefelsäure *oleom ~ **kömür** Eßkohle *f* (*spez.* für Schmiedefeuer) ~ **kuars** *min.* Rauch-quarz, -topas *m*
dumanlık von Rauch (od. Nebel) erfüllt(-er Ort) **Hava -tır.** Es ist nebelig.
dumansız 1. rauchfrei, rauchlos 2. rauchschwach 3. nebelfrei 4. nicht beschlagen
dumansızlık Fehlen od. geringes Vorhandensein *n* von Nebel (Rauch, Beschlag)
dumbaz s. **tombaz**
dumdum 1. **(kurşunu, mermisi)** Dumdum(-geschoß) *n* 2. ~ **humması** s. **kalaazar**
dumlu *va.* kalt (Wasser)
Dumlupınar *n.pr.* O. in Westanatolien, westl. von Afyon Karahisar (bekannt durch den türk. Entscheidungssieg über die Griechen am 30. 8. 1922)
dumping s. **damping**
dumur [·–] Verkümmerung, Schrumpfung *f*, Schwund *m*, *med. a.* Atrophie *körelme **-a uğramak** verkümmern **-u adale** *med.* Muskel-schwund *m*, -atrophie *f* **-u azmî** *med.* Knochenatrophie *f*
dumurî [·––] *med.* atrophisch
dun [–] 1. niedrig, gering (z. B. Preis) 2. schlecht, gemein, schändlich *alçak, denî, zelil
duniyet, -ti [ū] *va.* 1. Niedrig-, Gering-sein *n* 2. Geringer-, Schlechter-sein *n*, Unterlegenheit *f* 3. Schlechtigkeit, Gemeinheit *f*
duo s. **düo**
duplikata s. **düplikata**
dur (I) s. Stw. **durmak**
dur (II) [ū] *va.* fern, weit, abliegend, entfernt *uzak
-dur s. **-dir**
Dura [×·] *a.* ♀ **ırgat!** *(naut. Kommando)* Festhieven! (Ankerspill)
duraç (I) s. **turaç**
duraç (II), **-cı** Sockel *m*, Fußgestell, Piedestal *n* *ayak, kaide
duradur [–––] *va.* des langen und breiten, sehr ausführlich *uzun uzadıya
Duragan *n.pr.* O. u. D. im Rbz. Sinop
durağan unbeweglich, ortsfest, fix *sabit ~ **sırık** s. **tırmanma sırığı**; ~ **yıldız** s. **duran yıldız**
durak 1. Haltestelle *f* *mevkif 2. Pause *f* (z. B. beim Lesen) 3. Lese-(Pausen-, Trennungs-)Zeichen *n* (zwischen den einzelnen Koranversen) 4. (Wagen-, Taxi- usw.)Stand *m* 5. *fr.* Punkt *m* (in der Zeichensetzung) *nokta 6. Zäsur *f*, Verseinschnitt *m* 7. *mus.* s. **tonik(-a)**; ~ **dinlence bilmeyerek** *P* s. **durup dinlenmeksizin**; ~ **evi** (*od.* ~ **konağı**) Rasthaus *n*, Herberge, Unterkunft *f* ~ **otu** s. **dereotu**
durakalmak ganz verblüfft dastehen
durakı Nektarine *f*, Mandelpfirsich *m bot.* Prunus persica var. nectarina
duraklama Vs. zu **duraklamak** *spez.* 1. Stockung *f*, Stillstand *m* 2. Zögern, Zaudern *n* ~ **çizgiler** gestrichelte Linien *pl.*
duraklamak 1. für kurze Zeit od. ab und zu anhalten z. B. beim Sprechen Pausen machen, sich unterbrechen 2. stocken, ins Stocken geraten 3. s. **duraksamak**
duraklı *phys.* stationär *kararlı

duraksamak zögern, zaudern, unschlüssig sein *tereddüt etmek
dural (I) statisch *sakin, statik
dural (II) s. **düral**
duralama *phon.* Verschlußdauer *f*
duralamak s. **duraklamak**
duramak *selt.* Aufenthalt *m,* (zeitweilige) Unterbrechung *f* *vakfe
durbin [– –] *va.* weitblickend, weit voraussehend (vgl. a. **dürbün**)
durdinlen (in der Füg.:) ~ **yok** unablässige Arbeit, stetiges Bemühen
durdurma Vs. zu **durdurmak;** ~ **işareti** Halte-signal, -zeichen *n* ~ **kapağı** (*od.* ~ **klapesi**) *techn.* Absperrklappe *f* ~ **kolu** Abstellhebel *m* ~ **musluğu** Abstellhahn *m* ~ **tertibatı** Abstellvorrichtung *f*
durdurmak Kaus. zu **durmak** *spez.* auf-, an-halten, stoppen *(tr.),* zum Stehen bringen, abstellen; hin-, zurück-halten
durdurulmak Pass. zu **durdurmak; durdurulamayan kusmalar** *med.* unstillbares Erbrechen (e–r Schwangeren) **durdurulamaz** unaufhaltsam
durendiş(-lik) s. **öngörü(-lük)**
durgu 1. schlagartiges Aufhören; plötzliche Unterbrechung *sekte 2. *(Metrik)* Skandierung *f* *takti 3. s. **torgu** 4. *mus.* Kadenz *f* *kadans 5. *Th.* Pause *f* (beim Sprechen)
durguluk *mus.* s. **kadans** (1b)
durgun 1. unbeweglich, stillstehend, ruhig, regungslos; glatt (Meer) 2. stehend, still, stagnierend 3. flau, lustlos (Geschäfte, Börse usw.) 4. windstill, ruhig 5. erschöpft, ermattet 6. erstaunt, verblüfft ~ **bakışlı** starrblickend ~ **mevsim** tote Saison ~ **sular** stehende Gewässer *pl.*
durgunlaşmak immer stiller, ruhiger werden; allmählich zum Stillstand kommen (z.B. Kriegshandlungen); mehr und mehr stagnieren (z.B. Geschäfte)
durgunluk 1. Ruhe, Regungslosigkeit *f* 2. Windstille *f* 3. Stillstand *m,* Stagnation, Stockung *f* 4. Geschäftsstille, Flaute *f* 5. Erschöpfung, Ermattung *f* 6. Erstaunen *n,* Verblüffung *f;* s.a. **akıllara** ~
durin (*franz.* **dourine**) *vet.* Beschälseuche *f* *alayık; at frengisi
durluk *dial.* 1. Zelt *n* 2. Hütte *f* (e–s Hirten) 3. Wohnung *f*
durma Vs. zu **durmak** *spez.* 1. *techn.* Hemmung *f,* Stillstand *m* 2. Modellsitzen *n* ~ **bacağı** *(Turnen)* Standbein *n* ~ **binme** Zwischenlandung *f* (e–s Flugzeugs) ~ **mesafesi** Bremsweg *m* **-dan** s. **durmaksızın**
durmak, (-ur) 1. stehenbleiben (*a.* z.B. Uhr), zum Stillstand kommen, anhalten, stillstehen, stagnieren 2. aufhören (z.B. Regen), sich legen (z.B. Wind) 3. **(ayakta)** stehen 4. verweilen, bleiben 5. wohnen 6. warten, sich gedulden 7. in e–m best. Zustand sein, sich verhalten 8. sich befinden, sein, liegen 9. a) bestehen bleiben; noch vorhanden sein, noch haben (besitzen) b) noch am Leben sein 10. ganz verblüfft sein 11. sich ruhig verhalten 12. (untätig) herumstehen 13. sich ablagern, sich legen 14. **(bir nokta üzerinde** *od.* **üstünde)** hervorheben, betonen, unterstreichen 15. *(durativbegriffliches Hv.)* a) andauernd, fortwährend, immerzu, immer noch b) nur immer, nur ruhig 16. s. **yüzüne duramamak** 17. **durmamak** dauernd in Bewegung sein Zu 1: **Araba durdu.** Der Wagen hielt an. Zu 2: s. **Rüzgâr (yağmur) durdu.** Zu 4: **Sen biraz burada dur!** Bleib einmal hier (stehen)! s.a. **sözünde** ~ Zu 5: **Şimdi burada mı duruyorsunuz?** Wohnen Sie jetzt hier? Zu 6: **Artık duramayacağım.** a) Ich kann nicht mehr warten. b) Ich halte es nicht mehr aus. **Biraz dur, şimdi gelir.** Gedulde dich etwas, er kommt gleich. Zu 7: s. **aç (boş, doğru, rahat)** ~. **Günlerdir hiç bir şey yemeden duruyor.** Seit Tagen hat er nichts mehr gegessen. Zu 8: **Kitaplar, masa üzerinde duruyor.** Die Bücher liegen auf dem Tisch. Zu 9a): **dünya durdukça** solange die Welt bestehen bleibt **Eserleri hâlâ duruyor.** Seine Werke sind uns erhalten geblieben. **Hizmetçiniz duruyor mu?** Haben Sie noch Ihren (alten) Diener? Zu 9b): **Anneanneniz duruyor mu?** Lebt Ihre Großmutter noch? Zu 10: **Bu haberi duyunca durdu.** Als er dies (od. davon) hörte, war er ganz verblüfft. s.a. **durakalmak** Zu 12: **Ne duruyorsun, vakit geldi.** Was stehst du noch da herum? Es ist Zeit! Zu 13: **Masanın üzerine toz durmuş.** Der Tisch ist staubig geworden. Zu 15: **bakadurmak** *od.* **bakıp durmak** immerzu anblicken **Geledursun!** Er soll nur ruhig (od. nur immer) kommen! Zu 17: **Sabahtan akşama kadar hiç durmadık.** Von morgens bis abends waren wir dauernd auf den Beinen. **Dur(-un)!** 1. Halt! 2. Einen Augenblick! Moment mal! 3. (als Drohung) Warte(-t) nur, dann ... **Dur, bakalım!** Wir wollen mal sehen! ≗ **durak zamanı değil.** Es ist keine Zeit zu vertrödeln. ~ **işareti** Haltezeichen *n* **Dur! Kimdir o?** *mil.* Halt! Wer da? **Dur levhası** Haltezeichen, Stoppschild *n* **Dur otur yok.** *F* Da gibt es kein Pausieren. **duracak yer** Stehplatz *m* **dura dura** durch langes Stehen (z.B. wird Wasser schlecht) **duran sermaye** s. **atıl sermaye;** ~ **yıldız** *astr.* Fixstern *m* *sabit yıldız **durarak atlama** *(Turnen)* Sprung *m* aus dem Stand **durduğu yerde** 1. ohne e–n Finger krumm zu machen; mühelos 2. ohne allen Anlaß **durmaksızın** ununterbrochen, unaufhörlich, andauernd, in einem fort *durmadan **durmamacasına** als ob er gar nicht mehr aufhören könnte (wollte); ununterbrochen **durmuş** 1. stehengeblieben (z.B. Uhr) 2. abgehangen (z.B. Fleisch); abgelagert (z.B. Wein) 3. ≗ *mV* 4. ≗ s. **İbiş; durmuş oturmuş** ruhig, gesetzt, vernünftig **durup dinlenmeksizin** (~ **dinlenmeden;** *P* ~ **dinlenmemecesine**) unaufhörlich, pausenlos **Durup durma!** Steh nicht da herum! **durup durup** unbedingt; mit aller Gewalt **durup durup turnayı gözünden vurmak** schließlich doch noch den Vogel abschießen (Glück haben) **durup dururken** 1. solange das so ist 2. ohne (ersichtlichen) Grund, grundlos 3. andauernd, *F* ewig 4. plötzlich; mit e–m Male **durup kalmak** 1. stehenbleiben 2. s. **duraklamak** 3. s. **durakalmak**
Dursun ağa s. **Baba Himmet**
Dursunbey *n.pr.* (*fr.* **Balat**) O. u. D. im Rbz. Balıkesir
duru 1. klar und hell, kristallklar, von reinster Farbe 2. einfach, nüchtern (Stil) *münakkah ~ **beyaz** schnee-, blüten-weiß ~ **kesim** Meerestiefe *f* bis zu 400 m ~ **su** kristallklares Wasser
durubuemsal, -li [·–··–] *va. Pl.* zu **darbımesel**
duruk 1. statisch 2. *phys.* Stator *m* *stator
duruksamak; duruksımak s. **duraksamak**
duruksun unschlüssig, unentschlossen, zaudernd, zögernd *mütereddit
durulamak 1. et. Gewaschenes in klarem Wasser (ab-, nach-, durch-)spülen 2. klären (Flüssigkeit)
durulanmak 1. Pass. zu **durulamak** 2. sich (nach dem Bad) mit klarem Wasser übergießen
durulmak (I) 1. klar werden, sich klären (Flüssigkeit, Lage usw.) 2. wieder still werden, sich beruhigen 3. Vernunft annehmen, wieder vernünftig werden Zu 1: s.a. **dibe** ~
durulmak (II) Pass. zu **durmak** – **Burada durulmaz!** Halten (od. Stehenbleiben) verboten!
durultma Vs. zu **durultmak;** ~ **fıçısı** Klärbottich *m* ~ **havuzu** Klärbecken *n* ~ **tesisi** Kläranlage *f* ~ **usulü** Klärverfahren *n*
durultmak Kaus. zu **durulmak** (I): klären, klar werden lassen
duruluk 1. Reinheit, Klarheit *f* 2. Klarheit, Nüchternheit *f* (des Stils) *münakkahiyet 3. glasklare Beschaffenheit (z.B. e–s Diamanten)
durum 1. *selt.* Aufenthaltsort *m* 2. Situation *f,* Zustand *m,*

Lage *f* *ahval, hal, vaziyet 3. Verhalten, Benehmen *n* *davranış, halütavır, tavır 4. Übersicht, Bilanz, Aufstellung *f* 5. Position *f* (z. B. e–s Gestirns); Stellung *f* (beim Turnen); Stand *m* (z. B. e–s Kontos) 6. *jur.* Personenstand, Status *m* ~ **geometrisi** s. **topoloji;** ~ **haritası** *mil.* Lagekarte *f* ~ **ortacı** s. **ismifail; -a hâkim olmak** Herr *m* der Lage sein (yapacak) **-da olmak** in der Lage sein (et. zu tun) (yapmak) **-unda olmak** gezwungen sein; müssen

durumsamak s. **duraksamak**

Durusu gölü s. **Terkos gölü**

duruş 1. (Körper-)Haltung, Stellung, Pose *f* 2. Modellstehen *n,* Sitzung *f* 3. Position *f* (bei Ballett) 4. *phot.* Zeitaufnahme *f* ~ **süresi** *phot.* Belichtungszeit *f*

duruşma Vs. zu **duruşmak** *spez. jur.* Hauptverhandlung *f,* mündliche Verhandlung *murafaa ~ **hazırlığı** *jur.* Vorbereitung *f* der Hauptverhandlung ~ **salonu** Gerichts-, Sitzungs-saal *m*

duruşmak sich einander gegenüberstehen (z. B. Kläger und Beklagter vor Gericht)

durüdiraz [–··–] *va.* des langen und breiten, sehr ausführlich, sehr eingehend *arizüamik, enine boyuna

duş Dusche (Wasserstrahl od. Gerät), Brause *f* ~ **kabini** Duschraum *m* ~ **yapmak** e–e Dusche nehmen, sich duschen, sich abbrausen

dûş *va.* Schulter *f* *omuz; s. a. **haneberdûş**

duşize [––·] *va.* 1. Jungfrau *f* 2. jungfräulich, unberührt *(1, 2) bakire 3. s. **pırıl pırıl**

dut, -du, -tu 1. **(ağacı)** Maulbeerbaum *m bot.* Morus 2. Maulbeere *f* 3. *V* vollkommen betrunken, ganz blau ~ **gibi olmak** *V* 1. sternhagelvoll sein (*F* blau wie ein Veilchen sein) 2. blamiert dastehen, sich schämen müssen ~ **kurusu** getrocknete Maulbeeren *pl.* ~ **yemiş Bulgar götü** *V* ein Schwätzer wie er im Buch steht ~ **yemiş bülbüle benzemek** (*od.* **dönmek**) 1. nichts zu erwidern wissen 2. in finsterem Schweigen verharren 3. seine muntere Gesprächigkeit verlieren

dutgiller Maulbeergewächse *pl. bot.* Moraceae *tutiye

dutluk 1. mit Maulbeerbäumen bestandener Garten 2. reich an Maulbeerbäumen

duvak, -ağı 1. Brautschleier *m* (um Gesicht und Kopf) 2. a) *P* dünnes Häutchen um den Kopf mancher Neugeborenen b) s. **yeşil** ~ 3. (irdener od. steinerner) Verschluß bzw. Deckel bei großen Krügen u. ähnl. Gefäßen ~ **düşkünü olmak** 1. nach kurzer Ehe zur Witwe werden 2. sitzenbleiben; keinen Mann bekommen (Mädchen) **-a girmek** den Brautschleier anlegen; Braut sein **-ına doymamak** nach kurzer Ehe sterben (Frau) od. den Ehemann verlieren (durch Tod od. Abreise)

duvaklamak Gesicht und Kopf mit **duvak** bedecken *spez.* den Brautschleier anlegen

duvaklanmak 1. (selber) den Brautschleier anlegen od. ihn angelegt bekommen 2. Braut werden

duvaklı 1. im Brautschleier 2. mit **duvak** (2a, b) 3. s. **telli** ~

duvar (I) 1. Wand, Mauer *f* 2. *techn.* Wandung *f* 3. *(Sport)* bisherige (für unüberholbar gehaltene) Grenze (der Leistungsfähigkeit) 4. s. **ses -ı** 5. s. **iki kulağı** ~ 6. s. **kapı** ~; ~ **arısı** Mauerbiene *f zo.* Osmia cornuta ~ **arpası** Mäuse-, Mauer-gerste *f bot.* Hordeum murinum *çatıkotu, pisipisiotu ~ **askısı** Kleider-ablage *f*, -haken *m* (an der Wand) ~ **ayağı** 1. Fuß *m* der Mauer 2. Fundament *n* der Mauer 3. Wandpfeiler, Pilaster *m* ~ **bağlamak (çekmek, çevirmek, örmek)** e–e Mauer ziehen (errichten, bauen) ~ **bülbülü** s. **kızılkuyruk;** ~ **dayağı** Abstützbalken *m* für e–e Mauer, Mauerstrebe *f* ~ **dişi** *arch.* Binder- od. Strecker-schicht *f* (an e–r Mauer) *ekleme dişi ~ **dolabı** Wandschrank *m,* eingebauter Schrank ~ **erişte otu** Dachtrespe *f bot.* Bromus tectorum ~ **etekliği** Wandtäfelung *f* ~ **fesleğeni** Glaskraut *n bot.* Parietaria cretica *yapışkanotu ~ **gekosu** Mauergecko *m zo.* Tarentola mauritanica ~ **germesi** Wandbespannung *f* ~ **gibi** stocktaub ~ **gözü** Wandnische *f* ~ **halısı** Wandteppich *m* ~ **ilânı** Maueranschlag *m* ~ **kâğıdı** Tapete *f* ~ **kâğıtçısı** Tapezierer *m* ~ **kaplaması** Wandkachelung *f* ~ **kaşı** oberer Mauervorsprung ~ **kazayağı** Mauergänsefuß *m bot.* Chenopodium murale ~ **kemik** s. **yan kafa kemiği;** ~ **kenedi** Maueranker *m* ~ **kertenkelesi** Mauereidechse *f zo.* Lacerta muralis ~ **kesilmek** s. **Beti benzi duvar kesildi.** ~ **kirpisi** Eisenspitzen *pl.* (auf e–r Mauer) *kirpi parmaklık ~ **korumalığı** Scheuerleiste *f* ~ **levhası** Mauerplatte *f* ~ **marulu** Mauerlattich *m bot.* Lactuca muralis ~ **mesnedi** Wandkonsole *f* ~ **örtüsü** Wandbekleidung *f* ~ **pabucu** Mauerfuß, Sockel *m* ~ **prizi** *el.* Wandsteckdose *f* ~ **resmi** Wandgemälde *n* ~ **ressamı** s. **nakkaş;** ~ **saati** Wanduhr *f* ~ **sarmaşığı** Efeu *m bot.* Hedera helix ~ **sedefi** Mauerraute *f bot.* Asplenium ruta muraria *dalakotu, üzerlik otu ~ **semeri** Mauerabdeckung *f* *harpuşta ~ **suluboyası** Freske *f*, Fresko *n* ~ **şamdanı** Arm-, Wand-leuchter *m* ~ **şebboyu** s. **sarı şebboy;** ~ **telefonu** Wandtelefon *n* ~ **tespihböceği** Mauerassel *f zo.* Porcellio officinalis ~ **tırmaşık kuşu** Mauerläufer *m zo.* Tichodroma muraria ~ **yapmak** *Fb.* e–e Mauer bilden *baraj yapmak ~ **yosunu** Knotenmoos *n bot.* Bryum **-a kâğıt yapıştırmak** tapezieren **ªa yazıyorum!** *fig.* Merkt euch, was ich sage! (*scil.* Ihr werdet sehen, daß ich recht habe.) **-ın dibi** unterer Teil der Mauer bzw. der Wand **-la çevirmek** mit e–r Mauer umgeben, einfassen (z. B. Garten) **-ları kâğıtla kaplamak** die Wände (das Zimmer) tapezieren

duvar (II) [ā] s. **devar**

duvarcı 1. Maurer *m* 2. *selt.* wer mit Maurerbedarf (*spez.* Mauer-, Back-steinen) handelt 3. *V* Fassadenkletterer, Einbrecher *m* ~ **çekici** Maurerhammer *m* ~ **ustası** Maurermeister *m*

duvarcılık 1. Maurerhandwerk *n* 2. *selt.* Handel *m* mit Maurerbedarf

duvarlık was an e–r Mauer (Wand) angebracht ist od. was für e–e Mauer (Wand) bestimmt ist

duvate (*franz.* **doigté**) *mus.* 1. s. **parmak (alırı, rakamı)** 2. mit Angabe des Fingersatzes ~ **etmek** s. **parmak uyarlamak**

duvatiye (*franz.* **doigtier**) Fingerling *m*

duvayen(-lik) s. **duayen(-lik)**

duy (*franz.* **douille**) *el.* Fassung *f* der Glühbirne

duyar 1. empfindlich 2. *psych.* sensibel, sensitiv *(1, 2) duygun, hassas

duyarga Fühlhorn *n,* Fühler *m* *lâmise, anten

duyarkat *phot.* Emulsion *f* (lichtempfindliche Schicht) *emülsiyon

duyarlı kâğıt *phot.* lichtempfindliches Papier

duyarlık 1. Empfindlichkeit *f* 2. *psych.* Sensibilität, Sensitivität *f* *hassasiyet

duyarsızlaşmak unempfindlich werden

duyarsızlaştırmak *med.* desensibilisieren

duyarsızlık Unempfindlichkeit *f*

duygu 1. Gefühl *n,* Empfindung *f* *his, ihtisas 2. Sinn (-esempfindung *f*) *m* *duyum, hasse 3. Gefühl *n,* Eindruck *m* *duyuş, intıba 4. ästhetischer Sinn; Geschmack *m* *zevkiselim Zu 1: **Bitkilerde ~ var mı?** Sind Pflanzen empfindungsfähig? Zu 2: s. **beş duygu(-lar)** Zu 3: **Buradan iyi -larla ayrılıyorum.** Ich scheide von hier mit den besten Eindrücken. Zu 4: **İnsanda ~ olmalı.** Ein Mensch muß Sinn für Schönes und Gutes haben. ~ **organları** Sinnesorgane *pl.* *azayı hissiye

duygudaş sympathisierend, mitfühlend, Anteil nehmend, gleichgestimmt *sempatizan

duygudaşlı sympathisch, zusagend *cazibedar, sempatik

duygudaşlık Sympathie *f*, Mitgefühl *n*, Anteilnahme, Zuneigung *f* *sempati, tecazüp
duygulamak seelisch ergreifen, beeindrucken, rühren, bewegen, packen *tesir etmek
duygulandırmak stark beeindrucken
duygulanım Impression *f*, seelischer Eindruck; Beeindrukkung, Empfindung *f* *tahassüs, teessür
duygulanmak (bşden) stark beeindruckt werden (durch); e–n tiefen Eindruck erhalten (von) **Bu güzel hareketinden çok duygulandım.** Seine edle Handlungsweise hat mir tiefen Eindruck gemacht.
duygulanmış stark beeindruckt *müteessir
duygulu 1. sensibel, sensitiv, feinfühlend *duyar, duygun 2. leicht gekränkt *seriülinfial ~ **komedya** *Th.* Rührstück *n*
duygululuk Sensibilität, Sensitivität, Empfindsamkeit, Empfänglichkeit, Affektivität *f* *teessüriyet
duygun s. **duyar;** ~ **nota** *mus.* Leitton *m*
duygunlaşmak sensibel werden
duygunlaştırmak sensibilisieren
duygunluk s. **duyarlık;** ~ **noksanlığı** *psych.* fehlende Nestwärme
duygusal seelisch wirkend, psychisch beeinflussend *teessürî
duygusuz 1. gefühllos, unempfindlich 2. ohne Sinn für das Schöne und Gute 3. hartherzig, herzlos 4. apathisch, teilnahmslos, gleichgültig
duygusuzluk 1. Gefühllosigkeit, Unempfindlichkeit *f* 2. Fehlen *n* des ästhetischen Sinnes 3. Hartherzigkeit, Herzlosigkeit *f* 4. Apathie, Teilnahmslosigkeit, Gleichgültigkeit *f*
duyma Vs. zu **duymak** *spez.* 1. Hören *n* 2. Fühlen *n* 3. Sinnesempfindung *f* *his, tahassüs
duymak, (-ar) 1. hören 2. e–n äußeren od. inneren Eindruck erhalten; fühlen, merken, empfinden 3. riechen *(tr.)* 4. schmecken *(tr.)* 5. erfahren, Kenntnis bekommen (von) *haber almak **Duydum duymadım deme!** Sage nur nicht hinterher, du hättest von nichts gewußt!
duymamazlık 1. s. **işitmemezlik** 2. Nicht-Empfinden *n*
duynak s. **toynak**
duypriz *el.* Steckerfassung *f*
duysal 1. die Sinne od. Sinnesempfindungen betreffend, durch die Sinne wahrgenommen, sinnlich, Empfindungs- *hissî 2. den Tastsinn betreffend od. hiermit wahrgenommen
duysallık s. **duyarlık**
duyu Sinn(-esempfindung *f*) *m* *hasse **-lar üstü** *psych.* sensoriell nicht wahrnehmbar
duyuk, -uğu *selt.* s. **haber**
duyulmak Pass. zu **duymak** *a.:* bekannt werden, sich verbreiten **duyulmadık** unerhört, außer-ordentlich, -gewöhnlich, wunderbar *fevkalâde, harikulâde **duyulmaz** 1. unmerklich 2. kaum wahrnehmbar **Sesiniz duyulmıyor.** (höfl. Aufforderung, lauter zu sprechen:) Man kann (hier) nicht hören, was Sie sagen.
duyultu *selt.* s. **rivayet**
duyulur 1. gefühlt, empfunden 2. sinnlich wahrnehmbar, sensuell *(1, 2) mahsûs
duyum 1. Sinn(-esempfindung *f*) *m* *duygu, hasse 2. sensorielle Wahrnehmung; Sensorium, Bewußtsein *n* *ihsas ~ **eşiği** unterste Grenze der sensoriellen Wahrnehmung, Reizschwelle *f* *haddi asgarı tesir ~ **felsefesi** s. **sansüalizm;** ~ **ikiliği** s. **sinestezi;** ~ **keskinliği** Schärfe *f* der sensoriellen Wahrnehmung *şiddeti havas ~ **yitimi** s. **anestezi; -ların kaynaşması** Komplikation *f* der Empfindungen *ihsasların imtizacı
duyumcu(-luk) s. **sansüalist; sansüalizm**
duyumölçer *psych.* Ästhesiometer *n* *estesiyometre, mikyası his
duyumsal sensorisch, sensoriell, sinnlich *ihsasî ~ **hayat** Gefühlsleben *n*
duyumsamak *selt.* s. **hissetmek**
duyumsamazlık Fehlen *n* od. zeitweiliges Aussetzen des sensoriellen Bewußtseins, Unempfindlichkeit *f* *fıkdanı hassasiyet
duyumsuzlaşma s. **yerel anestezi**
duyunç, -cu *selt.* s. **vicdan**
duyurma Vs. zu **duyurmak;** ~ **aracı** Propagandamittel *n*
duyurmak Kaus. zu **duymak** *spez.* hören (empfinden, verlauten) lassen; bekanntgeben, mitteilen, *a.* ausplaudern, weitersagen **Bu haber sizde kalsın, kimseye duyurmayın!** Behalten Sie das (was ich Ihnen gesagt habe) für sich; sagen Sie es niemand weiter!
duyurtmak Kaus. zu **duyurmak;** s. a. **sesini** ~
duyuru Mitteilung, Nachricht *f* *ilân
duyurumluk, -uğu *selt.* s. **pankart**
duyusal 1. die Sinne betreffend, sensorisch 2. *ling.* affektisch, emotional *teessürî ~ **keskinlik** Schärfe *f* der Sinnesempfindungen
duyuş Vs. zu **duymak** *spez.* Gefühl *n*, Eindruck *m* *duygu, intıba ~ **titremi** *ling.* Gefühlston *m* ~ **vurgusu** *phon.* affektische (od. emphatische) Betonung *teessürî vurgu
duzah [–·] *va.* Hölle *f* *cehennem
duzahî [–·–] *va.* höllisch, Höllen- *cehennemî
duziko 1. s. **düz** (2) 2. *V* s. **rakı**
duzina s. **düzine**
dü- *(in Zss.)* zwei- s. **dübeş, düse, düşeş**
düalist, -ti 1. Dualist *m* 2. dualistisch *(1, 2) ikici, sünaiyeci
düalizm Dualismus *m* *ikicilik, sünaiye
dübalâ *va.* zweifach, doppelt ~ **etmek** *va.* verdoppeln
dübara s. **dubara**
dübbiye s. **ayıgiller**
Dübbüasgar s. **Küçükayı**
Dübbüekber s. **Büyükayı**
dübel *selt. techn.* Dübel *m*
dübeş *Wü. spez. Tr.sp.* Fünferpasch *m*, Doppelfünf *f*
dübeyt, -ti s. **rubaî**
dübür *V od. F* Gesäß *n*, Hintern *m*, Popo *m*, *V* Arsch *m*
Düccace s. **Decace**
düçar [·–] s. **duçar**
düden *geol., geogr.* Ponor *m*, Katabothre *f* (Karstschlund *m*) *aven, obruk
düdük, -üğü 1. (Triller-, Dampf-, Schiedsrichter-, Bootsmanns- usw.)Pfeife *f* 2. Nebel-, Signal-horn *n*, Schiffssirene *f* 3. (Auto-)Hupe *f* *korna 4. kleine (Hirten-)Flöte, Schalmei *f* 5. lange Röhre 6. irdenes Schnabelkännchen; *V* dumm, unverständig, stupid ~ **gibi kalmak** im Stich gelassen werden; mutterseelenallein sein ~ **gibi kıyafet** ein zu enges und zu kurzes Kleidungsstück ~ **kemiği** langer (Arm- od. Bein-)Knochen; Markknochen *m* ~ **makarnası** 1. Makkaroni *pl.* 2. *V* dumm, borniert, blöd ~ **sesi** 1. Pfiff *m* 2. Heulen *n* (der Sirenen od. Dampfpfeifen) 3. *selt.* Hupen *n* **-ü çalmak** 1. auf der Pfeife blasen 2. *fig.* et. zu Ende bringen 3. *fig.* siegen, gewinnen, Erfolg haben **-le beraber** *Fb.* sofort bei Anpfiff
düdükçü 1. Hersteller od. Verkäufer *m* von Pfeifen 2. Pfeifer *m*
düdüklemek *V* den Beischlaf ausüben
düdüklü mit Pfeife, Hupe usw. ~ **şamandıra** *naut.* Heultonne *f* ~ **tencere** Pfeiftopf *m*
düellist, -ti *selt.* s. **düellocu**
düello [·×·] Duell *n*, Zweikampf *m* *mübareze ~ **etmek** sich duellieren, e–n Zweikampf aus-fechten, -tragen ~ **şahidi** Sekundant *m* **-ya davet etmek** zum Zweikampf fordern
düellocu Duellant *m*
düet, -ti; düetto s. **duetto**

düftin (*heute mst.* **divitin**) Duvetine *f* (Stoffart)
dügâh e–e melod. Weise um den Ton **a** in der türk. Musik ~ **perdesi** e–e melod. Weise um das mittlere **a** in der türk. Musik; vgl. **kaba dügâh** u. **muhayyer**
düğme 1. Knopf *m* (an Kleidungsstücken) 2. Klingel-(Schalter-, Lampen- usw.)Knopf *m, a.:* Drehschalter, Knipser, Taster *m* 3. Knopf, Knauf *m* 4. Pickel *m,* Pustel, (An-)Schwellung *f* 5. Höcker, Knorpelbuckel *m* (auf der Haut des Steinbutts) 6. *F fr.* Silber-Medschidije *f* 7. *dial.* Knospe *konca, tomurcuk 8. s. **meme -sı** 9. Florettknopf *m* 10. Wirbel *m* (an S.i.) 11. Schalanken *pl.* (Zierat am Pferdegeschirr) 12. *V* Strichjunge *m* ~ **çengeli** Schuhknöpfer *m* ~ **deliği** Knopfloch *n*
düğmeci wer Knöpfe herstellt od. damit handelt
düğmecilik 1. Herstellung *f* von Knöpfen 2. Knopfhandel *m*
düğmek *P* 1. e–n Knoten machen 2. knöpfen
düğmelemek (an-, zu-)knöpfen
düğmeli mit **düğme** ausgestattet *spez.* mit Knöpfen bzw. (an-, zu-)geknöpft **iki** ~ **elbise** auf zwei Knöpfe gearbeiteter Anzug ~ **Afrika domuzu** Warzenschwein *n zo.* Phacochoerus aethiopicus
düğü *dial.* kleinkörnige Weizengrütze od. Bruchreis *m*
düğücük *dial.* 1. gute Weizengrütze 2. kleine, harte Schneeflocke
düğüm 1. Knoten *m* (den man bindet od. der von selbst entsteht) 2. *bot.* Knoten *m* *ukde 3. *phys.* Knotenpunkt *m* (e–r stehenden Welle) *ukde 4. Knotenpunkt *m* (als Schnittpunkt mehrerer Linien) 5. Nervenknoten *m,* Ganglion *n* *boğum, ukde 6. *med.* a) Verdickung, Auftreibung *f* (*spez.* bei Rachitis) b) Knötchen *n,* Papel *f* 7. et. schwer zu Verstehendes; Rätsel *n* 8. *fig.* dramatischer Knoten; Höhepunkt *m* ~ **açmak** e–n Knoten aufbinden, lösen ~ **atmak** neue Knoten einfügen (bei Ausbesserung od. Vergrößerung e–s Fischernetzes) ~ **bağlamak** e–n Knoten binden, schürzen ~ ~ 1. fest verknotet 2. knotig, knorrig ~ ~ **üstüne vurmak** *fig.* auf seinem Geld sitzen; sehr geizig sein ~ **etmek** 1. sich verknoten 2. s. ~ **bağlamak;** ~ **istasyonu** Eisenbahnknotenpunkt *m* ~ **noktası** 1. *mil.* Knotenpunkt *m* 2. *fig.* kritischer Punkt **-ü çözmek** den Knoten lösen
düğümlemek 1. e–n Knoten machen 2. zu(sammen)knoten, zu(sammen)binden
düğümlenme Vs. zu **düğümlenmek** *spez. lit.* unklare Ausdrucksweise *takit
düğümlenmek Pass. od. Refl. zu **düğümlemek;** s. a. **boğazına** ~
düğümlerarası, -nı *bot.* Internodium *n*
düğümlü 1. mit Knoten 2. (zu-, fest-)geknotet, zugebunden 3. *lit.* schwer verständlich, dunkel, obskur
düğün 1. Hochzeit(-sfeierlichkeit, -feier) *f* 2. (*a.* **sünnet -ü**) Fest *n* der Beschneidung ~ **bayram** Fest *n* ~ **bayram etmek** lärmend feiern (begehen) ~ **dernek** Vergnügen *n,* Fete, Festivität *f* ≗ **dernek hep bir örnek.** *Spr.* Da ist kein Unterschied vorhanden. ~ **evi gibi** von fröhlicher, lärmender Menge erfüllter Ort ~ **günü** Hochzeitstag *m* ~ **hediyesi** Hochzeitsgeschenk *n* ~ **kurmak** die Hochzeit herrichten ~ **otu** s. **halfa otu** (3); ~ **pilavı** Reis mit gebratenen Fleischstückchen (*spez.* bei Hochzeitsfeierlichkeiten) ~ **pilaviyle dost ağırlamak** *fig.* sich mit fremden Federn schmücken ~ **sofrası** reichgedeckter Tisch ~ **şekeri** (glasierte) Zuckermandeln *pl.* ~ **şenlikleri** Hochzeitsfeierlichkeiten *pl.* ~ **yahnisi** stark gewürztes Ragout ≗ **yok, bayram yok, enişte beni niye öptü.** s. **Bayram değil, seyran değil** (usw.) **-de zurnaya hamamda kurnaya koşmak** *fig.* überall seine Nase hineinstecken **-e gider gibi** lustig, fröhlich, aufgeräumter Stimmung ≗**e gider zurna beğenmez, hamama gider kurna beğenmez.** *spr. Ra.* Er hat an allem etwas auszusetzen. **-e okumak** zur Hochzeit (od. zur Beschneidungsfeier) einladen
düğüncü *dial.* 1. Hochzeitsgast *m* 2. wer e–e Hochzeit ausrichtet od. dazu einlädt
düğünçiçeği, -ni Hahnenfuß *m bot.* Ranunculus *kâğıthane çiçeği; turnaayağı
düğünçiçeğigiller *bot.* Ranunkulazeen, Hahnenfußgewächse *pl.* *şakikiye
düğünçorbası, -nı e–e mit Zitrone, Ei und Mehl zubereitete Suppe (*gel. a.* mit Fleischklößchen od. anderen Zutaten)
düğünlük Hochzeits- (z.B. Kleidung)
dühan s. **duhan**
dühenî *va.* Fett-, Talg- **guddei düheniye** s. **yağ bezi**
dühenk, -gi s. **tütek(-lik)**
dük, -kü Herzog *m* *duka ~ **dö Windsor** Herzog *m* von Windsor
dükalık Herzogtum *n*
dükkân 1. Laden *m,* Geschäft *n,* Ladengeschäft *n* 2. Werkstatt *f* 3. *V* Spielhölle *f* 4. kleiner Wandschirm (zur Darstellung e–s Arbeitsplatzes im Ortaoyunu) 5. (Argot der Volksschauspieler, **tuluatçı**) Theater(-gebäude) *n* ~ **açmak** ein Geschäft eröffnen, e–n Laden aufmachen ~ **fiyatı** Ladenpreis *m* ~ **sahibi** Ladenbesitzer, Geschäftsinhaber *m* ~ **tezgâhı** Ladentisch *m,* Theke *f* ~ **tutmak** ein Geschäft (e–n Laden) haben **-ı açmak** einbrechen, e–n Einbruch verüben
dükkâncı 1. Inhaber *m* e–s Ladens, Geschäftes 2. Verkäufer *m* in e–m Laden, Geschäft
dükkâncılık Tätigkeit *f* e–s Laden-inhabers od. -verkäufers; Ladenverkauf *m*
düklük 1. Herzogswürde *f* 2. Herzogtum *n* ≗**ler savaşı** *hist.* der Österreichisch-Preußische Krieg gegen Dänemark (1864)
dükruvar (*franz.* **ducroire**) *H* Delkredere *n*
düldül 1. *urspr.* Name der weißen Mauleselin des Propheten Mohammed 2. *hum. pej.* Schindmähre *f,* Gaul, Klepper *m* 3. *hum. pej.* Klapperkasten *m* (altes Auto)
dülek 1. unreife Zucker- od. Wasser-melone 2. Radnabe *f* 3. s. **acı** ~
dülger Zimmermann, Schreiner *m* ~ **bağı** *naut.* Balken-, Zimmermanns-steek, Halbstich *m,* halber Steek ~ **otu** s. **binyaprak** (1)
dülgerbalığı, -nı Heringskönig, Petersfisch *m zo.* Zeus faber faber
dülgerlik Tätigkeit *f* e–s Zimmermanns, Schreiners; Zimmermanns-, Schreiner-handwerk *n*
Dülsine *n.pr.* Dulzinea
Dümbal [ā] *va. astr.* s. **Demirkazık**
dümbal(-e) [ā] *va.* Schwanz *m* *kuyruk
dümbelek 1. (mit zwei Schlegeln gespielte) halbkugelförmige Trommel (od. Pauke) (kleiner als **davul**) 2. (*a.* ~ **kafalı**) *V* verständnislos, dumm, blöd 3. *V* s. **puşt;** ~ **çalmak** s. **Karnı** ~ **çalıyor.** ~ **karın** dick-, rund-bäuchig
dümbük *V Schi.* s. **pezevenk** (2)
dümdar [ā] *mil.* die Nachhut bildend, Nachhut- *artçı ~ **muharebeleri** *mil.* Nachhutgefechte *pl.* **-lar** Nachhut *f*
dümdüz [×·] *Verst.* von **düz** 1. ganz flach, ganz glatt, vollkommen eben 2. einfach, mit wenig Kenntnissen, mit geringem Verständnis, etwas beschränkt 3. einfach, schlicht, gewöhnlich, bescheiden (Kleid, Möbel usw.) 4. ganz einfach, weiter nichts (als) 5. leer (Blick) ~ **etmek** s. **ortalığı** ~ **etmek;** ~ **gitmek** s. **Ana avrat** ~ **gidiyor.**
dümen 1. Steuer(-ung *f*) *n,* (Steuer-)Ruder *n* 2. *fig.* Ruder *n,* Leitung *f* 3. Rucker *m* (im Räderwerk e–r Uhr) 4. *V* Schwindel, Betrug *m* 5. *V* Verleitung e–s Neulings zum Glücksspiel Zu 2: s.a. **dayısı -de;** ~ **anası** *naut.* Ruderherz *n* ~ **basmak** s. ~ **kaldırmak;** ~ **başlığı** (*od.* **tası**)

naut. Ruderkopf *m* ~ **bedeni** *naut.* Ruderschaft *m* ~ **bodoslaması** *naut.* Rudersteven *m* ~ **boğazı** *naut.* Ruderpfosten, -stock *m* ~ **boğazlığı** *naut.* Ruderhals *m* ~ **burun** krumme, schiefe Nase ~ **çarkı** *naut.* Steuer-, Ruderrad *n* ~ **dingili** Lenkachse *f* ~ **dinlemek** s. **-e bakmak;** ~ **dolabı** *naut.* Steuer-, Ruder-rad *n* ~ **erbaşı** Steuermann, *naut.* Rudergänger *m* ~ **evi** *naut.* Brücken-, Ruder-haus *n* *dümen köşkü ~ **kırmak** 1. s. ~ **kullanmak** 2. s. **-i kırmak;** ~ **kolu** 1. Steuerhebel *m* 2. Lenkstange *f* (am Fahrrad) ~ **köşkü** s. ~ **evi;** ~ **kullanmak** 1. das Steuer bedienen, steuern 2. *fig.* mit Umsicht handeln, et. richtig anpacken; (Menschen) richtig zu behandeln wissen ~ **makinesi** *naut.* Servo-, Stell-motor *m* ~ **mihveri** Steuerachse *f* ~ **neferi** *F* wer sich ganz hinten befindet; letzter (z.B. in e–r Schulklasse) ~ **pusulası** *naut.* Steuerkompaß *m* ~ **suyu** *naut.* Kielwasser *n* ~ **suyunda(-n) gitmek** (b–nin) *wörtl. od. fig.* in j–s Kielwasser fahren ~ **takozu** *naut.* Ruderknagge *f* ~ **tası** s. ~ **başlığı;** ~ **tekerleği** Lenkrad *n* ~ **tertibatı** Leitwerk *n,* Lenkvorrichtung *f* ~ **topuğu** *naut.* Ruderhacke *f* ~ **tutmak** *naut.* 1. das Steuer (Ruder) bedienen 2. *fig.* s. **-i ele almak;** ≗ **tutmaz oldu.** Man konnte nicht mehr steuern. ~ **yapmak** *V* 1. beschwindeln, betrügen 2. e–n Neuling zum Glücksspiel verführen ~ **yekesi** *naut.* Ruderpinne *f* ~ **yelpazesi** *naut.* rückwärtiger (Haupt-)Teil des Ruders ~ **zinciri** *naut.* Ruderkette *f* **-e bakmak** dem Ruder gehorchen (Schiff) **-e geçmek** 1. das (Steuer-)Ruder übernehmen 2. *fig.* ans Ruder kommen, die Leitung übernehmen **-i çevirmek** *mst. fig.* das Ruder herumwerfen, die Richtung ändern **-i dönmek** (kendi) *fig.* in Ordnung gehen (eigene Angelegenheiten) **-i eğri** 1. torkelnd 2. *fig.* ziel- und plan-los handelnd **-i ele almak** *fig.* die Leitung (von et.) übernehmen **-i kaldırmak** *naut.* das Ruder umlegen *karşılamak **-i kırmak** 1. das Steuer herumwerfen; die Fahrtrichtung ändern 2. *fig.* sich nach e–m anderen Ort wenden 3. *V* sich davonmachen; abhauen, türmen **-i tutmak** *mst. fig.* das Ruder (die Leitung) übernehmen

dümenci 1. Steuermann *m, naut.* Rudergänger *m* 2. *V* Betrüger, Schwindler *m* 3. *V* Schlepper *m* (für Spielhöllen usw.) 4. *V* Helfershelfer *m* (spez. bei Taschendiebstählen) 5. wer e–n Neuling zum Glücksspiel verführt od. ausbeutet 6. *F* ganz am Ende stehend *spez. Sch.* letzter in e–r Klasse, „Schlußlicht" *n* ~ **pusulası** s. **dümen pusulası**

dümencilik 1. Stellung, Aufgabe *f* usw. e–s Steuermanns 2. Navigation, Steuermannskunst *f*

dümenlemek *selt.* lenken, steuern, leiten

dün 1. gestern 2. gestriger Tag 3. Gestriges, Vergangenes, Vergangenheit *f* ~ **akşam** gestern abend ~ **bir bugün iki** ganz neu, ganz frisch, erst seit kurzem (begonnen) ≗ **cin olmuş bugün adam çarpıyor.** *Spr.* s. **Altı aylık seyisliği var** (usw.) ~ **değil evvelki** (*od.* **evvelsi**) **gün** *F* vorgestern ~ **gündüzün** im Verlauf des gestrigen Tages ≗ **yumurtadan çıkıp bugün kabuğunu beğenmez.** *Spr.* Das Ei will klüger sein als die Henne.

dünden 1. von gestern her 2. seit geraumer Zeit, seit langem 3. gern, bereitwillig, sofort Zu 1: ~ **kalma yemek** das gestern (od. von gestern her) übriggebliebene Essen ~ **bugüne** 1. von gestern auf heute 2. schnell, rasch, in kurzer Zeit *çabucak, az zamanda ~ **hazır** sofort (auf e–n Vorschlag usw.) eingehend ~ **ölmüş** arbeitsunlustig, verdrossen ~ **razı** 1. schon lange einverstanden 2. gerne bereit ~ **teşne** längst bereit, schon auf et. wartend

dünit, -ti *min.* Dunit *m* (Tiefengestein)

dünkü 1. gestrig 2. *fig.* neu, unerfahren Zu 2: **O, daha** ~ **memurdur.** Er ist als Beamter noch ganz unerfahren. ~ **çocuk** ohne Lebenserfahrung, noch nicht recht trocken hinter den Ohren ~ **gün** gestriger Tag, gestern ~ **gün içinde** während (od. im Laufe) des gestrigen Tages

dünü *dial.* s. **hırs**

dünür 1. Vater *m* des Bräutigams und Vater *m* der Braut (in ihrem neuen verwandtschaftlichen Verhältnis; *a.* gegenseitige Anrede); ebenso: Mutter *f* des Bräutigams und Mutter *f* der Braut; s.a. **dünürşü, dünüş** 2. Abgesandter e–s Freiers ~ **düşmek (bir kıza)** (im Auftrag e–s anderen) um die Hand e–s Mädchens anhalten ~ **gezmek** (für e–n anderen) auf Brautschau ausgehen ~ **gitmek** (im Auftrag e–s anderen) um ein Mädchen werben

dünürcü Brautschauerin *f* *görücü

dünürleşmek durch Heirat ihrer Kinder in ein verwandtschaftliches Verhältnis treten; sich verschwägern, verschwägert werden

dünürlük 1. die durch Heirat entstandene Verwandtschaft bzw. Verschwägerung *sıhriyet 2. (direktes od. indirektes) Freien

dünürşü; dünüş *reg.* Mutter *f* des Bräutigams und Mutter *f* der Braut in ihrem neuen verwandtschaftlichen Verhältnis; s.a. **dünür**

dünya *urspr.* [·–] 1. Welt(-all *n*) *f* 2. Welt, Erde *f* 3. Welt *f;* alle Menschen *pl.* 4. Welt-geschehen *n,* -ereignisse *pl.* 5. *fig.* e–e Welt für sich (z.B. Riesenstadt) 6. alles Erdenkliche 7. Gedankenwelt *f* ~ **adamı** wer zu leben versteht; Genießer *m* ~ **ahret** jederzeit, immer ~ **âlem** alle Leute; jeder ≗ **Bankası** *n.pr.* Weltbank *f* (offiziell: **Milletlerarası İmar ve Kalkınma Bankası**); ~ **başına zindan kesilmek** in schwere Bedrängnis geraten ~ **bir araya gelse** *fig.* 1. auch im unwahrscheinlichsten Falle 2. um keinen Preis der Welt ~ (*od.* **-lar**) **b–nin olmak** überglücklich sein ~ **çapında** weltweit, Welt- ~ **değiştirmek** in ein besseres Jenseits eingehen; sterben ~ **durdukça** solange die Welt besteht; ewig ~ **efkârı** 1. Weltmeinung *f* 2. *gel.* öffentliche Meinung ~ **evi** Heirat *f* ~ **evine girmek** sich verheiraten ~ **görüşü** Weltanschauung *f* ~ **gözüyle görmek** vor seinem Tod noch einmal sehen ~ **güzeli** bildschöne Persönlichkeit (Mann od. Frau) ~ **haberleri** Nachrichten *pl.* aus aller Welt ~ **hadisatı** Welt-geschehen *n,* -ereignisse *pl.* ~ **hâkimiyeti** Weltherrschaft *f* ~ **harbi** (*od.* **savaşı**) Weltkrieg *m* *cihan harbi, büyük harp, umumî harp ~ **ile barışık olmak** nachsichtig, tolerant sein ~ (*od.* **-lar**) **kadar** e–e (Un-)Menge; unendlich viel (z.B. Arbeit) ~ **kamuoyuna açıklamak** der Weltöffentlichkeit bekanntgeben ~ **kelâmı** Menschenwort *n* (*ant.* Allah kelâmı) ~ **kelâmı etmek** sprechen, reden (wo man dies nicht tun sollte wie z.B. während des Gebets) ~ **kelâmı etmemek** 1. nicht von weltlichen Dingen reden 2. kein Sterbenswörtchen verlauten lassen ~ **malı** (*od.* ~ **nimeti**) Besitz, Reichtum *m* ~ **penceresi** *fig.* Auge *n* *göz ~ **piyasası** Weltmarkt *m* ~ **rekortmeni** Inhaber *m* des Weltrekords ~ **satranç şampiyonu** Schachweltmeister *m* ~ **şampiyonu** Weltmeister *m* ~ **ticareti** Welthandel *m* ≗ **ümit dünyası.** *Spr.* Der Mensch hofft, solang er lebt. ≗ **varmış!** Jetzt hätten wir endlich unsere Ruhe! ~ **vatandaşı** Weltbürger(-in *f*) *m,* Kosmopolit(-in *f*) *m* ~ **vatandaşlığı** Weltbürgertum *n,* Kosmopolitismus *m* ≗ **yansa bir hasırı olmamak** nichts sein eigen nennen ~ **yıkılsa** *fig.* nie und nimmer, überhaupt nicht ~ **yıkılsa umuru olmamak** sich durch nichts aus der Ruhe bringen lassen **-ca tanınmış** welt-bekannt, -berühmt **-da** 1. in (od. auf) der ganzen Welt 2. (in neg. Sätzen) durchaus nicht, um keinen Preis, überhaupt nicht, nie und nimmer Zu 2: **Bu kitabı dünyada kimseye vermem.** Dieses Buch gebe ich keinem einzigen Menschen. **-da ilk oynanış** Uraufführung *f* **-dan geçmek** (*od.* **el çekmek**) sich von der Welt zurückziehen **-dan göçmek** von hinnen scheiden; sterben **-dan haberi**

olmamak 1. nicht wissen (od. nicht merken), was um e–n herum vor sich geht 2. von Tuten und Blasen keine Ahnung haben **-lar kadar mal** unermeßlicher Reichtum, riesiger Besitz **-lara bedel** überaus wertvoll **ºnın çivisi kopmuş** (*od.* **çıkmış**)! Wie schlecht ist doch die Welt! **-nın gidişatı** *z. va.* Weltereignisse *pl.* **-nın kaç bucak olduğunu anlamak** *fig.* e–e bittere Lehre erfahren; e–e schwere Enttäuschung erleben **-nın kaç bucak olduğunu göstermek** *fig.* 1. j–n Mores lehren 2. j–m zeigen, was wirklich los ist **-nın öbür** (*od.* **bir**) **ucu** das andere Ende der Welt, sehr weit entfernt **-nın parası** ein Haufen (e–e schwere Menge) Geld **-nın sekizinci haritası** *spött.* das achte Weltwunder **ºnın sonu geldi!** Da hört sich doch alles auf! **ºnın ucu uzundur.** *Spr.* 1. Was gibt es doch alles auf der Welt! 2. Man muß mit allen Eventualitäten rechnen. 3. Einmal kommt es doch dahin, daß ... **-nın ucuna yetişmek** ans Ende der Welt gelangen **-nın yedi harikası** (*od.* **tansığı**) die Sieben Weltwunder *acaibisebaiâlem **-sı başına yıkılmak** alle Lebensfreude verlieren **-sından geçmek** gleichgültig und träge werden **-ya gelmek** zur Welt kommen, geboren werden *doğmak **-ya getirmek** zur Welt bringen, gebären *doğurmak **-ya gözlerini kapamak** von hinnen scheiden; sterben **-ya kazık kakmak** uralt werden **-ya küsmek** mit Gott und der Welt zerfallen sein; mit der ganzen Welt hadern **-yı anlamak** Lebenserfahrung besitzen **-yı başına dar** (*od.* **zindan**) **etmek** j–n in schwere Bedrängnis bringen; j–m die Hölle heiß machen **-yı güllük gülistanlık görmek** die Welt in den rosigsten Farben sehen **-yı tutmak** weltberühmt werden, Weltruf erlangen

dünyacı *selt.* laizistisch eingestellt, antiklerikal denkend; Antiklerikale *m, f*

dünyalık 1. was ein Mensch im Leben benötigt 2. Geld, Vermögen *n,* irdische Güter *pl.* 3. weltlich, irdisch ~ **kılma** Säkularisierung *f*

dünyaperest, -ti irdischen Dingen zugewandt, irdischen Freuden frönend

dünyevî weltlich, irdisch (*ant.* uhrevî) ~ **hayat** irdisches Leben; Leben *n* auf dieser Erde

düo *mus.* 1. Duo *n* 2. Duett *n*

düole *mus.* Duole *f* *ikileme

düp, -bbü *va.* Bär *m* *ayı; s. a. **Dübbüasgar, Dübbüekber**

düpedüz [×··] *Verst.* von **düz** 1. rund herausgesagt, unverblümt, schlechterdings 2. ganz einfach, weiter nichts (als) 3. in offenkundiger Weise; öffentlich

düpleks (bei Telephon od. Telegraph) Duplex-, Diplex-

düplik *jur.* (Duplik *f va.*); Antwort *f* des Beklagten auf die Replik des Klägers

düplikata [··×·] Duplikat *n,* Zweit-, Ab-schrift *f,* Durchschlag *m,* Kopie *f*

düplikatör 1. *phys.* Duplikator *m* 2. Vervielfältiger *m*

dür, -rrü *va.* Perle *f* **-ü nap** *va.* reine Perle **-ü şehvar** *va.* besonders große Perle (wie sie e–m König zusteht) **-ü yetim** *va.* 1. Solitärperle *f* (einzige Perle in e–r Muschel) 2. einzigartige Persönlichkeit *spez.* Mohammed

-dür s. **-dir**

düral Duralumin *n*

düralit, -ti e–e best. Flachziegelart

düralümin(-yum) s. **düral**

dürbün 1. Fernrohr, Teleskop *n* 2. Feldstecher *m,* Fernglas *n* ~ **sehpa** *phot.* ausziehbares Stativ **-ün tersiyle bakmak** (bşe) *fig.* für unbedeutend halten; unterschätzen

dürbünlü mit (Ziel-)Fernrohr ausgestattet ~ **nişan tertibatı** Visiereinrichtung *f* ~ **nişangâh** Fernrohrvisier *n* ~ **tüfek** Gewehr *n* mit Zielfernrohr

dürdane [ā] 1. große Einzelperle 2. *va.* hübsch, liebenswert 2. ♀ *wV*

dürdaniye [ā] s. **karaağaçgiller**

düre (*franz.* **durée**) *selt.* (Zeit-)Dauer *f*

dürgü *dial.* Falte *f,* Knick *m* (im Stoff)

dürme *dial.* s. **lahana**

dürmek (zusammen-)rollen (Papier, Teppich usw.) **dürüp bükmek** zusammenfalten

dürre *va.* s. **dürdane**

dürrî *va.* 1. perlengleich 2. strahlend, glänzend

Dürrîzadeler *n.pr.* türk. Familie, aus der im 18./19. Jh. höchste geistliche Würdenträger hervorgingen

dürtlengiç, -ci kurzer Stachelstock (zum Antreiben von Tieren)

dürtme Vs. zu **dürtmek;** ~ **meçi** Stoßdegen *m*

dürtmek 1. (mit spitzem Gegenstand) leicht stechen od. stoßen 2. *fig.* ermuntern, anfeuern, anspornen, antreiben, anstacheln *teşvik etmek 3. aufmerksam machen; warnen Zu 2: **Onu şeytan dürttü.** *fig.* Der Teufel muß ihn geritten haben (*scil.* daß er so et. Dummes (Schlechtes) angestellt hat).

dürtü emotionale Antriebskraft; Trieb *m* *muharrik

dürtücü 1. wer sticht, stößt, antreibt 2. *pej.* Hetzer, Anstifter *m*

dürtüklemek 1. (mehrmals) stoßen od. stechen 2. immer und immer wieder anfeuern

dürtüş 1. Stich, Stoß *m* 2. *fig.* Ermunterung, Anfeuerung *f*

dürtüşlemek s. **dürtüklemek. Onu bugün hangi hain şeytan dürtüşlüyordu?** Was ist denn nur heute in ihn gefahren?

dürtüşmek 1. sich gegenseitig stoßen od. stechen 2. sich gegenseitig ermuntern, anspornen, anfeuern, antreiben

dürtüştürmek 1. fortgesetzt stoßen od. stechen 2. fortgesetzt ermuntern, anfeuern, antreiben

düruğ *va.* Lüge *f* *yalan **-u maslahatamiz** *va.* Notlüge *f*

düruva Name e–s glatten engl. Wollstoffs

dürü *dial.* 1. Hochzeitsgeschenk *n* 2. et. Zusammengerolltes 3. s. **dürgü**

dürülü zusammengerollt

dürüm 1. Vs. zu **dürmek** 2. et. Zusammengerolltes 3. Schicht, Lage *f* 4. Falte *f,* Knick, Kringel *m* 5. blätterteigartiges Bauernbrot mit Zukost zusammengerollt ~ ~ 1. geringelt, gelockt, gewunden 2. in Schichten, in Lagen ~ ~ **dürzü** *V* Hundskerl *m,* ekelhafter Schuft **-ü bozulmamış** noch nicht in Gebrauch genommen, funkelnagelneu

dürümlemek zusammenrollen

dürüst, -tü 1. fehlerlos, richtig, korrekt *hatasız, yanlışsız 2. korrekt, anständig, ehrenhaft, lauter

dürüstane [ā] s. **dürüst;** ~ **bir şekilde vazifesini ifa etmek** in korrekter Weise seine Pflicht erfüllen

dürüstlük (*va.* **dürüsti**) 1. Fehlerlosigkeit, Richtigkeit, Korrektheit *f* 2. korrektes (ehrenhaftes, anständiges) Verhalten, Ehrenhaftigkeit, Lauterkeit *f* ~ **(kuralları)** s. **objektif hüsnüniyet**

dürüşmek (m. Dat.) *dial.* 1. arbeiten, tätig sein, sich bemühen, sich anstrengen 2. turnen, Leibesübungen betreiben, trainieren *idman yapmak

dürüşt, -tü hart, scharf, schroff

Dürzî 1. Druse *m,* Drusin *f* (in Syrien) 2. drusisch

dürzü *V Schi.* gemeiner Kerl, Schurke, Schuft *m*

düse [–·] *Wü. spez. Tr.sp.* Dreierpasch *m,* Doppeldrei *f*

düstur [ū] 1. Gesetzessammlung *f* 2. *math., chem.* Formel *f* *formül 3. Leitsatz *m,* Devise *f,* Losungswort *n,* Doktrin *f* 4. Norm, Regel *f,* Prinzip *n,* Grundsatz *m* *düzgü, kaide, norm 5. *(in osm. Zeit)* Minister *m* od. anderer hoher Staatsbeamter Zu 3: **Monroe -u** Monroedoktrin *f* **-u mükerrem** *fr.* e–e Titulierung des Großwesirs

düsturülamel [·–·×·] *z. va.* 1. leitender Grundsatz 2. gültig, in Kraft (z. B. Gesetz)

düsturüledviye [·–·×··] *va.* s. **kodeks**
düş (I) 1. Traum *m* *rüya 2. Phantasiegebilde *n*, Fiktion, Illusion *f* *hayal, imge ~ (*od.* **-ü) azmak** e–e Pollution während des Schlafes haben *ihtilâm olmak ~ **görmek** s. **rüya görmek;** ~ **yormak** e–n Traum deuten **-te görse hayra yormamak** s. **rüyasında** (usw.)
düş (II) einander gegenüberstehend (od. beieinander stehend); s. a. **düşgelmek**
düşece *dial.* s. **rastlantı, tesadüf**
düşekalka mit Mühe und Not; mit Ach und Krach
düşelge; düşerge *dial.* Erbanteil *m*
düşen 1. Part. Präs. zu **düşmek** *(q.v.)* 2. s. **mahlul** (4); ~ **gölge** *(Malerei; phot.)* Schlagschatten *m* ~ **yel** *met.* Fallwind *m* ²**in dostu olmaz** (*a. m. der Forts.* **düşmeye gör!** *od.* **hele bir düş de gör!**) *Spr.* Freunde in der Not gehen tausend auf ein Lot. *Spr.*
düşerlik Anteil *m*, Los, Geschick *n* *nasip
düşes 1. Herzogin *f* 2. (ausländische) Tafelbirne 3. **(yatağı)** *fr.* e–e best. Art Ruhebett
düşeş [–·] 1. *Wü.* Sechserpasch *m*, Doppelsechs *f* 2. *fig.* glücklicher Zufall; Glückstreffer *m* 3. *V* Ohrfeige *f* ~ **atmak** *fig.* et. ins richtige Geleise bringen
düşey lot-, senk-recht; vertikal *şakulî ~ **sürme pencere** Schiebefenster *n* (zum Aufschieben nach oben)
düşeyazmak beinahe hinfallen; straucheln, stolpern
düşeylik vertikale Lage od. Richtung *şakuliyet
düşgelim *(Neol.)* s. **rastlantı**
düşgelmek *dial.* j–m begegnen; j–n zufällig treffen *rast gelmek, tesadüf etmek
düşkü 1. s. **menkûbiyet, nekbet** 2. (unerwarteter) Zwischen-, Vor-fall *hadise, olay
düşkülü s. **menkûp**
düşkün 1. körperlich od. sozial heruntergekommen 2. moralisch verderbt, sittlich verkommen 3. herabgesetzt, niedrig (Preis) 4. vermindert (z. B. Feingehalt); minderwertig 5. e–m Laster verfallen; süchtig 6. *mel.* begeistert (für), inbrünstig liebend, feuriger Anhänger (von) 7. *pej.* ganz vernarrt (in); versessen (auf) 8. schwach bewandert, schlecht beschlagen (in) 9. *hist.* wegen ungehörigen Verhaltens bestraft (Ordensangehöriger spez. Bektaschi) Zu 1: s. **devlet -ü** Zu 5: s. **boğazına (gırtlağına, kumara)** ~ Zu 6: **istiklâllerine** ~ **olan milletler** Völker, die ihre Freiheit heiß lieben Zu 7: **çocuklarına** ~ ganz vernarrt in seine Kinder; s. a. **para (şöhret) -ü; kendi kimliğine fazlaca** ~ zu sehr von sich eingenommen Zu 8: **coğrafya -ü** schlecht bewandert in Geographie ²**ler Yurdu** *n.pr.* 1895 gegründete soziale Einrichtung mit Armenasyl, Siechenheim, Altersheim und Waisenhaus (Istanbul) (*fr.* **Darülaceze**)
düşkünezen(-lik) s. **zebunküş(-lük)**
düşkünleşmek 1. körperlich od. sozial herunterkommen, herabsinken 2. allmählich moralisch verkommen 3. fallen, geringer werden (Preise) 4. sich vermindern (Feingehalt) 5. süchtig werden 6. sich begeistern (für), heiß lieben 7. ganz vernarrt sein (in); versessen sein (auf)
düşkünlük 1. Heruntergekommensein *n*, sozialer Abstieg 2. sittliche Verderbnis 3. Fallen *n*, Tiefstand *m* (der Preise) 4. Verminderung *f* (des Feingehalts) 5. Sucht, Gier *f* 6. *mel.* Begeisterung, Vorliebe *f* (für) 7. *pej.* Vernarrtsein *n* (in); Versessen-Sein (auf) 8. Schlecht-Bewandert-Sein *n* (in)
düşlem s. **fantezi**
düşman 1. Feind *m*, feindlich 2. Gegner, Widersacher *m* 3. wer viel (*bes.* Lebensmittel) verbraucht 4. (Pflanzen-) Schädling *m* Zu 2: s. **et (içki) -ı** Zu 3: s. **ekmek (kaşık) -ı;** ~ **ağzı** *fig.* 1. schlechte Nachricht 2. Verleumdung *f* 3. ein der feindlichen Grenze nahegelegener Ort ~ **ateşi** *mil.* feindliches Feuer ²**başına!** Möge unsereiner davon verschont bleiben! ~ **çatlatmak** den Neid der Widersacher erregen ² **gazel** (*od.* **mevlut, rahmet, yâsîn) okumaz.** *Spr.* Was soll von e–m Feind schon Gutes kommen? ² **düşmanın halinden** (*od.* **haddinden) anlamaz.** *Spr.* 1. Seinen Feind sieht man selten im richtigen Licht. 2. Gewöhnlich hält man e–n Gegner für stärker als er wirklich ist. ~ **geri mıntıkası** feindliches Rückgebiet ~ **kesilmek** (b–ne) feindliche Gesinnung hegen (gegen) ~ **kuvveti** feindliche Kräfte *pl.* ~ **memleketi** Feindesland *n* ~ **tarafına geçmek** zum Feind übergehen **-a karşı yapılan uçuş** *mil.* Feindflug *m* **-a sokulmak** sich an den Feind heranarbeiten **-dan sıyrılmak** sich vom Feind absetzen **-ı mukavemetten düşürmek** den Widerstand des Feindes brechen **-ı önlemek** den Feind überholen **-ın hatlarını delmek** die feindlichen Linien durch-stoßen, -brechen ²**ın karınca ise de hor bakma!** *Spr.* Selbst e–n schwachen Gegner soll man nie unterschätzen!
düşmanca feindselig ~ **yardım** *jur., mil.* Feindunterstützung *f*
düşmanlık 1. Feindschaft *f* 2. Feindseligkeit *f* 3. Gegnerschaft *f*
düşme 1. Vs. zu **düşmek** *spez. phys.* Fall *m* *sukut 2. *ling.* Schwund *m*, Elision, Aphärese *f* 3. *naut.* Abtrift *f* 4. was fällt od. gefallen ist 5. *mus.* Detonieren *n* 6. *med.* Senkung, Ptosis *f* *sarkma Zu 4: s. **elden ~;** ~ **çekici** Fallhammer *m* ~ **kanunu** Fallgesetz *n* ~ **kapak** Klappe *f* (an e–m Möbelstück) ~ **levhası** *naut.* Ballastkiel *m* (e–r Segeljacht) ~ **sürati** Fallgeschwindigkeit *f* ~ **yüksekliği** Fallhöhe *f*, Gefälle *n*
düşmek, (-er) 1. (hinunter-, herab-)fallen od. stürzen; umfallen 2. hinfallen, zu Boden fallen 3. fallen: a) Regen usw. b) Preise c) Zeitpunkt d) *mil.* belagerte Stadt; an der Front e) Fieber 4. strömen (z. B. Volksmenge auf die Straße) 5. geschleudert werden 6. in e–n best. Zustand geraten; anfangen (zu); werden 7. interessiert und begeistert sein (für), aufgehen (in) 8. passen, sich ausnehmen; wirken 9. zukommen, obliegen, zustehen (Pflicht, Aufgabe, Amt usw.); gebühren, j–s Sache sein *terettüp etmek 10. sich bieten; begegnen (*spez.* Gelegenheit) 11. zu sitzen (zu stehen) kommen; liegen 12. auf j–s Anteil entfallen (kommen) 13. unerwartet kommen, plötzlich auftauchen 14. (an e–n best. Ort) kommen, *F* fliegen, landen 15. einschlagen (Blitz) 16. *tr.* abziehen, wegnehmen, subtrahieren 17. gestürzt werden (Kabinett, Minister usw.) 18. an Heftigkeit abnehmen 19. (körperlich, wirtschaftlich, finanziell usw.) herunterkommen 20. an Ansehen verlieren, an Ehre einbüßen 21. abgehen (Leibesfrucht, Bandwurm usw.) 22. abstürzen bzw. abgeschossen werden (Flugzeug) 23. erlaubt sein 24. (birbirine) beiderseits Haß hegen; sich zu streiten beginnen 25. sich ereignen 26. Zuflucht suchen 27. voraus- od. hinterdrein-gehen, -marschieren 28. *naut.* abgetrieben werden, abtreiben *(intr.)* 29. *mus.* detonieren (s. a. **ses düşmesi**) 30. ausfallen (z. B. Motor e–s Flugzeugs) 31. *hist.* bestraft werden (vgl. **düşkün** 9) Zu 1: **Düştü külâh göründü kel.** s. **Takke düştü kel göründü.** Zu 2: **Çocuk koşarken (yere) düştü.** Das Kind ist beim Laufen hingefallen. Zu 3a: **Buraya yağmur düşmedi.** Hier hat es nicht geregnet. **Dağlara kar düştü.** Im Gebirge hat es geschneit. Zu 3b: **Arpa düştü.** (Der Preis für) Gerste ist gefallen. Die Gerste hat abgeschlagen. Zu 3c: **Bayram pazara düştü.** Der Feiertag ist auf e–n Sonntag gefallen. Zu 3d: s. **şehit** ~ Zu 4: **Halk, yollara düştü.** Das Volk strömte auf die Straßen. Zu 5: s. **karaya** ~ Zu 6: s. **esir (hasta, sıkıntıya, şüpheye, tereddüde, zayıf)** ~ Zu 7: **Sen bu işe çok düştün.** Du gehst ja ganz in dieser Tätigkeit auf. s. a. **üstüne** ~ Zu 8: **Bu resim buraya fena düşmedi.** Das Bild nimmt

sich hier nicht übel aus. Zu 9: **Bu iş bana düşmez, size düşer.** Damit habe ich mich nicht zu befassen; das ist Ihre Aufgabe. **Öyle demek düşer.** So muß man sagen. Zu 10: **Bu kelepir her zaman düşmez.** Diese günstige (Kauf-)Gelegenheit bietet sich nicht immer. Zu 11: **Bu ev, yolun soluna düşüyor.** Das Haus liegt auf der linken Straßenseite. s. a. **yakınına** ~ Zu 12: **Bu da bana düştü.** Das habe ich auch noch übernehmen müssen. Zu 13: **Sen buraya nereden düştün?** Wo kommst denn du auf einmal her? **Saçlarıma ak düştü.** Mein Haar ist weiß geworden. Zu 14: s. **hapishaneye (tımarhaneye)** ~ Zu 15: **Yıldırım bir camiye düştü.** Der Blitz hat in e–e Moschee eingeschlagen. Zu 16: **Dokuzdan yedi düş ne kalır?** Ziehe sieben von neun ab; was bleibt dann? Zu 17: **Kabine düştü.** Das Kabinett ist gestürzt worden. Zu 18: **Rüzgâr düştü.** Der Wind hat sich etwas gelegt. **Sıcak düştü.** Die Hitze hat etwas abgenommen. **Soğuk düştü.** Es ist nicht mehr so kalt wie bisher. Zu 19: **Adamcağız hastalıktan çok düştü.** Der arme Kerl ist durch die Krankheit sehr heruntergekommen. **düşmüş bir aile** e–e heruntergekommene Familie Zu 20: **O, bu hareketiyle çok düştü.** Mit dieser seiner Handlung hat er seinem Ansehen sehr geschadet. Zu 23: s. **nikâh düşmek** Zu 25: **Bazen öyle düşer.** Manchmal kommt es eben so. s. a. **işi** ~; **yolu** ~ Zu 26: s. **ayağına (eteğine, ocağına)** ~ Zu 27: **Düş önüme bakalım!** Geh vor mir her! *a.:* Mitkommen! **Herkes onun arkasına düştü.** Alle marschierten hinter ihm drein. **Düşmez kalkmaz bir Allah.** *Spr.* Vor Unglück ist kein Mensch bewahrt. **düşüp kalkmak** (b–le) 1. zusammenleben (mit) 2. verkehren (mit), Umgang haben (mit)

düşnam [ā] *va.* Schmähung, Beschimpfung *f*, üble Nachrede, Schimpfwort *n* ~ **etmek** *va.* schmähen, beschimpfen

düşsel die Träume betreffend, Traum-

düşsül s. **hayalî**

düşük 1. (heraus-, aus-)gefallen 2. gefallen, gesunken, niedrig (Preis, Niveau usw.) 3. heruntergerutscht (z. B. Rock), herunterhängend (z. B. Schultern), gesenkt (z. B. Magen) 4. niedrig, gemein, heruntergekommen 5. fehlerhaft, inkorrekt (z. B. sprachlicher Ausdruck) *kusurlu 6. gestürzt (z. B. Regierung) *sakıt 7. a) zu früh geboren; Frühgeburt *f* b) Fehlgeburt *f*, Abortus *m* *sıkıt, sıktı cenin ~ **ayarlı gümüş** Silber *n* mit geringerem Feingehalt ~ **basınç** s. **basınç düşüklüğü;** ~ **beslenen** s. **hipotrof;** ~ **beslenme** s. **hipotrofi;** ~ **değerli** minderwertig ~ **etek** schlampig, ungepflegt, unsauber (Frau) *pasaklı ~ **faizle** zu niedrigem Zinsfuß ~ **fiyata satmak** zu e–m niedrigen Preis (Spottpreis) verkaufen ~ **gerilim** s. **alçak gerilim;** ~ **para** Münze(-n *pl.*) *f* mit Fehlgewicht ~ **zekâlı** schwachbegabt

düşüklük, -üğü 1. (Heraus-)Gefallensein *n* 2. Gesunkensein *n*, niedriger Stand, geringe Kaufkraft (z. B. e–r Währung), Verringerung *f* 3. Heruntergerutschtsein *n*, Herabhängen *n*, Senkung *f* (z. B. *med.* e–s Organs *ptoz) 4. Niedrigkeit, Gemeinheit *f*, sittliche Verderbtheit 5. Fehlerhaftigkeit, Inkorrektheit *f* (z. B. des sprachlichen Ausdrucks) 6. s. **basınç -ü** 7. Bodensenke *f* *yer çöküntüsü

düşüm 1. Vs. zu **düşmek** 2. *gr.* Kasus *m* *ad durumu; hal 3. *fr.* ein von Zehntenerhebern **(aşarcı)** an Getreidehaufen angebrachtes großes Holzsiegel ~ **devri** s. **inhitat devri**

düşümdeşlik *phil.* Koinzidenz *f* *murafakat

düşümdeşmek (bşle) zeitlich zusammenfallen, koinzidieren *terafuk etmek

düşün Denken *n*, Gedanken, Überlegungen *pl.*, Meinung, Erwägung *f*

düşünce 1. Gedanke *m*, Überlegung, Idee, Meinung, Ansicht *f* *fikir, mütalaa, mülâhaza 2. Nachdenken, Grübeln *n* 3. Denken *n*, Anschauung *f* 4. Unruhe, Sorge *f* 5. Absicht *f*, Plan *m* Zu 1: **-ler** *a.:* Bemerkungen *pl.* (als Rubrik) ~ **almak** 1. in Besorgnis geraten, sich beunruhigen, sich ängstigen 2. lange über et. nachdenken ~ **farkı** unterschiedliche Auffassung ~ **hürriyeti** (*od.* ~ **özgürlüğü**) Gedankenfreiheit *f;* Recht *n* auf freie Meinungsäußerung ~ **iletimi** Gedankenübertragung *f* **-sini açmak** (b–ne) sich j–m anvertrauen, eröffnen **-ye dalmak** (*od.* **varmak**) 1. nachdenken 2. nachdenklich werden 3. in Sorge geraten

düşünceci(-lik) *va.* s. **idealist; idealizm**

düşüncel *phil.* nur in der gedanklichen Vorstellung existierend; gedanklich, ideell, ideal *iftikârî

düşünceleme *phil.* Ideation *f* *tefkir

düşünceli 1. mit Überlegung handelnd, bedächtig, umsichtig 2. *phil.* überlegt *teemmülî 3. nachdenklich, grübelnd, in Gedanken versunken 4. besorgt, bekümmert

düşüncellik *phil.* 1. Idealität, Vorstellungswelt *f* *iftikâriyet 2. *va.* s. **idealizm**

düşüncesiz 1. unüberlegt handelnd 2. unüberlegt, gedankenlos, leichtfertig 3. sorglos, unbekümmert

düşüncesizlik 1. unüberlegte Handlung 2. Unüberlegtheit, Gedankenlosigkeit, Leichtfertigkeit *f* 3. Sorglosigkeit *f*

düşündeş gleich-denkend, -gestimmt

düşündevimsel etki *psych.* ideomotorische Handlung

düşündürmek 1. zum Denken od. Nachdenken anregen; nachdenklich stimmen, geistig beschäftigen 2. beunruhigen

düşündürücü 1. geistig anregend 2. nachdenklich stimmend 3. beunruhigend

düşüngen s. **düşünceli**

düşünme 1. Vs. zu **düşünmek** 2. Nachdenken *n*, Überlegung *f* *teemmül, tefekkür 3. Unruhe, Sorge *f* ~ **psikolojisi** Denkpsychologie *f*

düşünmece Denksportaufgabe *f*

düşünmek (m. Akk.) 1. denken (an) 2. reiflich überlegen, genau bedenken (od. durchdenken), aufmerksam betrachten *teemmül etmek 3. sich et. ausdenken; erfinden 4. in Betracht ziehen, ins Auge fassen 5. planen, beabsichtigen, wollen, (et. zu tun) gedenken 6. sich Gedanken machen, nachdenklich werden, nachgrübeln, sich Sorgen machen **Düşün düşün boktur işin!** *V* Mach nur e–n Plan und streng dich tüchtig an, und mach noch e–n zweiten Plan! Gehn tun sie beide nicht! (Brecht) **düşünüp taşınmak** lange nachdenken; auf Mittel und Wege sinnen; reiflich (hin und her) überlegen *teemmül etmek **Düşünüyorum, öyleyse varım.** Cogito, ergo sum. (Descartes)

düşünsel gedanklich, geistig *fikrî

düşünü Gedanke *m*, Idee, Auffassung *f*

düşünücü s. **düşünür**

düşünük, -üğü *selt.* gedankliche Vorstellung

düşünür 1. Denker *m* *mütefekkir 2. Intellektueller, Gebildeter *aydın, münevver

düşünüş 1. Nachdenken *n*, Überlegung *f* 2. Denkweise, Mentalität, Geisteshaltung *f*

düşürmek 1. zu Fall bringen, umwerfen, umstoßen 2. (versehentlich) fallen lassen, verlieren (Geld, Brieftasche usw.) 3. sinken lassen (z. B. Preise), senken (z. B. Blutdruck), herabsetzen (z. B. Feingehalt bei Münzen) 4. (*a.* **kıymetten** ~) die Parität abwerten 5. (bşden) j–m et. rauben od. wegnehmen, j–n et. verlieren lassen 6. (bşden) zur Aufgabe von et. zwingen 7. in e–n Zustand versetzen (stürzen, bringen, geraten lassen) 8. **(bir yere)** j–n irgendwohin führen 9. stürzen (*tr.*) (Kabinett, Minister usw.) 10. den Absturz (z.B. e–s Flugzeugs) herbeiführen, verursachen 11. *mil.* abschießen, herunterholen (z.B. feindliches Flugzeug) 12. (birbirine) gegeneinander aufhetzen 13. aus e–m lebenden Körper ausscheiden 14. et. Wertvolles billig erstehen od. ohne Mühe erwerben 15. *ling.* elidieren (z.B. **Ne eyledim** > **Neyledim**) 16. **(bir kâğıdı)** *Ka.* e–n Spieler veranlassen, e–e best. Karte auszuspielen (*F* „herauskitzeln") Zu 4: **doların düşürülmesi** Abwertung *f* des Dollars Zu 5: s. **itibardan** ~ Zu 6: s. **düşmanı mukavemetten** ~ Zu 7: s. **endişeye (hayrete** usw.) ~ Zu 8: **Tesadüf, onu bu masaya düşürmüştü.** Der Zufall hatte ihn an diesen Tisch geführt. Zu 9: s. **kabineyi** ~ Zu 13: s. **çocuk (kum, solucan, taş)** ~ Zu 14: **Bu güzel halıyı bedestenden çok ucuza düşürdüm.** Den schönen Teppich hier habe ich im Bedesten sehr billig erstanden.

düşürtmek Kaus. zu **düşürmek;** s.a. **çocuk** ~

düşürücü *med.* Abtreibungsmittel *n* od. lebensunfähiger Fötus ~ **yıllanma** (*od.* **zamanaşımı**) s. **ıskat müruruzamanı**

düşürülmek Pass. zu **düşürmek; düşürülmüş miktar** *mil.* Abschußzahl *n* (z.B. bei Flugzeugen)

düşürüm s. **damping**

düşüş 1. Vs. zu **düşmek** 2. günstige Fügung; gute Gelegenheit; Geschenk *n* des Himmels 3. *mil.* Aufschlag *m* (e–s Geschosses) ~ **noktası** *mil.* Aufschlagspunkt *m* *sukut noktası ~ **yüksekliği** Fallhöhe *f* ~ **zaviyesi** Einfallswinkel *m*

düşüt, -tü Früh-, Fehl-geburt *f* *düşük

düşüzlemek *V* kommen, erscheinen

düşvar [ā] *va.* 1. schwer, schwierig 2. unangenehm

düt Pfeifen, Tuten *n* ≗ **demeye dudak gerek** (*od.* **ister**). *Spr.* Zum Pfeifen gehören Lippen. *(d.h.)* Wer nicht die nötigen Voraussetzungen mitbringt, kann sein Vorhaben nicht ausführen.

düttürü [×··] 1. zu eng und zu kurz und daher sonderbar wirkend (Kleidung) 2. in dieser Weise gekleidet (Person)

düttürüleylâ bizarr gekleidete alte Schwatzbase

düüüt, düüüt [–] tut, tut! (Auto)

düve (I) Färse *f* (einjährige Kuh bis zum ersten Kalben)

düve (II) *selt.* (Bart-, Pfirsich- usw.)Flaum *m*

düvel *va. Pl.* zu **devlet; -i fahîme** (*od.* **muazzama**) *va.* Großmächte *pl.* **-i mütehabbe** *va.* befreundete Mächte *pl.* **-i müttefika** *va.* alliierte Mächte *pl.* ≗**i Müttehide** (*od.* **Müttefika)** *va.* s. **Birleşik Devletler**

düvelek 1. s. **divlek** 2. s. **büvelek**

düvelî *va.* politisch, diplomatisch, zwischenstaatlich **münasebatı düveliye** *va.* zwischenstaatliche Beziehungen *pl.* **vaziyeti düveliye** *va.* politische Lage

düven s. **döven**

düvesimek nach der Kuh suchen (Stier)

düyek 1. e–e Taktart in der orient. Musik 2. *(Wü. spez. Tr.sp.)* Wurf *m* von zwei und eins *(üblicher:) iki bir

düyun [ū] (*Pl.* zu **deyin**) Schulden *pl.* **-u muntazama** *va.* konsolidierte Schulden *pl.* **-u gayri muntazama** *va.* schwebende Schulden *pl.* **-u umumiye** 1. öffentliche Schulden *pl.* 2. *spez.* (konsolidierte) Osmanische Schuld (bereinigt 1944)

düyunat, -tı [·––] (*dopp. Pl.* zu **deyin**) Schulden(-masse *f*) *pl.*, Verbindlichkeiten, Passiva *pl.*

düz 1. ebene Fläche 2. Raki ohne Anis, Mastix usw. 3. eben, flach, plan *müstevi 4. gerade, ohne Krümmungen *doğru 5. glatt (z.B. Strickart) 6. einfarbig, uni, ungemustert (z.B. Socken) 7. ohne Schmuck (Verzierungen, Applikationen usw.), schlicht, einfach 8. offen, ehrlich 9. *phon.* nicht gerundet; breit (Vokal) ~ **adale** s. ~ **kas;** ~ **arazi** flaches, ebenes Gelände ~ **ayna** 1. *phys.* Planspiegel *m* *müstevi ayna 2. *techn.* Planscheibe *f* ~ **barsak** *an.* Mastdarm *m*, Rektum *n* ~ **cümle** *gr.* Satz *m* mit schriftsprachlicher Syntax *spez.* mit Endstellung des Prädikats ~ **çekiç** Bahn-, Flach-hammer *m* ~ **çizgi** gerade Linie ~ **dam** Flachdach *n* ~ **demir** Eisenplatte *f* (des Goldschmieds) ~ **direk** *naut.* Pfahlmast *m* ~ **diş** Flachgewinde *n;* flaches Gewinde ~ **dişli çark** Stirnrad *n* ~ **dizgi** *typ.* glatter Satz ~ **dizi** s. **diyatonik gam;** ~ **eğe** Flachfeile *f* ~ **gitmek** geradeaus gehen ~ ~ **hareket** geradlinige Bewegung ~ **hareket kolu** *techn.* Geradführungsstange *f* ~ **kalem** Schlichtstahl *m* ~ **kama** Flachkeil *m* ~ **karinalı** *naut.* mit flachem Boden (Schiff) ~ **kas** *an.* glatter Muskel ~ **kaş** *hist.* Turban *m* der **dilsizler (bizebanlar)** im Serail ~ **kavrama** *(Geräteturnen)* Kammgriff *m* ~ **kayış** offener Treibriemen ~ **kesim** Grundriß *m* ~ **kısaç** Flachzange *f* ~ **kıyı** Flachküste *f* ~ **kontak yapmak** *techn.* kurzschließen ~ **levha tekerlek** Scheibenrad *n* ~ **münhani** ebene Kurve ~ **nefes etmek** (m. Akk.) *V* fertigwerden (mit) *hakkından gelmek ~ **oluklu delgi** *techn.* Langlochbohrer *m* *makine matkabı ~ **piyano** Klavier, Piano *n* ~ **rakı** s. **cibre rakısı;** ~ **raspa** Flachschaber *m* ~ **renk** einfarbig ~ **satıh** Ebene *f* ~ **sesli** (*od.* ~ **ünlü**) *phon.* ungerundeter Vokal (a, e, i, ı) ~ **silme** schmale Leiste (als Verzierung) ~ **su** seichte Stelle; Untiefe *f* ~ **sürgü** Flachschieber *m* ~ **tabak** flacher Teller; Eßteller *m* (*ant.* çukur tabak) ~ **tornavida** einfacher Schraubenzieher ~ **tümleç** *gr.* nicht-suffigiertes Akkusativobjekt (*spez.* in Verb. mit Hilfsverben z.B. **tedavi etmek, teslim etmek** usw.) ~ **valf** Tellerventil *n* ~ **vida dişi** s. **düz diş;** ~ **vuruş** *(Boxen)* gerader Stoß ~ **yarış** Flachrennen *n* ~ **yay** Blattfeder *f*

düzayak ohne Treppen und Stufen, ebenerdig (Haus od. andere Räumlichkeiten)

düzbaskı *typ.* Flachdruck(-verfahren *n*) *m* *ofset baskı

düzce [×·] eben, flach, glatt, einfach, schlicht **-si** 1. rund herausgesagt, unverblümt gesprochen 2. kurz, mit e–m Wort

Düzce *n.pr.* Städtchen u. D. im Rbz. Bolu

düzdişliler Glattzähner *pl. zo.* Aglyphodonta

düze (I) *chem.* entsprechendes Maß, richtige Dosis *doz; miktarı muayyen

düze (II) *techn.* Düse *f*

düzeç, -ci Grund-, Richt-, Wasser-waage *f* *nivo; tesviye aleti; s.a. **kabarcıklı** ~

düzeçleme 1. Abmessen *n* mit der Wasserwaage 2. Planierung *f*

düzeldek *dial.* s. **kabarcıklı düzeç**

düzelmek 1. eben (flach, glatt, schlicht, einfach) werden 2. in Ordnung kommen, geregelt werden, behoben werden (z.B. Defekt), sich bessern (Lage, Wetter usw.) 3. aufgeräumt werden (z.B. Zimmer)

düzelti Retusche *f*

düzeltici 1. regelnd, regulierend; Regler *m* 2. *typ.* Korrektor *m* (e–r Druckerei) *musahhih ~ **jimnastik** Ausgleichsgymnastik *f*

düzeltim 1. Verbesserung, Berichtigung, Korrektur *f* *tashih 2. Reform *f* 3. Planierung *f* ~ **arancı** (*od.* ~ **dilemi**) *jur.* Berichtigungsklage *f* *tashih davası

düzeltme Vs. zu **düzeltmek;** ~ **işareti** *fr.* Zirkumflex *m* (*urspr.* **inceltme ve uzatma işareti**) s. **uzatma işareti**

düzeltmek 1. ebnen, glätten, flach machen, schlicht od. einfach gestalten 2. verbessern, korrigieren *tashih etmek 3. in Ordnung bringen, ordnen, regeln, beheben, besser werden lassen 4. aufräumen (Zimmer usw.) 5. *gel.* für **düzenlemek**

düzeltmen s. **düzeltici** (2)

düzeltmenlik *typ.* Aufgabe od. Tätigkeit *f* e–s Korrektors; Korrekturlesen *n*

düzem 1. *chem.* Mengen- bzw. Gewichts-bestimmung, Dosierung *f* *tayini miktar 2. *mus.* s. **kadans**
düzemek richtig dosieren
düzen 1. a) Ordnung, Regelung *f* *nizam, intizam, tertip b) *arch.* Anordnung *f*, Stil *m* 2. Klarheit und Regelmäßigkeit *f* e–s Verlaufs, Ruhe *f* 3. *mus.* a) Stimmung *f* (e–s S.i.) *akort b) Akkord *m* *akor 4. schmucke Kleidung 5. Harmonie *f*, Einklang *m* 6. List *f*, Trick, Kunstgriff, Schwindel, Betrug *m*, Intrige *f* Zu 1b): s. **Dor (İyon, Korent) -i;** ~ **açıklaması** *Th.* Bühnenanweisung *f* ~ **alıştırmaları** *(Turnen)* Ordnungsübungen *pl.* ~ **anahtarı** *mus.* Stimm-schlüssel, -hammer *m* *akorduvar, kurgaç ~ **bağı** Disziplin *f* ~ **bozan** *fig.* Tod *m* *ölüm ~ **çatalı** *mus.* Stimmgabel *f* *diyapazon ~ **kuralı** s. **nizamî hüküm;** ~ **kurmak** Ränke schmieden; intrigieren ~ **vermek** (m. Dat.) 1. in Ordnung bringen 2. stimmen (M.i.) ~ **yardımcısı** *Th.* Regieassistent *m* **-e koymak** (*od.* **sokmak**) ordnen, in Ordnung bringen **-i bozuk** verstimmt (M.i.)
düzenbaz Lügner, Gauner, Betrüger, Ränkeschmied, Intrigant *m*
düzenbazlık Gaunerei *f*, Betrug, Schwindel *m*, Intrigantentum *n* ~ **etmek** e–e Gaunerei (e–n Betrug, Schwindel usw.) begehen
düzence s. **disiplin**
düzenci 1. s. **düzenbaz** 2. s. **dans -si**
düzenek *dial.* s. **plan**
düzengeç s. **regülatör**
düzengi *arch.* (Säulen-)Anordnung *f*, Stil *m*
düzenlemek 1. ordnen, in Ordnung bringen, richtig einstellen 2. arrangieren, veranstalten (Demonstration, Feier usw.) 3. justieren, regulieren (z.B. Apparat); regeln (z.B. Verkehr) *tanzim etmek, tertip etmek 4. *mus.* stimmen (M.i.)
düzenlenmek Pass. od. Refl. zu **düzenlemek**
düzenleşik koordiniert *müntesik
düzenleşmek 1. sich regulieren, sich regeln 2. koordiniert werden
düzenleştirmek 1. regulieren, regeln, ordnen, in Ordnung bringen 2. koordinieren
düzenleyen Organisator, Veranstalter *m* (z.B. von Boxkämpfen)
düzenleyici 1. Regler *m*, Reguliervorrichtung *f*, Koordinator *m* 2. Klavierstimmer *m*
düzenleyiş *lit.* Anlage *f*, Plan, Aufbau *m*
düzenli 1. geordnet, geregelt, regelmäßig 2. ordentlich, sauber, nett, schmuck 3. aufgeräumt (Zimmer) 4. gestimmt (M.i.) 5. *fig.* harmonisch, einträchtig 6. *mil.* regulär (Truppen) ~ **adımlarla yürümek** *mil.* Tritt halten ~ **sefer** regelmäßiger (Fahrzeug-)Verkehr
düzenlik 1. geregelter Zustand; Ordnung *f* 2. s. **dirlik düzenlik**
düzenlilik Regelmäßigkeit *f*, normaler Gang *ıttırat
düzensiz 1. ungeordnet, ungeregelt 2. nachlässig, schlampig 3. unaufgeräumt (Zimmer) 4. nicht gestimmt (M.i.) 5. ohne Hinterlist, aufrichtig, ehrlich 6. unharmonisch, voller Mißtöne ~ **nabız** unregelmäßiger Puls
düzensizlik 1. Unordnung, Unregelmäßigkeit *f* 2. Unordentlichkeit *f* 3. Unaufgeräumtsein *n* 4. Disharmonie *f*
düzenteker *phys.* Schwungrad *n* *volan
düzetmek *P* für **düzeltmek**
düzey Niveau *n*, Stand *m*, Stufe *f* *seviye **yüksek -de bir Amerikalı yetkili** ein hochgestellter amerikanischer Bevollmächtigter
düzgidiş *naut.* Orthodrome *f* (kürzeste Verbindung zweier Punkte der Erdoberfläche)
düzgü 1. *dial.* Komposition, Vertonung *f* *beste 2. *phil.* Norm, Regel *f*, Prinzip *n*, Grundsatz *m* *düstur, kaide, norm
düzgülü *phil.* normal, regelmäßig *muttarit, normal
düzgün (I) 1. glatt, geglättet, eben, geebnet 2. in Ordnung befindlich, geordnet, ordentlich, geregelt, harmonisch, korrekt, sauber 3. *math.* regelmäßig 4. *phys.* gleichförmig 5. *arch., bot.* symmetrisch ~ **altıgen** *math.* regelmäßiges Sechseck *muntazam müseddes ~ **beşgen** *math.* regelmäßiges Fünfeck *muntazam muhammes ~ **bir ifade** korrekte Ausdrucksweise ~ **değişen devim** (*od.* **hareket**) *phys.* gleichmäßig veränderliche Bewegung *muntazam mütehavvil hareket ~ **devim** (*od.* **hareket**) *phys.* gleichförmige Bewegung *muntazam hareket ~ **duruş** *(Turnen)* gute Haltung ~ **hızlanan** (*bzw.* **yavaşlanan**) **devim** (*od.* **hareket**) *phys.* gleichmäßig beschleunigte (*bzw.* verlangsamte) Bewegung ~ **kıyafetli** ordentlich gekleidet ~ **nabız** regelmäßiger Puls(-schlag) ~ **sözlü** korrekt sprechend ~ **vuruş** *Fb.* Flach-schuß, -paß *m*
düzgün (II) (weiße od. rote) (Gesichts-)Schminke ~ **sürmek** das Gesicht schminken
düzgüncü 1. Hersteller od. Verkäufer *m* von weißer od. roter Schminke 2. Frau, die e–e Braut herrichtet und schminkt
düzgünlemek schminken
düzgünlenmek Pass. od. Refl. zu **düzgünlemek**
düzgünlü geschminkt
düzgünlük 1. Glätte, Korrektheit *f* 2. geordneter, geregelter Zustand; Regelmäßigkeit *f*, regelmäßige, harmonische Form 3. Schminktopf *m*
düzgüsel *phil.* normativ *kaidevî, normatif
düzgüsüz *phil.* ano(r)mal, regelwidrig, normwidrig *anormal, muhalifi kaide
düzi (< **dizi**) (in der Füg.:) **bir düziye** s. Stw. **bir**
düzine Dutzend *n* ~ **çiçeği** gemeine Götterblume *bot.* Dodecatheon meadia ~ **ile** dutzendweise
düziye s. **bir düziye**
düzkanatlılar Geradflügler *pl. zo.* Orthoptera *çekirgeler, müstakimülcenah
düzlek *arch.* schmale Leiste
düzlem *math.* 1. eben 2. Ebene *f* 3. gestreckt (Winkel) *(1–3) müstevi, (2) a. sathı müstevi ~ **açı** *math.* gestreckter Winkel *zaviyei müsteviye ~ **geometri** Geometrie *f* der Ebene; Planimetrie *f* *hendesei musattaha (*od.* müsteviye) ~ **trigonometri** *math.* Trigonometrie *f* der Ebene
düzlemdeş *math.* auf der gleichen Ebene liegend
düzlemduyargalılar Blatthornkäfer *pl. zo.* Scarabaeidae *skarabgiller; yaprakboynuzlu böcekler
düzleme Vs. zu **düzlemek;** ~ **çekici** Breithammer *m* ~ **kazaratanı** Planierraupe *f*
düzlemek planieren, ebnen, glätten, nivellieren, *techn. a.* abrichten, (ab-)schlichten
düzlemküre *geogr.* Planisphäre *f*, Planiglob(-ium) *n* *kürei musattaha
düzlemlik Ebenheit, Flachheit *f*
düzlemyuvar s. **düzlemküre**
düzleşmek 1. *selt.* s. **düzelmek** 2. *phon.* entrundet werden (Vokal)
düzleştirici Planiermaschine *f*
düzleştirmek 1. s. **düzletmek** 2. *phon.* entrunden (Vokal)
düzletmek planieren, ebnen
düzlük 1. Eben-, Flach-sein *n* 2. Glätte *f* 3. baumloses, ebenes Gebiet, ebene Fläche 4. Schlichtheit, Einfachheit *f* 5. Offenheit, Ehrlichkeit *f* 6. *phon.* Breit-Sein *n*, Artikulation *f* ohne Lippenrundung
düzme 1. Vs. zu **düzmek** 2. falsch, gefälscht, nachgemacht, apokryph *sahte 3. erfunden, erlogen ≗ **Mustafa** *hist.* der falsche Mustafa
düzmece s. **düzme** (2, 3) ≗ **Mustafa** s. **Düzme Mustafa**
düzmeci Fälscher *m* *sahtekâr

düzmecilik Fälschen *n,* Arbeit *f* e–s Fälschers *sahtekârlık
düzmek 1. (an-)ordnen, arrangieren, regeln 2. machen, bilden, formen, (er-)schaffen 3. *iron.* zusammenstoppeln, drechseln, schmieden (z.B. Verse) 4. vorbereiten, zusammenstellen 5. erfinden, sich aus den Fingern saugen 6. *V* den Beischlaf ausüben, geschlechtlich verkehren **düzüp koşmak** ordnen und zusammensetzen
düzmeklasik, -iği *arch.* Pseudoklassik *f*
düztaban 1. Plattfuß *m* 2. (*a.* **düztabanlı**) plattfüßig 3. unheilvoll, unselig *kademsiz, uğursuz 4. s. **küstere**
düzü s. **dizi** bzw. **düzi**
düzülmek 1. Pass. zu **düzmek** 2. s. **yola ~**
düzün(-lü) s. **ritim; ritimli**
düzünmek *dial.* sich schmücken; *pej.* sich aufputzen *süslenmek
düzyazı Prosa *f* *nesir

E

e, E [ɛ] 1. sechster Buchst. des türk. Alph. 2. *mus.* (Ton od. Note) E **E 5 karayolu** offizielle Bez. der Verkehrsstraße von Istanbul nach Edirne
e 1. dann, unter diesen Umständen, wenn es so steht, von mir aus, meinetwegen 2. Sx. nach **-sen(iz);** s.a. **a** (4) 3. oft, [–] nun, na und ... 4. [–] jetzt aber, nun aber Zu 1: **E gitsin!** Soll er doch gehen! Von mir aus! Zu 2: **Gelsen e!** a) Komm doch mal her! b) Nun komm schon! **Söyleseniz e!** Nun reden Sie schon! Zu 3: **E sonra?** Ja, und was weiter? Schön, und dann? **E, ne dersin bunlara?** Was sagst du jetzt dazu? Zu 4: **E, yetişir artık!** Nun langt es aber! **E, artık bu söze diyecek yok.** Nun, dagegen läßt sich nichts einwenden. **E mi?** *F* 1. Ist so etwas möglich? So? Ja gibt es das auch? 2. nicht wahr? gelt? 3. Bist du jetzt im Bild?
-e, -a Endung des Dat.; bei dem Gerundium auf **-(y)acağına, -(y)eceğine** in der Bed. „anstatt". Vgl. **Ağzını açacağına gözünü aç!** – Zur Verwendung bei best. Zeitangaben vgl. **haftaya** *od.* **haftasına; seneye**
-e hali *gr.* Dativ *m* *mefulünileyh; yönelme durumu
eb *va.* Vater *m* *baba
ebaancet [·–··] *va.* von jeher; von altersher
ebabil [·––] *urspr. Pl.; va.* 1. Vogelschwarm *m* (vgl. 105. Koransure) 2. s. **yelkovan** (4) 3. s. **keçisağan** 4. s. **dağ kırlangıcı**
ebat, -dı [ā] Pl. zu **buut** 1. Dimensionen *pl.* 2. Längen, Entfernungen *pl.* 3. Format *n,* Größe *f* Zu 1: **-ı selâse** *va.* die drei Dimensionen Zu 3: **6 × 9 -ı** *phot.* Format *n* sechs mal neun
ebced ält. Anordnung des ar. Alph., wobei jedem Buchst. ein Zahlenwert entsprach; die Reihenfolge wurde durch folgende Wörter ausgedrückt: **ebced** (1–4), **hevvez** (5–7), **hutti** (8–10), **kelemen** (20–50), **sa'fes** (60–90), **karaşet** (100–400), **sahhaz** (500–700), **dazığ(lan)** (800–1000) **~ hesabı** Angabe *f* e–r Zahl (*spez.* e–s Datums) durch Buchst. des **ebced**-Systems
ebcedhan [ā] *va.* s. **tıflı ~**
ebe 1. Hebamme, Geburtshelferin *f* *kabile 2. wer bei Spielen *spez. Ksp.* e–e best. Aufgabe zu erfüllen hat z.B. wer zuerst Karten gibt, wer raten muß; Haschemann *m* (bei Bäumchen-Verwechseln usw.) (*ant.* **kurt**) 3. s. **dil -si; ~ çıldır** *türk. Ksp.* Blindekuh *körebe oyunu **~ doktor** (*od.* **hekim**) Geburtshelfer(-in *f*) *m* *kabil(-e) ≗ (*od.* **Ebem**) **geçti** s. **birdirbir oyunu; ~ kurbağa** Geburtshelferkröte *f zo.* Alytes obstetricans **-m kızdı** Name e–s türk. Ksp. **-nin örekesi** 1. *fr.* Entbindungsstuhl *m* 2. s. **ananın -si**
ebebulguru, -nu s. **bulgur** (2)
ebeda [ā]; **ebeden** [×··] *Adv.* 1. ewig, in Ewigkeit 2. (mit Neg. od. als Ausruf) Niemals!
ebedî 1. ewig, immerwährend, unsterblich 2. durchaus (nicht), absolut (nicht) ≗ **Şef** der verewigte Führer (Kemal Atatürk) **~ şehir** die ewige Stadt (Rom)
ebedîleşmek verewigt, unsterblich werden
ebedîleştirmek verewigen, unsterblich machen
ebedîlik s. **ebediyet**
ebediyen [··×·] *Adv.* 1. ewig, auf ewig 2. (mit Neg. od. als Ausruf) durchaus (nicht), absolut (nicht)
ebediyet, -ti Ewigkeit, Unsterblichkeit *f* **-e çekilmek** in die Ewigkeit abberufen werden **-e karışmak** (*od.* **intikal etmek**) in die Ewigkeit eingehen
ebegümeci, -ni Malve *f bot.* Malva *hubbaz
ebegümecigiller Malvengewächse *pl. bot.* Malvaceae *hubbaziye
ebekuşağı, -nı Regenbogen *m* *alkım, alâimisema, kavsikuzah
ebelik 1. Beruf *m,* Tätigkeit *f* e–r Hebamme, Geburtshelferin 2. *bei Ksp.* Rolle *f* e–s **ebe; ~ etmek** 1. Hebammendienste verrichten 2. *bei Ksp.* Haschemann sein
ebemkuşağı, -nı *dial.* für **ebekuşağı**
eben an cet (*od.* **~ ~ ceddin**); **ebencet** s. **ebaancet**
ebenist, -ti Kunsttischler *m*
ebet, -di Ewigkeit *f* (in der Zukunft)
ebeveyn *ar. Dual* Eltern *pl.* *anababa
ebleh *va.* einfältig, dumm, stupid, idiotisch
eblehfirip, -bi [···–] *va.* Gimpel, Bauernfänger *m*
ebna [ā] (*va. Pl.* zu **ibin**) Söhne *pl.,* männliche Nachkommen *pl.* **-yı beşer** *va.* Menschheit *f* **-yı zaman** *va.* heranwachsende Generation
ebniye (*va. Pl.* zu **bina**) Gebäude, Bauten, Baulichkeiten *pl.*
ebonit, -ti Ebonit *n,* Hartgummi *m* *sert kauçuk
eboş *selt.* erster Entwurf; Rohentwurf *m,* Skizze *f*
Ebr(-e) *n.pr.* Ebro *m* (Fluß in Spanien)
ebru (I) [·–] *va.* Augenbraue *f* *kaş
ebru (II) [·–] 1. Marmorierung *f* 2. marmoriert, moiriert, geflammt 3. *fr.* bunte, mit Blumenmuster versehene Seite (nach dem Buchumschlag) **~ ~** rotgeflammt (Wange)
ebrulamak marmorieren, moirieren, flammen
ebrulaşmak sich rot flammen (Gesicht)
ebrulu marmoriert, moiriert, geflammt **~ kâğıt** türk. Tunkpapier *n,* marmoriertes Papier
ebu s. **eb**
ebucehil, -hli 1. ≗ *hist.* Spottname, den Mohammed e–m seiner heftigsten Gegner gegeben hat 2. *fig.* Dummkopf, Ignorant *m*
ebucehilkarpuzu, -nu s. **acıhıyar**
Ebuhûr; Ebukır *geogr.* Abukir
Ebu Lehep Schimpfname (etwa: Höllenmensch) für **Abdülüzza,** einen Vatersbruder und Gegner Mohammeds **~ ~ suresi** Name der 111. Koran-Sure *Tebbet suresi
ebuli *geol.* Geröllablagerung *f* *kayşat
ebuselik *urspr.* für **buselik** (*q.v.*)
ebutaylûn s. **sarı hatmi**
ebülburun [···–] *hum. va.* mit großer Nase, *F* mit e–m Riesenzinken im Gesicht
ebülenf *va.* s. **ebülburun**

ebülhevil, -vli *va.* Sphinx *f* (in Ägypten) *sfenks
Ebülkasım *n.pr.* Beiname des Propheten Mohammed
ebülmülük, -üğü die Schafgarbenart Achillea multifida
ebülyometre [···×·]; **ebülyoskop, -pu** Ebullioskop *n*
ebülyoskopi Ebullioskopie *f*
Ebüssuut Efendi *n.pr.* berühmter Theologe und Scheich ül-Islam im 16. Jh. ~ **-nin gelini** (*od.* **torunu**) **gibi** *iron. Bez.* für Frauen od. Mädchen, die sich nach alter Mode dicht verschleiern; *gel. a.* für andere Ultrakonservative spez. Klerikalgesinnte
ebyaz (*va. ar. Elativ* zu **beyaz**) (ganz, sehr) weiß; s. a. **cevheri** ~
ecdat, -dı [ā] (*Pl.* zu **cet**) Ahnen, Vorfahren *pl.* *atalar, dedeler
ece *va.* bzw. *dial.* 1. Königin *f* *kraliçe 2. Mutter *f* 3. älterer Bruder od. ältere Schwester *ağabey, abla 4. alte Frau 5. ≗ *wV* 6. ≗ *Fn.* der seinerzeitigen türk. Weltschönheitskönigin Keriman Halis (verliehen 1932 von Atatürk)
Eceabat, -dı *n.pr.* O. u. D. im Rbz. Çanakkale
ecektor s. **ejektör**
ecel (I) 1. *jur.* Frist *f*, Termin, Aufschub *m* 2. von der Vorsehung bestimmte Todesstunde, Tod *m* ≗ **aman vermedi.** Der Tod raffte ihn dahin. ~ **beşiği** *F* „Todeswiege" *f d. h.* e–e techn. Einrichtung, deren Benützung mit Lebensgefahr verbunden ist (z. B. Hängegerüst für Reparaturarbeiten an e–m Minarett od. „schwimmender Sarg", fast unbrauchbar gewordenes Schiff, ramponiertes Auto usw.) ~ **şerbeti** Tod *m*, Todesursache *f* ~ **şerbeti içmek** sterben ~ **teri dökmek** Todesängste ausstehen **-den aman olursa** „wenn sich der Tod noch einmal erweichen läßt" *d. h.* wenn ... am Leben bleibt ≗**e çare olmaz** (*a. m. der Forts.* **her şeye çare bulunur**). *Spr.* Gegen den Tod ist kein Kraut gewachsen. ≗**i gelen köpek cami duvarına siyer.** *Spr. fig.* Wen Gott vernichten will, den schlägt er mit Blindheit. ≗**i gelmiş öldü.** Die Vorsehung hat es so gewollt; er mußte sterben. ≗**i yetişmiş.** Sein letztes Stündlein hat geschlagen. **-ine susamak** sehenden Auges in sein Verderben rennen; seinen Kopf aufs Spiel setzen **-i kaza** Tod *m* durch Unglücksfall **-i mevut** (*fr. a.* **-i müsemma**) die von Gott bestimmte Todesstunde, natürlicher Tod **-i mevudiyle** (*od.* **eceliyle**) **ölmek** e–s natürlichen Todes sterben; verscheiden, dahingehen
ecel (II), **-lli** (*va. Elativ* zu **celil**): **ecelli mahlukat** *va.* das höchste Lebewesen (der Mensch)
ecelacayip *P* für **alelacayip**
ecelsiz (in der Füg.:) ~ **ölmek** 1. durch e–n Unglücksfall ums Leben kommen 2. an großem Kummer frühzeitig sterben
ecil, -cli *va.* 1. Grund, Anlaß *m* 2. s. **için;** s. a. **liecl-**
ecille (*va. Pl.* zu **celil**) Männer von Rang und Ansehen
ecinli; ecinni *P* für **cin** (II)
ecir (I), **-cri** 1. Gotteslohn *m*, Lohn *m* im Jenseits *sevap 2. (Arbeits-)Lohn *m*, Gebühr *f* *ücret ~ **sabır dilemek** sein Beileid aussprechen; kondolieren *başsağlığı dilemek **-i misil** *jur.* angemessene Vergütung, entsprechender Preis *kullanma karşılığı; kullanma çıkarları karşılığı **-i müsemma** *jur.* vereinbarte Vergütung, vereinbarter Preis
ecir (II) [·–] Tagelöhner *m*
ecirli wer od. was im Jenseits Lohn verdient; verdienstvoll
eciş bücüş 1. aus aller Fasson geraten; krumm und schief, windschief *çarpık çurpuk, eğri büğrü 2. sonderbar, eigenartig, recht komisch wirkend; verschroben, ausgefallen, gesucht, gekünstelt *kargacık burgacık 3. zusammengeschrumpft, verhutzelt (Person) 4. wertlos ~ **yazı** Gekritzel *n*
eclâf (*urspr. Pl.*) Gesindel *n*, Pöbel *m*
eclik, -iği *dial.* (Aus-)Füllung *f* (bei Mauerwerk)
ecmaîn (*ar.*) alle (zusammen); s. Stw. **salvele**
ecnebi 1. fremd, andersartig 2. ausländisch, fremd 3. Ausländer(-in *f*) *m*, Fremde *m, f* ~ **devletler** ausländische Mächte *pl.* ~ **madde** Fremdkörper *m* ~ **malı** Importware *f* ~ **matbuat(-ı)** ausländische Presse ~ **parası** ausländisches Geld; Devisen *pl.* **-lerin hak ve vazifeleri** *jur.* Rechte und Pflichten *pl.* (Rechtsstellung *f*) der Ausländer; Fremdenrecht *n* **-lerin memleketten çıkarılması** *jur.* Ausweisung *f* von Ausländern
ecnebilik Ausländersein *n*, Lage *f* od. Verhalten *n* e–s Ausländers
ecnep, -bi *va.* 1. s. **ecnebi** 2. störrisch (Pferd) *sertbaşlı
ecram [ā] *va. Pl.* zu **cirim; -ı felekiye** (*od.* **semaviye**) *va.* Himmelskörper *pl.*
ecvef *z. va.* 1. hohl, leer 2. *fig.* Hohl-, Dumm-kopf, Ignorant *m*
ecvet, -di 1. *va.* der beste 2. *va.* sehr freigebig, sehr großzügig 3. ≗ *mV*
ecza, -aı [ā] (*urspr. Pl.* zu **cüz**) 1. *va.* Teile *pl.* *cüzler, kısımlar, parçalar 2. *va. math.* s. **askat** 3. a) Drogen *pl.* b) Chemikalien *pl.* 4. broschierte Ausgabe (e–s Buchs) 5. *phot.* Entwicklerlösung *f* **-yı nâriye** *va.* feuergefährliche Stoffe (Gegenstände) *pl.* **-yı tıbbiye** *va.;* **tıbbî ecza** Arzneimittel, Medikamente *pl.*
eczacı [ā] Apotheker(-in *f*) *m*, Pharmazeut(-in *f*) *m* ~ **kalfası** Apothekergehilf-e *m*, -in *f*, Provisor *m* **-lar pekendi** *an.* Bauhin'sche Klappe *f*
eczacılık 1. Apothekerberuf *m* 2. Pharmazeutik *f* ~ **hukuku** *jur.* Apothekenrecht *n*
eczahane s. **eczane**
eczalamak desinfizieren (z. B. Obst mit Permanganat)
eczalı [ā] 1. chemisch präpariert 2. Arznei- ~ **kâğıt** Umdruckpapier *n* ~ **pamuk** Verbandswatte *f*
eczane [ā] Apotheke *f*
echel (*va. Elativ* zu **cahil**) unglaublich unwissend, vollkommener Ignorant, ungebildeter (als) ~ **min Karagöz** *P va.* noch weniger gebildet als Karagöz **-i cühelâ** *va.* dümmster aller Ignoranten
eda [·–] 1. Entrichtung, Bezahlung *f* (z. B. e–r Schuldsumme) 2. Erfüllung *f* (z. B. e–r Pflicht); Leistung *f* *edim 3. Benehmen, Verhalten, Wesen *n*, Haltung *f*, Manieren *pl.*, Gang *m* 4. a) *mel.* Charme, Reiz *m* b) *pej.* Arroganz, Anmaßung *f* 5. (künstlerischer) Ausdruck; Gestaltung, Darstellung *f*, Stil *m* Zu 3: **lâubali bir** ~ reichlich ungezwungene Manieren *pl.* Zu 5: **Bu şiirin güzelliği, manasından fazla -sındadır.** Bei diesem Gedicht wirkt die äußere Form viel unmittelbarer als der gedankliche Inhalt. ~ **davası** s. **ifa davası;** ~ **etmek** 1. (be-)zahlen (z. B. Schulden) 2. entrichten (z. B. Dank), verrichten (z. B. Gebet) 3. erfüllen (Pflicht) 4. artikulieren, aussprechen 5. darstellen (z. B. Laute durch besondere Graphik) ~ **yerini tutan ifa** *jur.* Hingabe *f* an Zahlungsstatt, Leistung *f* an Erfüllungsstatt **-nın imkânsızlığı** *jur.* Unmöglichkeit *f* der Leistung, Leistungsunmöglichkeit *f*, Unvermögen *n*
edafik edaphisch; auf den Erdboden bezüglich
edafon *biol.* Edaphon *n* (Bodenorganismen)
edalı [ā] 1. von nb. Wesen, Verhalten usw. 2. *mel.* ansprechend, charmant, reizend 3. *pej.* anmaßend, arrogant, prätentiös Zu 1: **ciddî** ~ von gesetztem Wesen Zu 2: ~ **bir taze** e–e charmante Frau
Edam (peyniri) Edamer Käse *m* *Mağrıplı başı
edamallah [·–·–] *va.* s. **Allah ömürler versin!**
edanî [·––] *va. Pl.* zu **denî**
edat, -tı *urspr.* [·–] 1. Werkzeug, Instrument *n* 2. *allg.* Bez. für Wörter außerhalb der nominalen und verbalen Kategorien wie: Partikel, Konjunktion, Interjektion, Artikel, Prä-, Post-position usw.; *a.:* Flexionsendung *f* **-ı dahile** *va.* s. **harficer, öntakı; -ı haber** *va. gr.* Kopula *f* *koşaç **-ı lâhika** *va. gr.* Postposition *f* *sontakı **-ı mübalağa** *va. gr.*

Steigerungs-, Elativ-partikel *f* **-ı tafdil** *va. gr.* s. **-ı mübalağa; -ı tarif** *va.* s. **harfitarif; -ı tenkir** *va. gr.* unbestimmter Artikel **-ı teşbih** *stil.* s. **benzetme edatı**
eddai [·——] *va.* Fürbitter *m* (*fr.* regelmäßig vor der Unterschrift von Geistlichen)
Eddehr s. **Dehir suresi**
ede *dial.* älterer Bruder *ağabey
edebî literarisch, Literatur-, Literar- ~ **dil** Literatur-, Schrift-sprache *f* *yazın dili ~ **heyet** s. **okuma kurulu;** ~ **mecmua** literarische Zeitschrift ~ **mülkiyet** *jur.* geistiges Eigentum ~ **tefrika** literarisches Feuilleton; Literaturspalte *f*
edebikelâm *stil.* Euphemismus *m* *örtmece
edebiyat, -tı urspr. [ā] 1. dichterische Gestaltungskunst 2. Literaturwissenschaft *f* 3. schöne Literatur 4. fachwissenschaftliche Literatur 5. Ausdrucksweise, Terminologie *f* 6. *pej.* rhetorische Floskeln; leere Worte *pl.* Zu 4: **hukuk -ı** juristische Literatur **hekimlik -ı** (*va. a.:* **-ı tıbbiye**) medizinische Literatur ~ **âlemi** literarische Welt ~ **dekoru** rhetorischer Schmuck ~ **dili** s. **edebî dil;** ≗ **Fakültesi** Philosophische Fakultät ~ **tarihi** Literaturgeschichte *f* ~ **yapmak** *pej.* sich in Floskeln ergehen ≗**ı Cedide** *n.pr.* Türkische Literaturperiode von 1896–1911. (Umfaßt **Servetifünun** und **Fecriâti**) (Organ: Zs. **Servetifünun;** daher a. **Servetifünun** ≗**ı** genannt) ≗**ı Cedideci** Anhänger (Mitarbeiter, Vertreter *m* usw.) der ≗**ı Cedide**
edebiyatçı wer sich (berufsmäßig od. aus Liebhaberei) mit schöner Literatur beschäftigt: Literatur-student(-in *f*) *m*, -kenner(-in *f*) *m*, Literarhistoriker(-in *f*) *m*, literarischer Kritiker; Schriftsteller(-in *f*) *m*, Literat *m*
edebiyatçılık literarische Tätigkeit
edelpüs *arch.* Edelputz *m* *mozaik sıva
edeme s. **altderi; -i dahiliye** s. **içderi**
edememek nicht auskommen (leben) können (ohne, mit); (yapmadan) nicht unterlassen können (et. zu tun); unbedingt (et. tun) müssen
edep, -bi 1. Schicklichkeit *f*, Anstand *m*, sittsames, artiges Betragen; Höflichkeit *f*, gute Sitten *pl.*, gutes Benehmen 2. s. **ayıp** 3. *va.* s. **edebiyat** Zu 2: ≗**tir söylemesi ...** *F* Es ist zwar et. unschicklich ...; Entschuldigen Sie bitte den (häßlichen) Ausdruck. (z.B. ≗**tir söylemesi donuna etti.** Er hat sich, mit Verlaub gesagt, in die Hosen gemacht.) ~ **dairesi** Rahmen *m* des Anstands ~ **erenlere** s. **Edeptir söylemesi;** ~ **erkân** anständiges, gesittetes Benehmen; Regeln *pl.* des gesellschaftlichen Umgangs ~ **etmek** sich schämen ~ **göstermek (öğretmek, vermek)** 1. j–m Manieren beibringen, Anstand lehren 2. bestrafen ≗ **huzurunuzda** s. **Edeptir söylemesi;** ~ **töreleri** Sitte *f* und Anstand *m* *adabı umumiye ≗ **yahu!** Wo bleibt da der Anstand? ~ **yeri** Schamgegend *f* ~ **yerleri** Geschlechtsteile *pl.* **-e muhalif hareketler** unanständige Handlungen *pl.* **-ini takınmak** (*od.* **-iyle oturmak**) sich (endlich) anständig benehmen **-i sanat** Wortkunst *f* *söz hünerleri ≗**ler olsun** s. ≗**tir söylemesi; -i terbiye** *va.* gute Erziehung
edeplendirmek j–m ein gutes (bzw. besseres) Benehmen beibringen
edeplenmek sich allmählich gut (bzw. besser) betragen
edepli wohlerzogen, anständig, artig, brav, gesittet, höflich *terbiyeli, uslu
edepsiz 1. ungezogen, unanständig, unartig, unverschämt, frech *utanmaz, sıkılmaz 2. übler Bursche (vor dem man sich in acht nehmen muß) *şirret
edepsizleşmek ungezogen, frech werden
edepsizlik 1. Ungezogenheit, Unanständigkeit, Unartigkeit *f*; schlechtes Betragen; Unverschämtheit, Frechheit *f* 2. freches, anmaßendes Benehmen *n* e–s üblen Burschen
eder s. **fiyat**
edevat, -tı [ā] (*ar. Pl.* zu **edat**) 1. Werkzeuge, Instrumente, Geräte *pl.* *aletler, avadanlık 2. *va. gr.* Partikeln *pl.* ~ **arabası** Gerätewagen *m* ~ **deposu** Gerätelager *n*
edi 1. Tun, Arbeiten *n* 2. verrichtete Arbeit; Leistung *f* ~ **yitimi** s. **apraksi**
Edi *P hum.* (in der Füg.:) ~ **ile Büdü, Şakire dudu.** (*etwa:*) Der e–e bringt nichts zustande, und der andere auch nicht.
edibane [·——·] 1. s. **edip** (2) 2. in gutem, literarischem Stil **gayri** ~ ungehörig, unhöflich
edibe [ī] *z. va.* Schriftstellerin *f*
edici machend, tuend (in Füg. wie: **tatmin edici, tahrik edici** usw.)
edik *fr.* halbhoher Schuh aus weichem, farbigem Saffianleder; vgl. a. **çedik**
edilgen *gr.* passiv(-isch) *meçhul ~ **eylem** (*od.* ~ **fiil**) *gr.* Passiv *n*, Leideform *f* *meçhul fiil ~ **kahraman** *Th.* passiver Held
edilgenlik Passivität *f*
edilgi *phil.* leidendes Verhalten; Erleiden *n* *infial
edilgin 1. passiv *münfail 2. (*Boxen*) defensiv
edilmek 1. Pass. zu **etmek** 2. *phil.* (er-)leiden
edim 1. Handlung, Tat *f*, Werk *n*, Akt *m*, Leistung *f* *amel, fiil, eda 2. Gestaltung *f* (e–s rohen Stoffes) 3. *mus.* Vortrag *m*, Aufführung *f* *icra ~ **davası** *jur.* s. **ifa davası**
edimci *mus.* Künstler *m*, Vortragender
edimlemek *mus.* vortragen, spielen *icra etmek
edimme s. **edeme**
edimsel *phil.* 1. aktuell *bilfiil, fiilî 2. effektiv, tatsächlich, wirklich *fiilî, hakikî
edimselcilik *phil.* Aktualismus *m* *aktüalizm
edinç, -ci was erworben worden ist *müktesebat
edinik; edinilmiş s. **edinsel**
edinim Erwerb, Gewinn *m* *iktisap
edinmek (m. Akk.) gewinnen, erwerben; sich et. an-, verschaffen od. beilegen; et. annehmen *iktisap etmek **O, bu huyu yeni edindi.** Diese sonderbare Gewohnheit hat er erst seit kurzem. s.a. **dost (fikir, iş)** ~
edinsel erworben *kisbî
edinti was erworben od. gewonnen worden ist; Erwerbung *f*, Gewinn *m*
edip, -bi *urspr.* [·–] 1. Literat, Schriftsteller *m* 2. *va.* wohlerzogen, anständig, brav, artig, gesittet, höflich, vornehm *edepli, terbiyeli, çelebi 3. ≗ [×·] *mV*
Edip, -pi *n.pr.* Ödipus
Edipal *psych.* Ödipus bzw. den Ödipus-Komplex betreffend
ediplik schriftstellerische Tätigkeit
Edirne *n.pr.* Edirne, Adrianopel (Stadt im gln. Rbz.) ~ **işi** Lackornament *n* (auf Zimmerdecke, Uhr usw.) ~ **kabı** *fr.* (Buch-)Einband *m* mit Lackornament *ruganî ~ **kırmızısı** 1. Türkischrot, Alizarinrot *n* *Türk kırmızısı 2. billiger, mst. türkischroter Baumwollstoff
Edirnekapı *n.pr.* Stadtteil von Istanbul
Edirnekâri s. **Edirne kabı** *bzw.* **Edirne işi**
edisyon Auflage *f*, Druck *m* (e–s Buches) ~ **kritik** kritische Ausgabe (e–s Buches)
ediş Art und Weise *f* des Tuns, Machens
editör Verleger, Herausgeber *m* *yayımlayıcı **editör-kitapçı** Verlagsbuchhändler *m*
edna [ā] (*ar. Elativ* zu **denî**) 1. geringst-, kleinst-, mindest- 2. nur ein ganz klein wenig 3. minderwertig, miserabel, schlechtest-
Edremit *n.pr.* Stadt u. D. im Rbz. Balıkesir
edükasyon *selt.* Erziehung, Ausbildung *f* *eğitim, terbiye
edvar [ā] 1. (*va. Pl.* zu **devir**) Epochen, Zeiten, Perioden *pl.* 2. Wissenschaft *f* und Lehrbuch *n* der türk. Musik ~ **musikisi** klassische türk. Musik
edviye *va. Pl.* zu **deva**

ef *(in der Ra.)* **-ten püften, deli kıza kaftan** 1. lächerliche Kleidung 2. zusammengestoppeltes Zeug
ef'a [ā] *va.* Viper, Natter *f (a. fig.)*
efdal, -li (*va. Elativ* zu **fazıl**) 1. höherstehend, überlegen 2. überaus verdienstvoll
efe (I) 1. *reg.* älterer Bruder *ağabey 2. (*spez.* Titel e–s angesehenen Zeybeks) schneidiger Kerl, junger Held (e–s Dorfes) (*spez.* Westanatolien) 3. Freischärler, Partisan *m* 4. *F* Großtuerei, Prahlerei *f* 5. *gel.* s. **Aydınlı;** ~ **satmak** (*od.* **yapmak**) *pej.* aufschneiden, angeben, sich aufspielen **-ye gelir** wer auf leere Prahlereien hereinfällt
efe (II) *selt.* Wirkung *f*, Effekt *m*
efedrin *pharm.* Ephedrin *n*
efekt, -ti *techn.* Leistung, Wirkung *f*
efektif 1. effektiv, wirklich, tatsächlich, bar (z. B. Geld) 2. Bargeld *n* 3. Effektivbestand *m*
Efel Kulesi *n.pr.* Eiffelturm *m*
efelek *dial.* s. **labada**
efelenmek sich wie ein **efe** benehmen: a) aufsässig sein b) großartig tun
efelik 1. *reg.* Stellung *f* od. Ansehen *n* e–s älteren Bruders 2. Schneid, Heldenmut *m* 3. Angebertum, Aufschneiden, Prahlen *n* 4. Partisanentum *n*
efemerit, -di (*franz.* **éphémérides**) s. **gökgünlüğü**
efemine effeminiert, weibisch, verweichlicht
efendi [·×·] 1. bis 1934 offizielle Anrede bzw. Titul. für: a) Offiziere bis zum Hauptmannsrang b) Schüler und Studenten c) Handwerker, Gewerbetreibende usw., die über dem **ağa,** jedoch unter dem **bey** standen 2. *hist.* Titul. für Prinzen u. Geistliche 3. Herr, Gebieter, Machthaber *m;* vornehmer od. großer Herr (*ant.* köle, kul, uşak) 4. Hinzufügung bei **bey** *od.* **hanım** s. **beyefendi, hanımefendi** 5. *P* s. **koca** (I) 6. *spött.* merkwürdig, sonderbar, eigenartig *Hazretleri 7. *mel.* vornehm, nobel, höflich, gebildet, edel, hochanständig 8. (als Zuruf) He da! Zu 6: **bu kitapçı** ~ dieser sonderbare Buchhändler Zu 7: **pek -den bir zat** ein sehr vornehmer Herr ~ **adam** ordentlicher, hochanständiger Mensch ~ **ağabey** s. **beyağabey;** ~ **baba** (halb vertrauliche, halb ehrende Anrede für den eigenen Vater od. für e–n fremden älteren Mann od. e–r Schwiegertochter gegenüber dem Schwiegervater) „Herr Vater" ~ **biçimi** *fr.* e–e besondere Art des Fes ~ ~ ordentlich, brav, anständig ~ **gibi yaşamak** herrlich und in Freude leben ~ **kapısı** (*od.* **dairesi**) *hist.* Sekretariat *n* der Janitscharen **²ler götürsün!** (scherzhafte Verwünschung für j–n, der auf e–n Anruf nicht mit „efendim" antwortet und nicht herkommt; etwa:) Hol dich der Teufel! **-m** (mit verschiedener Intonation) 1. (spez. als Antwort auf e–n Ruf) Hier! Ja, bitte? 2. Wie bitte? Was sagten Sie bitte? 3. (bes. in Verb. mit **evet** *od.* **hayır** dem franz. monsieur entsprechend und nicht ins Deutsche zu übersetzen) 4. gnädige Frau bzw. gnädiges Fräulein 5. Flickwort, das manche Erzähler gerne zur Unterstreichung des Gesagten verwenden; *(etwa:)* nicht wahr **²m nerede, ben nerede?** Ich habe et. ganz anderes gesagt, als Sie verstanden haben. **-me söyleyeyim** (Ra., die gerne dann verwendet wird, wenn e–m der erforderliche präzise Ausdruck nicht einfällt) Dingsda *m, f, n* **-miz** unser Herr *d.h.* (je nach dem Zusammenhang) 1. *va.* Sultan *m* 2. der Prophet Mohammed 3. Herr *m* des Hauses
efendice 1. wie ein vornehmer Herr (z. B. leben) 2. höflich, zuvorkommend
efendileşmek sich anständig (kavaliersmäßig) benehmen
efendilik, -ği 1. Benehmen *n* e–s gebildeten, höflichen, vornehmen Menschen 2. Vornehmheit, Noblesse, Würde, Freigebigkeit *f* 3. Herren-wesen, -menschentum *n* ~ **etmek** 1. ein vornehmes Wesen an den Tag legen 2. freigebig sein ~ **satmak** *pej.* sich hochfahrend benehmen **-ini takınmak** s. **edebini takınmak**
Efes *n.pr.* 1. Ephesus 2. türk. Zigarettenmarke
efgan [ā] *va.* Wehruf *m*, Klagen *n*
Efgan(-lı, -istan) s. **Afgan(-lı, -istan)**
efharisto *griech.* danke schön! *teşekkür ederim; mersi
ef'i [ī] s. **ef'a**
efiji (*franz.* **effigie**) (*spez. Numismatik)* Bild(-nis) *n* ~ **hakkı** Recht *n* der Münzprägung (mit Abbildung des Regierenden)
efil efil (in Verb. mit **etmek** *od.* **esmek**) wehen, flattern (Haare, Kleider *u. ä.*)
efkar *va. Elativ* zu **fakir; -ı fukaradan** die Ärmsten der Armen; in größter Not und Entbehrung lebend
efkâr *Pl.* zu **fikir** 1. Gedanken, Meinungen *pl.* 2. *F* traurige Gedanken *pl.*, Gram, Kummer *m,* Sorgen *pl.* 3. *gel. Abk.* von **-ıumumiye** 4. Absicht *f* Zu 3: **Amerika -ı** die öffentliche Meinung in Amerika ~ **dağıtmak** *F* die trüben Gedanken verscheuchen; aufhören nachzugrübeln ~ **etmek** s. **efkârlanmak**
efkârıumumiye öffentliche Meinung *halk efkârı, amme efkârı, kamuoyu
efkârlanmak *F* trüben Gedanken nachhängen, sich Sorgen machen
efkârlı *F* voll trauriger Gedanken, sich Sorgen machend, voll Kummer (Gram), schwermütig, melancholisch
efkârlılık *F* Kummer, Gram *m,* Sorgen *pl.*, Betrübnis, Schwermut, Melancholie *f*
Eflak, -kı *n.pr. hist.* Walachei *f*
eflâk, -ki *va. Pl.* zu **felek; -e ser çekmek** sehr hoch sein, zum Himmel reichen
Eflani *n.pr.* O. u. D. im Rbz. Zonguldak
Eflarus s. **Perse**
Eflatun [·– –] *n.pr.* Plato
eflatun [·– –] **(renkli)** fliederfarben, lila, rötlich-blaßblau
eflatunî [·–·–] 1. s. **eflatun** 2. platonisch *platonik
eflatuniye s. **platonizm**
eflüv (*franz.* **effluve**) Ausströmung *f*, Fluidum *n*
efor Anstrengung, Bemühung *f* *gayret
efrat, -dı [ā] *Pl.* zu **fert** 1. Einzelpersonen, Individuen, einzelne Exemplare *pl.* (e–r Gattung) 2. *mil. fr.* Mannschaften, Leute *pl.* *erler, erat 3. Einzelfälle *pl.* 4. Angehörige *pl.* Zu 3: s. Stw. **tarif** Zu 4: s. **aile -ı**
efrencî *z. va.* europäisch ~ **hastalıklar** Geschlechtskrankheiten *pl.* *zührevî hastalıklar **illeti efrenciye** s. **frengi**
efrenciye *z. va.* 1. Geschlechtskrankheiten *pl.* 2. Abteilung *f* für Geschlechtskranke (in e–m Hospital) *(1, 2) zührevîye
efrenç, -ci *va.* Europäer *m*
efriz *arch.* Fries(-verzierung *f*) *m*
Efruz *mV*
-efruz [ū] *va. pers. Sx.* 1. in Brand setzend 2. erleuchtend
efsane [ā] 1. Märchen *n,* Sage, Fabel, Legende, Mythe *f* 2. erlogene Geschichte ~ **ve efsun** *z. va.* phantastische Geschichten *pl.*, leeres Geschwätz
efsaneleşmek [ā] märchenhaften, legendarischen Charakter annehmen (z. B. Vorgänge)
efsaneli; efsanemsi; efsanevî [·–·–] märchenhaft, sagenhaft, legendär, Märchen-, Sagen-
efser *va.* Krone *f*, Diadem *n*
efsun(-cu) s. **afsun(-cu)**
efsus [ū] *va.* ach! leider!
EFTA = European Free Trade Association Europäische Freihandelsgemeinschaft *f* (*türk.*: **Avrupa Serbest Ticaret Birliği**)
eftamintokofti [×···×·] *V* Lüge *f*, Schwindel, Betrug *m,* Aufschneiden *n*
eftimon s. **(küçük) küsküt**

efüzyon 1. *phys.* Ausströmen *n* (z.B. von Gas) 2. *geol.* Erguß *m*, Effusion *f* (von Lava)
-efza [ā] *va. pers. Sx.* vermehrend
efzon s. **evzon**
efzun [ū] *z. va.* mehr (als), höher (als); über ... **Yaşı yirmiden dun ve otuzdan ~ değildir.** Er ist zwischen zwanzig und dreißig. ~ **etmek** *va.* vermehren; verlängern (z.B. Leben)
Egadi adaları *n.pr.* Ägadische Inseln *pl.* (westl. von Sizilien)
egale *(Sport)* ausgeglichen ~ **etmek** 1. ausgleichen, gleichkommen 2. (e–e best. Stufe) erreichen; e–n Rekord „einstellen", „egalisieren"
egalitarizm s. **eşitçilik**
egavlamak *V* erwischen, fangen
Ege *n.pr.* Ägäis *f*, ägäisches Gebiet (einschl. des westanatolischen Küstenlandes) ~ **denizi** *n.pr.* Ägäisches Meer *Adalar denizi ~ **havzası** *n.pr.* ägäisches Becken, Gebiet *n* der Ägäis ~ **medeniyeti** Ägäische (od. Kretisch-Mykenische) Kultur
ege Vormund *m*, Erziehungsberechtigter *veli
Egeli aus der westlichen Türkei stammend **-ler tercihimdir.** *(Heiratsinserat)* Am liebsten ein Mädchen aus der westlichen Türkei.
egelik Vormundschaft *f* *velâyet
egemen 1. s. **hâkim** 2. aller-höchst-, größt-
egemenlik s. **hâkimiyet;** ~ **işlemleri** s. **hâkimiyet muameleleri.** ≗ **ulusundur** s. **Hâkimiyet milletindir.**
Egin *n.pr.* Ägina (griech. Insel) ~ **körfezi** *n.pr.* Golf *m* von Ägina
eglog, -gu *lit.* Ekloge *f*
ego *psych.* Ego, Ich *n*
EGO Betriebsgesellschaft in Ankara für Elektrizität, (Leucht-, Heiz-)Gas und die städtischen Autobusse; gegr. 1927
egoculuk s. **benlikçilik**
egoist, -ti Egoist(-in *f*) *m* *bencil
egoistik egoistisch, selbstsüchtig
egoistlik s. **egoizm**
egoizm(-a) Egoismus *m*, Selbstsucht *f* *bencillik
egosantrik egozentrisch; Egozentriker *m*
egosantrizm Egozentrik, Ich-Befangenheit *f* *beniçincilik
egotizm s. **benlikçilik**
egü *selt.* (*franz.* **aigu**) *med.* akut *had
egzama [×··] Ekzem *n*, Juckflechte *f*, Hautausschlag *m*, Hitzebläschen *n* *mayasıl, tuzlubalgam
egzamalı 1. mit Ekzemen verbunden 2. wer mit e–m Ekzem (bzw. mit Ekzemen) behaftet ist
egzantem *med.* Exanthem *n*, Hautausschlag *m*
egzantrik s. **eksantrik**
egzark, -kı *hist.* Exarch *m*
egzarklık *hist.* Exarchat *n*
egzersis; egzersiz 1. Übung *f* *alıştırma, mümarese, temrin 2. Training *n* *antrenman
egzibisyonist, -ti s. **gösterici**
egzibisyonizm s. **gösterme hastalığı**
egzistansiyalist, -ti 1. existentialistisch 2. Existentialist(-in *f*) *m* *varoluşçu
egzistansiyalizm Existentialismus *m* *varoluşçuluk
egzofori *med.* Exophorie *f* (Anlage zum Schielen)
egzoftalmi *med.* Exophthalmus *m*, Glotzauge *n*
egzogami s. **dışarıdan evlenme**
egzojen *bot., geol., med.* exogen; von außen her kommend
egzokrin *med.* exokrin ~ **bez** s. **dış salgıbezi**
egzomorfizm s. **dışbaşkalaşım**
egzos *od.* **egzost, -tu** (*engl.* **exhaust**) *techn.* Auspuff(-rohr *n*) *m* ~ **gazı** *techn.* Abgas *n*
egzosfer s. **dış küre**
egzos(t)lu mit Auspuff; Auspuff- ~ **makine** Auspuffmaschine *f*
egzostoz 1. *med.* Exostose *f*, Knochenauswuchs *m* 2. *bot.* Auswuchs *m*
egzotik ausländisch, exotisch, fremd-ländisch, -artig
egzotizm 1. Vorliebe *f* für Exotisches 2. Exotik, Fremdartigkeit *f*
eğe (I) Feile *f* ~ **çizgisi** Feilstrich *m* ~ **dişleri** Feilenhiebe *pl.* ~ **ile almak** (*od.* **kesmek**) abfeilen ~ **sapı** Feilen-heft *n*, -stiel *m* ~ **talaşı** Feilspäne *pl.*
eğe (II) *an.* Rippe *f* *dılı, kaburga ~ **kemiği** *an.* Rippenknochen *m* *azmı dıl'î
eğeci Feilenhauer, Feiler *m*
eğel s. **agel**
eğelemek (ab-, zu-)feilen
eğelerarası *an.* 1. interkostal *beyneddıl'î 2. Interkostalraum *m*
eğeli mit Feile (bzw. Rippe) ~ **tomar** *mil., hist.* Krätzer *m* (für alte Geschütze)
eğer (I) [eger] *od.* [e–er] [×·] mit folg. **ise** wenn, falls
eğer (II) s. **eyer**
eğerçi *va.* s. **gerçi**
eğiç *agr.* 1. Gerät *n* zur Entnahme des Honigs aus dem Bienenhaus 2. Obstpflücker *m* (Gerät)
eğik *a. math.* schräg, geneigt, schief *mail ~ **biçme** (*od.* **prizma**) *math.* schiefes Prisma *mail menşur ~ **çizgi** Schrägstrich *m* ~ **flüt** s. **yan flüt;** ~ **merdiven** *(Turnen)* schräge Leiter ~ **silindir** *math.* schiefer Zylinder *mail üstüvane
eğiklik Abhang *m*, Gefälle *n*, Böschung, Neigung *f* *meyil
eğilim 1. Hin-, Zu-neigung *f* 2. Richtung, Tendenz *f*
eğilimli hinneigend (zu), sympathisierend (mit)
eğilme 1. Vs. zu **eğilmek** 2. *math.* Neigung *f* *meyil 3. *phys.* Inklination *f* (e–r Magnetnadel) *meyil
eğilmek 1. Pass. zu **eğmek** 2. sich bücken 3. sich verbeugen 4. sich beugen, sich unterwerfen 5. hinneigen (zu), sympathisieren (mit) 6. (bş üzerine) sich eingehend beschäftigen (mit); sich et. angelegen sein lassen *bir işi önemseyip ele almak **Eğilen baş kesilmez.** *Spr.* 1. Wer sich unterwirft, kommt mit dem Leben davon. 2. Wer Reue zeigt, dem wird verziehen. **eğilip bükülmek** sich winden (vor Verlegenheit, Scham, Ziererei usw.) **Dışarı eğilmemesi rica olunur!** Nicht hinauslehnen!
eğilmez unbeugsam
eğilti s. **eğilim**
eğim 1. *geogr.* Gefälle *n*, Abdachung *f*, Abhang *m* 2. *math.* Gefälle *n*, Neigung *f* *(1, 2) meyil ~ **ölçeği** *math.* Gefälle *n* *meyil mikyası
eğimli 1. mit (nb.) Gefälle 2. sich hingezogen fühlend; geneigt (zu) 3. geschickt, anstellig *eli yatkın Zu 1: s. **en büyük ~ doğru**
eğimölçer *geol., naut.* Klinometer *n*, Neigungsmesser *m* *klinometre
eğin, -ğni *P* oberer Teil des Rückens **-e binmek** *fig.* quälen, einschüchtern, tyrannisieren
eğinç 1. Auswuchs *m*, Geschwulst *f* *ur 2. Warze *f* *siğil
eğindirik 1. Schultermantel, Überhang, Überwurf *m* 2. *spez.* großer Umschlagkragen (z.B. an e–m Pelzmantel)
eğingen sehr geneigt od. zugeneigt; starke Neigung (Lust, Liebe) besitzend (zu) *meyyal
eğinik geneigt *mail
eğinim 1. Vs. zu **eğinmek** 2. *psych.* Neigung, Lust, Liebe *f* *meyelân
eğinmek (m. Dat.) Neigung (Lust, Liebe) haben (zu) *meyletmek
eğinti 1. Feilspäne *pl.* 2. schwach abschüssiges Gelände
eğir *P* 1. *bot.* Nektar *m* 2. s. **Azak eyiri;** ~ **mumu** Propolis *f*, Vorwachs *n* (Baustoff der Bienenwaben)

eğirgeç, -ci *dial.* Garnspindel *f*
eğirici 1. spinnend; Spinner(-in *f*) *m* 2. Spinnmaschine *f*
eğirmeç *dial.* s. **eğirgeç**
eğirmek spinnen (Wolle usw.)
eğirmen *dial.* Spinnrocken *m,* Kunkel *f* *kirman
eğitbilim(-sel) s. **pedagoji(-k)**
eğitici 1. Unterrichts-, Erziehungs-, Lehr- 2. instruktiv, lehrreich 3. s. **eğitmen**
eğitilebilir erziehbar, bildungsfähig (Kind)
eğitim Unterricht *m,* Erziehung, Ausbildung *f* *terbiye, talim ~ **fişeği** *mil.* Übungspatrone *f* ~ **filmi** Lehrfilm *m* ~ **ve öğretim hürriyeti** Lern- und Lehrfreiheit *f*
eğitimci Erzieher(-in *f*) *m,* Pädagog-e *m,* -in *f,* Lehrer(-in *f*) *m,* Ausbilder(-in *f*) *m* *terbiyeci
eğitimleştirmek erziehen, ausbilden
eğitimli 1. ausgebildet 2. von erzieherischem Wert; pädagogisch wertvoll *terbiyevî
eğitimsel s. **eğitsel**
eğitimsiz 1. unausgebildet 2. ohne erzieherischen Wert
eğitmek 1. ausbilden, erziehen 2. abrichten, dressieren (Tier) *(1, 2) yetiştirmek
eğitmen Ausbilder, Instruktor, Lehrer *m*
eğitsel pädagogisch, erzieherisch, Erziehungs- ~ **bir yazı** e–e pädagogische Abhandlung
eğlek, -eği *P* 1. Wohnsitz, Wohnort *m,* Wohnung *f* 2. schattiger Rastplatz (e–r Herde)
eğlemek 1. auf-, fest-, zurück-halten 2. unterhalten, belustigen, amüsieren Zu 1: **Beni işler eğledi de vaktinde yetişemedim.** Ich hatte noch einiges zu erledigen und konnte daher nicht rechtzeitig kommen.
eğlence 1. Sich-Vergnügen *n* 2. Unterhaltung, Belustigung *f,* Spaß *m,* Vergnügen, Amusement *n* 3. Zielscheibe *f* des Spottes 4. Spielerei *f* 5. lustige, vergnügte Gesellschaft ~ **için** zum Spaß, zum Zeitvertreib ~ **yeri** Vergnügungslokal *n* **-ye düşkün** vergnügungssüchtig
eğlenceli vergnüglich, unterhaltsam, belustigend, amüsant
eğlencelik 1. et. zum Knabbern (wie Süßigkeiten, geröstete Mandeln, Kürbiskerne usw.), Leckerei *f* 2. Zielscheibe *f* des Spottes
eğlendirici unterhaltend, belustigend, amüsant ~ **oyun** *Th.* Unterhaltungsstück *n*
eğlendirmek 1. unterhalten, belustigen, amüsieren 2. j–n auf-, zurück-halten *alıkoymak
eğlenmek 1. sich vergnügen, sich unterhalten, sich belustigen, sich amüsieren 2. (b–le) j–n verspotten, herziehen (über) 3. sich aufhalten; bleiben; sich beschäftigen, sich die Zeit vertreiben Zu 3: **Sen burada biraz eğlen, ben şimdi gelirim.** Vertreib dir ein bißchen die Zeit, ich bin gleich wieder zurück.
eğlenti Vergnügen *n* (mit Musik und Alkohol) *cümbüş
eğleşik ansässig, wohnhaft *mukim
eğleşmek 1. sich halten; bleiben 2. wohnen; ansässig sein Zu 1: **Kar kuytuda, para pintide eğleşir.** *Spr.* Schnee hält sich an abgelegenen Stellen, Geld bei e–m Geizhals.
eğme 1. Vs. zu **eğmek** 2. *P* schief aufgesetzte Kopfbedeckung *eğribaş Zu 1: ~ **tecrübesi** Biegeprobe *f*
eğmeç, -ci Bogen *m,* Krümmung *f* *kavis
eğmek 1. schief (schräg) halten (z.B. Glas); neigen, senken (z.B. Kopf) 2. schräg aufsetzen (z.B. Hut) 3. biegen, beugen (z.B. Nacken), krümmen 4. geneigt machen, überreden, *F* breitschlagen
eğmel gekrümmt, gewölbt, gebogen *mukavves
eğre Satteldecke *f* (aus Filz)
eğrek Entwässerungsgraben *m*
eğrelti s. **eğreltiotu; -ler** Farnpflanzen *pl. bot.* Pteridophyta
eğreltilik mit Farnkräutern bestandene Stelle
eğreltiotları, -nı Farnkräuter *pl. bot.* Filicineae
eğreltiotu, -nu Farn(-kraut *n*) *m bot.* Filicina (u.a.)
eğreltiotugiller Tüpfelfarne *pl. bot.* Polypodiaceae *serhasiye
eğreti 1. geliehen, geborgt 2. künstlich 3. falsch, unecht (z.B. Edelsteine) 4. provisorisch, behelfsmäßig, vorläufig, Ersatz-, Aushilfs-, Not-, Behelfs- *muvakkat 5. nicht richtig od. nicht ordentlich angebracht Zu 2: s. ~ **diş(bacak)** Zu 3: **Bu yüzüğün taşı -dir.** Der Stein in diesem Ring ist nicht echt. ~ **saç** falsche Haare *pl.* Zu 4: s. ~ **köprü** Zu 5: **Tencerenin kapağı ~ duruyormuş, düşüverdi.** Der Deckel war nicht richtig auf den Topf gesetzt worden und ist heruntergefallen. ~ **almak** (bşi b–den) sich von j–m et. ausleihen, ausborgen ♎ **ata binen tez iner.** *Spr. (Sinn:)* Eigener Herd ist Goldes wert. *Spr.* ~ **bacak** künstliches Bein; Beinprothese *f,* Stelzfuß *m* ~ **diş** künstlicher (falscher, unechter) Zahn, Zahnprothese *f,* Stiftzahn *m* ~ **durmak** auf Abruf irgendwo tätig sein ~ **dümen** *naut.* Notruder *n* ~ **göz** Glasauge *n* ~ **ilişiği** *hist.* Lehnsverhältnisse *pl.* ~ **kapı** blinde Tür ~ **konum kuralı** *math.* Regula falsi *f* ~ **köprü** Not-, Behelfs-brücke *f* ♎ **kuyruk tez kopar.** *fig.* Auf et. Unsolides soll man sich nicht einlassen. ~ **merdiven** Leiter *f* ~ **sözleşmesi** *jur.* Leihvertrag *m* *ariyet akdi ~ **vermek** ver-, aus-leihen, ausborgen ~ **yaka** Halskrause *f* **-den** zeitweilig, vorübergehend, provisorisch *muvakkaten **-ye almak (bir binayı)** ein Gebäude von unten abstützen (z.B. bei Reparatur od. Erneuerung des unteren Teils)
eğretileme *stil.* Metapher *f;* bildlicher Ausdruck *istiare
eğretilemeli *stil.* 1. metaphorisch, bildlich 2. reich an Metaphern *istiareli
eğretili die mit e–r Metapher bezeichnete Person
eğretilik *selt.* zeitweilige Dauer; temporäres Stadium
eğretim s. **eğretileme**
eğri 1. nicht gerade, schief, verbogen, krumm, gekrümmt, gewunden *çarpık, muavveç 2. gleichmäßig gebogen; bogenförmig, gewölbt *mukavves 3. schräg, schief, geneigt *mail 4. a) (Person) betrügerisch, unehrlich, unlauter, unzuverlässig b) (Sache) erfunden, unwahr, falsch c) falsch, verkehrt (auffassen, verstehen) 5. ungerechtfertigt, unbillig 6. *math.* Kurve *f* *münhani 7. Spant *n,* Schiffsrippe *f* ~ **asansör** Schrägaufzug *m* ~ **bacaklı** krumm-, säbel-beinig ~ **bahane** lügenhafte Ausrede ~ **bakmak** 1. *selt.* schielen 2. scheelen Auges betrachten; mißtrauisch ansehen 3. wütend dreinblicken ~ **büğrü** 1. krumm und schief, windschief; aus aller Fasson geraten 2. gewunden (z.B. Weg) 3. schlecht, erbärmlich, miserabel ~ **cetvel** Kurvenlineal *n* ~ **çehre** finsteres, unfreundliches Gesicht ~ **çizgi** *math.* krumme Linie; Kurve *f* *hattı münhani ~ **demir** Schusteramboß, Dreifuß *m* ~ **durmak** sich schlecht benehmen ♎ **düzü beğenmez, bu da bizi beğenmez.** *Spr.* Wenn es dir nicht gefällt, bist du selber daran schuld. ~ **el** Bogenhenkel *m* ♎ **gemi, doğru sefer.** *fig.* Auch bei Verwendung nicht ganz geeigneter Hilfsmittel kann das erstrebte Ziel erreicht werden. ~ **gitmek** *fig.* 1. krumme Wege gehen, unredlich vorgehen 2. abirren, fehlgehen ~ **gönye** Schrägwinkel *m* ~ **kalem** Balleisen *n,* Krummeißel *m* (des Tischlers) ♎ **Kemer** *n.pr.* Gebogener Aquädukt (von Pyrgos) (bei Istanbul) ~ **kenar** schräge Kante ~ **kılıç** Krummschwert *n* ~ **makas** gebogene Schere ~ **oturmak** sich hinflätzen, sich hinlümmeln ~ **oturup doğru konuşmak** immer (unverblümt) die Wahrheit sagen ~ **piyano** kreuzsaitiges Klavier ~ **söz** gehässiges Wort ~ **söylemek** 1. et. Kränkendes sagen 2. es mit der Wahrheit nicht genau nehmen, ein wenig flunkern ~ **tabak** Schiefteller *m bot.* Achimenes ~ **yüzey** *math.* krumme Fläche *sathı münhani ♎**de tok, doğruda aç görülmez.** *(etwa:)* Glück hat auf die Dauer doch zumeist wohl nur der Tüchtige. (Moltke) **-si doğrusuna gelmek** *fig.* sein Ziel auf Umwegen erreichen

Eğri *n.pr. hist.* Eger, Erlau (in Ungarn)
eğribacak krumm-, säbel-, o-, x-beinig
eğribaş s. **eğme** (2)
Eğriboz (adası) *n.pr.* Euböa
Eğridağ s. **Ağrıdağı**
Eğridir *n.pr.* O. u. D. am Eğridir-See im Rbz. Isparta
eğrigidiş s. **loksodromi**
eğrik gekrümmt, gebogen
eğrili *math.* gekrümmt, krumm(-linig) *eğrisel, münhani
eğrilik 1. Krumm-, Gekrümmt-, Verbogen-sein *n,* Krümmung, Windung *f* 2. Gleichmäßig-Gebogensein *n,* Bogenform, Wölbung *f* 3. Schräge, Schiefe, Neigung *f* 4. *math.* Biegung, Krümmung *f* *inhina 5. Unehrlichkeit, Unaufrichtigkeit *f* 6. Unbilligkeit *f*
eğrilmek 1. krumm werden, sich verbiegen 2. sich gleichmäßig biegen od. wölben 3. e–e schräge od. schiefe Lage annehmen, sich abschrägen, sich neigen
eğriltmek s. **eğritmek**
eğrim 1. Strudel, Wasserwirbel *m* 2. filzbezogenes Holzgestell unter dem Pferdesattel
eğrisel s. **eğrili**
eğritmek krümmen, biegen
eğsinim *psych.* Neigung *f,* Hang *m* (zu) *meyelân
eh *Int.* 1. (Ausdruck halber Zustimmung od. Zufriedenheit) na (also), na ja, nun 2. [–] (Ausdruck der Unzufriedenheit) jetzt aber, doch Zu 1: **Gidelim mi? – Eh, haydi gidelim!** Wollen wir gehen? – Na ja, gehen wir schon! **Nasılsınız? – Eh, şöyle böyle.** Wie geht es Ihnen? – Na, so la la. Zu 2: **Eh, artık dur bakalım!** a) Nun bleib einmal stehen! b) Jetzt mach aber e–n Punkt!
ehemmiyet, -ti 1. Wichtigkeit, Bedeutung, Erheblichkeit *f,* Belang *m* *önem 2. Nachdruck *m,* Unterstreichen, Hervorheben *n* ~ **kazanmak** (*od.* **kesp etmek**) Bedeutung gewinnen, wichtig werden ~ **vermek** (bşe) e–r Sache Bedeutung beimessen, et. wichtig nehmen od. mit Ernst betreiben **-çe biribirinden hiç de geri kalmayan** einander in keiner Beziehung nachstehend **-i olmak** Bedeutung besitzen, wichtig sein **-le kaydetmek** nachdrücklich hervorheben, besonders unterstreichen, ausdrücklich betonen **-le rica etmek** dringend bitten, nachdrücklich ersuchen **-le tahkik etmek** mit allem Nachdruck untersuchen
ehemmiyetlenmek (an) Bedeutung gewinnen, gewichtiger werden
ehemmiyetli wichtig, erheblich, bedeutend, von Bedeutung od. Belang *mühim, önemli
ehemmiyetsiz unwichtig, bedeutungslos, unerheblich, ohne Belang, belanglos *önemsiz
ehemmiyetsizlik Unwichtigkeit, Bedeutungslosigkeit, Belanglosigkeit *f* *önemsizlik
ehibba s. **ahibba**
ehil, -hli 1. Gemeinschaft, Gemeinde, Menge, Versammlung *f* *cemaat, topluluk 2. Besitzer *m* *sahip 3. wer sich auf et. versteht, für et. kompetent, begabt ist *yetenekli 4. *P* Gatte, Mann *m,* Gattin, Frau *f* *eş 5. Bewohner, Einwohner *m* ~ **kılmak** befähigen
ehlen ve sehlen! *va.* Willkommen!
ehlî 1. gezähmt, zahm, Haus- *evcil 2. einheimisch, lokal *yerli ~ **hayvan** Haustier *n*
ehliaba [···–]; **ehlibeyt, -ti** nächste Angehörige des Propheten Mohammed (seine Tochter Fatima, sein Schwiegersohn Ali sowie seine Enkel Hasan und Hüseyin)
ehlidil weise, abgeklärt, heiter, gleichmütig, unbeschwert, unkonventionell, jovial *deryadil, gönül eri; s.a. **kalender, rint**
Ehlihak, -kkı *n.pr.* „die Leute Gottes" (Name e–r extremschiitischen Geheimreligion spez. im westlichen Persien)
ehlihal, -li [ā] wer zeitweise in mystische Verzückung gerät; Ekstatiker *m* *Allah adamı
ehlihıref *hist.* s. **orducular**
ehlihibre(-lik) s. **ehlivukuf(-luk)**
ehliirfan [ā] *va.* Gebildete *pl.*
ehliislâm *z. va.* Anhänger *pl.* des Islams, Mohammedaner *pl.*
ehlikalem s. **kalem sahibi**
ehlikeyif, -yfi wer an materiellen Genüssen (insbesondere an Essen und Trinken) Freude hat; Epikureer, Bonvivant *m*
ehlikıble 1. Mohammedaner *pl.* 2. (Entstellung von **ehlihibre**)
ehlikitap, -bı [ā] „die Besitzer der Offenbarungsschriften" *d.h.* Mohammedaner, Christen, Juden *pl.*
ehlikubur [···–] *va.* die Toten (in ihren Gräbern)
ehlileşmek zahm, gezähmt werden, zum Haustier werden
ehlileştirmek zähmen, zum Haustier machen
ehlimerak *va.* Wißbegierige *pl.*
Ehlisalip, -bi [···–] 1. *hist.* Kreuzfahrer *pl.* 2. *abus.* Kreuzzug *m* ~ **Seferleri** *hist.* Kreuzzüge *pl.* *Haçlılar Seferleri, Haç Seferleri, Haçlı Seferler
ehlisünnet, -ti Sunniten *pl.*
ehlitarik, -kı [···–] *va.* Angehörige *pl.* e–r Derwischgemeinschaft
ehlivukuf [···–] Experte, Sachverständiger, Gutachter, Kenner *m* *ehlihibre, bilirkişi
ehlivukufluk 1. Aufgabe *f* e–s Sachverständigen 2. (Sachverständigen-)Gutachten *n,* Expertise *f* *bilirkişilik
ehliyet, -ti 1. Fähigkeit, Begabung *f* *yetenek 2. Zuständigkeit, Kompetenz *f* 3. *Abk.* für ~ **vesikası;** ~ **imtihanı** Befähigungsprüfung *f,* Fähigkeitsnachweis *m* ~ **sahibi** Fachmann *m* ~ **vesikası** Bescheinigung *f* über e–e best. Fähigkeit *spez.* Führerschein *m*
ehliyetli 1. qualifiziert, befähigt, begabt 2. zuständig, kompetent
ehliyetname [ā] Befähigungs-zeugnis *n,* -nachweis *m spez.* Führerschein *m* *yeterlik belgesi
ehliyetnameli [ā] wer im Besitz e–s Befähigungsnachweises *spez.* e–s Führerscheins ist
ehliyetnamesiz [ā] wer nicht im Besitz e–s Befähigungsnachweises *spez.* e–s Führerscheins ist
ehliyetsiz 1. unfähig, unbegabt, nicht qualifiziert 2. unzuständig, inkompetent
ehliyetsizlik 1. Unfähigkeit, Unbegabtheit *f,* fehlende Qualifikation 2. Unzuständigkeit, Inkompetenz *f*
ehlizimmet, -ti s. **zimmîler**
ehram [ā] *urspr. Pl.* 1. *va.* Pyramiden *pl.* 2. Pyramide *f* *piramit **≗lar Muharebesi** Schlacht *f* bei den Pyramiden (1798) ~ **tepelik** *arch.* kleine Pyramide (als Obelisk- od. Grabstein-abschluß) *ehramcık
ehramcık s. **ehram tepelik**
ehramî [·––] pyramidenförmig, Pyramiden- *piramidal ~ **kavak** s. **piramit kavak**
Ehrimen *n.pr.* 1. Ahriman (Gott des Bösen in der zoroastrischen Religion) 2. Prinzip *n* des Bösen, Teufel *m*
ehven 1. leicht, leichter (z.B. Vergehen) 2. billig, wohlfeil, preiswert, mäßig, vorteilhaft 3. (m. Abl.) relativ besser (als); nicht ganz so schlecht (wie) 4. kleiner, geringer (Übel) ~ **fiyatla satılık** preisgünstig (billig) zu verkaufen ~ **fiyatlar** mäßige Preise *pl.* ~ **kurtulmak** billig davonkommen ~ **şartlar** vorteilhafte Bedingungen *pl.*
ehvenişer (*gel. a.* **şerlerin ehveni** *od.* nur **ehveni**) das kleinere (geringere) Übel
ehvenişerreyn *va.* das kleinere der beiden Übel
ehveniyet, -ti; ehvenlik Billigkeit *f,* Vorteilhaftsein *n*
ejder 1. *va.* große Schlange 2. Drache, Lindwurm *m* ~ **ağacı** s. **kardeşkanı ağacı;** ~ **başı** türkischer Drachenkopf *m bot.* Dracocephalum (moldavica u.a.) *drakosefalum ~ **kanı** s. **kardeşkanı;** ~ **otu** Drachenkraut *n bot.* Dra-

contium ~ **yılı** *hist.* das 4. Jahr des alttürk. 12-Jahres-Zyklus
ejderha [ā] 1. s. **ejder** 2. ≗ Drache *m* (Sternbild) *Tinnin ~ **gibi** riesengroß und furchteinflößend
Ejderhan [ā] *z. va. Bez.* für **Astrakan**
ejektör *techn.* 1. Ejektor, Auswerfer *m* 2. Spritzdüse, Strahl-gebläse *n*, -pumpe *f* 3. Exhaustor *m*
ejiptolog Ägyptolog-e *m*, -in *f*
ejiptoloji Ägyptologie *f*
ejiptolojik ägyptologisch
ek, -ki 1. Zusatz, Anhang *m*, Anfügung *f* 2. Ansatz-, Verlängerungs-stück *n* 3. Nachtrag *m* (zu e–m Gesetz, Schriftstück usw.) 4. An-, Bei-lage, Zugabe *f* 5. Anbau *m* 6. Ansatz-, Verbindungs-stelle, Fuge *f*, *techn. a.* Stoß *m* 7. *gr.* (Flexions-)Endung *f* *çekim eki, lâhikai tasrifiye 8. *gr.* Affix, Suffix *n* *lâhika, pes edat, sonek, süfiks, yapı eki 9. höckerige (Wunden-)Narbe *f* 10. zusätzlich, Zusatz-; *bot.* adventiv *munzam 11. beigefügt, anliegend *melfuf, iliştirilmiş 12. **-ler** *pl. biol.* zugehörige Teile, Adnexe *pl.* *levahik, mülhakat ~ **aralığı** *techn.* Stoßfuge *f* ~ **bağlama cıvatası** Stoßbolzen *m* ~ **bağlama köşebendi** Stoßwinkel *m* ~ **bent olmak** *F* vor lauter Erstaunen nichts zu sagen wissen ~ **bileziği** *techn.* Muffe *f* (Verbindung zweier Rohrenden) *manşon ~ **dolaş olmak** *F* zudringlich, lästig sein ~ **görev** Zusatzverpflichtung *f* *munzam vazife ~ **kenarı** Stoßkante *f* ~ **kök** *bot.* Luftwurzel *f* *cezri arızî ~ **levhası** Stoßplatte *f* ~ **ödenek** s. **munzam tahsisat;** ~ **protokol** Zusatzprotokoll *n* ~ **saçı** Stoßblech *n* ~ **sigorta** Nebenversicherung *f* ~ **şeridi** Nahtstreifen *m* ~ **tekeri** *techn.* Flansch *m* *flanş ~ **üçret** s. **munzam ücret;** ~ **vurmak** an-, bei-fügen, verlängern ~ **yeri** 1. Ansatz-, Verbindungs-, Schweiß-stelle, Naht, Fuge *f* 2. Gelenkstelle *f* 3. Narbe *f* *yara izi 4. Mangel, Defekt *m* ~ **zamir** s. **ilgi eki; -ini belli etmemek** sich et. nicht anmerken lassen, et. zu verbergen wissen **-ten püften** zusammengestoppelt; bunt zusammengewürfelt *derme çatma
ekâbir *Pl.* zu **ekber** Große, Vornehme, Angesehene *pl.*, *F* die hohen Tiere *büyükler, kodamanlar **-i devlet** *va.* führende Staatsmänner *pl.* (s. a. **Âdet budur ...** usw.)
ekal, -lli *Elativ* zu **kalîl** wenigst-, überaus wenig
ekalliyet s. **akalliyet**
ekanim [·——] (*va. Pl.* zu **uknum**) Grundsätze, Hypostasen *pl.*
ekanimiselâse [·——··—·] (christliche) Lehre der Dreieinigkeit
ekar (*franz.* **écart**) (*mst.* **büyük** ~) (*Turnen, Ballett*) Spagat *m, n*
ekarisaj (*franz.* **équarrissage**) Abvieren *n* (von Baumstämmen)
ekarte (I) *Ka.* Ekarté *n*
ekarte (II) 1. entfernt, aus dem Wege geräumt (z. B. Hindernis) 2. *Fb.* umspielt (Gegner) ~ **etmek** 1. entfernen, beseitigen, aus dem Wege räumen 2. *Fb.* umspielen, stehen lassen (Gegner)
ekartör (*franz.* **écarteur**) *med.* Wundhaken, Retraktor *m*
ekber (*Elativ* zu **kebir**) 1. größer, größt-, überaus groß, erhaben 2. ≗ *mV* ~ **evlât** ältestes Kind *spez.* ältester Sohn ~ **evlât hakkı** *jur.* Erstgeburtsrecht *n*
ekele (*va. Pl.* zu **akil** I) Vielfraße *pl.*
ekelge *dial.* anbaufähiges od. bestelltes Feld *mezraa
ekeylem; ekfiil *gr.* Verbum substantivum *n*, Kopula *f*
ekgün s. **artıkgün**
ekici 1. säend; Sämann *m* 2. Pflanzer *m*
ekiç s. **eğiç**
ekid [·—] *va.* 1. stark, fest, kräftig 2. bestimmt, deutlich, aus-, nach-drücklich 3. dringlich, zwingend
ekiden [ī] *z. va. Adv.* 1. in starker, kräftiger Weise, mit Festigkeit 2. nachdrücklich, energisch, dringend 3. in zwingender Weise
ekidne s. **karıncayiyen** (2)
ekil, -kli *va.* Essen, Verzehren, Verbrauchen, Abnutzen *n* **-e salih** eßbar *yenilir
ekili besät, bestellt, angebaut (z. B. Feld) **buğday** ~ **bir tarla** ein mit Weizen bebautes Feld
ekilmek 1. Pass. zu **ekmek** (I) 2. *V* im Stich gelassen werden Zu 1: **ekilmeyen arazi** unbestelltes, nicht angebautes Land
ekim 1. Säen *n*, (Aus-)Saat *f*, Bestellen *n*, Anbau *m* 2. **(ayı)** Oktober *m* *teşrinievvel, ilkteşrin, birinci teşrin ≗ **İhtilâli** die (russische) Oktoberrevolution ~ **makinesi** Sämaschine *f*
ekimoz *med.* Ekchymose *f*, blutunterlaufene Stelle (in der Haut), blauer Fleck *bere
ekin 1. Saat *f*, Getreide, Korn *n* (von der Zeit der Aussaat bis zur Ernte) 2. Kultur *f* *kültür ~ **ambar güvesi** s. **buğday güvesi;** ~ **bağı** Korngarbe *f* ~ **biçmek** das Getreide mähen, das Korn schneiden ~ **biti;** ~ **böceği** s. **buğday biti;** ~ **çekirgesi** Feldheuschrecke *f zo.* Acrida bicolor ~ **ekmek** Korn säen ~ **iti gibi** hochmütig dreinblikkend ~ **kamburböceği** Getreidelaufkäfer *m zo.* Zabrus tenebrioides ~ **kazı** Saatgans *f zo.* Anser fabalis ~ **pası** s. **buğdaypası;** ~ **sap arısı** Getreidehalmwespe *f zo.* Cephus pygmaeus ~ **sinekleri** Halmfliegen *pl. zo.* Chloropidae *sap sinekleri ~ **yelvesi** Grauammer *f zo.* Emberiza calandra
ekinci 1. Sämann *m* 2. Mäher, Schnitter *m* 3. Landmann, Bauer *m*
ekincilik 1. Getreideanbau *m* 2. Landwirtschaft *f*
ekinç s. **kültür**
ekinkargası, -nı Saatkrähe *f zo.* Corvus frugilegus *alaca karga, gök karga
ekinlik bestelltes Feld; Kornfeld *n* ≗ **adası** *n.pr.* Elaphonesos (kleinere Marmara-Insel)
ekinokok, -ku Blasenwurm *m zo.* Echinococcus
ekinoks *astr.* Äquinoktium *n*, Tagundnachtgleiche *f* *itidal, gün-tün eşitliği, tesavii leylünehar
ekip, -bi, -pi (*franz.* **équipe**) 1. Trupp *m*, Abteilung *f* 2. *(Sport)* Mannschaft *f* *takım, tim 3. Belegschaft, Schicht *f*
ekipaj 1. *fr.* Equipage *f*, Luxuswagen *m* 2. *naut.* Mannschaft *f* 3. Besatzung *f* (e–s Flugzeugs)
ekipman *spez. techn.* Ausrüstung, Ausstattung *f*
ekivok, -ku 1. doppel-, mehr-deutig, zu Mißverständnissen Anlaß gebend 2. zweifelhaft, verdächtig 3. unklar, unübersichtlich
ekkâl, -li *chem.* ätzend, zerfressend *aşındıran
eklampsi *med.* Eklampsie *f* *havale
eklektik eklekt(izist)isch; Eklektiker *m* *seçmeci
eklektizm Eklektizismus *m* *iktitafiye, seçmecilik
eklem 1. *an.* Knochen-fügung, -verbindung *f*, Gelenk *n* 2. *bot.* Knoten *m* ~ **bağı** *an.* elastisches Band *ribatı beynelmafsalî ~ **duyusu** s. **kinestezi;** ~ **katılaşması** s. **ankiloz;** ~ **kapsülü** *an.* Gelenkkapsel *f* *mahfazai mafsaliye ~ **sıvısı** *med.* Gelenkschmiere, Synovia *f*
eklembacaklılar Gliederfüßer *pl. zo.* Arthropoda *zatülercülülmafsaliye
ekleme 1. Vs. zu **eklemek** 2. verlängert, angefügt ~ **direk** *naut.* Stenge *f*, Verlängerungsmast *m* ~ **dişi** s. **duvar dişi**
eklemek 1. verlängern (durch ein Ansatzstück) 2. an-setzen, -fügen, -stücken; hinzu-fügen, -setzen 3. zusammensetzen, aneinanderfügen 4. zusammenlegen (Geld), vereinigen (Kräfte usw.) 5. *V* e–n Faustschlag versetzen od. mit der Faust niederschlagen
eklemeli agglutinierend (Sprache) *bitişimli, bitişken
eklemeotu, -nu s. **küçük atkuyruğu**

eklemlemek (bş ile) durch ein Gelenk verbinden
eklemlenmek in Gelenkfügung verbunden sein, ineinander passen, sich ineinander fügen, artikulieren *mafsallanmak
eklemli Gelenk-, Glieder-; **-ler** Gliedertiere *pl. zo.* Articulata
eklenik s. **mülhak**
eklenmek Pass. zu **eklemek;** *a.:* hinzukommen
eklenti 1. An-, Bei-fügung *f* 2. *gr. va.* Suffix *n* od. Endung *f* 3. *geol.* akzessorisch *aksesu(v)ar 4. **-ler** s. **müştemilât**
ekler (*franz.* **éclair**) 1. Reißverschluß *m* *fermuar 2. Eklair *n,* Liebesknochen *m* (Gebäck)
eklerli mit Reißverschluß
ekli 1. verlängert 2. an-gesetzt, -gefügt, -gestückt 2. zusammengesetzt, aneinandergefügt 4. zusammengelegt (Geld), vereinigt (z. B. Kräfte) ~ **püklü** unordentlich angestückelt
eklimetre (*franz.* **éclimètre**) Gefällemesser, Azimutkompaß *m* (in der Topologie)
ekliot, -tu s. **atkuyruğu**
eklips s. **tutulma**
ekliptik s. **tutulum**
ekliyıl s. **artıkyıl**
eklüz (*franz.* **écluse**) Schleuse(-nanlage) *f*
ekmek (I), **(-er)** 1. säen, 2. bestellen (Felder); anbauen (z. B. Getreide) 3. streuen (z. B. Salz, Pfeffer usw.), ausstreuen 4. *V* et. fallen lassen, verlieren 5. *V* ausgeben, vergeuden 6. *V* j–n abhalftern, abhängen; sich loseisen (von) 7. *V* versetzen (z. B. Faustschlag), herunterhauen (z. B. Ohrfeige) 8. *V* schneller fahren (als), überholen (z. B. Auto) **Eken biçer** (*a. mit der Forts.* **konan göçer**). *Spr.* Was der Mensch sät, das wird er ernten. **ekip biçmek** säen und ernten **Ekmeden biçilmez.** Wer nicht sät, wird auch nicht ernten. **Ekmediğin yerde biter.** Alle Augenblicke kommt er und stört e–n.
ekmek (II), **-eği** 1. Brot *n* 2. Broterwerb *m,* Stellung, Stelle *f* 3. Essen *n* ≗ **aslanın ağzında.** Es ist nicht leicht, sich sein Brot zu verdienen. ≗ **çarpsın!** *Bet.* Ich will tot umfallen, wenn ich nicht die Wahrheit rede! ≗ **çiğnenmeyince yutulmaz.** *Spr.* 1. Ohne Fleiß kein Preis. 2. Wer den Kern essen will, muß die Nuß knacken. 3. Keine Rose ohne Dornen. ~ **düşmanı** 1. wer viel Brot verzehrt 2. *F* (Ehe-)Frau *f* ~ **elden su gölden geçinmek** *fig.* auf anderer Leute Kosten essen und trinken ~ **fabrikası** Großbäckerei, Brotfabrik *f* ~ **fırını** Bäckerei *f* ~ **gibi aziz** nötig wie das tägliche Brot; unentbehrlich; äußerst wertvoll ~ **içi** weicher Teil des Brotes; Brotkrume *f* (im Ggs. zur Rinde) ≗ **istemez, su istemez** s. **Yem istemez, su istemez;** ~ **kabuğu** Brot-rinde, -kruste *f* ~ **kadayıfı** Süßspeise aus getrockneten Brotscheiben, die während des Backens mit dickem Zuckersaft getränkt und dann mit Sahne gegessen werden ~ **kapısı** Arbeit, Verdienstmöglichkeit, Stelle, Stellung *f* ~ **karnesi** (*od.* **kartı**) Brotkarte *f* (bei Lebensmittelrationierung) ~ **kırıntısı** Brotkrümchen *n* od. *pl.* ~ **küfü** Brotschimmel *m bot.* Penicillium crustaceum ~ **narhı** behördlicherseits festgesetzter Brotpreis ~ **parası** nur soviel Geld, daß man sich Brot kaufen kann; bescheidene Lebenshaltung ~ **pişirmek** Brot bakken ~ **somunu** Laib *m* Brot ~ **tatlısı** e–e aus Brotschnitten hergestellte türk. Süßspeise ~ **teknesi** Backtrog *m* ~ **ufağı** Brotkrume *f,* Brosamen, Brotkrümel *pl.* ~ **vesikası** s. ~ **karnesi;** ≗ **yediğin kapıya hıyanet etme!** Seinem Brotgeber muß man die Treue halten. **-i bütün** wer sein gutes Auskommen hat (und daher auf niemand angewiesen ist) **-i dizinde** undankbar *nankör **-inden etmek** (b–ni) j–m sein Brot nehmen, j–n um seine Stellung bringen **-inden olmak** um sein Brot gebracht werden, seine Stellung verlieren **-ine koç** sehr gastfreundlich, gastfrei ≗**ine kuru, ayranına duru mu dedik?** Ich habe dich doch hoffentlich nicht beleidigt (daß du so finster dreinschaust)! **-ine yağ sürmek** (b–nin) *fig.* Wasser auf j–s Mühle gießen **-ine yağ sürülmek** (b–nin) 1. Wasser auf j–s Mühle sein 2. wie gerufen kommen **-ini ayağiyle tepmek** durch eigene Ungeschicklichkeit e–e gute Gelegenheit verpassen **-ini çıkarmak** (*od.* **kazanmak**) sich seinen Lebensunterhalt verdienen **-ini kana doğramak** *fig.* in Not und Elend leben **-ini kazanmak** sein Brot verdienen, sein Leben fristen **-ini taştan çıkarmak** sehr geschäftstüchtig (gewandt) sein; aus allem et. machen **-ini yemek** (b–nin) j–s Brot essen; auf j–n angewiesen sein **-iyle oynamak** seine Stellung leichtfertig aufs Spiel setzen
ekmekağacı, -nı echter Brotfruchtbaum *bot.* Artocarpus incisa
ekmekayvası, -nı e–e bes. saftige und knusperige Quittenart (die roh gegessen wird)
ekmekçi Bäcker *m spez.* Brotverkäufer *m* (vgl. **fırıncı**); ~ **kolu** *mil.* Bäckereikolonne *f* ≗ **küreği gibi dili var.** Er ist ein Schwätzer, wie er im Buch steht.
ekmekçilik Bäckergewerbe *n spez.* Brotverkauf *m*
ekmekhane [ā] Bäckerei *f spez.* Brotverkaufsladen *m*
ekmeklik 1. zur Herstellung von Brot geeignet od. best. 2. Brot- 3. e–e Stelle, von der man leben kann 4. *V* ein Ort, wo man kostenlos leben kann 5. *V* Gimpel *m* (der beim Glücksspiel bemogelt wird) ~ **un** Brotmehl *n*
ekmel (*va. Elativ* zu **kâmil**) vortrefflicher, vorzüglicher, vortrefflichst-, vorzüglichst-
ekmeliyet, -ti *va.* Vortrefflichkeit *f*
eko *selt.* Echo *n* *aksiseda, yankı
ekol Schule, Richtung *f* (in Wissenschaft od. Kunst)
ekolali *psych.* Echolalie, Echophrasie *f* *yankıca; taklidi kelâm
ekoloji(-k) s. **çevrebilim(-sel)**
ekolokasyon Schallortung *f* (z. B. der Fledermäuse) *yankı ile yönelme
ekonom 1. sparsam, haushälterisch, wirtschaftlich *muktesit, tutumlu 2. Verwalter, Intendant *m*
ekonoma (*franz.* **économat**) Werkkonsum *m* (Fabrikeinrichtung, wo Arbeiter und ihre Familienangehörigen verbilligt einkaufen können)
ekonomayzer Ekonomiser *m,* Speisewasservorwärmer *m* bei Dampfkesselanlagen
ekonomi 1. ökonomisches Wirtschaften; Sparsamkeit, Wirtschaft *f* *idare, iktisat, tasarruf, tutum 2. Wirtschafts-kunde, -lehre *f* ~ **politik** Volkswirtschaft *f* *siyasî iktisat ~ **potansiyeli** Wirtschaftspotential *n* ~ **yapmak** sparsam wirtschaften
ekonomik 1. sparsam, haushälterisch 2. wirtschaftlich, Wirtschafts- *(1, 2) iktisadî 3. wenig Unkosten verursachend; sparsam im Gebrauch ~ **bozgunculuk** Wirtschaftssabotage *f* ~ **coğrafya** Wirtschaftsgeographie *f* ~ **yerbilim** angewandte Geologie
ekonomist, -ti Wirtschafts-wissenschaftler *m,* -sachverständiger *iktisadiyatçı, iktisatçı
ekonomizör s. **ekonomayzer**
ekopraksi *psych.* Echokinesie, Echopraxie *f* *hareket taklidi, tekrarı harekât, yansıca
ekose 1. schottisch kariert 2. Ecossai *m* (großkarierter Kleider- od. Futter-stoff)
ekoseli s. **ekose** (1)
ekosez *mus.* 1. Ekossaise *f* 2. s. **şotiş**
ekran 1. Film(-leinwand *f*) *m* 2. *phot.* Filter *m* 3. (Bild-, Radar- usw.)Schirm *m*
ekran-ızgara *(Radio)* Schirmgitter *n*
ekrazit, -ti Ekrasit *n* (Sprengstoff)
ekrem (*ar. Elativ* zu **kerim**) 1. sehr großzügig 2. ≗ *mV*
ekren (*franz.* **écrin**) *selt.* Schmuckkästchen *n*

ekrü (*franz.* **écru**) 1. ungebleicht, naturfarben 2. Rohseide *f*
eksantem s. **egzantem**
eksantrik 1. exzentrisch, überspannt, verschroben 2. keinen gemeinsamen Mittelpunkt besitzend, außerhalb des Mittelpunktes liegend, exzentrisch *dışmerkezli, hariç anilmerkez 3. *techn.* Exzenter, Daumen, Nocken *m,* Scheibenkurbel *f* 4. Exzentriker *m* (Artist) ~ **hareket** *techn.* exzentrische Bewegung ~ **mili** *techn.* Nockenwelle *f* ~ **ricat** *mil.* exzentrischer Rückzug
eksantriklik 1. Exzentrizität, Überspanntheit, Verschrobenheit *f* 2. Exzentrizität *f,* Abweichen *n,* Abstand *m* (vom Mittelpunkt) 3. Exzentrik *f* (z. B. im Zirkus)
eksantrisite s. **eksantriklik**
eksekuvatür (*franz.* **exéquatur**) s. **tenfiz kararı**
ekselans Exzellenz *(f)*
eksen 1. Achse *f* *dingil, mihver 2. *mus.* Grundton *m,* Tonika *f* 3. *bot.* Spindel *f* (e–s Tannenzapfens) ~ **aralığı** *techn.* Achsabstand *m* ~ **omuru** s. **eksenkemik;** ~ **sistemi** *mus.* Tonalität *f* ~ **yatağı** s. **büte yatağı**
eksenel Achsen-, Axial-, achsrecht *mihverî
eksenkemik *an.* Epistropheus *m* (2. Halswirbel)
eksenli sich um e–e Achse drehend ~ **müzik** tonale Musik
eksenlilik 1. Axialität *f* 2. *mus.* Tonalität *f*
eksensiz 1. ohne Achse; anaxial 2. *mus.* atonal
eksensizlik *mus.* Atonalität *f* *atonallık
ekser (I) langer Nagel; Zimmermannsnagel *m* ~ **kesmek** Nägel herstellen **-i oynamış** *fig.* verrückt, übergeschnappt
ekser (II) [×·] (*Elativ* zu **kesîr**) meist, überwiegend **ekser(-i) ahvalde** (*od.* **hallerde**) in den meisten Fällen, meistens
ekserci Nagel-schmied, -händler *m*
ekseri 1. s. **ekser** (II) 2. s. **ekseriya.** ⚬ **insanları deniz tutar.** Die meisten Menschen werden (im gegebenen Falle) seekrank. **-si** die meisten von ihnen (*bzw.* davon)
ekseriya [×··] 1. oft, häufig 2. meistens; im allgemeinen; durchweg
ekseriyet, -ti Mehrheit *f,* Majorität *f* **-e tabi olmak** sich der Mehrheit anschließen **-le** meistens, zumeist, meistenteils, in den meisten Fällen *alelekser **-i âra** *va.* Stimmenmehrheit *f* *oy çokluğu **-i mutlaka** absolute Mehrheit *salt çokluk
ekserlemek (an-, auf-, zusammen-)nageln
eksersiz s. **egzersis**
eksi (I) *math.* 1. vermindert (um), weniger, minus *nakıs 2. **(işareti)** Minuszeichen *n* 3. *math., phys.* negativ Zu 1: **yedi** ~ **üç** sieben minus drei ~ **ekonomi** Unwirtschaftlichkeit *f* ~ **kutup** *el.* negativer Pol; Kathode *f* ~ **sayı** *math.* negative Zahl *menfi adet ~ **sonsuz** *math.* unendlich klein *sonsuz küçük
eksi (II) **(balığı)** *reg.* (Iskenderun) der Fisch Leiognathus Klunzingeri
eksi (III) *dial.* angekohltes Holz
eksibe *urspr. Pl.* (Sand-)Düne(-n *pl.*) *f* (am Meeresstrand od. in der Wüste) *kumul
eksik, -iği 1. fehlend, mangelnd, nicht vorhanden, zu wenig, weniger 2. fehlerhaft, mangelhaft, unvollständig, unzureichend 3. *mus.* vermindert (Intervall) 4. Fehlen *n,* Mangel *m,* Unvollständigkeit, Lücke *f* Zu 1: **Bir kişi -ti, şimdi tamamlandık.** Es war e–e Person zu wenig gewesen; jetzt sind wir aber vollzählig. **Bu kitabın eczası, ciltlisinden beş lira -ine satılır.** Broschiert kostet das Buch fünf Pfund weniger als die gebundene Ausgabe. **yüzden iki** ~ hundert weniger zwei Zu 2: **Bu kitap -tir, baş tarafı yok.** Das Buch hier ist unvollständig; der Anfang fehlt. Zu 4: **Evin -leri bitmez.** Bei e–m Haus ist dauernd et. zu richten. ~ **artık** s. **artık eksik;** ~ **başkası yararına sözleşme** *jur.* Vertrag *m* zugunsten e–s Dritten ~ **çıkmak** weniger sein als es sollte (z. B. Brotgewicht) ~ **çocuk** Frühgeburt *f* ~ **değer** Wertminderung *f* ~ **değerleme** *H* Unterbewertung *f* (der Aktiva) ~ **doğmak** zu früh geboren werden, e–e Frühgeburt sein ~ **doldurmak** e–e Lücke schließen ~ **etek** *P* Frau(-ens.person) *f;* Weib *n; a. pej.* dumme Gans ~ **etmemek** (bşi) es nicht fehlen lassen (an) ~ **gedik** kleinere Mängel od. Bedürfnisse *pl.* ~ **gelmek** 1. nicht das richtige Gewicht haben 2. nicht ausreichen, sich als ungenügend herausstellen ~ **istihdam** Unterbeschäftigung *f* ⚬ **olma(-yın)!** Recht herzlichen Dank! Das war sehr liebenswürdig! ⚬ **olma bayır turpu gibi.** *iron.* So ist's recht! Bravo! ~ **olmak** fehlen, mangeln (**Böyle yardım** ~ **olsun!** *iron.* Auf e–e solche Hilfe kann man gerne verzichten!) ~ **olmamak** 1. nicht fehlen, in reicher Menge vorhanden sein 2. *oft iron.* überall zu finden sein (Person bei gesellschaftlichen Veranstaltungen) ⚬ **olmasın(-lar)!** Vergelt's Gott! *Allah razı olsun! ~ **ölçü** *mus.* s. **anakruz;** ~ **tutulma** partielle (Sonnen-, Mond-)Finsternis ~ **üretim** Unterproduktion *f* ~ **yük** Untergewicht *n* (e–r deklarierten Ware) ~ **ziyade** mehr oder weniger *az çok **²i gediği yok.** Es fehlt nicht das Geringste. *F* Alles tipptopp, tadellos! **-ini tamamlamak** das Fehlende ergänzen
eksiklemek Ursache sein, daß et. mangelhaft (unvollkommen, unvollständig, fehlerhaft) ist od. daß jemand unzulänglich ist; den Wert verringern
eksikli 1. bedürftig, arm *muhtaç, fakir 2. s. **eksik etek** 3. *gr.* defektiv 4. unvollkommen, unvollständig *kusurlu
eksiklik, -iği 1. Nichtvorhandensein, Fehlen *n,* Mangel *m,* Manko *n* *noksan 2. Mangelhaftigkeit, Unvollkommenheit *f* *kusur Zu 1: **Bir** ~ **var mı?** Fehlt et.? ~ **duyguları** *psych.* Gefühl *n* der (eigenen) Unzulänglichkeit *natamamiyet hisleri ~ **hastalığı** *med.* Mangelkrankheit *f* **-ini hissetmek** (b–nin od. bşin) vermissen
eksiksiz 1. vollständig 2. tadellos, vollkommen 3. regelmäßig, dauernd 4. pausenlos, dauernd
eksilen Part. Präs. zu **eksilmek** *spez. math.* Minuend *m* *matruhünanh ~ **dizi** *math.* fallende Progression
eksilme 1. Vs. zu **eksilmek** 2. *math.* Abnahme, Verringerung, Verminderung *f* *tenakus
eksilmek 1. sich vermindern, sich verringern, mangeln, fehlen (bei) 2. (bşden) versäumen, nicht erfüllen Zu 2: **O, vazifesi başından hiç eksilmez.** Er ist überaus pflichtgetreu.
eksilti *stil.* Ellipse *f;* elliptische Ausdrucksweise *hazfütaksir
eksiltili *stil.* elliptisch ~ **cümlecik** s. **kesik tümce**
eksiltme 1. Vs. zu **eksiltmek** 2. Vergebung *f* von Arbeiten auf dem Submissionsweg, Submission *f* *münakasa
eksiltmek vermindern, verringern
eksimek *va.* zu wenig werden, allmählich nicht mehr ausreichen
eksin(-lik) s. **âciz** bzw. **aciz**
eksinmek s. **âciz kalmak**
eksipiyan (*franz.* **excipient**) *pharm.* Bindemittel *n* (zur Einnahme von Arzneien)
eksitasyon 1. *med.* Exzitation, Erregung *f* 2. s. **uyarma**
eksiz ohne Zusatz (usw. vgl. **ek**), aus e–m Stück, *techn. a.:* nahtlos
eksiziyon *med.* Exzision *f* (Herausschneiden e–s Gewebeteils)
ekskavasyon Aushöhlung, Exkavation *f*
ekskavatör 1. Exkavator, (Löffel-, Trocken-)Bagger *m,* Ausschachtmaschine *f* (vgl. a. **çeneli, godeli, kaşıklı** ~) 2. Exkavator *m* (des Zahnarztes), Aushöhlungsinstrument *n* (des Arztes) *kazmaç
ekskresyon *biol.* s. **boşaltım**
ekskürsiyon Ausflug *m,* Fahrt, Wanderung, Exkursion *f; gel. a.* Abstecher *m*

Ekslaşapel *n.pr.* Aachen
ekslibris *selt.* Exlibris, Bücherzeichen *n*
eksokarp s. **dışkabuk** (2)
eksos s. **egzos(-t)**
ekspansyon 1. Expansion, Aus-dehnung, -breitung *f* 2. Entwicklung *f*, Aufschwung *m* (in der Wirtschaft)
ekspatriye *selt.* ausgebürgert
ekspedisyon *selt.* Expedition, Forschungsreise *f*
ekspektoran *med.* schleimlösendes Mittel; Expektorans *n*
eksper Sachverständiger, Experte, Fachmann, Spezialist, Gutachter *m* *bilirkişi, mütehassıs, uzman
eksperimantal(-izm) s. **deneysel(-cilik)**
eksperlik 1. Spezialistentum *n* 2. Aufgabe *f* e–s Sachverständigen (Gutachters usw.)
ekspertiz 1. (Sachverständigen-)Gutachten *n*, Expertise *f* 2. *jur.* Beweis *m* durch Sachverständige
eksplikasyon *selt.* Erklärung (von Unbekanntem) *f* *açıklama
eksplike *selt.* erklärt (Unbekanntes) ~ **etmek** *selt.* erklären
ekspluvate (*franz.* **exploité**) 1. verwertet 2. *pej.* ausgebeutet ~ **etmek** 1. nutzbar machen, auswerten 2. *pej.* ausnutzen, -beuten
eksport, -tu *H* Ausfuhr *f*, Export *m*
eksportasyon 1. Ausfuhr(-handel *m*) *f*, Export *m* 2. Exportwaren *pl.*
ekspozan Aussteller *m* (auf e–r Warenmesse)
ekspoze 1. ausgestellt 2. dargelegt 3. *phot.* belichtet 4. Darlegung *f*, Exposé *n* ~ **etmek** 1. ausstellen 2. darlegen 3. *phot.* belichten
ekspozisyon 1. Ausstellung *f* *meşher, sergi 2. *mus.* Exposition *f* 3. *phot.* Belichtung *f*
ekspres 1. Schnellzug, D-Zug, Expreß *m* 2. Eilschiff *n* 3. Expreß-, Eil- (z.B. Dienst) ~ **yol** s. **otoban**
ekspresyon *selt.* Ausdruck *m* (sprachlich, Gesichts- usw.)
ekspresyonist, -ti; ekspresyonizm s. **dışavurumcu(-luk)**
ekstansör 1. *(Sport)* Expander *m* 2. Gummiseil *n* (beim Start von Segelflugzeugen) ~ **kası** s. **gerici** (II, 2)
ekstaz Ekstase, Verzückung *f*
ekstenktör (*franz.* **extincteur**) *selt.* Feuerlösch-gerät *n*, -er *m*
eksteritoryalite *pol.* Exterritorialität *f*
ekstra [×·] 1. extra, von Extraqualität, besonders gut, ausgezeichnet, prima 2. übermäßiger Grad; *F* starkes Stück ~ ~ aller-feinst-, -best-; ganz erstklassig
ekstrafor (*franz.* **extra-fort**) Nahtband *n*, Stoßborte *f*
ekstre 1. Extrakt *m* (aus tierischen od. pflanzlichen Stoffen) 2. *H* (Konto-)Auszug *m* ~ **çıkarmak** *H* e–n Auszug machen
ekstremiteler *pl. an.* Gliedmaßen *pl.*
ekşi 1. sauer, säuerlich 2. sauer geworden (z.B. Essen) 3. gesäuert (Teig) 4. Säure *f*, saurer Geschmack 5. *fig.* unfreundlich, sauer ~ **aş** aus Pflaumen und Fleisch hergestellte Speise ~ **çehre** s. ~ **surat;** ~ **çorba** saure (bzw. säuerliche) Suppe (*bes.* als Katerfrühstück) ~ **incir ağacı** Hottentottenfeige *f bot.* Mesembryanthemum edule ~ **kaliyum oksalatı** *chem.* Kleesalz *n* ~ **kiraz** *selt.* s. **vişne;** ~ **muşmula ağacı** eingriffeliger Weißdorn *bot.* Crataegus monogyna *kınalı alıç ~ **surat** (*od.* **yüz**) sauertöpfisches (griesgrämiges, mürrisches, verdrießliches) Gesicht ~ **yüz göstermek** e–e mürrische Miene aufsetzen, sauer dreinschauen **-ye çalmak** et. säuerlich schmecken
ekşice säuerlich
ekşilemek *z. va.* s. **ekşitmek**
ekşili Säure enthaltend, säuerlich, sauer ~ **köfte** saure Klopse *pl.*
ekşilik 1. saurer od. säuerlicher Geschmack 2. Säure, Schärfe *f* 3. Sodbrennen *n* 4. *fig.* sauertöpfisches Verhalten; Unfreundlichkeit *f*
ekşimek 1. sauer werden 2. durchsäuert werden; aufgehen (Teig) 3. *V* mit e–r Behauptung Unrecht behalten und beschämt dastehen; sich blamieren 4. *V* bei et. verharren, sich nicht abbringen lassen (von) *asılmak 5. s. **başına** ~; **suratı** ~
ekşimik e–e Art Magermilchkäse
ekşimsi; ekşimtırak etwas säuerlich
ekşitmek 1. säuern 2. sauer werden lassen, durchsäuern, aufgehen lassen 3. verderben 4. *V* blamieren 5. s. **çehreyi (suratını, yüzünü)** ~
ekşiyonca Hain-Sauerklee *m bot.* Oxalis acetosella
ekşiyoncagiller Sauerkleegewächse *pl. bot.* Oxalidaceae *hummaziye
ekti *dial.* 1. begehrlich, gierig 2. Schmarotzer, Parasit *m* 3. *V* Bastard *m*, Hurenkind *n* 4. s. **ekşi;** ~ **püktüler** unerwünschte Dauergäste *pl.* (in e–r Familie)
ektilik 1. Gier, Begehrlichkeit *f* 2. Schmarotzertum, Parasitentum *n* *asalaklık, tufeylîlik
ektoderm s. **dışderi**
ektojen s. **egzojen**
ektoparazit(-lik) s. **dışasalak(-lık)**
ektopi *med.* Ektopie *f* (Lageveränderung e–s Organs)
ektopik gebelik s. **dışgebelik**
ektoplazma s. **dışplazma**
ekûl, -lü *va.* gefräßig; Vielfraß *m* *obur
ekümenik; ekümenizm s. **evrensel(-lik)**
eküri (*franz.* **écurie**) *selt.* Rennstall *m*
Ekvador *n.pr.* Ecuador (in Südamerika)
ekvatif hal *gr.* Äquativus *m* *eşitlik hali
ekvator Äquator *m* *eşlek; hattı üstüva; ~ **frengisi** s. **piyan** (III)
ekvatoral 1. *astr.* Äquatorial *n* *hattı üstüva aleti 2. Äquator(-ial)- *hattı üstüvaya ait ~ **durgunluk bölgesi** *met.* Kalmenzone *f* (am Äquator)
ekyük, -kü *el., techn.* Mehrbelastung *f*
el (I) [ɛ] 1. Hand *f* 2. Vorderfuß *m* (e–s Tieres); Pfote, Tatze, Pranke *f* 3. Griff, Stiel, Henkel *m* 4. Stößel *m* (e–s Mörsers) 5. Handvoll *f* *tutam 6. Beistand *m*, Hilfe, Vermittlung *f* 7. Kraft, Fähigkeit *f*, Vermögen *n* 8. Besitz *m* 9. (einzelner) Schuß 10. (einzelnes) Kartenspiel 11. *Ka.* Reihe, Vorhand *f*, Anspielen *n* 12. *Ka.* Stich *m* 13. Einmischung *f* 14. s. **kutsal el** Zu 7: s. **-den (-inden) gelmek** Zu 8: s. **-den çıkarmak** Zu 9: **İki** ~ **silâh patladı.** Es fielen zwei Schüsse. **bir** ~ **tabanca etmek** e–n Revolverschuß abfeuern **dört** ~ **ateş etmek** vier Schüsse abfeuern Zu 10: **iki** ~ **iskambil oynamak** zwei Spiele machen Zu 11: ≗ **kimdedir?** *Ka.* Wer gibt? Zu 12: s. **-i olmak;** ~ **açıklığı** Freigebigkeit *f* *cömertlik ~ **açmak** 1. betteln 2. (b–ne) j–n anbetteln 3. *Ka.* aufdecken ~ **alışkanlığı** Gewandtheit, Routine *f* *meleke, yatkınlık ~ **alıştırmak** üben, trainieren ~ **almak** 1. *fr.* von e–m geistlichen Vorgesetzten die Erlaubnis erhalten, anderen den richtigen Weg zu weisen (Mönch) 2. von e–m Handwerksmeister zur Ausübung e–s Handwerks zugelassen werden 3. *Ka.* e–n Stich machen ~ **altında** verfügbar, disponibel, bereitstehend ~ **altından** unter der Hand, heimlich, versteckt, insgeheim ~ **altlığı** Schreibunterlage *f* *sumen ~ **arabası** 1. Handwagen, Karren *m* 2. Schub-, Hand-karre *f* ~ **arabası yürüyüşü** *Ksp.* Schubkarren-Fahren *n* ~ **arabasına binmek** *V* masturbieren ~ **araçları** Handgeräte *pl.* (beim Turnen) ~ **atmak** (bşe) 1. die Hand ausstrecken (nach); versuchen, et. in die Hand zu bekommen bzw. zu beherrschen 2. schnell ergreifen, an sich reißen 3. beginnen, unternehmen, anpacken *teşebbüs etmek 4. übernehmen, in die Hand nehmen 5. sich einmischen (in), eingreifen (in) *karışmak, müdahale etmek 6. beschlagnahmen *vazıyet etm. ~ **ayağa düşmek** s. **-e ayağa düşmek;** ~ **ayak bağlamak** s. **-ini ayağını bağlamak;** ~

ayak çabalamak sich die größte Mühe geben ~ **ayak** (*od.* **etek**) **çekildikten sonra** als sich alle zur Ruhe begeben hatten; nachdem alles still geworden war ~ **ayak gevşedi (onda)** 1. Es überlief ihn ein Zittern. 2. Er war ganz erschüttert. ~ **ayak yürümek** auf allen vieren laufen ~ **ayası** innere Handfläche, flache (od. hohle) Hand ~ **ayası gibi** ganz eben; offen ~ **ayası kadar** handgroß ~ **aynası** Handspiegel *m* ~ **bagajı** Handgepäck *n* ~ **bağlamak** mit übereinandergelegten Händen ehrerbietig dastehen ~ **baltası** (Hand-)Beil *n* ~ **basmak** (m. Dat.) 1. die Hand auf et. Heiliges (Koran, Brot) legen und e–n Eid schwören 2. *fig.* für et. die Hand ins Feuer legen ~ **başı** s. **elebaşı;** ~ **başüstü** *(Turnen)* Kopf(hand)stand *m* ~ **bebek gül bebek** *fig.* verwöhnt, verhätschelt ~ **bende** *türk. Ksp.*, bei dem man sich mit der Hand berührt und fortläuft ~ **bıçkısı** Handsäge *f* ~ **bileği** *an.* 1. Handgelenk *n* 2. Handwurzel *f* ~ **bileği kemikleri** *an.* Handwurzelknochen *pl.* ~ **bir etmek** *z. va.* s. **elbirliği etmek;** ~ **bombası** *mil.* Handgranate *f* ~ **breyizi** s. **dril** (2); ~ **bulmak** e–e helfende Hand finden ~ **burgusu** Handbohrer *m* ~ **çabukluğu** Fingerfertigkeit, Geschicklichkeit *f* ~ **çabukluğu ile** *a.*: heimlich, unbemerkt ~ **çalmak** (in die Hände) klatschen; applaudieren ~ **çanı** Handglocke *f* ~ **çantası** 1. Handtasche *f* *retikül, sakamen 2. kleinerer Handkoffer; Stadtkoffer *m* ~ **çarkı** Handrad *n* ~ **çekici** Handschlegel *m*, Fäustel *n* ~ **çekmek** (bşden) et. aufgeben, sich zurückziehen (von bisheriger Tätigkeit), verzichten (auf), ablassen (von) ~ **çektirmek** (b–ne; işten) j–n seines Amtes entheben, entsetzen, j–n zeitweilig suspendieren ~ **çırpmak** 1. Beifall klatschen (spenden) 2. in die Hände klatschen (z. B. um den Ober herbeizurufen) ~ **darlığı** Geldverlegenheit, Klemme *f* ~ **dayamalık** Malstock *m* ~ **defteri** *H* Kladde *f* ~ **değirmeni** (längliche) Mokkamühle (aus Messing; für türk. Kaffee) ~ **değiştirerek halat çekmek** *naut.* Hand über Hand anholen (Tau) ~ **değiştirmek** in andere Hände übergehen (Besitz) ~ **değmemiş** unberührt, unbenützt, ungebraucht ~ **dikişi** Heften *n* (in der Buchdruckerei) ~ **dizgisi** *typ.* Handsatz *m* ~ **donanımı** *techn.* Vorrichtung *f* zur Handbedienung e–r Maschine ~ **döveni** Dreschflegel *m* ~ **el üstünde** 1. *Ra.*, mit der man zugesteht, daß ein anderer e–e bessere Ansicht vorgebracht hat als man selber 2. (*mit der Forts.* **kimin -i var?**) Name e–s türk. Ksp. (s. a. **Bilemedin, kaldır vur!**); ~ ~ **üstünde oturmak** nichts tun; die Hände in den Schoß legen ~ **-de baş başta** 1. ohne den geringsten Überschuß, ohne irgendwelchen Gewinn 2. in großer Verwirrung ≗ **-den kalmaz, dil dilden kalmaz.** *Spr.* Wie man in den Wald hineinruft, so schallt es wieder heraus. *Spr.* ≗ **-den üstündür** (*a. m. der Forts.* **arşa çıkıncaya kadar** *od.* **ta arşa kadar**). 1. Jeder findet seinen Meister. 2. s. ~ ~ **üstünde** (1); ~ **-e** 1. einander bei der Hand fassend, Hand in Hand 2. gemeinsam, zusammen ~ **-e, baş başa** *F* quitt sein ~ **-e hareket etmek** zusammenwirken ~ **-e kol kola çifte sandık kırmızı fındık** Name e–s türk. Ksp. ~ **-e tutuşmak** sich bei den Händen fassen, sich anfassen ~ **-e vermek** sich zusammentun, gemeinsam vorgehen (arbeiten, handeln usw.) ~ **-e yürümek** *fig.* Hand in Hand gehen, meist nebeneinander zu finden sein ~ **emeği** 1. Handarbeit *f*, manuelle Arbeit 2. Entgelt *n*, Bezahlung *f*, Lohn *m* (für geleistete Handarbeit) ~ **ense** (bei **yağlı güreş**) Nackenhebel *m* (mit dem Daumen auf dem Kehlkopf, mit den übrigen Fingern auf dem Nacken des Gegners) ~ **ense çekmek** den Nackenhebel ansetzen ~ **erimi** *P* Reichweite *f* ~ **ermez güç yetmez** vollkommen außerstande ~ **eşyası** s. ~ **bagajı;** ~ **etek çekmek** sich zurückziehen, von der Bildfläche verschwinden ~ **etek çekildikten sonra** s. ~ **ayak çekildikten sonra;** ~ **etek öpmek** *fig.* 1. Bittgänge bei einflußreichen Persönlichkeiten machen 2. flehentlich bitten; kriechen, schmeicheln ~ **etek tutmak** *fr.* in e–n Derwischorden eintreten ~ **etmek** 1. mit der Hand ein Zeichen geben 2. j–n zu sich winken ~ **falcılığı** Handwahrsagerei *f* ~ **falı** Handlesekunst, Chirologie, Chiromantie *f* ~ **feneri** 1. Handlaterne *f* 2. Taschenlampe *f* ~ **flaması** *naut.* Winkerflagge *f* ~ **freni** Handbremse *f* ~ **gölgesi** Empfehlungsschreiben *n* ~ **güllesi kumbara** *mil.* Eierhandgranate *f* *yumurta el bombası ~ **hazarı** Zugsäge *f* ~ **hüneri** s. ~ **ustalığı;** ~ **ilânı** Reklamezettel *m* (wie er auf der Straße verteilt wird) ~ **incesi** *naut.* Wurfleine *f* ~ **iskandili** *naut.* Handlot *n* ~ **işçisi** Handarbeiter *m spez.* Näher *m* ~ **işçiliği** Handarbeit *f* (*spez.* bei Holzarbeiten) ~ **işlemeli** handgearbeitet ~ **işleri** Werkunterricht *m* (in Schulen) ~ **kadar** winzig klein, spannengroß (Neugeborenes) ~ **kadar yer** e–e Handbreit Boden ~ **kâğıdı** handgeschöpftes Papier; Bütten(-papier *n*) *m, n* ~ **kaldırmak** 1. die Hand heben (z. B. bei e–r Abstimmung) 2. um das Wort bitten (bei e–r Versammlung) 3. (b–ne) die Hand erheben, zum Schlag ausholen (gegen) ~ **kandili** Handleuchter *m* ~ **kantarı** Schnellwaage *f* ~ **katmak** sich einmischen, sich einmengen, sich einschalten, eingreifen, dazwischentreten *karışmak, müdahale etmek ~ **kavuşturmak** die Hände falten od. ineinanderlegen (bei respektvoller Stellung) ~ **kesme** (Basketball) absichtliches Foul ~ **kesmek** aufgeben, verzichten ~ **kiri** *fig.* et. Belangloses, Unerhebliches; was man leicht abschütteln, loswerden kann ~ **kitabı** Handbuch, Kompendium *n* ~ **koymak** (bşe) 1. et. in die Hand nehmen, übernehmen, verfolgen 2. (staatlich) beschlagnahmen 3. in eigene (staatliche) Regie nehmen; monopolisieren 4. **(duruma)** eingreifen ~ **kuklası** Handpuppe *f* ~ **leğeni** *fr.* Fingerschale *f* ~ **mahareti** s. ~ **ustalığı;** ~ **manivelası** 1. Brecheisen *n* 2. Hebebaum *m*, Handspake *f* ~ **matkabı** s. **dril** (2); ~ **mengenesi** 1. Feilkloben *m* 2. Schraubzwinge *f* ~ **merdiveni** Anstell-, Steig-leiter *f* ~ **oğuşturmak** 1. die Hände ringen (Geste der Hilflosigkeit) 2. unterwürfig tun ~ **öpmek** die Hand küssen (s. a. **-lerinizden öperim);** ~ **parmağı** Finger *m* ~ **parmağı (dizi) kemikleri** *an.* Fingerknochen *pl.* ~ **pençe divan durmak** 1. mit gekreuzten Händen ehrerbietig dastehen 2. j–m völlig ergeben sein; alles für j–n tun ~ **peşrevi** *V* die ersten zärtlichen Berührungen e–s Liebespaares ≗ **peşrevine başlarım ha!** *V* Ich nehm' dich gleich an den Ohren (*scil.* wenn du nicht …) ~ **sahibi** Bankhalter *m* (bei Spielen) ~ **sallamak** winken (z. B. um j–n herbeizurufen od. beim Abschied) ~ **sanayii** Heimarbeit *f* ~ **seşuarı** el. Fön *m* ~ **sıkışı** Händedruck *m* ~ **sıkışmak** sich gegenseitig die Hand drücken ~ **sıkmak** die Hand drücken ~ **sokmak** *fig.* eingreifen, sich einschalten, dazwischentreten *müdahale etmek ~ **somunu** Flügel-, Daumen-mutter *f* ~ **sürmek** (bşe) 1. (mit der Hand) anfassen, berühren 2. **(işe)** a) anfangen zu arbeiten, bei et. Hand anlegen b) sich einmischen ~ **sürdürmek** antasten lassen (z. B. Ehre) ~ **şakakta** den Kopf in die Hand gestützt ~ **şakası** handgreiflicher Scherz ≗ **şakası eşek şakası.** Handgreifliche Scherze stehen e–m Gebildeten nicht an. ~ **şamdanı** Handleuchter *m* ~ **taban köprüsü** s. **yüksek köprü;** ~ **tandırı** *fr.* rundes, mit heißem Wasser gefülltes Gefäß als Wärmeeinrichtung für die Hände ~ **tarağı** *an.* Mittelhand *f*, Metakarpus *m* *muştülyet ~ **tarağı kemikleri** *an.* Mittelhandknochen *pl.* ~ **tazelemek** Festgehaltenes loslassen und die Hand entspannen ≗ **terazi göz mizan.** *Spr.* Auch die Hand od. das Auge kann als Meßgerät dienen. ~ **testeresi** Handsäge *f* ~ **tulumbası** Handpumpe *f* ~ **tutma** *Ka.* Stich *m* *löve ~ **tutmak** viel Zeit benötigen (Ausführung e–r Arbeit) ~ **ustalığı** manuelle Geschicklichkeit ~ **uzatmak** 1. die Hand ausstrecken (um et. zu ergreifen od. sich anzueignen), *fig. a.* sich vergreifen (an) 2. (b–ne) helfen, unter die Arme greifen ~ **uzluğu** (*od.* ~ **yatkınlığı**) s. ~ **ustalığı;** ~ **uzunluğu** Stiebitzerei, Dieberei *f*, Diebstahl *m* ~ **üstü duruş** *(Turnen)* Handstand *m* ~ **üstünde gezmek** populär sein, sich großer Beliebtheit erfreuen ~ **üstünde tutmak** 1. auf den Händen tragen 2. *fig.* j–n auf Händen tragen; mit rührender Liebe besorgt sein (um) 3. j–m große Ehren erweisen ~ **vermek** 1. die Hand geben, reichen 2. *fr.* e–m jüngeren Ordensangehörigen die Erlaubnis geben, anderen den rechten Weg zu weisen 3. helfen 4. s. **elvermek** 5. *Ka.* e–n Stich abgeben müssen ~ **vinçi** Handwinde *f*, Gangspill *n* ~ **vurmak** 1. in die Hände klatschen (um j–n herbeizurufen) 2. *va.* e–e Arbeit beginnen ~ **vurmamak** *fig.* sich nicht zu et. bereit finden od. herbeilassen; et. nicht in Angriff nehmen ~ **yapısı bomba** handgefertigte Bombe ~ **yardımı** Hilfe *f*, Beistand *m,* Unterstützung *f* ~ **yatkınlığı** s. ~ **ustalığı;** ~ **yazısı** 1. Handschrift *f* (e–r Person) *hattıdest 2. Autogramm *n* ~ **yazısıyle vasiyetname** handschriftliches Testament ~ **yazması** 1. Handschrift *f*, Manuskript *n* 2. handschriftlicher Brief, handschriftliches Buch ~ **yıkamak** (bir işten) nichts mehr zu tun haben wollen (mit) ~ **yoması** *naut.* Verholleine *f* ~ **yordamı** Tasten und Fühlen *n* mit der Hand (≗ **yordamiyle kapıyı buldum.** Ich tastete mich zur Tür hin.) ~ **yummak** *fig.* knauserig sein

(elde): 1. (bei Addition od. Multiplikation) bleibt ..., gemerkt ... 2. fertig, bereit (-gestellt), gesichert, verfügbar ~ **avuçta bir şey kalmamak** nichts mehr haben (od. besitzen) ≗ **bir!** Das wäre einmal gesichert! ~ **bulunmak** greifbar sein, zur Verfügung stehen; vorliegen ~ **etmek** 1. erlangen, erreichen, (in die Hand) bekommen, gewinnen, erzielen, sicherstellen 2. j–n in Dienst nehmen 3. j–n auf seine Seite ziehen, für sich gewinnen ~ **kalan maddeler** unzustellbare Postsachen *pl.* ~ **kalmak** 1. übrigbleiben (z. B. nicht ausgegeben werden) 2. sich nicht verkaufen lassen, unverkäuflich sein ≗ **kulak, kulak ~.** Das ist gehupft wie gesprungen. ~ **olmamak** j–m nicht möglich sein; nicht in j–s Hand (od. Macht) stehen ~ **tutmak** 1. im Kopf behalten (bei Addition od. Multiplikation) 2. besitzen, verfügungsberechtigt sein 3. in der Hand haben: a) beherrschen b) Geld in Reserve halten ~ **var** s. **elde** (1); **-ki** zur Verfügung stehend, vorliegend, vorhanden *mevcut

(elden): 1. durch Boten 2. selbst, persönlich 3. unter Barzahlung Zu 2: s. ~ **takip etmek;** ~ **ağıza yaşamak** von der Hand in den Mund leben ~ **almak** et. unmittelbar von dem Eigentümer, Produzenten usw. *d. h.* nicht im Geschäft kaufen ~ **ayaktan düşmek** alt werden, *F* taperig werden ~ **bağışlama** *jur.* s. **hibe;** ~ **bırakmamak** s. ~ **düşürmemek;** ~ **çıkarmak** 1. et. abstoßen (losschlagen, verkaufen, abtreten) 2. *Ka.* abwerfen (Karte) ~ **çıkmak** verkauft werden, nicht mehr j–s Eigentum sein ~ **düşme** Gelegenheitskauf *m,* alt, gebraucht, aus zweiter Hand; antiquarisch ~ **düşürmemek** 1. et. nicht aus der Hand legen, dauernd benützen (Buch, Gebetskette usw.) 2. dauernd mit et. beschäftigt sein; sich nicht trennen können (z. B. Kind von seinem Spielzeug) ~ **ele dolaşmak (geçmek, gezmek)** 1. von Hand zu Hand wandern (z. B. Kokotte) 2. dauernd den Besitzer wechseln 3. von verschiedenen Leuten nacheinander in die Hand genommen werden ~ **ele dolaştırmak** von Hand zu Hand weitergeben (weiterreichen, gehen lassen); zirkulieren lassen (z. B. Buch) ~ **geçirmek** 1. et. durchsehen, durchblättern, überfliegen 2. (genauer) durchsehen, überprüfen 3. reinigen 4. reparieren ~ **geldiği kadar** soweit wie möglich, soweit es in seiner Macht steht *alâkadrilistitaa; gücü yettiği kadar ~ **geleni diriğ etmemek** *z. va.* sein Möglichstes tun ~ **gelmek** 1. gemacht (ausgeführt) werden können, möglich sein 2. *V* herausrücken, geben (Geld) ~ **gitmek** 1. (birisi) weggehen; *a.* sterben 2. (bş) verlorengehen; et. nicht mehr zur Verfügung haben, et. einbüßen, verlieren ~ **göndermek** durch Boten schicken (z. B. Brief) ~ **hibe** *jur.* Handschenkung *f* ~ **kovuşturmak** s. **-den takip etmek;** ~ **koymamak** nicht versäumen, gerne tun ≗ **ne gelir?** Was kann man schon machen? ~ **satılık** Verkauf *m* aus Privathand ~ **takip etmek** e–r Sache persönlich nachgehen, et. persönlich verfolgen (*spez.* nicht den normalen dienstlichen Geschäftsgang abwarten)

(ele): ~ **alınır** recht passend, geeignet, tauglich ~ **alınmak** akzeptiert werden (Grund, Entschuldigung usw.) ~ **alınmaz** unbrauchbar, erbärmlich, unannehmbar, miserabel ~ **almak** 1. et. in die Hand nehmen, sich mit et. zu beschäftigen beginnen, et. in Angriff nehmen 2. ein Thema behandeln, über ein Thema schreiben 3. betrachten, prüfen 4. (Gerechtigkeit, Strenge usw.) zeigen 5. heranziehen; in Dienst nehmen 6. j–n für sich gewinnen Zu 4: **Biraz insafı ~ al!** Nun sei einmal vernünftig! Nun laß mal die Kirche im Dorf! ≗ **avuca sığar bir mesele değildir.** Das ist nicht leicht zu verstehen. ~ **avuca sığmamak** 1. ein rechter Unband sein (Kind) 2. nicht zugeritten sein (Pferd) ~ **ayağa düşmek** flehentlich bitten, anflehen ~ **bakmak** 1. aus der Hand wahrsagen, Chiromantie betreiben 2. bedürfen, nötig haben, brauchen ~ **geçirmek** 1. erwischen, zu fassen kriegen, verhaften, festnehmen; in seine Gewalt bringen (z. B. Flugzeug) 2. erbeuten, erobern 3. erlangen, erreichen, zu et. kommen 4. wieder einbringen, nachholen (z. B. versäumte Zeit) ~ **geçmek** 1. erwischt (gefaßt, verhaftet, festgenommen) werden 2. erbeutet, erobert werden 3. zufällig in die Hände geraten; sich ergeben (z. B. Gelegenheit) 4. sich wieder einbringen (nachholen) lassen ~ **geçmez** fast nicht aufzutreiben; äußerst rar ~ **gelmek** 1. erreichbar sein, sich greifen lassen, in die Hand kommen 2. erwischt (verhaftet) werden 3. so groß sein, daß es auf den Schoß genommen werden kann (Kind) ~ **getirmek** 1. erreichen, erlangen, sich et. verschaffen, sich (e–r Sache) bemächtigen 2. erwerben, sich et. aneignen, lernen ~ **girmek** s. ~ **geçmek;** ~ **vermek** 1. dingfest machen lassen, ausliefern, der Polizei in die Hände spielen, verraten 2. s. Stw. **el** (II)

(eli): ~ **açık** freigebig *cömert ~ **ağır** 1. schwerfällig, langsam (bei der Arbeit) 2. wessen Schläge schmerzen; grober Kerl 3. schlechter Zahler, säumiger Schuldner ~ **ağır işi pak** langsam aber sauber arbeitend ~ **ağzında kalmak** s. **parmağı ağzında kalmak;** ~ **alışmak** 1. Geschicklichkeit erwerben 2. sich et. angewöhnen ~ **altında olmak** 1. (Person) j–s Befehl unterstehen, unter dem beherrschenden Einfluß von j–m stehen 2. (Sache) zur Verfügung stehen ≗ **armut devşirmiyor ya!** Wenn man angegriffen wird, muß man sich eben verteidigen. ~ **ayağı bağlı** wer nicht mehr tun und lassen kann, was ihm beliebt; wem die Hände gebunden sind ~ **ayağı boşanmak** ganz aufgelöst sein (vor Angst) ~ **ayağı buz kesilmek** erstarren (vor Entsetzen) ~ **ayağı dolaşmak** ganz durcheinander sein (Person) ~ **ayağı düzgün** 1. geschickt, anstellig 2. nett, ansprechend; gut gebaut ~ **ayağı kesilmek** (*od.* **tutmamak**) alle Kraft verlieren ~ **ayağı olmak** (b–nin) j–m in allem an die Hand gehen, j–m überall gute Dienste leisten ~ **ayağı tutuşmak** s. **etekleri tutuşmak;** ~ **ayağı tutmak** im Vollbesitz seiner Kräfte sein ~ **ayağı zangır zangır titremek** am ganzen Leib zittern, beben wie Espenlaub ~ **bal içinde** *fig.* wer bei et. die Hand im Spiel hat ~ **bayraklı** (*od.* ~ **belinde**) zänkisch, streitsüchtig, unverschämt; Xanthippe *f* ~ **bıçaklı** 1. mit e–m Messer in der Hand 2. gewalttätig: Raufbold *m* ~ **boş** 1. mit leeren Händen 2. arbeitslos, erwerbslos 3. ohne Geld, ohne Besitz ~ **boş dönmek (çevrilmek, geri gelmek)** mit leeren Händen (od. unverrichteter Dinge) zurückkommen ~ (*od.* **elleri**) **boş kalmak** j–n verlieren ~ **bozuk** *(Basketball)* wer das Netz verfehlt hat ~ (*od.* **elleri** *od.* **iki eli**) **böğründe** (*od.* **koynunda**) **kalmak** 1. untätig zusehen 2. sein Vorhaben nicht ausführen können 3. hilflos od. entmutigt dastehen; nicht mehr weiter wissen ~ **çabuk** flink, gewandt, geschickt, behend (bei der Arbeit) ~ **daldan kaymak** seinen Halt, seine Stütze verlieren ~ **dar** 1. (*a.* **darda**) unbemittelt, arm od. knapp bei Kasse 2. *gel.* knauserig, geizig ~ **değmek** 1. mit der Hand bis an et. reichen 2. Zeit haben (od. finden), et. zu tun (Zu 1: **İskemleye çıkınca ~ tavana değiyor.** Wenn er auf e–n Stuhl steigt, langt er mit der Hand bis an die Decke. Zu 2: **Mektup yazmaya henüz elim değmedi.** Ich bin noch nicht zum Briefschreiben gekommen.) ~ **değnekli** zänkisch, streitsüchtig ~ **düzgün** handwerklich geschickt ~ **eline değmemek** sich nicht einmal anrühren, nur anständig miteinander verkehren (z. B. junger Mann und junges Mädchen) ~ **ekmek tutmak** sein Brot selber verdienen können; auf eigenen Füßen stehen ~ **ermek** Zeit und Gelegenheit finden, et. zu tun ~ **ermez gücü yetmez** hilflos; in schwieriger Lage ~ **geniş** wohlhabend; gutsituiert ~ **genişlemek** zu Geld kommen; reich werden ~ **hafif** mit leichter und geschickter Hand (Chirurg, Friseur usw.) ²**hamur karnı aç.** Er plagt (müht, rackert) sich umsonst ab. ~ **ile vermek** eigenhändig, persönlich überreichen, geben ² **işe yatıyor** (*od.* **yatkın**). Er hat e–e geschickte Hand. ² **işte gözü oynaşta.** mit den Gedanken nicht bei der Arbeit sein (Frau, Mädchen) ² **kalem tutar** wer sich schriftlich gut ausdrücken kann; gewandter Schriftsteller, guter Stilist ~ **kamalı** mit e–m Dolch in der Hand ~ **kırılmak** (bir işe) e–e geschickte Hand besitzen ~ **kısa** *V* ungeschickt, tapsig ~ **kolu bağlı kalmak** *fig.* mit gebundenen Händen dastehen ~ **kulağında** „mit der Hand am Ohr" (wie zu Beginn des isl. Gebets) *d. h.* 1. (Person) gerade im Begriffe, gerade dabei 2. (Ereignis) drohend, unmittelbar bevorstehend ~ **maşalı** s. **eli bayraklı;** ~ **olmak** (bir işte) seine Hand im Spiel haben (bei) ² **öpülecek** (*od.* **öpülür**) **adamdır.** Er ist der höchsten Achtung wert. ~ **para görmemek** kein Geld in die Hand bekommen ~ **pek** (*od.* ~ **sıkı**) sehr sparsam; knauserig ~ **silâh tutan** waffenfähig ~ **silâhlı** mit der Waffe in der Hand, mit gezogener (gezückter) Waffe ~ **sopalı** herrisch, gewalttätig; Raufbold *m* ~ **tartısız** unüberlegt, unbesonnen, voreilig ~ **terazili** *va.* geschickt, meisterhaft ~ **uz** (*od.* **yatkın**) flink, geschickt, gewandt, anstellig *mahir, meharetli ~ **uzun** 1. Langfinger, Spitzbube, Dieb *m* 2. weithin od. überallhin reichend (z. B. staatliche Macht) ² **var bu işte.** Er hat seine Hand im Spiel. ~ **varmak** 1. s. ~ **değmek** 2. den Mut haben (et. zu tun), et. tun können ~ **varmamak** es nicht über sich bringen (et. zu tun) ~ **yakasında olmak** sich über j–n beklagen ~ **yatkın** s. ~ **uz;** ~ **yatmak** (bir işe) e–e geschickte Hand bei et. haben ~ **yordamlı olmak** mit Fingerspitzengefühl arbeiten ~ **yumuk katı canlı** 1. geizig 2. unbarmherzig ~ **yüzü düzgün** recht hübsch (Frau, Mädchen)

(elim): ² **sende!** Du bist es! (bei dem Fangespiel **kovalamaca**). ² **üstünde kalsın!** Name e–s türk. Ksp. ² **yakanda!** Ich werde dich (vor Gottes Thron) einmal zur Rechenschaft ziehen! ² **yetişmiyor.** Ich kann mit der Hand nicht so weit reichen. ²**den bir kaza çıkacak!** Ich werde noch zum Mörder werden! ²**e geçersin!** Du kommst mir auch noch einmal unter die Finger! (*d. h.* Ich werde dich noch Mores lehren!) ²**i sallasam ellisi, başımı** (*od.* **saçımı**) **sallasam tellisi (gelir).** *F* Wenn ich nur winke, habe ich zehn an einem Finger!

(elin): ² **ayağın kırılsın!** (Verwünschung desjenigen, der gepufft, geschlagen, gezwickt, getreten usw. wird) ² **Dimyata varsın!** (Aufruf bei **fincan oyunu;** vgl. **Dimyat**); ~ **körü** 1. e–e als Werkzeug zu et. benutzte Person 2. langer eiserner Schürhaken des Bäckers

(elinde): ~ **altın bileziği olmak** e–n soliden Beruf haben (der seinen Mann ernährt) ~ **avucunda nesi varsa** alles, was er besitzt, sein ganzes Hab und Gut ~ **bulunmak** 1. j–s Eigentum sein, j–m zu eigen sein, j–m gehören 2. j–m zur Verfügung stehen (z. B. Hilfsmittel) ~ **bulundurmak** in der Hand (in Händen) haben, besetzt halten, besitzen ~ **ekşimek** auf die lange Bank geschoben werden ~ **kalmak** 1. nicht zustande kommen, nicht ausgeführt (geleistet) werden können (Arbeit) 2. s. **elde kalmak;** ~ **olmak** 1. (bş) s. ~ **bulunmak** 2. (bir iş) in j–s Hand od. Macht stehen, j–m freistehen; tun oder lassen können Zu 2: ~ **olmadan** *a.:* unwillkürlich

(elinden): ~ **alım** s. **zabıt;** ~ **alıma karşı sağlama** s. **zapta karşı teminat;** ~ **almak** j–m et. wegnehmen ~ **geldiği kadar** s. **elden geldiği kadar;** ~ **geleni ardına** (*od.* **arkasına**) **koymamak** jede nur erdenkliche Schlechtigkeit begehen ² **geleni geri komasın!** 1. Soll er doch zeigen, was er (angeblich) kann! 2. Soll er doch tun, was er nicht lassen kann! ~ **geleni yapmak** nichts unversucht lassen; alle Hebel in Bewegung setzen ~ **gelmek** et. tun können ~ **gelmemek** et. nicht fertigbringen (yapmamak) ~ **gelmiyor.** Er kann nicht umhin zu ...; Er muß unbedingt ... ~ **gelse bir kaşık suda boğmak** j–n auf den Tod hassen; j–n am liebsten umbringen wollen ~ **her iş gelmek** (*od.* ~ **hiç bir şey kurtulmamak**) *mel.* einfach alles fertigbringen (was man sich vorgenommen hat) ~ **iş çıkmamak** nichts Rechtes zuwege bringen ~ **kaza çıkmak** (ungewollt) ein Unheil anrichten *spez.* j–n verletzen od. töten ~ **koymamak** nicht aus der Hand legen (od. geben) (z. B. Buch) ~ **kurtulmak** 1. j–m entkommen können 2. aus der Hand gleiten ~ **kuş uçmaz** sehr tüchtig, sehr geschickt ~ **tutmak** 1. j–m wieder aufhelfen 2. protegieren, e–e Anstellung verschaffen, j–n vorwärtsbringen ~ **yanmak** (b–nin) unter j–s ungerechter Behandlung leiden

(eline): ohne Mittelsmann; direkt (z. B. übergeben) ~ **ağır** 1. langsam, schwerfällig (bei der Arbeit) 2. säumig (Schuldner) ~ **almak** 1. et. unter seinen Einfluß (seine Herrschaft) bringen 2. sich mit et. zu beschäftigen beginnen; et. aufgreifen ~ **ayağına kapanmak (düşmek, sarılmak)** s. **eline eteğine sarılmak;** ~ **bakmak** 1. j–m aus der Hand lesen 2. auf j–n angewiesen sein 3. spähen, ob jem. et. mitbringt ~ **çabuk** s. **eli çabuk;** ~ **dayamak** s. Stw. **dayamak;** ~ **değmemek** j–n nicht erreichen (z. B. Brief) ~ **doğmak** (biri ötekinin) von Kindesbeinen an kennen ~ **eteğine doğru** anständig, gutgesinnt, ehrlich ~ **eteğine sarılmak** j–m zu Füßen fallen, j–n inständig anflehen ~ **geçmek** in j–s Hand (Besitz) gelangen ~ **gelmek** schnell und mühelos finden ~ **girmek** in j–s Hände fallen, festgenommen werden ~ **kalmak** (b–nin) keinen anderen Helfer haben, j–m ausgeliefert sein ~ **kına yakmak** *(oft iron.)* sich freuen können ² **(Elinize, Ellerinize, Ellerine) sağlık!** „Möge deine (seine usw.) Hand immer gesund bleiben!" (*form.* Lob für e–e gute manuelle Verrichtung, z. B. für e–n guten Kaffee) Bravo! Ich gratuliere! ~ **su dökememek** (b–nin) j–m nicht das Wasser reichen können, tief unter j–m stehen ~ **sokuşturmak** (*od.* **tutuşturmak**) (bşi) j–m et. in die Hand drücken (z. B. Trinkgeld)

(elini): ~ **ağır tutmak** et. nur langsam in Angriff nehmen ~ **alnına vurmak** sich (mit der Hand) vor die Stirn schlagen (als Zeichen des Sich-Wieder-Erinnerns) ~ **ayağını bağlamak** (b–nin) *fig.* j–m e–n Hemmschuh anlegen, j–n (z. B. ans Haus) fesseln ~ **ayağını çekmek** s. **elini eteğini çekmek;** ~ **ayağını kesmek (bir yerden)** s. **ayağını kesmek;** ~ **ayağını öpmek** (b–nin) j–n demütig anflehen, inständig in j–n dringen (daß er et. tun soll) ~ **basmak** (bş üzerine) seine Hand auf et. legen *(wörtl.)* ~ **bırakıp ayağını, ayağını bırakıp elini öpmek** um Mitleid anflehen, um Erbarmen betteln ~ **cebine atmak** 1. nach der Waffe greifen 2. in den Geldbeutel greifen ≗ **çabuk tut!** Beeile dich! Mach voran! Mach fix! ~ **eteğini çekmek** sich vom aktiven Leben zurückziehen ~ **göğsüne koymak** sein Gewissen fragen; aufrichtig (ehrlich, gerecht) sein (≗ **göğsüne koy!** Hand aufs Herz!) ~ **harama sürmek** sich an fremdem (verbotenem) Gut vergreifen ~ **kalbine koyarak** ehrlich, gerecht, aufrichtig (z. B. sprechen, denken, urteilen) ~ **kana bulamak** j–n umbringen, töten ~ **kesmek** (b–nin) 1. j–n von et. abbringen 2. j–n hindern, et. zu tun ~ **kolunu bağlamak** (b–nin) *fig.* j–m die Hände binden (so daß er nicht mehr tun und lassen kann, was er will) ~ **kolunu sallaya sallaya gelmek** mit leeren Händen daherkommen (wo ein Geschenk bzw. ein Werkzeug erwartet wird) ~ **kolunu sallaya sallaya gezmek** (*od.* **dolaşmak**) unbekümmert dahinschlendern ~ **oynatmak** (b–ne) j–m pekuniär unter die Arme greifen ~ **sıcak sudan soğuk suya sokmamak** 1. den Haushalt nicht machen (verwöhnte Frau) 2. verwöhnt (verzärtelt, verzogen) sein ~ **sıkmak** (b–nin) j–m die Hand drücken ~ **sürmemek** 1. et. nicht berühren 2. *fig.* sich nicht herablassen (zu) ~ **tutmak** abstehen (von); die Finger von et. lassen ≗ **veren kolunu alamaz.** Reicht man ihm den kleinen Finger, will er gleich die ganze Hand. ~ **vermek** 1. j–m die Hand reichen 2. sein Können (Wissen, seine Fähigkeiten) an j–n weitergeben (z. B. vor dem Tod) 3. s. **Ver elini ...;** ~ **vicdanına koyarak** s. ~ **kalbine koyarak;** ~ **yıkamak** (*va.* **yumak**) (bşden) Abstand nehmen (von); die Finger von et. lassen

(elinin): ~ **altında olmak** et. greifbar zur Verfügung haben ~ **hamuriyle erkek işine karışmak** et. ausführen wollen, dem man nicht gewachsen ist (Frau, Mädchen)

(elinle): ≗ **ver ayağınla ara!** Man muß dauernd hinterherlaufen, wenn man et. Ausgeliehenes wieder zurückhaben will.

(eliyle): per Adresse; c/o (bei Postsachen) ≗ **hamur ovalar gözüyle dana kovalar.** s. **Eli işte gözü oynaşta.** ~ **koymuş gibi bulmak** mit nachtwandlerischer Sicherheit das Gewünschte (od. Richtige) finden

(elle): ~ **dokunmak** befühlen ~ **idare** Hand-steuerung, -habung *f* ≗ **tutulacak tarafı kalmamıştır.** Es ist kein Stück mehr heil geblieben. ~ **tutulacak tarafı olmamak** nicht die geringsten guten Eigenschaften besitzen (Person) ~ **tutulur, gözle görülür şey** et. Handgreifliches ~ **yapılmış resim** Handzeichnung *f*

(eller): ≗ **yukarı!** Hände hoch! **-de gezmek** 1. in Mode sein, beliebt sein (z. B. Buch) 2. von Hand zu Hand wandern (z. B. Buch) **-i kaldırmak** die Hände (zum Himmel) emporstrecken (beim Gebet) **-i yanına gelmek** s. **iki eli yanına gelmek** und **İki elim yanıma gelecek.** **ºin dert görmesin!** Vielen herzlichen Dank (für die geleistete Mühe)! Vergelt's Gott! *a.* Das hast du ausgezeichnet gemacht! **-ini arkasına bağlamak** 1. (kendi) die Hände auf dem Rücken verschränken 2. (b–nin) j–m die Hände auf den Rücken binden **-ini bırakıp ayaklarına kapanmak** um Mitleid anflehen, um Erbarmen betteln **-ini kaldırmak** die Hände hochheben; sich ergeben **ºinizden öperim** (Briefschlußformel e–s an Rang, Ansehen od. Alter Tieferstehenden) (vgl. **Gözlerinizden öperim**)

el (II) [geschlossenes kurzes e] 1. Land *n,* Heimat *f,* Provinz *f,* Landesteil *m* *yurt 2. Volk *n,* Leute *pl.* *halk 3. fremd, Fremder, fremde (od. andere) Leute 4. *va.* Stamm *m,* Völkerschaft *f* *kabile ~ (*od.* **elin**) **adamı** 1. ein Fremder 2. die anderen Leute ~ **ağziyle çorba yemek** *F* nachreden, was andere Leute sagen ~ **arı düşman gayreti** um nicht der allgemeinen Verachtung anheimzufallen ≗ **beğenmezse yel** (*od.* **yer**) **beğensin!** Besser tot als allgemein verachtet! ≗ **ºin aynasıdır.** *Spr.* Jeder wird von seiner Umgebung immer genau beobachtet. ~ **evi** s. ~ **kapısı;** ~ **gün** s. **elâlem. (Ele güne karşı böyle hareket edilir mi?** Benimmt man sich so vor fremden Leuten?) ≗ **için ağlayan (iki) gözden olur, yâr için dövünen dizden olur.** *Spr.* Opfer, die man anderen bringt, müssen ihre Grenzen haben; sonst schadet man sich selbst. ≗ **için kuyu kazan, en iptida kendi düşer.** *Spr.* Wer andern e–e Grube gräbt, fällt selbst hinein. *Spr.* ≗ **ile gelen düğün bayram(-dır).** *Spr.* Was alle trifft, erträgt man leicht. (Geteiltes Leid ist halbes Leid. *Spr.*) ~ **iyisi** zuvorkommend gegen Fremde, aber gleichgültig gegen die nächsten Angehörigen ~ **kapısı** ein fremdes Haus, andere Leute, auswärts ~ **kapısına düşmek** in fremden Diensten arbeiten müssen ~ **kapısında büyümek** bei fremden Leuten aufwachsen (Waisenkind) ~ **kapısında çalışan bir kadın** e–e Frau, die sich auswärts verdingt ~ **kazaniyle aş kaynatmak** *fig.* 1. sich mit fremden Federn schmücken 2. sein Süppchen am Feuer anderer kochen ≗ **mi yaman, bey mi yaman?** ≗ **yaman!** Ein Staatsmann mag noch so stark scheinen, seine eigentliche Kraft kommt doch vom Volk. ~ **oğlu** irgendein Fremder **ºdeki yara, yarasıza duvar deliği gibidir.** *Spr.* Wer selbst nicht verletzt ist, für den ist die Verletzung e–s anderen nicht viel mehr als ein Loch in der Wand. **-den ayrıksı** *P* wer in seinem Verhalten von anderen absticht **ºden vefa, zehirden şifa.** *Spr.* Wer von Gift Heilung erwartet, kann auch von Fremden Hilfe erwarten. **ºe verir talkını, kendi yutar salkımı.** *Spr.* Anderen gibt er weise Ratschläge, aber die Trauben ißt er selber. *d. h.* Er befolgt selber nicht das, was er anderen rät. **-e vermek** 1. seine Tochter e–m Fremden zur Frau geben 2. s. **dizginleri -e vermek.** **ºin ağzı torba değil ki (çekip) büzesin.** *Spr.* Man kann ja den Leuten nicht den Mund verbieten. *(d. h.)* Gerede gibt es immer. **-in ağzına düşmek** ins Gerede (der Leute) kommen **ºin geçtiği köprüden sen de geç!** *Spr.* Tu, was die andern auch tun! **-inin gözündeki çöpü görüp de kendi gözündeki direği görememek.** (*Vgl. Bibel:* Was siehst du aber den Splitter in deines Bruders Auge und wirst nicht gewahr des Balkens in deinem Auge?) **-inin körü** *P* 1. Unsinn! Dummes Zeug! 2. Einen Dreck werde ich!

elâ hell-kastanienbraun (Augenfarbe; *selt.* Haarfarbe); s. a. **açık elâ; gökelâ**

elâbı nâriye *va.* Feuerwerk(-skörper *pl.*) *n*

elado [×··] *griech.* Komm her! ~ **etmek** *V* aufgabeln

elaik s. **oleik**

elâlem fremde (od. andere) Leute *pl.* (*spez.* außerhalb des

Familien- und Bekanntenkreises); alle Leute *pl.*, jedermann **-e kepaze olmak** zum Gespött der Leute werden
elaltı, -nı 1. Gefolge *n* *maiyet 2. unter der Hand; Schwarz- ~ **ticareti** Schwarzhandel *m* ~ **tüccarları** Schwarzhändler *pl.*
elaman [··–] 1. Gnade, Schonung, Nachsicht *f* 2. (Ausruf starken Unmuts) Nun ist es aber endlich genug! Zu 1: ~ **çağırmak** um Gnade flehen Zu 2: ≗ **senden! Nedir bu huysuzluk?** Nun langt es mir aber mit dir! Was soll denn diese Griesgrämigkeit? ~ **çekmek** seinem Mißmut Ausdruck geben
elan Elan, Schwung *m*, Begeisterung *f*
el'an [×·] noch, noch immer, noch jetzt *hâlâ
el'anyasiye s. **iğdegiller**
elastik; elastikî elastisch, federnd *esnek
elastikiyet, -ti; elastiklik Elastizität, Spannkraft *f* *esneklik
Elavva [··–] *astr.* s. **Çoban**
Elazığ *n.pr.* Stadt im gln. Rbz. (mittleres Ostanatolien) (bis 1937: **Elâziz** < **Mamuretülaziz**)
Elbaki [·––] der Ewige (Beiname Gottes)
Elbe *n.pr.* 1. **(nehri)** Elbe *f* 2. *a.* **Elba (adası)** Elba
elbet, -ti [×·] 1. gewiß, sicherlich, zweifellos, freilich *şüphesiz, her halde 2. schließlich, früher oder später
elbette [×··] od. [·×·] s. **elbet**
elbezi, -ni kleineres Tuch zum Abwischen der Finger (*fr. spez.* am Bayram nach dargebotenen Süßigkeiten gereicht)
elbirliği, -ni 1. *mel. od. neutral* Mit-, Zusammen-arbeit; Solidarität *f* 2. *pej.* Dienste *pl.* e–s Helfershelfers, Zusammengehen *n* (z.B. mit dem Feind) 3. s. **imece;** ~ **etmek** (*od.* **yapmak**) zusammen-arbeiten, -gehen; gemeinsame Sache machen **elbirliğiyle mülkiyet** s. **iştirak halinde mülkiyet**
elbirlikli durch gemeinsame Tätigkeit zustandegebracht
elbise (*urspr. Pl.* zu **libas**) Anzug *m*, Kleid *n*, Kleidung *f*, Kleider, Sachen *pl.* ~ **biti** (*od.* ~ **kehlesi**) s. **giyim biti;** ~ **çengeli** Kleiderhaken *m* ~ **dolabı** Kleiderschrank *m* ~ **değiş(tir)mek** sich umziehen, sich umkleiden ~ **fırçası** Kleiderbürste *f* ~ **güvesi** s. **giyim güvesi;** ~ **sehpası** Kleider-, Garderoben-ständer *m* ~ **yaptırmak** sich e–n Anzug machen lassen
elbiseci Kleider-fabrikant od. -verkäufer *m*
elbisecilik Tätigkeit *f* e–s **elbiseci**
elbiseli mit nb. Anzug od. Kleid; ... gekleidet **yırtık** ~ **hırsız** der schäbig gekleidete Dieb
elbiselik 1. als Bekleidung dienend, zur Bekleidung bestimmt 2. zur Herstellung von Kleidern od. Anzügen geeignet 3. Garderobe(-ablage) *f* (im Theater, Kino usw.)
Elbistan *n.pr.* Städtchen u. D. im Rbz. Maraş
Elbürz *n.pr.* Elbrus *m* (Berg im Kaukasus, 5633 m hoch) ~ **dağları** *n.pr.* Elbrusgebirge *n* (in Persien)
Elcasi [·––] *astr.* s. **Herkül** (2)
Elcebbar [ā] 1. der Allgewaltige (Beiname Gottes) 2. *astr.* s. **Oriyon**
elceğiz (armes) Händchen
Elcevap *z. va.* Darauf ist folgendes zu antworten.
elceza [ā] (in der Füg.:) ≗**(ü) min cinsül** (*eigtl.* **cinsil**) **amel.** 1. Wie die Tat, so die Strafe. 2. Auge um Auge, Zahn um Zahn.
Elcezire [ī] *va.* 1. Mesopotamien 2. Algeciras (Spanien)
elcik Händchen *n*
elcil döllenme *bot.* Fremdbestäubung, Allogamie *f*
elçi 1. *pol.* Gesandter, Botschafter *m* 2. Abgesandter, Unterhändler *m* 3. *va.* Prophet *m* Zu 1: s. **büyük-, orta-, mukim** ~ Zu 2: ≗**ye zeval olmaz** (*od.* **yoktur**). Der Abgesandte ist nicht verantwortlich für die überbrachte Botschaft.
elçilik 1. Tätigkeit *f* (Amt *n*, Rang *m*) e–s Gesandten od. Botschafters 2. Gesandtschaft, Botschaft *f* 3. Mission, Delegation *f* ~ **uzmanı** s. **ataşe**
eldamarlı yaprak s. **elsi yaprak**
Eldeberan *astr.* Aldebaran *m* *Aynüssevir
eldeci s. **vazıülyet, zilyet**
Eldivan *n.pr.* O. u. D. im Rbz. Çankırı
eldiven 1. Handschuh(-e *pl.*) *m* 2. Boxer *m* ~ **maşası** Handschuhweiter *m*
eldivenci Handschuh-macher, -verkäufer *m*
eldivencik Fingerverband *m*
eldivencilik Herstellung *f od.* Verkauf *m* von Handschuhen
eldorado [··×·] Eldorado *(n)*
Elealılar; Eleatlar *phil.* Eleaten *pl.*, eleatische Schule
elebaşı, -yı 1. Anführer *m* a) e–r Gruppe spielender Kinder b) *pej.* e–r Verbrecherband; Rädelsführer *m* *sergerde c) e–r Tanzgruppe (Anatolien) 2. *mel., selt.* führende Persönlichkeit; geistiger Führer, Leiter
elebaşılık Rolle *f* e–s **elebaşı**
elefantiazis s. **fil hastalığı**
elegan(-t) *selt.* elegant, modisch
elegans Eleganz *f*, Schick *m*
elegaraz s. **elgaraz**
eleğimsağma *P* s. **alâimisema**
eleji *lit.* Elegie *f* *üzünleme
elek, -eği (feineres) Sieb, Haarsieb *n* (vgl. **kalbur**); ~ **baskısı** *typ.* Siebdruck *m* ~ ~ **aramak** et. genau ab-, durchsuchen **-ini boğazına geçirmiş gibi** wem alles unter den Händen zerronnen ist ~ **-ini duvara asmak** s. **ununu eleyip ...; -ten geçirmek** 1. (durch-)sieben 2. *fig.* sieben, genau sichten, streng prüfen; aus-suchen, -lesen
elekçi 1. Sieb-macher od. -verkäufer *m* 2. wer siebt 3. *P* s. **Çingene**
eleksi sieb-förmig, -artig ~ **borular** s. **kalbur damarlar**
elektora *hist.* Kurfürstentum *n*
elektör *hist.* Kurfürst *m*
elektrifikasyon 1. Elektrifizierung *f* 2. Versorgung *f* mit el. Strom, Anschluß *m* an ein Stromnetz
elektrik 1. Elektrizität *f* 2. elektrisch, Elektro- 3. elektrisches Licht 4. *fig.* Spannung *f*, geladene Atmosphäre ~ **akımı** *el.* Strom *m* *elektrik cereyanı ~ **ampulü** Glühbirne *f* ~ **balığı** s. **torpilbalığı;** ~ **banyosu** *med.* elektrisches Lichtbad ~ **bataryası** *el.* Batterie *f* ~ **bisturi** *med.* elektrisches Messer ~ **cereyanı** s. **akımı;** ~ **cerrahisi** s. **elektroşirürji;** ~ **çarpması** *el.* Schlag *m* ~ **çeliği** Elektrostahl *m* ~ **devresi** *el.* Stromkreis *m*, Leitung *f* ~ **donatımı** Elektroinstallation *f* ~ **döşemcisi** Elektroinstallateur *m* ~ **fabrikası** Elektrizitätswerk *n* ~ **fenni** (*od.* **ilmi**) Elektrizitätslehre *f* ~ **kaçağı** Stromverlust *m* ~ **kesme tertibatı** Stromunterbrechung *f* ~ **kontağı** Kurzschluß *m* ~ **kudreti** *el.* Energie *f* ~ **lambası** *el.* Lampe *f* ~ **merkezi** s. ~ **santralı;** ~ **mühendisi** Elektroingenieur *m* ~ **porseleni** Porzellanisolator *m* ~ **saati** (*od.* **sayacı**) Elektrizitätszähler *m* ~ **santralı** Elektrizitätswerk *n* ~ **sobası** Elektroofen *m* ~ **süpürgesi** Staubsauger *m* *aspiratör ~ **şeraresi** *el.* Funken *m* ~ **tedavisi** *med.* Elektrotherapie *f* ~ **teknisyeni** Elektrotechniker *m* ~ **teli** Leitungsdraht *m* ~ **tenviratı** *el.* Beleuchtung *f* ~ **tesisatçısı** s. ~ **döşemcisi;** ~ **tevettürü** *el.* Potential *n* ~ **yayı** *phys.* Lichtbogen *m* *kavsi elektrikî ~ **zili** *el.* Klingel *f* **-e göçüm** (*od.* **-e yönelim**) *biol.* Galvanotropismus *m* *galvanotropizm **-i yakmak** das el. Licht andrehen (einschalten, anschalten) **-le tahlil** s. **elektroliz**
elektrikçi Elektriker, Elektro-techniker, -installateur *m*
elektrikçilik 1. Beruf *m* e–s Elektrikers, Elektrotechnikers 2. Elektrizitätslehre *f*
elektrikî *va.* elektrisch *elektriksel
elektrikiyet, -ti *va.* s. **elektrik; -i mıknatısiye** *va.* s. **elektromagnetizma; -i sakine** *va.* s. **elektrostatik**

elektrikleme Elektrisierung *f*
elektriklemek s. **elektriklendirmek**
elektriklendirmek 1. elektrisieren, elektrisch laden 2. *fig.* elektrisieren, aufrütteln, begeistern
elektriklenme Elektrisierung *f*
elektriklenmek 1. elektrisiert werden, elektrisch werden, sich elektrisch laden 2. *fig.* elektrisiert (aufgerüttelt, begeistert) werden 3. sich wie elektrisch laden (Atmosphäre, Saal usw.)
elektrikleşme Elektrifizierung *f*
elektrikleşmek 1. elektrifiziert werden 2. s. **elektriklenmek**
elektrikleştirmek 1. elektrifizieren 2. elektrisieren *(a. fig.)*
elektrikli 1. mit Elektrizität (ausgestattet) 2. mit elektrischer Einrichtung 3. elektrisch geladen od. betrieben 4. wie elektrisch geladen (z. B. Saal) ~ **asma vinç** elektrischer Laufkran ~ **araba** Elektrokarren *m* ~ **çaydanlık** elektrischer Teekessel ~ **havaî hat** Elektrohängebahn *f* ~ **koltuk** elektrischer Stuhl (für Hinrichtungen) ~ **lokomotif** elektrische Lokomotive; Elektrolok *f* ~ **motör** Elektromotor *m* ~ **peron arabası** Elektrobahnsteigkarren *m* ~ **saat** elektrische Uhr ~ **sandalye** s. ~ **koltuk;** ~ **soğutma** (*od.* **tebrit**) **makinesi** elektrischer Kühlschrank ~ **tıraş makinesi** Elektrorasierer *m* ~ **tramvay** (elektrische) Straßenbahn (*im Ggs.* zu der fr. Pferdebahn) ~ **tren** elektrischer Zug ~ **yayın** Zitterwels *m zo.* Malopterurus electricus ~ **yılanbalığı** Zitteraal *m zo.* Electrophorus electricus
elektriknüma [ā] *va.* s. **elektroskop**
elektriksel elektrisch *elektrikî
elektroansefalogram *med.* Elektroenzephalogramm, EEG *n*
elektrodinamik 1. Elektrodynamik *f* 2. elektrodynamisch
elektroeman s. **elektromagnet**
elektroforez Elektrophorese *f*
elektrogalvanik elektrogalvanisch
elektrogitar *mus.* elektrische Gitarre
elektrojen stromerzeugend
elektrokar Elektro(bahnsteig)karren *m*
elektrokardiyograf Elektrokardiograph *m*
elektrokardiyografi Elektrokardiographie *f*
elektrokardiyogram Elektrokardiogramm, EKG *n*
elektrokimya s. **elektroşimi**
elektrokoter s. **galvanokoter**
elektrolit, -ti *phys.* Elektrolyt *n*
elektrolitik elektrolytisch ~ **ayrışma** s. **elektroliz**
elektroliz Elektrolyse *f* *tahlili elektrikî; elektrikle tahlil
elektrom Elektrum *n* (bernsteinfarbenes, silberhaltiges Gold *gümüşlü altın
elektromagnet, -ti Elektromagnet *m*
elektromagnetik; elektromanyetik elektromagnetisch
elektromagnetizma; elektromanyetizma *phys.* Elektromagnetismus *m* *elektrikiyeti mıknatısiye
elektromekanik 1. Elektromechanik *f* 2. elektromechanisch
elektromıknatıs *va.* s. **elektromagnet**
elektromontaj Elektromontage *f*
elektromontör Elektromonteur *m*
elektromotopomp, -pu elektrische Motorspritze
elektromotor 1. Elektromotor *n* 2. elektromotorisch ~ **kuvvet** *phys.* elektromotorische Kraft *kuvvei muharrikei elektrikiye
elektron Elektron *n* ~ **lambası** Elektronenröhre *f* ~ **mikroskopu** Elektronenmikroskop *n*
elektronegatif *phys.* elektronegativ, negativelektrisch
elektronik 1. elektronisch, Elektronen- 2. Elektronik, Elektronentechnik *f* ~ **beyin** (*od.* **dimağ**) Elektronengehirn *n* ~ **hesap makinesi** s. **kompüter;** ~ **mikroskop** Elektronenmikroskop *n* ~ **saat** s. **kuvarslı saat**
elektropozitif *phys.* elektropositiv, positivelektrisch
elektrosemafor Küstensignalstation *f*
elektrosemaforik posta s. **elektrosemafor**
elektroskop, -pu Elektroskop *n* *elektriknüma
elektrostatik 1. Elektrostatik *f* *elektrikiyeti sakine 2. elektrostatisch
elektroşimi Elektrochemie *f*
elektroşimik elektrochemisch
elektroşirürji *med.* Elektrochirurgie *f*
elektroşok, -ku *med.* Elektro-schock *m,* -therapie *f* *sismoterapi
elektrot, -du Elektrode *f*
elektroteknik 1. Elektrotechnik *f* 2. elektrotechnisch
elektroterapi *med.* Elektrotherapie *f*
elektrotip, -pi *typ.* Galvano *n*
elem Schmerz, Gram, Kummer *m,* Betrübnis *f* ~ **çekmek** betrübt sein, sich grämen **-i âsap** *va.* s. **nöralji**
eleman 1. Element *n,* Grund-stoff, -bestandteil *m* *öğe, unsur 2. *fig. mel.* Kraft *f* (Person), *(Sport a.:)* Mann, Spieler *m* 3. *fig. pej.* Werkzeug *n,* Kraft *f,* Element *n* 4. *el.* Element *n* Zu 2: **yarınki sahnemizin -ları** unsere Bühnenkräfte von morgen Zu 3: **-lar** *pej.* dunkle (verdächtige, zweifelhafte) Elemente *pl.* **şebekenin üç -ı** drei Bandenangehörige
elemansal ein Element betreffend, Element(-ar)- *unsurî ~ **analiz** *chem.* Elementaranalyse *f* *tahlili unsurî
elemanter elementar, grundlegend, einfach *iptidaî
elemdide [ī] *z. va.* bekümmert, bedrückt, niedergedrückt, in Trauer versetzt
eleme 1. Vs. zu **elemek** 2. (durch-, aus-)gesiebt, gesichtet ~ **imtihanı** (*od.* ~ **sınavı**) Sichtungsprüfung *f* (vor der Versetzungsprüfung) ~ **incir** *H* ausgesuchte kleine Feigen ~ **maçları** *(Sport)* Ausscheidungsspiele *pl.* ~ **un** gesiebtes Mehl
elemek 1. (durch-, aus-)sieben 2. *fig.* sieben, sichten, auslesen, ausscheiden, e–e Auswahl treffen 3. abspulen (Garn) 4. *V* (m. Akk.) j–m das Geld abnehmen, j–n ausnehmen 5. *V* vollständig ausgeben, durchbringen (Geld) 6. *spez. Fb.* im Ausscheidungsspiel besiegen
element(-sel) *spez. chem.* s. **eleman(-sal)**
elemge Garnwinde, Haspel *f*
elemi [·×·] Elemi *n* (Harzart)
elemli 1. betrübt, niedergeschlagen, traurig, schmerzlich berührt 2. betrüblich, traurig (stimmend), schmerzlich
elemsağmal *P* für **eleğimsağma** bzw. **alâimisema**
Elemtere fiş kem gözlere şiş! *P* Möge ihn der böse Blick nicht treffen!
Elen 1. Hellene *m,* Hellenin *f,* Grieche *m,* Griechin *f* 2. hellenisch, griechisch *(1, 2) Yunan 3. *n.pr.* Helena ~ **Hükümeti** griechische Regierung
Elence [·×·] 1. griechische Sprache, Griechisch 2. griechisch *Yunanca
Elenika 1. *urspr.* griech. Hochsprache (im Ggs. zu **Rumca**) 2. sprachliche Korrektheit, korrekte Form od. Ausdrucksweise; elegante Worte *pl.* **-sını bilmek** (bşin) *F* et. ganz genau (aus dem Effeff) kennen
Elenikos *P* griechisch
elenistik hellenistisch
elenizm Hellenismus *m,* hellenistische Kultur und Kunst
Elenli s. **Elen;** ~ **talebeler** griech. Studenten *pl.*
elenlik 1. Hellenentum *n* 2. Hellenismus *m*
elenmek Pass. zu **elemek** (*Sport:* ausscheiden müssen)
elense s. **el ense**
elenti *dial.* 1. ausgesiebtes Getreide 2. Frieren, Zittern *n*
eler tutar s. **iler tutar**
elerki, -ni s. **demokrasi**
elest *va.* (*Verk.* aus ar. **elestü birabbiküm** = Bin ich nicht euer Herr?) Erschaffung *f* des Menschen

Eleşkirt *n.pr.* O. u. D. im Rbz. Ağrı
eleştiri Kritik *f* *tenkit
eleştirici 1. Kritiker *m* 2. kritisch
eleştiricilik *phil.* Kritizismus *m*
eleştirim(-ci, -cilik) s. **eleştiri(-ci, -cilik)**
eleştirimsel s. **eleştirmeli**
eleştirisiz kritiklos
eleştirisizlik 1. Fehlen *n* der Kritik 2. *pej.* Kritiklosigkeit *f*
eleştirme(-ci) s. **eleştiri(-ci)**
eleştirmek 1. *va.* durch-suchen, -wühlen 2. kritisch besprechen
eleştirmeli kritisch *tenkidî
eleştirmen s. **eleştirici** (1)
elevatör 1. Förder-, Becher-, Hebe-werk *n,* Elevator *m* 2. (Bergwerk) Hubförderer *m* 3. Lastenaufzug *m* 4. Hebemuskel *m* 5. s. **diş kökü çıkarıcısı**
eleze s. **eneze**
elfatiha [·–··] 1. (Aufforderung z.B. auf alten Grabsteinen): Bete die Fatiha! 2. *F* aus, fertig, Schluß, weg, fort Zu 2: **Çalışmamıza yarım saat sonra ~!** In e–r halben Stunde hören wir auf zu arbeiten! **Şimdi onu gidip alalım yoksa ~.** Wir wollen gleich gehen und es kaufen, sonst ist es weg.
elfaz [ā] (*va. Pl.* zu **lafız**); **-ı mütezadde** *gr. va.* s. **zıtanlamlılar; -ı savtiye** *va.* 1. lautmalerische Wörter *pl.* 2. Lautmalerei *f*
El Fetih *n.pr.* El Fatah *f* (Fedajin-Organisation)
elfirak s. **elveda**
elgaraz *va.* Was ich sagen will, ist folgendes
elgin *dial.* wer in der Fremde lebt od. in die Fremde zieht, alleinstehend, bedauernswert *garip, gurbetçi
Elgincilik; Elginizm das Verbringen wertvoller Kunstwerke ins Ausland (nach **Elgin;** engl. Botschafter in der Türkei; 19. Jh.)
elhaç [ā] s. **hacı**
elhacı [ā] Alhagi-, Manna-strauch *m bot.* Alhagi Maurorum
elhak, -kkı *z. va.* fürwahr, wahrlich, gewiß, tatsächlich ~ **doğrudur.** Es ist wirklich wahr. Es stimmt tatsächlich.
elhaletü hazihi [ā, ā] *va.* augenblicklich, noch immer
Elham(d) suresi volkstüml. Bez. der Fatiha-Sure
Elhamra (sarayı) *n.pr.* Alhambra *f* (in Granada, Spanien)
elhamdülillah [·×··–] Gott sei Dank! *hamd olsun
elhan [ā] (*va. Pl.* zu **lahin**) Töne, Melodien *pl.;* s.a. **darülelhan**
elhap 1. *va.* schweigsam 2. Name e–s türk. Ksp., bei dem es darauf ankommt, möglichst lange zu schweigen
elhasıl [×–·] kurz (gesagt); mit e–m Wort *sözün kısası, velhasıl
elhazer *va.* 1. Vorsicht! Achtung! Aufgepaßt! 2. um Gottes willen nicht! ja nicht!
Elheva [ā] *va.* s. **Yılancı** (2)
-eli s. **-(y)alı, -(y)eli**
elif 1. erster Buchst. des ar. bzw. osm. Alph. 2. *fig.* Anfang *m,* Grundlage *f* Zu 2: **İşin -ini bile bilmiyor.** Er kennt nicht einmal die Anfangsgründe davon. ~ **lam** *fig.* komplizierte Schreibung **-i -ine** vollkommen, genau **-i -ine eş** haargenau das gleiche ~**i -ine sekiz.** Es ist Punkt acht Uhr. **-i -ine yapmak** et. aufs I-Tüpfelchen genau ausführen ~**i görse mertek** (*od.* **direk**) **sanır.** 1. Er ist ein vollkommener Analphabet. 2. *fig.* Er ist ein ausgemachter Dummkopf. **-ten ye'ye kadar** *va.* von A bis Z
elîf 1. *va.* vertraut, bekannt, Freund *m* 2. ~ [×·] *wV;* s.a. **gözümün -i**
elifba [ā]; **elifbe** 1. das ar., pers., osm. Alphabet 2. (*a.* ~ **suparası**) *fr.* Fibel *f* (Schulbuch)
elifi *va.* in der Form e–s Elifs; gerade, aufrecht
elifli 1. mit Elif versehen (geschrieben usw.) 2. mit senkrechter Linie (z.B. Stirn)
elihsanü bittamam [··–···–] *va.* höchste Gunstbezeugung
elik *dial.* 1. s. **dağkeçisi** 2. s. **karaca**
eliksir s. **iksir**
elim [ī] schmerzlich, betrüblich, traurig, beklagenswert
eliminasyon *(spez. Sport)* Ausscheidung *f* ~ **maçı** Ausscheidungskampf *m*
elimine *(spez. Sport)* ausgeschieden, eliminiert ~ **etmek** ausscheiden, eliminieren ~ **olmak** ausscheiden *(intr.)*
elindelik *phil.* freier Wille *iradei cüziye
elindesizlik *phil.* Prädestination, Vorherbestimmung *f*
El-insan s. **Dehir suresi**
elinsaf [ā] *z. va.* Gerechter Himmel! Nimm doch Vernunft an!
elips *math.* Ellipse *f* *kat'ı nakıs
elipsoidal *math.* ellipsoid, ellipsenähnlich *mücessem kat'ı nakısî
elipsoit, -di *math.* Ellipsoid *n* *mücessem kat'ı nakıs
eliptik elliptisch, in der Form e–r Ellipse *kat'ı nakısî
Elisa [·×·] *n.pr. myth.* Dido *Didon
elişi, -ni 1. handgearbeitet 2. Werkarbeit *f* (als Schulfach) 3. weibliche Handarbeit 4. Artefakt *n* (vorgeschichtliches Werkzeug)
elit, -ti Elite *f,* Elite-
elitra s. **kınkanat**
el'iyazü billah [··–··–] *va.* Gott behüte (vor)!
elize Elysium *n*
Elize sarayı *n.pr.* Elysée *n* (Palast des französischen Staatspräsidenten)
elkap, -bı [ā] 1. *va. Pl.* zu **lakap** 2. *fr.* Titulatur *f* (wie z.B. **devletlü, faziletlü** usw.)
elkaplandırmak e–e nb. Titulatur verwenden
Elkasr Alkazar *m* (in mehreren span. Städten)
elkıssa [·×·] *va.* kurz, schließlich. Kommen wir aber zu unserer Geschichte!
elkimya *va.* Alchimie *f* *alşimi, batıl kimya
ellâlem *P* für **Allah a'lem** *(q.v.)*
elleme 1. Vs. zu **ellemek** 2. handverlesen, ausgesucht 3. *spez.* ausgesuchte große Holzkohle ~ **incir** getrocknete und für den Export ausgesuchte Feigen ~ **mangal kömürü** 1. ausgesuchte Kohlen für das Kohlenbecken 2. *V* Vagabund, Taugenichts *m*
ellemek 1. mit der Hand berühren; anfassen, befühlen, betasten 2. mit der Hand verlesen; aussuchen 3. (mit der Hand) stoßen; schieben, drängen 4. j–n an der Hand packen und hinauswerfen 5. *naut.* a) mit e–m Boot (usw.) am Kai entlang fahren b) ein Tau heranziehen c) verladen (Schiffsfracht)
ellenmek Pass. zu **ellemek; ellenmiş dillenmiş** notorisch bekannt (Kokotte)
elleşmek (b–le) 1. sich gegenseitig stoßen 2. die gegenseitige Stärke erproben (durch Handgriffe) 3. handgemein werden 4. sich bei den Händen fassen und diese ruckweise schütteln (zur Bekräftigung e–s abgeschlossenen Vertrags od. Kaufgeschäftes) 5. stören, belästigen
elli (I) mit **el** *spez.* mit nb. Händen, -händig ~ **şamdan** Henkelleuchter *m*
elli (II) 1. fünfzig 2. Zahl *f* 50 ~ **altı** 1. sechsundfünfzig 2. *V* Ohrfeige *f* ~ **dirhem otuz** *V* betrunken ~ **sekiz** *V* Lustknabe *m*
ellik 1. Handschutz *m* 2. s. **yelkenci eldiveni**
ellilik 1. aus fünfzig Teilen bestehend, fünfzig Stück enthaltend 2. 50-Kurusch-Münze *f,* 50-Pfund-Schein *m* bzw. et. was diesen Wert besitzt 3. alte Silbermünze zu 50 Para (aus dem Jahre 1205 der fr. Zeitrechnung) 4. fünfzig Jahre alt, fünfzigjährig ~ **bir kadın** e–e Frau von ungefähr 50 Jahren, e–e Fünfzigerin ~ **paket** Fünfzigerpakkung *f*
ellinci fünfzigst-

ellişer je fünfzig
elma Apfel *m* ~ **ağ kurdu** die Raupe von **elma güvesi;** ~ **ağacı** Apfelbaum *m bot.* Pirus malus (*fr.*: şecerei tuffah) ~ **asidi** Apfelsäure *f* ~ **çiçeği** Apfelblüte *f* (*a.* Ornament) ~ **dibi** aus Randteilen von Fuchsfellen hergestellter Pelz ~ **gibi** rotwangig ~ **gözkurdu** Apfelblütenstecher *m zo.* Anthonomus pomorum ~ **güvesi** Apfelbaumgespinstmotte *f zo.* Hyponomeuta malinella ~ **içkurdu** Apfelwickler *m zo.* Carpocapsa pomonella ~ **koçanı** Apfelgehäuse (*dial.*: Apfelbutzen *m*) *n* ~ **kompostosu** Apfelkompott *n* ~ **kürk** wertvoller, aus den Seitenteilen von Fuchsfellen hergestellter Pelz ~ **otu** s. **dağ elması;** ~ **pamuklubiti** Blutlaus *f zo.* Eriosoma lanigerum *kanlı bit ~ **reçeli** Apfelgelee *n* ~ **sineği** Apfelfliege *f zo.* Rhagoletis pomonella ~ **sokan** Apfelstecher *m zo.* Rhynchites bacchus ~ **şarabı** Apfelwein *m* ~ **şekeri** *fr.* kandierter Apfel (auf e–m Stäbchen) ~ **talaşkurdu** die Raupe von **elma yaprakarısı;** ~ **yağı** s. **dağ elması yağı;** ~ **yaprakarısı** Apfelblattwespe *f zo.* Hoplocampa testudinea ~ **yaprakbiti** Apfelblattlaus *f zo.* Aphis pomi ~ **yaprakpiresi** Apfelblattfloh *m zo.* Psylla mali **ºnın yarısı bu, yarısı o.** Sie gleichen sich wie ein Ei dem andern.
elmabaş Haubentaucher *m zo.* Podiceps cristatus *tepeli dalgıç
elmacı 1. Apfelzüchter *m* 2. Apfelhändler *m*
elmacık (kemiği) vorspringender Knochen: 1. *an.* Backenknochen *m,* Jochbein *n* *azmı vecenî, zigomatik kemik 2. *selt.* Kniescheibe *f* *dizkapağı 3. *selt.* Hüftknochen *m* 4. s. **gırtlak -ı;** ~ **kasları** *an.* Jochbeinmuskeln *pl.* ~ **kemeri** *an.* Jochbogen *m,* Zygoma *n*
elmacılık 1. Apfelzucht *f* 2. Apfelhandel *m*
Elmadağ *n.pr.* O. u. D. im Rbz. Ankara
Elmadağı, -nı *n.pr.* „Apfelberg" (1860 m hoch) (18 km südöstl. von Ankara)
Elmak *astr.* Almak (der Stern Gamma im Sternbild der Andromeda)
Elmalı *n.pr.* O. u. D. im Rbz. Antalya
elmalı 1. mit Äpfeln (versehen, zubereitet usw.) 2. mit vielen Apfelbäumen ≗ **suyu** Name e–s beliebten Quellwassers in Instanbul (aus der Nähe von Beykoz)
elmalık 1. Apfel-garten *m,* -pflanzung, -plantage *f* 2. Wandbord *n* (in alttürk. Häusern)
elmas 1. Diamant *m* 2. Glaserdiamant *m* 3. mit Diamanten besetzt, Diamant- 4. wertvoll, geschätzt, edel 5. ≗ *wV* ~ **gibi** 1. ganz rein, lauter, untadelig 2. überaus wertvoll 3. bildhübsch ~ **kaşlı** diamantbesetzt ~ **kuşu** Diamantvogel *m zo.* Pardalotus punctatus ~ **parçası** *fig.* reizend, nett ~ **pitonu** Rautenschlange *f zo.* Python spilotes ~ **yüzük** Diamantenring *m* **-ım** (*spez.* Frauensprache) mein Liebling
elmasçı 1. Diamantenschleifer *m* 2. Diamantenhändler *m*
elmasçılık 1. Diamantenschleiferei *f* 2. Diamantenhandel *m*
elmaslı mit Diamanten besetzt, Diamant-
elmasiye [ā] Fruchtgelee *n* (als Nachspeise)
elmaspare [··–·] *va.* 1. einzelner Diamant 2. *fig.* ansehnliche und hervorragende Persönlichkeit
elmastraş 1. handgeschliffenes Kristall 2. aus handgeschliffenem Kristall 3. Diamantenschleifer *m* 4. Glaserdiamant *m*
elmen(-lik) s. **zilyet(-lik)**
elpençe s. **el pençe divan durmak**
elsi handförmig (*spez. bot.* Blatt)
eltası, -nı 1. *fr.* Handwaschschale *f* (mit Seifenwasser) 2. Fingerschale *f* 3. Handschale *f* (mit der man im türk. Bad Wasser über den Kopf gießt)
elti angeheiratete Schwägerin ≗ **eltiden kaçar, görümceler ise (gelinlerle) bayrak açar.** *Spr.* Die Frauen zweier Brüder gehen einander aus dem Wege, zwischen der Schwester des Mannes und seiner Braut jedoch pflegt Streit zu entstehen. ≗ **eltiye eş olmaz, arpa unundan aş olmaz.** *Spr.* Die Frauen zweier Brüder pflegen sich ebensowenig zu vertragen wie ein gutes Essen Gerstenmehl verträgt.
eltilik das verwandtschaftliche Verhältnis zwischen Frauen zweier od. mehrerer Brüder
eltopu, -nu (*Sport*) Handball *m* *hentbol
el'uhdetü s. Stw. **uhde**
elulağı, -nı 1. Reichweite *f* (der Hand) 2. was sich in Reichweite befindet 3. Gehilfe, Helfer *m,* Hilfe *f* 4. Werkzeug *n* 5. Bote, Laufbursche *m*
elvan [ā] 1. *va. Pl.* zu **levin** 2. a) verschiedenfarbig, bunt b) *P* alle möglichen ...; s.a. Stw. **hil'at**
elvanlamak bunt färben
elveda, -aı [ā] ade, lebewohl, lebt wohl ~ **etmek** Lebewohl sagen, sich verabschieden
elverir genug! es reicht! **Artık ~!** Jetzt reicht es aber! Das kann man ja nicht mehr aushalten!
elveriş Vs. zu **elvermek**
elverişli 1. passend, geeignet; tauglich (z.B. zum Heeresdienst) 2. ausreichend, genügend 3. ersprießlich, vorteilhaft, einträglich, gewinnbringend Zu 1: **her keseye** ~ für jedermann erschwinglich ~ **olmayan** 1. ungeeignet 2. umständlich Zu 2: ~ **bir iş** e–e Arbeit, die ihren Mann ernährt
elverişlilik 1. Hinlänglichkeit, Angemessenheit *f* 2. Eignung, Fähigkeit *f* 3. Einträglichkeit, Rentabilität *f*
elverişsiz 1. unpassend, ungeeignet, untauglich 2. unzureichend 3. nicht (od. kaum) ersprießlich, keinen (od. nur geringen) Gewinn abwerfend, unrentabel
elverişsizlik 1. Ungeeignetsein *n* 2. Untauglichkeit *f* 3. Unrentabilität *f*
elvermek 1. entsprechen, passen 2. genügen, ausreichen, genug sein
elviye *va. Pl.* zu **liva**
elyaf [ā] *z. va. Pl.* zu **lif**
elyaflı faserig ~ **kırık** faseriger Bruch; s.a. **cam elyaflı sırık**
elyaprak Palmette *f* (Ornament) *palma
elyevm 1. heute, jetzt 2. bis heute, noch immer, auch heutzutage
elzem (*Elativ* zu **lâzım**) nötiger, nötigst-, dringend notwendig
elzemiyet, -ti *va.* Dringlichkeit, Unentbehrlichkeit *f*
elzevir Elzevir *f* (e–e Antiquadruckschrift; nach dem Namen der holländischen Druckerfamilie Elzevir; 16./17. Jh.)
em *dial.* Medizin, Arznei; Heil-salbe *f,* -mittel *n* *çare, ilâç **-e semme yaramaz** zu nichts zu gebrauchen (weder zum Guten noch zum Bösen)
em'a [ā] (*Pl.* zu **mia**) Gedärme *pl.,* Eingeweide *n* **-i galiza** s. **kalınbarsak; -i rakika** s. **incebarsak**
eman Eman *n* (Grad der Radioaktivität)
emanat [·––] *z. va. Pl.* zu **emanet; -ı mukaddese (mübareke, şerife)** die dem Propheten Mohammed zugeschriebenen Reliquien
emanet, -ti [ā] 1. Anvertrauen, Übergeben *n,* Obhut *f* 2. Depositum, Depot *n,* hinterlegtes (anvertrautes) Gut *vedia 3. (durch Dritten) Überbrachtes, Zugesandtes 4. *fr.* Bez. für best. Dienststellen *eminlik 5. Konsignation, Kommissionsware *f* 6. Gepäckaufbewahrung *f* Zu 6: **-e vermek** in die Gepäckaufbewahrung geben ~ **almak** (bşi) et. (zur Aufbewahrung od. Weiterleitung) übernehmen, anvertraut bekommen ~ **bırakmak** (bşi) hinterlegen, deponieren ~ **etmek** (zur Aufbewahrung od. Weiterleitung) übergeben, anvertrauen ~ **muamelesi** *H* Konsignationsgeschäft *n* ~ **ofisi** Büro *n* für nicht abgeholte Gepäckstücke ~ **olmak** s. **Allaha ~ ol(-un)!** ~ **sandığı** Sparkasse *f* ~ **şeklindeki satış** Verkauf *m* durch e–n

Kommissionär ~ **usulü** *jur.* s. **emaneten idare; -e hıyanet etmek** anvertrautes Gut unterschlagen, veruntreuen **-ini teslim etmek** das Zeitliche segnen; sterben
emanetçi [ā] wem Gut zur Aufbewahrung od. Weiterleitung anvertraut wird z.B. Konsignatar, Treuhänder, Spediteur, Depositar *m* *taşıtmacı
emanetçilik [ā] Tätigkeit *f* e–s **emanetçi**
emaneten [ā] als anvertrautes Gut, als Depositum, als Konsignationsgut ~ **almak** in Konsignation nehmen ~ **idare** *jur.* s. **inşaatın** (*bzw.* **verginin**) ~ **idaresi;** ~ **tevdi** *jur.* Hinterlegung *f*
emansipasyon *pol.* Emanzipation *f*, bürgerliche Gleichstellung
emare [ā] (An-)Zeichen, Indiz *n*, Anhaltspunkt *m* ~ **ispatı** *od.* **-lere müstenit subut** *jur.* Indizienbeweis *m*
emaret, -ti [ā] 1. Emirat *n*, Herrschaftsgebiet *n* e–s Emirs (etwa: Fürstentum *n*) 2. s. **imaret** (1)
emaskülatör *vet.* Emaskulator *m*, Kastrierzange *f*
emay Email *n*, Glasur, Lasur *f*
emayci Emailleur, Schmelzarbeiter *m*
emaye emailliert, glasiert, lasiert ~ **lak** Emaillack *m*
emayelemek; emaylamak emaillieren, glasieren, lasieren
embesil (*franz.* **imbécile**) schwachsinnig, blöd; Idiot *m*
embiya [ā] *va. Pl.* zu **nebi;** ≗ **suresi** die 21. Koransure
embol! *Fb.* Hand!
embriyoloji Embryologie *f* *mephası rüşeym
embriyon 1. Embryo *m* 2. *bot.* Keimling *m* *rüşeym
embriyonal embryonal
embube [ū] Röhre *f*, Kanal, Schlauch *m* *boru **-i hazmiye** s. **sindirim borusu; -i şa'riye** s. **kılcal boru; -i taliye** s. **çiçektozu borusu**
embubî [·––] röhren-, schlauch-förmig *borumsu
emcet, -di (*Elativ* zu **mecit**) 1. ruhmreich, erlaucht 2. ≗ *mV*
emcik 1. Zitze, Brustwarze *f* 2. Gummisauger *m* 3. Saugloch *n* (an e–m Krug)
Emden çukuru *geogr.* Emden-Tief *n* (östl. der Philippinen)
emeç *bot.* Myzelium *n* *miselyum
emek, -ği 1. geleistete (körperliche od. geistige) Arbeit 2. langes, mühsames Arbeiten; Anstrengung, Mühe *f*, Fleiß *m* 3. Arbeitslohn *m* ~ **arzı** Arbeitsangebot *n* ~ **çekmek** sich sehr abmühen ~ **piyasası** Arbeitsmarkt *m* ~ **vermek** (*od.* **sarf etmek**) sich viel Mühe geben, sorgfältig und angestrengt arbeiten **-i geçmek** bei et. mithelfen; seinen Anteil beitragen
emekbirliği, -ni Zusammen-, Mit-arbeit *f* *teşriki mesai ~ **yapmak** zusammen-, mit-arbeiten *teşriki mesai etmek
emekçi 1. (Hand-)Arbeiter, Handwerker *m* 2. Tagelöhner *m* 3. *fig.* fleißiger Mensch
emekdar; emekdaş s. **emektar; emektaş**
emeklemek 1. auf allen vieren kriechen (Kind, das noch nicht laufen kann) 2. *fig.* sich mühsam dahinschleppen (Kranker, Verwundeter usw.) 3. *fig.* sich sehr abmühen müssen **emekleye emekleye** 1. sich mühsam dahinschleppend 2. mit großer Mühe
emekli 1. mühevoll, anstrengend, schwer 2. s. **emektar** 3. pensioniert, im Ruhestand; Pensionär, Ruhegehaltsempfänger *m* 4. *(Sport)* nicht mehr aktiv, inaktiv *(3, 4) mütekait ~ **aylığı** (*od.* ~ **maaşı**) Pension *f*, Ruhegehalt *n* *tekaüdiye, tekaüt maaşı ~ **kanunu** Pensionsgesetz *n* ~ **öğretmen** pensionierter Lehrer; Lehrer *m* im Ruhestand ~ **sandığı** Pensionskasse *f* **-ye ayırmak** pensionieren, in den Ruhestand versetzen *tekaüt etmek **-ye ayrılmak** pensioniert werden, in den Ruhestand versetzt werden od. treten *tekaüt olmak
emeklilik, -iği Ruhestand *m*, Pension(-ierung) *f* *tekaütlük **-i gelmek** pensionsreif werden **-ini istemek** um Pensionierung einkommen
emeksiz 1. mühelos, leicht 2. Stief- Zu 2: ~ **evlât** Stief-sohn *m*, -tochter *f*, -kind *n* ≗ **bir kızı var.** Er hat e–e Stieftochter.
emektar [ā] 1. altbewährt, verdient; alter, treuer Diener (Beamter, Angestellter usw.) 2. alt, abgetragen, ausgedient (z.B. Kleidung)
emektarlık [ā] 1. langjährige, treue Dienste *pl.* 2. Abgetragensein *n* (von Kleidung)
emektaş Arbeits-kamerad, -kollege, Mitarbeiter *m* *refiki mesai
emektaşlık Zusammenarbeit *f*
emel 1. Wunsch *m*, Hoffnung, Bestrebung, Aspiration *f*, ehrgeiziger Plan 2. ≗ *wV* ~ **beslemek (etmek, edinmek)** den (glühenden) Wunsch hegen, streben (nach), begehren ~ **sahibi** ehrgeizig **-e düşmek** s. ~ **beslemek; -ine kavuşmak** sein Ziel erreichen, seine Absicht verwirklichen **-ine ulaşamamak** seine Absicht nicht verwirklichen können; sein Ziel nicht erreichen können **(bir şey yapmak) -iyle yanıp yakılmak** von dem glühenden Wunsch beseelt sein (zu)
emercensi (*engl.* **emergency**) *mot., naut.* Notlage *f* ~ **ışıklandırma** Notbeleuchtung *f*
emeroit s. **hemoroit**
Emet *n.pr.* O. u. D. im Rbz. Kütahya
emetik *med.* 1. Brechen erregend, emetisch 2. Brechmittel, Emetikum, Vomitiv *n*
emetrop, -pu *med.* normalsichtig
emetropi; emetropluk *med.* Normalsichtigkeit *f*
Emevî *hist.* Omaijade *m*
emi s. **e mi**
emici 1. saugend, Saug-, Absorptions- 2. absorbierend, Absorptionsmittel *n* ~ **kıllar** (*od.* ~ **tüyler**) *bot.* Haare *pl.* der Saugwurzeln, Wurzelhaare *pl.* *eş'arı mümassa ~ **kök** *bot.* Saugwurzel *f* ~ **kurtlar** Saugwürmer *pl. zo.* Trematodes *trematodlar, yapraksolucanlar
emik 1. Saugstelle *f*, Saugemal *n* 2. *dial.* Kehle *f* *gırtlak
Emiliyen *n.pr.* Ämilian (römischer Kaiser)
emilme Vs. zu **emilmek** *spez. biol.* Aufsaugung, Absorbierung *f* *imtisas, soğurma
emin [ī] 1. sicher, vertrauenswürdig, zuverlässig 2. Vertrauensmann *m* *mutemet 3. sicher, gefahrlos (z.B. Weg) 4. restlos vertrauend 5. sicher, vollkommen überzeugt 6. *fr.* Leiter *m* e–s **emanet (eminlik)** 7. *fr. mil.* Rechnungsführer, Zahlmeister *m* 8. ≗ Beiname des Propheten Mohammed 9. ≗ [×·] *mV* Zu 1: **O,** ~ **bir adamdır.** Er ist zuverlässig, vertrauenswürdig. ~ **ellerde bulunmak** in guten Händen (gut aufgehoben) sein Zu 3: **Bu yol pek** ~ **değildir.** Dieser Weg ist nicht ungefährlich. Zu 4: **Ben, arkadaşımdan -im.** Ich habe absolutes Vertrauen zu meinem Freund. ≗ **ol!** Du kannst beruhigt (od. überzeugt) sein! Zu 5: **Ben, bu sözün söylenmiş olduğuna -im.** Ich bin fest überzeugt, daß dieser Ausdruck gefallen ist. Zu 6: s. **darülfünun (fetva, Maarif, rüsumat, sandık) -i; Şehremini** Zu 7: s. **alay (bölük) -i**
Emine [×··] *wV*
eminlik, -iği 1. Sicherheit *f* 2. Rolle *f*, Aufgaben *pl.* e–s Vertrauensmannes 3. *fr.* Bez. für verschiedene Dienststellen *emanet; s.a. **darülfünun (Maarif) -i; Şehreminliği**
Eminönü, -nü *n.pr.* D. u. Stadtteil im Rbz. Istanbul
emir (I), **-mri** 1. Befehl *m*, Anordnung, Weisung, Verfügung, Order *f*, Erlaß, Auftrag *m* 2. **(kipi)** *gr.* Imperativ *m*, Befehlsform *f* *~ sıygası 3. *va.* Angelegenheit, Sache *f* 4. *va.* Rezept *n* Zu 1: **terbiyenin -i** Gebot *n* der guten Erziehung Zu 3: s. **-ivaki; -ihayır; nihayatülemir;** ~ **alıcısı** Befehlsempfänger *m* ~ **atlısı** Meldereiter *m* *atlı emirber ≗ **büyük yerden geldi.** Gott hat es so gewollt. ~ **çavuşu** Ordonnanzunteroffizier *m* ~ **dağıtma** Befehlsausgabe *f* ~ **eri** 1. *mil.* Ordonnanz *f* 2. *pej.* Befehlsempfän-

ger *m* ~ **götüren** s. ~ **neferi;** ~ **kulu** wer e–n Befehl auszuführen hat, *pej.* Befehlsempfänger *m* ~ **limanı** Orderhafen *m* ~ **mahalli** (*od.* **makamı** *od.* **yeri**) Befehlsstelle *f* ~ **mevzii** Befehlsausgabestelle *f* ~ **mucibince** befehlsgemäß ~ **neferi** *mil.* Ordonnanz *f*, Melder *m* ~ **salâhiyeti** Befehlsgewalt *f* ~ **sıygası** s. **emir (kipi);** ~ **subayı** (*fr.* ~ **zabiti**) Ordonnanz(-offizier *m*) *f*, Adjutant *m* ~ **tebliği** Befehlsausgabe *f* ~ **tümcesi** *gr.* Befehlssatz *m* *cümlei emriye ~ **ve kumanda** *mil.* Kommando *n*, Führung *f* ~ **verme** *mil.* Befehlsgebung *f* ~ **vermek** Befehl geben, erteilen **-lerin tebliğ ve isali** *od.* **-lerin verilmesi ve ulaştırılması** *mil.* Befehlsübermittlung *f* **-e amade** (*od.* **müheyya**) bereitstehend, verfügbar, abrufbereit **-e imtisal etmek** dem Befehl nachkommen **-e muharrer çek** *H* Orderscheck *m* **-e muharrer senet** *H* Eigen-, Sola-wechsel *m*, trockener Wechsel **-e muharrer senetler** *H* Orderpapiere *pl.* **-e tebaan** *va.* in Ausführung (Befolgung) des Befehls **-i altında bulunmak** (b–nin) *mil.* unterstehen **-inde olmak** (greifbar) zur Verfügung stehen **-ine amade tutmak** (b–nin) (et.) zu j–s Verfügung halten **-ine bırakmak** (b–nin) zur Verfügung stellen; überlassen **-ine girmek** (b–nin) sich j–s Befehlen unterstellen **-ine vermek** 1. zur Verfügung stellen 2. *mil.* unterstellen **-i âhara kadar** bis auf anderslautende Anordnung; bis auf weiteres **-i âli** *fr.* kaiserlich-osm. Erlaß *m*, Ferman *m* (des Sultans) **-i âli üzerine** *mil.* auf höheren Befehl **-i gaip** *gr.* dritte Person Imp. **-i hazır** *gr.* zweite Person Imp.

emir (II) [·–] 1. Emir *m* (*etwa:* Fürst *m*) 2. Befehlshaber, Kommandant *m* 3. Kalif *m* 4. Abkömmling Mohammeds ~ **sarmak** den grünen Turban umbinden (*bzw.* tragen) (als Zeichen der Abstammung von Mohammed) **-in iti gibi koşmak** *fig.* schwer schuften **-i alem** s. **mirialem**

emirane [·––·] *va.* fürstlich, wie ein Emir (Fürst)

emirber *mil.* Ordonnanz *f*, Offiziersbursche *m* ~ **süvari** Meldereiter *m*

emircik (kuşu) s. **iskelekuşu**

Emirdağ *n.pr.* O. u. D. im Rbz. Afyonkarahisar

emirî *selt.* s. **mirî**

emirlik s. **emaret**

emirname [ā] 1. Erlaß *m*, Dekret *n*, (Ministerial-)Verfügung *f*, Anordnung *f*, (schriftlicher) Befehl 2. *osm. Höfl.* Brief *m*, Schreiben *n* 3. s. **ordino**

emirülhac, -ccı [ī] *fr.* ein vom Großwesir ernannter Beamter, dem die Sorge für e–e Pilgerkarawane oblag

Emirülmüminin [·–·–·–]; **Emirülmüslimin** *hist.* (Titel des Kalifen) Beherrscher *m* der Gläubigen

emirülümera [·–···–] *hist.* 1. Titel e–s osm. Paschas 2. Titel e–s hohen osm. Verwaltungsbeamten im Range e–s Generalmajors

emisyon 1. (Radio-)Sendung *f* 2. Emission *f* (von Wertpapieren) 3. Ausgabe *f* (von Banknoten, Briefmarken usw.) ~ **bankası** Notenbank *f* ~ **sendikası** Bankenkonsortium *n* (für die Ausgabe von Wertpapieren)

Emiş *F* = **Emine**

emişmek zusammen od. gegenseitig saugen

emlâk, -ki (*ar. Pl.* zu **mülk**) Immobilien *pl.*, Grundbesitz *m*, Liegenschaften *pl.* ~ **alım vergisi** Grunderwerbssteuer *f* ~ **bankası** Hypotheken-, Grundkredit-bank *f* ~ **komisyoncusu** s. **emlâkçi;** ~ **kredisi** Immobiliarkredit *m* ~ **sahibi** Grundstücksbesitzer *m* ~ **vergisi** Grund- und Gebäude-steuer *f* **-ı milliye** *va.* öffentliches Eigentum **-ı miriye** *va.* Staatsdomänen *pl.*

emlâkçi Grundstücksmakler, Immobilienhändler *m*

emlâkçilik Immobilienhandel *m*

emlemek *dial.* 1. e–e Heilsalbe auftragen 2. e–e Arznei verabreichen, eingeben

emles glatt, mit glatter Oberfläche *yalız

emmar [ā] *va.* gebieterisch, zwingend; s. a. **nefsi -e**

emme (I) Vs. zu **emmek** *spez. biol.* Aufsaugung *f* *absorpsiyon ~ **borusu** Saug-rohr *n*, -leitung *f* ~ **hava** Saugluft *f* ~ **tulumba** Saugpumpe *f*

emme (II) *V od. prov.* für **amma**

emmebasma tulumba Saugdruckpumpe *f*

emmeç *phys.* Absorptionspipette *f* *hortum

emmek, (-er) 1. (auf-, ein-)saugen, absorbieren 2. lutschen 3. *V* j–n als melkende Kuh behandeln, j–m Geld abluchsen **emdiği süt haram etmek** ihr Kind verfluchen (Mutter) **eme eme (kanını, iliğini) kurutmak** j–n völlig auspumpen

emmi *P* Onkel *m* (Bruder des Vaters) *amca

emmizade [ā] *va.* Sohn *m* od. Tochter *f* des Vaterbruders, Vetter *m*, Kusine *f*

emniyet, -ti 1. Sicherheit *f* 2. Vertrauen *n* 3. Verlaß *m* (auf) 4. *mil., techn.* Sicherung *f* 5. Polizei-wesen *n*, -direktion *f* Zu 2: **Bu adama -im var.** Ich habe Vertrauen zu dem Mann. Zu 3: **Bu kilide ~ olmaz.** Auf dieses Schloß ist kein Verlaß. ≗ **Abidesi** „das Vertrauensdenkmal" (in Ankara-Yenişehir; mit der Aufschrift **Türk öğün, çalış, güven!** Türke, sei stolz, fleißig und zuversichtlich!) *Güven Anıtı ~ **adası** Verkehrsinsel *f* ~ **altına almak** 1. sichern, sicherstellen 2. in Sicherheitsverwahrung (Schutzhaft) nehmen ~ **amiri** Polizeidirektor *m* ~ **camı** splitterfreies Glas (Sekurit *n*) ~ **cıvatası** Sicherungsbolzen *m* ~ **edilir** zuverlässig, glaubwürdig *mevsuk ~ **ekipleri** Schülerlotsendienst *m* ~ **emsali** Sicherheits-faktor, -koeffizient *m* ~ **etmek** 1. sich verlassen (auf) 2. j–m et. anvertrauen ~ **fişi** Meldezettel *m* (z.B. im Hotel) ~ **hattı** *mil.* Sicherungslinie *f* ~ **iğnesi** Sicherheitsnadel *f* *çengelliiğne ~ **kanadı** Sicherungsflügel *m* (z.B. am Gewehr) ~ **kemeri** Sicherheits-, Anschnall-gurt *m* (im Auto, Flugzeug) ~ **kilidi** 1. Sicherheitsschloß *n* (an e–r Tür) 2. Sicherheitsverschluß *m* (z.B. an e–r Brosche) ~ **kıtası** *mil.* Sicherungstruppe *f* ~ **lambası** Grubenlampe *f* (des Bergmanns) ~ **maşası** *mil.* Fliehbolzen, Sicherheitsstift *m* (an Mine od. Bombe) ~ **müdürlüğü** Polizeidirektion *f* ~ **müdürü** Polizeidirektor *m* ~ **müfrezesi** *mil.* Sicherungsabteilung *f* ~ **nöbetçisi** (*od.* **postası**) *mil.* Sicherungsposten *m* ~ **perdesi** *mil.* Sicherungsschleier *m* ~ **somunu** Gegenmutter *f* ~ **supapı** Sicherheitsventil *n* *güvenlik vanası ~ **sürgüsü** Sicherungsriegel *m* ~ **tedbirleri** Sicherungsmaßnahmen *pl.* ~ **telkin etmek** (*od.* **vermek**) Vertrauen einflößen, verläßlich erscheinen ~ **tertibatı** *mil.* Sicherungen *pl.* ~ **zinciri** Sicherheitskette *f* (*spez.* für e–e Tür) **-e almak** sicherstellen, sichern **-i suiistimal** 1. Vertrauensbruch *m* 2. *jur.* Unterschlagung, Veruntreuung *f* **-i suiistimal etmek** 1. e–n Vertrauensbruch begehen 2. e–e Unterschlagung, Veruntreuung begehen **-i umumiye** öffentliche Sicherheit ≗**i Umumiye (Müdürlüğü);** ≗ **Umum Müdürlüğü** Polizei-präsidium *n*, -präfektur *f* **-i umumiye nezareti altına alınmak** (*bzw.* **bulundurmak**) *jur.* unter Polizeiaufsicht gestellt werden (*bzw.* stellen) **ademi** ~ fehlende Sicherheit, Unsicherheit *f* (in e–m Land), Unordnung *f*, Unruhen *pl.* *asayişsizlik

emniyetli 1. sicher 2. zuverlässig, vertrauenswürdig 3. *selt.* vertrauensvoll ~ **kibritler** Sicherheitszündhölzer *pl.*

emniyetsiz 1. unsicher (z.B. Straßen, Land) 2. unzuverlässig 3. mißtrauisch, argwöhnisch

emniyetsizlik 1. Unsicherheit *f* 2. Unzuverlässigkeit *f* 3. Mißtrauen *n*, Argwohn *m* ~ **göstermek** Mißtrauen entgegenbringen, j–m mit Mißtrauen begegnen

emo- *s. a.* **hemo-**

emosyon *med.* Emotion, Erregung *f*, Affekt *m*

Emoş *F* = **Emine**

emotif (*franz.* **émotif**) *med.* leicht erregbar

empas *Ka.* Impaß *m*, Schneiden *n* ~ **yapmak** schneiden

empati (*engl.* **empathy**) Einfühlung(-s.vermögen *n*) *f*

empedans *el.* Impedanz *f* *görünen direnç
emperatif *selt.* Imperativ *m;* s.a. Stw. **kategorik**
empermeabilize (*franz.* **imperméabilisé**) imprägniert ~ **etmek** imprägnieren, wasserdicht machen *geçimsizleştirmek
empermeabl (*franz.* **imperméable**) imprägnierter Regenmantel; Wetter-, Öl-haut *f* *yağmurluk
emperyal 1. Kinn-, Spitz-, Knebel-bart *m* (nach dem Vorbild Napoleons III.) 2. Imperial *m* (*fr.* russ. Goldmünze)
emperyalist, -ti imperialistisch; Imperialist *m*
emperyalizm Imperialismus *m*
empirizm s. **ampirizm**
emplantasyon *med.* Implantation *f*
emportasyon *selt.* Import *m,* Einfuhr *f*
empotans (*franz.* **impotence)** *med.* s. **iktidarsızlık** (3)
empozan imposant, imponierend, eindrucksvoll, achtunggebietend *heybetli
empoze mit Gewalt auferlegt ~ **etmek** mit Gewalt auferlegen; auf-zwingen, -oktroyieren; gebieterisch verlangen; zwingen (zu)
emprenye (*franz.* **imprégné**) 1. imprägniert 2. Holzschutz *m* (für Bäume) *ağaç koruma ~ **etmek** imprägnieren, wasserdicht machen
empresyon Impression *f,* (Gefühls-, Sinnes-)Eindruck *m,* Empfindung *f* *intıba, izlenim
empresyonist, -ti impressionistisch; Impressionist(-in *f*) *m* *izlenimci
empresyonizm Impressionismus *m* *izlenimcilik
emprevizyon (*franz.* **imprévision)** *jur.* s. **beklenilmeyen vaziyet**
emprezaryo [··×·] Impresario, (Theater-, Konzert-, Film-) Unternehmer *m*
emprime 1. bedruckt, gemustert (Stoff) 2. Imprimé *m spez.* Druckkattun *m* 3. *abus.* Herstellung von bedruckten Stoffen; Druckverfahren *n* (bei Textilien)
emprimehane [ā] *selt.* s. **basmahane**
emprovizasyon Improvisierung, Improvisation *f* *irtical
emprovize improvisiert ~ **etmek** improvisieren
empülsif *med., jur.* impulsiv, triebhaft
empülsiyon (*franz.* **impulsion**) s. **içtepi**
emraz [ā] (*z. va. Pl.* zu **maraz**) Krankheiten *pl.* *hastalıklar **-ı akliye** s. **akıl hastalıkları; -ı cildiye** s. **cildî hastalıklar; -ı dahiliye** s. **iç hastalıklar; -ı hariciye** s. **dış hastalıklar; -ı sâriye** s. **bulaşık hastalıklar; -ı zühreviye** s. **Venüs hastalıkları**
emre 1. Liebhaber *m* *âşık 2. Volkssänger *m* *halk şairi 3. ♀ *mV* od. *Fn.*
emred *va.* bartlos, mit glattem Gesicht, jugendlich
emredici: ~ hukuk kuralları *jur.* bindende Rechtsvorschriften *pl.* *buyurucu türe kuralları
emretmek [×··] befehlen, verfügen, anordnen **Emretti patrik efendi!** (*od.* **Emretti kadı!**) (*spött.* über e–e als unpassend empfundene Anordnung) Ja, wenn es der hohe Herr angeordnet hat...
emrihak, -kkı 1. Gottes Befehl 2. *euph.* Tod *m* ~ **vaki olmak** sterben
emrihayır 1. Mildtätigkeit, Nächstenliebe *f* 2. Verlobung *f* od. Hochzeit *f*
emrivaki, -ii [ā] vollendete Tatsache; Fait accompli *n* *olupbitti ~ **karşısında bırakmak** j–n vor vollendete Tatsachen stellen *oldubittiye getirmek
emriyevmî Tagesbefehl *m* *günlük (*od.* gündelik) emir
emsal, -li [ā] (*Pl.* zu **misil** und **mesel;** *oft sing. Bed.*) 1. Ähnliche, Gleiche, Entsprechende, Altersgenossen *pl.* 2. ähnlich, gleich, entsprechend, gleichaltrig 3. Beispiel (-e *pl.*) *n,* Vorbild(-er *pl.*) *n* 4. Präzedenzfall *m* 5. Aussprüche, Maximen *pl.* 6. *math.* Koeffizient *m* *katsayı Zu 1: **-i arasında** unter seinen Altersgenossen Zu 2: **O, senin -in değildir.** Er steht dir nicht gleich. Zu 4: ~ **teşkil etmek** e–n Präzedenzfall darstellen Zu 5: **-i Süleyman** Sprüche *pl.* Salomonis; s.a. **durubu-; -i bulunmaz** (*od.* **görülmedik**) unvergleichlich, beispiellos, einzig dastehend **-i misillü** 1. in gleicher (entsprechender, ähnlicher) Art; ebenso 2. wie in ähnlichen Fällen
emsalsiz [ā] beispiellos, unvergleichlich, ohne Präzedenzfall, einzig dastehend
emsile (*va. Pl.* zu **misal**) 1. Beispiele, Paradigmen *pl.* (*spez.* zur ar. Flexion) 2. Formenlehre, Morphologie *f* 3. *gr.* Paradigma, Musterwort *n* *çekim örneği
emtia (*z. va. Pl.* zu **meta**) Waren, Güter *pl.* ~ **borsası** Waren-, Produkten-börse *f* ~ **karşılığı avans** *H* Warenlombard *m,* -bevorschussung *f* ~ **senetleri** *H* Warenpapiere *pl.*
emülsiyon 1. *chem., pharm.* Emulsion *f,* milchige Flüssigkeit 2. *phot.* lichtempfindliche Schicht *duyarkat
emval, -li [ā] (*z. va. Pl.* zu **mal**) Güter, Besitztümer *pl.* **-i menkule** s. **menkulât** (1); **-i miriye** (*od.* **emiriye**) *va. Pl.* zu **malı mirî**
emzik 1. *P* Brustwarze *f* *meme başı 2. Saug-, Milch-flasche *f* (für e–n Säugling) *biberon 3. **(memesi)** Schnuller, Gummilutscher *m* 4. Schnabel, Ausguß *m,* Tülle *f* (z.B. e–s Teekännchens) 5. *reg.* Zigarettenspitze *f* 6. **(borusu)** rechtwinkliger Teil des Ofenrohrs, der in den Ofen gesteckt wird; Saugrohr *n* 7. *V* Wasserpfeife, Nargileh *f* **-le beslemek** mit der Flasche aufziehen (Kind)
emzikçi *P* Amme *f*
emzikle(ndir)mek ein Gefäß mit e–m Ausguß versehen
emzikli 1. mit Ausguß, Tülle 2. säugend, stillend (Frau) 3. Säugling *m* ~ **şişe** Milch-, Saug-flasche *f* (für e–n Säugling)
emzirme Vs. zu **emzirmek;** ~ **humması** *med.* Milchfieber *n*
emzirmek 1. säugen, stillen, die Brust od. die Flasche geben 2. *Ch.* anzapfen (Auto), (aus e–m rückwärtigen Tank Benzin entwenden)
en (I) 1. Breite, Weite *f* *arz, genişlik 2. (*a.* **çuhayı** ~) *hist.* e–e best. Art **çuha; -i boyu bir** ebenso breit wie lang **-i sonu** *od.* **-inde sonunda** (*urspr.* **önü sonu** *bzw.* **önünde sonunda**) schließlich, endlich, letzten Endes **-ine** s.a. ges. Stw. **-ine boyuna** 1. der Breite und der Länge (Höhe) nach 2. genau, eingehend, gründlich, umfassend 3. groß gewachsen, imponierend, imposant **Kimi -ine çeker kimi boyuna.** *fig.* Jeder geht seinem eigenen Kopf nach. **Meselenin -ini boyunu ölçmeye girişti.** Er begann, die Angelegenheit eingehend zu untersuchen.
en (II) 1. Partikel zur Bildung des Superlativs od. Elativs 2. am meisten Zu 2: **en sevdiğim kitap** das Buch, das ich am liebsten habe ~ **âlâ** 1. ganz vorzüglich, ganz hervorragend 2. **En Âlâ** *fr.* türk. Zigarettenmarke ~ **aşağı** 1. zuunterst 2. mindestens, wenigstens ~ **az (-dan, -ı, -ından)** wenigstens, mindestens, zum mindesten ~ **az çaba kuralı** (*od.* ~ **az gayret kanunu**) *psych.* Gesetz *n* der geringsten Anstrengung; Weg *m* des geringsten Widerstandes *sâyi ekal kanunu ~ **az geçim** Lebensminimum *n* ~ **başta** an vorderster Spitze, vor allem andern, ganz besonders ~ **baştan** ganz von vorn; von Anfang an ~ **birinci** aller-best-, -erst- ~ **büyük eğimli doğru** *math.* Fallinie *f,* Linie *f* größten Gefälles *meyli azam hattı ~ **büyük ortak tambölen** *math.* größter gemeinschaftlicher Teiler (Faktor) *kasımı müştereki azam ~ **çok** 1. am meisten, meistens 2. spätestens 3. höchstens ~ **eski baskılar** Wiegendrucke, Inkunabeln *pl.* ~ **evvel** zuallererst ~ **fazla teklif** *H* Höchst(an)gebot *n* ~ **güzel** schönst-, am schönsten ~ **ileri hat** *mil.* vorderste Linie ~ **işlek saatler** Hauptverkehrs-, Stoß-zeiten *pl.* ~ **iyi** best- ~ **kişisel haklar** s. **yalnızca kişiye bağlı haklar;** ~ **küçük ortak kat** *math.* kleinstes gemeinsames Vielfache; Haupt-, Gene-

ral-nenner *m* *misli müştereki asgar ~ **mühim bir mesele** e–e äußerst (überaus) wichtige Angelegenheit ~ **mühim şey** Hauptsache *f* ~ **önce** zuallererst ~ **sol** *pol.* äußerste Linke ≗ **son gülen iyi güler.** *Spr.* Wer zuletzt lacht, lacht am besten. *Spr.* ~ **sonra** 1. schließlich; alles in allem genommen 2. ganz zuletzt, ganz am Ende, zuallerletzt 3. erst vor kurzem; neuerdings ~ **sonunda** ganz zuletzt ~ **yüksek kıymet** Höchstwert *m* ~ **yüksek takat** *techn.* Höchstleistung *f* ~ **ziyade müsaadeye mazhar millet kaydı** *H* Meistbegünstigungsklausel *f*
en (III) 1. *va.* Aussehen *n,* Gesichtsfarbe *f,* Teint *m* 2. *dial.* (mit Farbe aufgetragenes) Kennzeichen, Merkmal *n* (für Tiere od. Sachen)
en (IV) (*franz.* **en**) *selt.* z. B. ~ **famille** s. **ailece**
-en (I) s. **-an** (II); **-en**
-en (II) s. **-(y)an; -(y)en**
enabip, -bi [·––] *va. Pl.* zu **embube; -i bevliye** s. **sidik borucukları; -i gırbaliye** s. **kalbur damarlar**
enacil [·––] *va. Pl.* zu **incil; -i erbaa** *va.* die vier Evangelien (des Neuen Testamentes)
enam [ā] *va.* Geschöpfe *pl.,* Menschheit *f,* Menschen *pl.*
en'am [ā] Koran-Anthologie *f* aus der 6. Sure **(Surei En'am)** und anderen Suren
enaniyet, -ti [ā] Egotismus *m,* Ich-Bezogenheit *f,* Eigenliebe *f,* egozentrisches Denken
enantem (*franz.* **énanthème**) s. **iç döküntü**
enarmoni *mus.* Enharmonik *f*
enarmonik *mus.* enharmonisch
enartroz *med.* Enarthrose *f,* Nuß-, Kugel-gelenk *n*
enayi [ā] *V* 1. dumm, einfältig, blöde, stupid, idiotisch 2. eingebildet, selbstgefällig ~ **boğmak** e–n Gimpel fangen, j–n auf den Leim locken ~ **dümbeleği** unglaublich dumm, *F* Hornochse *m,* Mondkalb *n* ~ **murabbaı** Rindvieh *n* im Quadrat, Quadratesel *m* ~ **oğlu** ~ *Schi.* Hornochse *m,* Rindvieh *n,* so ein Idiot! ~ **pilakisi** dumm wie Bohnenstroh
enayileşmek 1. idiotisch werden 2. *fig.* sich völlig verblüffen lassen
enayileştirmek 1. zum Idioten machen 2. völlig verblüffen
enayilik, -iği *V* 1. Einfältigkeit, Dummheit, Stupidität, Idiotie *f* 2. Selbstgefälligkeit *f* ~ **etmek** 1. e–e Riesendummheit begehen 2. eingebildet, selbstgefällig sein
enbiya; enbube s. **embiya; embube**
enbüyük *a. astr.* Maximum *n,* Höchstwert *m* *maksimum
encam [ā] Ende *n,* Ausgang *m* *akıbet, son ~ **bulmak** enden, ausgehen ~ **vermek** enden lassen; abschließen **-a ermek** zu Ende gehen **-ı kâr** 1. Ausgang *m* der Angelegenheit *işin sonu 2. s. **encamkâr. Bu işin -ı neye varacak?** Wie soll das ausgehen? Wohin wird das führen?
encamkâr [·––] schließlich, letzten Endes, zu guter Letzt *akıbetülemir, işin sonunda
encek junger Hund, junge Katze od. Junges ähnlicher Säugetiere
encektör s. **enjektör**
encik 1. Unterschenkel *m* 2. *reg.* Einzelteil *m* des Unterschenkels (wie Knie *n,* Knöchel *m,* Schienbein *n* usw.) 3. s. **encek** 4. s. **incik;** ~ **yahnisi** Hammelbeine *pl.* mit Erbsen
enciklemek s. **eniklemek**
encüm *va. Pl.* zu **necim**
encümen Ausschuß *m,* Kommission *f* *yarkurul **≗i daniş** *fr.* Akademie *f* der Wissenschaften *akademi, bilimtay
encüriye 1. *med.* Nesselsucht, Urtikaria *f* *kurdeşen, ürtiker 2. *bot.* s. **ısırgangiller; -i bahriye** s. **denizısırganları**
endaht, -tı 1. *va.* Werfen, Schleudern *n* 2. Schießen *n* ~ **etmek** 1. *va.* werfen, schleudern 2. schießen 3. *V* den Beischlaf ausüben ~ **mektebi** Schießschule *f* *atıcılık okulu ~ **talimi** Schießübung *f*
endam [ā] 1. Gestalt, Statur *f,* Körperbau *m* 2. *mel.* schöner Körperbau, gut proportionierter Körper ~ **aynası** großer Stehspiegel; Ankleidespiegel *m* **-ı mevzun** schön gebaut, von harmonischem Körperbau *nasibülendam, mevzunülendam; s. a. **arzı** ~ **etmek**
endamlı [ā] schön gewachsen, gut proportioniert
endamsız [ā] von unharmonischem Körperbau, von wenig proportioniertem Äußeren
-endaz [ā] (*z. va. pers. Sx.*) werfend, treibend, abladend, schießend s. **lenger-, silâh-, tir-endaz** usw.
endaze [ā] 1. Maß *n* 2. Grenze *f* 3. Ebenmaß *n,* Symmetrie *f* 4. *fr.* türk. Längenmaß *spez.* für Stoffe (= 0,65 m), Elle *f* **-si bozuk** 1. unproportioniert, unharmonisch 2. nicht in der rechten Ordnung **-sini almak** 1. das Maß von et. nehmen 2. *fig.* abschätzen (z. B. Fähigkeiten e–r Person), beurteilen (z. B. Bedeutung und Folgen e–r Handlung) **-ye gelmek** 1. abschätzen können 2. vernünftig sein **-ye gelmemek** 1. kein Maß und kein Ziel kennen 2. unzuverlässig sein **-ye vurmak** 1. genau abmessen 2. *fig.* sorgsam überprüfen
endazehane [ā, ā] *naut.* Mall-, Schnür-boden *m*
endazelemek [ā] 1. mit der Elle abmessen 2. *fig.* (ab-)schätzen, überschlagen
endazesiz [ā] ohne Maß, unproportioniert, unharmonisch
endek *va.* 1. wenig *az 2. klein, jung
endeks 1. Index *m,* Register, Verzeichnis *n,* Liste *f* 2. *H* Index *m,* Meßziffer, Richtzahl *f* 3. Zählerstand *m* (z. B. bei Gasuhr) 4. *selt.* s. **işaretparmağı**
endemi(-k) s. **andemi(-k)**
ender (I) (*Elativ* zu **nadir**) seltener, seltenst-, überaus selten
ender (II) *va.* 1. in *içinde 2. zur Bez. e–r Häufung od. Intensität Zu 2: **belâ** ~ **belâ** *va.* Unglück über (od. auf) Unglück **muhal** ~ **muhal** vollkommen unmöglich
enderun [ū] 1. innerer Teil 2. *fr.* innerer Teil des Sultanspalastes, wo sich u. a. die Frauengemächer sowie e–e Ausbildungsschule befanden 3. *fr.* Hofkreise *pl.* ~ **ağası** s. **iç ağası**
enderunî [···–] 1. inner, innerlich, inwendig 2. (*a.* **enderunlu**) wer seine Erziehung im Serail erfahren hat
endeterminizm s. **yadgerekircilik**
endigo 1. Indigo *m* 2. Indigoblau *n* 3. indigoblau
endikasyon 1. Angabe *f* 2. *med.* Indikation *f* *istitbap **-lar** *a.:* technische Daten *pl.*
endikatör (Fahrt-)Richtungsanzeiger, Winker *m* (am Auto) *istikamet göstergesi
endirek(-t) *P* [endrek] indirekt, mittelbar ~ **ateş** *mil.* Feuer *n* aus verdeckter Stellung ~ **atış** *mil.* Schießen *n* aus verdeckter Stellung; Schuß *m* im indirekten Richtverfahren ~ **tevcih** *mil.* indirektes Richten
endis s. **indis**
-endiş [ī] (*z. va. pers. Sx.*) denkend, überlegend
endişe [ī] 1. *va.* Gedanke *m,* Überlegung *f* 2. Besorgnis, Unruhe, Angst *f* ~ **etmek** (*od.* **duymak**) (bşden) beunruhigt (besorgt) sein, sich Sorge machen, sich ängstigen (wegen); et. befürchten ~ **verici** beunruhigend **-ye düşürmek** (*od.* **sevk etmek**) in Besorgnis versetzen (stürzen) **≗ye gerek yok!** Kein Grund zur Besorgnis!
endişebahş [ī] *va.* Besorgnis erregend, zu Besorgnissen Anlaß gebend; beunruhigend
endişelendirmek in Unruhe versetzen; beunruhigen, ängstigen
endişelenmek in Besorgnis geraten, sich beunruhigen, sich ängstigen, sich sorgen
endişeli [·–·] 1. besorgt, beunruhigt 2. Besorgnis erregend, zu Befürchtungen Anlaß gebend, beunruhigend (z. B. Nachrichten)
endişenak [·–·–] s. **endişeli**

endişesiz unbesorgt, sorglos, ohne Sorge
endişesizlik Unbesorgtheit *f*
endividü 1. Individuum, Einzelwesen *n* 2. *oft pej.* Person *f*, Mensch, Kerl, Bursche *m*
endividüalist, -ti 1. individualistisch 2. Individualist(-in *f*) *m*, Einzelgänger(-in *f*) *m*
endividüalite Individualität, Einzigartigkeit, Persönlichkeit *f*
endividüalizasyon *phil.* Individualisierung *f*
endividüalizm Individualismus *m* *bireycilik, ferdaniye
endividüel individuell, je nach den einzelnen Menschen verschieden
endiyen (*franz.* **indienne**) bedruckter od. gefärbter Kattun
endoderm s. **içderi**
endogami s. **içeriden evlenme**
endojen *bot., geol., med.* endogen; von innen kommend
endokardit, -ti s. **kalp içzarı iltihabı**
endokarp, -pı s. **ikincizar**
endokart, -dı s. **içyürek zarı**
endokrin *med.* endokrin, inkretorisch ~ **bez** s. **içsalgı bezi**
endokrinoloji(-k) s. **içsalgıbilim(-sel)**
endomorfizm s. **içbaşkalaşım**
Endonezya [··×·] *n.pr.* Indonesien
Endonezyalı 1. indonesisch 2. Indonesier(-in *f*) *m*
endoparazit(-izm) s. **içasalak(-lık)**
endoplazma s. **içplazma**
endoskop, -pu *med.* Endoskop *n* *derunbin
endoskopi *med.* Endoskopie, Ausleuchtung *f*
endosperm s. **besidoku**
endotel s. **içkaplar tabaka**
endotermik s. **ısıalan**
endüksiyon 1. s. **indükleme** 2. s. **tümevarım**
endüktör s. **indükleç**
endüljans (*franz.* **indulgence**) *rel. hist.* Ablaß(-zettel) *m*
Endülüs *n.pr.* Andalusien ~ **taşı** *min.* Andalusit *m*
Endülüslü andalusisch, Andalusier(-in *f*) *m*
endüstri Industrie *f* *sanayi ~ **havzası** Industriegebiet *n*
endüstrileşmek sich industrialisieren *sanayileşmek
endüstrileştirmek industrialisieren *sanayileştirmek
endüstriyalizasyon Industrialisierung *f*
endüstriyalize industrialisiert ~ **etmek** industrialisieren
endüstriyalizm Industrialismus *m* *sanayicilik
endüstriyel 1. (Groß-)Industrieller, Fabrikbesitzer, Fabrikant *m* 2. industriell *sınaî
endüvi (*franz.* **induit**) *el.* Induktor, Anker *m* (e–s Magneten)
ene *ar.* 1. ich 2. *psych., phil.* Ich *n* *(1, 2) ben
Ene *n.pr.* Äneas
eneiye s. **solipsizm**
enek (I) *P* 1. unterer Teil der Wange 2. Saatgut *n*
enek (II) *P* kastriert, verschnitten
enema (*franz.* **énéma**) *med.* 1. Klistierspritze *f* 2. Ohrenspritze *f*
enemek *P* 1. kastrieren, verschneiden 2. *fig.* schwächen; weibisch werden lassen
eneolitik (*franz.* **énéolithique**) *geol.* 1. Kupferzeit *f* 2. kupferzeitlich *kalkolitik
enerji Energie *f* ~ **gaspiyajı** *selt.* Energie-, Kraft-vergeudung *f* ~ **nakli** Kraftübertragung *f* ~ **sakınımı** (*od.* **korunması**) *phys.* Erhaltung *f* der Energie *kudret tahaffuzu ~ **santralı** Kraftwerk *n*
enerjik energisch, tatkräftig, entschlossen
enetmek Kaus. zu **enemek**
Enez *n.pr.* O. u. D. im Rbz. Edirne
enez; eneze *dial.* schwach, kraftlos
enf *va.* Nase *f* *burun **azmı** ~ s. **burun kemiği**
enfal [ā] (*Pl.* zu ar. **nefel**) Kriegsbeute *f* ≗ **suresi** Name der 8. Koran-Sure
enfarktüs *med.* (Herz-)Infarkt *m*
enfarsisman (*franz.* **infarcissement**) *med.* Entstehung *f* e–s Organ- od. Gewebe-Infarkts
enfas [ā] *va. Pl.* zu **nefes**
enfeksiyon Infektion *f*, Infekt *m*, Ansteckung *f*
enfeksiyone *selt.* s. **enfekte**
enfeksiyöz (*franz.* **infectieuse**) *med.* ansteckend (Krankheit) *bulaşıcı
enfekte (*franz.* **infecté**) infiziert, verseucht
enferiyorite Inferiorität, Minderwertigkeit, Unterlegenheit *f* ~ **duygusu** Minderwertigkeitskomplex *m*
enfes (*Elativ* zu **nefis**) wunderbar, köstlich, entzückend, großartig, ganz ausgezeichnet, ganz hervorragend
enfi *va.* Nasen-, nasal **azmı** ~ s. **azmı enf; nezfi** ~ *va.* Nasenbluten *n*
enfiye 1. Schnupftabak *m* 2. Schnupfpulver *n* ~ **çekmek** (Tabak) schnupfen ~ **kutusu** 1. Schnupftabaksdose *f* 2. *F* ungenau gehende Uhr, *F* alte Zwiebel
enfiyeci 1. Produzent od. Verkäufer *m* von Schnupftabak 2. *F* wer gerne Tabak schnupft; Schnupfer *m*
enflamasyon (*franz.* **inflammation**) *med.* Entzündung *f* *iltihap, yangı
enflasyon Inflation *f*
enflasyoncu; enflasyonist, -ti inflationistisch
enfloenza s. **enflüanza**
enflüanza [··×·] Influenza, Grippe *f* *grip, paçavra hastalığı, salgın nezle
enformasyon Information, Auskunft *f*
enformatik (*franz.* **informatique**) Informatik *f* *bilgi-işlem
enformatör (*franz.* **informateur**) Auskunftsbeamter
enformel *selt.* informell; zwang-, form-los
enfraruj (*franz.* **infrarouge**) s. **kızılaltı**
enfrason(-ik) (*franz.* **infrason-ique**) s. **sesaltı**
enfrastrüktür s. **infrastrüktür**
enfüs *va. Pl.* zu **nefis**
enfüsî subjektiv *indî, sübjektif, öznel
enfüsîleşmek subjektive Färbung annehmen (z. B. Urteil)
enfüsîleştirmek e–e subjektive Färbung geben
enfüsîlik Subjektivität *f*, Subjektivismus *m*
enfüsiye *phil.* Subjektivismus *m* *öznelcilik, sübjektivizm
enfüzuvar (*franz.* **infusoire**) *biol.* Infusorium, Aufgußtierchen *n*
enfüzyon *med.* Infusion *f*
engebe *geogr.* Unebenheit *f* (der Bodenfläche) *arıza
engebeli uneben (Bodenfläche) *arızalı
engebelik *geogr.* Relief *n*, Oberflächenform *f* (der Erde) *avarız, yerşekli
engebesiz eben, leicht befahrbar, leicht begangbar (Gelände) *arızasız
engel 1. Hindernis, Hemmnis *n* *mani, mahzur 2. *geogr.* s. **engebe** 3. *med.* (Gefäß-)Verstopfung *f* 4. *(Sport)* Hürde *f* ~ **imtihanı** e–e aus zwingenden Gründen nach dem Termin e–r **bütünleme imtihanı** angesetzte Nachprüfung (in türk. Schulen) ~ **olmak** (m. Dat.) hindern, hemmen, hinderlich sein, im Wege sein ~ **oturuşu** *(Turnen)* Hürdensitz *m* ~ **parkı** *mil.* Hindernisbahn *f* (auf e–m Exerzierplatz) ~ **sayı** vorgeschriebene Mindestzahl *adet barajı **-e kalmak** sich e–m **engel imtihanı** *(q.v.)* unterziehen müssen
engelbalığı, -nı s. **yapışkanbalığı**
engelleme Blockierung *f* e–s gegnerischen Spielers bei Basketball
engellemek 1. hinderlich sein, behindern 2. *(Ringen)* den im Unterarmgriff oder Doppelnelson gehaltenen Gegner durch entsprechende Beinstellung zu Fall bringen wollen
engelli 1. mit Hindernissen, Hindernis- 2. wer ein **engel imtihanı** abzulegen hat (Schüler, Student) 3. s. ~ **koşu** 4. *geogr.* s. **engebeli;** ~ **koşu** (*od.* **yarış**) 1. Hindernisrennen

n, Steeplechase *f* 2. Hürdenlauf *m* *(1, 2) mânialı koşu (*od.* yarış)
engeme s. **engebe**
enger s. **çengelsakızı**
engerek giftige Natter; Otter, Viper *f zo.* Vipera; s.a. **bayağı ~**
engerekgiller Vipern *pl. zo.* Viperidae
engerekotu, -nu Natterkopf *m bot.* Echium vulgare
Engeros; Engürus alttürk. Bez. der Ungarn
engin (I) 1. weit, endlos, ausgedehnt 2. offene See, *naut.* Seeraum *m,* Räumte *f* 3. Weite *f* **-lere dalmak** Gedanken nachhängen; grübeln
engin (II) *dial.* 1. gewöhnlich, billig, minderwertig (z.B. Ware) 2. niedrig; nicht hoch
enginar 1. echte Artischocke *bot.* Cynara cardunculus var. scolymus 2. *V* äußerer weiblicher Geschlechtsteil; Vulva *f* 3. *V* Kopf, Schädel *m* *baş, kafa
enginleşmek weit(-er) werden, sich ausdehnen
enginlik Weite, Ausdehnung *f,* unendliche Fläche (z.B. des Meeres) *füshat
enginsel Meer(-es)-, See- *bahrî
-engiz [ī] *va. pers. Sx.* hervorrufend, erregend, schaffend s. **esrarengiz**
engizisyon s. **enkizisyon**
engram *psych.* Engramm, Erinnerungsbild *n*
Engürus s. **Engeros**
Engürü armudu s. **Ankara armudu**
enhalasyon Inhalieren *n,* Inhalation *f*
enik 1. s. **encek, encik** 2. *V Schi. (etwa:)* Hundskerl *m*
eniklemek Junge werfen (Hund, Katze usw.)
enikonu *Adv.* ordentlich, gehörig, tüchtig, ausgiebig, richtiggehend, vollständig, wirklich *adamakıllı, iyiden iyiye, hayliden hayliye
enîn *va.* Stöhnen, Wimmern, Ächzen *n*
enine in der Quer-, Breiten-richtung verlaufend, transversal, Quer-, latitudinal *arzanî, müstaraz(-î); s.a. **en** (I); **~ kesit** Querschnitt *m* *arzanî makta **~ kalınbarsak** *an.* querverlaufender Grimmdarm, Colon transversum *kolonu müstaraz **~ kırık** *geol.* Transversalverwerfung *f*
enir *dial.* s. **çobanpüskülü** (2)
enis [ī] 1. *va.* vertrauter Freund 2. ♀ [×·] *mV;* **Enise** *wV*
enişte [×··] 1. Schwager *m* (Ehemann der Schwester) 2. angeheirateter Onkel 3. Ehemann *m* e–s anderen weiblichen Familienmitgliedes
enjeksiyon Injektion *f* *içitim, zerk **~ natürel** *V* Beischlaf *m*
enjektabl *med.* injizierbar
enjekte 1. injiziert 2. mit e–r Flüssigkeit getränkt **~ etmek** 1. injizieren 2. mit e–r Flüssigkeit tränken
enjektör 1. *med.* Injektionsspritze *f* 2. *selt.* Irrigator, Spülapparat *m* 3. *techn.* Injektor *m,* Einspritzdüse, Dampfstrahlpumpe *f*
enkastan s. **ankastin**
enkaz [ā] 1. Trümmer, Ruinen *pl.,* Schutthaufen *m* 2. *jur.* zugeführte Sachen, Haus *n* auf Abbruch, Wrack *n,* herrenlose Sache; Strandgut *n* **~ haline getirmek** in e–n Trümmerhaufen verwandeln **~ kaldırma ekipi** Aufräumungstrupp *m* **~ şamandırası** *naut.* Wrack-boje, -tonne *f* **~ yığını** Trümmerhaufen *m*
enkizisyon *hist.* Inquisition *f* **~ mezalimi** Inquisitionsgreuel *pl.* **~ sistemi** *jur.* Inquisitionsprozeß *m*
enkompatibilite *jur., med., rel.* Inkompatibilität, Unvereinbarkeit, Unverträglichkeit *f*
enkonsiyan (*franz.* **inconscient**) unbewußt
enkontinans *med.* Inkontinenz *f* (Unvermögen, Harn od. Stuhl zurückzuhalten)
enkruvayabl (*franz.* **incroyable**) *snob.* unglaublich, außerordentlich
enkübasyon *med.* Inkubationszeit *f* *kuluçka devri
enkübatör (*franz.* **incubateur**) *med.* Brutkasten
enküçük, -üğü Minimum *n,* Mindestwert *m* *minimum
enlem *astr., geogr.* Breitengrad *m,* geographische Breite *arz derecesi **~ dairesi** Breitenkreis *m* *arz dairesi
enlemesine der Breite nach
enli breit, weit **~ bıçak** s. **pala; ~ paçalı** mit weiten Hosen
enlice ziemlich breit (*bzw.* weit)
enlilik (beträchtliche) Breite od. Weite
enmuzeç -ci [ū] Muster *n,* Probe *f,* Abbild *n* **-i evvel** s. **ilkörnek**
Ennehir *astr.* s. **Irmak**
Eno (*franz.* **Hainaut**) *n.pr.* Hennegau *m* (in Belgien)
enosis *griech.* Anschluß *m* (Zyperns an Griechenland)
enosisçi Befürworter od. Vorkämpfer *m* für den Enosis-Gedanken
Ensar [ā] *hist.* „die Helfer" *d.h.* Anhänger *pl.* Mohammeds in Medina
ense 1. Nacken *m* 2. hinterer Teil, hintere Seite 3. *V* Hinterteil *m,* Popo *m* **~ çukuru** Nackenrille *f* **~ kemiği** (*od.* **mıhı**) Halswirbel *m* **~ kökü** Nackenansatz *m,* Genick *n* **~ kulak yerinde** s. **kelle kulak yerinde; ~ sertliği** *med.* Genickstarre *f* **~ yapmak** *V* es sich gut gehen lassen und nichts tun **-de tutuş** *(Turnen)* Nackenhalte *f* **-si kalın** 1. eigensinnig 2. wohlhabend, einflußreich, mächtig **-sinde bitmek** wie aus dem Boden gewachsen plötzlich hinter j–m stehen **-sinde boza pişirmek** (b–nin) *V* j–n sich abrackern lassen, j–n schikanieren; Schindluder treiben (mit) **-sinden çekmeli (onun dilini)** *fig.* Er ist ein rechter Galgenstrick. **-sinden gitmek** (b–nin) folgen, hinterdrein gehen **-sine binmek** (b–nin) j–n tyrannisieren, terrorisieren **♀sine vur, ağzından lokmayı al!** *hum.* Er ist ein Kerl, der sich nicht zu wehren weiß. **-sine yapışmak** j–m im Nacken sitzen, j–m zusetzen **-sine yıkmak** ins Genick schieben (z.B. Hut) **-sini eğmek** *fig.* den Nacken beugen
enselemek *V* j–n zu fassen kriegen, verhaften, *F* schnappen
enser s. **ekser** (I)
ensice *va. Pl.* zu **nesiç; -i müşekkile** s. **sürgendoku**
ensiz 1. schmal 2. nicht weit (od. breit) genug
ensizlik 1. Schmalsein *n* 2. Fehlen *n* der genügenden Weite (od. Breite)
ensizyon *med.* Inzision *f,* Einschnitt *m*
ensomni *med.* Insomnie, Schlaflosigkeit *f*
enspektör Inspektor *m* *müfettiş
enspektörlük 1. Aufgaben *pl.* e–s Inspektors 2. Inspektion *f*
enstabl *selt.* unsicher, unbeständig, labil
enstalasyon 1. Installierung, Einrichtung *f,* Einbau, Anschluß *m* 2. Installation *f,* (technische) Anlage *f* *(1, 2) döşem
enstalatör Installateur *m*
enstale installiert **~ etmek** installieren, ein-richten, -bauen, anlegen, anschließen
enstantane 1. *phot.* kurze Belichtung; Momentaufnahme *f,* Schnappschuß *m* 2. kurzer (od. summarischer) Überblick, *pl. a.* Streiflichter *pl.* Zu 2: **Türk edebiyatının -si** kurzer Überblick über die türk. Literatur
enstenkt, -ti s. **içgüdü**
enstitü Institut *n* (*spez.* Schule od. wissenschaftliche Forschungseinrichtung) **~ dö bote** s. **güzellik enstitüsü**
enstrüksiyon Schulung, Unterweisung, Ausbildung *f,* Unterricht *m*
enstrüktif lehrreich, instruktiv
enstrüman 1. Instrument, Mittel, Werkzeug *n* 2. Musikinstrument *n*
enstrümanlamak s. **enstrümante etmek**
enstrümantal müzik Instrumentalmusik *f* *saz musikisi

enstrümantalizm s. **aletçilik**
enstrümantasyon *mus.* Instrumentierung *f* *orkestralama, sazlama
enstrümante *mus.* instrumentiert ~ **etmek** instrumentieren *orkestralamak, sazlamak
ensülin s. **insülin**
entandan *Th.* Intendant *m*
entari [ā] 1. Rock *m* (weibl. Oberbekleidung) 2. langes, loses orient. Gewand (wie es als Hauskleidung, Nachthemd od. (in Syrien, Ägypten usw., jedoch nicht mehr in der Türkei) als Straßenkleidung verwendet wird)
entarilik [ā] 1. für die Herstellung von **entari** geeignet 2. Stoff *m* für **entari**
ent bent *F* kleinlaut, betreten *süklüm püklüm
entegral, -li *math.* 1. Integral *n* 2. Integral- ~ **almak** *math.* integrieren ~ **hesabı** Integralrechnung *f*
entegrasyon *spez. pol.* Integration, Integrierung *f* *bütünleşme
entegre *selt.* integriert, zusammengeschlossen
entelektüalizm s. **intelektüalizm**
entelektüel 1. Intellektueller, Gebildeter *aydın, münevver 2. intellektuell, geistig, verstandesmäßig
entelekya [··×·] *phil.* Entelechie *f* *kemali evvel
Entelicens Servis *n.pr.* Intelligence Service *m* (englischer Geheimdienst)
entelijan *selt.* intelligent
entelijans 1. *selt.* Intelligenz *f* 2. *pol.* Geheimdienst *m*
enteraksiyon (*franz.* **interaction**) s. **karşılıklı eylem** (1, 2)
entere 1. Interesse *n,* Anteilnahme *f* 2. Nutzen, Vorteil, Belang *m* 3. *abus.* interessiert ~ **etmek** *selt.* interessieren ~ **olmak** *selt.* interessiert sein, Interesse haben
enteresan interessant, wissens-, sehens-wert, merkwürdig, reizvoll, aufschlußreich
enterese *selt.* interessiert *alâkadar ~ **etmek** interessieren *alakadar etmek
entereso [··×·] persönliches Interesse; Eigennutz *m*
enteresocu nur auf sein eigenes Interesse bedacht; eigennützig
enterferans *phys.* Interferenz, Überlagerung *f,* Durchschlagen *n*
enterglasiyal s. **buzularası**
enteriyör 1. Innenansicht *f,* Interieur *n* 2. *phot.* Innen-, Atelier-aufnahme *f* 3. Familienleben *n,* Häuslichkeit *f*
enterkonekt, -ti (*engl.* **interconnect**) *el.* verkettete Schaltung
enterkonekte (*französiertes Engl.*) ~ **sistem** System *n* der verketteten Schaltung
enterkostal *med.* interkostal
enterlin (*franz.* **interligne**) s. **satır aralığı**
enterlüt, -dü *mus.* Zwischenspiel *n,* Einlage *f,* Interludium *n*
entermezzo *mus. od. allg.* Intermezzo *n*
enternasyonal 1. international (vgl. **beynelmilel**) 2. Internationale *f* (*a. mus.*) **üçüncü** ~ Dritte Internationale
enternasyonalizm 1. Internationalismus *m* 2. Internationalität *f,* internationaler Charakter (e–r Sache) *beynelmileliyet
enterne interniert ~ **etmek** internieren *gözaltı etmek, göz altına almak
enternist, -ti Facharzt *m* für innere Krankheiten; Internist *m*
Enterpol s. **Interpol**
enterpret, -ti Interpret(-in *f*) *m*
enterpretasyon Interpretation, Interpretierung *f*
entertip, -pi *typ.* Intertype-Setzmaschine *f*
enterüptör *el.* Ausschalter *m,* Ausschaltevorrichtung *f,* Unterbrecher *m*
enterval, -li *mus.* Intervall *n,* Tonabstand *m* *aralık
entervansiyonizm s. **karışıkçılık**
enterviyu Interview, Gespräch *n*
entimem *log.* Enthymem *n* *kıyası matvî
entipüften *F* wertlos, unbrauchbar, oberflächlich zusammengestoppelt, lächerlich ~ **bir ev** Bruchbude *f*
entoksikasyon 1. *med.* Intoxikation, Vergiftung *f* 2. *pol.* Brunnenvergiftung *f*
entomogam *biol.* entomogam, durch Insekten bestäubt (Pflanze)
entomolog; entomoloji(-k) s. **antomolog; antomoloji(-k)**
entonasyon *phon., mus.* Intonation, Tongebung *f*
entramüsküler *med.* intramuskulär (z. B. Injektion)
entraselüler s. **hücre içi**
entravenöz *med.* intravenös (z. B. Injektion)
entrig, -gi *Th.* Intrige *f,* Ränkespiel *n,* Verwicklung *f*
entrigan *selt.* s. **entrikacı**
entrika [·×·] Intrige *f,* Ränkespiel *n* *dolap ~ **ağı** (*od.* **çemberi**) Intrigennetz *n* ~ **çevirmek** Intrigen anzetteln, Ränke spinnen ~ **komedyası** *Th.* Intrigenkomödie *f*
entrikacı [·×··] intrigant; Intrigant(-in *f*) *m*
entrikacılık Intrigantentum *n*
entrikalı voller Intrigen, Intrigen-
entropi *phys.* Entropie *f*
entübasyon *med.* Intubation *f* a) Einführung *f* e–r Röhre in ein Organ b) Einblasen *n* von Heilmitteln
entüisyon Intuition *f,* Vorgefühl *n* *sezgi, sezi
entüisyonizm *phil.* Intuitionismus *m* *sezgicilik
entüitif intuitiv, Anschauungs-
enük, -kü *selt.* Eunuch *m* *hadım
enükleasyon *med.* Enukleation, Ausschälung *f* (*spez.* e–r Geschwulst)
enürezi *med.* Enurese *f,* Bettnässen *n*
enüstünlük (derecesi) *gr.* Superlativ *m* *ismi tafdil
enva, -aı [ā] (*z. va. Pl.* zu **nevi**); **-ın sabitliği kanunu** *biol.* Gesetz *n* der Arterhaltung *türlerin sabitliği yasası **-ı çeşit** (*od.* **türlü**) *F* verschieden(-artig)e ...
envanter Inventarverzeichnis, Bestandbuch *n* ~ **tanzimi** Bestandsaufnahme *f* ~ **yapmak** das Inventar aufnehmen
enver 1. *va.* hell leuchtend, strahlend 2. ♁ *mV*
Enveriye helmähnliche Kopfbedeckung der türk. Soldaten im 1. Weltkrieg
enversibl (*franz.* **inversible**) 1. umkehrbar 2. *el.* umschaltbar
enversiyon *phot.* Umkehrung *f*
enversör 1. *el.* Stromwender *m* 2. *techn.* Rückwärtssteuerung *f* (e–r Maschine)
envesti investiert, angelegt (z. B. Kapital) ~ **etmek** investieren, anlegen
envestisman (*franz.* **investissement**) Investierung, (Kapitals-)Anlage *f*
envokasyon (*franz.* **invocation**) *selt.* Anrufung *f*
enzar [ā] (*va. Pl.* zu **nazar**) Blicke *pl.* **-ı ıttılaına arz etmek** (b–nin) *va.* bekanntgeben, mitteilen **-ı millette** *va.* vor (bzw. in) den Augen des Volkes
enzim *med.* Enzym, Ferment *n* *ferman
eogen; eojen *geol.* Nummulitenformation *f*
EOKA = Ethniki Organosis Kypriotikis Apeleutheroseos „Nationale Organisation für die Befreiung Cyperns" ~ **B** Nachfolgeorganisation der EOKA (gegr. 1971)
EOKA'cı Anhänger *m* der revolutionären, antibritischen bzw. antitürk. EOKA-Untergrundbewegung
Eol *n.pr.* Äolus (Gott der Winde)
eosen *geol.* 1. Eozän *n* (Stufe des Tertiärs) 2. dem Eozän angehörig, eozän
epanyöl (*franz.* **épagneul**) Spaniel *m* (Hunderasse)
epatan (*franz.* **épatant**) erstaunlich, verblüffend *şaşırtıcı
epçet s. **ebced**
epe (*franz.* **épée**) Degen *m* (*spez.* als Fechtwaffe)

epeksejez *ling.* Epexegese *f* (e–e Art Apposition)
epengle (*franz.* **épinglé**) gerippt (Stoff)
epentez *ling.* s. **içtüreme**
eperlan (*franz.* **éperlan**) Stint *m zo.* Omerus (eperlanus u. a.)
epeski [×··] ganz alt, uralt
epey *mst.* [epi] [×·] ziemlich; ziemlich viel ≗ **zaman var ki görmedim.** Ich habe ihn seit geraumer Zeit nicht mehr gesehen.
epeyce *mst.* [epice] [×··] ziemlich, beträchtlich, recht viel (lang) **Türkçeyi ~ konuşmağa başlamış.** Er spricht schon ganz nett Türkisch.
epher s. **büyük atardamar**
ephetlü s. **übbehetlü**
epibol *geol.* s. **bolluk kuşağı**
epidemi Epidemie, Seuche *f* *salgın
epidemik epidemisch, ansteckend *salgın
epidemyoloji *med.* Epidemiologie, Seuchenlehre *f* *salgınlar bilimi
epiderm(-a; -is) (*franz.* **épiderme**) 1. *an.* s. **üstderi** 2. *bot.* s. **dışderi**
epidermik *med.* epidermal
epididim(-it) s. **erbeziüstü (iltihabı)**
epidiyaskop, -pu Epidiaskop *n*
epifenomen(-izm) s. **gögeolay(-cılık)**
epifit, -ti *bot.* Epiphyt *m* (Scheinschmarotzerpflanze) *üsbitken
epifiz *an.* 1. Zirbeldrüse *f* *kozalaksı bez 2. s. **kemik ucu**
epigastr(-iyum) s. **üstkarın**
epigraf 1. In-, Auf-schrift *f* 2. Motto *n,* Leitspruch *m*
epigrafçı Epigraphiker, Inschriftenforscher *m*
epigrafi Epigraphik, Inschriften-kunde, -forschung *f* *yazıtbilim
epigrafist, -ti s. **epigrafçı**
epigram Epigramm, Sinn-, Spott-gedicht *n* *iğneleme
epijenez *biol.* Epigenese *f* (Entwicklung durch Neubildung) *sıralıoluş
epik episch, erzählend ~ **tiyatro** *Th.* episches Theater
epikerem *log.* Epicherem *n* *kıyası müdellel
epikondil s. **lokmaüstü**
Epikuriye s. **Epikürcülük**
Epikür *n.pr.* Epikur
Epikürcülük Epikureismus *m,* Epikureertum *n* *Epikuriye
Epiküriyen epikureisch; Epikureer *m*
Epikürizm s. **Epikürcülük**
epilasyon Epilation, Haarentfernung *f*
epilatuar (*franz.* **epilatoire**) s. **kıl dökücü**
epilepsi *med.* Epilepsie, Fallsucht *f* *sara
epileptik 1. epileptisch 2. Epileptiker(-in *f*) *m* *saralı
epilog 1. Epilog *m,* Nachrede *f,* Schlußwort *n* 2. *fig.* Nachspiel *n,* Ausklang *m*
epinefrin (*franz.* **épinéphrine**) s. **adrenalin**
epinet, -ti *mus. hist.* Spinett *n*
Epir *n.pr.* Epirus (Landschaft in Nordgriechenland)
Epirli 1. Epirot(-in *f*) *m* 2. epirotisch
episantr (*franz.* **épicentre**) s. **deprem özeği**
episilojizm s. **astasım**
episkop, -pu 1. Bildwerfer *m,* Episkop *n* 2. *mil.* Sehschlitz *m* (e–s Panzers) *gözetleme mazgalı
epistaksis *med.* Epistaxis *f,* Nasenbluten *n* *burun kanaması
epistemoloji *phil.* Erkenntnislehre *f* *bilgi kuramı, mephası marifet nazariyesi
epistoler (*franz.* **épistolaire**) *selt.* Brief-
epitaf Epitaph(-ium) *n,* Grabinschrift *f*
epitel s. **epitelyum**
epitelyum [··×·] *biol.* Epithel(-ium) *n* *nesci beşerei muhatiye
epitez s. **içtüreme**
epitken s. **demiurgos**
epitmek *dial.* schaffen, hervorbringen *ibda etmek
epizodik episodisch, vorübergehend, nebensächlich
epizot, -du 1. Episode *f* 2. Nebenhandlung *f* (*spez.* im Roman) 3. *mus.* Zwischensatz *m*
epkem *z. va.* 1. stumm, ohne Sprache *dilsiz, lâl 2. schweigsam
epkemiyet, -ti *va.* Stummheit *f* *dilsizlik
epod *lit.* Abgesang *m* (in der Antike), Epode *f*
epole (*franz.* **épaulé**) (*Sport*) mit Auflage auf der Schulter (z. B. beim Stemmen der Scheibenhantel)
epolet, -ti s. **apolet, -ti**
epope (*franz.* **épopée**) *lit.* Epos *n,* erzählende Versdichtung, Heldengedicht *n*
eprent, -ti (*franz.* **épreinte**) *med.* Stuhlzwang *m*
eprimek *dial.* 1. sich auflösen, sich zersetzen, zerfallen *inhilâl etmek 2. fadenscheinig werden, sich abnutzen 3. durch die Nase sprechen
EPU *n.pr.* = **European Payment Union** Europäische Zahlungsunion *f,* EZU *f*
er (I) s. **erken;** ~ **veya geç;** ~ **geç** 1. früher oder später; über kurz oder lang 2. schließlich; letzten Endes
er (II) 1. Mann *m* 2. *mil.* einfacher Soldat, *fr.:* Gemeiner, *heute:* Schütze, Jäger, Reiter *m* usw. 3. mutiger, unerschrockener Mann, schneidiger Kerl 4. wer sich auf et. versteht, et. gut kennt, für et. geeignet ist 5. (in Verb. mit Abstraktbegriffen) Besitzer *m* 6. Ehemann *m* 7. s. **asker** (2) Zu 1: **-e gitmek** (*od.* **varmak**) *P* heiraten (von der Frau gesagt) **-e vermek** *P* verheiraten (Mädchen), zur Frau geben Zu 3: ~ **oğlu** ~ ein ganzer Kerl, ein wackerer Bursche Zu 4: **O, bu işin -idir.** Er versteht sich darauf. Zu 5: s. a. **söz (sözünün) -i;** ~ **dilemek** *va.* herausfordern ~ **kişi** männliche Person ≗ **lokması** ~ **kursağında kalmaz.** *Spr.* Für erwiesene Wohltaten zeigt sich ein anständiger Mensch erkenntlich. ~ **meydanı** Kampfplatz *m* ≗ **ol da baş yar!** Laß dir nichts gefallen! ≗ **oyunu üçe kadar.** *Spr.* Aller guten Dinge sind drei. *Spr.*
-er, (-ar) *gr., Sx.* der Distributivzahlen (bei konsonantisch auslautenden Zahlwörtern u. Mengebegriffen) vgl. **sekizer, dokuzar; azar azar; teker teker** usw.; s. a. **-şar, (-şer)**
eradikasyon Ausrottung *f* **dünya sıtma -u** Ausrottung *f* der Malaria auf der ganzen Welt
erak, -ki [ā] Zahnbürstenbaum *m bot.* Salvadora persica *misvak ağacı
eralırlık *mus.* s. **önceleme** (2)
eramil [ā] (*Pl.* zu ungebr. ar. **ermele**) Witwen *pl.* ~ **maaşı** s. **dul aylığı**
erat, -tı *mil.* Unteroffiziere und Mannschaften *pl.* ~ **apoleti** Achselklappe *f* ~ **yiyeceği** Mannschafts-kost *f,* -essen *n*
erazil [ā] (*va. Pl.* zu **erzel**) Gesindel *n*
Erazm *n.pr.* Erasmus (von Rotterdam)
erbaa *va.* vier *dört
Erbaa *n.pr.* Städtchen u. D. im Rbz. Tokat
erbain [ī] 1. *va.* vierzig *kırk 2. s. **karakış** 3. *fr.* s. **çile** (II, 1) ~ **fırtınası** *naut.* Name e–s periodischen Sturms zwischen 22. und 30. Dezember **-e girmek** 1. überwintern; den Winterschlaf halten 2. *fr.* die **erbain** (*od.* **çile**) genannte Novizenprüfung beginnen
erbap, -bı [ā] (*urspr. Pl.* zu **rab;** häufig in Sing. Bed.) 1. Sachkundig-er *m,* -e *pl.,* Fach-mann *m,* -leute *pl.* 2. wer mit et. beschäftigt ist od. in e–m best. Beruf tätig ist; besitzend, innehabend Zu 1: **-ı bilir** von Kennern geschätzt; erstklassig **bir işin -ı** der rechte Mann für et. Zu 2: **serbest meslek -ı** Angehörige *pl.* freier Berufe **-ı kalem** Schriftsteller, Literaten *pl.* **-ı mesalih** *va.* s. **ashabı mesalih; -ı nüfuz** *va.* einflußreiche Persönlichkeiten *pl.*

erbaş 1. *mil.* Unteroffizier *m* (als Gesamtbez. für **çavuş, üsçavuş, başçavuş, başgedikli**) 2. *naut.* Maat *m*
erbezi, -ni *an.* Hode(-n *m*) *f*, Testikel *m* *husye, testis
erbezіüstü, -nü *an.* Nebenhoden *m* *epididim ~ **iltihabı** *med.* Nebenhodenentzündung, Epididymitis *f* *epididimit
erbiyum *chem.* Erbium *n*
Erboğa *astr.* Zentaur *m* (Sternbild) *Kanturus
ercik *bot.* Stamen, Staubblatt *n* *etamin, stamen
ercikbaşı, -nı *bot.* Anthere *f*, Staubbeutel *m* *anter
Erciş *n.pr.* Städtchen u. D. im Rbz. Van
Erciyas (*a.* **Erciyaş, Erciyes, Erciyeş**) **(dağı)** *n.pr.* Erdschias *m*, Mons Argaeus (bei Kayseri, 3916 m hoch)
ercül (*va. Pl.* zu ar. **ricl**) Füße *pl.* *ayaklar
ercülükâzip s. **yalancı ayaklar**
ercüment, -di 1. *va.* geachtet, angesehen 2. ≗ *mV*
Erdek *n.pr.* O. u. D. im Rbz. Balıkesir
Erdel *n.pr. hist.* Siebenbürgen *Transilvanya
erdem 1. s. **fazilet** 2. ≗ *mV, wV*
erdemli 1. s. **faziletli, fazıl** 2. ≗ *n.pr.* Städtchen u. D. im Rbz. İçel
erdemlik s. **fazilet**
erden 1. unberührt, jungfräulich; Jungfrau *f* *bakire, kız oğlan kız 2. *fig.* unberührt (z.B. Urwald) *el sürülmemiş
Erden s. **Erdün**
erdenlik, -iği Unberührtheit, Jungfräulichkeit, Jungfernschaft *f* *bekâret, kızlık ~ **zarı** s. **kızlık zarı; -i bozmak hakkı** *jur. hist.* Jus primae noctis
Erdeşir Artaxerxes (Name verschiedener pers. Könige) *Ardaşir
erdirmek Kaus. zu **ermek** *spez.* zustellen, in die Hände gelangen lassen; s.a. **akıl** ~
erdişi *biol.* Zwitter, Hermaphrodit *m* *erselik, hermafrodit, hünsa
erdişilik *biol.* Zwitterbildung, Androgynie *f* *erselik, hermafroditizm
Erdün *n.pr.* 1. Jordan *m* (Fluß) *Şeria 2. *fr.* Transjordanien *Maverayı Şeria 3. *(heute:)* Jordanien
Erdünlü 1. *fr.* transjordanisch, Transjordanier(-in *f*) *m* 2. *(heute:)* jordanisch, Jordanier(-in *f*) *m*
Ereğli *n.pr.* 1. **(Konya -si)** Stadt u. D. im Rbz. Konya 2. **(Karadeniz -si)** Städtchen u. D. im Rbz. Zonguldak 3. **(Marmara -si)** Bezirk u. O. im Distrikt Çorlu (Rbz. Tekirdağ)
erek 1. *phil.* Ziel *n*, Zweck *m*, Absicht *f*, (erstrebtes) Ende *gaye 2. *astr.* Vertex *m*
erekbilim *phil.* Teleologie *f*
erekçi Anhänger des Finalismus *finalist
erekçilik *phil.* Finalität *f*, zweckbestimmtes Geschehen *gaiyet, finalite
ereksel final, Zweck- *gaî ~ **neden** *phil.* Zweckursache *f;* Causa finalis *f* *illeti gaiye
ereksiyon *biol., med.* Erektion *f* *intiaz
erektör aufrichtender Muskel; Schwellkörper *m*
erem 1. *dial.* Einverständnis *n*, Zustimmung *f* *rıza 2. ≗ s. **İrem**
Eremiya s. **Ermiya**
eren *dial.* 1. Ziel *n*, Zweck *m* 2. s. **kızılcık;** s.a. **erenler**
Erendiz s. **Jüpiter, Müşteri**
erenler 1. diejenigen, die ihr Ziel erreicht haben *spez.* Heilige *pl.* (*a.* als Sg. verwendet) 2. *fr.* Anruf der Derwische untereinander 3. *va.* Männer *pl.* *erkekler **≗in sağı solu olmaz.** *Spr.* Ein Heiliger bleibt ein Heiliger, auch wenn er einmal et. Ungehöriges tut.
Erfelek *n.pr.* O. u. D. im Rbz. Sinop
erg (I) *phys.* Erg *n*
erg (II) *geogr.* Sandgebiet *n* der Sahara
Ergani *n.pr.* Städtchen u. D. im Rbz. Diyarbakır
Ergani Maden s. **Maden**
erganun *mus.* Orgel *f* *org
ergeç 1. s. **er geç** 2. s. **erkeç**
ergen 1. erwachsen, ins heiratsfähige Alter gekommen 2. unverheiratet, ledig, Junggeselle *m* *bekâr ~ **minderi** *fr.* kleineres Sitzkissen für jüngere Leute (in alttürk. Häusern) **≗e karı** (*od.* **avrat**) **boşaması kolay.** *Spr.* Ein Junggeselle kann leicht von Ehescheidung reden.
ergene *dial.* 1. Erzvorkommen *n* 2. Zelteingang *m* 3. Bergabhang *m*
Ergene *geogr.* Ergene *f* (linker Nebenfluß der Maritza)
Ergenekon *n.pr.* die legendäre Urheimat der Türken
ergenlik 1. (*a.* ~ **çağı**) Pubertät *f* *haddi büluğ 2. Unverheiratetsein *n* 3. Gesichtspickel *pl.* (*spez.* bei jungen Menschen), unreiner Teint; Akne *f* 4. Geschenk, das e–e Witwe e–m Junggesellen macht, mit dem sie sich verheiratet ~ **dişi** Weisheitszahn *m* *akıldişi
Ergeri s. **Ergiri**
ergi Erreichen, Erlangen *n*, Erfolg *m*, Glück *n* *mazhariyet, nailiyet, sultanlık
ergime Schmelzen *n* *zeveban ~ **ısısı** *phys.* Schmelzwärme *f* *zeveban harareti
ergimek schmelzen *(intr.)* *zeveban etmek
ergimiş geschmolzen *müzap
ergin 1. reif, entwickelt *kemale gelmiş 2. erwachsen, voll-, groß-jährig, mündig *reşit 3. ≗ *türk. Fn.* od. *mV*
erginlemek (b–ni bşe) 1. feierlich einführen (in e–n Orden, Geheimbund usw.) 2. ausbilden, belehren, unterrichten
erginleşmek 1. (heran-)reifen 2. großjährig werden
erginlik 1. Entwickeltsein *n*, Reife *f* *kemal 2. Voll-, Großjährigkeit, Mündigkeit *f* *rüşt
Ergiri *n.pr.* Argyrokastron, Gjinokaster (Städtchen in Albanien)
ergitmek schmelzen *(tr.)*, zum Schmelzen bringen *izabe etmek
ergo (*franz.* **ergot**) *techn.* Stift, Anschlag *m*
ergograf s. **işyazar**
ergot, -tu (*franz.* **ergot**) s. **çavdar mahmuzu**
ergun 1. schnelles Pferd 2. ≗ *mV*
erguvan [ā] 1. Blüte *f* des Judasbaumes 2. **(ağacı)** gemeiner Judasbaum *bot.* Cercis siliquastrum ~ **rengi** s. **erguvanî**
erguvanî [··–––] purpurrot, bläulich rot (wie die Blüte des Judasbaumes) ~ **balıkçıl** Purpurreiher *m zo.* Ardea purpurea *esmer balıkçıl ~ **söğüt** Purpurweide *f bot.* Salix purpurea
erguvanîleşmek purpurrot werden
erham (*va. Elativ* zu **rahim**) sehr barmherzig
erhamürrahimin [···–·–] *va.* Allerbarmer *m* (Gott)
erigen; eriğen 1. leicht schmelzend 2. saftig (Frucht)
Eriha *n.pr.* Jericho (nördl. von Jerusalem)
erik Pflaume, Zwetschge *f* ~ **ağacı** Pflaumenbaum *m bot.* Prunus domestica ~ **içkurdu** Pflaumenwickler *m zo.* Laspeyresia funebrana ~ **kabuk böceği** Splintkäfer *m zo.* Scolytus pruni ~ **kompostosu** Pflaumenkompott *n* ~ **reçeli** Pflaumenmus *n* ~ **yaprakarısı** Pflaumenblattwespe *f zo.* Hoplocampa flava
erike [ī] *va.* 1. Thron *m* *taht 2. geschmückter Brautsitz
eriklik mit Pflaumenbäumen bestandener Garten
eriksi pflaumenähnlich
eril *gr.* männlich; Maskulinum *n* *müzekker
erim (I) Reichweite *f* (des Auges, Gehörs, e–r Waffe usw.)
erim (II) 1. gute Nachricht, Freudenbotschaft *f*, frohe Botschaft *beşaret 2. ≗ *türk. Fn.*
erim (III) (in der Füg.:) ~ ~ **erimek** furchtbar abmagern
erime Vs. zu **erimek** *spez.* Schmelzen *n*, Auflösung *f*, Solvation *f* *inhilâl, zeveban ~ **illeti** Auszehrung *f*

(Schwindsucht *f* od. Krebs *m*) ~ **noktası** Schmelzpunkt *m* *noktai zeveban ~ **sıcaklığı** Schmelzwärme *f* ~ **sıcaklık derecesi** Schmelzgrad *m*
erimek 1. sich (auf-)lösen, schmelzen *inhilâl etmek 2. stark abmagern, an Gewicht od. Umfang beträchtlich abnehmen, sich stark verringern, dahinschwinden, abschwellen (z. B. Beule), zugrunde-, drauf-gehen, umkommen (*a.* Person) 3. sich abnutzen, sich abwetzen (z. B. Stoff) 4. *fig.* sich in Grund und Boden schämen Zu 2: **Çocuk hastalıktan eridi.** Infolge der Krankheit ist das Kind stark abgemagert. **Göbek eridi.** Er ist ganz schlank geworden. **Paralar eridi.** Das Geld ist draufgegangen. Zu 3: **dirsekleri erimiş ceket** Jacke *f* mit durchgewetzten Ellbogen **eriyip bitmek** (*od.* **eriyip hilâl olmak**) s. **erim erim erimek**
erimez unlöslich *gayri münhal
erimiş *phys.* aufgelöst, geschmolzen *mahlul, münhal ~ **çelik** Flußstahl *m* *akma çelik
erin geschlechtsreif, erwachsen *baliğ
erinç, -ci Ruhe *f,* Frieden *m*
erinit, -ti *min.* Tonerdesilikat *n* *bol
erinleşmek in der Pubertät stehen, heranreifen *baliğ olmak
erinlik s. **bülûğ**
erinmek *P* 1. langsam dahinschmelzen 2. s. **üşenmek. Erinenin oğlu kızı olmamış.** *Spr.* s. **Üşenenin** (usw.)
Erinyalılar *myth.* Erinnyen, Rachegöttinnen *pl.*
erir *chem., phys.* löslich *çözünür, münhal
erirlik *chem., phys.* Löslichkeit *f* *çözünürlük; kabiliyeti inhilâliye
erisipel (*franz.* **érysipèle**) s. **yılancık** (2)
eristik, -iği s. **didişimcilik**
eriş s. **arış**
erişek s. **çadır ağırşağı**
erişilmez unerreichbar
erişim 1. Vs. zu **erişmek** 2. Verbindung(-sweg *m*) *f* *muvasala, ulaşım
erişkin körperlich voll entwickelt, geschlechtsreif, erwachsen *kâhil, kâmil
erişkinlik Geschlechtsreife *f,* volle körperliche Entwicklung *kâhillik, kâmillik, olgunluk
erişmek 1. (bşe) et. erreichen, erlangen; gelangen (zu), reichen (bis) (z. B. mit der Hand) 2. reifen, reif werden 3. herankommen, eintreten (Zeit) Zu 1: **Eli tavana erişir.** Er reicht mit der Hand bis an die Decke. **Erişir menzili maksuduna aheste giden.** (Ziya Paşa) Eile mit Weile! Langsam, aber sicher! Zu 2: **Erişmiş kızı vardır.** Er hat e–e heiratsfähige Tochter. **Üzüm daha erişmemiş.** Die Trauben sind noch nicht reif. Zu 3: **Bahar erişti.** Der Frühling ist gekommen.
erişte 1. Teigwaren *pl.* (*spez.* für Suppen) 2. Ackertrespe *f* *bot.* Bromus arvensis ~ **helvası** frisch zubereiteter türk. Honig aus Fadennudeln, Butter und Sirup
eriştirim 1. Vs. zu **eriştirmek** 2. Verbindung(-sweg *m*) *f* *muvasala
eritem *med.* Erythem *n,* Hautröte *f*
eriten; eritici 1. *chem., phys.* auflösend 2. Lösungsmittel *n* *(1, 2) muhallil
eritme Vs. zu **eritmek;** ~ **fırını cürufu** Hochofenschlacke *f* ~ **ocağı** Schmelzofen *m* ~ **potası** Schmelztiegel *m*
eritmek Kaus. zu **erimek** z. B. durchbringen, ausgeben (Geld); s. a. **göbeğini** ~
Eritre *n.pr.* Erythräa
eritromisin Erythromycin, Erycin *n* (Antibiotikum)
eritrosit, -ti s. **alyuvar**
Erivan s. **Yerevan**
eriyik *chem., phys.* Solution, Lösung, Lauge *f* *mahlul
erjenk s. **ertenk**
erk, -ki 1. Macht, Gewalt, Kraft *f* *kudret, iktidar 2. Einfluß *m* *nüfuz 3. hochgelegene Burg
erkân *Pl.* zu **rükün** 1. höhere Beamte, Würdenträger *pl.* 2. Offiziere *pl.* im Generalsrang, Generäle *pl.* 3. *mil.* Stab *m* 4. Angehörige *pl.* (z. B. e–s Ministeriums, e–r Familie usw.) 5. Regeln, Normen *pl.* 6. *z. va.* Bestandteile *pl.* 7. *z. va.* Grundpfeiler, Elemente *pl.* ~ **heyeti** *mil.* Stab *m* ~ **kürkü** *fr.* Pelz, den ein neuernannter Minister von dem Sultan erhielt ~ **minderi** (*od.* **sediri**) 1. Ehrenplatz *m* 2. *gel. irrt.* für **ergen minderi; -ı askeriye** *mil.* Generäle *pl.* *generaller **-ı bahriye** *va.* Flaggoffiziere *pl.* *amiraller **-ı harp** *mil.* 1. Generalstab *m* *kurmay 2. s. a. **-ı harp zabiti; -ı harp reisi** *mil.* Generalstabschef *m* **-ı harp zabiti** *mil.* Generalstabsoffizier, Generalstäbler *m* *kurmay subay **-ı harbiye** *mil.* Generalstab *m* *kurmay **-ı harbiye ikinci reisi** *mil.* Quartiermeister *m* **-ı harbiye reisi** *mil.* Chef *m* des Generalstabs **-ı harbiyei umumiye** *mil.* Großer Generalstab *genelkurmay **-ı teşbih** *stil.* Bestandteile *pl.* e–s Vergleichs (*nämlich:* **müşebbeh, müşebbehünbih, veçhi şebeh** und **edatı teşbih**) *benzetme öğeleri
erke *phil.* Energie *f* *enerji, kudret
erkeç Ziegenbock *m* *teke
erkeçsakalı, -nı Sumpfmädesüß *n,* Wiesenkönigin *f bot.* Filipendula ulmaria *çayırmelikesi
erkeğimsi s. **erkeksi**
erkek 1. Mann *m* (*ant.* kadın) 2. (bei Tieren) Männchen *n* 3. *P* (Ehe-)Mann, Gatte *m* *koca 4. Gewindebohrer *m* 5. männlich 6. voll; mit Spitze od. Haken 7. *mel.* von männlichem, charaktervollem Verhalten *spez.* a) wer seine Zusage hält, zuverlässig b) tapfer, kräftig, stark, mannhaft 8. Hart- od. gehärtet (Metall) ~ **ahçı** (männlicher) Koch ~ **akdiken** gemeiner Faulbaum *bot.* Rhamnus frangula *siyah kızılağaç ~ **anahtar** Vollschlüssel *m* (*im Ggs.* zum Hohlschlüssel) ~ **artığı** *pej.* e–e Frau, die schon durch viele Hände gegangen ist ~ **bakır** härteres, schwerer zu bearbeitendes Kupfer ~ **berberi** 1. Herrenfrisör *m* 2. Herren(frisier)salon *m* ~ **canlısı (delisi, düşkünü)** *pej.* mannstoll ~ **çakma** getriebene Arbeit; Punzarbeit *f* (des Goldschmieds), Patrize *f* ~ **çocuk** Junge, Knabe *m* ~ **demir** gehärtetes Eisen ~ **dul** Witwer *m* ~ **eğreltiotu** Wurmschildfarn *m bot.* Polystichum filix mas *kurt eğreltisi ~ ~ ein wahrer Mann, jeder Zoll ein Mann ~ **eşey hormonu** s. **androjen;** ~ **Fatma** (*od.* ~ **Ayşe**) Mannweib *n,* Dragoner *m* ~ **fiş** *el.* Stecker *m* ~ **iğnecik** *naut.* Fingerling *m* (e–s Ruders, Steuers) ~ **kalıp** *typ.* Patrize *f* ~ **karaca** Rehbock *m* ~ **kardeş** Bruder *m* *birader ~ **kasnı** Galbanum *n* in Stücken od. Kügelchen ~ **kedi** Kater *m* ~ **kopça** (in Öse einzuhängender) Haken *m* *kopça çengeli ~ **okulu** Knabenschule *f* ~ **oyuncu** Schauspieler *m* ~ **Öğretmen Okulu** Lehrerseminar *n* *Erkek Muallim Mektebi, Darülmuallimin ~ **rende** Feder-, Spund-hobel *m* ~ **terzisi** Herrenschneider *m* ~ **zıvana** s. **geçme dili; -ten kaçmak** sich dem Mann nicht zeigen; sich verschleiern (Frau, Mädchen)
erkekçe wie ein rechter Mann, mannhaft
erkekçil *pej.* s. **erkek canlısı**
erkeklenmek 1. männlich werden 2. den Helden spielen
erkekleşme Virilismus *m,* Vermännlichung *f* (von Frauen od. Mädchen)
erkekleşmek 1. männliche Züge annehmen (Frau, Mädchen) 2. zum Mann heranreifen (Junge)
erkekorgan 1. männliches Geschlechtsorgan 2. *bot.* Staubblatt, Stamen *n* *uzvu tezkir
erkekli 1. wer e–n Mann od. männlichen Schutz hat (Frau) 2. (in folg. Füg.:) ~ **dişili** 1. Männchen und Weibchen (zusammen) (Tiere) 2. mit zwei ineinandergehenden Teilen (wie z. B. Haken und Öse) ~ **kadınlı.** 1. Männer und Frauen zusammen 2. ob Männer oder Frauen

erkeklik, -iği 1. Zugehörigkeit *f* zum männlichen Geschlecht 2. Männlichkeit *f* (im physiol. Sinn), Manneskraft *f*, Zeugungskraft *f* 3. Mannesalter *n* 4. mannhaftes, charaktervolles Verhalten, Mannhaftigkeit *f spez.* a) Zuverlässigkeit *f* b) Tapferkeit, Stärke *f* ~ **göstermek** Mannhaftigkeit beweisen ~ **haysiyeti** Manneswürde *f* ~ **hormonu** männliches Hormon ~ **organı** s. **erkekorgan;** ⁀ **öldü mü?** *hum.* Du bist wohl am. Ende deiner Kraft! ⁀ (*od.* **Yiğitlik) sende kalsın!** Benimm du dich wenigstens anständig (*scil.* wenn es schon der andere nicht tut)! **-e söz getirmemek** (*od. V* **-e bok sürmemek**) nichts auf sich kommen lassen
erkeksi maskulin; mit maskulinem Einschlag ~ **kadın** *pej.* Mannweib *n*
erkeksiz 1. ohne Mann 2. alleinstehend, ohne männlichen Schutz (Frau)
erkeksizlik 1. Fehlen *n* des Mannes 2. Alleinstehen *n* (e–r Frau)
erken 1. früh(-zeitig), beizeiten 2. früher als gewöhnlich (od. als andere) 3. vorzeitig, zu früh, noch nicht an der Zeit; noch nicht reif (Zeit); verfrüht Zu 3: **Katî bir hüküm verebilmek için vakit henüz -dir.** Es ist noch nicht an der Zeit, ein abschließendes Urteil zu fällen. ~ **ateşleme** (*od.* **tutuşma**) *techn.* Vor-, Früh-zündung *f* ~ **bunama** jugendliches Irresein, Dementia praecox ~ **gotik** *arch.* Frühgotik *f* ⁀ **kalkan aldanmamış.** *Spr.* Morgenstund' hat Gold im Mund. *Spr.* ~ **uçan yarasa** Abendsegler *m zo.* Pterygistes noctula ~ **yaşlanma** Frührentnertum *n* ~ **yetişme** Frühreife *f* **-den** am frühen Morgen, in aller (Herrgotts-)Frühe
erkence 1. [··×·] früh, beizeiten 2. [··×] ziemlich früh
erkenci 1. wer et. früh (zu früh, früher als gewöhnlich od. als andere) tut 2. Frühaufsteher(-in *f*) *m* Zu 1: **Bugün -siniz.** Heute sind Sie ja früh dran.
erkete *V* Umherspähen *n*, Ausguck *m*
erketeci *V* Beobachtungsposten *m* (der die Aufgabe hat, Barbut-Spieler bzw. nichtzugelassene Straßenhändler rechtzeitig von dem Nahen der Polizei in Kenntnis zu setzen)
erkin 1. frei, unabhängig *hür, serbest 2. ⁀ *mV* ~ **inceleme** freie Forschung ~ **meslekler** *selt.* s. **serbest meslekler**
erkinci(-lik) s. **liberal(-izm)**
erkinlik Freiheit, Unabhängigkeit, Selbständigkeit *f* *serbesti, hürriyet
erkli 1. kräftig, mächtig, stark *muktedir 2. einflußreich *nüfuzlu
erksiz 1. schwach 2. ohne Einfluß
erksizlik 1. Schwäche *f* 2. Einflußlosigkeit *f* 3. Anarchie *f*, Chaos *n* *anarşi, fevza
erlenmayer *chem.* Erlenmeyer(-kolben) *m*
erlik 1. Männlichkeit *f* 2. mannhaftes, charaktervolles Verhalten; Tapferkeit, Mannhaftigkeit *f* *erkeklik, yiğitlik
ermek, (-er) 1. erreichen; gelangen (zu, nach) 2. erreichen, berühren können; reichen (bis, an) 3. reif werden, reifen (Pflanzen, Früchte) 4. in die Reifezeit gelangen, großjährig werden 5. e–n hohen Grad der Heiligkeit erlangen. Zu 1: s. **hitama (kemale, muradına, sona)** ~ Zu 2: s. **aklı** ~ Zu 5: s. **erenler; Erdiğine erer, eremediğine taş atar.** Er ist die Aggressivität in Person.
Ermenek *n.pr.* O. u. D. im Rbz. Konya
Ermeni 1. Armenier(-in *f*) *m* 2. armenisch ~ **gelini** *fig.* linkisches, verschämtes Mädchen ~ **gelini gibi kırıtmak (sallanmak, yürümek)** sich lange bitten lassen, sich zieren, mit der Arbeit nicht vorankommen ~ **hastalığı** *med.* periodisches Mittelmeerfieber
Ermenice 1. armenische Sprache, Armenisch 2. armenisch
Ermenilik Zugehörigkeit *f* zum armenischen Volk, Armeniertum *n*
Ermenistan *n.pr.* Armenien (Sowjetrepublik)
Ermenistanlı aus (Sowjet-)Armenien stammend od. dort ansässig; Armenier(-in *f*) *m*
ermin s. **hermin**
ermiş Heiliger
ermitaj 1. Einsiedelei *f* 2. einsam gelegenes Landhaus; Eremitage *f*
Ermiya [ā] *n.pr.* (der Prophet) Jeremias
Ernep, -bi *va.* s. **Tavşan** (2)
eroin Heroin *n*
eroinci 1. Heroin-hersteller, -händler, -verkäufer, -schmuggler *m* 2. heroinsüchtig
eroincilik 1. Herstellung *f* od. Vertrieb *m* von Heroin, Heroinschmuggel *m* 2. Heroinsüchtigkeit *f*
eroinoman(-i) s. **eroinci(-lik)** (2)
erojen erogen ~ **bölgeler** s. **cinsel uyarı bölgeleri**
Eros [×·] 1. *n.pr.* Eros, Amor 2. *phil.* Eros *m* 3. *astr.* Eros (kleiner Planet)
erosal *phil.* 1. den Eros betreffend 2. erotisch
erosallık *phil.* Erotik *f*
erosçu [×··] *phil.* erotisch, Erotiker *m*
erosçuluk [×···] *phil.* Erotik *f*
erostrat, -tı Herostrat *m*
erostratlık Herostratentum *n*, herostratische Tat
erotematik mäeutisch (*va.* erotematisch)
erotik 1. Erotik *f* 2. erotisch
erotizm *med.* krankhaft übersteigerte Sinnlichkeit
erotoman(-yak) *med.* Erotomane *m*
erotomani *med.* Erotomanie *f*, Liebeswahnsinn *m*
erozyon Erosion, Auswaschung *f*
erör (*franz.* **erreur**) 1. *selt.* Fehler, Irrtum *m* 2. *philat.* Fehldruck *m*
erpes *med.* Herpes, Bläschenflechte *f* *uçuk
erpetoloji(-k) s. **kelerbilim(-sel)**
erpetolojist, -ti Herpetologe *m*
errahmanerrahim [··–··–] Allerbarmer *m* (Gott)
errata Druckfehlerverzeichnis *n*
ersats s. **erzats**
erselik s. **erdişi(-lik)**
ersiz ohne Mann, alleinstehend, verwitwet (Frau) *kocasız, dul
ersizlik Fehlen *n* des Mannes, Alleinstehen *n* (e–r Frau), Witwenschaft *f* *kocasızlık, dulluk
ersuyu, -nu s. **sperma**
erş *va.* 1. Blutgeld *n* (für e–n Verletzten od. Verstümmelten) 2. geringerer Preis (für e–e beschädigte Ware)
ertak! *V* Los, gehen wir!
erte Tag *m* (Tage *pl.* od. Zeit *f*) nach e–m best. Zeitpunkt s. **bayramertesi, cumartesi, harp ertesi;** s. a. Stw. **ertesi; ⁀ye kalan, arkaya kalır.** *Spr.* Was heute nicht geschieht, ist morgen nicht getan. (Goethe)
ertelemek 1. *P* zu lange stehenbleiben (z. B. Essen), zu lange aufgehoben werden (z. B. Vorräte) 2. *tr.* ver-, aufschieben, zurückstellen (z. B. Strafe) *tehir (tecil) etm.
ertem 1. gutes Benehmen; Anstand *m*, Höflichkeit *f*, sittsames Betragen *edep 2. ⁀ *Fn.* des Schriftstellers Sadri Ethem (gest. 1943)
ertenk, -gi Bez. für das Gesamtwerk des pers. Malers u. Sektengründers Mani (3. Jh. v. Chr.)
ertesi darauffolgend, nächst ~ **gün** 1. der folgende (nächste) Tag 2. am folgenden (nächsten) Tag, tags darauf ~ **sene** 1. darauffolgendes Jahr 2. ein Jahr darauf (od. später)
Ertos, Kertos ... (Entstellung aus **Ali dost, Veli dost ...**) (türk. Mf.)
Ertuğrul *n.pr.* 1. **(Gazi)** Vater des Begründers der osm. Dynastie (Osman) 2. **(Çelebi)** zweiter Sohn von Yıldırım Bayazıt 3. *mV* od. *türk. Fn.*

Eruh *n.pr.* O. u. D. im Rbz. Siirt
erüdi (*franz.* **érudit**) *selt.* gelehrt; Gelehrter *m*
erüpsiyon Eruption *f*, vulkanischer Ausbruch *püskürme
erüptif *geol.* eruptiv, Eruptiv- ~ **kayalar** (*od.* **külteler**) *geol.* Eruptivgestein *n* *püskürük külte
ervah [ā] (*va. Pl.* zu **ruh**) Seelen, Geister *pl.* **²ına yuf olsun** s. **yuf ervahına; -ı habise** *z. va.* böse Geister; Dämonen *pl.*, Seelen *pl.* der Verdammten **-ı latife** (*od.* **tayyibe**) *va.* gute Geister; Engel *pl.*, Seelen *pl.* der im Paradies Befindlichen
ervahiye [ā] s. **animizm**
erzak, -kı *urspr.* [ā] (*Pl.* zu **rızk**) Lebens-, Nahrungs-mittel *pl.*, Proviant *m*, Verpflegung *f* ~ **ağırlığı** *mil.* Verpflegungstroß *m* ~ **ambarı** (*od.* **deposu**) *mil.* Verpflegungslager, -magazin *n* ~ **kolu** *mil.*, Verpflegungskolonne *f* ~ **ve eşya ağırlığı** *mil.* Verpflegungs- und Gepäcktroß *m*
erzan [ā] *va.* 1. billig 2. wert, würdig 3. erlaubt, passend, angebracht ~ **buyurmak** *va.* erlauben, gewähren, für angebracht halten
erzats 1. Ersatz(-stoff) *m*, Surrogat *n* *tutarsı 2. als Ersatz verwendet, Ersatz- Zu 1: **kahve -ı** Kaffee-Ersatz, Ersatzkaffee *m* Zu 2: ~ **kelime** Ersatzwort *n*, sprachliche Ersetzung
erzel (*Elativ* zu **rezil**) überaus gemein (schändlich, niederträchtig, ehrlos, skandalös) **-i ömür** *va.* hilfloses Greisenalter
Erzincan *n.pr.* Stadt im gln. Rbz. (Ostanatolien)
Erzurum *n.pr.* Stadt im gln. Rbz. (Ostanatolien) ~ **Kongresi** *hist.* Kongreß *m* von Erzurum (Juli–August 1919)
es *mus.* Pause(-nzeichen *n*) *f* ~ **geçmek** *V* nicht hinhören, den Unbeteiligten spielen; über et. hinweggehen; geistesabwesend sein
ESAK (*Abk.* für **Ermeni Soykırımı Adalet Komandoları**) Justizkommandos für den Massenmord an den Armeniern (gegr. 1975)
esame [ā] (< **esami**) *hist.* Stammrolle *f* der Janitscharen ~ **çalma** *hist.* unehrenhafte Entlassung e–s Janitschars ~ **kâğıdı** *hist.* Ausweis *m* über Person und Löhnung e–s Janitschars; Soldbuch *n*
esameli [ā] 1. *hist.* in die Stammrolle der Janitscharen eingetragen 2. vorbestraft, rückfällig, berüchtigt
esami [·––] *va. Pl.* zu **isim;** ~ **defteri** Namensliste *f* ~ **üzerine yoklama** *mil.* Namenverlesung *f* **-si okunmamak** *fig.* keine Bedeutung beigemessen bekommen, kein Ansehen genießen (*vgl.* Kein Hahn kräht mehr nach ihm.)
esans 1. (unverdünntes) Parfüm 2. *chem.* Essenz *f*, konzentrierter Auszug *ruh
esansiyel 1. wesentlich, eigentlich, wirklich 2. *med.* essentiell, selbständig auftretend, ohne erkennbare Ursache (Krankheit)
esar [ā] (*va. Pl.* zu **sîr**) Preis-liste *f*, -verzeichnis *n*, festgesetzte Preise *pl.* (für die wichtigsten Lebensmittel)
esaret, -ti [ā] s. **esirlik**
esas *urspr.* [·–] (*Pl.* zu **üs;** *sg. Bed.*) 1. Fundament *n*, Basis *f* Grund(-lage *f*) *m* 2. Quelle, Ursache *f* 3. eigentlicher Sinn, wirkliche Bedeutung, ursprüngliche Form; Prinzip *n*, Grundsatz *m*, Norm *f* 4. Hauptsache *f*, Wesentliches 5. *chem.* Base *f* 6. grundlegend, fundamental, wesentlich, hauptsächlich, eigentlich, Haupt-, Kern-, Grund-, Leit- Zu 1: **Bu havadisin -ı yoktur.** Diese Meldung (Nachricht) entbehrt jeder Grundlage. Zu 3: **Bu işin -ı böyle değildir.** Die Sache verhält sich anders. Zu 4: **Teferruatı bırakalım, -ı görüşelim!** Lassen wir die Einzelheiten beiseite: gehen wir auf die Hauptsache ein! ~ **alacaklı** Hauptgläubiger *m* ~ **ameliyat** *med.* Radikaloperation *f* ~ **atmak** das Fundament legen ~ **borçlu** Hauptschuldner *m* ~ **cereyan devresi** *el.* Hauptstromkreis *m* ~ **defütart silâhı** Hauptabwehr-waffe *f*, -mittel *n* ~ **duruş** *mil.* Habachtstellung *f* ~ **duvar** tragende Wand ~ **fiil** s. **çekimli eylem;** ~ **fikir** Grund-, Haupt-, Leit-gedanke *m* ~ **haklar** *pol.* Grundrechte *pl.* ~ **istihkâmat** *mil.* Kernbefestigung *f* ~ **itibariyle** 1. grundsätzlich, im Prinzip, an und für sich 2. im wesentlichen ~ **katıa** *el.* Hauptschalter *m* ~ **koymak** e–e Norm zugrundelegen ~ **maksat** eigentliches Ziel ~ **mukavelename** (*od.* **nizamname**) *jur.* Statut *n*, Satzung *f* *ana tüzük ~ **nokta** Kernpunkt *m* ~ **sermaye** Grundkapital *n* ~ **ses** *mus.* Grundton *m* ~ **taşıyıcı yüzeyler** Tragwerk *n* (e–s Flugzeugs) ~ **teşkilât hukuku** Verfassungsrecht *n* *teşkilâtı esasiye hukuku ~ **teşkilât kanunu** Verfassung(-sgesetz *n*) *f*, Staatsgrundgesetz *n* *teşkilâtı esasiye kanunu; anayasa ~ **vaz'ı** Grundsteinlegung *f* ~ **vazife** eigentliche Aufgabe, Haupt-aufgabe *f*, -beruf *m* ~ **yaklaşma yolu** *mil.* Hauptanmarschweg *m* ~ **yön** s. **anayön; -a cevap** *jur.* Einlassung *f* des Beklagten **-a itiraz** *jur.* Einreden *pl.* zur Sache **-ı olmamak** nicht der Wahrheit entsprechen; jeder Grundlage entbehren **-ta hata** *jur.* Grundlagenirrtum *m* *temel yanılması (*od.* yanılgısı)
esasen [·×·] 1. von allem Anfang an; von Grund auf; von vornherein 2. schon, schon vorher, an und für sich schon, sowieso, ohnedies 3. im Grunde genommen, grundsätzlich, eigentlich, überhaupt Zu 1: **İşe ~ fena başlanmış.** Die Sache ist von vornherein verkorkst worden. Zu 2: **Bunu ~ çoktan beri bekliyorduk.** Darauf waren wir schon lange gefaßt. **Zahmet oldu demeyin, ben ~ gelecektim.** Von besonderer Mühe kann keine Rede sein; ich wollte sowieso kommen. Zu 3: **Kabahati büyük olmayabilir, fakat ~ ben işinden memnun değilim.** Sein Verschulden ist möglicherweise gering, aber ich habe überhaupt über ihn zu klagen.
esasî [·––] 1. *z. va.* s. **esas** (6) 2. die Verfassung betreffend, Verfassungs-, verfassungsmäßig (festgelegt) 3. *chem.* basisch *bazal 4. *math.* Grund-, Haupt- *temel Zu 2: **kaidei esasiye** s. **temel kural;** s. a. **hukuku esasiye; kanunu ~**
esasiye [ā] s. **teşkilâtı esasiye**
esaslandırmak 1. e–e (feste) Grundlage geben, fundieren 2. schaffen, verwirklichen, sicherstellen, 3. sich über das Prinzipielle einig werden (bei) Zu 3: **İşi esaslandıralım, teferruata sonra geçeriz.** Wir wollen uns erst einmal über das Grundsätzliche einig werden; zu den Einzelheiten kommen wir später.
esaslanmak 1. e–e solide Basis bekommen 2. geschaffen (verwirklicht, sichergestellt) werden 3. sich verwirklichen
esaslı [ā] 1. grundlegend, fundamental 2. gründlich, eingehend, gehörig 3. hauptsächlich, wesentlich 4. eigentlich, wirklich 5. begründet, auf e–r festen Basis ruhend; sicher, zuverlässig 6. solide gebaut ~ **bir noktaya dokunmak** et. Grundsätzliches berühren (besprechen) ~ **malumat** 1. gründliche Kenntnisse *pl.* 2. authentische Information; zuverlässige Nachrichten *pl.* ~ **nokta** Kernpunkt *m* ~ **surette** 1. gründlich, genau 2. durchgreifend, radikal
esaslılık [ā] 1. Gründlichkeit *f* 2. Wesentlichkeit *f*
esassız [ā] 1. grundlos, unbegründet, jeder Grundlage entbehrend; nicht stichhaltig 2. ohne solide Basis 3. unsolide gebaut
esassızlık [ā] 1. Grundlosigkeit *f*, Unbegründetsein *n* 2. Fehlen *n* e–r gesunden Grundlage, e–r soliden Basis 3. unsolide Bauart
esat, -dı (*va. Elativ* zu **sait**) 1. glücklicher, glücklichst-, überaus glücklich 2. ♀ *mV*
esatir [·––] (Pl. zu **üsture**) 1. Legenden, Erzählungen, Mythen *pl.*, Folklore *f* 2. Mythologie *f* *mitoloji
esatirî [·–––] mythologisch *mitolojik
esatiz [ā, ī]; **esatize** *va. Pl.* zu **üstat**

esbak, -kı (*z. va. Elativ* zu **sabık**) früher, seinerzeit, weiland
esbap [ā], **-bı** (I) (*z. va. Pl.* zu **sebep**) 1. Gründe, Motive *pl.* 2. (zur Verfügung stehende) Mittel *pl.* **-ı hüküm** s. **hüküm sebepleri; -ı mazeret** *jur.* Rechtfertigungs-, Entschuldigungs-gründe *pl.* **-ı muafiyet** s. **cezayı kaldıran sebepler; -ı mucibe** 1. konstituierende (leitende) Gründe, Beweggründe, Motive *pl.;* Begründung, Veranlassung *f,* Erwägungen *pl.* 2. Präambel, Vorrede *f* **-ı mucibeli** *va.* mit (ausführlicher) Begründung **-ı muhaffife** s. **cezayı hafifleten sebepler; -ı mücbire** s. **mücbir sebepler; -ı müşeddide** s. **cezayı ağırlatıcı sebepler; -ı sübutiye** *jur.* Beweismittel *pl.*
esbap [ā], **-bı** (II) s. **esvap**
esbat, -tı [ā] (*va. Pl.* zu **sibit**) **-ı isnaaşer** *va.* die zwölf Stämme Israels (Bibel)
ese s. **esse**
esediye 1. s. **sukamışgiller** 2. s. **aslangiller** 3. ≗ *hist.* ein Zweig des Kadiriye-Ordens
esef 1. Bedauern *n,* Kummer *m,* Betrübnis *f* 2. (*a.* ~ ~) jammerschade! ~ **etmek** (m. Dat.) bedauern *teessüf etmek **-e şayan** bedauernswert, bedauerlich, beklagenswert *şayanı teessüf
eseflenmek bedauern *teessüf etmek
esefli bedauerlich, beklagenswert, betrüblich *acınacak, müessif
eselemek (in der Füg.:) ~ **beselemek** *P* nichts unversucht lassen
eseme *dial.* s. **mantık**
esen gesund, wohlbehalten *sıhhatli, salim ~ **kal(-ın)!** Bleibe (bleibt) gesund! Alles Gute!
Esenboğa *n.pr.* Flugplatz von Ankara
esenlemek (m. Akk.) Gesundheit und Wohlbefinden wünschen, j–n begrüßen *selâmlamak
esenleşmek (b–le) *va.* sich gegenseitig gute Gesundheit wünschen, sich begrüßen *selâmlaşmak
esenlik 1. Gesundheit *f,* Wohlbefinden *n* *afiyet, sıhhat 2. Sicherheit, Geborgenheit *f* *selâmet
eser 1. Werk *n,* Schöpfung *f* *yapıt 2. Spur *f* 3. (An-)Zeichen *n* 4. Eindruck *m,* (Aus-)Wirkung *f,* Effekt *m* *etki, tesir 5. Denkmal, Monument *n* *anıt 6. Werk *n,* Leistung *f* Zu 2: **Buralarda sudan** ~ **yok.** In der Gegend hier ist keine Spur von Wasser zu finden. Zu 3: **Bir yurtseverlik -i gösterdi.** Er hat bemerkenswerte Vaterlandsliebe an den Tag gelegt. Zu 4: **hata -i olarak** irrtümlicherweise; aus Versehen ~ **sahibi** Autor, Verfasser *m* *müellif, yazan
esericedit [·····–] (in der Füg.:) ~ **kâğıdı** Schreibpapier *n* im Großformat
esermek (in der Füg.:) ~ **besermek** 1. *F* unter großer Anstrengung zuwegebringen 2. *dial.* großziehen (Kind) *büyütmek
eset, -di *va.* 1. Löwe *m* *aslan 2. ≗ s. **Aslan**
eseyaj (*franz.* **essayage**) *selt.* Anprobe *f* (bei Kleidern, Anzügen usw.)
esfar [ā] (*va. Pl.* zu **sefer** od. ungebr. **sifir**); **-ı hamse** *va.* Pentateuch *m,* Thora *f,* die fünf Bücher Mosis
esfel (*Elativ* zu **safil** und **sefil**) 1. ganz gemein, ganz niedrigstehend 2. Unter- *alt
esfelüssafilin [···–·–] *va.* 1. die allergemeinsten Menschen *pl.* 2. *isl. Myth.* die unterste (7.) Stufe der Hölle
esham [ā] *Pl.* zu **sehim** Aktien, Anteilscheine *pl.* *aksiyonlar ~ **ve tahvilât borsası** Effektenbörse *f*
eshap s. **ashap**
esik, -iği Gesteinsspalte *f* *fay
-esi s. **-(y)ası; -(y)esi**
esim *P* Blasen, Wehen *n* (des Windes)
esin 1. *dial.* Morgenwind *m* *badısaba 2. *naut.* leichte Brise 3. Inspiration *f* *ilham 4. ≗ *wV* ~ **almak** (bşden) inspiriert werden (durch)
esindirmek; esinlemek inspirieren *ilham etmek
esinlenmek; esinmek inspiriert werden *mülhem olmak
esinti s. **esin** (2)
esintili 1. mit leichter Brise 2. *fig.* launisch, kapriziös
esir (I) *urspr.* [·–] 1. (Kriegs-)Gefangener 2. Sklave, Diener *m,* versklavt 3. ganz begeistert (für), heiß liebend, ganz vernarrt (in) Zu 2: **O, senin -in mi?** Hat er alles sklavisch zu tun, was du sagst? Zu 3: **Onun güzelliğinin -i oldular.** Ihre Schönheit hatte es allen angetan. ~ **almaca** *Ksp.* Barlauf *m* ~ **almak** Gefangene machen ~ **düşmek** (b–ne) in Gefangenschaft (von) geraten, gefangengenommen werden (von) ~ **etmek** 1. gefangen- bzw. festnehmen 2. einfangen, einsperren ~ **kampı** Gefangenenlager *n* ~ **olmak** s. a. **esir düşmek;** ~ **pazarı** *fr.* Sklavenmarkt *m* ~ **ticareti** *fr.* Sklavenhandel *m* **-lerin sorguya çekilmesi** Gefangenenvernehmung *f* **-i firaş** *va.* bettlägerig, ans Bett gefesselt *yatak esiri
esir (II) [·–] Äther *m,* Himmel(-sluft *f*) *m*
esirci Sklavenhändler *m*
esircilik 1. Sklavenhandel *m* 2. (moderne) Sklavenhalterei, Knechtschaft *f*
esirgeme Vs. zu **esirgemek;** s. a. **Çocuk Esirgeme Kurumu**
esirgemek 1. behüten, (be-)schützen 2. versagen, verweigern, nicht herausrücken wollen, nicht in die Schanze schlagen wollen, mißgönnen *çok görmek, diriğ etmek 3. sparsam, zurückhaltend sein (mit) Zu 1: s. **Allah esirgesin!** Zu 2: **Bunu benden esirgeme!** Mißgönne mir das nicht! Zu 3: s. **sözünü esirge(me)mek**
esirgemezlik Aufopferung *f,* selbstloser Einsatz
esirgeyici 1. behütend, (be-)schützend 2. mißgönnend 3. sparsam
esirî zum Äther gehörig, Äther-, Himmels-
esirlik 1. (Kriegs-)Gefangenschaft *f* 2. Sklaverei *f* (*a. fig.*)
esirme Ekstase, Verzückung *f* *vecit, istiğrak, cezbe
eskabo (*franz.* **escabeau**) *selt.* Schemel, Hocker od. Tritt *m* (kleine Leiter)
eskal (I), **-li** [ā] *va. Pl.* 1. Gewichte *pl.* 2. Lasten *pl.*
eskal (II), **-li** (*va. Elativ* zu **sakil**) 1. sehr schwer, am schwersten 2. überaus widerwärtig, grundhäßlich, unerträglich
eskalop, -pu (*franz.* **escalope**) Fleisch-, Fisch-scheibe *f,* Schnitzel *n*
eskatologya [···×·] *phil.* Eschatologie *f*
eski 1. alt 2. früher, seinerzeitig 3. veraltet, überlebt, überholt 4. abgetragen, abgenutzt, abgeschabt 5. verbraucht, baufällig 6. seit langem vorhanden; chronisch (Leiden) 7. von hohem Dienstalter 8. alt, bejahrt Zu 2: **bankanın** ~ **müdürü** der frühere Direktor der Bank ~ **adamlar** s. **eskiler** (1, 2); ≗ **ağıza yeni kaşık** (*od.* **taam**) 1. (Ra. bei Genuß von Früh-obst od. -gemüse) 2. (Ra. bei der Heirat e–s älteren Mannes mit e–r jungen Frau) ≗ **çamlar bardak oldu** (*od.* **kürek olmuş**). Es hat sich mancherlei geändert. Die guten alten Zeiten sind vorbei. ≗ **çuval çok yama ister.** *Spr.* Ein alter Sack braucht viele Flicken. ~ **defterleri karıştırmak** *fig.* alte, längst vergessene Dinge wieder ausgraben (um Gewinn daraus zu schlagen od. um anderen damit zu schaden); alten Kohl aufwärmen ≗ **dost düşman olmaz** (*a. m. der Forts.* **yenisinden vefa gelmez**). *Spr.* Nur ein alter Freund ist vertrauenswürdig. ~ **enayi biçimi** *V* altes Ding (*spez.* unmodernes Kleidungsstück) ~ **eserler** s. **asarıantika;** ≗ **eserler müzesi** Antikenmuseum *n* ~ **göz ağrısı** frühere Geliebte, einstige „Flamme" ~ **hale getirme** *jur.* Wiedereinsetzung *f* in den vorigen Stand ~ **halin iadesi** *jur.* Naturalrestitution *f* ≗ **hamam eski tas.** *fig.* Es hat sich nichts geändert. Genau wie früher. ~ **hayratı da berbat etmek** et. verschlimm-

bessern ~ **hesaplardan tutturmak** über Vergangenes zur Rechenschaft ziehen: *a.:* frühere Sünden beichten lassen ~ **iklimbilim** Paläoklimatologie *f* ~ **kafalı** im Althergebrachten hängend; innerlich noch in der alten Zeit lebend; stockkonservativ, reaktionär ~ **kızıl kumtaşı** *min.* rotliegender Zechstein *eski kırmızı gre ~ **köye yeni âdet çıkarmak** *fig.* e–e befremdliche Neuerung einführen ~ **kulağı kesik** *V* alter, gewitzigter Schürzenjäger ~ **kurt** gerissener Bursche, alter Schlauberger, schlauer Fuchs ~ **kütle** *geogr.* s. **masif** (2); ~ **kütük** 1. ausgetrockneter Holzklotz 2. *fig.* gewitzigt, mit viel Erfahrung, gerissen ~ **maden** altes, wertvolles Porzellan ~ **maden olmak** *fig.* von altem Schrot und Korn sein ~ **memur** 1. *Sch.* ein Schüler, der für jede Klasse zwei Jahre braucht 2. *V* gerissen, abgefeimt, übles Subjekt ~ **moda** überlebte, veraltete Mode ~ **pabuç** *fig.* et. Wertloses (≗ **pabucumu alırsın.** Etwas Gescheites bekommst du nicht.) ~ **püskü** alt, ausgedient, ausrangiert ~ **püskü şeyler** (*od.* **eşya**) Gerümpel *n,* alter Hausrat, alter Kram; Plunder, Trödel *m* ≗ **Saray** s. **Topkapı Sarayı;** ~ **söz** geflügeltes Wort, Sprichwort *n* ~ **taş devri** Paläolithikum *n,* ältere Steinzeit *paleolitik (çağ); yontma taş devri ~ **terane** *pej.* die alte Leier ~ **toprak** *fig.* rüstiger Greis, von altem Schrot und Korn ~ **tüfek(-çi)** wer seit langem in e–m Betrieb tätig ist; Veteran *m* ~ **yapıtlar** Altertümer, Antiquitäten *pl.* *asarıatika ~ **yazı** die alte (*d.h.* arabische) Schrift ≗ **Zağra** *n.pr.* Stara-Sagora (bulgarische Stadt) ~ **zaman(-lar)** 1. Altertum *n* *kurunuula 2. Vorzeit *f* **-den** früher, seinerzeit, in vergangenen Zeiten **-denberi** von altersher **-den kalma** von altersher überkommen **-ler** 1. Ahnen *pl.* 2. Menschen *pl.* in früheren Zeiten 3. Angehörige *pl.* der älteren Generation 4. abgetragene Kleider *pl.* od. abgenutzte Gebrauchsgegenstände *pl.,* alter Kram **-si gibi** wie früher, wie vordem ≗**si olmayanın acarı** (*od.* **yenisi**) **olmaz.** *Spr.* Wenn et. Neues geschaffen wird, soll man doch das Alte nicht aufgeben. **-sine nazaran** im Vergleich zu früher **-sini aratmamak** das Frühere nicht vermissen lassen; ein vollkommener Ersatz sein (für) ≗**ye itibar** (*od.* **rağbet**) **olsaydı, bitpazarına nur yağardı.** *Spr.* Der Mensch liebt immer nur das Neue.

eskice ziemlich alt; recht abgebraucht

eskici 1. Trödler, Altwarenhändler *m* 2. Schuhflicker *m*

eskicilik 1. Altwarenhandel *m* 2. Schuhflickerei *f*

Eskicuma (*fr.* **Cumai Atik**) *n.pr. osm. Bez.* a) Tirnovo (Städtchen in Bulgarien) b) Tirgovişte (Stadt in Rumänien)

eskiçag Altertum *n* *kurunuula

Eskidünya Alte Welt (Asien, Europa und Afrika od. Europa allein) ~ **maymunları** s. **dar burunlu maymunlar**

eskileme Vs. zu **eskilemek;** ~ **suyu** (*od.* ~ **cilâsı**) künstliche Patina

eskilemek mit künstlicher Patina überziehen

eskileralayımcı *F* der mit dem Ruf **eskiler alayım** von Haus zu Haus wandernde Aufkäufer von alten Sachen

eskileşmek 1. alt werden, *pej.* veralten 2. sich abnutzen, sich abtragen

eskileşmiş veraltet, überaltert, überholt

eskilik 1. Alt-, Veraltet-, Abgetragen-sein *n* 2. et. Altes, Veraltetes, Überholtes, z.B. veralteter Stil, überholte Mode usw. ~ **boyası (rengi, suyu)** 1. Patina *f* 2. s. **eskileme suyu;** ~ **zammı** s. **kıdem zammı**

eskime Vs. zu **eskimek;** ~ **ve aşınma** *mil.* natürliche Abnützung

eskimek 1. s. **eskileşmek** 2. chronisch werden 3. im Dienst alt werden 4. lange gelagert werden (z.B. Wein)

eskimiş *spez.* veraltet, überholt

Eskimo Eskimo *m*

Eskimoca Eskimo-Sprache *f*

eskimsi recht alt (aussehend)

Eskipazar *n.pr.* O. u. D. im Rbz. Çankırı

eskis (*franz.* **esquisse**) Skizze, Umrißzeichnung *f,* Entwurf *m* *taslak, tasarlama

Eskişehir *n.pr.* Stadt im gln. Rbz. (Westanatolien). ~ **taşı** s. **lületaşı**

eskitmek Kaus. zu **eskimek** *spez.* abtragen, abnutzen

eskiv (*franz.* **esquive**) (*Boxen usw.*) Ausweichen *n,* z.B. Abducken *n*

eskivarlıkbilim(-sel) s. **paleontoloji(-k)**

esklavajist, -ti *hist.* Verteidiger *m* der Sklaverei

Esko(nehri) (*franz.* **Escaut**) *n.pr.* Schelde *f*

eskrim Fechten *n,* Fechtkunst *f* ~ **maskesi** Florett-, Säbelmaske *f,* Fechtkorb *m* ~ **meçi** italienisches Florett (mit Knopf) *talim meçi ~ **talimi yapmak** sich im Fechten üben

eskrimci Fechter(-in *f*) *m*

eskrimcilik Fechten *n,* Fechtkunst *f*

esküdo Eskudo *m* (portugiesische Währungseinheit)

Eskülap, -pı *n.pr.* Äskulap, Asklepios (Gott der Heilkunde) ~ **yılanı** Äskulapnatter *f zo.* Elaphe longissima

eslâf *Pl.* zu **selef** 1. Vorfahren, Ahnen *pl.* 2. Vorgänger (z.B. in e–m Amt), Vorläufer *pl.*

eslek *dial.* gehorsam, folgsam *itaatli, muti

eslem (*va. Elativ* zu **selim** *od.* **salim**) sicherer, gewisser, sicherst-, sehr sicher, sehr gewiß **-i tarik** *va.* sicherster Weg

eslemek 1. *dial.* hören (auf), gehorchen 2. *mus.* pausieren

eslemez *dial.* ungehorsam *itaatsiz

esliha (*va. Pl.* zu **silâh**) Waffen *pl.* ~ **zabiti** Waffen-, Feuerwerks-offizier *m* **-i cariha** (*od.* **katıa**) *va.* Hieb- und Stichwaffen, blanke Waffen *pl.* *kesici ve batıcı silâhlar **-i memnua** s. **memnu silâhlar; -i nâriye** *va.* Feuerwaffen *pl.* *ateşli silâhlar

esma [ā] (*va. Pl.* zu **isim**) Namen *pl.* ~ (*od.* ~ **tespihi**) **çekmek** *rel.* unter Anrufung Gottes den Rosenkranz beten **-yı üstüne sıçratmak** 1. sich j–s Zorn zuziehen 2. sich ins Gerede bringen 3. s. **çamur atmak** (2); **-yı adad** *va.* Zahlwörter *pl.* **-yı hüsna** Attribute *pl.* Gottes

Esma *wV spez.* Name der Tochter von Ebubekir

esmak, -kı [ā] (*va. Pl.* zu **semek**) Fische *pl.* *balıklar **-ı azmiye** s. **kemikli balıklar**

esmek, (-er) 1. wehen, blasen (Wind) 2. *fig.* einfallen, in den Sinn kommen 3. unvermutet auftauchen 4. unverhofft zu et. kommen (Gewinn, Erbschaft usw.) 5. *V* kaltschnäuzig daherreden Zu 2: **Bu yolculuk size nereden esti?** Wie sind Sie plötzlich auf diese Reise verfallen? Zu 3: **Böyle nereden estiniz?** Wo kommen Sie denn mit einem Male her? Zu 4: **Bu otomobil size nereden esti?** Wie sind Sie nur zu diesem Wagen gekommen? **esip savurmak** 1. Staub aufwirbeln (Wind) 2. aufschneiden, prahlen 3. herumtoben (vor Zorn) 4. alles tun, um sein Ziel zu erreichen. – **Eseni tut!** *V* Hör endlich auf mit dem Falschspiel!

esmer (dunkel-, schwarz-)braun, dunkel ~ **akbaba** s. **rahip akbaba;** ~ **alklar** s. **esmer suyosunları;** ~ **ayıkelebeği** Brauner Bär (Schmetterling) *zo.* Arctia caja ~ **balıkçıl** s. **erguvanî balıkçıl;** ~ **buğday** s. **karabuğday;** ~ **ekmek** dunkles Brot; Schwarzbrot *n* ~ **güzeli** hübsche Brünette ~ **kömür** s. **linyit;** ~ **pelikan** brauner Pelikan *zo.* Pelecanus fuscus ~ **suyosunları** Braunalgen *pl. bot.* Phaeophyceae *esmer alklar ~ **vatandaş** *P* Zigeuner(-in *f*) *m* ≗**e al bağla, karşısına geç ağla!** *Spr.* (etwa): Alles, wo es hinpaßt!

esmeramber Walrat *m, n,* Spermazet, Cetaceum *n*

esmerce; esmerimsi bräunlich

esmerleşmek bräunen, braun werden

esmerlik 1. Braunsein *n,* Bräune *f* 2. dunkelbraune Hautfarbe
esna [ā] Zwischenzeit *f,* Verlauf *m* **harp -sında** (*od. va.:* **-yı harpte**) während des Krieges **o -da** während dieser Zeit, während-, in-dessen, in der Zwischenzeit **(olduğu) -da** während, als
esnaf [ā] (*urspr. Pl.* zu **sınıf**) 1. *va.* Klassen *pl.* 2. Handwerker, Gewerbetreibende *(pl. od. sg.)* 3. a) Kleinhändler *(pl. od. sg.)* b) *pej.* Krämer *m* 4. Gauner *spez.* Spielbetrüger *m* 5. *V* gewerbsmäßige Dirne 6. *V* Zuhälter, Kuppler *m* 7. *V* s. **puşt;** ~ **cemiyeti** Handwerker- od. Kleinhändler-Vereinigung *f,* Zunft, Innung, Gilde *f* ~ **kâhyası** Innungsmeister *m* ~ **kredisi** Kleingewerbekredit *m* **-ı ondalığa kesmek** von Händlern e–e Zwangsumlage erpressen
esnafça 1. bürgerlich-bescheiden 2. durch die Innung
esnaflık [ā] 1. Handwerkerstand *m* 2. Gewerbe *n* e–s Kleinhändlers
esnah [ā] (*va. Pl.* zu **sinh**) *an.* Alveolen *pl.* *petekler, yuvalar **-ı rieviye** s. **akciğer petekleri**
esnan [ā] (*va. Pl.* zu **sin**) 1. *mil.* waffenfähiges Alter *askerlik çağı 2. *va.* Lebensjahre *pl.* 3. *va.* Zähne *pl.* *dişler **-a dahil olanlar** waffenfähige Leute *pl.* **-ı katıa** s. **kesici dişler**
esnek 1. elastisch, federnd *elastik 2. *mus.* modulationsfähig (Stimme) 3. flexibel (z. B. Verhalten) 4. dehnbar (z. B. Begriff) 5. geschmeidig (z. B. Stil) 6. *va.* (Pferde-) Zaum *m* ~ **kambiyo kurslari** flexible Wechselkurse *pl.*
esneklik 1. Elastizität *f* *elastikiyet 2. *mus.* Modulationsfähigkeit *f* (der Stimme) 3. Flexibilität *f* 4. Ausdehnungsvermögen *n* (z. B. von Gasen) 5. Geschmeidigkeit *f*
esneksiz 1. nicht-elastisch 2. nicht dehnungsfähig
esneksizlik Fehlen *n* der Elastizität od. der Ausdehnungsfähigkeit
esnemek 1. gähnen 2. elastisch sein, federn 3. nachgeben (z. B. elastischer Körper unter Druck) 4. weit werden, sich weiten 5. *naut.* sich durchbiegen (Mast e–s Segelschiffes bei Sturm)
esnetme Vs. zu **esnetmek;** ~ **alıştırmaları** *(Turnen)* Dehnungsübungen *pl.*
esnetmek 1. Kaus. zu **esnemek** 2. *fig.* Überdruß (Verdruß, Unbehagen) bereiten, lästig werden, 3. *mus.* anschwellen und wieder abklingen lassen (Ton) *şişirmek
esp, -bi *va.* Pferd *n* *at
espadon *(franz.) hist.* Flamberg *m* (schweres, zweihändiges Schwert)
espadriy (*franz.* **espadrille**) Leinenschuh(-e *pl.*) *m* mit geflochtener Sohle; Bastschuh(-e *pl.*) *m*
espaliye (*franz.* **espalier**) Spalier(-bäume *pl.*) *n*
espanyolet, -ti (*franz.* **espagnolette**) Espagnolette-, Basküle-Verschluß *m* *kanat sürgüsü
espap(-çı, -lık) s. **esvap(-çı, -lık)**
espas (*franz.* **espace**) *typ.* 1. Spatium, Ausschlußstück *n,* Reglette *f* 2. Zwischenraum, Durchschuß *m* ~ **ayarlamak** *typ.* spationieren
espase (*franz.* **espacé**) s. **espaslı;** ~ **dizmek** s. **espaslamak**
espaslamak *typ.* durchschießen, gesperrt drucken
espaslı *typ.* mit Durchschuß; gesperrt ~ **dizgi** *typ.* Sperrdruck *m*
Esperanto [··×·] Esperanto *n*
esperi s. **delice doğan** (1)
espiyon *(franz.)* s. **ispiyon**
espiyonaj Spionage, Spitzelei, Beschattung *f*
espressivo [··×·] *mus.* ausdrucksvoll
espri 1. Geist, Witz, Scharfsinn *m* 2. geistreicher Ausspruch 3. *selt.* Geisteshaltung, Mentalität *f* *zihniyet ~ **sahibi** geistreicher, witziger Mensch ~ **yapmak** witzige Bemerkungen machen
esprili geistreich, witzig
esrar [ā] 1. (*va. Pl.* zu **sır**) Geheimnisse, Mysterien *pl.* 2. Haschisch *n* ~ **kabağı** (*od.* ~ **nargilesi**) Haschischpfeife *f* ~ **kumkuması (kutusu, küpü)** mysteriöse, von Geheimnissen umwitterte Persönlichkeit ~ **otu** indischer Hanf *bot.* Cannabis sativa var. indica ~ **perdesi** Schleier *m* des Geheimnisses ~ **tekkesi** Haschischhöhle *f* **-ı sanat** *va.* Berufsgeheimnisse *pl.*
esrarcı [ā] Haschisch-verkäufer, -händler, -raucher *m*
esrarengiz [·–·–] geheimnisvoll, mysteriös, von Geheimnissen umwittert *esrarlı
esrarkeş [ā] Haschischraucher *m*
esrarkeşlik [ā] Haschischrauchen *n*
esrarlı [ā] 1. s. **esrarengiz** 2. Haschisch enthaltend
esre Vokalisierungszeichen für **i** od. **ı** in der ar. Schrift *kesre
esreli mit dem **esre**-Zeichen geschrieben; mit **i** (bzw. **ı**) gesprochen (Konsonant in der ar. Schrift) *kesreli, meksur
esri(-k) *dial.* 1. betrunken *sarhoş 2. wütend, rasend *kızgın 3. verrückt *deli
esrilik *dial.* 1. Trunkenheit *f* 2. Wut, Raserei *f* 3. Wahnsinn *m,* Verrücktheit *f*
esrimek *dial.* 1. berauscht werden; sich betrinken 2. in übermäßige Erregung (in Begeisterung, Verzückung) geraten *vecde gelmek 3. wütend werden 4. verrückt werden
esritici *dial.* 1. berauschend *müskir 2. hinreißend *gaşyedici
essah *P* sehr richtig, sehr wahr
esse 1. Essay *m, n;* kurze Abhandlung 2. *philat.* Probedruck *m*
esselâmüaleyküm s. **selâmünaleyküm**
Essenliler *hist.* Essäer, Essener *pl.* (altjüdische Sekte)
esseyist, -ti Essayist(-in *f*) *m*
Est dili s. **Estçe**
estağfurullah [·×··–] *wörtl.:* Ich bitte Gott um Verzeihung! 1. *selt. Abw.* Gott behüte! Gott bewahre! *hâşa 2. Antwort auf rühmende Worte, Selbsterniedrigung od. j–s Dank: Bitte sehr! Keine Ursache! *bir şey değil
estaîzübillah „Ich nehme meine Zuflucht zu Gott!" (bei Entrüstung od. Empörung *fr.* gerne verwendete Formel)
estam *V fr.* stümperhafte Begleitmusik
estamcı *V fr.* stümperhafter Musikant (der nur einige Begleittöne spielen kann)
estamlamak *V fr.* stümperhaft die Begleitmusik spielen
estamp, -pı Estampe *f:* 1. Kupferstich *m* 2. Holzschnitt *m*
estampaj Prägen *n,* Abdruck *m*
Estçe 1. estnische Sprache *f,* Estnisch(-e) *n* 2. estnisch
estek (in Verb. mit **köstek:**) ~ **köstek etmek** *od.* ~ **etmek köstek etmek** Ausflüchte versuchen, sich winden und drehen
estepetta [··×·] Name e–s türk. Ksp.
ester (I) *va.* s. **katır** (1); ~ **otu** s. **ıştır**
ester (II) *chem.* Ester *m*
Ester *n.pr.* Esther (Bibel)
Estergon *n.pr. osm. Bez.* des ungar. Städtchens Gran (Esztergom)
esterleşmek *chem.* Entstehen *n* von Ester
estersüvar [ā] *va.* Maultierreiter *m*
ester-zamk *chem.* (Poly-)Esterharz *n*
estesiyometre [····×·] s. **duyumölçer**
estet, -ti Ästhet *m*
estetik 1. ästhetisch *bediî 2. kosmetisch 3. Ästhetik *f* *bediiyat ~ **ameliyat** kosmetische Operation; Schönheitsoperation *f* ~ **operatör** kosmetischer Chirurg; Schönheitschirurg *m*
estetikçi Ästhetiker *m*
estetikçilik; estet(ik)lik; estetizm Ästhetizismus *m*

estimatör s. **istimator**
estivasyon (*franz.* **estivation**) s. **yaz uykusu**
Estiye *n.pr.* Sitia (Städtchen auf Kreta)
estomp, -pu (*franz.* **estompe**) 1. (Zeichen-)Wischer *m* 2. gewischte Zeichnung
estomplamak mit dem Wischer zeichnen
Estonya [·×·] *n.pr.* Estland
Eston(ya)ca *selt.* s. **Estçe**
Estonyalı 1. Este *m,* Estin *f* 2. estnisch
esvap, -bı [ā] (*urspr. Pl.* zu **sevb**) 1. Kleider, Sachen *pl.* 2. Kleid(-ung *f*) *n,* Anzug *m,* Gewand *n* *elbise, giysi
esvapçı 1. wer mit fertigen bzw. getragenen Anzügen u. Kleidern handelt 2. *fr.* wer die Kleider e–s hohen Herrn zu betreuen hatte ~ **başı** *fr.* Chef *m* der Garderobendiener (in e–m Palast)
esvaplık zur Herstellung von Kleidern geeignet ~ **kumaş** Kleider-, Anzugs-stoff *m*
esvet, -di *va.* schwarz *kara, siyah; s.a. **Haceri** ≃
eş 1. das eine od. das andere Stück e–s Paares 2. (Ehe-)Mann, Gemahl, Lebensgefährte *m* 3. (Ehe-)Frau, Gemahlin, Lebensgefährtin *f* 4. Männchen *n* od. Weibchen *n* (bei Tieren) 5. Gefährte, Freund, Partner *m* 6. gleiches od. sehr ähnliches Stück; Gegenstück, Pendant *n* 7. *P* s. etene, son Zu 3: **Bay Turgut ve -i** Herr Turgut und Frau Gemahlin Zu 6: **Bu masanın bir -i bizde de var.** Den gleichen Tisch haben wir auch bei uns zu Hause. ~ **dost** Freunde und gute Bekannte *pl.* ~ **etmek** paaren, (zu e–m Paar) vereinigen ~ **ikiz** eineiige Zwillinge *pl.* ~ **sözcük** *Th.* Homonym *n* ~ **tutmak** sich e–n Partner wählen (z.B. bei e–r gemeinsamen Sportübung od. bei e–m Spiel) **-i görülmedik** unvergleichlich, einzigartig **-i yok** (*od.* **bulunmaz**) ... hat nicht seinesgleichen; ... ist einzig in seiner Art **-im** 1. mein Mann 2. meine Frau **-ler** *pl.* Ehegatten *pl.* **-lerin sadakat borcu** Verpflichtung *f* zur ehelichen Treue
eşaçılı *math.* gleichwinklig, isogonal
eşalot, -tu (*franz.* **échalote**) Schalotte *f bot.* Allium ascalonicum
eşanj (*franz.* **échange**) (Briefmarken-)Tausch *m*
eşanlam(-lı) s. **anlamdaş, sinonim**
eşantiyon (*franz.* **échantillon**) 1. Warenprobe *f* 2. Kostprobe *f*
eşape (*franz.* **échappé**) 1. *Fb.* Aus-, Durch-bruch *m* (e–s einzelnen Spielers) 2. Übernahme *f* der Führung (bei Wettläufen) ~ **bir pas** *Fb.* weite Vorlage
eşapman (*franz.* **echappement**) 1. *selt.* s. **egzos** 2. Hemmung *f* (bei Uhren)
eş'ar (I) [ā] (*va. Pl.* zu **şiir**) Gedichte *pl.*
eş'ar (II) [ā] (*va. Pl.* zu **sa'r**) Haare *pl.* *kıllar **-ı guddeviye** s. **beztüyler; -ı mümassa** s. **emici kıllar**
eşarp, -pı (*franz.* **écharpe**) 1. Schärpe *f* 2. leichter Damenschal; Umhängetuch *n*
eşas (*franz.* **échasse**) *mst. Kspz.* Stelze(-n *pl.*) *f*
eşayaklılar; eşbacaklılar Asseln *pl. zo.* Isopoda
eşbası; eşbasınç s. **izobar**
eşbasınçlı mit gleichem osmotischem Druck; isoton, isosmotisch
eşbiçim(-li) s. **izomorf**
eşbiçim(li)lik s. **izomorfizm**
eşcar [ā] (*va. Pl.* zu **şecer**) Bäume *pl.* *ağaçlar **-ı müsmire** s. **meyvalı ağaçlar**
eşcinsel *selt.* gleichgeschlechtlich, homosexuell
eşdeğer(-li) s. **muadil**
eşdeğerlik s. **muadelet**
eşdeprem s. **izoseist**
Eşe *F* s. **Ayşe**
eşeansiye (*franz.* **échéancier**) *H* Terminkalender *m* (spez. für Zahlungen
eşecik Eselchen *n*
eşed, -ddi *va. Elativ* zu **şedit**
eşek, -eği 1. Esel *m spez.* Hausesel *m zo.* Equus asinus 2. *Schi.* Esel, Dummkopf, Grobian *m* ≃ **adaları** s. **Tavşan adaları;** ≃ **adası** *n.pr.* Gaidaronisi (südl. von Samos) ≃ **anırmıyor!** (*grobe Zurechtweisung*) Jetzt rede ich! Höre gefälligst zu! ~ **balığı** Kabeljau *m zo.* Merlucius ~ **başı** *fig.* Vorgesetzter ohne Autorität; (*dial.:*) Lellepeppel, Hahnepampel *m* ≃ **başı mısın?** *F* Wie kann man denn so ein Trottel sein? ≃ **başı mıyım?** *F* Für dich (euch usw.) zähle ich wohl überhaupt nicht mit? ~ **berber iken** *türk. Mf.* als der Esel Frisör war ≃ **büyüdü semeri küçüldü.** *fig.* Der Junge hat seine Kleider ausgewachsen. ~ **cenneti** *V* 1. Jenseits *n* 2. *gel.* Gefängnis *n* ~ **çiçeği** 1. rauhhaariges Weidenröschen *bot.* Epilobium hirsutum 2. zweijährige Nachtkerze *bot.* Oenothera biennis ~ **derisi gibi** dick wie e–e Eselhaut ~ **enginarı** s. **yabanî enginar;** ~ **gibi** s.a. **eşekçe;** ~ **gibi çalışmak** schuften, sich abplagen ~ **hamal iken** *selt. türk. Mf.* als der Esel Lastträger war ~ **herif** dummer Kerl, stupider Bursche ≃ **herifin damadı!** *Schi.* Blöder Kerl! ≃ **hoşaftan ne anlar?** (*a. mit der Forts.:* **suyunu içer tanesini bırakır.**) *fig.* 1. Er versteht es eben nicht besser. 2. Das Beste läßt er liegen. ~ **inadı** dumme Starrköpfigkeit ≃ **kadar oldu** großgewachsen, aber immer noch dumm (Kind) ~ **kafalı** s. **eşekçe;** ≃ **kuyruğu gibi ne uzar ne kısalır.** *hum.* 1. Es bleibt alles beim alten. 2. Er kommt nicht voran. ~ **lâlesi** deutsche Schwertlilie *bot.* Iris germanica *mavi süsen, mavi zambak ~ **lâlesi gibi açılmak** 1. frech und zudringlich sein 2. sich reichlich ungeniert benehmen ~ **oğlu eşek** s. **eşoğlu eşek.** ~ **oyunu** s. ~ **şakası;** ~ **pastırması** minderwertiges **pastırma** (*q.v.*) ~ **sudan gelinceye kadar dövmek** e–e gehörige Tracht Prügel verabfolgen, j–n ordentlich durchprügeln ~ **sülüğü** (medizinisch nicht verwendbare) große Blutegel-Art ~ **şakası** grober (gemeiner, handgreiflicher, verletzender) Scherz ~ **turpu** Hederich *m bot.* Raphanus raphanistrum **≃e altın semer vurulsa, eşek yine eşektir.** *Spr.* Ein Esel bleibt ein Esel, auch wenn man ihm e–n goldenen Sattel auflegt. **-e binmeden ayaklarını sallamak** *fig.* sich zu früh freuen (bei e–r erst begonnenen Arbeit) **≃e gücü yetmeyen semerini döver.** *Spr.* Den Sack schlägt man, den Esel meint man. *Spr.* **-e ters bindirmek** *fig.* an den Pranger stellen, anprangern **≃i düğüne çağırmışlar, „Ya su lâzımdır, ya odun" demiş.** *Spr.* (*iron.*) Den Esel lud man zur Hochzeit ein; da sagte er: „Entweder brauchen sie Wasser oder Holz!" **≃in büyüğü ahırda kaldı!** *fig.* Das Wichtigste haben wir vergessen! **≃in canı yanınca attan yürük olur.** *Spr.* Verzweiflung verleiht ungeahnte Kräfte. **≃in kulağını kesmekle küheylân olmaz.** *Spr.* E–m Esel kann man die Ohren abschneiden, deswegen wird er doch kein Vollblutpferd. **Burası -ler apteshanesi.** Verunreinigung verboten! **-ten düşmüş karpuza dönmek** wie vom Schlag getroffen sein; ganz verblüfft dastehen
eşekarısı, -nı Hornisse *f zo.* Vespa crabro
eşekaygırı, -nı Eselzuchthengst *m*
eşekçe(-sine) dumm (od. eigensinnig) wie ein Esel, grob, roh, ungeschliffen
eşekçi Eseltreiber *m*
eşekçilik Gewerbe *n* e–s Eseltreibers
eşekdavası, -nı *geom.* Pythagoreischer Lehrsatz
eşekdikeni, -ni s. **yabanî enginar**
eşekhıyarı, -nı 1. s. **acıdülek** 2. s. **havacıva (otu)**
eşekkengeri, -ni s. **domuz dikeni** (2)
eşekkulağı, -nı 1. Ackerskabiose *bot.* Knautia arvensis *mis çiçeği 2. s. **büyük karakafes otu** 3. s. **koyun kıran kılıç otu** 4. Meerohr *n zo.* Haliotis
eşeklenmek 1. *z. va.* sich e–n Esel beschaffen od. zu e–m

Esel kommen 2. *z. va.* auf e–m Esel reiten 3. Eseleien begehen, Dummheiten machen
eşekleşmek s. **eşeklenmek** (3)
eşeklik 1. Eselei, Dummheit *f*, dummer Streich 2. Grobheit *f*, grobes Benehmen 3. Eselsgestalt *f* (z. B. im Märchen) ~ **etmek** e–e Eselei (*bzw.* Eseleien) begehen ≗ **lâzım değil!** (grobe Zurechtweisung) Eseleien können wir nicht gebrauchen!
eşekmarulu, -nu Kohl-Gänsedistel *f bot.* Sonchus oleraceus
eşekmaydanozu, -nu Wiesenkerbel *m bot.* Anthriscus silvestris
eşekotu, -nu 1. Esparsette *f*, Süßklee *m bot.* Onobrychis sativa *evliyaotu, korunga 2. s. **eşek çiçeği**
eşeksırtı, -nı s. **beşik çatı;** ~ **kemer** *arch.* Eselsrücken, Kielbogen *m* *kaşkemer
eşeksineği, -ni s. **atsineği**
eşekturpu, -nu s. **yabanî turp**
eşekzeytini, -ni e–e große Olivenart
eşel (*franz.* **échelle**) 1. Maßstab *m* 2. Schnittmaß *n* (beim Zuschneiden) ~ **mobil** gleitende Lohn- bzw. Preis-Skala
eşelek *dial.* 1. Kerngehäuse *n* (bei Äpfeln, Birnen usw.) 2. Strunk *m* (e–s Maiskolbens)
eşelemek (bşi) 1. scharren, wühlen, kratzen, stochern (in) 2. *fig.* aufrühren, anschneiden (Frage usw.) 3. herumstöbern, -suchen (in)
eşelenmek scharren (Tier)
eşeoğlu [·×··] **eşek** s. **eşoğlu eşek**
eşey *biol.* Geschlecht *n* *cinsiyet
eşeyli *biol.* geschlechtlich ~ **bölünme** *biol., bot.* Mitose *f*, indirekte Zellkernteilung *mitoz ~ **üreme** geschlechtliche Fortpflanzung *cinsî çoğalma
eşeylilik *biol.* Geschlechtlichkeit *f* *cinsiyet
eşeysel s. **eşeyli;** ~ **bez** s. **gonat**
eşeysellik s. **eşeylilik**
eşeysiz *biol.* ungeschlechtlich ~ **üreme** ungeschlechtliche Fortpflanzung *gayri cinsî çoğalma
eşeysizlik Ungeschlechtlichkeit *f*
eşgal, -li [ā] (*va. Pl.* zu **şügul**) Arbeiten, Tätigkeiten *pl.*
eşhas [ā] (*z. va. Pl.* zu **şahıs**) Personen *pl.* (z. B. in e–m Theaterstück); Personal *n*
eşgüdüm s. **işbirliği**
eşheceli gleichsilbig
Eşhedü en lâ ilâha (usw.) s. Stw. **kelimei şahadet**
eşhedübillah [×···×̄] Ich bezeuge bei Gott! Gott sei mein Zeuge!
eşia (*va. Pl.* zu **şua**) Strahlen **-i muhiye** s. **öz ışınları**
eşik (I), **-iği** 1. (Tür-)Schwelle *f naut. a.* Süll *m* 2. *fig.* Schwelle *f* (des Todes, der Neuzeit usw.) 3. Grundschwelle *f* (e–r Schleuse) 4. *geol.* Landstufe *f* 5. (Geigen-)Steg *m* 6. *fr.* Hof *m* (e–s Palastes) ~ **ağası** *fr.* (*spez.* in Turkestan und Iran) Obertürhüter *m* ~ **atlamak** die Schwelle überschreiten; eintreten **-ine düşmek** s. **ocağına düşmek; -ine gelmek** (b–nin) 1. sich mit e–r Bitte an j–n wenden 2. bestürmen, belästigen **-ine yüz sürmek** flehentlich bitten, demütig flehen **-ini aşındırmak** (b–nin) *fig.* j–m das Haus einlaufen **-ini öpmek** s. **-ine yüz sürmek; -teki beşikteki** s. **biri eşikte biri beşikte**
eşik (II) **deşik** aufgewühlt; wirr durcheinander
Eşil *n.pr.* Aeschylus, Aischylos
eşilme 1. Vs. zu **eşilmek** 2. *dial.* Berg-, Erd-rutsch *m* *heyelân, kayşa
eşilmek Pass. zu **eşmek** (*spez.* II)
eşimlâlı gleichgeschrieben (Wörter)
Eşin *n.pr.* Aeschines (griech. Redner)
eşineğitim s. **karma eğitim**
eşinmek 1. scharren, kratzen, wühlen 2. verscharren (z. B. Exkremente)
eşinzaman(-lık) s. **zamandaş(-lık)**
eşirra [ā] *va. Pl.* zu **şerir**
eşit, -ti 1. gleich 2. gleich-wertig, -berechtigt 3. (*Boxen*) unentschieden ~ **işareti** Gleichheitszeichen *n* ~ **kılmak** ausgleichen, gleichgestalten ~ **olarak** s. **eşitçe;** ~ **tutulmak** (bşe) s. **bir tutulmak**
eşitanlamlı s. **anlamdaş**
eşitçe in gleicher Weise *müsavaten, mütesaviyen
eşitçi 1. Verfechter(-in *f*) *m* der Gleichberechtigung 2. *pej.* gleichmacherisch
eşitçilik 1. Lehre *f* der (*od.* Kampf *m* für die) Gleichberechtigung 2. *pej.* Gleichmacherei *f*
eşitlemek 1. nivellieren, egalisieren 2. *math.* gleichmachen; s. a. Stw. **payda**
eşitlik 1. Gleichheit *f* 2. Gleich-wertigkeit, -berechtigung *f* ~ **derecesi** *ling.* Gleichheitsstufe *f* (Konstruktion mit **gibi** od. **kadar**); ~ **eki** *ling.* Äquativsuffix *n* (z. B. ben**ce,** çocuk**su**); ~ **hali** s. **ekvatif hal**
eşitsiz ungleich *gayri müsavi
eşitsizlik 1. Ungleichheit *f* *müsavatsızlık 2. Ungleichung *f* (Algebra) *gayri müsavat
eşk, -ki *va.* Träne(-n *pl.*) *f* *gözyaşı
eşkâl, -li (*va. Pl.* zu **şekil**) *a.:* äußere Merkmale *pl.*, Äußeres, Personalien *pl.*, Personalbeschreibung *f*
eşkanatlılar Pflanzensauger, Gleichflügler *pl. zo.* Homoptera
Eşkâniyan [·–·–] s. **Arsakidler**
eşkenar *math.* gleichseitig *mütesaviyüladla ~ **dörtgen** *math.* gleichseitiges Parallelogramm, Rhombus *m*, Raute *f* *main ~ **paralelyüz** *min.* Rhomboeder *m* *main yüzlü cisim ~ **üçgen** *math.* gleichseitiges Dreieck *müsellesi mütesaviyüladla
eşkıya [ā] (*Pl.* zu **şaki;** *mst. sing. Bed.*) 1. Räuber, Bandit *m* 2. Räuber *pl.*, Banditen *pl.* *korsan(-lar), haydut(-lar) ~ **yatağı** 1. Räuberhöhle *f* 2. Helfershelfer *m* e–s Räubers
eşkıyalık 1. Räuberei *f* 2. Räuberunwesen, Banditentum *n*
eşkin 1. Paßgang *m* (e–s Pferdes) 2. Paßgänger, Zelter *m* 3. Halbtrab, Mittelgang *m* (e–s Pferdes) 4. im Halbtrab gehend (Pferd) ~ **gitmek** im Halbtrab gehen (Pferd) ~ **yürümek** den Paßgang gehen (Pferd)
eşkinci *fr.* 1. berittener Lehnsmann 2. irregulärer Kavallerist
eşkincilik *fr.* Stand *m* od. Taten *pl.* e–s berittenen Lehnsmanns od. irregulären Kavalleristen
eşkinli Paßgänger, Zelter *m*
eşkinsiz ungleichmäßig galoppierend (Pferd)
eşkoşmak s. **şirk koşmak**
eşköken s. **homolog**
eşlek, -eği Äquator *m* *ekvator; hattı üstüva
eşleme 1. Vs. zu **eşlemek** 2. s. **senkronizasyon**
eşlemek 1. paarweise anordnen 2. paaren *çiftle (ştir)mek 3. *mus.* s. **eşlik etmek**
eşlemeli (*Film*) synchronisiert
eşlemesiz (*Film*) nicht-synchronisiert
eşlenik *spez. math.* konjugiert; einander zugeordnet
eşleşmek 1. einander ähnlich werden, mehr und mehr gleich werden 2. sich paaren, zum Paar werden
eşleş(tir)me (*spez. Sport*) Paarung *f*
eşli mit Partner, Begleiter ~ **alıştırmalar** (*Turnen*) Partnerübungen *pl.*
eşlik 1. Partnerschaft *f* 2. *mus.* Begleiten *n*, Begleitung *f* *refakat ~ **aleti** *mus.* Begleitinstrument *n* ~ **etmek** (b–ne) *mus.* begleiten *akompanye etmek
eşlikçi *mus.* Begleiter(-in *f*) *m* *akompanyeci
eşme 1. Vs. zu **eşmek** (I, II) 2. in sandiger Gegend freigelegte Quelle; Wasserloch *n*
Eşme *n.pr.* O. u. D. im Rbz. Uşak
eşmek (I) (bşe) sich beeilen, et. zu tun *müsaraat etmek

eşmek (II) (bşi) 1. aufkratzen, aufscharren (z. B. Boden) 2. genauer untersuchen 3. den Paßgang gehen (Pferd)
eşmerkezli konzentrisch *konsantrik
eşode (*franz.* **échaudé**) Windbeutel *m* (Gebäck)
eşofman (*franz.* **échauffement**) (*Sport*) 1. Erwärmung *f* des Körpers (durch geeignete Bewegungen) 2. das hierbei getragene Trikot mit Hose ~ **yapmak** (*Sport*) sich aufwärmen
eşoğlu eşek *V Schi.* Blödian, Hornochse, Esel *m* im Quadrat
eşölçülü isometrisch, maßstabgerecht, längengetreu
eşöven (*franz.* **échevin**) **mahkemesi** *jur. fr.* Schöffengericht *n* (Deutschland)
eşraf [ā] *Pl.* zu **şerif** (I) 1. (*osm. a.* **-ı muteberan**) reiche und angesehene Bürger, Honoratioren, Notabeln *pl.* 2. Nachkommen *pl.* des Propheten Mohammed
eşratı saât *isl. Myth.* (offene und versteckte) Anzeichen des nahenden Weltuntergangs
eşref *Elativ* zu **şerif** (I) 1. sehr edel, edelst- 2. sehr passend, besonders günstig 3. ♎ *mV* **-i mahlukat** oberstes Lebewesen; Mensch *m* **-i saât** (*od.* ~ **saat**) besonders geeignete bzw. günstigste Zeit (für ein Unternehmen), geeigneter Augenblick
eşrenkli gleichfarbig, isochromatisch
eşsesli *ling.* homonym, gleichlautend (Wörter) *mütecanis
eşsıcak(-lık) s. **izoterm(-i)**
eşsiz 1. unvergleichlich, einzigartig, einzigdastehend, ohnegleichen 2. ohne Gefährten od. Partner; allein
eşsizlik Einmaligkeit *f*
eşşekilli(-lik) s. **eşbiçimli(-lik)**
eşşoğlu *V* s. **eşoğlu eşek** sowie **şeddeli eşek**
Eşşuara suresi s. **Şuara suresi**
eştitrem *ling.* gleichmäßige Betonung
eşuzak gleichweit entfernt
eşuzaklık gleicher Abstand
eşya [ā] (*Pl.* zu **şey;** *oft sing. Bed.*) Sachen, Gegenstände, Möbel *pl.*, Gegenstand *m*, Gut *n*, Güter *pl.*, Gepäckstück *n*, Ware(-n *pl.*) *f* ~ **ağırlığı** *mil.* Gepäcktroß *m* ~ **ambarı** Möbellager *n*, Speicher *m* ~ **bağışıklığı** Freigepäck *n* (bei Verkehrsmitteln) ~ **emaneti** Gepäckaufbewahrung *f* ~ **hukuku** *jur.* Sachenrecht *n* *nesneler türesi ~ **piyangosu** Warenlotterie, Tombola *f* ~ **resmi** s. **natürmort;** ~ **sigortası** Sach-, Güter-versicherung *f* ~ **treni** Güterzug *m* **-yı beytiye** Hausgerät *n* **-yı zatiye** s. **zatî eşya**
eşyağış *met.* gleiche Niederschlagsmenge *f* ~ **çizgisi** *met.* Isohyete *f*
eşyalaşmak zum toten Gegenstand werden
eşyalı mit **eşya,** *spez.* möbliert
eşyasız ohne **eşya** *spez.* unmöbliert
eşyazı s. **nüsha** (1–4)
eşyükseklik; eşyükselti s. **izohips**
eşzaman(-laştırmak, -lık) s. **zamandaş(-laştırmak, -lık)**
eşzamanlı isochron, gleichmäßig
eşzamanlılık s. **izokronizm, senkronizm**
et, -ti 1. Fleisch *n* (des menschlichen od. tierischen Körpers) *lahim 2. mageres Fleisch (*im Ggs.* zu fettem Fleisch) 3. Fleisch *n* von Schlachtvieh 4. nacktes Fleisch, nackte Haut (*a.* einzelne Körperteile: nackter Arm, nackte Brust usw.) *ten 5. fleischiger Teil e–r Frucht; Fruchtfleisch *n* ~ **bağlamak** 1. dick (fett, feist) werden *semirmek 2. sich schließen (Wunde) ~ **baltası** Fleischerbeil *n* ~ **beni** Leberfleck *m*, Mal *n* ♎ **bitmiş.** 1. Das Fleisch ist zu Ende. 2. Es ist e–e Fleischwucherung entstanden. ~ **but** (*od.* **can**) **tutmak** zunehmen (an Gewicht); dicker (stärker) werden ~ **dövmek** Fleisch klopfen ~ **düşmanı** Vegetarier(-in *f*) *m* ♎ **ile tırnak arasına girilmez.** *Spr.* Man soll sich (als Fremder) nicht in familiäre Angelegenheiten einmischen. ~ **kenesi** s. **kum piresi;** ~ **konservecisi** Fleischkonservenfabrikant *m* ~ **konservesi** Fleischkonserven *pl.* ~ **kütüğü** (*od.* ~ **tahtası**) Hackbank *f*, Hauklotz *m* (des Fleischers) ~ **lokması** Fleischspeise *f* ~ **makası** Geflügelschere *f* ~ **makinesi** Fleischwolf *m* ♎ **Meydanı** *hist.* Platz *m* vor den Janitscharenkasernen (häufig Sammelplatz aufständischer Janitscharen, die dann zum **At Meydanı** zogen) ~ **nafakası** (zugeteilte) Fleischration ~ **saklatmak** Fleisch abhängen lassen ~ **sineği** s. **kırçıl et sineği;** ~ **suyu** Fleischbrühe, Bouillon *f* ~ **suyu hulâsası** Fleischextrakt *m* *osmazom ~ **şeftalisi** Brügnole *f* (Pfirsichart, deren Kern fest mit dem Fruchtfleisch verwachsen ist) *bot.* Prunus persica var. duracina ~ **tırnak olmak** *fig.* in enge, verwandtschaftliche Beziehungen treten ~ **tırnaktan ayırmak** j–n von seinen nächsten Angehörigen trennen ♎ **tırnaktan ayrılmaz.** *Spr.* Verwandtschaftsbande halten fest. ~ **tozu** Fleischmehl *n* (Viehfutter) ~ **tutmak** s. ~ **but (can) tutmak;** ~ **yemeği** Fleischgericht *n* ~ **yığını** Fleischkoloß *m*, Koloß *m* von e–m Menschen, riesenhafter Kerl **-i budu yerinde** prall, drall, rundlich, gutgenährt, mollig *bılık bılık, etine dolgun ♎**i ne budu ne?** 1. *selt.* nichts als Haut und Knochen 2. lächerlich klein 3. Das ist (natürlich) zu schwer für ihn. Dafür reichen (eben) seine Kräfte nicht aus. ♎**i senin kemiği benim.** *fr.* Ra., mit der ein Erziehungsberechtigter ausdrückte, daß der Lehrer berechtigt sei, das Kind nötigenfalls zu züchtigen. **-ine dolgun** s. **eti budu yerinde; -ine geçmek** ins Fleisch eindringen (z. B. Stachel) **-le tırnak gibi** 1. sehr nahe verwandt 2. *fig.* untertrennlich **-ten düşmek** vom Fleisch fallen; abmagern
etabli 1. etabliert 2. mit dauerndem Wohnsitz 3. naturalisiert, eingebürgert 4. *jur.* Niedergelassener (nach dem Lausanner Vertrag von 1923)
etaj Stock(-werk *n*) *m*, Etage *f*
etajer Bücher-gestell, -regal, -brett *n*, Etagere *f*
etalaj ausgestellte Ware; Auslage *f* (im Schaufenster)
etamin 1. Etamin *n*, Etamine *f* (dünnes Gazegewebe aus Baumwolle od. Kammgarn) 2. Stramin *m* 3. s. **erkekorgan** (2)
etan(gazı) Äthan *n*
etap, -pı 1. Etappe, Weg-, Teil-strecke *f* (z. B. bei Straßenrennen) 2. (Entwicklungs-)Stufe *f*, Schritt *m*
etaplı in Teilstrecken durchgeführt (z. B. Straßenrennen)
etatist; etatizm s. **devletçi(-lik)**
etba, -aı [ā] (*va. Pl.* zu **tabi** II) Gefolge *n*, Gefolgschaft *f*
etçi s. **kasap**
etçik Fleischwärzchen *n*, Karunkel *f* *lüheyme
etçil *biol.* fleischfressend; Fleischfresser, Karnivore *m* *akilüllühum, karnivor **-ler** Raubtiere *pl. zo.* Carnivora
etek, -ği 1. unterer Teil e–s Kleidungsstückes, Schoß *m* (e–s Jacketts, Mantels usw.), Schleppe *f* (e–s Kleides) 2. herabhängender Stoffteil (z. B. e–r Couchdecke, e–s Zelttuches usw.) 3. Fuß, Ausläufer *m* (z. B. e–s Berges od. Gebirges) 4. (Damen-)Rock *m* 5. Saum *m* (e–s Kleidungsstückes) 6. *selt.* Schamteile *pl.* 7. *arch.* Sockelplatte *f* 8. (Zink- od. Blech-)Einfassung *f* (am Schornstein) 9. ein Teil des **dalyan** genannten Netzes ~ **bağı** Rockband *n* ~ **baskısı** Saum *m* ~ **bezi** (Kinder-)Windel *f* ~ **dolusu** sehr viel, überaus reichlich ~ **duvar** Grundmauer *f*, Sokkel *m* ~ ~ s. ~ **dolusu;** ~ **öpmek** 1. den Saum des Gewandes küssen (zum Zeichen der Ehrerbietung) 2. *fig.* katzbuckeln, schmeicheln ~ **pisliği** illegaler Geschlechtsverkehr ~ **silkmek** (bşden) sich distanzieren (von) ~ **silmesi** Wandsockel, Lambris *m* **-i ayağına dolaşmak** *fig.* in Entsetzen geraten **-i belinde** tüchtig, rührig, fleißig, arbeitsam (Frau) *hamarat **-i düşük** schlampig, unsauber (Frau) *pasaklı **-i savruk** unordentlich; überall Unordnung anrichtend **-i temiz** moralisch und charakterlich einwandfrei **-ine düşmek** (*od.* **sarılmak**) flehentlich

bitten **-ine yapışmak** 1. sich an j–s Rockschöße hängen; immer am Schürzenband hängen 2. Schutz suchen (bei) 3. dauernd hinter et. od. j–m her sein **-ini göstermez** sittsam, ehrbar (Frau, Mädchen) **-iyle mum söndürmek** die Tapsigkeit in Person sein (Frau, Mädchen) **-leri tutuşmak** 1. in die Klemme geraten 2. in große Bestürzung und Aufregung geraten **~leri zil** (*od.* **ıslık**) **çalıyor.** Er kennt sich nicht mehr vor lauter Freude. **-teki taşı dökmek** *fig.* die Hand zur Versöhnung reichen
eteklemek (m. Akk.) 1. j–m den Saum des Gewandes küssen 2. mit den Rockschößen Wind zufächeln 3. *fig.* schmeicheln, hofieren
etekli mit nb. **etek; geniş ~ bir elbise** Damenkleid *n* mit weitgearbeitetem Rock
eteklik 1. als Rock od. zur Herstellung e–s Rockes geeignet 2. (Damen-)Rock *m* 3. **(iç)** ~ Unterrock *m* 4. überhängender od. vorspringender Teil (z.B. e–r Treppenstufe); Einfassung *f* (z.B. beim Abzugsschacht über türk. Herden)
etelemek (in der Füg.:) ~ **betelemek** *F* unfreundlich behandeln
Etem *gel. Graphik* für **Ethem**
eten *dial.* 1. s. **etene** 2. Fruchtfleisch *n*
etene 1. *an.* Plazenta, Nachgeburt *f*, Mutterkuchen *m* *son, meşime 2. *bot.* Plazenta, Samenleiste *f* *meşime
etenli *dial.* viel Fruchtfleisch besitzend, fleischig (z.B. Melone)
eter 1. *chem.* Äther *m* 2. *spez.* gewöhnlicher Äther, Äthyläther *m* *lokmanruhu ~ **asetik** Essigäther *m* ~ **sülfürik** Schwefeläther *m*
eterlemek *med.* mit Äther behandeln; ätherisieren
eterleşmek *chem.* sich in Äther verwandeln
etermek (in der Füg.:) ~ **yetermek** *F* alles zusammenkratzen (z.B. um e–e bestimmte Summe aufzubringen)
Eterya [·×·] *n.pr.* (*Abk.* von **Etniki** ~) antiosmanischer griech. Geheimbund (19. Jh.)
Etezyen: ~ **iklimi** *geogr.* Etesienklima *n* ~ **rüzgârları** *met.* Etesien *pl.*
etfaiye s. **itfaiye**
etfal, -li [ā] (*va. Pl.* zu **tıfıl**) Kinder *pl.* *çocuklar
etfaliyat, -tı [·–·–] s. **çocukbilim**
ethem 1. *va.* Rappe *m* *yağız at 2. ♂ *mV*
etıbba [ā] (*Pl.* zu **tabip**) Ärzte *pl.* ~ **odası** Ärztekammer *f*
Eti s. **Hitit**
Etibank *n.pr.* 1935 zum Betrieb von Staatsbergwerken und zur Errichtung von Kraftwerken gegründete Bank in Ankara
Etice s. **Hititçe**
etik *selt.* 1. Ethik *f* 2. ethisch
etiket, -ti 1. Etikett *n*, Aufschrift-, Preis-zettel *m*, Schildchen *n* *yafta 2. Etikette *f*, Zeremoniell *n* *teşrifat ~ **makinesi** Etikettiermaschine *f*
etiketçi wer etikettiert, Waren auszeichnet
etiketlemek mit e–m Etikett, e–r Aufschrift versehen; auszeichnen (z.B. Waren)
etiketli etikettiert, mit Etikett versehen; ausgezeichnet (z.B. Ware)
Etil s. **İdil**
etil *chem.* Äthyl *n*
etilalkol *chem.* Äthylalkohol *m*, Äthanol *n*, Weingeist *m*
etilasetat, -tı Essigäther *m* *asetik ester
etilen *chem.* Äthylen *n*
Etimesğut *n.pr.* (*fr.* Graphik: **Etimesut**) Vorort von Ankara (mit Flugplatz und Sendestation)
etimolog Etymologe, Etymologie-, Wort-forscher *m*
etimoloji 1. Etymologie *f* (e–s Wortes) *iştikak 2. Etymologie-, Wort-forschung *f* *ilmi iştikak, kökbilgisi
etimolojiciler *(G)* Gruppe von Sprachreformern (anfangs der 30er Jahre), die bei der Ersetzung ar. od. pers. Wörter grundsätzlich von der Etymologie dieses Wortes ausgehend ein Gegenstück zu finden suchten (vgl. z.B. **mesul: sorumlu**)
etimolojik etymologisch
etimolojist, -ti s. **etimolog**
etin *chem.* s. **asetilen**
etiyaj (*franz.* **étiage**) *geogr.* niedrigster Wasserstand des Jahres
etiyoloji(-k) s. **nedenbilim(-sel)**
etkafalı beschränkt, dumm, schwer von Begriff *gabi, kalınkafalı
etkanat, -dı 1. Langohrfledermaus *f zo.* Plecotus auritus 2. s. **şeytankuşu**
etken 1. Agens *n*, treibende Kraft 2. auslösender Faktor, maßgebener Umstand 3. wirksam *müessir 4. *gr.* aktiv *malum ~ **eylem** (*od.* ~ **fiil**) *gr.* Aktiv(-um) *n* ~ **ses** s. **etkici ses**
etkenlik Leistungsfähigkeit, Wirksamkeit, Effizienz *f*
etkerlik Wirkungsgrad *m*, (Nutz-)Leistung *f*
etkesimi; etkırımı s. **apukurya**
etki 1. Wirken *n*, Aktion *f* *eylem, fiil, tesir 2. (Ein-)Wirkung *f*, Effekt *m* *eser, tesir ~ **alanı** s. **tesir sahası;** ~ **yapmak** s. **etkilemek**
etkici 1. wirkend, wirksam *müessir, tesirli 2. *(Th., Film)* Geräusch-macher *m*, -kulisse *f* ~ **ses** *ling.* der e–e Assimilation bewirkende Laut
etkilemek beeinflussen; wirken (auf)
etkilenmek Pass. zu **etkilemek; işsizlikten** ~ von Arbeitslosigkeit betroffen sein
etkileşme gegenseitige Beeinflussung
etkili eindrucksvoll, wirksam, nachhaltig *müessir, tesirli
etkililik Wirksamkeit *f* *müessiriyet, tesirlilik
etkimek (m. Dat.) s. **etkilemek**
etkin 1. aktiv *faal, fail 2. wirkungs-, eindrucks-, effekt-voll *müessir, tesirli ~ **çamurlar** *med.* Fango *m*, heilkräftiger Mineralschlamm ~ **neden** *phil.* wirkende Ursache *illeti faile
etkinci aktiv(-istisch) *aktivist ~ **okul** *päd.* Arbeitsschule *f* *faal mektep
etkincilik Aktivismus *m* *aktivizm
etkinleştirmek aktivieren
etkinlik 1. Aktivität, Tätigkeit *f* *aktiflik, faaliyet, failiyet 2. Wirksamkeit *f*, Einfluß *m* *müessiriyet
etkinmek e–r Einwirkung unterliegen *müteessir olmak
etkisiz unwirksam, wirkungslos
etkisizleştirmek unwirksam machen
etkisizlik Unwirksamkeit, Wirkungslosigkeit *f*
ETKO = Esir Türkleri Kurtarma Ordusu Befreiungsarmee *f* für versklavte Türken (illegale türk. Untergrundorganisation)
etkurdu, -nu Made *f* der Fleischfliege
etleç beleibt, korpulent *mülahham
etlenmek Fleisch ansetzen; dick (feist, fett) werden *semirmek, semizlemek
etli 1. Fleisch enthaltend, Fleisch- 2. mit viel Fleisch, fleischig (Tier, Blätter, Früchte usw.) 3. beleibt, korpulent, dick 4. dicht, dick (Teppich) ~ **börek** Fleischpastete *f* ~ **butlu** recht korpulent, ziemlich beleibt ~ **canlı** gesund und kräftig; robust ~ **dolma** Sammelbez. für farcierte Gerichte mit Reis- und Fleisch-füllung, die warm gegessen werden ~ **kemikli** aus Fleisch und Bein; leibhaftig ~ **pilav** Reis mit Fleischstückchen; Reisfleisch *n* ~ **şeftali** s. **et şeftalisi;** ~ **yemek** Fleischgericht *n* **-ye sütlüye karışmak** sich um anderer Leute Angelegenheiten kümmern, die Nase in alles stecken
etlik *dial.* 1. Masttiere *pl.* (die für die Winterszeit ge-

schlachtet werden) 2. Kälbchen *n* *buzağı 3. *fig.* Wohlleben *n*
etlimsigiller s. **damkoruğugiller**
etmek (Aorist: **eder**) 1. (mst. als Hv., nur seltener alleinstehend) machen, tun 2. wert sein, gelten 3. (aus-)machen, ergeben, sein 4. (in Verb. mit e–m Adv. des Werturteils) handeln, daran tun 5. leben, existieren, bestehen, sein 6. erreichen; gelangen (zu) 7. rauben, wegnehmen, j–n um et. bringen 8. (bes. in Verb. mit Indefinitbez.) j–m et. antun 9. (in Verb. mit **alt, don, yatak** usw.) Kot od. Urin entleeren Zu 1: **Ettiği hayır ürküttüğü kurbağaya değmez.** *spr. Ra.* Das Gute, das er getan hat, ist den Frosch nicht wert, den er dabei aufgescheucht hat. – s. a. **arz etmek, celp etmek, icat etmek, icra etmek** usw. Zu 2: **Bu, beş para etmez.** Das ist keinen roten Heller wert. Das bringt nichts ein. *F* Das ist für die Katz! **Bu kitap, elli lira eder.** Das Buch hier hat e–n Wert von fünfzig Pfund. Zu 3: **Üç kere beş ne eder?** Wieviel ist dreimal fünf? **Üç, beş daha sekiz eder.** Drei und fünf (dazu) macht acht. Zu 4: **İyi ettiniz de geldiniz.** Sie haben gut daran getan zu kommen. **Bunu söylemekle fena mı etti?** Hat er schlecht daran getan, dies zu sagen? **Bugün geldiğimize pek fena ettik.** Wir haben übel daran getan, heute zu kommen. Zu 5: **Çocuk oynamadan edemez.** Kinder müssen spielen. **İnsan susuz nasıl edebilir?** Wie kann ein Mensch ohne Wasser leben? **Bunu yapamazsam edemiyorum.** Ich muß das unbedingt tun. Zu 6: **Farkına varmadan akşamı ettik.** Zu unserer Überraschung war es auf einmal Abend geworden. Zu 7: **Bu gidiş, onu yerinden edecek.** Dieses Verhalten wird ihn um seine Stellung bringen. Zu 8: **Eden bulur.** *od.* **Edene ederler.** *od.* **etme bulma dünyası** Alles Böse rächt sich. **O, ona çok etti.** Er hat ihm viel Böses angetan. **Etme be! Gerçek mi?** Was du nicht sagst! Tatsächlich? **etmediğini bırakmamak** (*od.* **komamak**) 1. j–m alles erdenkliche Schlechte antun 2. nichts ungetan lassen **ettiği yanına** (*od.* **yanına kâr**) **kalmak** für e–e begangene Übeltat keine Strafe erhalten **ettiğini bulmak** (*od.* **çekmek**) seine verdiente Strafe erhalten; für e–e Übeltat büßen müssen **ettiğini yanına bırakmamak** e–e Übeltat nicht ungestraft hingehen lassen **ettiğiyle kalmak** sich e–r versuchten, aber mißglückten Übeltat schämen Zu 9: s. **altına (donuna, yatağa)** ~ – Zu Fügungen des Typus **etmesine ediyor** vgl. Stw. **hani** (Zu 4b) und **istemesine istiyorum.**
etmen *biol.* Entwicklungsfaktor *m* *amil
Etna *n.pr.* Ätna *m* (Vulkan)
etnik ethnisch, völkisch, Volks- *budunsal, kavmî
Etniki [··×] **Eterya** s. **Eterya**
etnograf Ethnograph(-in *f*) *m*
etnografi Ethnographie *f*, beschreibende Völkerkunde *budunbetim, kavmiyat
etnografik ethnographisch *budunbetimsel
etnografya [··×·] s. **etnografi**
etnolog Ethnologe, Völkerkundler *m*
etnoloji Ethnologie *f*, allgemeine Völkerkunde *budunbilim, ırkıyat
etnolojik ethnologisch, völkerkundlich *budunbilimsel
etnolojist, -ti s. **etnolog**
etobur dişi Fang-, Reiß-zahn *m* (der Raubtiere) *sinni lahime
etoburlar *zo.* fleischfressende Tiere, Karnivoren, Raubtiere *pl.* *etçiller, lahime
etol, -lü (*franz.* **étole**)Stola *f* (für Damen)
etoloji Ethologie *f* a) Lehre *f* von den Sitten und Gebräuchen e–s Volkes b) Lehre *f* von dem Verhalten der Tiere
etraf [ā] *Pl.* zu **taraf** 1. Seiten *pl.* 2. Umkreis *m*, Umgebung, (Um-)Gegend *f* 3. *an.* Gliedmaßen *pl.* *aza, üyeler 4. *va.* nahe Verwandte *pl.* 5. *z. va.* Teile, Einzelheiten *pl.* 6. **-ın(d)a** um ... herum; rings um ... 7. **-ında** betreff, über, hinsichtlich, zu, um Zu 6: **şehrin -ında** rings um die Stadt **-a dikiz geçmek** *V* umherspähen, Umschau halten **-a haber vermek** *pej.* et. ausposaunen **-ı çınlatmak** die Gegend (mit Geschrei usw.) erfüllen **-ı kutupta olan** zirkumpolar *dolaykutupsal **-ı sarılı olmak** umstellt sein (z. B. Haus von Polizei) **-ında dört dönmek** (b–nin) j–m nicht von der Seite gehen und unaufhörlich anflehen **-ını almak (çevirmek, sarmak)** umringen, umgeben, umzingeln, umstellen **-iyle** eingehend, ausführlich, genau, in allen Einzelheiten **-ta** in der (näheren) Umgebung **-tan** von allen Seiten **-ı erbaa** die vier Richtungen, alle vier Seiten *dört taraf
etraflı(-ca) ausführlich, eingehend, in allen Einzelheiten
Etrâk, -ki *va. ar. Pl.* zu **Türk** 1. Türken *pl.* 2. Landbewohner, Bauern *pl.*
etrengi Fleischfarbe *f;* fleischfarben *tenrengi
Etrüri *n.pr.* Etrurien
Etrüsk, -kü 1. Etrusker(-in *f*) *m* 2. etruskisch
etsiz 1. ohne Fleisch, fleischlos 2. (*a.* ~ **cansız**) mager, abgemagert, schmal geworden (z. B. Gesicht)
ettahhiyat, -tı [···–] Lobpreisung *f* Gottes und Mohammeds (im isl. Gebet) vgl. **teşehhüt**
ettahhiye *va.* gute Wünsche *pl.* (s. **badesselâm vettahhiye**)
ettekrar [ā] Wiederholung *f* (Nur in dem scherzhaft gebildeten Satz: **ı ahsen, velev kâna yüzseksen.** Man kann es ihm nicht oft genug einschärfen.)
ettirgen *gr.* kausativ, faktitiv *araçlı geçişli; müteaddiden tadiye ~ **eylem** (*od.* ~ **fiil**) Kausativum, Faktitivum *n* (e–s transitiven Verbums) (z. B. **bildirmek**)
ettoprak fruchtbarer weicher Boden von rötlicher Farbe
etufuvar (*franz.* **étouffoir**) *mus.* (Effekt-)Dämpfer *m,* Sordine *f*
etüdyan *selt.* Student *m* *üniversite öğrencisi
etüi 1. Etui, Futteral, Gehäuse *n,* Behälter *m* 2. Besteck *n* (e–s Arztes)
etüt, -dü 1. Studie, Untersuchung, wissenschaftliche Arbeit *f* 2. *mus.* Etüde *f* 3. Studierzeit *f* (im Internat) 4. **(odası)** Studierzimmer *n* 5. theoretische Vorarbeiten *pl.* (z. B. für ein techn. Projekt); Studie *f*, Entwurf *m* ~ **etmek** studieren, untersuchen ~ **öğretmeni** Studienaufseher *m* (*spez.* in Internaten) ~ **pilici** *V* junge Dirne
etüv (*franz.* **étuve**) 1. Trocken-ofen, -apparat *m,* -kammer *f* 2. Heißluft-, Desinfektions-apparat, Sterilisator *m* 3. Schwitzraum *m* (im türk. Bad)
etvar [ā] (*va. Pl.* zu **tavır**) Manieren *pl.*, Benehmen, Verhalten *n* ~ **satmak** *z. va.* sich aufspielen
etyaran s. **dolama** (2)
etyemez Vegetarier(-in *f*) *m* *vejetaryen
etyemezlik Vegetarismus *m* *vejetaryenlik
Etyopi; Etyopya [·×·] *n.pr.* Äthiopien, (Abessinien)
euzu billah vgl. **istiaze**
ev 1. Haus, Heim *n,* Wohnung *f* 2. *spez.* Einfamilienhaus *n,* Eigenwohnung *f* 3. *P a.* Zimmer *n* 4. *fig.* häuslicher Herd, Familie *f* 5. Lager *n* (e–r Achse) 6. Feld *n* (z. B. auf dem Schachbrett) 7. als zweiter Bestandteil e–r sb. Füg. häufig zur allg. Bez. e–r Räumlichkeit; *gel. a.* Ersatz für **-hane** Zu 7: s. **Ordu Evi, halkevi, gözevi, aşevi** usw. ~ **açmak** e–e Familie gründen ~ **adamı** wer seine Häuslichkeit liebt (Mann) **~ alma, komşu al!** *Spr.* Wichtiger als ein gutes Haus ist ein freundlicher Nachbar. ~ **altı** (das als Lager, Stall usw. verwendete) Untergeschoß e–s alttürk. Hauses ~ **anası** Hausmutter *f* (Schmetterling) *zo.* Agrotis pronuba ~ **bark** Haus, Heim *n,* Familie *f* *hanüman ~ **bark sahibi** Familienvater *m* ~ **bekçiliği etmek** das Haus hüten ~ **çıyanı** Spinnenläufer *m zo.* Scutigera coleoptera ~ **darlığı** Wohnungsnot *f* ~ **ekmeği** Hausmacherbrot *n* ~ **eşyası** Hausrat *m,* Einrichtungsge-

genstände *spez.* Möbel *pl.*, Mobiliar *n* ~ **gailesi** Familiensorgen *pl.* ~ **halkı** alle zum Haus (bzw. zur Familie) gehörigen Leute; Hausbewohner, Leute *pl.* im Haus ~ **hanımı** Hausherrin *f*, Dame *f* des Hauses ~ **harcı** 1. *mel.* Hausmacher- 2. *pej.* hausbacken ~ **hayvanı** s. **evcil hayvan;** ~ **içi** Innere *n* des Hauses ~ **idaresi** Haushalt(-sführung *f*) *m* ~ **işgalcileri** Hausbesetzer *pl.* ~ **işi** Hausarbeit *f* ~ **işletmek** ein Bordell betreiben ~ **kadını** (tüchtige) Hausfrau *f* ~ **kadınlığı** Tätigkeit *f* od. Aufgaben *pl.* e–r Hausfrau ~ **kemesi** Hausratte *f zo.* Rattus rattus ~ **kızılkuyruğu** Hausrotschwanz *m zo.* Phoenicurus ochrurus ~ **ocak kurmak** e–n eigenen Hausstand gründen ~ **ödevi** *päd.* Hausaufgabe *f* ~ **örümceği** Haus-, Winkel-spinne *f zo.* Tegenaria domestica ~ **reisi** *jur.* Familienoberhaupt *n* ~ **reisliği** *jur.* Hausgewalt *f* ~ **sahibesi** 1. Haus-besitzerin, -eigentümerin *f* 2. Hausherrin *f*, Dame *f* des Hauses, Gastgeberin *f* ~ **sahibi** 1. Haus-herr, -besitzer, -eigentümer *m* 2. Familienoberhaupt *n* 3. Gastgeber *m* ~ **sahibi hanım** s. **ev sahibesi.** ≗ **sahibi mülk sahibi, nerde acep** (*od.* **hani bunun**) **ilk sahibi.** Ra. in Anwendung auf j–n, der sich Sorgen um seinen Besitz macht od. der sich seines Besitzes rühmt. ~ **sanatları** Hausgewerbe *n* ~ **sıçanı** 1. s. ~ **kemesi** 2. wer jeden Winkel des Hauses kennt od. durchstöbert (kleine Person) ~ **sıkıntısı** s. ~ **darlığı;** ~ **sineği** s. **karasinek** (1); ~ **sivrisineği** gemeine Stechmücke *zo.* Culex pipiens ~ **takımı** Haushalts-gegenstände, -artikel *pl.* ~ **taşımak** umziehen ~ **tekeböceği** Hausbock *m zo.* Hylotrupes bajulus ~ **tutmak** ein Haus bzw. e–e eigene Wohnung mieten ~ **yapıcı** *fig.* Frieden und Eintracht stiftend; zum häuslichen Frieden beitragend ~ **yemeği** Hausmannskost *f* ~ **yıkmak** das Familienleben stören; Zwietracht zwischen Ehegatten säen **-de** zu Hause **-de kalmak** 1. zu Hause bleiben 2. das heiratsfähige Alter überschritten haben; keinen Mann bekommen haben (Mädchen) ≗**deki hesap (pazar, pazarlık) çarşıya uymaz.** *Spr.* Und meistens kommt es anders, und anders, als man denkt. (od.) die Rechnung ohne den Wirt machen (od.) Milchmädchenrechnung *f* **-e** *a.:* nach Hause **-e çıkmak** nach Hause fahren (Internatsschüler) ≗**e hırsız girdikten sonra kapıya kilit asar.** *Spr.* 1. Wenn das Kind in den Brunnen gefallen ist, deckt man ihn zu. *Spr.* 2. Durch Schaden wird man klug. *Spr.* **-i omuzunda** (*od.* **sırtında**) ohne festen Wohnsitz, herumzigeunernd, vagabundierend *haneberdûş **-in tadı** häuslicher Friede **-in üstü** Hausdach *n* ≗**inde kapı yok mu?** Hast du zu Hause vielleicht e–n Sack vor der Tür (*scil.* daß du sie hier nicht zumachst)? **-ine bağlı** häuslich, sein Heim liebend; treusorgender Familienvater **-ini başına yıkmak** j–n in e–e üble Lage bringen ≗**lerden ırak!** *Abw.* bei Erwähnung e–s Todesfalles od. sonstigen Unglücks: Möge allen so etwas erspart bleiben! ≗**lere şenlik** 1. s. ≗**lerden ırak!** 2. *iron.* Xanthippe *f*, Hausdrachen *m*

evahir [ā] (*va. Pl.* zu **ahir**) Ende *n*, letzte Zeit *spez.* die letzten (zehn) Tage e–s Monats

evail [ā] (*va. Pl.* zu **evvel**) Anfang *m spez.* die ersten (zehn) Tage e–s Monats **-de** *va.* zuerst, früher, ursprünglich

evamir [ā] (*va. Pl.* zu **emir**); **-i aşere** die Zehn Gebote (Bibel), Dekalog *m* *on emir

evan [ā] (*va. Pl.* zu **an** I) Augenblicke, Zeitläufte *pl.*

evani [·––] *(va. isol. Pl.)* Töpfe, Schüsseln, Gefäße, Geräte, Gegenstände *pl.* **-i beytiye** *va.* s. **ev takımı**

evaporasyon Evaporation, Ver-, Ein-dampfung, Verdunstung *f* *buharlaşma

evaporatör *techn.* Verdampfer *m* *buharlaştırıcı; tephir kazanı

evaporometre s. **buharlaşmaölçer**

evasıt, -tı (*va. Pl.* zu **evsat**) Mitte *f spez.* die mittleren (zehn) Tage e–s Monats

evaze (*franz.* **évasé**) 1. glockig (z.B. Damenrock) 2. geschweift, bauchig, ausladend

evazyon *selt.* Evasion *f*, Entweichen, Entspringen *n*

evbaş [ā] *(va. isol. Pl.)* Pöbel, Mob *m*

evca, -aı [ā] *va. Pl.* zu **veca**

evce(-k) *F* [×·] 1. mit der ganzen Familie 2. im Familienkreis Zu 1: ≗ **gezmeğe gitmiştik.** Wir waren mit der ganzen Familie spazierengegangen. Zu 2: ≗ **böyle karar verdik.** Diesen Beschluß haben wir im Familienkreis gefaßt. **Aldıklarım** ~ **beğenildi.** Meine Einkäufe gefielen allen Familienangehörigen.

evceğiz (armselige) Behausung; Hütte *f*

evci 1. häuslich, das Haus hütend 2. wer das Wochenende bei seiner Familie verbringt (Internatsschüler od. Soldat e–r Garnison) Zu 2: ~ **çıkmak** s. **eve çıkmak**

evcik 1. *zo.* (Schnecken- usw.)Gehäuse *n* 2. s. **evceğiz**

evcil gezähmt, zahm, Haus- *ehlî ~ **hayvan** Haustier *n* ~ **kumru** s. **dere kumrusu;** ~ **serçe** Haussperling *m zo.* Passer domesticus ~ **sinek** s. **karasinek** (1)

evcilik 1. Hausbau *m* 2. häusliches Leben, Häuslichkeit *f* 3. Ausgeherlaubnis *f* (vgl. **evci** 2) ~ **oynamak** *Ksp.* Mann und Frau spielen

evcilleşmek zahm, gezähmt werden, zum Haustier werden *ehlîleşmek

evcilleştirmek zähmen, zum Haustier machen

evcimen häuslich, sein Heim liebend, haushälterisch, sparsam

evciment, -di 1. *P* (< **encümen**) zahlreich, in Massen 2. s. **evcimen**

evç, -ci 1. (*a.* **-i balâ**) Höhepunkt, Gipfel, Kulminationspunkt *m* 2. *astr.* Apogäum *n*, Erdferne *f* *yeröte 3. *astr.* Aphel *n*, Sonnenferne *f* *günöte 4. s. **eviç;** ~ **ve haziz hattı** *astr.* Apsidenlinie *f* *günberi-günöte doğrusu

evdemonizm *phil.* Eudämonismus *m* *mutçuluk, istisadiye

evdeş *P* 1. der e–e Teil e–s Ehepaares, Lebensgefährt-e *m*, -in *f* 2. im gleichen Haus wohnend

evdirmek s. **ivdirmek**

evecen *P* hitzig, ungeduldig, hastig (Person) *aceleci

evecenlik *P* Ungeduld, Hast *f*

evedi s. **ivedi**

eveğen *P* 1. s. **evecen** 2. akut (Krankheit) *hâd

evel s. **evvel**

eveleme develeme Name e–s türk. Ksp.

evelemek (in der Füg.:) ~ **develemek** (*od.* **gevelemek**) 1. um die Sache herumreden, nicht recht mit der Sprache herauswollen 2. herumstottern

evemek s. **ivmek**

everek, -ği *dial.* Hinterland *n*

evergleyz *(engl.)* Everglaze *n* (krumpf- u. knitter-frei gemachtes (Baumwoll-)Gewebe mit erhaben geprägter Kleinmusterung)

evermek (m. Akk.) *P* verheiraten *evlendirmek

evet, -ti ja, jawohl ~ **efendim** ja! gewiß! jawohl! ~ **efendim, sepet efendim, pek güzel efendim demek** *spött.* zu allem ja und amen sagen

evetçe s. **permi**

evetefendimci *F* wer zu allen Worten e–s Sprechers **evet efendim** zu sagen pflegt; *(etwa:)* das getreue Echo, Jasager *m*

evetlemek 1. *reg.* (Trabzon) s. **evemek, ivmek** 2. Ja, ja sagen (und trotzdem nach dem eigenen Kopf handeln)

evgin eilig, dringlich *müstacel

evham [ā] (*Pl.* zu **vehim**) irrige Vorstellungen *pl.*, falsche Einbildung; Wahn, Verdacht *m* ~ **getirmek** (*od.* **-a kapılmak**) s. **evhamlanmak**

evhamlanmak [·–··] 1. unter e–r Zwangsvorstellung leiden 2. argwöhnisch, mißtrauisch werden

evhamlı [ā] 1. wer sich überflüssigen Sorgen hingibt; Hypochonder *m* 2. argwöhnisch, mißtrauisch
Evharistiya [··×··] Abendmahl *n*, Eucharistie *f*
eviç Name e–r Tonfolge in der türk. Musik
evidda [ā] (*va. Pl.* zu dem im Türk. nur als *mV* verwendeten **Vedit**) Freunde, gute Bekannte *pl.*
evin *dial.* 1. Inneres; Kern *m* *lüp 2. Getreidekorn *n* *tane, habbe 3. *biol., bot.* Gewebekern, Nucellus *m* 4. ⩲ *wV*
evinli *dial.* dick, voll (Samen)
evirgeç, -ci *P* Wender *m* (Haushaltsgerät; z.B. für **yufka**)
evirgen *dial.* umsichtig, geschickt, vorsorglich *tedbirli
evirme 1. Vs. zu **evirmek** 2. *log.* Konversion *f* *akis
evirmek 1. umwandeln, umändern *taklip etmek 2. (mst. in Verb. mit **çevirmek**) wenden, umdrehen **evire çevire** tüchtig, ordentlich, nach Strich und Faden (z.B. verprügeln) ~ **çevirmek** *od.* **evirip çevirmek** 1. hin- und herdrehen (z.B. Brief in der Hand); näher betrachten 2. *fig.* hin und her überlegen, grübeln, nachdenken 3. s. **ağzında lafı evirip çevirmek**
evirtik 1. *chem.* umgewandelt *munkalip 2. *log.* umgekehrt
evirtim 1. *chem.* Umwandlung, Inversion *f* *taklip 2. *math., log.* Umkehrung *f* *akis 3. *stil.* s. **takdim(ve)tehir**
evirtmek 1. *chem.* umwandeln, aufspalten 2. *math., log.* umkehren
eviye (*Pl.* zu **via**) s. **damarlar; -i demeviye** s. **kan damarları; -i haşebiye** s. **odun damarları; -i helezoniye** s. **sarmal damarlar; -i lenfaiye** s. **lenf damarları; -i münakkata** s. **noktalı damarlar; -i nâkile** s. **iletken damarlar; -i süllemiye** s. **basamaklı damarlar; -i şa'riye** s. **kılcal damarlar**
evkaf *urspr.* [·–] (*Pl.* zu **vakıf**) 1. Güter *pl.* der Toten Hand, fromme Stiftungen *pl.* 2. Verwaltung *f* der frommen Stiftungen *Vakıflar İdaresi ~ **Müfettişliği** s. **Mahkemei Evkaf;** ~ **Müzesi** Museum *n* für türk. und isl. Kunst (Istanbul) ⩲ **Nezareti** *(in osm. Zeit)* Ministerium *n* für die frommen Stiftungen **-ı mazbuta** unmittelbar vom Staat verwaltete fromme Stiftungen *pl.* **-ı gayri mazbuta** (*od.* **-ı mülhaka**) von Einzelpersonen verwaltete fromme Stiftungen *pl.* *müstesna evkaf
evkat, -ti [ā] *va. Pl.* zu **vakit**
evlâ besser, geeigneter, vorzuziehen *müreccah, yeğ
evlâdiye(-t), (-ti) *va.* 1. Übergang *m* e–s Besitzes vom Vater auf den Sohn 2. Familiengut, Majorat *n* 3. ein Beruf, der sich jeweils vom Vater auf den Sohn vererbte
evlâdiyelik was sich als solide und wertbeständig von e–r Generation auf die andere vererbt (Stoff, Möbel usw.)
evlâdüayal; evlâdüıyal [·–··–] *va.* s. **çoluk çocuk**
evlât, -dı (*urspr. Pl.* zu **velet;** *mst. in sg. Bed.*) 1. Kind(-er *pl.*) *n* 2. Abkömmling, Sproß *m* ~ **acısı** Schmerz *m* über den Verlust e–s Kindes ~ **acısı gibi içine çökmek** noch immer nicht (über e–n Kummer usw.) hinwegkommen können ~ **canlısı** 1. kinderlieb 2. *pej.* Kinder-narr *m*, -närrin *f* ~ **edinen** Adoptiv-vater *m*, -mutter *f* *babalık, analık ~ **edinilen** s. **evlâtlık** (2) *oğulluk, kızlık ~ **edinme** Annahme *f* an Kindesstatt, Adoptierung, Adoption *f* *tebenni; çocuk edinme; oğulluk (kızlık) alma ~ **edinme mukavelesinden doğan hısımlık** *jur.* Adoptivverwandtschaft *f* ~ **edinmek** an Kindesstatt annehmen, adoptieren ~ **sevgisi** Liebe *f* zu den Kindern, Eltern- *spez.* Mutterliebe *f* ⩲**ını dövmeyen dizini döver.** *Spr.* Wer sein Kind nicht streng erzieht, bereut es später. **-ı zükûr** *va.* männliche Nachkommen *pl.* **-tan -a intikal etmek** sich von e–r Generation auf die nächste vererben
evlâtlık, -ığı 1. Stellung *f*, Rechte, Pflichten *pl.* e–s Kindes 2. Adoptivkind *n* 3. Pflegekind *n* ~ **etmek** seine Kindespflichten erfüllen, sich als guten Sohn (gute Tochter) erweisen **-a almak** (*od.* **kabul etmek**) an Kindesstatt annehmen, adoptieren **-tan ret** (*od.* **çıkarma**) Verstoßung *f*, Nichtanerkennung *f* der Kindesschaft **-tan reddetmek** (*od.* **tart etmek**) nicht mehr als sein Kind anerkennen; verstoßen
evlâtsız kinderlos, ohne Kinder *bilâvelet, çocuksuz
evlâtsızlık Kinderlosigkeit *f* *çocuksuzluk
evlek 1. vierter Teil e–s **dönüm** (I) 2. Ackerfurche *f* *saban izi 3. Boden *m* zwischen zwei Ackerfurchen 4. *V* Zehnpfundschein *m* 5. Wassergraben *m* (auf e–m Feld)
evlendirme Vs. zu **evlendirmek;** ~ **memuru** *jur.* Standesbeamter
evlendirmek verheiraten *(tr.)*
evlenirlik *(Statistik)* (jährliche) Heiratsziffer *f*
evlenme 1. Vs. zu **evlenmek** 2. Heirat, Vermählung *f* 3. Ehe *f* Zu 3: **Bu -den doğan çocuklar** die aus dieser Ehe hervorgegangenen Kinder ~ **akdi** (*od.* **sözleşmesi**) Eheschließung, Trauung *f* ~ **çağına girmek** ins heiratsfähige Alter kommen ~ **dairesi** Standesamt *n* ~ **ehliyeti** *jur.* Ehe-, Heirats-fähigkeit *f* ~ **kâğıdı** *jur.* Trauschein *m* ~ **kütüğü** *jur.* Heiratsregister *n* ~ **mukavelesi** Ehevertrag *m* *evlenme (*od.* karı koca) malları sözleşmesi ~ **sigortası** Aussteuer-, Ausstattungs-Versicherung *f* ~ **teklifi** Heiratsantrag *m* ~ **tellallığı** Heiratsvermittlung *f* ~ **töreni** Hochzeitsfeier *f* ~ **vaadi** Eheversprechen *n*, Verlöbnis *n* **-de sakatlıklar** (*od.* **noksanlar**) *jur.* Mängel *pl.* der Eheschließung **-ye itiraz** *jur.* Einspruch *m* gegen die Eheschließung
evlenmek sich verheiraten, heiraten, sich vermählen, sich verehelichen
evleviyet, -ti *va.* Vorrang, Vorzug *m* *yeğlik **-le** um so eher, um so mehr *yeğlikle; haydi haydi
evli 1. mit soundsoviel Häusern 2. verheiratet *müteehhil ~ **barklı** verheiratet und mit eigenem Haushalt ⩲ **evine, köylü köyüne dağıldı.** *fig.* Die Versammlung löste sich auf, und jeder ging nach Hause. ~ **hayat** eheliches Leben, Eheleben *n* ~ **kadın** verheiratete Frau, Ehefrau *f*
evlilik Verheiratetsein *n*, Ehe(-leben *n*) *f* ~ **birliği** *jur.* eheliche Gemeinschaft ~ **dışı çocuk** s. **nesebi sahih olmayan çocuk;** ~ **dışında** außer-, un-ehelich ~ **hayatı** eheliches Leben, Eheleben *n* ~ **içi çocuk** s. **nesebi sahih çocuk;** ~ **yüzüğü** Ehe-, Trau-ring *m* *alyans
evliya [ā] (*urspr. Pl.* zu **veli**) 1. *z. va.* führende Persönlichkeiten *pl.* 2. Heilige *pl.; mst. sg.* Heiliger (*spez.* des Islams, jedoch auch anderer Religionen) ⩲ **Çelebi** s. Stw. **çelebi;** ~ **devesi** Kellerassel *f zo.* Oniscus ~ **gibi adam olmak** e–e Seele von e–m Menschen sein **-yı umur** *va.* leitende Staatsmänner *pl.*
evliyalık Stellung *f* und Würde *f* e–s Heiligen ~ **adam** Frommer, Heiliger (der sich von der Welt abgewandt hat) ~ **satmak** (*od.* **taslamak**) den Heiligen spielen
evliyaotu, -nu s. **eşekotu**
evme Vs. zu **evmek** *spez. mus.* s. **önceleme**
evmek s. **evemek, ivmek**
evolüsyon(-ist, -izm) s. **evrim(-ci, -cilik)**
evolvent, -ti *math.* Evolvente *f*
evrak, -kı *urspr.* [ā] (*Pl.* zu **varak**) 1. *va. bot.* Blätter *pl.* 2. Papierblätter *pl.* 3. Papiere, Akten *pl.* 4. Dokumente, Urkunden *pl.* 5. Archiv *n* ~ **çantası** Aktentasche *f* ~ **kalemi** Registratur *f* ~ **memuru** 1. Registrator *m*, Registraturbeamter 2. Archivar *m* ~ **müdürü** Archivdirektor *m* ~ **üzerinde hüküm** *jur.* Entscheidung *f* nach Lage der Akten **-ta sahtekârlık** *jur.* Urkundenfälschung *f* **-ı halkaviye** s. **halkadizilişli yapraklar; -ı matbua** *jur.* Druckschriften, Presseerzeugnisse *pl.* **-ı metruke** schriftlicher Nachlaß **-ı muzırra; muzır evrak** *fr.* verbotene Schriften *pl.* **-ı müsbite** erforderliche Unterlagen, Belege (für ein Gesuch, e–e Klage usw.), Dokumente *pl.* **-ı müteakıbe** s. **almaşık yapraklar; -ı mütekabile** s. **karşılıklı yapraklar; -ı nakdiye** s. **kâğıt para; -ı resmiye** s. **arşiv; -ı sarfiye**

Belege *pl.* über Auszahlungen; Zahlungsbelege *pl.* **-ı sefine** s. **gemi vesikaları**
evrat, -dı [ā] *va. Pl.* zu **virt** *(q.v.)*
evre Phase *f* (e–r Entwicklung), Stadium *n* *safha ~ **kayması** *astr.* Phasenverschiebung *f*
evren 1. *astr.* Weltall, Universum *n* *kâinat, kozmos 2. Welt *f* *âlem 3. Umgebung *f* 4. *va. od. dial.* a) s. **ejderha** b) s. **zaman** c) s. **felek** d) s. **ulu;** ~ **gemiciliği** Kosmonautik, Raumschiffahrt *f* ~ **ışınları** kosmische Strahlen *pl.*
evrenbilim(-sel) s. **kozmoloji(-k)**
evrendoğum(-sal) s. **kozmogoni(-k)**
evrenpulu, -nu s. **mika**
evrensel 1. das Universum betreffend; kosmisch 2. alles einschließend; universal, ökumenisch 3. s. **âlemşümul;** ~ **araç** *astr.* Universalinstrument *n* ~ **bulut** *astr.* kosmische Wolke
evrenselci(-lik) s. **üniversalist; üniversalizm**
evrenselleştirmek 1. allgemein verbreiten 2. verallgemeinern
evrensellik, -iği Universalität *f*
evrensizci *phil.* Akosmist *m*
evrensizcilik *phil.* Akosmismus *m*
evrik *math., log.* umgekehrt *makûs
evrika! *griech.* Heureka!
evrilim *math.* Umkehrung *f*
evrilir *math.* umkehrbar *kabili akis
evrim 1. langsame, organische Entwicklung; Evolution *f* *evolüsyon, tekâmül 2. *biol.* Phylogenese *f* *filojeni ~ **kuramı** Evolutionstheorie *f* *tekâmül nazariyesi
evrimci evolutionär; Evolutionist *m* *evolüsyonist
evrimcilik *phil.* Evolutionismus *m*, Entwicklungslehre *f* *evolüsyonizm, tekâmüliye
evrimlenmek; evrinmek sich organisch entwickeln *tekâmül etmek
evrimsel evolutionär *tekâmülî
Evripos boğazı *n.pr.* Meerenge *f* von Euripos (Griechenland)
evrişik *log.* 1. durch Konversion entstanden, Umkehrungs- 2. Satzumdrehung, Konversion *f*
evropiyum [·×··] *chem.* Europium *n*
evsaf [ā] *Pl.* zu **vasıf** 1. Eigenschaften *pl.* 2. *mel.* Qualität, Leistungsfähigkeit *f* 3. Beschreibung *f* Zu 2: **Birinci -ta askerlerdir.** Es sind ganz hervorragende Soldaten. **-ı mümeyyize** *va. Pl.* zu **vasfı mümeyyiz**
evsat, -tı *z. va.* 1. in der Mitte befindlich, Mittel- *a. fig.:* gemäßigt 2. *mus.* e–e best. Taktart in der türk. Musik ~ **cizye** *hist.* osm. Besteuerung von Christen des Mittelstandes; s. a. die Stw. **Mağrip** und **hayrülumur**
evsemek *P* sich nach Hause sehnen, Heimweh haben
evsenmek *P* sich wie zu Hause fühlen
evsin *dial.* 1. Jagdhütte *f* 2. Anstand, Hochsitz *m* *öneze
evsiz ohne (eigenes) Heim od. Haus ~ **barksız** 1. wer kein eigenes Haus (mehr) hat 2. *fig.* Landstreicher *m*
evsizlik 1. Fehlen *n* e–s eigenen Hauses (Heims) 2. ungenügendes Vorhandensein von Häusern (Wohnungen), Wohnungsnot *f*
evvel 1. *va.* erst- *birinci, ilk 2. *va.* erster Teil, Anfang *m* 3. *Adv.* (zu-)erst, zunächst 4. *Adv.* früher, eher, vorher 5. *Adj.* früher, vergangen, alt 6. *Pp. m. Abl.* a) vor b) bevor, ehe 7. e–r der 99 Beinamen Allahs Zu 1: **Selimi** ≗ (Sultan) Selim I. Zu 3: ≗ **taam sonra kelâm.** *Spr.* Erst das Essen, dann die Unterhaltung. Zu 4: s. ~ **gelmek** Zu 5: ~ **zaman içinde** einst(-mals), vormals, in früheren Zeiten Zu 6a: **Ben sizden ~ geldim.** Ich bin vor Ihnen gekommen. **(bundan) on gün** ~ (heute) vor zehn Tagen Zu 6b: **Gitmezden ~ bana gelin!** Kommt zu mir, bevor ihr wegfahrt! ~ **Allah** 1. *(Bet.)* mit Gottes Hilfe! bei Gott! 2. *(form.)* nächst Gott (Zu 1: ≗ **Allah ben bu işi yaparım!** Bei Gott, ich werde das fertigbringen! Zu 2: ≗ **Allah, sonra sizin sayenizde bu işi buldum.** Durch Ihre liebenswürdige Hilfe habe ich diese Tätigkeit übernehmen können.) ~ **ateşleme** s. **erken ateşleme;** ~ **gelmek** vorher kommen ~ **ve ahir** *z. va.* 1. schon immer, schon früher, von jeher 2. früher oder später, schließlich (doch), letzten Endes 3. (bşin od. b–nin) ~ **ve ahiri** alles, alle Einzelheiten *pl.*, *F* die ganze Geschichte **-den** schon früher **-den görmüş olma hissi** s. **görmüşlük duygusu; -den sezmek** vorausahnen **-lerden** früher, in früheren Zeiten **-leri** früher, seinerzeit **iki sene -isine nazaran** im Vergleich zu der Zeit vor zwei Jahren **üç ay -i(si)ne kadar** bis vor drei Monaten
evvelâ [×·–] zuerst, zunächst, an erster Stelle, erstens *önce, ilkin ≗ **can sonra canan.** *Spr.* Der Mensch ist nun einmal ein Egoist.
evvelbeevvel [·×··] *va.* zuallererst, vor allem andern, vor allen Dingen
evvelce [·×·] 1. zuerst, zunächst *önce 2. früher, vordem, in früheren Zeiten, bereits, schon *eskiden, önceleri 3. vorher, weiter oben
evvelemirde zunächst einmal, zuerst, in erster Linie *ilkönce, her şeyden evvel
evvelen [×··] *va.* erstens, an erster Stelle
evveli *P* 1. s. **evvelki, evvelsi** 2. in früheren Zeiten, früher, vordem Zu 1: ~ **gün** vorgestern Zu 2: ≗ **böyle derlerdi.** In früheren Zeiten sagte man so. ~ **-yken** *(Mf.)* in alter Zeit **-si** *P* s. **evveli, evvelki**
evvelî 1. allererst, anfänglich, Anfangs-, Vor- 2. *chem.* primär *birincil, ilk Zu 1: s. **tahkikatı evveliye** Zu 2: ~ **küul** s. **birincil alkol**
evveliyat, -tı [ā] 1. (Akten-)Vorgang *m* 2. Vorgeschichte *f* 3. *med.* Anamnese *f* *antesedan
evveliyet, -ti Primat *n, m,* Vorrang *m* *başmanlık
evvelki; evvelsi 1. erster, vorhergehend *birinci, ilk, önceki 2. vorletzt 3. früher *(Adj.)* Zu 2: ~ **gün** vorgestern ~ **günkü** vorgestrig ~ **sene** vorletztes Jahr Zu 3: **bizden ~ nesiller** die Generationen *pl.* vor uns
evvelüahir s. **evvel ve ahir**
evyapan Sansevieria *f*, Bogenhanf *m bot.* Sansevieria (guinensis u. a.) *subaykılıcı
evye Spül-stein *m*, -becken *n*, Ausguß *m*
evza, -aı [ā] *Pl.* zu **vazı** 1. Stellungen *pl.* 2. Handlungen *pl.* 3. Gebärden *pl.* 4. Benehmen, Verhalten *n* ~ **satmak** sich anmaßend benehmen, sich aufspielen
evzon Evzone *m;* griechischer Soldat (*spez.* der königlichen Garde) in Nationaltracht mit Fustanella
ex ante *H* geplant ~ ~ **tasarruf** *H* geplante Einsparungen *pl.*
ex post *H* realisiert ~ ~ **yatırımlar** *H* realisierte Investitionen *pl.*
ey 1. he! heda! holla! 2. Kenntlichmachung e–r Anrede 3. [–] *(Ausdruck des Überdrusses)* jetzt aber … 4. s. **e** Zu 2: **Ey, Türk gençliği** Du, türkische Jugend … Zu 3: **Ey, artık çok oluyorsun!** Jetzt ist es aber genug mit dir!
eyadi [ā] *(va. dopp. Pl.* zu **yet)** Hände *pl.*
eyalet, -ti [ā] 1. *hist.* osm. Provinz *f* mit eigener Verwaltung 2. (Bundes-)Land *n* ~ **meclisi** Landtag *m*
eydetik eidetisch *silimsiz
eydetiklik Eidetik *f* *silimsizlik
eyef *dial.* ringförmiges hölzernes Verbindungsstück zwischen Joch und Deichsel (bei Pflug od. Ochsenkarren)
eyer (Reit-)Sattel *m* ~ **ağacı** s. ~ **kaltağı;** ~ **almak** (*od.* **çıkarmak**) absatteln ~ **alt kolanı** Satteluntergurt *m* ~ **çantası** Satteltasche *f* ~ **kabzası** Sattelknopf *m* ~ **kaltağı** Holzgestell *n* e–s Sattels ~ **kapamak** s. ~ **vurmak;** ~ **kaşı** (Vorder- od. Hinter-)Zwiesel *m* ~ **kolanı** Sattelgurt *m* ~ **kuburu** am Sattel befestigte Pistolentasche, Halfter

f ~ **oturuşu** *(Turnen)* Reitsitz *m* ~ **örtüsü** Satteldecke *f*, Woilach *m* ~ **takımı** Sattelzeug *n* ~ **vurmak (hayvana)** den Sattel auflegen; satteln **-e de gelir semere de** *fig.* brauchbar für jede Arbeit, sei es feine, sei es grobe **-i boş kalmak (atın)** sterben (Reiter)
eyerci Sattelmacher, Sattler *m*
eyercilik Herstellung *f* und Verkauf *m* von Sätteln; Sattlerei *f*
eyerlemek (m. Akk.) satteln
eyerli gesattelt (Reitpferd)
eyersiz ungesattelt (Reitpferd)
eyger *va.* s. **enir**
eyi s. **iyi**
eyir otu *bot.* 1. s. **Azak eyiri** 2. s. **kızılyaprak**
eyitmek s. **ayıtmak**
eykevî s. **ormansal**
eylem 1. Tätigkeit, Aktion *f*, Wirken *n* *etki, fiil, tesir 2. methodisches Vorgehen, systematisches Arbeiten *ameliye, ameliyat 3. *gr.* Verbum *n* *fiil ~ **birliği** *lit.* Einheit *f* der Handlung ~ **çekim eki** *gr.* Flexionsendung *f* *tasrif lâhikası ~ **çekimi** *gr.* Konjugation *f* ~ **ismi** *gr.* Verbalsubstantiv *n* ~ **tümcesi** *gr.* Verbalsatz *m* *fiil cümlesi ~ **yeteneği** s. **fiil ehliyeti; medenî hakları kullanma ehliyeti; -den türeme ad** (*bzw.* **eylem**) *gr.* deverbales Substantiv (*bzw.* Verbum)
eylemci Täter, Urheber, Aktivist, Terrorist *m*
eylemek s. **etmek**
eylemli tätig, praktisch, aktiv *amelî, fiilî
eylemlik *gr.* Infinitiv *m* *mastar
eylemsel 1. aktiv, tätig 2. wirklich
eylemsi *gr.* verbale Indefinitform (umfassend: Infinitiv, Partizip, Gerundium) *fer'i fiil; fiilimsi
eylemsiz 1. passiv, untätig, inaktiv *pasif 2. *gr.* ohne Verbum ~ **dizge** *astr.* Inertialsystem *n*
eylemsizlik 1. *phys.* (Massen-)Trägheit; Beharrung *f* *atalet, dinginlik 2. passiver Widerstand ~ **momenti** *phys.* Trägheitsmoment *n*
eyleşmek *P* s. **eğlenmek** (1, 3)
eylül September *m*
eymece *dial.* Angel *f* *olta
eynelmefer *va.* „Wo ist Zuflucht?" *d. h.* 1. Rette sich wer kann! 2. panikartige Flucht
eyosen s. **eosen**
eytam [ā] (*Pl.* zu **yetim**) Waisen *pl.* ~ **sandığı** Waisenkasse *f* ~ **ve eramil maaşları** Pensionszahlungen *pl.* an Witwen und Waisen (von Beamten)
eytişim s. **diyalektik** (1)
eytişimsel s. **diyalektik** (2); ~ **özdekçilik** s. **diyalektik maddecilik**
eytişmek s. **aytışmak**
eyübane [ā] hiobsgleich
Eyübîler *hist.* Ejjubiden, Aijubiden *pl.* (12./13. Jh.)
Eyüp, -bü *n.pr.* 1. Hiob (Bibel) 2. Stadtteil u. D. von Istanbul am Ende des Goldenen Horns **-ü Ansarî** *n.pr.* Anhänger Mohammeds, gefallen bei der ersten Belagerung von Istanbul, 672 (Grab in der nach ihm benannten Vorstadt von Istanbul. In der dortigen Moschee wurden die osm. Sultane bei ihrer Thronbesteigung mit dem Schwert Eyübs umgürtet.)
eyvah [ā] ach! oh weh! ~ **çekmek** seufzen, stöhnen **≗lar olsun!** Ach! Oh weh!
eyvallah [×·–] 1. Vergelt's Gott! Danke schön! *teşekkür ederim 2. Auf Wiedersehen! *Allaha ısmarladık *bzw.* Güle güle 3. *(Ausdruck der Bereitwilligkeit)* gewiß! gerne! ja natürlich! Zu 1: **Buna da ~!** *(Ausdruck der Ergebung in et. Unabänderliches)* Auch dafür sei gedankt! ~ **demek** 1. gerne auf sich nehmen, übernehmen 2. sich schicken, sich ergeben (in et.) ~ **etmek** 1. (b–ne) j–s Gunst suchen, j–m schmeicheln 2. sich j–m zu Dank verpflichtet fühlen **-ı olmamak** (b–ne) undankbar sein, sich undankbar erweisen (gegen)
eyvan [ā] *va.* 1. große Halle od. Diele *f* 2. Säulenhalle *f* 3. Schloß *n*, Palast *m*
eyyam [ā] (*va. Pl.* zu **yevm**) 1. Tage *pl.* 2. Zeit(-abschnitt *m*) *f* 3. Herrschaft, Macht *f* 4. *naut.* günstiger Wind ~ **adamı (ağası, efendisi, reisi)** *pej.* 1. wer den Mantel nach dem Wind hängt; Opportunist, Gelegenheitspolitiker *m*, Windfahne *f*, Stehaufmännchen *n* 2. würdeloser Schmeichler ~ **dostu** s. **iyi gün dostu;** ~ **görmüş** (*od.* **sürmüş**) 1. lebenserfahren 2. wer früher bessere Zeiten erlebt hat ≗ **ola** (*a. m. der Forts.* **yel ese**)! (Segenswunsch an abfahrende Seeleute:) Mögen Wind und Wetter günstig sein! Gute Fahrt! **-ı adiye** *va.* Wochentage *pl.* **-ı bahur** Hundstage *pl.* **-ı sairede** *va.* an den übrigen Tagen
eyyamcı [ā] s. **eyyam adamı**
eyyamcılık [ā] Opportunismus *m* ~ **etmek** den Mantel nach dem Winde hängen
eyzan [×·] *va.* ebenso, gleichfalls, dito
ez *(pers. Präp.)* aus, von ~ **dilücan** *va.* von ganzem Herzen
eza [ā] Qual, Pein, Mühseligkeit, Belästigung *f* ~ **etmek** (m. Dat.) quälen, peinigen, belästigen
ezaf [ā] (*Pl.* zu **zıf**) Mehrfaches (von)
ezan [ā] Gebetsruf *m* (*spez.* vom Minarett aus) ~ **okumak** 1. zum Gebet rufen, den Gebetsruf singen (Müezzin) 2. *V* j–m durch Geschwätzigkeit auf die Nerven fallen
ezanî [·––] (in der Füg.:) ~ **saat** frühere, mit dem Abendgebetsruf **(akşam ezanı)** einsetzende Stundenzählung (seit 1908 durch **zevalî saat** ersetzt)
ezber 1. auswendig, aus dem Gedächtnis 2. Auswendigbehalten *n* 3. auswendig zu lernendes Stück ~ **etmek** *selt.* s. **ezberlemek; -den** 1. auswendig, aus dem Gedächtnis 2. ohne Überlegung **-den okumak** auswendig vortragen **-e** 1. auswendig 2. ohne genaue Kenntnis; so dahin (z. B. sagen) **-e bilmek** (bir yeri) wie seine Westentasche kennen (Ort) **-e iş görmek** oberflächlich arbeiten, *F* drauflos wursteln **-e yapmak** nach der Phantasie anfertigen (Bild)
ezberci wer leicht bzw. stumpfsinnig et. auswendig lernt
ezbercilik 1. leichtes bzw. stumpfsinniges Auswendiglernen 2. *päd.* Verbalismus *m* *lafziye
ezberlemek auswendig lernen
ezcanüdil [ā] *va.* von ganzem Herzen, inbrünstig
ezcümle [×··] 1. unter anderem, darunter, zum Beispiel 2. kurzum 3. besonders, insbesondere
ezel (Ur-)Ewigkeit *f* (in der Vergangenheit) *öncesizlik **-den beri** von jeher, schon immer, seit undenklichen Zeiten **-den ebede** von Ewigkeit zu Ewigkeit
ezelî (ur-)ewig, von Ewigkeit her *öncesiz ~ **düşman** Erzfeind *m* ~ **ebedî** ohne Anfang und Ende ~ **takdir** s. **yazgı;** ≗ **Yahudi** Ewiger Jude, Ahasver
Ezelîler *n.pr.* der zahlenmäßig kleinere Teil der Babî-Sekte nach deren Spaltung (s. a. **Bahaîler**)
ezelîlik; ezeliyet, -ti (Ur-)Ewigkeit *f* *ilksizlik
ezgi 1. *mus.* Musikweise, Melodie *f* *lahin 2. *fig.* Art und Weise *f*, Tempo *n* *tarz, tempo 3. e–e best. Gedichtgattung in der türk. Volksliteratur 4. *ling.* Sprachmelodie *f* 5. Bauernlied *n* Zu 2: **Bu iş bundan böyle aynı -de sürüp gidemez.** So wie bisher wird es von nun an nicht mehr weitergehen. s. a. **ağır ~ fıstıkî makam**
ezgiç, -ci Reibkeule *f* (zum Anrühren von Farben)
ezgil e–e kleinere Mispelart (vgl. **muşmula**)
ezgin 1. s. **ezik** 2. müde, erschöpft
ezginlik 1. s. **eziklik** 2. Müdigkeit, Erschöpfung *f*
ezgisel 1. melodisch *melodik 2. auf e–e Art und Weise od. ein Tempo bezüglich

Ezher *n.pr.* (Abk. von **Cami-ül-Ezher**) isl. Universität in Kairo
Ezherci *F* Student *m* der Ezher-Universität
ezhercihet *va.* in jeder Hinsicht, völlig, ganz
Ezheriye *n.pr. fr. rel.* ein Zweig des Halvetiye-Ordens
ezi *selt.* Druck *m*
ezici 1. zerdrückend, zerstoßend 2. erdrückend, überwältigend 3. *mil.* zermürbend *yıpratıcı Zu 2: **adet itibariyle ~ faikıyet** die erdrückende numerische Übermacht **~ muharebeler** *mil.* zermürbende Kämpfe **~ zafer** überwältigender Sieg
ezik 1. zerdrückt, angestoßen (z. B. Obst), plattgedrückt 2. mit e–m Druck im Magen 3. schüchtern, zaghaft, befangen 4. betrübt, bekümmert 5. *med.* a) innere Verletzung b) Prellung, Quetschung, Kontusion *f* **~ büzük** 1. ganz zerdrückt (z. B. Obst) 2. *fig.* ganz zerschmettert 3. *fig.* sehr verlegen
eziklik 1. Zerdrückt-, Angestoßen-sein *n* 2. hohles Gefühl im Magen; Hungergefühl *n* 3. *fig.* Zerschmettert-Sein *n* 4. Befangenheit *f* 5. Betrübnis *f*
ezilgen leicht zu Pulver zerreibbar
ezilmek 1. Pass. od. Refl. zu **ezmek** 2. (in Verb. mit **mide, yürek** od. **iç**) ein hohles Gefühl im Magen haben, Hunger verspüren 3. beschämt od. verlegen sein 4. tiefstes Mitleid empfinden **ezilip büzülmek** 1. ganz zerschmettert (geknickt) sein 2. sich unbehaglich fühlen; j–m überaus peinlich sein; sich genieren
ezim ezim (*lm. Verst.* in Verb. mit **ezmek**) sehr, überaus
ezimevi, -ni Ölmühle *tasirhane
ezinç Qual, Pein *f* *azap
Ezine *n.pr.* O. u. D. im Rbz. Çanakkale
ezinti 1. Hungergefühl *n* 2. (Gefühl *n* der) Bedrängnis *f*
eziyet, -ti Qual, Plage, Pein, Mühseligkeit **~ çekmek** sich abplagen, sich abmühen, viel Mühseligkeiten durchmachen müssen **~ etmek** (*od.* **~ vermek**) quälen, peinigen
eziyetli qualvoll, mühselig
eziyetsiz ohne Mühseligkeiten, leicht, bequem
ezkaza [··–] *va.* 1. zufällig *tesadüfen 2. durch Unglücksfall 3. vielleicht einmal Zu 3: ≗ **günün birinde hekime muhtaç olursanız** Sollten Sie vielleicht einmal e–n Arzt benötigen ...
ezme 1. Vs. zu **ezmek** 2. Mus, Püree, Mark *n* **~ boya** s. **hamur boya; ~ kâğıt** Papier-, Papp-maché *n*
ezmek, (-er) 1. zer-drücken, -stoßen, -stampfen, -quetschen, -treten, -malmen 2. sich auflösen lassen, zergehen lassen (Zucker, Farbe usw.) 3. übermäßig stark in Anspruch nehmen; überanstrengen, *mil. a.* zermürben *yıpratmak 4. nieder-werfen, -zwingen, überwältigen (z. B. Feinde) 5. überfahren (z. B. Auto e–n Fußgänger) 6. *F* durchbringen (z. B. Geld) 7. j–n tüchtig her-, vornehmen (z. B. Gegner im Ringkampf) **Ez de suyunu iç!** *F* Das kannst du dir an den Hut stecken! Das kannst du dir sauer braten lassen!
ezmine (*va. Pl.* zu **zaman**) Zeiten *pl.* **-i kadimei hayat** s. **paleozoik**
ezofagoskop, -pu *med.* Ösophagoskop *n*, Speiseröhrenspiegel *m*
ezofajit, -ti *med.* Ösophagitis *f*, Entzündung *f* der Speiseröhre *iltihabı meri
Ezop, -pu *n.pr.* Äsop (griech. Fabeldichter)
ezoterik esoterisch *içrek
Ezrail s. **Azrail**
ezrak, -kı *va.* blau *mavi

F

f, F [fɛ] 1. siebter Buchst. des türk. Alph. 2. *mus.* (Ton od. Note) F
fa *mus.* (Ton od. Note) F
faal, -li [·–] 1. tätig, aktiv 2. arbeitsam, tatkräftig, tüchtig, rührig 3. einsatzbereit (z. B. Flotte) **~ bir vaziyete sokmak** *techn.* betriebsfertig machen **~ defütart** *mil.* aktive Abwehr **~ idare** *jur.* Verwaltung *f* (im engeren Sinn; im Ggs. zu Gesetzgebung und Rechtsprechung) **~ mektep** s. **etkinci okul; ~ nüfus** erwerbstätige Bevölkerung
faaliyet, -ti [·–··] 1. Tätigkeit, Aktivität *f* 2. Tatkraft, Tüchtigkeit, Rührigkeit *f* 3. Einsatzfähigkeit *f* (z. B. e–r Flotte) **~ göstermek** Aktivität an den Tag legen; aktiv sein **~ sahası** Tätigkeitsfeld *n*, Wirkungskreis *m* **-e geçirmek** 1. in Tätigkeit setzen, in Betrieb nehmen 2. in Aktion treten lassen; einsetzen **-e geçmek** 1. in Tätigkeit (Aktion) treten, seine Tätigkeit aufnehmen 2. eingreifen, in Aktion treten **-te bulunmak** in Betrieb sein **-ten menetmek** weitere Tätigkeit untersagen
faanahtarı, -nı *mus.* F-, Baß-schlüssel *m*
fabl *lit.* Fabel *f*
fabrika [×··] Fabrik *f*, Fabrikbetrieb *m*, Industriewerk *n*; s. a. **bira (ekmek, elektrik, süt, şarap) -sı; ~ amelesi** Fabrikarbeiter(-in *f*) *m* **~ bacası** Fabrik-schornstein, -schlot *m* **~ bürümceği** s. **papazi; ~ gemisi** *naut.* Mutterschiff *n* (für kleinere Kriegsschiffe od. beim Walfang) **~ imalâtı** Fabrikation *f* **~ işi** Maschinenarbeit *f* (im Ggs. zur Handarbeit) **~ itfaiyesi** Werkfeuerwehr *f* **~ mamulâtı** Fabrikware *f* **~ müdürü** Betriebsleiter *m* **~ mühendisi** Betriebsingenieur *m* **~ sahibi** Fabrikbesitzer *m* **~ tesisatı** Werkanlagen *pl.*
fabrikacı Fabrikant, Fabrikbesitzer, Hersteller (Produzent) *m* von Industriewaren *fabrikatör
fabrikacılık 1. Fabrikbetrieb *m*, industrielle Produktion 2. *pej.* Fabrizieren, Zurechtschustern *n* **~ etmek** *pej.* drauflos fabrizieren, mechanisch nach Schema F herstellen; zurechtschustern
fabrikasyon Fabrikation *f*, maschinenmäßige Herstellung
fabrikatör 1. s. **fabrikacı** 2. *abus. agr.* Erzeuger, Produzent *m* Zu 2: **fındık -ü** Haselnußproduzent *m* **soya fasulyesi -leri** Erzeuger *pl.* von Sojabohnen
fabrikatörlük 1. fabrikmäßige Produktion 2. Aufgaben *pl.* (Tätigkeit *f* usw.) e–s Fabrikanten
fabülasyon *med.* krankhafte Einbildung
facia [–··] 1. großes Unglück; Katastrophe, Tragödie *f* 2. *Th.* Tragödie, Trauerspiel *(1, 2) trajedi Zu 1: **Bir ~ oldu.** Es hat sich eine Tragödie abgespielt.
facialı [–··] katastrophal, tragisch (endend); furchtbar, schrecklich (z. B. Unglück) *çok acıklı, feci
facianüvis [–···–] *va.* Tragödiendichter, Tragiker *m*
facir [ā] *va.* liederlich, ausschweifend, ehebrecherisch, übler Kerl; Lügenbeutel *m*
facire Fem. zu **facir** 1. liederlich 2. mannstoll 3. (halb scherzhafter, halb ernster Tadel gegenüber jungen Mädchen) Nichtsnutz, Schlingel (Galgen-)Strick *m* **Seni ~ seni!** Du kleiner Strick!
faça [×·] 1. *naut.* der zwischen der Wasserlinie e–s beladenen und unbeladenen Schiffes liegende Teil der Bordwand 2. *naut.* Backholen *n* der Segel 3. *V* Gesicht *n* (*F* Visage *f*, *V* Fresse *f*) 4. *V* unterste Spielkarte 5. *V* Kleidung *f*, Anzug *m* **~ boyası** Bleioxyd *n*, Mennige *f* (für

faça 1); ~ **edip durmak** (*od.* **edip eğlenmek**) *naut.* beidrehen bzw. beigedreht liegen ~ **etmek** *naut.* 1. das Toppsegel backholen 2. bei-drehen, -legen; backen (Schiff) 3. backkommen (Segel) ~ **-ya gelmek** (b–le) *V* treffen, begegnen, zusammentreffen (mit) ♎ **flok!** Klüver back! **-sını almak (aşağıya)** *V* blamieren, zum Gespött der Leute machen
façeta [·×·] Facette *f*, Rautenfläche *f* e–s geschliffenen Diamanten
façο s. **faça** (2)
façuna [·×·] *naut.* Bekleiden *n* e–s Taues; Tautakelung, Schladding *f* ~ **etmek** schladden, trensen, bekleiden, betakeln, marlen (Tau) ~ **maçunası** (*od.* **tokmağı**) *naut.* Kleidkeule *f*
façunalık *naut.* zur Bekleidung e–s Kabels dienend ~ **mürnel** Schiemannsgarn *n*, Hüsing *f*
Fadik *F* = **Fatma**
fage(-ci) *irrt.* für **fagot(-çu)**
fagosit, -ti *biol.* Phagozyte, Freßzelle *f* *hücrei akile, yutarhücre, yutargöze
fagositoz *biol.* Phagozytose *f* *hücreyutarlığı, gözeyutarlığı
fagot, -tu *mus.* Fagott *n*
fagotçu; fagotist, -ti Fagottist *m*
fağfur 1. *hist.* Titel der chinesischen Kaiser 2. feines, halb durchsichtiges Porzellan *eski maden
fağfurî aus chinesischem Porzellan
fahamet s. **fehamet**
fahim, -hmi *chem.* Kohle *f*, Carbo *f* *kömür, karbon **-i hayvanî** s. **hayvan kömürü; -i nebatî** s. **bitkisel kömür**
fâhim *va.* klug, intelligent, von rascher Auffassungsgabe *anlayışlı
fahîm 1. *va.* groß, mächtig, erlaucht 2. ♎ [×·] *mV;* **Fahîme** [×··] *wV*
fahîmane [·––·] (in fr. Füg. wie:) **zatı -leri** Ew. Durchlaucht, Ew. Hoheit, Ew. Majestät
fahime [ā] Intellekt *m*, Denkfähigkeit *f* *anlık, intelek(-t), müdrike
fahir, -hri *va.* Ruhm *m* ♎**i Âlem;** ♎**i Kâinat** „Ruhm *m* der Welt" (Beiname des Propheten Mohammed)
fâhir *va.* 1. ruhmvoll, stolz 2. überaus wertvoll; Ehren- (z.B. Kleid) 3. ♎ *mV;* **Fâhire** *wV*
fahiş [ā] 1. übermäßig, unmäßig, Maß und Ziel übersteigend 2. grob (z.B. Fehler) 3. *va.* obszön ~ **cezaî şart** übermäßig hohe Vertragsstrafe ~ **faiz** Wucherzins *m* ~ **fiyat** unverschämt hoher Preis ~ **hata** grober Fehler
fahişe [ā] Dirne, Hure *f* *orospu
fahişlik [ā] Übermaß *n*, unverschämte Höhe (z.B. von Preisen), das Grobe (z.B. e–s Fehlers)
fahiz, hzi *an.* Oberschenkel, Femur *m* *uyluk ~ **mafsalı** *an.* Hüftgelenk *n* ~ **mafsalının burkulması** *med.* Hüftgelenkverrenkung, -luxation *f* ~ **mafsalının iltihabı** *med.* Hüftgelenksentzündung, Koxitis *f* ~ **topallığı** *med.* Hüftlahmheit *f* **azmı** ~ s. **uyluk kemiği**
fahmî *chem.* Kohlen- *karbonik
fahmiyet, -ti *va.* s. **karbonat** (1)
fahrenhayt, -tı 1. ♎ *n.pr.* Fahrenheit- 2. F.-Thermometer *n* od. -Skala *f*
fahretmek [×··] *va.* sich rühmen können, mit Recht stolz sein (auf)
fahrî 1. Ehren-, Honorar- 2. **Fahri** [×·] *mV* ~ **aza** Ehrenmitglied(-er *pl.*) *n* ~ **doktor** Ehrendoktor *m* (Dr. h.c., Dr. e.h.) ~ **hemşeri** Ehrenbürger *m* ~ **hemşerilik** Ehrenbürgerschaft *f* ~ **hemşeriliğe seçmek** zum Ehrenbürger wählen ~ **konsolos** Honorar-, Wahl-konsul *m* *tüccar konsolos ~ **profesör** Honorarprofessor *m* ~ **reis** Ehrenpräsident *m* ~ **üye** Ehrenmitglied *n* **Fahri oyması** Schrift- od. Blumen-silhouette *f*
fahriye 1. zum eigenen Lobe Gesagtes 2. Lob-lied *n*, -gesang *m* (*spez.* in der ält. Lit. e–e Kaside, in welcher der Dichter seine eigenen Vorzüge preist; berühmt sind diejenigen von Nefi) 3. ♎ *wV*
fahur [ū] 1. *va.* sich rühmend, stolz, prahlerisch, ruhmredig 2. s. **ferih** ~
fahzî *an.* Oberschenkel-; femoral; **adalei fahziye** s. **uyluk kası**
faide(-lenmek, -li, -siz, -sizlik) s. **fayda(-lanmak, -lı, -sız, -sızlık)**
faik, -kı [ā] 1. überragend, übertreffend, überlegen *üstün 2. *va.* vorzüglich 3. ♎ *mV* **Faika** *wV* Zu 1: ~ **kuvvetler** überlegene Kräfte *pl.*, Übermacht *f* Zu 2: **İhtiramatı -amın kabulünü rica ederim.** (*osm.*) Genehmigen Sie den Ausdruck meiner vorzüglichsten Hochachtung.
faikıyet, -ti [ā] 1. Überragen, Übertreffen *n*, Überlegenheit *f* *üstünlük 2. **(adet itibariyle)** numerische (zahlenmäßige) Überlegenheit; Übermacht, Überzahl *f*
fail [ā] 1. Täter; Urheber (z.B. e–s Verbrechens) *m*, tuend, machend 2. aktiv, tätig 3. *biol.*, *med.* wirksam 4. *gr.* Subjekt *n* (e–s Verbalsatzes) *özne Zu 1: **bir cinayetin -i olmak** ein Verbrechen auf dem Gewissen haben **bir suikastın -i** Attentäter *m* **-i muhtar** 1. selbständig Handelnder 2. *pej.* eigenwillig, selbstherrlich *başına buyruk
failiyet, -ti [ā] 1. Täterschaft, Urheberschaft *f* 2. *z. va.* Tätigkeit, Aktivität *f* 3. Einwirkung *f* *etkerlik ~ **rabıtası** *va. gr.* die Form des Typus **gören** od. **görücü**
faiz [ā] Zins(-en *pl.*) *m* *ürem ~ **fiyatı** (*od.* ~ **haddi** *od.* ~ **nispeti**) Zins-fuß, -satz *m* ~ **getirmek** Zinsen abwerfen ~ **işlemek** Zinsen tragen ~ **vermek** Zinsen zahlen ~ **yürütmek** Zinsen berechnen **-e faiz yürütülmesi** Berechnung *f* von Zinseszins, Anatozismus *m* **-e vermek** (*od.* **yatırmak**) auf Zinsen anlegen, gegen Zinsen ausleihen **-i işlemek** (bşin) Zinsen bringen **-le yaşamak** von seinen Zinsen leben, Rentier sein **-i muhassas** festgesetzte Zinsen *pl.*, Dividenden(-ausschüttung *f*) **-i müfret** (*od.* **basit**) einfache Zinsen *pl.* (im Ggs. zu Zinseszinsen) **-i mürekkep** s. **bileşik faiz**
fâiz 1. *va.* erfolgreich, glücklich 2. ♎ *mV* **Fâize** *wV*
faizci [ā] wer Geld auf Zinsen anlegt bzw. ausleiht *spez.* Geldverleiher, *pej.* Wucherer *m*
faizcilik [ā] Tätigkeit *f* e–s **faizci**
faizli [ā] 1. mit e–m Zinsfuß von ...; soundsoviel Prozent Zinsen tragend 2. verzinslich ~ **borç** verzinsliche Schuld ~ **yatırmak** verzinslich anlegen
faizsiz [ā] zinslos, ohne Zinsberechnung
fajedenik *med.* fressend, sich ausbreitend, phagedänisch (Geschwür)
fak, -kı 1. Vogelschlinge *f* 2. *fig.* Falle *f* **-a basmak** *F* in die Falle gehen, hereinfallen, sich übertölpeln (düpieren) lassen **-a bastırmak** *F* in die Falle locken, hereinlegen, übers Ohr hauen
fakat [×·] aber, jedoch, indessen, allein, bloß, nur *ama, lâkin
fakfon Packfong *n* (ältere Kupfer-Nickel-Zink-Legierung) od. hieraus hergestellt
fakır, -krı *z. va.* Armut, Dürftigkeit, Not *f* *fukaralık, yoksulluk ~ **ve zaruret** s. **fakrüzaruret**
fakih [ī] 1. isl. Jurist, Kenner *m* des Scheriatsrechtes (fıkıh) 2. *fr. P* (in Anatolien:) [faki] Geistlicher *m*
fakir *urspr.* [·–] 1. arm, mittellos, bedürftig; Arme *m/f* *fukara, yoksul 2. bedauernswert, arm *zavallı 3. unergiebig (z.B. Erz) 4. ärmlich (z.B. Ausstattung) 5. *va.* Derwisch *m* 6. (*od.* **-iniz** *od.* **ben** ~) *va. Besch.* meine Wenigkeit; ich 7. (indischer) Fakir ~ **düşmek** arm werden; verarmen ~ **fukara** Arme *pl.* ~ **giyinmiş** ärmlich gekleidet **-ler yurdu** s. **fakirhane; -i pür taksir** *osm. Besch.* „der Arme voller Fehler", ich

fakirane [·−−·] 1. arm, ärmlich, bedürftig 2. bescheiden, schlicht
fakirhane [·−−·] 1. Siechen-, Armen-heim *n* *darülaceze, bakım yurdu 2. *va. Besch.* mein Haus, meine Wohnung
fakirizm Fakirtum *n*
fakirleşmek arm werden, verarmen
fakirlik 1. Armut, Dürftigkeit, Not *f* 2. s. **fakirizm** 3. Unergiebigkeit *f* (z. B. des Bodens) 4. Ärmlichkeit *f* 5. Unzulänglichkeit *f* (z. B. des Ausdrucks) ≗ **ateşten gömlektir.** *Spr.* Armut ist ein schlimmer Gast. *Spr.* ~ **ilmühaberi** (*od.* ~ **belgesi**) *jur.* s. **fakrıhal mazbatası**
fakrıhal, -li [··−] Zustand *m* der Armut ~ **mazbatası** Armutszeugnis *n,* amtliche Bestätigung der Mittellosigkeit *yokluk kâğıdı
fakrüddem s. **kansızlık**
fakrüzaruret, -ti [···−·] *z. va.* Armut und Not *f,* bedrängte Lage
faksimile [·×··] Faksimile *n* *tıpkıbasım
faktitif 1. s. **ettirgen** 2. s. **ettirgen eylem**
faktör Faktor *m*
fakulya *arch.* Spandrille *f,* Gewölbezwickel *m*
fakültatif fakultativ, wahlfrei *ihtiyarî
fakülte 1. (Universitäts-)Fakultät *f* 2. *selt.* Fähigkeit *f,* Vermögen *n,* Kraft *f*
fakülteli an e−r Fakultät eingeschrieben, Fakultätsstudent(-in *f*) *m*
fal [u-haltiges l]; nur in ält. Füg. wie **-ihayır, -name** [−] [i-haltiges l] 1. Vorzeichen *n,* Vorbedeutung *f,* Omen *n* 2. Wahrsagen *n* Zu 2: s. a. **el (iskambil) -ı;** ~ **açıcı** Wahrsager(-in *f*) *m* ~ **açmak** (*od.* **atmak**) wahrsagen ~ **açtırmak** sich wahrsagen lassen ≗ **çıktı.** Die Wahrsagung ist eingetroffen. ~ **taşı** ein Kieselstein, e−e Bohne od. ein ähnlicher Gegenstand, mit dem Wahrsagerei betrieben wird ~ **taşı gibi açılmak** s. Stw. **gözleri;** ~ **tutmak** sich wahrsagen lassen **-a bakmak** s. ~ **açmak**
falaka [×··] 1. Bastonadenholz *n* (zum Festklemmen der Füße) 2. Bastonade *f* 3. Bez. für verschiedene Klemmgeräte z. B. Ort-, Zug-scheit *n* (am Wagen) **-ya çekmek** (*od.* **yatırmak**) j−m die Bastonade verabfolgen
falakalı (in der Füg.) ~ **kasa** *naut.* Hufeisen-, Bucht-spleiß *m* *nal kasa; parçalı kasa
falan 1. der und der, ein gewisser Dingsda, Soundso 2. und so weiter, und was dazugehört, und ähnliches, und was noch mehr ~ **festekiz (feşmekân, fıstık, filan, fistan)** *(oft iron. od. spött.)* s. **falan** (2)
falanca [·×·] s. **falan** (1)
falanga *techn.* Hebe-, Trag-stange *f*
falanıncı (*od.* ~ **filanıncı**) soundsovielt-
falanj 1. Falange *f* (in Spanien) 2. *an.* s. **parmak kemiği**
falanjist, -ti Anhänger(-in *f*) *m* der spanischen Falange, Falangist(-in *f*) *m*
falbala s. **farbala**
falcı Wahrsager(-in *f*) *m* ~ **kadın** Wahrsagerin *f*
falcılık Wahrsagerei *f*
falçata [·×·] *V* Sammelbez. für spitze Gegenstände wie: Messer *n,* Dolch *m,* Bratspieß *m* usw.
falçete [·×·] (Krumm-)Messer *n* des Schuhmachers
Faler *n.pr.* Phaleron (bei Athen)
falez *geogr.* steil abfallende Felsküste, Steilküste *f,* Kliff *n* *yalıyar, yar
falih [ā] 1. *va.* erfolgreich, glücklich 2. ≗ *mV*
falihayır [−···], **-rı** *z. va.* gutes Vorzeichen, gutes Omen
falisizm; falizm Phalluskult *m*
fallamak *V* s. **anasını bellemek**
falname [−−·] *z. va.* Wahrsage-, Orakel-buch *n*
falso (I) [×·] 1. *mus.* (*a.* ~ **ses**) falscher Ton, Miß-ton, -klang *m,* Detonieren *n,* Disharmonie *f* 2. *fig.* falsche Ausführung (z. B. e−s Befehls), Miß-, Fehl-griff, Schnitzer *m* 3. *Bill.* Effet (öst.: Fälschung *f*) 4. (*a.* ~ **istaka**) *Bill.* Kicks *m,* Fehlaufnahme *f* ~ **basmak** (*od.* **etmek**) 1. falsch singen (od. spielen: M.i.) 2. *fig.* e−n Mißgriff begehen, e−n Fehler machen, et. falsch machen, *F* danebenhauen ~ **vermek** 1. *selt.* s. ~ **etmek** 2. *Bill.* Effet geben (öst.: fälschen)
falso (II); **fanso** [×·] *naut.* 1. Ersatz-, Hilfs-, Behelfs-, Not- 2. Verminderung *f,* Nachlassen *n* ~ **direk** Notmast *m* ~ **etmek** 1. sich vermindern; nachlassen, aufhören, sich legen (z. B. Wind) 2. backkommen (Segel durch Unaufmerksamkeit) ~ **patrisası** Notpardune *f* ~ **pusula** Hilfskompaß *m*
falsocu *selt.* Tölpel, Taps *m*
falsolu 1. mißtönend, unrein 2. fehlerhaft, ungeschickt 3. *Bill.* mit Effet Zu 3: ~ **sırtüstü** *Bill.* Nachläufer mit Effet
falsosuz 1. *mus.* ohne Mißklang; rein 2. ohne Fehler 3. *Bill.* ohne Effet
falya [×·] 1. Zünd-pfanne *f,* -loch *n* (bei alten Feuerwaffen) 2. *z. va.* Leck, Loch *n,* undichte Stelle ~ **barutu** s. **ağızotu;** ~ **basmak** *fr.* beim Laden den Finger (bzw. e−n ledernen Fingerhut) auf die Zündpfanne pressen ~ **çivilemek** *fr.* ein Geschütz vernageln (unbrauchbar machen) ~ **iğnesi** *fr.* Eisenbohrer *m* zum Erweitern bzw. Reinigen der Zündpfanne ~ **otu** s. **ağızotu;** ~ **teknesi** *fr.* Gewehr-, Stein-schloß *n* ~ **tıkamak** *fr.* ein Geschütz durch Verstopfen der Zündpfanne unbrauchbar machen ~ **vermek** *z. va.* 1. ein Leck bekommen (Schiff) 2. platzen, zerreißen (Geschützlauf) 3. *fig.* ans Tageslicht kommen, bekannt werden, *F* aufkommen ~ **yüksüğü** *fr.* lederner Fingerhut (vgl. ~ **basmak**)
falyanos 1. s. **balina** 2. Mörderwal *m zo.* Orcinus orca *katil balina
fam [−] *va.* Farbe *f* *renk
famdöşambr (*franz.* **femme de chambre**) *selt.* Zimmermädchen *n,* Bedienerin *f*
familya [·×·] 1. *a. bot., zo.* Familie *f* *aile, fasile 2. *P* (Ehe-)Frau, Gattin *f*
fan (I) (*engl.* **fan**) begeisterter Liebhaber; Fan *m*
fan (II) (*engl.* **fan**) *techn.* Lüfter, Ventilator *m,* Gebläse *n*
fanatik fanatisch; Fanatiker(-in *f*) *m* *taassupkâr
fanatiklik 1. Verhalten *n* e−s Fanatikers 2. Fanatismus *m*
fanatizm Fanatismus *m* *fanatiklik, taassup
fandango [·×·] Fandango *m* (span. Tanz)
fanfan 1. Plappern, Nuscheln, Stammeln *n* 2. undeutlich sprechend, nuschelnd ~ **böceği** s. **domuzlan**
fanfar *mus.* 1. Fanfare *f* 2. Fanfarenstoß, Tusch *m,* Trompetengeschmetter *n* 3. Blechmusik-kapelle *f,* -korps *n* ~ **musikisi** Blech-, Horn-musik *f*
fanfarcı; fanfarist, -ti 1. Fanfarenbläser *m* 2. Angehöriger *m* e−r Blechmusikkapelle
fanfarlı 1. unter Mitwirkung e−r Blaskapelle 2. mit Fanfaren 3. von Fanfarenklängen begleitet od. eingeleitet
fanfin *pej.* unverständliche Unterhaltung (in e−r ausländischen Sprache) ~ **etmek** kauderwelschen, herumschwadronieren
fangri (balığı) großer Rotbrassen *zo.* Pagrus pagrus
fanımak *va.* 1. alt und hinfällig werden 2. sich abnützen
fani [−−] 1. vergänglich 2. sterblich; Mensch *m* 3. *va.* schwach, kraftlos
fanila [·×·] 1. Flanell *m* 2. aus Flanell hergestellt, flanellen 3. Unterhemd *n*
fanilik [−−·] 1. Vergänglichkeit *f* 2. Sterblichkeit *f*
fanina s. **mavi baştankara**
fanso [×·] s. **falso (II)**
fanta s. **mavi baştankara**
fantasma [×··] Phantasma, Schein-, Trug-bild *n*
fantasmagori Phantasmagorie *f,* Blendwerk, Trugbild *n*
fantasmagorik bizarr, phantastisch, Wahn-

fantasmagorya [···×·] s. **fantasmagori**
fantastik phantastisch: 1. unwirklich, verstiegen, überspannt 2. (Elativbegriff) fast unglaublich, überaus hoch (groß usw.)
fantazi s. **fantezi**
fantaziye [·×··] 1. hohler Prunk, leere Aufmachung, kalte Pracht 2. Fantasia *f* (ar. Reiterturnier mit lärmenden Darbietungen) 3. *mus.* Phantasie(-stück *n*) *f*
fantazya [·×·] s. **fantezi**
fantezi 1. *a. mus.* Phantasie *f* 2. Phantasieerzeugnis *n* 3. mit viel Phantasie entworfen; eigener Gestaltungskraft entsprungen (keiner best. Stilart angehörig), Phantasie- ~ **yelek** Phantasieweste *f*
fantezist, -ti phantastisch, überspannt **Bu, işin belki biraz ~ tarafıdır.** Das heißt wohl ziemlich den Boden der Tatsachen verlassen.
fanti [×·] *Ka. F* Junge, Bube *m* *bacak, oğlan, vale
fantom 1. Phantom, Trugbild, Hirngespinst *n*, Schemen *m* 2. *med.* Phantom *n*, Modell *n* von Körperteilen für den Unterricht 3. Phantom-Jäger *m* (Flugzeugtyp)
fanus [ā] 1. Lampenglocke *f* 2. Glasglocke *f* (z.B. zum Schutz feiner Instrumente gegen Staub) 3. Haube *f* (zum Warmhalten von Speisen)
fanya [×·] weitmaschiges Fischernetz
fanyol *mus. z. va.* Saxhorn-Tuba *f* od. Baß-Flügelhorn *n*
fanyolcu *z. va.* wer ein **fanyol** genanntes Instrument spielt
far (I) (*franz.* **phare**) 1. Scheinwerfer *m* (e–s Autos) 2. *V* weibliche Brust
far (II) (*franz.* **fard**) Lidschatten *m*, Augenschminke *f*
far (III) *va.* s. **fare**
farad Farad *n* (el. Maßeinheit)
farasyon die Andornart Marrubium alysson ~ **kalbi** s. **aslankuyruğu**
faraş 1. Kehrichtschaufel, Müllschippe *f* 2. *fig.* liederliches Frauenzimmer ~ **gibi** (*od.* **kadar**) riesengroß (Mund)
faraza [×·–] angenommen, daß ...; gesetzt den Fall, daß ... *tutalım ki
farazî hypothetisch, angenommen *hipotetik, mefruz, muhayyel, varsayımlı, varsayımsal
faraziyat, -tı [···–] *Pl.* Hypothesen, Annahmen *pl.*
faraziye 1. Hypothese, Annahme, Vermutung *f* 2. *math., phil.* (Arbeits-)Hypothese, Annahme, Fiktion, Voraussetzung *f* *farzetme, hipotez, varsayma, varsayım ~ **yürütmek** Hypothesen aufstellen, Vermutungen anstellen
farbala [×··] Falbel *f*, Faltenbesatz *m*
fare [ā] Maus *f* od. Ratte *f zo.* Mus *sıçan ~ **başlı iskorpit** Seeskorpion *m zo.* Myoxocephalus scorpius ~ **deliği** Mauseloch *n* ♎ **deliği bin altın!** „Tausend Goldstücke für ein Mauseloch!" Ein Königreich für ein Pferd! (Shakespeare) ♎ **deliğine sığmamış, bir de kuyruğuna kabak bağlamış.** Das Loch war zu klein für die Maus; da band sie sich noch e–n Kürbis an den Schwanz. *d.h.* 1. Mit seinen eigenen Aufgaben kommt er nicht zurecht; jetzt übernimmt er noch weitere Tätigkeiten. 2. Die an und für sich schon schwierige Lage hat er noch mehr kompliziert. 3. Er war nicht eingeladen, aber er hat noch jemand anderes mitgebracht. ♎ **düşse başı yarılır.** (*Ra.* für e–e armselige kümmerlich möblierte Behausung) ~ **ısırığı hastalığı** *med.* Rattenbißkrankheit *f*, Sodoku *n* ~ **kapanı** Mause-, Ratten-falle *f* ~ **köpeği** Rattenfänger, Rattler *m* (verschiedene Hunderassen) ~ **kulaklı yarasa** Großmausohr *n zo.* Myotis myotis ~ **kuyruğu eğe** Rattenschwanz *m*, Stichfeile *f* ~ **kuyruğu testere** Stich-, Loch-säge *f* ~ **piresi** Rattenfloh *m zo.* Xenopsylla cheopis ~ **tenekesi** *naut.* Blechhindernisse *pl.* auf den Tauen festgemachter Schiffe (gegen Ratteninvasion) ~ **tifüsü** durch Rattenflöhe übertragener Flecktyphus ~ **yeniği** von Mäusen herausgefressenes Loch ~ **zehiri** Rattengift *n* **-ler cirit oynamak** (*od.* **atmak**) (bir yerde) menschenleer (verlassen, öde, unbewohnt; *gel. a.* armselig) sein (Örtlichkeit)
farekulağı, -nı 1. Steinmiere *f bot.* Alsine juniperina 2. Akkergauchheil *m bot.* Anagallis arvensis *sülük otu 3. s. **mercanköşk** 4. s. **unutmabeni**
farengizm *med.* Schlundkrampf *m*
farengoloji *med.* s. **yutakbilim**
farengoskop, -pu *med.* Kehlkopfspiegel *m*
farenjit, -ti s. **yutak iltihabı**
farenks *med.* s. **yutak**
fareotu, -nu *bot.* Euphorbienart, deren Früchte zur Mäusevertilgung verwendet werden
farfara (I) Prahler, Aufschneider *m*, Großmaul *n*, aufdringlicher Schwätzer, Windbeutel *m*
farfara (II) **otu** s. **devetabanı** (4)
farfaracı s. **farfara**
farfaralık Prahlerei, Aufschneiderei, Großsprecherei *f*, aufdringliches Geschwätz, Windbeutelei *f*
farımak 1. sich abnützen, stumpf werden (z.B. Feile) 2. müde werden, ermüden (*intr.*) 3. e–r Sache überdrüssig werden, et. aufgeben 4. alt werden Zu 4: s. **Gönül farımaz.**
fariğ [ā] 1. frei, unbeschäftigt 2. leer, frei (von) 3. *H* Zedent *m* 4. verzichtend, aufgebend ~ **olmak** 1. frei, unbeschäftigt sein 2. frei sein (von) 3. *H* zedieren, abtreten 4. verzichten, aufgeben; aufhören (mit)
farik, -kı [ā] *va.* trennend, unterscheidend, charakteristisch, spezifisch
farika [–··] 1. Unterscheidungsmerkmal *m*, hervorstechendes (charakteristisches, spezifisches) Merkmal *vasfı mümeyyiz 2. *math.* Charakteristik *f* (e–s Logarithmus)
farikavî [–··–] *va.* charakteristisch, spezifisch
faril der durch den oberen und unteren Teil e–s Fischernetzes gezogene Strick aus Ziegenhaar
faris [–·] *va.* 1. reitend; Reiter *m* 2. sehr geschickt, Meister *m* 3. ♎ *va.* Persien (*urspr.* nur das Gebiet um Basra)
Farisî [–·–] 1. persische Sprache, Persisch 2. persisch ~ **dersi** Unterricht *m* im Persischen ~ **terkipler** persische bzw. nach pers. Muster gebildete Fügungen
Farisîce [–·–·] s. **Farisî**
Farisiyat, -tı [–··–] *va.* persische Sprache und Literatur *f*, Iranistik *f*
fariza [·–·] 1. göttliches Gebot, religiöse Vorschrift 2. unumgängliche Pflicht, unbedingtes Gebot 3. im isl. Recht festgesetzter Erbteil 4. ein best. Teil von Vieh od. anderem Eigentum, der nach isl. Recht als Abgabe an die Armen vorgeschrieben ist
fark, -kı 1. *a. math.* Differenz *f*, Unterschied *m* *ayrım 2. Preis-differenz *f*, -unterschied *m* 3. Unterscheiden, Wahrnehmen, Merken *n* ~ **etmek** 1. (m. Abl.) sich unterscheiden, abweichen (von) 2. (m. Akk.) unterscheiden, auseinanderhalten, trennen, den Unterschied feststellen 3. (m. Akk.) (be-)merken, wahrnehmen, herausfinden ~ **gözetmek** e–n Unterschied machen (zwischen), verschieden beurteilen ~ **gözetmeksizin** ohne Unterschied, durch die Bank ~ **olunmak** 1. unterschieden (auseinandergehalten, getrennt) werden 2. sich feststellen lassen, sich herausstellen **-ı kapatmak** *(Sport)* aufholen **-ına varmak** (bşin) et. (be-)merken; Lunte riechen, dahinterkommen **-ında olmak** (bşin) merken, ahnen **-ında olmamak** (bşin) et. (wovon man Kenntnis haben sollte) gar nicht merken (bemerken, ahnen, wissen) **-lar psikolojisi** differentielle Psychologie **gayri kabili** ~ nicht zu unterscheiden(-d)
farklandırmak 1. unterscheiden, voneinander trennen 2. steigen lassen (z.B. Preise)

farklanmak 1. sich immer stärker unterscheiden 2. anziehen, steigen, höher werden (Preise)

farklı 1. e–n Unterschied aufweisend, verschieden, verändert, differenziert, anders 2. *mel.* e–e Besserung zeigend Zu 1: **çok ~ bir tablo çizmek** *fig.* ein ganz anderes Bild entwerfen **çok az ~ bir mağlubiyet** e–e knappe Niederlage **~ mağlubiyet** hohe Niederlage **açık ~ bir mağlubiyet** eindeutige Niederlage Zu 2: **Hastayı bugün ~ buldum.** Ich fand, daß es dem Patienten heute merklich besser geht. **~ farksız** kaum verschieden voneinander **~ galibiyet** *z.B. Fb.* überlegener (zahlenmäßig eindrucksvoller) Sieg **~ tarifeler** *jur.* Differentialtarif *m,* ermäßigter Zolltarif **~ tutmak** verschieden behandeln (z.B. Kinder)

farklıca 1. et. verändert, ziemlich verschieden 2. *mel.* e–e leichte Besserung aufweisend **Hastayı bugün ~ buldum.** Heute konnte ich e–e leichte Besserung in dem Befinden des Patienten feststellen.

farklılaşma *a. bot.* Differenzierung *f*

farklılaşmak verschieden werden, sich differenzieren

farklılaştırmak differenzieren, verschieden gestalten, nuancieren, abtönen

farklılık, -ığı Unterschied(-lichkeit *f*) *m*

farksız ohne Unterschied, unterschiedslos, gleich **~ olmak** (bşden) das gleiche sein (wie), sich nicht im geringsten unterscheiden (von)

farksızlık Unterschiedslosigkeit, Gleichheit *f*

farmakodinamik *med.* 1. Pharmakodynamik *f*, Lehre *f* von den Arzneiwirkungen 2. pharmakodynamisch

farmakolog Pharmakolog-e *m,* -in *f*

farmakologya [···×·] *va.* s. **farmakoloji**

farmakoloji Pharmakologie, Arzneimittelkunde *f*

farmakolojik pharmakologisch

farmakolojist, -ti s. **farmakolog**

farmakomani s. **ilâç manisi**

farmakope Pharmakopöe *f*, amtliches Arzneibuch

farmasi *selt.* Apotheke *f* *eczane

farmasiyen *selt.* Apotheker *m* *eczacı

farmason (*franz.* **franc-maçon**) 1. Freimaurer *m* 2. *F* Freigeist, Gottloser, Atheist *m* **~ locası** Freimaurerloge *f*

farmasonluk 1. Freimaurer-ei *f*, -wesen *n* 2. *F* Gottlosigkeit *f*, Atheismus *m*

farmasötik pharmazeutisch

fars (I) *naut.* s. **farş**

fars (II) 1. *Th.* Farce, Posse *f*, Schwank *m* 2. Streich, Schabernack *m*

Fars 1. Perser(-in *f*) *m* 2. persisch 3. s. **Faris** (3); **~ dili** persische Sprache, Persisch **~ dili ve edebiyatı** pers. Sprache und Literatur, Iranistik *f*

farsa [×·] *selt.* s. **fars** (II)

Farsça [×·] 1. persische Sprache, Persisch 2. persisch

farsçalı 1. persisch gefärbt, mit pers. Einschlag (z.B. Ausdrucksweise) 2. persisch (Wörter)

Farsistan *va.* s. **Faris** (3)

farslı mit pers. Elementen durchsetzt (Sprache)

farsör (*franz.* **farceur**) *selt.* Spaßvogel, Witzbold *m*

farş *naut.* Bodenplanke *f*

fart (I), **-tı** Übermaß, Zuviel *n*, Übertreibung *f* (in va. Füg. wie:) **-ı enaniyet** s. **benlikçilik; -ı hassasiyet** s. **aşırıduyu; -ı hıfız** s. **aşırıbellem; -ı sây** *od.* **-ı mesai** übermäßige Anstrengung **-ı nezaket** allzu große Höflichkeit **-ı tağdiye** s. **aşırıbesi; -ı zekâ** übergroßer Scharfsinn

fart (II), **-tı** (in der Füg.:) **~ furt** albern prahlend **~ furt etmek** in alberner Weise prahlen

farta [×·] (in Verb. mit **furta:**) **-furtasız** *F* tölpelhaft, plump, unbekümmert **-sı furtası olmamak** sich tölpelhaft (plump, unbekümmert, wie ein Elefant im Porzellanladen) benehmen

faruk [ā, ū] 1. *va.* wer Recht von Unrecht genau zu unterscheiden weiß 2. ≗ *mV* (*spez.* Beiname des Kalifen Omar)

farz (I) Annahme, Hypothese *f* **~ etme** *spez. math.* Annahme, Voraussetzung *f* *faraziye, varsayma **~ etmek** 1. annehmen, den Fall setzen 2. *math.* annehmen, voraussetzen *varsaymak ≗ **edelim ki** Nehmen wir einmal an, daß ...; Gesetzt den Fall, daß ... *bilfarz; tutalım ki

farz (II) 1. kanonische Vorschrift im Islam 2. unbedingte Pflicht (Verpflichtung) **~ kılmak** zur (religiösen) Pflicht machen; gebieten **~ olmak** unerläßlich (unumgänglich, absolut erforderlich, dringend nötig) sein (**Bunu yapmak bize artık ~ oldu.** Wir müssen dies nunmehr unbedingt tun.) **-ı ayn** *va.* e–e für jeden einzelnen Mohammedaner verbindliche kanonische Pflicht **-ı kifaye** *va.* e–e kanonische Pflicht, die nur von e–m Teil der Gemeinschaft erfüllt zu werden braucht (die also nicht für jeden einzelnen Mohammedaner verbindlich ist)

farzen *va. Adv.* zu **farz** (I) s. **farz edelim ki**

farzımuhal, -li [···–] Annahme *f* e–r Unmöglichkeit ≗ **olarak** Nehmen wir einmal den unmöglichen Fall an, daß ...

Fas *n.pr.* 1. Fes (Stadt in Marokko) 2. Marokko **~ çekirgesi** die (oft in riesigen Schwärmen auftretende) Heuschreckenart Dociostaurus maroccanus

fas (I) (*franz.* **face**) *selt.* Vorder-seite, -ansicht *f*, Ansicht *f* von vorne

fas (II) (*engl.* **free alongside ship**) *naut.* frei Schiff

fasa fiso [··×·] *V* leeres Geschwätz, *F* blöder Quatsch

fasahat, -tı [·–·] 1. Richtigkeit, Korrektheit, Reinheit *f* (der Sprache) 2. sprachlicher Purismus *(in osm. Zeit)*

fasahatçı [·–··] Vertreter *m* des sprachlichen Purismus *(in osm. Zeit)*

fasahatçılık [·–···] *mst. pej.* sprachlicher Purismus *(in osm. Zeit)*

fasamen (*franz.* **face-à-main**) Stielbrille *f*, Lorgnon *n,* Lorgnette *f* *saplı gözlük

fasarya [·×·] 1. *P* dumm, ungeschickt 2. *V* s. **fasa fiso** 3. *V* kokettes Benehmen (e–r Frau, e–s Mädchens)

fasat, -dı (*franz.* **façade**) *selt.* Fassade, Vorder-, Stirn-seite *f* *cephe

faset, -ti *(typ. Zahnheilkunde)* Facette *f* **~ göz** *zo.* Facetten-, Netz-auge *n* **~ makinesi** *typ.* Klischeefacette *f*

faseta [·×·] s. **façeta**

fasık s. **fasik**

fasıl, -slı 1. *z. va.* Trennung, Scheidung *f* 2. *z. va.* Lösung, Entscheidung, Erledigung, Schlichtung *f* 3. *va.* Jahreszeit *f* 4. Abschnitt *m,* Kapitel *n* (in e–m Werk) *ayrım 5. *Th.* a) Akt *m* b) zweiter Teil (Hauptteil) des Ortaoyunu c) Musik und Tanz **(köçek havası; curcuna)** vor Beginn des Ortaoyunu 6. Reihenfolge *f* in e–m orient. Musikprogramm **(peşrev, nakış, şarkı, türkü, saz semaisi)** 7. Durchhecheln; Herziehen (über) *n* 8. *Verst.* von **asıl** 9. Tracht *f* (Prügel) Zu 9: **Ona bir ~ kıyasıya dayak atılmıştır.** Er bekam e–e mörderische Tracht Prügel. **~ heyeti** kleineres Orchester, das **fasıl** (6) spielt **-ı karip** *va.* Unterschied *m* **-ı müşterek** 1. s. **arakesit** 2. s. **ortak fark; -ı müşterek hattı** gegenseitige Abgrenzung, Abgrenzlinie *f*

fâsıl *va.* trennend, teilend, scheidend

fasıla [–··] 1. Pause, Unterbrechung *f* 2. *phys., mus.* Intervall *n* 3. Zwischenraum *m* 4. *a. math., phys.* Abstand *m* *aralık 5. Perle *f* od. Troddel *f* zwischen den einzelnen Teilen e–r Gebetskette 6. Trennwand *f*, Verschlag *m* **~ işareti** Pausenzeichen *n* (z.B. im Rundfunk) **~ vermek** (m. Dat.) unterbrechen; e–e Pause eintreten lassen (bei) **-i saltanat** Interregnum *n*

fasılalı mit Unterbrechung, zeitweilig (aussetzend), diskontinuierlich, intermittierend **~ ışık** Blink-licht, -feuer *n*

fasılasız ununterbrochen, unaufhörlich, dauernd, ständig ~ **ateş** *mil.* pausenloses Feuer, Trommelfeuer *n*
fasıllık *Th.* aus soundsoviel Akten bestehend **beş ~ bir piyes** Drama *n* in fünf Akten; Fünfakter *m*
fasih [ī] richtig, korrekt, rein (Sprache)
fasik, -kı [ā] 1. wer die religiösen Vorschriften nicht beachtet 2. ungläubig, gottlos, ruchlos, infam 3. ausschweifend, liederlich 4. wer infolge ritueller Verfehlungen nicht im Besitze aller bürgerlichen Rechte war **-ı mahrum** *va.* verhinderter Sünder
fasikül 1. Bändchen *n* 2. Lieferung *f* (e–s im Erscheinen begriffenen Werkes)
fasile [ī] s. **familya; -i ceresiye** s. **çançiçeğigiller**
fasit, -di [ā] 1. verdorben, verderbt, schlecht, übel, schädlich 2. unrichtig, fehlerhaft, falsch, irrig 3. aufwieglerisch, hetzerisch ~ **daire** 1. Teufelskreis *m* 2. *log.* Zirkelschluß, Circulus vitiosus *m* *kısır döngü ~ **olmak** nicht den rituellen Vorschriften entsprechen (Gebet, Fasten usw.) (und daher von der Kirche als ungültig betrachtet werden) *bozulmak
fasitlik [ā] Verdorbenheit, Verderbtheit, Schlechtigkeit *f*
fasiyes *geol.* Fazies *f* *sima
faska [×·] großes Umschlagtuch (für Wickelkinder)
fasla fasla 1. an verschiedenen Stellen (z. B. des Körpers) 2. über und über
fasletmek [×··] 1. trennen, scheiden 2. teilen 3. entscheiden 4. lösen (Problem) 5. durchhecheln; herziehen (über) *çekiştirmek
Faslı 1. Einwohner(-in *f*) *m* von Fes (in Marokko) 2. Marokkaner(-in *f*) *m* 3. marokkanisch
fason 1. Fasson *f*, Schnitt *m*, Herstellung *f* 2. Macherlohn (des Schneiders) *m* 3. *techn.* Fassung *f* (z. B. e–r Lampe) 4. Benehmen, Verhalten *n*
fasone Façonné *m* (Gewebe mit Musterung)
fasonlamak fassonieren, mustern
fassal, -lı [·–] *va.* Verleumder *m*
fast, -dı *va.* s. **flebotomi**
fasulye [·×·] gemeine Gartenbohne *bot.* Phaseolus vulgaris ~ **böceği** Bohnenkäfer *m zo.* Acanthoscelides obtectus ~ **gibi kendini nimetten saymak** sich überschätzen ≗ **mi dedin?** *V* Was redest du da für e–n Unsinn? ~ **piyazı** s. **piyaz** (2); ~ **sırığı gibi** *hum.* die reinste Bohnenstange (Mensch) ~ **tohum böceği** s. ~ **böceği;** ~ **yazmak** *V* die Spielgebühr aufschreiben
fasya s. **akörtü**
faş [ā] 1. enthüllt, ausgeplaudert, verraten, allgemein bekanntgemacht, der Öffentlichkeit bekanntgeworden 2. Ausplaudern, Verraten *n* ~ **etmek** enthüllen, ausplaudern, verraten, der Öffentlichkeit preisgeben (z. B. Geheimnis)
faşır faşır (*od.* **faşır foşur**) (Lm. e–s starken Fließens); sprudelnd, plätschernd
faşırtı Sprudeln, Plätschern *n*
faşist, -ti 1. Faschist(-in *f*) *m* 2. faschistisch
faşistlik 1. Faschistentum *n* 2. Faschismus *m* 3. faschistische Lehre od. Bewegung
faşizm Faschismus *m*
fata s. **fota** (1)
fatal *selt.* zwangsläufig, unabwendbar, verhängnisvoll, unheilvoll
fatalist, -ti 1. fatalistisch 2. Fatalist(-in *f*) *m* *kaderci
fatalite *selt.* Schicksal(-sfügung *f*) *n*
fatalizm Fatalismus *m* *kadercilik
fatanet, -ti [·–·] *z. va.* Scharfsinn *m*, Intelligenz *f*
fatanetli [·–··] *z. va.* scharfsinnig, intelligent
faterlant, -dı *selt.* 1. Vaterland *n* *vatan, yurt 2. *pej.* (nach engl. Vorbild) deutsches Vaterland, Deutschland
fatha s. **fetha**
Fatıma [–··] *n.pr.* 1. ar. Frauenname; spez. Mohammeds Tochter 2. (in der Lautung und Schreibung **Fatma**) *türk.* *wV*
Fatımîler; Fatımiye [–·–·] *hist.* Dynastie *f* der Fatimiden in NW-Afrika und Ägypten (908–1171 n. Chr.)
fatır [ā] 1. *va.* spaltend, zerreißend 2. (vollständig: **fatırüssemavati vel arzi**) Schöpfer *m* (des Himmels und der Erden) (Gottesattribut) ≗ **suresi** Name der 35. Koran-Sure
fatih [ā] Eroberer *m*, Bezwinger *m* (z. B. des Mount Everest)
Fatih [ā] *n.pr.* 1. Beiname Mehmets II. (des Eroberers von Istanbul) 2. Stadtteil von Istanbul u. D. im Rbz. Istanbul
Fatiha [–··] Fatiha *f* (1. Sure des Korans) ~ **demek** *fig.* als verloren betrachten; aufgeben (Person od. Sache) ~ **okumak** 1. (b–nin ruhuna) die Fatiha rezitieren (zu j–s Seelenheil) 2. (bşe) *fig.* die Hoffnung auf et. aufgeben, et. in den Schornstein schreiben
fatin (I) [ā] *va.* verführend, verderbend *spez.* Teufel, Satan *m*
fatin (II) [ī] 1. *va.* intelligent, klug, scharfsinnig 2. ≗ [×·] *mV* ~ **hoca** *hum.* Wetterprophet *m* (nach Fatin Gökmen, Direktor der Istanbuler Wetterwarte, 1910–1943)
Fatine *wV*
Fatoş *F* s. **Fatma**
Fatsa *n.pr.* Hafenstädtchen u. D. im Rbz. Ordu
fatura Rechnung *f* (über verkaufte Ware), Faktur(-a), Begleitrechnung *f* ~ **bedeli** Fakturabetrag *m* ~ **çıkarmak** *od.* ~ **tanzim etmek** fakturieren; e–e Rechnung ausstellen
fauna Fauna, Tierwelt *f* *mecmuai hayvanat, direy, doğay
fava Saubohnen-Püree *n*
favori 1. Backenbart *m*, Koteletten *pl.* 2. *(Sport)* Favorit *m* (*bes.* bei Pferderennen), favorisiert (z. B. Mannschaft) ~ **gösterilmek** *(Sport)* als Favorit gelten
favorili mit Backenbart
fa(v)ul 1. Foul *n*, Regelwidrigkeit, inkorrektes und verbotenes Verhalten (beim Sport), verbotener Tiefschlag (beim Boxen) 2. Ausruf zur Kennzeichnung e–s solchen Verhaltens ~ **yapmak** (*od.* **çekmek**) ein Foul begehen, foulen
fa(v)ullü 1. wer im Sport e–e Regelwidrigkeit begeht 2. regelwidrig (z. B. Spiel)
fay (I) (*franz.* **faille**) *geol.* Gesteinsspalte, Verwerfung *f* *esik, kırık
fay (II) (*franz.* **faille**) gerippter Taft, grober Seidenstoff
fayans Fayence, Fliese, Kachel *f* *çini
fayanslı gekachelt
fayda 1. Nutzen, Vorteil, Gewinn, Profit *m* *yarar 2. *va.* Folgesatz *m*, Schlußfolgerung *f* 3. *va.* Anmerkung *f*, Zusatz *m*, Nutzanwendung *f*, notabene ~ **etmek** *od.* **-sı olmak** (*od.* **dokunmak**) Nutzen (Vorteil, Gewinn, Profit) bringen, nützlich (vorteilhaft, gewinnbringend) sein **Benim sana ne -m olur?** Wie sollte ich dir helfen können? (*scil.* Ich kann es nicht.) ~ **görmek** s. **faydalanmak.** ≗ **yok.** 1. Es lohnt sich nicht. 2. Es läßt sich nichts dagegen tun. Es hilft nichts. **-sından ziyade zararı olmak** eher Schaden als Nutzen bringen
faydacı gewinnsüchtig, profitgierig
faydacıl utilitaristisch *nef'î
faydacılık Utilitarismus *m* *nef'iye
faydalanan Nutznießer(-in *f*) *m*
faydalanma Nießbrauch *m*, Nutznießung *f*
faydalanmak (m. Abl.) 1. Gewinn (Vorteil, Nutzen, Profit) ziehen (aus); profitieren (von) 2. (viel) lernen (bei), geistige Förderung erfahren (durch) 3. sich e–r Sache od. Person bedienen; et. od. j–n als Mittel zum Zweck, als

Sprungbrett usw. benützen, verwenden, *pej.* ausnutzen *(1–3) istifade etmek; yararlanmak
faydalı nützlich, nutzbringend, Gewinn abwerfend; segensreich (Regen) *yararlı ~ **bitki** Nutzpflanze *f* ~ **güç** Nutzleistung *f* (e–r Maschine) ~ **iş** 1. nutzbringende Arbeit 2. einträgliche (lukrative) Tätigkeit ~ **malumat** 1. nützliche Kenntnisse 2. aufschlußreiche Mitteilungen *pl.* ~ **masraflar** *jur.* nützliche Verwendungen *pl.* ~ **voltaj** Nutzspannung *f* ~ **yük** Nutzlast *f*
faydalılık Nützlichkeit *f*, Nutzen *m*
faydasız nutzlos, nichts einbringend, unrentabel, unnütz *yararsız
faydasızlık, -ığı Nutzlosigkeit *f* **-ı anlaşılmak** sich als nutzlos erweisen
fayrap [×·] (*engl.* **fire up**) 1. Anheizen *n*, stärkeres Nachlegen von Kohlen 2. *naut.* Dampf hoch! ~ **etmek** 1. (stärker) anheizen; *naut.* Dampf aufmachen 2. *fig.* et. mit (mehr) Nachdruck betreiben 3. *V* a) aus sich herausgehen b) aufreißen (Tür, Fenster) c) ausziehen (Kleidungsstück)
fayraplamak *V* s. **fayrap etmek** (3)
fayraplık Anfeuerholz *n* (für Kohlen in e–m Kessel)
fayrşip, -pi Feuerschiff *n* *fener gemisi
faysal 1. *va.* endgültiges Urteil 2. *va.* scharfes Schwert 3. *va.* Richter *m* 4. ♀ *mV*
fayton 1. s. **payton** 2. Tropikvogel *m zo.* Phaeton
fayvoklok, -ku Five o'clock, Fünfuhrtee *m*
faz [–] *phys.* Phase *f* *safha ~ **ayarcısı** Phasenregler *m* ~ **birliği** Phasengleichheit *f* ~ **çevirici** *el.* Phasenumkehrer *m* ~ **sahası** Drehfeld *n* ~ **voltajı** Phasenspannung *f* ~ **voltmetresi** Phasenvoltmeter *n*
fazahat s. **fezahat**
fazıl [ā] 1. *va.* s. **faziletli** 2. ♀ *mV* **Fazıla** *wV*
faziha [·–·] *va.* Niedrigkeit, Gemeinheit, Unanständigkeit *f*, würdeloses Verhalten od. Vorgehen, Abscheulichkeit, Schandtat *f* *alçaklık, edepsizlik, fezahat
fazilet, -ti [ī] 1. gute Charaktereigenschaft, schätzenswerte ethische Qualität, Tugend *f* 2. Talent *n*, Begabung *f* 3. Vorzug *m*, Überlegenheit *f*, Verdienst *n* 4. Einhaltung *f* der religiösen Vorschriften 5. ♀ *wV*
faziletfüruş [·–··–] *va.* prüde, zimperlich
faziletli [·–··] 1. mit guten Charaktereigenschaften, ethisch hochstehend, vortrefflich, moralisch und charakterlich einwandfrei; rechtschaffen 2. talentiert, begabt 3. überlegen, verdienstvoll
faziletlü *hist.* osm. Titul. geistlicher Würdenträger ~ **efendim hazretleri** *(etwa:)* Hochwürden (Monsignore, Eminenz usw.)
fazla 1. ungewöhnlich od. besonders viel 2. mehr, größer, weiter 3. noch (mehr) 4. (bşin **-sı**) a) Überschuß, Rest *m* b) Übermaß, Zuviel *n* 5. zu viel, zu sehr, zu oft, zu lange; unnötig, überflüssig, unangebracht, übermäßig 6. *mus.* s. **koma** (V) 7. *rel.* hartnäckiger Sünder Zu 1: **Bu yıl ~ kar yağdı.** In diesem Jahr hat es besonders viel geschneit. Zu 2: **bundan ~** mehr als dies; darüber hinaus **İstanbul'un nüfusu Ankara'nınkinden -dır.** Istanbul hat mehr Einwohner als Ankara. Zu 3: ♀ **ekmek var mı?** Ist noch Brot da? Zu 4: ♀**sı senin olsun!** Der Rest für dich! Zu 5: ~ **pişmiş bir yemek** Essen, das zu lange gekocht hat ~ **ağırlık** Übergewicht *n* ~ **artıran** wer höher bietet ~ **bagaj** Mehrgepäck, Übergewicht *n* (z. B. im Flugzeugverkehr) ~ **beslenme** s. **aşırıbesi;** ~ **borçlanmış** *H* überschuldet ~ **çalışma** Mehrarbeit *f*, Überstunden *pl.* ~ **çalışma ücreti** Überstundenbezahlung *f* ~ **doldurmak** überladen ~ **doyurmak** übersättigen ~ **gecikmek** überfällig sein (*spez.* Schiff) ~ **gelmek** (*od.* **gitmek**) s. ~ **olmak;** ~ **hız** (*od.* **sürat) yüzünden** infolge überhöhter Geschwindigkeit ~ **içirmek** j–n betrunken machen ~ **kaçırmak** *F* des Guten zuviel tun ~ **kilo** Übergewicht *n* (bei Lebewesen *spez.* Personen) ♀ **mal göz çıkarmaz.** *Spr.* Von Gutem kann man nie zuviel haben. ~ **mesai** s. ~ **çalışma;** ~ **olarak** außerdem, überdies, noch dazu, ferner, weiter ~ **olgun bir karpuz** e–e überreife Wassermelone ~ **olmak** 1. überflüssig sein, sich erübrigen 2. Maß und Ziel überschreiten; übertreiben, es zu weit treiben, zu weit gehen *fazla gitmek, çok olmak ~ **poz vermek** *phot.* überbelichten ~ **tafsilât** weitere Einzelheiten *pl.* ~ **tazyik** Überdruck *m* ~ **tazyikli türbin** Überdruckturbine *f* ~ **viraj almak** *Ch.* j–m e–n Bären aufbinden wollen ~ **yüklemek** über(be)lasten ♀**sı ~.** Was zuviel ist, ist zuviel. **-siyle** überaus (stark), übermäßig, im Übermaß **-siyle kâfi** mehr als genug
fazlaca 1. relativ viel 2. etwas zu viel; etwas zu sehr
fazlalaşmak 1. quantitativ zunehmen, anwachsen, anschwellen, sich vermehren, sich erhöhen 2. an Intensität zunehmen, sich verstärken, sich steigern, sich verschärfen, verschärft durchgeführt werden (z. B. Kontrolle) 3. *pej.* überhandnehmen Zu 2: **Kontrol fazlalaştı.** Es wird jetzt schärfer kontrolliert.
fazlalaştırmak Kaus. zu **fazlalaşmak. İngilizler, hücumlarını -tadırlar.** *mil.* Die Engländer setzen ihre Angriffe in gesteigertem Umfang fort.
fazlalık 1. (starke) Zunahme od. Vermehrung, (starkes) Anwachsen 2. Überschuß *m* 3. Überzahl, Übermacht *f*
fazla-üretim Überproduktion *f* *sürprodüksyon
fazlı [–·] *phys.* in (bzw. mit) soundsoviel Phasen od. Entwicklungsstadien *safhalı
fazmetre [·×·] Phasenmesser *m* (el. Meßgerät)
FBİ teşkilâtı FBI *m, n* (Federal Bureau of Investigation) (bundesstaatliche Geheimpolizei in den USA)
fe (I) Name bzw. Lautung des Buchst. F
fe (II) (*franz.* **fait**) *selt.* 1. Tat, Handlung *f* 2. Tatsache *f* 3. Vorfall *m*, Begebenheit *f*, Ereignis *n*
febiha [·×–] *va.* um so besser; ... so ist alles in Ordnung; ... so bleibt nichts weiter zu wünschen übrig
fecaat, -ti [·–·] betrübliche Lage, trauriger Zustand, tragischer Ausgang
fecere *va. Pl.* zu **facir**
feci, -ii (Poss. Sx. *a.* **-si**) [ī] katastrophal, tragisch (endend), schrecklich, furchtbar *çok acıklı; facialı ~ **bir akıbet** ein tragisches Ende
fecia [ī] *va.* großes Unglück, Katastrophe, Tragödie *f*
fecir, -cri 1. Tagesanbruch *m*, Morgendämmerung *f* *şafak 2. Morgen-rot *n*, -röte *f* ♀ **suresi** Name der 89. Koran-Sure ~ **vakti** Morgengrauen *n*
Fecriati [··–·] *n.pr.* „Morgenröte *f* der Zukunft“ (türk. Literaturrichtung anfangs des 20. Jh.)
Fecriatici *lit.* Anhänger *m* od. Vertreter *m* der Fecriati-Richtung
fecrikâzip, -bi 1. „trügerischer Tagesanbruch“ (kegelförmiges Lichtbündel am östl. Himmel vor dem eigentlichen Tagesanbruch) 2. *fig.* trügerisches Licht od. Anzeichen
fecrisadık [ā] wirklicher (od. eigentlicher) Tagesanbruch (unmittelbar vor Sonnenaufgang)
fecrişimalî Nord-, Polar-Licht *n* *şimal fecri
feda [ā] Opfer(-n) *n*, Aufopferung *f* ~ **etmek** (auf-)opfern, hingeben ~ **olmak** Pass. zu **feda etmek.** ♀ **olsun!** *F* 1. Ich gönne es ihm von ganzem Herzen. 2. Das macht nichts aus.
fedaî [·––] 1. wer bereit ist, sein Leben für ein hohes Ziel hinzugeben *serdengeçti 2. Aufständischer, Rebell *m* 3. (Leib-)Wächter; Wärter *m*
fedaîlik [·–––] Selbstaufopferung *f*
fedakâr [·––] opfer-freudig, -bereit, aufopferungsvoll
fedakârlık [·––·], **-ığı** 1. Opfer-bereitschaft, -willigkeit,

-freudigkeit *f* 2. Selbstaufopferung *f* 3. Selbstlosigkeit *f* 4. Opfer *n* Zu 4: **... her -a değer** ... ist jedes Opfer wert ~ **etmek** 1. (*a.* ~ **göstermek**) Opfer bringen (od. auf sich nehmen); Selbstlosigkeit an den Tag legen 2. (bşden) et. opfern, aufgeben; verzichten (auf)
fedamet, -ti [ā] *va.* Verblödung, Idiotie *f*
feddan [ā] *fr.* ägyptisches od. syrisches Flächenmaß; etwa: Joch, Tagwerk *n,* Morgen *m*
feddanlık [ā] *fr.* soundsoviel Tagwerk umfassend
federal bundesstaatlich, Bundes-, föderativ; (in bezug auf die Schweiz) eidgenössisch ≗ **Almanya Başbakanı** der deutsche Bundeskanzler ≗ **Almanya Cumhuriyeti** *n.pr.* Bundesrepublik *f* Deutschland, BRD ≗ **Almanya Parlamentosu** der deutsche Bundestag ≗ **Araştırma Bürosu** s. **FBI;** ~ **devlet** *jur.* Bundesstaat *m* ~ **hükümet** Bundesregierung *f*
federalist, -ti (*franz.* **fédéraliste**) föderalistisch; Föderalist (-in *f*) *m*
federalizm; federallik Föderalismus *m*
federasyon 1. Föderation *f* 2. (Staaten-)Bund *m,* Bundesstaat *m* 3. (Sport-)Organisation, Föderation *f* 4. Vereinigung *f,* Verein *m*
federatif s. **federal; Almanya** ≗ **Cumhuriyeti** *selt.* Deutsche Bundesrepublik, BRD
federe 1. e−r offiziellen Sportorganisation angehörig; organisiert, föderiert 2. Bundes- ~ **devlet** *jur.* Bundesstaat *m* (im engeren Sinn), Einzelstaat *m,* Land *n;* (in der Schweiz:) Kanton *m* **gayri** ~ *(Sport)* (von puristischer Seite bekämpfte Füg.) nicht föderiert
feding *(Radio)* Fading *n,* Schwund(-effekt *m,* -erscheinung *f*) *m*
feeri 1. Zauberwelt *f* 2. *Th.* Feerie *f,* Märchenspiel, Zauberstück *n*
feerik feenhaft, zauberhaft, phantastisch
fehamet, -ti [ā] *va.* 1. Erlauchtheit, Erhabenheit, Hoheit *f* 2. ≗ *wV*
fehametlü [·−··] (in osm. Zeit Titul. für den Großwesir, den ägypt. Khediven od. ausländische Fürsten) erlaucht, erhaben, Seine Hoheit ~ **devletlü** osm. Titul. des Großwesirs od. des ägypt. Khediven
fehametpenah [·−··−] *va.* Hoheit *f* **zatı -ileri** *va.* Seine (bzw. Ew.) Hoheit, Seine (bzw. Ew.) Exzellenz (*spez.* osm. Titul. e−s Großwesirs)
fehim, -hmi *va.* Verständnis *n,* Verstand *m,* Intelligenz *f* *anlayış, idrak
fehîm 1. *va.* klug, intelligent 2. **Fehim** [×·] *mV*
fehmetmek [×··] *va.* verstehen, erfassen, begreifen *anlamak, idrak etmek, kavramak
fehmî 1. *va.* klug, verständnisvoll, intelligent 2. **Fehmi** [×·] *mV*
fehva [ā] *va.* Sinn *m,* Bedeutung *f* (e−s Ausspruches) **... fehvasınca** wie es in ... heißt; wie (z. B. das Sprichwort) sagt
fek (I), **-kki** *va.* 1. Aufbrechen, Lösen, Öffnen *n* 2. Brechen, Aufheben *n* 3. Beseitigung *f* von Schwierigkeiten; s. a. **mühür(rehin) -i**
fek (II), **-kki** *va.* s. **çene; -i âlâ** s. **üstçene; -i esfel** s. **altçene**
fekat *F* für **fakat**
fekçe s. **çenek**
Feke *n.pr.* O. u. D. im Rbz. Adana
fekketmek [×··] *va.* 1. aufbrechen, lösen, öffnen (z. B. Siegel) 2. brechen, aufheben 3. Schwierigkeiten aus dem Weg räumen
fekkî *va.* s. **çenel**
fekondasyon (*franz.* **fécondation**) *med.* Befruchtung *f*
fekül (*franz.* **fécule**) Stärkemehl *n spez.* Kartoffelmehl *n*
felâh 1. (Er-)Rettung, Erlösung *f* 2. Wohlergehen, Gedeihen, Glück, Heil *n* ~ **bulmak** gerettet (errettet) werden, das Heil finden, gedeihen
felâhat, -ti *va.* Ackerbau *m*
Felâhiye *n.pr.* O. u. D. im Rbz. Kayseri
Felâk suresi Name der 113. Koran-Sure; s. a. **muavvizeteyn**
felâket, -ti 1. großes Unglück; Katastrophe *f,* Verhängnis *n,* schwerer Verlust od. Schlag, Schicksalsschlag *m* 2. *Adj.* übel, Unglücks- ~ **haberi** Hiobsbotschaft *f* **-e sürmek** ins Unglück stürzen (od. hineinziehen) **-e uğramak** vom Unglück betroffen werden **-i uzma** *va.* größtes Unglück; das Schlimmste, was e−m passieren kann
felâketli 1. unglückselig, unselig, unheilvoll 2. *gel.* für **felâketzede**
felâketgörmüş *selt.* für **felâketzede**
felâketzede von e−m großen Unglück betroffen, von schwerem Unheil heimgesucht (z. B. erdbebengeschädigt)
felâsife *va. Pl.* zu **feylesof** Philosophen *pl.*
felç, -ci Schlag-anfall, -fluß *m,* Lähmung *f* *damla, inme, nüzul **Ona** ~ **isabet etti.** Der Schlag hat ihn getroffen. Er hat e−n Schlaganfall erlitten. ~ **etmek** s. **felce uğratmak; -e uğramak** 1. e−n Schlaganfall erleiden, vom Schlag getroffen werden 2. *fig.* gelähmt, lahmgelegt werden **-e uğratmak** 1. lähmen 2. *fig.* lähmen, lahmlegen **-i mevzîi** *med.* teilweise Lähmung, Hemiplegie *f* bzw. Parese *f* **-i tam** *med.* vollständige Lähmung, Paraplegie *f* bzw. Paralyse *f*
felçli vom Schlag getroffen; gelähmt *inmeli, mefluç
feldispat, -ti [×··] *min.* Feldspat *m*
feldmareşal, -li *mil.* (General-)Feldmarschall *m*
felek, -eği 1. Himmel(-sgewölbe *n,* -kugel *f*) *m,* Firmament *n* *gök 2. Welt(-all *n*) *f,* Universum *n* *âlem, acun 3. Schicksal, Geschick *n,* Himmel *m (fig.)* 4. *mil.* Schellenbaum *m* *kapelkinoz 5. s. **filenk** Zu 2: **-te** s. **âlemde** Zu 3: ≗ **bunu da bana çok görmüş.** Das Schicksal hat mir auch dies nicht gegönnt. ≗ **bana neler etti!** Was hat mir der Himmel doch alles (Schlechtes) angetan! ≗ **bu ya, kimine kavun yedirir, kimine kelek.** *Spr.* Die Güter der Welt sind nun einmal ungleich verteilt. ~ **tabancası** *fr.* e−e best. Frauenhaube ~ **yâr olursa** wenn es mir vergönnt ist ≗ **yüzüne güldü.** Das Schicksal war ihm hold. **-e kelek simürge sinek demez** *fig.* wer an nichts et. auszusetzen hat, wer mit seinem Los zufrieden ist **-e küsmek** mit dem Schicksal hadern, verbittert sein **-in çemberinden geçmiş** 1. wer die Wechselfälle des Lebens durchgemacht hat 2. wer viel Lebenserfahrung gewonnen hat 3. mit allen Wassern gewaschen **-in darbesini** (*od.* **sillesini) yemek** od. **-in darbesine (sillesine) uğramak** von e−m schweren Schicksalsschlag betroffen werden **-ten bir gün çalmak** (*od.* **-ten kâm almak**) sich e−n vergnügten Tag machen; e−e fröhliche Zeit verbringen
felekî *va.* 1. s. **astronomik** 2. s. **astronom** 3. s. **göksel**
felekiyat, -ti [ā] *va.* s. **astronomi**
felekzede von e−m schweren Schicksalsschlag betroffen; unglücklich
Felemenk, -gi [×··] *n.pr.* 1. Holland; Niederlande *pl.* *Hollanda 2. s. ~ **taşı;** ~ **Hindistanı** *hist.* Niederländisch-Indien ~ **kasası** s. **dikişli kasa;** ~ **peyniri** holländischer Käse ~ **taşı** in Holland geschliffener Diamant *spez.* Rosenstein *m*
Felemenkçe [··×·] 1. holländische (od. niederländische) Sprache, Holländisch, Niederländisch 2. holländisch, niederländisch
Felemenkli [×···] 1. Holländer(-in *f*) *m,* Niederländer(-in *f*) *m* 2. holländisch, niederländisch *(1, 2) Hollandalı
felenk s. **filenk**
felfelek 1. kleiner Schmetterling 2. **(ağacı)** *bot.* Areka-Pal-

me *f bot.* Areca catechu 3. Betelnuß *f* *areka cevizi (b–nin) **içine** ~ **sokmak** j–n argwöhnisch werden lassen

felfellemek *P* 1. vor Ermattung herunterfallen (Vogel) 2. ausgehen (tanzender Kreisel)

fellâh 1. Fellah, Fellache *m* (ägyptischer Bauer) 2. Schwarzer, Neger *m* ~ **gibi** so schwarz wie ein Sudanneger

fellek fellek *od.* **fellik fellik** Lm. e–s aufgeregten Hin- und Herlaufens od. der Verstörtheit ~ ~ **aramak** aufgeregt (alles ab-)suchen; j–n od. et. wie e–e Stecknadel suchen ~ ~ **bakmak** ganz verstört dreinschauen ~ ~ **dolaşmak** aufgeregt überall herumlaufen

fellinî s. Stw. **tabaka**

felsefe 1. Philosophie *f* *filozofi 2. *fig.* Stoizismus *m,* Unerschütterlichkeit *f* ~ **kesmek** e–e philosophische Lehre aufstellen ~ **yapmak** (*od.* **yürütmek**) philosophieren, Betrachtungen anstellen **-i ikaniye** s. **inaksal felsefe**

felsefeci 1. Philosoph 2. Philosophielehrer *m*

felsefî s. **filozofik;** ~ **şüphe** *phil.* methodischer Zweifel *metotlu şüphe **haceri** ~ Stein *m* der Weisen

felsefiyat, -tı [ā] s. **filozofi**

feluka s. **filika**

fem, -mmi *va.* 1. Mund *m,* Maul *n* *ağız 2. Mündung *f* (e–r Feuerwaffe, e–s Flusses) ~ **başlığı** (*od.* ~ **kapağı**) *fr.* Rohrabdeckung *f* (e–s Geschützes)

feminist, -ti 1. Anhänger(-in *f*) *m* der Frauenbewegung, Frauenrechtler(-in *f*) *m* 2. Frauen ~ **cemiyet** Frauenvereinigung *f*

feminizm 1. Frauenbewegung *f* 2. Feminismus *m,* weibische Art

femmî *va.* Mund-, oral

fen, -nni 1. Naturwissenschaft(-en *pl.*) *f* 2. Technik *f,* technische Gebiete *pl.* 3. (praktisch angewandte) Wissenschaft 4. *va. allg.* Wissenschaft *f* 5. *va.* Hinterlist *f* Zu 4: s. **darülfünun;** ~ **fakültesi** naturwissenschaftliche Fakultät ~ **heyeti** Sachverständigenkommission *f* ~ **işleri müdürlüğü** technische Abteilung (e–r Stadtverwaltung) ~ **kıtası** *mil.* technische Truppe **-nini almak** (bir işin) es zur Meisterschaft bringen (in) **-i endaht** s. **balistik; -i harp** *va.* Strategie und Taktik; Kriegskunst *f* **-i menafiülaza** s. **fizyoloji; -i münazara** s. **diyalektik; -i terbiyei etfal** s. **pedagoji**

fena 1. schlecht, übel, böse, schlimm, abscheulich *kötü 2. schlechter Kerl, übler Mensch 3. s. ~ **halde;** ~ **bakmak** hinterlistig (od. wütend) ansehen ~ **bulmak** 1. für schlecht befinden 2. verleumden, anschwärzen *yermek, zemmetmek ≗ **değil!** Nicht übel! Recht gut! ~ **etmek** 1. *selt.* Böses tun 2. schlecht handeln, schlecht daran tun 3. schlecht ausführen 4. (b–ni) a) in e–e üble Lage bringen b) übel behandeln (z. B. verprügeln) ~ **görmek** 1. unschön finden, mißbilligen 2. falsch verstehen, falsch deuten 3. nicht für wünschenswert halten 4. j–n krank vorfinden ~ **gözle bakmak** 1. mißtrauisch betrachten, scheelen Auges ansehen 2. wütend anblicken ~ **halde** übel, schlimm, arg, sehr, gehörig, tüchtig ~ **halde korkutmak** (b–ni) j–n nicht schlecht erschrecken, j–m gehörige Angst einjagen ~ **hava şartları** ungünstige Witterungsverhältnisse *pl.* ~ **kabul etmek** übel aufnehmen, schlecht empfangen ~ **kadın** Kokotte, Dirne *f* ~ **kalpli** übelgesinnt, böswillig ~ **kokmak** übel riechen; stinken ~ **kokulu** übelriechend, stinkend ~ **k. gül fidanı** gelbe Rose, Eglantierrose *f bot.* Rosa lutea ~ **k. harbak** s. **kokulu çöpleme;** ~ **k. kazayağı** stinkender Gänsefuß *bot.* Chenopodium vulvaria ~ **k. kuzgunkılıcı** stinkende Iris *bot.* Iris foetidissima *fena kokulu süsen ~ **k. oğulotu** melissenblättriger Bienensaug *bot.* Melittis melissophyllum ~ **k. papatya** s. **it papatyası;** ~ **k. rezene** s. **dereotu;** ~ **k. sina** Senneskassie *f bot.* Cassia tora ~ **k. süsen** s. **fena kokulu kuzgunkılıcı;** ~ **koymak** (b–ne) j–n (seelisch) tief treffen ~ **muamele** *jur.* Mißhandlung *f* ~ **muamele etmek** (b–ne) 1. mißhandeln 2. schlecht behandeln ~ **olmak** 1. schlecht sein bzw. werden 2. sich unwohl fühlen 3. sehr bekümmert sein bzw. werden (Zu 1: **Şimdi** ~ **oldum, değil mi?** Jetzt bin ich wohl auf einmal nichts mehr wert, wie?) ~ **puan** Minuspunkt *m* (bei e–r Bewertung) ~ **söylemek** (biri hakkında) Schlechtes reden (über e–n Abwesenden); lästern ~ **yakalanmak** 1. auf frischer Tat ertappt werden 2. dingfest gemacht werden ~ **yapmak** s. ~ **etmek;** ~ **yerine vurmak** (b–nin) j–n an e–r lebensgefährlichen Stelle treffen (schlagen) **-sına gitmek** (b–nin) j–m sehr gegen den Strich gehen; aufbringen, ärgern, verdrießen **-ya binmek (sarmak, varmak)** e–n üblen Verlauf nehmen, übel ausgehen **-ya çekmek (almak, yormak)** 1. übel auslegen 2. übelnehmen **-ya kullanmak** mißbrauchen

fenâ 1. Auflösung, Zersetzung, Vernichtung *f* 2. **(fillah)** mystisches Aufgehen in Gott 3. Tod *m,* Vergänglichkeit *f* ~ **bulmak** zugrundegehen, umkommen

fenalaşmak 1. schlecht werden; verderben (z. B. Speisen) 2. sich verschlechtern, sich verschlimmern 3. (plötzliche) Übelkeit empfinden 4. ernstlicher erkranken Zu 3: **Fenalaşıverdi.** Es ist ihm plötzlich übel geworden. Zu 4: **Hasta fenalaştı.** Der Gesundheitszustand des Kranken hat sich verschlechtert.

fenalık 1. schlechter Zustand (e–r Sache); Böses, Schlechtes 2. Schlechtigkeit, Verwerflichkeit *f* (e–r Tat) 3. Heimtücke, Bosheit *f* 4. körperliches od. seelisches Unbehagen 5. Übelkeit, Ohnmacht *f* Zu 1: **Bunda ne** ~ **görüyorsunuz?** Was haben Sie daran auszusetzen? Zu 5: **Üzerine** (*od.* **ona**) ~ **geldi.** Es wurde ihm (plötzlich) schlecht. ~ **etmek** (*od.* **yapmak**) 1. schlecht (verwerflich, abscheulich) handeln 2. (b–ne) j–m et. Böses antun; j–m schaden ~ **geçirmek** Übelkeit verspüren, von Unwohlsein befallen werden

fenek, -ki Fen(n)ek, Wüstenfuchs *m zo.* Fennecus zerda *çöl tilkisi

fener 1. Laterne, Lampe *f,* Lampion *m, n* 2. Leucht-feuer *n,* -turm *m* 3. das (mit Bogenhenkel versehene) Austragstablett e–s **kahveci** 4. **(dişlisi)** *techn.* kleines Zahnrad (auf e–r Welle) 5. ≗ *n.pr.* (vorzugsweise von Griechen bewohnter) Stadtteil von Istanbul 6. *naut.* verstärkter Knoten (am Tauende) 7. s. **mahya -i;** ~ **alayı** Fackelzug *m* ~ **bekçisi** Leuchtturmwärter *m* ~ **böceği** s. **Avrupa** ~ **böceği;** ~ **çekmek** 1. mit e–r Laterne in der Hand vorausgehen 2. e–e Menschenmenge anführen ~ **çiçeği** 1. traubige Hyazinthen-Aloe *bot.* Kniphofia unvaria 2. s. **gelin otu;** ~ **direği** 1. Laternenpfahl *m* 2. *fig.* Hopfenstange *f* (Mensch) ~ **dubası** kleineres Feuerschiff ~ **gemisi** Feuerschiff *n* ~ **karpuz** Lampion *m, n* ~ **kasnak** Stufen-rad *n,* -scheibe *f* ~ **kulesi** *naut.* Feuer-, Leuchtturm *m* ~ **memuru** Leuchtturmwärter *m* ~ **resmi** (*od.* **rüsumu**) 1. Leuchtfeuergeld *n* 2. Straßenbeleuchtungsabgabe *f* ~ **şamandırası** *naut.* Leucht-boje, -tonne *f* ≗**i nerede söndürdün?** (Hänselworte für e–n lange Ausbleibenden od. Sich-Verspätenden)

Fenerbahçe *n.pr.* Vorort von Istanbul auf der kleinasiatischen Seite (kleine Halbinsel mit Leuchtturm)

fenerbalığı, -nı 1. Seeteufel *m zo.* Lophius piscatorius 2. Tiefsee-Leuchtsardine *f zo.* Myctophum caeruleum

fenerci 1. Lampenanzünder *m* 2. Leuchtturmwärter *m* 3. *va.* wer türk. Faltlampen (aus wachsgetränktem Stoff) herstellte und verkaufte 4. *fr.* begleitender Diener mit Laterne

fenerli 1. mit Laterne (Lampe, Lampion, Leuchtturm) 2. *V* bärtig, mit Bart 3. ≗ *hist.* Fanariot *m,* fanariotisch ~ **şamandıra** *naut.* Leuchttonne *f* *ışıklı şamandıra

fenerlik *naut. hist.* 1. Laternenkammer *f* 2. Ort mit Signallicht od. Leuchtturm
fenik (I) s. **asit** ~
fenik (II) Pfennig *m*
fenike (*franz.* **phéniqué**) mit Karbolsäure (getränkt)
Fenike *n.pr.* Phönizien ~ **alfabesi** phönizisches Alphabet
Fenikece phönizische Sprache; Phönizisch(-e) *n*
Fenikeli Phönizier(-in *f*) *m*, phönizisch
feniks *myth.* der Vogel Phönix *ateş kuşu
fenil *chem.* Phenyl *n*
fenimelmatlup [·–··–] *z. va.* um so besser
fenlenmiş frühreif, frühzeitig in geschlechtlichen Dingen bewandert (Mädchen)
fennek s. **fenek**
fennen [×·] *va.* 1. naturwissenschaftlich 2. praktisch-wissenschaftlich 3. technisch 4. fachmännisch
fennî 1. naturwissenschaftlich 2. technisch 3. fachmännisch 4. dem heutigen Stand der (praktischen) Wissenschaft entsprechend; mit allen (technischen) Hilfsmitteln ausgerüstet; neuzeitlich ~ **ıstılahlar** Fachausdrücke *pl.* ~ **keşif** *mil.* technische Erkundung ~ **kıta** *mil.* technische Truppe ~ **müşavir** Fachberater *m*
fenniyat, -tı [ā] *va.* s. **teknoloji**
fenol *chem.* Phenol *n*, Karbolsäure *f*
fenomen Phänomen *n*, Naturerscheinung *f* *görüngü, olay, hadise
fenomenizm *phil.* Phänomenalismus *m* *hadisiye, olaycılık
fenomenoloji *phil.* Phänomenologie *f* *olaybilim
fenoplast, -tı *chem.* Phenoplast *m*, Phenolharz *n*
fent (I), **-ti** (*franz.* **feinte**) *(Sport)* Finte, Täuschung *f*, Scheinangriff *m*
fent (II), **-di** List, Verschlagenheit *f*; s.a. **Kadının -i erkeği yendi.**
feodal feudal, Lehns- ~ **emlâk** *hist.* Lehen *n* *tımar, fief ~ **sistem** Feudalsystem, Lehnswesen *n*
feodalite; feodalizm Feudalismus *m*, Feudal-, Lehnswesen *n*, Feudalsystem *n*
fer 1. Glanz *m*, Helligkeit *f* *parlaklık, aydınlık 2. Feuer *n*, Lebhaftigkeit *f* (des Blickes) 3. Schmuck *m* 4. Pomp *m*, Pracht *f* Zu 2: **Gözünün -i kaçmış.** Sein Blick ist trübe geworden.
ferace [ā] *fr.* 1. mantelartiges Straßenkleid der mohammedanischen Frauen 2. weiter, zeremonieller Überwurf (mit Schlitzärmeln), wie ihn isl. Geistliche trugen 3. vorne offenes Wams der Mewlewi-Derwische ~ **atmak** *fr.* vor Erreichen des Ziels zu Boden fallen (Pfeil beim Bogenschießen) ~ **samur kürk** *fr.* die Ausgehkleidung e–s osm. Prinzen
feraceli [ā] mit **ferace** bekleidet
feracelik [ā] zur Herstellung e–r **ferace** od. als solche geeignet
feragat, -tı [·–·] 1. Selbst-entäußerung, -losigkeit *f* 2. Verzicht(-leistung *f*) *m* *spez.* Rücktritt *m* von e–m Amt; Ausschlagung *f* od. Aufgabe *f* e–s Rechtes ~ **beyannamesi** Verzicht-, Abdankungs-erklärung *f*, Thronverzicht *m* ~ **etmek** (bşden) verzichten, Verzicht leisten (auf); Abstand nehmen, ablassen (von); et. aufgeben *vazgeçmek ~ **göstermek** Selbstlosigkeit an den Tag legen ~ **sahibi** selbstlos **-ı caiz olmayan haklar** *jur.* unverzichtbare Rechte *pl.*
feragatkâr *(va.)*; **feragatli** selbstlos (z.B. Bemühungen)
feragatname [·–·–·] schriftliche Verzichterklärung; Abdankungsurkunde *f*
ferağ [ā] 1. *va.* Verzicht *m*, Aufgabe *f* 2. *va.* Ausruhen *n*, Ruhe *f* 3. Übertragung *f* (von Eigentum), Zession *f*, *jur. a.* Auflassung *f* *geçirme, geçirim ~ **etmek** zedieren, übertragen, *jur. a.* auflassen ~ **harcı** *jur.* Auflassungsgebühren *pl.*

ferah (I) *z. va.* Freude, Fröhlichkeit *f* ~ **bulmak** sich freuen, fröhlich werden ~ **vermek** erfreuen, fröhlich stimmen
ferah (II) [ā] 1. weit, geräumig, ausgedehnt 2. angenehm, erfreulich 3. heiter, fröhlich, unbeschwert Zu 1: ~ **bir oda** ein geräumiges Zimmer ~ **bir bahçe** ein ausgedehnter Garten Zu 3: **Kalbini** ~ **tut!** Sei (immer) frohen Mutes! ~ ~ 1. mindestens, reichlich, gut und gern 2. bequem, gemütlich, behaglich
ferahan [·–·] *va. Adv.* freudig, fröhlich
ferahaver [··–·] *va.* erfreulich, angenehm
ferahfeza [···–] 1. *va.* s. **ferahaver** 2. *mus.* e–e orient. Weise in der **yegâh**-Tonart
ferahî [·––] 1. Halsschild, Ringkragen *m* (halbmondförmiges Metallschild der Feldgendarmen mit der Aufschrift **„Kanun"**) 2. *hist.* (zur Zeit Mahmuts II.) Messingplättchen *n* auf dem Fes (zur Befestigung der Troddel)
ferahlamak 1. weiter, geräumiger werden 2. sich wohler, erleichtert fühlen; aufatmen 3. bequemer leben können, *F* sich rühren können *genişlemek
ferahlandırmak Kaus. zu **ferahlanmak** *spez.* erfreuen, aufheitern
ferahlanmak s. **ferahlamak**
ferahlatıcı Erleichterung bringend; aufatmen lassend; *a.* entlastend (z.B. Verkehr)
ferahlık, -ığı 1. Geräumigkeit *f* 2. Aufatmen *n*, Gefühl *n* der Erleichterung 3. Heiterkeit *f*, Frohsinn *m*, Freude *f* ~ **vermek** 1. j–m das Gefühl der Erleichterung verschaffen, j–n aufatmen lassen 2. heiter stimmen
ferahnak, -ki [··–] 1. *va.* fröhlich stimmend, froh, heiter 2. Name e–r orient. Weise in der **ırak**-Tonart
feraiz [ā] (*z. va. Pl.* zu **fariza**); *a.*: Erbschaft *f* (als Ganzes) od. Kenntnis *f* des isl. Erbrechts **ashabı** ~ *va.* die Erbberechtigten
feramuş [·––] *va.* 1. Vergessen *n* 2. Vernachlässigung *f* ~ **etmek** *va.* 1. vergessen 2. vernachlässigen
fer'an *va. Adv.* zu **feri;** ~ **zimethal** s. **fer'î fail**
feraset (I), **-ti** [ā] *va.* 1. Pferdezucht *f* 2. Reitkunst *f*
feraset (II), **-ti** [ā] (*urspr.* **firaset**) Scharfsinn *m*, Intelligenz, Kombinationsgabe *f*, klarer Blick *anlayış, vuzuhu nazar, zekâ **ilmi** ~ s. **fizyognomoni**
ferasetli [ā] intelligent, scharfsinnig, klarblickend *anlayışlı, zeki
ferasetsiz fasulye beliebte grüne Bohnenart ohne Fäden *ballı (od. muhacir) fasulye
feraşet, -ti [ā] s. **ferraşet**
ferbiyon(otu) 1. s. **sütleğen otu** 2. kreuzblättrige Wolfsmilch *bot.* Euphorbia latyris *yalan kahve
ferbiyoniye s. **sütleğengiller**
ferce s. **fürce**
fercülbahir s. **denizanası**
ferç, -ci *an.* Vulva *f*, Schamlippen *pl.*
ferda [ā] 1. Tag *m* (Tage *pl.*, Zeit *f*) nach e–m best. Termin *erte 2. morgen *yarın 3. Zukunft *f* 4. Auferstehung *f*, Jenseits *n* 5. ♀ *wV* **-sı gün** *z. va.* s. **ertesi gün; -sında** unmittelbar nach … **-ya salmak** auf morgen (bzw. den folgenden Tag) verschieben *yarına (ertesi güne) bırakmak
ferdalamak *z. va.* die Nacht irgendwo verbringen
Ferdane [ā] *wV*
ferdaniye(-t) s. **endividüalizm**
ferde kleinerer Ballen (z.B. Seide), Bündel *n*
ferden [×·] *va. Adv.* individuell
ferdî 1. individuell *bireysel 2. singulär, einzel *tekil, müfret 3. **Ferdi** [×·] *mV* **Ferdiye** *wV* ~ **gelir** Individualeinkommen *n* ~ **klasman** (*od.* ~ **sıralama**) *(Sport)* Einzelwertung *f* ~ **sigorta** Einzelversicherung *f*
ferdîleştirme *phil.* Individualisation *f* *birey(sel)leştirme

ferdîleştirmek *phil.* individualisieren *birey(sel)leştirmek
ferdiyet, -ti 1. einmaliges Vorkommen *teklik 2. *phil.* Individualität *f* *bireylik
ferdiyetçi 1. Individualist(-in *f*) *m* 2. individualistisch *(1, 2) bireyci
ferdiyetçilik Individualismus *m* *bireycilik
ferdîyülesabi [ā] s. **tekparmaklılar**
fere junges (Reb-)Huhn, junge Wachtel u. ä. m.
fer'en s. **fer'an**
feres *va.* 1. Pferd *n* *at 2. *Scha.* Springer *m* ≗**i Azam (-i Ekber, -i Sani)** s. **Kanatlıat**
feresiye s. **atgiller**
ferforje (*franz.* **fer forgé**) *selt.* 1. Schmiedeeisen *n* 2. schmiedeeisernes Tor, Gitter *n* usw.
ferhan [ā] 1. *va.* glücklich, fröhlich 2. ≗ *mV, wV*
ferhane [ā] großes Lagerhaus (mit Geschäften und Innenhof)
ferhat (I), **-tı** *va.* 1. Freude *f* *sevinç, neşe 2. ein Geschenk für den Überbringer e–r freudigen Nachricht
ferhat (II), **-dı** 1. *va.* siegreich *muzaffer 2. ≗ *mV*
ferhenk, -gi *va.* 1. Wissen *n,* Kenntnis *f* 2. gute Erziehung 3. großes Wörterbuch (*spez.* für Persisch)
ferhunde 1. *va.* glückbringend, segensreich 2. ≗ *wV*
feri, -r'i 1. *va.* Zweig, Ast *m* 2. *z. va.* Abzweigung *f* 3. Unterabteilung, -gruppe *f* 4. Begleit-, Neben-umstand *m,* Sekundäres, Untergeordnetes; Einzelheit *f,* Detail *n* *ayrıntı 5. **(feriler)** s. **füru** (I, 1) 6. e–e best. Taktart in der türk. Musik Zu 3: **Bu meselenin dört fer'i vardır.** Bei diesem Problem haben wir vier Punkte zu unterscheiden. Zu 4: **İşin aslına bakalım, -leri bir yana dursun.** Wir wollen einmal den Kernpunkt ins Auge fassen und das Sekundäre beiseite lassen. **fer'i fiil** *gr.* 1. Partizip, Mittelwort *n* *ortaç, sıfatfiil 2. s. **eylemsi**
fer'î untergeordnet, sekundär, akzessorisch, Neben-, indirekt ~ **ceza** *jur.* Nebenstrafe *f* ~ **dava** *jur.* Neben-klage *f,* -anspruch *m* ~ **fail** *jur.* Gehilfe, Komplize *m* (bei e–m Vergehen) ~ **haklar** *jur.* akzessorische Rechte, Nebenrechte *pl.* *yan haklar ~ **iktisap** *jur.* abgeleiteter Erwerb ~ **iştirak** (*od.* ~ **ortaklık**) Mittäterschaft *f;* Teilnahme *f* an e–r strafbaren Handlung ~ **mahsul** Nebenprodukt *n* ~ **müdahale** *jur.* Nebenintervention *f,* Beitritt *m* od. Beteiligung *f* e–s Dritten (an e–m Prozeß) ~ **zilyet** *jur.* unselbständiger Besitzer *bağımlı elmen ~ **zilyetlik** *jur.* Fremdbesitz *m*
feribot, -tu [×··] (*engl.* **ferryboat**) Eisenbahnfähre *f,* Trajekt *n* 2. Fähre *f,* Fährboot *n,* Fährdampfer *m* *(1, 2) araba vapuru
feride [ī] 1. *va.* stolz, eigenwillig 2. *va.* einzelne größere Perle 3. ≗ *wV spez.* Name der Hauptperson des Romans **Çalıkuşu** (Verf. Reşat Nuri Güntekin)
feridun [ī, ū] 1. *va.* einzigartig, unübertrefflich 2. ≗ *mV*
ferih [ī] heiter, fröhlich, zufrieden ~ **fahur** in behaglichen Verhältnissen (lebend); mit sich und der Welt zufrieden
ferik (I) *allg.* Bez. für et. Kleines *spez.* 1. s. **fere** 2. **(elması)** Name e–r kleinen, süßen Apfelsorte 3. Röstweizen *m* (aus grünen Körnern) 4. einjähriger Hahn
ferik (II), **-ki** *fr.* kommandierender General bzw. Generalleutnant *m* (vgl. **birinci (ikinci)** ~)
feriklik *fr.* Rang *m* (Stellung *f,* Aufgaben *pl.* usw.) e–s kommandierenden Generals bzw. e–s Generalleutnants
Ferisîler *hist.* Pharisäer *pl.* (altjüdische Partei)
ferişte *va.* Engel *m* *melek
ferit, -di [ī] 1. *va.* einzigartig, unübertrefflich 2. aufgereihte Perle 3. ≗ [×·] *mV*
ferkahiye s. **semizotugiller**
ferlemek *V* ausreißen, türmen, abhauen
ferli *selt.* 1. hellglänzend 2. feurig, lebhaft (Blick) 3. geschmückt 4. prächtig
ferma (I) [ā] Stellen *n* des Wildes ~ **etmek** (*od.* **durmak**) das Wild stellen (Jagdhund)
ferma (II) (*franz.* **ferme**) 1. Dachstuhl *m* *çatı makası 2. *Th.* stehende Dekoration
-ferma [ā] *va. pers. Sx.* befehlend, zwingend
ferman (I) [ā] *hist.* Erlaß *m,* Verordnung, Verfügung *f,* Ferman *m* (des Sultans) ~ **çıkmak** angeordnet werden ~ **dinlememek** *fig.* sich nicht um Gesetz und Ordnung kümmern ~ **etmek** (*od.* **buyurmak**) *fr.* verfügen, anordnen, befehlen (Sultan) ~ **gemisi** (bis zum 1. Weltkrieg) kleineres Kriegsschiff in Çanakkale (zur Überprüfung der Durchfahrtserlaubnis durch die Dardanellen) ≗ **sizin!** *z. va.* Wie Sie verlangen! Gerne! Zu Befehl!
ferman (II) *selt.* Ferment *n,* Gärstoff *m*
fermanferma [·–·–] *va.* (allesgebietender) Herrscher
fermanlı [ā] 1. *hist.* mit e–m Erlaß od. Auftrag des Sultans; privilegiert 2. *hist.* durch e–n Sultanserlaß angeordnet 3. *hist.* gegen wen e–e Verfügung erlassen worden ist; in Acht und Bann getan; Geächteter 4. *fig.* dreist, frech, unverschämt 5. *mil. va.* im Rang über dem Major stehend ~ **deli olmak** *F* unzurechnungsfähig sein (*F* den Jagdschein haben)
fermantasyon Fermentation, Gärung *f* *mayalanma
fermejüp, -pü Druckknopf *m* *çıtçıt
fermene [×··] *fr.* gestickte Jacke od. Weste; Bolero *m; gel. a.* andere gestickte, mit Besatz versehene Kleidungsstücke
fermeneci [×···] Hersteller od. Verkäufer *m* von **fermene**
ferment(-asyon) s. **ferman** (II); **fermantasyon**
fermetür s. **fermuar**
fermiyum *chem.* Fermium *n*
fermjüp s. **fermejüp**
fermuar (*franz.* **fermoir**) 1. Reißverschluß *m* *ekler, fermetür, gırgır 2. Verschluß *m* (z. B. an Büchern) 3. Schließhäkchen *n* (an Schmucksachen)
fermuarlı mit **fermuar** (*q.v.*)
fero [×·] *naut.* 1. Bootshaken *m,* Schifferstange *f* 2. Anker *m* Zu 2: s. **alesta** ~
feroniyer (*franz.* **ferronière**) Stirnkette *f* mit Edelstein in der Mitte
ferraş [ā] 1. *urspr.* wer für Matten, Teppiche, Kissen, Bettzeug in e–m Haus zu sorgen hatte 2. Moscheediener *m* 3. *in osm. Zeit* Titel hoher türk. Würdenträger in Mekka und Medina 4. s. **faraş**
ferraşet, -ti [ā] *fr.* Würde *f* und Rang *m* e–s **ferraş** (3)
ferrit, -ti Ferrit *m* (*spez.* bei Radio)
ferrokrom Chromstahl *m*
ferroseryum Cereisen *n,* Zündstift *m*
ferruh [ū] 1. *va.* glückbringend 2. ≗ *mV*
fers s. **feres**
-fersa [ā] *va. pers. Sx.* reibend, zerfressend, abnutzend, verzehrend, erschöpfend; s. **takatfersa, tahammülfersa**
fersah *va.* 1. persische Meile (ca. 5½ km), Parasange *f* 2. *naut.* drei Seemeilen 3. *fig.* sehr weite Entfernung Zu 3: **dünyadan fersahlarca uzakta bulunmak** unendlich weit von der Erde entfernt sein ~ ~ bei weitem, meilenweit (z. B. übertreffen), haus-, turm-hoch (z. B. überlegen sein)
fersenk, -gi s. **fersah**
fersiz matt, glanzlos, trübe (Blick, Licht)
fersizleşmek glanzlos, trübe werden
fersizlik Glanzlosigkeit, Trübheit *f*
fersude [ū] 1. abgeschabt, abgenutzt, abgetragen *eskimiş, yıpranmış 2. beschmutzt (und zum Verkauf ungeeignet) (Druckbogen)
fersudelik [ū] 1. Abgewetztsein *n* 2. Beschmutzung *f* (vgl. **fersude** 2)

ferş *va.* 1. Ausbreiten *n* (am Boden), Legen *n* (von Schienen, Rohren usw.) 2. Bodenbelag, Teppich *m,* Matte *f* 3. Erdboden *m* *yeryüzü, zemin ~ **etmek** am Boden ausbreiten, legen (Teppiche, Schienen, Rohre usw.)
ferşiyat, -tı [ā] *va.* Legen *n,* (Ver-)Legung *f* (von Schienen, Rohren usw.)
fert, -di 1. Individuum *n,* Einzel-person *f,* -wesen *n* 2. *bot.* einzelnes Exemplar (e–r Gattung) *(1, 2) birey 3. *lit.* einzelner, ungereimter Doppelvers 4. einzig vorhanden **-iyle muayyen mal** *jur.* Speziessache *f* **ailenin bütün -leri** alle Familienmitglieder
fertçi 1. Individualist(-in *f*) *m* 2. individualistisch
fertçilik Individualismus *m*
fertik, -ği [×·] 1. *fr.* Fertig! (Ruf des abfertigenden Eisenbahnbeamten) 2. (*heute* in den Füg.:) **-i çekmek** (*od.* **kırmak**) *V* sich davonmachen, türmen, abhauen
fertikçi *fr.* Stationsvorsteher *m* (od. ein anderer Eisenbahnbeamter), der das Zeichen zur Abfahrt gibt
fertiklemek *V* s. **fertiği çekmek**
fertil (*franz.* **fertile**) *selt.* fruchtbar, ergiebig *verimli
fertilite *selt.* Fruchtbarkeit *f* *doğurganlık
fertut, -tu [ū] *va.* altersschwach, kindisch
fertuti [·––]; **fertutluk** [·–·] *va.* Altersschwäche *f*
ferve (*in osm. Zeit:*) Gala-Pelzumhang *m* (e–s Sultans od. höchsten Würdenträgers) **-i beyza** *hist.* weißer Pelz (des Scheich ül-Islam)
feryat, -dı [ā] 1. Hilferuf *m,* Weh-, Jammer-geschrei *n* 2. Klagen, Jammern, Sich-Beklagen *n* ~ **etmek** um Hilfe rufen, jammern, schreien, wehklagen ~ **figan** (*va.* **feryadüfigan**) Jammer- und Weh-geschrei *n* **-a yetişmek** auf j–s Geschrei hin zu Hilfe eilen **-ı basmak** aufschreien **-ı vermek** *P* sich unterkriegen lassen, sich kleinkriegen lassen
feryatçı [ā] 1. um Hilfe rufend, jammernd, schreiend, wehklagend 2. plärrend (Kind), Heulsuse *f* 3. Klageweib *n* *ağıtçı
feryatname [·––·] *(G)* wehleidiger Brief od. Zeitungsartikel
ferz *Scha.* Dame, Königin *f* *vezir ~ **çıkarmak** die Dame vorgeben (e–m krassen Anfänger) ~ (*od.* **-e**) **çıkmak** zur Dame werden (od. gehen) (Bauer)
fes Fes *m* (offizielle Einführung in der Türkei: 1828, abgeschafft: 1925) ~ **ibiği** (*od.* ~ **püskülü**) Fes-Troddel *f* ~ **kalıbı** *fr.* Ständer *m* für den Fes ~ **rengi** weinrot ~ **tablası** der obere kreisförmige Teil e–s Fes **-i havaya atmak** *va.* vor Freude ganz aus dem Häuschen geraten
fesahat (-çı, -çılık) s. **fasahat (-çı, -çılık)**
fesat, -dı *urspr.* [ā] 1. Verdorbensein *n,* Verderbtheit *f* 2. Defekt *m,* Störung *f,* Gebrechen *n,* Beschwerden *pl.* 3. *pol.* Unruhen *pl.* 4. Aufruhr *n,* Revolte, Meuterei *f* 5. *jur.* Komplott *n,* Konspiration *f,* Aufforderung *f* od. Vorbereitung *f* zum Hochverrat 6. *jur.* Willensmängel *pl.* 7. finstere Gedanken *pl.* 8. Übles denkend, Böses annehmend 9. s. **-çı** Zu 1: **ahlâk -ı** Sittenverderbnis *f* Zu 2: **mide -ı** Magenbeschwerden *pl.* ~ **başı** Rädelsführer *m* ~ **cemiyeti** Verschwörergruppe *f* ~ **çıkarmak** Unruhen stiften ~ **karıştırmak** die Leute aufputschen ~ **kazanı kurmak** e–n Aufstand anzetteln ≗ **kazanları kaynıyor.** Unheil liegt in der Luft. ~ **kaynatmak** intrigieren, Ränke spinnen ~ **kumkuması** (*od.* **kutusu**) ewiger Unruhestifter, dauernder Hetzer, Berufsrevolutionär *m* ~ **ocağı** Herd *m* der Unruhen ~ **tohumu saçmak** Unfrieden säen **-a vermek** 1. verderben, zerstören, den normalen Zustand od. die Ordnung (zer-)stören; untergraben (z. B. die Moral) 2. Zwietracht säen, die pol. Atmosphäre vergiften; *pol.* Brunnenvergiftung betreiben *ifsat etmek
fesatçı Aufwiegler, Unruhestifter, Hetzer *m,* subversives Element
fesatçılık Aufwiegelung *f,* Unruhestiften *n,* Hetztätigkeit *f, pol.* Brunnenvergiftung *f*
fesatkâr(-ane) aufwieglerisch
fesatlık, -ığı subversive Tätigkeit
fesçi Hersteller od. Verkäufer *m* von Fes ~ **tarağı** Weberkarde *f bot.* Dipsacus fullonum *çobantarağı
fesek, -eği *dial.* Frischling *m* (Junge des Wildschweins)
feshane [ā] *fr.* Fes-Fabrik *f*
feshetmek [×··] 1. aufheben (Bestimmung, Beschluß, Urteil usw.), annullieren, für ungültig erklären, abschaffen 2. kündigen (Vertrag, Abkommen usw.) 3. auflösen (Vereinigung, Parlament usw.)
fesih, -shi 1. Aufhebung, Annullierung, Abschaffung *f* 2. Kündigung *f* 3. Auflösung *f* ~ **davası** *jur.* Auflösungs-, Aufhebungs-, Wandlungs-klage *f* ~ **kabiliyeti** *jur.* Anfechtbarkeit *f* *bozulabilme, bozdurulabilme **-i ihbar** *jur.* Kündigung *f* *bozacağını bildirme
fesîh *va.* weit, ausgedehnt, offen
fesleğen gemeines Basilienkraut *bot.* Ocimum basilicum *reyhan
festekiz s. Stw. **falan** u. **filan**
festival, -li 1. Festspiel(-e *pl.,* -woche *f*) *n* 2. *V* lärmendes, ausgelassenes Vergnügen
feston s. **fisto**
fesuphanallah [··×·–] „Der Herr sei gepriesen!“ (Ausruf höchsten Erstaunens bzw. geduldiger Erwartung)
feşafeş [ā] *va.* 1. Schwirren *n* (e–s Pfeils) 2. Rascheln *n* (von Damenkleidern) 3. Plätschern, Schlagen *n* (von Wellen)
-feşan [ā] *va. prs. Sx.* auswerfend, ausstreuend; sprühen lassend; vgl. **ateşfeşan**
feşmekân(-ca) s. **falan** (1); **doktor -ca** Dr. Soundso
feşmekânistan das Land soundso
fetakompli vollendete Tatsache; Fait accompli *n* *emrivaki
fetanet s. **fatanet**
fetava; fetavi [·––] *va. Pl.* zu **fetva**
fetha 1. *med.* Öffnung, Spalte *f,* Eingang, Introitus *m* 2. s. **üstün** (2)
fethalı s. **üstünlü**
fethetmek [×··] 1. *va.* öffnen 2. erobern, einnehmen (z. B. Stadt)
fethî 1. *va.* e–e Eroberung betreffend 2. *va.* siegreich, ruhmvoll 3. **Fethi** [×·] *mV*
fethimeyyit, -ti Leichenöffnung, Autopsie bzw. Obduktion *f*
fethimübin [···–] *va.* osm. Bez. für die Eroberung von Konstantinopel (1453)
fethiye 1. *va.* womit e–r Eroberung gedacht wird (Gedicht, Bauwerk usw.) 2. ≗ *n.pr.* a) *wV* b) Hafenstädtchen und D. an der Bucht von Fethiye (nordöstl. von Rhodos) im Rbz. Muğla
fetih, -thi 1. *va.* Öffnen *n* 2. Eroberung, Einnahme *f* (e–r Stadt *spez.* durch Mohammedaner) Zu 1: s. **-imeyyit;** ~ **hakkı** *jur.* Recht *n* des Eroberers ~ **harbi** Eroberungskrieg *m* ≗ **suresi** Name der 48. Koran-Sure
fetihçi *selt.* 1. s. **fatih** 2. eroberungssüchtig, imperialistisch
fetihname [ā] 1. Bericht *m* über e–e Eroberung 2. *lit.* Sieges-lied *n,* -hymne *f,* Epinikion *n*
fetiş 1. Fetisch *m* 2. wer od. was abgöttisch geliebt wird 3. Maskottchen *n,* Talisman, Glücksbringer *m*
fetişçi Fetisch-priester, -zauberer *m*
fetişist, -ti 1. Fetischist(-in *f*) *m* 2. fetischistisch
fetişizm Fetischismus *m*
Fetiye *gel.* Graphik für den *wV* **Fethiye**
fetret s. **fitret**
fettah [ā] 1. *va.* (er-)öffnend, (Lebensspender *m*) (Beiname Gottes) 2. *va.* siegreich 3. ≗ [×·] *mV*
fettan [ā] 1. verlockend, verführerisch, bezaubernde Schö-

ne 2. *va.* Unruhestifter, Hetzer *m* ~ **civelek** Taugenichts *m,* Früchtchen *n*
fettanlık [ā] Zauber *m,* Verlockung, Verführung *f*
fetüs *med.* Foetus, Fetus *m* *dölüt
fetva [ā] Rechtsgutachten *n* (nach dem Scheriatsgesetz), Urteil *n* od. Spruch *m* e–s Mufti, Fetwa *n* ~ **almak** (*od.* **çıkarmak**) ein Fetwa einholen ⁓ **Emaneti** *fr.* Dienststelle *f* e–s ⁓ **Emini;** ⁓ **Emini** *fr.* ein im Dienst des Scheich ül-Islam tätiger hoher geistlicher Würdenträger, der ein Fetwa ausstellte ~ **vermek** 1. ein Fetwa abgeben (Mufti) 2. *hum.* seine Meinung äußern 3. *pej.* willkürlich entscheiden 4. e–n Befehlston anschlagen
fetvacı *pej.* rechthaberisch, willkürlich, befehlerisch
fetvahane [·––·] 1. *fr.* Dienststelle *f* e–s Mufti 2. *noch fr.* Dienststelle *f* des Scheich ül-Islam
fevç, -ci dahinströmende Menschenmenge, sich dahinwälzender Haufen ~ ~ od. **fevcafevç** in hellen Scharen, in Mengen, scharenweise *akın akın
feveran [ā] 1. Sprudeln, Aufwallen *n* 2. Aufbrausen *n* (z.B. vor Zorn) 3. Erregung *f* (z.B. im Volk) 4. Ausbruch *m* (z.B. e–s Vulkans) *indifa ~ **etmek** 1. sprudeln, aufwallen 2. aufbrausen 3. in Erregung geraten 4. ausbrechen (Vulkan)
fevha *va.* Geruch, Duft *m* *koku
fevir, -vri 1. *va.* Hitze *f* der Hölle 2. große Eile, stürmische Inangriffnahme, Hast, Überstürzung, Unbesonnenheit *f*
feviyeler *va.* s. **kökboyasıgiller**
fevk, -kı (in der Praxis mst. **-ki**) 1. über, auf 2. ober, Über-
Zu 1: **Netice ümidimizin -indedir.** Das Ergebnis übertrifft alle unsere Erwartungen. Zu 2: **-ı işba** s. **aşırıdoyma; -ı zeveban** s. **aşırıergime**
fevkalâde [×·–·] 1. außerordentlich, außergewöhnlich, ausnehmend, überaus, ganz besonders 2. Spezial-, Ausnahme-, Sonder- 3. ⁓! *(als Ausruf)* Großartig! Wunderbar! ~ **ağır** *techn.* überschwer ~ **ahval** s. **haller;** ~ **büyükelçi** *pol.* Sonderbotschafter *m* ~ **delege** (*od.* **murahhas**) Sonder-beauftragter, -delegierter ~ **hal** 1. Ausnahmefall *m* 2. Ausnahmezustand *m* *olağanüstü durum ~ **haller** 1. außergewöhnliche Umstände *pl.* 2. Ausnahmezustand, Notstand *m* ~ **haller kanunları** *jur.* Ausnahmegesetze *pl.* ~ **hallerde mühlet** s. **moratoryum;** ~ **ikame** *jur.* Nacherbeneinsetzung *f* *son kalıtçı atama ~ **mühlet** *jur.* außerordentliche Frist ~ **müruruzaman** *jur.* außerordentliche Ersitzung *olağanüstü yıllanma (*od.* zamanaşımı) ~ **nüsha** Sondernummer *f* (e–r Zeitung, Zeitschrift usw.) ~ **olarak** *a.:* ausnahmsweise ~ **tahsisat** außerordentliche (Budget-)Kredite *pl.* ~ **tebliğ** Sondermeldung *f* ~ **umumî heyet** außerordentliche Generalversammlung ~ **varidat** außerordentliche Einnahmen (od. Deckungsmittel) *pl.* (im Budget) ~ **vaziyet** Ausnahmezustand *m* **-den terfi etmek** außer der Reihe befördert werden
fevkalâdelik 1. Außergewöhnlich-Sein *n,* Ungewöhnlichkeit *f* 2. Außergewöhnliches, Außerordentliches; besondere, hervorragende Leistung
fevkalbeşer [×···] 1. Übermensch *m* *üstinsan 2. übermenschlich *insanüstü
fevkanî [·––] *va.* darüber befindlich, ober, Ober-, Über- ~ **geçit** s. **üstgeçit**
fevkattabia übernatürlich, Übernatürliches *doğaüstü, tabiatüstü
fevkazzemin [ī] *va.* oberirdisch *yerin üstünde; havaî
fevren [×·] *Adv.* 1. ungestüm, hitzig, eifrig 2. schnell, sofort
fevrî 1. ungestüm, hitzig, eifrig, 2. plötzlich, hastig, überstürzt, unbesonnen
fevt, -ti 1. Versäumen *n* (e–r Gelegenheit) 2. unwiederbringlicher Verlust; Tod *m* ~ **etmek** 1. verpassen, ver(ab)säumen, ungenutzt vorübergehen lassen 2. verlieren ~ **olmak** 1. Pass. zu ~ **etmek** 2. sterben
fevvare [ā] *va.* Springbrunnen *m*
fevz *va.* Erreichen *n* des Ziels: 1. Erfolg, Sieg *m* 2. Rettung, Befreiung, Erlösung *f*
fevza [ā] *va.* Chaos *n,* Anarchie *f* *anarşi
fevzî 1. *va.* auf e–n Sieg od. e–e Rettung bezüglich 2. **Fevzi** [×·] *mV;* **Fevziye** *wV*
fey *va. jur.* 1. Besteuerung *f* nicht-mohammedanischer Untertanen 2. Güterentziehung *f* bei islamischer Eroberung
feyding s. **feding**
feyezan [ā] 1. Über-flutung, -schwemmung *f* 2. Fülle, Reichhaltigkeit *f*
feyiz(-lenmek, -li) s. **feyz(-lenmek, -li)**
feylesof *va.* **filozof**
feyyaz [ā] 1. über-fließend, -strömend 2. segens-, ertragreich 3. gütig, freigebig 4. ⁓ *mV* **-ı mutlak** der Allgütige (Gott)
feyz 1. Gottes reicher Segen, Gnade *f* Gottes 2. reiches Geschenk 3. Fülle *f,* reicher Ertrag 4. beruflicher Erfolg; Vorankommen *n* (in der Laufbahn) 5. Wissen *n,* Bildung *f* 6. Wirkung, Beeinflussung *f* 7. göttliche Inspiration 8. Zufriedenheit *f,* Glück *n* ~ **almak** 1. *(m. Abl.)* Nutzen ziehen (aus) 2. inspiriert werden (durch) ~ **bulmak** rasch vorankommen; Erfolg haben **-ini artırmak** seine Gnade walten lassen und Erfolg schenken (Gott)
feyzî 1. *va.* Gottes Gnade betreffend 2. **Feyzi** [×·] *mV*
feyzlenmek 1. reich beschenkt werden 2. Erfolg haben, rasch vorankommen 3. inspiriert (erleuchtet) werden
feyzli 1. gesegnet, blühend, ertragreich 2. erfolgreich
feza [ā] 1. (Welten-)Raum *m* *uzay 2. *allg.* weiter Raum 3. weite Ebene ~ **gemisi** Raumschiff *n* ~ **uçuşu** Weltraumflug *m*
-feza [ā] *z. va. pers. Sx.* vermehrend, erhöhend, steigernd; s. **ferahfeza**
fezahat, -ti [·–·] *va.* Niedrigkeit, Gemeinheit, Unanständigkeit *f,* würdeloses Verhalten od. Vorgehen; Abscheulichkeit, Schandtat *f* *alçaklık, edepsizlik, faziha
fezaî [·––] den (Welten-)Raum betreffend, Raum-
fezleke 1. kurze Darstellung; Auszug *m,* Resümee *n* 2. *jur.* gedrängte Zusammenfassung e–s Verhörs, Untersuchungsberichtes od. Urteils
FF *mus.* Schall-, F-Löcher *pl.* (an der Geige) *kulaklar
FHKC s. **Filistin Halk Kurtuluş Cephesi**
fıçı 1. Faß *n* 2. *naut. hist.* (als Raummaß) ⅛ Tonne 3. *mus.* gewölbter Teil der Klarinette zwischen Mundstück und Schallrohr ~ **arabası** Roll-, Bier-wagen *m* ~ **bağı** s. ~ **izbirosu;** ~ **balığı** Pökelfisch *m* ~ **birası** Faßbier *n* ~ **dibinden ayrılmamak** *fig.* dauernd Alkohol trinken ~ **gibi** klein und dick, untersetzt und stämmig; wie ein Tönnchen ~ **izbarçosu** *naut.* Faßwinde-, Schenkel-, Löschhaken *m* ~ **izbirosu** *naut.* Stropp *m* mit Doppelschlinge zum Hieven von Fässern in senkrechter Lage *kasalı izbiro ~ **kereveti** Holzgestell *n* für Lagerfässer (im Weinkeller) ~ **kızağı** Faßroller *m* ~ **mahzeni** Faß-, Wein-keller *m* ~ **musluğu** Anstichhahn *m* ~ **şamandırası** *naut.* Faßtonne *f* ~ **tahtası** (Faß-)Daube *f* *şendere **-ya dönmek** dick wie ein Faß werden
fıçıcı Böttcher, Faßbinder *m* ~ **burgusu** Spundbohrer *m* ~ **keseri** s. **barda** (2)
fıçıcılık Böttcherei, Faßbinderei *f*
fıçılamak in Fässer füllen
fıkar (*va. Pl.* zu **fıkra**) Knochenwirbel *pl.*
fıkara(-lık) s. **fukara(-lık)**
fıkarat, -tı [··–] (*va. Pl.* zu **fıkra**) Knochenwirbel *pl.* **-ı acziye** s. **sağrı omurları; -ı kataniye** s. **bel omurları; -ı rakabiye** (*od.* **unkiye**) s. **boyun omurları; -ı us'usiye** s. **kuyruk omurları; -ı zahriye** s. **sırt omurları**

fıkarî Wirbel-, vertebral *omural
fıkariye s. **omurgalılar; -i âliye** s. **yüksek omurgalılar; -i süfliye** s. **aşağı omurgalılar**
fıkdan [ā] *z. va.* Mangel *m,* Fehlen *n,* ungenügendes Vorhandensein *eksiklik, yokluk, bulunmazlık **-ı dem** s. **kansızlık; -ı hassasiyet** s. **duyumsamazlık; -ı irade** s. **abuli; -ı marifeti hissiye** s. **agnozi; -ı temyiz** s. **zihin darlığı**
fıkı s. **sıkı fıkı**
fıkıh, -khı isl. Rechtswissenschaft
fıkır fıkır 1. wallend, brodelnd, blubbernd, bullernd 2. stoßweise (z.B. lachen) 3. *fig.* voll Unruhe, voll Erregung 4. kokett, gefallsüchtig 5. in Mengen Zu 5: **Yollarda ~ ~ insan kaynıyor.** Auf den Straßen wimmelt es nur so von Menschen.
fıkırdak 1. unruhig; dauernd mit et. beschäftigt, *F* Zappelphilipp *m* 2. kokett, gefallsüchtig
fıkırdaklık 1. Unruhigsein *n* 2. Koketterie, Gefallsucht *f*
fıkırdamak 1. brodelnd (wallend, blubbernd, bullernd) kochen; auf-kochen, -wallen *(intr.)* 2. stoßweise lachen, herausprusten 3. sich kokett benehmen 4. wimmeln (z.B. Ameisen) 5. glänzen, leuchten, blitzen
fıkırtı 1. Brodeln, Wallen, Blubbern, Bullern, Aufkochen *n* 2. Herausplatzen *n* (vor Lachen)
fıklamak 1. quiek(s)en, piep(s)en 2. quietschen, knarren
fıkra 1. kleine Geschichte; Anekdote *f* 2. Feuilleton *n* (e–r Zeitung) 3. Abschnitt, Absatz, Teil, Passus *m,* Stelle *f* 4. Knochenwirbel *m* *omur **~ başı** neuer Absatz **-i amudiye** s. **atlas** (3); **-i hükmiye** s. **hüküm fıkrası**
fıkracı 1. guter Anekdotenerzähler, Feuilletonist(-in *f*) *m,* Kolumnist(-in *f*) *m*
fıkralılar s. **omurgalılar**
fıkramak *dial.* gären, durchsäuert werden *tahammür etmek
fılandıra s. **flandra**
fıldır fıldır Lm. e–s hastigen Sich-Drehens od. Wendens **~ ~ aramak** wie e–e Stecknadel suchen **~ ~ bakmak** die Augen überall umherwandern lassen
fılık erstklassiger weißer Mohär (Wolle der Angoraziege)
fılok s. **flok**
fındık 1. Haselnuß *f* 2. *V* zum Falschspiel präparierter Würfel 3. *gel.* Hundename 4. *va.* Gewehrkugel *f* **~ ağacı** Haselnußstrauch *m bot.* Corylus (avellana u.a.) **~ altını** 1. Name e–s zur Regierungszeit Ahmets III. geprägten Goldstückes im Wert von 20 Silberkurusch 2. *fig.* et. Kleines und Wertvolles **~ ateşi** Anbrennscheibe *f* für den Tschibuk **~ biti** Haselnußbohrer *m zo.* Balaninus nucum **~ cevizi** e–e kleine, dünnwandige, wenig ölhaltige Walnußart **~ devşirimi** Haselnußernte *f* **~ fişeği** Knallerbse *f* **~ gülü** Teerose *f bot.* Rosa Noisettiana **~ içi** 1. Haselnußkern *m* 2. geschälte Haselnüsse *pl.* **~ kabuğunu doldurmaz** 1. winzig klein 2. lächerlich unbedeutend **~ kömür** Nußkohle *f* **~ kurdu** kleine dicke Made (des Haselnußbohrers) **~ kurdu (gibi)** drall und untersetzt, klein und mollig (Frau, Mädchen) **~ midyesi** Nußmuschel *f zo.* Nucula nucleus u.a.) **~ tavuğu** Haselhuhn *n zo.* Tetrastes bonasia **~ yuvası** Fingergrübchen *n* (an fleischigen Händen)
fındıkçı 1. wer Haselnüsse anbaut, Haselnußwaldungen besitzt 2. Haselnuß-verkäufer, -händler *m* 3. *F* kokett; Kokette *f*
fındıkçılık 1. Haselnußanbau *m* 2. Handel *m* mit Haselnüssen 3. Koketterie *f*
fındıkfaresi, -ni 1. Haselmaus *f zo.* Muscardinus avellanarius 2. *fig.* kleiner, durchtriebener Schlingel
fındıkî haselnußbraun
fındıkkıran 1. Nußknacker *m* 2. **(süiti)** Nußknackersuite *f* (Tschaikowski)
fındıklı 1. mit Haselnüssen (zubereitet, untermischt usw.) 2. *z. va.* mit vielen Haselnußsträuchern (bestanden) 3. ♀ *n.pr.* a) Stadtteil von Istanbul (am Bosporus zwischen Salıpazarı und Kabataş b) O. u. D. im Rbz. Rize
fındıklık 1. Haselnuß-gehölz *n,* -büsche *pl.* 2. mit vielen Haselnußbüschen bestanden
fındıksıçanı, -nı s. **fındıkfaresi**
fır (I) 1. Schwirren, Surren, Sausen *n* 2. ganze Umdrehung od. ganzer Umkreis 3. *Int.* prr! **~ dönmek** 1. herumschwirren 2. *F* j–n od. et. wie e–e Stecknadel suchen **~ ~** s. **fırıl fırıl**
fır (II) *V* 1. Kind *n,* Junge *m* 2. Bankert *m,* Hurenkind *n*
fıra s **fire**
fırancala(-cı) s. **francala(-cı)**
Fırat, -tı *n.pr.* Euphrat *m*
fırça 1. Bürste *f* 2. Pinsel *m* 3. *fig.* Malweise *f* **~ çekmek** 1. ausstreichen und neu beginnen 2. *V* a) (e–n Untergebenen) gehörig zusammenstauchen (*F* abbürsten) b) s. **badana çekmek; ~ gibi** bürstenartig, pinselförmig
fırçacı Hersteller *m* od. Verkäufer *m* von Bürsten und Pinseln
fırçalamak 1. aus-, ab-bürsten 2. (Jägersprache) dichtes od. morastiges Unterholz durchqueren 3. *V* s. **badana çekmek**
fırçalanmak Pass. od. Refl. zu **fırçalamak**
fırçalık Pinseltrog *m* (zum Reinigen von Malerpinseln)
fırdolayı [×···] ringsum(-her), rundherum, im ganzen Umkreis *çepeçevre
fırdöndü 1. ganze Umdrehung 2. Drehring *m* 3. *techn.* Ketten- od. Ring-Sperrvorrichtung *f* 4. halbfingerlanger, sechskantiger, beschrifteter Messingkreisel (wie er von Kindern anstelle e–s Würfels verwendet wird) 5. *(Turngerät)* Rundlauf *m* 6. Fliegenrolle *f* (an der Angel) 7. *fig.* unbeständig, wetterwendisch
fırdöndülü mit **fırdöndü; ~ torno** *naut.* Warbel-, Wirbelblock *m*
fırfır 1. s. **fırıl fırıl** 2. s. **farbala**
fırıl fırıl Lm. e–s schnellen, länger dauernden Kreisens **~ ~ dönmek** sich lustig drehen (z.B. Kreisel) **her taraftan ~ ~ aramak** mit dem größten Eifer (od. ganz erregt) alles absuchen
fırıldak 1. *Kspz.* Windrädchen *n* 2. *Kspz.* Kreisel *m* od. Drehwürfel *m* 3. Ventilator, Lüfter, Exhaustor *m* 4. Windfang *m* (auf e–m Schornstein) 5. Wetterhahn *m,* Windfahne *f* 6. listiger Streich; (Hinter-)List, Intrige *f* 7. ♀ s. **İbiş; ~ böceği** Taumelkäfer *m zo.* Gyrinus natator **~ çevirmek** Ränke spinnen, Intrigen anzetteln, intrigieren **~ gibi** wie e–e Windfahne; launisch, wetterwendisch, unbeständig
fırıldakçı 1. wer **fırıldak** herstellt od. verkauft 2. *fig.* Intrigant, Ränkeschmied *m*
fırıldakçılık 1. Gewerbe *n* e–s **fırıldakçı** 2. Intrigantentum *n*
fırıldakçiçeği, -ni s. **çarkıfelek** (4)
fırıldanmak sich schnell (und länger) drehen
fırıldatmak herumwirbeln *(tr.)*
fırın 1. (Back-, Brenn-, Hoch-)Ofen *m;* Herd *m* 2. Bäckerei *f* 3. Malzdarre *f* (e–r Bierbrauerei) 4. *gel.* ein Backofen voll Zu 4: **Onun usta olması için daha beş** (*od.* **üç**) **~ ekmek yemesi lâzım!** Er muß noch viel lernen, bis er Meister wird! **~ gibi** der reinste Backofen (heißer Ort) **~ kapağı** *V* unerschütterlich, mit eisernen Nerven (*spez.* Spieler, der verliert) **~ kebabı** e–e Art Dünstfleisch
fırıncı Besitzer *m* e–s Backofens od. e–r Bäckerei, Bäcker *m* (vgl. **ekmekçi**); **~ küreği kadar dili olmak** ein loses Mundwerk haben
fırıncılık Bäckergewerbe *n*
fırınlamak 1. im Ofen dörren (backen, brennen) 2. *techn.* abdarren

fırınlık ein Ofen voll; ein Schub
fırışka s. **frişka**
fırka 1. Gruppe, Gemeinschaft *f*, Teil *m* 2. *va. pol.* Partei *f* *parti 3. *mil. va.* Division *f* *tümen 4. *z. va.* Flottengeschwader *n* 5. s. **takım** (3); ~ **kumandanı** s. **tümen komutanı; tümkomutan;** ~ **kumandanlığı** s. **tümen komutanlığı;** ~ **mensubu** Parteimitglied *n*, -genosse *m*, -genossin *f* ~ **reisi** s. **parti reisi;** ~ **zihniyeti** Parteigeist *m*
fırkacı *va.* 1. Parteiführer *m* 2. Partei-anhänger, -gänger *m*
fırkacılık *z. va.* Partei-politik *f*, -geist *m*
fırkalı mit Parteien od. Divisionen
fırkata [·×·] *fr.* dreimastiges Kriegs-Segelschiff mit 10–17 Ruderpaaren
fırlak 1. vorspringend, herausragend 2. *Kspz.* Schnurrädchen *n*, Dreh-kreisel, -würfel *m* 3. ausgebrochene Stelle (z.B. am Tellerrand) od. das ausgebrochene Stück selbst
fırlama 1. Vs. zu **fırlamak** *spez.* Anziehen, Hochschnellen *n* (der Preise) 2. *V* Bankert *m*, Hurenkind *n*
fırlamak 1. auf-, heraus-fliegen, emporschnellen, aufspringen, heraus-, hinaus-stürzen 2. heraus-stehen, -ragen, hervorragen 3. ausbrechen *(intr.)* (z.B. Tellerrand) 4. *fig.* plötzlich in die Höhe gehen, steigen, anziehen (z.B. Preise) 5. davonstieben (z.B. Wild) 6. *naut.* beschleunigt fahren (Schiff) 7. plötzlich auf die andere Seite geraten (Auto) Zu 1: **Bir ok gibi yerinden fırladı.** Wie ein Pfeil schnellte er von seinem Platz empor.
fırlatıcı (Patronen-)Auswerfer *m*
fırlatma 1. Werfen *n*, Wurf *m* 2. *(Turnen)* Spreizen *n* der Beine od. Arme *açma ~ **taşlar** (Vulkan-)Auswurf *m*
fırlatmak (heraus-)schleudern, (aus-)werfen; schnellen, schießen **fırlatılabilen koltuk** Schleudersitz *m* (im Flugzeug)
fırlayış Vs. zu **fırlamak. Birdenbire bir** ~ **fırladı ki** Plötzlich fuhr er derart in die Höhe, daß ...
fırsat, -tı (günstige) Gelegenheit, Chance *f* ~ **aramak** (*od.* **beklemek**) e–e günstige Gelegenheit abwarten ~ **bilmek** (bşi) et. aus-, be-nutzen ≗ **bu** ~! Eine einzigartige Gelegenheit! Jetzt oder nie! ~ **bulmak** e–e günstige Gelegenheit finden ~ **düşerse (çıkarsa, zuhur ederse)** wenn sich Gelegenheit bietet ~ **düşkünü** 1. wer e–e günstige Gelegenheit zu nutzen versteht 2. *mst. pej.* wer e–e günstige Gelegenheit abpaßt (um et. Schlechtes zu tun) ~ **düşürmek** e–e Gelegenheit bekommen bzw. ergreifen ~ **el vermek** (*od.* **ele geçmek**) sich bieten (Gelegenheit) ~ **gözetmek** auf e–e günstige Gelegenheit lauern ~ **kaçırmak** e–e günstige Gelegenheit verpassen ~ **kapmak** die Gelegenheit beim Schopf ergreifen ~ **kollamak** auf e–e günstige Gelegenheit lauern ~ **vermek** Gelegenheit geben, e–e Gelegenheit bieten ~ **yoksulu** wem sich bisher noch keine Gelegenheit geboten hat (*spez. pej.* et. Schlechtes zu tun) **-ı değerlendirmek** die Gelegenheit auswerten, nutzen **-ı ganimet bilmek** die Gelegenheit ergreifen, wahrnehmen
fırsatçı *va. a.* **fırsatçu** [ū] s. **fırsat düşkünü**
fırt, -tı Lm. e–s eiligen Davon-schwirrens, -sprengens usw.: prr! husch! ~ ~ (Lm. e–r ununterbrochenen od. nervösen Tätigkeit:) unablässig, dauernd, ununterbrochen, *F* ewig ~ ~ **diye** sofort, alsbald
fırtfırt, -tı s. **kapalı pastıra**
fırtına 1. Sturm *m*, Unwetter, Gewitter *n* 2. *fig.* heftiger Streit, lauter Zank 3. *fig.* heftige seelische Erregung 4. *pol.* schwere Unruhen *pl.* 5. *fig.* schwierige Lage, üble Affäre 6. ≗ Der Sturm (*engl.* **Tempest;** Shakespeare) ≗ **çıktı.** Es ging ein Unwetter los. ~ **gibi** 1. wie ein Sturmwind 2. urplötzlich ~ **ihbarı** Sturmwarnung *f* ~ **koptu.** *fig.* 1. Es ging ein furchtbares Donnerwetter los. 2. Es entstand ein schrecklicher Zank. ~ **kırlangıcı** Sturmschwalbe *f zo.* Procellaria pelagica ~ **lambası** Windlicht *n*, Sturmlaterne *f* ~ **martı** Sturmmöve *f zo.* Larus canus ~ **yelkenleri** *naut.* Sturmsegel *pl.*: a) *allg.* Schratsegel *pl.* b) *spez* s. **mancana yelkeni; veledibarka** ≗ **lar burnu** *n.pr.* Kap der Stürme (*fr.* Bez. des Kaps der Guten Hoffnung) **-ya tutulmak** in ein Gewitter kommen
fırtınakuşları, -nı Sturmvögel *pl. zo.* Tubinares
fırtınakuşu, -nu s. **kutup (okyanus)** ~
fırtınalı 1. stürmisch (z.B. Meer) 2. *fig.* stürmisch, leidenschaftlich, erregt 3. bewegt (Leben)
fırttırmak *V* verschwinden, ausreißen, sich dünn machen
fıs 1. Geflüster *n* 2. Getuschel, Gerede *n* ~ ~ flüsternd, tuschelnd ~ ~ **konuşmak** flüstern, tuscheln ~ **geçmek** *V* zuflüstern, zuwispern
fısfıs Spritzflasche *f* (für Essenz, Medizin usw.)
fısıl fısıl im Flüsterton, flüsternd
fısıldamak 1. zuflüstern, ins Ohr flüstern 2. *fig.* insgeheim mitteilen
fısıldaşmak sich gegenseitig et. zuflüstern, sich im Flüsterton unterhalten, miteinander tuscheln
fısıltı Flüstern, Geflüster, Tuscheln, Getuschel *n* ~ **gazetesi** Flüsterpropaganda *f*
fısır fısır 1. knackend, knisternd (z.B. brennen) 2. zischend, sprudelnd (z.B. Wasserstrahl) 3. s. **fısıl fısıl**
fısk, -kı sittenloses Leben; Liederlichkeit, Ausschweifung *f* (*mst.* in der Verst. **fısküfücur**)
fıskıye 1. Mundstück *n* (an e–m Springbrunnen) 2. Wasserstrahl *m* 3. Springbrunnen *m* 4. *Kspz.* (Wasser-)Spritze *f*
fıskıyeli çeşme Trink-brunnen *m*, -becken *n*
fıslamak s. **fısıldamak**
Fıskobirlik (Abk.) = **Fındık Tarım Satış Kooperatifleri Birliği** Zusammenschluß *m* der Verkaufsgenossenschaften des Haselnußanbaus
fıslayıcı s. **suflör, suflöz**
fıstık, -ığı 1. Sammelbez. für Pistazien, Pignolen und Erdnüsse; s.a. **Antepfıstığı, şamfıstığı, çamfıstığı, yerfıstığı;** 2. *V* Verstand, Kopf *m* 3. s. **İbiş;** ~ **çamı** Pinie *f*, Schirm-, Nuß-kiefer *f bot.* Pinus pinea *çam fıstık ağacı; ~ **gibi** 1. drall, rundlich, mollig 2. wunderschön (Mädchen) **-ını kullanmak** *V* s. **toriğini kullanmak**
fıstık (II) *Verst.* zu **falan** od. **filan**
fıstıkçı wer Pistazien, Erdnüsse usw. anbaut od. verkauft
fıstıkçılık Anbau bzw. Verkauf *m* von Pistazien, Erdnüssen usw.
fıstıkî pistazienfarben, grünlich, meer-, glas-grün ~ **kâğıt** dünnes Seidenpapier; **(ağır ezgi);** ~ **makam** *(hum.)* langsam und bedächtig, ohne Überstürzung, ohne Hast **Her boyadan boyadı, fıstıkîsi kaldı.** In allem Möglichen hat er sich versucht, aber nirgends etwas zuwegegebracht.
fıstıklı mit Pistazien, Pignolen, Erdnüssen (zubereitet, untermischt usw.)
fıstıklık 1. Pistaziengebüsch *n* 2. mit vielen Pistazien bestanden
fış fış; fışıl fışıl s. **fışır fışır**
fışıldamak s. **fışırdamak**
fışıltı s. **fışırtı**
fışır fışır 1. knisternd, rauschend (z.B. Seidenkleider) 2. plätschernd, sprudelnd (z.B. Wasser) ~ ~ **etmek** s. **fışırdamak**
fışırdamak 1. rauschen, knistern (z.B. Seide) 2. plätschern, sprudeln (z.B. Wasser)
fışırtı 1. Rauschen, Knistern *n* 2. Plätschern, Sprudeln *n*
fışırtılı ünsüz *phon.* Zischlaut *m*
fışka *naut.* Fischen *n* (des Ankers) ~ **etmek** (den Anker) fischen ~ **kancası** Fisch-, Penter-haken *m* ~ **palangası** Penter-, Fisch-takel *n*, Ankertalje *f* **-ya vurmak (demiri)** den Anker fischen
fışkı Mist, Dünger *m* (*spez.* von Pferden und Eseln)

fışkılamak 1. düngen 2. Kot auswerfen (Pferd, Esel)
fışkılı gedüngt
fışkılık 1. Misthaufen *m* 2. Kaldaunen *pl.*
fışkın (*a.* **ķök fışķını**) Wurzelschößling *m*
fışkırdak s. **piset**
fışkırık 1. s. **fıskıye** 2. s. **fısfıs**
fışkırma 1. Vs. zu **fışkırmak** 2. *astr.* Protuberanz *f* *hadebe 3. (Samen-)Ejakulation *f*
fışkırmak 1. hervorsprudeln, herausspritzen (Wasser, Petroleum usw.) 2. herauskommen, keimen (z.B. Grün) 3. heraus-, hindurch-dringen (z.B. Licht)
fışkırtı Sprudeln, Spritzen *n*
fışkırtmak Kaus. zu **fışkırmak** *a.* ausstoßen, ejakulieren (Samenflüssigkeit)
fışlamak; fışnamak; fışramak (alles *dial.*) s. **tahammür etmek**
fıta 1. schmales, langes Rennboot; Skiff *n* 2. s. **futa**
fıtam [ā] *med.* Abstillen *n* (e–s Säuglings)
fıtık, -tkı *med.* Eingeweidebruch *m*, Hernie *f spez.* Leistenbruch *m*, *(seltener)* Nabelbruch *m* ~ **bağı** Bruchband *n* ~ **boğumu** *med.* Brucheinklemmung *f* ~ **olmak** *V* sich sehr bedrängt fühlen ~ **otu** s. **kasıkotu; -ı mağbenî** Leistenbruch *m* *kasıkçatlağı **-ı sürrevî** Nabelbruch *m* *göbekfıtığı
fıtıklı mit e–m Bruch behaftet; Bruchleidende *m, f* *kavlıç
fıtır, -trı *va.* 1. Aufhören *n* mit e–m rituell vorgeschriebenen Fasten 2. wer mit dem Fasten aufhört 3. Ende *n* des Ramazans **sadakai** ~ s. **fitre**
fıtnat, -tı 1. Intelligenz, Klugheit *f*, Scharfsinn *m* 2. ⁓ *wV*
fıtrat, -tı 1. *va.* Schöpfung, Erschaffung *f* 2. Natur(-anlage) *f*, natürliche Veranlagung *cibillet
fıtraten [×··] von Natur aus, auf Grund natürlicher Veranlagung ⁓ **şairdir.** Er ist ein geborener Dichter.
fıtrî natürlich, angeboren *cibillî, hilkî
fıtriye s. **nativizm**
fıtriyeci s. **nativist**
fıymak *V* sich davonmachen; abhauen
fi [–] *ar. Präp.* in, an, betreffend ~ **tarihinde** *F* seinerzeit, anno dazumal
fiat s. **fiyat**
fiber 1. Fiber, Faser *f* 2. Holzfaserplatte *f* 3. Vulkanfiber *f*
fiberglas (*engl.* **fiberglass**) Glaswolle *f*
fibran (*franz.* **fibranne**) Zellwolle, Kunstfaser *f*
fibre s. **fiber**
fibril *an.* Fibrille *f*; (Muskel-, Nerven-)Fäserchen *n*
fibrin *biol.* Febrin *n*, Faserstoff *m* *lifin
fibromiyom s. **kasımsı tümör**
fibula s. **kamış kemiği**
fidan Sproß, Schößling *m*, junge Pflanze, junger Baum ~ **biti** Blattlaus *f zo.* Aphis *çiçek biti, püseron ~ **boylu** *od.* ~ **gibi** rank und schlank, schöngewachsen (Mädchen) ~ **döşeği** Pflanzgarten *m*
fidanlık Pflanz-, Baum-schule *f*
fide *agr.* Setzling *m*
fideci Pflanzenzüchter(-in *f*) *m*
fidecik (im Samenbeet gezogener) Pflänzling
fidecilik Pflänzlings-zucht *f*, -verkauf *m*
fideizm *phil.* Fideismus *m* *inancılık
fideleme kaşığı *agr.* Hohlspatel, Pflanzenheber *m*
fidelemek *agr.* auspflanzen, pikieren (Pflänzlinge)
fidelik 1. Samen-, Saat-, Treib-beet *n* 2. als Setzling geeignet 3. *fig.* Ausbildungsschule *f* (für Nachwuchskräfte); Seminar *n*
fider (*engl.* **feeder**) *techn.* Zu-, Speise-leitung *f*
fidye; fidyeinecat, -tı [ā] Lösegeld *n* *kurtulmalık ~ **mukabilinde** gegen Zahlung e–s Lösegeldes
fief *(franz.) hist.* Lehen *n* *tımar; feodal emlâk
FİFA = Fédération Internationale de Football Association, Internationaler Fußballverband
fifre [×·] Querpfeife (aus Holz) *f*
fifreci *mil.* Pfeifer *m*
figan [ā] Weh-, Jammer-geschrei *n*, Schreien und Klagen *n* ~ **etmek** jammern, wehklagen
figür 1. Abbild(-ung *f*) *n*, Bild *n* 2. *Ka.* Bild(-karte *f*) *n* 3. Figur, Gestalt *f* (z.B. auf e–m Denkmal) 4. *(Tanz, Eislauf, mus. usw.)* Figur *f* 5. *ling.* bildlicher Ausdruck 6. *mus.* Noten- bzw. Pausen-zeichen *n* ~ **ressamı** s. **figürist**
figüran *Th.* Statist, Komparse *m* ~ **kız** *Th.* Statistin *f*
figüranlık *Th.* Tätigkeit, Rolle *f* e–s Statisten, e–r Statistin ~ **etmek** e–e Statistentätigkeit ausüben
figüratif 1. bildlich, figürlich 2. bildliche, figürliche Darstellung
figüre 1. bildlich, figürlich 2. ausgewiesen, dargestellt (in e–r Rechnung)
figürin Statuette *f*, Figürchen *n* *heykelcik
figürist, -ti 1. Gipsbildgießer *m* 2. Portraitmaler(-in *f*) *m* *portretist
fiğ Wicke *f bot.* Vicia (sativa u.a.); s.a. **adi(tüylü)** ~
fih [ī] *va.* darin; vgl. **mefulünfih; münazaünfih**
fihrist, -ti 1. (Inhalts-)Verzeichnis *n* 2. listenmäßige Aufnahme, Liste *f*, Katalog *m*
fiil 1. Handlung, Tat *f*, Akt *m* 2. *chem., phil.* Aktivsein, Wirken *n* *etki, etkime, eylem, tesir 3. *gr.* Verb(-um), Zeitwort *n* *eylem 4. Aktualität *f* (im Ggs. zur Potentialität) Zu 1: **-i bozuk** moralisch minderwertig, übler Kerl Zu 3: ~ **cümlesi** *gr.* Verbalsatz *m* *eylem tümcesi ~ **ehliyeti** *jur.* Handlungsfähigkeit *f* *eylem yetenegi ~ **kökü** s. **eylem kökü;** ~ **tasrifi** s. **eylem çekimi; -den müştak** *gr.* deverbal *eylemden türeme **-e gelmek** Tatsache werden, ausgeführt werden **-e getirmek** in die Tat umsetzen; ausführen **-i hayır** *va.* gute Tat **-i hikâye** s. **hikâye bileşik zamanı; -i iane** s. **yardımcı fiil; -i iktidarî** s. **yeterlik fiili; -i istimrarî** s. **sürerlik fiili; -i mukarebe** s. **yaklaşma fiili; -i müessir** s. **müessir fiil; -i münakis** s. **refleks; -ı nakıs** defektives Verbum **-i rivayet** s. **rivayet bileşik zamanı; -i şart** s. 1. **şart bileşik zamanı** 2. **temenni sıygası; -i şeni** unzüchtige Handlung, Sexualvergehen *n spez.* Vergewaltigung *f* **-i şer** böse Tat **-i tacilî** s. **tezlik fiili; -i takribî** s. **yaklaşma fiili; -i temenni** s. **temenni sıygası; -i teşemmüs** Sonnenstich *m*
fiilci *selt.* für **faal**
fiilen oft m. Kontraktion [×·] *Adv.* zu **fiil** (vgl. **fiilî** 1–4)
fiilî oft m. Kontraktion [– –] 1. durch die Tat, praktisch, de facto 2. tatsächlich, wirklich, effektiv, eigentlich 3. aktuell (*ant.* potentiell) 4. aktiv 5. *va.* das Verbum betreffend, verbal ~ **abluka** *mil.* effektive Blockade ~ **hizmet** aktive Dienstleistung ~ **irade izharları** *jur.* Tathandlungen, Realakte *pl.* ~ **şirket** *jur.* De-facto-Gesellschaft *f* ~ **zilyetlik** s. **doğrudan doğruya zilyetlik**
fiilimsi s. **eylemsi**
fiiliyat, -tı [ā] *urspr. Pl.* 1. Leistung(-en *pl.*) *f*, Tat(-en *pl.*) *f*, Handlung(-en *pl.*) *f* 2. Praxis *f* Zu 1: **Laf değil,** ~ **lâzım!** Nicht Worte, sondern Taten sind erforderlich! Zu 2: ⁓**ın hiç de bu sözlere uymadığını gördük.** Die Praxis steht, wie wir feststellen mußten, mit diesen theoretischen Ausführungen schon gar nicht in Einklang. **-ta** praktisch, de facto **-ta halledilmiş gibi gözükmektedir.** ... erscheint praktisch so gut wie bereinigt. **nazariyede ve -ta hukuk müsavatı** theoretische und praktische Rechtsgleichheit
fiiliye s. **aktivizm**
fiil-kaide *jur.* normativer (rechtsetzender) Staatsakt
fiil-şart *jur.* Verwaltungsakt *m*
fiilleşmek verbalisiert werden, zum Verb werden
fiilleştirmek verbalisieren, zum Verb machen
FİJ = Fédération Internationale des Journalistes, Interna-

tionaler Journalistenverband (*türk.:* **Uluslararası Gazeteciler Federasyonu**)
fik, -ki s. **fiğ**
fikir, -kri 1. Meinung, Ansicht, Erwägung, Auffassung *f* 2. Gedanke *m*, Idee, Vorstellung *f*, (geistiges) Bild 3. Intelligenz *f*, Geist *m* 4. Gedächtnis *n*, Erinnerung *f* 5. *z. va.* Besorgnis *f* *kuruntu Zu 2: **Şimdiye kadar gelen telgraflar, vaziyet hakkında tam bir ~ verecek şekilde değildir.** Die bis jetzt eingelaufenen telegraphischen Meldungen geben noch kein vollständiges Bild der Lage. Zu 3: **Bu adamda ~ namına bir şey yoktur.** Bei ihm ist aber auch kein Funken von Geist zu entdecken. **bütün ~ ve kalem sahipleri** alle Vertreter der geistigen Welt Zu 4: **Adı fikrimde kalmamış.** Sein Name ist mir nicht mehr erinnerlich. **~ açmak** 1. s. **fikrini açmak** 2. aufklärend wirken **~ adamı** Denker *m* *mütefekkir **~ almak** 1. (b–den) j–n um Rat angehen; sich mit j–m besprechen 2. s. **~ edinmek; ~ ayrılıkları** Meinungsverschiedenheiten *pl.* **~ beyan etmek** sich aussprechen, sich äußern **~ cevvaliyeti** geistige Regsamkeit **~ dağınıklığı** *psych., med.* unzusammenhängende Gedanken; sprunghaftes Denken **~ danışmak** (b–ne) s. **~ almak** (1); **~ derbederliği** gedankliche Schlamperei **~ edinmek** sich ein Bild, e–e Vorstellung von et. machen, (in e–e Materie) eindringen **~ etmek** 1. gründlich überlegen 2. rechtzeitig an et. denken **~ gazetesi** Intelligenzblatt *n* **~ hürriyeti** s. **düşünce özgürlüğü; ~ işçisi** geistiger Arbeiter **~ kırıntısı** Gedankensplitter, Aphorismus *m* **~ modacılığı** die Neigung, immer wieder neue Fragen aufzuwerfen **~ mücadelesi** geistige Auseinandersetzung **~ sahibi olmamak** (bir hususta) sich keine rechte Vorstellung machen können (von) **~ sondajı** Meinungsumfrage *f* **~ teatisi** s. **teatii efkâr; ~ uyanıklığı** s. **~ cevvaliyeti; ~ tutarsızlığı** s. **~ dağınıklığı; ~ ve sanat eserleri** literarische und künstlerische Werke *pl.* **~ vermek** j–m ein Bild von et. machen, j–m et. verständlich machen (erklären, auseinandersetzen) **~ yakınlaşması** gedankliche Annäherung **~ yazıları** gedankliche Schriften *pl.* **~ yormak** sich den Kopf zerbrechen **~ yürütmek** 1. e–e Meinung äußern, e–n Gedanken vorbringen 2. sich (des langen und breiten) ergehen (auslassen) (über) **-den** aus dem Gedächtnis, aus der Phantasie (z. B. zeichnen) **-e dalmak** in Gedanken versunken sein **-e düşmek** in den Sinn kommen **-e getirmek** an et. erinnern **-e varmak** nachdenken, nachgrübeln

(fikri): ~ dağınık zerstreut, geistesabwesend **-mce** *od.* **-me göre** meiner Meinung nach, meines Erachtens **-nde bulunmak** (*od.* **olmak**) 1. der Meinung sein, daß ... 2. gedenken (et. zu tun) **-nde saklamak** die Erinnerung bewahren (an) **-nde tutmak** im Kopf behalten **-nden çıkmak** in Vergessenheit geraten **-nden geçirmek** et. überdenken, planen, vorhaben; streben, trachten (nach), träumen (von) **-ne gelmek** j–m in den Sinn kommen **-ne iştirak etmek** s. Stw. **iştirak etmek; -ne koymak** 1. sich et. in den Kopf setzen 2. j–m et. suggerieren, einreden **-ne sokmak** ein-prägen, -schärfen, -hämmern, -trichtern **-ni açmak** (b–ne) sich j–m eröffnen **-ni almak** s. **-ni sormak; -ni bozmak** Böses im Schilde führen **-ni değiştirmek** 1. seine Anschauung (Meinung, Ansicht) ändern 2. sich e–s andern besinnen **-ni sormak** 1. j–s Meinung erfragen 2. j–n zu Rate ziehen, konsultieren **-ni terviç etmek** sich mit seiner Ansicht durchsetzen **-ni yürütmek** seiner Ansicht Geltung verschaffen **fikri mudir** *va.* Leitgedanke *m* **fikri sabit; sabit fikir** fixe Idee *saplantı **fikri selim** *selt.* s. **akılselim; fikri teşebbüs** *mil.* Unternehmungsgeist *m* **fikri zımnî** Hintergedanke *m*
fikircilik s. **rasyonalizm**
fikirli 1. mit nb. Denken 2. *pr.* gedanken-, ideen-, einfallsreich, klug, intelligent 3. nachdenklich Zu 1: s. z. B. **cin ~; ~ ~** bekümmert, besorgt
fikirsiz 1. ideen-, gedanken-arm 2. gedankenlos, unüberlegt 3. dumm, beschränkt
fikirsizlik 1. Ideen-, Gedanken-armut *f* 2. Gedankenlosigkeit, Unüberlegtheit *f* 3. Dummheit, Beschränktheit *f*
fikolog (*franz.* **phycologue**) s. **yosunbilimci**
fikoloji(-k) s. **yosunbilim(-sel)**
fikomisetler *bot.* Phykomyzeten, Algenpilze, niedrige Pilze *pl.*
fikren [×·] *Adv.* geistig, gedanklich, ideell, innerlich, im Kopf (*ant.* **bedenen** *bzw.* **kalben**)
fikret, -ti 1. *va.* Gedanke *m*, Überlegung *f* 2. ♀ *mV, wV* 3. *spez.* **Tevfik** ♀ türk. Schriftsteller, 1867 (1870?)–1915
fikrî 1. geistig, gedanklich, ideell *düşünsel, ideyel 2. **Fikri** [×·] *mV;* **Fikriye** *wV* **~ haklar** *jur.* Immaterialgüterrechte, Urheberrechte *pl.* *düşünsel haklar **~ içtima** *jur.* Idealkonkurrenz *f* **~ olgunluk** geistige Reife
fikriyat, -tı [ā] *urspr. Pl.* 1. Gedankenwelt *f*, gedanklicher Inhalt; Ideologie *f* 2. Geisteswissenschaften *pl.* 3. Geistesleben *n* Zu 3: **Osmanlı -ı tarihinde** in der Geschichte des osmanischen Geisteslebens
fiksaj *phot.* Fixieren *n* **~ banyosu** *phot.* Fixierbad *n*
fiksajlı *phot.* das Fixieren betreffend **~ su** *phot.* Fixierflüssigkeit *f*
fiksatif Fixativ *n*
fiksatör 1. *phot.* Fixiermittel *n* 2. Fixator *m* (für Parfüm)
fikse (*franz.* **fixé**) Glasbildchen *n*
fiksiyon Fiktion, Einbildung *f*, Hirngespinst *n* *yapıntı
fiksizm (*franz.* **fixisme**) s. **saptanımcılık**
fikstür *(Sport)* Ansetzung *f* von Spielen *spez.* Spielgruppierung *f* von Mannschaften, Termin *m*
fil (I) 1. Elefant *m zo.* Elephas 2. *Scha.* Läufer *m* 3. riesengroß (Person od. Sache) **~ ayağı** *arch.* (Stütz-)Pfeiler *m*, Säule *f* *pilpaye **~ gibi** 1. sehr dick 2. sehr gefräßig **~ hastalığı** *med.* Elefantiasis *f* *daülfil **~ kulağı** 1. e–e Art der Gattung Buntwurz *bot.* Caladium esculentum 2. See-, Meer-traube *f bot.* Coccoloba uvifera **~ kulağı eğreltiotu** Hirschzungenfarn *m bot.* Elaphoglossum (*spez.* crinitum) ♀ **suresi** Name der 105. Koran-Sure **~ yılı** das (angebliche) Geburtsjahr Mohammeds (570 n. Chr.)
fil (II) (in Zss.) Faden *m*, Garn *n*
filador s. **filator**
filafil Fil-à-fil *n* (Stoff mit karoähnlichem Gewebebild)
filama(-cı) s. **flama(-cı)**
filaman 1. tierische od. pflanzliche Faser 2. *techn.* Heizdraht *m*
filament, -ti s. **ipçik**
filan [·×] s. **falan; ~ falan** s. **falan filan; ~ festekiz** s. **falan festekiz; ~ fıstık** dies und das; dies und noch mehr; und was noch alles **~ veya falan sebepten dolayı** aus diesem oder jenem Grunde
filanca [·×·] s. **falanca**
filandra s. **flandra**
filanıncı s. **falanıncı**
filantrop(-i *od.* **-izm)** s. **insansever(-lik)**
filantropik philanthropisch
filar leichter, hochhackiger Schuh
filari *naut.* Rundtörn *m*
filariz (Hanf-, Flachs-)Breche *f* *keten tokmağı
filarizlemek Flachs hecheln *keten dövmek
filarmoni Philharmonie *f*, Konzertsaal *m*, Orchester *n*, musikalische Gesellschaft
filarmonik 1. philharmonisch 2. Musikverein *m* **~ konserleri** (philharmonische) Konzerte *pl.*, Konzerte *pl.* des philharmonischen Orchesters **~ orkestra(-sı)** philharmonisches Orchester

filarya Fadenwurm *m zo.* Filaria (Krankheitserreger)
filaryoz *med.* Filariasis, Fadenwurmkrankheit *f*
filasa s. **flasa**
filateli Philatelie, Briefmarkenkunde *f* *pulbilim
filatelik philatelistisch, Briefmarken- *pulbilimsel
filatelist, -ti 1. Philatelist, Briefmarkensammler *m* 2. s. **pulcu**
filator *naut.* Taljereep *n* (*spez.* bei Wanten) ~ **bağı** Rosenlaschung, -zurring, -zeising *f* *marsepet bağı ~ **dolabı** Maschine *f* zur Herstellung von Tauen
filatör 1. Spinnereibesitzer *m* 2. Spinnereiarbeiter *spez.* Seidenhaspler *m* 3. Zwirnmaschine *f*
filatür Spinnerei *f*
filavta(-cı) s. **flavta(-cı)**
filbahar; filbahrî 1. s. **akasma** 2. s. **yalancı yasemin**
filburnu, -nu s. **kartopu**
filcan 1. *P* für **fincan** 2. *fr.* e–e Art Glockenspiel (auf Gläsern, die verschieden hoch mit Wasser gefüllt waren)
filcümle [·×·] *va.* schließlich, letzten Endes, kurz gesagt
fildekoz (*franz.* **fil d'Ecosse**) 1. Florgarn *n* 2. Mako(-baumwolle *f*) *m, f* ~ **fanila** Makounterhemd *n*
fildişi, -ni 1. Stoßzahn *m* (des Elefanten) 2. Elfenbein *n* 3. aus Elfenbein hergestellt, elfenbeinern, Elfenbein- 4. elfenbeinfarbig 5. *an.* Zahnbein *n* *diş kemiği ~ **ağacı** Steinnußpalme *f bot.* Phytelephas macrocarpa ~ **kule** *fig.* Elfenbeinturm *m* ~ **oymacılığı** Elfenbeinschnitzerei *f* ≗ **Sahili** *n.pr.* Elfenbeinküste *f* (Afrika) ~ **siyahı** (*od.* ~ **karası**) Elfenbeinschwarz *n* (Malerfarbe) ~ **tarak** Elfenbeinkamm *m*
fildişimsi elfenbeinähnlich
file (*franz.* **filet**) 1. (Einkaufs-, Gepäck-, Haar-, Schmetterlings- usw.) Netz *n* 2. (*oft:* **-ler**) Netz *n* (bei Tennis, Fußball, Volleyball usw.) 3. Filet-arbeit, -spitze *f* ~ **çorap** durchbrochene (Damen-)Strümpfe *pl.* **-lere takmak** *spez. Fb.* ins Netz setzen (Ball)
filebit s. **flebit**
fileci *V* s. **dikizci**
filelması, -nı Elefantenapfelbaum *m bot.* Feronia elephantum
fileminyon (*franz.* **filet mignon**) zartes, kleines Filetstück auf Röstbrot
filemyon *P* für **fileminyon**
filen s. **fiilen**
filenk, -gi *naut.* 1. Dwarsbalken *m,* Querholz *n* 2. Schiffs- od. Boots-klampe *f* (auf e–m Deck) 3. Rundbalken *pl.* (über die ein Boot an Land gezogen bzw. ins Wasser gelassen wird; *fr. a.* zum Verlegen großer Steinblöcke od. Säulen verwendet)
filet, -ti 1. *naut.* seichte Meeresstelle 2. ein für seichte Gewässer best. flaches Boot 3. *typ.* (Spalten-)Linie *f* (z.B. zwischen Zeitungsartikeln)
fileto [·×·] Filet, Lendenstück *n,* Rinderbraten *m*
filfil Matikopfeffer *m bot.* Piper angustifolium *matiko
filfillemek *va.* pfeffern
filhakika [×·–·] 1. in der Tat, wirklich, tatsächlich, wahrlich 2. (*bei adversativer Forts.*) zwar
filhal [ā] *va.* jetzt, dann, sofort
filî s. **fiilî**
Filibe *n.pr.* Plowdiw, Philippopel
filibit s. **flebit**
filigran 1. Filigranarbeit *f* *telkâri iş 2. Wasserzeichen *n* *suyolu
filigranlı 1. mit Filigranarbeit 2. mit Wasserzeichen (Papier)
filik 1. s. **fılık** 2. *Ka.* As und Zwei (bei dem Spiel **otuzbir**)
filika [·×·] 1. Feluke, Schaluppe *f* 2. Bei-, Rettungs-boot *n* (auf Schiffen), Dingi *n* 3. farbiger Zweispitz (e–s Diplomaten) ~ **birakili** (*od.* ~ **bosası**) *naut.* Haltetau *n,* Krängungskette *f* (für Rettungsboote an Bord e–s Schiffes) ~ **demiri** *naut.* Dregg-, Quirl-anker *m* *ığrıp demiri ~ **iskandili** *naut.* Mittellot *n* ~ **kancası** Bootshaken *m* ~ **metaforası** *naut.* drehbarer Bootsdavit ~ **oturağı** Ruderbank, Ducht *f* ~ **yarışı** Bootsrennen *n,* Segel-, Ruderregatta *f*
filim, -lmi 1. *a. phot.* Film *m* 2. Film-vorführung, -vorstellung *f* 3. *V* Anblick *m* Zu 2: **Dünkü -de ben de bulundum.** Den gestrigen Film habe ich mir auch angesehen. ~ **adı** Filmtitel *m* ~ **almak** (*od.* **çekmek**) filmen, e–e Filmaufnahme machen ~ **baskısı** *typ.* Seidensiebdruck *m* *şablon baskısı ~ **belgeliği** Filmarchiv *n* ~ **bilimi** s. **filmoloji;** ~ **çevirmek** 1. e–n Film drehen 2. *V* groß angeben, *F* einmal ordentlich auf die Pauke hauen ~ **festivali;** ~ **şenliği** Film-festspiele *pl.,* -woche *f* ~ **hilesi** Trickaufnahme *f* ~ **hukuku** *jur.* Filmrecht *n* ~ **koparmak** *V* faseln, dummes Zeug reden (Betrunkener) ~ **prodüktörü** Filmproduzent, -hersteller *m* ~ **yaratıcı(-sı)** Filmautor *m* ~ **yıldızı** Filmstar *m* ~ **yönetmeni** Filmregisseur *m* **-leri yakmak** *V* das Ganze verkorksen (verhunzen, versauen) **-e alınmak** ge-, ver-filmt werden **-e alma hakkı** Verfilmungsrecht *n*
filimci 1. wer mit Filmen zu tun hat z.B. Film-produzent, -händler, -importeur, Kinobesitzer *m* usw. 2. *V* s. **bomcu**
filimcilik 1. Filmkunst, Aufnahmetechnik *f* 2. Filmindustrie *f* 3. Filmwesen *n*
filimsel filmisch, Film-
filinin s. **mantar özü**
filinta [·×·] Karabiner, Stutzen *m,* Jagdflinte *f*
filinte (*mit* od. *ohne* **gibi**) *V* hübsch, nett, adrett
Filipin (adaları) od. **Filipinler** *n.pr.* Philippinen *pl.*
Filipinliler *n.pr.* Filipinos *pl.*
filipota [··×·] *naut. hist.* Vlie-, Flie-boot *n* (kleineres Fischerboot)
filispit (*engl.* full speed) 1. *naut.* Volle Kraft voraus! 2. *V* a) total betrunken; sternhagelvoll b) in voller Tätigkeit c) elegant, todschick
Filistin *n.pr.* Palästina ~ **güneş kuşu** Nektarvogel *m zo.* Cinnyris osea (in Syrien, Arabien usw.) ~ **Halk Kurtuluş Cephesi** *n.pr.* Volksfront für die Befreiung Palästinas
Filistinli 1. Palästinenser(-in *f*) *m* 2. palästin(ens)isch
Filistler *n.pr. hist.* Philister *pl.*
filit 1. s. **flit** 2. s. **fillit**
filiyal, -li *selt.* Filiale, Zweigstelle *f* *şube
filiyat s. **fiiliyat**
filiz (I) 1. Sproß, Trieb, Schößling *m* 2. Bez. für das 1. Jahr e–s Kindergartens 3. *V* As und Drei (bei dem *Ka.* **otuzbir**) 4. ≗ *wV* ~ **gibi** zart, feingliedrig ~ **sürmek** Schößlinge treiben, Triebe ansetzen
filiz (II) 1. ungereinigtes Erz 2. *techn.* Anschlußeisen *n* (bei Stahlbeton)
filiz (III) *naut.* oberes Gaffelsegel, Gaffeltoppsegel *n* (Handelsmarine) *pik
filizî hellgrün, gelblich-grün
filizkıran Name e–s periodisch, Mitte Mai, auftretenden Sturmes
filizkurutan Haselböckchen *n zo.* Oberea linearis
filizlemek 1. die Schößlinge beschneiden; (e–e Pflanze) auslichten 2. e–e Aderspur hinterlassen
filizlenmek 1. Pass. zu **filizlemek** 2. Schößlinge treiben, Triebe ansetzen; ausschlagen, keimen 3. *fig.* sich langsam entwickeln
filizli mit Schößlingen (Trieben); grünend, keimend
filka s. **çenek**
fillat, -dı (*franz.* **phyllade**) s. **yapraktaş**
filler (I) Filler *m* (1/100 Forint; Ungarn)
filler (II) (*engl.* **filler**) *techn.* Füllstoff *m,* Zusatzmittel *n* (z.B. bei Teer)

fillit, -ti 1. *geol.* Blattversteinerung *f* 2. *min.* Phyllit *m* (feinblättriger Schiefer)
film neuere Graphik für **filim** *q.v.*; ~ **komik** Filmkomödie *f*, Filmlustspiel *n* **-e almak** (e–n Stoff) verfilmen
filmik filmisch, Film-
filmografi Filmverzeichnis *n*
filmoloji Filmwissenschaft *f*
filmotek, -ki, -ği (*franz.* **filmothèque**) Filmarchiv *n*
filmpak, -kı *phot.* Filmpack *m*
filo (I) [×·] 1. Flotte *f*, Geschwader *n* (*a.* für Luftstreitkräfte) 2. *naut.* (Schlacht-, Schiffs-)Linie *f*, Verband *m* ~ **kumandanı** (*od.* **komutanı**) Geschwader-chef, -führer *m*
filo (II) [×·] *(naut. Kommando)* Einholen! Anholen! Refft Segel! ~ **etmek** die Segel reffen (*naut. a.*: bekalmen)
filo (III) *V* Laus *f* *bit
filojenez; filojeni s. **soyoluş**
filok(-a) s. **flok(-a)**
filoksera [·×··] Reblaus *f* *zo.* Phylloxera vastatrix *asmabiti; bağ kökbiti
filokseralı von der Reblaus befallen, reblausverseucht
filolog Philolog-e *m*, -in *f* *lisaniyat alimi
filologya [··×·] *va.* s. **filoloji**
filoloji Philologie *f*, Sprach- und Literaturwissenschaft *f*
filolojik philologisch
filolojist, -ti *selt.* s. **filolog**
filon (*franz.*) *geol.* (Erz-)Ader *f*, Gang *m* *damar
filoş s. **floş**
filota [·×·] Randverzierung *f* (z.B. an Möbeln)
filotaksi *bot.* Phyllotaxis, Blattstellung *f*
filotilla [··×·] (Torpedoboots-)Flottille *f* ~ **komutanı** (*od.* ~ **komodoru**) Flottillenchef *m*
filoz Schwimmer *m* (für Fischernetze), Angel-, Netz-kork *m*
filozof 1. Philosoph *m* 2. *fig.* heiter, gleichmütig, gelassen, stoisch ~ **taşı** Stein *m* der Weisen *iksiri azam; kimya taşı
filozofça philosophisch, gleichmütig, unerschütterlich
filozofi 1. Philosophie *f* *felsefe 2. heiteres Wesen; Gleichmut *m*, Gelassenheit *f* *(1, 2) felsefe
filozofik philosophisch *felsefî
filozoflaşmak zum Philosophen werden; philosophieren, grübeln
filozofluk 1. Verhalten *n* e–s Philosophen *spez. hum.* Stoizismus *m* 2. Philosophieren *n*
filtraj Filtrieren *n*, Filtrierung *f*, Durchseihen *n* ~ **tesisatı** Filtrieranlage *f*, Klärwerk *n*
filtre [×·] 1. Filter *m*, *n* (*a. phot.*), Filtrierapparat *m*, Sieb *n* 2. *(Radio)* Sperrkreis *m*, Wellensieb *n* 3. Gittermuster *n* (bei Kleiderstoffen) 4. gefiltert, gesiebt; *fig.* gesichtet, kontrolliert ~ **etmek** 1. filtrieren, durchseihen, sieben 2. *fig.* sichten, kontrollieren ~ **kâğıdı** Filterpapier *n* **-den geçirmek** s. **filtre etmek**
filtreli mit Filter; Filter- (z.B. Zigarette)
filtresiz ohne Filter
filurya s. **flurya**
filvaki [×–·] 1. in der Tat, wirklich, tatsächlich 2. *(bei adversativer Forts.)* zwar
filyer (*franz.* **filière**) s. **pafta** (5)
filzehre Bocksdorn *m* *bot.* Lycium (afrum, europaeum usw.)
fimabait [·–··] *va.* in Zukunft, von jetzt an, nunmehr
Fin 1. Finne *m*, Finnin *f* 2. finnisch ~ **balinası** Finnwal *m* *zo.* Balaenoptera physalus ~ **hamamı** s. **sauna**
final, -li 1. *selt.* die Absicht, den Zweck betreffend; final 2. *(Sport)* End-, Schluß-runde *f*, Entscheidungs-, Endkampf *m* 3. Zielpunkt *m* (z.B. bei Radrennen) 4. *mus.* Finale *n*, Schlußsatz *m*
finalist, -ti 1. *(Sport)* Finalist *m*, Teilnehmer(-in *f*) *m* an der Schlußrunde, dem Entscheidungswettkampf 2. s. **erekçi**
finalite s. **ereklik**
finalizm s. **erekçilik**
finans *selt.* 1. Finanzen *pl.* 2. Finanzwesen *n* ~ **Bakanlığı** s. **Maliye Vekâleti (Bakanlığı)**
finansal *selt.* finanziell, Finanz- *malî
finanse finanziert ~ **etmek** 1. finanzieren 2. die Kosten bestreiten
finansiye Finanzmann, Bankier, Geldgeber *m*
finansman Finanzierung *f*
fincan 1. Tasse *f* 2. *el.* Porzellanisolator *m* 3. winziges Blumentöpfchen (Durchmesser 5 cm) 4. Würfelbecher *m* ~ **gibi** weit aufgerissen (Augen) ~ **göz** Augen *pl.* wie Teetassen ~ **oyunu** Spiel, bei dem ein Ring unter Tassen versteckt wird ~ **tabağı** Untertasse *f* ~ **zarfı** metallener od. hölzerner Tassenhalter mit Fuß (*spez.* für türk. Kaffeetässchen) **-ı soğumadan kalkmak** nur auf e–n Sprung zu Besuch kommen
fincanböreği, -ni runde Pastetenart
fincancı wer Glas- und Porzellan-waren herstellt od. damit handelt ~ **katırlarını ürkütmek** *fig.* es bei j–m verschütten, bei j–m ins Fettnäpfchen treten
fincanlık 1. soundsoviele Tassen voll 2. für soundsoviele Tassen bestimmt (z.B. **cezve**)
Fince [×·] 1. finnische Sprache, Finnisch(-e) *n* 2. finnisch
finefsilemir [·×·×·] *va.* eigentlich, im Grunde genommen, an und für sich
fines (*franz.* **finesse**) *selt.* Feinheit, Zartheit *f*.
finger Gebäck *n* in Fingerform
fingir fingir kokett, herausfordernd ~ ~ **fingirdemek** sich überaus kokett benehmen
fingirdek kokett, leicht-sinnig, -lebig
fingirdeklik Koketterie *f*, Leicht-sinn *m*, -lebigkeit *f*
fingirdemek sich kokett (herausfordernd) benehmen (Frau, Mädchen), flirten, poussieren
fingirdeşmek 1. miteinander kokettieren 2. sich gegenseitig necken
fingirti Koketterie *f*, Flirt *m*
Finike *n.pr.* 1. O. u. D. im Rbz. Antalya 2. s. **Fenike**
finiş 1. *(Sport)* End-, Schluß-, Entscheidungs-kampf *m*, Endspurt *m* 2. *V* fertig, beendet, aus, zu Ende **-e kalkmak** zum Endspurt ansetzen
fink (in der Füg.:) ~ **atmak** (*od.* ~ **atıp gezmek**) sich vergnügen, sich herumtreiben
Finlandiya [·×··] *n.pr.* Finnland ~ **körfezi** *n.pr.* Finnischer Meerbusen
Finlandiyalı [·×···] 1. Finne *m*, Finnin *f* 2. finnisch
finlandiyalılaştırmak *pol.* „finnlandisieren"
Finli *selt.* s. **Finlandiyalı**
fino [×·] 1. **(köpeği)** Schoßhund *m* 2. fein, zart, erstklassig, prima (z.B. Tuch) 3. *fr.* e–e besondere Fes-Art 4. kleinporiger, wertvoller Schwamm 5. *V* „Feinarbeit" *f* (beim Betrügen, *spez. Ka.*) 6. *V* Haschisch *n*
Fin-Ugur (*od.* ~ **Ugor**) *ling.* finnisch-ugrisch ~ **öbeği** *ling.* die finnisch-ugrische Sprachgruppe
fioritura s. **fiyoritür**
firade (I) [ā]: ~ ~ einzeln, gesondert (z.B. grüßen lassen) (bäuerlicher Briefstil) *ayrı ayrı
firade (II) Bez. für 22karätiges Gold od. 20karätiges Silber
firak, -kı [ā] *z. va.* 1. Sich-Trennen *n*, Trennung *f* 2. Trennungsschmerz *m*, Sehnsucht *f*
firaklı [ā] 1. schmerzlich, leidvoll, nahegehend, traurig *dokunaklı, üzüntülü 2. *V* kläglich, erbärmlich, tragikomisch
firar [ā] 1. Flucht *f*, Entweichen, Entspringen, Ausbrechen *n* 2. *pr.* Fahnenflucht, Desertion *f* ~ **etmek** 1. (ent-)fliehen, entweichen, entspringen, ausbrechen *n* 2. *pr.* fahnenflüchtig werden, desertieren ~ **noktası** *techn.* Flieh-

punkt *m* ~ **teşebbüsü** Fluchtversuch *m* **-a yüz tutmak** sich zur Flucht wenden, die Flucht ergreifen (z. B. Heer)
firarî [·−−] 1. Flüchtling *m*, flüchtig 2. Fahnenflüchtiger, Deserteur *m* 3. Überläufer *m*
firaset(-li) s. **feraset** (II); **ferasetli**
firaş [ā] *va.* Bett, Lager(-statt *f*) *n* *döşek, yatak
firaşkon s. **fraşkın**
firavnî 1. *va.* s. **firavunluk** 2. pharaonisch
firavun 1. *hist.* Pharao *m* (altägypt. König) 2. *fig.* stolzer, hartherziger, grausamer Mensch 3. *Ka.* Pharao *n* ~ **inadı** Starrsinn *m* ~ **sıçanı** s. **firavunfaresi;** ~ **tepeleri** die ägyptischen Pyramiden ~ **tavuğu** s. **Beç tavuğu**
firavunfaresi, -ni Ichneumon *m, n zo.* Herpestes ichneumon
firavuninciri, -ni 1. Sykomore *f bot.* Ficus sycomorus *Arabistan inciri 2. s. **Hint inciri**
firavunluk 1. Würde *f*, Rang *m* e−s Pharao 2. unbeugsamer Stolz; Hartherzigkeit, Grausamkeit *f*
firdevs *va.* 1. Garten, Park *m* 2. Paradies *n* 3. ♀ *wV*
firdevsî 1. *va.* paradiesisch 2. ♀ *n.pr.* Pseudonym von **Ebülkasım** (Verfasser des Schahname)
fire [×·] 1. *H* Schwund *m*, Dekalo *n* (Gewichts- od. Maßverlust *m* bei Waren) 2. Abnutzung *f* (*spez.* e−r Münze) 3. Verschnitt *m* (Abfall beim Schneiden), Makulatur *f* (beim Druck) ~ **payı** *typ.* Zuschuß(-bogen *pl.*) *m* *telef payı ~ **vermek** an Gewicht verlieren (Ware durch Eintrocknen, Münze durch Abnutzung)
firengifer; firenkçin *mus.* zwei Taktarten in der türk. Musik
Firenze s. **Floransa**
firfir s. **firfirî**
firfirî purpurn, purpurrot ~ **balıkçıl** s. **erguvanî balıkçıl;** ~ **ballıbaba** s. **kırmızı ballıbaba;** ~ **humma** *med.* Felsengebirgsfieber *n* (e−e Rickettiose) *kayalık dağlar humması
firigo *V* unsympathisch (Person)
firik s. **ferik** (I, 3)
firikik s. **frikik**
-firip [·−] *va. pers. Sx.* täuschend, betrügend
firişte s. **ferişte**
firkat, -tı 1. Trennung *f* 2. Trennungsschmerz *m*
firkate s. **fırkata**
firkateyn *naut.* Fregatte *f* ~ **kuşu** s. **fregat kuşu**
firkatzede *va.* von Trennungsschmerz überwältigt
firkete [·×·] 1. Haarnadel *f* 2. (bei Stahlbetonbau) Anschlußeisen *n*
firma [×·] 1. Firma *f*, Geschäftsname *m* 2. Geschäfts-, Handels-unternehmen *n*, Betrieb *m* *ticarethane
firuz [−−] *va.* 1. erfolgreich, siegreich, ruhmvoll 2. glücklich 3. ♀ *mV*
firuze [·−·] 1. Türkis *m* (Halbedelstein) 2. türkisfarben *(1, 2) türkuaz 3. ♀ *wV*
FİS = Fédération Internationale de Ski, Internationaler Skiverband
fis fis 1. knisternd, knackend (z. B. brennen) 2. s. **fıs fıs**
Fisagor(s) *n.pr.* Pythagoras (griech. Mathematiker) ~ **davası** s. **Pitagor teoremi**
Fisagorslular *n.pr.* Pythagoreer *pl.*
fisebilillah [··−·−] um Gotteslohn, unentgeltlich, gratis, kostenlos *hasbetenlillah
fisk s. **fısk**
fiske 1. Abschnellen *n* e−s Fingers vom Daumen der gleichen Hand, Schnippen, Schnipsen *n* (od. hierdurch hervorgerufene leichte Schwellung der Haut) 2. Wasserbläschen *n* (am menschlichen Körper) 3. Prise, Fingerspitze *f* ~ **dokundurmamak** (*od.* **kondurmamak**) *fig.* j−m kein Härchen krümmen lassen ~ ~ **kabarmak** (*od.* **olmak**) sich überall mit kleinen Bläschen bedecken (Haut) ~ **şamdan** kleiner Handleuchter ~ **taşı** haselnußgroßer runder Stein (wie er *fr.* bei Ksp.en abgeschnellt wurde od. bei Eisenbeton verwendet wird) ~ **vurmak** s. **fiskelemek**
fiskecik *med.* (Schweiß-)Friesel *m, n*
fiskelemek 1. vom Daumen abschnellen; schnippen, schnipsen (Finger od. kleine Kugel) 2. *fig.* e−n Nasenstüber geben
fiskelenmek 1. Pass. zu **fiskelemek** 2. sich leicht werfen (Beton, Farbanstrich)
fisket, -ti Bootsmannspfeife *f* ~ **çalmak** pfeifen (auf dem Schiff)
fiskos Tuscheln, Getuschel *n* **Aralarında bir ~ geçti.** Sie tuschelten miteinander. ~ **etmek** (*od.* **konuşmak**) tuscheln
fisküfücur [ū] s. **fısk**
fislemek s. **fıslamak**
fistan 1. *reg.* loser Überwurf od. weites Frauengewand 2. Fustanella *f*, Albanerhemd *n* (kurzer Männerrock der Griechen und Albanier) 3. Schottenrock *m* 4. *naut.* a) Mastkragen *m* b) Schornsteinkragen *m*
fistanella [··×·] Fustanella *f*, Albanerhemd *n*
fistanlı mit **fistan** (bekleidet, versehen)
fistanlık als (od. zur Herstellung von) **fistan** geeignet bzw. bestimmt
fisto [×·] 1. Feston *n* (Nadelarbeit) 2. Girlande *f* 3. s. **fistolu;** ~ **iğnesi** Langette(-n.stich *m*) *f*
fistolu mit Festonbesatz; festoniert
fistül *med.* (eitrige) Fistel
fistülleşme *med.* Fistelbildung *f*
fisür *med., geol.* Spalte *f*, Riß *m* *çatlak
fisyon Fission, Atomkernspaltung *f*
fiş (I) (*franz.* **fiche**) 1. Pflock, Dübel, Zapfen *m* 2. *el.* Stekker *m* 3. Stöpsel *m* 4. Spielmarke, Telephonmünze *f*, Jeton, Pokerstein *m*, Biermarke *f* u. ä. m. 5. a) *allg.* Blatt *n*, Karte *f*, Zettel, Schein *m* b) *spez.* Kartothekzettel *m*, Karteikarte *f* 6. *selt.* Bezugsschein *m* (bei Warenrationierung) 7. Verkaufs-, Kassen-zettel *m* 8. Gutschein, Bon *m* 9. Absteckpfahl *m* (des Geometers) ~ **dolabı** Kartothek *f*, Karteikasten *m* ~ **katalogu** Zettelkatalog *m* ~ **kutusu** Zettelkasten *m* ~ **toplama küreği** Rechen *m* (des Croupiers)
fiş (II) (< *ar.* **fihi şey**); vgl. **Elemtere** ~ und **mafiş**
fişek 1. Patrone *f* 2. Feuerwerkskörper *m spez.* Rakete *f* 3. Rolle *f* Hartgeld ~ **atmak** 1. Raketen abschießen (bei e−m Feuerwerk) 2. *fig.* et. Verwirrendes, Verblüffendes sagen 3. *V* koitieren, den Beischlaf ausüben ~ **eğlenceleri** Feuerwerk *n* ~ **gibi** leicht aufbrausend, leicht erregbar (Mensch) ~ **gibi girmek** plötzlich hereinplatzen, hereingeschossen kommen ~ **kovanı** Patronenhülse, Kartusche *f* ~ **salıvermek** *fig.* Unfrieden stiften ~ **şarjörü** Patronenrahmen *m* ~ **şeridi** Patronengurt *m* (bei Maschinengewehr) ~ **yatağı** *mil.* Patronenkammer *f*
fişekçi 1. Hersteller od. Verkäufer *m* von Patronen 2. Feuerwerker, Pyrotechniker *m*
fişekçilik 1. Herstellung *f* od. Verkauf *m* von Patronen 2. Feuerwerkskunst, Pyrotechnik *f*
fişekhane [ā] 1. Patronenfabrik *f* 2. Patronenlager *n*
fişekli mit **fişek** (*q.v.*); ~ **çarşafı** gestreifter Tscharschaf
fişeklik, -iği 1. Patronengurt *m* 2. Patronentasche *f* *kütüklük
fişenk *va.* s. **fişek**
fişiye (*franz.* **fichier**) s. **fişlik**
fişka s. **fışka**
fişlemek *(Bibliotheksausdruck)* verzetteln, in e−e Kartei aufnehmen
fişlenmek 1. Pass. zu **fişlemek** 2. im Polizeiregister stehen
fişli 1. auf Karteizettel eingetragen 2. polizeilich registriert
fişlik, -iği Kartei-, Zettel-kasten *m*; Kartothek *f*, Karteischrank *m*
fişü Fichü *n* (leichter Damenschal; Hals-, Schulter-tuch *n*)

fit (I), **-ti** Auf-hetzen, -wiegeln, -reizen, Anstiften *n* ~ **sokmak** (*od.* **vermek**) s. **fitlemek**
fit (II), **-ti** 1. gleich(-stehend) *müsavi, beraber 2. glatt(stehend) (nach gegenseitiger Abrechung) 3. *V* (bşe) sich begnügend, einverstanden, zufrieden (mit) **O, beş liraya da -tir.** Er ist auch schon mit fünf Pfund zufrieden.
fit (III), **-di** [–] (*engl.* **feed**) *techn.* zugeführte Ladung ~ **suyu** *techn.* Speisewasser *n* ~ **tulumbası** *techn.* Speise(wasser)pumpe *f* (bei Dampfkessel)
fitil 1. (Lampen-, Kerzen- usw.)Docht *m* 2. Zündschnur, Lunte *f* 3. *med.* Mull-, Watte-bausch, Tampon *m, fr. a.* Scharpie *f* 4. *med.* Suppositorium, Zäpfchen *n* 5. Schnur- od. Litzen-besatz, Zierstreifen *m,* Paspel *f* 6. *naut.* Herz *n,* Seele *f* (bei Tauwerk) 7. Name e–s türk. Ka. 8. einzelnes Wollbüschel im Vlies des Schafes; Stapel *m* 9. *fr.* osm. Juwelen- od. Apotheker-gewicht (= ¼ kırat) 10. (*a.* ~ **gibi**) *V* total betrunken; sternhagelvoll 11. Einsatzleder *n* (des Schusters od. Sattlers) ~ **almak** s. **-i almak;** ~ **çevirmek** mit Paspel besetzen; paspelieren ~ ~ **burnundan gelmek** s. Stw. **burun;** ~ **koymak** (*od.* **sokmak**) 1. e–n Docht (*usw. s.* **fitil**) einführen 2. *V* aufhetzen, aufreizen; *a.:* heimlich entgegenarbeiten ~ **olmak** *V* sinnlos betrunken sein ~ **taşı** s. **amyant;** ~ **vermek** (b–ne) 1. erzürnen, erregen, zur Raserei bringen 2. aufhetzen, aufwiegeln, aufreizen **-i almak** 1. Verdacht schöpfen, argwöhnisch werden 2. in Aufregung geraten, empört sein, wütend werden 3. sich beleben, sich beschleunigen **-le yağlama** *techn.* Dochtschmierung *f*
fitilci 1. Hersteller *m* od. Verkäufer *m* von Dochten od. Lunten 2. *fig.* Unruhestifter, Hetzer *m*
fitillemek (m. Akk.) 1. die Zündschnur anbrennen 2. s. **fitil vermek** 3. *arch.* mit Zierstreifen versehen *kaytanlamak, kordonlamak
fitilli 1. mit **fitil** ausgestattet 2. mittels Zündschnur zur Entladung gebracht 3. gestreift (Baumwollstoff) ~ **tüfek** *hist.* Luntenschloßgewehr *n* ~ **yağdan** *techn.* Docht-Öler *m*
fitlemek 1. auf-hetzen, -reizen, -wiegeln, anstiften 2. Zwietracht säen
fitleyici 1. hetzerisch, aufwieglerisch 2. Hetzer, Unruhestifter, Anstifter
fitnat s. **fıtnat**
fitne 1. Unfrieden *m,* Zwietracht *f,* beiderseitige Verstimmung 2. Aufruhr *m,* Unruhen *pl.* 3. *va.* a) Versuchung, Verführung *f* b) verführerisch (Frau, Augen usw.) 4. *va.* s. **dinsizlik** 5. *va.* s. **mihnet** 6. s. **fitneci;** ~ **basmak** (*od.* **kopmak**) ausbrechen (Unruhen) ~ **çıkarmak** Unruhen hervorrufen ~ **etmek** 1. hetzen, intrigieren 2. revoltieren, rebellieren ~ **fücur** ewiger Unruhestifter ~ **kumkuması** geborener Intrigant ~ **sokmak** (*od.* **koymak**) Unfrieden stiften, Intrigen anzetteln, gegeneinander aufhetzen ~ **vermek** 1. verleiten, verführen 2. aufzuhetzen versuchen
fitneci Zwietracht säend; Unruhestifter, Hetzer, Intrigant *m*
fitnecilik Hetzerei *f,* Intrigieren *n,* Aufwiegelung *f* ~ **etmek** (m. Dat.) intrigieren (gegen)
fitneengiz [···–] *va.* aufwieglerisch
fitnekâr(-lık) s. **fitneci(-lik)**
fitnelemek 1. Unruhe stiften, Zwietracht säen 2. aufhetzen, aufwiegeln, aufreizen, intrigieren
fitnelik Zwietrachtsäen, Intrigieren *n*
fitocoğrafya s. **bitki coğrafyası**
fitofaj (*franz.* **phytophage**) s. **otçul**
fitojen *geol.* phytogen; aus Pflanzen entstanden
fitoloji Pflanzenkunde, Botanik *f* *botanik
fitoparazit, -ti s. **bitkisel asalak**
fitopatoloji s. **bitki hastalıkları bilimi**
fitoterapi *med.* Phytotherapie, Pflanzenheilkunde *f*
fitre in best. Höhe vorgeschriebenes, in den letzten Tagen des Ramazan gespendetes isl. Almosen *sadakai fıtır
fitret, -ti 1. Zeitraum *m* zwischen dem Auftreten zweier Propheten *spez.* (*nach isl. Lehre*) die Zeit zwischen Jesus und Mohammed 2. *allg.* Zwischenzeit 3. *pol.* Interregnum *n* *fasılai saltanat
fittings Einrichtungs-, Ausstattungs-gegenstände, Armaturen, Beleuchtungskörper *pl.*
fiya [×·] *griech.* Weg mit dir! Hau ab!
fiyaka [·×·] *V* Prahlerei, Angeberei *f,* Angebertum *n* *afi, gösteriş, kabadayılık ~ **satmak** (*od.* **sökmek**) *V* renommieren, bramarbasieren, den Angeber spielen **-sını bozmamak** ein dickes Fell haben; sich nicht im geringsten stören lassen **-yı bozmak** bloßstellen, blamieren, zum Gespött der Leute machen
fiyakacı [·×··] *V* Angeber, Prahlhans, Renommist, Bramarbas *m*
fiyakalı [·×··] *V* 1. prahlerisch, angeberisch 2. pompös, mit viel äußerer Aufmachung, *F* aufgedonnert *gösterişli, kabadayı ~ **bir üniforma** pompöse Uniform, *F* Uniform *f* mit viel Lametta
fiyango s. **fiyonga**
fiyanse verlobt; Verlobte *m, f*
fiyasko [·×·] Fiasko *n,* Mißerfolg *m,* Zusammenbruch *m* ~ **vermek** mit e–m Fiasko enden
fiyaskolu mit e–m Fiasko endend
fiyaskos *V* s. **fiyasko**
fiyat, -tı Preis *m* *eder ~ **biçmek** (*od.* **tayin etmek**) den Preis bestimmen (berechnen, festsetzen) ~ **cetveli** Preisliste *f* ~ **değişikliği** Preisänderung *f* ~ **düşüşü** Preissturz *m* ~ **farkı** Preisdifferenz *f* ~ **indirimi** Preissenkung *f* ~ **kesmek** e–n Preis schätzen ~ **kırmak** 1. e–n niedrigeren Preis bieten 2. den Preis herabsetzen ~ **kontrol kurulu** (*od.* ~ **murakabe komisyonu**) Preisüberwachungskommission *f* ~ **takviyesi** Preisstützung *f* **-ları dondurmak** die Preise stabil halten
fiyatlandırılmak Pass. zu **fiyatlandırmak; Ispanak ... kuruşa kadar -tadır.** Für Spinat wird bis zu ... Kurusch verlangt.
fiyatlandırmak bewerten (durch Preisfestsetzung)
fiyatlı 1. im Preis von ... 2. *pr.* teuer, kostspielig
fiyef s. **fief**
fiyevr Fieber *n* *ateş, hararet ~ **tifoid** *med.* Bauchtyphus *m* *hummayı tifoidî, karahumma
fiyonga [·×·] 1. Querbinder *m,* Schleife *f, F* Fliege *f,* 2. Plastron *m, n* 3. Schlupfkappe *f* (Haubenart) 4. Haarschleife *f* *saç bağı 5. *techn.* Lemniskate *f* 6. flügelförmige Teigwaren *pl.*
fiyonk, -gu s. **fiyonga**
fiyor s. **fiyort**
fiyoritür *mus.* Verzierung *spez.* Koloratur *f* *rulat
fiyort, -du Fjord *m,* Bucht *f*
fiyortlu 1. mit Fjord(-en) 2. fjordartig
Fizan *n.pr.* Fessan (in Libyen)
fizik, -iği 1. physisch, körperlich, leiblich 2. Körper-beschaffenheit *f,* -bau *m,* Konstitution *f* 3. Physik *f* 4. Physiognomie *f,* äußere Erscheinung, Gesichtsausdruck *m* ~ **kondisyon** (*Sport*) Kondition *f,* körperliche Leistungsfähigkeit ~ **olayları** physikalische Erscheinungen *pl.* ~ **ruhbilim** s. **psikofizik;** ~ **tedavisi** s. **fizikoterapi**
fizikal physikalisch ~ **bir tecrübe** ein physikalisches Experiment
fizikçi 1. Physiker *m* 2. *Sch.* Physiklehrer(-in *f*) *m*
fizikî 1. physikalisch *fiziksel, hikemî 2. physisch, körperlich, natürlich, von Natur aus anhaftend Zu 2: **Ressam,** ~ **çirkinliği olan maddeler seçerek ...** Dadurch, daß sich

der Maler Stoffe zum Vorwurf nimmt, die an und für sich schon häßlich sind ...
fizikman *Adv.* physisch (z. B. unmöglich)
fizikokimya s. **fiziksel kimya**
fizikoterapi *med.* Naturheilverfahren *n,* Physi(k)otherapie *f*
fizikötesi, -ni s. **metafizik**
fiziksel s. **fizikî;** ~ **arıza** körperlicher Fehler ~ **bilimler** Naturwissenschaften *pl.* ~ **coğrafya** physikalische Geographie ~ **imkânsızlık** physische Unmöglichkeit ~ **kimya** physikalische Chemie *fizikokimya ~ **yorgunluk** körperliche Ermüdung
fizisyen Physiker *m*
fiziyatri *med.* s. **fizikoterapi**
fizyognomoni Physiognomik, Ausdrucksdeutung *f* *kıyafet ilmi, ilmi feraset
fizyognomonik physiognomisch
fizyognomonist, -ti Physiognom(-iker) *m,* (praktischer) Menschenkenner
fizyografi Physiographie, Naturbeschreibung *f*
fizyografik physiographisch, naturbeschreibend
fizyojen *med.* physisch bedingt
fizyokrasi *hist.* Physiokratismus *m*
fizyokrat, -tı *hist.* Physiokrat *m*
fizyolocya [··×·] *va.* s. **fizyoloji**
fizyolocyaî *va.* s. **fizyolojik**
fizyolog Physiologe *m,* Physiologin *f*
fizyoloji Physiologie *f* *fenni menafiyülaza
fizyolojik physiologisch ~ **çözelti** *med.* physiologische Kochsalzlösung
fizyolojisel physiologisch ~ **tetanos** *biol.* Tetanus *m* (normale Muskelzuckung) *küzazı fizyoloji
fizyolojist, -ti s. **fizyolog**
fizyonomi 1. Physiognomie *f* (charakteristische) Gesichtszüge *pl.,* (eigenes) Gepräge 2. *selt.* s. **fizyognomoni**
fizyonomik physiognomisch
fizyonomist, -ti s. **fizyognomonist**
fizyoterapi *med.* Physiotherapie, Naturheil-kunde *f,* -verfahren *n*
FKÖ (= Filistin Kurtuluş Örgütü) Palästinensische Befreiungsorganisation *f* PLO *f*
Flajelanlar *n.pr. hist.* Flagellanten, Geißelbrüder *pl.* (17. Jh.)
flajole *mus.* Flageolett *n:* 1. *fr.* kleinste Schnabelflöte, *a. Kspz.* 2. Flötenton *m* bei Str. und Harfen *doğuşuk (ses)
flakon 1. Flakon *m, n,* (Riech-)Fläschchen *n* 2. *med.* Ampulle *f* 3. Inhalt *m* e–s Fläschchens od. e–r Ampulle
flama [×·] 1. Wimpel *m,* Fähnchen *n,* Flagge, Fahne, Standarte *f, naut. a.:* Stander *m* 2. Absteckpfahl *m* (des Geometers)
flamacı *mil.* Winker *m*
Flaman 1. Flame *m,* Flämin *f* 2. flämisch
Flamanca flämische Sprache; Flämisch(-e) *n*
Flamancılık *pol.* flämische Bewegung
flamankuşu, -nu; flamingo Flamingo *m zo.* Phoenicopterus ruber
flambaj (*franz.* **flambage**) *techn.* Knick *m,* Knickung *f*
flamboyant, -tı *hist.* Flamboyantstil *m*
flame *(Keramik)* geflammt
flanç, -çı *techn.* Flan(t)sch, Kragen *m,* vorspringender Rand ~ **geçirmek** flan(t)schen
flançlı *techn.* Flan(t)sch-
flandra [×·] 1. *naut.* langer, schmaler Schiffswimpel (am Großmast) 2. s. **flandrabalığı**
flandrabalığı, -nı s. **kordelebalığı**
Flandre *n.pr.* Flandern
flanel 1. Flanell *m* 2. aus Flanell, flanellen 3. Reversbesatz *m* (auf Frack od. Smoking)
flanş(-lı) s. **flanç(-lı)**
flaper Flapper *m* (England, USA)
flasa [×·] *naut.* Kabelgarn *n*
flaş s. **fleş**
flate (*franz.* **flatté**) geschmeichelt (z. B. Photo)
flavta(-cı) s. **flüt(-çü)**
flebit, -ti *med.* Venenentzündung, Phlebitis *f*
flebotomi *med.* Phlebotomie *f,* Venenschnitt *m,* Aderlaß *m*
flegmatik 1. *med.* s. **lenfatik** 2. phlegmatisch, träge, schwerfällig
flegmon *med.* Phlegmone *f* (eiterige Zellgewebsentzündung) *nesci hücrevî iltihabı
fleksibl flexibel, biegsam, elastisch, geschmeidig
fleksür *geol.* Flexur *f* (bruchlose Verbiegung von Gesteinsschichten)
fleol, -lü s. **çayır otu** (4)
fleş (*engl.* **flash**) Blitzlicht(-aufnahme *f*) *n*
fleşbek, -ki (*engl.* **flashback**) (*Film*) Rückblende *f* *geriye dönüş
fleşin (*engl.* **flashing light**) *naut.* Blinkfeuer *n*
flika s. **filika**
flikten (*franz.* **phlyctène**) *med.* s. **fiske** (2)
flinta s. **filinta**
flit, -ti Flit *n* (Insektenvertilgungsmittel) ~ **sıkmak** Flit spritzen, fliten ~ **tulumbası** Flitspritze *f*
flok, -ku *naut.* Klüver *m* (dreieckiges Vorsegel) ~ **çördeği** Klüverfall *n* ~ **ıskotası** Klüverschot *n* ~ **larmosu** Klüverstag *n*
floka 1. s. **filika** 2. s. **flok**
flokaj Flockprint *m* (bei Textilien)
floks Phlox *m,* Flammenblume *f bot.* Phlox Drummondii
flor s. **flüor**
flora 1. Pflanzenwelt, Flora *f* *mecmuai nebatat, bitey 2. ♀ *n.pr.* Flora (römische Frühlingsgöttin)
Floransa [·×·] *n.pr.* Florenz ~ **süseni** Florentiner Schwertlilie *bot.* Iris florentina *su zambağı
Floransalı 1. Florentiner(-in *f*) *m* 2. florentinisch
Floranten (mit) Florentiner Arbeit (z. B. Tisch)
florcin s. **kocabaş**
floresan(-s) s. **flüoresan(-s)**
flori [×·] *va.* Goldmünze *f,* Dukaten *m,* Zechine *f*
florin 1. Gulden *m* (*spez.* holländische Währungseinheit zu 100 Cent) 2. *(England)* Zweischillingstück *n*
Florina [·×·] *n.pr.* Florina (Städtchen in Nordgriechenland)
Florinalı [·×··] aus Florina stammend ~ **Nazım** *n.pr.* türk. Dichter des 19./20. Jhs.
floristik 1. Floristik *f* (Teil der Pflanzengeographie) 2. floristisch
florya s. **flurya**
Florya [×·] *n.pr.* 1. Vorort von Istanbul, beliebter Badestrand am Marmarameer 2. türk. Zigarrenmarke
floş 1. Florett-garn *n,* -seide *f* 2. (Poker) fünf Karten der gleichen Farbe *renk ~ **ruayal** (Poker) Fünfer-Sequenz *f* (vom As bis zur Zehn der gleichen Farbe) *kent floş
flöre Florett *n* (Fechtwaffe)
flöresan(-s) s. **flüoresan(-s)**
flört, -tü 1. Flirt *m,* Poussieren *n* 2. umworbenes Mädchen; j–s Flirt Zu 1: **hararetli bir** ~ **yapmak** eifrig den Hof machen, *F* heftig poussieren
flu *phot.* flau, verschwommen, nicht klar, unscharf
flurcin; flurcun s. **florcin**
flurya [×·] 1. Grünling *m zo.* Chloris chloris *yelvekuşu 2. Wanzenblume *f,* Mädchenauge *n bot.* (Gattung) Coreopsis *spez.* C. tinctoria *kız gözü
flüor 1. *chem.* Fluor *n* 2. *med.* Fluor, Ausfluß *m*
flüoresan fluoreszierend *flüorışıl ~ **lamba** Neon-, Leuchtstoff-röhre *f*
flüoresans; flüorışı Fluoreszenz *f* *lemeanı flüorî

flüorışıl fluoreszierend *flüoresan
flüorik asit *chem.* Flußspatsäure *f*
flüorin; flüorit; flüspat *min., chem.* Flußspat, Fluorit *m*
flüt, -tü *mus.* Querflöte *f* ~ **çalmak** Flöte spielen, blasen
flütçü Flötenspieler(-in *f*) *m,* Flötist(-in *f*) *m*
flütdus [·–] (*franz.* **flûte douce**) *mus.* Blockflöte *f*
flütist, -ti s. **flütçü**
flüvyograf; flüvyometre Wasserstandsmesser, Pegel *m*
fob *H* (Lieferung) frei Schiff; fob ~ **satış** Fob-(Ver-)Kauf *m*
fobi; fobya [×·] Phobie *f*, krankhafte Angst, Angstneurose *f*
Foça *n.pr.* O. u. D. im Rbz. İzmir
fodepar (*franz.* **faux départ**) (*Sport, spez. La.*) Fehlstart *m* *yanlış çıkış
fodla [×·] aus kleiehaltigem Mehl hergestelltes fladenähnliches Brot (wie es früher in Armenküchen verteilt wurde)
fodlacı 1. Hersteller od. Verteiler *m* von **fodla** 2. wer sich mit **fodla** ernähren muß 3. *fig.* wer sich gern an e–n gedeckten Tisch setzt
fodra [×·] 1. Steifleinen *n* (in Kleidern od. Anzügen), Futtergaze *f* 2. *naut.* Wegerung *f* und Beschlag *m*
fodul hochmütig, stolz, anmaßend; s. **hem kel hem** ~
fodulluk Hochmut, Stolz *m,* Anmaßung *f*, hochmütiges (stolzes, anmaßendes Benehmen)
foga (I) [×·] *naut.* Feuer! ~ **etmek** 1. Feuer geben; abfeuern (Geschütz), feuern, schießen
foga (II) **sereni** *naut.* Kreuzsegelrah *f*
fok, -ku (*a.* ~ **balığı**) Seehund *m,* Robbe *f zo.* Phoca vitulina *ayıbalığı
fokalizasyon (*franz.* **focalisation**) s. **odaklaştırma**
fokometre; fokometri s. **odakölçer; odakölçümü**
foksterye Foxterrier *m*
fokstrot, -tu [×·] Foxtrott *m* (Tanz)
fokur fokur s. **fıkır fıkır**
fokurdamak; fokurtu s. **fıkırdamak; fıkırtı**
foküs 1. *phys.* Fokus, Brennpunkt *m* 2. *med.* Fokus, Streuherd *m* (e–r Infektion) ~ **uzaklığı** Brennweite *f*
fol Nestei *n* ≗ **yok yumurta yok.** *fig.* 1. Von dieser Art ist überhaupt nichts vorhanden. 2. Es liegt nicht das geringste Anzeichen dafür vor. 3. Es besteht nicht der geringste Anlaß (z.B. zu Befürchtungen).
folas Bohrmuschel *f zo.* Pholas
foli *typ.* Folie *f* (aufgepreßte Farbschicht)
folikül *biol.* Follikel *m* ~ **hormonu** Follikelhormon, weibliches Geschlechtshormon
folklor [×·] Folklore, Volkskunde *f* *halkıyat, halkbilgisi, halkbilim
folklorcu Folklorist(-in *f*) *m*
folkon *naut.* 1. Eisenband *n* 2. *naut.* Eisen- od. Holz-verschalung *f* (für die Spanten od. Auflanger)
folksvagen Volkswagen, VW *m*
folluk 1. Legenest *n* (für Hühner) 2. *V* a) s. **ferç** b) s. **puşt**
folyabalığı Adlerrochen *m zo.* Myliobatis aquila *çoçona
folyo boy *typ.* Folioformat *n*
fon (I) 1. (Unter-)Grund *m* (z.B. bei Banknoten, Stoffen usw.) 2. (*a. lit., phot., Th.*) Hintergrund *m* 3. *Fb.* hinterer Teil des Spielfelds 4. Hintersitz *m* (im Wagen), Fond *m* 5. (Geld-)Fonds *m,* (Geld-)Mittel *pl.,* Kapital *n,* Grundstock *m* ~ **müziği** Begleitmusik *f*, untermalende Musik
fon (II) [–] *myth.* Faun *m*
fon (III) [–] (*franz.* **faune**) s. **fauna**
fon (IV) von (*deutscher Adelstitel*)
fon (V) Phon *n* (Maßeinheit der Lautstärke)
fonda [×·] 1. (*a.* ~ **demir!**) (*naut. Kommando:*) Werft Anker! 2. Ankerwerfen *n* 3. Meeresgrund *m* ~ **(demir) etmek** Anker werfen, vor Anker gehen, ankern *demir atmak
fondalık (zincir) *naut.* an Deck bereitgelegte Kettenlänge für das Ankerwerfen *kalomalık zincir
fondan 1. im Mund zergehend 2. Fondant *m* 3. Praline *f* ~ **çikolata** Schmelz-, Vanille-schokolade *f*
fondasyon *selt.* Gründung, Stiftung, Errichtung *f* *kuruluş, tesis
fondo [×·] 1. Geldmittel, Kapitalien *pl.,* Fonds *m* 2. s. **fonda**
fondöten (*franz.* **fond de teint**) 1. Grundfarbe *f* 2. Schminkunterlage *f* (Fettcreme)
fondü 1. Fondue *f, n* (Käsegericht) 2. (Film) Ein-, Aus-, Über-blendung *f;* s. a. **açarak (kapayarak, zincirleme)** ~
fonem *ling.* Phonem *n,* Einzellaut *m* *savt unsuru, ses; ~ **düşmesi** Lautschwund *m* *ses düşmesi
fonetik 1. Phonetik, Laut-lehre, -kunde *f* *mephası esvat, savtiyat, sesbilgisi, sesbilim 2. phonetisch, lautkundlich *sesbilimsel 3. phonetisch, lautgetreu *savtî, sesçil
fonetikçi; fonetisiyen Phonetiker(-in *f*) *m*
foniküler s. **füniküler**
fonksiyon *a. math.* Funktion, Aufgabe *f* *math.* tabi
fonksiyonalizm (*spez. arch., psych.*) Funktionalismus *m*
fonksiyonel funktionell
fonograf 1. Phonograph *m* 2. *selt.* Plattenspieler *m*
fonografi Phonographie *f*
fonografik phonographisch
fonogram 1. Tonaufnahme, Schallaufzeichnung *f* 2. *ling.* lautgetreue graphische Fixierung
fonojenik phonogen; für Tonfilm (Radio, Schallplatte) geeignet (Stimme)
fonolit, -ti *min.* Phonolith, Klingstein *m* (*va.:* Porphyrschiefer *m*) *seslitaş
fonoloji Phonologie, Laut-forschung, -(bildungs-)lehre *f*
fonolojik phonologisch
fonometre [··×·] Schallmesser, Ton-, Klang-stärkemesser *m,* Phonometer *n* *sada mikyası
fonometri Phonometrie, Schallmessung *f*
fonotek, -eği Phonothek *f;* Schall-, Ton(band)-archiv *n*
fonotel(-graf) telephonisch übermitteltes Telegramm
font (I), **-tu** 1. Gußeisen *n* *dökme demir 2. aus Gußeisen, gußeisern
font (II), **-du** *va.* (deutsches) Pfund
fonten lüminöz (*franz.* **fontaine lumineuse**) angestrahlter Springbrunnen
for *Abk.* von **forvet;** ~ **hattı** *Fb.* Stürmerreihe *f*
fora [×·] (*naut. Kommando:*) Hinaus! Heißt auf! ~ **etmek** 1. losmachen (Segel, Tau) 2. entrollen (Flagge) 3. aushängen (Ruder, Riemen) 4. weit aufreißen (Fenster) 5. demontieren, auseinandernehmen (Maschine) 6. herausdrehen (Schraubenmutter) 7. *V* zücken (Messer) ~ **kürek!** Riemen aushängen! ~ **olmak** Pass. zu ~ **etmek;** ≗ **roba!** Klar zum Gefecht! ≗ **tente!** Setzt (bzw. Streicht) das Sonnensegel! ≗ **yelken!** Segel setzen!
foraj Bohren *n,* Bohrung *f* ~ **makinesi** Bohrer, Bohrmeißel *m*
foraminiferler *zo.* Foraminiferen *pl.* *delikliler
foravela [··×·] *naut.* Bei-, Zu-setzen *n* weiterer Segel ~ **etmek** Segel bei-, zu-setzen; alle Segel setzen
forbiyon s. **ferbiyon**
Forenu(v)ar (*franz.* **Forêt Noire**) *n.pr. selt.* Schwarzwald *m* *Karaorman
Foreyn Ofis *n.pr.* Foreign Office *n* (engl. Außenministerium)
forhent, -di (*Tennis*) Vorhand(-schlag *m*) *f*
forint, -ti Forint *m* (ungar. Währungseinheit)
form 1. Form, Gestalt *f*, Äußere *n* *şekil, biçim 2. *mus.* Form *f* 3. (*Sport*) (gute) Form 4. s. **formüler;** ~ **bilgisi** *mus.* Formenlehre *f* ~ **düşüklüğü göstermek** (z.B. bei Fb.) e–n Formrückgang aufweisen (erkennen lassen) **-a**

girmek *(Sport)* in Form kommen, zu guter Form auflaufen **-(un)da olmak** *(Sport)* in Form sein
forma [×·] 1. Form *f* 2. Format *n,* Größe *f* (z. B. bei Lichtbild) 3. Uniform *f* 4. offizielle Schulkleidung 5. Sportkleidung *f spez.* Fußballdreß *m* 6. *typ.* Satzform *f* 7. *typ.* Druckbogen *m* 8. *typ.* Lieferung *f,* Heft *n* 9. **(kuşağı)** *naut.* a) Stringer, Weger *m* (Spantenverbindung) b) Kimmkielschwein *n* 10. Kuchenform *f* ~ **atmak** *typ.* ausschießen ~ **çemberi** *typ.* Setzrahmen *m* ~ **dikmek** zusammenheften, broschieren ~ ~ *typ.* in einzelnen Druckbogen bzw. in Lieferungen ~ **frezesi** Formfräser *m* ~ **tornası** Fassondrehbank *f*
formal; formaldehit, -di *chem.* Formaldehyd *m* (*va.*: Ameisenaldehyd *m*)
formalı in Uniform (Fußballdreß) usw.; vgl. **forma**
formalık mit nb. **forma; yirmi** ~ **bir kitap** ein Buch mit 20 Druckbogen
formalin *chem.* Formalin *n* (Konservierungs- od. Desinfektions-mittel)
formalist, -ti 1. Formalist *m* 2. formalistisch *(1, 2) biçimci
formalite Formalität(-en *pl.*) *f,* Formsache *f* ~ **düşkünü** Formalist *m*
formaliteci s. **formalist**
formalizm Formalismus *m* *biçimcilik
formasyon 1. Ausbildung, Schulung *f* 2. *geol.* Formation *f* ~ **despri** (*franz.* **formation d'esprit**) formale Schulung
format, -tı Format *n,* (Norm-)Größe *f* (*spez.* e–s Films)
formcu s. **formalist**
forme geformt, (aus-)gestaltet ~ **etmek** formen, (aus-)gestalten
formel 1. formell, formal, förmlich 2. ausdrücklich, bindend, verbindlich ~ **mantık** s. **biçimsel mantık**
formen (*engl.* **foreman**) 1. Werkmeister *m* 2. Vorarbeiter *m*
formik (*franz.* **formique**); ~ **asit** s. **karınca asidi;** ~ **aldehit** s. **formal(-dehit)**
formika (*engl.* **formica**) e–e chem. behandelte, auf der Oberfläche mit Kunstharz überzogene Papierschicht ~ **tutkalı** s. **plastik tutkal**
formiyat, -dı *chem.* Formiat *n* (Salz der Ameisensäure)
formol, -lü *chem.* Formol, Formalin *n*
Formoza *n.pr.* Formosa, Taiwan *Tayvan
formsuz 1. *selt.* ohne Form 2. *(Sport)* schlecht in Form
formül 1. Formel *f,* festgelegte, vorgeschriebene Form 2. *math.* (algebraische) Formel *düstur 3. *chem.* Zeichen *n,* Formel *f* *düstur 4. *fig.* Art und Weise, Methode *f; pej.* Schema F *n* 5. *Scha.* Notation *f* (e–s Spiels) ~ **bulmak** (bir işe) 1. s. **kitaba uydurmak** 2. den Dreh heraushaben **-e uygun** formgerecht
formüle formuliert ~ **etmek** formulieren
formüler 1. Formular, Formblatt *n,* Vordruck *m* 2. *chem., pharm.* Formelbuch *n*
formülleşmek auf e–e feste Formel kommen (gebracht werden), formuliert werden
formülleştirmek auf e–e feste Formel bringen; formulieren
foroz die ins Netz gegangenen Fische *pl.,* Fang *m* ~ **kayığı** Boot *n* zur Aufnahme der im Staaknetz **(dalyan)** gefangenen Fische
fors (I) 1. *naut.* Admiralsflagge *f,* Kommandozeichen *n,* Kommodoreflagge *f; a.* Reedereiflagge *f* 2. Standarte *f* (e–s Staatsoberhauptes) ~ **çekmek** die Admirals-, Kommodore-Flagge setzen
fors (II) 1. *typ.* (Preß-)Druck *m* 2. Macht *f,* Einfluß *m* **-u olmak** einflußreich sein
forsa [×·] (*franz.* **forçat**) 1. Galeeren-sträfling, -sklave *m* *payzen 2. *heute: selt.* Zuchthaussträfling *m* 3. *va.* schnell (z. B. segeln, Schiff), kräftig (z. B. rudern) 4. *typ.* die beim Druck entstehenden Vertiefungen im Papier
forsaj (*franz.* **forçage**) Treibhauszucht *f*
forsalamak *naut. mil.* die Einfahrt (in e–n Hafen, e–e Meerenge usw.) erzwingen
forsalı s. **basınçlı**
forseps *med.* Forzeps *m,* Geburtszange *f* *lavta
forsing (*engl.* **forcing**) 1. *(Boxen)* Treiben *n* des Gegners durch dauernden Angriff 2. *(Sport)* Forcieren *n*
forslu 1. mit **fors** (I) ausgestattet 2. einflußreich, mächtig (vgl. **fors** II)
forsmajör (*franz.* **force majeure**) höhere Gewalt *esbabı mücbire
fort, -tu (*franz.* **contrefort**) steife Hinterkappe (im Schuh)
forte [×·] *mus.* 1. forte 2. Forte(-stelle *f*) *n*
fortepiyano [···×·] *mus.* 1. fortepiano 2. Fortepiano *n*
fortifiyan *med.* Stärkungsmittel, Tonikum *n*
fortissimo [·××·] 1. fortissimo 2. Fortissimo(-stelle *f*) *n*
fortrak, -ğı *mil.* Vortrag *m* (im Generalstabsdienst)
forum [×·] 1. Forum *n* (in Rom od. anderen Städten der Antike) 2. ≗ Name e–r türk. pol.-kulturellen Zeitschrift (um 1960) 3. Forum, Tribunal *n,* Ort der öffentlichen Aussprache 4. *selt.* Öffentlichkeit *f* 5. Versammlung *f,* Go-in *n* *toplu tartışma
forvet, -ti (*engl.* **forward**) *(Fb., Handball usw.)* Stürmer *m* *muhacim ~ **hattı** Stürmerreihe *f*
fos (*franz.* **fausse**) *V* 1. wackelig, faul (Angelegenheit), mies, schief, schlecht fundiert, leicht zu widerlegen 2. falsch, gefälscht, nachgemacht, unecht 3. gemein, gewöhnlich, minderwertig, wertlos, schlecht ~ **çıkmak** *V* schiefgehen (Sache) ~ **dalga** *V* Treulosigkeit *f,* Wortbruch, Verrat *m,* Heimtücke *f*
foset, -ti (*franz.* **fausset**) *mus.* s. **baş sesi**
fosfat, -tı *chem.* Phosphat *n,* Salz *n* der Phosphorsäure
fosfatin *pharm.* Phosphatin(-mehl) *n*
fosfatlamak phosphatieren *parkerlemek
fosfatlı phosphathaltig
fosfor 1. Phosphor *m* 2. Radium *n,* Leuchtmasse *f* (auf Zifferblättern)
fosforesan(-s) s. **fosforışıl; fosforışı**
fosforışı Phosphoreszenz *f* *lemeanı fosforî
fosforışıl phosphoreszierend *fosforesan
fosforî *va.* den Phosphor betreffend, Phosphor-
fosforil (*franz.* **phosphoryle**) *chem.* phosphor-sauer, -haltig
fosforit, -ti *min.* Phosphorit, Apatit *m*
fosforizm (*franz.* **phosphorisme**) *med.* Phosphorvergiftung *f*
fosforlaşma *chem.* Verwandlung *f* (von Kalzium) in phosphorsaures Salz
fosforlu 1. phosphorhaltig, mit Phosphor (versehen), Phosphor- 2. mit aufgetragenem Radium; Leucht- (z. B. Ziffern auf e–r Uhr) 3. *V* auffällig ~ **boya** Leuchtfarbe *f* ~ **bronz** Phosphorbronze *f* ~ **Cevriye** *V* grell geschminktes (Vorstadt-)Mädchen
fosgen *chem.* Phosgen(-gas), Grünkreuz *n* *yeşil salip
fosil 1. fossil, vorweltlich, urzeitlich 2. *pej.* aus grauer Vorzeit stammend 3. *pej.* rückständig, verknöchert (Person) 4. Fossil *n,* Versteinerung *f* *müstehase, taşıl
fosilleşme Fossilienbildung, Versteinerung *f*
fosilleşmek 1. zum Fossil werden, e–e Versteinerung erfahren *taşıllaşmak 2. *fig.* verknöchern, verkalken
fosilli Versteinerungen enthaltend
foslamak *V* 1. sich als wackelig (falsch, minderwertig usw.) herausstellen 2. *fig.* blamiert dastehen, sich schämen müssen
foslatmak *V* (m. Akk.) 1. et. als wackelig (falsch, minderwertig usw.) aufzeigen 2. *fig.* j–s Fehler (Irrtum bzw. Schwindelversuch) aufdecken, j–n blamieren, bloßstellen
fosnot, -tu (*franz.* **fausse note**) *F* falscher Ton; Mißklang *m* ~ **yapmak** *mus.* danebengreifen, falsch singen

fosseptik (*franz.* **fosse septique**) Senk-, Abort-grube *f* *septik çukur
fosur fosur paffend, schmauchend
fosurdamak paffen, schmauchen, geräuschvoll den Atem ausstoßen
fosurdatmak (mit Akk.) behaglich den Rauch vor sich hinblasen, paffen, schmauchen
foşöz (*franz.* **faucheuse**) Rasenmäher *m* 2. *selt.* Mähmaschine *f*
foşur foşur (akmak) s. **fışır fışır**
fot, -tu *opt.* Phot *n* (Einheit der Lichtausstrahlung)
fota [×·] 1. Weinbütte *f*, Gärbottich *m* 2. an beiden Enden offenes Faß (zum Traubentransport)
fotin s. **potin**
foto 1. Photo(-graphie *f*) *n*, Lichtbild *n* 2. (in Firmenbez.) Photoatelier *n* 3. Photoapparat *m*, Kamera *f* ~ **çıkarmak** 1. e–e Aufnahme machen, photographieren 2. sich photographieren lassen ~ **hücresi** Photozelle *f* *fotosel(-lül) ~ **makinesi** Photoapparat *m*, Kamera *f* ~ **muhabiri** Bildbericht(erstatt)er *m*
fotoelektrik photo-, licht-elektrisch ~ **hücre** s. **fotosel(-lül)**
fotofiniş Zielphotographie *f* (*bes.* bei Pferderennen)
fotofobi *med.* Photophobie, Lichtscheu *f*
fotografi 1. Photographie(-ren *n*) *f* 2. Photo(-graphie *f*) *n*, Lichtbild *n*
fotografik photographisch
fotogrametri Photogrammetrie *f*, Meßbildverfahren *n*
fotogravür Photo-, Helio-gravüre *f*, Lichtdruck *m*
fotoğraf 1. Photoapparat *m*, Kamera *f* 2. Photo(-graphie *f*) *n*, Lichtbild *n* 3. Photograph(-in *f*) *m* ~ **banyosu** photographisches Bad ~ **camı** photographische Platte ~ **çekmek** Aufnahmen machen, photographieren, *F* knipsen ~ **çıkarmak** *Ch.* Mit dem Wagen gegen et. anfahren ~ **keşfi** *mil.* Lichtbilderkundung, Bildaufklärung *f* ~ **krokisi** *mil.* Bildskizze *f* ~ **makinesi** s. **fotoğraf** (1); ~ **şahibi** die auf dem Lichtbild dargestellte Person **-ını çektirmek** sich photographieren lassen
fotoğrafçı Photograph(-in *f*) *m* ~ **muhabir** s. **foto muhabiri**
fotoğrafçılık 1. Beruf *m* od. Tätigkeit *f* e–s Photographen 2. Lichtbildkunst *f*
fotoğrafhane [···–·] 1. Photogeschäft *n* 2. Photoatelier 3. Bildstelle *f*
fotoğrafya [··×·] s. **fotografi**
fotojenik sich gut photographierend, photogen, bildwirksam
fotokopi Photokopie *f* **-sini almak** (bşin) photokopieren
fotokromi Photochromie *f*, photomechanischer Farbdruck
fotokromotipi Farbdruckverfahren *n*
fotometre [··×·] Photometer *n*, Licht-, Belichtungsmesser *m* *ışıkölçer
fotometri Photometrie *f* (Lehre von der Messung der Lichtstärke)
fotomontaj Photomontage *f*
foton *phys.* Photon *n* (in der Quantentheorie) *ışıközü
fotonik *phys.* Photon-
fotoperyodizm *bot.* s. **gündüz etkisi**
fotosel(-lül) Photozelle *f* *fotoelektrik hücre
fotosentez *biol.* Photosynthese *f*
fotosfer *met.* Photosphäre *f* *ışıkküre, kürei ziya
fotostat, -tı (*franz.* **photostat**) s. **fotokopi**
fototaksi *bot.* Phototaxis *f* *ışıkgöçüm
fototerapi Phototherapie, (Heil-)Bestrahlung *f*, Lichtheilverfahren *n*
fototipi Phototypie *f*, Licht(bild)druck *m*
fototropizm *biol.* Phototropismus *m*, Sonnenwendigkeit *f* *günedoğrulum, teveccühü ilezziyaişşems
fovizm Fauvismus *m* (vgl. **Fovlar**)
Fovlar *n.pr.* „die Wilden" (antiimpressionistische Malergruppe zu Beginn des 20. Jh.)
FOW., f.o.w. = free on waggon, frei Waggon
fotöy *selt.* Fauteuil *n*, Lehnsessel *m* *koltuk
foya [×·] 1. Metallfolie *f* (für Edelsteine *spez.* Diamanten) 2. *fig.* Fälschung, Nachahmung *f* 3. Bluffen *n*, Vorspiegelung *f*, falscher Schein; Falschheit *f*, leeres, schmeichlerisches Geschwätz, *F* „Schmus" *m* ~ **vermek** sich verraten, sich selbst entlarven **-sı bozuk** 1. betrügerisch, falsch 2. Scharlatan *m* **-sı meydana çıkmak** sich enthüllen (wahres Gesicht)
fön *met.* Föhn *m* (warmer, trockener Fallwind) ~ **nedeniyle** unter Föhneinfluß
fötr (*franz.* **feutre**) 1. weicher, dünner Filz (für Hüte, Taschen, künstliche Blumen usw.) 2. Filz- ~ **şapka** Filzhut *m*
fötüs s. **fetüs**
föy (*franz.* **feuille**) (*in Zss.*) Blatt *n* Papier, Formular *n*, Vordruck *m*
föydömarş *mil.* Marschbefehl, Militärfahrschein *m*
föydörut, -tu 1. s. **föydömarş** 2. Frachtbrief, Begleitschein *m*
föyton *selt.* Feuilleton *n* *tefrika
föyvolan(-t) loses Blatt; Flugblatt *n*
fözande (*franz.* **faisandé**) abgehangen (Wildbret) *bayatlamış
fragman 1. Fragment, Bruchstück *n* 2. *(Film)* Vorschau *f* *tanıtma filmi
fragmantizm s. **parçacılık** (3)
frak, -kı Frack *m*
fraklı e–n Frack tragend, im Frack, *F* befrackt
fraksiyon 1. *pol.* Fraktion *f* (e–r Partei) 2. *math. selt.* Bruch *m* 3. *fig.* Gruppe *f*, Grüppchen *n*
fraktür 1. *med.* (Knochen-)Bruch *m* 2. *geol.* Bruch *m* (in der Erdrinde)
frambuaz (*franz.* **framboise**) *selt.* s. **ahududu;** ~ **reçeli** Himbeermarmelade *f*
fran (*franz.* **franc**) *selt.* freimütig, offenherzig
francala [×··] aus feinstem Weizenmehl, mst. in schmaler, länglicher Form gebackenes Weißbrot (nach französischem Vorbild)
francalacı Hersteller od. Verkäufer *m* von **francala**
frank, -gı Franken *m* (Währungseinheit in mehreren Ländern)
Frankça Fränkisch(-e) *n* (deutsche Mundart)
Frankist, -ti Frankoanhänger(-in *f*) *m* (in Spanien) **-ler** 1. Frankoanhänger *pl.* 2. *hist.* Frankotruppen *pl.* (im span. Bürgerkrieg)
Frankizm *pol.* Frankismus *m* (Spanien)
Franklar *hist.* Franken *pl.*
franklık soundsoviele Franken ausmachend, in Höhe von soundsoviel Franken
Franklin tedavisi *med.* Franklinisation *f* (Behandlung mit statischer Elektrizität)
franko *H* franko, frei
frankoborda [··×·] *naut.* frei Längsseite See- bzw. Binnenschiff
Frankocu(-luk) s. **Frankist; Frankizm**
Frankonya [·×·] *n.pr.* Franken **-lı** Franke *m*, fränkisch
frankoporto [×·×·] *va.* Freihafen *m*
Fransa [×·] *n.pr.* Frankreich ~ **çayı** s. **adaçayı**
Fransalı [×··] 1. Franzose *m*, Französin *f* 2. aus Frankreich stammend, französisch
fransez Française *f* (älterer Tanz)
Fransevî *va.* s. **Fransız, Fransızca**
Fransız 1. Franzose *m*, Französin *f* 2. französisch ~ **akçaağacı** französischer Ahorn *bot.* Acer monspessulanum ♀ **Hattı Üstüva Afrikası** *n.pr. hist.* Französisch-Äquatorial-

afrika ~ **Hindiçinîsi** *n.pr. hist.* Französisch-Indochina ~ **İhtilâli** *hist.* Französische Revolution ~ **salatası** *V* gut gemischte Spielkarten ~ **salatası yapmak** *V* ordentlich durcheinandermischen (Spielkarten) ~ **zambağı** s. **Yakup zambağı**

Fransızca [×··] 1. französische Sprache, Französisch 2. französisch

Fransızlık, -ığı 1. Franzosentum *n* 2. französische Staatsangehörigkeit Zu 2: **Rusluktan -a geçmek** die russische Staatsangehörigkeit gegen die französische eintauschen

Fransisken 1. Franziskaner(-mönch) *m,* Franziskanerin *f* 2. Franziskaner- ~ **tarikatı** Franziskanerorden *m*

fransiyum *chem.* Franzium *n*

Fransu(v)a (*franz.* **François**) *n.pr.* Franz ~ **Joze(f)** *n.pr.* Franz-Joseph

franşman (*franz.* **franchement**) *Adv.* offen(-herzig), frei heraus, schlankweg, geradezu

frapan 1. frappant, auffallend 2. verblüffend, treffend ~ **renkler** grelle, schreiende Farben *pl.*

fraşkın *naut.* Gien *n* (schwere Talje)

frati [×·] Flußbarbe *f zo.* Barbus fluviatilis

frav verheiratete deutsche Dame; Frau ...

fraz 1. *mus.* Phrase *f,* Satz *m* *cümle 2. *pej.* Wortgeklingel *n,* Phrasen *pl.*

fraze (*franz.* **phrasé**) **(sanatı)** *mus.* Phrasierung *f* *cümleleyiş

Frederik *n.pr.* Friedrich, Fritz ~ **Giyom** *n.pr.* Friedrich-Wilhelm

fregat, -tı *naut.* Fregatte *f* ~ **kuşu** Fregattvogel *m zo.* Fregata aquila

frekans 1. *phys.* Frequenz *f* 2. Häufigkeit *f* ~ **değiştirici** s. **süperheterodin**

frekanslı mit nb. Frequenz bzw. Häufigkeit

fren (*franz.* **frein**) *techn.* Bremse ~ **balatası** Bremsbelag *m* ~ **beygir gücü** Bremsleistung *f* ~ **çarığı** (*od.* ~ **pabucu**) Bremsschuh *m* ~ **çarığı bağlantısı** Bremsschuhträger *m* ~ **çözmek** (*od.* **gevşetmek**) die Bremse lösen ~ **diski** Bremsscheibe *f* ~ **düzeni** Bremsvorrichtung *f* ~ **etkisi** Bremswirkung *f* ~ **izi** Bremsspur *f* ~ **kasnağı** (*od.* ~ **tamburu**) Bremstrommel *f* ~ **kolu** Bremshebel *m* ~ **mesafesi** (*od.* ~ **yolu**) Bremsweg *m* ~ **segmanı** Bremsbacke *f* ~ **sıkışması** (*od.* ~ **tutması**) Radblockierung *f* (durch zu scharfes Bremsen) ~ **sıkma kolu** Bremskurbel *f* (z. B. am Pferdewagen) ~ **sıvısı** Bremsflüssigkeit *f* ~ **takımı** Bremsaggregat *n* ~ **takozu** Bremsklotz *m* ≗ **tutmadı.** Die Bremse versagte. ~ **yapmak** bremsen ~ **yüzeyi** Bremsfläche *f* **-i sıkıştırmak** die Bremse anziehen

frenci Bremser *m*

frenezi *med.* Phrenesie *f,* Wahnsinn *m,* Raserei *f*

frengi (I) *med.* Syphilis, Lues *f* ~ **asalağı** Syphilis-Erreger *m med.* Spirochaeta pallida ~ **çıbanı** harter Schanker *med.* Ulcus syphiliticum ~ **uru** *med.* Gumma *n,* Gummigeschwulst *f* *gom

frengi (II) (*a.* ~ **deliği**) *naut.* Speigatt *n* ~ **lombarı** *naut.* Wasserpforte *f* ~ **oluğu** *naut.* Rinnstein *m*

frengili Syphilitiker(-in *f*) *m*

Frengistan [ā] *va.* Europa; Abendland *n, spez.* Frankreich

Frenk, -gi 1. Europäer(-in *f*) *m* 2. europäisch 3. *gel. a. spez.* Franzose *m,* Französin *f,* französisch 4. ausländischer Christ 5. *Th.* (Karagözspiel und Ortaoyunu) Typ *m* des Griechen (Arzt, Kaufmann, Schneider), der anstelle von [ʃ] und [ʒ] die Lautungen [s] und [z] zu verwenden pflegt ~ **altını** *osm. Bez.* für europäische Goldmünzen mit geringerem Feingehalt als die osm. Münzen ~ **arpası** Perlgerste *f* ~ **astarı** Grundierfarbe *f* (bei Fresken) ~ **çam fıstık ağacı** Schwarzkiefer *f bot.* Pinus laricio ~ **dudu** Schönfrucht, Wirbelbeere *f bot.* Callicarpa americana ~ **elması** *va.* s. **patates;** ~ **eriği** Reineclaude *f bot.* Prunus italica ~ **gülü** nichtduftende Rose ~ **illeti (uyuzu, zahmeti)** *va.* venerische Krankheit (Tripper od. Syphilis) ~ **patı** s. **katmerli papatya;** ~ **patlıcanı** *va.* s. **domates;** ~ **sakalı** Spitzbart *m* *keçisakalı; ~ **salatası** 1. Endivie(-n.salat *m*) *f bot.* Cichorium endivia 2. Rapünzchen *n,* Feldsalat *m bot.* Valerianella olitoria ~ **sicimi** haltbarer, fester Strick (*spez.* in der Ra. **Asılırsan** ~ **sicimi ile asıl!** *iron.* Wenn du dich aufhängen willst, so nimm wenigstens e–n festen Strick!) ~ **teresi** s. **latinçiçeği;** ~ **turpu** Radieschen *n bot.* Raphanus sativus praecox minor ~ **yakısı** s. **plaster;** ~ **yerelması** *va.* s. **patates;** ~ **zambağı** Herz-, Tag-lilie *f bot.* Funkia (subcordata)

frenkasması, -nı wilder Wein *bot.* Cissus digitata

Frenkçe [×·] 1. Gesamtheit *f* der europäischen Sprachen 2. e–r europäischen Sprache angehörig od. diese betreffend; europäisch 3. *pej.* s. **Fransızca** 4. nach europäischer Art (z. B. Kleidung) ~ **bir ıstılah** europäischer *(spez. franz.)* Fachausdruck ~ **giyim** europäische Kleidung

frenkçileği, -ni Ananaserdbeere *f bot.* Fragaria grandiflora *ananas çileği

frenkgömleği, -ni 1. Frackhemd *n,* steifgebügeltes Oberhemd 2. *allg.* Oberhemd *n*

frenkhane [ā] *va.* großes, von Europäern bewohntes Mietshaus

frenkinciri, -ni s. **kaynanadili**

frenkkimyonu, -nu s. **Karaman kimyonu** (2)

frenklahanası, -nı s. **Brüksel lahanası**

frenkleşmek *va.* sich europäisieren

frenklik Europäertum *n,* europäische Art, europäische Sitten und Gebräuche *pl.*

frenkmaydanozu, -nu Gartenkerbel *m bot.* Anthriscus cerefolium

frenkmenekşesi, -ni Nachtviole *f bot.* Hesperis (acris u. a.)

frenkmeşrep, -bi wer europäische Sitten und Gebräuche liebt

frenkperest, -ti *mst. pej.* einseitig europäisch *(spez. franz.)* eingestellt

frenkperestlik *mst. pej.* einseitige Bevorzugung alles Europäischen *(spez. Franz.)*

frenksalatası, -nı Rapunzel-Glockenblume *f bot.* Campanula rapunculus

frenküzümü, -nü s. **kırmızı (siyah) frenküzümü**

frenlemek 1. bremsen, die Bremse ziehen 2. *fig.* bremsen, verlangsamen, zügeln

frenoloji Phrenologie *f spez.* Gall'sche Schädellehre *f* *ilmi kıhıf

frensiz 1. ohne Bremse 2. *fig.* zügellos, hemmungslos (Mensch)

frerler (*Abk.* für Fréres des Ecoles Chrétiennes) Christliche Schulbrüder *pl.*

fresk, -ki 1. Fresko *n,* Freske *f* 2. Freskomalerei *f*

freskçi; freskist, -ti Freskenmaler *m*

fret, -ti (*franz.* **frette**) *arch.* Zimmerfries *m,* Gitterwerk *n*

Freudçuluk; Freudizm Psychoanalyse *f* (nach S. Freud)

frez (*franz.* **fraise**) *hist., mod.* Halskrause *f*

freze [×·] (*a.* ~ **bıçağı**) Fräser *m* (Werkzeug), Fräse *f* ~ **etmek** (aus-)fräsen ~ **makinesi** Fräsmaschine, Fräse *f* ~ **mili** Frädorn *m* ~ **tezgâhı** Fräs-tisch *m,* -bank *f*

frezeci Fräsarbeiter, Fräser *m*

frezelemek (aus-)fräsen

fribord *naut.* Freibord *n* (zwischen Deck und Wasserlinie)

frigo *(franz.)* Eiscreme *f*

frigorifik (*P a.:* **frigofrik**) Kühl-(Anlage, Raum usw.) ~ **vagon** Kühlwagen *m*

frijider Kühlschrank *m* (*urspr.* best. Marke)

Frijya [×·] *n.pr. hist.* Phrygien

Frijyalı 1. Phrygier(-in *f*) *m* 2. phrygisch

frikik *Fb. usw.* Freistoß *m* ~ **yakalamak** *V* nackte Beine zu sehen bekommen
friksiyon Ein-, Ab-reibung, Friktion, Kopfwaschung *f*
frisa [×·] getrockneter Schwarzmeerhering
frison (*franz.* **frisson**) *med.* Fieberschauer *m*
frişka [×·] *naut.* mittelstarker Wind ~ **hava;** ~ **rüzgâr** leichte Brise ~ **poyraz** Brise *f*
frit, -ti (*franz.* **fritte**) Fritte *f* (Glasschmelzmasse)
fritaj (*franz.* **frittage**) Ausbrennen, Fritten *n* (in der Glasfabrikation)
friz 1. *arch.* Fries, Gesimsstreifen *m* 2. *Th.* Bühnenhimmel *m*
frize 1. gelockt, gekräuselt 2. Frisé *n*, Kräuselstoff *m* ~ **etmek** 1. locken, kräuseln 2. aufrauhen (Tuch)
Frizon 1. Friese *m*, Friesin *f* 2. friesisch ~ **takımadaları** *n.pr.* Friesische Inseln *pl.*
froğra cuvara *va.* s. **burlota**
frontal kemik s. **alın kemiği**
fronton (*franz.* **fronton**) (Fenster-, Tür-)Giebel *m*, Giebelseite *f*
froti (*franz.* **frottis**) *med.* Abstrich *m*
froylayn [×·] 1. *(Anrede)* Fräulein ... 2. unverheiratete deutsche Dame 3. Erzieherin *f* (in e–r Familie)
frufru Froufrou *m, n* (Rascheln, Knistern von Kleidern od. Unterröcken)
fruko *V* Polizeistreife *f*
frumaye [––·] *va.* 1. von niederer Herkunft 2. moralisch minderwertig
früi glase (*franz.* **fruit glacé**) *selt.* kandierte Frucht *şekerleme
früktoz Fruktose *f*, Fruchtzucker *m* *meyve şekeri
ftizi (*franz.* **phtisie**) *med.* (Lungen-)Schwindsucht *f*
fua *naut.* (in den Füg.:) ~ **sereni** Bagienrah *f* ~ **yelkeni** Bagien-, Kreuz-segel *n* (beides bei Viermastbarken); bei Fünfmastbarken: entsprechende Rah bzw. entspr. Segel (des Mittelmastes)
fuar [·×] (*franz.* **foire**) (Waren-)Messe, Ausstellung *f* *panayır
fuat, -dı [ā] 1. *va.* Herz *n* 2. *va.* Geist, Verstand *m* 3. ♀ [×·] *mV, selt. wV* **-ı mide** s. **mide ağzı**
fuaye *Th.* Foyer *n*, Wandel-halle *f*, -gang *m*
fuhşiyat -tı [ā] gewerbsmäßige Unzucht; Dirnenwesen *n* **-a tahrik** *jur.* Kuppelei *f*, Verleitung *f* zur Unzucht
fuhuş, -hşu gewerbsmäßige Unzucht, Prostitution *f* ~ **yazısı** s. **fuhuşname; -a teşvik etmek** (*od.* **sürüklemek**) zur Unzucht anhalten
fuhuşname [ā] Schmutz-, Schund-schrift, Pornographie *f*
fuiloyl (*engl.* **fuel-oil**) Heiz-, Treib-öl *n*
fujer (*franz.* **fougère**) 1. s. **eğreltiotu** 2. *abus.* s. **baldırıkara**
fukaha [·––] *va. Pl.* zu **fakih**
fukara [··–] (*urspr. Pl., a. in Sg.bed.*) 1. die Armen *pl.* *fakirler, yoksullar 2. der, die Arme; arm, mittellos *fakir, yoksul 3. der, die Arme, arm, bedauernswert *zavallı 4. *fr.* Derwisch *m* Zu 1: ~ **babası** Vater *m* der Armen; Wohltäter *m* Zu 4: **bir Bektaşî -sı** ein Bektaschi-Derwisch **~nın sofrası çabuk kurulur.** *Spr.* Armer Leute Tisch ist schnell gedeckt. **~ya tasadduk Allaha iaredir.** *Spr.* Den Armen Almosen geben, heißt Gott etwas leihen.
fukaralaşmak verarmen, arm werden
fukaralaştırmak an den Bettelstab bringen
fukaralık Armut *f*
fukaraperver die Armen unterstützend, mildtätig, wohltätig
fukaraperverlik Mildtätigkeit *f*
fukurtu s. **fıkırtı**
ful (I), **-lü** 1. kleinere Saubohnenart 2. s. **Mısır yasemini**
ful (II), **-lü** (*engl.* **full**) *(Poker)* einmal drei und einmal zwei Karten jeweils der gleichen Rangstufe
ful (III) [–] (*franz.* **foule**) *selt.* (Menschen-)Menge, Masse *f*, Gedränge *n*
fula [×·] *naut.* Logglas *n* *minuta
fular 1. Foulard(-seide *f*) *m* 2. Halstuch *n* (aus Foulardseide)
fule (*franz.* **foulée**) *(Sport)* Aufsetzen des Fußes auf den Boden (Rennpferd, Sprinter), Sprung-, Schritt-weite *f*
fulspit s. **filispit**
fultaym (*engl.* **full-time**) s. **tamgün**
fulya [×·] wohlriechende Narzisse, Jonquille *f bot.* Narcissus jonquilla *Mısır gülü, nergis, sarı soğançiçeği, zerrin
fulyabalığı, -nı s. **folyabalığı**
funda (I) s. **süpürgeotu;** ~ **kömürü** Holzkohle *f* aus Heidekrautstöcken (*spez.* für e–e Schmiede) ~ **tavşanı** Waldkaninchen *n zo.* Sylviganus floridanus ~ **toprağı** Name e–r bes. zur Blumenzucht geeigneten Dungerde
funda (II) s. **fonda**
fundagiller [×··] Heidekrautgewächse *pl. bot.* Ericaceae *halenciye
fundalık [×··] 1. Gestrüpp, Gebüsch *n* 2. s. **fondalık**
funga Glasbläserpfeife *f*
fungus *med.* Fungus *m*, schwammige Geschwulst
funya [×·] *mil.* Lunte *f*, (Reib-)Zündschraube *f* ~ **borusu** *mil.* Schlagrohr *n*
funyalı *mil.* Lunten- ~ **kama** (*od.* **kapak**) *mil.* Luntenschloß *n*
furgon (*franz.* **fourgon**) *(Eisenbahn)* Pack-, Gepäck-wagen *m*
furkan [ā] 1. *va.* Mittel *n* zur Unterscheidung 2. ♀ Koran *m* (als Unterscheidung des Wahren von dem Falschen) 3. ♀ Name e–r extremistischen Organisation (Iran) ♀ **suresi** Name der 25. Koran-Sure
Furkancı [ā] Anhänger *m* der Furkan-Organisation (Iran)
furro (*franz.* **fourreau**) hautenges (Damen-)Kleid
furş (*franz.* **fourche**) Fahrradgabel *f*
furta [×·] s. **farta**
furun s. **fırın**
furya [×·] 1. *naut.* großer Fischzug 2. Über-maß *n*, -fülle *f*, Riesenmenge *f* 3. s. **hürya; sıcağın -sında** in der größten Hitze
fus s. **lop**
fusaha [··–] *va. Pl.* zu **fasih**
fuseys *va.* 1. s. **lopçuk** 2. s. **kulakmemesi**
fuseysî *va.* lobulär
fussılet (*ar.*: sie (die Verse) sind erklärt) ♀ **suresi** Name der 41. Koran-Sure
fusta *naut., hist.* Name e–s best. Galeerentyps
futa [×·] 1. die gelb und rot gestreifte Schürze e–s Zuckerbäckers 2. seidengesticktes Badetuch 3. s. **fıta** 4. s. **fota;** ~ **dedirtmemek** *F* j–n nicht zu Wort kommen lassen
futbol, -lü 1. Fußball *m* 2. Fußballspiel *n* ~ **bahsimüştereki** *va.* Fußball-Toto *m* ~ **maçı** Fußballwettspiel *n* ~ **meraklısı** Fußballfreund, -anhänger, -enthusiast *m* ~ **mevsimi** Fußballsaison *f*
futbolcu Fußballspieler, Fußballer *m*
futbolsever s. **futbol meraklısı**
futur s. **mantarlar; -u harakiye** s. **pasmantarıgiller; -u harkiye** s. **sürmemantarıgiller; -u kaidülbüzur** s. **bazitli mantarlar; -u muhatiye** s. **cıvıkmantarlar**
fuzalâ *va. Pl.* zu **fazıl**
fuzul, -lü [·–] *va.* 1. Übermaß *n*, Überfluß *m* 2. Eigenmächtigkeit *f*
fuzulen [·–·] *Adv.* gewaltsam, eigenmächtig, unrechtmäßig
fuzulî [·––] 1. unnötig, überflüssig 2. unberechtigt, unrechtmäßig 3. unangebracht, unpassend 4. aufdringlich, sich in alles einmischend 5. ♀ türk. Dichter (gest. 1556)

~ **gayretkeş** übereifrig ~ **gayretkeşlik** Übereifer *m* ~ **işgal** *jur.* verbotene Eigenmacht ~ **tasarruflar** *jur.* Verfügungen (Rechtsgeschäfte) *pl.* e–s Nichtberechtigten
fuzuliyat, -tı [·–·–] *va.* überflüssiges Gerede od. Getue
füc'e *va.* Plötzlichkeit *f* (e–s Ereignisses)
fücceten [×··] *Adv.* unerwartet, plötzlich (z. B. sterben)
fücur [ū] *va.* 1. Liederlichkeit, Ausschweifung *f* 2. Inzest *m*, Blutschande *f*
füg *mus.* Fuge *f*
füglemek *mus.* fugieren; (ein Thema) nach Fugenart durchführen
Führer *hist.* Führer *m* (Adolf Hitler, *gel. a.* auf andere Diktatoren angewandt)
füküs Tang *m bot.* Fucus (vesiculosus u. a.)
füküsgiller *bot.* Fukazeen, Ledertange *pl.* *tulumlu alklar
fülfül s. **filfil**
fülüs *urspr. Pl.*, kleine Kupfermünze, Heller, Pfennig *m* ~ **mafiş** *F* Es ist kein roter Heller da. **-ü ahmere muhtaç olmak** keinen roten Heller besitzen
füme (*franz.* **fumé**) 1. geräuchert, Räucher- 2. *spez.* Räucherfisch *m* 3. *mod.* rauchfarben
fümerol, -lü *geol., geogr.* Fumarole *f* *tüten
fümuar (*franz.* **fumoir**) Rauch-zimmer *n*, -salon *m*
füniküler (*franz.* **funiculaire**) 1. Seilschwebebahn, Drahtseilbahn *f* 2. Standseilbahn *f*
fünun [ū] *va. Pl.* zu **fen**
fünye s. **funya**
fürce *z. va.* 1. *an.* kleine Öffnung; Spalt, Riß, Schlitz *m* 2. Zwischen-raum *m*, -zeit *f* 3. Gelegenheit *f* 4. Augenblick *m* der Muße 5. s. **kaçamak** (3); ~ **bulmak** Gelegenheit od. Muße finden
füri (*franz.* **furie**) 1. *selt.* tosender Beifall 2. ⚘ *(röm. Myth.)* Furie *f*
Fürs s. **Fars**
füru (I), **-uu** [ū] (*z. va. Pl.* zu **feri**) 1. Nachkommen, Abkommen, Deszendenten *pl.* 2. s. **füruat**
füru (II) [ū] *va.* 1. tief 2. demütig, unterwürfig; s. **serfüru**
füruat, -tı [·––] (*va. dopp. Pl.* zu **feri**) *spez.* 1. Unterabteilungen, (dazugehörige) Wissensgebiete *pl.* 2. abgeleitete Regeln od. Lehren *pl.* 3. Einzelheiten *pl.*
füruğ [ū] *va.* Glanz *m*, Licht *n*
füruht, -tu [ū] *va.* Verkauf(-en *n*) *m* *satış ~ **etmek** *va.* verkaufen
fürumaye s. **frumaye**
-füruş [ū] *pers. Sx.* 1. verkaufend 2. sich aufspielend; vgl. **iffet-, malumat-, tafra-füruş** usw.
füruz [ū] (*va. Pl.* zu **farize**) *jur.* Erbanteile *pl.*
-füruz [ū] *va. pers. Sx.* erleuchtend, erfreuend
füruzan [·––] 1. *va.* glänzend, leuchtend 2. ⚘ *mV, wV*
füshat, -ti *z. va.* 1. Weite *f*, weite Ausdehnung, unendliche Fläche (z. B. des Meeres) 2. ausreichende Zeit; Aufschub *m* ~ **vermek** Zeit gewähren, e–e Frist einräumen
füsun [ū] 1. Zauber, Reiz, Charme *m* 2. ⚘ [×·] *wV*
füsunkâr [·––] s. **füsunlu**
füsunlu bezaubernd, reizend, charmant
fütuh [ū] *va. Pl.* zu **fetih**
fütuhat, -tı [·––] (*dopp. Pl.* zu **fetih**) Eroberung(-en *pl.*) *f* ~ **çılgınlığı** Eroberungssucht *f* ~ **harbi** Eroberungskrieg *m* **Afrika -ına çıktı.** Er zog zur Eroberung von Afrika aus.
fütuhatçı eroberungssüchtig, imperialistisch **-lar** Imperialisten *pl.*, Kriegspartei *f*
fütur [ū] Unmut *m*, (Arbeits-)Unlust *f*, (Lebens-)Überdruß *m*, Niedergeschlagenheit, Verdrossenheit, Erschöpfung *f* ~ **etmemek** sich nicht kümmern (um), et. nicht wichtig nehmen ~ **gelmek** über j–n kommen (Unmut, Unlust usw.) ~ **getirmek** unmutig (unlustig, verdrossen, erschöpft) sein bzw. werden; den Mut verlieren, den Kopf hängen lassen
füturlu [·–·] bedrückt, niedergeschlagen
fütursuz [·–·] 1. unverdrossen, unermüdlich 2. unbekümmert
fütürist, -ti 1. Futurist(-in *f*) *m* 2. futuristisch
fütürizm Futurismus *m*
fütüvvet, -ti *z. va.* 1. Jugend *f* 2. jugendlicher Überschwang 3. Freigebigkeit *f* 4. Hochherzigkeit *f*, ritterliches Benehmen 5. Tapferkeit, Unerschrockenheit *f*
fütüvvetlü osm. Titul. von Subalternoffizieren bzw. von Beamten im 4. u. 5. Rang (vgl. **rabia, hamise**)
füyuzat, -tı *dopp. Pl.* zu **feyz**
füze [×·] (*franz.* **fusée**) 1. Rakete *f*, Zünder *m* 2. *mus.* schneller Lauf ~ **atacak rampa** Raketenabschußrampe *f* ~ **başlığı** Raketen-kopf *m*, -spitze *f* ~ **üssü** Raketenstellung *f*
füzeatar *mil.* Raketenwerfer *m* (Geschütz)
füzeli mit Raketenantrieb, Raketen-
füzen (*franz.* **fusain**) 1. Zeichenkohle *f* 2. Kohlezeichnung *f*
füzo (*franz.* **fuseau**) (Spitzen-)Klöppel *m*
füzun [ū] *va.* höher, mehr (als), reichlich, lang
füzyon *H* Fusion, Verschmelzung *f*

G

g, G [gɛ] 1. achter Buchst. des türk. Alph. 2. *mus.* (Ton od. Note) G
gabar 1. *naut.* Leichter, Prahm *m*, Schute *f* *yük korveti 2. Schleppnetz *n* (*spez.* an Flußmündungen verwendet)
gabardin 1. Gabardine *m, f* (Stoff) 2. Gabardinemantel *m*
gabari; gabarit, -ti 1. Formbrett *n*, Musterform *f*, Lehr *n*, Lehre, Schablone *f*; *naut.* Mall *n* 2. *(Eisenbahn)* Lade-, Begrenzungs-profil *n*, Lademaß *n*
gabavet, -ti [·–·] *va.* geistige Beschränktheit und Schwerfälligkeit, mangelnde Auffassungsgabe; Verständnislosigkeit, Dummheit *f* *anlayışsızlık, kalın kafalılık
gabgap, -bı *va.* s. **çenealtı**
gabi [·–] *va.* beschränkt, schwer von Begriff, verständnislos, dumm *anlayışsız, kalın kafalı
gabin, -bni *jur.* Übervorteilung *f* *V kazık **-i fahiş** übermäßige Übervorteilung
Gabon *n.pr.* Gabun (Westafrika)
gabra [·–] *va.* Erde, Erdoberfläche *f* *yeryüzü
gabro [×·] *geol.* Gabbro *m* (Tiefengestein)
gabya [×·] *naut.* 1. **(çubuğu)** Marsstenge *f* 2. **(sereni)** Marsrah *f* 3. **(yelkeni)** Mars-, Topp-segel *n* ~ **grandi** Großmarssegel *n* ~ **istralyası** Stengestag *n* ~ **pruva** Vormarssegel *n*
gabyacı *naut.* Toppgast, Marsposten *m*
gabyar *naut.* s. **gabyacı**
gacır gacır od. **gacır gucur** quietschend, knarrend, knirschend, kreischend (z. B. Säge)
gacırdamak; gacırtı s. **gıcırdamak; gıcırtı**
gaco *V* 1. Freundin, Geliebte, Mätresse *f* 2. *allg.* Frau *f*, Mädchen *n*, Weib *n* 3. *fr.* s. **zenne** (2); ~ **oskisi** *V* engl. Goldpfund
gaddar [·–] 1. grausam, unbarmherzig, gefühlsroh, un-

menschlich 2. tyrannisch, despotisch 3. heimtückisch, verräterisch, falsch 4. übervorteilend (Verkäufer)

gaddare [·–·] 1. schweres zweischneidiges Halbschwert 2. *V* Dolch *m*

gaddariye [·–··] *V* langes Messer, Bowiemesser *n*

gaddarlık [·–·] 1. Grausamkeit, Unbarmherzigkeit, Gefühlsroheit, Unmenschlichkeit *f* 2. tyrannisches, despotisches Verhalten 3. Heimtücke *f*, Verrat *m*, Falschheit *f* 4. Übervorteilung *f* (durch den Verkäufer) ~ **etmek** grausam (tyrannisch, heimtückisch) handeln; übervorteilen

gadebos *naut.* am Vordersteven kleinerer Segelschiffe vorspringende Balkenenden, an denen Seile od. Ketten befestigt werden, um das Schiff zu vermuren od. an Land zu ziehen

gadir, -dri s. **gaddarlık; -e uğramak** ungerecht behandelt werden; benachteiligt werden **-e uğratmak** ungerecht behandeln; benachteiligen

gadirlik *P* für **gadir**

gadolinyum [··×·] *chem.* Gadolinium *n*

gadretmek [×··] (m. Dat.) ungerecht (grausam, tyrannisch) behandeln; benachteiligen; e–n Treubruch verüben (gegen) **Emniyetime gadretti.** Er hat mein Vertrauen mißbraucht.

gadruf s. **gudruf**

gaf (*franz.* **gaffe**) ungeschicktes Benehmen od. Reden; Tolpatschigkeit, Tapsigkeit *f*, Fehler, Mißgriff *m* ~ **murabbaı** Tolpatschigkeit im Quadrat ~ **yapmak** e–e Tolpatschigkeit begehen

gafçı Tolpatsch, Taps *m*

gaffar [·–] 1. Allverzeihender (Gott) 2. ♀ [×·] (*Verk.* von **Abdülgaffar**) *mV*

gafil [ā] unachtsam, gedankenlos, sorglos, unbedacht, unvorsichtig ~ **avlama** *a. mil.* Überrumpelung *f* ~ **avlamak** überrumpeln, überraschen, übertölpeln ~ **bulunmak** (*od.* **olmak**) 1. unachtsam sein 2. (bşden) et. nicht bemerken, an et. nicht denken, et. übersehen ~ **davranmak** unachtsam handeln

gafillik s. **gaflet**

gafir [ī] *va.* groß, zahlreich; s. **cemmigafir;** ♀ **suresi** s. **Mümin suresi**

gaflet, -ti 1. Unachtsamkeit, Gedankenlosigkeit, Unvorsichtigkeit, Sorglosigkeit *f* 2. Nichtbemerken *n* (wichtiger Dinge) 3. Schläfrigkeit *f* ~ **bastı.** Schläfrigkeit überkam ihn. ~ **etmek** unachtsam sein; aus Gedankenlosigkeit et. falsch machen **-te kalmak** 1. unvorsichtig, unachtsam sein 2. ratlos, unschlüssig sein

gafleten *Adv.* 1. infolge Unachtsamkeit od. Zerstreutheit 2. aus Versehen, versehentlich 3. unbedacht, unüberlegt 4. unerwartet, unversehens, unvermutet, plötzlich

gaför (*franz.* **gaffeur**) *F* dusselig, dämlich; Dussel *m*

gafur [ū] 1. (All-)Verzeihender (Gott) 2. ♀ [×·] (*Verk.* von **Abdülgafur**) *mV*

gag (*engl.* **gag**) s. **gülüt**

gaga 1. Schnabel *m* 2. *naut.* Flunkenspitze *f* (am Anker) 3. Mundstück *n*, Schnabel *m* (z.B. an e–r Klarinette) *bek 4. *P* Schnabel *m* (= Mund) ~ **-ya vermek** sich schnäbeln (Vögel) *tomuşmak **-sından yakalamak** *fig.* j–n an seiner schwächsten Stelle packen

gagaburun 1. mit Hakennase; mit großer, langer Nase; *F* mit e–m Riesenzinken im Gesicht 2. s. **gagalı** (2)

gagalamak 1. (auf-)picken 2. mit dem Schnabel hacken

gagalaşmak 1. mit den Schnäbeln aufeinander loshacken 2. sich schnäbeln 3. *P* sich küssen (Menschen)

gagalı 1. mit Schnabel (ausgestattet) 2. *naut.* s. **martiko;** ~ **balina** Entenwal, Dögling *m zo.* Hyperoodon ampullatus ~ **memeli** s. **ornitorenk**

gagamsı; gagavari [··––] schnabelähnlich ~ **burun** Adlernase *f*

Gagavuzca [··×·] 1. gagausische Sprache, Gagausisch 2. gagausisch

Gagavuzlar *pl.* Gagausen *pl.* (Türken christl. Religion auf dem Balkan sowie in Bessarabien)

gâh s. **kâh**

-gâh *pers. Sx.* Ort, wo sich et. befindet od. sich et. abspielt (*va. a.* die betr. Zeit)

gâhi *va.* zuweilen, manchmal, zu Zeiten

gâhübigâh [ī] *va.* s. **vakitli vakitsiz**

gaî [––] 1. Zweck-, final *ereksel 2. letzt-, End-, Schluß- *son Zu 1: **illeti -ye** s. **ereksel neden** Zu 2: **haddi** ~ *va.* äußerste Grenze, höchster Grad

gaibane [–·–·] *va.* 1. in Abwesenheit 2. heimlich, unbemerkt 3. ohne einander persönlich vorgestellt zu sein **(muarefe)**

gaile [ā] 1. *va.* Krieg *m* 2. Mühsal, Plage, Sorge, Bedrängnis, Not *f*, Kummer *m*

gaileli [ā] 1. mühselig, viel Plage verursachend (z.B. Arbeit) 2. geplagt, voll Kummer und Not

gailesiz [ā] 1. unbeschwert, sorgenlos, leicht (z.B. Leben) 2. wer keinen Kummer und keine Sorgen hat ♀ **baş yerin altında.** *Spr.* Nur die Toten haben keine Sorgen.

gaip, -bi [ā] 1. nicht sichtbar, abwesend *anık (od. hazır) bulunmayan 2. (*a.* **şahsı** ~) *gr.* dritte Person *üçüncü şahıs 3. *jur.* verschollen *yitik 4. unsichtbare Welt; Jenseits *n* Zu 1: **-lerin muhakemesi** *jur.* Strafverfahren *n* gegen Abwesende, Kontumazialverfahren *n* Zu 4: **-lerden gelen sesler** Stimmen *pl.* aus e–r anderen Welt **-ten haber vermek** wahrsagen

gaiplik [ā] 1. Abwesend-Sein *n* 2. *jur.* Verschollenheit *f* *yitiklik ~ **kararı** *jur.* Todes-, Verschollen-Erklärung *f*

gait, -ti [ā] (*urspr. Adj.*) Exkrement(-e *pl.*) *n*, Kot, Stuhl *m* **mevaddı -a** s. **dışkı**

gaiye [ā] s. **erekçilik**

gaiyet, -ti [ā] s. **ereklik**

gaj (*franz.* **gage**) Pfand *n* (im Spiel) ~ **oyunu** Pfänderspiel *n*

gak Mucks, Piep *m*, kaum hörbarer Laut ~ **demek** nur e–n Mucks von sich geben

gaklamak krächzen (Rabe)

gal (I) (*franz.* **galle**) s. **bitki uyuzu**

gal (II) *phys.* Gall *n* (Maßgröße der Beschleunigung)

Gal *n.pr.* (*franz.* **Galles**) Wales **Prens dö** ~ Prince of Wales *m* (Titel des englischen Thronfolgers)

gala [×·] 1. Bankett *n* (nach e–r offiziellen Feier) 2. Galavorführung, Festvorstellung *f*

galâ [·–] *va.* 1. Teuer-, Kostspielig-Sein *n* 2. Teuerung *f*

Galaç *n.pr.* Galatz (Stadt in Rumänien) *Galas, Kalas

galagogiller Ohrenmakis *pl. zo.* Galaginidae

galaksi (*franz.* **galaxie**) s. **gökada**

galaktometre [···×·] Galaktometer *n* *sütölçer

galaktoz *chem.* Galaktose *f*

galalit, -ti Galalith *n*

galan 1. galant, höflich 2. *V* gut bei Kasse (Spieler)

galanga Galgant(-wurzel *f*) *m bot.* Alpinia officinarum

galanteri Galanterie, Höflichkeit *f*

galantin Sülze *f*, Sülzgericht *n*

galantor s. **kalantor**

Galas 1. *n.pr.* s. **Galaç** 2. ♀ s. **kalas**

galat, -tı 1. Fehler, Irrtum *m*, Täuschung *f* 2. Sprachwidrigkeit *f* 3. falsch, irrtümlich 4. (m. Abl.) (sprachlich) entstellt, verderbt (aus) ~ **etmek** sich irren, sich täuschen, e–n Fehler begehen **-ı basar** s. **optik yanılsama; -ı elvan** s. **renkseçmezlik**

Galata *n.pr.* Stadtteil von Istanbul ~ **Kulesi** *n.pr.* Galata-Turm *m*

Galatasaray Lisesi *n.pr.* höhere Schule in Istanbul-Beyoğlu, die als Unterrichtssprache Französisch hat

galatat, -tı [··–] *va. Pl.* zu **galat**

galatıfahiş gröblicher Fehler
galatıhilkat, -tı Mißgeburt *f*, Monstrum *n*
galatıhis, -ssi s. **yanılsama**
galatımeşhur sprachliche Inkorrektheit, die sich aber eingebürgert hat ≗ **lugati fasihadan evlâdır.** *od.* ≗ **fasihi nameşhurdan yeğdir.** *(Sinn:)* Die sprachliche Richtigkeit ermittelt sich nicht nach logizistischen Maßstäben, sondern aus dem allgemeinen Gebrauch.
galatırüyet, -ti 1. Sehfehler *m* 2. optische Täuschung ≗**e uğramışsın.** Du mußt dich versehen haben.
galatıtabiat, -tı s. **galatıhilkat**
Galat(-lar) s. **Galatya(-lılar)**
Galatya [·×·] *hist.* Galatien
Galatyalılar *hist.* Galater *pl.*
Galce Walisisch(-e) *n* (Sprache)
galdır guldur (Lm. des Pferdegalopps) trapp trapp
gale (I) (*franz.* **galée**) *typ.* (Setz-)Schiff *n*
gale (II) (*franz.* **galet**) *techn.* Führungs-, Kontakt-rolle *f*
gale (III) (*franz.* **galé**) Gagelstrauch *m bot.* Myrica gale
galebe 1. Sieg, Triumph *m*, Überwindung *f* 2. Überlegenheit *f*, Übergewicht *n* 3. *va.* s. **kalabalık;** ~ **çalmak** (m. Dat.) besiegen; den Sieg davontragen (über) ~ **divanı** *hist.* 1. osm. Kronrat mit besonders starker Mitgliederzahl 2. große Audienz ~ **etmek** (m. Dat.) 1. besiegen, überwinden 2. sich stärker erweisen (als), sich überlegen zeigen **-ye nail olmak** den Sieg erringen
galen (*franz.* **galène**) *min.* Bleiglanz, Galenit *m*
galenik *pharm.* galenisch, aus Drogen zubereitet ~ **ilâç** *med., pharm.* Galenikum *n*
galenit, -ti s. **galen**
galenizm *med.* Lehre *f* des Galenus (*spez.* von den vier Körpersäften)
galer (*franz.* **galère**) *naut. hist.* Galeere *f*
galeri 1. Galerie *f (a. Th.)* 2. langer Saal, gedeckter Gang 3. *(mil., Bergwerk)* Minengang, Stollen *m* 4. Gang *m* (z. B. des Holzbohrers) 5. (Waren-)Ausstellung *f* 6. Gemälde-, Bilder-galerie *f*, Museum *n* 7. s. **kalarya;** ~ **ormanları** *geogr.* Galeriewälder *pl.* ~ **tonu** Galerieton *m* (dunkelbräunlicher Ton bei alten Olgemälden)
galeta [·×·] (*franz.* **galette**) 1. *naut.* Schiffszwieback *m* 2. *mil.* Zwieback *m* (in der eisernen Ration des Soldaten)
galeyan [··–] 1. Sieden, (Auf-)Kochen, Aufbrodeln *n* 2. *fig.* Aufbrausen *n*, Wut, Erregung *f* ~ **etmek** 1. sieden, aufbrodeln, aufkochen 2. *fig.* aufbrausen, sich erregen ~ **noktası** Siedepunkt *m* **-a gelmek** s. ~ **etmek**
gali (I) [– –] *va.* teuer, kostspielig
gali (II) [×·] (*engl.* **galley**) *naut. hist.* 1. Galeere *f* 2. Kombüse *f*
galiba [–·–] vermutlich, vielleicht, offenbar, wahrscheinlich ≗ **kız doğdu.** Es fliegt ein Engel durchs Zimmer. *Saat başı galiba.
galibane [–·–·] 1. siegreich 2. überlegen
galibarda [··×·] garibaldi-rot, ins Violette spielendes Rot
Galibe *wV*
galibiyet, -ti [ā] 1. Sieg, Erfolg, Triumph *m* 2. *selt.* Überlegenheit *f*
Galiçya [·×·] *n.pr.* Galizien
Galiçyalı 1. Galizier(-in *f*) *m* 2. galizisch
Galile *n.pr.* 1. Galilei 2. Galiläa (in Palästina bzw. Israel) ~ **gölü** s. **Tabariye gölü**
Galileli Galiläer *m* (Christus *bzw.* Christ)
galip, -bi [ā] 1. siegreich; Sieger, Überwinder *m* 2. überlegen 3. vorherrschend, allgemein 4. groß, stark (Wahrscheinlichkeit) 5. ≗ *mV* Zu 1: ~ **devletler** Sieger-staaten, -mächte *pl.* Zu 4: **Bu ihtimal daha -tir.** Dies hat die größere Wahrscheinlichkeit für sich. ~ **ekseriyet** große Mehrheit ~ **gelmek** (*od.* ~ **çıkmak**) 1. besiegen, überwinden 2. sich j–m überlegen zeigen, sich stärker erweisen (als) ~ **ihtimale göre** s. **ağlebi ihtimal**
galisizm *ling.* Gallizismus *m*
galiye [ā] 1. aus Moschus und Amber gemischte Paste für Haar od. Augenbrauen 2. schwarze Farbe
Galiye *n.pr.* e–e schiitische Sekte
Galiyen *n.pr.* Galen(-us) (griech. Arzt, 2. Jh. nach Chr.) *Calinus
galiz [ī] 1. grob, plump, ungeschliffen 2. *selt.* dick, dicht, kompakt
galkava [×··] *naut.* bei der Schwammfischerei verwendetes Grundschleppnetz od. das betreffende Boot
galle *va.* 1. Getreide *n* 2. Einkünfte *pl.*
galledan [··–] *va.* Getreidespeicher *m*
Galler: ~ **prensi** s. **Prens dö Gal;** ~ **ülkesi** *n.pr.* Wales
gallik asit *chem.* Gallussäure *f*
Gallikan *rel.* Gallikaner(-in *f*) *m;* gallikanisch
Gallikanizm; Gallikanlık *rel.* Gallikanismus *m* (in Frankreich)
galon (I) 1. Gallone *f* (engl. Hohlmaß von 4½ Liter) 2. zylinderförmiger Kessel (*spez.* zum Transport von Wasser od. Brennstoff)
galon (II) (*franz.*) Borte, Tresse *f*
galop, -pu 1. (scharfer) Galopp *m* *dörtnal 2. *mus. fr.* Galopp (Tanz)
galopan *med.* galoppierend (*spez.* Schwindsucht)
galoş Überschuh *m*, Galosche *f*
galsame s. **solungaç;** ~ **safihaları** s. **solungaç yaprakları**
galsamî die Kiemen betreffend, Kiemen- **cevfi** ~ s. **solungaç kovuğu**
galvanik galvanisch ~ **banyo** galvanisches Bad ~ **teressüp** galvanischer Niederschlag
galvaniz banyosu s. **galvanik banyo**
galvanizasyon Galvanisierung, Verzinkung *f*
galvanizci Galvaniseur *m*
galvanize galvanisiert ~ **etmek** galvanisieren
galvanizlemek galvanisieren, verzinken
galvanizli s. **galvanize**
galvanizm Galvanismus *m*, Lehre *f* vom galvanischen Strom
galvano [·×·] Galvano, Klischee *n*
galvanokosti *med.* Galvanokaustik *f*
galvanokoter *med.* Galvanokauter *m, n*
galvanometre [··×·] Galvanometer *n*, Strommesser *m*
galvanoplast, -tı Galvanoplastiker *m*
galvanoplasti Galvanoplastik *f*
galvanotaksi; galvanotropizm s. **elektriğe yönelim**
Galya *n.pr. hist.* Gallien
Galyalı *hist.* Gallier(-in *f*) *m*, gallisch
galyot, -tu Galeote *f* (kleineres Ruder-, später *a.* Segelschiff früherer Zeiten)
galyum [×·] *chem.* Gallium *n*
gam (I) *mus.* 1. Tonleiter *f* *dizi, ıskala, ses dizisi 2. Oktave *f* (als Bereich von acht Tönen)
gam (II) Kummer, Gram *m*, Sorge *f* ~ **çekmek** (*od.* **yemek**) bekümmert, betrübt sein, sich grämen, sich sorgen ~ **dağıtmak** seinen Kummer, die trüben Gedanken abschütteln ≗ **değil.** Das braucht e–m nicht leid zu tun. ≗ **ile kasavet ömür törpüsüdür.** *Spr.* Kummer und Sorgen machen vorzeitig alt. ~ **kasavet** Kummer und Sorgen ~ **yememek** aller Sorgen enthoben sein
gam (III) *mus.* s. **gamba** (I)
gama (I) [×·] s. **gam** (I)
gama (II) [×·] Gamma *n* (griech. Buchstabe) ~ **ışınları** (*od.* **şuaları**) *phys.* Gammastrahlen *pl.*
gamalı 1. in der Form des (griech. Buchst.) Gamma 2. Verk. von **gamalı haçlı** Hakenkreuz- ~ **bayrak** Hakenkreuzfahne *f* ~ **haç** (*selt.:* ~ **salip**) Hakenkreuz *n*, Swasti-

ka *f* ~ **kelebek** Gammaeule *f* (Schmetterling) *zo.* Autographa gamma
gamba (I) **(viyolası)** *mus.* Viola da gamba, Kniegeige *f*
gamba [×·] (II) 1. *naut.* Kink, Bucht *f*, Törn *m* (Schleife, Schlinge *f* in e–m Tau) 2. Seitenteile *pl.* des Oberleders an e–m Schuh ~ **olmak** *naut.* kinken
gambot, -tu (*engl.* **gun-boat**) 1. Kanonenboot *n* *topçeker 2. s. **gambut**
gambrik (I) Kambrik(-batist) *m* ~ **sargı** Kambrikbinde *f* (zu Verbandszwecken)
gambrik (II) (*engl.* **gun-brig**) bewaffneter Zweimaster (mit Lateinsegeln)
gambut, -tu kleine dicklippige Meeräsche *zo.* Mugil chelo *dudaklı kefal balığı
gamen (*franz.* **gamin**) *selt.* (Pariser) Gassenjunge *m*
gamet, -ti *biol.* Gamet *m* (Fortpflanzungszelle) *eşeylik gözesi (*od.* hücresi)
gamız (I) [ā] *va.* 1. verborgen 2. schwer verständlich, obskur, dunkel
gamız (II) [ā] *va.* 1. wer zublinzelt 2. wer Verleumdungen weiterträgt; Zuträger *m*
gamız (III), **-mzı** *va.* 1. Winken *n* (mit den Augen), (Zu-)Blinzeln, Zwinkern *n* 2. heimliches Anhören und Weitererzählen; üble Nachrede 3. Denunziation *f* **-ı ayn etmek** *va.* zublinzeln
gamıza [–··] *va.* schwer verständliche Angelegenheit; Geheimnis *n*
gamızlamak s. **gammazlamak**
gamlanmak in Kummer geraten, sich Sorgen machen, sich grämen
gamlı betrübt, voll Kummer, vergrämt, bedrückt, bekümmert
gamma(-lı) s. **gama** (II), **gamalı**
gammaz [·–] 1. verleumderisch; Böses nachsagend 2. Denunziant, Zuträger *m*
gammazlamak 1. herabwürdigen, verleumden 2. denunzieren, *F* verpetzen
gammazlık 1. Verleumdung *f*, üble Nachrede 2. Denunziation *f* 3. Denunziantentum *n* 4. Zuträgerei *f*
Gamora [·×·] *n.pr.* Gomorrha (Bibel)
gamsele [·×·] wasserdichter, gummierter Regenmantel *naut. a.:* Ölzeug *n* *muşamba
gamsız 1. ohne Kummer, sorgenfrei 2. unbekümmert, sorglos
gamsızlık sorgenfreies Leben
Gamure s. **Gamora**
gamze 1. Zublinzeln *n* 2. schmachtender Blick 3. Grübchen *n*
gamzetmek [×··] 1. zublinzeln 2. Böses nachsagen 3. denunzieren
Gana [×·] *n.pr.* Ghana (Westafrika)
ganaim [·–·] (*Pl.* zu **ganimet**) Beute *f* ~ **miktarı** *mil.* Beutezahl *f* **-i bahriye** *jur.* s. **denizde zabıt ve müsadere**
ganbot s. **gambot** (1)
Gand *n.pr.* Gent (Belgien)
ganem *va.* 1. *urspr.* Schafe und Ziegen *pl.* 2. Schaf *n*, Hammel *m* 3. Schafherde *f*
ganemî *va.* Schaf- ~ **sahreler** *geogr.* Rundhöcker *pl.*
ganet, -ti (*engl.* **gannet**) s. **sümsük kuşu**
gang (I) *geol.* Gang *m*, Ader *f*
gang (II) (*engl.* **gang**) (organisierte) Verbrecherbande *f*
ganga (I) s. **Arap tavuğu**
ganga (II) e–e Art Gong (für öffentliche Bekanntmachungen)
gangava s. **galkava**
gangliyon *an.* Ganglion *n*, Nervenknoten *m* *sinir düğümü
gangren 1. *med.* Brand *m*, Gangrän(-e *f*) *n* 2. *fig.* Krebsschaden *m*, Verseuchung *f* ~ **olmak** 1. *med.* brandig sein (bzw. werden) 2. *fig.* verseucht werden; verderben, zerfallen
gangrenli *med.* gangränös, brandig
gangster [×·] Gangster *m*
gangsterlik Gangstertum *n* **bir** ~ **vakası** ein Gangsterverbrechen
gangstervari [··––] gangsterhaft, nach Gangsterart
gani [·–] 1. reich, begütert, wohlhabend 2. reichlich, opulent (z.B. Festessen) 3. s. **müstağni** 4. ♀ a) Beiname Allahs b) (Verk. von **Abdülgani**) *mV* ~ ~ reichlich, im Überfluß *bol bol ~ **gönüllü** freigebig und ohne Ansprüche für die eigene Person *gönlü gani **-si olmak** et. entbehren können, auf et. verzichten können, et. nicht brauchen
Ganimet, -di *n.pr.* 1. *myth.* Ganymed(-es) 2. *astr.* Ganymedes (großer Jupitertrabant)
ganimet, -di [ī] 1. Beute *f spez.* Kriegsbeute *f; naut. mil.* Prise *f*, gekapertes Schiff 2. Gottesgeschenk *n*, Glücksfall *m*, unverhoffter Segen 3. ♀ *wV* ~ **bilmek** *od.* **görmek** 1. als Gottesgeschenk ansehen 2. ergreifen, benutzen (Gelegenheit) ~ **hakkı** *jur.* Beuterecht *n*
Ganj *n.pr.* Ganges *m* ~ **timsahı** Gavial *m* (Schnauzenkrokodil) *zo.* Gavialis gangetica ~ **yunusbalığı** Schnabeldelphin *m zo.* Platanista gangetica *susuk
gant, -tı (*franz.* **gant**) 1. *selt. allg.* Handschuhe *pl.* *eldiven 2. *spez.* Boxhandschuhe *pl.*
ganyan (*franz.* **gagnant**) *(Rennsport)* 1. siegendes Pferd; Siegerpferd *n* 2. wer auf Sieg gewettet hat 3. Gewinner *m* (*spez.* im Glücksspiel)
ganyot s. **kanyot**
gapar s. **gepar**
gar (I) Bahnhof *m* *istasyon ~ **şefi** Bahnhofsvorstand, Stationschef *m* *istasyon müdürü
gar (II) [ā] *va.* Grotte, Höhle *f*; s.a. **yâri** ~
-gâr s. **-kâr**
garabet, -ti [·–·] s. **gariplik**
garaip, -bi (*va. Pl.* zu **garibe**) sonderbare, unglaubliche Dinge **-ten** recht merkwürdig, ganz ungewohnt **-i sebai âlem** s. **acaibisebiâlem**
garaj (Auto-)Garage *f* ~ **yolu** *(Eisenbahn)* Verschiebegeleis *n* (bei eingleisigen Strecken)
garajcı Garagen-besitzer od. -pächter *m*
garajlı 1. mit Garage 2. mit nb. Garage
garam [·–] brennendes Verlangen, (Liebes-)Leidenschaft *f*
garamet, -ti [·–·] *va.* Zahlungsverpflichtung, Schuld *f*
garameten [·–··] *va. Adv.* zu **garamet:** ~ **tevzi** *jur.* anteilmäßige Verteilung, Verteilung *f* pro rata (z.B. bei Konkurs)
garamî [·––] *lit.* emotional, lyrisch
garamiyat, -tı [·–·–] *lit.* emotionale, lyrische Dichtung
garans (*franz.* **garance**) s. **kökboyası**
garanti 1. Garantie, Bürgschaft, Sicherheit(-en *pl.*) *f*, Gewähr, Garantiesumme *f* *inanca, teminat 2. garantiert, verbürgt, gewährleistet *garantili 3. *Adv. F* garantiert; ganz bestimmt *muhakkak ~ **etmek** (bşi) garantieren, verbürgen, Gewähr leisten ~ **ettirmek** (b–ne bşi) sich von e–m et. garantieren lassen ~ **sözleşmesi** *jur.* Garantievertrag *m* ~ **vermek** Garantie leisten
garantilemek sich et. sichern
garantili 1. garantiert, verbürgt, gewährleistet 2. mit Garantie(-schein) 3. *fig.* gesichert, geschützt (z.B. vor den Auswirkungen e–s Krieges)
garantör (*franz.* **garanteur**) Garant *m* ~ **devlet** *pol.* Schutzmacht *f*
garantür (< **garnitür**) *typ.* Format(-stege *pl.*) *n*
garap, -bı [·–] *va.* 1. s. **büyük karga** 2. ♀ *astr.* s. **Karga**
garaz 1. *va.* Ziel *n*, Zweck *m*, Absicht *f* 2. (mst. in der Lautung **garez**) böswillige Gesinnung, Animosität *f*, Res-

sentiment *n,* Gehässigkeit *f* ~ **bağlamak (beslemek, olmak)** j–m übelwollen; e–n Pick auf j–n haben; von Rachegefühlen beseelt sein
garazen *va. Adv.* in gehässiger Weise; aus Böswilligkeit
garazkâr; garazlı gehässig, übelwollend, nachtragend, rachsüchtig
garazsız 1. ohne Hintergedanken, ohne Nebenabsichten 2. ohne böswillige Absicht ~ **ivazsız** ohne irgendwelche Hintergedanken; sine ira et studio
garben *va. Adv.* westlich; von Westen her; nach Westen hin
garbî 1. westlich, West- *batı, batısal 2. abendländisch, europäisch ~ **çınar ağacı** abendländische Platane *bot.* Platanus occidentalis ♀ **Karaağaç** s. **Acıpayam;** ♀ **Trablus** s. **Trablusgarp;** ♀ **Trakya** *n.pr.* Westthrazien
gard *(franz.* **garde)** Verteidigungsstellung *f* (im Boxkampf od. beim Fechten) **-ını indirmek** dem Gegner (im Boxkampf od. beim Fechten) die Deckung entziehen
gardenparti [×···] Gartenfest *n,* Fest *n* im Freien
gardenya [·×·] Gardenie *f,* Jasminglanz *m bot.* Gardenia jasminoides
gard(ı)fren *(Eisenbahn)* Bremser *m* *baskıcı, serfren
gardırop, -bu 1. Garderobe, Kleiderablage *f* 2. Garderoben-, Kleider-schrank *m* 3. *selt.* Kleidung, Garderobe *f* ~ **aynalı** Spiegelgarderobe *f* (in der Diele e–s Hauses) ~ **bavul** Schrankkoffer *m* **-a koymak** in der Garderobe ablegen
gardıroplu mit (nb.) **gardırop;** z.B. **muhteşem ~ adam** prächtig gekleideter Mann
gardirî *va.* Teich-, See- *gölsel
gardiriye [··–·] s. **sumercimeğigiller**
gardiyan 1. Wächter, Wärter *m spez.* Gefängnisaufseher *m* 2. *naut. fr.* Quarantäneaufseher *m*
gardiyanlık Beruf *m* od. Tätigkeit *f* e–s **gardiyan**
gardmalad *(franz.* **garde-malade)** *selt.* Kranken-wärter, -pfleger *m* *hastabakıcı
garet, -ti [ā] *va.* 1. Raubzug *m* 2. Plünderung *f* ~ **etmek** *va.* 1. e–n Raubzug unternehmen 2. plündern, brandschatzen, ausrauben 3. als Beute davonschleppen
garez s. **garaz**
garga s. **karga** (II)
gargar bauchiger Filter-Tonkrug
gargara 1. Gurgeln *n* 2. Gurgelwasser *n* od. Medizin *f* zum Gurgeln ~ **etmek** 1. gurgeln, *med.* gargarisieren 2. *V* so tun, als ob man e–r Lüge Glauben schenkte **-ya getirmek** 1. durch Stimmgetöse et. Gesagtes abschwächen wollen 2. *F* j–n bereden (et. zu tun)
gargarı *od.* **gargari** *naut.* 1. Niederholer *m* (e–s Stagsegels) 2. Niederholen *n* 3. Legel *m* (e–s Stagsegels)
gargı etmek *V* alles Geld auf e–e Karte setzen bzw. e–n gemachten Gewinn als neuen Spieleinsatz stehen lassen
garib [ā] *va.* untergehend, versinkend
gariban [·––] 1. *va. Pl.* zu **garip** 2. *F* arm, bedauernswert
garibe [·–·] Merkwürdigkeit, Kuriosität *f,* recht sonderbare Angelegenheit; Monstrosität *f,* Naturwunder *n*
Garibiye *n.pr. rel.* ein Zweig der Kadiriye
garik (I), (ī), **-ki** *va.* 1. ertränkt, ertrunken 2. ver-, gesunken (z.B. in Schlaf; Schiff usw.) 3. voll, überhäuft (mit) ♀**i rahmet olsun!** Möge ihm die Gnade Gottes in reichem Maße zuteil werden!
garik (II), **-gi** *(franz.* **garrigue)** *geogr. selt.* strauchige Heide
garîm *va.* Gläubiger *m* *alacaklı
garip, -bi *urspr.* [·–] 1. fremd *yabancı 2. in der Fremde lebend; alleinstehend *elgin 3. ungewohnt, befremdlich *yadırganan 4. sonderbar, eigentümlich, merkwürdig, komisch, kurios *acayip 5. arm(-selig), bedauernswert 6. traurig, bekümmert 7. *fr.* in mystische Andacht versunkener Derwisch Zu 1: **O, burada -tir.** Er ist hier fremd. Zu 2: ♀ **itin kuyruğu bacağı arasında gerek.** *Spr.* Wer in der Fremde lebt, hat sich den dortigen Gegebenheiten anzupassen. ♀ **kuşun yuvasını Allah yapar.** *Spr.* (etwa): Wenn die Not am größten, ist Gottes Hilf' am nächsten. *Spr.* Zu 3/4: **-ine gitmek** (b–nin) j–m sonderbar vorkommen Zu 5: ♀ **Çingenenin nesine gerek gümüşlü zurna?** *Spr.* Was braucht ein armer Zigeuner e–e silberne Oboe?
gariplik, -ği 1. Fremdartigkeit *f;* eigenartiges Gefühl 2. Leben *n* in der Fremde 3. Verlassenheit *f,* Sich-Verlassen-Fühlen *n* 4. bedauernswerter Zustand; Armut, Not *f*
garipsemek 1. sich einsam (verlassen) fühlen; Heimweh haben; bekümmert sein 2. befremdlich finden; als sonderbar (komisch) empfinden
gariye s. **defnegiller**
garize(-vî) s. **gırize(-vî)**
garizî s. **gırizî**
gariziyat, -tı *va.* s. **fizyoloji**
gark, -kı 1. Untergetaucht-Werden *n* 2. Ertrinken *n* bzw. Ertränkt-Werden *n* 3. Schiffbruch *m* 4. *fig.* Überhäuft-, Überschüttet-Werden *n* (od. aktivisch): Überhäufung, Überschüttung *f* ~ **etmek** 1. untertauchen, überschwemmen 2. ertränken 3. den Untergang e–s Schiffes herbeiführen; versenken 4. *fig.* (b–ni bşe) überschütten, überhäufen (mit) Zu 4: s. **ihsana ~;** ~ **olmak** 1. untergetaucht werden 2. ertrinken 3. Schiffbruch erleiden; sinken, untergehen 4. überschüttet, überhäuft werden
garnitür 1. Garnierung *f* (von Speisen) 2. Suppeneinlage *f* 3. s. **garantür** 4. *mod.* Besatz, Schmuck *m*
garnizon 1. Stand-, Garnison-ort *m* 2. Garnison, Besatzung *f* ~ **hastanesi** Garnisonslazarett *n* ~ **komutanlığı** *mil.* Garnisonskommandatur *f*
Garon *n.pr.* Garonne *f* (Fluß in Frankreich)
garoz Fisch-Innereien *pl. spez.* Leber *f* der Pferdemakrele
garp, -bı 1. Westen *m* *batı 2. Abendland *n,* Europa 3. *hist.* Nordafrika (außer Ägypten) 4. (nach isl. Auffassung) die afrikanischen Länder westlich von Mekka und Medina ~ **edebiyatı** europäische Literatur ~ **mazı ağacı** abendländischer Lebensbaum *bot.* Thuja occidentalis ~ **medeniyeti** europäische Kultur ~ **ocakları** *hist.* 1. die in Tripolis, Tunis und Algier stationierten Janitscharen *pl.* 2. Tripolis, Tunis, Algier (zusammen) ~ **softası** *pej. Bez.* für e–n Türken, der bei jeder Gelegenheit französische Wörter verwendet ~ **Trablus(-u)** s. **Trablusgarp;** ~ **yarımküresi** westliche Halbkugel (der Erde)
garpçı europäisch eingestellt (Türke) *batıcı
garpçılık europäische Einstellung (e–s Türken); Verwestlichung *f* *batıcılık
garpkâri s. **-kâri**
garplı 1. Europäer(-in *f*) *m* 2. europäisch
garplılaşmak sich verwestlichen, europäische Kultur und Zivilisation übernehmen, sich europäisieren
garplılaştırmak verwestlichen, europäisieren
garplılık westliche Kultur und Zivilisation; europäisches Wesen; Europäertum *n*
gars (An-)Pflanzen *n* ~ **etmek** (an-)pflanzen
garsiyat, -tı [··–] 1. (An-)Pflanzen *n* 2. Anpflanzung(-en *pl.*) *f*
garson *(franz.* **garçon)** 1. *selt.* Junge, Knabe *m* 2. *selt.* Junggeselle *bekâr 3. (Ober-)Kellner, Ober *m* 4. *(Zuruf)* Herr Ober! ~ **dö büro** *selt.* Bürodiener *m*
garsoniye (von türk. Puristen bekämpfte Bild.) Bedienungs-, Trink-geld *n*
garsoniyer *(franz.* **garçonnière)** Junggesellenwohnung *f*
garsonluk Beruf *m* od. Tätigkeit *f* e–s Kellners ~ **etmek** den Kellnerberuf ausüben
Garzan *n.pr.* Nebenfluß des Tigris
gasben *va.* gewaltsam, räuberisch

gasbügaret etmek *z. va.* rauben und plündern, brandschatzen
gaseyan [··–] 1. Brechreiz *m,* Übelkeit *f* *iç bulantısı 2. Erbrechen *n* *kusma ~ **etmek** 1. Brechreiz (Übelkeit) empfinden, *F* würgen 2. (er-)brechen, auswerfen (z.B. Blut)
gasıp (I), **-spı** gewaltsame Wegnahme; Entreißen, Rauben *n,* widerrechtliche Aneignung, Usurpation *f spez. jur.* Anmaßung *f* (von Namen, Amt, Orden, Amtskleidung)
gasıp (II) [ā], **-bı** gewaltsam wegnehmend od. entreißend, raubend, sich widerrechtlich et. aneignend od. anmaßend; Räuber, Usurpator *m*
gasil (I), **-sli** rituelle Ganzwaschung *spez.* Totenwaschung *f*
gasil (II) [ā] *va.* s. **gassal**
Gaskonya [·×·] *n.pr.* Gascogne *f* (in Frankreich) ~ **körfezi** *n.pr.* Biskayischer Meerbusen; Biskaya *f*
Gaskonyalı 1. Gaskogner(-in *f*) *m* 2. gaskognisch
gasletmek [×··] (m. Akk.) die rituelle Ganzwaschung *spez.* die Totenwaschung vornehmen (bei)
gaspetmek [×··] gewaltsam wegnehmen od. entreißen, rauben, sich widerrechtlich et. aneignen od. anmaßen, usurpieren
Gaspiralı İsmail Bey (1851–1914) *n.pr.* Vorkämpfer für e–e einheitliche türk. Schriftsprache
gaspiyaj (*franz.* **gaspillage**) *selt.* Verschwendung, Vergeudung *f*
gassal, -li [·–] Leichenwäscher *m*
gassale [·–·] Leichenwäscherin *f*
gassallık [·–·] Beruf *m* e–s Leichenwäschers
Gassanîler *n.pr. hist.* Gassaniden *pl.* (Dynastie in Syrien)
gastralji s. **mide ağrısı** (*od.* ~ **spazmı**)
gastrit, -ti s. **mide iltihabı**
gastroanterit, -ti s. **mide-barsak iltihabı**
gastroloji(-k) s. **midebilim(-sel)**
gastroptoz s. **mide düşüklüğü**
gastroskop, -pu *med.* Gastroskop *n,* Magenspiegel *m*
gastroskopi *med.* Gastroskopie, Magenspiegelung *f*
gastrula [×··] *biol.* Gastrula *f,* Becherkeim *m*
gaşiy, -şyi 1. tiefe Ohnmacht; Bewußtlosigkeit *f* 2. Hingerissensein, Entzücken *n,* Begeisterung, Ekstase *f*
gaşiye [ā] *va.* 1. Decke *f,* Vorhang *m* 2. Satteldecke, Schabracke *f* *haşa 3. *fig.* s. **felâket;** ⩪ **suresi** Name der 88. Koran-Sure
gaşyetmek [×··] 1. *va.* ohnmächtig werden lassen 2. hinreißen, entzücken, begeistern
gaşyolmak [×··] 1. *va.* ohnmächtig werden 2. in Enthusiasmus geraten, sich begeistern
gato (*franz.* **gâteau**) Kuchen *m,* Törtchen, Tortenstück *n* *pasta
gats *va.* Ein-, Unter-tauchen *n* ~ **etmek** *va.* ein-, untertauchen
GATT; G.A.T.T. = General Agreement on Tariffs and Trade (türk.: **Tarifeler ve Gümrük üstüne Genel Antlaşma**) Allgemeines Zoll- und Handels-abkommen
gauss Gauss *n* (Einheit der magnetischen Feldstärke)
gavaj (*franz.* **gavage**) *med.* künstliche Ernährung (*spez.* von neugeborenen Kindern)
gavamız [·–·] (*va. Pl.* zu **gamız** (I), **gamıza**) Einzelheiten, verborgene Feinheiten, Subtilitäten *pl.* **-ına aşina** (*od.* **vâkıf**) **olmak** (bşin) et. in allen Einzelheiten kennen
gavat s. **kavat**
gavgav *V* Hoden *pl.*
gavot, -tu *mus.* Gavotte *f*
gavr *va.* Grund, Boden *m,* Tiefe *f*
gâvur (< *ar.* **kâfir**) 1. (*Schi.* für Nicht-Mohammedaner *spez.* Christen) Giaur *m,* Ungläubiger 2. ungläubig, gottlos 3. unbarmherzig, grausam, gefühlsroh 4. eigensinnig, stur ~ **bozuntusu** *V* stotternd; Stotterer *m* ~ **dölü** *Schi.* für j–s Familie od. Abstammung ~ **etmek** 1. **(parayı)** sein Geld nutzlos ausgeben 2. vergeuden, verschwenden (z.B. Zeit) ~ **eziyeti** absichtliche Erschwerung (von j–s Arbeit) ~ **haşhaşı** s. **banotu;** ~ **icadı** (*fr.* von Ultrakonservativen verwendet) neumodische, europäische Erfindung ~ **inadı tutmak** ein ausgesprochener Dickschädel sein ~ **orucu gibi uzamak** (bir iş) e–e reine Ewigkeit dauern ~ **ölüsü gibi** *P* riesengroß *od.* schwer wie Blei ~ **ölüsü gibi yatmak** sich in voller Kleidung aufs Bett legen ~ **parası** *P* Geld, das man unbedenklich ausgeben kann ~ **parasiyle ... para etmemek** völlig wertlos sein **-a kızıp oruç yemek** (*od.* **bozmak**) sich über e–n Ungläubigen ärgern und selber das Fastengebot nicht mehr einhalten *d.h.* sich ins eigene Fleisch schneiden **-dum Müslüman oldum demek** sich nicht von et. abbringen lassen
gâvurca 1. wie ein Ungläubiger 2. grausam, hartherzig 3. e–e europäische Sprache od. Schrift 4. in e–r europäischen Sprache od. Schrift abgefaßt
gâvurlaşmak 1. *Schi.* zum Christen (bzw. Ungläubigen, Gottlosen) werden; *a.:* christianisiert werden 2. unbarmherzig (grausam, gefühlsroh) werden 3. eigensinnig, stur werden
gâvurluk 1. *Schi.* Christentum *n* 2. Unglaube *m,* Gottlosigkeit *f* 3. Erbarmungslosigkeit, Hartherzigkeit, Grausamkeit *f* 4. Eigensinn *m* ~ **etmek** 1. grausam behandeln 2. Übles tun 3. schikanieren 4. eigensinnig sein
gayak s. **peygamberağacı**
gayakol *pharm., med.* Guajakol *n*
gayal Buckelrind, Zebu *n zo.* Bos indicus *mithan
gayardi çiçeği s. **Keşmir amber çiçeği**
gaybet, -ti *va.* Unsichtbarsein *n*
gaybî *va.* unsichtbar, abwesend
gaybubet, -ti [ū] 1. Abwesenheit *f* 2. Verschwunden-, Nichtvorhanden-sein *n* ~ **etmek** *va.* 1. abwesend sein 2. verschwinden, sich entfernen
gayda [×·] *mus.* Dudelsack *m* *tulum
gaydacı 1. Dudelsack-hersteller od. -verkäufer *m* 2. Dudelsackpfeifer *m* *tulumcu
gayduri [·×·] *griech.* Tier *n*
gaye [ā] 1. Ziel *n,* Zweck *m,* Absicht *f* *erek 2. Grenze *f* *limit 3. Schluß *m,* Ende *n* *son Zu 1: ~ **edinmek** (bşi) sich et. als Ziel stecken **bir -yi gütmek** ein Ziel verfolgen **⩪ler, vasıtaları meşru kılar.** Der Zweck heiligt die Mittel. Zu 2: ~ **kıymeti** *math.* Grenzwert, Limes *m* **-i hayalî** *od.* **-i kemal** *va.* Ideal *n* *ideal, mefkûre, ülkü **Gayei Milliye** *n.pr.* s. **İradei Milliye**
gayecilik [ā] s. **erekçilik**
gayeli [ā] mit e–m best. Ziel od. Zweck
gayesiz [ā] ohne best. Absicht
gayesizlik, -iği Ziellosigkeit *f*
gayet, -ti [ā] 1. *va.* Ende *n,* Grenze *f,* äußerster Grad 2. *va.* Ziel *n,* Zweck *m,* Absicht *f* 3. *Adv.* überaus, in hohem Maße, sehr, ganz besonders **-le** 1. s. ~ (3) 2. übermäßig, im Übermaß
gayetülgaye [–··–·] *va.* im allerhöchsten Grad
gayevî [–·–] s. **teleolojik**
gaygay Lm. schriller Töne ~ **etmek** schrille, ohrenzerreißende Töne hervorbringen
gaygaylı schrill, ohrenzerreißend
gayın 22. Buchst. des osm. Alph.
gayit, -ydi (*engl.* **guide**) *naut.* Führung *f* (bei Kolben, Torpedo usw.)
gayp 1. s. **gaip** 2. s. **kayıp**
gayr, -i et. od. jemand anderes; sonst (vgl. a. **gayrı** und **gayri**); **-e muhtaç olmamak** keinen anderen benötigen **-im** *z. va.* ein anderer als ich; sonst jemand **onun -i** *va.* ein anderer als er
gayrendiş(-lik) s. **diğerbin(-lik)**

gayret, -ti 1. Anstrengung, Bemühung *f* 2. Energie, Strebsamkeit *f*, entschlossener Wille 3. (Wett-)Eifer *m* 4. Hilfsbereitschaft *f*, Gefühl *n* der Verbundenheit 5. Ehrgeiz, Neid *m*, Eifersucht *f* Zu 4: **hemşerilik -i** landsmännische Verbundenheit ~ **almak** Mut fassen ⩍ **dayıya düştü.** Jetzt muß der richtige Mann her! ~ **etmek** Eifer entfalten, sich rühren, sich regen, sich befleißigen, sich bemühen; streben ~ (*od.* **gayretler**) **sarf etmek** (*va. a.:* **sarfıgayret etmek**) sich anstrengen, sich bemühen, sich Mühe geben ~ **vermek** 1. ermutigen, Auftrieb geben 2. trösten **-e gelmek** nunmehr entschlossen ans Werk gehen; sich beeifern (et. zu tun) **-e getirmek** s. **gayret vermek; -i elden bırakmamak** unermüdlich sein **-i kesilmek** den Mut sinken lassen **-i kesmek** entmutigen **-ine dokunmak** aus Ehrgeiz mit verdoppelten Kräften arbeiten **-ini gütmek** (b–nin) sich nachdrücklich für j–n einsetzen **-ten düşmek** entmutigt werden **-i diniye** *va.* religiöser Eifer **-i vataniye** *va.* Patriotismus *m*

gayretkeş 1. eifrig, energisch, fleißig 2. ehrgeizig 3. parteiisch 4. neidisch, eifersüchtig

gayretkeşlik 1. Eifer *m*, Energie *f*, Fleiß *m* 2. Ehrgeiz *m* 3. Parteilichkeit *f*, Parteigängertum *n* 4. Neid *m*, Eifersucht *f*

gayretlenmek entschlossen an die Arbeit gehen; großen Fleiß entfalten

gayretli 1. eifrig, energisch, fleißig 2. ehrgeizig

gayretsiz 1. ohne den nötigen Eifer; energielos, schlaff, zaghaft 2. ohne Ehrgeiz

gayretsizlik 1. Fehlen *n* des nötigen Eifers, Energielosigkeit, Schlaffheit, Zaghaftigkeit *f* 2. Fehlen *n* des Ehrgeizes

gayrı [×·] 1. *P* ander *başka diğer 2. *Verst.* zu **ayrı** 3. *P* von jetzt an, weiterhin, (nun-)mehr Zu 1: **O,** ~ **iştir.** Das ist et. anderes. **Bundan** ~ **işim yok.** Weiter habe ich nichts zu tun. **Bundan** ~ **diyeceğim yok.** Das ist alles, was ich zu sagen habe. **-sı** *P* der (die, das) andere Zu 2: s. **ayrı** ~ Zu 3: ⩍ **bende takat kalmadı.** *P* Ich habe keine Kraft mehr. ⩍ **oraya gitmeyeceğim.** *P* Von jetzt an gehe ich nicht mehr dorthin. **Bitti** ~. *P* Jetzt ist es endlich aus. **İstemem** ~ *P* Ich will aber nicht.

gayrıcıl *selt.* s. **diğerbin**

gayri (*urspr.* **gayr** + Izafetbindevokal; schon seit längerer Zeit als Px. bewertet. Zu den Füg. mit **gayri** und **gayri kabili** vgl. jeweils den zweiten Bestandteil.)

gaytan s. **kaytan**

Gaytan *n.pr.* s. **İbiş**

gayur [ū] *va.* eifrig, unermüdlich

gayya [·–] *isl. Myth.* Höllenschlund *m* (in der Füg.:) ~ **kuyusu** tiefster Schlund der Hölle *d.h.* Örtlichkeit od. Situation *f*, aus der es kein Entrinnen gibt

gayz *va.* Zorn *m*, Wut *f*, Ärger, Grimm *m*, Rachsucht *f*

gayzer Geysir, Geiser *m* *kaynaç

gayzerit, -ti *min.* Geyserit *m* *kaynaçtaşı

gaz (I) Gaze(-leinwand) *f*; dünner Flor ~ **bezi** 1. Mullbinde, Wundgaze *f* 2. Heftgaze *f* (in der Buchbinderei) ~ **idrofil** Verband-gaze *f*, -mull *m*

gaz (II) 1. Gas *n* 2. Leuchtgas *n* 3. Darmblähung *f* 4. Petroleum *n* 5. Petroleumlampe *f* ~ **amonyak** Ammoniak *n* ~ **borusu** Gas-rohr *n*, -leitung *f* ~ **bulutu** *astr.* Gaswolke *f* ~ **çıkarmak** s. **osurmak;** ~ **fabrikası** s. **gazhane;** ~ **fırını** Gasofen *m* ~ **hali** gasförmiger Zustand ~ **halinde** gasförmig ~ **halkası** Liderungsring *m* ~ **ibiği** Gas-, Bunsenbrenner *m* *bek ~ **lambası** Petroleumlampe *f* ~ **maskesi** Gasmaske *f* ~ **musluğu** Gashahn *m* ~ **ocağı** 1. Gaskocher *m* 2. Petroleumkocher *m* ~ **odası** Vergasungsraum *m* ~ **sobası** Gasofen *m* (als Raumheizer) ~ **şişesi** 1. *mil.* Gasflasche *f* (in e–m Geschoß) 2. *chem.* Stahlflasche *f* ~ **tenviri** Gasbeleuchtung *f* **-a basmak** 1. auf den Gashebel treten, Gas geben 2. *V* sich davonmachen; verschwinden **-ı kesmek** 1. das Gas wegnehmen 2. *V* seine Worte sparen, es kurz machen **-ı hava** *va.* s. **generator -ı**

gaza [·–] Feldzug, Krieg *m spez.* heiliger Krieg ~ **etmek** e–n heiligen Krieg führen, gegen die Ungläubigen kämpfen

gazal, -li [·–] Gazelle *f zo.* Antilope dorcas *ceylan

gazalotu, -nu s. **beyaz geyikotu**

gazanfer 1. *va.* Löwe *m* 2. löwenmutig, heldenhaft, tapfer 3. ⩍ *mV*

gazap, -bı 1. heftiger Zorn; Wut *f*, Grimm *m* 2. s. **Allahın -ı;** ~ **etmek** zornig, wütend werden **-a gelmek** zornig (wütend) werden, ergrimmen **-a getirmek** Kaus. zu **-a gelmek; -a uğramak** sich j–s Zorn zuziehen **-ını yenmek** seinen Zorn bemeistern

gazaplandırmak erzürnen, in Harnisch bringen, in Wut versetzen

gazaplanmak in heftigen Zorn geraten, wütend werden, ergrimmen

gazaplı heftig erzürnt, voller Wut, wütend, ergrimmt

gazavat, -tı [··–] *va.* heilige Kriege *pl.*

gazavatname [··––·] *va.* Schilderung *f* von Heldentaten in heiligen Kriegen

gazbulutsu *astr.* Gasnebel *m*

gaze (I) [ā] *ält. Form* von **gaz** (I)

gaze (II) *va.* rote Schminke

gazeke; gazeki *dial.* kurzärmeliges Tuchjakett

gazel (I) 1. *lit.* Gasel, Liebesgedicht *n;* lyrisches Gedicht 2. (*türk. Musik*) gesungene Solo-Improvisation ~ **dili** (*od.* **lisanı**) Mondraute *f bot.* Botrychium lunaria ~ **lokması** Garnelenkraut *n bot.* Alternanthera sessilis ~ **okumak** 1. ein Gasel vortragen od. singen 2. *fig.* Süßholz raspeln, um den Bart gehen ~ **söylemek** ein Gasel schreiben od. singen

gazel (II) dürres, vom Baum abgefallenes Blatt ~ **vakti** Herbst *m*

gazel (III) s. **gazal**

gazelboynuzu, -nu Hornklee *m bot.* Lotus; s.a. **çayır** ~; **büyük** ~

gazelhan [··–] *va.* Gaselensänger *m*

gazeliyat, -tı [···–] Gaselenteil *m* (in e–r orient. Gedichtsammlung)

gazellenmek *va.* 1. dürr werden und vom Baum abfallen (Blätter) 2. seine Blätter verlieren (Baum)

gazep s. **gazap**

gazete [·×·] 1. Zeitung *f* 2. s. ~ **idarehanesi** 3. s. **fısıltı -si;** ~ **abonesi** (*od.* ~ **abonmanı**) Zeitungsabonnement *n* ~ **abonesiyle sigorta** Abonnentenversicherung *f* ~ **bayii** Zeitungs-verkäufer, -händler *m* ~ **çıkarmak** 1. e–e Zeitung herausgeben 2. *Sch.* im Schlafsaal (Internat) lange Reden führen ~ **haberi** Zeitungsmeldung *f* ~ **haberler bürosu** Presseagentur *f* ~ **iadesi** unverkaufte Zeitungen; Remittentenexemplare *pl.* ~ **idarehanesi** Zeitungsverlag *m*, Administration und Redaktion *f* e–r Zeitung ~ **kapatmak** das Erscheinen e–r Zeitung verbieten ~ **koyacağı** Zeitungsständer, -halter *m* ~ **makalesi** Zeitungsartikel *m* ~ **muhabiri** (Zeitungs-)Berichterstatter, Korrespondent *m* ~ **muharriri** (*od.* ~ **yazarı**) Redakteur, Journalist, Schriftleiter *m* ~ **ressamı** Pressezeichner *m* ~ **sahibi** Inhaber *m* e–s Zeitungsverlags ~ **toplatmak** e–e Zeitung beschlagnahmen ~ **tutacağı** Zeitungsspanner *m* **-ler arası bir mevzu** ein in allen Zeitungen behandeltes Thema **-yi makineye vermek** die Zeitung in Druck geben

gazeteci [·×··] wer irgendwie mit Zeitungen zu tun hat *spez.* 1. Inhaber *m* e–s Zeitungsverlages 2. Redakteur, Schriftleiter *m* 3. Journalist, Korrespondent, Berichterstatter, Reporter, Chronist *m* 4. Zeitungs-verkäufer, -austräger, -junge *m* ~ **dili** Zeitungs-sprache *f*, -stil *m*

gazetecilik [·×···] 1. Beruf *m* od. Tätigkeit *f* e–s **gazeteci** 2. Journalistentum *n* 3. Zeitungswesen *n,* Journalismus *m* 4. Zeitungswissenschaft, Journalistik *f* Zu 4: ~ **enstitüsü** zeitungswissenschaftliches Institut
gazevat, -tı [··–] *va. Pl.* zu **gazve**
gazevi s. **kazevi**
gazhane [·–·] 1. Gas-werk *n,* -anstalt *f* 2. Kokerei *f* (im Hochofenbetrieb)
gazışı Lumineszenz *f* *lemean, lüminesans
gazışıl lumineszierend *lemeanlı, lüminesan
gazi [––] 1. isl. Frontkämpfer, Kriegsveteran *m;* siegreich heimkehrender Held 2. Ehrentitel für besonders verdiente Feldherren sowie für Städte, die sich tapfer verteidigt haben 3. ~ **(altını)** s. **Hayriye (altını); sandıklı** Zu 2: s. Stw. **Atatürk; Gaziantep; Gaziosmanpaşa; Gazipaşa.** – **Gazi Ethem Paşa** *n.pr.* letzter osm. Marschall (gest. 1909) **-ler helvası** e–e aus Mehl hergestellte Helwa-Art **Gazi Boşnak** Typus *m* des brutalen **Yeniçeri** od. **Levent** (im Karagözspiel)
gazî *va.* gas-artig, -förmig
Gaziantep, -bi *n.pr.* Stadt im gln. Rbz. (Südanatolien)
gazilik [––·] 1. isl. Frontkämpfertum *n* 2. Titel und Rang *m* e–s **„Gazi"**
gazino [·×·] 1. größeres Kaffeehaus 2. großes, vornehmes Restaurant
gazinocu Besitzer od. Pächter *m* e–s größeren Kaffeehauses od. Restaurants
Gaziosmanpaşa *n.pr.* Stadtteil u. D. im Rbz. Istanbul
Gazipaşa *n.pr.* O. u. D. im Rbz. Antalya
gaziye (I) [ā] für den Islam kämpfende mil. Einheit
gaziye (II) [ā] 1. gelbe, duftende Kassia-Blüte 2. Röhrenkassie *f bot.* Cassia fistula
gazlamak 1. vergasen 2. mit Petroleum behandeln od. beschmieren 3. *V* sich auf die Socken machen, verschwinden, verduften 4. mit Kohlensäure füllen 5. *(Auto)* stark Gas geben
gazlanmak 1. Pass. zu **gazlamak** 2. gasförmig werden 3. sich mit Kohlensäure erfüllen
gazlaştırmak in Gas umwandeln
gazlı 1. Gas enthaltend, mit Gas erfüllt (gefüllt), Gas- 2. mit Petroleum getränkt, Petroleum- *petrollü 3. kohlensäurehaltig (Wasser) ~ **bez** *P* s. **gaz bezi;** ~ **bomba** Gasbombe, -granate *f* ~ **çakmak** Gasfeuerzeug *n* ~ **gangren** *med.* Gasbrand *m*
Gazneliler; Gaznevîler *hist.* Gasnewiden *pl.* (türk. Dynastie)
gazodük, -kü *(franz.* **gazoduc)** Ferngasleitung *f*
gazojen *(franz.* **gazogène)** gaserzeugend ~ **gazı** Generatorgas *n*
gazolin Gasolin *n,* Petroläther *m*
gazoma [·×·] äußere Randnaht *f* (am Schuh)
gazometre [··×·] 1. Gasbehälter, Gasometer *m* 2. Gasmesser *m* *gazölçer
gazoyl *(engl.* **gas-oil)** Gasöl *n,* Dieselkraftstoff *m*
gazoz *(franz.* **gazeuse)** 1. kohlensäurehaltiges Wasser; Brauselimonade *f* 2. Glas-murmel, -kugel *f* (als Verschluß von Brauselimonadeflaschen od. als Kspz.) ~ **ağacı** *V* längst Bekanntes, „alter Schnee"; *a.* Quatsch *m*
gazozcu Hersteller od. Verkäufer *m* von Brauselimonaden
gazölçer Gasmesser *m* *gazometre
gazup, -bu [ū] *va.* jähzornig, cholerisch
gazve 1. s. **gaza** 2. Stammesfehde *f* (bei Arabern)
gazyağı, -nı Petroleum *n* *petrol, taşyağı
gazyuvarı, -nı *astr.* Atmosphäre *f* *atmosfer
Gazze *n.pr.* Gaza (Stadt in Palästina)
ge Name bzw. Lautung des Buchst. G
gebe 1. schwanger, gravid, in anderen Umständen, Mutterfreuden entgegensehend *hamile; iki canlı; yüklü 2. trächtig (Tier) 3. (bşe) erfüllt (mit) 4. *V* verschuldet ~ **etmek** *(od.* **bırakmak)** schwängern ~ **kalmak** 1. schwanger werden, ein Kind empfangen 2. trächtig werden (Tier) ~ **olmak** (bşe *od.* bş için) *fig.* in sich bergen; möglicherweise hervorbringen od. mit sich bringen ~ **zar** *V* zum Falschspiel präparierter Würfel *fındık, havaî
gebece *dial.* kleiner, bauchiger Krug
gebelik, -iği 1. Schwangerschaft, Gravidität *f* 2. Trächtigkeit *f* (bei Tieren) ~ **müddeti** *jur.* Empfängniszeit *f* **-i önleyici hap** Antibabypille *f*
geberik krepieren, verenden, *V* verreckt
gebermek krepieren, verenden, *V* verrecken
geberesi(-ce) 1. Soll doch ... krepieren! 2. verdammt, verflucht, elend *(a. Sb.)* Zu 2: **Geberesicenin yürüyecek hali yok.** Das elende Vieh (Biest, Tier) kann nicht mehr laufen.
gebertmek Kaus. zu **gebermek** *(a. übertreibend):* totschlagen (= halb tot prügeln)
gebeş 1. *urspr.* Widder *m* 2. *fr.* widderkopfähnliche eiserne Schlachtkeule 3. *va.* mutig, tapfer; Held *m* 4. klein und dick 5. ungeschickt, linkisch, Neuling *m,* Grünhorn *n* 6. *V* Dummkopf, Idiot *m*
gebeşaki [ā] *V* s. **gebeş** (6)
gebeşlik *V* 1. Dummheit, Idiotie *f* 2. (begangene) Eselei
gebre (I) Haarhandschuh *m* (zum Abreiben der Pferde nach dem Striegeln)
gebre (II) Kaper *f*
gebrelemek mit dem Haarhandschuh abreiben (Pferd nach dem Striegeln)
gebreotu, -nu Kapernstrauch *m bot.* Capparis spinosa
gebreotugiller Kapernstrauchgewächse *pl. bot.* Capparidaceae *kibariye
Gebze *n.pr.* Städtchen u. D. im Rbz. Kocaeli
gece 1. Nacht *f* 2. in der Nacht, nachts 3. Dunkel *n* 4. *fig.* Unkenntnis *f* ~ **aydınlığı** *astr.* Nachthimmelslicht *n* ~ **balıkçılı** Nachtreiher *m zo.* Nycticorax nycticorax *ufak balıkçıl ~ **barınağı** Nachtasyl *n* ~ **baskını** 1. nächtlicher Überfall 2. *mil.* Nachtangriff *m* ~ **bekçisi** Nachtwächter *m* ~ **bomba uçağı** Nachtbomber *m* ~ **çalışma yasağı** Verbot *n* der Nachtarbeit ~ **çalışmak** nachts arbeiten ~ **dürbünü** Nacht-feldstecher *m,* -glas *n* ~ **göğü** Nachthimmel *m* ~ **gök ışığı** s. ~ **aydınlığı;** ~ **görmemesi** Nachtblindheit, Hemeralopie *f* ~ **gözü kör gözü.** Nachts läßt sich nichts Gutes vollbringen. ~ **gündüz** Tag und Nacht, ohne Unterlaß ~ **gündüz demeden** ohne Rücksicht auf die Zeit, zu jeder Tages- und Nachtzeit ~ **gündüz eşitliği** Aquinoktium *n* *ekinoks, ılım ~ **güneşi** *geogr.* Mitternachtssonne *f* ~ **haberleri** Abendnachrichten *pl.* ~ **işemesi** Bettnässen *n,* Enurese *f* ~ **işçiliği** 1. Nachtarbeit *f* 2. *V* nächtlicher Einbruch ~ **işi** Nacht-arbeit, -schicht *f,* -dienst *m* ~ **kadısı** *P* e–e Frau, die ihren Mann unter dem Pantoffel hat ~ **kaim gündüz saim** (wer die Nacht mit Gebeten, den Tag mit Fasten verbringt): bigott; Frömmler(-in *f*) *m* ~ **kandili** s. **veyyöz;** ~ **kasası** Nachttresor *m* (bei Banken) ~ **kelebekleri** Nachtschmetterlinge, Heterocera *pl.* ~ **körü** nachtblind ~ **körlüğü** s. **gece görmemesi;** ~ **kulübü** Nachtlokal *n* ~ **kuşu** 1. *allg.* Bez. für Fledermaus od. Eule 2. *fig.* Nachtvogel *m* (Person) ~ **mavisi** *mod.* nachtblau ~ **menekşesi** s. **frenkmenekşesi;** ~ **muharebesi** *mil.* Nachtgefecht *n* ~ **nöbeti** Nachtdienst *m* (z.B. bei Apotheken) ~ **olmak** hereinbrechen (Nacht) ~ **oyunu** *Th.* Abendvorstellung *f* ~ **taarruzu** *mil.* Nachtangriff *m* ~ **tavuskelebeği** großes *(od.* Wiener) Nachtpfauenauge (Schmetterling) *zo.* Saturnia pyri ~ **vakti** Nachtzeit *f* ~ **yarısı** 1. Mitternacht *f* *nısfılleyl 2. um Mitternacht 3. mitten in der Nacht, zu nachtschlafender Zeit (z.B. um drei Uhr morgens) ~ **yarısı güneşi** s. ~ **güneşi;** ~ **yasağı** nächtliches Ausgehverbot (z.B. wäh-

rend e–s Ausnahmezustandes) ~ **yasemini** Nachtstrauch *m bot.* Cestrum nocturnum ~ **yatısı** Übernachtbleiben *n* (e–s Besuches) ~ **yatısı misafiri** *bzw.* **misafirliği** Logierbesuch *m* ~ **yatısı okul** Internat *n* ≗ **yatısına buyrun!** Bitte kommen Sie einmal und bleiben die Nacht über bei uns! ~ **yatısına gitmek** auf Besuch gehen und die Nacht dort verbringen ~ **yırtıcıları** Eulen *pl. zo.* Striges ~ **yürüyüşü** *mil.* Nachtmarsch *m* ~ **zammı** 1. Nacht-zuschlag *m,* -zulage *f* 2. *Ch.* kräftiger Knüttel, den der Fahrer unter seinem Sitz verwahrt ≗**ler gebedir.** *Spr.* Guter Rat kommt über Nacht. *Spr.* (s. a. **Gün doğmadan neler doğar!**) **-leri** nachts **-niz hayrolsun!** Gute Nacht! **-yi gündüze katmak** Tag und Nacht arbeiten **-yi ihya etmek** *va.* die Nacht mit Arbeiten od. Beten verbringen **-yi sabah etmek** die Nacht durch wachen, e–e schlaflose Nacht verbringen

gececi wer nachts tätig od. unterwegs ist, wer Nachtdienst hat *spez.* Nachtwächter *m*

geceki nächtlich

gecekondu 1. (ohne Einholung behördlicher Genehmigung) über Nacht gebautes Haus; (Behelfsheim *n*) 2. oberflächlich gemacht; zusammengestoppelt

gecekonducu wer über Nacht ein Haus gebaut hat, ein solches besitzt od. bewohnt

gecekonduculuk Tätigkeit *f* e–s **gecekonducu**

gecekraliçesi, -ni Königin *f* der Nacht *bot.* Selenicereus grandiflorus

gecelemek 1. übernachten 2. die Nacht über wachbleiben 3. *selt.* hereinbrechen (Nacht)

geceleyin [·×··] nachts, zur Nachtzeit

geceli (in der Füg.:) ~ **gündüzlü** Tag und Nacht, ohne Unterlaß

gecelik 1. für die Nacht bestimmt, Nacht-, nächtlich 2. (*a.* ~ **entarisi;** ~ **kılığı**) Nacht-gewand, -hemd *n,* Schlafanzug *m* 3. Preis *m* für e–e Übernachtung ~ **külâh** Nachtkäppchen *n,* -haube *f,* Zipfelkappe *f* ≗ **külâhıma anlat!** Das kannst du meiner Großmutter erzählen! **bu** ~ für heute nacht

gecemaymunu, -nu Nachtaffe *m zo.* Aotus trivirgatus *mirikina

gecesefa; gecesefası, -nı 1. Morgenprachtwinde *f bot.* Ipomoea rubro-caerulea *boruçiçeği 2. falsche Jalape *bot.* Mirabilis jalapa

geceyanığı, -nı Bläschen *n,* Pustel *f,* Pickel *m*

geceyayı, -nı *astr.* Nachtbogen *m*

geceyolu, -nu *V* s. **ferç**

gecik (otu) *dial.* s. **uyuz otu**

gecikim *mus.* s. **rötar**

gecikme 1. Verspätung, Verzögerung *f* *rötar, teehhür 2. *mus.* s. **rötar; Trenin on dakika -si var.** Der Zug hat zehn Minuten Verspätung. ~ **faizi** *H* Verzugszinsen *pl.* **-den** unverzüglich

gecikmek sich verspäten, zu spät kommen, sich verzögern

gecikmeli mit Verspätung; Spät- (z. B. Zünder)

gecikmemek (*neg.* **gecikmek**) *spez.* nicht auf sich warten lassen; schon kurze Zeit danach eintreten (z. B. Reaktion) **Aldandıklarını anlamakta gecikmediler.** Sie erkannten recht bald ihren Irrtum.

geciktirici: ~ **mesele** s. **meselei müstehire;** ~ **şart** s. **talikî şart**

geciktirilmiş verspätet (z. B. Zahlung)

geciktirim *(a. Th.)* Verzögerung *f*

geciktirmek 1. Ursache od. Anlaß sein, daß sich jemand verspätet 2. warten (mit), et. aufschieben, hinauszögern 3. et. sehr spät od. zu spät tun, sich verspäten (mit), auf sich warten lassen (mit) Zu 3: **cevabını** ~ mit der Antwort auf sich warten lassen

geç, -ci 1. spät 2. zu spät ~ **kalmak** sich verspäten, zu spät kommen ≗ **olsun da güç olmasın!** *Spr.* Gut Ding will Weile haben! *Spr.* Besser spät als nie! Langsam, aber sicher! *Spr.* ~ **uçan yarasa** Breitflügel-Fledermaus *f zo.* Eptesicus serotinus ≗ **Uyanış Çağı** Spätrenaissance *f*

geçe (I) (< **geçerek**) 1. nach (bei Angabe der Uhrzeit) 2. **birbirinden** ~ ineinandergehend (z. B. Zimmer) Zu 1: **beşi çeyrek** ~ Viertel nach fünf; Viertel sechs **onu yirmi** ~ zwanzig (Minuten) nach zehn (Uhr); zehn (Minuten) vor halb elf

geçe (II) *va. od. P* Seite *f,* Ufer *n,* Reihe *f* *taraf, yön

geçegen; geçeğen s. **geçici, muvakkat**

geçek *dial.* 1. s. **güzergâh** 2. s. **makbul**

geçeli *dial.* in e–r Reihe; s. a. **iki geçeli**

geçen Part. Präs. zu **geçmek** *spez.* 1. vergangen, vorig, letzt- 2. (in Verb. mit **gece** od. **gün** zur Bez. e–r weiter zurückliegenden Zeit) ~ **gece** in e–r der letzten Nächte, neulich nachts ≗ **geçti** s. **Olan oldu.** ~ **gün** neulich ~ **sefer** voriges Mal, letztes Mal ~ **sene** voriges (letztes, vergangenes) Jahr **-de, -lerde** neulich, vor kurzem, vor einiger Zeit

geçenek Korridor, Flur *m* *koridor

geçer 1. gängig, leicht absetzbar (verkäuflich) 2. gültig (z. B. Geld) 3. üblich, gebräuchlich, gangbar *cari ~ **akçe** 1. gültiges Geld 2. *fig.* was allgemein beliebt ist ~ **anlam** allgemein geläufige Bedeutung (z. B. e–s Wortes)

geçerli gültig *muteber ~ **olmak** gelten

geçerlilik Gültigkeit, Geltung *f*

geçerlik 1. leichte Verkäuflichkeit *revaç 2. Umlauf, Verkehr *m* *tedavül 3. Gültigkeit *f,* In-Kraft-Sein *n* *meriyet, muteberiyet ~ **sahası** Geltungsbereich *m*

geçersiz ungültig ~ **saymak** für ungültig erklären

geçersizlik Ungültigkeit *f*

Geçgotik Spätgotik *f* ~ **kilisesi** spätgotische Kirche; Hallenkirche *f*

geçici 1. flüchtig, vorübergehend, zeit-, einst-weilig 2. durchreisend, auf der Durch-reise, -fahrt 3. ansteckend (Krankheit) *bulaşık 4. provisorisch, behelfsmäßig, vorläufig *muvakkat ~ **anlaşma** *jur.* Modus vivendi *m,* vorläufiges Abkommen ~ **bütçe** *H* vorläufiger Haushalt ~ **heves** flüchtige Neigung ~ **iş göremezlik** einstweilige Arbeitsunfähigkeit ~ **müsabaka boykotu** *(Sport)* einstweilige Sperrung, zeitweiliges Spielverbot ~ **sigorta belgesi** s. **muvakkat sigorta ilmühaberi;** ~ **yazım** s. **muvakkat kayıt;** ~ **yıldız** s. **nova;** ~ **yürütme** s. **muvakkat icra**

geçilmek Pass. zu **geçmek; geçilebilen arazi** gangbares Gelände **geçilir** gangbar, fahrbar (z. B. Weg) **geçilmez** 1. unpassierbar, unbefahrbar 2. Durchgang (bzw. Durchfahrt) verboten! Gesperrt! 3. Sackgasse! 4. worauf man nicht verzichten kann; unveräußerlich **Ruznameye geçildi.** Man ging zur Tagesordnung über. **Bu haktan geçilmez.** Auf dieses (An-)Recht verzichtet man nicht.

geçilmemek (bşden) 1. nicht zu übersehen sein 2. in Hülle und Fülle vorhanden sein Zu 2: **Çarşıda meyvadan geçilmiyor.** Auf dem Markt watet man geradezu in Obst.

geçim 1. Lebensunterhalt *m,* tägliches Brot, Auskommen *n,* Leben(-shaltung *f*) *n* 2. Auskommen *n* (mit j–m), Einvernehmen *n,* harmonisches Zusammenleben 3. *selt.* Vorbeikommen, Passieren *n* 4. *hist. mil.* Roßharnisch *m* Zu 3: **kuş -i mevsimlerinde** zur Zeit der großen Vogelflüge ~ **derdi** Sorge *f* um das tägliche Brot ~ **dünyası bu!** Man muß eben schauen, wie man zurechtkommt! ~ **endeksi** Lebenshaltungsindex *m* ~ **seviyesi** Lebensstandard *m*

geçimli umgänglich, verträglich (Person)

geçimlik s. **geçinecek**

geçimsiz unverträglich (Person)

geçimsizlik Unverträglichkeit *f* *ademi imtizaç, bağdaşmazlık, uyuşmazlık

geçindirmek ernähren, durchbringen, für j–s Lebensunterhalt sorgen
geçinecek Mittel *pl.* zum Lebensunterhalt, Einkommen *n,* Erwerbsquelle *f* *medarı (*od.* vasıtai) maişet
geçinim; geçinme Vs. zu **geçinmek** 1. s. **geçim** 2. Sich-Aufspielen (als), Sich-Halten (für) *n* ~ **endeksi** s. **geçim endeksi**
geçinmek 1. den Lebensunterhalt bestreiten; auskommen, sich durchschlagen; leben 2. auskommen (mit j–m), einträchtig zusammenleben (mit) 3. (bşden) leben (von), sich ernähren (mit) 4. (b–den) auf Kosten e–s anderen leben 5. sich aufspielen (als), sich halten (für), sich einbilden (et. zu sein) 6. *dial.* sterben **geçinip gitmek** recht und schlecht sein Auskommen haben **geçinmeğe gönlü olmamak** sich mit allen möglichen Ausreden von et. drücken wollen
geçiren Zedent *m* *fariğ
geçirgen durchlässig, permeabel
geçirgenlik Durchlässigkeit, Permeabilität *f; (astr. a.)* Transparenz *f* *nüfuziyet, permeabilite
geçirilen s. **mefruğünleh**
geçirili *selt.* 1. eingeführt, eingefädelt 2. eingesetzt, angebracht
geçirim 1. s. **ferağ** 2. s. **nakil**
geçirimli durchlässig, permeabel *kabili nüfuz
geçirimlilik Durchlässigkeit, Permeabilität *f* *nüfuz kabiliyeti
geçirimsiz undurchlässig, impermeabel *gayri kabili nüfuz
geçirimsizleştirmek undurchlässig, wasserdicht machen; imprägnieren *empermeabilize etmek
geçirimsizlik Undurchlässigkeit, Impermeabilität *f* *nüfuz kabiliyetsizliği
geçirme 1. Vs. zu **geçirmek** 2. Pause *f,* Durchzeichnung *f* 3. s. **geçirim;** ~ **kâğıdı** Pauspapier *n* *saman kâğıdı ~ **kalemi** Metallstift *m* zum Durchzeichnen ~ **pervaz** s. **paspartu** (1)
geçirmek Kaus. zu **geçmek** *spez.* 1. passieren lassen, vorbei-, vorüber-, durch-gehen lassen 2. überstehen, durchmachen (Unglück, Krankheit, Gefahr usw.) 3. verbringen, verleben, erleben (z. B. e–n schönen Tag) 4. durchbringen, verjubeln (Geld) 5. einführen, einfädeln, durchziehen (Garn, Faden usw.) 6. irgendwohin bringen od. stellen 7. (b–ni bşden) j–n abbringen (von), j–m et. austreiben (z. B. Launenhaftigkeit) 8. leiten, führen, (ver-)laufen lassen (z. B. Eisenbahnlinie) 9. hinüberbringen, -fahren (z. B. Wagen über e–e Brücke), übersetzen (von e–m Ufer auf das andere) 10. einsetzen (z. B. Fensterscheiben), anbringen (z. B. Lampenschirm, Eisengitter); aufsetzen; besetzen (z. B. mit Pelz) 11. darüberziehen 12. e–n Abreisenden zur Abfahrtstelle begleiten 13. zum Aufhören bringen; stillen, vertreiben, beseitigen (z. B. Schmerzen) 14. verstreichen lassen (Termin) 15. versetzen (Schüler in die nächsthöhere Klasse) 16. (e–n Schüler in e–r Prüfung) bestehen lassen, ihm dazu verhelfen, ihn durchbringen 17. *V* den Beischlaf ausüben; koitieren 18. eintragen, übertragen (in ein Heft, e–e Liste usw.), buchen (z. B. auf j–s Konto) 19. zu fassen bekommen, erwischen 20. wirken lassen 21. übertragen a) (Krankheit auf j–n) b) (Zeichnung mittels Pauspapier); durchpausen 22. *Fb.* ab-, weiter-geben (Ball) 23. (kendinden) a) e–m die Sinne rauben b) ganz außer sich geraten lassen, in die größte Begeisterung versetzen Zu 1: s. **kılıçtan ~; Kalp parayı nasıl geçirdin?** Wie hast du das Falschgeld an den Mann gebracht? Zu 5: **ipliği iğneye** ~ das Garn (*od.* die Nadel) einfädeln Zu 6: **eşyayı başka odaya** ~ die Möbel in ein anderes Zimmer stellen **baş tarafa** ~ (b–ni) j–n an die Spitze (das Ruder) bringen, j–m e–e führende Stellung verschaffen Zu 7: **Kendisini o fikirden geçirmeli.** Man muß ihm diesen Gedanken ausreden. Zu 9: **arabayı köprüden** ~ den Wagen über die Brücke fahren Zu 10: **pencereye cam** ~ Fensterscheiben einsetzen **duvara kâğıt** ~ tapezieren Zu 11: **yorgana kılıf** ~ die Wolldecke beziehen Zu 12: **Arkadaşımı geçirmeğe gittim.** Ich habe meinen Freund an die Bahn (den Dampfer usw.) gebracht. Zu 13: **Bu ilâç diş ağrısını geçirdi.** Dieses Mittel hat die Zahnschmerzen beseitigt. Zu 19: s. **dişini b–nin etine ~; ele** ~ Zu 20: s. **sözünü (b–ne)** ~
geçirmez(-lik) s. **geçirimsiz(-lik)**
geçiş Vs. zu **geçmek;** u. a. Übergang, Wechsel, Durchgang *m,* Passage *f,* Durchzug *m* (von Zugvögeln) ~ **devri** Übergangsperiode *f* ~ **noktası** *mil.* Einfädelungspunkt *m* ~ **türesi** s. **intikalî hukuk;** ~ **üslubu** Übergangsstil *m* ~ **üstünlüğü** Vorfahrtsrecht *n* (von Polizei-, Feuerwehr-, Kranken-wagen) ~ **vasıtası** *a. mil.* Fahrzeug *n* zum Übersetzen, Übersetzmittel *n* ~ **yeri** Übersetz-, Überfahrts-stelle *f*
geçişli *gr.* transitiv *müteaddi ~ **neden** *phil.* bewirkende Ursache
geçişlik s. **pasaport**
geçişme 1. Vs. zu **geçişmek** 2. *spez. chem.* Osmose *f* *hulul
geçişmek ineinander eindringen *tedahül etmek
geçişmel *chem.* osmotisch *hululî
geçişsiz *gr.* intransitiv *lâzım
geçiştirici tedavi *med.* symptomatische Therapie
geçiştirmek (bşi) 1. überstehen (Krankheit, Unfall usw.) 2. sich hinweghelfen (über), davonkommen (bei) 3. übergehen (z. B. mit Schweigen, gleichgültig usw.)
geçit, -di 1. Durchgangsstelle *f* (z. B. Bahnübergang); Schnittpunkt *m,* Kreuzung *f* *kavşak 2. *astr.* Durchgang(-sdauer *f*) *m* (e–s Planeten) *memer 3. Paß(-weg *m,* -straße *f*) *m,* Engpaß *m* 4. Furt *f* 5. Vorbei-gehen *n,* -marsch *m,* Parade *f* 6. *naut.* a) Wasserstraße *f* b) Fahrrinne *f* 7. Gartenweg *m* (zwischen Beeten) 8. *an.* schmalste Stelle (zwischen Organen); Isthmus *m* *daraltı, istmus 9. Wendepunkt *m* *dönüm noktası 10. Fußgängerübergang *m* 11. Verbindungsgang *m* (zwischen zwei Gebäuden) Zu 3: **Brenner -i** *n.pr.* Brennerpaß *m* ~ **alayı** s. ~ **resmi** (1); ≗ **başka yerden!** Umleitung! ~ **hakkı** 1. *jur.* Wegerecht *n* 2. *mil.* Durchmarschrecht *n* *mürur hakkı ~ **harekâtı** *mil.* 1. Flußübergang *m* 2. Durch-, Überschreiten *n* e–r Enge ~ **kuşları** Zugvögel *pl.* ~ **noktası** *mil.* Übergangspunkt *m* ~ **parmaklığı (kapısı, yeri)** Schranke, Sperre *f* ~ **resmi** 1. (*a.* **resmi geçit**) *mil.* Vorbeimarsch *m,* Parade *f* 2. (*a.* ~ **vergisi**) s. **mürurîye;** ~ **resmi yapmak** vorbeimarschieren ~ **rüçhaniyeti** Vorfahrtsrecht *n* ~ **töreni** s. ~ **resmi** (1); ~ **vermek** 1. sich überschreiten lassen (Flüsse, Berge) 2. e–n Ausgang haben (z. B. Sackgasse) ~ **yeri** 1. s. ~ **parmaklığı** 2. Übergangsstelle *f spez.* Furt *f* ~ **yeri** Übergangsstelle *f spez.* Furt *f*
geçitlik s. **geçmelik**
geçkin 1. wer e–e best. Grenze überschritten hat 2. in vorgerückterem Alter stehend 3. langsam verblühend (Mädchen) 4. überreif (z. B. Früchte) 5. *(Sport)* überaltert Zu 1: **elli yaşını** ~ **bir adam** ein Mann, der jenseits der Fünfzig ist ~ **ağaç** zu lange gelagertes (Bau-)Holz
geçkinleşmek 1. allmählich verblühen (Frauen, Mädchen) 2. überreif werden (Früchte)
geçkinlik 1. Überreifsein *n* 2. vorgerücktes Alter 3. *(Sport)* Überaltertsein *n*
geçme 1. Vs. zu **geçmek** 2. *techn.* Laschung, Verbindung (-s.stelle) *f* 3. *(Fechten)* Ausfall *m* 4. Verschlingungen *pl.;* (Blumen-)Geflecht *n,* Arabeske *f* *arabesk, örgü 5. ineinandergefügt ~ **çerçeve** Wechselrahmen *m* ~ **dili** Zapfen *m,* Zinke *f,* Spund *m* (bei Holzverbindungen)

*erkek zıvana ~ **fes** *hist.* bis an die Ohren reichender Fes ~ **rahle** Klappständer *m* (für e–n Koran) ~ ~ **tapa** (Rohr-)Kappe *f* *kenarlı kapak ~ **yasağı** Überholverbot *n*

geçmek, (-er) (in Bed. 1–9 m. Abl.) 1. durch et. hindurchgehen (und auf der anderen Seite herauskommen) 2. passieren (z. B. Brücke), über (od. durch) et. gehen od. fahren (z. B. über e–e Wiese, durch ein Feld usw.) 3. vorüber-, vorbei-kommen; vorbei-fahren, -gehen (an); et. berühren; vorbeifließen (an), hindurchfließen (durch) 4. durchmachen (z. B. Zollkontrolle) 5. beziehen, bekommen (z. B. Schläge) 6. verzichten, Verzicht leisten (auf); Abstand nehmen, abkommen (von) *vazgeçmek 7. j–m et. verzeihen 8. **(kendinden)** den normalen Zustand verlieren 9. (b–den b–ne) von e–r Person auf e–e andere übertragen werden (Krankheit, Erbanlage usw.) – (in Bed. 10–18 m. Dat.) – 10. a) übergehen (zu e–r anderen Tätigkeit, e–m neuen Thema usw.) b) (in die nächsthöhere Klasse) versetzt werden (Schüler) 11. annehmen, erwerben (z. B. andere Staatsangehörigkeit) 12. übersiedeln, umziehen (z. B. in ein anderes Haus) 13. Platz nehmen, sich setzen 14. sich verkriechen; schlüpfen, versinken 15. eindringen (in) 16. seine Wirkung ausüben (auf), beeinflussen; Anklang finden (bei) 17. übernehmen (Leitung, Verwaltung, Amt usw.) 18. in j–s Gewalt geraten – (in Bed. 19–23 m. Akk.) – 19. hinter sich lassen: a) überschreiten (Grenze, Zeitpunkt usw.) b) überholen (anderes Fahrzeug) c) übertreffen; mehr sein (als); überflügeln, übersteigen, überschreiten (z. B. best. Zahl) d) *Fb. usw.* umspielen (Gegner) 20. nicht berühren (Punkt), hinweggehen (über), fallen lassen (z. B. heikles Thema) 21. ein Musikstück einüben od. spielen; singen, vortragen 22. (bşi b–den) sich von j–m et. beibringen lassen *meşketmek 23. a) (b–ni b–ne) über jemand bei e–m anderen reden, klatschen; j–n schlechtmachen, anschwärzen b) (bşi b–ne) mitteilen, erzählen – (in Bed. 24–32 intr.) – 24. wirksam sein 25. vorüber-, vorbei-gehen, verstreichen, verlaufen, ablaufen, verschwinden, aufhören 26. Nachfrage, Absatz finden; *H* gefragt sein 27. Gültigkeit haben; gelten; kursieren, im Umlauf sein (z. B. Banknoten) 28. Erwähnung finden, erwähnt, genannt werden 29. a) passieren, sich ereignen b) an e–m best. Ort spielen (Drama) 30. versetzt werden (Schüler) 31. zu alt sein (Person); nicht mehr ausgeführt werden können (Arbeit); überreif sein (Frucht) 32. sich aus e–r Schwierigkeit retten; Unannehmlichkeiten entgehen 33. *F od. V* Hv. in verschiedenen Ra. Zu 2: **Köprüden geçtik.** Wii passierten die Brükke. Wir gingen über die Brücke. Zu 3: **Sakarya, Eskişehir'den de geçer.** Die Sakarya fließt auch an Eskişehir vorbei. Zu 4: s. **başından** ~ Zu 5: **dayaktan geçmek** Schläge beziehen Zu 6: **haklarından** ~ auf seine Rechte verzichten **Buna dair bir hikâye söylemeden geçmeyeceğim.** Hierzu möchte ich doch e–e kleine Geschichte erzählen. Zu 7: **Tanrı kulların günahından geçer.** Gott verzeiht menschliche Schuld. Zu 8: s. Stw. **kendinden** Zu 9: **Bu titizlik ona babasından geçti.** Diese Pedanterie hat er von seinem Vater geerbt. **Bu hastalık ona kimden geçti?** Bei wem hat er sich angesteckt? Zu 10a): **taarruza** ~ zur Offensive übergehen Zu 10b): **Kaya, bu sene üçe geçti.** Kaya ist dieses Jahr in die dritte Klasse aufgestiegen. Zu 11: **İsviçre tabiiyetine geçti.** Er hat die Schweizer Staatsbürgerschaft erworben. Er ist Schweizer geworden. Zu 12: **Biz, bu günlerde yeni eve geçiyoruz.** Dieser Tage siedeln wir in das neue Haus über. Zu 13: **Siz bu koltuğa geçin!** Nehmen sie in dem Sessel hier Platz! Zu 14: s. **yere** (*od.* **yerin dibine**) ~ Zu 15: **Soğuk ciğerime geçti.** Ich bin ganz durchfroren. **Yağmur içime kadar geçti.** Ich bin klatschnaß geworden. s. a. **etine (ırzına)** ~ Zu 16: **Benim sözüm ona geçer.** Auf meine Worte hört er schon. Zu 17: **idareye** ~ die Verwaltung übernehmen **imparatorluğa** ~ Kaiser werden **sadrazamlığa** ~ zum Großwesir ernannt werden; s. a. **dümene** ~ Zu 18: s. **ele** ~ Zu 19a): **Ordu, sınırı geçti.** Das Heer hat die Grenze überschritten. **Saat dokuzu geçiyor.** Es ist schon neun Uhr vorbei. s. a. **Atı alan Usküdar'ı geçti.** Zu 19b): **Bizim yelkenli vapuru geçecek.** Unser Segelboot wird den Dampfer überholen. Zu 19c): **Çocuğun boyu babasınınkini geçti.** Der Junge ist schon größer als sein Vater. **Bu hareket, saygısızlığı da geçti.** Dieses Verhalten ist schon mehr als nur Respektlosigkeit. **Çok çalıştı, arkadaşlarını geçti.** Er ist sehr fleißig gewesen und hat seine Kameraden überflügelt. Zu 20: **O meseleyi geçelim!** Davon wollen wir nicht mehr sprechen! Dieses Thema wollen wir lieber fallen lassen! Zu 22: **Bu şarkıyı kimden geçtiniz?** Wer hat euch dieses Lied beigebracht? Zu 23a): **O seni müdüre geçmiş.** Er hat dich bei dem Direktor schlechtgemacht. Zu 23b): **Babana geç mi dedik sana?** Haben wir dich etwa geheißen, es deinem Vater zu erzählen? Zu 24: **Onun sözü artık geçmez.** Er hat nichts mehr zu sagen. Zu 25: **Kış geçti.** Der Winter ist vorbei. **Gençlik çabuk geçer.** Die Jugend entschwindet schnell. **Başınızın ağrısı geçti mi?** Ist Ihr Kopfweh jetzt vorbei? **Bu da geçer!** 1. Auch das geht vorbei! 2. Mach dir nichts draus! Zu 26: **Bu kumaş geçen yıl çok geçiyordu.** Dieser Stoff war voriges Jahr sehr gefragt. Zu 27: **Bu para artık geçmiyor.** Das Geld hier ist nicht mehr gültig. Zu 28: **Bu işte onun da adı geçecek.** Hierbei wird auch sein Name genannt werden. **Sizin bahsiniz orada hiç geçmemişti.** Von Ihnen hatte man dort nicht gesprochen. Zu 29a): **Hadise dün geçti.** Das ist gestern passiert. Der Vorfall hat sich gestern abgespielt. Zu 29b): **Bu piyes Çanakkale'de geçer.** Das Stück spielt in Çanakkale. Zu 30: **Çocuk bu yıl geçmedi.** Der Junge ist dieses Jahr sitzengeblieben. Zu 31: **Bu işler artık bizden geçti, görevimizi gençlere bıraktık.** Dafür sind wir zu alt; diese Aufgabe haben wir Jüngeren überlassen. Zu 32: **Görmedim dedi geçti.** Ich habe ihn nicht gesehen, sagte er, womit er sich weiteren unangenehmen Fragen entzog. Zu 33: s. u. a. **alay (işaret, tembih)** ~; **birbirine** ~; **candan** ~; **Geç!** *a.:* Hör nicht drauf! Laß dich das nicht anfechten! Laß das beiseite! **Geç yiğidim geç!** 1. Laß mich nur ungeschoren, ich will dir ja auch nichts (mehr) tun! 2. Da komme ich nicht mit! (*F* Dagegen kann ich nicht anstinken!) **geçer** s. ges. Stw. **geçip gitmek** vorbeifahren (ohne anzuhalten) **Geçme namert köprüsünden, ko aparsın su seni!** (Diyarbakırlı Sait Paşa) Geh nicht über die Brücke, die dir ein niederträchtiger Mensch baut; laß dich lieber vom Wasser hinwegreißen! *d. h.* Verpflichte dich keinem Schurken! **Geçti Bor'un pazarı** (*a. m. der Forts.* **sür eşeğini Niğde'ye!**) *F* 1. Die Zeiten haben sich grundlegend geändert. Es ist nicht mehr so wie früher! 2. Na, diese Gelegenheit ist ja nun gründlich verpaßt! Jetzt ist es zu spät! **Geçtim ola!** Lassen wir die Sache auf sich beruhen; es läßt sich doch nichts mehr daran ändern! **Geçtim olsun!** Von mir aus! Ich habe kein Interesse mehr daran! **geçmez; geçmiş** s. die ges. Stw. **(gün)geçtikçe** von Tag zu Tag, mit der Zeit, allmählich, langsam

geçmelik zu entrichtende Durchgangsgebühr wie z. B. Wegegeld *n*, Brückenzoll *m*, Stadtsteuer *f*, (Oktroi *m*, *n*) u. ä. m. *müruriye

geçmez 1. nicht od. kaum gängig (absetzbar, verkäuflich) (Ware) 2. ungültig (z. B. Geld) 3. nicht ansteckend (Krankheit) 4. nicht gebräuchlich, nicht üblich

geçmezlik (Rechts-)Ungültigkeit, Nichtigkeit *f* *geçersizlik, muteberiyetsizlik

geçmiş Part. Perfekt zu **geçmek** *spez.:* 1. vergangen, früher

2. überreif (Früchte usw.) 3. Vergangenes, Vergangenheit *f* 4. **-ler** a) verstorbene Angehörige b) Vorfahren *pl.* ~ **günler faizi** Verzugszinsen *pl.* ≗ **ola!** 1. s. ≗ **olsun** (1, 2) 2. *iron.* Na, die Gelegenheit ist ja nun gründlich verpaßt! 3. Kommt nicht in Frage! ≗ **olsun!** 1. *(bei j–s Erkrankung)* Gute Besserung! 2. *(Glückwunsch nach j–s Wiedergenesung od. nach überstandenem Unglück)* (etwa): Möge das ein für alle Mal überstanden sein! ~ **olsuna gitmek** e–n Krankenbesuch machen ~ **suç** *jur.* Vorstrafe *f* *sabıka ~ **zaman** *gr.* Vergangenheit *f*, Präteritum *n* *mazi ~ **zaman görünümü** *ling.* perfektive Aktionsart *f* (z. B. **vermiş olmak**); ~ **zaman ortacı** *gr.* Partizip Perfekt *n* *ismi meful **-e etkili olmak** s. **makabline şamil olmak;** ≗**e mazi, yenmişe kuzu derler.** *Spr.* Was vorbei ist, ist vorbei und kehrt nicht wieder! *F* Nur keine Leichenreden! **-i boklu** *V* Scheißkerl *m (V)* **-i kandilli** (*od.* **kınalı** *od.* **tenekeli**) *V* der verfluchte (verdammte) Kerl! **-i** (*od.* **-leri**) **olmak** (b–le) mit j–m noch ein Hühnchen zu rupfen haben; verzankt sein (mit) **-inden başlamak** *V* anfangen zu fluchen (od. zu verwünschen) ≗**ine rahmet!** Gottes Gnade über seine toten Anverwandten! **-ine yandığım** *F* s. **-i kandilli; -lerini karıştırmak** (b–nin) über j–s Vorfahren (bzw. tote Angehörige) Schlechtes reden ≗**lerinin canına olsun!** „Für das ewige Leben deiner Toten!" (Formel, die von Bettlern gerne verwendet wird)

geçmişçilik *Th.* Passatismus *m* (Traditionsverbundenheit)

geda [ā] *va.* 1. Bettler *m* *dilenci 2. arm; in kümmerlichen Verhältnissen lebend

gedeleç *va.* Köcher *m* (für Pfeile) *sadak

gedik, -ği 1. Riß *m*, Spalte *f*, Loch *n*, Lücke, Scharte *f* 2. *a. mil.* Bresche, Einbruchstelle *f* 3. Mangel *m*, Unvollkommenheit *f*, Fehler *m*, 4. *fig.* schwierige Lage 5. *fr.* Privileg *n*, Konzession *f*, Gewerbemonopolrecht *n* 6. *fr.* e–e an die Verwaltung der frommen Stiftungen für (5) gezahlte Steuer 7. *fr.* Bez. verschiedener privilegierter Ämter bei hohen Behörden od. im Sultanspalast 8. *Adj.* mit Zahnlücke 9. s. **idiği -i** 10. s. **Tunus -i** 11. Gebirgspaß *m*, Schlucht *f* Zu 3: **Bunun hiçbir eksiği -i yok.** Daran ist auch nicht das Geringste auszusetzen. ~ **açmak** 1. e–e Bresche schlagen, ein Loch od. e–e Lücke entstehen lassen 2. *mil.* e–n Durchbruch erzielen; durchstoßen, durchbrechen ~ **kapamak** 1. *a. mil.* e–e Lücke schließen 2. et. wieder wettmachen (ausgleichen, kompensieren) **-leri tıkamak** *a.:* Schwierigkeiten ausräumen

gedikli 1. mit Bresche (Einbruchsstelle, Lücke, Loch); gerissen (Mauer); ausgebrochen, schartig 2. dauernd, fest, ständig; regelmäßig irgendwo verkehrend od. mit et. beschäftigt 3. (*a.* ~ **erbaş;** ~ **çavuş**) Berufs-unteroffizier, -deckoffizier *m* 4. *fr.* abgabepflichtig 5. *fr.* im Besitz e–r amtlichen Konzession od. e–s privilegierten Amtes 6. s. Stw. **kadın** (4) 7. *Sch.* Repetent *m* ~ **başçavuş** *mil.* Oberfeldwebel *m* ~ **efendi** s. **başefendi;** ~ **müşteri** Stammkunde *m* ~ **üsçavuş** *mil.* Feldwebel, Wachtmeister *m*

Gediz *n.pr.* Städtchen, D. u. Fluß im Rbz. Kütahya

gedman *va.* Spitzhacke, Haue *f*

gedmek *va.* e–e Bresche schlagen, ein Loch, (e–e Lücke, Spalte, e–n Riß) verursachen, schartig werden lassen; ausbrechen

gef s. **kâfı Farisî**

Gegalar *n.pr.* G(h)egen *pl.* (nordalbanische Volksgruppe)

Gegçe *ling.* Sprache *f* der G(h)egen; G(h)egisch(-e) *n*

geğe 1. Insektenstich *m* 2. *selt.* s. **gaga**

geğeç beißend, stechend (Skorpion, Schlange usw.). ~ **kuşu** s. **arıkuşu**

geğelemek 1. stechen od. beißen (Insekten od. andere Tiere) *sokmak 2. mit dem Schnabel picken od. hacken *gagalamak

geğirme s. **geğirti**

geğirmek aufstoßen, rülpsen

geğirti Aufstoßen, Rülpsen *n*

geğrek, -eği *an.* Hypochondrium *n*, Unterrippengegend *f* ~ **altı** Rippenstück *n* ~ **batması** (*od.* **ağrısı**) Seitenstechen *n*

geh; gehi s. **kâh; kâhi**

gehvare [ā] *va.* Wiege *f* *beşik

Geiger-Müller sayacı Geigerzähler *m* (für radioaktive Strahlen) *tanecik sayacı

geko [×·] *zo.* Gecko *m;* s. a. **duvar -su; yassı parmaklı** ~

gekogiller Haftzeher *pl. zo.* Gekkonidae

gelberi Aschenkratze *f*, Schürhaken *m*, Kesselkratzer *m* ~ **etmek** *V* stehlen, klauen, entwenden

geldiri s. **celpname, cağrı, davetiye**

geldirmek *va.* s. **getirmek**

gele 1. *Tr.sp.* ein Wurf, bei dem man keinen Stein setzen od. wegnehmen kann 2. s. Stw. **gelmek;** ~ **atmak** *Tr.sp.* so würfeln, daß man keinen Stein setzen od. wegnehmen kann ~ **gelmek** *Tr.sp.* so würfeln, daß man ein Feld trifft, das schon von dem Gegner (durch zwei od. mehr Steine) besetzt ist

gelecek, -eği 1. wer kommen wird 2. kommend, zukünftig, nächst 3. Zukunft *f* *istikbal 4. ≗ s. **İbiş;** ~ **hafta** kommende, nächste Woche ~ **sefer** nächstes Mal ~ **zaman** *gr.* Futurum *n*, Zukunft *f* *istikbal ~ **zaman görünümü** *ling.* futurische Aktionsart (z. B. **gidecek olmak**); ~ **zaman ortacı** *gr.* Partizip *n* des Futurs ≗**i varsa, göreceği da var.** 1. Soll er es ruhig versuchen; er wird schon sehen, was dabei herauskommt! 2. Auch wenn das eintritt, werden wir damit fertig werden! **-ler** 1. Nachfolger *pl.* 2. Nachkommen *pl.*, Nachwelt *f*

gelecekçilik Futurismus *m* *fütürizm

geleğen Zufluß *m* (in ein Meer, e–n Teich, Fluß usw. mündender Wasserlauf) *tabi su, kol

gelembe 1. Schafpferch *m* 2. *agr. va.* Brachland *n* 3. Weide *f* (auf Brachland)

gelen 1. kommend; gekommen 2. *spez. phys.* auf-, einfallend (z. B. Licht) *varit ~ **geçen(-ler)** Vorübergehende, Passanten *pl.* ~ **giden** Besuch(-er) *m* ≗ **giden var mı?** Ist jemand da gewesen? ≗ **gideni aratır** (*od.* **arattırır**) *od.* ≗ **gidene rahmet okutur.** *fig.* Begnüge dich mit dem, was du hast! Es kommt selten et. Besseres nach! ≗**e paşam, gidene ağam** 1. E–m neuen Vorgesetzten pflegt man besonders devot zu begegnen, e–m abgehenden nur mit der gebotenen Höflichkeit. 2. Chef bleibt Chef. **-lerle gidenler** s. **gelen geçen(-ler)**

Gelendost *n.pr.* O. u. D. im Rbz. İsparta

gelenek Tradition, Überlieferung *f*, Herkommen *n* *anane

gelenekçi Traditionalist *m*

gelenekçilik Traditionalismus *m* *ananeviye

gelenekli 1. mit Tradition 2. traditionell

geleneksel traditionell, überliefert, Traditions- *ananevî

geleni *dial.* Feldmaus *f* *tarla sıçanı

gelgeç 1. unbeständig, ohne Ausdauer, unstet, flüchtig, launenhaft, wankelmütig *sebatsız 2. Transit *n* ~ **hanı** Unterkunft *f* für Durchreisende ~ **muhaveresi** belustigende Wechselrede zwischen Karagöz und Hacivat

gelgel *dial.* s. **cazibe, alım**

gelgelelim s. Stw. **gelmek**

gelgelli *dial.* s. **cazibeli, alımlı**

gelgit, -ti 1. vergebliches Hin- und Herlaufen 2. Ebbe und Flut *f*, Gezeiten *pl.* *kabarma-alçalma, meddücezir 3. s. **gel git** (unter Stw. **gelmek**)

gelgityazan Mareograph, Flutmesser *m* *maregraf

Gelibolu *n.pr.* Gelibolu, Gallipoli (Hafenstädtchen u. gln. D. im Rbz. Çanakkale) ~ **yarımadası** *n.pr.* Halbinsel *f* Gallipoli

gelici geçiçi s. **gelen geçen**

gelim 1. s. **geliş** 2. *geogr.* Flut *f* *kabarma, met hareketi ~ **hali** s. **met hali**

gelin 1. bräutlich geschmücktes Mädchen, Braut *f* (am Hochzeitstag) 2. neuvermählte Frau, junge Frau 3. Schwiegertochter *f* 4. Name e–r best. Apfelsorte 5. *P* junges Mädchen ~ **alayı** Braut-, Hochzeits-zug *m* (zum Haus des Bräutigams) ~ **alıcılar** 1. Verwandte *pl.* des Bräutigams, die an e–m Donnerstag die Braut in das Haus des Bräutigams brachten 2. *V* Polizisten, Gendarmen *pl.* (bei e–r Razzia) ~ **bindirmek** die Braut auf das Pferd setzen (das sie zum Bräutigam bringen soll) ~ **çiçeği** 1. s. **ağlayangelin** 2. s. **horozibiği** (2) 3. *dial.* rote Lilie od. Tulpe ~ **dulu** junge Witwe ~ **duvağı** Brautschleier *m* ~ **düğmesi** die Flockenblumenart Centaurea solstitialis ~ **eşyası** Brautaussteuer *f* ~ **etmek** ein Mädchen verheiraten ~ **fasulyesi** s. **beyaz fasulye;** ~ **gibi süzülmek** einherstolzieren, vornehm tun ~ **güvey olmak (kendi kendine)** 1. eigenmächtig, selbstherrlich vorgehen 2. sich verfrühten Illusionen hingeben; die Rechnung ohne den Wirt machen 3. sich überflüssige Sorgen machen ~ **hamamı** 1. „Brautbad" *n* (Festlichkeit zwei Tage vor der Hochzeit) 2. *fr.* Dienstag *m* (e–r Brautwoche) ~ **kirpiği** *reg.* s. **kasımpatı;** ~ **odası** Brautgemach *n* *hacle ~ **odası gibi** aufgeräumt und schön geschmückt (Zimmer) ~ **okşama** Lieder *pl.*, die an **kınagecesi** *(q.v.)* zum Abschied der Braut (aus dem Elternhaus) gesungen wurden ~ **olmak** sich verheiraten (Mädchen) ~ **otu** Judenkirsche *f bot.* Physalis alkekengi *güveyfeneri ~ **önü** Festmahl *n* am Tag des Einzugs der Braut in das Haus des Bräutigams ~ **parası** Münzen *pl.*, die beim Anlegen des Brautschleiers über den Kopf der Braut ausgestreut werden ~ **serpmesi** Zuckerwerk *n* (wie es bes. an Şeker Bayramı den Kindern fr. als Geschenk gegeben wurde) ~ **soğanı** s. **sarı zambak** (2); ~ **sorguçlu hotoz** *fr.* e–e best. Art Frauenhaube ~ **tarafı** Anverwandte *pl.* der Braut ~ **teli** Engelshaar *n*, Lametta *f* ~ **yanı** Zusammenkunft *f* der Altersgenossinnen der Braut am letzten im Elternhaus verbrachten Tag ~ **yazma** Schminken und Schmücken der Braut

gelinboğan Name e–r Holzbirnenart

gelinböceği, -ni s. **hanımböceği**

gelince [·×·] 1. sobald (wenn) ... kommt 2. oft [×··] was ... betrifft (angeht, anlangt); *(gel. a.)* hingegen 3. wenn es sich um ... handelt Zu 2: **bana** ~ was mich betrifft Zu 3: **Devekuşu gibi yüke gelince kuşum der, uçmaya gelince deveyim der.** Er ist wie der Vogel Strauß („Kamelvogel"). Handelt es sich darum, eine Last zu tragen, sagt er: „Ich bin ein Vogel." Handelt es sich ums Fliegen, so sagt er: „Ich bin ein Kamel."

gelincik 1. Bräutchen *n*, kleine junge Frau 2. Klatschmohn *m bot.* Papaver rhoeas *yabanî haşhaş 3. Vexiernelke, Kranzrade *f bot.* Lychnis coronaria *şakayık 4. armenisches Windröschen *bot.* Anemone armeniaca 5. s. **bahçe şakayıkı** (2) 6. Mauswiesel *n. zo.* Mustela nivalis 7. **(balığı)** a) dreibärtelige Seequappe *zo.* Motella tricirrata b) Bartgrundel *f zo.* Gaidropsarus mediterraneus c) Lengfisch *m zo.* Molva elongata 8. **(illeti)** *P* Wassersucht *f* *istiska, hidropizi *reg. a. Bez.* für verschiedene andere Krankheiten 9. ≗ *n.pr.* türk. Zigarettenmarke 10. von der Farbe des Klatschmohns ~ **gibi kızarmak** feuerrot werden (Person) ~ **macunu** *fr.* appetitanregendes Kräftigungsmittel in Zitronenwasser

gelincikböceği, -ni s. **hanımböceği**

gelincikçi heilkundige Frau

gelincikgiller Mohngewächse *pl. bot.* Papaveraceae *haşhaşiye

gelinfeneri, -ni schön verzierter Lampion

gelinhavası, -nı 1. schönes, ruhiges Wetter 2. nur leicht gekräuselte See 3. Begleitmusik (Trommeln und Oboen) bei dem Verbringen e–r Braut in das Haus des Bräutigams

gelinkuşu, -nu die Feldlerchenart Otocoris pencillatus

gelinlik 1. Brautstand *m* 2. Stellung *f* (Rang *m*, Pflichten *pl.*) e–r jungen Frau od. Schwiegertochter 3. Brautstaat *m* 4. für die Hochzeit bestimmt, Hochzeits-, Braut- 5. heiratsfähig (Mädchen) Zu 4: ~ **elbise** Braut-, Hochzeits-kleid *n* Zu 5: ~ **kız** Mädchen *n* in heiratsfähigem Alter

gelinmek Pass. zu **gelmek. Bir saatle gidilir gelinir.** In e–r Stunde kann man hingehen und wieder zurück sein.

gelinsaçı, -nı Flachsseide *f bot.* Cuscuta epithymum

gelir Ertrag *m*, Erträgnisse, Einkünfte, Einnahmen *pl.*, Einkommen *n*, Bezüge, Renten *pl.* *irat, varidat ~ **kaynağı** Einnahmequelle *f* ~ **ve gider** Einnahmen und Ausgaben *pl.* ~ **vergisi beyannamesi** Einkommensteuererklärung *f*

gelirli mit nb. Einkommen (Ertrag, Gewinn usw.) **çok ~ bir kadın** e–e Frau, die über reiche Einkünfte verfügt

geliş 1. Kommen *n* 2. Haltung *f*, Gang *m*, Benehmen *n* 3. Entwicklung *f* (der Dinge), Verlauf *m* ~ **açısı** *phys.* Einfallswinkel *m*

gelişat, -tı [ā] *pseudoar. Pl.* allgemeine Entwicklung der Dinge; Gang *m* der Ereignisse; Ereignisse *pl.*, Verlauf *m spez.* Anzeichen *pl.* e–r günstigen Entwicklung

gelişatlı [ā] vielversprechend, verheißungsvoll

gelişici sich entwickelnd

gelişigüzel 1. aufs Geratewohl, wie es gerade kommt, ohne sich besonders Mühe zu geben; oberflächlich, wahllos, schlampig 2. irgendein-, der erste beste

gelişim 1. körperliches Wachstum; Gedeihen *n* 2. Entwicklung *f* *inkişaf ~ **çağı** Entwicklungsalter *n*

gelişkin gut entwickelt

gelişme 1. Vs. zu **gelişmek** 2. *spez.* Wachsen, Wachstum *n*, Entwicklung *f* *neşvünema, yetişme, inkişaf 3. *mus.* Entwicklung *f* ~ **seviyesi** Entwicklungsstufe *f* **-ye yardım** *pol.* Entwicklungshilfe *f*

gelişmek 1. wachsen, gedeihen, großwerden, in die Höhe schießen *neşvünema bulmak 2. et. zunehmen, voller werden, *F* sich herausmachen 3. sich entwickeln, vorankommen, Fortschritte machen *inkişaf etmek

geliştirim 1. *mus.* s. **developman** 2. Treatment *n* (Vorstufe e–s Drehbuchs)

gelistirme eki *ling.* Augment *n*

geliştirmek entwickeln *inkişaf ettirmek

geliştirmelik *phot.* Entwickler(-bad *n*) *m*

gelme 1. Vs. zu **gelmek** 2. *phys.* Ein-, Auf-fallen *n* (z.B. des Lichts) *vürut 3. herkommend, abstammend; Abkömmling *m* 4. eingetroffen, angekommen Zu 3: **işçilikten ~ mühendis** aus dem Arbeiterstand hervorgegangener Ingenieur **iyi aileden** ~ aus guter Familie stammend **yabancı dillerden ~ sözler** Fremdwörter *pl.* Zu 4: **Almanya'dan ~ oyuncaklar** Spielwaren aus Deutschland **yeni** ~ neueingetroffen; Neuankömmling *m*

gelmek, (-ir) 1. (an-, her-, hin-, zurück-)kommen; geraten 2. herrühren, erwachsen, (als Gewinn) zufließen 3. herauskommen, resultieren; eintreten, entstehen, sich einstellen 4. sich (etymologisch) ableiten (von), kommen (von) 5. heraus-kommen, -fließen (Blut, Wasser usw.) 6. zu liegen od. zu stehen kommen *düşmek 7. reichen (bis), gelangen (zu, an), erreichen 8. a) scheinen, dünken, vorkommen b) (mit subjektivischer Färbung) sein 9. sich belaufen (auf), betragen, ausmachen, kosten, wiegen 10. passen, entsprechen, stehen; (bei neg. Verwendung *a.*:) nicht angebracht (ratsam) sein, sich nicht empfehlen 11. sich (gut od. schlecht) auswirken 12. et. tun, was man vorher nicht getan hat bzw. nicht hat tun wollen 13. anwandeln (Neugier, Lust usw.); (mit anderer Konstruktion *a.*:) bekommen, fassen 14. aushalten (ertragen, vertragen) können; sich eignen 15. zu et. kommen, et. behandeln od. besprechen; sich mit et. beschäftigen 16. betreffen 17. (b–le) mitkommen, begleiten 18. treffen (z. B. geworfener Stein), über j–n kommen, j–n betreffen (Unglück usw.) 19. der Wirkung von et. ausgesetzt sein 20. möglich sein 21. kommen, eintreten (Zeitpunkt) 22. *Hv.* zum Ausdruck e–s entschiedenen Bedürfnisses 23. *Hv.* so tun, als ob ... 24. *Hv.* der durativen od. iterativen Aktionsart 25. *Hv.* zum Ausdruck der Plötzlichkeit 26. e–e Art *Hv.* bei verschiedenen idiom. Wendungen 27. (Der Imp. von **gelmek** dient neben e–m anderen Imp. häufig als Verst.:) doch, ja, nun, endlich 28. (Die gleiche Füg., jedoch mit verbindendem **de** dient zur halbiron. Bez. e–r Unmöglichkeit:) Wie könnte man denn ... 29. *V* m. Dat. betrachten, ansehen, beobachten Zu 1: **Gitsin ama, çabuk gelsin!** Meinetwegen kann er hingehen; daß er mir aber bald wieder zurückkommt! **Benim yüzümden ne hale geldin!** In was für e–n Zustand bist du nur meinethalben geraten! Zu 2: **Çalışmaktan kimseye zarar gelmez.** Arbeit hat noch keinem zum Schaden gereicht. **Çiftlikten bize yılda on bin lira gelir.** Das Gut wirft jährlich zehntausend Pfund ab. s. a. **ileri gelmek** Zu 3: **Akşamları ateş gelir.** Abends stellt sich Fieber ein. Abends bekommt er Fieber. **Bundan ne gelir?** Was kommt dabei heraus? Zu 5: **Burnundan kan geldi.** Blut floß ihm aus der Nase. Zu 6: **Okul, yolun sağına geliyor.** Die Schule kommt rechts der Straße zu liegen. Zu 7: **Onun başı, omzuma geliyor.** Er reicht mir mit dem Kopf bis zur Schulter. **İşin sonuna geldik.** Wir sind jetzt fertig. Zu 8 a): **Bana öyle geliyor.** Es scheint mir so. Es will mir so vorkommen. Zu 8 b): **Kahve bana fazla şekerli geliyor.** Der Kaffee ist mir zu süß. **uzun gelmek** zu lang sein (z. B. Kleid) Zu 9: **Kaça geliyor?** Wie teuer kommt es? Was macht (od. kostet) es? Zu 10: **Ayağıma gelir mi?** Steht er mir? (*scil.* der Schuh) **b–nin hesabına** (*od.* **işine**) ~ j–m in den Kram passen; zu j–s Vorteil sein **Yağmur altında durmağa gelmez.** Es empfiehlt sich nicht, im Regen stehen zu bleiben. **Bu adamla münakaşa etmeğe gelmez.** Es ist nicht ratsam, sich mit diesem Menschen auf e–e Diskussion einzulassen. Zu 11: **Bu ilâç size nasıl geldi?** Wie ist Ihnen diese Arznei bekommen? **Yağmur, ekine iyi geldi.** Der Regen ist für das Getreide gut gewesen. Zu 12: **Dediğime geldiniz mi?** Haben Sie schließlich doch getan, was ich Ihnen gesagt habe? **Nihayet benim sözüme geleceksiniz.** Am Ende werden Sie mir schon recht geben. s. a. **insafa (merhamete)** ~ Zu 13: **Ona bir merak geldi.** Er wurde neugierig. **Bana güven geldi.** Ich faßte Vertrauen. Zu 14: **şakaya** ~ Spaß vertragen können **Bu iş şakaya gelmez.** Das ist sehr ernst zu nehmen. **Bu ağızlara gelmem.** 1. Für solches Geschwätz bin ich nicht zu haben. 2. Auf solche Schmeicheleien gebe ich nichts. Zu 15: **Gelelim asıl meseleye!** Wir wollen jetzt zu unserem eigentlichen Thema kommen. Zu 16: s. Stw. **gelince** Zu 17: **Ben Istanbul'a gidiyorum; benimle gelir misiniz?** Ich fahre nach Istanbul; wollen Sie mitkommen (*od.* mich begleiten)? Zu 18: **Başına bir taş geldi.** Ein Stein traf ihn am Kopf. **Ona bir musibet gelmiş.** Ein Unglück hat ihn betroffen. Zu 19: **Amirinin tersliğine geldi.** Er ist bei seinem Chef auf kalte Abweisung gestoßen. s. a. **ahına (bedduasına)** ~ Zu 20: s. **tarife ~; imlâya gelmemek** Zu 21: **Saati gelince söylerim.** Wenn es so weit ist, sage ich es (schon). Zu 22: **Ağlayacağım geldi.** Ich war dem Weinen nahe. Mich kam das Weinen an. **Sizi göreceğim geldi.** Ich habe Sehnsucht nach Ihnen. **Gülesi geldi.** Ihn kam das Lachen an. Er mußte an sich halten, um nicht herauszulachen. **göresi** ~ das Bedürfnis haben, (j–n wieder) zu sehen; wieder sehen wollen; sich sehnen (nach); s. a. **aptesi (çisi, uykusu)** ~ Zu 23: s. **bilmezden (bilmemezliğe, bilmemezlikten)** ~ u. ä. m. *vurmak Zu 24: **yapıla-** dauernd getan werden; s. a. **ola-** Zu 25: s. **çıka-** Zu 26: s. **aklına (başa, hatıra, kendine, meydana, yola)** ~**; elinden (hakkından)** ~ Zu 27: **Gel, işi uzatma!** Zieh doch die Sache nicht unnötig in die Länge! **Gel, gitme!** Geh doch nicht hin! **Gelsin inattan vazgeçsin!** Er soll nur endlich seinen Eigensinn fahren lassen! Zu 28: **Sen gel de, bu işe kızma!** Und da soll sich etwa einer nicht ärgern! **Gelsin de, bu işin içinden çıksın bakalım!** Wie soll er denn wohl aus der Geschichte herauskommen? Zu 29: **Güzele gel güzele!** Nun schau dir einmal dieses hübsche Mädchen an! **gel gelelim** 1. nun also ... 2. was ... anbetrifft 3. aber, jedoch, indessen, leider **gel git yapmak** *F* zögern; mit der Sprache nicht herauswollen; herumdrucksen **Gel keyfim gel!** (Ausruf des Wohlbefindens und der Zufriedenheit) Ach, wie schön! Jetzt wollen wir es uns aber einmal gemütlich machen! *ooh, kekâ **gel zaman git zaman** *od.* **gel git** *F* wie die Zeit so dahinging, allmählich, nach einiger Zeit **geldisi gittisi** *P* 1. s. **gelen giden** 2. alles, was sich ereignet hat 3. s. **gelir(ve)gider** (Zu 1: **Geldisi gittisi çok, her gün evine misafir gelir.** Bei ihm geht es zu wie in e–m Taubenschlag; täglich hat er Gäste. Zu 2: **Her şey size anlattığım şekilde geçti; işte geldisi gittisi.** Alles hat sich so zugetragen, wie ich es geschildert habe; mehr kann ich nicht sagen.) **gele** s. a. das ges. Stw. **gele gele** mit der Zeit, allmählich, schließlich, endlich **gelecek, gelen** s. die ges. Stw. **(fakat) gelin görün** aber, wie es so kommt ...; zufällig aber ... **gelince, gelir** s. die ges. Stw. **gelip almak** holen **gelip çatmak** 1. bevorstehen, vor der Tür stehen, kommen, hereinbrechen (z. B. Winter) 2. über j–n kommen (Unannehmlichkeit) 3. (b–ne) Streit anfangen (mit j–m) **gelip çıkmak** eintreten, sich ereignen, kommen (**Dediğim noktası noktasına geldi çıktı.** Es ist genau so gekommen, wie ich vorausgesagt habe.) **gelip geçenler** Passanten *pl.* **gelip gitmek** verkehren, regelmäßig besuchen **gelmiş geçmiş** alle bisherigen ... (**Gelmiş geçmiş keman virtüozlarından en büyüğü** der größte aller bisherigen Geigenkünstler) **Gelsin merhaba, gitsin merhaba.** Guten Tag hier und guten Tag da. **Bütün gün gelsin gazete, gelsin roman, işe baktığı yok.** Den ganzen Tag nichts als Zeitungen und Romane, und die Arbeit bleibt liegen.

gelmiç, -ci Rippenknochen *m* (e–s großen Fisches)

gem 1. Kandare, Schere *f* (für Pferde) *kantarma 2. s. **gemcik;** ~ **almak** 1. brav im Geschirr gehen (Pferd) 2. *fig.* verträglich sein ~ **almaz** *fig.* widerspenstig, aufsässig ~ **dizgini** Kandarenzügel *m* ~ **suluğu** Kinn-, Kandarenkette *f* ~ **vurmak** 1. dem Pferd die Kandare anlegen 2. *fig.* (ein Übermaß) dämpfen **-den anlamayan** hartmäulig (Pferd) **-i azıya almak** 1. durchgehen, nicht zu halten sein (Pferd) 2. *fig.* über die Stränge schlagen; ungebärdig (unbändig, aufsässig, obstinat) sein **-ini kısmak** *fig.* die Zügel fester anziehen; fest an die Kandare nehmen

gemcik *an.* Frenulum, Bändchen *n* (an Zunge, Lippen, Vorhaut od. Klitoris)

geme 1. s. **keme** 2. s. **kem'e**

Gemerek *n.pr.* O. u. D. im Rbz. Sıvas

gemi Schiff *n* ~ **adamları** Schiffsbesatzung *f,* Schiffsleute *pl.* ~ **alacaklıları** *jur.* Schiffsgläubiger *pl.* ~ **ambarı** Lade-, Fracht-raum *m* ~ **asansörü** (*od.* ~ **elevatörü**) Schiffshebewerk *n* ~ **aslanı** 1. *naut.* Galions-, Bug-figur *f* 2. *fig.* ansehnlicher, gut gekleideter Mensch, der aber zu keiner Arbeit taugt, *V* feiner Pinkel ~ **başlığı** s. ~ **aslanı** (1); ~ **beşiği** Helling *f* ~ **belgeleri** Schiffspapiere *pl.* ~ **bordası** Schiffswand *f* ~ **çelik tel halatı** Schiffstrosse *f* ~

defteri s. ~ **jurnalı;** ~ **demiri** Schiffsanker *m* ~ **derinliği** Tiefgang *m* (e–s Schiffes) ~ **direği** Schiffsmast *m* ~ **düdüğü** Schiffssirene *f*, Typhon *n* ~ **dümeni** Steuerruder *n* ~ **eğrisi** *naut.* s. **paraçol** (1); ~ **enkazı** (Schiffs-)Wrack *n* ~ **gözhapsi** Bordarrest *m* ~ **ızgarası** Helling *f* ~ **indirmek** (**denize** *od.* **kızaktan**) ein Schiff vom Stapel laufen lassen ~ **inşaat atelyesi** Werfthalle *f* ~ **inşaat tezgâhı** Werft *f* ~ **inşaatı** (*od.* **inşası**) Schiffsbau *m* ~ **ipoteği** s. ~ **rehni;** ~ **işletici** Befrachter *m* ~ **izi** Kielwasser *n* ~ **jiroskopu** Schiffskreisel *m* ~ **jurnalı** Schiffs-tagebuch, -journal *n*, Logbuch *n* ~ **kafilesi** Geleitzug *m* ~ **kalıbı** Schiffsmodell *n* ~ **kancası** Bootshaken *m* ~ **karaya oturmak** auf Strand geraten, auflaufen ~ **kartı** (Schiffs-)Verladeschein *m* ~ **klas müessesesi** Klassifikationsgesellschaft *f* (z.B. Germanischer Lloyd) ~ **klas sertifikası** Klassenschein *m* ~ **leşi** Schiffsrumpf *m* (bei gesunkenem Schiff) ~ **meclisi** Schiffsrat *m* ~ **müdürü** Korrespondentreeder *m* ~ **mülkiyeti** Schiffseigentum *n* ~ **mürettebatı** Schiffsbesatzung *f* ~ **payı** Schiffspart *m* ~ **pervanesi** Schiffsschraube *f* ~ **rehni** Schiffs-pfandrecht *n*, -hypothek *f* ~ **sağlık patentası** *naut.* Gesundheitszeugnis *n* ~ **senedi** s. **gemi tasdiknamesi;** ~ **sıçanı** s. **keme; kemer sıçanı;** ~ **sicili** Schiffsregister *n* ~ **süvarisi** Schiffer, Kapitän *m* ~ **takımı** Takelage *f*, Takelwerk *n* ~ **tasdiknamesi** Schiffszertifikat *n* ~ **tellalı** Schiffsmakler *m* ~ **telsiz muhaberesi** Bordfunkverkehr *m* ~ **telsizcisi** Bordfunker *m* ~ **tezgâhı** (Schiffs-)Werft *f* ~ **tonajı** Schiffstonnage *f* ~ **vesikaları** Schiffspapiere *pl.* ~ **yapı mühendisi** Marineingenieur *m* ~ **yatağı** Ankerplatz *m* e–s Schiffes; geschützte Bucht; Verschiffungshafen *m* ~ **zabitleri** Schiffsoffiziere *pl.* ~ **zinciri** Schiffskette *f* **-de teslim** *H* frei Schiff; fob **-lerin çarpışması** s. **çatma; -nin çektiği su** Tiefgang *m* e–s Schiffes **-si karaya** (*od.* **şapa**) **oturmak** (b–nin) *fig.* völligen Schiffbruch erleiden (bei e–m Unternehmen); seine Erwartungen vereitelt sehen **-sini kurtaran kaptan** lobende Bez. für j–n, der sich erfolgreich durchgekämpft hat **-sini yürütmek** *fig.* vorankommen; sich hocharbeiten **-ye binmek** (*od.* **gitmek**) an Bord gehen, sich einschiffen **-yi budamak** den Mast (*bzw.* die Masten) kappen **-yi donatmak** (*od.* **teçhiz etmek**) das Schiff betakeln **-yi duvarda gören** *fig.* wer von der Welt nichts kennt **-yi kızağa koymak** ein Schiff auf Stapel legen **-yi sapıtmak** das Schiff auf anderen Kurs setzen

Gemi *astr.* s. **Argo gemisi**

gemici 1. See-mann, -fahrer, Schiffer, Matrose *m* 2. Reeder *m* ≗ **Anri** *hist.* Heinrich der Seefahrer (15. Jh.) ~ **baltası** Kappbeil *n* ~ **çantası** Schiffersack *m* ~ **düğümü** Schifferknoten, Ste(e)k *m* ~ **lambası** Windlicht *n*, Sturmlaterne *f* ~ **nuru** *naut.* (Sankt-)Elmsfeuer *n* *azvayı bahriye ~ **yakası** Matrosenkragen *m* ~ **yakalı** mit Matrosenkragen

gemicilik 1. Beruf *m*, Tätigkeit *f* e–s Seemanns 2. Seemannsleben *n* 3. Schiffahrt(-swesen *n*) *f*

gemilik *va.* Schiffsbauplatz *m*, Werft *f* *tersane

gemlemek *selt.* zähmen, bändigen, bezwingen

gemlik *va.* s. **gemilik**

Gemlik *n.pr.* Hafenstädtchen u. D. im Rbz. Bursa

gemrenmek *va.* 1. angenagt, angeknabbert werden 2. andauernd nagen od. knabbern 3. auf die Stange beißen (Pferd) 4. mit den Zähnen knirschen

gemula *biol.* Gemmula *f* (z.B. bei Schwämmen)

gen (I) 1. s. **geniş** 2. unbebaut, unbestellt, jungfräulich (Boden) *işlenmemiş, bakir

gen (II) *biol.* Gen *n*, Erbfaktor *m* *jen

-gen *in Zss. math.* -eck; s. **üçgen, dörtgen** usw.

genbilik(-sel) s. **ansiplopedi(-k)**

gencay 1. (zunehmende) Mondsichel 2. ≗ *türk. Fn.*

Gence *n.pr.* Kirowabad (Stadt in Aserbeidschan)

gencecik [×··] 1. *pej.* sehr jung, blutjung 2. *mel.* jung und knusperig; taufrisch (z.B. Mädchen)

gencel(t)mek s. **gençleş(tir)mek**

gencine [ī] *va.* s. **genç** (I)

genç (I), **-ci** *va.* 1. Schatz *m* 2. Schatzkammer *f* 3. Lager, Arsenal *n*

genç (II), **-ci** 1. jung (Mensch, Tier, Pflanze usw.), jugendlich 2. junger Mann; Jüngling *m* ~ **irisi** robuster Jüngling; derbes Frauenzimmer ≗ **Kalemler** *n.pr. hist.* in Saloniki (1911) gegründete Zs., die ein reineres Türk. spez. die terkipfreie Schreibung propagierte ~ **yapılı** mit jugendlicher Figur ~ **yaşında** in jungen Jahren, in jugendlichem Alter **-ler** junge Leute *pl.*

Genç *n.pr.* O. u. D. im Rbz. Bingöl

gençleşme *a. geol.* Verjüngung *f*

gençleşmek 1. wieder jung werden; sich verjüngen 2. jugendlich aussehen

gençleştirmek 1. verjüngen, wieder jung werden lassen 2. verjüngen (z.B. Personal durch Einstellung jüngerer Kräfte) 3. ein jugendliches Aussehen verleihen

gençli (in der Antithese ~ **ihtiyarlı**): ~ **ihtiyarlı vatandaşlar** Staatsbürger, ob alt oder jung

gençlik, -iği 1. Jugend *f* (als Lebenszeit od. als Gesamtheit junger Menschen) 2. jugendliches Benehmen ~ **çağı** Jugendstadium *n* ~ **demlerinde** in den Jugendjahren, in der Jugend ~ **hastalığı** *vet.* Staupe *f* (*spez.* bei jungen Hunden) ~ **sapkınlığı** jugendliche Verirrung ~ **suyu** *V* Schnaps, Alkohol *m* ~ **tiyatrosu** Theater *n* der Jugend ≗ **ve Spor Bakanlığı** (*türk.*) Jugend- und Sport-ministerium *n* (gegr. 1969) ≗ **ve Spor Bayramı** Jugend- und Sportfest (nationaler Feiertag, 19. Mai) ≗ **ve Spor Marşı** Jugend- und Sport-hymne *f* (s.a. **Dağ başını duman almış**); ≗**e Hitabe** *hist.* Aufruf Atatürks an die türk. Jugend (am Ende der großen Rede vom 20. 10. 1927; auf Briefmarke 1968) **-ine doyamamak** jung sterben **-ine doymadan ölmek** in der Blüte seiner Jugend dahingerafft werden **-ine doymak** seine Jugend genießen

gene [×·] 1. wieder(-um), abermals, noch einmal, von neuem, auch, ebenfalls 2. dennoch, indessen, aber, trotzdem, doch ~ **bu kadar** die gleiche Menge ~ **buyrun(-uz)** s. Stw. **buyurmak;** ~ **de** und trotzdem ... ~ **görüşelim!** 1. Wir wollen uns doch (bald) wieder einmal unterhalten! 2. (als Abschiedsgruß) Auf baldiges Wiedersehen! ≗ **iyi!** Auch gut! ~ **o** der (die, das) gleiche

genealoji(-k) s. **jenealoji(-k)**

genegerçekotu, -nu s. **kene(gerçek)otu**

genel 1. allgemein, generell, Gesamt- *umumî 2. General- *umum, umumî ~ **abone** (*Eisenbahn*) Zonenkarte *f* ~ **af** Generalamnestie *f*; allgemeiner Straferlaß ~ **alıcı** *med.* Universalempfänger *m* (der Blutgruppe AB) ~ **anestezi** *med.* Vollnarkose *f* ~ **askerlik mükellefiyeti** allgemeine Wehrpflicht ~ **başlık** *typ.* große Überschrift ~ **bilgi filmi** allgemein belehrender Film ~ **çalısma** *Th.* Generalprobe *f* ~ **direktör** 1. Generaldirektor *m* 2. vortragender Ministerial-rat, -dirigent, -direktor *(1, 2) umum müdür, müdürü umumî ~ **direktörlük** 1. Amt *n*, Stellung *f* e–s Generaldirektors 2. Generaldirektion *f* 3. Amt *n*, Aufgaben *pl.* e–s vortragenden Ministerial-rates, -dirigenten, -direktors 4. Ministerialabteilung *f* *umum müdürlük ~ **felç** *med.* Paralyse *f* ~ **fikir** Begriff *m* *kavram ~ **gider** *H* Gemeinkosten *pl.* ~ **görüntü** Gesamtbild *n* ~ **görünüş** Gesamtansicht *f* ~ **grev** Generalstreik *m* ~ **güvenlik gözetimi** Polizeiaufsicht *f* *emniyeti umumiye nezareti ~ **kadın** Prostituierte, Dirne *f* *fahişe, orospu ~ **karargâh** *mil.* Großes Hauptquartier ~ **katalog** Publikumskatalog *m* (in Büchereien) ~ **kanı** s. **yaygın inanç;** ~ **kurul** s. **heyeti umumiye** (1); ~ **levazım başkanı** *mil.* Generalintendant *m* ~ **müdür(-lük)** s. ~ **direktör(-lük);** ~ **olarak** s.

genellikle; ~ oy s. **kamuoyu; ~ oya baş vurma** s. **referandum; ~ prova** Haupt-, General-probe *f* ~ **seçim** allgemeine Wahlen *pl.* ~ **sekreter** Generalsekretär *m* *kâtibi umumî ~ **sekreterlik** Generalsekretariat *n* ~ **tatil günleri** *jur.* Sonn- und Feiertage *pl.*, gesetzlich (staatlich) anerkannte Feiertage *pl.* ~ **temsilci** Generalvertreter *m* ~ **toplam** Gesamt-summe, -zahl *f* ~ **yazman** s. ~ **sekreter;** ~ **vali(-lik)** s. **umumî vali(-lik);** ~ **verici** *med.* Universalspender *m* (der Blutgruppe 0)
geneleme abundante Ausdrucksweise; Tautologie *f*, Pleonasmus *m* *kesreti tekrar, tekriri merdut, iadei mana
genelev Bordell *n* *umumhane, kerhane
genelge Rund-schreiben *n*, -erlaß *m*, Zirkular *n* *tamim
genelkurmay Großer Generalstab *erkânı harbiyei umumiye, büyük erkânı harbiye ~ **başkanı** Chef *m* des Großen Generalstabs *erkânı harbiyei umumiye reisi ~ **ikinci başkanı** Generalquartiermeister *m*
genellemek generalisieren, verallgemeinern *tamim etmek
genelleşmek 1. allgemein üblich werden, sich (allgemein) verbreiten, Allgemeingut werden 2. weitere Ausmaße annehmen, sich ausweiten (z.B. Krieg) 3. e–e Verallgemeinerung erfahren, verallgemeinert werden *(1–3) taammüm etmek, umumîleşmek
genelleştirmek 1. allgemein üblich werden lassen, (allgemein) verbreiten 2. weitere Ausmaße annehmen lassen, ausweiten 3. verallgemeinern *(1–3) tamim etmek, umumîleştirmek
genellik Allgemein-, Generell-Sein *n*, Allgemeinheit, Gesamtheit *f* **-le** [··×·] insgesamt gerechnet; durchweg, im allgemeinen
genelmek *dial.* s. **ferahlamak, genişlemek**
general, -li General *m* *paşa (Bis 1934 wurden ausländische Generäle mst. als **jeneral** od. **ceneral** bezeichnet.) **-im** Herr General! *paşam **-ler** Generäle *pl.*, Offiziere *pl.* im Generalsrang *erkân; erkânı askeriye
generallik Generalsrang *m*
generasyon s. **döl, nesil**
generatif generativ; die geschlechtliche Fortpflanzung betreffend
generator 1. Dynamo(-maschine *f*) *m* 2. Generator *m* *üreteç ~ **gazı** Generatorgas *n* *gazı hava
genetik 1. Genetik, Vererbungslehre *f* *kalıtımbilim, veraset ilmi 2. genetisch
genez Genese, Entstehung, Entwicklung *f*
gengörü s. **ihatai nazar**
geniş 1. breit (z.B. Straße) *enli 2. weit (z.B. Anzug) 3. umfangreich (z.B. Publikation), ausgedehnt (z.B. Rundfunksendung, Brand usw.), geräumig (z.B. Haus) 4. groß; ausreichend, reichlich (Zeit, Mittel zum Leben usw.) 5. offen (Hand), freigebig 6. bequem, sorgenfrei 7. nicht leicht den Mut verlierend; standhaft 8. *math.* stumpf (Winkel) 9. weitreichend (Geist) 10. nachsichtig, tolerant 11. *phon.* offen ~ **açı** 1. *math.* stumpfer Winkel *zaviyei münferice 2. *phot.* Weitwinkel *m* ~ **açılı** 1. *math.* stumpfwinklig 2. *phot.* Weitwinkel- ~ **açılı ışıldak** *Th.* Flutlichtblende *f* ~ **açılı ışın** *phys.*, *Th.* breiter Lichtkegel ~ **açılı mercek** (*od.* **objektif**) *phot.* Weitwinkelobjektiv *n* ~ **açılı üçgen** *math.* stumpfwinkliges Dreieck *müsellesi münfericüzzaviye ~ **bilgili** mit profundem Wissen ~ **cepheli yürüyüş** *mil.* Marsch *m* in breiter Front ~ **fikirli** s. **açık fikirli;** ~ **gönüllü** heiter, gleichmütig, unbeschwert ~ **hat** *od.* ~ **hatlı demiryolu** Breitspurbahn *f* ~ **kulaklı yarasa** Mopsfledermaus *f zo.* Barbastella barbastellus ~ **mezhepli** 1. weitherzig, nachsichtig, duldsam 2. freigeistig ~ **nefes almak** 1. tief Luft holen, aufatmen, wieder zu Atem kommen 2. *fig.* erleichtert aufatmen ~ **omuzlu** breitschultrig ~ **ölçüde** weitgehend ~ **sesli** *phon.* offener Vokal (im Türk.: a, e, o, ö) *geniş sâit ~ **şekiller** *mil.* breite Formen *pl.* ~ **takdir salâhiyeti** *jur.* unbeschränkte Vollmacht ~ **tenya** s. **balık tenyası;** ~ **ünlü** s. ~ **sesli;** ~ **yapraklı papazkülâhı** Voralpen-Spindelstrauch *m bot.* Evonymus latifolia ~ **yapraklı salep** breitblättriges Knabenkraut *bot.* Orchis latifolia ~ **yıkama makinesi** Breitwaschmaschine *f* (für die Stoffappretur) ~ **yürekli** gleichmütig, unbekümmert ~ **zaman (kipi)** *gr.* zweites (od. abstraktes) Präsens, Aorist *m* (Typus **gider**) *muzari ~ **zaman görünümü** *ling.* aoristische Aktionsart (*z.B.* **görünmez olmak**); ~ **zaman ortacı** *gr.* Partizip *n* des Aorist
genişbaşlıgiller Dickkopfschlangen *pl. zo.* Amblycephalidae
genişdeprem schweres Erdbeben
genişleme Vs. zu **genişlemek** *spez.* Erweiterung, Expansion, (Aus-)Dehnung, Dilatation *f* ~ **derecesi** *techn.* Expansionsgrad *m* ~ **emsali** Dehnungs-koeffizient *m*, -zahl *f* ~ **kanunu** Dehnungsgesetz *n* ~ **kuvveti** Expansionskraft *f* ~ **münhanisi** Expansionskurve *f* ~ **ölçüsü** Dehnungsmesser *m*
genişle(n)mek 1. breiter werden, sich verbreitern 2. weiter od. geräumiger werden, sich erweitern 3. in reichlicherem (umfangreicherem, ausgedehnterem) Maß zur Verfügung stehen 4. bequemer leben können, sich behaglicher fühlen, *F* sich rühren können *ferahlamak **genişle(n)miş yangın sahaları** ausgedehnte Brandfelder *pl.*
genişletici 1. erweiternd, ausdehnend 2. *med.* Dilatator *m*
genişletmek 1. verbreitern, breiter machen 2. erweitern, weiter machen 3. in reichlicherem (umfangreicherem, ausgedehnterem) Maß zur Verfügung stellen 4. ein bequemeres Leben ermöglichen
genişlik, -iği 1. Breite *f* 2. Weite, Geräumigkeit, Ausdehnung 3. ausreichende, genügende Menge 4. Fülle *f*, große Menge 5. Freigebigkeit *f* 6. Standhaftigkeit *f* 7. bequemes Leben, sorgenfreies Dasein; Wohlstand *m* 8. *mus.* Umfang *m* (e–r Stimme, e–s M.i.) *diyapazon 9. *phon.* offene Qualität (e–s Vokals) ~ **ölçüsü** Breitenmaß *n* **-ine ve derinliğine kademelenme** *mil.* Gliederung *f* nach der Breite und Tiefe
genital Zeugungs-, Fortpflanzungs-, Geschlechts- ~ **organlar** Geschlechtsorgane, Genitalien *pl.*
genitif *gr. selt.* Genitiv *m* *-in hali, muzafünileyh
geniz, -nzi *an.* Nasenrachenraum *m* ~ **ünlüsü** *bzw.* ~ **ünsüzü** *phon.* Nasallaut *m* (z.B. in **Tanrı, sonra** *bzw.* in **anlamak**); **-den konuşmak** durch die Nase sprechen; näseln **-e kaçmak** in die falsche Kehle geraten (z.B. Brotkrümchen) **-i tıkanmak** e–e verstopfte Nase haben **-i yakmak** in der Nase beißen (Rauch usw.)
genizel s. **genzel**
genizlenme s. **genizsileşme**
genizsi *phon.* nasaliert
genizsilemek *phon.* nasalieren
genizsileşme *ling.* Nasalierung *f* (*a.* z.B. Wechsel b > m; s. **balak > malak**) *genizlenme, genzelleşme
genizsilik *phon.* Nasalität *f*
genleşme Vs. zu **genleşmek;** ~ **derzi** *arch.* Dehnungsfuge *f*
genleşmek sich erweitern, sich ausdehnen *imbisat etmek
genleşmeölçer s. **dilatometre**
genleştirmek erweitern, ausdehnen
genli 1. s. **müreffeh** 2. *reg.* s. **mümbit, verimli**
genlik 1. s. **genişlik, refah** 2. *phys.* Amplitude, Schwingungsweite *f*, Ausschlag *m* *vüsat
genlileşmek zu Wohlstand kommen
genoa *naut.* Genua-Fock *f* (*spez.* auf Jollen)
genom *bot.* Genom *n* *jenom
gensoru *parl.* Interpellation *f* *istizah; sual takriri
genyol Hauptverkehrsstraße *f*

genzek *P* durch die Nase sprechend, näselnd *burnundan konuşan; hımhım
genzel 1. den Nasenrachenraum betreffend 2. s. **genizsi**
genzelleşme s. **genizsileşme**
geo- s. a. **jeo-**
geobotanik s. **bitki coğrafyası**
geoit, -di Geoid *n* (abgeplattete Form der Erde)
geometresgiller s. **mühendisböceğigiller**
geometri Geometrie *f* *hendese ~ **dizisi** s. **geometrik dizi**
geometricilik Kubismus *m*
geometrik geometrisch *hendesî ~ **cizim** Konstruktion (-s.zeichnung) *f* (mit Zirkel und Lineal) ~ **dizi** geometrische Reihe *hendesî silsilei alelvilâ ~ **ortalama** *math.* geometrisches Mittel *vasatı mütenasip; orta orantılı ~ **yer** *math.* geometrischer Ort *mahalli hendesî
geopolitik 1. (*a.* **geopolitika**) Geopolitik *f* 2. geopolitisch
geotropizm *bot.* Geotropismus *m*
gepar Gepard, Jagdleopard *m zo.* Acinonyx jubatus
Gepeu *n.pr.* GPU (sowjetrussische Behörde 1922–1934, Nachfolgerin der Tscheka); Geheime Staatspolizei
gepgenç (*Verst.* von **genç**) blutjung
gepgeniş (*selt. Verst.* von **geniş**) ganz weit, unermeßlich, unbeschränkt (z. B. Freiheit) usw.
ger *va. Verk.* von **eğer**
-ger *pers. Sx.* machend, tuend, arbeitend *-ci; s. **hâhişger, kimyager** usw.
gerçek, -eği 1. wirklich, tatsächlich *hakikî, vaki 2. wahr, echt, richtig *sahici, sahiden 3. wahr, aufrichtig, ehrlich, treu 4. Wirklichkeit, Tatsache, Wahrheit, Realität *f* *gerçeklik, hakikat, realite 5. *Int.* [×·] Richtig, ja ...! Ach, da fällt mir gerade ein ...! à propos Zu 1: ꭥ **söylüyorum.** Ich meine es im Ernst. Zu 3: ~ **dost** wahrer Freund Zu 4: **-e aykırı** der Wahrheit nicht entsprechend; unwahr Zu 5: ꭥ **size bir şey söyleyecektim.** Ja richtig, was ich Ihnen noch sagen wollte ... ~ **akasya** s. **gümüşî akasya;** ~ **dışı** s. **-e aykırı;** ~ **ikizler** eineiige Zwillinge *pl.* *tek yumurta ikizleri ~ **kişiler** s. **hakikî şahıslar;** ~ **mantarlar** *bot.* eigentliche Pilze, Eumycetes *pl.* *ömiset ~ **odun** s. **özodun;** ~ **sayı** *math.* reelle Zahl *hakikî adet ~ **şart cümleciği** realer Konditionalsatz *cümlei şartiyei hakikiye ~ **yörünge** *astr.* wahre Bahn **-ten** s. ges. Stw.
gerçekbalinagiller Glattwale *pl. zo.* Balaenidae
gerçekçi(-lik) s. **realist(-lik)**
gerçekkertenkelegiller s. **özkertenkelegiller**
gerçeklemek 1. (auf die Richtigkeit hin) prüfen, kontrollieren, untersuchen *tahkik etmek 2. die Richtigkeit von et. dartun; bewahrheiten, bestätigen, bekräftigen, verifizieren *tasdik etmek, teyit etmek
gerçeklenir verifizierbar, feststellbar
gerçeklenmek 1. Pass. zu **gerçeklemek** 2. s. **gerçekleşmek**
gerçekleşir realisierbar, ausführbar *kabili tahakkuk
gerçekleşmek 1. sich bewahrheiten, sich als wahr (richtig, recht) herausstellen 2. sich verwirklichen, Wirklichkeit werden, wahr werden, sich realisieren *(1, 2) tahakkuk etmek
gerçekleştirici Film-, Fernseh-regisseur, Spielleiter *m*
gerçekleştirmek 1. bewahrheiten 2. verwirklichen, realisieren *(1, 2) tahakkuk ettirmek 3. inszenieren, verfilmen
gerçekli bestimmt, gewiß, sicher, feststehend
gerçeklik Wirklichkeit, Echtheit, Gültigkeit, Tatsache *f* *gerçek, hakikat, realite
gerçekmedüzler Scheibenquallen *pl. zo.* Scyphozoa
gerçekten [×··] *Adv.* wahrlich, wahrhaftig, in der Tat, tatsächlich *filhakika, sahiden
gerçeküstü oyun *Th.* surrealistisches Stück
gerçeküstücü(-lük) s. **sürrealist; sürrealizm**
gerçel *math.* s. **gerçek**

gerçi [×·] obgleich, obschon, obwohl, wenngleich, wenn schon, zwar
Gerçüş *n.pr.* O. u. D. im Rbz. Mardin
gerdan 1. vordere Halspartie; Kehlpartie *f* 2. Dekolleté *n* 3. Doppelkinn *n* 4. Hals *m* (bei Schlachtfleisch) ~ **kırmak** 1. graziös den Kopf bewegen 2. kokettieren ~ **süpürgesi** *V* Schnurrbart *m* *bıyık
-gerdan [ā] *va. pers. Sx.* sich drehend
gerdane 1. *mil.* Riembügel *m* *kayış köprüsü 2. *arch.* Tragband *n*
gerdaniye [ā] e–e melod. Tonfolge um das hohe **g** in der türk. Musik ~ **buselik** e–e melod. Weise in der türk. Musik
gerdankıran 1. stolpernd, strauchelnd (Pferd) 2. s. **boyunburan**
gerdanlık Hals-band *n*, -schmuck *m*, -kette *f*, Medaillon *n*
gerdek, -eği Brautgemach *n* *hacle; zifaf odası ~ **gecesi** Brautnacht *f* ~ **uçuşu** Brautflug *m* (der Bienen od. Ameisen) **-e girmek** in der Hochzeitsnacht mit der Braut zusammenkommen (Bräutigam)
gerdel Eimer, Kübel, Zuber, Bottich *m* (aus Holz od. Leder); s. a. **harik -i;** ~ **cevizi** *naut.* Schauermanns-knoten, -knopf *m* (am Ende e–s Taues); einfacher Taljereepsknoten
gereç, -ci notwendige Materialien *pl.;* Material *n* *malzeme, levazım
Gerede *n.pr.* O. u. D. im Rbz. Bolu
gerek, -eği 1. nötig, notwendig, erforderlich, unentbehrlich *lâzım 2. wert, verdienend, angezeigt 3. (mit **ise**) wahrscheinlich; ... muß wohl ... 4. s. **-lik** 5. (in Wiederholung) a) ob ... oder; sei es ... sei es b) (*a.* ~ **... ve -se**) sowohl ... als auch 6. Voraussetzung *f* *şart, koşul Zu 1: ~ **ve yeter şart** *math.* notwendige und ausreichende Voraussetzung *lâzım ve kâfi şart Zu 2: **O adam prangaya -tir.** Der Kerl gehört in Ketten gelegt. **İşi böyle yapmak ~.** So muß man das machen. Zu 3: **Bu şayianın aslı olsa ~.** An diesem Gerücht muß wohl et. Wahres sein. (bşe) **hizmet etmiş olmasalar -tir.** ... haben sicherlich e–n schlechten Dienst erwiesen. **(yapmak) zor olmasa** ~ Es kann wohl nicht schwer sein (zu ...) Zu 4: **-i düşünülmek** die notwendigen Maßnahmen ins Auge fassen **-i gibi** wie erforderlich (geboten, vorgeschrieben) **ꭥine göre hareket edilmesini rica ederim.** Ich bitte um entsprechende Ausführung (bzw. Veranlassung). **hiç bir -i ve sebebi yokken** ohne den geringsten Anlaß Zu 5: ꭥ **ben gideyim,** ~ **siz gidin,** ~ **o gitsin, işin sonu değişmez.** Ob ich gehe oder Sie oder er, läuft im Endeffekt auf das gleiche hinaus. **-ince** 1. gemäß; in Übereinstimmung mit ... 2. falls erforderlich; gegebenenfalls
gerekçe 1. (Beweg-)Grund *m*, Motiv *n* 2. *math.* (notwendiger) Zusatz, Folgesatz *m*, Folgerung *f* *lâzime 3. *jur.* Begründung *f*, Grund *m*, Gründe *pl.* (für ein Urteil) *esbabı mucibe Zu 3: **Yalancı şahitlik yaptığı -siyle suçlu görülmüştür.** Auf Grund falscher Zeugenaussage wurde er für schuldig befunden (und verurteilt).
gerekçeli *jur.* mit näherer Begründung
gerekirci(-lik) s. **determinist; determinizm**
gerekli nötig, notwendig, erforderlich, unentbehrlich *gerek, lâzım, muktezi
gereklik 1. Notwendigkeit, Erforderlichkeit, Unentbehrlichkeit *f*, dringendes Erfordernis od. Bedürfnis *gerek, icap, lüzum 2. *z. va.* Angemessen-Sein, Passen *n* ~ **kipi** *gr.* Nezessitativ *m*, Notwendigkeitsform *f* *fiili vücubî
gerekmek, (-ir) 1. notwendig (nötig, erforderlich, unentbehrlich, angezeigt, am Platze) sein *icap etmek 2. (b–ne) passen (für), j–m anstehen
gerekmezcilik s. **yadgerekircilik**
gerekseme(-k) s. **gereksinme(-k)**

gereksime fiili *gr.* Verbalform *f* der spontanen Anwandlung (z. B. **güleceği (göresi, uykusu** usw.) **gelmek**) *beklenmezlik fiili
gereksinme Bedürfnis *n,* Bedarf *m,* Notwendigkeit *f* *ihtiyaç
gereksinmek (m. Akk.) bedürfen, brauchen, nötig haben, benötigen *ihtiyacı olmak, muhtaç olmak
gereksiz unnötig, überflüssig
gerektirim *phil.* Zwangsläufigkeit *f* *iktiza
gerektirmek 1. notwendig machen, erfordern 2. notwendigerweise zur Folge haben; herbeiführen, verursachen, veranlassen *(1, 2) icap ettirmek
gerelti *dial.* was verdeckt od. versperrt, Hindernis *n* *engel, hail
geren 1. Part. Präs. zu **germek** 2. Lehmboden *m* (der beim Trockenwerden Risse bekommt)
gergedan 1. Rhinozeros, Nashorn *n* (s. a. **Afrika, Hint -ı**) 2. Rhinozeroshorn *n* 3. aus Rhinozeroshorn angefertigt ~ **böceği** Nashornkäfer *m zo.* Oryctes nasicornis
gergef viereckiger Stickrahmen ~ **işlemek** mit dem Stickrahmen arbeiten, auf dem Rahmen sticken
Gerger *n.pr.* O. u. D. im Rbz. Adıyaman
gergi *dial.* 1. Vorhang *m* *perde 2. Spannrahmen *m* (zum Trocknen von Häuten) 3. *arch.* Zug-band, -eisen *n;* Spannbalken *m* 4. Schaft *m,* Schäfte *f* (des Webstuhls) 5. Stemmbrett *n* (im Ruderboot) 6. *Th.* Projektionsleinwand *f* (*spez.* im Hintergrund der Bühne) 7. Maschenspanner *m* (für Fischernetze) ~ **çubuğu** *Th.* Zugstange *f* (für den Vorhang) **-ye germek** (das Leder) spannen
gergicek Steg *m,* Querleiste *f* (an e–m Stuhl od. Tisch)
gergiç, -ci (Faden-, Riemen- usw.)Spanner *m*
gergin 1. gespannt (Seil, Lage, Beziehungen usw.) 2. unruhig (z. B. Leben) ~ **asılma** *(Turnen)* Streckhang *m* ~ **bir halde bulunan bir halat** *naut.* ein auf Kraft stehendes Ende ~ **oturuş** s. **açık oturuş;** ~ **vaziyet** gespannte Lage ~ **yatış** *(Turnen)* Strecklage *f*
gerginleşmek 1. sich spannen, gespannt werden 2. *fig.* gespannt werden, sich zuspitzen
gerginleştirmek straffen, spannen, anziehen (z. B. Tau)
gerginlik, -iği Spannung *f (wörtl. u. fig.)* **vaziyetin -i karşısında** angesichts der gespannten Lage
geri (I) großer Haarsack für Stroh od. Getreide, dessen Ränder am Wagen befestigt werden
geri (II) 1. der von e–r Rückseite bzw. e–m rückwärtigen Teil et. entfernt liegende Raum (*ant.* ileri) 2. letzter Teil von et., Ende, Ergebnis, Resultat *n* 3. a) Hinterteil (bei Mensch od. Tier) b) Vergangenheit *f* 4. das Übrige, Weitere; Rest *m,* Fortsetzung *f* *arka, alt taraf, mabat 5. Nachteil *m,* Schattenseite *f* 6. übrig, restlich, verbleibend 7. rückwärtig, Rück- 8. *mil.* rückwärtige Stellung od. Verbindung 9. zurückgeblieben, nachgehend (Uhr) 10. *fig.* zurückgeblieben (z. B. Schüler), rückständig (z. B. Auffassung), überholt, veraltet; unmodern geworden 11. (nach) rückwärts; nach hinten, zurück 12. *Int.* Zurück! Zu 1: s. **cephe -si. Köşkün biraz -sinde duruyorduk.** Wir standen etwas hinter dem Schloß. Zu 4: **Hakikat budur, -si masal.** Das ist die Wahrheit, alles Übrige gehört in das Reich der Fabel. Zu 5: s. **²si var.** Zu 6: ~ **kısım** der restliche (übrige, verbleibende) Teil Zu 9: **Bu saat, beş dakika -dir.** Die Uhr hier geht fünf Minuten nach. Zu 10: ~ **fikir** überholte Anschauung ~ **adam** rückständiger Mensch Zu 11: ~ ~ **gitmek** immer weiter zurückgehen **geri-alım hakkı** s. **vefa hakkı;** ~ **alma arancı** (*od.* **dilemi**) s. **istihkak davası;** ~ **alma tuşu** Rücktaste *f* (e–r Schreibmaschine) ~ **almak** 1. zurücknehmen (gekaufte Ware, unbedachte Worte usw.) 2. wieder an sich nehmen 3. zurückziehen (Truppen) 4. zurückstellen (Uhr) 5. zurück-erobern, -gewinnen ~ **arazi** *mil.* Hintergelände *n,* rückwärtiges Gelände ~ **atılma** *mil.* Rückschlag *m* ~ **atmak** *mil.* zurückwerfen, abweisen ~ **basmak** 1. (immer weiter) zurückgehen, zurückfahren 2. *fig.* e–n Rückzieher machen, *F* zurückhufen ~ **bırakmak** verschieben ~ **çaprazlama** *biol.* Rückkreuzung *f* ~ **çekilme** *mil.* Rückzug *m,* Ausweichung *f* ~ **çekilme hattını kesmek** *mil.* den Rückzug abschneiden ~ **çekilmek** sich zurückziehen; zurückgehen, weichen ~ **çevirmek** 1. zurückgehen lassen, zurückgeben (z. B. Geschenk) 2. zurückschicken, zur Umkehr veranlassen 3. zurückrufen ~ **devim** (*od.* ~ **hareket**) rückläufige Bewegung ~ **dönmek** zurück-, um-, heim-kehren; zurück-, heim-kommen; zurück-, heimfahren ~ **durmak** 1. sich fernhalten, sich nicht einmischen 2. (bşi yapmaktan) sich scheuen od. genieren (et. zu tun) ~ **durmamak** 1. sich nicht fernhalten; alles mitmachen 2. (bşi yapmaktan) nicht zögern, nicht versäumen, (*a. pej.:*) sich nicht entblöden (et. zu tun); eifrigst (et. tun); unbedingt müssen ~ **gelmek** zurückkommen ~ **gitmek** 1. zurück-kehren, -fahren 2. zurückrutschen, nach hinten rutschen 3. *fig.* sich rückläufig entwickeln; zurückgehen ~ **göndermek** zurück-schicken, -senden, *H a.:* retournieren ~ **hareketler** *mil.* rückwärtige Bewegungen *pl.* ~ **hizmet** *mil.* Nachschub-dienst *m,* -wesen *n,* rückwärtiger Dienst ~ **ile irtibat** *mil.* rückwärtige Verbindung ~ **istemek** zurückfordern *iadesini talep etmek ~ **ittisalleri** *mil.* rückwärtige Verbindungen *pl.* ~ **kademe** *mil.* rückwärtige Staffel ~ **kafalı** rückständig (in seinen Ansichten und Urteilen) ~ **kalan** verbleibend, restlich, Rest- ~ **kalan ceza** *jur.* Reststrafe *f* ~ **kalmak** 1. zurückbleiben *(a. fig.); naut. a.* achteraus sacken 2. sich verspäten, zu spät kommen 3. s. ~ **durmak** 4. verschoben werden (müssen) (Zu 1: **Arkadaşlarından** ~ **kaldı.** Er ist hinter seinen Kameraden zurückgeblieben. **ehemmiyetçe birbirinden** ~ **kalmamak** einander an Bedeutung nichts nachgeben, nicht nachstehen Zu 4: **Seyahatimiz** ~ **kalıyor.** Unsere Reise muß verschoben werden.) ~ **kalmamak** (bşi yapmaktan) notwendigerweise, unbedingt, ganz besonders, erst recht (**Bu neviden yanlışlıklar yaziyle yapıldığı zaman göze batmaktan** ~ **kalmıyor.** Wenn solche Fehler in schriftlicher Fixierung begegnen, müssen sie erst recht unangenehm empfunden werden.) ~ **kalmış** 1. zurückgeblieben 2. *pol.* unterentwickelt (Land) ~ **kaymak** *naut.* mehr achterlich kommen (Wind) ~ **kıtaları** *mil.* rückwärtige Truppen *pl.* ~ **koymak** 1. zurückbehalten, -legen 2. zurückstellen, ver-, auf-schieben ~ **mevziler** *mil.* rückwärtige Stellungen *pl.* ~ **mıntıka** (*od.* **saha**) *mil.* rückwärtiges Gebiet ~ **muvasala** *mil.* rückwärtige Verbindung ~ **pas** *Fb.* Rückpaß *m,* Abgabe *f* nach rückwärts ~ **saha** s. **geri mıntıka;** ~ **siper** *mil.* Rückendeckung *f* ~ **taraf** *naut.* Heck *n* *pupa ~ **tepme** Rückstoß *m* (bei Feuerwaffen) ~ **tepme düzeni** Rücklaufbremse *f* (am Geschütz) ~ **tepmek** nach rückwärts losgehen (Schuß) ~ **tepmeli vana** *techn.* Absperrventil *n* *çek valf ~ **tesisleri** *mil.* Nachschubeinrichtungen *pl.* ~ **vermek** zurückgeben *iade etmek ~ **vites dişlisi** *techn.* Rückwärtsgang *m* ~ **yamaç mevzii** *mil.* Hinterhangstellung *f* ~ **yol** Rückweg *m* ~ **yürüyüş** *mil.* Rückmarsch *m* ~ **zekâlı** geistig zurückgeblieben **-de** hinten **-de bırakmak** hinter sich lassen, übertreffen, überflügeln **-de kalmak** zurückbleiben, nachhängen (*z. B.* Boot bei Regatta) *sarkmak **-deki** rückwärtig **-den** von hinten **-den bakmak** *fig.* mit verschränkten Armen zusehen **-den geriye** heimlich, hinterrücks, verstohlen **-den ileriye nakliyat** *mil.* Nachschub *m* **-lerin korunması** *mil.* Rückenschutz *m* **²si aydın havası!** *F* Alles andere interessiert mich nicht! **²si var.** Das hat (auch) seine Schattenseite (seinen Nachteil). **-sine taarruz etmek** (b–nin) *mil.* im Rücken angreifen **-sini almak** et. fertigmachen, vollenden **-sini sağlamak** (*od.*

temin etmek) *a. mil.* sich den Rücken freihalten **-ye bırakmak** 1. zurück-, hinter-lassen 2. auf-, hinaus-, verschieben, hinauszögern **-ye çağırmak** 1. zurückrufen 2. abberufen (von e–m Amt, Posten usw.) **-ye çekilmek** den Rückzug antreten **-ye doğru kademelenme** *mil.* Rückwärtsstaffelung *f* **-ye döndürmek** rückwärts laufen lassen (Film) **-ye dönmek** *mil.* kehrtmachen **-ye dönüş** 1. Rück-, Um-kehr *f* 2. Rückschau *f* 3. *(Kino)* a) Rückblende *f* b) Rückwärtslaufen *n* (e–s Films) **-ye dönüş uçuşunda** auf dem Rück-, Heim-flug **-ye giden yol** Rückweg *m* **-ye yürümek** s. **makabline şamil olmak; -yi örtme** *mil.* Rückendeckung *f*

gerici (I) fortschrittsfeindlich, reaktionär; Reaktionär *m* *mürteci

gerici (II) 1. Wirbelkasten *m* (an Geige usw.) 2. *an.* Streckmuskel, Extensor *m* *açıcı; ekstansör kası; mümeddit

gericilik fortschrittsfeindliche Einstellung, reaktionäres Verhalten *irtica, yobazlık

geridon runder, einfüßiger Tisch

gerigiden *phil.* retrograd, rückläufig *ric'î, irticaî

gerila(-cı) s. **gerilla(-cı)**

gerilek *ling.* regressiv, rückwirkend, rückläufig ~ **benzeşme** *ling.* regressive Assimilation

gerileme 1. Vs. zu **gerilemek** 2. *log.* Zurückgehen *n* (z.B. von Wirkungen auf Ursachen) *rücu 3. *biol.* Atavismus *m* 4. Rück-schlag *m*, -entwicklung *f* 5. Rück-, Niedergang *m*, allmählicher Verfall ~ **farı** Rück-, Schluß-licht *n* (am Auto)

gerilemek 1. zurück-gehen, -weichen, sich zurückziehen 2. zurückgehen (auf et.) 3. (in der Entwicklung) zurückfallen, -bleiben 4. zurückgehen (Krankheit)

geriletici: ~ **füze** Bremsrakete *f* (in der Astronautik) **... üzerinde** ~ **bir tesir yapmak** rückläufig beeinflussen

geriletmek Kaus. zu **gerilemek** *spez.* 1. *mil.* zurücknehmen (z.B. Truppen) 2. zurückstellen (Uhr)

gerileyen; gerileyici s. **gerilek**

gerili gespannt *(wörtl.)*

gerilik 1. Rückständigkeit *f*, Rückschritt *m* 2. Verspätung *f* 3. Rückwärtsbewegung *f*

gerilikçi s. **gerici**

gerilim *phys.* 1. Spannung *f* (e–s elastischen Körpers, e–s Drahts usw.) 2. *el.* Spannung(-sunterschied *m*) *f*

gerilimölçer 1. *el.* Spannungsmesser *m* 2. *med.* Blutdruckmesser *m* *(1, 2) tansiyometre

gerilla [·×·] 1. Guerilla *f*, Kleinkrieg *m*, Partisanenkämpfe *pl.* 2. Freischärler, Freikorpskämpfer, Partisan, Guerillero *m* *çeteci, partizan ~ **harbi** (*od.* ~ **savaşı**) Guerillakrieg *m*

gerillacı [·×··] s. **gerilla** (2)

gerilme *a. phon.* Spannung *f* *gerginlik, gerilim

gerilmek 1. gespannt werden 2. sich spannen

gerim (I) Wandbespannung *f*

gerim (II) *P* 1. physische Kraft 2. *(Boxen)* gute Bein- und Arm-arbeit 3. Schnelligkeit *f*

gerimlemek *P* gute Bein- und Arm-arbeit leisten (Boxer)

gerimli *P* groß und stark

gerin s. **geri**

gerinmek sich recken, sich strecken

gerisingeri(-ye) *P* rückwärts, zurück

geriyatri s. **jeriyatri**

geriz 1. *va.* unterirdische Wasserleitung 2. Abwässerkanal *m*, Kloake *f* 3. Abort-, Senk-grube *f* **-e taş atmak** s. **çamura (çirkefe) taş atmak**

germ *va.* 1. warm 2. eifrig **-üserdini çekmek** (bşin) *va.* alle erforderlichen Mühen auf sich nehmen

germagerm [ā] *va.* 1. sehr erregt, sehr heftig 2. s. **sıcağı sıcağına**

Germanya s. **Cermanya**

germanyum [·×·] *chem.* Germanium *n*

germe 1. Vs. zu **germek** 2. *phys.* s. **gerilim** 3. Zaun *m*, Gitter *n* 4. Filmleinwand *f* *ekran 5. *(Turnen)* Streckung *f* 6. Einrenkung *f* (e–s Knochenbruchs) ~ **adım** weit ausgreifender Schritt (bei Entfernungsangaben) ~ **kapı** *hist. mil.* Fallgatter *n* ~ **kuvveti** *techn.* Spannkraft *f* ~ **testeresi** Spannsäge *f* ~ **vidası** Spannschraube *f*

germeç, -ci Drahtspanner *m*

germek spannen, ausstrecken, dehnen, langziehen, ausbreiten **balkona tente** ~ auf (bzw. über) dem Balkon ein Sonnendach anbringen; s.a. **göğüs (haça, çarmıha)** ~

Germen s. **Cermen**

germen (I) *biol.* Geschlechts-, Keim-zelle *f* *tenasül (*od.* üreme) hücresi

germen (II) *va.* Burg, Festung *f*

Germencik *n.pr.* Städtchen u. D. im Rbz. Aydın

germeşik rotästige Kornelkirsche *bot.* Cornus sanguinea

germi [ī] *va.* 1. Wärme *f* 2. Eifer *m* ~ **vermek** (bşe) *z. va.* 1. et. mit Eifer betreiben 2. e–r Sache Vorschub leisten

Germiyan Oğulları *n.pr. hist.* Germian *pl.* (türk. Dynastie in Kütahya nach dem Sturz der Seldschuken; 1298–1429)

geronto- s. **jeronto-**

gerundium *selt.* s. **ulaç**

Gerze *n.pr.* O. u. D. im Rbz. Sinop ~ **tavuğu** e–e Art Dorking-Huhn

Gestapo *n.pr.* Gestapo *f*, Geheime Staatspolizei (Deutschland 1936–1945); s.a. **geştapu**

geştalt, -tı *phil.* Gestalt *f* *kılık, yapı ~ **psikolojisi** Gestaltpsychologie *f*

geştaltçı Vertreter *m* der Gestaltpsychologie

geştaltçılık s. **geştalt psikolojisi**

geştapu *Ch.* Ortspolizei *f*

geştügüzar [ā] *z. va.* 1. Promenade *f* 2. Reise *f* ~ **etmek** *z. va.* 1. hin- und hergehen 2. umherreisen

getir, -tri (kurze) Gamasche *tozluk

getiren; getirici zubringend, zuführend ~ **damarlar** *an.* zuführende Gefäße *pl.*

getirmek, (-ir) 1. (her-, mit-)bringen (*ant.* götürmek) 2. kommen lassen; ein-, zu-führen 3. einbringen, abwerfen (z.B. Gewinn) 4. *fig.* j–n od. et. an e–n best. Punkt hinbringen 5. hervor-, zustande-, fertig-bringen; verursachen 6. *Hv.* zu et. gelangen; haben, hegen 7. beibringen, anführen (Beweise, Beispiele, Zeugen usw.); zitieren, (aus-)sprechen 8. et. erreichen od. der Überzeugung sein, et. zu erreichen Zu 1: **Arkadaşımı size getireceğim.** Ich werde meinen Freund einmal mitbringen. Zu 2: **Avrupadan mal** ~ europäische Waren einführen Zu 3: **Çiftlik yılda beş bin lira getirir.** Das Gut wirft jährlich fünftausend Pfund ab. Zu 4: **İşi sonuna getirdik.** Wir haben die Sache zum Abschluß gebracht. s.a. **insafa (yerine, yola)** ~ Zu 5: s. **dünyaya (meydana, vücuda)** ~**; gözlerinden yaş** ~**; arkasını** ~ Zu 6: s. **gına (iman, kanaat, merak, nedamet)** ~ Zu 7: s. **delil (kelimei şahadet, misal, şahit, tekbir)** ~ Zu 8: **Baharı getirdik.** Jetzt haben wir Frühling.

getr; getri s. **getir**

getto G(h)etto *n*

Gevaş *n.pr.* O. u. D. im Rbz. Van

gevelemek 1. an et. herumkauen 2. *fig.* herumdrucksen; s.a. **evelemek** ~

geven Tragant *m bot.* Astragalus *spez.* A. verus *kitre, şeceri ketira, kovan dikeni, kovan otu

geveze schwatzhaft, redselig, Schwätzer(-in *f*) *m*; indiskret; nicht verschwiegen *boşboğaz

gevezelik Schwatzhaftigkeit, Redseligkeit *f*; Mangel *m* an Verschwiegenheit; Indiskretion *f* *boşboğazlık; ~ **etmek**

1. schwatzen, klatschen 2. indiskret sein; nicht dichthalten (können)
gevher 1. s. **cevher** 2. geistreicher Ausspruch 3. ≗ *mV*
gevir s. **yaban sığırı**
geviş Vs. zu **gevmek;** ~ **getirmek** wiederkäuen
gevişgetirenler Wiederkäuer *pl. zo.* Ruminantia *mücterre
gevmek(-er) 1. kauen (Tiere) 2. (an et.) mühsam herumkauen (z. B. zahnloser Greis) 3. **(gemini)** auf die Stange beißen (Pferd)
gevrek 1. weich; leicht zerbröckelnd (z. B. best. Steinarten) 2. spröde (Metall) 3. knusperig (Backwerk) 4. Name e–r best., im Munde leicht zergehenden Zwiebackart ~ **demir** sprödes Eisen ~ ~ **gülmek** stoßweise und laut lachen ~ **söğüt** Bruchweide *f bot.* Salix fragilis ~ **yılanyıldızı** zerbrechlicher Schlangenstern *zo.* Ophiothrix fragilis
gevrekçi Hersteller od. Verkäufer *m* der **gevrek** genannten Zwiebackart
gevreklik 1. Sprödigkeit *f* (z. B. e–s Metalls) 2. Knusperigkeit *f*
gevremek 1. leicht zerbröckeln *(intr.)* 2. spröde sein od. werden (Metall) 3. knusperig sein od. werden (Backwerk) 4. *P* ganz erstarren (vor Kälte) 5. *P* großen Hunger bekommen
gevrenmek *z. va.* 1. sich krümmen, sich winden 2. von langem Warten ungeduldig werden
gevşek 1. locker, lose (z. B. Knoten); schlaff (z. B. Seil) 2. weich (Fleisch od. Stoff) 3. *fig.* langsam, schwerfällig, träge, schlaff, energielos ~ **ağızlı** s. **ağzı** ~; ~ **kaya** bröckeliges Gestein *kötü kaya
gevşeklik 1. lockerer (loser, schlaffer, weicher) Zustand *spez. Th.* weiche Stimme 2. Nachlassen *n* (z. B. bei e–r Offensive) 3. *fig.* Schlaffheit, Energielosigkeit, Gleichgültigkeit, Indifferenz *f*
gevşeme 1. Vs. zu **gevşemek** 2. *med.* Diastole *f* (*spez.* der Herzkammern) *diyastol, istirha 3. *a. phon.* Entspannung *f* ~ **alıştırmaları** *(Turnen)* Entspannungsübungen *pl.*
gevşemek 1. locker (lose, schlaff, weich) werden; nachgeben; sich lockern (*a.* z. B. Bestimmungen), sich entspannen (Muskeln) 2. schwach werden, die Kraft verlieren; nachlassen (z. B. Sturm) 3. *fig.* erschlaffen, (im Eifer) nachlassen; träge, energielos werden 4. *V* Gefallen finden (an); sich verlieben
gevşetici entspannend
gevşetmek 1. locker (lose, schlaff, weich) werden lassen; lockern, entspannen (Muskeln) 2. schwächen 3. schlaff, (matt, träge, energielos) werden lassen 4. lösen (Bremse)
geyç, -ci (*engl.* **gauge**) *naut.* 1. Wasserstandsanzeiger, Tiefgang *m* 2. Manometer *n*
geydirmek s. **giydirmek**
geygi *reg.* s. **elbise, giysi**
geyik, -iği 1. Hirsch *m zo.* Cervus (u. a.) 2. *V* Kuppler, Zuhälter *m* ~ **derisi** Hirschleder *n* ~ **etine girmek** rundliche, frauliche Formen annehmen (Mädchen) ~ **göbeği** Silberscharte *f bot.* Jurinea pinnatisecta ~ **sarmısağı** Allermannsharnisch *m bot.* Allium victoriale *yaban sarmısağı ~ **yağı** Hirschtalg *m* ~ **yavrusu** Hirschkälbchen *n* **-ler kırkımında** *hum.* „zur Zeit der Hirschschur" *d. h.* am St. Nimmerleinstag
geyikçi hoca *reg.* Jagdgehilfe, der durch Nachahmung der Hirschkuh-Rufe Hirsche herbeilockt
geyikboynuzu, -nu 1. Hirschhorn *n* od. daraus hergestellt 2. Geweihfarn *m bot.* Platycerium (bifurcatum u. a.)
geyikböceği, -ni Hirschkäfer *m zo.* Lucanus cervus
geyikdikeni, -ni 1. s. **akdiken** (1, 3) 2. s. **cehri ağacı**
geyikdili, -ni gemeine Hirschzunge *bot.* Phyllitis scolopendrium
geyikdomuzu, -nu Hirscheber *m zo.* Babirussa babirussa
geyikotu, -nu Diktam *m bot.* Dictamnus fraxinella
geyim; geyinmek s. **giyim; giyinmek**
geyle s. **giyle**
geym (*engl.* **game**) *(Tennis)* Spiel *n*
geymbol, -lü *(Tennis)* der das Spiel entscheidende Ball, Matchball *m*
geymek s. **giymek**
geyrek s. **geğrek**
geyşa (japanische) Geisha *f*
Geyve *n.pr.* O. u. D. im Rbz. Sakarya
geyzer s. **gayzer**
gez (I) 1. Einkerbung *f* am unteren Ende e–s Pfeils 2. Kimme *f* (auf e–r Schußwaffe)
gez (II) 1. mit Knoten versehene Maßschnur 2. Lot, Senkblei *n* (der Maurer, Zimmerleute usw.) *çekül, şakul ~ **vurmak** mit dem Senkblei vermessen
gez (III) Mal *n* *defa, kez, sefer
gez (IV) **(ağacı)** Tamariske *f bot.* Tamarix *ılgın **(ağacı)**
gez (V) s. **giz** (I)
gez (VI) (*franz.* **gaize**) Kieselgur *f* (*fr.* bei der Herstellung von Dynamit verwendet)
gezdirmek 1. spazieren-führen, -fahren *(tr.)* 2. umher-, hindurch-führen, besichtigen lassen, zeigen 3. gleiten lassen; führen (z. B. Hand), wandern lassen (z. B. Blick), herumreichen (Obst, Sammelbüchse usw.) 4. tropfen lassen, langsam gießen, träufeln (z. B. zerlassene Butter auf e–e Speise) 5. j–n in e–m best. Aufzug in der Öffentlichkeit vorführen 6. *naut.* schlechte Kursstetigkeit haben (Schiff) Zu 2: **Misafirlerimize bahçeyi gezdirdik.** Wir führten unsere Gäste im Garten umher. Zu 3: s. **göz** ~
gezegen *astr.* Planet *m* *seyyare ~ **dizgesi** *astr.* Planetensystem *n*
gezegenimsi s. **küçük gezegen**
gezegenlerarası, -nı interplanetar(-isch) ~ **seyahat** Raumschiffahrt *f* *astronotik
gezelemek 1. *P* umherschlendern 2. *fig.* zögern
gezenti *P* wer viel und gern herumbummelt od. reist
gezer 1. sich hin- und herbewegend, Lauf- 2. nicht bettlägerig (Kranker) 3. umherziehend (Händler) ~ **kaldırak** *techn.* Laufkran *m* ~ **vinç** Laufwinde *f*
gezge *P* bewaffnete Streife, Patrouille *f* *devriye
gezgi Spazierweg *m,* Promenade *f*
gezgin 1. umherziehend, Wander- 2. weitgereist 3. fahrbar (z. B. Kran) 4. Reisender; Tourist *m* ~ **kuşlar** Zugvögel *pl.* ~ **romatizma** *med.* wanderndes Rheuma ~ **satıcı** Handlungsreisender ~ **tifo** s. **karahumma**
gezginci *P* s. **gezgin; gezici;** ~ **esnaf** fliegender Händler; Hausierer *m*
gezi (I) 1. Ausflug *m,* Wanderung *f* 2. Spaziergang, Bummel, Ausritt *m* 3. Reise *f* 4. Promenadenanlage *f* ~ **filmi** Reise-, Landschafts-film *m*
gezi (II) 1. e–e ca. 70 cm breite Moiré-Imitation 2. hieraus hergestellt
gezici 1. umher-, herum-ziehend, fliegend (z. B. Händler), Wander- 2. im Außendienst e–s Betriebes tätig (Beamter, Angestellter) *(1, 2) seyyar 3. Hersteller od. Verkäufer *m* von **gezi** (II); ~ **kumul** *geogr.* Wanderdüne *f* ~ **kütüphane** Wanderbücherei *f* ~ **merkez** fahrendes Postamt ~ **okul** Wanderschule *f* ~ **öğretmen** Wanderlehrer (-in *f*) *m* ~ **sinema** Wanderkino *n* ~ **topluluk** Wandertheater *n*
gezicilik 1. Umher-, Herum-ziehen, Reisen *n* 2. Tätigkeit *f* im Außendienst e–s Betriebes (z. B. Geschäftsreise) 3. Hausierergewerbe *n* 4. Herstellung *f* od. Verkauf *m* von **gezi (II)**
gezilmek Pass. zu **gezmek. Bu kıyafetle sokakta gezilmez.** In solchem Aufzug läuft man nicht auf der Straße herum.

Ev, bugün iki defa gezildi. Das Haus wurde heute zweimal besichtigt.
gezim(-sel) s. **turizm; turistik**
gezimcilik s. **peripatetizm**
gezinme 1. Vs. zu **gezinmek** 2. Ausflug, Spaziergang *m* *seyran
gezinmek 1. auf- und abgehen, hin- und hergehen, lustwandeln, umherspazieren, sich ergehen 2. e–n Ausflug, e–e Wanderung machen 3. *mus.* improvisieren *hafiften taksim etmek 4. aufziehen (*intr.*; z. B. dunkle Wolken) 5. *z. va.* austreten; auf die Toilette gehen
gezinti 1. Spaziergang, Ausflug *m*, Wanderung *f* *tenezzüh 2. Wehrgang *m* (bei Burg od. Festung) 3. *P* Korridor, Flur *m* *koridor 4. *mus.* Improvisieren *n*, Improvisation *f* ~ **güvertesi** *naut.* Promenadendeck *n* ~ **tozuntu** Spaziergänge, Ausflüge, Fahrten, Reisen *pl.* ~ **yeri** s. **gezintilik;** ~ **yolu** Promenade(-n.weg *m*) *f*
gezintilik *Th.* Wandel-gang *m*, -halle *f*
gezlemek 1. mit e–r Kerbe versehen (Pfeil) 2. et. ver-, ausmessen 3. *spez.* mit dem Senkblei vermessen 4. visieren, zielen *nişan almak
gezlik 1. Schneide *f* e–s Krummschwertes 2. *va.* Taschenmesser *n* 3. kleines Krummschwert
gezme 1. Vs. zu **gezmek** 2. *z. va.* Patrouille *f* od. patrouillierender Nachtwächter ~ **yeri** Promenade *f*, Ausflugsort *m* *mesire, seyrangâh
gezmek, (-er) 1. umhergehen 2. reisen, e–e Reise machen, *a. tr.*: bereisen 3. spazierengehen, bummeln, umher-, dahin-schlendern; *pej.* sich herumtreiben 4. (m. Akk.) besichtigen, sich et. anschauen 5. sich in der Öffentlichkeit in e–m best. Aufzug zeigen 6. vorhanden sein *bulunmak 7. *naut.* schwojen (sich vor Anker drehen; Schiff) 8. s. **arkasında (ardında, peşinde)** ~ Zu 1: **Hasta iyileşti, yavaş yavaş gezmeğe başladı.** Der Patient ist jetzt auf dem Wege der Besserung; er geht schon et. umher. Zu 2: **bütün dünyayı** ~ die ganze Welt bereisen Zu 4: **Bu evi gezmiş ama, beğenmemiştik.** Wir hatten das Haus hier angesehen, aber es hatte uns nicht zugesagt. Zu 5: **Bu elbise ile gezemem.** In diesem Aufzug kann ich nicht auf die Straße gehen. Zu 6: **Şapkan burada ne geziyor?** Was hat dein Hut hier zu suchen? **gezip tozmak** 1. viel herumkommen, viel reisen 2. sich herumtreiben; bummeln **gezmeğe çıkmak** e–n Spaziergang unternehmen **gezmeğe gitmek** spazieren-gehen, -fahren, e–n Ausflug machen **gezmeğe götürmek** (*tr.*) spazieren-fahren, -führen, ausführen
gezmen s. **seyyah, turist**
gıcık, -ığı 1. Husten-, Nies-reiz *m* 2. *V* auf die Nerven gehend (Person); *F* Nervensäge *f* ~ **almak (olmak, kapmak)** *V* irritiert, gereizt werden ~ **otu** Taubenskabiose *f* *bot.* Scabiosa columbaria *kum otu ~ **vermek** (*od.* **yapmak**) 1. zum Husten bzw. Niesen reizen 2. *V* j–m auf die Nerven fallen º**ı tuttu.** Er bekam e–n Hustenanfall. Er mußte niesen.
gıcıklamak 1. zum Husten bzw. Niesen reizen 2. *fig.* argwöhnisch machen
gıcıklanmak 1. von e–m Hustenreiz befallen werden; niesen müssen 2. *fig.* (bşden) (auf Grund von et.) Verdacht schöpfen
gıcır (I) 1. eingedickter Sarsaparille-Saft (in weißlichen Stückchen), der zusammen mit **sakız** gekaut wird 2. *V od. F* neu ~ **otu** Sarsaparille *f bot.* Smilax aspera **-ı bükme** 1. sofort hinterbracht (*od.* ausgeplaudert) 2. nur widerwillig getan; gekünstelt, unecht 3. *Adv.* sofort und mit Gewalt 4. s. **derme çatma; baştan savma; -ı bükmek** *P* j–n abwimmeln *baştan savmak
gıcır (II) **gıcır** 1. Lm. des Knirschens, Quietschens, Knarrens 2. (*mit od. ohne* **yeni**) funkelnagelneu, noch ganz ungebraucht 3. ganz sauber, piekfein ~ ~ **etmek** s. **gıcırdamak;** ~ ~ **silmek** *F* auf Hochglanz putzen (z. B. Boden)
gıcırdamak knirschen (z. B. Zähne), quietschen (z. B. Tür), knarren (z. B. neue Schuhe)
gıcırdatmak (m. Akk.) Kaus. zu **gıcırdamak; diş(-lerini)** ~ s. Stw. **diş**
gıcırtı Knirschen, Quietschen, Knarren *n*
gıcırtılı knirschend, quietschend, knarrend
gıçak orient. dreisaitige Geige (die beim Spielen auf den Boden od. die Knie gesetzt wird) *ıklığ
gıda *urspr.* [·–] 1. Nahrung(-smittel *n*) *f* *besin 2. Menge *f* (von Nahrungs- od. Genußmitteln, die jemand zu sich nimmt) Zu 2: **Günde yirmi cıgara onun -sıdır.** Er raucht täglich zwanzig Zigaretten. ~ **maddeleri** 1. Nahrungs-, Lebens-mittel *pl.* 2. Nährstoffe *pl.*
gıdaî [·––] Nahrungs-, Nähr- ~ **cevher** Nähr-stoff, -wert *m*
mevaddı gıdaiye s. **gıda maddeleri**
gıdak s. **gıt gıt gıdak**
gıdaklamak 1. gackern (Huhn) 2. *F* schwatzen, plappern
gıdalanmak 1. sich nähren, Nahrungsstoffe aufnehmen 2. ernährt (genährt) werden
gıdalı 1. nahrhaft, vitaminreich 2. gut genährt (z. B. Kind)
gıdasız 1. vitaminarm, keine (od. wenig) Aufbaustoffe für den Körper enthaltend 2. unterernährt ~ **kalan çocuklar** unterernährte Kinder *pl.*
gıdasızlık 1. Mangel *m* an Aufbaustoffen für den Körper 2. Unterernährung *f*
gıdık (I) Kitzeln *n* ~ **almak** kitzlig sein (**Ayağının altından hiç** ~ **almam.** Ich bin an den Fußsohlen nicht kitzlig.)
gıdık (II) (*a.* **gıdı**) vordere Halspartie; Unterseite *f* des Kinns (bei Kindern) ≗ ~! Kille, kille!
gıdıklamak 1. kitzeln 2. *V* durchsuchen; e–e Haussuchung od. Razzia machen
gıdıklanmak 1. Pass. zu **gıdıklamak** 2. kitzlig sein
gıgı Unterseite *f* des Kinns (bei Kindern) **-sını okşamak** (b–nin) unter dem Kinn kraulen
gık (in folg. Füg.:) ~ **dedirtmek** j–n e–r Sache überdrüssig werden lassen; j–m allmählich auf die Nerven gehen ~ **dedirtmemek** 1. nicht zu Atem (*od.* zu Worte) kommen lassen 2. j–n so abkanzeln, daß der Betreffende kein Wort der Widerrede versucht ~ **demek** 1. Piep sagen 2. wieder et. zu Atem kommen 3. (bşden) et. satthaben ~ **dememek** den Mund halten, nicht (mehr) Piep sagen **-ı çıkmamak** kein Sterbenswörtchen verlauten lassen
gıl nur in der Füg. **gıllıgiş**
-gıl s. **-gil**
gıladora s. **kuladıra**
gılâf *va.* s. **kılıf; -ı veter(-î) iltihabı** s. **kırış kılıfı iltihabı**
gılama *Th.* Aussprache *f* des (Zungen-)r als (Rachen-)r
gıldır gıldır Lm. e–s dumpfen, heftigen Pochens, Stampfens, Hämmerns usw. (z. B. bei Maschinen)
gıldırgıç, -cı *(Buchbinderei)* Randbeschneidmesser *n*
gıllıgış *z. va.* boshafte Gesinnung od. Absicht, Haß *m*, Ressentiment *n*, Animosität, Rachsucht *f*
gıllıgışlı *z. va.* boshaft, hinter-hältig, -listig, gehässig, heimtückisch
gıllıgışsız *z. va.* ohne Boshaftigkeit od. Hinterlist; offen, anständig, ehrlich
gılman [ā] (*Pl.* zu **gulâm** *a.* in *Sg.bed.*) 1. *isl. Myth.* Jüngling(-e *pl.*), der (die) im Paradies die Seligen bedient (bedienen) 2. *hist.* junge Pagen im Sultanspalast 3. *va.* Sklaven
gılzet, -ti *va.* 1. Grobheit, Ungeschliffenheit, Plumpheit *f* 2. Dichte, Kompaktheit *f*
gına [ā] (I) 1. *va.* Reichtum *m*, Wohlhabenheit *f* 2. *va.* Sich-Begnügen *n*, Zufriedenheit *f* 3. Sättigung *f*, Überdruß *m*

~ **gelmek** (*od.* **getirmek**) (bşden) e–r Sache überdrüssig sein; genug haben (von)
gına [ā] (II) *va.* 1. Lied *n* 2. Singen *n*
gınays s. **gnays**
gındazo [·×·] *naut.* Stengewindreep *n* (zum Vorheißen od. Fieren von Stengen)
gıpta 1. Begehren *n;* der Wunsch, dasselbe zu besitzen wie ein anderer 2. *psych.* Nacheiferung *f*, Wetteifer *m* *önürdeşme ~ **edilecek** *od.* **şayanı** ~ begehrenswert, beneidenswert ~ **etmek** (bşe) begehrenswert finden, das gleiche für sich selbst wünschen **Sizin halinize ~ ediyorum.** Ich wollte, ich wäre in der gleichen Lage wie Sie.
gır *V* 1. leeres Gerede 2. Lm. e–s Gemurmels od. Redens 3. unwahr, falsch, lügenhaft ~ **açmak** *V* j–m durch dummes Reden auf die Nerven fallen ~ **atmak** (*od.* **kaynatmak**) *V* die Arbeit liegen lassen und schwatzen ~ **geçmek** *V* nicht achtgeben, mit seinen Gedanken anderswo sein, träumen
gırafa [·×·] *naut.* kurze Ruder *pl.* zur Fortbewegung kleinerer Boote (**meşhuf** genannt) auf Tigris und Euphrat
gırap, -bı [ā] *naut. va.* zweimastiger Küstenfrachter (Indien)
gırbal, -li [ā] *va.* großlöcheriges Sieb *n* *kalbur
gırbalî [·––] *an.* Sieb- *kalbursu **azmı** ~ s. **kalbur kemiği**
gırcıla s. **kırçıla**
gırç gırç Lm. e–s durchdringenden, unangenehmen Geräusches: ~ ~ **kulağı tırmalamak** kreischen (z. B. Säge)
gırgır 1. Lm. e–s groben, lauten, andauernden Redens, Geschnatters, Ratterns, Tuckerns, Gluckerns usw. 2. s. **gargar** 3. Reißverschluß *m* *fermetür, fermuar 4. kleines, tuckerndes Motorboot 5. großes, von zwei Booten aus bedientes Fischernetz 6. bauchiger Filter-Tonkrug 7. Kehrmaschine *f* ~ **etmek** ununterbrochen reden (und e–m damit auf die Nerven gehen) ~ **geçmek** (biriyle) j–n auf den Arm nehmen; sich lustig machen (über) ~ **ötmek (karnı)** s. Stw. **gurul gurul;** ~ **provası** *Th.* s. **okuma provası;** ~ **söylemek** dauernd herumnörgeln **-a almak** (b–ni) *V* s. ~ **geçmek; -a getirmek (lafı, sözü)** *V* schwatzen, klatschen
gırıl gırıl knarrend, rasselnd, ratternd ~ ~ **işlemek** (*od.* **çalışmak**) in emsiger Tätigkeit sein; ununterbrochen arbeiten
gırılkaç 1. *naut. va.* Ablaufschlitten *m* beim Stapellauf 2. summend, brummend, surrend
gırıv [ī] *va.* Schreien, Kreischen *n,* lautes Jammern ~ **etmek** *va.* schreien, kreischen, jammern
gırize [ī] 1. Natur(-anlage) *f* 2. Trieb, Instinkt *m* *içgüdü, sevkıtabiî
gırizevî [·–·–]; **gırizî** [·––] 1. naturhaft, natürlich, angeboren, physiologisch 2. instinktiv, triebhaft
gırla [×·] *F* (Bez. e–r Intensität od. langen Dauer:) 1. aus Leibeskräften; unentwegt; so ... wie nur möglich 2. reichlich, verschwenderisch, mit vollen Händen 3. ununterbrochen, unaufhörlich, in e–m fort ~ **gitmek** 1. andauern, *F* immer so weiter gehen 2. reichlich vorhanden sein und ebenso verbraucht werden (z. B. Raki)
gırlaç, -cı *naut. hist.* kleines zweimastiges Segelboot mit flachem Boden und hohem Bug und Heck (auf der Donau)
Gırnata *n.pr. va.* Granada (in Spanien)
gırnavlamak *V* s. **cima etmek**
gırt, -tı (Lm. e–s unangenehmen, durchdringenden Tons, wie er beim Schneiden e–s harten Gegenstandes entstehen kann:) Knirschen, Quietschen, Knarren *n* ~ ~ *od.* ~ **diye** knirschend, quietschend, knarrend
gırtlak, -ağı 1. *an.* Kehlkopf, Larynx *m* (Kehle *f*, Hals *m*) *hançere 2. *fig.* Essen und Trinken *n* ~ **aynası** *med.* Kehlkopfspiegel *m,* Laryngoskop *n* ~ **bezesi** *selt.* s. **derakî gudde;** ~ **derdi** Sorge *f* um das tägliche Brot ~ **dili** *an.* Stimmritze, Glottis *f* ~ **elmacığı** *an.* Adamsapfel *m* ~ **-a gelmek** 1. einander an die Kehle fahren 2. bis aufs Messer kämpfen ~ **iltihabı** Kehlkopfentzündung, Laryngitis *f* ~ **kapağı** *an.* Kehldeckel *m* *lisanı mizmar ~ **kemiği** Adamsapfel *m* ~ **sınırı** *an.* Schlundnerv *m,* Nervus glossopharyngeus ~ **ünsüzü** *phon.* Laryngal-, Kehlkopf-laut *m* **-ına basmak** (b–nin) 1. j–m an die Kehle fahren 2. *fig.* j–m das Messer auf die Brust (an die Kehle) setzen; j–n zwingen, et. zu tun **-ına düşkün** s. **boğazına düşkün; -ına kadar borcu olmak** in Schulden stecken, über und über verschuldet sein **-ından kesmek** sich et. vom Munde absparen
gırtlaklamak j–n an der Kehle packen; würgen
gırtlaklaşmak s. **gırtlak gırtlağa gelmek**
gırtlaksı *phon.* 1. laryngal 2. Laryngal-, Kehlkopf-laut *m*
gırttadan [×··] knirschend, quietschend, knarrend
gışa [ā] *va.* Decke *f*, Häutchen *n,* Membran *f* **-yı bekâret** (*od.* **-yı bikir**) s. **kızlık zarı; -yı cenp** s. **akciğer zarı; -yı muhatî** s. **mukoza(zarı); -yı tabıl** s. **kulakzarı**
gışaî [·––] *va.* häutig
gışaîyülcenah [·–··–] s. **zarkanatlılar**
gıt gıt gıdak *oft:* [ā] Lm. des Gackerns e–r Henne, die ein Ei gelegt hat
gıtgıtlamak glucken (Küchlein führende Henne)
gıvıl gıvıl *dial.* Lm. e–r gemeinsamen Bewegung, e–s Wimmelns, Krabbelns usw.
gıy gıy etmek *pej.* auf der Geige herumkratzen
gıyaben [·×·] 1. in Abwesenheit, in contumaciam, im Versäumnisverfahren 2. dem Namen nach (z. B. kennen) 3. ohne persönlich zu kennen (z. B. verehren) 4. *va.* ohne j–s Wissen; heimlich
gıyabî [·––] 1. Abwesenheits-, Versäumnis- 2. dem Namen nach 3. ohne persönlich zu kennen ~ **hüküm** (*od.* **karar**) *jur.* Versäumnisurteil *n* ~ **tevkif müzekkeresi** *jur.* Steckbrief *m*
gıyap, -bı [ā] 1. Abwesenheit *f* 2. *jur.* Versäumnisverfahren *n* ~ **kararı** *jur.* Versäumnisurteil *n* **-ında** in seiner Abwesenheit
gıyas [ā] *va.* 1. Hilfe, Unterstützung *f* 2. helfend, Helfer *m* 3. ♀; **Gıyasettin** *mV*
gıybet, -ti üble Nachrede; Durchhecheln, Klatschen (über) *n* ~ **etmek** j–n durchhecheln, heruntermachen; Schlechtes von j–m reden
gıybetçi üble Nachrede führend; Lästerer *m,* Lästerzunge *f*
gibi 1. wie, ähnlich, gleich 2. wie zum Beispiel 3. so gut wie; nicht anders als; beinahe; fast ganz 4. als ob, als wenn 5. *(temporal)* sowie; sobald als; sofort nachdem 6. sowohl ... als auch; nicht nur ... sondern auch 7. wie es e–m ... gebührt 8. (mit konsekutiver Färbung) daß, (so daß, derart, daß) 9. gleicher, ähnlicher, solcher, so etwas Zu 1: **Benim ~ yapınız!** Handeln Sie so wie ich! Folgen Sie meinem Beispiel! **aslan ~ bir adam** ein heldenmütiger Mensch Zu 2: **Ne ~?** Was zum Beispiel? Wie etwa? **akıl, kalp, iç ~ kelimeler** Wörter wie **akıl, kalp, iç** Zu 3: **bitmiş** ~ so gut wie fertig (Gebäude, Arbeit usw.) **Ona evlâdı ~ baktı.** Er sorgte für ihn wie für sein eigenes Kind. Zu 4: **Anlamıyormuş ~ duruyor.** Er steht da, als ob er nichts verstanden hätte. **Uyuyor ~ yapıyor.** Er stellt sich schlafend. **İş bana çabuk olacak ~ gelmiyor.** Ich habe nicht den Eindruck, daß aus der Sache so bald et. werden kann. **Bir ses işitir ~ oldum.** Es war mir, als ob ich et. gehört hätte. **zelzele olur** ~ wie bei einem Erdbeben **bir şey yokmuş** ~ als ob nichts geschehen wäre Zu 5: **Haberi aldığı ~ yola çıktı.** Sofort, nachdem er die Nachricht erhalten hatte, machte er sich auf den Weg. **İşittiği ~ yerinden fırlaması bir oldu.** Dies hören und aufspringen war eins. Zu 7: **İnsan ~ hareket etti.** Er hat sich als

anständiger Mensch erwiesen. Zu 8: **Üstüm başım şehir içinde gezilecek ~ değil.** In e–m solchen Aufzug kann ich nicht in der Stadt umherlaufen. Zu 9: **sen ~ bir sadık dost** ein treuer Freund wie du es bist **bizim -ler** unseresgleichen **Bu -lerden sakınmalı.** Vor solchen Menschen muß man sich in acht nehmen. **Bunun -sini hiç görmemiştim.** So etwas (*bzw.* e–n solchen Menschen) hatte ich in meinem ganzen Leben nicht gesehen. **-lerden** *P* von nb. Art (**Aman babama söyleme der gibilerden bir işaret yaptı.** Er machte mir ein Zeichen, daß ich um Gotteswillen seinem Vater nichts erzählen solle.) **-sine gelmek** *F* vorkommen, scheinen, dünken (**Öyle -me geliyor ki ...** Es kommt mir so vor, als ob ...; Es will mir so scheinen, daß ...) **-sine getirmek** *F* durchblicken lassen; andeuten (**Bu teklifi doğru bulmamış -sine getirdi.** Er ließ durchblicken, daß er den Vorschlag nicht für gegeben ansehe.)

gibice so ähnlich

gibilik eki s. **eşitlik eki**

gicik *dial.* s. **uyuz** (1)

gicinmek *dial.* s. **uyuz olmak** (1)

gicişmek *P* s. **gidişmek**

gid [ī] (*franz.* **guide**) *selt.* 1. Begleiter, Führer *m* 2. Reisehandbuch *n*

gidedurmak vgl. Stw. **durmak** (15)

gidegele; gidegide s. Stw. **gitmek**

gideğen Abfluß *m* (aus e–m Teich od. See) *ayak; müfriz su

gider Ausgaben, (Un-)Kosten, Spesen *pl.* *masraf, masarif **-leri karşılamak** die Ausgaben decken

giderayak 1. gerade beim Weggehen 2. *fig.* im letzten Augenblick

giderek allmählich, langsam, mehr und mehr, mit der Zeit *yavaş yavaş derece derece, gittikçe, tedricî olarak

gideren alan *phys.* Koerzitivfeld *n* *koersitif saha

giderenlik *phys.* Koerzitivkraft *f*

giderim s. **tazminat**

gidermek, (-ir) beseitigen, beheben, entfernen, fortschaffen, aus dem Wege räumen; stillen, löschen **Çay harareti gider.** Tee löscht den brennenden Durst.

gidi (*Schi., gel.* scherzhafter Tadel od. Ausdruck e–s stärkeren Gefühls) 1. *urspr.* Kuppler, Zuhälter *m* 2. Schweinehund, Schuft *m,* verdammter Kerl 3. ungezogener Bursche; Bengel, Lausbub *m* 4. **(hey ~ ... hey)** ach, ja Zu 2: **O, -nin biridir!** Er ist (auch so) ein Schweinehund! **Seni ~ bopstil seni!** Du blöder Affe, du! **Vay ~ keratanın oğlu!** Dieser verdammte Schuft! Zu 3: **Yine mi yaramazlık, seni ~ haylaz!** Hast du schon wieder etwas angestellt, du ungezogener Lausbub du! Zu 4: **Hey ~ bizim gençliğimiz hey!** Ach, wo ist unsere Jugend geblieben! **Hey ~ kiraz hey!** Ja, das sind die Kirschen!

gidilmek Pass. zu **gitmek. Pazar günü gezmeye gidildi.** Am Sonntag ging man spazieren.

gidim 1. s. **gidiş** 2. s. **inme** (2); **~ hali** s. **inik deniz**

gidimli *log.* diskursiv *bahsî

gidiş 1. (Fort-, Hin-)Gehen *n,* Abreise, Hin-, Ab-fahrt *f* 2. Art und Weise *f* des Gehens od. Fahrens; Gang, Schritt *m,* Tempo *n* 3. Verlauf *m* (z.B. e–r Krankheit), Fortgang *m* (z.B. von Verhandlungen), Entwicklung *f* 4. Benehmen, Betragen, Verhalten *n,* Umgangsformen, Manieren *pl.* 5. *fr.* (in bezug auf hohe Persönlichkeiten:) offizieller Besuch, (offizielle) Ausfahrt **~ geliş** (*od.* **~ dönüş**) 1. Hin- und Rückfahrt *f* 2. Reise *f* 3. Verkehr *m* *seyrüsefer, trafik **~ geliş bileti** Hin- und Rückfahrkarte *f* **~ geliş talimatı** Verkehrsvorschriften *pl.* **~ geliş tanzim kıtası** *mil.* Verkehrsregelungstruppe *f* ≗ **o ~!** Weg ist er und kommt nicht mehr! Seither wurde er nicht mehr gesehen. **~ ve hal** Betragen *n* (e–s Schülers) *tavrühareket

gidişat, -tı [ā] (*pseudoar. Pl.) P* 1. Entwicklung *f* (der Dinge), Gang *m* (der Ereignisse), Ereignisse *pl.,* Zustand, Verlauf *m* *gelişat 2. Verhalten, Benehmen *n* Zu 1: **dünyanın -ı** Lauf *m* der Welt

gidişmek 1. jucken 2. sich kratzen *kaşınmak 3. sich gegenseitig Besuche machen 4. miteinander gut bekannt sein

gidon (*franz.* **guidon**) 1. Lenkstange *f* (am Fahrrad) 2. *naut.* Doppelstander *m* (des Kommodore)

gil *dial.* Familie *f* (*Anm.:* In der türk. Hochsprache nur als Sx. verwendet, spez. in Fn. wie z.B. **Erişirgil, Siyavuşgil, Uşaklıgil** usw. od. in biol. Fachbez. wie **aslangiller, abanozgiller, ısırgangiller** usw.)

-gil; -gıl 1. *va. Sx.* zur Verst. e–s Imp. (2. Person) z.B. geçgil, geçmegil, yazgıl, yazmagıl usw. 2. s. **gil**

gilaburu *dial.* s. **kartopu** (1)

Gine *n.pr.* Guinea (Westafrika) **~ domuzu** s. **kobay; ~ tavuğu** s. **Beç tavuğu**

gine (I) [×·] Guinea, Guinee *f* (*fr.* engl. Goldmünze im Wert von 21 Schilling)

gine (II) s. **gene**

ginyol (*franz.* **guignol**) Kasperle(-theater *n*) *m*

gips s. **alçıtaşı**

gipür Gipüre *f* (Spitzenart)

-gir *pers. Sx.* nehmend, packend, ergreifend; s. **cihangir** u.a.

girah [ā] *va.* 16. Teil e–s **arşın;** ca. 4 cm

giran [ā] *va.* 1. schwer (Gewicht) 2. schwierig 3. unangenehm, abstoßend **~ gelmek** (b–ne) *z. va.* j–n hart ankommen, j–m Mühe machen, schwer zu ertragen sein

giray *hist.* Titel von Krimfürsten (14. Jh. bis 1783)

gir-çık belgesi s. **triptik**

girdap, -bı [ā] 1. (Wasser- od. Luft-)Wirbel *m* *burgaç; su(hava)çevrisi 2. s. **anafor** 3. s. **ayna** (4) 4. *fig.* Strudel, Abgrund *m* **~ ağası** *hist.* (Donau-)Lotse *m*

girdaplı [ā] *a. techn.* wirbelig

girdapsız [ā] *a. techn.* wirbelfrei

girdi *H* das in e–m Betrieb zu bearbeitende Material; Einsatz, Input *m*

girdi çıktı *P* 1. nähere (engere, vertraute, intime) Beziehung; privater Verkehr 2. Mechanismus *m* (z.B. e–r Maschine), Triebwerk, Gefüge *n,* Aufbau *m* 3. Einzelheiten, Kleinigkeiten *pl.* Zu 1: **Bunun, onlarla hiçbir girdi(-si) çıktısı olamaz.** Er kann zu ihnen keine nähere Beziehung haben. Zu 2: **Ben, bu makinenin girdi(-sini) çıktısını bilmem.** Ich weiß nicht, wie man mit dieser Maschine (*bzw.* diesem Apparat) umzugehen hat. Zu 3: **Mesele bitmiş gibi görünüyor ama, birçok girdi(-si) çıktısı var.** Es sieht so aus, als ob die Sache ihren Abschluß gefunden hätte, jedoch sind noch recht viele Einzelheiten zu bereinigen. **girdi çıktı analizi** *H* Einsatz-Ausstoß-(od. Input-Output-)Analyse *f*

girdibat, -tı [ā] Wirbelsturm, Zyklon *m* *hava çevrisi; kasırga

girek, -eği *dial.* Ein-, Zu-gang *m* *methal

Giresun *n.pr.* Giresun (das alte Kerasund), Hafenstadt am Schwarzen Meer im gln. Rbz.

girgin 1. zwanglos, unbefangen, natürlich, aufgeschlossen 2. zuvorkommend, gern gesehen, sympathisch wirkend 3. rührig, geschäftstüchtig 4. wer leicht gesellschaftliche Beziehungen anknüpft 5. ≗ *wV* Zu 4: **Kendisi oraya girgindir.** Er ist dort bestens eingeführt. Er ist ein guter Freund der Familie.

girginlik 1. Unbefangenheit, Zwanglosigkeit, Aufgeschlossenheit *f* (des Verhaltens) 2. Zuvorkommenheit *f,* sympathisches Wesen 3. Rührigkeit, Geschäftstüchtigkeit *f* 4. rasches Anknüpfen gesellschaftlicher Beziehungen

giriban [·––] *va.* Kragen *m* *yaka **-nı kurtarmak** s. **elinden giribanını kurtarmak**

girici *phys.* durchdringend
Giridî *va.* s. **Giritli**
girift, -ti 1. *va.* Packen, Ergreifen *n* 2. *va.* Verhaften, Festnehmen *n* 3. ineinander verschlungen 4. *fig.* verwickelt, kompliziert, unübersichtlich 5. so ineinander verschlungen und angeordnet, daß der ganze zur Verfügung stehende Raum ausgefüllt ist (ar. Kunstschrift) 6. e–e kleinere Art **ney** (Rohrflöte) ~ **etmek** *va.* verhaften, fest-, gefangen-nehmen ~ **tezyinat** s. **arabesk**
giriftar [ā] 1. *va.* gefangengenommen, verhaftet 2. (m. Dat.) *z. va.* befallen, ergriffen, überkommen (von Krankheit, Kummer usw.)
giriftleme s. **arabesk; girişik örgü**
giriftlemek ineinander verschlingen, verflechten
giriftleşmek 1. sich ineinander verschlingen, verwickeln 2. *pej.* kompliziert und unübersichtlich werden
giriftzen Flötenspieler *m*
girilik *reg. (Anatolien)* Hochzeitsanzug *m*
girilmek Pass. zu **girmek. İçeriye girilmez!** Eintritt verboten!
girimlik *P* Eintrittskarte *f* *duhuliye kartı
girinti einspringender Raum (Bogen, Winkel), Schleife *f* (e–s Flusses), Einbuchtung, Vertiefung *f* (*ant.* çıkıntı)
girintili mit einspringendem Raum (Winkel, Bogen), mit Einbuchtung(-en) od. Vertiefung(-en) ~ **çıkıntılı** 1. sich windend, gewunden, gekrümmt, mit Aus- und Ein-buchtungen 2. mit Vertiefungen und Erhebungen; uneben, holperig, unregelmäßig 3. ausgezackt ~ **çıkıntılı yapmak** *a.:* auszacken
giriş 1. Art und Weise *f* des Eintretens od. Hereinkommens; Ein-, Zu-tritt *m,* Betreten *n* (vgl. **girmek**) 2. a) Ein-gang *m,* -fahrt *f* b) *techn.* Einlaß *m* c) *geogr.* Einmündung *f* d) Flugloch *n* (der Bienen) e) Eintrittsgeld *n* *duhuliye 3. a) Einführung *f* (z.B. bei e–m Roman) b) Vorstufe *f* (e–r Wissenschaft) 4. *mus.* a) Einleitung *f* bzw. Präludium *n* b) Einsatz *m* (e–r Stimme od. e–s M.i.) 5. *mil.* Einbruch *m* (z.B. in e–e Frontlinie) 6. Einzug *m* (z.B. in e–e eroberte Stadt) 7. Zugang *m* (z.B. von Häftlingen in e–m Gefängnis) (*ant.* çıkış) ~ **aralığı** Vorhalle *f,* Vestibül *n* ~ **beyannamesi** (Zoll-)Einfuhrerklärung *f* ~ **bileti** Eintrittskarte *f* ~ **borusu** Einlaßrohr *n* ~ **çıkış** Name e–s türk. Ksp. ~ **deliği** Einsteigloch *n,* (Straßen-)Schacht *m* *menhol ~ **gümrük vergisi** Einfuhrzoll *m* ~ **hakkı** *jur.* Einreiserecht *n* ~ **istikameti** *mil.* Einbruchs-, Einfall-richtung *f* ~ **izolatörü** Zuleitungsisolator *m* (in e–r Wand) ~ **kapısı** Eingang(-s.tür *f*) *m* ~ **katı** Erdgeschoß, Parterre *n* ~ **sınavı** *Th.* Vorsprechen *n* ~ **sofası** Vorhalle, Diele *f* ~ **yolu** Zufahrts-weg *m,* -straße *f*
girişik ineinander verschlungen *girift ~ **bezeme** (*od.* ~ **örgü**) Verschnörkelung *f,* Geflecht *n,* Arabeske *f* *kaytan örgü ~ **tümce** *gr.* erweiterter Satz; Satzgefüge *n* *mudil cümle
girişilmek Pass. zu **girişmek. Büyük bir sermaye olmadıkça bu işe girişilemez.** Das kann man nur mit e–m größeren Kapital unternehmen.
girişim 1. *phys.* Interferenz *f* *tedahül 2. s. **teşebbüs**
girişimölçer Interferometer *n*
girişken unternehmungsfreudig, voll Initiative *müteşebbis
girişli 1. mit nb. Art des Eintretens 2. mit nb. Eingang (Einführung usw.) ~ **çıkışlı** *techn.* beweglich, gleitend
girişlik 1. Eingang(-s.tür *f*) *m* 2. Einlaß *m,* Eintrittsgeld *n* 3. s. **girizgâh** (3, 4)
girişmek (m. Dat.) 1. sich einmischen (in), sich beteiligen (an), sich befassen (mit) 2. unternehmen *teşebbüs etmek 3. beginnen, anfangen, sich werfen (verlegen) (auf) 4. (birbirine) a) sich ineinander verwickeln b) miteinander in Streit geraten Zu 1: **Ben öyle bulaşık işlere girişemem.** Mit solchen trüben Angelegenheiten will ich nichts zu schaffen haben. Zu 2: **Bir şirket kurmağa girişti.** Er unternahm die Gründung e–r (Handels-)Gesellschaft. Zu 3: s. **harbe (kavgaya, söze, ticarete) girişmek**
Girit(adası), -di *n.pr.* Kreta ~ **ağacı** 1. s. ~ **otu** 2. s. ~ **ladeni;** ~ **abanoz ağacı** kretische Wollblume *bot.* Anthyllis cretica ~ **çıbanı** s. **Halep çıbanı;** ~ **dalak otu** Ysopgamander *m bot.* Teucrium creticum ~ **diktamı** s. ~ **otu;** ~ **kekik otu** kretisches Bohnenkraut *bot.* Satureja thymbra *Girit sater otu ~ **ladeni** kretische Zistrose *bot.* Cistus creticus ~ **lâlesi** Gartenhahnenfuß *m bot.* Ranunculus creticus ~ **otu** kretischer Diptam; Diptamdosten *m bot.* Origanum dictamnus *Girit diktamı, mangır otu ~ **sater otu** s. ~ **kekik otu;** ~ **sümbülü** s. **büyük kediotu;** ~ **şakayıkı** s. **bahçe şakayıkı** (2)
Giritli 1. Kret(ens)er(-in *f*) *m,* Kandiot(-in *f*) *m* 2. aus Kreta stammend, kret(ens)isch
giriz *(im Ortaoyunu)* = **oyun**
girive [·–·] 1. *va.* felsige Anhöhe; Abgrund *m* 2. *fig.* Schwierigkeit, Verwicklung, Komplikation, Sackgasse *f*
girizgâh [·––] 1. Zufluchtsort *m* 2. *fig.* Ausflucht *f,* Ausweg *m* 3. *fig.* Ausgangspunkt *m* e–r *rhet.* Abschweifung 4. *fig.* Einleitung *f,* Vorwort *n*
girlant, -dı Girlande *f,* Laub- od. Blumen-gewinde *n* (*a.* als Stickerei)
girme 1. Vs. zu **girmek** 2. *dial.* Eingang *m* (z.B. an e–m Gebäude) *methal 3. *mil.* Einbruch *m* 4. s. **girinti** 5. Türband *n* (bei Tür- od. Fensterangel) ~ **mahalli** (*od.* **yeri**) *mil.* Einbruchstelle *f* ~ **yapmak** *mil.* e–n Einbruch erzielen
girmek, (-er) 1. hineingehen, hereinkommen, eintreten; eingeführt werden (z.B. Ware aus dem Ausland) 2. eindringen, einbrechen 3. hinein-passen, -gehen, Platz od. Raum finden (in) *sığmak 4. sich zugesellen, sich anschließen, sich beteiligen 5. übertragen werden 6. e–e Tätigkeit od. e–n Zustand beginnen 7. (biribirine) a) ineinander geraten, sich verwickeln; aufeinanderfahren (z.B. Autos) b) aneinander geraten, tätlich gegeneinander vorgehen, handgemein werden c) von allgemeiner Panik befallen werden (z.B. Menschenmenge) 8. *(intr.)* beginnen, anfangen, einsetzen *başlamak 9. eingehen (z.B. auf Einzelheiten) 10. annehmen (z.B. andere Form) Zu 3: **Elim, bu eldivene girmiyor.** Meine Hand paßt in diesen Handschuh nicht hinein. Zu 4: **münakaşaya** ~ sich an der Diskussion beteiligen; s.a. **Aramıza girdi.** Zu 5: **Koyunlara kelebek girdi.** Die Schafe sind von der Drehkrankheit befallen worden. Zu 6: s. **günaha (mektebe, renkten renge)** ~**; bu işe** ~ **istiyenler** Bewerber, Reflektanten *pl.* **İsviçre tabiiyetine girdi.** Er hat die Schweizer Staatsangehörigkeit angenommen (erworben). **bir mesleğe** ~ e–n Beruf ergreifen **yirmisine** ~ zwanzig Jahre alt werden Zu 8: **İlkbahar girdi.** Der Frühling hat begonnen. **girdi çıktı** s. ges. Stw. **girip çıkmak** (m. Dat.) 1. nur kurze Zeit bleiben (vorsprechen, verweilen), auf e–n Sprung zu j–m kommen 2. häufig irgendwohin gehen **Girmediği kapı yok.** Er hat schon bei allen möglichen Leuten gedient (*bzw.* vorgesprochen od. gebettelt). **girmiş çıkmış** „wer (in das Irrenhaus) hineingegangen ist und es wieder verlassen hat" *d.h.* ein wenig verrückt, etwas verschroben, nicht ganz bei Trost
girmeli 1. s. **girintili** 2. mit Fischband-Beschlägen ~ **çıkmalı** 1. s. **girintili çıkıntılı** 2. mit vielen Ein- und Ausgängen 3. mit ineinandergehenden Zimmern
girmelik *selt.* Eintritts-geld *n,* -gebühr *f* *duhuliye
Girne *n.pr.* Kerynia (Städtchen auf Zypern)
giroskop, -pu s. **jiroskop**
girus *an.* Gyrus *m,* Gehirnwindung *f*
giryan [ā] *va.* weinend

girye *va.* Weinen *n* ~ **etmek** *va.* weinen
giryende *va.* weinend
giş (nur in der Füg. **gıllügiş** *q.v.)*
gişe 1. (Bank-, Fahrkarten-, Post- usw.)Schalter *m,* Theaterkasse *f* *bilet satış yeri 2. (Lotterie-)Einnahme, (Los-) Verkaufsstelle *f* (Wett-)Büro *n,* Annahmestelle, Kasse, Zahlstelle *f* u. ä. m. ~ **birincisi** Kassenschlager *m (spez.* Film) ~ **işletmek** *Th. F* die Kasse klingeln lassen ~ **oyunu** *Th.* Kassen-stück *n,* -erfolg *m*
gitar *mus.* Gitarre *f*
gitarcı; gitarist, -ti Gitarrist(-in *f*) *m*
gitgel *F* Ausflüchte, Vorwände *pl.*
gitgide [×··] allmählich, mit der Zeit, langsam, immer mehr *gittikçe
gitmek, (-der) 1. (fort-, weg-)gehen, sich begeben (nach) 2. (weg-)fahren, abreisen 3. gehen, führen (Weg) 4. (m. Dat.) stehen, kleiden, passen 5. verbraucht werden, draufgehen, zugrundegehen 6. abgehen, abgesandt werden (Brief, Nachricht usw.) 7. ein Bedürfnis decken; reichen, langen 8. ver-, vorüber-gehen, verstreichen 9. halten (z.B. Anzug) 10. begleiten (auf e−m Weg) 11. verlaufen, sich entwickeln, (in e−r best. Art) weitergehen 12. *allg.* Bez. e−r Bewegung: gehen, laufen, fliegen, fahren, traben usw. 13. sich zeitweilig od. für dauernd von e−m Ort entfernen, z.B. seine Stellung aufgeben 14. *Hv.* zur Darstellung der durativen Aktionsart 15. *Hv.* in Füg. wie **dikine (gücüne, hoşa, tuhafına)** ~ 16. austreten müssen (*spez.* infolge Durchfall), *F* „laufen müssen" 17. *V* geschlechtliche Beziehungen unterhalten Zu 3: **Bu yol nereye gider?** Wohin geht (führt) dieser Weg? Zu 4: **Bu elbise size pek iyi gidiyor.** Dieser Anzug kleidet Sie sehr gut. Zu 5: **Bu kadar para nereye gitti?** Wofür ist soviel Geld gebraucht worden? **Bu yemeğe yarım kilo yağ gitmez.** Für dieses Essen braucht man kein halbes Kilo Fett. **Sıhhatine iyi bak, yoksa gidersin.** Achte auf deine Gesundheit, sonst gehst du zugrunde. Zu 6: **Haber daha gitmedi.** Die Nachricht ist noch nicht abgegangen. Zu 7: **Bu kâğıt bize bir ay gider.** Dieses Papier reicht uns e−n Monat lang. Zu 8: **Yaz gitti, kış geldi.** Der Sommer ist vorbei, und der Winter ist da. Zu 9: **Bu elbise iki sene gider.** Dieser Anzug hält zwei Jahre. Zu 10: **Annesi İzmir'e gidiyordu, onunla gitti.** Er hat seine Mutter auf der Reise nach Izmir begleitet. Zu 11: **Bakalım bu iş nasıl gidecek.** Ich bin gespannt, wie die Sache weitergehen wird. **Bu hal böyle (devam edip) gidecek mi?** Soll das immer so weitergehen? **Hava bozuk gidiyor.** Es ist andauernd (od. immer noch) schlechtes Wetter. Zu 12: **Bu at iyi gider.** Dieses Pferd läuft gut. **Bu uçak saatte bin kilometre gider.** Das Flugzeug hier fliegt tausend Kilometer in der Stunde. Zu 14: **Bu iş öyle olagidecek.** Das geht immer so weiter. **Bundan sonra refahta ömür sürer gideriz.** Danach werden wir immer sorgenfrei leben können. **gide gele** immer wieder hingehend; mit vielen Laufereien und Scherereien **gide gide** allmählich, mit der Zeit **Gideceğin yerde bir gözünü kör, bir kulağını sağır edeceksin!** Was du dort, wo du hingehst, siehst oder hörst, geht dich nichts an. Kritisiere nicht etwas, was dir fremd ist! **gidip gelme** Vs. zu **gidip gelmek** *a.:* Reise *f* od. Hin- und Rückfahrt *f* **gidip gelmek** 1. (fort-)gehen und (zurück-)kommen, hin- und zurückfahren 2. sich eifrig und fortgesetzt mit et. bemühen (Zu 2: **Salataya gidip geliyor.** Von dem Salat kommt er einfach nicht mehr los.) **git git bitmemek** *F* unendlich lang sein; kein Ende nehmen wollen (Weg) **Git (çişini et) yat!** *F* Geh und laß mich in Ruhe! **Gitti bezzaz geldi kazaz.** 1. Die Besucher gaben sich die Türe in die Hand. 2. Kaum war die e−e Angelegenheit erledigt, so drängte schon e−e weitere. **gitsin** (in Verb. mit e−m anderen Imp. zur Bez. e−s Abschließen-Wollens:) **Bu parayı verelim gitsin!** Na, zahlen wir eben den Betrag (*scil.* und dann ist die Geschichte bereinigt)! **ki deme** (*od.* **sorma**) **gitsin** daß es nicht zu sagen ist; unvorstellbar, unglaublich
gitti 1. er (sie, es) ist gegangen 2. (in Verb. mit e−m anderen Perfekt:) a) zum Ausdruck, daß et. Unerwünschtes geschehen ist bzw. et. Erwünschtes nicht eingetreten ist od. nicht eintreten wird b) schließlich, doch Zu 1: ⩍ **de geldi.** Er ist gerade noch einmal dem Tod entronnen. (Schwerkranker, an dessen Aufkommen man verzweifelt hat) Zu 2a: **Doktor yetişinceye kadar adam öldü ~.** Bis der Arzt kam, war der Kranke leider schon gestorben. **Diktiğim fidanı yel aldı ~, kızımı büyüttüm el aldı ~.** (volkstüml. Doppelvers) Ein Reis pflanzte ich, da kam der Wind und riß es hinweg. Meine Tochter zog ich auf, da kam ein Fremder und nahm sie fort. Zu 2b: **Madem bu kalem sana bu kadar lâzımmış, verdim ~.** Da du diesen Bleistift angeblich so dringend brauchst, habe ich dir ihn schließlich gegeben (*scil.* obwohl ich das zuerst nicht wollte). **Anlayamadım gitti.** Ich konnte ihn beim besten Willen nicht verstehen. ⩍ **gider** *(a. m. der Forts.)* **dahi gider.** Hin ist hin und weg ist weg! **Gitti Gülsüm, geldi Gülsüm, Azrail ettiğin bulsun!** *pej.* Es ist alles beim alten geblieben!
gittikçe [·×·] allmählich, mit der Zeit, immer mehr, langsam *gitgide
giydirici *Th.* Gewandmeister(-in *f*) *m,* Garderobier *m,* -e *f*
giydirme 1. Vs. zu **giydirmek** 2. Futtermauer *f* ~ **tahtası** Schacht-, Gruben-holz *n*
giydirmek (*a.* **giydirip kuşatmak**) 1. j−n ankleiden, anziehen 2. einkleiden, mit Kleidern versehen 3. bedecken *örtmek 4. ausschelten, ausschimpfen, abkanzeln Zu 4: **Onu öyle bir giydirdim ki ...** Ich habe ihm ganz gehörig den Kopf gewaschen.
giyecek Bekleidung *f*
giyim 1. Garnitur *f* (Wäsche) 2. Kleidung, Tracht *f,* äußerer Aufzug 3. Satz *m* (zusammengehöriger Gegenstände) *takım Zu 1: **İki ~ çamaşırım kaldı.** Ich habe nur mehr zwei Garnituren Wäsche. Ich kann jetzt gerade noch zweimal die Wäsche wechseln. Zu 2: **⩍inden işçi olduğu anlaşılıyordu.** An seiner Kleidung erkannte man den Arbeiter. Zu 3: **bir ~ nal** ein Satz Hufeisen (vier Stück) ~ **biti** Kleiderlaus *f zo.* Pediculus vestimenti ~ **eşyası** Bekleidungsartikel *pl.* ~ **gösterisi** Mode-schau, -vorführung *f* *defile ~ **güvesi** Kleidermotte *f zo.* Tineola biseliella ~ **kuşam** 1. Kleidung *f* 2. *spez.* beste Kleider *pl.,* Putz, Staat *m* **-i kuşamı yerinde** sauber und ordentlich gekleidet; gut angezogen
giyimevi, -ni Bekleidungsgeschäft *n spez.* Geschäft *n* für Herrengarderobe
giyimli 1. mit nb. Kleidung, so und so gekleidet 2. *pr.* gut gekleidet, elegant angezogen ~ **kuşamlı** s. **giyimi kuşamı yerinde**
giyimlik s. **giyecek**
giyinik angezogen, gekleidet
giyiniş Kleidung *f,* Aufzug *m*
giyinmek 1. sich anziehen, sich ankleiden 2. (bşi) ein Kleidungsstück anlegen 3. innerlich wütend werden (ohne et. zu sagen) **giyinip kuşanmak** 1. sich anständig (sorgfältig, gut) kleiden 2. sich fix und fertig anziehen **giyinmiş kuşanmış** s. **giyimli kuşamlı**
giyinti (in der Füg.:) ~ **kuşantı** Kleidung(-sstücke *pl.*) *f,* Kleid, Gewand *n,* Anzug *m*
giyit *P* Kleidung *f,* Kleider *pl.*
giyle *dial.* Schnee-teller, -reifen *m* (zum Gehen im hohen Schnee)
giyme (I) (*franz.* **guillemet**) Anführungszeichen, Gänsefüßchen *pl.* *tırnak işareti

giyme (II) Vs. zu **giymek**
giymek 1. anziehen od. tragen (Kleidungsstück, Kleidung) 2. aufsetzen (Kopfbedeckung) 3. sich et. anhören müssen, et. einstecken müssen 4. s. **hüküm ~**
Giyom (*franz.* **Guillaume**) *n.pr.* Wilhelm ~ **Tel** *n.pr.* Wilhelm Tell
giyoş Guilloche *f*
giyotin Guillotine *f*, Fallbeil *n*
giysi Kleidung(-sstück *n*) *f*, Kleid *n; Th.* Kostüm *n* ~ **denemesi** *Th.* Kostümprobe *f* ~ **yaratıcısı** *(Film)* Kostümentwerfer *m*
giysili 1. gekleidet 2. kostümiert ~ **filim** Film *m* mit historischen Gewändern
giysilik *Th.* Garderobe *f* *gardırop, vestiyer
giz (I) *naut.* Gaffel *f a.* Besan- od. Flaggen-gaffel *f* ~ **sancağı** Gaffelflagge *f* ~ **sancak savlosunun bastikası** *naut.* Affenschwanz *m* ~ **yelkeni** Gaffelsegel *n*
giz (II) Geheimnis *n* *sır
gizek zehnsaitiges M.i., das teils mit Bogen, teils als Z.i. gespielt wird
gizem unerforschliches Geheimnis; Mysterium *n*
gizemci mystisch, Mystiker *m* *mutasavvıf
gizemcilik Mystik *f* *tasavvuf
gizemli geheimnisvoll, mysteriös *esrarlı
gizemsel mystisch *tasavvufî
gizil 1. *phys., phil.* potentiell *kâmin, meknî, potansiyel 2. *phil.* virtuell *bilkuvve
gizilgüç *phys., phil.* Potential *n* *iktidar, kuvvei mekniye, potansiyel
gizleme Vs. zu **gizlemek** *spez. mil.* Tarnung, Verschleierung *f* ~ **ağı** Tarnnetz *n* ~ **keşfi** *mil.* Tarn-Erkundung *f* ~ **malzemesi** Tarnmaterial *n* ~ **örtüsü** Tarnüberzug *m* ~ **planı** *mil.* Tarnungsplan *m*
gizlemek 1. verstecken 2. *mil.* tarnen 3. verbergen, geheimhalten 4. (bşi b–den) j–m et. verheimlichen, verhehlen, verschweigen
gizlen(il)mek Pass. od. Refl. zu **gizlemek**
gizli 1. geheim(-gehalten), Geheim-, heimlich, verborgen, versteckt 2. okkult, geheimnisvoll, mysteriös 3. vertraulich (z.B. Mitteilung) 4. *med.* latent 5. *Adv.* s. **gizlice;** ~ **ayna** Fensterspiegel, Spion *m* ~ **bilimler** okkulte Wissenschaften *pl.* *ulumu hafiye ~ **celse** Geheimsitzung *f* ~ **cep** eingenähte Tasche ~ **çekmece** s. ~ **göz;** ~ **dere** Dachrinne *f* mit Regenabfallrohr ~ **din taşımak** e–e andere (rel. od. sonstige) Überzeugung besitzen, als man sie zur Schau stellt ~ **diplomasi** Geheimdiplomatie *f* ~ **enflasyon** schleichende Inflation ~ **ev** Bordell *n* ~ **göz** Geheimfach *n* (z.B. in e–m Schreibtisch) ~ **ihtiyat** stille Reserven *pl.* ~ **ilimler** okkulte Wissenschaften *pl.* *ulumu hafiye ~ **işaret** Geheimzeichen *n* ~ **kapaklı** ganz geheim; heimlich, verstohlen; was das Tageslicht (od. fremde Augen) zu scheuen hat (**Bizim ~ kapaklı işimiz yok.** Wir haben nichts vor fremden Augen zu verstekken.) ~ **kapı** Geheim-, Tapeten-tür *f* ~ **kuvvetler** geheime (geheimnisvolle, unbekannte) Kräfte *pl.* ~ **mani** *mil.* versteckte Sperre ~ **merdiven** Geheimtreppe *f* ~ **muahede** Geheimvertrag *m* ~ **mürekkep** sympathetische Tinte ~ **oy** geheime Abstimmung ~ **oyla** in geheimer Abstimmung ~ **ödenek** Geheim-, Dispositions-fonds *m* *tahsisatı mesture ~ **sahra polisi** *mil.* geheime Feldpolizei ~ **sıtma** 1. latente Malaria 2. *fig.* von versteckter Bosheit; hinterhältiger Kerl, Duckmäuser *m* ~ **silâh** Geheimwaffe *f* ~ **pençe** eingesetzte Sohle (bei Schuhreparatur) ~ **tayyare meydanı** *mil.* versteckter Flughafen ~ **tutmak** geheimhalten **-den -ye** insgeheim; heimlich und verstohlen **-yi düğün evinde okumak** et. aller Welt kundtun (was geheim bleiben sollte)
gizliboyunlular Halsberger *pl. zo.* Cryptodira (Unterordnung der Schildkröten)
gizlice [×··] *Adv.* heimlich, versteckt, verstohlen, insgeheim, vertraulich
gizlicilik, -iği Okkultismus *m* *okültizm
gizligüç s. **gizilgüç**
gizlik, -iği 1. Schneide *f* (e–s Messers usw.) 2. Klapp-, Taschen-messer *n* 3. Federmesser *n* mit langem Griff
gizlilik, -iği Heimlichkeit, Geheimhaltung *f*
gizliot, -tu gemeine Schuppenwurz *bot.* Lathraea squamaria
gizmen(-lik) s. **ajan(-lık)**
gizyazı s. **şifre; -ya çevirmek** s. **şifrelemek**
gizyazılı s. **şifreli**
gladiçya Gleditschie *f*, dornige Christusakazie *bot.* Gleditschia (triacanthos)
gladiyatör *hist.* Gladiator *m*
glans (*lat., engl.* **glans**) s. **kamış başı; haşefe**
glas (*franz.* **glace**) 1. (Speise- od. anderes)Eis *n* 2. *selt.* Spiegel *m*
glase (*franz.* **glacé**) glänzend, (Hoch-)Glanz, Glacé-, Lack- ~ **deri** Glacéleder *n* ~ **eldiven** Glacéhandschuhe *pl.* ~ **iskarpin** Lackschuhe *pl.* ~ **kâğıt** Glanz-, Satin-papier *n*
glaseleme makinesi Satiniermaschine *f*, Kalander *m*
glaselemek 1. glasieren, mit Glasur überziehen 2. *(Malerei)* lasieren 3. (Papier, Stoff usw.) satinieren
glasi (*franz.* **glacis**) s. **saydam boya**
glasye (*franz.* **glacier**) Gletscher *m* *buzul, cümudiye ~ **devri** s. **buzul çağı**
glasyolog Glaziologe, Gletscherforscher *m*
glasyoloji Glaziologie, Gletscherkunde *f* *buzul bilimi
glayöl (*franz.* **glaïeul**) Gladiole, Schwertlilie *f bot.* Gladiolus *kuzgunkılıcı; kılıç çiçeği
glazür Glasierung, Glasur *f*
gley Gleiboden *m* (Bodenart im Bereich des Grundwasserspiegels)
glikojen Glykogen *n* (tierische Stärke) *hayvansal nişasta
glikol *chem.* Glykol *n*
glikolik asit *chem.* Glykolsäure, Oxyessigsäure *f*
glikoz Glykose, Glukose *f*, Traubenzucker *m* *üzüm (*od.* nişasta) şekeri, dekstroz
glikozit, -di *chem.* Glykosid, Glukosid *n*
glikozüri *med.* Glykosurie, Glukosurie *f*, Zuckerausscheidung *f* im Harn
gliptik, -iği (Gemmen-)Glyptik, Steinschneidekunst *f* *taş kazıcılığı
glisemi *med.* Glykämie *f*, Zuckergehalt *m* des Blutes
gliserin *chem.* Glyzerin *n*
gliserinli Glyzerin enthaltend od. mit Glyzerin zubereitet; Glyzerin-
glisin s. **mor salkım**
glisiyer *techn.* Gleit-, Lauf-, Führungs-schiene *f*, Schlitten *m*
glob (*franz.* **globe**) 1. Kugel *f*, Ball *m* 2. Schusterkugel *f*
global 1. Gesamt-, Gesamtheits-; global 2. abgerundet, rund (Zahlen)
globül 1. Kügelchen *n* 2. Blutkörperchen *n* 3. kleine Pille
glokom *med.* Glaukom *n*, grüner Star *karasu
glokoni *min.* Glaukonit *m*
gloksinya [·×·] Gloxinie *f bot.* Gloxinia speciosa
glosit, -ti *med.* Glossitis, Zungenentzündung *f* *dil iltihabı, iltihabı lisan
glotis *an.* Stimmritze, Glottis *f* *mizmar
gluglu etmek kollern (Truthahn)
glükoz(-it) s. **glikoz(-it)**
glüten Gluten(-mehl *n*) *n*, Kleber *m* ~ **ekmeği** Gluten-, Kleber-brot *n* (für Diabetiker)
GMC s. **cemse**

GMT (= Greenwich Mean Time) westeuropäische Zeit ~ **ayarı ile 19.00' da** um 19.00 Uhr westeuropäische Zeit
gnays *min.* Gneis *m*
gnostik gnostisch, Gnostiker *m*
gnostisizm *phil.* Gnostik *f*, Gnostizismus *m* *bilinircilik, irfaniye
gnozeoloji *phil.* Gnoseologie, Erkenntnislehre *f* *bilgi kuramı
gnu Weißschwanzgnu *n zo.* Connochaetes gnu
gobene Fregattenmakrele *f zo.* Auxis thazard
goblen (halısı) Gobelin *m*, Wandteppich *m* mit eingewirkten Bildern *halıresim
goblet (*franz.* **gobelet**) **gözesi** s. **kadeh hücresi**
gocuk grober Schaffellmantel (der Hirten) mit Pelzseite nach innen
gocunmak s. **kocunmak**
godak s. **sıpa**
gode (*franz.* **godet**) 1. falsche Falte, Quetschfalte *f* (an Kleidern od. Anzügen) 2. *techn.* Baggereimer *m*
godeli 1. mit Quetschfalte(-n) 2. mit Baggereimern ~ **ekskavatör** Ladebagger, Lader *m* ~ **elevatör** Becherwerk *n* ~ **tarak** Eimerbagger *m* ~ **zincir** Kübelaufzug *m*
godoş s. **kodoş**
Godot'yu bekler gibi beklemek (*lit.* nach Samuel Beckett) s. **hacı bekler gibi beklemek**
godron (*franz.*) Rundfalte, Eierleiste *f* (Ornament) *kabara
Goeben (ve) Breslau zırhlıları s. **Yavuz (ve) Midilli**
goelet s. **golet**
gofre (*franz.* **gaufré**) 1. gekräuselt, plissiert (Kleid) 2. gaufriert (Papier, Stoff)
gofrelemek 1. kräuseln, plissieren 2. gaufrieren
gofret, -ti (*franz.* **gaufrette**) Waffel *f* (Gebäck)
gogo *V* Haschisch *n*
gok (in der Füg.:) **domuzun ~ dediği yer** *q.v.*
gokart (*engl.* **go-cart**) Go-cart *m* 1. *urspr.* Laufställchen *n* für Kinder 2. Sportfahrzeug *n* für Kinder *kart (V)
gol, -lü (*engl.* **goal**) *Fb. usw.* Tor *n* ~ **atmak (çıkarmak, yapmak)** ein Tor schießen ~ **avarajı** durchschnittliche Torzahl ~ **hattı** Torlinie *f* ~ **olmak** fallen (Tor) ~ **pozisyonuna girmek** in Torschußposition gehen ~ **sahası** Torraum *m* ~ **yemek** ein Tor geschossen bekommen (einstecken müssen) **-e tahvil etmek** (*od.* **çevirmek**) in ein Tor verwandeln (z.B. Ecke)
Gol *n.pr.* (*franz.* **La Gaule**) *hist.* Gallien
golcü *Fb. usw.* guter Torschütze
Golcülük s. **De Gaullecülük**
golden Schokoladeplätzchen *pl.* (in Münzform)
golet, -ti *naut.* Goelette *f*, Gaffelschoner, Vor- und Achterschoner *m*
golf 1. Golf(-spiel) *n* 2. gestrickte, langärmelige, vorne offene Damensportbluse ~ **çomağı;** ~ **değneği** Golfschläger *m* ~ **pantalonu** Golf-, Sport-hose *f*, Knickerbocker *pl.*
golfstrim *geogr.* Golfstrom *m*
Gollü s. **Goluva(-lı)**
gollük *Fb.* für ein Tor geeignet ~ **bir durum** torschußreife Situation; s.a. Stw. **pozisyon**
Golos *n.pr.* Volo(-s) (griech. Stadt)
golpost, -tu (*engl.* **goalpost**) *Fb.* Tor-pfosten *m*, -latte *f*
Golua (*franz.* **gaulois**) gallisch, Gallier *m*
Golya *selt.* s. **Gol**
golyabani s. **gulyabani**
golyan balığı Elritze *f zo.* Phoxinus phoxinus
gom (*franz.* **gomme**) 1. Radiergummi *m* *lastik, silgi 2. dickflüssiger (Roh-)Gummi, Klebegummi *m* 3. s. **frengi uru**
gomalak(-a) (*franz.* **gomme-laque**) Gummilack, Schellack *m* *laka, şellak
gomalastik (*franz.* **gomme élastique**) Gummi, Kautschuk *m* ~ **ağacı** s. **kauçuk ağacı**
gombar [×·] 1. (Faser- od. Binsen-)Matte *f* 2. *naut.* Kokostau *n* (Tauwerk aus Kokosfasern)
gomene [·×·] *naut.* 1. Anker-kette, -trosse *f*, Kabel(-tau) *n* 2. (*fr.* Längenmaß:) Kabellänge *f* (100 bzw. 120 Faden = 1/10 Seemeile) ~ **bağı** *naut.* Roringstek *m*
gomeneci *naut.* 1. wer Ankerketten, Kabeltaue herstellt od. verkauft 2. Matrose an e–r Ankerkette, e–m Kabeltau
gomeneta [··×·] *naut.* 1. Kette *f* des Warpankers 2. Trosse *f*, Kabeltau *n spez.* kleineres Kabel
gomenol, -lü *pharm.* Gomenol, Niauli-Öl *n* (*spez.* gegen Husten od. Neuralgie)
gomlak s. **gomalak(-a)**
gonat, -dı *biol.* Keim-, Geschlechts-drüse, Gonade *f* *eşeysel bez
gonca; gonce s. **konca**
gondol, -lü 1. (venezianische) Gondel *f* 2. Vase *f*, Hocker *m* od. *hist.* Wagen *m* in Gondelform 3. *med.* Augenspülglas *n* ~ **kâse** Sauciere *f* ~ **koltuk** Sessel *m* mit rückwärts gebogener Lehne
gondolcu Gondelführer, Gondoliere *m*
gongoracılık; gongorizm *lit.* Gongorismus *m* (span. Schwulststil; 17. Jh.)
gonk, -gu Gong *m, n* ~ **çalınca** sowie der Gong ertönte ºa **vurulduğu zaman saat tam beştir.** Mit dem Gongschlag ist es genau fünf Uhr.
gonokok, -ku *med.* Gonokokke *f*, Trippererreger *m*
gonore (*franz.* **gonorrhée**) s. **belsoğukluğu**
Gonyalı *dial.* für **Konyalı.** (Vgl. die scherzhafte Redensart:) **Gafı gayın gonuşan -lardan değilim gi!** Ich bin ja nicht aus Konya, daß ich jedes **qaf (k)** als **gayın (g)** spräche!
gonyometre [··×·] Goniometer *n*, Winkelmesser *m*
gonyometri Goniometrie, Winkelmessung *f*
gonyometrik *math.* goniometrisch
Goran *ling.* Name e–s kurdischen Dialektes
gorçete [·×·] *naut.* 1. Quer-, Dwars-saling *f* (e–r Marsstenge) 2. Balkweger *m*
Gordiyüs kördüğümü Gordischer Knoten
gorgona Gorgonenhaupt *n*
goril Gorilla *m zo.* Gorilla gorilla
Gorizia [·×··] *n.pr.* Görz, Gorizia (italienische Stadt)
gork gork 1. Lm. des Knurrens des Knurrhahns (Fisch) 2. s. **gurk gurk;** ~ ~ **etmek** 1. knurren (Knurrhahn) 2. s. **gurk gurk etmek**
gospodar *hist.* Gospodar, Hospodar (*urspr.* Herr; später slawischer Fürstentitel; Balkan)
gospodin *mst. pej.* (Anrede bzw. Bez. für Slawen *spez.* Bulgaren:) Herr *(m)*
goşist, -ti; goşizm (*franz.* **gauchiste; gauchisme**) s. **solcu (-luk)**
goşo Gaucho *m* (südamerikanischer Viehhirt)
Got dili *ling.* Westgotisch(-e) *n* (der Bibelübersetzung von Wulfila); s.a. **Kırım Gotçası**
Gotik 1. gotisch 2. Gotik *f* ~ **mimari** gotische Baukunst; Gotik *f* ~ **sanat(-ı)** gotische Kunst ~ **tarzı** (*od.* ~ **üslubu**) gotischer Stil ~ **yazı** gotische Schrift; Fraktur *f*
Gotlar *n.pr. hist.* Goten *pl.*
goygoycular *fr.* blinde Bettler, die in Sechsergruppen zu Anfang des Monats Muharrem (*fr.* Neujahr) von Haus zu Haus geführt wurden und Lobgesänge auf die Enkel Mohammeds, Hasan und Hüseyin, anstimmten
goygoyculuk *fr.* Neujahrsbetteln *n* der **goygoycu**
göbek, -ği 1. *an.* Nabel *m* *sürre 2. (dicker) Bauch 3.

Mittelstück *n* (e–r Zimmerdecke, e–s Gartens, Teppichs usw.), Zentrum *n* (z.B. e–r Stadt), Herz *n* (z.B. bei Melonen, Salatköpfen usw.), Kernstück *n*, Buckel *m* (e–s Schildes) 4. Nabe *f* 5. Generation *f* (als Genealogiefolge) *batın 6. Anker *m* (e–s Dynamo) 7. *med.* Hilus *m* Zu 2: **~ini eritmek için, her sabah bir saat yol yürür.** Um seinen (dicken) Bauch wegzubekommen, macht er jeden Morgen eine einstündige Wanderung. Zu 5: **Onlar, dört -tenberi saatçılıkla uğraşırlar.** Sie betreiben das Uhrmachergewerbe in der vierten Generation. s.a. **yedi ~ Istanbullu; ~ adı** Vorname, der dem neugeborenen Kind bei der Abnabelung gegeben wird ~ **atmak (çalkamak, çalkalamak)** 1. e–n Bauchtanz aufführen 2. *fig.* vor Freude ganz ausgelassen sein ~ **bağı** 1. Nabelbinde *f* (für ein neugeborenes Kind) 2. *bot.* Samenstiel *m* (Nabelstrang *m* od. Funiculus *m* der Samenanlage) *habli sürrevî 3. s. ~ **kordonu;** ~ **bağlamak (koymak, salıvermek)** 1. e–n Bauch bekommen, korpulent werden 2. allmählich dick werden, sich schließen (z.B. Kopfsalat) ~ **çizgisi** *techn.* Kernlinie *f* ~ **dansı** (*od.* ~ **oyunu**) Bauchtanz *m* ~ **düşmesi (kayması, fıtığı)** Nabelbruch *m* ~ **kordonu** *an.* Nabel-schnur *f*, -strang *m* *habli sürrevî ~ **kürk** Pelz *m* aus dem Bauchfell e–s Tieres ~ **lahana** s. **lahana;** ~ **mantarı** Speisemorchel *f bot.* Morchella esculenta ~ **odun** s. **özodun;** ~ **taşı** großer, von unten her erwärmter runder Liegeplatz aus Marmor (etwa 50 cm über dem Boden) zum Frottieren und Schwitzen (in der Mitte e–s türk. Bades) ~ **tütün** Tabak aus dem Herz der Pflanze ~ **ucu** Herzstück *n* (e–r Schienenkreuzung od. Weiche) **-i bağlı (-i bitişik; -i beraber kesilmiş)** unzertrennlich, ein Herz und eine Seele **-i çatlamak** 1. sich durchbeißen müssen; ein schweres Stück Arbeit sein (für j–n) 2. **(gülmekten)** sich vor Lachen ausschütten wollen **-i düşkün** mit e–m Nabelbruch behaftet **-i düşmek** e–n Nabelbruch bekommen **-i sokakta kesilmiş** dirnenhaft veranlagte Frau; Herumtreiberin *f* **-inden işemek** *V* in e–r sehr üblen Lage sein **-inden işetmek** (b–ni) *V* j–m e–n Messerstich in den Bauch versetzen **-ini çatlatmak** *F* sich den Mund fusselig reden **-ini kendi kesmek** s. **kendi göbeğini kendi kesmek; -ini kesmek** die Nabelschnur durchschneiden (bei neugeborenem Kind)

göbekçi *F* 1. wer nur an Essen und Trinken denkt 2. *fig.* selbstsüchtig 3. *fig.* faul, träge

göbeklenme Vs. zu **göbeklenmek** *spez.* Leibung *f* (e–r Mauer, Wölbung)

göbeklenmek 1. rund und dick werden 2. e–n Bauch bekommen, ansetzen 3. sich schließen (Kopfsalat)

göbekli mit **göbek** *spez.* dick, beleibt, korpulent ~ **cam** Butzenscheibe *f* *şişe dibi ~ **domuz** Nabelschwein, Pekari *n zo.* Dicotyles tajacu *pekari ~ **lahana** Kopfkohl *m* ~ **marul** e–e Lattichart mit bes. festem Inneren ~ **salata** Kopfsalat *m* **-ler!** (traditioneller Ruf der Lattichverkäufer)

göbel *dial.* 1. verwahrlostes Waisenkind 2. Kind *n* mit unbekanntem Vater 3. Erdhügel *m* als Kennzeichen (auf Feldern)

göbelek eßbarer Pilz

göbelez *P* junger Jagdhund

göce *dial.* geschälter Weizen ~ **tarhanası** e–e Tarhana-Suppe mit e–r Mischung von geschältem Weizen und Joghurt

göcen *dial.* 1. Junge *n* e–s Tieres *spez.* Häschen *n* 2. s. **kır sansarı**

göç, -çü 1. Wanderung *f* (der Nomaden); Aus-, Ein-wanderung *f* 2. Umzug *m*, Umziehen *n* 3. Umzugsgut *n* 4. Fortziehen *n* (der Zugvögel) 5. *geol.* Migration *f* ~ **arabası** Wohn-, Zirkus-Wagen *m* ~ **eskisi** *hist.* Kammerherr, der den Sultan in die Sommerresidenz begleitete ~ **etmek** 1. (aus-, ein-)wandern 2. umziehen, übersiedeln 3. fortziehen (Zugvögel) 4. *va.* sterben

göçebe 1. Nomade *m* 2. Nomadenstamm *m* 3. Nomaden– ~ **kavim** Nomadenstamm *m* ~ **kuşlar** Zugvögel *pl.*

göçebelik 1. Nomadentum *n* 2. *fig.* dauernder Wohnungswechsel, *pej.* Herumzigeunern *n*

göçelge *dial.* Ort *m*, an den man umzieht

göçen 1. Part. Präs. zu **göçmek** 2. s. **göcen**

göçer 1. s. **göçebe** (1) 2. ambulant 3. fahrbar

göçeri dauernd seinen Wohnsitz wechselnd, *pej.* herumzigeunernd

göçerkonar 1. s. **göçeri** 2. s. **göçebe** (1)

göçermek 1. übergeben, übertragen *devretmek 2. umtopfen (Pflanzen)

göçertmek zum Einsturz bringen; Anlaß od. Ursache sein, daß et. nachgibt, einstürzt *çöktürmek

göçken s. **göcen**

göçkün 1. verfallen, baufällig (Haus) 2. verstorben *ölmüş, müteveffa

göçme 1. Vs. zu **göçmek** 2. *selt.* s. **göçüşme**

göçmek, (-çer) 1. umher-ziehen, -wandern; aus-, ein-wandern 2. um-, ein-, aus-, weg-ziehen, übersiedeln 3. sich senken; einstürzen (z.B. Mauer) *çökmek 4. sterben, umkommen, zugrunde gehen *ölmek, yok olmak 5. fortfliegen, abziehen (Zugvögel) **Göçtük yurdun kadri konduk yurtta bilinir.** *Spr.* s. **Gelen gidene rahmet okutur.**

göçmen Aus-, Ein-, Zu-wanderer, Umsiedler *m*, Repatriierter *muhacir ~ **çekirge** Wanderheuschrecke *f* (s.a. **Afrika göçmen çekirgesi** und **Mısır çekirgesi**); ~ **hücre** *biol.* Wanderzelle *f* *muhacir hücre ~ **kaya** *geol.* erratischer Block *ahcarı dâlle ~ **keme** Wanderratte *f zo.* Rattus norvegicus ~ **kumul** Wanderdüne *f* ~ **kuşlar** s. **göçebe kuşlar**

göçmenlik Aus-, Ein-, Zu-wanderung, Umsiedlung, Repatriierung *f*

göçü Berg-, Erd-rutsch *m* *heyelân, kayşa

göçük, -üğü 1. eingestürzt, eingefallen 2. Einsturzstelle *f* (z.B. in e–m Bergwerk)

göçüm 1. Vs. zu **göçmek** 2. *biol., bot.* Taxis, Richtungsbewegung *f* *taksi

göçünmek *P* 1. sich wegbewegen 2. sterben *ölmek

göçüntü s. **göçü**

göçürmek Kaus. zu **göçmek** *spez.* 1. über-weisen, -tragen; weiter-reichen, -geben *havale etmek 2. zum Fortfliegen veranlassen (Zugvögel) 3. *F* etwas ganz aufessen, *F* wegputzen

göçüşme *ling.* Metathese *f* *aktarma, göçme, yerdeğişimi

göden (barsağı) s. **rektum**

gödeş s. Stw. **ödeş**

göğe *naut. hist.* Galeone *f* mit 26 Ruderpaaren

göğem *P* grünlich-violett

göğermek *z. va.* 1. bläulich werden, bläuliche Färbung annehmen (z.B. Berge), bläulich anlaufen (z.B. Körperteil) 2. grün werden, grünen, sprießen

göğerti *P* 1. blau angelaufene Stelle, blauer Fleck (am Körper) 2. Grünzeug, Gemüse *n*

göğüs (mit Personalsuffix: **göğsü**) 1. Brust *f* 2. Mutterbrust *f*, Busen *m*, Büste *f* 3. Bug *m*, Vorbrust *f* (e–s Pferdes) 4. Decke *f* (Deckplatte des Resonanzbodens bei e–m S.i.) 5. Vorderteil *n* e–s Schiffes, Bug *m* ~ **anjini** *selt.* Angina pectoris *f* *anjin dö puvatrin, hunnakussadır ~ **askısı** s. **sutyen;** ~ **bağır açık** s. **bağrı açık;** ~ **bosluğu** s. **göğüs kovuğu;** ~ **cebi** linke innere Brusttasche *peto cebi ~ **çaprazı** *(Ringen)* Unterarmgriff *m* ~ **çekimi** *(Film)* Nahaufnahme *f* ~ **çevresi** Brustumfang *m* ~ **çukuru** Magengrube *f* ~ **darlığı** Asthma *n* *astma, nefes darlığı, zıykıusadır ~ **deliği** *mus.* Schalloch *n* (an S.i.) ~ **dövmek** sich auf die Brust schlagen und wehklagen ~ **geçirmek**

seufzen, stöhnen ~ **germek** 1. sich in die Brust werfen, das Haupt hochtragen 2. (m. Dat.) Widerstand leisten, die Stirn bieten; durchhalten 3. Selbstvertrauen besitzen ~ **gırtlağı** *zo.* Syrinx *f* (unterer Kehlkopf der Vögel) *sirinks ~ **göğüse gelmek** 1. plötzlich j–m gegenüberstehen 2. Mann gegen Mann kämpfen ~ **göğüse mücadele** (*od.* **savaş**) Kampf *m* Mann gegen Mann; Nahkampf *m* ~ **göğüse vermek** sich umarmen ~ **hastalığı** Lungenleiden *n spez.* Schwindsucht *f* od. Asthma *n* ~ **hastası** lungenkrank *spez.* schwindsüchtig od. asthmatisch ~ **ingini** Rachen-, Luftröhren-katarrh, Husten *m* ~ **kabartmak** Anlaß zum Stolz geben (**-lerimizi kabartan bir şey** etwas, worauf wir stolz sein können) ~ **kafesi** *an.* Brust-korb, -kasten *m* ~ **kanalı** *an.* Milchbrustgang *m* *kanatı sadrî ~ **kası** *an.* Brustmuskel *m* *adalei sadriye ~ **kayışı (kolanı, kuşağı)** Brust-zug *m*, -blatt *n* (am Pferdegeschirr) ~ **kemiği** *an.* Brustbein, Sternum *n* *azmı kas, kas kemiği, sternum ~ **kovuğu** *an.* Brusthöhle *f* *cevfi sadrî ~ **nezlesi** s. **göğüs ingini;** ~ **sesi** Brust-ton *m*, -stimme *f* *tabiî ses ~ **siperi** Brustwehr, Brüstung *f* ~ **tahtası** 1. s. ~ **kemiği** 2. Wirbelhalter *m* (an Geige usw.) ~ **tutukluğu** Atem-not *f*, -beschwerden *pl.* ~ **vermek** 1. widerstehen 2. e–n Busen bekommen (junges Mädchen) ~ **yüzgeci** *an.* Brustflosse *f* *misbahı sadrî ~ **zarı** s. **akciğer zarı;** ~ **zırhı** Brustharnisch *m* **-ü kabarmak** von Stolz geschwellt sein **-ü sıkışmak** an Atemnot leiden **-ün açıklığı** Halsausschnitt *m*, Dekolleté *n* **-üne bastırmak** (*od.* **basmak**) ans Herz drükken; umarmen **-ünü gere gere** stolz, voller Stolz, voll Selbstvertrauen **-ünü germek** 1. Stolz od. Selbstvertrauen an den Tag legen 2. (bşe karşı) mutig entgegentreten, sich kühn entgegenwerfen, beherzten Widerstand leisten, die Stirn bieten (*spez.* um e–n anderen zu schützen) **-ünü kabartmak** (b–nin) j–n mit Stolz erfüllen

göğüsleme 1. Vs. zu **göğüslemek** 2. *arch.* Strebe, Stütze, Spreize *f* ~ **kemeri** Strebebogen *m*

göğüslemek (m. Akk.) 1. s. **göğsünü germek** (2) 2. *La.* **(ipi)** das Zielband mit der Brust berühren

göğüslü 1. mit nb. Brust 2. mit breiter bzw. gut entwickelter Brust 3. mit vollem, breitem Bug (Pferd, Schiff)

göğüslük 1. (Kinder-, Eß-)Lätzchen *n* 2. kurze Schürze; Latz *m* 3. Brust-, Schutz-leder *n* (z.B. beim Fechten) 4. Brustzug *m* (am Pferdegeschirr) 5. *fr.* Brustharnisch *m*

göğüssel Brust-, thorakal *sadrî

gök, -kü *od.* **-ğü** 1. Himmel(-sgewölbe *n*) *m*, Firmament *n* *sema 2. himmel-, hell-, azur-blau, *gel. a.* grünlich-blau 3. unreif (Frucht, Saat usw.) ~ **ağacı** chinesischer Götterbaum *bot.* Ailanthus glandulosa *Japonya cilâ ağacı; kokarağaç ~ **altında** unter freiem Himmel *açık havada ~ **ardıç** Blaumerle *f zo.* Monticola solitarius ~ **aydınlığı** Himmelsleuchten *n* ~ **balina** Blauwal *m zo.* Balaenoptera musculus ~ **baştankara** s. **mavi baştankara;** ~ **doğan** s. **mavi doğan;** ~ **dürbünü** s. ~ **ırakgörürü;** ~ **eşleği** *astr.* Himmelsäquator *m* ~ **et sineği** blaue Schmeißfliege *zo.* Calliphora vomitaria ~ **gözlü** 1. mit bläulich-hellgrünen Augen 2. *fig.* heimtückisch, hinterhältig, verräterisch ~ **gülü** Himmelsröschen *n bot.* Lychnis caeli rosa ~ **gürlemesi** Donner *m*, Donnern *n* ≗ **gürlüyor.** Es donnert. ~ **gürültüsü** Donner *m* ~ **güvercin** s. **mavi güvercin;** ~ **haritası** Himmels-, Stern-karte *f* ~ **ırakgörücü** Himmelsbeobachter, Observator *m* ~ **ırakgörürü** (Himmels-)Fernrohr, Teleskop *n* ~ **ibrişim ağacı** s. **akasya** (1); ~ **kandil** *V* vollkommen betrunken, *F* sternhagelvoll ~ **karga** s. **ekinkargası;** ~ **köpekbalığı** s. **pamukbalığı;** ~ **kubbe** s. **gökyüzü;** ~ **kuzgun** s. **mavi kuzgun;** ~ **mavi(-si)** s. **gök** (2); ~ **meydan** ein für das Cirit-(*bzw.* Polo-)spiel bestimmter Rasenplatz ~ **öğleni** *astr.* Deklinationskreis *m* ~ **perdesi** *(Th., Film)* Rundhorizont, Bühnenhimmel, Prospekt *m* ≗ **Sahil** *n.pr.* Côte d'Azur *f*, französische Riviera ~ **tırmalayan bina** *selt.* Wolkenkratzer *m* ~ **tilki** s. **kutup tilkisi;** ~ **yakut** 1. *min.* Saphir *m* 2. saphirblau ~ **yemiş** grünes, unreifes Obst **-e çekmek** s. **Tecrübeyi -e çekememişler!** **-e çıkmak** 1. in den Himmel aufsteigen 2. wütend werden, sich ereifern ≗**e direk denize kapak olmaz.** *Spr.* Man soll sich nicht mit überflüssigen, weil nicht einmal realisierbaren Gedanken beschäftigen. **-e ser çekmek** s. **eflâke ser çekmek;** **-lere çıkarmak** *fig.* in den Himmel erheben, j–s Ruhm in allen Tonarten singen **-lere çıkmak** *fig.* 1. in den Himmel wachsen 2. *fig.* im siebten Himmel sein **-leri delen binalar** Wolkenkratzer *pl.* **-te ararken yerde bulmak** *fig.* (nach langen Bemühungen) unerwartet leicht finden **-te yıldız ararken yerdeki çukuru görmemek** *fig.* nach den Sternen greifen, aber praktisch versagen **-ten düşmek** (*od.* **inmek**) ein Geschenk des Himmels sein (z.B. unerwartete Hilfe), wie gerufen kommen ≗**ten ne yağar ki yer kabul etmesin?** *Spr.* 1. Der Mensch muß sich in das fügen, was Gott schickt. 2. *iron.* Was kann man schon tun, wenn es von oben befohlen wird? **-ten zembille inmek** wie vom Himmel fallen, plötzlich erscheinen ≗**ten zembille inmemiş ya!** Er ist genau so ein Mensch wie wir alle! ≗**ten zembille insen bile** *a.*: Und wenn du mit Engelszungen redetest (*scil.* so würdest du doch bei diesen Leuten nichts ausrichten) **-ün direkleri alınmak** 1. einstürzen (Himmel), untergehen (Welt) 2. in Strömen regnen ≗**ün muslukları açıldı.** Es gießt wie aus Kübeln.

gökada *astr.* Galaxis *f* ~ **dizgesi** galaktisches System

gökbilim Astronomie *f* *astronomi; (ilmi) heyet

gökbilimci Astronom *m* *astronom, heyetşinas

gökbilimsel astronomisch *astronomik

gökcismi, -ni Himmelskörper *m* *cismi semavî

gökçe 1. himmlisch, Himmels- *semavî 2. s. **gök** (2) 3. schön, hübsch, anmutig, nett, reizend, lieblich, fein *latif 4. *dial.* Engel *m* *melek 5. **(otu)** s. **ökseotu** 6. ≗ *türk. Fn.* ~ **ağaç** s. **söğüt (ağacı);** ~ **balık** Mairenke *f zo.* Alburnus mento

gökçek s. **gökçe** (3)

Gökçen (Sabiha) *n.pr.* die erste türkische Pilotin (geb. 1913; von Atatürk 1925 adoptiert)

gökçül *dial.* 1. bläulich 2. himmlisch

gökdeldi; gökdelen Wolkenkratzer *m*, Hochhaus *n*

gökdere *dial.* Milchstraße *f* *kehkeşan

gökelâ bläulich-hellbraun (Auge)

gökevi, -ni *astr.* Planetarium *n* *planetaryum, yıldızlık

gökfiziği, -ni Astrophysik *f*

gökgünlüğü, -nü *astr.* Ephemeride *f* (Jahrbuch, in dem die täglichen Stellungen der Gestirne vorausberechnet sind) *efemerit

gökkır bläulich-grau (Pferdefarbe)

gökkuşağı, -nı Regenbogen *m* *alâimisema

gökkuşaklı alabalık Regenbogenforelle *f zo.* Salmo irideus bzw. Salmo shasta

gökkutbu, -nu *astr.* Himmelspol *m*

gökküre Himmels-kugel, -sphäre *f*

göklük Bläue *f*, blaue Farbe

gökmen *dial.* blond und blauäugig

göknar s. **köknar**

gökölçümü, -nü Astrometrie *f* *astrometri

göksel 1. himmlisch, Himmels- *semavî 2. ≗ *mV, wV*

Göksu *n.pr.* Bez. für verschiedene Flußläufe in Anatolien *spez.* 1. Die Süßen Wasser von Asien (Auf dem Ostufer des Bosporus) 2. Fluß im Rbz. İçel (*hist.* Kalykadnos bzw. Saleph; Tod des Kaisers Friedrich Barbarossa 1190)

Göksun *n.pr.* O. u. D. im Rbz. Maraş

göktaşı, -nı Meteorstein, Meteorit *m* *hacerülcev

göktırmalayan *va.* s. **gökdelen**

Göktürkçe die Sprache der Göktürken *spez.* die Orhon- und Jenissei-Inschriften *Göktürk yazıtları
Göktürkler *n.pr.* Bez. für die vorisl. türk. Dynastie und deren Staat 552–745 n. Chr.
gökyaran *va.* s. **gökdelen**
gökyel *dial.* s. **poyraz**
gökyolu, -nu *dial.* Milchstraße *f* *samanyolu
gökyüzü, -nü Firmament, Himmelsgewölbe *n* *gök kubbe
göl See, Teich *m* ~ **alası** Seeforelle *f zo.* Salmo trutta lacustris ~ **ayağı** natürlicher See-Abfluß ~ **düğünçiçeği** s. **bataklık düğünçiçeği;** ~ **evleri** Pfahlbauhütten *pl.* (der Vorzeit) ~ **ısırganı** Sumpfziest *m bot.* Stachys palustris *ölü ısırgan ~ **kestanesi** Wassernuß *bot.* Trapa natans *su kestanesi ~ **kurbağası** Seefrosch *m zo.* Rana ridibunda ~ **midyesi** Teichmuschel *f zo.* Anodonta ~ **otu** 1. Reisquecke *f bot.* Leersia oryzoides 2. s. **sarı nilüfer;** ~ **süseni** s. **nilüfer çiçeği;** ~ **üstü evler** s. ~ **evleri;** ~ **yakıotu** Sumpfweidenröschen *n bot.* Epilobium palustre ~ **yoğurtotu** Sumpflabkraut *n bot.* Galium palustre ~ **zambağı** Zephirblume *f bot.* Zephyrantes carinata **-e maya çalmak** *fig.* sich in ein aussichtsloses Unternehmen stürzen ²**e** (*od.* **Arığa**) **su gelinceye kadar kurbağanın gözü patlar.** *Spr.* Bis Hilfe kommt, ist es oft zu spät.
gölbaşı, -nı 1. in e–n See od. Teich mündender Wasserlauf; Zufluß *m* 2. ≗ O. u. D. im Rbz. Adıyaman
gölbilim Seenkunde, Limnologie *f*
gölbilimsel limnologisch
gölcük (kleiner) Teich
Gölcük *n.pr.* Hafenstädtchen (am Golf von İzmir) u. D. im Rbz. Kocaeli
gölcül in (od. am Rand von) Teichen lebend od. wachsend; Teich-, See-
Göle *n.pr.* O. u. D. im Rbz. Kars
gölek, -ği *dial.* 1. s. **gölcük** 2. *allg. Bez.* für kleinere Stechfliegen (Gnitzen)
gölermek *dial.* zum See od. Teich werden
gölenti *dial.* Pfütze, Lache *f*
gölet, -ti *dial.* 1. s. **gölcük** 2. Steinbecken *n,* in dem die (später zu gerbenden) Häute eingeweicht werden 3. Stausee *m*
gölge 1. Schatten *m (a. fig.)* 2. Schatten(-umrandung *f*) *m* (auf Zeichnungen) 3. Silhouette *f* 4. *fig.* Schutz *m* (den man bei j–m findet) 5. Abenddämmerung *f* 6. *fig.* Spur *f,* Überrest *m,* Nachwirkung *f* ~ **bitkisi** Schattenpflanze *f* (mit geringem Lichtbedürfnis) ~ **çalışması** Schattenboxen *n* ~ **düşürmek** e–n Schatten werfen (auf); verdunkeln ~ **etmek** 1. Schatten geben (spenden), beschatten 2. *fig.* stören, hindern, lästig sein ≗ **etme, başka ihsan istemem.** Geh mir aus der Sonne, e–e andere Gunst begehre ich nicht. (Diogenes) ~ **gibi** schatten-haft, -gleich ~ **görüntü** Schattenriß *m,* Silhouette *f,* Scherenschnitt *m* ~ **haline giren sülâle** Schattendynastie *f* ~ **hatları** Schraffen *pl.,* Schraffierung *f* ~ **ışık** *(Malerei)* Helldunkel, Schattenlicht *n* *aydın gölge ~ **olmak** (b–ne) helfen, unterstützen, protegieren ~ **oyunu** Schattenspiel *n* *hayal oyunu ~ **salmak** (*od.* **vermek**) Schatten werfen (spenden) ~ **tarafı** Schatten-, Nord-seite *f* e–s Berges *güzey ~ **vurmak** schattieren, schraffieren; dunkel tönen (Zeichnung) **-de bırakmak** *fig.* in den Schatten stellen; übertreffen **-de kalmak** *fig.* in den Schatten gestellt werden; übertroffen werden **-de yetişen** s. **gölgecil; -den çıkma** *astr.* Emersion *f* (Austritt aus dem Schatten) **-sinden korkmak** sich vor dem eigenen Schatten fürchten; sehr schreckhaft sein **-sine girmek** *fig.* gedeckt (geschützt) werden (durch e–e andere Person) **-ye girme** *astr.* Immersion *f* (Eintritt in den Schatten)
gölgealtı, -nı schattiger Platz, Schatten *m*
gölgebalığı, -nı 1. s. **minakop** 2. Äsche *f zo.* Thymallus thymallus
gölgebalığıgiller Umberfische *pl. zo.* Sciaenidae
gölgecil im Schatten wachsend, den Schatten liebend (Pflanze) *gölgede yetişen
gölgele(ndir)mek 1. Schatten geben (spenden), beschatten 2. *fig.* verdunkeln (z. B. Ruhm), in den Schatten stellen; trüben, Abbruch tun 3. die Schatten anbringen; schattieren (Zeichnung, Gemälde)
gölgelenmek 1. beschattet werden, schattig sein 2. sich an e–n schattigen Platz setzen, sich im Schatten ausruhen
gölgeli 1. schattig, beschattet 2. *phot.* mit Schattenflecken 3. schattiert (Zeichnung, Gemälde) 4. undeutlich, schattenhaft ~ **alan** *astr.* Umbra *f* (dunkler Kern e–s Sonnenflecks) ~ **resim** Schattenmalerei, Skiagraphie *f* ~ **ses** s. **puslu ses**
gölgelik 1. schattiger Ort 2. was Schatten spendet z. B. Sonnensegel, Zelt *n,* Laube *f* usw.
gölgeolay *phil.* Epiphänomen *n,* Begleiterscheinung *f* *alelhadise, hadisei lâhika, zait hadise
gölgeolaycılık *phil.* Epiphänomenalismus *m* *alelhadisiye
gölgesiz schattenlos
Gölhisar *n.pr.* O. u. D. im Rbz. Burdur
Gölköy *n.pr.* O. u. D. im Rbz. Ordu
gölle(n)mek 1. e–n Teich bilden 2. *fig.* stagnieren
gölova *geogr.* Polje *f* (Versickerungsbecken im Karst)
gölölçer Limnimeter *n* (Pegel zum Messen des Wasserstandes in e–m See)
Gölpazarı, -nı *n.pr.* O. u. D. im Rbz. Bilecik
gölsel in od. an Teichen lebend (*bzw.* befindlich); See-, Teich-, limnisch *gardirî ~ **konut** Pfahlbauhütte *f*
gölük s. **gülük**
göm 1. *urspr.* et. Verborgenes, Vergrabenes 2. s. **kuşgömü**
gömcük *dial.* angekohltes Holz
gömeç s. **gümeç**
gömgeç; gömgü *mus.* s. **pompa**
gömgök [×·] 1. überall blaue od. bläuliche Farbe aufweisend 2. braun und blau geschlagen 3. *fig.* sehr, überaus, in hohem Maße
gömlek, -ği 1. (Ober-)Hemd *n* 2. Unterhemd *n* 3. a) Überzug *m* (z. B. auf e–m Sofa) b) Verschalung *f* (*spez.* Schamottwandung in e–m Ofen) c) *bot.* Schale *f* d) Buchdekke *f,* Schutzumschlag *m* *şömiz e) Verputz, Bewurf *m* *sıva 4. Generation *f* (als Genealogiefolge) *göbek 5. Strumpf *m* (e–r Gaslampe) 6. Grad *m,* Stufe *f,* Ton *m,* Idee, Nuance *f* *derece 7. Vlies *n* (e–s Schafes od. e–r Ziege) 8. (abgestreifte) Schlangenhaut *f* 9. Akten-dekkel, -umschlag *m* 10. *biol.* Tunica *f* (Schicht in der Arterienwand) *kamis 11. (aufgetragene) Schicht (z. B. Farbe) 12. *fr.* Panzerhemd *n* 13. *techn.* Mantel *m* (z. B. e–s Geschosses) 14. Windleitblech *n* (an e–r Lokomotive) Zu 6: **rengi bir** ~ **daha koyu** e–n Grad dunkler **Şimdiki hali eskisinden bir** ~ **iyidir.** Es geht ihm heute ein klein wenig besser als früher. ~ **değiştirmek** 1. das Hemd wechseln 2. sich häuten (Schlange) 3. *fig.* sich mausern; den Mantel nach dem Wind hängen ~ **eskitmek** *fig.* in e–m langen Leben reiche Erfahrungen sammeln ≗ **kaftandan yakındır.** *Spr.* Das Hemd ist e–m näher als der Rock. *Spr.* ~ **sarması** farcierte Lammleber ~ **taş(-ı)** Einfassungsstein *m* (z. B. bei Gebäuden), Quaderstein *m* **-ten** (*od.* **-inden**) **geçirmek** an Kindesstatt annehmen; adoptieren *evlât edinmek **-ği kalın** *fig.* wohlhabend, bemittelt
gömlekçi Hemden-, Weißwaren-näher od. -verkäufer *m*
gömlekçilik Beruf *m* od. Tätigkeit *f* e–s **gömlekçi**
gömlekli mit (nb.) **gömlek;** ~ **mermi** *mil.* Mantelgeschoß *n*
gömleklik zur Herstellung von Hemden geeignet, Hemden- (z. B. Stoff)

gömlekliler Manteltiere *pl. zo.* Tunicata *kamisiye; s. a. **kahverengi (kara, yeşil)** ~
gömme 1. Vs. zu **gömmek** 2. be-, ver-, einge-graben 3. versenkt, eingelassen, eingebaut ~ **banyo** eingelassene (gekachelte) Badewanne ~ **dolap** eingebauter Schrank; Wandschrank *m* ~ **kilit** Einsteckschloß *n* ~ **sığınak** unterirdischer Luftschutzkeller ~ **sütun** Wandpfeiler *m* ~ **telkâri** Damaszenerarbeit *f* (Metall-Intarsien) ~ **vida** versenkte Schraube
gömmeci(-lik) s. **marketör; marketri**
gömmek, (-er) 1. begraben, beerdigen, bestatten, beisetzen 2. (tief) hinein-stecken, -stechen; versenken, einbauen, -lassen 3. vergraben 4. ein-setzen, -lassen (z. B. Edelstein in e–n Ring)
gömü s. **define**
gömük *P* 1. s. **gömme** 2. s. **metfun;** ~ **menderes** kesselförmige Flußwindungen *pl.*
gömüldürük 1. s. **zıvla** 2. Brustzug *m* (am Pferdegeschirr) *sinebent
gömüleme *H* Geldhortung *f*
gömülmek 1. Pass. zu **gömmek** 2. sich eingraben (z. B. im Sand) 3. sich nachlässig (z. B. in e–n Sessel) werfen, *F* sich hinfläzen 4. untergehen, versinken; s. a. **sulara** ~; **kara gömülmüş**
gömültü *P* Erdloch *n* (für e–n Jäger)
gömülü 1. be-, ver-, einge-graben 2. eingebaut, versenkt, eingelassen 3. untergegangen, versunken (z. B. Schiff)
gömüt(-lük) *P* s. **mezar(-lık)**
gön gegerbte Haut; Rohleder *n* ≗ **yufka yerinden delinir.** *Spr. (etwa:)* E–e Kette ist so stark wie ihr schwächstes Glied.
gönce *dial.* Tischtuch *n* aus Leder
göncü *dial.* 1. s. **derici** 2. s. **sarraç**
göncük *naut. (Handelsmarine)* Buline *f* *borina
gönç *dial.* wohlhabend, reich
gönder 1. Stange *f*, Stab, Stock *m spez.* Fahnen-stange *f*, -stock *m; naut.* Flaggenstock *m,* Spiere *f*, Spriet *n* 2. *naut.* Bundstaken *m,* Schiebebaum *m* 3. Ochsenstachel, Stachelstock *m* *öğendire 4. *va.* Speer *m,* Lanze, Hellebarde *f* **-e çekilmek** am Mast hochgehen (Flagge)
gönderen Part. Präs. zu **göndermek** *spez.* Absender(-in *f*) *m* *mürsil
gönderi *dial.* s. **teşyi, uğurlama**
gönderici *selt.* Absender(-in *f*) *m*
gönderilen 1. wer od. was geschickt wird (*bzw.* worden ist) 2. *selt.* Empfänger, Adressat *m* *mürselünileyh ~ **yer** Bestimmungsort *m*
gönderme Vs. zu **göndermek** *spez.* 1. Verweisung *f*, Hinweis *m* (z. B. auf Anmerkungen) 2. *jur.* Rückverweisung *f* *atıf ~ **listesi** *(Post)* Liste *f* der Einschreibsendungen ~ **ticareti** *H* Transithandel *m* ~ **yazısı** Begleitschreiben *n* *sevk müzekkeresi
göndermek, (-ir) 1. (ab-)schicken, senden, abgehen lassen 2. an die Bahn (zum Schiff usw.) bringen od. ein Stück auf den Weg begleiten *uğurlamak, yolcu etmek 3. (bşe) (den Leser) ver-, hin-weisen (auf ein Buch, Zitat usw.)
gönen *P* 1. Feuchtigkeit *f* 2. feucht (Boden)
Gönen *n.pr.* O. u. D. im Rbz. Balıkesir
gönenç, -ci s. **refah**
gönendirmek Kaus. zu **gönenmek;** s. **terfih etmek**
gönenmek 1. sorgenfrei leben 2. zufrieden sein
gönül, -nlü 1. Herz *n,* Seele *f* 2. Gefühl *n* 3. Zuneigung, Liebe *f* 4. Wunsch *m,* Verlangen *n* 5. Zustimmung *f*, Einverständnis *n* 6. Mut *m,* Tapferkeit *f* 7. Stolz *m,* Eitelkeit *f* 8. ≗ *Fn, wV* ~ **acısı** Liebes-kummer, -schmerz *m* ~ **açıcı** erfreulich ~ **açıklığı** heitere Stimmung; Freude *f* ~ **açmak** vergnügt (froh, heiter) stimmen *iç açmak ~ **adamı** s. **gönül eri;** ~ **almak** 1. erfreuen, zufriedenstellen, j–s Herz gewinnen, j–s Liebe (Sympathie, Zuneigung) erringen 2. j–n, der sich gekränkt fühlt, durch e–e Liebenswürdigkeit wieder versöhnen ~ **avcısı** Don Juan, Schürzenjäger, Verführer *m* ~ **avlamak** hinter den Mädchen her sein ~ **avutmak** 1. sich über et. hinwegtrösten 2. sich zerstreuen, sich belustigen, sich amüsieren ~ **bağı** liebevolle Verbundenheit; Herzensbund *m* ~ **bağlamak** (b–ne) sein Herz verschenken, sich verlieben (in), innig lieben ~ **belâsı** Liebesmühe *f*. Was tut man nicht alles, wenn man verliebt ist! ~ **birliği** 1. gegenseitige Liebe 2. gemeinsamer Wunsch ~ **bolluğu** Freigebigkeit *f* ~ **budalası** über beide Ohren verliebt ~ **bulandırmak** 1. Übelkeit verursachen 2. *fig.* argwöhnisch werden lassen, Verdacht einflößen *kuşkulandırmak ~ **bulantısı** 1. Gefühl *n* der Übelkeit 2. *fig.* innere Unruhe; Argwohn, Verdacht *m* ~ **çalmak** ein Herzensdieb sein ~ **çekici** reizend, charmant ~ **çekmek** verliebt sein ~ **çöküşü** Erlahmen *n* der seelischen Kraft, Demoralisierung *f* ~ **darlığı** 1. innere Unruhe, böse Ahnung; Besorgnis *f* 2. Sich-Unbehaglichfühlen *n* 3. Niedergeschlagenheit *f* ~ **değiştirmek** sich in jemand anders verlieben ~ **delisi** 1. wer sich dauernd verliebt 2. blindverliebt ~ **dilencisi** sexuell hörig ~ **düşürmek** in Liebe verfallen (zu j–m) ~ **eğlencesi** 1. lustiger Zeitvertreib 2. Liebelei *f*, Flirt *m* ~ **eğlendirmek** sich vergnügen ~ **eri** s. **ehlidil;** ~ **etmek** j–m von ganzem Herzen et. (Gutes od. Schlechtes) wünschen ≗ **fanmaz** (*od.* **karımaz** *od.* **kocamaz**). *Spr.* Das Herz bleibt immer jung. ~ **ferahlığı** froher Mut, innere Freude; Frohsinn *m* ≗ **ferman dinlemez.** *Spr.* Liebe hat eigene Gesetze. ~ **gezdirmek** sich et. genau überlegen (was man wählen soll) ~ **gözü** intuitive Erkenntnis ~ **hoşluğu** 1. innere Freude; Zufriedenheit *f* 2. Bereitwilligkeit *f*, innere Bereitschaft ~ **hoşluğiyle** bereitwillig, gern ~ **ısındırmak** j–s Zuneigung gewinnen ~ **indirmek** sich herab-, herbei-lassen, sich bereit finden ≗ **isterdi ki** Es ist mein sehnlichster Wunsch, daß ... ~ **işi** Liebesaffäre *f* ≗ **karımaz.** s. ≗ **fanmaz.** ~ **kırmak** kränken, verletzen, beleidigen ≗ **kimi severse güzel odur.** *Spr.* 1. Schön ist, was (wen) man liebt. 2. *iron.* Wo eben die Liebe hinfällt! ≗ **kocamaz.** s. ≗ **fanmaz.** ~ **kuşu** *(symbolisch für)* Entbrennen *n* in Liebe, Liebesverlangen *n* ~ **maskarası** blindwütig verliebt ~ **okşamak** j–m um den Bart gehen ~ **okşayıcı** schmeichlerisch; *pej.* katzenfreundlich ~ **rahatlığı** Gemütlichkeit, Behaglichkeit *f* ~ **rızasiyle** bereit-, frei-willig, gern, leichten Herzens ~ **şenliği** 1. Zeitvertreib *m,* Zerstreuung, Unterhaltung *f*, Vergnügen *n* 2. Fröhlichkeit, Unbeschwertheit *f* ~ **tokluğu** Gefühl *n,* e–r Sache nicht zu bedürfen, et. nicht nötig zu haben; Entbehren-, Entraten-, Verzichten-können (auf); Sich-Bescheiden *n* (mit); Genügsamkeit, Bedürfnislosigkeit *f* *istiğna ~ **vermek** s. ~ **bağlamak;** ~ **yapmak** s. ~ **almak;** ~ **yarası** 1. tiefe Betrübnis; Herzeleid *n* 2. (tiefgehende) Kränkung ~ **yıkmak** s. ~ **kırmak; -den** von ganzem Herzen, gern **-den çıkarmak** vergessen **-den doğmak** e–n Einfall haben **-den kopmak** s. **gönlünden kopmak; -leri bir olmak** sich innig lieben

(gönlü): ~ **açık** 1. aufrichtig, ehrlich 2. heiter, frohgestimmt, freudig, fröhlich ~ **açılmak** heiter und froh werden ~ **akmak** Liebe und Zuneigung empfinden (zu); sich angezogen fühlen (von); sich hingezogen fühlen (zu); sich interessieren (für) *incizap duymak ~ **alçak** schlicht, einfach, bescheiden, ohne Hochmut od. Arroganz ~ **bol** freigebig *eli açık ~ **bulanmak** 1. Brechreiz, Übelkeit verspüren; j–m übel werden *midesi bulanmak 2. argwöhnisch werden, Verdacht schöpfen *kuşkulanmak ~ **çekmek** sich sehnen (nach); sich et. wünschen; begehren ~ **çelinmek** ganz hingerissen sein *spez.* sich verlieben ~

çökmek die seelische Kraft verlieren, demoralisiert werden ~ **dar** 1. innerlich unruhig; ungeduldig 2. bedrückt, niedergeschlagen ~ **elvermemek** (bşi yapmağa) nicht übers Herz bringen (et. zu tun) ~ (*mit od. ohne* **gözü**) **gani** freigebig und ohne Ansprüche für die eigene Person ~ **geniş** s. **geniş gönüllü;** ~ **gözü açılmak** *fig.* erleichtert aufatmen ~ **ile oynamak** (b–nin) mit j–s Herzen spielen ~ **ilişmek** 1. sich interessieren, Interesse gewinnen 2. sich verlieben ~ **istemek** s. ~ **çekmek;** ~ **kalmak** 1. sein Herz an et. gehängt haben 2. gekränkt (verstimmt, beleidigt) sein ~ **kanmak** sich beruhigen, wieder Mut fassen ~ **kara** boshaft, hinterhältig, heimtückisch ~ **kararmak** lebensüberdrüssig werden, in Pessimismus verfallen ~ **kaymak** (b–ne) sich verlieben (in); innig lieben ~ **kırık** 1. betrübt, traurig 2. mißgestimmt, ärgerlich ~ **kırılmak** 1. traurig werden 2. unzufrieden (mißgestimmt, ärgerlich) werden ~ **olmak** 1. (bşde) sein Herz an et. gehängt haben 2. (bşe) einverstanden sein (mit); sich bereit finden (zu), Lust haben ~ **takılmak** sich interessieren ~ **tez** s. **tezcanlı;** ~ **tok** wer das Gefühl hat, e–r Sache nicht zu bedürfen, et. nicht nötig zu haben; entbehren od. verzichten könnend; selbstlos, bedürfnislos, selbstbescheiden, genügsam *müstağni ~ **uyanık** aufgeschlossen, einfühlungsfähig, intuitiv ≗ **varsa yapsın!** Soll er es doch tun, wenn er Schneid hat! ~ **yatmak** 1. et. einleuchtend finden 2. einwilligen ≗ **yok.** 1. Er ist nicht mit dem Herzen dabei. Er hat keine rechte Lust. 2. Er ist nicht recht einverstanden. 3. Er ist nicht verliebt. 4. Er hat kein Gefühl. ~ **yufka** weichherzig, leicht gerührt ≗**n açılsın!** Möge es dir leichter ums Herz werden! ≗**n yazı var, kışı var.** *Spr.* Man kann nicht immer vergnügt sein. **-nce** wunschgemäß, nach Herzenslust (z.B. sich vergnügen) **-nde olanı söylemek** sagen, was man auf dem Herzen hat **-nden geçirmek** sich et. durch den Kopf gehen lassen, et. über-legen, -denken **-nden geçmek** in den Sinn kommen **-nden kopmak** von Herzen kommen (Geschenk, Almosen usw.); spontan und aus ehrlichem Herzen erfolgen (Handlung) (**Gönülden kopan ihsanın hayırlısıdır.** *Spr.* Gesegnet ist die Gabe, die von Herzen kommt. **Gönlünüzden ne koparsa veriniz.** Geben Sie, was Sie von sich aus geben wollen. **Gönlümden koptu, ona yirmi lira verdim.** Ich gab ihm gern zwanzig Pfund.) **-ne ateş bırakmak** s. Stw. **ateş; -ne danışmak** mit sich zu Rate gehen, sich et. überlegen **-ne doğmak** 1. in den Sinn kommen; einfallen 2. e–e Vorahnung haben **-ne göre** s. **gönlünce; -nü almak** s. **gönül almak; -nü avlamak** (b–nin) j–s Herz gewinnen **-nü çelmek** (schließlich) j–s Zuneigung gewinnen **-nü etmek** (*od.* **yapmak**) (b–nin) 1. j–m Freude bereiten (durch Gefälligkeit, Erfüllung e–s Wunsches usw.), j–n zufriedenstellen od. trösten 2. überreden **-nü hoş etmek** erfreuen, zufriedenstellen (durch Erfüllung e–s Wunsches) **-nü hoş tutmak** (kendi) versuchen, über e–n Kummer hinwegzukommen, sich nicht (mehr) beunruhigen **-nü kapmak** (b–nin) j–s Liebe gewinnen **-nü kaptırmak** (b–ne) sich verlieben (in) *vurulmak **-nü pazara çıkarmak** sich in der Liebe verplempern **-nün dümeni bozuk** *F* blindwütig verliebt, verliebter Tor ≗**nüz şad olsun!** Möge euch Freude zuteil werden!

gönülalma *jur.* s. **manevî tazminat**

gönüldeş gleichgesinnt, ein Herz und e–e Seele *yekdil

gönüllenmek *P* sich gekränkt fühlen *gücenmek

gönüllü 1. mit (nb.) gönül 2. freiwillig, (Kriegs-)Freiwilliger 3. (**bşin gönüllüsü**) wer große Lust hat (auf); wer et. gerne unternimmt 4. verliebt (in) 5. Geliebte *m, f,* Liebhaber, Liebling *m* 6. *z. va.* stolz, abweisend; rechthaberisch 7. *hist. mil.* Freiwilliger im Dienst e–r Festungswache Zu 1: s. **geniş ~;** ~ **kıtası** Freikorps *n* ~ **yazılmak** als Freiwilliger in den Heeresdienst eintreten

gönüllülük 1. Freiwilligkeit *f* 2. große Lust (auf) 3. Verliebtheit *f* od. Geliebtsein *n* 4. *z. va.* Stolz *m*

gönülsüz 1. schlicht, einfach, bescheiden *alçakgönüllü 2. unlustig, verdrossen, mit dem Herzen nicht bei der Sache, mit innerem Widerstreben ≗ **köpek av avlamaz.** *Spr.* Verdrossenheit zeitigt keinen Erfolg. ≗ **namaz göğe ağmaz** (*od.* **çıkmaz**). *Spr.* Was nicht von Herzen kommt, geht nicht zu Herzen.

gönülsüzlük 1. *P* Schlichtheit, Einfachheit, Bescheidenheit *f* *alçakgönüllülük 2. inneres Widerstreben, Widerwillen *m,* Unlust, Verdrossenheit *f*

gönye [×·] 1. Anschlagswinkel *m* (des Zimmermanns) 2. Winkel *m,* rechtwinkliges Dreieck (Zeichengerät) ~ **dişlisi** *techn.* Kegelrad *n* ~ **postaları** *naut.* Mittelspanten *pl.* **-sinde olmak** rechtwinklig sein

gönyeburun *techn.* Verkröpfung *f,* Gehrung(-swinkel *m*) *f*

gönyelemek mit dem Winkel vermessen

görçek Photoautomat *m*

gördek (balığı) s. **acıbalık**

Gördes *n.pr.* O. u. D. im Rbz. Manisa (das alte Gordion) ~ **ayvası** spätreifende, bes. süße und saftige Quittenart

gördürmek Kaus. zu **görmek;** (in Verb. mit Ausdrücken wie **iş, vazife** usw.:) machen (ausführen, verrichten) lassen **Bu vazifeyi bana gördürdüler.** Man hat mir diese Aufgabe übertragen.

göre (in Bed. 1–4 Pp. mit Dat., in Bed. 5 Adj.) 1. gemäß, entsprechend, nach; in Übereinstimmung (mit), in Ausführung (von), zufolge, so ... wie *tevfikan 2. mit Rücksicht (auf); im Hinblick (auf); in Anbetracht; bei; nach dem, was ...; soweit *nazaran 3. für den Fall, daß ...; gesetzt den Fall, daß ... 4. nach j–s Meinung 5. s. **izafî** (1) 6. s. **göz** ~ Zu 1: **Alacağınız emre ~ hareket edersiniz.** Ihr werdet so handeln, wie man es euch vorschreiben wird. **Ona ~ davran!** Richte dich danach! Zu 2: **duyduğuma** ~ nach dem, was ich höre (bzw. gehört habe) **hatırımda kaldığına** ~ soweit mir erinnerlich ist **memleketin ahvaline** ~ mit Rücksicht auf die Verhältnisse im Land **Bu kalabalığa ~ yemek az gelecek.** Bei dieser Menschenmenge wird das Essen kaum ausreichen. **söylendiğine** ~ wie erzählt wird Zu 3: **mevcut olduğuna** ~ a) für den Fall, daß ... vorhanden ist b) in Anbetracht, daß ... vorhanden ist Zu 4: **Bana ~ ikisi de bir.** Meiner Meinung nach ist beides dasselbe. ~ **olmak** (m. Dat.) 1. passen, sich eignen, entsprechen 2. betreffen, angehen; gemünzt sein (auf) Zu 1: **Bu ev tam size -dir.** Das Haus ist wie für euch geschaffen. Zu 2: **Bu yasak size ~ değildir.** Dieses Verbot betrifft euch nicht.

görece relativ *izafî, nispî

görecelik; görecilik s. **relativizm**

göreç, -ci s. **pırıldaklı** ~

görek 1. Anblick *m,* Aussehen *n* 2. *pr.* gutes Aussehen, gute Erscheinung

görekli von schönem Aussehen, stattlich, prunkvoll, ansehnlich, mit viel äußerer Aufmachung *gösterişli

göreklik, -iği Aussichts-turm *m,* -terrasse *f*

Görele *n.pr.* O. u. D. im Rbz. Giresun

göreli s. **izafî** (1)

görelik s. **izafet** (II); ~ **eki** *selt.* s. **eşitlik eki**

görelilik s. **izafiyet**

Göreme *n.pr.* Erdpyramidengebiet zwischen Ürgüp und Nevşehir mit Höhlenkirchen

göremez mit frischer Milch zusammen verrührte Sauermilch

görenek Brauch, Usus *m,* Gewohnheit, Sitte *f; pej. a.* Schablone *f,* Schema *n* *örf ve âdet ~ **türesi** s. **örf ve âdet hukuku**

görenekli gewohnheitsmäßig, üblich; *pej. a.* schablonenhaft, schematisch

göreneksel herkömmlich, traditionell ~ **işçilik** technische Routine
göresi gelmek; göresimek (m. Akk.) sehnsüchtig wünschen od. begehren, herbeisehnen, sich sehnen (nach) *müştak olmak, mütehassır olmak, özlemek
görev 1. Funktion *f* *işlev, üf'ule, vazife, fonksiyon 2. Aufgabe, Pflicht, Obliegenheit, Verpflichtung *f*, Dienst(-leistung *f*) *m* *vazife 3. *jur.* sachliche Zuständigkeit *vazife ~ **dışı** außerdienstlich ~ **süresi** Dienstzeit *f* ~ **uyuşmazlığı** s. **vazife ihtilâfı;** ~ **yapmak** Dienst leisten **-de dikkati çekme** dienstliche Verwarnung **-den çıkarılmak** (aus dem Dienst) entlassen werden; abgesetzt werden **-den ötürü** s. **re'sen; -e alınmak** ernannt (betraut) werden *atanmak **-e son vermek** (aus dem Dienst) entlassen **-i kötüye kullanma** Amtsmißbrauch *m*
görevcilik s. **görevselcilik**
görevdeş *biol., med.* synergetisch, zusammen-, mit-wirkend (Muskeln, Drüsen usw.)
görevdeşlik *biol., med.* Synergie *f*, Synergismus *m*, Zusammenwirkung *f* *sinerji
görevlendirmek j–n (mit e–r Aufgabe) betrauen, (zu e–r Dienstleistung) verpflichten; j–m (e–n Posten, ein Amt) übertragen *tavzif etmek
görevlenmek 1. (mit e–r Aufgabe) betraut werden, (zu e–r Dienstleistung) verpflichtet werden, (e–n Posten, ein Amt) übertragen bekommen 2. sich (zu e–r Dienstleistung) verpflichten; (ein Amt, e–n Posten) übernehmen
görevli 1. betraut, verpflichtet, beauftragt (mit) *vazifedar 2. bedienstet, Beamter *memur ~ **gemici** Hilfsmatrose *m* (auf Handelsschiffen)
görevlilik 1. Zuständigkeit *f* 2. Beamteneigenschaft *f*, offizielle Tätigkeit
görevsel 1. e–e Pflicht od. Obliegenheit betreffend; Pflicht-, pflichtgemäß *vazifevî 2. funktionell *işlevsel, üf'ulevî 3. s. **resmî;** ~ **arıtım** s. **resmî tasfiye;** ~ **belgit** (*od.* ~ **dayanç**) s. **resmî senet;** ~ **biçim** s. **resmî şekil;** ~ **bozukluk** *med.* funktionelle Störung ~ **eğitim** *päd.* funktionelle Erziehung *işlevsel eğitim, üf'ulevî terbiye
görevselcilik Funktionalismus *m* *fonksiyonalizm
görevsiz(-lik) s. **vazifesiz(-lik)** (3)
görgü 1. Erfahrung, Empirie *f* 2. Welterfahrenheit, Erfahrung *f* 3. gutes Benehmen, guter Ton, korrekte Umgangsformen *adabımuaşeret 4. Wahrnehmung, Beobachtung *f* *müşahede 5. Weltbild *n*, geistiger Horizont ~ **şahidi** *od.* ~ **tanığı** Augenzeuge *m* *rüyet şahidi **-sünü artırmak** seinen geistigen Horizont erweitern
görgücülük s. **ampirizm, deneycilik**
görgüç, -cü *phot.* (Bild-)Sucher *m* *vizör
görgül s. **ampirik**
görgülenmek 1. Erfahrungen sammeln 2. sich e–s guten Benehmens befleißigen
görgülü 1. (welt-)erfahren, geübt, geschult 2. von gutem Benehmen, mit guten Umgangsformen, gewandt
görgüsüz 1. unerfahren, unbeholfen, weltfremd 2. tolpatschig, ohne gutes Benehmen
görgüsüzlük 1. Unerfahrenheit, Unbeholfenheit, Weltfremdheit *f* 2. Tolpatschigkeit *f*, Fehlen *n* guter Umgangsformen
Görice *n.pr.* Kortsche (Stadt in Albanien)
görk *dial.* s. **gösteriş** (3)
görkem *dial.* 1. Aussehen *n*, Anblick *m* 2. Prunk *m*, Pracht *f*, Gepränge *n*, Pomp *m* *debdebe, ihtişam
görkemli *dial.* 1. gutgewachsen, stattlich, ansehnlich 2. prunkvoll, prächtig, pompös *debdebeli, muhteşem
görklü *dial.* s. **görkemli**
görme 1. Vs. zu **görmek** *spez.* Sehen *n* *basar 2. wer et. erreicht hat 3. *Fb.* Abflanken, Zuspielen *n* (des Balls) Zu 2: s. **sonradan ~;** ~ **alanı** 1. Gesichtsfeld *n* 2. Bildausschnitt *m* ~ **aygıtı** (*od.* **organı**) *an.* Sehapparat *m* *cihazı basar ~ **bozukluğu** *med.* Sehstörung *f* ~ **gücü** Sehkraft *f* ~ **işareti** *mil.* Sichtzeichen *n* ~ **keskinliği** Sehschärfe *f* ~ **siniri** *an.* Sehnerv *m* *optik sinir ~ **ve işitme yoliyle eğitim** *päd.* audiovisuelle Erziehung ~ **yatağı** *an.* Sehhügel, Thalamus *m* *talamus
görmece *Adv.* 1. unter der Bedingung, daß man e–e Ware vor dem Kauf erst prüfen kann 2. nach Augenmaß, nach flüchtiger Schätzung, oberflächlich, rund gerechnet *göz tahminiyle, götürü
görmedik, -iği 1. nie gesehen 2. unerhört, unglaublich, fabelhaft, einzigartig *görülmedik **-e dönmek** nach überstandener Krankheit beinahe gesünder sein als vorher
görmek, (-ür) 1. sehen, erblicken 2. (hinaus-)gehen (auf), gelegen sein (nach) 3. erkennen, feststellen, merken 4. be-, auf-suchen; sich treffen (mit); j–n sprechen 5. beurteilen, finden; halten (für), ansehen (als, für) 6. j–m zuteil werden: a) erleben b) (Gutes) erfahren, erwiesen bekommen c) (Schlechtes) erleiden d) genießen, durchmachen (Ausbildung usw.), absolvieren (Studium) e) (Wiedergabe durch das Pass.) f) Schauplatz von et. sein 7. stoßen (auf); begegnen 8. verrichten, leisten, ausführen 9. erreichen, erlangen 10. *Hv.* fort, weiter 11. s. das ges. Stw. **görsün** 12. s. **Onun azametini görme!** 13. (m. Dat.) achtgeben, aufpassen, daß ... (nicht) 14. auf et. aus sein 15. für j–n et. tun; sorgen (für) Zu 2: **sokağı gören oda** Zimmer *n*, das nach der Straße zu gelegen ist, Straßenzimmer *n* Zu 3: **İşin fena bir sonuca varacağını görünce ...** Als er merkte, daß die Sache schief ausgehen werde ... **Gördün mü yaptığın marifeti?** *iron.* Siehst du jetzt, was du für ein Durcheinander angerichtet hast? Zu 4: **Bugün müdürü göreceğim.** Heute gehe ich zum Chef. **Hastayı görecek.** Er wird den Patienten besuchen. **Çok yer görmüş.** Er ist viel in der Welt herumgekommen. Zu 5: **İşleri fena gördü.** a) Er beurteilte die Sachlage ungünstig. b) Er mißbilligte das Ganze. **çok şayanı dikkat** ~ sehr beachtlich finden **Bu havayı iyi görmüyorum.** Ich finde das Klima nicht gut. s.a. **az(çok)** ~ Zu 6 a): **Biz ne savaşlar gördük!** Was haben wir doch an Kriegen erlebt! Zu 6 b): s. Stw. **iyilik** Zu 6 c): s. Stw. **zarar** Zu 6 d): **yüksek tahsil görmüş bir genç** ein junger Mann mit Hochschulbildung; s.a. **ders(staj)** ~ Zu 6 e): s. **tamir** ~ Zu 6 f): **Bu ova çok savaş gördü.** In dieser Ebene haben sich viele Kämpfe abgespielt. Zu 7: s. Stw. **mukavemet** Zu 8: s. **iş (masraf, vazife)** ~ Zu 9: **Cebi para gördü.** Er bekam Geld in die Hand. Zu 10: **Bırak söyleyegörsün!** Laß ihn nur weiterreden! Zu 13: *vgl.* **Düşenin dostu olmaz; düşmeye gör!** Zu 14: s. **gözü görmek** Zu 15: **Madem ikramiye kazandın, bizi de gör!** Nachdem du in der Lotterie gewonnen hast, kannst du auch für uns et. tun. **göreceği gelmek** (b–ni) Sehnsucht haben (nach j–m) **Görenedir görene, köre nedir köre ne?** *Spr.* Sapienti sat! **görerek** (*bzw.* **görmeyerek) (ateş, atış, nişan)** *mil.* direkt (*bzw.* indirekt) (Feuer, Schuß) **Göreyim seni!** Nun zeig einmal, was du kannst! **görmeden almak** *V* stehlen, klauen **görmedik, görmemiş, görmez, görmüş** s. die ges. Stw. **görüp geçirmek** et. durchmachen **görüp geçirmiş** 1. lebenserfahren 2. s. Stw. **vaktiyle. Görüp göreceği rahmet bu!** *F* 1. Mehr Gutes wird ihm nicht blühen! 2. Einmal und nicht wieder! (hinsichtlich erwiesener Freundlichkeit) **görüp gözetmek** gut aufpassen (auf) *mukayyet olmak
görmelik 1. Sehenswürdigkeit *f* 2. (Film-)Vorführung *f*
görmemezlik, -iği Nichtsehen(-Wollen) *n* ~ **etmek** *od.* **-ten** (*od.* **-e**) **gelmek** *od.* **-e vurmak** so tun, als ob man nicht sähe; absichtlich übersehen; ignorieren; sich nicht kümmern (um); ein Auge zudrücken

görmemiş 1. wer et. nicht gesehen (erfahren, durchgemacht) hat 2. ungebildet, unkultiviert; Parvenü *m* 3. unglaublich dumm Zu 1/2: **-e dönmek** a) *(üzüntüleri)* für alle Trübsal entschädigt werden b) seine gute Kinderstube vergessen Zu 2: ~ **bir harp zengini** ein protzig und plump (*F* großkotzig) auftretender Kriegsgewinnler Zu 3: **≗in biri sabunu yemeğe kalkmış.** Ein polizeiwidrig dummer Kerl wollte die Seife aufessen.

görmemişlik 1. protziges und unkultiviertes Benehmen 2. polizeiwidrige Dummheit; Dummheit *f* im Quadrat

görmez 1. nicht sehend 2. nicht sehen wollend

görmezlenmek *va.* s. **görmemezlikten gelmek**

görmezlik 1. Blindheit *f* 2. (korrekter, aber weniger gebr. als das syn. **görmemezlik**)

görmüş wer et. gesehen (erfahren, erlebt, durchgemacht) hat ~ (*od.* ~ **geçirmiş**) **adam** welt-, lebens-erfahren

görmüşlük, -üğü 1. Gesehen-Haben *n* 2. der frühere Wohlstand Zu 1: **Bu adamı -üm var.** Ich muß den Mann schon einmal gesehen haben. Der Mann kommt mir irgendwie bekannt vor. ~ **duygusu** *psych.* Erinnerungshalluzination, Paramnesie *f*, Déjà-vu-Erlebnis *n* *evvelden görmüş olma hissi

görsel Gesichts-, Seh-, visuell *basarî ~ **doğrultusu** *astr.* s. **bakış doğrultusu;** ~ **maharet** gutes Augenmaß ~ **tip** visueller Typ

görsün 1. er (sie, es) soll sehen! 2. (in Verb. mit der Verbalform auf **-meye, -maya** zur Bez. e–r ausreichenden Bedingung od. Voraussetzung) Zu 2: **Bir kere kızmaya ~!** Wenn er aber einmal böse wird (*scil.* dann aber wehe)! **Gelmeye ~!** Laß ihn nur erst einmal hier sein! **Yazmaya ~!** Er braucht das nur schriftlich niederzulegen (*scil.* und alles ist in Ordnung)!

görü 1. Sehkraft *f* 2. Anblick *m*, Ansicht *f*, Ausblick *m*, Sicht *f* *manzara, nezaret; s. a. **sağgörü**

görücü 1. schauend, sehend, betrachtend 2. Brautschauerin *f* ~ **gezmek** für e–n heiratslustigen Mann e–e Braut suchen ~ **gitmek** sich e–e (in Frage kommende) Braut anschauen (Brautschauerin) **-ye çıkmak** sich der Brautschauerin zeigen (Mädchen)

görücülük, -üğü 1. Tätigkeit *f* e–r Brautschauerin 2. Brautschau *f* **-e çıkmak** auf Brautschau gehen (Mittelsperson)

görülmedik s. **görmedik**

görülmek Pass. zu **görmek; görülecek hesabı olmak** (b–le) mit j–m noch ein Hühnchen zu rupfen haben **görülen lüzum üzerine** *Beh.* aus gegebenem Anlaß **görülen geçmiş zaman** *gr.* s. **-di'li geçmiş zaman; ... çok çirkin görülürdü** ... galt als sehr häßlich

görüm 1. Gesichtssinn *m*, Sehkraft *f* *bâsıra 2. Anblick *m*

görümce [·×·] Schwägerin *f* (Schwester des Ehemannes)

görümcelik Status *m* e–r **görümce;** ~ **etmek** der Braut (jungen Frau) e–s Bruders übelwollen (Schwester des Mannes)

görümcü Wahrsager(-in *f*) *m*

görümlük 1. zur Ansicht best.; nur als Auslage (als Dekoration) dienend (z. B. unverkäufliche Ware) 2. Besichtigungsgebühr *f*; s. a. **yüzgörümlüğü**

görünen 1. sichtbar 2. scheinbar Zu 1: ~ **çevren** natürlicher Horizont *ufku mer'i Zu 2: ~ **direnç** *el.* Scheinwiderstand *m*, Impedanz *f* *empedans ~ **görüntü** scheinbares Bild ~ **hareket** s. **görünürdeki devim. ≗ köy kılavuz istemez.** *Spr. fig.* E–e Binsenwahrheit bedarf keiner Erklärung.

görüngen *selt.* klar, offensichtlich

görüngü s. **fenomen**

görünmek 1. sichtbar werden, in Sicht kommen, erscheinen, in Erscheinung treten, sich zeigen *tezahür etmek, zâhir olmak 2. scheinen, den Eindruck erwecken 3. kommen, *F* sich blicken lassen 4. sich aufspielen 5. (b–ne) tadeln, zurechtweisen **Göründü Sıvas'ın bağları.** *spr. Ra.* (Vielleicht entstanden aus: **Gürün'dür Sıvas'ın bağları. Gürün** ist das Weinberggebiet von Sıvas.) Jetzt ist es also doch so gekommen, wie ich befürchtet habe. Da haben wir die Bescherung! **Görünen köy kılavuz istemez.** *Spr.* Sonnenklares bedarf keiner Erläuterung. **görünür görünmez hadiseler** unvorhergesehene Zwischenfälle *pl.*

görünmez unsichtbar ~ **kaza** plötzliches, unerwartetes Unglück ~ **olmak** 1. sich nicht (mehr) zeigen, sich nicht mehr sehen (blicken) lassen 2. aus dem Blickfeld verschwinden

görüntü 1. Phantasiebild, Phantom *n*, Erscheinung *f* 2. *opt.* Bild *n*

görünüm 1. äußeres Bild; Erscheinung *f* *zevahir 2. *ling.* Aspekt *m*, Aktionsart *f* *görünüş

görünür 1. sichtbar 2. sichtlich, deutlich, offenbar

görünürde *Adv.* 1. dem äußeren Schein nach zu urteilen, anscheinend (*bzw.* scheinbar) 2. *(in neg. Sätzen)* greifbar, sichtbar *meydanda, ortada ≗ (*od.* **Görünürlerde**) **yok.** Es ist weit und breit nichts zu sehen (von). **-ki çap** *astr.* scheinbarer Durchmesser **-ki devim** (*bzw.* **yörünge**) scheinbare Bewegung (*bzw.* Bahn) **-ki işlem** *jur.* Scheingeschäft *n* *zahirî muamele; muvazaa

görünürleştirmek sichtbar machen

görünürlük 1. Sichtbarkeit *f* 2. *met.* Sicht(-igkeit) *f*

görünüş 1. (An-)Schein *m* *sureti zâhire; zevahir 2. Aussehen *n*, Erscheinung *f*, Bild *n* 3. *ling.* s. **görünüm** 4. *hist.* Audienz(-saal *m*) *f* (e–s Krimfürsten) Zu 1: **-e göre** *od.* **-te** 1. scheinbar 2. anscheinend, offenbar **≗e aldanmamalı.** *Spr.* Der Schein trügt. **-ü kurtarmak** den Schein wahren Zu 2: **halı -ünde bir bahçe** ein Garten, der wie ein Teppich aussieht **evin arkadan -ü** Rückansicht *f* des Hauses ~ **hatası** *(Geodäsie)* optische Täuschung

görüş 1. Art und Weise *f* des Sehens; Blick *m* 2. *met.* Sicht *f* 3. Ansicht, Anschauung, Auffassung, Meinung *f*; ideologische Einstellung Zu 1: s. **sevkulceyşî ~; tabiye -ü; ilk görüşte** Zu 2: s. **yer görüşü;** ~ **açısı** 1. Seh-, Blick-winkel *m* 2. Standpunkt *m* ~ **alanı** Gesichts-, Blick-feld *n* ~ **ayrılığı** s. ~ **farkı;** ~ **birliği** einheitliche Auffassung; Übereinstimmung *f* ~ **darlığı** geistige Beschränktheit, enger Horizont ~ **farkı** Verschiedenheit *f* der Ansichten ~ **kabiliyeti** *mil.* Sichtigkeit *f* ~ **şartları** Sichtverhältnisse *pl.* ~ **tarzı** Standpunkt *m*, Meinung, Mentalität *f* **-leri birleştirme kıyılgısı** s. **tevhidi içtihat kararı**

görüşlü mit nb. **görüş** z. B. **geniş** ~ mit offenem Sinn, aufgeschlossen (Persönlichkeit) **(karşı, sağ, sol)** ~ *spez. pol.* (konträr, rechts, links) eingestellt, orientiert

görüşme Vs. zu **görüşmek** *spez.* 1. Unterredung, Unterhaltung, Besprechung *f* *mülâkat 2. Begegnung *f* Zu 1: **bir** ~ **yapmak** e–e Unterredung haben ~ **tutanağı** Verhandlungsprotokoll *n* *müzakere zaptı

görüşmek 1. sich treffen und plaudern, sich unterhalten, sich sprechen 2. sich sehen, sich kennenlernen 3. freundschaftlich verkehren, Verkehr pflegen (z. B. mit den Nachbarn) 4. (m. Akk.) et. besprechen, sich unterhalten (über) Zu 2: **Sizinle acaba nerede görüşmüştük?** Wo haben wir uns wohl kennengelernt? Zu 3: **Komşunuzla görüşür müsünüz?** Verkehren Sie mit Ihrem Nachbarn? Zu 4: **Meseleyi bir daha görüşmeliyiz.** Die Angelegenheit müssen wir noch einmal besprechen. **görüşeni karışanı olmamak** (b–nin) selbständig handeln, nicht hineingeredet bekommen **görüşmemek** mit j–m übers Kreuz sein *konuşmamak

görüştürmek Kaus. zu **görüşmek** z. B. e–e Unterredung herbeiführen (zwischen); miteinander bekannt machen

görüşücü s. **mükâleme memuru**

gösterge (An-, Meß-)Zeiger, Melder, Indikator *m*, Uhr *f* *müş'ir; s. a. **istikamet -si**

gösteri 1. Vorführung, Darbietung, Schau *f* 2. Kundgebung, Demonstration, Ovation *f* *nümayiş, tezahürat 3. *med.* Exhibition *f* ~ **cimnastiği** Schauturnen *n* ~ **yeri** Führring *m* (bei Pferderennen) ~ **yürüyüşü** Demonstrationsmarsch *m*
gösterici 1. zeigend, Zeige- 2. s. **gösterimli** 3. Projektor, Bildwerfer *m* 4. Demonstrant(-in *f*) *m* 5. *med.* Exhibitionist *m* *egzibisyonist, teşhirci ~ **kelime** *typ.* Kolumnentitel *m*
gösterim s. **projeksiyon;** ~ **odacığı** Vorführkabine *f* (des Filmvorführers) ~ **odası** *(Film)* Vorführraum *m*
gösterimci Filmvorführer *m*
gösteriş 1. Zeigen *n,* Vorführung *f* od. Art *f* der Schaustellung 2. Schein-manöver, -unternehmen *n,* bloßer Schein; Bluff, Täuschungsversuch *m,* Blendwerk *n,* Komödie, Farce *f;* leere Aufmachung, hohle Fassade, innere Hohlheit 3. Reiz, Charme *m,* Anziehungskraft, Ansehnlichkeit, Stattlichkeit *f* Zu 2: ~ **geçişi (hareketi, muharebesi)** *mil.* Schein-übergang *m* (-unternehmung *f,* -gefecht *n*) Zu 3: **Bu binanın hiç -i yok.** Das Gebäude sieht nach nichts aus (*F* macht nichts her).
gösterişçi wer Prunk und Aufmachung liebt *spez. pej.* Blender, Angeber *m*
gösterişçilik pompöses Auftreten; Angeberei *f*
gösterişli 1. *pej.* mit viel äußerer Aufmachung, auffällig, auffallend, protzig, prunkvoll, pompös 2. *mel.* schön, ansehnlich, stattlich 3. s. **tumturaklı**
gösterişlilik 1. *pej.* Pomphaftigkeit, Wichtigtuerei *f* 2. *mel.* Pracht *f,* Prunk *m*
gösterişsiz 1. *mel.* ohne viel äußere Aufmachung, unauffällig, schlicht 2. *pej.* unansehnlich, wenig reizvoll
gösterişsizlik 1. *mel.* Fehlen *n* großer Aufmachung, Unauffälligkeit, Schlichtheit *f* 2. *pej.* Unansehnlichkeit *f;* mangelnder Reiz; Fehlen *n* jeglichen Charmes
gösterme 1. Vs. zu **göstermek** 2. Schaufenster *n,* Auslage *f* ~ **adılı** *gr.* (echtes od. unverbundenes) Demonstrativpronomen; hinweisendes Fürwort *işaret zamiri ~ **belirteci** *gr.* demonstratives Adverb *işaret zarfı ~ **hastalığı** *med.* Exhibitionismus *m* *egzibisyonizm; teşhir (etme) hastalığı ~ **parmağı** s. **işaretparmağı;** ~ **sıfatı** *gr.* demonstratives Adjektiv (verbundenes Demonstrativpronomen) *işaret sıfatı
göstermek, (-ir) 1. zeigen; sehen lassen *a.* hineinlassen (z.B. Besucher ins Gefängnis) 2. erkennen lassen, erweisen, deutlich hervortreten lassen (z.B. Absicht) 3. der Wirkung od. dem Einfluß von et. aussetzen 4. überzeugend darlegen; aufzeigen, beweisen 5. j–n et. lehren, j–m et. beibringen 6. auf-, über-tragen, anweisen; verrichten (ausführen) lassen, verlangen 7. ins richtige Licht rücken; unterstreichen 8. aufführen (z.B. in e–r Liste) 9. (b–ne) (Drohung) es j–m zeigen 10. *intr.* aussehen *görünmek (in Istanbul weniger gebr.) 11. s. **kendini** ~ 12. *Hv.* erweisen, leisten Zu 2: **Bu gözlük ufak yazıları iyi göstermiyor.** Mit dieser Brille kann man e–e kleine Schrift nicht deutlich lesen. Zu 3: s. **ateşe (güneşe)** ~ Zu 4: **Bunun böyle olduğunu size göstereceğim.** Ich werde Ihnen beweisen, daß es sich so verhält. Zu 5: s. **ders(yol)** ~ Zu 6: **Size ne iş gösterdiler?** Was hat man Ihnen für e–e Aufgabe übertragen? Was hat man von Ihnen gewollt? Zu 7: **İnsanı kıyafet gösterir.** Kleider machen Leute. *Spr.* **k–ni** ~ sein Licht nicht unter den Scheffel stellen Zu 9: **Ben ona gösteririm!** Dem werde ich es schon zeigen! Zu 10: **Bu adam yaşlı göstermiyor.** Diesem Mann sieht man sein Alter nicht an. **Şu kız on beşinde ama, yirmi beş gösterir.** Das Mädchen hier ist 15 Jahre alt, sieht aber aus wie 25. **Bu adam yaşından fazla gösteriyor.** Der Mann sieht älter aus als er ist. s.a. **ufak** ~ Zu 12: s. **itaat (muhalefet, mukavemet)** ~
göstermelik 1. Muster, Probestück *n;* Muster-, Probe-sendung *f* *numunelik 2. Figur od. Zeichnung *f* auf dem Vorhang (vor Beginn e–s Karagözspiels; z.B. Ringer mit siebenköpfigem Drachen) 3. nach außen berechnet; Schein- ~ **şahıslar** *Th.* Komparsen, Statisten *pl.*
göstertmek Kaus. zu **göstermek**
göt, -tü *V od. P* 1. Gesäß *n,* Hintere *m,* *V* Arsch *m* *kıç, arka, makat 2. Unterfläche *f,* Boden *m* (z.B. e–s Topfes) 3. Verschlußstück *n* e–s Geschützes 4. *fig.* Kraft *f,* Mut *m,* Dreistigkeit *f* 5. Dummkopf, Blödian *m* (*Anm.:* Die folgenden Ra.en sind ausnahmslos Vulgarismen.) ~ **altına gitmek** sich selber in die Scheiße reiten *(V)* ~ **içi kadar** eng wie ein Hundeloch (z.B. Zimmer) ~ **tokuşturmak** enge Freunde sein ~ **üstü oturmak** aufgeschmissen sein *(P);* nichts mehr zu erwidern wissen **-e küstü** bis zu den Hüften reichende Jacke **-ten bacak** kurzbeinig **-ü açık** abgerissen, heruntergekommen **-ü boklu** zu nichts zu gebrauchen; (*V* Drecksarsch *m*) **-ü kırmızı** Affe *m* *maymun **-ü trampet çalmak** gut aufgelegt sein **²ü var!** Schneid hat er! **-ü varıp gelmek** e–e Schrecksekunde durchmachen **²ü yanıyor.** Ihm geht der Arsch mit Grundeis. *(V)* **-ü yere yakın** s. **götten bacak; -ünden büyük osurmak** hochtrabende Reden führen **²üne kına koy!** Jetzt kannst du dir ins Fäustchen lachen! **-ünü yakmak** (b–nin) j–m den Hintern versohlen *(P)* **-ünü yırtmak** sich schier zerreißen **-ünü kılları diyapazon olmak** elend frieren (Person)
götlek; götoş *V* s. **puşt**
götlük *P* hinterer Teil e–r Satteldecke
götsüz 1. *P* bodenlos 2. *V* mutlos, feige
götün götün *P* zurück, rückwärts, rücklings, *V* ärschlings ~ ~ **gitmek** *P* den Krebsgang gehen, immer weiter zurückgehen (z.B. infolge geschäftlicher Mißerfolge)
götüren Part. Präs. zu **götürmek** *spez. biol.* efferent, herausführend *mürsil
götürmek, (-ür) 1. weg-, fort-tragen; weg-, fort-bringen; hin-bringen, -führen, geleiten (*ant.* getirmek) 2. mitnehmen, weg-, fort-führen 3. wegreißen, fortschwemmen 4. töten, dahinraffen 5. aushalten, ertragen, vertragen (können) *dayanmak, tahammül etmek 6. *(Sport)* besiegen 7. fassen können; Raum haben (für) 8. lenken, steuern (z.B. Auto) 9. führen, begleiten Zu 1: **götürüp vermek** abgeben **Seni oraya götürürüm.** Ich bringe (führe) dich hin. **kadehi dudaklarına** ~ das Glas an die Lippen führen Zu 3: **Bir mermi bacağını götürdü.** Ein Geschoß (e–e Granate) hat ihm das Bein weggerissen. **Duvarı su götürdü.** Das Wasser hat die Mauer weggerissen (weggeschwemmt). Zu 4: **Hastalık, çok insan götürdü.** Die Krankheit hat viele Menschen dahingerafft. Zu 5: **hamurun götürdüğü kadar su** so viel Wasser, wie der Teig vertragen kann **Bu şarap çok su götürür.** Diesen Wein kann man mit viel Wasser verdünnen (ohne daß der Wohlgeschmack leidet). s.a. **içi (şaka, su) ~; itiraz (su) götürmez** Zu 7: **Bu sürahi bir litre götürür.** Die Karaffe hier faßt e–n Liter.
götürü 1. unter Berechnung e–s Gesamtpreises, in Bausch und Bogen (z.B. kaufen), pauschal, en bloc 2. *H* Akkord-, im Akkord, auf Stücklohn Zu 1: **² pazar ne vereyim?** Was soll alles zusammen kosten? *F* Was kostet der ganze Ramsch? **Bu kitapların hepsini** ~ (*od.* ~ **pazarlık**) **altmış liraya aldım.** Ich habe diese Bücher in Bausch und Bogen für 60 Pfund gekauft. ~ **gider** Gesamtausgaben *pl.* ~ **iş** Akkordarbeit *f* ~ **pazar** Pauschalpreis *m* ~ **pazarlık** *jur.* Akkord-vertrag, -lohn, -preis *m* ~ **satış** *H* Verkauf *m* in Bausch und Bogen; Pauschalverkauf *m* ~ **vergilendirme** Pauschalbesteuerung *f*
götürücü s. **götüren**
götürülecek borç Bringschuld *f*

götürüm(-lü) s. **tahammül; mütehammil**
götürümsüz s. **tahammülsüz**
götveren *V* s. **puşt**
gövde 1. Hauptbestandteil *m* (von et.) 2. *an.* Rumpf, Körper *m* 3. Stamm *m* (e–s Baums), Stengel, Stiel, Halm *m* (e–r Pflanze); Schaft *m* (e–s Nagels, Schlüssels, e–r Säule usw.) 4. geschlachtetes und ausgenommenes Tier 5. Gehäuse *n* (z.B. e–s Instruments) 6. *mus.* Resonanzkörper, Geigen-körper, -korpus *m* 7. *mus.* Notenkopf *m* *baş 8. *gr.* Wortstamm *m* *maddei asliye 9. unterer Teil e–s Minaretts (zwischen **pabuç** und **şerefe**) 10. Wagenkasten *m* Zu 4: **bir ~ koyun** geschlachteter und ausgenommener Hammel **~ gösterisi** Massen-demonstration *f*, -aufmarsch *m* **~ heykeli** Torso *m* **~ kaplaması** Verkleidung, Verschalung *f* (an e–m Flugzeug zur Verminderung des Luftwiderstandes) **-ye at(ıştır)mak** *od.* **indirmek** gierig essen, schlingen, *F* in sich hineinpampfen **-yi bükme** *(Turnen)* Rumpfbeugen *n*
gövdelenmek 1. körperliche Form annehmen *tecessüt etmek 2. dick werden
gövdeli 1. mit nb. **gövde** 2. *pr.* stämmig, kräftig, untersetzt *iri yapılı
gövdesiz çuhaçiçeği schaftlose Schlüsselblume *f bot.* Primula acaulis
gövdiş *dial.* s. **güveç**
gövek *dial.* grüne Schale (bei Nüssen, Mandeln usw.)
gövelâ s. **gökelâ**
gövem *dial.* s. **deve kaçıran sinek**
gövemeriği, -ni s. **akdiken**
göveri *dial.* Grünzeug, Gemüse *n* *sebze, yeşillik
gövermek; göverti s. **göğermek göğerti**
göya s. **güya**
göydergi s. **çıban, flegmon**
göymek verbrennen, versengen *yakmak
göynü s. **gönlü (gönül)**
Göynücek *n.pr.* O. u. D. im Rbz. Amasya
göynük *dial.* 1. angebrannt, angesengt 2. eingebrannt, von der Sonne gebräunt 3. schön reif (Frucht) 4. traurig, bekümmert 5. Milchkännchen *n* 6. Beutel *m,* Säckchen *n* (für Joghurt, Gerste usw.)
Göynük *n.pr.* O. u. D. im Rbz. Bolu
göynüklü *dial.* brennend, schmerzlich, betrüblich
göynümek s. **göyünmek**
göyük *dial.* 1. verbrannt, versengt *yanık 2. et. Verbranntes 3. Fieber *n* *ateş, hararet, humma 4. (beim Kochen entstehender) Schaum 5. Kummer *m,* Betrübnis *f*
göyünmek Pass. zu **göymek** *yanmak
göz 1. *an.* Auge *n* (als Sehorgan od. Sehvermögen) 2. Quelle *f,* Ursprung *m* (z.B. e–s Gewässers) 3. Loch *n,* Öffnung *f, a.* Bläschen *n* (in Glasur, in Perlen usw.); *gel.* Nische *f* 4. (Nadel-)Öhr *n* 5. Öse *f* 6. Durch-laß *m,* -fahrt *f,* Brückenbogen *m;* lichte Weite; Lichtenöffnung *f* 7. Raum *m* (in e–m Haus) 8. Teil *m,* Abteilung *f* (z.B. in e–m Geschäft) 9. (Ge-)Fach *n* (z.B. in e–r Tasche) 10. Schub-lade *f,* -fach *n* 11. Waagschale *f* 12. einzelnes Brett od. einzelne Reihe in e–m Regal 13. Stelle *f* am Baum, wo ein Ast, Zweig od. e–e Knospe entsteht; Auge *n* 14. Masche *f* (beim Stricken usw.) 15. (Waben-)Zelle *f* 16. böser Blick *nazar; nazar isabeti 17. Zuneigung, Liebe, Sympathie *f,* Wohlwollen *n,* Gunst *f* 18. (in Verb. mit **bakmak** od. Syn.) a) Meinung, Auffassung, Ansicht *f* b) Anschein *m* Zu 7: **Bu evde üç ~ vardır: iki oda bir mutfak.** In dem Haus hier sind drei Räume: zwei Zimmer und e–e Küche. Zu 16: s. **~ değmek; -e gelmek** Zu 17: s. **-den düşmek; -e girmek** Zu 18: a) **mukaddes -üyle bakmak** als heilig betrachten, für heilig ansehen **b–ne evlât -üyle bakmak** j–n nicht für voll ansehen Zu 18 b): s. **alıcı -üyle bakmak; ~ açamamak** 1. keine Zeit (*od.* Gelegenheit) finden 2. nicht zur Besinnung (Ruhe) kommen können **~ açıklığı** 1. Wachsamkeit, Umsicht *f* 2. Klugheit, Pfiffigkeit *f* **~ açıp kapamadan** (*od.* **kapayıncaya kadar**) im Handumdrehen, im Nu, ehe man es sich versieht **~ açmak** 1. das Licht der Welt erblicken 2. zur Besinnung (Ruhe) kommen 3. s. **-ünü açmak; ~ açtırmamak** (b–ne) 1. j–n nicht zur Besinnung (Ruhe) kommen lassen, j–m keine Ruhe gönnen, j–m dauernd zusetzen, j–n andauernd bedrängen *aman aralık vermemek 2. keine Gelegenheit bieten **~ ağacı** Pavonie *f bot.* Pavonia arabica **~ ahbaplığı** Freundschaft od. Bekanntschaft *f* vom Sehen her **~ alabildiğine** soweit das Auge reicht **~ alanı** Blickfeld *n* **~ aldanımı** (*od.* **aldanması**) optische Täuschung **~ aldatımı** *(Malerei)* Augentäuschung *f* **~ alıcı** 1. blendend 2. bezaubernd, reizend, charmant, nett **~ alımı** Sehweite, Sicht *f* **~ alma** *agr.* Entfernung *f* von Knospenansätzen (*spez.* an Spalierobst) **~ almak** 1. blenden (Sonne, Schnee usw.) 2. anziehend wirken (auf), j–m in die Augen stechen, Verlangen erwecken (bei), j–n bezaubern **~ ardı otel** Stundenhotel *n* **~ aşısı** Okulation *f,* Okulieren *n* **~ aşinalığı** Bekanntschaft *f* vom Sehen her **~ aşinası** nur flüchtig bekannt **~ atmak** 1. ein (begehrliches) Auge werfen (auf) 2. e–n Blick werfen (auf); flüchtig betrachten **~ aydına gitmek** e–n Gratulationsbesuch machen (Vgl. **Gözün aydın!**) **~ aydınlığı** Freude, Fröhlichkeit *f* **~ bağlamak** 1. bezaubern 2. *pej.* verhexen, irreführen **~ bankası** *med.* Augenbank *f* **~ banyosu** 1. *med.* Augen-bad *n,* -spülung *f* 2. *V* Augenweide *f* (*spez.* Frau, Mädchen) **~ banyosu yapmak** *V* sich am Anblick (von ...) weiden **~ billuru** s. **billurcisim; ~ boncuğu** blaue Perle (gegen den bösen Blick) **~ boyamak** *fig.* Sand in die Augen streuen; bluffen, düpieren, hinters Licht führen (s.a. **-ünü boyamak**); **~ bozuklukları** Augen-, Seh-beschwerden *pl.* **~ burun kanalı** *an.* Tränennasengang *m* **~ camı** Okular *n,* Einblicklinse *f* *adesei ayniye, oküler **~ çevre kası** *an.* Ringmuskel *m* des Auges **~ çıkarmak** ein Auge ausschlagen, ausstechen; s.a. Stw. **kaş; ~ çukuru** s. **gözevi; ~ değdirmek** e–n kurzen Blick werfen (auf) **~ değmek** s. Stw. **değmek; ~ deliği** Guckloch *n* **~ dikmek** (bşe) 1. anstarren, mit gespannter Aufmerksamkeit betrachten, mit den Augen verschlingen 2. et. begehren, auf et. versessen sein, et. in seinen Besitz bringen wollen; lüstern sein (auf) **~ doktoru** Augenarzt *m,* Ophthalmologe *m* *oftalmolog **~ doldurmak** (*od.* **doyurmak**) den Zuschauer (Betrachter) vollauf befriedigen **~ dumanı** *med.* Trübung *f* (im Auge) **~ emeği** die auf die Herstellung feiner Dinge verwendete Mühe **~ erimi** 1. Sehweite, Sicht *f* *göz alımı 2. *astr.* Horizont *m* *ufuk **~ etmek** mit den Augen ein Zeichen geben; zublinzeln (vgl. aber **gözetmek**); **~ gezdirmek** 1. flüchtig lesen (od. durchschauen), überfliegen 2. (bşe) sich et. ansehen, et. überprüfen **~ göre** (*od.* **~ göre göre**) 1. sehenden Auges (z.B. in sein Verderben rennen) 2. mit frecher Stirn (z.B. leugnen) 3. vor aller Augen (z.B. entwenden) **~ görmeyince gönül katlanır.** *Spr.* 1. Was man nicht weiß, macht e–n nicht heiß. *Spr.* 2. Aus den Augen, aus dem Sinn. *Spr.* **~ ~** 1. ganz durchlöchert 2. porös, durchlässig 3. netzförmig 4. Auberginenpüree *n* mit Eiern **~ -e gelmek** 1. sich begegnen (Blicke) 2. einander gegenüberstehen, sich sehen **~ -ü görmemek** die Hand nicht vor den Augen sehen **~ -ü görmez karanlık** stockfinstere Nacht **~ hakkı** kleiner Anteil (*mst.* von Speisen), der e–m Betrachter bei der Zubereitung verabfolgt wird (*urspr. abergl.* zur Abwehr des bösen Blikkes) **~ hapsi** 1. unverwandtes Anblicken 2. *mil.* Hausarrest *m* (für Offiziere) **~ hapsine almak** (*od.* **~ hapsinde tutmak**) 1. nicht aus den Augen lassen, unablässig fixieren, dauernd beobachten, überwachen 2. unter polizeili-

che Aufsicht stellen 3. *mil.* Hausarrest verhängen ~ **hastalıkları bilimi** Augenheilkunde, Ophthalmologie *f* *oftalmoloji ~ **hekimi** s. ~ **doktoru;** ~ **ısırmak** s. **-ünü ısırmak.** ⩳ **iki, kulak iki, ağız tek, çok görüp, çok dinleyip az söylemek gerek.** *Spr.* Zwei Augen hast du und einen Mund; zwei Ohren hast du und einen Mund. Bedenk es und mach's dir zu eigen: Viel sehen, viel hören und manches verschweigen! ~ **iltihabı** Augenentzündung, Ophthalmie *f* *oftalmi ~ **işaretleri** Sehzeichen *pl.* ~ **kadehi** *med.* Augenspülglas *n* ~ **kalemi** Augenschminkstift *m* ~ **kamaşmak** geblendet werden (Augen durch grelles Licht) ~ **kamaştırıcı bir ziya** grelles Licht, blendende Helle ~ **kamaştırmak** 1. blenden (grelles Licht) 2. in Bewunderung versetzen; berücken, bezaubern, täuschen ~ **kapaksız kertenkele** Johannisechse *f zo.* Ablepharus kitaibeli (östl. Mittelmeerländer) ~ **kapamak** 1. (bşe) et. geflissentlich übersehen, et. durchgehen lassen, die Augen verschließen (vor) 2. schlafen 3. die Augen schließen; sterben (Zu 2: **Bütün gece** ~ **kapamadım.** Ich habe die ganze Nacht kein Auge zugetan.) ~ **kararı** Augenmaß *n* ~ **karariyle** nach Augenmaß ~ **karası** 1. Pupille *f*, Sehloch *n* 2. Blindheit *f* *körlük ~ **kaş etmek** s. **kaşgöz etmek;** ~ **kesilmek** mit gespanntester Aufmerksamkeit hinsehen, *F* wie ein Schießhund aufpassen ~ **keskinliği** Sehschärfe *f* ~ **kesmek** s. **-ü kesmek;** ~ **kıpıştırmak** s. **göz kıpmak;** ~ **kı(r)pmadan** 1. im Nu, im Handumdrehen 2. ohne mit der Wimper zu zucken ~ **kı(r)pmak** mit den Augen zwinkern; zublinzeln ~ **kırpmamak** *a. fig.* kein Auge zutun, nicht schlafen ~ **koymak** (bşe) auf et. versessen sein, ein begehrliches Auge auf et. werfen ~ **kulak olmak** ganz Auge und Ohr sein, *F* wie ein Schießhund aufpassen ~ **kurdu** Augenfadenwurm *m zo.* Loa loa ~ **kuruması** *med.* Augendarre, Xerophthalmie *f* ~ **kuyruğu** äußerer Augenwinkel ~ **lambası** magisches Auge (Radio) ~ **loçası** *naut.* Ankerklüse *f* (für den Buganker) ~ **merceği** 1. *an.* s. **billurcisim** 2. Okular *n*, Einblicklinse *f* *adesei ayniye ~ **noktası** s. **stigma;** ~ **nuru** 1. Augenlicht *n*, Sehfähigkeit *f* 2. s. ~ **emeği** 3. Liebling *m* (Kosewort) ~ **nuru dökmek** 1. e–e augenanstrengende Arbeit ausführen 2. *fig.* viel Mühe an et. wenden ~ **otu** gebräuchlicher Augentrost *bot.* Euphrasia officinalis ~ **ölçüsü** Augenmaß *n* ~ **önü** vor Augen; zur Hand ~ **önünde** vor aller Augen, in aller Öffentlichkeit *alenen, alâmeleinnas ~ **önünde bulundurmak** (*od.* **tutmak**) vor Augen halten, in Rechnung stellen, im Auge behalten; beachten, nicht übersehen ~ **önüne almak** ins Auge fassen, in Erwägung ziehen, erwägen ~ **önüne gelmek** vor das geistige Auge treten ~ **önüne getirmek** sich et. (geistig) vorstellen *tasavvur etmek ~ **parlatmak** in Wut versetzen ~ **pekliği** Wagemut *m* ~ **pencere** (rundes od. ovales) Dachfenster; Ochsenauge *n* ~ **perdesi** 1. Star *m* (Augenkrankheit) 2. Mangel *m* an Umsicht; Unvorsichtigkeit *f* ~ **seçimi** Entfernung *f*, in der et. genau zu erkennen ist; Sehweite *f* ~ **sevdası** platonische Liebe ~ **siniri** s. **görme siniri;** ~ **siperi** Augenschirm *m* ~ **sulanması** Feuchtwerden *n* der Augen (des Auges) ~ **sümüksel zarı** *an.* Bindehaut *f* *konjonktiva ~ **süzmek** verliebte od. schmachtende Blicke zuwerfen ~ **tabibi** Augenarzt *m* ~ **tahminiyle** nach Augenmaß ⩳ **tanışıklığım var.** Ich kenne ihn vom Sehen. ⩳ **terazi, el mizan.** s. **El terazi, göz mizan.** ~ **titremesi** *med.* Zittern *n* des Augapfels; Nystagmus *m* ~ **tutmak** (m. Akk.) gefallen, mögen; einverstanden sein (mit) ~ **ucuyla anlatmak** verstohlen zuzwinkern ~ **ucuyla bakmak** 1. verstohlen hinblicken; hinschielen (ohne den Kopf zu drehen) 2. *fig.* schief ansehen, scheelen Blickes betrachten *yan bakmak ~ **uçları** (äußere) Augenwinkel *pl.* ~ **üstü çukuru** Grube *f* (über den Augen e–s Pferdes) ~ **yaşartıcı** 1. die Augen tränen lassend, Tränen- 2. zu Tränen rührend ~ **yaşartıcı bomba** Tränengasbombe *f* ~ **yaşartıcı gaz** Tränengas *n* ~ **yaşartmak** 1. die Augen tränen lassen 2. zu Tränen rühren ~ **yaylası** Sehfeld *n* ~ **yılgınlığı** bleiche Furcht, lähmendes Entsetzen ~ **yummak** 1. die Augen schließen (*a.* sterben) 2. (bşe) et. nicht sehen wollen, geflissentlich übersehen, ein Auge zudrücken (bei), et. durchgehen lassen 3. schlafen ~ **yummamak** 1. nicht geneigt sein, ein Auge zuzudrücken 2. kein Auge zutun, nicht schlafen ~ **yumup açınca(-ya kadar)** im Handumdrehen, im Nu ~ **yuvarı** *an.* Augapfel *m* *kürei ayn ~ **yuvası** Vertiefung *f* an der Einblicklinse (e–s Mikroskops usw.)

(gözde): ~ **büyümek** überschätzt, übertrieben werden (**Merak etme, o kadar** ~ **büyüyecek şey değildir.** Reg dich nicht auf, so schlimm ist die Sache nun auch wieder nicht!) ~ **büyütmek** übertreiben, überschätzen, et. wichtiger nehmen, als es ist ~ **olmak** in Gunst stehen, mit Liebe und Aufmerksamkeit verfolgt werden, sehr gefallen, in die Augen stechen; s. a. das ges. Stw. **gözde;** ~ **tutmak** begünstigen, favorisieren

(gözden): ~ **çıkarmak** 1. sich et. vom Herzen reißen; bereit sein et. zu opfern; opfern, sich et. abringen 2. mit dem Verlust von et. rechnen, et. abschreiben ~ **çıkarmamak** *a.*: et. im Auge behalten ~ **çıkmak** 1. in Ungnade fallen 2. in der Achtung sinken, an Ansehen verlieren 3. (bş) keine Lust mehr haben (nach) **-den düşmek** s. **gözünden düşmek;** ~ **geçirmek** 1. durchsehen, überprüfen, revidieren 2. durchblättern, überfliegen ~ **ırak olmak** fern sein, in der Ferne weilen ⩳ **ırak olan gönülden de ırak olur.** *Spr.* Aus den Augen, aus dem Sinn. *Spr.* ~ **kaçırmak** entgehen; nicht wahrnehmen ~ **kaçmak** übersehen, nicht wahrgenommen werden ~ **kaybolmak** aus dem Blickfeld verschwinden, unsichtbar werden, *F* sich verdrücken, sich dünn machen; verduften ~ **nihan olmak** *va.* den Blicken entschwinden ~ **sürmeyi çalmak** (*od.* **çekmek**) *fig.* j–m das Bettuch unter dem Leibe wegstehlen; wie ein Rabe stehlen ~ **uzak** abgelegen (z. B. Ortschaft) ~ **uzak tutmamak** s. Stw. **uzak;** ~ **uzaklaşmak** fortgehen, anderswohin gehen

(göze): ~ **aldıramamak** nicht wagen können (et. zu tun) ~ **aldırmak** 1. *P* für **göze almak** 2. auf alles gefaßt sein, zu den größten Opfern und Entbehrungen entschlossen sein ~ **almak** 1. ins Auge fassen, in Erwägung ziehen, erwägen 2. gewillt sein, et. zu wagen, riskieren ~ **batmak** 1. das Auge beleidigen, den Zuschauer irritieren 2. *fig.* unangenehm auffallen od. berühren, j–m mißfallen, j–n stören; j–m ein Dorn im Auge sein ~ **çarpmak** in die Augen springen, die Aufmerksamkeit auf sich lenken; auffallen ~ **diken olmak** *fig.* 1. sich den allgemeinen Neid zuziehen 2. s. **göze batmak** (2); ~ **gelmek** vom bösen Blick getroffen werden (Aberglauben) ~ **girmek** s. **gözüne girmek;** ~ **görünmek** 1. sichtbar werden, in Erscheinung treten, sich blicken lassen, sich zeigen 2. *fig.* geradezu greifbar vor Augen stehen, ein Phantasiebild sehen ~ **görünmemek** 1. sich nicht in der Öffentlichkeit zeigen 2. dem Auge nicht erkennbar sein ⩳ **göz, dişe diş.** Auge um Auge, Zahn um Zahn. (Bibel) ~ **sokmak** 1. direkt unter die Nase halten 2. *fig.* zurechtweisen, tadeln 3. durch unwiderlegliche Beweise überführen; s. a. **gözüne sokmak;** ~ **ve ateşe karşı örtü** *mil.* Deckung *f* gegen Sicht und Feuer ~ **vurmak** s. ~ **batmak**

(gözle): ~ **gözetleme** *mil.* Augenbeobachtung *f* ~ **kaş arasında** im Nu, im Handumdrehen ~ **yemek** 1. mit den Augen verschlingen, mit großem Verlangen anstarren 2.

haßerfüllt anstarren ~ **yüzü gülmek** über das ganze Gesicht strahlen

(gözlere): ~ **sürme çekmek** die Wimpern schminken

(gözleri): ≗ **açık kalmış musluk gibi akıyor.** Die Tränen strömen ihm nur so über das Gesicht. ~ **bağlı olarak** mit verbundenen Augen ~ **bayılmak** ganz gläserne Augen haben; an den Augen abzulesen sein (Müdigkeit, Verlangen usw.) ~ **belermek** ganz runde Augen machen ~ **buğulanmak** (*od.* **bulutlanmak**) sich mit Tränen füllen (Augen); dem Weinen nahe sein (Person) ~ **büyümüş bir halde** mit weitaufgerissenen Augen ~ **büyümek** ganz runde Augen machen, die Augen aufreißen, ganz verblüfft dreinsehen ~ **çakmak çakmak olmak** fieberglänzende (od. zornfunkelnde) Augen haben ~ **çapaklı** triefäugig ≗ **çukura** (*od.* **çukuruna**) **gitmiş** (*od.* **kaçmış**). Er hat ganz eingefallene Augen. Er sieht sehr elend aus. ≗ **dışarı fırlamış.** Die Augen traten ihm (vor Wut od. Angst) beinahe vor den Kopf. ~ **dolmak** (*od.* **dolu dolu olmak**) sich mit Tränen füllen (Augen); dem Weinen nahe sein (Person) ~ **doldurmak** (*od.* **doyurmak**) s. **göz doldurmak;** ~ **dönmek** 1. die Augen verdrehen (z.B. Sterbender) 2. vor Wut außer sich geraten ≗ **evinden oynamış** (*od.* **fırlamış**). Die Augen traten ihm (vor Wut, Entsetzen usw.) beinahe vor den Kopf. ~ **fal taşı gibi açılmak** 1. ganz große Augen machen, ganz verblüfft sein 2. *selt.* scharf hinschauen ~ **fincan gibi olmak** s. ~ **fal taşı gibi açılmak** (1); ~ **görmeyen** blind ~ **iyi görmemek** nicht gut (od. scharf) sehen können, e–n Sehfehler haben ~ **kan çanağına dönmek** s. Stw. **kan çanağı;** ~ **kapanmak** 1. die Augen vor Müdigkeit nicht offenhalten können 2. sterben ~ **kararmak** j–m schwarz vor den Augen werden, schwindlig werden ~ **kıpırdatmadan bakmak** unverwandten Blickes betrachten ≗ **kıvılcım saçtı.** Seine Augen sprühten Feuer. (Er wurde sehr erregt.) ~ **kızarmak** 1. sich entzünden (Augen) 2. sich die Augen rot weinen ~ **kuyuda** mit tiefliegenden Augen ~ **parlamak** ganz glänzende Augen bekommen (vor Freude, Begierde, Zorn usw.) ~ **perdeli olmak** e–n Schleier vor den Augen haben; die Wahrheit nicht erkennen ~ **sulanmak** sich mit Tränen füllen (Augen) ~ **süzülmek** ganz kleine Augen bekommen (vor Schläfrigkeit) ≗ **velfecri okuyor.** Die Verschlagenheit sieht ihm (*bes.* e–m Kind) aus den Augen. ≗ **yaşardı.** 1. Die Augen begannen ihm zu tränen. 2. Die Tränen traten ihm in die Augen. ~ **yollarda kalmak** sehnsüchtig erwarten ≗**mi kaparım vazifemi yaparım.** 1. *(Ziya Gökalp)* Zuerst muß man, auch wenn es schwer fällt, seine Pflicht erfüllen. 2. *P* seine Pflichten obenhin erledigen. ≗**mi yollarda bırakma!** Laß mich nicht zu lange warten! **-nden uyku damlayan** übernächtigt aussehend **-nden yaş getirmek** j–n zum Weinen bringen, j–m Tränen entlocken **-ne inanamamak** seinen Augen nicht trauen wollen **-ne mil çekmek** j–m die Augen ausstechen, j–n blenden **-ne uyku girmemek** kein Auge zutun

(gözlerini): ~ **açmak** die Augen aufschlagen; erwachen; s.a. **gözünü açmak;** ~ **bürümek** j–s Blick fesseln, j–m in die Augen stechen ~ **devirmek** (b–ne) j–n wutentbrannt ansehen ~ **dikmek** (bir yere) e–n Punkt fixieren, unentwegt auf et. starren ~ **dört açmak** 1. die Augen weit aufreißen; Mund und Nase aufsperren (vor Verwunderung) 2. genau aufpassen, sehr achtgeben ~ **hayata kapamak** das Zeitliche segnen; sterben, ableben ~ **kaçırmak** den Blick abwenden; anderswohin schauen ~ **kapamamak** keinen Schlaf finden können ~ **silmek** sich über die Augen fahren, die Tränen abwischen ≗ **toprak doyursun!** *(Verwünschung für e–n Habgierigen)* Er kann den Rachen nicht voll genug kriegen! ~ **ovuşturmak** sich die Augen ausreiben, auswischen ~ **uyku tutmamak** kein Auge zutun; nicht schlafen können ~ **yere eğmek** die Augen zu Boden schlagen ~ **yummak** 1. s. **gözünü yummak** 2. **(hayata)** das Zeitliche segnen; sterben

(gözlerinin): ≗ **içi gülüyor.** Die Freude strahlt ihm nur so aus den Augen. ~ **içine kadar kızarmak** sich die Augen aus dem Kopf schämen

(gözlerinizden): ≗ **öperim.** (Briefschlußformel, die ein nach Rang, Ansehen od. Alter Höherstehender verwendet. s.a. **Ellerinizden öperim.**)

(gözü): ~ **aç** gefräßig, gierig, unersättlich; Nimmersatt *m* *açgözlü ~ **açık** schlau, aufgeweckt, pfiffig *açıkgöz ~ **açık gitmek** sterben, ohne seine Hoffnungen erfüllt zu sehen ≗ **açıldı.** 1. Es fiel ihm wie Schuppen von den Augen. 2. Er läßt sich nichts mehr vormachen. 3. Es geht ihm wieder besser. ~ **ağarmak** 1. blind werden, erblinden 2. ganz kleine Augen bekommen (vor Wut) ~ **ak** hinterhältig, gemein, minderwertig (Person) ~ **akmak** auslaufen (Auge infolge Verletzung) ~ **ardında** (*od.* **arkada**) **kalmak** 1. mit Sorge zurückdenken (an unerledigte Angelegenheiten, an zurückbleibende Personen usw.) 2. s. ~ **açık gitmek** (**Gözüm arkada kalmayacak.** Ich werde ruhig sterben können.) ~ **bağlı** 1. unachtsam, gedankenlos, sorglos, die nötige Vorsicht außer acht lassend *gafil 2. wie mit Blindheit geschlagen, ganz verblendet ~ **bulanmak** sich trüben (Blick) ~ **büyük** Träumer, Phantast *m* *hayalperest ~ **büyükte olmak** große Pläne haben, *pej.* große Rosinen im Kopf haben ~ **büyümüş** mit ganz verängstigten Augen, ganz eingeschüchtert ~ **çalmak** (b–nin b–ni) s. ~ **ısırmak.** ≗ **çıkası!** *(Fluch; etwa:)* Hol ihn doch der Teufel! ≗ **çıktı.** Ihm wurde ein Auge ausgeschlagen. Er verlor ein Auge. ~ **dalmak** ins Leere starren od. auf et. stieren ~ **dışarıda** nach anderen Frauen (*bzw.* Männern) schielend ~ **doymak** zufrieden sein (mit dem, was man erreicht hat) ≗ **dönesi(-ce)!** Krepieren soll der Kerl! ≗ **dönüyor.** 1. Das Auge bricht ihm (*scil.* dem Sterbenden). 2. Er gerät (vor Wut, lauter Eifer usw.) ganz außer sich. ~ **dumanlanmak** ganz blind vor Zorn werden, blindwütig handeln ~ **dünyayı görmemek** nichts anderes mehr sehen (als); nur mehr Augen haben (für) ~ **gibi sakınmak** (bşi) et. wie seinen Augapfel hüten ~ **gibi sevmek** innig lieben ~ **gitmek** (bşe) zufällig et. sehen ~ **gönlü açılmak** 1. sich wohler fühlen, frohwerden, aufatmen *ferahlanmak 2. e–m das Herz aufgehen (bei et. Schönem) ~ **görmek:** ≗ **yalnız parayı görüyor.** Er ist nur auf Geld aus. ~ **görmez olmak** (m. Akk.) nicht mehr schätzen, links liegenlassen ~ **görmeyen** blind ~ **hiç bir şey görmemek** 1. blind sein (vor Erregung, Freude usw.) 2. (-den başka) sich nur interessieren (für) ~ **ısırmak** (b–ni) j–m bekannt vorkommen, e–n zu kennen glauben (**Bu zatı gözüm ısırıyor.** Der Herr kommt mir bekannt vor.) ~ **ile bakmak** s. **göz** (18); ~ **ilişmek** (b–nin bşe) et. zufällig sehen; an et. haften bleiben (Blick) ~ **kalmak** 1. (bşde) ganz verliebt sein (in et.) (und es unbedingt besitzen wollen) 2. (bşde) et. Unerreichbares neidisch betrachten 3. (b–de od. bşde) sich Sorge machen, sich sorgen (um), mit Sorge denken (an) ~ **kanlanmak** blutunterlaufene (zornfunkelnde) Augen bekommen ~ **kapalı** 1. blindlings, ohne Überlegung 2. ahnungslos, unerfahren, unschuldig ~ **kapalı olarak** geschlossenen Auges, mit nachtwandlerischer Sicherheit ~ **kapıda** dauernd nach der Tür schielend (entweder, weil man auf dem Sprung ist, wegzugehen oder weil man j–s Eintreten erwartet) ~ **kara** 1. unerschrocken, beherzt 2. waghalsiger Glücksspieler ~ **kararmak** 1. sich nicht mehr kennen (vor Wut, Gier, Verzweiflung usw.) 2. e–n Schwindelanfall (e–e leichte Ohnmacht) bekommen, j–m schwarz vor den Augen werden ~ **kaymak** 1. ungewollt zusehen, unbeabsichtigter Augenzeuge werden (od. sein) 2. (leicht) schielen ~ **keskin olmak** 1. ein scharfes Auge haben 2. *hum.* den bösen Blick besitzen ~ **kesmek** (bir işi) sich et. zutrauen, wagen (zu tun), den Mut (Lust und Unternehmungsgeist) haben (zu) ~ **kızarmak** ganz rotgeweinte Augen haben ~ **kızmak** blindwütig vorgehen ~ **korkmak** wie ein gebranntes Kind mit dem Feuer umgehen; eingeschüchtert, verängstigt sein ≗ **kör olsun** (*od.* **olası** *od.* **olasıca**)! 1. Möge er blind werden! 2. (bşin) verdammt, verflucht, verwünscht (Zu 2: **Paranın ~ kör olsun, şimdi bin lira olsa ...** Das verwünschte Geld! Wenn ich jetzt 1000 Pfund hätte ...) ~ **olmak** 1. (bşde) ein Auge auf et. geworfen haben, et. begehren, *F* scharf sein (auf) 2. (b–de) j–n im Verdacht haben, (dabei) an jemand Bestimmtes denken ≗ **parlamağa başladı.** Er bekam vor Wut ganz funkelnde Augen. ~ **sidikli** s. **gözü sulu;** ~ **sönmek** das Augenlicht verlieren, blind werden ~ **sulu** wer wegen jeder Kleinigkeit weint, *F* wer nahe am Wasser gebaut hat; *pej.* Heulsuse *f* ~ **sürmeli** *fig.* scheinheilig, heuchlerisch ~ **takılmak** (bşe) den Blick nicht (ab-)wenden können (von); ganz versunken anblicken ~ **tok** genügsam, bescheiden ~ **toprağa bakmak** nicht mehr lange zu leben haben, mit e–m Fuß schon im Grabe stehen ~ **tutmamak** (m. Akk.) j–m nicht recht gefallen, et. od. j–n nicht recht mögen (**Bu herifi gözüm tutmadı.** Der Kerl kam mir nicht ganz geheuer vor.) ~ **üstünde olmak** mit rührender Sorgfalt umhegen ≗ **var** s. ~ **olmak;** ~ **yememek** (bir işi) sich et. nicht zutrauen; nicht den Mut haben (zu); e–n Bammel haben (vor) ~ **yılmak** (bşden) sich et. nicht mehr getrauen (zutrauen), nicht mehr den Mut haben (zu), sich einschüchtern lassen ~ **yolda** j–n (sehnsüchtig) erwartend ≗ **yüksekte.** Er strebt nach Höherem.

(gözüm): mein Lieber! mein Liebling! mein Augapfel! ≗ **görmesin (onu)!** Der Kerl soll mir nicht wieder vor die Augen kommen! ≗ **sizdedir.** Sie sind meine einzige Hoffnung. **≗den al!** Ich will es mit Vergnügen tun (geben usw.). **≗e görünme bir daha!** Laß dich ja nicht wieder blicken! **-ün bebeği evlâdım!** s. **gözüm; -ün elifi** *va.* mein teurer Freund! **-ün nuru** s. **gözüm**

(gözün): ~ **alabildiğine** s. **göz alabildiğine;** ≗ (*bzw.* **Gözünüz**) **aydın!** (Glückwunschformel bei Eintritt e–s freudigen Ereignisses wie der Ankunft von Freunden, der Geburt e–s Kindes usw.) Herzliche Glückwünsche! Mögest du (Mögen Sie) viel Freude erleben! ~ **önüne gelmek** j–m lebendig vor Augen treten

(gözünde): ~ **büyümek** (bş) *od.* **büyütmek** (bşi) sich übertriebene Vorstellungen machen (von) ~ **kalmak** (bş b–nin) j–s Sehnsucht erregen ~ **olmak** (birisi *od.* bş b–nin) j–m in e–m best. Licht erscheinen ~ **olmamak** (birisi *od.* bş b–nin) kein Auge mehr haben (für) ~ **taşımak** (bşi) erwägen, in Rechnung stellen ~ **tütmek** ersehnt werden, *F* j–m in der Nase stecken, (mit anderer Konstruktion): Sehnsucht haben (nach)

(gözünden): ~ **düşmek** (b–nin) 1. bei j–m in Ungnade fallen 2. in j–s Achtung od. Ansehen sinken ~ **uyku su gibi akmak** sehr schläfrig sein, dem Schlaf nur mit Mühe widerstehen können

(gözüne): ~ **bakmak** s. **gözünün içine bakmak;** ~ **çarpmak** (bşe b–nin) j–m auffallen ≗ **dizine dursun** (**ihsan** *od.* **yediği ekmek**)! Hat man je e–n so undankbaren Menschen gesehen? ~ **girmek** (b–nin) 1. sehr gefallen, in die Augen stechen 2. j–s Liebe (Achtung, Gunst) erwerben ~ **görünmek** (b–nin) j–m vor Augen kommen ~ **hiç bir şey görünmemek** nur mehr seinem Kummer leben, für nichts mehr Interesse bezeugen ~ **ilişmek** (bş) et. zufällig Gesehenes aufmerksamer betrachten (**Bu kelime gözüme ilişti.** Mein Auge blieb an diesem Wort haften.) ~ **kan oturmak** blutunterlaufene Augen bekommen ~ **kestirmek** (bir işi) 1. zuversichtlich an et. herangehen, sich et. zutrauen 2. (bşi) Geschmack finden (an) 3. scharf ins Auge fassen ~ **sokmak** (b–nin) 1. j–m die Nase auf et. stoßen, j–n mit der Nase auf et. stoßen 2. (e–n Höhergestellten) auf j–s Vorzüge aufmerksam machen, j–n präsentieren ~ **uyku girmemek** s. Stw. **uyku;** ~ **yandığım(-ın)** *V* (Ausdruck der Bewunderung, des Zornes, der Zuneigung usw.) verflixt, verdammt, Donnerwetter! ~ **yedirememek** (bir işi) s. **gözü yememek;** ~ **zindan olmak** leiden (an, unter)

(gözünü): ~ **açmak** 1. (kendi) die Augen aufschlagen; erwachen 2. (kendi) *fig.* die Augen aufmachen (od. offenhalten), vorsichtig sein, sich nicht düpieren lassen 3. (kendi) zu Wohlstand kommen 4. (bir yerde) an e–r best. Stelle begreifen lernen 5. (bir kadın bir erkekte) die erste Liebeserfahrung machen 6. (b–nin) j–m die Augen öffnen (über et.), j–n e–s Besseren belehren ~ **almak** (b–nin) j–m ins Auge fallen, j–s Aufmerksamkeit fesseln ~ **ayırmak** (m. Abl.) den Blick (ab-)wenden (von) ~ **bağlamak** (b–nin) wie mit Blindheit schlagen, betören, verblenden, *F a.:* einwickeln ~ **boyamak** 1. s. **göz boyamak** 2. (birbirinin) a) sich gegenseitig et. vormachen b) beiderseits so tun, als ob man den Worten des anderen Glauben schenkte ~ **budaktan sakınmaz** *fig.* Teufelskerl, Wagehals *m* ~ **çıkarmak** 1. die Augen ausstechen; blenden 2. *F* (bşin) e–e unglückliche Hand haben (bei der Wahl von et.) 3. verderben, Schaden zufügen 4. (birbirinin) in wüstem Handgemenge liegen ~ **çöpten** (*od.* **daldan budaktan**) **esirgememek** (*od.* **sakınmamak**) sich durch nichts abschrecken lassen, ein Draufgänger sein ~ **dikmek** unverwandt auf et. starren, et. fixieren ~ **doldurmak** (*od.* **doyurmak**) überzeugend wirken, befriedigen können (Zuschauer) ~ **dört açmak** *fig.* die Augen offenhalten, scharf aufpassen ~ **duman bürümek** in hellen Zorn geraten ~ **gönlünü okşamak** j–m gefallen, j–n ergötzen ~ **kan bürümek** blutunterlaufene Augen bekommen, in e–e unbeschreibliche Wut geraten ~ **kapamak** 1. die Augen schließen, sterben, ableben, verscheiden 2. et. nicht beanstanden, et. hingehen lassen ~ **korkutmak** (*od.* **yıldırmak**) (b–nin) bedrohen, verängstigen einschüchtern ~ **oymak** (birbirinin) *fig.* sich gegenseitig die Augen aushacken ≗ **patlatırım!** *V* Ich schlag dir den Schädel ein! ~ **sevda bürümek** nur Augen haben (für) ~ **sevdiğim** mein geschätzter ...; unser tüchtiger ... ≗ **seveyim!** *F* (Ausruf der dringenden Bitte, der Liebe od. Hochschätzung) 1. Ich bitte dich inständig! 2. Laß dich küssen! Ich muß dir e–n Kuß geben! 3. Alle Hochachtung. ~ **yıldırmak** s. **gözünü korkutmak;** ~ **yummak** 1. (**hayata, dünyaya, yaşama**) sterben, verscheiden 2. (bşe) so tun, als ob man et. nicht sähe, et. ignorieren 3. s. **Açtı ağzını yumdu gözünü.**

(gözünün): ~ **bebeği gibi sevmek** wie seinen Augapfel hüten (lieben) ~ **çapağını silmeden** bevor er sich noch den Schlaf aus den Augen gewischt hatte; gleich beim Aufwachen ~ **içine bakmak** (b–nin) 1. j–m (gerade) in die Augen (ins Gesicht) sehen 2. um j–n zittern 3. jeden Wunsch von den Augen ablesen 4. j–n mit den Blicken anflehen 5. j–n heiß und innig lieben ~ **kuyruğu ile bakmak** 1. verstohlen anblicken 2. scheel ansehen ~ **önünden ayırmamak** nicht aus den Augen lassen ~ **önünden gitmemek** immer vor Augen stehen; (nicht vergessen können) ~ **üstünde kaşın var dememek** (b–ne) nicht das Geringste erwidern, alles hinnehmen, zu allem ja und amen sagen ~ **yaşına bakmamak** (*od.* **aldırmamak**) (b–nin) kein Mitleid haben (mit)

gözağrısı, -nı 1. Augenschmerzen *pl.* 2. wen od. was man früher geliebt hat; s. a. **ilk(eski)** ~

gözakı, -nı das Weiße im Auge; Lederhaut *f,* Sklera *f* *sert kat, tabakai sulbe ~ (*od.* **-na kadar) kızarmak** bis über die Ohren rot werden; sich in Grund und Boden schämen

gözaltı, -nı 1. Beaufsichtigung, Überwachung *f* 2. Internierung *f* ~ **etmek** *od.* **-na almak** 1. unter Polizeiaufsicht stellen, in Polizeigewahrsam nehmen 2. internieren *enterne etmek **-nda bulundurmak** überwachen

gözaynası, -nı *med.* Augenspiegel *m,* Ophthalmoskop *n* *oftalmoskop

gözbağcı Zauberkünstler, Hexenmeister, Taschenspieler, Schwarzkünstler *m* *illüzyonist

gözbağcılık Zauberei, Hexerei, Taschenspielerei *f,* schwarze Kunst *illüzyonizm

gözbağı, -nı 1. Augenbinde *f* 2. *fig.* Verblendung *f* 3. Hexerei, Zauberei, Taschenspielerei *f*

gözbebeği, -ni 1. *an.* Pupille *f,* Sehloch *n* *hadeka 2. *fig.* Liebling, Augapfel *m* ~ **gibi sevmek** wie seinen Augapfel hüten (lieben)

gözcü 1. Wärter, Wächter, Wachhabender *m,* Wache *f* 2. Beobachter, Späher *m* 3. *va.* Spion *m* 4. Augenarzt, Ophthalmologe *m* *göz doktoru 5. aufsichtführend (z. B. Lehrer od. Beamter während e–r schriftlichen Prüfung) ~ **bataryası** *mil.* Überwachungsbatterie *f* ~ **kulesi** *fr.* Wartturm *m,* Burgwarte *f* ~ **postası** Beobachtungsposten *m* ~ **uçağı** *mil.* Überwachungs-, Beobachtungs-flugzeug *n* ~ **yeri** Beobachtungsposten *m naut. a.* Ausguck *m,* Krähennest *n*

gözcülük 1. Spähen *n,* Überwachung, Beobachtung *f* 2. *va.* Spionage *f* 3. Beruf *m* od. Tätigkeit *f* e–s Augenarztes 4. Augenheilkunde, Ophthalmologie *f* 5. Aufsichtsführung *f*

gözdağı, -nı Drohung, Einschüchterung, Erpressung *f* ~ **vermek** (b–ne) bedrohen, einschüchtern, erpressen

gözde 1. Günstling, Favorit *m, F* Protektionskind *n;* erkorener Liebling 2. Favoritin, Mätresse *f* (e–s Herrschers) 3. beliebt, geschätzt

gözdemiri, -ni *naut.* Buganker *m*

gözdikeği, -ni 1. was begehrlich betrachtet wird; was in die Augen sticht *matmahı nazar 2. Lieblings-gegenstand *m,* -beschäftigung *f* 3. Ziel *n,* Zweck *m*

gözdişi, -ni *an.* Augenzahn *m,* oberer Eckzahn

göze 1. *biol.* Zelle *f* *hücre 2. *P* (Wasser-)Quelle *f*

gözebilim(-sel) s. **hücrebilim(-sel)**

gözelek, -eği *(Ornament)* Auge *n* auf Pfauenfedern

gözelerarası, -nı s. **hücrelerarası**

gözeli s. **hücreli**

gözeme 1. Vs. zu **gözemek** 2. s. **gözenek** (4)

gözemek 1. ein Loch zunähen, flicken 2. e–e Stelle bestikken (mit Seide überziehen)

gözen 1. Damhirsch *m zo.* Dama dama 2. anziehend, reizvoll

gözene *dial.* Bienen-haube *f,* -schleier *m* (des Imkers)

gözenek 1. Pore *f* *mesame 2. a) Zwischenraum *m* in tierischen Geweben (durch den Wanderzellen passieren können) b) *bot.* Stoma *n* 3. Masche *f* (e–s Netzes) 4. Hohlsaumstickerei, Ajourarbeit *f* *gözeme 5. ausgestanztes Loch 6. *P* Fenster *n* *pencere 7. Gitter-, Netz- *muşabak

gözeneklik Porosität *f* *porozite

gözer *P* großlöcheriges Sieb

gözesel s. **hücresel**

gözetim Überwachung, Beobachtung, Aufsicht *f* *nezaret ~ **katı** (*od.* **orunu**) s. **nezaret makamı**

gözetleme Vs. zu **gözetlemek** *spez.* Beobachtung *f* ~ **aynası** 1. Beobachtungs- *mil. a.* Gelände-spiegel *m* 2. Spion *m* (kleiner Spiegel am Außenfenster) 3. Rückspiegel *m* (am Auto) ~ **deliği** 1. *mil.* Sehschlitz *m* 2. *Th.* Guckloch *n* (im Vorhang od. in der Kulisse) ~ **eşhası** Aufsichtspersonal *n* ~ **kolu** *mil.* Beobachtungspatrouille *f* ~ **mazgalı** *mil.* Beobachtungs-, Seh-schlitz *m,* Sehscharte *f* ~ **mevzii** *mil.* Beobachtungs-stelle *f,* -stand *m,* -stellung *f* ~ **mıntıkası** (*od.* **sahası**) *mil.* Beobachtungsraum *m* ~ **nöbetçisi** Beobachtungsposten *m* ~ **postası** Aufsichts-, Beobachtungs-posten *m* ~ **uçağı** Beobachtungs-, Aufklärungsflugzeug *n* ~ **ve haber verme hizmeti** Späh- und Warndienst *m* ~ **yeri** *mil.* Beobachtungs-stelle *f,* -stand *m*

gözetlemek (m. Akk.) 1. heimlich beobachten, j–m nachspionieren; et. ausspionieren; schnüffeln (nach) *tecessüs etmek 2. lauern (auf)

gözetleyici *mil.* Beobachter *m* *rasıt

gözetmek, (-ir) (m. Akk.) 1. aufpassen (auf), sehen (nach), hüten, beschützen, beschirmen 2. bewahren, beibehalten (z. B. e–n Brauch) 3. in Betracht ziehen, in Rechnung stellen, berücksichtigen 4. s. **hatırını** ~ 5. lauern, warten (auf); abpassen (z. B. e–e Gelegenheit) *müterakkip olmak

gözevi, -ni *an.* Augenhöhle *f* *göz çukuru

gözeyutarlığı s. **fagositoz**

gözgen *dial.* offener, kleiner Wandschrank

gözgü *dial.* Spiegel *m* *ayna

gözkapağı, -nı *an.* Augenlid *n* *cefn ~ **düşüklüğü** *med.* Lidlähmung, Ptosis *f* ~ **iltihabı** s. **blefarit**

gözlegörü s. **otopsi**

gözleği *P* 1. Ausguck *m* 2. Anstand *m* (Jagd)

gözlek, -eği Beobachtungsstelle *f*

gözlem Beobachtung, Observation *f* *müşahede ~ **gücü** Schärfe *f* der Beobachtung

gözlemci *mil., pol.* Beobachter *m* *müşahit

gözleme 1. Vs. zu **gözlemek** 2. Himmelsbeobachtung *f* *rasat 3. *mil.* Beobachtung *f* 4. in Fett ausgebackene, flache, süße od. salzige Küchlein ~ **mevzii** *mil.* Lauerstellung *f*

gözlemeci wer die **gözleme** genannten Küchlein herstellt od. verkauft

gözlemek (m. Akk.) 1. warten (auf), erwarten *beklemek, intizar etmek 2. aufmerksam (od. heimlich) beobachten; erkunden *müşahade etmek, tarassut etmek

gözlemen Observator *m* *rasıt

gözlemevi, -ni Sternwarte *f,* Observatorium *n* *observatuvar, rasathane

gözlemlemek genau beobachten

gözleyici Beobachter *m* *müşahit

gözlü 1. mit (nb.) **göz** *(q.v.)* 2. *va.* klug, intelligent *akıllı ~ **cıvata** Aug-, Ring-bolzen *m* ~ **mektup rafı** Postablage *f* (im Hotel) **sekiz ~ bir ev** ein Haus mit acht Räumen; s. a. **iri ~ kalbur; mavi ~; sık ~ kafes**

gözlük, -üğü 1. Augenglas *n,* Brille *f,* Zwicker, Kneifer *m* 2. Scheuklappen *pl.* (für Pferde) 3. Rückblickscheibe *f* (im Auto) 4. *fr.* Sehschlitz *m* (in e–m Harnisch) ~ **camı** Brillenglas *n* ~ **çerçevesi** Brillen-fassung *f,* -gestell *n* ~ **çiçeği** s. **deniz lahanası** (2) *ay otu ~ **kılıfı** (*od.* **mahfazası**) Brillen-futteral *n* ~ **kullanmak** ein Glas (*spez.* e–e Brille) tragen ~ **otu** s. **göz otu;** ~ **takmak** 1. e–e Brille aufsetzen 2. ein Glas (*spez.* e–e Brille) tragen **-ü çıkarmak** die Brille absetzen

gözlükçü 1. Hersteller *m* von optischen Geräten 2. Optiker *m*
gözlükçülük Tätigkeit *f* e–s **gözlükçü** *spez.* Optikerberuf *m*
gözlüklü 1. ein Augenglas *spez.* e–e Brille tragend, bebrillt, Brillenträger(-in *f*) *m* 2. mit Scheuklappen (Pferd) ~ **çalıbülbülü** Brillengrasmücke *f zo.* Sylvia conspicillata ~ **penguen** Brillenpinguin *m zo.* Spheniscus demersus
gözlüklüyılan Brillenschlange *f zo.* Naja tripudians *Hint kobrası
gözpınarı, -nı innerer Augenwinkel
gözsüz 1. ohne **göz** *(q.v.)* 2. *spez.* blind *gözü görmeyen, kör Zu 1: ~ **masa** Tisch *m* ohne Schublade
gözsüzlük 1. Fehlen *n* von **göz** *(q.v.)* 2. *spez.* Blindheit *f*
göztaşı, -nı *chem.* Kupfervitriol *n* *bakır sülfat; zacıkıbris
gözükmek, (-ür) 1. in Sicht kommen, erscheinen, sich zeigen *görünmek 2. scheinen; j–m (so) vorkommen 3. e–e drohende Haltung j–m gegenüber einnehmen
gözüpek, -ki unerschrocken, kühn, mutig, draufgängerisch *pek gözlü
gözyaşı, -nı Träne *f* ~ **bezi** *an.* Tränendrüse *f* *guddei dem'iye ~ **damlası** Schmuckstück *n* in Tropfenform (als Zeichen der Trauer) ~ **dökmek** Tränen vergießen; weinen ~ **etçiği** *an.* Tränenwärzchen *n* *luheymei dem'iye ~ **kesesi** *an.* Tränensack *m* *kisei dem'iye ~ **kurumamak** in einem fort weinen ~ **testisi** *fr.* Tränenkrüglein *n* ~ **yolu** *an.* Tränenkanälchen *n* *mecrayı dem'î **-nı silmek** sich die Tränen abwischen **gözyaşlarını tutmak** die Tränen zurückhalten können
GPU s. **Gepeu**
Graç *gel. Graphik* für **Graz** (österr. Stadt)
gradin (halatı) *naut.* stehendes Liek (e–s Segels) ~ **yakası** *naut.* Liek *n* (herabhängende Kante e–s Segels)
grado [×·] 1. Alkoholgehalt *m* 2. *fig.* Grad *m*, Stufe, Qualität *f*, Wert *m* *derece
gradyan *math.* Gradient *m*
grafik 1. graphische Darstellung *çizge 2. graphisch
grafit, -ti *min.* Graphit *m* ~ **tozu** Kohlenstaub *m*
grafitlemek *techn.* graphitieren
grafitli graphithaltig
grafolog Grapholog-e *m*, -in *f*
grafoloji Graphologie *f* *yazıbilim
grafolojik graphologisch *yazıbilimsel
grafometre [··×·] Winkelmesser *m* (in der Geodäsie)
grafostatik Graphostatik *f*
Graküs *n.pr. hist.* Gracchus
gram Gramm *n*
gram-ağırlık s. **gramkuvvet**
gramaj 1. (in Gramm ausgedrücktes) Gewicht (z.B. e–s Brotes) 2. (bei Rationierung *a.*) Grammzuteilung *f*
gramatik *selt.* s. **gramer**
gramatikal *selt.* grammatisch, grammatikalisch
gramer Grammatik *f* *dilbilgisi, kavait, sarf ve nahiv ~ **kapitülasyonları** grammatische Kapitulationen *d. h.* Gültigkeit *f* fremder *(spez. ar. u. pers.)* Grammatikregeln im Türk.
gramerci Grammatiker *m*
gramkuvvet, -ti *phys.* Pond *n* (= 981 Dyn)
gramlık soundsoviel Gramm betragend **500** ~ **paket** Pfundpaket *n*
gramofon 1. Grammophon *n* 2. *va.* Plattenspieler *m*
gramsantimetre *phys.* 1/100000 e–s Kilopondmeters
grandi [×·] *naut.* Großmast *m* ~ **babafingo çubuğu** Großbramstenge *f* ~ **çanaklığı** *naut.* Großmars *m* ~ **çubuğu** *naut.* Großstenge *f* ~ **velena yelkeni** *naut.* Großstagsegel *n*
grandiyoz *selt.* grandios, großartig, überwältigend, wunderbar
grandük, -kü (*franz.* **grand-duc**) 1. Großherzog *m* 2. *hist.* russischer Großfürst
grandükalık 1. Großherzogtum *n* 2. *hist.* Rang *m* e–s russischen Großfürsten
grandüşes (*franz.* **grande-duchesse**) 1. Großherzogin *f* 2. *hist.* russische Großfürstin
granit, -ti *min.* Granit *m* **-in tecezzi şekilleri** Verwitterungsformen *pl.* des Granits
granitleşmek 1. zu Granit werden 2. *fig.* granithart (unerschütterlich, fest) werden
granşlem *(Bridge, Whist)* Großschlemm *m* (13 Stiche)
granül (*franz.* **granule**) Körnchen *n; pharm.* Kügelchen *n* *hubeybe, tanecik
granülasyon Körnung *f* (*spez.* bei Film)
granüle körnig, in gekörnter Form, granuliert
granülit, -ti *min.* Granulit *m*
grapnal demir (*engl.* **grapnel**) s. **filika demiri**
grasadiyö [–··] (*franz.* **grâce a Dieu**) *snob.* Gott sei Dank! *Allaha şükür
Grasiyen *n.pr.* Gratian (römischer Kaiser)
graten Brotmehl *n*, Semmelbrösel *pl.* od. ähnliche klein geriebene (geschabte) Zutaten
gratenli gratiniert, au gratin, überbacken
gratsiyel (*franz.* **gratte-ciel**) Wolkenkratzer *m*, Hochhaus *n*
gratuar (*franz.* **grattoir**) 1. Radiermesser, Schabeisen *n* 2. Zahneisen *n* (des Bildhauers)
grave (*franz.* **gravé**) (ein-)graviert ~ **etmek** (ein-)gravieren
gravimetre [··×·] Gravimeter *n*
gravimetri 1. Gravimetrie *f* 2. *chem.* Gewichtsanalyse *f* *tartı analizi
gravimetrik gravimetrisch
gravitasyon Gravitation, Schwer-, Anziehungs-kraft *f*
gravür (Kupfer-, Stahl-)Stich; (Holz-)Schnitt *m*
gravürcü Graveur *m*
gravye (*franz.* **gravier**) Kies *m* *irikum
gravyer (*franz.* **gruyère**) Schweizer Käse *m*
grayder s. **greyder**
gre (*franz.* **grès**) *min.* Sandstein *m* *kumtaşı
gref (*franz.* **greffe**) *med.* Transplantation *f*
greffon (*franz.*) 1. *agr.* Pfropfreis *n* 2. *med.* Transplantat *n*, überpflanztes Gewebestück
Gregoryen (*franz.* **grégorien**) gregorianisch, Gregorianer (-in *f*) *m* ~ **beste** *mus.* gregorianischer Choral ~ **takvimi** gregorianischer Kalender
Greguar (*franz.* **Grégoire**) *n.pr.* Gregor **Papa yedinci** ~ Papst Gregor VII.
grej (*franz.* **grège**) *mod.* grau-beige; s.a. **su(v)a grej**
grejuva (*franz.* **grégeois**): ~ **ateşi** *hist.* griechisches Feuer
Grek (*franz.* **Grec, Grecque**) 1. Grieche *m*, Griechin *f* (des Altertums) 2. (alt-)griechisch 3. s. **âşık yolu;** ~ **mitolojisi** griechische Mythologie *f*
Grekçe 1. altgriechische Sprache, Altgriechisch 2. altgriechisch
grekleşmek hellenisiert werden
grekleştirmek hellenisieren
greko-latin (*franz.* **gréco-latin**) griechisch-lateinisch ~ **kültür** 1. griechisch-lateinische Kultur 2. klassische Erziehung
grekomani (*franz.* **grécomanie**) Gräkomanie *f*
grekoromen (*franz.* **gréco-romain**) 1. griechisch-römisch 2. **(güreşi)** griechisch-römischer Ringkampf ~ **güreşçisi** wer im griechisch-römischen Stil ringt ~ **konuşmak** *V* von Dingen unterhalb der Gürtellinie sprechen
grekoromenci s. **grekoromen güreşçisi**
gren (*franz.* **grain**) 1. *phot.* Korn *n* (e–r Filmschicht od. im Raster) 2. dunkler Grund e–s Stiches (durch sich kreuzende Linien)

grena (*franz.* **grenat**) 1. *min.* Granat *m* *Süleyman taşı 2. e–e Damastart
grenadin Grenadine *f:* 1. Granatapfel-saft od. -likör *m* 2. hartgedrehter Naturseidenzwirn 3. leichtes Seidengewebe
grenaj (*franz.* **grenage**) 1. Körnung, Narbung *f* 2. *selt.* s. **angrenaj**
grenfen (*franz.* **grain fin**) *phot.* Feinkorn *n* *ince tanecik
grenli kâğıt (gekörntes) Zeichenpapier
grepfrut, -tu Pampelmuse, Grapefruit *f bot.* Citrus hystrix var. decumana *altıntop, Hint limonu, kızmemesi
gres(yağı) (*franz.* **graisse**) Schmier-fett, -öl *n*
greslemek *techn.* schmieren
gresör (*franz.* **graisseur**) *techn.* Schmier-vorrichtung, -büchse *f*, Öler *m* *yağ pompası
grev (*franz.* **grève**) Streik, Ausstand *m*, Arbeitsniederlegung *f* *iş bırakımı ~ **gözcüsü** (*od.* ~ **nöbetçisi**) Streikposten *m* ~ **yapmak** streiken, die Arbeit niederlegen, in den Ausstand treten
grevci streikend, ausständig
grevil ağacı australische Seideneiche *bot.* Grevillea robusta
greyder (*engl.* **grader**) Planier-raupe *f*, -bagger *m*
greypfrut s. **grepfrut**
gri (I) hell-, silber-grau, gris ~ **ağaçkakan** Grauspecht *m zo.* Picus canus ~ **blö** *mod.* graubleu ~ **dökme demir** Grauguß *m* ~ **füme** dunkelgrau (Kleid, Anzug) ~ **merhem** *pharm.* Merkurialsalbe *f* (gegen Läuse) ~ **ötleğen** s. **çalıbülbülü;** ~ **sincap** Grauhörnchen *n zo.* Sciurus vulgaris varius
gri (II) (*franz.* **grille**) *el.* Gitter *n* (bei Radioröhren) ~ **modülasyonlu** gittermoduliert ~ **voltajı** Gitterspannung *f* **-si toprağa bağlı** mit geerdetem Gitter
grifon 1. Griffon *m* (drahthaariger Vorstehhund) 2. *(myth., Heraldik)* Greif *m*
Grimm kanunu *ling.* Grimm'sches Gesetz *ünsüz değiş(tir)imi
Griniç, -ci *n.pr.* Greenwich ~ **nısfınneharı** Meridian *m* von Greenwich ~ **orta saati** s. **GMT**
grip, -pi Grippe *f* (Influenza *f*) *enflüanza, paçavra hastalığı, salgın nezle ~ **olmak; -e yakalanmak** Grippe bekommen
gripaj (*franz.* **grippage**) *mot.* Heißlaufen, Sich-Festfressen *n*, Blockierung *f*
gripal *med.* grippal, grippös, grippeartig
gripli grippekrank
griva [×·] *naut.* Kattdavit, Kran-, Anker-balken *m* (auf älteren Frachtschiffen) ~ **etmek** (den Anker) katten (unter den Kranbalken heißen) ~ **metaforası** Anker-davit, -kran *m* ~ **olmak** Pass. zu **griva etmek;** ~ **palangası** Katt-Takel *n* **-ya almak** (*od.* **vurmak**) s. ~ **etmek**
griy s. **gri** (II)
grizay Grisaille *f:* 1. Malerei *f* in grauen (*a.* braunen od. grünen) Farben 2. einförmig abgetöntes Bild 3. Seidenstoff *m* aus schwarzem und weißem Garn
grize (I); **grizî** s. **gırize; gırizî**
grize (II) **çizgisi** s. **azüre**
grizet, -ti Grisette *f*, (franz.) Näherin, Putzmacherin *f*
grizli (*engl.* **grizzly**) s. **korkunç ayı**
Grizon *n.pr.* Graubünden (Schweizer Kanton)
grizu (*franz.* **grisou**) 1. Grubengas *n* 2. schlagendes Wetter, Schlagwetter(-explosion *f*) *n*
grog Grog *m*
grogi [×·] *(Boxen)* groggy, schwer angeschlagen
grogren Grosgrain *n;* Seiden-, Gurt-, Rips-band *n*, Ottoman *m*
groplan (*franz.* **gros plan**) *(Film)* Großaufnahme *f* *omuz çekimi
gros (*engl.* **gross**) *naut.* Brutto- (z.B. Tonnage)
grosa Gros *n*, 12 Dutzend
grotesk, -ki 1. *selt.* grotesk, komisch 2. *lit.* Groteske *f* 3. **(yazısı)** *typ.* Grotesk *f*
grovak, -kı *geol.* Grauwacke *f*
grönaj s. **grenaj**
GRU *(russ.; Abk.)* Sowjetrussische Militärische Nachrichtenorganisation
grup, -pu, -bu 1. Gruppe, Abteilung *f* 2. Gruppenstandbild *n* *heykel grupu ~ **alıştırmaları** s. **toplu alıştırmalar;** ~ **birliği** *mil.* Gruppenverband *m* ~ ~ gruppenweise, in Truppen ~ ~ **toplanmak** sich in Gruppen sammeln, sich gruppieren ~ **sigortası** Gruppenversicherung *f*
gruplandırmak gruppieren
gruplanma *spez. mil.* Gruppierung *f*
gruplanmak; gruplaşmak sich gruppieren
gruplaştırmak gruppieren
grupvari [·––] gruppen-artig, -weise ~ **taksimat** *mil.* Gruppeneinteilung *f* ~ **tertibat** *mil.* Gruppenanordnung *f*
grüyer s. **gravyer**
gu *selt.* s. **gusto**
gû *va.* Reden, Sprechen *n* *sözleme; s.a. **güftügû**
-gû *va. pers. Sx.* sagend, sprechend
guanako [··×·] Guanako *m zo.* Lama huanacus
guano [·×·] 1. Guano *m* 2. *gel. a.* Bez. für andere Naturdünger
guaş 1. Wasserfarben-, Deck-malerei, Guasch (Gouache) *f* 2. Wasserfarbengemälde, Aquarell *n*
guatr [·×] (*franz.* **goître**) *med.* Kropf *m*, Struma *f* *guşa, cedre
gubar [ā] *va.* 1. Staub *m* 2. s. **gubarî** 3. *V* Haschisch *n* **-ı tali** s. **çiçektozu**
gubarî [·––] 1. Staub- 2. „staubkleine" ar. Schriftart (noch kleiner als **hurda**); z.B. **nesih -si; talik -si**
gubat s. **kubat**
Guda 1. *geogr.* Gouda (Stadt in Holland) 2. ≗ Gouda (-käse) *m*
gudde *an.* Drüse *f* *bez, beze **-i dem'iye** s. Stw. **dem'î; -i derakiye** s. Stw. **derakiye; -i nekfiye** s. **kulakaltı bezi; -i nahamiye** s. **hipofiz guddesi; -i sediye** s. **meme bezi; -i tahtelfekkiye** s. **çenealtı bezi; -i tahtellisan** s. **dilaltı bezi**
guddeli 1. e–e od. mehrere Drüsen besitzend 2. mit nb. Drüsen
guddevî die Drüse(-n) betreffend, Drüsen- *bezel
gudruf [·–] Knorpel *m* *kıkırdak
gudrufî [·––] knorpelig, Knorpel- *kıkırdakımsı **halkai gudrufiye** s. **kıkırdakhalka; nesci** ~ s. **kıkırdakdoku**
gudubet, -ti häßlich, scheußlich, widerwärtig **Ne** ~ **şey!** Was für e–e widerliche Person!
gufran [ā] Gnade, Sündenvergebung *f* (durch Gott)
guguk 1. **(kuşu)** Kuckucksvogel *m spez.* **(külrengi** ~**)** gemeiner Kuckuck *m zo.* Cuculus canorus 2. Kuckuck! Guckguck! (Zuruf, mit dem man Kinder ergötzen od. ärgern will) 3. ≗ s. **İbiş;** ~ **gibi kalmak** (*od.* **oturmak**) mutterseelenallein sein ~ **yapmak** 1. „Kuckuck" rufen (und den e–n Daumen e–s Kindes an dessen Nasenspitze halten) 2. *fig.* mit j–m seinen Scherz treiben
guguklu mit Kuckuck(-sruf) ~ **saat** Kuckucksuhr *f*
guguksular Kuckucksvögel *pl. zo.* Cuculiformes
guguruk *fr.* Haarknoten, Chignon, Dutt *m*
gukirikuu [···×̄] kikeriki!
gul (I) **gul etmek** glucksen, gluckern (Wasser)
gul (II), **-lü** [–] 1. (männl. od. weibl.) Wüstendämon *m* 2. *allg.* Dämon *m* 3. *selt. fig.* übelgesinnter Mensch
gulâm *va.* 1. Jüngling *m* 2. junger Sklave, Diener *m*
gulâmpara s. **kulampara**
gulane [––·] *selt.* riesig
gulaş Gulasch *n*

gulden 1. (holländischer) Gulden *florin 2. s. **golden**
gulet s. **golet**
gulfe *an.* Vorhaut *f*, Präputium *n* ~ **iltihabı** *med.* Vorhautentzündung *f*, Posthitis *f*
gulfî Vorhaut-, präputial
gulgule 1. Glucksen, Gluckern *n* (von Wasser) 2. Lärm(-en *n*) *m*, Geschrei, Stimmengewirr *n*
gulo Vielfraß *m zo.* Gulo gulo
gulu gulu Kollern *n* (des Truthahns)
gulüv, -vvü 1. *va.* Ansturm, Andrang *m* 2. *stil.* die nicht mehr als annehmbar angesehene dritte Stufe der Hyperbel (vgl. **iğrak, tebliğ**)
gulyabani Menschenfresser, Oger *m* (im orient. Märchen)
gumena s. **gomene**
gumpir s. **kumpir**
gûn *z. va.* 1. Farbe *f* *renk 2. Art und Weise, Sorte *f*
gûna *mst.* [güne] Art und Weise, Sorte *f* **bazı** ~ verschiedene **bir** ~ 1. e–e andere Art von ...; andersgeartet, verschiedenartig 2. *(in neg. Sätzen)* durchaus nicht; gar kein **bu** ~ solch, derartig **hiç bir** ~ in keiner Weise **Ne** ~ **duruyor?** s. Stw. **ne**
gûnagûn [ā] verschiedenartig
gûne s. **gûna**
gunit (*franz.* **gunite**) *techn.* Torkret, Spritzbeton *m*
gunitleme *techn.* Torkretverfahren *n* ~ **makinesi** Torkretspritzmaschine *f*
gunne näselnde Aussprache
gunneli näselnd
gûr *va.* Grab *n* *mezar
guraba; gurama s. **gureba; gurema**
gurap s. **garap**
gurabî [·– –] *va.* Raben- s. **nütuu** ~
gurama s. **gurema**
gurbet, -ti Fremde *f* (mit ihren Kümmernissen), *gel. a.* Verbannung *f*, Ausland *n* ~ **çekmek** Heimweh haben ~ **diyarlar(-ı);** ~ **eller(-i)** die fremden Länder, Ausland *n* ~ **etmek** 1. in die Fremde ziehen 2. in der Fremde leben **-te gezmek** in der Fremde umherziehen od. leben (müssen)
gurbetçi wer in der Fremde lebt od. in die Fremde zieht; im Ausland tätiger Türke; türk. Gastarbeiter
gurbetzede *va.* in der Fremde lebend, heimatloser Flüchtling, Verbannter
gurcata [·×·] s. **gorçete**
gureba [ā] (*va. Pl.* zu **garip**) 1. *va.* in der Fremde Lebende *pl.* 2. Arme, Bedauernswerte *pl.* ~ **hastanesi** Armenspital *n*
gurema [ā] (*va. Pl.* zu **garim**) Gläubiger *pl.*; s.a. Stw. **taksim**
gurgur Knurren, Kollern *n* ~ **etmek** knurren, kollern (Magen)
gurk, -ku 1. **(tavuk)** Brut-, Gluck-henne *f* 2. (kollernder) Truthahn, Puter *m* ~ ~ 1. Lm. des Gluckens e–r Henne od. des Kollerns e–s Truthahns 2. s. **gork gork;** ~ ~ **etmek** 1. glucken 2. kollern 3. s. **gork gork etmek**
gurklamak 1. glucken (Henne) *kuluçka olmak 2. kollern (Truthahn)
gurlamak s. **guruldamak**
gurre *va.* 1. erste Nacht (*bzw.* erster Tag) e–s ar. Mondmonats 2. erstes Licht der Morgendämmerung 3. Glanz *m*, Helligkeit *f* 4. weißer Haarkranz auf der Stirn e–s Pferdes
gurul gurul knurrend, kollernd (Magen, Bauch) **Karnı** ~ ~ (*od.* **gırgır**) **ötüyor.** Der Magen knurrt ihm vernehmlich.
guruldamak knurren, kollern (Magen, Bauch); gluckern, glucksen (z.B. Wasserpfeife)
gurultu Knurren, Kollern *n* (im Magen, Bauch)
gurultulu knurrend, kollernd
gurumiye [·–··] s. **asmagiller**
gurup (I), **-bu** [·–] *va.* (Sonnen-)Untergang *m* ~ **etmek** untergehen (Sonne; *a. fig.*)
gurup (II), **-pu, -bu** s. **grup**
guruplu [·–·] **fener** *naut.* langsam angehendes und langsam verlöschendes Leuchtfeuer (an der Küste)
gurur [·–] 1. Stolz *m*, Selbstbewußtsein *n* 2. *pej.* Hochmut, Dünkel *m* 3. Ehrgefühl *n* ~ **gelmek** (b–ne) *od.* ~ **getirmek** (birisi) stolz, hochmütig werden ~ **payını çıkarmak** (k–ne bşden) stolz sein, sich et. einbilden (auf) **-unu kırmak** j–s Stolz (Ehrgefühl) beleidigen **-unu okşamak** (b–nin) j–s Stolz schmeicheln
gururlanmak (m. Dat.) stolz sein (werden) (auf); sich brüsten (mit)
gururlu 1. stolz, voller Stolz 2. *pej.* eingebildet, hochmütig
guse (*franz.* **gousset**) *techn.* Winkelstück, Eckblech *n*, Einsatz *m*
gusletmek [×··] die isl.-rituelle Ganzwaschung vornehmen
gussa (mst. in der Füg.:) **gam** ~ Sorge *f*, Kummer *m*, Leid *n*
gussalandırmak in Besorgnis versetzen, Besorgnis erregen, bekümmern
gussalanmak bekümmert werden, Besorgnisse hegen
gussalı bekümmert, besorgt
gussasız sorgenfrei, ohne Kümmernisse
gusto [×·] Geschmack(-srichtung *f*) *m*, Vorliebe, Neigung *f* *zevk
gustolu geschmackvoll, elegant
gustosuz geschmacklos, häßlich, abstoßend
gusül, -slü isl.-rituelle Ganzwaschung ~ **aptesi almak** die rituelle Reinigung durch Ganzwaschung vornehmen (nach dem Wochenbett, der Menstruation od. dem Geschlechtsverkehr)
gusülhane [ā] Raum *m* für die rituelle Ganzwaschung (in alttürk. Haus)
guş [ū] *va.* Ohr *n* ~ **etmek** *va.* (zu-)hören
guşa [×·] *med.* Kropf *m*, Struma *f* *cedre, guatr
gut (I) (*franz.* **goutte**) *med.* Gicht *f* *damla hastalığı; nıkris
gut (II): ~ ~ ~ (Lm. des Rufens der Henne) gluck, gluck, gluck!
gutagut (*franz.* **goutte à goutte**) tropfenweise, allmählich *damla damla
gutasyon (*franz.* **guttation**) s. **damlama**
gute (*franz.* **goûter**) *selt.* Nachmittagskaffee *m*, Vesperbrot *n*; *öst.* Jause *f* ~ **etmek** *snob.* genießen, auskosten
guvadıra s. **kuladıra**
guvaş; guvatr s. **guaş; guatr**
guvernant, -tı 1. *selt.* Haushälterin *f* 2. Gouvernante, Erzieherin *f*, Kinderfräulein *n*
guvernör *selt.* 1. Statthalter *m* *vali 2. Bankdirektor *m*
gûya s. **güya**
guzat, -tı [ā] *va. Pl.* zu **gazi**
gübre 1. Mist *m*, (natürlicher od. künstl.) Dünger, Dung *m* 2. s. **gebre** (I); ~ **böceği** 1. Mistkäfer *m zo.* Geotrupes (u.a.) 2. s. **bokböceği;** ~ **dağıtıcı (serpici, yayıcı)** *agr.* Düngerstreuer *m* ~ **mantarı** Tintenblätterschwamm *m bot.* Coprinus ~ **şerbeti** Jauche *f* ~ **yabası** Mistgabel *f* ~ **yoncası** Stinkbaum *m bot.* Sterculia setigera
gübrecilik *agr.* Düngerwirtschaft *f*
gübrelemek 1. düngen 2. Kot ablagern (z.B. Esel)
gübreli 1. Mist od. Dünger enthaltend, Mist-, Dünger- 2. mit Mist od. Dünger behandelt; gedüngt
gübrelik Mist-, Dung-haufen *m*
güce (ungekochte) Weizengrütze *spez.* zur Herstellung e–r Art **tarhana; (~ tarhanası)**
gücen s. **göçen**
gücendirmek kränken, verstimmen, verletzen, beleidigen, *F* böse machen
gücenik gekränkt, verstimmt, verletzt, beleidigt, *F* böse

güceniklik Gekränktsein *n*, Verstimmung *f*
gücenilmek Pass. zu **gücenmek. Böyle sebepsiz gücenilir mi?** Man ist doch nicht ohne Anlaß verstimmt.
gücenme Vs. zu **gücenmek;** s. **güceniklik**
gücenmece [·×··] s. **darılmaca**
gücenmek 1. sich gekränkt (verletzt, beleidigt) fühlen, verstimmt sein 2. (b–ne) j–m et. übelnehmen, *F* j–m böse sein
gücü (I) *(Weberei)* Blatt *n*, Weberkamm, Riet *m*
gücü (II) *dial.* s. **karakış**
gücük *dial.* 1. s. **kuyruksuz** 2. schwach, kraftlos ~ **ay** s. **şubat ayı**
gücümsemek (bşi) et. als schwer empfinden; j–m schwerfallen
gücün [×·] 1. gerade noch eben, knapp, kaum, mit Mühe und Not *dara dar 2. unter Zwang, gezwungenermaßen *zorla
güç, -cü (I) Kraft, Macht, Stärke *f* 2. *phys.* Leistung, Energie *f* 3. Gewalt(-tätigkeit) *f* 4. (in Verb. mit **iş**) Arbeit, Tätigkeit, Beschäftigung *f* ~ **birliği** s. **görevdeşlik;** ~ **etmek** s. **sabahı güç etmek.** ⚲ **ile tutulmaz göçen.** *Spr.* Mit Gewalt kommt man nicht durch. ~ **sayısı** *techn.* Leistungsziffer *f* **-ten düşme** Entkräftung *f* **-ü -ü yetene** 1. nach dem Grundsatz des Stärkeren 2. *iron.* jeder so gut er kann **-ü kuvveti yerinde** stark, kräftig **-ü yetmek** (bşi yapmağa) imstande sein, in der Lage sein (zu) **-ü yettiği kadar** s. **elden geldiği kadar; -ünü yenmek** sich beherrschen, sich zurückhalten
güç, -cü (II) 1. schwer, schwierig, mühsam 2. *Adv.* nur mit Mühe; nur knapp 3. Schwierigkeit, Mühsal, Kompliziertheit *f* ~ **gelmek** (b–ne) j–m schwer fallen ~ **halle** unter großen Schwierigkeiten; mit Mühe und Not **-e sarmak** sich erschweren; sich schwierig gestalten ⚲**ler vara vara düzelir.** *Spr.* Schwierigkeiten lassen sich (meist) nur langsam beheben. **-ü -üne** s. ~ **halle; -üne gitmek** (bş b–nin) 1. beleidigen, kränken 2. j–n hart ankommen, j–m gegen den Strich gehen **-üne koşmak** sich e–e Arbeit unnötig erschweren
güçbelâ s. **güç halle**
güççülük *phil.* Energetik *f* *enerjetizm, kudretçilik
güçle (I) *z. va.* aus Brechnuß (*bot.* Nux vomica) hergestellte Tablette
güçle (II) s. **güç ile**
güçlen(dir)mek s. **güçleş(tir)mek**
güçleşmek 1. schwer (schwierig, mühsam) werden, sich erschweren *çetinleşmek, zorlaşmak 2. sich verschlimmern 3. sich kräftigen; sich erhärten (z. B. Meinung)
güçleştirmek 1. erschweren, schwer (schwierig, mühsam) machen 2. (be-)hindern, hemmen, aufhalten, verzögern, verschlimmern *fenalaştırmak 3. kräftigen, stärken, Kraft verleihen
güçlü 1. kräftig, stark, mächtig 2. beschäftigt, tätig 3. gewalttätig, anmaßend, frech Zu 1: ~ **ses** *Th.* mächtige Stimme Zu 2: s. **işli** ~ Zu 3: s. **hem suçlu hem** ~; ~ **kuvvetli** stark und kräftig
güçlük Schwierigkeit, Mühe, Ungelegenheit, Unbequemlichkeit *f* ~ **çekmek** Schwierigkeiten haben ~ **göstermek** 1. j–m et. erschweren 2. j–m nicht entgegenkommen, sich ungefällig erweisen **-le** nur mühsam, schwer, unter Anstrengung **-ler çıkarmak** Schwierigkeiten bereiten, in den Weg legen
güçsümek *va.* Schwierigkeiten machen
güçsüz 1. kraftlos, schwach, unfähig, hilflos *âciz 2. unbeschäftigt, ohne Arbeit Zu 1: (oft in der Verst.) ~ **kuvvetsiz** Zu 2: (mst. in der Verst.) **işsiz** ~
Güçsüzlerevi (*va.* **Güçsüzleryurdu**) s. **Düşkünler Yurdu**
güçsüzlük 1. Kraftlosigkeit, Schwäche, Unfähigkeit *f* *âciz 2. Unbeschäftigt-, Arbeitslos-sein *n*

güdek Absicht *f*, (verfolgtes) Ziel
güdelemek (m. Akk.) *dial.* (ver-)folgen *takip etmek, kovalamak
güderi Sämischleder *n*
güderici 1. Sämischgerber *m* 2. wer mit Sämischleder handelt ~ **dolabı** Gerberfaß *n* (zur Herstellung von Sämischleder)
güderihane [ā] Sämischgerberei *f*
güdmek *va.* 1. stutzen, beschneiden 2. verkleinern, kürzen, vermindern
güdü (Beweg-)Grund *m*, Motiv *n*, Antrieb *m*, Triebfeder *f* *saik
güdücü 1. leitend, führend 2. Hirt, Schäfer *m*
güdük 1. gestutzt, beschnitten 2. schwanzlos 3. *fig.* unvollendet, unvollständig 4. *fig. va.* kinderlos 5. *P* Gewinn *m* *kâr 6. Ärmelweste *f* ~ **ay** *P* Februar *m* *şubat ~ **eylem** *psych.* Fehl-handlung, -leistung *f* ~ **ışıklı** *(Film)* unterbelichtet ~ **kalmak** 1. nur als Stummel übrigbleiben (Schwanz) 2. *fig.* unvollendet liegenbleiben (begonnenes Werk) ~ **tavuk** 1. Kaulhuhn *n*, Klüter *m* 2. *F* unbedeutende, dumme Frau, belangloses Weibchen
güdükçü *P* Zinswucherer *m* *tefeci
güdükleme *lit.* Katalexis *f* (e–s Verses)
Güdül *n.pr.* O. u. D. im Rbz. Ankara
güdülenme Motivation, Willensbestimmung *f*
güdülme *päd.* Anleitung *f*
güdüm 1. Leitung, Führung, Lenkung, Steuerung *f* 2. *mus.* Agogik *f* 3. *P* Viehhüten *n*
güdümcü Vertreter *m* e–r Planwirtschaft; dirigistisch eingestellt
güdümcülük Wirtschaftslenkung, Planwirtschaft *f*, Dirigismus *m* *dirijizm
güdümlü 1. lenkbar (Luftschiff) *kabili sevk 2. fern-gelenkt, -gesteuert (z. B. Rakete) 3. (staatlich) gelenkt; Plan- ~ **taşıt** schienengebundenes Fahrzeug
güftar [ā] *va.* Wort *n* *söz
güfte Worte *pl.*, Text *m* (zu e–m Musikstück); *gel. a.* (Opern-)Libretto *n*
güftügû *va.* Gerede *n*, Rederei *f*, Klatsch *m* *dedikodu, kıylükal
güğül leerer Kokon des Seidenspinners
güğüm (I) (Wasser-)Kessel *m* mit Henkel und engem Hals; s. a. **süt -ü**
güğüm (II) s. **baldırsokan;** ~ **sineği** s. **büvelek**
güherçile *chem.* Salpeter *m* *potasyum nitrat
gül 1. Rose *f* 2. drittes Jahr e–s Kindergartens 3. *mus.* Schall-loch *n*, -rose *f* (bei Laute, Gitarre usw.) 4. ⚲ *wV (fr. a. mV)* 5. s. **rüzgâr (pusula) -ü** 6. Symbol *n* der Liebe ~ **ağacı** 1. Rosen-stock, -strauch *m bot.* Rosa 2. Rosenholz *n* ~ **bahçesi** Rosengarten *m* *gülistan, gülzar ⚲ **bayramı** *n.pr.* Schawuot (jüdisches Fest zur Erinnerung an die Zwölftafelgesetzgebung) ~ **böceği** s. **altın böcek;** ~ **burnu** Hagebutte *f* ~ **çehreli** mit rosigem Gesicht ~ **defnesi** s. **zakkum** (1). ⚲ **dikensiz olmaz.** s. **Dikensiz gül olmaz.** ~ **elması** Jambuse *f bot.* Jambusa vulgaris *jamboz ~ **gibi** 1. wunderschön 2. ganz rein ~ **gibi geçinmek** (b–le) im besten Einvernehmen leben (mit); glänzend auskommen (mit) ~ **gülistan** s. **güllük gülistanlık;** ~ **gülistanlık olmak** zum besten bestellt sein; *F* in Butter sein ~ **kokusu** Rosenduft *m* ~ **likörü** (türk. od. ital.) Rosenlikör *m* ⚲ **mü göl mü?** *hum.* Hat sich das Kind vielleicht naßgemacht? ~ **pembesi** Rosarot *n* ~ **rakısı** e–e mittels Rosenblättern hergestellte Raki-Art ~ **tespih** längliche Perle, in der die zwei Enden e–r Gebetskette zusammenlaufen ~ **üstüne gül koklamak** *fig.* noch e–e zweite Geliebte haben ~ **yanaklı** rosenwangig ~ **yaprakarısı** Rosenblattwespe *f zo.* Arge rosae ~ **yaprakbiti** Rosenblattlaus *f zo.* Aphis rosae ⚲**le bahar.** *Wü.* Ra. beim Wurf

von sechs und vier **(şeşcihar). ²ü seven dikenine katlanır.** *Spr.* 1. Keine Rose ohne Dornen. *Spr.* 2. Wer A sagt, muß auch B sagen. *Spr.* **²ü tarife ne hacet?** (*a. mit der Forts.* **ne çiçektir biliriz.**) Du brauchst mir nichts zu erzählen; ich weiß bereits alles (*scil.* über diesen Kerl)!
gülab [ā], **-bı** *va.* s. **gülsuyu**
gülabdan [· – – –] birnenförmiges Spritzfläschchen für Rosenwasser
gülbağ *va.* s. **gül bahçesi**
gülbahar 1. rötliches Färbemittel 2. e–e best. Art des Tr.sp. 3. ♀ *wV*
gülbank, -gı *fr.* 1. chormäßiges Gelöbnis; Gebet od. Singen *n* 2. der Schlachtruf **Allah Allah** *bzw.* **Allahu ekber** isl. Soldaten 3. Gebetslied *n* der Schüler vor dem Haus e–s neuen Schülers 4. (*a.* **-ı Muhammedî**) Gebetsruf *m* des Müezzin 5. Lied *n* der Nachtigall ~ **çekmek** laut rufen
gülbankçı *fr.* Ausrufer, der in vorgeschriebener Form eine Kapelle **(mehter)** zum Einsatz aufforderte
gülberk, -ki *va.* Rosenblatt *n*
gülbeşeker s. **gül reçeli**
gülbezek *arch.* Rosette, Fensterrose *f*
gülcemal [ā] *va.* schön wie e–e Rose (Gesicht)
gülcü Rosenzüchter *m*
gülçe 1. Röschen *n* 2. s. **gülbezek**
gülçehre s. **gül çehreli**
güldan [ā] *va.* Blumen-vase *f*, -topf *m*
güldeste *z. va.* 1. Rosen-strauß *m*, -bukett *n* 2. *fig.* Blütenlese, Anthologie *f* 3. *mus.* e–e türk. Musikweise
güldür güldür Lm. e–s raschen Dahinströmens, Rennens od. Laufens
güldürmek 1. zum Lachen bringen 2. Freude bereiten, frohstimmen, aufheitern 3. belustigen, unterhalten 4. (k–ni âleme *od.* herkese) Gegenstand des allgemeinen Gelächters werden; sich lächerlich machen
güldürü *Th.* Posse, Komödie *f* ~ **filmi** Filmkomödie *f*
güldürücü zum Lachen reizend; belustigend, erheiternd, komisch ~ **dans** Grotesktanz *m* ~ **gaz** Lachgas *n* ~ **kas** Lachmuskel *m*
güle güle s. Stw. **gülmek**
gülecek s. Stw. **gülmek**
güleç dauernd lächelnd
Gülek boğazı s. **Külek boğazı**
gülen deniz kırlangıcı Lachseeschwalbe *f zo.* Gelochelidon nilotica
gülen kumru s. **dere kumrusu**
gülendam [ā] *va.* schlank, feingliedrig
güler lächelnd, heiter, fröhlich ~ **martı** Lachmöwe *f zo.* Larus ridibundus
güleryüz 1. lächelndes, fröhliches Gesicht 2. *fig.* Freundlichkeit, Liebenswürdigkeit, Zugänglichkeit *f* ~ **göstermek** liebenswürdig (freundlich, zugänglich) sein
güleryüzlü 1. lächelnd 2. *fig.* liebenswürdig, freundlich, entgegenkommend
güleş(-çi, -mek) s. **güreş(-çi, -mek)**
gülgiller Rosengewächse *pl. bot.* Rosaceae
gülgün 1. *va.* rosenfarbig 2. ♀ *wV*
gülgûne 1. s. **gülgün** (1) 2. rosarote Schminke; Rouge *n*
gülhane [ā] 1. *va.* Rosengarten *m* 2. ♀ *n.pr.* Teil des ehemaligen Serails in Istanbul spez. der heutige Gülhane-Park ♀ **Hattı Hümayunu** *n.pr.* Edikt *n* des Sultans Abdülmecit vom 3. 11. 1839 (das die Tanzimatperiode einleitete)
gülhatmi 1. Stock-rose, -malve *f bot.* Althaea rosea 2. Apothekerstockmalve *f bot.* Althaea officinalis *hatmi
gülibrişim orientalische Akazie *bot.* Albizzia Julibrissin *akasya (1), ipek ağacı
gülistan [ā] 1. Rosengarten *m* *güllük, gülzar 2. *fig.* Paradies *n* 3. ♀ *n.pr.* (Meisterwerk des pers. Dichters Sadi)
gülistanlık [ā] s. **güllük** ~
Güliver *n.pr.* Gulliver
gülizar [ā] 1. *va.* rosenwangig 2. ♀ *wV*
gülkurusu, -nu 1. getrocknete Rosenblätter *pl.* (*a.* zur Herstellung von Marmelade verwendet) 2. von der Farbe getrockneter Rosenblätter, beige-rosa
güllâbi 1. *fr.* Aufseher, Wärter *m* in e–m Irrenhaus 2. *fig.* wer sich ganz den Launen e–s hohen Herrn unterwirft; heuchlerischer Schmeichler
güllâbici s. **güllâbi**
güllâbicilik 1. *fr.* Tätigkeit *f* e–s Aufsehers, Wärters in e–m Irrenhaus 2. *fig.* Verhalten *n* e–s **güllâbi** (2); ~ **etmek** 1. *fr.* Aufseher, Wärter in e–m Irrenhaus sein 2. *fig.* sich den Launen e–s Herrn unterwerfen, heuchlerisch schmeicheln
güllaç, -cı 1. aus Reisstärke hergestellter dünner, runder matzenähnlicher Blätterteig 2. hieraus hergestellte türk. Süßspeise 3. *pharm.* Dragée *f, n,* Oblate *f* (für Pillen)
gülle 1. *fr.* Kanonenkugel (aus Stein od. Eisen) 2. Artilleriegeschoß *n*, Granate *f* 3. Kugel- od. Scheiben-hantel *f* *halter 4. (leichte) Hantel (für gymnastische Übungen) 5. *La.* Kugel 6. Ausgleichsgewicht *n* (bei best. Pferderennen) 7. lebende Kugel (Zirkusnummer) ~ **atma** *La.* Kugelstoßen *n* ~ **gibi** bleischwer ~ **kaldırmak** die Scheibenhantel stemmen ~ **karpuzu** runde, grüne (Winter-) Melone ~ **yağdırmak** (m. Dat.) unter heftiges Artilleriefeuer nehmen
gülleci 1. *fr.* Hersteller *m* von Kanonenkugeln 2. Gewichtheber *m* 3. Kugelstoßer(-in *f*) *m*
gülleleşmek (*gel.*) sich gegenseitig mit Artillerie beschießen, ein Artillerieduell auskämpfen
güllü 1. mit Rosen (bepflanzt, bestanden, geschmückt, umgeben usw.); Rosen-; in e–m Rosengarten stehend (z.B. Schlößchen) 2. mit Rosenmuster 3. ♀ *wV* ♀ **Şövalye** Rosenkavalier *m* (Rich. Strauss)
güllük Rosen-beet *n*, -garten *m* ~ **gülistanlık** *fig.* paradiesische Gegend, das reinste Paradies; s.a. **dünyayı** ~ **gülistanlık görmek**
gülmazısı, -nı Rosenschwamm, Bedeguar *m* (Gallapfelart) (*fr. a. med.* verwendet)
gülme Vs. zu **gülmek.** ♀ **ile ağlama bir çıkın içinde.** *Spr.* Lachen, Weinen, Lust und Schmerz sind Geschwisterkinder. (Goethe) **-den çatlamak** vor Lachen schier platzen **Beni bir -dir aldı.** Ich mußte herzlich lachen. **²m tuttu.** Ich mußte lachen. **²mi tutamadım.** Ich konnte mir das Lachen nicht verbeißen.
gülmece 1. Ver-, Aus-lachen *n* 2. s. **mizah. Size başıma gelenleri anlatacağım ama, ~ yok.** Ich will Ihnen erzählen, was mir passiert ist, aber lachen Sie mich nicht aus!
gülmek, (-er) 1. lachen 2. a) (b–ne) aus-, ver-lachen b) (bşe) lachen (über) 3. Freude haben, sich freuen, froh (fröhlich) sein 4. sich belustigen, sich gut unterhalten; **güle güle** 1. *urspr.* lachend, freudig, glücklich 2. (Antwort des Zurückbleibenden auf den Abschiedsgruß **Allaha ısmarladık:**) Auf Wiedersehen 3. Meinen Segen hat er! 4. *allg.* Wunschformel (vgl. die folg. Ra.) **Güle güle gidiniz!** Viel Glück auf den Weg! Leben Sie wohl! **Güle güle giyiniz!** (ster. Ra. e–s Verkäufers bei dem Abschneiden e–s Stoffes od. desjenigen, der e–n Freund od. Bekannten in e–m neuen Anzug sieht) (etwa: Viel Freude an dem neuen Anzug!) **Güle güle kirleniniz!** (Glückwunsch für e–n aus dem Bad Kommenden) **Güle güle kullanınız!** (ster. Ra. beim Verkauf e–s Gebrauchsartikels od. desjenigen, der e–n Freund od. Bekannten e–n neuen Gegenstand verwenden sieht) (etwa: Mögen Sie viel Freude daran haben!) **güle oynaya** froh, fröhlich **gülecek** 1. Futurum zu **gülmek** 2. erheiternd, belustigend, lächerlich, komisch Zu 1: **gülecek almak** *F* unwill-

kürlich lachen müssen **Güleceği tuttu.** Es überkam ihn ein Lachanfall. Er mußte lachen. Zu 2: **Bunda gülecek ne var?** Was ist denn so komisch daran? **gülen denizkırlangıcı** Lach-Seeschwalbe *f zo.* Gelochelidon nilotica **gülerim** s. **güleyim bari; gülerken ısırır** katzenfreundlich (vgl.: vorne lecken und hinten kratzen) **Güler misin ağlar mısın?** halb lustig halb traurig (Vorkommnis) **gülesi gelmek** s. Stw. **gelmek. Güleyim bari!** Da kann man ja nur lachen! Da lachen ja die Hühner! **Gülme komşuna, gelir başına!** *Spr.* Lache nicht über das Mißgeschick e–s anderen; es kann dir das gleiche passieren! **gülmekten bayılmak (çatlamak, katılmak, kırılmak; can** od. **hal kalmamak)** sich halb tot lachen, *F* sich krumm und bucklig lachen **gülmez** s. ges. Stw. **gülüp oynamak** sich vergnügen

gülmez unfreundlich, griesgrämig, verdrossen, abweisend

gülnar [ā] *z. va.* Granatapfelblüte *f* (Ornament)

Gülnar *n.pr.* O. u. D. im Rbz. İçel

gülnihal [ā] 1. *va.* Rosenbusch *m* 2. ♀ *wV*

güloya Häkelspitze *f* in Form e–r Rose

gülpencere *arch.* s. **gülbezek**

gülrenk, -gi rosafarben

gülsuyu, -nu Rosenwasser *n* (Parfüm, *a.* Heilmittel)

Gülsüm; Gülsün *wV* (< **Ümmügülsüm)**

Gülşehir *n.pr.* O. u. D. im Rbz. Nevşehir

gülşen 1. *va.* Rosengarten *m* 2. ♀ *wV*

Gülşenî *n.pr.* 1. Angehöriger *m* des G.-Ordens 2. s. **Gülşeniye**

Gülşenîlik; Gülşeniye *fr.* Derwischorden; Zweig der Halvetiye

gülşensaray *va.* Schlößchen *n* in e–m Rosengarten

gülten 1. *va.* mit rosenfarbigem Teint 2. ♀ *wV*

gülücük Lächeln *n* (e–s Kindes)

gülük *P* 1. Lasttier *n*, Packesel *m* 2. Pferde- od. Esel-karawane *f*

gülüm Lachen *n*

gülümlü s. **güldürücü**

gülümseme Lächeln *n* *tebessüm

gülümsemek (m. Dat.) lächeln (über) *tebessüm etmek

gülümser 1. s. **güleryüzlü** 2. ♀ *wV*

gülümsetmek j–m ein Lächeln entlocken

gülünç, -cü 1. lächerlich, komisch 2. *gel. a.* drollig, lustig, schnurrig ~ **bir hale** (*od.* **vaziyete**) **düşmek** sich lächerlich machen, sich der Lächerlichkeit aussetzen ~ **olmak** 1. lächerlich sein (od. wirken) 2. (b–ne) sich lächerlich machen (bei) Zu 2: **âleme ~ olmak** der allgemeinen Lächerlichkeit preisgegeben sein ~ **yapmak** lächerlich machen; ins Lächerliche ziehen

gülünçleme s. **tehzil, travesti**

gülünçlü lustig, unterhaltsam (Theaterstück, Erzählung, Worte usw.) ~ **destan** spaßhaftes Heldengedicht ~ **opera** komische Oper *operakomik ~ **oyun** *Th.* Lustspiel *n* ~ **süsleme** Groteskverzierung *f*

gülünçlük Lächerlichkeit, Komik *f*

gülünmek 1. Pass. zu **gülmek** 2. *va.* vor sich hinlachen Zu 1: **Buna gülünmez!** Darüber lacht man nicht! **gülünecek** lächerlich, lachhaft

gülüstan s. **gülistan**

gülüş 1. Lachen *n* 2. Art und Weise *f* des Lachens, *F* Lache *f*

gülüşmek 1. gemeinsam lachen 2. übereinander lachen

gülüt, -tü *Th.* Gag *m*, witziger Einfall, Improvisation *f* ~ **yaratmak** improvisieren

gülütçü *Th., Film* Gagman *m*

gülyağcı Produzent od. Verkäufer *m* von Rosenöl

gülyağcılık Herstellung *f* od. Verkauf *m* von Rosenöl

gülyağı, -nı Rosenöl *n*

gülzar [ā] 1. *va.* Rosengarten *m* *güllük, gülistan 2. e–e türk. Musikweise 3. ♀ *wV*

güm 1. bum! bums! bauz! 2. Dröhnen, Knallen *n* 3. *V* prahlerisches od. lügenhaftes Gerede; Flunkerei, Angeberei *f*, Schwindel *m* 4. a) verloren, abhandengekommen, unsichtbar b) abirrend (von), verfehlend ~ **atmak** *V* prahlen, renommieren, schwindeln ~ ~ bum bum! ~ ~ **ötmek** dumpf dröhnen **-e gitmek** *F* 1. nutzlos, vergeblich sein, zu nichts führen 2. draufgehen, auffliegen, bankrottgehen 3. hopsgehen (*a.:* sterben)

güman [ā] *va.* 1. Meinung, Ansicht, Annahme *f* 2. Zweifel *m* 3. Argwohn, Verdacht *m* ~ **etmek** *va.* 1. (be-)zweifeln 2. mutmaßen, argwöhnen

gümbedek [×··] 1. dröhnend, donnernd, krachend 2. Lm. e–s plötzlichen Geschehens: bauz! bums!

gümbür gümbür mit lautem Getöse, dröhnend, donnernd, krachend

gümbürdemek 1. dröhnen, donnern, krachen 2. *V* hopsgehen, draufgehen (= sterben)

gümbürtü lautes Getöse; Dröhnen, Donnern, Krachen *n*

gümbürtülü dröhnend, donnernd, krachend

gümcü *F* Prahler, Angeber, Schaumschläger *m*

güme s. **gümele**

gümeç, -ci 1. (Waben-)Zelle *f* 2. (Honig-)Wabe *f* ~ **bal** Wabenhonig *m*, ungeschleuderter Honig

gümele *P* Jagdhütte *f*

gümi *hist. naut.* Hilfsmatrose *m* (zur Bedienung der Segel)

gümlemek 1. dumpf dröhnen 2. hineinplatzen, einschlagen 3. *V* s. **güme gitmek**

gümrah (I) [ā] dicht, üppig, reich, voll (z. B. Haar)

gümrah (II) [ā] *va.* vom richtigen Weg abgewichen; ketzerisch, gottlos

gümrahlık [ā] Fülle, Üppigkeit *f*, Reichtum, Überfluß *m*

Gümrü *n.pr.* Leninakan (*fr.* Alexandropol) (Stadt in Armenien) ~ **antlaşması** Vertrag *m* von Leninakan (3. 12. 1920)

gümrük, -üğü 1. (erhobener) Zoll 2. Zoll(-behörde, -verwaltung *f*) *m* ~ **almak** Zoll erheben od. einnehmen ~ **anlaşması** Zollabkommen *n* ~ **antreposu** (*od.* **deposu**) Zoll-Lagerhaus *n* ~ **bağışıklığı** zollfreie Einfuhr *f* ~ **beyannamesi** Zoll-erklärung, -deklaration *f* ~ **birliği** (*od.* ~ **ittihadı**) Zoll-verein *m*, -union *f* ~ **bölgesi** Zollgebiet *n* ~ **dairesi** Zollamt *n* ~ **denetlemesi** (*od.* **muayenesi**) Zollkontrolle *f* ~ **hattı** Zollgrenze *f* ~ **ilmühaberi** Zollschein *m* (Quittung über entrichteten Zoll) ~ **kaçağı** Schmuggelware *f* ~ **kaçakçılığı** Schmuggel *m* ~ **manifestosu** *naut.* Ladungsverzeichnis, Manifest *n* ~ **memuru** Zollbeamte *m* ~ **mıntıkası** *jur.* Freizone *f* ~ **muafiyeti** (*od.* **muaflığı**) Zollfreiheit *f* ~ **muamelesi** Zollabfertigung *f* ~ **muhafaza kıtası** Zollschutztruppe *f* ~ **muhafaza umum kumandanlığı** Kommandantur *f* der Zollschutztruppe ~ **muhammini** Zolltaxator *m* ~ **mukavelenamesi** Zollvertrag *m* ~ **rejimi** Zoll-wesen *n*, -vorschriften *pl.* ~ **resmi** Zoll(-gebühr, -abgabe *f*) *m* ~ **salonu** Zoll-halle, -durchgangsstelle, -abfertigungsstelle *f* ~ **tarifesi** Zolltarif *m* ♀ **ve Tekel Bakanlığı** (*fr.* ♀ **ve İnhisarlar Vekâleti**) Ministerium *n* für Zölle und Monopole (Türkei) **-e tabi** zollpflichtig **-ten mal kaçırır gibi** in aller Eile und Aufregung **-ten muaf** zollfrei, nicht zollpflichtig

gümrükçü Zollbeamter

gümrükçülük Zolldienst *m*

gümrüklemek verzollen

gümrüklenmek Pass. zu **gümrüklemek** *a.:* zollamtlich abgefertigt werden

gümrüklü 1. zollpflichtig 2. wofür Zoll entrichtet worden ist

gümrüksüz zollfrei, nicht zollpflichtig

Gümülcine *n.pr.* Komotini (Stadt in Griechisch-Thrazien)

gümültü 1. primitives Gartenhäuschen 2. einfache Jagdhütte
gümürdemek 1. brüllen (Löwe, Kamel) 2. trompeten (Elefant) 3. s. **gümbürdemek**
gümürdenmek 1. s. **gümürdemek** 2. *z. va.* vor sich hinmurren
gümüren Weißzwiebel, Stiftblume *f bot.* (Gattung) Albuca der Liliazeen
gümürtü 1. Brüllen *n* (e–s Löwen od. Kamels), Trompeten *n* (e–s Elefanten) 2. s. **gümbürtü**
gümüş 1. Silber *n* 2. silbern, silberfarbig, Silber- 3. aus Silber verfertigt, Silber-; *a.* Silber-ware *f*, -gefäß *n*, -gegenstand *m* 4. silberweiß (z. B. Arme) 5. *iron.* du großartiger Kerl, du Prachtkerl! 6. *V* Frau *f*, Weibsbild *n* ~ **ağacı** 1. Silberbaum *m bot.* Leucadendron argenteum 2. Proteusstrauch *m bot.* Protea ~ **aslanpençesi** Alpen-sinau, -mantel *m bot.* Alchimilla alpina *gümüş otu ~ **baldırıkara** Silberfarn *m bot.* Pityrogramma calomelanos ~ **beyazı** s. **kurşun beyazı;** ~ **bromürlü baskı** *typ.* Bromsilberdruck *m* ~ **çınlayışlı** silberhell (Stimme) ~ **göz** geld-, hab-gierig ~ **işi** Silberschmiedearbeit *f* ~ **iyot** *chem.* Jodsilber, Silberjodid *n* ~ **kaplama** 1. Versilberung *f* 2. versilbert 3. Silbergeschirr, Tafelsilber *n* ~ **kaplamak** mit Silber überziehen; versilbern ~ **kaşık** Silberlöffel *m* ♁ **Kıyısı** *n.pr. geogr.* Côte d'Argent *f* (Frankreich) ~ **madeni** 1. Silbermine *f* 2. Silbererz *n* ~ **nitrat** s. **cehennemtaşı;** ~ **nitrat kalemi** Höllensteinstift *m* ~ **otu** 1. s. **kaz otu** 2. s. **gümüş aslanpençesi;** ~ **para** 1. Silbergeld *n* 2. Silbermünze *f* ~ **renkli devedikeni** Silberdistel *f*, große Eberwurz *bot.* Carlina acaulis ♁ **sağ olsun, altın gide kosun!** Besser der Spatz in der Hand als die Taube auf dem Dach! ~ **sepet** Alpengänsekraut *n bot.* Arabis caucasica ~ **sülün** Silberfasan *m zo.* Gennaeus nycthemerus ~ **standardı** Silberwährung *f* ~ **tabak** Silberteller *m* ~ **takımı** Silber-service, -geschirr *n* ~ **taşı** s. **galen;** ~ **tilki** Silberfuchs *m zo.* Vulpes vulpes argentatus ~ **varak** Silberfolie *f* ~ **yapraklı** Silberblatt *n bot.* Argyrolobium calycinum ~ **yapraklı defne ağacı** das Seidelbastgewächs Thymelaea Tartonraira
gümüşbalığı, -nı Priester-, Streifen-, Ähren-fisch *m zo.* Atherina presbyter *aterina
gümüşçü Silberschmied *m*
gümüşçülük Silberschmiedekunst *f*
gümüşçün Silberfischchen *n zo.* Lepisma saccharina
gümüşdüğme Sumpf-Schafgarbe *f bot.* Achillea ptarmica
Gümüşhacıköy *n.pr.* Städtchen u. D. im Rbz. Amasya
Gümüşhane *n.pr.* O. u. gln. Rbz. (südl. von Trabzon)
gümüşî s. **gümüşü;** ~ **akasya** Silberakazie *f bot.* Acacia dealbata *gerçek akasya ~ **akçaağaç** Silberahorn *m bot.* Acer dasycarpum ~ **köknar** Edeltanne *f bot.* Abies concolor ~ **yağmurkuşu** Kiebitzregenpfeifer *m zo.* Charadrius squatarola
gümüşlemek 1. mit Silber überziehen; versilbern 2. mit Silber ausschmücken od. beschlagen
gümüşlenmek 1. Pass. zu **gümüşlemek** 2. wie Silber glänzen
gümüşlü 1. Silber enthaltend od. führend 2. mit Silber überzogen, versilbert 3. mit Silber geschmückt od. beschlagen, silbern ~ **altın** s. **elektrom;** ~ **asma** vielehiger Strahlengriffel *m bot.* Actinidia polygama ~ **balık** Hasel, Häsling *m zo.* Leuciscus leuciscus ~ **pelin** Silberwermut *m bot.* Artemisia argentea
gümüşsel s. **gümüşü;** ~ **martı** Silbermöwe *f zo.* Larus argentatus
gümüşservi Widerschein *m* des Mondlichts auf dem Wasser
gümüşsuyu, -nu 1. silberklares Wasser 2. ♁ *n.pr.* Stadtgegend in der Nähe des Taksim-Platzes (Istanbul)
gümüşü silber-farben, -grau, silbern ~ **beşparmakotu** Silber-Fingerkraut *n bot.* Potentilla argentea ~ **tilki** Silberfuchs *m* *rönar arjante
gün 1. Tag *m* (12 bzw. 24 Stunden) 2. Sonne(-nlicht *n*) *f* 3. gegebene Zeit; Reihe *f*, Tag *m*, Ende *n*, Schluß, Ablauf, Termin *m*, Verfallzeit *f* 4. e–e best. Zeit wie: Amtsperiode, Regierungszeit usw. 5. *mel.* gut verlebte Zeit, frohe Tage (od. Stunden) *pl.*; Glück *n*, Wohlstand *m* 6. Fest *n*, Feiertag *m* 7. Datum *n* *tarih 8. richtige Zeit; richtiger Augenblick 9. Empfangstag, Jour *m* 10. *pej.* schlimmer Tag, üble Zeit Zu 1: **Dört -e kadar gelirim.** In vier Tagen bin ich wieder zurück. **On -den gelirim.** *P* Ich komme spätestens in zehn Tagen. Zu 2: s. **-doğusu** Zu 3: **Bu işin de -ü gelecek.** Auch dafür wird einmal die Zeit kommen. Zu 4: **Bu köprü, falanca valinin -ünde yapılmıştır.** Diese Brücke ist zur Amtszeit des Wali Soundso erbaut worden. Zu 5: **Zavallı, bir ~ görmedi.** Der Arme hat keine frohe Stunde erlebt. **Sana da ~ doğacak.** Auch für dich werden einmal bessere Zeiten kommen. Zu 6: **Bugün Fransızların -üdür.** Heute haben die Franzosen e–n Feiertag. Zu 8: **Şunu yaparsa, şöyle olduğu gündür.** Es wäre gerade jetzt der günstige Augenblick, das zu tun. Zu 9: **Bugün, Melek hanımın günüdür.** Heute hat Frau Melek ihren Jour. Zu 10: s. **Gününü görür o!** ~ **ağarmak** s. Stw. **ağarmak;** ~ **ağarması** Morgendämmerung *f* ~ **ağılı** *astr.* Strahlenkrone, Aureole *f* der Sonne ~ **almak** s. **randevu almak;** ~ **balı** Traubenmost *m*, der unter Sonneneinwirkung honigartige Konsistenz gewonnen hat ~ **batışı** (*od.* ~ **batması**) Sonnenuntergang *m* ♁ **bugün!** 1. Jetzt ist gerade die günstige Gelegenheit! Jetzt oder nie! 2. Was heute nicht geschieht, ist morgen nicht getan, und keinen Tag soll man versäumen! 3. Wer heute oben ist, hat eben et. zu sagen. ~ **çoğu** *P* s. **şeytanörümceği** (2). ♁ **çuvala mı girdi?** Willst du die Nacht zum Tag machen (daß du so spät noch arbeitest)? ~ **değişme çizgisi** *geogr.* Datumsgrenze *f* *tarih değiştirme çizgisi ~ **dikilmesi** Tagesmitte *f* *zeval vakti ~ **doğarken** bei (*od.* mit) Tagesanbruch ~ **doğmak** 1. Morgen werden, Tag werden; anbrechen (Morgen, Tag), aufgehen (Sonne) 2. (b–ne) ein unerwartetes Glück besehen ♁ **doğmadan kemliği söylenmez.** Man soll nicht vorschnell Kritik üben. ♁ **doğmadan** (*mit od. ohne* **meşimei şebden) neler doğar!** *Spr.* 1. Bis der Tag anbricht, kann viel geschehen. 2. (*a.* als Trost) Unverhofft kommt oft! *Spr.* ~ **doğması** (*od.* **doğuşu**) Sonnenaufgang *m* ~ **durumu** *astr.* Solstitium *n*, Sonnenwende *f* *inkılâp, tahavvülü şems ~ **düşürücü** Heliostat *m* ~ **eğişmesi** *P* Zeit *f* zwischen Mittag und dem Nachmittagsgebet; früher Nachmittag ~ **etmek** s. **-ünü gün etmek;** ~ **gece eşitliği** s. **gün-tün eşitliği; ekinoks.** ♁ **geçer kin geçmez.** *Spr.* unauslöschlichen Haß hegen ~ **geçirmek** 1. den Tag (bzw. die Zeit) verbringen 2. (dahin-) leben ~ **geçmek** (b–ne) den Sonnenstich bekommen *güneş çarpmak ♁ **geçmiyor ki ... (olmasın)** Es vergeht kein Tag, wo nicht ... (wäre) ~ **geçtikçe** mit der Zeit, allmählich, langsam ~ **gibi (aşikâr)** sonnenklar ~ **görmek** 1. lange leben 2. glückliche Tage erleben ~ **görmez** dunkel, sonnenlos, ohne Licht und Sonne ~ **görmüş** 1. lebenserfahren 2. wer bessere Tage gesehen hat 3. s. **güngörmüş;** ~ ~ **artmak** von Tag zu Tag zunehmen, täglich mehr werden ~ **-den** s. **-den -e.** ♁ **güne uymaz.** *Spr.* Die Zeiten ändern sich. ~ **ışığı** Tageslicht *n* ~ **ışığına çıkarmak** s. **ortaya çıkarmak;** ~ **kararması** Abenddämmerung *f* ~ **kaşı** die ersten Sonnenstrahlen *pl.* ~ **kavuşmak** Abend werden; zur Neige gehen (Tag); anbrechen (Abend) ~ **koymak** e–n Tag festsetzen, bestimmen ♁ **ola harman ola!** Einmal wird auch für ihn die richtige Zeit kommen! ~ **ortası** Tagesmitte *f* ~ **saymak** 1. die Tage zählen (vor Ungeduld) 2. dem Tode nahe sein; wissen, daß seine Tage gezählt sind (Kranker) ~ **sektir-**

meden Tag für Tag, alltäglich, jeden Tag ~ **tutulması** Sonnenfinsternis *f* *küsuf ~ **uzunluğu** Tageslänge *f* ≗ **var yılı besler, yıl var günü beslemez.** *Spr.* Die Gewinne im Geschäftsleben sind sehr verschieden. ≗ **varken davarını eve götür!** *Spr.* Seine Aufgaben muß man rechtzeitig erledigen. ~ **yalımı** s. **şeytanörümceği** (2); ~ **yönü** Sonnenseite *f* (e–s Berges) *küney **-den -e** von Tag zu Tag **-lerce** tagelang **-lerden bir gün** eines Tages, einmal **-leri gece olmak** sich sehr verschlechtern (Lebenslage) **-leri sayılı olmak** gezählt sein (j–s Tage) **-leri saymak** die Tage zählen (vor Ungeduld) **-ü geçmiş** überfällig (z. B. Wechsel) **-ü gelmek** ablaufen (z. B. Frist), zu Ende gehen (z. B. Vereinbarung), fällig werden (z. B. Wechsel) **-ü -üne** 1. am bestimmten (festgesetzten) Tag 2. am gleichen (selben) Tag **-ü -üne olmak** auf dem laufenden sein **-ü -üne uymaz** 1. nicht immer gleich 2. unberechenbar, sprunghaft **-ü -üne yaşamak** von der Hand in den Mund leben **-ü yaklaşmak** (*od.* **yakın olmak**) ihrer schweren Stunde entgegensehen (schwangere Frau) **-ü yetmek** *P* 1. abgelaufen sein (Frist) 2. sterben (müssen) **-ün adamı** 1. (*a.* **-ün kahramanı**) Held *m* des Tages 2. Opportunist *m* **-ün birinde** 1. e–s schönen Tages 2. früher oder später **-ün konusu** Tagesgespräch *n* **-ünü beklemek** s. **günü yaklaşmak; -ünü doldurmak** 1. seine Zeit absitzen (z. B. im Gefängnis) 2. sterben (müssen) 3. in Kürze niederkommen (schwangere Frau) **-ünü görmek** 1. *iron.* Schlimmes erleben (durchmachen) 2. die Periode (Menstruation) haben, menstruieren, ihre Tage haben (Zu 1: **≗ünü görür o!** Der kann sich auf allerhand gefaßt machen! Der kann et. erleben!) **-ünü göstermek** j–m e–n Denkzettel verpassen **-ünü ~ etmek** (bşi yapmakla) sich vergnügen, lustig in den Tag hinein leben **-ünü ikmal etmek** seine Strafe verbüßen (*F* absitzen) **-ünü şaşırmak** sich im Wochentag irren

günah [·–] 1. *rel.* Sünde *f a.* Verstoß gegen die Vorschriften des Korans bzw. die Gebote Mohammeds 2. *allg.* Unrecht, Vergehen, Sünde und Schande *f*, Schuld *f* 3. Verantwortlichkeit *f* *sorumluluk ≗ **benden gitsin!** Ich wasche meine Hände in Unschuld! ~ **çıkarma** Ohrenbeichte *f* (bei Katholiken) ~ **çıkarma hücresi** Beichtstuhl *m* (in kathol. Kirchen) ~ **çıkarmak** die Beichte abnehmen, die Sünden vergeben (kathol. Geistlicher) ~ **çıkartmak** zur Beichte gehen, die Beichte ablegen, beichten (kathol. Christ) ~ **etmek (işlemek, kazanmak)** e–e Sünde begehen, sündigen, e–e Schuld auf sich laden ~ **keçisi** *(jüd. Rel.)* Sündenbock *m* ~ **kuyusu** (*od.* ~ **küpü**) alter Sünder ~ **mahsulü** Kind *n* der Sünde; uneheliches Kind ~ **olmak** 1. e–e Sünde sein 2. jammerschade sein **-a girmek** e–e Sünde begehen, sündigen **-a sokmak** sündig werden lassen **≗ı** (*od.* **Vebali) boynuna** (*od.* **üstüne**)! Das mußt du (*bzw.* er) verantworten! **-ı kadar sevmemek** verabscheuen **-ına girmek** *od.* **-ını almak** (b–nin) ungerechtfertigterweise beschuldigen (anklagen, verdächtigen), *gel. a.* strafen **-ından geçmek** vergeben (j–s Schuld), über et. hinwegsehen **-ını çekmek** 1. seine gerechte Strafe erleiden 2. et. ausbaden (auslöffeln) müssen (was ein anderer verbrochen hat) **-ını vermez** *F* überaus geizig; ein ausgemachter Geizhals **-ların affı** Vergebung *f* der Sünden, Absolution *f* **-larından soyunmak (arınmak, temizlenmek)** e–r Sache abschwören; et. aufrichtig bereuen

günahkâr 1. sündig; Sünder(-in *f*) *m* 2. schuldig, wer ein Verbrechen begangen hat; Schuldige *m, f* 3. Dirne, Prostituierte *f*

günahkârlık 1. Sündhaftigkeit *f* 2. Schuld *f* 3. Prostitution *f*

günahlı 1. sündig, schuldig; Sünder(-in *f*) *m*, Schuldige *m, f* 2. ungehörig

günahsız unschuldig, schuldlos, ohne Sünde, sündenfrei

günahsızlık Schuldlosigkeit, Unschuld *f*

günaşırı e–n Tag um den andern, jeden zweiten Tag, alle zwei Tage

günaydın Guten Tag! ~ **felci** s. **çocuk felci**

günbalığı, -nı Pfauenfisch *m zo.* Julis pavo

günbatısı, -nı 1. Westen *m* 2. Westwind *m* ~ **karayel** *naut.* Westnordwest, WNW ~ **lodos** *naut.* Westsüdwest, WSW

günbegün *z. va.* Tag für (*od.* um) Tag, jeden Tag

günberi *astr.* Perihel *n*, Sonnennähe *f* *haziz ~ **geçişi** *astr.* Periheldurchgang *m* ~ **uzaklığı** *astr.* Perihelentfernung *f*

günberi-günöte doğrusu *astr.* Apsidenlinie *f* *evç ve haziz hattı

günce s. **günlük (defteri)**

güncek, -eği *dial.* s. **şemsiye**

güncel(-lik) s. **güncül(-lük)**

güncül aktuell, zeitnah, zeitgemäß, gegenwartsbezogen *aktüel

güncüllük Aktualität *f* *aktüalite

günçiçeği, -ni 1. s. **ayçiçeği** 2. s. **akrep otu** (2)

günde s. **künde**

gündeğmemiş su *geol.* juveniles (dem Erdinneren entstammendes) Wasser

gündeleşmek alltäglich werden

gündelik 1. Tagelohn *m* 2. Taschengeld *n* (für Kinder) 3. Tagegeld *n* (bei Dienstreisen usw.) 4. täglich, Tages- 5. (Zeitungsüberschrift) Neues vom Tage, Tagesereignisse *pl.* ~ **esvap** Alltagskleidung *f* ~ **gazete** Tageszeitung *f* *günlük (yevmî) gazete ~ **siyaset** Tagespolitik *f* ~ **ücret** Tagelohn *m* **-le çalışmak** im Tagelohn arbeiten

gündelikçi 1. Tagelöhner(-in *f*) *m* 2. *F* wer ein Taschengeld bzw. Tagegelder bekommt 3. *Th.* Aushilfsschauspieler (-in *f*) *m* 4. Hausschneiderin *f* ~ **kadın** 1. Taglöhnerin *f* 2. Putzfrau, Aufwartefrau *f*

gündelikçilik 1. Arbeit *f* im Tagelohn 2. Nicht-Vorausdenken *n*

gündelikli 1. im Tagelohn arbeitend 2. tageweise verrichtet (Arbeit)

gündem Tagesordnung *f* *ruzname ~ **dışı** nicht auf der Tagesordnung stehend **-e almak** (*od.* **geçirmek**) auf die Tagesordnung setzen **-e geçmek** zur Tagesordnung übergehen

Gündoğmuş *n.pr.* O. u. D. im Rbz. Antalya

gündoğrusu; gündoğusu; (*gel. a.* **gündoğuşu**) **-nu** 1. Osten *m* 2. Ostwind *m* ~ **keşişleme** *naut.* Ostsüdost, OSO ~ **poyraz** *naut.* Ostnordost ONO

gündöndü s. **ayçiçeği**

gündönümü, -nü Tag *m* der Sonnenwende, Äquinoktium *n* ~ **fırtınası** Äquinoktialsturm *m* (gegen 22. Juni bzw. 22. Dezember) ~ **şenliği** Sonnwendfeier *f*

gündüz 1. Tag(-eszeit *f*) *m* (im Ggs. zur Nacht) 2. *Adv.* tagsüber, bei Tage ~ **bombardıman uçağı** *mil.* Tagbomber *m* ~ **etkisi** *bot.* Photoperiodismus *m* *fotoperyodizm ~ **feneri** *hum.* Neger *m* ~ **gözüyle** bei Tageslicht ~ **hizmeti** Tag-dienst *m*, -schicht *f* ~ **ışığı** Tageslicht *n* ~ **ışıklı lamba** Tageslicht-lampe, -birne *f* ~ **işi** Tages-arbeit, -schicht *f* ≗ **kandilini hazırlamayan gece karanlığa razı demektir.** *Spr.* Wer am Tag die Lampe nicht herrichtet, kann sich nicht darüber beklagen, daß er abends im Dunkeln sitzt. ~ **kelebeği** Tagfalter *m zo.* Rhopalocera ~ **körlüğü** Tagblindheit *f* ~ **külâhlı, gece silâhlı** *(etwa:)* Außen hui, innen pfui! Wolf *m* im Schafspelz; *a.* Mensch *m* mit Doppelleben ~ **niyetine** (*abergl. Ra.* beim abendlichen Erzählen e–s Traumes) *(etwa:)* toi, toi, toi! ~ **oyunu** *Th.* Matinee *f* ~ **tavuskelebeği** Tagpfauenauge *n zo.* Vanessa io ~ **yırtıcı kuşları** Tag-Greifvögel *pl. zo.* Accipitres

gündüzcü 1. wer Tagesdienst hat od. wer in Tagesschicht arbeitet 2. *F* wer tagsüber Alkohol trinkt

gündüzleme *V Schi.* s. **piç** (I)
gündüzlü 1. s. **geceli** ~ 2. externer Schüler, Externe *m, f*
gündüzlük für den Tag bestimmt, Tages- (z.B. Anzug)
gündüzsefa(-sı), (-nı) Ackerwinde *f bot.* Convolvulus arvensis *tarla sarmaşığı
gündüzün [×··] *Adv.* tagsüber, bei Tage
güne s. **gûna**
günebakan 1. s. **ayçiçeği** 2. s. **helyotrop**
güneç, -ci *dial.* Sonnenseite *f*
günedoğrulum s. **fototropizm**
günerek *astr.* Apex *m* *apeks
günerkölçer *astr.* Pyrheliometer *n*
güneş 1. Sonne *f* 2. Sonnenschein *m* ~ **açmak** hinter den Wolken hervorkommen (Sonne) ~ **almak** 1. sich sonnen 2. Sonne bekommen (Ort) ≗ **balçıkla sıvanmaz.** *Spr.* Die Wahrheit kommt doch ans Licht. ~ **balığı** 1. Meerjunker *m zo.* Julis vulgaris 2. Sonnenfisch *m zo.* Lepomis auritus (Nordamerika) ~ **banyosu** Sonnenbad *n* ~ **batmak** untergehen (Sonne) ~ **batması** Sonnenuntergang *m* ~ **çarpması** Sonnenstich *m* (vgl. a. Stw. **çarpmak**); ~ **çıkmak** (*od.* **doğmak**) aufgehen (Sonne) ~ **çıkması** (*od.* **doğması**) Sonnenaufgang *m* ~ **çiçeği** s. **ayçiçeği;** ~ **değişmezi** *met.* Solarkonstante *f* **Güneş-Dil Teorisi** Sonnensprachtheorie *f* (der Türk. Sprachgesellschaft; 1935) ~ **dizgesi (manzumesi, sistemi)** *astr.* Sonnensystem *n* ~ **etkisi** Sonneneinwirkung *f* ~ **geçmesi** s. **çarpması;** ~ **gibi** 1. strahlend wie die Sonne 2. sonnenklar ~ **görmek** Sonne bekommen (z.B. Wohnung) ~ **gözlüğü** Sonnen-, Blendbrille *f* ~ **gözmerceği** *astr.* Helioskop *n* *helyoskop ~ **günü** Tag des Sonnenjahres *yevmi şemsî ~ **hayvancıkları** Sonnentierchen *zo. pl.* Heliozoa *şemsiye ~ **ısısı** Sonnenwärme *f* ~ **ışığı** Sonnenlicht *n* ~ **ışınımı** Sonnenstrahlung *f* ~ **kadranı** s. ~ **saati;** ~ **keneviri** ostindischer Hanf *bot.* Crotalaria juncea ≗ **Kral** *hist.* Sonnenkönig *m* (Ludwig XIV.) ~ **lekesi** Sonnenfleck *m* ~ **levreği** Sonnenbarsch *m zo.* Eupomotis gibbosus ~ **merkezli** s. **günmerkezli;** ≗ **olsa kimsenin üstüne doğmaz.** Er macht für niemand e-n Finger krumm. ~ **saati** Sonnenuhr *f* *basitai şemsiye ~ **tacı** *astr.* Korona *f* (bei Sonnenfinsternis) ~ **tarafı** Sonnenseite *f* *küney ~ **tedavisi** *med.* Heliotherapie *f*, Sonnenlichtheilverfahren *n* *helyoterapi ~ **tekeri** Sonnenscheibe *f* ~ **topu** Eschscholtzie *f bot.* Eschscholtzia californica *Kaliforniya haşhaşı ~ **tutulması** s. **gün tutulması.** ≗ **var.** Die Sonne scheint. ~ **vurması** s. ~ **çarpması.** ≗ **yakıyor.** Die Sonne brennt (sticht). ~ **yanığı** Sonnenbrand *m* (auf der Haut) ~ **yılı** Sonnenjahr *n* *senei şemsiye **-e göstermek** der Sonne aussetzen, in die Sonne stellen, legen **-e karşı işemek** *P* Verehrungswürdiges verächtlich behandeln **-i sıvamak** Tatsachen bewußt verdrehen wollen **-in alnında** unter den glühenden Strahlen der Sonne **-lerde** im Sonnenschein (z.B. spazierengehen)
güneşgülü, -nü 1. s. **çiy otu** 2. Sonnenröschen *n bot.* Helianthemum (nummularium u.a.)
güneşkıran Sonnenblende *f* (an Fenstern)
güneşlemek der Sonne aussetzen; sonnen; in die Sonne setzen (stellen, legen); an der Sonne trocknen
güneşlenme 1. Vs. zu **güneşlenmek** 2. Sonneneinstrahlung, Insolation *f*
güneşlenmek 1. Pass. zu **güneşlemek** 2. ein Sonnenbad nehmen; sich sonnen 3. sonnig werden (Wetter)
güneşletmek s. **güneşlemek**
güneşleyen köpekbalığı s. **büyük camgöz balığı**
güneşli sonnig **Hava ~ idi.** Es war sonniges Wetter.
güneşlik 1. Sonnenschutz, Mützenschirm *m* 2. *phot.* Sonnenblende *f* 3. Blendschutzscheibe *f* (im Auto) 4. sonnig, von der Sonne beschienen Zu 4: **Ortalık gün -ti.** Strahlender Sonnenschein lag über der ganzen Gegend.
güneşsel 1. die Sonne betreffend 2. helisch, heliakisch
güneşsiz 1. sonnenlos, bedeckt (Wetter) 2. schattig
güney 1. Südseite *f* (e-s Berges) *küney 2. Süden *m* *cenup 3. südlich, Süden- *cenubî, güneysel ~ **açısı** *astr.* Azimut *m, n* *açıklık, semt ≗ **Afrika Birliği** *n.pr.* Südafrikanische Union ~ **Afrika damanı** südafrikanischer Baumschliefer *zo.* Procavia capensis ≗ **Buz Denizi** *n.pr.* Südliches Eismeer ~ **enlemi** *geogr.* südliche Breite ~ **güneybatı** SSW, Südsüdwest ≗ **Kore** Südkorea ~ **kutbu** Südpol *m* ~ **kutbu kıtası** s. **Antarktika;** ~ **kutup dairesi** südlicher Polarkreis ~ **(kutup) ışığı** Süd(polar)licht *n* ~ **noktası** *astr.* Himmelssüdpol *m* ≗ **Okyanusu** *n.pr.* Südpazifik *m* ~ **yeli** Südwind *m* *lodos
Güney *n.pr.* O. u. D. im Rbz. Denizli
Güneybalığı *astr.* Südlicher Fisch (Sternbild)
güneybatı 1. Südwesten *m* 2. südwestlich 3. Südwestwind *m* ≗ **Afrika** Südwestafrika
Güneyce s. **İkizdere**
güneydoğu 1. Südosten *m* 2. südöstlich 3. Südostwind *m* ≗ **Asya Antlaşması Teşkilâtı** s. **SEATO**
Güneyhaçı *astr.* Kreuz *n* des Südens (Sternbild)
güneyik *dial.* s. **hindiba**
güneyli 1. Südländer(-in *f*) *m* 2. *pol.* Anhänger *m* des Südens (U.S.A., Korea, Vietnam)
güneyönelim s. **günedoğrulum**
güneysel südlich, Süd- *cenubî, güney
Güneytacı *astr.* Südliche Krone (Sternbild) *İklili Cenubî
Güneyüçgeni *astr.* Südliches Dreieck (Sternbild)
güngörmüş *selt.* für **sâldide;** s.a. **gün görmüş**
günindi *dial.* Westen *m* *batı, garp
günkü (nur mit näherer Bestimmung z.B.): **geçen** ~ von neulich **her** ~ täglich; s.a. **o** ~
günleme Datum *n* *tarih
günlemeli mit dem Datum des ...; vom ... *tarihli
günlemek 1. den Tag irgendwo verbringen 2. e-n Tag bestimmen (festsetzen) 3. *z. va.* anbrechen (Tag) 4. *z. va.* bei Morgengrauen an e-m best. Ort sein
günlemesiz nicht datiert (z.B. Schreiben)
günlü s. **günlemeli**
günlük (I), **-ğü** 1. vom gleichen Tag, Tages- (z.B. Ei) 2. soundsoviele Tage ausmachend (alt, lang, weit usw.), -tägig 3. für soundsoviele Tage bestimmt od. ausreichend 4. täglich, Tages- 5. Tagelohn *m* 6. Tagebuch *n* 7. *P* s. **güneşlik** Zu 2: **on ~ çocuk** zehn Tage altes Kind **bir ~ iş** die Arbeit von e-m Tag ~ **defter** s. **günlük** (6); ~ **devir** *H* Tagesumsatz *m* ~ **emir** *mil.* Tagesbefehl *m* *gündelik emir, emriyevmî ~ **erzak** *mil.* Tagesration *f* ~ **gazete** Tageszeitung *f* ~ **güneşlik** 1. strahlend und sonnig (Wetter) 2. in strahlendem Sonnenschein liegend (z.B. Ort) ~ **hedef** *mil.* Tagesziel *n* ~ **humma** *med.* täglich wiederkehrendes Fieber ~ **iaşe** *mil.* 1. s. ~ **erzak** 2. (für Tiere) Tagesration *f* ~ **iaşe payı** *mil.* Tagesverpflegungssatz *m* ~ **kabiliyet** Tagesleistung *f* ~ **ödenek** Tagessatz *m* (bei einstweiliger Arbeitsunfähigkeit) ~ **para** *fin.* tägliches Geld ~ **rapor** *mil.* Tages-meldung *f*, -bericht *m* ~ **sinek** Eintagsfliege *f zo.* Ephemere vulgaris *birgün sineği; mayıssineği ~ **yem** *mil.* Tagesration *f* (für Tiere) ~ **yumurta** Tages-, Trink-ei *n* ~ **yürüyüş** Tagesmarsch *m* **birkaç -üne** auf ein paar Tage (z.B. verreisen)
günlük (II) Weihrauch *m*, Olibanum *n* *buhur; s.a. **ak-, kara-;** ~ **ağacı** s. **sığala ağacı;** ~ **kokusu** Weihrauchduft *m* ~ **yakmak** Weihrauch abbrennen
günlükçü s. **gündelikçi**
günmerkezli heliozentrisch *helyosantrik
günöte *astr.* Aphel *n*, Sonnenferne *f* *evç
günözekli s. **günmerkezli**
günsüler s. **güneş hayvancıkları**
gün-tün eşitliği s. **ekinoks**

günü 1. *dial.* Neid *m,* Eifersucht *f* *kıskançlık 2. von der Sonne beschienener Ort
günübirlik, -iği 1. nur den Tag über dauernd (Besuch, Urlaub usw.) 2. *fig.* kurzlebig, Eintags- **-ine gitmek** auf e–n Tagesbesuch gehen (*d.h.* am gleichen Tag wieder zurückkommen)
günücü *dial.* neidisch, eifersüchtig *kıskanç, hasut
günülemek *dial.* j–n beneiden; eifersüchtig sein (auf)
güpegündüz [·×··] am hellichten Tag
gür 1. reichlich, stark, üppig 2. viel 3. laut und stark 4. *Int.* krach! bums! Zu 2: **Bahtın ~ olsun!** Viel Glück! ~ ~ s. **gürül gürül;** ~ ~ **etmek** gluckern, sprudeln (Wasser) ~ **kaşlı** mit buschigen Augenbrauen ~ **saç** dichtes Haar, üppiger Haarwuchs ~ **ses** laute, kräftige Stimme
gürbüz 1. kräftig entwickelt (Kind, Baum usw.), gesund und blühend 2. ♀ *mV*
gürbüzle(ş)mek sich kräftig entwickeln
gürbüzlük kräftige Entwicklung, blühende Gesundheit
Gürcistan *n.pr.* Georgien (Grusinien)
Gürcü 1. Georgier(-in *f*) *m,* Grusin(i)er(-in *f*) *m* 2. georgisch, grusinisch ~ **kirazı** s. **taflan**
Gürcüce 1. georgische Sprache, Georgisch, Grusinisch 2. georgisch, grusinisch
güre (I) 1. Energie, Kraft *f* *enerji 2. *a. mus.* Dynamik *f* *dinamik 3. *va.* ungezähmt, wild *yabanî
güre (II) *P* s. **tay**
gürel dynamisch *dinamik, kuvvanî
gürelcilik Dynamismus *m*
güreli energisch, kräftig *enerjik
gürellik *phil.* Dynamik *f* *kuvvaniyet
güreş 1. Ringen *n,* Ringkampf *m* 2. (Stier-, Hahnen-) Kampf *m* ~ **etmek** 1. ringen (*a. fig.*), e–n Ringkampf ausführen 2. kämpfen (Stiere, Hähne) ~ **müsabakası** Ringkampf *m* Wettringen *n*
güreşçi 1. Ringkämpfer, Ringer *m* (*spez.* bei griech.-röm. od. Freistil-Ringkampf vgl. **pehlivan**) 2. Stierkämpfer, Torero *m* ~ **köprüsü** *(Turnen)* Ringerbrücke *f*
güreşçilik 1. (Sport-)Ringen *n* 2. Stierkampf *m*
güreşmek 1. miteinander ringen, e–n Ringkampf ausführen 2. miteinander kämpfen (Kamele, Stiere, Widder usw.) 3. **(ölümle)** mit dem Tode ringen
gürgen (ağacı) Weiß-, Hain-buche *f bot.* Carpinus betulus ~ **yapraklı kayacık** Hopfenbuche *f bot.* Ostrya carpinifolia
gürgengiller s. **huş(ağacı)giller**
gürleme Vs. zu **gürlemek** *spez.* Donner(-n *n*) *m,* donnerndes Geräusch
gürlemek 1. donnern, krachen, dröhnen 2. *fig.* zunichte werden, *F* draufgehen 3. *V* aufschneiden, prahlen, auftrumpfen 4. *V* wütend werden 5. *V* hopsgehen (= umkommen, sterben) **gürleyip yıkılmak** zusammenkrachen (z.B. Mauer)
gürlen *dial.* zweihenkeliger irdener Topf (für Butter, Sahne u.ä.)
gürlük 1. Fülle, Üppigkeit *f,* Reichtum, Überfluß *m* 2. große Menge, Schwall *m* 3. Stärke *f* (der Stimme) 4. bestandene Kraftprobe ~ **boynuzu** s. **bereket boynuzu**
Gürpınar *n.pr.* O. u. D. im Rbz. Van
gürredek [×··] Lm. e–s geräuschvollen Stuhlrückens
güruh [ū] *pej.* Pack *n,* Gesellschaft *f,* Bande *f, F* Blase *f*
gürül Lm. des Gluckerns, Glucksens, Sprudelns, Murmelns, Plätscherns ~ ~ gluckernd, glucksend, sprudelnd, murmelnd, plätschernd ~ ~ **akmak** mit leichtem Glucksen od. Plätschern dahinfließen (z.B. Bach) ♀ ~ **âminler dendi.** Alle murmelten: Amen. ~ ~ **Kuran okumak** fließend den Koran herunterlesen
gürüldemek 1. gluckern, glucksen, sprudeln, murmeln, plätschern 2. s. **gürlemek** (1) 3. s. **gümürdemek**
gürültü 1. Lärm *m,* Geschrei *n* 2. Donnern, Krachen, Dröhnen *n* 3. Streit *m,* Unruhe *f,* Tumult *m,* heftige Auseinandersetzung Zu 2: s. **gök -sü;** ~ **çıkarmak** (*od.* **koparmak**) 1. Lärm machen, lärmen 2. Unruhe od. Störung hervorrufen ~ **etmek** (*od.* **yapmak**) lärmen, laut sein (z.B. Kinder) ~ **kopmak** losgehen, entstehen (Getöse) ~ **makinesi** *Th.* Geräuschmaschine *f* ~ **patırdı** Lärm *m,* allgemeine Aufregung und Unruhe, lärmendes Durcheinander, wirres Geschrei *dağdağa **-ye boğmak** 1. (bir yeri) e–n fürchterlichen Lärm vollführen (in) 2. mit viel Stimmaufwand von dem eigentlichen Thema ablenken wollen **-ye gelmek** 1. in Aufregung und Durcheinander geraten 2. in lärmendem Durcheinander untergehen (z.B. eigentliches Thema e–r Diskussion) **-ye getirmek** 1. in Aufregung und Durcheinander versetzen 2. in lärmendem Durcheinander untergehen lassen (z.B. eigentliches Thema) **-ye gitmek** 1. unschuldig mitbestraft werden 2. dran glauben müssen; draufgehen (sterben) **(kuru) -ye pabuç bırakmamak** sich nicht einschüchtern (verblüffen, ins Bockshorn jagen) lassen
gürültücü lärmend; Lärmmacher, Ruhestörer, Krakeeler *m*
gürültülü 1. lärmend, laut (z.B. Unterhaltung) 2. unruhig, bewegt (Leben) ~ **patırdılı** mit viel Lärm und Geschrei; tosend
gürültüsüz 1. ruhig, ohne Lärm 2. unauffällig 3. still und ruhig (z.B. arbeiten) ~ **kâğıt** nicht-raschelndes Papier ~ **patırdısız** 1. ganz still und ruhig 2. ohne alles Aufsehen
Gürün *n.pr.* O. u. D. im Rbz. Sıvas; s.a. **Göründü Sıvas'ın bağları.**
gürz *hist.* Keule *f,* Streitkolben *m* *bozdoğan, topuz
Güstav *n.pr.* Gustav
gütaperka [··×·] Guttapercha *f, n* ~ **ağacı** Name verschiedener Bäume der Gattung Palaquium und Payena, die Guttapercha liefern
gütasyon s. **damlama**
gütmek, (-der) (m. Akk.) 1. weiden lassen, hüten (Tiere) 2. verfolgen (Ziel, Politik usw.), betreiben; verfechten (z.B. Behauptung) 3. führen, leiten, dirigieren, steuern, lenken Zu 2: s. **kan (kin, sınıf gayreti) ~. Güttüğüm domuzu bana öğretme!** Wem sagst du das? Das weiß ich schon lange!
güve Motte *f zo.* Tinea, Tineola u.a. ~ **yemiş** von Motten zerfressen ~ **yeniği** Mottenloch *n*
güveç, -ci 1. (irdener) (Schmor-)Topf, Kasserolle *f* 2. Schmorgericht *n spez.* Schmorgemüse *n*
güvelenmek von Motten zerfressen werden
güveli sığırkuyruğu Schabenkraut *n bot.* Verbascum blattaria
güven 1. Vertrauen *n,* Verlaß *m* *itimat 2. Zuversicht *f,* Selbstvertrauen *n* 3. Gefühl *n* der Sicherheit Zu 1: **Buna ~ olur mu?** Kann man sich denn darauf verlassen? ♀ **Anıtı** s. **Emniyet Abidesi;** ~ **beslemek** Vertrauen haben (hegen) ~ **mektubu** s. **itimatname;** ~ **oyu** *parl.* Vertrauensvotum *n* ~ **sağlamak** Vertrauen erwecken, vertrauenswürdig sein **-i olmak** (m. Dat.) vertrauen, sich verlassen (auf) **-i kötüye kullanma** s. **emniyeti suiistimal**
güvence s. **teminat**
güvenç, -ci Gefühl *n* des Vertrauenkönnens; Zutrauen *n*
güvençli: ~ **işlem** s. **itimada müstenit muamele**
güvenilir vertrauenswürdig, glaubhaft *mevsuk; şayanı itimat
güvenilmek Pass. zu **güvenmek. Böyle adama güvenilmez.** Auf e–n solchen Menschen ist kein Verlaß.
güvenirlik, -iği Vertrauenswürdigkeit, Verläßlichkeit *f*
güvenli gefahrlos, sicher (z.B. Straßen) ~ **kilit** Sicherheitsschloß *n*
güvenlik Sicherheit *f* (z.B. in e–m Land) *emniyet ~ **ağı** Sprung-, Sicherheits-netz *n* (Zirkus) ♀ **Konseyi** Sicher-

heitsrat *m* (der UN) ~ **tedbirleri** Sicherheitsvorkehrungen *pl.* ~ **vanası** Sicherheitsventil *n* *emniyet supapı ~ **yönetmeliği** Sicherheitsbestimmungen *pl.* (z.B. für e–n Saal)

güvenmek 1. vertrauen, sich verlassen, bauen (auf) 2. fest überzeugt sein 3. *pej.* stolz sein, sich rühmen, sich brüsten 4. (k–ne) sich auf seine eigene Kraft verlassen, Selbstvertrauen haben **güvendiği dağlara kar yağmak** *od.* **güvendiği dal(-lar) elinde kalmak** sich in seinen Erwartungen getäuscht sehen, enttäuscht sein **Güvendiği dallar kurusun!** (Verwünschung; etwa:) Hol ihn doch der Teufel! **Güvenme varlığa, düşersin darlığa!** *Spr.* Glück und Glas, wie leicht bricht das! *Spr.*

güvenoyu, -nu *parl.* Vertrauensvotum *n* *itimat reyi

güvensiz wer kein Vertrauen hegt; mißtrauisch

güvensizlik fehlendes od. mangelndes Vertrauen; Mißtrauen *n* *ademi itimat ~ **oyu** Mißtrauensvotum *n* *ademi itimat reyi

güvercin 1. Taube *f zo.* Columba 2. ≗ *astr.* Taube *f* (Sternbild) ~ **ağacı** Zaubernuß *f bot.* Hamamelis mollis ~ **ayağı** Ammanie *f bot.* Ammania baccifera ~ **gübresi** Taubenmist *m* ~ **ıtırı** Tauben-Storchschnabel *m bot.* Geranium columbinum ~ **kanadı** *naut.* Royalsegel *n* *kelebek kanadı ~ **kökü** Kolombowurzel *f med.* Radix Colomo (Wurzel von Jatrorrhiza palmata) ~ **otu** 1. s. **mineçiçeği** 2. Bartsaturei *f bot.* Micromeria biflora ~ **postası** Taubenpost *f*

güvercinboynu, -nu 1. metallisch glänzende Farbe (Mischung aus Grün, Blau und Hellrot) 2. irisierend, schillernd

güvercinbudu, -nu mit Eiern überbackene Fleischklößchen *pl.*

güvercingerdanı, -nı s. **güvercinboynu**

güvercingiller Baumtauben *pl. zo.* Columbidae

güvercinler 1. Taubenvögel *pl. zo.* Columbae 2. *pol.* „die Tauben" (Ggs. „die Falken")

güvercinlik 1. Ort *m* mit vielen Tauben 2. Taubenschlag *m* 3. Taubenzuchtanstalt *f* 4. runder Küstenverteidigungsturm 5. kleiner verschließbarer Kasten im Heck e–s Kaiks

güverte 1. (Schiffs-)Deck *n* 2. *V* kleiner Tisch mit erhöhten Rändern für das Barbut-Spiel 3. *V* Hinterteil *n* (e–r Frau) ~ **albayı** s. **deniz albayı;** ~ **bataryası** Deckbatterie *f* ~ **binbaşısı** s. **deniz binbaşısı;** ~ **çivisi** Deckbolzen *m* ~ **gözhapsi** Bordarrest *m* ~ **hamulesi** Decks-ladung, -fracht *f* ~ **kamarası** Deck-, Offiziers-kajüte *f* ~ **kirişi** Deckbalken *m* ~ **lombozu** Decks-licht, -glas *n* ~ **makinisti** Bordmechaniker *m* ~ **seyahati** *Ch.* Unterbringung des Beifahrers auf dem hinten aufgeladenen Gepäck ~ **silâhı** Bordwaffe *f* ~ **topu** Bordgeschütz *n* ~ **(üs-)teğmeni** s. **deniz (üs-)teğmeni;** ~ **yarbayı** s. **deniz yarbayı;** ~ **yatırmaları** *naut.* Deck-wrangen, -bänder *pl.* ~ **yolcusu** Deckpassagier *m* ~ **yüzbaşısı** s. **deniz onyüzbaşısı; -den atmak** über Bord werfen (z.B. Abfälle) **-den yürümek** *V* Päderastie treiben

güverteli mit Deck- *bzw.* Barbut-Tischchen ~ **mavna** mit Deck ausgestatteter Schleppkahn

güvertesiz ohne **güverte**

güvey(-i) 1. Bräutigam *m* 2. Schwiegersohn *m* ~ **girmek** heiraten, in den Ehestand treten (Mann) ≗ **olmadık ama, kapı dışında bekledik.** *hum.* Nun, ganz fremd ist mir die Sache auch wieder nicht. ~ **otu** Dost *m bot.* Origanum vulgare *kekik otu ~ **tarafı** Verwandte *pl.* des Bräutigams

güveyfeneri, -ni s. **gelin otu**

güveylik 1. Stellung, Rolle *f* usw. e–s Bräutigams od. Schwiegersohns 2. für den Bräutigam bestimmt, Hochzeits-, hochzeitlich ~ **elbise** Hochzeitsanzug *m*

güvez dunkelrot (ins Violette spielend)

güya 1. als ob, als wenn, wie wenn *sanki 2. sogenannt 3. angeblich Zu 1: ~ **bu işi ben yapmışım** als ob ich das getan hätte

Güyan *n.pr.* Guayana (in Südamerika)

güz 1. Herbst *m* *harif, sonbahar 2. *fig.* Herbst *m* des Lebens ~ **çiğdemi** Herbstzeitlose *f bot.* Colchicum autumnale *acıçiğdem ~ **noktası** Herbstpunkt *m* *noktai harifî ~ **ılımı** *astr.* Herbstäquinoktium *n*

güzaf [ā] s. **lafügüzaf**

güzar [ā] *va.* Vorübergehen *n,* Durchfahrt *f;* s.a. **geştügüzar**

-güzar [ā] *pers. Sx.* aus-, durch-führend, erledigend, bezahlend, entrichtend, vgl. **haraç-, iş-, maslahat-güzar**

güzçiğdemigiller s. **acıçiğdemgiller**

güzel 1. schön, hübsch, nett, lieblich, anmutig 2. gut, angenehm, fehlerlos, makellos 3. (als Ausruf) schön! schon gut! schon recht! (aber ...) 4. edel, erhaben (Gefühle) 5. bemerkenswert (z.B. geistige Fähigkeit) 6. den guten Sitten entsprechend; anständig 7. schmeichlerisch (Worte) 8. das Schöne, das Reizvolle 9. Schöne *f*, Schönheit *f*, schöne Frau, schönes Mädchen 10. *gel.* Schönheitskönigin *f* ~ **çiğdem** *bot.* die Zeitlosenart Colchicum speciosum ~ ~ 1. ganz normal, ohne Zwischenfall 2. tüchtig, ordentlich, gehörig *adamakıllı ≗ **mi güzel!** Wunderschön! Herrlich! ~ **sanatlar** die schönen (*spez.* die bildenden) Künste *pl.* *sanayii nefîse ≗ **Sanatlar Akademisi** Akademie *f* der bildenden Künste ~ **sesli ardıçkuşu** Singdrossel *f zo.* Turdus philomelos ≗ **seyahatler!** Gute Reise! ~ **sözler** *mst. pej.* schöne Worte *pl.* ~ **yazarı** s. **hattat;** ~ **yazı sanatı** s. **hüsnühat; -im** s. ges. Stw. **-ler resmi geçidi** 1. Parade *f* der Schönheitsköniginnen 2. *Ch.* e–n Dienstwagen begleitende Polizeiwagen *pl.*

güzelavratotu, -nu gemeine Tollkirsche *bot.* Atropa belladonna *belladon, lüfah

güzelce 1. recht nett, ganz hübsch, ansprechend, passabel 2. *Adv.* ordentlich, tüchtig, genau

güzelcilik *phil.* Ästhetizismus *m*

güzelhatunçiçeği, -ni [ā] s. **amarilis**

güzelhatunçiçeğigiller s. **nergisgiller**

güzelim 1. *mel.* schön, ansprechend, sympathisch, wunderbar, lieb, teuer (unter starker Betonung des subjektiven Standpunktes) 2. *pej.* was man selbst sehr schön findet, worüber die Mitmenschen aber zum mindesten geteilter Meinung sind 3. mein Liebling! Zu 1: ≗ **ağacı kestiler, ne yazık!** Jetzt hat man den schönen Baum umgehauen; das ist doch jammerschade! Zu 2: **o** ~ **Fransızcası** sein ach so schönes Französisch (auf das er sich wunder was einbildet)

güzelleme 1. lyrisches Gedicht (in der Volksliteratur), Lobpreisung *f*, Panegyrikus *m* 2. *mus.* e–e Vertonung von (1)

güzellenmek; güzelleşmek schön(-er) werden, gut (besser) werden, sich verschönern

güzelleştirmek schöner gestalten, verschönern, verbessern

güzellik 1. Schönheit, Lieblichkeit, Anmut *f* 2. Güte *f*, liebevolle Behandlung, Freundlichkeit *f* 3. befriedigender Zustand (in dem sich jemand befindet) 4. Vornehmheit *f*, Adel *m* (der Gesinnung) 5. *va.* Gesichtsschminke *f* Zu 3: s. Stw. **iyilik;** ~ **enstitüsü** Schönheitssalon *m* ~ **kraliçesi** Schönheitskönigin *f* ~ **müsabakası** (*od.* **yarışması**) Schönheits-wettbewerb *m*, -konkurrenz *f* ~ **müstahzarları** Schönheitsmittel, Kosmetika *pl.* ~ **otu** Augentrost *m bot.* Euphrasia **-le** durch Güte und Freundlichkeit, im guten, auf gütliche Art und Weise, auf gütlichem Weg

güzeran [ā] *va.* s. **geçen, geçmiş**

güzergâh 1. zu passierender Weg; Strecke, Straße, Route,

Bahn *f* (z.B. e–s Kometen) 2. Verlauf *m* (e–r Straße, Eisenbahnlinie usw.) Zu 1: **ºtaki bütün binalar donanmıştı.** Die am Wege liegenden Häuser waren sämtlich beflaggt. Zu 2: **Yeni yolun -ı tayin edildi.** Der Verlauf der neuen Straße wurde festgelegt.
güzeşte *va.* 1. vergangen *geçmiş, geçen 2. s. **sarrafiye** (2)
güzey Nordseite *f* (e–s Berges) *kuz yönü
güzide [ī] 1. ausgewählt, ausgesucht, erlesen 2. hervorragend, prominent, bester, Elite- *(1, 2) seçkin, seçme 3. ≗ *wV* ~ **kıtalar** Elitetruppen *pl.* ~ **muharrir** hervorragender (prominenter) Schriftsteller **şehrimizin birçok ~ simaları** viele prominente Persönlichkeiten *pl.* unserer Stadt
güzidelik [·–··] Vortrefflichkeit *f*, Sonder-rang *m*, -stellung *f*
güzin [ī] 1. *va.* auserlesen, vortrefflich, kostbar 2. ≗ [×·] *wV*
güzlek *dial.* 1. Herbstregen *m* 2. Ort *m*, an dem man den Herbst verbringt
güzlük Herbst- *harifî ~ **ekim** Herbstsaat *f*
güzül Herbst- *harifî
güzün [×·] im Herbst, zur Herbstzeit

Ğ

ğ, (Ğ) *Bez.:* **yumuşak ge** 9. Buchstabe des türk. Alph.; im Anlaut türkischer Wörter nicht vorhanden

H

h, H [he], *irrt.* [ha], *gel. a.* [aş] 1. zehnter Buchst. des türk. Alph. 2. *mus.* (Ton od. Note) H
ha (I) *Int.;* in Bed. 1–4 [·], in Bed. 5–12 [–] 1. (ermunternd) auf! los! na! nun ... einmal! vorwärts! munter! 2. *(reg. od. F)* ja 3. (bei Wiederholung) a) entweder ... oder; ob ... oder; meine ich jetzt ... oder (*scil.* das ist dasselbe) b) (Kennzeichnung durativer Aktionsart) 4. (zum Ausdruck e–r ermüdenden Länge) 5. (zum Ausdruck bewundernder Anerkennung) aber ... einmal 6. *iron.* Das ist mir schon das richtige ... 7. (zum Ausdruck ungläubigen od. betroffenen Staunens) ja ... wirklich? ach! nanu! was du nicht sagst! 8. *F* was? wie? 9. (als Verst. e–s Imp.) ja, nur, mal, aber, gefälligst 10. (als Ausruf e–s nunmehrigen Verstehens) jaa! ach so! ah! nun! 11. (als Ausruf e–s plötzlichen Sich-Erinnerns) übrigens! richtig! à propos! Da fällt mir gerade ein! 12. (als Verst. e–s Hinweises) Da ist ja ... Zu 1: ≗ **göreyim seni!** Nun zeig mal, was du kannst! ≗ **gayret!** Vorwärts! Munter! Zu 2: **Gelir misin? Ha gelirim!** Wirst du kommen? Ja! (Klar! Gewiß!) ≗, **bunu bilmiş olsaydım!** Ja, wenn ich das gewußt hätte! Zu 3a: ≗ **ben gelmişim ~ o.** Ob ich gekommen bin oder er, das ist ja ganz gleichgültig. ≗ **Ali hoca ~ hoca Ali!** Das ist gehupft wie gesprungen! Zu 3b: ≗ **okuyor ~ okuyor!** Er liest und liest und hört nicht mehr auf! ~ **şurası ~ burası derken** s. Stw. **derken. Yürü ~ yürü, yol bitmiyor ki!** Da kannst du marschieren, bis dir die Zunge aus dem Mund hängt; der Weg nimmt einfach kein Ende! **Bekle ~ beklemez misin.** Da kann man warten, bis man schwarz wird. Zu 5: **Amma güzel ~!** Das ist aber schön! **At da at ~!** Das ist dir wohl ein Pferd! Zu 6: **At da at ~!** (mit anderer Intonation als bei 5) Und so was nennt man Pferd! Zu 7: **Öyle oldu ~!** Ach, ist das wirklich so gewesen? **Gitti ~!** Nanu, er ist fort? Zu 8: ≗**? Olmaz mı?** Was, das geht nicht? Zu 9: **Sakın ~, bir daha yapma!** Daß du mir das ja nicht noch einmal tust! ≗ **bilmiş ol, ben öyle şey istemem.** Laß es dir gesagt sein, für so etwas bin ich nicht zu haben! Zu 10: ≗, **şimdi anladım!** Jaa, jetzt geht mir ein Seifensieder auf! Zu 11: ≗, **sen bana kitap getirecektin!** Übrigens, du wolltest mir doch Bücher mitbringen! Zu 12: ≗, **işte aradığınız adam!** Da ist ja der Mann, den ihr gesucht habt! ~ **babam!** 1. (Ermunterungsruf) vorwärts! los! 2. (zum Ausdruck e–r Intensität od. längeren Dauer) jetzt aber ... (Zu 2: ≗ **babam gidiyor!** Der pest aber nicht schlecht ab! ≗ **babam atıştırıyordu!** Er pampfte ordentlich in sich hinein.) ~ **babam** ~ (bekräftigende Zwischenbemerkung e–s Erzählers) Na, ich kann dir (euch) sagen! Das war auch nicht von Pappe! ~ **bire** dauernd, unaufhörlich, ohne Unterlaß (≗ **bire çene çalıyor!** Der schwätzt noch dem Teufel das Ohr ab!) ≗ **deyince bulunmaz ki!** 1. Und wenn man es braucht, ist es nicht da! 2. Aus dem Ärmel schütteln kann man das auch nicht! ≗ **şöyle!** 1. So ist es recht! 2. (mit anderer Intonation) So so! (als Ausdruck e–s nicht sonderlich Befriedigtseins) Zu 1: ≗ **şöyle, biraz kendini göster!** So ist es recht! Zeig mal, was du kannst! ≗ **şunu bileydin!** Ja gelt, wenn du das vorher gewußt hättest!
ha (II) 1. *irrt.* für **he** (II) 2. 8. Buchst. des osm. Alphabets
hab [ā] *va.* 1. Schlaf, Schlummer *m* 2. Traum *m* *rüya; s.a. **-ıgaflet**
habais [·–·] (*va. Pl.* zu **habise**) Schlechtigkeiten, Laster *pl.*
habanera [··×·] Habanera *f* (Tanz und Musik)
habaset, -ti [·–·] 1. schlechter Charakter 2. Niederträchtigkeit, Schlechtigkeit, Ruchlosigkeit, Schurkerei *f*, Schurkenstück *n*
habazan *V* 1. ganz ausgehungert, mit knurrendem Magen 2. gierig, gefräßig 3. (m. Dat.) ausgehungert (nach), gierig (auf)
habazanlık *V* 1. Bärenhunger *m* 2. Ausgehungertsein *n* (nach), Gier *f* (auf)
habbe 1. Korn *n* *tane 2. Bläschen *n* (in e–r Flüssigkeit) 3. *fr.* kleines Gewichtsmaß (*spez.* der Juweliere) Zu 1: s.a. **bir ~**; ~ **değmez** wertlos ~ **taş** Naturedelstein *m* **ºsi kalmadı** (*od.* **yok**). Es ist nichts mehr da. Es ist alles wie weggeblasen. **-yi kubbe etmek** (*od.* **yapmak**) *fig.* maßlos übertreiben, aus der Mücke e–n Elefanten machen
habbelenmek (terle) sich mit Schweißbläschen bedecken
habbevî körnig, gekörnt, aus Körner bestehend *tanecikli
habbülleziz s. **abdülleziz**
habbülmülûk, -kü 1. *pharm.* die Purgierkörner Grana tiglii 2. Krotonölbaum *m bot.* Croton tiglium
habbüsselâtin s. **abdüsselâtin**
habe [–·] 1. = **ekmek** (im Karagözspiel) 2. *V* (in folg. Füg.:) ~ **barosu** *Zig.* Koch *m* ~ **etmek** (*od.* **kaymak** *od.* **uçlanmak**) 1. essen, *F* futtern 2. sich satt essen ~ **sırkavı** *Zig.* Mund *m*

habeas corpus *hist.* Habeaskorpusakte *f* (*a.* als rechtsstaatliches Prinzip)

habeci [–··] (*a.* ~ **kostik**) *V* dumm, stupid, blöd; Idiot *m*

habeden [–··] *V* kostenlos, gratis, umsonst ~ **oynamak** ein Glücksspiel versuchen, ohne Geld zu haben

haber 1. Nachricht, Mitteilung, Meldung, Information *f* 2. Neuigkeit *f*, Neues 3. *gr.* Prädikat *müsnet, yüklem 4. Kenntnis, Kunde *f*, Wissen *n* 5. *isl.* s. **hadîs** (I); ~ **ajansı** Nachrichtenbüro *n* ~ **alma hizmeti** *mil.* Nachrichtendienst *m* ~ **alma kâğıdı** Postempfangs-, Reklamationsschein *m* ~ **almak** (bşi) hören, erfahren (**Geldiğinizi** ~ **aldım.** Ich habe von Ihrer Ankunft gehört. **şimdiye kadar alınan -lere göre** nach den bis jetzt vorliegenden Meldungen **bu -i alır almaz** als er dies erfuhr) ~ **atlısı** Meldereiter *m* ~ **atma yeri** *mil.* Meldeabwurfstelle *f* ~ **böceği** s. **odun arısı;** ~ **bülteni** Nachrichten *pl.* vom Tage (*spez.* im Rundfunk) ~ **çalmak** (Zeitungssprache) sich auf mehr oder minder illegale Weise Informationen beschaffen ~ **çıkmamak** nichts verlauten (über, von) ~ **cümlesi** s. **bildirme tümcesi;** ~ **düdüğü** (*od.* ~ **zili**) Sicherheitspfeife *f* (z.B. am Dampftopf) ~ **edatı** s. **bildirme koşacı;** ~ **etmek** *va.* benachrichtigen, informieren ~ **filmi** s. **aktüalite filmi;** ~ **gazetesi** Nachrichtenblatt *n* ~ **göndermek** Nachricht zukommen lassen, Bescheid geben ~ **güvercini** Brieftaube *f* ~ **isteme** Nachfrage *f* (bei der Post), Reklamation *f* *istilâm ~ **isteme kâğıdı** s. ~ **alma kâğıdı;** ~ **kipi** s. **bildirme kipi;** ~ **köpeği** *mil.* Meldehund *m* ~ **mermisi** *mil.* Meldegeschoß *n* ~ **motosikletçisi** *mil.* Meldefahrer *m* ~ **salmak** schleunigst Nachricht zukommen lassen, umgehend Bescheid geben ~ **sızdırmamak** nichts verlauten (durchsickern) lassen ~ **sütunu** (*bzw.* **sayfası**) Nachrichtenteil *m* (e–r Zeitung) ~ **torbasını atma** Meldeabwurf *m* (für Flugzeug) ~ **uçurmak** (*od.* **iletmek**) 1. heimlich e–e Botschaft zukommen lassen 2. schleunigst Nachricht geben, umgehend Bescheid zukommen lassen 3. ein Gerücht in die Welt setzen ~ **verme hizmeti** *mil.* Meldedienst *m* ~ **vermek** 1. (bşi) mitteilen, melden, zur Kenntnis bringen 2. (b–ni b–ne) j–n anzeigen, zur Anzeige bringen (bei) ~ **zinciri** *mil.* Meldekette *f* ºi (*od.* **Peyamı**) **benden al!** Erkundige dich einmal bei mir! Von mir wirst du schon das Nötige erfahren! **-i olmak** (bşden) über et. Bescheid wissen, im Bilde sein (über), wissen (von) º**im var.** Ich weiß Bescheid. º**im yok.** Davon weiß ich nichts. **-imiz olmadan** ohne daß wir davon gewußt haben (hätten); ohne unser Wissen **-ler servisi** Nachrichtendienst *m* **-lerin ulaştırılması** *mil.* Nachrichtenübermittlung *f*

haberci 1. Überbringer(-in *f*) *m* e–r Botschaft, Bote *m* 2. *mil.* Melder, Meldefahrer *m* 3. *fig.* a) Vorbote *m*, Anzeichen *n* b) *med.* Frühsymptom *n* 4. Spion *m* ~ **postası** (*od.* **kıtası**) *mil.* Meldetrupp *m* ~ **rüya** Traum *m* mit Vorbedeutung **-nin anlatısı** *Th.* Botenbericht *m*

habercik, -iği kurze Mitteilung

haberdar [··–] benachrichtigt, in Kenntnis gesetzt, informiert, unterrichtet, Kenntnis besitzend ~ **etmek** benachrichtigen, in Kenntnis setzen, informieren, unterrichten, verständigen ~ **olmak** Pass. zu **haberdar etmek**

haberleşme 1. Korrespondenz *f* 2. *mil.* Nachrichtenaustausch *m* 3. (Telephon-, Funk- usw.)Verbindung *f*

haberleşmek einander gegenseitig benachrichtigen (informieren, unterrichten), Nachrichten austauschen, in Verbindung miteinander stehen

haberli 1. wer et. mitgeteilt hat *haber vermiş 2. wem et. mitgeteilt worden ist *haber almış, haberdar Zu 1: **Biz oraya** ~ **gittik.** Wir sind nach vorheriger Anmeldung dorthin gegangen. Zu 2: ≗ **olsaydık hazırlanırdık.** Wenn wir davon gewußt hätten, hätten wir uns (darauf) vorbereitet.

habersiz 1. ohne Nachricht, ohne Bescheid 2. ahnungslos 3. ohne Kenntnis zu geben; unan-, unab-gemeldet Zu 1: **Bizi** ~ **bırakmayın!** a) Lassen Sie uns nicht ohne Nachricht! b) Lassen Sie uns Bescheid zukommen! Zu 2: **her şeyden** ~ **bir halde** völlig ahnungslos Zu 3: ≗ **geliverdiler.** Unangemeldet kamen sie plötzlich daher.

habersizlik 1. Fehlen *n* von Nachrichten 2. Fehlen *n* e–r Information; Unkenntnis, Ahnungslosigkeit *f;* die (infolge des Fehlens von Mitteilungen entstehende) Ungewißheit

Habeş 1. Abessinier(-in *f*) *m*, Äthiopier(-in *f*) *m* 2. abessinisch, äthiopisch 3. ≗ von sehr dunkler Hautfarbe 4. ≗ Mulatte *m*, Mulattin *f* ~ **adaçayı** ungarische Salbei *bot.* Salvia aethiopis ~ **biberi** Mohrenpfeffer *m bot.* Xylopia aethiopica ~ **eyaleti** *hist.* Abessinien (osman. Verwaltungsprovinz bis 1885) ~ **kakulesi** Java-Kardamon *m, n bot.* Amomum maximum ~ **maymunu** Pavian *m zo.* Cynocephalus pavio ~ **otu** Kosobaum *m bot.* Brayera anthelmintica (die Blüten dienen als Bandwurmmittel) *kuzo

Habeşî s. **Habeş**

Habeşistan *n.pr.* Abessinien, Äthiopien ~ **maymunu** Mantelpavian *m zo.* Papio hamadryas

Habeşli s. **Habeş**

habıgaflet, -ti [–··] *z. va.* Schlaf *m* der Gleichgültigkeit, gleichgültiges Dahinleben, geistige Trägheit

habibe [ī] 1. *va.* Freundin, Geliebte *f* 2. ≗ *wV*

habibullah [·–·–] 1. *va.* Freund Gottes (Beiname des Propheten Mohammed) 2. ≗ **(Han)** *n.pr.* afghanischer Emir (Vater von Amanullah)

habide [––·] *va.* schlafend, schlummernd

Habil [ā] *n.pr.* Abel (Adams Sohn) ~ **ile Kabil** Kain und Abel

habil, -bli Strang, Strick *m*, Seil *n* **-i metin** *rel.* („fester Strick") Islam *m* **-i sürrevî** s. **göbek bağı; -i tabıl** *an.* Pauken(höhlen)saite *f* (Nervenast), Chorda tympani **-i zahrî** s. **sırt ipi**

habilitasyon Habilitation *f* (für die Hochschullaufbahn) ~ **yapmak** sich habilitieren

habilite habilitiert ~ **etmek** habilitieren

habip, -bi [ī] 1. *va.* Freund *m*, Geliebter 2. ≗ [×–] *mV*

habir [ī] *va.* 1. informiert, wissend 2. gelehrt 3. der Allwissende (Gott)

habire s. **ha bire**

habis [·–] 1. böse, boshaft, schlecht, gemein, niederträchtig, ruchlos; Schuft, Schurke *m* 2. bösartig (Krankheit, Tumor usw.) 3. (Ausruf) verflucht! zum Kuckuck!

habisleşmek bösartig werden (z.B. Geschwulst)

habislik 1. s. **habaset** 2. *med.* Bösartigkeit *f*

habit, -ti [ā] *va.* (ab-)fallend; s.a. **tedrici** ~

habitat, -tı *bot., zo.* Habitat *n* (Standort *m*)

habitus *bot., min., zo.* Habitus *m*, Erscheinungsbild *n*

habliye s. **ipsiler**

hac, -ccı Wallfahrt *f* nach Mekka (*gel. a.* nach anderen heiligen Stätten) ≗ **suresi** Name der 22. Koran-Sure **-a gitmek** die Wallfahrt nach Mekka unternehmen **haccı asgar** *va.* s. **umre; haccı ekber** *va.* die Wallfahrt nach Mekka in der dafür festgesetzten Zeit

hâc, -ccı *va.* Mekkapilger *m* *hacı

hacalet, -ti [·–] *z. va.* Scham, Beschämung *f* ~ **çekmek** beschämt dastehen **-i mucip** schändlich, schimpflich, entehrend

hacaletaver [·–·–·] *va.* beschämend, erniedrigend

hacamat, -tı 1. Schröpfen *n*, Schröpfkur *f* 2. Ritzen, Skarifizieren, Aufreißen *n* 3. *V* kleine Wunde ~ **baltası** Schröpfschnäpper *m* ~ **etmek** 1. schröpfen 2. ritzen, skarifizieren, aufreißen 3. *V* leicht verwunden ~ **şişesi** Schröpfkopf *m* ~ **olmak** Pass. zu ~ **etmek**

hacamatçı wer skarifiziert od. Schröpfköpfe setzt
hacamatçılık Tätigkeit *f* e–s **hacamatçı**
hacamatlamak *V* leicht verwunden
hacamatlı çekmen Schröpfkopf *m* mit Blutentnahme
haccacane [··–·] *va.* äußerst grausam
Haccaç bin Yusuf (m. dem Beinamen **Zalim**) *n.pr. ar.* Staatsmann u. Feldherr (Eroberte Mekka 692 im Auftrag von Abdülmelik nach 6½monatiger Belagerung u. Beschießung)
hacce [ā] *va.* s. **hacı hanım**
haccetmek [×··] 1. bei der Wallfahrt nach Mekka die vorgeschriebenen fünf Riten erfüllen 2. zu den christl. Weihestätten pilgern
hace [ā] (I) *va.* 1. Herr *m* *efendi, ağa 2. Familienoberhaupt *n* *aile büyüğü 3. Geistlicher *m* *hoca 4. Lehrer *m* *öğretmen 5. s. **vezir; -i âlem** (*od.* **-i kâinat**) „Herr (bzw. Lehrer) der Welt" (Beiname des Propheten Mohammed) **-i evvel** *va.* Grundschullehrer *m* **-i büzürg** *va.* Großwesir *m*
hace (II) *va.* s. **hacet;** vgl. a. **indelhace**
hacegân [–·–] *va. Pl.* zu **hace** (I) 1. s. **hocalar** 2. höhere Beamte im osm. Staatsdienst
hacegi [–·–] *va.* 1. Rang *m* e–s **hace** (I) 2. Titel e–s führenden Kaufmanns (*spez.* im Bedesten von Istanbul)
hacer *va.* Stein *m* *taş ~ **şecer** *fig.* 1. leblose od. wertlose Dinge *pl.* 2. dumme Menschen *pl.* **-i bürkânî** s. **volkan çakılı; ²i Esvet** *n.pr.* heiliger schwarzer Stein in Mekka (in der Südostecke der Kaaba) **²i Esvet gibi muallakta** *z. va. fig.* noch immer nicht entschieden (Angelegenheit) **-i fitile** s. **amyant; -i semavî** s. **havataşı, meteortaşı**
Hâcer *n.pr.* Hagar (Bibel)
hacerülcev s. **göktaşı**
Hacerülesvet s. **Haceri Esvet**
hacet, -ti [ā] 1. Bedürfnis *n,* Notwendigkeit *f,* Erfordernis *n* 2. Wallfahrtsgebet *n* ~ **bağı** an das Fenstergitter e–s Heiligengrabes gebundenes Stoffstück (das die Erfüllung e–s Wunsches bringen soll) ~ **görmek** 1. für nötig halten 2. auf die Toilette gehen ~ **kalmamak** unnötig sein ~ **kapılarının açılması** Erfüllung *f* e–s Pilgergebetes ~ **kapısı** (*od.* ~ **penceresi**) Tür *f* od. Fenster *n* e–s Heiligengrabes (wo Gebete gesprochen werden) ~ **tepesi** Wallfahrtshügel *m* ~ **yeri** Abort *m,* Toilette *f* *ayakyolu ² **yok.** (bşe) Es ist nicht nötig. Es erübrigt sich. **-i olmak** *P* austreten müssen
Hacettepe *n.pr.* e–e Anhöhe in Ankara (mit Universität)
hacı [ā] 1. Mekkapilger, Hadschi *m* 2. christlicher Wallfahrer *spez.* Jerusalempilger *m* 3. Araber *m* ~ **baba** 1. ehrende Bez. e–s bejahrten Mekkapilgers 2. *Ki.* (Klapper-)Storch *m* 3. alter Araber 4. *V* Penis *m* **Sizi gören ~ mı olur yoksa hoca mı?** Man hat Sie ja schon e–e Ewigkeit nicht mehr gesehen. ² **Bayram Veli** *n.pr.* Begründer des Bayramiye-Ordens (Grab in der Türbe der Hacıbayram-Moschee in Ankara) ~ **bekler gibi beklemek** (b–ni) j–n mit großer Ungeduld erwarten ² **Bektaş** *n.pr.* 1. **(Veli)** berühmter türk. Heiliger (Schutzpatron der Janitscharen und der Bektaschi-Derwische) (1242–1337) 2. s. **Hacıbektaş;** ² **Bektaş Köçekleri** *hist.* Selbstbezeichnung der Janitscharen ~ **bey** vertrauliche Anrede an e–n bejahrten Mann ~ **cavcav** *hum. Bez.* für Leute mit dunklem Teint od. für Neger ~ **fışfış** *spött. Bez.* für Araber ² **Fitil** (*od.* ² **Kandil** *od.* ² **Şamandıra**) Typ des Arabers im Karagözspiel ~ **gemisi** Pilgerschiff *n* ~ **gözü olmamak** *F* sich nicht übertölpeln lassen ² **Halife** s. **Kâtip Çelebi;** ~ **hanım** Mekkapilgerin *f* ² **İmam** s. **Sütçü İmam;** ~ **lokumu** trockenes, ungesüßtes Lokum, das heimkehrenden Mekkapilgern zusammen mit **şerbet** und **zemzem** überreicht wird ² **Mekke'de, derviş tekkede.** *Spr.* Jeder, wo er hingehört! ~ **namzedi** wer die Pilgerfahrt nach Mekka vorbereitet ~ **otu** (*a.* **-lar otu**) s. **kankurutan** (1); ~ **pintorosa kavuşmak** *V* Prügel beziehen ~ **tehniyesi** Begrüßungsfeier *f* für heimkehrende Mekkapilger ~ **yağı** starkriechende Essenz, mit der sich die Mekkapilger nach der Wallfahrt einreiben **²lar Bayramı** s. **Kurban Bayramı; -m** *F* alter Bursche! mein Lieber! **-sı hocası** *F* alle, jeder **²yla hocadan kork!** *spött.* Man kann sich gar nicht genug in acht nehmen.
hacıağa *V* reicher Provinzonkel
hacıağalık *V* Benehmen *n* e–s reichen Provinzonkels ~ **etmek** *V* mit dem Geld nur so um sich werfen
Hacıbekir *n.pr.* renommierter Süßwarenhändler *bzw.* dessen Geschäfte in Istanbul, Ankara usw.
Hacıbektaş *n.pr.* O. (mit Grabmal von Hacı Bektaş Veli) u. D. im Rbz. Nevşehir ² **taşı** 1. orientalischer Alabaster; Kalkalabaster *m* *kalkerli albatr 2. s. **balgam taşı;** ² **tuzu** Steinsalz *n* *kayatuzu
hacıkadın Name e–r bes. im Schwarzmeergebiet häufigen Hühnerrasse
hacılarkuşağı, -nı Regenbogen *m* *alâimisema
hacılaryolu, -nu Milchstraße *f* *samanyolu
hacılık 1. Rang *m,* Ansehen *n* e–s Mekkapilgers 2. Pflichten od. Handlungen *pl.* e–s Mekkapilgers
hacıyağcı Hersteller od. Verkäufer *m* von **hacı yağı**
hacıyatmaz Stehaufmännchen *n (a. fig.)*
hacıyolu s. **hacılaryolu**
hacil [ī] *va.* beschämt, gedemütigt, gekränkt ~ **etmek** *va.* s. **utandırmak;** ~ **düşmek** *va.* s. **mahcup olmak**
hacim, -cmi 1. *math.* Volumen *n,* Rauminhalt *m,* Größe *f* 2. Format *n* (z.B. e–s Buches) 3. Umfang *m,* Ausmaß *n,* *mus.* Stimmumfang *m* *ses büyüklüğü 4. (Bestand-)Teil *m* (z.B. bei e–r Gasmischung) ~ **analizi** *chem.* Maß-, Titrier-analyse *f* *tahlili hacmî ~ **eğrisi** Raumkurve *f* ~ **mikyasatı;** ~ **ölçüleri** *math.* Raummaße *pl.* ~ **tamamisi** *math.* Volumenintegral *n* **-i istiabî** 1. Volumen *n* (e–s Hohlkörpers), Rauminhalt *m,* Fassungsvermögen *n* 2. *naut.* Wasserverdrängung, Tonnage *f*
hacimli 1. mit nb. Volumen 2. umfangreich, voluminös
hacimölçer *phys.* Volumeter *n*
hacimölçme *phys.* Volumetrie *f,* Messung *f* von Rauminhalten *volümetri
hacimsel analiz s. **hacim analizi**
hacip, -bi [ā] *va.* 1. *urspr.* Türhüter *m* 2. *hist.* osm. Titul. für höchste Staatsbeamte (wie **vezir, sadrazam, mabeyinci**) 3. Augenbraue *f* *kaş
hacir, -cri Entmündigung, Bevormundung *f* *kısıt ~ **altına almak** s. **hacretmek**
hacirli entmündigt, unter Kuratel gestellt *mahcur
Hacivat, -tı (nach verschiedenen Überlieferungen: < **Hacı Ahvad, Hacı Eyvad, Hacı İvad Paşa**) *n.pr.* Gegenspieler des Karagöz; Verkörperung des osm. Intellektuellen im türk. Schattenspiel
haciz, -czi Pfändung *f* ~ **altına almak** 1. pfänden 2. *fig.* et. für sich mit Beschlag belegen ~ **kararı** Pfändungsurteil *n* ~ **koymak** (*od.* **vazetmek**) pfänden ~ **memuru** *jur.* Gerichtsvollzieher *m* ~ **zabıt varakası** *jur.* Pfändungsprotokoll *n* **-i caiz olmayan mallar** *jur.* unpfändbare Gegenstände *pl.* **-in fekki** *jur.* Aufhebung *f* der Pfändung (des Arrests)
hâciz 1. trennend, absondernd 2. s. **perde; hicabı** ~ s. **diyafram; adalei hicabı** ~ s. **diyafram kası**
hacizli gepfändet
hacle Brautgemach *n* *gerdek
haclegâh s. **hacle**
haclet s. **hacalet**
hacmen [×·] *Adv.* dem Umfang (Volumen, Rauminhalt, Format) nach
hacmî s. Stw. **tahlil**

hacretmek [×··] entmündigen, unter Kuratel stellen *kısıtlamak
haczetmek [×··] pfänden, Arrest verhängen
haç, -çı Kreuz *n* *ıstavroz, salip ~ **ağacı** Hinterbracke *f* (am Wagen) ~ **çıkarmak** sich bekreuzigen, das Kreuz schlagen (Katholiken) *ıstavroz çıkarmak ~ **işareti** *rel.* Kreuzzeichen *n* ~ **kolu** 1. waagerechter Balken *bzw.* Strich an e–m Kreuz 2. waagerechter Teil e–s Fensterkreuzes; Sprosse *f* 3. *arch.* Querschiff *n* (e–r Kirche) ~ **otu** 1. Kreuz-blatt, -kraut *n bot.* Asperula ciliata 2. Kreuzlabkraut *n bot.* Galium cruciatum ♀ **Seferleri** *hist.* Kreuzzüge *pl.* *Ehlisalip Seferleri ~ **yolu** *rel.* Kreuzweg *m* (Christi) **-a germek** ans Kreuz schlagen, kreuzigen **-ı suya atmak** die Wasserweihe des Kreuzes vornehmen (nach griech.-orthodoxem Ritus: am Epiphaniastag, 6. Januar)
haçan *P* wann, wenn *ne vakit ki
haçbezek *arch.* Kreuzblume *f* (*spez.* in der Gotik)
haçbiçimi; haçımsı kreuz-förmig, -artig, Kreuz-
haçlamak s. **haça germek**
haçlı 1. mit Kreuz, Kreuz- 2. im Zeichen des Kreuzes stehend 3. ²**lar** *hist.* Kreuz-fahrer, -ritter *pl.* *Ehlisalip ~ **bahçe örümceği** Kreuzspinne *f zo.* Arenea diademata ~ **Buhara halısı** Kreuzbuchara *m* ~ **kara kurbağası** Kreuzkröte *f zo.* Bufo calamita ♀ (*od.* ²**lar**) **Seferleri** *hist.* Kreuzzüge *pl.* *Ehlisalip Seferleri
haçlıgiller s. **turpgiller**
Haçova Muharebesi Schlacht *f* bei Keresztes (in Ungarn) (1596)
haçsı; haçvari s. **haçbiçimi**
haçtonoz *arch.* Kreuzgewölbe *n* (*spez.* in der Gotik)
had, -ddi 1. Grenze, Schranke *f (fig.),* Maß *n,* Stufe *f,* Grad *m* 2. *math.* Term *m,* Glied *n* (e–s algebraischen Ausdrucks, e–r Reihe usw.) *terim 3. *log.* Begriff *m* *terim 4. Spanne *f* 5. Satz *m* 6. (*a.* **-i şer'î**) *fr.* die im Scheriatsrecht für ein best. Vergehen festgesetzte Strafe Zu 1: **bir -e kadar** bis zu e–r gewissen Grenze (z. B. erlaubt sein) Zu 4: s. **kâr -i** Zu 5: s. **ıskonto -i** Zu 6: ~ **vurmak** *va.* auspeitschen ~ **çizmek** e–e Grenze setzen (ziehen) (für et.) ~ **zaviyesi** s. **sınır açı; -i hesabı yok** unzählig, zahllos ²**i mi?** s. ²**ine mi düşmüş? -i olmamak** (b–nin) j–m nicht zukommen, zustehen **Haddim olmayarak bu noktaya nazarı dikkatinizi celbedebilir miyim?** Darf ich mir in ganz unmaßgeblicher Weise erlauben, Sie auf diesen Punkt aufmerksam zu machen? ²**im değil.** Das steht mir nicht zu. **-in varsa** wenn du dir das erlauben kannst *(od.)* wenn du die Frechheit dazu besitzen solltest **-inden fazla** (*od.* **ziyade**) übermäßig, über alle Maßen ²**ine mi düşmüş?** Wie kann er sich das zutrauen? **-ini aşmak** zu weit gehen, es zu weit treiben, unverschämt sein **-ini bildirmek** (b–nin) j–n in seine Schranken weisen, scharf zurechtweisen, zur Räson bringen **-ini bilmek** wissen, was sich für e–n geziemt, bescheiden sein **-ini bilmemek** 1. überheblich sein 2. keinerlei Benehmen haben **-ini tecavüz etmek** s. **-ini aşmak; -i asgar** s. **küçük terim; -i asgarî** Mindestmaß *n* **-i asgarı tesir** s. **duyum eşiği; -i azamî** Höchstgrenze *f,* Maximum *n* **-i bülûg** s. **ergenlik(çağı); -i ekber** s. **büyük terim; -i evsat** s. **orta terim; -i istiap; -i istiabî** s. **istiap haddi; -i kifaye** genügender Grad, ausreichende Menge, Hinlänglichkeit *f* **-i kifayeyi bulmak** ausreichen, langen, genügen **-i makule irca etmek** auf ein vernünftiges Maß reduzieren **-i nizamî** Beschlußfähigkeit *f* (e–r Versammlung) **-i nizamiye malik** beschlußfähig *nisabı haiz **-i zatında** an und für sich, eigentlich
hâd, -ddi 1. scharf *keskin 2. spitz *sivri 3. eng *dar 4. *fig.* abgespannt, kritisch 5. *med.* akut ~ **bir safhaya girmek** in ein akutes Stadium treten; sich zuspitzen ~ **devre** *med.* Krisis, Krise *f* ~ **zaviye; zaviyei -e** s. **dar açı**

hadal adj. Bildung zu ungebr. **Hades** (Gott der) Unterwelt ~ **derinlikler** Meerestiefen *pl.* über 6000 m
hadaset, -ti [·–·] *va.* 1. Jugend *f* 2. Frische, Neuheit *f* **-i sin** *va.* jugendliches Alter; Unerfahrenheit *f*
hadde (*a.* ~ **makinesi**) 1. Walz-maschine, -anlage *f,* -werk *n* 2. Drahtziehmaschine *f, a.:* Zieheisen *n* ~ **çeliği** Walzstahl *m* ~ **fabrikası** s. **-hane;** ~ **profili** Walzprofil *n* ~ **tezgâhı** s. **-hane; -den çekmek** *fig.* j–n ausquetschen, in die Mangel nehmen **-den geçirmek** 1. zu Blech od. Draht auswalzen (ausziehen) 2. *fig.* eingehend prüfen, genau untersuchen, *F* unter die Lupe nehmen
hâdde s. **hâd zaviye; dar açı**
haddeci wer in e–m Walzwerk tätig ist; Drahtzieher *m* (Arbeiter)
haddehane [··–·] Walzwerk *n*
haddelemek 1. walzen 2. ziehen (Draht)
haddeli altın Walzgold *n*
haddizatında s. **haddi zatında**
haddühesap, -bı [···–] (in der Füg.:) **-ı olmamak** (bşin) sich jeder Berechnung entziehen, sich nicht einmal schätzungsweise angeben lassen, unübersehbar sein; s. a. **bi-** sowie **hadsiz hesapsız**
hadebe *va.* 1. *astr.* s. **fışkırma** 2. *med.* Protuberanz *f,* Bukkel *m,* Erhöhung *f* 3. Höcker *m* *hörgüç 4. *bot.* Knolle *f* *yumru
hadeka *va.* s. **gözbebeği**
hadem (*va. Pl.* zu **hadim**) Diener *pl.* ~ **ve haşem** *va.* (üblicher: **hademe haşeme**) Diener *pl.* und Gefolge *n* (e–s hohen Herrn)
hademe (*urspr. Pl.* zu **hadim**) 1. Amts-, Büro-diener(-in *f*) *m* 2. *z. va.* Amts-, Büro-diener(-innen *f*) *pl.* 3. Schuldiener, Pedell, Offiziant *m* ~ **haşeme** s. Stw. **hadem; -i hayrat** *va.* Moscheediener *pl.*
hademelik Tätigkeit *f* e–s (e–r) Bürodieners (Bürodienerin)
hades *va.* rituelle Unreinheit **-ten taharet** rituelle Reinigung
hadım Verschnittener, Eunuch, Kastrat *m* *tavaşi ~ **etmek** kastrieren, zum Eunuchen machen
Hadım *n.pr.* O. u. D. im Rbz. Konya
hadımağası, -nı *fr.* schwarzer Eunuch im Sultanspalast od. in e–m vornehmen Haus, der den Dienst zwischen den Frauengemächern und den für die Herren best. Räumen zu versehen hatte
hadımlaşmak zum Kastraten werden
hadımlaştırmak entmannen, kastrieren
hadımlik 1. Zustand *m* e–s Verschnittenen 2. Eunuchentum, Kastratentum *n*
hâdi 1. *va.* wer den rechten Weg zeigt (*a.* = Gott) 2. ♀ *mV*
hadi s. **haydi**
hadid [ī] (I) *va.* s. **hiddetli, öfkeli**
hadid [ī] (II) *va.* Eisen *n,* Stahl *m* 2. scharf (z. B. Schwert) 3. *fig.* sehr intelligent ♀ **suresi** Name der 57. Koran-Sure
hadidülmizaç [·–··–] *va.* jähzornig, cholerisch, von hitzigem Temperament
hadika [ī] *va.* 1. umfriedeter Garten; Park *m* 2. Obstgarten *m*
hadim [ā] *z. va.* 1. dienend, Diener *m* 2. *fig.* dienlich, geeignet Zu 2: **vaziyetin tenvirine** ~ **vesikalar** Dokumente, die zur Aufklärung des Falles dienen können
hâdim *va.* zum Einsturz bringend; zerstörend, vernichtend *yıkıcı
Hadimülharemeyn [–····] *fr.* Diener (Hüter) *m* der beiden Heiligtümer (Mekka und Medina) (isl. Titel der osm. Kalifen)
hadin s. **haydin**
hadis (I) **-dsi** *z. va.* 1. Mutmaßung, Vermutung, Annahme *f* 2. Intuition *f*

hadis (II) [ā] *va.* 1. frisch, neu 2. sich ereignend; vorkommend ~ **dava** *jur.* Inzident-, Zwischenfeststellungs-klage *f* ~ **olmak** sich ereignen; vorkommen, vorfallen, passieren, geschehen *vuku bulmak

hadîs 1. Berichte *pl.* über Aussprüche od. Taten des Propheten Mohammed; isl. Tradition, Überlieferung *f* 2. (*a.* **ilmi** ~) die sich hiermit beschäftigende isl. Wissenschaft *spez.* Traditionskritik *f* ²i **Erbain (Kırk Hadîs)** *lit.* e–e Zusammenstellung mit Erläuterungen von etwa 40 berühmten **hadîs** (I); **-i kutsî** *isl.* die durch Mohammed übermittelten Gottesworte **-i nebevî** *isl.* Mohammeds Worte od. Taten

hadisat, -tı [–·–] (*z. va. Pl.* zu **hadise**) Ereignisse, Vorgänge *pl.*, allgemeines Geschehen

hadise [–··] 1. Ereignis, Geschehnis, Vorkommnis *n*, Vorgang *m*, Vor-, Zwischen-fall *m* 2. Unglück(-sfall *m*) *n* 3. *phil.* Inzidenz *f* *düşkü 4. *phil.*, *phys.* Phänomen *n* *fenomen, görüngü, olay 5. *jur.* Zwischenstreit *m* ~ **çıkarmak** e–n Zwischenfall verursachen **-i lâhika** s. **gölgeolay**

hadiseli [ā] 1. mit nb. Ereignissen, Vorfällen usw. 2. mit (unerwarteten) Zwischenfällen, voller Ereignisse, ereignisreich

hadisesiz [ā] ohne Zwischenfall (Vorkommnis)

hadisî [–·–] *phil.* die Phänomene betreffend; Erscheinungs- *olaysal

hadisiye [ā] s. **fenomenizm**

hadit, -di [ī] s. **hadid** (I, II)

hadli s. **terimli**

hadnaşinas [·–·–] *z. va.* anmaßend, überheblich

hadnaşinaslık [·–·–·] *z. va.* 1. Anmaßung, Überheblichkeit *f* 2. Ausschreitung *f*

Hadramut, -tu [ū] *n.pr.* Hadramaut (in Süd-Arabien)

hads s. **hadis** (I)

hadsî *va.* 1. auf Mutmaßungen beruhend 2. intuitiv

hadsiyat, -tı [··–] *va. Pl.* Mutmaßungen, Vermutungen, Annahmen, Hypothesen *pl.*

hadsiz 1. grenzenlos, schrankenlos 2. unzählig, zahllos ~ ~ **hesapsız** unübersehbar groß; unzählig

hadşinas [··–] *selt.* anspruchslos, bescheiden

hadşinaslık [··–·] *selt.* Anspruchslosigkeit, Bescheidenheit *f*

haf [–] *Fb.* Läufer *m* *muavin

hafakan [··–] 1. heftiges Herzklopfen 2. starke Erregung **-lar basmak** (*od.* **boğmak**) 1. starkes Herzklopfen od. Beklemmungszustände bekommen 2. kaum mehr an sich halten können (vor Erregung, Wut usw.)

hafazanallah [····–] (*Abw.* bei Erwähnung e–s Unheils) Gott schütze (behüte) uns!

hafbek, -ki [ˣ·] *Fb.* (rechter od. linker) Außenläufer *m*

hafız [ā] 1. *va.* (auf-)bewahrend, schützend 2. Bewahrer, Schützer *m* (Attribut Gottes) 3. (*a.* **-ı Kuran**) wer den Koran auswendig rezitieren kann 4. *V a. Sch.* wer stumpfsinnig auswendig lernt; dumm, stupid, borniert 5. *V* Strichjunge *m* 6. ♀ (²ı **Şirazî**) *n.pr.* berühmter pers. Lyriker (1320–1389)

hafıza [–··] 1. Gedächtnis *n*, Mneme *f*, Erinnerung(-svermögen *n*) *f* *bellek 2. *phys.* Anker *m* e–s Elektromagneten *armatur 3. Frau, die den Koran auswendig rezitieren kann **-yı takviye usulü** Mnemo(tech)nik *f* *belleteç

hafızalı 1. *selt.* mit **hafıza** (*q.v.*) 2. Name e–r aromatischen, dickschaligen Traubenart (*spez.* in Thrazien und im Marmaragebiet)

hafızasız [–···] an Gedächtnisschwund (Amnesie) leidend

hafızasızlık [–····] Gedächtnisschwund *m*, Amnesie *f* *bellek yitimi, zıyaı hafıza

hafızavî [–··–] *va.* 1. Gedächtnis-, Erinnerungs- 2. mnemotechnisch *(1, 2) belleksel, hıfzî

hafızkütüp, -bü [ā] *z. va.* Bibliothekar *m*

hafızlamak *V* stumpfsinnig auswendig lernen; ochsen, büffeln

hafızlık 1. *selt.* Tätigkeit *f* e–s **hafız** 2. *V* Dummheit, Borniertheit *f* 3. *Sch.* stumpfsinniges Auswendiglernen 4. *V* Verhalten *n* e–s Strichjungen

hafi [ī] *z. va.* 1. verborgen, versteckt, geheim 2. *med.* latent 3. okkult ~ **celse** Geheimsitzung *f* ~ **rey** s. **gizli oy**

hafide [ī] 1. *va.* Enkelin *f* 2. ♀ *wV*

hafif 1. leicht (an Gewicht) (*ant.* ağır) 2. leicht auszuführen *kolay 3. leicht-sinnig, -fertig; flatterhaft, unbeständig 4. nicht anstrengend, leicht, Unterhaltungs-(Musik) 5. e–e geringe Menge enthaltend od. darstellend; leicht, schwach 6. von geringer Intensität, leicht, schwach 7. *V* wer wenig od. kein Geld besitzt; abgebrannt, pleite 8. *ling. va.* palatal Zu 1: ~ **giyinmek** sich leicht (luftig) kleiden Zu 2: ~ **bir iş** e–e leichte Arbeit Zu 3: s. **-meşrep** Zu 4: ~ **müzik** leichte Musik Zu 5: ~ **şekerli** nur wenig gesüßt, schwach gesüßt ~ **(tertip) bir kahvaltı** leichtes Frühstück Zu 6: ~ **bir sarsıntı** e–e schwache Erschütterung *spez.* ein leichter Erdstoß ~ **tabirle** gelinde gesagt (ausgedrückt) ~ **bir mukavemet göstermek** nur schwachen Widerstand leisten ~ **araba kolu** *mil.* leichte Fahrkolonne ~ **batarya** *mil.* leichte Batterie ~ **beton** Leichtbeton *m* ~ **çay** leichter (dünner) Tee ~ **denizüstü gemiler** leichte Überwasserstreitkräfte *pl.* ~ **eylemlik** (*od.* ~ **mastar**) *gr.* verkürzter Infinitiv ~ **hapis** *jur.* Haft *f* ~ **kabartma** Bas-, Flach-relief *n* ~ **kâğıt** Übersee-, Luftpost-papier *n* *pelür ~ **maden** Leichtmetall *n* ~ **makineli (tüfek)** *mil.* leichtes Maschinengewehr ~ **para cezası** geringe Geldstrafe ~ **piyade kolu** *mil.* leichte Infanteriekolonne ~ **rüzgâr** leichte Brise ~ **sahra obüs bataryası** *mil.* leichte Feldhaubitzenbatterie ~ **sıklet** *(Boxen)* Leichtgewicht *n* ~ **silâh** *mil.* leichte Waffe ~ **şehlâ bakışlı** et. schielend ~ **tank** *mil.* leichter Tank ~ **tenor** *mus.* lyrischer Tenor *lirik (*od.* yüksek) tenor ~ **tertip** klein(er), gering(er), in bescheidenem Maße, in geringem Umfang ~ **tertip bozuşmak** ein wenig in Streit geraten ~ **topçu** *mil.* leichte Artillerie ~ **uyumak** im Halbschlaf liegen ~ **yağ** Leichtöl *n* ~ **yapılı** leichtgebaut ~ **zaman** *mus.* schlechter Taktteil **-e almak** *fig.* nicht ernst nehmen **-ten almak** 1. gleichmütig hinnehmen 2. bewußt e–n gemäßigten Ton anschlagen (nach scharfer Rede des Gegners) 3. auf die leichte Schulter nehmen **-ten -e** nur schwach, ganz leicht, ganz fein (z. B. andeuten)

hafiflemek 1. leichter werden, an Gewicht abnehmen 2. leichter werden, sich erleichtern (z. B. Arbeit) *kolaylaşmak 3. schwächer werden, (an Intensität) nachlassen (Erdbeben, Druck usw.) 4. sich entspannen, sich beruhigen

hafiflenmek *selt.* s. **hafiflemek**

hafifleşmek 1. s. **hafiflemek** 2. leichtsinnig werden, sich e–m leichtfertigen Lebenswandel ergeben

hafifleştirmek 1. leichter machen, an Gewicht verringern 2. erleichtern, leichter gestalten *kolaylaştırmak 3. abschwächen, mildern 4. e–m leichtsinnigen Lebenswandel zuführen od. zulassen, daß jemand sich e–m solchen ergibt

hafifletici abschwächend, mildernd *muhaffif ~ **sebepler** *jur.* Milderungsgründe, mildernde Umstände *pl.* *esbabı muhaffife

hafifletmek s. **hafifleştirmek**

hafiflik 1. Leichtsein *n*, Leichtheit *f* 2. Geringfügigkeit *f* 3. Leichtigkeit, Behendigkeit *f* 4. Linderung, Erleichterung *f* 5. Leichtsinn *m*, Flatterhaftigkeit *f* 6. *phon. va.* Palatalität *f* Zu 4: **Oraya gidince kendimde bir ~ duydum.** Als ich dorthin ging, verspürte ich e–e Erleichterung. ~ **etmek (göstermek, yapmak)** sich leichtfertig benehmen

hafifmeşrep, -bi 1. leicht-sinnig, -fertig, flatterhaft, unbe-

ständig (Frau od. Mädchen) 2. unzuverlässig, wankelmütig (Mann od. Frau)
hafifmeşreplik Leicht-sinn *m,* -fertigkeit *f,* Flatterhaftigkeit, Unbeständigkeit *f,* Wankelmut *m*
hafifsemek geringschätzen, für unbedeutend ansehen, verachten *istihfaf etmek
Hafik *n.pr.* O. u. D. im Rbz. Sıvas
hafir, -fri *va.* 1. Ausgraben *n,* Ausgrabung *f* 2. Ausschachtung *f* (bei e–m Bau)
hâfir *va.* Ausgräber(-in *f*) *m* *hafriyatçı
hafit, -di [ī] 1. *va.* Enkel *m* *torun 2. ≗ *mV*
hafiye Geheimpolizist, Detektiv, Spitzel, Agent *m*
hafiyelik 1. Aufgaben *pl.* od. Tätigkeit *f* e–s Geheimagenten; Spitzeldienste *pl.* 2. Denunziation *f* ~ **etmek** (*od.* **yapmak**) 1. Spitzeldienste leisten 2. anzeigen, denunzieren
hafiyülharare [·–··–·] s. **ısıalan**
hafiyyen [ī] *Adv.* insgeheim, heimlich, verstohlen, versteckt
hafniyum [×··] *chem.* Hafnium *n*
hafretmek [×··] ausgraben, Ausgrabungen machen
hafriyat, -tı [··–] *urspr. Pl.* 1. Ausgrabung(-en *pl.*) *f* 2. Ausschachtung(-en *pl.*) *f* (bei e–m Bau)
hafriyatçı [··–·] Ausgräber(-in *f*) *m*
Hafsa *n.pr.* Tochter des Kalifen Omar und Frau von Mohammed ~ **Sultan** *n.pr.* 1. Tochter von Yavuz Sultan Selim (16. Jh.) 2. Gemahlin von Yavuz Sultan Selim und Mutter von Kanunî Sultan Süleyman (Gedenkmarke der Türk. Post, 1969)
hafta Woche *f* ~ **arasında** (*od.* **içinde**) die Woche über, werktags ~ **behafta** Woche um Woche, jede Woche ~ **sekiz, gün dokuz** *Ra.* zum Ausdruck e–r unerwünschten Häufigkeit (**O, ~ sekiz, gün dokuz bizdedir.** Und wenn die Woche acht Tage hat, ist er neunmal bei uns.) ~ **sonu** Wochenende *n* ~ **tatili** 1. Wochenende *n* 2. Sonntag *m* 3. wöchentlicher Ruhetag 4. *jur.* Sonntagsruhe *f* (ab Samstag 13.00 Uhr) **-larca** wochenlang **-sına** *od.* **-ya** bis spätestens in e–r Woche **-sına kalmaz** vor Ablauf e–r Woche **-ya bugün** heute in e–r Woche
haftabaşı, -nı 1. Wochenanfang *m,* erster Werktag; Montag *m* 2. Lohntag *m* (bei Wochenarbeitern)
haftalık 1. wöchentlich, Wochen- 2. soundsoviele Wochen ausmachend od. dauernd; -wöchig 3. Wochenlohn *m* (e–s Arbeiters) Zu 2: **iki ~ bir çalışma** e–e zweiwöchige Arbeit ~ **çizelge** Arbeits(zeit)blatt *n,* Kontrollkarte *f* ~ **gazete** wöchentlich erscheinende Zeitung, Wochenblatt *n* ~ **mecmua** Wochen(zeit)schrift *f* ~ **rapor** wöchentlicher Bericht; Wochenbericht *m* ~ **ücret** Wochenlohn *m*
haftalıkçı im Wochenlohn arbeitend
haftalıklı s. **haftalıkçı**
haftaym [×·] *Fb. usw.* Halbzeit *f* *devre
hagarakort *(arm.) Th.* 1. *fr. Bez.* für Tragödie od. Melodram 2. Rolle *f* des Bösewichts
hah (I) *Int.* 1. (zum Ausdruck der Freude über e–e in Erfüllung gegangene Erwartung) na endlich! jetzt ist die Sache erst richtig! da! 2. (als Ausdruck e–s Beipflichtens) ja! genau so ist es! ganz richtig! Zu 1: ≗, **Orhan da geldi!** Na endlich ist auch Orhan da! Zu 2: ≗, **ben de şunu söyleyecektim!** So ist es; genau das gleiche wollte ich auch sagen.
hah (II) [ā] (*a. als Sx.* cf. **bedhah, hayırhah** usw.) wollend, wünschend, liebend **hah ... hah** *va.* ob ... oder **hah nahah** *va.* wohl oder übel; gezwungenermaßen; nolens volens *ister istemez
haham 1. Rabbiner *m,* jüdischer Geistlicher 2. Rabbi *m,* jüdischer Schriftgelehrter
hahambaşı, -nı Oberrabbiner *m* (*spez.* von Istanbul)
hahambaşılık 1. Würde *f,* Aufgaben *pl.* usw. e–s Oberrabbiners 2. s. **hahamhane**
hahamhane [··–·] Amtssitz *m* des Oberrabbiners (von Istanbul)
hahamlık Amt *n,* Würde *f* e–s Rabbiners, Rabbinat *n*
hâher *va.* Schwester *f* *kızkardeş
hahha [·–]; **hahhah** [×·] (*Lm.* des Lachens) haha!
hahiş [ā] *va.* Wunsch *m,* Begehren, Verlangen *n*
hahişger [ā] *va.* wünschend, begehrend, verlangend
haiben [ā] *va. Adv.* zu **haip**
haibühâsir [–··–·] enttäuscht und mit leeren Händen; s. a. **haybahasıl**
haif [ā] *va.* furchtsam, ängstlich
hail (I) [ā] 1. verdeckend, versperrend (z. B. die Aussicht) 2. Hindernis *n* 3. *phys.* Schirm *m* *ekran 4. *jur.* Einfried(ig)ung, Einzäunung, Grenzvorrichtung *f* ~ **olmak** (m. Dat.) versperren, verdecken (z. B. die Aussicht)
hail (II) [ā] *va.* schrecklich, furchtbar, entsetzlich, tragisch
haile [ā] 1. *Th.* Tragödie *f,* Trauerspiel *n* 2. *fig.* Tragödie *f,* Unglück *n,* Katastrophe *f* *(1, 2) trajedi
haileli [ā] s. **hailevî**
hailenüvis [–···–] *z. va.* Verfasser *m* von Trauerspielen, Tragödiendichter, Tragiker *m*
hailevî [–··–] 1. tragisch 2. *fig.* verzweifelt (z. B. Lage), erschütternd, ergreifend, unheilvoll *(1, 2) trajik
hain [ā] 1. verräterisch, treulos, falsch 2. Verräter(-in *f*) *m* 3. boshaft, niederträchtig, gemein 4. (als leichter Tadel) Na, du bist mir ein Kerl!
hainane [–·–·] s. **hain** (1, 3); ~ **bir maksat peşinde koşmak** ein niederträchtiges Ziel verfolgen
hainleşmek [ā] 1. verräterisch (treulos, falsch) handeln 2. auf Böses sinnen; boshaft (niederträchtig, gemein) werden
hainlik [ā] 1. Verrätertum *n,* Verrat *m,* Falschheit, Treulosigkeit *f* 2. Boshaftigkeit, Gemeinheit, Niedertracht *f*
haip, -bi [ā] *va.* erfolglos, enttäuscht
haiz [ā] besitzend **ehemmiyeti ~ bir mesele** e–e wichtige Angelegenheit, et. Beachtliches ~ **olmak** besitzen, aufzuweisen haben (~ **olduğu vasıflar** die Eigenschaften, die er besitzt **bu şeraiti ~ olanlar** wer diesen Anforderungen entspricht)
hak (I), **-kkı** 1. Recht *n* (als abstrakte Norm), Gerechtigkeit *f,* das Richtige, das Wahre, rechter Weg 2. Wort *n* der Wahrheit, Koran *m* 3. Wahrheit, Tatsache *f* 4. göttliche Bestimmung 5. einzig wahre Religion, Islam *m* 6. (konkretes) Recht, Befugnis *f,* Anrecht *n;* begründeter Anspruch 7. zukommender Anteil 8. erhobene Gebühr 9. bestimmte Menge 10. geschuldeter Betrag 11. Hinsicht, Beziehung *f* 12. was man j–m verdankt 13. richtig, wahr, recht(-gläubig), orthodox 14. s. **Hak** Zu 1: **ºtan ayrılmamalı.** Das Recht muß man immer achten. Zu 6: **Kimsenin -ına el uzatmamalı.** Man darf sich nicht an et. vergreifen, was e–m anderen zusteht. Zu 7: **Herkes -ına razı olmalı.** Jeder soll sich mit dem begnügen, was ihm zuteil geworden ist. Zu 8: s. **-ısükût** Zu 9: s. **barut (makas) -ı** Zu 11: s. das ges. Stw. **hakkında** Zu 12: **ana (baba, hoca) -ı** was man seiner Mutter (seinem Vater, seinem Lehrer) verdankt ~ **bütünlüğü** *jur.* Rechtsgesamtheit *f* ~ **düşümü** s. **hakkın sukutu;** ~ **düşümü süresi** s. **ıskat edici müddet;** ~ **düşüren süre** *jur.* Verwirkungs-, Ausschlußfrist *f* *ıskat edici müddet ~ **ehliyeti** s. ~ **yeteneği;** ~ **etmek** Anspruch haben (auf), verdienen (z. B. e–e Strafe) ~ **etmiş** s. **müstahak** (*korrekter:* **müstahik**); ~ **ıssı** s. ~ **sahibi;** ~ **iddia etmek** et. als sein gutes Recht fordern, beanspruchen; Anspruch erheben (auf) ~ **kazanmak** Recht bekommen (od. behalten) ≗ **oyunu üçtür.** Aller guten Dinge sind drei. ~ **kuşu** s. **ishakkuşu;** ~ **sahibi** *jur.* 1. Rechtssubjekt *n* 2. Rechtsinhaber *m,* Berechtigter ~

söylemek die Wahrheit sprechen ≃ **söz acıdır.** *Spr.* 1. Die Wahrheit ist (oft) bitter. 2. Verdiente Vorwürfe treffen besonders hart. ~ **tutmak** (b–ne) j–m ein Recht zuerkennen ~ **üzere** nach Gerechtigkeit und Billigkeit ~ **vermek** (b–ne) j–m recht geben ~ **yemek** usurpieren, sich unrechtmäßig aneignen ~**yemez** grundehrlich, grundanständig ≃ **yerde kalmaz.** *od.* ≃ **yerini bulur.** *Spr.* Das Recht siegt früher oder später. Unrecht Gut gedeihet nicht. *Spr.* ~ **yeteneği** *jur.* Rechtsfähigkeit *f* *hak ehliyeti; medenî haklardan istifade ehliyeti **-ı geçmek** et. wirklich verdient haben (z.B. Belohnung) **-ı için** (*od.* **-ına**) (Schwurformel) bei ... (**Allah -ı için** bei Gott; **dinim -ı için** so wahr ich ein gläubiger Mohammedaner bin) **-ı kalmak** e–n Anspruch haben (auf) **-ı olmak** 1. recht haben 2. von j–m noch et. zu bekommen haben 3. gebühren, zukommen, gehören (Zu 1: **≃ınız var.** Sie haben recht. Zu 2: **Onda elli lira -ım var.** Er schuldet mir noch fünfzig Pfund.) **≃ı ödenmez.** Er hat so viel Gutes getan, daß es gar nicht aufzuwiegen ist. Wir werden immer in seiner Schuld stehen. **-ı yerine getirmek** Gerechtigkeit walten lassen **-ın kötüye kullanılması** s. **-ın suiistimali; -ın mevzuu** *jur.* Rechtsobjekt *n* **-ın muhtevası** *jur.* Rechtsinhalt *m* **-ın suiistimali** *jur.* Rechtsmißbrauch *m,* Schikane *f* *hakkın kötüye kullanılması **-ın sukutu** *jur.* Rechtsverwirkung, Präjudizierung *f,* Rechtsausschluß *m,* Präklusion *f* *hak düşümü **-ına tecavüz etmek** (b–nin) j–s Rechte verletzen **-ından gelmek** 1. (bşin) mit et. zurechtkommen, fertigwerden, et. zuwegebringen 2. (b–nin) a) mit j–m fertigwerden, j–n unterkriegen b) sich rächen, Rache nehmen (an), j–m et. heimzahlen c) *gel.* j–n liquidieren **-ını almak** seinen gebührenden Teil bekommen **-ını helâl etmek** auf sein Recht verzichten **-ını inkâr etmek** (b–nin) j–m das Recht bestreiten **-ını istemek** 1. sein Recht verlangen 2. den gebührenden Lohn fordern **-ını teslim etmek** (*od.* **vermek**) (b–nin) zugeben, daß jemand recht hat **-ını yemek** (b–nin) j–m et. vorenthalten; sich widerrechtlich et. aneignen **-lar yaratan emsal** Präzedenzfall *m* **-ların içtimaı** (*od.* **toplanması**) *jur.* Anspruchsmehrheit, Klagenhäufung *f* **-ların telâhuku** *jur.* 1. Anspruchskonkurrenz *f,* konkurrierende Rechte (Ansprüche) *pl.,* Konkurrenz *f* von Rechten 2. Rechtsnormenkollision *f* **-ı hıyar; hıyar hakkı** 1. Optionsrecht *n* 2. Wahlrecht *n* 3. *jur.* Ersetzungsbefugnis *f* **-ı hükümrani** Souveränität *f* (**müstakil ve hakkı hükümraniye malik bir devlet** ein unabhängiger, souveräner Staat) **-ı intifa** Recht *n* der Nutznießung (des Nießbrauchs) **-ı müktesep** s. **müktesep hak; -ı nâr** *jur.* Toleranz *f,* Remedium *n,* Fehlergrenze *f,* zulässige Abweichung **-ı sarih** klares Recht **-ı sefaret** Gesandtschaftsrecht *n* **-ı takdir** Ermessen *n,* Entscheidungsrecht *n* **-ı tarik** *va.* Wegegeld *n,* Brükkenzoll *m* u.ä.m.

hak (II), **-kki** 1. (Ein-)Gravieren, Ziselieren, Stechen *n* 2. Ausradieren *n,* Rasur *f* Zu 2: **Resmî kâğıtlarda ~ ve silinti yasaktır.** Auf offiziellen Schriftstücken dürfen keine Radierungen oder Ausstreichungen vorgenommen werden. ~ **etmek** s. **hakketmek**

Hak, -kkı (*a.* **Cenabı Hak**) Herrgott *m,* Gott ~ **âşığı** s. **âşık** (7); ~ **dini** der rechte Glaube; Islam *m* ~ (*od.* **-a**) **erenler** *(Mystik)* e–e Gruppe von sieben Heiligen *Yediler ~ **getire!** ... ist überhaupt nicht vorhanden (**Onda cesaret ~ getire!** Er hat nicht e–n Funken Courage.) ~ **saklaya!** Gott behüte (bewahre)! ~ **teâlâ** s. Stw. **teâlâ;** ~ **yolu** rechter Weg; Gottes Weg *m* ~ **yolundan ayrılmak** von Gottes Wegen abweichen **-a emanet ol(-un)!** s. **Allaha emanet ol(-un)! -a yürümek** zu Gott eingehen; sterben **-ın rahmetine kavuşanlar** Gottselige, Tote *pl.* **-ın rahmetine kavuşmak** in die Gnade Gottes eingehen

hâk, -ki *va.* 1. Erde *f,* Boden, Staub *m* 2. Erde *f* des Grabes, Grab *n* ~ **ile yeksan etmek** dem Erdboden gleichmachen **-i helâke sermek** *va.* tot hinsinken lassen, in den Staub strecken

hakan [– –] (Titel alttürk. od. mongolischer Herrscher od. des osm. Sultans) Herr, Herrscher, Khan *m* **-ül bahreyn vel berreyn** „Herr der beiden Meere und der beiden Länder" (Titel des osm. Sultans)

hakanî [– – –] *fr.* kaiserlich *spez.* kaiserlich-osm. Vgl. **defteri ~; divanı ~; senedi ~**

Hakaniye Türkçesi s. **Karahanlıca**

hakanlık [–··] 1. Würde *f* od. Regime *n* e–s Khans 2. das von e–m Khan beherrschte Land; Khanat *n*

hakaret, -ti [·–·] 1. Geringschätzung, Verachtung *f* 2. Beleidigung, Beschimpfung *f* ~ **etmek** (m. Dat.) 1. geringschätzen, verachten 2. beleidigen, beschimpfen ~ **görmek** Beleidigungen erfahren, beleidigt werden ~ **ve sövme** *jur.* Verleumdung und Beleidigung *f*

hakaretamiz [·–·– –] *z. va.* Beleidigungen enthaltend, beleidigend

hakaretçi Beleidiger *m*

Hakaslar *n.pr.* Chakassen *pl.* (türk. Volksgruppe; Zentrum Abakan; UdSSR)

hakayik, -kı [·–·] (*va. Pl.* zu **hakikat**) Wahrheiten, Realitäten *pl.* **-ı ahval** *va.* reale Verhältnisse *pl.* **≃ı Vakayi** *hist.* Name e–r türk. Zeitung (1870–1873)

hakça [×·] nach Recht und Billigkeit, gerechtermaßen **-sı** s. **doğrusu**

hak ediş Vs. zu **hak etmek;** ~ **davası** s. **istihkak davası**

hakem 1. Schiedsrichter *m* (*a.* beim Sport) *yargıcı 2. ≃ *hist. mV* ~ **antlaşması** *jur.* Schiedsvertrag *m* *tahkim muahedesi ~ **encümeni** *jur.* Schiedskommission *f* (im Enteignungsverfahren) ~ **heyeti** Schiedsrichter(-kollegium *n*) *pl.* ~ **kararı** schiedsrichterliche Entscheidung, Schiedsspruch *m* ≃ **Mahkemesi** *n.pr.* Internationaler Schiedsgerichtshof **-e havale etmek** e–m Schiedsspruch unterwerfen

hakemlik Schiedsrichteramt *n* *yargıcılık ~ **etmek** als Schiedsrichter fungieren

haketmek s. **hak etmek**

hakeza [×·–] ebenfalls, gleichfalls, ebenso, auch, dito

hakgû *va.* wer die Wahrheit spricht; offen, ehrlich, freimütig

hâkî [– –] 1. khaki-farben, -braun, erdfarben (ins Grünliche spielend) 2. **-ler** *va.* Sterbliche, Menschen *pl.* ~ **gömlek** *hist.* Braunhemd *n* (der Nationalsozialisten)

hâki [– –] *va.* erzählend, berichtend *hikâye eden ~ **olmak** *va.* erzählen, berichten

hakik *P* s. **akik**

hakikat, -ti [ī] 1. Wahrheit *f,* Wahres 2. Wirklichkeit, Tatsache, Realität *f* *gerçek(-lik), realite, şe'niyet 3. *va.* Aufrichtigkeit, Treue *f* 4. wirklicher Sachverhalt 5. *Adv.* tatsächlich, wirklich *doğrusu 6. *ling.* eigentliche Wortbedeutung *f* (*ant.* **mecaz**); **-e varmak** zur Wahrheit gelangen, die Wahrheit erkennen **-i tahrif etmek** die Wahrheit entstellen **-i hal** wahrer Sachverhalt **-i halde** tatsächlich, in Wirklichkeit **-i mahza** lautere Wahrheit **-i tarihiye** historische Wahrheit

hakikatçi [·–··] Wahrheitssucher *m*

hakikaten [·×··] *Adv.* in der Tat, tatsächlich, wirklich, wahrhaftig

hakikatleş(tir)mek s. **tahakkuk et(tir)mek**

hakikatli [·–··] treu, aufrichtig, loyal

hakikatperest, -ti 1. wahrheitsliebend 2. realistisch

hakikatperestlik 1. Wahrheitsliebe *f* 2. Realismus *m* (der Betrachtung)

hakikatsiz [·–··] unaufrichtig, treulos, falsch, illoyal

hakikatsizlik [·–···] Unaufrichtigkeit, Treulosigkeit, Falschheit, Illoyalität *f*

hakikatülemir [·–··×·] *va.* s. **hakikati hal**
hakikî [·––] 1. wahr 2. wirklich, tatsächlich, echt 3. eigentlich (*ant.* **mecazî**); ~ **adet** s. **gerçek, sayı;** ~ **altın şartı** *jur.* Goldmünzklausel *f* ~ **fişek** scharfe Patrone ~ **içtima** *jur.* Realkonkurrenz *f*, Zusammentreffen *n* strafbarer Handlungen ~ **kardeşkanı ağacı** Drachenbaum *m bot.* Pterocarpus draco ~ **kayıplar** tatsächliche Verluste *pl.* ~ **kıymet** wirklicher (innewohnender) Wert ~ **mermi** scharfe Munition ~ **mermi ile atış yapmak** scharf schießen ~ **mesafe** tatsächliche Entfernung ~ **mevcut** s. **hazır mevcut;** ~ **semt** *naut.* rechtweisender Kurs ~ **şahıslar** *jur.* natürliche Personen *pl.* (*ant.* **hükmî şahıslar**) *gerçek (*od.* doğal) kişiler ~ **Türk tütünü** echttürkischer Tabak ~ **yakut** echter Rubin ~ **zayiat** s. ~ **kayıplar; gayri** ~ unwahr, unwirklich, unecht, fiktiv, fingiert **gayri** ~ **temettü** *jur.* fiktive (fingierte) Dividende
hakikiye [·–––·] s. **realizm**
hakim [·–] 1. Weiser, Gelehrter, Philosoph 2. Gott Zu 2: **-i mutlak** Gott der Allweise **emri** ~ Gottes Gebot **kitabı** ~ Koran *m*
hâkim 1. Herrscher, Herr, Souverän *m* 2. Richter *m* *yargıç 3. befehlend, regierend, souverän 4. (vor-)herrschend, überragend, überlegen 5. beherrschend, dominierend, Haupt- *başat 6. mit Ausblick (auf) Zu 1: s. **vaziyete** ~ Zu 6: **Çamlıca tepeleri Boğaz'a -dir.** Von den Çamlıca-Bergen hat man e–n Ausblick auf den Bosporus. ~ **adayı** (*od.* ~ **namzedi**) *jur.* Gerichtsreferendar *m* *stajyer hâkim ~ **arazi** *mil.* beherrschendes Gelände ~ **devlet** souveräner Staat ~ **firma** führende Firma ~ **karakter** dominierende Erbanlage ~ **kılmak** an die Macht bringen ~ **muavini** (*od.* ~ **yardımcısı**) *jur.* Gerichtsassessor *m* ~ **nokta** *mil.* beherrschender Punkt ~ **olmak** 1. (bşe) beherrschen, überragen 2. (k–ne) sich beherrschen, sich bezähmen **-in davaya bakmaktan memnuiyeti** *jur.* Ausschließung *f* des Richters **-in hukuk kuralı koyması** *jur.* richterliche Rechtsfindung **-in reddi** *jur.* Ablehnung *f* des Richters **-ler heyeti** Gerichtshof *m* **-lerin mesuliyeti** *jur.* Verantwortlichkeit *f* der Richter; Richterverantwortlichkeit *f* **-i mutlak** *va.* absoluter Herrscher
hâkimane [–·–·] 1. souverän 2. *pej.* anmaßend, selbstgefällig ~ **bir tavır** ein arrogantes Benehmen
hakimane [·–––·] wie ein Weiser, wie ein Philosoph; weise, philosophisch **kralın** ~ **hareketi sayesinde** durch das weise Verhalten des Königs
hâkimiyet, -ti 1. Souveränität, Staats-gewalt, -hoheit *f* *egemenlik 2. Überlegenheit *f*, Beherrschen *n*, Dominieren *n*, Dominanz, Herrschaft *f* Zu 2: s. **deniz -i;** ~ **hakkı** Recht *n* auf Unabhängigkeit ~ **kanunu** *biol.* Gesetz *n* der Dominanz *başatlık yasası ≗ **milletindir.** Die Staatsgewalt geht vom Volk aus. *Egemenlik ulusundur. ~ **muameleleri** (*od.* **tasarrufları**) *jur.* Hoheitsakte *pl.* **-in tahdidi** *jur.* Einschränkung *f* der Souveränität **-i milliye; millî** ~ nationale Souveränität ≗**i Milliye** *n.pr.* von Mustafa Kemal (Atatürk) gegründete Zeitung in Ankara; Nr. 1: 10. 1. 1920; Umbenennung in **Ulus** (*q.v.*): 28. 11. 1934 ≗**i Milliye Bayramı; Millî** ~ **Bayramı** Fest *n* der (türk.) Nationalen Unabhängigkeit (zuerst am 12. Rebiyülevvel, dann am 23. April, seit 1923 als Beginn der „Kinderwoche" **(Çocuk Haftası)** gefeiert; seit 1935: **Ulusal Egemenlik Bayramı**)
hâkimlik 1. Richteramt *n* 2. (m. Dat.) Beherrschen *n* od. Ausblick-Haben *n* ~ **etmek** als Richter fungieren (bestellt sein)
hakimlik [·–·] Würde *f*, Ansehen *n* e–s Weisen, Philosophen
hâkipa [–··–] *va.* s. **hâkipay**
hâkipay *va.* „Staub *m* unter j–s Füßen" (*osm. Höfl. od. Besch.:*) 1. Sie (*bzw.* er) 2. meine Wenigkeit, ich **-e yüz sürmek** *va.* „sein Gesicht im Staub (des Höhergestellten) reiben" *d.h.* 1. j–m seine Ehrerbietung bezeugen 2. flehentlich bitten **-iniz** *va.* 1. Sie (Anrede; nur bei räuml. Annäherung; *abus. a. allg.* für **siz, zatıâliniz**) 2. meine Wenigkeit, ich
hakir [·–] 1. klein, unbedeutend 2. niedrig, verächtlich, gering, gemein 3. *osm. Besch.* meine Wenigkeit, ich Zu 3: ≗**iniz** (*od.* **Bu** ~ *od.* **Bu abdi** ~) **... hazırlamıştım.** Ich hatte ... vorbereitet. ~ **görmek** 1. für unbedeutend halten, über die Achsel ansehen 2. verachten
hakirane [·–––·] 1. s. **hakir** (1, 2) 2. *osm. Besch.* ergebenst, unterwürfig Zu 3: **en** ~ **minnet ve şükranımı arz etmekle** *va.* indem ich meinen ergebensten Dank abstatte
hakka (I) **ki** [·–·] *va.* fürwahr, wahrlich
hakka (II) [–·] *va.* 1. Unglück *n* 2. *rel.* Jüngster Tag ≗ **suresi** Name der 69. Koran-Sure
hakkâk, -ki 1. Graveur, Ziseleur *m* 2. (Kupfer-, Stahl-)Stecher *m*, (Holz-)Schnitzer *m*
hakkâklık 1. Gewerbe *n* e–s **hakkâk** 2. Gravieren, Ziselieren, Stechen *n*
hakkalinsaf [···–] *va.* gerechtermaßen, nach Recht und Billigkeit
hakkâm *P* s. **akkâm**
hakkaniyet, -ti [·–··] Gerechtigkeit, Billigkeit *f*, Recht und Billigkeit ~ **göstermek** Gerechtigkeit und Billigkeit widerfahren lassen
hakkaniyetli [·–···] voller Gerechtigkeit, gerecht und billig
hakkaniyetsiz [·–···] ungerecht, voller Ungerechtigkeit
hakkaniyetsizlik [·–····] ungerechtes (z.B. parteiisches) Verhalten
Hakkâri *n.pr.* O. u. Rbz. (Südostanatolien)
hakkaten [×··] s. **hakikaten**
hakketmek [×··] 1. (ein-)gravieren, ziselieren, stechen 2. (aus-)radieren 3. s. **hak etmek**
hakkıhuzur [···–] 1. Sitz und Stimme (z.B. bei e–r Generalversammlung) 2. Vergütung, Remuneration *f*, Diäten, Tagegelder *pl.* (z.B. für Kommissionsmitglieder)
hakkında *Pp.* betreffend, hinsichtlich, angehend, über; **dil** ~ **bir yazı** e–e sprachliche Abhandlung, ein linguistischer Artikel **onun** ~ 1. über ihn (sie) 2. darüber
hakkısükût, -tu [×··–] Schweigegeld *n* *susmalık, susma payı
hakkiyle [·–·] (*a.* **hakkıyla, hakkıyle**) 1. zu Recht, berechtigtermaßen 2. genau, gut, gründlich (z.B. kennen)
haklamak (m. Akk.) *F* 1. besiegen, bezwingen; fertig werden (mit) 2. zerbrechen, kaputtmachen 3. *hum.* aufessen, mit Stumpf und Stiel vertilgen, *F* wegputzen
haklaşmak *P* gegenseitig abrechnen, den beiderseitigen Pflichten gerecht werden
haklı 1. wer recht hat 2. berechtigt, angebracht (Ausspruch, Strafe, Klage usw.) Zu 1: **Ikisinden hangisinin** ~ **olduğu anlaşılamadı.** Es ließ sich nicht feststellen, wer von beiden im Recht war. Zu 2: **babamdan** ~ **olarak dört sille yerken ...** als ich von meinem Vater zu Recht vier Ohrfeigen bezog ~ **çıkarmak** 1. beweisen, daß jemand im Recht ist; rechtfertigen 2. behaupten, daß jemand im Recht ist; j–s Partei ergreifen ~ **çıkmak** gerechtfertigt werden ~ **fiil** *jur.* Rechtshandlung *f*, juristische Handlung ~ **haksız** 1. berechtigt oder unberechtigt 2. *fig.* ohne genügende Überlegung ~ **olarak** mit (vollem) Recht ~ **olmak** 1. recht haben, im Recht sein
haklılık, -ığı Richtigkeit, Berechtigung, Rechtmäßigkeit *f* **Bunda** ~ **payı vardır.** Das ist bis zu e–m gewissen Grad richtig.
haknaşinas [·–·–] rücksichtslos, selbstherrlich, fremdes Recht nicht achtend
haknaşinaslık [·–·–·] Rücksichtslosigkeit, Selbstherrlichkeit, Ungerechtigkeit *f*

hakperest, -ti 1. *z. va.* Gott anbetend (verehrend) 2. recht-, wahrheits-liebend

haksever s. **hakperest** (2)

hakseverlik s. **nasfet**

haksız 1. wer unrecht hat 2. ungerecht(-fertigt), unberechtigt, unrichtig, unangebracht 3. grundlos, jeder Grundlage entbehrend ~ **çıkarmak** beweisen, daß jemand im Unrecht ist od. daß et. ungerechtfertigt ist ~ **çıkmak** 1. sich als ungerechtfertigt erweisen 2. nachgewiesenermaßen im Unrecht sein 3. den kürzeren ziehen (z. B. in e–r Diskussion) ~ **fiil** (*od.* **eylem**) *jur.* unerlaubte Handlung (Delikt *n*) ~ **fiile ehliyet** *jur.* Deliktsfähigkeit *f* ~ **iktisap** s. **sebepsiz iktisap;** ~ **rekabet** unlauterer Wettbewerb *haksız yarışma (*od.* yarışıcılık) ~ **yere** ungerechtfertigt(-erweise), unberechtigt, grundlos

haksızlandırmak j–m Unrecht tun

haksızlık, -ığı 1. Unrecht-Haben *n,* Im-Unrecht-Sein *n* 2. Ungerechtigkeit *f,* Unrecht *n* 3. Unberechtigtsein, Unangebrachtsein *n,* Grundlosigkeit *f* Zu 2: **Bir -a mı uğradınız?** Ist Ihnen ein Unrecht widerfahren? ~ **etmek** un(ge)-recht handeln, ein Unrecht (e–e Ungerechtigkeit) begehen, ungerecht sein **-la** in ungerechter Weise

hakşinas [··–] rechtlich denkend od. handelnd, rechtliebend, gerecht (und billig)

hakşinaslık [··–·] Rechtlichkeit, Gerechtigkeit *f*

haktanır s. **hakşinas**

hakuran; hakvuran 1. s. **mavi güvercin** 2. s. **bataklık baykuşu;** ~ **kafesi gibi** *F* halbverfallenes Haus, *F* Bruchbude *f*

hal (I), **-li** [ā; i-haltiges l] 1. Zustand *m,* Lage, Stellung *f,* Fall, Umstand *m,* Form *f* 2. Verhalten, Benehmen *n,* Handlung, Anwandlung *f* 3. a) Gegenwart, Jetztzeit *f* b) *gr.* Präsens *n,* Gegenwart *f* *şimdiki zaman 4. *gr.* Kasus, Fall *m* 5. Kraft, Fähigkeit *f,* Können *n* 6. üble Lage, Leid *n,* Kummer *m* 7. *(Mystik)* durch göttliche Gnade herbeigeführter Seelenzustand *spez.* Verzückung, Ekstase *f* 8. **(olduğu, yaptığı halde)** a) (konzessiv) obwohl, obgleich, wenngleich, zwar b) (zum Ausdruck e–r Gleichzeitigkeit od. e–s Begleitumstands) c) (kausal) in Anbetracht, daß ... da ja ... d) (konditional) wenn, falls Zu 1: **Bu -de sokağa çıkılır mı?** Geht man in diesem Zustand auf die Straße? **kitap -inde** in Buchform, als Buch **Senin -in neye varacak?** Wohin soll es mit dir kommen? (*scil.* wenn du so weitermachst) Zu 2: **Yüksekten bakan bir -i var.** Er benimmt sich recht hochmütig. **Jandarma kurşuniyle geberecek -im yok.** Ich habe keine Lust, mich von e–m Gendarmen über den Haufen schießen zu lassen. **Bu adamın öyle -leri vardır.** Der Kerl hat manchmal solche (so komische) Anwandlungen. Zu 5: **Şimdi gezmeğe çıkacak -im yok.** Ich bin jetzt zu müde, um spazieren zu gehen. Zu 6: **Sana bir ~ olmuş!** Was ist denn mit dir los (*scil.* daß du so verstört bist)? s. a. **başına ~ gelmek** Zu 8a: **Geleceğimi bildiği -de beklememiştir.** Er wartete nicht, obwohl er wußte, daß ich kommen würde. **... yapılması icap ettiği -de** obwohl ... hätte getan werden müssen Zu 8b: **O, dün 72 yaşında olduğu -de ölmüştür.** Er ist gestern im Alter von 72 Jahren verstorben. **Üzerinde elbiseleri olduğu -de yatağında ölü olarak bulunmuştur.** Man fand ihn angekleidet tot in seinem Bett. **... hazır olduğu halde** in Anwesenheit von ... ~ **aşina** wer die Lage e–s anderen versteht; mitfühlend, hilfsbereit ~ **aşinalık** Teilnahme *f,* Mitgefühl *n* ~ **böyle iken** aber trotzdem; und doch; trotz alledem ~ **bu ki** s. **halbuki;** ~ **cümlesi** *gr.* Modalsatz *m* ~ **çaresi** Mittel *n* od. Weg *m* (zur Bereinigung e–r Angelegenheit), Ausweg *m* ~ **dili** Gebärdensprache *f* ~ **eki** *gr.* Kasusendung *f* ~ **etkisi** s. **yanıltıcı izlenim;** ~ **gelmek** s. **başına ~ gelmek.** ≗ **halin yoldaşıdır.** *Spr.* s. **Damdan düşen (...);** ~ **hatır sormak** sich nach j–s Befinden erkundigen (nämlich mit der Frage **nasılsınız?** nach der Begrüßung) ~ **kalmamak** 1. s. **gülmekten hal kalmamak** 2. s. **hali kalmamak;** ~ **kesmek** *V* Aufsehen erregen ~ **olmak** 1. vgl. oben zu (6) 2. *fr.* im Verzückungszustand sein (Derwisch) ~ **ortacı** s. **ismifail;** ~ **rabıtası** *va. gr.* die Verbalform des Typus **okuyarak** *od.* **okurken;** ~ **sıygası** s. **hal** (3); ~ **takınmak** sich aufblasen; dicktun; sich ein Air geben ~ **tercümesi** s. **tercümeihal;** ~ **ve cezbe** mystische Verzückung ~ **ve gidiş** Führung *f,* Betragen *n* ~ **ve şartlar** Umstände *pl.* **-den anlamak** (*od.* **bilmek**) ein mitfühlendes Herz haben und helfen **-den anlar** hilfsbereit **-den düşmek** (*od.* **kalmak**) kraftlos werden **-den hale girmek** e–n Kummer nach dem andern erleben ≗**e bak!** 1. Was für e–e Unverschämtheit! 2. (bei verdientem Mißgeschick e–s anderen:) Siehst du, was dabei herauskommt! **-e yola girmek** in Ordnung (in geregelte Bahnen) kommen **-e yola koymak** in Ordnung bringen **-i harap** (*od. V* **-i duman) olmak** in e–r üblen Lage sein; *F* aufgeschmissen sein **-i kalmamak** todmüde, ganz erschöpft sein; keine Kraft mehr haben **-i olmamak** nicht die Kraft zu et. besitzen, nicht imstande sein et. zu tun **-i tavrı yerinde** ordentlich, würdig, gesetzt, gemäßigt (Person) **-i vakti** (b–nin) j–s pekuniäre Lage **-i vakti yerinde** (b–nin) wohlhabend, gut situiert sein **-i var** (bşi yapmağa) er ist fähig (in der Lage), et. zu tun ≗**i yaman.** Es geht ihm schlecht. (oft als Drohung) **-in icabı** die Erfordernisse *pl.* der Situation *durumun gereği (*od.* isteri) **-inden sır vermemek** sich nichts anmerken lassen **-ine bakmadan** 1. ohne auf die näheren Umstände zu achten 2. ohne zu überlegen, ob man dazu fähig ist **-ine koymak** 1. et. lassen, wie es ist; nichts daran ändern 2. in Ordnung bringen 3. zu et. machen, in et. verwandeln (Zu 3: **kömür -ine koymak** in Kohle verwandeln) ≗**ine köpekler gülüyor.** *F* Da lachen ja die Hühner. **-ine yanmak** 1. (kendi) (über sein Los) klagen 2. (b–nin) Mitleid haben (mit), j–n dauern **-ini sormak** (b–nin) 1. sich nach j–s Befinden erkundigen 2. *fig.* aufmerksam und höflich sein **-iyle** naturgemäß, zwangsläufig **-i harp; harp -i** Kriegszustand *m* **-i ihtizar** *va.* Todeskampf *m,* Agonie *f* *can çekişme, haleti nezi **-i keyfiyet** s. **keyfiyeti** ~; **-i pürmelâl** jämmerlicher Zustand **-i sabıka irca** s. **eski -e getirme; -i sahıv** *va. jur.* lichte Momente *pl.* **-i tasfiyede bulunmak** sich in Liquidation befinden **-i tevellüdi** s. **doğum -i**

hal (II), **-li** Markthalle *f*

hal (III), **-lli** 1. Lösung *f* (e–r Aufgabe, e–s Rätsels usw.) 2. Beseitigung *f* (z. B. e–r Schwierigkeit), Schlichtung *f* (z. B. e–r Streitfrage) 3. *math.* (*a.* ~ **neticesi**) (Auf-)Lösung *f* *çözüm 4. Analyse, Zerlegung *f,* Auflösen *n* 5. Entwirrung *f* Zu 2: **ihtilâfın -ine memur komisyon** Schlichtungskommission *f* **sureti** ~; ~ **sureti** Beilegung, Erledigung, Bereinigung, Lösung *f* (e–s Problems) *tesviye sureti **gayri kabili** ~ **mesele** s. **çıkmazlık**

hal (IV), **-lli** *va.* Essig *m* *sirke

hâl, -li *va.* Fleck *m,* Fleckchen *n* (auf der Haut *spez.* im Gesicht), *gel. a.* Sommersprosse *f*

hala [×·] [u-haltiges l] Tante *f* (Schwester *f* des Vaters)

halâ 1. (luft-)leerer Raum, Vakuum *n* *boşluk, vakum 2. s. **koful** 3. s. **helâ**

hâlâ [×–] 1. augenblicklich, jetzt, gerade 2. noch immer, noch jetzt, bis jetzt, noch *el'an ≗ **o masal!** Immer wieder die gleiche Geschichte! ≗ **o mektup!** *fig.* Ist denn die Sache immer noch nicht bereinigt?

Halaçlar *n.pr.* e–e türk. Volksgruppe (*spez.* um Kum/Iran)

Halakha Halacha *f* (rabbinische Gesetzesbelehrung)

halalım *V* Gimpel *m* (der beim Glücksspiel bemogelt wird)

halâs Rettung, Befreiung *f* *kurtuluş ~ **etmek** retten, befreien ~ **olmak** (*od.* **bulmak**) gerettet, befreit werden

halâskâr Retter, Befreier *m* *kurtarıcı

halât, -ti [– –] *va. Pl.* zu **halet**
halat, -tı Seil, Tau, Reep, Kabel *n,* Trosse *f* ~ **ambarı** *naut.* Kabelgatt *n* *zincirlik ~ **cevizi** *naut.* Steek, Stich, Knoten *m* (im Tauwerk) ~ **çek(iş)me** Tauziehen *n* ~ **dikişi** *naut.* Spleiß *m,* Splissung *f* ~ **istromaça** *naut.* aus Tauwerk geflochtener Fender ~ **kasnağı** Seil-scheibe, -trommel *f* ~ **matafyon** *naut.* Legel *m* (Auge aus Tauwerk) ~ **merdiven** *naut.* Strickleiter *f* ~ **süngeri** s. **paspas** (2); ~ **vermek** *naut.* das Haltetau auswerfen **-a tırmanma** *(Turnen)* Tauklettern *n* **-a yapışmak** das Tau ergreifen (packen) **-ı branda ile donatmak** *naut.* das Tau (*naut.* das Ende) bekleiden (gegen Schamfilen) **-ı gerginletmek** *naut.* steif auftaljen (Tau)
halatçı 1. s. **urgancı** 2. *naut.* Vertäuer *m*
halatçılık 1. Seilerei *f* 2. *naut.* Vertäuung *f*
halatlı Tau-, Seil-, Kabel- ~ **hava yolu** Seilschwebebahn *f* ~ **kaldırak** Kabelkran *m*
halâvet, -ti 1. Anmut *f,* (Lieb-)Reiz, Charme *m* *şirinlik, tatlılık 2. s. **zevk**
halâvetli anmutig, reizvoll, süß, charmant
halâvetsiz reizlos, ohne jeglichen Charme, wenig sympathisch
halay Name e–s mittelanatolischen, von **davul** und **zurna** begleiteten bäuerlichen Rundtanzes ~ **başı** Anführer *m* bei **halay;** ~ **çekmek** (*od.* **tepmek**) den **halay** genannten Rundtanz tanzen
halayık, -ığı (*urspr. Pl.* zu ungebr. ar. **halîka**) *fr.* Sklavin, (leibeigene) Dienerin *f* *cariye
halazade [··–·] Sohn *m* od. Tochter *f* der Vatersschwester: Vetter *m,* Cousine *f*
halbuki [×··] *od.* [·×·] (adversativ) indessen, jedoch, dagegen, während doch ..., tatsächlich aber; in Wirklichkeit jedoch liegt die Sache so, daß ...
halbuysa *P* s. **halbuki**
haldeş [ā] wer sich in der gleichen Lage wie ein anderer befindet; Leidens-genoss-e *m,* -in *f,* -gefährt-e *m,* -in *f*
haldır haldır *od.* **haldır huldur** (Lm. e–s schnellen, lauten, sich wiederholenden Vorgangs:) stampfend, pochend, klopfend, schlagend usw.
hale [ā] 1. Halo, Hof *m* (um die Sonne od. den Mond), Kranz *m,* Leuchtatmosphäre *f* 2. *fig.* Aureole *f,* Heiligenschein, Nimbus *m* 3. *an.* Warzenhof *m* 4. *phot.* Lichthof *m* 5. ⩤ *wV* ~ **çiçeği** s. **ayıkulağı** (1), **ayı otu**
Halebiye *n.pr. fr.* ein Zweig des Bedeviye-Ordens
halecan [··–] Herzklopfen *n,* Aufregung *f,* innere Erregung ~ **çekmek** *od.* **-a uğramak** Herzklopfen bekommen, sich aufregen
halecanlanmak [··–··] s. **halecan çekmek**
halecanlı [··–·] erregt, aufgeregt
halef 1. Nachfolger *m* (*ant.* **selef**) *ardıl 2. *chem.* Derivat *n* 3. Nachfahr, Nachkomme *m* 4. *jur.* Rechtsnachfolger *m* ~ **selef olmak** einander im Amt folgen
halefiyet, -ti *jur.* Rechtsnachfolge, Sukzession, Surrogation *f* *ardıllık
halel 1. *urspr.* a) Lücke *f,* Zwischenraum, Abstand *m* b) Sprung, Riß, Fehler, Bruch *m* 2. Beeinträchtigung *f,* Schaden *m,* Störung *f,* Nachteil *m,* Präjudiz *n* ~ **getirmek** (bşe) beeinträchtigen, stören, schaden, präjudizieren ~ **gelmek** (bşe) beeinträchtigt (gestört, präjudiziert) werden; Schaden leiden **haklara** ~ **gelmemek üzere** unbeschadet der Rechte **İntizama** ~ **geliyor.** Die Ordnung (Disziplin) leidet Schaden. **Yukarıdaki üçüncü maddenin hükümlerine** ~ **gelmemek üzere ...** *jur.* ohne Präjudiz für die Bestimmungen des vorgenannten dritten Artikels ~ **iras etmek** *va.* (*od.* **vermek**) s. ~ **getirmek**
haleldar [··–] beeinträchtigt, benachteiligt, gestört ~ **etmek** beeinträchtigen (z.B. Prestige), benachteiligen, stören (z.B. Sicherheit) ~ **olmak** Pass. zu ~ **etmek**
halelemek [ā] 1. mit **hale** *(q.v.)* umgeben 2. umranden
haleli [ā] 1. mit **hale** *(q.v.)* 2. umrandet
halen [×·] *Adv.* 1. augenblicklich, gegenwärtig 2. *va.* durch das Verhalten ~ **ve kalen** *va.* durch Verhalten und Rede
halenciye s. **fundagiller**
Halep, -bi *n.pr.* Aleppo ~ **çamı** (*od.* **çam fıstık ağacı**) Aleppokiefer *f bot.* Pinus halepensis ~ **çıbanı** Aleppo-, Orient-beule *f,* Hautleishmaniose *f* ~ **çıbanı kamçılısı** *med.* Leishmanie *f* (Erreger der Hautleishmaniose) ~ **darısı** Aleppobartgras *n bot.* Andropogon halepensis ⩤ **orada ise, arşın burada!** Hic Rhodus, hic salta! ~ **sedefotu** Alepporaute *f bot.* Ruta angustifolia ~ **yağı** Aleppobutter *f* **Halep'te beş arşın atlamış olduğunu demek** mit nicht-nachkontrollierbaren Leistungen (Heldentaten) prahlen
haler Heller *m* (Tschechoslowakei)
halet, -ti [ā] 1. Zustand *m,* Lage *f* 2. ⩤ *z. va. mV* **-i cer** *gr. va.* Genitiv *m* **-i nasp** *gr. va.* Akkusativ *m* **-i nezi** Todeskampf *m,* Agonie *f* *can çekişme, ihtizar **-i nezide olmak** in der Agonie (im Todeskampf, in den letzten Zügen) liegen *can çekişmek **-i refi** *gr. va.* Nominativ **-i ruhiye** Gemüts-zustand *m,* -verfassung *f,* seelische Verfassung, Einstellung, Moral, Stimmung *f*
Haletiye *n.pr. fr.* ein Zweig des Gülşeniye-Ordens
hal'etmek [×··] absetzen, entthronen; s.a. **hali**
halezon s. **helezon**
halfa [×·] **(otu)** 1. deutsches Schneidegras *bot.* Cladium mariscus 2. s. **çayırgüzeli** 3. Esparto-, Halfa-gras *n bot.* Stipa tenacissima *düğün otu
Halfeti *n.pr.* O. u. D. im Rbz. Urfa
halfi *biol.* Hinter-, posterior *arka, art
halhal, -li Fuß-, Knöchel-reif *m*
halı Teppich *m* ~ **böceği** Teppichkäfer *m zo.* Anthrenus scrophulariae ~ **çırpmak** Teppiche ausschütteln ~ **döşemek** Teppiche legen ~ **güvesi** Teppichmotte *f zo.* Tinea tapezella ~ **otu** Weichkraut *n bot.* Mollugo glinus ~ **örücüsü** Teppichstopfer *m*
halıcı 1. Teppich-wirker(-in *f*) *m,* -weber(-in *f*) *m,* -knüpfer(-in *f*) *m* 2. Teppich-händler, -verkäufer *m*
halıcılık 1. Teppich-webekunst, -wirkerei, -knüpferei *f* 2. Teppichhandel *m*
halılı mit Teppich(-en) (ausgelegt)
halıresim s. **goblen**
hali, -l'i Absetzung, Entthronung *f*
hâli [– –] 1. leer 2. wüst, öde, unbewohnt 3. frei (z.B. Zeit), unbesetzt (z.B. Stelle) 4. frei (von) 5. *va.* vergangen, verflossen, früher 6. *va.* Junggeselle *m* Zu 4: **tehlikeden** ~ **değil** nicht ohne Gefahr ~ **arazi** unbewohntes, unbebautes Land, Ödland *n* ~ **etmek** *z. va.* verlassen, räumen, leerstehen lassen ~ **kalmamak** (bşi yapmaktan) 1. nicht verfehlen (zu) 2. nicht aufhören (zu) ~ **vakitte** in Mußestunden, in der Freizeit
haliç, -ci 1. Ästuar *n,* Trichtermündung *f* 2. ⩤ *n.pr.* Goldenes Horn
Halide [ā] *wV*
Halidiye [ā] *n.pr. fr.* e–e Unterabteilung des Nakschibendi-Ordens
halife [ī] 1. *urspr.* Nachfolger *m* od. Stellvertreter *m* 2. *pr.* Kalif *m* 3. s. **kalfa** 4. *fr.* (*spez.* bei der Hohen Pforte) Sekretär *m* 5. *fr.* Ordensangehöriger, der das Recht der Unterweisung erhalten hat (vgl. a. **el almak**) Zu 4: s.a. **ser-; -i müslimin** Titel des letzten Kalifen (Abdülmecit) (1922–24) (statt: **emirülmüminin**)
halifelik [·–··] 1. Würde *f,* Rang *m,* Aufgaben *pl.* e–s **halife** 2. *pr.* Kalifat *n*
halihazır [–·–·] 1. gegenwärtig, augenblicklich 2 gegenwärtiger Augenblick, augenblickliche Lage ~ **vaziyette**

bei der augenblicklichen Lage **-da** im gegenwärtigen Augenblick, zur Zeit, gegenwärtig, augenblicklich
halik, -kı [ā] 1. schaffend, hervorbringend 2. Schöpfer, Herrgott *m*, Gott
hâlik, -ki *va.* 1. zugrundegehend 2. umgekommen, verstorben (im Unglauben) 3. sterblich
Halikarnas *n.pr.* Halikarnassos (das heutige **Bodrum**)
halikiyet, -ti; haliklik *(beides va.)* Schöpferkraft *f*
halil [ī] 1. *va.* ehrlich, aufrichtig (Freund) 2. *va.* Ehemann, Gatte *m* 3. ≗ [×·] *mV* ~ **eriği** e–e große, gelbliche Pflaumenart ≗ **İbrahim bereketi** unerschöpflicher Reichtum
halile [ī] 1. Gemahlin, Gattin *f* 2. s. **helile** 3. s. **haliyle**
Halilullah [·–·–] *z. va.* (erwählter) Freund Gottes (Beiname von Abraham)
halim [·–] 1. verträglich, sanftmütig, ausgeglichen, ruhig (Mensch) 2. ≗ a) Gottesattribut b) [×·] *mV* ~ **selim** ruhig und ausgeglichen, sehr verträglich (Mensch)
halimleşmek ruhiger, zugänglicher werden
halip, -bi [ā] s. **sidik borusu**
halis [ā] 1. echt, rein, unverfälscht 2. aufrichtig 3. ≗ *mV* ~ **kefal** s. **haskefal;** ~ **şekerden mamul** aus reinem Zucker hergestellt ~ **muhlis** ganz echt, von reinstem Wasser, von echtem Schrot und Korn (z. B. Soldat)
halisane [–·–·] aufrichtig, ehrlich, ohne persönliche Absichten, ohne Hintergedanken, loyal **onun** ~ **hattı hareketi** sein loyales Verhalten
Halisiye *n.pr. fr.* ein Zweig des Kadiriye-Ordens
halisiyet, -ti [ā] *va.* s. **halislik**
haliskan [–··] rein-blütig, -rassig, Vollblut- (z. B. Pferd) *halisüddem, safkan
halislik [ā] 1. Reinheit, Echtheit *f* 2. Aufrichtigkeit *f*
halisüddem [ā] *z. va.* s. **haliskan**
halit (I), **-di** [ā] 1. *va.* ewig, beständig 2. ≗ *mV*
halit (II), **-ti** *min.* Halit *m*, Steinsalz *n* *kayatuzu
halita [ī] Mischung *f*, Gemisch *n*, Legierung *f* *alaşım ~ **yapmak** e–e Mischung (Legierung) herstellen; legieren
Haliye [ā] *n.pr. fr.* isl. Orden, der Gebete mit rhythmischen Bewegungen und Händeklatschen begleitete
haliyle 1. wie es ist; normal 2. natürlich Zu 1: ~ **bırakmak** in dem bisherigen Zustand belassen Zu 2: **Durum,** ~ **bu sonuca vardı.** Es mußte natürlich so kommen.
halk (I), **-kı** 1. Volk *n* 2. Bevölkerung *f*, Bewohner, Einwohner *pl.* 3. Leute *pl.*, Publikum *n* 4. das einfache Volk (im Ggs. zu den Gebildeten) 5. Schöpfung, Erschaffung *f* 6. ≗ *n.pr.* türk. Zigarettenmarke ~ **adamı** Mann *m* aus dem Volke (von der Straße); Durchschnittsbürger *m* ~ **ağzı** 1. Volksstimme *f* 2. volkstümliche Sprech- od. Ausdrucksweise 3. Gerede *n* ~ **arasında** unter den Leuten, im Volk ~ **aşhanesi** Volksküche *f* ~ **bahçesi** öffentliche Anlage; (Stadt-)Park *m* *umumî bahçe ~ **cephesi** *pol.* Volksfront *f* ~ **demokrasisi** *pol.* Volksdemokratie *f* ~ **düşmanı** Volks-feind, -schädling *m* ~ **edebiyatı** Volksliteratur *f* ~ **efkârı** öffentliche Meinung *efkârıumumiye ~ **etmek** (er-)schaffen, hervorbringen ≗ **Fırkası** s. ≗ **Partisi;** ~ **ihsaiyatı** s. **demografi;** ≗ **Komiserleri Meclisi Reisi** Präsident *m* des Rates der Volkskommissare (UdSSR) ~ **kökbilgisi (kökbilimi, etimolojisi, türeklemesi)** *ling.* Volksetymologie *f* ≗ **Kurtuluş Ordusu** *pol.* Volksbefreiungsarmee *f* (türk. illegale Organisation) ≗ **Latincesi** *ling.* Vulgärlatein *n* ~ **matinesi** s. ~ **temsili;** ~ **oyunları** Volksbelustigungen *pl.* (wie Karagöz, Tänze, Gesellschaftsspiele usw.) ≗ **Partisi** *Verk.* von **Cumhuriyet Halk Partisi;** ≗ **Partili** Volks-parteiler(-in *f*) *m*, -republikaner(-in *f*) *m* ~ **sanatkârı** Volksschauspieler *m* ~ **sigortası** kleine Lebensversicherung ~ **temsili** verbilligte Theater- od. Kino-vorstellung ~ **tipi** Volksempfänger *m* (Radio) ~ **türküsü** Volkslied *n* ~ **yayını** Volksausgabe *f* (Buch) ~ **zümresi** Volksklasse *f*, einfaches Volk **-a gülünç olmak** Zielscheibe *f* des allgemeinen Spottes werden **-ın ağzına** (*od.* **diline**) **düşmek** ins Gerede kommen **-ın oyuna müracaat** s. **halkoyuna baş vurma; -ın ruhu** Volksgeist *m* **-ın sesi** Stimme *f* des Volkes; Vox populi *f* **-la ilişkiler** Öffentlichkeitsarbeit, Kontaktpflege *f*, Public Relations *pl.* **-la meskûn mahalle** Wohn-viertel *n*, -bezirk *m*
halk (II), **-kı** *va.* Schöpfung, Erschaffung *f* ~ **etmek** *va.* hervorbringen, (er-)schaffen *yaratmak **-ullah** *va.* Geschöpfe *pl.* Gottes
halk (III), **-kı** *rel.* das rituelle Haarschneiden beim Ablegen des Pilgergewandes (Mekka)
halk (IV) *va. an.* Kehle, Gurgel *f*
halka 1. Ring *m* (z. B. an e–r Vorhangstange) 2. Ring *m* (als Schmuckstück) 3. Kreis, Ring *m* 4. Kettenglied *n* 5. Kringel *m spez.* Salzkringel (in Fett gebackene kleinere, salzige Art von **simit**) 6. a) (als Ring gearbeiteter) Türklopfer b) Bügel, Henkel, (Hand-)Griff *m* 7. *phys.* Windung *f*, Gewinde *n* (e–r Spirale, Schraube usw.) *sarım 8. *techn.* Flan(t)sch(-verbindung *f*) *m* 9. *V* Strichjunge *m* 10. *zo.* Segment *n* *bölüt 11. **-lar** *(Turnen)* Ringe *pl.* ≗ **adaları** s. **Kızıl adalar;** ~ **çevirmek** umschließen, einkreisen ~ **damar** *bot.* Ringgefäß *n* *halkalıdamar ~ **geçirmek** *techn.* e–e Flan(t)schverbindung anbringen, flan(t)schen ~ ~ 1. geringelt 2. gekräuselt, leicht gewellt ~ **küpe** Ohrring *m* ~ **olmak** e–n Kreis bilden (z. B. bei Ksp.), in Kreisform Aufstellung nehmen ~ **oyunu** Ringelreihen, Reigen, Rundtanz *m* **-yı burnuna takmak** (b–nin) 1. j–m e–n Ring durch die Nase ziehen 2. *fig.* j–n in die Knie zwingen 3. (e–n Mann) unter dem Pantoffel haben
halkaada s. **atol**
halkadizilişli *bot.* quirlständig *halkavî
halkalamak 1. mit Ring versehen od. befestigen 2. auf-, zusammen-rollen, kreisförmig od. oval zusammenlegen 3. im Kreis antreten lassen
halkalanmak 1. Pass. zu **halkalamak** 2. zum Kreis od. Ring werden; sich drehen; kreisen 3. sich zusammenrollen, sich einringeln 4. e–n Kreis bilden
halkalı 1. mit **halka** 2. Ring-, Kreis- 3. Glieder- 4. s. **danaburnu** (2); ~ **delik** Öse *f*, Schnürloch *n* (*spez.* an Schuhen) ~ **gözler** mit Ringen um die Augen ~ **güntutulması** ringförmige Sonnenfinsternis ~ **kurtlar** (*od.* ~ **solucanlar**) s. **halkalılar;** ~ **mapa** *naut.* Ringbolzen *m* ~ **sülün** Ringfasan *m zo.* Phasianus torquatus
halkalıdamar s. **halka damar**
halkalılar Ringelwürmer *pl. zo.* Annelida *halkaviye, halkıye
halkamsı ringförmig
halkaören Ringelspinner *m* (Schmetterling) *zo.* Malacosoma neustria
halkâr *fr.* Goldumrahmung *f* (bei e–r Schrift od. Miniatur)
halkâri *fr.* 1. Filigranarbeit *f* 2. Chrysographie *f*
halkasız ohne **halka**
halkavî 1. ring-, kreis-förmig 2. s. **halkadizilişli**
halkaviye 1. s. **küpeçiçeğigiller** 2. s. **halkalılar**
halkbilgisi; halkbilim s. **folklor**
halkçı 1. demokratisch (populistisch), volksverbunden 2. Demokrat(-in *f*) *m* (Populist(-in *f*) *m*) 3. (gegen Ende der 40er Jahre) s. **Halk Partili**
halkçılık demokratische (populistische) Auffassung (Einstellung, Bewegung) (Populismus *m*), Volksverbundenheit *f*
halkdevinbilim s. **demografi**
Halkevi, -ni [×··] „Volkshaus *n*" (Einrichtung der Republikanischen Volkspartei zur Hebung der Volksbildung und Verbreitung des Kemalismus; gegr. 1932; aufgehoben 1951; als „Türk Kültür Derneği" neubegründet 1961)
halkıyat, -tı [··–] *va.* s. **folklor**

halkıye s. **halkalılar**
halkî *va.* guttural
Halkidik *od.* **Halkidikya** [··×·] *n.pr.* Chalkidike *f* (Chalcidice, Chalzidize) (nordgriech. Halbinsel)
halklaşmak volkstümlich(-er) werden
halklaştırmak dem Empfinden od. der Ausdrucksweise des einfachen Volkes näherbringen; popularisieren (z. B. wissenschaftliche Bez.)
Halkodası, -nı *fr.* dem **Halkevi** entsprechende Einrichtung an kleineren Orten
halkopirit s. **kalkopirit**
halkoyu, -nu Volksabstimmung Referendum, Plebiszit *n* *plebisit, referandum **-na sunmak** (bşi) das Volk entscheiden lassen (über)
halkum s. **hulkum**
halkumluk Laufaufbauchung *f* (am Gewehr)
hallaç, -cı (Baumwoll-, Woll- usw.)Krempler, Kardätscher, Schläger *m* ~ **pamuğu gibi atmak** 1. schlagen, daß die Fetzen fliegen; umherspritzen lassen 2. in völlige Unordnung bringen, bunt durcheinanderwürfeln 3. zusammenschlagen; windelweich schlagen 4. alles durchsuchen ~ **kemanı** Bogen *m* des Baumwollschlägers ~ **usulü** e–e best. Taktart in der anat. Volksmusik ~ **yayı** s. ~ **kemanı**; ≗**ı Mansur** *n.pr.* berühmter ar. Mystiker (9./10. Jh.)
hallaçlamak krempeln, kardätschen; (Faserbündel) auflokkern
hallaçlık Tätigkeit *f* od. Gewerbe *n* e–s **hallaç**
Hallâk, -kı Schöpfer *m* (= Gott)
hallâl, -li *va.* lösend **-i müşkülât** *va.* Schwierigkeiten lösend
hallendirmek in Ordnung bringen; regulieren, regeln
hallenmek [ā] 1. sich verändern, anders werden 2. *pr.* a) sich finanziell verbessern b) j–m gesundheitlich besser ergehen 3. sich recht und schlecht durchschlagen 4. in ekstatische Verzückung geraten (*fr.* z. B. Derwische) 5. e–n Schwindelanfall bekommen, halb ohnmächtig werden 6. *V* Lust bekommen (auf), lüstern werden (nach); mit begehrlichen Blicken betrachten Zu 1: **Adam, o makama geçeli hallendi.** Seitdem er diesen hohen Posten bekommen hat, ist er ein ganz anderer Mensch geworden. Zu 2b: **Hasta bugün biraz daha hallendi.** Dem Patienten geht es heute (erneut) etwas besser. Zu 3: **Kazanç çok değil ama, hallenip duruyoruz.** Wir verdienen zwar nicht viel, aber irgendwie kommen wir schon aus. **hallenip küllenmek** sich kümmerlich durchschlagen, *F* sich durchfretten
halleşmek [ā] sich gegenseitig sein Leid klagen *dertleşmek, hasbıhal etmek
halletmek [×··] 1. lösen (Knoten, Aufgabe, Rätsel usw.) 2. beseitigen, aus dem Weg räumen (Schwierigkeiten usw.); schlichten (Streit usw.) 3. *a. math., chem.* (auf-) lösen *çözmek 4. analysieren, zerlegen 5. entwirren 6. *P* s. **kotarmak**
hallıca s. **hallice**
halli [ā] 1. wohlhabend, reich 2. in ekstatischer Verzückung 3. von nb. Zustand
hallice etwas besser **Bu kalem ötekinden ~.** Dieser Bleistift ist etwas besser als der andere.
hallihamur 1. gut gemischt 2. *fig.* im Einklang stehend ~ **etmek** 1. gut mischen 2. *fig.* ins Lot bringen ~ **olmak** 1. sehr vertraut sein (mit) 2. im Einklang stehen (mit den Gegebenheiten)
halliyat, -tı Goldschmuck *m*
hallolmak Pass. od. Refl. zu **halletmek**
hallüfasıl, -slı *va.* Beilegung, Erledigung, Schlichtung *f* (z. B. e–s Streits)
hallüfasletmek [··×··] *va.* beilegen, erledigen, schlichten
hallütesviye *va.* s. **hallüfasıl**
halofil s. **tuzcul**
halofit, -ti s. **tuzcul bitki**
halojen *chem.* 1. halogen, salzbildend 2. Halogen *n,* Salzbildner *m* *(1, 2) tuzveren
halsiz [ā] kraftlos, schwach, körperlich heruntergekommen
halsizlik [ā] Kraftlosigkeit *f,* allgemeine körperliche Schwäche
halt, -tı 1. *va.* Mischen, Gemisch, Gemengsel *n,* Mischmasch *m* 2. albernes Geschwätz; Unsinn *m* 3. törichte Handlung; Dummheit *f* ~ **etmek** 1. *va.* mischen, mengen 2. albern daherreden 3. e–e Dummheit begehen, *F* et. anstellen, ausfressen 4. (s. die folg. idiom. Ra.) **Ne ~ etmeğe oraya gittin?** Was zum Teufel hattest du (auch) dort zu suchen? **Ona ~ etmek düşer.** Das geht ihn nichts an. **Ne ~ ettim!** Da habe ich e–e schöne Dummheit gemacht! **... yanında ~ etmiş** ... ist ein reines Nichts im Vergleich zu ... **Ne ~ eder ağanın beygiri?** 1. Was für ein unsinniger Gedanke! 2. Wie sollen wir jetzt aus dem Schlamassel herauskommen? 3. Wie kann man denn so et. tun! ~ **karıştırmak** (*od.* **yemek**) s. ~ **etmek** (2, 3) (**Gördünüz mü yediğiniz -ı?** *F* Da haben Sie ja et. Schönes angerichtet!) ~ **ve ihtilât** *jur. va.* Verbindung und Vermischung *f* **-ı kelâm etmek** *va.* unzusammenhängend (unvernünftig, ungrammatisch) reden **bir -ta bulunmak** e–n Schnitzer begehen
halta 1. Hundehalsband *n* 2. Halsring *m* 3. Maulkorb *m* 4. *fig.* Bevormundung *f* **Ben kimsenin -sı altına girmem.** Ich lasse mich von niemand bevormunden. Ich lasse mir nicht den Mund verbieten.
halter (*franz.* **haltère**) Kugel- oder Scheiben-hantel *f* *gülle 2. s. **haltercilik** 3. vgl. **-ler**
halterci Gewichtheber *m* *gülleci
haltercilik Gewichtheben *n*
halterler *zo.* Halteren, Schwingkölbchen *pl.* (der Zweiflügler) *tokmakçıklar
haluk, -ku [ū] 1. gutmütig, verträglich, ruhig (Person) 2. ≗ [×·] *mV*
halükâr [–·–] *z. va.* (in der Füg.:) **(her) -da** unter allen Umständen, auf jeden Fall
halükeyfiyet, -ti [ā] s. **keyfiyeti hal**
halüsinasyon Halluzination, Sinnestäuschung *f*
halüsine an e–r Halluzination leidend; halluziniert
halütavır, -vrı [–···] *va.* Verhalten, Benehmen *n* *durum, tavır
halva bäuerlich-anatolische Lautung von **helva**
halvet, -ti 1. Alleinsein *n* (an abgelegenem Ort od. in abseits liegendem Raum), Einsamkeit *f* 2. abgelegener Raum; Privatgemach *n* 3. Zelle *f* (e–s Asketen, Mönchs) 4. *fr.* Privataudienz *f* 5. Einzelwaschraum *m* im türk. Bad 6. *fig.* überhitzter Raum 7. *fr.* Privatpark *m* der Haremsdamen ~ **etmek** 1. andere Leute entfernen (aus e–m Raum) 2. sich (in e–n gesonderten Raum) zurückziehen ~ **gibi** sehr heiß, stickig heiß, überhitzt (z. B. Zimmer) ~ **hücre** Alkoven *m* ~ **olmak** mit j–m allein bleiben **-e dönmek** heiß und stickig werden (Raum) **-e çekilmek** (*od.* **girmek**) sich in die Gebetszelle begeben (Mönch) **-i hümayun sokakları** *hist.* seitlich durch Tücher abgesperrte Straßen (für die Durchfahrt des Sultans)
halvetgâh; halvethane *fr.* 1. Privatgemach *n* (im Serail) 2. Mönchszelle *f*
Halvetî *n.pr. fr.* 1. Name e–s isl. Mönchsordens 2. ein Angehöriger dieses Ordens
Halvetîlik; Halvetiye s. **Halvetî** (1); Zweig der **Suhravardiye**
halvetnişin [···–] *va.* Einsiedler, Eremit, Mönch *m*
halvetsaray *fr.* ein von der Außenwelt hermetisch abgeschlossener Palast
ham 1. unreif (Obst) 2. roh, ungekocht (z. B. Fleisch) 3. unbe-, unver-arbeitet, ungereinigt, Roh- 4. ungerodet,

ungepflügt, unbestellt (Boden) 5. untrainiert, aus der Übung gekommen, *F* eingerostet 6. *gel.* steif (von langem Sitzen) 7. unausführbar, nicht realisierbar, phantastisch, leer, abwegig 8. roh, grob, ungebildet, ohne gutes Benehmen, taktlos ~ **alçıtaşı** ungebrannter Gips ≗ **armut gibi boğazıma tıkılma!** Laß mich doch ausreden! ~ **bakır** Rohkupfer *n* ~ **besisuyu** *bot.* der (in den Pflanzen) aufsteigende Saft *ham usare ~ **bez** Rohleinen *n* ~ **bezir yağı** ungereinigtes Leinöl ~ **çelik** Rohstahl *m* ~ **demir** Roheisen *n* ~ **deri** unverarbeitetes Leder; Rohleder *n* ~ **ervah** roh, grob, gefühllos (Mensch) ~ **ervahlık** Unkultiviertheit, Ungeschliffenheit, Gefühllosigkeit *f* ~ **fikir** phantastischer Gedanke, bloße Phantasie ~ **gümüş** Rohsilber *n* ~ **hayal** reine Phantasie; Hirngespinst *n* ~ **hayalci** *selt.* Schwärmer, Träumer, Illusionist *m* ~ **ipek** Rohseide *f* ~ **kösele** Rohleder *n* ~ **maden** 1. Rohmetall *n* 2. **(filizi)** Roherz *n* ~ **maden haline sokmak** *geol.* vererzen *mineralleştirmek ~ **mahsuller;** ~ **mamulât** Rohprodukte *pl.* ~ **metil alkolü** Holzessig *m* ~ **sofu** bigott und intolerant ~ **söz** taktlose und beleidigend wirkende Worte *pl.* ~ **şeker** Rohzucker *m* ~ **teklif** abwegiger Vorschlag ~ **toprak** ungerodetes Land ~ **usare** s. ~ **besisuyu;** ~ **ümit** leere Hoffnung ~ **vücut** 1. untrainierter Körper 2. aus der Übung gekommener Körper ~ **yağ** Rohöl *n* **-ını almak** (b–nin) *fig.* e–n aufgeregten Menschen et. beschwichtigen

Ham [–] *n.pr.* Ham (Noahs zweiter Sohn)

hamail [·–·] *urspr. Pl.* (*heute mst.* **hamaylı**) 1. Schultergurt *m,* Gehänge *n* 2. Amulett *n,* Talisman *m* (z.B. winziger Koran in kleinem Behälter) *muska 3. *naut.* a) Bauch *m* e–s Segels b) Bauchgording *f* 4. *(bei Juden)* ein mit 12 Edelsteinen besetztes, viereckiges, gesticktes schweres Tuchstück (das der Oberrabbiner auf der Brust trägt)

hamailî [·–·–] 1. ähnlich wie ein Schultergurt 2. an e–m Schultergurt getragen 3. s. **hamail, hamaylı**

hamak, -ağı Hängematte *f*

hamakat, -ti [·–·] 1. Dummheit, Beschränktheit *f* *ahmaklık 2. dummer Streich, dumme Äußerung u.ä. ~ **göstermek** 1. e–e Dummheit begehen 2. *spez.* e–e günstige Gelegenheit verpassen

hamal 1. Last-, Gepäck-träger *m* 2. *fig.* grober, ungeschliffener Kerl ~ **camal** gewöhnliche (einfache, ungebildete) Leute *pl.* ~ **gemisi** Lastschiff *n,* Frachtdampfer *m* *şlep ~ **gibi** grob, ungeschlacht, vulgär ~ **kâhyası** der „Boß" der Lastträger ~ **katarı** Güterzug *m* *marşandiz; yük treni ~ **parası** (*od.* ~ **ücreti**) 1. Trägerlohn *m* 2. *(Post)* Zubringerkosten *pl.* ~ **semeri** Traguntersatz *m* der Lastträger *arkalık ~ **sırığı** Tragstange *f* e–s Lastträgers ~ **şakası** grober, handgreiflicher Scherz ≗**a semeri yük olmaz** (*od.* **değildir**). *Spr.* Was man gewöhnt ist, läßt sich leicht ertragen.

hamalbaşı, -nı [·×·] s. **hamal kâhyası**

hamaliye [·–·] Trägerlohn *m* *hamallık

hamallık, -ığı 1. Tätigkeit *f,* Gewerbe *n* e–s Lastträgers 2. Trägerlohn *m* *hamaliye 3. grobe, körperliche Arbeit 4. überflüssige Belastung, unnötiges Herumschleppen **-ını etmek** (bir işin) sich für andere abplagen, für e–n andern die Kastanien aus dem Feuer holen

hamam 1. (öffentliches) türk. Badehaus, *fr. a.* Privatbad *n* im Haus e–s Vornehmen 2. *allg.* Bad(-en) *n* 3. *Sch.* Disziplinarkommission *f,* „Schwitzkasten" *m* Zu 1: s.a. **çarşı -ı;** ~ **anası** 1. Pächterin od. Besitzerin *f* e–s türk. Bades *gel. a.* Badewärterin *f* 2. *fig.* dicke, alte Schwatzbase 3. *fig.* Rabenmutter *f* ~ **bohçası** Damentasche *f* für Badezeug ~ **bornozu** Bademantel *m* *penyuvar ~ **çıkması** großes Badetuch ~ **gibi** sehr heiß, stickig heiß ~ **halveti** s. **halvet** (5, 6); ~ **kesesi** Frottierhandschuh *m* ~ **kubbesi** 1. Kuppel *f* des türk. Badehauses (*spr.* wegen ihres starken Echos) 2. *fig.* dummer, lauter Schwätzer ~ **nalını suratlı** häßliches Weibsbild ~ **natırı** Badewärterin *f* ~ **oğlanı** s. **oğlan** (4); ~ **parası** (verächtliche Bez. e–r geringen Entlohnung) nur ein Trinkgeld ~ **soygunu** splitterfasernackt ~ **takımı** Badezeug *n* ~ **ustası** Badefrau *f* (im Frauenbad) ~ **yapmak** sich waschen; baden ≗**a giren terler.** *Spr.* Wer A sagt, muß auch B sagen. ≗**da deli var!** *Ra.* zur Veranschaulichung e–s plötzlich eingetretenen Tumultes **-ın namusunu kurtarmak** *fig.* et. (als schlecht Bekanntes) in besserem Licht zeigen wollen **ham(m)amı Mari** s. **su banyosu**

hamamböceği, -ni Küchenschabe *f,* Kakerlak *m zo.* Blatta *karafatma; s.a. **Alman (Amerikan, Doğu)** ~

hamamcı 1. Pächter od. Besitzer *m* e–s türk. Badehauses 2. Badewärter *m* 3. *V* wer die rituell vorgeschriebene Ganzwaschung **(gusül)** vornehmen muß ~ **derzi** wasserdichte Fuge ~ **ustası** *fr.* Spezialist *m* für wasserdichte Anlagen (bei Bädern, Zisternen usw.)

hamamcılık Tätigkeit *f* e–s **hamamcı;** ~ **etmek** die Tätigkeit e–s **hamamcı** ausüben

hamamlı mit türk. Bad

hamamlık Badezimmer *n* *banyo odası

hamamotu, -nu ein als breiartige Masse aufgetragenes Enthaarungsmittel

hamamtası, -nı Messingschale *f* (mit der man im türk. Bad Wasser schöpft und über sich gießt)

hamarat, -tı fleißig und flink, tüchtig, arbeitsam (Frau, Mädchen im Hause)

hamaratlık Tüchtigkeit *f,* Fleiß *m,* Arbeitsamkeit *f* (e–r Frau, e–s Mädchens im Hause) ~ **etmek** (*od.* **yapmak**) fleißig und flink sein

hamaset, -ti [·–·] große Tapferkeit; Heldenmut *m*

hamasî [·––] von Helden und Heldentaten berichtend, Helden-, episch ~ **destan** Heldenepos *n*

hamasiyat, -tı [·–·–] Helden-lieder *pl.,* -dichtung *f,* -epos *n*

hamaylı s. **hamail**

hambal *V* für **hamal**

Hambelî 1. (die im sunnitischen Islam als e–e der vier orthodoxen Rechtsschulen anerkannte) Lehre des Ahmed ibn Hanbal (780–855), Hanbalismus *m* 2. Anhänger des Hanbalismus, Hanbalit *m,* hanbalitisch ~ **mezhebi** die hanbalitische Rechtsschule

Hamburg *n.pr.* Hamburg ~ **misketi** e–e große, dunkle Traubenart ~ **tavuğu** e–e graumelierte Hühnerrasse (mit vielen Abarten) ~ **usulü (metodu, yöntemi)** *H* Staffelmethode *f* (Zinsabrechnungsverfahren im Kontokorrentverkehr)

hamd, -i Lobpreisung *f* Gottes ~ **etmek** 1. Gott danken 2. (bşe) et. loben ≗ **olsun!** Gott sei Dank! *elhamdülillah

hamdele [×··] *fr.* Lobpreisung *f* Gottes (zwischen **besmele** und **salvele** zu Anfang e–s Buches)

hamdüsena [···–] Lob und Preis ~ **etmek** (b–ne) Lob und Preis sagen; loben, preisen, danken

hame [ā] *va.* 1. Schilfrohr *n* 2. (Rohr-)Feder *f*

Hamel s. **Koç**

hamhalat, -tı roh, ungebildet, plump, tolpatschig (Mensch) *kaba saba

hamhum *F* 1. dummes Geschwätz 2. undeutliches Gemurmel ~ **etmek** *F* 1. dumm daherreden (und j–m auf die Nerven fallen) 2. undeutlich vor sich hinbrummeln 3. durch Quietschen (Knarren, Kreischen usw.) auf die Nerven gehen ~ **şaralop** *F* dummes Geschwätz, *F* blöder Quatsch ~ **şaralop muhaveresi** e–e Unterhaltung im Karagözspiel, wobei Karagöz auf alles, was gesagt wird, mit **hamhum** od. **şaralop** antwortet

hamız [ā] 1. *chem.* Säure *f* *asit 2. sauer, herb **-ı azot** Salpetersäure *asit nitrik **-ı fahim** s. **-ı karbon; -ı hal** Essigsäure *f* *asit asetik **-ı hummaz** Oxalsäure *f* *asit oksalik **-ı kar-**

bon 1. Kohlensäure *f* *asit karbonik 2. Kohlenoxyd(-gas) *n* *karbon diyoksit **-ı kibrit** Schwefelsäure *f* *asit sülfürik **-ı leben** Milchsäure *f* *laktik asit **-ı limon** Zitronensäure *f* *sitrik asit **-ı tırtır** Weinsteinsäure *f* *tartarik asit ~ **tuffah** Apfelsäure *f* *elma asidi
hamızat, -tı [–·–] *va. Pl.* zu **hamız; -ı şahmiye** s. **yağ asitleri**
hamızî [–·–] die Säure betreffend, Säure(n)-, säuerlich, sauer
hamızîleştirmek [–·–···] säuern
hamıziyet [–···], **-ti** *chem.* Säure(-grad *m*) *f*
hami [––] 1. Beschützer, Fürsprecher, Schutzpatron, Protektor, Schutz-, Schirm-herr *m* *koruyucu, kayırıcı 2. ≗ *mV* ~ **gümrükler** Schutzzölle *pl.* ~ **ve koruyan devlet** *jur.* Schutzstaat *m*
Hamî [––] 1. Hamite *m,* Hamitin *f* 2. hamitisch
Hamidabat s. **Isparta**
Hamidiye 1. **(suyu)** Name e–s beliebten Quellwassers (Istanbul) 2. **(kruvazörü)** Kreuzer aus der Zeit Abdülhamits II. (verschrottet 1964) 3. ≗ e–e best. Fes-Form zur Zeit Abdülhamits II. (ähnlich der in Ägypten gebräuchlichen Form)
hamil (I), **-mli** 1. Schwangerschaft *f* *gebelik 2. Kind *n* im Mutterleib 3. Last, Bürde *f* 4. Zuschreiben, Beimessen *n*
hamil (II) [ā] 1. tragend; beladen (mit); an Bord führend; versehen (mit) 2. Träger, Inhaber *m* (e–r Urkunde, e–s Wertpapiers), Überbringer *m* 3. Träger, Untersatz, Halter *m* *destek ~ **olmak** bei sich führen od. tragen, an Bord führen, versehen sein (mit) **-e muharrer** auf den Überbringer lautend *taşıyana yazılı **-e muharrer** (*od.* **yazılı) senetler** *jur.* Inhaberpapiere *pl.* **-e muharrer** (*od.* **yazılı) sigorta poliçesi** *jur.* Versicherungsschein *m* auf den Inhaber **-in namına tescil edilen tahvil** *H* Namensschuldverschreibung *f* **-ine muharrer poliçe** *H* Inhaberwechsel *m* **-i varaka** Überbringer *m* (dieses Schreibens, Zettels usw.)
hamile [–··] schwanger, gravid (Frau) *gebe ~ **bırakmak** schwängern ~ **kalmak** (*od.* **olmak**) (b–den) schwanger werden (von), ein Kind (von) unter dem Herzen tragen
hamilelik [ā] Schwangerschaft, Gravidität *f* *gebelik
hamilen [ā] tragend, bei sich führend, versehen od. beladen (mit)
hamiletüsspor [ā] s. **sportaşıyan yaprak**
hamilik [––·] 1. Rolle, Tätigkeit *f* e–s Protektors 2. Protektorat *n,* Schutz-, Schirm-herrschaft *f*
haminne [·×·] (< **hanım nine**) 1. Großmutter *f* 2. der Familie nahestehende ältere Frau 3. Schwiegermutter *f* ≗**m de bilir!** Das weiß doch jedes Kind!
haminto [·×·] *V* Bereicherung *f* auf anderer Leute Kosten
hamire [ī] *chem.* Ferment *n* *maya
hamis [ā] *va.* fünft- *beşinci
hamise [ā] *fr.* unterster osm. Beamtenrang
hamisen [ā] *va.* fünftens
hamiş [–·] 1. Zusatz *m,* Randbemerkung, Fußnote *f* 2. Postskriptum *n,* Nach-trag *m,* -schrift *f* *(1, 2) çıkma, haşiye
hamit (I), **-di** [ā] 1. *va.* lobend, rühmend 2. ≗ *mV*
hamit (II), **-di** [ī] 1. wem Lob und Preis gebührt; rühmenswert (*a.* Gottesattribut) 2. ≗ [×·] (< **Abdülhamit**) *mV*
hamiyet, -ti 1. Ehrgefühl *n* sowie Bereitschaft *f,* für die Ehre einzutreten 2. Gemeinsinn *m,* hingebungsvoller Einsatz für e–e Gemeinschaft: a) patriotischer Eifer; Vaterlandsliebe *f* b) Opferbereitschaft *f* für die Familie c) tätige Nächstenliebe 3. ≗ *wV*
hamiyetkâr; hamiyetli 1. wer bereit ist, für die Ehre einzutreten 2. um das Gemeinwohl besorgt, patriotisch, vaterlandsliebend, hingebungsvoll, opferbereit, nächstenliebend
hamiyetlü *hist.* osm. Titul. für Subalternoffiziere od. Beamte der untersten Rangstufe **(hamise)** *(etwa:)* ehrenwert
hamiyetsiz 1. ohne Ehrgefühl 2. unpatriotisch, egoistisch
hamiyetsizlik 1. fehlende Einsatzbereitschaft 2. unpatriotische, egoistische Haltung
hamka (*va. Fem.* zu **ahmak**) verständnislos, dumm (Frau, Mädchen)
hamla [×·] *naut.* Schlag *m* (beim Pullen, Rudern) ~ **küreği** Schlagruder *n, naut.* Schlagriemen *m* ~ **oturağı** Sitz *m* des Schlagmanns ~ **sıvıryası** Ruderbank *f* bzw. Ruderer *pl.* unmittelbar hinter dem Schlagmann (bei Booten mit 4–5 Ruderbänken) ~ **vermek** kräftig rudern, sich (tüchtig) in die Riemen legen
hamlacı [×··] *naut.* 1. Schlagmann *m* (hinterster Mann beim Kutterpullen) 2. ehrende Bez. für e–n Bootsmann 3. **-lar** *hist.* Bez. für die Ruderer des Sultans
hamlaç, -cı *chem.* Düse *f,* Gebläse, Lötröhrchen *n* *şalümo, üfleç
hamlama 1. das erste Brennen des Porzellans 2. erstgebranntes Porzellan
hamla(ş)mak *(spez. Sport)* außer Übung kommen, die Leistungsfähigkeit (Kondition) verlieren, *F* einrosten
hamle 1. Angriff *m,* Vorwärtsstürmen *n* 2. *(Fechten, Gewichtheben)* Ausfall *m,* Auslage *f* 3. *naut.* s. **hamla** 4. Anstrengung, Bemühung *f* (voranzukommen) 5. Zug *m* (bei Scha. od. Damespiel) 6. Elan, Schwung *m,* Begeisterung *f,* Ungestüm *n* 7. *fig.* Sprung *m* vorwärts 8. *med. va.* akuter Anfall ~ **etmek** 1. angreifen, anstürmen 2. ausfallen, auslegen 3. *naut.* pullen 4. e–n Zug machen ~ **gergisi** Stemmbrett *n* (im Ruderboot) ≗ **sırası beyazlardadır.** *(Scha., Damespiel)* Weiß ist am Zug.
hamleci stark vorandrängend
hamletmek [×··] 1. beladen, belasten 2. beimessen, zuschreiben, zur Last legen, (auf e–e Ursache) zurückführen
hamlık 1. Unreif-Sein *n* 2. Rohzustand *m* 3. Unerfahrenheit *f* 4. *(spez. Sport)* Fehlen *n* od. Verlust *m* der Kondition, *F* Eingerostetsein *n* 5. Taktlosigkeit *f,* beleidigender Charakter (von Worten) ~ **etmek** (*od.* **göstermek**) 1. sich taktlos benehmen 2. unüberlegt handeln ~ **hissetmek** *(spez. Sport)* sich nicht in Form (fit, in Kondition) fühlen
hamlî *log.* Prädikats-, prädikativ *yüklemli
hammadde Roh-stoff *m,* -material *n* *maddei iptidaiye
hammal s. **hamal**
hamme *arm.* ja, bitte! sprich!
hampa s. **hempa**
hampayı Nutzzapfen *m* (bei Holzverbindungen)
hampir *V (etwa:)* bäh!
hamra [·–] (*va. ar. Fem.* zu **ahmer**) rot
hamse 1. *va.* fünf *beş 2. aus fünf Teilen bestehende Dichtung (der Diwan-Literatur)
hamsi (balığı) Anschovis, Sardelle *f zo.* Engraulis encrasicholus ≗ **niçin kurban olmasın? Kanı da var, canı da!** *spr. Ra.* zur Kennzeichnung von Leuten, die ein falsches Vorgehen zu rechtfertigen suchen
hamsigiller Heringsfische *pl. zo.* Clupeidae
hamsin [ī] 1. *va.* fünfzig *elli 2. (nach dem türk. Volkskalender) die am 85. Tag des **kasım** nach **erbain** beginnende 50tägige Winterzeit (1. Februar bis 22. März) 3. *(in Ägypten)* Kamsin *m* (frühsommerlicher heißer Wind)
hamster (faresi) Hamster *m zo.* Cricetus cricetus *cırlak sıçan
hamt s. **hamd**
hamul, -lü [ū] *va.* geduldig, ausdauernd, unerschütterlich
hamule [ū] 1. Traglast *f* (e–s Lasttieres) 2. Fracht *f* 3. *naut.* (Schiffs-)Ladung *f* 4. *el.* Ladung *f* 5. *fig.* große Kenntnis,

Erfahrenheit *f* ~ **senedi** 1. Frachtbrief *m* 2. s. **konişmento;** ~ **tonajı** *naut.* Nettoraumgehalt *m*

hamur 1. Teig *m* 2. *spez.* Sauerteig *m* 3. Art, Sorte, Qualität *f* (bei Papier) 4. Charakter *m,* Veranlagung, Natur *f* (e–s Menschen) 5. Mischmasch, Brei *m,* Sammelsurium *n* 6. teigig, nicht gut durchgebacken 7. *F* schlaff, schlapp, ohne Energie ~ **açmak** den Teig ausrollen ~ **boya** Impasto *n* ~ **ekmek** teigiges Brot ~ **gibi** 1. todmüde, ganz erschöpft, *F* hundemüde 2. s. **hamur** (6); ~ **işi** Pasteten *pl.,* Konditorware, feines Gebäck, Backware *f* ~ **işine karışmak** *fig.* et. unternehmen, dem man nicht gewachsen ist ~ **keseceği** (dreieckiger) Teichschaber *m* ~ **makinesi** Knetmaschine *f* ~ **tahtası** großes, rundes od. viereckiges, auf kurzen (ca. 10 cm hohen) Holzfüßen angebrachtes Nudelbrett ~ **tatlısı** Mehlspeise *f* ~ **teknesi** Back-trog *m,* -mulde *f* ~ **tutmak** den Teig anrühren und kneten bzw. formen

Hamur *n.pr.* O. u. D. im Rbz. Ağrı

hamurcu 1. wer den Teig anrührt und knetet bzw. formt 2. Pasteten-, Kuchen-, Fein-bäcker *m* (in e–m größeren Restaurant)

hamurkâr *va.* s. **hamurcu**

hamurlamak mit Teig bedecken (zudecken, verschließen) (z.B. den Rand e–s Deckelgefäßes, damit der Dampf nicht entweichen kann)

hamurlanmak voller Teig werden (z.B. Hände)

hamurlaşmak 1. teigartige Konsistenz annehmen, ganz weich und locker werden, nachgeben 2. *fig.* schlaff werden, schlappmachen

hamurlu 1. Teig enthaltend od. aus Teig hergestellt, teigig 2. mit Sauerteig hergestellt, gesäuert

hamursu s. **hamurumsu**

hamursuz 1. ohne Teig 2. ungesäuert 3. Matze(-n *m*) *f* (der Juden) 4. ≗ **(Bayramı)** Passah *n* (jüdisches Osterfest)

hamurumsu 1. pastos, teigartig, teigig 2. *med.* pastös, aufgeschwemmt *(1, 2) acinî

hamuş [– –] *va.* 1. schweigend, schweigsam, still 2. ausgelöscht od. erloschen 3. erschöpft, müde 4. gezähmt, willig (Tier)

hamuşi [– – –] *va.* 1. Schweigen *n,* Stille *f* 2. Erloschen-Sein *n* 3. Tod *m* 4. Gezähmtsein *n* 5. Erschöpfung, Müdigkeit *f*

hamut Kummet *n* (der Zugtiere) ~ **kayışı** Zuggurt *m* (am Pferdeschirr)

Hamza *mV* ~ **bey** *Ki.* Sand-mann *m,* -männchen *n*

Hamzaviye *n.pr.* isl. Mönchsorden (Zweig der Bayramiye)

han (I) [ā] Khan, Chan *m:* 1. alttürk. Titel e–s fürstlichen Herrschers, der entweder e–m **kağan (hakan)** unterstand od. selbständig regierte 2. Titel der osm. Sultane (z.B. **Sultan Selim** ≗) 3. Titel orient. (z.B. pers., afghanischer usw.) Könige od. Prinzen **-ı -an** [–·– –] *hist. (etwa:)* König der Könige (Titulatur bei einigen Timuriden-Dynastien)

han (II) [ā] 1. orient. Herberge *f* (*mst.* weitläufig gebautes, einfacheres Hotel), Karawanserei *f* 2. (in Großstädten) großes Bürohaus (z.B. **Vakıf -ı** in Istanbul) ~ **gibi** sehr weitläufig gebaut; riesengroß ~ **hamam sahibi** wer viele Grundstücke besitzt, recht wohlhabend, gut situiert

han (III) *va.* 1. s. **sofra** 2. s. **yemek** 3. s. **ahçı dükkânı; -ı yağma** 1. an Arme verteiltes Essen 2. Geschenke *pl.* der Natur

-han [ā] *pers. Sx.* lesend, rezitierend, singend; s. **mevlithan, duahan** usw.

Hanak *n.pr.* O. u. D. im Rbz. Kars

hanap, -pı *(franz.)* Humpen, Pokal *m* (des Mittelalters)

hanay *reg.* 1. s. **hayat** (II) 2. zwei- od. mehr-stöckiges Haus

Hanbalık [– –·] *n.pr.* alttürk. Bez. für Peking ~ **kâğıdı** *fr.* (importiertes) chinesisches Seidenpapier

Hanbelî s. **Hambelî**

hancı [ā] Besitzer od. Pächter *m* e–s **han** (II), Herbergswirt, (Hotelbesitzer) *m* **Ben ~, sen yolcu iken, elbette bir gün gene görüşürüz.** *fig.* Es kommt unzweifelhaft einmal wieder der Tag, wo wir einander brauchen. ≗ **sarhoş, yolcu sarhoş.** *Ra.* die ausdrückt, daß beide Kontrahenten Taktlosigkeiten begangen haben

hancılık [ā] 1. Tätigkeit *f* e–s **hancı** 2. Beherbergungsgewerbe *n* 3. Unterkunftskosten *pl.,* Beherbergungsgebühr *f,* (Hotelkosten)

hançer 1. Handschar *m* (zweischneidiger Dolch mit gebogener Spitze; et. kleiner als **kama**) 2. *va.* Wimpern od. Augenbrauen *pl.* der Geliebten 3. *va.* Lichtstrahl *m*

hançerbiçim s. **hançer(im)si**

hançere *an.* Kehlkopf, Larynx *m* *gırtlak ~ **iltihabı** *med.* Kehlkopfentzündung, Laryngitis *f*

hançerevî Kehlkopf-, laryngal **asabı** ~ s. **gırtlak siniri**

hançerî s. **hançerevî**

hançerimsi s. **hançersi**

hançeriye s. **latinçiçeğigiller**

hançerlemek 1. mit dem Dolch zustoßen 2. erdolchen

hançersi dolch-artig, -ähnlich ~ **kemik** *an.* Schwertfortsatz *m*

handan [·–] *va.* 1. lachend 2. heiter, fröhlich 3. ≗ *wV*

handavallı s. **andavallı**

hande (I) *va.* wo *nerede ~ **ise** s. **handiyse**

hande (II) *va.* 1. Lachen *n* 2. Scherz, Spott *m*

handen *va.* woher *nereden

Handidir hande? *P* Wo steckt er denn nur?

handikap, -pı 1. **(koşusu** *od.* **yarışı)** Handikap *n,* Ausgleichs-, Vorgabe-rennen *n* *handikaplı koşu (yarış) 2. *fig.* Behinderung *f,* ungünstige Lage

handikapçı Unparteiischer, der e–n Ausgleich, e–e Vorgabe bestimmt; Handikapper *m*

handikaplı 1. gehandikapt 2. *päd.* benachteiligt; im Rückstand (gegenüber Altersgenossen) ~ **koşu** (*od.* ~ **yarış**) s. **handikap koşusu** (*od.* ~ **yarışı**)

handiyse [×··] *P* sehr bald, in allernächster Zeit, jeden Augenblick, sofort, sogleich *nerede ise, pek yakında, hemen

hane [ā] 1. Haus *n,* Wohnung *f,* Haushalt *m* 2. Feld *n* (z.B. auf dem Schachbrett od. bei Tr.sp.) 3. Rubrik, Spalte *f* 4. Abteilung *f,* Gefach *n* (z.B. in e–m Schrank), Fach *n* (z.B. bei Roulett) 5. *math.* Stelle *f* 6. (in der orient. Mus.) Einzelteil *m* e–s Orchesterstückes 7. Tierkreiszeichen *n* 8. *Sx.* zur Bez. von Raum- und Ortsbegriffen der verschiedensten Art 9. Strophe *f* (in der Volksliteratur) 10. Viereck *n,* viereckig Zu 1: ~ **sahibi (sahibesi)** s. **ev sahibi (sahibesi)** Zu 5: **birler (onlar, yüzler** usw.) **-si** Einer-(Zehner-, Hunderter- usw.)Stelle *f* **-i hassa** Aufbewahrungsort für Gebrauchsgegenstände Mohammeds und anderer isl. Persönlichkeiten im Topkapı Sarayı (Istanbul)

haneberdûş [–··–] *z. va.* ohne festen Wohnsitz, vagabundierend, Vagabund; Nomade *m,* Zigeuner *m (fig.)* *evi sırtında, evi omuzunda

hanedan [–·–] 1. Dynastie *f,* Herrscher-haus *n,* -familie *f* 2. vornehm, gastfreundlich und freigebig

hanedanlık [–·–·] vornehme Gastfreundlichkeit

Hanefî 1. (die im sunnitischen Islam als e–e der vier orthodoxen Rechtsschulen anerkannte) Lehre des Abu Hanifa (699–767) 2. Anhänger *m* der hanafitischen Lehre; Hanafit *m,* hanafitisch ~ **mezhebi** die (von den Türken bevorzugte und im Osm. Reich dominierende) hanafitische Rechtsschule

Hanefilik s. **Hanefî mezhebi**

han(e)gâh s. **büyük tekke**

haneharap, -bı [–··–] *va.* 1. wessen Haus zerstört ist 2. wer sein Haus durch schlechtes Verhalten zerstört, Schurke *m,* elender Kerl, Taugenichts *m*

hanek s. **damak; azmı** ~ s. **damak kemiği**

hanekî Gaumen- ~ **samit** s. **damak sessizi, damaksı(l)**

haneli [ā] 1. soundsoviele Häuser umfassend (z.B. Dorf) 2. in Felder eingeteilt (z.B. Schachbrett) 3. kariert (z.B. Stoff) 4. -stellig Zu 4: **beş** ~ **bir rakam** e–e fünfstellige Zahl

hanende [ā] orient. Sänger(-in *f*) *m*

hanendelik [ā] 1. Beruf *m,* Tätigkeit *f* e–s (e–r) **hanende** 2. orient. Sängertum *n*

hanep, -bi (starke) Krümmung der Hinterhand (e–s Pferdes)

hangar 1. Schuppen *m,* Halle *f* 2. *spez.* Flugzeughalle *f,* Luftschiffhafen *m* ~ **gibi** sehr weitläufig gebaut; riesig

hangi [×·] 1. *Interr. pron.* welcher, welche, welches 2. in Verb. mit **ise** welcher (welche, welches) auch immer Zu 1: ~ **kitap?** welches Buch? ≗ **kitabı istediğinizi söyleyin!** Sagt mir, welches Buch ihr haben wollt! Zu 2: ≗ **kitabı açsanız, bulursunuz.** Welches Buch Sie auch immer aufschlagen, so finden Sie dies darin. ≗ **akla hizmet ediyor?** s. **Ne akla hizmet ediyor?** ~ **biri** s. **hangisi.** ≗ **dağda kurt öldü?** (Ausdruck des Staunens über ein unerwartet eingetretenes gutes Vorkommnis) 1. Das mußt du mir aber genauer erzählen! 2. Es geschehen noch Zeichen und Wunder! ≗ **gün vardır (ki) akşam olmadık?** *Spr.* 1. Auch der schönste Tag geht einmal zu Ende. 2. Auch das Schöne muß sterben. ~ **peygambere kulluk edeceğini şaşırmak** nicht wissen, welchem Herrn man dienen soll ≗ **rüzgâr attı** (*od.* **esti**)? *hum.* Begrüßung j–s, der sich sehr lange nicht mehr hat sehen lassen; etwa: Ja, daß du auch noch lebst! Ja, wo kommst denn du auf einmal her? ≗ **taş pekse** (*od.* **katı ise**), **başını ona vur!** *iron.* 1. Natürlich immer mit dem Kopf durch die Wand! 2. Was man sich eingebrockt hat, muß man auch auslöffeln! ≗ **taşı kaldırsan, altından çıkar.** 1. Er ist doch einfach überall anzutreffen. 2. Er ist in den unmöglichsten Dingen bewandert! 3. Er hat überall seine Finger darin. **-miz?** wer von uns! **-si** welcher (welche, welches) davon

hanım 1. Frau *f,* Fräulein *n,* Dame *f* 2. (bei vorausgehendem Namen) Frau ..., Fräulein ... 3. (Ehe-)Frau, Gattin, Gemahlin *f* 4. viele weibliche Vorzüge aufweisend 5. *gel.* zur Bildung von Fem. bez. 6. Aufwarte-, Zugehe-, Reinemache-Frau *f* Zu 2: **Seher** ~ Frau (*bzw.* Fräulein) Seher Zu 3: **filanın -ı** Frau *f* des Herrn Soundso Zu 4: ~ **kadın** sehr tüchtige Frau ~ **kız** ein fabelhaftes Mädchen Zu 5: ~ **memur** Beamtin *f* ~ **abla** (bäuerliche Anrede für e–e Frau) ~ **evlâdı** *F* 1. verzogenes (verhätscheltes, verweichlichtes) Kind, Muttersöhnchen *n* 2. uneheliches Kind, Bastard *m* *piç ~ **hanımcık** gute Hausfrau ~ **iğnesi** *fr.* elegantes, schmales Ruderboot ~ **kızınız** Ihr Fräulein Tochter *bzw.* Ihre Frau Tochter ~ **nine** s. **haminne;** ~ **ördeği** s. **kuşaklı ördek;** ~ **pabucu** gemeiner Frauenschuh *bot.* Cypripedium calceolus *venüsçarığı, zühreçarığı ~ **sultan** *fr.* die Tochter e–r mit e–m Bürgerlichen verheirateten osm. Prinzessin ~ **teyze** (volkstümliche, halb vertrauliche, halb respektvolle Anrede für e–e Frau) **-lara mahsus** für Damen (Frauen) **-lara mahsus berber salonu** Damen-Frisiersalon *m*

hanımböceği, -ni Marienkäfer *m zo.* Coccinella (septempunctata u.a.) *gelin (gelincik, kadın, uç-uç, uğur) böceği

hanımefendi 1. (bei vorausgehendem Namen) Frau ..., Fräulein ... 2. (bei Anrede ohne Namen) gnädige Frau, gnädiges Fräulein 3. Dame *f* **-ciğim** meine liebe Dame **-ler** meine Damen *bayanlar

hanımefendilik damenhaftes Benehmen

hanımeli, -yi (*Pl.:* **hanımeliler** *od.* **hanımelleri**) 1. echtes Geißblatt; Jelängerjelieber *n bot.* Lonicera (caprifolium u.a.) 2. ≗ *n.pr.* türk. Zigarettenmarke ~ **tuğla** e–e dünnere Ziegelart (*spez.* für Kamine)

hanımeligiller Geißblattgewächse *pl. bot.* Caprifoliaceae

hanımgöbeği, -ni ringförmiger Spritzkuchen in Zuckersaft mst. mit Schlagsahne in der Vertiefung

hanımlık 1. Benehmen *n* e–r Dame 2. der Umstand, daß jemand e–e Frau ist

hanımne *selt.* s. **haminne**

hanımparmağı, -nı 1. Spritzkuchen in Fingerform (ohne Schlagsahne) 2. e–e längliche Traubenart

hani (I) (**balığı**) Zackenbarsch *m zo.* Serranus cabrilla

hani (II) [×·] (*a.* **haniya, hani ya**) [×··] 1. Wo ist (bleibt, steckt) ...? Ja, und ...? 2. a) (um dem Zuhörer et. ins Gedächtnis zurückzurufen) doch, ja, du weißt doch b) (vorwurfsvolles Erinnern an ein gegebenes Versprechen) doch, denn, etwa 3. (als Einleitung e–r längeren Ausführung) Es ist (war) doch so, daß ...; doch; nun einmal; bekanntlich; (bei kausaler Färbung) denn, nämlich 4. (resultativ od. restriktiv) a) (das heißt) also; mit anderen Worten b) nun; um es genau zu sagen 5. wenigstens, ja 6. außerdem, obendrein 7. (adversativ) aber, jedoch, indessen Zu 1: ≗ **arkadaşınız, gelmedi mi?** Wo ist Ihr Freund? Ist er nicht mitgekommen? Zu 2a): ≗ **geçen gün vapurda yanımda oturuyordu, işte o adam.** Neulich hat er doch auf dem Dampfer neben mir gesessen; eben den meine ich. Zu 2b): ≗ **bana kitap getirecektin!** Du wolltest mir doch Bücher mitbringen? Zu 3: ≗ **eski muharebelerde ...** Bei e–r Schlacht in früheren Zeiten war es doch so, daß ... **Meşhur bir hikâye vardır.** ≗ **oğlu babasına ...** Da gibt es eine bekannte Geschichte: Hat doch einmal ein Sohn seinem Vater ... **Bu vaziyet biraz hepimizin çocukluğunu hatırlatır** ~ **...** Diese Situation läßt uns alle etwas an unsere Kindheit zurückdenken. Denn ... Zu 4a): ≗ **yalan olur ama, bu da işte kuyruklu cinsinden.** Es ist also e–e Lüge, aber gleich e–e faustdicke! Zu 4b): **İstemiyor da değilim** ~! So ist es also nun auch nicht, daß ich etwa nicht den Willen hätte. ≗ **hoşuma gitmesine gidiyor ya, ancak, ne bileyim, karışık bir şey.** Nicht, daß mir die Geschichte mißfällt, aber, wie soll ich gleich sagen, sie ist etwas verworren. Zu 5: ≗ **benim kim olduğumu bilmese!** Ja, wenn er nicht wüßte, wer ich bin! Zu 6: ≗ **yanlış da değil!** Außerdem ist es auch nicht falsch. Zu 7: **... (yapılmasını) yadırgayorum, kınayorum da sanmayın** ~! Glaubt aber nicht, ich empfände es als befremdlich, daß ... und wollte darüber lästern! ~ **yok mu** (Einschiebsel bei Erzählungen zur Erhöhung der Aufmerksamkeit der Zuhörer) ja, gelt, nicht wahr; sag' ich dir (**Ama buluncaya kadar da,** ~ **yok mu, akla karayı seçtim.** Aber bis ich so weit war, ja, da hatte ich allerhand durchzumachen!) **-den sonra** daraufhin, danach, deswegen (od. mit relativem Anschluß) woraufhin, wonach, weswegen **-dir** [×··] seit langer Zeit, es ist schon e–e Ewigkeit her, daß ... (≗**dir onu görmiyorum.** Ich habe ihn schon seit e–r Ewigkeit nicht mehr gesehen.) **-ya buzdan içen** (Anpreisungsruf der Wasser- od. Limonadeverkäufer)

Hani *n.pr.* O. u. D. des Rbz. Diyarbakır

hanif [ī] 1. *va.* glaubensfest, fromm, religiös, orthodox 2. ≗ *selt. mV* **Hanife** [×··] *wV*

hanis [–·] eidbrüchig **Yemininde** ~ **midir?** Ist er eidbrüchig geworden? Hat er seinen Eid gebrochen?

haniş *V* Beischlaf, Koitus *m*

haniya s. **hani** (II)

hankâh [– –] *va.* s. **büyük tekke**

hanlık [ā] 1. Würde *f,* Rang *m,* Regierungszeit *f* e–s Khans 2. das von e–m Khan regierte Land; Khanat *n*

Hanovra [·×·] *n.pr.* Hannover

hanovriyen Hannoveraner *m* (Pferderasse)
Hanri *n.pr.* Heinrich
hant, -dı *va.* Lachen *n*
hantal 1. unförmig, unhandlich, *F* unscherig, *F* sperrig (z.B. Möbelstück) 2. plump und schwerfällig (in der Arbeit, im Benehmen) (Mensch)
hantallaşmak 1. unförmig, unhandlich werden 2. plump, schwerfällig werden (Mensch)
hantallık 1. Unförmigkeit, Unhandlichkeit *f* 2. Plumpheit, Schwerfälligkeit *f*
hantavallı s. **andavallı**
hanteriş *V* Haschisch *n*
Hanuka [·×·] **(gecesi)** *n.pr.* Chanukka *f* (jüdisches Fest zur Erinnerung an die Wiedereinweihung des Tempels in Jerusalem)
hanüman [–·–] *z. va.* Heim, Haus *n*, Familie *f*, Angehörige *pl.* *ev bark, ocak
Hanya *n.pr.* Chania (Stadt auf Kreta) **-'dan Konya'dan haberi olmamak** von Tuten und Blasen keine Ahnung haben **-'yı Konya'yı anlamak** (*od.* **öğrenmek**) 1. Einzelheiten erfahren, Bescheid bekommen, die nötigen Kenntnisse sammeln 2. *pej.* seine bitteren Erfahrungen machen; die Folgen am eigenen Leib verspüren **Sana -'yı Konya'yı gösteririm** (*od.* **öğretirim**)! (Drohung) Dir werd' ich es schon zeigen!
hanzade [––·] *va.* Fürsten-, Königs-sohn, Prinz *m*
hap (I), **-pı** 1. Pille *f* 2. *P* jede oral einzunehmende Medizin 3. *V* ein kleines Quentchen Opium 4. *naut.* richtiges Stauen von Schüttgut ~ **etmek** *naut.* den ganzen Laderaum einnehmen (Schüttgut) ~ **yapmak** *P* in der Nase bohren **-ı yutmak** 1. in Teufels Küche geraten, *P* aufgeschmissen sein 2. *V* abkratzen (sterben) **-ından sapından karıştırmak** vollkommen verdrehen od. entstellen (z.B. Bericht)
hap (II), **-pı** *Int. mst.* ~ **diye** schwupp, schwups (z.B. hinunterschlingen) ~ **etmek** essen, schlucken ~ **etmez** *V* wer sich (beim Spiel) nicht übers Ohr hauen läßt
hap (III) s. **hab**
hapaks *ling.* nur einmal belegt (Wort, Ausdruck); Hapaxlegomenon *n*
hapaz 1. *V* alles Eßbare, Essen *n*, Speisen *pl.* 2. s. **apaz**
hapazlama(-k) (I) s. **apazlama(-k)**
hapazlamak (II) gierig hinunterschlingen (Essen)
hapçı *V* Opiumraucher *m*
hapıcık *Ki.* Häppchen *n* ~ **yapmak** *Ki.* schnell essen
hapır hapır *od.* **hapır hupur** geräuschvoll und mit Appetit (essend), schmatzend
Hapi s. **Apis**
hapis, -psi 1. Einsperren *n* (*spez.* in e–m Gefängnis), Einkerkern *n* 2. s. ~ **cezası** 3. Zurück-, Ver-halten *n* (z.B. des Urins) 4. Einschließen, Verwahren, Aufspeichern *n* 5. Gefängnis, Kerker *m* 6. eingesperrt, im Gefängnis sitzend 7. Sträfling *m* 8. weggeschlossen, verwahrt (z.B. Geld) ~ **cezası** Gefängnisstrafe *f* ~ **giymek** (*od.* **yemek**) e–e Gefängnisstrafe bekommen, *F* Gefängnis bekommen ~ ~ **hakkı** *jur.* (Zu-)Rückbehaltungs-, Retentionsrecht *n* *alıkoma hakkı ~ **yatmak** im Gefängnis sitzen **-e atmak** ins Gefängnis werfen, einsperren, einkerkern **-e kapamak** ins Gefängnis stecken **-ten kaçmak** aus dem Gefängnis ausbrechen
hapishane [··–·] Gefängnis *n*, Kerker *m*, Justizvollzugsanstalt *f* *cezaevi ~ **kaçkını** Galgenstrick, Landstreicher, Vagabund *m* **-ye düşmek** *F* ins Gefängnis (*F* Kittchen, Loch) fliegen, *F* hinter schwedische Gardinen kommen **-ye kapamak** ins Gefängnis werfen; einsperren
hapishaneci langjähriger Sträfling
hapishanecilik langjährige Strafhaft
hapislik Einkerkerung, Haft, Gefangenschaft *f*, Gewahrsam *m*
happadak [×··] s. **hap diye**
hapsen [×·] *va. Adv.* durch Gefängnis(-strafe) ~ **tazyik** *jur.* Schuld-, Zangs-haft *f*
hapsetmek [×··] 1. einsperren 2. ins Gefängnis werfen, *F* einlochen 3. j–n lange (od. umsonst) warten lassen od. aufhalten 4. sich ansammeln lassen; aufspeichern (z.B. Wasser im Staubecken, Geld usw.) 5. zurück-, ver-halten (z.B. Urin) 6. einschließen, verwahren (z.B. Bücher)
hapşırmak niesen *akşırmak
hapşu [·–] (*Lm.* des Niesens) hatschi! hatzi!
hapt etmek [×··] *P* e–n Diskussionsgegner verstummen lassen
hapt olmak [×··] *P* Pass. zu **hapt etmek**
har (I) *Lm.* e–s reichlichen Fließens, e–s Lärms od. e–r anderen Intensität ~ **gür** Lärm, Spektakel, Radau *m* ~ ~ **akmak** lustig plätschern (Quelle, Bach usw.) ~ ~ **konuşmak** laut und rechthaberisch reden ~ **hur** 1. Durcheinander *n* 2. Meinungsverschiedenheit, Streitigkeit *f* Zu 1: **Bir har hurdur gidiyor.** Es herrscht ein tolles Durcheinander. ~ **vurup harman savurmak** sinnlos mit dem Geld um sich werfen
har (II) *va.* 1. Esel *m* *eşek, himar 2. dumm
har (III) *va.* s. **hararet; -ı başına vurmak** wütend werden; sich nicht mehr bezähmen können **-ı geçmek** vergehen (Lust, Begierde); verrauchen (Wut)
hâr (I), **-ri** *va.* Dorn, Stachel *m* *diken
hâr (II), **-rı** *va.* gewöhnlich, verächtlich, wertlos (vgl. **hor**)
hâr (III), **-rri** *va.* 1. heiß 2. scharf, bitter (Geschmack)
-har [ā] *va. pers. Sx.* 1. (fr)essend, trinkend 2. durchmachend, erleidend Zu 1: s. **hunhar, merdümhar** Zu 2: s. **gamhar**
hara (I) [×·] (*franz.* **haras**) Gestüt *n*
hara (II) [––] 1. bunter Marmor 2. s. **hare**
harabat, -tı [·––] *Pl.* zu **harabe** 1. zerstörte Orte, Ruinen *pl.* 2. (in der Diwanliteratur:) Weinschenke *f* *meyhane
harabatî [·–––] 1. Vagabund, Trunkenbold *m* 2. schlampig gekleidet
harabatîlik [·–––·], **-iği** Verhalten *n* e–s **harabatî** *spez.* Bohème-Leben *n* **-e vurmak** sich e–m Bohème-Leben ergeben
harabe [·–·] 1. Ruine *f* 2. (*a.* **-ler**) Trümmer(-feld *n*) *pl.* 3. altes, baufälliges Haus
harabelik; (*va. a.* **harabezar**) Ruinen *pl.*, Trümmerfeld *n*
harabımsı baufällig; dem Zusammenbruch nahe
harabi; harabiyet, -ti *(beides va.)* s. **haraplık**
haraç, -cı 1. Tribut *m* (*spez. fr.* der Nicht-Mohammedaner od. der unterworfenen Länder), Kopfsteuer *f* 2. Erpressungssumme *baç *spez. V* erpreßtes Schweigegeld (bei Falschspiel) 3. Versteigerung *f* 4. (*a.* ~ **mezat**) (Ruf des Auktionators) Wer bietet mehr? ~ **mezat satmak** versteigern, dem Meistbietenden zuschlagen ~ **yemek** *V* auf Kosten anderer leben **-a bağlamak** zur regelmäßigen Tributzahlung verpflichten **-a çıkarmak** zur Versteigerung bringen; versteigern (lassen) **-a kesmek** (b–ni) 1. e–e Tributzahlung auferlegen 2. Geld erpressen; s.a. **ortalığı -a kesmek**
haraççı 1. *fr.* der mit der Einziehung e–r Kopfsteuer beauftragte Steuererheber 2. Erpresser *m*
haraççılık 1. *fr.* Tätigkeit e–s **haraççı** (1) 2. Erpressung *f*
haraçgüzar [···–] tribut-, kopfsteuer-pflichtig
harakiri [··×·] Harakiri *n* (in Japan)
haram [·–] 1. durch religiöse Vorschrift verboten; unrechtmäßig, ungesetzlich 2. heilig, unverletzlich 3. *rel.* Verbotenes ~ **etmek** 1. verbieten (*rel.* Vorschrift) 2. (b–ne) *fig.* j–m et. verderben (z.B. Freude), stören, rauben (Schlaf, Ruhe usw.) ~ **helâldan tatlıdır.** *Spr.* Verbotene

Früchte schmecken besonders gut. *Spr.* ~ **işlemek** et. Verbotenes tun, e–e Sünde auf sich laden ~ **mal** unrechtmäßig erworbenes Gut ~ **olmak** 1. verboten sein (*bzw.* werden) 2. zunichte gemacht (verdorben, gestört, geraubt) werden 3. sehr schade sein (Zu 2: **Uyku bana haram oldu.** Mit dem Schlaf war es aus bei mir.) ≗ **olsun!** (Verwünschung, *spez.* bei erfahrener Undankbarkeit) Möge es dir (ihm usw.) zum Fluch ausschlagen! ~ **para** unredlich erworbenes Geld ~ **yemek** sich an fremdem Hab und Gut vergreifen, sich unrechtmäßig bereichern **-a uçkur çözmek** *P* in wilder Ehe leben od. sich ehewidrig mit e–m anderen Mann einlassen (Frau) ≗**dan gelen harama gider.** (*od.*) ≗**ın temeli** (*od.* **binası**) **olmaz.** *Spr.* Unrecht Gut gedeihet nicht. *Spr.*

harama Einschnitt *m* für e–e gedeckte Naht (Schuhmacherei)

haramaki [··×·] Ritzmesser *n* (des Schusters)

haramcı [·–·] *selt.* wer et. rel. Verbotenes tut *spez.* wer veruntreut, unterschlägt

haramcılık [·–··] *selt.* Veruntreuung, Unterschlagung *f*

haramî [·––] Dieb *m* od. Räuber *m* (im Märchen) s. **kırk haramîler**

haramîlik [·–··] 1. Diebstahl, Raub *m* 2. Diebs-, Räuberunwesen *n* 3. *hist. mil.* Plünderung *f* (in Feindesland)

haramzade [·––·] 1. von illegitimer Geburt, uneheliches (bzw. außereheliches) Kind, Bastard *m* 2. *fig.* Schuft, Schurke *m*

harap, -bı [·–] 1. zerstört, verwüstet, in Trümmern liegend, verfallen 2. heruntergekommen, zerrüttet, verwahrlost, verarmt 3. verlassen, einsam 4. *va.* vollkommen betrunken ~ **etmek** 1. zerstören, verwüsten, ruinieren 2. zerrütten 3. verfallen lassen; herunterwirtschaften **-a yüz tutmak** vor dem Zusammenbruch stehen

haraplaşmak 1. mehr und mehr verfallen 2. herunterkommen, verwahrlosen

haraplık [·–·] 1. Verwüstung *f* 2. Verwahrlosung, Verarmung *f* 3. Verfall *m* 4. Verlassenheit *f*

harar großer, mst. aus Ziegenhaar hergestellter Sack (wie er z.B. zum Transport von Betten verwendet wird)

hararet, -ti [·–·] 1. Wärme, Temperatur *f* *ısı 2. Hitze *f* 3. brennender Durst 4. Fieber *n* *ateş 5. *fig.* Feuer *n,* Lebhaftigkeit, Begeisterung *f,* Eifer *m* *ateşlilik, coşkunluk ~ **basmak** brennenden Durst haben ~ **gidermek** den brennenden Durst stillen (löschen) ~ **motörü** s. **ısı motörü;** ~ **söndürmek** s. ~ **gidermek;** ~ **vermek** brennenden Durst hervorrufen **-le** feurig, lebhaft, begeistert, eifrig, erregt, hitzig **-le çalışmak** eifrig arbeiten **-i griziye** s. **diriksel ısı; -i mahsusa** s. **ısınma ısısı**

hararetlendirmek erregen, begeistern

hararetlenmek [·–···] an Lebhaftigkeit zunehmen, in Feuer geraten, begeistert werden, sich ereifern, in starke Bewegung geraten, hitzig(-er), heftig(-er) werden; erregt werden (z.B. Diskussion) *canlanmak, coşmak, kızışmak

hararetli [·–··] lebhaft, feurig, begeistert, hitzig (*a.* z.B. Diskussion), eifrig, erregt **Bu kursun en** ~ **müdavimlerindendir.** Er ist einer der eifrigsten Besucher dieses Kurses.

hararot; hararut s. **ararot**

haraset, -ti [·–·] *va. agr.* Anbau *m,* Kultur *f*

haraşo [·×·] 1. *F* gut, schön 2. Name e–r best. Wollstrickart 3. *V* Russin *f*

haraza (I) *V* Wortstreit *m,* scharfer Wortwechsel *ağız kavgası, dil dalaşı ~ **çıkarmak** Streit anfangen ~ **etmek** sich laut herumstreiten

haraza (II) *vet.* Steinbildung *f* (in der Gallenblase od. dem Magen des Rindes:) Bezoar(-stein) *m* (in der Volksmedizin gegen Gelbsucht verwendet)

harb, -bi s. **harp** (II)

harbak s. **çöpleme**

harbe 1. Wurfspieß *m,* kurze Lanze 2. Pike, Hellebarde *f* 3. Stab *m,* Stange *f,* Pikenschaft *m*

harbeci Hellebardier, Leibwächter *m* (*spez. fr.* im Gefolge e–s Sultans od. e–s hohen Beamten)

harben *va. Adv.* mit kriegerischen Mitteln, mit Waffengewalt

harbi (I) Lade- od. Putz-stock *m* (für Feuerwaffen)

harbi (II) *V* echt, unverfälscht, ohne Lug und Trug, ehrlich ~ **konuşmak** *V* die Wahrheit sagen ~ **oyun** *V* ehrliches Spiel ~ **zar** *V* nicht (zu Falschspiel) präparierter Würfel (z.B. beim Tr.sp.)

harbî 1. *z. va.* den Krieg betreffend, Kriegs-, kriegerisch, militärisch 2. *va.* Kriegsgegner *m* 3. Nicht-Mohammedaner *m* Zu 1: **kabiliyeti harbiye** Kampf-, Kriegs-fähigkeit *f*

harbilik (I) Ladestocknute *f* (am Gewehr)

harbilik (II) *V* Wahrheit *f*

harbiye 1. Kriegsangelegenheiten *pl.* 2. a) ≗ **(Mektebi)** (seit 1937: **Harp Okulu**) Kriegsschule *f* (in Ankara) b) Stadtteil in Istanbul (zwischen Taksim und Şişli; nach dem fr. Standort der Kriegsschule benannt) ≗ **Dairesi** Abteilung *f* für Kriegsmaterialbeschaffung (im Ministerium für Nationale Verteidigung) ≗ **Nezareti** Kriegsministerium *n:* a) e–s fremden Staates b) *fr.* des Osm. Reiches

harbiyeli Kriegsschüler *m*

harcama 1. Vs. zu **harcamak** 2. Ausgabe(-n *pl.*) *f,* Unkosten *pl.* 3. Verfügung *f* *tasarruf ~ **işlemleri (özgürlüğü, yeterliği)** s. **tasarruf muameleleri (nisabı, ehliyeti);** ~ **vergisi** Verbrauchssteuer *f*

harcamak 1. ausgeben (Geld) 2. aufwenden (Mühe); brauchen, benötigen, opfern (z.B. Zeit) 3. verbrauchen (z.B. Material) 4. aufbieten (z.B. Geisteskraft) 5. zugrunde richten, vernichten, zerstören 6. *V* beseitigen, aus dem Wege räumen, töten Zu 4: **bütün mantıkını harcayarak** unter Aufbietung seiner ganzen Logik

harcı für jedermann erschwinglich; billig, gewöhnlich, einfach ~ **ekmek** (*od.* **ekmeği**) billiges Brot einfacher Qualität

harcıâlem 1. allgemein gebräuchlich; gewöhnlich, üblich, gangbar 2. *pej.* abgebraucht, banal, trivial ~ **söz** Gemeinplatz *m,* Banalität, Trivialität *f*

harcıâm *va.* s. **harcı**

harcırah [··–] Reisekosten und Tagegelder *pl.,* Reisekostenentschädigung *f* (für Beamte) *yol harcı, yol parası

harç (I), **-cı** 1. Ausgaben *pl.,* Aufwand *m* 2. (staatliche) Gebühr *f* (für Eintragungen, Abschriften usw.) 3. Abgabe *f* ~ **etmek** *z. va.* s. **harcamak;** ~ **pulu** Gebührenmarke *f* ~ **tarifesi** Gebühren-ordnung *f,* -tarif *m* **-ını görmek** die Kosten von et. tragen (bestreiten) **-ını vermek** die (Material-)Kosten erstatten, die Auslagen bezahlen

harç (II), **-cı** 1. Mörtel, Kalk *m,* Mauerspeise *f* 2. Zutaten *pl.* (die ein Koch, Schneider, Maurer usw. benötigt) 3. Garnitur *f,* Besatz *m* (bei Kleidern od. Anzügen, z.B. Tressen, Litzen, Borten *pl.* usw.) 4. Komposterde *f* 5. was von j–m geleistet werden kann ~ **arısı** Mörtelbiene *f* *zo.* Chalicodoma muraria ~ **karan (karıcı, karıştırıcı)** Mörtelmischer *m* ~ **kar(ıştır)mak** *od.* **-ı alıştırmak** Mörtel anrühren ~ **koymak** mit Mörtel bewerfen (Mauer) od. verbinden (Steine) ~ **teknesi** Mörtelpfanne *f* **-ı olmak** (b–nin) j–s Sache sein (**Bu iş herkesin -ı değildir.** Für diese Arbeit taugt nicht jeder. **Edebiyat, çocukların -ı değildir.** Die Beurteilung literarischer Fragen steht Kindern nicht zu. **Sert ata binmek yiğit -ıdır.** Ein widerspenstiges Pferd zu reiten, erfordert einen ganzen Kerl.) **-ını vermek** *V* tadeln, zurechtweisen, *F* zusammenstauchen, anpfeifen

harçlamak mörteln; mit Mörtel verbinden (*bzw.* bewerfen)
harçlı (I) 1. gebührenpflichtig 2. teuer, kostspielig
harçlı (II) 1. mit Mörtel od. Kalk verbunden od. beworfen 2. garniert, mit Besatz versehen (Kleidungsstück)
harçlık, -ığı 1. Taschengeld *n* 2. Stipendium *n* *burs
harçlıklı Stipendiat(-in *f*) *m* *burslu talebe, bursiye
hardal 1. (Würzmittel od. *med.*) Senf *m* 2. s. **hardalotu;** ~ **banyosu** *med.* Senfbad *n* ~ **gazı** Senfgas, Gelbkreuz *n* *iperit ~ **lapası** *med.* Senf-packung *f*, -wickel *m* ~ **tanesi** Senfkorn *n* ~ **tozu** (*od.* **unu**) *med.* Senfmehl *n* (gemahlene Samen von Sinapis nigra) ~ **yakısı** *med.* Senf-pflaster, -papier *n* ~ **yağı** Senföl *n*
hardaliye [·–··] süßer Weinmost mit Senfzusatz (zur Verhütung schnellen Gärens) (Spezialität von Edirne)
hardallı mit Senf gewürzt od. zubereitet, Senf-
hardallık Senf-behälter *m*, -gläschen, -glas *n*
hardalotu, -nu Senf *m* *bot.* Sinapis
hardalsı yemiş *bot.* Schote *f*
hardun Schleuderschwanz, Hardun *m* *zo.* Agama stellio (Dickzungeneidechse)
hare [ā] 1. Moirierung *f*, Wasserglanz *m* 2. moirierter Stoff *m*, Moiré *m*, *n* 3. moiriert 4. s. **hara** (II, 1); ~ **koşturmak** schillern (changieren) lassen
hareci [ā] wer e–m Stoff od. Metall Wasserglanz verleiht
harek, -eği *mus.* s. **eşik** (5)
harekât, -tı *Pl.* zu **hareke(t)** 1. *va.* Bewegungen *pl.* 2. *va.* Benehmen *n* 3. *mil.* Operationen, Bewegungen, Kriegshandlungen *pl.* *harekâtı harbiye, askerî harekât, hareketler 4. *selt.* turnerisch-sportliche Vorführungen *pl.* 5. *va.* diakritische Vokalisierungszeichen *pl.* in der ar. Schrift ~ **arazisi** *mil.* Operationsgelände *n* ~ **bölgesi (mıntıkası, sahası)** *mil.* Operationsgebiet *n* (vgl. a. **mıntıkaülharekât**); ~ **cephesi** *mil.* Operationsfront *f* ~ **emri** *mil.* Operationsbefehl *m* ~ **fasılası** *mil.* Operationspause *f* ~ **hattı** *mil.* Operationslinie *f* *hattülharekât ~ **hedefi** *mil.* Operationsziel *n* ~ **menzili** *mil.* Operationsbereich *m* ~ **planı** *mil.* Operationsplan *m* ~ **serbestisi (serbestliği)** *mil.* Operationsfreiheit *f* ~ **şubesi** *mil.* Operationsabteilung *f* ~ **üssü** *mil.* Operationsbasis *f* **-ı idare etmek** *mil.* die Operationen leiten (od. dirigieren) **-ta bulunmak** *mil.* operieren **-ı harbiye planı** *mil.* s. **harekât planı, sefer planı; -ı teneffüsiye** *va.* Atembewegungen *pl.*
hareke (-i resmiye) Vokalisierungszeichen *n* (in der ar. Schrift)
harekelemek mit Vokalisierungszeichen versehen (Konsonanten der ar. Schrift), vokalisieren
harekeli 1. mit Vokalisierungszeichen ausgestattet; vokalisiert (Wort od. Text in der ar. Schrift) 2. *va.* Fibel *f*
harekesiz ohne Vokalisierungszeichen
hareket, -ti 1. Bewegung *f* *devim 2. Abreise, Abfahrt *f*, Abmarsch, Aufbruch *m* 3. Benehmen, Verhalten *n*, Haltung *f*, Vorgehen, Verfahren *n*, Handlung(-sweise) *f*, Aktion, Tätigkeit *f*, Akt *m* 4. (geistige) Strömung, Bewegung *f* 5. (*a.* **-i arz**) Erdbeben *n* *deprem, zelzele 6. *mus.* Tempo, Zeitmaß *n* *hız 7. (bei Verkehrsmitteln) Betrieb *m*, Fahrt *f* 8. *mst. pl.* Vorgänge, Ereignisse *pl.* 9. *mil.* Unternehmen *n*, Unternehmung, Operation, Bewegung *f* 10. turnerisch-sportliche Vorführung, *Fb. gel. a.:* Leistung *f* 11. Leben *n*, Beseelung *f* (z.B. in e–m Kunstwerk) Zu 1: **Kalabalık içinde birdenbire bir ~ oldu.** In der Menschenmenge entstand plötzlich e–e Bewegung. Zu 2: **≗imiz iki gün geri kaldı.** Unsere Abreise mußte zwei Tage verschoben werden. Zu 3: **tecavüz -i** aggressive Haltung Zu 4: **Tanzimat -i** Tanzimat-(Reform-)Bewegung *f* Zu 7: s. ~ **cetveli (dairesi, memuru)** Zu 8: **dünkü spor -leri** die gestrigen Sportereignisse Zu 9: **karaya ihraç -i** *mil.* Landungsunternehmen *n* Zu 10: **Taraflar bize güzel -ler gösterdiler.** Beide Mannschaften zeigten schöne Leistungen. (*Fb.*) ~ **anı** *techn.* Bewegungsmoment *n* **≗ berekettir.** *Spr.* Sich regen bringt Segen. ~ **birliği** Zusammen-arbeit, -wirkung *f*, einheitliches Vorgehen ~ **cetveli** Fahrplan *m* ~ **çarhı** Trieb-, Schwung-rad *n* ~ **dairesi** Betriebsleitung *f* ~ **duygusu** s. **devinduyum;** ~ **etmek** 1. sich bewegen 2. abfahren, abreisen, abmarschieren, aufbrechen 3. sich benehmen, sich verhalten; vorgehen, verfahren, handeln 4. getrieben werden; fahren, arbeiten (z.B. Maschinen) ~ **ettirici** *techn.* Antriebs-, Treib- ~ **ettirici kol** Treibstange *f* (z.B. bei Lokomotive) ~ **ettirici tekerlek** Treibrad *n* (z.B. bei Lokomotive) ~ **harbi** Bewegungskrieg *m* ~ **hattı** s. **hattı hareket;** ~ **havası** *techn.* Anlaßluft *f* ~ **hazırlığı** Fahrbereitschaft *f* ~ **imkânı** Bewegungsmöglichkeit *f* ~ **istasyonu** Abgangsbahnhof *m* ~ **işareti** Startzeichen *n* ~ **kabiliyeti** 1. Beweglichkeit *f* 2. Bewegungsfreiheit *f* ~ **kolu** 1. Anlaßhebel *m* 2. Trieb-, Pleuel-stange *f* ~ **kudreti** lebendige Kraft ~ **memuru** Betriebsleiter *m* (bei Fahrunternehmen) ~ **noktası** Ausgangspunkt *m* (z.B. für e–e kritische Betrachtung) ~ **notu** Betragensnote *f* (Schule) ~ **sahası** Flug-bereich *m*, -weite *f*, Aktionsradius, Bewegungsraum *m* ~ **sancağı** (*od.* ~ **flaması**) *naut.* Abschiedssignal *n*, „der blaue Peter" *parlamento (sancağı) ~ **serbestisi (serbestliği)** Bewegungs-, Handlungs-freiheit *f* ~ **siası** *mil.* Aktions-radius, -bereich *m* ~ **taklidi** s. **ekopraksi;** ~ **tarzı** s. **tarzı ~;** ~ **tertibatı** *techn.* Anlasser *m* ~ **yeteneği** s. **in(i)siyatif;** ~ **yitimi** *med.* Akinesie *f* (Bewegungs-hemmung, -unfähigkeit) ~ **zamanı** Aufbruchszeit, -stunde *f* **-e geçmek** 1. sich in Bewegung setzen 2. in Aktion (Tätigkeit) treten, aktiv vorgehen **-e gelmek** 1. in Bewegung kommen 2. wirksam werden (z.B. Garantieversprechen) 3. Schritte unternehmen; handeln **-e getirmek** in Bewegung bringen, *a. techn.* anwerfen (Motor) **-e hazır** fahrbereit **-te takaddüm** *mil.* (zeitlicher) Vorsprung *m* **-i devriye** Rotationsbewegung *f*
hareketçilik s. **devimcilik**
hareketlendirci in Bewegung setzend; motorisch, Antriebs-
hareketlen(dir)mek s. **harekete geçmek (getirmek)**
hareketli 1. sich bewegend, beweglich, in Bewegung befindlich *devingen, müteharrik 2. *fig.* beweglich, aktiv, lebhaft, rege 3. *fig.* bewegt (z.B. Leben) ~ **cephe** Bewegungs-front *f*, -krieg *m* ~ **müdafaa** *mil.* bewegliche Verteidigung ~ **vinç** s. **seyyar vinç**
hareketlilik Beweglichkeit, Aktivität *f*
hareketsiz 1. regungslos, ohne Bewegung 2. stillstehend 3. ohne Leben, ohne Beseelung
hareketsizlik 1. Bewegungslosigkeit *f*, Fehlen *n* jeder Bewegung, Stillstand *m* 2. Mangel *m* an (körperlicher) Bewegung
harekevî *va.* Bewegungs-, motorisch
harekî 1. *phys.* kinetisch *kinetik 2. *med.* motorisch ~ **hafıza** motorisches Gedächtnis ~ **sinir** s. **motor sinir**
harekiyat, -tı [···–] s. **devimbilim**
harelemek [ā] 1. moirieren 2. kräuseln
harelenmek [ā] 1. moiriert werden, sich moirieren 2. sich kräuseln (z.B. Oberfläche des Meeres)
hareli [ā] 1. moiriert 2. gekräuselt 3. gestreift, geriefelt, geflammt ~ **cam** Streifenglas *n* (wie z.B. bei **çeşmibülbül**); ~ **göz** s. **tahrilli göz;** ~ **ipek** Moiré-Seide *f* ~ **mermer** gesprenkelter Marmor
harem 1. heilige, unverletzliche Stätte 2. *fr.* die (gesonderten) Frauengemächer *pl.*, Harem *m* 3. (Ehe-)Frau, Gemahlin, Gattin *f* ~ **ağası** *fr.* Eunuch im Sultanspalast, der die Frauen zu bedienen hatte (häufig Neger) ~ **kâhyası** *fr.* Haremsverwalter *m* **-i hümayun** s. **haremsaray; ≗i Nebevî** (*od.* **≗i Resulullah**) Medina (mit Moschee und Grabstätte Mohammeds)
Haremeyn *isl.* Mekka und Medina ~ **ikramiyesi** *fr.* zehn-

prozentiger Abzug von dem Märzgehalt höherer osm. Beamter (als Spende für die Armen von Mekka und Medina) ~ **payesi** *fr.* ein an isl. Geistliche (Gelehrte) verliehener Rang

Haremeyni Şerifeyn *isl.* die Kaaba (in Mekka) und das Grab **(Ravzai Mutahhara)** Mohammeds (in Medina)

Haremişerif [····–] *n.pr.* 1. der Bereich der Kaaba in Mekka 2. der Tempelplatz in Jerusalem 3. s. **Beyti Mukaddes**

haremlik Frauengemächer *pl.*, Harem *m* ~ **selâmlık olmak** *fig.* nach Geschlechtern getrennt sitzen

haremlikli mit eigenen Frauengemächern ausgestattet (z. B. alttürk. Haus)

haremsaray die Haremsgemächer im Serail

haremvari [··––] haremsartig (z. B. Geschwätz)

Harezm *n.pr. hist.* Chwarezm, Khorasma (das heutige Chiwa, östl. des Kaspisees)

Harezmşah [··–] *hist.* König *m* von Chwarezm (letzter König: Celâlettin Menguberti, besiegt von Dschingis-Khan 1221)

harf, -fi 1. Buchstabe *m* 2. Drucktype *f* 3. Wort *n* 4. *gr.* kleineres Wort, (Partikel *f*) 5. *abus.* Laut *m* *ses ~ **atmak** 1. sich in Galanterien od. Anzüglichkeiten ergehen (beim Vorübergehen von Frauen od. Mädchen, ohne diese direkt anzusprechen) 2. et. Kränkendes (Verletzendes, Provozierendes) sagen ~ **beharf** *va.* s. **-i -ine;** ≗ **İnkılâbı** türk. Schriftreform, Einführung *f* der türk. Lateinschrift (Ende 1928) ~ **kalıbı** Matrize *f* **-i -ine** buchstaben-, wort-getreu, buchstäblich, wörtlich, haargenau entsprechend **-i nida** s. **nida edatı**

harfang s. **kar harfangı**

harfendaz [··–] 1. wer Frauen od. Mädchen beim Vorübergehen indirekt anspricht 2. wer et. Kränkendes (Verletzendes, Provozierendes) sagt (vgl. **harf atmak**)

harfendazlık [··–·] Verhalten *n* e–s **harfendaz;** ~ **etmek** (*od.* **-ta bulunmak**) s. **harf atmak**

harfî *va.* buchstäblich, wörtlich, wort-, buchstaben-getreu

harficer *gr.* Präposition *f*, Verhältniswort *n* *öntakı

harfitarif *gr.* Artikel *m*, Geschlechtswort *n*

harfiyen *va. Adv.* s. **harfi harfine**

harfli Buchstaben enthaltend od. schreibend ~ **kilit** Buchstabenschloß *n* ~ **telgraf** Fernschreiber *m*

harfteş jedes aus den gleichen Buchstaben gebildete Wort (wie z. B. Esma-sema)

harhara Röcheln *n*

harharyas s. **canavar balığı**

harıl harıl Lm. e–r ununterbrochenen Intensität ~ ~ **akmak** in Strömen fließen ≗ ~ **bir şeyler yazıyor.** Er schreibt emsig (ohne aufzublicken). ≗ ~ **çalışıyor.** Er arbeitet wie wild. **Ocak** ~ ~ **yanıyor!** Der Ofen brennt lustig.

harıldamak 1. brausen, tosen, plätschern, prasseln 2. s. **harlamak**

harıltı 1. Knistern, Prasseln *n* (z. B. des Feuers) 2. Knirschen *n* (z. B. e–r Säge) 3. (*a.* ~ **gürültü**) Lärm *m*, Getöse *n* 4. s. **hırıltı**

harın 1. störrisch, hartmäulig, stätisch (Pferd) 2. *allg.* eigensinnig, halsstarrig

harınlamak 1. störrisch, hartmäulig, stätisch werden (Pferd) 2. *allg.* halsstarrig werden, mit dem Kopf durch die Wand wollen

harınlık 1. Störrischwerden *n*, Hartmäuligkeit, Stätigkeit *f* (e–s Pferdes) 2. *allg.* Eigensinn *m*, Halsstarrigkeit, Unbelehrbarkeit *f*

haricen [˟··] *Adv.* 1. äußerlich 2. von außen her, Außen- 3. im Ausland ~ **mersum daire** s. **çevrel çember;** ~ **mersum mudalla** s. **dış çokgen;** ~ **mümas daire** s. **dış daire;** ~ **mütebadil** s. **dışters (açı)**

haricî [–·–] 1. äußerlich, äußer-, an der Außenseite befindlich, Außen- 2. fremd, nicht zugehörig 3. den Verkehr mit dem Ausland betreffend; auswärtig 4. exoterisch, für weitere Kreise bestimmt, gemeinverständlich *dışrak 5. *selt.* s. **neharî** (3); 6. ≗**ler** Charidschiten *pl.* („die Auszügler"; Empörer gegen den Kalifen Ali; ihr Grundsatz: Nur der Frömmste kann der wahre Imam sein; heute verstreute Reste im Irak, im südl. Iran und in Saudi-Arabien) ~ **hastalıklar** äußere Krankheiten *pl.* ~ **hat** *mil.* äußere Linie ~ **işlerde çalışan** im Außendienst tätig ~ **kambiyo** *H* Auslandskurs *m* ~ **karakol** *mil.* Außenwache *f* ~ **manzara** äußeres Bild ~ **merkez** s. **dışmerkez;** ~ **ticaret** Außenhandel *m* ~ **zaviye** s. **dış açı**

haricikısmet, -ti [ā] *math.* Quotient *m* *bölüm

hariciye [ā] 1. auswärtige Angelegenheiten *pl.*, Angelegenheiten *pl.* der Außenpolitik 2. ≗ *Abk.* für ≗ **Vekâleti** 3. äußere Erkrankungen *pl.* 4. Station (Klinik, Abteilung) *f* für äußere Krankheiten ≗ **Vekili (Vekâleti);** ≗ **Nazırı (Nezareti)** s. **Dışişleri Bakanı (Bakanlığı)**

hariciyeci [ā] 1. Beamter od. Angestellter im Außenministerium 2. *med.* Externist *m*

hariç, -ci [ā] 1. äußerer Teil; Außenseite *f*, Äußeres 2. außerhalb befindliche Stelle od. Gegend *f* 3. Ausland *n* 4. a) ausgenommen; abgesehen (von) b) außerhalb (*a. Fb. usw.*) 5. (m. Abl.) nicht zu-, an-gehörig, außerhalb stehend Zu 2: **hudut -i etmek; hudut** (*od.* **memleket**) **-ine çıkarmak** 1. ausweisen (aus e–m Land) 2. über die Grenze abschieben Zu 4: **Turgut** ~ **hepimiz kalacağız.** Mit Ausnahme von Turgut werden wir alle hierbleiben. Zu 5: s. a. **ihtimalden** ~**; her türlü hesaptan** ~ ganz unberechenbar ~ **anilmerkez** s. **dışmerkezli;** ~ **anilmerkez hareket** exzentrische Bewegung ~ **anilmerkez kuvvet** Zentrifugal-, Flieh-kraft *f* ~ **anilmerkezlik** s. **dışmerkezlik;** ~ **ez kanun** außerhalb des Gesetzes stehend, vogelfrei, extra legem ~ **ez meclis** *z. va.* außerhalb (isoliert) stehend ~ **ez memleket** *jur.* exterritorial ~ **ez memleket imtiyazı** (*od.* **kaidesi**) Exterritorialität *f* ~ **olmak üzere** unter Ausschluß (von), ausschließlich, exklusiv ~ **olmak** (bir işten) nichts zu tun haben (mit); e–r Sache fernstehen **-ten** 1. von außen her 2. aus dem Ausland **-ten gazel okumak** (*od.* **atmak**) *F* sich unbefugt (od. ohne genauere Kenntnisse) in e–e Diskussion einmischen **-ten gelme** importiert, eingeführt, Import- **-ten görünüş** äußeres Bild ≗**ten kullanılır!** *med.* Nur zum äußerlichen Gebrauch!

harif [ī] *va.* Herbst *m* *güz, sonbahar

harifane s. **arifane**

harifî [·––] *va.* Herbst- *güzlük, güzül **noktai** ~ s. **güz noktası**

harik, -kı [ī] *va.* Brand *m*, Feuersbrunst *f* *yangın ~ **baltası** Feuerwehrbeil *n* ~ **gerdeli** *naut.* Feuerlöscheimer *m* (aus Leder) ~ **musluğu** Hydrant *m*

harika [–··] 1. Wunder(-werk *n*, -tat *f*) *n*, Mirakel *n* 2. ungewöhnliches Ereignis, großartige Sache 3. mit außergewöhnlichen Fähigkeiten begabter Mensch; Genie *n* 4. (*a.* als Ausruf) wunderbar, großartig ~ **çocuk** Wunderkind *n* ~ **kuş** Wundervogel *m* **-lar yaratmak** Wunder verrichten

harikan *met.* Hurrikan, Orkan *m*

harikavî [–··–] *z. va.* wunderbar, großartig

harikulâde [–··–·] ungewöhnlich, wunderbar, beispiellos, einzigartig (*a.* als Ausruf)

harikulâdelik Beispiellosigkeit, Einzigartigkeit *f*

harikzede [ī] *va.* durch Feuersbrunst obdachlos geworden; abgebrannt

harim [ī] 1. Ort *m*, den Fremde nicht betreten dürfen; Heiligtum *n* 2. s. **harem** 3. großer Innenraum e–r Moschee (in dem das gemeinsame Gebet verrichtet wird) 4. *va.* nähere Umgebung e–s Hauses 5. *va.* Freund *m*

harir [ī] *va.* Seide *f* *ipek
harirî [·––] *va.* aus Seide, seiden *ipek
Haririye *n.pr.* isl. Mönchsorden; Zweig der Rufaiye
haris [ī] 1. unersättlich, (hab-)gierig, habsüchtig 2. leidenschaftlich 3. ehrgeizig **-i cah** *z. va.* ehrgeizig, streberisch
hâris (I) *va.* Schützer, Wärter, Wächter *m*
hâris (II) *va.* Bauer, Landmann *m*
Hâris *n.pr.* s. **Azazil**
harislik 1. Unersättlichkeit, (Hab-)Gier *f* 2. Leidenschaft (-lichkeit) *f* 3. Ehrgeiz *m*
harita 1. (Land-, Himmels-, See- usw.)Karte *f* 2. *arch.* Plan, (Grund-, Auf-)Riß *m* ~ **alma** topographische Aufnahme ~ **çantası** Kartentasche *f* ~ **çizmek** *fig.* hin- und hertorkeln (Betrunkener) ~ **dairesi** topographische Abteilung ~ **fenni** Kartenkunde *f* ~ **gemisi** Vermessungsschiff *n* ~ **irtisamı** Kartenprojektion *f* ~ **kamarası** *naut.* Navigationsraum *m* ~ **sehpası** Kartenständer *m* ~ **yüzbaşısı** *mil.* Obertrigonometer *m* **-da bulunmak** (*od.* **olmak**) *fig.* 1. in Rechnung gestellt sein, vorgesehen sein (*spez.* Kosten) 2. im Bereich der Wahrscheinlichkeit liegen; möglich sein (**Bu, -da yoktu.** Damit war nicht zu rechnen. Das kam ganz unerwartet.) **-da yazılı olmak** *F* vom Schicksal bestimmt sein **-da yeri olmamak** nichts (mehr) für j–n bedeuten **-dan silinmek** von der Landkarte verschwinden (z.B. Dorf durch Erdbeben) **-dan silmek** *F* mit j–m brechen; nichts mehr von j–m wissen wollen **-yı şaşırmak** *fig.* mit seinen Gedanken ganz durcheinander geraten **-i bahriye** s. **deniz -sı**
haritacı 1. Kartograph, Kartenzeichner *m* *kartograf 2. Inhaber *m* e–s kartographischen Verlags 3. Kartenhändler *m*
haritacılık 1. Kartographie *f*, Kartenzeichnen *n* *kartografi 2. Herstellung *f* und Verkauf *m* von geogr., astr. usw. Karten
Harizm s. **Harezm**
hark s. **ark** (1)
harkafa (*a.* **azmı** ~) s. **kalça kemiği**
Harki (adası) *n.pr.* die Insel Chalke (Kharki) (Dodekanes)
harlamak 1. knistern, prasseln (Feuer) 2. knirschen (Säge) 3. *fig.* aufbrausen, wettern, toben Zu 1: **Ateş harlaya harlaya yanıyor.** Das Feuer prasselt lustig.
harlatmak Kaus. zu **harlamak** z.B. schüren (Feuer)
harlı 1. knisternd, prasselnd (z.B. Feuer) 2. knirschend (Säge) ~ **ateşte pişirmek** *(Kochkunst)* auf großer Flamme kochen
harma s. **harama**
harman 1. Dreschen *n*, Drusch *m* 2. Dreschplatz *m*, Tenne *f* 3. Druschzeit *f* 4. (Tee-, Tabak- usw.)Mischung *f* 5. dreschfertig geschichtete Getreidegarben; Mandeln, Hocken, Puppen *pl.* 6. **(kitap -ı)** aufgeschichtete Druckbogen *pl.* (für ein Buch) 7. (Steinkohlen-)Halde *f* 8. *V* im Haschischrausch ~ **arabası** s. ~ **döveni;** ~ **çorman** wild durcheinander, in völligem Durcheinander, das Oberste zuunterst gekehrt, in wilder Auflösung *karmakarışık ⚲ **döven öküzün ağzı bağlanmaz.** *Spr.* Du sollst dem Ochsen, der da drischt, nicht das Maul verbinden. (Bibel) ~ **döveni** primitiver Dreschschlitten (des anatolischen Bauern) ~ **dövmek** dreschen ~ **etmek** 1. mischen 2. **(kitabı)** aufschichten (Druckbogen für ein Buch) ~ **gibi** haufenweise ~ **makinesi** Dreschmaschine *f* *batöz ~ **savurmak** 1. das Getreide worfeln 2. verschwenden, vergeuden Zu 2: s. **har vurup** ~ **savurmak;** ~ **sıçanı** Hamster *m zo.* Cricetus cricetus *hamster ~ **sonu** 1. die nach dem Dreschen liegengebliebenen, mit Staub und Steinen untermischten Ähren und Körner 2. *fig.* die traurigen Überreste e–r urspr. ansehnlichen Menge *spez.* e–s Vermögens ⚲ **sonu dervişlerin.** *hum. Ra.* für denjenigen, der relativ spät kommt, aber doch noch von et. e–n größeren Anteil erhält ~ **taşı** Mühlstein *m* *değirmentaşı ~ **yapmak** 1. e–e (Tee-, Tabak- usw.)Mischung herstellen 2. *fig.* zusammenstellen ~ **yeri** Dreschplatz *m*, Tenne *f* ~ **zamanı** Druschzeit *f*
harmancı 1. Drescher *m* 2. Tabak-mischer bzw. -sortierer *m* 3. wer Druckbogen aufschichtet
harmandalı Name e–s best. Zeybek-Tanzes
harmani [·––]; **harmaniye** [·–··] Umhang, Überwurf *m*, Pelerine *f* *pelerin
harmanlamak 1. mischen 2. im Kreis herumgehen; umkreisen (z.B. e–n Platz) 3. e–n großen Kreis beschreiben (Schiff) 4. aufschichten (fertige Druckbogen für ein Buch)
harmanlanmak 1. Pass. zu **harmanlamak** 2. e–n Hof bekommen (Mond)
harmoni 1. Harmonie *f* 2. (*a.* ~ **teorisi**) Harmonielehre *f*
harmonik *a. math., phys.* harmonisch *müellef **-ler** *mus.* Flageolett(-töne *pl.*) *n*
harmonili harmonisch
harmonisiz unharmonisch, nicht harmonisch ~ **oran** *math.* nicht-harmonisches Verhältnis *nispeti muzaafa
harmonyum [·×·] *mus.* Harmonium *n*
harnup s. **harup**
harp (I), **-pı** 1. s. **harpa** 2. **(kuşu)** s. **lir kuşu**
harp (II), **-bi** 1. Krieg *m* *savaş 2. *abus.* Schlacht *f* (*korrekter:* **muharebe**) 3. *V* Spiel *n* ~ **açmak** den Krieg eröffnen ⚲ **Akademisi** Kriegsakademie *f* ~ **bandırası** *naut.* Kriegsflagge *f* ~ **ceridesi** Kriegstagebuch *n* ~ **darp** Kriegsgetöse *n*, Schlachtenlärm *m* ~ **dışı** 1. nicht-kriegführend 2. kriegsversehrt ~ **dışı etmek** *mil.* außer Gefecht setzen ~ **dışı kalmak** sich nicht am Krieg beteiligen ~ **dışı olmaklık** *jur.* Zustand *m* der Nicht-Kriegführung ~ **divanı** s. **divanıharp** *askerî mahkeme ~ **durumu** Kriegslage *f* ~ **ertesi** Zeit *f* nach dem Krieg, Nachkriegszeit *f* ~ **esiri** Kriegsgefangener *savaş tutsağı ~ **etmek** Krieg führen ~ **fenni** Kriegskunst *f* ~ **ganaimi** (*od.* **ganimetleri**) Kriegsbeute *f* ~ **gemisi** Kriegsschiff *n* ~ **hali** Kriegszustand *m* ~ **harici** s. ~ **dışı;** ~ **hazırlığı** Kriegsvorbereitung *f* ~ **hedefi** Kriegsziel *n* ~ **hıyaneti** Kriegsverrat *m* ~ **hilesi** Kriegslist *f* ~ **hükümleri** Kriegsgesetze *pl.* ~ **iktisadiyatı** Kriegswirtschaft *f* ~ **ilâhı** Kriegsgott *m* ~ **ilânı; ilânı-** Kriegserklärung *f* ~ **istikrazı** Kriegsanleihe *f* ~ **kaçağı** Bann-ware *f*, -gut *n*, Konterbande *f* ~ **kanunları** Kriegsrecht *n* ~ **kazançları vergisi** Kriegsgewinnsteuer *f* ~ **kudreti** Wehrkraft *f* ~ **limanı** Kriegshafen *m* ~ **malulü** Kriegs-verletzter, -versehrter, -beschädigter ~ **malzemesi** Kriegs-bedarf *m*, -gerät *n* ~ **meydanı** Schlachtfeld *n* *muharebe meydanı ~ **mükellefiyeti** *selt.* Kriegsdienst-, Wehr-pflicht *f* ~ **mükellefiyetleri** s. **tekâlifi harbiye;** ~ **müşevvikı** Kriegshetzer *m* ⚲ **Okulu** Kriegsschule *f* *Harbiye (Mektebi) ~ **oyunu** *mil.* Kriegsspiel *n* ~ **potansiyeli** Kriegspotential *n* ~ **sahnesi** Kriegsschauplatz *m* ~ **sanayii** Rüstungsindustrie *f* ~ **sebebi** *jur.* Kriegsgrund *m*, Casus belli *m* ~ **sigortası** Kriegs(schäden)versicherung *f* ~ **suçlusu** Kriegsverbrecher *m* ~ **tahrikçisi** Kriegs-hetzer, -treiber *m* ~ **tazminatı** Kriegsentschädigung *f* ~ **tebliği** Kriegsbericht *m* ~ **teçhizatı** Kriegsausrüstung *f* ~ **zararları** Kriegsschäden *pl.* ~ **zengini** Kriegsgewinnler *m* **-e gir(iş)mek** in den Krieg eintreten **-e sürükleek** (*od.* **sokmak**) in den Krieg hineinziehen **-i intikal ettirmek** (bir yere) den Krieg verlegen (nach), hineintragen (in) **-in sevk ve idaresi** *mil.* Kriegführung *f* **-ten hariç kılmak** *mil.* außer Gefecht setzen **-ı umumî** s. **umumî** ~
harpa [×·] *mus.* Harfe *f*
harpacı [×··] Harfenspieler(-in *f*) *m*, Harfenist(-in *f*) *m*
harpçı (I) *va. a.* **harpcû** kriegslüstern, zum Krieg hetzend
harpçı (II); **harpist, -ti** s. **harpacı**

harpiya [·×·] Harpyie *f zo.* Thrasaetus harpiya **≗lar** *n.pr. griech. Myth.* Harpyien *pl.*
harpöncesi, -ni Vorkriegs- ~ **devri** Vorkriegszeit *f*
harpperver kriegerisch, kriegslüstern
harpperverlik kriegerischer Geist
harpsonrası, -nı Nachkriegs- ~ **devri** Nachkriegszeit *f* ~ **dünyası** Welt *f* nach dem Krieg
harpuşta [·×·] s. **beşik çatı**
Harputlu Typ *m* des kurdischen, dummen, aber stolzen Nachtwächters im Karagözspiel
harradak [×··] s. **har har**
harrangürra s. **harrengürra**
hârre *ar. Fem.* zu **hâr** (III); s. a. **memaliki** ~
harrengürra [··×–] *Adv.* lärmend und oberflächlich
hars 1. *urspr.* Boden-bestellung *f*, -anbau *m* 2. (nationale) Kultur *kültür
harsen [×·] *va. Adv.* in kultureller Hinsicht
harsî *va.* kulturell *kültürel
harsiyat, -tı [·–] *va.* Kulturkunde *f*
harşef *va.* 1. s. **balık pulu** 2. s. **enginar** (1)
harşefiyülcenah [··–··–] s. **pulkanatlılar**
hart hart *od.* **hart hurt** (Lm. e–s geräuschvollen Essens od. e–s Sich-Kratzens) 1. knabbernd, krachend, knirschend 2. schmatzend 3. vernehmlich, ungeniert
harta(-cı) s. **harita(-cı)**
hartadak [×··] (Lm. e–s plötzlichen und lauten Beißens, Schnappens od. Reißens) 1. schnapp! happ! haps! 2. ratsch!
hartama (Dach-)Schindel *f*
hartavi *fr.* Filzhelm *m* der türk. Kavallerie
hartuç, -cu 1. *mil.* Kartusche *f* 2. Zierrahmen *m* (mit Inschrift) (z. B. auf Wappen)
Hartum *n.pr.* Chartum
harubiye [ū] aus Johannisbrot hergestelltes Erfrischungsgetränk
harun(-lamak) s. **harın(-lamak)**
Harun [––] *n.pr.* 1. Aaron (Bibel) 2. **(-ürreşit)** Harun al Raschid
harup, -bu [ū] s. **keçiboynuzu;** ~ **şerbeti** s. **harubiye**
harurî [·––] *phys.* Wärme-, thermisch, kalorisch *ısıl ~ **şualar** Wärmestrahlen *pl.*
Harut ile Marut *isl. Myth.* zwei sündige und bestrafte Engel (vgl. Koran, Sure 2 Vers 96)
Harzem s. **Harezm**
harzemiye Algorithmus *m* *algoritma, Horzumlu yolu
has, -ssı [–] 1. zukommend, charakteristisch, eigen(-tümlich), besonder-, speziell 2. *math.* eigentlich, Eigen- 3. im persönlichen Dienst e–s Herrschers stehend od. e–m Herrscher als Privateigentum gehörig; kaiserlich, königlich, fürstlich, Privat-, Garde-, Leib- 4. unverfälscht, echt, rein, ohne fremde Zusätze von der besten Qualität, von echtem Schrot und Korn 5. *fr.* gehobene Gesellschaftsschicht od. dieser angehörig; privilegiert, vornehm, hervorragend 6. (in frühosm. Zeit) Lehen *n*, dessen Jahresertrag 100 000 Asper überschritt 7. s. **başmaklık;** s. das Stw. **hil'at** Zu 1: **şahsına** ~ **olan nezaketle** mit der ihm eigenen Höflichkeit ~ **ahır** *fr.* Pferdestall *m* des Sultans ~ **ahırdan yemek** s. ~ **işlemek;** ~ **balık** *dial.* s. **bıyıklı balık;** ~ **boya** echte Farbe; Pflanzenfarbe *f* ~ **ekmek** feinstes Weißbrot ~ **isim** *gr.* Eigenname *m* ~ **işlemek** *F* auf Kosten anderer essen und trinken ~ **keklik** s. **kınalı keklik;** ~ **kıymet** *math.* Eigenwert *m* (e–r Integralgleichung) ~ **nokta** *math.* eigentlicher Punkt ~ **oda** *fr.* Leibwache *f* des Sultans (aus 40 Offizieren bestehend) ~ **odalık** *fr.* oberste Favoritin (im Sultanspalast) ~ **un** feinstes weißes Mehl (00 ausgemahlen) **gayri** ~ **nokta** *math.* uneigentlicher (unendlich ferner) Punkt
hasa (bezi) Leinenbatist *m* (*spez.* Hemdenstoff), Madapolam *m, n,* Kaliko *m;* s. a. **çifte** ~**; hümayun**
Hasan *mV spez.* Enkel Mohammeds ~ **Hüseyin düşmanı olmak** *F hum.* j–m nichts zu trinken geben
Hasanbey *reg.* (Manisa) e–e best. dauerhafte Zuckermelonenart
Hasankeyif tütünü *reg.* (Maraş, Gaziantep) e–e Art Bauerntabak (Nicotiana rustica)
hasar [·–] Schaden *m*, Beschädigung *f*, Einbuße *f*, Verlust *m* **Fırtına limanda çok -a sebep oldu.** Der Sturm hat im Hafen viel Schaden angerichtet. **Dolu, ekine** ~ **verdi.** Das Getreide hat durch Hagel stark gelitten. ~ **görmek** s. **-a uğramak;** ~ **husule getirmek** Schaden verursachen ~ **yapmak** (*od. va.* **ika etmek**) Schaden anrichten **-a uğramak** *od.* **-a maruz kalmak** Schaden (od. Verluste) erleiden, be-, ge-schädigt werden, (viel) einbüßen **-a uğratmak** Schaden (od. Verluste) zufügen, (be-)schädigen, (viel) einbüßen lassen
hasarat, -tı [·––] *va. Pl.* zu **hasar;** ~ **yapmak** Schaden anrichten (z. B. Erdbeben)
hasardide [·––·] *z. va.* wer od. was Schaden erlitten hat: 1. Geschädigter 2. beschädigt
hasarzede [·–··] *va.* zertrümmert, zerstört
hasaset, -ti [·–·] *va.* 1. Geiz *m*, Knauserigkeit *f* *cimrilik 2. Gemeinheit, Niedertracht *f* *alçaklık, bayağılık
hasat, -dı 1. Schneiden *n* mit Sichel od. Sense, (Ab-)Mähen, (Ab-)Ernten *n*, Ernte *f* 2. **(vakti)** Erntezeit *f* *orak mevsimi 3. die geernteten Feldfrüchte; Ernte *f* 4. *fig.* Ertrag *m* Zu 1: **çayırların -ı** Heuernte *f* ~ **etmek** mit der Sichel od. Sense schneiden, mähen, ernten ~ **humması** s. **çamur humması**
hasât, -tı *va.* Stein *m* *taş **-ı kilyeviye** *va. med.* s. **böbrek taşı**
hasatçı Schnitter(-in *f*) *m*, Erntearbeiter(-in *f*) *m*
hasatçılık, -ğı Erntearbeit *f*
hasbel- (nur mehr in ält. Füg.) s. **göre, gereğince, dolayı; -beşeriye** [····–·] aus humanitären Gründen; aus purer Menschlichkeit **-icap** [··––], **-iktiza** [····–] gezwungenermaßen, notgedrungen; in Anbetracht der gegebenen Lage **-imkân** soweit wie möglich **-insaniye** [····––·] s. **-beşeriye; -lüzum** [···–] s. **-icap; -meslek** aus beruflichen Gründen **-mevsim** in Anbetracht der Jahreszeit **-vazife** [···–·] von Amts wegen; pflichtgemäß
hasbennezake [···–·] *va.* aus Höflichkeit
hasbetenlillah [×···–] um Gotteslohn, aus reiner Nächstenliebe, uneigennützig, umsonst, gratis, kostenlos *fisebilillah
hasbıhal, -li [··–] 1. gegenseitiges Schildern der eigenen Lage 2. Beratschlagung *f* 3. Besprechung, Unterhaltung *f* ~ **etmek** *od.* **-de bulunmak** 1. sich gegenseitig sein Herz ausschütten, einander sein Leid klagen *dertleşmek, halleşmek 2. beratschlagen 3. eine Besprechung (Unterredung) haben
hasbî 1. freiwillig und unentgeltlich, uneigennützig 2. grundlos, unbegründet, unberechtigt, ungerechtfertigt ≗ **azar işitti.** Er ist zu Unrecht gescholten worden. ~ **çalışmak** freiwillig und ohne Entgelt arbeiten ~ **geçmek** *V* sich um nichts kümmern, *F* sich den Teufel an et. kehren
hasbîlik 1. freiwillige und unbezahlte Arbeit 2. *fig.* Uneigennützigkeit *f*, Idealismus *m*
hasbinallah [···–] *z. va.* Wir wollen auf Gott vertrauen und Geduld haben!
hasbi peniz *Zig.* Red leise!
hasbülferman [···–] *fr.* gemäß dem Erlaß des Sultans
hasebiyle [··×·] wegen, in Anbetracht, auf Grund (von), da, weil
hasede (*va. Pl.* zu **hâsit**) Neider *pl.*
haseki [–·–] *fr.* 1. im persönlichen Dienst des Sultans stehend, Leib-, Flügel- 2. *spez.* ein Mitglied der aus den

bostancı gebildeten Leibwache des Sultans 3. *hist.* Favoritin *f* des Sultans ~ **ağası** *fr.* ein Offizier der Leibwache des Sultans (höhere Ränge: ~ **kethüdası; bostancı başhasekisi; bostancıbaşı**); ~ **baratası** *va.* s. **hasekiküpesi;** ~ **kadın** e–e Favoritin des Sultans, die ihm e–e Tochter geboren hatte ~ **kethüdası** vgl. ~ **ağası;** ~ **sultan** *hist.* Favoritin *f* des Sultans *spez.* die ihm e–n Sohn geboren hatte

hasekiküpesi, -ni 1. gemeine Akelei *bot.* Aquilegia vulgaris 2. s. **büyük çançiçeği**

hasenat, -tı [··–] (*va. Pl.* zu **hasene**) gute Taten od. Werke *pl.* der Nächstenliebe

hasene *va.* 1. schön, gut 2. Schönheit, Güte *f* 3. gutes Werk, Wohltat *f* 4. e–e osm. Goldmünze 5. ♀ *wV*

hasep, -bi *va.* Verdienst *n*, persönliche Fähigkeiten *pl.* ~ **ve nesep** *z. va.* Ansehen *n* e–s Menschen auf Grund seiner persönlichen Fähigkeiten und seiner Abstammung

haset, -di (gehässiger) Neid ~ **etmek** (b–ne) beneiden; neidisch sein (auf) **-ten çatlamak** vor Neid schier umkommen

hasetçi neidisch; Neider(-in *f*) *m*

hasetlenmek neidisch werden

hasetlik neidisches Verhalten

hasetsiz neidlos, ohne Neid

hasıl *P* grüne (Gersten-)Saat (Grünfutter)

hâsıl 1. sich ergebend, sich einstellend, zustandekommend, herrührend; entstanden, gewonnen 2. Ergebnis, Resultat *n* 3. Erzeugnis, Produkt *n*, Ertrag, Gewinn *m* 4. Überbleibsel *n*, Rest *m* 5. Kern *m* (e–r Darlegung) ~ **etmek** ergeben, hervorrufen, zustandebringen, entstehen (od. gewinnen) lassen; erzeugen, erwecken (z.B. Eindruck), liefern, zeitigen (z.B. Ergebnis) ~ **olmak** sich ergeben, sich einstellen; zustandekommen, entstehen, gewonnen werden (**Bu hastalık pislikten** ~ **olur.** Diese Krankheit entsteht im Gefolge von Unreinlichkeit. **Müzakereden amelî bir netice** ~ **olmadı.** Die Besprechung hat kein greifbares Ergebnis geliefert, gezeitigt.) **-ı** s. ges. Stw. **-ı tahsil etmek** schaffen, was bereits existiert *d.h.* seine Mühe vergeuden **-ı cemi** *math.* Summe *f* (e–r Addition) **-ı kelâm** *va.* schließlich, kurz und gut **-ı mastar** *gr.* Verbalsubstantiv *n* **-ı taksim** *math.* Quotient *m* **-ı tarh** *math.* Differenz *f* **-ı zarp** *math.* Produkt *n* *çarpım

hâsıla [–··] Ergebnis *n*, Frucht *f*, Produkt *n*

hâsılat, -tı [–·–] *Pl.* Ertrag *m*, Erträgnisse *pl.*, Produktion *f*, Einkünfte *pl.* ~ **icarı** *jur.* Pacht *f*

hâsılatlı [–·–·] ertragreich, ergiebig, rentabel

hâsılatsız [–·–·] unergiebig, unrentabel

hâsılı [×··] mit e–m Wort, kurz und gut

hasıllanmak 1. sprießen, aufschießen (Saat) 2. in die Höhe schießen (Kind)

hasıllı *hist.* e–e Rangklasse bei Dienern im Serail

hâsılsız *va.* keinen Gewinn bringend, unvorteilhaft, nutzlos, ergebnislos

hâsılülemir [×··×·] *va.* Kern *m* der Sache

hasım, -smı 1. Gegner *m* 2. Feind *m* 3. gegnerisch, feindlich ~ **kale** *Fb.* gegnerisches Tor ~ **taraf** *jur.* Gegenseite *f*, (Prozeß-)Gegner *m* **-ı can** *va.* Todfeind *m*

hasımlaşmak zum Gegner werden; sich feindselig zeigen

hasımlık 1. Gegnerschaft *f* 2. Feindlichkeit *f*, Feindseligkeit *f* 3. Feindschaft *f* *(1–3) husumet

hasır (I) 1. (Rohr-, Stroh-, Schilf- usw.)Matte *f* 2. ganz od. teilweise aus Rohr- od. Stroh-geflecht bestehend, Rohr-, Stroh-, Korb- ~ **eskileri** 1. alte Strohmatten, Überreste od. Fetzen *pl.* von Strohmatten 2. *fig.* alter Kram 3. *hum.* (Verdrehung von **hazretleri**); ~ **etmek** (*od.* **-a sarmak**) *V* stehlen, entwenden, klauen ~ **gibi serilmek** in großer Menge ausgebreitet werden ~ **halat** *naut.* Kokostau *n* *gombar ~ **işi** Flechtwerk *n* ~ **kaplamak** mit Rohrgeflecht überziehen ~ **kılıf** Strohgeflecht *n* (als Flaschenschutz) ~ **koltuk** Korbsessel *m* ~ **olmak** *V* verlieren (im Spiel) ~ **ovası** *fr.* Strohmatte *f* (zur Verabreichung der Bastonade; *a.* der Garten im Topkapı Sarayı für die gleiche Strafe) ~ **örgü** Geflecht *n* (aus Stroh usw.) ~ **sandalye** Rohr-, Korb-stuhl *m* ~ **süpürge** Strohbesen *m* ~ **şapka** Strohhut *m* ~ **yelken** *naut.* Luggersegel *n* **-lara sarılmak** (*od.* **yatmak**) *Ch.* keine „Fuhre" haben (an e–m best. Tag)

hasır (II), **-srı** 1. Beschränken, Begrenzen *n* 2. Widmen *n*

hasıraltı, -nı (absichtliche und ungerechtfertigte) Verzögerung, Verschleppung *f* (z.B. e–s Gesuches) ~ **etmek** verzögern, verschleppen, auf die lange Bank schieben; liegenlassen (Behörde ein Gesuch) ~ **olmak** (*od.* **-na gitmek**) Pass. zu ~ **etmek** (**Dilekçeniz** ~ **oldu.** Ihr Gesuch schlummert in irgendeiner Schublade.)

hasırcı 1. Matten-flechter, -verkäufer *m* 2. *V* Dieb, Langfinger *m*

hasırcılık Flechten *n* od. Verkauf *m* von Matten

hasırlamak 1. mit Matten auslegen od. bedecken 2. mit Korbgeflecht versehen

hasırlı 1. mit (Stroh-)Matten ausgelegt (z.B. Zimmer) 2. (*a.* ~ **şişe**) Korbflasche *f*

hasırotu, -nu 1. s. **saz kamışı** (1) 2. die Zypergrasart Cyperus alopecuroides 3. Wasserliesch *n bot.* Butomus umbellatus

hasırotugiller Binsengewächse *pl. bot.* Juncaceae

hasırsazı, -nı Binse *f bot.* Scirpus cernuus u.a.

hasırsazıgiller Riedgräser *pl. bot.* Cyperaceae

hasif [ī] *va.* blaß, bleich

hasip, -bi [ī] 1. *va.* wer persönliche Fähigkeiten besitzt; verdienstvoll 2. ♀ [×·] *mV*

hâsir *va.* erfolglos, enttäuscht, mit leeren Händen

hasis [ī] 1. knauserig, knickerig, geizig *cimri, pinti 2. niedrig, gemein, gewöhnlich, kleinlich (z.B. Vorteile) ~ **ruhlu** engherzig, kleinlich denkend

hasislik [·–·] 1. Knauserigkeit, Knauserei, Knickerigkeit *f*, Geiz *m* *cimrilik, pintilik 2. kleinlicher Charakter

hâsit, -di *va.* neidisch; Neider(-in *f*) *m*

hasiyet, -ti [ā] 1. Eigentümlichkeit, Eigenheit, (besondere) Eigenschaft *f* 2. *mel.* gute Eigenschaft; Bekömmlichkeit *f*, Nutzen *m*

hasiyetli [ā] bekömmlich (Speisen od. Getränke)

haskefal (balığı) s. **dubar**

Hasköy *n.pr.* 1. Stadtteil von Istanbul am Goldenen Horn mit vorwiegend jüdischer Bevölkerung 2. die bulgarische Stadt Chaskowo

haslet, -ti *mst. mel.* angeborene (gute) Eigenschaft, (gute) Anlage; s.a. **müşahede -i**

hasmane [·–·] feindlich, feindselig ~ **hareket** feindselige Haltung ~ **himaye ve yardım** *jur.* Unterstützung *f* des Feindes, Vorschubleisten *n* ~ **nümayişler** feindselige Demonstrationen *pl.*

hasna [·–] *z. va.* wunderschön (Frau, Mädchen), Schönheit *f*

haspa ausgelassenes, lebenslustiges, junges Ding (Frau, Mädchen), Schelm *m; gel. a. leicht pej.* Frauenzimmer *n* **-mın** (*od.* **-nın**) **kökü** *iron.* (*etwa:*) Weibchen, Dämchen *n*

haspetenlillah s. **hasbetenlillah**

hasren [×·] *va. Adv.* unter Beschränkung (auf)

hasret, -tı 1. Vermissen, Entbehrenmüssen *n* 2. Sehnsucht *f* 3. (e–r Sache) beraubt 4. *P* wer Sehnsucht hat; sehnsüchtig Zu 2: **senin -inden** aus Sehnsucht nach dir ~ **çekmek** Sehnsucht haben (nach) (**Aile -i çekiyor.** Er sehnt sich nach seiner Familie. **Dünya, sulhün -ini çekiyor.** Die Welt sehnt sich nach Frieden.) ~ **etmek** 1. entbehren lassen 2. Sehnsucht erwecken ~ **gitmek** sterben, ohne seine Sehnsucht erfüllt zu sehen ~ **kalmak**

(bşe) et. entbehren müssen ~ **kavuşturan** Zug *m* *tren **-ine kavuşmak** mit j–m zusammenkommen, den man lange Zeit sehnsüchtig gesucht od. erwartet hat
hasretkeş *va.* wer et. od. j–n vermißt, wer sich nach et. od. j–m sehnt, sehnsüchtig
hasretlenmek s. **hasret çekmek**
hasretli 1. s. **hasretkeş** 2. Ersehnte *m, f*
hasretlik, -iği schmerzliche Trennung *ayrılık **Karısının -ine dayanamadı.** Er konnte die Trennung von seiner Frau nicht verwinden.
hasretmek [×··] 1. beschränken, begrenzen, einschränken (auf) 2. widmen, weihen
hasretzede *va.* von Sehnsucht erfüllt; vergrämt
hasrütahdit, -di [···–] *va.* Be-, Ein-schränkung, Begrenzung *f* ~ **etmek** *va.* be-, ein-schränken, begrenzen
hassa [–·] 1. Eigentümlichkeit, Eigenheit *f* (besondere) Eigenschaft od. Fähigkeit *f* 2. s. **has** (3, 6) 3. *hist.* Leibwache *f* des Sultans; Garde *f* 4. s. **hasa;** ~ **alayı** Leib-, Garde-regiment *n* ~ **askeri** 1. Gardesoldat *m* 2. Garde *f* ~ **muhafızı** *hist.* Leibwächter *m* ~ **orduyu hümayunu** *fr.* Leibwache *f* des osm. Sultans **-i nutuk** (*od.* **tekellüm**) *va.* Gabe *f* des Sprechens **-i şifaiye** gute gesundheitliche Wirkung, Bekömmlichkeit *f* (z.B. e–s Getränks)
Hassa *n.pr.* O. u. D. im Rbz. Hatay
hassalı bekömmlich, zuträglich
hassas [·–] 1. empfindlich, sensibel *duyar, duygun 2. empfindlich, leicht gekränkt 3. empfindsam, gefühlvoll 4. genau gehend (Uhr), Fein-, Präzisions- 5. (bş karşısında) empfänglich, zugänglich (für) ~ **alet** Präzisionswerkzeug, -gerät *n* ~ **bulunmak** schnell reagieren, rasch zupacken (z.B. Polizei) ~ **kalp** empfindsames Herz ~ **mihanik** Feinmechanik *f* ~ **nokta** *fig.* neuralgischer Punkt ~ **sürgü mekanizması** Präzisionssteuerung *f* ~ **teline basmak** (b–nin) *fig.* j–n an seiner empfindlichsten Stelle treffen, *F* j–m auf die Hühneraugen treten ~ **terazi** Gold-, Fein-, Präzisions-, Apotheker-waage *f*
hassasiyet, -ti [·–··] 1. Empfindlichkeit *f* (*a.* z.B. e–s Films), Sensibilität, Sensitivität *f* *duyarlık 2. Empfindlichkeit *f* (e–s Menschen) 3. Empfindung(-svermögen *n*) *f*, (feines) Gefühl; Empfindsamkeit *f* 4. reges Interesse 5. pedantisches, kleinliches Wesen Zu 4: **≗inizi takdirle karşılarız.** Für Ihr reges Interesse sind wir Ihnen sehr verbunden.
hassaslaşmak empfindlich reagieren
hassaslaştırmak *phot.* lichtempfindlich machen; sensitivieren
hassaslık [·–·] s. **hassasiyet**
hassaten [×··] *z. va.* besonders, insbesondere, speziell, vor allem *bilhassa
hasse s. **hasa (bezi)**
hâsse Sinn(-esempfindung *f*) *m* *duygu, duyum **-i selime** s. **aklıselim, sağduyu**
hâssevî *va.* Sinnes-, Empfindungs-, sensorisch
hassiyet, -ti s. **duygululuk**
hasta 1. krank, leidend; Kranke *m, f*, Patient(-in *f*) *m* 2. *V* ohne Geldmittel, pleite, abgebrannt 3. *V Spk.*, die im Pasetaspiel nicht gewinnt 4. *Sch.* nicht vorbereitet, „schwach auf der Lunge" (Schüler) 5. leidenschaftlicher Anhänger, Fan *m* 6. *F* geistesgestört, verrückt Zu 5: **futbol -sı** Fußballnarr *m* ≗ **ağırlaşıyor.** Es wird schlimmer mit dem Kranken. Die Krankheit nimmt e–e gefährliche Wendung. ~ **arabası** *mil.* Krankenwagen *m* ~ **düşmek** s. **hastalanmak;** ~ **etmek** s. **hastalandırmak;** ~ **koğuşu** Revierstube *f* ~ **koltuğu** Kranken-, Roll-stuhl *m* ~ **mizaç** kränklich *hastalıklı ~ **nakliye müfrezesi** *mil.* Krankentransportabteilung *f* ~ **nakliye otomobili** Sanitätsauto *n* ~ **olmak** s. **hastalanmak;** ~ **tecemmü** (*od.* **toplanma**) **merkezi** *mil.* Krankensammelstelle *f* ~ **teskeresi** Krankentragbahre *f* ~ **treni** *mil.* Lazarettzug *m* ~ **vagonu** *mil.* Krankenwaggon *m* ~ **vesikası** *mil.* Begleitzettel *m* ≗ **yatan ölmez, eceli yeten ölür.** *Spr.* Auch ein kranker Mensch stirbt nur dann, wenn es ihm bestimmt ist. **-sı olmak** (bşin) versessen sein (auf), vernarrt sein (in) **-ya bakmak** den Patienten pflegen **≗ya çorba sorulur mu?** *Spr. od.* **≗ya döşek sorulmaz.** *Spr.* Das versteht sich von selbst. **-yı okutmak** den Kranken besprechen lassen (mit Zaubersprüchen behandeln lassen)
hastabakıcı 1. Krankenpfleger *m* 2. **(hemşire)** Krankenpflegerin, -schwester *f*
hastabakıcılık 1. Krankenpflege *f* 2. Beruf *m*, Tätigkeit *f* e–s (e–r) Kranken-pflegers (-pflegerin)
hastahane s. **hastane**
hastalandırmak erkranken lassen, krank werden lassen, krank machen *hasta etmek
hastalanmak erkranken, krank werden *hasta düşmek
hastalık, -ığı 1. Krankheit *f*, Leiden *n* 2. Leidenschaft, Besessenheit *f* 3. Geistesverwirrung *f*, „Vogel" *m* ~ **almak** sich e–e Krankheit zuziehen (holen), angesteckt werden ~ **çekmek** an e–r Krankheit leiden, krank sein ~ **hastalığı** Hypochondrie *f* ~ **hastası** eingebildeter Kranker; Hypochonder *m* *merakî ≗ **kantarla girer, miskalle çıkar.** *Spr.* E–e Krankheit hat man schnell weg; die Heilung geht (meist) nur langsam vor sich. ~ **kapmak** s. ~ **almak; -a karşı sigorta** Krankenversicherung *f* **-a tutulmak (uğramak, duçar olmak)** von e–r Krankheit befallen werden **-a vurmak** sich krankstellen, (e–e Krankheit) simulieren ≗ **nüksetti.** Er hat e–n Rückfall bekommen. **-ın seyri** Krankheitsverlauf *m* **-lar bilimi** s. **patoloji; -tan kalkmak** wieder gesund werden; genesen, vom Krankenbett aufstehen
hastalıklı 1. kränklich, leidend (ohne dauernd bettlägerig zu sein) *mariz 2. mit (übertragbarer) Krankheit behaftet
hastane [·–·] Krankenhaus, Spital *f*, Klinik *f*, *mil.* Lazarett *n* ~ **gemisi** *mil.* Lazarettschiff *n* ~ **otomobili** Krankenauto *n* ~ **treni** *mil.* Lazarettzug *m* ~ **vagonu** *mil.* Lazarettwagen *m* **-de yatmak** im Krankenhaus liegen **-ye yatırmak** im Krankenhaus unterbringen
hastaneciler Krankenhauspersonal *n*
hastanelik: ~ **etmek** (döverek) j–n so zusammenschlagen, daß er ins Krankenhaus gebracht werden muß
Hastir (< ha siktir)! *V* Scher dich zum Teufel! *Defol!
hasut, -du [ū] neidisch; Neider(-in *f*) *m*
hasühas [–·–] s. das Stw. **hil'at**
haş [ā] *va.* Kehricht *m*, kleiner Abfall; s.a. **hurdahaş**
haşa 1. *mil.* Woilach *m* (wollene Decke als Sattelunterlage od. zum Zudecken von Pferden) 2. *fr.* (*mst.* reich verzierte) Schabracke *f*, Satteldecke *f*
hâşa [×–] 1. (*va. a.* ~ **ve kellâ**) Gott bewahre! Um Gottes willen! Gewiß (durchaus) nicht! Ganz und gar nicht! *asla, hiç de öyle değil, ne gezer, yok a canım 2. Ausdruck der Ehrerbietung bei der Erwähnung e–s ketzerischen Gedankens od. e–r freimütigen Äußerung Zu 2: ≗ **Allah bir olacak yerde iki olsaydı ...** Wenn es nicht einen Gott, sondern zwei Götter gäbe ... ~ **huzur(unuz)dan** *od. va.* ~ **min (el) huzur** *od. z. va.* ~ **huzuru âlinizden** *od. P* ~ **sözüm tavandan dışarı** Entschuldigen Sie bitte den unziemlichen Ausdruck! Mit Verlaub gesagt! ~ **hürmetinize** ohne Sie beleidigen zu wollen ~ **sümme** ~ *va. Verst.* von ~
haşalı mit (nb.) Schabracke **sırma** ~ **hayvanlar** Pferde *pl.* mit goldgestickten Schabracken
haşarat, -tı [··–] *Pl.* zu **haşere** 1. Insekten *pl.* *böcekler 2. Ungeziefer *n* 3. *fig.* widerwärtige Menschen *pl.*, Pack *n*, Brut *f* ~ **kumkuması** von Ungeziefer wimmelnder Ort

haşarı 1. ungezogen, ungebärdig, unbändig (*spez.* Kinder), ein rechter Tunichtgut 2. wild, widerspenstig (Pferd)
haşarılaşmak 1. ungezogen (unbändig, ungebärdig, zügellos) werden 2. nur mehr schwer zu zügeln sein, wild, widerspenstig werden (Pferd)
haşarılık 1. Ungezogenheit, Ungebärdigkeit *f* 2. Wildheit, Widerspenstigkeit *f* (e–s Pferdes)
haşat, -tı *V* 1. *(Ch.)* altes, abgefahrenes Auto, Klapperkasten *m* 2. schlecht, unbrauchbar, mies ~ **etmek** *V* ruinieren, kaputtmachen ~ **olmak** *V* übel daran sein
haşebe *va.* Stück *n* Holz
haşebî *va.* 1. holzartig, Holz- 2. strauchartig, Strauch *(1, 2) ağaçsıl 3. aus Holz, hölzern 4. *fr.* holzhaltiges Papier
haşebiyet, -ti *va.* Holz(halt)igkeit *f*
haşefe 1. *an.* Eichel *f* (am Penis) 2. s. **başçık** 3. Riff *n*, Klippe *f* ~ **iltihabı** *med.* Eicheltripper *m*, Balanitis *f*
hâşelillah *va.* s. **Allah korusun!**
haşem *va.* Gefolge *n* (e–s hohen Herrn)
haşeme s. **haşem;** vgl. a. **hademe haşeme**
haşep, -bi *va.* Holz *n* **-i sadık** s. **özodun**
haşepleşmek *va.* verholzen, zu Holz werden
haşerat, -tı s. **haşarat**
haşere *va.* Insekt *n* *böcek
haşhaş (Schlaf-)Mohn *m bot.* Papaver somniferum *afyon çiçeği ~ **tohumu** Mohn(-samen) *m* ~ **yağı** Mohnöl *n*
Haşhaşîler *hist.* Assassinen *pl.*
haşhaşiye s. **gelincikgiller**
haşıl Schlichte *f* (Appreturmasse) ~ **makinesi** Schlichtmaschine *f*
haşıllamak schlichten, appretieren (Stoff)
haşıllı geschlichtet, appretiert (Stoff)
haşım haşım (in Verb. mit **haşlanmak**): **Güneş altından ~ ~ haşlandık.** In der (glühenden) Sonne wurden wir krebsrot.
haşır haşır *od.* **haşır huşur** knisternd, raschelnd
haşırdamak s. **hışırdamak, hışıldamak**
Hâşim *mV*
Hâşimîler *n.pr.* die Dynastie der Haschemiten
Hâşimiye *n.pr. fr.* isl. Mönchsorden; Zweig der Celvetiye
haşin [ī] 1. grob, unfreundlich, schroff (Person, Stimme usw.) 2. hart, streng, scharf (z.B. Maßnahmen)
haşinleşmek ein schroffes Benehmen an den Tag legen
haşinlik Grobheit, Barschheit *f*
haşir, -şri 1. *va.* Zusammen-kommen *n*, -kunft *f* 2. Tag *m* der Auferstehung, Jüngster Tag *kıyamet günü ~ **neşir olmak** (b–le) 1. zusammen sein (mit) 2. *pej.* j–n auf dem Hals haben ≗ **suresi** Name der 59. Koran-Sure
haşiş *urspr.* [ī] 1. Kraut(-pflanze *f*) *n* 2. Heu *n* 3. Haschisch *n* *esrar ~ **otu** indischer Hanf *bot.* Cannabis sativa var. indica
haşişe [ī]; **haşişî** s. **ot(-çul)**
Haşişin s. **Haşhaşîler**
haşiv, -şvi 1. *va.* Füllsel, Füllwerk *n*, Füllung *f* 2. *stil.* überflüssiges Wort, Füllwort *n*, Tautologie *f*, Pleonasmus *m* *artıklama **-i kabih** (unzulässige) Tautologie *f* **-i melih** Perissologie *f* *artımlama **-i mutavassıt** (tragbarer) Pleonasmus **-i müfsit** sinnentstellende Tautologie
haşivli *stil.* überflüssige Worte enthaltend ~ **takdim tehir** *stil.* Hyperbaton *n* *mübalağalı takdim tehir; aşırı evirtim
haşiye [ā] 1. Fußnote, Anmerkung *f* 2. Randbemerkung *f* 3. *va.* Rand, Saum *m*
haşiyelemek mit Anmerkungen versehen
haşiyeli [ā] mit Fußnoten, Randbemerkungen, Anmerkungen, mit Erläuterungen, kommentiert ~ **levha** Buchseite *f* mit goldener Randverzierung (z.B. die ersten beiden Seiten e–s handschriftlichen Korans)
haşlama 1. Vs. zu **haşlamak** 2. (ab-)gebrüht, gekocht 3. gekochtes Fleisch od. abgebrühtes Gemüse ~ **balık** gekochter Fisch
haşlamak 1. (ab-)brühen 2. abschmälzen (mit zerlassenem Fett) 3. a) verbrühen b) vernichten (z.B. Kälte die Pflanzen) 4. kochen, sieden (z.B. Eier) 5. beißen, stechen (z.B. Insekt) 6. ausschelten, auszanken, *F* zusammenstauchen 7. finanziell ruinieren
haşlamlılar *zo.* Infusorien, Aufgußtierchen *pl.* *nakıiye
haşmet, -ti 1. Pracht *f*, Prunk, Pomp *m*, Majestät *f* 2. *va.* vornehmes Verhalten 3. *va.* Bescheidenheit *f* 4. ≗ *mV*
haşmetane [··–·] *va.* Titul. von Kaisern und Königen; s.a. Stw. **zat**
haşmetli 1. prächtig, prunkvoll, majestätisch 2. s. **haşmetlü;** ~ **„Ben" Hazretleri** *F hum.* aufgeblasener Fatzke
haşmetlü Titul. von Kaisern und Königen; Seine Majestät
haşmetmeap, -bı [···–]; **haşmetpenah** [···–] *va.* (Seine) Hoheit, (Seine) Majestät
haşretmek [×··] 1. *va.* zusammenkommen lassen 2. auferwecken (Tote am Jüngsten Tag), auferstehen lassen
haşşaş [·–] *va.* Haschischraucher *m* *esrarkeş
haşviyat, -tı [··–] *stil.* überflüssige Ausdrücke, Füllwörter, Tautologien, Pleonasmen *pl.*
haşyet, -ti 1. Angst, Furcht, Scheu *f* **-ullah** *va.* Gottesfurcht *f*
hat, -ttı 1. Linie *f*, Strich *m* 2. *math.* Linie *f* *(1, 2) çizgi 3. Linie, Verbindung *f* (in e–m Verkehrs- od. Nachrichtennetz), (Eisenbahn-)Gleis *n*, Rohrleitung, Pipeline *f* 4. *Fb.* (Stürmer-, Läufer-)Reihe *f* 5. Schrift *f* *yazı 6. Linie *f*, Zug *m* (im Gesicht) 7. Erlaß *m*, Dekret *n* 8. *va.* erste Barthaare, Flaum *m* 9. *va.* 12. Teil e–s **parmak** (2,5 mm) Zu 3: s. **demiryolu (telefon, telgraf) -ı** Zu 5: **-ı rıka (sülüs, talik)** s. **rıka, sülüs, talik** Zu 7: s. **-ı hümayun;** ~ **bekçisi** Bahn-wärter, -aufseher *m* ~ **boyunca** der Eisenbahn entlang ~ **çekmek** e–e Linie ziehen ~ **genişliği** Gleisbreite, Spurweite *f* ~ **inşa postası** *mil.* Bautrupp *m* ~ **karıştırmak** *V* blamiert dastehen ~ **komiseri** *mil.* Linienkommissar *m* ~ **kumandanı** *mil.* Linienkommandant *m* ~ **personeli** Streckenpersonal *n* (der Eisenbahn) ~ **pilotu** Verkehrsflieger *m* ~ **uçağı** Linienflugzeug *n* **-ın çapı** *mil.* Spurbreite *f* **-ı canibî** s. **yanal çizgi; -ı dahilî** *mil.* innere Linie **-ı haricî** *mil.* äußere Linie **-ı havaî** s. **havaî ~; -ı hümayun** *fr.* Erlaß des Sultans, großherrliches Edikt **-ı içtimaı miyah** *va.* s. **talveg; -ı istiva (üstüva); istiva -ı** *geogr.* Äquator *m* *ekvator, eşlek **-ı istiva aleti** s. **ekvatoral; -ı istivaya ait** s. **ekvatoral; -ı munzam** *mus.* s. **katım çizgisi; -ı mücanip** s. **asimptot. „≗ı müdafaa yoktur, sathı müdafaa vardır; bu satıh bütün vatandır."** „Es gibt keine Verteidigungslinie, es gibt nur e–e Verteidigungsfläche, nämlich das ganze Vaterland." (Atatürk, Juli 1921, nach dem zeitweiligen Rückzug hinter die Sakarya) **-ı ricat** s. **ricat -ı; -ı şerif** s. **-ı hümayun; -ı taksimi miyah** s. **su bölümü çizgisi; -ı vasıl** Verbindungslinie *f* **-ı vasıt** s. **kenarortay**
hata [·–] 1. Fehler *m* 2. *spez.* Rechenfehler *m* 3. Versehen *n*, Irrtum *m* 4. et. Unrechtes (Böses), Unbill, Kränkung *f*, Frevel *m*, Vergehen *n* Zu 4: ~ **işlemek** et. Unrechtes anstellen **Hele çocuğuma ~ gelsin!** (Drohung) Soll meinem Jungen nur einmal et. Böses passieren (*scil.* dann kannst du et. erleben)! ≗ **benden, atâ senden!** Ich bitte um Entschuldigung. ~ **etmek** (*od.* **yapmak**) (e–n) Fehler machen (begehen), sich irren, sich versehen ~ **savap cetveli** Druckfehlerverzeichnis *n* *yanlış doğru cetveli ~ **ve unutma** (*fr.* **nisyan**) **müstesna** *H* Irrtum oder Auslassung vorbehalten **-sını bağışlamak** s. Stw. **bağışlamak; -sını doğrultmak** sich verbessern, sich korrigieren **-ya düşmek** e–n Fehler begehen
Hata *va.* 1. *geogr.* ein Gebiet im nördlichen China (mit Teilen von Ostturkestan, Sibirien, der Mandschurei und

der Mongolei) 2. *(Diwanlit.)* zusammen mit **misk** od. **huten** zur Bez. der Schönheit und des Duftes des Haars der Gelieben **-lar** die in dem Hata-Gebiet wohnenden Mongolen

hatabahş [·–·] *va.* wer e–n Fehler verzeiht (über e–n Fehler hinwegsieht)

hataen [·×·] versehentlich, irrtümlicherweise *yanlışlıkla ~ **katil** *jur.* Totschlag *m*

hatalamak als fehlerhaft bezeichnen

hatalı 1. mangelhaft, fehlerhaft 2. irrig, irrtümlich, unrichtig 3. wer e–n Fehler begangen hat; wer sich in e–m Irrtum befindet

hatap, -bı *va.* Holz *n* **hatabullahı ormanî zırtullahıkermanî** *P* von gottbegnadeter Dummheit

hatar *va.* Gefahr *f*

hatarnak, -ki [··–] *va.* gefahrbringend, gefährlich

hatasız [·–·] fehlerlos ≗ **kul olmaz.** *Spr.* Irren ist menschlich. *Spr.*

hatasızlık [·–··] Fehlerlosigkeit *f*

Hatay *n.pr.* Rbz. in Südanatolien; *fr.* Sandschak *m* Alexandrette ~ **yayınbalığı** e–e *spez.* im Hatay-Gebiet vorkommende Welsart, *zo.* Clarias orontis

Hatayî *va.* 1. auf **Hata** *(q.v.)* bezüglich 2. blaues Seidengewebe 3. *(Ornament)* stilisiertes Laubwerk ~ **sümbül** s. **melekotu**

hatbakıcı Streckenaufseher, Bahnwärter *m*

hatem [ā] *va.* 1. Siegel *n* 2. Jungfernhäutchen *n,* Hymen *n* 3. (Siegel-)Ring *m* 4. a) Ende *n,* Schluß *m* b) letzt- **-i nübüvvet** *va.* Muttermal *n* zwischen Mohammeds Schulterblättern (angebliches Zeichen seines Prophetentums) **-ülembiya** [–····–] *va.* letzter der Propheten (Mohammed)

hatemallah [–··–] *va.* Möge Gott es zu e–m (guten) Ende bringen!

Hatem(-ettaî) *n.pr.* 1. *mV. spez.* ar. Dichter des 6./7. Jh. 2. Prototyp des Reichen, der freigebig spendet

hatemî 1. *va.* freigebig; Freigebigkeit *f* 2. **Hatemi** [–··] *mV*

hatemkâri *va.* s. **gliptik**

hatıl Querbalken *m,* Bohle *f* (in e–r Steinwand), Planke *f* ~ **eki** *techn.* Plankenstoß *m* ~ **vurmak** Bohlen in e–e Wand einlassen

hatıllamak mit Bohlen verstärken

hatır (I) [ā] 1. Gedächtnis *n,* Erinnerung *f* 2. Herz, Gefühl *n* 3. Achtung *f,* Ansehen *n* 4. Gefallen *m,* Gefälligkeit *f* (die man erweist) 5. Gesundheit *f,* Wohl *n,* (körperliches) Befinden 6. Nutzen, Gewinn *m* Zu 6: **Ben bu evi arsanın -ı için aldım.** Ich habe dieses Haus des Grundstücks wegen gekauft. ~ **almak** j–n durch Freundlichkeit für sich gewinnen, j–s Gunst erwerben ~ **bonosu** *H* Gefälligkeitswechsel *m* ~ **etmek** (b–ne) 1. j–m e–e Gefälligkeit erweisen 2. j–n protegieren ~ **gönül** persönliche Rücksichtnahme ~ **gönül bilmemek (saymamak, tanımamak)** 1. *mel.* ohne Ansehen der Person nach Recht und Billigkeit handeln 2. *pej.* nicht das geringste Entgegenkommen bezeugen, rücksichtslos vorgehen ~ **gönül gözetmek** 1. et. aus Gefälligkeit tun 2. *pej.* parteiisch vorgehen ≗ **gönül kalmasın!** Ich darf doch ganz offen sprechen? ~ **için** aus purer (reiner) Gefälligkeit ≗ **için çiğ tavuk (da; bile) yenir.** *Spr.* Was tut man nicht alles aus Gefälligkeit! ~ **incitmek** ärgerlich machen; kränken, beleidigen ~ **perişanlığı** Abgespanntsein *n,* geistige Ermüdung ~ **senedi** s. ~ **bonosu;** ~ **sormak** 1. die üblichen Höflichkeitsfragen stellen (z.B. **Nasılsınız? İyi misiniz?**) 2. e–n Kranken besuchen und sich nach dessen Befinden erkundigen ~ **ve hayale gelmeyen** (*od.* **gelmedik**) 1. woran man nicht im entferntesten denkt 2. unglaublich, unvorstellbar 3. unmöglich vorauszusehen ~ **yapan** gefällig, liebenswürdig, aufmerksam, freundlich **-a dokunmak** s. ~ **incitmek; -a gelmek** einfallen, in den Sinn kommen (können) **-a** (*od.* **hatırühayale**) **gelmemek** j–m nicht entfernt in den Sinn kommen **-a getirmek** s. **-ına getirmek; -a gönüle bakmamak** s. ~ **gönül bilmemek; -a hutur etmek** *va.* s. **-a gelmek; -a toz konmak** verletzt sein, sich beleidigt fühlen (vgl. a. **-ınıza toz konmasın**); **-da kalmak** (*od.* **olmak**) im Gedächtnis bleiben, erinnerlich sein (**-da kalacak surette** *a.*: in einprägsamer Weise **-ında kaldığına göre** soweit mir erinnerlich ist, wenn ich mich recht entsinne **≗ınızda mı, bunlar kaç tane idi?** Ist Ihnen noch erinnerlich, wie viele es waren?) **-da tutmak** im Gedächtnis behalten **-dan çıkarmak** (bşi, b–ni) 1. e–r Sache od. e–r Person nicht mehr gedenken, et. od. j–n vergessen 2. vernachlässigen (z.B. Freundschaft) **-dan çıkmak** 1. vergessen werden 2. vernachlässigt werden **-ı için** ihm zu Gefallen, ihm zuliebe **-ı kalmak** (b–nin) gekränkt (verletzt, ungehalten, *F* böse) sein (**≗ınız kalmasın!** Bitte seien Sie nicht beleidigt! Nehmen Sie es bitte nicht übel!) **-ı olmak** geachtet, geschätzt werden (**≗ım yok mu?** Zähle ich gar nichts mehr?) **-ı sayılır** 1. beachtenswert, beachtlich, in stattlicher Zahl, recht viel (od. groß), ungewöhnlich, auffällig, bemerkenswert 2. angesehen, geachtet, geehrt (Persönlichkeit) **-ına bakmamak** (b–nin) keine Rücksicht nehmen (auf) **-ına gelmek** (b–nin) sich e–r Sache entsinnen können, sich erinnern können (an), j–m einfallen **≗ına bir şey gelmesin!** Man möge mir keine schlechten Gedanken unterstellen! **-ına getirmek** (kendi *bzw.* b–nin bşi) sich (*bzw.* e–m andern) et. ins Gedächtnis (zurück-)rufen, sich (*bzw.* e–n andern) an et. erinnern **-ına tebadür etmek** *va.* j–m (als erstes) in den Sinn kommen, einfallen **-ında kalmak** (*od.* **olmak**) (b–nin) s. **-da kalmak** (*od.* **olmak**); **-ından çıkmak** dem Gedächtnis entschwinden, vergessen werden (**Tarihi -ımdan çıktı.** Das genaue Datum ist mir entfallen.) **-ından çıkamamak** (b–nin) j–n nicht durch e–e Ablehnung kränken wollen **-ından geçirmek** sich et. in den Sinn kommen lassen, sich et. einfallen (träumen) lassen, auf et. verfallen **-ından geçmek** (b–nin) j–m in den Sinn kommen (**Böyle bir şey -ından geçmez.** An so et. denkt er in seinen kühnsten Träumen nicht.) **-ını gözetmek** (b–nin) 1. j–m die schuldige Achtung bezeugen 2. j–s Gefühle achten **-ını hoş etmek** j–n zufriedenstellen **-ını kırmak** (b–nin) 1. j–n enttäuschen 2. j–n kränken, verletzen **-ını saymak** (b–nin) 1. sich höflich und achtungsvoll benehmen (gegenüber), Rücksicht nehmen (auf) 2. achten, ehren 3. j–m et. zuliebe tun **-ını yapmak** 1. besänftigen, versöhnen 2. Schadenersatz leisten **-ınız için** Ihnen zu Gefallen; weil **Sie** es sind **≗ınıza toz konmasın ama …** Nehmen Sie es bitte nicht übel, aber … **≗ınızda bulunsun!** Vergessen Sie es bitte nicht! **-larda olacağı üzere** wie allgemein erinnerlich sein dürfte

hatır (II) **hatır** 1. Lm. e–s Knabberns, Knarrens od. Knirschens 2. roh, grob **hatır hutur** 1. s. **katır kutur** 2. grob, ungeschliffen, derb (Mensch)

hatıra [–··] 1. Andenken, Erinnerungsstück, Souvenir *n* 2. Erinnerung *f,* Gedächtnis, Gedenken *n* ~ **defteri** Tagebuch *n* ~ **yazmak** sich in ein Gedenkbuch eintragen **-ların daveti** *psych.* Sich-Besinnen *n* *angı çağrısı **-larını yazmak** seine Memoiren schreiben **-sı anıldı** (b–nin) zu Ehren von … wurde e–e Gedenkfeier abgehalten **-sı olarak** (b–nin, bşin) zum Gedenken, zur Erinnerung (an) **-sını etmek** (b–nin) e–e Gedenkfeier abhalten (für) **-sını tebcil etmek** (b–nin) j–s Andenken ehren (verherrlichen)

hatıralık [–···] Andenken, Erinnerungsstück, Souvenir *n*

hatırat [–·–] (*Pl.* zu **hatıra**) Memoiren, Erinnerungen, Denkwürdigkeiten, Erlebnisse *pl.*

hatırlamak (m. Akk.) 1. sich erinnern (an), sich et. ins Gedächtnis zurückrufen 2. wissen, bedenken
hatırlanmak Pass. zu **hatırlamak; hatırlanacağı üzere** (*od.* **gibi**) wie erinnerlich
hatırlatma Vs. zu **hatırlatmak;** ~ **mektubu** Mahnschreiben *n*
hatırlatmaca *(G) iron.* auch e–e Art, wie man an et. erinnern kann
hatırlatmak (b–ne bşi) 1. j–n an et. erinnern, j–m et. ins Gedächtnis zurückrufen (**Yarın, o meseleyi bana hatırlatınız!** Erinnern Sie mich doch morgen daran!) 2. mahnen
hatırlı [ā] geschätzt, geehrt, geachtet, angesehen, einflußreich
hatırnaz [–·–]; **hatırnevaz** [–··–] *z. va.* s. **hatırnüvaz**
hatırnişan [–··–] *va.* im Gedächtnis haftend; unvergessen
hatırnüvaz [–··–] *z. va.* 1. angenehm, erfreulich 2. nett, freundlich, aufmerksam, rücksichtsvoll
hatırsız [ā] unbedeutend, irrelevant
hatırşinas [–··–] 1. achtungs-, respekt-voll 2. gefällig, zuvor-, entgegen-kommend, liebenswürdig
hatırşinaslık [–··–·] 1. achtungsvolles, respektvolles Benehmen 2. Gefälligkeit, Liebenswürdigkeit *f*, Entgegenkommen *n*
hatırühayal, -li [–···–] *va. Verst.* von **hatır;** s. a. **hatıra gelmemek**
hatibane [·––·] *va.* 1. rhetorisch 2. pathetisch (redend)
Hatice [×··] *wV spez.* die erste Frau Mohammeds
hatie [ī] *va.* Fehler, Irrtum *m*, Versehen *n*
hatif [–·] *va.* 1. rufend, schreiend 2. unsichtbarer Sprecher, geheimer Mahner, Geistesstimme *f* 3. Orakel *n* 4. Wahrsager, Prophet *m* **-ten gelmek** wie aus dem Jenseits kommen (Stimme)
hatim, -tmi 1. Beenden *n* 2. Lesen *n* (*bzw.* Rezitation *f*) des ganzen Korans (od. e–s anderen Buches) ~ **duası** Gebet *n* nach der Koranverlesung ~ **indirmek** den ganzen Koran verlesen ~ **sürmek** die Verlesung des Korans bis zum Ende weiterführen **-i kelâm etmek** *va.* zu Ende sprechen, seine Rede beenden
Hatim(-ettaî) s. **Hatem(-ettaî)**
hatime [–··] 1. Ende *n*, Schluß *m* 2. Nach-, Schluß-wort *n*, Epilog *m*, Zusammenfassung *f* ~ **çekmek** (*od.* **vermek**) (bşe) beenden, zu Ende führen, Schluß (ein Ende) machen (mit)
hatip, -bi [ī] 1. Kanzelredner, Prediger *m* 2. Redner, Sprecher *m* ~ **ebrusu** *fr.* e–e best. Art **ebru** (II) *(q.v.)*
hatiplik [·–·] 1. Amt *n* od. Tätigkeit *f* e–s Kanzelredners, Pfarrers od. *allg.* e–s Redners, Sprechers 2. Rednertum *n*, Beredsamkeit *f*
hatire [ī] (*korrekter:* **hazire**) Moscheefriedhof *m*
hatlı mit (nb.) **hat** s. **dar (çift, geniş, tek)** ~
hatman s. **ataman, hetman**
hatme s. **hatim** (2)
hatmetmek [×··] 1. *va.* beenden 2. vollständig verlesen (Koran) 3. *hum.* von A–Z herunterlesen
hatmi Eibisch *m*, Stockrose *f bot.* Althaea; s. a. **kıllı (tıbbî)** ~; **gülhatmi**
hatta [×–] sogar, selbst, ja noch mehr, noch darüber hinaus; *mit Neg. a.* (nicht) einmal ~ **ve** ~ und ganz besonders
hattat, -tı [·–] Schönschreiber, Kalligraph, Schriftkünstler *m* *kaligraf
hattatî [·––] *fr.* Bez. e–s Federmessers bes. Form
hattatlık [·–·] 1. Beruf *m* od. Tätigkeit *f* e–s **hattat** 2. Schönschreibekunst, Kalligraphie, Schriftkunst *f* *hüsnühat, kaligrafi
hattıbalâ s. **doruk çizgisi**
hattıdest, -ti *z. va.* 1. Handschrift *f* (e–s Menschen) *el yazısı 2. Autogramm *n* **-le** handschriftlich, eigenhändig
hattıfasıl [··–·] 1. Trennungs-linie *f*, -strich *m (a. fig.)* 2. Fuge *f* 3. Demarkationslinie *f*
hattıhareket, -ti Vorgehen, Verhalten, Benehmen *n*
Hatti(-ce) s. **Hitit(-çe)**
hattî 1. *math.* linear *çizgisel, doğrusal 2. *va.* die Schrift (Graphik) betreffend, Schrift- ~ **muadele** s. **doğrusal denklem**
Hattuşaş s. **Boğazkale**
hatun [–·] 1. ält. Form des heutigen **kadın** 2. in der Bed. von **bayan, hanım** wurde **hatun** e–m Namen nachgesetzt z. B. **Emine hatun** 3. Ehefrau, Gemahlin *f* (*spez.* e–s **hakan**) 4. hochgestellte weibliche Persönlichkeit; *oft spött. (etwa:)* ehrenwerte Dame
hatve *va.* 1. Schritt *m* 2. Stufe *f* 3. *techn.* Steigung *f* (z. B. e–r Luftschraube) ~ **atmak** *fig. va.* Schritte unternehmen, et. ernstlich in Angriff nehmen
hav (I) 1. *biol.* Flaum *m* (*a.* bei Pfirsichen usw.) *tüy 2. Haar *n* (e–s Stoffes), Wolle *f*, Flor *m* (e–s Teppichs) ~ **tüyü** Flaumfeder *f* (e–s Vogels) **-ı dökülmüş** abgewetzt, abgeschabt, abgetragen (Stoff) **-ını dökmek** die Wolle verlieren
hav (II) **hav** s. **havhav**
hava (I) 1. Luft *f* 2. Wetter *n*, Witterung *f* 3. Klima *n* 4. Himmel *m* 5. Recht *n*, ein Gebäude aufzustocken 6. Luftbewegung *f*, Wind *m* 7. Melodie *f*, Lied *n* 8. Bund *m* (bei S.i.), Luftloch, Ventil *n* (bei Blasinstrumenten) 9. Laune, Lust, Neigung *f*, Wunsch *m*, Verlangen *n*, Trieb *m* 10. Stimmung, Atmosphäre *f*, Geist *m*, Richtung, Tendenz *f* 11. Grundstimmung *f*, Leitgedanke, Tenor *m* 12. Eindruck *m*, (unklare) Vorstellung, Wirkung *f*, Aussehen *n* 13. Nutzlosigkeit *f;* vergebens, umsonst 14. **-lar** *gel.* Jahreszeit *f* z. B. **sıcak -lar** warme Jahreszeit Zu 2: **Dünkü** ~ **ne berbattı!** Was hatten wir doch gestern für ein scheußliches Wetter! Zu 3: **Oranın -sı bana iyi geldi.** Das dortige Klima ist mir gut bekommen. Zu 4: ≗ **bulutlu.** Der Himmel ist bewölkt. Zu 5: **Bu dükkânın -sı başkasının.** Das Recht, diesen Laden aufzustocken, besitzt jemand anders. Zu 6: **Bugün** ~ **olursa, yelkenli kalkacak.** Wenn heute der Wind weht, wird der Segler abfahren. Zu 7: **köy -ları** Dorf-, Bauern-lieder *pl.* Zu 9: **Kızı kendi -sına bıraksalar ya davulcuya varır ya zurnacıya.** *Spr.* Gibt man den Launen e–s Mädchens nach, so heiratet es e–n Paukenschläger oder e–n Flötenspieler. (*wörtl.:* Oboenspieler) **Herkes kendi -sında.** Jeder tut, was ihm beliebt. s. a. **kendi -sına gitmek** Zu 10: **Ortalığa bir sinirlilik -sı çökmüştür.** Eine nervöse Stimmung befiel alle. **bir dostluk -sı içinde** in angeregter Atmosphäre, in freundschaftlichem Geist Zu 11: **Nutkun -sı odur ki ...** Der Leitgedanke in der Rede ist der, daß ... Zu 12: **atkı -sındaki büyük yaka** großer, halstuchähnlicher Kragen **Her şeyin mahvolduğu -sı esiyordu.** Es schien alles zerstört zu sein. Zu 13: **Bu kadar çalış, netice** ~**.** Du kannst noch soviel arbeiten, das Ergebnis ist doch gleich Null. s. a. **-ya gitmek.** ≗ **açtı.** Der Himmel hat sich aufgehellt. ~ **akımı** Luftzug *m* ~ **akını** Luftangriff *m* ~ **alarm durumu** *mil.* Luftwarnung *f* ~ **albayı** *mil.* Geschwaderkommodore *m* ~ **alıcı valf** *techn.* Luftsaugventil *n* ~ **almak** 1. frische Luft schöpfen 2. luftig sein, Luft bekommen (z. B. Raum) 3. Luft bekommen (z. B. Konservenglas) 4. *F* leer ausgehen, das Nachsehen haben, *F* in den Mond schauen ~ **ambülansı** Sanitätsflugzeug *n* ~ **anaforu** Wirbelwind *m* ~ **ataşesi** Luftattaché *m* *ataşeaeriyen ~ **atışı** *Fb. usw.* Schiedsrichterball *m* ~ **bacası** Entlüftungsöffnung *f* ~ **basıncı** Luftdruck *m*, atmosphärischer Druck ~ **basınçlı çekiç** Preßlufthammer *m*, Ramme *f* ~ **baskını** *mil.* Luftüberfall *m* ~ **basma tulumbası** *techn.* Luftverdichter, Preßlufterzeuger *m* ~ **basmak** (etrafa) *V* ein hochmütiges Gesicht aufsetzen ~ **bekçi** (*od.* **postalar**)

şebekesi *mil.* Flugmeldenetz *n* ~ **bekçisi** *mil.* Luftspäher *m* ~ **bilgisi** Meteorologie, Wetterkunde *f* ~ **birliği** *mil.* Fliegerverband *m* ~ **bombardımanı** *mil.* Bombardierung *f* aus der Luft ~ **boruları** *an.* Luftwege, Atmungsorgane *pl.* ~ **borusu** 1. Lüftungsrohr *n* 2. Wetterschacht *m* (im Bergwerk) ~ **boşluğu** Luftloch *n* ≗ **bozdu.** Das Wetter hat sich verschlechtert. ≗ **bozuk.** Es ist schlechtes Wetter. ~ **bölgesi** Luft-zone *f*, -kreis *m* ≗ **bulandı** (*od.* **bulutlandı**). Es ist trübes Wetter geworden. ~ **ceketi** *techn.* Luftmantel *m* ~ **cenderesi** pneumatische Presse ~ **cereyanı** Luftzug *m* ~ **cüzütammı** *mil.* Luft-, Flieger-verband *m* ~ **çalmak** 1. ein Lied (e–e Melodie) spielen 2. sich ungünstig auswirken (Klima) ~ **çiçeği** das Orchideengewächs Aeranthes grandiflorus ~ **dafi bataryaları** *mil.* Flakbatterien *pl.* ~ **dafi bataryaları barajını delmek** *mil.* die Flaksperre durchbrechen ~ **darbesi** Schlagwetter *n* (Bergbau) ~ **defütardı** *mil.* Luftabwehr *f* ~ **değişimi** s. **tebdil(i)hava;** ~ **değişmesi** 1. Witterungsumschlag *m* 2. *fig.* Stimmungsumschlag *m* ~ **değiştirmek için** zur Luftveränderung **va.* berayı tebdilihava ~ **deliği** 1. Luft-, Abzugs-loch *n* 2. Steiger(-trichter) *m* (in der Gießerei) 3. *bot.* Luftwurzel *f*, Pneumatophor *n* ~ **desteği** *mil.* Luftunterstützung *f* ~ **direği** 1. Luftschacht *m* 2. *naut.* Frischluft-Ansaugrohr *n* (auf U-Boot) ~ **dolabı** *naut.* Luft-kasten, -tank *m* ~ **durumu** Wetterlage *f* ~ **düzeci** s. **tesviyeruhu;** ~ **faaliyeti** *mil.* Fliegertätigkeit *f* ~ **faikıyeti** *mil.* s. ~ **üstünlüğü.** ≗ **fena esiyor.** *fig.* Die Lage ist ungünstig. ~ **filosu** *mil.* Luftverband *m* ~ **fişeği** Rakete *f* (Feuerwerkskörper) *havaî fişek ~ **fotoğraf keşfi** *mil.* Luftbildaufklärung *f* ~ **fotoğrafı** Luftaufnahme *f* ~ **geçmez** luftdicht, hermetisch ~ **gemisi** Luftschiff *n* ~ **gezisi** Spazierflug *m* ~ **gözcüsü** *mil.* s. ~ **bekçisi;** ~ **gözetleme hizmeti** *mil.* Luftspähdienst *m* ~ **gözetlemesi** *mil.* Luftbeobachtung *f* ~ **gözetme postası** *mil.* Flugwache *f* ~ **hâkimiyeti** *mil.* Luftherrschaft *f* ~ **hal ve şartları** Witterungsverhältnisse *pl.* ~ **harp kuvvetleri** *mil.* Luftstreitkräfte *pl.* ~ **harbi** Luftkrieg *m* ~ **haritası** Wetterkarte *f* ~ **hedefleri** *mil.* Luft(angriffs)ziele *pl.* ~ **hoş olmak** (b–ne göre *od.* birisince) j–m gleich (*F* egal, schnurz) sein ~ **hukuku** *jur.* Luft(verkehrs)recht *n* ~ **hücumu** Luftangriff *m* ~ **hücumlarından korunma** Luftschutz *m* ~ **hükümranlığı** Lufthoheit *f* ~ **ısıtıcı** Lufterhitzer *m* ~ **istihbarat merkezi** *mil.* Flugkommando *n* ≗ **iyi esiyor.** *fig.* Die Lage ist günstig. ~ **kabarcığı** Luftbläschen *n* ~ **kaçırmak** die Luft entweichen lassen (nicht halten) (z. B. Fahrradschlauch) ~ **kaçırmaz** luftdicht, hermetisch ~ **kapağı** Luftklappe *f* ≗ **kapandı.** Der Himmel hat sich bezogen. ≗ **karardı.** 1. Es ist dunkel geworden. 2. Der Himmel hat sich mit Wolken bedeckt. 3. *fig.* Es ist e–e gedrückte (besorgte) Stimmung aufgekommen. ~ **kazancı** müheloser Gewinn ~ **kesesi** 1. Luftsack *m* (der Vögel) *kisei havaiye 2. s. **yüzme kesesi;** ~ **kestirmesi** Wetterprognose *f* ~ **keşfi** *mil.* Luftaufklärung *f* ~ **korgenerali** *mil.* General *m* der Flieger ~ **korsanı** Luftpirat *m* ~ **korsanlığı** Flugzeugentführung, Luftpiraterie *f* ~ **korunması** *mil.* Luftschutz *m* ~ **köprüsü** Luftbrücke *f* ~ **kurusu ağaç** lufttrockenes Holz ~ **kuvvetleri** *mil.* Luftstreitkräfte *pl.* ~ **kuvvetleri birliği** Luftwaffeneinheit *f* ~ **kuyusu** Wetterschacht *m* (im Bergwerk) ~ **limanı** Flughafen *m* ~ **mâniası** *mil.* Luftsperre *f* ~ **matkabı** Bohrhammer *m* ~ **mektubu** Luftpostbrief *m* ~ **meydanı** Flugplatz *m* ~ **meydan muharebesi** *mil.* Luftschlacht *f* ~ **mıntıka kumandanlığı** *mil.* Luftkreis(wehr)kommando *n* ~ **muharebesi** *mil.* Luftkampf *m* ~ **müdafaası** *mil.* Luftabwehr *f* ~ **müsteşarı** *mil.* Unterstaatssekretär *m* für die Luftwaffe ~ **müşaviri** *mil.* Berater *m* für die Luftwaffe ~ **nakil vasıtaları** *jur.* Luftfahrzeuge *pl.* ~ **nakliyatı** Lufttransport *m* ~ **nezareti** (nicht-türk.) Luftfahrtministerium *n* ~ **ordusu** *mil.* Luftheer *n* ~ **otobüsü** Großraumflugzeug *n* ~ **oynayan** Blankospekulant, Leerverkäufer *m* (an der Börse) ~ **oyunu** Blankospekulation *f* (an der Börse) ~ **parası** 1. Abstand(-ssumme, -szahlung *f*) *m* (zwecks Überlassung e–r Wohnung), *a.:* verlorener Baukostenzuschuß 2. s. **peştamallık;** ~ **payı** freigelassener Platz, *F* Luftloch *f* (zur Vermeidung e–s Zu-eng-Sitzens) ~ **raporu** *mil.* Wetterbericht *m* ~ **rasat hizmeti** Wetterdienst *m* ~ **rasat istasyonu** (*od.* **merkezi**) *mil.* Wetterwarte *f* ~ **sahası** *jur.* Luftraum *m* ~ **savunması** s. ~ **korunması;** ~ **seferleri** Flugverkehr *m* ~ **sıkıştırıcısı** *techn.* Kompressor *m* ~ **sıkmak** *Sch.* auf die Nerven fallen ~ **sınıfı** *mil.* Luftwaffe *f* ~ **soğutması** *mot.* Luftkühlung *f* ~ **şartları** (*od.* **şeraiti**) Wetterlage *f*, Witterungsverhältnisse *pl.* ~ **taarruzu** *mil.* Luftangriff *m* ~ **tahmini** *met.* Wetter-vorhersage, -prognose *f* ~ **tarassudu** *mil.* 1. Luftbeobachtung *f* 2. Luftspähdienst *m* ~ **tarassut postası** *mil.* Flugwache *f* ~ **tazyik freni** Luftdruckbremse *f* ~ **tazyikı** Luftdruck *m* ~ **tebdili** s. **tebdil(i)hava;** ~ **tehlikesi** *mil.* Luftgefahr *f* ~ **tesiri** Witterungseinfluß *m* ≗ **tipiledi.** Es hat Schneegestöber eingesetzt. ~ **treni** Luftkissenfahrzeug *n* ~ **tutması** *med.* Luftkrankheit *f* ~ **üssü** Flugstützpunkt *m* ~ **üstünlüğü** *mil.* Luftüberlegenheit *f* ~ **vermek** 1. et. mit Luft anfüllen; Luft in et. hineinblasen 2. *med.* (zur Unterbindung der Lungentätigkeit) den Brustfellraum e–s Kranken mit Luft füllen ~ **yemek** *naut.* in e–n Sturm geraten (Schiff) ~ **zabıtası** Luftpolizei *f* °**da bulut, bunu unut!** 1. Das wirst du nie wiedersehen! 2. Das streichst du besser aus dem Gedächtnis! **-da çift takla** *(Kunstturnen)* doppelter Salto **-da kalmak** 1. nicht feststehen; wackeln (z. B. Tischbein) 2. in der Schwebe bleiben **-da takla** *(Turnen)* freier Überschlag **-dan** 1. a) auf dem Luftweg b) aus der Luft 2. ohne eigenes Zutun; mühelos (z. B. Geld verdienen), kostenlos, gratis 3. *Adj.* leer, wertlos, nichtig, nichtssagend **-dan atmak** erfinden, erdichten, aus der Luft greifen °**dan cıvadan üç beş satır laf ettik.** Wir wechselten ein paar nichtssagende Worte. **-dan indirilen kıtalar** *mil.* Luftlandetruppen *pl.* **-dan korunma** *mil.* Luftschutz *m* **-dan operatif keşif** s. **operatif hava keşfi; -dan sözler (vaatler)** leere Worte (Versprechungen) *pl.* **-dan sudan** belanglos **-dan uzun pas** *Fb.* weite Vorlage im Direktschuß **-lara uçurmak** *fig.* in den höchsten Tönen preisen °**nın gözü yaşlı.** Es wird gleich regnen. **-nın hali** Witterungsverhältnisse *pl.* **-sı esmek** ein Anzeichen sein (für); erkennen lassen (späteres Ereignis) **-sı olmak** 1. vornehm aussehen 2. (b–nin b–de) e–n Eindruck erwecken; erinnern (an); aussehen (wie) 3. charmant sein (Frau, Mädchen) **-sına uymak** sich e–r herrschenden Meinung od. Stimmung anschließen; mithalten, mitmachen, *a.:* kein Spielverderber sein **-sını boşaltmak** *techn.* entlüften **-sını bulmak** 1. (b–nin *bzw.* bşin) wissen, wie man j–n (*bzw.* et.) zu behandeln hat 2. *naut.* ruhig laufen (Schiff) **-ya** 1. in die Luft 2. umsonst, vergebens, nutzlos **-ya ateşlemek** ab-feuern, -schießen (Rakete usw.) **-ya atmak** in die Luft sprengen **-ya gitmek** 1. nichts taugen, zu nichts brauchbar sein 2. umsonst (vergeblich) sein 3. *fig.* ins Wasser fallen **-ya karşı korunma tedbirleri** *mil.* Luftschutzmaßnahmen *pl.* **-ya karşı müdafaa** *mil.* Flug-, Luft-abwehr *f* **-ya karşı setir ve emniyet** *mil.* passiver Luftschutz **-ya pala** (*od.* **kılıç**) **sallamak** 1. den wilden Mann spielen, unnötiges Aufhebens von e–r Sache machen 2. sich vergeblich abmühen **-ya savurmak** verschleudern, vergeuden, zum Fenster hinauswerfen **-ya söylemek** in den Wind reden **-ya uğraşmak** sich vergebens abmühen **-ya vermek** s. **havaya savurmak; -yı başa almak** *naut.* gegen den Wind laufen (Schiff) **-yı bulandırmak** die politische Atmosphäre vergiften, politische Brunnenvergiftung betreiben **-yı karartmak** 1. Dunkelheit (*bzw.*

Wolken) bringen 2. *fig.* e–e gedrückte Stimmung aufkommen lassen (bzw. schaffen) **-yı kıça almak** *naut.* mit Achterwind fahren (Schiff) **-yı koklamak** Umschau halten; sich (in der Gegend) umsehen; Fühlung aufnehmen **-yı nesimî** s. **atmosfer**
hava (II) s. **kava biberi**
havaalanı, -nı Flugplatz *m*
havaaltı, -nı *met.* troposphärisch
havacı 1. Flieger *m* *tayyareci 2. Flugbedienstete *m, f* 3. *hist.* Schiedsrichter *m* (beim Pfeilschießen)
havacılık 1. Fliegerberuf *m* 2. Luftfahrt-, Flug-wesen *n* 3. Flugzeugbedienung *f* 4. *hist.* Schiedsrichteramt *n* beim Pfeilschießen
havacıva 1. **(otu)** Alkanna *f*, rote Schminkwurzel *bot.* Alkanna od. Anchusa tinctoria *kırmızı sığırdili, şencar 2. s. **tüylü boya** 3. *V* a) leeres Geschwätz, dummes Zeug, *F* Quatsch *m* b) wertlos, unnütz (z.B. Arbeit)
havadar [··–] 1. luftig, gut durchlüftet 2. frei gelegen (z.B. Garten) 3. *va.* wer Lust und Liebe zu et. hat 4. *va.* Anhänger, Gesinnungsgenosse *m*
havadarlık [··–·] 1. luftige od. freie Lage 2. *va.* Lust und Liebe *f* 3. *va.* Bewunderung, Ergebenheit 4. *va.* Anhängerschaft *f*
havadis [·–·] (*urspr. Pl.* zu **hadise**) 1. *va.* Ereignisse *pl.* 2. Nachricht(-en *pl.*) *f*, Neuigkeit(-en *pl.*) *f* **Bugün gazetede iyi -ler var.** Heute stehen gute Nachrichten in der Zeitung. ~ ~! (Ausruf der Zeitungsverkäufer) Neue Nachrichten! ~ **servisi** Nachrichtendienst *m* ~ **tellalı** wer Klatsch verbreitet ~ **uydurmak** e–e Ente in die Welt setzen ~ **yaymak** Gerede weitertragen
havagazcı Gasmann *m*
havagazı, -nı 1. (Leucht-, Heiz-)Gas *n* 2. *V* leeres Geschwätz ~ **fırını** Gasherd *m* ~ **ibiği (memesi, yakmacı)** Gasbrenner *m* ~ **lambası** Gas-lampe *f*, -licht, -laterne *f*
havagöçümü, -nü *bot.* Aerotaxis *f*
havaî [·––] 1. atmosphärisch, Luft- 2. *phys.* gasförmig 3. (*a.* ~ **mavi**) himmel-, hell-blau *gök mavisi 4. leichtsinnig, -lebig, unbedacht, ausgelassen 5. leer, wertlos, nichtssagend (z.B. Worte); weniger ernst; leichter (z.B. Gesprächsthemen) 6. *V* zu Betrugszwecken eigens präparierter (Spiel-)Würfel 7. *techn.* hochverlegt, Ober-, Hoch- ~ **cisim** *phys.* gasförmiger Körper ~ **fişek** Rakete *f* (als Feuerwerk) *hava fişeği ~ **gedik** *fr.* nicht-ortsgebundene Konzession ~ **hat** 1. Seilschwebe-, Drahtseilbahn *f* *füniküler 2. hochverlegte Fernsprechleitung, Telegraphen-, Ober-leitung *f* ~ **kablo** *spez. mil.* Hochleitung *f* ~ **mânia** *mil.* Luftsperre *f* ~ **meşrep** s. **havaî** (4); ~ **posta** Luftpost *f* ~ **santral mevkii** *mil.* Flugmeldezentrale *f* ~ **telefon hattı** s. **havaî hat** (2); ~ **top** *fr. mil.* s. **havan (topu)**
havaîce s. **havaî** (4)
Havaii adaları *n.pr.* Hawaii-Inseln *pl.* *fr.: Sandviç adaları
havaîlik [·––·] 1. Himmel-, Hell-blau *n* 2. Leicht-sinn *m*, -lebigkeit *f*, Unbedachtsamkeit *f* 3. Wertlosigkeit *f*
havaiyat, -tı [·–·–] *Pl.* leeres Getue; leere Worte, Nichtigkeiten, belanglose Dinge *pl.*
havaküre s. **havayuvarı**; ~ **katmanı** *astr.* atmosphärische Schicht
havalandırıcı 1. durchlüftend 2. Lüfter, Ventilator *m*
havalandırma 1. Lüftung, Ventilation *f* 2. Klimaanlage *f* *klimatizasyon ~ **bacası** Entlüftungsschacht *m* ~ **kuyusu** Wetterschacht *m* (im Bergwerk)
havalandırmak 1. (durch-)lüften; auslüften (z.B. Anzüge) 2. aufsteigen lassen (z.B. Flugzeug), steigen (fliegen) lassen (z.B. Drachen) 3. im Wind flattern lassen (z.B. Fahne) 4. leichtsinnig werden lassen, j–m den Kopf verdrehen
havalanma Vs. zu **havalanmak** *spez.* Start *m* (e–s Flugzeugs) ~ **meydanı** Startplatz *m*
havalanmak 1. ge-, durch-lüftet werden 2. aufsteigen (z.B. Flugzeug), steigen (Drachen) 3. im Wind flattern (z.B. Fahne) 4. auf Abwege geraten, leichtsinnig werden 5. anmaßend werden; sich zuviel herausnehmen **havalanabilir** s. **uçabilir; havalanmağa hazır** start-bereit, -fertig
havale [·–·] 1. Übertragung, An-, Zu-weisung *f* 2. Postanweisung, Banküberweisung *f* 3. Weiter-reichung, -leitung *f* (von Schriftstücken *spez.* im behördlichen Verkehr) 4. *med.* a) kindliche Tetanie, Spasmophilie *f* b) (Schwangerschafts-)Eklampsie *f* c) *gel.* Epilepsie *f*, epileptischer Anfall 5. a) Aussicht *f*, Rundblick *m* b) ungewünschter Einblick *m* (von e–m Grundstück in ein anderes) 6. Absperrung *f* wie: Hecke *f*, (Bretter-, Latten-) Zaun *m* Zu 5: **Karşıki evin bizim bahçemize olan -sini nasıl kesmeli?** Wie kann man es verhindern, daß man vom gegenüberliegenden Haus aus unseren Garten einsehen kann? ~ **çekmek** e–n (Bretter-)Zaun ziehen ~ **etmek** 1. überweisen (z.B. Geld) 2. anvertrauen (z.B. Erledigung von Geschäften) 3. übertragen (z.B. Aufgaben, finanzielle Forderungen usw.) 4. weiter-reichen, -geben (Schriftstücke) 5. (das Schwert, den Dolch, das Messer usw.) zücken und damit angreifen; (mit dem Speer) ausholen und ihn auf j–n abschießen ~ **göndermek** (*od.* **yollamak**) e–e Überweisung tätigen ~ **olmak** 1. versperren (Aussicht) 2. stören, belästigen 3. *med.* an Tetanie (Spasmophilie, Schwangerschaftseklampsie) leiden 4. beherrschen (z.B. Anhöhe e–e Stadt) ~ **yapan** s. **muhil** (II)
havaleli [·–··] 1. Überweisungs-, Übertragungs- 2. *H* mit Übertragungsvermerk; giriert 3. *med.* unter Tetanie-, Spasmophilie-, Eklampsie-Anfällen leidend 4. lose gestapelt, nicht gut geschichtet; wackelig 5. übermäßig hoch od. groß, *F* sperrig (z.B. Möbelstück) ~ **mallar** Sperrgut *n*
havalename [·–·–·] Postanweisung, Banküberweisung *f*, Überweisungsformular *n*
havaleten [·–··] *z. va. Adv.* 1. durch Postanweisung bzw. Banküberweisung 2. unter Weiterreichung
havalı 1. mit nb. **hava** *spez.* ein best. Klima aufweisend 2. luftig (z.B. Zimmer), frei gelegen (z.B. Garten) 3. auf Abwege geratend, leicht-sinnig, -lebig, ausgelassen, unbedacht 4. nett, reizend, charmant 5. Druck-, Preß-luft- ~ **çekiç** *(Bergbau)* Preßluft(abbau)hammer *m* ~ **pres** Druckluftpumpe *f*
havalık Lüftungsanlage *f*
havali [·–·] 1. Umgebung, Umgegend *f* *civar, çevre, dolay, etraf 2. Gebiet *n*, Gegend *f*, Abschnitt *m* *bölge
havan 1. (Holz-, Metall- od. Stein-)Mörser *m* (zum Stampfen von Knoblauch, Kaffee usw.) 2. Tabak-Schneidemaschine *f* 3. **(topu)** Mörser *m* ~ **bataryası** *mil.* Mörserbatterie *f* ~ **dövücünün hık** (*od.* **hınk**) **deyicisi** *iron.* 1. wer so tut, als ob er helfen wollte, aber nichts leistet 2. wer et. wiederholt, was ein anderer sagt; Speichellecker *m*, j–s Echo *n* 3. *gel. a.* unnützer Esser, fünftes Rad am Wagen, (bloßer) Mitläufer ~ **kundağı** *mil.* Mörser-block *m*, -lafette *f* ~ **mevzii** *mil.* Mörserstand *m* **-da dövmek** im Mörser zerstampfen **-da su dövmek** *fig.* 1. leeres Stroh dreschen 2. sich vergeblich bemühen, sich nutzlos anstrengen, nutzlos diskutieren
Havana [·×·] 1. *n.pr.* La Habana, Havanna (Hauptstadt von Kuba) 2. ≗ Havannazigarre *f* 3. ≗ havannafarben, hellbraun
havaneli, -ni Mörserkeule *f*, Stößel, Stampfer *m*, Pistill *n*
havaölçer s. **areometre**
havari [·––] 1. Apostel, Jünger (Jesu) *m* 2. *fig.* Mit-streiter, -kämpfer *m*, aktiver Anhänger; Sendbote *m*

havariyun [·–·–] *Pl.* zu **havari**

havâs *Pl.* zu **hâsse; -ı hamse** s. **beş duyu(-lar)**

havas [·–] (*va. Pl.* zu **has** und **hassa**) 1. Gebildete, Vornehme *pl.*, höhere Gesellschaftsschicht 2. besondere Eigenschaften od. Kennzeichen *pl.* 3. vertraute Freunde *pl.* 4. *fr.* Privatgüter *pl.* des Sultans 5. *fr.* abergl. Besprechungsgebete *pl.* (gegen best. Krankheiten)

havasız 1. luftleer 2. ohne genügende Durchlüftung: dumpf, stickig

havasızlık 1. Luftleere *f* 2. Luftmangel *m,* Fehlen *n* genügender Luftzufuhr 3. ungenügende Durchlüftung

havasızyaşar *biol.* Anaerobiont *m*

havataşı, -nı Meteor(-stein *m*) *m*

havayen gitar *mus.* Hawaii-Gitarre *f*

havayiç, -ci (*z. va. Pl.* zu **hacet**); **-i zaruriye** lebensnotwendige Güter, elementarste Lebensbedürfnisse *pl.* *zarurî ihtiyaçlar, zarurî maddeler ihtiyaçları, ihtiyaç maddeleri

havaylayaşar *biol.* Aerobiont, Aerobier *m*

havayolu, -nu 1. Luftweg *m* 2. Luftverkehrslinie *f*

havayuvarı, -nı Atmosphäre, Lufthülle *f* der Erde *atmosfer, havaküre

haver [ā] 1. *va.* Osten *m* *doğu, şark 2. *V* Partner 3. e–e melodische Weise in der türk. Musik

havf *va.* 1. Furcht, Angst *f* 2. *psych.* Phobie, Angstneurose *f* *fobya ~ **etmek** *va.* sich fürchten; Angst haben **-i füshat** s. **agorafobi**

havfen [×·] *va. Adv.* aus Furcht ~ **minallah** *va.* aus Gottesfurcht

havfühiras [···–] *va.* Furcht und Schrecken

havhav 1. wau wau! 2. Bellen *n* 3. *Ki.* Wauwau *m* (Hund *m*) ~ **etmek** bellen

havi [–·] 1. enthaltend 2. e–e best. Taktart in der türk. Musik ~ **olmak** enthalten

havil, -vli 1. s. **hevil** 2. Kraft, Macht *f;* s. a. **can havliyle**

havkal(-e); havlaka Name der isl. Formel **lâhavle ve lâ kuvveta ...**

havlama Bellen, Gebell *n*

havlamak bellen

havlandırmak aufrauhen (Stoff)

havlı 1. flaumig, weichhaarig, wollig, mit Flor (z. B. Teppich) 2. s. **havlu** Zu 1: ~ **kumaş** Frottee *m, n;* Frottierstoff *m*

havlıcan Galgant *m bot.* Alpinia galanga (*spez.* als Hustentee verwendet)

havlu 1. Hand-, Bade-, Frottier-tuch *n* 2. Serviette *f*, Mundtuch *n* ~ **değneği** s. **havluluk**

havlucu Produzent od. Verkäufer *m* von **havlu**

havluculuk Produktion *f* od. Verkauf *m* von **havlu**

havluluk Handtuch-ständer, -halter *m*

havöz (*franz.* **haveuse**) *(Bergbau)* Schrämmaschine *f* *potkapaç makinesi

havra [×·] 1. Synagoge *f* *sinagog 2. mit viel Lärm erfüllter Ort, *F* Judenschule *f* **Burayı -ya döndürmüşsünüzdür.** Ihr macht ja e–n Lärm wie in e–r Judenschule!

havramsı mit viel Lärm erfüllt

havruz *P* Nacht-topf *m,* -geschirr *n* *lâzımlık

Havsa *n.pr.* O. u. D. im Rbz. Edirne

havsala 1. *an.* Becken *n* *leğen 2. *abus.* Bauchhöhle *f* 3. *va.* s. **taşlık** (3) 4. *fig.* Fassungs-, Begriffs-vermögen, Verständnis *n,* geistige Fähigkeit; Horizont *m* 5. *fig.* Geduld, Fähigkeit *f*, et. zu ertragen **-sı almak** (b–nin) fassen (begreifen) können **-sı dar** 1. engstirnig, beschränkt, dumm 2. mit wenig Verständnis od. Geduld **-sı geniş** 1. geistig aufgeschlossen, intelligent, klug 2. geduldig, verständnisvoll, tolerant **-sına sığdırmak** 1. (kendi) begreifen, verstehen 2. (b–nin) j–m et. begreiflich machen **-ya sığmaz** unbegreiflich, unverständlich, unfaßlich **-i beşer** menschliches Begriffsvermögen

havsalasız 1. unintelligent, dumm 2. verständnislos, ungeduldig

havsalî *med.* 1. Becken- 2. *abus.* hypogastrisch

havşa *techn.* 1. Kugelfräser *m* (des Goldschmieds) 2. Spitzsenker, Krauskopf *m* (Bohrereinsatz) 3. Ausfräsung *f* ~ **açmak** aussenken (Loch), (aus-)fräsen

havşalı (in Füg. wie:) ~ **cıvata** *techn.* Senkschraube *f* ~ **perçin** *techn.* Senk(kopf)niet *m*

havuç, -cu Mohrrübe *f*, gelbe Rübe, gemeine Möhre; Karotte *f bot.* Daucus carota var. sativa ~ **sineği** Möhrenfliege *f zo.* Psila rosae

havut, -du Kamelsattel *m*

havuz 1. Teich *m,* Becken, Bassin *n* 2. (*a.* **yüzme -u**) Schwimm-bassin, -becken *n* 3. *naut.* Ausbesserungsdock *n* 4. s. **kum -u;** ~ **balığı** Goldfisch *m zo.* Carassius auratus *altın balık ~ **başında** am Teich, am Bassin ~ **çiçegi** zweijähriges Gitterkraut *bot.* Aponogeton distachyus ~ **kapağı** Schleuse(-n.tor *n*) *f* ~ **kızak iskemleleri** *naut.* Kiel-pallen, -blöcke *pl.* ~ **işçisi** Dockarbeiter *m* ~ **otu** s. **havuz çiçeği;** ~ **payandası** Dockstütze *f* ~ **tabanı** Docksohle *f* ~ **ücreti** Dockgebühren *pl.* **-a çekmek** (*od.* **sokmak**) (ein-)docken **-a girmek** ins Dock gehen (Schiff)

havuzcuk 1. *an.* Nierenbecken *n* *huveyza, leğencik 2. Schachtsumpf *m* (im Bergwerk)

havuzlamak (ein Schiff zur Ausbesserung) ins Dock bringen; (ein-)docken

havuzlanmak 1. Pass. zu **havuzlamak** 2. e–n Teich bilden, zum Teich werden

havuzlu mit **havuz** (ausgestattet)

Havva [·–] *n.pr.* Eva (Bibel) ~ **kızı** *hum.* Evastochter *f*

havya [×·] Lötkolben *m* *lehim çubuğu

havyar Kaviar *m* ~ **kesmek** *V* die Zeit mit Nichtstun verbringen; Daumen drehen

havyarlı 1. Kaviar enthaltend 2. mit Kaviar, Kaviar-

havza *geogr.* Becken, Gebiet *n* **-i fahmiye** s. **kömür havzası**

Havza *n.pr.* Städtchen u. D. im Rbz. Samsun

havze Bereich, Umkreis *m* **-i tasarruf** *jur.* Verfügungsbereich *m*

hay (I) *Int.* (Ausruf der Überraschung, Ungeduld, des Schmerzes usw.; *a.* bei Flüchen od. Verwünschungen) ei, na, ha, ja, ach, o ≗ **aksi şeytan!** Verfluchtes Pech! ≗ **Allah kör etsin!** Verdammt noch einmal! Ei, verflucht! ≗ **Allah senden razı olsun, ne güzel yaptın!** Ei, das hast du ja ganz fabelhaft gemacht! ≗ **anasını** *F* Ja, da schau mal einer an! ≗ **aptallar!** Nein, diese Dummköpfe! ~ ~ s. **hayhay.** ≗ **lânet kör şeytan!** Ei verflucht und zugenäht! ≗ **sersem ~!** Ja so ein blöder Kerl! **≗dan gelen huya gider** (*a. mit der Forts.* **davuldan gelen zurnaya**). *Spr.* Wie gewonnen, so zerronnen. *Spr.* (Vgl. a. **hayhuy**)

hay (II), **-yyi** *va.* 1. lebend *diri 2. „der Unsterbliche" (Gottesattribut)

hay (III) Bez. des Armeniers (im Karagözspiel)

haya [–·] *an.* Hode(-n *m*) *f*, Testikel *m* *taşak, husye ~ **askısı** s. **süspansuvar** (1); ~ **torbası** *an.* Hodensack *m*

hayâ 1. Scham(-gefühl *n*) *f* 2. Schüchternheit, Scheu *f* 3. Gottesfurcht *f* 4. Sittsamkeit *f* ~ **etmek** 1. sich schämen 2. sich genieren, sich scheuen

hayal, -li [·–] 1. Phantasie(-vorstellung *f*, -gebilde *n*) *f* 2. Trugbild *n,* Illusion, Fiktion, Selbsttäuschung *f* 3. Wahnvorstellung, Einbildung, Schimäre *f*, Gespenst, Hirngespinst *n* 4. Traumbild *n* (e–r Person), Idol *n* 5. Bild *n* (vor dem geistigen Auge) 6. Phantom *n,* Schemen *m* 7. *phys.* (Spiegel-)Bild *n* *görüntü 8. Schatten-bild, -spiel *n* ~ **etmek** sich et. in der Phantasie vorstellen (ausmalen) ~ **gibi** hager, abgezehrt ~ **inkisarı (kırgınlığı, kırıklığı, sukutu)** Enttäuschung *f* ~ **kurmak** Phantasieschlösser bauen ~ **mahsulü** 1. Phantasieprodukt *n,* Ausgeburt *f* der Phantasie 2. *Adj.* erfunden, erdichtet, Phantasie- ~

oynatmak Schattenspiele vorführen ~ **oyunu** Schatten-, Karagözspiel *n* *gölge oyunu ~ **perdesi** Bildschirm *m* (bei dem Karagözspiel) ~ **peşinde koşmak** Hirngespinsten (Illusionen) nachjagen ~ **ve muhalden ibaret tasavvurlar** Hirngespinste *pl.* **-e dönmek** zum Strich abmagern **-e gelmek** in der Phantasie e–e Rolle spielen **-e kapılmamak** sich keinen Illusionen (Selbsttäuschungen) hingeben **-i muhal** s. **utopya; -i zıl** *va.* Schattenspiel *n* **-ı zılcı** *va.* Schattenspieler *m*

hayalât, -tı [·––] *Pl.* Phantasien, Hirngespinste, Fiktionen, Illusionen *pl.* **-a kapılmak** sich in phantastischen Vorstellungen ergehen

hayalbaz [·––] *va.* s. **hayalci** (1)

hayalbilim *lit.* Science-fiction *f* (utopischer Roman)

hayalci [·–·] 1. Schattenspieler *m* *hayalî, karagözcü 2. *F* Phantast, Träumer *m* ²**ler** *lit.* Imagisten *pl.* (engl.-amerikanische Lyriker um 1920)

hayalcilik Traumwelt *f*

hayalen [·–·] *va. Adv.* als Illusion, in der Phantasie

hayalet, -ti [·–·] 1. Phantasiebild, Phantom *n* 2. Geist *m,* Gespenst *n* 3. unklares Bild; Schemen *m*

hayalgücü [·–··], **-nü** Vorstellungs-, Einbildungs-kraft, Phantasie *f*

hayalhane [·––·] *va.* 1. s. **hayalgücü** 2. Ort *m* e–r Karagözvorstellung

hayalî [·––] 1. nur in der Einbildung existierend; eingebildet, Phantasie-, fiktiv, imaginär, utopisch, erfunden 2. s. **hayalci** (1) Zu 1: **Resmî tebliğ bunu ~ buluyor.** Der offizielle Bericht sieht hierin nur e–e Ausgeburt der Phantasie. ~ **bir güzellik vermek** idealisieren (z.B. Bild) ~ **bir Noel baba** ein imaginärer Weihnachtsmann (Knecht Ruprecht) ~ **haberler** erfundene Nachrichten *pl.* ~ **konuşmalar** imaginäre Gespräche *pl.*

hayalîfener 1. *fr.* Laterna magica *f* 2. *fig.* nur mehr ein Strich, furchtbar abgemagert

hayalmeyal, -li [·–·–] unklar, verschwommen, dunkel ~ **görmek** nur schemenhaft sehen ~ **hatırlamak** sich nur dunkel entsinnen (können)

hayalperest, -ti [·–··] 1. *pej.* Träumereien nachhängend, Hirngespinsten nachjagend; Phantast *m* 2. *mel. selt.* phantasie-begabt, -reich 3. *lit.* idealistisch; Idealist *m*

hayalperestlik 1. Phantasterei *f* 2. *mel. selt.* Phantasiereichtum *m* 3. *lit.* Idealismus *m*

hayalresim Schattenriß *m,* Silhouette *f*

hayâsız 1. schamlos, ohne Schamgefühl 2. unverschämt 3. unsittlich (z.B. Handlung)

hayâsızlık 1. Schamlosigkeit *f* 2. Unverschämtheit *f* 3. Unsittlichkeit *f*

hayat (I), **-tı** *urspr.* [·–] 1. Leben *n* 2. Lebensdauer *f* od. Lebensweise *f* 3. gutes Leben; Wohlstand *m* 4. reges Leben; Betrieb *m* 5. *selt.* Schicksal *n* ~ **adamı** wendiger, lebenstüchtiger Mensch ~ **alanı** (*od.* ~ **sahası**) Lebensraum *m* ~ **anlayışı** Lebensauffassung *f* ~ **arkadaşı** Lebensgefährt-e *m,* -in *f* *can yoldaşı ~ **bilgisi** (*od.* ~ **ilmi**) s. **biyoloji;** ~ **boyu** lebenslänglich ~ **çizgisi** *(Handlesekunst)* Lebenslinie *f* ~ **dağdağasını terk etmek** das Zeitliche segnen; sterben ~ **damarı** Lebensnerv *m* ~ **düğümü** *an.* Lebensknoten *m* (Atemzentrum) ~ **eseri** Lebenszeichen *n* ~ **geçirmek** s. **hayat sürmek;** ~ **halinde sigorta** *jur.* Erlebensfallversicherung *f* ~ **iksiri** *selt.* s. **abıhayat, bengisu;** ~ **kadını** Lebedame *f* ~ **kavgası (mücadelesi, savaşı)** Kampf *m* ums Dasein *yaşama uğraşı ~ **memat meselesi** Lebensfrage *f,* e–e Frage von Leben und Tod ~ **memat mücadelesi** Kampf *m* auf Leben und Tod, Kampf *m* bis aufs Messer ~ **mematından haber alınamayan** über wessen Verbleib nichts bekannt ist; vermißt, verschollen ~ **öpücüğü ile** (Neubildung) durch Mund-zu-Mund-Beatmung ~ **pahalılığı** Teuerung *f;* verteuerter Lebensunterhalt ~ **seviyesi** (*od.* ~ **standardı**) Lebensstandard, -haltung *f* ~ **sigortası** Lebensversicherung *f* ~ **suyu** 1. *selt.* s. **abıhayat** 2. Name e–s Trinkwassers in Ankara ~ **süresi** Lebensdauer *f* ~ **sürmek** (ruhig und friedlich) weiterleben (**Eskisi gibi ~ sürüyor.** Er lebt weiter wie bisher.) ~ **tecrübesi** Lebenserfahrung *f* ~ **tercümesi** s. **tercümeihal;** ~ **umudu** Lebenserwartung *f* ~ **vermek** (bşe) beleben, beseelen ~ **yorgunluğu** Lebens-müdigkeit *f,* -überdruß *m* **-a atılmak** ins Leben hinausgehen; e–n Beruf ergreifen **-a (el-)veda etmek** *od.* **-a gözlerini kapamak** (*od.* **yummak**) ableben, verscheiden, sterben **-a uyma eğitim** Erziehung *f* zum lebenstüchtigen Menschen ²**ı gidip bayatı kalıyor.** *F* Man wird eben alt. **-ı kaymak** *V* schiefgehen; ruiniert werden **-ı telakki tarzı** *selt.* Weltanschauung *f* **-ım!** mein Liebling! **-ın baharı** Lenz *m* des Lebens **(bütün) -ınca** in seinem (ganzen) Leben **-ına kastetmek** (b–nin) j–m nach dem Leben trachten **-ına kıymak** s. **canına kıymak; -ına mal olmak** (b–nin) j–m das Leben kosten **-ını bağlamak** sich ganz (e–r Sache) widmen **-ını cehenneme çevirmek** (b–nin) j–m das Leben zur Hölle machen **-ını devam ettirmek** weiterleben **-ını kazanmak** (*od.* **temin etmek**) seinen Lebensunterhalt erwerben, sich sein Brot verdienen **-ını pahalı satmak** sein Leben teuer verkaufen **-ta olmak** am Leben sein **-ı müştereke** s. **ortakyaşama; -ı nebatiye mahrutu** s. **bitkisel dirim konisi; -ı zevciyet** *va.* Eheleben *n*

hayat (II), **-tı** *reg.* gedeckte, an den Seiten teilweise offene Vorhalle bei Häusern in Provinzstädten od. Dörfern

hayatağacı, -nı *an.* Lebensbaum *m,* Arbor vitae *şecerei hayat

hayatbahş *va.* lebenspendend, belebend

hayatî [·––] 1. *va.* Lebens- *hayatsal 2. lebenswichtig, vital *dirimsel, hayevî 3. ⁓ *mV* ~ **bir mesele** Lebensfrage *f,* lebenswichtige Frage ~ **ehemmiyeti haiz** von vitaler Bedeutung ~ **kimya** Biochemie *f* ~ **zaruretler** Lebensnotwendigkeiten *pl.*

hayatiyat, -tı [·–·–] *va.* s. **biyoloji**

hayatiyet, -ti [·–··] Vitalität, Lebens-kraft, -fähigkeit *f*

hayatiyetli [·–···] *selt.* lebenskräftig, vital

hayatlılık *selt.* s. **hayatiyet**

hayatsal das Leben betreffend, Lebens- ~ **olaylar** *biol.* Lebensvorgänge *pl.*

haybahasıl *P* für **haibühâsir**

haybe *V* unnütz, unbrauchbar, wertlos **-ye kürek çekmek** *V* sich sinn- und nutzlos abmühen

haybeci *V* 1. Dumme, Gimpel *m* (den man betrügen will) 2. Faulenzer, Tagedieb *m*

haybeden *V* kostenlos, gratis

Hayber geçidi *geogr.* Khaiber-Paß (in Afghanistan)

haybet, -ti *va.* Enttäuschung *f* *hayal kırıklığı

hayboci *naut.* 1. Rückwärtsdrehen *n* des Gangspills (mit Hinablassen des Ankers) 2. das entsprechende Kommando

Hayda! *Int.* 1. (zum Antreiben von Zugtieren) Hü! 2. (Ausruf der Verwunderung) Hoho! Oha!

haydalamak durch Hü-Rufe antreiben (Zugtiere)

haydamak 1. s. **haydalamak** 2. *V* fortjagen, hinauswerfen, den Laufpaß geben

haydar 1. *va.* Löwe *m* *aslan 2. *va.* verwegen, tollkühn 3. ⁓ *mV od. Fn., a.* Beiname des Kalifen Ali 4. *V* Penis *m*

haydarî kurze ärmellose Jacke aus grobem Wollstoff (wie sie im Haus od. *fr.* von Derwischen getragen wurde)

Haydarîlık; Haydariye *n.pr. fr.* isl. Derwischorden; Zweig der Melâmiye

Haydarpaşa *n.pr.* Stadtteil von Istanbul auf dem asiat. Ufer; Ausgangspunkt der anatolischen Bahn (nach Haydar Paşa, Ende des 18. Jh.)

haydi [×·] 1. (Ermunterungsruf) komm! los! voran! nur zu!

2. (zum Ausdruck e–s Einverständnisses) gut! recht! na schön! einverstanden! in Ordnung! 3. angenommen; gesetzt den Fall 4. (als Ausdruck geringschätziger Ablehnung) (mst. mit Dehnung des Auslaut-i) ach! ach was! 5. (als halbe Entschuldigung) na ja Zu 1: ≗ **bakalım!** Na mal voran! ≗ **çocuklar gezmeğe gidelim!** Los, Kinder (Jungens, Mädels), wir wollen jetzt spazieren gehen! Zu 2: **Ben eve gideyim mi?** ≗ **git!** Kann ich nach Hause gehen? Schön, geh! ≗ **senin dediğin olsun al götür!** Na schön, du sollst deinen Willen haben, nimm's und troll dich! Zu 3: ≗ **öyle oldu, bundan ne çıkar!** Na, und selbst wenn es so wäre, was käme dann dabei heraus? Zu 4: ≗ **sen de!** *iron.* Ach, auf dich haben wir gerade gewartet! Ach, willst du auch mitreden? ≗ **bunları başkasına anlat!** Ach, das kannst du einem anderen weismachen! Zu 5: ≗ **gelmedi, bari bir haber göndereydi!** Na ja, er ist also nicht gekommen, aber er hätte uns doch wenigstens verständigen können! ~ **bilemedin** s. **bilemedin;** ~ **deyince** wenn es drauf und dran geht, wenn die Sache ernst wird, wenn es heißt: Hic Rhodus, hic salta! ~ ~ 1. erst recht, mindestens ebenso gut, um so berechtigter 2. höchstens, wenn es hoch kommt 3. *mst.* **hadi hadi** Nun langt's aber! Rede doch nicht so lange um die Sache herum! Zu 1: **Onun yapabildiği iş sen** ~ ~ **yaparsın.** Was er kann, das bringst du doch erst recht fertig. Zu 2: **Bu mala** ~ ~ **yüz kuruş versinler!** Dafür soll man höchstens ein Pfund bezahlen. ≗ **oradan!** 1. Schau, daß du weiterkommst! Scher dich fort! 2. Nun hör aber auf mit dem dummen Gerede!

haydin [×·]; **haydindi** *F* na also voran, ihr ... ≗ **çocuklar artık gidelim!** Also auf, Jungens (Mädels), wir wollen jetzt endlich gehen!

haydisene [··×·] *F* also los! jetzt aber voran! ≗ **ne duruyorsun!** Also voran, was stehst du denn da noch herum?

hayduk *hist.* Heiduck *m:* 1. ungar. Grenzsoldat 2. Balkan-Freischärler *m* 3. Wegelagerer, Brigant, Räuber *m*

haydut, -du 1. Räuber, Bandit, Brigant *m* *eşkıya, korsan, şaki 2. *F* (kleiner) Schlingel *m* 3. roh, hart, unbarmherzig Zu 2: **Seni gidi** ~ **seni!** Du kleiner Schlingel! ~ **çetesi** Räuberbande *f* ~ **gibi** vierschrötiger, verwegen aussehender Kerl ~ **yatağı** Räuber-nest *n,* -höhle *f*

haydutlanmak sich wie ein Räuber (*d. h.* hart, unbarmherzig) benehmen

haydutluk 1. Räuberei *f,* Räuberunwesen, Banditentum *n* 2. Raubüberfall *m*

hayevî [··–] *va.* 1. s. **hayatî** 2. Schlangen **(hayye)** betreffend

hayeviye [··–·] s. **vitalizm**

hayf!; hayfa! [·–]; **hayfaki** [·–·] ach! schade! wehe!

Hayfa *n.pr.* Haifa (in Israel)

hayfetmek s. **hayıflanmak**

hayfideliti High-Fidelity, Hi-Fi: 1. Qualitätsschallplatte *f* 2. Lautsprechersystem *n* mit originaltreuer Tonwiedergabe

hayhay! 1. (Ausdruck der Bereitwilligkeit, et. zu tun) aber gewiß! recht gerne! warum nicht! bitte sehr! *baş üstüne 2. *fig.* Freude, Annehmlichkeit *f* 3. *fig.* leicht, bequem 4. *naut. va.* Antwort auf **alesta** Zu 2: s. **Kimine** ~ **kimine vayvay!** Zu 3: **Bu yolda iki araba yanyana** ~ **geçer.** Auf diesem Weg können zwei Wagen bequem aneinander vorbeifahren.

hayhaylı s. **dışı kalaylı (hayhaylı) ...**

hayhuy 1. Stimmengewirr *n,* Lärm, Spektakel, Krach *m,* Hallo *n* 2. *fig.* erfolglose Kraftanstrengung, vergebliches Ringen 3. unüberlegtes Handeln, *F* Draufloswirtschaften *n* Zu 1: **Bu** ~ **içinde çalışılamaz!** Bei diesem Lärm kann ein Mensch doch nicht arbeiten! Zu 2: **Onun hayatı bir** ~ **içinde geçti.** Sein ganzes Leben lang hat er sich erfolglos abgemüht.

hayıf, -yfı *va.* Ungerechtigkeit, Unterdrückung, Tyrannei *f*

hayıflanmak seufzen, klagen, jammern *eseflenmek

hayın s. **hain**

hayır (I) [×·] nein

hayır (II), **-yrı** 1. gute Tat; Wohltat *f,* Gutes 2. gute Vorbedeutung 3. Gedeihen *n,* Wohlfahrt, Gesundheit, Vortrefflichkeit *f* 4. Nutzen, Vorteil *m* 5. gut, nützlich, vorteilhaft ≗ **çıkmazdı.** Es käme nichts Gutes dabei heraus. ≗ **dile eşine** (*od.* **komşuna**) ~ **gele başına!** *Spr.* Wünsche (und tu) deinem Mitmenschen nur Gutes, auf daß du ebenfalls Gutes erwiesen bekommst! ~ **etmek** 1. ein brauchbarer Mensch sein 2. nützen, helfen (z. B. Arznei) 3. zum Segen gereichen ~ **görmemek** 1. **(bir daha)** nicht mehr auf die Beine kommen können *(fig.)* 2. (bşden) sich keinen Nutzen versprechen (von) ~ **hademesi** Moscheediener *m* ~ **işlemek** Gutes tun ~ **işleri** gute Taten; Wohltaten *pl.* ~ **kalmamak** (bşden) s. **-ı kalmamak;** ~ **kurumu** (*od.* ~ **müessesesi**) Wohlfahrtseinrichtung *f* ~ **ola; hayrola** (*form.* bei erstauntem Fragen) nanu? wieso denn? was ist denn los? was ist denn passiert? ~ **olsun; hayrolsun** s. die Stw. **akşam, gece, sabah;** ~ **sahibi** Wohltäter *m,* edler Spender; Stifter *m* ~ **sanıcı** wer es gut meint, wohlwollend, gütig, freundlich ~ **söylemek** nichts Unangenehmes, nur Gutes sagen ≗ **yok.** Es ist aus. Es besteht keine Hoffnung mehr. **-a açmak** s. **Ağzını hayra aç!** ≗**a alâmet (değil)!** Das ist (k)ein gutes Vorzeichen! ≗**a karşı!** Alles Gute! **-a yormak** in günstigem Sinn deuten (Traum, Wahrsagung) ≗**dır inşallah!** 1. Hoffentlich hat das et. Gutes zu bedeuten! 2. (*form.* Ausdruck der Verwunderung) Nanu? Was Sie nicht sagen! Ach was? So, so? **-ı dokunmak** nützlich, dienlich sein (**Bir kere de -ın dokunsun!** Von dir könnte man auch einmal et. Besseres erwarten!) **-ı kalmamak** zu nichts mehr zu gebrauchen sein ≗**ı yok.** 1. Davon (*bzw.* von ihm) ist nichts Gutes zu erwarten. 2. Das kommt nicht mehr ins Lot! ≗**ını gör (-ün)!** 1. (*form. Ra.* der Verkäufer) Möge es Gutes bringen! Möge es zum Segen gereichen! 2. *iron.* Na, viel Glück dabei! ≗**ını görmeyeyim!** *Bet.* Möge ich nichts Gutes davon erleben (*scil.* wenn ich nicht die Wahrheit spreche)! **-la yâd etmek** (*od.* **anmak**) nur Gutes reden (von e–m Verstorbenen) ≗**lar!** (ster. Antwort auf die Frage **„Ne var ne yok?"**) Danke gut! Alles in Ordnung! *İyilik güzellik!

hayırdua Segenswunsch *m* ~ **etmek** Gutes wünschen; segnen **-sını almak** (b–nin) gesegnet werden (von)

hayırhah [··–] wohlwollend **Sizin -ınızdır.** Er meint es gut mit Ihnen. Er ist Ihr Freund.

hayırhahane [··–·–·] s. **hayırhah;** ~ **bir bitaraflık** wohlwollende Neutralität **Bana** ~ **tavsiyelerde bulundu.** Er hat mir gutgemeinte Ratschläge gegeben.

hayırhahlık [··–·] Wohlwollen *n*

hayırkâr *selt.* Wohltäter *m* *velinimet

hayırlaşmak sich (nach abgeschlossenem Handel unter Händeschütteln) gegenseitig Gutes wünschen (mit der Formel **Hayrını gör!**)

hayırlı 1. gut, gesegnet, glückbringend, ersprießlich, einträglich 2. Wohlfahrts-, karitativ 3. gutgeraten (Kind) 4. von guter Vorbedeutung ~ **haberler** gute Nachrichten *pl.* ≗ **olsun!** *od.* **(Haydi) hayırlısı!** 1. Na, dann alles Gute! 2. s. **Güle güle giyiniz (kullanınız)!** 3. (*form.* Trost bei e–r materiellen Einbuße) Wer weiß, wozu es gut ist! ≗ **yolculuk!** Gute Reise! ≗**sı Allahtan!** Möge Gott seinen Segen dazu geben. **-sıyle** *Adv.* erfolgreich, glücklich

hayırperver(-lik); hayırsever(-lik) s. **iyilikçi(-lik)**

hayırsız 1. zu nichts gut; unselig, kein Glück (keinen Nutzen) bringend 2. nichtsnutzig, ungeraten (Kind) 3. von schlechter Vorbedeutung

Hayırsızada 1. Name verschiedener kleinerer, unbewohnter Inseln an den türk. Küsten 2. *spez.* s. **Sivriada**

hayırsızlık 1. Umstand *m,* daß et. zu nichts gut ist, kein Glück od. keinen Nutzen bringt 2. Nichtsnutzigkeit, Ungeratenheit *f* 3. schlechte Vorbedeutung
hayıt (I), **-ytı** 1. *an.* Strang *m* 2. *bot.* s. **ipçik; -ı mülevven** s. **kromatik iplik**
hayıt (II) **ağacı** Keuschlammbaum *m bot.* Vitex agnus castus *beşparmak ağacı, Yemen safranı
hayız, -yzı Menstruation *f,* monatliche Regel *âdet, aybaşı ~ **görmek** die Periode haben **-dan nifastan kesilmek** keine Periode mehr haben (Frau bei Eintritt der Menopause)
hayide [−−·] *z. va.* bis in die kleinsten Einzelheiten erörtert; durchgekaut, breitge-treten, -walzt, abgedroschen (z.B. in den Zeitungen)
hayideleşmek [−−···] *z. va.* bis in die kleinsten Einzelheiten erörtert werden; durchgekaut, breitgetreten sein; banal wirken
haykırı 1. lautes Rufen; Schreien *n* 2. Ausruf *m* *nida ~ **işareti** s. **nida işareti**
haykırış lautes Rufen; Schreien, Geschrei *n*
haykırışmak 1. sich gegenseitig et. zuschreien 2. gemeinsam schreien 3. ein allgemeines Wehgeschrei erheben
haykırmak 1. laut rufen; schreien 2. laut klagen, ein Wehgeschrei erheben
haykırtı Rufen, Schreien, Getöse *n,* Lärm *m*
haykırtılı laut, mit großem Lärm
haylamak (m. Akk.) 1. s. **haydalamak** 2. sich kümmern (um), sich kehren (an), Aufhebens machen (von) 3. stoßen, vorwärts treiben
haylayf (*engl.* **highlife**) 1. mondänes Leben 2. vornehme Welt, die oberen Zehntausend
haylaz 1. ungezogen, nichtsnutzig, ungezogener Bengel 2. faul, arbeitsscheu, müßig herumlungernd Zu 2: **-ın biri** ein fauler Kerl
haylazlaşmak zum ungezogenen Bengel (*bzw.* zum Faulenzer) werden
haylazlık 1. Ungezogenheit *f* 2. Faulheit *f,* müßiges Herumlungern
haylıca s. **haylice**
hayli [×·] 1. recht viel, ziemlich viel, e−e Menge, reichlich, beträchtlich, ziemlich groß, nicht wenig 2. recht, ziemlich 3. geraum (Zeit) 4. tüchtig, ordentlich, nicht schlecht (z.B. schwitzen); s.a. **bir ~; ~ sert davranması üzerine ...** auf sein reichlich scharfes Vorgehen hin **-den hayli (-ye)** ganz besonders viel **-den -ye iş görmek** e−e Menge zuwegebringen, sehr tüchtig sein
haylice recht groß, ziemlich viel, beträchtlich
haylûlet, -ti *va.* Ein-, Auf-treten *n* (von Schwierigkeiten) ~ **etmek** ein-, auf-treten, sich hinderlich bemerkbar machen
haym Arbeiterwohnheim *n*
haymana freies, nicht-eingezäuntes Weideland ~ **beygiri gibi dolaşmak** 1. sich untätig herumtreiben 2. **(şehri)** die ganze Stadt absuchen; *F* sich dumm und dusselig laufen ~ **mandası (öküzü, sığırı)** *fig.* Faulenzer *m,* müßig Herumlungernder
Haymana *n.pr.* O. u. D. im Rbz. Ankara
haymatlos 1. heimatlos 2. *fig.* unstet umherziehend 3. *jur.* staatenlos *vatansız
haymatlosluk 1. Heimatlosigkeit *f* 2. *fig.* unstetes Umherziehen 3. *jur.* Staatenlosigkeit *f* *vatansızlık
hayme *va.* Zelt *n* *çadır
haymegâh *va.* Zeltlager *n*
haymenişin [···−] *va.* Zeltbewohner, Nomade *m*
haymenişinlik [···−·] *va.* Nomadentum *n*
Hayrabolu *n.pr.* Städtchen u. D. im Rbz. Tekirdağ
hayran [·−] 1. verwundert, erstaunt 2. *va.* verblüfft, verdutzt 3. hingerissen, ganz geblendet (von) 4. Bewunderer *m* ~ **etmek** in Staunen (Bewunderung) versetzen ~ ~ 1. ganz verblüfft 2. voll Bewunderung ~ **kalmak** (*od.* **olmak**) 1. erstaunt, verwundert sein 2. *va.* verblüfft, verdutzt sein 3. bewundern
hayranlık [·−·] 1. Staunen *n* 2. Bewunderung *f*
hayrat, -tı [·−] *(urspr. Pl.)* 1. gute Werke, gutes Werk 2. fromme Stiftung; Wohlfahrtseinrichtung *f,* karitative Institution ~ **sahibi** Stifter, Spender, Wohltäter *m*
hayret, -ti 1. Verwunderung *f,* (Er-)Staunen *n,* Verblüffung *f,* Betroffensein *n* 2. (Ausruf) sonderbar! eigenartig! erstaunlich! oh! ~ **etmek** verwundert (verblüfft, erstaunt) sein ~ **verici** erstaunlich, verblüffend ~ **vermek** (b−ne) s. **hayrete düşürmek; -e dalmak** in Verwunderung geraten **-e düşmek** sich höchlichst verwundern **-e düşürmek** in Erstaunen versetzen **-te** (*od.* **hayret(-ler) içinde) bırakmak** verwundern, in Erstaunen versetzen **-te** (*od.* **hayret(-ler) içinde) kalmak** sich (ver-)wundern, staunen
hayretmek s. **hayır** (II) **etmek**
Hayrettin 1. *mV* 2. s. **Barbaros** 3. Typ *m* des Lasen aus Trapezunt im Karagözspiel (Schiffer od. Verzinner)
hayrî 1. *va.* auf **hayır** (II) bezüglich 2. **Hayri** [×·] *mV*
Hayriye 1. *wV* 2. **(altını)** s. **sandıklı (altını)** 3. ~ **tüccarı** *hist.* Handeltreibende *pl.* (im Bereich des Osm. Reiches)
hayrola; hayrolsun s. Stw. **hayır** (II)
Hayrullah *mV*
hayrülhalef würdiger Nachfolger *spez.* seines Vaters würdiger Sohn
hayrülumur [···−] *va.* das Beste der Dinge ⚬ **evsatuha.** *va.* Mittelweg der beste Weg.
haysiyet, -ti 1. Ansehen *n,* Achtung *f* 2. Ehre *f,* Ehrgefühl *n,* Würde *f* ~ **divanı; divanı** ~ Ehrengericht *n* ~ **sahibi** ehrenwert, würdig, angesehen **-e dokunmak** ehrenrührig sein **-iyle** in Anbetracht (daß), weil
haysiyetli 1. *mel.* auf seine Ehre haltend 2. *pej.* von krankhaft empfindlichem Ehrgefühl
haysiyetsiz wer nicht auf seine Ehre hält, ohne Ehrgefühl ~ **ve şerefsiz bir hayat sürme** *jur.* unehrenhafter Lebenswandel
haysiyetsizlik Mangel *m* an Ehrgefühl
haysiyetşiken ehrenrührig, verletzend, ausfällig, kränkend (z.B. Worte)
hayşum [ū] *va.* Nasenrachenraum *m* *geniz
hayt s. **hayıt** (I)
hayta [×·] 1. bis 1827 Name e−r in Kriegszeiten angeworbenen, monatlich entlöhnten Söldnertruppe 2. *V* Strolch, Vagabund, Herumtreiber *m* *serseri
haytalık *V* Vagabundentum *n,* Herumstrolcherei *f*
haytiye s. **ipsiler**
hayvan 1. Lebewesen *n,* Kreatur *f* 2. Tier, Vieh *n* 3. Last-, Trag-, Zug-, Reit-tier *n* 4. *pr.* Pferd *n* 5. *fig.* dummer beschränkter Mensch; Dummkopf *m* ~ **alım satımı** Viehhandel *m* ~ **ayağı** Pfote, Tatze, Pranke *f* ~ **bahçesi** *selt.* s. **hayvanat bahçesi;** ~ **bilimi** s. **zooloji;** ~ **borsası** Viehbörse *f,* -markt *m* ~ **coğrafyası** s. **zoocoğrafya;** ~ **deposu** *mil.* Pferdepark *m* ~ **evreni** s. **hayvanlar âlemi;** ~ **gibi** 1. wie ein unvernünftiges Tier 2. vierschrötiger Kerl; ebenso dumm wie lang ~ **hastanesi** *mil.* Pferdelazarett *n* ~ **hırsızlığı** Viehdiebstahl *m* ~ **icarı** Viehpacht *f* ~ **kademesi** *mil.* Pferdestaffel *f* ⚬ **koklaşa koklaşa, insan söyleşe söyleşe.** Man muß einander näherkommen (*scil.* um sich zu verstehen). ~ **koşulu vasıta** mit Zugtier (*spez.* Pferd) bespanntes Fahrzeug ~ **mürebbisi** Tierbändiger, Dompteur *m* ~ **mürebbiliği** 1. Abrichtung *f* von Tieren, Tierdressur *f* 2. Beruf *m* e−s Tierbändigers, Dompteurs ~ **parkı** *mil.* Pferdepark *m* ~ **rehni** Viehverpfändung *f* ~ **sayımı** Viehzählung *f* ~ **sıtması** s. **ağrıma;** ~ **sigortası** Viehversicherung *f* ~ **vagonu** Viehwagen *m* ~ **vetiştirme** Viehzucht *f* **-a yük vurmak** das Tier beladen ⚬**ın alacası**

dışında olur, insanın alacası içinde olur. *Spr.* Den Charakter e–s Tieres erkennt man schon an seinem Äußeren, den e–s Menschen aber nur an seinem Inneren. **-lar âlemi** Tierwelt *f* **-lar tarafından yapılan zararlardan mesuliyet** *jur.* Tierhalterhaftung *f* **-lar vergisi** Viehsteuer *f* **-lara kötü muamele edilmesi** *jur.* Mißhandlung *f* von Tieren; Tierquälerei *f* **-lara tapma** Tierkult *m,* Zoolatrie *f* **-ları koruma** Tierschutz *m*,*himayei hayvanat **-ı natık** Animal rationale *n,* Zoon logikon *n,* Mensch *m*

hayvanat, -tı [·– –] *z. va. Pl.* zu **hayvan** 1. *va.* Tiere *pl.* 2. **(ilmi ~)** Zoologie *f* *zooloji ~ **bahçesi** zoologischer Garten, Zoo *m,* Tierpark *m* **-ı iptidaiye** s. **birhücreli hayvanlar; -ı nebatiye** s. **holotüritler; -ı şibih nebatiye** s. **bitkimsi hayvanlar; -ı taliye** s. **çokhücreli hayvanlar**

hayvanca [·×·]; **hayvancasına** [·×··] 1. wie ein Tier 2. brutal, bestialisch 3. dumm, stupid

hayvancı 1. Tier-, Vieh-züchter *m* 2. Viehhändler *m*

hayvancık (mikroskopisch kleines) Tierchen

hayvancılık 1. Viehzucht *f* 2. Viehhaltung *f* 3. Viehhandel *m*

hayvanî [·– –] 1. Tier-, tierisch 2. *pej.* viehisch, tierisch, roh, brutal, bestialisch ~ **hislerini tatmin için** zur Befriedigung seiner viehischen Gelüste ~ **kuvvet** brutale Gewalt ~ **yağ** tierisches Fett

hayvaniyet, -ti [·–··] *va.* 1. Wesen *n* und Natur *f* e–s Tiers, Tierzustand *m* 2. viehisches, tierisches Benehmen; Roheit, Brutalität, Bestialität *f*

hayvankömürü, -nü tierische Kohle, Tier-, Knochen-kohle *f* *fahmi hayvanî

hayvanlaşmak zum Tier werden, vertieren, verrohen **Hayvanlaşan Adam** (Übersetzung von:) La Bête Humaine (Zola)

hayvanlık 1. s. **hayvaniyet** 2. Dummerjungenstreich *m*

hayvansal Tier-, tierisch *hayvanî (1) ~ **asalak** tierischer Schmarotzer; Schmarotzertier *n* ~ **besin(-ler)** tierische Nahrung ~ **magnetizma** tierischer Magnetismus *mıknatısiyeti hayvaniye; manyatizma ~ **nişasta** s. **glikojen;** ~ **tel** *biol.* tierische Faser *lifi hayvanî

hayyakellah [·–·–] *va.* s. **Allah ömürler versin!**

hayyalelfelâ *urspr.* **hayya alel felâh** 1. (Worte des Muezzins) Kommt zum Heil! 2. (Ausruf in großer Bedrängnis)

hayyalesselâ *urspr.* **hayya alesselâ** (Schlußworte des Muezzins) Eilt zum Gebet! (in den Ra.:) ~ **demek** *od.* **-yı çekmek** das letzte Wort sprechen

hayyam [·–] *va.* s. **çadırcı**

hayye *va.* (große) Schlange *f*

hayyen [×·] *va. Adv.* lebendig, lebend *diri olarak ~ **(veya) meyyiten** lebendig oder tot

hayyiz *z. va.* Raum *m* (der et. enthält od. den et. einnimmt), Ausdehnung *f* *uzam **-i husul olmak** *va.* s. **hâsıl olmak**

hayzeran s. **hezaren**

haz, -zzı 1. *va.* (An-)Teil *m* 2. Lust, Freude *f,* Genuß *m,* Vergnügen, Wohlgefallen *n* ~ **duymak** Lust, Freude empfinden

hâzâ 1. (*ar.* Demonstrativpron.) dieser, diese, dieses 2. *P* vollkommen (zur Bez. e–s Elativs) Zu 1: vgl. **lihaza; mahaza** Zu 2: ~ **düdük** Wie kurz und eng ist das nur geworden! (Kleidungsstück nach der Reinigung) ~ **ev** ein erstklassiges Haus ~ **gebeş** ein Trottel, wie er im Buch steht ~ **şehzade** ein wirklicher (richtiger, echter) Prinz

hazakat, -ti [·–·] 1. Geschicklichkeit *f* (z.B. e–s Uhrmachers) 2. Scharfsinn *m* (e–s Arztes bei der Diagnose)

hazakatli [·–··] geschickt, meisterhaft *hazık

hazakatzede [·–···] *iron.* Opfer *n* ärztlichen Scharfsinns (*d.h.* e–r falschen Diagnose)

hazan [·–] *va.* Herbst *m* *güz, sonbahar ~ **yaprağı gibi titremek** wie Espenlaub zittern

hazandide [·– –·] *va.* vergilbt, verwelkt (Blätter im Herbst)

hazanî [·– –] *va.* Herbst-

hazar (I) 1. Friede(-nszeit *f*) *m* 2. *va.* Innehaben *n* e–s festen Wohnsitzes (*ant.* bedevîlik) ~ **garnizonu** *mil.* Friedensstandort *m* ~ **hali** *mil.* Friedenszustand *m* ~ **iktisadiyatı** Friedenswirtschaft *f* ~ **kadrosu** *mil.* Friedensetat *m* ~ **kuvveti** *mil.* Friedensstärkenachweisung *f* ~ **mevcudu** *mil.* Friedens(präsenz)stärke *f* ~ **ordusu** *mil.* Friedensheer *n* **-a intikal etmek** *mil.* auf Friedensfuß setzen **-a rücu** *mil.* Demobilmachung *f* **-da ve seferde** in Kriegs- und Friedenszeiten

hazar (II) 1. Zug-, Baum-säge *f* 2. Gattersäge *f* ~ **fabrikası** Säge-werk *n,* -mühle *f*

hazarcı Sägearbeiter *m* od. Besitzer *m* e–s Sägewerkes

Hazardenizi, -ni *n.pr.* Kaspisches Meer *Bahrihazer, Kuzgundenizi

hazarhane [··–·] Sägewerk *n*

hazarî [··–] 1. die Friedenszeit betreffend, Friedens- (*ant.* seferî) 2. *va.* fest ansässig (*ant.* bedevî) ~ **hal** Friedenszustand *m* ~ **iaşe kadrosu** *mil.* Friedensverpflegungsetat *m* ~ **mevcut kuvvet** s. **hazar mevcudu**

Hazarlar *n.pr. hist.* Chasaren *pl.* (türk. Volksstamm zwischen Wolga und Krim; türk. Reich 468–965)

hazcı(-lık) s. **hedonist; hedonizm**

hazele (*Pl.* zu *ungebr.* **hazil**) gemeine Kerle, Schurken, Schufte *pl.* (*a. Verst.:* ~ **bezele**)

hazer *va.* Vorsicht, Wachsamkeit *f* ~ **etmek** (bşden) *va.* vorsichtig sein; sich in acht nehmen (vor)

hazerat [··–] (*va. Pl.* zu **hazret** *bzw.* **hazretleri**) Majestäten, Hoheiten, Exzellenzen *pl.* **İsmet ve Kâzım Paşalar -ı** *va.* S. E. İsmet Pascha und S. E. Kâzım Pascha

hazfetmek [×··] aus-, weg-lassen; streichen; elidieren, apokopieren, synkopieren

hazfütaksir [ī] s. **eksilti**

hazıf, -zfı Aus-, Weg-lassung, Streichung, Elision, Apokope, Synkope *f*

hazık [ā], **-kı** s. **hazakatli**

hazım (I), **-zmı** 1. Verdauung *f* *sindirim 2. *fig.* Geduld *f,* geduldiges Ertragen, ruhige Hinnahme ~ **bozuklukları** Verdauungsstörungen *pl.* ~ **cihazı** Verdauungsapparat *m* *cihazı hazmî, sindirim aygıtı ~ **cümlesi** Verdauungsorgane *pl.* **-ı güç** 1. schwer verdaulich 2. *fig.* schwer zu ertragen **gayri kabili** ~ unverdaulich

hazım (II), **-zmı** *va.* Vor-, Um-sicht *f*

hâzım (I) verdauungsfördernd, digestiv *sindirici

hâzım (II) 1. *va.* vor-, um-sichtig 2. ♀ *mV*

hazımlı wer et. geduldig hinnimmt, ruhig über sich ergehen läßt; duldsam, tolerant, weitherzig, großzügig (über et. hinweggehend), wer et. vertragen kann *karnı geniş

hazımsız 1. schwer verdauend, dyspeptisch 2. *fig.* wer et. nicht vertragen, ausstehen kann, leicht gereizt, nervös veranlagt; ungeduldig, unduldsam, kleinlich od. engherzig denkend

hazımsızlık 1. Verdauungs-beschwerden, -störungen *pl.* Dyspepsie *f* 2. *fig.* Unduldsamkeit, Intoleranz, Kleinlichkeit *f*

hazır 1. bereit, fertig 2. Konfektions-, fertig 3. anwesend, zugegen 4. [ā] (in ält. Izafetfüg.) gegenwärtig, augenblicklich, heutig 5. Kapital *n,* Besitz *m,* Substanz *f* 6. *Konj.* in Anbetracht, daß ...; da, weil (nun einmal); wenn ... schon einmal; nachdem (kausal) Zu 1: **Ben -ım, isterseniz gidelim!** Ich bin fertig; wenn Sie wollen, gehen wir jetzt! Zu 2: s. ~ **elbise** Zu 3: s. ~ **bulunmak** Zu 4: **vaziyeti -a dolayısiyle** bei der heutigen Lage; s.a. **hali-** Zu 6: ♀ **buraya gelmişken, şu kitapları da alıver.** Nachdem du schon einmal hier bist, nimm doch auch gleich diese Bücher mit! ≗ **gidiyorsun, onu da götür!** Wenn du schon gehst, so nimm doch auch das mit! ~ **bulunmak** 1. fertig (gerüstet) sein 2. anwesend (zugegen) sein, beiwohnen 3. verfügbar sein; zur Verfügung stehen ~ **elbise** fertig gekauftes Kleid; Konfektions-ware *f*, -anzug *m*, *F* Anzug *m* von der Stange ~ **etmek** s. **hazırlamak;** ~ **kıta** *mil.* Bereitschaftstruppe *f* ~ **kunduracı** Schuster *m*, der fertige Schuhe verkauft ~ **mezarın ölüsü** *hum.* Faulpelz *m*, der erwartet, daß ihn die andern bedienen ~ **mevcut** *mil.* Ist-Stärke *f* ≗ **ol!** *mil.* Stillgestanden! ≗ **ol cenge, ister(i)sen sulhü salâh.** Si vis pacem, para bellum! ~ **ol duruşu** *(Turnen)* Grundstellung *f* ~ **ol emri** 1. *mil.* der Befehl „Stillgestanden!" 2. Bereitschaftsbefehl *m* ~ **ol işareti** *Th.* Anfangs-signal, -zeichen *n* ~ **ol vaziyetinde durmak** stramm stehen ~ **olmak** 1. fertig (bereit) sein 2. anwesend sein ~ **olmayan şahıs** *jur.* Abwesender ~ **para** verfügbares Geld; Bar-geld *n*, -schaft *f* ~ **tutulma** *mil.* Bereitstellung *f* ≗ **yemeğe dağlar dayanmaz.** *Spr.* Wer von seinem Kapital lebt, ist schnell am Ende. ~ **yiyici** 1. wer von seinem Besitztum (seinem Kapital, der Substanz) lebt 2. *selt.* s. **hazırcı** (2); **-a konmak** *fig.* sich ins fertige Nest setzen, sich ins gemachte Bett legen **-dan yemek** von seinem Besitztum (seinem Kapital, der Substanz) leben

hazırcevap, -bı schlagfertig, nicht um e–e Antwort verlegen

hazırcevaplık Schlagfertigkeit *f*

hazırcı 1. wer in der Konfektionsbranche tätig ist *spez.* Konfektionshändler *m* 2. *F* wer mühelos einheimst, was ein anderer geschaffen hat, wer sich ins fertige Nest setzt

hazırcılık 1. Konfektion(-shandel *m*, -sbranche *f*) *f* 2. *F* müheloses Einheimsen od. Genießen der Erträgnisse fremder Arbeit

hazırlamak 1. (vor-)bereiten; bereit-stellen, -halten, -legen, -machen 2. *chem.* präparieren 3. *mil.* in Bereitschaft stellen *(1–3) istihzar etmek

hazırlanmak 1. Pass. zu **hazırlamak** 2. sich vorbereiten, sich bereit machen, sich fertig machen, sich bereit halten **hazırlanmış arazi** *mil.* vorbereitetes Gelände

hazırlayan wer vorbereitet; *a.* Herausgeber *m* (e–s Buches)

hazırlık 1. Vorbereitung, Vorkehrung *f* 2. Bereit-, Vorbereitet-Sein *n*, Bereitschaft *f* ~ **çalışması** *(Fb. usw.)* Training *n* ~ **emri** *mil.* Bereitschaft *f* ~ **görmek** die nötigen Vorbereitungen (Vorkehrungen) treffen ~ **kıtası** s. **hazır kıta;** ~ **mevzii** (*od.* **vaziyeti**) *mil.* Bereitschaft(-sstellung) *f* ~ **sınıfı** Vorbereitungsklasse *f* ~ **tahkikatı** *jur.* Voruntersuchungen *pl.*, Ermittlungsverfahren *n* ~ **talimi** Vorübung *f* ~ **vaziyeti emri** *mil.* Befehl *m* zur Bereitstellung ~ **vaziyeti almak** *od.* ~ **mevziine girmek** *mil.* Bereitschaftsstellung beziehen ~ **vaziyetinde bulunmak** *mil.* in Bereitschaft liegen **-lar yapmak** Vorbereitungen *bzw.* Vorkehrungen treffen

hazırlıklı vorbereitet, (für od. gegen Eventualitäten) gerüstet ~ **indirme** *mil.* vorbereitete Ausschiffung **bu istilâ teşebbüsü için** ~ gegen diesen Invasionsversuch gerüstet

hazırlıksız unvorbereitet

hazırlılık *(Turnen)* Fertigkeit *f*

hazırlop, -pu 1. hartgekocht (Ei) 2. *F* was e–m mühelos in den Schoß fällt

hazırun [–·–] (*va. Pl.* zu **hazır**) Anwesende *pl.*

hazırüamade [–··––·] *va.* bereit (et. zu tun)

hazırünazır [–··–·] *va.* allgegenwärtig und alles sehend (Gottesattribut)

hazin [ī] 1. betrüblich (z. B. Anblick) 2. traurig (z. B. Mensch, Stimme) 3. rührend, zu Herzen gehend, nahegehend, melancholisch (z. B. Melodie) 4. Trauer- ~ **ihtifal (merasim, tören)** Trauerfeier *f* ~ **bir vefat** (ster. Überschrift bei Todesanzeigen) schmerzlicher Verlust

hazine [ī] 1. Schatzkammer *f* 2. Schatz *m* 3. Fiskus *m*, Staatskasse *f* 4. *gel.* Staat *m* 5. Aufbewahrungs-, Vorratsraum, Speicher *m*, Depot, Reservoir, Magazin *n*, Kammer *f*, Vorratsbehälter, Tank *m*, *gel. a.* Zisterne *f* 6. Wortschatz *m*, Vokabular *n* 7. Ladekasten *m*, Kammer *f*, Magazin *n* (bei Gewehr od. Geschütz) 8. *fr.* die Summe von 16 000 Kurusch 9. s. a. **hazne;** ~ **bonoları** Schatzanweisungen, -scheine *pl.* ~ **kâhyası** (*fr.* **kethüdası**) *fr.* Schatzmeister *m* des Sultans ~ **tahvilâtı** Staats-schuldverschreibungen, -obligationen *pl.* **-ye irat kaydedilmek** zu Gunsten der Staatskasse eingezogen werden **-ye teberrü etmek** dem Staat übermachen (schenken) ≗**i Amire Defterdarı** *hist.* (15.–19. Jh.) Titel des osm. Finanzministers **-i evrak evrak; -si** (historisches) Archiv *arşiv **-i hassa** *hist.* 1. Privat-kasse -schatulle, Zivilliste *f* (des Sultans) 2. Verwaltung *f* des kaiserlich-osm. Privatbesitzes

hazinedar [·–·–] Schatz-meister, -kämmerer *m* ~ **ağa** *hist.* Finanzverwalter *m* des kaiserlich-osm. Harems (zweitoberster schwarzer Eunuch) ~ **kalfa** *hist.* Intendantin *f* für die inneren Unkosten des kaiserlich-osm. Harems ~ **usta** *hist.* Intendantin *f* der Haushofmeisterin im kaiserlich-osm. Harem

hazinedarlık [·–·–·] 1. Amt *n*, Tätigkeit *f* e–s Schatz-meisters, -kämmerers 2. *hist.* Amt *n*, Aufgaben *pl.* e–s (e–r) **hazinedar ağa (kalfa, usta)**

hazineli [·–··] mit **hazine** ausgestattet *spez.* Magazin-, Hohl- ~ **mermi** Hohlgeschoß *n* ~ **tüfek** Magazingewehr *n*

haziran [ī] Juni *m* ~ **böceği** Junikäfer *m* *zo.* Amphimallus solstitialis

hazire [ī] umfriedetes Grab (*spez.* in e–m Moscheefriedhof)

haziz [ī] 1. s. **yerberi** 2. s. **günberi**

hazlanmak s. **hazzetmek**

hazmetmek [×··] 1. verdauen *sindirmek 2. *fig.* et. vertragen können, geduldig über sich ergehen lassen, sich nicht kehren (an), sich nicht beeindrucken lassen (von); großzügig, weitherzig über et. hinweggehen, et. gelassen hinnehmen, ertragen, erdulden **hazmedememek** *a.*: (et.) nicht verwinden können

hazmî Verdauungs- **cihazı** ~ s. **hazım cihazı**

hazne 1. s. **hazine** 2. *an.* Vagina, Scheide *f* 3. Rast *f* (Mittelteil e–s Hochofens) ~ **kayaç** *geol.* Speichergestein *n* (mit Erdöl)

hazret, -ti 1. Ehrentitel vor dem Namen von Personen, die nach isl. Auffassung als heilig gelten 2. *z. va.* Seine Exzellenz 3. *iron.* der gute Mann, der Biedere, der ehrenwerte … 4. (scherzhafte Anrede) mein Lieber! Zu 1: **-i Muhammet (Âdem, Ali, Meryem** usw.); **-i Nuhtan kalma** vorsintflutlich Zu 4: ≗, **şu kitabı uzatır mısın?** Mein Lieber, würdest du mir einmal das Buch da herreichen?

hazretleri, -ni (*Abk.:* **Hz.**) (nachgestellt) 1. Seine Hoheit (Exzellenz, Majestät, Heiligkeit) 2. *iron.* der ehrenwerte … **Papa Hz.** Seine Heiligkeit der Papst **Kral Hz.** Seine Majestät der König **Sefir Hz.** Seine Exzellenz, der Herr Botschafter

Hazro *n.pr.* O. u. D. im Rbz. **Diyarbakır**

hazzetmek [×··] (m. Abl.) Freude haben, Gefallen finden (an), et. gerne mögen

HDÖ = Halkın Devrimci Öncüleri Revolutionäre Vorkämpfer des Volkes (linksradikale türk. Untergrundorganisation)

he (I) *P* ja, gut, recht, schön ~ **demek** (bşe) billigen, gutheißen

he (II) 1. Name bzw. Lautung des Buchst. H *aş 2. vorletzter Buchst. des osm. Alph.

heba [ā] 1. *urspr.* ganz feiner Staub 2. Verschwendung, Vergeudung *f,* nutzloses Opfer 3. nutzlos, vergebens ~ **etmek** 1. *urspr.* in Staub verwandeln 2. nutzlos opfern, umsonst ausgeben, verschwenden, vergeuden ~ **olmak** 1. Pass. zu ~ **etmek** 2. nutzlos sein, zu nichts führen **-ya gitmek** s. ~ **olmak**
hebenneka Dummkopf *m* (der von sich selbst sehr eingenommen ist)
heccav [ā] Verfasser *m* von Satiren, Satiriker *m*
hece Silbe *f* ~ **şairi** s. **hececi;** ~ **vezni** nationaltürk., silbenzählendes Versmaß *parmak hesabı ~ **yutumu** *ling.* Haplologie, Synkope *f* (z.B. **cumaertesi** > **cumartesi**)
hececi 1. wer im silbenzählenden Versmaß dichtet 2. *fr.* Buchstabierer *m* (Schüler, der das Alphabet aufsagen konnte: **elif üstün e, elif esre i, elif ötre ö, be üstün be** usw.)
hececilik 1. nationaltürkische Dichtkunst 2. *fr.* Buchstabieren *n* (in der Schule [vgl. **hececi**])
heceleme 1. Vs. zu **hecelemek** 2. *Th.* Artikulation *f*
hecelemek 1. die Silben e–s Wortes einzeln nennen 2. ein (schwieriges) Wort Silbe für Silbe lesen 3. buchstabieren
heceli mit soundsoviel od. mit nb. Silben, -silbig
hecin [ī] **(devesi)** Dromedar *n,* einhöckeriges Kamel *zo.* Camelus dromedarius *tek hörgüçlü deve
hecinsüvar [·–·–] Kamelreiter *m* ~ **bölüğü** Kamelreiterkompanie *f*
hecme *va. med.* Anfall *m*
hedaya [·––] *va. Pl.* zu **hediye**
hedebî s. **kirpiksi**
hedef 1. Zielscheibe *f* 2. Ziel *n* 3. *fig.* Ziel *n,* Zweck *m,* Absicht *f* *amaç ~ **ağı** *mil.* Zielspinne *f* ~ **almak** (*od.* ~ **tutmak**) (m. Akk.) 1. zielen (auf) 2. gerichtet sein (gegen); abzielen, gemünzt sein (auf) ~ **camı** Ausblicklinse *f* *adesei şahsiye ~ **edinmek** auf et. ausgehen ~ **gözetmek** das Ziel im Auge behalten ~ **gözetmeksizin** ziellos, wahllos (z.B. bombardieren) ~ **gütmek** ein Ziel verfolgen ~ **işaretlenmesi** *mil.* Zielbezeichnung *f* ~ **levhası** Zielscheibe *f* ~ **merkezi** das Schwarze (auf der Zielscheibe) ~ **olmak** *fig.* Zielscheibe sein (von) ~ **tahtası** Zielscheibe *f* *nişangâh **-e atış talimi** Scheiben-, Schul-, Übungs-schießen *n* **-e isabet etmek** 1. das Ziel treffen 2. *fig.* sein Ziel erreichen **-e isabet ettirmek** (bşi) mit et. ins Ziel treffen
hedeflemek *T* von **istihdaf etmek** *(q.v.)* *amaçlamak
hedefülharekât, -tı *mil.* Operationsziel *n*
hedep, -bi s. **kirpik**
heder 1. *urspr.* berechtigte Tötung 2. Verschwendung, Vergeudung *f,* nutzloses Opfer ~ **etmek** 1. *urspr.* berechtigtermaßen töten 2. verschwenden, vergeuden, nutzlos opfern ~ **olmak** 1. Pass. zu ~ **etmek** 2. nutzlos sein, zu nichts führen
hedim, -dmi *va.* Abbrechen, Niederreißen, Schleifen *n*
hediy Schlachtopfer *n* (bei der Wallfahrt nach Mekka)
hediye 1. Geschenk *n,* Gabe *f* *armağan 2. als Geschenk dienend, Geschenk- *hediyelik 3. Preis *m* (e–s Korans od. ähnlicher Werke) 4. ≗ *wV* Zu 2: ~ **bir albüm** ein Geschenkalbum ~ **etmek** schenken, zum Geschenk machen *armağan etmek ~ **gelmek** *fig.* zu Besuch kommen und wieder weggehen
hediyeci wer mit Geschenkartikeln handelt
hediyelik als Geschenk geeignet, Geschenk- ~ **eşya** Geschenkartikel *pl.*
hediyeten *va.* als Geschenk, zu Geschenkzwecken
hedmetmek [×··] *z. va.* abbrechen, niederreißen, schleifen
hedmütahrip etmek *va.* vollständig niederreißen, schleifen, demolieren
hedonist, -ti hedonistisch; Hedonist *m* *hazcı
hedonizm Hedonismus *m* *hazcılık, istilzaziye, lezzetiye
heft *va.* sieben *yedi ≗ **Biraderan** *va.* s. **Yedi Kardeş(-ler)**
Hegelci Hegelianer *m*
Hegelcilik *phil.* Hegelsche Philosophie *f*
hegemonya [··×·] Hegemonie, Führung, Vormachtstellung *f*
heimat *selt.* Heimat *f,* (deutsches) Inland *n*
heimatlos s. **haymatlos**
hekim [ī] Arzt *m* *doktor, tabip ~ **albay** *mil.* Oberstarzt *m* ~ **binbaşı** *mil.* Oberstabsarzt *m* ~ **koramiral** Admiraloberstabsarzt *m* ~ **korgeneral** *mil.* Generaloberstabsarzt *m* ~ **muayenesi** ärztliche Untersuchung ~ **teğmen** *mil.* Assistenzarzt *m* ~ **tuğamiral** Admiralarzt *m* ~ **tuğgeneral** *mil.* Generalarzt *m* ~ **tümamiral** Admiralstabsarzt *m* ~ **tümgeneral** *mil.* Generalstabsarzt *m* ~ **üsteğmen** *mil.* Oberarzt *m* ~ **yarbay** *mil.* Generaloberarzt *m* ~ **yüzbaşı** *mil.* Stabsarzt *m*
hekimbaşı, -nı *hist.* Hofarzt *m* des Sultans
Hekimhan *n.pr.* O. u. D. im Rbz. Malatya
hekimlik 1. ärztlicher Beruf; Arztpraxis *f* 2. medizinische Wissenschaft, Medizin *f* 3. ärztliche Kunst 4. den Arzt od. die ärztliche Kunst betreffend 5. wer e–n Arzt benötigt (Patient) ~ **edebiyatı** medizinische Literatur ~ **etmek** den ärztlichen Beruf ausüben ~ **satan** Quacksalber, Scharlatan *m*
hekimsel ärztlich, medizinisch *tıbbî
hekkelfon *mus.* Heckelphon *n,* Bariton-Oboe *f*
heksan *chem.* Hexan *n*
heksot, -du *(Radio)* Hexode *f*
hektar Hektar *n, m*
hektarlık soundsoviel Hektar umfassend
hektografi Hektographie, Vervielfältigung *f*
hektogram Hektogramm *n*
hektolitre [··×·] Hektoliter *n*
hektometre [··×·] Hektometer *n*
hektovat, -tı Hektowatt *n* ~ **saat** Hektowattstunde *f*
helâ Abort *m* *aptesane, ayakyolu ~ **çukuru** Abortgrube *f*
helâk, -ki 1. Zugrundegehen *n,* Untergang *m,* Verderben, Sterben *n* 2. Zugrunderichten *n,* Tötung *f* 3. völlige Erschöpfung ~ **etmek** 1. zugrunde richten, verderben, töten, umbringen 2. körperlich sehr mitnehmen ~ **olmak** 1. zugrunde gehen, umkommen, verlorengehen, untergehen, sterben 2. körperlich sehr mitgenommen werden
helâl, -li 1. nach den isl. Religionsgesetzen erlaubt 2. legitim, rechtmäßig 3. rechtmäßig, ehrlich erworbenes Gut 4. *F* rechtmäßig angetraute(r) Gattin (Gatte) 5. *gel.* was man nicht zu bereuen braucht Zu 5: **Ona verilen para -dır.** Das Geld ist nicht umsonst ausgegeben. ~ **etmek** (unter Anrufung Gottes als Zeugen) et. schenken (gewähren, nicht wegnehmen, verzeihen); keine Rechts- od. Eigentumsansprüche stellen; den Besitz (Erwerb, Genuß) e–s Gutes als rechtmäßig anerkennen **Hakkınızı ~ edin!** Vergebt, wenn ich euch et. Unrechtes zugefügt habe. ≗ **kazanılmayan malda bereket yoktur.** Unrecht Gut gedeihet nicht. *Spr.* ≗ **olsun!** 1. Es sei dir gerne gewährt! 2. (Formel bei Abschluß e–s Handels:) Es soll dein rechtmäßiges Eigentum sein! 3. (als Lob für e–e erfreuliche Handlung) Das ist recht! **Bunu yaparsan sana her hakkım ~ olsun!** Wenn du das tust, sei dir alles verziehen! ~ **para** ehrlich erworbenes Geld ~ **süt emmiş** 1. aus gutem Hause, aus guter Familie 2. wer nicht vom rechten Weg abweicht, vertrauenswürdig, grundehrlich **-inden; -ından** 1. gerne gewährt, bereitwillig gespendet 2. rechtmäßig (z.B. erworben) ≗**ü hoş olsun!** 1. Diesen Dienst (die Gefälligkeit) habe ich gerne erwiesen! Gern geschehen! 2. Dieses Opfer reut mich nicht!
helâlî s. **hilâlî** (I)
helâllamak (sakalını) sich den Bart streichen

helâllaşma temennası traditionelles Sich-Begrüßen (von Ringern vor Beginn des **yağlı güreş**)
helâllaşmak 1. sich gegenseitig verzeihen (beim Abschied *spez.* vor j–s Tod) 2. bei dem Abschluß e–s Geschäftes od. Handels die gegenseitigen Rechte (auf den neuen) Besitz zum Ausdruck bringen
helâlleşme(-k) s. **helâllaşma(-k)**
helâllı 1. s. **helâl** (4) 2. *V* Freundin, Geliebte *f*
helâllık, -ığı 1. s. **helâl** (4) 2. rechtmäßig erworbenes Gut **-a almak** *fr.* zu seiner rechtmäßigen Frau machen
helâllılık *(in der Ra.)* ~ **dilemek** 1. um Verzeihung bitten 2. darum bitten, daß e–m et. geschenkt (gewährt, nicht weggenommen, als rechtmäßiges Gut anerkannt) wird
helâlzade [·––·] 1. s. **helâl süt emmiş** 2. legitimes Kind
helâtaşı, -nı s. **alafranga (alaturka)** ~
helâvet, -ti s. **halâvet**
hele [×·] 1. besonders, vor allem, gerade, nun gar, erst recht 2. wenigstens, mindestens, jedenfalls 3. schließlich, doch noch; doch 4. (mit Imper.) nur, nur (erst) einmal, doch einmal; wenn; (bei neg. Imper. *a.*:) (nicht) etwa 5. jedoch, aber 6. ~ **ki** *reg.* glücklicherweise, Gott sei Dank (daß ...) Zu 1: ≗ **siz bunu söylememeliydiniz!** Gerade Sie hätten das nicht sagen sollen! Zu 2: **Kırk yaşında ~, muhakkak var.** Er ist mindestens vierzig Jahre alt; das steht fest. ≗ **ben bundan bir şey anlayamadım.** Ich habe jedenfalls davon nichts verstanden. Zu 3: ≗ **geldi, şükür!** Endlich ist er doch noch gekommen, Gott sei Dank! Zu 4: **Sınıfını geç ~, öyle bir hediye alacağım ki ...** Schau nur zu, daß du erst einmal (in die nächsthöhere Klasse) versetzt wirst, dann werde ich dir ein wunderbares Geschenk kaufen. **Şu güzelliğe bak ~!** Schau dir nur einmal diese schöne Frau an! ≗ **vursun göreyim!** Soll er nur zuschlagen, dann kann er was erleben! ≗ **çalışmasın, fena halde darılırım!** Wenn er nicht ordentlich arbeitet, dann werde ich aber mal böse werden! **Dur, ~ gitme, dedim.** Bleib hier, geh nicht etwa fort, sagte ich. Zu 5: ≗ **vermiyorsan halin yamandır.** Wenn du es aber nicht hergibst, dann geht es dir schlecht. ≗ **bak, neler söylüyor!** Nun hör sich einer an, was der alles erzählt! ~ **bir** s. ~ (4). ≗ **bir yoklayayım.** Ich will ihm doch einmal auf den Zahn fühlen! ≗ **~!** Nun rede schon! Erzähl doch mal! Heraus mit der Sprache!
helecan s. **halecan**
Helen (I); **Helence** usw. s. **Elen; Elence** usw.
Helen (II) *n.pr.* Helena
helenist, -ti Hellenist(-in *f*) *m*
helenistik hellenistisch ~ **dönem** hellenistische Periode (336–30 v. Chr.)
Helenizm Hellenismus *m*
helesa [·×·] *fr.* (etwa bis 1910) Umzug von kleineren Kindergruppen, die im Ramazan nach dem jeweiligen Fasten-Ende mit Lampion und kleiner Trommel unter Absingen volkstümlicher Strophen **(mâni)** und mit dem Ruf **„helesa yelasa"** von Haus zu Haus zogen und um milde Gaben bettelten
helezon 1. *va.* Schnecke *f* (mit Haus) *spez.* Weinbergschnecke *f zo.* Helix 2. Schneckenhaus *n* 3. Schnecken-, Schrauben-linie, Spirale *f* *helis 4. *an.* knöcherne Schnecke (im Ohr), Cochlea *f* *salyangoz 5. Schraubengewinde *n*, -gang *m* 6. s. **helezonî;** ~ **hatvesi** Gewindegang, Drall *m* (z.B. bei Gewehrzügen) ~ **havşa** *techn.* Spiralsenker *m* ~ **kıvrım** *arch.* (Säulen-)Volute *f* ~ **matkap** Schnecken-, Spiral-bohrer *m* ~ **merdiven** Wendeltreppe *f* ~ **şeklinde** s. **helezonî;** ~ **yay** Spiralfeder *f* **-lar çizmek** Spiralen ziehen (Flugzeug)
helezonî schrauben-, spiral-förmig *helisel, sarmal ~ **satıh** *math.* Schraubenfläche *f* ~ **tel** Drahtspirale *f* ~ **yay** Spiralfeder *f*
Heligolant, -dı *n.pr.* Helgoland (Insel)
helik *dial.* kleinere Steine, die bei der Errichtung e–r Mauer zwischen die größeren gesetzt werden
helikoit, -di 1. Spiral-, Schrauben-fläche *f* 2. s. **helisel**
helikon *mus.* Helikon *n*
Helikon *n.pr.* Gebirgsstock in Böotien (Griechenland), *myth.* Sitz der Musen
helikopter Hubschrauber *m*
heliks *an.* (umgebogener) Rand der Ohrmuschel; Helix *f*
helile [ī] rispiger Myrobalanenbaum *bot.* Terminalia chebula (die Frucht verschiedener Terminalia-Arten wird als Abführmittel verwendet); s.a. **kara (sarı)** ~
helis 1. Schnecken-, Schrauben-linie, Spirale *f* *helezon 2. *selt.* Schiffsschraube *f* *uskur 3. *selt.* Propeller *m* *pervane
helisel schrauben-, spiral-förmig *helezonî ~ **çiçek durumu** *bot.* Schraubel *f* (ein Blütenstand) ~ **dişli** *techn.* Spiralverzahnung *f*
helke mit Henkeln versehener Kupferkessel
hello [×·] *selt.* hallo! he!
helme 1. klebriger Saft mancher Pflanzen 2. Brei *m*, Grütze *f*, Mus *n* 3. männlicher Same; Sperma *n* ~ **dökmek** breiig (od. zu Brei) werden, breiartige Konsistenz annehmen **Akşam şehre ve kalplere -sini döküyor.** Der Abend legt sich weich über die Stadt und die Herzen.
helmelenmek s. **helme dökmek**
helmintoloji s. **kurtbilim**
helva (*urspr.* **halva,** so noch in bäuerlicher Lautung) türk. Honig *m*, Helwa *f* (*mst.* aus Weizenmehl od. Grieß, Sesam-öl od. -mehl, Honig od. Zucker, *gel.* mit Butterzusatz zubereitet) Zu den verschiedenen Arten s. **badem (erişte, kâğıt, keten, koz, kudret, nişasta, sabuniye, susam, tahin** usw.) **-sı;** ~ **bastırmak** Helwa zubereiten (*spez.* **un helvası** *od.* **irmik helvası**); ~ **cemiyeti** (*od.* ~ **sohbeti**) *fr.* gemütliches Beisammensein (im Familienkreis), bei dem Helwa zubereitet und gereicht wurde ≗ **demesini de biliriz, halva demesini de.** *Spr.* Wir können so sein, aber (wenn es darauf ankommt) auch ganz anders! **-ya vermek** *fig.* für ein Spottgeld (*F* Butterbrot) verkaufen **-yı hakanî** e–e helle Helwa-Art **-yı memnuniye** e–e mit Honig zubereitete Helwa-Art
helvacı Hersteller od. Verkäufer *m* von türk. Honig ~ **kâğıdı** *pej.* Fetzen *m* Papier
helvacıkabağı, -nı 1. Riesenkürbis *m bot.* Cucurbita maxima 2. hieraus hergestellte Süßspeise
helvacıkökü, -nü Seifenwurzel *f pharm.* Radix saponariae (s.a. **çöven otu**)
helvacılık Herstellung *f* und Verkauf *m* von türk. Honig
helvahane [··–·] breiter, nicht sonderlich tiefer Kessel zur Herstellung von türk. Honig
helvalık 1. für die Herstellung von Helwa geeignet 2. *P* a) Taschengeld *n* (für Kinder) b) Geldtäschchen *n*
Helveçya [·×·] *n.pr. selt.* Helvetien; Schweiz *f*
helyantem s. **sarı papatya** (2)
helyograf 1. *phot.* Lichtpause *f* 2. *astr.* Heliograph *m* 3. Blinkzeichengerät *n*
helyografi Lichtpausverfahren *n* ~ **kâğıdı** Lichtpauspapier *n*
helyogravür s. **fotogravür**
helyom s. **helyum**
helyosantrik heliozentrisch *günmerkezli
helyoskop, -pu *astr.* Sonnenfernrohr *n*, Helioskop *n* *güneş gözmerceği
helyosta [·×·] 1. Heliostat *m* 2. *mil.* Blinkgerät *n*, Leuchtspiegel *m* *pırıldak
helyostacı *mil.* Blinker *m* *pırıldakçı
helyostat, -tı s. **helyosta**
helyoterapi Heliotherapie *f*, Sonnenlichtheilverfahren *n*

helyotrop, -pu 1. Heliotrop *n,* Sonnenwende *f bot.* Heliotropium europaeum *vanilya çiçeği, günçiçeği, günebakan 2. blaß-violett 3. *(Geodäsie)* Sonnenspiegel *m* 4. Heliotrop *m* (Quarz-Abart)

helyotropizm s. **fototropizm**

helyum [×·] *chem.* Helium *n*

hem 1. und, außerdem, schon, aber, jedoch, sowieso, übrigens, ferner 2. und zwar, ja sogar 3. **hem ... hem; hem ... (ve) hem de** sowohl ... als auch 4. in präfixartiger Verwendung zum Ausdruck e–r Gemeinsamkeit, Gleichartigkeit od. Ähnlichkeit Zu 1: **⁓ ona neler söylemedim!** Und was habe ich ihm nicht alles gesagt! **⁓ ne lüzumu var?** Und wozu denn auch? **⁓ ben size söylediydim.** Ich hatte es Ihnen ja vorausgesagt. **⁓ siz karışmazsınız.** Ihr habt euch sowieso nicht einzumischen. Zu 2: **güzel, ~ pek güzel** schön, sogar sehr schön **sıcak, ~ ne sıcak** heiß, ja glühend heiß **~ de nasıl!** und wie sehr! und was für ein ...! und ob! Zu 3: **⁓ kaçar ~ de davul çalar.** 1. Er weiß selber nicht recht, was er will. 2. Er sagt nicht ja und sagt nicht nein. 3. Seine Ablehnung ist nicht ernst gemeint. **~ İsa'yı ~ de Musa'yı memnun etmek** *fig.* beide Parteien (od. Gegner) zufriedenstellen **~ kel ~ fodul** kahlköpfig und dabei noch anmaßend *d. h.* trotz des Fehlens positiver Leistungen unglaublich anmaßend **~ nalına ~ mıhına vurmak** 1. sich in Worten od. Handlungen selber widersprechen 2. unparteiisch handeln 3. ausweichend od. sarkastisch reden 4. blindlings um sich schlagen od. unüberlegt handeln 5. an verschiedenen Dingen Kritik üben 6. Den Sack schlägt man, den Esel meint man. *Spr.* **~ sağır ~ sığır** eigensinnig und dumm **~ suçlu ~ güclü** schuldig und obendrein noch arrogant **~ ziyaret ~ ticaret** Verbindung *f* e–s Freundschaftsbesuches mit der Erledigung geschäftlicher Angelegenheiten (vgl. das Angenehme mit dem Nützlichen verbinden)

hemaguş [·––] *va.* aneinandergeschmiegt *kucak kucağa

hemahenk, -gi [ā] harmonisch, sich harmonisch ergänzend, koordiniert, gleichgeschaltet, übereinstimmend

hemaris Hummel- bzw. Skabiosen-schwärmer *m zo.* Hemaris fuciformis bzw. tityus

hemasıl *va.* von gleichem Ursprung

hemasır Zeitgenosse *m;* zeitgenössisch

hemati *med.* rotes Blutkörperchen *alyuvar

hematit, -ti *min.* Hämatit, Eisenglanz *m* *olijist

hematolog Hämatologe *m,* Facharzt *m* für Blutkrankheiten

hematoloji Hämatologie *f* (Lehre *f* vom Blut und seinen Krankheiten) *kanbilim

hematolojik hämatologisch *kanbilimsel

hematom *med.* Hämatom *n,* Bluterguß *m* *kan oturması

hematoskopi Hämatoskopie, Blutuntersuchung *f*

hematüri *med.* Hämaturie *f,* Blutharnen *n*

hemayar [··–] *z. va.* gleichgestellt, auf der gleichen (sozialen, finanziellen usw.) Stufe stehend

hembezm *va.* frohgestimmt, fröhlich, heiter (Gäste bei e–m Gelage)

hemcins 1. gleichartig *türdeş 2. Artgenosse *m,* Artgenossin *f,* Mitmensch *m,* Nächster

hemcinslik 1. Gleichartigkeit, Homogenität *f* *türdeşlik 2. Artgenossenschaft *f*

hemcivar [ā] *z. va.* benachbart; Nachbar *m* *komşu

hemcivarlık [ā] *z. va.* Nachbarschaft *f*

hemdem *va.* Gefährte, Freund *m* *arkadaş, dost

hemdert, -di Leidensgefährt-e *m,* -in *f*

hemdil *va.* gleichgesinnt

hemece s. **imece**

Hemedan [ā] *n.pr.* Hamadan (in Persien)

hemen [×·] 1. sofort, sogleich, auf der Stelle 2. ungefähr, etwa 3. (als Verst. e–s Wunsches) doch, nur 4. ununterbrochen, dauernd *mütemadiyen 5. beinahe, fast, nahezu 6. *va.* nur, lediglich 7. eben, gerade jetzt, genau 8. *selt.* so, derart Zu 1: **O girince ~ ayağa kalktılar.** Als er hereinkam, standen alle sofort auf. Zu 2: **Ben ~ o sıralarda gelmiştim.** Ich war ungefähr zu jener Zeit gekommen. Zu 3: **Bizi ~ Allah korusun!** Möge Gott uns nur schützen! Zu 4: **Karşısındakini dinlemez, ~ söyler.** Er hört gar nicht darauf, was die Gegenseite sagt, sondern redet ununterbrochen weiter. Zu 5: **⁓ düşüyordum.** Beinahe wäre ich gefallen. **~ aynı** fast der gleiche **⁓ yoktur.** Es ist fast nichts mehr da. Zu 6: **⁓ bir evimiz vardır.** Wir haben nur ein Haus. Zu 7: **⁓ şimdi oturdum.** Ich habe mich gerade eben hingesetzt. **~ o dakikada** im gleichen Augenblick **⁓ başımda bitiyor!** *F* Kaum bin ich bei e–r Arbeit, ka kommt doch gleich wieder e–r und stört mich! **~ ~** 1. in kurzer Zeit, bald, gleich 2. beinahe, fast, fast ganz, so ziemlich Zu 1: **⁓ ~ ortalık kararacak.** Es wird gleich dunkel werden. Zu 2: **⁓ ~ iki yıl oldu.** Es ist beinahe zwei Jahre her.

hemencecik [·×··] *P* sofort, sogleich, auf der Stelle, blitzschnell

hemencek [×··] *P* s. **hemencecik**

hemeralopi *med.* Hemeralopie, Nachtblindheit *f*

hemfiil *jur.* Mittäter *m* *müşterek fail

hemfikir, -kri gleich-gesinnt, -denkend **~ olmak** (b–le) der gleichen Auffassung sein wie ...

hemhal, -li [ā] in der gleichen Lage wie ein anderer; Leidensgenoss-e *m,* -in *f*

hemhudut, -du 1. angrenzend, aneinanderstoßend 2. Anrainer *m* *(1, 2) sınırdaş

hemhuy *z. va.* von gleichem Charakter, gleichgestimmt

hemicik von bäurisch-plumpem Benehmen

hemikrani s. **migren**

hemipleji *med.* Hemiplegie *f,* halbseitige Lähmung

hemisfer Hemisphäre, Halbkugel *f* *yarı(m)küre

hemişe [ī] *va.* immer, stets *daima, her zaman

hemmeşrep, -bi *z. va.* gleichgestimmt, von gleichem Naturell

hemmezhep, -bi *z. va.* Glaubensgenoss-e *m,* -in *f*

hemnam [ā] *va.* gleichnamig; Namensvetter *m* *adaş

hemofil *med.* Bluter *m*

hemofili *med.* Hämophilie, Bluterkrankheit *f*

hemoglobin Hämoglobin *n* (Farbstoff der roten Blutkörperchen)

hemoliz *med.* Hämolyse *f* (Abbau des roten Blutfarbstoffes)

hemopati *med.* Hämopathie, Blutkrankheit *f*

hemoptizi *med.* Hämoptoe, Hämoptysis *f,* Blut-husten, -spucken *n*

hemoraji *med.* Hämorrhagie, Blutung *f*

hemoroit, -di *med.* Hämorrhoiden *pl.* *basur, mayasıl

hempa 1. Spießgeselle, Kumpan, Genosse *(pej.) m* 2. *V* (mst. **hampa**) Freund, Liebhaber, Beschützer *m* (e–r Frau)

hempaye [ā] *va.* im gleichen Rang stehend

hemrah [ā] *va.* Weggenosse, Mitreisender, Reisegefährte *m* *yoldaş

hemrey *va.* gleichgesinnt, einmütig, einstimmig

hemsaye [ā] *va.* Nachbar *m* *komşu

hemsin, -nni *va.* Gleichaltrige *m, f,* Koätan(-in *f*) *m,* Altersgenoss-e *m,* -in *f* *yaşıt

hemsofra *va.* Tischgenosse *m*

hemsohbet, -ti *z. va.* Gesprächspartner(-in *f*) *m*

hemşeri 1. Landsmann, Mitbürger *m* 2. (bäuerliche Anrede) *(etwa:)* Herr Nachbar 3. s. **fahrî ~**

hemşerilik 1. Landsmannschaft, Mitbürgerschaft *f* 2. Bürgerrecht *n* **~ gayreti** landsmannschaftliche Hilfsbereitschaft; s. a. **fahrî ~**

Hemşin *n.pr. geogr.* Bez. für das Hinterland von **Pazar** und **Ardeşen.** Vgl. a. **Çamlıhemşin**
hemşire [ī] 1. Schwester *f* *kızkardeş 2. ältere Schwester *abla 3. (geprüfte) Krankenschwester 4. (als Anrede) meine Liebe!
hemşirelik [·–··] 1. Stellung *f* e–r Schwester 2. Schwesternberuf *m*
hemşirezade [ā] (Kind der Schwester) 1. Neffe *m* 2. Nichte *f* *(1, 2) yeğen
hemta [ā] *va.* ähnlich, gleich(-artig)
hemücük s. **hemicik**
hemzaman [··–] 1. *phys.* synchron *senkron 2. s. **izokron (-ik)** 3. Zeitgenosse *m;* zeitgenössisch 4. gleichzeitig, simultan *zamandaş ~ **muadelât** s. **denklemler sistemi;** ~ **oluş** s. **izokronizm**
hemzamani [··––] s. **senkronizm**
hemzamanlık Gleichzeitigkeit, Simultaneität *f* *zamandaşlık
hemze 1. *phon.* Kehlkopfverschlußlaut *m* 2. die graphische Fixierung des festen Vokaleinsatzes in der ar. Schrift
hemzeban [ā] 1. *va.* die gleiche Sprache sprechend 2. dasselbe sagend, übereinstimmend aussagend
hemzeli 1. *phon.* mit Kehlkopfverschlußlaut (gesprochen) 2. mit dem Hemze-Zeichen geschrieben (in der ar. Schrift)
hemzeman s. **hemzaman**
hemzemin [ī] *z. va.* ebenerdig ~ **geçit** Niveaukreuzung *f*, schienengleicher (Bahn-)Übergang
hendbol(-cu) s. **hentbol(-cu)**
hendek Graben *m* ~ **açmak** e–n Graben (bzw. Gräben) auswerfen ~ **duvarı** Grabenwand *f* ~ **kazma postası** *mil.* Posten *m* im Laufgraben ~ **manzumesi** *mil.* Grabensystem *n* ~ **muharebesi** *mil.* Grabenkampf *m* ~ **mürettebatı** *mil.* Grabenbesatzung *f* ~ **şevi** Grabenböschung *f* ~ **tabanı** Grabensohle *f* **-ler kazmak** Gräben auswerfen (ziehen)
Hendek *n.pr.* Städtchen u. D. im Rbz. Sakarya
hendekli mit e–m Graben bzw. mit Gräben, Graben- ~ **mani** Grabenhindernis *n* (bei Pferderennen *mst.:* Wassergraben)
hendese 1. Geometrie *f* *geometri 2. *z. va.* Maß *n,* Proportion *f* 3. *z. va.* Bau(-plan) *m* 4. *va.* Technik *f*, Ingenieurswissenschaften *pl.* **-i resmiye** s. **tasarı geometri**
hendesehane [ā] 1. *va.* Ingenieurschule *f* 2. bautechnische Abteilung e–s Ministeriums
hendeseli 1. *va.* geometrisch richtig 2. *fig.* gut proportioniert 3. *fig.* maßvoll
hendesesiz 1. *va.* geometrisch unrichtig 2. *fig.* nicht gut proportioniert 3. *fig.* unmäßig, maßlos
hendesî geometrisch *geometrik ~ **mecmu** geometrische (vektorielle) Summe ~ **silsilei alelvilâ** s. **geometrik dizi;** ~ **yer** geometrischer Ort *mahalli hendesî
hendikap s. **handikap**
hengâm *va.* Zeit *f*, Augenblick *m,* Periode *f*, Jahreszeit *f*
hengâme 1. Lärm *m,* Getümmel *n,* Tumult *m* 2. Geschrei, Gebrüll *n* (z.B. e–s Tigers) ~ **etmek** (*od.* **koparmak**) Lärm machen
hengâmeci *va.* Marktschreier *m*
hentbol, -lü 1. Handball(-spiel *n*) *m* *eltopu 2. s. **embol**
hentbolcu Handballspieler(-in *f*) *m*
henüz [×·] 1. (positivbegrifflich) soeben, gerade eben, eben erst, schon, *(selt.)* noch 2. (negativbegrifflich) noch, noch immer, bis jetzt noch (... nicht) Zu 1: ≗ **geldim, daha kimse ile görüşemedim.** Ich bin gerade eben gekommen und habe noch mit niemand sprechen können. ~ **genç yaşta iken** noch in jugendlichem Alter, schon in seiner Jugend ≗ **onbeş yaşındadır.** Er ist erst fünfzehn Jahre alt. Zu 2: **Yaz sıcakları** ~ **başlamadı.** Die Sommerhitze hat noch nicht eingesetzt.
hep, -pi 1. all, ganz, insgesamt, alle zusammen 2. *Adv.* immer, stets, andauernd, fortwährend, in e–m fort *daima, her zaman Zu 1: ≗ **arkadaşız.** Wir sind alle zusammen Freunde. ~ **bir ağızla** alle zusammen, wie aus e–m Munde, einstimmig, einmütig ~ **birden** alle zusammen **Bu işleri** ~ **o gördü.** All das hat er geleistet. ≗**imiz gördük.** Wir alle haben es gesehen. ≗**inizi iyi buldum.** Ich habe euch alle wohlbehalten angetroffen. Zu 2: ~ **aynı nakarat** immer dieselbe Leier **Sen** ~ **geç kalırsın.** Du kommst dauernd zu spät. ≗ **seni düşünüyorum.** Ich denke immer an dich. ~ **bir koyunun aşığı** *fig.* von der gleichen Art, gleichartig ~ **ve hiç prensipi** *od.* **-le hiç ilkesi** *log.* Dictum de omni et nullo **-si; -ten** s. die ges. Stw.
hepatalji *med.* Leberleiden *n*
hepatit, -ti *med.* Leberentzündung, Hepatitis *f* *iltihabı kebet, karaciğer iltihabı
hepçil *zo.* Omnivore, Allesfresser *m* *akilülkül
hepisi *P* für **hepsi**
hepsi, -ni [×·] 1. alle (zusammen) 2. alles, das Ganze Zu 1: ≗**nde kalem var.** Jeder hat ein Schreibgerät. Zu 2: **-nden ziyade** mehr als alles (andere); vor allen Dingen, namentlich, besonders ≗ **bir.** Es ist alles das gleiche. Es ist kein Unterschied. ≗ **bitti de işimiz bir leğen örtüsüne kaldı.** *Spr.* Wir brauchen jetzt nur noch die letzte Hand anzulegen. ≗**ni gördük.** Wir haben alles gesehen.
heptan *chem.* Heptan *n*
hepten *Adv.* vollständig, vollkommen, ganz und gar *tamamiyle
heptot, -du *(Radio)* Heptode *f*
hepyek, -ki *Tr.sp.* Einer-Pasch *m*
her 1. jeder, jede, jedes (einzelne), all- 2. (in Verb. mit der Verbalform auf **-dikçe**) jedesmal wenn, so oft ~ **Allahın günü** jeden Tag, den der liebe Herrgott werden läßt (entsprechend a. ~ **Allahın gecesi** u.a.m.) ~ **an** 1. jeden Augenblick 2. jederzeit, immer ~ **aşın kaşığı** *fig.* wer sich um alles kümmert, wer in alles seine Nase steckt ≗ **başın** (*od.* **herkesin**) **bir derdi var, değirmencininki su.** *Spr.* So hat jeder seine (eigenen) Sorgen. ~ **bir** *Adj.* (ein) jeder, jedermann ~ **biri** *Sb.* (ein) jeder von ihnen (*bzw.* davon) ~ **boka maydanoz** *V* s. ~ **aşın kaşığı.** ≗ **boyadan boyandı, (bir) fıstıkîsi kaldı.** *Spr.* 1. Er bringt nichts zuwege. 2. *iron.* Das hat gerade noch gefehlt! ≗ **cefanın bir safası, her safanın bir cefası.** *Spr.* 1. Auf Regen folgt Sonnenschein. *Spr.* 2. Des Lebens ungemischte Freude ward keinem Irdischen zuteil. (Schiller) 3. Der Wechsel allein ist das Beständige. ~ **cihetçe** (*od.* **cihetten**) in jeder Hinsicht ~ **çekiye gelir** Opportunist *m* ~ **çeşit insan** alle möglichen Leute, die verschiedensten Leute *pl.* ≗ **çıkışın bir inişi vardır.** Die Bäume wachsen nicht in den Himmel. ≗ **çok azdan olur.** *Spr.* 1. Alles Große hat einmal klein begonnen. 2. Wer den Pfennig nicht ehrt, ist des Talers nicht wert. *Spr.* ~ **daim** immer, stets *herzaman, daima ~ **dem** jeden Augenblick, immer, stets, ununterbrochen ~ **dem taze** 1. immer jung, unverwüstlich 2. sich lange haltend, nicht schnell verblühend, immergrün (Pflanze) 3. immergrünes Geißblatt *bot.* Lonicera sempervirens 4. s. **saksıgüzeli** (3) 5. purpurrote Fetthenne *bot.* Sedum purpureum 6. s. **ölmezotu** 7. s. **altın otu, saman çiçeği;** ~ **dem taze bezelye** breitblättrige Platterbse *bot.* Lathyrus latifolius ~ **dem yeşil filbahar** einfachblättrige Waldrebe *bot.* Clematis cirrhosa ~ **derde deva** 1. Allheilmittel *n* 2. *fig.* wer für alles e–n Trost findet ≗ **derdin bir devası vardır.** *Spr.* Jedem Übelstand läßt sich abhelfen. ≗ **düşüş bir öğreniş.** *Spr.* s. **Her ziyan bir öğüttür.** ~ **emre eyvallah demek** sich in alles schicken, zu allem ja und amen sagen ~ **fert** jeder einzelne ≗ **Fira-**

vun'un bir Musa'sı var. *Spr.* Jeder Pharao findet seinen Moses. *vgl.* Wenn die Not am größten, ist Gottes Hilf' am nächsten. *Spr.* ≗ **gördüğün sakallıyı baban mı sanırsın?** Man darf sich nicht von Äußerlichkeiten bestimmen lassen. ~ **gördüğünden göz kirası istemek** et. Wertvolles nur gegen Besichtigungsgebühr vorzeigen ~ **gün** jeden Tag, alle Tage, täglich ≗ **gün baklava börek yense bıkılır.** *Spr.* Auch das Beste bekommt man auf die Dauer über. ≗ **gün bir olmaz.** *Spr.* Es ist nicht jeder Tag gleich. ≗ **gün papaz** (*od.* **kedi**) **pilav yemez.** *Spr.* 1. Alle Tage ist kein Sonntag. 2. Die Gelegenheit bietet sich nicht jeden Tag. ~ **günkü** alltäglich ~ **günlük** 1. Hauskleid *n* 2. Werktagsanzug *m* ≗ **güzelin bir kusuru vardır.** *Spr.* Keine Schönheit ist vollkommen. ≗ **hakkı mahfuzdur.** *typ.* Alle Rechte vorbehalten. ~ **hal ve kârda** s. **her halükârda;** ~ **halde** (mit verschiedener Intonation) 1. recht wahrscheinlich, sicherlich, doch wohl 2. auf jeden Fall, *F* so oder so, unter allen Umständen ~ **halükârda** *z. va.* in jedem (auf jeden) Fall, unbedingt ~ **havadan çalmak** 1. in allem bewandert sein, in allen Sätteln gerecht sein, alles können 2. *pej.* übergescheit sein, das Gras wachsen hören, Hans Dampf in allen Gassen sein ≗ **horoz kendi çöplüğünde öter.** *Spr.* 1. Jeder ist nur Herr in seinem eigenen Reich. 2. Man soll seine Nase nicht in fremde Angelegenheiten stecken. ~ **hususta** in jeder Beziehung ~ **iki sene** alle zwei Jahre ~ **iki şıkta** in beiden Fällen ≗ **inişin bir yokuşu vardır.** *Spr.* Auf Regen folgt Sonnenschein. *Spr.* ≗ **işin sonuna bak!** *Spr.* Bei allem, was du tust, bedenke, was dabei herauskommt! Quidquid agis, prudenter agas et respice finem! ~ **kaça** *F* um jeden Preis ≗ **kafadan bir ses çıkar.** 1. Viele Köpfe, viele Sinne! *Spr.* 2. Jeder will alles besser wissen. 3. Sie schreien alle wild durcheinander. ~ **kim ... (ise)** wer auch immer ~ **kim olursa olsun** wer es auch immer sein mag ≗ **kimin bağı var yüreğinde dağı var.** *Spr.* Besitz bringt Sorgen. ≗ **koyun kendi bacağından asılır.** *Spr.* Jeder ist selber verantwortlich für das, was er getan hat. ≗ **kuşun eti yenmez.** 1. Nicht jede schöne Frau kann man erobern. 2. (*a. m. der Forts.* **Kuş var ki et yedirirler.**) Der e–e beugt sich e–m Zwang, der andere läßt sich nichts befehlen, sondern befiehlt selbst. ~ **nasılsa** 1. wie dem auch immer sein mag 2. trotzdem, nichtsdestoweniger ~ **ne** was auch immer; alles, was ~ **ne (hal) ise** (einlenkend und ein Thema abschließend) Wie dem nun auch sein mag! Nun gut! Lassen wir das jetzt! ~ **ne kadar ... (ise de)** 1. so sehr (od. viel) auch 2. obwohl, obgleich, wennschon, zwar ~ **ne pahasına olursa olsun** um jeden (zu jedem) Preis ~ **ne türlü** 1. von welcher Art auch immer 2. *Adv.* auf welche Weise auch immer ~ **ne vakit** (*od.* **zaman**) wann auch immer ~ **nedense** was auch immer der Grund sein mag ~ **nerede** wo auch immer ~ **nice** *z. va.* 1. s. **herhangi** 2. s. **gerçi;** ~ **saat** 1. jede Stunde 2. immer, dauernd, ununterbrochen ~ **sakallıyı babası sanmak** *hum.* sich durch Äußerlichkeiten irreführen lassen ~ **söyledikçe** jedesmal, wenn er ... sagt(-e) ≗ **şerrin bir hayrı vardır.** *Spr.* Nichts ist so schlecht, daß es nicht doch sein Gutes hätte. ~ **şey** jedes Ding, alles **Her şey bitti, işimiz leğen örtüsüne kaldı.** Jetzt fehlt nur mehr das letzte i-Tüpfelchen. ~ **şeyden çok** mehr als alles andere ≗ **şeyin kesreti** (*od.* **çokluğu**) **bir zarar getirir.** *Spr.* Allzuviel ist ungesund. ≗ **şeyin yenisi, dostun eskisi.** *Spr.* Alten Dingen zieht man neue (meistens) vor, aber je älter die Freundschaft, desto wertvoller ist sie. ~ **taraf** alle Teile *pl.*, alles, ringsum, überall (**şehrin** ~ **tarafı** die ganze Stadt **dünyanın hemen** ~ **tarafında** fast überall in der Welt) ~ **tarafı deniz kesilmek** *fig.* in Ungnade gefallen sein und von allen gemieden werden ~ **tarafta** überall ~ **taraftan** von überall her ≗ **tarakta bezi var.** Er hat überall seine Hand im Spiel. ~ **taşın altından çıkmak** Hans Dampf in allen Gassen sein ≗ **tel başka hava çalıyor.** *fig.* Jeder hat e–e andere Auffassung. ~ **telden çalmak** s. **her havadan çalmak.** ≗ **tuttuğu altın olacak.** *fig.* Es wird ihm alles gelingen. ~ **vakit** immer, stets, jederzeit, jedesmal *daima, her zaman **her vakitki** (in Füg. wie:) **-nden daha güzel** schöner als je zuvor ~ **yanda** (*od.* **yerde**) überall ≗ **yiğidın bir yoğurt yiyişi vardır.** *Spr.* Jeder Mensch hat seine eigene Art. ≗ **yiğidin kârı değil.** Das kann nicht jeder fertigbringen. So leicht ist das nicht. ~ **zaman** s. **her vakit;** ~ **zamankinden ziyade** mehr denn je ≗ **zararda bir hayır vardır.** *Spr.* Kein Unglück ist so groß, es birgt ein Glück in seinem Schoß. ≗ **ziyan bir öğüttür.** *Spr.* Durch Schaden wird man klug. *Spr.*

heragil [ā] *hum. pseudoar. Pl.* zu **hergele**

Herakles s. **Herkül**

heraldik 1. Wappenkunde, Heraldik *f* 2. heraldisch

heras s. **hiras**

herbar [ā] *va.* 1. jederzeit, immer 2. jedesmal

herbivor s. **otçul**

hercaî [·– –] 1. *urspr.* überall zu finden 2. *va.* Landstreicher *m* 3. unbeständig, wankelmütig, treulos ~ **karaağaç** Flatter-Ulme *f bot.* Ulmus laevis

hercaîlik [·– – ·] Unbeständigkeit *f*, Wankelmut *m*, Treulosigkeit *f*

hercaîmenekşe Stiefmütterchen *n bot.* Viola tricolor

hercümerç, -ci vollkommenes Durcheinander, völliger Wirrwarr ~ **etmek** ein vollkommenes Durcheinander anrichten

herç, -ci *va.* Durcheinander *n*, Wirrwarr *m*

Herç s. **Hertz**

herçibadabat [×·– – –] *va.* was immer kommen mag; geschehe, was immer; auf jeden Fall

herediter (*franz.* **héréditaire**) erblich, vererbt *kalıtsal; soydan geçme

herek, -eği 1. Bohnen-, Hopfen-stange *f* 2. Weinpfahl, Rebstecken *m* 3. Name e–s kleineren Fettschwanzschafes (Kreuzung aus **karaman** und **kıvırcık**); **-e almak** s. **hereklemek**

hereklemek anpfahlen (Pflanzen)

herem *va.* Altersschwäche, Hinfälligkeit *f*

hergâh *va.* immer, stets

hergele 1. ein Tier, das noch keiner Dressur od. Abrichtung unterworfen worden ist od. e–e solche Tierherde (*spez.* Pferde, Esel, Maultiere) 2. stätisches (störriges) Reittier 3. *fig.* unmanierlicher (ungesitteter, roher) Patron 4. *Schi.* Kerl, Spitzbube, Gauner, Nichtsnutz, Schurke *m*, Kanaille *f*

hergeleci *P* wer **hergele** (1) weidet od. abrichtet

hergelelik 1. Charakter *m* od. Verhalten *n* von **hergele** (1) 2. *fig.* Schurkerei, Niederträchtigkeit *f*

herhangi: ~ **bir** irgendein, irgendwelch- ~ **bir sebeple olursa olsun** aus welchem Grund auch immer ~ **bir şey** irgend etwas ~ **... (ise)** welcher auch immer

herif 1. Kerl *m;* einer; verdächtiges Individuum 2. *F* Mensch, Mann, Bursche, *F* Fritze *m a.:* der gute Mann Zu 1: **Şu** ~ **kimdir?** Wer ist dieser Kerl? **Buralarda bir** ~ **dolaşıyor.** Hier treibt sich ein verdächtiger Kerl herum. Zu 2: ≗ **sözünü tuttu, doğrusu.** Der Bursche hat tatsächlich sein Versprechen gehalten. **Çingene bir -tir.** Er ist ein Geizkragen, wie er im Buch steht.

herifçeğiz (*mst.* bedauernd) armer Kerl

herifçioğlu, -nu 1. (*verächtlich*) der blöde Kerl, der dumme Bursche da; er 2. (*bewundernd*) der fabelhafte Bursche Zu 1: ≗ **laf anlamıyor ki.** Mit dem blöden Kerl ist einfach nicht zu reden. Zu 2: ≗ **öyle bir makine yapmış ki ...** Der Bursche hat e–e wunderbare Maschine gebaut.

herise [ī] s. **keşkek**

herkes [×·] jeder, jede, jedermann (*a. in der Bed.* irgendeiner) ≗ **bir hava çalıyor.** Jeder glaubt es besser zu wissen. Jeder will seinen Senf dazugeben. Es herrscht ein Tohuwabohu. ≗ **ektiğini biçer.** *Spr.* Was der Mensch säet, das wird er ernten. ≗ **gider Mersin'e biz gideriz tersine!** Man muß ja nicht immer das gleiche wie die anderen tun! ≗ **kaşık yapar ama, sapını ortaya getiremez.** *Spr.* E–n Löffel schnitzen kann jeder, aber nicht jeder bringt den Stiel richtig in die Mitte. **-e sakal dağıtmak** s. **âleme s.d.; ≗in ağzı torba değil ki büzesin!** Man kann den Leuten ja nicht den Mund verbieten! **-in ağzında sakız** allgemeines Gesprächsthema **≗in arşınına göre bez verilmez.** *Spr.* Es kann nicht jeder e–e eigene Wurst gebraten bekommen. **≗in bir delilik damarı vardır.** *Spr.* Jeder hat so seine Eigenart. **≗in ettiği yoluna gelir.** *Spr.* Jeder erhält die Belohnung für das, was er anderen (an Gutem oder Bösem) angetan hat. **≗in geçtiği köprüden sen de geç** (*od.* **geçersin**). *Spr.* Tu, was die anderen auch tun. **≗in gönlünde bir aslan yatar.** *Spr.* Jeder hat so seine eigenen Wunschvorstellungen. **-in içinde** vor jedermann **-ler** *selt.* alle Leute
herkeslik Normalmaß *n* (des Menschlichen)
Herkit s. **Harki**
Herkül *n.pr.* 1. Herkules, Herakles 2. *astr.* Herkules (Sternbild) *Elcasi ~ **gibi** ein wahrer Herkules ~ **Sütunları** *geogr.* Säulen *pl.* des Herkules
herkülvari [··––] herkulisch
herkülvarilik [··––·] herkulischer Körperbau, Riesenkräfte *pl.*
hermafrodit(-izm, -lik) s. **erdişi(-lik)**
hermin s. **kakım** (*spez.* 2)
hermitaj Eremitage *f*
herni (*franz.* **hernie**) *med.* s. **fıtık; ~ engüinal** (*franz.* **hernie inguinale**) *med.* s. **kasık fıtığı**
heroin 1. s. **eroin** 2. *Th.* Heroine *f*
Herot, -du *n.pr.* Herodes (Bibel)
herpes s. **erpes**
herpetoloji s. **kelerbilim**
herr *selt.* (Anrede od. Bez. für Deutsche) (der) Herr
herrü s. **ya ~ ya merrü**
Hersegovin *selt.* s. **Hersek** (1)
Hersek 1. *n.pr.* Herzegowina *f* 2. ≗ *va.* (deutscher) Herzog
Hersekli 1. Herzegowiner(-in *f*) *m* 2. aus der Herzegowina stammend, herzegowinisch
Hersinya silsileleri (*od.* **sıradağları**) (*od.* **Hersinyen dağoluşumu**) *geol.* variszische Faltung
Hertz dalgaları elektromagnetische Wellen *pl.*
hervele Eilen, Laufen *n spez.* der siebenmalige Lauf zwischen **Safa** und **Merve** (bei der Mekka-Pilgerfahrt)
heryerdelik Allgegenwart *f* (Gottes); Ubiquität *f*
herze Geschwätz *n*, dummes Gerede, dummes Zeug *saçma ~ **söylemek** (*od.* **yemek**) dummes Zeug daherreden
herzegû Schwätzer(-in *f*) *m*, wer dummes Zeug daherredet
herzevekil aufdringlicher Schwätzer; wer in alles seine Nase steckt; wer zu allem seinen Senf gibt, ohne gefragt zu sein
hesabat, -tı [·––] *va. Pl.* zu **hesap**
hesabî [·––] *z. va.* 1. rechnerisch, Rechen- 2. guter Wirtschafter, sparsamer Hausvater
hesap, -bı *urspr.* [·–] 1. (Aus-, Be-, Durch-, Zusammen-) Rechnen *n* 2. **(ilmi ~)** Rechenkunst, Arithmetik *f* 3. Rechnung *f* 4. Konto *n* 5. Plan *m*, Berechnung *f* 6. Mutmaßung, Schätzung *f*, Erachten *n*, Ansicht, Meinung *f* 7. Verhalten *n*, Einstellung, Auffassung *f* 8. Vorteil, Nutzen *m* 9. Kalkulation, Überlegung *f* 10. Rechenschaft *f* 11. Name e–r best. Stickart Zu 3: **Lokantada -ımız on lira tuttu.** Unsere Rechnung im Restaurant hat zehn Pfund ausgemacht. Zu 4: **Bankada -ım var.** Ich habe ein Bankkonto. Zu 5: **Bütün -lar bozuldu.** Alle Pläne sind über den Haufen geworfen worden. Zu 6: **Benim -ıma göre yetişmeyecek.** So wie ich die Sache überschlage, wird es nicht ausreichen. Zu 7: **onunki vur abalıya -ı** seine Einstellung, man könne immer mit beiden Fäusten dreinschlagen ... Zu 8: **yabancı bir devletin -ına** zugunsten e–s fremden Staates (z.B. Spionage) ~ **açmak** ein Konto eröffnen ~ **açtırmak** sich ein Konto einrichten lassen ~ **bakıyesi** *H* Saldo *m* ~ **bordrosu** *H* Kontoaufstellung *f* ~ **cetveli** 1. Rechen-, Multiplikations-tafel *f*, kleines Einmaleins 2. s. **sürgülü hesap cetveli;** ~ **cüzdanı** *H* Konto-(gegen)buch *n* ~ **çıkarmak** 1. das Soll und Haben zusammenstellen, den Saldo ziehen 2. *fig.* in Erwägung ziehen ~ **defteri** 1. Kontobuch *n* (der Bank) 2. Rechnungsaufstellung *f* (z.B. e–s Kaufmanns) ~ **değeri** Kalkulationswert *m* ~ **devresi** Rechnungsperiode *f* ~ **etmek** 1. (aus-, be-, durch-, zusammen-)rechnen 2. *fig.* in Erwägung ziehen, überlegen 3. sich et. vorstellen (ausmalen), planen 4. kalkulieren ~ **etmek kitap etmek** hin und her überlegen ~ **görmek** gegenseitig abrechnen ~ **günü** s. **kıyamet;** ~ **hulâsası** Rechnungs-, Konto-auszug *m* *dekont ~ **işi** genaues Sticken (bei dem die Fäden des zu bestickenden Tuches abgezählt werden) ~ **kamarası** *naut.* Navigationsraum *m* ~ **kesimi** *H* Rechnungsabschluß *m* ~ **kitabı** Rechenbuch *n* ~ **kitap** 1. nach genauer Berechnung od. Überlegung 2. endlich, schließlich ~ **makinesi** 1. Rechenmaschine, Addier- und Saldiermaschine *f* 2. Rechenbrett *n* (mit Kugeln) *abak ~ **memuru** 1. Rechnungsbeamter 2. *mil.* Zahlmeister *m* ≗ **meydanda!** Es liegt doch auf der Hand! ~ **müfettişi** Buch-, Abschlußprüfer, Bücherrevisor *m* ~ **parası** Rechnungs-währung *f*, -geld *n* ~ **pusulası** 1. Faktura, Warenrechnung *f* 2. Rechnung *f* (z.B. im Restaurant) ~ **sahibi** Kontoinhaber *m* ~ **senesi** Rechnungsjahr *n* ~ **sormak** 1. Rechenschaft verlangen 2. die Rechnung verlangen ~ **tahtası** 1. Rechenbrett *n* (mit Kugeln) *abak 2. Rechen-, Schiefer-, Wandtafel *f* ~ **tutmak** 1. Rechnung führen 2. schriftlich fixieren, festhalten (z.B. Vorgänge) 3. stimmen (Rechnung) Zu 3: ~ **tutmıyor.** Die Rechnung stimmt nicht. *(a. fig.)* ~ **usulü** Rechnungsart, Rechenmethode *f* ~ **vazifesi** Rechenaufgabe *f* ~ **vermek** Rechenschaft ablegen ~ **yanlışlığı** Rechenfehler *m* **-a almak** (bşi) in Rechnung stellen (setzen, ziehen), berücksichtigen, in Betracht ziehen **-a çekmek** zur Rechenschaft ziehen; Rechenschaft fordern (von); j–n belangen **-a geçirmek** auf das Konto setzen; eintragen, buchen **-a gelmek** 1. passen, geeignet sein 2. sich berechnen lassen **-a gelmez** 1. unzählig, zahllos, unendlich viel, unübersehbar 2. unerwartet, plötzlich, unverhofft **-a katmak** s. **hesaba almak; -a kitaba gelmez** (*od.* **sığmaz**) 1. s. **-a gelmez** 2. ohne Bedeutung; belanglos **-a kitaba uygun** j–s Mitteln entsprechend (angemessen) **-ı kapamak** 1. das Konto abschließen 2. abrechnen **-ı kesmek** 1. s. **hesabı kapamak** 2. (b–le) den Verkehr (mit), die Beziehungen (zu) abbrechen **-ı kitabı yok** s. **-a gelmez** (1); **-ı kuvvetli** guter Rechner **-ı temizlemek** die Rechnung begleichen, seine Schulden zahlen **-ı tespit etmek** die Rechnung aufstellen **-ın dökümü** *H* detaillierte Rechnung **-ına** 1. auf Rechnung (Kosten) von ... 2. s. ~ (8); **-ına** (*od.* **işine**) **gelmek** (b–nin) j–m gerade recht sein, j–m in den Kram passen, zu j–s Vorteil sein **-ına utanmak** (b–nin) sich für j–n schämen (müssen) **-ını bilmek** sparsam sein (wirtschaften) **-ını görmek** (*od.* **tamamlamak**) 1. seine Rechnung begleichen 2. aus der Welt schaffen; beseitigen, umbringen **-la hareket etmek** umsichtig zu Werke gehen **-ta olmamak** nicht in Rechnung gestellt sein; nicht erwartet sein **-ta yanılmak** sich verrechnen **-tan düşmek** (m. Akk.) von der Rechnung absetzen, nicht rechnen (dürfen) (mit), nicht zählen (können) (auf) **-ı asgarı namütenahi** s. **infinitezimal**

~; -ı cari s. Stw. **cari; -ı cümel** *va.* s. **ebced hesabı; -ı katî kanunu** *jur.* Gesetz *n* über den endgültigen Staatshaushalt *kesin hesap kanunu
hesapça [·×·] schätzungsweise, eigentlich ~ **şimdiye kadar gelmiş olmalıydı.** Eigentlich müßte er jetzt hier sein.
hesapçı guter Rechner *spez.* guter Wirtschafter, sparsamer Hausvater
hesaplamak s. **hesap etmek; ~ kitaplamak** s. **hesap etmek kitap etmek**
hesaplaşmak 1. gegenseitig abrechnen 2. *fig.* abrechnen (mit j–m)
hesaplayıcı Kalkulator *m*
hesaplı 1. berechnet, erwartet, einkalkuliert 2. (auf et.) berechnet, abgestellt; ein best. Ziel verfolgend 3. berechenbar, einkalkulierbar 4. *selt.* Präzisions- 5. (*a.* ~ **kitaplı**) kühl rechnend, umsichtig 6. genau überlegt, eingehend geprüft, systematisch geplant 7. vorteilhaft, lukrativ **İnsan ne kadar ~ kitaplı olursa olsun ...** Wie umsichtig auch jemand vorgehen mag ...
hesapsız *mst.* [ā] 1. ohne Rechnung(-sführung) 2. unzählig, zahllos, unübersehbar 3. unüberlegt, riskant (z. B. Angelegenheit) 4. unvorsichtig, unbedacht ~ **kitapsız** 1. s. **hesapsız** (1, 4) 2. ohne et. schriftlich festzulegen
hesapsızlık [ā] 1. Fehlen *n* der Rechnung(-sführung) 2. unübersehbare Menge (von) 3. Unüberlegtheit *f*, Fehlen *n* der nötigen Umsicht
heşt, -ti *va.* acht *sekiz ~ **behişt** 1. die (im Koran aufgeführten) acht Stufen des Paradieses 2. *lit.* zwei ältere Werke dieses Namens
hetepete stotternd, stammelnd ~ **söylemek** stottern, stammeln
heterodin *(Radio)* 1. heterodyn, empfangsverstärkend 2. Heterodyne *f*, Überlagerungsempfänger *m*
heterogen; heterojen(-i) s. **ayrıcinsten(-lik)**
heteronom 1. heteronom, fremdgesetzlich 2. *zo.* ungleichwertig (Abschnitte bei Gliedertieren)
heteronomi Heteronomie, Fremdgesetzlichkeit *f* *yaderklik
heteropati *psych.* Heteropathie *f* *kapılanduygu
Heterya s. **Eterya**
hethüt Lm. e–s lauten und drohenden Sprechens ~ **etmek** anschnauzen, einschüchtern, den wilden Mann spielen
hetk, -ki *va.* Zerreißen, (gewaltsames) Aufreißen *n* ~ **etmek** *va.* zerreißen, aufreißen **-i namus etmek** (*od.* **-i perdei ırz etmek**) *(beides va.)* entehren, vergewaltigen
hetman (Kosaken-)Hetman *m* *ataman
hevenk, -gi 1. Frucht-girlande *f*, -gehänge *n* (Früchte od. Pflanzen, die einzeln od. als Büschel auf e–r Schnur *spez.* zum Trocknen aufgezogen sind) 2. Büschel *n*, Garbe *f* (z. B. bei Licht); s. a. **avenk**
heves Lust, Neigung *f*, Wunsch *m*, Interesse *n gel. a.* Velleität *f* (kraftloses Wollen od. Verlangen); s. a. **çocukça ~; ~ etmek** *od.* **-i olmak** (bşe) 1. Lust und Liebe (zu et.), reges Interesse (an et.) haben 2. streben, bestrebt sein (et. zu tun) **-i içinde** (*od.* **kursağında) kalmak** unerfüllt bleiben (Wunsch) **-ini almak** erlangen, wonach e–m der Sinn steht
heveskâr 1. wer Lust und Liebe zu et. hat 2. (bşi yapmağa) geneigt, et. zu tun 3. Interessent, Bewerber *m* 4. s. **amatör**
heveskârlık Neigung, Lust *f* (zu); reges, starkes Interesse; Liebhaberei *f*
heveslendirmek Lust und Liebe in j–m erwecken; aufmuntern, anspornen, anregen
heveslenmek 1. Lust und Liebe zu et. gewinnen, Mut bekommen (et. zu unternehmen) 2. (b–ne) es e–m anderen gleichtun wollen
hevesli s. **heveskâr**
hevessiz ohne Lust und Interesse, desinteressiert
hevessizlik Gleichgültigkeit *f*, Desinteresse(ment) *n*
hevhulma Weiderich *m bot.* Lythrum; s. a. **kırmızı (küçük) ~**
hevil, -vli *va.* Angst *f*, Entsetzen *n*, Schrecken *m*
hevilnak, -ki [ā] *va.* schrecklich, furchtbar, entsetzlich *korkunç, müthiş
hey *Int.* 1. he! hör mal! holla! heda! 2. als Ausdruck e–s Tadelns, Klagens od. e–r Anerkennung ei! ach! oh! ~, **arkadaş, ayağıma basıyorsun!** He, lieber Freund, du trittst mir ja auf den Fuß! Zu 2: ~ **gidi günler ~!** Die schönen Tage in Aranjuez sind nun zu Ende! (Schiller) ~ **gidi hey!** Ach woher! Wo denken Sie hin! (s. a. **gidi**). ~, **Allahım, bu ne güzellik!** Ei, mein Gott, das nenne ich aber einmal schön!
heyamola [··×·] (*mit od. ohne* **heyesa** *od.* **yisa**) (gemeinsamer Ausruf von Seeleuten od. Arbeitern beim Ziehen od. Heben schwerer Lasten; angeblich nach dem Anfang e–s Seemannsliedes **„Eyyam ola, yel ese"**) Hau ruck! Holt auf! Rudert los! u. ä. m. ~ **ile** *F* mit großer Mühe, mit viel Schwierigkeiten, unter gemeinsamer Anstrengung
heybe große Einfach- od. Doppel-tasche (oft aus Leder od. Kelimstoff), die über der Schulter getragen od. e–m Tragtier übergelegt wird; Eselstasche *f*, Quersack *m*
heybeci Hersteller od. Verkäufer *m* von **heybe**
heybeli mit **heybe** (ausgestattet)
Heybeli(ada) *n.pr.* Heybeli, Halki (zweitgrößte der Prinzeninseln bei Istanbul)
heybet, -ti imponierendes Äußeres; Würde, Majestät, Erhabenheit *f* *mehabet
heybetli Achtung und Ehrfurcht gebietend (erweckend, einflößend), würdevoll, imposant, mächtig, erhaben *mehabetli
heyecan [ā] 1. Erregung, Aufregung, Emotion *f* 2. Begeisterung *f*, Enthusiasmus *m* 3. *(Th., Film)* Spannung *f* ~ **çarpısı** spontan-emotionale Erregung *teşevvüsü teheyyücî ~ **duymak** 1. in Erregung (Aufregung) geraten, erregt (aufgeregt) werden 2. in Begeisterung geraten, sich begeistern ~ **vermek** 1. in Erregung (Aufregung) versetzen, erregen, aufregen 2. lebhafter werden lassen (z. B. *Fb.spiel*) 3. in Begeisterung versetzen; begeistern **-a düşürmek** (*od.* **getirmek**) s. ~ **vermek; -a gelmek** s. ~ **duymak**
heyecanaver [··–·] *va.* er-, auf-regend, begeisternd
heyecanlandırmak [··–··] s. **heyecan vermek**
heyecanlanmak [··–··] 1. s. **heyecan duymak** 2. lebhaft(-er) werden (z. B. *Fb.spiel*)
heyecanlı [ā] 1. erregt, aufgeregt 2. mit Feuereifer bei der Sache; begeistert 3. leicht in Erregung geratend; cholerisch, sensibel od. impulsiv veranlagt 4. er-, auf-regend, spannend 5. begeisternd 6. in Erregung, Aufregung od. Begeisterung getan od. gesagt
heyecanlılık [ā] *psych.* Erregbarkeit *f* *teheyyüç kabiliyeti
heyecansal gefühlsmäßig, emotional
heyecansız [ā] 1. leidenschaftslos, ruhig, phlegmatisch 2. nicht aufregend, keine Begeisterung erweckend 3. ohne Erregung (Aufregung od. Begeisterung) gesagt od. getan
heyecansızlık [ā] Leidenschaftslosigkeit *f*, Phlegma *n*
heyelân Berg-, Erd-rutsch *m* *göçü, kayşa ~ **etmek** absinken, absacken (Erde) *kayşamak
heyeman [ā] *va.* 1. Verliebtheit *f* 2. s. **şaşkınlık**
heyet, -ti 1. *z. va.* Form, Gestalt *f*, Äußeres; Anblick *m*, Gesicht *n*, Miene *f*, Zustand *m* 2. Versammlung *f* 3. Gesamtheit *f* 4. Kommission *f*, Ausschuß *m*, Gremium *n* 5. Abordnung, Mission, Delegation *f*, Komitee *n* 6. Gefolge *n*, Stab *m* 7. Korps *n*, Gruppe, Expedition *f* 8. (*a.* **ilmi** ~) Astronomie *f* 9. *phys.* System *n* *sistem **-iyle** in

seiner Gesamtheit, in seinem früheren Bestand; ganz, vollständig **-i âliye** *spez. parl.* hohe Versammlung, hohes Haus **-i askeriye; askerî** ~ Militärmission *f* **-i âyan** s. **âyan meclisi; -i hâkime** Gerichtshof *m* **-i içtimaiye; içtimaî** ~ Volksgemeinschaft *f* *camia, topluluk, komünote **-i ihtiyariye** s. **ihtiyar kurulu; -i ittihamiye** *jur.* Anklagejury *f* **-ı mebusan** s. **mebusan meclisi; -i mecmua** Ganzes, Gesamtheit *f* **-i mecmuasiyle** in seiner Gesamtheit, vollständig, insgesamt **-i murahhasa; murahhas** ~ bevollmächtigte Delegation **-i seferiye; seferî** ~ 1. *mil.* Expeditionskorps *n* 2. *geogr., geol. usw.* Expedition(-sgruppe) *f* **-i sıhhiye** s. **sağlık kurulu; -i tahririye** s. **redaksiyon -i; -i tedrisiye** s. **tedris -i; -i teftişiye** s. **teftiş -i; ≗i temsiliye** *hist.* „Vertreterausschuß" *m* (Türk. Nationalkongreß in Erzurum; Juli/August 1919) **-i umumiye (umumî** ~**)** 1. Generalversammlung *f* 2. Ganzes; Gesamtbild *n;* Bau-, Gesamt-plan *m* Zu 1: **-i umumiye içtimaı** (Sitzung *f* der) Generalversammlung *f* **-i umumiye salonu** großer Sitzungssaal (z.B. im Parlament) Zu 2: **Kanunun -i umumiyesi hakkında konuştu.** Er sprach über das Gesetz als Ganzes (od. solches). **-i umumiyesinde aslî adetler** s. **birlikte asal sayılar; -i umumiyesiyle** *od.* **-i umumiyesi itibariyle** im allgemeinen, alles in allem, als Ganzes betrachtet, insgesamt **≗i Vekile** *va.* Ministerrat *m,* Kabinett *n* (in Ankara) *İcra Vekilleri Heyeti; Vekiller Heyeti **-i Vükelâ** *hist.* Ministerrat *m,* Kabinett *n* (in Istanbul)

heyetşinas [ā] Astronom *m*

heyhat, -tı [ā] *Int.* ach! wie schade! ach, wie bedauerlich! *yazık, ne yazık

heyhey 1. ausgelassene Stimmung, Kreischen, Geschrei *n,* Lärm *m,* Stimmengewirr *n* 2. lustiges Leben 3. Nervosität, Reizbarkeit *f* ~ **basmak** erregt, nervös werden **-ler geçirmek** *od.* **-leri tutmak** e–n Nervenzusammenbruch bekommen, zu toben anfangen **-leri üstünde** in schrecklicher Erregung

hey'î *va.* astronomisch *astronomik

heykel 1. Statue *f,* Standbild *n,* Skulptur, Plastik *f* 2. *fig.* Koloß *m* ~ **altlığı** Fußgestell, Postament *n* ~ **çamuru** (Bildhauer-)Ton *m* ~ **gibi** 1. regungslos wie e–e Statue 2. plastisch schön (Körperbau) ~ **grupu** Gruppenstandbild *n*

heykelci 1. s. **heykeltraş** 2. Steinmetz *m* 3. *astr.* Skulptor *m* (Sternbild) ~ **kalemi** Steinmetzwerkzeug *n* ~ **sehpası** Modellierbock *m* (des Bildhauers)

heykelcik Statuette *f,* Figürchen *n*

heykelcilik s. **heykeltraşlık**

heykelçe s. **heykelcik**

heykelleşmek 1. in plastischer Schönheit erstehen 2. zu kolossaler Größe anwachsen

heykelleştirmek plastische Schönheit *bzw.* kolossale Größe verleihen

heykelsütun *arch.* 1. Karyatide *f* 2. Atlant, Gebälkträger *m*

heykeltraş Bildhauer *m*

heykeltraşlık 1. Beruf *m* od. Tätigkeit *f* e–s Bildhauers 2. Bildhauerkunst *f*

heyulâ [·––] 1. Hyle, Urmaterie *f,* Urstoff *m* 2. Chaos *n,* wildes Durcheinander 3. Monstrum *n,* (unschönes) Riesending 4. Alpdruck *m,* (Schreck-)Gespenst *n,* drohendes Schreckbild Zu 3: ≗ **gibi bir bina yaptılar.** Man hat da ein Riesengebäude (*F* e–n Klotzkasten) hingesetzt. Zu 4: **Halk, zelzele -siyle günlerce açıkta yattı.** Bei dem drohenden Schreckgespenst weiterer Erdbeben blieb die Bevölkerung tagelang im Freien.

heyulâ(n)î [·–––] 1. chaotisch 2. phantomartig, geisterhaft

hezar [ā] 1. *va.* tausend *bin 2. e–e best. Art des Tr.sp. 3. s. **hazar** 4. *va.* Nachtigall *f* *bülbül

hezaran [·––] (*va. Pl.* zu **hezar**) Tausende

hezaren (I) [ā] 1. Bambus(-rohr *n*) *m bot.* Bambusa arundinacea *hintkamışı 2. Rohr- ~ **baston** Rohrstock *m* ~ **sandalye** Rohrstuhl *m*

hezaren (II) [ā] Rittersporn *m bot.* Delphinium; s.a. **bahçe -i; büyük çiçekli** ~

hezarfen [ā], **-nni** vielseitig bewandert, Tausendkünstler *m*

hezeç, -ci 1. **(bahri** ~**)** e–e best. Versart im **aruz** 2. e–e best. Tonfolge in der orient. Musik

hezel 1. *va.* derber Scherz od. Spaß 2. Scherzgedicht *n,* humoristisches Gedicht; Parodie, Burleske *f*

hezeliyat, -tı [ā] *Pl.* 1. Scherzgedichte, humoristische Gedichte, Parodien, Burlesken *pl.* 2. Gattung *f* der Burleske

hezeyan [ā] 1. Phantasieren, Irrereden, Delirium *n* 2. sinnloses Gerede, dummes Zeug, Unsinn *m, F* Quatsch *m* ~ **etmek** 1. irrereden, phantasieren (z.B. im Fieber) 2. Unsinn reden, (daher-)faseln **-ı itisafî** *med.* Verfolgungswahn *m* **-i mürtaiş** *med.* Säuferwahnsinn *m,* Delirium tremens *n*

hezimet, -ti [ī] *mil.* Niederlage *f* *bozgun **-e uğramak** e–e Niederlage erleiden, geschlagen werden **-e uğratmak** e–e Niederlage beibringen; (entscheidend) schlagen

hezlamiz [·––] *va.* spaßig, lustig, komisch, humoristisch, burlesk

hı 1. *P* ja *evet 2. neunter Buchst. des osm. Alphabets

hıçkırık 1. Schluckauf *m* 2. Schluchzen *n,* Schluchzer *m* ~ **tutmak** den Schluckauf haben **-la ağlamak** schluchzend weinen

hıçkırmak 1. den Schluckauf haben 2. schluchzen **hıçkıra hıçkıra ağlamak** schluchzend weinen

Hıdır s. **Hızır**

hıdiv [ī] *hist.* 1. Khedive *m* (Titel der ägyptischen Regierungspräsidenten **(vali)** zur osm. Zeit) 2. Vizekönig *m* (z.B. von Indien)

hıdivî [·––] *hist.* den Khediven (Vizekönig) betreffend, khedivial

hıdiviyet, -ti [·–··] *hist.* Khediviat *n,* Vizekönigtum *n*

hıdivlik [·–·] *hist.* 1. Titel *m* (Rang *m,* Aufgaben *pl.* usw.) e–s Khediven (Vizekönigs) 2. das von e–m Khediven (Vizekönig) verwaltete Land

hıdrellez (< Hızır + İlyas) 1. Sommeranfang *m* (nach türk. Bauernregel am 6. Mai) 2. Frühlingsfest *n* am 6. Mai 3. die vom 6. Mai bis zum 8. November dauernde warme Zeit (vgl. a. **kasım)**

hıfız, -fzı 1. (Auf-)Bewahren *n* 2. (Be-)Schützen *n* 3. Einprägen *n* (dem Gedächtnis) 4. Auswendiglernen, Memorieren *n* **-a çalışmak** den Koran auswendig lernen **-ı lisan** *va.* vorsichtige Ausdrucksweise

hıfzetmek [×··] 1. (auf-)bewahren 2. (be-)schützen 3. im Gedächtnis behalten, sich et. einprägen 4. auswendig lernen, memorieren

Hıfzı *mV*

hıfzıssıhha Hygiene *f,* Gesundheits-schutz *m,* -lehre, -kunde *f* *hijiyen

hıfzıssıhhatçı Hygieniker, Hygienewissenschaftler *m*

hıfzî *va.* 1. Gedächtnis-, Erinnerungs- 2. mnemotechnisch *(1, 2) belleksel, hafızavî

hıfzüvikaye etmek *va.* schützen, bewahren

hıh 1. Lm. des Sich-Schneuzens 2. s. **hık**

hıhlamak sich (geräuschvoll) schneuzen

hık 1. *(Lm. des Schluckaufs)* hick! 2. Lm. ähnlicher Geräusche; vgl. **hıh; hınk.** ≗ **demiş babasının (anasının) burnundan düşmüş.** Er gleicht seinem Vater (seiner Mutter) aufs Haar. ~ **deyicisi** s. Stw. **havan;** ~ ~ Lm. e–s mehrfachen Schluckaufs od. des Schluchzens ~ **mık** gerade noch eben; mit Mühe und Not ~ **mık etmek** herumdrucksen; mit der Sprache nicht herauswollen od. keine ordentliche Antwort finden können ~ **tutmak** (b–ni)

den Schluckauf haben ²ı mıkı yok. Da gibt es nichts zu deuteln. Das ist so sicher wie das Amen in der Kirche.
hıkır hıkır gülmek *od.* **hıkırdamak** stoßweise (od. prustend) lachen
hıklamak s. **hıhlamak**
hıl'at s. **hil'at**
hılt, -tı s. **suyuk**
hıltan *dial.* s. **diş hilâli**
hılye *va.* 1. Schmuck, Zierat *m* 2. Physiognomie *f* (bedeutender Personen *spez.* Mohammeds) 3. *fr.* Werk *n* über Physiognomie
hım hım konuşmak s. **hımhımlamak**
hımbıl 1. dumm und ungeschickt 2. träge, faul
hımbıllık 1. Dummheit *f* (die jemand begeht) 2. Trägheit, Indolenz *f*
hımhım 1. durch die Nase sprechend, näselnd 2. dumpf klingend (Stimme) **²la burunsuz birbirinden uğursuz.** *Spr.* Der eine taugt so wenig wie der andere.
hımhımlamak durch die Nase sprechen, näseln
hımhımlık Näseln *n*
hımış *techn.* Pisee *m,* gestampfte Erde, Stampfbau *m* ~ **duvar** Piseewand *f*
hımkırmak *(Frauensprache)* sich die Nase putzen, sich schneuzen
hıncahınç [×··] **(dolu)** gesteckt (brechend, gestopft, bis an den Rand) (voll)
hınç, -cı 1. Groll, Zorn, Haß *m* 2. Rachsucht, Rache *f* ~ **beslemek** Groll hegen, von Rachsucht erfüllt sein **-ını almak** Rache nehmen, sein Mütchen kühlen **-ını çıkarmak** 1. seiner Wut freien Lauf lassen 2. (b–den) sich an j–m rächen, es j–m heimzahlen 3. (bşin) Rache nehmen (für)
Hınçak (komitesi) *n.pr.* separatistische Armenier-Organisation (gegr. 1887)
hınçkırmak s. **hıçkırmak**
hındım *V* 1. ausgelassenes Vergnügen; Orgie *f* 2. Übermaß *n* (e–r Neigung)
hındımlamak *V* sich auf j–n stürzen; j–n anfallen *çullanmak
Hınıs *n.pr.* O. u. D. im Rbz. Erzurum
hınk 1. Lm. e–s gepreßten Stöhnens bei schwerer Arbeit (*spez.* der fr. Kaffeestampfer) 2. s. **hık**
hınt, -tı *V* dumm, blöd; Dummkopf *m*
hınta *va.* Weizen *m* *buğday **-i esvet** s. **burçak**
hınzır 1. *va.* Schwein *n* *domuz 2. (Fluchwort) widerlich, verdammt, verflucht, Schweine-, *V* Sau- 3. Nichtsnutz, Schlingel *m* *yaramaz Zu 2: **Vay ~ herif!** So ein elender Kerl! ~ **deli** s. **zırdeli;** ~ **ekmeği** 1. s. **buhurumeryem** (1) 2. s. **domalan; yermantarı;** ~ **rezenesi** s. **domuz kuyruğu;** ~ **yumurcak!** verdammter Bengel!
hınzıriye s. **domuzgiller**
hınzırlık 1. übler Charakter; Boshaftigkeit, Treulosigkeit *f* 2. widerliches Benehmen, ekelhafte Angewohnheit 3. übler Scherz
hır 1. (Lm. des Knurrens der Hunde) rr! 2. *V* Zank, Streit, Lärm, Radau, Krakeel *m* 3. Röcheln, Rasseln *n* *hırıltı ~ **çıkarmak** Krakeel anfangen ~ **dır etmek** sich dauernd streiten; in Unfrieden leben ~ **diye** knurrend ~ ~ (Lm. des Röchelns, Knurrens od. Schnarchens) rrr!
hıra *dial.* mager, schwächlich
Hıra dağı *geogr.* Berg nordöstl. von Mekka, wo Mohammed nach isl. Überlieferung göttliche Offenbarungen empfangen hat *Cebel(-i) Nur
hıram [ā] *va.* Sich-in-den-Hüften-Wiegen *n* ~ **etmek** *va.* wiegenden Schrittes einhergehen
-hıraş *va. pers. Sx.* zerreißend; vgl. **canhıraş, dilhıraş**
hırbo [×·] *V* 1. grobschlächtiger Kerl; Tolpatsch *m* 2. dumm, beschränkt, einfältig 3. ≗ s. **Baba Himmet**
hırboluk *V* 1. Tolpatschigkeit *f,* linkisches Benehmen 2. Einfältigkeit, Dummheit *f*
hırçın 1. leicht erregbar, reizbar, launisch, cholerisch 2. *fig.* wild schäumend, tosend (Fluß) ≗ **Kız** Der Widerspenstigen Zähmung (Shakespeare)
hırçınlaşmak gereizt (erregt, unwirsch) werden
hırçınlık 1. Reizbarkeit, Empfindlichkeit, Launenhaftigkeit *f;* cholerischer Charakter 2. cholerische Handlung; Toben *n*
hırdavat, -tı 1. Eisen-waren, -artikel *pl.* 2. Zeug, Krimskrams *n*
hırdavatçı 1. Eisenwarenhändler *m* 2. Krimskramsverkäufer *m*
hırdavatçılık Gewerbe *n* e–s **hırdavatçı**
hıref *va. Pl.* zu **hırfet; ehli** (*od.* **erbabı**) ~ *fr.* Gesamtheit der **orducu** genannten Handwerker
hırfet, -ti *va.* Gewerbe, Handwerk *n,* Tätigkeit *f,* Beruf *m*
hırgür *V* Gezänk *n,* Streiterei *f,* Radau, Krakeel *m*
hırhır s. **hırgür**
hırıl hırıl s. **hır hır;** ~ ~ **etmek** s. **hırıldamak**
hırıldamak 1. röcheln, rasseln 2. knurren (Hund) 3. brummen, knurren (Person) 4. streiten, zanken
hırıldanmak j–n grob anfahren
hırıldaşmak 1. sich gegenseitig anknurren (Hunde) 2. *fig.* sich gegenseitig ungehalten anfahren
hırıltı 1. Röcheln, Rasseln *n* 2. Knurren *n* (e–s Hundes) 3. *fig.* Zank, Streit *m* 4. s. **horultu;** ~ **çıkarmak** (*od.* **etmek**) 1. röcheln 2. knurren 3. sich herumzanken od. e–n Streit verursachen ~ **gürültü** Gezänk *n,* Streiterei *f,* Radau, Krakeel *m*
hırıltıcı 1. röchelnd, rasselnd 2. knurrend 3. *fig.* streitsüchtig, zänkisch 4. brummig, mürrisch
hırıltılı 1. unter Röcheln, röchelnd, rasselnd 2. mit Geknurr, knurrend 3. mit Zank und Streit 4. von Schnarchen begleitet
hırır gırır *F* s. **hırıltı gürültü**
hırızma [·×·] Nasenring *m* (z.B. e–s Bären)
Hıristiyan 1. Christ(-in *f*) *m* 2. christlich
Hıristiyanî *va.* christlich
Hıristiyanlaşmak christianisiert werden; das Christentum annehmen
Hıristiyanlaştırmak christianisieren
Hıristiyanlık 1. Christentum *n;* christliche Religion 2. Christenheit *f;* christliche Welt
Hıristo [·×·] *griech. Vn.* ~ **teyeli** Heftnaht *f* mit kreuzförmigen Stichen
Hıristos [·×·] *z. va.* Christus *Hazreti İsa
hırka 1. *fr.* Wams *n* (z.B. e–s Derwischs) 2. wattierte Hausjacke; Flauschrock *m* 3. Strickjacke *f,* Hauskleid *n* ~ **giymek** *fr.* Derwisch werden ~ **külâh** *fr.* Derwischkleidung *f* **-yı başına çekmek** 1. (ein-)schlafen 2. sich von der Welt zurückziehen **²i Saadet** Mohammeds Mantel (Reliquie im Topkapı Sarayı, Istanbul) **²i Şerif** 1. s. **²i Saadet** 2. der angeblich von Mohammed an Veysel Karanî gegebene Mantel (Reliquie in der Moschee Hırkai Şerif, Fatih, Istanbul)
hırlamak 1. röcheln, rasseln 2. knurren (Hund) 3. murren, schelten; unwirsch sein
hırlanmak knurren, brummen, murren (Mensch)
hırlaşmak s. **hırıldaşmak**
hırlı 1. *dial.* vertrauenswürdig (Person) 2. *dial.* ordentlich, brauchbar 3. *hum.* Positivbildung zu **hırsız:** ≗ **mıdır, hırsız mıdır (bilmem)?** Man weiß nicht recht, woran man mit ihm ist.
hırpadak [×··] 1. mit e–m Male; plötzlich, sofort 2. ganz und gar; restlos *tıpatıp
hırpalama Vs. zu **hırpalamak;** ~ **ateşi** *mil.* Störungsfeuer *n* ~ **hareketi** *mil.* Störungsaktion *f*

hırpalamak 1. unachtsam mit et. umgehen, nicht ordentlich behandeln, übel zurichten; beschädigen, zerknittern, ruinieren, kaputtmachen, übel mitspielen, arg mitnehmen, *V* hinhunzen *örselemek 2. verprügeln, verhauen 3. mißhandeln, quälen, foltern, peinigen
hırpani [·––] 1. abgerissen (schäbig, schlecht) gekleidet (Person) 2. zerlumpt, in Fetzen herumhängend (Kleidungsstück)
hırpanilik zerlumpte Kleidung *f*
hırs 1. Gier, (brennende) Begierde, Sucht *f* 2. Habsucht *f* 3. großer Ärger; Wut *f*, Zorn *m* **-ından çatlamak** (*od.* **boğulmak**) 1. vor Wut schier zerspringen 2. sich vor Gier nicht mehr kennen **-ını alamamak** seinen Zorn nicht bändigen können **-ını almak** (*od.* **çıkarmak**) (b–den) sein Mütchen kühlen, seine Wut auslassen (an) **-ı cah** *z. va.* Ehrgeiz *m*, Strebertum *n* **-ı pirî** *z. va.* senile Habsucht
hırsız 1. Dieb(-in *f*) *m*, Einbrecher *m* 2. e–e der vier Stellungen im Knöchelspiel ≗ **adası** s. **Sivriada;** ~ **adımlariyle bir yerden yürümek** sich davonstehlen ~ **anahtarı** Nachschlüssel, Dietrich *m* ~ **atlaması** *(Turnen)* Diebssprung *m* ~ **böceği** (in osm. Zeit) Geheimpolizist *m* ~ **çekmecesi** Geheimfach *n* (in e–m Schreibtisch) ~ **çıkarmak** (b–ni) j–n als Dieb entlarven ~ **dili** Gaunersprache *f*, Rotwelsch *n* ~ **feneri** Blendlaterne *f* ~ **gibi** heimlich, verstohlen ~ ~ **karınca** Diebsameise *f zo.* Solenopsis fugax ≗ **-a yoldaştır.** *Spr.* Gleich und gleich gesellt sich gern. *Spr.* ~ **malı** Dieb(e)sgut *n* ~ **şebekesi** (Dieb(e)sbande *f* ~ **yatağı** 1. Diebeshöhle *f* 2. Hehler *m* ~ **yolu** schmaler Pfad; Steig *m* **-a yol göstermek** dem Dieb (geradezu) den Weg zeigen *d.h.* sorglos, unvorsichtig sein
hırsızlama 1. *Adv.* (*a.* **hırsızlamasına**) heimlich, verstohlen, nach Diebesart 2. *Adj.* gestohlen, entwendet
hırsızlamak *va.* stehlen, entwenden
hırsızlık, -ğı 1. Diebstahl *m* 2. Einbruch *m* 3. Schwindel *m* od. Unterschlagung *f* ~ **çılgınlığı** Kleptomanie *f* ~ **etmek** e–n Diebstahl (Einbruch, e–e Unterschlagung) begehen ~ **malı** gestohlenes Gut; Diebesgut *n* **-a karşı sigorta** (Einbruchs-)Diebstahlversicherung *f*
hırslandırmak 1. Gier erwecken (in j–m) 2. j–s Neid erregen 3. j–s Ehrgeiz anstacheln 4. j–n in Wut versetzen
hırslanmak 1. gierig werden 2. neidisch werden 3. Ehrgeiz entwickeln 4. wütend werden, sich erregen
hırslı 1. (be-)gierig 2. wütend, zornig 3. neidisch 4. ehrgeizig 5. leidenschaftlich
hırt (I), **-tı** *V* plump und gewöhnlich, einfältig, beschränkt (aber sehr von sich eingenommen)
hırt (II), **-tı** (Lm. e–s Schneidens od. heftigen Reißens) ratsch!
hırtapoz *V* beschränkt, einfältig, dumm
hırtapozluk *V* Beschränktheit, Dummheit *f*
hırtı pırtı wertloses, unbrauchbares Zeug; Krimskrams, Trödel, Plunder *m*, Gerümpel *n*, alter Kram
hırtlamak *dial.* et. mühsam zuwege bringen; viel Mühe und Arbeit aufwenden müssen (bei
hırtlamba 1. malariakrankes Kind mit aufgedunsenem Bauch und abgezehrten Gliedern 2. *allg.* et. unschön Aufgedunsenes 3. wer alle möglichen Kleidungsstücke übereinander trägt; in lauter Lumpen gekleidet ~ **gibi giyinmek** im Zigeuneraufzug herumlaufen **-sı çıkmış** 1. in Fetzen und Lumpen gekleidet 2. körperlich ganz heruntergekommen **-ya dönmek** zum Skelett abmagern
hırtlık *V* s. **hırtapozluk**
hırttadan ritsch! ratsch!
hırva s. **kene(gerçek)otu**
Hırvat, -tı 1. Kroate *m*, Kroatin *f* 2. kroatisch
Hırvatça [·×·] *ling.* Kroatisch(-e) *n*, kroatisch
hırvatî s. **hartavî**
Hırvatistan; Hırvatya *n.pr.* Kroatien
hırz *va.* 1. Zufluchtsort *m* 2. Aufbewahrungsort *m* 3. Amulett *n*, Talisman *m* **-ı can etmek** *z. va.* wie seinen Augapfel hüten
hısal, -li [ā] *va. Pl.* zu **haslet**
hısım, -smı Verwandte(-r *m*) *f* (blutmäßig od. durch Heirat) ~ **akraba** die näheren und entfernteren Verwandten **Belki** ~ **akraba idiler.** Vielleicht waren sie (näher oder entfernter) miteinander verwandt.
hısımlık (konkret od. abstrakt) Verwandtschaft *f* (blutmäßig od. durch Heirat) *karabet
hıssa s. **hisse** (3)
hısset s. **hisset**
hış hış Lm. des Rauschens, Knisterns, Raschelns od. Keuchens ~ ~ **etmek** s. **hışıldamak**
hışıl hışıl s. **hışır hışır**
hışıldamak 1. rauschen, knistern (z.B. Seidenkleider), rascheln (z.B. Papier, dürre Blätter) 2. keuchen Zu 2: **Göğsü hışıldıyor.** Er keucht nur so vor Anstrengung.
hışıltı 1. Rauschen, Knistern, Rascheln *n* 2. Keuchen *n*
hışım, -şmı 1. Zorn *m*, Wut *f* *öfke 2. Hochnäsigkeit, Arroganz *f* **-a gelmek** in Wut geraten **-ına uğramak** (b–nin) sich j–s Zorn zuziehen
hışımlandırmak erzürnen, in Wut versetzen
hışımlanmak sich erzürnen, in Zorn geraten
hışımlı 1. zornig, wütend 2. hochmütig, arrogant ~ **nazarlar fırlatmak** wütende Blicke schleudern
hışır (I), **-şrı** 1. harter Teil von Zucker- od. Wasser-melonen (nahe der Schale) 2. unreife Zucker-, Wasser-melone od. Gurke 3. schlecht gegerbte und hart gebliebene Stelle im Leder 4. *fig.* plump, ungeschliffen 5. *fig.* beschränkt, stupid; Dummkopf, Einfaltspinsel *m* ~ **aleyhisselâm** von gottbegnadeter Dummheit
hışır (II) **hışır** 1. rauschend, knisternd, raschelnd 2. keuchend
hışırdamak; hışırtı s. **hışıldamak; hışıltı**
hışlamak s. **hışıldamak**
hışt! *Int.* scht!
hıtan s. **hitan**
hıtta (I) *va.* Landstrich *m*, Gegend *f*, Bezirk *m*
hıtta (II) s. **Hüt dağı**
hıyaban [·––] *va.* 1. Allee *f* 2. baumbestandene Stelle mit Wasserlauf in der Mitte
hıyanet, -ti [ā] 1. Verrat *m*, Verräterei, Falschheit, Treulosigkeit *f;* krasse Undankbarkeit 2. treulos Zu 1: s. **emanete** ~ **etmek** Zu 2: ≗**, beni hiç aramıyorsun!** Mich vermißt du wohl gar nicht,, du Treuloser! **-ı vataniye** *od.* **vatana** ~ Vaterlands-, Landes-, Hoch-verrat *m*
hıyanetlik [ā] *P* s. **hıyanet** (1)
hıyar (I) 1. Gurke *f bot.* Cucumis sativus *salatalık 2. *a.* ~ **ağa** *V* a) plump, ungeschliffen b) beschränkt, dumm, einfältig Zu 3: **O, -ın biri.** Er ist ein rechter Blödling. ~ **ağacı** Gurkenbaum *m bot.* Kigelia pinnata *bzw.* Magnolia acuminata ≗ **akçesiyle alınan eşeğin ölümü sudan olur.** *Spr.* Billig gekauft, schlecht gekauft! ~ **medüzü** Gurkenqualle *f zo.* Beroe ovata ~ **ocağı** Gurkenbeet *n* ~ **turşusu** Essiggurken, Mixed Pickles *pl.*
hıyar (II) [ā] Freiheit *f* der Wahl, Option *f;* s. **hakkı** ~
hıyarcık *med.* Bubo *m* (entzündliche Anschwellung der Leistendrüsen)
hıyarcıl *selt.* s. **hıyarcık**
hıyarlık *V* 1. ungeschliffenes Benehmen 2. Dummheit *f;* grober Schnitzer
hıyarşembe(r) s. **yaşamba** (1)
hız 1. Schnelligkeit, Geschwindigkeit *f* *sürat 2. Anlauf, Schwung *m* 3. Heftigkeit *f*, Ungestüm *n*, Gewalt *f* 4. Kraft *f*, Elan *m*, Wucht *f*, Eifer *m* 5. *mus.* Zeitmaß, Tempo *n* *hareket ~ **almak** 1. e–n Anlauf nehmen 2.

Schwung holen 3. sich beschleunigen, *F* allmählich in Fahrt (Schwung, Schuß) kommen ~ **çarkı** Schwungrad *n* ~ **çizgisi** *geogr.* Wasserlauf *m,* Strömung *f* ~ **çoğaltıcı** *techn.* (Räder-)Übersetzung *f* ~ **göstergesi** *techn.* Tourenzähler *m* ~ **kesme** *techn.* Abdämpfung *f* ~ **kesmek** *techn.* abdämpfen ~ **vermek** (bşe) beschleunigen, *F* et. mehr Dampf hinter et. setzen **-ı artırmak** *mus.* das Tempo steigern **-ını almak** 1. sein Tempo verlangsamen 2. sich allmählich beruhigen (legen) (z. B. Sturm) **-ını alamamak** (*od.* **yenememek**) 1. der eigenen Heftigkeit od. der e–s anderen nicht Einhalt gebieten können; (sich) nicht bremsen können 2. e–r Sache ihren Lauf lassen müssen **-ını kesmek** das Tempo verlangsamen **-la atlama** *(Turnen)* Sprung *m* mit Anlauf **-la devam etmek** eifrig weitergehen (z. B. Sammlung)

hızar(-cı, -hane) s. **hazar(-cı, -hane)**

Hızır (Baba) *n.pr.* 1. *isl. Myth.* unsterblicher Heiliger, der im Augenblick höchster Bedrängnis zu Hilfe kommt; *a. symbolisch* Frühlingsbote *m* (nach anderer isl. Auslegung:) Beiname des Propheten **İlyas** = Elias (Bibel); s. a. **Hıdrellez** 2. (*mst.* **Hıdır**) *mV* ~ **gibi (yetişmek)** wie ein rettender Engel in höchster Not (erscheinen) ~ **günleri** s. **Hıdrellez** (3)

hızlandırıcı 1. beschleunigend 2. *chem.* s. **katalizör**

hızlandırmak beschleunigen, *F* et. mehr Dampf hinter et. setzen *süratlendirmek, tesri etmek **hızlandırılmış hareket** s. **akselere** (2)

hızlanmak 1. sich beschleunigen, *F* allmählich in Fahrt (Schwung, Schuß) kommen 2. heftiger werden, an Intensität zunehmen

hızlı 1. rasch, schnell, geschwind, eilig (z. B. marschieren) *çabuk 2. kräftig, wuchtig, heftig (z. B. schlagen) *şiddetli 3. laut, vernehmlich (z. B. sprechen) *yüksek sesle ~ **adam** Wüstling *m* ~ **akış** reißende Strömung ~ **ftizi** *med.* galoppierende Schwindsucht ≗ **giden tez yorulur.** *Spr.* Eile mit Weile! *Spr.* ≗ **konuşmayınız rica ederim.** Bitte etwas leiser! ~ **nabız** *med.* beschleunigter (frequenter) Puls ≗ **sağanak tez geçer.** *Spr.* Gestrenge Herren regieren nicht lange. *Spr.* ~ **şoför** *Ch.* unerfahrener, aber sehr von sich eingenommener Fahrer ~ **yaşamak** ein ungebundenes Leben führen

hızlıbot, -tu Schnell-, Sturm-boot *n*

hızölçer s. **anemometre**

hibe 1. Geschenk *n,* Spende *f* 2. *jur.* Schenkung *f* ~ **etmek** schenken, spenden ~ **vergisi** Schenkungssteuer *f*

hibename [ā] *va.* Schenkungsurkunde *f*

hibernasyon s. **kış uykusu**

hibre *va.* Wissen *n,* Kenntnis *f;* vgl. a. **ehlihibre**

hibrit, -di (*franz.* **hybride**) s. **melez** (I, 2)

hicâ *va.* 1. Schmähen *n* 2. Satire *f,* Schmähgedicht *n*

hicap, -bı [ā] 1. *va.* Häutchen *n,* Scheidewand *f,* Schleier *m* 2. Scham(-gefühl *n*) *f,* Verlegenheit *f* ~ **duymak** (*od.* **etmek**) sich schämen, sich genieren, verlegen sein **-ından kızarmak** schamrot werden **-ı hâciz** *an.* Zwerchfell *n* *diyafram

hicaplı [ā] 1. verschleiert 2. schamhaft, verschämt, verlegen

hicapsız [ā] 1. unverschleiert 2. schamlos, unverschämt

Hicaz [ā] 1. *n.pr.* Hedschas *m* (ar. Landschaft) 2. *mus.* e–e melodische Weise in der **dügâh**-Tonart 3. *mus.* e–e Tonfolge um den Ton cis ~ **devesi** Rennkamel *n*

hicazkâr *mus.* e–e melodische Weise in der **rast**-Tonart

Hicazlı [ā] Bewohner(-in *f*) *m* des Hedschas

hicir, -cri *va.* 1. s. **hicran** (1) 2. Delirium *n* *sayıklama, hezeyan

Hicir *geogr. fr.* Name e–r Ebene in der Nähe von Medina ~ **suresi** Name der 15. Koran-Sure

hiciv, -cvi Satire *f,* Schmähgedicht *n,* Spottverse *pl.,* satirischer Ausspruch ~ **komedisi** *Th.* satirische Komödie

hicivci s. **heccav**

hicivli satirisch (z. B. Gedicht)

hicran [ā] *z. va.* 1. Trennung *f,* Getrenntsein *n,* Fernsein *n* 2. tiefer seelischer Schmerz

hicranlı [ā] sehr schmerzlich, tief betrüblich

hicret, -ti 1. Aus- *bzw.* Ein-wanderung *f* 2. *pr.* Auswanderung *f* des Propheten Mohammed von Mekka nach Medina (622 n. Chr.), Hedschra *f* (Beginn der isl. Zeitrechnung) ~ **etmek** aus- bzw. ein-wandern

hicrî nach der Hedschra, nach der isl. Zeitrechnung ~ **1300 tarihinde** im Jahre 1300 nach der Hedschra

hicvetmek [×··] (m. Akk.) verspotten, geißeln; Spottverse dichten (auf)

hicvî satirisch, Schmäh-, Spott-

hicviyat, -tı [ā] *Pl.* zu **hicviye** 1. Satiren, Schmähschriften *pl.* 2. Gattung *f* der Satire

hicviye s. **hiciv**

hiç, -çi 1. (Verst. e–r Neg.) absolut, überhaupt, gar 2. (in Fragesätzen) je(-mals), einer, etwas, überhaupt, schon, etwa 3. (in Antworten) a) überhaupt (absolut) nicht, nie(-mals) b) gar nichts 4. das (reine, vollkommene) Nichts 5. *math.* null *sıfır Zu 1: ~ **azalmaksızın** unvermindert Zu 2: ≗ **ava gittiniz mi?** Sind Sie schon einmal auf die Jagd gegangen? ≗ **öyle şey olur mu?** Ja, gibt es so etwas! ≗ **insana benziyor mu?** Hat er etwa die geringste Ähnlichkeit mit e–m Menschen? Zu 3: **Ne gördün? – ≗!** Was hast du gesehen? – (Überhaupt) nichts! Zu 4: **Bir ~ için darıldı.** Er hat sich um nichts und wieder nichts geärgert. **O, benim gözümde -tir.** Er ist in meinen Augen ein vollkommenes Nichts. Er existiert für mich überhaupt nicht. ~ **bir** kein ~ **bir daha** nicht noch einmal ~ **bir şey** (gar) nichts ~ **bir şey bilmemek** überhaupt nichts wissen ~ **bir şey olmamış gibi** als ob nichts geschehen wäre ~ **bir şeyi** (*od.* **şeysi) olmamak** nichts besitzen ~ **bir tarafta** nirgends, nirgendwo ~ **bir vakit** nie(-mals) ~ **bir veçhile** in keiner Weise ~ **bir yanda** (*od.* **yerde**) nirgends, nirgendwo ~ **bir yere** nirgendwohin ~ **bir zaman** s. ~ **bir vakit;** ~ **biri** *(Sb.)* keiner ≗ **birimiz görmedik.** Keiner von uns hat dies (bzw. ihn) gesehen. ~ **de** auf keinen Fall, schon gar nicht (vgl. a. **da, de**); ~ **değilse** s. **hiç olmazsa;** ~ **durmadan** ohne jede Unterbrechung, unaufhörlich ≗ **hilâfım yok.** Ich lüge nicht; das weiß jeder. ~ **kimse** niemand, keiner ~ **mi hiç** ganz und gar nicht(s), überhaupt nicht(s) ~ **mi hiç kimse** *F* aber auch schon gar keiner ~ **olmak** verlorengehen, dahinschwinden ~ **olmazsa** wenigstens, mindestens, zum mindesten, jedenfalls ~ **tınmamak** keinen Mucks von sich geben; überhaupt nicht reagieren ~ **yoktan** s. ~ **yüzünden;** ~ **yoktan iyi** besser als nichts (*F* als die hohle Hand) ~ **yoktan kavga çıkarmak** grundlos e–n Streit vom Zaune brechen ≗ **yoktan torlak yeğdir.** *Spr.* Besser ein (nicht zugerittenes) Füllen als gar kein Pferd. ~ **yüzünden** für nichts und wieder nichts; ohne allen Grund **-e gitmek** s. ~ **olmak; -e saymak** vollkommen links liegen lassen, nicht im geringsten berücksichtigen, überhaupt nicht rechnen **-ten** s. ges. Stw.

hiçistan [–·–] *hum.* 1. das nicht-existierende Land. Utopien; Traumland *n* 2. Land *n,* in dem es nichts gibt

hiçlik 1. Nichts *n* 2. Nichtigkeit *f*

hiçten 1. minderwertig 2. ohne solide Grundlage, ad hoc zurechtgeschustert 3. grundlos, zwecklos, sinnlos, für nichts und wieder nichts 4. ohne e–n Pfennig Geld auszugeben; mühelos Zu 1: **Ne ~ adam olduğu anlaşıldı.** Man weiß jetzt, was für ein minderwertiger Bursche er ist. Zu 2: ~ **bir mazeret** e–e leere (*F* faule) Entschuldigung Zu 3: ≗ **bu kadar masrafa girdim.** Ich habe mich für nichts und wieder nichts in all diese Unkosten gestürzt.

Zu 4: ≗ **bir ev sahibi oldu.** Er ist Hausbesitzer geworden, ohne e–n Pfennig Geld auszugeben.
hidayet, -ti [ā] 1. göttliche Führung 2. richtiger Weg 3. islamischer Glaube 4. ≗ *mV, wV* ~ **bulmak** zum wahren Glauben kommen **-e gelmek** den isl. Glauben annehmen
hiddet, -ti 1. Heftigkeit, Gewalt *f*, Ungestüm *n*, Wucht *f* 2. Ärger *m*, Entrüstung, Wut(-ausbruch *m*) *f*, (Jäh-)Zorn *m* ~ **basmak** (*od.* **etmek**) s. **-lenmek;** ~ **ettirmek** s. **-lendirmek; -e gelmek** (*od.* **kapılmak**) s. **-lenmek; -i topuğunda** aufs höchste erzürnt, bitterböse **-ini alamamak** seine Wut nicht bezähmen können **-ini almak** (b–den) seine Wut an j–m auslassen **≗le kalkan ziyanla oturur.** *Spr.* In der Wut tut niemand gut. *Spr.* **-ten çatlamak** vor Wut beinahe platzen
hiddetlendirmek reizen, erzürnen, wütend machen, j–s Entrüstung hervorrufen
hiddetlenmek in Zorn geraten, wütend werden, sich entrüsten
hiddetli 1. ärgerlich, gereizt, zornig, wütend, entrüstet 2. hitzig; Heißsporn *m*
hiddetsiz ohne Zorn und Heftigkeit, gleichmütig, ruhig
hidemat, -tı [ā] *va. Pl.* zu **hizmet; -ı ammeden memnuiyet** s. **kamu hizmetlerinden yasaklık; -ı şâkka** Zwangsarbeit *f*, Zuchthaus *n* *ağır hapis, kürek **-ı vataniye** s. **vatan hizmetleri; -ı umumiye** öffentlicher Dienst; öffentliche Unternehmungen (Einrichtungen) *pl.*
hidiv s. **hıdiv**
hidra [×·] Hydra *f*, Süßwasserpolyp *m zo.* Hydra *tatlısu polipi
hidrasit, -ti *chem.* (Säure-)Hydrazid *n*
hidrat, -tı *chem.* Hydrat *n*
hidratlı *chem.* hydriert *sulu
hidravyon (*franz.* **hydravion**) s. **deniz uçağı**
hidrobiyoloji Hydrobiologie *f* (Lehre von den im Wasser lebenden Organismen)
hidrodinamik 1. hydrodynamisch 2. Hydrodynamik *f*
hidroelektrik hydroelektrisch, Wasserkraft- ~ **santralı** Wasserkraftwerk *n*
hidrofil 1. hydrophil: a) wasserliebend, im Wasser lebend (gedeihend) (Tiere, Pflanzen) b) wasser-anziehend, -aufnehmend, saugfähig (z. B. Verbandstoff) 2. s. **suböceği;** ~ **pamuk** Verbandswatte *f*
hidrofit, -ti (*franz.* **hydrophyte**) s. **sucul bitki**
hidrofob (*franz.* **hydrophobe**) 1. wasserscheu 2. wassermeidend (Tier, Pflanze) 3. *chem.* wasserabstoßend
hidrofobi s. **su korkusu**
hidrofor Hydrophor *m:* 1. Wasserdrucktank *m* (für höhere Stockwerke) 2. Saugfeuerspritze *f*
hidroglisör (*franz.* **hydroglisseur**) (Wasser-)Gleitboot *n*
hidrograf Hydrograph *m* ~ **gemisi** Vermessungsschiff *n*
hidrografi Hydrographie, Gewässerkunde *f* *su bilgisi
hidrojen *chem.* Wasserstoff *m*, Hydrogen(-ium) *n* *müvellidülma ~ **bombası** Wasserstoffbombe, H-Bombe *f* ~ **gazı** Wasserstoffgas *n* ~ **peroksit** Wasserstoffsuperoxyd *n* *oksijenli su
hidrojenli wasserstoffhaltig, Wasserstoff- ~ **bomba** s. **hidrojen bombası**
hidrokarbon s. **karbonhidrat**
hidrokarbür *chem.* Kohlenwasserstoff(verbindung *f*) *m*
hidroklorik (*franz.* **hydrochlorique**) **asit** *chem.* Salzsäure *f* *tuzruhu
hidroksil *chem.* Hydroxylgruppe *f*, einwertige Atomgruppe OH *oksidril
hidroksit, -di *chem.* Hydroxyd *n*
hidroksitli Hydroxyd enthaltend ~ **kireç** Ätzkalk *m*
hidrolik 1. hydraulisch 2. Hydraulik *f* ~ **cendere** hydraulische Presse
hidroliz *chem.* Hydrolyse *f*
hidrolog Hydrologe *m*, Hydrologin *f*
hidroloji(-k) s. **subilim(-sel)**
hidromedüziye s. **su medüzleri**
hidrometre [··×·] Hydrometer *n*, Wassermesser *m* *mikyasıma
hidrometri s. **su ölçmesi**
hidromihanik 1. hydromechanisch 2. Hydromechanik *f*
hidropati s. **hidroterapi**
hidropik *med.* hydropisch, wassersüchtig, von der Wassersucht befallen *müsteski, istiskalı
hidropizi *med.* Hydropsie, Wassersucht *f*
hidroplan 1. Wasserflugzeug *n* 2. Gleitboot *n*
hidrosefal *med.* Hydrozephalus, Wasserkopf *m*
hidrosel *med.* Hydrozele *f*, Wasserbruch *m*
hidrosfer s. **suyuvarı**
hidrosiyanik s. Stw. **asit**
hidroskopi Hydrologie *f* (soweit sie sich mit der Auffindung unterirdischer Wasserläufe beschäftigt)
hidrostatik 1. hydrostatisch 2. Hydrostatik *f* *muvazeneti maiyat
hidrosülfürik asit *chem.* Schwefelwasserstoff *m*
hidroterapi Hydrotherapie, Hydropathie *f*, Wasserheilkunde *f*, -verfahren *n*
hidroterapik *med.* hydrotherapeutisch
hidrotropizm s. **suyayönelim**
hidrozol, -lü *chem.* Hydrosol *n*
hiffet, -ti *urspr.* = **hafiflik** (in folg. Ra.:) ~ **gelmek** (**aklına** *od.* **şuuruna**) den Verstand verlieren, verrückt werden ~ **göstermek** sich leichtsinnig benehmen
higrograf Hygrograph *m*
higrometre; higrometri s. **nemölçer; nemölçümü**
higroskop(-ik) s. **nemçeker**
hijiyen Hygiene, Gesundheits-lehre, -fürsorge, -pflege *f* *hıfzıssıhha
hijiyenik hygienisch, hygienisch einwandfrei
hijiyenist, -ti Hygieniker(-in *f*) *m*, Hygienewissenschaftler (-in *f*) *m*
hikâye 1. Erzählung, Geschichte, Novelle *f* 2. *va.* Roman *m* 3. *gr.* (*a.* **-i hal**) Imperfekt *n* ~ **anlatmak** Geschichten erzählen ~ **bileşik zamanı** *gr.* zusammengesetzte Form der Vergangenheit (Typen: **yazmıştım, yazdıydım, yazardım**) *fiili hikâye ~ **etmek** erzählen, berichten ~ **yoliyle** (nur) als Bericht (ohne Kritik) **-i istikbal** *gr.* zweites Futur(um), Futurum exactum **-i mazi (sıygası)** *gr.* Plusquamperfekt(um) *n*
hikâyeci 1. Geschichtenerzähler *m* 2. Verfasser *m* von Erzählungen od. Novellen, Novellist *m*
hikâyecilik Abfassung *f* von Geschichten, Novellen od. Erzählungen, Erzählkunst *f*
hikâyeleme Erzählkunst *f* *tahkiye
hikâyenüvis [·–··–] *va.* Erzähler, Novellist, Romanschriftsteller *m*
hikem *va. Pl.* zu **hikmet**
hikemî 1. weise, philosophisch 2. *va.* physikalisch *fizikî, fiziksel
hikemiyat, -tı [ā] *Pl.* weise Aussprüche *pl.*, philosophische Gedanken *pl.*
hikmet, -ti 1. Weisheit *f* 2. *selt.* Philosophie *f* 3. eigentlicher (verborgener) Sinn od. Zweck; Geheimnis *n*, Grund *m* 4. (*a.* **-i Huda**) Gottes unerforschlicher Ratschluß 5. *va.* Physik *f* *fizik 6. Sinnspruch *m*, Sentenz *f* 7. (Ausruf) wie wunderbar! wie sonderbar! 8. ≗ *mV, wV* Zu 3: **Bu işin -ini anlayamadım.** Das Ganze ist mir recht unverständlich geblieben. **Bu çocuk bir ~.** Dieser Junge ist (mir) ein Rätsel. Zu 3, 4: **≗inden sual olunmaz.** a) Gottes Ratschluß ist unerforschlich. b) *iron.* Der gewöhnliche Sterbliche kann keinen Sinn dahinter entdecken. **-i avam** s. **folklor; -i bedayi** s. **estetik; -i hükümet** Staatsräson *f* **-i**

Lokmandan haber almak aus ganz sicherer Quelle erfahren **-i mevcudiyet** Sinn und Zweck *m* des Daseins **-i vücut** Daseinsberechtigung *f*
hikmetamiz [··–] *va.;* **hikmetli** weise, philosophisch
hikmetşinas [ā] *va.* 1. Philosoph, Weiser 2. Physiker *m*
hikori 1. Hickorynußbaum *m bot.* Carya (*spez.* oliviformis) 2. Hickoryholz *n* 3. aus Hickoryholz hergestellt (z. B. Skier)
hilâf 1. Entgegengesetztsein *n,* Widerspruch *m* 2. Gegenteil *n,* Gegensatz *m* 3. Lüge *f* Zu 1: **Bu iki iddia arasında ~ vardır.** Zwischen diesen beiden Behauptungen besteht ein Widerspruch. Zu 2: **-ını iltizam etmek** die gegenteilige Auffassung vertreten Zu 3: ≗ **olmasın!** *P* Ich will nicht lügen! Wenn ich mich nicht irre ... **~ söylemek** lügen ≗**ım varsa iki elim yanıma gelsin!** Ich will auf der Stelle tot umfallen, wenn ich nicht die Wahrheit spreche. s. a. **Size ~ olmaz** und **Hiç -ım yok; -ına** (ent-)gegen: **Hakikat -ına söz söylememeli.** Man soll (darf) nicht die Unwahrheit sprechen. **iddiaları -ına** entgegen ihren Behauptungen **kanaati -ına** gegen besseres Wissen **kendi rızaları -ına** gegen ihren Willen, nur gezwungenermaßen **-ınca** entgegengesetzt; im Widerspruch (zu) **-ı âde** *va.* Anomalie *f* *sapaklık **-ı hakikat** *va.* der Wahrheit zuwiderlaufend (nicht entsprechend) **-ı usul** *va.* den Verordnungen zuwiderlaufend; unberechtigt, ungesetzmäßig
hilâfet, -ti Amt *n,* Würde *f,* Regierungszeit *f* e–s Kalifen; Kalifat *n* ≗ **Ordusu** *hist.* Kalifatsheer *n* (die von Sultan Vahdettin gegen Mustafa Kemal eingesetzten Truppen) **-in ilgası** Abschaffung *f* des Kalifats
hilâfetname *fr.* die von dem Scheich e–s Ordens erteilte Lehrerlaubnis
hilâfgir [·––] *va.* 1. gegenteilig, entgegengesetzt, widersprechend 2. Gegner *m,* Vertreter *m* der Opposition
hilâfsız *P* ganz bestimmt; zweifellos
hilâl (I), **-li** 1. Mondsichel *f* *ayça 2. Halbmond *m* (z. B. auf Moscheekuppel, Minarett, türk. Fahne) 3. *gel.* türk. Fahne 4. Tag *m* des Mondjahres 5. schmale, gleichmäßig gewölbte Augenbraue(-n *pl.*) *f* 6. Möndchen *n* (am Fingernagel) **~ boynuzlu kob** Wasser-, Ried-bock *m* (große Antilopenart in Südafrika) *zo.* Kobus ellipsiprymnus **~ gibi** schmal und gleichmäßig gewölbt (Augenbrauen) **~ gibi incelmek** s. **erim erim erimek; ~ otu** s. **kuzgunayağı** (1)
hilâl (II), **-li** 1. Zahnstocher *m* *kürdan 2. Ohrlöffel *m* (zum Reinigen der Ohren) 3. Zwischenraum, Abstand *m* 4. dazwischenliegende Zeit 5. *an., med.* Interstitium *n* 6. *fr.* spitzes Lesestäbchen (für Kinder) 7. altes Wassermaß (= 1/64 lüle)
hilâlci (nur in best. Füg. z. B.) **yeşil ~** *selt.* s. **yeşilaycı**
hilâlî (I) 1. halbmondförmig, Halbmond- 2. *fr.* ein mit Seide untermischter *spez.* für Hemden verwendeter Baumwollstoff 3. *fr.* aus solchem Stoff hergestellt (Hemd) 4. *fr.* e–e best. Schriftart **~ saat** *fr.* Uhr *f* mit Kupfer- od. Tombakgehäuse
hilâlî (II) *med.* interstitiell
Hilâliahdar [·–·×·] 1. der grüne Halbmond 2. s. **Yeşilay**
Hilâliahmer *n.pr. va.* der Rote Halbmond *Kızılay **-e laf konuşmak** *V* den (die) Zuhörer durch dummes Geschwätz ärgerlich machen
hilâliye s. **kırlangıç otu**
Hilâliye *n.pr.* ein Zweig des **Kadiriye-**Ordens
hil'at, -tı *hist.* Ehrenkleid *n* aus kostbarem Stoff od. Pelz, wie es von e–m Sultan od. Minister als Zeichen der Huld vergeben wurde. (*Anm.:* Die verschiedenen Wertstufen hatten folgende Bez.: **hasühas, has, kuşluk, âlâ, balâ, elvan.**) **~ giymek** *fr.* ein Ehrenkleid erhalten bzw. anlegen **-ı fâhire** *hist.* Ehrenkleid *n,* mit dem ein best. Privileg verbunden war **-ı zerrin** *hist.* golddurchwirktes Ehrenkleid
hile [ī] 1. (Trug-)List *f,* Betrug *m,* Kniff, Schwindel, Trick *m* 2. Verfälschung *f* (von Lebensmitteln od. Waren) 3. arglistige Täuschung, rechtswidrige Absicht 4. *(Film)* Trickaufnahme *f* Zu 2: **Bu sütte ~ var.** Die Milch ist gepanscht. **~ etmek** (*od.* **yapmak**) 1. e–n Trick anwenden, listig vorgehen, schwindeln 2. Lebensmittel od. Waren verfälschen, z. B. panschen (Milch) **~ hud'a** List und Tücke *f* ≗ **hud'a bilmez.** An ihm ist keine Tücke. **~ sezmek** (b–den) e–n Betrug wittern ≗ **ve Aşk** Kabale und Liebe *f* (Schiller) **-i şer'iye** 1. Gesetzesumgehung *f,* Schein *m* der Legalität 2. Kniff, Trick *m,* Ausflucht *f*
hilebaz [–·–] *va.;* **hileci** [–··] 1. schlau, listig, verschlagen 2. Gauner, Schwindler, Bauernfänger *m* 3. wer verfälscht, panscht
hilecilik [–···] 1. Charakter *m* od. Verhalten *n* e–s **hileci** 2. Schwindel, Bluff, Betrug *m,* Bauernfängerei *f*
hilekâr(-lık) [ī] s. **hileci(-lik)**
hilekârca(-sına) [ī] in listiger, betrügerischer Weise
hilelendirmek fälschen
hilelenmek s. **hile sezmek**
hileli [–··] 1. e–e List (e–n Kniff, Trick) enthaltend; listig, schwer durchschaubar 2. betrügerisch 3. gefälscht, verfälscht, gepanscht **~ benzeticilik** Fälschung *f,* Falsifikat *n* (e–s Kunstwerkes) **~ filim** Trickfilm *m* **~ iflâs** *jur.* betrügerischer Bankrott **~ oyun** 1. listiges Spielen 2. *fig.* hinterhältiges Vorgehen **~ süt** gepanschte Milch
hilesiz [–··] 1. ohne List und Trug; aufrichtig, offen, ehrlich 2. unverfälscht (Lebensmittel, Waren)
hilesizlik [–···] 1. Offenheit, Ehrlichkeit, Aufrichtigkeit *f* 2. Echtheit *f,* Unverfälschtsein *n*
hilim, -lmi *va.* Langmut, Sanftheit, Milde *f* **-le muamele** milde Behandlung
hilkat, -ti 1. Schöpfung *f* 2. Naturanlage *f,* natürliche Veranlagung; Naturell *n,* Charakter *m* *fıtrat, yaradılış **~ garibesi** 1. Naturwunder *n* 2. *pej.* Monstrum *n* *acibei hilkat
hilkaten [×··] *Adv.* von Natur aus, auf Grund natürlicher Veranlagung, seinem Wesen nach
hilkî natürlich, angeboren *med. a.* kongenital *cibillî, fıtrî
hilkiyet, -ti *va.* natürliche Veranlagung
hilmî 1. *va.* sanftmütig, mild 2. **Hilmi** [×·] *mV*
hilozoizm *phil.* Hylozoismus *m* *canlıözdekçilik
Hilvan *n.pr.* O. u. D. im Rbz. Urfa
hilye *va.* 1. rühmenswerte Eigenschaften od. äußere Erscheinungen 2. Schmuck, Zierat *m* **-i saadet** (*od.* **-i şerif**) Gedicht *n* od. Tafel *f* mit Beschreibung Mohammeds
Himalaya [··×·] **dağları** *n.pr.* Himalaja *m*
himar [ā] *va.* Esel *m* *eşek
himaye [ā] 1. Schutz *m,* Obhut, Fürsorge *f* 2. Protektion *f,* Protektorat *n* 3. *pol.* Protektorat *n* Zu 2: **Sefir Hz. nin -lerinde** unter dem Protektorat S. E. des Herrn Botschafters **~ altındaki devlet** *pol.* Protektorat(-sstaat *m*) *n* **~ etmek** 1. (be-)schützen, beschirmen 2. begünstigen, protegieren **~ idaresi** Protektorat(-sverwaltung, -sregierung *f*) *n* *protektora **~ mevzii** *mil.* Aufnahmestellung *f* **~ usulü** Schutzzollsystem *n,* Protektionismus *m* **-sine almak** unter seinen Schutz stellen, *F* unter seine Fittiche nehmen ≗**i Eşcar Cemiyeti** *n.pr.* Baumschutzverein *m* (*heute:* **Ağaç Koruma Derneği**); ≗**i Etfal** 1. Kinder-schutz *m,* -fürsorge *f* 2. *Abk.* von **Himayei Etfal Cemiyeti** 3. Gebäude *n* dieser Organisation ≗**i Etfal Cemiyeti** *n.pr.* Türkischer Kinderschutzverein (seit 1934: **Çocuk Esirgeme Kurumu**); ≗**i Hayvanat Cemiyeti** *n.pr.* Türkischer Tierschutzverein (seit 1935: **Hayvanları Koruma Cemiyeti**)
himayecilik *pol.* Schutzzollsystem *n,* Protektionismus *m*

himayekâr [·—·—] *va.* 1. schützend, schirmend 2. begünstigend, parteiisch
himayeli [ā] unter Schutzbegleitung, mit Geleitschutz
himayesiz [ā] 1. ohne Schutz, schutzlos 2. ohne Protektion
himayesizlik [ā] 1. Schutzlosigkeit *f* 2. Mangel *m* an Unterstützung, Fehlen *n* der Protektion
himem(-at) *va. Pl.* zu **himmet** *bzw. dopp. Pl.* zu **himem**
himen s. **kızlık zarı**
himmet, -ti 1. Gunst, Freundlichkeit *f;* wohlwollende, hilfsbereite Unterstützung, gütige Hilfe; Schutz *m* 2. Anstrengung, Bemühung, Mühe *f* Zu 1: **arkadaşların -iyle** durch die freundliche Unterstützung (od. Vermittlung) der Kameraden Zu 2: **Bu iş çok ~ ister.** Dies verlangt große Anstrengung. ⚬ **Dayı** s. **Baba Himmet; ~ etmek** 1. wohlwollende Hilfe angedeihen lassen, sich j–s annehmen, j–n vorwärts- od. unter-bringen, j–m e–e Anstellung verschaffen, sich für j–n einsetzen *elinden tutmak, kayırmak 2. sich bemühen (um), die Güte haben (zu) **ºin(-iz) var olsun!** Vielen herzlichen Dank für die Bemühungen! **-inizle** dank Ihrer freundlichen Hilfe
Himmetiye *n.pr. fr.* isl. Derwischorden; Zweig der **Bayramiye**
himmetli helfend, hilfreich
hin (I) [ī] *va.* Zeit(-punkt *m) f,* Augenblick *m* **-i hacette** *va.* im Bedarfsfall, nötigenfalls, gegebenenfalls **-i tahliyede** *va.* bei Auszug (aus der Wohnung)
hin (II) [ī] s. **hinoğlu** und **hinoğluhin**
hincik *dial.* gleich, sofort
hindi 1. Truthahn, Puter *m,* Truthenne, Pute *f zo.* Meleagris gallopavo 2. *V* wer leicht zu betrügen ist; Gimpel *m* **~ doldurmak** e–e farcierte Pute zubereiten **~ dolması** farcierte (gefüllte) Pute **~ gibi kabarmak** 1. sich wie ein Truthahn blähen 2. *fig.* rot anlaufen (vor Zorn) **~ kebabı** Putenbraten *m,* gebratener Truthahn
Hindî *va.* 1. indisch, Inder(-in *f*) *m* 2. e–e fr. verwendete Papierart
hindiba [ā] 1. Wegwarte, Zichorie, Endivie *f bot.* Cichorium endivia (*bzw.* intybus) *güneyik 2. **(çiçeği)** s. **karahindiba otu**
Hindiçinî *n.pr. fr.* Indochina *Çin Hindistanı, Çin Hindi
Hindiçinîli 1. Indochines-e *m,* -in *f* 2. indochinesisch
Hindistan [ā] *n.pr.* Indien **~ balığı** roter Soldatenfisch *zo.* Holocentrum rubrum **~ Birliği** *n.pr.* Indische Union **~ fili** indischer Elefant *zo.* Elephas maximus **~ mevsim rüzgârı** Monsun *m* *muson **~ tavuğu** s. **Beç tavuğu**
hindistancevizi, -ni 1. (*a.* **büyük ~**) a) Kokosnuß *f* *narcıl b) **(ağacı)** Kokosnußpalme *f bot.* Cocos nucifera *narcıl ağacı 2. (*a.* **küçük ~**) 1. wohlriechende Muskatnuß 2. **(ağacı)** Muskatnußbaum *m bot.* Myristica fragrans **~ gibi bir kadın** eigenwillige, schwer zu behandelnde Frau **~ sütü** Kokosmilch *f* **~ yağı** Kokos-fett, -öl *n,* -butter *f*
Hindistanî 1. s. **Ordu (dili)** 2. s. **Hindu (dili)**
Hindiye *n.pr. isl.* Derwischorden; Zweig der **Kadiriye**
hindolog Indologe *m,* Indologin *f*
hindoloji Indologie *f*
hindolojik indologisch
Hindu [×–] 1. Hindu *m* 2. von schwarzbrauner Hautfarbe 3. *va. astr.* s. **Satürn** 4. *lit.* schwarzes Schönheitsmal
Hinduizm Hinduismus *m*
Hindustanî s. **Hindistanî**
hinoğlu, -nu [ī] abgefeimter Bursche, (Erz-)Gauner, Schurke, Schuft *m*
hinoğluhin [——·—] *Verst.* zu **hinoğlu**
Hint, -di 1. *n.pr.* Indien 2. indisch 3. *fr.* Bez. e–r zweiten weibl. Person in Gr. und Rechtssprache (vgl. **Zeynep**); **~ abanozu** s. **abanoz ağacı; ~ adaları** *n.pr.* Malaiische Inselwelt, Insulinde **~ anasonu** s. **yıldız anasonu; ~ akbabası** Truthahngeier *m zo.* Rhinogryphus aura **~ asması** s. **tembul; Hint-Avrupa dilleri** *ling.* indoeuropäische Sprachen *pl.* **~ ayva ağacı** 1. Bel-Baum *m bot.* Aegle marmelos 2. s. **kışta** (2) 3. indische Quitte *bot.* Cydonia indica **~ baklası** s. **hintyağı ağacı; ~ biberi** 1. s. **kırmızı biber** 2. s. **kebabe; ~ buğdayı** tatarischer Buchweizen *bot.* Fagopyrum tataricum **~ ceylanı** indische Gazelle *zo.* Gazella benetti **~ çalı dudu** herrliche Nachtwinde *bot.* Calonyction speciosum *ayçiçeği **~ defnesi** s. **kenevir defnesi; ~ fesleğeni** die Basilienkrautart Ocimum gratissimum (dient zur Ölgewinnung) **~ gergedanı** indisches Nashorn *zo.* Rhinoceros unicornis **~ gülü** (*od.* **~ karanfili**) s. **kadifeçiçeği; ~ helilesi** indischer Myrobalanenbaum *bot.* Terminalia horrida **~ hurması** 1. s. **demirhindi** 2. s. **Tedmür hurma ağacı; ~ inciri** Feigenkaktus *m bot.* Opuntia ficus indica **~ irmiği** s. **sagu; ~ kâdı** s. **kâdıhindî; ~ karanfili** s. **ölü çiçeği** (2); **~ keşmiri** Kaschmirschal *m* **~ kınnabı** s. **hintkeneviri** (5); **~ kobrası** s. **gözlüklüyılan; ~ kuşu** s. **Hintli** (3); **~ limonu** s. **grepfrut; ~ mandası** (indischer) Büffel, Wasserbüffel *m zo.* Bubalus bubalis **~ mazaryonu** blaue Klitorisblume *bot.* Clitorea ternatea **~ meşesi** s. **tik** (II) **ağacı; ~ nar ağacı** Nagasbaum, Nagkassar *m bot.* Mesua ferrea **~ Okyanusu** *n.pr.* Indischer Ozean **~ ödağacı** s. **kalembek** (2); **~ pamuğu** Kapok *m* **~ pamuğu fidanı** 1. s. **kapok ağacı** 2. indische Baumwolle *bot.* Gossypium indicum **~ rakamları** arabische Zahlen *pl.* *Arap rakamları **~ sakız ağacı** ostindischer Mastix *bot.* Pistacia khinjuk **~ salçası** Currysauce *f* **~ saparnası** indische Sarsaparille *bot.* Hemidesmus indicus **~ selvisi** s. **Çin ağacı; ~ sümbülü** 1. indische Narde *bot.* Nardostachys jatamansi *topalak 2. Zitronellgras, Nardenbartgras *n bot.* Andropogon nardus **~ tapiri** Schabrackentapir *m zo.* Tapirus indicus **~ tavuğu** Brahmahuhn *n* **~ teresi** s. **latinçiçeği; ~ timsahı** Sumpfkrokodil *n,* Gavial *m zo.* Crocodilus palustris **~ yasemini** Jasminbaum *n bot.* Plumiera acutifolia *al yasemin **~ yerelması** Yam(s)wurzel *f bot.* Dioscorea batatas
hintarmudu, -nu 1. Guajave *f* 2. **(ağacı)** großfrüchtige Guajave *bot.* Psidium guayava *sarı guafa
hintbademi, -ni 1. Kakaobohne *f* 2. **(ağacı)** s. **kakao ağacı**
hintbezelyesi, -ni 1. Helmbohne *f bot.* Dolichos lablab 2. indische Straucherbse *bot.* Cajanus indicus
hintdarısı, -nı Mohrenhirse *f bot.* Sorghum vulgare var. cernuum
hintdomuzu, -nu 1. s. **kobay** 2. Hirscheber *m zo.* Babyrussa babyrussa
hinterlant, -dı *geogr.* Hinterland, Einzugsgebiet *n*
hintfıstığı, -nı s. **kürkas**
hintfulü, -nü s. **beyaz nilüfer**
hinthıyarı, -nı s. **yaşamba** (1)
hintkamışı, -nı 1. Bambusrohr *n bot.* Bambusa arundinacea *hezaren, bambu 2. s. **benekli ~** 3. indisches Blumenrohr *bot.* Canna indica
hintkeneviri, -ni 1. s. **yalancı kendir** 2. Bastardeibisch *m bot.* Abutilon Avicennae *Mançurya keneviri 3. Hanfhundsgift *n bot.* Apocynum cannabinum 4. Rundkapsel-Jute *f bot.* Corchorus capsularis 5. indischer Hanf *bot.* Cannabis sativa indica *kınnap
hintkertenkelesi, -ni s. **iguana**
hintkestanesi, -ni s. **atkestanesi**
hintkirazı, -nı Mango *f*
hintkumaşı, -nı 1. indischer Seidenmusselin 2. *fig.* was sehr teuer od. sehr selten ist
Hintli 1. Inder(-in *f*) *m* 2. indisch 3. ⚬ *astr.* Ind(ian)er *m* (Sternbild)
hintlotusu, -nu; hintnilüferi indischer Lotus *bot.* Nelumbo nucifera
hinto *va.* Wagen *m,* Kutsche *f* (größer als **koçu**)
hintocu *va.* 1. Wagenbauer, Stellmacher *m* 2. Kutscher *m*

hintsafranı, -nı s. **zerdeçöp** (1)
hintsarısı, -nı Indischgelb *n* (Malerfarbe)
hintyağı, -nı Rizinusöl *n* ~ **ağacı** Rizinusstaude *f bot.* Ricinus communis *keneotu
hiperasidite (*franz.* **hyperacidité**) *med.* Superazidität *f*, Übersäuerung *f* (des Magensaftes)
hiperbol, -lü 1. *math.* Hyperbel *f* *kat'ı zait 2. *fig.* Hyperbel, Übertreibung *f*
hiperbolik 1. *math.* von Hyperbelform *kat'ı zaidî 2. *fig.* übertreibend, übertrieben
hiperboloidal *math.* hyperboloidisch *mücessem kat'ı zaidî
hiperboloit, -di *math.* Hyperboloid *n* *mücessem kat'ı zait
hiperemi *med.* Hyperämie, Blutstauung *f*
hiperemesis [··×··] *med.* Hyperemesis *f*, übermäßig starkes Erbrechen
hiperestezi *med.* Hyperästhesie, Überempfindlichkeit *f*
hiperglisemi (*franz.* **hyperglycémie**) *med.* Hyperglykämie *f*, vermehrter Blutzuckergehalt
hipermetrop, -pu *med.* weit-, über-sichtig, hypermetropisch *yakın görmez
hipermetropi, hipermetropluk *med.* Über-, Weit-sichtigkeit, Hypermetropie *f* *yakın görmezlik
hipersansibilite *med.* Überempfindlichkeit *f*
hipersekresyon *med.* Super-, Hyper-sekretion *f*, vermehrte Absonderung
hipersonik (beträchtlich) über Schallgeschwindigkeit liegend
hipertansif *med.* hypertonisch, Hypertoniker *m*
hipertansiyon *med.* Hyper-tonie, -tension *f*, erhöhter Blutdruck *tansiyon fazlalığı, tansiyon yüksekliği
hipertiroidi(-zm) *med.* Hyperthyreose, Überfunktion *f* der Schilddrüse, Basedow'sche Krankheit
hipertoni(-k) s. **hipertansiyon; hipertansif**
hipertrikoz *med.* s. **aşırı kıllanma**
hipertrof *med.* 1. hypertroph 2. überernährt *üstünbeslenen
hipertrofi *med.* 1. Hypertrophie *f*, krankhafte Vergrößerung od. Erweiterung 2. Überernährung *f* *aşırıbesi, üstünbeslenme
hipertrofik s. **hipertrof**
hipnotik 1. hypnotisch 2. einschläfernd, Schlafmittel *n*
hipnotize hypnotisiert ~ **etmek** hypnotisieren
hipnotizm Hypnotismus *m* *tenvim
hipnotizma [··×·] *P mst. pej.* Hypnotismus *m*, Hypnotisieren *n*, Hypnose *f* ~ **uykusu** hypnotischer Schlaf ~ **yapmak** (b–ne) j–n hypnotisieren
hipnotizmacı; hipnotizör Hypnotiseur *m*
hipnoyit, -di *med.* hypnoid (Zustand)
hipnoz Hypnose *f* *nevmi sınaî
hipodermis [··×·] *biol.* Hypoderm *n*
hipodermoz s. **nokra**
hipodrom 1. (Pferde-)Rennbahn *f*, Hippodrom *n* 2. *abus.* Zirkus *m*
hipofiz (guddesi) *an.* Hypophyse *f*, Hirnanhang *m*, Glandula pituitaria *sümüksü bez
hipofonksiyon *med.* Unterfunktion *f* (z.B. e–r Drüse)
hipoglisemi (*franz.* **hypoglycémie**) *med.* Hypoglykämie *f*, abnorm geringer Blutzuckergehalt
hipokondri Hypochondrie, Schwermut *f*, Trübsinn *m*
hipokondriyak schwermütig, trübsinnig, Hypochonder, Griesgram *m*
Hipokrat, -tı *n.pr.* Hippokrates (griech. Arzt)
hipoman (*franz.* **hippomane**) 1. Pferde-liebhaber, *pej.* -narr *m* 2. *vet.* weißer Fluß (der Stute)
hipomani (I) 1. Pferdeliebhaberei *f* 2. *vet.* Koller *m* (der Pferde)
hipomani (II) *psych.* Hypomanie *f*
hipopotam s. **suaygırı**
hiposantr (*franz.* **hypocentre**) s. **içmerkez** (1)
hiposikloit, -di *techn.* Hypozykloide *f*
hipostaz Hypostase, Erscheinungsform *f*, Wesen *n* *uknum
hipotansiyon *med.* Hypotonie, Hypotension *f*, Blutdruckerniedrigung *f*, (zu) geringer Blutdruck *tansiyon düşüklüğü
hipotek (Sicherungs-)Hypothek *f*, hypothekarische Belastung *naut. a.* Bodmerei(-geld *n*) *f* ~ **etmek** hypothekarisch belasten, e–e Hypothek auf et. aufnehmen ~ **karşılığı avans** Hypothekenkredit *m*
hipotekli hypothekarisch belastet, Hypotheken- ~ **alacaklı** Hypothekar, Hypothekengläubiger *m* ~ **borç senedi** Pfand-, Schuld-brief *m*, Briefhypothek *f* ~ **borçlu** Hypothekenschuldner *m*
hipoteksiz hypothekenfrei, ohne hypothekarische Belastung
hipotenar (*franz.* **hypothénar**) **(kabartısı)** Ellenrand *m* (auf der Kleinfingerseite) *içayabudu
hipotenüs s. **yatıkkenar**
hipotermi *med.* Hypothermie, Unterkühlung *f* (des Körpers)
hipotetik hypothetisch, (nur) angenommen *farazî, varsayılan
hipotez 1. Hypothese, Annahme, Vermutung *f* 2. *math.* Annahme, Voraussetzung *f* *(1, 2) faraziye, (2) farzetme, varsayma
hipotiroidi(-zm) *med.* Hypothyreose *f*, Unterfunktion *f* der Schilddrüse
hipotoni s. **hipotansiyon**
hipotonik *med.* hypotonisch; Hypotoniker *m*
hipotrof *med.* 1. unterentwickelt 2. unterernährt *düşük beslenen
hipotrofi *med.* 1. Unterentwicklung *f* 2. Unterernährung *f* *düşük beslenme
hippi Hippie *m*
hippilik Hippietum *n*
hiras [ā] *va.* Furcht *f*, Schrecken *m*
hire *va.* getrübt, gestört; s.a. **süt -si**
hiref; hirfet s. **hıref; hırfet**
hirsütizm *med.* s. **aşırı kıllanma**
his, -ssi 1. Gefühl *n*, Empfindung *f* 2. Sinnesempfindung *f* *duyma, tahassüs 3. Sinn *m* 4. Merken, Ahnen *n* **-lerine kapılmak** sich von seinen Gefühlen hinreißen lassen **-i iptal etmek** *med.* anästhesieren, narkotisieren
hisa [×·] *naut.* 1. Hißt auf! Heiß! (Klüver, Pfortluke usw.) Auf! 2. s. **yisa;** ~ **etmek** hoch-ziehen, -winden, (auf-) hissen, heißen, anholen, aufgeien, auftaljen ~ **kürek** Riemen hoch! ~ **kürek etmek** die Riemen pieken (zum Gruß hochheben) ~ **punya etmek** das Großsegel aufgeien ~ **sancak etmek** *naut.* die Flagge hissen
hisar [ā] 1. Burg(-festung), Zitadelle *f* 2. *(türk. Mus.)* der Ton **dis** 3. *mus.* e–e Weise in der **dügâh-**Tonart 4. ⚓ türk. Zigarettenmarke ~ **peçe** *fr.* Außenwerk *n* (e–r Festung)
hisarlı 1. mit **hisar** 2. Bewohner von **hisar**
hisbaniye [ā] s. **septisizm, şüphecilik**
hisli 1. einfühlend, verständnisvoll (z.B. Klavierbegleiter) 2. gefühls-begabt, -reich
hisse 1. (An-)Teil *m*, Quote *f* 2. **(senedi)** Aktie *f*, Anteilschein *m* 3. (*a.* **hıssa**) Lehre, Moral *f* ~ **çıkarmak** (k–ne) für sich et. herausschlagen ~ **kapmak** e–e Lehre ziehen ~ **sahibi** Aktionär, Anteilseigner *m* ~ **senedi piyasası** Aktienbörse *f* **-ye iştirak** (Mitglieds-)Beitrag *m* **-i menfaat** *z. va.* Dividendenschein *m*
hissedar [ā] beteiligt (an); Teilhaber *m*, Beteiligter *spez.* Aktionär, Anteilseigner *m* **-lar sermayesi** Aktienkapital *n*

hissedaran [··−−] *va. Pl.* zu **hissedar;** ~ **meclisi** *z. va.* Aktionärsversammlung *f*
hissedarlık [ā] Rechte *pl.* od. Stellung *f* e−s Aktionärs, Teilhaberschaft *f*
hissedilir [×··] merklich, fühlbar
hisseişayia [···−··] *jur.* Anteilrecht, Miteigentum *n* *yaygın pay
hisseişayialı [···−···] woran mehrere Personen Anteilrecht besitzen, was mehreren gemeinsam gehört
hisseleşmek 1. sich mit j−m in et. teilen 2. zu gleichen Anteilen entfallen (auf)
hisseli 1. s. **hisseişayialı** 2. ~ **kıssa** woraus man e−e Lehre ziehen kann (z.B. Vorfall)
hissement, -di (bşden) *z. va.* 1. Anteil habend od. bekommend (an) 2. sich et. zu Herzen nehmend; e−e Lehre ziehend (aus)
hissen [×·] *Adv.* (rein) gefühlsmäßig, der gefühlsmäßigen Überzeugung nach, seelisch
hisset, -ti 1. Geiz *m,* Knauserigkeit, Knickerigkeit *f* *cimrilik, pintilik 2. *z. va.* Gewöhnlichkeit, Niedrigkeit, Gemeinheit *f*
hissetmek [×··] 1. fühlen, empfinden, mit den Sinnen wahrnehmen *duymak 2. merken, ahnen *sezmek
hissî 1. die Sinnesorgane betreffend, sensoriell 2. gefühlsmäßig, Gefühls-, Empfindungs- 3. gefühlvoll, sentimental ~ **kanaat** gefühlsmäßige Überzeugung **azayı hissiye** s. **duygu organları**
hissikablelvuku, -uu [·····−] Vorahnung *f* *önsezi
hissiselim [···−] s. **akılselim, sağduyu**
hissiyat, -tı [ā] *Pl.* 1. Gefühle, Ahnungen *pl.* 2. Stimmung *f,* seelische Haltung 3. Anteilnahme *f,* Mitgefühl *n* **-a dokunmak** verletzen, kränken, beleidigen **-a kapılmak** s. **hislerine kapılmak**
hissiyet, -ti Gefühl *n* **-i adaliye** s. **kasıl duyumlar**
hissolunacak (*od.* **hissolunur**) **derecede** merklich, fühlbar
hissiz gefühllos
hissizlik Gefühllosigkeit *f*
histamin *med.* Histamin, Gewebehormon *n*
histerezis [·×··] *phys.* Hysterese, Hysteresis *f*
histeri *med.* Hysterie *f*
histerik *med.* hysterisch
histerili Hysteriker(-in *f*) *m*
histerimsi hysterieähnlich
histoliz *med.* Histolyse *f,* Gewebezerfall *m*
histoloji(-k) s. **dokubilim(-sel)**
historya [·×·] *selt.* Geschichte *f* *tarih **Türk** ~ **tezi** türkische Geschichtsthese
histuvar *selt.* Geschichte *f* *tarih **prehistuvar ve** ~ **çağlarında** in prähistorischer und historischer Zeit
hiş *Int.* he! heda! holla! du! hör mal! *bana bak; hey; sana söylüyorum ≗ **buraya gel!** He du! Komm doch mal her! ~ **piş demek** j−m et. zurufen; von j−m et. wollen
hişt, -ti 1. s. **hiş** 2. s. **hışt.** ≗ **oradan çekil!** He du! Schau, daß du weiterkommst!
hitabe [ā] Ansprache *f* *söylev **bir** ~ **irat etmek** e−e Ansprache halten (*Anm.* Die in gleicher Bed. verwendete Füg. **bir -de bulunmak** wird von türk. Puristen als inkorrekt getadelt.)
hitaben [ā] 1. sich wendend (an); anredend 2. gerichtet (an) Zu 1: **halka** ~ **bir beyanname neşrederek** in e−r an das Volk gerichteten Erklärung Zu 2: **Ona** ~ **bir mektup yazdı.** Er richtete e−n Brief an ihn.
hitabet, -ti [ā] 1. Rhetorik, Redekunst *f* 2. Predigen *n* 3. Amt *n* e−s Predigers 4. Deklamation *f* ~ **etmek** das Predigeramt ausüben
hitam [ā] Ende *n,* Schluß *m* *son ~ **bulmak** enden, ablaufen (Abkommen, Frist usw.) ~ **vermek** (m. Dat.) beenden, abschließen **-a ermek** zu Ende gehen
hitan [ā] *z. va.* Beschneidung *f* *sünnet ~ **ameliyesi** Vornahme (Durchführung) *f* der Beschneidung ~ **etmek** beschneiden ~ **düğünü** (*od.* **cemiyeti**) Beschneidungsfest *n*
hitap, -bı [ā] Ansprache, Anrede *f* ~ **etmek** (b−ne) 1. j−n anreden, ansprechen, das Wort richten (an) 2. gerichtet sein, sich wenden **-ta bulunmak** e−e Ansprache halten **kabili** ~ **bir adam** *z. va.* ein Mensch, mit dem sich reden läßt
Hitit, -ti 1. Hettiter(-in *f*) *m* 2. hettitisch
Hititçe *ling.* Hettitisch(-e) *n*
hititolog Hettitolog-e *m,* -in *f*
hititoloji Hettitologie *f*
hititolojik hettitologisch
Hitlerci *hist.* 1. Hitleranhänger(-in *f*) *m,* Nationalsozialist (-in *f*) *m* 2. nationalsozialistisch, Hitler-
Hitlercilik *hist.* Hitler-regime *n,* -regierung *f,* -tum *n;* nationalsozialistische Lehre (Bewegung, Regierung)
Hitlerizm s. **Hitlercilik**
Hive [ī] *n.pr.* Chiwa (im heutigen Usbekistan)
hiyanet, -ti s. **hıyanet, -ti**
hiyar s. **hıyar** (II)
hiyasa yalesa [·×··×·] s. **heyamola** und **helesa**
hiyerarşi Hierarchie, Rangordnung *f* *koram, silsilei meratip
hiyerarşik hierarchisch
hiyeratik yazı hieratische Schrift (in Altägypten)
hiyeroglif Hieroglyphe(-n *pl.*) *f*
hiyeroglifik 1. hieroglyphisch 2. *fig.* unverständlich
hiza [ā] ausgerichtete, gerade Linie; Reihe *f* **-dan çıkmak** keinen Benimm haben; aus der Reihe tanzen **-sına kadar** (bşin) bis zu gleicher Höhe (mit); bis zu (z.B. bis zur Schulter reichen) **-sını almak** sich ausrichten (nach) ²**ya gel!** *mil.* Richt't euch! **-ya gelmek** sich ausrichten; sich ordentlich benehmen **-ya getirmek** 1. in e−e gerade Linie bringen; ausrichten *çırpıya getirmek 2. (b−le) auf die gleiche Stufe stellen (mit) 3. *F* auf Vordermann bringen
Hizan *n.pr.* O. u. D. im Rbz. Bitlis
hizbî cliquen-mäßig, -artig
hizip, -zbi 1. von e−m Ganzen abgetrennter Teil 2. jeder der 30 bzw. 60 Teile des Korans (*spez.* als Rezitationsübung) 3. *pol.* kleinere Sondergruppe (z.B. in e−r Partei); *pej.* Clique *f,* Klüngel *m* ~ **gülü** rosenähnliches Ornament als Trennungszeichen der einzelnen **hizip** (2) *spez.* in e−m handschriftlichen Koran
hizipçi *pol.* wer von der Parteilinie abweicht
hizipçilik *pol.* Gruppenbildung *f* (in e−r Partei)
hizipleşmek *pol.* sich spalten (Partei)
hizmet, -ti 1. Dienst *m* 2. Dienlich-keit *f,* -sein *n* 3. Bedienung, Pflege, Fürsorge *f* 4. Stellung *f,* Amt *n* 5. Verdienst *n* Zu 2: s. **maksada** ~ Zu 3: **Bahçe çok** ~ **ister.** Ein Garten braucht viel Pflege. ~ **akdi** Dienstvertrag *m* ~ **amiri** *mil.* Dienstvorgesetzter ~ **ceketi** *mil.* Feldbluse *f* ~ **cüzdanı** Dienstbuch *n* (z.B. bei Hausangestellten) ~ **damgalı pasaport** Dienstpaß *m* (für Beamte und Offiziere unterhalb der dritten Gehaltsklasse) ~ **erbabı** Beamte und Angestellte *pl.* ~ **eri** *mil.* Bursche *m,* Ordonnanz *f* *emirber ~ **etmek** 1. (b−ne) j−m dienen, j−n bedienen, j−m e−n Dienst erweisen, j−m helfen 2. (bşe) helfen, dienlich (geeignet) sein, beitragen (zu) ≗ **etmesini öğrenmeyen, efendilik edemez.** *Spr.* Wer befehlen will, muß erst gehorchen lernen. *Spr.* ~ **görmek** e−n Dienst versehen, dienen ~ **kıtası** *mil.* Wirtschaftstruppe *f* ~ **kusuru** *jur.* Amtspflichtverletzung *f,* Dienstvergehen *n* ~ **merdiveni** Hintertreppe *f,* Dienstbotenaufgang *m* ~ **neferi** s. ~ **eri;** ~ **pasaportu** Dienstpaß *m* ~ **şahadetnamesi (belgesi, vesikası)** Dienst-, Führungs-zeugnis *n* *hüsnühizmet vesikası, bonservis ~ **yapmak** Dienste (od. e−n

Dienst) leisten ~ **zammı** Dienstzulage *f* **-e almak** j–n einstellen, in Dienst nehmen **-e elverişli (olmayan)** *mil.* (un-)tauglich **-e elverişlilik** *mil.* (Dienst-)Tauglichkeit *f* **-e girmek** in Dienst gestellt werden (z.B. Schiff); verwendet werden; in Betrieb genommen werden (z.B. Fabrikanlage) **-e gönderilmek** dienstlich abgeordnet werden **-e koymak** (*od.* **sokmak**) 1. in Dienst stellen 2. betriebsfertig machen (z.B. Fabrik) 3. dem Verkehr übergeben (z.B. neue Straße) **-e mahsus** nur zum Dienstgebrauch **-inde bulunmak** (b–nin) in j–s Diensten stehen **-inde kullanmak** beschäftigen, in seinen Diensten haben **-inden çıkarılmak** aus seiner Stellung (seinem Amt) entlassen werden **-ine bakmak** (bşin) Dienst versehen (in), Aufsichtsdienst führen (in) **-ine girmek** (b–nin) in j–s Dienste treten **-ini görmek** dienen, verwendet werden (als) **-leri dokunmak** (b–ne) sich verdient machen (um) (**Maarifçi ve yazar olarak memlekete büyük -leri dokunmuş olan ...** der sich als Unterrichtsfachmann und als Schriftsteller große Verdienste um das Land erworben hat) **-i askeriye** *va.* Militärdienst *m* **-i seferiye** *va.* Kriegs-, Feld-, Front-dienst *m*

hizmetçi Diener(-in *f*) *m,* Bedienstete *m, f,* Hausangestellte *f,* Dienstmädchen *n,* Magd *f* ~ **baldırı** *V* dickgestopfte Zigarette ~ **buhranı** Dienstbotenmangel *m,* Mangel *m* an Hausangestellten ~ **kadın** Aufwartefrau *f* ~ **kız** Dienstmädchen *n,* Hausangestellte *f* ~ **odası** Zimmer *n* des Dienstmädchens ~ **tutmak** e–n Diener (*bzw.* ein Dienstmädchen) engagieren (einstellen) ~ **yokluğu** s. ~ **buhranı**

hizmetçilik Stellung *f,* Aufgaben *pl.* e–s Dieners od. Dienstmädchens ~ **etmek** als Diener (Dienstmädchen) tätig sein

hizmetkâr *mst. fig.* Diener (z.B. e–r Idee), Mitarbeiter *m* (an e–m Werk)

hizmetkârlık *mst. fig.* Dienen *n,* Mitarbeiterschaft *f*

hizmetli angestellt, beschäftigt; Angestellte *m, f* *müstahdem

H.M. *selt.* Titul. des engl. Königs *bzw.* der engl. Königin (His *bzw.* Her Majesty) Seine (*bzw.* Ihre) Majestät *S.M. (= Sa Majeste)

hobi (I) (Zuruf an e–n Hund) Fang!

hobi (II) Steckenpferd, Hobby *n,* Liebhaberei *f*

hoca [×·] 1. *fr.* an e–r Medrese ausgebildeter Geistlicher, Gelehrter 2. Lehrer *m* 3. *Sch.* Anrede der Schüler untereinander 4. Gesundbeter *m pej.* *üfürükçü ~ **boynuzu** 1. s. **kuzgunayağı** (1) 2. echter Krähenfuß *bot.* Coronopus Ruellii ~ **hanım** (*od.* **kadın**) Gesundbeterin *f* ~ **nikâhı** s. **dinî nikâh**

hocalık 1. Rang *m,* Stellung, Tätigkeit *f* e–s Geistlichen 2. Lehr-tätigkeit *f,* -beruf *m* ~ **etmek** 1. den Beruf e–s Geistlichen ausüben 2. den Lehrberuf ausüben 3. *mst. iron.* j–m weise Lehren erteilen

Hoço s. **İdikut** (2)

hod *va.* s. **kendi**

hodan Borretsch *m,* Gurkenkraut *n bot.* Borrago officinalis *sığırdili, buranca otu

hodangiller Borretschgewächse *pl. bot.* Borraginaceae *sığırdiligiller

hodbehot [×··] eigenmächtig, willkürlich, auf eigene Faust

hodbin [ī] 1. egoistisch, selbstsüchtig *bencil, hodkâm 2. arrogant, hochmütig, dünkelhaft

hodbini [·––] *va.;* **hodbinlik** [·–·] 1. Egoismus *m,* Selbstsucht *f* 2. Arroganz *f,* Hochmut, Dünkel *m*

hodform *z. va.* (*franz.* **chapeau haut de forme**) Zylinder (-hut) *m*

hodiri s. **hodri**

hodkâm(-lık) s. **hodbin(-lik)**

hodperest, -ti 1. eingebildet, anmaßend, selbstgefällig 2. egozentrisch; Egozentriker *m*

hodperestlik 1. Einbildung, Anmaßung, Selbstgefälligkeit *f* 2. Egozentrik *f*

hodpesent(-lik) s. **hodperest(-lik)**

hodrey; hodri [×·] 1. *urspr.* eigensinnig, unberechenbar, despotisch 2. (heute nur in der Füg.:) ≗ **meydan!** (Herausforderung) Nun versuch's doch! Wer Mut hat, soll vortreten!

hohlamak (an-)hauchen **Aynayı hohlayarak siliyor.** Er haucht den Spiegel an und putzt ihn.

hohlanmak 1. Pass. zu **hohlamak** 2. beschlagen *(intr.)* (z.B. Spiegel)

hohoybe [·×·] *V* blödsinnig, idiotisch; Blödian, Idiot *m*

hohşule (Ingenieursprache) (deutsche) Technische Hochschule

hoker *(Archäologie)* Hocker-stellung *f,* -grab *n*

hokey Hockey(-spiel) *n* ~ **sopası** Hockey-stock, -schläger *m*

hokeyci Hockeyspieler(-in *f*) *m*

hokiz *Zig.* krank ~ **barosu** *Zig.* Arzt *m*

hokka kleiner Behälter (Becher, Napf usw.) aus Email, Leder, Metall, Glas, Ton usw. Vgl. **hokkabaz; mürekkep (şeker, tükürük) -sı;** ~ **ağızlı** mit niedlichem Mündchen ~ **gibi** niedlich, klein (Mund) ~ **gibi oturmak** gut sitzen (Kleid, Anzug) ~ **takımı** *fr.* Schreibgarnitur *f* **-nın altına gitmek** s. **okkanın altına gitmek**

hokkabaz 1. Taschenspieler, Zauberkünstler, Gaukler *m* 2. *fig.* Gauner, Schwindler, Betrüger *m* ~ **hokkası** Becher *m* des Taschenspielers

hokkabazlık 1. Taschenspielerei *f* 2. Vorspiegelung, Gaukelei *f* 3. Gaunerei *f,* Betrug, Schwindel *m*

hol, -lü 1. Diele *f,* Vorraum, Eingangsraum *m* (e–s Hauses) 2. (Bahnhof-, Hotel-, Vor-)Halle *f,* Vestibül *n,* Schalterraum *m* (z.B. e–r Bank)

hola [×·] 1. holla! hallo! 2. halt! still! ruhig!

holding şirket(-i) *H* Holding-, Dach-gesellschaft *f*

Holivut, -du *n.pr.* Hollywood

Hollanda [·×·] *n.pr.* Holland; die Niederlande *Felemenk ~ **güvercini** Kropftaube *f* ~ **Hindistanı** *fr.* Niederländisch-Indien ~ **kavağı** s. **akçakavak**

Hollandaca [·×··] *selt.* s. **Felemenkçe**

Hollandalı [·×··] 1. Holländer(-in *f*) *m* 2. aus Holland stammend; holländisch *(1, 2) Felemenkli

holmiyum [×··] *chem.* Holmium *n*

holokrin *biol.* holokrin (Drüse)

holometaboli; holometabollar s. **tümbaşkalaşma; tümbaşkalaşanlar**

holosen *geol.* 1. Holozän, Alluvium *n* *yeni dördüncü zaman 2. alluvial

holotüritler s. **denizhıyarları**

homeopat, -tı homöopathisch; Homöopath *m*

homeopati *med.* Homöopathie *f* *tedavi bilayn

Homer; Homiros *n.pr.* Homer

Homerik homerisch

homofon s. **induction**

homogen; homojen gleichartig *mütecanis

homojen(e)ite; homojenlik Homogenität, Gleichartigkeit *f*

homokromi *bot.* Gleichfarbigkeit *f* (aller Blüten e–s Blütenkorbes) *renkteşlik

homolog 1. *math.* homolog, gleichliegend, entsprechend *müteşabihen mevzu 2. *chem.* homolog *müşabih

homologi; homoloji *math., chem.* Homologie *f* *müşabehet, teşabüh

homongoloz Homunkulus *m* (künstlich erzeugter Mensch)

homoseksüalite Homosexualität *f,* gleichgeschlechtliche Liebe

homoseksüel homosexuell

homoseksüellik s. **homoseksüalite**

homoteti *math.* Homothetie *f* *mümaselet

homotetik *math.* homothetisch *mümasil

homur homur vor sich hinbrumme(l)nd, knurrend, maulend, brummig

homurda(n)mak vor sich hinbrumme(l)n, knurren, maulen

homurtu 1. Vorsichhinbrumme(l)n, Knurren, Maulen *n* 2. Brummen *n* (des Bären) 3. Summen, Singen *n* (e–s Motors)

hona *selt.* Hirsch *m* *erkek geyik

honorer *selt.* Honorar *n*

hop, -pu 1. (Lm. des plötzlichen Aufspringens, Hüpfens od. Schlagens) hupf! hops! wupp! mit e–m Satz 2. los! spring! Zu 1: **Yüreğim ~ diye ağzıma geldi.** Das Herz schlug mir (plötzlich) bis zum Hals. **~ be ~** ohne weiteres; einfach so **~ etmek** 1. plötzlich hüpfen, mit e–m Satz springen 2. aufgeregt zu schlagen beginnen (Herz) **~ ~** hopphopp! hoppe hoppe, Reiter! **~ kalkıp ~ oturmak** dauernd aufspringen und sich wieder hinsetzen (vor Unruhe, Freude usw.) **~ oturtup ~ kaldırmak** die Leute umhersprengen **~ sıçramak** herumhüpfen (wie ein Kind) **~ yutmak** in e–m Satz hinunterschlingen

Hopa *n.pr.* O. u. D. im Rbz. Artvin

hopadan [×··] sofort, sogleich

hopadak [×··] mit e–m Satz (z. B. aufspringen)

hoparlör Lautsprecher *m* **-ü kısmak** den Lautsprecher leiser stellen

hoparlörlü mit Lautsprecher(-anlage)

hoplamak 1. in die Höhe springen, hüpfen; empor-fahren, -springen, -schnellen 2. heftig pochen, aufgeregt schlagen (Herz) Zu 1: **Çocuk hoplaya hoplaya geldi.** Der Junge kam angehüpft. **Otobüsle hoplaya hoplaya şehre döndük.** Mit dem Autobus ratterten wir in die Stadt zurück.

hoplatmak Kaus. zu **hoplamak** *a.:* ein Kind unter den Schultern packen und auf den Knien reiten lassen

hoppa 1. leicht-sinnig, -fertig, unbesonnen, unbedacht 2. ≗ s. **Çelebi** (7); **~ müzik** s. **hafif müzik**

hoppala [×··] *Int.* 1. (beim Reitenlassen auf den Knien) hopphopp 2. (anerkennend beim Springen von Kindern) So! Hoppla! 3. (als Ausdruck starker Verwunderung über et. Unerwartetes od. *iron.* über j–s Schnitzer) Oho! Nanu! Da schlag aber e–r lang hin! Hoppla! 4. *Kspz.* Bällchen *n* an elastischer Schnur **~ atlamak** emporfahren, aufspringen, e–n Satz machen **~ bebek** *spött.* (Bemerkung über e–n Erwachsenen, der sich kindsich benimmt; *etwa:*) Na, so ein verzogenes Kerlchen! **~ paşam** s. Stw. **dandini**

hoppalaşmak leicht-sinnig, -fertig werden

hoppalık Leichtsinn(-igkeit *f*) *m,* Unbesonnenheit, Leichtfertigkeit *f*

hopurdatmak vergröbertes **höpürdetmek**

hor (I) 1. schlecht, gering-, minder-wertig 2. verächtlich, verachtenswert, gemein Zu 2: **hiç bir disiplin tanımayan ham ve ~ kuvvet** die ungezügelte, brutale und verabscheuungswürdige Gewalt **~ bakmak** (*od.* **görmek**) geringschätzen, verachten **~ kullanmak** schlecht od. unachtsam mit et. umgehen, nicht ordentlich behandeln, übel zurichten **~ tutmak** verächtlich behandeln, nicht beachten **-a gelmez** keine unsanfte Behandlung vertragend

hor (II) **hor** Lm. des Schnarchens od. e–s lauten Plätscherns **~ ~ akmak** laut plätschernd dahinfließen **~ ~ horlamak** laut schnarchen, *F* ordentlich sägen

hora [×·] Tanz griech. Ursprungs, bei dem sich die Mitwirkenden an den Händen fassen und sich im Kreis bewegen **~ başı** Anführer *m* bei **hora; ~ tepmek** 1. die Hora tanzen 2. *fig.* geräuschvoll (mit den Füßen) stampfen **-da baş çekmek** die Hora anführen

horada s. **hurada**

horain *V* Heroin *n*

horan *allg.* Bez. für Rundtänze mit **kemençe-**Begleitung (Schwarzmeergebiet)

horanta [·×·] *P* die im gleichen Haus wohnenden näheren od. weiteren Familienangehörigen

Horas *n.pr.* 1. Horaz (röm. Dichter) 2. **Üç ~** (röm. Geschichte) die drei Horatier

Horasan [··–] 1. *n.pr.* Chorasan (Gebiet im östl. Iran) 2. ≗ (sehr haltbarer) Mörtel aus Kalk, Sand und Ziegelstaub 3. *n.pr.* O. u. D. im Rbz. Erzurum 4. Damaszenerstahl *m* (für Schwerter) **~ erenleri** *hist.* Derwische des Yeseviye-Ordens (die nach Anatolien kamen) **~ harcı** s. **horasan** (2)

Horasanî [··––] 1. *va.* Einwohner *m* von Chorasan 2. ≗ *fr.* Wulstturban *m* (dessen oberer Teil aus der Umhüllung **(sarık)** herausragte) 3. ≗ Wermut *m* aus Judäa *bot.* Artemisia judaica 4. ≗ heiliger Beifuß *bot.* Artemisia santonicum

Horasanlı s. **Horasanî** (1)

horata 1. Spaß *m,* Vergnügen, Scherzen *n* 2. lärmende Fröhlichkeit; Ausgelassenheit *f* **~ etmek** fröhlich lärmen

horatacı Spaßvogel *m*

horda räuberischer Nomadenstamm; Horde, Bande *f*

horhor 1. s. **hor hor** 2. laut rauschendes (plätscherndes) Wasser 3. ≗ Stadtgegend in Fatih (Istanbul)

horlamak (I) verächtlich behandeln

horlamak (II) schnarchen

horluk 1. Gering-, Minder-wertigkeit, Verächtlichkeit *f* 2. Verachtung *f,* verächtliche Behandlung

hormon *biol.* Hormon *n*

hormon(s)al hormonal, Hormon-

hornblent, -di *min.* Hornblende *f* *amfibol

horon s. **horan**

horoskop, -pu Horoskop *n* *zayiçe

horospina s. **horozbina**

horoz 1. *zo.* Hahn *m* 2. Hahn *m* (am Gewehr), Drücker, Abzug *m* 3. Falle *f* (am Türschloß) 4. Sperrklinke *f* (an Zahnrädern) **~ akıllı** 1. beschränkt, dumm 2. zerfahren, gedankenlos **~ döğüştürmek** Hahnenkämpfe veranstalten **~ döğüşü** Hahnenkampf *m* **≗ evlenir, tavuk tellenir.** *Spr.* ohne ersichtlichen Anlaß in j–s Freude einstimmen **~ fasulyesi** Name e–r spez. Bohnenart **~ gibi** zänkisch, streitsüchtig **~ imam iken** *(gel. Mf.)* als der Hahn Geistlicher war **~ kafalı** s. **~ akıllı. ≗ ölür, gözü çöplükte kalır.** *Spr.* Von dem, was man gern hat, trennt man sich nur schwer. **~ ötmeden** vor Tagesanbruch **≗ öttü, dava bitti.** *Spr.* Der Morgen graute, und der Streit war aus. **≗ ötüyor.** 1. Der Hahn kräht. 2. Der Morgen bricht an. 3. Er kommt in die Pubertät (Junge). **~ sıklet** *(Boxen)* Bantamgewicht *n* **~ şekeri** *fr.* Zuckerwerk in Form e–s an e–m Stöckchen befestigten Hahns **~ yürüyüşü** Hahnentritt *m* (fehlerhafte Gangart des Pferdes) **-dan kaçan** spröde, abweisend (Mädchen) **-dan kaçmak** Männern gegenüber sehr scheu sein (Mädchen) **-la** beim ersten Hahnenschrei; frühmorgens **-lar gagalamak** *fig.* nicht ganz auf dem Posten sein **≗u bile yumurtlar.** „Selbst sein Hahn legt Eier." *d. h.* Was er auch anfängt, gelingt ihm. **≗u çok olan köyün sabah geç olur.** *Spr.* Viele Köche verderben den Brei. *Spr.* **-u kaldırmak** den Hahn spannen (am Gewehr)

horozayağı, -nı 1. Auswerfer *m* (am Gewehr) 2. kriechender Hahnenfuß *bot.* Ranunculus repens

horozbina [··×·] Schleimfisch *m zo.* Blennius (ocellaris u. a. m.)

horozcuk 1. Hähnchen *n,* kleiner Hahn 2. breitblättrige Kresse *bot.* Lepidium latifolium 3. s. **yaban teresi**

horozgözü, -nü Sesel *m bot.* Seseli

horozibiği, -ni 1. Kamm *m* des Hahns 2. Brandschopf, Hahnenkamm *m bot.* Celosia cristata *akçe otu, gelin çiçeği 3. kleiner Hahnenkamm, kleiner Klappertopf *bot.* Alectorolophus crista-galli 4. Amarant, Fuchsschwanz *m bot.* Amaranthus caudatus *solmaz çiçek

horozibiğigiller Amarantgewächse *pl. bot.* Amaranthaceae *lâzebeliye

horozkarası, -nı Name e–r bes. in Gaziantep und Kilis angebauten Traubensorte

horozlanmak 1. sich brüsten, sich spreizen, *F* sich aufplustern 2. sich drohend vor j–n hinstellen, sich vor j–m aufpflanzen

horozlu *F* franz. 20-Francs-Goldmünze *f*

horozmantarı, -nı echter Pfifferling *m;* Eierschwamm *m bot.* Cantharellus cibarius

horozoğlu, -nu *V* verrückter Kerl, rechter Tunichtgut ~ **işi** Schund *m,* Pfuscharbeit *f*

horoztarağı, -nı s. **horozibiği**

horozyumurtası, -nı kleines Ei e–s jungen Huhns

horst, -tu *geol.* Horst *m*

hort, -tu Schnarchen, Grunzen *n* ~ ~ **etmek** in e–m fort schnarchen od. grunzen

Hortans *n.pr.* Hortense (*spez.* Mutter Napoleons III.)

hortansya s. **ortanca** (II)

hortikültür Gartenbau *m* *bahçecilik

hortlak 1. Grabgespenst *n,* ruheloser Geist 2. Alpdruck, Vampir *m*

hortlamak 1. im Grab keine Ruhe finden können; als Grabgespenst umherwandern müssen 2. wieder aufs Tapet kommen (lästige Angelegenheit) 3. *V* wütend werden

hortlatmak 1. im Grab keine Ruhe finden lassen 2. *fig.* et. Veraltetes, Überholtes wieder hervorholen 3. *V* wütend machen

hortum 1. Rüssel *m* (e–s Elefanten, Käfers usw.) 2. (Wasser-)Schlauch *m* 3. *phys.* Absorptionspipette *f* *emmeç 4. *met.* Trombe *f:* a) Staub- od. Sand-wirbel *m* b) Wind-, Sand-, Wasser-hose, Wettersäule *f* ~ **gibi** riesenlang (Nase) ~ **kayası** Paganellgrundel *f zo.* Gobius paganellus ~ **rakoru** Schlauch-verbindung, -verschraubung *f* ~ **sıkmak** den Schlauch bedienen, Wasser spritzen (Feuerwehr)

hortumağızlıgiller Pfeifenfische *pl. zo.* Fistulariidae

hortumiye s. **hortumlular**

hortumlu mit **hortum** *spez.* Rüssel-, Schlauch- ~ **böcekler** Schnabelkerfe *pl. zo.* Rhynchota ~ **filtre** Schlauchfilter *m, n* ~ **fok** See-Elefant *m zo.* Macrorhinus ~ **kınkanatlılar** Rüsselkäfer *pl. zo.* Curculionidae ~ **memeliler** s. **hortumlular**

hortumlular Rüsseltiere *pl. zo.* Proboscidea *hortumiye

hortuvar (*franz.* **heurtoir**) Prellbock *m* (auf Bahngeleis)

hortzort, -tu grober, barscher Ton; Kommando-, Unteroffiziers-ton *m,* Anschnauzen *n* ~ **etmek** (b–ne) in grobem Ton zu j–m sprechen, j–n anschnauzen

horul horul 1. laut schnarchend 2. gluckernd (Wasser) 3. ratternd, dröhnend

horuldamak 1. schnarchen *horlamak 2. gluckern (Wasser) 3. rattern, dröhnen (Maschinen)

horultu 1. Schnarchen *n* 2. Gluckern *n* (Wasser) 3. Rattern, Dröhnen *n*

horyat s. **hoyrat**

Horzumlu yolu *math.* Algorithmus *m* *algoritma, harzemiye

hostel *(engl.)* einfaches Gasthaus; Herberge *f;* s.a. **yol -i**

hostes (*engl.* **hostess**) 1. Stewardeß *f* 2. Empfangsdame *f*

hosteslik Beruf *m,* Aufgaben *pl.* e–r Stewardeß *bzw.* e–r Empfangsdame

hoş 1. angenehm, zufriedenstellend, erfreulich, gut 2. hübsch, nett, lieblich, anmutig, schön 3. bequem 4. zufrieden, glücklich 5. *iron.* komisch, sonderbar, eigenartig 6. aber, jedoch, indessen, gleichwohl, nun, immerhin 7. ja doch, ja sowieso, ohnedies Zu 6: ≗, **gelmese de olur!** Es geht aber auch ohne ihn. Zu 7: ≗, **ikisi de aynı kapıya çıkar.** Es läuft ja doch beides auf das gleiche hinaus. ≗ **bulduk** *form.* Antwort auf den Gruß **Hoş geldin(-iz)** *Sefa bulduk ~ **etmek** (b–nin **gönlünü** *od.* **hatırını**) zufriedenstellen, erfreuen, befriedigen ~ **geçinmek** 1. bequem leben 2. sich gut vertragen, gut miteinander auskommen ~ **geçirmek** angenehm verbringen; genießen ≗ **geldik beş gittik.** Wir sind gerne gekommen und scheiden zufrieden. ≗ **geldin Mehmet efendi!** *F* (spöttische Erwiderung auf banales Geschwätz) Ach nee, was du nicht sagst! ≗ **geldin(-iz)** (*gel. m. dem Zusatz* **kadem getirdin (-iz)** *form.* Begrüßung e–s Ankommenden: Herzlich willkommen! Ich freue mich, dich (Sie) zu sehen *Sefa geldin(-iz) ~ **gelmek** gefallen, angenehm sein ~ **görmek** s. **hoşgörmek;** ~ **imdi** *va.* 1. Gut so! 2. Also überleg dir's gut! 3. s. **hoşuntu;** ~ **olmak** s.a. **başı** ~ **olmamak** und **bir** ~ **olmak;** ~ **tutmak** gut behandeln **-a gitmek; -una gitmek** (b–nin) Gefallen finden (an), lieben gern haben, mögen; gefallen *beğenmek

hoşa *va.* wie schön! wunderbar!

hoşaf (< *pers.* **hoş-ab**) Kaltschale *f* (aus Dörrobst od. frischem Obst wie Pflaumen, Sauerkirschen usw. mit Zukker und reichlich Wasser) ~ **gibi** todmüde, ganz erschöpft **-ın yağı kesilmek** (b–de) ganz verblüfft (verdutzt, verdattert) sein, keine Erwiderung finden können, vollkommen aus dem Konzept geraten **-ına gitmek** *hum.* Verdrehung von **hoş(un)a gitmek; -ına tuz katmak** j–m et. verleiden

hoşaflık 1. für die Zubereitung von **hoşaf** (*q.v.*) geeignet 2. Müdigkeit, Erschöpfung *f*

hoşamedi [·–·–] Bewillkommnung *f,* Willkommensgruß *m* **-ye gitmek** e–n Neuzugezogenen in seiner Wohnung begrüßen und willkommen heißen; s.a. **beyanı** ~ **etmek**

hoşbeş 1. erste Begrüßungsworte, Honneurs *pl.* 2. Unterhaltung, Plauderei *f* ~ **etmek** 1. die Honneurs machen 2. sich unterhalten; plaudern **-i olmamak** keine freundschaftlichen Beziehungen unterhalten (zu j–m)

hoşbilezik s. **altınyüzük**

hoşbu [ū] *va.* lieblich duftend

hoşça recht angenehm, sehr nett ≗ **kalın** (Gruß e–s Sich-Verabschiedenden) Bleibt gesund! Möge es euch weiter gut ergehen! Alles Gute! Weiter viel Vergnügen! Auf Wiedersehen! Auf Wiederhören!

hoşgörmek 1. stillschweigend über et. hinwegsehen, sich et. gefallen lassen, ein Auge zudrücken, nachsichtig sein, dulden 2. entschuldigen, vergeben, verzeihen

hoşgörmez unnachsichtig, unduldsam, intolerant

hoşgörmezlik Intoleranz, Unduldsamkeit *f*

hoşgörü Duldsamkeit, Nachsicht, Toleranz *f* *müsamaha, tesamuh **-de bulunmak** Nachsicht üben, ein Auge zudrücken

hoşgörücü; hoşgörülü nachsichtig, tolerant *müsamahakâr

hoşgörücülük; hoşgörürlük s. **hoşgörü**

hoşgörüsüz(-lük) s. **hoşgörmez(-lik)**

hoşhal, -li *z. va.* in behaglichen Verhältnissen lebend

hoşhallik *va.* Wohlstand *m,* Behaglichkeit *f*

hoşhoş *Ki.* Wauwau *m* (Hund)

hoşlamak (b–ni) sich liebenswürdig erweisen (gegen)

hoşlandırmak Gefallen finden lassen, erfreuen, zufriedenstellen

hoşlanmak (m. Abl.) Gefallen finden (an), lieben, gernhaben, mögen; gefallen

hoşlaşmak 1. angenehm (erfreulich, nett) werden, sich verschönern, sich verbessern 2. aneinander Gefallen finden, einander liebgewinnen 3. *iron.* eigenartig (sonderbar, verstört, aufgebracht) werden 4. *iron.* sauer werden (Essen) 5. *z. va.* sich voneinander verabschieden

hoşluk, -uğu 1. Annehmlichkeit, Erfreulichkeit *f* 2. Lieblichkeit, Schönheit, Anmut *f* 3. Bequemlichkeit *f* 4. Zufriedenheit *f*, Glück *n* 5. Seltsamkeit, Eigenartigkeit *f*, Komisches, Befremdliches Zu 5: **Halinde bir ~ var.** Er ist anders als sonst. **Bir -um var.** Ich bin nicht ganz auf dem Damm.

hoşmerim s. **höşmerim**

hoşmeşrep, -bi von fröhlicher Gemütsart, immer heiter gestimmt

hoşneva [ā] *va.* 1. mit schöner Stimme 2. angenehm klingend

hoşnudi [·——] *va.* s. **hoşnutluk**

hoşnut, -du [ū] 1. zufriedengestellt, befriedigt, erfreut 2. (m. Abl.) zufrieden (mit) ~ **etmek** zufriedenstellen, erfreuen

hoşnutluk [·—·] Zufriedenheit, Befriedigung *f* ~ **getirmek** (*od.* **göstermek**) (m. Abl.) zufrieden sein (mit)

hoşnutsuz [·—·] unzufrieden, unbefriedigt

hoşnutsuzluk [·—··] Unzufriedenheit *f*, Unbefriedigtsein *n* ~ **getirmek** unzufrieden, unbefriedigt sein

hoşolmayan unangenehm *nahoş

hoşor *(arm.)* 1. *urspr.* groß und dick 2. *V* dralles Weibsbild 3. gewöhnlich, minderwertig

hoşsohbet, -ti angenehmer Plauderer, guter Gesellschafter

hoşt, -tu (Scheuchruf) scht!

hoşuntu! Komisch! Sonderbar! *iron.* So ist es recht! *(iron.)* Das ist ja reizend!

hoşur s. **hoşor**

hot, -tu *mus.* Hot *m*

hot- s. **hod-**

Hotantoca *ling.* Hottentotisch(-e) *n*

Hotantolar [·×·] *n.pr.* Hottentotten *pl.* (Südafrika)

hotoz 1. *va.* a) Jak *m zo.* Bos gruniens b) (*fr.* als Banner verwendeter) Schwanz *m* e—s Jak c) (als Schmuck dienendes) Büschel Jak-Haare 2. ältere, hauben- od. kappen-förmige Kopfbedeckung *spez.* für Frauen 3. Kamm *m*, Haube *f*, Schopf *m* (e—s Vogels) *sorguç 4. Abschlußverzierung *f* (an Gebäuden od. Möbelstücken)

hotozlu 1. e—e **hotoz** genannte Kopfbedeckung tragend 2. Hauben- (Vogel) 3. mit Abschlußverzierung (Gebäude od. Möbelstück)

hov *va.* Falknerei, Falkenjagd *f*

hovağası, -nı *hist.* Falkner, Falkenier *m*

hovarda 1. vergnügungssüchtig, wer das Geld mit vollen Händen zum Fenster hinauswirft 2. reicher Freund (Geliebter, Mäzen, Gönner) e—r Kokotte, Lebemann, Playboy *m*

hovardalanmak s. **hovardalık etmek**

hovardalık 1. Vergnügungs-, Verschwendungs-sucht, Ausschweifung *f* 2. Rolle *f* e—s reichen Liebhabers 3. Liebelei, Liebschaft *f* ~ **etmek** 1. das Geld zum Fenster hinauswerfen 2. ein liederliches Leben führen

hoverkraft (*engl.* **hovercraft**) s. **aeroglisör**

hovlamak *va.* den Falken (von der Hand) aufsteigen lassen

hoy goy goy canım (< **hayyulkayyum** od. nach anderer Erklärung < **hey kaygılı canım**) *fr.* Ruf der blinden Bettler od. ihrer Begleiter (in der Neujahrswoche) vgl. **goygoycu**

Hoybun Cemiyeti *n.pr.* separatistische Kurdenvereinigung (gegr. 1927)

Hoybuncu Anhänger *m* der Hoybun-Bewegung, kurdischer Separatist

hoyrat, -tı 1. linkisch, plump, ungeschickt, täppisch; Grobian *m* 2. Name e—r Volksliedart ~ **şakası** 1. derber Scherz 2. grober Unfug

hoyratlık Ungeschicklichkeit *f*, grobes, täppisches Benehmen; Tapsigkeit *f*

Hozat, -tı *n.pr.* O. u. D. im Rbz. Tunceli

höcre s. **hücre**

hödük dumm, blöde, ungeschliffen; Bauernlümmel *m*

hödüklük ungeschliffenes, bäurisches Benehmen

hökelek *dial.* 1. Aufgeblasenheit, Arroganz *f*, Hochmut *m* 2. Prahlhans, Aufschneider *m* *kabadayı

höl *dial.* s. **yaşlık, nem**

höllük (I) *reg.* saugfähige rote Erde, die angewärmt in Kinderwindeln eingelegt wird (zur Trockenhaltung)

höllük (II); **höllüm** *dial.* großgewachsen, aber et. dümmlich (Mensch)

höpürdetmek geräuschvoll trinken, schlürfen

hörgüç, -cü 1. rundliche Erhebung, kleiner Hügel; Erhöhung *f*, Auswuchs *m* 2. Kamelhöcker *m*

hörgüçlenmek *selt.* sich herauswölben, bucklig (höckerig) werden

hörgüçlü 1. mit rundlicher Erhebung od. Ausbuchtung 2. mit Höcker (Kamel)

hörgüçlük 1. Stoffdecke od. Verzierung *f* für e—n Kamelhöcker 2. Packsattel *m* auf e—m Kamelhöcker

höristik 1. heuristisch *bulgusal 2. Heuristik *f*

hörmet s. **hürmet**

höst! 1. (Scheuchruf für Pferde, die ausschlagen od. für Ochsen, die stehenbleiben sollen; etwa:) brr! 2. (grobe Zurechtweisung) oha!

höşmerim Mehlspeise *f* aus geröstetem Käse od. Rahm, gebräuntem Zucker und Mehl *peynir helvası

höt *Int.* he! ~ **demek** plötzlich auftauchen

höykürmek *fr.* in Gemeinschaft und mit lauter Stimme Gebete od. religiöse Formeln rezitieren (Derwische)

höyük Tumulus *m*, Hügelgrab *n*

HP = horsepower; beygirgücü PS

hu [—] 1. *va.* Er (= Gott) 2. *tr.* gegenseitige Begrüßung von Derwischen 3. he! heda! holla! hör mal! (Wie das deutsche „huh" od. „huhu" vorzugsweise Frauenzuruf) ~ **çekmek** *va.* den Namen Gottes anrufen

hub s. **hup**

hubbaz(-iye) s. **ebegümeci(-giller)**

hubbumesuliyet, -ti [···—··] *va.* Verantwortungsfreudigkeit *f*

hubbunefis, -fsi [··×·] *va.* Eigenliebe *f*

hubeybat, -tı *va. Pl.* zu **hubeybe; -ı mülevvene** s. **kromoplast**

hubeybe (*va.* Dim. zu **habbe**) 1. Körnchen *n* *tanecik 2. *med.* Bläschen *n*

hubeybî *chem., med.* granulös, körnig, gekörnt *tanecikli

hublon s. **şerbetçiotu**

hububat, -ti [·——] (*dopp. Pl.* zu **hab**, Korn *n*) Getreide *n*, Korn(-früchte *pl.*) *n* *tahıl, zahire

hubul, -lü [·—] *va. Pl.* zu **habil; -ü savtiye** s. **ses kirişleri**

hubut, -tu [·—] *va.* 1. Abstieg *m* 2. Sturz, Fall *m* ~ **etmek** *va.* 1. hinuntersteigen 2. stürzen, fallen **-u Âdem** Adams Sturz (Vertreibung aus dem Paradies)

huceste *va.* glückbringend *uğurlu

Hûd *n.pr.* nach dem Koran ein Gottgesandter ~ **suresi** Name der 11. Koran-Sure

Huda [ā] Gott; Herrgott *m* ~ **nekerde!** *va.* s. **Allah göstermesin!**

hud'a *va.* List, Täuschung *f*, Schwindel *m* *hile

hudadat [·——], **-dı** *va.* 1. Gottes Geschenk; von Gott gegeben 2. *selt.* *mV*

hud'akâr *va.* 1. listig, verschlagen 2. Schwindler, Gauner *m*

hudavendigâr 1. s. **hudavent** 2. ⚭ Beiname des Sultans Murat I. (*später a.* auf andere Sultane angewandt) 3. ⚭ *n.pr. fr.* Provinz Bithynien mit der Hauptstadt Bursa

hudavent, -di [ā] *z. va.* Herr, Herrscher *m spez.* Gott

hudaverdi otu [ā] s. **teşekkür otu**
hudayinabit, -ti [·–·–·] 1. von selbst gewachsen, von der Natur hervorgebracht 2. gottgeboren (Dichter) 3. Selfmademan *m*
huddam [ā] (*va. Pl.* zu **hadim**) 1. Diener *pl.* 2. die e–m Zauberer dienstbaren Geister *pl.*
huddamlı [ā] wer angeblich über die Dienste von Geistern verfügen kann; (*mst.* in der Füg.:) ~ **hoca**
hudeybat, -tı [ā] (*va. Pl.* zu **hudeybe**); **-ı tevemiyei erbaa** s. **dördüz yumrucuklar**
hudeybe (*Dim.* zu **hadebe**) *med.* Zotte *f*, Wärzchen *n*, Karnunkel *m* *yumrucuk
Hudeyde [·×·] *n.pr.* Hodeida (Stadt im Jemen)
hudus [·–] *va.* Eintreten *n*, Eintritt *m*, Geschehen *n* **zaruret -unda** *va.* nötigenfalls
hudut, -du *urspr.* [·–] (*Pl.* zu **had, -ddi**) (*in Sg.Bed.*) 1. Grenze *f*, Grenz-linie *f*, -gebiet *n* *sınır 2. Abgrenzungslinie *f* (z.B. e–s Grundstückes) 3. *fig.* Grenze *f*, Ende *n* *buç, son ~ **arazisi** (*od.* **bölgesi**) Grenzgebiet *n* ~ **boyunda** an der Grenze, der Grenze entlang, im ganzen Grenzgebiet ~ **dışı** (*od.* **harici**) **etmek** 1. (aus e–m Land) ausweisen 2. (über die Grenze) abschieben ~ **hattı** Grenz-, Demarkations-linie *f* ~ **istasyonu** Grenz-station *f*, -bahnhof *m* ~ **işareti** Grenz-stein, -pfahl, -pfeiler, Markstein *m* ~ **kalesi** Grenzfestung *f* ~ **karakolu** *mil.* Grenzwache *f* ~ **koymak** ab-, be-grenzen ~ **(muhafız) kıtası** *mil.* Grenzschutztruppe *f* ~ **muhafazası** *mil.* Grenzschutz *m* ~ **muhafızları** *mil.* Grenzschutztruppen *pl.* ~ **tayin etmek** (*od.* **tahdit etmek**) die Grenze festlegen (festsetzen, bestimmen) **-u aşmak** 1. die Grenzlinie überschreiten 2. *fig.* die Grenze des Erlaubten überschreiten **-u geçmek** die Grenze überschreiten
hudutlandırmak ab-, be-grenzen
hudutlanmak abgegrenzt, begrenzt werden
hudutlu abgegrenzt, begrenzt
hudutname [ā] *va.* Landkarte *f* (od. anderes Dokument) mit genauer Grenzbezeichnung (e–s Staates, e–s Grundstücks usw.)
hudutsuz 1. unbegrenzt, unendlich 2. schrankenlos, unbeschränkt ~ **sigorta** unbegrenzte Versicherung
hudutsuzluk Unbegrenztheit *f*
huffaş(-iye) [ā] *va.* s. **yarasa(-lar)**
hufre *va.* 1. Loch *n*, Grube, Höhlung *f* 2. Senkung, Vertiefung *f* *(1, 2) çukur **-i inhidamiye** s. **çöküntü hendeği**
huğ *dial.* schilfgedeckte Hütte mit Lehmmauern
hukuk, -ku *urspr.* [·–] (*Pl.* zu **hak** (I); *mst. in Sg.Bed.*) 1. Recht *n* (als Ganzes), Rechtswesen *n* 2. **(ilmi)** Jurisprudenz, Rechtswissenschaft *f* *yasabilim 3. *spez.* bürgerliches Recht; Zivilrecht *n* (im Ggs. zum Strafrecht) 4. *Abk.* für ≗ **Fakültesi** 5. *zieml. selt.* Rechte, berechtigte Ansprüche, Anrechte *pl.* *haklar 6. freundschaftliche Beziehungen *pl.*, Freundschaft *f* *ahbaplık, dostluk Zu 1: **Roma -u** Römisches Recht **ticaret -u** Handelsrecht *n* Zu 2: ~ **doktoru** Dr. jur., Doktor *m* des Rechts Zu 3: s. ~ **davası** Zu 5: ≗**umdan vazgeçtim.** Ich habe auf meine Rechtsansprüche verzichtet. Zu 6: **Onunla eski -umuz var.** Er ist ein alter Freund von mir. ~ **davası** Zivil-klage, -sache *f* ~ **devleti** Rechtsstaat *m* ~ **eylemi** s. **hukukî fiil;** ≗ **Fakültesi** Juristische (Rechtswissenschaftliche) Fakultät ~ **felsefesi** Rechtsphilosophie *f* ~ **kaidesi** Rechtsnorm *f* ~ **mahkemeleri** Zivilgerichte *pl.* ~ **muhakemeleri** (*od.* **yargılama**) **usulü** Zivilprozeßrecht *n* ~ **müşaviri** juristischer Berater; Syndikus *m* ~ **nizamı** Rechtsordnung *f* ~ **süjesi** Rechtssubjekt *n* ~ **tahsil etmek** Jura studieren ~ **tahsili** juristisches Studium; Studium *n* der Rechtswissenschaften ~ **talebesi** Rechtsstudent(-in *f*) *m* ~ **tarihi** Rechtsgeschichte *f* **-a bağlı devlet** Rechtsstaat *m* **-a mugayeret** (*od.* **aykırılık**) Rechtswidrigkeit, Widerrechtlichkeit, Unerlaubtheit *f* **-tan çıkmak** die juristische Fakultät absolvieren **-un kaynakları** Rechtsquellen *pl.* **-u amme** s. **kamu -u; -u amme davası** s. **kamu davası; -u beşer beyannamesi** Erklärung *f* der Menschenrechte **-u düvel** s. **devletler umumî -u; -u esasiye** 1. verfassungsmäßige Rechte *pl.* 2. Verfassung *f*, Staatsgrundgesetz *n*, Verfassungsgesetz *n* **-u hususiyei düvel** internationales Privatrecht *n* **-u hükümrani** *va.* Oberhoheit, Souveränität *f* **-u medeniye** 1. bürgerliches Recht; Zivil-, Privat-recht *n* 2. bürgerliche Ehrenrechte *pl.* **-u medeniyeden ıskat** Entziehung *f* der bürgerlichen Ehrenrechte **-u mektube** s. Stw. **mektup; -u mevzua** s. **mevzu** ~
hukukan [·×·] 1. juristisch, rechtlich 2. de jure (*ant.* fiilen)
hukukça juristisch gesehen
hukukçu (ausgebildeter) Jurist *spez.* Richter *m*
hukukî [·––] 1. rechtswissenschaftlich, juristisch, rechtlich, Justiz-, Rechts- *türel 2. rechtmäßig, legal ~ **ay** der zu 30 Tagen berechnete Monat ~ **bitişme** s. ~ **ittisal;** ~ **bütünlük** Rechtsinbegriff *m* ~ **durum** s. ~ **vaziyet;** ~ **ehliyet** Rechtsfähigkeit *f* ~ **ehliyetsizlik** Rechtsunfähigkeit *f* ~ **fiil** Rechtstatsache *f*, rechtlich erhebliche Tatsache ~ **hadise** s. **hukukî fiil;** ~ **hata** Rechtsirrtum *m* (*ant.* **maddî hata**); ~ **heyeti umumiyesi** die vereinigten Zivilsenate *pl.* ~ **içtima sistemi** Strafschärfung *f*, Verhängung *f* e–r Gesamtstrafe ~ **ittisal** rechtlicher Zusammenhang; Synallagma *n* ~ **karar** Rechtsprechung *f* ~ **konferans** juristischer Vortrag ~ **mesele** Rechtsfrage *f* ~ **muamele** (*od.* **işlem**) Rechtsgeschäft *n* *türel işlem ~ **muamele ehliyeti** Rechtsgeschäftsfähigkeit *f* ~ **münasebet** Rechtsverhältnis *n* *türel ilişki ~ **müsavat** Gleichheit *f* vor dem Recht, Rechtsgleichheit *f* ~ **netice** Rechts-folge, -wirkung *f* ~ **semere** *jur.* s. **medenî semere;** ~ **tağyir** *jur.* Verarbeitung *f* (e–r angeeigneten Sache) *işleme ~ **tefsir** juristische Auslegung ~ **vakıa** s. ~ **hadise;** ~ **vaziyet** Rechtslage *f*
hukukîleştirmek justifizieren
hukukîlik Rechtmäßigkeit, Legalität *f*
hukukiyat, -tı [·–·–] *va. Pl.* 1. juristische Angelegenheiten *pl.* 2. Jurisprudenz *f*
hukuklu Student(-in *f*) *m* der Rechte, Rechtsstudent(-in *f*) *m*
hukukşinas [ā] Rechtsgelehrter; Jurist *m*
hulâsa *mst.* [hü-] 1. Auszug *m*, kurze Zusammenfassung (Übersicht, Inhaltsangabe); Resümee *n*, Hauptinhalt *m* 2. *chem.* Extrakt, Auszug *m*, Tinktur, Essenz *f* 3. [×–·] kurz gesagt, kurz und gut, mit e–m Wort Zu 2: s. **et (kınakına) -sı;** ~ **çıkarmak** e–n Auszug herstellen ~ **etmek** (*od.* **-sını almak**) kurz zusammenfassen, resümieren **-i hesabiye** *va.* Kontoauszug *m* **-i kelâm** 1. Hauptpunkte *pl.* des Gesagten 2. s. **hulâsa** (3); **-i keşif** kurzgefaßter Kostenvoranschlag
hulâsaten [·×··] 1. in gedrängter Übersicht, zusammengefaßt, kurz 2. mit e–m Wort, kurz gesagt *özet olarak
hulefa [ā] (*va. Pl.* zu **halife**); ≗**yı Raşidin** [··–·–·–] die ersten vier „rechtgeleiteten" Kalifen (Ebubekir, Ömer, Osman, Ali)
huleyme Papille *f*, warzenartige Erhebung *memecik
huleymî papillar *mememsi
hulf, -fü *va.* Wortbruch *m* ~ **etmek** *va.* sein Versprechen nicht halten **O, vaadinden ~ etmez.** Er hält sein Wort.
hulk, -ku *va.* Naturanlage *f*, natürliche Veranlagung; Charaktereigenschaft(-en *pl.*) *f* *ahlâk, huy, yaradılış
hulkî *va.* angeboren 2. **Hulki** [×·] *mV*
hulkiyet, -ti *va.* s. **törelcilik**
hulkum [·–] *an.* Rachen, Pharynx *m*
hulkumî [·––] den Rachen betreffend, Rachen-
hulle s. **hülle**
hulliyat, -tı [ā] *Pl.* Schmucksachen *pl.* (für Frauen)

hulok s. **küçük jibon**
hulul [·–], **-lü** 1. Eintreten *n,* Eindringen *n,* Durchdringung *f* 2. zeitlicher Eintritt; Kommen *n,* Anbruch, Beginn *m* 3. *biol., chem.* Osmose *f* *geçişme 4. Inkarnation, Fleischwerdung *f* ~ **etmek** 1. eintreten, ein-, durch-dringen 2. geschehen, kommen, sich ereignen 3. einsetzen, beginnen, anfangen 4. Fleisch werden 5. (b–ne) j–s Vertrauen gewinnen, sich bei j–m lieb Kind machen ~ **siyaseti** Durchdringungspolitik *f* **-ü muslihane** friedliche Durchdringung
hululî 1. *biol., chem.* osmotisch 2. wer an e–e Inkarnation glaubt
hululiye [·–··] Inkarnationsglaube *m*
hulus [·–] 1. Aufrichtigkeit, Ehrlichkeit *f* 2. Schmeichelei, Unterwürfigkeit *f* ~ **çakmak** (b–ne) sich bei j–m einschmeicheln wollen, den ergebenen Diener spielen, katzbuckeln **-u bâl** (*od.* **kalp**) *va.* Aufrichtigkeit *f* (des Herzens)
hulusî 1. *va.* aufrichtig, ehrlich 2. **Hulusi** [×··] *mV*
huluskâr [·––] 1. aufrichtig, ehrlich 2. schmeichlerisch, kriecherisch
huluskârlık [·––·] 1. *selt.* Aufrichtigkeit, Ehrlichkeit *f* 2. schmeichlerisches (kriecherisches) Benehmen; Unterwürfigkeit *f* ~ **etmek** s. **hulus çakmak**
hulya [ā] *mst.* [hülya] 1. Einbildung, Vorstellung, Illusion, Phantasie *f* 2. ♀ *wV* ~ **bu ya ...** Es ist zwar bloße Phantasie (*scil.* wenn aber ...) ~ **kurmak** Luftschlösser bauen, sich Phantasien hingeben **-ya dalmak** sich in Phantasien ergehen
hulyalı [ā] 1. die Phantasie belebend, Illusionen hervorrufend, schmeichlerisch, süß, lieblich 2. wer Illusionen nachjagt; Phantast *m*
humanist; humanizm(-a) s. **hümanist; hümanizm**
humar [ā] 1. Rausch *m,* Betrunkenheit, Benommenheit *f* 2. (Schlaf-)Trunkenheit *f* 3. schmachtender Blick
humbara(-cı, -lık) s. **kumbara(-cı, -lık)**
humerus s. **kol kemiği**
humk, -ku *va.* Mangel *m* an Intelligenz, Dummheit *f*
humma [ā] 1. Fieber *n* 2. jede von Fieber begleitete Krankheit *spez.* Typhus od. Flecktyphus *m* Zu 2: s.a. **kazıklı** ~; ~ **nöbeti** Fieberanfall *m* **-yı cemreviye** s. **karakabarcık; -yı nifasiye** s. **loğusa hastalığı; -yı racia** s. **dönüşlü humma**
hummalı 1. wer Fieber hat, fiebrig 2. von Fieber begleitet, fiebrig 3. *fig.* fieberhaft Zu 3: ~ **bir faaliyet** e–e fieberhafte Tätigkeit
hummaz [ā] *va.* s. **kuzukulağı**
hummaziye [ā] s. **ekşiyoncagiller**
humul *dial.* s. **yaprakbiti**
humus (I) Humus *m* *türabı nebatî
humus (II) Kichererbsenpüree mit Sesamöl und Pfeffer
Humus *n.pr.* Homs (Stadt in Syrien)
humuslaşma *agr.* Humifikation, Humusbildung *f* *hümifikasyon
humuslu *agr.* humusreich
humuz, -mzu *va.* s. **oksit; -u tutya** s. **çinko oksit**
humüs, -msü *va.* Fünftel *n* *beşte bir
hun [–] *va.* Blut *n* *kan
Hun 1. Hunne *m,* Hunnin *f* 2. hunnisch ~ **İmparatorluğu** Hunnenreich *n*
hungarolog Ungarolog-e *m,* -in *f*
hungaroloji Ungarologie *f*
hungarolojik ungarologisch
hunhar [––] blut-dürstig, -gierig
hunharlık [––·] Blut-durst *m,* -gier *f*
huni Trichter *m* ~ **tarlası** *mil.* Trichterfeld *n*
hunili mit Trichter(-n), Trichter- ~ **arazi** *mil.* Trichtergelände *n*
hunin [––] *va.* blutig *kanlı
hunnak, -kı [ā] *med.* Angina, Rachen- *spez.* Mandelentzündung *f* *anjin, boğak
hunnakıkelbî [·–··–] roter Hundswürger *bot.* Cynanchum acutum
hunnakısadır; hunnakussadır, -drı [·–··] *med.* Angina pectoris (Herzbräune *f*) *anjin dö puvatrin
hunriz [––] *va.* 1. blutvergießend, blutdürstig 2. Meuchelmörder *m* 3. Scharfrichter *m*
hup, -bbu *va.* Liebe *sevgi
huphup (Ruf des Wiedehopfs) *hüthüt ~ **kuşu** *F* Wiedehopf *m zo.* Upupa epops *çavuşkuşu, hüthüt kuşu, ibibik
hur s. **har hur**
hura [×·] *selt.* hurra!
huraç, -cı [ā] *med.* Abszeß *m*
hurada 1. alt und klapprig 2. zusammengeschrumpft, runzelig 3. fadenscheinig, abgenutzt, abgewetzt, abgetragen **-sı çıkmak** sehr abmagern, Haut und Knochen werden, *F* zusammenschnurren **-sı çıkmış** *a.:* alt, wacklig (z.B. Möbelstück)
hurafat, -tı [·––] *z. va. Pl.* zu **hurafe**
hurafe [·–·] abergläubische Vorstellung od. Erzählung
hurafeperest, -ti [ā] an abergläubischen Vorstellungen hängend, abergläubisch
hurafeperestlik [ā] Festhalten *n* an abergläubischen Vorstellungen
hurafevî [·–·–] *va.* abergläubisch, voll Dummheit und Aberglauben
hurç, -cu große Umhüllung aus ledergefaßter, mit Riemen versehener (*mst.* blauer od. roter) Zeltleinwand (zum Transport von Matratzen, Kissen u.ä.m.) (kleiner als **harar** und größer als **heybe**)
hurda 1. klein, winzig, gering, fein 2. unbrauchbar, kaputt, schrottreif 3. Abfälle, Schnitzel, Späne *pl.* 4. Alt-material, -metall *n,* Schrott *m,* Trödel-ware *f,* -kram *m* 5. Name e–r zierlichen ar. Schriftart (z.B. **talik -sı; nesih -sı**) 6. *V* Haschisch *n* Zu 1: **Mesele, en ~ taraflarına kadar incelendi.** Die Angelegenheit ist bis in die feinsten Einzelheiten untersucht worden. ~ **demir** Schrott *m,* Alteisen *n* ~ **fiyatına** nur unter Anrechnung des Materialwertes ~ **gemi** Schiff *n,* das verschrottet werden soll ~ **kâğıt** Altpapier *n* ~ **olmak(-sı çıkmak; -ya dönmek)** unbrauchbar werden, kaputtgehen (z.B. Maschine), schrottreif sein
hurdacı Alteisen-, Altwären-händler, Trödler *m*
hurdahaş [··–] kurz und klein, in (tausend) Stücken, in Fetzen *paramparça ~ **etmek** zerschlagen, kaputtmachen, in Stücke zerbrechen, kurz und klein schlagen ~ **olmak** kaputtgehen, in Stücke gehen
hurdalaşmak 1. ab-, zer-bröckeln, zerbrechen *(intr.),* in kleine Stücke zerfallen 2. s. **hurda olmak**
hurdalık Trödel-, Floh-markt *m*
hurdavat s. **hırdavat**
hurde s. **hurda;** ~ **züyuf** s. **çürük akçe**
hurdebin [ī] *va.* 1. s. **mikroskop** 2. mit scharfem, durchdringendem Verstand 3. sehr sorgsam; peinlich genau (Person)
hurdebinî [··––] *va.* s. **mikroskopik**
huri [ū] *isl. Myth.* Huri *f* (Jungfrau im Paradies) ~ **gibi (güzel)** bildhübsch
hurma 1. Dattel *f* 2. Dattelpflaume *f* (s. **Trabzon hurması**); ~ **ağacı** echte Dattelpalme *bot.* Phoenix dactylifera ~ **dalı** 1. Palmette *f* (Ornament) 2. symmetrisches Spalierobst ~ **kayası** kleine Meergrundel *zo.* Gobius minutus ~ **sıçanı** e–e Eichhörnchenart ~ **tatlısı** mit Zuckersaft übergossenes türk. Teiggebäck in dattelähnlicher Form (et. kleiner als die gleichartigen **tulumba tatlısı**)
hurmadorusu, -nu rötlich-braun; Goldfuchs *m* (Pferd)

hurmagiller Palmen *pl. bot.* Palmae *nahliye
hurmalık Dattelhain *m*
hurmayî *z. va.* s. **hurmadorusu**
hurra s. **hura**
hurrem 1. *z. va.* lustig, munter, froh 2. ≗ *mV, wV* ≗ **Sultan** *n.pr.* Roxelane (Lieblingsfrau des Sultans Soliman des Prächtigen)
hurşit, -di [ī] 1. *va.* Sonne *f* *afitap, güneş, mihir, şems 2. ≗ *mV*
hurt (in der Füg.:) ~ **hurdavat** Trödel, Abfall, Plunder *m*
huruç, -cu [·–] *z. va.* 1. Herauskommen, Hinausgehen, Auslaufen *n,* Ausfahrt *f* (z.B. e–s Schiffes) 2. *mil.* Ausfall *m* 3. Auszug *m,* Auswanderung *f,* Exodus *m* 4. Erscheinen, Auftreten *n* (e–r Persönlichkeit) 5. Aufstand *m,* Rebellion *f* Zu 3: **İsrailoğullarının Mısırdan -u** Auszug *m* der Kinder Israel aus Ägypten ~ **etmek** *z. va.* 1. herauskommen, hinausgehen; auslaufen (z.B. Schiff) 2. *mil.* e–n Ausfall machen 3. auswandern 4. erscheinen, auftreten (Persönlichkeiten) 5. e–n Aufstand unternehmen; rebellieren ~ **gazı** Abgas *n* (bei Auto usw.) ~ **imtihanı** *va.* Abschlußprüfung *f* *çıkış imtihanı ~ **teşebbüsü** Ausfallversuch *m*
huruf [·–] (*va. Pl.* zu **harf**); **-u leyyine** *va.* die „schwachen" Buchstaben (*bzw.* Laute) (elif, vav, ye im ar. Alphabet)
hurufat, -tı [·––] (*dopp. Pl.* zu **harf**) Lettern, Drucktypen *pl.* ~ **dökümhanesi** Typengießerei *f* ~ **kasası** *typ.* Setzkasten *m* ~ **makinesi** *typ.* Setzmaschine *f*
Hurufi [·––] Anhänger *m* der **Hurufiye**-Sekte
Hurufilik; Hurufiye 1. Name e–r schiitischen Sekte, die aus den Buchstaben des Korans best. Bedeutungen ermitteln will 2. ≗ Zahlenmystik, Kabbalistik *f*
huruş [·–] *va.* Erregung, Begeisterung *f,* lautes Rufen ~ **etmek** *va.* in Erregung kommen, sich begeistern
huruşan [·––] *va.* erregt, begeistert, brausend, tobend, tosend
husar *mil.* Husar *m*
Husçular *hist.* Hussiten *pl.*
husrev 1. *va.* Herrscher 2. ≗ *mV*
husuf [·–] s. **ay tutulması; -u cüzî (küllî)** s. **parçalı(tam)ay tutulması**
husufi [·––] *mil.* einziehbar, versenkbar, Verschwind- ~ ~ **zırhlı kundak** *mil.* versenkbare Panzerlafette
husuflu (in der Füg.:) ~ **fener** *naut.* unterbrochenes Leuchtfeuer
husul, -lü [·–] Zustandekommen *n,* Verwirklichung, Erfüllung *f,* Gelingen *n* ~ **bulmak** *od.* **-e gelmek** zustandekommen, sich verwirklichen, sich erfüllen, gelingen **-e getirmek** 1. zustandebringen 2. veranlassen, verursachen
husumet, -ti [·–·] 1. Gegnerschaft *f* 2. Feindschaft *f* 3. Feindseligkeit *f* 4. **(ehliyeti** *od.* **salâhiyeti)** *jur.* Prozeßführungsrecht *n,* aktive od. passive Legitimation ~ **göstermek** 1. sich feindselig verhalten 2. sich widersetzen
husun fırtınası *naut.* Name e–s period. Seesturms (gegen 11. März)
husus *urspr.* [·–] 1. Sache *f,* Thema *n,* Angelegenheit *f,* Betreff, Belang 2. Punkt, Umstand *m* ... **-unda** betreff, hinsichtlich, über, in bezug (auf) **bu -ta** in dieser Beziehung (Richtung), in diesem Punkt **bu -taki** diesbezüglich
hususat, -tı [·––] *va. Pl.* zu **husus**
hususen [·–·] s. **hususiyle**
hususî [·––] 1. besonder, Sonder-, Extra-, Spezial-, reserviert, speziell 2. privat, persönlich, eigen 3. geschlossen (Veranstaltung, Gesellschaft) ~ **âdetler** spezieller Brauch ~ **af** *jur.* Begnadigung *f,* Einzelstraferlaß *m* (durch Gnadenakt) ~ **beyyine** *jur.* Beweis *m* durch Privaturkunden ~ **çizgili çek** *H* besonders gekreuzter Scheck ~ **damgalı pasaport** Dienstpaß *m* (für Beamte und Offiziere der obersten drei Gehaltsstufen) ~ **ders** Privat-stunde *f,* -unterricht *m* ~ **hallerde muharebe** *mil.* Gefecht *n* unter besonderen Verhältnissen ~ **haber** s. ~ **tebliğ;** ~ **hukuk** Privatrecht *n* *özel türe ~ **ihtiyat** *mil.* besondere Reserve ~ **işler** private Angelegenheiten *pl.* ~ **kadro** *mil.* Sonderetat *m* ~ **kalem** s. **kalemi mahsus;** ~ **kanun** Sonder-, Spezial-gesetz *n* ≗ **Kokulu** *n.pr. fr.* türk. Zigarettenmarke mit amerikanischer Geschmacksrichtung ~ **mahkeme** Sonder-, Spezial-gericht *n* ~ **makam** *mil.* Sonderbehörde *f* ~ **mamelek** *jur.* Sondervermögen *n* ~ **mektep** s. **özel okul;** ~ **menfaat** Eigennutz *m* ~ **mevki** reservierter Platz ~ **muamele** Sonderbehandlung *f* ~ **muhabere şebekesi** *mil.* Sondernachrichtennetz *n* ~ **muhabir** Sonderberichterstatter *m* ~ **nüsha** Sonder-, Extra-ausgabe *f* ~ **senet** s. **adi senet;** ~ **sektör** privater Sektor; Sektor *m* des Privaten ~ **silâh** Spezialwaffe *f* ~ **şahıs** Privatperson *f* *özel kişi ~ **şirket** *jur.* stille Gesellschaft ~ **talim ve terbiye** Spezialausbildung *f* ~ **talimat** *mil.* besondere Anweisung ~ **tank** *mil.* Sonderkampfwagen *m* ~ **tebliğ** Sonder-bericht *m,* -meldung *f* ~ **toplantı** geschlossene Veranstaltung (Gesellschaft) (nur für geladene Gäste) ~ **tren** Extra-, Sonder-zug *m* ~ **vazife** Spezialaufgabe *f,* besondere Aufgabe ~ **vekâlet** Spezialvollmacht *f*
hususîlik [·–––·] Eigentümlichkeit, Eigenart *f,* eigene Note, charakteristisches Merkmal, Spezialität *f*
hususiyat, -tı [ā] *va. Pl.* Privatangelegenheiten *pl.*
hususiyet, -ti [·–··] 1. s. **hususîlik** 2. enge Beziehung, Freundschaft *f* Zu 2: **Onunla eskiden beri -imiz vardır.** Es verbindet uns e–e alte Freundschaft.
hususiyle [·–×·] besonders, insbesondere, vor allem, speziell *bilhassa, hele
husye *an.* Hode(-n *m*) *f,* Testikel *m* *haya ~ **iltihabı** *med.* Orchitis, Hodenentzündung *f*
huş (I) **(ağacı)** Birke *f bot.* Betula (pendula u.a.) ~ **katranı** Birkenteeröl *n* (z.B. für Juchten)
huş (II) [ū] *va.* 1. Vernunft *f,* Verstand *m,* nüchterne Überlegung 2. Tod *m* *ölüm 3. Gift *n* *zehir
huş(ağacı)giller Birkengewächse *pl. bot.* Betulaceae *gürgengiller
huşe [ū] *va.* Ähre *f* *başak
huşeçin [–·–] *va.* Ährenleser(-in *f*) *m* *başakçı
huşment, -di *va.* s. **huşyar**
huşu, -uu [·–] (*mst.* religiös-rituell) 1. tiefe, demütige Verbeugung 2. unterwürfiges Verhalten 3. Demut, Ehrfurcht *f* ~ **etmek** 1. sich tief und demütig verbeugen 2. sich unterwürfig benehmen
huşunet, -ti [·–·] 1. Grobheit, Unfreundlichkeit, Schroffheit *f* 2. Härte, Strenge, Schärfe *f* 3. Eigensinn *m* *inatçılık
huşunetli [·–··] 1. grob, unfreundlich 2. hart, streng 3. eigensinnig, stur
huşyar [––] *va.* vernünftig, verständig, nüchtern denkend
Hut, -tu [ū] s. **Balık**
hutbe mit Gebet verbundene Predigt vor dem großen Freitagsgebet ~ **okumak** die Freitagspredigt halten
Huten s. **Hata**
hutur [·–] *va.* s. **hatıra** ~ **etmek**
hutut, -tu [·–] *va. Pl.* zu **hat**
huval Schuhleisten *m* (*spez.* oberer Teil)
huveyn (*va. Dim.* zu **hayvan**) Tierchen *n,* Mikroorganismus *m* **-i menevî** s. **sperma hayvancığı**
huveynat, -tı [··–] *va. Pl.* zu **huveyn**
huveysal *va. Dim.* zu **havsala; -ı rievî** s. **akciğer keseciği; -ı sem'î** s. **denge taşlı kese**
huveyza *va. Dim.* zu **havza** s. **havuzcuk**
huy (I) *Verst.* von **hay** (I); s.a. **hayhuy**
huy (II) 1. Natur *f,* natürliche Veranlagung; Temperament *n,* Charakter *m* 2. *pej.* schlechte Veranlagung *spez.* mür-

risches, launisches Wesen 3. (schlechte) Angewohnheit ≃ **canın altındadır** (*a. mit der Forts.* **can çıkmayınca huy çıkmaz**). Der Mensch ist ein Gewohnheitstier. s. a. Stw. **can;** ~ **çekmek** j–m nachschlagen, die gleiche Veranlagung besitzen (wie) ~ **edinmek (etmek, kapmak)** sich et. (Schlechtes) angewöhnen ~ **hulk** Verst. von **huy; -u huyuna suyu suyuna (uygun)** zwei Herzen und e–e Seele; gleichgestimmt (Personen) **-u suyu** j–s Charakter und Gepflogenheiten **-una suyuna gitmek** (b–nin) vollkommen auf j–n eingehen, sich ganz auf j–n einstellen **-unu suyunu bilmek** j–n durch und durch kennen
huy (III) [ū] *va.* Schweiß *m* *ter
huy (IV) (*franz.* **houille**) Steinkohle *f* *taşkömürü
huylanmak 1. von argwöhnischer Furcht befallen werden 2. (bşden) et. argwöhnisch betrachten 3. schlechte Gewohnheiten annehmen; launisch (mürrisch, unfreundlich) werden 4. nervös (od. wütend) werden (aus nicht recht ersichtlichen Gründen) 5. scheuen (*spez.* Pferd)
huylu 1. diese od. jene Veranlagung besitzend 2. *pej.* mit e–r schlechten Charaktereigenschaft od. Gewohnheit behaftet *spez.* launisch, mürrisch, unfreundlich, unverträglich, reizbar 3. mißtrauisch, argwöhnisch 4. scheu, bösartig (Tier *spez.* Pferd) Zu 1: **iyi** ~ **bir çocuk** ein gutgeartetes (gutartiges, braves) Kind Zu 1–2: ≃ **huyundan (vaz)geçmez.** *Spr.* 1. Eine Naturanlage kann man nicht ablegen. 2. Ein schlechter Charakter ändert sich nicht. Zu 3: **etrafına** ~ ~ **bakarak** indem er voll Argwohn um sich blickte
huysuz s. **huylu** (2–4)
huysuzlanmak, *gel. a.* **huysuzlaşmak** mürrisch (unfreundlich, bösartig) werden
huysuzluk 1. Launenhaftigkeit, Unverträglichkeit *f*, mürrisches (unfreundliches) Wesen 2. Argwohn *m*, Mißtrauen *n* 3. Scheu, Bösartigkeit *f* (e–s Tiers)
huzemat, -tı [ā] *va. Pl.* zu **huzme; -ı kitabiyei haşebiye** s. **odun-kalbur demetleri**
huzme 1. *math., phys.* (Strahlen-)Bündel *n* 2. *bot.* Doldentraube *f* 3. *mil.* (Feuer-, Geschoß-)Garbe *f*
huzmeli mit nb. Strahlenbündel; s. a. **kısa** ~ **farlar**
huzmevari [··––] 1. bündelförmig 2. in der Form e–r Doldentraube 3. garbenartig
huzu, -uu [·–] *va.* Unterwürfigkeit, Demut *f*
huzur [·–] 1. Ruhe, Gemütlichkeit, Behaglichkeit *f* 2. (persönliche) Anwesenheit; Gegenwart *f* 3. *form.* hohe Stelle 4. *pr.* hohe Stellung e–s Staatsoberhauptes (*fr. spez.* des Sultans) Zu 1: **Bu komşular, mahallenin -unu kaçırdı.** Diese Nachbarn haben die ganze Ruhe und Gemütlichkeit im Viertel verscheucht. **-u amme** *va.* öffentliche Ruhe Zu 2: **Bu meselenin konuşulması için sizin -unuz şarttır.** Die Besprechung dieser Angelegenheit kann nur in Ihrer Anwesenheit erfolgen. Zu 3: (b–nin) **-una çıkmak** vor j–n hintreten, zu j–m gehen, e–e Audienz haben (bei) **herkesin -unda** vor jedermann; öffentlich **mahkeme -unda** vor Gericht **yüksek -unuza sunuyorum** (Amtsstil) Ich überreiche (behändige, unterbreite) Ihnen … **-u âliniz** *parl.* das hohe Parlament Zu 4: **-a kabul** Audienz *f* **-a kabul edilmek** in Audienz empfangen werden, e–e Audienz haben **-una kabul etmek** (b–ni) j–m e–e Audienz erteilen (gewähren) ~ **dersi** *fr.* im Ramazan abgehaltene theologische Vorlesung (mit anschließender Diskussion) in Anwesenheit des Sultans ≃ **Divanı** *fr.* ein unter dem Vorsitz des Scheich ül-Islam zur Beratung von Staatsfragen zusammengetretener Rat ~ **hakkı** s. **hakkı huzur;** ~ **imtihanı** *fr.* e–e in Gegenwart des Sultans abgehaltene Prüfung **-da hakaret** *jur.* persönliche Beleidigung (ohne Gegenwart anderer); vgl. **ihtilâtlı hakaret; -u bâl** *va.* s. **gönül rahatlığı**
huzurlu ruhig, behaglich, gemütlich
huzursuz unruhig, beunruhigt, unbehaglich, ungemütlich, ohne innere Ruhe
huzursuzlanmak unruhig, beunruhigt werden
huzursuzluk 1. Ungemütlichkeit, Unbehaglichkeit *f* 2. Unruhe *f* (in e–m Land)
huzuz [·–] *va. Pl.* zu **haz**
huzuzat, -tı *va. dopp. Pl.* zu **haz**
huzzar [·–] (*va. Pl.* zu **hazır**) Anwesende, Zuschauer *pl.*
hübup, -bu [ū] *va.* leichter Wind; Lüftchen *n* ~ **etmek** *va.* wehen (leichter Wind)
hübut s. **hubut**
hüccet, -ti 1. *fr.* die von e–m Kadi ausgestellte Urkunde 2. schriftliches Beweisstück; Besitzurkunde *f*, dokumentarischer Beweis; Zeugnis *n* 3. *allg.* Beweis *m* 4. genauer Kenner der isl. Tradition **-ülislâm** 1. allgemeine Regeln des Islams 2. ≃ isl. Ehrentitel für Gazzali u. a. 3. ≃ (in der schiitischen Hierarchie) ein Rang nach dem des Ayetullah
hücerat, -tı [ā] *va. Pl.* zu **hücre;** ≃ **suresi** Name der 49. Koran-Sure **-ı muavine** s. **yardımcı hücreler**
hüceyre (*va. Dim.* zu **hücre**) Zelle *f* (e–s Organismus)
hücra s. **ucra**
hücre 1. *biol.* Zelle *f* *göze 2. Gefängniszelle *f* 3. Mönchszelle *f* 4. Zelle *f* (e–r pol. Organisation) 5. (in alttürk. Häusern) offene Wandnische *mişkât ~ **bilgisi** (*od.* ~ **bilimi**) s. **hücrebilim;** ~ **bölünmesi** *biol.* Zellteilung *f* ~ **dokusu** Zellgewebe *n* ~ **hapsi sistemi** *jur.* Zellen-, Einzel-haftsystem *n* ~ **içi** intrazellular *entraselüler ~ **özsuyu** *bot.* Zellsaft *m*, Karyolymphe *f* ~ **teorisi** *biol.* Zellentheorie *f* **-i akile** s. **fagosit; -i asabiye** s. **nöron**
hücrebilim Zytologie, Zellenlehre *f* *sitoloji
hücrebilimsel zytologisch *sitolojik
hücrelerarası, -nı *biol.* zwischenzellig, interzellular ~ **boşluk** Interzellularraum *m*
hücreli mit **hücre**
hücresel *biol.* zellen-artig, -förmig, in Zellen geteilt, Zell(-en)-, Zellular- *hücrevî ~ **çiçeksizler** *bot.* Zellenpflanzen *pl.* *zatülilkahı hafiyei hücreviye
hücrevî s. **hücresel**
hücreyutarlığı, -nı s. **fagositoz**
hücum [ū] 1. Angriff, Sturm, Sturmangriff *m* 2. scharenweises Losstürmen od. Zusammenströmen; Run *m* 3. Losfahren *n* (auf j–n) 4. tätliches Anfallen, Herfallen *n* (über); Angreifen, Tätlichwerden *n* 5. *med.* (Blut-)Andrang *m* ~ **borusu çalmak** *mil.* zum Angriff blasen ~ **botu** s. **hücumbot;** ~ **çıkış mevzii** *mil.* Sturmausgangsstelle *f* ~ **dalgası** *mil.* Sturmwelle *f* ~ **dörtnalı** gestreckter Galopp ~ **etmek** (m. Dat.) 1. angreifen, *mil.* stürmen 2. losstürmen, zusammenströmen 3. losfahren (auf j–n) 4. anfallen; herfallen (über), angreifen, tätlich werden ~ **gediği** *mil.* Sturmgasse *f* ~ **hattı** s. **muhacim hattı;** ~ **kıtası** (*od.* **kolu**) *mil.* Sturm-, Stoß-trupp *m* ~ **kıtaları** 1. *mil.* Sturm-, Stoß-truppen *pl.* 2. *hist.* die SA (nationalsozialistische Sturmtruppen) ~ **kulesi** *hist. mil.* Testudo *f* (der Belagerer) *kerkeç ~ **mahalli** *mil.* Einbruchsstelle *f* ~ **taburu** *mil.* Sturmbataillon *n* ~ **topu** *mil.* Sturmgeschütz *n* **-a kalkmak** zum Sturmangriff antreten, zum Sturm vorbrechen **-a olgun** *mil.* sturmreif **-a uğramak** angegriffen (angefallen) werden **-la almak** im Sturm nehmen **-u defetmek** (*od.* **püskürtmek**) *mil.* den Sturm abschlagen **-u desteklemek** *Fb.* den Sturm unterstützen („füttern") **-u defi topçusu** *mil.* Sturmabwehrartillerie *f*
hücumbot, -tu *mil.* Sturm-, Schnell-boot *n*
hücurat, -tı s. **hücerat**
hüda [ā] *va.* 1. göttliche Führung 2. richtiger Weg, Weg *m* des Heils, islamische Lehre 3. Koran *m*
hüdaî [·––] 1. *va.* göttlich 2. gewaltig, gesalzen (Ohrfeige)

~ **bir sille indirmek** j–m e–e gesalzene Ohrfeige verabfolgen
Hügno *hist.* 1. Hugenott-e *m,* -in *f* 2. hugenottisch
hükema [ā] (*va. Pl.* zu **hakim**) Weise, Philosophen, Gelehrte *pl.*
hükkâm *va. Pl.* zu **hâkim**
hükmen [×·] *Adv.* 1. gesetzlich, durch Richterspruch 2. auf Grund e–s Schiedsrichterurteils 3. de jure 4. dem allgemeinen Brauch nach ~ **galip** *(Sport)* zum Sieger (z. B. nach Punkten) erklärt
hükmetmek [×··] 1. regieren, herrschen; (m. Dat.) beherrschen 2. ein Urteil sprechen (fällen); entscheiden 3. (b–ne) über j–n (e–e Strafe) verhängen 4. (bşe) (auf e–e Strafe) erkennen 5. (m. Dat.) vermuten, annehmen, der Meinung sein, daß ... Zu 3: **mesul olanlara hükmolunan para cezaları** die über die Verantwortlichen verhängten Geldstrafen Zu 5: **Bu azizliği senin yaptığına hükmetmiştim.** Ich hatte angenommen, du hättest diesen schlechten Scherz verübt. **Sadakatsizliğine hükmetmiş.** Er hielt ihn für treulos.
hükmî 1. gerichtlich, gesetzlich 2. juridisch, juristisch ~ **şahıslar** juristische Personen *pl.* (*ant.* hakikî şahıslar) *tüzelkişiler
hükmünce s. Stw. **hüküm**
hükûmat, -tı [·––] *va. Pl.* zu **hükûmet;** s. a. **hükümat; ꞩı Müttehide** *va.* s. **Birleşik Devletler**
hükûmet *ält. Graphik* für **hükümet** *in va. Füg. wie:* **-i ağniya** s. **plütokrasi; -i amme** s. **demokrasi; -i cumhuriye** *selt.* republikanische Regierung **-i meşruta** *va.* konstitutionelle Monarchie **-i mutlaka** absolutistische Regierung, Absolutismus *m; fr. gel. a. abus.* Monarchie *f* **-i müstebide** Despotismus *m* **-i ruhaniye** s. **teokrasi; -i vahide** s. **monarşi**
hüküm, -kmü 1. richterliches od. logisches Urteil, Richterspruch *m;* Entscheidung *f,* Beschluß *m* *muhakeme, yargılama, yargı 2. Bestimmung *f* (in e–m Gesetz, Vertrag, Erlaß usw.) *kural 3. Herrschaft, Macht, Gewalt, Souveränität, Jurisdiktion *f* 4. Bedeutung, Wichtigkeit *f* 5. Gültigkeit, Geltung, Wirksamkeit, Wirkung *f,* Einfluß *m* *etki, 6. Rang *m,* Stellung *f,* (rechtliche) Befugnisse *pl.* 7. *rel.* Gottes Ratschluß Zu 1: **mahkemenin -ü** Urteil *n* des Gerichts, richterliches Urteil Zu 2: **Boğazlar hakkındaki -ler** Bestimmungen *pl.* über die Meerengen Zu 3: **Kışın -ü geçti.** Die Macht des Winters ist gebrochen. **Türkiye'de halkın -ü geçer.** In der Türkei gilt die Souveränität des Volkes. **Biz, onun -ü altında değiliz.** Wir stehen nicht unter seiner Jurisdiktion. Zu 4: **Bu işin ne -ü var?** a) Welche Bedeutung kommt dem zu? b) Was hat das schon zu bedeuten! Zu 5: s. **-den düşmek** Zu 6: **Kaynata, baba -ündedir.** Der Schwiegervater hat die rechtlichen Befugnisse eines Vaters. ~ **çıkarmak** schließen, schlußfolgern ~ **fıkrası** *jur.* Urteilsformel *f* ꞩ **galibindir.** *Spr.* Wer die Macht hat, hat das Recht. ~ **giydirmek** ein Urteil fällen od. aussprechen, j–n aburteilen ~ **giymek** abgeurteilt werden (**Şöyle bir ~ giydi ...** Das Urteil über den Angeklagten lautete wie folgt ...) ~ **günü** s. **kıyamet;** ~ **kurmak** ein anmaßendes Wesen zur Schau tragen ~ **sebepleri** *jur.* Entscheidungsgründe *pl.* ~ **sürmek** *a. fig.* herrschen (**Krallık elli yıl ~ sürdü.** Das Königtum hat fünfzig Jahre geherrscht. ~ **süren kanaat** herrschende Überzeugung **Şimdiye kadar sükûnet ~ sürmektedir.** Bis jetzt herrscht Ruhe.) ~ **vermek** 1. ein Urteil fällen; entscheiden 2. (m. Dat.) der Meinung sein, daß ... **-den düşmek** seine Geltung (Gültigkeit, Wirksamkeit) verlieren, ungültig (unwirksam) werden **-e karşı kanun yolları** *jur.* Einlegung *f* von Rechtsmitteln gegen ein Urteil **-ü geçmek** 1. herrschen 2. Macht od. Einfluß haben 3. gelten, gültig sein, wirksam sein 4. im Präteritum *a.:* seine Kraft verlieren z. B. **Fırtınanın -ü geçti.** Der Sturm hat seine Kraft verloren. **-ü kalmadı** (*od.* **yoktur**) 1. ... ist nicht mehr gültig (*bzw.* wirksam) 2. ... ist abgeschafft (aufgehoben) worden **-ü olmak** gelten, Geltung (Gültigkeit, Wirksamkeit) besitzen **-ü yürütmek** das Urteil vollstrecken **-ün tavzihi** *jur.* Urteilsberichtigung *f* **-ünce** laut, gemäß, nach; auf Grund (von), nach den Bestimmungen (von) (**kanun -ünce** nach den gesetzlichen Bestimmungen) **-ünde olmak** 1. j–s Stelle vertreten 2. gleich(-wertig) sein (ebenfalls) gelten (als) **-ünü geçirmek** sich Geltung (Gehorsam, Anerkennung) verschaffen, sich durchsetzen **-ü karakuşî** s. Stw. **karakuşî**
hükümat, -tı 1. *P* für **hükümet** 2. *V* Gefängnis-, Zuchthausdirektor *m*
hükümdar [ā] (dynastischer) Herrscher, Monarch, Souverän, Landes-fürst, -herr *m* ~ **asası** Zepter *n (m)* **-ı mutlak** *va. abus.* Monarch *m* *monark
hükümdarane [··––·] kaiserlich, königlich, monarchisch
hükümdarlık [ā] 1. dynastisch regiertes Land; Monarchie *f* 2. Stellung od. Würde *f* e–s Monarchen, (dynastische) Regierung; Monarchentum *n,* Monarchie, Souveränität, Landeshoheit, Herrschaft *f* ~ **etmek** herrschen, regieren ~ **tahsisatı** Zivilliste *f* (e–s Monarchen)
hükümet, -ti 1. Regierung, Staatsgewalt, Macht, Obrigkeit, Behörde(-n *pl.*) 2. Herrschaft(-sgebiet *n*) *f,* Staat *m* 3. Regierungsgebäude *n* 4. Regierungsform *f,* Regime *n* Zu 2: **Birleşik Amerika ꞩleri** s. **Birleşik Devletler; Vaşington ꞩindeki Takoma** (die Stadt) Takoma im Staat Washington Zu 4: **saltanat -i** monarchische Regierungsform; Monarchie *f* ~ **darbesi** s. **darbei hükümet;** ~ **erkânı** Regierungsmitglieder *pl.* ~ **etmek** (*od.* **sürmek**) herrschen, regieren ~ **gibi karı** *V* 1. befehlsgewohnte Frau 2. schönes, fülliges Weibsbild ~ **konağı** Regierungsgebäude *n* ~ **makamları** Regierungsstellen *pl.* ~ **merkezi; (merkezi hükûmet)** Sitz *m* der Regierung, Hauptstadt *f* *başşehir, payitaht ~ **muameleleri (işlemleri, tasarrufları)** *jur.* Regierungsakte *pl.* ~ **sürmek** regieren ~ **tarzı** Regierungsform *f* **-in emriyle** auf Befehl der Regierung
hükümetçi regierungstreu; Regierungsanhänger *m* ~ **liderleri** Führer *pl.* der Regierungsparteien **-ler** *a.:* regierungstreue Truppen *pl.*
hükümetçilik 1. *selt.* regierungstreues Verhalten 2. Staats-, Regierungs-kunst *f*
hükümetsizlik *selt.* s. **anarşi**
hükümferma [ā] *va.* herrschend ~ **olmak** *va.* herrschen
hükümlü 1. *va.* entscheidend, ausschlaggebend 2. abgeurteilt, verurteilt *mahkûm
hükümlülük s. **mahkûmiyet**
hükümname [ā] *fr.* 1. amtliche Ausfertigung e–s Erlasses (Befehls, Urteilsspruchs) 2. Schreiben *n* e–s Vorgesetzten; schriftlicher dienstlicher Befehl
hükümran [ā] herrschend, souverän, regierend
hükümrani [··––] *va.;* **hükümranlık** [··–·] Oberhoheit, Herrschaft, Souveränität *f*
hükümsüz 1. ohne Geltung (Gültigkeit, Wirksamkeit, Einfluß), ungültig, nicht mehr in Kraft 2. bedeutungslos, unbedeutend ~ **kılmak** außer Kraft setzen, annullieren
hükümsüzlük 1. Ungültigkeit, Hinfälligkeit *f* (z. B. e–r Bestimmung) 2. Bedeutungslosigkeit *f* ~ **beyanı** Ungültigkeitserklärung *f*
hüleyme; hüleymî s. **huleyme; huleymî**
hülle 1. *fr.* Zwischenehe *f* (*Anm.* Nach dem Scheriatsrecht durfte ein Mann, der sich dreimal von seiner Frau geschieden hatte (was auch auf einmal ausgesprochen werden konnte), seine bisherige Frau nur dann wieder heiraten, wenn diese mit e–m anderen Mann **(hülleci)** e–e Ehe eingegangen und von diesem wieder geschieden worden war. (Vgl. Koran, II. Sure, Vers 230.) Dieser

Vorschrift wurde öfters durch e–e Scheinehe Genüge geleistet.) 2. *isl. Myth.* Paradiesgewand *n* (*spez.* der Huri)
hülleci Zwischenehemann *m* (vgl. Stw. **hülle**)
hülya s. **hulya**
hüm *(va. ar. Personalpr.; Mask. Pl.)* sie **gayri** ~ *va.* andere als sie *d. h.* (und) andere mehr, und so weiter
hüma (I) [ā] 1. *myth.* der Vogel Phoenix 2. Paradiesvogel *m zo.* Paradisea 3. *fig.* Glück *n* 4. ≗ *wV*
hüma (II) [ā] *ar. Dual* sie beide
hümanist, -ti 1. Humanist(-in *f*) *m* 2. humanistisch ~ **lise (-si)** humanistisches Gymnasium ~ **tahsil ve terbiye** humanistische Bildung
hümanitarizm 1. *phil.* Humanitarismus *m* 2. *allg.* Menschenfreundlichkeit *f* 3. *pej.* Humanitätsduselei *f*
hümanite 1. Menschheit *f* 2. (in Frankreich) Oberstufenunterricht *m*
hümaniter 1. humanitär 2. Menschenfreund *m*
hümanizm 1. Humanismus *m* 2. humanistische Bildung 3. Humanität(-sideal *n*) *f*
hümayun [·––] 1. *urspr.* glücklich, gesegnet 2. den Sultan betreffend, Sultan-, kaiserlich-osmanisch, großherrlich 3. in der orient. Musik e–e Weise in der **dügâh**-Tonart 4. feiner Leinenbatist
hümayunname [·–––·] 1. *fr.* Handschreiben *n* des Sultans 2. ≗ Name der türk. Fassung von **Kelile ve Dimne** (Verf. **Beydeba;** *a.* **Bidpay**)
Hümaza suresi Name der 104. Koran-Sure
hümifikasyon s. **humuslaşma**
hümoresk, -ki *lit., mus.* Humoreske *f*
hümorizm s. **suyukçuluk**
hümur *selt.* (< *engl.* **humour**) Humor *m,* Schalkhaftigkeit *f,* witzige Laune
hümüs s. **humus** (I)
hüner 1. Talent *n,* Begabung *f,* 2. Kunst(-fertigkeit), Fähigkeit *f,* Geschick *n*
hünerli 1. talentiert, begabt, fähig, geschickt 2. kunstvoll (hergestellt)
hünersiz 1. untalentiert, unbegabt, ungeschickt 2. kunstlos, grob, roh (Werk)
hünersizlik 1. fehlendes Talent, mangelnde Begabung 2. Kunstlosigkeit *f,* grobe, rohe Gestaltung
hüngür hüngür laut schluchzend ~ ~ **ağlamak** laut schluchzen und weinen
hüngürdemek aufschluchzen (beim Weinen od. *fr.* bei dem Rezitieren religiöser Formeln od. Gebete; vgl. **zikir**)
hüngürtü (Auf-)Schluchzen *n*
hünkâr *va.* Herrscher, Sultan, Großherr *m* ~ **çavuşu** s. **mabeyinci çavuşu;** ~ **imamı** *hist.* der (in Anwesenheit des Sultans) das Gebet sprechende Imam ~ **imamı gibi** *hum.* der kleine Gernegroß ≗ **İskelesi Muahedesi** der russisch-türkische Vertrag von Hünkâr İskelesi (1833) (*fr.* Ortschaft am Ausgang des Bosporus) ~ **kalfası** *hist.* Dienerin *f* im Sultanspalast ~ **kayığı** *hist.* Kaik *m* des Sultans ~ **mahfili** s. **maksure; mahfili hümayun;** ≗ **suyu** *n.pr.* Name e–s beliebten Quellwassers aus Sarıyer (am Bosporus)
hünkârbeğendi *va.* 1. s. **beğendi** 2. s. **yenidünya** (3)
hünnap, -bı s. **çiğde**
hünnapgiller s. **cehrigiller**
hünsa(-lık) s. **erdişi(-lik)**
hür, -rrü frei, unabhängig ~ **irade** *phil.* freier Wille (nach europäischer Auffassung)
hürle s. **kara burçak**
hürmet, -ti 1. (Hoch-)Achtung, (erwiesene) Ehre, Ehrerweisung, Ehrerbietung, Verehrung *f,* Respekt *m* 2. Heiligkeit, Unverletzlichkeit *f* 3. *rel.* Verbot *n* (z. B. des Weingenusses) ~ **etmek** achten, respektieren, Achtung (Ehre) erweisen, Ehrerbietung bezeugen **-lerimle** (Briefschluß) Ergebenst Ihr ... Mit ergebenen Grüßen ... **-te kusur etmek** es an der nötigen Ehrerbietung mangeln lassen **-i mahsusa** *va.* besondere Hochachtung
hürmeten [×··] *Adv.* in Hochachtung (vor), aus Achtung (Respekt) (vor), mit Rücksicht (auf), ehrerbietig, achtungsvoll (b–nin) **hatırasına** ~ in achtungsvollem Gedenken; zum ehrenden Gedächtnis (von) **ihtiyarlığına** ~ mit Rücksicht auf sein hohes Alter **Kendisine** ~ **ayağa kalktılar.** Ihm zu Ehren erhoben sie sich von ihren Sitzen.
hürmetkâr voll Ehrerbietung, ererbietig
hürmetli 1. achtunggebietend, verehrungswürdig, ehrwürdig 2. *F* recht beachtlich, umfangreich, respektabel 3. s. **hürmetlü** Zu 2: ≗ **bir karnı** (*od.* **göbeği**) **var.** Er hat e–n respektablen Leibesumfang.
hürmetlice s. **hürmetli** (2)
hürmetlü (*fr.* Titul. nicht-isl. geistlicher Würdenträger:) Ehr-, Hoch-würden
hürmetsiz unehrerbietig, respektlos, ungebührlich
hürmetsizlik Mangel *m* an Ehrerbietung; Respektlosigkeit, Ungebührlichkeit *f*
Hürmüz *n.pr.* 1. Ormuzd (der Gott des Guten in der zoroastrischen Religion) 2. Ormus (Insel im Persischen Golf) 3. *mV* ~ **boğazı** *n.pr.* Straße *f* von Ormus (zwischen Pers. Golf und Golf von Oman) ~ **sakalı** Jupiterbart *m bot.* Anthyllis barba Jovis
Hüron silsileleri (*od.* **sıradağları**) *geol.* Huronische Formation *f*
hürredek alle auf einmal (z. B. angreifen)
hürriyet, -ti 1. Freiheit, Unabhängigkeit *f* *özgürlük 2. ≗ a) türk. Tageszeitung (Istanbul; gegr. 1948) b) *hist.* zwei türk. in London erschienene Zeitungen (1868–1870; 1894–1898) ≗ **Heykeli** (*od.* ≗ **Abidesi**) Freiheitsstatue *f* (in New York) ≗ **ve Anayasa Bayramı** türk. Nationalfeiertag (26./27. Mai) ≗ **ve İtilâf Fırkası** *hist.* osm. Partei für Freiheit und Verständigung (in Opposition zu **İttihat ve Terakki Fırkası**); **-e tecavüz** *jur.* Beeinträchtigung *f* der persönlichen Freiheit **-i bağlayıcı cezalar** *jur.* Freiheitsstrafen *pl.* **-i seçmek** die Freiheit wählen, in ein freies Land fliehen **-ten ıskat** *jur.* Freiheitsentzug *m*
hürriyetçi s. **hürriyetperver**
hürriyetli *selt.* frei, unabhängig ~ **tokat** Name e–s best. Wü.
hürriyetperver 1. freiheitsliebend 2. *pol.* liberal
hürriyetperverlik *pol.* Liberalismus *m*
hürriyetsiz unfrei
hürriyetsizlik Unfreiheit *f*
hürya [×·] *Adv.* alle auf einmal (z. B. eindringen) ~ **etmek** sich in Massen drängen (beim Ein- od. Ausgang)
hüsam [ā] 1. *va.* scharfes Schwert 2. ≗ (< **Hüsamettin**) *mV*
Hüseyin *n.pr.* 1. Enkel Mohammeds 2. *mV* ~ **Gazi Masifi** *n.pr.* (der Gebirgsstock) Hüseyin Gazi (östl. von Ankara, 1400 m)
hüseynî 1. *fr.* Borte *f,* Besatz *m* (an Damenkleidern) 2. *(in der türk. Musik)* a) e–e melod. Weise in der **dügâh**-Tonart b) der Ton E
Hüsmen ağa Typ *m* des thrazischen Fuhrmanns od. Ringers im Karagözspiel
hüsniyânım *V* eitel, stolz, eingebildet (Frau, Mädchen)
Hüsniye *wV*
hüsnüahlâk, -kı gute Führung, guter Leumund; Unbescholtenheit *f* ~ **sahibi olmak** gut beleumundet sein, e–n guten Leumund genießen
hüsnüamizeş [ī] *va.* gutes Einvernehmen
hüsnübey *V* sehr von sich eingenommen (Mann)
hüsnügüzel Aschenkraut *n,* Zinerarie *f bot.* Cineraria maritima

hüsnühal, -li [ā] gute Führung, guter Leumund; Unbescholtenheit *f* ~ **erbabından olmak** gut beleumundet sein, e–n guten Leumund genießen ~ **kâğıdı (mazbatası, şahadetnamesi, varakası, vesikası)** Führungs-, Leumundszeugnis *n* *iyi hal vesikası, doğruluk kağıdı ~ **sahibi olmak** s. **hüsnühal erbabından olmak**
hüsnühalühareket, -ti [··–···] s. **hüsnühal**
hüsnühat, -ttı Schön-schreiben *n*, -schrift *f*, Schönschreibe-, Schrift-kunst, Kalligraphie *f* *kaligrafi
hüsnühizmet, -ti gute Dienste *pl.*, gute Dienstleistung ~ **vesikası** Dienst-, Führungs-zeugnis *n* *bonservis
hüsnüidare [ā] *z. va.* gute Verwaltung, geschickte Leitung ~ **etmek** gut verwalten, geschickt leiten
hüsnüimtizaç, -cı *va.* gutes Einvernehmen; Harmonie *f*
hüsnüiptida [ā] s. **beraatı istihlâl**
hüsnüistimal, -li [···– –] *va.* richtige Verwendung, guter Gebrauch ~ **etmek** *va.* et. richtig verwenden; guten Gebrauch machen (von)
hüsnükabul, -lü [ū] gute Aufnahme ~ **etmek** gut aufnehmen ~ **görmek** gute Aufnahme finden, gut aufgenommen werden
hüsnükuruntu *hum.* naiver Optimismus; Illusion *f* **O, senin -ndur.** Mach dir doch nicht selber et. weis! Deinen Optimismus möchte ich haben!
hüsnümakta, -aı *lit.* vorletzter Doppelvers e–r Kasside od. e–s Gasels
hüsnümatla, -aı *lit.* zweiter Doppelvers e–r Kasside od. e–s Gasels
hüsnümisal, -li [ā] *z. va.* gutes Beispiel ~ **teşkil etmek** mit gutem Beispiel vorangehen
hüsnümuamele [ā] *z. va.* gute Behandlung, freundliche Aufnahme (Aufmerksamkeit, Liebenswürdigkeit) ~ **etmek** *z. va.* gut behandeln, freundlich aufnehmen
hüsnümuhafaza [···–··] sorgfältige Aufbewahrung ~ **etmek** sorgfältig aufbewahren, gut aufheben
hüsnümuaşeret, -ti [ā] *z. va.* Liebenswürdigkeit *f* im Umgang; ansprechendes Benehmen
hüsnünazar *va.* achtungsvolle Rücksichtnahme ~ **sahibi** *va.* rücksichtsvoll, entgegenkommend
hüsnüniyet, -ti Fehlen *n* von List und Hintergedanken; ehrlicher Wille; Aufrichtigkeit *f* *sağistem (s. a. **objektif, sübjektif h.**); ~ **sahibi** aufrichtig, ehrlich, guten Willens **-e aykırı** *jur.* wider Treu und Glauben **-le** *jur.* bona fide **-le hareket etmek** in gutem Glauben handeln
hüsnüniyetli gut-, wohl-gesinnt
hüsnüniyetsizlik *selt.* Verstoß *m* gegen Treu und Glauben; Handeln *n* gegen bessere Wissen; Unaufrichtigkeit *f*
hüsnüsuretle *z. va.* auf gute Art und Weise
hüsnüşöhret, -ti guter Ruf, guter Leumund ~ **sahibi olmak** in gutem Ruf stehen, e–n guten Leumund genießen
hüsnütabiat, -tı *z. va.* guter Geschmack, ästhetischer Sinn; Schönheitssinn *m*
hüsnütabir *z. va.* 1. s. **hüsnütefsir** 2. gut gewählter Ausdruck 3. *fr.* „schöner" *(ar. od. pers.)* Ausdruck (anstelle e–r turksprachlichen Bez.) 4. *iron.* grobe Ausdrucksweise
hüsnütalih [ā] Gunst *f* od. Geschenk *n* des Schicksals, Glück *n*, glücklicher Zufall
hüsnütalil [··– –] *stil.* ersonnene, phantastisch-dichterische „Erklärung" irgendeiner Erscheinung (RYPKA), poetische Ätiologie *hüsnütevcih
hüsnütefsir [ī] günstige Auslegung
hüsnütelakki [····–] *z. va.* gute Aufnahme ~ **etmek** *z. va.* warm begrüßen, freudig aufnehmen (z. B. e–e Nachricht), et. gut vermerken
hüsnütesadüf [ā] glückliches Zusammentreffen
hüsnütesir [··– –] *z. va.* günstige Wirkung, angenehmer Eindruck
hüsnütevcih [ī] s. **hüsnütalil**
hüsnüyusuf [··–·] Bart-, Samt-nelke *f bot.* Dianthus barbatus
hüsnüzan, -nnı *z. va.* 1. gute Meinung (die man von j–m hat) 2. Wohlwollen *n*, Freundlichkeit *f*, Entgegenkommen *n*
hüsran [ā] 1. Nachteil, Schaden, Verlust *m* 2. Entbehrenmüssen *n*, Mangel *m* 3. Enttäuschung, Frustrierung *f*, Fehlschlag *m* 4. tief empfundener Schmerz **-a uğramak** e–n Fehlschlag erleben; enttäuscht werden
hüsrev s. **husrev**
hüsün, -snü *va.* Schönheit *f* ~ **vermek** *va.* Schönheit verleihen, verschönern **ilmi** ~ *va.* Ästhetik *f* *estetik
Hüt dağı gibi (Frauensprache; bei Begriffen des Dickseins) furchtbar, schrecklich ~ ~ ~ **şişmek** (*od.* **kabarmak**) 1. furchtbar anschwellen, schrecklich dick werden (Füße, Bauch usw.) 2. schier platzen wollen
hüthüt (Ruf des Wiedehopfs) *huphup ~ **gözü** Sumpf-Vergißmeinnicht *n bot.* Myosotis palustris ~ **kuşu** s. **huphup kuşu**
hütta s. **Hüt dağı (gibi)**
hüve *va.* 1. er, es *o 2. Gott *Tanrı ~ (*od.* **-si**) **-sine** ganz genau, haargenau, vollkommen **Hüvel baki.** (*ar.* Inschrift auf Grabsteinen) (Nur) Gott ist ewig.
hüveyda [ā] *va.* klar, deutlich, evident *açik, besbelli
hüveyn(-at) s. **huveyn(-at)**
hüveysal s. **huveysal**
hüviyet, -ti 1. Identität *f* (e–r Person) *kimlik 2. Verk. von ~ **cüzdanı** 3. persönliche Note; Persönlichkeit *f* 4. ♀ *wV* ~ **cüzdanı (varakası, vesikası)** Personalausweis *m*, Ausweis-, Kenn-karte *f* *kimlik belgesi ~ **fişi** (*od.* **markası**) *mil.* Erkennungsmarke *f* **-i meçhul** (noch) nicht identifiziert **-ini ispat etmek** sich (über seine Person) ausweisen **-ini tespit etmek** (b–nin) j–s Personalien feststellen, j–n identifizieren
hüzal, -li [ā] *va.* 1. Abgemagertsein *n* 2. Erschöpfung, Kraftlosigkeit *f*
hüzün, -znü Traurigkeit, Betrübnis *f*, Kummer *m*, Schwermut, Melancholie *f*
hüzünlenmek traurig (betrübt, bekümmert, schwermütig, melancholisch) werden
hüzünlü 1. (Person od. Sache) traurig, schwermütig, melancholisch 2. (Person) betrübt, bekümmert
hüzünsüz 1. ohne Trauer (Betrübnis, Kummer) 2. glücklich, angenehm
hüzzam [ā] e–e melod. Weise in der türk. Musik

I

ı, I 11. Buchst. des türk. Alph. (Lautung: ähnlich wie **e** in deutsch: **Gabe,** jedoch weiter hinten gesprochen; *a.* als haupttoniger Silbenträger)
ıblık, -ığı *dial.* 1. Kapaun *m* 2. verschnitten, kastriert ~ **etmek** zum Kapaun machen (Hahn)
-ıcı s. **-ici**
ıcığı cıcığı s. **iciği ciciği**
ıçkırık; ıçkırma(-k) s. **hıçkırık; hıçkırma(-k)**
ıdlâl, -li Irreleiten *n*, Abbringen *n* vom richtigen Weg ~ **etmek** irre-führen, -leiten, vom rechten Weg abbringen
Iğdır *n.pr.* Städtchen u. D. am Ararat im Rbz. Kars
ığıl Lm. e–s Plätscherns od. reichlichen Fließens ~ ~ **akmak** plätschernd (murmelnd, gluckernd) dahinfließen ~ ~ **terlemek** stark schwitzen
ığrıp, -bı 1. *naut.* Schleppnetz *n*, Kurre *f* (zum Fischfang) 2. *dial.* List *f*, Trick, Kunstgriff *m* ~ **çevirmek** *fig.* e–n guten Fang tun ~ **demiri** s. **filika demiri;** ~ **etmek** *fig.* j–n überrunden, j–m den Rang ablaufen ~ **halatı** Schleppseil *n* ~ **kayığı** Fischerboot mit fünf Ruderpaaren; s.a. **bir -la**
ığrıpçı *dial.* Schwindler, Prahlhans *m*
ığripar *naut., hist.* großes Kriegs- od. Last-schiff *n*
ıh (I) (Zuruf für ein Kamel, das niederknien soll) Nieder!
ıh (II) **ıh** 1. (Ausruf der Müdigkeit, des Keuchens od. Verdrusses) och, och! 2. mühsam, japsend
ıhı *V* Haschisch *n*
ıhlamak 1. s. ıhmak 2. vor Erschöpfung kaum mehr japsen können **ıhlaya pıhlaya** keuchend; schwer atmend
ıhlamur 1. **(ağacı)** Linde *f bot.* Tilia (cordata u.a.) 2. Lindenblütentee *m* 3. aus Lindenholz hergestellt, Lindenholz- ~ **çiçeği** Lindenblüte *f* ~ **kelebeği** Lindenschwärmer *m zo.* Mimas tiliae ~ **tahtası** Lindenholzbrett *n*
ıhlamurgiller Lindengewächse *pl. bot.* Tiliaceae *zizefuniye
ıhlatmak niederknien lassen (Kamel)
ıhmak niederknien (Kamel)
ıhtırmak s. **ıhlatmak** (1)
ıı(-h) *F* s. **aa(-h)**
ık, -kı (Laut bei Erstickung od. Erdrosselung) ~ **vık yapmak** aufmucken, Widerstand leisten
ıkıl ıkıl Lm. des Keuchens ~ ~ **nefes almak** nach Luft ringen; keuchen
ıkınmak 1. den Atem anhalten (bei Kraftanstrengung) 2. keuchen, stöhnen 3. *fig.* sich sehr abmühen, sich krampfhaft bemühen **ıkına sıkına** 1. keuchend, stöhnend 2. mit zusammengebissenen Zähnen, unter großer Kraftanstrengung, nur mit größter Mühe; mit Ach und Krach **ıkınıp sıkınmak** sich sehr abmühen, sich krampfhaft bemühen **Ikındı sıkındı, bir cevap bulup veremedi.** Er suchte krampfhaft nach e–r Erwiderung, konnte aber keine finden.
ıkıntı 1. Anhalten *n* des Atems (bei Kraftanstrengung) 2. Keuchen, Stöhnen *n* 3. *fig.* krampfhaftes Bemühen, verzweifelte Anstrengung
ıklamak 1. keuchen, stöhnen 2. unter halb ersticktem Schluchzen vor sich hinweinen 3. *fig.* unter e–r Last od. Anstrengung beinahe zusammenbrechen **ıklaya sıklaya** 1. ächzend und stöhnend 2. nur mit größter Anstrengung, nur mit Aufbietung aller Kräfte
ıklatmak Kaus. zu **ıklamak;** *a.* 1. *F* j–n sich abzappeln lassen 2. j–n einschüchtern
ıklığ; ıklık *reg.* s. **gırçak**
ıklım tıklım gestopft (gepfropft, gepreßt, bis an den Rand, *F* gerammelt) voll
ıklim s. **iklim**
ıkta [ā], **-aı** 1. *hist.* die Vergebung e–s Lehens od. e–r Steuerpacht durch den Sultan 2. *va.* Verstummenlassen *n* (durch überzeugende Beweise)
ıktida [ā] *va.* Befolgung *f* e–s Beispiels; Nacheiferung *f* ~ **etmek** (b–ne) sich j–n als Vorbild nehmen, j–m nacheifern
ıktifa [ā] *va.* Hinterdreingehen, Folgen *n* ~ **etmek** *va.* hinterdreingehen, folgen
ıktifaen [ā] *(va. Adv.)* (m. Dat.) in Ausführung (Befolgung), gemäß, entsprechend **bu emirnameye** ~ in Ausführung dieses Erlasses
ılgamak *va.* in vollem Galopp reiten
ılgar 1. voller Galopp 2. berittener Angriff; Raubzug *m* zu Pferde ~ **etmek** 1. frei dahingaloppieren (Pferd) 2. e–n berittenen Angriff od. Einfall unternehmen
ılgarcı *fr.* wer an e–m berittenen Einfall in Feindesgebiet teilnahm
ılgarlamak s. **ılgar etmek**
Ilgaz *n.pr.* (*fr.*: **Koçhisarıbalâ**) O. u. D. im Rbz. Çankırı
ılgım; ılgımsalgım s. **serap**
ılgın (ağacı) 1. Tamariske *f bot.* Tamarix orientalis 2. französische Tamariske *bot.* Tamarix gallica *katır çiçeği ağacı
Ilgın *n.pr.* Städtchen u. D. im Rbz. Konya
ılgıncar 1. wilde Kirsche *f* 2. s. **algoncar**
ılgıngiller Tamariskengewächse *pl.bot.* Tamaricaceae
ılgınlık Tamariskenwäldchen *n*
ılgıt ılgıt sanft, lind, langsam (wehend od. dahinfließend)
ılı s. **ılık**
ılıca 1. s. **ılı; ılık** 2. natürliche heiße Quelle 3. Heil-, Thermalbad *n* *kaplıca ~ **ördeği** *hum.* wer e–e ruhige Kugel zu schieben pflegt
ılıcak *P* lauwarm, überschlagen
ılık lau(-warm) (Wasser, Luft usw.)
ılıkça s. **ılıcak**
ılıklanmak lauwarm werden
ılıklık lauwarmer Zustand; Milde *f* (des Klimas)
ılım 1. s. **ölçülülük** 2. s. **bahar noktası; ekinoks**
ılımak s. **ılınmak**
ılıman 1. mäßig (z.B. Feuer beim Kochen) 2. mild, gemäßigt (Klima) ~ **kuşak** *geogr.* gemäßigte Zone *orta kuşak
ılımlı gemäßigt, maßvoll
ılımlılık maßvolles Verhalten; Mäßigung *f*
ılındırmak lauwarm werden lassen
ılınmak; ılışmak lauwarm werden
ıliman *P* für **liman**
ılkı *P* 1. frei grasendes Pferderudel 2. Vierfüßer *pl.* (Tiere)
ımızgamak *P* s. **ımızganmak**
ımızganma Vs. zu **ımızganmak** *spez.* Halbschlaf *m* ~ **halleri** *psych.* hypnoide Zustände *pl.* *birsam halleri, sanrı halleri
ımızganmak 1. im Halbschlaf liegen *uyuklamak 2. unschlüssig zaudern 3. halb erloschen sein (Feuer)
ımlık s. **ıblık**
-(ı)msi, -(ı)mtırak s. **-(i)msi, -(im)tırak**
ıncalız *P* wildwachsende Zwiebelart, die zu Essiggemüse **turşu)** verwendet wird
ınk Mucks, Laut *m* ~ **demek** e–n Mucks, Laut von sich geben *F* Piep sagen
-ınnan *dial.* für **ile** (z.B. **babasınnan = babasiyle)**
ıpıslak klatschnaß
ıpıssız vollkommen menschenleer
ıptî [ī] *an.* Achsel-, axillar **nahiyei ıptiye** s. **koltukaltı bölgesi**
ır *P* Gesang *m*, Lied *n*, Melodie *f*
ıra(-bilim) s. **karakter(-oloji)**

ırak (I) weit, fern, entfernt, entlegen *uzak
ırak (II) e–e melod. Weise in der türk. Musik
Irak, -kı *n.pr.* 1. Irak *m* 2. (*fr.a.* **-ı Acem; -ı Acemî,** *heute a.* **Iran Irakı**) die Landschaft Irak im westl. Persien **-ı Arap; -ı Arabî** *va.* s. **Irak** (I)
ırakgörücü s. **gök** ~
ırakgörür Fernrohr, Teleskop *n;* s.a. **gök -ü**
ıraklama lit. Abschweifung *f* vom Thema (beim Schreiben od. Reden)
ıraklanmak; ıraklaşmak *P* sich entfernen
Iraklı 1. Iraker(-in *f*) *m* 2. irakisch
ıraklık Fern-, Entfernt-, Entlegen-Sein *n* ~ **açısı** s. **paralaks**
ıraksak *math., phys.* divergent, divergierend *mütebait ~ **mercek** *opt.* Zerstreuungslinse *f*
ıraksama 1. Vs. zu **ıraksamak** 2. *math.* Divergenz *f* 3. *phys.* Elongation *f* *(2, 3) tebaüt
ıraksamak 1. glauben, daß et. weit entfernt ist 2. für unwahrscheinlich halten *(1, 2) istib'at etmek
ıraksı devinim *astr.* parallaktische Bewegung
ıraksınmak s. **ıraksamak**
ıralamak charakterisieren, kennzeichnen; kennzeichnend sein (für) *karakterize (tesciye) etmek
ıralayan s. **vasfı mümeyyiz**
ıramak *dial.* sich entfernen, sich trennen
ırasal s. **karakteristik**
ırgadiye *va.* 1. Arbeitsverpflichtung für einige Tage 2. der hierfür bezahlte Lohn
ırgalamak 1. schütteln, rütteln, stoßen, hin- und herbewegen 2. *V* interessieren *ilgilendirmek
ırgantı köprü s. **kaldırma köprü**
ırgat, -tı, -dı 1. Schwer- *spez.* Bau-arbeiter *m* *rençper 2. (Gang-, Anker-)Spill *n* (m. senkrechter Welle), Winde *f* (m. waagerechter Welle) ~ **başı** Vorarbeiter *m* (beim Bau), Polier *m* ~ **bedeni** Trommel *f* des Gangspills ~ **gibi çalışmak** Schwerarbeit verrichten ~ **kastanyolası** *naut.* Pall *n*, Sperrkegel *m*, -klinke *f* ~ **kastanyolası yatağı** *naut.* Pall-kranz, -ring *m* ~ **manivelası** Spill-, Handspake *f* ~ **mihveri** *naut.* Welle *f* e–s Gangspills ~ **pazarı** Sammelplatz *m* der Arbeitsuchenden, Arbeiterbörse *f* ~ **pazarına döndürmek** (bir yeri) ein heilloses Durcheinander anrichten ~ **yatağı** *naut.* Gangspillfischung *f* **ın yatıkları** *naut.* Spillklampen *pl.*, Ausfütterung *f* des Spills
ırgatlık Tätigkeit *f* od. Lohn *m* e–s **ırgat**
ırgatmak s. **ırgalamak**
ırıp s. **ığrıp**
ırk, -kı 1. *va.* Wurzel *f*, Ursprung *m*, Ader *f* 2. Art, Abstammung *f* 3. Rasse *f* 4. *gel.* Stamm *m*, Volk *n* ~ **ayrımı** (*od.* **tefriki**) Rassentrennung *f* ~ **kırımı** s. **jenosit** ~ **münafereti** Rassenhaß *m*
ırkan [×·] *Adv.* der Rasse nach, rassisch
ırkbilim Rassenkunde *f* *rasyoloji
ırkbilimsel rassenkundlich *rasyolojik
ırkçı 1. Rassen-, völkisch 2. Anhänger(-in *f*) *m* des Rassenstandpunkts, Verfechter(-in *f*) *m* des Rassengedankens, rassistisch *rasist
ırkçılık Rassenpolitik *f*, Rassismus *m* *rasizm ~ **politikası** Politik *f* der Rassentrennung (z.B. Südafrika)
ırkıyat, -tı [ā] *va.* s. **etnoloji**
ırkî rassisch, rassenmäßig, Rassen- ~ **karışma** s. **melezleşme**
ırksal s. **ırkî**
ırktaş 1. von gleicher Rasse 2. *gel.* Stammes-, Volks-genosse *m*
ırlamak *selt.* singen *şarkı söylemek
ırmak Fluß, Strom *m* (der ins Meer mündet) *nehir ~ **ardıcı** s. **çil ardıcı;** ~ **ayağı** Nebenfluß *m* ~ **dalgıcı** Flußtaucher *m zo.* Podiceps fluviatilis ~ **domuzu** Flußschwein *n zo.* Potamochoerus porcus ~ **inci midyesi** Flußperlmuschel *f zo.* Margaritana margaritifera ~ **kırlangıcı** Fluß-Seeschwalbe *f zo.* Sterna fluviatilis ~ **midyesi** Malermuschel *f zo.* Unio pictorum ~ **ovası** Flußniederung, Au *f* ~ **ötleğeni** Schlagschwirl *m zo.* Locustella fluviatilis ~ **taşemeni** Flußneunauge *n*, Prikke *f zo.* Lampetra fluviatilis ~ **yunusbalığıgiller** Flußdelphine *pl.zo.* Platanistidae
ırmık (halatı) *naut.* Schlepp-, Bugsier-tau *n*
ırvalamak (den auszurollenden Teig) mit Mehl bestreuen
ırz (weibliche) Ehre, Ehrbarkeit, Achtbarkeit, Züchtigkeit, Unbeflecktheit *f* ~ **düşmanı** Mädchen-, Kinderschänder ~ **ehli** unbescholten, ehrbar, züchtig, tugendsam **-a geçme** *jur.* gewaltsame Unzucht **-a tasallut** Verletzung *f* des Schamgefühls **-a tasaddi** unzüchtige Handlung **-ı kırık** s. **iffetsiz; -ına dokunmak** 1. s. **-ına geçmek** 2. gegen j–s Ehre gehen **-ına geçmek** (*od.* **tecavüz etmek**) 1. (b–nin) schänden, notzüchtigen, vergewaltigen 2. (bsin) et. mißbrauchen, entehren **-ını bozmak** deflorieren, entjungfern
ırza, -ai [ā] *va.* Säugen, Stillen *n* ~ **etmek** *va.* säugen, stillen
ırzlı ehrbar, tugendhaft, züchtig
ırzsız s. **namussuz**
ıs *va.* 1. Person *f*, Mann *m* 2. Herr, Besitzer, Eigentümer *m* 3. (An-)Zeichen *n* für die Anwesenheit von Menschen
ısdar [ā] *va.* Erlassen *n* (von Gesetzen) ~ **etmek** *va.* erlassen (Gesetze)
Isfahan 1. *n.pr.* Isfahan (pers. Stadt) 2. ≗ *mus.* e–e Weise in der **dügâh**-Tonart
ısgara s. **ızgara**
ısı 1. Wärme, Temperatur *f* *hararet 2. heiß *sıcak 3. *dial.* scharf ~ **dam** *P* türkisches Bad; Hamam *n* ~ **izolasyonu** s. **ısıl yalıtım;** ~ **kaynağı** Wärmequelle *f* ~ **kuşak** *geogr.* heiße (od. tropische) Zone *mıntıkai hârre ~ **motörü** *phys.* Wärmekraftmaschine *f* *hararet motörü ~ **ot** *dial.* Pfeffer-, Paprika-schote *f* *biber ~ **yapımı** Wärmeerzeugung *f* (bei Tieren)
ısıalan *chem.* endotherm, wärmebindend *endotermik, hafiyülharare
ısıcak recht warm
ısıdenetir s. **termostat**
ısıl 1. Wärme-, thermisch, kalorisch *harurî 2. wärmeleitend ~ **yalıtım** Wärme-schutz *m*, -dämmung *f*
ısılık 1. Wärme, Temperatur *f* 2. Hitzebläschen *pl.*
ısın s. **kalori**
ısınak Heizgerät *n* (Ofen, Herd usw.)
ısınma Vs. zu **ısınmak;** ~ **ısısı** *phys.* spezifische Wärme *harareti mahsusa
ısınmak 1. warm werden, sich erwärmen 2. *techn.* sich warmlaufen 3. *fig.* (m. Dat.) sich erwärmen (für), sich befreunden (mit), sich gewöhnen (an) Zu 1: **Ortalık ısındı** a) Es ist wärmeres Wetter geworden. b) Das Zimmer hat sich erwärmt. Zu 3: **Bu işe bir türlü ısınamadım.** Damit habe ich mich nicht recht befreunden können.
ısıölçer *phys.* Kalorimeter *n*, Wärmemesser *m* *kalorimetre
ısıölçme Wärmemessung, Kalorimetrie *f* *kalorimetri
ısıran *dial.* 1. Teigkratze *f* od. Brotschieber *m* (e–s Bäkkers) 2. Schürhaken *m*, Aschenkratze *f*
ısırgan 1. brennend, beißend, bissig 2. **(otu)** Brennessel *f bot.* Urtica 3. *spez.* Pillennessel *f bot.* Urtica pillulifera; s.a. **büyük (küçük)** ~ **otu** 4. Brenndolde *f bot.* Cnidium ~ **balığı** Hornhecht *m zo.* Belone acus ~ **tüy** *bot., zo.* Brennhaare *pl.*
ısırgangiller Nesselgewächse *pl. bot.* Urticaceae *encüriye
ısırgı *med.va.* s. **yılancık** (2)
ısırgın *va.* s. **isilik**
ısırıcı 1. beißend 2. *fig.* schneidend (z.B. Kälte) 3. wundreibend (Stoff)
ısırık 1. Biß-wunde od. -narbe *f* 2. Bissen *m* Zu 2: **Bir** ~

elma ver! Lass mich doch auch einmal an dem Apfel beißen!
ısyırmak 1. (ab-)beißen 2. *fig.* Schlechtes sagen (über), diffamieren Zu 1: **Köpek, çocuğu bacağından ısırmış.** Der Hund hat den Jungen ins Bein gebissen. s.a. **gözü (parmak) ~; Isıran** (*od.* **ısıracak) it diş göstermez.** *Spr.* Gefährliche Menschen sehen oft harmlos aus.
ısıtıcı 1. wärmend, heizend 2. *techn.* Heizgerät *n*, *(Radio)* Heizkörper *m*
ısıtım (Raum-)Heizung *f* *teshin
ısıtma 1. Vs. zu **ısıtmak** 2. *P* für **sıtma; ~ döşemcisi** Heizungsmonteur *m* **~ kuvveti** Heizkraft *f* **~ tertibatı** Heizanlage *f*
ısıtmak 1. warm machen, (er-, an-)wärmen, heizen 2. *fig.* (b–ne) allmählich lieben lassen, gewöhnen (an) **ısıtıp ısıtıp önüne koymak** *fig.* immer wieder aufwärmen, immer wieder aufs Tapet bringen (alte Geschichte)
ısıveren *chem.* exotherm, (Wärme abgebend) *naşirülharare
ıska 1. *Fb.* Fehlschuß *m* 2. *V* s. **yok; ~ geçmek** *F* 1. träumen, dösen, nicht bei der Sache sein 2. überhören, übersehen, sich et. entgehen lassen 3. verfehlen (Zielscheibe, Tor usw.)
ıskaça [·×·] *naut.* Mastloch *n* **-ya oturtmak** *naut.* einlassen, aufrichten (Mast)
ıskala [·×·] 1. *mus.* Tonleiter *f* 2. Fingerübung *f* (*spez.* auf M.i) 3. (Radio- usw.) Skala *f* **~ geçmek** *F* schnell und verworren reden **~ yapmak** Fingerübungen machen
ıskalamak *(Sport spez. Fb.)* das Ziel verfehlen
ıskalara [··×·] **ıskalarya** *naut.* 1. Webeleine *f* (an den Wanten befestigtes Quertau) 2. Fallreep(-s-treppe *f*) *n* (auf Kriegsschiffen) **~ bağı** *naut.* Webeleinstek *m* *kazık bağı **~ bağlamak** mit Webeleinen versehen
ıskampaviya s. **iskampaviya**
ıskanca (-vardiya) *naut.* 1. Ablösung *f* der Deckwache 2. Zeit *f* dieser Ablösung **~ etmek** die Deckwache ablösen
ıskandil s. **iskandil**
ıskaparma [··×·] *naut.* Chartepartie *f*
ıskara s. **ızgara**
ıskarça [·×·] 1. *naut.* voll beladen (Schiff) 2. *naut. u. allg.* gesteckt voll (Hafen mit Schiffen; Kino, Straßenbahn usw. mit Personen)
ıskarlat, -tı 1. scharlachroter Woll- od. Seiden-stoff 2. (in Bed.erweiterung) ähnlicher grüner od. weißer Stoff
ıskarmoz (1–3 *naut.*) 1. Dolle, Ruderklampe *f*, Zepter *n*, Rundsel *n* 2. Spalt *m*, Ritze, Fuge *f* 3. Spant, Auflanger *m* (*spez.* der sechste); Spanten(-werk *n*) pl., Inholz *n* 4. Pfeilhecht *m zo.* Sphyraena sphyraena *zurna balığı (2)
ıskaroz (balığı) Papageifisch *m zo.* Scarus cretensis *papağan balığı
ıskarpa [·×·] *mil.* steile Grabenböschung
ıskarpela [··×·] 1. Stechbeitel *m*, Stemmeisen *n* (des Tischlers) 2. (Zahn-)Meißel *m* (des Bildhauers)
ıskarso [·×·] *naut.* 1. s. **ıskaparma** 2. steife Brise
ıskarta [·×·] 1. *Ka.* weg- od. ab-gelegte Karten 2. wertlos geworden (Ware) 3. Abfall *m*, Gerümpel *n* **~ etmek** *od.* **-ya çıkarmak** 1. beiseite legen, ablegen 2. *fig.* für unbrauchbar (untauglich) ansehen od. erklären, *F* zum alten Eisen werfen **~ kâğıt** Ausschuß-, Abfall-papier *n* (in der Druckerei) **~ mal** Ausschuß-, Ramsch-ware *f* **-ya çıkmak** Pass. zu **-ya çıkarmak** (*spez.* 2)
ıskat, -tı [·–] 1. Fallenlassen *n* 2. Streichung, Annullierung *f* 3. (bşden) Aberkennung, Entziehung *f*, Entzug *m* 4. **(parası)** Almosen *n* für das Seelenheil von Verstorbenen, die ihre Gebete nicht erfüllt od. das Fasten nicht gehalten haben **~ edici müddet** *jur.* Verwirkungs-, Präklusiv-, Ausschlußfrist *f* *hak düşümü süresi **~ etmek** 1. fallen lassen 2. streichen, annullieren 3. (m.Abl.) (e–r Sache) für verlustig erklären (z.B. e–r Staatsbürgerschaft, e–s Mandats usw.) **~ müruruzamanı** (*od.* **zamanaşımı**) *jur.* Extinktivverjährung, Buchversitzung *f* *düşürücü yıllanma (*od.* zamanaşımı) **-ı cenin** Abtreibung *f*, Fehlgeburt *f* *çocuk düşürme
ıskata [·×·] *V* s. **bok**
ıskatçı 1. **(hoca)** wem das **ıskat parası** genannte Almosen gegeben worden ist 2. Friedhofsbettler *m*
Iskoda bacak *V* (nach den Hinterrädern des Skoda-Autos) X-Beine *pl.*
ıskona s. **ıskuna**
ıskonto [·×·] 1. Diskontierung *f* 2. Diskont *m* 3. Rabatt *m*, Skonto *m*, *n*, Abzug, Preisnachlaß *m* 4. Abziehen, Absetzen, Abstreichen *n* (e–r best. Menge) **~ bankası** Wechsel-, Diskont-bank *f* **~ cüzdanı** Portefeuille *n*, Wertpapier- und Wechselbestand *m* (e–r Bank) **~ etmek** 1. diskontieren (Wechsel) *kırmak 2. abstreichen, absetzen, abziehen, nicht rechnen Zu 2: **Bu sözlerin yarısını ~ etmeli.** Die Hälfte von dem was er daherredet, muß man abstreichen. **~ ettirmek** zum Diskont geben, diskontieren lassen *kırdırmak **~ fiyatı (haddi, nispeti)** Diskontsatz *m* **~ senetleri** diskontierte Wechsel *pl.*
ıskopamar *naut.* Unterleesegel *n*
ıskorbüt s. **iskorbüt**
ıskota [·×·] *naut.* Schot(-e) *f* (Leine zur Bedienung des Segels) **~ bağı** s. **sancak bağı; ~ yakası** *naut.* Schothorn *n*
ıskuna [·×·] *naut.* Schoner *m* (kleineres, mst. zweimastiges Segelschiff)
ıskuvar (*engl.* **square**) s. **mahalle bahçesi**
ıslah [ā] 1. (Ver-, Auf-)Besserung, Auffrischung, Reformierung, Neugestaltung *f* 2. *agr.* Veredelung (e–r Art od. Gattung durch systematische Zucht) 3. Zur-Vernunft-Bringen *n* 4. *jur.* Berichtigung, Änderung *f* von Parteihandlungen (im Prozeß) **~ etmek** 1. (ver-, auf-)bessern, auffrischen, reformieren, neugestalten 2. *agr.* veredeln 3. zur Vernunft (Räson), auf den richtigen Weg bringen **~ olmaz** *F* unverbesserlich **-ı beyn etmek** *va.* vermitteln, versöhnen, ausgleichen, das gute Einvernehmen wieder herstellen *aralarını bulmak **-ı büzur** *agr.* Samenveredelung *f* *tohum ıslahı **-ı hal etmek** *va.* sich bessern, ein besseres Benehmen an den Tag legen **-ı nefsetmek** sich bessern, in sich gehen
ıslahat, -tı [·––] (*Pl.* zu **ıslah** *gel.a.in Sg.Bed.*) Verbesserung(-en *pl.*) *f*, Reform(-en *pl.*) *f*, Reformierung *f* **~ yapmak** Verbesserungen, Reformen durchführen **-ı adliye** *va.* Justizreform(en *pl.*) *f*
ıslahatçı [·––·] 1. reformierend, reformerisch, Reform- 2. Reformer(-in *f*) *m*
ıslahatçılık [·––··] Reformbestrebungen *pl.*
ıslahatperver [·––··] *va.* reform-freudig, -eifrig, -lustig
ıslahevi, -ni Besserungsanstalt *f*
ıslahhane [·––·] 1. s. **ıslahevi** 2. *hist.* osm. Bez. für die ersten Berufsschulen
ıslak feucht, angefeuchtet, naß, durchnäßt **~ karga** 1. pudel-, klatsch-naß 2. *V* Angsthase *m*, Memme *f* 3. träge, schlafmützig (Frau, Mädchen) **~ kargaya** (*od.* **sıçana**) **dönmek** 1. pudel-, klatsch-naß werden 2. *fig.* (durch Schläge) übel zugerichtet werden 3. *V* Angst (*V* Schiß) bekommen **~ kazı** Radierung *f*
ıslaklık Feuchtigkeit, Nässe *f*
ıslamak *va.* s. **ıslatmak**
ıslanmak feucht (naß, durchnäßt) werden **Islananın yağmurdan korkusu olmaz.** *Spr.* Ist man erst einmal naß geworden, so hat man vor dem Regen keine Angst mehr.
ıslatıcı 1. befeuchtend 2. Anfeuchter *m*
ıslatmak 1. an-, be-feuchten, benetzen, durchnässen 2. *V* schlagen, prügeln, durchhauen 3. ein freudiges Ereignis

feiern; et. „begießen" 4. *gel.* zusammenstauchen; e–n scharfen Verweis erteilen
Islav s. **Slav**
ıslık Pfeifen *n*, Pfiff *m* ~ **çalmak** 1. pfeifen 2. vor sich hin pfeifen, *F* flöten 3. zischen (Schlange, Gans) 4. (b–ne) s. **ıslıklamak;** ~ **tufanı;** Pfeifkonzert *n* (als demonstrative Ablehnung)
ıslıkçı ördek Pfeifente *f zo.* Anas penelope
ıslıklama Vs. zu **ıslıklamak;** *Th.a.* Zischen *n*
ıslıklamak (b–ni) auspfeifen, mit Pfiffen empfangen
ıslıklı 1. mit (unter) Pfeifen 2. Zisch- ~ **Alp tavşanı** sibirischer Pfeifhase *zo.* Ochotona alpinus ~ **cüce tavşan** Zwergpfeifhase *m zo.* Ochotona pusillus ~ **ünsüz** *phon.* Zischlaut *m*
ısmarlama 1. Vs. zu **ısmarlamak** 2. auf Bestellung gemacht *spez.* nach Maß angefertigt, Maß- 3. *fig.* gekünstelt, unnatürlich ~ **ayakkabı** Maßschuhe *pl.* ~ **elbise** Maßanzug *m* ~ **haç, haç olmaz** (*od.* **kabul olunmaz**). *Spr.* Persönliche Pflichten kann man nicht von anderen erfüllen lassen.
ısmarlamak 1. (b–ne) bei j–m et. bestellen 2. (b–ne) für j–n et. bestellen od. bringen lassen 3. sich et. mitbringen lassen 4. j–s Schutz od. Fürsorge empfehlen; anheimstellen 5. j–m et. auftragen, j–n et. heißen 6. *P* rufen *çağırmak Zu 1: **Dün terziye bir elbise ısmarladım.** Gestern habe ich mir bei dem Schneider e–n Anzug bestellt. Zu 2: **Oturun da size dondurma ısmarlayayım!** Setzt euch, ich will euch Eis bringen lassen! Zu 3: **Ben çarşıya gidiyorum, bir şey ısmarlayacak mısınız?** Ich gehe jetzt einkaufen; soll ich Ihnen vielleicht et. mitbringen? Zu 4: s. **Allaha ısmarladık** Zu 5: **Ben sana böyle mi ısmarladıydım?** Hatte ich dich etwa solches geheißen?
ısmarlanan s. **müteahhit** (2)
ısmarlayan s. **iş sahibi** (3)
ıspala (Schneiderei) Schulterteil *m*
ıspanak 1. Spinat *m bot.* Spinacia oleracea 2. *V* einfältig, dumm, blöd ~ **yumurtalı** *(Restaurantsprache)* Spinat mit Ei
ıspanakgiller Gänsefußgewächse *pl. bot.* Chenopodiaceae *isfenahiye
ıspanakzade [···–·] *V* s. **ıspanak** (2)
ıspango [·×·] *naut.* e–e best. Schnurart (für die Herstellung besonderer Fischnetze)
ısparçana [··×·] *naut.* 1. Marling, Marlleine *f* 2. Kardeel *n* e–r Kabeltrosse ~ **bükümü** *naut.* Kabelschlag *m* ~ **bükümü halat** *od.* ~ **halatı** (neunkardeeliges) Kabel ~ **etmek** (ein Tau) bekleiden, marlen
ısparmaça [··×·] *naut.* Sich-ineinander-Verschlingen *n* mehrerer Ankerketten; Unklarwerden *n*
ısparoz (balığı) Ringelbrassen *m zo.* Diplodus annularis
Isparta *n.pr.* 1. Stadt im gln. Rbz. (Südwestanatolien) 2. Sparta, Lazedämon (in Griechenland) ~ **gülü** Damaszenerrose *f bot.* Rosa damascena *sakız gülü; Şam gülü ~ **halısı** Smyrnateppich *m*
Ispartalı 1. Einwohner(-in *f*) *m* von Isparta (1) 2. Spartaner(-in *f*) *m*, spartanisch
ıspatula s. **spatül**
ıspavli [·×·] *naut.* Segelgarn *n*
ıspazmoz *med.* Krampf, Spasmus *m* *ihtilâç
ısplata [·×·] *naut.* e–e best. Barkenart (mit Flachboden)
ısrar [ā] 1. Beharren, Bestehen *n* (auf) 2. Beharrlichkeit, Hartnäckigkeit *f* 3. *jur.* Beharren *n* e–s nachgeordneten Gerichtes auf seiner vom Kassationshof aufgehobenen Entscheidung ~ **etmek** 1. (bşde) bestehen, beharren (auf), nicht abgehen (von) 2. (bir nokta üzerinde) et. besonders betonen, hervorheben 3. (bşi yapmakta) ~ **edip durmak** et. unentwegt weiter tun ~ **üstüne** ~ **etmek** nun erst recht (mit doppeltem Nachdruck) auf et. bestehen **-ı sürdürmek** (bşde) festhalten (an), weiter bestehen (auf) **-la** beharrlich, hartnäckig, unentwegt, unablässig **-la durmak** (bir nokta üzerinde) s. ~ **etmek** (2); **-la isteyiniz!** Verlangen Sie unbedingt…! (Reklameempfehlung)
ısrarlı baso *mus.* Basso ostinato
ıssız 1. leer, öde, einsam, unbewohnt *tenha 2. ohne Eigentümer od. Besitzer; herrenlos *sahipsiz
ıssızlaşmak leer, öde werden; aussterben (z.B. Straße)
ıssızlık 1. Leere, Öde, Einsamkeit *f*, Unbewohntsein *n* 2. Herrenlossein *n* **-tan kurtarmak** der Verödung entreißen (z.B. Brandfeld)
ıstabıl, -blı [·×·] Stall *m* **-ı amire** *fr.* Pferdepark *m* des Sultans *beylik ahır **-ı amire müdürü** s. **imrahor**
ıstağfurullah s. **estağfurullah**
ıstaka s. **istaka**
ıstakoz Hummer *m zo.* Homarus vulgaris ~ **çiçeği ağacı** Hahnenkamm-Korallenbaum *m bot.* Erythrina cristagalli (Zierstrauch in Istanbul) ~ **gibi** krebsrot; wie ein gesottener Krebs ~ **zırh** *mil. hist.* Schuppenpanzer *m*
ıstakozluk Hummerteich *m* (kleiner Teich am Meer, wo gefangene Hummer lebend aufbewahrt werden)
ıstampa [·×·] 1. (mittels Schablone angebrachtes) Zeichen 2. Stempelkissen *n* 3. Stempel *m* 4. *selt.* Kupferstich od. Holzschnitt *m*
ıstampacı 1. Stempel-schneider, -verkäufer *m* 2. wer Stoffe bedruckt
ıstampalamak 1. stempeln 2. bedrucken (Stoffe)
Istanbul [·×·] [mb] *n.pr.* 1. Istanbul, Stambul, *fr.* Konstantinopel (Hauptstadt der Türkei bis 4.11.1922) 2. gln. Rbz. 3. Istanbul (im engeren Sinn), *spez. im Ggs.* zu den Ausländervierteln **Beyoğlu** (Pera) und **Galata** 4. türk. Zigarettenmarke ~ **ağası** Militärkommandant *m* von Istanbul (zur Janitscharenzeit) ~ **Alman Lisesi** Deutsche Schule *f* in Istanbul ~ **ayarı** Istanbuler Ortszeit *f* ~ **boğazı** s. **Boğaziçi;** ~ **çocuğu** s. **çıtkırıldım;** ~ **efendisi** 1. *hist.* Titul. des **Istanbul kadısı** 2. vornehm und gebildet; Kavalier *m* der alten Schule ~ **halici** s. **Haliç;** ~ **havası** Aprilwetter *n* *mart havası ~ **kadısı** *fr.* oberster Richter in Istanbul ~ **kaldırımı çiğnemiş** *fig.* geweckter (pfiffiger, gerissener) Bursche ~ **kekiği** kretischer Dost *m bot.* Origanum hirtum *zofa otu ~ **zambağı** s. **kırmızı zambak -'dan başka Istanbul yok.** Es gibt kein zweites Istanbul. (Sinn: Hier kann man alles sehen und lernen.)
ıstanbulin [mb] *fr.* e–e Art schwarzer Gehrock mit geschlossenem Kragen (bei höheren türk. Beamten etwa bis 1925 in Gebrauch)
ıstanbulinli *fr.* im Gehrock
Istanbullu [mb] aus Istanbul stammend od. seit langer Zeit dort ansässig; Istanbuler(-in *f*) *m*
ıstavroz 1. Kreuz *n* *haç, salip 2. Kreuz(es)zeichen *n* ~ **çıkarmak** das Kreuz schlagen, sich bekreuzigen *haç çıkarmak ~ **fidesi** *V Schi.* Christenbankert *m*
ıstıfa [ā] Auslesen *n*, *(spez. biol.)* Auslese *f* ~ **etmek** auswählen, auslesen ~ **nazariyesi** Selektionstheorie *f* **-yı tabiî** natürliche Auslese *doğal ayıklanma **-yı sınaî** künstliche Auslese *yapma ayıklanma
ıstılah [ā] Fach-ausdruck *m*, -bezeichnung *f* Terminus technicus *m* *terim ~ **paralamak** s. **lugat paralamak**
ıstılahat, -tı [··–] *va. Pl.* zu **ıstılah**
ıstılahî [·–·–] *va.* terminologisch
ıstılahlı [ā] mit (vielen) Fachausdrücken ~ **konuşmak** s. **ıstılah paralamak**
ıstılahperdaz [···–·] *va.* wer mit Fachausdrücken od. anderen wenig bekannten Wörtern um sich wirft
Istıranca [··×·] **dağları** *geogr.* das Istrandscha-Gebirge (im nordöstl. Teil von Türkisch-Thrazien)
ıstırap, -bı [ā] 1. körperlicher Schmerz 2. seelischer

Schmerz; Kummer *m*, Sorge, innere Unruhe, innere Erregung; Qual *f* ~ **çekmek** 1. Schmerzen leiden 2. in Sorge sein, sich vor Unruhe od. Erregung verzehren ~ **duymak** Schmerzen leiden ~ **vermek** 1. Schmerzen verursachen, wehtun, schmerzen, quälen 2. in Unruhe (Kummer, Sorge) stürzen, ängstigen, quälen **-a düşmek** s. ~ **çekmek**

ıstıraplı [ā] 1. schmerzhaft, Schmerzen verursachend, mit Schmerzen verbunden 2. kummervoll, traurig, schmerzlich

ıstırar [ā] 1. Zwang(-s.lage *f*) *m*, Not(-lage) *f*, Druck *m* Bedrängnis *f* 2. *psych.* Zwangs-vorstellung od. -handlung *f* ~ **hali** *jur.* Notstand *m* *zorunluluk durumu; zorunlu durum **Yalan söylemek -ında kaldım.** Ich mußte zu e–r Notlüge greifen.

ıstıraran [··×·] *z. va. Adv.* aus e–r Zwangslage heraus, gezwungenermaßen

ıstırarî [··––] Zwangs-, Not-, erzwungen, aus Zwang od. Not geboren, unfreiwillig, unwillkürlich ~ **ricat** *mil.* erzwungener Rückzug

ıstıtla s. **istıtla**

ıstok s. **stok**

ıstoko [·×·] *naut. selt.* Zement *m*

ıstompa [·×·] s. **estomp**

ıstop 1. Anschlag *m*, Arretierung *f* (z.B. an e–r Schublade) 2. s. **stop**

ıstrobya [·×·] s. **usturubiya**

ıstufa s. **istofa**

ışgı(-n) s. **ışkı(-n)**

ışığadoğrulum s. **fototropizm**

ışığagöçüm s. **ışıkgöçüm**

ışığayönelim s. **fototropizm**

ışık (I), **-ığı** 1. Licht *n*, Helligkeit, Beleuchtung *f* 2. Licht *n* (als Beleuchtungsmittel) *spez.* Lampe *f* 3. Aufleuchten *n* (als Gesichtsausdruck des Verstehens) 4. *fig.* Erleuchtung *f* 5. *z.va.* hell, erleuchtet ~ **almak** Licht bekommen (z.B. Film in Kassette) ~ **aylası** *astr.* Aureole *f*, Strahlenglanz *m* ~ **bacası** Oberlicht *n*, Lichtschacht *m* ~ **bilgisi** Lehre *f* vom Licht, Optik *f* *optik ~ **bükülmesi** *astr.* Beugung *f* des Lichtes; Diffraktion *f* *difraksiyon; tekâsürü ziya ~ **cephanesi** *mil.* Leuchtspurmunition *f* ~ **çalışması** *Th.* Beleuchtungsprobe *f* ~ **dağılması** *astr.* Streuung *f* des Lichtes; Diffusion *f* *difüzyon; tenasürü ziya ~ **demeti** Licht-, Strahlen-bündel *n* ~ **etmek** s. **aydınlatmak;** ~ **geçirmez** (*od.* ~ **sızdırmaz**) lichtundurchlässig, opak ~ **geçirmez cam** Rauchglas *n* ~ **gölge** Helldunkel *n* (Malerei) ~ **göstermek** 1. j–m (auf den Weg) leuchten 2. *fig.* e–n gangbaren Weg aufzeigen ~ **hızı** *phys.* Lichtgeschwindigkeit *f* ~ **ışını** (*od.* ~ **şuaı**) Lichtstrahl *m* ~ **işareti** Leuchtzeichen, Lichtsignal *n* ~ **kaynağı** Lichtquelle *f* ~ **korkusu** *med.,vet.* Photophobie, Lichtscheu *f* ~ **kutuplaşması** Polarisation *f* des Lichtes ~ **kuvveti** Lichtstärke, Leuchtkraft *f* ~ **mahrut huzmesi** Lichtkegel *m* **ölçme kıtası** *mil.* Lichtmeßtrupp *m* ~ **sarısı** Brillantgelb *n* (Malerfarbe) ~ **söndürme tedbirleri** Verdunklungsmaßnahmen *pl.* ~ **şehri** Lichtstadt *m* (Ville-Lumière; Paris) ~ **titremesi** *astr.* s. **pırıldama;** ~ **tutmak** 1. (b–ne) s. ~ **göstermek** 2. (bşe) ein (bezeichnendes) Licht werfen (auf) ~ **vermek** Licht geben (spenden), (be-)leuchten ~ **yayılması** *phys.* Dispersion *f* des Lichtes *intişarı ziya ~ **yılı** *astr.* Lichtjahr *n* **-a gark etmek** in Licht tauchen, be-, anstrahlen **-ı dinlendirmek** (*od.* **söndürmek**) das Licht (aus-) löschen **-ı kesmek** abblenden **-ı örtmek** das Licht abdekken **-ı uyandırmak** (*od.* **yakmak**) das Licht anzünden **-ın kırılması** Lichtbrechung, Refraktion *f* *inkisarı ziya; refraksyon, **-la kestirmeli atış** *mil.* Schießen *n* im Lichtmeßverfahren **-la verilen haber** *mil.* Lichtspruch *m* **-ların karartılması** Verdunklung *f* **-ların körletilmesi** Abblendung *f* **-ların söndürülmesi** Löschung *f* des Lichtes, (völlige) Verdunklung **-tan kaçan** lichtscheu (Tier)

ışık (II), **-ığı, -ıkı** (< **âşık**) *P* Derwisch *m*

ışıkçı *Th.* Beleuchter *m*

ışıkgöçüm *bot.* Phototaxis *f* *fototaksi

ışıkkesen Lichtschleuse *f* (z.B. für e–e Dunkelkammer)

ışıkküre *astr.* Photosphäre *f* *kürei ziya, fotosfer

ışıklama 1. *phot.* Belichtung *f* 2. *Th.* Beleuchtung ~ **süresi** Belichtungszeit *f*

ışıklamak 1. *phot.* belichten 2. *Th.* beleuchten

ışıklamalı fener *naut.* Blinkfeuer *n*

ışıklandırmak beleuchten, erhellen *aydınlatmak

ışıklı 1. be-, er-leuchtet 2. Licht-, Leucht- 3. lichtstark Zu 1: **bol** ~ **Ankara** das hell erleuchtete Ankara Zu 2: ~ **boya** Leuchtfarbe *f* ~ **dönüş göstergesi** Blinker, Fahrtrichtungsanzeiger *m* (am Auto) ~ **levha** Leuchttafel *f* ~ **iz mermisi** Leuchtspurgeschoß *n* ~ **reklam** Lichtreklame *f* ~ **şamandırası** *naut.* Leuchttonne *f* *fenerli şamandıra Zu 3: **çok** ~ **objektif** sehr lichtstarkes Objektiv

ışıklık s. **aydınlık** (4)

ışıklılık Lichtstärke *f* *lüminozite

ışıkölçer Photometer *n*, Lichtstärke-, Beleuchtungs-messer *m* *fotometre

ışıkölçümü, -nü Photometrie *f* *fotometri

ışıközü, -nü s. **foton**

ışıksız ohne Licht, unbeleuchtet

ışıkyuvar s. **ışıkküre**

ışıl ışıl strahlend, funkelnd, leuchtend, glänzend ~ ~ **bakmak** funkelnden Blickes betrachten ~ ~ **ışımak** funkeln, glitzern, strahlen, leuchten **Gözleri sevinçten** ~ ~ **parlıyordu.** Die Augen glänzten ihm nur so vor Freude.

ışılak *P* leuchtend, strahlend

ışılamak *P* 1. s. **ışıldamak** 2. anbrechen (Morgen)

ışılaşmak in Abständen aufblitzen

ışıldak 1. Scheinwerfer *m* *projektör 2. leuchtend, strahlend ~ **takımı** *mil.* Scheinwerferzug *m*

ışıldamak leuchten, strahlen, glänzen, funkeln

ışılküfler Strahlenpilze *pl. zo.* Actinomycetes

ışılküflüce *med., vet.* Strahlenpilzkrankheit, Aktinomykose *f*

ışıltı 1. Leuchten *n*, Glanz *m* 2. schwacher Schein; Schimmer *m*

ışıltılı schimmernd; schwach glänzend

ışıma *phys.* (Aus-)Strahlung *f* *inşia, radyasyon ~ **gücü** Lichtstärke *f*

ışımak 1. (Licht) ausstrahlen *inşia etmek 2. s. **ışıldamak**

ışın 1. *math. phys.* Strahl *m* *şua 2. Zacke *f* (e–s Sterns) ~ **hastalığı** *med.* Strahlenkrankheit *f*

ışınetkin parçalanma radioaktiver Zerfall

ışınım s. **ışınma;** ~ **yeğinliği** *astr.* Strahlungsintensität *f*

ışınımölçer s. **bolometre**

ışınlandırma Bestrahlung, Durchleuchtung *f*

ışınlı mit Strahlen od. Zacken **Türk bayrağındaki yıldız beş -dır.** Der Stern auf der türkischen Fahne hat fünf Zacken.

ışınlılar Strahlentierchen *pl.zo.* Radiolaria *şuaiye

ışınölçer Radiometer *n*, Lichtmühle *f* *radyometre

ışınsı strahlenförmig, radial, aktinomorph *çokbakışımlı, şuaî

ışıtım *fr.* Öl- od. Petroleum-lämpchen *n*

ışıtmak beleuchten, aufhellen

ışkı 1. Krummesser *n* (z.B. des Schusters) 2. Lederhobel *m* (des Sattlers) 3. Rundschaber *m* (des Böttchers)

ışkın persischer Rhabarber *bot.* Rheum rhaponticum bzw. R. ribes

ışkına s. **işkine**

ışkırlak Kopfbedeckung *f* des Karagöz

ışmar [ā] s. **işmar**

ıştın *P* offene Tonlampe *pesüs
ıştır ährenförmiger (*bzw.* rutenförmiger) Erdbeerspinat *bot.* Blitum capitatum (*bzw.* Blitum virgatum)
ıt'am s. **it'am**
ıtık, -tkı *fr.* Freilassung *f* von Leibeigenen
ıtıkname [ā] s. **azatname**
ıtır, -ıtrı Wohlgeruch *m*, würziger Duft; Aroma *n*, Blume *f* (des Weins) ~ **çiçeği** Pelargonie, Geranie *f*, Storchschnabel *m bot.* Pelargonium od. Geranium *spez.* Bürstenpelargonie *bot.* Pelargonium radula ~ **koymak** parfümieren ~ **yağı** Rosenöl *n* (Essenz)
ıtırlı wohlriechend, duftend, aromatisch *ıtrî
ıtırnak, -ki [ā] *va.* s. **ıtırlı**
ıtlak, -kı *urspr.* [·–] *va.* 1. Los-, Frei-lassen *n* (z.B. e–s Gefangenen), Amnestierung *f* 2. Sich-Scheiden-Lassen *n* 3. Benennen, Bezeichnen *n* 4. Auffassen od. Aussprechen *n* in der weitesten Bedeutung, Verallgemeinern *n* ~ **etmek** *va.* 1. los-, frei-lassen 2. sich scheiden (lassen); verstoßen (Frau) 3. (m. Dat.) benennen, bezeichnen 4. (m. Dat.) verallgemeinern ~ **olunmak** Pass. zu ~ **etmek** (*spez.* 3) ~ **üzere** s. **alelıtlak**
ıtma, -aı [ā] *va.* Versuchung *f* ~ **etmek** *va.* Begierde erwekken, lüstern machen, Lust erregen (nach), in Versuchung führen
ıtnap, -bı [ā] 1. *mel.* Ausführlichkeit *f* 2. *pej.* Weitschweifigkeit, Umständlichkeit *f* *tatvil ~ **etmek** weitschweifig od. schwülstig darstellen, viele Worte machen **-ı makbul** s. **dolaylama**
ıtnaplı [ā] weitschweifig, wortreich, breit (Stil)
ıtrah [ā] Elimination, Ausscheidung, Exkretion *f* ~ **etmek** eliminieren, ausscheiden *çıkarmak
ıtrahî [·–] Eliminations-, Ausscheidungs-, Exkretions- **mevaddı ıtrahiye** s. **çıkartı**
ıtrışahî [··––] 1. wohlriechende Wicke *bot.* Lathyrus odoratus *kokulu bezelye çiçeği 2. e–e als Beifügung zu Rosenöl verwendete Geranium- od. Ingweressenz
ıtrî [ī] wohlriechend, duftend, aromatisch *ıtırlı
ıtriyat, -tı [ā] *Pl.* wohlriechende Essenzen, Parfüms, Wohlgerüche *pl.*
ıtriyatçı [ā] Parfüm-hersteller, -händler, -verkäufer *m*
ıtriyatçılık Parfüm-herstellung *f*, -handel *m*
ıttıla, -aı [ā] (bşe) Einblick *m* (in), Informiert-sein *n* (über), Kenntnis *f* (von) ~ **hâsıl etmek** (*od.* **kesp etmek**) (m. Dat.) Kenntnis nehmen (von), Einblick gewinnen (in) ~ **husulü için** zur (*bzw.* zu Ihrer) Information **-ına koymak** (*od.* **arz etmek**) (b–nin) j–m zur Kenntnis bringen
ıttırat, -dı s. **ittırat, -dı**
ıvır zıvır *F* wertloses Zeug; Plunder, Kram, Trödel *m*
ıyadet, -ti [ā] *va.* Erkundigung *f* nach j–s Befinden *spez.* Krankenbesuch *m* ~ **etmek** *va.* besuchen (Kranke) ≗ **ibadet.** *Spr.* Krankenbesuch ist Gottesdienst.
ıyd *va. rel.* Fest *n*, Feiertag *m* **-ı adha** *va.* Opferfest *n* *kurban bayramı **-ı fıtır** *va.* Zuckerfest *n* *şeker bayramı **≗iniz sait olsun!** *va.* Fröhliches Fest!
ıydiyye *va. lit.* Feiertagsglückwünsche *pl.* in Form e–r Kasside
ıyş *va.* Leben *n spez.* Genußsucht, Ausschweifung *f*
ıyşüişret, -ti; ıyşünuş s. **işüişret; işünuş**
ızbandut 1. *hist.* griechischer Seeräuber; Korsar *m* 2. hünenhafter, Furcht einflößender Kerl, verwegen aussehender Strolch; Räuber, Bandit *m* ~ **gibi** riesenhaft, vierschrötig, verwegen aussehend, Furcht einflößend
ızbandutluk, -uğu 1. *va.* Seeräuberei *f*, Piratentum *n* 2. Straßenraub *m* **-ğa gitmek** auf (See-)Raub ausgehen
ızbarçina s. **ısparçana**
ızbarço s. **izbarço**
ızgara [×··] 1. Holz- od. Eisen-rost *m* 2. Feuerungsrost *m* 3. Bratrost, Grill *m* 4. Schleusenrost *m* (e–s Gully) 5. geröstet, Röst-, gegrillt, Grill- 6. *naut.* Helling *f* Zu 1: s. **ocak (temel) -sı** Zu 5: ~ **köfte** gegrillte Frikadellen *pl.* **Bu balığın -sı iyi olur.** Dieser Fisch schmeckt gegrillt gut. Zu 6: s. **gemi -sı;** ~ (*od.* **-sını) yapmak** grillen ~ **çubukları** *naut.* Gräting *f*
ızlâl s. **ıdlâl**
ızmar [ā] *va.* Geheimhalten, Verstecken, Verbergen, Verheimlichen *n* ~ **etmek** *va.* nicht offenkundig werden lassen (z.B. Gefühle)
ızmihlâl s. **izmihlâl**
ızrar [ā] *z. va.* (Be-)Schädigen *n* ~ **etmek** (b–ni, bşi) Schaden zufügen (verursachen), beschädigen *zarar vermek
ıztıba, -aı [ā] die rituell vorgeschriebene Form des Tragens des Schultertuchs der Mekkapilger (das eine Ende unter dem rechten Arm, das andere über der linken Schulter)
ıztırap; ıztırar s. **ıstırap; ıstırar**

İ

i, İ 12. Buchst. des türk. Alph.
-i hali *gr.* Akkusativ *m* *belirtme durumu; mefulünbih
iade [ā] 1. Rückgabe *f* 2. Zurücksenden *n*, Rücksendung *f* 3. (z.B. auf unbestellbaren Briefen) (An den Absender) zurück! 4. Wiederherstellung *f* 5. Wiedereinsetzung *f* 6. Auslieferung *f* (z.B. von Verbrechern) 7. *jur.* Rückerstattung, Herausgabe *f* 8. Rückgängigmachung *f* 9. Wiederholung *f spez. stil. rhet.* Anadiplose, Anadiplosis *f* (Wiederholung des letzten Wortes bzw. der letzten Wörter e–s Satzes od. Verses zu Beginn des folgenden Satzes bzw. Verses) *son-baş yinelemesi zincirleme 10. *jur.* Ausgleichung *f* (unter Miterben) *denkleştirme 11. Gegenleistung *f* Zu 4: **eski halin -si** Wiederherstellung *f* des früheren Zustands **siyasî münasebetlerin -si** Wiederherstellung (Wiederaufnahme) *f* der politischen (diplomatischen) Beziehungen Zu 8: s. **icranın -si** Zu 10: s. **mirasta iade** Zu 11: s. **-i ziyaret;** ~ **etmek** 1. zurückgeben 2. zurück-senden, -schicken 3. wiederherstellen (z.B. Ruhe und Ordnung) 4. wieder einsetzen 5. ausliefern (z.B. Verbrecher) 6. rückerstatten, herausgeben 7. rückgängig machen 8. *z. va.* wiederholen ~ **gazete** s. **gazete iadesi; -i afiyet etmek** genesen *iyileşmek **-i asayiş** Wiederherstellung *f* von Ruhe und Ordnung **-i itibar** s. **itibarın yerine gelmesi; -i mana** s. **geneleme; -i muhakeme** s. **muhakemenin iadesi; -i mücrimin** s. **suçluların iadesi; -i sıhhat** Wiederherstellung *f* der Gesundheit, (Wieder-)Genesung *f* **-i ziyaret** Erwiderung *f* des Besuchs; Gegenbesuch *m* **-i ziyaret etmek** e–n Gegenbesuch abstatten (machen)
iadeli [ā] mit Empfangsbestätigung od. Rückschein (Einschreibebrief)
iane [ā] 1. Hilfe, Unterstützung *f* 2. Beitrag *m*, Spende *f* 3. geldliche Unterstützung; Hilfsgelder *pl.*, Beihilfe *f* ~ **defteri** Spenden-, Beitrags-liste *f* ~ **toplamak** Spenden sammeln, e–e Kollekte veranstalten ~ **vermek** e–e Spende (bzw. Spenden) geben, sich an e–r Spende (Kollekte) beteiligen
ianeten [ā] *z. va. Adv.* als Spende, als Beitrag
iare [ā] (Aus-, Ver-)Leihen *n* ~ **etmek** (aus-, ver-)leihen

*eğreti vermek ~ **kartı** Ausleihkarte *f* (e–r Bibliothek) ~ **süresi** Ausleihdauer *f* (e–s Buches)
iareten [ā] *va. Adv.* als Ausleihe; geliehen
iaşe Ernährung, Beköstigung *f*, Lebensunterhalt *m, mil.* Verpflegung *f*, Proviant *m* ~ **ağırlığı** Verpflegungstroß *m* ~ **ambarı** (*od.* **deposu**) Verpflegungs-magazin, -lager *n* ~ **amirliği** (*od.* **dairesi**) Verpflegungs-, Proviant-amt *n* ~ **dağıtma yeri** Verpflegungsausgabestelle *f* ~ **etmek** verpflegen, verköstigen *geçindirmek ~ **fıkdanı** Verpflegungsknappheit *f* ~ **gemisi** Proviantschiff *n*, Verpflegungstransporter *m* ~ **ihtiyacı** Verpflegungsbedarf *m* ~ **ihtiyatı** Verpflegungsvorrat *m* ~ **istasyonu** Verpflegungsbahnhof *m* ~ **kolu** Verpflegungskolonne *f* ~ **maddeleri** Nahrungs-, Lebens-mittel *pl.*, Verpflegung *f* ~ **maddeleri tedariki** Lebensmittelversorgung *f* ~ **metharı** Verpflegungs-, Proviant-amt *n* ~ **subayı** Verpflegungsoffizier *m* ~ **tahdidatı** Lebensmittelrationierung *f* ~ **üssü** Verpflegungsstützpunkt *m* ~ **vagonu** Proviantwagen *m* ~ **ve ibate** Verpflegung und Unterkunft *f*, Kost und Logis
iba [ā] *va.* 1. Weigerung, Nichtbewilligung *f* 2. Sich-Enthalten *n* ~ **etmek** *va.* 1. sich weigern 2. nicht bewilligen 3. sich enthalten; sich scheuen
ibad [ā] *va. Pl.* zu **abit;** s. a. **ibadullah**
ibadat, -tı [·––] (*z. va. Pl.* zu **ibadet**) Andachtsübungen, gottesdienstliche Handlungen *pl.*
ibadet, -ti [ā] 1. Gottesverehrung, Anbetung *f* Gottes, Gottesdienst *m* 2. Andacht(-sübung) *f* 3. jede religiöse Handlung (*u.a. a.* das Fasten im Ramazan) ~ **etmek** (m. Dat.) 1. anbeten, als göttlich verehren, göttliche Ehren erweisen 2. die Andacht verrichten
ibadetgâh [·–·–] Ort *m* der Anbetung od. des Gottesdienstes
ibadethane [·–·–·] Tempel *m*, Gotteshaus *n*
ibadullah [·–·–] 1. Diener *pl.* Gottes *d.h.* Menschen *pl.* 2. massenhaft; in großen Mengen
ibahe; ibahet, -ti [ā] *va.* 1. Aufhebung *f* e–s Verbotes; das Für-Zulässig-Erklären 2. freie Benutzung ~ **etmek** s. **mubah kılmak**
ibare [ā] 1. *gr.* (längerer) Satz; Periode *f* 2. Stelle *f*, Abschnitt, Artikel *m* (e–r schriftl. Darstell.) 3. Text *m* (e–s Schriftstückes, e–r Rede) 4. schriftliche Ausdrucksweise; Ausdruck *m*, Formulierung *f*, Stil *m* **-nin gelişi** (textlicher od. gedanklicher) Zusammenhang *karine, siyakusibak, söz gelişi
ibareli [ā] mit nb. **ibare**
ibaret, -ti [ā] (m. Abl.) bestehend (aus) **Bu heyet, on kişiden -tir.** Diese Kommission besteht aus zehn Mitgliedern. **Dileklerim bundan -tir.** Meine Wünsche bestehen (nur) darin. Mehr wünsche ich nicht.
ib'at [ā] *va.* Entfernen *n* ~ **etmek** *va.* entfernen *uzaklaştırmak
ibate [ā] Unterbringung *f*, Quartier (-geben) *n*, Logis (-geben) *n* ~ **etmek** j–n unterbringen, j–m Wohnung geben; s. a. **iaşe ve ibate**
ibcal, -li [ā] *z. va.* Ehrerbietung, Ehrung *f* ~ **etmek** *z. va.* seine Ehrerbietung bezeugen, ehrerbietig grüßen *tazim etmek, ululamak
ibda, -aı [ā] (künstlerisches) Schaffen, Entstehenlassen, Hervorbringen *n*, Neuschöpfung *f* ~ **etmek** (in künstlerischer Form) schaffen, hervorbringen ~ **kabiliyeti** (künstlerische) Erfindungsgabe, (schöpferisches) Talent
ibdaiye [ā] s. **yaratımcılık**
ibeks s. **Alp dağ keçisi**
İber dağları *geogr.* Iberisches Randgebirge (Spanien)
İberce *ling.* Iberisch(-e) *n*
İberi s. **İberya**
İberik iberisch, (spanisch) ~ **yarımadası** *n.pr.* Iberische (od. Pyrenäische) Halbinsel
İberler *hist.* Iberer *pl.*
ibernasyon s. **hibernasyon**
İberya [·×·] *n.pr.* Iberien ~ **yarımadası** s. **İberik yarımadası**
ibham s. **ipham**
ibibik Wiedehopf *m zo.* Upupa epops *çavuşkuşu
ibik, -iği 1. Kamm *m* (des Hahns, Truthahns usw.) 2. *fr.* Troddel *f* (am Fes) 3. *an.* Kante *f*, Kamm *m* (e–s Knochens) 4. s. **ibibik** 5. s. **gaz -i; -i düşmek** *F* von seinem hohen Roß heruntersteigen; klein und häßlich werden **-ini kaldırmak** (m. Dat.) *V* aufsässig, widerspenstig sein (gegen)
ibikli 1. mit Kamm ausgestattet 2. mit e–r Troddel geschmückt
ibiksiz ohne Kamm bzw. Troddel
ibin, -bni *va.* Sohn *m* *oğul **-i sebil** (*od.* **ibnüssebil**) s. **yolcu; -i vakit** (*od.* **ibnülvakit**); **ibnüzzeman** *va.* 1. Kind *n* der heutigen Zeit 2. Opportunist *m* 3. Pragmatiker *m*
ibis s. **yılancıl**
İbiş Kurzform für **İbrahim** *spez.* 1. ungehobelter, aber um e–e Antwort nicht verlegener Hausknecht (im Ortaoyunu od. im Marionettenspiel) 2. *V* dumm, blöd ~ **gibi** dümmlich und zum Lachen reizend **Bir gün ~ diyorsun, ferdası gün Memiş.** *fig.* Heute sagst du so und morgen wieder anders.
iblâğ Erreichenlassen *n:* 1. Erhöhung *f* (e–r Summe auf e–n best. Betrag); Aufrundung *f* 2. Mitteilung, Bekanntgabe *f* ~ **etmek** 1. erhöhen, aufrunden 2. mitteilen, bekanntgeben
iblis [·–] 1. Teufel, Satan *m* *şeytan 2. *fig.* hinterlistiger (hinterhältiger, boshafter, arglistiger) Mensch; Teufel *m* in Menschengestalt ~ **misali** wie der Teufel; satanisch ~ **tırnağı** s. **şeytantırnağı**
iblisane [·–––·] teuflisch, satanisch, diabolisch, boshaft
ibliskârane s. **iblisane**
ibne(-tor) *V* s. **puşt**
İbni Rüşt *n.pr.* Averroes (ar. Philosoph des 12. Jh.)
İbni Sina *n.pr.* Avicenna (ar. Philosoph und Arzt; 10./11. Jh.)
İbnissuut, -du *n.pr.* Ibn Saud
ibra [ā] 1. *H* Entlastung *f* 2. Entbindung *f* (z.B. von e–m Eid) 3. Erlassung *f* (z.B. von Schulden), (Schulden-)Erlaß *m* 4. *va.* Heilung *f* ~ **etmek** 1. Entlastung erteilen 2. entbinden (z.B. e–s Eides) 3. (e–e Schuld) erlassen 4. *va.* wieder gesund werden lassen; heilen Zu 2: **Sadakat yemininden ~ olundular.** Sie wurden ihres Treueides entbunden.
İbrahim [··–] 1. **(Hazreti ~)** Abraham (Bibel) 2. *mV* ~ **dikeni** s. **deveelması;** ~ **suresi** Name der 14. Koran-Sure
İbrail [ā] *n.pr.* Braila (Stadt an der Donaumündung)
ibram [ā] Drängen *n*, dringendes Bitten; Nahelegen *n* ~ **etmek** (b–ne) j–n drängen, dringend bitten, j–m nahelegen
ibraname [·–––·] 1. *H* schriftliche Entlastung 2. Entbindungsurkunde *f* (*spez.* betr. Treueid) 3. dokumentarischer Schuldenerlaß
İbranca [·×·] *selt. s.* **İbranîce**
İbranî [·––] 1. Hebräer(-in *f*) *m* 2. hebräisch ~ **tarih hesabı** jüdische Zeitrechnung
İbranîce [·–––·] *ling.* Hebräisch(-e) *n*
ibraz [ā] 1. (Vor-)Zeigen *n*, Vor-legung, -lage *f* 2. Bekundung, Manifestation *f* 3. Erweisen *n*, Erweisung *f* (e–r Gunst, Liebenswürdigkeit usw.) ~ **etmek** 1. (vor-)zeigen, vorlegen, vorweisen (z.B. Paß) 2. bekunden, manifestieren 3. erweisen, gewähren Zu 3: **Bilhassa Atatürk tarafından lütfen ~ buyurulan iltifattan çok mütehassis olduğunu söyledi.** Er hob besonders das liebenswürdige

Entgegenkommen Atatürks hervor. **-ında ödeme** *H* Zahlung *f* bei Vorlage
İBRD = International Bank for Reconstruction and Development s. **Milletlerarası İmar ve Kalkınma Bankası**
ibre 1. Zeiger *m* (an e–m Meßgerät) 2. Magnetnadel *f* 3. *bot.* (Blumen-)Griffel *m* *iğne **-nin inhirafı** Abweichung *f* der Magnetnadel von der reinen Nordrichtung, *naut.* Mißweisung *f* **-nin oynaması** Ausschlag *m* des Zeigers *bzw.* der Magnetnadel **-i mıknatısiye** s. **mıknatıslı iğne**
ibreli mit Zeiger od. (Magnet-)Nadel ausgestattet
ibret, -ti 1. warnendes (abschreckendes) Beispiel, Lehre *f* 2. *P* a) komisch, sonderbar, befremdlich b) häßlich, scheußlich **-in kudreti** *V* von erstaunlicher (abstoßender) Häßlichkeit ~ **almak** (bşden) sich ein (warnendes) Beispiel an et. nehmen, aus et. e–e Lehre ziehen, *F* sich et. hinter die Ohren schreiben ~ **dersi** warnendes Beispiel; Lehre, Mahnung *f* ~ **için** als warnendes Beispiel, exemplarisch ~ **olmak** (*od.* **teşkil etmek**) ein warnendes Beispiel sein, als Lehre dienen ⚲ **Taşı** *hist.* Stein *m* vor dem **Cellât Çeşmesi** *(q.v.),* auf dem der Kopf e–s hingerichteten osm. Ministers od. e–s anderen hohen Staatsbeamten zur Abschreckung öffentlich ausgestellt wurde ~ **vermek** 1. ein abschreckendes Beispiel geben 2. e–e Lehre zuteil werden lassen **-i âlem için** als warnendes Beispiel für alle **-i müessire** wirksames Abschreckmittel
ibretamiz [··––]; **ibretbahş** *(beides va.)* s. **ibretli**
ibreten [×··] *z. va. Adv.* als warnendes (mahnendes, abschreckendes) Beispiel; exemplarisch
ibretli (*va. a.* **ibretnüma**) ein warnendes Beispiel bildend; lehrreich
ibrevî *va.* 1. *bot.* griffeltragend 2. nadelförmig
ibreviye s. **turnagagasıgiller**
ibrik, -iği Schnabelkännchen *n* ~ **otu** s. **suibriği**
ibrikçi 1. wer ein Schnabelkännchen bringt od. hält 2. *hist.* s. **ibriktar**
ibrikgagalı Kahnschnabel *m* (e–e Reiherart) *zo.* Cochlearius cochlearius *kaşıkgaga
ibriktar [ā] *hist.* Diener, der dem Sultan bei der rituellen Waschung Wasser auf die Hände zu gießen hatte
ibrişim urspr. [·–·] 1. Seiden-faden, -zwirn *m*, Nähseide *f* 2. aus Seidenfäden hergestellt, Seiden- ~ **kurdu** s. **ipekböceği;** ~ **saçak** Seidenfranse *f*
ibriz [·–] *va.* ganz rein; Fein- (Gold)
ibübük s. **ibibik**
ibzal, -li [ā] reichliches Tun, Geben od. Sagen ~ **etmek** freigebig sein (mit) **İltifatlarınızı ~ ediyorsunuz.** Sie sind zu freigebig mit Ihren Freundlichkeiten.
icabat, -tı [–––] *va. Pl.* Erfordernisse *pl.* *gerekler
icabet, -ti [ā] 1. Annahme *f* (e–r Aufforderung, Einladung usw.), Folgeleisten *n* 2. Entsprechen *n* (e–r Bitte) 3. Erhörung *f* (e–s Gebets) ~ **etmek** (bşe) 1. annehmen (z.B. Einladung); Folge leisten 2. entsprechen (z.B. e–r Bitte) 3. erhören (z.B. Gebet)
icabî [–––] *va.* positiv ~ **ihtilâf** *jur.* positiver Kompetenzkonflikt *olumlu uyuşmazlık
icabiye(-ci) s. **determinizm; determinist**
İCAO = International Civil Aviation Organization; s. **Milletlerarası Sivil Havacılık Teşkilâtı**
icap [––], **-bı** 1. Erfordernis *n*, Notwendigkeit *f* 2. a) *jur.* bindendes Angebot (bei Verträgen) b) *H* Offerte *f* 3. s. **olumlama** Zu 1: **Menfaatiniz -ıdır.** Es liegt in Ihrem eigenen Interesse. **nezaket -ı** e–e Forderung der Höflichkeit; um der Höflichkeit Genüge zu tun **vazifesi -ı olan** zu seinen Pflichten gehörend; in seinen Amtsbereich fallend **vaziyetin -ı** Erfordernis *n* der Situation; um der Lage Rechnung zu tragen Zu 2b: **-a davet** s. **öneriye çağırı;** ~ **etmek** s. **gerekmek.** ~ **eden teşebbüste bulunmak** die erforderlichen Schritte unternehmen ~ **ederse** nötigen-, gegebenen-falls ~ **ettirmek** s. **gerektirmek; -ına bakmak** 1. das Erforderliche tun; die Sache regeln 2. *fig.* beseitigen, töten, vernichten **-ına göre** je nach Bedarf, gegebenenfalls **-ında** (*od.* **-ı halinde**) nötigenfalls, gegebenenfalls, im Bedarfsfall **-ı hale göre** wie es die Umstände erfordern **-ı maslahat** e–e Forderung des praktischen Verstandes; um es mit niemand zu verderben
icar [––] Vermietung, Verpachtung *f* ~ **etmek** *od.* **-a vermek** vermieten, verpachten *kiraya vermek ~ **mukavelenamesi** 1. Miets-, Pachtvertrag *m* 2. *naut.* Charte-Partie *f* ~ **ve iare kanunu** Pacht- und Leihgesetz *n* (USA)
icare [·–·] 1. an den Staat (die Generaldirektion für die frommen Stiftungen) abgeführte Miete od. Pacht *f* (s. a. **icareteyn**) 2. Mietpreis *m*, Miete, Pachtsumme *f*, Miets-, Pacht-betrag *m spez.* **-i zemin** s. **mukataa**
icareteyn [·–··] (*va. Dual* zu **icare**) die beiden Miets- bzw. Pacht-beträge (für ein der Toten Hand gehöriges Haus od. Grundstück) nämlich **icarei muaccele** (rückzahlbar bei Neu-vermietung bzw. -verpachtung) und **icarei müeccele** (laufende Zahlung)
icat, -dı [––] 1. Erfindung, Schaffung *f* 2. *pej.* freie Erfindung; Schwindel *m* ~ **çıkarmak** *pej.* et. Neues (aber wenig Erfreuliches) aufbringen ~ **etmek** 1. erfinden, schaffen 2. *pej.* erfinden (z.B. Ausrede)
icatçı [–––·] erfinderisch, anschlägig
icaz (I) [––] Prägnanz *f* der Ausdrucksweise, inhaltsschwere Knappheit; Kürze, Bündigkeit, Konzinnität *f* (*ant.* ıtnap) ~ **etmek** prägnant, konzis ausdrücken ~ **yoliyle** prägnant, konzis, bündig, gedrängt **-ı muhil** *va.* übertriebene Prägnanz (die zur Unverständlichkeit führt)
icaz (II) Erstaunenlassen *n;* Wunder *n* (z.B. künstlerischer Vollendung) **Bazı sanat eserleri ~ derecesindedir.** Manche Kunstwerke sind geradezu Wunder an Vollendung.
icazet, -ti [ā] 1. Genehmigung, Zustimmung *f* 2. *va.* Zeugnis, Diplom *n; fr.* Venia legendi 3. (*a.* **hattı** ~) Name e–r ar. Schriftform (Mittelform von **sülüs** und **nesih**) ~ **vermek** genehmigen, zustimmen *onaylamak
icazetname [·–·–·] Zeugnis, Diplom *n* (als Urkunde); (*fr. spez.* für Medrese-Absolventen od. bei erlangter Kalligraphie-Meisterschaft)
icazkâr(-ane) meisterlich, unerreicht, unübertroffen
icazlı 1. kurz, prägnant, konzis 2. wunderbar
icbar [ā] Zwingen *n*, Zwang, Druck *m* ~ **etmek** zwingen *cebretmek, zorlamak **-ı nefis** mühsame Selbstbeherrschung
-ici s. **-ci**
icik (nur in Verb. mit **cicik**): **iciği ciciği** *od.* **icikleri cicikleri** Einzelheiten *pl.*, kleinster Rest; geheimste Regungen *pl.* (von et.) **iciğini ciciğini çıkarmak** 1. herauspressen, was herausgeht 2. bis in die kleinsten Einzelheiten zerpflükken 3. nichts undurchforscht lassen **Asılları fasılları, icikleri cicikleri hakkında katî malumat edindiler.** Selbst über die unbedeutendsten Einzelheiten sind sie ausgezeichnet informiert.
iclâ *va.* 1. Polieren, Reinigen *n* 2. Verbannung *f* ~ **etmek** *va.* 1. polieren, reinigen 2. verbannen
iclâl, -li *z. va.* 1. Ausdruck *m* der Ehrerbietung, Ehrung *f* 2. Größe, Erhabenheit *f*, Ruhm *m* 3. Prunk, Pomp *m* 4. ⚲ *wV*
iclâs *va.* 1. Setzen *n* 2. *pr.* Erhebung *f* auf den Thron ~ **etmek** *va.* 1. setzen 2. auf den Thron erheben
icma, -aı [ā] 1. Zusammenfassung *f* (von Einzelheiten) 2. Allgemeinheit *f*, Volk *n* 3. Übereinstimmung, Einmütigkeit *f* **-ı ümmet** einheitliche Ansicht isl. Gelehrter (in e–r rel. Angelegenheit), Consensus doctorum *m*
icmal, -li [ā] 1. (kurzer) Überblick, (knappe) Zusammenfassung, kurzgefaßte Darstellung, summarischer Abriß;

Resümee *n* 2. Rechnungsauszug *m* 3. (in älteren Zeitungen auf der ersten Seite) stichwortartige Zusammenfassung der wichtigsten pol. Tagesereignisse ~ **etmek** kurz umreißen (zusammenfassen), resümieren, e–n kurzen Überblick geben

icmalen [ā] *va. Adv.* kurz zusammengefaßt, summarisch, als Resümee

icmalî [·––] *va.* summarisch, kurz zusammengefaßt, synoptisch

icra [ā] 1. Aus-, Durch-führung *f*, Vollziehung, Ausübung *f* 2. *mus.* Aus-, Auf-führung *f*, Vortrag *m* *edim 3. *jur.* (Zwangs-, Testaments- usw.) Vollstreckung *f* 4. s. ~ **dairesi;** ~ **başlangıcı** *jur.* Beginn *m* der Ausführung (e–s Verbrechens) ~ **dairesi** Vollstreckungsamt *n* ~ **dışı** *mus.* un-singbar, -spielbar, -ausführbar ~ **divanhanesi** Vollstreckungsgericht *n* ~ **eden idare** *jur.* vollziehende (aktive) Verwaltungsbehörde ~ **emri** Vollstreckungsbefehl *m* ~ **etmek** 1. aus-, durch-führen, vollziehen, ausüben 2. *mus.* aus-, auf-führen, vortragen, spielen, singen *edimlemek 3. *jur.* vollstrecken 4. führen (Verhandlungen) ~ **hâkimi** Vollstreckungsrichter *m* ~ **hâkimliği** s. **tetkik mercii;** ~ **heyeti** 1. *mus.* Ausführende *pl.* 2. Exekutivrat *m* ~ **hukuku** Zwangsvollstreckungsrecht *n* ~ **komitesi** Vollzugs-, Exekutiv-komitee *n* ~ **kabiliyeti** Ausführbarkeit *f* ~ **kuvveti** vollziehende Gewalt; Exekutive *f* *yürütme erki ~ **mahalli** *H* Erfüllungsort *m* ~ **memuru** Vollstreckungsbeamter, Gerichtsvollzieher *m* ~ **subayı** s. **adlî memur;** ~ **ve idare fonksiyonu** *jur.* vollziehende Gewalt ~ **vekili** Minister *m* ≗ **Vekilleri Heyeti** Ministerrat *m* Kabinett *n* *Bakanlar Kurulu ~ **Vekilleri Heyeti Reisi** *va.* Ministerpräsident *m* *başvekil, başbakan ~ **yoliyle satış** *jur.* s. **cebrî satış; -nın iadesi** Rückgängigmachung *f* der Betreibung (der Zwangsvollstreckung) **-nın tehiri** *(od.* **geri bırakılması)** *jur.* Aussetzung *f* der gerichtlichen Beitreibung **-yı ahenk etmek** *va.* konzertieren, spielen **-yı faaliyet etmek** e–e Tätigkeit ausüben; (et.) betreiben **-yı fuhuş etmek** der Unzucht nachgehen **-yı muvakkat** s. **muvakkaten icra; -yı sanat etmek** *va.* ein Handwerk ausüben, ein Gewerbe betreiben **-yı tababet etmek** *va.* die ärztliche Praxis ausüben

icraat, -tı [·––] *Pl.* 1. ausgeführte (geleistete) Arbeiten, praktische Leistungen (Taten, Maßnahmen) *pl.* 2. Ausführung *f* Zu 2: **Bu kararın -ı öyle bir hızla oluyordu ki...** Dieser Beschluß wurde so schnell ausgeführt, daß... ~ **raporu** *spez. mil.* Vollzugsmeldung *f*

icracı [ā] *mus.* Künstler *m*, Vortragender *edimci

icraî [·––] ausführend, ausübend, vollziehend, Exekutiv-, Ausführungs-, Vollzugs-, Vollstreckungs- ~ **haciz** *jur.* (Vollstreckungs-)Pfändung *f* ~ **karar** vollstreckbarer Verwaltungsakt; Verfügung *f* ~ **kuvvet; kuvvei -ye** s. **icra kuvveti;** ~ **suç** Begehungsdelikt *n*

icrasız [ā] unausgeführt, nicht vollzogen ~ **kalmak** unausgeführt bleiben, nur auf dem Papier stehen

iç, -çi 1. das Innere (*a. z.B.* Einlage *f* e–r Zigarre) 2. tiefer Teil, Höhlung, Vertiefung *f* (z.B. e–s Tellers) 3. Gesamtzahl *f* 4. was als Unterwäsche getragen wird 5. der von e–r Schale, Rinde od. Kruste umgebene weiche Teil (z.B. Brotkrume *f*, Nußkern *m*) 6. Verdauungsorgan *n* *spez.* Magen *m*, Eingeweide *pl.* 7. Verstand, Geist *m* 8. Seele *f*, Herz, Gefühl *n* 9. **-ine** *Pp.* in ... hinein 10. **-inde** *Pp.* a) in, innerhalb, im Innern (von) b) unter c) binnen, innerhalb (von), während d) bedeckt (mit); voller ... 11. **-inden** *Pp.* a) aus, von b) durch, quer über 12. das Innere betreffend, zum Innern gehörig, Innen- 13. das Inland betreffend, inländisch, Binnen- 14. *Fb.* s. **sağiç, soliç** Zu 1: **evin -i** das Innere des Hauses **Patatesin -i çürümüş.** Die Kartoffeln sind innen faul geworden. s.a. **avuç -i** Zu 4: s. ~ **çamaşırı (donu)** Zu 5: s. **ceviz (ekmek, fındık) -i** Zu 6: s. **-i bulanmak (kabarmak, sürmek)** Zu 7: s. **-inden doğmak** Zu 8: s. **-i açılmak (fesat, geniş, götürmek** usw.) Zu 9: **bahçenin -ine girmek** in den Garten (hinein-)gehen Zu 10a: **Bahçenin -indedir.** Er ist im Garten. Zu 10b: s. **-lerinde** Zu 10c: **beş gün -inde** binnen fünf Tagen Zu 10d: s. **kan (yara) -inde** Zu 11a: **bahçenin -inden çıkmak** aus dem Garten (heraus-)kommen Zu 11b: **bahçenin -inden geçmek** durch den Garten gehen Zu 12: s. ~ **ceviz (deniz, siyaset)** Zu 13: s. ~ **muharebe (turizm);** ~ **açı** 1. *math.* Innenwinkel *m* 2. *mil.* einspringender Winkel *(1, 2) dahilî zaviye ~ **açıcı** aufheiternd ~ **açmak** s. **gönül açmak;** ~ **ağası** *fr.* Diener im Serail *spez.* im Harem ~ **ağrısı** 1. Quälgeist *m* 2. Leibschmerzen *pl.* 3. *reg.* (*spez.* in Südanatolien) Lungenschwindsucht *f* ≗ **Anadolu** Inneranatolien ~ **bağlamak** sich bilden (Früchte) ~ **balistik** innere Ballistik ~ **bezelye** entschotete (enthülste) Erbsen *pl.* ~ **boy** Schrittlänge *f* (e–r Hose) *kavalo ~ **bulantısı** Brechreiz *m* ~ **ceviz** Nußkern(-e *pl.*) *m* ~ **çamaşırı** Unter-, Leibwäsche *f* ~ **çap kumpası** *techn.* Lochzirkel, Innentaster *m* ~ **donu** Unterhose *f* ~ **eteklik** s. **jüpon;** ~ **etmek** *P* sich et. (unrechtmäßig) aneignen (*P* sich et. unter den Nagel reißen) ~ **ezan** Wiederholung *f* des Gebetsrufs innerhalb der Moschee (bei dem Mittagsgebet am Freitag) ~ **ezilmek** 1. s. **içi ezilmek** 2. sehr beeindruckt werden ~ **fındık** Haselnußkern(-e *pl.*) *m* ~ **geçirmek** s. **içini çekmek;** ~ **gıcıklamak** e–n Wunsch erwekken ~ **gömleği** Unterhemd *n* ~ **görünüş** Innenansicht *f* (z.B. e–r Moschee) ~ **hastalıklar** innere Krankheiten *pl.* *emrazı dahiliye ~ **hizmet** Innendienst *m* ~ **hukuk** s. **millî hukuk;** ~ **içe** 1. ineinander befindlich (steckend) 2. *fig.* verwickelt, verwirrt 3. ineinandergehend (z.B. Zimmer) ~ **içe giren destek** ausziehbares Stativ ~ **içe evlenmeler** Heiraten *pl.* unter nahen Verwandten ~ **kaplaması** *naut.* Wegerung, Innenbeplankung *f* ~ **karakol** *mil.* Innenwache *f* ~ **karinası** s. ~ **omurgası;** ~ **konuşma** *Th.* innerer Monolog ~ **kutur** *techn.* innerer Durchmesser ~ **meyzini** der Muezzin, der in der Moschee die Gläubigen zum Gebet ruft ≗ **Moğolistan** *n.pr.* Innere Mongolei *f* ~ **muhacim** *Fb.* Innenstürmer *m* ~ **muharebe** s. **içsavaş;** ~ **oluşlu** endogen *endojen ~ **pazar** Inlandsmarkt *m* ~ **pergeli** s. ~ **çap kumpası;** ~ **raspa** Löffelraspel *f* (des Schusters) ~ **savaş** Bürgerkrieg *m* *sivil harp ~ **sıkıcı** 1. bedrückend, beklemmend 2. langweilig ~ **sıkıntısı** 1. Unbehagen *m*, Beklemmung *f* *zucret 2. Langeweile *f* ~ **su gemisi** Binnen-, Fluß-schiff *n* ~ **sürdürücü** abführend, Abführmittel *n* ~ **şehir** Innenstadt *f* ~ **taban** Brandsohle *f* (im Schuh) ~ **taraf** das Innere ~ **turizm** Inlandsreiseverkehr *m* ~ **yükümü** Dankesschuld, Verpflichtung *f*

(içe): ~ **atma** *psych.* Verdrängung *f* *ihtibas, röfulman ~ **göç** Einwanderung *f* ~ **itme** *psych.* (Willens-)Hemmung *f* ~ **kurt olmak** beunruhigt, besorgt werden ~ **oynamak** (*od.* ~ **gitmek**) *P* verlorengehen ~ **oynatmak** *P* beim Rechnen beschwindeln

(içi): ~ **açılmak** j–m das Herz aufgehen ~ **almamak** et. nicht vertragen können, empfindlich sein (gegen) *midesi almamak ~ **bağri** (b–nin) Inneres; Herz *n* ~ **bayılmak** sich ganz elend fühlen (z.B. vor Hunger) ~ **bulanmak** 1. Brechreiz od. Übelkeit verspüren 2. *fig.* Argwohn schöpfen ~ **çekmek** Verlangen empfinden, Lust haben (nach) ~ **çıfıt çarşısı gibi olmak** 1. ein richtiges Sammelsurium sein 2. wem alle Schlechtigkeit zuzutrauen ist ~ **çürük** argwöhnisch ~ **dar** 1. unruhig, nervös 2. ungeduldig, hitzig, impulsiv, voreilig ~ **dışı bir** aufrichtig, ehrlich ~ **dışına çıkmak** 1. in Unordnung geraten (Kleidung) 2. *fig.* ganz durcheinanderkommen ~ **dönmek** sich ekeln ~ **durmak** Geduld haben ~ **durmamak** innerlich keine Ruhe haben (bis e–e best. Arbeit erledigt ist) ~ **erimek** tief bekümmert sein ~ **ezilmek** s. Stw. **ezilmek;** ~ **ferahlamak** erleichtert aufatmen, heiter und froh werden ~ **fesat** bösartig, mißgünstig, neidisch ~ **geçmek** 1. in Schlaf verfallen, einduseln 2. überreif werden (Früchte) 3. *P* unbrauchbar werden ~ **geçmiş** 1. recht alt (Person) 2. überreif (Früchte) ~ **geniş** 1. weitherzig, nachsichtig, geduldig 2. sorglos, unbesorgt *tasasız, endişesiz ~ **gıcıklanmak** lebhaft werden (Wunsch) ~ **gitmek** 1. s. ~ **sürmek** 2. (bş için) sehr große Lust haben (zu), begeistert sein (für), et. sehnlichst wünschen *can atmak ~ **götürmemek** nicht über sich (übers Herz) bringen (**Onu böyle perişan bırakmayı içim götürmez.** Ich kann es nicht über mich bringen, ihn so verwahrlost herumlaufen zu lassen.) ~ **gülmek** sich verstohlen freuen ~ **içine batmak** Reue empfinden ~ **içine geçmek** beunruhigt sein ~ **içine sığmamak** 1. sich vor Lebhaftigkeit (od. Begeisterung) nicht zu lassen wissen 2. sehr ungeduldig sein ~ **içini kemirmek** (*od.* **yemek**) 1. in größter Unruhe sein 2. sich Vorwürfe machen; Gewissensbisse haben 3. nicht hinwegkommen können (z.B. über e–n Mißerfolg) ~ **kabarmak** aufsteigende Übelkeit verspüren, Brechreiz bekommen ~ **kabul etmemek** et. nicht vertragen können, empfindlich sein (gegen) *midesi kabul etmemek ~ **kalkmak** (m. Abl.) Ekel empfinden (vor) (**Kokudan içim kalkıyor.** Der Geruch ekelt mich an.) ~ **kan ağlamak** sich (innerlich) grämen, sich härmen ~ **kapanmak** ganz niedergeschlagen sein, wie betäubt dastehen ~ **kara** s. ~ **fesat;** ~ **kararmak** in trübe Stimmung (od. Verzweiflung) geraten ~ **kaynamak** *fig.* gären (**Adanın içi kaynıyordu.** Es gärte auf der Insel.) ~ **kazınmak** e–n Bärenhunger haben ~ **oynamak** s. **yüreği oynamak;** ~ **paralanmak** (*od.* **parçalanmak**) großes Mitleid haben (mit), j–n sehr dauern ~ **razı olmamak** (bşi yapmağa) es nicht übers Herz bringen können (zu) ~ **sancımak** Leibschmerzen haben ~ **sıkılmak** 1. verstimmt sein, sich ärgern, Verdruß empfinden 2. sich langweilen 3. sich bedrückt (beklommen) fühlen, in Unruhe sein 4. sich nicht wohl fühlen, *F* nicht ganz auf dem Posten (od. Damm) sein ~ **sızlamak** e–n Stich im Herzen verspüren ~ **soğuktan katılmak** ganz durchgefroren sein ~ **sürmek** Durchfall haben ~ **tez** impulsiv, hitzig, ungeduldig, voreilig ~ **titremek** 1. mit allen Fasern seines Herzens begehren 2. um j–n sehr besorgt sein 3. **(soğuktan)** vor Kälte zittern ~ **vık vık etmek** vor Ungeduld ganz zappelig sein ~ **yağ bağlamak** sich sehr erleichtert fühlen ~ **yanmak** (*od. va.* **göyünmek**) 1. brennenden Durst verspüren 2. tief betrübt sein

(içim): ⩲ **dolu.** *F* Es langt mir. Ich habe es satt. ~ **sızlıyor.** Es tut mir unendlich leid. **-de** bei mir, im Herzen **-izde** unter uns **-izden birisi** eine(-r) von uns

(içinde): ⩲ **(hiç)kurt yok.** Er hat nicht die geringste Lust (et. zu tun). ~ **kalmak** verschweigen, verbergen ~ **bugünkü şartlar** ~ unter den heutigen Verhältnissen **Bunların** ~ **iyisi de var, kötüsü de.** Unter ihnen (*bzw.* darunter) gibt es sowohl gute wie schlechte. **Ter** ~ **kaldım.** Ich war in Schweiß gebadet. **saadet** ~ **yaşamak** glücklich und zufrieden leben **çok kısa bir süre** ~ in ganz kurzer Zeit **Üç gün** ~ **dönerim.** In drei Tagen bin ich zurück. **beş yıl** ~ im Verlauf (od. innerhalb) von fünf Jahren

(içinden): ~ **çık(a)mamak** 1. aus et. nicht klug werden (können); et. (beim besten Willen) nicht verstehen (können) 2. nicht fertig werden können (mit) ~ **çıkılmaz** *fig.* sehr kompliziert, das reinste Labyrinth ~ **çıkmak** (bir işin) mit et. ins reine kommen, *F* et. deichseln ~ **doğmak** 1. plötzlich kommen (Wunsch) 2. von Herzen kommen; et. gerne tun ~ **geç(ir)mek** s. **aklından geç(ir)mek;** ~ **gelmek** s. ~ **doğmak;** ~ **gülmek** 1. (b–ne) sich heimlich ins Fäustchen lachen (über) 2. sich still freuen 3. herzlich lachen ~ **kan gitmek** sich (innerlich) grämen, sich härmen ~ **okumak** 1. still für sich lesen 2. *P* innerlich verfluchen ⩲ **ona hak veriyordu.** Innerlich gab sie ihm recht. ~ **pazarlıklı** 1. *mel.* wer seinen Kummer niemand anvertraut, wer sich nicht ausspricht 2. *pej.* hinterhältig, verschlagen, wer es faustdick hinter den Ohren hat ~ **seçmek** e–e Auswahl treffen

(içine): ~ **akıtmak** 1. unterdrücken (Tränen) 2. s. ~ **atmak;** ~ **almak** enthalten; fassen können ~ **ateş bırakmak** s. Stw. **ateş;** ~ **ateş düşmek** j–n siedend heiß überlaufen ~ **atmak** 1. **(derdini)** seinen Kummer in sich verschließen; leiden, ohne zu klagen 2. alles hinunterschlucken; sich et. geduldig anhören ~ **çakıl kaçmak** unruhig (besorgt) sein, Befürchtungen hegen ~ **çekmek** 1. ein-, aufsaugen 2. *V* et. auf sich beziehen, et. übelnehmen ~ **dert olmak** j–m auf der Seele lasten, j–m schier das Herz abdrücken ~ **doğmak** e–e Vorahnung haben; ahnen (**Senin geleceğin içime doğdu.** Es schwante mir, daß du kommen werdest.) ~ **etmek** *V* verderben, ruinieren ~ **felfelek sokmak** (b–nin) j–n argwöhnisch machen ~ **gelmek** j–m in den Sinn kommen ~ **girmek** 1. eintreten 2. eindringen ~ **giymek** anziehen (Unterwäsche) ~ **gömülü** ganz in sich versunken ~ **işlemek** 1. durch und durch gehen (z.B. Regen) 2. zutiefst rühren, tiefen Eindruck machen 3. schwer treffen (z.B. Vorwurf) ⩲ **kan oturdu.** Das Blut stockte ihm (vor Entsetzen). ~ **korkular dolmak** Angst bekommen ~ **kurt düşmek** 1. e–e böse Vorahnung haben 2. mißtrauisch werden ~ **oturmak** s. ~ **işlemek;** ~ **öyle gelmek** s. **içine doğmak;** ~ **sarmak** (hin-) einwickeln ⩲ **sıçayım!** *V* Es ist zum Kotzen! Hol's der Teufel! ⩲ **sıçan düşse başı yarılır.** (Der betr. Raum) ist gähnend leer. ~ **sıçmak** *V* verderben, *F* vermurksen ~ **sığdırmak** (kendi) 1. begreifen, verstehen 2. aushalten (vertragen) können ~ **sindirmemek** j–m die Freude vergällen ~ **sinmek** Geschmack finden (an), sich freuen (an), et. genießen ~ **sokacağı gelmek** (b–ni) ganz vernarrt sein (in e–e Person) ~ **şüphe kurdu düşmek** von Zweifel befallen werden, argwöhnisch werden ~ **tükürmek** verderben, ruinieren ⩲ **zehir zemberek oldu.** Das vergällte ihm die ganze Freude.

(içini): ~ **açmak** sich j–m anvertrauen, j–m (ein Geheimnis, e–n Kummer usw.) eröffnen ~ **bayıltmak** 1. j–m allmählich widerstehen (z.B. Süßigkeiten) 2. j–m allmählich auf die Nerven gehen (z.B. dummes Geschwätz) ~ **boşaltmak** sein Herz ausschütten, sich erleichtern ~ **çekmek** seufzen, stöhnen ~ **dağlamak** j–m sehr zu Herzen gehen ~ **dökmek** sein Leid klagen; sein Herz ausschütten ~ **kemirmek** *od.* ~ **(bir)kurt yemek** bedrückt sein; sich Sorgen machen ~ **merak sarmak** neugierig werden ~ **serinletmek** 1. e–e Erfrischung zu sich nehmen 2. (seelisch) erleichtern ~ **sıkmak** belästigen, drangsalieren, ärgern, erbittern ~ **tırmalamak** j–m das Herz zerreißen

(içinin): ~ **yağı erimek** sich halb zu Tode ängstigen

(içler): ~ **acısı** betrüblich, bedauernswert; Mitleid erregend **-inde** 1. unter ihnen 2. darunter

(içten): s. ges. Stw.

içakıslı *geogr.* abflußlos *andoreik ~ **bölge** *geogr.* abflußloses Gebiet

içasalak Innenschmarotzer *m* *endoparasit
içasalaklık Innenschmarotzertum *n* *endoparasitizm
içavlu 1. Innenhof *m* (e–s Gebäudes) 2. Vorhof *m* (e–r Moschee)
içayabudu s. **hipotenar**
içbaşkalaşım *geol.* endomorphe Kontaktwirkung *dahilî istihale; endomorfizm
içbölme Trennwand *f*
içbuzul Inlandeis *n* *takke cümudiyesi
içbükey konkav; nach innen gewölbt, hohl(-geschliffen) *konkav, mukaar ~ **ayna** Hohl-, Brenn-spiegel *m* *yakıcı ayna
içbükeylik Konkavität *f* *konkavlık, mukaarlık
içbükün *ling.* innere Flexion (z. B. Haus : Häuser)
içcep Innentasche *f* *korfo cebi
içcümle s. **içtümce**
içcember s. **içdaire**
iççokgen *geom.* einbeschriebenes Vieleck *dahilen mersum mudalla
içdaire *geom.* Inkreis *m*
içdekorasyon Innen-dekoration, -ausstattung *f*
içdeniz *geogr.* Binnenmeer *n* *dahilî deniz
içdere *arch.* Dachkehle, Kehlrinne *f*
içderi *bot.* Endodermis *f* *edimmei dahiliye; endoderm
içdışbükey konkav–konvex
içdiz Sprunggelenk *n* (des Pferdes)
içdöküntü *med.* Schleimhautausschlag *m*, Enanthem *n*
içdöllenme *biol.* innere Befruchtung
içebakış *psych.* Introspektion, Selbstbeobachtung *f*
içecek 1. Getränk *n* 2. trinkbar, Trink- ~ **su** Trinkwasser *n*
içedönük *psych.* introvertiert
içedönüş *psych.* Introversion *f*
içeği s. **içten**
içek, -ki *ling.* Infix *n*
içekapanık *psych.* autistisch, verschlossen, in sich gekehrt *otistik
içekapanıklık; içekapanış *psych.* Autismus *m*, Verschlossenheit *f* (e–s Menschen) *otizm
İçel *n.pr.* Rbz. in Südanatolien m. dem Verw. Mersin
içen trinkend, Trinker(-in *f*) *m*
içerde(-n) s. **içeride(-n)**
içeri 1. Inneres; innerer Teil, Innen-raum *m*, -fläche *f* 2. innen befindlich, inner, Innen- 3. nach innen zu; hinein, herein 4. *selt.* Magen, Leib *m*, Herz *n* Zu 1: **Evin -si** das Innere des Hauses **Odanın -si bu kadar adam almaz.** Das Zimmer faßt gar nicht so viele Menschen. Zu 4: **≗m almıyor.** Ich kann das nicht vertragen (Speisen, Getränke usw.). ~ **akıtma borusu** Einlaßrohr *n* ~ **akmak** einfließen ~ **almak** 1. herein-, auf-nehmen 2. a) *naut.* einholen (z. B. Anker) b) einziehen (Fahrgestell e–s Flugzeugs) ~ **atmak** *V* einsperren; ins Gefängnis werfen ~ **bırakma musluğu** *techn.* Einlaßhahn *m* ≗ **buyurun!** Bitte treten Sie näher! ~ **düşmek** *V* eingelocht werden ≗ **gel!** Komm herein! ~ **girmek** 1. eintreten, hineingehen 2. *V* ins Gefängnis kommen 3. einbüßen (Zu 3: **Bu işte bin lira ~ girdim.** Bei dieser Geschichte habe ich tausend Pfund eingebüßt.) ~ **hizmet** *mil.* innerer Dienst ~ (*od.* **içeriye**) **koymak** 1. eintreten lassen, herein-, hinein-lassen 2. einführen ~ **sokmak** (b–ni) 1. eintreten lassen, hereinlassen 2. j–m Geld abgewinnen (im Spiel) 3. *V* ins Gefängnis werfen; einsperren ~ **vurmak** nach innen schlagen (Krankheit) **-de çevirim** (Film) Innenaufnahme *f* **-de olmak** 1. drinnen sein 2. *V* im Gefängnis sitzen 3. s. **içeri girmek** (3); **-den** von drinnen; aus dem Inneren **-den çıkma** *hist.* wer aus dem Serail-Dienst ausgeschieden ist **-den evlenme** Endogamie *f* **-den geçirmek** sich et. durch den Kopf gehen lassen; nachdenken (über) **-si çalı süpürgesiyle karışır.** (*Mf.*) Er entbrannte in heißer Liebe (zu ihr). **-ye akışlı bölge** s. **akışsız bölge; -ye alınmak** hinein-, herein-geführt werden **-ye salya etmek** *naut.* einholen (Tauwerk)
içerik 1. Inhalt *m* *muhteva 2. *ling.* Wortsinn *m* 3. impliziert, involviert, mitenthalten, inbegriffen *zımnî
içeriklik s. **içerme**
içerlek et. weiter nach hinten liegend (z. B. Geschäft), rückwärtig
içerlemek (m. Dat.) et. übelnehmen; ärgerlich (aufgebracht) werden, sich entrüsten (über)
içerletmek wütend machen, verärgern
içerme *log.* Implikation *f* *tazammun
içermek 1. enthalten, in sich fassen, in sich schließen *ihtiva etmek, muhtevi olmak 2. *log.* implizieren, involvieren *tazammun etmek
içesatım s. **ithalât**
içforvetler *Fb.* Innensturm *m*
içgezegen *astr.* innerer Planet
içgöbek *bot., bid.* Chalaze *f* (Stielteil der Samenanlage) *sürrei bâtına
içgöç, -çü Binnenwanderung *f*
içgömlek, -eği 1. *bot.* Hilum *n* (Nabel des Pflanzensamens) 2. *an.* Innenwand *f* (e–r Arterie) 3. Umblatt *n* (e–r Zigarre)
içgüçler *geol.* endogene Kräfte *pl.*
içgüdü Instinkt, Naturtrieb *m*, innerer Antrieb *insiyak, sevkıtabiî
içgüdüsel 1. instinktiv *garizevî, insiyakî 2. *P* ungewollt, spontan
içgüvey(-i, -si) Schwiegersohn, der bei den Schwiegereltern lebt **-si girmek** nach der Heirat im Haus der Schwiegereltern wohnen (Mann) **-sinden hallice** *hum.* nicht gerade besonders; so so la la; ziemlich schlecht
içısı *geogr.* innere Erdwärme
içici s. **içken**
içilmek Pass. zu **içmek; içilir** trinkbar **içilmez su** nicht zum Trinken geeignetes Wasser
içim 1. *selt.* Trinken *n* 2. Schluck *m* 3. Geschmack *m* (bei Tabak od. Getränken); s. a. **bir ~ su**
içimli 1. e–n best. Geschmack aufweisend (Tabak od. Getränk) 2. *pr.* wohlschmeckend
içimlik s. **içim** (2)
için (I) 1. für; um ... willen; halber, zu 2. für die Dauer (von) 3. *(Absicht)* zwecks, zu; um ... zu; damit 4. *(Grund)* wegen, infolge, weil, da 5. im Hinblick (auf); was ... anbetrifft 6. im Namen (von) 7. *(Schwur)* bei, auf 8. (zur Angabe der Richtung) Zu 1: **annem** ~ für meine Mutter **benim** ~ für mich **Taburun hareketi ~ emir verilmiştir.** Das Bataillon hat Befehl zum Abmarsch erhalten. Zu 2: **bir hafta** ~ für die Dauer e–r Woche Zu 3: **Vurmak ~ elini kaldırdı.** Er hob die Hand zum Schlag. **bunu yapmak** ~ um dies zu tun Zu 4: **bunun** ~ deswegen **hasta olduğu** ~ infolge Krankheit Zu 5: **Dünya güzeli ~ ne diyorlar?** Was sagt man über die Welt-Schönheitskönigin? Zu 6: **Hepimiz ~ konuştu.** Er hat in unser aller Namen gesprochen. Zu 7: **namusum hakkı** ~ bei meiner Ehre Zu 8: **Biletim Ankara ~.** Meine Fahrkarte geht (gilt) bis Ankara.
için (II) için 1. im Innern innerlich 2. heimlich, verstohlen 3. vor sich hin, bei sich selbst ~ ~ **ağlamak** leise vor sich hinweinen ~ ~ **kızmak** innerlich wütend werden, ergrimmen ~ ~ **münakaşalar** erregte Auseinandersetzungen *pl.* ~ ~ **yanmak** 1. (unter der Asche) schwelen, glimmen 2. (b–ne) heimlich verliebt sein (in) ~ ~ **yemek** (b–ni merak) immer neugieriger (*bzw.* bekümmerter) werden
içinde s. Stw. **iç**
içindekiler Inhalt(-s.verzeichnis *n*) *m* *münderecat

içindeleme *log.* Einschluß *m*, Inklusion *f*, Einbezogensein *n* *dahil bulunma
içinden 1. s. Stw. **iç** 2. s. **kendiliğinden**
içindenlik s. **kendiliğindenlik**
içinti Alkoholgenuß *m*
içirik *P* 1. Füllung *f*, Füllsel *n* 2. Eingeweide, Därme, Gedärme *pl.* *ahşa
içirmek 1. zu trinken geben; tränken 2. **(tokat)** e–e Ohrfeige versetzen 3. *V* verprügeln, verhauen, versohlen 4. s. **söz (ant, fazla)** ~
içiş 1. Trinken *n* 2. Art und Weise *f* des Trinkens
içişleri, -ni *pol.* innere Angelegenheiten ≗ **Bakanı** Innenminister *m* *Dahiliye Vekili (*bzw.* Nazırı) ≗ **Bakanlığı** Innenministerium *n* *Dahiliye Vekâleti (*bzw.* Nezareti)
içit alkoholfreies Getränk
içitim *med.* Injektion *f* *enjeksiyon, zerk
içitmek *med.* injizieren
içkabuk s. **ikinci zar**
içkafiye *(Metrik)* Binnenreim *m*
içkale Festungskern *m*, Zitadelle *f*
içkapak, -ağı Titelseite *f* (e–s Buches)
içkapı, -ıyı Innen-tür *f*, -tor *n*
içkaplartabaka Endothel *n* *endotel
içken Trunkenbold *m* *ayyaş, bekrî
içki 1. *selt. allg.* Getränk *n* 2. alkoholisches Getränk 3. Alkoholgenuß *m* ~ **âlemi** (*od.* ~ **sefası**) Trinkgelage *f* ~ **âleminde** im Kreise froher Zecher ~ **düşkünlüğü** Trunksucht *f* ~ **düşmanı** Antialkoholiker(-in *f*) *m* ~ **hastalığı** Alkoholismus *m* *alkolizm ~ **hastası** Alkoholiker(-in *f*) *m* ~ **içmek** (*od.* **kullanmak**) Alkohol zu sich nehmen ≗ **insanın mehengidir.** In vino veritas. ~ **iptilâsı** s. ~ **düşkünlüğü;** ~ **yasağı** Alkoholverbot *n*, Prohibition *f* **-ye düşkün** dem Trunk ergeben; dem Alkohol verfallen **-ye gelememek** keinen Alkohol vertragen können
içkici 1. wer Alkohol herstellt od. verkauft *spez.* Kneipwirt *m* *meyhaneci 2. Trunkenbold *m*
içkicilik Trunksucht *f*
içkil s. **içkin**
içkili 1. wer Alkohol genossen hat *bzw.* unter Alkoholeinfluß stehend 2. a) mit Alkoholausschank (z.B. Restaurant) b) mit alkoholischen Getränken (z.B. Essen)
içkin *phil.* immanent, inhärent, innewohnend, anhaftend *indimacî
içkincilik *phil.* Immanenzphilosophie *f* *indimaciye
içkinlik *phil.* Immanenz, Inhärenz *f* *indimaç
içkisiz 1. wer keinen Alkohol genossen hat *bzw.* nicht unter Alkoholeinfluß stehend 2. alkoholfrei; ohne alkoholische Getränke
içkulak, -ağı *an.* inneres Ohr; Labyrinth *n* *dolambaç, labirent, tih ~ **sıvısı** *biol.* Endolymphe *f* *endolenf, içsıvı ~ **yolu** *an.* innerer Gehörgang
içkumul *geogr.* Festlandsdüne *f*
içlastik, -iği (Fahrrad-, Auto-)Schlauch *m*
içlek s. **manevî, tinsel**
içlem *log.* Begriffsinhalt *m* *tazammun
içlemsel *log.* begriffsinhaltlich
içlenf s. **içkulak sıvısı**
içlenmek 1. sich grämen; gekränkt sein 2. sich herausbilden (Früchte, Obst)
içler s. **ortalar**
içli 1. mit Kernen (Erbsenschoten, Mandeln usw.) 2. empfindlich; leicht gekränkt 3. *va.* von Ressentiment erfüllt; rachsüchtig 4. traurig stimmend; sentimental 5. fest, solide, inhaltsreich, gehaltvoll ~ **köfte** *reg.* Buletten *pl.* aus feiner Weizengrütze und gewürztem Hackfleisch
içlidışlı 1. ungezwungen, vertraut, intim *senli benli 2. sehr genau (z.B. kennen) ~ **olmak** (b–le) sich mit j–m sehr gut verstehen
içlileşmek *selt.* s. **içlenmek**
içlik 1. das Innere betreffend, inner, Innen- 2. als Unterwäsche dienend, Unter-
içlilik Empfindlichkeit *f*, schnelles Gekränktsein
içme Vs. zu **içmek;** ~ **suyu** Trinkwasser *n* **-ler** Heil-, Mineral-bad *n*
içmece s. **ılıca**
içmek, (-er) 1. trinken 2. **(çorba)** essen 3. rauchen 4. ein-, auf-saugen 5. Alkohol trinken, zechen 6. s. **ant içmek** Zu 2: **Çorbadan bir kaşık içmiş.** Er aß e–n Löffel Suppe. Zu 3: s. **nargile (pipo, sigara, tütün)** ~ Zu 4: **Toprak, yağmur sularını içti.** Der Boden hat das ganze Regenwasser aufgesogen. – **İçtikleri su ayrı gitmez.** Sie sind unzertrennliche Freunde. Sie sind ein Herz und eine Seele. **İç dedilerse, çeşmeyi kurut demediler ya!** *Spr.* Man kann ja auch übertreiben (des Guten zuviel tun). Das geht ja nun zu weit. **içip bitirmek** austrinken
içmerkez 1. Erdbebenherd *m*, Hypozentrum *n* *içözek 2. *geom.* Mittelpunkt *m* des e–m Dreieck einbeschriebenen Kreises
içmezlenmek so tun, als ob man nicht trinke
içmimar Innenarchitekt, Gestalter *m*
içmimarlık Innenarchitektur *f*
içmonolog s. **iç konuşma**
içoğlanı, -nı *hist.* Jüngling *m* im Hofdienst (der für spätere Ämter ausgebildet wurde)
içomurga *naut.* Kielschwein *n*, Binnenkiel *m* *merkez omurga
içorganlar *an.* die inneren Organe *spez.* Eingeweide *pl.*
içorgansal *med.* viszeral, Eingeweide- *viseral
içözek s. **içmerkez** (1)
içpilav Reis mit kleingeschnittenen Fleisch- od. Leberstückchen, Pinienkernen u. Korinthen (*spez.* als Füllsel verwendet) *saray pilavı
içplazma *biol.* Entoplasma *n* *endoplazma
içre *va.* 1. Inneres, innerer Teil *iç taraf 2. drinnen, im Inneren *içinde
içrek *phil.* esoterisch *batınî, ezoterik
içsağ *Fb.* rechter Innenstürmer; Halbrechter
içsalgı *biol.* innere Sekretion ~ **bezi** inkretorische Drüse *endokrin bez
içsalgıbilim Endokrinologie *f* *endokrinoloji
içsalgıbilimsel endokrinologisch *endokrinolojik
içsavaş Bürgerkrieg *m* *sivil harp
içsel 1. zum Innern gehörig, inner, Innen- *dahilî, derunî 2. *psych.* innerlich ~ **duyumlar** Organempfindungen *pl.*
içses *ling.* Inlaut *m* ~ **düşmesi** *ling.* Inlautschwund *m*, Ekthlipsis *f* z.B. **arslan** > **aslan**); ~ **türemesi** s. **içtüreme**
içsıvı s. **içkulak sıvısı**
içsol *Fb.* linker Innenstürmer, Halblinker
içsüsleme s. **içdekorasyon**
içtaksimat, -tı Raumverteilung *f* (in e–m Haus)
içteğet daire s. **içdaire**
içten 1. von innen heraus; innerlich 2. (*a* ~ **gelme**) offen, ehrlich, von Herzen kommend ~ **alâkasını ibzal etmek** ehrliche Anteilnahme bezeugen ~ **bir dilek** ein Herzenswunsch ~ **evlenme** s. **içerden evlenme;** ~ **içe** 1. heimlich, verstohlen, insgeheim 2. bis in den letzten Schlupfwinkel ~ **içe kaynamak** an allen Ecken und Enden gären; von brodelnder Unruhe erfüllt sein ~ **kan gitmek** s. **yürekten kan gitmek;** ~ **pazarlık** innerer Vorbehalt; Reservatio mentalis *f* ~ **pazarlıklı** s. **içinden pazarlıklı;** ~ **yanmalı motör** *techn.* Verbrennungsmotor *m*
içtenlik Herzlichkeit, Aufrichtigkeit, Ehrlichkeit *f* *samimiyet
içtensizlik, -iği Unaufrichtigkeit, Unehrlichkeit *f*
içtepi *psych.* Impuls, Antrieb *m* *ilca

içters (açı) *math.* innerer Wechselwinkel *dahilen mütebadil
içticaret, -ti Binnenhandel *m*
içtihat, -dı [ā] 1. persönliche Meinung; Auffassung, Überzeugung *f* *inanç 2. selbständiges Urteil, wissenschaftliches Denken, selbständige Forschung (aus Koran und Sunne), Koran-Exegese *f* *bilimsel görüş 3. *z. va.* Anstrengung, Bemühung *f* *ceht 4. *jur.* s. **ilmî (kazaî)** ~ Zu 1: **başkasının -ına hürmet etmek** auch e–e gegensätzliche Auffassung achten **Benim -ım böyledir.** Das ist (wenigstens) meine Auffassung. **-ında olmak** der Meinung (Auffassung) sein Zu 4: ≗ **kapısı kapandı.** In dieser Angelegenheit ist das letzte Wort gesprochen. ~ **etmek** 1. sich e–e persönliche Meinung bilden 2. wissenschaftlich denken **-ları birleştirme kararı** s. **tevhidi içtihat kararı; -ı mehakim** s. **mahkemelerin -ı**
içtima, -aı [ā] 1. Versammlung, Sitzung, Tagung *f* *toplantı 2. *astr.* Konjunktion *f* *kavuşum 3. Zusammentreffen *n* bestimmter Umstände, *jur.* Konkurrenz *f* 4. **(devresi)** *parl.* Sitzungsperiode *f* ~ **devri** s. **kavuşum devri** ~ **etmek** sich versammeln, zusammen-kommen, -treten; tagen ~ **hürriyeti** (*od.* **serbestisi**) Versammlungs-freiheit *f*, -recht *n* ~ **mahalli** Versammlungsplatz, Tagungsort *m* ~ **zaptı** Sitzungsprotokoll *n*
içtimagâh [··––] *z. va.* Versammlungsort *m*
içtimaî [··––] die Gesellschaft (Gemeinschaft) betreffend, gesellschaftlich, sozial, Volks- *sosyal, toplumsal ~ **hayat** s. **toplumsal yaşayış;** ~ **ilimler** Sozialwissenschaften *pl.* ~ **mevki** (*od.* **seviye**) soziale Stellung ~ **mevki sahibi** in gehobener Stellung, angesehen, geehrt ~ **muavenet** (*od.* **yardım**) soziale Fürsorge ~ **nizam** s. **toplumsal düzen;** ~ **sıhhat ve muavenet hukuku** soziales Gesundheits- und Fürsorgerecht ~ **sigorta** Sozialversicherung *f*
içtimaîleşmek 1. die allgemein üblichen gesellschaftlichen Sitten und Umgangsformen annehmen 2. sozialisiert werden
içtimaîlestirme Sozialisierung, Vergesellschaftung *f*
içtimaîleştirmek sozialisieren, vergesellschaften *sosyalize etmek, toplumlaştırmak
içtimaiyat(-çı) s. **sosyoloji; sosyolog**
içtimaiyun [··–·–] *va.* Soziologen *pl.*
içtinap, -bı [ā] 1. Meiden *n*, Vermeidung *f*, Enthaltung *f* 2. Umgehen, Ausweichen *n* ~ **davası** s. **önleme arancı** (*od.* ~ **dilemi**); ~ **etmek** (m. Abl.) 1. (ver-)meiden, scheuen, sich (e–r Sache) enthalten 2. et. umgehen, e–r Sache ausweichen ~ **hattı** Ausweichgleis *n* **-ı gayri kabil** unvermeidlich, gebieterisch
içtisar [ā] *va.* Mut *m*, Kühnheit, Verwegenheit *f* ~ **etmek** (bşi yapmağa) *va.* 1. wagen (et. zu tun) 2. sich die Freiheit nehmen (zu)
içtümce *ling.* selbständiger Satz innerhalb e–s Satzgefüges (z. B. **Bakan, aylıklar yılbaşından önce verilecektir, dedi.** Der Minister versicherte, die Monatsbezüge würden noch vor Neujahr ausbezahlt werden.)
içtüreme *ling.* Epenthese *f*, Einschub *m* (z. B. **emr** > **emir)**
içtüzük Haus-, Geschäfts-ordnung *f*, Regulativ *n* *dahilî nizamname
içyağı, -nı s. **donyağı;** ~ **ağacı** s. **donyağı ağacı**
içyan s. **medyal**
içyapı *bot.* innerer Bau; Struktur *f* *bünyei dahiliye
içyarıçap, -pı *math.* Radius *m* des e–m regelmäßigen Vielecks einbeschriebenen Kreises *apotem; nısfı kutru kaim
içyönetmelik Betriebsordnung *f* *dahilî talimatname
içyürekzarı, -nı *an.* Endokard *n* *endokart; şigafı dahilîi kalp
içyüz tiefere Bedeutung, eigentlicher Sinn od. Zweck, wirkliche Ursache, wahres Gesicht; Hintergründe *pl.*

içzar s. **çiçektozu içzarı**
îd s. **ıyd**
ida, -aı [––] *jur.* Verwahrung, Aufbewahrung *f* *saklatma
idadî [–––]; **idadiye** [––··] 1. *va.* vorbereitend 2. *fr.* e–e etwa dem heutigen **lise** entsprechende osm. Schule (die auf die **rüştiye** folgte)
idam [––] 1. Hinrichtung *f* 2. **(cezası)** Todesstrafe *f* ~ **etmek** hinrichten ~ **hükmü** (*od.* **kararı**) Todesurteil *n* **-a mahkûm etmek** zum Tod verurteilen **-a mahkûm olmak** zum Tod verurteilt werden
idame [ā] Andauernlassen *n*, Aufrechterhaltung, Bewahrung, Beibehaltung *f* (z. B. e–s Zustandes) ~ **etmek** andauern lassen, aufrechterhalten, beibehalten, bewahren, weiterlaufen (weitergehen) lassen, fort-, weiterführen (z. B. Krieg), unterhalten (z. B. diplomatische Beziehungen) *devam ettirmek **Bu ikinci cilt, birinciyi ~ ve itmam etmektedir.** Der vorliegende zweite Band bildet die Fortführung und den Abschluß des ersten. **-i hayat etmek** sich am Leben erhalten, (kümmerlich) sein Leben fristen
idamlık [––·] 1. wer zum Tod verurteilt worden ist (Person) 2. was die Todesstrafe nach sich zieht (Verbrechen)
idane [ā] *va.* (Ver-)Leihen *n* (von Geld), Darlehen *n* ~ **etmek** *va.* 1. Geld leihen (e–m anderen) 2. sich Geld leihen ~ **sandığı** Darlehenskasse *f*
idare [ā] 1. *urspr.* Kreisen-Lassen *n* 2. Verwaltung, Leitung, Lenkung, Führung *f* 3. rationelles Wirtschaften, Haushalten *n*, Sparsamkeit, Ökonomie *f* 4. **(lambası)** Nacht-licht, -lämpchen *n* ~ **amiri** *jur.* vorgesetzte (übergeordnete) Verwaltungsbehörde; Vorgesetzter ~ **bezi** billiger und dauerhafter Leinenstoff ~ **binası** (*od.* **dairesi**) Verwaltungsgebäude *n* ~ **edenler** *jur.* Regierende *pl.*, Regierung *f* (als Träger der Verwaltung) ~ **edilenler** *jur.* Regierte, Bürger, (Untertanen) *pl.* ~ **etmek** 1. *urspr.* kreisen lassen 2. verwalten, leiten, lenken, dirigieren, führen 3. rationell wirtschaften, haushalten, sparsam (ökonomisch) umgehen (mit); durchkommen, leben 4. genügen, hinreichen, *F* langen 5. a) vorsichtig behandeln, geschickt hinlavieren, *gel. a.* vertuschen (od.) geflissentlich übersehen, *F* deichseln, richtig fingern b) wissen, wie man jemand zu behandeln hat 6. lenken, steuern, fahren (Auto) 7. führen (beim Tanz) 8. s. **kendini ~ etmek;** ≗ **etmez** (Häufige Ra. von Verkäufern, Chauffeuren usw., denen der von dem Kunden vorgeschlagene Preis zu niedrig erscheint): Das ist zu wenig. Dabei verdiene ich nichts. Damit kann ich kaum meine Unkosten decken. ~ **fitili** s. **idare** (4); ~ **heyeti** *jur.* 1. Bezirksregierung *f* 2. Verwaltungsrat, Vorstand *m* *(1, 2) yönetim kurulu ~ **hukuku** Verwaltungsrecht *n* *yönetim türesi ~ **ile** sparsam, haushälterisch, ökonomisch ~ **kandili** (*od.* **lambası**) s. **idare** (4); ~ **komitesi** Verwaltungsausschuß *m* ~ **makamı** Verwaltungsbehörde *f* ~ **masrafları** Verwaltungskosten *pl.* ~ **meclisi** s. ~ **heyeti** (2); ~ **memuru** Verwaltungsbeamter ~ **muhtariyeti** s. **otonomi;** ~ **teşkilâtı** Verwaltungsorganisation *f* ~ **umuru** Verwaltungsangelegenheiten *pl.* **-nin hususî malları** öffentliches Eigentum **-nin mesuliyeti** *jur.* Syndikatshaftung *f*, Haftung *f* der Verwaltung **-sinde** verwaltet, geleitet, geführt (von), unter der Leitung (*a.* Stabführung) (von) (z. B. Orchester) **-sine sahip olmak** volle Handlungsfreiheit besitzen **-ye bakmak** auf Sparsamkeit bedacht sein **-ye el koymak** die Verwaltung übernehmen **-i lisan** Sprachregelung *f* **-i merkeziye** *z. va.* (Verwaltungs-)Zentrale *f* (z. B. e–r Bank) **-i muhtare** *va.* Autonomie *f* **-i mülkiye** Zivilverwaltung *f* **-i örfiye; örfî** ~ s. **sıkıyönetim; -i örfiye mıntıkası** Gebiet *n*, über das der Ausnahmezustand verhängt worden ist
idareci [ā] 1. Verwaltungs-beamter, -fachmann *m* 2. wer Verwaltungsgeschick besitzt 3. an der Spitze stehend,

führend, Leiter, Staatsmann, Machthaber *m* 4. sparsam, haushälterisch

idarecilik [ā] 1. Verwaltungsdienst *m* 2. Verwaltungsgeschick *n* 3. Führereigenschaft *f*

idarehane [·—·—·] Hauptbüro *n*, Verwaltung, Administration *f* (z.B. e–r Zeitung)

idareimaslahat, -tı [·—·····] 1. *pej.* nur auf kurze Sicht berechnete Politik; Opportunismus *m;* Sich-Behelfen *n, F* Sich-Durchwursteln *n* 2. *mel.* diplomatisch geschicktes Verhalten, *F* richtiges Fingern ~ **etmek** 1. *pej.* sich behelfen, et. recht und schlecht zu Ende bringen, *F* sich durchwursteln 2. *mel.* diplomatisches Geschick an den Tag legen, *F* et. richtig fingern (deichseln, managen) ~ **politikası** Beruhigungspolitik *f*

idareimaslahatçı 1. opportunistisch 2. Opportunist(-in *f*) *m* ~ **hırsız** Gelegenheitsdieb *m*

idareimaslahatçılık 1. opportunistisches Verhalten, Opportunismus *m* 2. Schaukelpolitik *f*

idareli [ā] 1. mit nb. Verwaltung 2. verwaltungstechnisch begabt, mit Geschick leitend 3. sparsam wirtschaftend, haushälterisch umgehend 4. wirtschaftlich, rentabel, rationell arbeitend, billig im Gebrauch

idaresiz [ā] 1. ohne Verwaltung 2. ohne Geschick für die Verwaltung 3. schlechter Wirtschafter, nicht haushälterisch 4. unwirtschaftlich, unrationell, unrentabel, zu teuer im Gebrauch

idaresizlik [ā] 1. Fehlen *n* e–r Verwaltung 2. verwaltungstechnisches Ungeschick 3. schlechte Verwaltung 4. mangelnde Sparsamkeit 5. Unwirtschaftlichkeit *f*, mangelnde Rentabilität

idareten [ā] *va. Adv.* 1. verwaltungs-technisch, -mäßig 2. sparsam, ökonomisch, rationell

idarî [·——] Verwaltungs-, administrativ ~ **dava** Verwaltungsklage *f* ~ **fiil** (*od.* **eylem**) Verwaltungshandlung *f* ~ **hususat** Verwaltungsangelegenheiten *pl.* ~ **ıslahat** Verwaltungsreformen *pl.* ~ **ihtilâf** Verwaltungsstreitigkeit *f* ~ **irtifak** öffentlich-rechtliche Eigentumsbeschränkungen *pl.* ~ **karar** Verwaltungsentscheid *m* ~ **kaza ve mercileri** Verwaltungsgerichtsbarkeit *f* ~ **mahkeme** Verwaltungsgericht *n* ~ **mıntıka** Verwaltungsbezirk *m* ~ **muamele (işlem, tasarruf)** Verwaltungs-akt *m*, -verfügung *f* ~ **murakabe** (*od.* ~ **denetim**) Verwaltungsaufsicht *f* ~ **para cezası** *jur.* Bußgeld *n* ~ **tahsis** *jur.* Widmung, Indienststellung *f* ~ **teamül** Verwaltungsbrauch *m*, -übung *f*, Observanzen *pl.* ~ **teftiş** Verwaltungsinspektion *f* ~ **vesayet** *jur.* Staatsaufsicht *f* ~ **zabıta** Verwaltungspolizei *f*

idbar [ā] 1. widriges Schicksal, Ungunst *f* des Schicksals, Unglück *n* 2. *pr.* Stellungslosigkeit *f*

iddet, -ti 1. die vom Islam e–r verwitweten od. geschiedenen Frau bis zur Wiederverheiratung vorgeschriebene Wartefrist von vier Monaten und zehn Tagen (für e–e Witwe) *bzw.* drei Reinigungsperioden (für e–e geschiedene Frau); (Koran, Sure 2, 228 *bzw.* 234) 2. (nach **Türk Medenî Kanunu**, Artikel 95) e–e Wartezeit von 300 Tagen (in beiden Fällen) ~ **müddeti** Warte-zeit, -frist *f*

iddia [ā, Synkope des zweiten i] 1. Behauptung *f* 2. Geltendmachung *f* e–s Anspruches; Anwartschaft *f* 3. *pej.* Prätention, Anmaßung *f*, Sich-Aufspielen *n* 4. Starrköpfigkeit, Halsstarrigkeit *f*, Trotz, Eigensinn *m* 5. Anklage, Beschuldigung *f* Zu 3: **Kendisi şairlik -sındadır.** Er spielt sich als Dichter auf. Zu 5: **ihtilâs yaptıkları -siyle mevkuf** unter Anklage der Veruntreuung (Unterschlagung) verhaftet ~ **etmek** 1. behaupten 2. beanspruchen 3. anmaßend sein, sich aufspielen 4. (auf e–r Behauptung) bestehen ~ **makamı** Staatsanwalt(-schaft *f*) *m* ~ **olunan şey** *jur.* Klagebegehren *n* ~ **sahibi** (bşde) wer bei et. mitzureden hat, wer et. für sich beansprucht; Anwärter, Prätendent *m* ~ **sistemi** *jur.* Anklageprinzip *n* **-lar dermeyan etmek** Ansprüche erheben (auf) **-ya girmek (girişmek, tutuşmak)** (auf Grund gegensätzlicher Behauptungen) e–e Wette eingehen **kabili** ~ *va.* haltbar, gerechtfertigt

iddiacı [ā, vgl. **iddia**] 1. auf seinen Ansprüchen (Behauptungen) beharrend, hartnäckig, eigensinnig, *F* verbohrt 2. anmaßend, prätentiös ~ **bir çocuk** kleiner Trotzkopf

iddiacılık [ā, vgl. **iddia**] 1. Starrköpfigkeit, Halsstarrigkeit *f*, Trotz, Eigensinn *m, F* Verbohrtheit *f* 2. Anmaßung, Prätention *f*

iddialı [ā, vgl. **iddia**] 1. prätentiös, großsprecherisch, anspruchsvoll, hochtrabend 2. strittig, umstritten, Streit- *münazaalı 3. für sich in Anspruch nehmend; Anwärter *m*

iddianame [·——·, vgl. **iddia**] Anklageschrift *f* *ittihamname

iddiasız [ā, vgl. **iddia**] anspruchslos, unprätentiös, unaufdringlich, zurückhaltend, bescheiden, einfach, schlicht

iddiasızlık [ā, vgl. **iddia**] anspruchsloses (unprätentiöses, unaufdringliches, bescheidenes) Benehmen, vornehme Zurückhaltung

iddihar [ā] *z. va.* 1. Sparen, Zurücklegen *n* 2. Aufspeicherung *f* ~ **etmek** *z. va.* 1. sparen, zurücklegen 2. aufspeichern; horten (z.B. Waren), anhäufen

ide Idee *f*, Begriff *m*, Vorstellung *f*, Bild *n* ~ **fiks** *med.* fixe Idee, Zwangsvorstellung *f* *fikri sabit

idea [·×·] *phil.* Idee *f* (als Urbild des Seins bei Plato) *misal

ideacılık [·×···] *phil.* Idealismus *m* (Platos Ideenlehre), Platonismus *m*

ideal, -li 1. Ideal *n* *mefkûre, ülkü 2. ideal *mefkûrevî

idealist, -ti 1. idealistisch gesinnt, ideal denkend; Idealist (-in *f*) *m* 2. Vertreter *m* des philosophischen Idealismus *(1, 2) mefkûreci, ülkücü

idealize idealisiert, in idealisierter Auffassung ~ **etmek** idealisieren *ülküleştirmek

idealizm Idealismus *m* *iftikâriye, mefkûrecilik, ülkücülük

idealleştirmek s. **idealize etmek**

identik *a. math.* identisch *aynı, mutabık, özdeş

identiklemek *math.* identifizieren, gleichsetzen *aynileştirmek, mutabakat ettirmek, özdeşlemek

identiklik *a. math.* Identität *f* *ayniyet, mutabakat, özdeşlik

identite s. **identiklik**

ideografi Bilder-, Begriffs-schrift, Ideographie *f*

ideografik ideographisch

ideogram Begriffs-bild, -zeichen *n*, bildschriftliche Darstellung; Ideogramm *n*

ideolog 1. Ideologe *m* 2. Schwärmer *m*

ideoloji 1. Ideologie, Weltanschauung *f* 2. *pej.* Schwärmerei, Weltfremdheit *f*

ideolojik 1. ideologisch, weltanschaulich 2. *pej.* weltfremd

ideolojili e–e best. Ideologie besitzend od. zum Ausdruck bringend **böyle yabancı** ~ **hükümler** solche Urteile, die den Ausfluß fremder Weltanschauung darstellen

ideyel ideell, geistig, gedanklich *düşünsel. fikrî

idgam [ā] *va. gr.* durch Assimilation entstandene Buchstaben- bzw. Laut-verdoppelung *f* (Kennzeichnung in der ar. Schrift durch **teşdit**)

idgamlı [ā] *va.* verdoppelt (Laut, Buchstabe), gedehnt ~ **konuşmak** *va.* pedantisch genau sprechen

idhar s. **iddihar**

idi 1. er (sie, es) war 2. (Verwendung bei Aufzählungen) Zu 2: **Kâğıttı, kalemdi, mürekkepti, ne lâzımsa aldım.** Ich kaufte alles Nötige wie Papier, Schreibgerät, Tinte.

idik (I) wir waren

idik (II), **-iği** (nur in suffigierter Form) 1. Tatsache *f*, Sachverhalt *m*, Wesen *n* 2. *va.* für **olduğu** 3. (in der Füg.:) **idiği gediği** die ganze Last (Mühe) Zu 2: **Nispet „ye“**

sinin ne idiği. *(Artikelüberschrift)* Zum Wesen der Nispetform

İdikut *hist.* 1. Titel uigurischer Herrscher 2. Name e−r uigurischen Stadt (*a.* **Hoço** genannt) 3. *wV*

idil 1. Idyll *n* 2. *lit.* Idylle *f*

İdil *n.pr.* 1. Wolgagebiet *n spez. fr.* Name von Astrakan 2. O. u. D. im Rbz. Mardin 3. *wV* ~ **Bulgarları** s. **Volga Bulgarları**

idilik idyllisch

İdilleştirmek *(pej. G.)* (das Türkeitürkische) nach dem im Wolgagebiet gesprochenen Türkisch ausrichten; s. a. **Kazanlaştırmak**

idiş 1. kastriert, verschnitten (Tier) 2. *spez.* Wallach *m* ~ **etmek** kastrieren, verschneiden (Tier) *burmak

idiyo s. **idiyot**

idiyom *selt.* 1. Idiom *n*, idiomatische Redensart *deyim, loküsyon, tabir 2. Spracheigentümlichkeit *f* 3. Mundart *f*

idiyomatik idiomatisch

idiyopati(-k) s. **kapanduygu(-sal)**

idiyosenkrazi *med.* Idiosynkrasie, Überempfindlichkeit *f* *aşırıduyarlık

idiyot, -tu 1. *med.* hochgradig schwachsinnig; verblödet, idiotisch, Idiot *m* 2. *Schi.* blöd, Blödian *m*

idiyotizm *ling.* Spracheigentümlichkeit *f*

idlâl, -li *va.* 1. Aufzeigen *n*, Angabe *f* 2. affektiertes od. kokettes Verhalten ~ **etmek** *va.* 1. aufzeigen, angeben 2. sich affektiert verhalten, kokettieren

idman [ā] 1. Turnen *n* 2. Sportübung *f*, Training *n* 3. Gewohnheit, Routine, Praxis *f* ~ **yapmak** turnen, Leibesübungen betreiben, trainieren

idmancı [ā] 1. Turner(-in *f*) *m*, Sportler(-in *f*) *m* 2. Trainer *m*

idmanlı [ā] 1. sportlich gestählt, trainiert, in Form, in guter Kondition 2. (bşe) gewöhnt (an), abgebrüht (gegen), unempfindlich (gegenüber) Zu 2: **O, bu gibi hakaretlere -dır.** Solche Beleidigungen ist er schon reichlich gewöhnt.

idmansız [ā] 1. außer Übung gekommen, nicht in Form, wer seine Kondition verloren hat (*spez.* Sportler) 2. (bşe) nicht gewöhnt (an)

idmansızlık [ā] fehlendes Training, mangelnde Übung, Fehlen *n* od. Verlust *m* der Kondition, *F* Eingerostetsein *n*

idol 1. *selt.* Götze(-nbild *n*) *m* 2. *fig.* Abgott *m*, Idol *n*

idraç, -cı [ā] *log. va.* 1. s. **tomar** (1) 2. Einrückenlassen *n* (e−s Artikels in e−e Zeitung, Zs. usw.) 3. s. **altla(n)ma;** ~ **etmek** *va.* 1. einrücken lassen 2. s. **altlamak**

idrak, -ki [ā] 1. *psych.* Perzeption, Wahrnehmung *f* *algı 2. Verstehen, Verständnis, Begreifen *n*, Einsicht *f* 3. Erfahren, Erleben *n* 4. Erreichen *n* ~ **etmek** 1. *psych.* perzipieren, wahrnehmen *algılamak, almak 2. verstehen, begreifen, einsehen 3. erfahren, erleben 4. erreichen Zu 4: **yirmibir yaşını ~ eden genç kızlar** junge Mädchen von 21 Jahren **-ı dakik** *psych.* Apperzeption *f*, bewußte Wahrnehmung (od. Aneignung) *tamalgı **kabili** ~ *psych.* perzeptibel, wahrnehmbar *algılanır, alınır

idrakli [ā] verständig, einsichtig

idraksiz [ā] verständnislos, ohne Einsicht

idraksizlik [ā] Verständnislosigkeit *f*, mangelndes od. fehlendes Begriffsvermögen, Mangel *m* an Intelligenz

idrar [ā] 1. Harn, Urin *m* *bevil, sidik 2. Harn-, Urin-lassen *n* ~ **muayenesi** Harnuntersuchung *f* ~ **sistemi** Harnorgane *pl.* ~ **sökmesi** Harnausscheidung, Diurese *f* ~ **söktürücü** harntreibend, diuretisch ~ **şekeri** Zuckerausscheidung *f* im Harn, Glykosurie *f* ~ **tahlili** (chemische) Harnanalyse *f* ~ **tutulması** *med.* Harnverhaltung, Anurie, Ischurie *f* *ihtibası bevil, retansyon ~ **yolları** Harn-wege *pl.* ~ **zoru** (*od.* **zorluğu**) Beschwerden *pl.* beim Harnlassen *spez.* Zystitis od. Urthritis *f*

İdris *mV spez.* ein im Koran erwähnter Prophet (Schutzpatron der Schneidermeister)

idris(ağacı) Weichselkirsche *f bot.* Prunus mahalep *kokulu kiraz; mahlep

idrisotu, -nu Bartgras *n*, Mannsbart *m bot.* Andropogon *Mekke ayrıkotu

idrişah *P* für **ıtrışahî**

idro- s. **hidro-**

idüğü s. **idiği**

İEET = İstanbul Elektrik Tünel Tramvay (*bzw.* **Troleybüs) İşletmesi** *n.pr.* Istanbuler Betriebsgesellschaft

ifa [− −] Ausführung, Erfüllung, Entrichtung, Bezahlung *f* *ödeme ~ **davası** *jur.* Erfüllungsklage *f* *ödeme arancı (*od.* dilemi) ~ **etmek** (bşi) e−r Sache Genüge tun, genügen (z. B. seiner Pflicht), ausführen (z. B. Befehl), erfüllen (z. B. Wunsch), halten, wahrmachen (z. B. Versprechen), bezahlen (Schuld), versehen (Dienst) ~ **karinesi** *jur.* Erfüllungsvermutung *f* ~ **yeri** *jur.* Erfüllungsort *m* *ödeme yeri ~ **yerini tutan eda** *jur.* Leistung *f* an Erfüllungsstatt *ödeme yerine (geçen) edim ~ **zamanı** Erfüllungszeit *f* *ödeme çağı **-yı istihdaf eden eda** *jur.* Leistung *f* erfüllungshalber *ödeme uğruna edim **ademi** ~ s. **ödemezlik**

ifade [ā] 1. *a. math.* Ausdruck *m* 2. Ausdrucksweise *f* 3. Aussage *f*, (abgegebene) Erklärung, (subjektive) Darstellung 4. *V* Sache, Angelegenheit, *F* Geschichte *f* ~ **etmek** 1. ausdrücken, zum Ausdruck bringen 2. aussagen, erklären, besagen, dar-stellen, -legen Zu 1: **Bu cümlenin ~ ettiği mana nedir?** Was ist der Sinn dieses Satzes? Was besagt dieser Satz? **Bir noktayı daha ~ etmek istiyorum.** Auf einen Punkt möchte ich noch zu sprechen kommen. Zu 2: **Bu, büyük bir rakam ~ etmez.** Das stellt keine hohe Zahl dar. ~ **cimnastiği** s. **anlatım cimnastiği;** ~ **vasıtası** (sprachliches) Ausdrucksmittel; Ausdruck *m*, Sprache *f*, Wort *n* *deyi ~ **ve beyan etmek** darlegen, auseinandersetzen ~ **vermek** e−e Aussage machen, aussagen (z. B. bei Vernehmung) ~ **vurgusu** *ling.* logischer Akzent *anlatış vurgusu **-si mazbut** überaus treffend (Ausdruck), glänzend (Stil) **²si tamam oldu** *V* Mit ihm ist es aus. **-sini almak** (b−nin) 1. j−n verhören, vernehmen 2. *V* sich j−s Kummer anhören **-i cebriye** s. **cebirsel ifade; -i meram etmek** sich ausdrücken, sich verständlich machen *meramını anlatmak

ifadelendirmek [ā] et. benennen, bezeichnen, e−r Sache Ausdruck verleihen

ifadeli [ā] 1. mit nb. Ausdrucksweise 2. *pr.* glänzend stilisiert 3. *Beh.* von e−r best. Stelle kommend (Schreiben) 4. *a. mus.* ausdrucksvoll

ifadesiz [ā] ausdruckslos (z. B. Miene)

ifakat, -tı [·−·] 1. Gesundung, Genesung *f* 2. Zeit *f* der Genesung; Rekonvaleszenz *f* 3. Ernüchterung *f*, Verfliegen *n* e−s Rausches 4. Erwachen *n* aus e−r Ohnmacht 5. ♀ *wV* ~ **bulmak** 1. genesen; wieder gesund werden 2. nüchtern werden (nach e−m Rausch) 3. wieder zu sich kommen (nach e−r Ohnmacht)

if'al [ā] **(babı)** *gr. va.* ar. Vs. der 4. Form (Kausativ, Faktitiv)

ifate [ā] *va.* Verlieren, Versäumen, Sich-Entgehenlassen *n* ~ **etmek** *va.* verlieren, versäumen (z. B. Zeit), sich entgehen lassen (z. B. Gelegenheit)

iffet, -ti 1. Keuschheit, Sittsamkeit, Tugend *f*, Anstand *m* 2. Ehrenhaftigkeit *f* 3. ♀ *wV* **-e tecavüz** unzüchtige Handlung *ırza tasaddi

iffetfürüş [···−] *z. va.* prüde

iffetfürüşluk [···−·] *z. va.* Prüderie *f*

iffetli keusch, sittsam, tugendhaft, tugendsam, sittsam, anständig, züchtig, ehrenhaft
iffetlü 1. s. **iffetli** 2. *fr.* Titul. bei Anrede od. Erwähnung e–r Dame Zu 2: ~ **valideniz hanımefendi** *va.* Ihre hochverehrte Frau Mutter
iffetsiz 1. unkeusch, unsittlich, unanständig, unzüchtig 2. *selt.* bestechlich, korrupt·
iffetsizlik 1. Unkeuschheit, Unsittlichkeit, Unanständigkeit, Unzucht *f* 2. unzüchtiger Lebenswandel 3. *selt.* Bestechlichkeit, Korruption *f*
ifham [ā] *va.* Verständlich-, Begreiflich-machen, Erklären *n* ~ **etmek** *va.* verständlich (begreiflich) machen, erklären
İfijeni *n.pr.* Iphigenie
ifildemek *dial.* 1. beben, zittern 2. leicht wehen (Wind)
iflâh Errettung, Erlösung *f* ~ **bulmak** s. ~ **olmak;** ~ **etmek** erretten, erlösen, auf den Heilsweg führen ~ **olmak** Pass. zu ~ **etmek. (Nafile, dostum, biz** ~ **olmayız.** Es ist vergebens, lieber Freund, wir sind nun einmal unverbesserlich.) **-ı kesilmek** am Ende seiner Kraft sein; vollkommen erledigt sein **-ını kesmek** *P* j–s Kraft erschöpfen; j–n fertigmachen
iflâs 1. Zahlungsunfähigkeit, Insolvenz *f*, Bankrott, Konkurs *m* *batkı, batkınlık 2. *fig.* Zusammenbruch *m*, Scheitern, Dahinschwinden, Zerrinnen *n* Zu 1: s. **adi (hileli, taksiratlı)** ~; ~ **bürosu** *jur.* Gläubigerausschuß *m* ~ **dairesi** Konkursamt *n* ~ **etmek** (*F* ~ **bayrağını çekmek;** ~ **borusunu çalmak**) 1. Bankrott machen, in Konkurs gehen, 2. *fig.* zusammenbrechen, scheitern, dahinschwinden, zerrinnen ~ **hukuku** Konkursrecht *n* ~ **idaresi** Konkursverwaltung *f* ~ **ilânı** Bankrotterklärung *f* ~ **kararı** Konkurserklärung *f* ~ **masası** Konkursmasse *f* *batkı (*od.* batkınlıkı) yığını **-ın açılması** Konkurseröffnung *f* **-ın kaldırılması** Aufhebung *f* des Konkursverfahrens **-ın kapanması** Beendigung *f* des Konkursverfahrens **-ına karar vermek** *jur.* j–n für bankrott erklären
ifna [ā] *va.* Vernichten *n*, Vernichtung *f* ~ **etmek** *va.* vernichten
ifrad [·–] *rel.* Einzelpilgerfahrt *f* nach Mekka
ifragat, -tı [·––] *Pl. biol.* Auswurf *m*
ifrağ [ā] 1. *va.* Formen, Gießen *n* 2. *biol.* Ausscheidung, Exkretion *f* *boşaltım 3. Umwandlung, Umgestaltung *f* ~ **etmek** 1. *va.* (in e–e Form) gießen; formen 2. *biol.* ausscheiden 3. umwandeln, umgestalten Zu 3: **muavin kruvazörler haline** ~ **edilen ticaret gemileri** die zu Hilfskreuzern umgebauten Handelsschiffe
ifrat, -tı *urspr.* [·–] Übermaß *n*, Übertreibung, Übersteigerung *f*, übermäßiger Genuß, Zuviel(-Tun) *n* (*ant.* tefrit) ~ **derecede** im Übermaß, übertrieben, übermäßig ~ **etmek** übertreiben, übersteigern, ins Extrem treiben ~ **ve tefrit** Zuviel- und Zuwenig-Tun *n*, Extreme *pl.* des Handelns **-a düşmek** (*od.* **varmak**) in ein Extrem verfallen **-a kaçmak** zu weit gehen; übertreiben **-a vardırmak** s. ~ **etmek; -la** s. **ifrat derecede; -tan tefrit(-e)** von e–m Extrem ins andere, unvernünftig
ifratçı 1. übertreibend 2. übertrieben 3. radikal, extrem 4. Radikaler *(1–4) müfrit
ifraz [ā] 1. Ausscheiden, Absondern, Abtrennen, Entfernen *n* 2. Parzellieren *n*, Parzellierung *f* 3. *biol.* Absonderung, Sekretion *f* *salgı ~ **etmek** 1. ausscheiden, absondern, abtrennen, entfernen 2. parzellieren 3. *biol.* absondern, sezernieren
ifrazat, -tı [·––] *Pl. biol.* Absonderung(-en *pl.*) *f*, Sekretion(-en *pl.*) *f*, Sekrete *pl.*
ifrit, -ti [·–] 1. böser Geist; Dämon *m* 2. *fig.* sehr zornig; wütend, rasend ~ **etmek** j–n rasend machen ~ **kesilmek** (*od.* **olmak**) in höchste Wut geraten, rasend werden
ifsadat, -tı [·––] *Pl.* destruktive (subversive, hetzerische) Tätigkeit; Umtriebe *pl.*
ifsah (I) [ā] *va.* Erweiterung *f* *genişletme
ifsah (II) [ā] *va.* Vergessen *n* *unutma
ifsah (III) [ā] *va.* deutliche Erklärung
ifsat, -dı [ā] 1. Zerstören, Untergraben, Unheilstiften *n*, Störung *f* des normalen Zustandes od. der Ordnung 2. Umtriebe *pl.*, Hetzerei *f*, politische Brunnenvergiftung ~ **etmek** 1. verderben, zerstören, untergraben (z.B. Moral), den normalen Zustand (die Ordnung) stören, Unheil stiften 2. Zwietracht säen, die politische Atmosphäre vergiften, hetzen *fesada vermek
ifsatçı [ā] s. **müfsit**
ifşa [ā] Ausplaudern, Verraten *n*, Preisgabe, Enthüllung *f* (z.B. e–s Geheimnisses) ~ **alâmetleri** verräterische Anzeichen *pl.* ~ **etmek** ausplaudern, verraten, enthüllen, preisgeben (z.B. Geheimnis) *dile vermek ~ **edilmeyen bir mahal** ein streng geheimgehaltener Ort
ifşaat, -tı [·––] (*Pl.* zu **ifşa**) Enthüllungen *pl.*
ifta [ā] *hist.* 1. Abgabe *f* e–s **fetva** 2. Klärung od. Bereinigung *f* e–r Angelegenheit durch ein **fetva**
iftar [ā] 1. allabendliches Fastenende im Ramazan (*ant.* **imsak**) 2. Abendessen *n* im Ramazan ~ **etmek** mit dem Ramazan-Fasten aufhören (bei Sonnenuntergang) *oruç açmak ~ **topu** Kanonenschuß *m*, der im Ramazan den Sonnenuntergang und damit das Ende des betr. Fasttages anzeigt
iftariye [ā] 1. s. **iftarlık** 2. *fr.* ein Geschenk, das hochgestellte Persönlichkeiten nach dem **iftar** genannten Abendessen ihren Gästen beim Abschied zu geben pflegten *diş kirası
iftarlık [ā] 1. Vorspeise *f* **(çerez)** bei **iftar** (2) 2. hierfür geeignet od. best. 3. *fig.* sehr wenig
iftihar [ā] 1. (berechtigter) Stolz 2. Ehre *f* *şeref ~ **etmek** (bşle) (berechtigterweise) stolz sein (auf), sich e–r Sache rühmen können ≗ **Madalyası** *hist.* Verdienstmedaille *f* (gestiftet von Abdülhamit II.) ≗ **Nişanı** *hist.* Verdienstauszeichnung *f* (gestiftet vom Mahmut II.) ~ **vermek** (b–ne) j–m Ehre machen, j–m zur Ehre gereichen **-a geçmek** in die Ehrenliste **(iftihar listesi)** e–r Schule aufgenommen werden (hervorragender Schüler)
iftikar [ā] *va.* 1. Entbehrung *f*, Mangel *m*, Not *f* 2. s. **alçakgönüllülük;** ~ **etmek** (bşe) bedürfen, benötigen, entbehren
iftikâr *va. selt.* Denken *n*, Gedanke *m*, Idee *f*
iftikârî *phil.* nur in der gedanklichen Vorstellung existierend; gedanklich, ideell, ideal *düşüncel
iftikâriye s. **idealizm**
iftikâriyet, -ti *phil.* Idealität, Vorstellungswelt *f* *düşüncellik
iftira [ā] Verleumdung, Anschwärzung *f*, falsche Bezichtigung *bühtan, isnat, karacılık, müfterilik ~ **etmek** (*od.* **atmak**) (b–ne) verleumden, anschwärzen, ungerechtfertigterweise bezichtigen **-ya uğramak** verleumdet werden
iftiracı [ā] verleumderisch; Verleumder(-in *f*) *m* *müfteri
iftiracılık [ā] 1. Verhalten *n* e–s Verleumders 2. Verleumdung *f*
iftirak, -kı [ā] *va.* Trennung *f* ≗ **Muharebeleri** *hist.* Sezessionskriege *pl.*
iftiras [ā] *va.* Mordlust, Raubgier *f* *yırtıcılık ~ **etmek** *va.* zerfleischen, zerreißen (Raubtier)
iftitah [ā] *va.* Eröffnung *f*, Anfang, Beginn *m*, Einweihung *f* **-ı kelâm etmek** *va.* s. **söz açmak; -ı tekbirî** Gottes Lobpreisung **(Allahu ekber)** zu Beginn des isl. Gebets
iftitahî [·:––] *va.* Eröffnungs- **nutku** ~ Eröffnungsrede *f*
İGD = İleri Gençler Derneği Progressive Jungmännervereinigung (Untergruppe der TKP)
iglu [×·] Iglu *m*, *n* (runde Schneehütte der Eskimos)

İgnas *n.pr.* Ignatius, Ignaz
igrek *math.* die Unbekannte y
igro- s. **higro-**
iguana [··×·] Leguan *m zo.* Iguana (iguana *u. a.*)
iğ 1. Spindel *f* 2. *dial.* (Wagen-, Rad-)Achse *f* *eksen, mihver 3. s. **iğağacı;** ~ **ağırşağı** Wirtel *m* (an der Spindel)
iğağacı, -nı s. **papazkülâhı**
iğbiçim spindelförmig
iğbirar [ā] 1. *urspr.* Staubig-sein od. -werden *n* 2. Beleidigtsein *n*, Verstimmung *f*, Sich-Gekränktfühlen *n*, Unwillen, Groll, Verdruß *m* **-ı mucip olmak** kränkend (beleidigend) wirken
iğci Spindel-hersteller od. -verkäufer *m*
iğde 1. **(ağacı)** Ölweide *f bot.* Elaeagnus *spez.* **(kuş iğdesi)** schmalblättrige Ölweide *bot.* Elaeagnus angustifolia 2. säuerliche Frucht der Ölweide
iğdegiller Ölweidengewächse *pl. bot.* Elaeagnaceae *el' anyasiye
iğdemir *dial.* s. **ıskarpela**
iğdiç s. **idiş**
iğdin *dial.* faul und stinkend (Ei) *cılk
iğdiş s. **idiş**
iğfal, -li [ā] 1. Verführung, Verleitung *f* 2. Täuschung *f*, Betrug *m* ~ **etmek** 1. verführen, verleiten 2. täuschen, betrügen
iğfalat, -tı [·−−] *z. va. Pl.* Verführungen, Versuchungen, Verlockungen *pl.* **-a kapılmak** sich verleiten (verlocken, verführen) lassen
iğfalkâr [·−−] *va.* wer verführt, verleitet, täuscht, betrügt
iği *P* s. **iğ**
iğik; iğilmek s. **eğik; eğilmek**
iğiltaşı unterer Mühlstein; Bodenstein *m*
iğinik, -iği *dial.* Ruhr, Dysenterie *f* *dizanteri; kanlı basur
iğinti; iğirmek s. **eğinti; eğirmek**
iğlâk, -kı *va.* 1. Entstehenlassen *n* von Unklarheit od. Verworrenheit (im Stil) 2. Schließen *n* (e−r Tür), Sperrung *f* (e−s Durchgangs)
iğmaz [ā] Schließen *n* des Auges **-dan gelmek** sich nicht kümmern (um); der Sache ihren Lauf lassen **-ı ayn** geflissentliches Übersehen **-ı ayn etmek** (bşe) bei et. ein Auge zudrücken; geflissentlich übersehen
iğmek s. **eğmek**
iğne 1. Nadel *f spez.* Nähnadel *f* 2. Krawatten- (Schmuck-, Vorsteck-, Brillant- usw.) Nadel *f* 3. Brosche, Agraffe, Spange *f* 4. Zündnadel *f bzw.* Schlagbolzen *m* 5. Kompaßnadel *f* 6. Zeiger *m* (bei e−r Uhr od. e−m anderen Meßinstrument) 7. Grammophonnadel *f* 8. *med.* Injektionsnadel *f* 9. *med.* Injektion *f* 10. Nadelfeile *f* (des Goldschmieds) 11. (Bienen-, Skorpion- usw.) Stachel *m* 12. *bot.* (Blumen-)Griffel *m* *ibre 13. Angelhaken *m* 14. *naut.* Spiere *f* e−s Unterschratsegels 15. *fig.* anzügliche Bemerkung, spöttische Kritik; Spitze *f (fig.)* ²**ₒ** **alacak yer yoktu.** Keine Stecknadel konnte zu Boden fallen (*scil.* so dicht standen die Menschen). ²**ₒ** **atsan yere düşmez** gesteckt voll (Raum) ~ **balığı** Nadelfisch *m zo.* Fierasfer acus ~ **batırmak** Stichelreden führen ~ **deliği** 1. Nadelöhr *n* 2. das mit e−r Nadel gemachte Loch; Nadelstich *m* ~ **deliğinden Hindistanı seyretmek** 1. et. aus der Froschperspektive betrachten 2. es faustdick hinter den Ohren haben 3. aus e−m unbedeutenden Ereignis weitreichende Schlüsse ziehen; *F* die Flöhe husten hören ~ **deliğine kaçmak** sich (vor lauter Verlegenheit, Verwirrung usw.) in ein Mauseloch verkriechen mögen ~ **eğe** Nadelfeile *f* ~ **gözü** Nadelöhr *n* ~ **ile kuyu kazmak** 1. e−e Sisyphusarbeit verrichten 2. (bei e−r Arbeit) umständlich und unpraktisch vorgehen ~ **iplik** 1. Nadel und Faden 2. **(gibi)** spindeldürr, nur mehr Haut und Knochen; wie ein Zwirnsfaden ~ **ipliğe dönmek (~ iplik kalmak;** ~ **iplik olmak)** erschreckend abmagern, zum wahren Gerippe werden ~ **iplikçi** Kurzwarenhändler *m* ~ **iplikçilik** Kurzwarenhandel *m* ~ **kaldı** s. **az kaldı;** ~ **kalem** Radiernadel *f* *oyma kalemi ~ **kazısı** (Kaltnadel-) Radierung *f* ~ **kıskacı** *med.* Nadelhalter *m* (Gerät bei Operation) ~ **kurdu** s. **sivrikuyruk;** ~ **ökçe** Pfennigabsatz *m* (Mode um 1960) ~ **ökçeli hanım** Dame mit Pfennigabsätzen ~ **takmak** e−e Nadel einsetzen (z. B. beim Tonabnehmer) ~ **topu** (*od.* ~ **topuzu**) Stecknadelkopf *m* ~ **üstünde oturmak** s. **diken üstünde oturmak;** ~ **vurmak** 1. die Nadel führen 2. s. ~ **yapmak;** ~ **yapmak** e−e Injektion verabfolgen ~ **yaprağı** (Tannen-, Fichten- usw.) Nadel *f* ~ **yastığı** Nadelkissen *n* ~ **yurdu** s. ~ **gözü;** ~ **yutmuş köpeğe** (*od.* **maymuna**) **dönmek** *hum.* 1. in sehr schlechter Verfasssung sein; ganz herunter sein (Person) 2. todmüde, ganz erschöpft sein **-den ipliğe kadar** bis in die feinsten Einzelheiten, vollständig, ganz erschöpfend **-ye tutulmak** anbeißen (Fisch) ²**yi evvel kendine sok sonra çuvaldızı ele!** *Spr.* Prüfe dich erst selbst, bevor du andere kritisierst!
iğneardı Steppstich *m*
iğneci 1. Nadelfabrikant *m* 2. Nadelverkäufer *m* 3. wer Injektionen macht, Spritzen verabfolgt
iğnecik 1. *zo.* nadelartiger Fortsatz *spez.* Skelettnadel (z. B. bei Schwämmen) 2. s. **kızböceği** 3. *naut.* Ruderhacke *f* (am Steuerruder)
iğnecilik 1. Nadelfabrikation *f* 2. Nadelverkauf *m* 3. Verabfolgung *f* von Injektionen
iğnedan(-lık) [ā]; **iğneden(-lik)** s. **iğnelik**
iğneleme 1. Vs. zu **iğnelemek** 2. Epigramm *n* *epigram
iğnelemek 1. mit e−r Nadel stechen, durchlöchern 2. mit e−r Nadel (bzw. mit Nadeln) befestigen, anheften, *F* annadeln 3. *fig.* anzügliche Reden führen, spöttische Bemerkungen machen (über)
iğnelenmek 1. Pass. zu **iğnelemek** 2. e−n scharfen, stechenden Schmerz verspüren
İğneler burnu *n.pr.* Nadelkap *n* (Südafrika)
iğneleyici anzüglich, spöttisch, bissig
iğneli 1. mit Nadel(-n), Stachel(-n), Haken; stachelbewehrt (z. B. Biene) 2. spitz, scharf, stechend, spöttisch, anzüglich (z. B. Bemerkungen) ~ **fıçı** 1. Stachelfaß *n* (inwendig mit Stacheln ausgestattetes Faß, angebliches Marterinstrument *fr.* Zeiten) 2. *fig.* a) was großen Kummer verursacht b) wer anzügliche Reden führt ~ **fıçıda olmak** 1. gemartert (gepeinigt, gequält, geschunden) werden 2. verdorben (verschandelt, *F* verhunzt) werden ~ **kelerbalığı** s. **dikenli kelerbalığı;** ~ **söz** anzügliche Bemerkung ~ **tüfek** *hist.* Zündnadelgewehr *n* ~ **vatoz balığı** Stech-, Stachelrochen *m zo.* Dasyatis pastinaca *dikenli uyuşturanbalığı, rina balığı ~ **yağdan** *techn.* Nadelöhr *m*
iğnelik 1. Nadelbüchschen *n* 2. *gel.* s. **iğne yastığı**
iğneliler Leg-Immen *pl. zo.* Terebrantia *deliciler
iğnemsi nadelförmig ~ **yaprak** s. **iğne yaprağı**
iğneyapraklılar s. **kozalaklılar;** ~ **ormanı** Nadelwald *m*
iğrak, -kı [ā] *stil.* die zweite (wenig einleuchtende) Stufe der Hyperbel (vgl. **tebliğ, gulüv**)
iğreltiotu s. **eğreltiotu**
iğremek *dial.* brüllen (Ochsen, Büffel, Kamele usw.) *bögürmek
iğrenç, -ci 1. abscheulich, ekelhaft, widerlich 2. *selt.* s. **iğrengen**
iğrençleşmek e−n ekelhaften Eindruck erwecken
iğrençlik 1. Ekelhaftsein *n* 2. Ekel, Widerwillen *m* *(1, 2) kerahet ~ **vermek** (bşden) j−m et. verekeln
iğrendirmek Ekel hervorrufen (bei), j−n anekeln
iğrenecek s. **iğrenç**
iğrengeç; iğrengen *P* wer leicht Ekel empfindet; sensitiv, feinnervig

iğrenilmek Pass. zu **iğrenmek; iğrenilecek şey** et. Ekelhaftes
iğrenmek (m. Abl.) Ekel empfinden (bei od. über), sich ekeln (vor), Widerwillen empfinden (gegen) *istikrah etmek; tiksinmek
iğrenti Ekel, Widerwille *m*
iğreti(-leme, -li, -lik, -m) s. **eğreti(-leme, -li, -lik, -m)**
iğri s. **eğri**
iğrice s. **büvelek**
iğrik laut brüllend (Tier)
iğrilik; iğrilmek s. **eğrilik; eğrilmek**
iğsel s. **marazî**
iğsi spindelförmig *miğzelî
iğtinam [ā] 1. Beutemachen, Erbeuten *n* 2. Ausnutzung *f* (e−r Gelegenheit) ~ **etmek** 1. erbeuten, aufbringen (z.B. Schiff) 2. sich zunutze machen, sich nicht entgehen lassen (Gelegenheit) ~ **hakkı** *mil.* Beute-, Prisen-recht *n*
iğtişaş [ā] *va.* 1. Durcheinander *n*, verworrene Zustände; politische Wirren *pl.* 2. Verdorbensein *n* (von Lebensmitteln)
iğtişaşçı [ā] *selt.* Aufrührer, Friedensstörer *m*
iğtiyar [ā] *va.* Fremdherrschaft *f* *yaderklik
iğva [ā] 1. Verlockung, Versuchung *f* 2. Verführung *f* ~ **etmek** 1. verlocken, versuchen 2. verführen, verleiten
iğzap, -bı [ā] *va.* Erzürnen *n* ~ **etmek** *va.* erzürnen, zornig machen
İHA = International Hotel Association Internationaler Hotelverband
ihafe [ā] *z. va.* (Be-)Drohung, Einschüchterung *f* ~ **etmek** *z. va.* (be-)drohen, einschüchtern ~ **maksadiyle** zur Einschüchterung
ihale [ā] Auftrags-erteilung, -vergebung, Verdingung *f*, Zuschlag *m* (bei öffentlichen Ausschreibungen) *üsterme ~ **etmek** 1. übertragen (Aufgabe), j−n beauftragen (mit) 2. vergeben, zuschlagen *(1, 2) üstermek
ihaleten [ā] *Adv.* auf dem Wege der Vergebung (vgl. **ihale**)
iham [−−] 1. *va.* Hervorrufen *n* von Zweifel od. Verwunderung 2. *stil.* Verwendung *f* e−s mehrbegrifflichen Wortes in e−r weniger geläufigen Bed.: Amphibolie *f* (Eine Spielart dieser stil. Technik wird **tevriye** genannt.) ~ **etmek** *va.* sich zweideutig ausdrücken
ihanet, -ti [ā] Verrat *m*, Verräterei, Treulosigkeit, Hinterhältigkeit, Untreue *f* (z.B. eheliche) ~ **etmek** (m. Dat.) verraten, hintergehen, betrügen (*a.* sexuell)
ihata [·−·] 1. Umgeben, Einkreisen, Umfassen, Umzingeln *n* 2. Begreifen, Erfassen *n* 3. Verständnis *n*, genaue Kenntnis, völlige Vertrautheit (mit e−r Materie) 4. Einschließen, In-Sich-Enthalten *n* ~ **çemberi** Einschließungs-, Einkreisungs-ring *m* ~ **duvarı** Umfassungsmauer *f* ~ **etmek** 1. umgeben, einkreisen, umfassen, umzingeln *çevirmek, kuşatmak, sarmak 2. begreifen, erfassen, verstehen *anlamak, kavramak 3. genau kennen, beherrschen, völlig vertraut sein (mit e−r Materie) 4. umfassen, einschließen, enthalten *kapsamak ~ **hareketi** Einkreisung(-s.aktion) *f* ~ **meydan muharebesi** Umfassungsschlacht *f* ~ **ordusu** Umfassungsarmee *f* **-i nazar** Weitblick *m* *gengörü
ihatalı [·−··] 1. weitläufig, ausgedehnt 2. mehr-, viel-deutig, weitbegrifflich 3. aufgeschlossen, einsichtsvoll, verständig, erfahren, mit weitem Horizont; umfassend (Geist)
ihbar [ā] 1. Benachrichtigung *f*, Bescheid *m*, Mitteilung *f* 2. Denunziation, Anzeige *f* 3. *H* Avis *m, n* ~ **etmek** 1. benachrichtigen, Bescheid geben, mitteilen, Mitteilung machen 2. denunzieren, anzeigen 3. *H* avisieren ~ **işareti** *(Eisenbahn)* Vorsignal *n* ~ **mecburiyeti** Anzeigepflicht *f* ~ **mektubu** *H* Avis *m, n* **-a tabi olmak** auf Kündigung ausgestellt sein (Vertrag)
ihbarî [·−−] *va.* Mitteilungs-, Aussage- **sıygai ihbariye** *gr.* s. **bildirme kipi**
ihbariye [ā] 1. schriftliche Benachrichtigung, Mitteilung; Bescheid *m* 2. schriftliche Anzeige od. Denunziation 3. *H* Avis *m, n* 4. Belohnung *f* für e−e Denunziation od. Anzeige *muhbir ücreti
ihbarlı 1. mitgeteilt 2. kündbar (*z.B.* Anleihe)
ihbarname [·−−·] s. **ihbariye** (1, 2) *haber verme kâğıdı
ihbarsız 1. *H* auf Abruf; sofort bereitstehend 2. jederzeit kündbar
ihda [ā] *va.* (Be-, Ver-)Schenken *n* ~ **etmek** *va.* schenken, zum Geschenk machen, be-, ver-schenken
ihdas [ā] 1. Hervorbringen, Erzeugen, Erschaffen *n*, Erfindung *f* 2. Ausstellung, Ausfertigung *f* (z.B. e−s Schecks) ~ **etmek** 1. hervorbringen, erzeugen, (er-)schaffen, erfinden 2. ausstellen, ausfertigen 3. machen, in den Weg legen (z.B. Schwierigkeiten) ~ **hakkı** *jur.* Gestaltungsrecht *n*
ihfa [ā] *va.* Verstecken, Verbergen *n* ~ **etmek** *va.* verbergen, verstecken, versteckt halten
ihkak, -kı [ā] Durchsetzung *f* e−s Rechtes ~ (*od.* **-ı hak**) **etmek** e−m Recht Geltung verschaffen; s.a. **kendiliğinden -ı hak; -ı haktan imtina** *jur.* Rechtsverweigerung *f*
ihlâk, -ki *va.* 1. Verbrauchen *n* 2. Vernichten *n* ~ **etmek** 1. verbrauchen, konsumieren 2. vernichten; umkommen lassen
ihlâl (I), **-li** [ā] 1. Beschädigen, Verderben *(tr.) n* 2. Störung, Beeinträchtigung *f* 3. Verletzung *f* (z.B. e−s Vertrags) ~ **etmek** 1. beschädigen, verderben 2. stören, beeinträchtigen 3. verletzen (Abkommen, Grenze usw.)
ihlâl (II), **-li** *spez. psych.* Lokalisierung, Lokalisation *f* *yerelleştirme, yerleştirme
ihlâs 1. Aufrichtigkeit, Ehrlichkeit, Redlichkeit *f* 2. fester, unerschütterlicher Glaube ~ **suresi** Name der 112. Koran-Sure
ihlil [·−] *va. an.* 1. Harnröhre, Urethra *f* *siyek 2. Öffnung *f* der Brustwarze
ihmal, -li [ā] Vernachlässigen *n*, Unachtsamkeit *f*, *jur. a.* Fahrlässigkeit *f* *savsama ~ **etmek** vernachlässigen, nicht beachten *savsamak ~ **kusuru kazası** *naut.* durch schuldhaftes Verhalten der Schiffsmannschaft verursachter Unfall **-e gelmek** vernachlässigt werden **Hiç -e gelmez.** Das darf nicht vernachlässigt werden.
ihmalci [ā] (seine Pflichten) vernachlässigend, nach-, fahrlässig
ihmalcilik [ā] Nach-, Fahr-lässigkeit *f*
ihmalî [·−−] Unterlassungs- ~ **günah** Unterlassungssünde *f*, läßliche Sünde
ihmalkâr(-lık) s. **ihmalci(-lik)**
ihmirar [ā] 1. Rötung *f* 2. *med. va.* s. **kızıl (hastalığı); -ı cildî** *va.* s. **ürtiker**
ihracat, -tı [·−−] 1. Ausfuhr *f*, Export *m* *dışsatım 2. *va.* Ausgaben *pl.* *masraflar 3. *va.* Ausscheidung, Exkretion *f* *boşaltım ~ **bedeli** Exporterlös *m* ~ **evi** Exportfirma *f* ~ **gümrüğü** Ausfuhrzoll *m* ~ **heyeti** Ausfuhrkommission *f* ~ **işleri** Exporthandel *m* ~ **lisansı** Ausfuhrgenehmigung *f* ~ **malları** Ausfuhr-artikel, -güter *pl.* ~ **primi** Ausfuhrprämie *f* ~ **vesikası** Ausfuhrbescheinigung *f* ~ **yapmak** Export treiben; exportieren
ihracatçı [·−−·] Exportkaufmann, Exporteur *m*
ihracatçılık [·−−··] Ausfuhr-, Export-handel *m*
ihraç, -cı [ā] 1. Ausführen, Exportieren *n*, Ausfuhr *f*, Export *m* 2. **(askerlikten)** Entlassung *f* 3. Auflegung *f* (z.B. e−r Anleihe) 4. Ausgabe, Emission *f* (z.B. von Aktien) 5. Ausschluß *m*, Ausstoßung *f*; Ausbürgerung *f* od. Ausweisung *f* 6. *mil.* Landung *f* (von Truppen) 7. *a. mil.* Ausladung *f* 8. Extrahierung, Gewinnung *f* ~ **bankası** Emissionsbank *f* *tedavül bankası ~ **etmek** 1. ausführen,

exportieren 2. **(askerlikten)** entlassen 3. auflegen (Anleihe) 4. ausgeben (z. B. Banknoten) 5. ausschließen, ausstoßen (z. B. aus e–r Partei); ausbürgern od. des Landes verweisen 6. an Land setzen, landen, ausbooten (z. B. Truppen) 7. *a. mil.* ausladen 8. extrahieren, gewinnen (z. B. Parfüm) ~ **istasyonu** *mil.* Ausladebahnhof *m* ~ **kafesi** (Bergwerk) Förderkorb *m* ~ **kıtaları** *mil.* Landetruppen *pl.* ~ **müfrezesi** Landeabteilung *f* **-ı meyyit** Exhumierung, Exhumation *f*

ihrak, -kı [ā] *va.* Verbrennen *n* ~ **etmek** *va.* verbrennen, in Brand stecken **-ı binnâr** *va.* Tod *m* auf dem Scheiterhaufen

ihrakiye [ā] *va.* Brennstoff *m*

ihram [ā] 1. Toga *f* (der Antike) 2. Burnus *m* 3. weißes ungenähtes Gewand der Mekkapilger 4. *rel.* Weihezustand *m* (beim Gebet od. bei der Mekka-Wallfahrt) 5. Wolldecke *f* (auf e–m Sitzplatz) **-a girmek** das Pilgergewand anlegen **-dan çıkmak** das Pilgergewand ablegen

ihraz [ā] 1. Erreichung, Gewinnung, Erringung, Erlangung *f*, Erwerb *m* 2. *jur.* Aneignung *f* *kapma, kapım ~ **etmek** 1. erreichen, gewinnen, erringen, erlangen, erwerben *kazanmak, erişmek 2. *jur.* sich aneignen *kapmak

ihsa [ā] *va.* (Auf-)Zählen *n* ~ **etmek** *va.* (auf-)zählen ~ **olunmaz** unzählig, zahllos **kabili** ~ (auf-)zählbar

ihsaî [·– –] *va.* s. **istatistik** (2)

ihsaiyat, -tı [·–·–] *va. Pl.* s. **istatistik** (1)

ihsaiyatçı [·–·–·] *va.* s. **istatistikçi**

ihsan [ā] 1. Erweisung *f* von Wohltaten 2. Wohltat *f*, erwiesenes Gutes 3. das als Beweis der Huld überreichte Geschenk (e–r hohen Persönlichkeit); Gunstbezeugung *f* 4. ♀ [×·] *mV, wV* ~ **alelihsan** *va.* Überhäufung *f* mit Gunstbezeugungen ~ **etmek** (*od.* **buyurmak**) 1. freundlicherweise geben, huldvoll gewähren, gnädigst zukommen lassen 2. e–e Freundlichkeit erweisen, e–e Gefälligkeit tun **-a gark etmek** überreichlich beschenken **-lara boğmak** mit Gunstbezeugungen (Gnadenbeweisen, Geschenken) überhäufen

İhsaniye *n.pr.* O. u. D. im Rbz. Afyon

ihsas [ā] 1. Fühlen-, Merken-, Durchblicken-lassen, Zu-Verstehen-Geben *n* 2. sinnliche (sensorielle) Wahrnehmung, Sensorium, Bewußtsein *n* ~ **etmek** fühlen (empfinden, merken, durchblicken) lassen, zu verstehen geben, in Aussicht stellen **-ların ihtilâtı** s. **sinestezi; -ların imtizacı** s. **duyumların kaynaşması**

ihsasat, -tı [·– –] *va.* die fünf Sinne *havası hamse

ihsasî [·– –] *va.* s. **duyumsal**

ihsasiye [ā] s. **sansüalizm**

ihtar [ā] 1. Erinnern, Ins-Gedächtnis-Zurückrufen, Aufmerksammachen *n* *hatırlatma 2. Mahnung, Warnung, Verwarnung, Aufforderung *f; mil.* a) Anruf *m* (e–s Postens) b) *naut.* Stoppsignal *n* 3. (Überschrift) Zur Beachtung! ~ **cezası** (Ver-)Warnung *f*, Verweis *m* (schwächer als **tekdir**); ~ **etmek** 1. (b–ne bşi) j–n an et. erinnern, j–m et. ins Gedächtnis zurückrufen, j–n aufmerksam machen (auf) 2. (er-)mahnen, (ver-)warnen, auffordern ~ **grevi** Warnstreik *m* ~ **vermek** *od.* **-da bulunmak** (b–ne) e–e Verwarnung, e–n Verweis erteilen

ihtarat, -tı [·– –] *va. Pl.* zu **ihtar; -ta bulunmak** *va.* e–e Verwarnung (bzw. Verwarnungen) erteilen

ihtarname [·– –·] 1. schriftliche Verwarnung 2. Mahnschreiben *n* 3. *jur.* s. **protesto**

ihtısas s. **ihtisas** (I)

ihtibar [ā] 1. Informiertsein *n*, Wissen *n*, Kenntnis *f* 2. Nachforschen, Um-Auskunft-Bitten *n* 3. *jur.* gerichtsärztliches Gutachten ~ **etmek** nachforschen, erfahren wollen, nach-, aus-fragen, um Auskunft ersuchen

ihtibarî; ihtibariye s. **ampirik; ampirizm**

ihtibas [ā] 1. Eingeschlossen-, Festgehalten-, Eingekerkertsein *n* 2. *med.* (Harn-)Verhaltung *f* 3. *psych.* Verdrängung *f* (in das Unterbewußtsein) *itilme **-ı bevil** s. **idrar tutulması**

ihticaç, -cı [ā] 1. Vorlage *f* von Dokumenten 2. Beweis, Beleg *m*, Unterlage *f* ~ **etmek** schriftliche Beweise erbringen, Dokumente vorlegen **-a salih** authentisch, echt, verbürgt **-a salih olma** *jur.* Glaubwürdigkeit, Echtheit *f*

ihticap, -bı [ā] *va.* 1. Verhüllt-, Verdeckt-Werden *n* 2. Sich-Verhüllen, Sich-Verdecken *n* 3. Gehindert-Werden *n* ~ **etmek** *va.* 1. verhüllt-, verdeckt-werden 2. sich verhüllen, sich verstecken (z. B. Mond hinter Wolken) 3. gehindert werden (an)

ihtida [ā] Beschreitung *f* des rechten Weges, *pr.* Übertritt *m* zum Islam ~ **etmek** zum Islam übertreten, Mohammedaner(-in) werden

ihtifa [ā] *va.* Sich-Verstecken, Sich-Verbergen *n* ~ **etmek** *va.* sich verstecken, sich verbergen

ihtifagâh [·– –] *va.* Schlupfwinkel *m*, Versteck *n*

ihtifal, -li [ā] Feier(-lichkeit) *f spez.* Gedenk-, Erinnerungsfeier, Zeremonie *f* ~ **yapmak** e–e Feier veranstalten

ihtikan [ā] *med.* 1. Blutandrang *m*, Kongestion *f*, Hyperämie *f* 2. Einlauf *m*, Klistier *n*, Darmspülung *f* *lavman, tenkıye, şırınga 3. Irrigator *m* 4. Injektion *f* ~ **yapmak** 1. e–n Einlauf machen, ein Klistier verabfolgen 2. e–e Spülung vornehmen 3. *selt.* e–e Injektion machen **-ı rie** *med.* Lungenhyperämie *f*

ihtikar [ā] *va.* verächtliche Behandlung

ihtikâr Wucher *m*, wucherischer Warenaufkauf, Preis-treiberei, -spekulation *f*, Horten *n* (von Waren) *vurgun, vurgunculuk ~ **yapmak** (bşde) wucherisch aufkaufen, (Waren) horten **-la mücadele** Kampf *m* gegen die Preisspekulation

ihtikârcı Wucherer, Preistreiber, (Waren-)Spekulant *m* *muhtekir, vurguncu

ihtikârcılık s. **ihtikâr**

ihtilâcî konvulsivisch, krampfhaft, krampfartig

ihtilâç, -cı Zuckung *f*, Schüttelkrampf *m*, Konvulsion *f* ~ **etmek** Zuckungen, Krämpfe bekommen, konvulsivische Bewegungen ausführen *çırpınmak

ihtilâf 1. Nicht-Übereinstimmung, Verschiedenheit, Divergenz *f*, Auseinandergehen *n* 2. *spez.* Meinungsverschiedenheit *f* 3. *jur.* Streit(-igkeit *f*) *m*, Konflikt, Rechtsfall, Prozeß *m* *çekişme, anlaşmazlık ~ **halinde olmak** (biriyle) entzweit (*F* verkracht) sein (mit) ~ **mahkemesi** *jur.* Kompetenzkonfliktsgerichtshof *m* ~ **mevzuu** Zankapfel *m* **-ı kavanin** s. **kanunlar ihtilâfı; -ı manzar** s. **paralaks**

ihtilâflı strittig, umstritten *münakaşalı, münazaunfih

ihtilâfsız ohne Streitigkeit ~ **kaza** s. **nizasız kaza**

ihtilâl, -li 1. bewaffneter Aufstand; Revolte, Empörung, Rebellion *f*, Aufruhr *m*, Revolution *f* 2. Staatsstreich *m* *hükümet darbesi 3. *va.* Unordnung, Störung *f* Zu 1: **Fransız İhtilâli** die Französische Revolution (von 1789) ~ **çıkarmak** (*od.* **etmek**) e–n Aufstand machen, revoltieren **-i şuur** *z. va.* Geistesstörung *f*

ihtilâlci Aufständischer, Aufrührer, Empörer, Rebell, Revolutionär *m*

ihtilâlcilik revolutionäre Bewegung *f*

ihtilâlkâr s. **ihtilâlci**

ihtilâlkârane [·····–·] aufständisch, aufrührerisch, revolutionär, Aufstands-, Revolutions- ~ **hadiseler devam ediyor.** Der Aufruhr dauert noch an.

ihtilâm Pollution *f*, Samenerguß *m* ~ **olmak** e–e Pollution, e–n Samenerguß haben *düş(-ü) azmak

ihtilâs Veruntreuung, Unterschlagung *f* *aşırtı ~ **etmek** e–e Veruntreuung, Unterschlagung begehen, veruntreuen, unterschlagen ~ **sigortası** Veruntreuungsversicherung *f* **-ı zaman etmek** *va.* s. **vakit ihtilâs etmek**

ihtilât, -tı 1. *med.* Komplikation *f* 2. Umgang, Verkehr *m* 3.

spez. Verkehr *m* mit der Außenwelt 4. Vermischung *f* ~ **etmek** 1. e–e Komplikation erfahren (Krankheit) 2. (b–le) verkehren, Umgang haben (mit) 3. *spez.* Verkehr *m* mit der Außenwelt haben (z. B. Inhaftierter) 4. *chem.* sich (ver-)mengen, sich vermischen *karışmak **-tan menetmek** (b–ni) j–m den Verkehr mit der Außenwelt verbieten **-tan memnu** wem der Verkehr mit der Außenwelt untersagt ist; isoliert (z. B. Häftling)

ihtilâtlı hakaret *jur.* öffentliche Beleidigung

ihtimal, -li [ā] 1. Möglichkeit, Eventualität *f*, Fall *m* 2. Wahrscheinlichkeit *f* 3. möglicherweise, vielleicht Zu 1: **her -e karşı** für alle Fälle, für alle Eventualitäten, zur besseren Sicherheit **en fena -de** im schlimmsten Fall ~ **vermek** (bşe) et. für wahrscheinlich halten **-den hariç** unwahrscheinlich **-dir ki** (*od.* ~ **ki**) es ist möglich (wahrscheinlich, anzunehmen), daß **-e yakın görülür...** kann als ziemlich gesichert gelten **-i yok** es ist nicht anzunehmen; es ist unwahrscheinlich **-ler hesabı** Wahrscheinlichkeitsrechnung *f* *olasılıklar hesabı **ademi** ~ 1. Unwahrscheinlichkeit *f* 2. Unmöglichkeit *f* *imkânsızlık, olamazlık

ihtimalât, -tı [··––] *va. Pl.* zu **ihtimal;** ~ **kaidesi** *va.* Wahrscheinlichkeitsregel *f*

ihtimalcilik s. **probabilizm**

ihtimalî [·–·–] 1. eventuell, möglich 2. problematisch (z. B. Urteil) *belkili 3. Wahrscheinlichkeits- ~ **kastı olmak** *jur.* et. billigend in Kauf nehmen

ihtimaliye [ā] s. **probabilizm**

ihtimam [ā] 1. Sorgfalt, Sorglichkeit, Sorge *f* (auf et. verwandte) Mühe, (aufgewandter) Fleiß 2. Fürsorge *f*, liebevolle Pflege ~ **etmek** (*od.* **göstermek**) 1. Mühe und Fleiß aufwenden (bei), et. sorgfältig tun 2. sorgen (für), pflegen ~ **ve takayyüt** *jur.* Sorgfalt *f*

ihtimamkâr [··––] *va.* sorgfältig, umsichtig (Person)

ihtimamlı [ā] sorgfältig (Person od. Sache)

ihtimamsız [ā] nachlässig (Person od. Sache)

ihtimamsızlık [ā] Nachlässigkeit *f*, fehlende Sorgfalt

ihtimar [ā] Gären *n*, Gärung *f* ~ **etmek** gären

ihtinak, -kı [ā] *med.* Ersticktwerden *n*, Erstickung *f*, Angina *f* ~ **etmek** ersticken *(intr.)* **-ı rahim** *va.* Hysterie *f* *histeri

ihtira, -aı [ā] 1. Erfindung *f* (*mst.* in bezug auf techn. Dinge) *türetme, buluş 2. *pej.* bloße Erfindung; Schwindel *m* ~ **beratı** Patent *n* (auf e–e Erfindung) ~ **beratı alınabilir** patentfähig ~ **beratı sahibi** Patentinhaber *m* ~ **beratları ofisi** (*od.* ~ **dairesi**) Patentamt *n* ~ **etmek** erfinden ~ **hakkı** 1. Patentrecht *n* 2. Patentschutz *m* ~ **sırları** *jur.* Erfindungsgeheimnis *n* ~ **tarifi** Patentbeschreibung *f* ~ **tescili** Eintragung *f* in das Patentregister

ihtiraî [··––] *phil.* heuristisch *bulgusal

ihtirak, -kı [ā] 1. Brennen *n* 2. Verbrennung *f* 3. *va. astr.* Annäherung e–s Planeten an die Sonne ~ **etmek** (ver-) brennen *(intr.)* ~ **hücresi** *techn.* Verbrennungsraum *m* ~ **maddesi** s. **ihrakiye;** ~ **müddeti** Brennzeit *f* **-ı bati** s. **yavaş yanma**

ihtiraklı [ā] mit Verbrennung arbeitend, Verbrennungs-, Brenn- ~ **mermi** *mil.* (in der Luft explodierendes) Sprenggeschoß ~ **motör** Verbrennungsmotor *m* ~ **tapa** *mil.* Brennzünder *m*

ihtiram [ā] (Hoch-)Achtung *f*, Respekt *m*, Ehrerbietung, (erwiesene) Ehre; Ehrenbezeugung, Verehrung *f* *saygı ~ **bölüğü** Ehrenkompanie *f* ~ **duruşu** s. **saygı duruşu;** ~ **etmek** (*od.* **göstermek**) (ver-)ehren, seine Ehrerbietung bezeugen, Ehre erweisen ~ **kıtası** Ehren-abteilung, -truppe, -wache *f* ~ **nöbetçisi** Ehrenposten *m* ~ **vakfesi** *z. va.* Schweigeminute *f* (zum ehrenden Gedenken)

ihtiramat, -tı [··––] *va. Pl.* zu **ihtiram; arzı** ~ **etmek** *va.* seiner Hochachtung Ausdruck geben, ergebenst grüßen **Arzı** ~ **eylerim, efendim** (*osm. Briefschluß*) Mit ausgezeichneter Hochachtung verbleibe ich Ihr sehr ergebener

ihtiramkâr(-ane) *va.;* **ihtiramlı** ehrerbietig *saygılı

ihtiras [ā] Leidenschaft *f:* 1. *mel.* Eifer *m*, Feuer *n*, Begeisterung *f* 2. *pej.* Gier *f*, Begehren *n*, (brennende) Begierde, Sucht *f* 3. Ehrgeiz *m* Zu 1: s. **iş -ı**

ihtiraslı [ā] von Leidenschaft erfüllt: 1. eifrig, begeistert, leidenschaftlich 2. *pej.* gierig, begehrlich 3. ehrgeizig

ihtirassız [ā] leidenschaftslos

ihtiraz [ā] 1. Sich-Hüten *n* (vor), (Ver-)Meiden *n*, Enthaltung *f* 2. Vorsicht *f* ~ **etmek** (m. Abl.) sich hüten, sich in acht nehmen, sich enthalten, (ver-)meiden ~ **kaydı** s. **kaydı ihtirazî**

ihtirazen [ā] (bşden) *va.* zur Vermeidung (von), um nicht zu ... **tatvili kelâmdan** ~ *va.* um nicht viele Worte zu verlieren, um es kurz zu machen

ihtirazî [··––] Vorsichts-, Vorbeugungs- s. **kaydı** ~

ihtirazlı [ā] vorsichtig, reserviert, zurückhaltend *muhteriz ~ **davranmak** Vorsicht üben, sich reserviert verhalten

ihtisap, -bı [ā] 1. *va.* a) Befragung, Rechenschaftsforderung *f* b) Strafe *f* c) Verantwortlichkeit *f* 2. *hist.* a) Amt *n* für städtische Ordnung b) Bürgermeisteramt c) städtische Steuer *f* ~ **ağası** *hist.* Bürgermeister *m* (ab 1828: ~ **nazırı;** ab 1854: **şehremini)**

ihtisar [ā] 1. Verkürzen *n*, Abkürzung *f* *kısaltma 2. *math.* Vereinfachung, Kürzung, Reduktion *f* *sadeleştirme ~ **emsali** Reduktionskoeffizient *m* ~ **etmek** 1. (ver-, ab-) kürzen *kısaltmak 2. *math.* vereinfachen, reduzieren, kürzen *sadeleştirmek ~ **madrubu** Reduktionsfaktor *m*

ihtisaren [ā] *va. Adv.* abgekürzt, als Abkürzung, in Verkürzung

ihtisas [ā] (I) (fr. **ihtısas)** 1. Spezialisierung *f*, fachwissenschaftliche Ausbildung 2. Fachkenntnis *f*, Spezialwissen *n* 3. *va.* Anhänglichkeit *f* ~ **kütüphanesi** Fach-, Spezialbibliothek *f* ~ **sahibi** Spezialist, Fachmann, Experte *m* *mütehassıs, uzman ~ **yapmak** sich spezialisieren

ihtisas [ā] (II) 1. Gefühl *n*, Empfindung *f* *duygu 2. Eindruck *m* **-larını anlatmak** seine Eindrücke schildern ~ **etmek** empfinden, fühlen

ihtisasat, -tı [··––] *va. Pl.* zu **ihtisas**

ihtişam [ā] Pomp, Prunk *m*, Gepränge *n*, Pracht *f* *debdebe, tantana, görkem

ihtişamlı [ā] pompös, prunkvoll, prächtig *debdebeli, muhteşem, tantanalı, görkemli

ihtitap, -bı [ā] *va.* Holz-sammeln, -fällen *n* ~ **hakkı** *va.* s. **baltalık hakkı**

ihtiva [ā] Enthalten, Fassen, In-Sich-Schließen *n* ~ **etmek** enthalten, fassen, in sich schließen

ihtiyacat, -tı [··––] (*va. Pl.* zu **ihtiyaç)** Bedürfnisse, Notwendigkeiten *pl.* **-ı zaruriye** *va.* s. **havayici zaruriye**

ihtiyaç, -cı [ā] 1. Bedürfnis *n*, Notwendigkeit *f* 2. Bedarf *m* 3. unabweisbarer Wunsch 4. Armut, Not, Bedürftigkeit *f* ~ **maddeleri** s. **havayici zaruriye;** ~ **vukuunda** im Bedarfs-, Not-fall **-ı olmak** (m. Dat.) nötig haben, benötigen, brauchen, bedürfen *gereksemek, gereksinmek **-ı karşılamak** den Bedarf decken (hierfür a. oft das kontaminatorische **-ı temin etmek);** **-ın ölçüsüne göre** nach Maßgabe des Bedarfs

ihtiyaçlı [ā] bedürftig, arm, notleidend

ihtiyar (I) [ā] 1. alt, betagt, bejahrt 2. alter Mann; Greis *m* ~ **meclisi** (*od.* **heyeti** *od.* **kurulu)** *jur.* Ältestenrat *m* ~ **yaşında** im Alter, als alter Mann **-lar yönetimi** s. **jerontokrasi**

ihtiyar (II) [ā] 1. (Aus-)Wahl *f* 2. *pol.* Entscheidungsrecht *n*, Option *f* 3. Wahl *f* der (astrologisch) glückbringenden Zeit 4. *jur.* freie Willensbestimmung; Handlungsfreiheit *f* 5. *jur.* freies Ermessen; Freiheit *f* der selbständigen Wahl ~ **etmek** 1. wählen, freiwillig ergreifen, sich entschließen (zu), einschlagen (z. B. best. Weg) 2. et. auf sich nehmen, sich (Mühe, Ausgaben usw.) machen, sich e–r Sache unterziehen **-ı elinden gitmek** *F* es nicht mehr aushalten können, die Selbstbeherrschung verlieren **-ı sükût etmek (sükûtu ~ etmek)** es vorziehen zu schweigen **-ı zahmet etmek (yapmak zahmetini ~ etmek)** sich die Mühe machen, sich der Mühe unterziehen (zu), sich bemühen

ihtiyarî [··– –] 1. dem freien Ermessen überlassen, freiwillig, unverbindlich, wahlfrei, fakultativ *istemli 2. gewollt, willentlich, willkürlich, mit Absicht herbeigeführt, beabsichtigt, vorsätzlich *iradeli, iradî, istemli ~ **artırma** freiwillige Versteigerung ~ **durak** Bedarfshaltestelle *f* ~ **hacir** *jur.* Entmündigung *f* auf eigenen Antrag ~ **hizmet** freiwillige Arbeitsleistung ~ **hükümler** *jur.* dispositive (nachgiebige, nicht-zwingende) Rechtsnormen *pl.* ~ **ricat** *mil.* freiwilliger Rückzug; Ausweichen *n* ~ **sigorta** freiwillige Versicherung **gayri** ~ unbeabsichtigt, unwillkürlich *gayri iradî, iradesiz, istemsiz

ihtiyarlamak 1. alt werden, altern 2. altersschwach werden 3. alt aussehen

ihtiyarlatmak 1. altern lassen 2. altersschwach werden lassen 3. ein altes Aussehen verleihen; älter erscheinen lassen

ihtiyarlı s. **gençli** ~

ihtiyarlık [··–·], **-ığı** 1. Altsein *n*, (Greisen-)Alter *n* 2. **(güçsüzlüğü)** Altersschwäche *f* ~ **alâmeti** Alterserscheinung *f* ~ **hali** Gebrechlichkeit *f* ~ **hipermetropluğu** Altersweitsichtigkeit, Presbyopie *f* ~ **romatizması** *P* s. **osteoartrit;** ~ **sigortası** Altersversicherung *f* **-ına riayeten** mit Rücksicht auf sein hohes Alter

ihtiyarsız [ā] ungewollt, unwillkürlich

ihtiyat, -tı [ā] 1. Vorsicht, Umsicht, Behutsamkeit, Bedächtigkeit *f* *sakıntı 2. *(a. mil.)* Reserve *f*, Ersatz *m* 3. Sicherung, Vorbeugung *f* ~ **akçesi** 1. Rücklage *f*, Not-, Spargroschen *m* 2. Reserven *pl.* (e–r Bank), Reservefonds *m* (z. B. e–r Gesellschaft) ~ **ayırmak** *mil.* die Reserve ausscheiden ~ **bulundurmak** in Reserve haben (halten) ~ **cephane** *mil.* Munitions-vorrat *m*, -reserve *f* ~ **efrat** (*od.* **erler**) *mil.* Reservisten *pl.* ~ **erzak** *mil.* Verpflegungsvorrat *m*, -reserve *f* ~ **hastanesi** *mil.* Reservelazarett *n* ~ **kaydı** s. **kaydı ihtiyat;** ~ **kuvvetleri** Ersatzkräfte *pl.* ~ **ordusu** *mil.* Reservearmee *f* ~ **parçaları** Ersatzteile *pl.* ~ **payı** Deckung *f* (z. B. bei Lombardierung von Wertpapieren) *marj ~ **zabiti** s. **yedek subay; -a riayeten** vorsichtshalber, vorsichtigerweise **-ı elden bırakmak** die Vorsicht außer acht lassen **-la telakki etmek** mit Vorbehalt (mit aller gebotenen Vorsicht) aufnehmen *kaydı ihtiyatla telakki etmek

ihtiyaten [ā] 1. vorsichtshalber, aus Vorsicht, als Vorsichtsmaßregel, für alle Fälle 2. als Reserve, als Ersatz ~ **saklamak** (*od.* **tutmak**) in Reserve halten

ihtiyatî [··– –] 1. Vorsichts- 2. *jur.* vorsorglich, vorläufig ~ **haciz** *jur.* dinglicher Arrest ~ **kayıtla telakki etmek** s. **ihtiyatla telakki etmek;** ~ **tedbirler** Vorsichtsmaßregeln *pl.*, *jur. a.* vorsorgliche Maßregeln *pl.*, einstweilige Verfügung *f*

ihtiyatkâr [··– –] vor-, um-sichtig, behutsam, bedächtig, bedachtsam, zurückhaltend

ihtiyatkârlık [··– –·] Vor-, Um-sicht *f*, Behutsamkeit, Bedächtigkeit, Bedachtsamkeit, Zurückhaltung *f*

ihtiyatlı [ā] 1. s. **ihtiyatkâr** 2. mit Ersatz (Reserve), Ersatz-, Reserve- ~ **bulunmak** gerüstet sein (für unvorhergesehene Fälle) ~ **davranmak** Vorsicht üben, umsichtig (bedachtsam) handeln

ihtiyatlık [ā] 1. als Ersatz (Reserve) dienend 2. *mil.* **(hizmeti)** Reservedienst *m*

ihtiyatlılık [ā] s. **ihtiyatkârlık**

ihtiyatsız [ā] 1. ohne die nötige Umsicht, unvorsichtig 2. ohne Ersatz (Reserve) ~ **davranmak** unvorsichtig sein, unbedacht vorgehen

ihtiyatsızlık [ā] 1. mangelnde od. fehlende Vorsicht (Umsicht, Behutsamkeit); Unvorsichtigkeit, Nachlässigkeit *f* 2. Fehlen *n* des Ersatzes (der Reserve) ~ **etmek** es an der nötigen Vorsicht mangeln lassen, unvorsichtig sein

ihtiyol *pharm.* Ichthyol *n* ~ **sabunu** Ichthyolseife *f*

ihtiyolog Ichthyologe *m*

ihtiyoloji(-k) s. **balıkbilim(-sel)**

ihtiyozor Ichthyosaurier *m*

ihtiza [ā], **-aı** *va.* s. **alçakgönüllülük**

ihtizap, -bı [ā] *va.* Färben *n* (*spez.* von Haar od. Bart mit Henna)

ihtizar [ā] Todeskampf *m*, Agonie *f* *can çekişme, haleti nezi ~ **halinde olmak** im Sterben liegen, mit dem Tod ringen ~ **haline gelmek** in den Todeskampf eintreten

ihtizaz [ā] 1. *phys.* Schwingung *f*: a) Vibration *f* *titreşim b) Oszillation *f* *rakıs, salınım 2. (leichtes) Zittern ~ **etmek** 1. *phys.* schwingen: a) vibrieren *titreşmek b) oszillieren *raksetmek, salınmak 2. zittern

ihtizazat, -tı [··– –] *va. Pl.* zu **ihtizaz**

ihtizazlı [ā] *phys.* schwingend: a) vibrierend b) oszillierend

ihvan [ā] *isol. Pl.* 1. *va.* Brüder *pl.* 2. *fig.* Mitbrüder, Genossen *pl.* 3. Freunde und Bekannte *pl.* **-ı din** Glaubensbrüder, -genossen *pl.* *din kardeşleri, dindaşlar

ihvanlık [ā] Brüderschaft *f*

ihya [ā] Beleben *n*, (Wieder-)Belebung *f*, Auf-, Wiedererstehenlassen *n*, Erweckung *f* zu neuem Leben, Verleihen *n* neuer Kraft ~ **etmek** 1. (wieder-)beleben, auferstehen lassen, wieder erstehen lassen, zu neuem Leben erwecken, neue Kraft verleihen 2. (m. Akk.) Freundlichkeiten erweisen Zu 2: **İltifatı beni ~ etti.** Er hat sich mir gegenüber überaus wohlwollend gezeigt. **Beni ~ ettiniz.** Sie haben mich sehr zu Dank verpflichtet. ~ **gecesi** *isl.* die im Gebet verbrachte Nacht (von Donnerstag auf Freitag od. von Sonntag auf Montag; zum Gedenken e–s Verstorbenen)

ihyanen [ā] *va.* zeitweilig, ab und zu *arasıra

ihzar [ā] 1. Vorbereiten *n*, Vorbereitung *f*, Bereit-stellen, -halten *n* 2. Vorführen, Beibringen *n* (z. B. von Zeugen) 3. *psych.* Reproduktion *f* (von Vorstellungen) *anıkla(n)ma ~ **etmek** 1. vorbereiten, bereit-stellen, -halten *hazırlamak 2. vorführen, beibringen 3. *psych.* reproduzieren (Vorstellungen) ~ **müzekkeresi** *jur.* Vorführungsbefehl *m*

ihzaren [ā] *va. Adv.* 1. unter Vorbereitung (Bereit-stellen, -halten) 2. zur Vorführung (Beibringung)

ihzarî [·– –] 1. vorbereitend, Vorbereitungs- 2. *med.* prädisponierend ~ **görüşmeler** Vorbesprechungen *pl.* ~ **iplikhane** Vorspinnerei *f* ~ **sınıf** Vorbereitungsklasse *f* *hazırlık sınıfı

ihzariye [ā] *va.* 1. s. **ihzar müzekkeresi** 2. Vorladungsgebühr *f*

ijiyen(-ik) s. **hijiyen(-ik)**

ika, -aı [– –] 1. Tun, Machen, Zufügen *n* (z. B. von Schaden), Begehen *n* (z. B. von Verbrechen), Verursachung *f*, Herbeiführen, Entstehenlassen *n* 2. *mus. va.* s. **ritim;** ~ **etmek** tun, machen, zufügen, begehen, verursachen, herbeiführen; eintreten lassen

ikad [– –] *va.* 1. Ent-, An-zünden *n* 2. *fig.* Anfeuerung *f* (zum Kampf) ~ **etmek** *va.* 1. ent-, an-zünden 2. *fig.* anfeuern (zum Kampf)

ikame [ā] 1. Hinstellen *n*, Aufstellung, Plazierung *f* 2. Anstrengen, Anhängigmachen *n* (e–s Prozesses) 3. Beibringung *f* (von Zeugen, Beweisen usw.) 4. *chem.* Substitution *f* *ornatma 5. *jur.* Ersatz- und Nacherben-einsetzung *f* 6. *selt.* Aufstehenlassen *n* 7. *jur.* Kommitiv *n* *baş-

kasını kendi yerine geçirme Zu 5: s. **alelâde (fevkalâde)**
ikame; ~ **etmek** 1. hin-, auf-stellen, plazieren 2. *mil.* ausstellen (Posten, Wache) 3. anstrengen, anhängig machen (Prozeß) *açmak 4. beibringen (Zeugen, Beweise) 5. *math.* erheben (z. B. in e–e best. Potenz) *yükseltmek 6. *selt.* veranlassen, daß jemand aufsteht ~ **prensipi** s. **aynî halefiyet**
ikamet, -ti [ā] 1. Aufenthalt *m*, Wohnen *n* 2. *mil.* Unterkunft 3. *va.* Ruf *m* des Müezzins zum gemeinsamen Gebet in der Moschee Zu 1: **gayri resmî** ~ **münasebetiyle** anläßlich e–s inoffiziellen Besuches ~ **beyannamesi** polizeiliche Anmeldung (von Ausländern, die sich länger als e–n Monat in der Türkei aufhalten) *oturma bildirgesi ~ **etmek** sich aufhalten, wohnen, ansässig sein ~ **getirmek** s. **kamet getirmek;** ~ **mahalli** Wohnsitz, Aufenthaltsort *m* ~ **muahedesi** Niederlassungsabkommen *n* ~ **mukavelesi** Niederlassungsvertrag *m* ~ **tezkeresi** schriftliche Aufenthaltsbewilligung (für Ausländer) *oturma belgesi ~ **vagonu** *mil.* Wohnwagen *m* ~ **yevmiyesi** s. **harcırah; -e memur edilmek** (bir yere) *fr.* e–n best. Ort als Wohnsitz zugewiesen bekommen *(Verbannter)*
ikametgâh [·–·–] 1. Aufenthaltsort, Wohnsitz *m*, Wohnung *f;* Sitz *m* (juristischer Personen) *yerleşme yeri; konut 2. Ruhestätte *f* ~ **mahallesi** Wohnbezirk *m* **-ın masuniyeti** s. **mesken masuniyeti**
ikametgâhlı [·–·–·] *H* domiziliert (Wechsel)
ikan [––] *va.* 1. Gewißheit, Sicherheit *f*, genaue Kenntnis 2. fester, unerschütterlicher Glaube
ikanî [–––] *va.* 1. sicher, gewiß, genau 2. fest, unerschütterlich, zweifelsfrei
ikap [––], **-bı** *va.* 1. Pein, Qual *f* *eziyet 2. *isl.* Strafe *f* im Jenseits *azap
İkar *n.pr. griech. Myth.* Ikarus (Sohn des Dädalus)
İkarya adası s. **Karyot adası**
ik'at, -dı [ā] *va.* 1. Platznehmenlassen *n* 2. Einsetzen *n* (in ein Amt) ~ **etmek** *va.* 1. Platz nehmen lassen 2. einsetzen (in ein Amt)
ikaz [––] 1. *z. va.* (Auf-)Wecken *n* 2. Aufmerksammachen *n*, Warnung *f* ~ **etmek** 1. *z. va.* (auf-)wecken 2. aufmerksam machen, warnen, j–m die Augen öffnen, j–n zur Besinnung bringen ~ **grevi** s. **ihtar grevi;** ~ **hizmeti** Warndienst *m* ~ **işareti** Warnzeichen *n*
ikbal, -li [ā] 1. Gunst *f* des Schicksals, Glück *n*, Erfolg *m*, Wohlergehen *n* 2. *pr.* Innehaben *n* e–r Stellung (*ant.* idbar) 3. *fr. Höfl.* Wunsch *m*, Verlangen *n* 4. *fr.* Odaliske, die Aussicht hatte, Gemahlin des Sultans zu werden; Favoritin *f* 5. ⩲ *mV, wV* Zu 3: **Çaya** ~ **buyurulur mu?** *va.* Hätten Sie Lust auf e–e Tasse Tee? ~ **düşkünü** wen das Glück verlassen hat, wer ins Elend geraten ist *devlet düşkünü ~ **hırsı** Ehrgeiz *m* **-den düşmek** s. **gözden düşmek**
ikballi [ā] 1. wem es sehr gut geht, glücklich, in Gunst stehend 2. wer alle Aussichten hat, voranzukommen
ikbalperest, -ti [ā] ehrgeizig; Streber *m*
ikbalperestlik [ā] (großer) Ehrgeiz
ikbalsiz [ā] 1. unglücklich; wer in Ungnade gefallen ist 2. ohne Stelle, ohne Arbeit
İKD = İlerici Kadınlar Derneği, Progressive Frauenvereinigung (Untergruppe der **TKP**)
ikdam [ā] 1. Fleiß, (Arbeits-)Eifer *m*, Beharrlichkeit, Ausdauer *f* 2. Vorankommen *n* *ilerleme 3. ⩲ *n.pr.* türk. Tageszeitung (1894–1928; 1939–1964) ~ **etmek** ausdauernd arbeiten **-ü tahammül** *va.* Fleiß und Ausdauer
ikdamlı [ā] eifrig, fleißig, ausdauernd, beharrlich
ikdar [ā] *va.* 1. Kraftverleihen, Befähigen *n* 2. Beschaffung *f* von Arbeit (und Brot) 3. Besserung *f* der finanziellen Lage (z. B. durch Gehaltserhöhung) ~ **etmek** *va.* 1. Kraft verleihen, befähigen 2. Arbeit (und Brot) verschaffen 3. j–s finanzielle Lage bessern
iken (häufig Apokope des **i**-Lautes z. B. **gelirken, yaparken;** die *reg.* weitverbreitete Epithese e–s **e (gelirkene, yaparkene** usw.) wird von den Gebildeten vermieden) 1. (temporal) als, wenn 2. (durativ) solange als, während, indem 3. (adversativ) während 4. (konzessiv) zwar, wenngleich, obwohl, obgleich Zu 3: **Türkçe oldukça iyi bilirken Arapça hiç konuşmaz.** Arabisch kann er nicht sprechen, während er Türkisch recht gut beherrscht. Zu 4: s. Stw. **sulh olmak**
iki 1. zwei 2. Zwei *f* 3. *gel.* zweit- Zu 3: **sayfa** ~ Seite zwei; zweite Seite ~ **ocak** zweiter Januar ~ **ahbap çavuşlar** die beiden unzertrennlichen Freunde ~ **akıntılı çatı** s. **beşik(örtü) çatı;** ~ **âkit taraf** die beiden vertragschließenden Teile (Partner, Parteien) *tarafeyni âkıdeyn ~ **analı kuzu** *hum.* Doppelverdiener *m* ~ **arada bir derede kalmak** in e–r fatalen Lage sein ~ **arada** (*od.* ~ **ateş arasında) kalmak** *fig.* zwischen zwei Feuer geraten ~ **ayağı bir çizmede** verlegen, verwirrt, bestürzt ~ **ayağını bir pabuca sokmak** (*od.* **koymak**) 1. (b–nin) j–n zur Eile antreiben, hetzen, in Bedrängnis bringen 2. (kendi) überstürzt handeln, et. übers Knie brechen ~ **ayaklı** 1. zweibeinig 2. Zweibeiner, Mensch *m* ~ **ayaklı eşek** *hum.* zweibeiniger Esel; Dummkopf *m* ⩲ **baş bir kazanda kaynamaz.** *Spr.* (*od.* ⩲ **at bir kazığa bağlanmaz.** *Spr.*) Von zwei vollkommen entgegengesetzten Persönlichkeiten kann man keine fruchtbare Arbeit erwarten. ~ **başlı** 1. zweiköpfig 2. zwei-, gegen-seitig 3. doppelt ~ **başlı kol kası** *an.* Bizeps *m*, zweiköpfiger Oberarmmuskel ~ **başlı olmayan bir muhabbet** e–e nur einseitige (nicht erwiderte) Liebe ~ **başlı tutmak** mit großer Vor-, Um-sicht zu Werke gehen ~ **baştan olmak** nur durch beiderseitigen guten Willen zustandekommen ~ **bayram arası** die Zeit zwischen **Şeker Bayramı** und **Kurban Bayramı** (nach abergl. Vorstellung für e–e Hochzeit od. Verlobung ungeeignet) ~ **bedbaht lostracılar** (Titel e–s Th.stückes) die beiden unglücklichen Schuhputzer ~ **benekli hanımböceği** Zweipunkt *m zo.* Adalia bipunctata ~ **bilinmeyenli denklem** *math.* Gleichung *f* mit zwei Unbekannten ~ **büklüm** 1. *naut.* zwei-strängig, -kardeelig (Trosse) 2. ganz gebeugt (vom Alter od. e–r Last) ~ **büklüm olmak** 1. (vom Alter) ganz gebeugt (krumm) sein (Körper) 2. sich sehr tief verneigen ⩲ **cambaz bir ipte oynamaz.** *Spr.* Zwei Hähne in e–m Hühnerhof tun nicht gut. ~ **cami arasında kalmış beynamaz gibi** wer sich bei e–r Alternative nicht entscheiden kann und beide Möglichkeiten versäumt; Buridans Esel *m* ~ **cenahtan** (*od.* **taraftan) kuşatma** *mil.* beiderseitige (*od.* doppelte) Umfassung ~ **cihanda** im Diesseits und im Jenseits ⩲ **cihanda aziz ol!** Möge Gottes Segen immer auf dir ruhen! (Dankesworte e–s nach Alter od. Rang Höherstehenden) ⩲ **çıplak bir hamamda yakışır.** *Spr.* Er hat nichts, und sie hat auch nichts. (*scil.* Wovon sollen die beiden leben?) ~ **çift laf** (*od.* **söz**) ein paar Worte ~ **çifte (kayık, sandal)** Boot *n* mit zwei Ruderpaaren; (bei Ruderrennen): Doppelzweier *m* ~ **dereceli seçim** indirekte Wahl ~ **dilli makara** *techn.* zweischeibiger Block, Doppelblock *m* ~ **dinden avare** wer keine festen Grundsätze hat ⩲ **dinle bir söyle!** *Spr.* s. **Bin işit bir söyle!** ~ **dirhem bir çekirdek** *F* geschniegelt und gebügelt, elegant, herausgeputzt; wie aus dem Ei gepellt ~ **dünya** s. **iki cihan;** ~ **el bir baş için** wer nur ein knappes Auskommen hat (und daher anderen nicht helfen kann) ~ **el yeteneği** Ambidextrie, Beidhändigkeit *f* ~ **eli böğründe kalmak** s. **eli böğründe kalmak;** ~ **eli kanda olsa** und wenn er noch so viel zu tun hat ~ **eli on parmağı karada** Verleumder(-in *f*) *m* ~ **eli on parmağı yakasında olmak** von j–m Rechenschaft verlangen (am Jüngsten

Tag) ~ **eli şakaklarında düşünmek** angestrengt nachdenken (um e–n Ausweg zu finden) ~ **eli yakasında olmak** 1. am Jüngsten Tag von j–m Rechenschaft verlangen 2. j–n nicht mehr auslassen ≗ **elim yanıma gelecek** (*od.* **gelsin**). Ich werde e–s Tages sterben (*scil.* und vor Gott Rechenschaft ablegen müssen) *d. h.* Ich habe die reine Wahrheit gesprochen. ~ **elle sarılmak** 1. j–m dankbar und treu sein, an j–m festhalten 2. sich mit Eifer e–r Sache widmen ~ **geçeli** Spalier bildend, in zwei Reihen ~ **geçeli(-ye) dizilmek** Spalier bilden, sich in zwei Reihen aufstellen ≗ **göç bir yangın yerini tutar.** *Spr.* Zweimal umgezogen, ist so gut wie einmal abgebrannt. ≗ **gönül bir olunca samanlık seyran olur.** *Spr.* Raum ist in der kleinsten Hütte für ein glücklich liebend Paar. (Schiller) ~ **göz arasında** im Handumdrehen, im Nu ~ **gözlüklü büyüteç** Binokular *n* ~ **gözü iki çeşme** tränenüberströmt ~ **gözüm!** (*od.* ~ **gözümün nuru**) mein Liebling! ≗ **gözüm önüne aksın ki** (*od.* ≗ **gözüm kör olsun!**) *Bet.* Ich will auf beiden Augen blind werden (*scil.* wenn... *bzw.* wenn nicht...) ~ **günde bir** alle zwei Tage ~ **hadli** s. **ikiterimli;** ~ **hırtı bir pırtı** in ärmlichen Verhältnissen lebend ~ **hörgüçlü deve** zweihöckeriges Kamel, Trampeltier *n zo.* Camelus bactrianus *Orta Asya devesi ≗ **kaptan bir gemiyi batırır.** *Spr.* s. ≗ **cambaz bir ipte oynamaz.** ~ **kardeşkanı ağacı** s. **kardeşkanı ağacı;** ≗ **karpuz bir koltuğa sığmaz.** *Spr.* Unter einem Arm kann man nicht zwei Melonen tragen. (*d. h.* Zwei wichtige Dinge kann man nicht gleichzeitig erledigen.) ~ **kat yürümek** ganz gebeugt einhergehen ~ **katlı** zweistöckig ~ **kere'** ~ **dört eder gibi.** Das ist so gewiß, wie zweimal zwei vier ist. ~ **kelime ile** mit ein paar Worten, kurz (z. B. zusammenfassen) ≗ **kılıç bir kına girmez.** *Spr.* Zwei Schwerter in e–r Scheide verderben alle beide. ~ **krallar** (*Filmtitel*) die beiden Könige ~ **kollu merdiven** Klappleiter *f* ≗ **kulak bir dil için, sen iki işit, bir söyle!** Du hast zwei Ohren und einen Mund, willst du's beklagen? Gar vieles sollst du hören und wenig darauf sagen. (Rückert) ~ **kulağı duvar** stocktaub ~ **kuyruklu** *V* 1. wer e–n Fehler gemacht hat, wer sich et. hat zuschulden kommen lassen 2. fehlerhaft, unvollkommen ~ **laf atmak** ein wenig plaudern ~ **laf bir pazarlık** immer wieder dasselbe (sagen) ~ **lafı bir araya getirememek** keine zwei Worte zusammenbringen; ein schlechter Redner sein ~ **lokma** nur ein ganz klein wenig ~ **meçhullü birinci derece muadelesi** *math.* Gleichung *f* ersten Grades mit zwei Unbekannten ~ **mısralı** s. **ikiçenetli;** ~ **misli** doppelt (soviel) ~ **misline çıkarmak** verdoppeln ~ **murabbalı muadele** *math.* s. **ikikat kareli denklem;** ~ **mütehavvile bir tabi** *math.* Funktion *f* mit zwei Veränderlichen ~ **nokta (üstüste)** Doppelpunkt *m*, Kolon *n* ~ **odaklı cam** *opt.* Bifokalglas *n* ≗ **ölç bir biç!** *Spr.* s. **Dokuz ölç bir biç!** (yaparsam) ~ **olsun!** Einmal und nicht wieder! ~ **paralık etmek** s. Stw. **paralık;** ~ **partili sistem** *pol.* Zweiparteiensystem *n* ≗ **rahmetten** (*od.* **rahmetin**) **biri!** Möge (dem Schwerkranken) eine Gnade zuteil werden (entweder Genesung od. Erlösung von seinem Leiden)! (*a.* bei anderen Alternativen): So oder so! ~ **renkli** 1. zweifarbig 2. zwei Farbige *pl.* ~ **safhalı** s. **ikifazlı;** ~ **sağlılık** s. ~ **el yeteneği;** ~ **satır dertleşmek** (*od.* **konuşmak**) sich freundschaftlich unterhalten und sich gegenseitig Kümmernisse mitteilen ~ **seksen uzanmak** *V* 1. längelang hinfallen 2. auf der Bärenhaut liegen; ein bequemes Leben führen ~ **seksen uzatmak** (b–ni) *V* j–n mit e–m Schlag zu Boden strekken ~ **söz bir pazar** ohne lange zu feilschen ~ **sözü bir araya getirememek** sich nicht verständlich ausdrücken können ≗ **su bir ekmek yerini tutar.** *Spr.* Zweimal Wasser getrunken ist so gut wie einmal Brot gegessen. ~ **şık** die zwei Möglichkeiten *pl.*, Alternative *f* ~ **taraf olmak** in zwei gegnerische Gruppen zerfallen ~ **taraflı** 1. zweiseitig (Stoff, Vertrag usw.) 2. zweischneidig (z. B. Schwert) ~ **taraflı defter tutma** *H* doppelte Buchführung ~ **taraflı felç** *med.* doppelseitige Lähmung; Diplegie *f* ~ **tek atmak** s. **bir tek atmak;** ~ **tek dümencili** (*bzw.* **dümencisiz**) Ruder-Zweier *m* mit (bzw. ohne) Steuermann ~ **tekerlek muharrikli motörlü araba** *mil.* Kraftfahrzeug *n* mit Zweiradantrieb ~ **tuğlu paşa** ält. osm. Bez. e–s kommandierenden Generals: „Pascha *m* mit den zwei Roßschweifen" *birinci ferik ~ **ucu boklu değnek** *V* e–e ganz beschissene Sache *(V)* ~ **ucunu bir araya** (*od.* **bir yere**) **getirmek** 1. unter e–n Hut bringen (Gegensätzliches), e–n Ausgleich schaffen (zwischen), gleichschalten 2. et. zustandebringen, mit et. zurechtkommen 3. (wirtschaftlich) aus-, durch-kommen ~ **vecihli zaviye** s. **ikidüzlemli açı;** ~ **volta** *naut.* zwei halbe Schläge ~ **yakası bir araya** (*od.* **bir yere**) **gelmemek** 1. keinen Erfolg haben, nicht zurechtkommen 2. *spez.* nicht wirtschaften können ~ **yataklı oda** Doppelzimmer *n* ≗ **yemin bir emin!** Ein handgreiflicher Beweis ist besser als noch so viele Beteuerungen. ~ **yönlü** *chem.* umkehrbar *ric'î ~ **yüzü karalı** übel aussehender und verderbter Bursche ~ **zamanlı motör** Zweitaktmotor *m* **-de bir** *od.* **-de birde** häufig, öfters, immer wieder, *F* alle nasenlang **-miz** wir beide **-si** 1. zwei davon 2. alle beide **ºsi aynı kapıya çıkar.** Das läuft beides auf das gleiche hinaus. **-si(-nin) ortası** Mitte *f* zwischen zwei Extremen **ºsi ortası yok** (*od.* **olmaz**). Entweder oder! E–n Mittelweg gibt es nicht! **ºsini bir kazana koysalar kaynamaz(-lar).** Sie sind nun einmal wie Wasser und Feuer. **-ye ayırmak** in zwei Teile zerlegen; halbieren

ikiağızlı 1. zweischneidig (Schwert) 2. Doppellauf- 3. doppelzüngig, wortbrüchig ~ **tüfek** Doppellaufflinte *f*

ikiağızlılık Doppelzüngigkeit *f*, Wortbruch *m* ~ **etmek** sein Wort nicht halten

ikiakciğerliler Lungenfische *pl. zo.* Dipnoi *çiftakciğerliler

ikianlamlı *ling.* doppeldeutig

ikibir *spez. Tr.sp.* Wurf *m* von Eins und Zwei *düyek

ikiboynuzlu kalao Doppelhornvogel *m zo.* Dichoceros bicornis

ikiboyutlu zweidimensional ~ **geometri** s. **düzlem geometri**

ikibuçukluk Zweieinhalbpfund-schein *m* -stück *n*

ikicanlı schwanger *gebe, hamile, yüklü

ikici(-lik) s. **düalist; düalizm**

ikicinsli(-lik) s. **ikieşeyli(-lik)**

ikicinslikli s. **ikicinsli**

ikiçenekliler zweikeimblättrige Pflanzen *pl. bot.* Dicotyledoneae *zatülfilkateyn

ikiçenetli *bot., zo.* zweiklappig *iki mısralı

ikiçenetliler s. **yassısolungaçlılar**

ikiçengelli *mus.* Sechzehntelnote *f* *çift çengel, dublkroş, onaltılık

ikideğerli *chem.* bivalent, zweiwertig

ikideğerlilik *chem.* Bivalenz, Zweiwertigkeit *f*

ikidilli zweisprachig

ikidillilik Zweisprachigkeit *f*

ikidörtlük *mus.* Zweivierteltakt *m*

ikidüzlemli açı *geom.* Diederwinkel *m* *iki vecihli zaviye

ikieşeyli bisexuell, zweigeschlechtig *ikicinsli, zatülcinseyn

ikieşeylilik Bisexualität, Zweigeschlechtigkeit *f*

ikievcikli *bot.* diözisch, zweihäusig *sünaîyülmesken

ikievciklilik *bot.* Diözie *f*, Diözismus *m*, Zweihäusigkeit *f*

ikievli 1. Bigamist *m* 2. zweimal verheiratet

ikievlilik Bigamie *f*

ikifazlı *phys.* zweiphasig, Zweiphasen- *iki safhalı

ikigözle görme binokulares Sehen; Sehen *n* mit beiden Augen *basarı ayneynî

ikiheceli *ling.* zweisilbig

ikikanatlı zweiflügelig (z.B. Tür) ~ **tablo** s. **diptik**
ikikanatlılar s. **çiftkanatlılar**
ikikat zweifach, zweimal, doppelt, bi- ~ **kareli denklem** *math.* biquadratische Gleichung *f* *iki murabbalı muadele ~ **kök** *math.* doppelte Wurzel *muzaaf cezir
ikikök s. **ikikat kök**
ikil *gr.* Dual *m* *tesniye
ikilem *log.* Dilemma *n,* lemmatischer Schluß *kıyası mukassim; dilem
ikileme 1. Vs. zu **ikilemek** 2. *mus.* Duole *f* *düole 3. *ling.* zweigliedrige Koordinationsgruppe; Hendiadyoin *n* (z.B. **yavaş yavaş; kaçan kaçana; ev bark; aşağı yukarı**) *kelime koşması; tekrar 4. *ling.* Gemination, Lautverdopplung *f*
ikilemek verdoppeln, ein zweites Exemplar (Stück) anschaffen **Bu tüccar, otomobilini ikiledi.** Dieser Kaufmann hat sich ein zweites Auto angeschafft.
ikileşmek 1. sich verdoppeln, doppelt so groß werden 2. sich in zwei Teile spalten Zu 2: s. **benlik ikileşmesi**
ikili zwei Einheiten umfassend 1. *chem.* binar 2. *Spk.* Zwei *f* 3. *mus.* Sekunde *f* *sekont 4. *gel.* zweiseitig, bilateral ~ **bölü** *log.* Dichotomie, Zweiteilung *f* *taksimi müsenna ~ **çatı** *ling.* synkretistische Aktionsform des Verbums (z.B. **toplanmak** in pass. u. refl. Bed.) ~ **çengel vuruş** (Boxen) Doppelhaken *m* ~ **dans** Tanz *m* zu zweien ~ **ekleme** *gr.* doppelte Flexionsendung (z.B. **İnönü'ye** u. **İnönü'ne**); ~ **iki** Doppelzwei *f* (Dominostein) ~ **ilişkiler** gegenseitige Beziehungen *pl.* ~ **kapacık** *an.* Mitralklappe *f* *dessamı iklilî ~ **kızak** Doppelsitzer, Zweierbob *m* ~ **oyun** *Th.* Zweipersonenstück *n* ~ **öğretim** *päd.* Schichtunterricht *m* (in Vormittags- u. Nachmittags-abteilungen) *çifte tedrisat ~ **program** Doppelprogramm *n* (zwei Filme in e–r Vorstellung) ~ **temaslar** *pol.* Zweierbesprechungen *pl.* ~ **ünlü** s. **diftong**
ikilik 1. alte Silbermünze aus der Zeit Abdülhamits I. zu 80 Para 2. Dualismus *m,* Dualität *f,* Zweiheit *f* 3. Zwietracht, Trennung, Uneinigkeit *f* 4. *mus.* halbe Note *beyaz, blanş 5. altes Wassermaß (= 2 **çuvaldız**); ~ **es** *mus.* halbe Pause
ikinci 1. zweit- 2. neuerlich, weiter 3. ⁓ türk. Zigarettenmarke ~ **ad** Untertitel *m* (e–s Buches) ~ **alkol** s. **ikincil alkol;** ~ **atış** *(Tennis)* zweiter Aufschlag ~ **bir işara kadar** s. **işarı ahire kadar;** ~ **demir devri** *geol.* La-Tène-Zeit *f* ~ **dereceden denklem** *math.* Gleichung *f* zweiten Grades, quadratische Gleichung ⁓ **Dünya Harbi** (*od.* **Savaşı**) der Zweite Weltkrieg ~ **erkânıharp** *mil.* Quartiermeister *m* ~ **fecir** s. **fecrisadık;** ~ **ferik** *fr.* Generalleutnant *m* *tümgeneral ~ **gelişme** *agr.* Grummet, Spätheu *n* ~ **hamur kâğıt** Konzeptpapier *n* ~ **kânun** *fr.* s. **ocak** (17); ~ **kaptan** *naut.* Erster Maat (Offizier der Handelsmarine) ~ **Kurus** *n.pr.* Cyrus II. (pers. König) *Keyhüsrev ⁓ **Meşrutiyet** Zweite Konstitutionelle Verfassung in der Türkei (1908–1918) ~ **mülâzım** s. **teğmen;** ~ **müstecir** Untermieter(-in *f*) *m* ~ **nüsha** Duplikat *n,* Kopie, Zweitausfertigung *f* ~ **olarak** zweitens *saniyen, ikincileyin ~ **parmak** 1. s. **işaret parmağı** 2. zweite Zehe ~ **pilot** Kopilot *m* *yedek pilot ~ **plana düşmek** *fig.* in den Hintergrund treten; e–e Nebenrolle spielen ~ **seçmen** Wahlmann *m* (der die Abgeordneten wählt) *müntehibi sani ~ **sınıf Papa elçisi** Internuntius *m* ~ **şahıs** *gr.* zweite (od. angeredete) Person *şahsı muhatap ~ **teşrin** s. **kasım** (3); ~ **ve üçüncü derecede gelen muharrirler** zweit- und drittrangige Schriftsteller *pl.* ~ **vurgu** *phon.* Nebenton *m* ~ **zaman** *geol.* Mesozoikum *n* *mezozoik
ikincil sekundär *sünaî, tali ~ **alkol** *chem.* sekundärer Alkohol *sünaî küul ~ **su** *chem.* verdünntes Scheidewasser *sabuncu suyu
ikincileyin zweitens *saniyen, ikinci olarak
ikincilik Rang *m* des Zweiten, zweiter Preis od. Platz
ikincizar *bot.* Endokarp *n* *içkabuk, sekondin
ikindi 1. Nachmittag *m,* Zeit *f* des Nachmittagsgebetes 2. **(namazı)** Nachmittagsgebet *n* ~ **güneşi gibi** nur kurze Zeit dauernd; schnell vergehend ~ **kahvaltısı** s. Stw. **kahvaltı;** ~ **üstü(vakti, zamanı)** am späten Nachmittag **ºden sonra dükkân açılmaz.** *fig.* Dafür ist es zu spät. *F* Jetzt ist Tuten und Blasen vorbei.
ikindiyin [··×·] *Adv.* zur Zeit des Nachmittagsgebets
ikiparticilik s. **iki partili sistem**
ikircik(-li) s. **ikircim(-li)**
ikircil *log.* 1. doppeldeutig (z.B. Wort) 2. e–e Alternative enthaltend, Alternativ-, disjunktiv *terditli ~ **cümle** *gr.* Disjunktiv-, Alternativ-satz *m* *çatallı cümle, terdit cümlesi
ikircim(-li) s. **tereddüt; mütereddit**
ikişekilli *biol., min.* dimorph, zweigestaltig *züşşekleyn
ikişer je zwei ~ ~ zu zweien, in Zweiergruppen ~ **olmak** *a.:* in Zweierreihen antreten
ikitanrıcılık *rel.* Dualismus *m*
ikitelli zweisaitige kleine **tambura** (M.i.)
ikiterimli *math.* zweigliedrig, binomisch; Binom *n* *çift (od. iki) hadli, zuhaddeyn
ikiyaşayışlı Amphibie *f,* Amphibium *n,* amphibisch *zülmaişeyn
ikiyüzlü 1. zweiseitig, reversibel (Stoff) 2. heuchlerisch, scheinheilig, gleisnerisch, hinterhältig, perfide 3. unbeständig, wankelmütig, unzuverlässig 4. wer es mit keiner Partei verderben will
ikiyüzlülük 1. Zweiseitigkeit *f* (e–s Stoffes) 2. Heuchelei, Scheinheiligkeit, Hinterhältigkeit, Perfidie *f* *riya(-kârlık) 3. Unbeständigkeit *f,* Wankelmut *m,* Unzuverlässigkeit *f* ~ **etmek** (*od.* **göstermek**) Hinterhältigkeit an den Tag legen
ikiz 1. Zwilling(-e *pl.*) *m* 2. Zwillings-, Doppel- 3. ⁓ *fr.* türk. Zigarettenmarke Zu 1: **Bu kardeşler -dir.** Die Geschwister sind Zwillinge. Zu 2: ~ **kardeşim** mein Zwillingsbruder, meine Zwillingsschwester ~ **bastika** *naut.* s. **makarola;** ~ **doğurmak** 1. Zwillinge zur Welt bringen 2. *fig.* heftige Qualen durchmachen ~ **düğme** Doppelknopf *m* ~ **ev** Zweifamilienhaus *n* ~ **grili redresör** *(Radio)* Zweigitter-Gleichrichter *m* ~ **köprülü vinç** Zwillingslaufkran *m* ~ **tekerlek** Zwillingsreifen *m* (bei Lastwagen) ~ **triyot** *(Radio)* Doppeltriode *f* ~ **vokal** s. **diftong**
ikizanlam(-lılık) *ling., log.* Amphibologie, Zweideutigkeit *f* *ipham; s.a. **tevcih**
İkizdere *n.pr.* O. u. D. im Rbz. Rize
ikizkenar *math.* gleichschenklig *mütesaviyüssâkeyn ~ **üçgen** *math.* gleichschenkliges Dreieck *müsellesi mütesaviyüssâkeyn ~ **yamuk** *math.* gleichschenkliges Trapez *sâkeyni şibih münharif
ikizleme 1. *gr.* Wortwiederholung *f* (wie z.B. **yavaş yavaş, tıkır tıkır, söylene söylene;** a. **geldim geleli** 2. s. **ikileme** (3) 3. *phot., Film* Doppelbelichtung *f* 4. doppelt
İkizler 1. *astr.* Zwillinge *pl.* *Cevza, Teveman 2. ⁓ *V* weibliche Brust; Busen *m* ~ **yağmuru** astr. Geminiden *pl.*
İkizlerevi *astr.* Beteigeuze *(m)* (Stern Alpha im Orion)
ikizleşmek sich verdoppeln
ikizleştirmek verdoppeln (z.B. Buchstaben), geminieren
ikizli 1. mit Zwillingen gesegnet (Frau) 2. Zwillings-, Doppel- 3. *log.* doppeldeutig (Wort) *müphem ~ **şamdan** doppelarmiger Leuchter
ikizlilik s. **ikizanlam(-lılık)**
iklil [·–] *va.* 1. Kranz *m* 2. Krone *f* **ºi Cenubî (Şimalî)** s. **Güneytacı (Kuzeytacı)**
iklilî [·––] *an.* Mitral-
iklim [·–] 1. Klima *n* 2. Land *n,* Gegend *f* 3. Umwelt *f,* Lebenskreis *m* Zu 2: s. **yedi** ~ **dört bucakta;** ~ **çalkantısı**

(*od.* **salınımı**) Klimaschwankung *f* ~ **değişimi** Klimaänderung *f* **-e alış(tır)ma** Akklimatisierung *f*
iklimbilim Klimatologie, Klimakunde *f* *klimatoloji
iklimbilimsel klimatologisch *klimatolojik
iklimî; iklimsel klimatisch, Klima-
iklimleme Klimatisierung *f* *klimatizasyon ~ **aygıtı (cihazı, döşemi)** Klimaanlage *f* *klima cihazı
ikmal, -li [ā] 1. Vervollkommnung, Vollendung *f* 2. Fertigstellung, Beendigung *f*, Abschluß *m* 3. Vervollständigung, Ergänzung *f*, Ausbau *m* 4. *mil.* Nachschub, Ersatz *m*, Versorgung(-s.material *n*) *f* 5. Ausfüllung *f* (von Lücken) 6. Abstellung, Beseitigung *f* (von Mängeln) 7. *Abk.* für ~ **imtihanı;** 8. *lit.* nachträgliche Verdeutlichung (e–s Satzes) ~ **eratı** (*fr.* **efradı**) *mil.* Ergänzungs-, Ersatzmannschaft *f* ~ **etmek** 1. vervollkommnen, vollenden 2. fertigstellen, beenden, abschließen; *a.:* abdienen (Zeit) 3. vervollständigen, ergänzen, ausbauen 4. ausfüllen (Lücken) 5. abstellen, beseitigen (Mängel) ~ **gemisi** *mil. naut.* Versorgungs-, Mutter-schiff *n* ~ **hatları** *mil.* Nachschublinien *pl.* ~ **imtihanı** Nach-, Wiederholungs-, Ergänzungs-prüfung *f* (in e–m nicht-bestandenen Fach), *F* Schwanzprüfung *f* *bütünleme sınavı ~ **irtibatları** *mil.* Nachschublinien *pl.* ~ **istihkakı** *mil.* Nachschubrate *f* ~ **işleri** *mil.* Nachschubdienst *m*, -wesen *n* ~ **kıtası** *mil.* 1. Nachschubverband *m* 2. Ersatztruppe *f* ~ **kolları** *mil.* Nachschubkolonnen *pl.* ~ **kursu** höherer Ausbildungslehrgang (z.B. für praktizierende Ärzte) ~ **kuvvetleri** *mil.* Verstärkungen *pl.* ~ **limanı** *mil.* Nachschubhafen *m* ~ **ordusu** *mil.* Ersatzheer *n* ~ **şebekesi** *mil.* Nachschubnetz *n* ~ **şubesi** (*od.* **nakliye taburu**) *mil.* Nachschubabteilung *f* ~ **taburu** *mil.* Ergänzungs-, Ersatz-bataillon *n* ~ **tesisleri** *mil.* Nachschubeinrichtungen *pl.* ~ **teşkilleri** *mil.* Ersatzformationen *pl.* ~ **üssü** *mil.* Nachschubbasis *f* ~ **ve iaşe üssü** Versorgungsstützpunkt *m* ~ **ve idharat istasyonu** *mil.* Nachschubsammelstelle *f* **-e kalmak** sich e–r Nachprüfung unterziehen müssen (Schüler) **-ı tahsil için** *va.* um sein Studium abzuschließen
ikmalci [ā] wer sich e–r Nachprüfung unterziehen muß (Schüler)
ikmalsiz [ā] ohne Nachprüfung ~ **geçmek** *Ch.* e–n neuen Wagen ein ganzes Jahr lang fahren
ikna, -aı [ā] 1. Überreden *n* 2. Überzeugen *n* ~ **etmek** 1. (bşi yapmağa) überreden 2. überzeugen
ikona [·×·] Ikone *f* (geweihtes Tafelbild der Ostkirche) ~ **düşmanı** Ikonoklast, Bilderstürmer *m* ~ **düşmanlığı** Ikonoklasmus, Bildersturm *m* (8./9. Jh.)
ikrah [ā] (bşden) Abscheu, Ekel *m* (vor), Widerwille *m*, Abneigung *f* (gegen) ~ **etmek** (bşden) et. verabscheuen, sich ekeln (vor), Widerwillen haben (empfinden) (gegen) ~ **getirmek** allmählich verabscheuen, langsam Ekel empfinden, Widerwillen bekommen ~ **ve tehdit** *jur.* Nötigung, Erpressung *f*
ikrahen [ā] *va. Adv.* 1. voll Abscheu (gegen) 2. widerwillig, gezwungenermaßen 3. gewaltsam *cebren
ikrahlık [ā] *P* für **ikrah;** ~ **etmek** *P* mehr und mehr et. verabscheuen
ikram [ā] 1. ehrenvolle Aufnahme und reichliche, gastfreundliche Bewirtung *izaz 2. Nachlaß, Rabatt *m* 3. Geschenk *n* ~ **etmek** (m. Dat.) Ehren erweisen *spez.* 1. ehrenvoll aufnehmen und reichlich bewirten (Gast) 2. e–n Nachlaß, Rabatt gewähren 3. schenken, *F* spendieren **-larla karşılamak** j–n mit großen Ehren empfangen
ikramcı [ā] freigebig
ikramen [ā] *va. Adv.* zu Ehren (von) **ona** ~ ihm zu Ehren
ikramiye [ā] 1. außerordentliche Zuwendung; Bonus *m*, Prämie, Gratifikation, Remuneration, Sonderzulage *f; a.:* Abfindung *f*, Prämiengeschäft *n* 2. kleineres Geschenk (z.B. Reklamegeschenk *n*), Gratis-, Zu-, Dreingabe *f* 3. Lotteriegewinn *m* 4. Prämie *f* (bei best. Anleihen) ~ **kazanmak** in der Lotterie gewinnen, mit e–m Treffer herauskommen
ikramiyeli [ā] 1. Gratifikations-, Remunerations- 2. mit e–r Dreingabe z.B. mit Reklamegeschenk 3. mit Treffern (Lotterie) 4. Prämien- ~ **istikraz** Prämienanleihe *f* ~ **muamele** (*Börse*) Prämiengeschäft *n* ~ **tahvilât** Staatsschuldverschreibungen *pl.* (in Form von Lotterie- od. Prämienanleihen)
ikrar [ā] 1. Geständnis *n* 2. *jur.* Anerkenntnis *n* ~ **almak** *fr.* in e–n Orden aufgenommen werden (*spez.* bei den Bektaschi) ~ **bilkitabe** *jur.* s. **yazılı tanıma;** ~ **etmek** 1. gestehen, zugeben 2. *jur.* anerkennen ~ **ve yemin** *jur.* Geständniseid *m* ~ **vermek** *fr.* in e–n Orden eintreten **-a gelmek** ein Geständnis ablegen; gestehen **-dan dönmek** ein Geständnis widerrufen
ikraz [ā] (Ver-)Leihen, Borgen *n*, Darlehen *n*, Beleihung, Lombardierung *f*, Vorschuß *m* (*ant.* **istikraz**); ~ **etmek** Geld (ver-, aus-)leihen, borgen, ein Darlehen geben *ödünç vermek ~ **edilen meblağ** Beleihungssumme *f* ~ **müesseseleri** Darlehens- und Kreditanstalten, Darlehenskassen, Leihhäuser *pl.* ~ **sandığı** Darlehenskasse *f* ~ **ve istikraz** Darlehen und Anleihe
ikrazat, -tı [·– –] *va. Pl.* zu **ikraz**
ikrazen [ā] in Form e–s Darlehens, als Leihgabe
iks 1. (Buchst. *m*) x, X 2. *math.* die Unbekannte x ~ **şuaları** Röntgen-, X-Strahlen *pl.*
iksa [ā] 1. *va.* (Be-)Kleiden *n* 2. Täfelung, Holzbekleidung *f* 3. Bekleidung *f* (*a.* mit anderem Material) (z.B. bei Böschung, Mauer usw.) 4. *mil.* Verkleidung (z.B. e–r Stellung) ~ **etmek** 1. (be-)kleiden 2. täfeln 3. verkleiden ~ **sepeti** *mil.* Sappenkorb *m*
iksar [ā] *va.* Vermehren, Zunehmenlassen *n* **-ı kelâm** *va.* Weitschweifigkeit *f*
iksilol *chem.* Xylol *n*
iksilolit, -ti Xylolith *m* (Kunststein)
iksir [·–] 1. (sagenhafter) Wundertrank, Liebes-, Heiltrank *m* 2. alkoholischer Auszug; Elixier *n* 3. (Mystik) a) Blick *m* e–s Heiligen b) bedeutungsvolle Worte e–s Ordensoberhauptes ~ **gibi** belebend, stärkend, wirksam **-i azam** Stein *m* der Weisen *filozof taşı **-i hayat** Lebenselixier *n*
iktibas [ā] Übernahme, Entlehnung, Anführung *f*, Zitat *n*, Nach-, Ab-druck *m*, Reproduktion ~ **etmek** übernehmen, entlehnen, anführen, zitieren, nach-, ab-drucken, reproduzieren *f* ~ **hakkı** Reproduktionsrecht *n*
iktibasen [ā] *va. Adv.* in Übernahme, Entlehnung, als Zitat, in Reproduktion
iktida s. **ıktida**
iktidar [ā] 1. Macht, Kraft, Herrschaft *f* 2. Können *n*, Befähigung *f*, Fähigkeiten *pl.*, Vermögen *n* 3. (sexuelle) Potenz *f* 4. *phys.* Potential *n* *gizilgüc, potansiyel 5. Staatsführung *f* 6. Regierungspartei *f, pej.* Machthaber *pl.* ~ **mevkii** Leitung, Führung *f*, Staatsruder *n* ~ **mücadelesi** Machtkampf *m*, Kampf *m* um die Macht ~ **partisi** s. **iktidar** (6); ~ **yokuşunda** auf dem Weg zur Macht(-ergreifung) **-da olmak** herrschen; am Ruder sein (z.B. pol. Partei) **-ı ele geçirmek** ans Ruder kommen (z.B. best. Partei) **-ı olmak** 1. (bşi yapmağa) die Macht (Kraft, Befähigung) haben (zu), imstande od. geeignet sein (zu), können 2. potent sein **ademi** ~ s. **-sızlık**
iktidarcı [ā] Anhänger(-in *f*) *m* der Regierungspartei
iktidarî [·· – –] auf ein Können bezüglich, potential; s.a. **fiili** ~
iktidarlı [ā] mächtig, fähig, imstande *kudretli, muktedir
iktidarsız [ā] 1. machtlos, unvermögend 2. impotent
iktidarsızlık [ā] 1. Machtlosigkeit, Ohnmacht *f* 2. Unver-

mögen *n*, Unfähigkeit *f*, fehlende *bzw.* mangelnde Befähigung 3. (sexuelle) Impotenz
iktifa [ā] Sich-Begnügen, Genügefinden, Sich-Bescheiden *n*, Genügsamkeit *f* ~ **etmek** (bşle) sich begnügen, sich bescheiden, zufrieden sein (mit), Genüge finden (an) *kanaat etmek, kanmak, yetinmek
iktiham [ā] *z. va.* 1. Ertragen, Erdulden, Aushalten *n* 2. Überwinden, Besiegen, Meistern *n* 3. Losstürzen (auf) *n*, Angriff *m* ~ **etmek** *z. va.* 1. ertragen, erdulden, aushalten 2. überwinden, besiegen, meistern (z.B. Schwierigkeiten) 3. losstürzen (auf), angreifen
iktira [ā] *va.* Mieten *n* *kira ile tutma
iktiran [ā] 1. Annäherung *f* 2. *astr.* Konjunktion *f* 3. Erreichen, Erlangen, Finden *n* ~ **etmek** (m. Dat.) 1. sich nähern 2. *astr.* in Konjunktion treten (mit) 3. finden (z.B. Lösung), erlangen, erreichen; 4. eintreten (z.B. in e–e best. Phase) Zu 3: **Mesele, tek taraflı bir hal suretine ~ etmiş bulunurken...** Solange die Angelegenheit nur e–e einseitige Lösung gefunden hat... **Onun tayini yüksek tasdika iktiran etmiştir.** Seine Ernennung ist vom Staatspräsidenten bestätigt worden.
iktisa [ā] *va.* Anlegen od. Tragen *n* e–s Kleidungsstückes ~ **etmek** *va.* anlegen, tragen (Kleider)
iktisaden [ā] *va. Adv.* wirtschaftlich, auf wirtschaftlichem Gebiet
iktisadî [·– –] 1. wirtschaftlich, Wirtschafts- 2. ökonomisch, sparsam, haushälterisch *(1, 2) ekonomik ~ **abluka** Wirtschaftsblockade *f* ~ **cepheden** von der wirtschaftlichen Seite aus betrachtet ~ **devlet teşekkülleri** (*od.* **kuruluşları**) öffentliche Unternehmen *pl.* ~ **harp** Wirtschafts-, Handels-krieg *m* ~ **iktidar** Wirtschaftsmacht *f* ≗ **İşbirliği ve Kalkınma Teşkilâtı** s. **OECD;** ~ **kalkınma** wirtschaftlicher Aufschwung; Belebung *f* der Wirtschaft ~ **previzyon** Wirtschaftsprognose *f* ~**sabotaj** Wirtschaftssabotage *f* ~ **yeterlik** Autarkie *f* *otarşi
iktisadiyat, -tı [·–·–] *Pl.* 1. wirtschaftliche Verhältnisse *pl.*, Wirtschafts-fragen *pl.*, -leben *n* 2. Wirtschaft *f spez.* Volkswirtschaft, Nationalökonomie *f*
iktisadiyatçı [·–·–·] Wirtschafts-wissenschaftler, -sachverständiger, -theoretiker, Volkswirtschaftler, Nationalökonom *m* *iktisatçı, ekonomist
iktisadiyun [·–·–] *va. Pl.* Wirtschaftswissenschaftler *pl.* (usw. vgl. **iktisadiyatçı**)
iktisap, -bı [ā] Erwerben *n*, Erwerbung *f*, Gewinnen *n* ~ **etmek** erwerben, sich verschaffen, gewinnen (z.B. Bedeutung) *edinmek, kazanmak ~ **değeri** Anschaffungswert *m* ~ **müruruzamanı** *jur.* Ersitzung *f* *kazandırıcı yıllanma (*od.* zamanaşımı) ~ **ve yolları** *jur.* Erwerb und Erwerbsarten
iktisat, -dı [ā] 1. Wirtschaft, Ökonomie *f* 2. Sparsamkeit *f* *(1, 2) ekonomi ~ **etmek** 1. wirtschaften 2. sparen *biriktirmek, tasarruf etmek ≗ **Fakültesi** Volkswirtschaftliche Fakultät ~ **ilmi** Volkswirtschaft(-slehre) *f*, Nationalökonomie *f* ≗ **Vekâleti** s. **Ticaret Bakanlığı**
iktisatçı [ā] s. **iktisadiyatçı**
iktisatçılık [ā] Wirtschaftswissenschaft *f*
iktitaf [ā] *va.* Sammeln, Ernten *n* ~ **etmek (semereyi)** *va.* (die Früchte seiner Bemühungen) ernten
iktitafiye [ā] s. **eklektizm**
iktiyoloji(-k) s. **ihtiyoloji(-k); balıkbilim(-sel)**
iktiza [ā] 1. Notwendigkeit *f* 2. Zwang *m*, Zwangsläufigkeit *f* *gerektirim **vaziyetin -sı** *va. a.:* **-yı hal** Zwang *m* der Umstände; durch die Situation bedingt **Bu, menfaati -sıdır.** Dies liegt in seinem eigenen Interesse. ~ **etmek** (*od.* **-sı olmak**) notwendig (nötig, erforderlich) sein; müssen ~ **ettirmek** notwendig machen, erfordern **-sına göre** 1. wie es gerade erforderlich ist, je nach Bedarf 2. erforderlichen-, nötigen-falls
il 1. Land, Vaterland *n*, Heimat *f* *el, ülke, yurt 2. (türk.) Regierungsbezirk *m*, Wilajet *n* *valilik, vilâyet 3. s. **el** (II); ≗**ler Bankası** s. **Belediyeler Bankası**
ilâ (I) [– –] *va.* 1. Höherbringen *n*, Hebung *f* 2. *phil.* Sublimierung *f* *(1, 2) yükseltme ~ **etmek** *va.* 1. höherbringen, heben 2. *phil.* sublimieren
ilâ (II) [â kurz] bis (*mst.* einschl.) ~ **ahirihi** (*Abk.* **ilh.** od. **ilâh...**) usw., etc. *ve saire ~ **gayrinihaye** *va.* bis ins Endlose, ewig dauernd ~ **nihaye** bis zum Ende **beşbin** ~ **onbin** fünf- bis zehntausend
ilâ (III), **-âı** *va.* 1. Schwur, Eid *m* 2. *spez. jur.* eidliche Versicherung e–s Ehemannes, mit seiner Ehefrau keinen Geschlechtsverkehr auszuüben
ilâç, -cı [â kurz] 1. Arznei *f*, Medikament *n*, Heil-trank *m*, -salbe *f* 2. *P* irgendein chem. od. pharm. Mittel wie z.B. Mottenpulver *n*, Imprägnierungsflüssigkeit *f*, Lösung *f* für Dauerwellen usw. 3. *hum.* Alkohol, Schnaps *m* 4. Mittel *n*, Abhilfe *f* Zu 4: **Bu işin -ı nedir?** Was läßt sich dagegen machen? ~ **almak** e–e Medizin einnehmen ~ **için** (Verst. e–r Neg.) durchaus nicht, sogar nicht, nicht einmal ~ **manisi** Arzneimittelsucht *f* *farmakomani ~ **saparnası** Sarsaparille *f bot.* Smilax officinalis ~ **vermek** e–e Medizin verabfolgen
ilâçlamak [â kurz] mit e–m chem. od. pharm. Mittel behandeln *spez.* desinfizieren od. imprägnieren
ilâçlı [â kurz] 1. e–e Arznei enthaltend, Arznei-, Medizinal- 2. chemisch od. pharmazeutisch behandelt; desinfiziert 3. heilbar
ilâçsız [â kurz] 1. keine Arznei enthaltend 2. nicht mit e–m chemischen od. pharmazeutischen Mittel behandelt 3. unheilbar, nicht wieder gutzumachen
ilâh Gott *m*, männliche Gottheit *tanrı ~ **gibi** schön wie ein junger Gott
ilâh(-are) s. **ilâ ahirihi**
ilâhe Göttin *f*, weibliche Gottheit *tanrıça, mabude
ilâheleşmek zur Göttin werden
ilâheleştirmek zur Göttin machen
ilâhi [·– –] 1. Gebetshymne *f* 2. [·×·] (Ausruf e–s halb vorwurfsvollen Nichtverstehenkönnens) ja mein Gott! ja wie kann man denn ... ach! aber..., oh der... Zu 2: ≗ **çocuk, neler yapıyorsun!** Aber Junge, was tust du denn! ≗ **Mehmet, ilâhîlerle güveyi olasın!** *F* (scherzhafter Segenswunsch; etwa:) Meinen Segen hast du!
ilâhî 1. göttlich *tanrısal 2. *fig.* wunderbar, großartig ~ **hukuka dayanan monarşi** *pol.* Gottesgnadentum *n*
ilâhici Hymnensänger, Derwisch *m*
ilâhîleşmek zum Gott werden
ilâhîleştirmek zum Gott machen, vergotten, deifizieren
ilâhiri s. **ilâ ahirihi**
ilâhiyat, -tı [·–·–] *Pl.* Theologie *f* *tanrıbilim, teoloji ≗ **Fakültesi** Theologische Fakultät
ilâhiyatçı [·–·–·] Theologe, Religionswissenschaftler *m*
ilâhiye 1. Deismus *m* *yaradancılık 2. Theismus *m* *tanrıcılık
ilâhiyun [·–·–] *va. Pl.* Theologen, Religionswissenschaftler *pl.*
ilâl, -li [– –] *gr. va.* (Veränderung, der die Buchstaben **elif, vav** und **ye** in der ar. Flektion unterliegen) Synärese, Kontraktion *f*
ilâm [– –] 1. Bekanntgeben *n*, Benachrichtigung *f* 2. richterlicher Entscheid (der den Behörden zugestellt wird) 3. Urteilsausfertigung *f* *(2, 3) yargı belgesi 4. Kenntlichmachung *f* durch ein Zeichen (z.B. Setzen e–s Grabsteins) ~ **çıkartmak** sich die Abschrift e–r Urteilsausfertigung ausstellen lassen ~ **etmek** offiziell benachrichtigen ~ **harcı** Gebühren *pl.* für e–e Urteilsausfertigung
ilâmaşallah [··–·–] 1. solange es Gott gefällt 2. bis ins Unendliche 3. (vorwurfsvoll od. scherzhaft) s. **maşallah**

ilâmsız ohne **ilâm;** ~ **takip** *jur.* Betreibung *f* gerichtlich nicht festgestellter Ansprüche, Zahlungsbefehls-, Mahnverfahren *n*

ilân [– –] 1. öffentliche Bekanntmachung od. Anzeige; Veröffentlichung, Verkündung *f*, (Mauer-)Anschlag *m* 2. Inserat *n*, Annonce *f*, Anzeige *f* 3. Reklamezettel *m* 4. Ausrufung, Proklamierung *f* (Kriegs-, Liebes- usw.)Erklärung *f* ~ **etmek** 1. öffentlich bekanntmachen, anzeigen, durch Anschlag bekanntgeben 2. inserieren, annoncieren 3. ausrufen, proklamieren 4. erklären 5. verhängen (z.B. Belagerungszustand) ~ **kulesi** Anschlag-, Litfaß-säule *f* ~ **pulu** Stempelmarke *f* (auf Reklamezetteln, Speisekarten usw.) ~ **resmi** (Bild-)Plakat *n*, Poster *m, n* ~ **suretiyle yapılan vaatler** *jur.* Auslobung *f* ~ **ve tasdik** *jur.* Verkündung und Vollziehung *f* (von Gesetzen) ~ **vermek (gazeteye)** in der Zeitung inserieren, e–e Annonce einrücken (lassen) ≗ **yapıştırmak yasaktır!** Maueranschläge verboten! **-ı aşk** Liebeserklärung *f* **-ı aşk etmek** e–e Liebeserklärung machen **-ı harp; harp -ı** Kriegserklärung *f* **-ı harp etmek** *va.; harbi* **ilân etmek** den Krieg erklären **-ı iflâs** Bankrotterklärung *f* **-ı keyfiyet etmek** *va.* öffentlich bekanntgeben

ilânat, -tı [– – –] *Pl.* zu **ilân;** ~ **acentası** Annoncenagentur *f*, Annahmestelle *f* für Inserate

ilâncılık [– – ··] 1. Reklamekunst *f* 2. Propagandatechnik *f* 3. Inseratenwesen *n* ~ **şirketi** Annoncenagentur *f*

ilânen [– – ·] *va. Adv.* auf dem Wege der öffentlichen Bekanntmachung, durch öffentliche Anzeige

ilânihaye s. **ilâ nihaye**

ilarya [·×·] s. **p(u)laterina**

ilâve 1. Hinzufügung *f*, Zusatz, Anhang *m*, Ergänzung, Verlängerung *f* 2. Beilage, Zugabe *f* 3. Anbau *m* 4. Sonderbeilage *f* (z.B. e–r Zeitung) 5. Nachtrag *m*, Postskriptum *n* *hamiş ~ **çizgisi** *mus.* s. **katım çizgisi;** ~ **etmek** 1. hinzu-fügen, -setzen 2. beilegen, dazugeben 3. anbauen ~ **parçası** *techn.* Ansatzstück *n* ~ **tren** (Eisenbahn) Entlastungszug *m*, Vor- od. Nach-zug *m*

ilâveli 1. mit Hinzufügung(-en), Zusatz (Zusätzen), mit Anhang 2. mit Beilage, Zugabe 3. mit Anbau 4. mit Sonderbeilage

ilâvesiz ohne Hinzufügung, Zusatz usw.

ilâveten *Adv.* 1. als Zusatz (Anhang, Ergänzung) 2. als Beilage od. Zugabe 3. als Anbau Zu 2: **söylediklerime** ~ in Ergänzung meiner Darlegungen

ilbas [ā] *va.* (Be-, Ein-)kleiden *n* ~ **etmek** (be-, ein-)kleiden, mit Kleidung versehen

ilca [ā] 1. Zwingen *n*, Zwang, Druck *m* 2. *psych.* Impuls, Antrieb *m* *içtepi Zu 1: **vukuatın -siyle** unter dem Druck der Ereignisse ~ **etmek** zwingen *cebretmek, zorlamak

ilcaat, -tı [· – –] (*va. Pl.* zu **ilca**); **mevsimler -iyle vaki olan temevvüçler** die saisonbedingten Schwankungen

ilçe (türk.) Landkreis, Distrikt *m* *kaymakamlık, kaza

ildem *va.* Reue empfindend, bereuend *nadim, pişman

ildemlik *va.* Reue *f* *nedamet, pişmanlık

ile (*bei Apokope a.* **-la, -le**) 1. (instrumental) mit, mittels, durch 2. (kausal) infolge, auf ... hin, aus 3. (koordinierend) a) (zusammen) mit b) und 4. (distributiv) nach; -weise 5. (deskriptiv) in (Form von) 6. (bei Gegensätzlichkeit) gegen, mit, auf 7. (bes. bei Sb. der Gemütsbewegung oft Wiedergabe durch Adv.) 8. (temporal) sowie, sobald als Zu 1: **el** ~ mit der Hand **mukabil taarruzumuzla** durch unseren Gegenangriff **atla** zu Pferd Zu 2: **İngiltere'nin teşvikiyle** auf Anregung Englands hin **dikkatsizlikle** aus Unachtsamkeit Zu 3a): **arkadaşıyle** (zusammen) mit seinem Kameraden Zu 3b): **Babasıyle annesi geldiler.** Sein Vater und seine Mutter sind gekommen. **Ankara** ~ **Istanbul arasında** zwischen Ankara und Istanbul **Gelmeleri** ~ **gitmeleri bir oldu.** Ihr Kommen und Gehen war eins. Zu 4: **kilo** ~ **satmak** kiloweise verkaufen Zu 5: **rakamlarla Ankara** Ankara in Zahlen Zu 6: **Kimse** ~ **dargın değilim.** Ich bin mit niemand verzankt. Zu 7: **sevinçle** froh, freudig **heyecanla** 1. erregt, aufgeregt 2. begeistert Zu 8: **demekle; demesiyle** als er sagte ~ **beraber** 1. zusammen (gemeinsam, gleichzeitig) mit 2. gerade als...; kaum ... da 3. außer; nicht nur ... sondern auch; sowohl ... als auch 4. obwohl, obgleich, trotz, zwar Zu 1: **Güneşin batmasıyla beraber hava soğuyuverdi.** Gleichzeitig mit Sonnenuntergang wurde es wesentlich kühler. **bunu söylemesiyle beraber** gerade als er dies sagte; kaum hatte er dies gesagt Zu 3: **Mektup yazmakla beraber telgraf da çekti.** Er schrieb nicht nur e–n Brief, sondern telegraphierte auch. Zu 4: **Yıllarca çalışmakla beraber, yine de başaramadı.** Trotz jahrelangen Arbeitens war ihm kein Erfolg beschieden. **bununla beraber** gleichwohl, trotzdem, aber, indessen

ilek sineği Feigenwespe *f zo.* Blastophaga psenes (für die Befruchtung der weiblichen Feigenblüten wichtige Erzwespe) *incir yabanarısı

İlekhanlar s. **Karahanlılar**

ilel *va. Pl.* zu **illet**

ilelân *va.* bis jetzt *şimdiye kadar

ilelebet [·×··] für immer, für alle Zeiten, auf ewig

ilelmerkez *phys.* zentripetal ~ **kuvvet** Zentripetalkraft *f* *merkezcil kuvvet

ilelmerkezî *mil.* konzentrisch (z.B. Angriff)

ilen (*bei Apokope:* **-lan, -len**) *P* für **ile**

ilenç, -ci Fluch *m*, Verwünschung *f* *beddua

ilenmek (m. Dat.) verfluchen, verwünschen *beddua etmek

iler tutar s. Stw. **ilmek** (I)

ilercil s. **terakkiperver**

ilerde s. **ileride**

ileri 1. von e–r Vorderseite (od. e–m vorderen Teil) et. entfernt liegender Raum (*ant.* **geri**) 2. folgender Teil, weiterer Verlauf, was weiter kommt 3. Zukunft *f* 4. nach vorne, weiter vor *ileriye 5. ganz vorn befindlich, Vor-, vorderst-, vorgeschoben 6. vorgehend (Uhr) 7. entwickelt, modern, fort-geschritten, -schrittlich 8. *Int.* vorwärts! 9. später 10. ≗ *türk. Fn.* 11. höher (Schulklasse) 12. vorgerückt (Alter) 13. voraus, überlegen Zu 1: **Kafilenin -sinde yürüyorduk.** Wir gingen vor der Karawane her. **on metre kadar -mde** etwa zehn Meter vor mir Zu 2: **Yolun -si düz** Der weitere Weg ist eben. Zu 3: s. **-de** Zu 4: **Masayı biraz** ~ **alalım!** Rücken wir doch den Tisch ein bißchen nach vorne! Zu 5: s. ~ **karakol,** ~ **gelen** Zu 6: **Saat, beş dakika -dir.** Die Uhr geht fünf Minuten vor. Zu 7: ~ **fikirler** fortschrittliches Denken Zu 9: **daha** ~ **bir tarihte** zu e–m späteren Zeitpunkt Zu 11: **O, bizden** ~ **sınıftaydı.** Er war in e–r höheren (Schul-)Klasse als wir. Zu 12: ~ **yaşa varmış** in vorgerücktem Alter stehend Zu 13: **O, Fransızcada benden -dir.** Im Französischen ist er mir über. ~ **almak** 1. nach vorne nehmen (setzen, stellen, legen, rücken usw.) 2. *fig.* auf e–n hohen Posten stellen, mit e–m hohen Amt betrauen 3. **(saati)** die Uhr vorstellen ~ **arazi** *mil.* Vorgelände *n* ~ **atılmak** vorstürmen ≗ **bak!** *mil.* Augen gerade aus! ~ **benzeşim** s. **ilerleyici benzeşme;** ~ **çekmek** vorankommen lassen (Person) ~ **çıkmak** 1. vortreten 2. hervorkommen ~ **doğru sürmek** (*od.* **kaydırmak**) *mil.* vorverlegen (Front, Feuer usw.) ~ **düşünceler** fortschrittliche Gesinnung ~ **emniyet hattı** *mil.* vordere Sicherungslinie ~ **fikirli** fortschrittlich eingestellt ~ **geçmek** 1. nach vorne kommen 2. vorrücken, vorankommen 3. *spez.* e–n hohen Posten (ein hohes Amt) übernehmen ~ **gelen** angesehen, prominent, einflußreich, zu den Spitzen der Gesellschaft (zu den Honoratioren) gehörig; führend ~ **gelmek** 1. (m.

Abl.) herrühren, (her-)kommen (von), hervorgehen, entstehen (aus), sich ergeben 2. Fortschritte machen, Ansehen gewinnen ~ **geri iddialar** unglaubliche Behauptungen *pl.* ~ **geri konuşmak (laflar etmek, söylemek)** 1. ausweichende Antworten geben, nicht recht mit der Sprache herauswollen 2. et. Unangebrachtes (Verletzendes, Kränkendes) sagen 3. unüberlegt reden ~ **gitmek** 1. nach vorne gehen 2. *fig. mel.* Fortschritte machen, gut vorangehen 3. *fig. pej.* zu weit gehen, es zu weit treiben; unhöflich (ungezogen, ungehorsam, frech) werden 4. vorgehen (Uhr) ~ **gönderilen heyet** *mil.* Vorkommando *n* ~ **görüş** Weitblick *m* ~ **harekât** *mil.* Vorgehen *n*, Vorwärtsbewegung *f* ~ **hareket** (*od.* **yürüyüş**) Vormarsch *m* ~ **hareket etmek** (*od.* **yapmak**) *mil.* vorgehen, vorrücken, vormarschieren, vordringen ~ **hat** *mil.* vordere Linie ~ **hendek** *mil.* Vorgraben *m* ~ **ihbar işareti** (Eisenbahn) Vorsignal *n* ~ **karakol** *mil.* vorgeschobener Posten, Vorposten *m (a. fig.)* ~ **karakol gemisi** Vorpostenschiff *n* ~ **karakol müfrezesi** *mil.* Vorpostenabteilung *f* ~ **karakolları değiştirmek** *mil.* die Vorposten ablösen ~ **kaymak** aufrücken (Verteidiger im *Fb.*) ~ **kıtaat** *mil.* vordere Truppen, Vortruppen *pl.* ~ **mevzi** *mil.* vorgeschobene Stellung ~ **meydan** *mil.* Gefechtslandeplatz *m* ~ **muhabere merkezi** *mil.* Meldekopf *m* ~ **müfrezeler** (*od.* **unsurlar**) *mil.* Vorausabteilungen *pl.* ~ **olan** eng, vertraut, intim (Freundschaft) ~ **olmak** (m. Abl.) 1. j–n übertreffen, j–m überlegen (od. voraus) sein 2. noch über et. hinausgehen, mehr sein (als) (**Kardeşten -yiz.** Wir sind noch enger befreundet, als es schon Brüder sind.) ~ **pas** *Fb.* Vorlage *f* ~ **sürme** Behauptung *f* ~ **sürmek** 1. nach vorne schieben, *a. mil.* vorschieben 2. vorbringen (Idee, Behauptung usw.); zur Sprache bringen *dermeyan etmek 3. behaupten 4. vorschützen; sich berufen (auf) 5. vorschlagen *teklif etmek ~ **sürülmüş mevzi** s. **ileri mevzi;** ~ **sürülmüş postalar** *mil.* vorgeschobene Posten *pl.* ~ **tutmak** vorziehen, den Vorrang geben ~ **vardırmak** zu weit gehen, übertreiben ~ **varmak** s. **ileri gitmek** (3); ~ **yürüyüş** *mil.* Vor-marsch *m*, -gehen *n* ~ **zamanda** *va.* in alten Zeiten; früher, einstmals **-den geriye nakliyat** (*od.* **sevk**) *mil.* Abschub *m* **-sine gitmek** 1. (bşin) bis in die kleinsten Einzelheiten gehen 2. (bir işin) e–e Tätigkeit bis zu Ende durchführen 3. s. **ileri gitmek** (3); **-sini düşünmek** vorausdenken, Eventualitäten einkalkulieren **-sini gerisini düşünmek** alles in Erwägung ziehen **-ye almak** vorrücken, vorstellen (Uhr) **-ye doğru kademelenme** *mil.* Vorwärtsstaffelung *f* **-ye sevk merkezi** *mil.* Weiterleitungsstelle *f*

ilerici 1. fortschrittlich gesinnt *terakkiperver 2. was voranbringt Zu 2: ~ **bir adım** ein Schritt nach vorne *(fig.)*

ilericilik fortschrittliche Einstellung; Progressi(vi)smus *m*

iler(i)de 1. vorne befindlich 2. in Zukunft, später (einmal) 3. e–n hohen Posten bekleidend; hochgestellt, prominent, einflußreich 4. weiter unten (im Text) 5. *(Sport; spez. Pingpong)* ... führt mit (z. B. 19 zu 17)

iler(i)ki später, künftig, weiter ~ **bir tarihe bırakmak** auf e–n späteren Zeitpunkt verschieben

ilerili (in der Füg.:) ~ **gerili** 1. sowohl die vorderen wie auch die hinteren betreffend 2. sowohl die Vorfahren wie auch die Nachkommen betreffend

ilerlek 1. fort-, vor-geschritten (in der Entwicklung) 2. progressiv ~ **benzeşme** s. **ilerleyici benzeşme**

ilerleme Vs. zu **ilerlemek** *spez.* Fortschritt *m* *terakki

ilerlemeci(-lik) s. **ilerici(-lik)**

ilerlemek 1. vorwärts gehen, weiter nach vorne gehen od. kommen, vor-gehen, -rücken, -marschieren, -stoßen 2. an Intensität zunehmen: a) sich vertiefen, enger werden (z. B. Freundschaft) b) gefährlicher werden (Krankheit), fortschreiten 3. Fortschritte machen (erzielen), vorankommen, gute Erfolge erzielen, sich (gut) entwickeln 4. beruflich vorankommen, avancieren, befördert werden 5. vorschreiten (Zeit) 6. vorgehen (Uhr) Zu 5: **Gece epeyce ilerledi.** Die Nacht ist schon ziemlich vorgeschritten. Zu 6: **Saat çok ilerlemiş.** Die Uhr geht ziemlich vor. **ilerlemeğe çabalamak** *mil.* sich vorarbeiten **-te olan** in Bewegung (Fahrt) befindlich (Verkehrsmittel)

ilerletmek Kaus. zu **ilerlemek** *spez.* 1. fördern, vorwärts-, voran-bringen 2. befördern (Beamte) 3. gute Fortschritte machen (in), es weit bringen (in) Zu 3: **Yeğenim kemanını hayli ilerletti.** Mein Neffe hat im Violinspiel schon recht beachtliche Fortschritte gemacht.

ilerleyen s. **ilerleyici;** ~ **kanıt** *log.* progressiver Schluß

ilerleyici progressiv ~ **benzeşme** *ling.* progressive Assimilation ~ **felç** *med.* progressive Paralyse

ilerleyicilik s. **ilericilik**

ilerleyiş 1. Art und Weise *f* des Vorgehens, Vorrückens usw. 2. Vorgehen, Vorrücken *n* usw. 3. *mil.* Vormarsch *m* *ileri hareket (yürüyüş)

ileti s. **mesaj**

iletici 1. Sender *m* (bei Rundfunk, Telegraphie usw.) 2. Mikrophon *n* (bei Telephon)

iletim Übermittlung, Übertragung, (Weiter-, Zu-)Leitung *f; el.* (Strom-)Zuführung *f* *kondüksiyon

iletişim s. **komünikasyon**

iletken *phys.* 1. leitend, leitfähig 2. Leiter, Konduktor *m* *(1, 2) nâkil ~ **damarlar** *bot.* Gefäßbündel, Leitbahnen *pl.* *eviyei nâkile ~ **doku** *bot.* Leitgewebe *n*

iletkenlik *phys.* Leitfähigkeit, Konduktanz *f* *nâkiliyet

iletki *math.* Winkelmesser, Transporteur *m* *minkale

iletmek 1. weg-, fort-bringen, weg-, ab-führen, irgendwohin bringen od. führen; überbringen, übermitteln (z. B. Grüße) 2. *phys.* leiten *nakletmek

ileum s. **kıvrımbarsak**

ileus s. **barsak tıkanması**

ileyh *ar.* zu ihm. Vgl. **mefulün-, müşarün-, muzafün-** usw.

ileze *dial.* s. **enez(-e)**

ilga [ā] Aufhebung, Abschaffung, Annullierung, Nichtigkeitserklärung, Beseitigung, Auflösung, Außerkraftsetzung *f* ~ **etmek** aufheben, abschaffen, annullieren, für null und nichtig erklären, beseitigen, auflösen, außer Kraft setzen

ilgaz [ā] *va.* rätselhafte Ausdrucksweise **-la konuşmak** *va.* in Rätseln reden

ilgeç *dial.* 1. Sicherheitsnadel *f* 2. Bleistifthalter *m* 3. *gr.* s. **edat** (2)

ilgen s. **ilgilendiren**

ilgi 1. nähere Beziehung(-en *pl.*) *f*, engeres Verhältnis, Zusammenhang *m*, Verbundenheit, Relation *f* 2. Interesse *n* 3. *chem.* Affinität *f* *(1–3) alâka 4. (in Schreiben) Bezug *m* ~ **çekici** interessant, anziehend, fesselnd *calibi dikkat ~ **duymak** interessant finden ~ **eki** *gr.* Suffix *n* der Zugehörigkeit (**-ki, -kü;** vgl. **benimki, dünkü** usw.) ~ **göstermek** Interesse zeigen; sich interessieren ~ **hali** s. **-nin hali;** ~ **zamiri** *gr.* s. **ki bağlacı; -si yüzünden** zuständigkeitshalber *aidiyeti cihatiyle **-sını kesmek** 1. (bşden) nicht mehr interessiert sein (an) 2. **(ile)** die Beziehungen (zu) abbrechen

ilgilendiren interessant, fesselnd

ilgilendirmek 1. interessieren, Interesse erwecken (bei) 2. berühren, betreffen, angehen *(1, 2) alâkalandırmak

ilgilenmek (bşle) sich interessieren, Interesse haben (für), Interesse gewinnen (an), sich kümmern (um)

ilgili 1. interessiert; Interessent *m* 2. maßgeblich, zuständig 3. in Verbindung stehend, zusammenhängend (mit); (in Schreiben) Bezugs- 4. beteiligt (an) 5. verwickelt (in) 6. zuständige Stelle od. Behörde ~ **makam** (*od.* ~ **merci**) zuständige Stelle *f* ~ **tonlar** *mus.* Paralleltonarten *pl.*

ilginç interessant, anziehend, fesselnd
ilgisiz 1. uninteressiert, desinteressiert, interesselos, indifferent 2. kein Interesse erweckend, uninteressant *(1, 2) alâkasız
ilgisizlik 1. fehlendes bzw. mangelndes Interesse; Interesselosigkeit, Gleichgültigkeit, Indifferenz *f* *lâkaydi 2. Nicht-Interessieren *n* *(1, 2) alâkasızlık
ilh. *Abk.* für **ilâ ahirihi**
ilhak, -kı [ā] 1. Vereinigung *f* (mit), Eingliederung *f* (in), Angliederung *f* (an), Anschluß *m* (an) 2. *pej.* Annektierung, Annexion, Einverleibung *f*, gewaltsame Aneignung ~ **etmek** 1. vereinigen (mit), eingliedern (in), angliedern (an), anschließen (an) 2. *pej.* annektieren, einverleiben, sich gewaltsam aneignen
ilham [ā] 1. Inspiration, Eingebung *f* 2. Anregung *f* ~ **almak** (bşden) inspiriert (angeregt) werden (durch) ~ **etmek** (*od.* **vermek**) 1. inspirieren, eingeben 2. anregen, Anregung geben ~ **perisi** Muse *f* (der Dichtkunst)
ilhamî 1. inspirierend 2. inspiriert 3. **İlhami** [×··] *mV*
ilhamla(n)mak s. **ilham etmek** (*bzw.* **almak**)
ilhan 1. *hist.* Herrschertitel für Hülägü (Enkel von Dschinghis-Khan) und seine Nachfolger 2. ⚲ [×·] *mV, wV*
İlhanîler; İlhanlılar *hist.* Ilhane *pl.* (Hülägü und seine Nachfolger)
ilhanlık 1. Stellung *f* (Würde *f*, Aufgaben *pl.*) e–s Ilhan 2. Herrschaftsgebiet *n* e–s Ilhan
ilhat, -dı [ā] Abweichung *f* vom wahren Glauben, Irrglaube *m*, Ketzerei, Gottlosigkeit *f*, Atheismus *m* *tanrısızlık, tanrıtanımazlık
İliç *n.pr.* O. u. D. im Rbz. Erzincan
ilik (I), **-ği** Knopfloch *n* ~ **cep** Tasche *f* mit Knopfverschluß
ilik (II), **-ği** 1. (Knochen-)Mark *n* 2. *F* s. ~ **gibi;** ~ **balığı** s. **acıbalık;** ~ **gibi** 1. sehr wohlschmeckend; erlesen, delikat 2. *V* reizend, charmant (Mädchen, Frau) ~ **gibi pişmiş** (*od.* **olmuş**) 1. ausgezeichnet zubereitet (Speise) 2. *fig.* tadellos, einwandfrei **-i kemiği kurumak** *F* sich den Mund fusselig reden **²i kurudu.** Seine Geduld ist erschöpft. Er kann es nicht mehr aushalten. **-i sızlamak** (m. Dat.) tiefen Schmerz empfinden (über) **-inde kemiğinde nimeti olmak** immer wieder große Wohltaten erwiesen bekommen **-ine** (*a.* **-ine kemiğine**) **işlemek** (*od.* **geçmek**) (b–nin) 1. durch und durch gehen; durch Mark und Bein gehen 2. j–m sehr zusetzen (z.B. Hunger) **-ine** (*od.* **iliklerine**) **kadar ıslanmak** vollkommen durchnäßt werden; klatschnaß werden **-ini kemirmek** 1. (*a.* **-ini kemiğini sömürmek**) (b–nin) j–n bis auf den letzten Blutstropfen aussaugen; j–n aufs äußerste ausnützen 2. sehr in Mitleidenschaft ziehen **-ini kurutmak** (b–nin) j–m auf die Nerven gehen, unerträglich (unausstehlich) sein
ilikihümayun [····––] *F* ausgezeichnet zubereitet, delikat, fein (Essen)
iliklemek zuknöpfen
ilikli 1. Mark enthaltend 2. mit Knopflöchern 3. zugeknöpft ~ **kemik** Markknochen *m*
iliksiz 1. kein Mark enthaltend 2. ohne Knopflöcher 3. nicht zugeknöpft
ilikmen(-t) *dial.* Öl-, Nacht-lämpchen *n* *idare lambası
ilim, -lmi 1. *va.* Wissen *n*, Kenntnis, Information *f* 2. *va.* Theorie *f*, theoretisches Wissen 3. Wissenschaft *f* (*bei Zss. a.:* -lehre, -kunde) ~ **adamı** Wissenschaftler *m*, Gelehrter ~ **ve irfan** Wissen und Bildung **-ini almak** *F* genau lernen, wie et. gemacht wird; den Bogen herausbekommen **-ini bilmemek** nicht dahinterkommen (wie et. zu machen ist) **-i ahlâk** s. **ahlâk, törebilim; -i ahvali cev** s. **meteoroloji; -i ahvalirruh** s. **psikoloji, ruhiyat; -i asarıatika** s. **arkeoloji; -i bedayi** s. **estetik; -i emraz** s. **patoloji; -i ensaç** s. **dokubilim; -i ezelî** Allwissenheit *f* Gottes **-i hayvanat** s. **zooloji; -i hesap** s. **aritmetik; -i heyet** s. Stw. **heyet; -i ilâhî** s. **teodise; -i kıhıf** s. **frenoloji; -i nebatat** s. **botanik; -i savt** s. **akustik; -i tasviri miyah** s. **hidrografi; -i tabakat** s. **jeoloji; -i vazaif** s. **deontoloji**
ilimcilik wissenschaftliche Forschung *bilimcilik
ilinek *phil.* Akzidens *n*, Sekundärerscheinung *f* *araz ~ **safsatası** *log.* Trugschluß *m* aus e–m zufälligen Merkmal; Fallacia accidentis *f*
ilinekli *phil.* akzidentell, sekundär *arazî
ilinmek *va.* (m. Dat.) angehen, zu tun haben, in Zusammenhang stehen, zusammenhängen (mit) *taalluk etmek
ilinti 1. Verhältnis *n*, Beziehung, Zugehörigkeit *f*, Zusammenhang *m* *aidiyet, mensubiyet, nispet, taalluk 2. (An-, Zusammen-)Heften *n*, Heftnaht *f* ~ **ipliği** Heftfaden *m* ~ **yapmak** heften, reihen, provisorisch zusammennähen
ilintili 1. in e–m Verhältnis od. in e–r Beziehung stehend, zugehörig, zusammenhängend, angehend, betreffend *ait, mensup, müteallik 2. geheftet, gereiht
İlirya [·×·] *hist.* Illyrien
İliryalılar *hist.* Illyrer *pl.*
ilişik, -iği 1. bei-gefügt, -geheftet, -liegend, ein-, an-liegend 2. betreffend, angehend, berührend; sich beziehend (auf) 3. nähere Beziehung, engeres Verhältnis; Zusammenhang *m*, Verbundenheit *f* 4. *z. va.* kleineres Hindernis; Haken *m*, Stockung, Störung *f*; toter Punkt ~ **olarak** in der Anlage, anbei, beigefügt, beigeheftet; bei-, ein-, an-liegend *leffen, melfufen, merbutan **-i kalmamak** 1. (b–le) nichts mehr zu tun haben (mit) 2. (bir işin) glattgehen **-ini kesmek** die Beziehungen (zu) abbrechen
ilişkili 1. betreffend, berührend, angehend; sich beziehend (auf) 2. e–e nähere Beziehung (ein engeres Verhältnis, e–n Zusammenhang, e–e Verbundenheit) aufweisend 3. *z. va.* mit Hindernissen
ilişiksiz 1. ohne nähere Beziehungen (engeres Verhältnis, Zusammenhang, Verbundenheit) 2. unbekümmert, ungebunden (z.B. Leben) 3. uneingeschränkt, absolut (z.B. Kompetenz) 4. *z. va.* glattgehend
ilişki 1. Beziehung *f* *münasebet 2. gegenseitige Beziehung, wechselseitiges Verhältnis; Korrelation *f* *münasebeti mütekabile ~ **kurmak** (b–le) Beziehungen aufnehmen (zu)
ilişkin betreffend, angehend, berührend, sich beziehend (auf) *ait, ilişik, müteallik ~ **olmak** s. **taalluk etmek**
ilişmek (m. Dat.) 1. hängenbleiben (an et.) 2. anfassen; an-, be-rühren 3. stören, belästigen, nicht in Ruhe lassen 4. erwähnen, berühren; sprechen (von), aufmerksam machen (auf), den Finger legen (auf) 5. kurze Zeit verweilen od. warten, sich vorübergehend irgendwohin setzen Zu 1: s. **gözüne** ~ Zu 2: **Şu kâğıtlara kimse ilişmesin!** Daß mir niemand diese Papiere anrührt! Zu 3: **Çalışırken bana ilişmeyin şaşırırım!** Stört mich nicht bei der Arbeit, sonst komme ich durcheinander! Zu 5: **Çok yoruldum, şu iskemleye biraz ilişeyim!** Ich bin sehr müde geworden und will mich kurz auf den Stuhl da setzen. **Sen burada biraz iliş, ben şimdi geliyorum.** Warte ein bißchen, ich bin gleich wieder da.
iliştir *dial.* 1. Sieb *n* *süzgeç 2. Schaumlöffel *m* *kevgir
iliştirmek Kaus. zu **ilişmek** *spez.* anhängen, anheften, provisorisch festmachen
ilk, -ki 1. erst-, nächst- 2. Anfangs-, Grund- 3. *phil.* primär *birincil, evvelî; ~ **adım** 1. erster Schritt 2. *fig.* Anfang *m* ~ **ağızda** 1. auf den ersten Anhieb; gleich, sofort 2. vor allen Dingen, zunächst, zuerst ~ **ağızdan** zunächst, zuerst ~ **akşam** gegen Abend *akşamüstü ~ **baskı** *typ.* Probedruck *m* ~ **cebir** elementare Algebra ~ **defa** 1. das erste Mal 2. zum ersten Mal, zuerst ~ **eğitim** Grundschulerziehung *f* ~ **elden** aus erster Hand; direkt ~ **evvel**

zuallererst ~ **fırsatta** bei erster (nächster) Gelegenheit ~ **gece hakkı** *hist.* Jus primae noctis ~ **geçiş hakkı** Vorfahrtsrecht *n* ~ **geometri** Elementargeometrie *f* ~ **görüşte** auf den ersten Blick ~ **göz ağrısı** 1. erste Liebe (*F* Flamme) 2. erstgeborenes Kind ~ **hamle** Anzug *m* (erster Zug bei Brettspielen) ~ **hamlede** beim ersten Angriff, im ersten Ansturm, auf den ersten Anhieb ~ **harf** 1. Anfangsbuchstabe *m* 2. Anlaut *m* ~ **hat** *mil.* vorderste Linie ~ **hız** Anfangsgeschwindigkeit *f* ~ **hücreler** *bot.* Initialzellen *pl.* ~ **ihbar işareti** *(Eisenbahn, Straßenverkehr)* Vorwarnsignal *n* ~ **ilkeler** Grundprinzipien *pl.* ~ **inceleme** s. ~ **tahkikat;** ~ **kalemde** zuallererst ≗ **Meşrutiyet** Erste Konstitutionelle Verfassung in der Türkei (1876) ~ **oynanım** *Th.* Erstaufführung *f* ~ **partide** zuerst ~ **peşin** s. **ilkönce;** ~ **seri** *(Sport; a. Schwimmen)* Vorlauf *m* ~ **sürat** s. ~ **hız;** ~ **tahkikat** *jur.* gerichtliche Voruntersuchung *f* ~ **tahsil** s. **ilköğrenim;** ~ **tedrisat** s. **ilköğretim;** ~ **temettü** Vorzugsdividende *f* ~ **toplu temettü** Kumulativdividende *f* ~ **Yargılık** s. **Asliye Mahkemesi;** ~ **zamanlar** in der ersten Zeit, zuerst

ilka [ā] 1. Hinein-werfen, -stürzen, -bringen *n* 2. Suggerieren *n* 3. Beimessen *n* (e–r Schuld) ~ **etmek** 1. hineinwerfen, -stürzen, -bringen 2. suggeriereen 3. (e–e Schuld) zuschreiben, beimessen Zu 1: **büyük bir tehlikeye** ~ **etmek** in große Gefahr bringen, e–r großen Gefahr aussetzen **bir topluluğa fesat** ~ **etmek** Zwietracht in e–e Gemeinschaft bringen **kayığı denize** ~ **etmek** das Boot aussetzen, zu Wasser bringen

ilkaat, -tı [·––] (*va. Pl.* zu **ilka**) Einflüsterungen *pl.*, Verführung *f*

ilkah [ā] 1. *biol.* Befruchtung *f* 2. *bot.* Bestäubung *f* *(1, 2) dölle(n)me 3. Einspritzung, Impfung *f* Zu 1: **-ı önleyici tedbirler** Antikonzeptionsmaßnahmen *pl.* ~ **etmek** 1. *biol.* befruchten 2. *bot.* bestäuben *(1, 2) döllemek 3. einspritzen, impfen

ilkbahar [×··] 1. Frühjahr *n*, Frühling, Lenz *m* *bahar, rebi 2. *fig.* Lenz *m* des Lebens; Jugend *f* ~ **çiçeği** 1. s. **koyungözü** 2. s. **kış boynuz otu** 3. Erdschlüsselblume *f bot.* Primula acaulis ≗ **girdi.** Der Frühling hat begonnen. ~ **ılımı** *astr.* Frühlingsäquinoktium *n* ~ **noktası** *astr.* Frühlingspunkt *m*

ilkçağ s. **eskiçağ**

ilkdördün *astr.* erstes Mondviertel *terbii evvel

ilke 1. Element *n*, Grundstoff *m* *unsur 2. Prinzip *n*, Grundlage *f*, Grundsatz *m* *mebde, prensip, umde 3. Verhaltensregel *f* *davranış kuralı

ilkel 1. ursprünglich, anfänglich, früher, ältest- 2. primitiv (geblieben) *iptidaî 3. urtümlich ~ **hayvanlar** *zo.* Urtiere *pl.* ~ **kilise** *(christl.)* Urkirche *f* ~ **renkler** *phys.* Grundfarben *pl.* (des Spektrums) ~ **sanat** primitive Kunst

ilkelciler *(Kunst)* Primitivisten *pl.*

ilkelcilik *(Kunst)* Primitivismus *m*

ilkelkuş Archäopteryx *f, m zo.* Archaeopteryx lithographica *arkeopteriks

ilkeller *hist. (Kunst)* die Primitiven (des 15. Jh.)

ilkellik Primitivität *f*

ilkin [×·] anfangs, zuerst, zunächst

ilkincilik s. **ilklik**

ilkkânun s. **aralık** (9a)

ilklik, -iği 1. Tatsache *f*, daß jemand od. et. zuerst kommt 2. Primat *m, n* 3. *fig.* Originalität *f* **-ği ihraz etmek** sich den Vorrang sichern

ilkmadde [×··] Rohstoff(e *pl.*) *m*, Rohmaterial *n* *iptidaî madde, hammadde

ilkmektep, -bi *(fr.)*; **ilkokul** [×··] Volks-, Grund-schule *f*

ilknova *astr.* Pränova *f*

ilköğrenim Grundschulbildung *f;* Besuch *m* der Volks-, Grund-schule ~ **mecburiyeti** Grundschulzwang *m*

ilköğretim [×···] 1. Volks-, Grund-schulunterricht *m* 2. Volks-, Grund-schulwesen ~ **genel direktörü** Ministerialrat *m* für das Volksschulwesen

ilkönce [×··] zu allererst, zu Anfang, vor allen Dingen, zunächst (einmal) *evvelemirde

ilkörnek [×··] 1. Archetyp *m*, Urbild *n*, Urform *f* *enmuzeci evvel 2. Prototyp *m*, Vorbild *n*

ilksel s. **ilkel**

ilksezi [×··] erste rohe Vorstellung *tasavvuru sazeç

ilksiz (ur-)ewig *ezelî

ilksizlik (Ur-)Ewigkeit *f* *ezeliyet, sermediyet

ilksoruşturma 1. *jur.* s. **ilk tahkikat** 2. *log.* s. **aksiyom**

ilksöz Vorwort *n*

ilktaslak erster Entwurf; Rohentwurf *m*

ilkteşrin s. **ekim** (2)

ilkyardım *med.* erste Hilfe ~ **paketi** *mil.* Verbandpäckchen *n*

ilkyaz s. **ilkbahar**

ilkzaman *geol.* Urzeit *f*, Archaikum *n* *arkeen

illâ [×–]; **ille** [×·] 1. außer *-den maada, -den başka 2. ausgenommen; es sei denn (daß) *meğer 3. (*a.* **ve illâ**) sonst, andernfalls *yoksa 4. (*mst.* **ille**) besonders, gerade, speziell, vor allem, und gar *hele, hususiyle 5. (*a.* **illâ ki**) unbedingt, absolut, auf jeden Fall Zu 3: **Sen de gelirsin, illâ gitmem.** Du kommst mit, sonst gehe ich nicht hin. Zu 4: **Avı pek severim, ille bıldırcın avını.** Ich jage gern, besonders Wachteln. Zu 5: **İllâ ki bu işi yapmalısın.** Du mußt das unbedingt tun. ~ **ve lâkin** *P* indessen, jedoch, andererseits aber...; s. a. **ve illâ felâ**

illallah [×·–] (die letzten Worte des isl. Glaubensbekenntnisses **Lâ ilâha illallah;** verwendet als Ausdruck ärgerlichen Überdrusses): Herrgott! Mein Gott! ~ **demek** et. satt haben *bıkmak ≗ **yeter artık!** Mein Gott, jetzt ist es aber genug! **Senden** ~**!** Jetzt langt's mir aber mit dir!

ille s. **illâ**

illegal illegal, ungesetzlich, gesetzwidrig, unrechtmäßig *gayri kanunî, kanuna aykırı, yasadışı

illejitim *selt.* s. **gayri meşru**

illet, -ti 1. Krankheit *f* *hastalık 2. Gebrechen *n*, Defekt *m* *bozukluk 3. *phil.* Ursache *f*, Warum *n*, (Real-)Grund *m* *neden 4. üble Angewohnheit ~ **etmek** 1. s. **sakatlamak** 2. reizen; wütend machen ~ **olmak** *F* wütend werden **-i faile** s. **etkin neden; -i sükûn** *vet.* Dummkoller *m* (der Pferde)

illetli 1. kränklich *hastalıklı 2. defekt, nicht mehr richtig funktionierend 3. *va. (ar. Gr.)* defektiv

illetlilik kränklicher (defekter, defektiver) Zustand

illetsiz ohne Krankheit (Defekt, Grund) ~ **iktisap** s. **sebepsiz iktisap**

illetsizlik Gesundheit *f*, Wohlbefinden *n*

illî *phil.* kausal *nedensel

illiyet, -ti s. **nedensellik;** ~ **rabıtası (umdesi)** s. **nedensellik bağı (ilkesi)**

illiyin [··–] *isl. Myth.* höchste (achte) Stufe des Paradieses; Empyreum *n*

illüminasyon 1. Festbeleuchtung *f* 2. *fr. typ.* Illumination, Kolorierung (von Stichen, Drucken usw.), Ausmalung *f* (von Handschriften)

illüstrasyon Illustration *f*, Bild *n*, Abbildung *f* ~ **boyası** für den Bilddruck verwendete best. Druckerschwärze

illüzyon *selt.* Illusion, Selbsttäuschung *f*

illüzyonist, -ti; illüzyonizm s. **gözbağcı(-lık)**

ilmek (I), **(-er)** 1. lose knüpfen (knoten, binden) 2. die Knoten binden (bei Teppichen) 3. (m. Dat.) be-, anrühren **iler tutar yerini bırakmamak** 1. j–n od. et. übel zurichten, j–m bös mitspielen 2. kein gutes Haar an j–m lassen **iler tutar yeri kalmamak** (*od.* **olmamak**) (bşin) übel zugerichtet sein, in schauderhaftem Zustand sein,

ganz kaputt (ruiniert) sein **iler tutar yeri yok** *a.*: unter aller Kanone
ilmek (II) **(-lemek, -li)** s. **ilmik(-lemek, -li)**
ilmen [×·] *va. Adv.* in wissenschaftlicher Hinsicht; in wissenschaftlicher Weise
ilmenit, -ti *min.* Ilmenit *m*, Titaneisen *n* *titanlı demir
ilmî 1. wissenschaftlich 2. *fr.* dem geistlichen Stand angehörend 3. *selt.* theoretisch *nazarî ~ **branş** s. **bilim dalı;** ~ **içtihat** *jur.* Rechtslehre, Doktrin, Rechtstheorie, Rechtsansicht, Jurisprudenz *f* ~ **mecmua** s. **belleten;** ~ **tetebbüler** wissenschaftliche Studien od. Untersuchungen *pl.* ~ **usuller** wissenschaftliche Methoden *pl.* ~ **yardımcı** 1. wissenschaftlicher Mitarbeiter 2. mit der Abhaltung von Universitätslehrkursen beauftragte jüngere Hilfskraft **gayri** ~ unwissenschaftlich
ilmihal [ā] *rel.* Katechismus *m*
ilmik 1. Schlinge *f*, Laufknoten *m* 2. lose geschlungener Knoten 3. Masche *f* 4. *astr.* Epizykel *m* 5. *naut.* Kreuzknoten *m* ~ **kaçtı.** Es ist mir e−e Masche gefallen (beim Stricken).
ilmiklemek 1. mit e−r Schlinge festbinden 2. lose knüpfen
ilmikli 1. mit Schlinge 2. lose geknüpft
ilmiyat, -tı [ā] *va.* s. **epistemoloji**
ilmiye *fr.* Bez. des geistlichen Standes ~ **ricali** geistliche Würdenträger *pl.* **-den bir zat** ein Geistlicher
ilmiyet, -ti Wissenschaftlichkeit *f*
ilmüamel *va.* Theorie und Praxis *f* *teori ile pratik
ilmühaber 1. Personalpapier *n* (das e−r Behörde eingereicht wird) 2. *mil.* Verpflegungspapier, Soldbuch *n* 3. Quittung *f* *makbuz 4. Memorandum *n* 5. amtliche Bestätigung; Zeugnis *n*
ilmülarz *va.* s. **jeoloji**
ilmülensap, -bı [ā] *va.* Genealogie *f* (der ar. Stämme)
ilmülkelâm *va. theol.* Dogmatik *f*
ilmülkıyafe [ā] *va.* s. **fizyognomoni**
ilmüllisan [ā] *va.* s. **lisan ilmi, lengüistik**
ilmülyakin [···−] *va.* Gewißheit, Sicherheit *f*, festes Wissen *kesin bilgi, teyakkun, yakin
ilmünnefis [··×·] *va.* s. **psikoloji**
İLO = International Labour Organization, Internationale Arbeitsorganisation (*türk.*: **Milletlerarası Çalışma Teşkilâtı**)
ilsak, -kı [ā] 1. *va.* Verbinden, Vereinigen; Aneinanderstoßen-, Angrenzen-, Zusammentreffen-lassen *n* 2. Auf-, An-kleben *n* ~ **etmek** 1. *va.* verbinden, vereinigen; aneinanderstoßen (angrenzen, zusammentreffen) lassen 2. auf-, an-kleben *yapıştırmak
iltibas [ā] (Möglichkeit *f* e−r) Verwechslung *f* **-a düşmek** et. verwechseln **-a mahal kalmamak üzere** damit keine Verwechslungen entstehen **-a mahal** (*od.* **yer**) **vermek** *od.* **-a yol açmak** zu e−r Verwechslung führen (*od.* Anlaß geben)
iltibaslı [ā] 1. was zu e−r Verwechslung Anlaß geben kann 2. was leicht miteinander verwechselt wird
iltica [ā] Zufluchtsuchen *n* ~ **etmek** 1. Zuflucht suchen, seine Zuflucht nehmen (zu), (sich) flüchten 2. (b−ne) j−n um Asyl bitten ~ **hakkı** s. **sığınma hakkı**
ilticacı [ā] Asylant, Asylbewerber *m*
ilticagâh [·−−−] Zufluchtsort *m*, Asyl *n* *sığınak
iltifat, -tı [ā] 1. *urspr.* Zuwendung *f* des Gesichts 2. *va.* Achtgeben *n*, Beachtung *f* 3. *va.* s. **-name** 4. Liebenswürdigkeit, Freundlichkeit *f*, Entgegenkommen, Wohlwollen *n*, Huld *f*, freundliche (liebenswürdige) Begrüßung 5. *rhet.* unerwartete Apostrophierung e−r Person od. unerwarteter Hinweis auf e−n Gegenstand, der mit den Ausführungen in Verbindung gebracht wird *yönenme ~ **bulmak** s. **rağbet görmek;** ~ **etmek** (m. Dat.) 1. *urspr.* schauen, blicken (nach, auf) 2. *va.* achtgeben, beachten 3. freundlich (liebenswürdig) begrüßen, Entgegenkommen (Wohlwollen, Huld) an den Tag legen 4. (b−ne) freundliche (huldvolle) Worte richten (an) 5. apostrophieren (vgl. oben) *yönenmek 6. s. **rağbet etmek;** ~ **görmek** freundlich aufgenommen werden ~ **göstermek** liebenswürdig aufnehmen; freundlich begrüßen ~ **yağmuru** Flut *f* von Huldbezeugungen (z. B. Ordenssegen) **-a boğmak** mit Liebenswürdigkeiten überhäufen **-ına nail olmak** (b−nin) entgegenkommende (liebenswürdige, huldvolle) Behandlung erfahren (von)
iltifatçı [ā] 1. liebenswürdige, freundliche Persönlichkeit 2. *rhet.* unerwartet zu konkreten Ausführungen übergehend (Redner)
iltifatkâr(-ane); iltifatlı freundlich, liebenswürdig, zuvorkommend
iltifatname [··−−·] (*va. Briefstil*) liebenswürdiges Schreiben
iltihabî [··−−] *med.* e−e Entzündung betreffend, Entzündungs-
iltihak, -kı [ā] 1. Sich-Anschließen *n*, Anschluß *m* (an), Sich-Vereinigen *n*, Vereinigung *f* (mit) 2. Beitritt *m* 3. (Neu-)Eintritt *m* ~ **etmek** 1. sich anschließen (an), sich vereinigen (mit); aufsuchen; gehen (zu) 2. beitreten (z. B. e−m Pakt) 3. (neu) eintreten (z. B. Schüler) Zu 2: **Türkiye'nin sulh cephesine** ~ **etmesi** der Beitritt der Türkei zur Friedensfront Zu 3: **Bu sene harp okuluna** ~ **eden talebeler** die in diesem Jahr neu eingetretenen Kriegsschüler
iltihap, -bı [ā] *med.* Entzündung *f* *yangı ~ **yapmak** *med.* sich entzünden **-ı azım** s. **kemik iltihabı; -ı belûm** s. **farenjit; -ı cilt** s. **dermit; -ı dimağ** s. **beyin iltihabı; -ı ecfan** s. **blefarit; -ı em'a** s. **anterit; -ı fem** s. **stomatit; -ı gamdı veter** Sehnenscheidenentzündung, Tendovaginitis *f* **-ı kasaba** s. **bronşit; -ı kasaba ve rie** s. **bronkopnömoni; -ı kebet** s. **hepatit; -ı kilye** s. **nefrit; -ı lisan** s. **glosit; -ı mafsal** s. **artrit; -ı mafsalı rıdfa** s. **diz mafsalı iltihabı; -ı meri** s. **ezofajit; -ı mide** s. **gastrit; -ı muhu azım** s. **osteomiyelit; -ı muhiti sinhî** s. **periyodontit; -ı rie** s. **zatürree; -ı simhakı azım** s. **periyostit; -ı şerayin** s. **arterit; -ı şigafı dahilî** s. **kalp içzarı iltihabı**
iltihaplanmak [··−··] *med.* sich entzünden *yangılanmak
iltihaplı [ā] *med.* entzündet *yangılı
iltika [ā] *va.* Zusammentreffen *n*, Vereinigung *f*
iltima, -aı [ā] *va.* Aufblitzen, Leuchten *n* ~ **etmek** *va.* aufblitzen, leuchten
iltimas [ā] 1. *urspr.* Versuch *m*, mit der Hand zu berühren 2. Bitte, Fürsprache, Empfehlung *f* 3. Protektion, Gunst *f* 4. parteiische Stellungnahme; Bevorzugung *f* ~ **etmek** 1. empfehlen, protegieren, Fürsprache einlegen (für) 2. einseitig begünstigen; bevorzugt behandeln ~ **usulü** Günstlingswirtschaft *f* **-ı olmak** protegiert, begünstigt werden
iltimasçı [ā] Fürsprecher *m* (*spez.* bei der Neubesetzung von Stellen), Protektor, Gönner *m*
iltimasçılık [ā] Protektionswirtschaft *f*, Nepotismus *m*
iltimaslı 1. wer Protektion genießt 2. parteilich, parteiisch 3. durch Protektion erreicht
iltis Iltis *m zo.* Putorius putorius
iltisak, -kı [ā] 1. Sich-Verbinden, Sich-Vereinigen; Aneinander-stoßen, -grenzen, Zusammentreffen *n*, Anschluß *m* (z. B. bei Geleisen) 2. *med.* Verwachsung *f* *yapışma 3. *va.* Zusammen-, An-, Auf-geklebtsein *n* ~ **etmek** 1. sich verbinden, sich vereinigen; aneinander-stoßen (z. B. Häuser), -grenzen; zusammentreffen 2. *va.* zusammen-, an-, auf-geklebt sein ~ **hattı** Anschluß-, Seiten-linie *f* (Eisenbahn) ~ **noktası** s. **kavşak** (I); **-ı mafsal** s. **ankiloz**
iltisakî [·−−−] 1. verknüpfend, verbindend, vereinigend, Binde- 2. agglutinierend (Sprache) *bitişken

iltiva [ā] 1. Krümmung, Biegung *f* (z.B. e–s Flusses) 2. *phys.* Torsion *f* *burulma 3. *geol.* Falte *f* *kıvrılma, kıvrım 4. (Stoff-, Gesichts-)Falte *f* 5. *med.* seitliche Verkrümmung der Wirbelsäule; Skoliose *f*
iltiyam [ā] Sich-Schließen, Verheilen, Vernarben, Verharschen *n* ~ **bulmak** sich schließen, verheilen, vernarben, verharschen (Wunde)
iltizam [ā] 1. Auf-sich-Nehmen *n*, Übernahme *f* 2. *fr.* Steuerpachtung *f* 3. Begünstigung, Förderung, Bevorzugung, Parteilichkeit *f*, parteiische Stellungnahme 4. Für-erforderlich-Halten *n* 5. *lit.* s. **lüzumu malâyelzem;** ~ **etmek** 1. et. auf sich nehmen, übernehmen (z.B. Verwaltung) 2. *fr.* Steuern pachten 3. begünstigen, fördern, bevorzugen, in Schutz nehmen; Partei ergreifen (für) 4. befürworten, propagieren, sich einsetzen (für) 5. für nötig (erforderlich, besser) halten ~ **sıygası** s. **istek kipi; -a vermek** *fr.* in Pacht geben (Steuern) **-ı malâyelzem** *va.* 1. unzweckmäßiger (*gel. a.:* unerwünschter) Eifer 2. nutzloses Unterfangen **-ı sükût etmek** Schweigen bewahren, sich in Schweigen hüllen
iltizamcı [ā] *fr.* Steuerpächter *m* *mültezim
iltizamen [ā] *Adv.* 1. *va.* auf Grund freiwilliger Übernahme, kontraktlich 2. *fr.* durch Steuerpachtung 3. unter bevorzugter Behandlung
iltizamî [·––] 1. absichtlich, geflissentlich, willentlich, wissentlich 2. s. **istek kipi;** ~ **muamele** *jur.* Verpflichtungsgeschäft *n* *borçlanma işlemi
iltizamiye [ā] s. **iltizamî** (2)
İlyada [·×·] *n.pr.* Ilias *f*
İlyaki [·×·] **(adası)** *n.pr.* Insel *f* Tilos (Dodekanes)
İlyas [×·] *n.pr.* 1. Prophet *m* Elias (Bibel); vgl. a. **Hızır** 2. *mV*
ilye *an.* Gesäß *n*, Hinterbacken *pl.* ~ **kemiği** *an.* Darmbein *n*
ilzam [ā] 1. *fr.* Steuerverpachtung *f* 2. Verstummenlassen *n* ~ **etmek** 1. *fr.* Steuern verpachten 2. j–n durch unwiderlegliche Gründe zum Schweigen bringen, ad absurdum führen
im s. **işaret;** ~ **etmek** s. **işaretlemek; -i timi yok** spurlos verschwunden; nichts zu sehen (von)
ima [––] Andeutung, Anspielung *f*, Wink *m* ~ **etmek** andeuten, zu verstehen geben, anspielen (auf), Andeutungen machen ~ **suretiyle** durch indirekten Hinweis
imaen [ā] *va.* andeutungsweise
imago 1. *zo.* Imago *f* 2. *psych.* Wunschbild *n*
imaj 1. Bild *n*, Abbildung *f* 2. geistiges Bild; Vorstellung *f* 3. bildlicher Ausdruck, Bild *n*, Metapher *f* *mecaz 4. Image, Persönlichkeitsbild *n*
imajinasyon *selt.* s. **hayalgücü**
imajiner *selt.* imaginär, vermeintlich, erträumt
imajist, -ti *lit.* Imagist *m*
imajizm *lit.* Imagismus *m* (Richtung in der engl.-amerik. Lyrik zu Beginn des 20. Jh.) *resimlemecilik
imal, -li [––] An-, Ver-fertigung, Herstellung, Fabrikation *f* ~ **etmek** an-, ver-fertigen, herstellen, fabrizieren
imalât, -tı [–––] *Pl.* 1. Erzeugnisse, Produkte *pl.* 2. Produktion, Herstellung *f* ~ **fiyatı** Erzeugerpreis *m*, Herstellungskosten *pl.* **-ı harbiye** *va.* Produktion *f* von Kriegsgerät **-ı harbiye fabrikaları** *va.* Heereswerkstätten *pl.* *askerî fabrikalar
imalâtçı [–––·] Hersteller, Fabrikant, Produzent, Erzeuger *m*
imalâthane [––––·] 1. Werkstatt *f* 2. Werkhalle, Fabrik *f*
imale [––·] 1. Neigung, Senkung *f* 2. *fig.* Geneigtmachen *n* 3. *(Metrik)* Längung *f* e–s kurzen Vokals in Anpassung an das ar.-pers. Metrum Zu 2: **Onu bu fikre** ~ **için çok uğraştım.** Ich habe mich sehr bemüht, ihn für diese Idee zu gewinnen. ~ **etmek** 1. neigen, senken 2. *fig.* geneigt machen 3. *(Metrik)* e–n kurzen Vokal längen **-i nazar etmek** (bşe) *va.* genau prüfen
imalı [––·] 1. e–e Andeutung od. Anspielung enthaltend 2. bezeichnend, bedeutungsvoll ~ **bakış** bedeutungsvoller Blick ~ **sözler** bezeichnende Bemerkungen; Anspielungen *pl.* **Benimle pek** ~ **konuştu.** Er hat sich mir gegenüber in Andeutungen ergangen.
imaliye [––··] Arbeits-, Macher-Lohn *m*
imam 1. Vorbeter *m* in der Moschee; isl. Geistlicher; Imam *m* 2. *mil.* Feld-prediger, -geistlicher *m* 3. Titel für verdiente isl. Gelehrte 4. (bei den Schiiten) Bez. für Ali (Mohammeds Schwiegersohn) und seine elf Nachfolger 5. Begründer *m* e–r Sekte 6. (in einigen isl. Ländern) Staatsoberhaupt *n* ~ **arabasına** (*od.* **kayığına**) **binmek** *V* s. **-ın dört çiftesine binmek;** ≗ **evinden aş, ölü gözünden yaş çıkmaz.** *Spr.* 1. Wo nichts ist, hat der Kaiser sein Recht verloren. *Spr.* 2. Was kann man von e–m Geizkragen schon erwarten! ~ **kayığı** (*od.* **sandalı**) *V* Sarg *m* ~ **kayığına bindirmek** in den Sarg legen; einsargen ~ **kırkı** *P* erster Tag des strengen Winters (21. Dezember) ~ **nikâhı** religiöse Trauung *dinî nikâh ≗ **osurursa cemaat sıçar.** *Spr. V* Wie der Herr, so's Gescherr (*scil.* nur noch schlimmer). ~ **suyu** *V* s. **rakı; İmam-Hatip Okulları** Priester- und Prediger-schulen *pl.* **-a varmak** *P* sich religiös trauen lassen; heiraten **-ın dört çiftesine binmek** *V* ins Gras beißen; in die Grube fahren; sterben **-ülembiya** *va.* „Führer aller Propheten" d.h. Mohammed **-ülmüslimin** *va.* „Führer der Mohammedaner" d.h. Kalif *m* od. Staatsoberhaupt *n* e–s isl. Staates
imambayıldı mit Olivenöl und Zwiebeln zubereitetes Auberginengericht
imame (I) [ā] 1. längliche Abschlußperle der Gebetskette 2. Mundstück *n* e–s Tschibuks od. e–r Zigarettenspitze (*mst.* aus Bernstein) ~ **etekliği** unterer Teil e–r Wasserpfeife
imame (II) [ā] *fr.* Turban *m* *sarık, destar
imameci [ā] Hersteller od. Verkäufer *m* von **imame** (I, II)
imamelemek [ā] mit **imame** (I) versehen **Bu tespihi imamelemeli mi yoksa imamelememeli mi?** (Schnellsprechübung)
imameli [ā] mit **imame** (I, II)
imamet, -ti s. **imamlık**
imamevi; imamhanesi, -ni *reg.* Frauengefängnis *n*
İmamiye [ā] *n.pr.* e–e schiitische Sekte *Caferiye
imamlık [ā] 1. Beruf *m* (Amt *n*, Würde *f*) e–s Imams 2. Führung, Leitung *f* (*spez.* in e–m isl. Land)
iman [––] 1. Glaube *m spez.* isl. Glaube 2. gläubiges Vertrauen, feste Überzeugung ~ **etmek** 1. glauben 2. (m. Dat.) gläubig vertrauen (auf) ~ **getirmek** sich (aus freien Stücken) zum Islam bekehren ~ **sahibi** gläubig *mutekit, mümin ~ **tahtası** *P* s. **göğüs kemiği; -a gelmek** 1. sich zum Islam bekehren 2. Vernunft annehmen; einlenken **-a getirmek** 1. zum Islam bekehren 2. zur Vernunft bringen **-dan çıkarmak** j–n aufs höchste erzürnen; *F* j–n auf die Palme bringen **-ı bütün** tiefreligiös, fromm **-ı gevremek** (*od.* **ağlamak**) *P* 1. sich sehr abplagen 2. Schweres durchmachen müssen; sein Kreuz haben **-ı kıt** s. **imansız;** ≗**ı yok!** *(etwa):* Na, so ein Kerl! **-ım** *V* mein Lieber! **-ın şartları** die sechs Bedingungen für den Übertritt zum Islam **-ına kadar** *P* sehr viel; bis zum äußersten **-ına tak demek** j–m zuviel werden; et. nicht mehr aushalten können **-ına yandığım...** *V* der elende (verdammte, verfluchte)... **-ını gevretmek** j–n sich sehr abrackern lassen; *mil.* schleifen; scharf drillen
im'an [ā] *va.* genaue Prüfung (Erforschung, Untersuchung) **-ı nazar** *va.* gründliches Betrachten; musternder Blick
imaniye [––··] s. **inancılık**

imanlı [− −·] 1. gläubig, fromm, religiös 2. menschlich, gütig, mitleidig
imansız [− −·] 1. ungläubig, gottlos 2. erbarmungslos, grausam, unmenschlich ~ **gitmek** *F* als Heide sterben ~ **peynir** fettloser od. fettarmer Käse
imansızlık [− −··] 1. Unglaube *m*, Gottlosigkeit *f* 2. Erbarmungslosigkeit, Grausamkeit, Unmenschlichkeit *f*
imar [− −] 1. Bebauen *n*, Bebauung *f* 2. Auf-, Aus-bau *m*, (Aus-)Gestaltung *f* Zu 2: **şehrin -ı** bauliche Gestaltung der Stadt ~ **etmek** 1. bebauen 2. auf-, aus-bauen, (aus-) gestalten ~ **planı** Bebauungsplan *m* **İmar ve İskân Bakanı (Bakanlığı)** Minister(-ium *n*) *m* für Aufbau und Siedlungswesen (seit 1958)
imarcı [− −·] wer sich eifrig für e−e städtebauliche Neugestaltung einsetzt
imaret, -ti [ā] 1. Armenküche *f* (die kostenloses Essen an Bedürftige verteilt) 2. *va.* Gedeihen *n*, blühender Zustand ~ **çorbası** 1. Suppe *f* aus der Armenküche 2. *fig.* was man umsonst erhält
imaretçi [ā] Leiter *m* e−r Armenküche
imarethane [·−·−·] s. **imaret** (1)
imate [ā] *va.* Töten, Totschlagen, Vernichten *n* ~ **etmek** *va.* töten, totschlagen (*a.* z.B. Zeit), vernichten
imba [ā] *va.* Mitteilen, Berichten, Melden *n* ~ **etmek** *va.* mitteilen, berichten, melden
imbat, -tı 1. *met.* von Westen od. Südwesten kommender Seewind (*spez.* in Izmir) 2. s. **inbat**
imbatî s. **inbatî**
imbias [ā] *va.* 1. Sendung, Mission *f* 2. Antrieb *m* 3. Wiederauferstehung *f* 4. Entstehen, Herrühren *n* ~ **etmek** (bşden) *z. va.* herrühren (von), verursacht sein (durch), entstehen (aus)
imbik Destillier-apparat, -kolben *m*, Retorte *f* ~ **suyu** destilliertes Wasser **-ten çekmek** (*od.* **geçirmek**) destillieren **-ten süzülmek** destilliert werden
imbikçi Branntweinbrenner *m*
imbisat, -tı [ā] 1. Sich-Ausdehnen, Sich-Erweitern *n*, Ausdehnung, Erweiterung *f* *genleşme 2. *psych.* (manische) Expansion 3. heitere und frohe Stimmung; Sich-Erleichtert-Fühlen *n* 4. *med.* Euphorie *f* ~ **emsali** Ausdehnungskoeffizient *m* ~ **etmek** 1. sich ausdehnen, sich erweitern 2. größer (weiter) werden
imbisatî [··− −] Ausdehnungs- **kuvvei -ye** *phys.* Ausdehnungskraft *f* *yayılma kuvveti
imbisatlı [ā] Ausdehnungs-, Expansions-
imdadî *va.* Hilfs-, Rettungs-
imdadiye [ā] *fr.* e−e spez. zur Deckung von Kriegskosten erhobene Steuer
imdat, -dı [ā] 1. Hilfe *f*, Beistand *m* 2. (Ausruf) zu Hilfe! Hilfe! 3. *mil.* Verstärkung *f* ~ **etmek** 1. helfen, beistehen 2. *mil.* Hilfstruppen senden ~ **freni** Notbremse *f* ~ **heyeti** Hilfsmannschaft *f* ~ **istemek** 1. um Hilfe bitten 2. *mil.* Verstärkungen anfordern 3. (Schiff) Notsignale geben *spez.* SOS funken ~ **işareti** Notsignal *n* *spez.* SOS ~ **kapısı** Notausgang *m* ~ **kuvvetleri** Hilfs-, Verstärkungstruppen *pl.* ~ **limanı** Nothafen *m* ~ **sandalı** Rettungsboot *n* *tahlisiye botu ~ **treni** Hilfszug *m* **-ına koşmak** (b−nin) j−m zu Hilfe eilen **-ına yetişmek** (*od.* **gelmek**) 1. (b−nin) j−m zu Hilfe kommen 2. *mil. a.* entsetzen **-ı sıhhî** erste (sanitäre) Hilfe
imdatçı [ā] 1. helfend, Hilfs-, Unterstützungs-, *mil.* Verstärkungs- 2. wer zu Hilfe kommt, Helfer *m*
imdatsız [ā] ohne Beistand; hilflos
imdi [×·] *(weitgehend va.)* 1. jetzt, gegenwärtig 2. gleich, sofort 3. (bei Imper.) doch 4. demgemäß, also, folglich, nun 5. (als Einleitung des zweiten Teils e−s Syllogismus) nun aber, jetzt aber, jedoch Zu 3: **Gel** ~ *va.* Komm doch! **bak** ~ s. **bakındı;** s.a. **hoş** ~, **hoşuntu** Zu 5: ≗ **tecrübe bize öğretiyor ki...** Nun lehrt uns aber die Erfahrung, daß...
imece 1. vereinte Hilfeleistung (z.B. aller Anwesenden) 2. Gemeinschaftsarbeit *f* (z.B. aller Einwohner eines Dorfes) 3. mit vereinten Kräften
İmerler *n.pr.* Imerer *pl.* (georgische Volksgruppe um Kutais)
İMF = International Monetary Fund, Internationaler Währungsfonds; türk.: **Milletlerarası Para Fonu**
imge s. **hayal -den resim** Zeichnen (Malen) *n* nach der Phantasie
imgelem s. **hayalgücü, muhayyile**
imgeleme(-k) s. **tahayyül (etmek)**
imgesel s. **hayalî**
imha [ā] Vernichtung, Ausrottung, Verheerung *f*, vollkommene Zerstörung ~ **ateşi** *mil.* Vernichtungsfeuer *n* ~ **etmek** vernichten, ausrotten, verheeren, vollkommen zerstören, *mil. a.* aufreiben ~ **harbi** Vernichtungskrieg *m* ~ **meydan muharebesi** Vernichtungsschlacht *f* ~ **mücadelesi** Vernichtungskampf *m*
imhakâr [·− −] *z. va.* vernichtend, zerstörend ~ **bozgun** vernichtende Niederlage ~ **darbe vurmak** vernichtend schlagen
imhal, -li [ā] 1. Terminverlängerung, Fristgewährung *f* 2. Verschieben *n*, Aufschub *m* ~ **etmek** 1. den Termin verlängern, e−e Frist gewähren 2. ver-, auf-schieben
imik, -iği 1. *dial.* Hals *m*, Kehle *f* 2. *an.* Fontanelle *f* (bei Säuglingen) *bıngıldak **-ine sarılmak** (b−nin) j−n drängen, j−m zusetzen (et. zu tun)
imişçesine als ob ... wäre
imitasyon Imitation, Nachahmung *f* *taklit
imitatör Nachahmer *m* *taklitçi
imizgenmek s. **ımızganmak**
imkân 1. Möglichkeit *f* *olanak 2. *phil.* Kontingenz *f* (bei Leibniz) *olumsallık ~ **dahilinde olmak** im Bereich des Möglichen liegen (sein) ~ **dairesinde** nach Möglichkeit, soweit es möglich ist ~ **dairesine çıkarmak** ermöglichen ≗ **hâsıl oldu.** Die Möglichkeit ist gegeben. ≗ (*od.* ≗**ı**) **yok!** Unmöglich! Ausgeschlossen! **ademi** ~ *va.* Unmöglichkeit *f* *imkânsızlık, olamazlık
imkânlı e−e Möglichkeit enthaltend (in sich schließend), möglich
imkânsız unmöglich, unausführbar *olanaksız ~ **bir hale getirmek** unmöglich od. unausführbar machen
imkânsızlaşmak unmöglich werden
imkânsızlaştırmak unmöglich, unausführbar machen
imkânsızlık Unmöglichkeit, Unausführbarkeit *f* *olanaksızlık
imlâ 1. Füllen *n*, Füllung *f* 2. Laden *n*, Ladung *f* 3. Aufschüttung *f* 4. Rechtschreibung, Orthographie *f* *yazım 5. Diktat *n* *dikte ~ **cereyanı** *el.* Lade-, Ladungs-strom *m* ~ **etmek** 1. füllen 2. laden 3. aufschütten 4. diktieren ~ **hakkı** (Pulver-)Ladung *f* ~ **işaretleri** orthographische Zeichen *pl.* ~ **işleri** Aufschüttungsarbeiten *pl.* ~ **kabiliyeti** Ladefähigkeit *f* ≗ **Lûgati** Türk. Rechtschreibwörterbuch *n* (Istanbul 1928); seit der 2. Aufl. (1941) ≗ **Kılavuzu** genannt; seit 1965: **Yeni** ≗ **Kılavuzu;** seit 1970: **Yeni Yazım (İmlâ) Kılavuzu;** ~ **suretiyle yazdırmak** (b−ne bşi) j−m et. in die Feder diktieren ~ **yanlışı** orthographischer Fehler ~ **yazdırmak** ein Diktat geben, diktieren ~ **yazmak** nach Diktat schreiben **-sı bozuk** unorthographisch schreibend *bzw.* geschrieben **-sı yerinde** orthographisch schreibend *bzw.* geschrieben **-ya gelmemek** *fig.* 1. sich nicht recht einfügen wollen, unvernünftig sein 2. sich nicht wieder in Ordnung bringen lassen, nicht repariert werden können **-ya gelmez** untauglich, unbrauchbar, elend, miserabel **-ya getirmek** zur Vernunft bringen

imlâhane [·– – ·] Werkhalle *f*, in der e–e Abfüllung vorgenommen wird
imlâsız 1. unorthographisch 2. wer die Rechtschreibung nicht beherrscht
imlâşızlık 1. unorthographisches Schreiben 2. Zerfahrenheit *f* in der Rechtschreibung, orthographische Anarchie
imleç, -ci *phys.* Registrierapparat *m* *mukayyit, yazıcı
imlem Sinn *m*, Bedeutung *f* *medlûl
imlemek 1. s. **işaretlemek** 2. *dial.* s. **ima etmek**
immateryalizm s. **özdeksizcilik**
Immelmann 1. *n.pr.* deutscher Jagdflieger des 1. Weltkriegs 2. die nach ihm benannte Kunstflugtechnik (halber Looping mit anschließender Rolle)
immoral(-ite) s. **ahlâksız(-lık)**
immoralizm Immoralismus *m* *gayri ahlâkiye, törelsizcilik
immortalite s. **ölümsüzlük**
immünite *med.* Immunität, Schutz *m* vor Ansteckung *bağışıklık, muafiyet
imparator [··×·] Kaiser *m* ~ **pengueni** Kaiserpinguin *m zo.* Aptenodytes Forsterii ~ **şeytanīğnesi** Königslibelle *f zo.* Anax imparator
imparatoriçe [···×··] Kaiserin *f*
imparatorluk 1. Kaiserreich *n* 2. (Welt-)Reich, Imperium *n* 3. Kaiserwürde *f*
imparatorotu, -nu; imparatorya [···×·] s. **kral otu**
impedans; imperyal s. **empedans; emperyal**
implant, -tı *med.* Implantat *n* (dem Körper eingepflanztes Gewebestück)
impresaryo s. **emprezaryo**
imrahor (< **emiri ahur**) *hist.* Stallmeister *m* des Sultans (ab 1837 **ıstablı amire müdürü** genannt)
İmralı adası *n.pr.* (*fr.* **Emir Ali Adası**) Insel *f* Imralı (im südl. Teil des Marmarameeres; Sträflingsinsel; *fr. a.* Kalolim(e)ni genannt)
İmran [ā] *n.pr.* der Vater von Moses; s. a. **Âli İmran suresi**
İmranlı *n.pr.* O. u. D. im Rbz. Sıvas
imrar [ā] 1. Vorbei-, Hinüber-, Hindurch-führen; Passieren-, Durchmarschieren-lassen *n* 2. Verbringen *n* (von Zeit) ~ **etmek** 1. vorbei-, hinüber-, hindurch-führen, passieren lassen, durchmarschieren lassen 2. verbringen (Zeit) ~ **hakkı** *pol.* Durchmarschrecht *n*
imreet, -ti *va.* Frau *f* *kadın **-ülmüselsele** *astr. va.* Andromeda *f* *Andromed
imren s. **gıpta**
imrence; imrenç, -ci *P* 1. gewünscht, ersehnt, begehrt 2. beneidenswert *(1, 2) mağbut
imrendirmek Verlangen (Sehnsucht, Neid, den Wunsch) erwecken; verlocken; Lust (Appetit) machen (auf)
imrenilmek Pass. zu **imrenmek; imrenilecek bir vaziyet** e–e beneidenswerte Lage
imrenmek (m. Dat.) wünschen, begehren; verlangen (nach); Lust (Appetit) bekommen (auf); sich sehnen (nach); neidisch sein (auf)
İmroz *n.pr.* D. im Rbz. Çanakkale 2. **(adası)** Insel *f* Imbros (westl. der Dardanellen)
imsak, -ki [ā] 1. Sich-Enthalten *n* 2. Diät *f*, Fasten *n* 3. täglicher Fastenbeginn im Ramazan 4. *va.* Knauserigkeit *f*, Geiz *m* ~ **etmek** 1. sich enthalten 2. Diät halten; fasten 3. den Fastenbeginn im Ramazan einhalten 4. *va.* knauserig (geizig) sein Zu 2: **Yemek hususunda ~ etmeli.** Er darf nicht alles essen. Er muß Diät halten. ~ **topu** der Kanonenschuß, der den Beginn des täglichen Fastens im Ramazan ankündigt ~ **vakti** zeitlicher Beginn des täglichen Fastens im Ramazan
imsakiye [ā] Zusammenstellung *f* der (täglich wechselnden) Anfangszeiten des Fastens im Ramazan
imsel durch Zeichen ausgedrückt (dargestellt), Zeichen- ~ **mantık** Logistik *f* *logistik; mantıkı resmî
-(i)msi, -(ı)msı, -(u)msu Sx. zur Bez. e–s gewissen Grades, e–r gewissen Ähnlichkeit od. e–r gewissen Färbung. Vgl. **ekşimsi, beyazımsı, morumsu** usw.
imsirik *dial.* s. **bıyıklıbalık**
imşa *selt.* *V* 1. Beteiligung *f*, Mitmachen *n* (bei e–m Unternehmen) 2. Gewinnbeteiligung *f*
-(i)mtırak, -(ı)mtırak, -(u)mtırak s. **-(i)msi** usw. Vgl. **mavimtırak, beyazımtırak, poturumtırak** usw.
imtidat, -dı [ā] 1. Sich-Ausdehnen, Sich-Erstrecken *n*, Länge *f* 2. Verlängerung *f* 3. *a. math.* Ausdehnung *f* *vüsat, uzam 4. Dauern *n*, Dauer *f* 5. *astr. va.* s. **uzay;** ~ **etmek** 1. sich ausdehnen, sich erstrecken (bis) 2. dauern (bis) ~ **ettirmek** 1. ausdehnen 2. verlängern (z.B. Vertrag) *temdit etmek **-ınca** 1. in der Längsrichtung, längs, entlang 2. in der ganzen Dauer; während
imtihan [ā] 1. Prüfung *f*, Examen *n* *sınav 2. *fig.* Erprobung *f*, schwere Prüfung 3. Gottesurteil *n* ~ **etmek** prüfen, examinieren *sınamak, sınavlamak ~ **harçları** Prüfungsgebühren *pl.* ~ **olmak** sich e–r Prüfung unterziehen ~ **olunmak** geprüft werden ~ **vermek** e–e Prüfung ablegen **-a çekmek** j–n e–r Prüfung unterziehen **-a kabul edilmek** zur Prüfung zugelassen werden **-da kazanmak (geçmek, muvaffak olmak)** die Prüfung bestehen **-da dönmek** (*od.* **kalmak**) die Prüfung nicht bestehen **-dan tam bir muvaffakıyetle çıktı.** Er hat die Prüfung glänzend bestanden.
imtihanlı [ā] 1. unter Durchführung e–r Prüfung 2. an das Bestehen e–r Prüfung gebunden
imtihansız ohne Prüfung
imtilâ *va.* 1. Sich-Füllen, Vollwerden *n* 2. Überladung *f* (des Magens) 3. *med.* Stauung *f*, Blutandrang *m* ~ **olmak** *va.* 1. sich füllen, voll werden 2. zuviel gegessen haben, Magendrücken haben 3. sich stauen (Blut)
imtina, -aı [ā] 1. Sich-Enthalten *n*, Enthaltung, Enthaltsamkeit *f* 2. (Ver-)Weigerung, Ablehnung *f* 3. *va.* Unmöglichkeit *f* ~ **etmek** (bşden) 1. sich enthalten, meiden, scheuen 2. verweigern, ablehnen (z.B. Unterschrift)
imtinan [ā] 1. *va.* Wohltat *f*, Wohlwollen *n* 2. *va.* Dankbarkeit, Erkenntlichkeit *f* 3. Vorhalten *n* e–r erwiesenen Wohltat ~ **etmek** 1. *va.* sich dankbar (erkenntlich) erweisen 2. j–m e–e erwiesene Wohltat vorhalten
imtisal, -li [ā] (m. Dat.) 1. Befolgung, Ausführung, Folgeleistung *f* 2. Nacheiferung, Nachahmung *f* ~ **etmek** (m. Dat.) 1. befolgen, Folge leisten, ausführen 2. (e–m Vorbild od. Beispiel) folgen, nacheifern; et. zum Vorbild nehmen ~ **numunesi olmak** (b–ne) j–m als Vorbild dienen
imtisalen [ā] *va. Adv.* (m. Dat.) in Befolgung, in Ausführung (z.B. erteilter Direktiven)
imtisas [ā] 1. Aufsaugung, Absorption *f* *emilme, soğrulma 2. *chem.* Dämpfung, Neutralisierung, Aufsaugung *f* *soğurma ~ **etmek** absorbieren, aufsaugen
imtiyaz [ā] 1. Privileg, Vorrecht *n*, Priorität *f*, Vorzugsrecht *n*, -stellung *f* *ayrıcalık 2. Konzession *f* (amtliche Erlaubnis od. Zulassung zur Ausübung e–r best. Tätigkeit) *gedik 3. *pol.* Autonomie *f* ~ **fermanı** *fr.* Privilegierungsschreiben, schriftliche Konzession ≗ **Nişanı** ein von Abdülhamit II. 1878 gestifteter Orden ~ **sahibi** 1. Inhaber *m* e–r Konzession od. Zulassung, Konzessionär *m* 2. Besitzer od. Verleger *m* e–r Zeitung od. Zeitschrift ~ **vermek** e–e Konzession (Bewilligung, Genehmigung, Zulassung) erteilen
imtiyazat, -tı [··– –] *va. Pl.* zu **imtiyaz; -ı ecnebiye** *jur.* Fremdenprivilegien, Kapitulationen *pl.* *kapitülasyonlar
imtiyazlı [ā] 1. Vorrecht genießend, im Besitz von Vorrechten, privilegiert, bevorrechtet, Vorzugs-, Prioritäts- 2. wofür e–e Konzession ausgestellt ist; konzessioniert 3. *pol.* autonom ~ **hisse senedi** Vorzugs-, Prioritäts-aktie *f*

~ **mıntıka** Konzession *f* (Gebiet, für das ein Ausbeutungs- od. Niederlassungsrecht erteilt wird)
imtizaç, -cı [ā] 1. *chem.* Verbindung *f* 2. Auskommenkönnen (mit), Harmonieren *n*, Harmonie *f*, Zueinanderpassen *n* 3. (bir hava ile) Akklimatisation, Akklimatisierung *f* Zu 2: **renklerin -ı** Farbharmonie *f* ~ **etmek** 1. *chem.* sich verbinden *birleşmek, kaynaşmak 2. (b–le) auskommen, sich vertragen, harmonieren (mit); zueinander passen, zusammenstimmen, sich verstehen 3. (bir hava ile) sich an ein Klima gewöhnen, sich akklimatisieren **ademi** ~ s. **-sızlık**
imtizaçlı [ā] harmonisch, in Übereinstimmung
imtizaçsız [ā] 1. unharmonisch 2. mit wem kein Auskommen möglich ist, unverträglich
imtizaçsızlık [ā] 1. fehlende od. mangelnde Harmonie 2. Unverträglichkeit *f* 3. unglückliche Ehe, *jur.* Zerrüttung *f* des ehelichen Verhältnisses *geçimsizlik
imza [ā] 1. Unterschrift *f* 2. Unterzeichnung *f* 3. *fig.* Autor, Verfasser *m* 4. Signatur *f*, Signum *n* (z. B. e–s Malers) ~ **atmak** (bşe) et. unterschreiben, unterzeichnen (**O, -mı atmıştır.** Er hat mit meinem Namen unterschrieben.) ~ **basmak** (*od.* **çekmek**) (bşe) s. ~ **atmak;** ~ **defteri** s. **curnal** (2); ~ **eden** (*od.* **atan**) Unterzeichner *m* ~ **etmek** (bşi) unterschreiben, unterzeichnen ~ **koymak** (bşe) seine Unterschrift daruntersetzen ~ **merasimi** feierliche Unterzeichnung ~ **protokolü** (bir muahedenin) Zeichnungsprotokoll *n* (e–s Vertrags) ~ **sahibi** wer et. unterschrieben hat; Unterzeichner *m* ~ **sahhı** s. **paraf;** ~ **salâhiyeti** Zeichnungsberechtigung *f* **-sının şerefini korumak** zu seiner Unterschrift stehen, die eingegangenen Verpflichtungen erfüllen **-yı yalamak** seine Unterschrift nicht einlösen
imzalamak 1. unterzeichnen, unterschreiben 2. signieren
imzalaşmak 1. gegenseitig unterzeichnen 2. die Unterschriften austauschen
imzalatmak zur Unterschrift vorlegen
imzalı [ā] mit Unterschrift, unterzeichnet, unterschrieben, unterfertigt
imzasız ohne Unterschrift, nicht unterschrieben (unterzeichnet), *a.:* anonym (z. B. Schreiben)
in (I) 1. Höhle *f* e–s wilden Tieres 2. *geol.* Höhle *f* (*spez.* im Karstgebiet) 3. Schlupfwinkel *m*, Versteck *n* ~ **gibi** eng und dunkel (Örtlichkeit)
in (II) (lm. Verst. von **cin;** nach anderer Auffassung Weiterbildung von ar. **ins** = Mensch) ≗ **misin cin misin?** Bist du ein Geist? **Ne -im ne cinim, insanım.** Ich bin kein Geist, sondern ein Mensch. ~ **cin yok** *od.* ~ **cin top** (*od.* **cirit**) **oynuyor** menschenleer, unbewohnt, wie ausgestorben; wo sich die Füchse und Hasen gute Nacht sagen
in situ *(Archäologie)* an Ort und Stelle; an der aufgefundenen Stelle
-in hali *gr.* Genitiv *m* *ilgi hali; muzafünileyh; tamlayan durumu
inabe; inabet, -ti [ā] *va.* 1. Reue *f;* Bekehrung *f* (zu Gott) 2. Ernennen *n* zum Stellvertreter 3. Erlaubnis *f* zum Eintritt (z. B. in e–n Orden) ~ **almak** *fr.* in e–n Orden eingeführt werden
inadına [×–··] *Adv.* 1. absichtlich, zum Trotz, j–m zum Possen, nun gerade, nun erst recht, immer wieder (trotz Gegenversuchen), *F* extra 2. übermäßig, allzusehr, entgegen der eigentlichen Absicht 3. ganz entgegengesetzt, im Gegenteil Zu 1: **Bu işi** ~ **yapıyor.** Das tut er jetzt extra. Zu 2: **Bu yemek** ~ **yağlı olmuş.** Das Essen ist et. zu fett ausgefallen. Zu 3: **Babası çalışkan, kendisi** ~ **tembel.** Sein Vater ist ein fleißiger Mensch, er selber aber das genaue Gegenteil.
inadiye [ā] *phil.* Pyrrhonismus, Skeptizismus *m* *şüphecilik
inahtar *reg.* für **anahtar**
inak(-çı, -çılık) s. **dogma(-cı, -cılık)**
inaksal s. **dogmatik;** ~ **felsefe** dogmatisch gebundene Philosophie *felsefei ikaniye
inaktive vaksinler *med.* abgetötete Keime *pl.* (bei Impfung)
inal 1. s. **mahrem, mutemet** 2. s. **han** (I, 3) 3. ≗ türk. *Fn.*
in'am [ā] *va.* 1. Gnadenerweisung *f* (*spez.* Gottes) 2. Gunstbezeugung *f*, huldvolles Geschenk; Belohnung *f* ~ **etmek** *va.* 1. Gnade erweisen 2. ein Geschenk machen, seine Huld erweisen
inam(-lamak) s. **emanet (etmek)**
inan Glaube *m*, gläubiges Vertrauen, Verlaß *m* *iman ~ **birliği** Glaubensgemeinschaft *f* ~ **gelmek** zu glauben (od. zu vertrauen) beginnen ~ **olmaz** s. Stw. **doyum;** ≗ **olsun!** (*bes.* in der Istanbuler Frauensprache) Wahrlich! Wirklich! Du kannst es mir glauben! ~ **vermek** versichern **-ı kaybetmek** (bşe) den Glauben an et. verlieren **-ından çıkmak** seinem Glauben abschwören
inanca s. **garanti, teminat**
inancılık *phil.* Fideismus *m* *imaniye
inanç, -cı *phil.* Vertrauen *n*, Glaube *m* *emniyet, itikat **-ı kötüye kullanma** s. **emniyeti suiistimal; -ları birleştirme kıyılgısı** s. **tevhidi içtihat kararı**
inançlı: ~ **işlem** s. **itimada müstenit hukukî muamele**
inandırıcı überzeugend, glaubhaft *mukni
inandırmak veranlassen od. zulassen, daß jemand et. glaubt *spez.* 1. überzeugen, überreden 2. *pej.* j–m et. einreden, weismachen
inanılacak; inanılası; inanılır 1. glaubhaft, glaubwürdig 2. zuverlässig, sicher
inanılırlık, -ığı Glaubwürdigkeit *f*
inanılmaz 1. unglaubwürdig 2. unglaublich, außerordentlich
inanış 1. Glaube *m*, Vertrauen *n*, Gläubigkeit *f* 2. woran geglaubt wird
inanlı gläubig, religiös *mutekit
inanmak (m. Dat.) 1. j–m glauben, Glauben od. Vertrauen schenken 2. glauben (an) 3. für wahr ansehen 4. anvertrauen Zu 1: **Ben size inanırım.** Ich glaube Ihnen. Zu 2: **Allaha (cennete, cinlere)** ~ an Gott (das Paradies, Geister) glauben Zu 3: **Bu habere inandım.** Ich habe die Nachricht für wahr gehalten.
inansız ungläubig *imansız
inarmonik *mus.* unharmonisch
inas [ā] *va.* Angehörige *pl.* des weiblichen Geschlechtes ~ **mektebi** *fr.* Mädchenschule *f*
inat (I), **-dı** *urspr.* [ā] 1. Eigensinn *m*, Hartnäckigkeit, Halsstarrigkeit *f*, Trotz *m* *direnim, inatçılık, taannüt 2. *P* für **inatçı;** ~ **etmek** hartnäckig bestehen, sich versteifen (auf); Eigensinn an den Tag legen, halsstarrig, trotzig sein *ayak diremek, direnmek, taannüt etmek ~ **olsun diye** 1. aus lauter Eigensinn 2. (bşe) s. **bşın rağmına; -a binmek** s. **İş -a bindi. -ı inat** *F* wer auf keine Ratschläge hört, unglaublich eigensinnig **-ı tutmak** (b–nin) eigensinnig werden **-ına** s. ges. Stw. **-la müdafaa etmek** hartnäckig verteidigen
inat (II) [– –] s. **lüzumu malâyelzem**
inatçı eigensinnig, hartnäckig, verbissen, halsstarrig, starrköpfig *anut, direngen, muannit ~ **mukavemet** hartnäckiger Widerstand ~ **savaşlar** harte Kämpfe *pl.*
inatçılık s. **inat**
inatlaşmak eigensinnig auf dem jeweiligen Standpunkt beharren (z. B. Gegner bei e–r Diskussion)
inatlı hart(-näckig) ~ **muharebeler** harte Kämpfe *pl.* ~ **mukavemet** hartnäckiger (verbissener) Widerstand
inatlık s. **inat(-çılık)**
inayet, -ti [ā] Güte, Gnade, Gunst *f* (*spez.* Gottes) ~ **etmek** e–e Gnade (Gunst) erweisen, gnädig sein ≗ **ola!** s. **Allah versin!** (I); **-i rabbaniye** göttliche Vorsehung *Tanrı kay-

rası **-i rabbaniye mesleği** Providentialismus *m* *kayracılık **-ı rabbaniyeye ait** die göttliche Vorsehung betreffend, von der göttlichen Vorsehung gewollt od. geschickt; providentiell *tanrıkayral
inayeten [ā] *va.Adv.* gnädig, als Gunsterweisung
inayetkâr [·–·–] gnädig, gütig
inayetli; inayetlü [ā] s. **inayetkâr; inayetlü devletlü** *hist.* osm. Titul. des Großeunuchen im Sultanspalast
inba s. **imba**
inbalığı, -nı der Karpfenfisch Varichorinus tinca (in mittelanatolischen Gewässern) *kadife balığı
inbat, -tı [ā] 1. Hervorbringen *n* von Pflanzen 2. Entstehung *f* von vegetativem Leben, Vegetation *f* ~ **etmek** Pflanzen hervorbringen ~ **kabiliyeti** Vegetationskraft, Fruchtbarkeit *f*
inbatî [·––] *va.* Pflanzen wachsen lassend, vegetatives Leben hervorbringend; s. a. **kuvvei inbatiye**
inbias s. **imbias**
inbilim Höhlenkunde, Speläologie *f* *speleoloji
inbilimsel höhlenkundlich, speläologisch *speleolojik
inbisat s. **imbisat**
incalız s. **ıncalız**
incaz [ā] *va.* Halten, Erfüllen, Ausführen, Wahrmachen *n* ~ **etmek** *va.* halten, erfüllen, wahrmachen, ausführen (z. B. Versprechen)
ince 1. dünn, schlank, schmal und lang 2. zart, zierlich 3. fein (Mehl, Sand, Stickerei, Gehör, Gaumen usw.) 4. höflich, liebenswürdig, vornehm, nett, freundlich, entgegenkommend, aufmerksam 5. feinfühlig 6. geistreich, anziehend, fesselnd, einfallsreich 7. durchdringend, scharf, umfassend 8. *phon.* palatal, hell 9. stechend, ziehend, scharf (Schmerz) 10. hoch, hell (Ton) 11. spitz (Nase) 12. schmal, eng (z. B. Weg) 13. dünnflüssig (z. B. Öl) 14. leicht (z. B. Erdstoß) 15. ♀ *türk. Fn.* 16. *naut.* s. **halat;** ~ **arpacık** *mil.* Feinkorn *n* ~ **bel** schmale Taille ~ **belli** schlank gebaut, schmalhüftig ~ **burun** 1. spitze Nase 2. **İnce Burun** Vorgebirge am Schwarzen Meer (nördlichster Punkt von Anatolien) ~ **cidarlı** dünnwandig ~ **cilâ** Hochglanz *m* ~ **dal** Zweig *m* ~ **deprem** leichter Erdstoß ~ **dert** Lungenschwindsucht *f* ~ **donanma** *fr.* Leichtflotille *f* ~ **eğe** Schlichtfeile *f* ~ **elemek** durch ein Haarsieb passieren ~ **eleyip** (*od.* **eğirip**) **sık dokumak** *fig.* pedantisch genau vorgehen, genau überlegen od. prüfen, eingehend untersuchen ~ **esre** = i (in der alten Schrift) ~ **fark** 1. geringer, feiner Unterschied 2. Nuance, Schattierung, Abstufung *f* ~ **fikirli** intelligent, witzig, klug ~ **gagalı kervan çulluğu** Dünnschnabel-Brachvogel *m zo.* Numenius tenuirostris ~ **görüş** scharfer Blick ~ ~ *Verst.* von **ince** in allen Bed. ~ ~ **alay etmek** feinen Spott üben ~ ~ **sızlamak** ganz leicht schmerzen ~ **iplikhane** Feinspinnerei *f* ~ **iş** feine, kunstreiche Arbeit; Feinarbeit *f* ~ **karakol** *fr.* Vorposten *m* (e–s Heeres) ~ **kesim** zartgebaut, zierlich, feingliedrig, wie ein Porzellanfigürchen *nahif ~ **kıyım** Feinschnitt *m* (Tabak) ~ **kulak** feines Ohr, geschultes Gehör ~ **kül** Flugasche *f* ~ **mahmude** s. **skamonya;** ~ **makbuz ötrü** = ü (in der alten Schrift) ~ **mepsut ötrü** = ö (in der alten Schrift) ~ **minare** schlankes (hochragendes) Minarett ~ **perdah** Hochglanz *m* ~ **rende** Schlichthobel *m* ~ **ses** 1. hoher od. heller Ton 2. hohe Stimme ~ **sesliler** s. ~ **ünlüler;** ~ **şehriye** s. **tel şehriye;** ~ **tanecik** *phot.* Feinkorn *n* ~ **tanecikli** *phot.* feinkörnig ~ **ünlüler** *phon.* Palatalvokale *pl.* (e, i, ö, ü) ~ **üstün** = e (in der alten Schrift) ~ **yapılı** schmächtig gebaut ~ **yemek** 1. feine, kostbare Speisen *pl.* 2. *fr.* Bez. für bes. reichliches Hochzeitsmahl ~ **yuvarlak eğe** s. **sıçankuyruğu** (1); ~ **zanaat** *V* Unterhalten *n* e–s Bordells **-den inceye** 1. ganz genau, ganz eingehend, bis in alle Einzelheiten 2. nur schwach, ganz leicht (z. B. andeuten) **-sini ipe, kalınını çöpe dizmek** *F* 1. et. haargenau erzählen 2. pedantisch sein
-ince s. **-(y)ınca, -(y)ince** usw.
inceağrı 1. zeitweiliger leichter, stechender Schmerz 2. hektisches Fieber 3. Schwindsucht *f*
incebarsak *an.* Dünndarm *m*, Intestinum tenue *em'ai rakika
incebaş *zo.* Aallarve *f*
incecik [×··] *verst.* **ince** in allen Bed.
incehastalık s. **ince dert**
incektor s. **encektör, enjektör**
inceleme 1. Vs. zu **incelemek** 2. Studie, Untersuchung, Forschung *f* *çalışma, mütalaa, tetkik
incelemek genau untersuchen, eingehend prüfen *tetkik etmek
inceli kalınlı 1. dünn und (*bzw.* oder) dick 2. hoch und (*bzw.* oder) tief (Ton)
incelik 1. dünne, schmale und lange Beschaffenheit; Schlanksein *n* 2. Zartheit, Zierlichkeit *f* 3. Feinheit *f*, feine Beschaffenheit 4. feines Benehmen; Höflichkeit, Liebenswürdigkeit, Vornehmheit, Freundlichkeit *f*, Entgegenkommen *n* 5. Feinfühligkeit *f* 6. Gedankentiefe, Verstandesschärfe *f* 7. Palatalität *f* 8. Ziehen, Stechen *n* (von Schmerzen) 9. (relative) Höhe *f* (von Tönen)
incelmek 1. dünn(-er), schlank(-er) werden, (körperlich) abnehmen, schmal und lang werden 2. zart, zierlich werden 3. feiner werden, sich verfeinern 4. *mst. iron.* höflich(-er) werden, den Liebenswürdigen spielen, katzenfreundlich werden 5. palatalen Charakter annehmen (Laut) 6. in die Höhe gehen, hellere Färbung annehmen (Laut) 7. *techn.* sich verjüngen
inceltme Vs. zu **inceltmek** *a.:* Palatalisierung *f* ~ **ve uzatma işareti** (*fr.* Bez. für den Zirkumflex in der türk. Orthographie; später: **düzeltme işareti;** heute: **uzatma işareti**) Palatalisierungs- und Dehnungszeichen *n*
inceltmek Kaus. zu **incelmek** *a.:* (Haare) herausschneiden, effilieren
incerek recht dünn (schlank, schmal usw.)
incesaz gemischtes türk. Orchester zur Aufführung der **fasıl** genannten Musik (Streich-, Blas-, Zupf- und Schlaginstrumente wie **keman, ney, tambur, kemençe, ut, kanun, daire** usw. aber ohne **davul** und **zurna,** ferner Sänger und Sängerinnen)
İncesu *n.pr.* O. u. D. im Rbz. Kayseri
incetüy Flaum(-federn *pl.*) *m*
inceyağ s. **hafif yağ**
incezar *an.* Pia mater *f*, weiche Hirnhaut
inci 1. Perle *f* 2. aus Perlen bestehend, Perlen- 3. belustigender Ausdruck; Stilblüte *f* 4. *pharm.* Pille *f* 5. ♀ *w V* ~ **avı** (*od.* **avcılığı**) Perlenfischerei *f* ~ **avcısı** Perlenfischer *m* ~ **dizisi** Perlen-kette, -schnur *f* ~ **gerdanlık** Perlenhalsband *n* ~ **gibi** fein, zierlich und regelmäßig; wie gestochen (z. B. Schrift) ~ **gibi dişler** niedliche Mausezähnchen *pl.* ~ **kordon** *arch.* Perlenfries *m* ~ **midyesi** s. **deniz inci midyesi;** ~ **otu** s. **taşkesen otu** (2); ~ **sümbülü** Garten-Hyazinthe *f bot.* Hyacinthus orientalis ~ **tanesi** herziges Baby **-leri dökülmek** Perlen aus j–s Krone fallen; sich et. vergeben
incibalığı, -nı Laube *m* (Fisch) *zo.* Alburnus alburnus *akbalık
inciçiçeği, -ni Maiglöckchen *n bot.* Convallaria majalis *mayıs çiçeği, müge
incik 1. verstaucht, geprellt, etwas verrenkt 2. verstauchte (geprellte, etwas verrenkte) Stelle; Verstauchung, Prellung *f* 3. winzig, nichtig, belanglos 4. s. **encik;** ~ **boncuk** billiger Schmuck
İncil *n.pr.* Evangelium *n*, Neues Testament ~ **kâğıdı** Dünndruckpapier *n*

incilâ *va.* 1. klares Erscheinen; Glanz *m*, Offenbarung *f* 2. Wegnahme *f* e–s Schleiers od. e–r Verhüllung ~ **etmek** *va.* 1. glänzen 2. in Erscheinung treten
incilci Evangelist *m*
incilenmek hervortreten, perlen (Tränen)
incili mit Perlen besetzt, Perlen- ~ **beyazperde** mit feinem Glasstaub belegte Filmleinwand *beyazcam ♀ **Çavuş** durch witzige Reden und Späße bekannte hist. Persönlichkeit (um 1600)
İncilî *va.* das Evangelium betreffend
incimat, -dı [ā] *z. va.* Gefrieren, Erstarren, Festwerden *n* *donma ~ **etmek** *z. va.* gefrieren, erstarren, festwerden *donmak ~ **noktası** s. **donma noktası**
incinmek 1. e–e Verstauchung (Prellung, leichte Verrenkung) bekommen 2. *fig.* (bşden) gekränkt od. beleidigt sein, übelnehmen Zu 1: **Ayağı incindi.** Er hat sich den Fuß verstaucht. Zu 2: **çabuk** ~ *a.*: empfindlich sein
incir 1. Feige *f* 2. **(ağacı)** Feigenbaum *m*, echte Feige *bot.* Ficus carica ~ **çekirdeğini doldurmaz** *fig.* lächerlich wenig (od. unbedeutend) sein ~ **dolması** *V* Hoden *pl.* ~ **eşekarısı** Feigenwespe *f zo.* Blastophaga psenes ~ **reçeli** Feigenmarmelade *f* (aus kleinen, unreifen Feigen)
incirar [ā] *va.* 1. Gezogenwerden, Gedehntwerden *n* 2. Dehnbarkeit *f* 3. Beendigung *f*
incirdelen s. **ağaç incirkuşu**
incirkuşu, -nu Pieper *m zo.* Anthus; s. a. **ağaç (çayır, kızıl gerdanlı, mahmuzlu, su)** ~
İncirli osm. Bez. der Insel Nisyros *Nisiro
incirlik 1. mit Feigenbäumen bestandenes Areal, Feigenplantage *f* 2. mit vielen Feigenbäumen
incitaş *min.* Perlit *m* *perlit
incitici *fig.* kränkend, verletzend, beleidigend
incitmebeni *P* Krebs(-krankheit *f*) *m* *kanser
incitmek 1. verstauchen, prellen, leicht verrenken 2. *fig.* kränken, beleidigen, schwer treffen Zu 1: **Ayağımı incittim.** Ich habe mir den Fuß verstaucht.
incizap, -bı [ā] 1. Sich-Hingezogenfühlen *n*, Interesse *n*, Zuneigung, Sympathie, Liebe *f* 2. Gravitation, Schwerkraft *f* ~ **duymak** *od.* **-a uğramak** sich an-, hin-gezogen fühlen (von *bzw.* zu), Liebe od. Zuneigung empfinden, Interesse haben, sich interessieren *gönlü akmak ~ **etmek** 1. sich an-, hin-gezogen fühlen 2. *phys.* gravitieren
inç (I), **-çi** (*engl.* **inch**) Zoll *m* (Längenmaß von 2,54 cm)
inç (II) *arm.* Frage *f* *soru, sual
inçlik von soundsoviel Zoll
ind *va.* 1. *urspr.* Seite *f* od. Meinung *f* 2. bei 3. nach, gemäß, zufolge, nach der Ansicht (von) **-inde** *va.* 1. bei ihm 2. nach seinem Dafürhalten, seiner Meinung (Ansicht) nach, in seinen Augen **-inden** *va.* von seiner Seite, von ihm aus
indantren 1. Indanthren *n* 2. indanthrenfarben
indeks s. **endeks**
indelhace [ā] *va.* nötigenfalls, erforderlichenfalls, gegebenenfalls, im Bedarfsfall *icabında
indelıstırar [ā]; **indelicap** [··––]; **indeliktiza** [ā]; **indellüzum** [ū] *alles va.* s. **indelhace**
indeterminizm *phil.* s. **yadgerekircilik**
indî 1. subjektiv *enfüsî, sübjektif 2. willkürlich *keyfî 3. erfunden, erdichtet *uydurulan, uydurma
indifa, -aı [ā] 1. Ausbruch *m* (e–s Vulkans), Eruption *f* *püskürme 2. *med.* Hautausschlag *m* *döküntü ~ **etmek** ausbrechen (Vulkan)
indifaî [··––] 1. eruptiv, Eruptions- *püskürük 2. *med.* mit Hautausschlag verbunden (Krankheit) *döküntülü ~ **sahre** s. **püskürük külte**
indigo s. **çivit**
indikator (s. a. **endikatör**) *techn.* Indikator *m* ~ **kâğıt üstüvanesi** Indikatortrommel *f* ~ **kalemi** Indikatorstift *m*

indimacî; indimaciye; indimaç s. **içkin(-cilik, -lik)**
indiras [ā] *va.* Untergang *m*, Vernichtung *f*, spurloses Verschwinden ~ **etmek** (*od.* **bulmak**) *va.* vom Erdboden verschwinden; vernichtet werden; untergehen
indirgeme *chem., math.* Reduzieren *n*, Reduktion *f* *irca *bzw.* redüksiyon ~ **bölünmesi** s. **meyoz**
indirgemek *chem., math.* reduzieren, abbauen *irca etmek
indirgen *chem.* reduzierend, Reduktionsmittel *n* *mürci, redüktör
indirgenir *chem., math.* reduzibel *kabili irca
indirgenmez *chem., math.* irreduzibel *gayri kabili irca
indirici: ~ **sebepler** s. **cezayı hafifleten sebepler**
indirilmek Pass. zu **indirmek;** z. B. **denize** ~ vom Stapel laufen
indirilmiş 1. herabgesetzt, reduziert, ermäßigt 2. *mil.* abgeprotzt (z. B. Geschütz)
indirim Vs. zu **indirmek** *spez.* Ermäßigung, Senkung, Verminderung *f* *tenkis
indirimli mit Ermäßigung ~ **fiyat** reduzierter Preis ~ **satış** Verkauf *m* zu herabgesetzten Preisen
indirimsiz ohne Ermäßigung
indirme Vs. zu **indirmek;** ~ **istasyonu** *mil.* Ausladebahnhof *m* ~ **limanı** *mil.* Ausschiffungshafen *m* ~ **rampası** *mil.* Ausladerampe *f*
indirmek Kaus. zu **inmek** 1. herab-, herunter-, ein-holen, einziehen (z. B. Fahne), hinunter-bringen, -tragen; herab-, herunter-nehmen; herab-, hinab-lassen; herunter-, hinunter-reichen; herunterkommen lassen, hinabfahren lassen 2. ab-, aus-steigen lassen, absetzen (z. B. Fahrgast) 3. zum Heruntergehen od. zur Landung zwingen 4. *a. mil.* ausladen, ausschiffen, an Land setzen 5. veranlassen od. zulassen, daß jm. an e–n tiefergelegenen Ort umzieht 6. et. von e–m kleineren an e–n größeren Ort bringen 7. wohnen lassen, unterbringen 8. niedriger machen, erniedrigen 9. vermindern, herabsetzen, senken (Zahl, Steuer, Strafmaß usw.) 10. zum Fallen bringen (z. B. Hochwasser) 11. verabfolgen, verabreichen, versetzen (z. B. Schlag), *(Boxen)* landen (seine Rechte, e–n Treffer usw.) 12. *mus.* a) tiefer stimmen (M. i.) b) **(sesi)** mit der Stimme heruntergehen
indis 1. *math.* Index *m* *müş'ir 2. Richtzahl *f* (z. B. in der Statistik), Meßziffer *f*
individüalizm s. **endividüalizm**
indiyat, -tı [ā] *va. Pl.* subjektive Meinungen od. Meinungsäußerungen, willkürliche Behauptungen *pl.*
indiyum [×··] *chem.* Indium *n*
İndo-Öropeen diller indoeuropäische (indogermanische) Sprachen *pl.* *Hint-Avrupaî diller
indükleç, -ci *phys.* Induktionsapparat *m* *müessir
indükleme *phys.* Induzieren *n*, Induktion *f* *tesir ~ **akımı** *phys.* Induktionsstrom *m*
indüklemek *phys.* induzieren
İndüs *geogr.* Indus *m* (Fluß) *Sint
İnebahtı *n.pr.* Lepanto; Naupaktos (nördl. von Patras) ~ **Deniz Muharebesi** *hist.* Seeschlacht bei Lepanto (1571)
İnebolu *n.pr.* O. u. D. im Rbz. Kastamonu ~ **kütüğü** *fr.* kleineres Schwarzmeerfahrzeug zum Transport von Bauholz
ineç, -ci *geol.* Synklinale, Mulde *f* *senklinal, tekne
İnegöl *n.pr.* Stadt u. D. im Rbz. Bursa
inek 1. Kuh *f* 2. *Ch.* Auto *n*, Wagen *m* 3. *Sch.* Streber, Büffler *m* 4. Hirschkuh *f* 5. *V* a) s. **puşt** b) Dirne, Hure *f* ~ **ahırı** Kuhstall *m* ~ **antilopu** nordafrikanische Kuh-Antilope *f zo.* Bubalis caama ~ **boynuzu** s. **melâyik borusu;** ~ **buğdayı** Feld-Wachtelweizen *m bot.* Melampyrum arvense *tilki buğdayı, karamuk ~ **çobanı** Kuhhirt *m* ~ **sabunotu** Ackerkuhkraut *n bot.* Saponaria vaccaria ~ **sütü** Kuhmilch *f*

inekağacı, -nı Milch-, Kuh-baum *m bot.* Galactodendron utile
inekçi 1. Kuhhalter *m* 2. Kuhhirt(-in *f*) *m* 3. s. **inek** (3)
inekçilik 1. Kuh-, Milch-wirtschaft *f* 2. Kuhhüten *n*
inekgözü, -nü 1. Rindsauge *n bot.* Buphthalmum graveolens *sığırgözü 2. Kopfsimse *f bot.* Schoenus incanus *aynabakar
inekhane [ā] Kuhstall *m*
ineklemek (bşe) *Sch.* büffeln, ochsen
ineklik 1. Kuhstall *m* 2. Dummheit, Albernheit *f* (*spez.* e–r Frau) 3. *Sch.* Büffeln, Ochsen *n*
ineksemek nach der Kuh suchen (Stier)
inen kalınbarsak *an.* absteigender Grimmdarm *kolonu nâzil
inenler Deszendenz *f*, Verwandtschaft *f* in absteigender Linie *füru
inep, -bi *va.* s. **üzüm; -i kelp** s. **köpeküzümü**
iner-çıkar Aufzug, Lift *m* *asansör
inez; ineze *dial.* schwach, kraftlos *cılız, zayıf
infak, -kı [ā] *va.* Gewährung *f* des Lebensunterhaltes, Ernähren *n*, Unterhalt *m* ~ **etmek** *va.* für j–s Lebensunterhalt aufkommen
infantilizm *med.* Infantilismus *m*
infarktüs s. **enfarktüs**
infayt, -tı [×·] *(Boxen)* Infight(-ing *n*) *m* (Nahkampf)
infaz [ā] 1. Aus-, Durch-führung *f* (z.B. e–s Befehls), Vollzug *m* 2. Vollstreckung *f* (e–s Urteils) 3. *va.* Durchsetzen *n* (seines Willens), Durchdringen *n* (mit seiner Meinung) ~ **etmek** 1. aus-, durch-führen, vollziehen (z.B. Befehl) 2. vollstrecken (Urteil) 3. *va.* (seinen Willen) durchsetzen; durchdringen (mit seiner Meinung)
infial, -li [ā] 1. Unwille *m*, Verstimmung, Empörung *f* 2. *phil.* Leiden *n*, leidendes Verhalten *edilgi ~ **etmek** unwillig (verstimmt) werden; in Empörung geraten ~ **uyandırmak** Verstimmung (Empörung, Unwillen) hervorrufen, verstimmen, empören **-e kapılmak** verstimmt (unwillig) werden ²i **Aşk** „Le Dépit Amoureux" (Molière – Ahmet Vefik Paşa)
inficar [ā] *va.* Aufbrechen *n* (z.B. von Knospen) 2. Ausbrechen, Heraussprudeln *n* 3. Tagesanbruch *m* 4. *bot.* Dehiszenz *f* *çatlama ~ **etmek** *va.* 1. aufbrechen (z.B. Knospen) 2. ausbrechen, heraussprudeln 3. anbrechen (Tag) 4. *bot.* platzen, aufbrechen (kapselartige Früchte)
infikâk, -ki *va.* Sich-Trennen, Verlassen, Ausscheiden *n* ~ **edemez** *va.* unabkömmlich ~ **etmek** *va.* sich trennen, verlassen, ausscheiden
infilâk, -ki 1. Explodieren, Platzen, Bersten, Krachen, Knallen *n* 2. Explosion *f*, Knall *m* 3. *phon.* Lösung *f* e–s Verschlußlautes, Platzgeräusch *n* *(1–3) patlama ~ **bombası** Sprengbombe *f* ~ **etmek** explodieren ~ **fişeği** Sprengrakete *f* ~ **gazı** Knallgas *n* ~ **gazı körüğü** Knallgasgebläse *n* ~ **hartucu** Sprengpatrone *f* ~ **huzmesi** *mil.* Sprenggarbe *f* ~ **kuvveti** Sprengkraft *f* ~ **maddesi** Sprengstoff *m*, -mittel *n* ~ **mermisi** Spreng-, Explosionsgeschoß *n*
infilâkî *va.* Explosions-, Spreng- **mevaddı infilâkiye** *va.* Sprengstoff(-e *pl.*) *m*
infilâklı 1. von Explosionen begleitet 2. Explosions- ~ **motör** Explosionsmotor *m* ~ **türbin** Explosionsturbine *f*
infiltrasyon Infiltration *f*: a) Einsickern, Einströmen *n* (e–r Flüssigkeit) b) *med.* Eindringen *n* von Krankheitserregern
infinitezimal infinitesimal; unendlich klein *sonsuz küçük ~ **hesap** *math.* Infinitesimalrechnung *f* *hesabı asgarı namütenahi
infirak, -kı [ā] *va.* 1. Trennung *f* 2. Differenzierung *f*
infirat, -dı [ā] Sich-Absondern, Für-sich-Bleiben, Sich-Isolieren *n*, Isolation *f* ~ **etmek** sich absondern, sich isolieren, für sich bleiben ~ **politikası** Isolationspolitik *f*, Isolationismus *m* *infiratçılık
infiratçı [ā] isolationistisch eingestellt; Isolationist, Verfechter *m* e–r Isolationspolitik
infiratçılık [ā] s. **infirat politikası**
infisah [ā] *va.* Sich-Auflösen, Auseinanderfallen *n*, Auflösung, Desintegration *f* ~ **etmek** *va.* sich auflösen, auseinanderfallen, e–n Desinegrationsprozeß durchmachen
infisahî [··––] *va.* Zerfall-, Desintegrations-, auflösend ~ **şart** *jur.* auflösende Bedingung, Resolutivbedingung *f* *bozucu koşul
infisal, -li [ā] *va.* 1. Sich-Trennen (von), Verlassen *n*, Aufgabe *f* (z.B. e–r Stellung, e–s Amtes), Ausscheiden (aus) *n* 2. Entlassung *f* ~ **etmek** *va.* 1. sich trennen (von), verlassen, aufgeben; ausscheiden (aus) 2. entlassen werden
infisat, -dı [ā] *va.* Verderbnis, Korruption *f* ~ **etmek** *va.* verderbt, korrupt werden
infitar [ā] (*ar.*: Sich-Spalten) ² **suresi** Name der 82. Koran-Sure
infolyo *typ.* Folioformat *n*
infraruj; infrason(-ik) s. **enfraruj; enfrason(-ik)**
infrastrüktür 1. Infrastruktur *f*, Unterbau *m* (z.B. bei der Eisenbahn, e–m Wirtschaftssystem usw.) 2. *mil.* Bodenorganisation *f*, Anlagen *pl.* *(1, 2) altyapı
İngiliz [×··] 1. Engländer(-in *f*) *m* 2. englisch 3. *Abk.* für **İngiliz lirası;** ~ **anahtarı** Engländer *m*, verstellbarer Schraubenschlüssel ~ **arması** *V* scharfer Verweis; Anpfiff *m*, „Zigarre" *f* ~ **aşısı** *agr.* Kopulation *f* ~ **broşürü** englische Broschur ~ **buğdayı** englischer Weizen *bot.* Triticum vulgare var. turgidum *büyük taneli buğday ~ **çimi** Raigras *n*, Lolch *m bot.* Lolium perenne ² **düştü (fırladı, yükseldi)** Das englische Pfund ist gefallen (*bzw.* gestiegen) ~ **gizli istihbarat servisi** der englische Geheimdienst, Secret Service *m* ~ **hardalı** weißer Senf *bot.* Sinapis alba *beyaz hardal ~ **katırtırnağı** englischer Ginster *bot.* Genista anglica ~ **kırmızısı** Kolkothar *m*, rotes Eisenoxyd; Englisch-Rot *n* *kolkotar; kiremit kırmızısı ~ **kornosu** Englischhorn *n* *korangle (M.i.) ~ **kumaşı** englischer Stoff ~ **kuyruk ameliyesi** *vet.* Kupierung des Pferdeschwanzes ~ **lirası** englisches Pfund ~ **madeni** Britanniametall *n* (Legierung) ~ **mili** englische Meile (= 1609 m) ~ **nanesi** s. **nane;** ~ **parlamentosu** englisches Parlament ~ **sicimi** fester, haltbarer Strick ~ **sicimi** (*od.* **ipi) ile asılmak** e–e Arbeit von e–m Fachmann ausführen lassen ~ **tuzu** Bittersalz, Magnesiumsulfat *n* ~ **yakısı** *pharm.* Kantharidenpflaster *n* ~ **yelkovanı** s. **kara gagalı yelkovan**
İngilizce 1. englische Sprache, Englisch 2. englisch 3. *selt.* nach englischer Art; englischem Brauch entsprechend
İngilizceleştirmek (sprachlich) anglisieren
İngilizceleşmek (sprachlich) anglisiert werden od. sich anglisieren
İngilizlik, -iği 1. Engländertum *n*, englische Eigenart 2. englische Staatsangehörigkeit
İngilizvari [··––] nach englischer Art
İngiltere [··×·] *n.pr.* England, Großbritannien ~ **kralı** König *m* von England, englischer König
İngiltereli *selt.* 1. Engländer(-in *f*) *m* 2. aus England stammend, englisch
ingin (I) tief(-er) gelegen (Ort, Stelle, Gebiet) *münhat
ingin (II) *P* Katarrh *m*, Schleimhautentzündung, Erkältung *f;* vgl. **barsak (burun, göğüs) -i**
inginlik 1. tiefe(-re) Lage, Niederung *f* 2. Zusammenbruch, (Kräfte-)Verfall *m* *inhitat
ingot, -tu Barren, Block *m*, Stange *f;* ungemünztes (Edel-) Metall *külçe

ingresyon *geogr.* Ingression *f* (kleinräumige Meeresüberflutung des Festlands)
İnguşlar *n.pr.* Inguschen *pl.* (Volk im nördl. Kaukasus)
inha [ā] schriftlicher Bericht an e–e übergeordnete Stelle *spez.* Vorschlag *m* (betr. Anstellung, Ernennung, Beförderung usw.) *önergi **Millî Eğitim Bakanının -sı ve Cumhurreisinin tasdikiyle** auf den vom Staatspräsidenten genehmigten Vorschlag des Kultusministers ~ **etmek** Bericht vorlegen, *spez.* vorschlagen *önermek ~ **kâğıdı** Berichtsvorschlag *m* (auf eigenem Formular)
inhalasyon *med.* Inhalation *f*
inhalatoryum [···×·] *med.* Inhalatorium *n* (Raum zum Inhalieren)
inhalatör *med.* Inhalationsgerät *n*
inhibisyon *chem., med., psych.* Hemmung *f*
inhidam [ā] Einsturz, Zusammenbruch *m* *çökme ~ **bulmak** (*od.* **etmek**) einstürzen, zusammenbrechen ~ **tehlikesi** Einsturzgefahr *f*
inhifaz [ā] 1. *med.* Eingesunken-, Eingedrückt-sein *n* 2. *psych.* Depression *f* *(1, 2) çökkünlük **-ı nesimî** s. **düşük basınç**
inhilâl, -li 1. Schmelzen *n* 2. Sich-Auflösen *n*, Auflösung *f*, Zerfallen, Sich-Zersetzen *n*, Solvation *f* 3. Freiwerden *n* (z. B. e–r Stelle) ~ **alâmetleri** Auflösungserscheinungen *pl.* ~ **etmek** 1. schmelzen *erimek 2. sich (auf-)lösen; zerfallen, sich zersetzen *dagılmak, ayrışmak 3. freiwerden (Stelle, Amt) *açılmak ~ **kabiliyeti** *chem.* Löslichkeit *f* *çözünürlük **-i plazmaî** s. **plazma bozulumu; -i zihnî** s. **zihin dağılımı; derecei** ~ s. **dağılım derecesi; gayri kabili** ~ unlöslich
inhilâlî (Auf-)Lösungs-, Solvations- **kabiliyeti inhilâliye** s. **erirlik**
inhimak, -ki [ā] starke Hinneigung; Hang *m* (zu), Hingebung, Hingabe *f* ~ **etmek** (*od.* **göstermek**) große Neigung haben (für), sich e–r Sache mit allen Kräften widmen
inhina [ā] 1. Sich-Biegen, Sich-Krümmen *n* 2. Biegung, Krümmung *f* *eğrilik 3. Verkrümmung *f* 4. Sich-Unterwerfen *n* ~ **etmek** 1. sich biegen, sich krümmen 2. sich unterwerfen ~ **merkezi** *math.* Krümmungsmittelpunkt *m* ~ **nısıf kutru** *math.* Krümmungsradius *m* **gayri kabili** ~ unbeugsam
inhinalı [ā] gekrümmt, gebogen
inhiraf [ā] 1. *astr.* Deklination *f*, Abstand *m* vom Himmelsäquator *yükselim 2. *a. phys.* Abweichung *f* (der Magnetnadel, der Uhr usw.) *sapma 3. Neigungswinkel *m* 4. *med. va.* krankhafte Müdigkeit ~ **etmek** 1. *astr.* e–n best. Abstand vom Himmelsäquator haben 2. *a. phys.* abweichen ~ **ettirmek** *techn.* ablenken ~ **ibresi** Abweichungs-, Deklinations-nadel *f* ~ **kuvveti** *techn.* Ablenkungskraft *f* ~ **pusulası** *naut.* Deklinationskompaß *m* ~ **zaviyesi** *techn.* Ablenkungswinkel *m* **-ı arızî** *naut.* Deviation, Kursabweichung *f*
inhisaf [ā] *va.* 1. Mondfinsternis *f* *ay tutulması; husuf 2. *fig.* Verdunklung *f* (z. B. des Ruhms) ~ **etmek** *va.* verdunkelt werden; sich verdunkeln *(a. fig.)*
inhisar [ā] 1. Beschränkung *f*, Sich-Beschränken *n*, Begrenzung, Einschränkung *f* 2. Monopol *n (a. fig.)* *tekel ~ **altına almak** monopolisieren ~ **altında** monopolisiert ~ **etmek** (m. Dat.) 1. sich beschränken, beschränkt sein (auf) 2. *fig.* j–s Vorrecht (Privileg, Monopol) sein ~ **ettirmek** (m. Dat.) 1. beschränken, begrenzen, einschränken (auf) 2. *fig.* zu j–s Vorrecht (Privileg, Monopol) machen 3. (bşi k–ne) et. für sich mit Beschlag belegen; monopolisieren ~ **maddeleri** s. **tekel maddeleri; -a almak** monopolisieren **-ında olmak** *mst. fig.* j–s Monopol sein **²lar İdaresi** (türk.) Monopolverwaltung *f*
inhisarcı [ā] 1. monopolistisch (eingestellt) 2. Vertreter(-in *f*) *m* des Monopolismus *(1, 2) tekelci
inhisarcılık [ā] Monopolismus *m* *tekelcilik
inhisarî [··––] *selt.* ausschließlich (Recht)
inhitat, -tı [ā] 1. Zusammenbruch, Verfall *m* 2. Entartung, Dekadenz *f* 3. *psych.* Depression *f* 4. *geogr.* Einsinken, Sich-Senken *n*, Senkung *f* *alçalma, çökme ~ **devri** Periode *f* des Verfalls ~ **etmek** s. **-a yüz tutmak;** ~ **zaviyesi** Senkungswinkel *m* **-a uğramak** 1. zusammenbrechen, in Verfall geraten 2. herunterkommen, entarten **-a yüz tutmak** allmählich verfallen, mehr und mehr in Verfall geraten **-ı ufuk** *naut.* Depression *f* des Horizonts, Kimm *f*
inhitatî [··––] 1. Dekadenzerscheinungen aufweisend, dekadent 2. *psych.* depressiv *çökkün 3. (ab-)fallend. Zu 3: s. **tensiki** ~
inhizam [ā] vollkommene Niederlage; wilde, panikartige Flucht (geschlagener Truppen) ~ **bulmak** e–e völlige Niederlage erleiden, vollkommen aufgerieben werden **-a uğramak** 1. s. ~ **bulmak** 2. *fig.* völlig Schiffbruch erleiden
ini (I) *dial.* 1. Schwager *m* (Bruder der Ehefrau) 2. jüngerer Bruder (*a.* des Vaters) 3. jüngere Schwester (*a.* des Ehemanns)
ini (II) **ini** *dial.* (Int. des Staunens od. Erschreckens) um Gottes willen!
inici *mus.* fallend (Intervall) *aşağılak, inişli
in'idam [ā] *va.* Vernichtung *f*
inik 1. heruntergelassen (z. B. Vorhänge) 2. eingeholt (z. B. Fahne) 3. heruntergeschlagen (z. B. Hutkrempe) 4. herunterhängend (z. B. Haare) 5. heruntergeklappt (z. B. Mantelkragen) 6. s. **encek;** ~ **deniz** Niedrigwasser *n* *cezir hali
inikâs 1. *phys.* Reflexion *f*, Rückstrahlung *f* von Licht, Schall usw. *yansıma, yankılanma 2. *biol.* Reflex(-bewegung *f*) *m* *tepke 3. *H* (Rück-, Aus-)Wirkung *f* ~ **etmek** 1. *phys.* reflektiert, zurückgeworfen werden, sich (wider-)spiegeln, zurückstrahlen, widerhallen *yansımak 2. *biol.* e–e Reflexbewegung zeigen 3. *H* Rück-, Aus-Wirkungen zeitigen
inikâsî *gr. va.* reflexiv *dönüşlü
inikat, -dı [ā] 1. Tagung *f*, Abhaltung *f* e–r Sitzung 2. Abschluß *m*, Zustandekommen *n* (e–s Vertrags) *kurulma ~ **etmek** 1. abgehalten werden (Sitzung) 2. abgeschlossen werden, zustandekommen (Vertrag)
iniklemek Junge werfen (Tier)
inildemek; *P* **inilemek** s. **inlemek**
inilti 1. Wimmern, Ächzen, Stöhnen, Seufzen *n* 2. Wimmern *n* (weinerlicher Klang best. M.i. wie z. B. **tambur**) 3. (Wider-)Hall *m*, Echo *n* *gel. a.* Dröhnen *n*
iniltili 1. wimmernd *(a. fig.)*, ächzend, stöhnend, seufzend 2. tönend, hallend, *gel. a.* dröhnend
inim inim Lm. e–s Wimmerns, (schwachen) Ächzens, Stöhnens, Seufzens od. e–s leisen Widerhalls ~ ~ **inlemek** in e–m fort wimmern, ächzen, stöhnen, seufzen, widerhallen
inisiyatif s. **insiyatif**
inisyal Anfangsbuchstabe *m*, Initiale *f*
inisyasyon Initiation, Einführung, Einweihung *gel.* Aufklärung *f*
iniş Vs. zu **inmek** *spez.* 1. Abstieg *m* 2. Böschung *f*, Abhang *m*, abfallendes Gelände; Gefälle *n*, abwärts führender Weg 3. (Flugzeug-, Truppen-)Landung *f* 4. *(Turnen)* Abgang *m* (z. B. vom Reck) 5. *La.* Aufkommen *n* (nach e–m Sprung) 6. (Ski-)Abfahrtslauf *m* Zu 1: s. **Her çıkışın bir -i vardır;** ~ **arazisi** abfallendes Gelände ~ **aşağı** bergabwärts, nach unten zu ~ **çıkış** 1. Fallen und Steigen *n* der Preise, Fluktuation *f* 2. wellenförmige Beschaffenheit e–s Geländes ~ **meydanı** (*od.* **yeri**) Landeplatz *m*

(für Flugzeuge) ~ **pisti** Rollfeld *n* (für Flugzeuge) ~ **takımı** Fahrgestell *n* (e–s Flugzeugs) ~ **takımları** *V* Beine *pl.* e–r Frau, e–s Mädchens
inişli mit **iniş** z.B. abfallend, abschüssig; s.a. **inici;** ~ **arazi** abfallendes Gelände ~ **çıkışlı** (*od.* ~ **yokuşlu**) 1. uneben, wellig 2. fluktuierend
initaf [ā] *z. va.* 1. *math., phys.* Wendung *f* 2. *med.* Zurückbiegen, Strecken, Recken *n* ~ **etmek** *va.* sich wenden (nach), sich richten (auf) (z.B. Blick) ~ **noktası** s. **büküm noktası**
İnka kemiği s. **lam(b)da kemiği**
inkâr 1. (Ab-)Leugnen, In-Abrede-Stellen, Bestreiten *n* 2. Nichtanerkennung *f* (der Vaterschaft), Verleumdung *f* ~ **etmek** (*od.* **-dan gelmek**) 1. (ab-)leugnen, in Abrede stellen, bestreiten 2. *spez.* die Vaterschaft bestreiten; verleugnen ~ **istifhamı** rhetorische Frage ~ **kabul etmeyen** (*od.* **etmez**) unleugbar, unbestreitbar
inkârcı *selt.* wer et. leugnet (in Abrede stellt), wer die Richtigkeit von et. bestreitet **Bu fikrin ilk -sı idi.** Er hat als erster die Richtigkeit dieser Auffassung bestritten.
inkıbaz [ā] 1. Sich-Zusammenziehen, Einschrumpfen *n* *büzülme 2. Beengung, Beklemmung *f* 3. Verstopfung, Hartleibigkeit, Konstipation *f* *peklik ~ **çekmek** (*od.* **olmak**) *od.* **-a uğramak** an Verstopfung (Hartleibigkeit) leiden *peklik çekmek ~ **etmek** sich zusammenziehen
inkılâbî revolutionär, Revolutions- ~ **yaratıcılık** revolutionäres Schöpfertum
inkılâp, -bı 1. Umwandlung *f* 2. Revolution, Umwälzung *f*, Umsturz *m*, grundlegende Neugestaltung, Umschwung *m*, Neuordnung *f* *spez.* kemalistische Neugestaltung 3. *astr.* Solstitium *n*, Sonnenwende *f* *gün durumu, tahavvülü şems ~ **devri** 1. Periode *f* der Umwälzung 2. Ära *f* der kemalistischen Reformen ~ **etmek** sich ändern, sich verwandeln, umschlagen (in) ~ **fikirleri** umwälzende (revolutionäre) Ideen *pl.* ~ **geçirmek** e–e Umwälzung durchmachen ~ **müzesi** Revolutionsmuseum *n* ~ **yapmak** e–e vollständige Umwälzung bringen, e–e radikale Neugestaltung durchführen
inkılâpçı 1. revolutionär 2. Revolutionär(-in *f*) *m* 3. *pr.* Anhänger(-in *f*) *m* der kemalistischen Neugestaltung
inkılâpçılık 1. Verhalten *n* e–s Revolutionärs 2. *pr.* Eintreten *n* für die Beibehaltung und den weiteren Ausbau der kemalistischen Reformen
inkılâpkâr *selt.* revolutionär
inkıraz [ā] Untergang *m*, Ende *n*, Zusammenbruch *m* (z.B. e–s Staates) ~ **bulmak** untergehen, ein Ende finden, enden, zusammenbrechen
inkısam [ā] 1. Teilung *f* 2. Verteilung *f* 3. *bot.* Zellteilung *f* *bölünme ~ **etmek** 1. sich teilen 2. sich verteilen **kabili** ~ teilbar
inkıta, -aı [ā] Unterbrechung, Stockung *f*, (zeitweiliges *gel. a.* dauerndes) Aufhören od. Versagen *n*, Abbruch *m* (z.B. der Beziehungen) ~ **bulmak** *od.* **-a uğramak** e–e Unterbrechung erfahren, unterbrochen (abgebrochen) werden, ins Stocken geraten, stocken **-a uğratmak** unterbrechen, e–e Unterbrechung herbeiführen, zum Stokken bringen, stocken lassen **-ı müzakerat** Abbruch *m* der Verhandlungen **-ı teneffüs** Atemstockung *f* **ademi** ~ Nichtunterbrechung, Fortdauer *f*, Fortbestehen *n*
inkıtasız [ā] ohne Stockung (Unterbrechung), ununterbrochen, pausenlos
inkıyat, -dı [ā] Sich-Unterwerfen, Sich-Beugen(-Müssen), Nachgeben *n*, Gehorsam *m*, Ergebung *f* (in den Willen e–s anderen) ~ **etmek** sich (dem Willen e–s anderen) unterwerfen od. beugen, nachgeben, gehorchen *baş eğmek
inkıza [ā] *z. va.* Ablaufen *n*, Ablauf *m*, Verstreichen *n* (e–s Termins, e–r Frist usw.) ~ **etmek** *z. va.* ablaufen, verstreichen... **-sında** bei Ablauf (von), am Ende (m. Gen.)
inkisaf [ā] *va.* s. **gün tutulması**
inkisar [ā] 1. Ge-, Zer-brochenwerden *n*, Brechung *f* 2. *phys.* (Licht-)Brechung *f* *kırılma 3. Gram-sein, -werden *n*, Verfluchung *f* (e–s Kindes durch die Eltern) ~ **etmek** 1. gebrochen werden (*a.* z.B. Licht), zerbrochen werden 2. (b–ne) j–m gram sein (werden) 3. **(çocuğuna)** sein Kind verfluchen ~ **zaviyesi** Brechungswinkel *m* **-a** (*od.* **-ı hayale**) **uğramak** e–e Enttäuschung erleben, enttäuscht werden **-a** (*od.* **-ı hayale**) **uğratmak** e–e Enttäuschung bereiten, enttäuschen **-ı tutmak** unter der Auswirkung e–r Verfluchung stehen **-ı hayal** s. **hayal -ı; -ı ziya** s. **ışığın kırılması**
inkişaf [ā] 1. Entwicklung, Entfaltung *f*, Aufblühen *n* 2. Verlauf *m* 3. Sich-Anbahnen *n* 4. s. **açınım, açındırma;** ~ **etmek** 1. sich entwickeln, sich entfalten, aufblühen 2. verlaufen 3. sich anbahnen ~ **ettirmek** 1. entwickeln, zur Entwicklung bringen, sich entfalten lassen, aufblühen lassen 2. verlaufen lassen 3. anbahnen 4. s. **açındırmak**
inkubasyon s. **kuluçka devri** (2)
inlemek 1. wimmern, leise od. schwach ächzen, stöhnen, seufzen 2. weinerlich klingen; wimmern, zirpen (best. M.i. wie **tambur**) 3. schallen, widerhallen, dröhnen
inlet, -ti 1. Inlett *n* (Bezugsstoff für Federbetten od. Daunendecken) 2. *geogr.* schmaler Meeresarm
inletlik für ein Inlett geeignet od. bestimmt ~ **bez** Inlettstoff *m*
inletmek 1. Kaus. zu **inlemek** 2. *fig.* quälen, peinigen, plagen
inme 1. Vs. zu **inmek** 2. *geogr.* Ebbe *f* *cezir hareketi 3. Schlag-anfall, -fluß *m*, teilweise Lähmung *felç 4. herabgestiegen, -gefallen Zu 3: ~ **inmek** (b–ne) *F* e–n Schlaganfall bekommen Zu 4: **gökten** ~ 1. vom Himmel gefallen od. herabgestiegen 2. göttlich 3. gottgesandt
inmek, (-er) 1. herunter-kommen, -steigen; hinunter-gehen, -steigen; hinab-steigen, -fahren 2. landen (z.B. Flugzeug) 3. absteigen, abspringen, aussteigen 4. an e–n tiefergelegenen Ort umziehen 5. von e–m kleineren Ort in e–n größeren gehen (fahren) 6. niedergehen (z.B. Wirbelsturm) 7. (bir yere) absteigen, wohnen, Quartier nehmen 8. abnehmen, sich verringern, zurückgehen (z.B. Geschwulst) 9. niedriger werden, sinken, fallen (Wasserstand, Preise usw.) 10. mit dem Preis heruntergehen, seine Forderung erniedrigen 11. *V* schlagen, herunterhauen 12. zusammenbrechen, einstürzen 13. e–n Schlaganfall erleiden 14. (-e kadar) geruhen, sich herablassen Zu 1: **merdivenden** ~ die Treppe hinuntergehen, herunterkommen **iner kalkar köprü** Zugbrücke *f* Zu 2: s.a. **karaya** ~ Zu 3: **Buradan inilmez!** Aussteigen (hier) verboten! Zu 4: **Biz alt kata iniyoruz.** Wir ziehen ins Parterre um. Zu 5: **Öte beri almak için şehre ineceğiz.** Wir fahren in die Stadt, um ein paar Einkäufe zu machen. Zu 6: **Şehir üzerine bir kasırga inmiş.** Über die Stadt ist ein Wirbelsturm niedergegangen. Zu 7: **Hangi otele ineceksiniz?** In welchem Hotel werden Sie absteigen? Zu 10: **Yirmi lira daha indim, gene almadı.** Ich ging noch um weitere zwanzig Pfund herunter; aber er kaufte (es) trotzdem nicht. Zu 11: **Şimdi kafana inerim!** *V (etwa:)* Ich kleb' dir eine, daß du hängen bleibst! Zu 12: **Yağmurdan duvar inmiş.** Durch den Regen ist die Mauer eingestürzt. Zu 13: **Sağ tarafına inmiş.** Durch den Schlaganfall ist er rechtsseitig gelähmt. s.a. **yüreğine** ~
inmeli 1. vom Schlag getroffen (gerührt) *mefluç 2. apoplektisch
innalillah [·–·–] (*a. mit der Forts.* **ve inna ileyhi raciun**) [–·–] „Wahrlich wir gehören Gott (und zu ihm kehren wir zurück)" (Koranformel, die bei dem zu erwartenden

Ableben e–s Menschen ausgesprochen wird; a. brachylogisch für Begriffe wie Tod, sterben, untergehen usw.)
innallaha [··–·] **maassabirin** [··–·–] „Wahrlich Gott hilft den Geduldigen (bzw. Ausdauernden)“ (euph. Zornesausruf)
-innen *dial.* für **ile** (z.B. **kaleminnen = kalemiyle**)
innî *phil. va.* s. **aposteriori; sonsal**
innin [·–] *va.* zeugungsunfähig, impotent
inninet [·–·] *va.* s. **inninlik**
inninlik [·–·] *med.* Zeugungsunfähigkeit, Impotenz *f*
inoküle *med.* (ein-)geimpft ~ **etmek** (ein-)impfen
inorganik 1. *biol.* unorganisch *gayri uzvî 2. *chem.* anorganisch
İnosan *n.pr.* Innozenz (*spez.* Papstname)
İnönü *n.pr.* 1. O. im D. Bozüyük des Rbz. Bilecik (Westanatolien) (bekannt geworden durch die siegreichen Kämpfe İsmet Paschas gegen die Griechen am 10.1.1921 und 30.3.1921) 2. *Fn.*, der im November 1934 von Atatürk dem damaligen Ministerpräsidenten İsmet Pascha (Mustafa İsmet; 1884–1973) gegeben wurde. – *Anm.* In der Flexion wird der Ortsname durchweg als Zss. behandelt (also z.B. **İnönü'ne**), der Fn. mst. als Nicht-Zss. (also z.B. **İnönü'ye**)
İnönücü *pol.* Anhänger von İsmet İnönü
ins *va.* Menschheit *f*, Menschen *pl.* **-ücin** *va.* Menschen und Geister *pl.* **-ümelek** *va.* Menschen und Engel *pl.*
İNS = International News Service, Internationaler Nachrichtendienst
insaf [ā] 1. Gerechtigkeit und Billigkeit *f*, Mäßigkeit *f* (z.B. bei e–r Beurteilung), Vernunft *f*, Einsehen *n*, Milde *f*, Mitleid *n* 2. (Ausruf) a) Gnade! Barmherzigkeit! b) (~ **yahu)** Sei doch vernünftig! Hab' doch ein Einsehen! c) (~ **yahu)** Alles was recht ist, aber... ~ **etmek** gerecht und billig denken od. handeln; vernünftig sein, ein Einsehen haben, Erbarmen (Mitleid) haben **-a gelmek** ein Einsehen haben, Erbarmen (Mitleid) haben **-a getirmek** 1. j–n zur Einsicht bringen 2. veranlassen, daß jem. Mitleid (Erbarmen) hat. **Artık -ına kalmış.** Es hängt jetzt ganz von seiner Einsicht (*bzw.* Milde) ab. Es steht völlig bei ihm.
insafkâr(-ane) *va.* s. **insaflı**
insaflı [ā] gerecht und billig denkend od. handelnd; vernünftig, wohlmeinend, wohlwollend, menschlich, gütig, mitleidig
insaflılık [ā] s. **insaf**
insafsız [ā] unbillig denkend od. handelnd; ungerecht, unbillig, unvernünftig, mitleidslos, unerbittlich (*a.* z.B. Krankheit), unbarmherzig, unmenschlich, herzlos
insafsızlık [ā] Unbilligkeit *f* des Denkens od. Handelns; Ungerechtigkeit, Unvernunft, Mitleidslosigkeit, Unerbittlichkeit, Unmenschlichkeit *f*
insan [ā] 1. Mensch *m* 2. *mel.* vernünftiger (anständiger, ordentlicher, charaktervoller, höflicher usw.) Mensch 3. *mel.* vernünftig, anständig, ordentlich, höflich, wohlerzogen 4. man, einer Zu 1: ≗ **bu ya!** So ist nun einmal der Mensch! Zu 2: **Ben onu ~ zannetmiştim.** Ich hatte ihn für e–n vernünftigen (anständigen usw.) Menschen gehalten. Zu 3: ~ **bir adam** ein vernünftiger (ordentlicher usw.) Mensch ~ **çocuk** braver (höflicher, wohlerzogener) Junge Zu 4: ≗ **bunu düşünmez mi?** Denkt man nicht daran? ≗**ın güleceği geliyor.** Da kommt e–n ja das Lachen an. **Bu, -ın tüylerini ürpertir.** Das läßt e–m die Haare zu Berge stehen. ≗**ın yüzüne gülüyor.** Das lacht e–n nur so an! Das ist allerliebst! ~ **eti yemek** s. **adam eti yemek;** ~ **evlâdı** guter Mensch ~ **gibi** 1. wie ein Mensch, menschlich 2. anständig, ordentlich, ehrlich ≗ **gönlünün artığını söyler.** Wes das Herz voll ist, des gehet der Mund über. (Luther) ~ **hakları** Menschenrechte *pl.* ≗ **hali bu ya!** Menschliches, allzu Menschliches! Das kann jedem passieren! Da muß man schon Nachsicht üben! ~ **içine çıkamamak** (*od.* ~ **içine çıkacak yüzü olmamak**) sich unmöglich machen; sich nicht mehr sehen lassen können ~ **kıtlığı** s. **adam kıtlığı.** ≗ (*od.* ≗**lar**) **konuşa konuşa** (*od.* **söyleşe söyleşe**), **hayvan koklaşa koklaşa.** *Spr.* s. Stw. **hayvan;** ~ **kökü** s. **kankurutan** (1); ~ **kurusu** das reinste Skelett; nur mehr Haut und Knochen ~ **merkezliği** s. **insaniçincilik;** ~ **müsveddesi** wer die Bez. „Mensch“ nicht verdient, Hampelmann *m*, völlig Null u.ä.m. ~ **piresi** Menschenfloh *m zo.* Pulex irritans ~ **sarrafı** erfahrener Menschenkenner ≗ **suresi** Name der 76. Koran-Sure ~ **suretinde şeytan** Teufel *m* in Menschengestalt ~ **sürüsü** Menschenmenge *f* ~ **ticareti** Menschenhandel *m* ~ **ve yurttaş hakları beyannamesi** Erklärung *f* der Menschen- und Bürgerrechte (Frankreich; 1793) ≗ **yanıla yanıla alim olur.** *Spr.* Das sind die Weisen, die durch Irrtum zur Wahrheit reisen. (Rückert) ≗ **yedisinde ne ise, yetmişinde de odur.** *Spr.* Die menschliche Natur ändert sich nicht. ≗**a belâ gelirse, sırt sırta gelir.** *Spr.* Ein Unglück kommt selten allein. *Spr.* **-dan kule** *(Zirkus)* Pyramide *f* (der Akrobaten) ≗**ın alt çenesinden girip üst çenesinden çıkıyor.** Er versteht es, e–m um den Bart zu gehen. ≗**ın söylemezinden, suyun şarlamazından korkulur.** *Spr.* Stille Wasser gründen tief. *Spr.* ≗**ın talihi yaver olmalı!** Glück muß der Mensch haben! **-lar arasına karışmak** unter die Leute gehen, Verkehr pflegen
insanabenzerler s. **insansılar**
insanbiçimcilik [ā] s. **antropomorfizm**
insanbiçimi, -ni [ā] s. **antropomorf**
insanbilim(-sel) [ā] s. **antropoloji(-k)**
insanca [·×·] 1. auf menschliche (menschenwürdige, ordentliche, höfliche, anständige usw.) Art (z.B. behandeln) 2. hinsichtlich (*od.* an) Menschen, Menschen- 3. menschlich, menschenähnlich Zu 2: ≗ **kayıp yok.** Menschenverluste sind nicht zu beklagen.
insancı [ā] human
insancıl an Menschen gewöhnt, zutraulich (Tier) *munis
insancılık [ā] Humanismus *m* *hümanizm
insangiller [ā] *biol.* Hominiden *pl.* *insaniye
insanımsılar s. **insansılar**
insanî [·––] 1. den Menschen betreffend, Menschen- 2. menschlich, menschenwürdig, human ~ **bir vazife** e–e Pflicht der Menschlichkeit **gayri** ~ unmenschlich
insaniçincilik anthropozentrisches Denken *antroposantrizm, lilbeşeriye
insanîleşmek [·–––·] sich humaner gestalten
insanîleştirmek humanisieren, humaner gestalten
insaniye [ā] s. **insangiller**
insaniyet, -ti [ā] 1. Mensch-Sein, Menschentum *n* 2. Menschheit, Menschenwelt *f* 3. Humanität, Menschlichkeit *f*, menschliches Empfinden, Menschenfreundlichkeit *f*, Güte *f* 4. Gesittung, Wohlerzogenheit *f*, ordentliches (höfliches, anständiges) Benehmen Zu 2: **-e hizmet etmek** dem Wohl der Menschheit dienen Zu 3, 4: **Bu adamda ~ denilen şey yok mu?** Hat denn dieser Kerl gar nichts Menschliches an sich? ~ **etmek** s. **insanlık etmek**
insaniyetçi(-lık) [ā] s. **insanlıkçı(-lık)**
insaniyetli [ā] menschlich denkend od. handelnd; human, menschenfreundlich, gütig; ordentlich, höflich, anständig
insaniyetlik [ā] *P* für **insaniyet** bzw. **insanlık**
insaniyetperver(-lik) [ā] s. **insansever(-lik)**
insaniyetsiz [ā] 1. unmenschlich, grausam, gefühlsroh, herzlos 2. unhöflich, ungefällig
insaniyetsizlik [ā] 1. Unmenschlichkeit, Grausamkeit, Ge-

fühlsroheit, Herzlosigkeit *f* 2. Unhöflichkeit, Ungefälligkeit *f*
insanlaşma *(Anthropologie)* Hominisation, Menschwerdung *f*
insanlaştırmak vermenschlichen (z. B. Gott)
insanlı [ā] bemannt (z. B. Raumschiff)
insanlık [ā] 1. s. **insaniyet** 2. menschliche Natur *f* ~ **âlemi** Menschenwelt *f* ~ **bilmez** 1. undankbar 2. unzart, grob, roh, gefühllos 3. unmenschlich, grausam ~ **dışı** unmenschlich ~ **etmek** 1. sich gütig, freundlich erweisen 2. e–n Freundschaftsdienst erweisen ≗ **hali bu!** Das ist ja menschlich! Das kann ja jedem passieren! ≗ **Komedyası** La Comédie Humaine (Balzac) **-tan çıkarmak** 1. der menschlichen Würde entkleiden, zum Tier werden lassen 2. j–n nicht mehr als Menschen betrachten (und demgemäß behandeln) **-tan çıkmak** alles Menschliche verlieren
insanlıkçı[ā] humanitär
insanlıkçılık [ā] Humanitarismus *m* *hümanitarizm
insanoğlu, -nu [ā] Mensch(-en.sohn *m*, -en.geschlecht *n*) *m*, Menschheit *f* *âdemoğlu, beni beşer ≗ **çiğ süt emmiş(-tir).** Von Menschen kann man keine unwandelbare Redlichkeit erwarten.
insansever [ā] 1. Philanthrop *m* 2. *päd.* Philanthropinist *m*
insanseverlik [ā] 1. Philanthropie *f* 2. *päd.* Philanthrop(in)ismus *m*
insansı [ā] menschenähnlich, anthropoid *antropoit ~ **maymunlar; -lar** Menschenaffen *pl. zo.* Anthropoidae *antropoitler; şibih beşer
insansız [ā] 1. menschenleer 2. unbemannt (z. B. Raumschiff)
insansızlık [ā] 1. Einsamkeit, Verlassenheit *f* (e–s Ortes) 2. Unbemanntsein *n*
insanşekillilik s. **insanbiçimcilik**
insanüstü, -nü [ā] 1. übermenschlich 2. Übermensch *m* (Nietzsche) *(1, 2) fevkalbeşer
insayt (I), **-dı** (*engl.* **inside**) *Fb.* (rechter od. linker) Innenstürmer, Halbrechter bzw. Halblinker *sağiç bzw. soliç
insayt (II), **-tı** (*engl.* **insight**) *psych.* Einsicht, Erkenntnis *f*
insektaryum [··×·] Insektarium *n*
insektisit, -di Insektizid *n*, insektentötendes Mittel
insektivor s. **böcekçil**
inselberg *geogr., geol.* Inselberg *m*
insersiyon *an., bot.* Insertion, Ansatzstelle *f* (e–r Sehne, e–s Blattes)
insıbap, -bı [ā] *va.* 1. Fließen, Sich-Ergießen *n* 2. *med.* Erguß *m* (e–r Körperflüssigkeit in das Gewebe) ~ **etmek** *va.* fließen, sich ergießen (z. B. Fluß ins Meer) *dökülmek (6)
insıraf [ā] *va.* 1. Sich-Zurückziehen *n*, Weggang *m* 2. *ling.* Flexion *f* *bükün 3. *med.* Übertragung *f* e–r Krankheit auf e–e andere Körperstelle
insırafî [ā] *va.* auf **insıraf** bezüglich *spez. ling.* flektierend (Sprache) *bükülgen
insicam [ā] 1. logische Anordnung, Konsequenz, Folgerichtigkeit *f* *tutarlık 2. Koordination *f*, Kohärenz *f* ~ **vermek** 1. logisch aufbauen 2. koordinieren
insicamlı [ā] 1. logisch geordnet, konsequent, folgerichtig 2. koordiniert, kohärent
insicamlılık s. **insicam**
insicamsız [ā] 1. unzusammenhängend, unlogisch, widerspruchsvoll, inkonsequent *gayri müntiç, mütenakız, tutarsız, tutmaz 2. ohne Koordination, ohne Kohärenz
insicamsızlık [ā] 1. Fehlen *n* e–s klaren Gedankenganges od. logischen Zusammenhangs 2. fehlende od. mangelnde Koordination od. Kohärenz
insidat, -dı [ā] *med.* Verschluß *m*, Okklusion *f*
insilâp, -bı [ā] *va.* Verschwinden, Aufhören, Fehlen *n*
insiyak, -kı [ā] Instinkt, Naturtrieb *m*, innerer Antrieb *içgüdü, sevkıtabiî
insiyakî [··– –] instinktiv *içgüdüsel
insiyatif Initiative *f* (*a. parl.*) selbständiges Handeln; Entschlußkraft *f* **-i ele almak** die Initiative ergreifen **-ten mahrum olmak** keine Initiative (Entschlußkraft) aufbringen
instrumental: ~ **hali** *selt. gr.* Instrumentalis *mefulünmaa, -le hali
insülin *biol., pharm.* Insulin *n*
inşa [ā] 1. (Er-)Bauen *n*, Bau *m*, Errichten *n* 2. Konstruktion *f* (z. B. e–s Satzes) 3. Verfassen *n*, Niederschrift *f* 4. *(in osm. Zeit)* a) kunstvoller Stil *spez.* amtliche Epistolographie b) Kunstprosa *f* ~ **etmek** (er-)bauen, errichten ~ **havuzu** (*od.* **kızağı**) *naut.* Helling *f* ~ **postası** *mil.* Bautrupp *m*
inşaat, -tı [·– –] *Pl.* 1. (Er-)Bauen *n*, Bau *m*, Errichten *n* 2. Bau-arbeiten *pl.*, -tätigkeit *f* 3. Neubau(-ten *pl.*) *m* 4. *techn.* Konstruktion *f* ~ **dairesi** (*od.* **idaresi**) Bau-amt, -büro *n* ~ **demiri** Bewehrungseisen *n* (bei Stahlbauten) ~ **etmek** (*od.* **yapmak**) s. **inşa etmek;** ~ **kıtası** *mil.* Bautrupp *m* ~ **malzemesi** Baumaterial(-ien *pl.*) *n* ~ **mühendisi** Bauingenieur *m* ~ **sahibi** Bauherr *m* ≗ **Usta Mektebi** (*heute:* **Yapı Usta Okulu**) Gewerbeschule (Berufsschule) *f* für Bauhandwerker **-ın emaneten idaresi** *jur.* Eigenregie *f* (im Verwaltungsrecht)
inşaatçı [·– –·] 1. Bau-unternehmer, -meister, Architekt *m* 2. Konstrukteur *m* 3. Bauarbeiter *m*
inşaatçılık [·– –··] Bau-tätigkeit *f*, -wesen *n*
inşacı [ā] *selt.* Förderer *m* des Bauwesens
inşaî [·– –] 1. *va.* das Bauen betreffend, Bau- 2. *gr.* optativisch 3. *lit.* die Prosa betreffend; prosaisch ~ **dava** *jur.* Gestaltungsklage *f* *biçimleyici aranç (*od.* dilem) ~ **unsurlar** s. **yapı elemanları**
inşaiye [ā] *z. va.* Schiffsbau *m*
inşallah [×·–] So Gott will! Gebe es Gott! Hoffentlich! ≗**la maşallahla bu iş yürümez.** Mit bloßem Wünschen und Hoffen geht die Sache nicht voran.
inşat, -dı [ā] Vortragen *n*, Vortrag *m*, Deklamation, Rezitation *f* ~ **etmek** vortragen, rezitieren, deklamieren
inşatçı Vortragskünstler(-in *f*) *m*
inşia [ā] *phys.* Ausstrahlen *n*, Ausstrahlung *f* *ışıma, ışınım ~ **etmek** *phys.* (Licht usw.) ausstrahlen *ışımak
inşiaî [··– –] *z. va.* ausstrahlend, strahlend
inşiap, -bı [ā] *va.* Gabelung *f* in Unterabteilungen, Verzweigung *f* ~ **etmek** *va.* sich in Unterabteilungen gabeln, sich verzweigen
inşikak, -kı [ā] 1. *geol.* Verwerfung *f* *kırık 2. *chem.* Spaltung *f* ≗ **suresi** Name der 84. Koran-Sure
inşirah [ā] Gefühl *n* der Erleichterung; Freude *f*, frohe Stimmung ~ **bulmak** in frohe, heitere Stimmung kommen ≗ **suresi** Name der 94. Koran-Sure ~ **verici** aufheiternd, erfreulich
intaç, -cı [ā] 1. Herbeiführen, Verursachen *n*, Veranlassung *f* 2. (erfolgreiche) Beendigung, Erledigung *f*, Abschluß *m* ~ **etmek** 1. zur Folge haben, herbeiführen, verursachen, veranlassen 2. beenden, erledigen, abschließen Zu 1: **bu tedbiri** ~ **eden sebep** die Veranlassung zu dieser Maßnahme
intak, -kı [ā] 1. Reden-, Sprechen-lassen *n* 2. Verleihen *n* menschlicher Sprechfähigkeit (an Tiere od. tote Gegenstände) ≗**ı hak kabilinden oldu.** Es war, als ob ihm Gott diese Worte in den Mund gelegt hätte (*spez.* bei unfreiwilligem Geständnis)
intan [ā] *med.* Infekt *n*, Infektion, Ansteckung *f* ~ **hastalıkları** Infektionskrankheiten *pl.*
intanî [·– –] *med.* infektiös, ansteckend

intaniye [ā] 1. Infektionskrankheiten *pl.* 2. Abteilung *f* für Infektionskrankheiten (in e–m Krankenhaus)
intaş [ā] *bot.* Keimen *n* *çimlenme ~ **etmek** *bot.* keimen, treiben
integral s. **entegral**
intelekt, -ti Intellekt *m*, Denkfähigkeit *f* *anlık, fahime, müdrike
intelektüalizm Intellektualismus *m* *anlıkçılık, zihniye
intendant *Th.* (General-)Intendant *m*
İnterpol *n.pr.* Interpol *f* (Internationale Kriminalpolizei-Kommission)
intıba, -aı [ā] 1. Eindruck *m* 2. Wirkung, Spur *f*, Niederschlag *m* 3. *gel.* hinsichtlich, betreff, über, zu Zu 3: **Misafirlerin istasyonda istikbalinden bir** ~ *(Bildunterschrift)* Zum Empfang der Gäste am Bahnhof ~ **bırakmak** e–n Eindruck hinterlassen, beeindrucken **-ınız nedir?** Was haben Sie für e–n Eindruck bekommen?
intıfa [ā] *va.* Er-, Ver-löschen, Ausgehen *n* (von Licht, Feuer usw.) ~ **etmek** *va.* er-, ver-löschen ausgehen
intiaz [ā] Erektion *f* ~ **etmek** erigieren *dikilmek
intibah [ā] 1. Erwachen *n* 2. geistiges Erwachen 3. ⁓ **(devri)** Renaissance *f* 4. *med.* Exzitation *f*, Erregung(-szustand *m*) *f*
intibak, -kı [ā] 1. Anpassung, Umstellung *f* (auf) 2. *med.* Akkommodation *f* 3. *math.* Koinzidenz *f* ~ **etmek** 1. sich anpassen, sich umstellen 2. *med.* akkommodieren 3. *math.* zusammenfallen, sich decken ~ **kabiliyeti** (*od.* **melekesi**) Anpassungsfähigkeit *f*
intibakçı [ā] *selt.* anpassungsfähig
intibaksız [ā] nicht od. nur schwer anpassungsfähig
intibaksızlık [ā] fehlende od. mangelnde Anpassung(-sfähigkeit)
intibar [ā] *med.* (An-)Schwellung *f* (z. B. der Drüsen)
intifa, -aı [ā] *a.* ~ **hakkı** Nutznießung *f*, Genuß, Nießbrauch *m* *asılanma hakkı ~ **etmek** (bşden) die Nutznießung ausüben, nutznießen ~ **senedi** *H* Genußschein *m* **-ı istihlâke bağlı olan ve olmayan mallar** *jur.* verbrauchbare und nicht-verbrauchbare Sachen *pl.*
intifah [ā] 1. *bot.* Anschwellung *f*, Turgor *m* 2. *med.* Blähung *f*
intifaî; intifaiye s. **faydacı(-lık)**
intiha [ā] Ende *n*, Beendigung *f*, Schluß *m* ~ **bulmak** enden, aufhören, zu Ende gehen ~ **fiili** s. **bitirme fiili;** ~ **rabıtası** *gr. va.* Gerund des Typus **bilinceye kadar**
intihabat, -tı [··––] *z. va. Pl.* zu **intihap**
intihabî [··––] *va.* e–e Wahl betreffend, Wahl- **devrei intihabiye** *va.* s. **intihap devresi**
intihabiye [ā] s. **eklektizm**
intihaî [··––] *z. va.* End-, Schluß-; schließlich, endgültig
intihal, -li [ā] Plagiat *n*, geistiger Diebstahl ~ **eden** Plagiator *m* ~ **etmek** ein Plagiat begehen
intihap, -bı [ā] 1. Wahl *f*, Wählen *n* *seçi, seçim 2. Auswählen *n* *seçme ~ **dairesi** Wahl-kreis, -bezirk *m* ~ **defterleri** Wahllisten *pl.* ~ **devresi** Wahl-, Legislatur-periode *f* ~ **ehliyeti** Wahl-berechtigung, -fähigkeit *f* ~ **etmek** (aus-) wählen *seçmek ~ **hakkı** (aktives od. passives) Wahlrecht *seçme (seçilme) hakkı ~ **kanunu** Wahlgesetz *n* ~ **mazbatası** Wahlprotokoll *n* ~ **mücadelesi** Wahlkampf *m* ~ **puslası** (*od.* **varakası**) Stimmzettel *m* ~ **sandığı** Wahlurne *f* ~ **suçları** Wahlvergehen *pl.* ~ **teftiş heyeti** Wahlausschuß, -vorstand *m*
intihaplı [ā] Wahl- ~ **monarşi** Wahlmonarchie *f*
intihar [ā] 1. Selbstmord, Freitod *m* 2. Sich-selbst-Versenken *n* (e–s Schiffes, e–r Flotte) ~ **etmek** 1. Selbstmord begehen, den Freitod wählen, sich das Leben nehmen, Hand an sich legen 2. sich selbst versenken (Schiff, Flotte) 3. *Ch.* sich verheiraten ~ **teşebbüsü** Selbstmordversuch *m* ~ **uçakları** Kamikaze-Flugzeuge *pl.* (Japan) **-a kalkmak** e–n Selbstmordversuch unternehmen
intikadiye [ā] s. **kritisizm**
intikal, -li [ā] 1. Übergehen *n* (auf) 2. Übertragenwerden *n* (z. B. e–r Krankheit) 3. Umziehen *n*, Umzug *m* 4. *phys.* Übertragung *f* *ötele(n)me 5. Übergehen *n* e–r Erbanlage od. e–r Erbschaft (auf), Vererbung *f* 6. Verstehen, Begreifen, Entnehmen *n* 7. *log.* Folgerung *f* *çıkarsama 8. *jur.* Rechtsübergang *m* (von Gesetzes wegen) 9. Ableben, Verscheiden *n* ~ **devresi kukuku** *jur.* intertemporales Recht, Übergangsvorschriften *pl.* ~ **devresi** Übergangsperiode *f* ~ **etmek** 1. übergehen (auf) 2. übertragen werden (z. B. Krankheiten) 3. umziehen 4. vererbt bekommen, als Erbe mitbekommen 5. verstehen, begreifen, entnehmen 6. zugehen (z. B. Schreiben) 7. verscheiden, sterben (Zu 1: **Söz, oruç bahsine** ~ **etmiş.** Man kam auf das Fasten zu sprechen.) ~ **ettirmek** Kaus. zu ~ **etmek** Vgl. **harbi (sözü)** ~ **ettirmek;** ~ **harcı** Erbschaftsgebühr *f* ~ **vergisi** Erbschaftssteuer *f* **-ı darı beka** *va.* Ableben *n*, Tod *m*
intikalî [··––] *va.* Übergangs- ~ **hareket** *geogr.* Übertragung *f* *ötele(n)me ~ **hukuk** *jur.* Übergangsrecht *n*, intertemporales Recht *geçiş türesi; çağlararası türe ~ **safha** Übergangsperiode *f*
intikam [ā] Rache *f* *öç ~ **almak** (b–den) Rache nehmen (an), sich rächen (an) ~ **hissi** Rach-sucht, -gier *f* ~ **maçı** *(Sport)* (Revanche *f* **-ı alınmak** gerächt werden **-ını almak** (bşin) sich rächen (für), et. ahnden, j–m et. heimzahlen
intikamcı [ā] 1. rach-süchtig, -gierig 2. Rächer(-in *f*) *m*
intikamcılık [ā] 1. Rach-sucht, -gier *f* 2. Rolle *f* des Rächers
intikat, -dı [ā] *va.* Kritisieren *n*, Kritik *f* *tenkit ~ **etmek** *va.* kritisieren *tenkit etmek
intima [×··] *med.* Intima *f* (innerste Gefäßhaut)
intisaç, -cı [ā] *biol.* Verflochtensein *n*, Zellgewebe *n* *dokum
intisap, -bı [ā] (m. Dat.) 1. Aufnahme *f* e–r Tätigkeit, Sich-Widmen *n*, Eintritt *m* (in) 2. Zugehörigkeit *f* 3. enges (nahes, freundschaftliches) Verhältnis (zu), enge (nahe) Beziehungen *pl.* (zu) ~ **etmek** (m. Dat.) 1. e–e best. Tätigkeit aufnehmen, sich widmen (e–m Beruf), eintreten (z. B. in die Beamtenlaufbahn), gehen (z. B. zum Theater) 2. in ein nahes (enges, freundschaftliches) Verhältnis treten (zu), engere Beziehungen anknüpfen (zu) Zu 2: **bir aileye** ~ **etmek** in e–n Familienverband eintreten, in e–e Familie einheiraten
intisar [ā] *va.* 1. Diffusion, Streustrahlung *f* *yaygınlık, yayılma 2. Einziehen *n* von Wasser durch die Nase (und Ausspucken)
intişa, -aı [ā] *va.* Hervorkommen *n*, Entwicklung *f*
intişar [ā] 1. *phys.* Dispersion, (Licht- od. Farben-)Zerstreuung *f* *ayrılma 2. *a. phys.* Fortpflanzung *f* (z. B. der Wärme), Ver-, Aus-breitung *f* *yayılma 3. *chem.* Dispersion *f* *dağılım 4. Veröffentlichung, Herausgabe, Publikation *f*, Erscheinen *n* (z. B. e–s Werkes) ~ **etmek** (*od.* **bulmak**) 1. sich ver-, aus-breiten 2. veröffentlicht (herausgegeben, publiziert) werden, erscheinen ~ **ettirmek** 1. verbreiten 2. veröffentlichen, publizieren
intişarî [··––] *phys.* Dispersions-, Zerstreuungs- *ayıran
intiza, -aı [ā] *va.* 1. gewaltsames Herausreißen; Trennung, Auflösung *f* 2. *chem., psych.* Dissoziation *f* *çözülüm, çözüşme, dağılım 3. *phil.* Trennung von Begriffswerten *tecrit
intizam [ā] 1. Ordnung *f*, geordneter Zustand 2. Regelmäßigkeit *f* ~ **bulmak** in Ordnung kommen (*bzw.* gebracht werden) **-a sokmak** in Ordnung bringen **-ını kaybetmek** aus der Ordnung kommen **-ı amme** s. **kamu düzeni**

intizamlı [ā] 1. geordnet 2. ordentlich 3. regelmäßig Zu 2: ~ **bir öğrenci** ein ordentlicher Schüler
intizamperver [ā] ordnungsliebend
intizamperverlik [ā] Ordnungsliebe *f*
intizamsız [ā] 1. ungeordnet, in Unordnung 2. unordentlich 3. unregelmäßig
intizamsızlık [ā] 1. Unordnung, Verwirrung *f*, Durcheinander *n* 2. Unordentlichkeit *f* 3. Unregelmäßigkeit *f*
intizar [ā] (m. Dat.) 1. (Er-)Warten *n*, Erwartung *f*, Rechnen *n* (mit), Gefaßtsein *n* (auf) 2. *P* für **inkisar** Verwünschung, Verfluchung *f* *ilenme, beddua ~ **etmek** (m. Dat.) 1. warten (auf), erwarten; rechnen (mit); gefaßt sein (auf) 2. *P* für **inkisar etmek** verfluchen, verwünschen, e–e Verwünschung aussprechen ~ **mevzii** *mil.* Wartestellung *f* ~ **treni** *mil.* Bereitschaftszug *m* **-da bırakmak** (er-)warten lassen
intizaren [ā] (m. Dat.) in Erwartung **başvekilin nutkuna** ~ in Erwartung der Rede des Ministerpräsidenten
inzal, -li [ā] *va.* 1. Hinabsteigenlassen, Hinabsenden *n* 2. Ejakulation, Pollution *f*, Samenerguß *m* 3. Regnen *n* *yağmurun yağması ~ **etmek** *va.* hinabsteigen lassen, hinabsenden **-e uğramak** e–e Pollution haben
inzar [ā] *va.* Ankündigung *f* drohender Gefahr; Warnung *f* ~ **etmek** *va.* warnen *sakındırmak
inzibat, -tı [ā] Disziplin, Ordnung, Manneszucht *f* ~ **cezası** Disziplinarstrafe *f* ~ **hizmeti** *mil.* Ordnungs-, Polizeidienst *m* ~ **kıtası** *mil.* Militärpolizeitruppe *f* ~ **komisyonu** Disziplinar-ausschuß, -rat *m*, -kammer, -kommission *f* ~ **memuru (neferi, eri)** 1. Militärpolizist *m* 2. *abus.* privater Aufseher od. Helfer an Autoparkplätzen **-a riayet etmek** sich diszipliniert verhalten **-ı temin etmek** Disziplin halten **ademi** ~ Disziplinlosigkeit *f*, fehlende Ordnung
inzibatçı [ā] *selt.* strenge Disziplin durchführend
inzibatî [··––] disziplinär, Disziplin(-ar)- ~ **ceza** Disziplinarstrafe *f* ~ **tedbirler** Disziplinarmaßnahmen *pl.*
inzibatlı [ā] (gut) diszipliniert
inzibatsız [ā] undiszipliniert
inzibatsızlık [ā] Disziplinlosigkeit *f*
inzimam [ā] Hinzufügung *f*, Hinzukommen *n* ~ **etmek** hinzugefügt werden, hinzukommen, sich zugesellen **-ı rey** *z. va.* Zustimmung *f*
inziva [ā] Einsiedlerleben *n*, Zurückgezogenheit, Einsamkeit *f* **-ya çekilmek** ein Einsiedlerleben führen, zurückgezogen leben
inzivagâh [··––] Ort *m* der Zurückgezogenheit, *a.*: Einsiedlerklause *f*
İOC = International Olympic Committee, Internationales Olympisches Komitee; *türk.*: **Uluslararası Olimpiyat Komitesi**
İos s. **Niyo**
İÖ, İ.Ö. = İsa'dan önce, v. Chr.
ip, -pi 1. Strick *m*, Seil *n*, Leine *f* 2. *reg.* Faden, Zwirn *m* *iplik 3. Faser, Fiber *f* *tel ~ **atlamak** seilspringen ~ **ayağına dolaşmak** sich in seinen eigenen Stricken (Schlingen) fangen ~ **cambazı** Seiltänzer(-in *f*) *m* ~ **cambazlığı** Seiltänzerei *f* ~ **gibi yaş dökmek** Ströme von Tränen vergießen ~ **hamalı** Lastträger, der die zu befördernden Gegenstände an e–m darumgeschlungenen Seil trägt ~ **izi ile çizmek** mit (Kreide-)Schlagschnur anzeichnen ⚲ **inceldiği yerden kopar.** *Spr.* Eine Kette ist so stark wie ihr schwächstes Glied. ~ **kaçkını** Galgenstrick, Landstreicher, Vagabund *m* ~ **merdiven** Strickleiter *f* ~ **parası** *hum.* Geld für den Strick (an dem sich ein vermaledeiter Taugenichts aufhängen sollte) ~ **parası vermek** j–m et. geben, nur um ihn loszuwerden ~ **takmak** *fig.* anschwärzen, verleumden ~ **takmamak** *V* s. **iplememek;** ~ **üzengi tahta kılıç** armer Teufel; Habenichts *m*

(ipe): ~ **basan** *V* dumm, blöd ~ **çekmek** aufknüpfen, hängen (an den Galgen) ~ **dizmek** 1. zählen 2. in Verse bringen ⚲ **gelesice!** An den Galgen mit ihm! ~ **gelmek** aufgeknüpft, gehängt werden; an den Galgen kommen ~ **germek** auf die Leine hängen (Wäschestücke) ~ **götürmek** an den Galgen bringen ~ **kazığa vurmak** s. ~ **çekmek;** ~ **sapa gelmek** *fig.* Hand und Fuß haben ~ ~ **sapa gelmez** ungereimt, unzusammenhängend ~ **un sermek** alle möglichen Ausreden erfinden (um e–e Arbeit nicht zu übernehmen)

(ipi): ~ **çözmek** *P* die Beziehungen abbrechen ~ **çürük** *fig.* unzuverlässig; unsicherer Kantonist ⚲ **ile kuyuya inilmez.** Es ist kein Verlaß auf ihn. ~ **ile ölçmek** *od.* ~ **ile şeklini çizmek** *techn.* abschnüren ~ **kırık** rechter Galgenstrick, Taugenichts, Vagabund *m* ~ **kırmak** *V* sich davonmachen, verschwinden, verduften, türmen ~ **koparmak** es zum offenen Bruch kommen lassen ~ **sapı yok** albern, ungereimt ~ **uzatmak** *fig.* die Zügel lockern **-n ucunu kaçırmak** 1. nicht mehr in der Hand haben (z.B. Führung) 2. den Faden verlieren 3. sich übernehmen, nicht mehr zurechtkommen (*spez.* geldlich) **-ni boyamak** geschickt ausführen; *F* hinkriegen **-ni çekmek** (b–nin) j–n fest an die Kandare nehmen, j–m die Flügel beschneiden **-ni kendi eliyle çekmek** sich selber den Strick um den Hals legen; sich selber ins Unglück reiten **-ni kesmek** *V* 1. sich aus dem Staub machen, *V* abhauen 2. kein Geld auszahlen **-ni kırmak** (*od.* **koparmak**) *V* 1. (m. Abl.) sich unabhängig machen (von) 2. s. **ipini kesmek** 3. über die Stränge schlagen, schwer zu bändigen sein **-ni kırmış** s. **ipi kırık; -ni sürümek** ein rechter Galgenstrick sein **-ni üstüne atmak** j–n sich selbst überlassen ⚲**nin kıvrığı çözüldü.** Er hat Pech gehabt. Die Sache ist schiefgegangen.

iple çekmek (bir zamanı) *F* herbeisehnen, sehnlichst herbeiwünschen **ipler** Seile *pl.* (des Boxrings) **ipleri b–nin elinde olmak** (bir işin) *fig.* alle Fäden in der Hand haben **ipten kazıktan** (*od.* **saptan) kurtulmuş** (*od.* **kaçmış**) rechter Galgenstrick, Taugenichts, Vagabund *m* **ipten kuşak** „Seilgürtel" *m d.h.* Habenichts *m* (*V a. mit der Forts.* **sikten taşak**); **ipten kuşak kuşanmak** *fig.* in die größte Armut geraten
ipbiçim *an.* fadenförmig, faserig *lifî, lifsel
ipçi wer Seile herstellt od. verkauft, Seiler, Seilhändler *m*
ipçik *bot.* Staubfaden *m*, Filament *n* *hayıt, telcik
ipçilik Herstellung *f* und Verkauf *m* von Seilen, Seilerei *f*, Seilhandel *m*
ipek 1. Seide *f* 2. aus Seide, seiden, Seiden- 3. seidenweich; *fig.* zartbesaitet ~ **ağacı** 1. s. **akasya** (1) 2. Oscherstrauch *m bot.* Calotropis procera 3. Satinholz *n* *saten (ağacı) ~ **baskı** *typ.* Siebdruck *m*, Serigraphie *f* *serigrafi ~ **çorap** Seidenstrumpf *m* ~ **fabrikası** 1. Seidenspinnerei *f* 2. Fabrik *f* für Seidenstoffe ~ **fidanı** 1. s. **ipekotu** 2. s. **dut ağacı;** ~ **gibi** seidenweich ~ **iplik** *med.* Seidenfaden *m* ~ **kadife** Seidensamt, Velours Chiffon *m* ~ **kozası** Kokon *m* des Seidenspinners ~ **kurdu** s. **ipekböceği;** ~ **kuşu** Wiedehopf *m zo.* Upupa epops ~ **kuyruk kuşu** Seidenschwanz *m* (Vogel) *zo.* Bombycilla garrulus ~ **pamuğu** echte Seidenpflanze *bot.* Asclepias fruticosa ~ **sarılı** mit Seide umwickelt, seidenbesponnen ~ **sobası** geheizter Raum (bei der Seidenraupenzucht) ~ **şarabı** (*bzw.* **şurubu**) Wein (*bzw.* Saft) aus schwarzen Maulbeeren ~ **taşı** *min.* Amiant *m* (Asbestart) ~ **tefesi** Rohseide-Strang *m* ⚲ **Yolu** *n.pr.* innerasiatische (nördliche od. südliche) Seidenstraße
İpek *n.pr.* Peć (Städtchen in Montenegro)
ipeka [·×·] s. **altınkökü** (1)

ipekböceği, -ni Raupe *f* des Seidenspinners *ibrişim kurdu ~ **kelebeği** Seidenspinner *m zo.* Bombyx mori
ipekböcekçiliği, -ni Seidenraupenzucht *f*
ipekçi 1. Seidenraupenzüchter *m* 2. Hersteller od. Verkäufer *m* von Seide, Seidenhändler *m*
ipekçiçeği, -ni s. **büyük çiçekli semizotu**
ipekçilik 1. Seidenraupenzucht *f* 2. Seiden-handel *m*, -industrie *f*
ipekhane [ā] 1. Seidenspinnerei *f* 2. Seidenstofflager *n*
ipekli 1. aus Seide bestehend, seiden 2. Seide enthaltend 3. in Seide gekleidet 4. Seidenstoff *m* ~ **gömlek** Seidenhemd *n*
ipekmaymun Pinsel-, Seiden-äffchen *n zo.* Callithrix jacchus *marmoset, uvistiti
ipekotu, -nu griechische Schlinge *f bot.* Periploca graeca
ipektohumlugiller Seidenpflanzen *pl. bot.* Asclepiadaceae
ipektüylü maymungiller Krallenaffen *pl. zo.* Callithricidae
iper- s. **hiper-**
iperit, -ti *chem.* Gelbkreuz, Senfgas *n*, Lost *m* *hardal gazı; sarı salip
iperitlenmiş durch Senfgas verseucht (Gebiet) bzw. verletzt (Person)
ipham (I) [ā] 1. Unbestimmtheit, Unklarheit *f*, vage Ausdrucksweise 2. *spez.* Doppeldeutigkeit *f* (e–s Wortes od. Satzes) *ikizanlam, ikizlilik
ipham (II) [ā] *va.* s. **başparmak**
iphamlı [ā] unklar, doppeldeutig
ipince [×··] haardünn, haarfein
ipipullah (< habibullah) (in der Füg.): ~ **sivri külâh** Habenichts *m*, armer Teufel
ipiri [×··] *selt.* sehr groß; riesig
ipka [ā] 1. Aufrechterhaltung, Beibehaltung *f* (e–s Zustandes) 2. Belassung *f* (in e–m Amt) 3. Nichtversetzung *f* (e–s Schülers) 4. *(Zeugnisbemerkung)* Nicht versetzt. ~ **etmek** 1. aufrechterhalten, beibehalten (Zustand) 2. belassen (in e–m Amt) 3. nicht versetzen, die Klasse wiederholen lassen (Schüler) *sınıfta bırakmak; döndürmek ~ **kalmak** sitzenbleiben, nicht versetzt werden (Schüler) ~ **kürkü** *hist.* wertvoller Pelz, der e–m osm. Beamten verliehen wurde, dessen abgelaufene Dienstzeit verlängert wurde
ipkaen [ā] 1. unter Beibehaltung des bisherigen Zustandes; wiederum 2. *Beh.* unter Belassung in der bisherigen Dienststelle
iplemek 1. mit e–m Strick (bzw. mit Stricken) zusammenbinden 2. (b–ni) *V* j–m Beachtung schenken, auf j–n hören; *mst. neg.* **iplememek** *V* links liegen lassen, ignorieren, sich nicht kümmern (um); sich von niemand et. sagen lassen
ipli kukla Marionette *f*
iplicik s. **iplikçik**
iplik, -ği 1. Faden *m*, Garn *n* 2. Faser *f* *lif, tel ~ **bağlamak** Wollfäden an die Umfriedung e–s Heiligengrabes binden (abergl. Vorstellung zur Erfüllung von Wünschen) ~ **borusu** *zo.* Spinndrüse *f* ~ **bükme makinesi** Zwirnmaschine *f* ~ **bükümhanesi** Zwirnerei *f* (Werkstatt) ~ **büyüteci** Fadenzähler *m* (in der Weberei) ~ **çekmek** 1. Fäden aus e–m Stoff herausziehen, *fr. a.* Scharpie zupfen 2. Garn spinnen ~ **dikiş makinesi** (Fadenbuch-)Heftmaschine *f* (in der Buchbinderei) ~ **fabrikası** Spinnerei *f* ~ ~ Faden um Faden, fadenweise ~ ~ **olmak** sich ausfasern, fadenscheinig werden ~ **kurdu** (*od.* **solucanı**) **hastalığı** s. **filaryoz;** ~ **kurtları** (*od.* **solucanları**) s. **ipsiler;** ~ **makinesi** Spinnmaschine *f* ~ **peyniri** Käse *m*, auf dem sich das Einschlagtuch abgedrückt hat ~ **takmak (iğneye)** e–e Nadel einfädeln ~ **yumağı** Garnknäuel *n* **-i makaraya sarmak** Garn aufspulen **-i pazara çıkmak** (b–nin) zum Vorschein kommen (j–s wahre Natur)
iplikçi 1. Garn-hersteller od. -verkäufer *m* 2. Spinner(-in *f*) *m* ~ **karının götü gibi konuşmak** *V* wie ein Wasserfall reden
iplikçik 1. *vet.* Lungenwurm *m zo.* Dictyocaulus viviparus 2. *astr.* Filament *n*
iplikçilik Spinnen *n*
iplikhane [ā] 1. Spinnerei *f* 2. *naut. va.* Reepschlägerei und Segelmacherei (Werkstatt)
ipliklenmek sich in einzelne Fäden auflösen
ipliksi 1. fadenförmig 2. *med.* dünn und lang (Sonde, Katheter)
ipmik *agr.* Spitze *f* e–r Pflugschar
ipno-; ipo- s. **hipno-; hipo-**
İpsala *n.pr.* O. u. D. im Rbz. Edirne
İpsara *n.pr.* Insel *f* Psara (nordwestl. von Chios)
ipsatur *(Schwammfischerei):* wertvollste, weil dichteste Schwammart
ipsi schnur-, faden-förmig **-ler** Fadenwürmer *pl. zo.* Nematoda *(didanı) haytiye
ipsit s. **ispit**
ipsiz 1. ohne Strick (Seil, Leine) 2. *fig.* Strolch, Vagabund, Landstreicher *m* ~ **sapsız** 1. albern, ungereimt 2. s. **ipsiz** (2)
iptal, -li [ā] 1. Ungültigmachen *n*, Annullierung *f*, Nichtigerklärung *f* 2. Entwertung *f* (von Briefmarken usw.) 3. Aufhebung, Abschaffung, Ausschaltung, Beseitigung *f* 4. (Stempel) Ungültig! 5. *jur.* Anfechten *n*, Anfechtung *f* ~ **davası** *jur.* Anfechtungs-, Nichtigkeits-, Aufhebungs-, Ungültigkeits-klage *f* (bei Erbschaft); Widerrufsklage *f* (bei Zuwendungen); konkursrechtliche Anfechtungsklage ~ **etmek** 1. ungültig machen, annullieren, für nichtig erklären 2. entwerten (z.B. Briefmarken) 3. aufheben, abschaffen, ausschalten, beseitigen 4. *jur.* anfechten 5. **(hissi)** anästhesieren, narkotisieren Zu 1: **bütün görüşme ve randevularını iptal etmek** alle (vorgesehenen) Besprechungen und Treffen absagen ~ **kabiliyeti** s. **nispî butlan; -i his** *med.* Anästhesie, Narkose *f*
iptida [ā] 1. Anfangen, Beginnen *n* 2. Anfang, Beginn *m* 3. *lit. fr.* Anfang des 2. Halbverses in e–m **beyit** 4. [×··] *Adv.* anfänglich, zu Anfang, zu Beginn, zunächst, zuerst ~ **etmek** *va.* anfangen, beginnen ~ **fiili** s. **başlama fiili;** ~ **rabıtası** *gr. va.* inchoatives Gerund (Typen: **başlayalı, başlayalı beri, başlayalıdan beri**)
iptidaen [ā] *z. va. Adv.* 1. anfänglich, zuerst, zunächst, zu Beginn (Anfang) 2. zum ersten Mal, neu
iptidaî [··––] 1. frühest-, ältest-, anfänglich, ursprünglich 2. primitiv (geblieben) *(1, 2) ilkel 3. elementar *elemanter 4. *biol.* einzellig *birhücreli ~ **madde; (maddei iptidaiye)** Roh-stoff *m*, -material *n* *hammadde ~ **mektep** *fr. Bez.* für **ilkmektep** *bzw.* **ilkokul;** ~ **mükâlemat** (*od.* **müzakerat**) Vorbesprechungen *pl.* ~ **sürat** Anfangsgeschwindigkeit *f*
iptidaîlik [··––·] Primitivität *f*
iptidar [ā] *va.* In-Angriff-Nehmen *n*, Unternehmung *f* ~ **etmek** (m. Dat.) *va.* (mit et.) beginnen, anfangen, et. in Angriff nehmen, unternehmen
iptilâ Sucht, Leidenschaft *f*, Laster *n*, übermäßiger Genuß ~ **hâsıl etmek** e–r Sucht verfallen
iptina [ā] (m. Dat.) *va.* Fußen, Sich-Stützen, Bauen *n* (auf); Entspringen *n* (aus) ~ **etmek** (m. Dat.) *va.* fußen, sich stützen, bauen (auf); entspringen (aus)
iptinaen [ā] *va. Adv.* fußend, sich stützend, bauend (auf); entspringend (aus)
iptisar [ā] *va.* 1. genaue Betrachtung, sorgfältige Prüfung 2. Umsicht *f*, Scharfblick *m* ~ **etmek** *va.* s. **can gözü ile bakmak**
iptizal, -li [ā] 1. Überfülle *f* 2. Gewöhnlich-, Alltäglich-werden *n*, Vulgarisierung, Entwertung *f* **-e uğramak**

(durch allzu häufiges Vorkommen) im Wert sinken, nicht mehr gefragt sein
ipucu, -nu 1. Anhaltspunkt *m* 2. Anfang *m* ~ **elde etmek** (*od.* **bulmak**) e–n Anhaltspunkt finden ~ **vermek** (j–m) e–n Tip geben **-nu kaçırmak** s. **ipin ücunu kaçırmak**
irade [ā] 1. Wille *m* 2. Willenskraft, Energie *f* 3. *fr.* Irade *m, n* Verfügung *f*, Erlaß *m* (des Sultans), (Kabinettsorder *f*) ~ **beyanı** *jur.* Willenserklärung *f* *istek açıklaması ~ **fesadı** *jur.* Willensmangel *m* *istek bozukluğu ~ **hürriyeti** Willensfreiheit *f* (in europäischem Sinn) ~ **izharı** *jur.* Willens-äußerung *f* *istek açığa vurması ~ **muhtariyeti** (*od.* **özerkliği**) Willensfreiheit *f* ~ **sahibi** willenskräftig, energisch, energiegeladen ~ **yitimi** s. **abuli; -nin muhtariyeti** *jur.* Privatautonomie, Vertragsfreiheit *f* **-si elinden gitmek** die Selbstbeherrschung verlieren **-sine hâkim olmak** Selbstbeherrschung üben (an den Tag legen) **-i âliye** *fr.* Erlaß *m* des Großwesirs **-i cüziye** *phil.* freier Wille *elindelik **-i külliye** *va.* absoluter Wille Gottes ≗**i Milliye** *n.pr.* e–e auf Anordnung von Mustafa Kemal (Atatürk) als Organ der **Heyeti Temsiliye** *(q.v.)* in Sıvas gegründete Zeitung. Nr. 1: 14. 9. 1919. Ab 2. 3. 1921 neuer Titel: **Gayei Milliye.** Erschienen bis 1922. **-i seniye** *fr.* Erlaß *m* des Sultans, kaiserlich-osmanische Kabinettsorder **-i zaife** s. **istemseme**
iradeci [ā] *phil.* voluntaristisch, Voluntarist *m*
iradecilik [ā] *phil.* Voluntarismus *m* *iradiye
iradedışı [ā] *psych.* dem Willen nicht unterworfen, unwillkürlich, ungewollt *gayri iradî
iradelenme [ā] s. **istem, irtiyat**
iradeli [ā] 1. mit nb. Willen 2. *pr.* willensstark, energisch 3. gewollt, willentlich, willkürlich, vorsätzlich, beabsichtigt *ihtiyarî, iradî, istemli 4. *fr. a.* mit e–r Irade des Sultans
iradesel [ā] s. **iradeli (3)**
iradesiz [ā] 1. willen-los, -s.schwach 2. ungewollt, unwillkürlich, unbeabsichtigt *gayri ihtiyarî, gayri iradî, istemsiz
iradesizlik [ā] 1. Willensschwäche *f* 2. Unentschlossenheit *f*
iradet, -ti [ā] 1. s. **irade** 2. Bereitwilligkeit *f*
iradî [·– –] s. **iradeli** (3); ~ **olan imtina** *jur.* Unterlassung *f* ~ **şart** *jur.* Potestativ-, Willens-bedingung *f* *istek koşulu **gayri** ~ s. **iradesiz**
iradiye [ā] s. **iradecilik**
irae [ā] *z. va.* (Auf-)Zeigen, Vorweisen *n* ~ **etmek** *z. va.* (auf-)zeigen, vorweisen
iraka [·–·] *va.* 1. Weg-, Fort-schütten *n* 2. Fließenlassen, Vergießen *n* **-i dem** *va.* Blutvergießen, Gemetzel *n*
İran [– –] *n.pr.* Iran, Persien ~ **dili** iranische, persische Sprache, Iranisch, Persisch
İranca [–×·] s. **İran dili** *Farsça
İrani [– – –]; **İranlı** [×··] 1. Perser(-in *f*) *m*, Iran(i)er(-in *f*) *m* 2. persisch, iranisch
irap, -bı [– –] *va.* 1. korrektes Sprechen 2. *gr.* Lehre *f* von den Flexionsendungen (im Ar.) **-ta mahalli** (*od.* **yeri**) **olmamak** *fig.* gänzlich unbedeutend, e–e vollkommene Null sein
iras [– –] *va.* 1. Verursachen, Herbeiführen *n* 2. s. **tevris;** ~ **etmek** *va.* 1. verursachen, herbeiführen, anrichten (z. B. Schaden) 2. s. **tevris etmek; -ı mazarrat etmek** *va.* Schaden anrichten, schaden, schädigen
irat, -dı [– –] 1. Halten, Vorbringen *n* (usw. vgl. ~ **etmek**) 2. Ertrag *m*, Erträgnisse *pl.*, Einkünfte *pl.*, Einkommen *n*, Gewinn *m* *gelir, varidat Zu 1: **bu suali -a imkân bırakmadan** ohne ihm die Möglichkeit zu belassen, diese Frage zu stellen ~ **etmek** 1. halten (z. B. Rede) 2. vorbringen, vorlegen (Argumente), anführen (Beispiele), stellen (Fragen) 3. erheben (Einwände) 4. bringen, setzen; stellen (z. B. Wörter) ~ **getirmek** einbringen, eintragen, abwerfen ~ **senedi** *jur.* Renten-schuld *f*, -brief *m* ~ **sigortası** Rentenversicherung *f* ~ **vergisi** Ertragssteuer *f* **-ı mesel** s. **irsali mesel**
iraz [– –] *va.* Sich-Abwenden *n* ~ **etmek** *va.* sich abwenden (von)
irca, -aı [ā] 1. Zurück-führen *n*, -führung *f* 2. *chem., math.* Reduzierung, Reduktion *f* *indirgeme, redüksiyon 3. Vorlauf *m* (an e–m Geschütz) ~ **etmek** 1. zurückführen (auf den Ursprung, in den früheren Zustand usw.) 2. *chem., math.* reduzieren *indirgemek ~ **yayı** Vorholfeder *f*, Vorholer *m* **kabili** ~ *chem., math.* reduzibel *indirgenir **gayri kabili** ~ *chem., math.* irreduzibel *indirgenmez
irdelemek genau studieren, in allen Einzelheiten untersuchen *tetkik ve tetebbu etmek
irdem *selt.* Studie, Untersuchung *f*
irdemen *selt.* Student(-in *f*) *m*
İrem (bağı) *n.pr.* Garten *m* Eden, Paradies(-garten *m*) *n*
İren *n.pr.* Irene
irfan [ā] 1. Kenntnis *f*, Wissen *n* 2. Bildung *f* 3. ≗ [×·] *mV, wV* ~ **derecesi** Bildungs-grad, -stand *m* ~ **müessesesi** Bildungsstätte *f* ~ **sahibi (adam)** gebildet, kenntnisreich
irfaniye [ā] s. **bilinircilik, gnostisizm**
irfanlı [ā] gebildet
iri groß, dick, umfangreich, grob, riesig ~ **başlı lahana** s. **lahana;** ~ **boylu** groß und stark (Jüngling) ~ **buğday** großkörniger Weizen ~ **çapta bir adam** ein Riese von Mensch, ein Hüne ~ **damla** dicker Tropfen ~ **dişli eğe** Grobfeile *f* ~ **gözlü** mit schönen großen Augen ~ **gözlü kalbur** großlöcheriges Sieb ~ **kulaklıgiller** Ohrenrobben *pl. zo.* Otaridae ~ **papatya** s. **büyük papatya;** ~ **soba** Blumentopf *m* mit 13 cm Durchmesser ~ **sözlü** s. **dik sözlü;** ~ **taneli** 1. mit großen Körnern od. Beeren 2. grobkörnig, grobgemahlen ~ **vücutlu** korpulent und stattlich, dick und groß ~ **yapılı** s. **iriyarı; -sini rafa, ufağını çöpe dizmek** *F* et. in allen Einzelheiten erzählen
iribaş *zo.* Kaulquappe *f* *dufayda, kuyruklu kurbağa; tetar
irice recht groß, ziemlich grob
iridolog *med.* Augendiagnostiker *m*
iridoloji *med.* Augendiagnose *f*
iridyum [·×·] *chem.* Iridium *n*
irigasyon *med.* Ausspülung, Irrigation *f*
irigatör *med.* Irrigator, Spülapparat *m*
irikesim riesenhaft
irikıyım 1. grob gehackt- 2. *fig.* riesig, hünenhaft- 3. *fig.* grobschlächtig, tolpatschig
irikme Vs. zu **irikmek;** ~ **havzası** *geogr.* s. **birikme havzası** (*od.* **teknesi)**
irikmek s. **birikmek**
irikulaklıgiller Ohrenrobben *pl. zo.* Otariidae
irikum *geol.* Kies *m* *gravye
irileşme Vs. zu **irileşmek** *spez. med.* Hypertrophie *f*, krankhafte Vergrößerung *dahame
irileşmek groß (dick, stattlich) werden, an Umfang zunehmen
irili (in der Füg.): ~ **ufaklı** groß und klein (durcheinander); größere oder kleinere . . .
irilik (beachtliche) Größe *f*, (stattlicher) Umfang *m*
irin Eiter *m* *cerahat, kıyh ~ **bağlamak** (*od.* **toplamak**) Eiter bilden ~ **odağı** *med.* Eiterherd *m*
irinlenmek; irinleşmek Eiter bilden, eitern
irinli eiterig, vereitert, eiternd *cerahatli, kıyhî
iris [×·] *an.* Iris, Regenbogenhaut *f* (des Auges) *tabakai kuzahiye ~ **teşhisi** s. **iridoloji**
iriş *P* s. **arış**
iriyarı 1. *mel.* hünenhaft gebaut, groß und stattlich, von imposanter Größe 2. *pej.* sehr dick od. von grobschlächtigem Äußeren, *F* bullig
irkâp, -bı 1. Besteigen-Lassen *n* 2. Ein-, Ver-laden *n*, Ein-,

Ver-schiffung *f* *bindirme ~ **etmek** 1. besteigen lassen 2. ein-, ver-laden; verschiffen *bindirmek ~ **istasyonu** *mil.* Verladebahnhof *m*

irkilme 1. Vs. zu **irkilmek** 2. *med., biol.* Gereiztwerden *n*, Reizung *f*, Reiz(-barkeit *f*) *m* *taharrüş

irkilmek 1. sich ansammeln, stehenbleiben, nicht abfließen, e–e Lache (Pfütze) bilden 2. erschrocken zurückfahren, zurückprallen 3. *med., biol.* gereizt sein (und anschwellen) *taharrüş etmek

irkilten *biol., med.* erregend, reizend, Reizmittel *n* *muharriş

irkiltmek Kaus. zu **irkilmek** *spez. biol., med.* reizen (und anschwellen lassen) *tahriş etmek

irkinti 1. Wasserlache, Pfütze *f*, Tümpel *m* *su birikintisi 2. s. **irkilme** (2)

İrlanda [·×·] *n.pr.* Irland ~ **denizi** *n.pr.* Irische See *f* ~ **karayosunu** gemeiner Knorpeltang *bot.* Chondrus crispus ~ **tedhişçileri** irische Terroristen *pl.*

İrlandaca Irisch(-e) *n* (Sprache)

İrlandalı [·×··] 1. Ire *m*, Irin *f* 2. aus Irland stammend, irisch

irmik Grieß *m* ~ **çorbası** Grießsuppe *f* ~ **helvası** e–e Art Grießschmarren

İRO = International Refugee Organization, Internationale Flüchtlingsorganisation

irrasyonalizm *phil.* Irrationalismus *m* *usaaykırıcılık, usdışçılık

irrasyonel 1. irrational, dem logischen Denken nicht zugänglich, gefühlsmäßig *orandışı 2. irrationell, außerhalb des Rationalen

irredantizm *pol.* Irredentismus *m*

irredenta [··×·] *pol.* Irredenta *f*

irredüktibl (*franz.* **irréductible**) *med.* irreponibel; nicht wieder einrenkbar

irritabilite (*franz.* **irritabilité**) *med.* Reizbarkeit, Empfindlichkeit *f*

irritabl *med.* reizbar, leicht erregbar, (über-)empfindlich

irritasyon *med.* Reizung, Entzündung *f*

irs 1. Erbschaft *f*, Erbe *n* 2. Vererbung *f*, Erbgang *m*

'irsa, -aı [ā] *va.* 1. Festmachen *n* 2. *naut.* Verankern *n* ~ **etmek** *va.* 1. festmachen 2. *naut.* Anker werfen, verankern

irsal, -li [ā] (Ab-)Senden, (Ab-)Schicken, Aufgeben *n* ~ **etmek** (ab-)senden, (ab-)schicken, aufgeben ~ **haberi** Versandanzeige *f* ~ **puslası** Aufgabeschein *m* (bei Sendungen) **-i mesel** *rhet.* Anführung *f* e–s Spr. od. e–r spr. Ra. *iradı mesel, örnekleme

irsalât, -tı [·––] *va. Pl.* Sendungen *pl.*

irsalâtçı Versender, Spediteur *m*

irsaliye [ā] Versandschein *m* *gönderme listesi ~ **kaimesi** Begleit-adresse *m*, -brief *m* (bei Eisenbahnsendungen) ~ **mektubu** s. **nakliye senedi**

irsen [×·] *Adv.* 1. durch Erbschaft, erblich 2. auf dem Weg der Vererbung, vererbungsmäßig

irsî erblich, Erb-, vererbungsmäßig, vererbt *kalıtsal ~ **asalet** erblicher Adel ~ **hastalıklar** Erbkrankheiten *pl.* ~ **istidatlar** Erbanlagen, vererbte Fähigkeiten *pl.* ~ **monarşi** erbliche Monarchie, Erbmonarchie *f* ~ **suçluluk** angeborenes Verbrechertum

irsîlik; irsiyet, -ti Erbgut *n*, Vererbung, Erblichkeit *f* *kalıtım, soyaçekim

irşadat, -tı [·––] *va. Pl.* zu **irşat; -ta bulunmak** s. **irşat etmek**

irşat, -dı [ā] 1. Aufzeigung *f* des rechten Weges; geistige und ethische Führung 2. Anleitung, Einführung *f* (e–s Novizen) ~ **etmek** 1. j–m den rechten Weg zeigen 2. anleiten, einführen (Novizen)

irşatkâr [·––] *selt.* wegweisend, lichtvoll, aufklärend

irtiaş [ā] *va.* Zittern, Beben *n*

irtibat, -tı [ā] Verbindung *f*, Zusammenhang, Anschluß, Konnex *m*, Verknüpfung *f* *bağlantı ~ **borusu** Verbindungs-rohr *n*, -hülse *f* ~ **eri** (*od.* **neferi**) *mil.* Verbindungsmann *m* ~ **galerisi** *mil.* Verbindungsgang *m* ~ **hatları** Verbindungslinien *pl.* ~ **hendeği** *mil.* Verbindungs-, Lauf-graben *m* ~ **heyeti** Verbindungskommando *n* ~ **keşif kolu** *mil.* Verbindungspatrouille *f* ~ **kıtası** *mil.* Anschlußtruppe *f* ~ **memuru** *mil.* Verbindungsorgan *n* ~ **subayı** *mil.* Verbindungsoffizier *m* ~ **tesis etmek** 1. Verbindung aufnehmen 2. *mil.* sich anschließen ~ **unsuru** *mil.* Verbindungsorgan *n* ~ **vasıtası** *mil.* Nachrichtenmittel *n* **-ı muhafaza etmek** die Verbindung aufrechterhalten

irtibatlı [ā] zusammenhängend, verbunden, verknüpft

irtica, -aı [ā] Rückschritt *m*, Fortschrittsfeindlichkeit *f*, (politische) Reaktion *f*, reaktionäres Verhalten *gericilik ~ **hareketi** reaktionäre Bewegung

irticaç, -cı [ā] *va.* Erregung *f*, Beben, Zittern, Zucken *n* ~ **etmek** *va.* in Erregung sein, beben, zittern, zucken **-ı adalî** s. **kasıl sarsılma**

irticaf [ā] 1. heftige Erschütterung 2. *a. med.* Störung, Zerrüttung *f* 3. *astr., phys.* Perturbation *f* *sarsım, tedirginlik

irticaî [·–––] 1. rückschrittlich, fortschrittsfeindlich, reaktionär 2. rückläufig, retrograd *gerigiden

irticakârane [··–––·] *va.* reaktionär

irtical, -li [ā] Improvisation, Stegreif-rede *f*, -vortrag *m* ~ **sahibi** 1. Improvisator *m* 2. *pr.* Meister *m* der Improvisation ~ **yapmak** improvisieren, *mus. a.* phantasieren

irticalci [ā] Improvisator, Stegreif-dichter, -redner, -musiker *m*

irticalen [··–·] *Adv.* aus dem Stegreif, unvorbereitet, improvisiert *bilbedahe ~ **söylemek** unvorbereitet sprechen, improvisieren, extemporieren

irticalî [·–––] *va.* improvisiert, improvisatorisch

irtidat, -dı [ā] Abfall *m* vom isl. Glauben ~ **etmek** vom isl. Glauben abfallen

irtifa, -aı [ā] 1. Höhe(-nlage) *f* (über dem Meer) *altitüt, yükselti 2. Höhe *f* (e–s Gestirns) *yükselti 3. *math.* Höhe *f* (z.B. in e–m Dreieck) *yükseklik 4. *allg.* Höhe *f* *yükseklik 5. Vorankommen *n*, Aufsteigen *n* (im Rang) ~ **almak** 1. vorankommen, befördert werden 2. *astr.* die Höhe e–s Gestirns messen 3. verschwinden *ortadan kalkmak ~ **bulmak** s. ~ **almak** (1); ~ **dairesi** *astr.* Höhenkreis *m* ~ **dümeni** Höhen-ruder, -steuer *n* (e–s Flugzeugs) **-ı mersut** *astr.* scheinbare Höhe

irtifaen [ā] *z. va. Adv.* in bezug auf die Höhe (Höhenlage, Ranghöhe)

irtifak, -kı [ā] *va.* 1. Sich-Stützen *n* 2. Gefülltsein *n* (e–s Gefäßes) 3. s. **arkadaşlık etme** 4. *an.* Symphyse, Verwachsung, Knochenfuge *f* ~ **hakkı** *jur.* Dienstbarkeit *f*, Servitut *n* *katlandırım hakkı

irtifakî [·–––] *an.* symphytisch, zusammengewachsen

irtifalı [ā] mit nb. Höhe **1,40 m** ~ **mani** die ein Meter vierzig hohe Hürde

irtihal, -li [ā] Ableben, Verscheiden *n*, Heimgang, Tod *m* ~ **etmek** ableben, verscheiden, abberufen werden, das Zeitliche segnen; sterben

irtihan [ā] *va.* Erhalten *n* e–s Pfandes

irtika [ā] *va.* 1. Aufsteigen *n*, Aufstieg *m* 2. Beförderung *f*, Aufrücken *n* in e–e höhere Stellung, Avancement *n* ~ **etmek** *va.* 1. aufsteigen, sich erheben 2. befördert werden, aufrücken, avancieren

irtikaî [··––] *va.* aufsteigend *yükselen; s.a. **tensiki** ~

irtikâp, -bı 1. Begehen *n* (e–r strafbaren Handlung) 2. *pr.* Annahme *f* von Bestechungsgeldern, passive Bestechung ~ **etmek** 1. begehen (strafbare Handlung) 2. *pr.* sich bestechen lassen

irtikas [ā] *astr.* Libration *f* *salınım
irtisam [ā] 1. *urspr.* Sich-Abzeichnen *n* od. Gezeichnetwerden *n* 2. Projiziert-Werden *n*, Projektion *f* *izdüşüm ~ **etmek** projiziert werden ~ **ettirmek** projizieren *izdüşürmek ~ **hattı** Projektionsstrahl *m* ~ **istikameti** Projektionsrichtung *f* ~ **merkezi** *math.* Projektionszentrum *n* ~ **müstevisi** *math.* Projektionsebene *f* *izdüşüm düzlemi
irtisamî [··–] *math., phys.* zur Projektion gehörig, projektiv ~ **hendese** s. **izdüşel geometri**
irtişa [ā] Bestechlichkeit *f*, Annahme *f* von Bestechungsgeldern, passive Bestechung *irtikâp, yiyicilik
irtiyat, -dı [ā] s. **istem**
irva [ā] 1. Bewässerung *f* *iska, sulama 2. Wasserversorgung *f* (z.B. e–r Stadt) ~ **ve iska** *geogr.* Bewässerung *f* *sulama
irvelemek s. **ırvalamak**
irza (I) [ā] *va.* 1. Zufriedenstellen *n* 2. Erlangung *f* der Einwilligung (e–r Person) ~ **etmek** *va.* 1. zufriedenstellen 2. j–s Einwilligung erlangen; erreichen, daß jemand einwilligt
irza (II) s. **ırza**
is 1. Ruß *m* 2. Brand *m* (Pflanzenkrankheit) *sürme (hastalığı) ~ **çalmak** nach Rauch (angebrannt) riechen od. schmecken ~ **çıkarmak (tütmek** *od.* **yapmak)** rußen ~ **kokmak** brenzlig riechen ~ **kokusu** brenzliger Geruch ~ **mürekkebi** *fr.* e–e mittels Ruß hergestellte Tinte der Kalligraphen (vgl. a. **bezir isi mürekkebi**); **-e tutmak** rußig werden lassen, berußen, mit Ruß schwärzen
İS, İ.S. = İsa'dan sonra, n. Chr.
İsa [––] *n.pr.* 1. (*a.* **Hazreti** ~) Jesus 2. *mV* **-nın çilesi** s. **çile** (4)
isabet, -ti [ā] 1. (zufälliges od. beabsichtigtes) Treffen (e–s Zieles) 2. (Ent-)Fallen, Zukommen *n* (e–s Anteils usw.) 3. *mil.* Treffer *m* 4. treffendes Urteil od. richtiges Handeln 5. (Ausruf) Sehr richtig! Ausgezeichnet! Gut gesagt! Zu 3: **Kruvazöre ~ vaki olmuştur.** Auf dem Kreuzer wurden Treffer erzielt. Der Kreuzer wurde (mehrere Male) getroffen. ~ **almak** e–n Treffer bekommen ~ **emniyeti** *mil.* Treffsicherheit *f* ~ **etmek** (*als Höfl. a.* **buyurmak;** vgl. 5) 1. (ein-)treffen, sich treffen 2. (ent-)fallen (auf), treffen 3. (das gewünschte Ziel) treffen 4. richtig handeln 5. richtig urteilen Zu 1: **Her zaman böyle uygun ~ etmez.** So günstig trifft sich das nicht immer. Zu 2: **Sizin payınıza bu ~ etti.** Soviel ist auf Sie (auf Ihren Anteil) entfallen. **Piyango ona ~ etti.** Er hat in der Lotterie gewonnen. **Kur'a bana ~ etti.** Das Los hat mich getroffen. **Bayram hangi güne ~ ediyor?** Auf welchen Tag fällt das Fest? Zu 3: **Kurşun ~ etmedi.** Die Kugel hat nicht getroffen (hat ihr Ziel verfehlt). Zu 4: **Bunda çok ~ ettiniz.** Das war sehr richtig von Ihnen. **O eşyaları sattığınıza ~ ettiniz.** Sie haben gut daran getan, diese Sachen zu verkaufen. Zu 5: ~ **buyurdunuz.** Sie haben den Nagel auf den Kopf getroffen. ~ **ettirmek** 1. *mil.* e–n Treffer erzielen; treffen 2. *(Boxen)* landen (z.B. seine Linke) ~ **ihtimali** Treffwahrscheinlichkeit *f* ~ **kaydetmek** e–n Treffer erzielen ≗ **ki...** Es trifft sich günstig, daß... ~ **neticesi** Treffergebnis *n* ~ **noktası** Aufschlagspunkt *m* ~ **olmak** sich günstig treffen (**Bize uğramanız ~ oldu; biz de sizi arıyorduk.** Es trifft sich gut, daß Sie zu uns gekommen sind; wir waren schon auf der Suche nach Ihnen.) ~ **sıhhati** Treff-sicherheit, -genauigkeit *f* ~ **zaviyesi** Aufschlagwinkel *m* **-i ayn** *va.* böser Blick *m* **-i ayna uğramak** *od. F* **-i ayn olmak** *va.* vom bösen Blick getroffen werden (Aberglaube) *göze gelmek **-i nazar** *z. va.* Scharf-, Weit-blick *m* **-i rey** *va.* treffendes Urteil, Intelligenz *f*, klarer Blick *feraset, vuzuhu nazar
isabetli [ā] 1. unter Erzielung von Treffern 2. richtig (z.B. Entschluß), angebracht, geeignet, treffend, schlagend *vuruşlu ~ **endaht yapmak** Treffer erzielen ~ **görmek** et. für treffend (richtig) halten
isabetsiz [ā] unzutreffend, unrichtig, ungeeignet, unangebracht
is'af [ā] Erfüllung, Gewährung *f*, Stattgeben, Entsprechen *n* (bei Bitte, Gesuch, Wunsch usw.) ~ **etmek** erfüllen, gewähren; stattgeben, entsprechen
isaga [·–·] *va.* Einschmelzen, Gießen *n* (von Metallen) ~ **etmek** einschmelzen, gießen *dökmek
isagahane [·–·–·] *va.* Schmelzerei, Gießerei, Hütte *f*
isagoji *z. va.* wissenschaftliche Einführungslehre, Isagogik *f*
isal, -li [––] Gelangen-, Erreichen-lassen, Führen *n* ~ **etmek** gelangen lassen (z.B. an e–n best. Ort, zu Wohlstand usw.), führen (zu), et. erreichen lassen **maksada ~ eden yol** der zum Ziel führende Weg
isale [ā] 1. Fließenlassen *n* 2. (Tränen-)Vergießen *n* 3. Leiten *n* ~ **borusu** (Zu-)Leitungsrohr *n* ~ **etmek** 1. fließen lassen 2. vergießen (Tränen) 3. leiten (Wasser)
isberk, -ki [×·] s. **aysberk**
ise (mit Apokope **-se, -sa**) 1. (konditional) wenn, falls; im Falle, daß 2. *va.* (konzessiv) obwohl *ise de 3. **(-maktansa, -madansa)** (an-)statt (zu), als zu 4. (oft adversativ) aber, jedoch, wiederum, und 5. (restriktiv bei Wiederholung des Verbs der Protase) 6. ~ **de** s. Stw. **da, de** (16–18) Zu 1: **gelirse** wenn er kommt; s.a. **öyle** ~ Zu 3: **yaya gitmektense** anstatt zu Fuß zu gehen **Yeni kelimeleri böyle yanlış kullanmadansa hiç kullanmamak elbette ki evlâdır.** Es wäre sicherlich besser, die neuen Wörter überhaupt nicht als so falsch zu verwenden. Zu 4: **biz** ~ wir jedoch Zu 5: **Bulsa bulsa, bende bulacak.** Wenn er überhaupt finden will (was er sucht), findet er es bei mir!
İsevî(-lik); İseviyet, -ti s. **Hıristiyan(-lık)**
isfenahiye [ā] s. **ıspanakgiller**
isfencî spongiös, schwammig, schwammartig **nesci** ~ s. **süngerdoku**
isfenciye s. **süngerler; -i karniye** s. **keratinli süngerler; -i kilsiye** s. **kireçli süngerler**
isfenç, -ci *va.* Schwamm *m* *sünger
isfendan(-iye) [ā] s. **akçaağaç(-giller)**
isfendik s. **ispendik**
isfendilyon [··×·] gemeines Herkuleskraut, unechter Bärenklau *bot.* Heracleum sphondylium *tavşancılotu
İsfendiyar [ā] *n.pr. pers. Bez.* für Darius I. (521–486 v.Chr.) *Birinci Dara
isfenks s. **sfenks**
isfilt, -di *geogr.* Inlandeis *n*
İshak, -kı *n.pr.* 1. Isaak (Bibel) 2. *mV*
ishakkuşu, -nu *P* s. **bataklık baykuşu**
ishal, -li [ā] Durchfall *m*, Diarrhöe *f* *amel, sürgün ~ **olmak** *od.* **-e tutulmak** Durchfall (Diarrhöe) haben (bekommen), an Durchfall leiden
ishalli [ā] 1. durchfallartig (z.B. Stuhlgang) 2. wer an Durchfall leidet
isilik Hitzeausschlag *m*, Hautrötung *f* ~ **olmak** e–n Hitzeausschlag bekommen
isim, -smi 1. Name *m* *ad 2. *gr.* Substantiv, Hauptwort, Nomen *n* 3. *fig.* Person, Persönlichkeit ~ **cümlesi** *gr.* Nominalsatz *m* *ad tümcesi ~ **hali** *gr.* Kasus, Beugungsfall *m* *ad durumu ~ **koymak** (*od.* **vermek**) e–n Namen geben; benennen ~ **takımı (tamlaması;** *selt. a.* **terkibi)** *gr.* substantivische Fügung *ad tamlaması (*od.* **tümlemesi**) *terkibi izafî; izafet terkibi **-i geçen** obenerwähnt; in Frage stehend **-i var cismi yok** 1. sagenhaft, legendär, schimärisch, Fabel- 2. *F* was noch in weiter Ferne liegt; was noch nicht spruchreif ist ≗**ini cismini bilmem.** Ich weiß nicht das Geringste über ihn. ≗**iniz nedir?** Wie heißen Sie? **-iyle cismiyle** s. **adiyle saniyle; -iyle resmiyle** in

(mit) allen Einzelheiten **-i âlem** s. **özel ad; -i alet** *gr.* Bezeichnung *f* e–s Werkzeugs od. Mittels **-i am** s. **cins adı; -i cami; -i cemi** s. **topluluk adı; -i fail** *gr.* Nomen agentis; Partizip Präsens *n* *durum ortacı **-i has** s. **özel ad; -i mana** *va. gr.* s. **soyut ad; -i meful** *gr.* Partizip Perfekt *n* *geçmiş zaman ortacı **-i mekân** Ortsbezeichnung *f* **-i mensup** ar.-pers. Nispetform auf **-î; -i mübalağa** s. **mübalağa sıfatı; -i mürekkep** s. **birleşik ad; -i müstear** Pseudonym *n,* Deckname *m* **-i tafdil** Steigerungsform *f* (Komparativ, Superlativ, Elativ) **-i tasgir** Verkleinerungs-, Diminutiv-form *f,* Diminutivum *n* *küçültme ismi **-i zat** 1. Wesensbezeichnung *f* 2. der Name Gottes (im Ggs. zu den Attributen)

isimcil cümle s. **isim cümlesi**

isimden *gr.* denominal

isimlendirmek (be-)nennen, bezeichnen

isimli 1. mit (dem) Namen, namens 2. *gr.* ein Sb. enthaltend, mittels e–s Sb. gebildet

isimsiz 1. namenlos, anonym, unbekannt 2. *(spez. Sport)* nicht in weiteren Kreisen bekannt 3. ohne Sb., kein Sb. enthaltend

isir, -sri 1. Spur, Fährte *f,* Fußtapfen *pl. (a. fig.)* 2. *math.* Spurlinie *f* *(1, 2) iz Zu 1: **-ine ıktifa etmek** (b–nin) *od.* **-ini takip etmek** (b–nin) *z. va.* in j–s Fußtapfen treten Zu 2: **bir müstevinin -i** *math.* Spurlinie *f* e–r Ebene

iska [ā] Versorgung *f* mit Wasser *irva, sulama, suvarma ~ **etmek** 1. begießen, besprengen 2. bewässern, bespülen, durch ein Gebiet fließen 3. tränken (Tiere)

iskaça; iskalarya s. **ıskaça; ıskalarya**

iskaleta [··×·] Name e–s betrügerischen Tricks bei verschiedenen Ka.

iskambil 1. *urspr. Ka.* Brusquembille 2. *allg.* Kartenspiel (-en) *n* 3. s. ~ **kâğıdı** (2); ~ **falı** Karten-legen, -schlagen *n,* Wahrsagen *n* aus den Karten ~ **kâğıdı** 1. (einzelne) Spielkarte *f* 2. (Spiel-)Karten *pl.* ~ **kâğıdı gibi dağıtmak** in alle Winde zerstreuen ~ **kâğıdı gibi devrilmek** wie ein Kartenhaus zusammenstürzen ~ **oynamak** Karten spielen

iskambilci Kartenspieler(-in *f*) *m*

iskampaviya s. **işkampaviya**

iskân 1. Ansiedeln *n,* Unterbringung *f (a. mil.)* 2. Besiedelung *f* ~ **etmek** (bir yere) 1. ansiedeln *yerleştirmek, yurtlandırmak 2. *a. mil.* unterbringen 3. besiedeln (Gegend) ~ **mahallesi** Wohn-viertel *n,* -bezirk *m* ~ **mahalli** (*od.* **yeri**) *mil.* Unterkunft *f* **kabili** ~ bewohnbar, besiedelbar **gayri kabili** ~ unbewohnbar, unbesiedelbar

iskanca (-vardiya) s. **ıskanca (-vardiya)**

iskandal s. **skandal**

iskandil 1. Ab-, Aus-loten *n,* Tiefenmessung *f* (im Meer) 2. (*a.* ~ **kurşunu**) Senk-, Lot-blei, Lot *n* 3. Senker *m,* Senkgewicht *n* (an Fischernetzen od. Angelhaken) 4. genaue Erkundung 5. *V* heimliches Beobachten, Umherspionieren *n,* Sondierung *f* ~ **atmak** *naut.* loten ~ **dolabı** *naut.* Trommel *f* der Lotmaschine ~ **etmek** 1. ab-, aus-loten, die Meerestiefe messen 2. genau erkunden; e–r Sache auf den Grund gehen 3. *V* heimlich beobachten, die Gegend sondieren, auf den Busch klopfen, aushorchen ~ **savlosu** *naut.* Lotleine *f*

iskandilci *naut.* Handloter *m*

İskandinav skandinavisch, Skandinavier(-in *f*) *m* ~ **devletleri** die skandinavischen Staaten *pl.*

İskandinavya [···×·] *n.pr.* Skandinavien

İskandinavyalı s. **İskandinav**

iskarça s. **ıskarça**

iskarlatin *med.* Scharlach *m* *kızıl, skarlatin(-a)

iskarmoz; iskarpela s. **ıskarmoz; ıskarpela**

iskarpin Halbschuh *m*

iskarpinli Halbschuhe tragend **beyaz podösüet ~ bir delikanlı** ein junger Mann mit weißen Wildlederhalbschuhen

iskarto [·×·] Abfälle *pl.* bei der Schurwolle

iskât, -tı 1. Verstummenlassen *n* 2. *mil.* Niederkämpfen *n* ~ **etmek** 1. verstummen lassen, *F* j–m den Mund stopfen, zum Schweigen bringen 2. *mil.* niederkämpfen

İskeçe *n.pr.* Xanthi (Stadt in Griechisch-Thrazien)

iskefe Gerberwerkzeug *n* zum Glätten der Felle ~ **demiri** Halbmondmesser *n* *açkı demiri; tabak muştası

iskele 1. (Schiffs-)Anlegeplatz *m,* (Dampfer-)Haltestelle *f,* Landungsstelle *f,* Pier *m, f* 2. (ins Meer hinausragende) Landungsbrücke od. (kleinere) Landungsrampe 3. **(tahtası)** Laufplanke *f,* Landgang *m,* Gangbord *n,* Gangway *f* *dosa 4. Hafen *m* bzw. Bahnstation *f* e–s von der Küste bzw. der Bahnlinie et. entfernt liegenden Ortes 5. (Bau-) Gerüst *n* 6. *naut.* (*a.* ~ **tarafı**) Backbord *n* (linke Schiffsseite von hinten gesehen) 7. Fallreep *n* ~ **alabanda (etmek)** s. **alabanda ~ (etmek);** ⚓ **alındı** *naut.* Die Schiffsbesatzung darf nicht an Land gehen. ~ **almak** 1. *naut.* das Gangbord einziehen 2. (m. Dat.) *V* sich (an e–e Frau, ein Mädchen) heranmachen ~ **babası** 1. *naut.* Poller *m* 2. verächtl. Bez. für e–n Familienvater mit wenig Autorität *Şam babası, tırabzan babası ~ **başı** *naut.* die obere Plattform e–s Fallreeps ~ **dikmesi** Gerüststange *f* ~ **gergisi** Gerüstbelag *m* ~ **kemeresinde** *naut.* genau querab; dwars ~ **kirişi** 1. Rüstloch *n* 2. Rüstbalken *m* ~ **kontrasında bulunmak** *naut.* auf Backbord-Halsen liegen (Segelschiff) ~ **kumandanı** *mil.* Hafenkommandant *m* ~ **kurmak** ein Gerüst anbringen (aufschlagen) ~ **paraçolu** *naut.* Fallreepstütze *f* ~ **postası** (*od.* **vardiyası**) *naut.* Backbordwache *f* (Matrosen mit geraden Nummern) ~ **resmi** *fr.* (bis 1908) s. **toprakbastı (parası);** ~ **tavası** *naut.* obere od. untere Plattform e–s Fallreeps ~ **ücreti** Hafengebühr *f* ~ **vardavelası** s. **vardamana;** ~ **yapısı** Gerüstbau *m* ~ **vermek** 1. die Laufplanke anlegen 2. das Fallreep herunterlassen **-ye yanaşmak** (an der Landungsbrücke) anlegen (Schiff) **-yi kokutmak** *P* belästigen, quälen, stören **-yi tutmak** e–e Landungs-, Halte-stelle, e–n Hafen anlaufen

iskelekuşu, -nu Eisvogel *m zo.* Alcedo atthis *dere kuşu, emircik kuşu, yalıçapkını

iskelet, -ti 1. *an.* Skelett *n* *kadit 2. Gerippe *n,* Rumpf *m* (e–s Schiffes, Flugzeugs usw.) 3. *fig.* wahres Skelett ~ **gibi** nur mehr Haut und Knochen **-e dönmek** *od.* **-i çıkmak** zum Gerippe abmagern

iskemle 1. Stuhl *m* (*mst.* ohne Lehne), Hocker, Schemel *m* 2. kleines Tischchen (mit Aschenteller, Blumenvase usw.) 3. *techn.* Sitz *m* 4. *fr.* Ehrensitz *m* 5. *naut.* Schlipp *m* ~ **kavgası** s. **post kavgası**

İskender *n.pr.* Alexander ~ **Bey** *n.pr. hist.* Skanderbeg (Albaner; 1404–1468) **-i Kebir** s. **Büyük İskender**

İskenderiye *n.pr.* Alexandrien (in Ägypten) ~ **defnesi** alexandrinischer Lorbeer *bot.* Ruscus hypophyllum

İskenderun *n.pr.* Iskenderun, Alexandrette (Hafenstadt u. D. im Rbz. Hatay)

iskerlet, -ti s. **dikenli salyangoz**

iskete [·×·] Zitronenzeisig *m zo.* Carduelis citrinella; s. a. **büyük (küçük, karabaşlı) ~**

İskilip *n.pr.* Städtchen u. D. im Rbz. Çorum

İskiri *n.pr.* Insel *f* Skyros (nördl. Sporaden)

İskitler *n.pr. hist.* Skythen, Szythen *pl.*

iskiyatik s. **siyatik**

iskiyon *an.* Sitzbein, Ischium *n* *oturga kemiği; verek

İskoç, -çu 1. Schotte *m,* Schottin *f* 2. schottisch 3. schottischer Whisky; Scotch *m* ~ **dansı** *mus.* Ecossaise *f* ~ **teriye** Scotchterrier *m* (schottischer Jagdhund)

İskoçça Schottisch(-e) *n* (Sprache)

İskoçya [·×·] *n.pr.* Schottland

İskoçyalı 1. Schotte *m,* Schottin *f* 2. schottisch

iskolastik 1. scholastisch 2. Scholastik *f* 3. Scholastiker *m*
iskonto s. **ıskonto**
iskorbüt, -tü *med.* Skorbut *m*
iskorbütlü an Skorbut erkrankt
iskorçila [··×·] 1. großes Fischernetz 2. großmaschiger Teil des **alamana** genannten Netzes
iskorçina [··×·] 1. Gartenschwarzwurzel *f bot.* Scorzonera hispanica *kara iskorçina 2. lauchblättriger Bocksbart *bot.* Tragopogon porrifolius
iskorpit, -ti großer Drachenkopf; Meersau *f zo.* Scorpaena scrofa ~ **hanisi** Wrack-Barsch *m zo.* Polyprion americanum
iskota s. **ıskota**
İslâhiye *n.pr.* Städtchen u. D. im Rbz. Gaziantep
İslâm 1. Islam, Mohammedanismus *m* 2. *abus.* Mohammedaner(-in *f*) *m* (*korrekter:* **Müslim** *od.* **Müslüman**); ~ **hukuku** isl. Recht *n* ~ **öncesi** 1. vorislamisch 2. s. **cahiliye devri; -a gelmek** den Islam annehmen, Mohammedaner (-in) werden **-ın beş şartı** (*od.* **erkânı**) die fünf kultischen Pflichten im Islam
İslâmbol *gel.* in der Diwanliteratur für **Istanbul**
İslâmcı 1. Verfechter, Vorkämpfer *m* des (internationalen bzw. überstaatlichen) isl. Gedankens (*spez.* im Ggs. zu **Türkçü**) 2. klerikal gesinnt
İslâmcılık 1. aktives Eintreten für den isl. Gedanken, (Islamismus *m*) 2. Klerikalismus *m*
Islâmî [·– –] den Islam betreffend, islamisch **asarı islâmiye** Werke *pl.* islamischer Kunst
İslâmiyet, -ti 1. Islam, Mohammedanismus *m* 2. Religion *f*, Gesetze und Gebräuche *pl.* des Islam 3. Islamkultur *f* 4. isl. Sprach- und Kulturgemeinschaft, Welt *f* des Islam(s)
İslâmiyetçi s. **İslâmcı**
İslâmlaşmak zum (echten) Mohammedaner werden
İslâmlaştırmak islamisieren
İslâmlık s. **İslâmiyet**
İslâmoloji Islamwissenschaften *pl.*
İslanda s. **İzlanda**
İslav s. **Slav**
islemek 1. rußig werden lassen; berußen, mit Ruß schwärzen 2. (*intr.*) rußen 3. e–n leichtbrenzligen Geschmack verleihen (manchen Süßspeisen wie z.B. **mahallebi**) 4. räuchern (Fleisch, Fisch usw.) *tütsülemek
islenmek 1. Pass. zu **islemek** 2. rußig werden 3. leichtbrenzlig schmecken
isli rußig, berußt, mit Ruß geschwärzt
isliküf Gießkannen-, Kolben-schimmel *m bot.* Aspergillus fumigatus *kuşmantarı
isliküflüce *med.* Aspergillose *f*
islim Dampf *m* *istim **²i arkadan gelsin!** Das ist e–e Cura posterior!
İslimiye *n.pr.* Sliwen (bulgarische Stadt)
İslovak; İsloven s. **Slovak; Sloven**
isma, -aı [ā] *va.* 1. Hören-, Verstehen-lassen, Mitteilen *n* 2. Singen *n*
İsmail [·–] *n.pr.* 1. Ismael (Bibel) 2. *mV* 3. Ismail (Stadt an der Donau in Bessarabien)
İsmailîler *rel.* Ismaeliten *pl.*
İsmailiye [··–·] Name e–r schiitischen Sekte
ismen [×·] *Adv.* 1. dem Namen nach (z.B. kennen) 2. namentlich, persönlich (z.B. einladen)
ismet, -ti 1. Unbeflecktheit, Reinheit, Ehrenhaftigkeit, Unschuld, Tugend *f* 2. ♀ *mV, wV* ♀ **Paşa** s. **İnönü**
ismetli unbefleckt, rein, ehrenhaft, sittsam, tugendhaft, keusch, züchtig
ismetlü 1. s. **ismetli** 2. osm. Titul. bei Anrede od. Erwähnung e–r hochgestellten Dame
ismî *va.* substantivisch, nominal
ismifail, ismihas, ismimeful usw. s. Stw. **isim**
ismiye s. **adcılık**
ismiyet, -ti *ling.* substantivischer Charakter (e–s Wortes)
isnaaşer [·–··] *va.* 1. zwölf *oniki 2. *Abk.* für **miai** ~
İsnaaşeriye *isl.* ein Zweig der Caferî-Sekte
isnadat, -tı [·– –] *va. Pl.* zu **isnat** *spez.* Anschuldigungen, Verleumdungen *pl.* **-ta bulunmak** sich in allen möglichen Anschuldigungen ergehen
isnat, -dı [ā] 1. Zuschreiben *n* 2. Beimessen, Beilegen, Zumessen *n* (z.B. e–r Schuld) 3. ungerechtfertigte Verdächtigung od. Bezichtigung, falsche Beschuldigung, Verleumdung *f* *bühtan, iftira 4. isl. Überliefererkette *f* 5. *gr. va.* Rektion *f* des Verbums ~ **etmek** 1. zuschreiben (z.B. Gedicht) 2. beimessen, beilegen, zumessen (z.B. Schuld) *atfetmek 3. ungerecht verdächtigen od. bezichtigen, verleumden, anschwärzen *bühtan etmek, iftira etmek ~ **edilebilme;** ~ **kabiliyeti** *jur.* Zurechenbarkeit *f* *yükleme yeteneği
iso- s. **izo-**
İSO = International Standards Organization, Internationaler Normenverband
ispalet, -ti Schulter-, Achsel-stück *n*, -klappe *f* (bei Marineoffizieren) *apolet
ispalya [·×·] Spalier *n*
ispanak s. **ıspanak**
İspanya [·×·] 1. *n.pr.* Spanien 2. ♀ ein Kreidebindemittel für Farben ~ **beyazı** Schlämmkreide *f* ~ **eriği ağacı** Rote Balsampflaume, Mombinpflaume *f bot.* Spondias purpurea ~ **korungası** Kronsüßklee *m bot.* Hedysarum coronarium ~ **ladeni** spanische Zistrose *f bot.* Cistus ladaniferus ~ **sarmısağı** Schlangenlauch *m*, Rokambole *f bot.* Allium scorodoprasum *yaban sarmısağı ~ **sineği** s. **kuduzböceği;** ~ **vaşağı** Pardelluchs *m zo.* Lynx pardina **-'da şato kurmak** Luftschlösser bauen
İspanyalı [·×··] 1. Spanier(-in *f*) *m* 2. spanisch
İspanyol 1. Spanier(-in *f*) *m* 2. spanisch ~ **biberi** s. **Arnavut biberi;** ~ **katırtırnağı** Binsenginster *m bot.* Spartium junceum ~ **nezlesi** *hist.* spanische Grippe (1918/19) ~ **yahudileri** spaniolische Juden *pl.*
İspanyolca [··×·] 1. spanische Sprache, Spanisch 2. spanisch 3. *selt.* spanischem Brauch entsprechend
ispanyolet, -ti Dreh-, Fenster-riegel *m*, Espagnoletteverschluß *m*
ispaolo [··×·] s. **ıspavli**
isparça [·×·] *naut.* Schiemannsgarn *n*
isparçina s. **ısparçana**
ispari [·×·]; **isparoz** Ringelbrassen *m zo.* Sargus annularis
ispasa [·×·] *naut.* Ausscheren *n* (e–s Taues), Ab-, Freilegen *n* (von Taljeblöcken) ~ **etmek** 1. ausscheren, anholen (Tau) 2. ab-, frei-legen (Taljenblöcke)
ispat, -tı [ā] 1. *a. math.* Beweis(-en *n*) *m*, Beweisführung *f* *tanıt 2. *va.* Hervorbringen *n*, Schaffung *f* ~ **edici kâğıtlar** s. **evrakı müspite;** ~ **etmek** beweisen, unter Beweis stellen *tanıtlamak ~ **kudreti** *jur.* Beweiskraft *f* *tanıtlama yeteneği ~ **külfeti (ödevi, yükü)** *jur.* Beweislast *f* *tanıt yükü ~ **vasıtası** *jur.* Beweismittel *n* **-ı vücut etmek** persönlich erscheinen **gayri kabili** ~ unbeweisbar
ispati [·×·] *Ka.* Kreuz, Treff (Eichel, Ecker) *sinek ~ **bey** 1. Kreuz-As *n* 2. *fig.* Stutzer, Geck, Fatzke, Laffe *m*
ispatiye [ā] s. **pozitivizm**
ispatlamak [·–··] s. **ispat etmek**
ispatlı [ā] 1. bewiesen 2. beweisbar ~ **şahitli** bewiesen und bezeugt
ispatsız unbewiesen
ispatula s. **spatül**
ispavlo s. **ıspavli**
ispenciyar [ā] *va.* Apotheker, Pharmazeut *m*
ispenciyarî *va.* pharmazeutisch ~ **nebatat** *va.* pharmazeutische Botanik

ispenç, -ci 1. Zwerg-, Bantam-huhn *n* 2. *hist.* Name e–r bis 1849 erhobenen osm. Steuer ~ **horozu** 1. Zwerghahn *m* 2. *fig.* Knirps, Dreikäsehoch, Wicht *m* ~ **horozu gibi** kleiner Angeber; eingebildet, naßforsch
ispençar [ā] s. **ispenciyar**
ispençik, -iği *hist.* 1. staatliche Kopfsteuer auf Kriegsgefangene (ein Fünftel des Schätzwertes) 2. kleinere Abgabe bei Zuzug aus der Provinz nach Istanbul
ispendek, -eği kleineres Exemplar des Seebarsches **(levrek)**
ispermeçet, -ti Spermazet *n*, Walrat *m*, Cetaceum *n* *balıknefsi ~ **balinası** s. **adabalığı;** ~ **mumu** Stearinkerze *f*
ispinoz 1. Buchfink *m zo.* Fringilla coelebs 2. *V* leerer Schwätzer, Plaudertasche *f*
ispinozgiller Finkenvögel *pl. zo.* Fringillidae
ispir 1. Pferde-, Reit-knecht, Groom *m* 2. *allg.* Diener, Hausknecht *m*
İspir *n.pr.* O. u. D. im Rbz. Erzurum
ispiralya [··×·] *naut.* (bei der Handelsmarine) = **kapurta** (2–4)
ispirto [·×·] 1. Spiritus, Weingeist *m* 2. Alkohol *m* *küul ~ **boyası** Spiritusbeize *f* (bei der Holzbearbeitung) ~ **ocağı** Spirituskocher *m* *ispirtoluk, kamineto (*fr. a.* ~ **lambası**)
ispirtolu 1. Spiritus enthaltend, Spiritus- 2. mit Spiritus betrieben, Spiritus- 3. alkoholhaltig, alkoholisch *alkollü ~ **içkiler** alkoholische Getränke *pl.* ~ **pusula** *naut.* Fluid-, Schwimm-, Sprit-kompaß *m*
ispirtoluk Spirituskocher *m* *kamineto
ispit, -ti (Rad-)Speiche *f*; Arm *m*
ispitalya [··×·] *fr.* griech. Krankenhaus *n*
ispiyon *V* Geheimpolizist, Detektiv, Polizeispitzel, Agent *m*
ispiyonlamak *V* als Geheimagent tätig sein, Spitzeldienste leisten; herum-spionieren, -schnüffeln *tr.* überwachen, bespitzeln
ispiyonluk *V* Tätigkeit *f* e–s (Polizei-)Spitzels ~ **etmek** *V* Spitzeldienste leisten
isplata s. **ısplata**
ispolet, -ti s. **apolet**
isporka [·×·] *naut.* Verhängung *f* der Quarantäne ~ **etmek** die Quarantäne verhängen (über ein Schiff)
ispritizma [··×·] Spiritismus *m*
ispritizmacı [··×··] Spiritist(-in *f*) *m*
ispritizmacılık *pej.* Spiritistenunwesen *n*
isra, -aı [ā] (*ar.:* Nachtfahrt) ⁓ **suresi** Name der 17. Koran-Sure **leylei** (*od.* **şebi**) ~ Nacht *f* von Mohammeds Himmelfahrt
israf [ā] Verschwendung, Vergeudung *f* *tutumsuzluk ~ **etmek** verschwenden, vergeuden, verschleudern
İsrafil [·– –] *n.pr., isl. Myth.* Erzengel, der am Jüngsten Tag die Trompete blasen wird; s. a. **sûru** ~
İsrail *n.pr.* 1. Israel (Bibel) 2. der Staat Israel; **Beni** ~ s. **İsrailoğulları**
İsrailiyat, -tı *va.* biblische Geschichten
İsrailli 1. Israelit(-in *f*) *m*, israelitisch 2. Israeli *m, f*, israelisch
İsrailoğulları, -nı die Kinder Israel, die Juden
istadya [·×·] s. **stadya**
istaka s. **isteka** (1)
istakoz s. **ıstakoz**
istalagmit, -ti Stalagmit, Auftropfstein *m* *dikit
istalaktit, -ti 1. Stalaktit, Abtropfstein *m* *sarkıt 2. *arch.* Hängegeschmuck *m*
istalya [·×·] *naut.* s. **starya**
istalyoz *naut.* Stütze *f* des Sonnensegels
istampa s. **ıstampa**
-istan *urspr.* [ā] *pers. Sx.* zur Bez. von Ländern und Landstrichen *bzw. (z. va.)* von Orten, an denen et. in größerer Menge vorkommt und *(va.)* von Jahreszeiten; vgl. **Acemistan, gülistan, hiçistan, Hindistan, Macaristan, Yunanistan** usw.
İstanbul s. **Istanbul**
istanca [·×·] *naut.* (bei der Handelsmarine) = **flok**
İstanköy (adası) *n.pr.* Insel *f* Kos (Dodekanes) ~ **şehri** *n.pr.* Kos (Hauptstadt der gln. Insel)
istarya s. **starya**
istasyon 1. Station, Haltestelle *f* 2. Bahnhof *m* *gar 3. wissenschaftliche Station; Forschungs-, Untersuchungs-station *f* 4. Rundfunksender *m*, Radiostation *f* ~ **başmemuru** s. ~ **şefi;** ~ **binası** Bahnhof(-sgebäude *n*) *m* ~ **karakolu** Bahnhofswache *f* ~ **kumandanı** *mil.* Bahnhofskommandant *m* ~ **kumandanlığı** *mil.* Bahnhofskommandantur *f* ~ **müdürü** (*od.* **şefi**) Bahnhofsvorstand, Stationschef *m* *gar şefi ~ **şefliği** Dienststelle *f* (Büro, Amtszimmer *n*) des Stationsvorstehers **-un açılışı** (*bzw.* **kapanışı**) Sende-beginn (*bzw.* -schluß) *m* (im Rundfunk)
istatistik 1. Statistik *f* *ihsaiyat, sayılama 2. statistisch *ihsaî, sayılamsal ~ **müdürlüğü** Statistisches Amt ~ **sırları** statistisches Geheimnis ~ **yıllığı** statistisches Jahrbuch
istatistikçi Statistiker(-in *f*) *m* *ihsaiyatçı
istatistikî *selt.* statistisch
istavrit, -ti Stöcker *m*, Bastardmakrele *f zo.* Trachurus trachurus ~ **azmanı** *abus.* s. **tonbalığı**
istavroz s. **ıstavroz**
istearik asit *chem.* Stearinsäure *f*
istearin *chem.* Stearin *n*
istefan Braut-kranz *m*, -krone *f* (e–r christl. Braut)
istek, -eği 1. Wunsch *m*, Lust *f* *arzu 2. Begehren, Verlangen *n*, Anspruch *m*, Forderung *f* *mutalebe, talep 3. Wille, Entschluß *m* *irade Zu 3: **Buraya kendi -iyle geldi.** Er ist aus eigenem Entschluß (aus freien Stücken) hierhergekommen. ~ **açığa vurması** s. **irade izharı;** ~ **açıklaması** s. **irade beyanı;** ~ **bozukluğu** s. **irade fesadı;** ~ **duymak** (m. Dat.) Lust haben (auf) ~ **etmek; -te bulunmak** *selt.* wollen, wünschen *istemek, arzu etmek ~ **kipi** *gr.* Optativ *m*, Wunschform *f* *iltizam sıygası ~ **kipi kısalması** *phon.* haplologische Verkürzung bei der 1. Person Sing. der Optativform (z. B. **söyleyeyim** > **söyleyim**); ~ **koşulu** s. **iradî şart;** ~ **tümcesi** *gr.* Wunschsatz *m* *cümlei iltizamiye ~ **üzerine** auf Verlangen ~ **yutumu** s. ~ **kipi kısalması; -e bağlı** s. **ihtiyarî**
isteka [·×·] 1. Billardstock *m*, Queue *n* 2. Glättholz *n* (des Schusters od. Sattlers) 3. Falzbein *n* (des Buchbinders)
istekalık Queueständer *m*
isteklendirmek ermuntern, anregen, j–m Lust machen; Eifer erwecken (et. zu tun) *tergip etmek, teşvik etmek
isteklenmek Lust bekommen *heveslenmek
istekli 1. wünschend, wollend, begierig 2. Bewerber, Interessent *m* *talip
isteklilik Bereitwilligkeit *f*
isteksel: ~ **sözleşmeler** s. **rızaya bağlı akitler; rızaî akitler**
isteksiz mit innerem Widerstreben; ungern
isteksizlik Unlust, Abneigung *f*
istem 1. *psych.* Wollen *n*, Willensakt *m* *irtiyat 2. *H* Nachfrage *f* *talep ~ **yitimi** *psych.* Willens-, Konzentrationsschwäche *f*
isteme Vs. zu **istemek; -sine istiyorum** ich will schon; ich möchte ja gern (aber...)
istemek 1. wollen, wünschen 2. bitten, ersuchen 3. verlangen, fordern 4. nach j–m fragen, j–n sprechen wollen *a.* j–n rufen 5. notwendig (nötig, erforderlich) sein Zu 4: **Kimi istiyorsunuz?** Wen suchen Sie? Wen wollen Sie sprechen? Zu 5: **Alışmak ister.** Es bedarf der Gewöhnung. **istediği dilediği gibi** ganz nach (eigenem) Wunsch, nach Gutdünken, willkürlich **istediği gibi at koşturmak** (*od.* **oynatmak**) selbstherrlich handeln **istediği gibi oynatmak** (b–ni) j–n nach seiner Flöte tanzen lassen **İste-**

diğini söyleyen, istemediğini işitir. *Spr.* Wer unüberlegt redet, bekommt Unangenehmes zu hören. **İstemem yan cebime koy!** (*Ra.* bei Selbstironisierung od. Ziererei) 1. Ich will (*bzw.* brauche) das nicht; aber stecke es mir nur ruhig in die Seitentasche! 2. Ach, nicht doch! **İstemez.** 1. Das ist nicht nötig. Das erübrigt sich. 2. (als Ablehnung e–s Händlerangebots) Ich brauche nichts. Wir haben noch. **istemeyerek.** 1. ungern, widerwillig 2. ohne es zu wollen, wider Willen, unfreiwillig **ister istemez** 1. wohl oder übel, gezwungenermaßen, nolens volens 2. mit Naturnotwendigkeit, auf jeden Fall, unabänderlich, sowieso Zu 2: **Bu iş ister istemez olacak.** Dazu kommt es auf jeden Fall. **ister ... ister** (*mit Imp.*) gleichgültig ob ... oder (**ister genç ister yaşlı olsun** ohne Rücksicht auf das Alter **ister inan ister inanma** glaub's oder glaub's nicht!) **isterik (isterük)** *hist.* Ruf der Janitscharen bei Stellung neuer Forderungen **İster misin şimdi gelsin!** 1. Ich fürchte, er kommt vielleicht jetzt. 2. Wie nett, wenn er jetzt käme! **İsteyenin bir yüzü kara, vermeyenin iki yüzü kara.** *Spr.* Es bringt e–n mehr in Verlegenheit, wenn man et. abschlagen muß, als wenn man um et. bittet. **isteyerek** 1. mit Vergnügen, gerne 2. willig, eifrig 3. freiwillig, aus freien Stücken

istemeziz *dial.* für **istemeyiz**

istemezlenmek so tun, als ob man nicht wollte

istemezler diejenigen, die dagegen sind

istemirem *dial.* für **istemem**

istemli 1. dem freien Belieben überlassen; freiwillig, unverbindlich, wahlfrei, fakultativ *ihtiyarî 2. gewollt, willentlich, willkürlich, mit Absicht herbeigeführt, beabsichtigt, vorsätzlich *ihtiyarî, iradeli, iradî

istemseme *psych.* Velleität *f*, kraftloses Wollen; Anwandlung *f* *iradei zaife

istemsiz ungewollt, unwillkürlich, unbeabsichtigt *gayri ihtiyarî, gayri iradî, iradesiz

isten(il)mek Pass. zu **istemek; Bunun yapılması isten(il)ir.** Man will, daß dies geschieht. Dies soll geschehen.

istep, -pi s. **step**

istepne (< step-pneu?) Ersatzreifen *m bzw.* Reserverad *n* (für Auto)

ister 1. s. Stw. **istemek** 2. s. **ster** 3. Erfordernis *n* *gerek, icap

isteri s. **histeri**

isterik 1. s. Stw. **istemek** 2. s. **histerik**

isterük s. Stw. **istemek**

istetmek Kaus. zu **istemek** bitten lassen (um), et. durch j–n verlangen lassen, anfordern

isteyiş Wollen, Wünschen, Verlangen *n*

istıktap, -bı [ā] *va.* s. **polarma**

istıtla, -aı [ā] *z. va.* 1. Ersuchen *n* um Auskunft, Verlangen *n* nach näherer Information 2. erhaltene Auskunft; Information *f*, Ergebnis *n* von Nachforschungen

istiabî [·––] Fassungs-, Aufnahme- (räumlich)

istiade [ā] *va.* Bitte *f* um Rücksendung

istiane [ā] 1. Bitte *f* um Hilfe 2. *lit. va.* Zitierung *f* e–s Ausspruchs ~ **etmek** (m. Abl.) um Hilfe (Unterstützung) bitten *yardımsamak

istiap, -bı [ā] (räumliches) Fassungsvermögen, Volumen *n*, Rauminhalt *m* ~ **etmek** 1. räumlich fassen (können), aufnehmen (können), enthalten 2. (e–n Raum) einnehmen ~ **haddi** (*od.* **derecesi**) Raumgehalt *m*, Tragfähigkeit *f*, *mil. a.* Belegungsfähigkeit *f* ~ **kabiliyeti** Aufnahme-fähigkeit *f*, -vermögen *n* ~ **ölçüsü** Hohlmaß *m*

istiare [ā] 1. Entleihen, Ausborgen (von) *n* 2. *stil.* Metapher *f* *eğretileme ~ **etmek** sich et. leihen, ausborgen, entlehnen (z.B. Wörter) ~ **tarikiyle** metaphorisch, bildlich **-i temsiliye** *stil.* s. **alegori**

istiareli s. **eğretilemeli**

istiaze [ā] *z. va.* Schutzsuchen *n* ~ **etmek** Schutz suchen *spez.* die Koranformel aussprechen: **Euzu billah** [·–··–] (Ich flüchte mich in den Schutz Gottes)

istibar [·––] *va.* Bitte *f* um Deutung e–s Traums

istib'at, -dı [ā] *va.* 1. Annahme *f*, daß jm. od. et. ferne ist 2. Für-unwahrscheinlich-Halten *n* ~ **etmek** *va.* 1. glauben, daß jm. od. et. ferne ist 2. für unwahrscheinlich halten

istibdal, -li [ā] *va.* 1. Annahme *f* als Ersatz; Umtausch *m* 2. *mil.* Einstellung *f* neuer Rekruten (bei Ablauf der Dienstzeit anderer Soldaten) ~ **etmek** *va.* (um-)tauschen, wechseln, ersetzen **-i huruf** *va.* Schriftänderung *f* (Aufgabe der ar. Schrift zugunsten der Lateinschrift)

istibdat, -dı [ā] Absolutismus *m*, Willkür-, Gewalt-herrschaft *f*, Despotismus *m* (in der Türkei spez. die Periode von 1878–1908)

istibdatkârane [··––––·] *va.* absolutistisch, despotisch

istibra [ā] *va.* 1. Reinigung *f* nach dem Urinieren 2. Enthaltung *f* vom Geschlechtsverkehr bis nach der ersten Menstruation der Frau (bei Verheiratung mit e–r Witwe od. fr. mit e–r Sklavin)

istical, -li [·––] *va.* Eile, Hast *f* ~ **etmek** *va.* eilen, hasten

isticar [·––] Mieten, Pachten *n* ~ **etmek** mieten, pachten

isticlâp, -bı *psych.* Evokation, Wiedererweckung *f* (von Erinnerungen) *uyandırma

isticvap, -bı [ā] Verhör *n*, Vernehmung *f* *istintak ~ **etmek** verhören, vernehmen *istintak etmek

isticvapname [··––·] *jur.* Vernehmungsprotokoll *n*

istida [ā] 1. *va.* Erflehen, Erbitten *n* 2. Antrag *m*, Gesuch *n* *dilekçe ~ **etmek** 1. *va.* erflehen, erbitten 2. beantragen ~ **hakkı** *jur.* Beschwerderecht *n* ~ **vermek** ein Gesuch stellen (einreichen)

istidacı [ā] wer gegen Entgelt für andere Gesuche aufsetzt

istidaname [··––·] schriftliches Gesuch (Ersuchen, Ansuchen) *dilekçe ~ **sahibi** Antragsteller *m* *müstedi, dilekçi

istidane [ā] *va.* Entleihen, Borgen *n* (von) ~ **etmek** *va.* et. entleihen (von), sich et. borgen (bei)

istidarî [··––] *med.* peristaltisch *peristaltik

istidat, -dı [ā] 1. *selt.* Bereit-schaft, -willigkeit *f* 2. natürliche Anlage; Veranlagung *f* 3. *mel.* Begabung, Fähigkeit *f*, Talent *n* (*a.* personifiziert z.B. **genç -ler** junge Talente) 4. *med.* Anfälligkeit, Disposition *f* 5. drohende Entwicklungsmöglichkeit ~ **göstermek** 1. sich begabt erweisen, begabt (talentiert) sein 2. drohen (Entwicklungsmöglichkeit) Zu 1: **Bu çocuk resimde büyük bir ~ gösteriyor.** Der Junge ist zeichnerisch hochtalentiert. Zu 2: **Yangın, büyümek -ını gösterdi.** Der Brand drohte sich auszubreiten. ~ **sahibi** s. **istidatlı** (1); **-ı olmak** 1. e–e best. Anlage (Veranlagung) besitzen, veranlagt sein 2. *mel.* begabt (befähigt, talentiert) sein 3. *med.* anfällig (disponiert) sein (für e–e Krankheit)

istidatlı [ā] 1. *mel.* begabt, talentiert, fähig, befähigt *istidat sahibi, müstait 2. *med.* anfällig, disponiert Zu 2: **Çiçeğe karşı herkes -dır.** Jeder kann leicht die Pocken bekommen.

istidatsız [ā] unbegabt, untalentiert, wenig befähigt

istidatsızlık [ā] Unbegabtheit *f*, mangelndes Talent, geringe Befähigung

istidlâl, -li Deduzieren *n*, Deduktion *f*, mittelbares Verstehen, Entnehmen, Her-, Ab-leiten, Schließen *n*, Schluß *m* ~ **etmek** deduzieren, mittelbar verstehen; (dem Vorangegangenen) entnehmen; her-, ab-leiten, schließen **neticei** ~ *log.* Schluß-folgerung *f*, -satz *m*, Konklusion *f* *vargı

istidlâlen *Adv.* auf deduktivem Wege, mittels Deduktion

istidlâlî deduktiv

istidracî [ā] *va.* s. **tedricî**

istidraç, -cı [ā] *va.* 1. allmähliches Vorankommen 2. Rangerhöhung *f* (durch unverdientes Glück)
istidrak, -ki [ā] *va.* 1. Erreichen *n* 2. Verstehen *n* 3. *lit.* a) s. **övgümsü medih** b) s. **yergimsi övgü**
istif 1. *spez. naut.* Stapelung, Aufschichtung *f* 2. Verschnörkelung *f* der Buchstaben in der ar. Schrift ~ **çıtası** Stapelleisten *m* ~ **etmek** stapeln, schichten, anhäufen, verstauen 2. verschnörkeln (Buchstaben) ~ **tahtası** *naut.* Stauholz *n* (für Fässer) *daneç **-i bozuk** nicht gleichmäßig gestaut (Ladung) **-i bozmak** *naut.* anbrechen, abtragen (gestapelte Fracht) **-in bozulması** *naut.* Durcheinandergeraten *n* der Schiffsladung (bei starkem Seegang) **-inden başlamak** *V* anfangen zu fluchen **-ini bozmak** *P* erniedrigen, demütigen, beschimpfen **-ini bozmamak** 1. *mel.* sich nicht aus der Ruhe bringen lassen, sich nicht beirren (od. stören) lassen, keine Miene verziehen 2. *pej.* sich nicht rühren, wie ein Holzklotz dasitzen; so tun, als ob e–n alles nichts anginge
istifa (I) [·– –] Bitte *f* um Amtsenthebung; Rücktritts-, Entlassungs-gesuch *n*; Rücktritt *m* (vom Amt), Niederlegung *f* (e–s Amtes), Demission *f* ~ **etmek** sein Amt niederlegen, seine Stelle aufgeben, um Entlassung einkommen; zurücktreten, demissionieren *çekilmek **-sını geri almak** seine Demission zurücknehmen **-sını vermek** s. ~ **etmek**
istifa (II) *va. naut.* unterster Laderaum
istîfa (III) [·– –] *va.* Einkassieren *n* ~ **etmek** *va.* einkassieren, sich et. auszahlen lassen
istifade [ā] 1. Verwendung, Benutzung *f* 2. Gewinn, Vorteil, Nutzen, Profit *m* ~ **bölümü** Benutzungsabteilung *f* (e–r Bibliothek) ~ **etmek** (m. Abl.) 1. Gewinn (Vorteil, Nutzen, Profit) ziehen (aus) 2. (viel) lernen (z. B. bei e–m best. Lehrer), geistige Förderung erfahren (durch) 3. sich (e–r Sache od. Person) bedienen, et. od. j–n (als Mittel zum Zweck, als Sprungbrett) benützen, verwenden, ausnützen *(1–3) faydalanmak, yararlanmak **kabili** ~ brauchbar, verwendbar, nützlich
istifadeli [ā] Gewinn (Vorteil, Nutzen, Profit) bringend; nützlich, vorteilhaft, förderlich (z. B. Kenntnisse)
istifador s. **istivador**
istif'al [ā] **(babı)** ar. Vs. der 10. Form (vgl. **mülk : istimlâk**)
istifaname [·· – – ·] schriftliches Enthebungs-, Entlassungs-, Rücktritts-gesuch, schriftliche Demission
istifçi 1. wer et. aufstapelt (anhäuft, aufschichtet) 2. *fig.* wer Waren hortet, Hamsterer, (Waren-)Spekulant, Preistreiber *m*
istifçilik 1. Stapelung, Aufschichtung *f* 2. (Waren-)Hortung, Preistreiberei, Spekulation *f*
istifham [ā] Fragen *n*, Frage *f* ~ **edatı (işareti, zamiri, zarfı)** s. **soru eki (işareti, adılı, belirteci);** ~ **etmek** *va.* fragen *sormak
istifhamî [·· – –] *va.* Frage-, Interrogativ-
istifhamlı [ā] fragend (z. B. Blick)
istiflemek s. **istif etmek**
istifli 1. auf-gestapelt, -gehäuft, -geschichtet; gestaut; gut verteilt (Ladung) 2. ineinander verschlungen (z. B. Buchstaben), verschnörkelt (z. B. Schrift)
istifrağ [ā] (Er-)Brechen, Sich-Übergeben *n* *kay, kusma ~ **etmek** (er-)brechen, sich übergeben *kayyetmek, kusmak
istifraş [ā] Konkubinat *n*, wilde od. freie Ehe ~ **etmek** (m. Akk.) zur Konkubine haben; in wilder (freier) Ehe leben (mit)
istifsar [ā] *va.* Fragen, Sich-Erkundigen *n* (nach) ~ **etmek** *va.* fragen, sich erkundigen (nach) *sormak **₂ı hale** (*od.* **hatıra) geldim.** Ich wollte mich einmal nach Ihrem Befinden erkundigen. **-ı keyfiyet etmek** *va.* Erkundigungen einholen
istifta [ā] *hist.* Einholung *f* e–s Fetwas ~ **etmek** *hist.* ein Fetwa einholen
istiftah [ā] **etmek** s. **siftah etmek**
istiğbar [ā] *bot.* Bestäubung *f* *tozlaşma
istiğfar [ā] Bitte *f* um Sündenvergebung ~ **etmek** (Gott) um Sündenvergebung bitten
istiğlâl, -li *va.* Verpfändung *f* der laufenden Einkünfte (aus Immobilienbesitz) an den Gläubiger
istiğmat, -tı *bot.* Narbe *f*, Stigma *n* *tepecik
istiğna [ā] 1. Sich-Zieren, Sich-Bittenlassen *n*, abweisendes Verhalten 2. Sattsein *n*, Sättigung *f*, Befriedigtsein *n*, Befriedigung *f* 3. s. **gönül tokluğu;** ~ **etmek** (*od.* **göstermek**) 1. sich bitten lassen, sich zieren 2. et. nicht nötig haben, et. entbehren können ~ **vermek** alle Bedürfnisse befriedigen, vollauf genügen
istiğrak, -kı [ā] 1. vollkommenes Versunkensein od. Sich-Versenken 2. *spez.* mystische Verzückung; Ekstase *f* *dalınç 3. Bewußtlosigkeit *f* 4. *stil.* s. **iğrak;** ~ **etmek** 1. sich (z. B. e–m Gefühl) ganz überlassen 2. in Ekstase geraten 3. das Bewußtsein verlieren
istiğrap, -bı [ā] *va.* Befremdlichfinden, Anstoß-, Ärgernisnehmen *n*, verwundertes Betrachten, Verwunderung *f* ~ **etmek** *va.* befremdlich (eigentümlich, sonderbar, seltsam) finden; Anstoß (Ärgernis) nehmen (an), verwundert betrachten
istihale [ā] 1. Ver-, Um-wandlung, Umgestaltung, Metamorphose *f* *başkalaşım, başkalaşma 2. Entartung, Degeneration *f* *soysuzlaşma, tereddi 3. *va.* Unmöglichsein *n*, Absurdität *f* ~ **etmek** e–e andere Form annehmen, e–e Metamorphose durchmachen ~ **ettirmek** umwandeln, umformen, transformieren *dönüştürmek, şeklini değiştirmek
istihaliye [ā] s. **transformizm**
istihare [ā] das nach Vornahme der rituellen Waschung gesprochene Gebet um innere Erleuchtung (einschließlich des unmittelbar folgenden Schlafengehens) **-ye yatmak** sich nach der rituellen Waschung und dem Gebet um innere Erleuchtung schlafenlegen; et. beschlafen
istihbar [ā] 1. Sich-Erkundigen *n* (nach), Nachfragen *n* 2. Hören, Erfahren, In-Erfahrung-Bringen *n* Zu 2: **Anadolu Ajansının -ına göre...** Wie die Anatolische Nachrichtenagentur erfährt... ~ **etmek** 1. erkundigen, fragen (nach) 2. hören, erfahren, in Erfahrung bringen
istihbarat, -tı [·· – –] 1. Einholen *n* von Auskünften, Sammeln *n* von Nachrichten 2. erhaltene Nachrichten od. Meldungen *pl.* 3. *abus.* (Erteilung *f* von) Auskunft *f* *enformasyon Zu 2: **bir -ı değerlendirerek** in Auswertung e–r (der Polizei) zugegangenen Mitteilung ~ **ajansı** Nachrichtenbüro *n*, Pressestelle *f* ~ **bürosu** 1. Auskunfts-büro *n*, -stelle *f*, Auskunft(-ei) *f* 2. *mil.* Evidenzbüro *n*, Geheimdienst *m* ~ **dairesi** Nachrichtenagentur *f* ~ **hizmeti** *mil.* Nachrichten-, Kundschafter-dienst *m* ~ **merkezi** *mil.* Auskunfts-, Meldesammel-stelle *f* ~ **nezareti** (ausländisches) Informationsministerium ~ **servisi** Nachrichtendienst *m* ~ **subayı** *mil.* Nachrichtenoffizier *m* ~ **şubesi** *mil.* Nachrichtenabteilung *f*
istihbaratçılık [·· – ··] Auskunftswesen *n*
istihdaf [ā] Zum-Ziel-Nehmen, Bezwecken, Ab-, Hin-zielen (auf) *n* ~ **etmek** (bşi) zum Ziel nehmen, bezwecken; ab-, hin-zielen (auf) **Bu hareketiyle hangi maksadı ~ ediyor?** Was will er damit erreichen?
istihdam [ā] 1. dienstliche Einsetzung od. Verwendung *f*, In-Dienst-Nehmen *n*, Anstellung, Beschäftigung *f*, Betrauung *f* (mit e–r Aufgabe) 2. *stil.* Syllepsis, Syllepse *f* 3. *stil.* die Verwendung e–s Wortes sowohl in wörtl. wie in fig. Bed. *(2, 3) kapsama ~ **edenin mesuliyeti** *jur.* Unternehmerhaftpflicht *f* *çalıştıranın sorumluluğu ~ **etmek** dienstlich einsetzen od. verwenden, in Dienst neh-

men; anstellen; beschäftigen; betrauen (mit e–r Aufgabe)
istihfaf [ā] Geringschätzung, Nicht-, Ver-achtung *f* ~ **etmek** geringschätzen, für unbedeutend ansehen, nicht achten, verachten, nicht ehren, keine Ehrfurcht erweisen *hafifsemek ~ **edici bir lisan** verächtliche Ausdrucksweise, Worte *pl.* der Geringschätzung
istihfafkâr [··––] geringschätzig, verachtungsvoll
istihkak, -kı [ā] 1. (An-)Recht *n*, berechtigter Anspruch 2. (offizielle) Zuteilung, (zustehende Ration, Zuteilungsquote) ~ **davası** *jur.* Herausgabeanspruch *m*, Rückforderungs-, Eigentums-klage *f* *hakediş davası, geri alma arancı, iyelik dilemi ~ **etmek** verdienen, Anspruch haben (auf) ~ **kazanmak** Anrecht (auf et.) erwerben **-ını almak** seinen Lohn einkassieren
istihkâm 1. *va.* Festigung, Sicherung *f* 2. Befestigung *f*, Festungswerk *n* 3. *mil. a.* Pionier- ~ **askeri** *mil.* Pionier *m* ~ **birliği** Pionier-einheit, -abteilung *f* ~ **edevatı** Schanzzeug, Pioniergerät *n* ~ **kazığı** Schanzpfahl *m* *şarampol ~ **kıtaları** Pioniertruppen, Pioniere *pl.* ~ **mühendisi** Festungsbaumeister *m* ~ **parkı** *mil.* Pionierpark *m* ~ **subayı** Pionieroffizier *m* ~ **taburu** Pionierbataillon *n* ~ **tesisi** Befestigungs-anlage *f*, -werke *pl.* **-ın kalpgâhı** *mil.* Kernbefestigung *f*
istihkâmat, -tı [··––] *z. va. Pl.* zu **istihkâm; -ı cesime** (*od.* **daime**) *mil. va.* ständige Befestigungen *pl.*
istihkâmcı 1. Festungsbaumeister *m* 2. *mil.* Pionier *m*
istihkâmcılık 1. Festungsbauwesen *n* 2. Pionier-wesen *n*, -dienst *m*, -waffe *f*
istihkâmlamak befestigen, mit Befestigungen versehen *tahkim etmek
istihkâmlı mit Befestigungen ausgestattet, befestigt *müstahkem
istihkar [ā] 1. Geringschätzung, Verachtung *f* 2. Zurückstellung *f* (z.B. persönlicher Interessen) ~ **etmek** 1. geringschätzen, verachten 2. zurückstellen (persönl. Interessen) Zu 1: **hayatını** ~ **etmek** sein Leben aufs Spiel setzen **-ı hayat** *va.* Todesverachtung *f*
istihlâf 1. Hinterlassung, Einsetzung od. Ernennung *f* e–s Nachfolgers 2. Ersetzung, Ablösung *f* (durch e–n Nachfolger) ~ **etmek** 1. e–n Nachfolger hinterlassen, einsetzen od. ernennen 2. j–n (im Amt) ersetzen, ablösen
istihlâk, -ki Verbrauch, Konsum *m* *tüketim, yoğaltım (*ant.* **istihsal**); ~ **eşyası** Konsumgüter *pl.* ~ **etmek** verbrauchen, konsumieren ~ **kooperatifi** Konsum-genossenschaft *f*, -verein *m* ~ **vergisi** Verbrauchs-, Konsumsteuer *f*
istihlâkât, -tı (*va. Pl.* zu **istihlâk**) (Gesamt-)Verbrauch *m*
istihlâkçi Verbraucher, Konsument *m* *müstehlik
istihlâl, -li *va.* 1. Für-erlaubt-Halten *n* 2. Umgestaltung *f* in et. Erlaubtes 3. Bitte *f* um Vergebung ~ **etmek** *va.* 1. für erlaubt ansehen 2. veranlassen, daß et. für erlaubt gilt 3. s. **helâllaşmak**
istihlâs *va.* 1. Freimachen, Erübrigen *n* (von Zeit) 2. Erretten, Befreien *n*, Errettung, Befreiung *f* ~ **etmek** *va.* 1. freimachen, erübrigen (Zeit) 2. erretten, befreien
istihmam [ā] *va.* Sich-Waschen od. Baden *n* in heißem Wasser ~ **etmek** sich heiß waschen, ein heißes Bad nehmen
istihracat, -tı [··––] *va. Pl.* zu **istihraç** *spez.* Schlüsse, Weissagungen *pl.* **-ta bulunmak** *va.* willkürliche Schlüsse ziehen
istihraç, -cı [ā] 1. Heraus-holen, -nehmen *n* 2. Förderung, Gewinnung *f* 3. Entnehmen, Schließen *n*, Schluß(-folgerung *f*) *m* 4. Verstehen *n* 5. Weissagung, Prophezeiung *f* 6. s. **akrostiş;** ~ **etmek** 1. heraus-holen, -nehmen 2. fördern, gewinnen (z.B. Erze) 3. *fig.* entnehmen, schließen, schlußfolgern 4. *fig.* herausbekommen (z.B. e–n Sinn), verstehen 5. *fig.* weissagen, prophezeien
istihsal, -li [ā] 1. Erzeugung, Produktion *f* *üretim, yetiştirme 2. Erwerben, Erlangen, Beschaffen, Erwirken *n* ~ **etmek** 1. erzeugen, produzieren *üretmek, yetiştirmek 2. erwerben, erlangen, erwirken (z.B. Erlaubnis), beschaffen, sich et. verschaffen ~ **fazlası** Überproduktion *f* ~ **kabiliyeti** Produktionskapazität *f* ~ **kooperatifi** Produktions-, Verkaufs-genossenschaft *f*
istihsalât, -tı [··––] *Pl.* zu **istihsal** 1. (Gesamt-)Erzeugung, Produktion *f* 2. Gewinnung, Leistung *f* (z.B. in e–m Industriezweig)
istihsalci [ā] Erzeuger, Hersteller, Produzent *m* *müstahsil
istihsan [ā] *va.* Billigung *f*, Gefallen-Finden *n* ~ **etmek** *va.* gutheißen, billigen; Gefallen finden (an) *beğenmek
istihza [ā] (feiner, versteckter) Spott; Ironie *f* (s.a. **romantik** ~; **mukadderatın -sı**); ~ **etmek** spotten, spötteln, ironisieren
istihzakâr *va.* spöttisch, ironisch (z.B. Lächeln)
istihzar [ā] 1. Vorbereiten *n*, Vorbereitung, Vorkehrung *f* 2. *chem.* Präparieren *n* 3. *mil.* Bereitstellen *n* *(1–3) hazırlama 4. Bitte od. Aufforderung *f* zu erscheinen, Kommenlassen *n* 5. Zurückrufung *f* (ins Gedächtnis) 6. geistige Vorstellung *tasarım, tasavvur ~ **etmek** 1. vorbereiten 2. *chem.* präparieren 3. *mil.* in Bereitschaft stellen *(1–3) hazırlamak 4. j–n kommen lassen, zu sich entbieten 5. sich et. ins Gedächtnis zurückrufen, sich et. vergegenwärtigen
istihzarat, -tı [··––] *va. Pl.* zu **istihzar** *spez.* 1. Vorbereitungen, Vorkehrungen *pl.* 2. was im Gedächtnis geblieben ist
istihzarî [··––] *psych.* Vorstellungs- *tasarımlı
istikamet, -ti [ā] 1. *va.* Geradheit, Rechtschaffenheit, Ehrlichkeit, Aufrichtigkeit *f* *doğruluk 2. *va.* Befolgung *f* der religiösen Vorschriften 3. Richtung *f* ~ **almak** e–e (best.) Richtung einschlagen ~ **değiştirme** Richtungsänderung *f* ~ **dinleyicisi** *mil.* Richtungshörer *m* ~ **dümeni** Seiten-ruder, -steuer *n* (e–s Flugzeugs) ~ **göstergesi** Winker *m*, Blinklicht *n* (an e–m Auto) ~ **hattı** Richtungslinie *f* ~ **noktası** Richtungspunkt *m* **-in muhafazası** *mil.* Aufrechterhaltung *f* der Richtung
istikbal, -li [ā] 1. Empfangen, Abholen *n*, Empfang *m*, Begrüßung *f* 2. zukünftige Zeit, Zukunft *f*, *gr. a.* Futurum *n* *gelecek zaman, müstakbel 3. *astr.* s. **karşıkonum** 4. *va.* Aufstellungnehmen, Sich-Wenden *n* ~ **etmek** empfangen, begrüßen, abholen ~ **merasimi** Empfangsfeierlichkeiten *pl.*, feierlicher Empfang **-ine çıkmak** (b–nin) j–n abholen gehen, sich zu j–s Begrüßung einfinden
istikbalci [ā] wer sich zu j–s Empfang (Begrüßung, Abholung) eingefunden hat *karşı(layı)cı
istikbaliye [ā] *fr. lit.* 1. Begrüßungsgedicht *n* für e–n ankommenden hohen Gast 2. s. Stw. **kudumiye**
istiklâl, -li Unabhängigkeit, Freiheit *f* ≗ **Harbi** (*od.* **Savaşı**) (türk.) Befreiungs-, Unabhängigkeits-krieg *m* (unter Gazi Mustafa Kemal Pascha, 1919–1922) *Kurtuluş Savaşı; Millî Mücadele ≗ **Madalyası** (türk.) Freiheitsmedaille *f* (am roten, weißen, grünen od. rot-grünen Band) ≗ **Mahkemesi** außerordentliches Gericht zur Zeit des türk. Freiheitskampfes ≗ **Marşı** Freiheitsmarsch *m* (türk. Nationalhymne; Worte: Mehmet Akif Ersoy; Vertonung: Zeki Üngör)
istiklâlci Kämpfer *m* für die nationale (türk.) Freiheit
istiklâliyet, -ti absolute Unabhängigkeit, völlige Freiheit
istikmal, -li [ā] *va.* 1. Bemühung *f*, et. zu vollenden 2. Vollendung, Vervollständigung *f* ~ **etmek** *va.* 1. vollenden, vervollständigen, zustandebringen 2. (bşin esbabını) dafür sorgen, daß et. geschieht

istiknah [ā] *va.* genaue Untersuchung ~ **etmek** *va.* et. genau untersuchen, e–r Sache auf den Grund gehen
istikra (I) [ā] *log.* induktiver Schluß, Induktion *f* *tümevarım ~ **yapmak** *log.* induzieren *tüme varmak
istikra (II) [ā] *va.* Mieten *n* ~ **etmek** *va.* mieten *kira ile tutmak
istikrah [ā] Widerwille, Ekel, Abscheu *m* ~ **etmek** (m. Abl.) Widerwillen hegen (gegen), Abscheu haben (vor), sich ekeln (vor)
istikraî [··––] *log.* induktiv *tümevarımsal
istikrar [ā] Stabilisierung, Stabilität, Konsolidierung, (nunmehrige) Beständigkeit, Stetigkeit od. Festigkeit *f* ~ **bulmak** sich stabilisieren, sich konsolidieren, sich festigen ~ **etmek** 1. s. ~ **bulmak** 2. (bir yerde) seinen festen Wohnsitz nehmen ~ **vermek** stabilisieren, konsolidieren, Festigkeit verleihen **ademi** ~ s. **-sızlık; -ı met** *naut.* Stauwasser *n* (kurze Zeit des Gezeitenwechsels)
istikrarlı [ā] stabil, konsolidiert, fest, sicher
istikrarsız [ā] ohne Stabilität, nicht konsolidiert, nicht fest, schwankend, labil
istikrarsızlık [ā] Fehlen *n* der Stabilität, mangelnde Konsolidierung, dauerndes Schwanken, herrschende Unsicherheit, Labilität *f*
istikraz [ā] 1. Leihen, Borgen *n* (von j–m) 2. Anleihe *f* (*ant.* 1, 2: **ikraz**); ~ **etmek** sich Geld leihen, ein Darlehen aufnehmen *ödünç almak ~ **senetleri** Anleihepapiere *pl.* **bir** ~ **akdetmek** e–e Anleihe aufnehmen
istikrazat, -tı [···–] *va. Pl.* zu **istikraz**
istiksar [ā] **etmek** *va.* s. **çok görmek**
istikşaf [ā] 1. Auskundschaften *n* 2. *mil.* Erkundung, Aufklärung, Rekognoszierung *f* 3. *geogr.* Erforschung *f* *açınsama ~ **etmek** 1. auskundschaften 2. *mil.* erkunden, aufklären, rekognoszieren 3. *geogr.* erforschen *açınsamak ~ **kıtası** *mil.* Aufklärungs-, Späh-trupp *m* ~ **uçağı** *mil.* Aufklärungsflugzeug *n*, Aufklärer *m*
istiktap, -bı [ā] *z. va.* 1. Ersuchen *n*, daß et. (heraus-)geschrieben wird 2. (Heraus-, Ab-)Schreiben *n* 3. Schriftprobe *f* 4. *jur.* Schriftvergleichung *f* 5. s. **istıktap**
istilâ [·––] 1. *med.* starkes Auftreten (e–r Krankheit) *salgın 2. Invasion *f* 3. Besetzung, Okkupation *f* 4. Überflutung, -schwemmung *f* *basma 5. Ein-, Um-hüllen *n* ~ **altına almak** (m. Akk.) (in ein Land) einfallen ~ **altına geçmek** (*od.* **girmek**) vom Feind besetzt werden (Land) ~ **etmek** 1. e–e Invasion unternehmen; in ein Land einfallen 2. besetzen 3. über-fluten, -schwemmen 4. ein-, um-hüllen, umgeben *bürümek ~ **harbi** Eroberungskrieg *m* ~ **ordusu** Invasionsarmee *f* ~ **üssü** Invasions-, Einfall-, Absprung-basis *f* **-yı bahir** s. **deniz basması**
istilâcı 1. eindringend, erobernd; Eindringling, Eroberer *m* 2. angreifend, vorrückend Zu 2: ~ **tanklar** die vorrükkenden Panzer (des Feindes), die angreifenden Tanks
istilâcılık Aggressions-, Eroberungs-politik *f*
istilâdî *phil.* mäeutisch *doğurtucu, mayötik
istilâî *va.* 1. epidemisch, Seuchen- 2. Invasions-
istilâm (I) [·––] *va.* Ersuchen *n* um Aufklärung, Reklamation *f* ~ **etmek** (bşi) um Aufklärung ersuchen (über), anfragen (wegen) (bei e–r nachgeordneten Dienststelle)
istilâm (II) [··–] *va.* 1. ehrerbietige Begrüßung 2. Berühren *n* des heiligen schwarzen Steins der Kaaba mit der Stirn
istilâmname [·–––·] *va.* offizielle Anfrage (bei e–r nachgeordneten Dienststelle)
istilât, -dı *phil.* Mäeutik *f* *doğurtuculuk, mayötik
istilyoz s. **istalyoz**
istilzam [ā] 1. Notwendigmachen, Erfordern *n* 2. Für-erforderlich-Erachten *n* 3. *va. log.* s. **istidlâl;** ~ **etmek** 1. notwendig machen, erfordern *gerektirmek, lüzumlaştırmak 2. für erforderlich erachten, für notwendig halten
istilzaziye [ā] s. **hedonizm**

istim (*engl.* **steam**) Dampf *m* (als Antriebskraft), Arbeits-, Heiß-dampf *m* 2. *V* Schnaps, Alkohol *m* ~ **boşaltma borusu** Dampfablaufrohr *n* ~ **boru hattı** Dampfleitung *f* ~ **çekici** Dampfhammer *m* ~ **düdüğü** Dampfpfeife *f* ~ **girme borusu** Dampfeinlaßrohr *n* ~ **haznesi** *techn.* Dampfdom *m* (im Kessel) ~ **kazanı** Dampfkessel *m* ~ **sandığı** Dampf-, Schieber-kasten *m* ~ **sızdırmaz** dampfdicht ~ **sütunu** Dampfstrahl *m* ~ **şahmerdanı** Dampframme *f* ~ **üzerinde** unter Dampf, fahrbereit ~ **vinçi** Dampfkran *m* **-i almak** sich beschleunigen; *F* Dampf bekommen **-ini almak** *V* sich betrinken
istima, -aı [ā] *z. va.* 1. (An-)Hören *n*, Vernehmung *f* 2. *med.* Auskultation *f* ~ **etmek** 1. (an-)hören, vernehmen (z.B. Zeugen) 2. *med.* auskultieren **ademi** ~ s. **davanın dinlenmemesi**
istimal, -li [·––] An-, Ver-wendung *f*, Benutzung *f*, Gebrauch *m* ~ **etmek** an-, ver-wenden, benutzen, gebrauchen *kullanmak ~ **tarzı** Gebrauchsanweisung *f* *sureti istimal **-den kalmak** außer Gebrauch kommen **kabili** ~ brauchbar, verwendbar, gebrauchsfähig
istimale(-t) [ā] **etmek** *va.* zu überreden versuchen; j–m gut zureden
istiman [·––] *va.* Um-Gnade-Bitten, Sich-Ergeben *n* ~ **etmek** um Gnade (Schutz, Verzeihung) bitten, sich ergeben *aman dilemek
istimar [·––] *va.* 1. Lebens-erhaltung od. -verlängerung *f* (durch Gott) 2. Unterbringung *f* von Siedlern od. Kolonisten 3. erfolgreiche Bemühung *f*, e–n Ort aufblühen zu lassen
istimara [··×·] 1. *va.* Taxierung, Taxation, Schätzung *f* 2. Berechnung *f* der Kapazität e–s Gefäßes
istimaracı; istimator (Zoll-)Taxator *m*
istimbat, -tı [ā] *va.* 1. Heraus-bringen, -ziehen *n* 2. *fig.* Folgerung, Ableitung *f*, Schluß *m*, Anwendung *f* (auf et.) ~ **etmek** *va.* 1. heraus-bringen, -ziehen 2. *fig.* folgern, ableiten, schließen, entnehmen
istimbot, -tu (*engl.* **steamboat**) Dampfboot *n*, (kleinerer) Dampfer *m* *çatana
istimdat, -dı [ā] 1. Um-Hilfe-Bitten *n*, Hilferuf *m* 2. *mil.* Unterstützungsanforderung *f* ~ **etmek** 1. um Hilfe bitten od. rufen 2. *mil.* Unterstützung anfordern
istimdatkârane *va.* hilfeflehend
istimgeyç, -ci (*engl.* **steam-gauge**) Dampfdruckmesser *m*
istimhal, -li [ā] *va.* Bitte *f* um Aufschub ~ **etmek** *va.* um Aufschub bitten
istimlâk, -ki Enteignung *f* (von Grundbesitz) ~ **bedeli** s. **kamulaştırma karşılığı;** ~ **etmek** (Grundbesitz) enteignen ~ **mukavelesi** *abus.* s. **iştira hakkı** (1)
istimlanç, -çı (*engl.* **steam-launch**) *naut.* kleineres Dampfboot; Barkasse, Pinasse *f*
istimli mit Dampf betrieben, Dampf- ~ **silindir** Dampfwalze *f* ~ **tarak** Dampfbagger *m* ~ **vinç** Dampfkran *m*
istimna [ā] sexuelle Selbstbefriedigung *onanizm ~ **bilyet** Masturbation *f* **V* otuzbir **-da bulunmak** masturbieren
istimrar [ā] *va.* Fortdauer *f* *süreklilik ~ **etmek** *va.* aus-, fort-dauern, weitergehen
istimraren [ā] *va. Adv.* fortgesetzt, beständig, ununterbrochen
istimrarî [··––] ständig, dauernd, immerwährend, Dauer-, permanent; s.a. **fiili** ~
istimval, -li [ā] *jur.* Enteignung *f* (von beweglichen Sachen), Requisition, Requirierung *f*
istimzaç, -cı [ā] 1. höfliche Anfrage (Frage, Erkundigung) 2. *pr.* Ansuchen *n* um ein Agrément ~ **etmek** 1. höflich anfragen, sich höflich erkundigen (nach) 2. *pr.* um das Agrément (für e–n diplomatischen Vertreter) ansuchen
istinabe [ā] 1. Stellvertretung *f* *naiplik, niyabet 2. *jur.* kommissarische Zeugenvernehmung od. Beweisaufnah-

me (Vernehmung e–s nicht-ortsansässigen Zeugen durch das für seinen Wohnort zuständige Gericht)
istinaden [ā] (m. Dat.) gestützt (auf), auf Grund (von)
istinaf [·––] *va.* 1. Neubeginn *m* 2. *gr.* Wortanfang *m* 3. *jur., fr.* Berufung, Appellation *f* ~ **etmek** (bir kararı) gegen ein Urteil Berufung einlegen ~ **mahkemesi** Berufungs-, Appellations-gericht *n*, Appellationshof *m* *üst yargılık
istinafen [ā] *jur., fr.* unter Berufung, unter Einspruch
istinafî [··––] *fr.* Berufungs-, Einspruchs-
istinas [·––] Gewöhnung, Vertrautheit *f* *alışkanlık, yatkınlık ~ **etmek** sich gewöhnen (an), sich vertraut machen (mit) ~ **ettirmek** gewöhnen (an), vertraut machen (mit)
istinat, -dı [ā] 1. Sich-Stützen (auf), Sich-(An-)Lehnen (an) *n* 2. *fig.* Kraft-Ziehen *n* (aus) 3. *fig.* Sich-Aufbauen, Beruhen *n* (auf) 4. *mil.* Rückhalt *m* ~ **ayağı** s. **dayanma ayağı;** ~ **duvarı** s. **pekitme duvarı;** ~ **etmek** (m. Dat.) 1. sich stützen (auf), sich anlehnen (an) 2. *fig.* sich stützen (auf), Kraft ziehen (aus) 3. *fig.* sich aufbauen (auf), beruhen (auf) *(1–3) dayanmak ~ **hattı** Stützlinie *f* ~ **kablosu** Halte-tau *n*, -trosse *f* (z.B. für ein Luftschiff) ~ **karakolu** Stützposten *m* ~ **kıtası** Unterstützungstruppe *f* ~ **kuvveti** *techn.* Auflagerkraft *f* ~ **mevzii** *mil.* Rückhaltstellung *f* ~ **noktası** 1. Stützpunkt *m* 2. *techn.* Auflagerpunkt *m*; Drehpunkt *m* (e–s Hebels) ~ **yatağı** *techn.* Drucklager *n* ~ **yayı** *techn.* Druckfeder *f*
istinatgâh [···–] *a. mil.* Stützpunkt *m* *dayanak
istinbat s. **istimbat**
İstindil *n.pr.* osm. Bez. für **Tinos (adası)**
istinga [·×·] *naut.* 1. Aufgeien *n* (der Segel) od. entsprechendes Kommando 2. Geitau *n*, Gording *f* ~ **etmek** 1. *naut.* aufgeien (Segel) 2. *V* ausziehen (Hose, Unterhose usw.), abstreifen ~ **halatı** (*od.* **ipi**) Zugtau *n* (am Unterrand e–s Fischernetzes) **-da** aufgegeit (Segel)
istingacı *naut.* Matrose *m* am Geitau
istinkâf Sich-Fernhalten *n* (von), Nichtteilnahme *f* (an), Verzicht(-en *n*) *m* (auf), Abstandnahme *f* (von), Weigerung *f*, (Stimm-)Enthaltung *f* ~ **etmek** (bşden) sich fernhalten (von), nicht teilnehmen (an), verzichten (auf), Abstand nehmen (von), sich weigern (zu), sich (der Stimme) enthalten
istinsaf [ā] **etmek** *va.* s. **ödeşmek**
istinsah [ā] 1. Abschreiben, Kopieren *n*, Anfertigung *f* e–r Abschrift 2. Übernahme *f*, Zitat *n* 3. Ab-, Nach-druck *m* 4. Wiedergabe *f* (e–r Belegstelle) ~ **etmek** 1. abschreiben, kopieren, e–e Abschrift anfertigen *kopya etmek, suret çıkarmak 2. übernehmen, zitieren 3. ab-, nachdrucken 4. wiedergeben (z.B. Belegstelle)
istinşak, -kı [ā] 1. Einziehen *n* in die Nase (z.B. von Schnupftabak) 2. *pr.* Einziehen von Wasser in die Nase (zur Spülung, Reinigung, *bes.* bei der rituellen Waschung) 3. Einziehen *n* e–s Duftes; Schnüffeln, Schnuppern *n* ~ **etmek** 1. in die Nase einziehen (vgl. oben) 2. schnüffeln, schnuppern
istintacî [·–––] *phil.* deduktiv
istintaç, -cı Schluß(-folgerung *f*) *m*, Deduktion *f* ~ **etmek** (schluß-)folgern, eine Schlußfolgerung ziehen, schließen, deduzieren
istintak, -kı [ā] Verhör *n*, Vernehmung *f* (*spez.* durch e–n Untersuchungsrichter) *isticvap ~ **altına almak** *od.* **-a çekmek** e–m Verhör unterwerfen *sorguya çekmek ~ **etmek** verhören, vernehmen *isticvap etmek
istintakname [·–––·] Niederschrift *f* über ein Verhör, Vernehmungsprotokoll *n*
istirahat, -ti [··–·] Ausruhen *n*, Ruhe, Rast, Erholung *f* ~ **etmek** (aus-)ruhen, rasten, sich erholen ~ **fasılası** Ruhepause *f* ~ **günü** Ruhetag *m* ~ **halinde bulunan kıta** *mil.* Truppe *f* in Ruhestellung **-e geçmek** *mil.* zur Ruhe übergehen
istirahatgâh [··–·–] Ruhestätte *f*
istirator Spannrahmen *m* (für Aquarelle)
istirdat, -dı [ā] 1. Zurück-nahme, -eroberung, -gewinnung, Wieder-erlangung, -gewinnung *f* 2. Zurückverlangung *f* ~ **davası** *jur.* Bereicherungs-, Rückerstattungs-, Restitutions-klage *f* ~ **etmek** 1. zurück-nehmen, -erobern, -gewinnen; wieder-erlangen, -gewinnen 2. sich et. zurückgeben lassen (z.B. Geschenk)
istirha [ā] *va.* 1. Herunterhängen *n* 2. Entspannung, Erschlaffung *f*
istirham [ā] ergebene Bitte, flehentliches Ersuchen, (An-)Flehen *n* ~ **etmek** ergebenst bitten, flehentlich ersuchen, (an-)flehen (*Anm.*: Regelmäßige Verwendung im fr. Gesuchsstil; in der heutigen Umgangssprache häufig als scherzhafte Übersteigerung e–r Bitte)
istirhamkârane [·––––·] *va.* flehentlich
istirhamname [··–––·] *va.* Bittschrift, Eingabe, Petition *f*
istiridye [··×·] Auster *f zo.* Ostrea edulis ~ **avcısı** Austernfischer *m zo.* Haematopus ostralegus (Laufvogel) ~ **kabuğu** Muschelwerk *n*, Rocaille *f, n* (Ornament spez. im Rokoko) ~ **tarlası** s. **istiridyelik**
istiridyeci Austern-züchter, -händler *m*
istiridyecilik Tätigkeit *f* e–s **istiridyeci**
istiridyelik Austern-bank *f*, -park *m*
istiridyemsi austernähnlich
istirise [··×·] *naut.* Fock- od. Groß-rahfall *n* ~ **makarası** *naut.* Fallwinde *f*
istirkap, -bı [ā] *va.* Neid *m*, Eifersucht *f* (auf e–n Konkurrenten) ~ **etmek** *va.* j–n als Konkurrenten betrachten; neidisch (eifersüchtig) sein
istisadiye [ā] s. **evdemonizm**
istisal, -li [·––] 1. Entwurzelung, Ausrottung, Ausmerzung, Vertilgung *f* 2. *med.* Exstirpation *f* ~ **etmek** 1. entwurzeln, ausrotten, ausmerzen, vertilgen 2. *med.* exstirpieren
istisgar [ā] **etmek** *va.* s. **azımsamak, küçüksemek**
istishap [ā] **kaidesi** s. **postlimini**
istiska [ā] 1. *z. va.* Bitte *f* um Regen 2. *med.* Wassersucht *f*, Hydrops(-ie *f*) *m* 3. *P* Alterstuberkulose *f* ~ **olmak** an Wassersucht (*bzw. P* Alterstuberkulose) leiden **-ya çıkmak** *z. va.* ein Bittgebet um Regen sprechen (Versammlung im Freien) **-yı ayn** *med.* Hydrophthalmus *m*, Augenwassersucht *f*, Ochsenauge *n* **-yı batın** *med.* Aszites, Bauchwassersucht *f*
istiskal, -li [ā] Lästigfinden *n* ~ **etmek** 1. lästig finden 2. j–m die kalte Schulter zeigen **Bundan ~ çıkar.** *fig.* Das ist doch ein recht unangebrachtes Benehmen!
istiskalı [ā] wassersüchtig *müsteski, hidropik
istismar [ā] 1. Ausnutzung *f* 2. *pej.* Ausbeutung *f* 3. *jur.* Übervorteilung *f* *gabin ~ **etmek** 1. (aus-)nutzen 2. *pej.* ausbeuten 3. *jur.* übervorteilen
istismarcı [ā] *pej.* Ausbeuter *m*
istisna [ā] Ausnahme *f* ~ **akdi** *jur.* Werkvertrag *m* *yapım sözleşmesi ~ **etmek** 1. e–e Ausnahme machen (bei), ausnehmen 2. befreien, entbinden (von e–r Verpflichtung) ~ **teşkil etmek** e–e Ausnahme bilden
istisnaen [ā] *z. va. Adv.* ausnahmsweise
istisnaî [·–––] 1. e–e Ausnahme darstellend, Ausnahme- *müstesna, şaz 2. außergewöhnlich (z.B. Mut), außerordentlich, besonders groß, ganz besonder- (z.B. Bedeutung), einzigartig, beispiellos 3. *log.* hypothetisch Zu 1: **pek ~ ahvalde** in sehr seltenen Fällen, nur ganz ausnahmsweise Zu 2: ~ **bir ehemmiyeti haiz olan** von ganz besonderer Bedeutung Zu 3: **kıyası** ~ *log.* hypothetischer Syllogismus *m* ~ **hal** Ausnahmefall *m* ~ **haller kanunları** Ausnahmegesetze *pl.* ~ **mahkeme** Ausnahme-,

Sonder-gericht *n* ~ **muamele** 1. Ausnahme-, Sonder-behandlung *f* 2. bevorzugte Behandlung ~ **olarak** ausnahmsweise ~ **vaziyet** Ausnahmezustand *m*
istisnaiyet, -ti [ā] *z. va.* 1. Ausnahmefall *m* 2. Außer-, Ungewöhnlichkeit, Einzigartigkeit, Beispiellosigkeit *f*
istisnasız [ā] ausnahmslos, ohne Ausnahme *ayrıksız
istisnasızlık [ā] Ausnahmslosigkeit *f*
istisnat, -dı [ā] *selt.* Sich-Stützen, Sich-(An-)Lehnen, Fußen *n* ~ **etmek** *selt.* sich stützen (auf), sich anlehnen (an), fußen (auf) *istinat etmek ~ **noktası** *mil.* Stützpunkt *m* **-ı müşterek** *mil.* gegenseitige Unterstützung
istiş'ar [ā] *va.* Bitte *f* um Auskunft, schriftliche Anfrage
istişare [ā] 1. Befragung, Erkundigung, Konsultation *f*, Zu-Rate-Ziehen *n* 2. Berat(schlag)ung *f* ~ **etmek** 1. befragen, um Rat fragen, zu Rate ziehen, sich Rat holen, sich erkundigen; konsultieren 2. (sich) beraten; beratschlagen *(1, 2) danışmak ~ **heyeti** s. **danışma kurulu**
istişarî [··––] beratend, Beratungs-, konsultativ ~ **rey** beratende Stimme
istişhat, -dı [ā] 1. Beibringung (Nennung) *f* von Zeugen od. Belegen 2. *va.* Helden-, Märtyrer-tod *m* ~ **etmek** 1. Zeugen bei-, er-bringen, benennen od. Belege erbringen 2. *va.* auf dem Feld der Ehre fallen
istişmam [ā] *z. va.* 1. Riechen, Wittern *n*, Wahrnehmung *f* e–s Geruches 2. *fig.* Wittern *n*, allmähliches Wahrnehmen ~ **etmek** *z. va.* 1. riechen, wittern, e–n Geruch wahrnehmen 2. *fig.* wittern; Wind bekommen (von), langsam merken, allmählich hinter et. kommen *kokusunu almak, sezinlemek, teferrüs etmek
istitaat, -tı [··–·] *va.* Können, Vermögen *n*, Kraft *f*, Fähigkeit *f* (et. zu tun) *güç
istitaf [·––] *va.* flehentliches Bitten
istitale [ā] 1. *va.* Länger- od. Größer-werden *n* 2. *an.* Verlängerung *f*, Ausläufer *m* *uzantı
istitar [ā] *va.* 1. Sich-Bedecken, Sich-Verhüllen *n* 2. Sich-Verstecken, Sich-Verbergen *n* ~ **etmek** *va.* 1. sich bedecken, sich verhüllen 2. sich verstecken, sich verbergen
istitbap, -bı [ā] Inanspruchnahme *f* ärztlicher Hilfe
istitlâ s. **istıtlâ**
istitraden [ā] *Adv.* als kurze Abschweifung vom Thema, als Einschaltung, als Zwischenbemerkung, nebenbei
istitradî [··––] parenthetisch, beiläufig
istitrat, -dı [ā] kurze Abschweifung vom Thema; Einschaltung, Zwischenbemerkung, Digression *f*, Exkurs *m* ~ **etmek** von seinem Thema abschweifen ~ **kabilinden** (*od.* **yoliyle**) s. **istitraden**
istiva *va.* Gleichheit, Gleichmäßigkeit *f* ~ **hattı** *geogr.* Äquator *m* *eşlek
istivador *naut.* Stauer, Schauermann *m*
istizah [·––] 1. Bitte *f* um Erklärung 2. *parl.* Anfrage *f*, Ersuchen *n* um Aufklärung, Interpellation *f* *gensoru ~ **etmek** 1. um Erklärung bitten 2. *parl.* e–e Anfrage stellen, um Aufklärung ersuchen, interpellieren
istizahen [·–––·] *z. va. Adv.; parl.* auf dem Interpellationsweg
istizan [·––] 1. Bitte *f* um Zustimmung 2. Ansuchen *n* um amtliche Genehmigung 3. Bitte *f* um nähere Anweisung ~ **etmek** 1. um Zustimmung bitten 2. um amtliche Genehmigung einkommen (ansuchen) 3. (die vorgesetzte Behörde) um nähere Anweisungen bitten
istmik *med.* isthmisch
istmus *an., med.* s. **geçit** (8)
istoa [·×·] *hist.* Stoa *f* *revak
istoacı Stoiker *m* *revakî
istoacılık stoische Philosophie; Stoizismus *m* *revakiye
istofa [·×·] durchwirkter Seidenstoff; Brokat *m*
istofalı mit **istofa** bezogen (z.B. Sessel)
istok; istop s. **stok; stop**
istor 1. Rolladen *m* 2. Roll-vorhang *m*, -jalousie *f*
istorik *selt.* historisch, geschichtlich *tarihî
istorlu mit Rolladen (bzw. Roll-vorhang, -jalousie) ausgestattet ~ **dosya dolabı** Aktenschrank *m* mit Rollverschluß ~ **kapak** Rolladen *m*
istralya [·×·] *naut.* 1. Stag *n* 2. Stringer, Weger *m* (Spantenverbindung) ~ **payı** *naut.* Gillung, Gilling *f* (Wölbung des unteren Randes e–s Rahsegels) ~ **yelkeni** *naut.* Stagsegel *n*
istralyeta [··×·] *naut.* Royal(stenge)stag *n*
istrangola [··×·] *naut.* Zurren, Festmachen *n* (e–r holenden Part) ~ **etmek** zurren, festmachen
istrisa s. **istirise**
İstriya *geogr.* Istrien (Halbinsel)
istromaça [··×·] *naut.* 1. Fender *m* (z.B. Korkball mit Tau-Enden) 2. *gel.* Tauwulst *m, f*, Schamfilkissen *n*
istrongilo(-s) [··×·] Schnauzenbrasse *m zo.* Smaris vulgaris (ähnlich wie **izmarit**)
İsveç, -ci *n.pr.* Schweden ~ **merdiveni** s. **yatay parmaklık**
İsveççe 1. schwedische Sprache, Schwedisch 2. schwedisch
İsveçli 1. Schwede *m*, Schwedin *f* 2. schwedisch
İsviçre [·×·] *n.pr.* Schweiz *f* ~ **fıstık çamı** Zirbelkiefer, Arve *f bot.* Pinus cembra ~ **Konfederasyonu** Schweizerische Eidgenossenschaft ~ **Konfederasyonu reisliğine seçildi.** Er wurde zum eidgenössischen Bundespräsidenten gewählt.
İsviçreli [·×··] 1. Schweizer(-in *f*) *m* 2. schweizerisch, Schweizer-
isvidat, -dı [ā] *va.* Schwärze *f*
isvoli [·×·] *V* betrügerisches Ziehen e–r gezinkten Karte
isyan [ā] 1. Auflehnung *f*, Aufstand, Aufruhr *m*, Rebellion, Revolte, Meuterei *f* 2. Ungehorsam *m* gegen Gott, Versündigung, Sünde *f* ~ **etmek** 1. sich auflehnen, sich empören, rebellieren, revoltieren, meutern 2. ungehorsam sein (gegen Gott), sich versündigen, e–e Sünde begehen **-a tahrik** Aufwiegelung *f* **-la başa çıkmak** den Aufstand niederwerfen
isyancı [ā] Rebell, Aufständischer *asi
iş (I) 1. Arbeit(-en *n*) *f* 2. zu erledigende Arbeit, Geschäft(-e *pl.*) *n* 3. berufliche Tätigkeit; Beruf *m* 4. Dienst *m*, Aufgabe *f* 5. (An-)Stellung *f*, Broterwerb *m* 6. Sache, Angelegenheit *f*, Plan *m* (*F* Konzept *n*); Lage *f*, Umstände, Dinge *pl.* 7. Tatsache *f*, Umstand *m*, etwas… 8. lohnende Arbeit; Nutzen *m*, (verdienstliches) Tun 9. *a. phys.* Leistung *f* 10. große Sache, komplizierte Angelegenheit, (unangenehme) Affäre, (heikle, prekäre) Situation; Schwierigkeit *f* (*F* Haken *m* bei et.) 11. Mühe, Plage *f* 12. hergestelltes Stück; Werk *n* 13. Sticken *n*, Stickarbeit, Stickerei *f* 14. *V* Schwindel *m*, Betrügerei *f* 15. Unternehmung *f* Zu 2: **Şimdi -im var, gelemem.** Ich kann nicht kommen, ich habe noch et. zu erledigen. Zu 3: **Siz ne ~ yapıyorsunuz?** a) Was sind Sie von Beruf? b) Wo sind Sie tätig? Zu 4: **Bu evin -i çok.** In diesem Haus ist viel zu tun. Zu 5: **bir ~ aramak** e–e Stellung suchen, sich nach Arbeit umsehen Zu 6: **Bu, benim -imi bozdu.** Das hat mir das ganze Konzept verhagelt. **ᵒinizi yoluna koydunuz mu?** Haben Sie Ihre Sache jetzt ins richtige Geleis gebracht? **ᵒ bununla bitmez.** Damit ist die Sache nicht (ab-) getan. **ᵒler kötüleşmiştir.** Die Lage hat sich verschlechtert. ~ **elverirse** wenn es die Umstände erlauben Zu 7: **Birçok insanlarla tanışmak iyi bir -tir.** Es ist ganz nützlich, mit vielen Menschen bekannt zu sein. Zu 8: **Bu da ~ mi sanki?** *iron.* Was ist das schon Großes! Soll das auch e–e Leistung sein? s. a. **-ini bilmek, -ine gelmek** Zu 10: **Bunu da ~ yapmayalım!** Machen wir doch keine große Sache daraus! **Bunda bir ~ var!** Dahinter steckt etwas! Das kommt nicht von ungefähr! **Bir ~ yaptıklarını sanıyorlar.** Sie glauben wunder, was sie fertiggebracht

haben; s. a. ²in **içinde ~ var; -in içinden çıkmak** Zu 11: s. **~ çıkarmak** Zu 13: s. a. **hesap -i; ~ açmak** 1. s. **² -i açar** 2. s. **~ çıkarmak; ~ adamı** 1. (tüchtiger) Geschäftsmann 2. Groß-kaufmann, -industrieller; Wirtschaftskapitän *m* **~ akdi** Arbeitsvertrag *m* *iş sözleşmesi **~ akdinin feshini ihbar** *jur.* Kündigung *f* (des Arbeitsverhältnisses) **~ âlemi** Geschäftswelt *f* **~ anlaşmazlıkları** s. **~ ihtilâfları; ~ arkadaşı** Mitarbeiter(-in *f*) *m* **~ ayağa düşmek** in die Hände unzuständiger Leute geraten (Angelegenheit) **² Bankası** *n.pr.* (offiziell: **Türkiye İş Bankası**) (türk.) Geschäftsbank *f* (gegr. 1924 zur Finanzierung staatlicher Fabriken; Zentrale in Ankara) **~ başa düşmek** (*od.* **gelmek**) seine Arbeit allein (ohne die Hilfe anderer) erledigen (müssen) **~ beraberliği** Zusammenarbeit *f* **~ bırakımı** s. **grev; ~ bilmek** geschickt sein, et. leisten können (s. a. **-ini bilmek**); **² bilenin, kılıç kuşananındır.** *Spr.* Die Arbeit ist Sache desjenigen, der sie leisten kann, das Schwert gebührt dem, der es zu führen weiß. **~ bitirici yalan** Notlüge *f* **~ bitirmek** et. erfolgreich beenden (s. a. **-ini bitirmek**); **~ bitmek** (b-den) von j-m geleistet (vollbracht) werden (Arbeit, Aufgabe) **~ bittikten sonra** s. **~ -ten geçtikten sonra; ~ borsası** Arbeitsbörse *f* **~ bulma** Arbeitsvermittlung *f* **~ buyurmak** j-n et. tun heißen **² cıvıdı.** *fig.* Die Sache macht keinen Spaß mehr. **² çatallandı.** Es haben sich (bei der Sache) Schwierigkeiten ergeben **~ çevirmek** *pej.* ein Ding drehen **~ çıkarmak** 1. viel Arbeit machen, viel Mühe und Plage verursachen 2. j-m viel Arbeit aufhalsen 3. j-m Schwierigkeiten in den Weg legen 4. et. unnötig aufbauschen od. breittreten, et. an die große Glocke hängen **² dayıya düştü** s. **Gayret dayıya düştü. ~ deme değil** kinderleicht, ein reines Nichts (**Herife o kadar kızdım ki öldürmek ~ deme değil.** Über den Kerl habe ich mich so geärgert, daß ich ihn hätte glatt umbringen können.) **² değişti.** Jetzt sieht die Sache ganz anders aus. **~ dersi** *päd.* Werkunterricht *m* **~ donu** s. **şalvar; ~** (*od.* **-ler**) **dündürmek** krumme Dinge drehen **~ durgunluğu** Geschäftsstille *f* **~ düşmek** irgendwo gerade et. zu tun haben **~ düzeni** Arbeitsregelung *f* **~ edinmek** 1. sich e-e Arbeit suchen 2. es sich zur Aufgabe machen **~ ehli** gelernter Arbeiter; Fachmann *m* **~ elbisesi** Arbeits-, Monteur-anzug, Overall *m* **² elinde kalıyor.** Er kommt mit der Arbeit nicht vom Fleck. **~ erbabı** *z. va.* s. **~ sahibi (sahipleri); ~ eri** wer Gutes und Tüchtiges leistet, guter Arbeiter **~ etmek** 1. arbeiten lassen (z. B. Geld) 2. (b-ne) j-m e-n Streich spielen **~ evi** Geschäftshaus *n*, Firma *f* **² fenaya bindi.** Die Sache hat e-e Wendung zum Schlechten genommen. **~ gömleği** Arbeitskittel *m* **~ görme kabiliyeti** Leistungsfähigkeit *f* (e-s Menschen) **~ görmek** 1. arbeiten, e-r Arbeit nachgehen, e-e Arbeit verrichten 2. *pr.* Hausarbeit verrichten 3. *mel.* et. leisten, zuwegebringen 4. taugen, sich eignen **~ göstermek** j-m e-e Arbeit an-, zu-weisen **~ güç** regelmäßige Arbeit, berufliche (handwerkliche) Tätigkeit (**Başka -in gücün yok galiba!** *iron.* Sonst hast du wohl gar nichts zu tun?) **~ güç edinmek** sich e-r Tätigkeit widmen **~ güç sahibi** berufstätig **~ güvenliği** s. **çalışma güvenliği; ~ hanı** Geschäftshaus *n* **~ hayatı** Geschäftsleben *n* **~ hukuku** Arbeitsrecht *n* **~ icat etmek** s. **~ çıkarmak; ~ içinde iş** e-e komplizierte Sache **~ idarehanesi** (privates) Arbeitsvermittlungsbüro *n* **~ idaresi** Betriebswirtschaft(-s.lehre) *f* **~ ihtilâfları** *jur.* Arbeitsstreitigkeiten *pl.* **~ ihtilâfları hakem kurulu** *jur.* Arbeitsschlichtungsausschuß *m* **~ ihtirası** Arbeitseifer *m* **² inada bindi.** Man versteifte sich mehr und mehr auf (unbewiesene) Behauptungen (z. B. in e-r Diskussion) **² işi açar.** 1. Aus e-m Geschäft ergibt sich ein anderes. 2. Das eine hat das andere im Gefolge. **² işin aynasıdır.** *Spr.* Das Werk lobt den Meister. *Spr.* **~ işlemek** 1. arbeiten, tätig sein 2. *pr.* sticken **² işten geçti.** Jetzt ist Tuten und Blasen vorbei. **~ işten geçtikten sonra** hinterdrein; jetzt, wo es zu spät ist **~ kaçkını** arbeitsscheu **~ kâğıtları** 1. *va.* Geschäftspapiere *pl.* 2. Arbeitspapiere *pl.* **~ karıştırmak** Unruhe stiften **~ kazası** Unfall *m* am Arbeitsplatz; Betriebsunfall *m* **~ kesmek** j-m e-n Streich spielen **~ kolu** 1. Geschäfts-, Wirtschaftszweig *m* 2. Abteilung *f*, Referat *n* 3. Arbeitsgebiet *n* **~ mahkemesi** Arbeitsgericht *n* **² mahkemeye düşüyor.** Die Sache kommt vor Gericht. **~ masrafları** Geschäftsunkosten *pl.* **~ müddeti** Arbeitszeit *f* **~ mükellefiyeti** 1. Arbeitspflicht *f* 2. Zwangsarbeit *f* **~ odası** *jur.* Arbeitskammer *f* **~ okulu** *päd.* Arbeitsschule *f* **² ola!** *iron.* Als ob das auch e-e Arbeit wäre! Das nennt man auch Arbeit! **² olacağına varır.** *Spr.* Es kommt alles, wie es kommen muß. **² olsun!** Möge es viel Gutes bringen! **~ olsun diye** 1. um nicht müßig zu erscheinen 2. nur damit et. geschieht; einfach so **~ onunla kalsa** wenn es nur das wäre (*scil.* wäre alles gut) **~ saatleri** Arbeitszeit *f*, Büro-, Geschäftsstunden *pl.* **~ sahibi** 1. Geschäftsmann *m* 2. wer mit e-m Anliegen od. Ansuchen zu e-r amtlichen Stelle kommt; dienstlicher Besucher 3. Dienstherr, Arbeitgeber *m* *işveren 4. Besteller, Auftragerteiler *m* *ısmarlayan **~ safhası** *techn.* Arbeitsgang *m* **~ sarpa sarmak** bedenklich werden; schiefgehen (Angelegenheit) **~ sendikası** Arbeitergewerkschaft *f* **~ sözleşmesi** s. **~ akdi; ~ stroku** *mot.* Arbeits-hub, -takt *m* **~ süresi** s. **~ müddeti; ~ şahadetnamesi** Dienstzeugnis *n* **~ tavassutu** Arbeitsvermittlung *f* **~ tutarı** vorgeschriebene Arbeitsleistung **~ tutmak** e-e Arbeit übernehmen (*bzw.* beginnen) (**Artık bir ~ tutsan!** Sieh dich doch nach e-r Beschäftigung um!) **~ uyuşmazlığı** Arbeitsstreitigkeit *f* **~ ücreti** Arbeitslohn *m* **~ ve işçi bulma kurumu** Arbeits(vermittlungs)amt *n* **~ ve işçi simsarlığı** (private) Arbeitsvermittlung **~ vermek** 1. Arbeit geben 2. e-e Arbeit an-, zu-weisen; s. a. **işveren; ~ yapmak** 1. arbeiten, tätig sein 2. Geschäfte abschließen 3. *fig.* intrigieren **² yeni bir kalıba döküldü.** Die Sache sieht jetzt ganz anders aus (hat e-e neue Wendung genommen). **~ yılı** Geschäftsjahr *n* **² yok** (bşde) 1. Es geht nicht voran. Es will gar nicht klappen. 2. Es kommt nichts heraus dabei. 3. Ganz unmöglich! **~ yurdu** Arbeitsamt *n* **~ yürütmek** ein Ding drehen

(işe): ² bak! Nun sieh mal einer an! **~ bakmak** 1. Arbeit leisten 2. seiner Beschäftigung nachgehen **~ balta ile girişmek** sich wie ein Elefant im Porzellanladen benehmen **~ boğmak** mit Arbeit überhäufen **~ devamsızlık** häufiges unentschuldigtes Fehlen (in e-m Betrieb); Unregelmäßigkeit *f* **~ düzülmek** sich an e-e Arbeit machen **~ kapak vurmak** *F* et. verheimlichen (vertuschen) wollen **~ koşmak** 1. energisch an die Arbeit gehen 2. (b-ni) j-n zur Arbeit antreiben, j-n gehörig einspannen **~ yaramak** brauchbar (nützlich, tauglich) sein **~ yarar** brauchbar, nützlich, tauglich **~ yaramaz** unbrauchbar, untauglich **~ yel iletmek** *P* saumselig arbeiten

(işi): ² Allaha kaldı. 1. Jetzt kann nur Gott noch helfen. 2. Es ist aussichtslos. **² altın.** Es geht ihm glänzend. **~ azıtmak** zu weit gehen; sich völlig verrennen **~ baltalamak** 1. et. sabotieren 2. et. verpatzen **~ başından aşmak** (*od.* **aşkın olmak**) s. Stw. **baş; ~ bitik olmak** 1. ganz erledigt sein; auf dem letzten Loch pfeifen 2. umkommen, sterben **~ bozmak** die Sache vermasseln (*F*) **~ çığırından çıkarmak** es zu weit treiben **~ çıkarmak** et. ausführen, beenden **~ işe dökmek** sich (auf e-e andere Arbeit) umstellen **² duman.** *P* Es geht ihm miserabel. **~ düşmek** 1. nicht mehr allein mit et. fertigwerden können 2. beruflich od. geschäftlich irgendwo zu tun haben ~

gücü olmayan wer keine geregelte Beschäftigung hat, unbeschäftigt ~ **inada bindirmek** et. auf die Spitze treiben ~ **iş olmak** in Ordnung gehen, *F* in Butter sein ~ **kalmamak** 1. nichts weiter zu tun haben 2. (an e–m Ort) nichts mehr verloren haben ~ **kitaba uydurmak** *fig.* et. geschickt deichseln ~ **olmak** 1. et. zu tun (zu erledigen) haben 2. erfolgversprechend sein, e–n günstigen Verlauf nehmen (Angelegenheit) 3. j–s Angelegenheit sein 4. (b–le) seine Last haben (mit) ~ **pişirmek** *F* et. verabreden, ausmachen ≗ **rast gidiyor.** Er hat Erfolg. Er kommt voran. ~ **sıkı tutmak** sich daranhalten; et. eifrig betreiben ~ **son kertesine getirmek** zu weit gehen; übertreiben ~ **tamam olmak** *fig.* in e–e üble Lage geraten ~ **tıkırında** s. Stw. **tıkır;** ≗ **üç nalla bir ata kaldı** s. Stw. **üç.** ≗ **var.** Er hat seine liebe Not (mit).

(işim): ≗ **dokuzdan.** *F* Bei mir läuft alles ausgezeichnet. ≗ **mi yok?** (ablehnend) Als ob ich gar nichts anderes zu tun hätte!

(işimiz): ≗ **boru!** *V* Unsere Sache steht faul! ≗ **duman!** *P* Wir sind aufgeplatzt (aufgeschmissen)! ≗ **iş!** *(gel. a. iron.)* Alles läuft prima!

(işin): ~ **alayında olmak** die Sache auf die leichte Achsel nehmen ~ **altından kalkamamak** überfordert sein ~ **başı** entscheidender (springender) Punkt ≗ **değil!** Das ist nicht deine Sache! Das geht dich nichts an! ~ **gelişi** wie es nun einmal so kommt ≗ **içinde iş var.** 1. Es steckt etwas dahinter. 2. So einfach ist die Sache nicht. *F* Die Sache hat e–n Haken. ~ **içinden çıkmak** sich aus der Sache (Affäre, Schwierigkeit, unangenehmen Situation) ziehen ~ **içinden iş çıkarmak** j–m dauernd Schwierigkeiten in den Weg legen ≗ **içine sıçtı.** *V* Er hat die Sache versaubeutelt. ~ **kolayını almak** (*od.* **bulmak**) wissen, wie man es anzustellen hat; den Bogen heraushaben ~ **kötüsü** das Üble bei der Geschichte ~ **malî cephesi** finanzielle Seite der Angelegenheit ≗**mi yok?** *iron.* 1. Hast du nichts Besseres zu tun? 2. Und sonst hast du keine Sorgen? 3. Was für ein sonderbarer Vorschlag! ~ **sakalı bitmek** s. Stw. **sakal;** ≗ **şaka tarafı yok.** Da gibt es nichts zu spaßen! ~ **tuhafı** das Sonderbare dabei ist, daß… ~ **ucu b–ne dokunmak** übel auslaufen (für j–n) ≗ **ucunda para var.** Es springt dabei etwas heraus. ≗ **yoksa bekle.** Wenn du nichts Besseres zu tun hast, so kannst du ja (*scil.* vergeblich) warten! ≗ **yoksa şahit ol, paran çoksa** (*od.* **borcun yoksa**) **kefil ol!** *Spr. iron.* Wenn du sonst nichts zu tun hast, kannst du ja Zeuge spielen; wenn du zuviel Geld (*bzw.* keine Schulden) hast, kannst du ja Bürge sein! **-den çıkarmak** absetzen; j–n seines Amtes entheben; entlassen **-den kalmak** Zeit verlieren, in der Arbeit aufgehalten werden **-den olmak** seine Stellung verlieren **-e bakmak** sich um seine eigenen Angelegenheiten kümmern **-e gelmek** (b–nin) j–m gerade recht sein, j–m in den Kram passen, zu j–s Vorteil sein **-e göre** 1. nach Leistung 2. je nachdem; es kommt darauf an **-e gücüne bakmak** seine Arbeit verrichten **-e son vermek** entlassen (*spez.* Arbeiter) **-i bilmek** 1. sein Geschäft verstehen, beruflich tüchtig sein 2. wissen, wie man es anzustellen hat, ein gewiegter Bursche sein ≗**i bilmeyen çavuşlar döner bokunu avuçlar!** *V* Man muß die Suppe auslöffeln, die man sich eingebrockt hat! **-i bitirmek** (b–nin) *fig.* j–n umbringen, töten **-i görmek** 1. (b–nin) j–s Arbeit verrichten 2. (bşin) dienen (als) **-i sağ** (*od.* **sağlam**) **kazığa bağlamak** et. gut fundieren; e–n soliden Untergrund schaffen **-i uydurmak** den richtigen Dreh finden

işle tedavi *med.* Beschäftigungstherapie *f*

(işler): ≗ **açıldı.** Das Geschäft hat sich belebt. ~ **becermek** et. geschickt (erfolgreich) erledigen, *F* die Sache hinkriegen (deichseln) ~ **görmek** treiben, anstellen (Dummheiten) **-i tedvir etmek** die Geschäfte führen (leiten, ausüben)

(işten): ~ **anlamak** seine Sache verstehen ≗ **artmaz, dişten artar.** *Spr.* Rücklagen schafft man nicht durch hohen Verdienst, sondern durch Sparsamkeit. ~ **(bile) değil** s. **iş deme değil;** ~ **çıkarma** (Arbeiter-)Entlassung *f* ~ **el çektirme** einstweilige Dienstenthebung; Suspension *f* ~ **el çektirmek** (b–ne) zeitweilig des Amtes entheben; suspendieren (Beamten) ~ **imtina** Arbeitsverweigerung *f* ~ **iş çıkarmak** unnötige Einwände erheben ~ **olmamak** sehr leicht (ein reines Kinderspiel) sein

iş (II) s. **ıyş, ayş**

işaa [·–·] 1. Verbreiten, Ausstreuen *n* (z.B. von Gerüchten) 2. Offenkundigwerdenlassen *n* ~ **etmek** 1. verbreiten, ausstreuen, unter die Leute bringen 2. offenkundig werden lassen (z.B. Geheimnis)

iş'al, -li [ā] *va.* 1. Anbrennen, Anzünden *n* 2. *fig.* Erregen *n* (von Ärger) ~ **barutu** *z. va.* Zündpulver *n* ~ **etmek** *va.* 1. anbrennen, anzünden 2. erregen (Ärger) ~ **hakkı** *z. va.* Zündladung *f*

işallah [ī mit od. ohne nasale Färbung] *P* für **inşallah**

iş'ar [ā] Mitteilung, Bekanntgabe, Ankündigung *f* ~ **etmek** mitteilen, bekanntgeben, ankündigen **-a değer** 1. mitteilenswert 2. *fig.* bemerkenswert, beachtlich, von Bedeutung **-ı ahire kadar** bis auf weitere Bekanntmachung, bis auf weiteres

işarat, -tı [·––] *va. Pl.* zu **işaret**

işaret, -ti [ā] 1. *a. math.* Zeichen *n* 2. Deuten, Hinweisen *n*, Wink, Hinweis *m* 3. Kenn-, Merk-, Erkennungs-zeichen *n*, Merkmal *n*, Marke *f* 4. Interpunktionszeichen *n* 5. Signal *n* Zu 2: **müddeyi -le** indem er auf den Kläger deutete ~ **aleti** *mil.* Signal-apparat, -werfer *m* ~ **aynası** *naut., mil.* Blinkspiegel *m*, Leuchtgerät *n* ~ **bayrağı** Signalflagge *f* ~ **bezi** *mil.* Signaltuch *n* ~ **bombası** Signalbombe *f* ~ **borusu** Signalhorn *n* ~ **çanı** Signalglocke *f* ~ **çekmek** die Signalflagge aufziehen ~ **çubuğu** (*od.* **değneği**) *mil.* Winkerstab *m* ~ **dili** Zeichensprache *f* ~ **düdüğü** Signalpfeife *f* ~ **etmek** 1. ein Zeichen geben, signalisieren 2. hinweisen, aufmerksam machen (auf) 3. anspielen (auf), e–n Wink (Hinweis) geben (bşi) 4. hin-weisen, -deuten (auf) 5. mit e–m Zeichen versehen ~ **feneri** 1. Signallaterne *f* 2. Blinker *m* (am Auto) ~ **flaması** *mil.* Winkerflagge *f* ~ **fişeği** 1. Signalpatrone *f* 2. Leuchtrakete, -kugel *f* ~ **gizi** *naut.* s. **kontra giz;** ~ **ışığı** *Th.* Signallampe *f* ~ **ışıkları** Positionslichter *pl.* (e–s Flugzeugs) ~ **istasyonu** Signalstation *f* ~ **kodu** *naut.* (internationales) Signalbuch ~ **kulesi** Verkehrsturm *m* ~ **lambası** 1. Signallampe *f* 2. Verkehrsampel *f* ~ **levhası** Signalscheibe *f* ~ **memuru** Verkehrspolizist *m* ~ **mermisi** *mil.* Granatsignal *n* ~ **noktası** Merkzeichen *n* ~ **paleti** Befehlsstab *m* (des Stationsvorstehers) ~ **portiği** (*od.* **köprüsü**) (Eisenbahn) Signalbrücke *f* ~ **roketi** *mil.* Signalrakete *f* ~ **sıfatı** s. **gösterme sıfatı;** ~ **şeridi** (festes) Lesezeichen ~ **tabancası** Leuchtpistole *f* ~ **tahtası** *Th.* Signaltafel *f* ~ **tesisi** (*od.* **tesisatı**) Signalanlage *f* ~ **verici** 1. Zeichengeber *m* 2. Winker *m*, Blinklampe *f* ~ **zamiri (zarfı)** s. **gösterme adılı (belirteci)**

işaretçi [ā] **(eri)** 1. *mil.* Winker *m* 2. *naut.* Signalgast *m*

işaretlemek [ā] mit Kenn-, Merk- usw. Zeichen versehen; kennzeichnen, anstreichen, *a.:* interpungieren, interpunktieren; (Karten) zinken; markieren

işaretleşmek [ā] sich gegenseitig Zeichen geben

işaretli [ā] gekennzeichnet, bezeichnet, markiert; mit Interpunktion; gezinkt (Karten) ~ **mantık** s. **imsel mantık**

işaretparmağı, -nı Zeigefinger *m* *gösterme (şahadet) parmağı; ikinci parmak
işaretsiz ohne Kennzeichen, unmarkiert; ohne Interpunktion
işarî [·––] *va.* 1. durch ein Zeichen ausgedrückt 2. Demonstrativ-, hinweisend 3. *techn.* indiziert (z. B. Pferdestärke) ~ **oy** *parl.* Abstimmung *f* durch Handaufhebung od. Aufstehen
işba, -aı [ā] 1. Sättigen *n* *doyurma 2. *a. chem.* Sättigung *f* *doyma 3. *va. lit.* gedehnte Aussprache e–s Vokals ~ **derecesi** *chem.* Sättigungsgrad *m* ~ **etmek** 1. *a. chem.* sättigen, saturieren 2. *va. lit.* e–n Vokal dehnen **hali -a gelmek** *va.* den Sättigungsgrad erreichen
işbaşı, -nı 1. Vorarbeiter, Werkmeister, Polier *m* 2. Arbeitsbeginn *m* od. Zeit *f* des Arbeitsbeginns 3. s. **iş eri** 4. Arbeitsstätte *f* 5. Staatsführung *f* ~ **vermek** (e–n Arbeiter) arbeitsfähig schreiben (Arzt) ~ **yapmak** mit der Arbeit beginnen **²na!** An die Arbeit! **-na geçmek** 1. die Führung (Leitung) übernehmen, *F* die Sache in die Hand nehmen 2. sich an die Arbeit machen **-na getirmek** an die Regierung bringen; einsetzen (als Herrscher) **-nda** während (bei) der Arbeit; am Arbeitsplatz; in den Sielen (z. B. sterben) **-ndakiler** führende (leitende) Persönlichkeiten *pl.*
işbilmezlik, -iği (Leistungs-)Unfähigkeit *f*
işbir etmek s. **işbirliği yapmak (etmek)**
işbirliği, -ni 1. Zusammenarbeit, Kooperation *f* 2. Arbeitsgemeinschaft, Genossenschaft *f*, Verein *m* 3. *biol.* Synergie *f* ~ **yapmak** (*nur seltener a.* **etmek**) 1. zusammenarbeiten, -gehen; gemeinschaftlich arbeiten 2. *pej.* gemeinsame Sache machen (mit)
işbirlikçi 1. *selt.* Befürworter *m* e–r Zusammenarbeit (z. B. verschiedener Parteien) 2. *pej.* Kollaborateur *m*
işbirlikli in Arbeitsgemeinschaft geschaffen; als Teamwork
işbölümü, -nü Arbeitsteilung *f* *taksimi amal
işbu [×·] *Beh.* dieser (diese, dieses), vorliegend, gegenwärtig (z. B. Schreiben), beregt, in Frage stehend, erwähnt
işçi 1. (Hand-)Arbeiter(-in *f*) *m* *amele 2. *V* Schwindler, Gauner, Betrüger *m* *hileci, dalavereci ~ **arı** *zo.* Arbeitsbiene *f* ~ **ayartma** Abwerbung *f* von Arbeitern ~ **başı** Vorarbeiter, Polier *m* ~ **bayramı** *jur.* Arbeiterfeiertag *m* (in der Türkei: 24. Juli) ~ **kadın** Reinemachefrau *f* ~ **kantini** Werkkantine *f* ~ **karnesi** Arbeits-buch *n*, -ausweis *m* ~ **kız** Arbeiterin *f* (Mädchen) ~ **partisi** Arbeiterpartei *f* ~ **sigortası** Arbeiterversicherung *f* ~ **ücreti** Arbeitslohn *m* **-nin sadakat borcu** Legalitätspflicht *f* des Arbeitnehmers gegenüber dem Arbeitgeber
işçilik, -iği 1. Arbeitslohn *m* 2. (verursachte) Arbeit; Arbeitsmühe *f* 3. geleistete Arbeit; Qualität *f*, technische Ausgestaltung 4. Tätigkeit *f* e–s Arbeiters 5. Arbeiterstand *m* Zu 2: **Bunda çok ~ var.** Das ist in mühseliger Kleinarbeit erstellt worden. Zu 3: **Bu yapının -i iyi değil.** Dieser Bau ist nicht ordentlich ausgeführt worden. ~ **cüzdanı** Arbeitsbuch *n* ~ **tutarı** Arbeitslohn *m*
işçisizlik Arbeitermangel *m*
işemek harnen, pissen, urinieren, sein Wasser abschlagen
işetici *med.* harntreibend, diuretisch
işgal, -li [ā] 1. Beschäftigung *f* 2. Besetzung, Okkupation *f* 3. Inne-haben, -halten *n* 4. Ablenken, Abhalten *n* (von e–r Arbeit), Störung *f* 5. *jur.* Aneignung *f* *kapma, kapım ~ **altında** (militärisch) besetzt ~ **etmek** 1. beschäftigen 2. *mil.* besetzen, okkupieren 3. einnehmen, innehaben, -halten 4. ablenken, abhalten (von), stören (bei) Zu 3: **bu binaları ~ edenler** die Bewohner dieser Häuser **İddia makamını filan falan ~ ediyordu.** Als Anklagevertreter fungierte ... **bir ihtiram mevkii ~ etmek** e–n Ehrenplatz einnehmen ~ **kuvvetleri** Besatzungstruppen *pl.* ~ **mıntıkası** *mil.* Besatzungszone *f*; besetztes Gebiet ~ **ordusu** Besatzungsarmee *f* ~ **planı** *mil.* Besetzungsplan *m* ~ **yönetmeliği** Besatzungsstatut *n*
işgalci [ā] Besetzer, Okkupant *m*
işgaliye [ā] *va.* Abgabe, Gebühr *f* (für e–n Platz); s. a. **satış yeri -si**
işgörürlük, -ğü Funktion *f* *fonksiyon
işgücü, -nü 1. Arbeitskraft *f* 2. s. **faal nüfus**
işgüder s. **maslahatgüzar**
işgünü, -nü Arbeits-, Werk-tag *m* *çalısma günü
işgüzar [ā] 1. tüchtig und gut arbeitend *spez.* geschäftstüchtig 2. *pej.* übereifrig; Wichtigtuer *m*
işgüzarlık [ā] 1. Geschäftstüchtigkeit, Energie *f* 2. *pej.* übertriebener Diensteifer; Wichtigtuerei *f*
işhane [ā] *va.* s. **atelye**
işhat, -dı [ā] 1. Nennung od. Beibringung *f* e–s Zeugen 2. Anführung *f* e–s Belegs 3. *va.* Tötung *f* e–s isl. Glaubenskämpfers ~ **etmek** 1. j–n als Zeugen benennen od. beibringen 2. et. als Beleg anführen 3. *va.* j–n zum Märtyrer werden lassen; e–n isl. Glaubenskämpfer töten
işidilmedik; işitilmedik unerhört, außerordentlich, selten, wunderbar
işitilmek Pass. zu **işitmek** *spez.* 1. gehört, vernommen werden 2. zu Ohren kommen, zur (allgemeinen) Kenntnis gelangen **İşitilmemiş haber olmaz cihanda.** *Spr.* Alles ist schon dagewesen. Es geschieht nichts Neues unter der Sonne.
işitim Gehör(-sinn *m*) *n* *samia
işitir-dilsizlik *med.* Hör-Stummheit *f*
işitme Hören *n*, Gehör-, Hör- ~ **aleti** (*od.* **cihazı**) Hörapparat *m*, -gerät, -rohr *n* (für Schwerhörige) ~ **beneği** *an.* Gehörflecken *m*, Macula acustica *şeleli sem'i ~ **duyusu** s. **işitim**; ~ **kesesi** s. **denge taşlı kese**; ~ **kılları** s. **tüy hücreleri**; ~ **ölçme cihazı** s. **odyometre** (1); ~ **ölçümü** s. **odyometri**; ~ **siniri** *an.* Gehörnerv *m* ~ **taşı** s. **denge taşı**
işitme-görme öğretimi audiovisuelle Lehrmethode *f*
işitmedik *selt.* wer nicht gehört hat **Horoz sesi ~ altını var.** *spr. Ra.* Er besitzt Gold, das den Hahnenruf noch nicht gehört hat (Geizhals).
işitmek, (-tir, -dir) 1. hören, vernehmen 2. erfahren, hören (von) 3. gesagt bekommen, sich et. sagen lassen müssen, zu hören bekommen (z. B. Tadel) Zu 2: **Beni işitmişsiniz belki.** Vielleicht haben Sie schon von mir gehört.
işitmelik s. **akustik**
işitmemezlik, -iği Nicht-Hören *n* **-ten gelmek** *od.* **-e getirmek** (*od.* **vurmak**) so tun, als ob man nicht hörte (bzw. gehört hätte), geflissentlich überhören, ignorieren, sich nicht kümmern (um), sich taub stellen
işitmezlenmek (m. Akk.) s. **işitmemezlikten gelmek**
işitmezlik purifizierte Form des geläufigeren **işitmemezlik**
işitmişlik, -iği (in Füg. wie:) **²im var.** Ich habe davon gehört (reden hören).
işitsel Hör-, Gehör-, akustisch, auditiv *sem'î ~ **alan** Hörbereich *m* ~ **bellek tipi** *psych.* akustischer (Menschen-)Typus
işittirmek Kaus. zu **işitmek; bana işittirecek tarzda** so daß ich es hören konnte *bzw.* damit ich es hören sollte
işkâl, -li 1. Erschweren, Behindern, Aufhalten, Verzögern 2. Hemmnis *n*, Schwierigkeit *f* ~ **etmek** erschweren, schwieriger machen, (be-)hindern, Schwierigkeiten bereiten, hemmen, aufhalten, verzögern (z. B. den Gang e–r Handlung) *çetinleştirmek, güçleştirmek, zorlaştırmak
işkampaviya *naut.* Barkasse *f* od. Pinasse *f*
işkapatım s. **lokavt**
işkembe [·×·] *od.* [×··] 1. *an.* Pansen *m* (der Wiederkäuer) 2. Kaldaunen, Kutteln, Kuttelflecke *pl.* 3. *fig. mst. V* Wanst, Magen, Bauch *m* (e–s Menschen) ~ **çorbası** Kuttelflecksuppe *f* (aus Schafsmagenteilen) ~ **otu** eßba-

re Kreisflechte *bot.* Gyrophora ~ **suratlı** *V* blatternarbig **-den** (*od.* **-i kübradan) atmak** (*od.* **söylemek**) *F* drauflos faseln, (willkürlich) erfinden, erdichten, ins Blaue hinein phantasieren, aufschneiden **-sini düşünmek** *F* nur an seinen Magen (*P* Wanst) denken **-sini şişirmek** *F* sich den Wanst vollschlagen

işkembeci [·×··] 1. Kaldaunenhändler, Kuttelfleckverkäufer *m* 2. wer Kuttelflecksuppe herstellt od. verkauft, Kuttelflecksieder *m*

işkembecilik Beruf *m* od. Tätigkeit *f* e–s **işkembeci**

işkembeli mit **işkembe** *spez.* dickbäuchig

işkence 1. Marter, Folter, Quälerei *f* 2. Schraub-zwinge *f*, -knecht *m* (des Tischlers) *doğramacı kıskacı ~ **aleti** Folterinstrument *n* ~ **dolabı** *fr.* Rad *n* zur Hinrichtung ~ **etmek** (*od.* **yapmak**) (b–ne) martern, foltern, furchtbar quälen, bis aufs Blut peinigen ~ **odası** *fr.* Folterkammer *f* **-ye sokmak** quälen, peinigen, in die Zange nehmen

işkenceci Folterer, Folterknecht *m*

işkil 1. Argwohn *m*, Mißtrauen *n*, böser Verdacht, aufsteigende Angst *vesvese 2. Unsicherheit *f*, Zweifel *m* *şüphe 3. Schwierigkeit *f* *güçlük 4. Pferd *n* mit weißem rechten Vorderfuß und weißem linken Hinterfuß

işkillenmek 1. argwöhnisch (mißtrauisch) werden, von e–m bösen Verdacht erfaßt werden, es mit der Angst bekommen 2. unsicher sein, sich im Zweifel befinden

işkilli 1. argwöhnisch, mißtrauisch, Verdacht hegend 2. unsicher, im Zweifel ≗ **büzük dingilder.** *Spr. P* Ein schlechtes Gewissen verrät sich selbst. Getroffener Hund bellt.

işkillilik argwöhnisches, mißtrauisches Verhalten

işkilsiz 1. wer keinen Argwohn hegt 2. unverdächtig

işkine [·×·] **(balığı)** schwarzer Schattenfisch; Meerrabe *m* *zo.* Corvina nigra

İşkodra *n.pr.* Skutari (Stadt in Albanien)

işlek 1. belebt, viel befahren, mit viel Verkehr (z. B. Straße) 2. gutgehend (z. B. Geschäft), rege (z. B. Handel) 3. flott, flüssig, ausgeschrieben (z. B. Handschrift) 4. gewandt (Feder) 5. *V* a) Strichjunge *m* b) Dirne, Hure *f* ~ **ek** *gr.* produktives (türk.) Suffix *canlı ek ~ **rüzgâr** *naut.* gleichmäßig steife Brise

işlem 1. *math.* (Grund-)Rechnungsart *f* *amel 2. *chem.* Einwirkung *f*, Einfluß *m*, Influenz *f* 3. Geschäftsgang; Dienstweg *m* (e–r Akte, e–s Gesuchs usw.), Formalitäten *pl.*, Abfertigung, Behandlung *f* *muamele 4. Handeln, Verfahren, Vorgehen *n* 5. Geschäftsabschluß *m*, Transaktion *f* Zu 3: **Onlara aynı ~ yapılacaktır.** Sie werden die gleiche Behandlung erfahren. ~ **yapmak** *spez. Beh.* 1. behandeln, abfertigen 2. verfahren, handeln, vorgehen

işleme 1. Vs. zu **işlemek** (*spez. jur.*) Verarbeitung *f* *hukukî tağyir 2. feine Stickerei od. Handarbeit 3. *mus.* Verzierung *f* *broderi 4. fein und zierlich hergestellt (gestickt, gemeißelt, ziseliert usw.) ~ **makineleri** Werkzeugmaschinen *pl.* ~ **tarzı** Arbeitsweise *f* (e–r Maschine)

işlemeci Sticker(-in *f*) *m*

işlemek 1. verarbeiten (*spez.* Rohstoffe) 2. bearbeiten (z. B. wissenschaftliches Gebiet) 3. (be-)sticken, mit Stickerei verzieren; *mus.* mit Verzierungen versehen *brode etmek 4. fein herausmeißeln, ziselieren 5. schälen (Reis) 6. a) begehen (Fehler, Verbrechen usw.) b) **(hayır)** Gutes tun 7. ausschmücken (Erzählung) 8. ausfüllen (Formular); eintragen *yazmak, kaydetmek 9. (m. Dat.) seelisch od. körperlich stark beeindrucken 10. (m. Dat.) eindringen (z. B. Wasser in ein Versandgut), durch-schlagen, -dringen 11. *intr.* verkehren, fahren (Zug, Dampfer usw.) 12. *intr.* laufen (Gehalt, Mietsvertrag usw.) 13. auflaufen, anfallen (Zinsen) 14. arbeiten (Maschine usw.) 15. gehen (Uhr, Geschäft usw.) 16. funktionieren (Apparat, Telefon usw.) 17. in Kraft treten (z. B. Garantieversprechen) 18. eitern (z. B. Wunde) 19. *V* stehlen, klauen 20. *V* alles absuchen, durchsuchen 21. *Ch.* Leute verspotten, *F* verhohnepipeln 22. *V* (Spielkarten) zinken 23. (m. Abl.) benutzen 24. tätig, beschäftigt sein Zu 6a: **bir hata ~** e–n Fehler begehen **bir kabahat ~** sich et. zuschulden kommen lassen, *F* et. anstellen, *P* et. ausfressen Zu 6b: **İşlediği hayır ürküttüğü kurbağaya değmez.** s. **Aldığı aptes** (usw.) Zu 8: **çizelge işlenirken** bei der Ausfüllung des Formulars Zu 9: **Bu laf, Celâl'e fena işlemiş.** Celâl ärgerte sich nicht schlecht über diese Rederei. s. a. **içine (iliğine, kalbine, yüreğine) ~** Zu 10: **kurşun işlemez** kugelsicher Zu 12: **Evden çıktım, fakat kirası hâlâ işliyor.** Ich bin (aus meiner Wohnung) ausgezogen, aber der Mietvertrag läuft noch. Zu 13: **işlemiş faiziyle beraber** zusammen mit den aufgelaufenen Zinsen Zu 14: **İşleyen demir ışılar** (*od.* **pas tutmaz**). *Spr.* Rast' ich, so rost' ich. *Spr.* Zu 15: **Şu mağaza pek iyi işliyor.** Das Geschäft läuft ausgezeichnet. Zu 23: **Siz bu merdivenden işleyeceksiniz.** Sie müssen diese Treppe hier benützen.

işlemeli 1. mit Stickerei; ge-, be-stickt 2. mit feinen Ornamenten, schön ziseliert

işlemli bearbeitet (Akten) *muameleli

işlence (*ungebr. Neol.*) s. **ameliyat, operasyon**

işlenmek Pass. zu **işlemek; işlenmemiş arazi** unbestelltes (nicht angebautes) Feld od. Gelände

işler arbeitend, laufend, gehend, in Gang befindlich ~ **bir halde** 1. intakt, funktionierend 2. in Gebrauch ~ **sermaye** s. **döner sermaye**

işlerlik Intaktsein, Funktionieren *n*

işletici 1. betreibend 2. Antriebs-, Treib- 3. *jur.* (Fahrzeug-) Halter *m* ~ **çark** *techn.* Triebrad *n* ~ **düzen** Antriebsvorrichtung *f* ~ **makine** *techn.* Antriebsmaschine *f*

işletme Vs. zu **işletmek** *spez.* 1. Betrieb(-sleitung *f*) *m*, Verwaltung *f* 2. Unternehmen *n* ~ **çarkı** Triebrad *n* ~ **dairesi** Betriebs-amt *n*, -verwaltung *f* (z. B. bei der Eisenbahn) ~ **düzeni** *techn.* Schaltwerk *n* ~ **eki** s. **çekim eki;** ~ **emniyeti** Betriebssicherheit *f* ~ **fasılası** Betriebspause *f* ~ **inzibatı** Betriebszucht *f* ~ **kolu** Anwerfer *m* (z. B. am Auto) ~ **maddesi** Betriebsstoff *m* ~ **malzemesi** 1. Betriebsstoff *m* 2. rollendes Material ~ **malzemesi ikmali** Ergänzung *f* des Betriebsstoffes bzw. des rollenden Materials ~ **masrafları** Betriebskosten *pl.* ~ **memuru** Fahrdienstleiter *m* ~ **motörü** Anwurfmotor *m* ~ **mili** Antriebswelle *f* ~ **mukavemeti** Anfahrwiderstand *m* ~ **müdürlüğü** Betriebsleitung *f* ~ **mühendisi** Betriebsingenieur *m* ~ **sermayesi** Betriebskapital *n* ~ **şefi** Betriebsleiter *m* ~ **talimatı** Betriebsvorschrift *f* ~ **tecrübesi** Betriebserfahrung *f* ~ **tesisi** Betriebsanlage *f* ~ **vesikası** s. **kullanma belgesi; ≗ler Vekâleti** *n.pr.* Ministerium *n* für Staatsbetriebe (1949–1957) **-ye açılmak** in Betrieb genommen werden (z. B. Autobuslinie) **-ye elverişli** abbaufähig (z. B. Erze)

işletmeci 1. Betriebsleiter *m* 2. Filmverleiher *m* *dağıtımcı

işletmecilik Betrieb(-s.wesen *n*) *m*

işletmek Kaus. zu **işlemek** *spez.* 1. a) in Betrieb nehmen (z. B. Fabrik) b) arbeiten lassen (z. B. Kapital) 2. betreiben (z. B. Farm) 3. abbauen (z. B. Erze) 4. anlassen, anwerfen (z. B. Motor) 5. *V* a) Männer ausnehmen, ausbeuten (Dirne) b) Zuhälterei betreiben c) s. **işlemek** (21) 6. *naut.* s. **salıvermek** (4)

işlev Funktion *f* *görev, üf'ule, vazife ~ **yitimi** s. **apraksi**

işlevlik kök s. **eylem kökü**

işlevsel funktionell *görevsel, üf'ulevî ~ **eğitim** *päd.* funktionelle Erziehung *görevsel eğitim, üf'ulevî terbiye

işleyebilir betriebsfähig (z. B. Maschine)

işleyici 1. regelmäßig arbeitend 2. eindringend 3. *V* männliches Glied; Penis *m*

işleyiş Tätigkeit *f* *faaliyet
işli 1. berufstätig; bei der Arbeit 2. gestickt 3. verziert ~ **güçlü** beschäftigt, tätig; mit geregelter Arbeit
işlik, -iği Werkstatt *f* *atelye
işmar [ā] *P* (mit der Hand, dem Kopf oder den Augen gegebenes) Zeichen ~ **etmek** *P* j–m ein Zeichen geben (z.B. zublinzeln, zunicken, winken)
işmizaz [·––] *va.* 1. Grimasse *f*, saures Gesicht 2. Langeweile, Verstimmung *f* 3. leichtes Erzittern
işporta [·×·] Traggestell *n*, flacher Korb (e–s Straßenhändlers) ~ **malı** *fig.* minderwertige Ware **-ya düşmek** seinen Wert verlieren
işportacı [·×·] Straßenverkäufer *m* (der seine Waren auf e–m Traggestell od. in e–m großen, flachen Korb umherträgt)
işportacılık Tätigkeit *f* e–s Straßenverkäufers
işrak, -kı [––] *va.* 1. Aufgehen *n* (e–s Gestirns) 2. *(Mystik)* Erleuchtung *f* ~ **namazı** supererogatorisches Gebet nach dem Morgengebet (*spez.* bei Ordensangehörigen)
işrap, -bı [ā] *z. va.* 1. *urspr.* Trinkenlassen *n* 2. Einflüsterung, Insinuation *f* 3. Durchblickenlassen *n*, Andeutung *f* ~ **etmek** *z. va.* 1. *urspr.* trinken lassen 2. einflüstern, insinuieren 3. durchblicken (merken, fühlen) lassen, zu verstehen geben, andeuten
işret, -ti 1. Alkohol *m* 2. **(meclisi)** Trink-, Zech-gelage *n* 3. Rausch *m*, Trunkenheit *f* 4. *va.* gutes, verständnisvolles Zusammenleben; Eintracht *f* ~ **etmek** zechen, übermäßig trinken, sich betrinken
işsiz arbeitslos, Arbeitsloser ~ **güçsüz** ohne geregelte Arbeit, unbeschäftigt ~ **kalmak** 1. keine Arbeit haben 2. seine Stellung verlieren
işsizlik, -iği 1. Arbeitslos-, Unbeschäftigt-sein *n* 2. *pr.* Arbeitslosigkeit *f* ~ **ödeneği** Arbeitslosenunterstützung *f* ~ **sigortası** Arbeitslosenversicherung *f*
iştah (< iştiha) 1. Appetit *m*, Eßlust *f* 2. *allg.* körperliches Bedürfnis 3. (bşe) heftiges Verlangen; Gier *f* (nach) ~ **açan** (*od.* **açıcı**) 1. appetitanregend 2. Aperitif *m* ~ **açmak** (*od.* **vermek**) 1. den Appetit anregen 2. *fig.* verlokken ~ **azaltıcı** *med.* Appetitzügler *m* ~ **çekici** appetitlich, verlockend ≗ **dişin dibindedir.** *Spr.* Der Appetit kommt beim Essen. *Spr.* ~ **ilâcı** appetitanregendes Mittel ~ **kapamak (kesmek, tıkamak)** j–m den Appetit verschlagen (nehmen, vergehen lassen; verderben) ~ **sapkısı** *med.*, *vet.* krankhaftes Gelüst nach ungenießbaren Stoffen *paragözi, paroreksi, pika ~ **verici** appetitanregend **-ı gelmek** 1. Appetit bekommen 2. *fig.* Lust bekommen, begehren, heftig wünschen **-ı kapanmak** keinen Appetit mehr haben ≗ **var.** 1. Er hat Appetit. 2. Das ist für ihn e–e Verlockung.
iştahaver [··–·] *va.* appetitlich, verlockend (z.B. Früchte)
iştahlanma Vs. zu **iştahlanmak** *spez. psych.* Begehren *n* *teşehhi
iştahlanmak 1. Appetit bekommen 2. *fig.* Lust bekommen, besonderes Verlangen tragen
iştahlı 1. mit Appetit 2. heftig ersehnend; gierig 3. eifrig
iştahsız 1. appetitlos 2. ohne besonderes Verlangen 3. lustlos
iştahsızlık 1. Appetitlosigkeit *f* 2. Fehlen *n* e–s besonderen Verlangens 3. Lustlosigkeit *f*
İştar s. **Aştart**
işte *Int.* 1. (bei Hinweis) hier (ist) ...; da (ist) ... 2. (als Abschluß von Ausführungen) also, nun also, nun eben, eben Zu 1: **Hani kitap?** ≗! Wo ist denn das Buch? Da liegt es doch! ≗ **kalem,** ~ **kâğıt otur yaz!** Hier hast du Papier und Bleistift, setz dich hin und schreibe! ≗ **size anlattığım adam!** Das ist der Mann, von dem ich euch gesprochen habe. ≗ **kılıç, işte meydan!** Hic Rhodus, hic salta! Zu 2: ≗ **pasta dediğin böyle olur.** Siehst du, so macht man eben einen Kuchen! *d.h.* Hast du jetzt verstanden, wie man es machen muß?
işteş Arbeitskamerad(-in *f*) *m*, Arbeitskolleg-e *m*, -in *f* ~ **eylem** (*od.* ~ **fiil**) s. **işteşlik fiili**
işteşlik gemeinsame Tätigkeit *müşareket ~ **fiili** *gr.* Verbum der Simultaneität, Reziprozität od. Intensität (vgl. **bağrışmak, anlaşmak, uğraşmak** usw.)
iştial, -li [ā] 1. Sich-Entzünden *n*, Zündung *f*, In-Brand-Geraten *n* 2. Intensitätszunahme *f* ~ **etmek** 1. sich entzünden, zünden, in Brand geraten 2. an Heftigkeit zunehmen, größere Intensität gewinnen ~ **edici maddeler** *selt.* leicht entzündbare (feuergefährliche) Gegenstände *pl.* ~ **kabiliyeti** Zündfähigkeit *f* ~ **sahası** Zündfeld *n* ~ **vasıtaları** Zündmittel *pl.*
iştibah [ā] **etmek** *va.* s. **şüphelenmek**
iştidat, -dı [ā] *va.* Intensitäts-steigerung, -zunahme *f* *spez. pej.* Verschlimmerung *f* ~ **etmek** *va.* an Intensität zunehmen *spez. pej.* sich verschlimmern (z.B. Krankheit) *şiddetlenmek **-ı hafıza** *psych.* Hypermnesie *f*
iştigal, -li [ā] Beschäftigung, Arbeit, Tätigkeit *f* ~ **etmek** sich (mit et. od. j–m) beschäftigen ~ **sahası** Arbeitsgebiet, Tätigkeitsfeld *n*
iştiha [ā] s. **iştah**
iştihaaver [ā, ā] *va.* s. **iştahaver**
iştihar [ā] *va.* Berühmtwerden *n*, Berühmtheit *f*, Ruhm *m* ~ **etmek** *va.* berühmt werden, sich e–n Namen machen
iştikâ *z. va.* Sich-Beklagen, Klagen *n*, Klage *f*, Beschwerde *f* ~ **etmek** (m. Abl.) *z. va.* sich beklagen, sich beschweren
iştikak, -kı [ā] 1. Ableitung *f* (von Wörtern od. Wortformen) *türem, türeme 2. **(ilmi)** Etymologie *f* *etimoloji, kökbilgisi ~ **etmek** abgeleitet werden ~ **ettirmek** 1. ab-, her-leiten (Wort) 2. *math.* differenzieren *müştakkını almak, türetmek **kabili** ~ **tabi** *math.* differenzierbare Funktion
iştikakçı [ā] *selt.* s. **etimolog**
iştikakçılık [ā] 1. *selt.* etymologische Untersuchungen *pl.* 2. *pej.* Etymologisieren *n*
iştikakî [··––] *va.* etymologisch *etimolojik
iştira [ā] 1. Kauf(-en *n*) *m* *alım 2. *jur.* Rückkauf *m* (bei Versicherung) *raşa ~ **etmek** *va.* kaufen ~ **hakkı** *jur.* 1. (An-)Kaufs-, Erwerbs-, Options-recht *n* 2. Ablösungsrecht *n* 3. Rückkaufsrecht *n* ~ **kabiliyeti** Kaufkraft *f* (z.B. e–r Währung) ~ **kıymeti** *jur.* Rückkaufswert *m* ~ **kuvveti** Kaufkraft *f*
iştiraî [··––] *va.* Kauf- **kuvvei iştiraiye** *va.* Kaufkraft *f*
iştirak, -ki [ā] 1. Teil-, Mitin-haberschaft *f* *ortaklık 2. Teilnahme, Mitwirkung, Beteiligung *f* 3. Gemeinsamkeit *f* ~ **etmek** (m. Dat.) 1. Teilhaber (Mitinhaber) sein (bei), teilhaben (an) *ortak, olmak, ortaklaşmak 2. teilnehmen (an), mitwirken (bei), sich beteiligen (an, bei) 3. (b–nin **fikrine** *od.* **noktai nazarına**) j–s Meinung teilen, auf dem gleichen Standpunkt stehen (wie) ~ **ettirmek** 1. teilhaben lassen, beteiligen (z.B. an e–r Verwaltung) 2. veranlassen od. zulassen, daß jm. teilnimmt (sich beteiligt, mitwirkt) ~ **halinde mülkiyet** *jur.* Gesamthandeigentum *n* *ortak iyelik ~ **hissesi** *jur.* Einlage *f* (e–s Gesellschafters), (Mitglieds-)Beitrag *m* *aidat; katılma payı; katkı ~ **payı** Anlieger-, Erschließungs-beitrag *m* (Gemeindesteuer) ~ **taahhüdü** *H* Aktienzeichnung *f* **-i vazaif** s. **sinerji**
iştirakiye [ā] *va.* s. **komünizm**
iştirakli [ā] 1. mit Teilhaberschaft 2. unter Teilnahme ~ **icar** *jur.* Teilpacht *n* *ortakçılık; yarıcılık yoliyle kira
iştiyak, -kı [ā] Sehnsucht *f*, Begehren *n*, brennendes Verlangen ~ **çekmek** (*od.* **duymak**) sich sehnen, brennend verlangen (nach)
işurya *med.* s. **sidik tutulması**
işüişret, -ti [–···]; **işünuş** [–·–] *z. va.* Völlerei *f*, Leben *n* in

Saus und Braus, Schwelgerei, Orgie *f*, Trinkgelage, Bacchanal *n*

işve 1. Anmut *f*, Charme, Liebreiz *m* 2. Koketterie *f* 3. *pej.* Ziererei *f*, affektiertes Benehmen

işvebaz [ā] *va.* 1. s. **işveli** 2. Name e–r berühmten Tulpenart

işveli 1. anmutig, liebreizend 2. kokett 3. affektiert, sich zierend, sich bitten lassend

işveren Arbeitgeber, Dienstherr *m* *patron, çalıştıran; iş sahibi ~ **sendikası** Arbeitgeberverband *m*

işyar s. **memur**

işyazar *med.* Ergograph *m* *ergograf, amelnüvis

işyeri, -ni Arbeits-stätte, -stelle *f*, -platz, -raum *m*

it, -ti 1. Hund *m* *köpek 2. *fig.* gemeiner, niederträchtiger Kerl; Schuft, Schurke *m* ⁓ **ağzını kemik tutar.** *Spr.* *(spött.)* Man braucht ihm nur e–n Knochen vorzuwerfen (*scil.* dann ist er still). ~ **ayağı yemiş gibi** *P* unermüdlich tätig; dauernd auf Trab ~ **canlı** zäh, unverwüstlich ⁓ **değmekle** (*od.* **işemekle**) **deniz pis olmaz.** *Spr. fig.* Er steht turmhoch über allen Anschuldigungen. ⁓ **derisinden post olmaz.** *Spr. fig.* Schuft bleibt Schuft. ~ **derneği** 1. von Lärm erfüllter od. von Ungeziefer wimmelnder Ort 2. Räuberhöhle *f* 3. lärmendes Pack; Gesindel *n* ~ **dirliği** Leben *n* wie Hund und Katze; Unverträglichkeit *f* ⁓ **dişi domuz derisi.** *Spr.* (schadenfrohe Bemerkung über den Streit zweier gleichermaßen unbeliebter Personen) *etwa:* Sollen sie sich nur den Schädel einschlagen, dann sind wir beide los! ~ **elli** kuhhessig, (mit x-förmiger Stellung der Hinterbeine) (Tier *spez.* Pferd) ⁓ **ite (buyurur), it de kuyruğuna!** *iron.* Unangenehmes kann man sich auch dadurch vom Halse schaffen, daß man es e–m andern auflädt. ⁓ **iti suvatta bulur.** *Spr.* Gleich und gleich gesellt sich gern. *Spr.* ⁓ **itin ayağına** (*od.* **kuyruğuna**) **basmaz.** *Spr.* E–e Krähe hackt der anderen kein Auge aus. *Spr.* ~ **izi at izine karışmak** *fig.* in völliges Durcheinander geraten ~ **kaçıran** Hundskohl *m bot.* Apocynum erectum *köpek öldüren ~ **kadar** überreichlich ~ **kırıntısı** *V* ein ziemlicher Hundskerl ~ **kopuk** Strolch, Vagabund *m* ~ **menekşesi** Hundsveilchen *n bot.* Viola canina ~ **nişanı** Kastanie *f* (Hornschwiele am Pferdebein) ⁓ **oğlu it!** (Fluch) Schuft! Dreckiger Hund! Saukerl! ~ **papatyası** stinkende Hundskamille *bot.* Anthemis cotula *fena kokulu papatya ~ **sıraca otu** Hundsbraunwurz *f bot.* Scrophularia canina ~ **sürüsü** Lumpen-bande *f*, -gesindel *n* ~ **sürüsü kadar** *pej.* ein wüstes Gedränge ~ **taşlayan** Tagedieb, Strolch, Faulenzer *m* ⁓ **ürür kervan yürür (geçer, göçer).** *Spr.* (verächtlich über kleinliches Kritisieren:) Der Hund heult (bellt), aber die Karawane zieht weiter. ~ **yatağı** 1. (richtige) Räuberhöhle, finstere, schmutzige Räumlichkeit 2. s. ~ **derneği;** ~ **yılı** *hist.* 11. Jahr des alttürk. 12-Jahres-Zyklus ²**e atsan yemez** so schlecht, daß man es keinem Hund vorwerfen kann; hundsmiserabel ²**i an, değneğini yanına koy** (*od.* **taşı eline al**)! *Spr.* 1. Sei gerüstet, wenn du auf e–n Angreifer stößt! 2. *hum.* Lupus in fabula! ²**i öldürene sürütürler** s. Stw. **köpek.** ²**in ayağını taştan mı sakınacağım?** Soll ich mit dem Burschen vielleicht noch Mitleid haben? **-in kıçına sokmak** *V* j–n nach allen Regeln der Kunst schlechtmachen, dem allgemeinen Gespött preisgeben ²**in kuyruğu mengenede düzelmez.** *Spr.* (Sinn:) Dagegen läßt sich einfach nichts machen. **-in kuyruğunda** *F* sehr viel, mehr als reichlich ²**le çuvala girilmez.** *Spr.* s. Stw. **köpek.** ²**le dalaşmaktan çalıyı dolaşmak yeğdir.** *Spr.* Besser nimmt man die größten Mühen auf sich, als daß man sich mit e–m ekelhaften Kerl herumstreitet.

ita [– –] Geben *n spez.* 1. Auszahlen *n*, Auszahlung *f* 2. Ausstellung *f* (e–s Zeugnisses, e–r Bescheinigung usw.) 3. Verleihung *f* (z. B. e–s Ordens) 4. *fr. Metrik* Verwendung des gleichen Reimwortes ~ **amiri** wer das Recht hat, e–e Auszahlung anzuordnen, Ordonnateur *m* (Finanzrecht) ~ **emri** Auszahlungsanordnung, Zahlungsanweisung *f* (im Finanz- und Verwaltungsrecht) ~ **etmek** geben *spez.* 1. auszahlen 2. ausstellen (Bescheinigung usw.) 3. verleihen (z. B. Orden)

itaat, -ti *urspr.* [·–·], *heute oft* [··–] Gehorsam *m* ~ **etmek** gehorchen, Gehorsam leisten; folgen ~ **göstermek** sich gehorsam erweisen, gehorsam sein **ademi** ~ s. **-sizlik**

itaatçi [vgl. **itaat**] *(G)* wer geneigt ist zu gehorchen, bzw. sich zu unterwerfen *(a. pol.)* (unterwürfig, servil)

itaatli [vgl. **itaat**] gehorsam, folgsam *muti

itaatsiz [vgl. **itaat**] ungehorsam, widerspenstig, aufsässig, rebellisch

itaatsizlik [vgl. **itaat**] Ungehorsam *m*, Widerspenstigkeit, Aufsässigkeit *f*, Rebellieren *n*

itağrısı, -nı s. **at frengisi**

İtak, -kı *n.pr.* Ithaka (Heimat des Odysseus)

itale [ā] *va.* Verlängern, Ausdehnen *n* **-i lisan etmek** *va.* ungehörige, unziemliche Reden führen

italik 1. italisch 2. *typ.* kursiv 3. **(yazı)** Kursive *f*, Kursivdruck *m* **-ler** *n.pr. hist.* Italer *pl.*

İtalya [·×·] *n.pr.* Italien ~ **danaayağı** italienische Zehrwurz *bot.* Arum italicum ~ **kavağı** Spitzpappel *f bot.* Populus italica ~ **lahanası** s. **karalahana**

İtalyalı 1. s. **İtalyan** 2. aus Italien stammend

İtalyan 1. Italiener(-in *f*) *m* 2. italienisch ~ **akasması** italienische Waldrebe *bot.* Clematis viticella ~ **çekirgesi** italienische Wanderheuschrecke *zo.* Calyptamus italicus ~ **çimi** italienisches Raygras *bot.* Lolium multiflorum ~ **kavağı** s. **piramit kavak;** ~ **makarnası** Spaghetti *pl.* ~ **malmignatı** Malmignatte *f zo.* Latrodectes tredecimguttatus (Giftspinne der Mittelmeerländer) ~ **örümceği** Tarantel *f zo.* Tarentula fasciiventris

İtalyanca [··×·] 1. italienische Sprache, Italienisch 2. italienisch

İtalyanlık 1. Italienertum *n* 2. italienische Staatsangehörigkeit

İtalyotlar s. **İtalikler**

it'am [ā] *va.* 1. Verabfolgung *f* von Nahrung 2. Pfropfen, Okulieren *n* 3. Impfen *n* ~ **etmek** *va.* 1. zu essen (fressen) geben, speisen, füttern 2. pfropfen, okulieren 3. impfen

it'amiye [ā] *fr.* die den Wohltätigkeitsanstalten zur kostenlosen Armenspeisung angewiesenen Gelder *pl.*

itap [ā] Vorwurf, Tadel *m*, Zurechtweisung, Vorhaltung *f* ~ **etmek** tadeln, zurechtweisen; Vorwürfe, Vorhaltungen machen

it'ap, -bı [ā] *va.* Müdemachen, Ermüden *n*, Verdruß-Bereiten, Langweilen *n* ~ **etmek** *va.* müde machen, ermüden, Verdruß bereiten, langweilen

itba, -aı [ā] 1. *va.* Folgen-Lassen *n* 2. *ling.* alliterationsähnliche Folge von Wörtern (wobei das zweite Wort durchweg ohne selbständige Bedeutung ist) (vgl. **alay malay, yemek memek** usw.)

itboğan s. **kaplanboğan**

itburnu, -nu s. **kuş**

itdili, -ni s. **köpekdili** (2)

itdirseği, -ni s. **arpacık** (1)

itecek, -ği *techn.* 1. Schub-, Pleuel-stange *f* 2. Ventilstößel *m*

iteklemek *reg.* s. **itmek**

itelemek 1. wiederholt stoßen 2. *phys.* abstoßen *defetmek

item *psych.* Item *n*, Testfrage *f*

iterbiyum [·×··] *chem.* Ytterbium *n*

itfa [ā] 1. Löschen *n* 2. Amortisieren *n*, Amortisierung *f*, Tilgung, Abtragung (z. B. e–r Schuld) *f*, Abschreibung *f* *söndürüm; borç kapatma 3. *phys.* Aufhören, Zum-Stillstand-Kommen *n* (z.B. e–r Pendelschwingung) *(2, 3) sönüm 4. Beruhigung, Beschwichtigung *f* ~ **akçesi** (*od.* **bedeli**) (Schulden-)Tilgungsfonds *m* ~ **etmek** 1. löschen 2. amortisieren, tilgen, abtragen (z.B. Schuld) 3. *phys.* aufhören lassen, zum Stillstand kommen lassen *(2, 3) sönümlemek 4. beruhigen, beschwichtigen ~ **kabiliyetli istikraz** Tilgungsanleihe *f* **-yı düyun** 1. Schuldentilgung *f* 2. Amortisation *f*

itfaiye [ā] Feuerwehr *f* ~ **efradı** Löschmannschaften *pl.* ~ **ekipi** Lösch-trupp *m*, -mannschaft *f* ~ **eri** (*od.* **neferi**) Feuerwehrmann *m* ~ **kumandanı** Kommandant *m* der Feuerwehr ~ **malzemesi** Löschgerät *n* ~ **merkezi** Feuerwache *f*

itfaiyeci [ā] Feuerwehrmann *m*

itfaiyecilik [ā] Löschtätigkeit *f*, Aufgaben *pl.* e–r Feuerwehr

ithaf [ā] Widmung, Zueignung, Dedikation *f* ~ **etmek** widmen, zueignen, dedizieren

ithafen [ā] *va. Adv.* als Widmung (usw.)

ithafiye [ā] schriftliche Widmung; Dedikation *f*

ithafname [·–·–] Widmungsschreiben *n*

ithal, -li [ā] 1. Einführen, Hinein-stecken, -bringen *n* 2. Einfuhr *f*, Import *m* 3. Einbeziehen *n*, Einbeziehung *f* (z.B. e–s Landes in das Kriegsgeschehen) 4. Eintragen *n*, Eintragung, Aufnahme *f* (z.B. in e–e Liste) 5. *techn.* Einlaß *m* ~ **borusu** Einlaßrohr *n* ~ **etmek** 1. einführen (z.B. Sonde), hinein-stecken, -bringen 2. einführen, importieren 3. einbeziehen 4. eintragen, aufnehmen ~ **kolu** Einlaßhebel *m* ~ **malı** Importware *f* ~ **musluğu** Einlaßhahn *m* ~ **resmi** s. **oktruva;** ~ **tırnağı** Einlaßnocken *m* ~ **valfı** Einlaßventil *n*

ithalât, -tı [·––] (Gesamt-)Einfuhr *f*, (Gesamt-)Import *m* (*ant.* **ihracat**); ~ **gümrük resmi** Einfuhrzoll *m* ~ **malları** Importwaren *pl.* ~ **müsaadesi** Einfuhrgenehmigung *f* ~ **rüsumu** Einfuhr-zoll *m*, -gebühren *pl.*

ithalâtçı [·––·] Importeur, Einfuhrhändler *m*

ithalâtçılık [·––··] Import-, Einfuhr-handel *m*, Importwesen *n*

itham [ā] Beschuldigung, Verdächtigung, Bezichtigung, Anklage *f* ~ **etmek** (b–ni bşle) beschuldigen, bezichtigen, verdächtigen, anklagen, j–m et. zur Last legen ~ **sistemi** s. **iddia sistemi**

ithamkâr [·––] 1. beschuldigend, verdächtigend, bezichtigend, anklagend 2. e–e Beschuldigung (usw.) enthaltend (z.B. Worte)

ithamname [·–·–] Anklageschrift *f*

ithıyarı, -nı s. **acıhıyar**

itibar [–·–] 1. Ansehen *n*, Achtung *f*, Wert *m*, Wertschätzung *f* 2. *H* Kredit *m* 3. Betrachten, Berücksichtigen *n*, Gesichtspunkt *m*, Beziehung *f* 4. Aufmerksamkeit, Sorgfalt *f* Zu 3: **bu -la** von diesem Gesichtspunkt aus betrachtet, in dieser Hinsicht, infolgedessen, dementsprechend, daher ... **-iyle** hinsichtlich; im Hinblick darauf, daß...; in Anbetracht, daß... (s.a. **esas -iyle**); ~ **açmak** e–n Kredit eröffnen (Bank) ~ **emri** *H* Kreditauftrag *m* *saygınlık vekilliği ~ **etmek** 1. schätzen, hochachten, ehren 2. Glauben schenken, glauben (z.B. e–m Gerücht) 3. als Rechnungswert verwenden 4. achten (auf), sich kümmern (um), Wert beimessen (Zu 1: **Kendisine çok ~ ederler.** Man schätzt ihn sehr.) ~ **görmek** 1. geschätzt (geachtet, geehrt) werden, angesehen sein, Ansehen genießen 2. gefragt sein, (viel) verlangt werden ~ **mektubu** Kreditbrief *m* *saygınlık betisi ~ **sahibi** allgemein geachtet (geehrt, geschätzt), hochangesehen ♁ **samur kürke.** Nur dem Kleid gilt die Ehrfurcht. (Nasrettin Hoca) ~ **sermayesi** *H* Kreditkapital *n* ~ **sigortası** *H* Kreditversicherung *f* **-a almak** 1. e–r Sache Wert beilegen 2. s. **nazarı -a almak; -dan düşmek** an Ansehen verlieren, in der allgemeinen Achtung sinken, in Mißkredit geraten **-dan düşürmek** diskreditieren **-ı bozulmak** in Mißkredit geraten **-ı kalmamak** nicht mehr geachtet werden, nicht mehr angesehen sein **-ı olmak** 1. angesehen sein, geschätzt (geehrt, geachtet) werden 2. *H* Kredit genießen **-ın yerine gelmesi** *jur.* Rehabilitation *f* des Gemeinschuldners **-ı amme kâğıtları** *jur.* Wertpapiere *pl.* öffentlichen Glaubens; dem Papiergeld gleichgestellte Wertpapiere *pl.* **-ı malî** geschäftliches Ansehen; Kreditwürdigkeit *f*

itibaren [–·×·] *Adv.* (m. Abl.) 1. (temporal) von ... an 2. (lokal) von ... her Zu 1: **bugünden** ~ von heute an (od. ab) Zu 2: **soldan** ~ von links (her) (z.B. bei Erläuterung e–r Gruppenaufnahme)

itibarî [–·–] *H* nominal, nominell, Nominal-, Nenn-, konventionell ~ **kıymet** Nenn-, Nominal-wert *m* ~ **para** Papiergeld *n* *kâğıt para ~ **sermaye** Nominalkapital *n*

itibariyle s. Stw. **itibar**

itibarlı [–·–·] 1. geschätzt, geachtet, geehrt, angesehen 2. *H* Kredit-

itibarsız [–·–·] nicht geschätzt, gering geschätzt, verachtet, in schlechtem Ruf stehend, keinen Kredit genießend

itibarsızlandırmak diskreditieren, in Verruf bringen

itibarsızlanmak an Ansehen verlieren; in schlechten Ruf kommen

itibarsızlık [–·–··] Nicht-achtung, -schätzung, Geringschätzung, Verachtung *f;* die Tatsache, daß jm. keinen Kredit genießt od. in schlechtem Ruf steht

itici 1. stoßend, drängend, antreibend 2. *techn.* Vorschub *m* ~ **kuvvet** 1. Antriebskraft *f* 2. Anlaß, Beweggrund *m*

itidal, -li [–·–] 1. Gleich-maß *n*, -mäßigkeit *f* 2. Ausgeglichenheit, (Selbst-)Beherrschung, Fassung *f* 3. Mäßigkeit, Mäßigung *f*, vernünftiges Mittelmaß, mäßiger Genuß 4. s. **ekinoks;** ~ **bulmak** ausgeglichen (ruhig, mild) werden; (an Heftigkeit) nachlassen, sich legen ~ **göstermek** Mäßigung an den Tag legen ~ **sahibi** ausgeglichen, ruhig, beherrscht (Person) **-ini kaybetmek** die Selbstbeherrschung verlieren, sich zu e–r Unbesonnenheit hinreißen lassen **-ini muhafaza etmek** die Kaltblütigkeit bewahren, sich nicht aus der Fassung bringen lassen **-i dem** Gleichmut *m*, Kaltblütigkeit, Fassung, Selbstbeherrschung *f* **-i harifî** (*bzw.* **rebiî**) Herbst- *bzw.* Frühlings-Tagundnachtgleiche (23. Sept. bzw. 21. März) **-i mizaç** *va.* s. ~ (3)

itidalli [–·–·] mäßig, gemäßigt, ruhig *ılımlı, mutedil ~ **bir nikbinlik** gemäßigter Optimismus

itidalsiz [–·–·] 1. ungleichmäßig, wechselhaft (z.B. Wetter) 2. unausgeglichen; ohne Selbstbeherrschung; maßlos

itidalsizlik [–·–··] 1. Ungleichmäßigkeit, Wechselhaftigkeit *f* 2. mangelnde od. fehlende Selbstbeherrschung

itikadat, -tı [–·––] *va. Pl.* Glaubensdogmen *pl.*

itikâf [–·–] 1. Sich-Zurückziehen *n* (von der Welt) 2. *fig.* Einsamkeit *f* **-a çekilmek** sich von der übrigen Welt absondern

itikâl, -li [–·–] 1. *geol.* Erosion, Auswaschung *f* *aşın(dır)ma 2. *med.* Wundbrand *m* **-ı riyah** s. **yel aşındırması**

itikat, -dı [–·–] fester Glaube, (religiöse) Überzeugung *f* ~ **etmek** (m. Dat.) fest glauben (an), überzeugt sein (von) ~ **ettirmek** veranlassen od. zulassen, daß jm. fest glaubt (überzeugt ist); e–e Meinung beibringen (*F* einimpfen) **-ı batıl** s. **batıl itikat**

itikatlı [–·–·] gläubig, religiös

itikatsız [–·–·] ungläubig, zweiflerisch, skeptisch

itikatsızlık [–·–··] Unglaube, Zweifel *m*, Skepsis *f*

itilâ [–·–] Aufstieg *m* (*a. fig.*) ~ **etmek** sich erheben, aufsteigen, in die Höhe kommen, vorankommen (z.B. Volk)

itilâf [–·–] 1. Einvernehmen *n*, Verständigung *f*, Übereın-

kommen *n*, Einigkeit *f* 2. s. **telfik** (2) 3. *z. va.* Vertrautheit, Gewöhnung *f* 4. *z. va.* nähere Beziehung; Freundschaft *f* ≗ **Devletleri** *hist.* Entente *f* (des 1. Weltkriegs) (Frankreich, England, Rußland) ~ **etmek** übereinkommen, ein Abkommen treffen ≗**ı Müselles** *hist.* Dreiverband *m*, Triple-Entente *f* (im 1. Weltkrieg) (*ant.* **İttifakı Müselles**); **ademi** ~ s. **anlaşamamazlık**
itilâfçı [–·–·] *hist.* 1. Anhänger *m* der Partei **Hürriyet ve İtilâf (1909)** 2. Ententesoldat *m* (im 1. Weltkrieg)
itilim; itilme *psych.* s. **ihtibas** (3)
itilmeli *psych.* wer an verdrängten Komplexen leidet
itimaden [–·–·] *va. Adv.* (m. Dat.) im Vertrauen (auf)
itimat, -dı [–·–] 1. im Vertrauen, Zutrauen *n* (Glaube *m*) 2. **(reyi)** Vertrauensvotum *n* *güvenoyu Zu 1: **Sözlerine -ım yoktur.** Ich glaube nicht an das, was er sagt. ~ **beslemek** Vertrauen hegen ~ **derecesi** *techn.* (Grad *m* der) Zuverlässigkeit, Sicherheit ~ **etmek** (m. Dat.) sich verlassen, bauen (auf), j–m vertrauen; Vertrauen haben (zu) ~ **mektubu** s. **itimatname;** ~ **telkin etmek** Vertrauen einflößen **-a lâyık** (*od.* **şayan**) vertrauenswürdig, zuverlässig **-a müstenit hukukî muamele** *jur.* Treuhandgeschäft, fiduziarisches Rechtsgeschäft *n* *güvençli (*od.* inançlı) işlem **-ı olmak** (b–ne) Vertrauen haben (zu) **-ı nefis** Selbstvertrauen *n* **ademi** ~ 1. Mißtrauen *n* 2. Mißtrauensvotum *n*
itimatlı [–·–·] vertrauenswürdig, verläßlich
itimatname [–·–––·] Beglaubigungsschreiben *n* (e–s diplomatischen Vertreters) *itimat mektubu
itimatsız [–·–·] 1. mißtrauisch 2. nicht vertrauenswürdig
itimatsızlık [–·–··] mangelndes od. fehlendes Vertrauen; Mißtrauen *n* ~ **takriri** Mißtrauens-antrag *m*, -votum *n* **bir** ~ **takriri vermek** *parl.* ein Mißtrauensvotum einbringen
itimek *P* 1. scharf (sauer, bitter) sein od. werden 2. ungefällig sein *aksileşmek
itina [–·–] Sorgfalt *f*, liebevolle Behandlung; Liebe *f* (die man bei der Ausführung von et. walten läßt), Aufmerksamkeit *f* (die man j–m zuteil werden läßt) *özen ~ **etmek** (*od.* **göstermek**) (m. Dat.) 1. Sorgfalt verwenden (auf), Sorgfalt beweisen (bei); sorgsam behandeln, pflegen, *F* anständig umgehen (mit) 2. sich e–r Sache befleißigen, absichtlich et. anwenden (z.B. vage Ausdrucksweise) **büyük bir** ~ **ile** sehr sorgfältig, mit großer Liebe und Aufmerksamkeit
itinalı [–·–·] sorgfältig, sorglich, sorgsam ~ **servis** aufmerksame Bedienung (z.B. in e–m Restaurant)
itinasız [–·–·] 1. wer es an Sorgfalt mangeln läßt, oberflächlich, unaufmerksam 2. wobei nicht genügende Sorgfalt aufgewandt wird, oberflächlich, *F* schludrig
itinasızlık [–·–··] Mangel *m* an Sorgfalt
itinerer *selt.* 1. Reiseroute *f* 2. Reise(-beschreibung *f*, -bericht *m*) *f* *seyahatname
itiraf [–·–] (Ein-)Geständnis, Bekenntnis *n* ~ **etmek** (ein-) gestehen, bekennen, zugeben ~ **ettirmek** (b–ne bşi) j–n zu e–m Geständnis bringen od. veranlassen; j–m ein Geständnis abringen od. entlocken
itiraz [–·–] Einwendung *f*, Einwand, Ein-, Wider-spruch, Protest *m; a.* (Verwaltungs-)Beschwerde *f* *karşıtlık ~ **etmek** einwenden, Einspruch (Einwände, Einwendungen) erheben; protestieren (**Bu karar aleyhine** ~ **edildi.** Gegen dieses Urteil wurde Einspruch erhoben.) ~ **götürmez** 1. unbestritten 2. unbestreitbar ~ **komisyonu** Finanzstelle *f*, die sich mit Einsprüchen gegen Steuerveranlagungen befaßt; Beschwerde-kommission, -stelle *f* ~ **yağmuru** Flut *f* von Beschwerden ~ **yapmak** s. ~ **etmek; -ınız yoksa** wenn Sie nichts dagegen (einzuwenden) haben **gayri kabili** ~ unbestreitbar *söz götürmez
itirazat, -tı [–·––] *va. Pl.* zu **itiraz; -ı iptidaiye** s. **dava manileri**
itirazcı [–·–·] 1. *selt.* wer Einspruch erhebt *muteriz 2. Widerspruchsgeist *m* (Person)
itirazsız [–·–·] 1. unbestritten 2. ohne Einwände zu erheben, sofort bereit
itisaf [–·–] ungerechte Behandlung, (ausgeübte) Ungerechtigkeit, Rechtsbeugung *f*, grausame Behandlung; Grausamkeit, (gewaltsame) Unterdrückung *f* (z.B. e–r Nation) *zulüm ~ **cinneti** sadistische Lust
itiş 1. Stoßen *n* 2. *mus.* s. **puse**
itişmek 1. sich gegenseitig stoßen (und schlagen), sich balgen 2. einander anstoßen und spaßen **itişe kakışa** sich gegenseitig stoßend und schlagend, sich balgend
itiştirmek 1. Kaus. zu **itişmek** 2. dauernd puffen, fortwährend stoßen
itiyadî [–·––] *va.* Gewohnheits-, gewohnheitsmäßig ~ **suçlar** Gewohnheitsverbrechen *pl.*
itiyat, -dı [–·–] (An-)Gewohnheit *f* ~ **etmek** (*od.* **edinmek**) e–e Gewohnheit annehmen, sich gewöhnen (an) ~ **haline gelmek** zur Gewohnheit werden ~ **üzere** gewohnheitsmäßig; wie üblich
itizal, -li [–·–] 1. Ausscheiden *n*, Sich-Lossagen *n* (von e–r Gemeinschaft) 2. *pr.* Schisma *n* ~ **etmek** 1. sich lossagen, sich trennen 2. sich der **Mutezile** *(q.v.)* anschließen
itizar [–·–] (Bitte *f* um) Entschuldigung *f*, Sich-Entschuldigen *n* ~ **etmek** um Entschuldigung bitten, sich entschuldigen *özür dilemek; özürlenmek
itki s. **güdü**
itkuyruğu, -nu s. **köpekkuyruğu** (1)
itlâf 1. Vertilgung, Vernichtung, Ausrottung, Tötung *f* 2. *a. fig.* Totschlagen *n* 3. Verschleuderung, Verschwendung *f* 4. Ruinieren *n* ~ **etmek** 1. vertilgen, vernichten, ausrotten, töten 2. *a. fig.* totschlagen (z.B. Zeit) 3. verschleudern, verschwenden 4. kaputtmachen, ruinieren
itlâk *inkorrekt* für **ıtlak**
itlik gemeines Benehmen; Gemeinheit *f*
itmam [ā] Abschluß *m*, Vollendung, Fertigstellung *f* ~ **etmek** zu Ende führen, abschließen, vollenden, fertigmachen
itme Vs. zu **itmek;** ~ **funya** *mil.* Druckzünder *m*
itmek, (-er) schieben, rücken, stoßen; s.a. **kâğıtları (masayı)** ~**; ite dürte** *od.* **ite kaka** 1. unter Anwendung der Ellenbogen (z.B. sich vordrängen) 2. mit Mühe und Not
itminan [ā], *va. a.* **-ı kalp** innere Ruhe, ruhiges und sicheres Vertrauen, feste (ruhige, sichere) Überzeugung
itriyum [×··] *chem.* Yttrium *n*
ittırat, -dı [ā] 1. Regelmäßigkeit, Gleichförmigkeit *f* 2. *selt.* sprachliche Analogie *analoji ~ **üzere** regelmäßig
ittıratlı [ā] 1. regelmäßig 2. *selt.* analog
ittıratsız [ā] unregelmäßig
ittıratsızlık [ā] Unregelmäßigkeit *f*, unregelmäßiger Gang
ittiba, -aı [ā] *z. va.* Befolgung, Folgeleistung *f pr. jur.* Folgeleisten *n* (des unteren Gerichtes bei Rückverweisung e–r Sache durch den Kassationshof) ~ **etmek** (m. Dat.) befolgen, Folge leisten
ittibaen [ā] *va. Adv.* (m. Dat.) in Befolgung, in Ausführung, gemäß
itticah [ā] *va.* Orientierung *f* *yönelim
ittifak, -kı [ā] 1. Übereinstimmung, Einhelligkeit *f* 2. Überein-, Ab-kommen *n* 3. Vereinigung *f*, Zusammenschluß, Bund *m*, Bündnis *n*, Allianz, Koalition *f* 4. Eintracht, Einigkeit *f* 5. Zusammentreffen *n* von Umständen, Zufall *m* 6. Komplott *n*, Verabredung *f* zur Begehung e–s Verbrechens ~ **bağlamak** ein Bündnis schließen ~ **etmek** 1. übereinstimmen 2. übereinkommen, e–e Abmachung treffen 3. sich verbünden, sich zusammenschließen, sich vereinigen 4. einig sein ~ **harbi** Koalitionskrieg *m* ~ **muahedesi** Bündnisvertrag *m* **-la** übereinstimmend,

einstimmig, einhellig, einmütig **-ı âra** *va.* s. **oy birliği; ≈ı Müselles** *hist.* Dreibund *m* (Deutschland, Österreich-Ungarn, Italien) (*ant.* **İtilâfı Müselles**)
ittifaka [··– –] s. **ittifakan**
ittifakan [··–·] *va. Adv.* 1. unerwartet, zufällig, unversehens 2. s. **ittifakla**
ittifakat, -tı [··– –] *va. Pl.* zufällige Umstände *pl.*
ittifakıye [ā] s. **vesilecilik**
ittifakî [··– –] *va.* 1. e–e Vereinbarung betreffend 2. Bündnis- (z. B. Vertrag) 3. zufällig
ittifaksız [ā] uneinig
ittifaksızlık [ā] 1. fehlende Übereinstimmung 2. Uneinigkeit, Zwietracht *f*
ittihaf [ā] *inkorrekt* für **ithaf**
ittiham [ā] (von osm. Puristen beanstandet) s. **itham**
ittihat, -dı [ā] 1. Verein(-igung *f*) *m*, Bund *m*, Union *f* 2. *chem.* Verbindung *f* *birleşme 3. Eintracht, Einigkeit *f* ~ **etmek** 1. sich verbinden, sich vereinigen, sich zusammenschließen *birleşmek 2. *chem.* sich verbinden 3. in Eintracht leben ≈ **ve Terakki Fırkası** *n.pr. hist.* die (osm.) Partei für Einheit und Fortschritt (1889–1918) **-ı hakikî** Realunion *f* **-ı şahsî** Personalunion *f*
ittihatçı [ā] 1. Unionist *m* 2. *hist.* Anhänger der Partei Einheit und Fortschritt
ittihaz [ā] 1. Nehmen, Fassen, Auf-, Er-greifen, Treffen *n* 2. Betrachtung *f* (als) 3. Gebrauch *m*, Verwendung *f* ~ **etmek** 1. nehmen (z. B. als Anlaß) 2. fassen (z. B. Entschluß) 3. treffen, ergreifen (z. B. Maßnahmen) 4. ansehen, betrachten, rechnen (als), nehmen (für) 5. gebrauchen, verwenden
ittika [ā] *va.* 1. Sich-Enthalten, (Ver-)Meiden *n* 2. Gottesfurcht *f* ~ **etmek** (bşden) *va.* sich e–r Sache enthalten, et. (ver-)meiden, sich scheuen (vor)
ittikâ *va.* Sich-Stützen *n* (*a. fig.*) ~ **etmek** *va.* sich stützen
ittikan [ā] *va.* Gewißheit, Bestimmtheit *f*
ittisa, -aı [ā] 1. *va.* Sich-Ausdehnen, Sich-Erweitern *n*, Ausdehnung, Erweiterung *f* 2. *log.* Umfang *m* (e–s Begriffs) *kaplam, şümul ~ **etmek** *va.* sich ausdehnen, sich erweitern
ittisaf [ā] *va.* Innehaben *n* e–r best. Eigenschaft ~ **etmek** (bşle) *va.* 1. mit e–r best. Eigenschaft ausgestattet sein 2. kennzeichnen, qualifizieren
ittisaî [·– – –] umfangreich, umfassend, ausgedehnt *kaplamlı, şümulî
ittisaiyet, -ti [ā] *va.* Ausgedehntsein *n*, Ausdehnung *f*, Umfang, Bereich *m*, Extensität *f* *kaplamılık, şümuliyet
ittisal, -li [ā] 1. Sich-Berühren, Aneinander-stoßen, -grenzen *n*, Verbindung, Nähe *f* 2. *bot.* Konjugation *f* *kavuşma 3. *phil.* Kontiguität *f* *bitişiklik Zu 1: **eczane -indeki ev** das Haus unmittelbar neben der Apotheke ~ **etmek** sich (gegenseitig) berühren, aneinander-stoßen, -grenzen *bitişmek
ittisalât, -tı [·– – –] *va. Pl.* zu **ittisal** *spez. mil.* Verbindungen *pl.*
ittisam [ā] *va.* Gekennzeichnet-Sein *n*, charakteristischer Zug ~ **etmek** *va.* sich durch ein best. Charakteristikum auszeichnen
İTU = International Telecommunication Union Internationale Vereinigung für Fernverbindung
itüzümü, -nü schwarzer Nachtschatten *bot.* Solanum nigrum *köpekmemesi, köpeküzümü, yandıran
ityan [ā] *va.* Vorbringen, Erwähnen *n* ~ **etmek** *va.* vorbringen, erwähnen
iva [– –] *va.* 1. Ansiedeln *n* 2. Unterbringung *f* *(1, 2) iskân ~ **etmek** *va.* ansiedeln, unterbringen
ivaz Ersatz *m*, Äquivalent *n*, Ersatz-, Gegen-leistung *f*, Gegengabe, Vergütung *f*, Entgelt *n* *karşı edim; mukabil eda ~ **etmek** *od.* ~ **(-ını, -ına) vermek** ersetzen, Ersatz leisten, vergüten
ivazli entgeltlich ~ **akit** *jur.* entgeltlicher Vertrag ~ **iktisap** *jur.* entgeltlicher Erwerb
ivazsız ohne Ersatz, ohne Gegenleistung, unentgeltlich ~ **akit** *jur.* unentgeltlicher Vertrag
ivdirmek beschleunigen *aceleleştirmek, çabuklaştırmak, hızlandırmak *f*
ivecen(-lik) s. **evecen(-lik)**
ivedi 1. Eile, Dringlichkeit *f* 2. (Aktenvermerk) Eilt! 3. eilig, dringlich *müstacel ~ **koli** *(Post)* Schnellpaket *n*
ivedilenmek sich beeilen
ivedili eilig, dringlich *müstacel
ivedilik s. **ivedi** (1); ~ **kararı** *jur.* Dringlichkeitsbeschluß *m* *müstaceliyet kararı
ivermek 1. s. **ivdirmek** 2. s. **evirmek**
ivez 1. kleine Mücke (wie **tatarcık, sivrisinek** usw.) 2. s. **üvez**
ivgi kleines Handbeil (zum Aushöhlen von Baumstämmen)
ivicaç, -cı [–·–] 1. Krümmung, Windung *f* *büksüllük 2. *fig.* unmoralisches Verhalten
ivicaçlı [–·–·] gekrümmt, gewunden; mit vielen Krümmungen und Windungen (z. B. Weg)
ivinti reißende Strömung (e–s Wasserlaufs) ~ **yeri** Stromschnelle *f* *akarsuda süratli akış yeri
ivme 1. Sich-(Be-)Eilen *n* 2. *phys.* Beschleunigung *f* *tacil
ivmek sich (be-)eilen *acele etmek, istical etmek, evemek
ivmeli devim *astr.* beschleunigte Bewegung *tacilî hareket
ivmeölçer Beschleunigungsmesser *m*
Ivrindi *n.pr.* O. u. D. im Rbz. Balıkesir
iyatrojen *med.* iatrogen; durch ärztliche Einwirkung entstanden
iyaz [ā] *va.* Schutzsuchen *n*; s. a. **eliyazübillah**
iye Eigentümer, Besitzer *m* *malik, sahip ~ **gibi** (*od.* **iyece**) **elmenlik** s. **malik sıfatiyle zilyetlik**
iyelik, -ği Besitz(-en *n*) *m*, Besitz-, Eigentums-recht *n*, Besitztitel *m* *mülkiyet, sahiplik ~ **arancı** (*od.* **dilemi**) s. **istihkak davası;** ~ **eki** *gr.* Possessivsuffix *n* *mülkiyet eki **-in geçirilmesi** s. **mülkiyetin nakli**
iyi 1. gut 2. recht, schön, ordentlich, passend 3. sorgen-los, -frei (Zeit) 4. gutmütig, wohlwollend 5. reichlich (Regen, Ernte usw.), ausreichend, genügend 6. günstig (z. B. Anzeichen), glückbringend, vorteilhaft, segensreich 7. gesund, wohlauf; wohl 8. richtig, angebracht, trefflich, lobenswert, löblich (z. B. Verhalten) 9. ordentlich, tüchtig, schallend (z. B. Ohrfeige) 10. Gutes Zu 2: ≈ **hoş amma ...** Schon recht, aber ...; Zugegeben, aber ...; Alles recht und schön, aber ... **Pek ~ anlayamadım.** Ich habe nicht recht verstehen können. Zu 3: s. ~ **gün** Zu 7: ≈ **misiniz?** Geht es Ihnen gut? Sind Sie wohlauf? s. a. ~ **etmek** Zu 9: ~ **bir tokat** e–e tüchtige (ordentliche, schallende) Ohrfeige ~ **ahlâk sahibi olmak** e–n guten Leumund genießen ~ **bakmak** achtgeben, aufpassen ~ **bir ad taşımak** e–n guten Namen haben, aus angesehener Familie stammen ~ **bir parti vurmak** 1. e–e gute Partie machen (durch Heirat) 2. ein Bombengeschäft machen ~ **bir tesadüf eseri olarak** durch e–n Glücksumstand, glücklicherweise ~ **değil** unheilbringend (**Eskiden salı günü yola çıkmak ~ değil derlerdi.** Früher sagte man: Am Dienstag e–e Reise antreten, bringt Unglück.) ~ **dereceler kazanmak** gut abschneiden (z. B. in e–m Turnier) ≈ **dost kara günde belli olur.** *Spr.* Den wahren Freund erkennt man in (den Zeiten) der Not. ~ **düşmek** sich gut treffen; passen ~ **etmek** 1. wieder gesund werden lassen, Genesung bringen; heilen 2. gut daran tun 3. *V* (b–ni) j–m das Geld abnehmen, j–n „erleichtern" Zu 2: ≈ **ettiniz de geldiniz.** Es ist gut, daß Sie gekommen sind. **Yünlü bir şey sararsanız ~ etmiş olursunuz.** Sie tun

gut daran, ein wollenes Tuch darum zu binden. ~ **gelmek** 1. gut bekommen, helfen (z. B. Medizin) 2. gut ausfallen (z. B. Maßanzug) 3. s. **Ayağı ~ gelmedi.** ~ **gitmek** 1. gut (voran-)gehen (Dinge in Entwicklung) 2. (b–ne) j–n gut kleiden (z. B. best. Farbe) ~ **gözle bak(ma)mak** wohlwollend (*bzw.* mißgünstig) betrachten ~ **gün** sorgenlose Zeit (in der man Erfolg hat) ~ **gün dostu** eigennütziger, falscher Freund (der e–n in der Not im Stich läßt) ~ **gün görmüş** ehemals wohlhabend ~ **gününde olmamak** *(spez. Sport)* e–n schlechten Tag haben ~ **haber alan bir kaynaktan öğrenildiğine göre** wie von gutunterrichteter Seite zu erfahren ist (*bzw.* war) ~ **hal** s. **hüsnühal;** ~ **hal sahibi olmak** s. ~ **ahlâk sahibi olmak;** ~ **inanç** s. **sübjektif hüsnüniyet.** ≗ **iş!** *iron.* Eine schöne Bescherung! ≗ **iş altı ayda çıkar.** *Spr.* s. **Temiz iş** (usw.). ≗ **iş doğrusu!** Na, so etwas! ~ **kaçmak** gut ausfallen; passen ~ **kalpli** gutherzig ~ **karşılamak** gut aufnehmen, e–n freundlichen Empfang bereiten ~ **kötü** 1. gut und schlecht (nebeneinander) 2. mehr oder minder gut, mehr oder minder passend (z. B. Antwort), recht und schlecht (z. B. miteinander auskommen), einigermaßen brauchbar (z. B. altes Auto) ≗ **oldu ki** Es war gut, daß ...; glücklicherweise, gottseidank ~ **olmak** 1. geheilt werden (Krankheit), heilen (z. B. Wunde) 2. genesen, wieder gesund werden (Patient) 3. j–m gut gehen 4. richtig od. angebracht sein, passen, sich gut treffen (Zu 3: **ºsiniz inşallah!** Es geht Ihnen doch hoffentlich gut! Zu 4: **O burada iken gelmeniz ~ oldu.** Es hat sich gut getroffen, daß Sie zu e–r Zeit gekommen sind, wo er hier war.) ≗ **saatte** (*od.* **sıhhatte**) **olsun!** Möge er sich guter Gesundheit erfreuen! (*Abw.* bei Erwähnung e–s Abwesenden; *gel. a. iron.*) ≗ **saatte olsunlar!** (*Euph.* für **cinler** die bösen Geister) ~ **san sahibi olmak** gut beleumundet sein ~ **söylemek** (biri için *od.* hakkında) rühmen, loben; Gutes reden (über e–n Abwesenden) ~ **vardım da** zum Trotz, mit Fleiß, j–m zum Possen, *F* extra (**Niçin bu işi yapmadın?** ≗ **vardım da yapmadım.** Warum hast du das denn nicht getan (*scil.* was du solltest)? Ich habe es extra nicht getan.) ≗ **ya!** 1. Gut so! 2. Um so besser! ~ **yürekli** wohl-wollend, -gesinnt, gut-herzig, -mütig, mitleidig ~ **zar** unverfälschter, echter (Spiel-)Würfel **-den iyiye** 1. immer besser 2. ganz und gar, völlig 3. ordentlich, tüchtig, gehörig, recht *adamakıllı **ºsi** das beste (*F* gescheiteste) ist es...; am besten (*F* gescheitesten) **ºsi bu işe karışmamaktır.** Am besten mischt man sich überhaupt nicht in die Geschichte ein. **ºsi mi** meines Erachtens ist es das beste (*F* gescheiteste)... (**ºsi mi bu işten vazgeçmeli!** Hör auf mich und laß die Finger davon!) **-ye almak** in gutem Sinn auffassen; nicht übelnehmen **-ye çekmek** wohlwollend aufnehmen od. betrachten, nachsichtig beurteilen **-ye gitmek** sich bessern (z. B. Gesundheitszustand) **-ye varmak** gut ausgehen (enden)

iyice 1. ziemlich gut, recht schön usw. (vgl. **iyi**) 2. [·×·] ordentlich, recht, gehörig, gründlich, genau; s. a. **bir ~ okumak** 3. *F* beträchtlich, erheblich **Durumu ~ fenalaştı.** Sein Zustand hat sich erheblich verschlimmert.

iyicene [·×··] *F* ordentlich, recht, tüchtig, gehörig, ausführlich *adamakıllı

iyicil 1. wohlwollend *hayırhah 2. *ling.* meliorativ

iyileşmek 1. gut (*bzw.* besser) werden, sich bessern (Wetter, Beziehungen usw.) 2. gesunden, genesen, Heilung finden 3. sich versöhnen (mit)

iyileştirici *selt.* heilend, therapeutisch *şafi

iyileştirmek 1. verbessern, reformieren 2. heilen *(tr.)*

iyilik, -ği 1. Güte, Qualität *f* 2. (erwiesene) Wohltat; gutes Werk, Hilfe, Unterstützung *f* 3. Zustand *m* dessen, dem es gut geht 4. Gesundheit *f* 5. Güte, Freundlichkeit *f*, Gefallen *m* (den man erweist) 6. Nutzen, Vorteil *m* ~ **bilir** (*bzw.* **bilmez**) dankbar (*bzw.* undankbar) ~ **bilmek** empfangener Wohltaten immer eingedenk bleiben; dankbar sein ~ **etmek** Gutes tun, sich hilfreich (freundlich) erweisen (≗ **et (de) denize at, balık bilmezse, Halik bilir.** *Spr.* Gute Tat trägt immer Zinsen *Spr.* **Ona ~ etmedim ki ondan fenalık bekleyeyim.** *iron.* Ich habe ihm ja keine Wohltat erwiesen, daß ich jetzt et. Schlechtes von ihm erwarten müßte. **Kime ~ ettinse, ondan sakın!** *Spr.* Hüte dich vor demjenigen, dem du Wohltaten erwiesen hast!) ≗ **gariptir** (*a. m. der Forts.* **sahibini kimse tanımaz**). *Spr.* Wohltaten schreibt man nicht in den Kalender. ~ **görmek** j–s Güte (Wohltaten) erfahren, von j–m Hilfe erwiesen bekommen, j–s Unterstützung genießen ≗ **güzellik** (*od.* ~ **sağlık**)! s. **Hayırlar!** ~ **kesilmiş** wem nichts Schlechtes zuzutrauen ist ~ **meleği** *fig.* der gute Engel (der Waisen, der Verwundeten usw.) ~ **yapmak** 1. e–e Wohltat erweisen 2. *iron. Ch.* bei der Polizei anzeigen ≗ **zayi olmaz.** *Spr.* Wohltun bringt Zinsen. *Spr.* **-i dokunmak** (b–nin b–ne) Nutzen, Vorteil haben **-ine söylemek** sich für j–n einsetzen **-le** 1. in freundlicher, liebenswürdiger Weise 2. auf gütlichem Wege **ºten kemlik geliyor.** Hilfsbereitschaft bringt (oft) Undank.

iyilikçi wohl-wollend, -gesinnt, -tätig, nächstenliebend, karitativ, philanthropisch *mün'im, hayırhah, hayırperver

iyilikçilik Wohltätigkeit *f*, aktive Nächstenliebe, Philanthropie *f*, karitative Tätigkeit *hayırperverlik

iyiliksever(-lik) s. **iyilikçi(-lik)**

iyimser optimistisch, Optimist(-in *f*) *m* *nikbin

iyimserlik Optimismus *m* *nikbinlik

iyiniyet(-li) s. **hüsnüniyet(-li)**

iyodoform *med.* Jodoform *n*

iyon *phys.* Ion *n*

İyonik ionisch ~ **sütun** ionische Säule

iyonik *phys.* das Ion (die Ione) betreffend

İyoniyen s. **İyonik**

iyonizan s. **iyonlaştırıcı**

iyonizasyon s. **iyonlanma; iyonlaşma**

iyonize s. **iyonlanmış; iyonlaşmış;** ~ **etmek** s. **iyonlaştırmak**

iyonlamak s. **iyonlaştırmak**

iyonlanma; iyonlaşma *phys.* Ionisation *f*

iyonlanmış; iyonlaşmış *phys.* ionisiert

iyonlaştırıcı *phys.* ionisierend

iyonlaştırmak *phys.* ionisieren

iyonosfer s. **iyonyuvarı**

İyonya *n.pr.* (das antike) Ionien

İyonyalılar Ionier *pl.* (der Antike)

iyonyum *chem.* Ionium *n*

iyonyuvarı, -nı *astr.* Ionosphäre *f* ~ **tedirginliği** *astr.* Ionosphärenstörung *f*

iyot, -du *chem.* Jod *n* ~ **buharı** Joddampf *m*

iyotlu jodhaltig, Jod-

iz (I) 1. (Fuß-, Fahr-)Spur *f*, Fährte *f*, Geleise *n* 2. (Finger-) Abdruck *m* 3. *fig.* Spur *f* (z. B. e–s Verbrechens) 4. *math.* Spurlinie *f* *isir 5. Narbe *f* Zu 5: s. **yara -i;** ~ **basmak** s. **-ine basmak;** ~ **bırakmak** e–e Spur hinterlassen ~ **köprüsü** *mil.* Behelfsbrücke *f* ~ **toz** (*Verst.* von **iz: Ne -i belli ne tozu.** Er verschwand spurlos.) **-i belirsiz olmak** spurlos verschwinden **-i silinmek** wie ausgelöscht werden, völlig verschwinden **-inde olmak** *od.* **-inde(-n) yürümek** (b–nin) *fig.* in j–s Bahnen wandeln, es j–m nachtun **-ine basmak** (b–nin) 1. j–n nicht aus den Augen lassen, dauernd hinter j–m her sein 2. in j–s Fußtapfen treten **-ine dönmek** *fig.* sich die Sache anders überlegen, et. zurücknehmen (unüberlegtes Urteil, gegebenes Versprechen usw.) **-ine düşmek** hinter j–m her sein; j–n verfolgen **-ine kurşun atmak** *fig.* j–n tödlich hassen **-ine sürmek** s. **-ine basmak; -ine uymak** (b–nin) j–n nachahmen, kopieren, in j–s Fußtapfen treten **-ini**

bulmak (bşin) e–r Sache auf die Spur kommen **-ini düşürmek** (bir cismin) e–n Körper projizieren **-ini elde etmek** e–e Spur (von) ausfindig machen **-ini kaybetmek** die Spur verlieren **-ini kaybettirmek** seine Spur verwischen
iz (II), **-zzi** *va.* 1. Wert(-schätzung *f*) *m* 2. Erhabenheit *f* 3. Macht *f* 4. Ruhm *m*, Ehre *f* 5. ≗ **(< İzzettin)** *mV;* s. a. **izzüşerefle**
izaa [·–·] *va.* Verschwenden, Vergeuden *n* *yitirme **-i vakit** *va.* Zeitvergeudung *f*, unnötiger Zeitverlust
izabe [ā] Schmelzen(-lassen) *n* ~ **etmek** schmelzen, zum Schmelzen bringen *ergitmek
izabehane [·–·–·] 1. Schmelzofen *m* 2. Schmelzwerk *n*, Schmelzerei *f*, Hüttenwerk *n*
izaç, -cı [ā] Beunruhigung, Belästigung, Störung *f* ~ **ateşi** *mil.* Störungsfeuer *m* ~ **etmek** beunruhigen, belästigen, stören ~ **hareketi** *mil.* Störungsaktion *f* ~ **taarruzu** *mil.* Störangriff *m*
izafe [ā] 1. Zuschreiben, Beimessen *n* 2. In-Verbindung-Bringen *n* 3. Hinzufügung *f* *ilâve ~ **etmek** 1. zuschreiben, beimessen 2. in Verbindung bringen (mit) 3. hinzufügen **Babasına** ~ **ederek borçlanmış.** Auf den Namen seines Vaters hat er Schulden gemacht.
izafet, -ti [ā] 1. Zusammenhang *m*, Beziehung, Verbindung, Relation *f* *bağıntı, görelik 2. *gr.* turksprachliche od. nichtturksprachliche sb. Füg., Izafetkonstruktion *f* Zu 2: s. a. Stw. **terkip;** ~ **etmek** zusammen-, an-schließen, verbinden, vereinigen ~ **kesresi** s. **kesrei izafiye;** ~ **terkibi** s. **ad tamlaması;** ~ **tetabuu** s. **tetabuu izafet;** ~ **zamiri** s. **mülkî zamir**
izafeten [·×··] *Adv.* in Zusammenhang (Verbindung) (mit), im Anschluß (an) **Bana** ~ **söylemeye hakkınız yoktur.** Sie haben nicht das Recht, in meinem Namen zu sprechen.
izafetlendirmek [ā] in *(spez. ar. od. pers.)* Izafetform konstruieren
izafi [·––] 1. relativ, spezifisch, verhältnismäßig, bedingt *bağıl, bağıntılı, göreli, mahsus, özgül 2. *gr.* die *(spez. ar. od. pers.)* Izafetkonstruktion betreffend, Izafet- 3. *gr.* Possessiv-, besitzanzeigend *mülkî ~ **ağırlık** spezifisches Gewicht; Wichte *f* *özgül ağırlık, sıkleti izafiye, vezni mahsus ~ **hacim** spezifisches Volumen ~ **haklar** *jur.* relative Rechte *pl.* *göreli haklar ~ **rutubet** relative Feuchtigkeit ~ **sıcaklık** spezifische Wärme ~ **sıfır** *geogr.* angenommener Nullpunkt, Normalnullpunkt *m* (NN) *özgül sıfır ~ **sürat** relative Geschwindigkeit
izafiye [ā] s. **relativizm**
izafiyet, -ti [ā] Relativität *f* *bağıntılık, görelilik, nispiyet ~ **nazariyesi** Relativitätstheorie
izah [––] Erklärung, Erläuterung, Darlegung *f* ~ **etmek** erklären, erläutern, darlegen, auseinandersetzen *açıklamak, tavzih etmek
izahan [––·] *va. Adv.* als Erklärung, zur Erläuterung
izahat, -ti [–––] *Pl.* 1. Erklärungen, Erläuterungen, Darlegungen *pl.* 2. *in Sg.Bed.* Erklärung, Erläuterung, Darlegung, Aufklärung *f*, Aufschluß *m* ~ **vermek** (*od.* **-ta bulunmak**) 1. Erklärungen geben 2. Aufschluß erteilen
izahlamak s. **izah etmek**
izahname [–––·] 1. Erläuterungsschrift *f*, Ausführungsbestimmungen *pl.* (z.B. zu e–m Gesetz), Merkblatt *n* 2. Manifest *n*
izale [ā] Beseitigung, Entfernung, Behebung, Vernichtung *f* ~ **etmek** beseitigen, entfernen, beheben, vernichten, abstellen, aus dem Wege räumen **-i bikir** *od.* **bikri (bekâreti)** ~ Entjungferung, Defloration *f* **-i şüyu** s. **şüyuun -si**
izam (I) [––] *va.* Senden, Schicken *n* ~ **etmek** *va.* senden, schicken
izam (II) [––] 1. Über-treiben *n*, -treibung *f* 2. Überschätzen *n*, -schätzung *f* 3. *va.* Ehrerweisung, Hochachtung *f* ~ **etmek** 1. übertreiben, viel Aufhebens machen (von) *büyütmek 2. überschätzen *büyüksemek 3. *va.* achtungsvoll behandeln, ehren
izam (III) [·–] *va. Pl.* zu **azım** Knochen *pl.* *kemikler
izam (IV) [·–] *va. Pl.* zu **azim** hervorragende Persönlichkeiten *pl.*
izan [ā] 1. Vernunft *f*, Verständnis *n* 2. *va.* (gute) Erziehung 3. *va.* Gehorsam *m* ~ **sahibi** vernunftbegabt **-ı mahdut bir adam** ein geistig beschränkter Mensch **Sende hiç** ~ **yok mu?** *F* Ja, bist du wirklich so dumm?
izanlı [ā] 1. intelligent, vernünftig, verständig 2. *va.* gut erzogen, höflich
izansız [ā] 1. unvernünftig, unverständig, verständnislos 2. *va.* unhöflich, unerzogen
izansızlık [ā] 1. Unvernunft *f*, Unverstand *m*, Verständnislosigkeit *f* 2. *va.* Unhöflichkeit, Ungezogenheit *f*
izar [ā] (I) *va.* Wange, Backe *f* *yanak
izar [ā] (II) um die Hüfte geschlungenes, ungenähtes Tuch der Mekkapilger
izaz [––] ehrenvolle Aufnahme und reichliche gastfreundliche Bewirtung *ikram ~ **(ve ikram) etmek** ehrenvoll aufnehmen und reichlich bewirten (Gast) *ağırlamak
izbandut(-luk) s. **ızbandut(-luk)**
izbar [ā] *va.* Schreiben, Mitteilen *n* ~ **etmek** *va.* schreiben, mitteilen
izbarço [·×·] *naut.* in folg. Füg.: ~ **bağı** Paalsteek *m* (*spez.* zum Belegen e–s Pollers) (vgl. a. **suğalı i. b.);** ~ **iskelesi** Bootsmannsstuhl *m*
izbe 1. abgelegener, feuchter und finsterer Ort, schmutzige Hütte, *F* Loch *n* 2. Keller *m* ~ **katı** Kellerwohnung *f* ~ **yer** s. **izbe**
izbiro [·×·] *naut.* Stropp *m* (Seil- od. Drahtschlinge als Hebewerkzeug)
izci Pfadfinder *m* ~ **kızlar** Pfadfinderinnen *pl.*
izcilik Pfadfinder-wesen *n*, -organisation *f*
izdiham [ā] Gedränge *n*, Andrang *m*, (Menschen-)Menge *f*
izdivaç, -cı [ā] 1. Verehelichung, Vermählung, Verheiratung, Hochzeit *f* 2. Ehe *f* ~ **etmek** sich verheiraten, sich verehelichen, sich vermählen ~ **ettirmek** 1. verheiraten, vermählen 2. *fig.* vereinigen, e–e Synthese schaffen, *F* unter e–n Hut bringen ~ **merasimi** Hochzeitsfeier *f* ~ **teklifi** Heiratsantrag *m;* s. a. **desti** ~
izdiyat, -dı [ā] *va.* Vermehrung, Zunahme *f*, Anwachsen *n* ~ **bulmak** *va.* sich vermehren, zunehmen, anwachsen *çoğalmak, artmak
izdüşel *math., phys.* zur Projektion gehörig, Projektions-, projektiv *irtisamî ~ **geometri** projektive Geometrie *irtisamî hendese
izdüşüm *math., phys.* Projektion *f* *irtisam ~ **açısı** s. **mermi yolu;** ~ **düzlemi** Projektionsebene *f* *irtisam müstevisi
izdüşümlü; izdüşümsel s. **izdüşel**
izdüşürmek *math., phys.* projizieren *irtisam ettirmek
izer [–·] (< *engl.* **easier**) *naut.* Langsamer!
izhar [ā] 1. Zeigen, Äußern, Darlegen *n*, Manifestation *f* 2. *va.* Vorspiegelung *f* ~ **banyosu** *phot.* Entwicklerbad *n* ~ **etmek** 1. zeigen, manifestieren, äußern (z.B. Wunsch), darlegen, ausdrücken (z.B. Meinung), Ausdruck geben (od. verleihen) *açığa vurmak 2. *va.* vorspiegeln
izi [–·] (*engl.* **easy**) *naut.* Langsam voraus!
İzid [–·] 1. der Gott des Guten (in der zoroastrischen Religion) 2. *(später in Iran)* Gott *Allah
İzidî *va.* göttlich
izin, -zni 1. Erlaubnis, Einwilligung, Bewilligung, Ermächtigung, Genehmigung, Zustimmung *f* 2. Beurlaubung *f*, Urlaub *m* 3. Entlassung *f* ~ **almak** 1. um Bewilligung (Urlaub) einkommen 2. Urlaub bewilligt bekommen ~ **belgesi** s. **ruhsatname.** ≗ **var mı?** Ist es gestattet? ~ **ver-**

mek 1. Erlaubnis erteilen 2. den erbetenen Urlaub bewilligen 3. (aus dem Dienst) entlassen
izinci Urlauber(-in *f*) *m;* wer auf Urlaub fährt (z. B. Gastarbeiter)
izinli 1. beurlaubt *mezun 2. (behördlich) genehmigt (z. B. Demonstration) ~ **izinsiz gösteriler** teils genehmigte, teils nicht-genehmigte Demonstrationen *pl.*
izinname [ā] *va.* 1. Urlaubs- bzw. Entlassungs-schein *f* 2. schriftliche Genehmigung *spez. fr.* Heiratserlaubnis *f* 3. Heirats-genehmigung, -erlaubnis *f*
izinsiz 1. ohne um Erlaubnis (bzw. Urlaub) eingekommen zu sein 2. ohne Erlaubnis (bzw. Urlaub) erhalten zu haben; (behördlich) nicht-genehmigt (z. B. Demonstrationsmarsch) 3. wer Ausgangsverbot bekommen hat (Internatsschüler) 4. Ausgangsverbot *n* (Strafe für Internatsschüler) ~ **almak** Ausgangsverbot bekommen (Internatsschüler) ~ **basım** unerlaubter Nachdruck; Raubdruck *m* ~ **kalmak** Ausgangsverbot haben
izinsizlik Fehlen *n* od. Nichterteilung *f* e–r Erlaubnis bzw. e–s Urlaubs
izlâl (I) **etmek** *va.* s. **gölgelendirmek**
izlâl (II) **etmek** *va.* erniedrigen, demütigen *alçaltmak
İzlanda [·×·] *n.pr.* Island ~ **akiki** s. **obsidiyen;** ~ **likeni** (*od.* ~ **karayosunu**) isländisches Moos *bot.* Cetraria islandica
İzlandaca *ling.* Isländisch(-e) *n*
İzlandalı 1. Isländer(-in *f*) *m* 2. isländisch
izlek, -ği *dial.* s. **keçiyolu**
izlem 1. Verfolgung *f* *takip 2. s. **izlenim**
izlemci s. **muakkip**
izlem(e)cilik Verfolgen *n* von Vorgängen ohne tätiges Eingreifen
izlemek verfolgen *takip etmek
izlendirmek *psych.* beeindrucken *tesir hâsıl etmek
izlenim *psych.* Eindruck *m*, Empfindung *f* *intıba
izlenimci(-lik) s. **empresyonist, empresyonizm**
izlenmek 1. Pass. zu **izlemek** 2. *psych.* beeindruckt werden
izli e–e Spur hinterlassend, Spur- ~ **mermi** *mil.* Leuchtspurmunition *f*
izmarit, -ti 1. Schnauzenbrasse *f zo.* Smaris alcedo 2. s. **beyazgöz (balığı)** 3. Zigarettenstummel *m*, *F* Kippe *f*, Hugo *m* 4. *fr.* Bez. e–s Federmessers bes. Form
izmaritçi Kippen-sammler, -raucher *m*
izmaritgiller (Familie *f* der) Meerbrassen *pl. zo.* Sparidae
izmavla *va.* Himbeere *f bot.* Rubus idaeus *ağaççileği
izmihlâl, -li vollkommene Vernichtung, Vertilgung *f* **-e uğramak** völlig vernichtet, ausgetilgt werden
İzmir *n.pr.* 1. Izmir, Smyrna; Stadt u. gln. Rbz. (Westanatolien) 2. *V* Würfel *m* *zar ~ **Enternasyonal Fuarı** Internationale Messe zu Izmir ~ **serçedili** s. **kuduzotu** (2); ~ **yalıçapkını** die Eisvogelart Halcyon smyrnensis
İzmit, -di *n.pr.* Stadt (das alte Nikomedeia) am gln. Golf; Verw. des Rbz. Kocaeli
İznik *n.pr.* Städtchen (das alte Nicaea) u. D. im Rbz. Bursa
izobar *met.* 1. isobar 2. Isobare *(1, 2) eşbası, mütesaviyüttazyik
izohips *geogr.* 1. auf gleicher Meereshöhe liegend 2. Isohypse *f*, Linie *f* gleicher Meereshöhe *(1, 2) eşyükselti, mütesaviyülirtifa
izokron s. **eşzamanlı, senkron**
izokronizm Isochronismus *m* *eşzamanlılık
izolasyon 1. Isolation, Isolierung *f* *ayrıklama, yalıtma 2. Quarantäne *f* *karantina
izolasyonlu isoliert, Isolations- ~ **kıskaç** Isolationszange *f*
izolatör Isolator *m*
izole 1. isoliert 2. *selt.* isolierend ~ **etmek** isolieren
izolebant, -dı Isolierband *n* *yalıtkan şerit
izomer *bot., chem., phys.* isomer, Isomer *n* *mütesaviyütterkip
izomeri Isomerie *f* *tesavii terkip
izomerik isomerisch *tesavii terkibe müteallik
izomerili s. **izomer**
izomerisel s. **izomerik**
izomerleş(tir)me Isomerisation *f*
izomerlik s. **izomeri**
izometri Isometrie, Längengleichheit *f* (*spez.* auf Landkarten)
izometrik s. **eşölçülü**
izomorf *chem., geol., phys.* isomorph, von gleicher Gestalt *eşbiçim(-li), müsaviyüşşekil
izomorfizm(-a) Isomorphie *f*, isomorpher Zustand *eşbiçim(li)lik, tesavii şekil
izos(e)ist, -ti 1. die gleiche Stärke e–s Erdbebens aufweisend 2. Isoseiste *f* *eşdeprem
izosel (*franz.* **isocèle**) s. **ikizkenar**
izoterm *met.* 1. isotherm, mit gleicher Temperatur 2. Isotherme *f* *eşsıcak
izotermi *met., med.* Isothermie *f* *eşsıcaklık
izotonik s. **eşbasınçlı**
izotop, -pu *chem.* Isotop *n*
izotopi *chem.* Isotopie *f*, isotoper Zustand
izzet, -ti 1. Größe, Erhabenheit *f*, Ruhm *m* 2. Macht, Kraft, Gewalt *f* 3. Wertschätzung, Ehre *f*, Ansehen *n* 4. ♂ *mV* ~ **etmek** ehren, ehrenvoll behandeln ~ **ve ikram etmek** s. **izaz ve ikram etmek**
izzetinefis, -fsi [×··×·] Selbstachtung *f*, Stolz *m*, Ehre *f*, Ehrgefühl *n*, Eigenliebe *f* ~ **yarası** nachhaltige Kränkung; Ehrverletzung *f* **-fsini kırmak** (b–nin) j–n in seiner Ehre (seinem Ehrgefühl) kränken, verletzen **-fsini korumak** (kendi) auf seine Ehre halten, *F* auf e–e reine Weste halten
izzetlemek 1. mit großer Achtung behandeln, sehr ehren 2. viel Aufhebens machen (von)
izzetlenmek 1. (Pass.) mit großer Achtung behandelt werden, sehr geehrt werden 2. (Refl.) sich aufspielen
izzetli 1. geehrt, hochgeschätzt, wert, teuer 2. ehrenwert, hochgeehrt, wohlgeboren
izzetlü 1. s. **izzetli** 2. osm. Tit. e–s Obersten od. Oberstleutnants sowie der Zivilbeamten des **mütemayiz-** und **saniye-**Ranges
izzetüikbal ile [ā] *va.* s. **izzüşerefle**
izzetüikram [ā] *va.* ehrenvolle Aufnahme und reichliche Bewirtung (e–s Gastes)
izzî 1. *va.* geduldig *sabırlı 2. **İzzi (< İzzettin)** *mV*
izzüşerefle! osm. Gruß e–s Zurückbleibenden: Kommen Sie gut nach Hause! Gott befohlen! Auf Wiedersehen! *güle güle

J

j, J [jɛ] 13. Buchst. des türk. Alph. (fast ausschließlich in Wörtern fremden Ursprungs)
jabo Jabot *n*, Spitzenrüsche, Hemd-krause *f*, -einsatz *m*
jad *min.* Jade *f (m)* *yeşim(-taşı)
jag(u)ar 1. Jaguar *m zo.* Panthera onca 2. Jaguar (Automarke)
Jak, -kı (*franz.* **Jacques**) *n.pr.* Jakob
jakar Jacquard *m* (Webstuhl od. Gewebe)
jakaranda [··×·] Jakarandaholz *n*, Palisander *m* (von dem Baum Jakaranda brasiliana od. Jakaranda obtusifolia)
Jakarta s. **Cakarta**
jakbit, -ti (*engl.* **jackbit**) s. **burgu ucu**
jaketatay (*franz.* **jaquette à taille**) Cut(-away) *m*
jaketataylı e–n Cut(-away) tragend, im Cut
jako Jako, Graupapagei *m zo.* Psittacus erithacus
Jakoben *hist.* Jakobiner *m* **-ler Kulübü** *hist.* Jakobinerklub *m*
jakona (*franz.* **jaconas**) Jakonett *m* (baumwollener Futterstoff)
jalapa [·×·] 1. echte Jalapenwurzel *pharm.* Tubera jalapae 2. mexikanische Purgierwinde *bot.* Exogonium purga
jale [ā] 1. *va.* Tau *m* *çiy, sebnem 2. ♀ *wV*
jalon (*franz.*) Absteckpfahl *m*, Meßstange *f* *flama, şâhıs
jaluzi Jalousie *f*, Rolladen *m* ~ **lamaları** (eloxierte) Aluminiumlamellen *pl.*
Jamayik (adası) *n.pr.* Jamaika ~ **biber ağacı** Pimentbaum *m bot.* Pimenta officinalis
jambet, -ti (*franz.* **jambette**) Drempel *m*, kleine (Dachstuhl-)Strebe
jambon (*franz.*) 1. Schinken *m* 2. *P* Schweinefleisch *n* 3. *P* aus Schweinefleisch hergestellt
jambonlu 1. mit Schinken (als Bei- od. Auf-lage) 2. *P* mit Schweinefleisch 3. *P* mit Schweinewurst u. ä. ~ **sandviç** Schinkenbrötchen *n*
jamboz ağacı Aprikosen-Jambuse *f bot.* Jambosa vulgaris *gül elması
jame (*franz.* **jamais**) *snob.* nie (und nimmer)
JAMMAT = Joint American Military Mission for Aid to Turkey
Jan *n.pr.* 1. (*franz.* **Jean**) Johann(-es) 2. (*franz.* **Jeanne**) Johanna
jandarma [·×·] 1. Gendarmerie *f* 2. Gendarm *m* ~ **devriyesi** Gendarmeriepatrouille *f* ~ **karakolu** Gendarmeriewache *f* ~ **kumandanı** Befehlshaber *m* der Gendarmerie ~ **mavisi** *fr.* dunkelblau ~ **subayı** Gendarmerieoffizier *m*
jandarmalık 1. Aufgaben, Pflichten *pl.* der Gendarmerie 2. *hum.* gewaltsames An-Sich-Bringen
janjan(-lı) s. **şanjan(-lı)**
janr Genre *n*, Art, Gattung *f*
jansenizm *hist.* Jansenismus *m* (in Frankreich)
jant, -tı (*franz.* **jante**) Felge *f*, Radkranz *m* ~ **freni** Felgenbremse *f*
jantil (*franz.* **gentil**) *selt.* nett, liebenswürdig, artig, hübsch
jantiyom (*franz.* **gentilhomme**) 1. Edelmann *m* 2. Gentleman *m*
Japon 1. Japaner(-in *f*) *m* 2. japanisch 3. *V* türk. Fünfzig-Pfund-Schein *m* *mor ~ **ayvası** s. **japonbaharı;** ~ **bülbülü** Sonnenvogel *m zo.* Leiothri lutea ~ **hurması** s. **Trabzon hurması;** ~ **işi** 1. *selt.* japanische Handarbeit 2. Scherzartikel *m* ~ **kâfuru** s. **sağ kâfur;** ~ **kâğıdı** Japanpapier *n* ~ **kâğıt dutu** echter Papier-Maulbeerbaum *bot.* Broussonetia papyrifera *Acem dutu ~ **kraliçesi** s. **japonbaharı;** ~ **mağazası** Spielwaren- und Scherzartikel-Geschäft *n* ~ **muşmulası** s. **maltaeriği;** ~ **papazkülâhı** japanischer Spindelstrauch *bot.* Evonymus japonica ~ **patatesi** Yamwurzel *f bot.* Dioscorea batatas ~ **sikası** japanischer Palmfarn, unechte Sagopalme *bot.* Cycas revoluta *sago hurma ağacı ~ **soforası** s. **şemsiye ağacı**
japonarmudu, -nu Hovenie *f bot.* Hovenia dulcis
japonbaharı, -nı japanische Quitte *bot.* Chaenomeles japonica
Japonca [·×·] *ling.* Japanisch(-e) *n*
japone(-z) (*franz.* **japonais(-e)**) *mod.* in japanischer Art; Kimono- ~ **kolu** Kimono-Ärmel *m* ~ **pike** *Ka.* e–e spez. Art des Pikettspiels
japoneriği, -ni Ginkgo *m*, zweilappiger Fächerblattbaum *bot.* Ginkgo biloba
japongülü, -nü s. **kamelya**
Japonya [·×·] *n.pr.* Japan ~ **banotu** Tollkraut *n bot.* Scopolia boreana ~ **cilâ ağacı** s. **gök ağacı;** ~ **inciri** chinesische Dattelpflaume *bot.* Diospyros kaki
Japonyalı 1. Japaner(-in *f*) *m* 2. aus Japan stammend, japanisch
jarden (*franz.* **jardin**) *selt.* Garten *m* *bahçe
jardiniyer (*franz.* **jardinière**) Blumen-schale *f*, -ständer *m*, -tischchen *n*, Jardiniere *f*
jargon (I) 1. Kauderwelsch *n* 2. Berufssprache *f* od. Sprache *f* e–r best. Gesellschaftsschicht
jargon (II) (*franz.*) *min.* gelber Diamant (Zirkon-Art)
jarjör *P* s. **şarjör**
jarse s. **jerse**
jartiyer (*franz.* **jarretière**) 1. Strumpfband *n* 2. Sockenhalter *m* 3. Strumpfhalter, Straps *m* *(1–3) çorap bağı
jasp, -pı (*franz.* **jaspe**) *min.* Jaspis *m* *donuk (*od.* alacalı) akik
jaspe (*franz.* **jaspé**) marmoriert, gesprenkelt ~ **iplik** Jaspé-Garn *n*
Java(-lı) s. **Cava(-lı)**
javel (suyu) (*franz.* **javelle**) *chem.* Bleichlauge *f*, Fleckwasser *n*
javelo (*franz.* **javelot**) *hist.*, *La.* Speer *m*
je [jɛ] Name bzw. Lautung des Buchst. J
jeep s. **jip, cip**
jel *chem.* Gel *n*
jelatin Gallerte, Gelatine *f* ~ **tarafı** *phot.* Schichtseite *f* (e–s Films)
jelatinli mit Gallerte, Gelatine ~ **kâğıt** Cellophanpapier *n*
jele 1. (Frucht-)Gelee *n* 2. Sülze *f*
jeloz (*franz.* **gélose**) *pharm.* s. **agar agar**
jen *biol.* Gen *n* *gen
jenealoji Genealogie, Geschlechts-, Familien-kunde *f*, Stammbaumforschung, Abstammung *f*
jenealojik genealogisch
jenealojist, -ti Genealog-e *m*, -in *f*
jeneral s. **general;** ~ **çiçeği** s. **kirlihanım; zinya**
jeneralisim *mil.* Generalissimus *m*, oberster Befehlshaber
jeneralize (*franz.* **généralisé**) verallgemeinert ~ **etmek** verallgemeinern *genelleştirmek
jenerasyon; jeneratif; jeneratör s. **generasyon; generatif; generatör**
jenerik, -iği 1. *biol.* generisch 2. *(Film)* Regieangaben *pl.*, Vorspann *m* *tanıtma yazıları
jenet, -ti Ginster-, Schleich-katze *f*, europäische Genette *zo.* Genetta genetta
jenetik; jenez s. **genetik; genez**
jengâr 1. Grünspan *m* *bakır pası; yesil küf 2. s. **göztaşı**
jengârî [·––] *va.* von der Farbe des Grünspans
jeni 1. Genie *n* 2. Geist, Genius *m*, Wesensart *f* 3. Genialität *f* *(1–3) deha
jenital s. **genital**

jenjivit, -ti *med.* Gingivitis, Zahnfleischentzündung *f* *dişeti iltihabı
jenom *bot.* Genom *n*
jenosit, -di (*franz.* **génocide**) Rassen-, Völker-mord *m*
jenotip, -pi *biol.* Genotyp(-us) *m*, Erbbild *n*
jeo- s. a. **geo-**
jeodezi Geodäsie, Vermessungslehre *f* *mesaha fenni; yer ölçme bilgisi ~ **uzmanı** Geodät, Landvermesser *m*
jeodezik (*franz.* **géodesique**) geodätisch, vermessungstechnisch
jeofizik, -ği Geophysik *f* *yer fiziği ~ **uzmanı** s. **jeofizikçi**
jeofizikçi Geophysiker *m*
jeografik *selt.* geographisch *coğrafî
jeolog Geolog-e *m*, -in *f* *yerbilgini
jeoloji Geologie *f* *yerbilim ~ **çağları** Erdzeitalter *pl.*
jeolojik geologisch *yerbilimsel
jeomagnetizma s. **yer magnetizması**
jeomanyetik erdmagnetisch
jeomorfoloji Geomorphologie *f* *yer biçimbilim
jeomorfolojik geomorphologisch *yer biçimbilimsel
jeosantrik geozentrisch *yermerkezli
jeosantrizm Geozentrik *f* *yermerkezlilik
jeosenklinal *geol.* 1. geosynklinal 2. Geosynklinale *f* *yerineç
jeot, -du *min.* Geode *f*, Blasenraum *m*, Mandel *f* (e–s Ergußgesteins) *kovuk
jeotermi Geothermie, Erdwärme *f*
jeotermik geothermisch ~ **derece** geothermische Tiefenstufe
jeotropizm *biol.* Geotropismus *m* *yereyönelim
jeran (*franz.* **gérant**) Geschäftsführer, Betriebsleiter *m*
jeriyatri *med.* Geriatrie, Altersheilkunde *f*
jermen s. **germen** (I)
jerontizm (*franz.* **gérontisme**) 1. s. **jerontokrasi** 2. *med.* Altersschwachsinn *m*
jerontokrasi Gerontokratie *f*, Herrschaft *f* (des Rates) der Alten *ihtiyarlar yönetimi
jerontoloji Gerontologie *f;* Alters-forschung, -kunde *f*
jerontolojist, -ti Gerontolog-e *m*, -in *f;* Altersforscher(-in *f*) *m*
Jerse 1. **(adası)** Insel *f* Jersey 2. ⁓ Jersey *m:* a) lose gewebte Stoffart mit Baumwolle od. Seide b) Hemd od. Damenbluse *f* aus diesem Stoff
jest, -ti 1. Geste *f*, Gebärde(-nspiel *n*) *f* 2. Tat, Handlung (-sweise) *f* ~ **yapmak** gestikulieren
jet, -tı Düse(-nantrieb *m*) *f*, Strahlmotor *m* ~ **uçağı** Düsenflugzeug *n*
jeton 1. Spielmarke *f*, Jeton *m*, *n* 2. Telephon-, Automaten-münze *f* 3. *fr.* Tunnelmarke *f* (Istanbul) *(1–3) fiş ⁓ **geç düştü!** Jetzt ist bei ihm endlich der Groschen gefallen! ~ **kutusu** s. **ankesör**
jibon Gibbon, Langarmaffe *m zo.* Hylobates
jibongiller s. **uzunkollumaymungiller**
jibozite (*franz.* **gibbosité**) *med.* s. **kamburluk**
jifl (*franz.* **gifle**) *selt.* Ohrfeige *f* *tokat
jigantizm *med.* Gigantismus *m*, krankhafter Riesenwuchs *devleşme
jigo (*franz.* **gigot**) 1. Hammel-, Lamm-keule *f* 2. Puffärmel *m*
jigolo 1. Gigolo, Eintänzer *m* 2. ausgehaltener Liebhaber e–r älteren Dame
jiklör (*franz.* **gicleur**) *mot.* Vergaserdüse *f*
jile (*franz.* **gilet**) Weste(-nteil *m*) *f*, Einsatz *m* (z.B. bei Damenkleidern)
jilet, -ti (*franz.* **Gillette** *n.pr.*) 1. Rasierklinge *f* 2. Rasierapparat *m* ~ **gibi** scharf wie ein Rasiermesser
jimnastik 1. Turnen *n*, Leibesübungen *pl.* 2. gymnastische Übungen *pl.*, Gymnastik *f* ~ **araçları** Turngeräte *pl.* ~ **atleti** Turnerhemd *n* ~ **grubu** (Turner-)Riege *f* ~ **kasnağı** (Gymnastik-)Reifen *m* ~ **kılığı** Turnanzug *m* ~ **salonu** 1. Turnhalle *f* 2. Gymnastiksaal *m* ~ **sırası** schwedische Bank; Langbank *f* ~ **yapmak** 1. turnen 2. Gymnastik treiben
jimnastikçi 1. Turner(-in *f*) *m* 2. *selt.* Gymnastiker(-in) *f*) *m*
jimnastikhane [···–·] s. **jimnastik salonu**
jimnaz humanistisches Gymnasium (*spez.* in Deutschland)
jinekolog Gynäkolog-e *m*, -in *f*, Frauen-arzt *m*, -ärztin *f*
jinekoloji Gynäkologie, Frauenheilkunde *f*
jinekolojik gynäkologisch
jingoizm s. **cingoizm**
jip s. **cip**
jips s. **alçıtaşı**
jipsi (*engl.* **gipsy**) *selt.* Zigeuner(-in *f*) *m* *Çingene
jirasyon (*franz.* **giration**) kreisförmige Bewegung
jiravyon (*franz.* **giravion**) Hubschrauber *m*
Jirondenler *hist.* Girondisten *pl.* (zur Zeit der Franz. Revolution)
jiroplan (*franz.* **gyroplane**) s. **jiravyon**
jiroskop, -pu s. **cayroskop**
jiruet, -ti (*franz.* **girouette**) *selt.* 1. *Kspz.* Windrädchen *n* 2. Wetter-fahne *f*, -hahn *m* 3. *fig.* wetterwendischer Mensch; Konjunkturritter *m*
jitana [·×·] spanische Zigeunerin
jitano [·×·] spanischer Zigeuner
jiyu-jitsu Jiu-Jitsu, Judo *n*
joker *Ka.* Joker *m*
jokey s. **cokey**
Jokont, -du *n.pr.* (Gioconda), Mona Lisa (*spez.* Gemälde von Leonardo da Vinci)
jonglör Jongleur *m*
Jorj *n.pr.* Georg
Jozef (*gel. a. abus.* **Joze**) *n.pr.* Joseph
jö (*franz.* **jeu**) *selt.* Spiel *n* *oyun ~ **dinosans** (*franz.* **jeu d'innocence**) Gesellschaftsspiel *n*
jöle s. **jele**
jön s. **jönprömiye**
jöngül s. **cengel**
jönprömiye (*franz.* **jeune premier**) *(Th., Film)* (jugendlicher) erster Liebhaber
Jöntürkler *hist.* Jungtürken *pl.*
jöton s. **jeton**
judo Judo *n*
judocu; judoka [·×·] Judosportler, Judoka *m*
juisans (*franz.* **jouissance**) *selt.* Zinsgenuß *m*
jul *phys.* Joule *n* (Maßeinheit für die el. Energie)
jump, -pu (*engl.* **jump**) *(Sport)* Sprung *m*
junta Junta *f*, Regierung(-sausschuß *m*) *f*, *spez.* Militärjunta *f*
juntacı Vertreter od. Anhänger *m* der Militärjunta
junyor 1. *(Sport)* Junior(-in *f*) *m*, Jugendlicher, Jugendliche 2. *selt.* Juniorchef *m*
jura *geol.* Jura(-formation *f*) *m* *jürasik
jurnal(-cı, -cılık) s. **curnal(-cı, -cılık)**
jurnalist, -ti *selt.* Journalist, Tagesschriftsteller *m* *gazeteci, gazete muharriri
jurnalizm *selt.* Journalismus *m:* 1. Journalistik *f*, Zeitungswesen *n* 2. Presse *f*
JUSMMAT = Joint United States Military Mission for Aid to Turkey
jübe (*franz.* **jubé**) *arch.* Lettner *m*
jübile Jubiläum *n*, Jubelfeier *f*
jüda (*franz.* **Judas**) **penceresi** Guckloch *n* (in e–r Tür) *kimdir o penceresi
jüjkomiser (*franz.* **juge commissaire**) *selt.* beauftragter Richter für Konkursangelegenheiten

jülide [·–·] 1. *va.* wirr, unordentlich (Haare usw.) 2. ≗ *wV*
Jüliyen 1. julianisch 2. ≗ Julienne *f* (Suppeneinlage) ~ **takvimi** Julianischer Kalender
Jünon *n.pr. myth.* Juno, Hera
jünyor s. **junyor**
jüp, -pü (*franz.* **jupe**) (Frauen-)Rock *m*
Jüpiter *n.pr.* 1. Jupiter, Zeus 2. *astr.* Jupiter *m* (Planet) *Erendiz, Müşteri
jüp-külot (*franz.* **jupe-culotte**) Hosenrock *m*
jüpon (*franz.* **jupon**) (Frauen-)Unterrock *m*
Jüra 1. *n.pr.* Jura(-gebirge *n*) *m* 2. s. **jura**
jürasik *geol.* 1. Jura(-formation *f*) *m* *jura 2. der Juraformation angehörig, Jura-
jüre (*franz.* **juré**) *jur.* Geschworen-er, -e
jüri Jury *f:* 1. Preisrichterkollegium *n* 2. Prüfungskommission *f* 3. Sachverständigengremium *n* 4. *jur.* Schwurgericht *n*, Geschworenen(-versammlung *f*) *pl.* ~ **azası** 1. Geschworene *pl.* 2. *Sg.* Geschworen-er, -e ~ **heyeti** (*öfters pleonastisch* für ~)
Jüstiniyen *n.pr.* Justinian
jüt, -tü Jute *f* *mühliye
jüvenil (*franz.* **juvénile**) **su** s. **gündeğmemiş su**

K

k, K [ka, kɛ] 14. Buchst. des türk. Alph.
ka (I) Name bzw. Lautung des Buchst. K *ke
ka (II) (*franz.* **cas**) *selt.* Fall *m*, Angelegenheit, Sache *f*
kaa- s. **ka-**
kaan s. **kağan**
kâb 1. (*a.* **azmı** ~) s. **aşık kemiği** 2. *va.Tr.sp.* Würfel *m* *zar 3. *math.* Kubus *m*, dritte Potenz 4. *va. geom.* Würfel, Kubus *m* **-ına varamamak** (*od.* **-ında olmamak**) *fig.* nicht an j–n heranreichen, j–m das Wasser nicht reichen können, j–m nicht gewachsen sein **-ına varılmaz** (*od.* **erilmez**) unerreicht, einzigartig
kaba (I) 1. dick (od. umfangreich) (bei relativ geringem Gewicht; z.B. Matratze) 2. locker (z.B. Wolle) 3. ohne genügende Sorgfalt gemacht; oberflächlich (z.B. roh zusammengezimmert) 4. grob(-körnig) 5. grob, roh, unhöflich, ungeschliffen (und et. beschränkt) (Mensch) 6. grob, roh, gemein, vulgär, unanständig, unflätig (z.B. Worte) 7. *mus.* tief (Stimme) *alçak, kalın 8. s. ~ **et (-ler);** ~ **beton** Schotterbeton *m* ~ **cüruf** Rohschlacke *f* ~ **deniz** s. **ağır deniz;** ~ **diken** Brombeerstrauch *m bot.* Rubus fruticosus ~ **döküm** Rohguß *m* ~ **duvar** grobes Gemäuer *moloz duvar ~ **dügâh** e–e melod. Tonfolge um das tiefe **a** in der türk. Musik ~ **düşmek** sich grob ausnehmen, grob ausfallen (Bemerkung) ~ **et(-ler)** Gesäß *n*, Popo *m*, Hintern *m* ~ **ipek** s. **kamçı başı;** ~ **iş** 1. Roharbeit *f* 2. grobe Arbeit ~ **kafa** Ignorant, Dummkopf *m* ~ **kâğıt** Konzeptpapier *n* ~ **kalker** *min.* Grobkalk *m* ~ **kıyım** Grobschnitt *m* (z.B. bei Tabak) ~ **konuşma** niedere Umgangssprache ~ **koz** kräftig aussehend, aber feige *bzw.* untüchtig; taube Nuß (Person) ~ **kumpas** *naut.* gegißtes Besteck (Feststellung des geogr. Ortes e–s Schiffes mittels Kompaß und Log), Doppelkurs *m* ~ **kuşluk** später Vormittag ~ **kuvvet yoluna baş vurmak** Brachialgewalt anwenden ~ **lakırdı** vulgärer Ausdruck ~ **Latince** Vulgärlatein *n* ~ **rende** Schropphobel *m* ~ **saba** 1. tolpatschig, ohne gutes Benehmen, roh und ungebildet *hamhalat 2. oberflächlich (ohne genügende Sorgfalt) gemacht, roh, grob, geschmacklos ~ **sıva** rauher Verputz; Berapp *m* ~ **sofu** bigott; Frömmler *m* ~ **soğan** *F* aufgeblasener, aber unfähiger Mensch; Bramarbas, Renommist *m;* wer nicht leistet, was man ihm zutrauen sollte; Schlappschwanz *m* ~ **söz** grober Ausdruck ~ **şiş** s. **kabakulak;** ~ **Türkçe** das Alltagstürkisch (in osm. Zeit mst. pej. verwendet) ~ **yapı** Rohbau *m* ~ **yonca** Luzerne *f*, Sichelklee *m bot.* Medicago sativa *kart (IV) ~ **yontma** Abvieren *n* (von Steinen od. Baumstämmen) **-sını almak** 1. Unebenheiten od. störende Erhebungen beseitigen z.B. zurechtfeilen, abhobeln usw. 2. den gröbsten Schmutz beseitigen 3. *fig.* über die erste Wut hinwegkommen
kaba (II) [·–] *va.* Überwurf *m spez.* Jacke *f* od. Mantel *m*
kababulut, -tu *met.* Altokumulus *m*, hohe Haufenwolke *altokümülüs
kababurun Nase *f*, Näsling *m* (Karpfenfisch) *zo.* Chondrostoma nasus *çamurcuk
kabaca 1. auf grobe Weise 2. recht (od. relativ) groß
kabaçe [·–·] *va.* kurze Jacke od. kurzer Überwurf
kabadayı 1. Prahlhans, Renommist, Bramarbas, Aufschneider *m*, Großmaul *n* 2. *mel.* unerschrocken, furchtlos, mutig 3. *P* an der Spitze stehend, best-, höchst- Zu 3: **Bizim yediğimiz ne ki, en -sı peynir ekmek.** Was bekommen wir schon zu essen? Wenn es gut geht, Käse und Brot! s.a. **müflisin -sı**
kabadayılık, -ığı 1. Prahlerei *f*, Renommieren, Bramarbasieren, Aufschneiden *n* 2. *mel.* Unerschrockenheit, Furchtlosigkeit *f*, Mut *m* ~ **etmek** (*od.* **yapmak**) 1. prahlen, aufschneiden, renommieren, bramarbasieren 2. den Unerschrockenen spielen, den Helden mimen **-a leke sürdürmemek** *F* sich nicht lumpen lassen
kabahat, -ti [·–·] 1. Schuld *f*, Vergehen *n*, Übertretung *f* 2. *euph.* Kot *m*, Exkremente *pl.* Zu 2: **kedi -ini örter gibi** wie die Katze, die ihren Kot zuscharrt ~ **atmak** (b–ne) j–m et. in die Schuhe schieben (wollen) ≗ **bende!** Es ist meine Schuld. ~ **bulmak** tadeln, bekritteln ~ **etmek (işlemek, yapmak)** sich et. zuschulden kommen lassen, *F* et. anstellen ~ **olmamak** (b–de) keine Schuld haben (**Bende ~ yoktur.** Ich bin nicht schuld daran.) ~ **sahibi** Schuldige *m, f* ≗ **samur kürk olsa, kimse üstüne** (*od.* **sırtına) almaz.** *Spr.* Keiner möchte in irgendeiner Angelegenheit als der Schuldige dastehen. ~ **yüklemek** schuld geben, die Schuld zuschreiben **-i atmak** (b–nin od. bşin üzerine) die Schuld schieben (auf), schuld geben **-ini bağışlamak** s. Stw. **bağışlamak**
kabahatli [·–··] schuldig *m, f* *suçlu
kabahatlilik [·–···] der Umstand, daß jm. der Schuldige ist, Schuldigsein *n*
kabahatsiz [·–··] schuldlos, unschuldig *suçsuz
kabahatsizlik [·–···] Schuldlosigkeit, Unschuld *f* *suçsuzluk
kabail, -li [·–·] *va.* Pl. zu **kabile** (II)
kabak, -ağı 1. Kürbis *m* (Gesamtbezeichnung der verschiedenen Kürbisgewächse) 2. Haschischpfeife *f* 3. Name e–s einfachen S.i. 4. *fig.* ungebildet, unerfahren, beschränkt, ungeschliffen 5. fade, geschmacklos; unreif (Wasser- od. Zuckermelone) 6. haarlos, kahl 7. ohne Kopfbedeckung 8. *V* abgefahren (Autoreifen, der kein Profil mehr hat) 9. *va.* Wassergefäß *n*, Trinkbecher *m* Zu 1: s. **armut (asma, bal, helvacı, kestane, sakız, su, testi) -ı** Zu 5: **Karpuz ~ çıktı.** Die Wassermelone ist unreif. Zu 6, 7: s. **başı-;** ~ **bastısı** gedünsteter Kürbis (Gemüse) ~ **başına patlamak** (b–nin) et. auszubaden haben, j–m auf den Kopf kommen (übler Ausgang) ~ **çekirdeği** Kürbis-

kerne *pl.* (gemahlen als Wurmmittel *spez.* für Kinder) ~ **çekmek** Haschisch rauchen ~ **çevirmek** die Haschischpfeife herumgehen lassen ~ **çıkmak** 1. unreif (geschmacklos) sein (Melone) 2. *fig.* sich als Versager erweisen ~ **çiçeği gibi açılmak** sich reichlich ungeniert benehmen; *a:* seine Reize ungeniert zur Schau stellen ~ **dolması** farcierte Kürbisse *pl.* ~ **fırtınası** Name e–s periodischen Seesturms (Ende Mai) ~ **gibi** kahl, unbehaart ~ **kafa** 1. kahlgeschoren 2. ohne Haare, glatzköpfig 3. verständnislos, dumm ~ **kalyası** s. **kalya** (II); ~ **kızartması** gebratener Kürbis (der mit Yoghurt gegessen wird) ~ **meltemi** leichter Landwind (im Mai) ~ **meydanı** *fr.* Platz *m* für Bogenschießen ~ **oyunu** *reg.* *(Adana)* s. **karaçör oyunu;** ~ **sineği** Kürbisfliege *f zo.* Phorbia platura ~ **tadı vermek** allmählich fade od. langweilig werden ~ **tatlısı** süß eingemachter Kürbis **-ı başka yerde patlatmak** andere et. ausbaden lassen

kabakçı 1. Kürbishändler *m* 2. Haschischhändler *m* 3. Straßenmusikant *m*

kabakgiller Kürbisgewächse *pl. bot.* Cucurbitaceae

kabaklamak *P* 1. e–n Baum vollkommen abästen 2. s. **aşı yapmak**

kabaklık 1. Unreifsein *n;* fader Geschmack (von Melonen) 2. Kahlköpfigkeit *f* *dazlaklık 3. Ungeschliffenheit *f* *kabalık

kabakulak, -ağı 1. *med.* Mumps, Ziegenpeter *m* 2. zweihenkeliger Krug

kabal [·–] *P* 1. Pauschalabkommen *n* 2. *va.* Beleg, Beweis *delil **-a almak** (*bzw.* **vermek**) in Bausch und Bogen kaufen (*bzw.* verkaufen)

kabala 1. Kabbala *f* (jüdische Geheimlehre) 2. Verkehr *m* mit Geistern 3. Kabale, Intrige *f*

kabalacı Kabbalist *m;* Kenner od. Anhänger der Kabbala

kabalak *hist.* Tuchhelm *m* (*a.* mit Korkeinlage) (wie ihn das osm. Heer im 1. Weltkrieg trug)

kabalaşmak 1. dick od. umfangreich werden 2. sich lockern (z. B. Wolle) 3. grobkörnig werden 4. *fig.* unhöflich werden, sich ungeschliffen benehmen 5. *fig.* groben (vulgären, unanständigen, unflätigen) Charakter annehmen (z. B. Unterhaltung), sich vergröbern

kabale [·–·] s. **kabal**

kabalet, -ti (*franz.* **cabalette**) *mus.* ansprechender leichter Tonsatz

kabalık 1. dicker od. umfangreicher Zustand 2. Lockersein *n* (z. B. bei Wolle) 3. Grobschlächtigkeit *f* 4. Grobkörnigkeit *f* 5. Grobheit, Unhöflichkeit, Ungeschliffenheit *f* 6. gemeiner, vulgärer Charakter (von et.); Unanständigkeit, Unflätigkeit *f* ~ **etmek** (*od.* **yapmak**) 1. sich ungeschliffen benehmen 2. unflätige Worte verwenden

kabalist, -ti s. **kabalacı**

kaballama *P (Bergwerk)* Stollenabstützung *f*

kaballamak *va.* fassen, packen, ergreifen

kaballanmak *va.* an sich reißen; usurpieren

kaban (*franz.* **caban**) Kapuzenmantel *m*

kabar kabar olmak anschwellen, sich (heraus-)wölben

kabara (I) [·×·] 1. Nagel mit großem Kopf: a) Schuhnagel *m* b) Ziernagel *m* 2. *arch.* Rundfalte *f,* Buckel *m*

kabara (II) **kabara** s. Stw. **kabarmak**

kabaralı [·×··] mit **kabara** (I)

kabarcık 1. kleinere Schwellung od. Pustel *f,* Pickel *m,* Bläschen *n* 2. Wasser- od. Luft-bläschen *n* 3. *an., bot.* Papille *f* *papilla, tomur 4. *P* e–e best. Traubenart ~ **hastalığı** *med.* Frieselausschlag *m* *dai caversî

kabarcıklanmak sich mit Bläschen bedecken

kabarcıklı mit Schwellung(-en) bzw. (Wasser-, Luft-)Bläschen ~ **düzeç** *phys.* Libelle, Wasserwaage *f* *tesviyeruhu ~ **iguana** Leguan *m zo.* Iguana tuberculata ~ **kumaş** Kräuselstoff *m* ~ **kurt (solucan)** s. **keseli kurt (solucan)**

kabare 1. Kabarett *n, mel.* Kleinkunstbühne *f, pej.* Tingeltangel *n* 2. Nachtlokal *n* 3. Weinstube, Schenke *f*

kabarık 1. (an-)geschwollen, aufgedunsen, aufgebläht 2. mit Schwellungen, Erhebungen od. Bläschen 3. hoch (Zahl) 4. bauschig (Rock) 5. Schwellung, Geschwulst, Beule, Pustel *f,* Bläschen *n* ~ **deniz** *geogr.* Hochflut *f* *met hali

kabarıklık Schwellung, Wölbung *f*

kabarma 1. Vs. zu **kabarmak** 2. Flut *f* *met hareketi ~ **alçalma** Gezeiten *pl.*, Ebbe und Flut *gelgit, meddücezir

kabarmak 1. (an-)schwellen; dick (groß, schwer) werden 2. sich heben, hochgehen (Teig), hochkommen (Milch beim Kochen; Galle usw.) 3. sich mit Bläschen bedecken 4. anwachsen, sich (beträchtlich) steigern (z. B. Unkosten) 5. wild werden (Meer) 6. sich sträuben (Haare, Gefieder), sich aufrichten (z. B. Schwanz e–r Katze) 7. sich aufplustern, sich aufblähen (Truthahn; *a. fig.*) 8. sich lockern, locker werden (z. B. Wolle) 9. die Form verlieren, sich knüllen (Stoff), sich werfen (z. B. Politur e–s Tisches) 10. sich loslösen; abgehen (z. B. aufgetragene Farbe) 11. *fig.* zornig werden und e–e drohende Haltung annehmen, *F* hochgehen **kabara kabara** 1. immer mehr anschwellend 2. *fig.* anmaßend; in arrogantem od. drohendem Ton (z. B. reden)

Kabartay Çerkezleri *n.pr.* Kabardiner *pl.* (kaukasische Tscherkessen)

kabartı 1. Erhebung, Erhöhung, Schwellung, (konvexe) Ausbuchtung, Wölbung *f* 2. *stil.* plastische Darstellung, anschaulicher Stil

kabartıcı *med.* Bläschen hervorrufend (z. B. Senfgas)

kabartılı *stil.* plastisch, anschaulich wirkend

kabartısız *stil.* trocken, schwächlich (Ausdrucksweise)

kabartma 1. Vs. zu **kabartmak** 2. Relief(-arbeit *f*) *n,* getriebene Arbeit 3. als Reliefarbeit hergestellt, Relief-, getrieben, erhaben ~ **baskı** Prägedruck *m* ~ **basmak** prägen ~ **fırçası** Kratz-, Draht-bürste *f* (zum Aufrauhen) ~ **harita** Reliefkarte *f* ~ **yazı** erhabene Schrift

kabartmak Kaus. zu **kabarmak** *spez.* 1. (auf-)lockern (z. B. Erde), aufschütteln (z. B. Matratze) 2. aufrichten (z. B. Schwanz), spitzen (z. B. Ohren) 3. ansteigen lassen; vermehren 4. im Relief arbeiten

kabartmalı mit Reliefarbeit versehen (verziert, geschmückt), getrieben ~ **cam** Kathedralglas *n* ~ **kalkan** 1. *hist.* Buckelschild *m* 2. *mil.* Schutzschild *m* (an Geschützen od. Panzern)

kabasakal 1. dichter Vollbart 2. mit dichtem Vollbart

kabasırtı; kabasorta *naut.* (in folg. Füg.:) ~ **armalı** (*selt.* **direkli**) Rahsegel führend (Schiff), als Rahschiff getakelt; vollgetakelt ~ **palanga(-sı)** zweischeibige Jolle (Jolltau) ~ **uskuna** s. **brik donanımlı skuner**

kabasse (*franz.* **cabasset**) *hist.* Sturmhaube *f* (der Ritter)

kabasu s. **kireç suyu**

kabaşiş s. **kabakulak**

kabataslak 1. Rohentwurf *m* 2. nur in Umrissen skizziert ~ **hesap edilecek olursa** roh gerechnet

kabataş: ~ **döşeli sokaklar** grob gepflasterte Straßen *pl.*

kabayel Südwestwind *m* *lodos

kabayih [·–·] *va. Pl.* zu **kabiha**

kabban [·–] *va.* Brückenwaage *f*

Kâbe 1. *n.pr.* Kaaba *f* (in Mekka) (ehrend *a.* **-i Muazzama** *od.* **-i Mükerreme**) 2. Richtung *f* nach Mekka (beim isl. Gebet) 3. *fig.* heilige Stätte 4. ≗ *V* Kneipe *f,* Wirtshaus *n* ~ **haline gelmek** (*od.* **olmak**) *fig.* Treffpunkt (bestimmter Leute) sein ~ **samanı** s. **Mekke samanı;** ~ **toprağı** heilige Erde aus Mekka

Kâbeteyn *va.* die Kaaba (in Mekka) und die Aksa-Moschee (in Jerusalem) **(Mescidi Aksâ)**

kabız (I); **kaabız** [ā] *va.* 1. fassend (an der Hand), packend

2. in Besitz nehmend 3. Verstopfung (Hartleibigkeit) verursachend, (ver-)stopfend 4. zusammenziehend, adstringierend (Muskeln, Nerven) 5. ~ (*a.* **-ı ervah**) Todesengel *m*, Azrail
kabız (II), **-bzı** 1. *va.* Fassen, Packen, Ergreifen *n* 2. Übernahme *f* 3. Verstopfung, Hartleibigkeit, Konstipation *f* *inkıbaz, peklik 4. Tod *m* ~ **etmek** s. **kabzetmek;** ~ **çekmek** an Verstopfung (Konstipation) leiden ~ **olmak** s. **kabzolmak**
kabıza [−··] *an.* Beugemuskel, Flexor *m* *büken
kabızlık *P* für **kabız** (II)
kabih [ī] 1. abscheulich, häßlich 2. schlecht, verwerflich, verdammenswert, schändlich
kabiha [ī] *va.* schändliche Tat
kabil (I); **kaabil** [ā] 1. möglich, fähig 2. Geburtshelfer *m* **gayri** ~ unmöglich (Zu Füg. des Typus **-i istifade** *od.* **gayri kabili irca** s. jeweils das letztere Stw.)
kabil (II) [·−] (nur in best. Füg.) Art, Sorte *f* **bu** ~ *od.* **bu -den** solch, derartig (**bu** ~ **şeyler** solches, derartiges, so etwas **bu** ~ **kimseler** *mst. pej.* solche Leute *pl.* **bu -den işler** derartige Geschäfte *pl.*) **-inden** -artig, -ähnlich, als (**hastalık -inden bir hal** krankheitsähnlicher Zustand; s. a. **istitrat -inden**)
Kabil [ā]; **Kaabil** *n.pr.* Kain (Adams Sohn)
Kâbil *n.pr.* Kabul (Hauptstadt von Afghanistan)
kabile (I); **kaabile** [ā] Hebamme, Geburtshelferin *m* *ebe
kabile (II) [ī] 1. (Nomaden-)Stamm *m*, primitive Völkerschaft *boy, uruk 2. *bot.* Tribus *f* *oymak
kabilelik; kaabilelik [ā] Geburtshilfe *f*
kabilevî [·−·−] *va.* Stammes-
Kâbilistan *n.pr. fr.* Bez. für Afghanistan
kabiliyet, -ti [ā] Fähigkeit, Tauglichkeit, Eignung *f*, Vermögen, Talent, Geschick *n* *yetenek ~ **yoklaması** Eignungsprüfung *f* **-i ahz** s. **alırlık; -i akisiye** s. **tersinirlik; -i harbiye** *mil. va.* Kampf-, Kriegs-fähigkeit *f* **-i hayatiye** Lebensfähigkeit (**En son -i hayatiyeleriyle çarpışacaklardır.** Sie werden bis zum letzten Atemzug kämpfen.) **-i icraiye** *va.* Ausführbarkeit; Möglichkeit *f*, et. auszuführen **-i istiabiye** Fassungsvermögen *n*, verfügbarer Laderaum (z.B. e−s Schiffes) **-i taksim** s. **bölünebilme**
kabiliyetli [ā] fähig, tauglich, geeignet, begabt, talentiert, geschickt *yetenekli
kabiliyetsiz [ā] unfähig, untauglich, ungeeignet, unbegabt, untalentiert, ungeschickt *yeteneksiz
kabiliyetsizlik [ā] Unfähigkeit, Untauglichkeit *f*, Mangel *m* an Begabung, Talentlosigkeit *f*, Ungeschick *n* *yeteneksizlik
kabin 1. Schiffskabine, Kajüte *f* *kamara 2. Badekabine *f* 3. kleiner, enger Raum z.B. Telephonzelle *f*, Pilotenraum *m* (im Flugzeug), Raumkabine *f* (für Astronauten); Führer-haus *n*, -stand *m;* Fahr(gast)kabine *f* (bei Lift bzw. Bergbahn)
kâbin *va.* s. **mihri muaccel**
kabine (*franz.* **cabinet**) 1. Kabinett *n*, Ministerrat *m*, Gesamtministerium *n* 2. Sprech-, Behandlungs-, Untersuchungs-zimmer *n* (e−s Arztes) 3. *allg.* kleineres Zimmer, kleinerer Raum; Arbeitszimmer *n* 4. Abort *m*, Toilette *f* *ayakyolu, helâ 5. Telephon-kabine, -zelle *f* 6. Schiffskabine, Kajüte *f* 7. *phot.* Kabinettformat *n* ~ **azası** Kabinettsmitglied(-er *pl.*) *n* ~ **buhranı** *pol.* Kabinettskrise *f* ~ **dö travay** (*franz.* **cabinet de travail**) Arbeitszimmer *n* ~ **kamarotu** *naut.* Kabinensteward *m* ~ **reisi** Ministerpräsident *m* ~ **yolcusu** *(Matrosensprache)* s. **kamara yolcusu; -nin sukutu** Sturz *m* des Kabinetts **-yi düşürmek** das Kabinett stürzen
kabinet, -ti (*franz.* **cabinet**) 1. Kabinett *n* (Schränkchen für Juwelen od. Kunstgegenstände) 2. s. **kabine** (7)
kabineto [··×·] *va.* 1. s. **kamara** 2. s. **kabine** (1)
kabir, -bri Grab(-stätte *f*, -mal *n*) *n* *mezar ~ **azabı** Angst *f* vor Strafe im Jenseits ~ **azabı çekmek** *fig.* sich sehr beklemmt fühlen; wie auf glühenden Kohlen sitzen ~ **suali** *F* endlose Fragerei *f* ~ **taşı** 1. Grabstein *m* 2. *fig.* stumm wie das Grab
kabirgâh; kabirlik s. **kabristan**
kabl- (in ält. ar. Füg.) vor (temporal) **-elmantık** s. **mantıköncesi; -elmilât** vor Christi Geburt *milâttan evvel **-elvuku, -uu** vor dem Geschehen (vgl. **hissikablelvuku**); **-ettaam** [···−] vor dem Essen **-ettarih** [··−·] vorgeschichtlich, prähistorisch **-ettarihî** s. **kablettarih; -ettufan** [··−−−] vor der Sündflut, vorsündflutlich **-ezzeval** [···−]; **-ezzuhur** vormittags *öğleden evvel
kablî 1. *va.* Vor-, Prä- 2. *phil.* apriorisch *apriori, önsel
kablo [×·] 1. *el.* Kabel *n* 2. Kabel *n*, Trosse *f*, Tau *n* 3. Kabelgramm *n* ~ **açmak (dökmek, döşemek, sermek)** ein Kabel legen ~ **bileziği** (*od.* **kovanı**) Kabelmuffe *f* ~ **çarığı** Kabelschuh *m* ~ **eki** Kabelverbindung *f* ~ **gemisi** Kabelleger *m* (Schiff) ~ **gömleği** (*od.* **kılıfı**) Kabelmantel *m* ~ **hattı** Kabelleitung *f* ~ **tarağı** Kabelbagger *m* ~ **uzunluğu** *naut.* Kabellänge *f* (183,3 *bzw.* 219,5 m) **-yu sermek** das Kabel abrollen
kablogram Kabel(-gramm) *n*
kablolu mit **kablo** ausgestattet, Kabel- ~ **tarak** Seil-, Kabel-bagger *m* ~ **tren** (Draht-)Seilbahn *f* *füniküler ~ **vinç** Kabelkran *m*
kaboşon Cabochon *m* (mugelig rund geschliffener Edelstein; *spez.* Smaragd od. Rubin)
kabotaj Küstenschiffahrt, Kabotage *f* ~ **gemisi** Küstenfahrzeug *n* ~ **hakkı** Küstenschiffahrtsrecht *n* ~ **yapmak** kabotieren, Küstenschiffahrt treiben
kabraj (*franz.* **cabrage**) Hochziehen *n* (des Flugzeugs)
kabristan Fried-, Kirch-hof, Begräbnisplatz *m* *mezarlık
kabriyole Kabriolett *n:* 1. (Autotyp) 2. *va.* leichter Einspänner
kabuk, -uğu 1. Rinde, Schale, Schote, Hülse *f* 2. Kruste *f* (z.B. über e−r Wunde) 3. Muschel *f* (e−r Auster), Haus *n* (e−r Schnecke) Zu 1: **bezelyenin -unu çıkarmak** Erbsen ausschoten **elmanın -unu soymak** den Apfel schälen ~ **bağlamak** (*od.* **tutmak**) 1. e−e Kruste bilden 2. *fig.* sich ein dickes Fell anschaffen 3. *fig.* verheilen (seelische Wunde) ~ **koparmak** *fig.* e−e kaum verharschte Wunde wieder aufreißen ~ **soyma makinesi** Schwartenschälmaschine *f* (im Sägewerk) **-una çekilmek** *fig.* sich von allem zurückziehen
kabukböceği, -ni Borkenkäfer, Holzbohrer *m zo.* Scolytus (u. a.)
kabukböcekleri, -ni (Familie *f* der) Borkenkäfer *pl. zo.* Scolytidae (u. a.) *yazıcıböcekler
kabuklanmak sich mit e−r Rinde (Schale usw.) umgeben, sich verkrusten
kabuklu 1. mit Rinde, Schale (usw.) 2. *V* nicht beschnitten *sünnetsiz ~ **uyuz** s. **Norveç uyuzu**
kabuklubitler Schildläuse *pl. zo.* Coccidae *kalkanlı bitler; koşniller
kabuklular Krebs-, Krusten-tiere *pl. zo.* Crustaceae
kabuksal 1. rinden-, schalen-, krusten-artig 2. Rinden-, Schalen-, Krusten- *(1, 2) kışrî
kabuksu rinden-, schalen-, krusten-artig
kabuksuz 1. ohne Rinde (Schale usw.) 2. *V* beschnitten *sünnetli ~ **sümüklüböcek** Nacktschnecke *f zo.* Limax ~ **yumurtlatmak** allzusehr drängen (so daß et. überstürzt ausgeführt wird)
kabul, -lü [ū] 1. Annehmen *n*, Annahme *f* 2. Aufnehmen *n*, Aufnahme *f* 3. Empfang(-en *n*) *m* 4. Anerkennen, Eingestehen, Zugeben *n* 5. *H* Akzept *n* (auf e−m Wechsel) 6. (nachträgliche) Zustimmung, Billigung *f* 7. Einverstanden! In Ordnung! *dakkor, mutabık ~ **eden** *H* Ak-

zeptant *m* (e–s Wechsels) ~ **edilmiş (edilmemiş) akreditif** *H* (un-)bestätigtes Akkreditiv ~ **etmek** 1. annehmen (Vorschlag, Geschenk usw.) 2. aufnehmen (z.B. in e–e Schule) 3. empfangen (z.B. Besucher) 4. sich et. sagen od. gefallen lassen; hinnehmen 5. anerkennen, eingestehen, zugeben 6. zulassen, die Möglichkeit bieten 7. beistimmen, beipflichten, billigen 8. (bşi) sich zu e–r Schlechtigkeit herbeilassen Zu 4: **Bu sözü ~ etmem.** Diesen Ausdruck lasse ich mir nicht gefallen. Zu 5: **bir gol ~ etmek** *Fb.* ein Tor anerkennen (Schiedsrichter) **bir hatayı ~ etmek** e–n Fehler zugeben (eingestehen) Zu 6: s. **inkâr (telif) ~ etmeyen; ~ etmeme protestosu** *H* Protest *m* mangels Annahme (e–s Wechsels) ~ **ettirmek** Kaus. zu ~ **etmek** *spez.* 1. die Annahme von et. erreichen, durchsetzen; *H a.:* ein Akzept einholen 2. (b–ne bşi) j–n zur Annahme von et. bewegen 3. **(zorla)** aufzwingen, aufnötigen ~ **günü** Empfangstag *m* ~ **havzası** s. **birikme havzası;** ~ **imtihanı** 1. Aufnahmeprüfung *f* 2. Zulassungsprüfung *f* *giriş sınavı ~ **kredisi** Akzeptkredit *m* ~ **merkezi** Aufnahmestelle *f*, Auffanglager *n* (z.B. für pol. Flüchtlinge) ~ **resmi; resmi** ~ offizieller (od. feierlicher) Empfang ~ **saati** Sprechstunde *f* ~ **salonu** Empfangssalon *m* **-ü mümkün** akzeptabel, plausibel, einleuchtend, annehmbar **-ü olmak** einverstanden sein ~ **ve tasdik etmek** *pol.* ratifizieren **ademi** ~ Nichtannahme, Annahmeverweigerung *f* **ademi ~ protestosu** s. **kabul etmeme protestosu**

kabullenmek 1. sich widerrechtlich et. aneignen od. et. wegnehmen 2. (ungewollt) auf sich laden (z.B. Mühen) 3. s. **kabul etmek**

kaburga 1. *an.* Rippe *f* *dılı 2. *an.* (Gesamtheit *f* der) Rippen *pl.*, Brustkorb *m* *adla, göğüs kafesi 3. Gerippe *n*, Spanten *pl.* (e–s Schiffes) 4. *arch.* (Gewölbe-)Rippe, Strebe *f* 5. Hammel- od. Kalbs-kotelett *n* ~ **dolması** farcierte Lammrippe ~ **sancısı** *med.* Interkostalneuralgie *f* **-ları çıkmak** (*od.* **sayılmak**) nur mehr Haut und Knochen sein

kaburgalamak mit (Holz- od. Eisen-)Rippen versehen

kaburgalararası, -nı *med.* interkostal

kaburgalı gerippt, Rippen- ~ **tonoz** *arch.* Kreuzrippengewölbe *n*

kâbus [– –] 1. Alp-drücken *n*, -druck *m* *karabasan 2. Alpdrücken bereitend ~ **basmak** (*od.* **çökmek**) Alpdrücken haben

kabya s. **kimyongüvesi**

kabza 1. *va.* Hand, Faust *f* 2. Griff *m*, Heft *n* (e–s Messers, Schwertes usw.) 3. Kolbenhals *m* (am Gewehr) 4. Handvoll *f* 5. *V* e–e Handvoll Haschisch ~ **aşırması** Korb, Handschutz *m* (an Degen od. Säbel)

kabzalı mit nb. Griff

kabzetmek [×··] *selt.* 1. greifen, packen 2. in Empfang (od. Besitz) nehmen 3. **(ruhunu)** hinwegraffen (Tod, Azrail)

kabzımal 1. *va.* s. **tahsildar** 2. Großaufkäufer, Zwischenhändler *m* (*spez.* für Obst und Gemüse)

kabzolmak [×··] 1. Verstopfung (Konstipation) haben od. bekommen 2. *V* arbeitslos sein 3. *V* keinen Ton mehr herauskriegen, j–m die Rede verschlagen

kacak s. **kap kacak**

Kacarlar *n.pr.* Kadscharen *pl.* (türk. Volksstamm; pers. Dynastie 1779–1925)

kacır kucur s. **gacır gucur**

kaç (I), **-çı** 1. wieviel? 2. *gel.* so viel, einige ~ **defa** (*od.* **kere**) 1. wie oft? wieviele Male? 2. viele Male, wie oft! so oft! (Zu 2: **Ona ~ defa söyledim!** Ich habe es ihm oft genug gesagt!) ~ **kaça?** *(Fb. usw.)* mit welchem Torverhältnis? (**Sence bu maç ~ kaça biter?** Was meinst du, wie das Spiel ausgehen wird?) ~ **kişi** wieviele Personen? ≗ **para eder?** *fig.* Was kommt dabei schon groß heraus! ≗ **paralık şey ki!** *F* Das ist keinen roten Heller wert! ≗ **parça olayım?** Ich kann mich doch nicht vierteilen. *(F)* ≗ **yaşındasın!** Wie alt bist du? ~ **zamandır** seit langem, schon immer **-ın kur'ası** *fig.* schlauer Fuchs, geriebener (gerissener) Bursche **-a?** wie teuer? was kostet das? (**Bu size -a maloldu?** Wie teuer ist Sie das gekommen? Was haben Sie dafür ausgeben müssen?) **Bugün ayın -ıdır?** Der wievielte ist heute?

kaç (II) 2. Person Sg. Imp. von **kaçmak;** ≗ **kurtul!** Name e–s türk. Ksp.

Kaç Türkleri *n.pr.* Kadschinzen *pl.* (kleine türk. Volksgruppe im Abakan-Gebiet; UdSSR)

kaçaburuk 1. Riemnadel *f* (des Sattlers) 2. Pfriem *m*, Ahle *f* (des Schusters)

kaçaç e–e chinesische Seidenstoffart

kaçak, -ğı 1. Flüchtiger, Deserteur *m*, flüchtig 2. Ausreißer, Schwänzer *m* 3. geschmuggelt, Bann-, Schmuggel- 4. Bann-, Schmuggel-ware *f* 5. nicht genehmigt, unerlaubt, illegal 6. Ausfließen *n*, Austritt, Verlust *m* (von Gas od. Flüssigkeiten) Zu 1: s. **asker -ı** Zu 2: s. **mektep -ı** Zu 3: ~ **mal** Schmuggelware *f* ~ **tütün** geschmuggelter Tabak Zu 4: s. **gümrük (harp) -ı;** ~ **av** Wildern *n*, Wilderei *f* ~ **avcı** Wilderer *m* ~ **çalışma** Schwarzarbeit *f* ~ **detektörü** Prüf-, Such-gerät *n* (für undichte Stellen e–r Gasleitung) ~ **dinleme** Schwarzhören *n* (Radio usw.) ~ **işçi** Schwarzarbeiter *m* ~ **kesim** Schwarzschlachtung *f* ~ **yapmak** austreten, ausfließen (z.B. Gas aus e–r Leitung) ~ **yolcu** blinder Passagier

kaçakçı Schmuggler(-in *f*) *m* ~ **gemisi** Schmugglerschiff *n*

kaçakçılık 1. Schmuggel(-ei *f*) *m* 2. Zoll- od. Steuer-hinterziehung *f* 3. Schmugglerhandwerk *n*, (organisierter) Schmuggel

kaçaklık 1. Sich-Entziehen *n* (e–r Pflicht, e–m gefällten Urteil usw.) 2. Desertion *f* 3. Geschmuggelt-sein od. -werden *n*

kaçamak 1. (gelegentliche, aber absichtliche) Pflichtversäumnis; Sich-Drücken *n* (von), Nicht-Hingehen (zu), *F* Schwänzen *n* 2. Ausflucht *f*, Ausweg *m*, Hintertürchen *n*, Ausrede *f*, Vorwand *m* 3. geheimer Ausgang (aus Schloß od. Festung) *fürce 4. Zufluchtsort *m* (*spez.* für e–e Herde) 5. e–e Art Polenta (aus Maismehl) ~ **etmek** s. ~ **yapmak;** ~ **göstermek** so tun, als wollte man sich drücken ~ **yapmak** 1. (m. Abl.) sich drücken (von), nicht hingehen (zu), *F* schwänzen (z.B. den Dienst) 2. Ausflüchte machen (z.B. bei e–r Antwort) ~ **yol** Ausflucht, Ausrede *f*, Vorwand *m*

kaçamaklı ausweichend, unbestimmt ~ **sözler söylemek** ausweichend antworten, ausweichen, um die Sache herumreden

kaçan (I) *va.* 1. zu der Zeit, wo ...; als 2. wann?

kaçan (II) Part. Präs. zu **kaçmak.** ≗ **balık büyük olur.** *Spr.* Was e–m im Leben entgangen ist, erscheint e–m nachträglich in bes. rosigem Licht. ≗**ın anası ağlamamış.** *Spr.* 1. Wer sich in Gefahr begibt, kommt darin um. 2. Es ist keine Schande zu fliehen, wenn es nötig ist. s.a. **kulağakaçan**

kaçar wieviel jeweils, wieviel jeder **Sınıflarda ~ talebe var?** Wieviel Schüler sind in jeder Klasse? **Bu evler ~ odalı?** Wieviel Zimmer hat jedes Haus? **Elinizdeki İngilizleri -dan sattınız?** Zu welchem Kurs haben Sie Ihre englischen Pfunde verkauft?

kaçarola; kaçarula [··×·] Kasserolle *f*, Schmor-topf *m*, -pfanne *f*

kaçgöç, -çü Sich-Verstecken *n* (*spez.* der isl. Brauch, der es Frauen und erwachsenen Mädchen verbietet, sich Männern zu zeigen od. sich mit ihnen zu unterhalten) **O kızın ~ çağı geldi.** *fr.* Das Mädchen ist in das Alter gekommen, wo es sich vor männlichen Augen verstecken muß.

Aramızda ~ yok. *fig.* 1. Zwischen uns gibt es keine Heimlichkeiten. 2. Wir machen keine Umstände.

kaçı Ausströmen, Entweichen *n* (von Flüssigkeiten, Gas usw.)

kaçık 1. nach e–r Seite geneigt od. hängend 2. verrutscht, verschoben (z. B. Krawatte) 3. überspannt, extravagant, verrückt, toll 4. mit Laufmasche (Strumpf) 5. fliehend (Stirn) 6. Laufmasche *f*

kaçıklık der durch **kaçık** charakterisierte Zustand *spez.* Überspanntheit, Extravaganz, Verrücktheit *f*

kaçılmak 1. Pass. zu **kaçmak** 2. *P* aus dem Weg gehen, verschwinden

kaçımsamak (m. Abl.) sich von et. drücken wollen, Ausreden erfinden (um et. nicht zu tun) *taallül etmek

kaçımsar wer Ausflüchte versucht

kaçıncı wievielt- ~ **defadır** wie oft, wievielmal (auch immer) ⩳ **katta oturuyorsunuz?** Im wievielten Stock wohnen Sie? **Sınıfın -sı oldun?** Der wievielte in der Klasse bist du geworden?

kaçıngan zurückhaltend, reserviert, scheu

kaçınılmaz unvermeidlich, unentrinnbar, zwangsläufig

kaçınma manevrası *mil., naut.* Ausweichmanöver *n*

kaçınmak (m. Abl.) 1. et. zu vermeiden suchen, e–r Sache aus dem Weg gehen (wollen), sich drücken (von); et. meiden, scheuen 2. sich fernhalten (vgl. **kaçgöç**); **hiçbir fedakârlıktan kaçınmamak** kein Opfer scheuen **O, hiçbir hizmetten kaçınmaz.** Er scheut keine Arbeit.

kaçıramento *V* s. **aşıramento**

kaçırma Vs. zu **kaçırmak** *spez.* 1. *jur.* Entführung *f* 2. Schmuggel *m* 3. geschmuggelt

kaçırmak Kaus. zu **kaçmak** 1. j–m zur Flucht verhelfen; j–n bzw. et. entkommen (entwischen, entfliehen) lassen 2. entweichen (entfahren) lassen (z. B. Luft); sich et. entgleiten lassen 3. rauben (z. B. Schlaf) 4. vertreiben, verscheuchen, fortjagen, verbergen, verstecken (z. B. *fr.* Mädchen od. Frauen vor fremden Männern) 5. zum Fortgehen veranlassen, *F* weg-graulen, -ekeln 6. entführen 7. verpassen, versäumen (z. B. Fahrzeug), sich entgehen lassen (z. B. Gelegenheit); *Fb. a.:* verschießen (Tor) 8. widerrechtlich und heimlich durchgehen (durchlaufen, passieren) lassen; schmuggeln; entziehen (z. B. Wertgegenstände e–r Pfändung) 9. (m. Dat.) besudeln, beschmutzen (mit Unrat) 10. (**aklını** od. ohne Obj.) verrückt werden, den Verstand verlieren 11. *intr. F* Alkohol trinken 12. *naut.* nachlassen, lockern (gespanntes Tau) 13. stehlen, entwenden 14. das Maß überschreiten, zu weit gehen Zu 1: s. **ağzından laf** ~ Zu 2: **Bu kazan islim kaçırıyor.** Der Dampfkessel hier ist nicht ganz dicht. Zu 6: s. **kız** ~ Zu 7: **Son treni kaçırdım.** Ich habe den letzten Zug verpaßt. Zu 8: **gümrükten mal** ~ Waren durch den Zoll schmuggeln Zu 9: s. **altına (donuna, yatağa)** ~ Zu 10: **kaçırıp oynatmak** vollkommen verrückt sein Zu 11: **Fazlaca kaçırmış.** Er hat etwas über den Durst getrunken.

kaçış Flüchten *n*, Flucht *f* ~ **noktası** Fluchtpunkt *m* (bei perspektivischer Darstellung)

kaçışmak auseinanderstieben, nach allen Seiten davon-, auseinander-laufen

kaçıt, -tı Flucht-, Rettungs-, Aus-weg *m* *kurtuluş yolu

kaçkın wer sich e–r Pflicht od. e–m verhängten Urteil entzieht; entsprungener Häftling, Flüchtling, Deserteur *m;* s. a. **hapishane (iş, mezar, mektep, tımarhane) -ı**

kaçlı 1. von welcher Zahl? wie hoch? 2. von welchem Jahrgang (betr. Geburt, Militärdienst od. Abschlußexamen) Zu 1: **Elinizdeki kâğıt -dır?** Wie hoch ist die (Spiel-)Karte, die Sie in der Hand haben? Zu 2: ⩳**sınız?** *mil.* Welchem Jahrgang gehören Sie an? **Bu doktor ~?** Wann hat dieser Arzt sein Staatsexamen gemacht?

kaçlık 1. wieviel enthaltend? 2. wie alt? 3. von welchem Gewicht? 4. wie teuer? 5. von welcher Stückelung? (Banknoten) ⩳ **paket istersiniz?** 1. Was für e–e Packung wünschen Sie? 2. *(Bank)* Was für Noten wünschen Sie? **Bu adamı ~ tahmin edersiniz?** Welches Alter geben Sie dem Mann hier?

kaçma Vs. zu **kaçmak** *spez.* Fliehen *n*, Flucht *f* ~ **denemesi** Fluchtversuch *m* ~ **şüphesi** *jur.* Fluchtverdacht *m*

kaçmak, (-çar) 1. entweichen, entfliehen, entschlüpfen, fliehen, flüchten, **(askerden)** desertieren; entlaufen, entkommen, entrinnen 2. sich verstecken, sich nicht vor j–m zeigen 3. (bşden) s. **kaçınmak** 4. entweichen (Luft, Dampf usw.) 5. plötzlich hineinkommen 6. sich verschieben; verrutschen 7. aufgehen (Strumpfmasche), e–e Laufmasche bekommen (Strumpf) 8. eilen, eilig laufen, rennen 9. unbemerkt weggehen, sich ungesehen entfernen 10. verschwinden, zunichte werden, *F* zum Teufel gehen (Schlaf, Freude, Ruhe usw.) 11. (in Verb. mit Adv.) ausfallen, herauskommen, sein 12. (m. Dat.) sich nähern, nahekommen 13. sich leicht nach e–r Seite neigen; *naut.:* a) **(iskeleye, sancağa)** Schlagseite haben b) ausweichen (e–m anderen Schiff) 14. verblassen (Farbe) Zu 1: **Ağzımdan laf kaçmış.** *F* Es ist mir so herausgefahren. Zu 3: **Ben zahmetten kaçmam.** Ich scheue keine Mühe. Zu 5: **Kulağıma su kaçtı.** Ich habe Wasser ins Ohr bekommen. **Biletsiz kaçıvermiş.** Er hat sich ohne Karte eingeschmuggelt. Zu 6: **Bu harf biraz aşağı kaçmış.** Der Buchstabe (die Drucktype) ist et. nach unten gerutscht. Zu 7: s. **Çorap kaçıyor** Zu 8: **Öyle kaçtı ki yetişemedim.** Er rannte so schnell davon, daß ich ihn nicht einholen konnte. Zu 10: **Neşesi kaçtı.** Seine ganze Freude war dahin. Die Freude war ihm vergällt. Zu 11: **Bu cevap iyi kaçtı.** Das war e–e gute Antwort. Zu 12: **mübalağaya** ~ e–r Übertreibung sehr nahe kommen **yeşile kaçan mavi** blau mit grünlichem Unterton, grünlich-blau **kaçan** s. ges. Stw. **kaçmağa yeltenmek** zu entkommen suchen; e–n Ausbruchsversuch unternehmen (z. B. aus e–m Gefängnis) **kaçmaktan kovalamağa vakit olmamak** liegenbleiben, nicht erledigt werden können (infolge anderer vordringlicher Arbeiten); alle Hände voll zu tun haben

kaçmaz laufmaschensicher (*spez.* Damenstrümpfe)

kaçsız göçsüz ohne **kaçgöç** *q. v.*

kad, -ddi *va.* Größe, Statur *f*, Wuchs *m* *bos; s. a. **kaddükamet** sowie (bei dem Stw. **kamet) kadkametüssalâ**; ~ **çekmek** wachsen; in die Höhe schießen **-i bükülmek** e–n Buckel bekommen; vom Alter gebeugt werden **-i lam** *va.* krumm und schief *eğri büğrü

Kad semia suresi s. **Mücadile suresi**

kadana [·×·] 1. *fr.* Fußfesseln *pl.* e–s Galeerensträflings 2. Name e–r ungarischen Pferderasse; starkes Zugpferd **(gibi)** *V* starkgebaute, große Frau, *F* Dragoner *m*, Maschine *f*

kadans *mus.* 1. Kadenz *f:* a) abschließende Akkordfolge *durgu b) Improvisation *f* e–s Solisten *düzem 2. *selt.* Rhythmus *m* *ritim, tartım 3. *mil.* Schußfolge, Feuergeschwindigkeit *f*

kadar 1. (bei Vergleich) a) wie, so ... wie b) (so) groß wie c) so alt wie 2. *Pp. m. Dat.* a) (*gel.* a. **gelinceye** ~) bis b) (Angabe e–s spätesten Termins) in 3. so viel (wie, als, daß); so sehr (daß) 4. soweit ...; solange als 5. (*a. m. folg.* **da, de**) ebenso sehr ... (wie); nicht nur ... (sondern auch); sowohl ... (als auch) 6. *selt.* als ob, als wenn 7. ungefähr, etwa, circa, schätzungsweise, gegen, einige Zu 1a: **dağ ~ büyük** riesengroß **senin** ~ so wie du **bunun ~ güzel** so schön wie das hier Zu 1b: **değirmentaşı ~ bir kavuk** ein Turban, groß wie ein Mühlrad; s. a. **bacak (el)** ~ Zu 1c: **Ben senin -ken** Als ich so alt war wie du (jetzt bist) Zu 2a: **akşama** ~ a) bis zum Abend b) bis heute abend **ben gelinceye** ~ bis ich komme **bunların bir olduğunu öğrenesiye** ~ bis er lernt, daß beides dasselbe ist **bir ay evvelisine** ~ bis vor e–m Monat **bundan yirmi beş sene evveline gelinceye** ~ bis vor fünfundzwanzig Jahren Zu 2b: **Beş dakikaya** ~ **gelir.** Er kommt (spätestens) in fünf Minuten. Zu 3: **İstediğin** ~ **al!** Nimm so viel (wie) du willst! **Bunu alacak -ımız yok.** So viel besitzen wir nicht, daß wir das kaufen könnten. s. a. **bu** ~, **şu** ~, **o** ~ Zu 4: **gözün görebildiği** ~ soweit das Auge reicht **yaşadığım** ~ solange ich lebe Zu 5: **Çok gördüğü** ~ **çok okumuştur.** Er hat nicht nur viel erlebt, er hat auch genaue Studien betrieben. **Bu vakıa halk** ~ **hükümeti de şaşırttı.** Dieser Vorfall hat den Mann auf der Straße wie auch die Regierung verblüfft. Zu 6: **... sormuşum** ~ **hiddetlendi.** Er wurde so ärgerlich, als ob ich nach ... gefragt hätte. Zu 7: **yüz** ~ ungefähr hundert **yirmi** ~ einige (etwa) zwanzig **bir sene** ~ **evvel** etwa vor e–m Jahr **Kaç yaşında** ~ **var?** Wie alt ist er ungefähr?

kadarcık s. **bu** ~, **şu** ~, **o** ~

kadastro [·×·] Kataster *m, n*

kadavra [·×·] Leichnam *m*, Leiche *f*, Kadaver *m* (von Tieren od. Menschen) ~ **gibi** ganz abgezehrt, das reinste Skelett

kadayıf (*urspr. Pl.* zu **kadife**) Fadennudeln *pl.*, Strudelteig *m* u.ä.m. (zur Herstellung verschiedener Süßspeisen); s. **çörek (ekmek) -ı; tel (yassı)** ~ vgl. a. **denizkadayıfı**

kadayıfçı Hersteller od. Verkäufer *m* von **kadayıf**

kaddükamet, -ti [··–·] *va.* Statur *f*, Wuchs *m*

kade (I) [ā] Hockstellung *f* (beim isl. Gebet)

kade (II) *mil.* Kadett *m* (Zögling e–r Offiziersschule) ~ **birliği** Kadettenkorps *n* (*spez.* im zaristischen Rußland)

kadeh 1. kleineres Trinkglas (für Raki, Tee, Wasser usw.) 2. ein Glas voll 3. *bot.* (Blüten-)Kelch *m* *kaliks ~ **arkadaşı** Zech-bruder, -genosse, -kumpan *m* ~ **çiçeği** wohlriechender Gewürzstrauch *bot.* Calycanthus floridus ~ **hücresi** *biol.* Becherzelle *f* *goblet gözesi ~ **kaldırmak** das Glas erheben ~ **tokuşturmak** 1. mit den Gläsern anstoßen 2. zusammen eins trinken

kadehçik *bot.* Becher *m* (der Eichel) *kudeyh, kupula, pelityüksüğü

kadehdaş *selt.* Zechgenosse, *V* Saufkumpan *m*

kadehdaşlık *selt.* gemeinsames Zechen, *V* Herumsaufen *n* ~ **etmek** (b–le) mit j–m zechen, *V* herumsaufen

kadem 1. *an.* Fuß *m* *ayak 2. Fuß *m* (osm. Längenmaß von 12 **parmak** = ca. 34 cm) 3. Schritt *m* *adım 4. *fig.* gute Vorbedeutung; Glück *n* Zu 2: **on** ~ **uzunluğunda** zehn Fuß lang Zu 3: **≗i pekâlâ yaradı.** Er hat viel Glück gebracht. ~ **basmak** (m. Dat.) 1. betreten 2. beginnen 3. **(firara)** sich auf die Flucht begeben; *F* ausrücken ~ **getirmek** Glück bringen ~ ~ *va.* Schritt für Schritt; allmählich

kademe 1. (Treppen-)Stufe *f* 2. (Leiter-)Sprosse *f* 3. *fig.* Stufe, Ebene *f*, Niveau *n*, Grad *m* 4. *mil.* Staffel *f* ~ **birliği** *mil.* Staffelverband *m* ~ **dizisi** s. ~ **teşkili;** ~ ~ 1. schritt-, stufen-weise, in Etappen, allmählich 2. *mil.* staffelweise ~ **kumandanı** *mil.* Staffelführer *m* ~ **teşkil etmek** abstufen ~ **teşkili** Abstufung *f*

kademele(ndir)mek *mil.* gliedern, staffeln

kademeleniş s. **dizim**

kademelenme *mil.* Gliederung, Staffelung *f*

kademelenmek sich gliedern, sich staffeln

kademeli gegliedert, gestaffelt, Staffel-, Stufen-; etappen-, stufen-weise ~ **ateş** Staffelfeuer *n* ~ **çatı** *arch.* Terrassendach *n* ~ **ehram** s. **basamaklı piramit;** ~ **sıralar** (*od.* ~ **yerler**) stufenweise erhöhte Bankanordnung ~ **tarife** Staffeltarif *m* ~ **vergi** Steuerprogression *f*

kademevari [···––] *mil.* staffelweise

kademhane [··–·] *va.* Abort *m*, Toilette *f* *ayakyolu, aptesane, helâ

kademiye *va.* 1. s. **toprakbastı (parası)** 2. s. **harcırah** 3. s. **ayakteri**

kademli von guter Vorbedeutung, glückverheißend, günstig *uğurlu ~ **gelmek** Glück bringen

kademsiz von übler Vorbedeutung, unheil-voll, -verkündend

kademsizlik üble Vorbedeutung, böses Omen

kader Schicksal(-sfügung *f*) *n*, (göttliche) Vorsehung, (Vorher-)Bestimmung *f*, Verhängnis *n* ~ **birliği** Schicksalsgemeinschaft *f* **≗de varsa başa gelir.** *Spr.* Es kommt alles, wie es e–m bestimmt ist. **-e küsmek** ganz verzweifelt sein, mit dem Schicksal hadern **-e meydan okumak** das Schicksal herausfordern **≗im böyle imiş.** Es ist mir wohl so bestimmt. **-in buyruğuna boyun eğmek** sich dem Schicksal beugen **-in cilvesi** s. **talihin cilvesi. ≗ine küs!** Ein Pech, daß es so gekommen ist, aber dich trifft ja keine Schuld! **-i ilâhî** Gottes Ratschluß *(m)*

kaderci Fatalist(-in *f*) *m* *fatalist

kadercilik 1. Prädestinationslehre *f* 2. Glaube *m* an die Vorherbestimmung; Fatalismus, Schicksalsglaube *m* *(1, 2) cebriye, fatalizm, yazgıcılık

kaderî 1. die göttliche Vorsehung betreffend, providentiell 2. ≗ Anhänger *m* der **Kaderiye**

Kaderiye [ī] 1. isl. Richtung, welche die Willensfreiheit des Menschen lehrt 2. andere Bez. für **Mutezile**

Kaderiyun [ū] *va. Pl.* zu **Kaderî** (2)

kadhetmek *va.* schmähen, schlechtmachen, diffamieren (s. a. **kadih**)

kadı 1. *fr.* isl. Richter, Kadi *m* 2. *hist.* osm. Landrat (dem ein **kaza** unterstand) (*Anm.* zu 1: Bis zur Tanzimatperiode der alleinige Richter; von da an bis zur Einführung des Bürgerlichen Rechtes der für Heiratsangelegenheiten, Scheidungs-, Unterhalts- und Erbschaftsklagen zuständige Richter. Das Amt e–s **kadı** wurde in der Türkei 1922 aufgehoben.) ~ **beratı** *fr.* Urkunde *f* über die Bestellung zum Kadi ~ **bitisi** *fr.* öffentliche Verkündigung e–s Gerichtsurteils ≗ **ekmeğini karınca yemez.** *Spr.* 1. s. **Davacın kadı olursa yardımcın Allah olsun!** 2. Der Besitz e–s Kadi ist (oft) so unrecht erworben, daß nicht einmal e–e Ameise daran knabbern möchte. ~ **leşker** ältere Bez. für **kazasker;** ~ **otu** s. **hindiba;** ~ **yoran** *fig.* eigensinnig, hartnäckig **-lar helvası** Manna *f, n* (Bibel)

kâdıhindî 1. Katechu-Akazie *f bot.* Acacia catechu 2. *pharm.* Katechu, Cachou *n*, Gambir *m* (Mittel gegen Durchfall)

Kadıköy (*oft hyperkorrekt:* **Kadiköy**) Teil von Istanbul auf der kleinasiatischen Seite und D. des Rbz. Istanbul

kadıköytaşı, -nı *min.* Chalzedon *m* *kalseduan

kadılık 1. isl. Richtertum, Beruf *m* (Würde *f*, Aufgaben *pl.* usw.) e–s Kadi 2. Amtsbereich *m* e–s Kadi

kadılokması, -nı s. **manas**

kadıma [–··] s. **kemirgenler**

kadın 1. der erwachsene weibliche Mensch; Frau *f* (Weib *n*), Dame *f* 2. die geschlechtlich erfahrene Frau (*im Ggs.* zum unberührten Mädchen) 3. dem heutigen **bayan** entsprechende *fr.* Bez. 4. *hist.* Titul. für Haremsdamen des höchsten Ranges (danach folgten: **gedikli, usta, şakirt, cariye, acemi**) 5. *mel.* tüchtige Hausfrau und Mutter 6. (Ersatz fehlender Femininformen) Zu 6: s. unten sowie die Stw. **ahçı, hizmetçi, katil, macera, mucit, otomobilci, yüzgeç;** ~ **ağızlı** 1. *selt.* wer wie e–e Frau spricht (Mann) 2. weibischer Schwätzer ~ **ahçısı** *gel. irrt.* für **ahçı** ~; ~ **avcısı** Schürzenjäger, Don Juan, Weiberheld *m* ~ **berberi** 1. Damenfrisör *m* 2. Friseuse *f* 3. (Damen-)Frisiersalon *m* ~ **çamaşırı** Damenunterwäsche *f* ~ **doktoru** Frauenarzt *m* *jinekolog ~ **düşkünü** Weiberheld, Schürzenjäger *m* ~ **düşmanı** Weiberfeind *m* ~ **eyeri** Damensattel *m* ~ **garson** Kellnerin *f* ~ **hademe** Amts-, Bürodienerin *f* ~ **inceliği** Frauenlist *f* ~ **işçi** Arbeiterin *f* (Frau) ~ **kadıncık** haushälterisch wirtschaftende, wohlerzogene, ehrsame Frau, *F* die Frau, wie sie im Buch steht ~ **kamarot** Stewardeß *f* ~ **kısmı** das weibliche (od. schöne) Geschlecht ~ **mebuslar** weibliche Abgeordnete *pl.* ~ **memur** Beamtin *f* ~ **milleti** Frauen(-sleute) *pl.* (Weiber *pl.*) ~ **muganni** Sängerin *f* *muganniye ~ **nine** s. **kadinne, haminne;** ~ **oyuncu** 1. Tänzerin *f* 2. Schauspielerin *f* *aktris ~ **parmağı** e–e längliche Traubenart ≗ **parmağı (var)!** Cherchez la femme! ~ **pazarı** s. **avrat pazarı** (2); ~ **pilot** Pilotin, Fliegerin, Flugzeugführerin *f* ~ **sporcu** Sportlerin *f* ~ **sultan** *fr.* Gemahlin *f* des Sultans, Sultanin, Kaiserin *f* ~ **şair** Dichterin *f* ~ **tayyareci** Fliegerin *f* ~ **terzi** Schneiderin *f* ~ **terzisi** Damenschneider(-in *f*) *m* ~ **ticareti** Mädchenhandel *m* ~ **tüccarı** Mädchenhändler, Kuppler *m* ~ **üye** weibliches Mitglied **≗ın fendi erkeği yendi.** *Spr.* Frauenlist besiegt den Mann. **≗ın şamdanı altın olsa, mumu dikecek erkektir.** *Spr.* E–e Frau kann noch so viel Reichtum in die Ehe mitbringen, ihren wirklichen Wert erhält sie erst durch den Mann. **≗ın yüzünün karası, erkeğin elinin kınası.** Außerehelicher Geschlechtsverkehr bringt der Frau Schande, dem Mann Anlaß, sich zu rühmen. **-lar hamamı gibi** voll lärmenden Durcheinanders (Örtlichkeit)

kadınböceği, -ni s. **hanımböceği**

kadınbudu, -nu aus Hackfleisch und Reis hergestellte größere Frikadellen, die in Ei gewälzt gebraten bzw. gebakken werden

kadınca 1. fraulich, weiblich, mit weiblicher Note (z. B. Kleidung) 2. *pej.* unmännlich, weibisch

kadıncağız gute (biedere, arme) Frau, armes kleines Weiblein

kadıncı Schürzenjäger, Don Juan *m* *çapkın, zampara

kadıncık 1. kleine Frau; Frauchen *n* 2. s. **kadıncağız** 3. s. **kadın kadıncık;** ≗ **Ana** *fr.* e–e von den Bektaschi-Derwischen verehrte Frau (der Überlieferung nach die Frau von Hacı Bektaş Veli)

kadıncıl s. **kadın düşkünü**

kadınefendi *hist.* Gemahlin *f* des Sultans (frühere Haremsdame)

kadıngöbeği, -ni „Frauennabel" *m* (Spritzkuchenart mit rundlicher, *mst.* mit Konfitüre gefüllter Vertiefung in der Mitte)

Kadınhanı, -nı *n.pr.* Städtchen u. D. im Rbz. Konya

kadınımsı weichlich, verzärtelt, effeminiert

kadınlaşmak 1. zur Frau werden 2. *pej.* weibisch werden

kadınlı s. **erkekli kadınlı**

kadınlık, -ığı 1. Frauentum *n* 2. Frauen-ehre, -würde *f* 3. *pr.* sparsames, haushälterisches Wirtschaften 4. (*a.* ~ **âlemi**) Gesamtheit *f* der Frauen, Frauenwelt *f* 5. *selt.* Frauenbewegung *f* ~ **gururu** weiblicher Stolz, Würde *f* der Frau ~ **hormonları** weibliche Hormone *pl.* ~ **uzvu** Scheide, Vagina *f* **-a meyal bir karakter** ein Charakter mit femininem Einschlag **-ını bilmemek** keine Menstruation haben

kadınsı mit femininem Einschlag, weibisch (Mann) *efemine

kadıntuzluğu, -nu Berberitze *f*, Sauerdorn *m bot.* Berberis vulgaris *amberbaris, çobantuzluğu, sarıçalı, diken üzümü

kadıntuzluğugiller Berberitzengewächse *pl. bot.* Berberidaceae

kadınvari [··– –] fraulich, weiblich, das Weibliche betonend (z. B. Kleidung)

kadırga [·×·] *hist.* Galeere *f* (mit Segeln und Rudern ausgerüstetes fr. Kriegsschiff) ~ **köleleri** *hist.* Galeerensklave *pl.* **-ya komak** (*od.* **sürmek**) *hist.* auf die Galeeren schicken

kadırgabalığı, -nı s. **adabalığı**

kadıyülkuzat, -tı [–···–] *fr.* oberster isl. Richter

kadız *dial.* großes ortsfestes Faß

kadi Caddie *m* (bei Golf)

kadife *urspr.* [ī] 1. Samt *m* 2. aus Samt hergestellt, Samt-; s. a. **ipek (pamuk)** ~; ~ **çiçeği** 1. weißer Amarant *bot.* Amarantus albus 2. Fuchsschwanz *m bot.* Amarantus tricolor 3. Ruhrkraut *n bot.* Gnaphalium leontopodium 4. Samt-, Studenten-blume *f bot.* Tagetes patulus *Hint gülü, Hint karanfili ~ **eldiveni atmak** *fig.* j–n nicht mehr mit Glacéhandschuhen anfassen ~ **gibi** samtweich ~ **otu** wolliges Honigkraut *bot.* Holcus lanatus

kadifecilik Herstellung *f* und Verkauf *m* von Samt

kadifeli 1. aus Samt hergestellt, Samt- 2. mit Samt überzogen (bespannt, ausgeschlagen usw.) ~ **örümcekler** Laufmilben *pl. zo.* Trombidiidae

kadifelik samtweiche Beschaffenheit

kadifemsi samtähnlich ~ **bir kumaş** imitierter Samt

kadih, -thi *va.* Ehrabschneidung, Verleumdung, üble Nachrede, Diffamierung *f*

kadim [ī] 1. aus alter Zeit stammend, alt, antik 2. urewig, anfangslos **-den beri** von alters her, von jeher **zamanı -de** *va.* in alter Zeit

kadimen [ī] *va. Adv.* 1. von alters her 2. in alter Zeit, einst

kadimî [·– –] *va.* seit unvordenklichen Zeiten bestehend; alt(-hergebracht)

kadimiye [ā] s. **porsukgiller**

kadinne [·×·] *F* s. **haminne**

kadip, -bi [·–] 1. *va.* dünner, gerader Zweig 2. *an.* männliches Glied; Penis *m* *kamış

kadir (I), **-dri** 1. *va.* Zahl, Menge, Ausdehnung *f*, Umfang *m* 2. *va.* Kraft, Stärke, Macht *f* 3. *va.* Grad, Rang *m* 4. *va.* Ehre, Achtung, Würde *f* 5. (*a.* ~ **kıymet**) wirklicher (innerer) Wert 6. *astr.* Größenklasse *f* der Gestirne Zu 5: **hocalığın -ini kıymetini bilmeyenler** wer den wirklichen Wert des Lehrberufes nicht kennt ...; s. a. **abanın -i** Zu 6: **Birinci -de 19 yıldız bulunur.** Es gibt neunzehn Sterne erster Größe. ≗ **gecesi, Leylei** ≗ die 27. Nacht im Ramazan (in der nach isl. Myth. der Koran herabgesandt wurde; nach dem Volksglauben gehen Wünsche und Gebete, die in dieser Nacht ausgesprochen werden, in Erfüllung) ≗ **gecesi doğmuş** *fig.* Glücks-, Sonntags-kind *n* ≗ **suresi** Name der 97. Koran-Sure

kadir (II); **kaadir** [ā] 1. fähig 2. mächtig 3. ≗ (*a.* **≗i mutlak**) der Allmächtige (Gottesattribut)

kadirbilir(-lik) s. **kadirşinas(-lık)**

kadirbilmez(-lik) s. **kadirnaşinas(-lık)**

Kadirî [–·–] 1. Angehöriger des Derwischordens der **Kadiriye** 2. s. **Kadiriye**

Kadirîlik; Kadiriye [–·–·] *n.pr.* von Abdülkadir Geylâni im 11. Jh. n. Chr. gegründeter Derwischorden

kadirli geschätzt, geachtet, wert, würdig

Kadirli *n.pr.* Städtchen u. D. im Rbz. Adana

kadirnaşinas [··–·–] wer den wirklichen Wert (e–r Sache od. Person) nicht zu schätzen (würdigen) weiß; ungerecht

kadirnaşinaslık [··–·–·] Verkennung *f* des wirklichen Wertes, falsche Einschätzung; Ungerechtigkeit *f*

kadirşinas [···–] wer den wirklichen Wert (e–r Sache od. Person) zu schätzen (würdigen) weiß, verständnisvoll

kadirşinaslık [···–·] gerechte Würdigung; Wertschätzung *f*

kadit, -di [ī] 1. abgezehrt, abgemagert 2. Skelett *n* *iskelet **-i çıkmak** s. **iskeleti çıkmak**

kadmiyum [×··] *chem.* Kadmium *n*

kadmiyumlamak mit e–r Kadmiumschicht überziehen; verkadmen, kadmieren

kadmiyumlu verkadmet, kadmiert
kadran (*franz.* **cadran**) 1. Zifferblatt *n* 2. Skala *f* (z. B. bei Radio) 3. *astr.* Quadrant *m*
kadranlı 1. mit Zifferblatt bzw. Skala 2. Quadranten- ~ **barometre** Barometer *n* mit Kreiseinteilung ~ **nişangâh** *mil.* Quadrantenvisier *n*
kadrant, -tı s. **kadran** (3)
kadrat s. **katrat**
kadrij *arch.* Quadriga *f*, Viergespann *n*
kadril *fr.* Quadrille *f* (Tanz und Musik)
kadro [×·] 1. geschlossene Formation z. B. Mannschaft, Besatzung *f*, Kader *m*, Reihen *pl.* (häufig ist Wiedergabe durch Bildungen auf -schaft, -körper, -zahl möglich: z. B. Lehrerschaft, Belegschaft, Lehrkörper, Schülerzahl usw.) 2. Personaletat *m*, Stärke *f* 3. *mil.* Rahmen(-formation *f*) *m* 4. *fig.* Rahmen *m* Zu 1: **Öğretmen -su takviye edilir.** Der Lehrkörper wird verstärkt. **1282 kişilik -dan 595 kişi kurtulamadı.** Von der 1282 Mann starken Besatzung konnten 595 Seeleute nicht gerettet werden. Zu 2: **ordunun barışlık -su** Friedensstärke *f* des Heeres Zu 3: ~ **(halinde birlik)** Rahmen(-formation *f*) *m* ~ **seyahati** Übungsreise *f* für e–e (z. B. aus Offizieren bestehende) Rahmenformation ~ **tatbikatı** Rahmenübung *f* Zu 4: **hâkimin medenî hukukun -su içindeki rolü** die Rolle des Richters im Zivilrecht ~ **mevcudu** *mil.* Sollstärke *f* **-su tamam olmak** 1. vollzählig sein 2. besetzt sein (alle Stellen) **-ya girmek** fest angestellt werden
kadrolaşmak 1. fest-gelegt, -gesetzt werden (Personaletat u. ä.) 2. zum Rahmen werden, e–n Rahmen bilden
kadrolaştırmak 1. festsetzen, begrenzen (z. B. Schülerzahl) 2. zu e–m Rahmen machen
kadrolu 1. fest angestellt; zu e–m best. Mitarbeiterstab gehörig 2. mit e–m best. Personalstab Zu 2: **bizim eksik ~ okul** unsere Schule, die noch nicht über e–n ausreichenden Lehrkörper verfügt
kadron Kantholz *n*
kadrosuz ohne ständiger Mitarbeiter zu sein
kadrüplkroş (*franz.* **quadruple croche**) *mus.* Vierundsechzigstelnote *f* *altmışdörtlük
kadük (*franz.* **caduc**) 1. *parl.* hinfällig, ungültig, außer Kraft (Gesetz) 2. überholt, unmodern
kaf [ā] 24. Buchst. des osm. Alph. ≗ **suresi** Name der 50. Koran-Sure
kâf [kyāf, kef] 25. Buchst. des osm. Alph. (Es wurden unterschieden:) **-ı Arabî** (*a.* **kef** genannt) palatales [k] in Wörtern wie **kitap, kâtip, mektep, sükûn** usw. **-ı Farisî** (*a.* **gef** genannt) palatales [g] in Wörtern wie **rüzgâr, gelmek, gibi, göz, gûya** usw. **-ı yâî** (*a.* **yef** *od.* **kâfı türkî** genannt) in Wörtern wie **bey, değil, değnek, yirmi, güverte** usw. **-ı vavî** in Wörtern wie **güve, güvercin, güverte** usw. **-ı nûnî** (*a.* **nef** *od.* **sağır kef** genannt) in Wörtern wie **son, deniz, baban, bakın, okudun** usw.
kafa 1. Kopf, Schädel *m* 2. *va.* Hinterkopf *m*, Genick *n* 3. *va.* hintere Seite (z. B. e–s Berges) 4. *fig.* Ansicht, Meinung, Auffassung, Mentalität *f* 5. Verständnis *n*, Verstand *m*, Klugheit, Intelligenz *f* 6. *Kspz.* große Murmel 7. s. **çan -sı** 8. *V* Anreißer *m* (Glücksspiel) 9. *naut.* s. **izbiro** 10. Bahn *f* (e–s Hammers) Zu 2: ~ **kemiği** s. **artkemiği** Zu 4: **Sen bu -yı değiştir!** Von der Meinung könntest du endlich einmal abkommen! Zu 5: **Adamda ~ yok ki!** Er hat nun einmal nicht genug Grips! **Onda bu işi idare edecek ~ yoktur.** Er hat nicht genug Intelligenz, um die Sache hinzukriegen. ~ **avcısı** Kopfjäger *m* ~ **dengi** gleich-gesinnt, -gestimmt, -denkend *kafadar ~ **dengi olmak** ein Herz und e–e Seele sein ~ **denkliği** gleiche Einstellung od. Gesinnung *kafadarlık ~ **derisi** Skalp *m* ~ **desteği** *mus.* s. **köprücük;** ~ **endeksi** (*Anthropologie*) Schädelindex *m* ~ **göz çıkarmak (kırmak, yarmak)** 1. sich streiten; zanken 2. et. verderben, verkorksen 3. sich taktlos benehmen ~ **hesabı** Kopfrechnen *n* ~ **ile vurmak** 1. *Fb.* den Ball köpfen 2. e–n (unerlaubten) Kopfstoß versetzen (bei Boxkampf) ~ **işçisi** geistiger Arbeiter ~ **-ya vermek** sich abseits setzen und miteinander reden; die Köpfe zusammenstecken; tuscheln ~ **kâğıdı** (*od.* ~ **koçanı**) *P* für **kimlik kartı; nüfus kâğıdı;** ~ **kırmak** s. ~ **patlatmak;** ~ **olgunluğu** geistige Reife ~ **oyunu** Puzzle-, Intelligenz-, Geduldsspiel *n* ~ **patlatmak** s. ~ **yormak;** ~ **sallamak** *fig.* zu allem ja und amen sagen ~ **sesi** s. **baş sesi;** ~ **şişirmek** j–m durch Lärm od. viel Gerede auf die Nerven fallen ~ **şutu** *Fb.* Kopfstoß *m* *~ vuruşu ~ **tutmak** 1. aufsässig sein, auf seinem Kopf bestehen 2. (b–ne) j–m widersprechen; hartnäckigen Widerstand entgegensetzen 3. *mel.* mutig entgegentreten; (e–r Gefahr usw.) trotzen ~ **tütsülemek** *V* sich e–n Schwips antrinken ~ **ütülemek** *V* s. ~ **şişirmek;** ~ **vuruşu** *Fb.* s. ~ **şutu;** ~ **yağı** *V* männlicher Same, Sperma *n* ~ **yormak** sich den Kopf zerbrechen **-dan atmak** nur so dahinreden (ohne genaue Kenntnis zu haben) **-dan gayri müsellah** *hum.* wer auch nicht gerade das Pulver erfunden hat; dumm, beschränkt **-dan** (*od.* **anadan**) **kontak** (*od.* **çatlak**) *V* wer e–n Sparren zu viel hat **-sı almamak** 1. nicht begreifen können 2. nicht mehr aufnahmefähig sein (infolge geistiger Abspannung) **-sı atmak** s. **beyni atmak; -sı boş** Dummkopf *m;* dumme Gans **-sı bozulmak** hochgehen (vor Zorn); j–m et. zu bunt werden **-sı bulanmak** ganz verwirrt werden **-sı çalışmaz** dumm **-sı dönmek** 1. wütend werden 2. s. **başı dönmek; -sı dumanlı** beschwipst; leicht berauscht **-sı durmak** (geistig) nicht mehr aufnahmefähig sein ≗**sı (mükemmel) işliyor.** Er ist ein kluger Kopf. **-sı izinli olmak** *V* im Augenblick nicht bei der Sache sein; *F* geistig weggetreten sein **-sı kalın** dumm, unintelligent **-sı karışmak** ganz konfus werden **-sı kazan (gibi) olmak** *od.* **-sı kazana dönmek** ganz benommen werden (von Lärm, vieler Arbeit usw.) **-sı kızmak** wütend werden ≗**sı kopasıca!** (*etwa:*) Verfluchter Kerl! **-sı şişmek** s. **-sı kazana dönmek; -sı taşa çarpmak** übel ausgehen; für et. büßen müssen **-sı tütsülü** beschwipst **-sı yerinde olmak** bei klarem Verstand sein **-sı yerinde olmamak** nicht bei der Sache sein **-sına dank demek** (*od.* **etmek**) s. Stw. **dank; -sına kakmak** (*od.* **vurmak**) s. **başına kakmak; -sına koymak** 1. sich et. in den Kopf setzen 2. verstehen; sich über et. klar werden **-sına mıhlatmak** (b–nin) j–m et. einhämmern **-sına sokmak** j–m et. begreiflich machen ≗**sına söz girmez.** 1. Er ist furchtbar eigensinnig. 2. Man kann dem Burschen nichts klar machen. 3. s. **kulak asmamak.** ≗**sına vur ekmeğini elinden al!** s. **Ağzına vur lokmasını al! -sına vura vura** *fig.* mit Gewalt **-sına vurmak** zu Kopf steigen (z. B. Alkohol) **-sında canlanmak** deutlich vor Augen stehen **-sında tutmak** im Kopf behalten; nicht vergessen **-sından çıkarmak** sich et. aus dem Kopf schlagen **-sından geçirmek** sich et. durch den Kopf gehen lassen **-sından uçup gitmek** dem Gedächtnis entschwinden **-sını bir takım zincirlerle sarmak** wie vernagelt sein (Person) **-sını dinlendirmek** sich ausruhen; ausspannen **-sını duvara** (*od.* **duvardan duvara**) **vurmak** s. **-sını taştan taşa çarpmak; -sını ezmek** *fig.* der Schlange den Kopf zertreten (= e–e Gefahr aus dem Wege räumen) **-sını kaldıramamak** *naut.* vollkommen überspült sein (Vorderdeck) **-sını kaşıyacak vakti olmamak** s. Stw. **baş; -sını kullanmak** vernünftig sein **-sını taştan taşa çarpmak** (*od.* **çalmak**) *fig.* et. bitter bereuen **-sını ütülemek** (b–nin) j–m durch langweiliges Gerede auf die Nerven fallen **-sını vurmak** j–m den Kopf abschlagen **-sını yarıp gözünü çıkarmak** sich nutzlos abmühen **-sının bir tahtası eksik olmak** e–n Klaps (Knall, Vogel) haben **-sının dikine gitmek** stur nach seinem eigenen Kopf ge-

hen **-ya almak** *V* 1. e–n Störenfried zum Schweigen bringen 2. den richtigen Mann (für e–e zu erledigende Arbeit) finden **-yı bulmak** vollkommen betrunken sein **-yı çatlatmak** (*od.* **üşütmek**) nicht ganz bei Sinnen sein; Stuß verzapfen **-yı çekmek** (*od.* **cilâlamak**) *V* eins zu viel trinken **-yı degiştirmek** umdenken **-yı tütsülemek** *V* sich e–n Rausch antrinken **-yı (yere) vurmak** 1. sich hinlegen; schlafen gehen 2. bettlägerig werden

kafadanayaklılar; kafadanbacaklılar Kopffüßer *pl. zo.* Cephalopoda *mürekkephalıkları, zatülercülürre'siye

kafadar(-lık) s. **kafa dengi (denkliği)**

kafadaş *selt.* s. **kafadar; kafa dengi**

kafaiçi, -ni *an.* Gehirn, Enzephalon *n* *ansefal, tümbeyin

kafakol *(Ringertechnik)* Armfesselung *f* mit Nackenhebel

kafalı 1. mit nb. Kopf (bzw. Köpfen), -köpfig 2. *pr.* klug, verständig, intelligent, aufgeweckt Zu 1: s. **boş (dik, eski, kalın, koca** usw.) ~

kafasız dumm, beschränkt, verständnislos

kafasızlık Dummheit, Beschränktheit, Verständnislosigkeit *f*

kafatasçı(-lık) *hum.* s. **ırkçı(-lık)**

kafatası, -nı *an.* Schädel *m* *cümcüme, kıhıf ~ **ölçümü** Schädelmessung, Kraniometrie *f* *kraniyometri

kafatassızlar Schädellose *pl. zo.* Acrania; Cephalochorda

Kafdağı, -nı *isl. Myth.* Name e–s sagenhaften Gebirges (rund um die Welt) **-na kadar** 1. bis an das Ende der Welt 2. *fig.* bis zu Ende (z.B. arbeiten) **-nın arkasında** (*od.* **ardında**) „hinter dem Mond"; so gut wie nicht erreichbar; s.a. **burnu -nda**

kafeglase (*franz.* **café glacé**) Eiskaffee *m*

kafein (*franz.* **caféine**) Koffein *n*

kafeinli koffeinhaltig

kafekomple (*franz.* **café complet**) komplettes Frühstück mit Kaffee

kafekonser (*franz.* **café-concert**) 1. Konzertcafé *n* 2. s. **kafeşantan**

kafeole (*franz.* **café au lait**) Milchkaffee *m* *sütlü kahve

kafes 1. Käfig *m* 2. Muscharabie *f* (Holzgitter vor den Fenstern alttürk. Häuser) 3. *fr.* Gitterverschlag *m* (für Frauen; z.B. in e–r Moschee) 4. Latten-verschlag *m*, -kiste *f* 5. *V* Gefängnis, *F* Kittchen *n* 6. s. **ihraç -i** 7. Gerüst od. Skelett *n* e–s Holzhauses 8. Skelett *n* (von Tier od. Mensch) 9. s. **asansör -i** 10. Gerippe *n* (e–s Flugzeugs, Schiffes usw.) 11. (Futter-)Raufe *f* 12. Trockengestell *n* (für Badetücher im türk. Bad) 13. s. **gri(-y)** 14. Drahtgeflecht, Gitterwerk *n* 15. *phot.* Kopierrahmen *m* 16. Wehr *n* (in e–m Fluß) 17. s. **şimşirlik;** ~ **ardında** (*od.* **arkasında**) **oturmak** isoliert (zurückgezogen) leben ~ **ardından** heimlich, verstohlen, insgeheim, hinter den Kulissen ~ **gibi** 1. mager und elend 2. ganz durchlöchert, voller Löcher ~ ~ ganz durchlöchert ~ **oyma** durchbrochen *müşebbek ~ **parmaklık** Gitterstäbe *pl.* *müşebbek parmaklık ~ **takmak** Gitterwerk anbringen ~ **tamiri** gründliche Überholung e–s Gebäudes **-e almak** *V* j–m durch ewiges Gerede auf die Nerven gehen **-e girmek** *V* 1. sich übertölpeln lassen; hereinfallen; geprellt (betrogen, beschwindelt) werden 2. ins Gefängnis (Kittchen) kommen **-e koymak** *V* 1. j–n übers Ohr hauen; prellen, betrügen, beschwindeln 2. ins Gefängnis stecken **-te oturmak** *fig.* zurückgezogen (abgesondert) leben

kafesçi 1. wer Drahtgeflechte, Käfige, Lattenverschläge usw. herstellt 2. *V* Schwindler, Gauner *m* 3. *V* Wucherer, Halsabschneider *m*

kafeslemek (b–ni) *V* j–n ausnehmen, j–m et. abluchsen, j–m das Geld aus der Tasche ziehen, j–n prellen, neppen

kafesli mit **kafes** *(q.v.) spez.* vergittert, netzförmig, käfigartig ~ **piton** Netzschlange *f zo.* Python reticulatus ~ **sandık** Lattenkiste *f*

kafeşantan (*franz.* **café-chantant**) Unterhaltungscafé, *pej.* Tingeltangel *n*

kafeterya [··×·] Cafeteria *f* (Café od. Restaurant mit Selbstbedienung)

kâffe [×·] *z.va.* Gesamtheit *f*, sämtlich, all **talebelerin -si** alle Schüler

kâffeten [×··] *va. Adv.* 1. insgesamt, sämtlich 2. alles in allem, alles zusammengerechnet

kâfi 1. genügend, genug, hin-, aus-reichend, hinlänglich 2. ≗! (Ausruf) Jetzt reicht's (aber)! 3. ≗ *va.* ein Gottesattribut ~ **gelmek** (*od.* **olmak**) genügen, genug sein, ausreichen, *F* langen ~ **ve vafi** *va.* übergenug **gayri** ~ ungenügend, unzureichend

kâfil verbürgend, garantierend ~ **olmak** (bşe) verbürgen, garantieren

kafile [ā] 1. Karawane *f*, Trupp *m*, Schar *f*, Zug *m* 2. *mil.* Transport, Konvoi, Geleitzug *m*, Kolonne *f* *konvoy 3. Teil *m*, Sendung *f* (Bücher, Gepäck usw.) ~ **deniz muharebesi** Geleitzugschlacht *f* ~ **halinde seyretmek** im Geleitzug fahren ~ **hizmeti** Geleitzugdienst *m* ~ **sistemi** (*od.* **usulü**) Geleitzugsystem *n*

kâfir 1. *va.* leugnend, das Gute nicht anerkennend 2. ungläubig, gottlos, Nicht-Mohammedaner *m* *gâvur 3. (scherzhafter Ausruf) Bursche, Kerl *m* 4. grausam, erbarmungslos *zalim 5. unheilvoll, verflucht *uğursuz, kahrolası 6. zotige Reden führend 7. ≗ *n.pr.* a) Kaffer *m* (Südafrika) b) Einwohner von **Kâfiristan** (1) *Nuristanî Zu 3: **Seni** ~ **seni!** Du toller Bursche! **Vay** ~ **vay!** Na so ein Kerl! **-i nimet** *va.* undankbar *nankör

Kâfiristan *n.pr.* 1. Kafiristan (im nordöstl. Afghanistan; nach der Islamisierung **Nuristan** genannt) 2. *va.* Land *n* der Ungläubigen, Europa

kâfirlik 1. Unglaube *m*, Gottlosigkeit *f* 2. Grausamkeit *f*

kâfirun [–·–] *va. Pl.* zu **kâfir;** ≗ **suresi** Name der 109. Koran-Sure

kafiye [ā] *lit.* Reim *m* *uyak ~ **düşürmek** e–n Reim bilden (auf), reimen **-i mukayyede** s. **mukayyet kafiye; -i müessese** *(fr. Metrik)* Reim *m* mit **tesis** (5)

kafiyeci [ā] *pej.* Reimschmied *m*

kafiyelemek [ā] reimen, mit Reim versehen

kafiyeli [ā] gereimt, sich reimend *uyaklı

kafiyesiz [ā] 1. ohne Reim, reimlos 2. mit fehlerhaftem Reim *(1, 2) uyaksız

kafiyesizlik [ā] 1. Reimlosigkeit *f* 2. Fehlerhaftigkeit *f* des Reims *(1, 2) uyaksızlık

Kafkas 1. *n.pr.* Kaukasus(-gebirge *n*) *m* *Kafkas dağları; Kafkaslar 2. kaukasisch ~ **frenküzümü** Felsen-Johannisbeere *f bot.* Ribes petraeum ~ **kapısı** s. **Daryol;** ~ **köknarı** s. **doğu Karadeniz köknarı;** ~ **ırkı** s. **beyaz ırk;** ~ **ladini** s. **doğu ladini**

Kafkasya [·×·] *n.pr.* Kaukasusgebiet *n*, Kaukasien

Kafkasyalı 1. Kaukasier(-in *f*) *m* 2. aus dem Kaukasus stammend, kaukasisch

Kafrarya (*engl.* **kaffraria**) Wohngebiet der Kaffern; Kaffernland *n*

kaftan 1. Kaftan *m* (langer, in der Taille et. eingenommener, vielfach aus Seide gearbeiteter, leichter, mantelartiger Überwurf) 2. *fig.* (an e–n Mantel gemahnende) Beleuchtung *f* der Minarettspitzen im Ramazan ~ **ağası** *fr.* wer im Haus e–s Vornehmen für die persönliche Garderobe des Hausherrn zu sorgen hatte ~ **böceği** s. **hanımböceği;** ~ **giydirmek (bir binaya)** von oben bis unten illuminieren ~ **giymek** 1. e–n Kaftan (als Ehrenkleid) bekommen 2. *fig.* sich hochnäsig benehmen ~ **kalıbı** Hohlkopf *m*

kaftancı s. **kaftan ağası**

kaftanlamak 1. mit e–m Kaftan bekleiden 2. *fig.* ein Minarett ringsum beleuchten (im Ramazan)
kaftanlı mit Kaftan bekleidet
kâfur [– –] 1. (natürlicher od. synthetischer) Kampfer 2. et. Schneeweißes 3. *isl. Myth.* Name e–r Paradiesquelle ~ **ağacı** japanischer Kampferbaum *bot.* Cinnamomum camphora ~ **otu** Kampferkraut *n bot.* Camphorosma glabrum
kâfurî [– – –] *va.* 1. mit Kampfer durchsetzt, Kampfer- 2. weiß wie Kampfer
kâfuru s. **kâfur**
kâfurulu Kampfer enthaltend
kâgir (*a.* **kârgir**) aus Stein od. Backstein erbaut, steinern ~ **köprü** Steinbrücke *f*
kağan 1. ält. Form von **han** und **hakan** 2. Anführer *m* (z. B. bei dörflichen Treibjagden)
kağanlık 1. s. **hakanlık, hanlık** 2. Rolle *f* e–s Anführers
kâğıdımsı papier-ähnlich, -dünn
kağış 1. Dröhnen, Krachen *n* (bes. bei e–m Zusammensturz) 2. eiserne Angriffs- od. Verteidigungs-waffe
kağıştı *va.* Klirren, Dröhnen *n* (von Waffen)
kâğıt, -dı [kyāt] 1. **(fidanı)** Papyrusstaude *f bot.* Cyperus papyrus 2. Papier *n* 3. (Papier-)Zettel *m* 4. (Papier-)Tüte *f* 5. Tapete *f* *duvar kâğıdı 6. Spielkarte(-n *pl.*) *f* 7. Schein *m*, Zeugnis *n* 8. Brief *m*, Schreiben *n* 9. *P* a) s. ~ **para** b) Türkpfund *n* 10. aus Papier hergestellt, papieren, Papier- 11. **-lar** *pl.* s. **evrak;** ~ **açmak** *Ka.* die Trumpffarbe aufzeigen (nach Austeilung der Karten) ~ **arıları** Papierwespen *pl. zo.* Vespidae ~ **bademi** e–e Mandelart mit sehr dünner Schale *sigara bademi ~ **çantası** Aktentasche *f* ~ **dağıtmak** s. ~ **vermek** (1, 2); ~ **ezmesi** Papier-, Papp-maché *n* ~ **fabrikası** Papierfabrik *f* ~ **fener** Lampion *m, n* ~ **gibi olmak** (b–nin yüzü) ganz blaß werden ~ **hamuru** Papierbrei, Ganzstoff *m* ~ **kavafı** Winkeladvokat, Rechtsverdreher, Rabulist *m* ~ **kebabı** portionsweise in Pergamentpapier eingeschlagene und mit Zwiebeln usw. gedünstete Fleischstückchen *pl.* ~ **kesme makinesi** Schnellschneider *m* (Buchbindereimaschine) ~ **külâh** Spitztüte *f* ~ **makası** (große) Papierschere ~ **oynamak** Karten spielen ~ **paçavrası** *pej.* Fetzen *m* Papier ~ **para** Papiergeld *n* *evrakı nakdiye ~ **peçete** Papierserviette *f* ~ **sanayii** Papierindustrie *f* ~ **sepeti** Papierkorb *m* ~ **sıklet** Papiergewicht *n* (Juniorengewichtsklasse bei Boxen od. Ringen) ~ **şerit** Papierstreifen *m* ~ **tabakası** Papierbogen *n* ~ **talaşı** Papierabfälle *pl.* (in der Druckerei) ~ **terazisi** Briefwaage *f* ~ **tomarı** Papierrolle *f* ~ **topu** Papierballen *m* ~ **tutturucu** Musterklammer *f* ~ **uçurmak** eilig e–n Brief schreiben und absenden ~ **üzerinde** nur auf dem Papier stehend; theoretisch ~ **üzerinde kalmak** (bir iş, bir proje) nicht zur Ausführung gelangen ~ **üzerine koymak** 1. zu Papier bringen; aufschreiben, notieren 2. ausführen, realisieren ~ **vermek** 1. Papier austeilen 2. (Spiel-)Karten verteilen; geben 3. **(makineye)** Papier anlegen (bei e–r Druckpresse) **-a dökmek** zu Papier bringen, schriftlich fixieren **ºı kim yaptı?** *Ka.* Wer hat gegeben? **-ları itmek** die Papiere zur Seite schieben
kâğıtağacı, -nı s. **kâğıtdutu**
kâğıtbalığı, -nı 1. Lebelfisch *m zo.* Trachypterus taenia 2. die Riemenfisch-Art Regalecus gladius
kâğıtçı 1. Papierfabrikant *m* 2. Papier- und Schreibwarenhändler *m*
kâğıtçılık 1. Papierfabrikation *f* 2. Papier- und Schreibwaren-handel *m*, -handlung *f*
kâğıtdutu, -nu Papiermaulbeerbaum *m bot.* Broussonetia papyrifera *yaprak dut ağacı; kâğıtağacı
kâğıthane [kyātāne] 1. *va.* Papierfabrik *f* 2. ≗ *n.pr.* s. **Kehtane;** ~ **çiçeği** s. **düğünçiçeği**
kâğıthelva(-sı) große, runde Waffeln *pl.* mit türk. Honig ~ **gibi** flach und dünn
kâğıtlamak 1. mit Papier zuhängen od. bedecken (z. B. Fenster bei Abreise in die Sommerwohnung) 2. tapezieren
kâğıtlı 1. mit Papier (versehen, verhängt) 2. in Papier gewickelt 3. *selt.* tapeziert
kâğıtlık 1. Ablegekasten *m* 2. Papierregal *n* 3. Vorordner *m*
kâğıtsı s. **kâğıdımsı**
Kağızman *n.pr.* Städtchen u. D. im Rbz. Kars
kağnı 1. primitiver Ochsenkarren mit zwei fest auf der Achse montierten Vollrädern *öküz arabası 2. ≗ Novellen von Sabahattin Ali (1936) ~ **gibi gitmek** *fig.* sich im Schneckentempo vorwärtsbewegen
kağşak s. **kağşar**
kağşamak *P* 1. wacklig werden, aus dem Leim gehen (Möbel) 2. *fig.* alt und gebrechlich werden, *F* taperig werden 3. baufällig werden (Haus) 4. abblättern (*intr.;* z. B. Verputz)
kağşar 1. wacklig (Möbel) 2. *fig.* alt und gebrechlich, *F* taperig 3. baufällig *mailiinhidam, müşrifiharap
kah kah gülmek s. **kahkaha atmak**
kâh 1. *va.* Zeit *f* 2. manchmal, ab und zu, gelegentlich *kimi vakit ~ ~ dann und wann, ab und zu ~ **sağa** ~ **sola** bald nach rechts, bald nach links
kahbe s. **kahpe**
kahhar [·–] 1. allbeherrschend, unwiderstehlich (Gott) 2. gewalttätig, unterjochend, vernichtend 3. *fig.* unerbittlich (z. B. Kälte) 4. *fig.* überwältigend, erdrückend
kahır, -hrı 1. Unterjochen *n*, Gewalt *f*, Zwang *m* 2. Kummer, Gram, Schmerz *m* ~ **yüzünden lütuf görmek** j–m zum Vorteil (Guten) ausschlagen (üble Absichten, Intrigen usw. e–s anderen) **-ı çekilir (çekilmez)** (un-)erträglich **-ına uğramak** j–s Zorn auf sich laden (und Schlimmes erfahren) **-ından ölmek** vor Gram (od. an gebrochenem Herzen) sterben **-ını çekmek** 1. (b–nin) für j–n (z. B. jüngere Geschwister) zu sorgen haben 2. (bşin) *fig.* die ganze Last tragen (Zu 2: **yetmiş senenin -ını çekmiş bir adam** ein Mann, der seine siebzig Jahre auf dem Buckel hat *(F)* **-ını çekememek** j–s Launenhaftigkeit (*od.* Willkür) nicht ertragen können
kahırlanmak viel Kummer und Gram durchzumachen haben, sich sehr grämen
kahırlı bekümmert, sorgenvoll
kâhi (I) Pastete *f* in Dreiecksform, e–e Art Ravioli, Maultasche *f*
kâhi (II) *va.* manchmal, zuweilen
kâhice *va.* gelegentlich einmal, nur vereinzelt, ab und zu einmal
kâhil *va.* 1. erwachsen 2. ausgewachsen (Tier) 3. faul, träge, schwerfällig
kâhin Wahrsager, Prophet *m* ≗ **değilim ki!** Ich bin ja kein Hellseher!
kâhine *va.* Wahrsagerin, Sibylle *f*
kâhinlik 1. Wahrsagekunst, Sehergabe *f* 2. Wahrsagung, Voraussage, Prophezeiung *f* 3. Rolle *f* e–s Propheten od. Wahrsagers ~ **etmek** wahr-, voraus-sagen, prophezeien, den Propheten spielen
kahir [ā] 1. *va.* besiegend, bezwingend, unterjochend 2. überwältigend, erdrückend, unwiderstehlich ~ **ekseriyet** überwältigende Mehrheit ~ **kuvvet** erdrückende Gewalt
Kahire [ā] *n.pr.* Kairo
kahkaha 1. schallendes Gelächter 2. s. **kahkahaçiçeği;** ~ **atmak (koparmak, salıvermek);** ~ **ile gülmek; -yı basmak** in schallendes Gelächter ausbrechen, laut herauslachen, vor Lachen brüllen ~ **otu** s. **kahkahaçiçeği**
kahkahaçiçeği, -ni s. **çitsarmaşığı**

kahkarî 1. *urspr.* rückwärts gerichtet, zurück 2. flucht-, panik-artig, wild, ungeordnet (Rückzug)
kâhkül s. **kâkül**
kahpe 1. Dirne, Hure *f* *orospu 2. *V* wankelmütig, treulos, heimtückisch, niederträchtig, gemein, verräterisch ≗ **felek!** Verdammtes Schicksal! ~ **oğlu** 1. Schurke, Schuft *m* 2. Feigling *m* **-nin dölü** *V Schi.* Bankert, Bastard *m*
kahpelik 1. Prostitution *f*, Dirnentum *f*, gewerbliche Unzucht 2. *V* Wankelmut *m*, Treulosigkeit, Heimtücke, Niedertracht, Gemeinheit *f*, Verrat *m* ~ **etmek** *V* das gegebene Wort nicht halten und j–m Böses antun
kahraman 1. heldenhaft 2. (tapferer) Held 3. *fig.* Held *m* (e–s Dramas, e–r Affäre, des Tages usw.) 4. ≗ *mV*
kahramanca heldenmütig, heroisch
kahramanlaşmak zum Helden werden
kahramanlaştırmak zum Helden machen, heroisieren
kahramanlık 1. Heldenmut, Heroismus *m* 2. Heldentat *f*
Kahramanmaraş neuere Bez. der türk. Stadt Maraş (zur Differenzierung von **Maraş** auf Zypern)
kahren *Adv.* mit Gewalt (Zwang), gewaltsam, zwangsmäßig
kahretmek [×··] 1. *va.* besiegen, bezwingen, unterjochen 2. erdrücken, überwältigen, niederwerfen, zugrunderichten 3. großen Kummer verursachen, sehr quälen 4. großen Kummer haben, sich sehr grämen 5. verwünschen, verfluchen
kahrolmak [×··] 1. s. **kahretmek** (4) 2. verflucht werden
kahrolası verflucht, verwünscht, verdammt **kahrolsun!** nieder mit...!
kaht, -tı *z. va.* 1. Dürre, Trockenheit *f* 2. Mangel *m*, Hungersnot *f* 3. drückende Lage, Not *f* **-ı rical** *va.* Mangel *m* an (fähigen) Staatsmännern
Kâhta *n.pr.* Städtchen u. D. im Rbz. Adıyaman
kâhtane s. **kâğıthane** und **Kehtane**
kahtügalâ *va.* Not und Teuerung *f*
kahvaltı *mst.* [kâvaltı] 1. **(sabah -sı)** Frühstück *n* 2. **(ikindi -sı)** Nachmittagskaffee *m*, Vesper, Jause *f* 3. Imbiß *m* ~ **etmek** (*od.* **yapmak**) 1. frühstücken 2. Nachmittagskaffee trinken; vespern, jausen 3. e–n Imbiß zu sich nehmen
kahvaltılık beim Frühstück (Nachmittagskaffee bzw. Imbiß) verwendet (z.B. Butter)
kahve *mst.* [kâhve] 1. (*a.* **kuru** ~) Kaffee(-bohnen *pl.*) *m* 2. Kaffee *m* (als Getränk) 3. Kaffeehaus, Café *n* *kahvehane ~ **ağacı** Kaffeestrauch *m bot.* Coffea (arabica u.a.) ~ **çekmek** Kaffee mahlen ~ **değirmeni** Kaffeemühle *f* ~ **dolabı** (Kaffee-)Rösttrommel *f* ~ **dövmek** Kaffeebohnen (in e–m Mörser) zerstampfen ~ **dövücünün hık deyicisi** s. Stw. **havan;** ~ **erzatsı** Kaffee-Ersatz *m*, Ersatzkaffee *m* ~ **falı** s. **telve falı;** ~ **ibriği** kleines Gefäß mit kochendem Wasser auf dem Holzkohlenfeuer (zur schnellen Zubereitung von türk. Kaffee) ~ **ikram etmek** Kaffee vorsetzen (reichen, servieren, anbieten) ~ **kaşığı** Kaffeelöffel *m* (in der Größe e–m kleinen Eislöffelchen entsprechend) ~ **kavurmak** Kaffee rösten ~ **ocağı** Zubereitungsstelle *f* für türk. Kaffee *spez.* ein mit Holzkohlen gefülltes Becken ~ **parası** Trinkgeld *n* *bahşiş ~ **peykesinde âleme nizam vermek** Bierbankpolitik treiben ~ **pişirmek** Kaffee kochen ~ **sempl** *lev.* Kaffee einfach (*d.h.* ohne Brot, Butter und Konfitüre) ~ **sitili** s. **sitil** (4); ~ **tabağı** Untertasse *f* (beim Kaffee) ~ **takımı** Kaffee-geschirr, -service *n* ~ **telvesi** Kaffee-grund, -satz *m* ~ **tepsisi** Kaffeetablett *n* ~ **zehirlenmesi** *med.* Koffeinvergiftung *f*
kahveci *mst.* [kâveci] 1. Kaffeepflanzer *m* 2. Kaffee-händler, -verkäufer *m* *kurukahveci 3. Besitzer od. Pächter *m* e–s Kaffeehauses, Cafés 4. Kaffee-sieder od. -austräger *m*
kahvecilik *mst.* [kâve-] Tätigkeit *f* e–s **kahveci**
kahvehane *mst.* [kâve-] Kaffeehaus, Café *n*
kahvelik *mst.* [kâvelik] Kaffeedose *f*
kahverengi, -ni, -yi *mst.* [kâve-] von der Farbe gerösteter Kaffeebohnen, (kaffee-)braun ~ **gömlekliler** *hist.* Braunhemden *pl.* ~ **köryılansı** s. **babakös**
kâhya 1. *fr.* Haushofmeister, Vorsteher *m* e–s größeren Haushaltes, Verwalter *m* (*a.* z.B. bei Gütern), Intendant, Aufseher, Präfekt *m* 2. **(esnaf -sı)** *fr.* Innungs-meister, -obmann *m* 3. *fig. pej.* Aufseher, Aufpasser, Vorgesetzte *m* 4. wer e–n Arbeitsbetrieb regelt Zu 3: **Sen, benim -m mısın?** Hast du mir vielleicht Vorschriften zu machen? Zu 4: s. **dolmuş (hamal) -sı;** ~ **bey** *hist.* osm. Innenminister (bis 1835) ~ **kadın** *hist.* 1. Haushofmeisterin *f* (im Harem des Sultans) 2. Haushälterin *f* (im Hause e–s Vornehmen) ~ **kesilmek** s. **başına** ~ **kesilmek.** ≗**sı yok.** Er kann schalten und walten, wie er will.
kâhyalık 1. *fr.* Tätigkeit *f*, Aufgabengebiet *n* od. Entlohnung *f* e–s **kâhya** 2. *fig. pej.* dauerndes Herumkommandieren ~ **etmek** überall den Ton angeben
kaır, -a'rı *va.* Grund *m*, Tiefe *f* (des Meeres) **ka'rı nayap** s. **abis**
kaide [ā] 1. Grundlage, Basis *f*, Fundament *n* 2. Fuß *m* (e–r Säule), Sockel *m*, Postament, Piedestal *n* 3. *a. math.* Regel *f* *kural 4. Norm *f*, Prinzip *n*, Grundsatz *m* *düstur, düzgü, norm 5. *geom.* Basis, Grundlinie *f*, Basis-, Grund-fläche *f* *taban 6. *math.* Grundzahl, Basis *f* (e–s Logarithmus) 7. Doktrin, Lehre *f* 8. *V* Hintern *m* 9. *bot. va.* Ansatzstelle *f* des Blattes Zu 3: **-ye uygunsuzluk** Regelwidrigkeit *f* Zu 7: **Monroe -si** Monroedoktrin *f* **-i külliye** *z. va.* Lebensregel *f*, Grundsatz *m*, Maxime *f*, Prinzip *n*
kaideci normalistisch eingestellt, Anhänger *m* von (festen) Regeln
kaide-fiil [ā] *jur.* normativer (rechtsetzender) Staatsakt
kaideleşmek [ā] in Regelform gefaßt werden (z.B. Spracherscheinung)
kaideleştirmek in Regelform fassen
kaidesiz [ā] 1. keiner Regel od. Norm unterworfen, unregelmäßig 2. ohne Sockel (z.B. Standbild)
kaideten [ā] *Adv.* 1. der Regel gemäß, regelmäßig 2. prinzipiell, grundsätzlich 3. wie es der Brauch erheischt
kaidevî [–··–] *phil.* normativ *düzgüsel
kail [ā] 1. *z. va.* wer et. sagt (spricht, erzählt, berichtet); Sprecher, Erzähler *m* 2. (bşe) überzeugt (von), glaubend (an) 3. (bşe) einverstanden (mit), et. erlaubend, ruhig mit ansehend Zu 2: **Ben bu işin doğruluğuna ~ değilim.** Ich glaube nicht, daß es mit der Sache seine Richtigkeit hat. Zu 3: **İşin böyle yapılmasına ~ değilim.** Ich bin nicht damit einverstanden, daß man so vorgeht. **Eğer vicdanınız buna ~ olursa ...** Wenn Ihr Gewissen Ihnen das erlaubt ... ~ **etmek** *va.* überreden od. überzeugen
kaim [ā] 1. *va.* aufrechtstehend; *gel. a.* betend 2. bestehend, Bestand habend, dauernd 3. an die Stelle von et. tretend; ersetzend 4. *geom.* orthogonal, rechtwinklig, gerade *dik 5. *geom.* senkrecht zueinander stehend, sich im rechten Winkel schneidend *dikgen ~ **dairevî mahrut** *geom.* gerader Kreiskegel ~ **değer** Gegenwert *m* ~ **irtisam** *math.* orthogonale Projektion ~ **makta** *geom.* rechtwinkliger (gerader, orthogonaler) Schnitt ~ **menşur** s. **dik prizma;** ~ **olmak** 1. *va.* (aufrecht) stehen 2. **(yerine)** die Stelle (von) einnehmen, an die Stelle (von) treten, et. ersetzen 3. *(ile)* abhängig sein (von), auf Gedeih und Verderb verbunden sein (mit) (Zu 2: **Altın para yerine kâğıt para ~ oldu.** Goldgeld ist durch Papiergeld ersetzt worden. Zu 3: **Varlığımız onunla ~.** Unsere Existenz steht und fällt mit ihm.) ~ **şey** Surrogat *n*, Ersatz *m* *yedek; yedek nesne; yerine geçen nesne, erzats ~ **şibih**

münharif s. **dik yamuk;** ~ **üstüvane** s. **dik silindir;** ~ **zaviye; zaviyei kaime** s. **dik açı**
kaime [ā] 1. offizielle Aufstellung, Liste usw. (z. B. bei e–r Versteigerung) 2. *va.* Papiergeld *n* *kâğıt para 3. *va.* türk. Ein-Pfund-Schein *kâğıt lira; papel 4. *Abk.* von **zaviyei kaime** 5. Blatt *n* (in e–m Buch)
kaimelik 1. Brieftasche *f* 2. Kanzleiformat *n* (bei Papier)
kaimen [ā] *va. Adv.* 1. aufrechtstehend 2. senkrecht stehend
kâin sich befindend; gelegen, existierend
kâinat, -tı [–·–] *Pl.* 1. Universum, Weltall *n*, Kosmos *m* *acun, evren, kozmos 2. jedermann; alle Leute *pl.*, die ganze Welt 3. die anderen; fremde Leute *pl.*
kak (I), **-kı** 1. Dörrfrucht *f*, getrocknete Frucht 2. *fig.* mager und elend Zu 1: s. **armut (kayısı) -ı**
kak (II), **-kı** *dial.* Pfütze, Lache *f*
kaka *(Ammensprache)* 1. bös, schlecht, häßlich (*ant.* **cici**) 2. Schmutz, Dreck, Kot *m*, Exkrement *n* ~ **bebek** böses Kind ~ **el** die „schlechte" *d. h.* linke Hand **-sını yapmak** sein Geschäftchen verrichten (Kind)
kakaç, -cı 1. *dial.* Pökel-fleisch *n*, -fisch *m* 2. aus Büffelfleisch hergestelltes **pastırma** 3. *z. va.* Schnabel *m* *gaga
kakadu s. **kakatua**
kakafoni (*volksetymologisch, hum.* od. *irrt.* für **kakofoni**)
kakalamak (I) fortwährend schlagen od. stoßen
kakalamak (II) 1. s. **kakasını yapmak** 2. (bşe) beschmutzen, schmutzig machen
kakalanmak 1. Pass. zu **kakalamak** (I) 2. s. **kakalaşmak**
kakalaşmak *Ki.* 1. bös (schlecht, häßlich, schmutzig) werden 2. sich beschmutzen, schmutzig werden
kakanos 1. *va.* s. **kaknus, kuknus** 2. *V* häßlich, widerlich *spez.* alter, häßlicher Kerl
kakao 1. **(ağacı)** Kakaobaum *m bot.* Theobroma cacao *hintbademi ağacı 2. Kakao-bohnen *pl.*, -pulver *n* 3. Kakao *m* (Getränk) 4. kakaobraun ~ **yağı** Kakaobutter *f*
kakatuva (*franz.* **cacatois**) Kakadu *m zo.* Kakatoë
kakavan 1. geistig beschränkt; kindisch (Greis) 2. eingebildet, ruhmredig 3. *V* alt und häßlich
kakavanlık 1. geistige Beschränktheit (e–s alten Menschen) 2. Selbstgefälligkeit, Ruhmredigkeit *f* 3. *V* abstoßende Häßlichkeit (*spez.* e–r Frau)
kakemono [··×·] Kakemono *n* (chinesisches od. japanisches Rollbild)
kakıç Einholhaken *m* (für gefangene Fische)
kakılmak Pass. zu **kakımak** bzw. **kakmak**
kakılıp kalmak (bir yere) warten müssen
kakım 1. Hermelin *n*, großes Wiesel *zo.* Mustela erminea *as 2. Hermelinpelz *m* *hermin 3. Schreibunterlage *f* der Kalligraphen aus stoffbespanntem Leder
kakımak (m. Akk.) tadeln, rügen, kritisieren; j–m heftige Vorhaltungen machen *itap etmek, muaheze etmek
kakınç (in der Füg.:) **başına** ~ **etmek** s. **başına kakmak**
kakır kakır Lm. e–s leisen Knackens od. Knarrens
kakırca 1. Haselmaus *f zo.* Muscardinus avellanarius *fındık faresi 2. s. **kokarca**
kakırdak 1. Grieben *pl.* (die beim Auslassen des Schaf-Fettschwanzes übrigbleiben) *kıkırdak 2. was ein Knacken od. Knarren hervorbringt
kakırdamak 1. leise knacken od. knarren 2. s. **kurumak** 3. *V* abkratzen (sterben)
kakırtı leises Knacken od. Knarren
kakışık *mus.* kakophonisch, mißtönend *kakofonik, mütenafir
kakışma Vs. zu **kakışmak** *spez. mus.* Kakophonie *f*, Mißklang *m* *kakofoni, tenafür
kakışmak 1. sich gegenseitig puffen od. stoßen 2. streiten, zanken
kaklık *dial.* gedeckter Trockenplatz (für Feldfrüchte; am Wohnhaus)
kakma 1. Vs. zu **kakmak** 2. Einlegearbeit *f*, Intarsien *pl.* 3. getriebene Arbeit; Punz-, Relief-arbeit *f* 4. eingelegt; Einlege-, Intarsien- 5. getrieben, punziert, Relief- 6. *mus.* s. **stakkato** Zu 4: **sedef kakma masa** mit Perlmutt eingelegter Tisch ~ **aşı** Geißfußpfropfung *f* ~ **burun** Adlernase *f* ~ **gümüş tepsi** getriebene Silberplatte *f* ~ **işi** s. **kakma** (2, 3); ~ **işlemek** Intarsien herstellen; intarsieren
kakmacı wer Intarsien od. getriebene Arbeiten herstellt bzw. damit handelt
kakmacılık 1. Tätigkeit *f* e–s **kakmacı** 2. Einlegearbeit, Marketerie *f* 3. Punzarbeit *f*
kakmak, (-ar) 1. schlagen, stoßen 2. einschlagen (z. B. Nagel), einrammen (z. B. Pflock) 3. punzen, treiben, im Relief herausarbeiten 4. einlegen (z. B. Perlmutt od. Metallfäden in Holz)
kakmalı 1. mit Einlegearbeit ausgestattet; eingelegt, eingeschlagen, Einlege-, Intarsien-, Marketerie- 2. als Punz- od. Relief-arbeit angefertigt; getrieben, Relief- Zu 1: **fildişi** ~ **çekmece** mit Elfenbein eingelegtes Schmuckkästchen Zu 2: ~ **gümüş tepsi** getriebene Silberplatte
kaknem *V* 1. mager und elend 2. häßlich und zänkisch
kaknus s. **kuknus**
kakofoni Kakophonie *f*, Mißklang *m* (s. a. **kakafoni**)
kakofonik kakophonisch, mißtönend
kaktüs(-giller) s. **atlasçiçeği(-giller)**
kaktüsümsü kakteenartig
kakuang s. **uçarmaki**
kakule [ā] 1. Kardamompflanze *f bot.* Elettaria cardamomum 2. Kardamom *m, n* (Gewürz) 3. Malagettapfeffer *m*, Paradieskörner *pl.* (Samen von **Afrika -si**)
kakum s. **kakım**
kâkül Stirn-, Schmacht-locke *f*
kâküllü mit Stirn- od. Schmacht-locken ~ **belâ** *hum.* 1. unausstehlicher Nichtsnutz 2. s. **püsküllü belâ**
kal (I) 1. Läuterung *f* (von Metallen beim Schmelzprozeß) 2. *chem.* (*a.* ~ **usulü**) Kapellieren *n* ~ **etmek** 1. läutern (Metalle beim Schmelzprozeß) 2. kapellieren, kupellieren ~ **potası** *chem.* Kapelle *f*, Probiertiegel *m*
kal (II); **kaal, -li** [ā] 1. Gesagtes; Wort *n* 2. Sprechen *n* **-e almak** 1. erwähnen, erörtern 2. ins Auge fassen, Bedeutung beimessen **-e alınmaz** unbedeutend, nebensächlich, geringfügig **-e gelmek** 1. erörtert (besprochen, diskutiert) werden 2. e–e Erörterung (Besprechung, Diskussion) verdienen **-e getirmek** erwähnen; sprechen (über)
kal (III) s. **kali, -l'i**
kala vor (temporal od. lokal) **(saat) ikiye beş** ~ fünf Minuten vor zwei (Uhr) **Ayın sonuna üç gün** ~ **geldi.** Drei Tage vor Ende des Monats ist er eingetroffen. **Köye iki kilometre** (*od.* **yarım saat**) ~ **benzin bitmiş.** Zwei Kilometer (od. e–e halbe Stunde) vor dem Dorf war das Benzin zu Ende. s. a. Stw. **kalmak**
kalaazar *med.* Kala-Azar *f* (schwarze Krankheit), Mittelmeerleishmaniose *f* *~ dumdum humması; karahastalık ~ **kamçılısı** Leishmanie *f zo.* Leishmania donovani
kalaba *P* für **kalabalık**
kalabak s. **dulavratotu**
kalabalık, -ğı 1. Menschen-masse *f*, -gewühl *n*, -auflauf *m*, -menge *f*, Andrang *m*, Gedränge *n*, Überfüllung *f* 2. große (An-)Zahl 3. (hinderliche) Menge, Masse *f* (z. B. von Gegenständen); (Wort-)Schwall *m* 4. groß, viele Köpfe zählend, zahlreich 5. aus vielen Teilen bestehend; zahlreich (z. B. Gepäck) 6. voll besetzt od. überfüllt (z. B. Autobus, Straßenbahn) 7. stark besucht (z. B. Ausflugsort) 8. übervölkert (z. B. Stadt) Zu 2: **Bizim -ı görünce kaçtılar.** Als sie sahen, in welch großer Zahl wir daherkamen, rissen sie aus. Zu 3: **-ı kaldırmak** aufräumen, Ord-

nung schaffen; s.a. **kelime (laf) -ı** Zu 4: ~ **bir halk** e–e große Menschenmenge ~ **bir davetli kitlesi** e–e große Zahl geladener Gäste Zu 5: **Eşyanız epey -mış.** Sie haben wohl recht viel Gepäck bei sich. Zu 6: s.a. **ağzı ~;** ~ **etmek** 1. sich stauen, sich drängen (Menschenmenge) 2. viel Platz wegnehmen, hinderlich sein, stören (z.B. Gepäck) 3. unnütz herumstehen, überflüssig sein (*a.* Einzelperson) **-lar** überflüssige Dinge *pl.*

kalabalıklaşmak überfüllt, übervölkert werden; immer größer werden (Zahl)

kalabalıklı *fig.* mit viel Wortschwall überladen (schriftl. Darstellung)

Kalabar baklası Calabar-Bohne *f bot.* Physostigma venenosum

Kalabriya [·×··] *n.pr.* Kalabrien (in Süditalien)

Kalaçlar s. **Halaçlar**

kalafat, -tı 1. *naut.* Kalfatern *n*, Kalfaterung *f* 2. Herausputzen, Zurechtmachen *n*, Aufmachung, Tünche *f*, Firnis *m* 3. scharfe Zurechtweisung; Tadel *m* 4. *V* außerehelicher Beischlaf 5. *hist.* der oben breit, unten eng gearbeitete, ballonartige Turban e–s Wesirs od. hohen Janitscharenoffiziers ~ **demiri** s. **parile** (1); ~ **etmek** 1. kalfatern 2. *fig.* durch Schminke od. andere Aufmachung zu verschönern suchen; zurechtmachen, herausputzen 3. *V* den außerehelichen Beischlaf ausüben ~ **tabancası** *techn.* Druckluft-Niethammer *m* ~ **tokmağı** Kalfathammer *m* ~ **üstüpüsü** Kalfaterwerg *n* ~ **vermek** e–n scharfen Verweis erteilen; rüffeln, anschnauzen ~ **yeri** Ausbesserungsplatz *m* (für Schiffe, Boote usw.) **-a açmak** die Plankenstöße (Fugen) reinigen **-a çekmek** 1. ein Schiff zum Kalfatern ans Land ziehen 2. *fig.* j–m Ruhe gönnen *dinlendirmek 3. *fig.* j–n tüchtig ausschelten 4. *fig.* j–n ausrangieren, zum alten Eisen werfen

kalafatçı *naut.* Kalfaterer *m* ~ **köpeği** unflätig daherredend; Schandmaul *n* *ağzı bozuk

kalafatçılık *naut.* Tätigkeit *f* e–s Kalfaterers; Kalfatern, Abdichten *n*

kalafatlamak 1. *naut.* kalfatern, abdichten 2. *fig.* ausbessern, verschönern 3. s. **kalafat vermek**

kalafon 1. Tannenharz *n* 2. Kolophonium *n*

kalak 1. Nasenflügel *m*, Nüster *f* (e–s Tieres) 2. kleinere Steine zur Angabe der Gewinnzahl bei einigen Ksp. 3. *mus.* Schall-öffnung *f*, -trichter *m*

kalakalmak ganz verblüfft (od. wie versteinert) dastehen

kalakbaşlılar Brückenechsen *pl. zo.* Rhynchocephalia

kalama yapmak mit der Angelrute et. nachgeben (Fischerei)

kalamar; kalamarya [··×·] Kalmar *m* (Tintenfischgattung) *zo.* Loligo vulgaris u. Alloteuthis media

kalamazu [··×·] verschließbares, großes Geschäftsbuch mit auswechselbaren Blättern

Kalambek s. **Kalembek**

kalamış 1. Schilfmoor, Ried, Röhricht *n* 2. ♀ *n.pr.* Villenvorort von Istanbul (auf der asiatischen Seite)

kalamin (*franz.* **calamine**) *min.* Galmei *m* (Kieselzinkerz)

kalan 1. übrig-, zurück-bleibend 2. Rest *m* (*a. math.* bei Division) 3. Differenz *f* (bei Subtraktion) Zu 2: **Borcumun -ını sonra vereceğim.** Meine Restschuld werde ich später begleichen.

Kalan *n.pr.* O. u. Verw. im Rbz. Tunceli

kalandarya [··×·] *va.* s. **takvim**

kalander (*franz.* **calandre**) Kalander *m*, Satiniermaschine *f*

kalanlı (*bzw.* **kalansız**) **bölme** *math.* Teilung mit (*bzw.* ohne) Rest

kalantor dick und wohlhabend, Krautjunker, Geldprotz *m*

kalao [·×·] Nashornvogel *m zo.* Buceros rhinoceros *öküzburnu; s.a. **ikiboynuzlu** ~

kalarya [·×·] *naut.* Achter-, Hinter-, Heck-galerie *f* (auf alten Kriegsschiffen) *bahçelik, galeri

kalas 1. Bohle, Planke *f* 2. (Trag-, Stütz-)Balken, (Dach-) Sparren *m* 3. ♀ Galatz (Stadt in Rumänien) *Galaç

kalastra [·×·] 1. *naut.* Klampe *f* (Gestell für Bei- od. Rettungs-boote auf Deck) 2. Wellengang *m* (nach e–m Sturm)

kalaşnikof russisches automatisches Gewehr

kalavra [·×·] 1. grob gearbeiteter od. schlecht ausgebesserter (Militär-, Bauern-)Schuh 2. grobes Lederzeug

kalavrahane [···–·] 1. Dorfschusterei *f* 2. *fr.* Schusterei und Sattlerei *f* für Militär-Lederbedarf (Schuhe, Sättel, Zaumzeug)

kalay 1. Zinn *n* 2. *V* Fluchen, Schimpfen *n* 3. *fig.* trügerische Schminke; Firnis *m*, Aufmachung *f* ~ **balık** Tunkfisch *m* (künstlicher Köder) ~ **çekmek** *V* schimpfen, fluchen **-ı basmak** schimpfen wie ein Rohrspatz; fluchen wie ein Heide **-ını vermek** s. **ağzının -ını vermek**

kalaycı 1. Verzinner *m* 2. *fig.* wer et. Wertloses nach außen hin aufputzt ~ **körüğü gibi nefes almak** ganz aufgeregt atmen

kalaycılık 1. Handwerk *n* e–s Verzinners 2. *fig.* äußere Aufmachung (die bestechen soll)

kalaylamak 1. verzinnen 2. *V* beschimpfen, heruntermachen, *F* zusammenstauchen 3. mit trügerischem Schein umgeben; zu vertuschen (verschleiern) suchen

kalaylı 1. verzinnt 2. Zinn enthaltend 3. *fig.* falsch, täuschend, unecht, übertüncht ♀ **bakır küflenmez.** *Spr. fig.* 1. Er steht nach wie vor untadelig da. 2. Die Sache ist unangreifbar. ~ **bakır tel** verzinnter Kupferdraht ~ **kaptan su içmek** *F* e–e Verwandte heiraten ~ **saç** verzinntes Stahlblech; Zinnblech *n;* s.a. **dışı kalaylı** (usw.)

kalaysız 1. unverzinnt od. nicht mehr genügend verzinnt 2. kein Zinn enthaltend 3. *fig.* echt, natürlich

kalaysızlık 1. Unverzinntsein od. Nicht-ausreichend-Verzinntsein *n* 2. Nichtvorhandensein *n* von Zinn 3. *fig.* Echtheit, Natürlichkeit *f*

kalb s. **kalp** (II, III)

kalben *Adv.* 1. von Herzen, aufrichtig, ehrlich (z.B. sich freuen) 2. seelisch, moralisch, ethisch (*ant.* **fikren**)

kalbî *va.* das Herz betreffend; Herz-

kalbur (großlöcheriges) Sieb *n* (z.B. für Getreide); s.a. **elek;** ~ **damarlar** *bot.* Siebröhren *pl.* *enabibi gırbaliye ~ **gibi** durchlöchert wie ein Sieb ~ **kemiği** *an.* Siebbein *n* *azmı gırbalî ~ **makinesi** Getreidereinigungsmaschine *f* *triyör ~ **saman içinde** *türk. Mf.* „als das Sieb im Stroh war" *(statt umgekehrt)* **-a çevirmek** vollkommen durchlöchern **-a dönmek** vollkommen durchlöchert (*fig.* durchsiebt) werden **-dan geçirmek** (durch-, aus-)sieben (*a. fig.*) **-la su taşımak** *fig.* sich sinn- und zwecklos abmühen *havanda su dövmek

kalburcu 1. Siebmacher *m* 2. Siebverkäufer *m* 3. Sieber *m*

kalburculuk Gewebe *n* od. Tätigkeit *f* e–s **kalburcu**

kalburlamak (durch-, aus-)sieben

kalbursu *an.* siebähnlich, Sieb- *gırbalî

kalburüstü, -nü 1. Rückstand *m* im Sieb 2. *fig.* Elite *f*, Prominente, Notabeln *pl.* 3. prominent ~ **kalmak** *od.* **-ne gelmek** *fig.* sich anderen gegenüber auszeichnen; die Elite bilden ~ **hukukçular** prominente Juristen *pl.*

kalcı Metall-schmelzer, -läuterer *m*

kalça [×·] Hüfte *f*, Hüftbecken *n* ~ **çatısı** *an.* Sitzbein *n* ~ **çevresi** Hüftumfang *m* ~ **kemeri** *an.* Beckengürtel *m* *aya kemeri, kavsı rahî ~ **kemiği** *an.* Hüftbein *n* *azmı harkafa ~ **sallamak** *V* s. **kıç sallamak**

kalçalı 1. mit nb. Hüften 2. *pr.* breithüftig

kalçalık (Leder-)Hüftschutz *m* (des Trommlers)

kalçete [·×·] *naut.* Beschlagzeising *n*

kalçın bis zu den Hüften reichende (Filz- od. Leder-)Beinbekleidung (e–s Jägers)
Kalde *n.pr. hist.* Chaldäa ~ **dili** s. **Akkatça**
Kaldeli s. **Babilli**
kaldera [·×·] s. **patlama kazanı**
kaldıraç, -cı Hebel, Hebebaum *m* *manivela ~ **kolu** Hebelarm *m*
kaldırak, -ğı s. **vinç;** ~ **gezgeni** *techn.* Laufkatze *f*
kaldır(g)an; kaldırıcı *an.* Aufrichtmuskel *m* *rafia
kaldırım 1. Straßen-, Stein-pflaster *n* 2. gepflasterte Straße 3. Trottoir *n*, Geh-, Bürger-steig *m* *yaya kaldırımı 4. Flachklippen *pl.* (entlang der Küste) ~ **aşındırmak** sich auf der Straße herumtreiben ~ **çiçeği** (*od.* **yosması**) Asphaltpflanze, Dirne *f* ~ **çiçekleri** *hum.* Beulen, Abschürfungen od. andere Verletzungen, die sich ein Betrunkener auf dem Heimweg geholt hat ~ ~ **çiğnemiş** s. **Istanbul kaldırımı çiğnemiş;** ~ **döşeli** gepflastert ~ **döşemek** pflastern ~ **gazetesi** e–e Zeitung, die bereits vor dem jeweiligen Erscheinungstag im Straßenhandel erhältlich ist od. die zur Verschickung bestimmt ist ~ **kargası** *V* häßliche, alte Straßendirne ~ **mühendisi** *hum.* Faulenzer, Müßiggänger, Bummler, Herumtreiber *m* ~ **süpürgesi** Herumtreiberin, Schlampe, Nutte, Kokotte *f* *sürtük ~ **şairi** herumziehender Sänger ~ **taşı** 1. Pflasterstein *m* 2. Fliese, Steinplatte *f* 3. Rinn-, Prell-stein *m* ~ **üstünde sürünmek** auf den Straßen herumziehen (Bettler)
kaldırımcı 1. wer Pflasterarbeiten ausführt *spez.* Straßenpflasterer *m* 2. s. **kaldırım mühendisi** 3. *V* Schwindler, Gauner, Taschendieb *m*
kaldırımlı 1. gepflastert 2. mit nb. (Straßen-)Pflaster Zu 2: **bozuk** ~ **bir sokak** e–e Straße mit ausgefahrenem Pflaster (voller Schlaglöcher)
kaldırımsı *an.* pflasterähnlich, Pflaster- ~ **doku** *an.* pflasterähnliches Gewebe des Epithels, Pflasterepithel *n* *nesci rasafi
kaldırımsız ungepflastert
kaldırma Vs. zu **kaldırmak;** ~ **cihazı** (*od.* **tertibatı**) Hebevorrichtung *f* ~ **köprü** Zugbrücke *f* (an fr. Festung) *ırgantı köprü ~ **kuvveti** *phys.* Auftrieb(-skraft *f*) *m*
kaldırmak Kaus. zu **kalkmak** 1. er-, auf-, empor-heben, aufrichten; hochziehen (Augenbrauen, Jalousie usw.); höher machen (z.B. Mauer) 2. weg-heben, -rücken, -schieben, -schaffen, -bringen, -wehen, fortblasen, wegnehmen, -fressen (z.B. Säure e–e Politur) 3. abräumen (z.B. den Tisch); einbringen (Ernte) 4. abbrechen (z.B. Zelt) 5. auf-jagen, -scheuchen (z.B. Hasen) 6. aufwirbeln (z.B. Staub) 7. abfahren lassen (z.B. Dampfer); in Marsch setzen (Truppen) 8. aufbrechen, auflockern (Boden), pflügen 9. beseitigen, entfernen, abschaffen (z.B. Brauch), aufheben (z.B. Bestimmung), abstellen, beheben, aus dem Wege räumen (z.B. Schwierigkeit), überflüssig machen (z.B. Diskussion) 10. zu Grabe tragen (Toten) 11. aufstehen lassen, wecken 12. aufrufen, *F* drannehmen (Schüler im Unterricht) 13. gesund werden lassen, gesund machen 14. aufwiegeln, aufhetzen *ayaklandırmak 15. j–n zum Verlassen e–s Ortes bringen 16. in e–e best. Gangart bringen (od. fallen lassen) (Pferd) 17. tragen (können); sich et. leisten können; aushalten, er-, ver-tragen, erdulden, ausstehen 18. e–n großen Posten Waren kaufen 19. *V* stehlen, entwenden, klauen 20. s. **horozu** ~ 21. **(kız)** *P* entführen 22. versetzen (Beamte) 23. **(midesini, içini)** den Magen umdrehen; Brechreiz verursachen 24. sich et. ausleihen Zu 1: **Kolunu kaldıramadı.** Er konnte den Arm nicht mehr heben. **Duvarı biraz daha kaldırmalı.** Wir müssen die Mauer noch etwas höher machen. s.a. **el (kadeh)** ~ Zu 2: **Şu masayı oradan kaldıralım!** Wir wollen den Tisch et. fortrücken! **hastaneye** ~ ins Krankenhaus schaffen (bringen, überführen) Zu 3: s. **sofrayı** ~ Zu 4: s. **çadır** ~; s.a. **lakırdı** ~ Zu 10: **Zavallıyı bugün kaldırdılar.** Den armen Kerl hat man heute begraben. s.a. **cenazeyi** ~ Zu 11: **Yarın sabah beni saat yedide kaldırınız!** Wecken Sie mich morgen früh um sieben Uhr! Zu 13: **Bu ilâç onu yataktan kaldırmağa yetecek.** Mit dieser Arznei wird er (bald) wieder gesund werden. Zu 15: **Beni yerimden kaldırma!** Laß mich, wo ich bin! Zu 16: s. **tırısa (dört nala)** ~ Zu 17: **Deve kaç kilo kaldırabilir?** Wieviel Kilo kann ein Kamel tragen? **Araba bu kadar yükü kaldırmaz.** Der Wagen hält diese Belastung nicht aus. **Ben bu lakırdıları kaldırmam.** Ich kann dieses Gerede nicht ausstehen. **Bu kumaş fazla süs kaldırmaz.** Dieser Stoff verträgt nicht viel Verzierung. Auf diesen Stoff passen nicht viel Verzierungen. **Bizim halimiz o kadar pahalı halıyı kaldırmaz.** Bei unseren (finanziellen) Verhältnissen können wir uns e–n so teuren Teppich nicht leisten. s.a. **şaka** ~
kale 1. Burg, Festung *f* 2. Fort, Festungswerk *n* 3. *mil.* Bunker *m* *blokhavs, kazamat, sığınak 4. *mil. va.* Karree *n* 5. *fig.* Bollwerk *n*, Bastion *f* 6. *Scha.* Turm *m* *ruh 7. *Fb.* Tor *n* ~ **ağası** *hist.* Kastellan, Burgvogt *m* ~ **bedeni** *hist.* Festungsmauer *f* ~ **burcu** Bastion *f* (e–r alten Festung) ~ **çizgisi** *Fb. usw.* Torlinie *f* ~ **direği** *Fb.* Torpfosten *m* ~ **gibi** 1. groß, schlicht und solide gebaut (Haus) 2. kräftiger, zuverlässiger Mensch 3. wohlhabend; gut situiert ~ **harbi** (*od.* **muharebesi**) 1. Festungskrieg *m* 2. Stellungskrieg *m* ~ **kapısı trabzanı** *hist.* Fallgatter *n* (e–r Festung) ~ **muhafızı** Festungskommandant *m* ~ **nizamı** *mil. va.* (Aufstellung *f* im) Karree *n* ~ **olmak** *hist. mil.* ein Karree bilden ~ **sahası** *Fb. usw.* Torraum *m* ~ **topçusu** Festungsartillerie *f* ~ **topu** Festungsgeschütz *n* **-lerden müteşekkil hat** *mil.* Bunkerlinie *f* **-ye atış** *(Fb.)* Torschuß *m* *şut **-yi içinden almak** (*od.* **fethetmek**) *fig.* 1. die Festung von innen her (*d.h.* durch Verrat) erobern 2. e–n Prozeß mit Hilfe e–s Angehörigen der Gegenseite gewinnen **-yi sıkıştırmak** *Fb.* aufs Tor drängen, das Tor bedrängen
Kale *n.pr.* 1. O. u. D. im Rbz. Denizli 2. *mV* 3. **(şehri)** *selt.* Calais (in Frankreich) 4. **-i Sultaniye** *fr.* Name von **Çanakkale;** ~ **boğazı** Ärmelkanal *m* *Padökale
kalebent, -di Festungs-sträfling, -häftling *m*
kalebentlik Festungs-strafe, -haft *f*
kaleci *Fb.* Torwart, Torhüter *m*
Kalecik *n.pr.* O. u. D. im Rbz. Ankara
Kaledonya [··×·] *n.pr.* Kaledonien, Schottland ~ **sıradağları** *geol.* Kaledonisches Gebirge, Kaledoniden *pl.* *Kaledonya silsilesi
Kaledonyalı 1. Kaledonier(-in *f*) *m* 2. kaledonisch
Kaledonyen s. **Kaledonyalı;** ~ **kanalı** *n.pr.* Kaledonischer Kanal
kalem 1. jedes Schreibgerät wie: Blei-, Farb-stift *m*, (Schreib-, Füll-, Rohr- usw.)Feder *f*, Schreibrohr *n*, Gänsekiel, Schreib- od. Zeichen-pinsel *m; a.:* spitzes Holzstäbchen (zum Auftragen von Farben auf Stoffen) 2. Geschäftszimmer, Büro *n*, Kanzlei *f*, Sekretariat *n* *büro 3. Schrift(-art), Handschrift *f* 4. *fig.* Feder *f*, Stil *m*, Ausdrucksweise, Darstellung *f* 5. jede Art Stichel wie: Meißel, Beitel *m*, Schnitzmesser *n* usw. 6. Posten, Punkt *m*, Position *f* (in e–r Aufstellung, Rechnung usw.), Stück *n* (als Zahlwort) 7. Edel-, Pfropf-reis *n* *aşı kalemi 8. länglicher Knochen 9. s. **bir -de** 10. Schmink-, Lippen-stift *m; med. a.* Stift *m* 11. *astr.* ≗ s. **Çelikkalem** Zu 1: s. **dolma (kamış, kurşun, mürekkepli)** ~ Zu 3: **Güzel -i var.** Er hat e–e schöne Handschrift. Zu 4: **Kuvvetli -i var.** Er schreibt e–n ausgezeichneten Stil. Zu 5: s. **marangoz (oymacı, taşçı) -i** Zu 6: **beş** ~ **ilâç** fünf Posten Arzneien, fünferlei Medizin **Bundan yalnız birkaç** ~ (*od.*

-den) bahsetmek istiyorum. Ich will darüber nur ganz kurz sprechen. Ich will nur einige Punkte berühren. Zu 8: s. **bacak -i; ~ açacağı** s. **kalemtıraş; ~ açmak** (*od.* **yontmak**) 1. spitzen (Bleistift) 2. *fr.* zuschneiden (Rohrfeder) ~ **amiri** Bürovorsteher *m* ~ **arkadaşı** Bürokolleg-e *m*, -in *f* ~ **çalmak** 1. *P* schreiben 2. sich schriftstellerisch (publizistisch) betätigen ~ **çekmek** 1. aus-, durchstreichen 2. ungültig machen, annullieren 3. **(üstüne)** *fr.* e–n Strich über et. machen (als Zeichen, daß die betr. Stelle ungültig ist) 4. s. **cetvel çekmek; ~ darbesi** Federstrich *m* ~ **efendisi** *fr.* Sekretär *m* (in e–m osm. Ministerium) ~ **erbabı** Schriftsteller, Publizisten *pl.* ~ **eri** 1. gewandter Publizist 2. *fr.* Büroangestellter ~ **erkânı** leitende Bürobeamte *pl.* ~ **gezdirmek** ein Manuskript (auf Fehler hin) durchsehen ~ **hakkı** Schreibgebühr *f* ~ **işi** 1. Handmalerei *f* 2. handgemeißeltes Werk ~ **kamışı** Pfahlrohr *n*, italienisches Rohr *bot.* Arundo donax ~ **kaşlı** mit dünnen, gleichmäßigen Augenbrauen ~ **keski** Meißel, Beitel *m* ~ **kömürü** Zeichenkohle *f* ~ **kulaklı** mit kleinen, aufrechtstehenden Ohren (Pferd, Hirsch usw.) ~ **kuburu** *fr.* Behälter *m* für Rohrfedern ~ **kutusu** Federbüchse *f*, -kasten *m* *kalemlik ~ **odası** Kanzlei *f*, Sekretariat *n* ~ **oyma** Ziselierung *f* *çalma ~ **oynatmak** 1. die urspr. Form e–s Schriftwerkes entstellen 2. ein Schriftstück verbessern 3. (hin-, nieder-)schreiben; s. a. **-ini oynatmak; ~ parmaklı** mit langen, gleichmäßigen und glatten Fingern ~ **resim** Federzeichnung *f* ~ **ruj** Lippenstift *m* ~ **sahibi** Schriftsteller, Literat *m* *edip ~ **sapı** Federhalter *m* ~ **savaşı** Federkrieg *m* ~ **silecek** Tinten-, Federwischer *m* ≗ **suresi** Name der 68. Koran-Sure ~ **sürçmesi** Schreibfehler *m*, Lapsus calami *m* ~ **tecrübesi** schriftstellerischer Versuch; Essay *m* ~ **tüyü** s. **telek; ~ ucu** Stahlfeder *f* ~ **yontmak** s. **~ açmak; ~ yürütmek** sich schriftstellerisch (publizistisch) betätigen **-e almak** 1. ab-, verfassen, schreiben, zu Papier bringen (z. B. Artikel) 2. behandeln (Thema) **-e gelmemek** 1. nicht wiederzugeben sein 2. zu unbedeutend sein, um Erwähnung zu finden **-e gelmez** unbeschreiblich, unglaublich, miserabel **-e** (*od.* **-e kâğıda**) **sarılmak** zur Feder greifen, sich schriftstellerisch (publizistisch) betätigen **-i olmak** in e–r best. Art schreiben (z. B. e–e scharfe Feder führen) **-i kuvvetli** ausgezeichneter Schriftsteller (Publizist) **-inden çıkmak** aus j–s Feder stammen **-inden kan damlamak** *F* e–n meisterhaften Stil schreiben **-ini kırmak** *fig.* den Stab über j–n brechen **-ini oynatmak** schreiben; sich schriftstellerisch (publizistisch) betätigen **-inin ucuna nasıl gelirse** wie es ihm gerade in die Feder kommt **-iyle yaşamak** von den Erträgnissen seiner Feder leben **-i mahsus** Ministerialkanzlei, Privat-kanzlei *f*, -kabinett *n* *özel büro **-i mahsus müdürü** Leiter *m* der Ministerialkanzlei, Chef *m* des Privatkabinetts

kalemaşısı, -nı *agr.* Pfropfen, Pfropfverfahren *n*

Kalembek 1. *n.pr.* Insel *f* Lombok (kleinere Sundainsel) 2. ≗ grünlich-gelbes Aloe- od. Adler-holz (Sandelholzart) *bot.* Aquilaria ovata (od. A. agallocha) *yalancı ödağacı 3. ≗ e–e Mais-Art

kalemci Verkäufer *m* von Federn, Bleistiften usw.

kalemdan [··–] *fr.* größerer od. kleinerer Behälter für die Rohrfedern e–s Kalligraphen *kubur, mikleme

kalemen [·×·] *va. Adv.* 1. schriftlich *yazı ile 2. zahlenmäßig *sayıca

kalemî *va.* 1. Feder-, Schreib- 2. Schriftsteller- 3. Sekretärs-

kalemis 1. s. **mis kedisi** 2. s. **mis faresi** 3. s. **galiye**

kalemiye *fr.* Schreibgebühr *f* (für die Ausfertigung offizieller Schriftstücke)

kalemkâr 1. Dekorationsmaler *m* 2. Graveur, Ziseleur *m* 3. Stukkateur *m*

kalemkâri [··––] 1. handgemalt 2. graviert, ziseliert 3. handgemeißelt, als Stuckarbeit hergestellt 4. s. **kalemkârlık**

kalemkârlık 1. Gewerbe *n* e–s **kalemkâr** 2. Dekorationsmalerei *f* 3. Gravur, Gravüre, Ziselierarbeit *f* 4. Stuck *m*, Stukkatur *f*

kalemleme gestochene od. getriebene Arbeit

kalemli e–e best. Art des **cirit** genannten Reiterspiels

kalemlik Feder-kasten *m*, -büchse *f*, Bleistift-etui, -mäppchen *n*; *fr.* Behälter *m* für Rohrfedern

kalemşor *hum.* e–e scharfe (spitze) Feder führend (*spez.* Publizist)

kalemtıraş 1. *fr.* Federmesser *n* (zum Zuschneiden der Rohrfeder) 2. Feder-, Radier-messer *n* 3. Bleistiftspitzer *m*

kalemtıraşçı Hersteller und Verkäufer *m* von Federmessern od. Bleistiftspitzern

kalemtutan Zeichenstifthalter *m* (*spez.* für Zeichenkohle)

kalen [ā] *va.* mündlich ~ **ve kalemen** *va.* mündlich und schriftlich

kalender 1. wandernder Bettelmönch 2. *fig.* anspruchslos lebend, unbekümmert, unkonventionell, abgeklärt ~ **meşrep bir adam** 1. gutmütiger, sorglos dahinlebender, unkonventioneller Mensch 2. Eigenbrötler *m*

kalenderane [···–·]; **kalenderce** nach Art e–s **kalender**

kalenderhane *fr.* (kleineres) Kloster, wo wandernde Derwische vorübergehend untergebracht und verpflegt wurden

kalenderî 1. *va.* s. **kalenderlik** 2. *lit.* e–e volkstümliche Gedichtart (die vertont von e–m Volkssänger vorgetragen wurde)

Kalenderiye [ī] *hist.* Orden *m* der Kalender-Derwische

kalenderlik, -ği Charakter *m* od. Verhalten *n* e–s **kalender; -e vurmak** mit stoischer Ruhe aufnehmen

kalensöve 1. *fr.* spitz zulaufende Kopfbedeckung (z. B. der Handwerker) 2. *bot.* Wurzelhaube, Kalyptra *f* *yüksük

kaleska [·×·] Kalesche *f* (leichter, vierrädriger, offener Einspänner)

kaleş s. **kaleska**

kaleta s. **galeta**

kal'etmek 1. *va.* ausrotten, vernichten, mit Stumpf und Stiel vernichten 2. *med.* ausschneiden (z. B. Tumor)

kalevî (I) *chem.* 1. alkalisch *alkalik 2. Alkali *n* *alkali

kalevî (II) s. **kallâvi**

kalevîleşmek *chem.* alkalisch werden

kalevîlik Alkalisch-Sein *n*

kaleydoskop, -pu Kaleidoskop *n*; s. a. **musiki -u**

kalfa [×·] 1. Geselle, Gehilfe *m* 2. *spez.* Gehilfe *m* e–s Architekten; Bauführer *m* 3. Geschäftsführer *m* 4. *fr.* e–e Frau, der die Dienerinnen e–s Palastes od. vornehmen Hauses unterstanden 5. *fr.* s. **halayık** 6. *fr.* Hilfslehrer *m* (an Volksschulen) 7. e–e Rangstufe bei den Freimaurern 8. *fr.* Sekretär *m* (vgl. a. **halife**) 9. *fr.* wer Kinder zur Schule geleitete und sie wieder abholte ~ **imtihanı** Gesellenprüfung *f*

kalfalık Tätigkeit (Stellung, Entlohnung) *f* e–s (bzw. e–r) **kalfa**

kalga *hist.* Titel des Kronprinzen im Khanat der Krimtataren

kalgay 1. Anführer *m* (*spez.* bei den Pfadfindern) 2. s. **kalga**

kalgı *dial.* Tanz *m*

kalgımak 1. aufspringen; emporschnellen (z. B. Delphine) 2. sich aufbäumen, hochgehen (Pferd) *şaha kalkmak

kalhane [·–·] Abtreibhütte *f* (bei Metallbearbeitung)

kalıcı 1. dauerhaft (z. B. Frieden) 2. *phys.*, *psych.* remanent 3. kontinuierlich ~ **karlar** *geogr.* ewiger Schnee *toktağan (*od.* müstemir) karlar

kalıcılık 1. Dauerhaftigkeit *f* 2. *phys., psych.* Remanenz *f*
kalıç *dial.* s. **orak**
kalık (I) *dial.* 1. mangelhaft, unvollständig 2. über das heiratsfähige Alter hinaus (Mädchen)
kalık (II) *dial.* s. **hava**
kalıklık *dial.* Mangelhaftigkeit, Unvollständigkeit *f*
kalım Dauer *f*, Fortbestehen, (Über-, Weiter-)Leben *n* *beka; s.a. **ölüm** ~ (*od.* **ölüm dirim) davası**
kalımlı ewig, unsterblich *muhallet
kalımsız vergänglich, sterblich *fani
kalın (I) 1. dick, stark 2. dickflüssig, steif 3. *phon.* velar, dunkel (nämlich **a, ı, o, u**) 4. *mus.* tief (Ton, Stimme) 5. *V* reich, wohlhabend, gut zahlend 6. *va.* ungebildet, grob 7. schwellend, voll (z.B. Lippen) 8. dicht (z.B. Nebel) 9. *va.* s. **kalabalık;** ~ **bacaklı kuş** s. **tokat** (II); ~ **basso** *mus.* tiefer Baß ~ **bilek** starkes Handgelenk ~ **camlı gözlük** Brille mit dicken (starken) Gläsern ~ **cezim** s. **cezim** (II); ~ **dalga** hohe Welle ~ **duvar** dicke Mauer ~ **esre = ı** (in der alten Schrift) ≗ **incelene kadar ince süzülür** (*od.* **üzülür**). *Spr.* 1. E–e schwere Erkrankung schwächt e–n kräftigen Menschen, e–n schwächlichen dagegen bringt sie gleich an den Rand des Grabs. 2. Ein großer Geldverlust trifft e–n Armen viel härter als e–n Reichen. ~ **kafa(-lı)** unintelligent, beschränkt, dumm, schwer von Begriff *etkafalı, gabi ~ **kafalılık** geistige Beschränktheit und Schwerfälligkeit, mangelnde Auffassungsgabe; Dummheit *f* *gabavet ~ **kemikli** mit starkem Knochenbau (Person) ~ **makbuz ötrü = u** (in der alten Schrift) ~ **mepsut ötrü = o** (in der alten Schrift) ~ **ses** *phys.* tiefer, dunkler Ton ~ **sesliler** (*od.* ~ **ünlüler**) *phon.* Velarvokale *pl.* ~ **un** grobgemahlenes Mehl ~ **üstün = a** (in der alten Schrift)
kalın (II) *dial.* (vom Bräutigam gegebenes) Brautgeschenk *n* (Geld od. Gegenstände) *ağırlık (15) (*urspr.* Buße für die Entführung e–s Mädchens)
kalınbarsak *an.* Dick-, Grimm-darm *m*, Intestinum crassum *emai galiza, kolon; s.a. **çıkan (enine, inen)** ~
kalınderili *zo.* Dickhäuter *m*
kalınlaşmak 1. dick(-er) werden, sich verdicken, stark od. stärker werden 2. dickflüssig od. steif werden 3. velare Färbung annehmen (Laut) 4. tiefer gehen, dunkle Färbung annehmen (Klang) 5. **(kafası)** allmählich verdummen (*intr.*)
kalınlı (in der Füg.:) **inceli** ~ *q.v.*
kalınlık 1. Dicke, Stärke *f* *sihan 2. Viskosität *f* (e–s Gases od. e–r Flüssigkeit) 3. Velarität *f* (e–s Lautes) 4. dunkle Färbung bzw. *mus.* Tiefe *f* (e–s Tones) 5. fehlende Bildung; Dummheit *f*
kalınmak Pass. zu **kalmak. Akşama kadar orada kalınır mı?** Bleibt man bis zum Abend dort?
kalıntı 1. Rest *m*, (Über-)Reste *pl.*, Überbleibsel *n, pl.* 2. Trümmer, Ruinen *pl.* 3. Spuren, Anzeichen *pl.* 4. *techn.* Nebenprodukt *n* 5. Fortbestehen *n* (z.B. alter Bräuche) 6. Relikt *n* 7. Rückstand, Bodensatz *m* 8. *va.* List *f*, Betrug, Schwindel *m* Zu 6: s.a. **canlı fosil;** ~ **ambarı** s. **manda ambarı**
kalınyağ Schwer-, Schmier-öl *n*
kalıp, -ıbı 1. jedes Werkzeug, das e–e best. Form auf den zu bearbeitenden Gegenstand übertragen soll *spez.* Guß-, Preß-, Ausstech-, Kuchen-form, Matrize, Schablone, Hutform *f* (Schuster-)Leisten, Stempel *m*, Petschaft *n*, Schneiderpuppe *f* 2. Riegel *m* (Käse od. Seife) 3. Stange *f* (Eis) 4. Totenmaske *f* 5. *fig.* stattliches Aussehen, imponierendes Äußeres 6. *fig.* feste Form *f*, Zustand, Beruf *m* 7. Muster, Modell *n* 8. Abdruck *m*, (Fuß-) Spur *f* 9. Holzverschalung, Stampfbohle *f* (z.B. bei Betonarbeiten) Zu 1: s. **dökmeci (harf, kundura, şapka) -ı** Zu 2: **iki** ~ **sabun** zwei Riegel Seife Zu 5: ~ **gibi bir adam** ein dummer Mensch von imponierendem Äußeren Zu 6: s.a. **bin -a girmek** Zu 7: s. **gemi -ı;** ~ **düzen** *mus.* (als Ganzes) angeschlagener Akkord ~ **gibi oturmak** wie angegossen sitzen (Kleidungsstück) ~ **gibi serilmek** (*od.* **yatmak**) 1. sich der ganzen Länge nach hinlegen, ausstrecken 2. regungslos liegenbleiben ~ **gibi uyumak** wie ein Toter schlafen (nämlich lange, fest und regungslos) ~ **kancası** Leistenhaken *m* (des Schusters) ~ **kesilmek** wie angewurzelt stehenbleiben, wie vor den Kopf geschlagen dastehen *donakalmak ~ **kıyafet** äußere Form od. Erscheinung, das Äußere ≗ **kıyafetle adam adam olmaz.** *Spr.* s. **Kürk ile börk ile adam olunmaz.** *Spr.* **-a çekmek (geçirmek, koymak, vurmak)** 1. in e–r Form pressen (z.B. verbeulte Hüte); auf den Leisten schlagen (Schuhe) 2. *V* den Beischlaf ausüben (*V* ficken, vögeln, bumsen) **-a dökmek** in e–e Form gießen (flüssiges Metall); s.a. **bir -a dökmek; -a saklamak** *typ.* den fertigen Drucksatz aufbewahren **-ı değiştirmek** (*od.* **dinlendirmek**) *V* abkratzen (sterben) **-ı kalıbına** haargenau; ohne jede Änderung **-ı kıyafeti yerinde** gut gekleidet, von gepflegtem Äußeren **-ını basmak** *fig.* 1. (bşe) Brief und Siegel geben, für et. einstehen (volle Garantie leisten) 2. (birisi için) sich verbürgen, volle Bürgschaft übernehmen (für) **-ını sökmek** *arch.* das Bogengerüst (*bzw.* die Verschalung) wegnehmen; abrüsten **-ının adamı olmamak** anders sein, als das Äußere vermuten läßt **-tan -a girmek** 1. sich oft wandeln 2. immer wieder den Beruf wechseln 3. öfters seine Ansichten ändern
kalıpçı 1. wer Guß-, Preß-formen, Schablonen usw. herstellt, verkauft od. beruflich verwendet wie z.B. Former *m*, Hutaufbügler *m* usw. 2. *fig.* Betrüger, Schwindler *m*
kalıphane [··–·] *naut.* Mall-, Schnür-boden *m* (Schiffsbau)
kalıplama Vs. zu **kalıplamak;** ~ **dairesi** Formerei *f*
kalıplamak 1. in e–r Form pressen; abformen, neu formen 2. über den Leisten schlagen (Schuhe) 3. aufbügeln (Hut)
kalıplaşmak feste Form annehmen; erstarren **kalıplaşmış iyelik** *ling.* selbständiges Wort mit Poss. Sx. der dritten Person (z.B. **kimi, çoğu, bazıları, vaktiyle**)
kalıplı 1. geformt, gepreßt, gegossen 2. *fig.* regelmäßig ~ **beton** Kunststein *m* *sunî taş ~ **kıyafetli** gut gekleidet; ansehnlich, imponierend
kalıpsız 1. formlos, verbeult 2. *fig.* unregelmäßig ~ **kıyafetsiz** unansehnlich und herabgekommen (Person)
kalış Verbleib(-en *n*) *m*, Aufenthalt *m*
kalıt, -tı Erbe *n*, Erbschaft *f* *miras ~ **arancı** (*od.* **dilemi**) s. **miras sebebiyle istihkak davası;** ~ **faktörlerinin bağlantısı** Koppelung *f* von Erbfaktoren ~ **sözleşmesi** s. **miras mukavelesi;** ~ **türesi** s. **miras hukuku; -a yaraşma** s. **mirasa liyakat; -ın geçişi** s. **mirasın intikali; -tan çıkarma** s. **mirastan ıskat; -tan yoksunluk** s. **mirastan mahrumiyet**
kalıtbırakan *jur.* Erblasser(-in *f*) *m* *miras bırakan; muris, müverris
kalıtçı Erbe *m*, Erbin *f* *mirasçı **-lar ortaklığı** s. **miras şirketi**
kalıtçılık belgesi s. **veraset ilâmı**
kalıtım 1. *biol.* Vererbung *f*, Erbgang *m* *soyaçekim, veraset 2. s. **kalıt**
kalıtımbilim Genetik, Vererbungslehre *f* *genetik
kalıtlanma s. **kalıtım** (1)
kalıtsal erblich, vererbt, hereditär ~ **karakterler** (*od.* ~ **özellikler**) Erbeigenschaften *pl.*
kali (I) 1. *chem.* Kali, Kaliumkarbonat *n*, Pottasche *f* *potas, potasyum 2. Salzkraut *n bot.* Salsola kali
kali (II), **-l'i** *va.* Ausrottung, Vernichtung *f*
kalibraj Kalibrieren *n*
kalibre 1. Kaliber *n*, Rohrweite *f*, Laufdurchmesser *m* 2. Ringstock *m* (des Goldschmieds) 3. Meßkluppe, Schublehre *f* *mastar 4. Gangregler *m* (bei Uhren)

kalibreli mit nb. **kalibre** *(q.v.)*
kaliçe (I) *z.va.* 1. kleinerer Teppich *spez.* Bettvorleger od. Gebetsteppich 2. *fig.* Blumenteppich *m* (z.B. im Frühling)
kaliçe (II) Caliche *f* (ungereinigter Chilesalpeter)
kalifiye qualifiziert, Fach- ~ **elemanlar** Fachkräfte *pl.* ~ **etmek** qualifizieren ~ **işçi** Facharbeiter(-in *f*) *m* *mütehassıs amele; vasıflı işçi
Kaliforniya [··×··] *n.pr.* Kalifornien ~ **haşhaşı** s. **güneş topu;** ~ **usulü dönüş** Flop-Sprung *m* (bei Hochsprung)
kaliforniyum [··×··] *chem.* Kalifornium *n*
kaligraf Kalligraph, Schönschreiber, Schreibkünstler *m* *hattat
kaligrafi Schön-schreiben *n*, -schrift, -schreibkunst, Kalligraphie *f* *hüsnühat
kaligrafik kalligraphisch
kaliko Kaliko *m*
kalikoz *med.* 1. Chalikose, Kalk(staub)lunge *f* 2. *abus.* s. **silikoz**
kaliks 1. s. **kadeh** (2) 2. *hist.*, *rel.* Kelch *m*
kalîl *va.* 1. klein, gering, wenig *az 2. kurz (Zeit)
kalime s. **kaloma**
kalimera [·×·] *griech.* guten Tag!
Kalimnos [·×·] **adası** Insel *f* Kalymnos (Dodekanes)
kalinikta [··×·] *griech.* gute Nacht!
kalinis [·×·] Mornellregenpfeifer *m zo.* Charadrius morinellus
kalinos e–e Flußbarschart *dere balinası
Kalipso [·×·] 1. *n.pr.* Kalypso (griech. Nymphe) 2. ♎ Kalypso *m* (Tanz)
kaliptra *bot.* s. **kalensöve, yüksük**
kalispera [··×·] *griech.* guten Abend!
kalitatif qualitativ *keyfî
kalite (I) 1. Qualität, Güte *f* 2. *pr.* gute Qualität ~ **yüksekliği** hochwertige Qualität **-ce düşük** qualitativ minderwertig **-si bozuk** *V* gemein, niedrig, unehrenhaft
kalite (II) s. **kalyeta**
kaliteli 1. von nb. Qualität, -wertig 2. *pr.* hochwertig, qualifiziert, Qualitäts-, besonders gut Zu 1: **iyi** ~ von guter Qualität, Qualitäts- **yüksek** ~ hochwertig Zu 2: ~ **maç** *Fb.* erstklassiges Wettspiel
kalitesiz minderwertig, qualitativ schlecht
kalitesizlik Minderwertigkeit *f*, schlechte Qualität
kaliyum *chem.* Kali(-um) *n* ~ **hidroksit** Kalilauge *f* ~ **karbonat** Pottasche *f* ~ **nitrat** Kalisalpeter *m*
kalkan 1. Schild *m* 2. **(balığı)** Steinbutt *m zo.* Rhombus maximus 3. *arch.* Giebel *m*, Seitenwand *f* 4. ♎ *astr.* Sobieskischer Schild (Sternbild) ~ **ağı** weitmaschiges Netz (zum Fangen großer Fische) ~ **duvar** *arch.* (dreieckige) Giebelmauer ~ **göbeği** Schildbuckel *m* ~ **elli** 1. mit großen Händen 2. kräftig und geschickt ~ **kıkırdağı** *an.* Schildknorpel *m* ~ **otu** Knoblauchscheibenkraut *n bot.* Peltaria alliacea ~ **tavası** gebackener Steinbutt ~ **yapmak** s. **kendine kalkan yapmak**
kalkanbezi, -ni *an.* Schilddrüse *f*, Glandula thyreoidea *guddei derakiye, tiroit
kalkanböcekleri, -ni Schildkäfer *pl. zo.* Cassidae
Kalkandere *n.pr.* O. u. D. im Rbz. Rize
kalkanlı Schildträger *m* ~ **baldırıkara** Lanzenschildfarn *m bot.* Aspidium lonchitis ~ **bitler** s. **kabuklu bitler**
kalkansı schildförmig
kalkar köprü Klappbrücke *f*
kalke durch-gezeichnet, -gepaust ~ **etmek** durch-zeichnen, -pausen
kalker *min.* Kalkstein *m* *kireçtaşı
kalkerleşmek s. **kireçleşmek**
kalkerli Kalkstein-, Kalk- ~ **albatr** s. **hacıbektaş taşı;** ~ **gre;** ~ **kumtaşı** Kalksandstein *m* ~ **süngerler** s. **kalkerliler;** ~ **toprak** *agr.* Kalkboden *m* ~ **tüf** *geol.* Kalk-tuff, -sinter *m* ~ **tüf basamağı** Kalksinter-Terrassen *pl.* (z.B. in Pamukkale)
kalkerliler Kalkschwämme *pl. zo.* Calcarea
kalkık 1. emporstehend, aufgerichtet 2. abgeblättert, losgelöst (Farbe, Politur usw.) 3. aufgesteckt od. in die Höhe stehend (Haare) 4. aufgeschlagen (z.B. Hutkrempe) 5. hinaufgezogen (z.B. Vorhänge), aufgezogen (z.B. Fahne) 6. hoch-gezogen, -stehend (z.B. Augenbrauen) 7. hoch-geschlagen, -geklappt (z.B. Mantelkragen) ~ **burun** Stupsnase *f* ~ **taş** Menhir *m*
kalkılmak Pass. zu **kalkmak; ayağa kalkıldığı zaman** wenn man aufsteht
kalkımak s. **kalgımak**
kalkınma Vs. zu **kalkınmak** *spez.* Aufstieg *m* (Aufwärts-) Entwicklung *f*, (Wieder-)Aufbau *m* ~ **hızı** (wirtschaftliche) Wachstumsrate *f* ~ **planı** Entwicklungsplan *m*
kalkınmak 1. sich (wirtschaftlich) erholen; wieder auf die Beine kommen 2. *naut.* sich wieder aufrichten (Schiff in Schräglage)
kalkış Vs. zu **kalkmak** *spez.* Ab-fahrt, -reise *f*, -flug *m* ~ **hızı** Startgeschwindigkeit *f* (e–s Flugzeugs) ~ **yolu** Startbahn *f* (e–s Flugzeugs) **-a geçmek** (vom Boden) abheben (Flugzeug)
kalkışmak (m. Dat.) et. (Unangebrachtes) unternehmen, sich versuchen (in), sich unterfangen (zu), sich anmaßen (zu) **İnsan yapamayacağı işlere kalkışmamalı.** Man soll sich nicht an Dinge wagen, die man nicht bewältigen kann.
Kalkidikya [··×·] **yarımadası** *n.pr.* Halbinsel *f* Chalkidike (Griechenland)
kalkma Vs. zu **kalkmak;** ~ **limanı** Abgangshafen *m*
kalkmak, (-ar) 1. (von seinem Platz od. aus dem Bett) aufstehen, sich erheben 2. abgehen, abblättern, sich loslösen (z.B. Politur), sich abschälen (z.B. Haut) 3. sich heben, in die Höhe gehen (z.B. Waagschale) 4. abfahren (Verkehrsmittel); aufbrechen (z.B. Karawane) 5. aufgescheucht werden (Hasen, Rebhühner usw.) 6. sich aufrichten, sich aufbäumen, in die Höhe steigen (z.B. Pferd) 7. weggenommen werden (z.B. Decke), abgehoben werden (z.B. Deckel) 8. fortgeschafft, weggebracht werden (z.B. Ernte) 9. das Krankenbett verlassen, wieder aufstehen, gesund werden, genesen 10. (ohne Obj.) j–m plötzlich in den Sinn kommen 11. (m. Dat.) sich machen (an), et. unternehmen (wollen), sich unterfangen (zu), wagen 12. verschwinden (z.B. Ware vom Markt, Brauch, Schnee usw.) 13. beseitigt (entfernt, abgeschafft) werden, aufgehoben werden (z.B. Gesetz), abgestellt (behoben, aus dem Weg geräumt) werden (z.B. Schwierigkeiten) 14. (m. Dat.) in e–e best. Gangart übergehen (fallen) 15. (m. Abl.) von e–m Ort weggehen, e–n Platz verlassen 16. rebellieren, revoltieren Zu 10: **İkide birde kalkar, odanın biçimini değiştirir.** Alle nasenlang stellt er die Sachen in seinem Zimmer anders. Zu 11: **Meşhur bir nişancı ile tabanca düellosuna ~ için aklını kaçırmış olması lâzım.** Er muß ja vollständig den Verstand verloren haben, wenn er sich mit e–m hervorragenden Schützen in ein Pistolenduell einlassen will. **Babası, oğlunu evlendirmeğe kalkar.** Der Vater will seinen Sohn verheiraten. Zu 14: s. **dörtnala (tırısa)** ~ Zu 15: **Siz oradan kalkınız!** Gehen Sie von dort weg! **kalk borusu** *mil.* Reveille *f*, Wecksignal *n* **kalk gidelim etmek** *V* stehlen, mitgehen heißen, abservieren, verschwinden lassen **kalk gidelim olmak** *V* gestohlen werden, verschwinden **kalkıp kalkıp oturmak** dauernd aufstehen und sich wieder hinsetzen (vor Erregung, Zorn, Neugier usw.)
kalkograf Chalkograph, Kupferstecher *m*

kalkografi Chalkographie, Kupferstecherkunst *f*
kalkolitik (*franz.* **chalcolithique**) s. **eneolitik**
kalkopirit, -ti (*franz.* **chalcopyrite**) s. **bakırlı pirit**
kalkozin (*franz.* **chalcosine**); **kalkozit, -ti** (*franz.* **chalcosite**) *min.* Kupferglanz *m*
kalksinter Kalksinter *m*
kalkşist, -ti (*franz.* **calcschiste**) *geol.* Kalkschiefer *m*
Kalküte [·×·] *n.pr.* Kalkutta
kallâvi 1. *fr.* sehr hoher, konisch zulaufender, oben abgeflachter Turban (*spez.* e–s osm. Wesirs) *telli kavuk 2. *F* sehr groß (z.B. Tasse)
kallem s. Stw. **allem**
kalleş wer sein Wort nicht hält, unzuverlässig, unbeständig, treulos **Bu ~ dünya!** (etwa:) Auf keinen Menschen ist mehr Verlaß!
kalleşlik Wortbruch *m*, Unzuverlässigkeit, Unbeständigkeit, Treulosigkeit *f* ~ **etmek** wortbrüchig werden; sich treulos verhalten
Kalliyop, -pu *n.pr.* Kalliope (Muse der erzählenden Dichtkunst)
kalma 1. Vs. zu **kalmak** 2. übriggeblieben, verblieben (z.B. Vorräte) 3. überkommen, auf uns gekommen (z.B. alte Werke) 4. stammend od. ererbt Zu 2: **geçen seneden ~ buğday stokları** die vom vorigen Jahr verbliebenen Weizenvorräte Zu 3: **eskiden ~ kitapların çoğu** viele der uns (aus alter Zeit) überkommenen Werke Zu 4: **Selçukîler zamanından ~ Çokköz köprüsü** die aus seldschukischer Zeit stammende Çokköz-Brücke (in Kayseri) **babadan ~ ev** das Haus, das er von seinem Vater geerbt hat ~ **hali** (*od.* ~ **durumu**) *gr.* Lokativ *m* *-'de hali; mefulünfih ~ **vergisi** Aufenthaltssteuer *f*
kalmak, (-ır) 1. bleiben, weiterbestehen 2. (da-, zurück-) bleiben, nicht mitgehen 3. verbleiben, übrigbleiben, stehen bleiben (z.B. einzelnes Haus) 4. überleben, noch am Leben sein 5. sich befinden, sein, *F* abbleiben, stecken 6. sich aufhalten, wohnen, übernachten, logieren 7. abflauen, allmählich aufhören, sich legen (z.B. Sturm) 8. liegenbleiben, nicht weiter(fahren)können, *gel. a.* sterben 9. a) nicht vorankommen (in der Entwicklung), nicht weiter gedeihen b) verblüfft innehalten 10. (*a.* **sınıfta** ~) sitzenbleiben, die Klasse wiederholen müssen (*ant.* **geçmek**) 11. (m. Dat.) verschoben (zurückgestellt) werden müssen (auf) 12. (m. Dat.) zukommen, zustehen, obliegen, abhängen 13. (b–den b–ne) von j–m auf j–n anderen übergehen, vererbt werden, fallen (an), überkommen 14. (m. Abl.) um et. kommen od. gebracht werden, et. nicht (mehr) tun können, ins Wasser fallen 15. sich in e–m best. Zustand befinden od. in e–n solchen geraten, dastehen; werden (zu) 16. *Hv.* mit durativer Bed. 17. **kalmamak** s. ges. Stw. Zu 1: s. **adı** ~ Zu 2: **Herkes gitti, o kaldı.** Alle anderen gingen fort, er allein blieb noch da. Zu 3: **Yalnız iki lira kaldı.** Es sind nur zwei Pfund übriggeblieben. Zu 5: **O nerede kaldı?** Wo steckt er denn? Zu 6: **Bu gece nerede kalacağız?** Wo werden wir heute übernachten? **kalacak yer aramak** e–e Bleibe (Unterkunft) suchen Zu 7: **Fırtına kalacağa benzemiyor.** Es sieht nicht so aus, als ob der Sturm abflauen wollte. Zu 8: **Araba yarı yolda kaldı.** Der Wagen ist auf halbem Weg liegengeblieben. Zu 9a): **O iş şimdilik (öyle) kaldı.** Die Sache ist vorderhand liegengeblieben. Die Angelegenheit ist noch in der Schwebe. **cahil** ~ (dumm bleiben), nichts dazulernen Zu 9b): **Bunu işitince kaldı.** Als er dies hörte, hielt er ganz verblüfft inne. Zu 11: **Gitmemiz cumaya kaldı.** Unsere Abreise mußte auf Freitag verschoben werden. Zu 12: **Bu iş size mi kaldı?** Sind Sie es, der sich mit der Sache zu befassen hat? s.a. **işi Allaha ~. Sana mı kalmış?** (Ausdruck e–s Zweifels od. e–s Vorwurfs) 1. Auf dich hat man gerade gewartet! 2. Mußtest ausgerechnet du das tun? Zu 13: **Çiftlik ona babasından kalmış.** Das Gut hat er von seinem Vater geerbt. Zu 14: **Misafir geldi, gezmeden kaldık.** Es kam Besuch, und da ist unser geplanter Spaziergang ins Wasser gefallen. **Makine işlemekten kaldı.** Der Apparat funktioniert nicht mehr. Zu 15: s. **altta (arkada, ayakta, başbaşa, gözü, hasret, hatırı, hayran, mahcup, yetim) ~. Makine altında kaldı.** Er geriet unter die Lokomotive. **çocuk tabiatlı kalmak** ein ewiger Kindskopf sein Zu 16: s. **baka-, dona-, kala-, şaşa-, uyuya-; kala;** s.a. das ges. Stw. **kala kala** gerade noch, nur mehr, wenn es hoch kommt, hoch gerechnet, höchstens, schließlich **kaldı ki** außerdem, zudem, obendrein; wobei noch zu bemerken wäre, daß ... **kalır yeri yok** (m. Abl.) vollkommen gleich, ohne jeglichen Unterschied, um keinen Deut besser als ... **kalırsa** *od.* **kalsa** (m. Dat.) z.B. **bana kal(ır)sa** 1. meiner Meinung nach, meines Erachtens, nach meinem Dafürhalten 2. wenn ich die Möglichkeit (freie Hand) hätte **kalmamak** s. ges. Stw. **Kalsın!** 1. Lassen Sie es nur! 2. Es ist nicht weiter wichtig! 3. (sizde) Behalten Sie das (diese Mitteilung) für sich!
kalmakı *hist.* Schuppenpanzer *m* (der Kalmücken)
kalmalı *gr.* mit (od. im) Lokativ ~ **ikileme** Koordinationsfügung *f* im Lokativ (z.B. **ötede beride; ayda yılda**)
kalmamak neg. **kalmak** (oft Wiedergabe mit „nicht mehr") **Bende para kalmadı.** Ich habe keinen Pfennig Geld mehr. **Bir saate kalmaz.** Es dauert keine Stunde mehr; in weniger als e–r Stunde **Çok kalmadı.** Es ist (od. ich bin) gleich fertig. **daha binmesine kalmadan** bevor er noch (das Pferd) besteigen konnte **İş bu kadarla kalmadı.** Dabei blieb es nicht. Das war nicht alles. Nicht genug damit ... **(olmakla) kalmayıp** ... nicht nur ... sondern auch **Komposto kalmadı.** (Restaurant) Das Kompott ist ausgegangen. **O kitaptan bir nüsha kalmadı.** Das Buch ist vollkommen vergriffen. **Sabrım kalmadı.** Ich habe keine Geduld mehr. **vazife görmesine imkân kalmamış olduğundan** Da keine Möglichkeit mehr bestand, daß er die ihm übertragene Aufgabe erfüllte ... **Zavallıda üstbaş kalmadı.** Der arme Kerl kann sich nicht einmal mehr ordentlich kleiden.
kalmi Kalmie, Lorbeerrose *f bot.* Kalmia (angustifolia, latifolia usw.)
Kalmuk 1. Kalmück(-in *f*) *m* 2. kalmückisch 3. ♀ Kalmuck *m* (beidseitig geraubter, tuchartiger Wollstoff) ~ **bozkırı** *n.pr.* Kalmückensteppe *f*
Kalo! [·×] *griech.* Gut!
kaloma [·×·] *naut.* 1. (Kommando) Lose geben! 2. Länge *f* der Ankerkette (im Wasser) ~ **etmek** (*od.* **vermek**) *naut.* (Tau, Kette usw.) ausstecken, weggeben, fieren
kalomalık zincir *naut.* s. **fondalık zincir**
kalomel *chem., med.* Kalomel, Quecksilber-I-Chlorid *n* *tatlısülümen
kalori (kleine) Kalorie *f* *ısın; vahidi kıyasîi nârî
kalorifer 1. Zentralheizung *f* *şofaj santral 2. Heizkörper *m* *radyatör
kaloriferci 1. Fachmann *m* für Zentralheizungsanlagen 2. Heizer *m* (am Zentralheizungskessel)
kaloriferli mit Zentralheizung ausgestattet
kaloriferzede *(hum. G)* durch die Zentralheizung zu Schaden gekommen
kalorik kalorisch
kalorili 1. soundsoviel Kalorien ausmachend, betragend 2. *pr.* kalorienreich
kalorimetre [···×·]; **kalorimetri** s. **ısıölçer; ısıölçme**
kaloş s. **galoş**
kalot, -tu Kalotte *f*: 1. *med.* Schädeldach *n* 2. Scheitelkäppchen *n* (der kathol. Geistlichen) 3. *arch.* flache Kuppel 4. *mod.* kappenartige Kopfbedeckung (für Damen)

kalp (I), **-pı** 1. gefälscht, falsch, nachgemacht, nachgeahmt, imitiert, unecht 2. *fig.* sich anders zeigend als man in Wirklichkeit ist (z. B. Feigling, der den Mutigen spielt) 3. unaufrichtig, lügnerisch, falsch (Person) 4. faul, träge, zu nichts zu gebrauchen (Person) ~ **akçe** Falschgeld *n* ~ **çirişotu** gemeine Ährenlilie *bot.* Narthecium ossifragum ~ **dolama otu** Felsenblümchen *n bot.* Draba olympica ~ **etmek** fälschen ~ **herif** *V* unzuverlässiger Kerl ~ **para** s. ~ **akçe.** ≗ **para kaybolmaz.** *od.* ≗ **akçe sahibinindir.** *Spr.* Wovon man sich gerne trennen möchte, wird man oft nicht los. ~ **para sürmek** Falschgeld in Umlauf bringen
kalp (II), **-bi** 1. *va.* Verwandlung, Umwandlung *f* 2. a) *va. ling., lit.* Buchstaben- bzw. Laut-vertauschung *f* (z. B. **kibrit : kirpit; ihmal : imhal**) b) *(im Ar.)* Wechsel *m* von **elif, vav, ya** (z. B. **vecede : yecidü**); ~ **etmek** verwandeln, umwandeln **faizi resülmale** ~ **etmek** die Zinsen zum Kapital schlagen ~ **olmak** Pass. zu ~ **etmek; -i kül (muntazam, tam)** *va. lit.* Anagramm *n* **-i nakıs** *va. lit.* Fernmetathese *f* (z. B. **emel : elem**)
kalp (III), **-bi** [i-haltiger l-Laut] 1. *an.* Herz *n* 2. Herz, Gemüt *n* *(1, 2) yürek 3. Herzkrankheit *f spez.* Herzschwäche *f* 4. *fig.* Mitte *f*, Zentrum *n* 5. Liebe *f* *muhabbet, sevgi 6. Mitgefühl *n*, Nächstenliebe *f* Zu 3: ≗**ten öldü.** 1. Er ist e–r Herzkrankheit erlegen. 2. Er ist an Herzschwäche gestorben. 3. Er ist e–m Herzanfall erlegen. ~ **acısı** großer Kummer; Herzeleid *n* ~ **ağrısı** 1. Liebeskummer *m* 2. s. **kalp anjini;** ~ **anjini** *med.* Angina pectoris *f*, Koronarsklerose, Stenokardie *f* ~ **çarpıntısı** Herzklopfen *n* ~ **darbeleri** Herzschläge *pl.* ~ **enfarktüsü** Herzinfarkt *m* ~ **hastalığı** Herz-leiden *n*, -fehler *m* ~ **içzarı iltihabı** *med.* Endokarditis *f* ~ **kırmak** s. **gönül kırmak;** ~ **krizi** Anfall *m* von Herzschwäche; Herzanfall *m* (**Geçirdiği bir** ~ **krizinden ölmüştür.** Er ist den Folgen e–s Herzanfalls erlegen.) ~ **krizine tutulmak** e–n Herzanfall bekommen ~ **midyesi** s. **yürek midyesi;** ~ **olmamak** (birinde) kein Herz (Mitgefühl) haben ~ **sahibi olmak** 1. ein herzensguter Mensch sein 2. sich ein Herzleiden zuziehen ~ **sektesi** (*va. a.* **sektei kalp**) Herzschlag *m* (plötzlicher Tod infolge Herzlähmung) ~ **sıkışması** s. ~ **anjini; -e dokunmak** zu Herzen gehen; rühren ~ **-i atmak** 1. (bir yerde) j–m ans Herz gewachsen sein (Örtlichkeit) 2. a) Herzklopfen bekommen b) ganz aufgeregt werden (vor Freude) **-i bozuk** übelgesinnt, boshaft **-i bütün** 1. aufrichtig, ehrlich 2. von vornehmer Denkart; großherzig **-i çarpmak** s. **-i atmak** (2); **-i dinlendirmek** sterben, verscheiden **-i fesat** 1. mißgünstig, neidisch 2. argwöhnisch **-i geniş** gutmütig, freigebig **-i kararmak** seine Religiosität (seinen Glauben) verlieren **-i kırık** gekränkt, beleidigt **-i olmamak** kein Herz (Mitgefühl) haben **-i oynamak** erschrecken; Angst bekommen **-i parçalanmak** (*od.* **parça parça olmak**) tiefes Mitleid empfinden **-i rahat** ruhig, beruhigt, getröstet **-i sıcak** warmherzig **-i sızlamak** bekümmert sein **-i söylemek** e–e Vorahnung haben, *F* es so im Gefühl haben **-i temiz** gutgesinnt; reinen Herzens **-i uyanık** s. **gönlü uyanık.** ≗**i yerinden oynadı.** Das Herz hüpfte ihm nur so vor Freude. ≗**in yolu mideden geçer.** *Spr.* Liebe geht durch den Magen. *Spr.* **-inden kopmak** von Herzen kommen (z. B. Geschenk) **-ine doğmak** s. **içine doğmak; -ine girmek** den Weg zu j–s Herzen finden **-ine göre** seinem guten Herzen (seiner Nächstenliebe, Mildtätigkeit) entsprechend (**Allah -ine göre verdi.** Gott hat ihn für sein gutes Herz belohnt.) **-ine işlemek** (b–nin) j–m sehr zu Herzen gehen (z. B. Worte) **-ini açmak** (*od.* **dökmek**) j–m sein Herz ausschütten; sich j–m anvertrauen **-ini çalmak** (b–nin) j–m das Herz stehlen **-ini** (*od.* **-inin sesini) dinlemek** der Stimme seines Herzens folgen **-ini kazanmak** (*od.* **fethetmek**) j–s Herz gewinnen (erobern) **-ini kırmak** j–n tief kränken **-inin bamteline dokunmak** (b–nin) j–n zutiefst rühren **-ten gelen** von Herzen kommend; aufrichtig, ehrlich
kalpak, -ağı 1. *fr.* Kalpak *m* (Lammfell- od. Pelz-mütze) 2. Bärenmütze *f* (England) ≗**ıma anlat!** s. **Külâhıma anlat!**
kalpakçı Hersteller od. Verkäufer *m* von Fellmützen, Kalpaks
kalpaklı 1. e–n Kalpak, e–e Fellmütze tragend 2. *fr.* Polizist *m*
kalpaklık zur Herstellung von Fellmützen, Kalpaks geeignet od. dienend
kalpazan 1. Falschmünzer, Fälscher *m* 2. *fig.* Gauner, Spitzbube, Schwindler *m* 3. *fig.* unbrauchbar (für e–e Arbeit) (Person)
kalpazanlık 1. Münzfälschung, Falschmünzerei *f* 2. *fig.* Gaunerei *f*, Schwindel *m*
kalpgâh *z. va.* 1. Herzstelle *f* 2. *mil.* Zentrum *n* 3. Herz-, Mittel-, Haupt-stück *n* **-ından vurulmak** mitten ins Herz getroffen werden; e–e tödliche Wunde erhalten
kalplaşmak *fig.* seine Geschicklichkeit (Kunstfertigkeit, seinen Fleiß) allmählich verlieren; faul und träge werden
kalplık 1. Fälschung, Nachahmung, Imitation *f*, Unecht-Sein *n* 2. *fig.* Unzuverlässigkeit *f* 3. Arbeitsunwilligkeit *f*
kalpli mit nb. Herzen; s. a. **iyi (temiz)** ~
kalpsiz herzlos, ohne Mitgefühl, hartherzig, mitleidlos
kalpsizlik, -iği Herzlosigkeit, Hartherzigkeit *f*
kalseduan *min.* Chalzedon *m* (e–e Quarzabart) *kadıköytaşı
kalsifikasyon (*franz.* **calcification**) s. **kireçlenme**
kalsifüj (*franz.* **calcifuge**) s. **kireçyeren**
kalsit, -ti *min.* Kalzit, Kalkspat *m*
kalsiyum *chem.* Kalzium *n* ~ **alkalili kayaçlar** *geol.* Alkalikalkgesteine *pl.* ~ **hidroksit** Kalziumhydroxyd, Ätzkali *n* ~ **karbonat** kohlensaurer Kalk
kalsiyumlu *chem.* Kalzium- ~ **pirinç** Kalziumbronze *f*
kaltaban 1. *V* Schurke, Schuft 2. Schwindler, Gauner, Betrüger *m*
kaltabanlık 1. *V* Schurkenstreich *m* 2. Schwindel *m*, Gaunerei, Betrügerei *f*
kaltak 1. hölzernes Sattelgestell; nicht-überzogener Sattel 2. *Schi.* Dirne, Hure *f* ~ **kaşı** (Vorder- od. Hinter-)Zwiesel *m* ~ **şiltesi** Sattelkissen *n*
kaltaklık 1. Hurerei *f* 2. Verworfenheit *f* (e–r Frau)
kalubelâ [ˣ··–] *urspr.:* Sie sagten: Ja (*scil.* du bist unser Herr) (Koran) (in der Füg.:) **-dan beri** seit unvordenklichen Zeiten, seit ältester Zeit, von alters her **-dan beri kalmış denecek kadar eski** geradezu vorsintflutlich zu nennen
Kalven *n.pr.* Kalvin
Kalvenci(-lik) s. **Kalvinist; Kalvinizm**
kalver (*franz.* **calvaire**) (*christl.*) Kalvarienberg *m*
Kalvinist, -ti 1. Kalvinist(-in *f*) *m* 2. kalvinistisch
Kalvinizm Kalvinismus *m*
kalya (I) [×·] *chem.* Pottasche *f* ~ **otu** s. **dikenli çöven;** ~ **taşı** Perlasche *f*, kalzinierte Pottasche ~ **tuzu** *chem.* Soda *f*
kalya (II) [×·] gebratenes (Kürbis- od. Auberginen-)Gemüse
kalye [×·] s. **kalya** (I, II)
kalyeta s. **galyot**
kalyon Galeone *f* (mittelalterliches Kriegsschiff)
kalyoncu 1. *hist.* Matrose *m* auf e–r Galeone 2. *fig.* alter Seebär
kalyot s. **galyot**
kam (I) *techn.* Nocken, Daumen *m*
kam (II) Schamane *m* *şaman
kâm 1. *va.* Wunsch *m*, Verlangen *n* 2. *va.* Erfolg *m* (nur mehr in der Füg.:) ~ **almak** (bşden) 1. Erfolg haben, sein Ziel erreichen 2. genießen; s. a. **felekten** ~ **almak**

kama (I) [×·] 1. langer, gerader, zweischneidiger Dolch 2. *techn. Bez.* für Befestigungsmittel wie Keil, Dübel, Stift, Splint *m*, Lünse *f*, Heftklammer *f* (in der Buchbinderei); *naut.* Staukeil, Vorstecker *m;* Glaserecke *f* (zur Befestigung von Fensterscheiben im Rahmen) 3. ein (urspr. im Gesicht des Verlierers angebrachtes) Zeichen für gewonnene Spiele 4. (Geschütz-)Verschluß *m* ~ **basmak** 1. ein gewonnenes Spiel markieren 2. gewinnen (Spiel) ~ **biçiminde** keilförmig ~ **çakmak** verkeilen ~ **çivi** Nagelkeil *m* ~ **gövdesi** Verschlußstück *n* ~ **-ya gelmek** 1. aufeinander losstechen 2. sich prügeln, handgemein werden ~ **kolu** Verschlußhebel *m* ~ **tertibatı** *mil.* Verschlußvorrichtung *f* (an Geschützen) ~ **vidası** Verschlußschraube *f*

kama (II) *hist.* gegenseitige Anrede gleichaltriger Bediensteter im Serail

kamacı [×··] **(ustası)** Artillerie-mechaniker, -schlosser *m*

kamakuyruk Kreuzung *f* von **dağlıç** und **kıvırcık**

kamal *(ungebr.)* Burg, Festung *f* *kale (*Anm.*: Die Mitte der 30er Jahre angestrebte Ersetzung des Namens **Kemal** durch **Kamal** hat sich nicht durchführen lassen.)

kamalamak 1. erdolchen 2. *techn.* (ver-)keilen

kamalı 1. mit Dolch(-en) 2. mit Verschluß(-kammer) ~ **diş** Stiftzahn *m* *pivolu diş ~ **ekleme** Falzverbindung, Verlaschung *f* (bei Holzarbeiten)

kamamsı 1. dolchähnlich 2. keilförmig ~ **çıkıntı** *an.* Schwertfortsatz *m* (am unteren Ende des Brustbeins) ~ **kertenkele** Ruineneidechse *f zo.* Lacerta sicula

Kaman *n.pr.* Städtchen u. D. im Rbz. Kırşehir

kamanço s. **kavança**

kamara [×··] 1. (Schiffs-)Kabine, Kajüte *f* 2. Gelenkrand *m* (an der Schuhsohle) 3. *parl.* Kammer *f*, Haus *n* Zu 3: s. **Avam (Lordlar) ♀sı;** ~ **iskele kaportası** *naut.* Kajütskappe *f* ~ **iskelesi** *naut.* Niedergangstreppe *f* ~ **kaportası** *naut.* Oberlicht *n* ~ **pusulası** *naut.* Hängekompaß *m* (in der Kapitänskajüte) *tavan pusulası ~ **yolcusu** *naut.* Kajütenpassagier *m*

kamaracı *naut.* Kombüsenhelfer *m* (auf Kriegsschiffen)

kamarilla [··×·] Kamarilla, Hofclique *f*

kamarot, -tu 1. *naut.* (Schiffs-)Steward *m* 2. Zimmerkellner *m* (im Hotel)

kamartin *naut. hist.* Kommandobrücke *f* e–r Galeere

kamaşık 1. geblendet (Augen durch grelles Licht) 2. stumpfgeworden (Zähne) 3. *dial.* Tapsigkeit, Ungeschicklichkeit *f*, Fehler *m*

kamaşmak 1. geblendet werden (Augen durch grelles Licht) 2. stumpf werden (Zähne durch Säure)

kamayö Camaieu *f:* 1. e–e Kameenart 2. s. **ṭektonlu**

kambak *dial.* Holzabfälle *pl.*

kambel Buckel *m* (e–s Menschen) ~ **otu** Judenkirsche *f bot.* Physalis alkekengi **-i çıkmış** krumm und bucklig (infolge hohen Alters)

Kamber 1. *urspr.* Name des Leibdieners des 4. Kalifen (Ali) 2. ♀ *va.* getreuer Diener, unzertrennlicher Gefährte 3. *mV spez. lit.* der Held in der Erzählung **Arzu ile Kamber. ♀siz düğün olmaz.** *mst. iron.* Er muß ja immer dabei sein. Ohne ihn geht die Sache nicht.

kamber (*engl.* **camber**) *mot.* Achs-, Rad-sturz *m*

Kambis *n.pr.* Kambyses (Name zweier pers. Könige, *spez.* Kambyses II., Sohn Cyrus des Großen)

kambiyal, -li *H* gezogener Wechsel, Tratte *f*, *spez.* eigener (trockener) Wechsel, Solawechsel *m* *emre muharrer senet

kambiyo [×··] 1. Devisen-handel *m*, -geschäfte *pl.* 2. *spez.* Devisenausfuhr *f* 3. Devisen *pl.* 4. Devisenstelle *f* 5. Handels-, Wechsel-papier *n* *ticarî senet 6. Geldwechsel *m* 7. Wechselgeschäfte *pl.* ~ **acentası** Wechselagent *m* ~ **alımının tahdidi** Devisenankaufsbeschränkung *f* ~ **borsası** Wechselbörse *f* ~ **fiyatı** Umrechnungs-, Wechsel-kurs *m* ~ **hukuku** Wechselrecht *n* ~ **muameleleri** Wechselgeschäfte *pl.* ~ **mukabili ikraz** Darlehen *n* auf Devisen ~ **murakabesi** (*od.* ~ **denetimi**) Devisen-überwachung, -bewirtschaftung *f* ~ **müdürlüğü** Devisenstelle *f* ~ **rayici** Wechselkurs *m* ~ **taahhüdü** *jur.* Wechselverbindlichkeit *f*

kambiyocu 1. Wechselmakler *m* 2. Devisenhändler *m*

kambiyoculuk 1. Beruf *m* od. Tätigkeit *f* e–s Wechselmaklers 2. Devisenhandel *m*

kambiyum s. **doğurgan doku**

Kamboç, -cu *n.pr. geogr.* Kambodscha

Kamboçça Kambodschanisch(-e) *n*

Kamboçlu Kambodschaner(-in *f*) *m*, kambodschanisch

Kambodya s. **Kamboç**

kambre (*franz.* **cambré**) mit Hohlkreuz (Pferd)

kambrik s. **gambrik** (I)

kambriyum *geol.* Kambrium *n*

Kambuciya s. **Kambis**

kambur 1. Buckel *m* (e–s Menschen) 2. Buckel, Höcker *m*, Erhöhung, Ausbuchtung, Beule, Wölbung *f* 3. bucklig 4. gekrümmt, krumm, herausgewölbt, ausgebaucht 5. was sich geworfen hat (*spez.* Holz) ~ **balina** Buckelwal *m zo.* Megaptera nodosa ~ **felek** launenhaftes Schicksal ~ ~ **üstüne** s. ~ **üstüne** ~; ~ **makinesi** Abpreßmaschine *f* (des Buchbinders) ~ **üstüne kambur** 1. doppelte Entgleisung, Lapsus *m* im Quadrat 2. doppeltes Ärgernis ~ **zambur** (*od.* **zumbur**) 1. krumm und bucklig 2. über Stock und Stein; bergauf, bergab **-u çıkmak** 1. e–n Bukkel bekommen 2. von der Last des Alters gebeugt sein **-unu çıkarmak** *fig.* 1. e–n Buckel machen (z.B. Katze) 2. e–e tiefe Verbeugung (e–n Bückling) machen

kamburlaşmak 1. bucklig werden, e–n Buckel bekommen 2. sich ausbuchten, sich herauswölben, sich werfen (z.B. Holz)

kamburluk 1. Buckligsein *n* 2. *med.* Wirbelsäulenverkrümmung *f* *jibozite 3. Erhöht-, Ausgebuchtet-Sein *n*, Hökkerigkeit *f*

kambursinekler Buckelfliegen *pl. zo.* Phoridae

kambut, -tu s. **gambut**

kamçı 1. Fuhrmannspeitsche *f* (länger als **kırbaç**) 2. kleine Troddel an der Gebetskette 3. *naut.* Tamp *m* (Tau-, Ketten-ende *n*), Steert *m* 4. *bot.*, *zo.* Geißel *f*, Flagellum *n* ~ **bağı** *naut.* Roll-steek, -stich *m* ~ **başı** Flock-, Florettseide *f* ~ **çalmak** *od.* ~ **ile vurmak** mit der Peitsche schlagen, drauflosschlagen ~ **darbesi** 1. Peitschenhieb *m* 2. *naut.* plötzliches Krängen e–s Schiffes ~ **ipi** Peitschenschnur *f* (am Webstuhl) ~ **kılıç** Florett *n*, Stoßdegen *m* ~ **kuyruk** 1. haarloser Pferdeschwanz 2. e–e geschätzte Schafart **(kıvırcık);** ~ **yemek** die Peitsche bekommen, ausgepeitscht werden **-yı şaklatmak** mit der Peitsche knallen

kamçılamak 1. (aus-, durch-)peitschen 2. heftig schlagen, peitschen (Wind, Regen usw.) 3. aufpeitschen, beleben, anregen (Nerven) 4. et. eifrig verfolgen; eifrig hinter et. her sein

kamçılı 1. mit Peitsche 2. mit kleiner Troddel (Gebetskette) 3. *fig.* gewalttätig vorgehend 4. *naut.* mit Tamp 5. *zo.* geißelförmig ~ **medeniyet** *pol.* Gewaltregime *n* ~ **palanga** *naut.* Steerttalje *f* ~ **torno** *naut.* Steertblock *m*

kamçılılar *zo.* Flagellaten, Geißeltierchen *pl. zo.* Mastigophora *züllevahik

kamçur *hist.* (bis zur Tanzimat-Periode) Schlachtviehsteuer *f* (in den Ostprovinzen)

kame Kamee *f* *renkli kabartma

kamelot, -tu (*franz.* **camelote**) Schund *m*, Schleuderware *f*, Ramsch *m*

kamelya [·×·] Kamelie *f bot.* Thea japonica *çingülü, japongülü

kamelyalı mit Kamelie(-n) ≗ **Kadın** Kameliendame *f* (Dumas fils)
kamer *va.* Mond *m* *ay ~ **ayı** Mondmonat *m* ≗ **suresi** Name der 54. Koran-Sure ~ **yılı** Mondjahr *n* *senei kameriye **-e merdiven dayamak** *fig.* et. Unmögliches wollen
kamera (Film-)Kamera *f*, (Film-)Aufnahmegerät *n*
kameralı mit (Film-)Aufnahmegerät
kameraman Kameramann *m*
kamerbalığı, -nı s. **pervanebalığı**
kamerî *va.* den Mond betreffend, Mond-
kameriya; kameriye (Garten-)Laube *f*
kamertay „Mondpferd" *n* (des türk. Märchens)
kamet, -ti [ā] 1. Größe, Statur *f* 2. der laute Gebetsruf des Müezzin (nämlich: **kadkametüssalâ**) 3. Rufen *n*, Lärm *m* 4. *fr.* Längenmaß *n* von sechs Fuß (ca. 1,80 m) ~ **almak** (*od.* **getirmek**) zum Gebet rufen ~ **vermek** (*od.* **-e kalkmak**) lärmen **-i artırmak (azıtmak, uzatmak)** *fig.* laut reden od. schreien, sich aufdringlich od. ungezogen benehmen
kametli [ā] hochgewachsen, schlank
kamga *dial.* s. **kambak**
kamgarn Kammgarn *n* *taranmış yün
kamış 1. (*a.* **bayağı** ~) Schilf(-rohr) *n bot.* Phragmites communis 2. s. **kalem -ı** 3. Bambusrohr *n bot.* Bambusa *bambu, hezaren 4. s. **şekerkamışı** 5. *an.* männliches Glied, Penis *m* *kadip 6. aus Rohr hergestellt, Rohr- 7. mit Schilf gedeckt, Schilf- 8. *mus.* a) Rohrblatt *n*, Zunge *f* (e–s Bl.i.) b) Mundstück *n* (bei Oboe, Klarinette) ~ **atmak** (b–ne) *mst. hum.* j–n hereinlegen ~ **başı** *an.* Eichel *f* (am Penis) *glans, haşefe ≗ **Bayramı** Laubhüttenfest *n* (der Juden) ~ **dam** schilfgedecktes Dach ~ **gemciği** *an.* Vorhautbändchen *n* ~ **kalem** Rohrfeder *f* *saz kalem ~ **kemiği** *an.* Wadenbein *n* *fibula, perone ~ **koymak** *V* j–m e–n (üblen) Streich spielen; j–n hereinlegen ~ **olta** Angelrute *f* (aus Rohr) ~ **otu** Igelkolben *m bot.* Sparganium ~ **pırasası** e–e geschätzte Lauchart mit großen weißen Stengeln ~ **sandalye** Korbstuhl *m* ~ **şekeri** Rohrzucker *m* *sakaroz **-a su yürümek** geschlechtsreif werden (Junge) **-ı kırmak** sich den Tripper holen
kamışçık Lötröhrchen *n* (des Goldschmieds)
kamışkulak *P* mit schmalen, langen, aufrechtstehenden Ohren (Pferd)
kamışlı 1. mit Rohr od. Schilf bestanden 2. hart
kamışlık Röhricht, Ried *n*
kamışsı *bot.* rohr-förmig, -ähnlich, Rohr- *kasabî ~ **yumak** Rohrschwingel *m bot.* Festuca arundinacea
kamikaze (japanisches) Kamikaze-Flugzeug
kâmil 1. ganz, vollkommen, vollständig 2. fehlerlos, vortrefflich, vorzüglich 3. gebildet, gelehrt, kenntnisreich 4. in reiferem Alter, gereift (Mann) 5. ≗ *mV* 6. ≗ **efendi** *F* (Ehe-)Frau *f* 7. *V* Haschisch *n* ~ **adet** s. **yetkin sayı**
Kâmile *wV*
kâmilen [×··] *Adv.* voll-ständig, -zählig, ganz, restlos, alle zusammen, sämtlich
Kâmiliye *n.pr.* e–e schiitische Sekte
kâmillik 1. Vollkommenheit, Vorzüglichkeit, Vortrefflichkeit *f* 2. reifes Alter; Gereiftsein *n* (des Mannes)
kâmin *phil., phys.* potentiell *gizil, meknî, potansiyel
kamineto [··×·] 1. kleinerer Spirituskocher *ispirtoluk 2. Spiritus-, Heiz-lampe *f*
kamis [ī] 1. *va.* Hemd *n* 2. *biol.* Tunica *f* *gömlek
kamisiye [·–··] s. **gömlekliler**
kamoy *(heute ungebr.)* s. **kamuoyu**
kamp, -pı (Übungs-, Arbeits-, Ferien-, Kriegsgefangenen-, Konzentrations- usw.)Lager *n*
kampana [·×·] 1. große Glocke *çan 2. *naut.* Schiffsglocke *f* 3. **(-lar)** *V* Hoden *pl.* ~ **çiçeği** unbeschriebener Blaustern *bot.* Scilla nonscripta *yabanî sümbül çiçeği **Yemek kampanası çaldı.** Es hat zum Essen geläutet.
kampanacı *V* Scharlatan, Marktschreier, Schwindler *m*
kampanella [··×·] *mus.* Glockenspiel *n*
kampanya [·×·] 1. Kampagne *f* (in der Zuckerrübenindustrie) 2. *allg.* Ernten *n*, Ernte *f* (z.B. bei Tee, Tabak, Trauben) 3. *fig.* Kampagne *f*, Feldzug *m* Zu 3: s. **seçim -sı;** ~ **açmak** (*od.* **-ya girişmek**) e–e Kampagne starten
kampaund (*engl.* **compound**) (*od.* ~ **makine**) *techn.* Verbundmaschine *f*
kampçı Camper *m*, Zeltender
kampçılık Camping, Zeltleben *n*
kampeş Kampesche-, Blau-holz *n*
kamping (*engl.* **camping**) Zelten *n* ~ **kulübü** Ausflugsverein *m* ~ **yapmak** zelten ~ **yeri** Zelt-platz *m*, -lager *n*, Camping-Platz *m*
kampüs (*engl.* **campus**) *selt.* Universitätsgelände *n* (spez. in Nordamerika)
kâmran [– –] 1. *va.* wer sein Ziel erreicht hat; glücklich, zufrieden 2. s. **kâmuran;** ~ **etmek** glücklich machen; zufriedenstellen
kâmranlık *va.* Glück *n*, Zufriedenheit *f*
kamu 1. all, ganz, sämtlich *hep, bütün 2. (Volks-)Gemeinschaft, Gesellschaft *f* *amme, maşer ~ **âlem** 1. alle Leute *pl.;* jedermann 2. Publikum *n*, Öffentlichkeit *f* ~ **çıkarı** s. ~ **yararı;** ~ **davası** *jur.* öffentliche Klage ~ **düzeni** öffentliche Ordnung ~ **emlâki** öffentliches Eigentum ~ **emniyeti** öffentliche Sicherheit ~ **erki (gücü, kudreti)** Staats-autorität, -hoheit *f;* öffentliche Gewalt ~ **girişimleri** öffentliche Unternehmungen *pl.* ~ **güveni** *jur.* öffentlicher Glaube ~ **hakları** *jur.* Grundrechte *pl.* ~ **hizmeti** (*od.* ~ **görevi**) öffentlicher Dienst ~ **hizmeti görevlisi** Beamter od. Angestellter im öffentlichen Dienst ~ **hizmetlerinden yasaklık** *jur.* Verbot *n* der Bekleidung öffentlicher Ämter ~ **hukuku** öffentliches Recht ≗ **İktisat Teşebbüsleri** s. **KİT;** ≗ **İşçileri Sendikası** = ÖTV (Gewerkschaft öffentliche Dienste, Transport und Verkehr) ~ **kuruluşları** öffentliche Anstalten od. Einrichtungen *pl.* ~ **malları** (*od.* ~ **mülkiyeti**) öffentliches Eigentum ~ **mülâkatı** Hearing *n* ~ **sanısı** s. **kamuoyu;** ~ **sektörü** staatlicher Sektor ~ **sigortası** öffentliche Versicherung ~ **tüzelkişileri** Körperschaften *pl.* od. juristische Personen des öffentlichen Rechts ~ **tüzelkişilerinin malları** öffentliches Eigentum ~ **yararı** öffentliches Interesse; Staats-, Gemein-wohl *n*, Gemeinnutz *m* ~ **yatırımları** Investitionen *pl.* der öffentlichen Hand ~ **yönetimi** *jur.* Verwaltung *f* (im Sinne e–s örtlich und sachlich begrenzten Verwaltungszweigs) **-ya yararlı dernek** gemeinnütziger Verein
kamuflaj (*franz.* **camouflage**) 1. *spez. mil.* Tarnung *f; a.* Tarnsprache *f* 2. *fig.* Firnis, Schleier *m* 3. *selt.* Blendbild *n*, Fata Morgana *f* ~ **ağı** *mil.* Tarnnetz *n*
kamufle (*franz.* **camouflé**) getarnt (*a. fig.*) ~ **etmek** tarnen
kamuiradeci(-lik) s. **pantelist; pantelizm**
kamul gemeinschaftlich, allgemein, öffentlich, staatlich, kollektiv *am, müşterek, kolektif
kamulaştırma 1. Sozialisierung *f* 2. s. **istimlâk;** ~ **karşılığı** (*od.* **parası**) Entschädigung *f* für Enteignung
kamulaştırmak 1. sozialisieren *içtimaîleştirmek, sosyalize etmek, toplumlaştırmak 2. enteignen *istimlâk etmek
kamulca [·×·] *Adv.* im allgemeinen; gemeinhin *alelumum
kamulculuk s. **komünizm**
kamuluk *va.* Menge, Masse *f*, Haufen *m* *kalabalık
kamumantıkçı(-lık) s. **panlojist; panlojizm**
kamuoyu, -nu öffentliche Meinung *efkârıumumiye, halk efkârı
kâmuran 1. s. **kâmran** 2. ≗ *mV, wV*
kamus [– –] 1. *va.* Ozean *m* 2. (großes) Wörterbuch ≗**u**

Türkî das große osm. Wörterbuch von Şemsettin Sami (1901) **-ülulum** *va.* s. **ansiklopedi**
kamusal kollektiv, öffentlich, Gemein- *maşerî, umumî, resmî
kamusallaşma Kollektivierung *f*
kamutanrıcı(-lık) s. **panteist; panteizm**
Kamutay *(heute kaum mehr gebr.)* **Türkiye Büyük Millet Meclisi(-nin Genel Kurulu)**
kamutinci(-lik) s. **panpsişist; panpsişizm**
kamyon 1. Lastkraftwagen, LKW *m*, Lastauto *n* 2. Lastwagenladung *f* 3. *V* Dirne, Hure *f* ~ **kolu** LKW-Kolonne *f* **≗lara kapalı!** Für LKW gesperrt!
kamyoncu 1. LKW-Besitzer *m* 2. Inhaber *m* e–s Lastkraftwagenunternehmens 3. LKW-Fahrer *m*
kamyonculuk 1. LKW-Betrieb *m*, Fuhrunternehmen *n* 2. Beruf *m* od. Tätigkeit *f* e–s LKW-Fahrers 3. Beförderung *f* mit LKW
kamyonet, -ti Kleinlastwagen *m*, Liefer-auto *n*, -wagen *m*
kamyonlu mit Lastkraftwagen ausgerüstet
kan 1. Blut *n* 2. Abstammung, Rasse, Art *f*, Geschlecht *n*, Stamm *m*, Familie *f* 3. Totschlag, Mord *m* 4. erbitterte Feindschaft 5. Blutrache *f* 6. Blutvergießen *n*, Krieg *m* ~ **ağlamak** 1. bitterlich weinen 2. *fig.* großen Kummer haben, sich sehr grämen ~ **akçesi** Blut-, Sühne-geld *n* ~ **akıtmak** 1. Blut fließen lassen 2. ein Opfertier schlachten 3. s. **yüreklerden ~ akıtmak; ~ akmak** fließen (Blut) ~ **akmaksızın** ohne Blutvergießen ~ **aktarımı** s. **kanaktarım; ~ aktarmak** *med.* Blut übertragen, e–e Transfusion vornehmen ~ **alacak damar** *fig.* 1. Kernpunkt *m* (e–r Angelegenheit) 2. j–s schwache Seite; Achillesferse *f* ~ **aldırmak** 1. e–e Blutentnahme veranlassen 2. sich Blut abzapfen lassen ~ **alma** Aderlaß *m* ~ **almak** 1. Blut entnehmen 2. zur Ader lassen, Blut abzapfen 3. *V* von j–m et. haben wollen ~ **aramak** blutige Rache nehmen wollen ~ **bağışı** Blutspende *f* ~ **bankası** (Blutbank *f*), Blutspendezentrale *f* ~ **basıncı** Blutdruck *m* *tansiyon ≗ **başına çıktı (fırladı, uğradı).** *od.* ≗ **beynine sıçradı (vurdu).** Das Blut stieg (schoß) ihm in den Kopf. Es packte ihn die Erregung (Wut). ~ **boğmak** (b–ni) an Gehirnblutung sterben ~ **boşanmak** in Strömen fließen (Blut) ~ **bulaşıkları** Blut-flecken, -spritzer *pl.* ~ **çanağı** 1. Becken *n* (beim Aderlaß) 2. *fig.* **gözleri ~ çanağına dönmek** blutunterlaufene Augen bekommen (vor Zorn od. anderer Erregung) ~ **çanağı gibi** ganz gerötet, zornfunkelnd, blutunterlaufen od. rotgeweint (Augen) ~ **çıbanı** 1. Furunkel *m* 2. Furunkulose *f* ~ **çıkmak** fließen, vergossen werden (Blut) ~ **çiçeği** Curaçao-Seidenpflanze *f bot.* Asclepias curassavica *yabanî altınkökü ~ **damarları** *an.* Blutgefäße *pl.* *eviyei demeviye ~ **damlamak** s. **Yanağından (Dudağından, Yüzünden) kan damlıyor.** ~ **damlası** *bot.* s. **sonbahar kanavcıotu;** ~ **davası** Blutrache, Vendetta *f* *kan gütme ~ **deryası** Blutbad *n*, Meer *n* von Blut ~ **dolaşımı** Blutkreislauf *m* ~ **dökmek** 1. Blut vergießen; verletzen, töten, umbringen 2. verletzt (getötet, umgebracht) werden ~ **dökücü** blutdürstig ~ **dökülmesi** Blutvergießen *n* ~ **durdurucu** (*od.* **kesici**) blutstillend ~ **emici koca yarasa** großer Blutsauger *zo.* Desmodus rotundus ~ **esası** Abstammungsprinzip *n* (bei Staatsangehörigkeit) ~ **etmek** 1. Blut vergießen (fließen lassen) 2. mit Blut besudeln ~ **gelmek** bluten ~ **gibi kırmızı** blutrot ~ **gitmek** 1. Blut im Stuhlgang haben 2. menstruieren 3. s. **içinden ~ gitmek.** ≗ **gövdeyi götürdü.** 1. Es entstand ein furchtbares Gemetzel (Blutbad). 2. Der Teufel war los. (Bei Schilderung e–s hitzigen Streites.) ~ **grupu** *biol., med.* Blutgruppe *f* ~ **gütme** s. ~ **davası;** ~ **gütmek** auf Blutrache ausgehen ~ **hısımlığı** Blutsverwandtschaft *f* *nesep akrabalığı ~ **hücumu** *med.* Blutandrang *m* ~ **içinde** s. ~ **revan içinde;** ~ **iğnesi** *med.* Hohlnadel *f*, Kanüle *f* ~ **ile kanun eylemek** auf illegale Weise Rache nehmen ~ **istemek** j–s Kopf fordern ~ **işeme** *med.* Blutharnen *n*, Hämaturie *f* ~ **işemek** *V* Blut und Wasser schwitzen ~ **kalemi** Rötel-stift *m*, -zeichnung *f* *sangin ~ **kanseri** Blutkrebs *m*, Leukämie *f* *lösemi ~ **karabeti** Blutsverwandtschaft *f* ~ **kardeşi** Blutsbruder *m* ~ **kardeşliği** Blutsbrüderschaft *f* ~ **kelebeği** Pärchenegel *m zo.* Bilharzia haematobia *şistozom ~ **kelebek hastalığı** *med.* Bilharziose *f*, ägyptische Wurmkrankheit *şistosomiyaz ~ **kırmızı** 1. s. **kıpkırmızı** 2. *fig.* ganz schlecht, miserabel, unter aller Kanone (**Onların en iyisi ~ kırmızı.** Das beste davon ist schon (hunds-)miserabel. (*scil.* Wie wird erst das andere sein!) ~ **kusmak** 1. Blut spukken (husten) 2. *fig.* sich abplagen, viel Mühseligkeiten durchmachen müssen ~ **kusup kızılcık şerbeti içtim demek** *fig.* Galgenhumor besitzen ~ **kürecikleri** *an.* Blutkörperchen *pl.* ~ **leğeni** (*od.* ~ **tası**) s. ~ **çanağı** (1); ~ **muayenesi** Blutuntersuchung *f* ~ **nakli** *med.* Blutübertragung, Transfusion *f* *kanaktarım, naklüddem ~ **olmak** 1. begangen werden (Verbrechen) 2. (aralarında) herrschen (Blutfehde) 3. getötet werden (Mensch) ~ **otu** kanadisches Blutkraut *bot.* Sanguinaria canadensis ~ **oturmak** (vücudun bir yerine) entstehen (Bluterguß), blau anlaufen (Körperstelle) ~ **oturması** *med.* Hämatom *n*, Bluterguß *m* ~ **pahası** Blutgeld *n* *diyet ~ **pahasına** unglaublich teuer ~ **pıhtıları** geronnenes Blut ~ **plazması** *biol.* Blutplasma *n* ~ **portakalı** Blutorange *f* ~ **pulcuğu** *med.* Blutplättchen *n*, Thrombozyte *f* *plaket, trombosit ~ **revan içinde** 1. blutüberströmt 2. über und über mit Blut besudelt ~ **serumu** Blutserum *n* ~ **seviyesi** *med.* Blutspiegel *m* ~ **sulanması** Anämie, Blutarmut *f* ~ **tahlili** Blutanalyse *f* ~ **tayzikı inmesi** Senkung *f* des Blutdrucks ~ **temizlemek** (*in der Ra.* **Bunu kan temizler!** *(hum. od. in Erregung)* Das sollst du mir blutig büßen!) ≗ **tepesine sıçradı** s. ≗ **başına çıktı;** ~ **ter içinde** in Schweiß gebadet, ganz erschöpft ~ **ter içinde kalmak** in Schweiß gebadet sein, ganz erschöpft sein, Blut schwitzen ~ **tere batmak** *od.* ~ **terlemek** s. ~ **ter içinde kalmak;** ~ **tutmak** (b–ni) 1. kein Blut sehen können, ohnmächtig werden (beim Anblick von Blut) 2. scheintot sein 3. *fig.* unter der Gewissenslast e–s Mordes zusammenbrechen 4. in e–n Blutrausch verfallen ~ **tükürmek** s. ~ **kusmak;** ~ **tükürtmek** viel Mühseligkeiten verursachen ~ **verici** Blutspender(-in *f*) *m* ~ **vergisi** *fig.* Blut-opfer *n*, -zoll *m* ~ **vermek** Blut spenden ~ **yağmuru** *met.* Blutregen *m* (durch Saharastaub) ~ **yalaşmak** Blutsbrüder werden ~ **yutmak** sich abplagen, sich abmühen ~ **yutturmak** peinigen, quälen ~ **yuvarları** s. ~ **kürecikleri;** ~ **yürümesi** *med.* Hyperämie *f* ≗ **yüzüne çıktı.** s. ≗ **başına çıktı.** ~ **zehirlenmesi** Blutvergiftung *f* *sepsis, toksemi **-a boyamak** (*od.* **bulamak**) 1. mit Blut beschmieren 2. Blut vergießen, ein Gemetzel veranstalten **-a** (*od.* **al -lara**) **boyanmak** ganz mit Blut überströmt sein **-a girmek** e–n Mord begehen **-a ~ istemek** den Kopf e–s Mörders fordern **-a ~ kesiğe kesik** Auge um Auge, Zahn um Zahn **-a -a içmek** s. Stw. **kanmak; -a kanmak** im Blut waten, erbarmungslos töten **-a susamak** blutdürstig sein (vgl. a. **-ına susamak**); **-ı ağır** langsam im Denken und Handeln; schwerfällig **-ı bozuk** 1. entartet, degeneriert 2. charakterlos **-ı donmak** 1. wie versteinert (vor den Kopf geschlagen) dastehen 2. ganz phlegmatisch sein **-ı helâl** *va.* geächtet, vogelfrei **-ı ısınmak** (b–ne) sich j–m verwandt fühlen **-ı içinde kalmak** von e–m Gewinn nichts abgeben **-ı ile ödemek** et. mit seinem Kopf bezahlen (büßen) müssen **≗ı -la yıkamazlar.** *Spr.* Ein Mord rechtfertigt nicht e–n zweiten. **-ı kaynamak** 1. a) Schwung haben; Temperament besitzen b) ausgelassen sein, toben (z. B. Kinder) 2. (b–ne) a) j–n sympathisch finden b) j–n schnell lieb-

gewinnen, von ganzem Herzen lieben **-ı keser (kesen)** *med.* blutstillend **-ı kurumak** 1. s. **-ı donmak** 2. lebensüberdrüssig sein, am Ende seiner Nervenkraft sein, es nicht mehr aushalten können **-ı pahasına** um den Preis seines Lebens (z.B. erkaufen) **-ı sıcak** liebenswert, angenehm, sympathisch **-ı soğuk** unsympathisch, unangenehm **-ı sulanmak** blutarm werden **-ın cevelânı** *z. va.* Blutkreislauf *m* **-ın pıhtılaşma kabiliyeti** *med.* Gerinnungsfähigkeit *f* des Blutes *kanın koagülabilitesi **-ına dokunmak** j-m auf die Nerven gehen, j-n in Wut versetzen **-ına ekmek doğramak** (b-nin) schadenfroh sein **-ına girmek** (b-nin) 1. seine Hände mit Blut beflecken 2. j-s Tod herbeiführen 3. (bir kızın) e-m Mädchen die Unschuld rauben 4. weiter in j-n dringen **-ına susamak** (kendi) 1. sein Unglück selber verschulden, sich selbst in sein Unglück hineinreiten 2. lebensmüde sein **-ında olmak** *fig.* angeboren sein **-ını akıtmak** 1. (b-nin) j-n töten, umbringen 2. (kendi) sein Leben lassen müssen 3. **(içine)** a) et. geheimhalten, niemand et. merken lassen b) j-m von e-m Gewinn nichts abgeben **-ını dondurmak** 1. j-m das Blut in den Adern erstarren lassen 2. j-m auf die Nerven gehen **-ını emmek** (bşin od. b-nin) bis auf den letzten Blutstropfen aussaugen, bis zum letzten ausbeuten **-ını esirgememek** bereit sein, das Leben in die Schanze zu schlagen **-ını içmek** (b-nin) blutige Rache nehmen (an) **-ını kurutmak** (b-nin) j-m das Leben verekeln, j-m zur Last fallen **-ının son damlasına kadar** bis zum letzten Blutstropfen **-iyle ödemek** mit seinem Blut bezahlen, mit dem Tod büßen müssen **≗ları kaynaştı.** *fig.* Sie wurden unzertrennliche Freunde.

kana (I) *naut.* Tiefgangsmarken, Ahmings *pl.*

kana (II) **çiçeği** s. **hintkamışı**

kana (III) **kana** s. Stw. **kanmak**

kanaat, -ti *urspr.* [·–·], *heute oft* [··–] 1. Sich-Begnügen, Sich-Bescheiden *n*, Genügsamkeit, Anspruchslosigkeit *f* 2. Überzeugung, Ansicht, Meinung *f* *kanı ~ **beslemek** die Überzeugung hegen; hoffen ~ **etmek** (bşle) zufrieden sein (mit), Genüge finden (an) *iktifa etmek, kanmak ~ **getirmek** (bşe) et. glauben, überzeugt sein (von) **≗ gibi devlet olmaz.** *Spr.* Zufriedenheit geht über Reichtum. *Spr.* ~ **ifadesi** Meinungsäußerung *f* ~ **notu** Bewertungsnote *f* der einzelnen Fächer im Tertialzeugnis e-s Schülers ~ **sahibi** genügsam, bescheiden ~ **uyandırmak** die Meinung (den Eindruck) erwecken ~ **verici** *jur.* glaubwürdig **-inde olmak** der Meinung (Auffassung, Überzeugung) sein

kanaatbahş zufriedenstellend, glaubhaft (z.B. Auskunft)

kanaatkâr genügsam, bescheiden, anspruchslos

kanaatkârlık Sich-Bescheiden *n*, Genügsamkeit, Anspruchslosigkeit *f*

kanaatli s. **kanaatkâr**

kanabizm (*franz.* **cannabisme**) Haschischgenuß *m*

Kanada *n.pr.* Kanada ~ **balsamı** Kanadabalsam *m* (*spez.* zum Verkitten von Linsensystemen verwendet) ~ **geyiği** Wapiti *m zo.* Cervus canadensis ~ **koyunu** Dickhornschaf *n zo.* Ovis canadensis ~ **kunduzu** Kanadabiber *m zo.* Castor canadensis ~ **mercimeği** s. **akburçak**

Kanadalı 1. Kanadier(-in *f*) *m* 2. kanadisch

kanadyen (*franz.* **canadienne**) 1. Jacke *f* mit Lammfellfutter 2. Lumberjack *m*

kanağan leichtgläubig, naiv *safdil

kanağanlık Leichtgläubigkeit, Naivität *f* *safdillik

Kanaklar *n.pr.* Kanaken *pl.* (Eingeborene der Südseeinseln)

kanaktarım(-ı) Blutübertragung, Transfusion *f* *kan nakli; naklüddem

kanal 1. (Wasser-)Kanal *m*, (enge) Wasserstraße 2. *an.* Kanal, Gang *m*, Röhre *f* *kanat 3. *fig.* Kanal, Weg *m* 4. (Wasser-)Wirbel, Strudel *m* (zwischen zwei entgegengesetzten Strömungen) 5. Hauptströmung *f* (im Bosporus) 6. Rille *f*: a) *naut.* zwischen den Kardeelen e-s Taues b) zwischen den Zügen e-s Geschützlaufs c) *naut.* Laufrille *f* in e-r Scheibe (z.B. für ein Tau) 7. Leitungsrohr *n*, Abflußrinne *f* 8. Kanal *m* (bei Fernsehen usw.) Zu 3: **... -ı ile** auf dem Weg über ... ~ **açmak** 1. e-n Kanal ziehen 2. s. **lamba açmak; ≗ bölgesi** *geogr.* Kanalzone *f* (in Panama) ~ **rendesi** Grundhobel *m* (bei Holzbearbeitung) ~ **resmi** (*od.* ~ **rüsumu**) Kanalgebühr(-en *pl.*) *f* ~ **suyu** die untere (zum Schwarzen Meer führende) Bosporusströmung ~ **yürütmek** *naut.* zwischen die Kardeele e-s Taues Marling od. Hüsing einziehen

kanalcık *an.* Röhrchen *n*, kleiner Kanal *kuneyve

kanalizasyon Kanalisation, Kanalisierung *f* ~ **bacası** Gully *m, n*

kanalize kanalisiert ~ **etmek** kanalisieren

kanama Vs. zu **kanamak** Bluten *n*, Blutung, Hämorrhagie *f*

kanamak 1. bluten 2. erneut auftreten (seelisches Leid)

kanamalı mit Blutungen ~ **sarılık** *med.* Weil'sche Krankheit, Icterus infectiosus (von Ratten übertragene Gelbsucht)

kanape s. **kanepe**

kanara [·×·] 1. *va.* Schlachthaus *n* *mezbaha, salhane 2. *P* (*Verk. von* ~ **köpeği**) Hund *m* (der sich von Schlachthausabfällen ernährt)

kanarya [·×·] 1. Kanarienvogel *m zo.* Serinus canaria 2. Girlitz *m zo.* Serinus serinus *küçük iskete 3. s. **kalarya;** ~ **çiçeği** Kapuzinerkresse *f bot.* Tropaeolum canariense ~ **gülü** japanischer Ranunkelstrauch *bot.* Kerria japonica ~ **kafesi** 1. Kanarienkäfig *m* 2. *fig.* bloßes Spielzeug ~ **otu** 1. Kanariengras *n bot.* Phalaris canariensis *serçe yem otu 2. Jakobskreuzkraut *n bot.* Senecio jacobaea *Yakup otu 3. gemeines Kreuzkraut *bot.* Senecio vulgaris 4. Vogelmiere *f bot.* Stellaria media ~ **sarısı** hellgelb ~ **yemi** Samen *pl.* des Kanariengrases

Kanarya adaları *n.pr.* Kanaren *pl.*, Kanarische Inseln *pl.*

kanaryalık 1. Kanarienkäfig *m* (*spez.* für Züchtung) 2. *naut.* Heck-, Achter-galerie *f* (bei alten Linienschiffen)

kanasta [·×·] *Ka.* Canasta *n*

kanat (I), **-tı** [·–] 1. *va.* unterirdische Wasserführung; Kanal *m* 2. *an.* Kanal, Gang *m*, Röhre *f* *kanal **-ı dafika** s. **atarkanal; -ı merare** s. **koledok kanalı; -ı nısfı daireviye** s. **yarım daire kanalları; -ı sadrî** s. **göğüs kanalı**

kanat (II), **-dı** 1. Flügel *m* (e-s Vogels, Fensters, Gebäudes, Schranks, Heeres, Propellers, e-r Türe, Windmühle usw.); Tragfläche *f* (e-s Flugzeugs) 2. Flosse *f* 3. Hälfte *f* e-s zweiteiligen Vorhangs 4. Schaufel *f* (e-s Schaufelrads, e-r Turbine usw.) 5. *fig.* Schutz *m*, Fittiche *pl.* 6. Seitenblatt *n* (e-s Sattels) *kulak Zu 1: **NATO'nun güney -ı** *pol.* die Südflanke der NATO ~ **açıklığı** Flügelspanne *f* ~ **açmak** 1. die Flügel ausbreiten 2. *naut.* die Segel setzen 3. *fig.* s. ~ **germek;** ~ **alıştırmak** *fig.* sich allmählich gewöhnen (an), sich langsam einarbeiten (in) ~ **çırpmak** mit den Flügeln schlagen; flattern ~ **eri** *mil.* Flügelmann *m* *dizibaşı ~ **germek** (b-nin üstüne) *fig.* j-n unter seine Fittiche (seinen Schutz) nehmen ~ **kaidesi** Ansatzstelle *f* der Flügel ~ **sürgüsü** s. **espanyolet;** ~ **vermek** sich beeilen **-ı altına almak** (b-ni) s. ~ **germek; -ı altına girmek** (*od.* **sığınmak**) (b-nin) bei j-m Schutz suchen **-iyle uçmak** j-s Schutz genießen

kanata [·×·] einhenkliger Becherkrug aus Ton od. Blech mit breiter Ausgußöffnung (auch als Meßbecher verwendet)

kanatayaklıgiller Flug-, Fleder-hunde *pl. zo.* Pteropodidae

kanatçık 1. Flügelchen *n* 2. Höhen- und Seiten-Leitwerk *n* (e-s Flugzeugs) 3. Heizkörper-Rippe *f*

kanatlandırmak 1. mit Flügeln versehen 2. *V* stehlen, klauen, entwenden
kanatlanmak 1. Flügel bekommen 2. flügge werden; davonfliegen 3. sich j–s Schutz sichern; **kanatlanmışçasına** wie auf Flügeln
kanatlı mit Flügel(-n), geflügelt, Flügel- ~ **bomba** *mil.* Flügelmine *f* ~ **böcekler** geflügelte Kerbtiere *pl. zo.* Pterygota ~ **ceviz** (kaukasische) Flügelnuß *f bot.* Pterocarya fraxinifolia (liefert wertvolles Holz) ~ **çarık** *griech. Myth.* Flügelschuh *m* (des Götterboten Hermes) ~ **hayvanlar** Geflügel *n* *kümes hayvanları ~ **her dem taze** australisches Papierknöpfchen *bot.* Ammobium alatum ~ **karesi** *astr.* Pegasus-Viereck *n* ~ **keseli** s. **uçankeseli;** ~ **koltuk** Ohren-, Backen-sessel *m* ~ **sıtması** *vet.* Vogelmalaria *f* ~ **supap** s. **kelebek valf;** ~ **tarak makinesi** Schaufelbagger *m* ~ **tulumba** Flügelpumpe *f;* s. a. **iki** ~ **kapı**
Kanatlıat *astr.* Pegasus *m* (Sternbild)
kanatlılar s. **kanatlı böcekler**
kanatmak bluten lassen; zum Bluten bringen
kanatsı flügel-förmig, -ähnlich
kanatsız 1. ohne Flügel; ungeflügelt 2. *fig.* keine Flugzeuge besitzend ~ **böcekler** flügellose Kerbtiere *pl. zo.* Apterygota
kanatsızlar 1. s. **kanatsız böcekler** 2. s. **kivigiller**
kanava [·×·] 1. Kanevas *m*, Stickgaze *f*, Stramin *m* 2. Segeltuch *n* 3. erster Entwurf, Plan *m*, Disposition *f* ~ **işi** 1. Kreuzstich(-arbeit *f*) *m* 2. Kanevasstickerei *f*
kanavcıotu, -nu Adonisröschen, Teufelsauge *n bot.* Adonis microcarpa
kanaveçe; kanaviçe [··×·] 1. s. **kanava** (1) 2. s. **kanava işi** (2)
kanazlık s. **anemi; kansızlık**
kanbilim(-sel) s. **hematoloji(-k)**
kanca [×·] 1. (Enter-, Boots-, Ruder-, Wider-, S-, Topf-, Kessel- usw.)Haken *m* 2. Schifferstange *f* 3. gekrümmte, hakenförmige Finger *pl.* 4. Stollen *m* (an Hufeisen) ~ **ağız bağı** *naut.* Stagmaus, Mausing *f* ~ **bağı** *naut.* Nakken-, Haken-schlag *m* ~ **beraber, manca beraber** *z. va.* mit allem, was dazugehört ~ **dişli engerek** Halsschlange *f zo.* Ancistrodon halys ~ **kuruzu bağı** *naut.* einfacher Hakenschlag, einfacher Holländer **-yı atmak** (*od.* **takmak**) 1. den (Boots-)Haken auswerfen 2. *fig.* greifen, fassen (nach); sich heranmachen (an), die Angel auswerfen (nach), hinter j–m her sein 3. *fig.* belästigen, nicht in Ruhe lassen 4. auf j–m herumhacken
kancabaş 1. (bes. für Holztransporte verwendete, mit 6–8 Ruderpaaren ausgestattete) Barke mit rückwärts gekrümmtem Vordersteven (Schwarzmeerküste) 2. *hist.* (ähnlich gebaute) Barke *f* des Sultans 3. s. **alamana** (1)
kancacı *naut.* Matrose, der in e–m Boot die Schifferstange zu bedienen hat
kancalamak (m. Akk.) 1. den (Boots-)Haken auswerfen (nach) 2. mit dem (Boots-)Haken heranziehen 3. *fig.* s. **kancayı atmak**
kancalı [×··] mit Haken ~ **çivi** s. **çengelli çivi;** ~ **iğne** *selt.* Sicherheitsnadel *f* *çengelliiğne ~ **izbiro** Faßkette *f* (mit zwei Greifhaken, für waagrecht zu ladende Fässer) *çırçıl ~ **kurt** Hakenwurm *m zo.* Ancylostoma duodenale
kancık 1. weiblich (Tier) 2. *fig.* unzuverlässig, unbeständig, treulos, wortbrüchig, verräterisch, heimtückisch, arglistig 3. *V* a) Weib *n* (Frau, Mädchen) b) Hure, Dirne *f* ~ **eşek** Eselin *f* ~ **köpek** Hündin *f*
kancıklık Unzuverlässigkeit, Unbeständigkeit, Treulosigkeit *f*, Wortbruch, Verrat *m*, Heimtücke, Arglist *f* ~ **etmek** (*od.* **yapmak**) unzuverlässig (wortbrüchig) sein; e–n Verrat begehen
kançılar Kanzler *m* (Bürochef e–r diplomatischen od. konsularischen Vertretung)
kançılarlık 1. Amt *n*, Stellung *f*, Aufgaben *pl.* usw. e–s **kançılar** 2. Kanzlei *f* *kançılarya
kançılarya [··×·] Kanzlei *f* (e–r diplomatischen Vertretung od. e–s Konsulats)
kandahar Kandaharrennen *n* (Skirennen, bestehend aus Abfahrts- und Tor-lauf)
Kandahar *n.pr.* Kandahar (Stadt in Afghanistan) ~ **çıbanı** s. **Halep çıbanı**
kandaş blutsverwandt; Blutsverwandte *m, f*
kandaşlık Blutsverwandtschaft *f* *kan karabeti
kande *va.* s. **hande** (I)
kandela s. **mum** (3)
Kandıra *n.pr.* O. u. D. im Rbz. Kocaeli
kandıralı *V* schwer von Begriff; dumm
kandıraotu, -nu Sand-Reitgras *n bot.* Calamagrostis epigeios (zum Flechten von Körben u. Matten)
kandırıcı überredend, verführerisch ~ **sözlerle** mit verführerischen Worten
kandırış Überredung, Verführung *f*
kandırmaca *P* Ausrede *f*, Täuschungsmanöver *n*
kandırmak 1. überreden *ikna etmek 2. (durch Schmeichelworte) verführen, verleiten, betören, bewegen 3. den Durst stillen Zu 3: **Su serin olmayınca insanı kandırmaz.** Wenn das Wasser nicht kühl ist, stillt es den Durst nicht.
kandil 1. Öllämpchen *n* (wie z. B. fr. in Moscheen) 2. Seifenblase *f* (der Kinder) 3. *V* betrunken 4. s. **veyyöz;** ~ **çiçeği** 1. in Büscheln od. Dolden wachsende Blume 2. s. **civanperçemi;** ~ **çöreği** best. Gebäck, das an e–m **kandil günü** hergestellt wird ~ **dibi** 1. *arch.* herabhängender Deckenzierat 2. *typ.* Schlußvignette *f* ~ **donanması** festliche Illumination der Minarette ~ **gecesi** religiöse Feiernacht (nämlich: **Mevlidi Şerif, Regaip gecesi, Miraç gecesi, Berat gecesi**); ~ **günü** Tag *m* vor e–r religiösen Feiernacht ~ **simidi** s. ~ **çöreği;** ~ **topu** gläserner Ölbehälter (e–s Öllämpchens) ~ **uçurmak** *Ksp.* Seifenblasen fliegen lassen ~ **yağı** minderwertiges Olivenöl ~ **yakmak** die Moscheen (während e–r religiösen Feiernacht) beleuchten **-in yağı tükenmek** *fig.* allmählich verlöschen (Lebenslicht), zu Ende gehen (Leben)
kandilböceği, -ni s. **ateşböceği**
kandilci 1. wer Öllämpchen herstellt od. verkauft 2. *fr.* Lampen-anzünder, -wärter *m* (für Moscheen und Minarette) 3. *fr.* Laternenanzünder *m*
kandilisa [··×·] *naut.* Ziehtau, Fall *n spez.* 1. (Ober-)Bramfall *n* 2. Reep *n* e–s Sonnensegels 3. Drehreep *n* 4. Aufholer *m*, Wippe *f* ~ **punya** Geitau *n* der kleineren Segel ~ **tahtası** Bootsmannsstuhl *m*
kandilleşmek sich gegenseitig an e–m **kandil günü** alles Gute wünschen
kandilli 1. mit Öllämpchen 2. schwungvoll, großartig 3. *V* sinnlos betrunken, sternhagelvoll 4. in Büscheln od. Dolden wachsend (Blume) 5. ♀ O. am Bosporus (auf der kleinasiatischen Seite) ~ **küfür** *P* grober Fluch ~ **selâm** (*od.* **temenna**) übertrieben ehrerbietiger Gruß
kandillik 1. Befestigung *f* für Öllämpchen 2. den **kandil günü** betreffend
Kandiya; Kandiye [×··] *n.pr.* Kandia, Herakleion (Stadt auf Kreta)
kandoku *biol.* Fibrin *n*, Blutfaserstoff *m* *nesci demevî
kandulotu, -nu 1. rotes Mädesüß *bot.* Filipendula rubra 2. knolliges Mädesüß *bot.* Filipendula hexapetala *(1, 2) su rezenesi
kanefor *arch.* Kanephore, Karyatide *f*
kanemi olmak *V* rotwerden, sich schämen, blamiert dastehen

kanepe 1. Kanapee, Sofa *n* 2. Bank *f* (in e–m Park, bei Gericht usw.) 3. Sitz(-platz) *m* (z. B. in e–m Autobus) 4. Kanapee *n*, belegter Toast
kanepelik was für ein Sofa usw. geeignet ist; Kanapee-, Sofa-, Bank-, Sitz-
kaneviçe s. **kanaveçe**
kanfese *va.* s. **tespihböceği**
kanfre (*franz.* **camphré**) *pharm.* mit Kampferzusatz; vgl. **alkol** ~
kanga Kang *m, n* (altchinesisches Halsbrett für Verbrecher)
kangal 1. (Draht-, Kabel-, Tauwerks-, Seil- usw.)Rolle *f naut. a.* Bucht- *f* (Tauwindung); Taukranz *m* 2. Warp *m, n*, Kettgarn *n*, Docke, Strähne *f*, Strang *m* 3. *an.* Schlinge *f* *urve 4. kranzförmig gebogenes Stück (z. B. bei Würsten) ~ **etmek** s. **kangallamak;** ~ **olmak** sich zusammenrollen, sich winden, sich schlingen
Kangal *n.pr.* O. u. D. im Rbz. Sıvas
kangalcı *fr.* wer im Istanbuler Großen Basar Gold- und Silber-litzen verkaufte
kangallamak 1. aufrollen, aufwickeln 2. Kranzform geben (z. B. Würsten) 3. *naut.* in Buchten aufschießen, in Ringen übereinanderlegen (Tauwerk)
kangava s. **galkava**
kangı 1. *dial.* s. **kağnı** 2. *va.* s. **hangi**
kangren(-li) s. **gangren(-li)**
kanguru [×··] Känguruh *n zo.* Macropus u. a. ~ **faresi** Känguruhratte *f zo.* Potorous tridactylus
kangurugiller Springbeutler *pl. zo.* Macropodida :
kanı Überzeugung, Ansicht, Meinung *f* *kanaat **-ma göre** (*od.* **kanımca**) meiner Meinung nach; meines Erachtens **(olduğu) -sına varmak** zu der Überzeugung gelangen, daß ...
kanık 1. genügsam, bescheiden, anspruchslos *kanaatkâr 2. überredet, hereingefallen *aldatılmış
kanıklanmak sich begnügen, sich bescheiden *kanaat etmek
kanıklık Genügsamkeit, Anspruchslosigkeit *f* *kanaat
kanıkmak überzeugt, befriedigt sein
kanıksamak; kanıksımak (m. Dat.) 1. sich an et. gewöhnen, nicht mehr beeindruckt werden (durch) 2. genug bekommen (von), et. überdrüssig werden
kanırmak *z. va.* (unter Kraftanstrengung) herausziehen (z. B. Nagel), abreißen (z. B. Ast), herausstemmen, öffnen (z. B. mit Keil od. Stemmeisen), (j–m den Arm) umdrehen u. ä. m.
kanırtmaç Werkzeug zum gewaltsamen Öffnen *spez.* Stemmeisen *n*
kanış 1. s. **kanı** 2. Überredetwerden *n*, Täuschung *f*
kanıt, -tı 1. Beweis(-stück *n*) *m*, dokumentarischer Beweis *beyyine, delil, hüccet 2. *log.* Deduktion, Schlußfolgerung, Konklusion *f* *istidlâl **-ların değerlendirilmesi** *jur.* Beweiswürdigung *f* *delillerin takdiri
kanıtkan überzeugend *mukni
kanıtlama Beweisführung, Argumentation *f*
kanıtlamak beweisen, argumentieren
kanıtlı auf Beweise gestützt; fundiert *müdellel
kanıtsamak als Beweis ansehen
kani (I) *va.* s. **hani**
kani (II); **kaani, -ii** [ā] 1. (bşe) überzeugt (von) 2. (bşle) wer sich mit et. begnügt, wer mit et. zufrieden ist
kâni 1. *va.* wer Anspielungen **(kinaye)** macht 2. ⌂ *mV* **Kâniye** *wV*
kanibalizm (*franz.* **cannibalisme**) s. **yamyamlık**
Kanije [·×·] *n.pr.* Kanisza (ungarische Stadt) (zweimonatige Verteidigung; ~ **Müdafaası,** 1601)
kaniş (köpeği) (*franz.* **caniche**) Pudel *m* (Hund)
kankan Cancan *m* (Tanz)
kankava Schleppnetz *n* der Schwammfischer
kankıran s. Stw. **gangren**
kankmak *va.* abrichten (z. B. Jagdfalken)
kankurutan 1. Alraun(-e *f*) *m bot.* Mandragora officinarum *Abdüsselâm otu, adamkökü, adamotu, insan kökü, hacılar otu 2. gemeines Hexenkraut *bot.* Circaea lutetiana *mermahur
kanlamak mit Blut besudeln (beflecken, beschmutzen, beschmieren)
kanlandırmak Kaus. zu **kanlanmak;** s. a. **bitini** ~
kanlanmak 1. Pass. zu **kanlamak** 2. (*a.* **kanlanıp canlanmak**) wieder zu Kräften kommen (z. B. nach e–r Krankheit) 3. sich mit Blut füllen, sich vollsaugen 4. *va.* e–n Mord begehen, zum Mörder werden Zu 3: s. **biti (gözü)** ~
kanlı 1. a) blutig, blut-befleckt, -besudelt, -beschmiert b) blutunterlaufen (Auge) 2. noch Blut enthaltend, nicht ganz durchgebraten, nur leicht gegrillt 3. mit blutigem Ausgang (z. B. Streit) 4. (*a.* ~ **katil**) Mörder *m* 5. blutreich, vollblütig, sanguinisch *demevî 6. reinrassig *safkan ~ **basur** Ruhr, Dysenterie *f* *dizanteri ~ **bıçaklı olmak** 1. in e–e blutige Schlägerei verwickelt werden 2. *fig.* einander spinnefeind sein ~ **bit** s. **elma pamuklubiti;** ~ **canlı** frisch und gesund aussehend, kräftig ~ **düşman** Todfeind *m* ~ **gömleğini giymek** (b–nin) auf j–s Tod aus sein ~ **eller** blutbefleckte Hände *pl.* ~ **hacamat** Aderlaß *m*, Schröpfen *n* mit Blutentnahme ⌂ **Kavak** ein bekanntes Karagözspiel ~ **kavga** blutige Auseinandersetzung ~ **muharebe** blutige Schlacht ~ **Nigâr** ein bekanntes Karagözspiel ~ **sürgün** *vet.* Kokzidiose *f* ~ **sürgün sporluları** *vet.* Kokzidien *pl. zo.* Eimeriidae ~ **yaş** (*od.* **gözyaşı) dökmek** 1. blutige Tränen vergießen; bitterlich weinen 2. *fig.* sich sehr grämen ~ **yürek** flammendes Herz (Gartenblume) *bot.* Dicentra spectabilis *kızkalbi
kanlıca mantarı s. **süt mantarı**
kanmak 1. (m. Dat.) glauben, überzeugt sein, daß ... 2. genug bekommen (von), seine Leidenschaft stillen, seinen Affekt befriedigen 3. sich überreden od. überzeugen lassen, auf Schmeichelworte hereinfallen, *F* sich breitschlagen lassen 4. seinen Durst (*selt.* seinen Hunger) stillen, sich satt trinken 5. (bşle) sich begnügen, sich zufrieden geben (mit) Zu 2: **Daha kanmadın mı?** Hast du noch immer nicht genug? **Bu adam paraya kanmıyor.** Der Kerl kann nicht genug Geld kriegen (*F* kann den Hals nicht voll kriegen) Zu 4: **kana kana içmek** nach Herzenslust trinken **Kanıncıya kadar içti.** *od.* **Suya kandı.** Er hat sich einmal ordentlich satt getrunken. Zu 5: **Haber vermekle kanmadı, kendi de gitti.** Er ließ es sich nicht genügen, Bescheid zu geben, er ging vielmehr selber hin.
kano 1. Boot, Kanu *n* 2. Paddelboot *n* *padılbot 3. *(Sport)* Kajak *m, n*, Kanadier *m* ~ **otomobil** Motor-, Auto-boot *n* *motörlü kano
kanocu *(Sport)* Kanute *m*, Kanutin *f*
kanon 1. Kanon *m*, Regel, Richtschnur *f spez. rel.* Glaubensvorschrift *f* 2. *mus.* Kanon *m*
kanone *mod.* mit Spitzen- od. Falten-besatz (z. B. Damenrock)
kanonik kanonisch; den Regeln entsprechend
kanoniyer *va.* Kanonenboot *n* *gambot
kanonlu; kanonsal s. **kanonik**
Kanopus *astr.* Kanopus *m* *Süheyl
kanotiye (*franz.* **canotier**) flacher, steifer Strohhut; *F* Kreissäge *f*
kanrenkli turnagagası blutroter Storchschnabel *bot.* Geranium sanguineum
kansa s. **taşlık** (3)
kanser (*franz.* **cancer**) *med.* Krebs(-krankheit *f*) *m* *incit-

mebeni ~ **ilâcı** *V* plump, beschränkt, dumm ~ **olmak** krebskrank sein ~ **yapıcı** *med.* krebserzeugend *kanserijen, kanserojen
kanserbilim *med.* Karzinologie, Krebsforschung *f*
kanserbilimsel *med.* karzinologisch
kanserijen s. **kanser yapıcı**
kanserleşme *med.* Krebsbildung *f*
kanserli *med.* krebskrank; Krebs-
kanserojen s. **kanser yapıcı**
kanseroloji s. **kanserbilim**
kansız 1. ohne Blut, blutlos, blutleer 2. unblutig (Umsturz, Operation usw.) 3. *med.* blutarm, anämisch 4. wer sich nicht für höhere Ziele begeistern kann *spez.* ohne Vaterlandsliebe, feig
kansızlık 1. Blutleere *f* 2. unblutiger Verlauf 3. Blutarmut, Anämie *f* *anemi, fakrüddem, fıkdanı dem 4. fehlende Einsatzbereitschaft für ideale Ziele *spez.* unpatriotische Gesinnung, Feigheit *f*
kanş Schmiele *f*, Schmielgras *n bot.* Deschampia caespitosa (u.a.) *kızıl yabanmersini; s.a. **mavi** ~
kantalup kavunu s. **dilimli kavun**
kantar 1. Schnell-, Laufgewichts-, Brücken-, Dezimal-waage *f* 2. *fr.* Gewichtseinheit von 44 Okka (= 176 **lodra** = 56,452 kg) 3. (**yeni** ~) 100 kg ~ **ağası** *fr.* städtischer Kontrolleur für die auf Märkten verwendeten Gewichte ~ **kabağı** (*bzw.* ~ **kavunu**) e–e bes. große Kürbis-(*bzw.* Zuckermelonen-)Art ~ **parası** (*od.* ~ **resmi**) Wiegegebühr *f* ~ **topu** Laufgewicht *n* ~ **topu soğanı** runde, rötlich-gelbe, scharfe Zwiebelart **-a çekmek** (*od.* **vurmak**) 1. (auf der Schnellwaage) wiegen 2. *fig.* sich et. genau überlegen (ansehen) **-a gelmek** gewogen werden (können) **-ı belinde** 1. geschäftstüchtig 2. klug, pfiffig, aufgeweckt, wer sich nicht düpieren läßt **-ın topunu** (*od.* **topuzunu**) **kaçırmak** *fig.* sich vergaloppieren, übers Ziel hinausschießen
kantara *va.* 1. (steinerne) Bogenbrücke *f* 2. Bogen *m*, Gewölbekrümmung *f* 3. Aquädukt *m* *su kemeri **-i Varol** s. **Varol köprüsü**
kantarcı 1. Hersteller od. Verkäufer *m* von Schnellwaagen 2. offizieller Wiegemeister
kantarcılık Beruf *m*, Tätigkeit *f*, Aufgaben *pl.* e–s **kantarcı**
kantaris s. **kuduzböceği**
kantariye *fr.* 1. offizielle Wiegegebühr 2. Gewichtszoll *m*
kantarlamak wiegen *kantara vurmak
kantarlı (*a.* **kantarlı küfür**) *V* wüster Fluch; grobes Schimpfwort ~ **atmak** wüst schimpfen; sich in Flüchen ergehen **-yı çekmek** (*od.* **savurmak**) gotteslästerlich fluchen
kantarlık 1. Aufbewahrungsort *m* für **kantar** (1) 2. ein Gewicht von soundsoviel **kantar** (2)
kantarma 1. Hohlgebiß, Maulgatter *n* (für störrische Pferde) 2. Trense *f*, Halfter *m, n*
kantarmak *va.* ein Pferd zur Tränke führen
kantaron Flockenblume *f bot.* Centaurea acaulis; s.a. **büyük (kara, kızıl, küçük, mavi, sarı)** ~
kantaşı, -nı *min.* 1. Hämatit, Roteisenstein *m* 2. Alaunstein *m* od. ähnliche blutstillende Substanz
kantat, -tı *mus.* Kantate *f*
kantatris (Berufs- *spez.* Opern-)Sängerin *f*
Kantçı 1. Kantianer *m* 2. kantisch; im Sinne der Kant'schen Philosophie
Kantçılık Kant'sche Philosophie *f*
kantik *mus.* 1. Kirchenlied *n*, Choral *m* 2. Lobgesang *m*, Hymne *f* 3. Rezitativ *n*, Sprechgesang *m* (z.B. in der Synagoge)
kantilena [··×·] *mus., lit.* Kantilene *f*
kantilevir (*engl.* **cantilever**) 1. *arch.* Konsole *f* 2. *techn.* freitragender Arm; vorspringender Träger; Ausleger *m*
kantin 1. (Werks-, Soldaten- usw.)Kantine *f* 2. *V* Lüge *f*, Schwindel *m*, Geflunker *n* ~ **atmak** *V* schwindeln, flunkern, vorlügen; (b–ne) e–n anschwindeln
kantinci Kantinenwirt(-in *f*) *m*
kantincilik Kantinenbetrieb *m*
kantitatif; kantite s. **nicel(-lik)**
Kantizm s. **Kantçılık**
kanto [×·] Kabarett-, Unterhaltungs-lied *n*, Couplet, Chanson *n* ~ **söylemek** (*od.* **-ya çıkmak**) ein Couplet singen (vortragen)
kantocu Kabarett-, Unterhaltungs-, Couplet-sänger(-in *f*) *m*, Chansonette *f*
kanton 1. Kanton *m* (Schweiz) 2. Bezirk, Kreis *m* (in Frankreich od. Belgien)
Kantsonrası *phil.* nachkantisch
Kanturus s. **Erboğa**
kanun [– –] 1. Gesetz *n* 2. gesetzlich verankertes Recht; Ordnung *f*, Vorschriften *pl.* *nizam, usul 3. Gesetzbuch *n* 4. *va.* Feldgendarmerie, Militärpolizei *f* 5. zitherartiges M.i. ~ **dışı** 1. ungesetzlich, illegal 2. vogelfrei ~ **garantisi altına alınmak** gesetzlich garantiert werden ~ **koyan;** ~ **koyucu** Gesetzgeber *m* *vazıkanun ~ **koyma** (*od.* ~ **vaz'ı**) Gesetzgebung *f* *teşri, yasama ~ **kütüğü** Gesetzbuch *n*, Gesetzessammlung *f* *mecelle ~ **lâyihası** Gesetzentwurf *m*, -esvorlage *f* ~ **maddesi** Gesetzesartikel *n* ~ **neferi** *fr.* Feldgendarm, Militärpolizist *m* ~ **sözcüsü** Staatsanwalt *m* (im Oberverwaltungsgericht; Devlet Şûrası) ~ **tasarısı** s. ~ **lâyihası;** ~ **teklifi** Gesetzesvorschlag *m* ~ **teklifi** (*od.* **önerme**) **hakkı** *jur.* Initiativ-, Vorschlags-recht *n* ~ **ve teamül** Recht und Brauch ~ **yapıcı** s. ~ **koyucu;** ~ **yapmak** Gesetze erlassen ~ **yaşı** gesetzliches Alter ~ **yolları** *jur.* Rechtsmittel *pl.* ~ **yolu ile** auf gesetzlichem Weg ~ **zabiti** *fr.* Gendarmerie-, (Militär-)Polizei-Offizier *m* **-a aykırı** gesetzwidrig **-a aykırılık** Gesetzwidrigkeit *f* **-a aykırı harekette bulunmak** sich gegen das Gesetz vergehen **-a karşı hile** *jur.* Gesetzesumgehung *f* **-da boşluk** Gesetzeslücke *f* **-dan doğan borçlar** *jur.* gesetzliche Schuld-verhältnisse, -verpflichtungen, Legalobligationen *pl.* **-lar ihtilâfı** *jur.* Gesetzes-, Statuten-kollision *f*, Gesetzeskonflikt *m* **-lar mecmuası** Gesetzessammlung *f* **-larca hareket** gesetzmäßiges Handeln **-ların iktibası** (*od.* **alınması**) *jur.* Übernahme *f* von Gesetzen, Rezeption *f* **-ların mülkîliği** *jur.* Territorialitätsprinzip *n* **-ların neşir ve ilânı** (*od.* **-ların yayını ve duyurulması**) *jur.* Veröffentlichung und Verkündigung *f* der Gesetze **-ların şahsîliği** (*od.* **kişiselliği**) *jur.* Personalitätsprinzip *n* **-ların telâhuku** *jur.* Rechtsnormenkollision *f* **ᵒu bilmemek mazeret sayılmaz.** Unkenntnis der Gesetze schützt vor Strafe nicht. **-u yürütmek** das Gesetz durch-, aus-führen **-un anayasaya aykırılığı** Verfassungswidrigkeit *f* des (erlassenen) Gesetzes **-un lafzı** *jur.* Wortlaut (Buchstabe) *m* des Gesetzes *yasanın söylemi (*od.* sözü) **-un ruhu** *jur.* Geist *m* des Gesetzes *yasanın ereği **-un tatbikı** *jur.* Anwendung *f* des Gesetzes, Subsumtion *f* unter das Gesetz **-u esasî** Verfassung(-sgesetz *n*) *f*, Staatsgrundgesetz *n* *teşkilâtı esasiye kanunu **-u medenî** s. **medenî** ~; **-u muvakkat** *jur.* Notverordnung *f*
kânun [– –] (*urspr.* Feuerstätte *f*, Herd *m*); s. **kânunuevvel, kânunusani**
kanuncu [– –·] 1. wer **kanun** (5) herstellt od. verkauft 2. s. **kanunî** (5)
kanunen [– –·] *Adv.* durch Gesetz, auf dem Gesetzesweg, gesetzlich *yasaca
kanunî [– – –] 1. das Gesetz betreffend, zum Gesetz gehörig 2. gesetzlich, gesetzmäßig, legal *kanunlu 3. Gerichts-, Rechts-, juristisch 4. *va.* Gesetzgeber *m* 5. Kanun-Spieler *m* ~ **beyyine sistemi** *jur.* Prinzip *n* der gesetzlichen Beweisregeln ~ **ehliyet kazandırmak** *jur.* befä-

higen ~ **hakem** Schlichter *m* (bei Arbeitsstreitigkeiten) ~ **mevzuat** gesetzliche Bestimmungen, Gesetze *pl.* (e-s Landes) ~ **mirasçı** gesetzlicher Erbe *yasal kalıtçı ~ **müşavir** *jur.* Rechtsbeistand *m* (bei nicht-ausreichenden Gründen für e-e Entmündigung) ~ **para** gesetzliches Zahlungsmittel ~ **sigorta** Zwangsversicherung *f* ≗ **Sultan Süleyman** *n.pr.* Sultan Süleyman (Soliman) der Große (Prächtige, Gesetzgeber) (1520–1566) ~ **temlik** *jur.* gesetzlicher Rechtsübergang ~ **temsilci** *jur.* gesetzlicher Vertreter ~ **yaş** gesetzliches Alter ~ **yedek akçe** *H* gesetzliche Rücklage ~ **yola başvurmak** den Rechtsweg beschreiten **gayri** ~ ungesetzlich, illegal, rechtswidrig, unlauter (z.B. Wettbewerb) **gayri** ~ **grev** wilder Streik

kanunîleş(tir)mek s. **kanunlaş(tır)mak**

kanunîlik; kanuniyet, -ti [– – ··] Legalität, Gesetzlichkeit, Rechtsgültigkeit *f* *kanunluluk, yasalılık ~ **kesp etmek** Rechtsgültigkeit (Gesetzeskraft) erlangen, zum Gesetz werden

kanunlaşmak [– – ··] zum Gesetz werden, Gesetzeskraft erlangen

kanunlaştırmak [– – ···] zum Gesetz erheben, Gesetzeskraft verleihen, legalisieren (z.B. e-n Brauch)

kanunlu [– – ·] 1. gesetzlich, gesetzmäßig, legal *kanunî 2. *selt.* mit dem M.i. **kanun**

kanunluluk [– – ··] s. **kanuniyet**

kanunname [– – – ·] Gesetzbuch *n*

kanunsuz [– – ·] 1. ohne Gesetz, gesetzlos, anarchisch 2. ungesetzlich, gesetzwidrig 3. ohne das M.i. **kanun**

kanunsuzluk [– – ··] 1. Gesetzlosigkeit, Anarchie *f* 2. Ungesetzlichkeit, Gesetzwidrigkeit *f* 3. *selt.* Fehlen *n* des M.i. **kanun**

kanunşinas [– – · –] rechtskundig, Rechtsgelehrter, Jurist *m*

kânunuevvel [– – ···] *va.* Dezember *m* *aralık

kânunusani [– – · – ·] *va.* Januar *m* *ocak

kanutkuşu, -nu Rotstrandläufer *m zo.* Tringa canutus

kanül *med.* Kanüle, Hohlnadel *f*, Metallröhrchen *n*

kanyak der von der Türk. Monopolverwaltung hergestellte Kognak bzw. Weinbrand

kanyon *geogr.* Cañon *m* *kapız

kanyot, -tu (*franz.* **cagnotte**) 1. (Spiel-)Kasse *f*, Spieleinsatz *m* 2. *V* das an den Besitzer des Spielsalons abgeführte Geld *mano

kaolin *min.* Kaolin *n, m*, Porzellanerde *f* *arıkil

kaolinizasyon; kaolinleşme *geol.* Kaolinisation *f* (Zersetzung des Feldspats in Kaolin) *arıkilleşme

kaos [×·] Chaos *n*

kaotik chaotisch

kap (I), **-pı** (*franz.* **cape**) 1. Umhang *m*, Pelerine *f*, Cape *n* 2. s. **melon şapka**

kap (II), **-bı** 1. Gefäß *n*, Topf *m*, Schüssel *f* 2. *gel. allg.* Behälter wie: Sack *m*, Hülle *f*, Überzug *m*, Tasche *f*, Korb *m* 3. Gang *m* (beim Essen), Gericht *n* 4. Einband, Deckel *m* (e-s Buches) 5. Umschlag-, Titel-seite *f* (z.B. e-r Zeitung) Zu 3: **üç** ~ **yemek** drei Gänge ~ **geçirmek** einschlagen (Buch); umhüllen, überziehen ~ **kacak** Küchen-geschirr, -gerät *n* ≗ **yok kacak yok.** *fig.* Die primitivsten Mittel fehlen. **-a koymak** (*od.* **bir -a kotarmak**) *fig.* et. in Ordnung bringen; e-e Lösung finden **-i dar** jähzornig; Hitzkopf *m* **-ına sığmamak** 1. überschäumen (z.B. vor Unternehmungslust) 2. sich nicht bezähmen (beherrschen, zügeln) können; unruhig hin- und herrutschen; unbeherrscht auffahren 3. von krankhaftem Ehrgeiz erfüllt sein 4. *P* sehr dick werden

kap (III), **-bı** (*engl.* **cab**) 1. Cab *n* (einspännige, zweirädrige engl. Droschke) 2. Kabriolett *n*

Kap (*in Zss.*) Kap *n* der Guten Hoffnung *Ümit burnu ~ **kedisi** Serval *m zo.* Felis serval ~ **muzculu** gemeiner Bananenfresser *zo.* Musophaga violacea ~ **müstemlekesi** Kapland *n* (*fr.* Kapkolonie) ~ **şehri** *n.pr.* Kapstadt ~ **yıldızı** s. **Afrika yıldızçiçeği**

kâp s. **kâb**

kapacık *an.* Klappe *f spez.* Herzklappe *f* *dessam(-e)

Kapadokya [··×·] *hist.* Kappadozien

Kapadokyalılar *hist.* Kappadozier *pl.*

kapak, -ağı 1. Deckel *m* (e-s Topfes, e-r Kiste usw.), Klappe *f* 2. Abschlußstein *m;* Verschluß *m;* (Flaschen-)Kapsel *f* 3. a) *zo.* Kiemendeckel *m* (der Fische) b) *bot.* Kapseldeckel *m* *sedit 4. (Buch-)Decke *f*, Einband *m;* Umschlagseite (e-r Zeitung) 5. *(Schneiderei)* Auf-, Umschlag *m*, Patte *f* 6. *math.* Kugel-haube, -kappe *f;* Kalotte *f* *takke 7. s. **suyolu -ı** 8. **(gemisi)** s. **kalyon;** 9. *Ka.* Betrugsmanöver *n* (*spez.* bei Poker) ~ **başlığı** Buchdeckelbeschriftung *f* ~ **geçirme (takma, yapma)** Kartonieren, Binden *n* (e-s Buches) ~ **kâğıdı** 1. Papier *n* für e-n Buchdeckel 2. *(bei manchen Ka.)* das aufgezeigte unterste Blatt e-s Kartenhäufchens ~ **kâğıdına pişti vermek** *V* s. **ağzı paça olmak;** ~ **kızı** Titelbildschönheit *f*, Covergirl *n* ~ **pencere** *naut.* Luke *f*, Oberlicht *n* ~ **parçası** *techn.* Lasche *f* ~ **resmi** Titelbild *n* ~ **süvarisi** *fr.* ein dem heutigen **deniz yüzbaşısı** entsprechender osm. Rang ~ **taşı** 1. breiter, flacher, als Verschluß dienender Stein 2. Edelstein *m* mit Loch in der Mitte ~ **vurmak** *fig.* geheimhalten, verheimlichen, vertuschen **-ı (dar) atmak** (bir yere) sich gerade noch retten können (ans Ufer, in ein Haus usw.)

kapakburunulu Mısır yarasası ägyptische Klappnase (Fledermausart) *zo.* Rhinopoma microphyllum

kapakburunlu yarasagiller (Familie *f* der) Klappnasen *pl. zo.* Rhinopomidae

kapakçık s. **kapacık**

kapakeyif *V* Haschisch *n*

kapaklanmak 1. mit dem Fuß hängenbleiben (od. anstoßen) und stolpern bzw. hinfallen 2. a) *naut.* kentern (Schiff) b) sich überschlagen (Pferd, Fahrzeug)

kapaklı 1. mit Deckel (Klappe, Patte) 2. ält. Modell e-s Hinterladers (*fr.* bei der Gendarmerie verwendet) 3. heimlich, verstohlen (s.a. **gizli** ~); ~ **cep** Tasche *f* mit Patte

kapaklık s. **kapak taşı**

kapaksız 1. ohne Deckel (Klappe, Patte) 2. *fig. P* ungezogen, unhöflich

kapal *va.* 1. Umzingelung, Einschließung, Umringung, Belagerung *f* 2. Be-, Ein-schränken *n*, Beschränkung *f*, Begrenzen *n*, Widmen *n*

kapalı 1. geschlossen, zugemacht 2. eingesperrt, eingeschlossen 3. zugeklappt (z.B. Buch) 4. bedeckt (z.B. Himmel), bewölkt, überzogen 5. verhüllt, verschleiert (Gesicht, Frau usw.) 6. dunkel, schwer verständlich 7. geheim *hafi, gizli 8. verschlossen (Person) ~ **alan** *(Boxen)* Saal *m* ~ **arazi** *mil.* bedecktes Gelände ~ **atlama** *(Turnersprung)* Hocke *f* ~ **bez** s. **içsalgı bezi;** ~ **büğet** s. **eklüz;** ~ **celse** (*od.* ~ **oturum**) Sitzung *f* unter Ausschluß der Öffentlichkeit ≗ **Çarşı** Gedeckter Basar *spez.* der Große Basar (in Istanbul) ~ **defans** *(Boxen)* Abwehrstellung *f* ~ **deniz** *geogr.* Binnenmeer *n* ~ **dövüşme** *(Boxen)* Clinch *m* ~ **dükkâna kira vermek** *V* verloben *nişanlamak ~ **geçmek** (bir ciheti) e-n Punkt (e-e Angelegenheit) mit Stillschweigen übergehen (nicht berühren) ≗ **gişe** *Th.* „Ausverkauft" ~ **gişe oynamak** *Th.* vor ausverkauftem Haus spielen ~ **havza** (*od.* ~ **tekne**) s. **içakışlı bölge;** ~ **hece** *gr.* geschlossene Silbe ~ **kutu** 1. was den Inhalt nicht erkennen läßt 2. *fig.* undurchsichtig, verschlossen (Person): a) *pej.* Heimlichtuer, Leisetreter *m* b) *mel.* wessen Vorzüge nicht leicht erkennbar sind; wer sich nicht in den Vordergrund drängt ~ **kutu çalışmak** im

Verborgenen arbeiten ~ **otomobil** geschlossenes Auto ~ **sözler** verblümte Worte (Reden), Anzüglichkeiten *pl.* ~ **pastırma** Name e–r Abart des Pastıra-Ka. ~ **tahkimat tesisi** *mil.* Redoute *f* *redut ~ **tirizleri** *naut.* s. **ırgadın yastıkları;** ~ **yer korkusu** *psych.* Klaustrophobie *f, F* Budenangst ~ **yetişmek** in ziemlicher Abgeschlossenheit heranwachsen ~ **yol** gesperrte Straße ~ **zarf usulü ile eksiltme** Submission *f* bei versiegeltem Angebot

kapalılık der durch **kapalı** ausgedrückte Zustand *spez.:* 1. Verschlossensein *n*; *med.* Verschluß *m; psych.* Verschlossenheit *f* 2. *fig.* Schwer-Verständlichsein *n* 3. Verschleierung, Verhüllung *f*

kapalıtohumlular bedecktsamige Blütenpflanzen *pl. bot.* Angiospermae *mesturülbüzur

kapallamak *z. va.* 1. umzingeln, einschließen, umringen, belagern, umfassen *kuşatmak 2. begrenzen, be-, einschränken (auf), widmen *hasretmek, inhisar ettirmek

kapallanmak *z. va.* 1. Pass. zu **kapallamak** 2. sich beschränken (auf); sich widmen 3. s. **kabullenmek** (1)

kapallı *z. va.* 1. umzingelt, eingeschlossen, umringt, umgeben, umfaßt, belagert *mahsur 2. beschränkt (auf) *münhasır

kapama 1. Vs. zu **kapamak** 2. Dünstfleisch *n* mit frischen Zwiebeln und Lattich, *m spez.* **kuzu -sı** 3. *fr.* fertiger Anzug, Konfektionsanzug *m* 4. *fr.* Schulausflug *m* ~ **çıkmak** ausgegeben werden (Dienstkleidung in öffentlichen Ämtern) ~ **düzeni (kapağı, musluğu, valfı)** *techn.* Absperr-Vorrichtung (-klappe *f*, -hahn *m*, -ventil *n*) ~ **zinciri** Sperrkette *f*

kapamaca(-sına) s. **kapı** ~

kapamacı *fr.* Konfektionär *m*, Hersteller od. Verkäufer *m* von Konfektionsanzügen *hazırcı

kapamaç jeder Verschluß wie: Schloß *n*, Riegel *m*, Schnalle *f* usw.

kapamak (I) *P* Verschluß *m*, Verhüllung, Decke *f*

kapamak (II) 1. schließen (a. z. B. e–n Betrieb), zumachen 2. ein-sperren, -schließen, in Verwahr (unter Verschluß) nehmen 3. zuklappen (Buch) 4. be-, zu-decken 5. daraufdecken, -stülpen, -tun (Verschluß) 6. über-decken, -dachen (z. B. Schwimmbad) 7. zuziehen (Vorhänge) 8. zudrehen, absperren (Wasser-, Gas-hahn) 9. ausschalten (z. B. Licht, Radio) 10. abstellen (z. B. el. Strom) 11. zukleben, verschließen (z. B. Briefumschlag) 12. (für den Durchgangsverkehr) sperren (z. B. Straße) bzw. versperren 13. verstopfen (z. B. Leitungsrohr) 14. zustopfen (z. B. Loch) 15. zuwerfen (z. B. Bombentrichter) 16. unbenutzbar, unpassierbar machen (z. B. Schneefälle e–e Straße) 17. versperren (Weg, Aussicht usw.) 18. beenden, erledigen (z. B. Affäre) 19. geheimhalten 20. aufkaufen, horten (Waren) 21. verhüllen, verschleiern 22. **(bahsi)** nicht mehr reden (von) 23. nicht offen aussprechen (z. B. Drohungen) 24. vertreiben, verschlagen (Appetit) 25. **(telefonu)** den Hörer einhängen bzw. auflegen 26. beilegen, bereinigen (z. B. Grenzzwischenfall) 27. *mil.* abriegeln (feindlichen Fronteinbruch) 28. abschließen (Rechnung); verrechnen (z. B. Guthaben und Forderung) 29. (das Erscheinen e–r Zeitung usw.) verbieten 30. stillegen (z. B. Bergwerk)

kapan 1. Part. Präs. zu **kapmak** 2. (tragbare) Falle *f* 3. *fig.* Falle *f* 4. Stroh- od. Heu-umhüllung *f* (als Schutz für Pflänzlinge) 5. *va.* städtische Waage für den Engros-Verkauf *m* von Lebensmitteln 6. Markt(-platz) *m* Zu 1: ~ **kapana** *F* allgemeine Balgerei (z. B. bei e–m Ausverkauf) Zu 6: s. **Unkapan.** ≗ **da kaçan mı?** *P* 1. (Das) kommt gar nicht in Frage! 2. Nichts zu machen! ~ **gemisi** *mil.* als Handelsschiff getarntes Kriegsschiff ~ **hacıları** *fr.* Markthändler *pl.* ~ **hakkı** Wiegegebühr *f* ~ **kurmak** e–e Falle stellen *(a. fig.)* ~ **naibi** *fr.* Marktkontrolleur *m* ~ **taciri** *fr.* (Fett-, Öl-, Honig-, Mehl-)Händler *m* ~ **yapraklar** Blätter *pl.* der fleischfressenden Pflanzen **-a düşmek (girmek, kısılmak, tutulmak)** 1. in die Falle gehen, gefangen werden 2. *fig.* in e–e mißliche Lage geraten **-a düşürmek (kıstırmak)** 1. j–n in e–e Falle locken 2. j–m Unannehmlichkeiten bereiten **-ın elinde kalmak** sehr gefragt sein (Ware) **-ın elinde kaldı ...** ist ausverkauft

kapanca 1. kleinere (Vogel-)Falle 2. s. **kapan** (3, 4)

kapancı *fr.* offizieller Wiegemeister (für Lebensmittel)

kapandırmak 1. ein Stolpern od. Hinfallen verursachen 2. *naut.* krängen (Schiff)

kapanduygu *med., psych.* Idiopathie *f* *idiyopati

kapanduygusal *med., psych.* idiopathisch *idiyopatik

kapanık 1. ringsum eingeschlossen, ohne Aussicht (z. B. Haus) 2. bedeckt (z. B. mit Schnee); diesig (Wetter); bewölkt (Himmel); zugezogen (Vorhänge) 3. dunkel, düster (z. B. Farbe) 4. *fig.* Unbehagen od. Beklemmung verursachend (z. B. Raum) 5. *fig.* zurückgezogen lebend; Eigenbrötler *m* 6. *fig.* schüchtern, befangen ~ **mizaçlı** schwermütig, melancholisch; Melancholiker(-in *f*) *m*

kapanıklık 1. Ringsum-Eingeschlossensein *n* 2. Bewölkung *f* 3. bedrückender Zustand 4. Zurückgezogenheit, Eigenbrötelei *f* 5. Schüchternheit, Befangenheit *f*

kapanış 1. Verschluß *m* (an Kleidern od. Anzügen) 2. Abschluß *m* 3. Schlußbiß-Stellung *f* (der Zähne) ~ **fiyatları** Schlußkurse *pl.* (an der Börse) ~ **hesabı** Schlußrechnung *f*

kapaniçe [··×·] *fr.* Gala-Pelzumhang *m* e–s Sultans od. höchsten osm. Würdenträgers (mit Tressenverschnürung, Gold- od. Diamantknöpfen und Umlegekragen)

kapankaplumbağagiller Schnappschildkröten *pl. zo.* Chelydridae

kapanmak 1. Pass. od. Refl. zu **kapamak** 2. (bir yere) sich zurückziehen, sich einschließen (in) 3. zu Boden stürzen, hinfallen bzw. sich zu Boden werfen 4. *fr.* den Schleier anlegen; sich verschleiern 5. (üstüne) a) eifrig arbeiten (an) b) sich über et. beugen 6. aussterben, erlöschen (z. B. Dynastie) 7. verheilen, vernarben (Wunden) 8. blind werden 9. a) *Fb.* defensiv spielen b) *(Boxen)* sich (gut) abdecken 10. schließen *(intr.)* (Schulen) Zu 1: **Bu pencere kapanmıyor.** Das Fenster hier läßt sich nicht schließen (*F* geht nicht zu). **Gazete kapandı.** a) Die Zeitung hat ihr Erscheinen eingestellt. b) Die Zeitung ist verboten worden. **Dava kapandı.** *jur.* Das Verfahren wurde eingestellt. **Hava birdenbire kapandı.** Der Himmel hat sich plötzlich bewölkt (überzogen). Zu 2: **Eve kapandı çalışıyor.** Er hat sich zu Hause eingeschlossen und arbeitet. Zu 3: s. a. **ayaklarına, dizlerine** ~ Zu 8: **Zavallının bir gözü kapandı.** Der arme Kerl ist auf dem einen Auge blind geworden.

kapantı *phon.* Verschluß *m*

kapantılı ünsüz s. **patlayıcı ünsüz**

kapari [×··] Kaper(-n *pl.*) *f* *gebre (otu)

kapariko runder, großporiger Schwamm zweiter Qualität

kaparo [·×·] 1. Anzahlung *f* 2. Handgeld *n* ~ **vermek** 1. e–e Anzahlung leisten 2. Handgeld bezahlen

kaparoz *V* unrechtmäßige Bereicherung (z. B. durch Diebstahl, Erhalt e–r Bestechungssumme usw.) ~ **etmek** *V* sich unrechtmäßig bereichern; et. erbeuten; *a.* sich bestechen lassen **-da gezmek** *V* auf Beute aus sein

kaparozcu *V* wer sich unrechtmäßig bereichert od. darauf ausgeht; *a.* bestechlich

kaparozculuk *V* s. **anaforculuk**

kaparozlamak *V* s. **kaparoz etmek**

kapasitans (*franz.* **capacitance**) s. **kaptans**

kapasite (*franz.* **capacité**) 1. Rauminhalt *m*, Fassungsvermögen *n* 2. Auffassung(-s.gabe), Befähigung, Tüchtigkeit *f* 3. Leistungsfähigkeit (z. B. e–r Fabrik), Arbeitsleistung, Kapazität *f*

kapasiteli mit nb. Rauminhalt (usw. vgl. **kapasite**)
kapatçı Schieber, Spekulant *m*
kapatçılık Schieber-, Spekulations-geschäfte *pl.*
kapatıcı suluboya 1. deckende Wasserfarbe 2. Guaschmalerei *f*
kapatma 1. Vs. zu **kapatmak** 2. ausgehaltene Freundin; Mätresse *f* 3. billig, aber nicht ganz legal erstanden (erworben, gekauft) 4. *fr.* Vorstehen *n* der Haare unter dem Fes
kapatmak 1. Kaus. zu **kapamak** 2. *F oft* = **kapamak** 3. billig, aber nicht ganz legal erstehen (Ware) 4. sich et. reservieren lassen, vorbestellen (z.B. Kinokarten) 5. das Erscheinen (z.B. e–r Zeitung) verbieten 6. zuhalten (z.B. j–m den Mund mit der Hand) 7. aushalten (Freundin, Mätresse) 8. auf-, ein-holen (Vorsprung, Verspätung) 9. *naut.* backbrassen (Segel) 10. zunähen (Wunde) 11. bereinigen, regeln (Rechnung); ausgleichen, decken (Defizit) 12. abschließen (Handel) 13. bedecken, darüberbreiten 14. beiseite legen; aufschieben 15. in die Enge treiben 16. *P* sich et. unter den Nagel reißen *(P)* **Kapat o yaprakları** (*od.* **o faslı**)! Laß dieses Gesprächsthema! Nun hör doch endlich einmal auf damit!
kapçak Einreißhaken *m* (der Feuerwehr od. *fr.* bei Belagerungen)
kapçı *fast ungebr.* s. **mücellit**
kapçık 1. Dim. zu **kap** (II) 2. *bot.* Hülse, Schote, Kapsel, Spelze, Granne *f* 3. Kartusche *f* *kovan 4. äußere, wertlose Hülle ~ **meyve** (*od.* ~ **yemiş**) *bot.* Schließfrucht, Achäne *f* *semeri fakir
kapela; kapele [·×·] 1. *naut.* a) Flaggenknopf *m* od. Rackkugel *f* b) Festmachvorrichtung *f* für stehendes Gut an Mast od. Stenge c) Masttopp, Mars *m* d) Schutzdecke *f* (für Rettungsboote od. Instrumente) 2. Kopfbedeckung, Mütze, Kappe *f* ~ **etmek** *naut.* stehendes Gut an Mast od. Stenge festmachen *spez.* die Wanten setzen ~ **muşambası** *naut.* Wachstuchhülle *f* (z.B. für den Schiffskompaß) ~ **yastığı** *naut.* Mastkalb *n*
kapeladura [···×·] *naut.* (in der Füg.:) ~ **tornoları** Blöcke *pl.* am Mars für das Klüverfall *çördek tornoları
kapelkinoz *mus.* s. **felek** (4)
kapella 1. ≗ *astr.* Capella *f* *Âyine, Ayyuk, Keçi Yıldızı 2. *mus.* a) Kirchenchor *m* b) das Zeichen V (über e–r Note) 3. s. **şapel**
Kapesyenler *hist.* Kapetinger *pl.*
kapı 1. Tür *f*, Tor *n*, Pforte *f*, Portal *n*; *geogr.* enger Zugang; Paß *m* 2. Bedienstetenstellung *f*, Haus *n*, in dem ein Diener tätig ist 3. Hintertürchen *n*, Rettungsmöglichkeit *f*, *(allg.)* Mittel und Wege *pl.*, Möglichkeit *f* (et. zu erreichen) 4. Anlaß *m*, (drohende) Möglichkeit *f* 5. *va.* od. *F* offizielle Stelle, Büro, Amt *n*, Behörde *f spez. hist.* Dienststelle des Großwesirs und Außenministers, Hohe Pforte 6. *Tr.sp.* Deckung *f* e–s Feldes durch zwei (od. mehr) Steine, Brücke *f* 7. s. ~ **yapmak** 8. s. **bir -ya çıkmak** 9. Tor *n* (bei Slalomrennen) Zu 2: **O, ikide birde ~ değiştiriyor.** Er (sie) ist alle Augenblick bei jemand anders in Stellung. Zu 4: s. **münakaşa -sı açmak** Zu 5: s. **Paşa (Serasker) ≗sı;** ~ **açıtı** Türöffnung *f* ~ **açmak** 1. e–e Tür öffnen 2. j–m e–e Stelle verschaffen 3. *Tr.sp.* ein gedecktes Feld öffnen 4. (bşden) von et. sprechen, über et. plaudern 5. *fig.* heraufbeschwören, Anlaß geben (zu) ~ **ağası** *hist.* oberster, weißer Eunuch im Sultanspalast ~ **ağzında olmak** *fig.* vor der Tür stehen; drohen (z.B. Unheil) ~ **almak** *Tr.sp.* ein Feld mit zwei (od. mehr) Steinen besetzen ~ **aralığı** 1. Türspalte *f* 2. *V* Bankert *m*, Hurenkind *n* ~ **aramak** auf Stellungsuche sein ~ **arası** *fr.* die Räume für die Torwächter am **Orta Kapı** *(q.v.)* (wo auch verhaftete Staatsmänner untergebracht wurden) ~ **altı** Keller-geschoß *n*, -raum *m* (fr. bei staatlichen Gebäuden öfters als Gefängnis verwendet) ~ **baca** jeglicher Ort ~ **baca açık** ungeschützt, unbewacht (Ort) ~ **basarığı (dayağı, odunu)** Vorlegbalken *m* (zum Absperren e–s Tores) ~ **bulmak** e–e Anstellung (Stelle) finden (*spez.* als Diener) ~ **çatması** Türrahmen *m* ~ **çuhadarı** *hist.* ein dem **kapı kâhyası** unterstellter Beamter ~ **demiri** s. **kol demiri;** ~ **dışarı etmek** (b–ni) 1. j–n (zur Tür) hinauswerfen 2. *fig.* fort-, weg-jagen, vertreiben ≗ **duvar.** 1. Niemand öffnet. (z.B. trotz Klingelns) 2. mäuschenstill (Örtlichkeit) 3. stocktaub ~ **gibi** hünenhaft gebaut, von riesigem Wuchs, Riesenkerl *m* ~ **halkı** 1. *hist.* die e–m Pascha unterstehenden Soldaten 2. *fr.* Dienstpersonal *n* in e–m Palast ~ **kadar** sehr breit und lang; übergroß ~ **kâhyası** *hist.* Verbindungsbeamter e–r Provinzregierung (od. e–r anderen Behörde) zur Hohen Pforte ≗ **kapamaca(-sına) gezmeğe gittiler.** Es ist niemand im Haus. *F* Die ganze Familie ist ausgeflogen. ~ **kapa(t)mak** 1. die Tür schließen 2. (b–ne) a) j–m die Tür verschließen; j–n nicht vorlassen b) querschießen ~ ~ **aramak** an allen Ecken und Enden suchen ~ ~ **dolaşmak** überall nachfragen, von Pontius zu Pilatus laufen ~ **karşı** gleich nebenan (z.B. wohnen) ~ **kazanmak** s. ~ **almak;** ~ **kolu** Türgriff *m* ~ **komşu** Nachbar *m*, gleich nebenan ~ **kullabı** *techn.* Langband *n* (Scharnierart) ~ **kuzusu** Türchen *n* in e–m Tor(-flügel) ~ **mandalı** 1. (Tür-)Falle *f* 2. wer (als unwichtige Person) nicht zu et. hinzugezogen wird ~ **mili** Türangel *f* ~ **numarası** Hausnummer *f* ~ **pencere** Glas-, Fenster-tür *f* ~ **perdesi** Türvorhang *m*, Portiere *f* ~ **sundurması** 1. Schutz-, Wetter-dach *n*, Windfang *m* 2. Portalvorbau *m* ~ **tokmağı** 1. s. **tokmak** (2) 2. Türklinke *f* ~ **toplardamarı** *an.* Pfortader *f*, Vena portae *veridi bap ~ **topu** (*od.* ~ **topuzu**) Türgriff *m* in Kugelform ~ **tutmak** (bei j–m) in Dienst treten ~ **üstü yazıtı** *arch.* Sopraporta *f* ~ **yapmak** 1. den Boden vorbereiten, nicht gleich mit der Tür ins Haus fallen *zemin hazırlamak 2. s. ~ **almak;** ~ **yavrusu** s. ~ **kuzusu;** ~ **yoldaşı** wer im Dienst des gleichen Herrn (od. der gleichen Behörde) steht, Arbeitskamerad, Kollege *m* **-da kalmak** 1. unverheiratet bleiben (Mädchen) 2. niemand zu Hause antreffen (Besucher) **-dan bakmak** das Haus nicht verlassen **-dan çevirmek** j–n nicht vorlassen **≗dan kovsan** (*od.* **atsan**) **bacadan düşer.** Wirft man ihn vorne hinaus, so kommt er hinten wieder herein. Er ist ein unglaublich zudringlicher Bursche. **-nın ipini çekmek** (şu kadar) soundsoviele Häuser bzw. Stellen ablaufen, *F* abklappern **≗nın kanadı, kesenin ağzıdır.** *Spr.* Viel ausgehen heißt viel ausgeben. **-sı açık** gastfreundlich **-sı ardına dayalı** reiches und gastfreundliches Haus **-sı bacası yok** unsolide gebautes Haus; *F* Bruchbude *f* **-sı olmak** soundsoviel Geld erfordern **-sında büyümek** (b–nin) von j–m aufgezogen werden (Kind) **-sından olmak** seine Stelle verlieren, entlassen werden **-sını aşındırmak** s. **eşiğini aşındırmak; -sını çalmak** (b–nin) sich an j–n wenden **-sının köpeği olmak** j–m in hündischer Treue ergeben sein **-ya dayanmak** 1. (*a.* **-ya dikilmek**) sich nicht abweisen lassen 2. a) bevorstehen (z.B. Examen) b) hereinbrechen *gelip çatmak **-yı açmak** 1. die Tür öffnen 2. *fig.* anfangen, beginnen 3. e–n Präzedenzfall schaffen **-yı büyük** (*od.* **geniş**) **açmak** 1. ein großes Haus führen 2. sich in große Unkosten stürzen 3. unüberlegt Geld ausgeben **-yı çalmak** 1. an die (*od.* der) Tür klopfen, anklopfen 2. an der Tür klingeln (läuten, schellen) 3. s. **yanlış -yı çalmak; -yı (üstüne) çekmek** die Tür hinter sich zumachen **-yı odun etmek** *fig.* in die größte Armut geraten **-yı takmak** die Tür einsetzen **-yı üstüne kapamak** j–m die Tür vor der Nase zuschlagen, j–n aussperren **-yı** (*od.* **-ya**) **vurmak** an die (*od.* der) Tür klopfen, anklopfen **-yı zorlamak** 1. die Tür mit Gewalt einbrechen 2. *fig.* sich

e–n Zugang bahnen (zu), eindringen (in) **Size her zaman kapım açıktır!** Sie sind mir jederzeit willkommen! **Herkes kapısının önünü süpürsün!** Jeder kehre vor seiner Tür! (Goethe)
kapıcı (I) 1. Pförtner, Portier, Türhüter *m* 2. *hist.* Torwächter *m* im Sultanspalast
kapıcı (II) wer packt, ergreift, mit Gewalt an sich reißt (vgl. **kapmak**)
kapıcıbaşı *hist.* Obertürhüter *m* (im Sultanspalast)
kapıcık 1. Türchen, Pförtchen *n* 2. *bot.* Mikropyle *f* *sukaybei külliye
kapıcılık Amt *n*, Aufgaben *pl.* e–s **kapıcı** *(q.v.)*
kapıkule 1. Pylon(-e *f*) *m*, Torbau *m* (*spez.* in der ägypt. Kunst) 2. ≗ *n.pr.* Grenzstation Bulgarien/Türkei
kapıkulu, -nu 1. *urspr.* Leibwächter *m* (bei den Janitscharen) 2. *hist.* Soldat od. Beamter im Dienst des Sultans 3. *fig.* willfähriger, sklavischer Untertan
kapılandırmak 1. (b–ni bir yere) j–m e–e Stellung od. ein Amt verschaffen (bei), j–n anstellen, unterbringen (bei) 2. j–n im eigenen Hause od. bei seiner Behörde (als Diener) anstellen
kapılanduygu *psych.* Heteropathie *f* *heteropati
kapılanmak (m. Dat.) e–e Stellung od. ein Amt finden (bei), angestellt werden, unterkommen, ankommen (bei)
kapılgan leicht beeinflußbar, leichtgläubig
kapılı 1. mit nb. Tür, -türig 2. bedienstet (*spez.* bei e–r Behörde) 3. *Tr.sp.* mit zwei od. mehr Steinen besetzt (Feld) ~ **bacalı** tadellos gebaut (Haus) ~ **bacalı olmak** *P* Zank bekommen (mit), vor Gericht gehen
kapılmak 1. Pass. zu **kapmak** 2. (m. Dat.) a) *pej.* sich verleiten (verführen, bestechen, hinreißen) lassen b) *mel.* fasziniert sein (von); begeistert sein (für); verliebt sein (in)
kapım s. **ihraz** (2), **işgal** (5)
kapıoğlanı, -nı *hist.* Amtsdiener *m* e–r diplomatischen od. konsularischen Vertretung in Istanbul (der kleinere Angelegenheiten bei türk. Stellen zu erledigen hatte)
kapısız 1. ohne Tür 2. stellungslos, ohne Amt ~ **bacasız** schlechtgebautes od. baufälliges Haus; *F* Bruchbude *f* ~ **kalmak** seine Stelle verlieren, brotlos werden (sein)
kapış hastiges od. gewaltsames An-Sich-Reißen 2. *mus.* Einsatz *m* *atak ~ ~ **gitmek** reißenden Absatz finden ~ ~ **kapışmak** *Verst.* von **kapışmak;** ~ ~ **yemek** gierig essen
kapışmak 1. (m. Akk.) (zu mehreren et. hastig od. gewaltsam) (weg-)nehmen, wegreißen, sich auf et. stürzen, sich et. gegenseitig aus den Händen reißen 2. (b–le) e–n Streit (od. Ringkampf) beginnen 3. *V* sich küssen, *F* sich abknutschen
kapız 1. s. **kanyon** 2. s. **kapuz**
kapik s. **kopek**
kapilar s. **kılcal**
kapilarite *phys.* Kapillarität, Haarröhrchenanziehung *f*
kapital, -li 1. Kapital *n* *anamal, resülmal, sermaye 2. *selt.* groß ~ **harf** s. **büyük harf**
kapitalist, -ti 1. Kapitalist(-in *f*) *m* 2. kapitalistisch *(1, 2) anamalcı, sermayedar
kapitalizm Kapitalismus *m* *anamalcılık, sermayecilik
kapitalleştirmek kapitalisieren (z. B. Zinsen)
kapitasyon (*franz.* **capitation**) *hist.* Kopfsteuer *f*
kapiton (*franz.* **capiton**) *selt.* Polsterung *f*
kapitone (*franz.* **capitonné**) (aus-)gepolstert, Polster- ~ **etmek** (aus-)polstern ~ **kapı** Polstertür *f* ~ **koltuk** Polstersessel *m*
kapitülasyon 1. *mil.* Kapitulation *f* 2. *pol.* Ausländerprivileg *n* (*spez.* in der osm. Türkei); s. a. **gramer -ları; -ların ilgası** Aufhebung der Kapitulationen (1923; schon 1914 offizielle, aber durch den Ausgang des I. Weltkrieges hinfällig gewordene Erklärung der Kaiserl.-Osm. Regierung)
kapitüle etmek *selt.* 1. kapitulieren, die Waffen strecken 2. sich zu einem Vergleich bereit erklären
kapkacak s. **kap kacak**
kapkaç, -çı 1. *mil.* Auf-heben, -nehmen *n* (abgeworfener Meldungen) 2. Entwenden, Stehlen *n* ~ **suretiyle çalmak** entwenden, stehlen (Taschendieb) ~ **yeri** *mil.* Meldeabwurfstelle *f*
kapkaççı 1. Taschendieb *m* 2. schludriger Gelegenheitsarbeiter
kapkaççılık 1. Taschendiebstahl *m* 2. schludrige Gelegenheitsarbeit
kapkalın [×··] *Verst.* von **kalın** *(q.v.)* z. B. ~ **bir çizgi** ein ganz dicker Strich
kapkara [×··] *Verst.* von **kara** 1. ganz schwarz, pech-, kohl-, raben-schwarz 2. *fig.* düster, schwermütig (z. B. Gedanken)
kaplam *log.* Umfang *m* (e–s Begriffes) *şümul, ittisa
kaplama 1. Vs. zu **kaplamak** 2. Plattierung, Furnitur *f*, Furnier *n*, Politur *f*, Wandbehang *m*, Silberauflage *f*, Dublee *n*, Überzugsstoff, Deckbelag *m*, Umhüllung, Verschalung, Verkleidung *f*, *naut. a.* Beplankung *f* 3. mit e–r best. Schicht (vgl. 2) überzogen (bedeckt) *spez.* plattiert, furniert, dubliert ~ **bıçağı** Furniermesser *n* ~ **tahta** 1. Sperr-, Furnier-holz *n* 2. *naut.* Beplankung *f* ~ **testeresi** Furniersäge *f*
kaplamacı Furnierer, Plattierer, Versilberer, Vergolder, Verzinner *m*
kaplamacılık Tätigkeit *f* e–s **kaplamacı**
kaplamak 1. bedecken, umhüllen, überziehen (*spez.* mit e–r Schicht od. e–m Stoff), plattieren, furnieren, dublieren, verschalen, verkleiden 2. sich aus-, ver-breiten (z. B. in e–m Raum); einnehmen, erfüllen; überwuchern (z. B. Unkraut) 3. herrschen (in) Zu 1: **Bulutlar gökyüzünü kapladı.** Wolken überzogen den ganzen Himmel. **duvarları kâğıtla** ~ die Wände tapezieren **kanepeye yeni kumaş** ~ das Sofa neu überziehen **tepsiyi altınla** ~ das Tablett vergolden **yorganı** ~ die Steppdecke überziehen (mit e–m Überzug versehen) **yerleri muşamba ile** ~ den Boden mit Linoleum auslegen Zu 2: **Ortalığı duman kapladı.** Es ist alles voll Rauch. **Şöhreti âlemi kapladı.** Sein Ruhm hat sich in der ganzen Welt verbreitet. **Karakış bütün yurdu kapladı.** Der strenge Winter hat sich auf das ganze Land ausgedehnt. Zu 3: **Ortalığı sessizlik kapladı.** Es herrschte lautlose Stille. Alles wurde mucksmäuschenstill.
kaplamalık Material *n* zur Umkleidung, Überziehung usw. ~ **kumaş** Bezugsstoff *m* (z. B. für Sessel)
kaplamdaş *log.* mit demselben Begriffsumfang
kaplamlı *log.* umfangreich, umfassend, ausgedehnt (Begriff) *ittisaî, şümulî
kaplamlılık *log.* Ausdehnung *f*, Umfang, Bereich *m*, Extensität *f* *ittisaiyet, şümuliyet
kaplamsal *log.* den Umfang (e–s Begriffes) betreffend, Umfangs-
kaplan 1. (Königs-)Tiger *m zo.* Panthera tigris 2. *abus.* a) Panther, Leopard *m zo.* Panthera pardus *bebir, leopar, pars b) die (langsam aussterbende) Pantherart Panthera pardus Tullianus (im Hinterland von Izmir) ~ **atlaması** *(Turnen)* Hechtsprung *m* ~ **çiçeği** (*od.* ~ **zambağı**) echte Tigerblume *bot.* Tigridia pavonia ~ **kedisi** Tigerkatze *f zo.* Felis tigrina ~ **otu** gemeine Gemswurz *bot.* Doronicum pardalianches ~ **pitonu** Tigerschlange *f zo.* Python molurus ~ **postu** Tiger- bzw. Leoparden-fell *n* ~ **yılı** s. **pars yılı**
kaplanboğan blauer Eisenhut *bot.* Aconitum napellus

kaplanböcek, -eği Sandlaufkäfer *m zo.* Cicindela campestris
kaplangözü, -nü s. **kedigözü** (1)
kaplayıcı 1. bedeckend, überziehend, dublierend, plattierend, furnierend 2. s. **kaplamacı**
kaplı 1. mit **kap** versehen *spez.* gebunden, mit (nb.) Einband (Buch) 2. bedeckt, überzogen, verkleidet, verschalt, dubliert, furniert, plattiert 3. in e–m Behälter (Gefäß) befindlich Zu 2: **bulut** ~ in Wolken gehüllt (z.B. Berggipfel) ~ **hava** diesiges Wetter, bedeckter Himmel
kaplıca 1. heiße Quelle; Heil-, Thermal-bad *n* *ılıca 2. s. **ayrık otu** (1) 3. s. **yabanî yulaf** (2); ~ **buğdayı** 1. Einkorn(-weizen *m*) *n bot.* Triticum monococcum *küçük kızıl buğday 2. Dinkel, Spelt *m bot.* Triticum spelta *kılçıksız buğday ~ **tedavisi** Thermal-behandlung, -kur *f*
kaplin(-g) (*engl.* **coupling**) *techn.* Kupplung *f*
kaplumbaga [·×··] (< **kaplı bağa**) 1. Schildkröte *f zo.* Testudo, Chelonia u.a. *tosbağa 2. *naut.* Bug-, Deck-, Klüsen-stopper *m* ~ **gibi** schneckengleich, im Schneckentempo ≗ **kabuğunda ne büyük sarayım var dermiş.** *Spr.* 1. Eigner Herd ist Goldes wert. *Spr.* 2. Jedem Narren gefällt seine Kappe. *Spr.* ~ **kastanyola** *naut.* Kettenkneifer, -stopper *m* ~ **yürüyüşü** Schneckentempo *n*
kaplumbağalar Schildkröten *pl.zo.* Testudinata *silhafiye
kapma 1. Vs. zu **kapmak;** *s.a. **ihraz** (2); **işgal** (5) 2. was man (weg-)genommen (gepackt, ergriffen, entrissen, sich angeeignet, gelernt, sich zugezogen, sich angewöhnt) hat 3. s. **müsadere** (2) 4. s. **mordan** (1)
kapmaca 1. s. **kapma** (2) 2. s. **köşe kapmaca**
kapmak, (-ar) 1. (plötzlich, hastig, gewaltsam) (weg-)nehmen; sich schnell et. sichern (z.B. Platz); greifen, packen, schnappen, ab-, weg-, ent-reißen 2. fangen, erwischen; reißen (= totbeißen) 3. *fig.* sich et. durch Sehen od. Hören rasch zu eigen machen, schnell lernen, *F* aufschnappen 4. sich (e–e Krankheit) zuziehen; erhalten, bekommen (z.B. Ohrfeige) 5. *mus.* (richtig) einsetzen Zu 1: **Kalemi elimden kaptı.** Er riß mir den Bleistift aus der Hand. **Makine parmağını kapmış.** Die Maschine riß ihm e–n Finger weg. **ayağından topu** ~ *Fb.* e–m (gegnerischen) Spieler den Ball abnehmen; s.a. **buluttan nem** ~; **külâh** ~; **kendini kapıp salıvermek** Zu 4: s. **sille (hastalık)** ~. **Kapar da kaçar mısın?** s. **Kapan da kaçan mı?**
kapok, -ğu Kapok *m* *Hint pamuğu ~ **ağacı** echter Kapokbaum *bot.* Eriodendron anfractuosum *Hint pamuğu fidanı, peyniragacı
kapoklu mit Kapok gefüllt, Kapok-
kapola *mil., naut.* Panzerkuppel *f*
kapon *naut.* Kattakel *m*, Kattgien *f* ~ **çengeli** Katthaken *m* ~ **etmek** katten (Anker) ~ **makarası** Kattblock *m*
kaponyer (*franz.* **caponnière**) *fr. mil.* Graben-gang *m*, -wehr *f* (bei alten Festungen)
kapora s. **kaparo**
kaporta s. **kapurta**
kapot, -tu (*franz.* **capote**) *techn.* Motorhaube *f* (für Auto od. Flugzeug)
kapparo s. **tavşan tüylü maymun**
kapriç(y)o *mus.* Cappricio, Phantasiestück *n*
kapris (*franz.* **caprice**) 1. Laune, Grille *f* (verrückter) Einfall 2. *mus.* s. **kapriç(y)o;** ~ **yapmak** launenhaft, eigenwillig sein
kaprisli launenhaft, eigenwillig, kapriziös
kapsam Inhalt *m* *muhteva
kapsama s. **istihdam** (2, 3)
kapsamak umfassen; in sich schließen
kapsamlama *stil.* Synekdoche *f* *zikri kül iradei cüzü ve aksi
kapsamlı umfassend
kapsar s. **şamil**
kapsık gefangen, eingesperrt, eingeschlossen *mahpus ~ **su** *geogr.* gespanntes Grundwasser (unter wasserundurchlässiger Bodenschicht)
kapsız 1. ohne Einband, ohne Umhüllung 2. nicht überzogen, nicht furniert (usw. vgl. **kap** II)
kapsol (< *franz.* **capsule**) 1. Zündhütchen *n* 2. Zünder *m*
kapsollu mit Zündhütchen *bzw.* Zünder
kapsül (*franz.* **capsule**) 1. *chem.* Abdampfschale *f* 2. a) *an.* Kapsel *f* b) *bot.* Kapsel *f*, Samengehäuse *n* *mahfaza 3. (Flaschen-)Kapsel *f* 4. *med.* Arznei-, Oblaten-kapsel, Gelatine-pille, -tablette *f* 5. s. **kapsol**
kapsüllü mit **kapsül** z.B. **ağızları** ~ **olan şişeler** Flaschen *pl.* mit Kapselverschluß
kaptaj (*franz.* **captage**) Fassen *n*, Fassung *f* (e–r Quelle)
kaptan 1. *naut. hist.* Flottenkommandant, Admiral *m* 2. *naut.* Kapitän, Schiffer *m* 3. *(Sport)* Mannschaftsführer *m* 4. Stamm- od. Banden-führer *m* (*spez. fr.* auf dem Balkan) 5. s. ~ **pilot;** ~ **gemisi** s. **sancak gemisi;** ~ **köprüsü** (*od.* ~ **köşkü**) *naut.* Kommandobrücke *f* ~ **kulesi** *naut.* Kommandoturm *m* ~ **paşa** *hist.* (von 1533–1862) Titel des osm. Marineministers, sofern er gleichzeitig Oberkommandierender der Flotte war (anfänglich in der gleichen Bed. **kaptanı derya** *bzw.* **kapudanı derya**): Großadmiral *m* ~ **paşa sürüsü** *naut.* leichte Brise ~ **pilot** 1. verantwortlicher Flugzeugführer; Chefpilot *m* 2. Fahrer *m* e–s Überland-Autobusses **-ı derya** s. **kaptan paşa**
kaptana s. **kapudane**
kaptandeport [·×·×] *naut. va.* Hafen-kapitän, -meister *m*
kaptanlık Stellung *f*, Rang *m* e–s Kapitäns
kaptans (*franz.* **captance**) *el.* kapazitativer Widerstand; Wechselstromwiderstand *m* *kapasitans
kaptıkaçtı 1. Linien-taxi od. -motorboot *n* 2. *Ka.* Name e–s Hasardspiels 3. Taschendiebstahl *m*
kaptırma 1. Vs. zu **kaptırmak** 2. Einhand-Stoßsäge *f*, Fuchsschwanz *m*
kaptırmak 1. Kaus. zu **kapmak** 2. sich et. (weg-)nehmen, entreißen lassen 3. *naut.* vom Kurs abkommen (Schiff) Zu 2: **Çocuk, simidini köpeğe kaptırmış.** Der Junge hat sich seine Brezel von dem Hund wegschnappen lassen. **Elini makineye kaptırdı.** Er kam mit der Hand in die Maschine. Die Maschine hat ihm die Hand abgerissen. **Galiba gönlünü o kıza kaptırmış.** Er hat sich wohl in das Mädchen verliebt. **kendini** ~ s.Stw. **kendi**
kaptive (*franz.* **captivé**) *selt.* (für sich) gewonnen ~ **etmek** (für sich) gewinnen (z.B. Frau)
kapudane *hist.* osm. Vizeadmiral *m* **-i hümayun** *hist.* Flaggschiff *n*
kapurta [·×·] (1–4 *naut.*) 1. Luke *f spez.* Luken-deckel *m*, -gatter *n*, *selt.* Bullauge *n* 2. Kajüts-kappe, -luke *f* 3. Kajütstreppe *f*, Niedergang *m* 4. Deckfenster *n*, Oberlicht *n* (für Kabinen) 5. Motorhaube *f* (e–s Autos)
kapurtacı [·×··] Autoreparateur *m* (*spez.* für Motorhauben)
kapuska [·×·] bräunlich gedämpfter Kohl mit kleingehacktem Fleisch (ähnlich wie bayerisches Kraut)
kaput, -tu (*franz.* **capote**) 1. Soldaten-, Militär-mantel *m* 2. Präservativ, Kondom *n* *lastik, prezervatif 3. (*deutsch* **kaputt**) *Ka.* wer keinen Stich gemacht hat; schwarz 4. s. **kapot;** ~ **gitmek** 1. *Ka.* schwarz werden 2. *Sch.* keine einzige Prüfung bestehen können **-u kesmek (tutmak, yırtmak)** 1. *Ka.* gerade noch verhindern, daß man schwarz wird 2. *Sch.* in e–r einzigen Prüfung bestehen
kaputbezi, -ni grober, weißer Baumwollstoff
kaputluk zur Herstellung von **kaput** (1, 2) geeignet
kapuz *dial.* 1. Gebirgs-, Eng-paß *m* 2. undurchdringlicher Wald
kapüsen (*franz.* **capucin**) *rel.* Kapuziner *m* ~ **papazı** Kapuziner-pater, -mönch *m*

kapüşon (*franz.* **capuchon**) 1. Kapuze *f* 2. *techn.* (Schutz-) Haube *f*

kar Schnee *m* ~ **adamı** (sagenhafter) Schneemensch (im Himalaja) *yeti ~ **ağacı** Virginischer Schneeflockenbaum *bot.* Chionanthus virginica ² **alaca olmaya başlıyor.** *fig.* Der Winter geht allmählich zu Ende. ~ **alanı** Schneefeld *n* ~ **ayakkabısı** pelzgefütterte hohe Überschuhe (*mst.* mit bes. breiter Sohle) ~ **baba** Schneemann *m* (der Kinder) ~ **buzu** Gletscherschnee, Firn *m* *buzulkar ~ **çiçeği** 1. s. **beyaz çöpleme** 2. Frühlingsknotenblume *f*, großes Schneeglöckchen, Märzbecher *m bot.* Leuconium vernum 3. Zeitlose *f bot.* Colchicum ~ **dikeni** Igelpolster *n bot.* Acantholimon echinus ~ **dişi** Eiszapfen *m* ~ **fırtınası** Schneesturm, Blizzard *m* *kartipisi, tipi ~ **gibi (beyaz)** 1. schneeweiß 2. blitz-sauber, -blank ~ **gözlüğü** Schnee-, Ski-brille *f* ~ **harfangı** Schnee-Eule *f zo.* Nyctea scandiaca ~ **helvası** e–e (von Kindern gern hergestellte) Mischung von dick eingekochtem Fruchtsaft (**pekmez**) mit Schnee ~ **kazı** Schneegans *f zo.*Chen hyperboreus ~ **kesen** Schneeschutzanlage *f* (Zaun od. Mauer gegen Schneeverwehungen) ~ **körlüğü** Schneeblindheit *f* ~ **kuyusu** Schneemiete *f* (an e–m Nordabhang, zur Verwendung im Sommer) ~ **küreği** Schneeschaufel *f* ~ **küreme amelesi** Schnee-schaufler, -schipper *m bzw. pl.* ~ **küreme makinesi** Schneefräse *f* ² **mı dayanır?** s. **Bu sıcağa** usw. ² **ne kadar çok yağsa yaza kalmaz.** *Spr.* Und dräut der Winter noch so sehr, es muß doch Frühling werden. ~ **parçası** s. ~ **gibi (beyaz);** ~ **parsı** Schneeleopard, Irbis *m zo.* Panthera uncia ~ **perdesi** s. ~ **kesen;** ~ **piresi** Schneespringwänzchen *n zo.* Entomobrya nivalis ~ **raketi** Schneeteller *m* (gegen Einsinken im Schnee; *a.* am Skistock) ~ **savrulması** Schneewehe *f* ~ **sınırı** *geogr.* Schneegrenze *f* ~ **siperi** Schneeschutzanlage *f*, Schneezaun *m* (für Eisenbahn) ² **susuzluk kandırmaz** (*od.* **gidermez**). *Spr.* Ein Notbehelf ist keine Dauerlösung. ~ **süpürücü** Schneepflug *m* ~ **tavşanı** Schnee-, Alpen-hase *m zo.* Lepus timidus ~ **tavuğu** Alpenschneehuhn *n zo.* Lagopus mutus ~ **temizleme pulluğu** Schnee(räum)pflug *m* ~ **tipisi** Schneesturm *m* ~ **toplamak** weiteren Schnee verheißen (Sonnenschein bei Schneedecke) ~ **topu** 1. Schneeball *m* 2. weiß und rundlich (Kind) 3. s. **kartopu;** ~ **topu gibi büyümek** lawinenartig anschwellen ~ **topu oynamak** sich mit Schneebällen werfen ² **tutmadı.** Der Schnee ist nicht liegengeblieben. ² **yağdı.** 1. Es hat geschneit. 2. s. **karyağdı;** ~ **yağışı** Schneefall *m* ² **yağıyor.** Es schneit. ~ **zinciri** Schnee-, Gleitschutz-kette *f* ²**a bakanın gözü kamaşır.** *Spr.* Gelt, jetzt bleibt dir der Mund offen! **-a gömülmüş** eingeschneit ²**da gezer de izini belli etmez.** *Spr.* Er geht überaus raffiniert vor. Er läßt sich nicht in die Karten schauen. *(a. form.)* Weiß der Teufel, wie er es anstellt! **-dan aslan** (*od.* **adam**) *(etwa:)* Papiertiger *m* **-dan yapılmış adam** Schneemann *m*

kâr 1. Tat, Handlung *f* 2. Werk *n*, Arbeit *f* 3. *va.* Sache, Angelegenheit *f* 4. Gewinn, Profit, Nutzen *m* 5. *mus.* das nach **peşrev** *(q. v.)* vorgetragene Stück (im klassischen **fasıl**) Zu 1: **Bu hareket, akıllı -ı değildir.** So et. tut kein vernünftiger Mensch! Zu 2: **-ı kadim** a) (künstlerisch wertvolle) alte Arbeit b) altertümlich, altmodisch Zu 3: s. **encamı** ~ und **encam-** Zu 4: **O, daima kendi -ını düşünür.** Er denkt immer nur an seinen eigenen Vorteil. ~ **bırakmak** Gewinn abwerfen ~ **çıkarmak** (m. Abl.) Nutzen ziehen (aus) ² **eden ar etmez.** *Spr.* Non olet. (Vespasian); Geld stinkt nicht. s. a. **Ar yılı değil, kâr yılı.** ~ **etmek** 1. gewinnen, verdienen 2. Nutzen (Vorteil) ziehen; profitieren 3. helfen, nützen, fruchten ~ **getirmek** Gewinn abwerfen ~ **haddi** *H* Gewinnspanne *f* ~ **ve zarar hesabı** Gewinn- und Verlustrechnung *f* ², **zararın kardeşidir** (*od.* **ortağıdır**). *Spr.* Wer auf Gewinn aus ist, muß auch Verluste einkalkulieren. **-a katılma** Gewinnbeteiligung *f* **-ı olmamak** (b–nin) von j–m nicht ausgeführt werden können (**Bu vazife onun -ı değildir.** Das geht über seine Kräfte. Das kann er nicht leisten.) **-ını tamam etmek** *P* j–n umbringen, töten

-kâr *pers. Sx.* tuend, machend, ausführend; sich beschäftigend (mit); vgl. **azim-, günah-, sanat-, takdir-, vefa-kâr** usw.

kara (I) Festland *n*, Kontinent *m*, Land *n* *anakara, ber, kıta ~ **ablukası** Kontinentalsperre *f* ~ **bölgesi** Landabschnitt *m* ~ **eksibesi** s. **karakumulu;** ~ **gümrüğü** Einfuhrzoll *m* ~ **harp kuvvetleri** Landstreitkräfte *pl.* ~ **harbi** Landkrieg *m*, Krieg *m* zu Land ~ **harbi hukuku** Landkriegsrecht *n* ~ **hat kumandanı** *mil.* Straßenkommandant *m* ~ **hedefleri** Bodenziele *pl.* ~ **hekim yarbayı** *mil.* Oberfeldarzt *m* ~ **iklimi** Kontinental-, Binnen-klima *n* ~ **işareti** *mil.* Landzeichen *n* (für Flieger) ~ **kalkanı** *geol.* Festlandskern *m*, Kraton *n* ~ **kaplumbağası** Landschildkröte *f zo.* Testudo ~ **kaplumbağaları** *od.* ~ **kaplumbağasıgiller** Landschildkröten *pl. zo.* Testudinidae *türabiye ~ **köprüsü** Viadukt *n*, Talüberführung *f* ~ **lağımı** (**mayını, torpili**) Landmine *f* ~ **kesimi** s. **kara bölgesi;** ~ **keşfi** *mil.* Erdaufklärung *f* ~ **muharebeleri** Boden-, Erdkämpfe *pl.* ~ **müdafaası** Boden-, Erd-abwehr *f* ~ **müsteşarı** (Unter-)Staatssekretär *m* im Kriegsministerium ~ **nakliyatı** Landtransport *m* ~ **ordusu** (Land-)Heer *n* ~ **platosu** *geogr.* Schelf *m, n*, Festlandssockel *m* *sığ yayla ~ **postası** Landpost *f* ~ **sigortası** Landtransportversicherung *f* ~ **suları** Territorial-, Hoheits-gewässer *pl. spez.* Küsten-meer *n*, -gewässer *pl.* ~ **taarruzu** Landangriff *m* ~ **tarassudu** *mil.* Erdbeobachtung *f* ~ **telsizi** Bodenfunker *m* ~ **vapuru** *P* Eisenbahn *f*, Zug *m* ~ **ve hava harp kuvvetleri** Land- und Luftstreitkräfte *pl.* ~ **yoliyle** auf dem Landweg ~ **yürüyüşü** Landmarsch *m* ²**da ölüm yok.** *fig.* Jetzt besteht keine Gefahr mehr. **-dan** auf dem Landweg, zu Lande **-ların kayma kuramı** *geol.* Theorie *f* der Kontinentalverschiebung **-ya atmak** an Land spülen **-ya ayak basmak** an Land gehen, landen **-ya çıkarma** *mil.* Ausschiffung, Landung *f* **-ya çıkmak** an Land gehen, landen **-ya düşmek** 1. an Land gespült werden 2. auflaufen, stranden (Schiff) 3. *V* in die Falle gehen; hereinfallen **-ya düşürmek** *V* übel verfahren (mit); mißhandeln **-ya gitmek** s. **-ya oturmak; -ya inmek** landen, aufsetzen (Flugzeug) **-ya oturmak** 1. auflaufen, stranden (Schiff) 2. *fig.* (b–nin gemisi) völligen Schiffbruch erleiden **-ya oturtmak** (*od.* **vermek**) auf Strand setzen (Schiff) **-ya vurmak** an Land gespült werden **-ya vurmuş lodos balığı gibi** arbeitsunlustig, verdrossen

kara (II) 1. schwarz *siyah 2. dunkel(-farbig); mit bräunlichem Teint *esmer 3. finster *(a. fig.)* 4. schlecht, übel, schlimm, bös, traurig, unheilvoll, unselig, verhängnisvoll 5. einfach, gewöhnlich, gemein 6. *P* groß, kräftig, gewaltig, mächtig, stark 7. rein, unvermischt 8. *Verst.* 9. schwarze Farbe, Schwarzes 10. Schande, Schmach *f* 11. *va.* Neger *m* Zu 5: s. ~ **cümle (don, hindiba)** Zu 6: *spez.* in *n.pr.* wie ²**deniz,** ²**mustafa** Zu 7: s. ~ **et** Zu 8: s. ~ **cahil** Zu 10: s. **yüzkarası;** ~ **ağaçkakan** Schwarzspecht *m zo.* Picus martius ~ **ağızlı** s. **ağzı** ~**;** ~ **akbaba** s. **akbaba kralı;** ~ **akik** s. ~ **kehribar;** ~ **akrep** schwarzer Skorpion *zo.* Scorpio maurus (u. a. *a.* in Anatolien) ~ **alınlı örümcekkuşu** Schwarzstirnwürger *m zo.* Lanius minor ~ **antilop** Hirschziegenantilope *f zo.* Antilope cervicapra ~ **Arap** Neger(-in *f*) *m* *zenci ~ **at** Rappe *m* ~ **ayı** Baribal *m*, nordamerikanischer Schwarzbär *zo.* Ursus americanus ² **Baba tekkesine dönüyor.** Es geht zu wie in e–m Taubenschlag. ~ **baht** Mißgeschick, Unglück, Pech *n* ~ **balık** s. **yeşil sazan;** ~ **balina** Grindwal *m zo.* Globicephala melaena ~ **barut** Schwarzpulver *n* ~ **belâ** 1. große

Plage 2. *hum.* (zu Leuten mit dunklem Teint gesagt) ~ **benizli** mit dunklem Teint ~ **bluzonlu** Halbstarker ~ **boruçiçeği** s. **tatula;** ~ **boyunlu dalgıç** Schwarzhalstaucher *m zo.* Podiceps nigricollis ~ **buhur** s. **karagünlük** (2); ~ **burçak** Linsenwicke *f bot.* Vicia ervilia *küşne, hürle ~ **cahil** 1. vollkommen ungebildet, unglaublich unwissend, ohne die geringste Schulbildung 2. *fig.* in dumpfem Aberglauben dahinlebend ~ **cahillik** 1. krasse Ignoranz 2. dumpfer Aberglauben ~ **camgöz** schwarzer Dornhai *zo.* Etmopterus spinax ~ **cedvar** schwarze Zedoarwurzel *bot.* Curcuma caesia ~ **cehennem** mürrischer, barscher Mensch ~ **ceviz** Schwarznußbaum *m bot.* Juglans nigra (*bes.* als Furnierholz verwendet) ~ **cümle** 1. die vier Rechnungsarten *pl.* 2. *spez.* Zusammenzählen, Addieren *n*, Addition *f* ~ **cümlesi zayıf** (*od.* **yok**) schlechter Rechner ~ **cümleye vurmak** 1. rechnerisch zusammenstellen, zusammen-, be-rechnen 2. *spez.* zusammenzählen, addieren ~ **çalmak** s. ~ **sürmek;** ~ **çaylak** schwarzer Milan *zo.* Milvus migrans ~ **çiçek** *med.* schwarze Pocken, schwarze Blattern, Variola nigra ~ **çöpleme** Christ-, Schnee-rose *f bot.* Helleborus niger *karacaot, siyah harbak, siyah boynuzotu, kış (*od.* Noel) gülü ~ **çürüklük hastalığı** Schwarzfäule *f* (an Weinstöcken) *karaküf ~ **damar** Blutader, Vene *f* ~ **deniz kırlangıcı** Trauerseeschwalbe *f zo.* Chlidonias niger ~ **don** gewöhnliche Hose; Arbeitshose *f* ~ **dut** schwarze Maulbeere *bot.* Morus nigra ~ **düşünce** Verzweiflung, Hoffnungslosigkeit *f* ~ **düşünceli** verzweifelt, hoffnungslos (Mensch) ~ **erik fırtınası** Name e–s period. Seesturms (Ende Juli) ~ **et** Fleisch *n* ohne Fett ~ **etmek** 1. schwarz machen 2. *fig.* anschwärzen, verleumden ~ **farasyon** s. ~ **yerpırasası;** ~ **gagalı yelkovan** Schwarzschnabel-Sturmtaucher *m zo.* Puffinus puffinus ~ **gerdanlı dalgıç** Prachttaucher *m zo.* Gavia arctica ~ **gömlekliler** *hist.* Schwarzhemden *pl.* (italienische Faschisten) ~ **gözleri için** (b–nin) um j–s schöner Augen willen ~ **gözüm** mein Liebling ~ **gün dostu** Freund *m* in der Not, echter, wahrer Freund ≗ **gün kararıp kalmaz** (*od.* **durmaz**). *Spr.* Auf Regen folgt Sonnenschein. *Spr.* ~ **günler** schlechte, böse Zeit; Unglück *n*, Not *f* ~ **günlere kalmak** von Unheil betroffen werden ~ **haber** Unglücksbotschaft, Hiobspost *f spez.* Todesnachricht *f* ≗ **haber tez duyulur.** *Spr.* Schlimme Nachrichten verbreiten sich wie ein Lauffeuer. ~ **haberci** Unglücksbote *m* ~ **hardal** schwarzer Senf *bot.* Brassica nigra ~ **helile** *pharm.* getrocknete unreife Frucht des Myrobalanenbaumes (Terminalia chebula) (starkes Abführmittel) ~ **hintkamışı** japanische Blattähre *bot.* Phyllostachys nigra ~ **horasan** *fr.* feinster Damaszener Stahl ~ **iskorçina** s. **iskorçina** (1); ~ **kabuk midyesi** schwarze Miesmuschel *zo.* Mytilus edulis ~ **kantaron** Wiesenflokkenblume *f bot.* Centaurea jacea ~ **kaplı kitap** *P* 1. Gesetz(-buch) *n*, amtliche Vorschriften 2. *hum.* heiliges Buch (bei dem man schwört) ~ ~ ganz schwarz, tiefschwarz ~ ~ **düşünmek** 1. trüben Gedanken nachhängen; trübsinnig werden 2. sich Selbstvorwürfe machen ~ **karga** s. **büyük karga;** ~ **kayabalığı** s. **kömürcün kayası;** ~ **kaytaz** Hans Dampf in allen Gassen; Wichtigtuer *m*, *(dial.)* Gschaftlhuber *m* ~ **kedi** 1. schwarze Katze 2. *fig.* böses Vorzeichen 3. *(symbolisch für)* Zwietracht, Uneinigkeit, Verstimmung *f* Zu 3: s. **aralarından** ~ **kedi geçmek;** ~ **kız** *Spk.* Pik-Dame *f* ~ **kura** ganz schwarz, tiefschwarz ~ **kuru** mit dunklem Teint und mager (hager, abgezehrt) ~ **kuvvet** die (in fr. Zeit spez. durch die Medrese repräsentierte) isl. Ecclesia militans; Klerikalismus *m* ~ **leylek** Schwarzstorch *m zo.* Ciconia nigra ~ **liste** *fig.* schwarze Liste ~ **maça** *Ka.* Pik, Schippen *(n)* *maça ~ **martı** Heringsmöwe *f zo.* Larus fuscus ~ **mermer** Basalt *m* ~ **mersin** 1. die Sterlet-Art Acipenser rubicundus 2. e–e Abart von Myrthus communis (mit eßbaren Früchten) ~ **mı kara** sehr (ganz, äußerst) schwarz, finster wie die Nacht ~ **mika** *min.* Bistit *m*, schwarzer Glimmer ~ **morina** Schellfisch *m zo.* Gadus aeglefinus ~ **mürteci** finsterer Reaktionär *m* ~ **oğlan** 1. Junge *m* mit dunklem Teint 2. *Ka.* Pik-Junge *m* 3. *va.* Zigeuner *m* ~ **olmak** 1. schwarz, dunkel, finster sein od. werden 2. beschämt od. unglücklich sein ~ **safra** *va.* (nach der fr. Physiologie e–r der vier Körpersäfte, der Melancholie od. Hypochondrie hervorruft) *sarı safra ~ **samankapan** s. **karakehribar;** ~ **sandık** *hist.* Kasse bei jedem Janitscharen-Regiment **(Orta)**, in der Geld aus Stiftungen od. der Erlös des verkauften Eigentums verstorbener Janitscharen aufbewahrt wurde *Orta sandığı ~ **sığırcık** Einfarbstar *m zo.* Sturnus unicolor ~ **sungur** Habicht *m zo.* Astur palumbarius ~ **sürgün** *med.* Trichostrongylose, Magenwurmkrankheit *f* ~ **sürmek** anschwärzen, verleumden ~ **tarlakuşu** Mohrenlerche *f zo.* Melanocorypha yeltoniensis ~ **taş** s. **kayağantas;** ~ **tatula** roter Stechapfel *bot.* Datura fastuosa *kara boruçiçeği, bengilik otu ~ **tavşanbezelyesi** schwarzwerdende Platterbse *f bot.* Lathyrus niger ~ **toprak** Schwarzerde *f*, Tschernosem, Tschernosiom *n* ~ **üzüm** schwarze Weintrauben *pl.* ~ **yağız** schwarzbraun; **(at)** Rappe *m* ~ **yazı** 1. fettere Drucktypen (wie sie der leichteren Lesbarkeit halber nach Einführung der Lateinschrift in türk. Zeitungen verwendet wurden) 2. s. **karayazı;** ~ **yer** *va.* Grab *n* ~ **yere aş olmak** den Würmern zum Fraß dienen (Toter) ~ **yerpırasası** Stinkandorn *m bot.* Ballota nigra *kara farasyon ~ **yonca** Hopfenklee *m bot.* Medicago lupulina **-lar bağlamak** (*od.* **giymek**) Trauerkleidung anlegen, sich schwarz kleiden **-ları çıkarmak** die Trauerkleidung ablegen ≗**sı elinde.** *fig.* Er wartet nur darauf, e–n anzuschwärzen. ≗**sı kara.** *fig.* Das Schlechte in seinem Charakter ist sehr ausgeprägt.

Kara denizi *geogr.* Kara-See *f* (zwischen Nowaja Semlja u. dem asiatischen Festland)

karaağaç, -cı Ulme, Rüster *f bot.* Ulmus (campestris u. a.)

Karaağaç, -cı *n.pr.* 1. Eisenbahnstation bei Edirne 2. s. **Garbî (Şarkî)** ~; **-'a kandil asmış** s. Stw. **Sındırgı**

karaağaçgiller Ulmengewächse *pl. bot.* Ulmaceae *dürdaniye

karaardıç, -cı gemeiner Sadebaum *bot.* Juniperus sabina *sabinardıcı

karaasma(-giller) s. **loğusaotu(-giller)**

Karabağ *n.pr. geogr.* Kaukasusgebiet mit dem Verw. Stepanakart (bekannt durch seine Teppiche)

karabaldır s. **baldırıkara**

karabasan 1. Alp-traum *m*, -drücken *n* *kâbus 2. innere Unruhe; Beklemmung *f*, auf der Seele lastender Druck

karabaskan s. **karabasan**

karabaş 1. *P* christlicher Priester od. Mönch 2. alter Junggeselle 3. Name e–r Buchweizenart 4. Schopf-Lavendel *m bot.* Lavandula stoechas *keşiş otu 5. Wollziest *m bot.* Stachys germanica 6. **(yağı)** Lavendel-Öl *n* 7. anatolischer Schäferhund; *a. oft* Hundename 8. *va.* s. **cariye;** ~ **yılanı** die Schlangenart Oligodon melanocephalus septentrionalis (östl. Mittelmeergebiet)

karabaşlı schwarzköpfig ~ **iskete** Zeisig *m zo.* Carduelis spinus ~ **martı** Schwarzkopfmöwe *f zo.* Larus melanocephalus ~ **ötleğen** Samtkopfgrasmücke *f zo.* Sylvia melanocephala ~ **yalıbülbülü** Mönchsgrasmücke *f zo.* Sylvia atricapilla

karabatak 1. Kormoran *m*, Scharbe *f zo.* Phalacrocorax (carbo u. a.) *deniz kargası 2. *mus.* e–e abwechselnd von Z.i. u. Str. gespielte Form der türk. Musik Zu 1: s. a. **büyük (cüce, tepeli)** ~; ~ **gibi** im Handumdrehen verschwunden und ebenso schnell wieder da

karabatakgiller (Familie *f* der) Scharben *pl. zo.* Phalacrocoracidae
karabet, -ti [·–·] 1. Nähe *f* *yakınlık 2. Verwandt-sein *n*, -schaft *f* *hısımlık 3. ≗ Typ *m* des Juwelenhändlers im Großen Basar (Karagözspiel) (s. a. **Ayvaz**); **-i nesebiye** Blutsverwandtschaft *f* **-ı sıhriye** (Verwandtschaft *f* durch) Verschwägerung *f*
karabiber 1. schwarzer Pfeffer (Pflanze od. Gewürz) *bot.* Piper nigrum 2. *fig.* niedliches Mädchen mit dunklem Teint
karabibergiller Pfeffergewächse *pl. bot.* Piperaceae *biberiye
karabina [··×·] 1. *hist.* Donnerbüchse *f* (alte Feuerwaffe) 2. Karabiner *m*
karabinacı s. **karabinyer**
karabinalı mit Karabiner bewaffnet
karabinyer Karabiniere *m* (italienischer Gendarm)
karaborsa schwarze Börse, schwarzer Markt; Schwarz-, Schleich-handel *m* **-ya düşmek** nur im Schleichhandel erhältlich sein (gesuchte Ware)
karaborsacı Schwarz-, Schleich-händler *m* *karapazarcı
karaborsacılık Tätigkeit *f* e–s Schwarz-, Schleich-händlers; Schiebergeschäfte *pl.*
karaboya s. **demir sülfat**
karaböcekgiller (Familie *f* der) Schwarzkäfer *pl. zo.* Tenebrionidae
karabuğday gemeiner Buchweizen *bot.* Fagopyrum esculentum *esmer buğday, sert buğday
karabuğdaygiller Knöterichgewächse *pl. bot.* Polygonaceae *ravendiye
karabulut, -tu *met.* Nimbostratus *m* (*fr.* Nimbus *m*), Regenwolke *f* *baki, nimbüs
karabulutsu *astr.* Dunkelnebel *m*
karaburan *met.* Karaburan *m* (anhaltender Sommersandsturm in Turkestan)
Karaburun 1. *n.pr.* O. u. D. im Rbz. Izmir 2. häufiger Rufname für anatolische Schäferhunde
Karabük *n.pr.* Industriestadt u. D. im Rbz. Zonguldak (Eisen- und Stahlwerke)
karaca (I) 1. dunkel, schwärzlich, bräunlich ~ **balığı** die Stör-Art Acipenser Güldenstaedtii; Waxdick *m* *Rus mersini ~ **darı** e–e bes. an Tiere verfütterte Hirseart
karaca (II) Reh *n zo.* Capreolus capreolus ~ **yavrusu** Rehkitz *n*
karaca (III) *an.* Oberarm *m* *kol, üst kol, pazı ~ **kemiği** *an.* s. **kol kemiği**
Karacaahmet, -di *n.pr.* 1. türk. Gelehrter des 16. Jh.s (der als Heiliger verehrt wurde) 2. **(mezarlığı)** der nach ihm benannte große Friedhof in Üsküdar (Istanbul) (mit Gräbern hochgestellter Persönlichkeiten)
Karacabey *n.pr.* Städtchen u. D. im Rbz. Bursa
karacadarısı, -nı s. **akdarı**
karacaot, -tu s. **kara çöpleme**
Karacasu *n.pr.* O. u. D. im Rbz. Aydın
karacı (I) 1. (zu Unrecht) verdächtigend, bezichtigend, beschuldigend; verleumderisch; Verleumder *m* *müfteri 2. Räuber, Wegelagerer *m* 3. Zigeuner *m* *Çingene 4. Wahrsager(-in *f*) *m* *falcı
karacı (II) zu den Landstreitkräften gehörig, Land-, Heeres-
karacılık 1. Charakter *m* e–s Verleumders 2. (ungerechtfertigte) Verdächtigung od. Beschuldigung, (falsche) Bezichtigung; Verleumdung, *F* Anschwärzung *f* *iftira, müfterilik ~ **etmek** verleumden, anschwärzen
karaciğer *an.* Leber *f* *kebet ~ **apsesi** *med.* Leberabszeß *m* ~ **falı** *fr.* Wahrsagerei *f* aus der Leber von Schlachttieren ~ **iltihabı** s. **hepatit**; ~ **kanseri** *med.* Leberkrebs *m* ~ **kelebeği** Lanzett-, Leber-egel *m zo.* Distomum ~ **kelebeği hastalığı** *med.* Leberegelkrankheit *f* ~ **sülükleri** s. **emici kurtlar**
karacör oyunu primitives Puppenspiel (in Anatolien) (*spez.* bei Turkmenen) **reg.* (Adana) kabak oyunu
karaçalı 1. s. **çalıdikeni** 2. Schwarz-, Schleh-dorn *m bot.* Prunus spinosa 3. *fig.* Störenfried, Unruhestifter *m* 4. schmutzig-graue Abart der Meerbarbe **(barbunya)**; **-sı elinde** s. **karası elinde**
karaçam Schwarzkiefer *f bot.* Pinus nigra
karaçayır Raigras *n bot.* Lolium
Karaçaylar *n.pr.* Karatschaier *pl.* (türk. Volksstamm; bis zur Deportation nach Sibirien 1944 im nördl. Kaukasus)
Karadağ *n.pr.* Montenegro
Karadağlı 1. Montenegriner(-in *f*) *m* 2. montenegrinisch
karadamar s. **toplardamar**
karademir graues Roheisen
karademirci Grobschmied *m*
Karadeniz *n.pr.* 1. Schwarzes Meer 2. Badeanlage (in e–r dem Schwarzen Meer nachgebildeten Form im Orman Çiftliği, dem fr. Mustergut des Gazi) bei Ankara ~ **pelini** s. **yavşanotu** (2); ~ **yunusbalığı** Schwarzmeerdelphin *m zo.* Delphinus delphis ponticus *bello boçka; tırtak **≗de gemilerin mi batmış?** Warum schaust du denn so mürrisch in die Welt?
Karadenizli Bewohner(-in *f*) *m* des Schwarzmeer-Gebietes
karaderili *selt.* Schwarzer; Neger *m* *zenci
karadiken 1. s. **karaçalı** 2. *reg.* (Ägäis) See-Igel *m zo.* Echinus sphaera *denizkestanesi
karadoğu *dial.* Brand *m* (Pflanzenkrankheit) *sürme
karadul schwarze Witwe *f zo.* Latrodectus mactans
karadüzen gitarrenähnliches, viersaitiges M.i.
karaelmas 1. Karbonat, Karbonado *m* (grau-schwarze Abart des Diamanten) *karbonado 2. Steinkohle *f* *maden-kömürü
karafa [·×·] (Raki-)Karaffe *f* od. deren Inhalt
karafaki [··×·] kleine Raki-Karaffe od. deren Inhalt
karafatma 1. Laufkäfer *m zo.* Carabus (granulatus u. a.) 2. s. **hamamböceği**
karafındık dunkle Haselnußart mit dicker Schale
karagan e–e kleinere asiatische Fuchsart
Karagaslar *n.pr.* Karagassen *pl.* (kleine türk. Volksgruppe im südl. Sibirien)
karagöz 1. schwarzes Auge od. schwarzäugig 2. **(oyunu)** türk. Schattenspiel *n* *zıllühayal 3. **(balığı)** Geißbrasse *f zo.* Diplodus sargus 4. *V* beim *Tr.sp.* verwendeter kleiner Würfel mit kräftigen schwarzen Punkten 5. ≗ *n.pr.* Hauptfigur *f* des türk. Schattenspiels (im Ggs. zu **Hacivat** Verkörperung des einfachen türk. Volkes und seiner Mentalität) 6. unterhaltsamer Plauderer 7. *va.* Zigeuner *m* 8. e–e best. Bohnenart 9. e–e best. Schafart (vgl. **karayaka**) 10. ≗ Name e–r hum. Zeitschrift ~ **istavrit** die Bastardmakrelenart Trachurus mediterraneus ≗ **kesicisi** wer Karagöz-Figuren ausschneidet ≗ **oynatıcısı** Karagözspieler *m* ~ **oynatmak** *fig.* Komödie spielen ~ **perdesi (gibi)** provisorischer Schirm (Vorhang u. ä.) ~ **tirsi** Schwarzmeerhering *m zo.* Clupea pontica
karagözcü 1. Schattenspieler *m* *hayalci, hayalî 2. wer die im türk. Schattenspiel verwendeten Leder- od. Kartonfiguren herstellt od. verkauft
karagözcülük Tätigkeit *f* e–s **karagözcü**
karagözlük Clownerie *f*, Possenreißen *n*, Komik *f* ~ **etmek** den Clown spielen
Karagözlüler *n.pr.* kleinere türk. Volksgruppe im westl. Iran
karagül Karakul-Schaf *n* (auch in der Türkei gezüchtet)
karagünlük 1. Storax, Styrax *m* (Balsamharz) 2. **(ağacı)** a) s. **aselbent** b) echter Storaxbaum *bot.* Styrax officinalis *kara buhur

karagürgen s. **gürgen**
karağı (I) Feuer-, Schür-haken *m*
karağı (II) Nachtblindheit *f* *niktalopi
Karahallı *n.pr.* O. u. D. im Rbz. Uşak
Karahanlıca *hist.* frühere Türksprache (die als Nachfolgerin des Altuigurischen angesehen wird)
Karahanlılar *n.pr.* *hist.* türk. Dynastie in Turkestan (840–1212) *Ilekhanlar
karahastalık s. **kalaazar**
karahindiba (otu) Löwenzahn *m bot.* Taraxacum officinale *hindiba çiçeği; sarı güğüm
Karahisar 1. s. **Afyonkarahisar** 2. s. **Şebinkarahisar**
karahumma *med.* 1. Bauchtyphus *m* *fiyevr tifoid, tifo 2. s. **kene humması**
karaiğne Holzameise *f*, schwarzbraune Ameise *zo.* Lasius fuliginosus
Karaimler *n.pr.* Karaimen *pl.* (türk. Nomadenstamm jüdischer Religion)
karain [·–·] (*va. Pl.* zu **karine**) An-, Kenn-zeichen *pl.*, Anhaltspunkte *pl.*, Begleit-, Neben-umstände *pl.*, gedanklicher Zusammenhang
Karaip, -bi 1. Karibe *m*, Karibin *f* 2. karibisch ~ **adaları** *geogr.* die kleinen Antillen **-ler denizi** s. **Antil denizi**
Karaisalı *n.pr.* O. u. D. im Rbz. Adana
Karaitler s. **Karaimler**
karak Bez. für die Kreuzritterburgen in Syrien (Krak)
karaka [·×·] *naut. hist.* e–e Galeonenart
karakabarcık *med.* Milzbrand *m*, Anthrax *m* *şarbon hastalığı, antraks, karayanık, hummai cemreviye
karakaçan *hum. Bez.* für Nasrettins Esel
karakafes (otu) 1. s. **büyük** ~ 2. Stachelträubchen *n bot.* Coris monspeliensis
karakala [··×·] **fasulyesi** Caracalla-Bohne *f bot.* Phaseolus caracalla
karakalem 1. Zeichenkohle *f* *kömür kalem 2. Kohlezeichnung *f* 3. mit schwarzem Muster (z. B. Porzellan)
Karakalpaklar *n.pr.* Karakalpaken *pl.* (türk. Volksstamm in Zentralasien)
karakan s. **kirlikan**
karakarınca schwarzbraune Wegameise *f zo.* Lasius niger
karakaş(-lı) mit schwarzen, dichten Augenbrauen
karakavak Schwarzpappel *f bot.* Populus nigra
karakavuk *dial.* 1. s. **hindiba** 2. s. **kuzukulağı**
karakavza s. **yaban havuzu**
Karakaya Name der größten türk. Talsperre (bei Malatya; am Euphrat)
karakeçi s. **bıyıklıbalık**
Karakeçililer *n.pr.* ein Turkmenenstamm
karakehribar *min.* Gagat *m*, Jett *m, n* *oltutaşı
karakılçık *dial.* e–e Weizen- od. Gersten-art mit kleinen rötlichen Körnern
Karakırgız s. **Kırgız**
karakış der strenge Winter (die 40 Tage vom 22. Dezember bis zum 30. Januar) *erbain, zemheri
karakimyon 1. Schwarzkümmel *m bot.* Nigella sativa 2. Kreuzkümmel *m bot.* Cuminum cyminum
karako (*franz.* **caraco**) *selt.* Mieder, Leibchen *n*
karakoca bejahrter Mann, dessen Haar noch nicht grau ist
Karakoçan *n.pr.* O. u. D. im Rbz. Elazığ
karakol 1. Patrouille, bewaffnete Streife *f* 2. Wache *f*, Posten *m* 3. Polizei-, Gendarmerie-wache, -station *f* ~ **binası** Wachgebäude *n* ~ **dikmek** *mil.* e–e Wache (Vorpostenabteilung) ausstellen ~ **efradı** Wachmannschaft *f* ~ **filikası** (*od.* ~ **gemisi**) Patrouillen-, Überwachungs-, Kontroll-schiff *n* ~ (*od.* **-da**) **gezmek** patrouillieren ~ **hizmetine girmek** Posten beziehen; auf Wache ziehen ~ **kumandanı** 1. wachhabender Offizier, Offizier *m* vom Dienst 2. Chef *m* der Polizeiwache ~ **nöbetçisi** Wachtposten *m* ~ **servisi** *mil.* Überwachungsdienst *m* ♀ **silâh başına!** *mil.* Wache heraus! **-lar hattı** Postenlinie *f*
karakolhane [···–·] Polizei-, Gendarmerie-wache, -station *f*, Wachlokal *n*
karakolluk olmak *F* zur Polizeiwache gebracht werden, *F* auf der Polizeiwache landen
karakoncolos 1. Popanz *m*, Schreckgespenst *n*, schwarzer Mann; Kinderschreck *m* *umacı 2. Mensch *m* von abstoßender Häßlichkeit 3. *dial.* gefürchteter period. Seesturm im Januar
Karakoyunlular *n.pr.* *hist.* Turkmenendynastie *f* vom Schwarzen Hammel
karakök, -kü Pastinak(-e *f*) *m bot.* Pastinaca sativa
Karaköse *n.pr.* Stadt u. D. im Rbz. Ağrı
Karaköy *n.pr.* Stadtteil von Istanbul (bei der Galatabrücke)
karakter 1. Charakter *m*, Merkmal, Gepräge *n*, Eigenart *f* *ıra, seciye, vasıf 2. Drucktype, Letter *f* ~ **komedisi** *lit.* Charakterkomödie *f* ~ **oyuncusu** *Th.* Charakterdarsteller *m* ~ **sahibi** charakterfeste Persönlichkeit; charakterfest
karakteristik 1. Charakteristikum *n* 2. *math.* Charakteristik, Kennziffer *f* (e–s Logarithmus) *kısmı tam, tam kısım 3. charakteristisch, bezeichnend *ırasal, seciyevî
karakterize charakterisiert, gekennzeichnet ~ **etmek** charakterisieren, kennzeichnen *tavsif etmek, vasıflandırmak
karakterli 1. mit nb. Charakter 2. *pr.* charakter-voll, -fest, -stark
karakterolog Charakterologe *m;* Erforscher *m* der menschlichen Persönlichkeit
karakteroloji Charakterkunde, Charakterologie, Persönlichkeitsforschung, Menschenkunde *f* *ırabilim, ilmi secaya
karakterolojik charakterkundlich, charakterologisch
karakterolojist, -ti s. **karakterolog**
karaktersiz charakterlos, ohne Charakter
karaktersizlik Charakterlosigkeit *f*
karakucak (güreşi) 1. die älteste Form des türk. Ringkampfes 2. hartes Training der Freistilringer
karakul *urspr. Form* von **karagül**
karakulak 1. Karakal, Wüstenluchs *m zo.* Caracal melanotis 2. *fr.* Nachrichtenübermittler *m* im unmittelbaren Dienst höchster osm. Würdenträger 3. Krummdolch *m* des Schwarzmeergebietes (mit zwei schwarzen Ösen am Griff) *kulaklı 4. ♀ **suyu** Name e–s sehr beliebten Quellwassers (aus Beykoz) (gilt als das beste Trinkwasser)
karakulaklı kuyrukkakan Mittelmeersteinschmätzer *m zo.* Oenanthe hispanica
Karakule *hist. Bez.* des als Gefängnis dienenden Rumelihisar(-ı)
karakulluk *fr.* Nachtpatrouille *f* der Janitscharen
karakullukçu *fr.* Patrouillenführer *m* (bei den Janitscharen)
karakumulu, -nu Festlandsdüne *f* *kara eksibesi; karasal kumul
karakurbağaotu, -nu Bergziest *m bot.* Stachys recta
karakurbağası, -nı Kröte *f zo.* Bufo bufo *otlubağa
karakurt, -du s. **tırpankurdu**
Karakurum *n.pr.* Karakorum (Gebirge und Paß sowie fr. Stadt in Zentralasien)
karakusmuk, -uğu *med.* Blutbrechen *n*
karakuş 1. Kaiseradler *m zo.* Aquila heliaca 2. krankhafte Anschwellung am Sprunggelenk e–s Pferdes 3. ♀ *n.pr.* ein durch seine Willkürakte berüchtigt gewordener Würdenträger des 12. Jh.s (unter Salâhattin Eyubî) 4. ♀ s. **Akkuş**
karakuşî despotisch, Willkür- (in der Füg.:) **hükmü** ~ 1.

despotisches Urteil; Willkürentscheid *m* 2. *gel.* Schildbürgerstreich *m*
karaküf s. **kara çürüklük hastalığı**
karalahana [··×··] Spargelkohl, Brokkoli *m bot.* Brassica oleracea var. pompejana *İtalya lahanası
karalama 1. Vs. zu **karalamak** 2. Schönschreibübung *f* 3. Konzept *n*, Entwurf *m*, erste Skizzierung 4. schriftliche Strafarbeit (in der Schule) ~ **kâğıdı** 1. *fr.* Papier für Schönschreibübungen 2. Konzeptpapier *n*
karalamak 1. mit schwarzer Farbe beschmieren (z.B. Wand), schwarz machen, schwärzen 2. Papier beschreiben (mit Schönschreibübungen, Kritzeleien usw.) 3. aus-, durch-streichen 4. im Konzept anfertigen; entwerfen 5. hin-kritzeln, -schmieren 6. *fig.* anschwärzen, verleumden, denunzieren 7. *fig.* besudeln, beschmutzen, beflecken
karalararası, -nı interkontinental
karalı 1. mit schwarzen Flecken (Punkten, Streifen usw.) 2. aus-, durch-gestrichen; s.a. **aklı (iki yüzü)** ~
karalık 1. Schwarzsein *n*, Schwärze *f* 2. Dunkelfarbigsein *n* 3. Finstersein *n*, Finsternis *f* 4. schlechte Vorbedeutung; Schlechtes, Übles, Böses 5. Niedertracht, Schurkerei *f*
karaltı 1. kleiner Flecken, leichter Schmutzfleck 2. nur undeutlich zu erkennende Gestalt od. deren Umrisse; Phantom *n*, Schemen *m*
karamak (I) schlechtmachen, anschwärzen, heruntermachen, verdächtigen *yermek
karamak (II) 1. betrachten, anschauen, beobachten *bakmak, gözetmek 2. für j–s Unterhalt sorgen 3. schützen
Karaman 1. *n.pr.* Stadt u. gln. D. im Rbz. Konya 2. ≗ **(koyunu)** Karaman-Schaf *n* (mit großem Fettschwanz und stark riechendem Fleisch) 3. ≗ *V* große, dicke Frau mit dunklem Teint 4. ≗ *naut.* Fallhammer *m*, Handramme *f* ≗ **halatı** *naut.* Schlepp-, Zug-trosse *f* (bei Flottmachen e–s gestrandeten Schiffes) ~ **kimyonu** 1. Knorpelmöhre *f bot.* Ammi majus 2. gemeiner Kümmel *bot.* Carum carvi *Frenk kimyonu 3. Bohnen-Jochblatt *n bot.* Zygophyllum fabago *yabanîkimyon ~ **vurmak** s. **karamanlamak.** ≗**ın koyunu sonra çıkar oyunu.** Er hat es faustdick hinter den Ohren.
karamandola [··×··] 1. geköperter Satin; Atlasköper *m* (Stoffart) 2. Satin-, Atlas-schuh *m*
karamanlamak *naut.* ein gestrandetes Schiff wieder flottmachen
Karamanlı 1. aus Karaman stammend 2. generelle Bez. für die Griechen türk. Staatsangehörigkeit, die bis 1923/24 in Kleinasien wohnhaft waren und dann die Türkei verlassen mußten; turkophone Griechen *pl.* (*ant.* **Rum**)
Karamanlılar; Karamanoğulları, -nı *n.pr.* Dynastie in Karaman (1256–1483)
karambol 1. *Bill.* Karambolage *f*, Treffer *m* 2. Aufeinander-prallen, -stoßen *n*, Kollision *f*, Zusammenstoß *m* *çarpışma 3. *Fb.* Rempeln *n* ~ **ağacı** kantiger Gurkenbaum, Karambolas *bot.* Averrhoa carambola ~ **yapmak** 1. *Bill.* karambolieren 2. zusammenstoßen, aufeinanderprallen
karambolaj s. **karambol**
karameke [··×·] *dial.* 1. s. **karabatak** 2. s. **yeşilbaş**
karamela [··×] Karamelle *f*
karamelalı mit Karamellen untermischt od. gesüßt
karameşe s. **sapsız meşe**
karamsar(-lık) s. **kötümser(-lik)**
karamuk 1. Kornrade *f bot.* Agrostemma githago *katır çiçeği 2. s. **inek buğdayı** 3. s. **delice otu** 4. die Berberitzenart Berberis crataegina (Mittelanatolien) 5. *prov.* s. **böğürtlen** 6. *med.* rötlicher Hautausschlag (*spez.* bei Säuglingen oft fieberhaft)
karamusal *naut.* Muringswirbel *m* ~ **kamçısı** *naut.* Muringsschäkel *m* **-a vurmak** *naut.* vermuren; s.a. Stw. **Karamürsel**
Karamürsel 1. *n.pr.* Städtchen u. D. im Rbz. Kocaeli 2. ≗ *va. fr.* Küsten-wachschiff od. -transportschiff *n* ≗ (*od.* **karamusal) sepeti sanmak** *fig.* 1. (b–ni) j–n für e–e Null ansehen 2. (bşi) et. für gänzlich belanglos halten; s.a. Stw. **ufak tefek**
karanadas *agr.* gepflügtes, aber ungedüngtes Land
karanfil (I) 1. Gartennelke *f bot.* Dianthus caryophyullus 2. Gewürznelke *f* 3. *V* a) Hintern *m* b) Schneid *m*, Courage *f* 4. Blumentopf *m* von 24 cm Durchmesser ~ **ağacı** (*a.* **bahar** ~ **ağacı**) Gewürznelkenbaum *m bot.* Eugenia caryophyllata ~ **çarkı** (*od.* ~ **dişlisi**) Minutenrad *n* (in e–r Taschenuhr) ~ **otu** s. **Meryem otu;** ~ **tanesi** (einzelne) Gewürznelke *f* ~ **yağı** Nelkenöl *n* ~ **yarpuzu** echte Bergminze *bot.* Satureja calamintha **-i sıkmak** *V* Geduld aufbringen; et. aushalten, sich anstrengen
karanfil (II) *naut.* 1. dreiteiliges Taljereep zwischen Fock- und Groß-mast 2. (Stag-)Garnat *n* (Tau) 3. Geitau, Backstag *n*
karanfilgiller (*va.* **karanfiliye**) Nelkengewächse *pl. bot.* Caryophyllaceae
karanlık, -ığı 1. dunkel, finster, ohne Licht 2. a) unklar, ungeklärt, verworren b) undurchsichtig, finster, unheimlich (z.B. Angelegenheit) 3. nicht näher ausgeführt, nicht präzisiert (z.B. Vorschläge) 4. pessimistisch, in düsteren Farben gehalten (z.B. Schilderung) 5. dunkler (finsterer, lichtloser) Raum 6. Dunkel *n*, Finsternis *f* 7. ungeklärter Zustand; Unklarheit, Verworrenheit *f* 8. Fehlen *n* näherer Ausführungen, mangelnde Präzisierung Zu 1: **Oda -tır.** Das Zimmer ist dunkel. Zu 2a): **Mesele çok** ~. Die Angelegenheit ist reichlich verworren. Zu 3: **Teklifler -tır.** Die Vorschläge sind nicht näher ausgeführt. Zu 4: **Londra, vaziyeti** ~ **görüyor.** London betrachtet die Lage pessimistisch. Zu 6: **-ta muharebe** *mil.* Gefecht *n* in der Dunkelheit **Ben, senin -ta göz kıptığını nereden bileyim?** *fig.* Das kann ich doch nicht riechen! Zu 7: **Bize göre** ~. Das wissen wir nicht. Das entzieht sich unserer Kenntnis. **Mesele, -ını muhafaza ediyor.** Die Angelegenheit ist nach wie vor ungeklärt (dunkel, verworren). ~ **basmak** dunkel werden; hereinbrechen (Nacht) ~ **bir tablosunu çizmek** (bşin) ein düsteres Bild (von et.) entwerfen ~ **etmek** 1. a) verdunkeln (Zimmer, Himmel, j–s Ansehen) b) dunkler machen (Farbe) 2. bräunen (Haut) ~ **görmek** pessimistisch betrachten ~ **kutu** 1. Kameragehäuse *n* 2. Camera obscura ~ **maksat** finstere Absicht ~ **oda** *phot.* Dunkelkammer *f* *şambrnuvar **-a kalmak** 1. in die Dunkelheit kommen (vor Erreichung des Ziels) 2. **(ay)** von Wolken verdunkelt werden (Mond) **-lara gömmek** in Dunkel hüllen, verdunkeln **-ta göz kı(r)pmak** *fig.* et. sagen od. andeuten, was der Gesprächspartner nicht verstehen kann
karanlıkçı(-lık) s. **obskürantist; obskürantizm**
karanlıklaşmak sich verdunkeln, sich verdüstern
karanlıklaştırmak verdunkeln, verdüstern
karans (*franz.* **carence**) *med.* (Nährstoff-)Mangel *m*
karantina [··×·] 1. Quarantäne(-station) *f* 2. *fr.* Bez. der Küstengesundheitspolizei 3. Aufnahmestation *f* (in e–m Krankenhaus) ~ **belgesi** s. **pratika;** ~ **flaması** (*od.* **bayrağı**) (gelbe) Quarantäneflagge *f* ~ **koymak** (*od.* **vazetmek**) 1. e–e Quarantäne verhängen 2. (von der Außenwelt) isolieren ~ **limanı** Quarantänehafen *m*
karantinahane [··×·–·] Quarantäne-station, -anstalt *f*, -schuppen *m*
karaoluş *geol.* Epirogenese *f*
Karaorman *n.pr.* Schwarzwald *m* (in Deutschland)
karaölüm schwarzer Tod (durch Pest)

Karapapaklar *n.pr.* zerstreut lebender türk. Volksstamm (Georgien, Iran, Türkei)
karapas (I) (*franz.* **carapace**) s. **bağa** (1)
karapas (II) s. **buğday pası**
karapazar(-cı, -cılık) s. **karaborsa(-cı, -cılık)**
karapazı 1. Gartenmelde *f bot.* Atriplex hortensis 2. Staudenmelde *f bot.* Atriplex halimus *sermak 3. spießblättrige Melde *bot.* Atriplex hastata *koyun sarmaşığı
karapelin (otu) Eberraute *f bot.* Artemisia abrotanum
Karapınar *n.pr.* Städtchen u. D. im Rbz. Konya
karar *urspr.* [·–] 1. Ruhe, Stabilität, Beständigkeit *f*, Dauerzustand *m*, fester Aufenthaltsort 2. Entschluß, Beschluß *m*, Entscheid(-ung *f*) *m*, Anordnung *f* 3. (Gerichts-)Urteil *n*, Spruch *m*, Verfügung *f* *kıyılgı 4. Regel-, Gleich-mäßigkeit *f*, ordentlicher (normaler) Zustand 5. Schätzen *n*, Schätzung *f* 6. richtig, nicht zuviel und nicht zuwenig 7. Maßhalten *n*, Mäßigung *f* 8. s. **-larında** 9. *orient. Mus.* nach Improvisation Rückkehr zum Hauptthema Zu 1: s. ~ **bulmak** Zu 2: **meclisin -ı** Beschluß *m* der Versammlung **vekâletin -ı** Ministerialentschließung *f* **kendi -iyle** nach eigenem Entschluß ≗ ~ **mı?** Ist es also jetzt endgültig beschlossen? Steht das jetzt endgültig fest? s. a. Stw. **dönmek** Zu 3: s. **beraat (mahkeme, hakem) -ı** Zu 4: **Havanın -ı yok.** Das Wetter ist unbeständig. **Makine bir ~ üzere işler.** Die Maschine arbeitet gleichmäßig. Zu 5: s. **göz -ı** Zu 6: **Yemeğin tuzu ~!** Das Essen ist richtig gesalzen. Zu 7: **Her şey -ında gerek.** Bei allem muß man Maß halten. ~ **almak** e–n Beschluß (Entschluß) fassen ~ **bulmak** sich beruhigen, sich festigen, festwerden ~ **etmek** 1. (stehen-)bleiben, verweilen 2. Ruhe finden 3. dauern 4. *z. va.* sich entschließen; beschließen ~ **hürriyeti** *a. mil.* Entschlußfreiheit *f* ~ **ittihaz etmek** e–n Beschluß fassen ~ **ittihaz eyleyen idare** *jur.* beschließende Verwaltungsbehörde ~ **kabiliyeti** Entschlußfähigkeit *f* ~ **kılmak** (bşde) *(nach längerem Schwanken)* sich für et. entscheiden; endgültig bei et. bleiben ~ **kuvveti** Entschlußkraft *f* ~ **nisabı** Quorum *n*, beschlußfähige Mitgliederzahl e–r Körperschaft ~ **vermek** 1. e–n Entschluß *bzw.* Beschluß fassen, sich entschließen, sich entscheiden 2. ein Urteil fällen, verurteilen Zu 2: **Idamına ~ verildi.** Er wurde zum Tod verurteilt. **-a bağlamak** et. zum Abschluß bringen **-a kalmak** *jur.* ausstehen (Gerichtsurteil nach abgeschlossener Verhandlung) **-a varmak** zu e–r Einigung gelangen **-ın düzeltilmesi** *jur.* Berichtigungsbeschluß *m* *tashihi karar **-ınca** im entsprechenden Maß **-ında olmak** im richtigen Maß (nicht zu viel und nicht zu wenig) vorhanden sein **-larında** etwa, gegen, ungefähr *sularında (**yirmi yirmi iki -larında bir genç** ein junger Mann von etwa 20 od. 22 Jahren **saat iki buçuk -larında** gegen halb drei, ungefähr um halb drei) **-ı katî** unwiderruflicher Beschluß
karargâh 1. Lager *n* *kamp 2. *mil.* Stab(-squartier *n*) *m* 3. *selt.* Wohnviertel *n* ~ **emirleri** *mil.* Stabsbefehle *pl.* ~ **heyeti** *mil.* Stab *m*
karargir [ī] *z. va.* beschlossen, fest-gelegt, -gesetzt ~ **olmak** beschlossen werden (sein)
kararlama 1. Vs. zu **kararlamak** 2. unter Zugrundelegung e–r Schätzung ausgeführt *spez.* nach Augenmaß gemacht
kararlamadan *Adv.* unter Zugrundelegung e–r Schätzung **Karanlıkta kapıyı ~ buldu.** Er tastete sich im Dunkeln zur Tür hin.
kararlamak schätzungsweise bestimmen, abschätzen *spez.* nach Augenmaß beurteilen, *gel. a.* zielen
kararlaşmak 1. fest (definitiv, beschlossene Sache) werden 2. s. **kararlaştırılmak** Zu 1: **Bu iş kararlaştı.** Die Sache ist jetzt (endlich) fest geworden. **Benim gitmem kararlaştı.** Ich werde definitiv abreisen. Zu 2: **Düğün ilkbahar için kararlaştı.** Die Hochzeit wurde auf den Frühling festgelegt.
kararlaştırmak beschließen, festsetzen, festlegen, vereinbaren, abmachen, bestimmen, entscheiden **kararlaştırılmış yol** *(Flugwesen)* vorgesehene Route *f*
kararlı 1. beschlossen, fest-gesetzt, -gelegt 2. regelmäßig, beständig, stet(-ig), stationär, stabil (Gleichgewicht), stehend (Wellen) *phys.* duraklı 3. (bşi yapmağa) entschlossen (et. zu tun) ~ **denge** *phys.* stabiles Gleichgewicht *muvazeneti müstakirre
kararlılık 1. Stabilität *f* *istikrar 2. Entschlossenheit *f*
kararmak 1. schwarz (dunkel, finster) werden 2. bräunen, braun werden (z. B. durch die Sonne) 3. ausgehen, ausgelöscht werden, schwächer werden, heruntergeschraubt (abgeblendet, verdunkelt) werden (Licht) 4. verglimmen; langsam erlöschen (Feuer) 5. *va.* bekümmert werden; s. a. **gönlü ~; gözü ~. Hava (Sular) karardı.**
kararname [··–·] *jur.* Ministerrats-, Regierungs-beschluß *m*, Verordnung *f*, Erlaß *m*, Dekret *n;* s. a. **ceza -si**
kararsız 1. unbeständig, veränderlich (z. B. Wetter); labil (Gleichgewicht) 2. unstet, unruhig, ungleichmäßig, launenhaft 3. unschlüssig, unentschlossen 4. unklar, ungeklärt (z. B. Lage) 5. unklar, einander widersprechend (z. B. Nachrichten) Zu 4/5: **Vaziyet belki orada ~ değildir, fakat haberler -dır.** Die Lage dort ist vielleicht schon geklärt, aber die Nachrichten widersprechen sich noch immer. ~ **denge** *phys.* labiles Gleichgewicht *muvazeneti gayri müstakirre
kararsızlık 1. Unbeständigkeit *f* (z. B. des Wetters) 2. Unstetigkeit, Ruhelosigkeit, Launenhaftigkeit *f* 3. Unschlüssigkeit, Unentschlossenheit *f* 4. Unklarheit *f*, Fehlen *n* präziser Angaben
karartı 1. Dunkel *n* 2. s. **karaltı**
karartma *mil.* Verdunkelung *f* (z. B. bei Luftgefahr)
karartmak 1. schwarz machen, schwärzen, schwarz (dunkel, finster) werden lassen 2. bräunen, braun werden lassen (z. B. Sonne) 3. auslöschen, herunterschrauben, abblenden (z. B. Licht) 4. verdunkeln (z. B. Zimmer) 5. herab-setzen, -würdigen (z. B. j–s Ansehen) 6. **(içini, gönlünü, yüreğini)** bekümmern; Unbehagen verursachen Zu 1: s. a. **havayı ~**
karasaban primitiver Holzpflug (des anatolischen Bauern)
karasağan Mauersegler *m zo.* Apus apus *kılıç kırlangıcı
karasakız 1. s. **kolofan** 2. s. **zift**
karasal (Fest-)Land-, Kontinental- *berrî, kıtasal, kıt'avî ~ **buzul örtüsü** *geogr.* Inlandeis *n* ~ **kumul** s. **karakumulu;** ~ **oluşuk** *geol.* Festlandbildung *f*, Entstehung *f* von Kontinenten *berrî teşekkül ~ **ortam** *geogr.* terrestrisches Milieu ~ **tortul** *geol.* terrigene Ablagerung
karasevda [···–] Schwermut, Melancholie, Hypochondrie, Grillenfängerei *f* **-ya düşmek (tutulmak, uğramak)** in Schwermut verfallen (*spez.* durch Liebeskummer)
karasevdalı schwermütig, melancholisch, hypochondrisch
karasığır s. **Hint mandası**
karasıtma s. **azılı sıtma**
karasinek, -eği 1. Stubenfliege *f zo.* Musca domestica *ev sineği 2. s. **baldırsokan**
karasinekkapan Trauerschnäpper *m zo.* Ficedula hypoleuca
karasöğüt, -dü 1. Purpurweide *f bot.* Salix purpurea 2. Schwarzweide *f bot.* Salix nigricans
Karasu *n.pr.* Städtchen u. D. im Rbz. Sakarya 2. westlicher Euphrat *Batı Fırat 3. Schwarzer Drin (Balkan)
karasu 1. *med.* grüner Star, Glaukom *n* (Augenkrankheit) *glokom 2. träge dahinfließendes Wasser 3. *vet.* Überbein *n* (*spez.* am Pferdefuß) *süros Zu 3: s. **ayaklarına ~ inmek;** ~ **humması** *med.* Schwarzwasserfieber *n* (Malaria-Art)

karasuluk Moor-, Sumpf-wiese, -gegend *f*
karasüyek *(in alttürk. Zeit)* = **avam**
karaşın 1. dunkelhaarig und mit dunklem Teint (*ant.* sarışın) 2. schwärzlich (Farbe)
Karaşi [·×·] *n.pr.* Karachi (in Pakistan)
karataban 1. *fr.* e–e in Chorasan (Iran) zur Waffenherstellung verwendete Eisenart 2. Fleckenkrankheit *f* (der Raupen des Seidenspinners) *yavru çürüğü hastalığı Zu 2: vgl. **nozema**
karatahta Wand-, Schul-tafel *f* *yazı tahtası
Karataş 1. *n.pr.* O.u.D. im Rbz. Adana 2. T. von **Haceri Esvet**
karatavuk Amsel *f zo.* Turdus merula
karatavukgiller Familie *f* der eigentlichen Drosseln *zo.* Turdidae *ardıçkuşugiller
karate 1. Karate *n* (waffenlose Selbstverteidigung) 2. *med.* Carate, Pintokrankheit *f*
karateci Karate-sportler, -kämpfer *m*
karatoprak 1. *agr.* Schwarzerde *f*, Tschernosem, Tschernosiom *n* 2. Grab *n* *mezar
karaturp, -pu 1. Meerrettich *m bot.* Cochlearia armoracia 2. *abus.* großer Winterrettich
karauyuz Schwarzfäule *f* (bei Kartoffeln)
karavan (*engl.* **caravan**) Wohnwagen(-anhänger) *m*
karavana [··×·] 1. *mil.* große Eß-Schüssel, *naut.* Back (-schüssel) *f* 2. *Sa.* Essen *n* 3. *Sa.* Vorbeigeschossen! 4. *z. va.* flacher Diamant 5. *naut. hist.* e–e Segelschiff-Art ~ **atmak** 1. danebenschießen; die Zielscheibe verfehlen 2. *fig.* danebenraten ~ **borusu** *mil.* Essensignal *n* ≗ **daha çıkmadı.** Es ist noch kein Essen da. **-dan yemek** *mil.* aus der Menage leben
karavanacı *mil.* 1. Essen-holer, -träger *m* 2. wer (beim Schießen) die Zielscheibe verfehlt
karavaş (*urspr.* die Geraubte, Gefangene) Sklavin, Dienerin *f*, Dienst-mädchen *n*, -magd *f* *cariye, halayık
karavel 1. s. **karavela** (1) 2. Karavelle *f* (heutiger Flugzeugtyp)
karavela [··×·] *naut.* 1. *fr.* Karavelle *f* (mittelalterliches Segelschiff) 2. *pej.* ein der See-Ordnung nicht entsprechender Zustand 3. kraweelgebaut ~ **halinde** in Unordnung, alles durcheinander ~ **kaplaması** *naut.* Kraweelbeplankung *f*
karavide [··×·] gemeiner Flußkrebs *m zo.* Potamobius fluviatilis *kerevides, kerevit, tatlısu ıstakozu
karavul ältere Form von **karakol**
karayaka Schafrasse des östl. Schwarzmeergebietes (Arten: **karagöz** und **çakrak**)
karayandık der Dornstrauch Alhagi pseudalhagi
karayanık s. **karakabarcık**
karayara *med.* e–e durch chemisch behandelten Weizen hervorgerufene Haut- od. Leber-erkrankung
karayazı 1. (vorherbestimmtes) widriges Schicksal, trauriges Los 2. s. **kara yazı**
Karayazı *n.pr.* O.u.D. im Rbz. Erzurum
karayel 1. Nordwestwind *m* 2. *naut.* Nordwesten *m* ~ **kerte batı** *naut.* Nordwest zu West ~ **kerte yıldız** *naut.* Nordwest zu Nord
karayemiş (ağacı) s. **taflan (ağacı)**
karayılan 1. Natter *f zo.* Coluber 2. *fig.* unehrlicher od. böswilliger Mensch (mit braunem Teint)
Karaylar (Selbstbez. der Karaimen)
karayolu, -nu Landweg *m*
karayosunları, -nı *bot.* Moose, Bryophyten *pl.* *briyofitler; üşniyei berriye
karayosunu *bot.* Moos *n*, Flechte *f*
karayüz *fig.* Schmach, Schande, Unehre *f*, befleckte, besudelte Ehre *yüzkarası
karayüzlü mit Schmach und Schande bedeckt; schmählich, schändlich
karbamit, -di Karbamid *n* *üre
karbas Robbenfangschiff *n* (im Weißen Meer)
Karbeyaz *od.* **Karbeyazı, -nı** *n.pr.* Schneewittchen *n* *Pamuk Prenses
karbit, -di s. **karpit**
karbohidrat, -ti s. **karbonhidrat**
karbol *selt.* s. **fenol**
karbolik *chem.* Karbol- ~ **yağ** Karbol-, Mittel-öl *n*
karbon (*franz.* **carbone**) *chem.* Kohlenstoff *m* ~ **çağı (devri, dönemi)** *geol.* Karbon *n*, Steinkohlenformation *f* ~ **diyoksit** *chem.* Kohlendioxyd *n* ~ **diyoksit karı** Kohlendioxydschnee *m*, Trockeneis *n* *kuru buz ~ **kâğıdı** Kohle-, Durchschlags-, Blau-papier *n*
karbonado [··×·] s. **karaelmas** (1)
karbonat, -tı *chem.* 1. Karbonat *n*, kohlensaures Salz 2. s. **bi- (dö sut);** ~ **dö magnezi** Magnesiumkarbonat *n*, kohlensaures Magnesium ~ **dö potas** kohlensaures Kali ~ **dö sut** Natriumkarbonat *n*, Soda *f* *mükelles soda
karbonatlama *chem.* Karbonisation *f*
karbonatlaştırmak 1. s. **kömürleştirmek** 2. (Textilien) karbonisieren
karbonatlı *chem.* kohlensauer
karbonhidrat *chem.* Kohle(n)hydrat *n*
karbonik *chem.* Kohlen-; s.a. **asit** ~
karborundum [··×·] Karborund(-um) *n* (Schleifmittel aus Siliziumkarbid)
karbür (*franz.* **carbure**) *chem.* Kohlenstoffverbindung *f*
karbüratör (*franz.* **carburateur**) Vergaser *m* ~ **kolu** Vergaserhebel *m* ~ **memesi** Vergaserdüse *f* ~ **pistonu** Vergaserkolben *m* ~ **şamandırası** Schwimmkörper *m* im Vergaser ~ **valfı** Vergaserventil *n*
karcığar *orient. Mus.* fröhliche Weise in der dügâh-Tonart
kardan (mafsalı) *techn.* Kardan-, Dreh-gelenk *n* ~ **çaprazı** Kardankreuz *n* ~ **mili** Kardanwelle *f* ~ **sistemi askı** kardanische Aufhängung ~ **yatağı** Kardanlager *n*
kardaş s. **kardeş**
karde (*franz.* **laine cardée**) Streichgarn *n* *strayhgarn
kardelen gemeines Schneeglöckchen *bot.* Galanthus nivalis
kardeş 1. Bruder *m* 2. Schwester *f* 3. Geschwister *pl.* 4. *fig.* Bruder (= Gefährte, Genosse, Kamerad) 5. *va.* Ordensbruder *m* 6. (als Anrede) lieber Freund, Lieber 7. befreundet, nahestehend (z.B. Land) 8. *gel.* jüngerer Bruder Zu 4: **Şu beş -i** (*od.* **-leri**) **görüyor musun!** (Drohung mit e–r Ohrfeige) „Siehst du die fünf Brüder hier?" ~ **bilmek** j–n wie e–n Bruder aufnehmen ~ **diller** verwandte Sprachen *pl.* ~ ~ s. **kardeşçe;** ~ **kavgası** Bruderzwist, -kampf *m* ~ **payı** brüderlicher Anteil ~ **payı yapmak** sich brüderlich in et. teilen **-im** lieber Freund, mein Lieber **-ten ileri gelmek** ein aufrichtiger Freund sein **-ten yakın bilmek** eng befreundet sein (mit)
kardeşçe(-sine) in brüderlichem Einvernehmen, brüderlich
kardeşkanı, -nı 1. rotes Harz; Drachenblut *n* (Arznei- od. Färbemittel) 2. **(ağacı)** Kanarischer Drachenbaum *bot.* Dracaena draco *iki ~ ağacı; s.a. **hakikî** ~ **ağacı**
kardeşlenme *dial.* mehrfacher Trieb aus e–m (Getreide-) Samenkorn
kardeşleşmek 1. wie Brüder werden 2. *dial.* Wurzelschößlinge bekommen (Pflanze)
kardeşlik 1. Bruderschaft *f* 2. Schwesterschaft *f* 3. brüderliche (schwesterliche) Liebe 4. Brüderlichkeit, Freundschaft *f* 5. Adoptiv-bruder *m*, -schwester *f* Zu 4: ~ **haftası** Woche *f* der Brüderlichkeit ~ **etmek** (*od.* **yapmak**) Brüderlichkeit bezeugen
kardigan (*engl.* **cardigan**) wollene Strick-jacke od. -weste
kardinal (I), **-li** Kardinal *m* ~ **kuşu** roter Kardinal *zo.* Richmondena cardinalis

kardinal (II), **-li** s. **sayma sayısı**
kardinallik Kardinals-würde *f*, -rang *m*
kardit, -ti *med.* Karditis, Herzentzündung *f*
kardiya [×··] *med.* Mageneingang *m* *mide ağzı
kardiyak 1. das Herz betreffend, Herz- 2. herzleidend; Herzkranker
kardiyalji *med.* Kardialgie *f*, Herz- od. Magenkrampf *m*
kardiyograf *med.* Kardiograph *m*
kardiyografi *med.* Kardiographie *f* (Herzbeschreibung *f*)
kardiyogram *med.* Kardiogramm *n*
kardiyoit, -di *math.* Kardioide, Herzlinie *f* *yürek eğrisi
kardiyolog *med.* Kardiologe, Herzspezialist *m*
kardiyoloji *med.* Kardiologie *f* (Lehre vom Herzen und den Herzkrankheiten)
kardiyomegali *med.* Kardiomegalie, Herzvergrößerung *f*
kardiyoskop, -pu *med.* Kardioskop *n*
kardöfinal (*franz.* **quart-de-finale**) *(Sport)* Viertelfinale *n* *çeyrekson
kardöfinalist, -ti *(Sport)* Teilnehmer(-in *f*) *m* am Viertelfinale *çeyreksoncu
kare (*franz.* **carré**) 1. *math.* Quadrat *n*, zweite Potenz *murabba 2. *geom.* Quadrat, gleichseitiges rechtwinkliges Viereck *murabba (-ı tam), tam kare 3. Quadrat- 4. Karo *n*, kleines rechtwinkliges Viereck 5. gewürfelt, kariert (z.B. Socken) 6. viereckig 7. Viererrunde *f* (z.B. bei Bridge od. Poker) 8. *(Pokerspiel)* vier gleichstufige Karten (z.B. vier Könige) in e–r Hand 9. *(Roulett)* Vierergruppe *f* (von Zahlen) 10. *mil. fr.* Karree *n* *kale nizamı 11. *techn.* Vierkantschlüssel *m* ~ **kelimeler** Rätsel *n* mit senkrecht und waagerecht gleichlautenden Worten ~ **masa** viereckiger Tisch ~ **prizma dizgesi** *geol.* tetragonales System ~ **sakal** Stutzbart *m* ~ **sayı** Quadratzahl *f* *adedi murabba ~ **şeker** Würfelzucker *m* *küp şeker, kesmeşeker **-sini almak** *od.* **-ye yükseltmek** *math.* ins Quadrat erheben *terbi etmek
karekilometre s. **kilometre kare**
karekilometrelik soundsoviel Quadratkilometer umfassend od. ausmachend
karekök *math.* Quadratwurzel *f* *cezri murabba
karelaj (*franz.* **carrelage**) 1. Verlegen *n* von Steinplatten, Fliesen usw. 2. Platten-, Fliesen-belag *m* 3. Fliesen-fußboden *m* 4. Kachelwand *f*
karele(ştir)me Quadratur *f* *terbi
kareli mit Karos, kariert, gewürfelt, schachbrettartig *damalı, satrançlı ~ **taksimat** *spez. mil.* Gitternetz-, Planquadrat-einteilung *f*
Kareli *n.pr.* Karelien ~ **berzahı** *n.pr.* Karelische Landenge
karemetre s. **metre kare**
karemetrelik soundsoviel Quadratmeter umfassend (ausmachend, groß)
Karenti (*franz.* **Carinthie**) *n.pr.* Kärnten (in Österreich)
Karentili 1. Kärnt(e)ner(-in *f*) *m* 2. kärntnerisch, kärntisch
Karesi *n.pr. hist. Bez.* für Balıkesir u. Umgebung ~ **Beyliği** *hist.* (12.–14. Jh.) Fürstentum *n* Karesi
karet kaplumbağası unechte Karettschildkröte *zo.* Caretta caretta
karfiçe [·×·] mittelgroßer Eisennagel
karga (I) 1. Rabe *m*, Krähe, Dohle *f* *zo.* Corvus corax (u.a.) 2. ≗ *astr.* Rabe *m* (Sternbild) Zu 1: s.a. **büyük (kara)** ~; **kestane (leş, ekin) -sı.** ≗ **bana söyledi.** Mein kleiner Finger hat es mir verraten. ~ **baldırıkara** Füllfarn *m bot.* Acrostichum dichotomum *akrostik ~ **beyin** (*od.* ~ **beyni**) *dial.* e–e aus Joghurt und **pekmez** (*q.v.*) hergestellte Süßspeise ~ **bok** (*od. euph.* **nane) yemeden** (*od.* ~ **boka konmadan**) *V* ganz früh am Morgen, in aller Herrgottsfrühe ~ **derneği** Ansammlung *f* von Strolchen; Gelichter, Gesindel, Pack *n* ~ **düleği** s. **acıhıyar;** ~ **gibi** von dunklem Teint und spindeldürr ~ **gözü** das Nachtschattengewächs Withania somnifera ≗ **ile gezen boka konar.** *Spr.* Schlechte Beispiele verderben gute Sitten. *Spr.* ≗ **karganın gözünü oymaz.** *Spr.* Eine Krähe hackt der andern nicht die Augen aus. ~ **sekmez** öde, einsam, verlassen (Gegend, Örtlichkeit) ~ **taşlamak** *V* sich in aufdringlicher Weise e–r Frau od. e–m Mädchen nähern (Mann); anbändeln wollen ~ **üzümü** Rauschbeere *f*, schwarze Krähenbeere *bot.* Empetrum nigrum ≗ **yavrusuna bakmış „Benim ak pak evlâdım" demiş.** *Spr.* s. **Kuzguna yavrusu şirin görünür.** ~ **yuvası** *naut.* Krähennest *n* (am Fockmast *spez.* für Ausguck) ~ **yürüyüşü** *(Turnen)* (beidbeiniges) Hüpfen in der Hockstellung **-yı bülbül diye satmak** (e–m Käufer) et. aufschwatzen, andrehen
karga (II) *naut.* 1. Geitau *n* 2. Kommando zum Niederholen der Segel 3. Anfeuchtung *f* e–r trockengewordenen Pumpe ~ **etmek** *naut.* 1. aufgeien 2. e–e trockengewordene Pumpe durch Anfeuchten wieder in Gang bringen 3. pumpen 4. s. **kargacunda etmek**
kargaayağı, -nı niederliegender Krähenfuß *bot.* Coronopus procumbens
kargabaso; kargabaşo [··×·] *naut.* 1. s. **karga** (II, 2) 2. Niederholer *m* (e–s Segels) 3. Schothornliek *n*
kargaburina [···×·] *naut.* 1. Spantform *f* 2. Nockgording *f*
kargaburnu, -nu Rundzange *f*
kargaburun 1. mit Adlernase 2. *naut.* Kratz-, Schabe-eisen *n* ~ **çıkıntısı** *an.* Rabenschnabelfortsatz *m*, Processus coracoides *nütuu gurabî
kargabüken 1. Brechnuß *f bot.* Strychnos nux vomica 2. *pharm.* Krähenaugen *pl.* (Samen der Brechnuß)
kargacık (I) *typ. fr.* Vignette *f* (bei ar. Schrift)
kargacık (II) **burgacık** 1. **(yazı)** krumm und schief; Krähenfüße *pl.*, Gekritzel *n* 2. gewunden (Pfad) 3. komisch aussehend 4. gesucht, gekünstelt, verschroben (z.B. Ausdrucksweise) *(1–4) çarpık çurpuk
kargacunda [··×·] *naut.* Auftoppen *n* (der Rahen), Andirken *n* (des Baumes e–s Schratsegels) ~ **etmek** auftoppen *bzw.* andirken
kargadelen Mandelart mit sehr dünner Schale
kargafunda; kargafundo [··×·] *naut.* Bauchgording *f* (*spez.* bei Mars- und Bramsegel) *mezzo ~ **etmek** aufgeien (Segel mittels Bauchgording)
kargagiller Rabenvögel *pl. zo.* Corvidae
kargamsı çıkıntı s. **karga çıkıntısı**
kargaotu, -nu Gilbweiderich *m bot.* Lysimachia (vulgaris u.a.)
kargaşa 1. Wirrwarr *m*, Durcheinander, Chaos *n*, Unordnung *f*, Unruhen *pl.* 2. *mus.* Verworrenheit *f* (der Harmonie) 3. Aufruhr *m* 4. Anarchie *f* *anarşi
kargaşacı *selt.* Unruhestifter, Aufrührer, Anarchist *m*
kargaşacılık Anarchismus *m* *anarşizm
kargaşalık s. **kargaşa**
kargatulumba *Adv.* von mehreren an Armen und Beinen in die Höhe gehoben ~ **etmek** (*bzw.* **götürmek**) an Armen und Beinen packen und hochheben (*bzw.* wegschleppen)
kargı 1. *fr.* Speer, Spieß *m*, Lanze *f* 2. spanisches Rohr *bot.* Arundo donax
Kargı *n.pr.* O.u.D. im Rbz. Çorum
kargılı baston s. **kılıçlı baston**
kargılık Patronen-tasche *f*, -gurt *m* *fişeklik
kargımak *P* (m. Akk.) verwünschen, verfluchen, verdammen *lânet etmek, tel'in etmek
kargın Rauhbank *f*, Langhobel *m*
kargış 1. Verwünschen, Verfluchen, Verdammen *n* 2. (ausgesprochene) Verwünschung (Verfluchung, Verdammung) ~ **etmek** (*od.* **vermek**) s. **kargımak**
kargışlamak s. **kargımak**
kargışlı(-k) verwünscht, verflucht, verdammt *lâin, mel'un

kârgir s. **kâgir**
kargo [×·] 1. Last-, Fracht-schiff *n*, Frachter *m* *şlep 2. Ladung *f* (e–s Schiffes), Fracht *f*
kârgüzar [–·–] *va.* geschickt, gewandt *becerikli
karha *med.* Ulkus, Geschwür *n* *ülser **-i akile** *med.* s. **lüpüs; -i efrenciye** *med.* Schanker *m*
karhalı mit Geschwüren, eiterig ~ **ağız iltihabı** *med.* Mundfäule *f*, Stomatitis ulcerosa
karhane [·–·] Schneemiete *f* *kar kuyusu; soğukluk
kârhane [––·] *va.* 1. Fabrik, Werkstatt *f* 2. Molkerei, Meierei *f* 3. s. **kerhane** 4. s. **dünya**
kârhaneli *hist.* s. **orducu**
karharyas s. **harharyas**
karı (I) 1. Ehefrau, verheiratete Frau 2. *P* Weib *n* *kadın 3. *va.* alt, bejahrt ~ **ağızlı** s. **kadin ağızlı;** ~ **almak** sich e–e Frau nehmen, heiraten ~ **bırakmak** sich von seiner Frau scheiden lassen, *fr.* seine Frau verstoßen ~ **boşayacak vakti olmamak** keine Minute freie Zeit haben; alle Hände voll zu tun haben (*Anm.:* E–e Ehescheidung konnte früher nach isl. Recht in kürzester Zeit erfolgen; vgl. **talâkı selâse.**) ~ **gibi** launisch und feige (Mann) ~ **kız hikâyeleri** Weibergeschichten *pl.* ~ **kızan** alle Bewohner des Hauses (od. Dorfes) ≗ **(avrat, kadın) malı, kapı mandalı** (od. **hamam tokmağıdır**). *Spr.* Wer e–e Frau ihres Geldes wegen heiratet, bekommt das später auf Schritt und Tritt vorgehalten. ~ **oyunu** Nichteinhaltung *f* e–s Versprechens ~ **pazarı** lärmendes Durcheinander **-nın birliği temsil salâhiyeti** (*od.* **yetkisi**) *jur.* Schlüsselgewalt *f* **≗nın saçı uzun aklı kısadır.** *Spr.* Lange Haare, kurzer Sinn. *Spr.* **-sı ağızlı** wer in allem seiner Frau beipflichtet **-sı köylü** wer in der Verwandtschaft seiner Frau aufgeht und die eigenen Verwandten links liegen läßt **-sı kurusu** seine Frau und all seine Habseligkeiten
karı (II), **-r'ı** 1. *va.* Klopfen *n* (an der Tür) 2. *med.* Perkussion *f*
karıcık Dim. zu **karı** (I); **karıcığım** mein liebes Frauchen
karık (I) 1. Schneeblindheit *f* 2. schneeblind
karık (II) *dial.* 1. Bewässerungsgraben *m* (auf Feldern od. in Gärten) 2. durch Bewässerungsgräben abgegrenztes Feldstück 3. Ackerfurche *f* *çizi; saban izi
karıkmak *P* schneeblind werden
karıkoca Mann und Frau; Ehepaar *n*, Ehegatten *pl.* ~ **gibi** (*od.* ~ **hayatı**) **yaşamak** wie Eheleute zusammenleben ~ **kavgası** Ehezwist *m* ~ **malları sözleşmesi** s. **evlenme mukavelesi;** ~ **ocağı** eheliche Gemeinschaft; Ehe *f* *yuva
karıkocalık Verheiratetsein *n*, Ehe(-leben *n*) *f* ~ **vazifesi** eheliche Pflicht
karılaşmak sich weibisch gebärden od. feminine Eigenschaften annehmen (Mann)
karılı 1. mit nb. Frau 2. mit soundsoviel Frauen Zu 1: **hamarat** ~ **bir adam** wessen Frau im Haushalt sehr tüchtig ist Zu 2: **kırk** ~ **Hint Sultanı** der indische Sultan mit seinen vierzig Frauen ~ **kocalı** Mann und Frau zusammen
karılık 1. *z. va.* Eigenschaften *pl.*, Charakter *m* e–r Frau 2. Frauen-tum *n*, -würde *f* 3. Rang *m*, Aufgaben *pl.* e–r verheirateten Frau ~ **etmek** (*grob*) 1. wortbrüchig werden; unzuverlässig sein 2. e–e List anwenden ~ **kocalık şartları** eheliche Rechte und Pflichten *pl.*
karılmak 1. s. **karışmak** 2. *P* sich paaren (Tiere)
karımak 1. alt werden, welken, verblühen (*spez.* Frauen) 2. den Bauch e–s Tieres abtasten, um festzustellen, wie fett es ist
karımsı schneeähnlich ~ **yağmur** Regen mit Schnee untermischt; Schneeregen *m*
karın, -rnı 1. Bauch(-höhle *f*) *m*, Leib *m* 2. *spez.* Unterleib *m*, Gebärmutter *f*, Mutterleib *m bzw.* Hinterleib *m* (bei Insekten) *abdomen 3. *fig.* Bauch *m* (z. B. e–s Schiffes), bauchiger Teil (z. B. e–s Kochtopfs), Wölbung, (Muskel-)Ausbauchung *f* 4. *fig.* *P* Inneres; Seele *f*, Herz *n*, Geist, Kopf *m* 5. *phys.* Schwingungs-, Wellen-bauch *m* *batın 6. s. **karn** 7. *gel.* eigenes Kind Zu 4: **Ben senin -ındakini ne bileyim?** Wie soll ich wissen, was in dir vorgeht? Zu 7: s. **Kulaktan burun yakın** (usw.) ~ **ağrısı** *P* [karnaksı] 1. Leibschmerzen *pl.*, Bauchweh *n* 2. *fig.* unangenehmer (lästiger, zudringlicher) Mensch; Plagegeist *m* 3. *fig.* das Ding da, der dumme Ausdruck (der e–m im Augenblick nicht gegenwärtig ist) 4. *fig. mst.* in der Lautung [karnaksı] lästig, unangenehm, dumm, blöd, verflixt (Zu 3: **Vagonlu mu vagonli mi, ne** ~ **ağrısı ise, işte o!** Heißt es jetzt **vagonlu** oder **vagonli,** also (du weißt schon) das Ding da meine ich. Zu 4: **Aman ne karnaksı şey!** a) Ach dieses verflixte Ding! b) Also dieser verwünschte Kerl!) ~ **ağrısına uğramak** *fig.* in e–e verzwickte Lage geraten ~ **altı** 1. *an.* Unterleib *m*, Hypogastrium *n* 2. (bei Schlachtvieh) Unterbauch *m* ~ **aortu** *an.* Bauchaorta *f* ~ **boşluğu** (*od.* ~ **kovuğu**) Bauchhöhle *f* ~ **kardeşi** leiblicher Bruder, leibliche Schwester ≗ **kardeşten daha yakın.** *Spr.* Jeder ist sich selbst der Nächste. *Spr.* ~ **kasık salmak** e–n Bauch bekommen ~ **salya bezi** s. **pankreas;** ~ **solucanı** s. **barsak solucanı;** ~ **solunumu** Bauch-, Zwerchfell-atmung *f* ~ **şişkinliği** *med.* Meteorismus *m*, Tympanitis, Blähsucht *f* *meteorizm, tempanizm ~ **tokluğuna çalışmak** s. **boğaz tokluğuna çalışmak;** ~ **üstüne iniş** Bauchlandung *f* (e–s Flugzeugs) ~ **vermek** sich ausbauchen (z. B. Mauer) ~ **yüzgeci** Bauchflosse *f* *misbahı batnî

(karnı): ~ **acıkmak** s. Stw. **acıkmak;** ~ **aç** hungrig (*ant.* ~ **tok**); ~ **ağrımak** Leibschmerzen (Bauchweh) haben ~ **boş** mit leerem Magen; hungrig ~ **burnunda** hochschwanger; (wie) e–e Frau im neunten Monat ≗ **dümbelek çalıyor.** Ihm knurrt der Magen (vor Hunger). ~ **geniş** 1. ohne Kummer, sorgen-frei, -los *gamsız 2. weitherzig, großzügig (über et. hinweggehend), gelassen hinnehmend, geduldig über sich ergehen lassend *hazımlı ≗ **gırgır** (*od.* **gurul gurul**) **ötüyor.** s. Stw. **gurul gurul;** ~ **-na geçmiş** ganz mager und elend geworden; nur mehr Haut und Knochen ~ **koparmak** (b–nin) furchtbare Bauchschmerzen haben **-ı lafa tok olmak** s. **kuru lafa tok olmak** ≗ **ötüyor.** Der Magen knurrt ihm. ~ **sürmek** Durchfall (Diarrhöe) haben ~ **tok olmak** 1. satt sein 2. (bşe) e–r Sache überdrüssig sein, et. satthaben ~ **tok sırtı pek** in guten Verhältnissen lebend, wohlhabend ~ **yarmak** sich den Bauch aufschlitzen ~ **zil (gibi) çalmak** e–n Bärenhunger haben **≗m doydu.** Ich bin satt. **-na kurt düşmek** s. **içine kurt düşmek; -na kurt sokmak** j–s Mißtrauen erregen **-ndan geçirmek** *F* sich et. in den Sinn kommen lassen, sich et. einfallen lassen **-ndan geçmek** *F* j–m in den Sinn kommen, j–m einfallen, an et. denken **-ndan söylemek** (*od.* **konuşmak**) 1. den Bauchredner spielen 2. *F* sich et. aus den Fingern saugen, ins Blaue hinein erfinden 3. unüberlegte, grobe Worte gebrauchen **-nı doyurmak** sich satt essen **-nı şişirmek** (b–nin) schwängern **-nın şişini indirmek** 1. abmagern lassen 2. seinem Zorn Luft machen, seine Wut abreagieren 3. sich alles von der Seele reden, sich gründlich erleichtern
karınca 1. Ameise *f zo.* Formica 2. Gußfehler od. Rostsprenkel *m* ~ **ağzı** winzige Öffnung ~ **asidi** *chem.* Ameisensäure *f* ~ **aslanı** gefleckter Ameisenlöwe *zo.* Myrmeleon formicarius ~ **belli** schmalhüftig (Frau, Mädchen) ~ **beyi** männliche Ameise ~ **duası** *fig.* 1. winzig kleine, fast unleserliche Schrift 2. Bitte *f* um Zuspruch (in Geschäften aufgehängtes Täfelchen) ~ **kararınca** (*od.* ~ **kaderince**) nach bestem Vermögen; nach Maßgabe meiner bescheidenen Kräfte; wenig, aber von Herzen ~ **yuvası**

Ameisenhaufen *m* ~ **yuvası gibi kayna(ş)mak** wimmeln wie in e–m Ameisenhaufen **-ya binmek** im Schneckentempo dahinkriechen **-yı (bile) incitmez** (*od.* **ezmez**) wer keiner Fliege ein Leid antut; ruhig, harmlos, gutmütig
karıncakuşugiller Ameisenvögel *pl. zo.* Formicariidae
karıncalanmak 1. von Ameisen wimmeln 2. a) eingeschlafen sein (und kribbeln) (z. B. Fuß) b) **(kafası)** ganz kribblig sein (von lauter Nachdenken) 3. a) Gußblasen bekommen (Metall beim Gießen) b) kleine Rostflecken ansetzen (z. B. Gewehrlauf)
karıncagiller (Familie *f* der) Ameisen *pl. zo.* Formicidae *nemeliye
karıncalı 1. mit Ameisen; worin sich Ameisen befinden 2. mit Gußfehlern od. kleineren Rostflecken 3. s. **ayağı** ~ 4. fehlerhaft (Edelstein)
karıncamarazı, -nı s. **yaprakbiti**
karıncayiyen 1. s. **büyük (cüce)** ~ 2. australischer Schnabeligel *zo.* Echidna aculeata *ekidne
karıncayiyengiller 1. Ameisenfresser *pl. zo.* Myrmecophagidae 2. Ameisenigel *pl. zo.* Echidnidae
karıncık *an.* Ventrikel *m*, Herz-, Hirn-kammer *f* *buteyn, vantrikül
karınçatlağı, -nı *P* Leisten- od. Nabel-bruch *m*
karındanayaklılar; karındanbacaklılar Schnecken *pl. zo.* Gastropoda *zatülercülülbatniye
karındaş *fr.* Form von **kardaş, kardeş**
karınlamak (m. Dat.) anlegen (Schiff) **Gemi rıhtıma karınladı.** Das Schiff hat am Kai angelegt.
karınlı 1. mit nb. Bauch 2. *pr.* dickbäuchig, wohlbeleibt, bauchig
karınmak 1. scheuern, reiben, heftig streifen (Schiff an Schiff od. Haltestelle) 2. *dial.* sich paaren (Gänse, Enten usw.) 3. s. **karışmak**
karınsa Mauser(-ung) *f* (der Vögel) **-ya girmek** sich mausern (Vögel)
karınsal Bauch-; abdominal
karıntı Wirbel, Strudel *m* (im Wasser)
karınzarı, -nı *an.* Bauchfell, Peritoneum *n* *periton, perituan ~ **kovuğu** *an.* Bauch-, Peritoneal-höhle *f* *cevfi peritonî, periton kovuğu ~ **yangısı** (*od.* **iltihabı**) *med.* Bauchfellentzündung, Peritonitis *f* *peritonit
karış 1. *selt.* Vs. zu **karmak** Durcheinander *n*, Tumult *m* 2. (Hand-)Spanne *f* (3. Teil e–s **arşın**); ~ ~ 1. *selt.* ganz verwirrt, völlig durcheinander 2. jeder Fleck, Zoll, Fußbreit, jede Handbreit 3. *fig.* sehr genau Zu 1: ~ ~ **etmek** in größte Verwirrung bringen Zu 2: ~ ~ **müdafaa etmek** jeden Fußbreit (Zollbreit) verteidigen Zu 3: **Ben orasını** ~ ~ **bilirim.** Ich kenne die dortige Gegend wie meine Westentasche. ~ ~ **aramak** alles genau absuchen ~ **kuruş** wirr durcheinander, kunterbunt
karışık 1. gemischt, vermischt, vermengt, durcheinandergemengt, Misch- 2. gepanscht (z. B. Milch), verfälscht (z. B. Ware) 3. zerzaust (z. B. Haare), wirr durcheinander, in Unordnung, unordentlich; unaufgeräumt (z. B. Zimmer) 4. trübe, bewölkt 5. verwirrt (z. B. Sinn, Geist) 6. unklar, dunkel, unübersichtlich (z. B. Lage), unverständlich 7. (nach abergläubischer Vorstellung) mit (bösen) Geistern in Zusammenhang stehend 8. unruhig, ungut (z. B. Zeiten) ~ **devirli ondalık kesir** *math.* gemischter periodischer Dezimalbruch *kesri aşarî devrî mürekkep ~ **dolaşık** verwickelt, kompliziert *komplike ~ **dörtnal** Dreischlag *m* (Pferdegangart) ~ **birlik** *mil.* gemischter Verband ~ **kavrama** *(Turnen)* Zwiegriff *m* ~ **keşif kıtaları** *mil.* gemischte Aufklärungsabteilung ~ **muhabere takımı** *mil.* gemischter Nachrichtenzug ~ **müfreze** *mil.* gemischte Abteilung ~ **orman** Mischwald *m* ~ **program** buntes Programm ~ **un** Mischmehl *n* ~ **yem** Mischfutter *n* ~ **yüzme** Lagenschwimmen *n*
karışıkçılık Interventionismus *m* (in der Wirtschaft) *entervansiyonizm
karışıklık 1. Mischung *f*, Gemengsel *n* 2. Gepanscht-, Verfälscht-sein *n* 3. Zerzaustsein *n*, Wirrwarr *m*, Durcheinander *n*, Unordnung *f* 4. Trübesein *n*, Bewölkung *f* 5. (geistige) Verwirrung *f* 6. Unklarheit, Unübersichtlichkeit, Unverständlichkeit *f* 7. Unruhen *pl.*, Aufruhr, Aufstand *m*, Revolte *f* *kargaşa ~ **çıkarmak** Verwirrung stiften (hervorrufen)
karışılmak Pass. zu **karışmak. Böyle şeylere karışılmaz.** In so et. mischt man sich (besser) nicht ein.
karışım 1. *chem.* Gemisch *n* *mahlut 2. Mischung *f* (z. B. bei Farben, Rassen usw.)
karışlamak 1. nach Spannen ausmessen 2. s. **Alnını karışlarım (karışlayayım).**
karışlık soundsoviele Spannen groß (breit, lang)
karışma ve birleşme *jur.* Verbindung und Vermischung *f*
karışmak, (-ır) 1. sich (ver-)mischen, sich vermengen 2. durcheinandergeraten, in Unordnung kommen 3. unruhig od. erregt werden 4. trübe werden, sich bedecken, sich bewölken, sich (mit Wolken) überziehen 5. sich verwirren, irre werden 6. unklar (dunkel, unverständlich, unübersichtlich) werden (z. B. Angelegenheit) 7. verwechselt werden (z. B. ähnlich aussehende Geldstücke) 8. sich einmischen, sich eindrängen, sich einmengen (in); sich kümmern (um) 9. (ein-)münden 10. zuständig sein (für), sich mit et. befassen (od. zu befassen haben), j–s Sache sein 11. in et. untergehen, verschwinden 12. abberufen werden, versammelt werden; eingehen (zu) 13. sich verknüpfen, in Zusammenhang kommen (mit) 14. verwickelt werden (in e–e Angelegenheit) Zu 1: **Yağ ile su karışmaz.** Öl und Wasser vermischen sich nicht. Zu 2: **Bu kâğıtlar pek karışmış.** Diese Akten sind wüst durcheinander geraten. Zu 3: **Bu şayia üzerine ortalık karışıverdi.** Auf dieses Gerücht hin entstand allgemeine Unruhe und Erregung. Zu 4: **Hava karıştı.** Es ist trübes Wetter geworden. Zu 5: **Zihnim karıştı.** Ich bin ganz irre geworden. Zu 8: **Sen karışma!** a) Misch dich nicht hinein! b) Das geht dich nichts an! **kendi işine** ~ sich um seine eigenen Angelegenheiten kümmern, vor seiner eigenen Tür kehren; s. a. **söze** ~ Zu 9: **Çubuk çayı Sakarya'ya karışır.** Der Çubuk-Fluß mündet in den (die) Sakarya. Zu 10: **Bu işe belediye karışır.** Das ist Sache der Stadtverwaltung. **Bu işe hangi daire karışır?** Welche Abteilung ist hierfür zuständig? **Ben karışmam.** a) Ich will damit nichts zu tun haben! b) (nach Warnung od. Rat) Mach mich nicht verantwortlich, wenn es schiefgeht! Zu 11: **Uçaklar bulutlara karıştı.** Die Flugzeuge verschwanden in den Wolken; s. a. **maziye (tarihe)** ~ Zu 12: **Küçük Eribe hava kurbanlarımızın arasına karıştı.** Die junge Eribe (tödlich verunglückte Fallschirmspringerin) ist zu unseren toten Fliegern versammelt worden. Zu 13: **İsmi, o günlerin tarihine karışmıştı.** Sein Name ist mit der Geschichte jener Zeit aufs engste verknüpft. **karışanı görüşeni olmamak** s. **görüşeni karışanı olmamak**
karışmalı cücükleme *biol.* Amphimixis *f*, Vermischung *f* der Erbanlagen *amfiksimi
karışmazlık *spez. pol.* Nichteinmischung *f* *ademi müdahale
karıştıracak s. **diş karıştıracağı**
karıştıran Part. Präs. zu **karıştırmak** *spez.* 1. wer et. in Unordnung bringt 2. Unruhestifter, Hetzer, Störenfried *m* 3. Vereinigungsstelle *f* zweier Wasserläufe, Zusammenfluß *m* *mülteka
karıştırıcı 1. (ver-)mischend, vermengend (usw. s. **karıştırmak**) 2. hetzerisch, aufwieglerisch, Unfrieden stiftend, subversiv, staatsfeindlich *müfsit 3. s. **karmaç** 4. *techn.* a) Mischmaschine *f* b) Mischpult *n* c) Mixer *m*

karıştırma Vs. zu **karıştırmak;** ~ **makinesi** Mischmaschine *f* ~ **nispeti** Mischungsverhältnis *n* (z. B. für Sand, Kalk, Zement beim Bau)
karıştırmak Kaus. zu **karışmak** 1. (ver-)mischen, vermengen; hinein-, bei-, unter-mischen; zusetzen 2. in Unordnung bringen 3. in Unruhe od. Erregung versetzen 4. trübe werden lassen 5. verwirren, irre werden lassen, irre machen 6. unklar (unverständlich) machen, unübersichtlich werden lassen 7. zulassen, daß jem. sich einmischt; j–n in e–e Angelegenheit hineinziehen 8. verknüpfen, in Zusammenhang bringen (mit) 9. (biribirine) a) durcheinanderwerfen (z. B. Geschichtsdaten), verwechseln b) *fig.* gegeneinander aufbringen (hetzen) 10. durchblättern (z. B. Listen) 11. durchwühlen, durchsuchen (z. B. Abfälle) 12. **(dişini)** in den Zähnen stochern 13. **(burnunu)** in der Nase bohren 14. (um-)rühren 15. schüren (Feuer) 16. *(ile)* verwechseln (mit) Zu 1: **toprağı kumla** ~ Erde mit Sand untermischen Zu 1/2: **kâğıtları** ~ 1. die Spielkarten mischen 2. die Papiere (Akten) durcheinander bringen Zu 5: **Bu, insanın zihnini karıştırır.** Das läßt e–n ganz irre werden. **İfadesini karıştırdı.** Er machte wirre (sich widersprechende) Aussagen. Zu 7: **Çok rica ederim, beni karıştırmayın!** Ich bitte dringend: Lassen Sie mich aus dem Spiel! Zu 11: **radyoyu** ~ am Radioapparat herumdrehen Zu 12: **diş karıştıracağı** Zahnstocher *m* *kürdan Zu 14: **Çayınıza şeker koydum, fakat karıştırmadım.** Ich habe schon Zucker in Ihren Tee getan, aber noch nicht umgerührt.
-kâri *z. va. pers. Sx.* 1. hergestellt mittels ... 2. ähnlich wie ..., nach der Art von ..., gemahnend an ... **garp- bir edebiyat** e–e westlich orientierte Literatur **macar- bir müsaadekârlık** e–e *(pol.)* Nachgiebigkeit, welche an diejenige Ungarns gemahnt
kari, -ii [ā] *va.* Leser *m* *okur, okuyucu
karia [–··] (I) *va.* Leserin *f*
karia [–··] (II) *(ar.:* 1. s. **musibet** 2. s. **kıyamet;** ~ **suresi** Name der 101. Koran-Sure
kariba s. **piranha; piraya**
kariben [ī] *va. Adv.* in kurzer Zeit; bald
karibu Karibu *m* (nordamerikanisches Ren) *zo.* Rangifer caribou
karides [·×·] Garnele, Krevette *f* (a. Krabbe genannt) *zo.* Crangon vulgaris u. a. *deniz tekesi; s. a. **büyük (küçük)** ~; **çalı -i**
kariha [ī] 1. (schöpferisches) Talent *n*, Begabung *f*, Genius *m* 2. eigener Entschluß; Initiative *f* ~ **genişliği** Genialität *f* (z. B. e–s Dichters), Schwung, Elan *m* **-dan** *a.* improvisiert, extemporiert **-dan atmak** erfinden; sich et. aus den Fingern saugen **-dan konuşmak** *(od.* **söylemek)** improvisieren, extemporieren **-sı geniş** geistig hochstehend, produktiv, genial **-i seniye** *od.* **-i hümayun** *fr.* unmittelbare Veranlassung des Sultans
kariin [–·–] *(va. Pl.* zu **kari)** Leser(-schaft *f*, -publikum *n*) *pl.* *okurlar, okuyucular
karikatür 1. Karikatur *f* 2. Spottschrift *f* 3. Spott-, Zerr-bild *n* *bozuntu
karikatüral *(franz.* **caricatural)** an eine Karikatur gemahnend; karikiert
karikatürcü wer et. od. j–n karikiert *spez.* Karikaturist(-in *f*) *m*, Karikaturenzeichner(-in *f*) *m*
karikatürcülük 1. Karikieren *n* 2. Karikaturenzeichnen *n*
karikatürist, -ti s. **karikatürcü**
karikatürize karikiert, als Karikatur dargestellt ~ **etmek** karikieren, als Karikatur darstellen
karikatürleşmek zur Karikatur, zum Spott-, Zerr-bild werden
karikatürleştirmek 1. zur Karikatur, zum Spott-, Zerr-bild werden lassen 2. s. **karikatürize etmek**
karin [·–] *va.* 1. nahe(-stehend); Gefährte *m* 2. Nachbar *m* 3. Verwandte *m* 4. *hist.* Kammerherr, Kämmerer *m* (s. a. **kurena)**
karina [·×·] 1. der im Wasser befindliche Teil des Schiffsrumpfes *spez.* Kiel *m* 2. Kielholen *n* 3. *zo.* Brustbein *n* (der Vögel) 4. *techn.* Stromlinienform *f* 5. ≗ *astr.* Kiel *m* (des Schiffes Argo) (Sternbild) ~ **etmek** *naut.* kielholen ~ **fırçası** *naut.* sehr harter Schrubber (zur Reinigung des Kiels) ~ **payandalarını kaldırmak** *naut.* die Stapelhölzer entfernen (vor dem Stapellauf) ~ **sakalı** *naut.* Algenbelag *m* ~ **yeri** *naut.* Kielwerft *f* **-ya basmak** s. **karina etmek; -yı yakmak** *naut.* den Kiel (bzw. Schiffsboden) durch Ausbrennen und Auskratzen reinigen
karinalamak *techn.* in Stromlinienform bauen
karinalılar Kielbrustvögel *pl. zo.* Carinatae
karinasızlar Flachbrust-, Lauf-vögel *pl. zo.* Ratitae
karine 1. An-, Kenn-zeichen *n*, Anhaltspunkt *m*, Begleit-, Neben-umstand *m* (e–s gedanklichen Zusammenhangs) 2. (textlicher od. gedanklicher) Zusammenhang *ibarenin gelişi, siyaküsibak, sözgelişi 3. *jur.* Vermutung *f* ~ **ile anlamak** aus dem Zusammenhang verstehen, aus den Begleitumständen eruieren **-i inkisar** s. **kırılma indisi; -i katıa** *jur. va.* schwerwiegendes Indiz
karinlik [·–·] *fr.* Amt *n*, Rang *m*, Aufgaben *pl.* e–s Kammerherrn, Kämmerers
karip, -bi [ī] *va.* 1. (räumlich od. zeitl.) nahe 2. Verwandter 3. (m. Dat.) ungefähr, circa **-i hakikat** *va.* wahrheitsnahe, wahrscheinlich
kariplik [·–·] *va.* Nähe *f* *yakınlık
kariyama [··×·] Schlangenstorch *m zo.* Cariama cristata
kariyer Laufbahn, Karriere *f*
kariyon *(franz.* **carillon)** *mus.* Glockenspiel *n*
karkara s. **telliturna**
karkaryas [·×·] s. **harharyas**
karkas 1. Skelett *n* 2. Schiffsrumpf *m* 3. Gerüst od. Skelett *n* (e–s Holzhauses)
karkez *(franz.* **carcaise)** Frittofen *m* (bei der Glasherstellung)
karkuşu, -nu Schneeammer *f zo.* Plectrophenax nivalis
karlamak schneien **Hava karlayacağa benziyor.** Es sieht so aus, als ob es bald schneien wollte.
karlen *(franz.* **carlin)** **(köpeği)** Mops *m*
karlı 1. schneeig, Schnee- 2. mit Schnee bedeckt, verschneit ~ **dağlar** verschneite Berge, Berge *pl.* (Gebirge *n*) im Schnee ~ **kışlı bir gün** ein richtiger Wintertag ~ **hava** Schneewetter *n*
kârlı 1. gewinnbringend, einträglich, rentabel 2. vorteilhaft, nützlich, lohnend ~ **çıkmak** sich als vorteilhaft (lohnend) herausstellen (erweisen) ~ **iş** einträgliches Geschäft
karlık 1. Schneemiete *f* *kar kuyusu 2. Kühlgefäß *n* (für Flüssigkeiten) 3. Land *n* od. Gegend *f* mit viel Schnee
karlılık Verschneitsein *n*
kârlılık Einträglichkeit, Rentabilität *f*
Karlıova *n.pr.* O. u. D. im Rbz. Bingöl
karling *(engl.* **carling)** 1. Führersitz *m*, Flugzeugkabine *f* 2. Flugzeugrumpf *m*
karlinga [·×·] *naut.* Kielschwein *n*, Binnenkiel *m*
Karlofça [·×·] *n.pr.* Karlowitz (an der Donau) ~ **antlaşması** *(od.* ~ **muahedesi)** Friedensvertrag *m* von Karlowitz (1699)
Karlovenjiyenler s. **Karolenj(iyen)ler**
Karlovi Vari *n.pr.* Karlsbad (Tschechoslowakei)
Karluklar *n.pr. hist.* Karluken *pl.* (türk. Volksstamm)
karma 1. Vs. zu **karmak** 2. (Ver-)Mischung *f* 3. *Ka.* Mischen *n* 4. gemischt (Kommission, Tennisdoppel usw.) ~ **bez** *an.* Drüse *f* mit innerer und äußerer Sekretion ~ **eğitim** *päd.* Koedukation *f* *eşineğitim ~ **eşeylilik** *biol.*,

zo. Gynandromorphismus *m* ~ **füze** Mehrstufenrakete *f* (bei Raumfahrt) ~ **(sesli) koro** gemischter Chor ~ **okul** Koedukationsschule *f*

karmaç *chem.* (gläsernes) Rührstäbchen *n* *muharrik

karmak 1. s. **karıştırmak** 2. anrühren (Kalk, Farbe usw.) 3. hinein-pressen, -treiben, -stoßen

karmakarış [×···] s. **karmakarışık;** ~ **etmek** das Oberste zuunterst kehren, e–n heillosen Wirrwarr anrichten

karmakarışık [×····] 1. in größter Unordnung, vollkommen aufgelöst, kunterbunt durcheinander gewürfelt; chaotisch 2. denkbar unklar, ganz unverständlich, *F* reichlich obskur; vollkommen unübersichtlich, einander vollkommen widersprechend

karman çorman s. **karmakarışık**

karmanyola [··×·] Raubüberfall *m* ~ **etmek** (b–ni) e–n Raubüberfall verüben (auf)

karmanyolacı [··×··] (Straßen-)Räuber *m*

karmanyolacılık (Straßen-)Raub *m*

karmaş angerührter Mörtel-(Kalk-, Zement-)Brei

karmaşa 1. Verwicklung, Vielfalt, Komplexität *f* 2. *psych.* Komplex *m* *mudile

karmaşık 1. mit heterogenen Bestandteilen 2. kompliziert (Angelegenheit, Gedankengang usw.) 3. *chem., phil.* komplex *mudil 4. *math.* komplex *muhtelit ~ **cümle** s. **girişik tümce;** ~ **fiil** s. **birleşik eylem;** ~ **sayı** *math.* komplexe Zahl *muhtelit adet

karmaşıklık Komplexität *f*

karmaşma verwickelte Lage *f*

karmaşmak *P* durcheinandergeraten

Kar(a)matîler *n.pr. hist.* Karmaten *pl.* (Zweig der Ismailiye)

Karmelit, -ti *(christl.)* Karmeliter(-in *f*) *m*

karmen 1. Karmin(-rot) *n* 2. karminrot ~ **renkli şakrakkuşu** Karmingimpel *m zo.* Erythrina erythrina

karmık *P* die an e–r Flußmündung von Fischern errichtete Sperre

karmuk großer Haken *spez.* Einreißhaken *m* e–s Feuerwehrmannes

karn, -ni *va.* 1. Horn *n* 2. Jahrhundert *n* *asır 3. Zeit-alter *n*, -spanne *f*

karnabahar Blumenkohl *m bot.* Brassica oleracea var. botrytis

karnabit, -ti s. **karnabahar**

karnak *P va.* ältere Sklavin od. Dienerin

karnaksı s. **karın ağrısı**

kârname [– – ·] *va.* 1. Gesellen-, Meister-stück *n* 2. s. **ayrıntılı cizim**

karnaval 1. Karneval *m*, Fastnacht *f* 2. ~ **(maskarası)** Fastnachtsnarr *m* ~ **eğlencesi** Narrentreiben *n*

karne 1. Schulzeugnis *n* 2. Block *m* mit perforierten Blättern wie: Fahrscheinheft *n* (z.B. für Autobusfahrten), Fahrscheinblock *m* (des Schaffners), Gutscheinheft *n* (z.B. für Restaurant), Scheckheft *n* 3. (Briefmarken-) Bogen *m* 4. Zeitkarte *f* 5. Lebensmittelbezugskarte *f* (bei Warenrationierung) *spez.* Brotkarte *f*

kârne *va.* reusenartiges Fischernetz

karneol *min.* Karneol *m*

karneyn (*va.* Dual zu **karn**) die beiden Hörner; s.a. **zülkarnıbahar** s. **karnabahar**

karnıkara *dial.* 1. Fluch *m*, Verwünschung *f* 2. s. **böğrülce** 3. s. **fasulye** 4. verschlagen, hinterhältig (Mensch)

karnıyarık der Länge nach aufgeschnittene Aubergine mit feingewiegtem Fleisch ~ **otu** Flohwegerich *m bot.* Plantago psyllium

karni (*franz.* **cornue**) *chem.* Retorte *f*, Glaskolben *m*

karnî *va.* Horn-

karnivor s. **etçil**

karniye s. **saydam tabaka;** ~ **bulantısı** Hornhauttrübung *f*, weißer Hornhautfleck; Leukom *n* ~ **iltihabı** *med.* Hornhautentzündung (des Auges), Keratitis *f* ~ **tabakası** Hornhaut *f* (der Epidermis)

Karniyol (*franz.* **Carniole**) *geogr.* Krain *n*

karo (*franz.* **carreau**) 1. *Ka.* Karo *(n)*, Eckstein *(m)* *dineri, orya, lokum 2. Karo *n* (auf Stoffen) 3. viereckige Steinplatte (s.a. **karosiman**) 4. **(cam ~)** Fensterscheibe *f*

karoça [·×·] *va.* Karosse *f*

karofayans (*franz.* **carreau de faïence**) Fliese, Kachel *f* *çini karo

Karolenj(iyen)ler *hist.* Karolinger *pl.*

Karolin *n.pr.* Karoline ~ **adaları** *n.pr.* Karolinen(-inseln) *pl.* ~ **gri sincabı** Grauhörnchen *n zo.* Sciurus carolinensis ~ **tiranı** kleiner amerikanischer Neuntöter *zo.* Tyrannus carolinensis

karosa s. **karoça**

karoser(-i) Karosserie *f*, Wagenaufbau *m*

karosiman (*franz.* **carreau de ciment**) viereckige Beton-, Zement-platte *çimento karo

karot, -tu (*franz.* **carotte**) zylindrische Bohrprobe (bei Versuchsbohrungen)

karoten *chem.* Karotin *n*

karotis s. **şahdamar**

karotiye (*franz.* **carottier**) *naut.* Tiefsee-Sonde *f*

Karpat dağları *od.* **Karpatlar** *n.pr.* Karpaten(-gebirge *n*) *pl.*

Karpatlar(-altı) Ukranyası *n.pr.* Karpato-Ukraine *f*, Karpatorußland, Ruthenien *Rutenya

karpel (*engl.* **carpel**) s. **meyveyaprak**

karpit, -di *chem.* (Kalzium-)Karbid *n*

karpuz 1. Wassermelone *f bot.* Citrullus vulgaris 2. Glasglocke *f* 3. kugelförmig ~ **balığı** s. **deniz kestanesi;** ~ **fener** Lampion *m, n* ≗ **kabak çıktı.** s. Stw. **kabak.** ≗ **kabuğunu görmeden denize girme!** Bade nicht im Meer, bevor du nicht die Schalen der reifen Wassermelonen im Wasser schwimmen siehst! *d.h.* Alles zur richtigen Zeit! ≗ **kesmekle hararet sönmez** (*od.* **yürek soğumaz).** *Spr.* Man rächt sich nicht dadurch an j–m, daß man e–m unbeteiligten Dritten Schaden zufügt. ~ **kıçlı** *naut.* mit Rundheck (Schiff) *devrimkıçlı ~ **kol** Puffärmel *m, pl.* ~ **lamba** Kugelleuchte *f*

karpuzcu Züchter bzw. Verkäufer *m* von **karpuz** (1)

Kars *n.pr.* Stadt im gln. Rbz. (Nordostanatolien) ~ **peyniri** e–e Art Schweizerkäse (in Kars hergestellt)

karsak Korsak *m* (kleiner, kurzohriger Steppenfuchs) *zo.* Vulpes corsac

karsambaç, -cı *dial.* s. **kar helvası**

kârsaz [– –] *va.* geschickt, kunstfertig

kârsız 1. unrentabel, unvorteilhaft 2. *va.* arbeitslos

karsinojen *med.* s. **kanser yapıcı**

karsinoloji *med.* s. **kanserbilim**

karst, -tı 1. *geol.* Karst *m* 2. ≗ *n.pr. geogr.* Karst *m* ~ **olayları** *geol.* Karsterscheinungen *pl.* ~ **yöresi** *geol.* Karstlandschaft *f*

karşı 1. andere Seite (e–r Straße, e–s Meeres usw.); gegenüberliegendes Ufer (e–s Flusses); Gegenseite *f* od. dort befindlich 2. gegnerisch, Gegen-, Oppositions- 3. entgegengesetzt 4. gegen: a) feindlich b) gegenüber c) als Erwiderung (auf) d) im Verhältnis (zu) e) in Richtung (auf); nach ... zu (gewendet) f) (temporal) Zu 1: **evin -sı** die gegenüberliegende Häuserreihe (*bzw.* Gegend) Zu 2: s. ~ **takım;** ~ **parti** Zu 3: s. ~ **çıkmak** (3) Zu 4a): **bana** ~ gegen mich **yüzüne** ~ ihm ins Gesicht hinein Zu 4b): **vatandaşa** ~ **devletin vazifeleri** die Pflichten des Staates gegenüber seinen Bürgern Zu 4c): **Bu söze** ~ **ne denir?** Was kann man darauf schon erwidern? Zu 4d): **üçe** ~ **beşle yenmek** *(Sport)* mit fünf zu drei besiegen Zu 4e): **bahçeye** ~ **oturmak** sich mit dem Blick auf den Garten hinsetzen Zu 4f): **sabaha** ~ gegen Morgen ~ **ağırlık** Gegengewicht *n* (*a.* bei Radio, an e–r Tür usw.) ~ **casusluk** *mil.* Gegenspionage *f*, Abwehr(-dienst *m*) *f* ~ **çıkmak** 1. j–m entgegengehen; j–n (am Bahnhof usw.) abholen 2. es mit j–m aufnehmen wollen 3. entgegengesetzter Meinung sein ~ **dava** *jur.* Gegen-, Wider-klage *f* ~ **döngü** s. **antikiklon;** ~ **durmak** 1. sich j–m widersetzen; sich sträuben, sich weigern *dayatmak 2. sich mit j–m messen wollen ~ **düşünce** (*od.* ~ **görüş**) s. **karşısav;** ~ **edim** Gegenleistung *f* *ivaz; mukabil eda ~ **edimsiz** ohne Gegenleistung ~ **gelmek** (b–ne) aufsässig werden; Widerstand leisten; *F* aufmucken ~ **gitmek** (zum Empfang) entgegengehen ~ **görüşlü** ideologisch entgegengesetzt ~ **hücum** Gegenangriff *m* *mukabil hücum ~ **ihtilâl** s. **karşıdevrim;** ~ **imza** Gegenzeichnung *f* (bei Schriftstücken) ~ **karşıya** 1. einander gegenüber 2. entgegengesetzt (Zu 2: **Cebirle** ~ **karşıyayız.** Wir sind gegen Gewaltanwendung.) ~ **karşıya bırakmak** sich (in den Streit zweier Gegner) nicht einmischen ~ **koymak** 1. sich widersetzen 2. entgegentreten; et. verhüten wollen ~ **lağım** *mil.* Gegenmine *f* *mukabil lağım ~ **olmak** dagegen sein ~ **parti** *pol.* Oppositionspartei *f* ~ **reform** *hist.* *(christl.)* Gegenreformation *f* ~ **saldırı** (*od.* ~ **taaruz**) s. ~ **hücum;** ~ **söylemek** sich gegen et. aussprechen ~ **takım** *(Sport)* gegnerische Mannschaft ~ **taraf** 1. gegenüberliegende Seite 2. *jur.* Gegenseite *f*, Prozeßgegner *m* ~ **tedbir** Gegenmaßnahme *f* ~ **teklif** Gegenvorschlag *m* ~ **töreni** Begrüßungsfeierlichkeit *f* ~ **yaka** das gegenüberliegende Flußufer; die andere Seite (des Meeres) ~ **yarışmacı** *(spez. Fechten)* Gegner *m* ~ **zaman vuruşu** *(Fechten)* Atempo-hieb, -stoß *m* *kontrtan **-da** gegenüber, drüben, auf der anderen Seite, auf dem anderen Ufer **-dan bakmak** *fig.* untätiger Zuschauer sein **-dan karşıya** 1. von der e–n Seite auf die andere 2. von fern (als Unbeteiligter) (Zu 1: **Caddede karşıdan karşıya geçmek isterken ...** Als er die Straße überqueren wollte ...) **-sına çıkmak** 1. j–m (plötzlich) in den Weg treten (od. laufen) 2. vor j–n hintreten **-sında** 1. gegenüber 2. in Anbetracht, bei (Zu 2: **felâket** ~ in Anbetracht des großen Unglücks, der Katastrophe **bu anî kaza** ~ bei diesem plötzlich eingetretenen Unglück) **-ya** nach der anderen Seite zu, an das gegenüberliegende Ufer **-ya çıkmak** j–n abholen *istikbal etmek

karşıcı 1. wer Ankömmlinge empfängt und begrüßt 2. wer entgegengesetzter Meinung ist **-lar** 1. Empfangs-komitee *n*, -abordnung *f* 2. Opponenten, Gegner *pl.*

karşıdevrim Gegen-, Konter-revolution *f*

karşıdevrimci Gegen-, Konter-revolutionär *m*

karşıgelim *biol.* Antagonismus *m* *tezat

karşıki auf der anderen Seite befindlich

karşıkonu *mus.* s. **kontrsüje**

karşıkonum *astr.* Opposition *f* *istikbal, karşıma

karşılama Vs. zu **karşılamak** *spez.* 1. Begrüßung *f*, Empfang *m* 2. ein türk. Volkstanz 3. feierliches Einholen e–r Braut 4. **(havası)** die bei (3) gespielte Musikweise ~ **icra** *mus.* Wechsel-gesang *m*, -musik *f* ~ **töreni** festlicher Empfang

karşılamak (m. Akk.) 1. entsprechen, in angemessenem Verhältnis stehen (zu) *tekabül etmek 2. (zum Empfang) entgegen-gehen, -fahren; empfangen, abholen *istikbal etmek 3. (mit e–r best. Empfindung) aufnehmen 4. entgegenwirken, verhüten 5. *Fb.* auffangen, halten (z.B. Torschuß); *(Tennis)* zurückschlagen; *(Boxen)* abstoppen, abblocken 6. sich entgegenstellen, entgegentreten, begegnen (z.B. Gerüchten) 7. decken (Unkosten, Bedarf); ausgleichen 8. *naut.* das Ruder umlegen *dümen kaldırmak 9. *ling.* wiedergeben, ausdrücken Zu 2: **Ev sahibi davetlilerini kapıda(-n) karşılıyordu.** Der Hausherr empfing seine Gäste an der Tür. Zu 3: **Hadiseyi nasıl karşıladınız?** Wie hat Sie der Vorfall berührt? **esefle** ~ mit Bedauern aufnehmen (zur Kenntnis nehmen) **Teklifimi iyi karşıladılar.** Mein Vorschlag hat Anklang (willige Ohren) gefunden. Zu 4: **Bu ilâç sıtmayı karşılar.** Das ist ein gutes (Vorbeugungs-)Mittel gegen Malaria. Zu 5: **Kaleci topu iyi karşıladı.** Der Torwart hielt ausgezeichnet. Zu 7: s. **ihtiyacı** ~ Zu 8: **Karşıla!** *naut.* Stütz Ruder!

karşılaşma Vs. zu **karşılaşmak** *spez.* 1. Begegnung, Besprechung *f*, Interview *n* 2. *(Sport)* Treffen, Spiel *n*, Wettkampf *m*, Paarung *f* 3. Gegenstellung *f* des Daumens zu den anderen Fingern

karşılaşmak 1. einander entgegenkommen, sich kreuzen (z.B. Züge) 2. begegnen, treffen, finden; stoßen (auf) 3. handgemein werden 4. sich (im Wettkampf) begegnen, sich messen, e–n Wettkampf austragen 5. *H* die gegenseitigen Verbindlichkeiten bereinigen Zu 2: **Her gün öyle garip hadiselerle karşılaşıyorum ki ...** Tagtäglich stoße ich auf solche sonderbare Dinge (daß ...)

karşılaştırılabilir vergleichbar

karşılaştırma Vs. zu **karşılaştırmak** *spez.* 1. Vergleich *m* *mukayese 2. *chem.* Behandlung *f* *işlem, muamele 3. Gegenüberstellung, Konfrontierung *f* 4. Kollationierung, Abstimmung *f* 5. Abstecken *n* (bei Kleiderprobe) ~ **derecesi** *gr.* Komparativ *m* *mukayese sıfatı; derecei tafdil

karşılaştırmak 1. vergleichen *mukayese etmek 2. *chem.* zusammenbringen, behandeln *muamele etmek 3. gegenüberstellen, konfrontieren 4. kollationieren, abstimmen; *a.:* in das richtige Verhältnis bringen (z.B. Ausgaben und Einnahmen)

karşılaştırmalı vergleichend, Vergleichs- ~ **anatomi** vergleichende Anatomie *mukayeseli anatomi

karşılayan *(Tennis)* Rückschläger *m* *alıcı ≗ **ilerde!** *(Tennis)* Vorteil rück!

karşılayıcı 1. verhütend, Präventiv-, Schutz- 2. s. **karşıcı** (1)

karşılık, -ığı 1. Aufnahme *f*, Widerhall *m* *mukabele 2. Erwiderung, Entgegnung, Antwort *f* *cevap 3. Entgelt *n*, Belohnung *f*, (Wieder-)Vergeltung *f*, Gegenleistung *f*, Äquivalent *n* *bedel 4. Deckung *f*, Gegenwert *m* (für Scheck, Wechsel, Ausgaben, Währung usw.), Valuta, Kaution *f* 5. Budgetmittel *pl.*, erforderliche Gelder *pl.* *ödenek, tahsisat 6. Opposition *f* 7. *ling.* Entsprechung *f*, entsprechender Ausdruck; Ersatz *m* *mukabil 8. (begriffliches) Gegenteil *n*, Antonymbegriff *m* 9. *jur.* Gegenseitigkeit *f* *mütekabiliyet 10. **(olmasına)** ~ während (in adversativer Bed.) Zu 2: **sorusuna** ~ **olarak** in Beantwortung seiner Anfrage Zu 3: **buna** ~ als Gegenleistung (Entschädigung, Ersatz); dafür, dagegen Zu 4: **altın -ı** Golddeckung *f* Zu 7: **Almancada bu kelimenin -ı nedir?** Wie heißt das entsprechende Wort im Deutschen? **Sağlısal kelimesi „sıhhatli“ -ında kullanılmış, fakat yanlıştır.** **Sağlısal** ist (an e–r best. Stelle) als Ersatz von **sıhhatli** verwendet worden, was aber inkorrekt ist. Zu 8: **„Sükûn“ un -ı „hareket“ tir.** Das Gegenteil von **sükûn** (Ruhe) ist **hareket** (Bewegung). ~ **esası** *jur.* Grundsatz *m* der Gegenseitigkeit ~ **tren** Gegenzug *m* (Eisenbahn) ~ **vermek** 1. Antwort geben; erwidern (*a.* z.B. Feuer) 2. *spez.* aufsässig werden; j–m Kontra geben; e–e freche Antwort geben (Kind e–m Erwachsenen) ~ **yazısı** Antwortschreiben *n* *cevabî yazı

karşılıklı 1. gegen-, beider-seitig, reziprok *mütekabil 2. einander gegenüber befindlich 3. gemeinsam (auf zwei Personen bezüglich) 4. wechselseitig, Wechsel- 5. *math.* gegenüberliegend, korrespondierend *mütekabil, yöndeş 6. *bot.* gegenständig (Blätter) *mütekabil 7. *H* mit Deckung (Kaution) 8. s. **cevaplı** (2, 3); ~ **abluka** Gegenblockade *f* ~ **asalaklık** Mutualismus *m* (Form der Symbiose) ~ **avans** Vorschuß od. Kredit *m* gegen Sicherheit,

Lombarddarlehen *n* ~ **bahis** Totalisator, Toto *m* ~ **dava** s. **karşı dava;** ~ **düz vuruş** *(Boxen)* Kreuzschlag *m* ~ **emniyet** gegenseitige Sicherheit ~ **eylem** 1. *gr.* reziprokes Verbum *ortaklaşa fiil 2. Wechselwirkung *f* ~ **kerteriz** *naut.* Kreuzpeilung *f* ~ **mektup** Antwortschreiben *n* ~ **münasebet** Wechselbeziehung *f* ~ **rıza ile boşanma** *jur.* Ehescheidung *f* in gegenseitigem Einvernehmen ~ **sigorta** Versicherung *f* auf Gegenseitigkeit ~ **tedbirler** beiderseits getroffene (bzw. zu treffende) Maßnahmen *pl.* ~ **telgraf** Antworttelegramm *n* ~ **tercüme** Textübersetzung *f* mit nebenstehendem Original ~ **yardım** gegenseitige Unterstützung ≗ **yemek yiyorlar.** Sie essen zu zweit.

karşılıklılık 1. s. **karşılılık** 2. *soz.* Mutualismus *m*

karşılıksız ohne **karşılık** *spez.* 1. *H* ungedeckt 2. ohne Gegenleistung *karşı edimsiz 3. *ling.* ohne Entsprechung (in e–r anderen Sprache) ~ **avans** Blanko-vorschuß, -kredit *m*, ungedeckter Kredit ~ **çek** ungedeckter Scheck **Zahmetinizi** ~ **bırakmam.** Ich werde Sie natürlich für Ihre Bemühungen entschädigen.

karşılılık Gegenseitigkeit, Reziprozität *f* *mütekabiliyet

karşıma (durumu) s. **karşıkonum**

karşın s. **rağmen**

karşıolum Gegen-satz *m*, -sätzlichkeit *f* *tezat

karşısav Antithese *f* *antitez; nakîzi müddea

karşıt, -tı 1. entgegengesetzt, Gegensatz *m* *zıt 2. *math.* umgekehrt, reziprok 3. *bot.* gegenständig (z. B. Blätter) 4. *log.* kontrapositiv ~ **anlamlı** antonym(-begrifflich) (Wörter) ~ **kişi** *Th.* s. **antagonist**

karşıtalize *met.* Gegen-, Anti-passat *m* *kontralize, üs(t)alize

karşıtçı gegnerisch, Gegner *m* *aleyhtar

karşıtduygu gefühlsmäßige Abneigung *f;* Antipathie, Aversion *f* *antipati, tenakür

karşıtez s. **karşısav**

karşıtkas *an.* Antagonist *m* (Muskel als Gegenwirker)

karşıtlama *stil.* Antithese *f*

karşıtlamalı antithetisch

karşıtlaşmak in Gegensatz zueinander geraten

karşıtlayıcı *gr.* adversativ (Adverb, Konjunktion)

karşıtlı *gr.* adversativ ~ **cümle** *gr.* Adversativsatz *cümlei istidrakiye

karşıtlık 1. Gegensätzlichkeit *f*, Gegensatz, Kontrast, Antagonismus *m* *antagonizm, tezat, zıddiyet 2. s. **itiraz;** ~ **kurmak** *Th.* kontrastieren

Karşıyaka *n.pr.* 1. Stadtteil von Izmir u. D. im Rbz. Izmir 2. *gel.* = **Beyoğlu**

kart (I), **-tı** nicht mehr jung od. nicht mehr frisch; trocken, alt, welk (z. B. Gemüse), verschrumpelt (z. B. Obst), verblüht (Mädchen), zäh (z. B. Fleisch) ~ **adam** Hutzelgreis *m* ≗ **ağacın bükülmesi güç olur.** *Spr.* Was Hänschen nicht lernt, lernt Hans nimmermehr. *Spr.* ~ **kız** alte Jungfer **-a kaçmak** *V* s. **kartlaşmak**

kart (II), **-tı** 1. Visiten-, Besuchs-karte *f* *kartvizit 2. Postkarte *f* *kartpostal, posta kartı 3. Ansichtskarte *f* *manzara kartı 4. Eintrittskarte *f* 5. Lebensmittelbezugskarte *f* (bei Rationierung) *spez.* Brotkarte *f* *karne, vesika 6. Spielkarte *f* *iskambil kâğıdı 7. Schiffs- od. Flug-karte *f* ~ **bırakmak** *V* s. **kartvizit bırakmak;** ~ **kataloğu** Zettelkatalog *m* (in e–r Bibliothek)

kart (III) **kart** s. **hart hart**

kart (IV) s. **kaba yonca**

kart (V) s. **gokart**

karta [×·] *z.va.* 1. Kartonpapier *n*, Pappe *f* 2. Visitenkarte *f* 3. Spielkarte *f*

Kartaca *n.pr.* Karthago ~ **savaşları** s. **Pön savaşları**

Kartacalı 1. Karthager(-in *f*) *m* 2. karthagisch

kartadak s. **hartadak**

kartal 1. Adler *m zo.* Aquila 2. ≗ *astr.* Adler *m* (Sternbild) *Ukab, Nesritair ~ **ağacı** 1. Gegenzug *m* (am Handwebestuhl) 2. Aloe-, Adler-holz *n* ~ **eğreltisi** Adlerfarn *m bot.* Pteridium aquilinum ~ **gözlü** mit Adleraugen ≗ **sinek avlamaz.** *hum.* Aquila non capit muscas. Er steht zu hoch, um sich mit solchen Kleinigkeiten zu beschäftigen. ~ **taşı** *min.* Adlerstein, Aetit *m* ~ **yavrusu** Adlerjunges ~ **yuvası** Adlerhorst *m*

Kartal *n.pr.* Stadt u. D. im Rbz. Istanbul (gegenüber **Büyükada**); **-a kaçmak** (*od.* **varmak**) (*V od. kalauernd* für:) **kartlaşmak**

kartalgiller (Familie *f* der) Falkenvögel *pl. zo.* Falconidae

kartallar (Ordnung *f* der) Raubvögel *pl. zo.* Falconiformes

kartallı eğreltiotu s. **kartal eğreltisi**

kartalmak *P* s. **kartlaşmak**

kartaloş; kartaloz *V* alt geworden; verblüht; alte Hexe

kartavşanı, -nı Schneehase *m zo.* Lepidus timidus

kartavuğu, -nu Alpenschneehuhn *n zo.* Lagopus mutus

kartel (I) 1. Kartell *n*, Wirtschaftsring *m* 2. *mil.* Auslieferungsvertrag *m* (über Kriegsgefangene)

kartel (II) *naut.* kleineres Wasserfaß (vgl. **varil**)

kartela [·×·] 1. Lotterielos *n* 2. Randverzierung *f* (e–s Gemäldes) 3. *Th.* Vorstellungsankündigung *f* (an den Türen e–s Wandertheaters)

kartelleşmek sich zu e–m Kartell zusammenschließen

kartelleştirmek kartellieren

karter (*franz.* **carter**) 1. Motorgehäuse *n*, Getriebekasten *m* (Auto) 2. Kettenschutz *m* (am Fahrrad)

Kartezyanizm *phil.* Cartesianismus *m*

Kartezyen *phil.* 1. Kartesianer(-in *f*) *m* 2. kartesianisch

kartı *selt.* 1. s. **kâğıt** 2. s. **harita**

kartlanmak; kartlaşmak altern, welken, verblühen, verschrumpeln

kartlık 1. Welk-, Eingetrocknet-, Verblüht-Sein *n*, Zähsein *n* (von Fleisch) 2. Greisenalter *n*

karto *z.va.* kleineres Wasser-, Bier- od. Wein-faß

kartograf(-i) s. **haritacı(-lık)**

kartografik kartographisch

kartografya(-cı) s. **kartografi; kartograf**

kartogram Kartogramm *n*

kartole *mus.* Quartole *f* *dörtleme

kartoloz s. **kartaloz**

kartomansi (*franz.* **cartomancie**) Kartenlegen, Wahrsagen *n*

karton 1. Karton *m*, Pappe *f*, Pappdeckel *m;* Papier-, Pappmaché *n* 2. *(Malerei)* Karton, Entwurf *m* *eskis 3. Schnittmuster *n* *patron 4. Kartonmappe *f* *ciltbent 5. Stange *f* (Zigaretten) 6. *arch.* Papp- od. Blech-modell *n* ~ **cilt** Pappband *m* ~ **dolabı** (Akten-)Schrank *m* (mit Pappschubfächern) ~ **geçirmek** (*od.* **kaplamak**) s. **kartonlamak;** ~ **kutu** Pappschachtel *f* **-dan yapma tanklar** Panzerattrappen *pl.* (aus Pappmaché)

kartonaj (*franz.* **cartonnage**) 1. Kartonieren *n* 2. Papp-arbeit *f*, -band *m* 3. Kartonverpackung *f*

kartone (*franz.* **cartonné**) kartoniert ~ **etmek** kartonieren

kartoniye (*franz.* **cartonnier**) s. **karton dolabı**

kartonlamak s. **kartone etmek**

kartonlu (ganz od. teilweise) aus Karton hergestellt

kartonluk s. **karton dolabı**

kartonpat [··–] (*franz.* **carton-pâte**) Papp-, Papier-maché *n*

kartonpiyer (*franz.* **carton-pierre**) 1. *selt.* (nach franz. Gebrauch) Dachpappe *f* 2. Stuckwerk *n*, Stukkatur *f*

kartonpiyerci 1. *(urspr.)* Hersteller *bzw.* Verkäufer *m* von Dachpappe 2. Stukkateur *m*

kartopu, -nu 1. gemeiner Schneeball *bot.* Viburnum opulus (*a.* var. roseum in Gärten) *gilaburu, top ağacı 2. s. **kar topu**

kartotek, -ği Kartothek, Kartei *f*, Zettelkasten *m*

kartpostal (*franz.* **carte postale**) Postkarte *f* *posta kartı
kartpostalcı Hersteller *m* von (Ansichts-)Postkarten; vgl. Stw. **panorama**
kartpostalcılık Herstellung *f* und Vertrieb *m* von (Ansichts-) Postkarten; vgl. Stw. **panorama**
kartuk *P agr.* große Egge
kartuş (*franz.* **cartouche**) 1. s. **hartuç** 2. *phot.* Filmkassette *f* 3. Papphülse *f* (zum Versenden von Zeichnungen usw.) 4. Kartusche *f* (rechteckiges Barockmuster)
kartvizit, -ti (*franz.* **carte de visite**) Visiten-, Besuchs-karte *f* ~ **bırakmak** *V* sich erbrechen, sich übergeben, *V* kotzen
karuça s. **karoça**
karukola *naut.* Block *m* e–r Ladewinde
Karun [– –] 1. *n.pr.* Korah (Bibel) 2. *fig.* reicher Mann, Krösus *m* ~ **kesilmek** (b–nin başına) sich j–m gegenüber als Krösus aufspielen
karunlaşmak [– – · ·] sehr reich werden
karure [– – ·] *va.* 1. Glas-behälter *m*, -flasche *f* 2. *med.* Urinflasche *f* *ördek
karus *med.* s. **koma** (I)
karusa [·×·] 1. *va.* Kampfwagen *m* *cenk arabası 2. s. **karoça**
karuzel (*franz.* **carrousel**) *techn.* Förderband *n*
kârüzarar [– · · –] *z. va.* Gewinn und Verlust *m*
Karya [×·] *n.pr. hist.* Karien (kleinasiatische Landschaft)
Karyalılar *n.pr. hist.* Karier *pl.*
karyağdı(-lı) 1. weiß gesprenkelt 2. schwarz-weiß gemustert, Pfeffer und Salz
karyatid s. **heykelsütun**
karye *va.* Dorf *n* *köy
karyokinez *biol.* Karyokinese, Mitose *f*, indirekte Zellkernteilung
karyola [·×·] (hölzernes od. eisernes) Bettgestell ~ **kurmak** ein Bettgestell aufschlagen, ein Bett aufstellen
karyolacı wer Bettgestelle herstellt, verkauft od. repariert
karyolenf (*franz.* **caryolymphe**) s. **çekirdek özsuyu**
Karyot adası *n.pr.* Insel *f* Nikaria (Dodekanes)
karz *z.va.* Anleihe *f*, Darlehen *n* *ödünç ~ **almak** sich Geld leihen, ein Darlehen aufnehmen ~ **etmek** (*od.* **vermek**) Geld verleihen
karzan [×·] *va. Adv.* in der Form e–s Darlehens, *F* auf Pump
kârzar [– –] *va.* Schlacht *f*, Kampfgetümmel *n*
karzen s. **karzan**
kas (I) *va.* Brust *f*, oberer Teil des Brustkorbs ~ **kemiği; azmı** ~ s. **göğüs kemiği; göğüs tahtası**
kas (II) *an.* Muskel *m* *adale ~ **ağrısı** *med.* Myalgie *f*, Muskelschmerz *m* *miyalji ~ **aygıtı** (*od.* ~ **sistemi**) Muskulatur *f* ~ **gözesi** (*od.* **hücresi**) **telciği** *an.* Myofibrille *f* *miyofibril ~ **gücü** Muskelkraft *f* ~ **kopması** *(med., Turnen)* Muskelzerrung *f* ~ **kurulması** (*od.* ~ **tutulması**) *(med., Turnen)* Muskelkrampf *m* *kramp ~ **seğirmesi** *med.* Schüttelkrampf *m*, Myoklonie *f* ~ **teli** *an.* Muskelfaser *f* *lifi adalî ~ **tutukluğu** *(Sport)* Muskelkater *m* ~ **uru** *med.* Myom *n* *miyom ~ **yırtılması** Muskelriß *m* ~ **zarı** *an.* Sarkolemma *n* (Hülle der Muskelfasern) *miyolem, sarkolem(-ma) ~ **zayıflığı** *med.* Myasthenie *f* (krankhafte Muskelschwäche) *miyasteni
kasa (I) [×·] 1. Kasse *f* (für Ein- und Aus-zahlungen) *vezne 2. Panzer-, Geld-schrank *m*, Safe, Stahlfach *n* 3. a) Kasse, Bank *f* (bei best. Spielen) b) Bankhalter *m* 4. Karosserie *f*, Wagenaufbau *m* 5. *typ.* Setzkasten *m* 6. Bierkasten *m* *sandık 7. Holzumrahmung *f* (z.B. Fenster-, Tür-, Bilder-rahmen; *a.* zum Schutz von Treibhauspflanzen) 8. *(Turnen)* Kasten *m* 9. Sockel *m* (e–s Möbelstücks) *baza 10. Reuse *f* (für den Hummerfang) ~ **açığı** Fehlbetrag *m* (in der Kasse) ~ **bordrosu** Kassenbericht *m* ~ **çeki** Bankscheck *m* ~ **dairesi** (Bank-)Tresor *m*, Stahlkammer *f* ~ **defteri** Kassabuch *n* ~ **durumu** Kassenstand *m* ~ **hesabı** Kassakonto *n* ~ **hırsızı** Geldschrankknacker *m* ~ **ıskontosu** Kassaskonto *m, n* ~ **kolaylığı** *fin.* Tagesgeld *n* ~ **mevcudu** Kassenbestand *m* ~ **sayımı** Kassensturz *m*
kasa (II) [×·] *naut.* Augspleiß *m* (in e–m Tau), Auge *n*, Stropp *m*, Tauschlinge *f*
kasa (III) [×·] *naut.* Kommando zum Setzen der Schratsegel
kasa (IV) *va.* Napf *m*, Schale, Schüssel *f*
kasaba (I) kleine Stadt; Städtchen *n*, Provinzstadt *f*
kasaba (II) 1. *an.* Luftröhrenast, Bronchus *m*, Bronchie *f* *bronş 2. *an.* Luftröhre, Trachee *f* *şiryanışezen, soluk borusu 3. Rohrstengel *m* (z.B. Schilf) **azmı** ~ s. **kaval kemiği; iltihabı -i rie** s. **trakeit**
kasabalı Provinzler(-in *f*) *m*, Kleinstädter(-in *f*) *m*
kasabî 1. Bronchen-, Luftröhren-, Tracheen- 2. s. **kamışsı**
kasabiye *fr.* Schlachtgebühr *f* (bei Schafen)
kasacı 1. *selt.* s. **kasadar** 2. Bankhalter *m* (bei best. Spielen)
kasadar [··–] Kassierer(-in *f*) *m*, Kassenbeamt-e *m*, -in *f* *kasiyer, veznedar
kasadarlık [··–·] Amt *n*, Aufgabe, Funktion *f* e–s Kassierers od. Kassenbeamten
kasalı mit **kasa** ausgestattet ~ **izbiro** *naut.* s. **fıçı izbirosu;** ~ **telefon** Münzfernsprecher *m* *ankesör
Kasandra *n.pr.* 1. *myth.* Kassandra (Tochter des Priamus) 2. *geogr.* s. **Kesendire**
Kâsaniye [– – · ·] *n.pr. fr.* e–e Unterabteilung des Nakschibendi-Ordens
kasap (I), **-bı** 1. Fleischer, Schlächter, Metzger *m* 2. *fig. Schi.* Bluthund *m* 3. *Sch.* Bez. für e–n strengen, unsympathischen Lehrer 4. *Ch.* wer mit seinem Wagen nicht pfleglich umgeht, *F* Materialschinder *m* ~ **dükkânı** Fleischerei, Schlächterei, Metzgerei *f* ≗ **et derdinde, koyun can derdinde.** *spr. Ra.* 1. Jeder hat seine eigenen Sorgen. 2. Jeder denkt nur an sich selbst. ~ **havası** e–e volkstümliche Tanzmelodie (bei **hora**); ~ **kancası** Fleischerhaken *m* ~ **satırı** Hackbeil *n* ~ **süngeriyle silinmiş** s. **yüzü** usw.
kasap (II), **-bı** *va.* Rohr *n*, Röhre *f* **-ı sükker** s. **şekerkamışı**
kasaphane [··–·] 1. Schlachthaus *n* *kanara, mezbaha, salhane 2. s. **kasap dükkânı**
kasaplık 1. Schlächtergewerbe *n* 2. Schlachttier *n* 3. zur Schlachtung bestimmt (Tier) 4. Schlächterei *f*, Gemetzel *n* 5. Schlachtgebühr *f* Zu 2: **dün kesilen -lar** die gestern geschlachteten Tiere ~ **et** Schlachtfleisch *n* ~ **hayvan** Schlachttier *n*
kasar s. **kastar**
kasara [·×·] *naut.* (erhöhtes) Achter-, Quarter-deck bzw. Vorderdeck, Back(-deck *n*) *f;* s.a. **baş(kıç) kasara(-sı);** ~ **altı** *naut.* Zwischendeck *n* ~ **kamarası** *naut.* Heckkajüte *f* ~ **üstü** Hütte, Poop, *fr.* Schanze *f*
kasaralı *naut.* mit **kasara**
kasarlamak s. **kastarlamak**
kasas 1. s. **kıssalar** 2. e–e ar. Schriftart ≗ **suresi** Name der 28. Koran-Sure
kasato [·×·] Cassata *f* (italienische Eis-Zubereitung)
kasatura [··×·] *mil.* Bajonett, Seitengewehr *n* *süngü
kasavele [··×·] *naut.* (*mst.* **çamaşır -si**) Wäscheleine *f* ~ **palangası** *naut.* Talje *f*, Takel *n* (*spez.* für Rahen)
kasavet, -ti [·–·] *P* 1. Kummer, Gram *m*, Sorge, Unruhe *f* *üzüntü 2. *va.* Härte *f* *sertlik 3. *fig.* Hartherzigkeit *f* *merhametsizlik ~ **çekmek** *P* s. **kasavetlenmek;** ~ **etmek** *P* sich beunruhigen; sich Sorgen machen *endişelenmek
kasavetlenmek Kummer haben, sich Sorgen machen, in Sorge sein, sich sorgen *üzülmek

kasavetli [·–··] 1. bekümmert, betrübt, sorgenvoll, in Sorge 2. traurig, trist (z.B. Ort)
kasbilim *med.* Myologie, Muskellehre *f* *miyoloji
kasbilimsel *med.* myologisch
kasden, kasdetmek, kasdî s. **kasten, kastetmek, kastî**
kasdoku *an.* Muskelgewebe *n* *nesci adalî
kâse 1. Napf *m*, Schale, Schüssel *f* *tas 2. Höhlung *f* e–s Löffels od. ähnlichen Gegenstandes 3. *selt.* Schädel *m* 4. *V* Gesäß *n*, Hintern, Popo, *V* Arsch *m* *kıç, makat
kâsebaz [–·–] *va.* wer bei e–m Volkstanz mit Tellern jongliert
kasele [·×·] *naut.* Kassette, Truhe *f*, Kasten *m* (für Dokumente, Bargeld usw. auf älteren Schiffen)
kâselis [–·–] *va.* würdeloser Schmeichler; Speichellecker, Schmarotzer *m* *dalkavuk
kasem *va.* Eid, Schwur *m* ~ **etmek** *z. va.* schwören, e–n Schwur ablegen *ant içmek, yemin etmek
kaset, -ti *(phot.; für ein Tonband)* Kassette *f*
kasık, -ığı *an.* Leiste(-n.gegend) *f* ~ **fıtığı (kavlıcı, yarığı)** s. **kasıkçatlağı;** ~ **kemiği** *an.* Schambein *n*, Os pubis *azmı ane, çatı kemiği **-ı çatlamak** (b–nin) sich e–n Leistenbruch zuziehen **²larım çatlıyor.** 1. Es drückt mir fast die Blase ab. Ich muß dringend auf die Toilette. 2. Ich könnte platzen vor Lachen. **-larına basa basa gülmek** sich den Bauch halten vor Lachen
kasıkbağcı Hersteller od. Verkäufer *m* von Bruchbändern, Bandagist *m*
kasıkbağı, -nı Bruch-band *n*, -gürtel *m*
kasıkbiti, -ni Filzlaus *f zo.* Phthirius pubis *ane (kıl, utanç) biti, *V* am biti, kırkayak
kasıkçatlağı, -nı Leistenbruch *m*
kasıkotu, -nu 1. s. **kızılyaprak** 2. kahles Tausendkorn *bot.* Herniaria glabra
kasıl die Muskeln betreffend, Muskel- *adalî ~ **sarsılma** Muskelzuckung *f* *irticacı adalî
kasılduyumlar Muskelgefühl *n* *hissiyeti adaliye
kasılma *geol., med.* Kontraktion *f*
kasılmak 1. Pass. zu **kasmak** 2. sich zusammenziehen, sich krampfen *takallüs etmek 3. sich verringern (z.B. Geldbetrag) 4. *fig.* den großen Herrn spielen wollen 5. *Ch.* sich hinlümmeln, sich hinfläzen (im Auto)
kasım (I) 1. Winteranfang *m* (nach türk. Bauernregel: 8. November) 2. **(günleri)** kalte Jahreszeit (vom 8. November bis zum 6. Mai) 3. **(ayı)** November *m* *ikinci teşrin, sonteşrin, teşrinisani ~ **fırtınası** *naut.* periodischer Seesturm in der ersten Novemberhälfte **² yüzelli, yaz belli.** *Spr.* 150 Tage nach Winteranfang ist der Sommer gewiß.
kasım (II) [ā] 1. teilend; Teiler *m* 2. *math.* Divisor *m* *maksumunaleyh, bölen 3. **²** *mV* **-ı müşterek** s. **ortak tambölen; -ı müştereki azam** s. **en büyük ortak tambölen**
kasıma [ā] *math.* Diskriminante *f* *diskriminant
Kasımpaşa *n.pr.* Stadtteil von Istanbul zwischen dem Goldenen Horn und Beyoğlu (benannt nach dem Wesir **Güzelce Kasım Paşa;** 16. Jh.)
kasımpatı, -nı Chrysantheme *f bot.* Chrysanthemum (indicum u.a.) *altıncık, krizantem ~ **çiçeği tozu** *pharm.* Pyrethrum *n* *nezle otu; pirekapan, piretrin
kasımsı muskelähnlich, Muskel- ~ **tümör** *med.* Fibromyom *n* *fibromiyom
kasınç (Muskel-, Waden-)Krampf *m* *kramp
kasınma 1. Vs. zu **kasınmak** 2. *spez.* Krampf, Spasmus *m* *teşennüç
kasınmak sich zusammenziehen, kürzer werden
kasıntı 1. (Stoff-)Einschlag *m* 2. hochnäsiges Benehmen; Hochmut *m*, Arroganz *f* 3. Wichtigtuer, Poseur *m* ~ **dikişi** Abnäher *m*
kasıntılı 1. mit (Stoff-)Einschlag 2. arrogant, hochnäsig
kasır (I), **-srı** Schlößchen, Lustschloß *n*
kasır (II), **-srı** *va.* 1. Verkürzung, Verringerung *f* 2. *phon.* Kürze *f* 3. *stil. gel.* = **icaz;** s.a. **kasrıbasar**
kasır (III) [ā] *va.* 1. kurz 2. zu kurz 3. unzureichend, mangelhaft 4. *jur.* Mündel *n*
kasırga 1. Wirbelsturm, Orkan *m* 2. *fig.* plötzlicher Gefühlsausbruch ~ **gibi** wie ein Sturmwind ~ **ihbarı** *met.* Sturmwarnung *f*
kasırlık [ā] *jur.* Mündelstand *m*
kasıt, -stı 1. Absicht *f*, Vorsatz *m*, Ziel *n*, Zweck *m* 2. Vorsätzlichkeit *f*, Vorbedacht *m* 3. Nachstellung *f*, Anschlag *m*, Intrige *f*, böses Trachten **-ı olmak** (b–ne) Böses im Schilde führen (gegen); es abgesehen haben (auf); j–m nachstellen **-ı mahsusla** 1. mit böswilliger Absicht 2. tendenziös **Bunda ~ var.** Das hat man absichtlich getan.
kasıtlı 1. bewußt, absichtlich, vorsätzlich, gewollt 2. mit böser Absicht, tendenziös gefärbt, Tendenz- (z.B. Nachricht) ~ **olarak** s. **kasten**
kasiçi 1. in e–m Muskel befindlich 2. *med.* intramuskulär (z.B. Injektion)
kaside [ī] 1. *lit.* Kasside *f* (ar. Zweck-, Lob-gedicht *n*, Ode, Elegie *f*) 2. *fig.* Lobpreisung *f* 3. Helmkraut *n bot.* Scutellaria (galericulata u.a.)
kasideci [·–··] 1. Verfasser *m* von Kassiden 2. (b–nin) *pej.* Lobsänger *m*
kasin *pharm.* Quassin *n* (Bitterstoff, Magenbitter)
kâsip, -bi *va.* 1. arbeitend, berufstätig 2. Kaufmann *m*
kasir [·–] *va.* kurz **-ülbasar** *va.* s. **miyop; -ürreis** *va.* s. **brakisefal**
kasis (*franz.* **cassis**) 1. s. **siyah frenküzümü** 2. Querrinne *f* (in e–r Straße) 3. Schlagloch *n* (in der Straßendecke)
kasiterit, -ti *min.* Kassiterit *m*, Zinnerz *n*
kasiyer s. **kasadar**
kask, -kı *selt.* Helm *m* *miğfer
kaska etmek *naut.* spannen, festmachen
kaskaslamak *V* s. **cima etmek**
kaskat, -dı 1. kleinerer Wasserfall; Kaskade *f* 2. *phys.* Kaskadenstrahlung *f*
kaskatı [×··] 1. ganz hart, steinhart, stocksteif 2. sehr scharf od. heftig ~ **(kesilip) kalmak** wie versteinert dastehen (vor Verwunderung, Entsetzen usw.)
kaskatlı: ~ **konvertisör** *el.* Kaskadenumformer *m* (zur Erzeugung bes. hoher Spannungen) ~ **montaj** *el.* Serienschaltung *f*
kaskavuran fırtınası *naut.* ein periodischer Seesturm (gegen 23. März)
kasket, -ti (*franz.* **casquette**) (Schirm-)Mütze *f* ~ **siperi** Mützenschild *n*
kasketçi Mützen-macher, -händler *m*
kasketli 1. mit (Schirm-)Mütze 2. *fig.* Bauer, Landmann *m* *köylü
kasko [×·] Kasko *m* (*spez.* bei Auto) ~ **sigortası** Kaskoversicherung *f*
Kaslar s. **Kassitler**
kasmak, (-ar) 1. kürzer od. schmaler machen, einnehmen (z.B. Ärmel) 2. verringern, herabsetzen (z.B. Gehalt) 3. straff(-er) anziehen, eng(-er) schnallen (z.B. Gürtel) 4. unter Druck halten, unterdrücken **kasıp kavurmak** 1. quälen, tyrannisieren 2. **(ortalığı)** herum-schimpfen, -wüten; e–n furchtbaren Krach schlagen
kasnak 1. weiter Reifen 2. Holzrahmen *m* (e–s Siebs, Tamburins, e–r Säge usw.) 3. Stickrahmen *m* 4. Riemenscheibe *f* 5. Schlittenkufe *f* 6. *techn.* Trommel *f* *tambura, tromel 7. Zarge *f* (e–r Geige, e–s Stuhls) 8. Schnürsaum *m* (e–r Ringerhose) *peşkovaz 9. Keilrahmen *m* (e–r Malerleinwand) ~ **boyunduruğu** Verbindungsbalken *m* ~ **işi** s. **süzeni;** ~ **işlemek** auf dem Stickrahmen arbeiten ~ **kâğıdı** s. **tekne kâğıdı;** ~ **kayışı**

Treibriemen *m* ~ **kirişi** Stichbalken *m* ~ **nakışı** Rahmensticken *n* ~ **tığı** Stick-, Häkel-nadel *f*
kasnakçı wer Holzrahmen (z.B. für Siebe) herstellt und verkauft, Böttcher, Faßbinder *m*
kasnaklama *techn.* Betonverschalung *f*
kasnaklamak (b–ni) *V* s. **kertmek** (3)
kasnaklı mit **kasnak** ausgestattet ~ **fişek zarfı** Trommelmagazin *n* ~ **fren** *od.* ~ **tekerlek baskısı** Trommelbremse *f*
kasnı 1. Galban(-um) *n*, Galbensaft *m*, Mutterharz *n* 2. **(otu)** Galban-pflanze *f*, -kraut *n bot.* Ferula galbaniflua *şeytan boku 3. **(otu)** Laserkraut *n bot.* Laserpitium
kaspanak; kaspanek; kaspahanek *V* (< ar. **gasben annek**) 1. *urspr.* mit Gewalt, gewaltsam 2. absichtlich 3. zum Tort od. Scherz 4. unbedingt, absolut, auf jeden Fall
kasretmek *va.* 1. verkürzen, verringern, verkleinern 2. legal für ungültig erklären
kasrıbasar *va.* s. **miyopluk**
kassam [·–] *fr.* Erbschaftsrichter *m*
kassamlık [·–·] *fr.* Amt(-sbereich *m*) *n*, Funktion *f* e–s Erbschaftsrichters
kassar [·–] *va.* 1. s. **kastar** 2. wer Teppiche usw. ausschüttelt, ausklopft
kassiopeyum s. **lütesyum**
Kassitler *n.pr. hist.* Kassiten *pl.*
kast (I), **-tı** *soz.* Kaste *f*
kast (II) s. **kasıt**
Kastamonu (in bäuerlicher Aussprache auch **Kastambolu**) *n.pr.* Stadt im gln. Rbz. (nördl. Mittelanatolien)
kastanyet, -ti Kastagnette(-n *pl.*) *f* *çalpara
kastanyola [··×·] *naut.* 1. Klampe *f* 2. Sperrkegel *m*, Pall *n* ~ **yuvası** Hemmung *f*, Gesperre *n*
kastar 1. Waschen und Bleichen *n* von Baumwolle od. Baumwollstoffen 2. *va.* s. **kastarcı;** ~ **etmek** s. **kastarlamak**
kastarcı *P* 1. wer Baumwolle od. Baumwollstoffe wäscht und bleicht 2. Fleckenreiniger *m* 3. wer Teppiche (usw.) ausschüttelt, ausklopft
kastarlamak 1. waschen und bleichen, veredeln, merzerisieren (Baumwolle od. Baumwollstoffe) 2. reinigen 3. ausschütteln, ausklopfen (z.B. Teppiche)
kastarlı 1. gewaschen und gebleicht; veredelt, merzerisiert 2. gereinigt 3. ausgeklopft
kastel *va.* Kastell *n*, Burg *f*
Kastelorizo [···×·] **(adası)** *n.pr.* Kastellorizo (Castelrosso, Meis) (Insel südwestlich von Kaş (Andifli), östl. von Rhodos) ~ **adaları** *n.pr.* die Inseln Kastellorizo, Çam (Strongili) und Kara (Ro)
kasten [×·] *Adv.* absichtlich, vorsätzlich, gewollt, willentlich, mit böser Absicht, böswillig, mit voller Überlegung *bile bile; kastiyle ~ **katil** Mord *m*
kastetmek [×··] 1. (m. Akk.) ab-, hin-zielen (auf), bezwecken, beabsichtigen *amaçlamak istihdaf etmek 2. (m. Akk.) meinen; sagen wollen 3. konspirieren (gegen) 4. (m. Dat.) nachstellen; es abgesehen haben (auf) Zu 4: s. **canına (hayatına)** ~
kastî s. **kasıtlı**
kastin (*franz.* **castine**) Kalkzuschlag *m* (in der Metallurgie)
kastiyle s. **kasten**
kastor (*franz.* **castor**) 1. s. **kunduz** 2. Biber-fell *n*, -pelz *m* 3. aus Biberfell hergestellt od. mit Biberpelz versetzt Zu 3: **siyah** ~ **manto** schwarzer Bibermantel ~ **şekeri** (*engl.* **castor sugar**) Streuzucker *m*
Kastor *astr.* Kastor (Stern Alpha im Sternbild der Zwillinge)
kastorin (*franz.* **castorine**) *fr.* Wollstoff *m* (für Winterkleidung)
kastra (*franz.* **castrat**) *hist. mus.* Kastrat *m*
kastrasyon Kastration, Entmannung *f*
kastre (*franz.* **castré**) kastriert, verschnitten ~ **etmek** kastrieren, entmannen
Kastro *n.pr.* 1. s. **Limni** 2. Fidel Castro (Kuba)
Kastrocu Anhänger(-in *f*) *m* von Fidel Castro (Kuba)
Kastroculuk, Kastroizm *pol.* Castrismus *m*
kasula (vgl. *franz.* **chasuble**) Kasel *f*, Meßgewand *n*
kasvet, -ti 1. niederdrückendes, beängstigendes Gefühl; Bedrückung *f*, innere Unruhe, wehmütige Stimmung; Schwermut *f* *gönül darlığı, iç sıkıntısı 2. *va.* Härte *f* *sertlik 3. Hartherzigkeit *f* ~ **basmak** (*od.* **çökmek**) sich bedrückt fühlen, unruhig od. schwermütig sein ~ **vermek** bedrücken, bekümmern
kasvetli niederdrückend, bedrückend, beunruhigend, schwermütig stimmend
Kaş *n.pr.* O.u.D. im Rbz. Antalya
kaş (I) 1. Augenbraue *f* *hacip, ebru 2. (bogenförmige und vorspringende) Wölbung (z.B. Vorder- bzw. Hinterzwiesel e–s Sattels; Fassung *f* e–s Ringes) 3. *mus.*, *typ.* geschweifte Klammer, Akkolade *f* *akkolat; kavrama işareti ~ **atmak** 1. zuzwinkern, zublinzeln, heimlich ein Zeichen geben 2. *va.* s. ~ **çatmak;** ~ **çatmak** 1. die Stirn runzeln 2. *F* unfreundlich sein, grollen ~ **çatıklığı** 1. Zusammenziehen *n* der Augenbrauen; gerunzelte Augenbrauen 2. *fig.* mürrisches, unfreundliches Gesicht ~ (*od.* ~ **göz) etmek** s. ~ **atmak;** ~ **ile göz, gerisi (artanı, dahası, kalanı) söz** *Spr.* bildhübsch (Frau, Mädchen) ~ **işareti** Bogen *m* (obligatorisch bei **ğ** und fakultativ in der Handschrift über **ı** und **u**) ~ **kantarmak** (*od.* ~ **karak etmek**) *va.* s. ~ **çatmak;** ~ (*od.* ~ **göz) kararmak** hereinbrechen (Dunkelheit) ~ **yapayım derken göz çıkarmak** et. verschlimmbessern **-ı gözü yerinde** von angenehmem Äußeren **-ına rastık çekmek** die Augenbrauen nachziehen **-ının altında gözün var dememek** nicht das geringste einwenden, alles hinnehmen **-la göz arasında** im Handumdrehen (Nu, Augenblick) **-ları çatılmış** (*od.* **çatık**) mit gerunzelter Stirn; finster, mürrisch **-larını çatmak** die Augenbrauen zusammenziehen, die Stirn runzeln
kaş (II) (*franz.* **cache**) *phot.* Kopiermaske *f*
kâş(-ki) *va.* s. **keşke, keşki**
kaşa (I) Kasha *m* (weicher, kaschmirähnlicher Kleiderstoff)
kaşa (II) Kasch *m*, Kascha *f* (Buchweizengrütze; russ. od. poln. Gericht)
kaşağı 1. (Pferde-)Striegel *m* 2. s. **kaşak;** ~ **rendesi** Schlichthobel *m* (zur Feinbearbeitung) ~ **törpüsü** Raspel *f* des Löffelschnitzers
kaşağılamak striegeln (Pferd)
kaşağılanmak 1. Pass. zu **kaşağılamak** 2. sich den Rücken kratzen (mit **kaşak**)
kaşak Rückenkratze *f* (Instrument mit langem Stiel und schmalem, löffelähnlichem, aufgerauhtem Ende aus Buchsbaumholz, Schildpatt, Elfenbein od. Metall) *sırt kaşağısı
kaşalot, -tu (*franz.* **cachalot**) 1. s. **adabalığı** 2. *V* dumm, blöd, Idiot *m*
kaşalotzade [···–·] *V* dumm wie Bohnenstroh, Hornochse *m*
kaşamak *va.* s. **kaşağılamak**
kaşan *P* 1. Stehenbleiben und Wasserlassen *n* (von Zugtieren gesagt) 2. Urin *m* (von Pferd, Esel, Maultier)
kâşane [––·] großes, prächtiges Gebäude; Palast *m*, Residenz *f*
kaşanmak 1. *P* stehenbleiben und Wasser lassen (Zugtier) 2. s. **kaşağılanmak** (2)
kaşanyeri, -ni *P* Rastplatz *m* (für Zugtiere)
kaşar 1. **(peyniri)** in Radform hergestellter, gelblicher, fetthaltiger Käse (*urspr.* Spezialität von Thrazien) 2. (*a.* **kaşar peyniri**) *V* gewitzt, gerissen, raffiniert, routiniert, schlau (im Spiel) 3. koscher

kaşarası, -nı Glabella *f* (unbehaarte Stelle zwischen den Augenbrauen) *belce
kaşarlanmak *V* 1. reiche Erfahrung gewinnen 2. sich an et. (Unangenehmes) gewöhnen, abgebrüht werden, ein dikkes Fell bekommen
kaşarlı 1. mit kaşar-Käse belegt 2. *V* a) gewitzt, gerissen b) abgebrüht, dickfellig
kaşbastı *P* 1. Stirn-band *n*, -reif *m*, Diadem *n* 2. Stirntuch *n* (e–r Nonne)
kaşe 1. *med.* Pille, Tablette, Arzneikapsel *f* 2. Petschaft, Siegel *n*, Stempel *m* 3. *fig.* Stempel *m*, Gepräge *n*, Besonderheit, Originalität *f*
kaşeksi *med.* Kachexie *f*, allgemeiner Kräfteverfall
kaşeksili; kaşektik *med.* kachektisch, ausgemergelt
kaşeli *fig.* apart, originell
kaşer s. **kaşar**
kaşık, -ığı 1. Löffel *m* 2. **(dolusu)** Löffelvoll *m* 3. Holzklapper *f* *reg. çalpara ≗ **adası** s. **Pide adası;** ~ **ağırlığı** *va.* s. **kaşıklık** (1); ~ **ağızlı mersin** Löffelstör *m zo.* Polyodon spatula ~ **atmak** tüchtig einhauen (beim Essen); nur so schlingen ~ **çalımı** 1. *va.* Abendgebet *n* 2. *P* Zeit *f* zum Abendessen ~ **çalmak** 1. s. ~ **atmak** 2. *mus.* mit Löffeln (Holzklappern) den Takt angeben ~ **düşmanı** *hum.* „Hausdrachen" *m* (Ehefrau) ~ **ekskavatör** *techn.* Löffelbagger *m* ~ **gaga** s. **kaşıkçın;** ~ **kadar** 1. winzig 2. hager, abgezehrt ~ **kaşı** Wölbung *f* des Eßlöffels zwischen Stiel und Schöpfteil ~ **kepçesi** Schöpfteil *m* (*dial.* Laffe *f*) des Eßlöffels ≗ **kısmete vasıta** (*od.* **bağlıdır**). *Spr.* Jedem ist sein Schicksal bestimmt. ~ **kuşu** s. **pelikan;** ~ **matkabı** Löffel-, Parallel-bohrer *m* (des Drechslers) ~ **oyunu** türk. Volkstanz (mit Holzlöffeln anstelle von Kastagnetten) *şıkıltım havası ≗ **sepetinde fareler oynuyor.** Er hat nichts zu brechen und zu beißen. ~ **suratlı** s. **kepçesurat;** ~ **tutmak** s. **çanak tutmak; -ı ile yedirip** (*od.* **verip**) **sapiyle (gözünü) çıkarmak** 1. erwiesene Wohltaten vorhalten und j–n ausnützen 2. j–m ebensoviel Gutes wie Böses antun 3. launisch, unberechenbar sein **(...) kaşığı ile (...) boku yemek** *V* Unvereinbares vereinen wollen **-ını yanında taşır** s. **boğazına düşkün**
kaşıkçı 1. Löffelschnitzer *m* 2. Löffelverkäufer *m* 3. tüchtiger Esser ~ **avurdu** 1. eingefallene Wangen 2. enttäuschtes Gesicht ~ **elması** größter Diamant (86 Karat; 49 Brillanten) im osm. Staatsschatz (angeblich von der armen Finderin an e–n Löffelschnitzer für ein paar Löffel verkauft)
kaşıkçılık Löffelschnitzerei *f*
kaşıkçın Löffelente *f zo.* Spatula clypeata
kaşıklamak 1. mit dem Löffel essen; (aus-)löffeln 2. gierig essen; hinunterschlingen
kaşıklı mit Löffel; Löffel- ~ **balıkçıl** s. **spatül kuşu**
kaşıklık 1. Löffelkasten *m* (od. anderer Aufbewahrungsort für Löffel) 2. *hist.* Metallplatte *f* an der Vorderseite der Janitscharenmütze (wo e–e Feder befestigt wurde) 3. zur Herstellung von Löffeln geeignet 4. Löffelvoll *m*
kaşıkotu, -nu Löffelkraut *n bot.* Cochlearia (officinalis u. a.)
kaşıksı löffelartig
kaşımak (m. Akk.) kratzen (zur Beseitigung von Juckreiz)
kaşındırıcı juckend, Juck-
kaşındırmak jucken, Juckreiz verursachen *kaşıntı vermek
kaşınmak 1. jucken *gidişmek, kaşıntısı olmak 2. sich jukken, sich kratzen 3. *fig.* übermütig sein (und dadurch Gefahr laufen, sich et. Unangenehmes zuzuziehen) Zu 3: **Dayak yemek için kaşınıyor.** Ihn juckt das Fell. Er will wohl absolut Prügel beziehen. **kaşınacak tırnak aramak** nach e–m Vorwand (e–r Ausrede) suchen
kaşıntı Jucken *n*, Juckreiz *m* ~ **vermek** s. **kaşındırmak; -sı olmak** s. **kaşınmak** (1)
kaşıntılı juckend; Juckreiz verursachend ~ **humma** s. **kurdeşen**
kaşıyacak, -ağı s. **kaşak**
kâşif 1. Entdecker *m* *bulucu, muhteri 2. Erforscher *m* (e–s Landstrichs) 3. ≗ *mV* **Kâşife** *wV*
kaşka *dial.* weißer Stirnfleck; Blesse *f* (*spez.* bei Pferden)
kaşkariko [··×·] *V* 1. List *f*, Schwindel, Betrug *m* 2. Intrige, Aufhetzung, Aufwiegelung *f*
kaşkarikocu *V* 1. Schwindler, Gauner, Betrüger *m* 2. Intrigant, Hetzer *m*
kaşkaval 1. in Radform hergestellte, weiche, fettarme Käseart 2. *naut.* Schloßholz *n* (z. B. als Stengenstütze) 3. *V* dumm, naiv; Einfaltspinsel *m* 4. Griff *m* e–s Drehwürfels od. e–s Rouletts
kaşkavallık *V* Dummheit, Naivität *f*
Kaşkaylar *n.pr.* halbnomadischer türk. Volksstamm im südl. Iran
kaşkemer *arch.* s. **eşeksırtı kemer**
kaşkol (*franz.* **cache-col**) s. **boyun atkısı**
kaşkorse (*franz.* **cache-corset**) 1. Untertaille *f* 2. Baby-Leibchen *n*
kaşlamak e–n (Edel-)Stein in e–n Ring einsetzen, e–n Stein fassen
kaşlı 1. mit nb. Augenbrauen 2. gefaßt (Edelstein) ~ **gözlü** von angenehmem Äußeren, recht hübsch
kaşmer 1. Possenreißer, Hanswurst *m* 2. *mus.* burlesk
kaşmerdikoz *V* 1. komisch, sonderbar, albern 2. häßlich, abstoßend
kaşmerlik 1. Hanswurstiade *f*, albernes Benehmen 2. *mus.* Burleske *f*
Kaşmir(-li) s. **Keşmir(-li)**
kaşne (*franz.* **cache-nez**) Halstuch *n*, Schal *m*
Kaşot adası *n.pr.* Insel *f* Kasos (Cassos) (Dodekanes)
kaşolon Kascholong *m* (Abart des Opals)
kaşpo (*franz.* **cache-pot**) 1. Zierbehälter *m* (z. B. aus Kupfer) für e–n Blumentopf *saksılık 2. Blumentopf-manschette, -krause *f*
kaşpusiyer (*franz.* **cache-poussière**) Staubmantel *m*
kaşseks (*franz.* **cache-sexe**) Schlüpfer *m*, Höschen *n*, Slip *m*
kaşu s. **kât**
kat (I), **-tı** 1. Stockwerk *n*, Etage *f* 2. Schicht, Lage, Reihe *f*; Überzug, Anstrich, Bewurf *m* 3. *a. geol.* Falte *f* *kıvrım 4. *geol.* Schicht, Stufe, Lage *f* 5. zusammengehörige Kleidungs- od. Wäsche-stücke *pl.*, Garnitur *f* *takım 6. (hohe) Stelle, (angesehenes) Amt *makam, orun, huzur 7. Mal *n*, Grad *m*, Stufe *f*, Teil *m* 8. *math.* Mehr-, Vielfaches *misil 9. (Raketen-)Stufe *f* 10. *selt.* Meinung *f* Zu 1: **evin ikinci -ı** das zweite Stockwerk des Hauses Zu 2: **bir ~ et, bir ~ hamur** e–e Schicht (od. Lage) Fleisch und e–e Schicht Teig **iki ~ pencere** Doppelfenster *n* **Kâğıdı dört ~ ediniz!** Falten Sie das Papier viermal! Zu 5: **bir ~ elbise** ein vollständiger Anzug **üç ~ çamaşır** drei Wäschegarnituren Zu 6: **Başbakanlığın yüksek -ına** An das (hohe) Ministerpräsidium Zu 7: **ölümden bin ~ korkunç** tausendmal schlimmer als der Tod **Bu, ondan iki ~ pahalı.** Das hier ist doppelt so teuer wie das dort. **bir ~ daha** noch e–e Stufe weiter, noch (e–n Grad) mehr **bir ~ yağ, iki ~ su** ein Teil Öl, zwei Teile Wasser (z. B. in Kochrezept) Zu 8: **6, 9, 12 ve 15 sayıları 3 sayısının -larındandır.** Die Zahlen 6, 9, 12 und 15 sind ein Mehrfaches der Zahl 3. Zu 10: **benim -ımda** meines Erachtens, meiner Meinung nach ~ **çıkmak** aufstocken (Gebäude) ~ **etmek** falten, in Lagen packen ~ ~ 1. ein über (od. hinter) das andere, schichtweise, in Schichten 2. in (mehreren) Reihen (z. B. Befestigungsanlagen) 3. mehrfach, vielfach, bei weitem, weitaus, weit Zu 3: **evvelkinden ~ ~ güzel** noch viel schöner als das vorige ~ ~ **çeneli** mit Doppelkinn ~ ~ **etmek** noch viel mehr steigern (...

kederi büsbütün kat kat etti ... hat den Schmerz fast untragbar gemacht) ~ **mülkiyeti** Eigentumsrecht *n* an e–r Etagenwohnung; Eigentumswohnung *f* ~ **üstüne ~ çıkmak** s. ~ **çıkmak**
kat (II), **-tı** s. **Arabistan çayı**
kat (III) *va.* steif, starr; vgl. **katkala, katkalmak**
kât, -tı Katechu *n*, Gambir *m* (Gerb- und Heilmittel); s. a. **kâtıhindî**
kat'a [·–] *va.* 1. durchaus, ganz und gar 2. (in neg. Satz) durchaus nicht, niemals, keinesfalls *kat'an
katabatik *met.* katabatisch (Wind)
katabolizm(-a) Katabolismus *m;* abbauender Stoffwechsel *yadımlama
kataf pelesenkağacı Kataf-Myrrhenbaum *m bot.* Balsamodendron kataf
katafalk, -kı Katafalk *m*
katafot, -tu (*franz.* **cataphote**) Katzenauge *n*, Rückstrahler *m* *stop
katakofti [··×·] *V* Aufschneiderei, Prahlerei *f*, Geflunker *n*
katakomp, -bu Katakombe *f*
katakula seitliche Verstärkungsschnur an e–m Schleppnetz
katakulli [··×·] *V* Lüge *f*, Schwindel, Betrug *m*, Intrige, Falle *f* ~ **okumak** *V* unwahre Geschichten auftischen; die reinsten Räuberpistolen erzählen ~ **oynamak** (*od.* **yapmak**) (b–ne) *V* j–n betrügen, übers Ohr hauen **-ye gelmek** *V* hereinfallen; übers Ohr gehauen werden
katalaviz [··×·] *griech. V* Verstehst du? Verstanden? Kapiert?
katalepsi *med.* Katalepsie *f*, Starrkrampf *m* der Muskeln *daüccümut
kataleptik *med.* kataleptisch; von Muskelstarre befallen
katalitik *chem.* katalytisch
kataliz *chem.* Katalyse *f*
katalizlemek *chem.* katalysieren
katalizleyen; katalizör *chem.* Katalysator *m*
katalog Katalog *m*, Verzeichnis *n*
kataloge *selt.* katalogisiert ~ **etmek** katalogisieren
Katalonca [··×·] 1. katalanische Sprache, Katalanisch 2. katalanisch
Katalonya [··×·] *n.pr.* Katalonien (spanische Landschaft)
Katalonyalı 1. Katalane *m*, Katalanin *f* 2. katalanisch
katalpa [·×·] Katalpe *f*, Trompetenbaum *m bot.* Catalpa bignonioïdes
katamnez *med.* Katamnese *f*, abschließender Krankenbericht
kat'an s. **kat'a**
katana [·×·] s. **kadana**
katanî [··–] *an.* lumbar, lumbär, Lenden- **nahiyei -ye** s. **bel bölgesi**
kataplazm *med.* Kataplasma *n;* heißer Breiumschlag *lapa
katapleksi *med.* Kataplexie, Schrecklähmung *f*
katapült, -tü 1. *hist.* Katapult *m, n*, Wurfmaschine *f* 2. Abstoßbahn *f* (für Flugzeuge), Startgerät *n*, Katapultanlage *f* *mancınık
katar 1. *a. mil.* Zug *m*, Kolonne *f* 2. *mil. spez.* Trainkolonne *f* 3. Eisenbahnzug *m* *tren ~ ~ zug-, kolonnen-, scharen-weise, in großen Scharen ~ **kılavuzu** 1. Führungsesel *m* (bei Kamelkarawane) 2. Leerfahrtlokomotive *f*
katarakt, -tı 1. *med.* Katarakt(-a) *f*, grauer Star *akbasma, aksu, perde 2. *selt.* Katarakt, Wasserfall *m* ~ **olmak** starkrank werden (bzw. sein)
katarlamak *P* 1. (m. Akk.) als Zug od. Kolonne formieren 2. *va.* vor sich hertreiben
katarlı mit nb. Zug, Kolonne (Zügen, Kolonnen)
katarsis *psych., lit.* Katharsis, Läuterung *f*
katarsisli *psych., lit.* kathartisch
katastrof 1. Katastrophe *f* 2. *lit.* Katastrophe *f*, entscheidende Wendung (im Drama) *yıkım ~ **kuramı** Katastrophentheorie *f*
katastrofizm s. **afet teorisi**
katatoni *med.* Katatonie *f*, Spannungsirresein *n*
katatonik *med.* katatonisch; von Katatonie befallen
katavasya [··×·] *naut.* winterliche (Rück-)wanderung der Fische vom Schwarzen Meer zum Marmarameer und zum Mittelmeer (*ant.* **anavasya**)
katedral, -li Dom *m*, Münster *n*, Kathedrale *f*
kategori 1. Kategorie, Begriffsform *f* 2. Klasse, Gruppe, Art, Gattung *f*
kategorik kategorisch ~ **emperatif** kategorischer Imperativ
kategorili mit nb. Kategorien
kat'en s. **kat'a;** ~ **ve katıbeten** *va.* ganz und gar nicht; überhaupt nicht
katener (*franz.* **caténaire**) *el.* Oberleitung *f*
kateşizm (*christl.*) Katechismus *m*
katetmek [×··] 1. (ab-, an-, auf-, durch-)schneiden 2. ab-, unter-brechen, einstellen, aufgeben 3. zurücklegen (Strecke)
katgüt, -tü *med.* Katgut *n*, Seidenstramin *m*, Darmsaite *f*
kathetmek [×··] *va.* verunglimpfen, diffamieren (vgl. **kadih**)
katı (I) 1. hart (Holz, Sitzplatz, Ei usw.) 2. steif (z. B. Teig) 3. scharf, streng, durchgreifend, heftig *şiddetli 4. nichtflüssig, fest, starr, hart *sulp 5. *fig.* hart, roh, rauh, grausam, gefühllos 6. zäh (z. B. Fleisch) 7. bitter (z. B. Wahrheit) 8. *phon.* stimmlos (Konsonant) 9. *va.* (*a.* **kati**) sehr, überaus, äußerst Zu 5: s. **-yürekli** Zu 9: **kati çok** *va.* sehr viel ~ **açı** s. **uzay açı;** ~ **cisim** *astr., phys.* fester Körper ~ **ekmek** trockenes, hartes Brot ~ **mum** Siegellack *m* ~ **söz** harte und kränkende Worte *pl.* ~ **taş** harter Stein ~ **tutmak** j–n streng behandeln; j–m zusetzen ~ **yakıt** Brennstoff *m* in fester Form ~ **yumurta** 1. hartgekochtes Ei 2. verdorbenes Ei ~ **yüzlü** schamlos, unverschämt, zudringlich
katı (II) s. **taşlık** (3)
katı (III), **-t'ı** *z. va.* 1. (Ab-, Aus-, Auf-, Durch-)Schneiden *n* 2. Abbruch *m*, (zeitweilige od. dauernde) Unterbrechung; Pause *f* (z. B. beim Lesen des Korans); Abbruch *m* 3. Zurücklegen *n* (e–r Strecke) 4. *geom.* Schnitt *m* 5. *va. fr.* Papierrandverzierung *f* **kat'ı alâka** Lösung *f*, Abbruch *m* der Geschäftsbeziehungen **-ı alâka etmek** die Geschäftsbeziehungen lösen *ilgiyi kesmek **-ı maaş** Gehaltsabzug *m* (als Strafe) **-ı mesafe** Zurücklegung *f* e–r Strecke **-ı mükâfi** s. **parabol; -ı mükâfevî** s. **parabolik; -ı münasebat** Abbruch *m* der Beziehungen **-ı nakıs** s. **elips; -ı nakısî** s. **eliptik; -ı ümit etmek** *va.* die Hoffnung aufgeben **-ı zaidî** s. **hiperbolik; -ı zaidi mücessem** s. **hiperboloit; -ı zait** s. **hiperbol**
katı (IV), **-ıı** [ā] 1. *va.* schneidend, unterbrechend 2. *geom.* Sekante *f* *kesen 3. *trig.* Sekans *m* *sekant
katıa [–··] 1. *Verk.* von **esnanı** ~ (*q.v.*) 2. *techn.* Ausschaltvorrichtung *f*, Ausschalter *m*, Relais *n* 3. ausgeschnittene und aufgeklebte Zierschrift
katıbe [ā] *va.* Gesamtheit *f;* all **-i ahvalde** *va.* in allen Fällen **-i nas** *va.* alle Leute, jeder
katıbeten [ā] *va. Adv.* 1. alle zusammen 2. s. **kat'a**
kâtıhindî 1. Katechu-Akazie *f bot.* Acacia catechu 2. das hieraus gewonnene braune Katechu; Bombay-Katechu *n* 3. gelbes Katechu, gelber Gambir, Terra japonica
katık, -ığı 1. Zukost *f* zum Brot (Käse, Oliven usw.) 2. Zusatz *m* 3. *P* Joghurt *m* ~ **etmek** 1. et. als Zukost (zum Brot) essen 2. mit der Zukost sparsam umgehen 3. *fig.* sich kümmerlich durchfretten ~ **baha** *fr.* das e–m Soldaten od. Arbeiter gezahlte Geld für Zukost (zu dem kostenlos gestellten Brot) **-ığı ekmeğine denk olmak** *fig.* 1. in Ordnung gehen (Angelegenheit) 2. sich wohl fühlen

katıklı 1. mit Zukost 2. mit fremdem Zusatz; verfälscht, gepanscht ~ **aş** *P* Gericht aus Weizengrütze und Joghurt
katıksız 1. ohne Zukost 2. ohne Zusatz, unverfälscht, rein 3. *fig.* unverwässert, von reinstem Wasser, hundertprozentig ~ **ekmek** trocken Brot ~ **hapis** *mil.* Arrest *m* bei Wasser und Brot
katılak Name e–r Birnenart
katılan s. **davaya katılan**
katılanmak; katılaşmak hart (dick, fest, steif) werden, sich verhärten, erstarren, sich verdichten; gerinnen
katılgandoku *an.* Bindegewebe *n* *bağdokusu; nesci munzam
katılık Härte, Zähigkeit, Festigkeit *f* usw. s. **katı** (I)
katılma Vs. zu **katılmak** (I) *spez.* 1. Teilnahme, Beteiligung *f* *iştirak ~ **payı** (*bzw.* **taahhüdü**) s. **iştirak payı** (*bzw.* **taahhüdü**); ~ **yoliyle dava** *jur.* Nebenklage *f*
katılmak (I) 1. Pass. zu **katmak** 2. sich (e–r Gruppe, Gesellschaft usw.) anschließen; teilnehmen (an), sich mischen (unter) 3. (m. Dat.) sich vermischen, sich vermengen (mit) 4. (e–r Ansicht) beistimmen; sich anschließen
katılmak (II) kaum mehr Atem holen können (infolge bes. großer Erregung) **katıla katıla ağlamak** *od.* **ağlamaktan** ~ sich die Augen ausweinen **katıla katıla** (*od.* **katılasıya** *od.* **katılırcasına**) **gülmek** *od.* **gülmekten** ~ vor Lachen schier bersten
katılmalı assoziativ
katım 1. Hinzufügung *f* *inzimam, zam 2. s. **koç -ı** 3. Mischung *f*, Mischen *n* 4. *va.* s. **ilhak;** ~ **çizgisi** *mus.* Hilfslinie *f* *hattı munzam, ilâve çizgisi
katımlık hinzuzufügende Menge
katınç kırık *med.* s. **bileşik kırık**
katıntı 1. Mischung *f* 2. von außen her dazugekommen 3. *va.* Schmarotzer *m*
katır (I) 1. Maultier *n zo.* Equus mulus (Kreuzung von Pferdestute und Eselhengst) 2. *selt.* Maulesel *m* *küçük katır 3. **(gibi)** eigensinnig, launisch, unverträglich 4. *fig.* undankbar, verräterisch, treulos ~ **çiçeği** 1. s. **karamuk** 2. s. **katırtırnağı;** ~ **çiçeği ağacı** s. **ılgın (ağacı)** (2). ≗ **gibi babasını söylemez.** *Spr.* Wie ein Maultier sagt er nicht, wer sein Vater ist. ~ **inadı** sturer Eigensinn ~ **yuları** *(Ringertechnik)* „Schwitzkasten" *m* (mit den Händen auf der Kehle des Gegners) ≗**a „Baban kim?" demişler, „Dayım at" demiş.** *Spr.* Man fragte ein Maultier: „Wer ist dein Vater?" Da sagte es: „Mein Onkel (Mutterbruder) ist ein Pferd."
katır (II) **kutur** laut knarrend od. quietschend, mit lautem Geräusch ~ ~ **ayakkabılar** laut knarrende Schuhe *pl.* **Ayvayı** ~ ~ **yedi.** Er knabberte ungeniert seine Quitte.
katırboncuğu, -nu 1. große blaue Perle(-n *pl.*) *f* (wie sie in Ketten zusammen mit Kaurimuscheln Zugtieren als Talisman bzw. Schmuck umgehängt werden) 2. Strandschnecke *f zo.* Littorina (littorea u. a.)
katırcı 1. Besitzer od. Vermieter *m* von Maultieren 2. Maultiertreiber *m*
katırkuyruğu, -nu 1. Hufeisenklee *m bot.* Hippocrepis comosa *at nalı 2. gemeiner Stinkstrauch *bot.* Anagyris foetida *domuzdikeni
katırlık Verhalten *n* e–s Maultiers: Eigensinn *m*, Unverträglichkeit, Boshaftigkeit *f* ~ **etmek** eigensinnig (unverträglich, boshaft) sein
katırtırnağı, -nı Ginster *m bot.* Genista (u. a.); s. a. **boyacı (İngiliz, İspanyol)** ~
katıryemeni *hum.* 1. Schuhe mit eisenbeschlagenem Absatz 2. Holzschuhe *pl.*
katıryılanı, -nı Name e–r Viperart
katış Beifügung, Beigabe, Mischung *f* *ilhak
katışık mit fremden Bestandteilen vermengt, vermischt; verfälscht, gepanscht *karışık; mahlut ~ **fiil** *gr.* komplexes Verbum *mudil fiil (umfaßt das inchoative, perfektivische und intentionale Verbum) (z. B. **dönmüş olmak; gelecek olmak; ister olmak**)
katışıksız ohne fremde Bestandteile, unvermischt, unverfälscht, rein, unverwässert *saf
katışmaç *phil.* Aggregat, Agglomerat *n*
katışmak 1. sich (e–r Gruppe, Gemeinschaft) anschließen, sich beigesellen *katılmak 2. *selt.* sich miteinander vermengen, durcheinanderkommen
katıştırmak 1. beigeben, hinzufügen 2. durcheinandermengen
katıyağ Fett *n*, Talg *m*, Unschlitt *n* *donyağı, şahım
katıyürekli hartherzig, ohne menschliches Mitgefühl
katıyüreklilik Hartherzigkeit, Gefühllosigkeit *f*
katî entschieden, endgültig, unwiderruflich, unanfechtbar, definitiv, fest, bestimmt, absolut, kategorisch, entscheidend *kesin ~ **alış** *H* fester Kauf ~ **ekseriyet** absolute Mehrheit *f* *ekseriyeti mutlaka ~ **hüküm** *jur.* endgültige (mit Rechtsmitteln nicht anfechtbare) Entscheidung ~ **karar** unwiderruflicher Beschluß, endgültige (unanfechtbare) Entscheidung ~ **karine** *jur.* unwiderlegliche Vermutung ~ **netice** *mil.* Entscheidung *f* ~ **netice anı** *mil.* entscheidender Augenblick ~ **netice darbesi** *mil.* entscheidender Schlag ~ **netice yeri** *mil.* entscheidende Stelle ~ **(neticeli) darbe** s. **katî netice darbesi;** ~ **neticeli meydan muharebesi** *mil.* Entscheidungsschlacht *f* ~ **(neticeli) muharebe** *mil.* Entscheidungskampf *m* ~ **olmayan karine** *jur.* widerlegbare Vermutung ~ **suretle** unbedingt *sureti katiyede ~ **(neticeli) taarruz** *mil.* entscheidender Angriff ~ **teklif** *H* feste Offerte ~ **teminat** *jur.* endgültige Sicherheit ~ **tesirli olmak** den Ausschlag geben ~ **yemin** *jur.* Läuterungseid *m* ~ **(neticeli) zafer** entscheidender Sieg **gayri** ~ *va.* ungewiß, unsicher
kati *va.* s. **katı** (I, 9)
kâtiban [–·–] *va. Pl.* zu **kâtip; -ı kütüp** *hist.* Bücherkopisten *pl.* (im Serail)
kâtibane [–·–·] *va.* in korrektem (Kanzlei-)Stil
kâtibe 1. Sekretärin *f* 2. ≗ *wV*
kâtibî *fr.* 1. e–e besondere Form des Turbans (*spez.* für Händler und deren Gehilfen) 2. eigene Form e–s Federmessers
kâtibiadil, -dli *va.* Notar *m* *noter
katikofti *mus.* ein schneller Achtel-Rhythmus *müsemmen
katil (I), **-tli** Töten *n*, Totschlag, Mord *m* ~ **kastiyle** mit der Absicht zu töten ~ **zanlısı** der (die) des Mordes Verdächtige ≗**in Enver tarafından ika olunduğu tahakkuk etti.** Es stellte sich heraus, daß Enver den Mord verübt hatte.
katil (II) [ā] 1. tötend, tödlich, todbringend, mörderisch 2. Mörder(-in *f*) *m* Zu 1: **zehri (semmi)** ~ tödliches Gift ~ **balina** s. **falyanos** (2); ~ **etmek** zum Mörder werden lassen ~ **kadın** Mörderin *f* ~ **silâh** Mordwaffe *f* ≗**in Enver olduğu tespit edildi.** Es wurde festgestellt, daß Enver der Mörder war.
katîleşmek endgültige Form annehmen, endgültig werden, unanfechtbar (Entscheidung usw.), rechtskräftig werden (Urteil); sich entscheiden (Sache) **Burada kalmamız katîleşti.** Es hat sich entschieden, daß wir hier bleiben. **katîleşmiş karar** *jur.* rechtskräftige Entscheidung
katîlik s. **katiyet**
katillik [ā] Tatsache *f*, daß jm. ein Mörder ist
kâtip, -bi 1. Sekretär, Schreiber *m* 2. *va.* gewandt im schriftlichen Ausdruck ~ **ağzı** wohlgesetzt (Rede) ≗ **Çelebi** s. Stw. **çelebi;** ~ **odası** *fr.* vierrädrige, ungefederte, offene Kutsche (Kalesche) ≗ **yazar, rençper kazar.** *Spr.* Schuster, bleib bei deinem Leisten! *Spr.* **-i hususî** Privatsekretär *m* **-i umumî** Generalsekretär *m* *genel sekreter
kâtiplik 1. Amt *n*, Tätigkeit *f* e–s Sekretärs, Schreibers 2.

Sekretariat *n* *(1, 2) sekreterlik 3. *va.* Gewandtheit *f* im schriftlichen Ausdruck

katiyen [·×·] *Adv.* 1. bestimmt, definitiv, absolut, entschieden 2. strengstens (z. B. verboten) 3. nie und nimmer, durchaus nicht

katiyet, -ti Bestimmtheit, Entschiedenheit, Unanfechtbarkeit, Unwiderruflichkeit *f*, feste Entscheidung, endgültige Regelung; Genauigkeit, Präzision *f* *kesinlik ~ **kesp etmek** endgültig geregelt werden; fest, rechtskräftig werden **-i riyaziye** s. **matematik kesinlik**

katiyon *phys.* Kation *n*

kat'iyyat, -tı *va. Pl.* Gehaltsabzüge *pl.*, Abzug *m* vom Gehalt *tevkifat

katkala *Adv.* unvermeidlich, schließlich, aus e–r Zwangslage heraus, in äußerster Not

katkalmak 1. verblüfft (verdutzt, wie versteinert) dastehen 2. unabänderlich (unwiderruflich) sein

katkı 1. Hinzu-, Bei-fügung *f*, Beitrag, Zusatz *m*, *techn. a.* Streckmittel *n* *ek, ilâve 2. Erläuterung *f*, zusätzliche Erklärung 3. *va.* Hochzeitsgeschenk 4. *mus.* Koppel, Kopplung *f* (bei der Orgel) **-da bulunmak** (bşe) e–n Beitrag leisten (zu), mitwirken (bei)

katkılamak *mus.* koppeln (beim Orgelspiel)

katkılı mit Beifügung (Zusatz, Erläuterung)

katkısız ohne Beifügung; rein

katküt s. **katgüt**

katlam Kniff, Knick *m*, Falte *f*

katlama Vs. zu **katlamak** *spez.* 1. Fältelung *f* 2. gefältelt, plissiert 3. Falt-, Klapp-; zusammenlegbar

katlamak 1. falten, zusammenlegen (Brief, Teppich usw.) 2. falzen 3. *z. va.* mehrmals tun Zu 3: s. **çifti** ~

katlandırım: ~ **hakkı** s. **irtifak hakkı**

katlanılmak Pass. zu **katlanmak. Yurt için her fedakârlığa katlanılır.** Für das Vaterland nimmt man jedes Opfer auf sich. **Bu duruma katlanılmaz!** Das ist ja nicht mehr auszuhalten!

katlanır s. **katlama** (3); ~ **bisiklet** zusammenlegbares Fahrrad ~ **kapı** s. **akordeon kapı;** ~ **iskemle** (*od.* ~ **sandalye**) Klapp-, Feld-stuhl *m* ~ **kayık** (*od.* ~ **bot**) Faltboot *n* ~ **merdiven** Klappleiter *f* ~ **metre** (*od.* ~ **mesura**) (zusammenlegbarer) Zollstock ~ **sehpa** ausziehbares Stativ ~ **tahta perde** *Th.* Klappkulisse *f* ~ **yatak** Klappbett *n*

katlanmak 1. Pass. od. Refl. zu **katlamak** 2. (m. Dat.) ertragen, erdulden, über sich ergehen lassen, auf sich nehmen (Mühseligkeiten, Entbehrungen usw.) 3. (m. Dat.) auskommen, sich bescheiden, sich abfinden (mit) Zu 1: **gülmeden** ~ sich biegen vor Lachen Zu 2: **... yapmak zahmetine** ~ sich der Mühe unterziehen, sich die Mühe machen (zu)

katlaşma s. **katmanlaşma**

katletmek [×··] ermorden, töten, umbringen

katlı mit nb. **kat** *(q.v.);* **yedi** ~ in siebenfacher Besetzung (z. B. best. M.i. in der Janitscharenkapelle) **yirmi** ~ **bina** zwanzigstöckiges Gebäude ~ **füze** Mehrstufenrakete *f*

katliam [··–] Blutbad, Gemetzel, Massaker *n* *kırım ~ **yapmak** ein Blutbad veranstalten

katlinefis [··×·] *va.* Selbstmord *intihar

katma 1. Vs. zu **katmak** 2. hinzugefügt, zusätzlich, Zusatz- Zu 2: **sonradan** ~ (erst) später hinzugefügt ~ **bütçe** Zusatzbudget *n*, Nachtragshaushalt *m* ~ **çizgi** s. **katım çizgisi;** ~ **değer vergisi** Mehrwertsteuer *f*

katmaç *(kaum gebr.)* s. **zarf** (5)

katmak, (-ar) 1. hinzu-, ein-, bei-fügen; dazutun, dazu-, bei-geben, bei-mischen, -mengen 2. als Begleitung beigeben, mitschicken 3. zur Paarung bringen (Tiere) 4. (birbirine) gegeneinander aufhetzen 5. s. a. **ortalığı birbirine ~; geceyi gündüze ~; önüne ~; tozu dumana ~; bire bin**

katman *geol., met.* Schicht, Lage, Stufe *f* *kat, tabaka ~ **eksikliği** *geol.* Schichtlücke *f*

katmanbilim *geol.* Formationskunde, Stratigraphie *f*

katmanbilimsel stratigraphisch

katmanbulut, -tu *met.* Stratokumulus *m*, Haufenschichtwolke *f* *arız, stratüs

katmankarabulut, -tu *met.* Nimbostratus *m*, Regenwolke *f* *nimbostratüs

katmanlaşma *geol.* Schichtung, Lagerung, Stratifikation *f* *katlaşma, tetabbuk

katmanlaşmak sich schichtweise (ab-)lagern

katmanlaştırmak *geol.* stratifizieren

katmer 1. Vielblättrigkeit *f* (e–r Blume) 2. mehrfaches, reihen- od. schicht-weises Vorhandensein ~ **akıllı** *P* sehr gewitzt, ganz gerissen ~ **böreği** e–e best. Pastetenart ~ **kaldırmak** ein Durcheinander anrichten ~ ~ s. **kat kat**

katmerci Hersteller od. Verkäufer *m* von **katmer böreği**

katmerleşmek 1. viele Blätter bilden (Blume) 2. sich in mehreren Schichten bilden 3. *fig.* anwachsen, sich vermehren, sich steigern, sich erhöhen

katmerleştirmek Kaus. zu **katmerleşmek** *spez.* steigern, vermehren, erhöhen

katmerli 1. vielblättrig, gefüllt (Blume) 2. in mehreren Schichten vorhanden 3. *fig.* mehrfach, gesteigert, erst recht, ganz besonders (groß) 4. *pr.* noch schlimmer Zu 3: **edepsizliğin -si** e–e besonders krasse Ungezogenheit **sersemliğin -si** ausgemachte Dummheit ~ **birleşik zaman** *gr.* mehrfach zusammengesetztes Tempus (z. B. **gelmiştiysem**); ~ **bulutlar** *met.* Schäferwölkchen *pl.* ~ **çemi** mehrfache *(spez. dopp.)* Pluralbildung (z. B. **merasimler**); ~ **cürüm** mehrfaches *(mst. dopp.)* Vergehen ~ **çene** Doppelkinn *n* ~ **enayilik** Rieseneselei *f*, Blödsinn *m* im Quadrat ~ **faiz** s. **faizi mürekkep;** ~ **gül** gefüllte (vielblättrige) Rose ~ **hiddet etmek** sich doppelt und dreifach ärgern ~ **karanfil** gefüllte Nelken *pl.* ~ **papatya** chinesische Sommeraster *bot.* Callistephus sinensis ~ **uyku** tiefer, fester Schlaf ~ **yalan** Lüge über Lüge; faustdicke Lüge

katmerlibadem 1. orientalische Mandel *bot.* Prunus orientalis 2. Zwergmandel *f bot.* Prunus nana 3. dreilappige Mandel *bot.* Prunus triloba (alles Zierbäume)

Katnaniye *n.pr.* ein Zweig des Rufai-Ordens

kato *griech.* Nieder mit ...! *kahrolsun

katoki [·×·] Knieriemen *m* (des Schusters)

Katolik 1. Katholik(-in *f*) *m* 2. katholisch ~ **İrlanda** das katholische Irland ~ **kilisesi** die (römisch-)katholische Kirche

Katoliklik; Katolisizm Katholizismus *m*

Katolikos Katholikos *m* (Titel des Patriarchen der arm. Kirche od. anderer Ostkirchen)

katot, -du *phys.* Kathode *f* ~ **ışınları** Kathodenstrahlen *pl.* ~ **ışınlı lamba** *(Fernsehen)* Bildschirmröhre *f*

katra 1. *va.* Tropfen *m* *damla 2. Verst. e–r Neg. Zu 2: **~sı kalmadı.** Es ist nicht das Geringste übriggeblieben. **~sı yok.** Es ist gar nichts da. ~ ~ tropfenweise *damla damla

katrak, -ağı *techn.* Vollgatter *n*, Gattersäge *f* (im Sägewerk)

katran Teer *m* ~ **ağacı** 1. s. **Lübnan sediri** 2. s. **terementi ağacı;** ~ **arabası** Teerwagen *m* ~ **ardıcı** s. **yabanî ardıç;** ~ **çamı** Pechkiefer *f bot.* Pinus rigida *çıralı çam ~ **fırçası** *naut.* Teerquast *m* ~ **gibi** pech-, kohl-schwarz ~ **mantarı** s. **çam mantarı;** ~ **suyu** *med.* Teerwasser *n* ~ **yağı** (Roh-) Naphtha *n* ~ **yoncası** Asphaltklee *m bot.* Psoralea bituminosa **~ı kaynatsan olur mu şeker?** Kommt vielleicht Zucker heraus, wenn man Teer kocht?

katrancı Teerkocher, Asphaltarbeiter *m*

katranköpüğü, -nü 1. s. **çayırmantarı** 2. s. **çam mantarı**

katranlama Teeren *n* ~ **arabası** Teersprengwagen *m*
katranlamak 1. mit Teer bestreichen, teeren 2. *selt.* asphaltieren
katranlı 1. mit Teer vermischt 2. mit Teer bestrichen, geteert 3. Teer enthaltend, Teer- 4. *selt.* asphaltiert ~ **flasa** *naut.* Nitzel, Bändsel, Füchsel *n* (z.B. zum Bekleiden e–r Trosse) ~ **kâğıt** Teer-, Dach-pappe *f*
katranruhu, -nu *chem.* Kreosot *n* *kreozot
katransız 1. ohne Teer 2. ungeteert (z.B. Trosse) 3. *selt.* nicht asphaltiert
katrantaşı, -nı *min.* Pechstein *m* *pekştayn
katrat, -tı *typ.* Quadrat *n* (Maßeinheit für den Schriftsatz: 12 Punkte = 4,512 mm)
katre s. **katra**
katrımen (*franz.* **à quatre mains**) *mus.* vierhändig
katrilyon *math.* Quadrillion *f*
katsayı Koeffizient *m* *emsal
katüor (*franz.* **quatuor**) *mus.* Quartett *n* *kuvartet
katyuvarı, -nı Stratosphäre *f* *stratosfer; üst havaküre
kauçuk 1. Kautschuk *m*, Gummi *m*, *n* 2. Gummi-schuhe, -stiefel *pl.* 3. Gummi- ~ **ağacı** 1. Kautschukbaum *m* *bot.* Hevea (brasiliensis u.a.) 2. Kautschuk-Feigenbaum *m* *bot.* Ficus elastica (*a.* Zimmerpflanze) *lastik incir ağacı, gomalastik ağacı **-tan külot** Gummihöschen *n* (für Kleinkinder)
kauçuklamak gummieren (z.B. Regenmantel)
kauçuklu Kautschuk-, Gummi- ~ **tafta** *med.* Billroth-Batist *m* (u.ä.)
kav (I) 1. Feuerschwamm, Zunder *m* 2. s. **yılan kavı;** ~ **gibi** wie Zunder (weich, mürbe od. leicht entzündlich) ~ **göbeği** e–e bes. gute Zunderart ~ **meşesi** e–e Eichenart, die Zunder(-schwamm) liefert
kav (II) (Spiel-)Einsatz *m* (z.B. beim Pokern)
kav (III) (*franz.* **cave**) Kellerei *f*, Weinkeller *m*
kava biberi Kawapfeffer *m* *bot.* Piper methysticum
kavaf Schuh-händler, -verkäufer *m* (der mst. grobe od. minderwertige Ware führt) ~ **işi** *fig.* grob gearbeitet, erbärmlich (miserabel) ausgeführt, liederliche Arbeit ~ **malı** minderwertige Ware, Dutzendware *f;* s.a. **çene (laf, lakırdı) -ı**
kavafhane [·–·] 1. *fr. mil.* (staatliche) Schuhfabrik 2. größeres Gebäude mit Schuhmacher-werkstätten und -läden
kavafiye (mağazası) Schuh-geschäft *n*, -laden *m*
kavaflık, -ığı Gewerbe *n* e–s Schuh-händlers, -verkäufers; Schuh-handel, -verkauf *m;* s.a. **çene** ~
kavait, -di [·–·] (*va. Pl.* zu **kaide**) 1. Regeln *pl.* 2. Grammatik *f* *dilbilgisi, gramer, sarf ve nahiv
kavaitçi [·–··] *va.* Grammatiker *m* *gramerci
kavak Pappel *f* *bot.* Populus *şecerülhür ~ **boylu** *mst. pej.* hochaufgeschossen (Mensch) ~ **kelebeği** großer Eisvogel (Schmetterling) *zo.* Limenitis populi ~ **yelleri esmek** s. **başında** (usw.)
Kavak *n.pr.* 1. O.u.D. im Rbz. Samsun 2. zwei O. am Bosporus **(Anadolu Kavağı, Rumeli Kavağı)** Zu 2: s. **balık kavağa çıktığı zaman**
kavakçılık Anpflanzen *n* von Pappeln
kavakinciri, -ni e–e geschätzte hellviolette Feigenart
Kavaklı *n.pr.* 1. O. u. (bis 1945) D. im Rbz. Edirne 2. Abk. von **-dere**
Kavaklıdere *n.pr.* Villenviertel in Ankara
kavaklık Pappelwäldchen *n*
kavakoyan großer Pappelbock *zo.* Saperda carcharias
kaval 1. Hirtenflöte, Schalmei *f* 2. *arch.* (Säulen-)Wulst, Torus *m* 3. *techn.* Nase *f* (z.B. an Dachziegeln) 4. glatt (Lauf, Rohr) ~ **burunlu** mit Adlernase ~ **çalmak** die Schalmei blasen ~ **çubuk** *arch.* Rundstab *m* (am Säulenkapitell) ~ **kemiği** *an.* Schienbein *n* *baldır kemiği; tibya ~ **namlu** glattes Rohr, glatter Gewehrlauf ~ **topu** *fr.* Vorderladergeschütz *n* ~ **tüfek** Flinte *f* mit nicht gezogenem Lauf
kavala [·×·] 1. mit Hütten od. Schuppen bestandener Seestrand 2. ⚓ Kawalla (griech. Stadt)
kavalcı wer **kaval** (1) herstellt, verkauft od. spielt
kavaleta; kavalete [··×·] 1. Rüstkonstruktion *f*, Gestell *n* 2. *naut. fr.* (*a.* ~ **halatı** *od.* ~ **zinciri**) Anholtau, Kabelar *n* *kavilya 3. *(Gerberei)* Abschaben *n* (von anhaftenden Fleischteilen) ~ **ağacı** Gerberbaum *m* ~ **bıçağı** zweigriffiges Gerbermesser
kavallanmak *V* belästigen, lästig fallen, auf die Nerven gehen, quälen
kavalo [·×·] s. **iç boy**
kavalya [·×·] s. **kavela**
kavalye 1. Kavalier *m* 2. Tanzpartner *m* 3. Begleiter, Partner *m* 4. (Kartei-)Reiter *m*, Sichtzunge *f* 5. s. **kavela**
kavalyelik Verhalten od. Benehmen *n* e–s **kavalye;** ~ **etmek** 1. Kavalier sein 2. (Tanz-)Partner sein 3. (e–e Dame) begleiten
kavança; kavanço [·×·] 1. *naut.* Umstellung *f* e–s Segels od. e–s anderen Teiles der Schiffstakelung 2. *naut.* Umladung, -stauung *f* (e–r Schiffsfracht) 3. *naut.* Ablösung *f* (der Deckwache) 4. *V* Aufbürden, Aufhalsen *n;* Abwälzen *n* (e–r Aufgabe auf e–n anderen) 5. *V* (mst. in der Lautung **kamanço**) Weiter-geben, -reichen *n* (von Hand zu Hand) 6. *V* Vertauschen, Umwechseln *n* ~ **etmek** 1. *naut.* umstellen, wechseln, schiften 2. *naut.* um-laden, -schlagen, -stauen 3. *naut.* ablösen 4. *V* aufbürden, aufhalsen, abwälzen 5. *V* (mst. **kamanço etmek**) von Hand zu Hand weiter-reichen, -geben 6. *V* umwechseln, ersetzen, vertauschen (z.B. normale Spielkarten gegen gezinkte) 7. (ein Vorgebirge) umschiffen ~ **olmak** (über-) wechseln ~ **vardiya etmek** *naut.* die Deckwache ablösen
kavanin [·––] (*va. Pl.* zu **kanun**) Gesetze *pl.*
kavanoz 1. Einmach-, Marmelade-glas *n* 2. größeres Glasgefäß (z.B. für Goldfische) 3. irdenes Gefäß (für Eingemachtes usw.) ~ **dipli dünya!** s. **kahpe felek!**
kavara [·×·] (1–3 *dial.*) 1. Lärm *m*, Getöse *n* 2. entleerte Honigwabe 3. der als Bienennahrung in den Waben belassene Honig 4. *P* s. **zarta**
kavas Kawaß, Kawasse *m* (Bedienter e–r ausländischen Mission, der als Pförtner, Laufbursche usw. tätig ist; *fr.* Diener in ähnlicher Funktion bei e–m Minister, e–m Gericht od. e–r Bank; *spez.* Kurde od. Albaner)
kavaslık Tätigkeit, Rolle *f*, Aufgaben *pl.* e–s Kawassen
kavasya [·×·] (*franz.* **quassia**) s. **acıağaç**
kavat, -dı [·–] *z. va. Schi.* Kuppler, Zuhälter *m*
kavata [·×·] 1. *va.* Holz-napf *m*, -schüssel, -schale *f;* Zuber, Bottich *m*, Bütte *f* 2. grünliche bittere Tomatenart *bot.* Solanum capsicum grossum (*spez.* für Mixed Pickles)
kavatin *mus.* Kavatine *f* (liedartiger Instrumentalsatz od. einfache Opernarie)
kavela [·×·] *naut.* 1. Marlpfriem *m*, (eiserner) Marlspieker, (hölzernes) Fitt 2. (*a.* **ağaç** ~) Dübel *m*, langer Holznagel (in Kegelstumpfform) (*a.* **kamçı** ~) 3. Tackling *f* *spez.* Pünt(-e *f*) *n* od. Reffbändsel *n* (z.B. der Schratsegel) 4. Kabelar, Anholtau *n* 5. Vorstecker, Achsnagel *m*, Lünse *f* ~ **etmek** (*od.* **yapmak**) 1. betakeln (Tau) 2. ein Hundspünt auf ein Tauende setzen 3. ein Segel mit Reffbändseln versehen 4. die Rahen scharf anbrassen ~ **örmek** betakeln (Tau) ~ **vurmak** spleißen, splissen od. verjüngen (Tau)
kaveleta s. **kavaleta**
kavelya; kavelye s. **kavela**
kavern *med.* Kaverne *f*, Hohlraum *m*
kaveza [·×·] *va.* 1. *fr.* Käppchen *n* (der Juden) 2. Kopfbedeckung *f* des **hokkabaz**-Assistenten (aus schwarzem Tuch mit rotem Oberteil)

kavga 1. Streit, Zank *m*, (heftige und laute) Auseinandersetzung *f*, *gel. a.* Handgemenge *n*, Rauferei *f* 2. *z. va.* Schlacht *f*, Kampf *m* *muharebe, mücadele, savaş 3. *selt.* Zerwürfnis *n*, Zwist *m* Zu 2: **~ların** (Hüseyin Cahit Yalçın) Meine Pressefehden (Istanbul 1908) **~m** „Mein Kampf" (Übersetzer: Hüseyin Cahit Yalçın, Istanbul 1941, 2. Aufl.) (*Anm.* Hitlers Buch wird mst. unter dem deutschen Titel od. als **„Mücadelem"** zitiert.) **~ bizim yorganın başına imiş.** *(etwa:)* Die anderen haben Streit gehabt und wir den Schaden. ~ **çıkarmak** e–n Streit heraufbeschwören ~ **etmek** 1. zanken, streiten, sich laut und heftig auseinandersetzen 2. *z. va.* kämpfen, Krieg führen ~ **kaşağısı** 1. wer Zank und Streit heraufbeschwört; Hetzer *m* 2. Hetze, Provokation *f* **~ kızıştı.** Der Streit wurde heftiger. **~ mis gibi tütüyor** (*od.* **kokuyor**). E–e heftige Auseinandersetzung steht bevor. **~da kılıç ödünç verilmez.** *Spr.* E–m Gegner spielt man keine Trümpfe in die Hand. **~da yumruk sayılmaz.** *Spr.* Wer et. erreichen will, muß alle Kräfte einsetzen. **~nın sonu dayak.** *spr. Ra.* Die Geschichte sollte schließlich bös ausgehen. **-ya çanak tutmak** (*od.* **-ya kaşınmak**) s. ~ **çıkarmak; -ya girişmek** (*od.* **tutuşmak**) Streit anfangen, zu zanken beginnen, *gel. a.* handgemein werden

kavgacı 1. *pej.* streit-, händel-süchtig, zänkisch; Krakeeler, Raufbold *m* 2. *mel.* Streiter, Kämpfer *m* *mücadeleci

kavgacılık Verhalten *n* e–s **kavgacı** *(q.v.)*

kavgalaşmak sich streiten, sich zanken

kavgalı 1. strittig, umstritten *münazaunfih 2. verfeindet, verzankt

kavgasız ohne Streit, friedlich, freundlich

kavi [·–] 1. stark (*a.* z.B. Wahrscheinlichkeit), kräftig, fest (*a.* z.B. Versprechen), ausdauernd, mächtig 2. wohlhabend, reich ~ **bünyeli** kräftig gebaut und gesund ~ **durmak** nicht wanken, unerschütterlich sein **nesci** ~ s. **pekdoku**

kâvi [––] *chem.* ätzend, beißend, kaustisch *dağlayan

kavil, -vli 1. *va.* Wort(-e *pl.*) *n*, Behauptung *f* 2. Abrede, Verabredung, Absprache *f* Zu 2: **~imiz böyle mi idi?** War das etwa unsere Absprache? **-i fiiline uymaz.** *spr. Ra.* Seine Worte entsprechen nicht seinen Taten. **-ince** nach der Behauptung (von) **-iyle** vorausgesetzt, daß ... **-i mücerret** *z. va.* unbewiesene Behauptung

kavila s. **kavela**

kavileşmek [·–··] stark (kräftig, fest, ausdauernd, mächtig) werden

kavileştirmek [·–···] kräftigen, stärken

kavilleşmek übereinkommen

kavilname [··–·] *va.* schriftliche Abmachung

kavilya [·×·] s. **kavela** (4, 5)

kavim, -vmi Volk(-sstamm *m*) *n* **~lerin Göçü** *hist.* Völkerwanderung *f* *Muhacereti Akvam

kavis, -vsi 1. *a. math.* (Kreis-)Bogen *m* *yay 2. Krümmung, Biegung *f* (e–s Weges, e–r Bahnstrecke usw.) 3. Klammer, Parenthese *f* 4. **~** *astr.* s. **Yay;** ~ **çizmek** e–n Bogen beschreiben (z.B. am Himmel) ~ **içine almak** in Klammern setzen ~ **tulü** *geom.* Bogenlänge *f* **-i elektrikî** s. **elektrik yayı; -i epher** s. **aort yayı; -i galsamî** s. **solungaç yayı**

kavisli 1. bogenförmig, gekrümmt 2. *selt.* in Klammern stehend ~ **yeke** *naut.* Ruderquadrant *m*

kavitasyon *techn.* Kavitation, Hohlraumbildung *f*

kaviyen [ī] *Adv.* 1. stark, kräftig, fest, mächtig 2. eng (z.B. verbunden) **~ muhtemeldir.** Es ist ziemlich sicher (damit zu rechnen).

kaviyyülbünye [ī] s. **kavi bünyeli**

kavkaa; kavkı 1. (Muschel-)Schale *f* 2. (Schnecken-)Haus *n* 3. s. **salyangoz** (2); ~ **kayaç** *geol.* Muschelkalk *m* *lümaşel

kavlak 1. ohne Rinde; entrindet (z.B. Baum) 2. wessen Haut sich geschält hat 3. bartlos 4. dumm, blöd, einfältig ~ **suratlı** mit e–m Gesicht, das aussieht, als ob es sich geschält hätte (Geburtsfehler)

kavlama e–e Pilzerkrankung an Weinstöcken

kavlamak sich schälen, in Stücken abgehen, abblättern *(intr.)* (Rinde, Haut, Farben)

kavlanma s. **yapraklanma**

kavlen *Adv.* mit (od. in) Worten ~ **ve fiilen** in Wort und Tat; s.a. **selâmünkavlen**

kavletmek [×··] *z. va.* sich gegenseitig et. versprechen, et. ausmachen

kavlıç *P* 1. s. **fıtık** 2. s. **fıtıklı**

kavlî *va.* 1. mündlich 2. versprochen, zugesagt

kavliyat, -tı [··–] *va. Pl.* 1. mündliche Versicherungen *pl.* 2. *fig.* leere Worte *pl.*

kavmantarı, -nı Zunderschwamm *m bot.* Fomes fomentarius

kavmantarıgiller s. **delikli mantarlar**

kavmî Stammes-, Volks-, ethnisch, völkisch ~ **devre** Zeitalter *n* der Stämme, heidnisches Altertum *n*

kavmiyat, -tı [··–] *va.* s. **etnografi**

kavmiyet, -ti 1. Volks-, Stammes-zugehörigkeit *f* 2. völkische Eigenart; Nationalcharakter *m*

kavo (*franz.* **caveau**) Grabgewölbe *n*

kavraç, -cı Steinzange *f*, Kropfeisen *n* (zum Heben schwerer Steine)

kavrak (I) trockene Blätter od. Reisig (zum Anfeuern von Öfen)

kavrak (II) *mus.* Rohr *n* e–s Bl.i.

kavram (I) *P* s. **karınzarı**

kavram (II) *log.* Begriff *m* *mefhum

kavram (III) *techn.* Kupplung *f* ~ **cıvatası** Kupplungsbolzen *m* ~ **çatalı** Kupplungsgabel *f* ~ **kasnağı** Kupplungsscheibe *f* ~ **kolu** Kupplungshebel *m* ~ **kovanı** Kupplungsmuffe *f* ~ **kutusu** Kupplungsgehäuse *n* ~ **mili** Kupplungswelle *f* ~ **pedalı** Kupplungspedal *n* ~ **yayı** Kupplungsfeder *f* **-ı kesmek** auskuppeln

kavrama 1. Vs. zu **kavramak** 2. Holz-ring, -reifen *m* 3. s. **kavram** (III) 4. s. **bağlama** (6) 5. *arch.* Quer-, Zwischenträger *m* ~ **işareti** *typ.* geschweifte Klammer; Akkolade *f*

kavramak 1. packen, fassen, ergreifen 2. sich überallhin ausbreiten (z.B. Schmerzen, Feuer usw.) 3. *fig.* begreifen, erfassen, *F* kapieren 4. *fig.* et. genau durchdenken, sich klar werden (über et.) Zu 2: **Sızılar vücudunu kavramış.** Die Schmerzen haben sich bei ihm über den ganzen Körper ausgedehnt.

kavramcı konzeptualistisch; Konzeptualist *m* *konseptüalist

kavramcılık *phil.* Konzeptualismus *m* *konseptüalizm, mefhumiye

kavramlı 1. *techn.* mit Kupplung ausgestattet, Kupplungs- 2. weitbegrifflich

kavramsal begrifflich

kavranılmaz unbegreiflich

kavrayış 1. *psych.* Begriffsbildung *f* *tasarlayış, telakki 2. Begreifen *n*, Auffassung *f* ~ **birliği** einheitliche Auffassung ~ **kudreti** Begriffsvermögen *n*

kavrayışlı wer leicht auffaßt, schnell begreift

kavruk 1. geröstet 2. gebräunt (*spez.* Gesicht) 3. im Wachstum zurückgeblieben: rachitisch (Kind), verkümmert (Baum)

kavrukluk, -uğu verkümmertes Wachstum

kavrulmak 1. Pass. zu **kavurmak** 2. im Wachstum zurückbleiben

kavsara *va.* 1. zweihenkeliger, geflochtener Obstkorb 2. *an.* Knochengerüst, Skelett *n* 3. **(-i sadriye)** Brustkorb, Thorax *m* 4. *arch.* Bogenrundung *f* 5. **~** *hist. geogr.* die

Insel Pantelleria (zwischen Sizilien und Tunis) **-sı dar** empfindlich, reizbar
kavsî *z. va.* bogenförmig, gewölbt, Bogen-
kavsikuzah Regenbogen *m* *alâimisema, alkım, ebekuşağı, elemsağma
kavşak (I) 1. Vereinigungsstelle *f* zweier Flüsse; Zusammenfluß *m* 2. verkehrstechnischer Knotenpunkt; Schnittpunkt *m* (von Wegen, Linien); Kreuzung *f* *(1, 2) iltisak noktası (*Anm.* Die häufig begegnenden Füg. ~ **yeri** u. ~ **noktası** werden von türk. Puristen getadelt.)
kavşak (II); **kavşamak** s. **kağşak; kağşamak**
kavuk, -uğu 1. *fr.* Turban *m* (wattierte Kopfbedeckung; mit dem **sarık** genannten Stoff-Streifen umwickelt) 2. *an.* Harnblase *f* *mesane, sidik torbası 3. *selt.* Gallenblase *f* 4. et. Hohles, Leeres ≗ **büyük ama, altında** (*od.* **dibinde) efendi yok!** *spr. Ra.* Oben hui, unten pfui! ~ **fitili** *fr.* Paspel *f* an der Nahtstelle e–s Turbans ~ **giydirmek** *P* j–m e–n Bären aufbinden, j–n zum Narren halten ~ **sallamak** (b–ne) zu allem ja und amen sagen **-u büyük, kendisi şalgam efendi** der kleine Gernegroß **Sen onu -uma** (*od.* **külâhıma**) **anlat** (*od.* **dinlet**)! *spött.* Das kannst du meiner Großmutter erzählen!
kavukçu 1. Turban-hersteller, -verkäufer *m* 2. *fig.* Schmeichler, Speichellecker *m*
kavuklu 1. wer e–n Turban trägt 2. ≗ e–e der zwei Hauptfiguren im Ortaoyunu ≗ **arkası** der hinter dem **Kavuklu** (2) hergehende Schauspieler (*mst.* Zwerg od. Buckliger)
kavukluk *fr.* der zur Ablage e–s Turbans best. Holzständer
kavun Zuckermelone *f bot.* Cucumis melo ~ **ağacı** s. **papaya;** ≗ **değilsin ki koklayayım!** *F* Das kann ich doch nicht riechen! ≗ **karpuz yata yata büyür.** *Spr.* (spött. über Faule) Melonen werden (ja auch) im Liegen groß. ~ **sineği** der Melonenschädling Myopardalis pardalina *mıh ~ **şapka** *selt.* s. **melon şapka**
kavuncu Melonen-züchter, -verkäufer *m*
kavuniçi, -ni 1. Inneres e–r Zuckermelone 2. kräftiges, ins Rötliche spielendes Gelb 3. rötlich-gelb
kavurga gerösteter Mais, Weizen usw. ≗ **karın doyurmaz.** *Spr.* s. **Kar susuzluk kandırmaz.**
kavurma 1. Vs. zu **kavurmak** 2. geröstet, gebraten, gedämpft, gedünstet 3. im eigenen Fett gedünstetes kleingeschnittenes Fleisch (das konserviert wird)
kavurmaç gerösteter Weizen (aus reifen Körnern; vgl. **ferik** und **ütüme**)
kavurmak 1. rösten (Fleisch, Kaffee usw.), in der Pfanne braten; dünsten, dämpfen (kleingeschnittenes Fleisch) 2. trocken werden lassen, ausdörren (Hitze, Kälte, Wind) 3. s. **kasıp** ~ 4. *selt.* verbrennen (z.B. sich die Hand)
kavurmalık zum Rösten geeignet od. bereitgestellt
kavurucu 1. röstend, bratend, dünstend 2. sengend, ausdörrend (Hitze) 3. schneidend (Kälte)
kavuşak s. **kavşak** (I)
kavuşma 1. Vs. zu **kavuşmak** 2. *biol.* Konjugation *f* *birleşme, ittisal, konjugasyon
kavuşmak, (-ur) (m. Dat. bzw. ohne Obj.) 1. e–e ersehnte Sache od. Person finden; sich treffen, sich (bzw. j–n) wiedersehen, endlich erreichen (bekommen, erlangen, erhalten); wiedervereinigt werden (mit), wiedererlangen 2. eingehen (in die Gnade Gottes) 3. münden (in), führen (auf, nach) 4. zusammen-kommen, -treffen, sich treffen; zugehen (Kleidungsstück) 5. *naut.* s. **minde olmak** 6. untergehen (Sonne) Zu 1: **Baba oğluna kavuştu.** Der Vater fand endlich seinen Sohn. **Şehir elektriğe kavuştu.** Die Stadt hat jetzt (endlich) Elektrizität bekommen. **Nihayet vatanıma kavuştum.** Endlich bin ich wieder in die Heimat zurückgekehrt. **Sevgilisine kavuştu.** Er wurde mit seiner Geliebten wiedervereinigt. **özgürlüğüne** ~ seine Freiheit erlangen Zu 2: **Hakkın rahmetine** ~ in die Gnade Gottes eingehen Zu 3: **Bu su, Sakarya'ya kavuşur.** Dieser Wasserlauf mündet in den (die) Sakarya. **Bu yol, şoseye kavuşur.** Dieser Weg führt auf die Landstraße. Zu 4: **Şişmanlamış, ceketin önü iyi kavuşmuyor.** Er ist dicker geworden; sein Jackett geht nicht mehr recht zu. **Yollar burada kavuşur.** Hier treffen die Wege zusammen.
kavuştak *mus. reg.* s. **teslim** (6)
kavuşturma 1. Vs. zu **kavuşturmak** 2. übereinandergeschlagen (z.B. Enden e–r offenen Jacke)
kavuşturmak Kaus. zu **kavuşmak; Avrupayı sulhe** ~ Europa den Frieden geben (bescheren); s.a. **kollarını ~; Allah kavuştursun!**
kavuşturmalık *techn.* Rohrverbindungsstück *n*, Muffe *f*
kavuşum *astr.* Konjunktion *f* *içtima ~ **ayı** *astr.* Lunation *f* (Mondumlauf von Neumond zu Neumond; 29,5 Tage) ~ **dolanımı (dönümü, devri)** *astr.* synodische Umlaufszeit *içtima devri
kavuşur suyosunları *bot.* Konjugaten *pl.* (Abteilung der Algen) *müzdeviç alklar
kavut ein Gericht aus Röstweizen und Dörrbirnen (*spez.* bei Nomaden)
kavuz *bot.* Blütenspelze *f* *hasale
kavuzlu *bot.* spelzblütig
kavuzlular Spelzblütige *pl. bot.* Glumiflorae *zülhasale
kavvaf s. **kavaf**
kavza 1. *bot.* harte Schale 2. s. **yaban havuzu**
kavzamak *dial.* 1. festhalten *sıkı tutmak 2. (auf-)bewahren, (be-)schützen, in Obhut nehmen, aufheben, sich e–r Person od. Sache annehmen *korumak, muhafaza etmek, saklamak 3. ordnen, in Ordnung bringen *tanzim etmek, yoluna koymak 4. anschwellen, sich aufblähen *kabarmak
kay (I), **-yyı** Erbrechen *n, med.* Vomitus *m* *kusma
kay (II) *va.* 1. regnerisches Wetter 2. Sprühregen *m*
kaya 1. Fels(-en) *m* 2. Felswand *f* 3. großer Stein 4. hart wie Stein; unerbittlich 5. *Verk.* von **kayabalığı** 6. ≗ *mV* ~ **antilopu** Klippspringer *m zo.* Oreotragus oreotragus ~ **ardıcı** s. **taşkızıl;** ~ **bitkisi** *bot.* Lithophyt *m* (Pflanze auf Felsoberfläche) ~ **çiçeği** s. **sarı zambak;** ~ **çivisi** Mauerhaken *m* (beim Klettersport) ~ **çölü** *geol.* Felsenwüste *f* ~ **delme tabancası** Gesteinsbohrmaschine *f* ~ **döküntüsü** Steinschüttung *f* (als Uferschutz) ~ **eğreltisi** Tüpfelfarn *m*, Engelsüß *n bot.* Polypodium vulgare *bespaye, pespaye ~ **gibi** steinhart, felsenfest ~ **gönül** ein Herz von Stein ~ **güvercini** Felsentaube *f zo.* Columbia livia ~ **hanisi balığı** die Barsch-Art Epinephelus aeneus ~ **ıhlamuru** feinfilzige Lorbeerlinde *bot.* Phillyrea latifolia ~ **iliği** s. **amyant;** ~ **kangurusu** Felsenkänguruh *n zo.* Petrogale penicillata ~ **kartalı** Steinadler *m zo.* Aquila chrysaëtos *altın kartal ~ **kekiği** s. **yabanî kekik;** ~ **kertenkelesi** die Eidechsenart Lacerta saxicola (*a.* in Anatolien) ~ **kınası** Bez. für verschiedene Farbflechten *spez. bot.* Roccella und Ochrolegia ~ **kırlangıcı** Felsenschwalbe *f zo.* Ptyonoprogne rupestris ~ **koruğu** 1. Rosenwurz *f bot.* Sedum roseum 2. s. **damkoruğu** 3. Strand-, Sand-nelke *f bot.* Statice pruinosa ~ **meşesi** s. **bodur meşe ağacı;** ~ **mezar** Felsengrab *n* ~ **örümceği** Weberspinne *f* (der Gattung Drassodes) ~ **pitonu** Felsenschlange *f zo.* Python sebae ~ **resmi** Fels-zeichnung, -malerei *f* ~ **sansarı** Steinmarder *m zo.* Martes foina ~ **serçesi** s. **kayalık serçesi;** ~ **sıvacıkuşu** Felsenkleiber *m zo.* Sitta Neumayer ~ **taşlar** s. **kayaç;** ~ **uçması** Steinschlag *m* ~ **yelvesi** Zippammer *f zo.* Emberiza cia
kayabalığı, -nı Grundel *f zo.* Gobius
kayabaşı, -nı 1. Spitze *f* e–s Felsenriffs 2. ein Lied der anatolischen Berghirten
kayabilim(-sel) s. **taşbilim(-sel)**

kayaburun s. **kababurun**
kayacık (ağacı) s. **gürgen yapraklı kayacık**
kayacıl auf Felsen wachsend (Pflanze)
kayaç, -cı *geol.* Gestein *n* *kaya taşlar ~ **bölgesi** petrographische Provinz ~ **damarı** s. **kesen damar;** ~ **dilinimi** Schieferung *f*
kayaçbilim Petrologie *f* *petroloji
kayaçbilimsel petrologisch *petrolojik
kayağan glatt, glitschig *kaypak
kayağantaş s. **arduvaz**
kayahorozu, -nu Felsenhahn *m zo.* Rupicola (peruviane u.a.)
kayak (I), **-ağı** 1. Skier, Schneeschuhe *pl.* 2. Ski-Laufen *n*, -sport *m* 3. Schneekufen *pl.* (bei best. Flugzeugen) ~ **evi** (*od.* **sığınağı**) Skihütte *f* ~ **gözlüğü** Skibrille *f* ~ **sporu** Skisport *m* ~ **trampleni** (Ski-)Sprungschanze *f* ~ **yapmak** Ski laufen (fahren)
kayak (II), **-ağı** Kajak *m, n,* Grönländer *m* (Sportpaddelboot)
kayakçı Ski-läufer(-in *f*) *m*, -fahrer(-in *f*) *m*, -sportler(-in *f*) *m* ~ **kıtası** *mil.* Schneeschuhtruppe *f* ~ **müfrezeler** *mil.* Ski-abteilungen, -kommandos *pl.* **bir** ~ **kafilesi** e–e Skifahrergruppe
kayakçılık Ski-lauf *m*, -fahren *n*, -sport *m*
kayakeleri, -ni s. **bukalemun**
kayaklı mit Skiern ausgerüstet ~ **birlik** *mil.* Schneeschuhtruppe *f*
kayalık 1. Felsenriff *n* 2. felsige Gegend, mit Felsblöcken übersätes Gebiet, Felsengeröll *n* 3. felsig 4. *dial.* Kamelin *f* (*spez.* gebärkräftige Kamelin) ≗ **dağlar humması** s. **firfirî humma.** ≗ **dağlar silsilesi** *n.pr.* Felsengebirge *n*, Rocky Mountains *pl.* ~ **serçesi** Steinsperling *m zo.* Petronia petronia **-lar yılanı** Riesenhutschlange *f zo.* Naja bungarus
kayalifi, -ni Asbest *m* *amyant, asbest, taşpamuğu
kayan 1. Part. Präs. zu **kaymak** 2. Gießbach *m* 3. reißend, wild 4. s. **kayar** (1)
kayar 1. Stolleneisen *n* (für Huftiere) 2. gleitend, Gleit- ~ **kundak** *mil.* Gleitlafette *f* ~ **sahne** *Th.* Schiebebühne *f*
kayarlamak *V* schimpfen, fluchen *ağzını bozmak; küfretmek
kayarto [·×·] 1. Negerdienerin *f* (im Ortaoyunu) 2. *V* s. **puşt**
kayasa Brustzug *m* (am Vorderteil des Pferdesattels)
kayatuzu, -nu *min.* Steinsalz *n*
kaybetmek [×··] verlieren, einbüßen; s.a. **kendini ~; kaybedecek bşi olmamak** nichts zu verlieren haben
kaybolmak [×··] verlorengehen, in Verlust geraten, abhandenkommen, verschwinden
kaydetmek [×··] 1. *va.* binden, fesseln 2. *selt.* einschränken, begrenzen 3. einschreiben, eintragen, notieren, registrieren, ins Register eintragen *yazgılamak 4. et. aufnehmen, e–r Sache begegnen 5. verzeichnen, zu verzeichnen haben (z.B. Verluste), feststellen, ermitteln; erzielen (z.B. Tor; *Fb.*) 6. Notiz nehmen (von), Bedeutung beimessen, beachten 7. hervorheben, betonen, unterstreichen 8. befürchten; in Sorge sein Zu 3: **nüfusa** ~ Zu 4: **Bu haberi ihtiyatla kaydetmeli.** Diese Meldung ist mit aller gebotenen Vorsicht aufzunehmen. Zu 5: **tarihin şimdiye kadar kaydetmediği ihanet** ein Verrat, wie ihn die Geschichte bisher nicht aufzuweisen hat **Iki isabet kaydedildi.** Es wurden zwei Treffer festgestellt. Zu 6: **Bu işi fazla kaydetmeyiniz!** Messen Sie der Angelegenheit nicht allzuviel Bedeutung bei! Zu 7: **Burada cansiparane fedakârlığı** ~ **lâzımdır.** An dieser Stelle muß besonders seine selbstlose Opferbereitschaft hervorgehoben werden.
kaydıhayat (in den Füg.:) ~ **olarak;** ~ **şartiyle; -la** lebenslänglich, auf Lebenszeit **-la irat akdi** *jur.* Leibrentenvertrag *m* *sağlığınca gelir sözleşmesi
kaydırak 1. Ufer-, Flach-kiesel *m*, flacher Stein *gale(-t), yassı çakıl 2. *Ksp.* Himmel und Hölle, Tempelhupfen *n* 3. (auf Kinderspielplätzen) Rutsche *f* 4. längeres Holzstück (zum Verschieben schweren Mobiliars) ~ **oynamak** Himmel und Hölle spielen
kaydırma Vs. zu **kaydırmak** *spez.* 1. *stil.* Katachrese *f* 2. *mus.* Portamento *n*
kaydırmak 1. zum Rutschen bringen, (ab-, aus-)rutschen lassen, (ab-)gleiten lassen 2. *mil.* verschieben, verlegen, verlagern (Kräfte, Feuer usw.) 3. herunterschaffen (Baumstämme auf Schlitten; im Gebirge) 4. schwenken (Filmkamera) Zu 1: s.a. **ayağını** ~
kaydî para *H* Buch-, Giral-geld *n*
kaydiye Eintragungsgebühr *f*
kaydükabul s. **kayıt ve kabul**
kaydüşart, -tı 1. einschränkende Bedingung, Vorbehalt *m*, Einschränkung *f* 2. zeremonielle Vorschrift Zu 1: s.a. **bilâ-** Zu 2: **Onun huzuruna daha kolaylıkla, daha az** ~ **ile çıkmıştık.** Bei ihm hatten wir leichter vorsprechen können und hatten nicht soviel höfisches Zeremoniell zu durchlaufen gehabt.
kaydütescil [ī] *z. va.* Eintragung, Registrierung *f*
kaye (*franz.* **cahier**) *selt.* Heft *n* *defter ~ **dö şarj** (*franz.* **cahier de charge**) *H* Lastenheft *n* *şartname
kaygan 1. glitschig, glatt (*spez.* Boden) 2. flüssig schreibend (Feder) 3. Achtung, Schleudergefahr! ~ **balinagiller** s. **gerçek balinagiller**
kaygana 1. Omelett(-e *f*) *n* mit Käse, Hackfleisch o.ä. 2. e–e süße Eierspeise; Pfannkuchen *m*
kayganlık 1. Glitschigkeit, (Boden-)Glätte *f* 2. Schreibflüssigkeit *f*
kaygı 1. Sorge, Besorgnis, Befürchtung, Beunruhigung *f*, innere Unruhe 2. Streben *n* (nach), Wunsch *m* (nach), Bestrebung *f*, Gelüst *n*, Begierde *f* ~ **almak** in Sorge und Unruhe geraten ~ **çekmek** sich Kummer und Sorgen machen, sich beunruhigen ~ **vermek** Besorgnis erregen **-siyle** aus Sorge (um), bemüht, bestrebt, begierig, gespannt
kaygılandırmak in Unruhe versetzen; besorgt machen
kaygılanmak s. **kaygı çekmek**
kaygılı 1. Besorgnis erregend, beunruhigend 2. besorgt, sorgenvoll, beunruhigt
kaygın 1. glatt, glitschig, leicht aus der Hand gleitend 2. glatt (Papier) 3. *dial.* trächtig (Tier)
kaygırmak *va.* sich beunruhigen; ängstlich werden
kaygısız sorglos, unbesorgt, unbeschwert
kaygısızlık Sorglosigkeit, Unbesorgtheit, Unbeschwertheit *f*
kaygu s. **kaygı**
kayıcı *selt.* glitschig, glatt (Stelle)
kayık 1. nach e–r Seite verschoben od. gerutscht 2. Kaik *m* (Ruder-, Segel- od. *selt.* Motor-boot) ~ **hotoz** *fr.* ovale Haartracht (der Frauen) ~ **salıncak** Schiffsschaukel *f* ~ **salıncakta sallanmak** Schiffsschaukel fahren ~ **tabak** (*od.* ~ **sahan**) ovale Speisenplatte ~ **yanaştırmak** (in der Füg.:) **bu ağızlara** ~ **yanaştırmamak** 1. überhaupt nicht auf diese Schmeichelworte reagieren 2. sich nicht an solche Redereien kehren ~ **yarışı** Regatta *f*, Bootsrennen *n*
kayıkçı 1. Bootsmann *m* (der berufsmäßig Personen od. Waren befördert) 2. Bootsbauer *m*
kayıkçılık 1. Tätigkeit *f* e–s **kayıkçı** 2. Bootsvermietung *f*
kayıkhane [··–·]; **kayıklık** Bootshaus *n*
kayım (*Scha.* od. *Dame*) remis, unentschieden, schlicht
kayın (I) Schwager *m* (Bruder des Ehemanns *bzw.* der Ehefrau) ~ **ana;** ~ **ata** s. **kaynana; kaynata;** ~ **hısımlığı** *jur.* Schwägerschaft *f* *sıhriyet hısımlığı
kayın (II) **(ağacı)** 1. Buche *f bot.* Fagus; s.a. **Avrupa (or-**

man) -ı; ~ **kozalağı** Buchecker *f* ~ **tavuğu** Birkhuhn *n zo.* Lyrurus tetrix
kayınbaba s. **kaynata**
kayınbirader s. **kayın** (I)
kayıngiller Buchengewächse *pl. bot.* Fagaceae od. Cupuliferae
kayınlık (I) Verschwägerung *f* *sıhrî karabet; sıhriyet
kayınlık (II) Buchenwäldchen *n*
kayınpeder s. **kaynata**
kayıntı *V* Essen *n*, Mahlzeit *f* ~ **yapmak** *V* essen (*F* futtern)
kayınvalide [··–··] s. **kaynana**
kayıp, -ybı 1. *selt.* abwesend 2. verloren(-gegangen), in Verlust geraten, abhanden gekommen 3. vermißt 4. verschollen 5. *a. mil.* Verlust *m* 6. s. **gaip** (4) Zu 3: **Üç uçak -tır.** Drei Flugzeuge werden vermißt. ~ **eşya bürosu** Fundbüro *n* ~ **listesi** *mil.* Verlustliste *f* ~ **vermek** *mil.* Verluste haben **-lara karışmak** *mst. hum.* verschwinden, unsichtbar werden
kayıplık kararı *jur.* Verschollenheitserklärung *f*
kayıpsız verlust-frei, -los
kayır Sandbank *f* in e–r Flußmündung
kayırıcı Fürsprecher, Beschützer, Gönner, Protektor *m* *mültemis
kayırıcılık *pej.* Günstlings-wirtschaft *f*, -wesen *n*
kayırış Fürsprache *f*, Schutz *m*, Gunst, Protektion *f*, wohlwollende Unterstützung, gütige Hilfe *himmet
kayırmak (m. Akk.) 1. wohlwollende Hilfe angedeihen lassen, sich j–s annehmen, j–n vorwärts bringen od. unterbringen, j–m e–e Anstellung verschaffen, sich für j–n einsetzen *elinden tutmak, himmet etmek 2. *pej.* protegieren, begünstigen, bevorzugt behandeln *iltimas etmek 3. *va.* s. **kaygırmak**
kayısı *mst.* [kaysı] 1. Aprikose *f* 2. aprikosenfarben ~ **ağacı** Aprikosenbaum *m bot.* Prunus armeniaca *şeceri mışmış ~ **gibi** mit flüssigem Dotter (gekochtes Ei) ~ **gülü** e–e kleine, gelbliche Rosenart ~ **kakı** getrocknete Aprikosen *pl.*
kayısıçiçeği, -ni Freesie, Kapmaiblume *f bot.* Freesia (refracta u.a.) *Arap çiçeği
kayış (I) Gürtel, Ledergurt, (Treib-, Lauf-, Zug-, Streich- usw.)Riemen *m*, Uhrarmband *n* u.ä.m. ~ **aşırmak** *V* Schwindeleien begehen ~ **atmak** 1. s. ~ **aşırmak** 2. sich (von e–r Arbeit) drücken ~ **avara düzeni** *techn.* Riemenausrückvorrichtung *f* ≗ **bilir kutan ne çeker.** *Spr.* Die Mühseligkeiten e–r Leistung ermißt nur derjenige, der die Arbeit ausführt. ~ **çatalı** *techn.* Riemengabel *f* ~ **deliği** Riemenöse *f* ~ **etmek** *V* betrügen; übers Ohr hauen ~ **gibi** 1. zäh wie Schuhsohlen (z.B. Fleisch) 2. schmächtig, aber zäh (Person) 3. mit dunklem Teint ~ **kasnağı** Riemenscheibe *f* ~ **köprüsü** *mil.* Riembügel *m* *gerdane ~ **mengenesi** Riemenspanner *m* **-a çekmek** 1. **(usturayı)** abziehen (Rasiermesser) 2. (b–ni) *F* betrügen, übers Ohr hauen, in e–e Falle locken **-a vurmak** s. **-a çekmek** (1). **≗ı ben çekiyorum.** *fig.* Die Hauptlast habe ich zu tragen.
kayış (II) Vs. zu **kaymak. Bir** ~ **kaydım ki!** Ich bin elend ausgerutscht!
kayışbalığı, -nı 1. Bartmännchen *n*, Schlangenfisch *m zo.* Ophidium barbatum 2. Riemenfisch *m zo.* Regalecus glesne
kayışçı 1. Hersteller od. Verkäufer *m* von Riemen und Gurten 2. *V* Gauner, Schwindler, Betrüger *m*
Kayışdağı, -nı *n.pr.* Erhebung in der Nähe von Üsküdar ~ **suyu** Name e–s beliebten Quellwassers
kayışdili, -ni Gaunersprache *f*, Rotwelsch *n*, Argot *n* *külhanbeyi lehçesi
kayışkıran s. **sabankıran**
kayışlı mit Riemen ausgestattet
kayışşerit, -di Riemenwurm *m zo.* Ligula intestinalis
kayıt (I) einzelne Holzleiste (e–s Rahmens)
kayıt (II), **-ydı** 1. *va.* Fessel *f*, Band *n* 2. Ein-, Be-schränkung *f*; *a.*: (erforderliche) Begriffsabgrenzung (e–s Wortes) 3. Einschreibung *f*, Eintrag(-ung *f*) *m* (in ein Register), Registrierung *f* *yazgı 4. kaufmännische Buchung 5. Klausel, Bedingung *f*, Vorbehalt *m* 6. Berücksichtigung *f*, Wertlegen *n* (auf), Beachtung, Besorgnis, Sorge *f* 7. Beziehung *f*, Verhältnis *n* *ilgi 8. *(Metrik) fr.* der dem Reimbuchstaben **(revi)** vorangehende gleiche Konsonant 9. amtliche Urkunde Zu 2: **Ben** ~ **altına giremem.** Auf Bedingungen lasse ich mich nicht ein. **hiç** ~ **ileri sürmeksizin** ohne irgendwelchen Vorbehalt Zu 3: **bir okulun** ~ **muamelesi** (Neu-)Einschreibung *f* von Schülern ~ **tutmak** Eintragungen vornehmen Zu 5: **ahkâmı kanuniye -ı altında** nach Maßgabe der gesetzlichen Bestimmungen Zu 6: **Bu şiirde mana -ı yok.** Dieses Gedicht hat keinen rechten Inhalt. **Şimdi bir ev yapmak -ındadır.** Er will sich jetzt (absolut) ein Haus bauen lassen. ~ **defteri** 1. Eintragungsheft *n* 2. Register, Verzeichnis *n* ~ **kuyut** Beschränkungen, Restriktionen *pl.* ~ **kuyut tanımamak** keinerlei Verbote beachten ~ **muamelâtı** Einschreibungsformalitäten *pl.* ~ **ücreti** Einschreibegebühr *f* ~ **ve kabul** Einschreibung und Aufnahme *f* (z.B. neueintretender Schüler) ~ **ve şartsız** s. **-sız (ve) şartsız; -a değer (lâyık, şayan)** bemerkenswert, beachtlich *şayanı kayıt **≗a değer bir şey yok.** Nichts von Belang. **-a geçirmek** registrieren, eintragen **-ı dürülmek** s. **defteri dürülmek. ≗ım değil!** Ich bin unbesorgt! **-ın terkini** *jur.* Löschung *f* der Eintragung **-ına düşmek** (*od.* **-ında olmak**) auf et. aus sein; sich (vor allem) kümmern (um) **-ını silmek** (*od.* **kayıttan düşmek**) (b–ni *od.* bşi) (aus e–r Liste) streichen **-ıhayat** s. ges. Stw. **-ı ihtirazî** (*selt.* **ihtirazî** ~) Vorbehaltsklausel *f* *saklı tutma yazgısı (**mevcut taahhütlerin -ı ihtirazîsi altında** unbeschadet der bestehenden Verpflichtungen) **-ı ihtiyat(-î)** (*selt.* **ihtiyat -ı**) Vorbehalt *m* (**Bu haberi -ı ihtiyatla karşılamak** [*od.* **telakki etmek**] **lâzım.** Diese Meldung ist mit Vorbehalt aufzunehmen.) **-ı resmî** s. **resmî** ~
kayıtçı s. **mukayyit** (1)
kayıtım s. **rücu** (2)
kayıtlamak 1. eintragen, buchen, registrieren 2. einschränken *takyit etmek
kayıtlı 1. eingetragen, eingeschrieben, registriert, verzeichnet 2. *H* gebucht 3. mit Ein-, Be-schränkung, Vorbehalt 4. vorsichtig, behutsam Zu 1: **Borodin'in eserleri bu orkestranın repertuvarında -dır.** Borodins Werke stehen auf dem Repertoire dieses Orchesters. Zu 4: **Daha** ~ **bir lisan kullanmıştır.** Er hat sich e–r vorsichtigeren Ausdrucksweise bedient.
kayıtmak *dial.* (m. Akk.) zurück-nehmen, -ziehen (z.B. Zusage), ab-gehen, -kommen (z.B. von e–m Entschluß) *dönmek, nükûl etmek, rücu etmek
kayıtsız 1. nicht eingetragen (eingeschrieben, verzeichnet, registriert) 2. *H* nicht gebucht 3. uneingeschränkt, unbeschränkt, bedingungslos, vorbehaltslos 4. sorglos, unbekümmert, nonchalant, leichtsinnig 5. gleichgültig, indifferent *lâkayt 6. (bşe) ungerührt, unbeeindruckt (durch) ~ **kalmak** (*od.* **davranmak**) (m. Dat.) gleichgültig sein, sich indifferent verhalten (gegenüber); keine Notiz nehmen (von); sich nicht kümmern (um) ~ **(ve) şartsız** ohne jegliche Einschränkung, ganz unbeschränkt, uneingeschränkt, bedingungslos, ohne allen Vorbehalt *bilâkaydüşart
kayıtsızlık 1. Fehlen *n* e–r Eintragung; Nichtregistriertsein *n* 2. Sorglosigkeit, Unbekümmertheit, Nonchalance *f*, Leichtsinn *m* 3. Gleichgültigkeit, Indifferenz *f* *lâkaydi, lâkaytlık

kaykılmak *dial.* 1. sich seitwärts od. rückwärts lehnen 2. sterben
kaylule [ū] *va.* Mittagsruhe, Siesta *f*
kayma Vs. zu **kaymak** *spez.* 1. Gleiten *n*, (Erd-)Rutsch *m* 2. Verschiebung *f* (z.B. Bedeutungs-) ~ **çerçevesi** (*od.* **şasisi**) *mil.* Ablaufgerüst *n* (für Minen, Wasserbomben) ~ **gerilmesi** Schubspannung *f* ~ **izi** Gleitspur *f* ~ **mili** Gleitstange *f* ~ **mukavemeti** Gleit-, Schub-, Schlüpfungs-widerstand *m* ~ **münhanisi** Schlüpfungskurve *f* ~ **rayı** Gleitschiene *f* ~ **sathı** Gleit-fläche, -bahn *f* ~ **uçuşiyle** im Gleitflug ~ **yastığı** Gleitstuhl *m* (z.B. an e–r Maschine) ~ **yolu** Gleitbahn *f*
kaymaç Schlitz-, geschlitzt (Auge) ~ **gözlü** schlitzäugig
kaymak (I), **-ağı** 1. Rahm *m*, Sahne *f* (*bes.* in halbfester Form; *a.* als Beilage bei Süßigkeiten) 2. *fig.* das Beste e–r Sache 3. s. ~ **gibi** 4. Ablagerung, Schicht *f* (z.B. auf e–r Flüssigkeit) ~ **altı** abgerahmte (entrahmte) Milch; Magermilch *f* ~ **bağlamak** (*od.* **tutmak**) 1. Rahm bilden, Sahne ansetzen (Milch) 2. sich mit e–r Schicht bedecken *(1, 2) kaymaklanmak ~ **gibi** 1. schneeweiß 2. sehr weich 3. sehr schmackhaft, delikat, köstlich ~ **kâğıdı** (*od.* ~ **kâğıt**) s. **kuşe kâğıdı (kuşe kâğıt);** ~ **peyniri** frischer Rahmkäse ~ **takımı** (*od.* ~ **tabakası**) Creme *f* der Gesellschaft; gesellschaftliche Oberschicht ~ **yağı** frische Butter **-ını almak** 1. **(südün)** entrahmen (Milch) 2. (bşin) *fig.* den Rahm von et. abschöpfen; et. absahnen (= das Beste an sich nehmen)
kaymak (II), **(-ar)** 1. (dahin-, ent-)gleiten, (aus-, ab-)rutschen 2. wegrutschen, sich verrutschen, sich verschieben, abgleiten 3. ungewollt et. tun 4. sich davonmachen, sich verdrücken 5. *Fb.* durchbrechen, sich freispielen 6. **(buz üzerinde)** a) Schlittschuh laufen b) schlittern, rutschen (Kinder) 7. **(kar üzerinde)** Ski laufen 8. *V* verschwinden, abhauen 9. *met.* sich verlagern (z.B. Kältewelle) Zu 1: s. **ayağı ~. Bardak elinden kaydı.** Das Glas glitt ihm aus der Hand. Zu 2: **Örtü kayar.** Die Decke verrutscht. **Kimi vakit kelimeler başka anlamlara kayar.** Wörter machen manchmal e–e Bedeutungsverschiebung durch. Zu 3: s. **Dili kayıyor; gönlü ~; gözü ~** Zu 5: **Hilmi, Necdeti ekarte ederek sağa kaydı.** Hilmi umspielte Necdet und brach nach rechts durch.
kaymakağacı, -nı das Myrtengewächs Feijoa sellowiana (u.a. in Istanbuler Gärten)
kaymakam 1. *mil.* (bis 1934) Oberstleutnant *m* *yarbay 2. türk. Landrat *m* *ilçebay 3. *va.* Stellvertreter *m spez. hist.* (*a.* ~ **paşa**) Stellvertreter *m* des Großwesirs Zu 3: vgl. **sadaret -ı**
kaymakamlık 1. Rang *m*, Befugnisse *pl.* e–s Oberstleutnants *bzw.* e–s türk. Landrats 2. Landratsamt *n* 3. Amtsbezirk *m* e–s türk. Landrats, Landkreis *m* *ilçe, kaza 4. *va.* Stellvertretung *f*
kaymakçı Hersteller od. Verkäufer *m* von Rahm und Sahne
Kaymakdonduran suyu Name e–s geschätzten Quellwassers aus Beykoz
kaymaklanmak s. **kaymak bağlamak**
kaymaklı 1. mit Rahm, Sahne 2. mittels Rahm, Sahne hergestellt ~ **dondurma** Sahneeis *n*
kaymaktaşı, -nı Alabaster *m* *albatr, su mermeri
kayman Kaiman, Alligator *m zo.* Alligator mississipiensis (u.a.)
kayme s. **kaime**
kayna *reg.* (Trabzon) Dwarsbalken *m* (an dessen vorspringenden Enden man Seile befestigt, um das Boot an Land zu ziehen)
kaynak (I), **-ağı** 1. Quelle *f* *memba 2. *fig.* Quelle *f*, Ursprung *m* *menşe 3. *fig.* Quelle *f* (z.B. wissenschaftlicher Untersuchungen) 4. *V* Haschisch *n* 5. s. **kaba et(-ler)** 6. *P* lebhaft, lebendig, munter *canlı, hareketli Zu 1: ~ **suyu** Quellwasser *n* Zu 2: **kaynak-dil** Ursprache *f* **kaynak-millet** Urvolk *n* **ısı -ı** Wärmequelle *f* Zu 3: ~ **fihristi** Quellenangabe *f* **-ta kesme** (*od.* **-ta tevkif**) Quellenbesteuerung *f* (bei Einkommen)
kaynak (II), **-ağı** Schweißung *f* ~ **dikişi (eki, yeri)** Schweißnaht, -stelle *f* ~ **gözlüğü** Schweißerbrille *f* ~ **makinesi** Schweißgerät *n* ~ **sıcaklığı** Schweißglut *f* ~ **tozu** Schweißpulver *n* ~ **yapmak** 1. schweißen 2. **(üstüne)** anschweißen **Bunların -ı ötekilerden güç.** Diese (Metalle) lassen sich nicht so leicht schweißen wie die anderen.
kaynakçı Schweißer *m*
kaynakçılık 1. Tätigkeit *f* e–s Schweißers 2. Schweißen, Schweißverfahren *n*
kaynaklamak 1. (zusammen-)schweißen 2. (an-)löten 3. flicken, reparieren (Gummi)
kaynaklanmak 1. Pass. zu **kaynaklamak** 2. (bşden) entspringen (aus), herrühren
kaynama 1. Vs. zu **kaynamak** *spez.* Sieden, Kochen *n* 2. gekocht, gesotten ~ **noktası** Siedepunkt *m*
kaynamak 1. a) kochen, sieden *(intr.)* b) blubbern, bullern, brodeln 2. a) in heftiger Bewegung sein b) herumzappeln (Kind) c) hervor-sprudeln, -quellen d) sexuell erregt sein 3. gären (z.B. Most) 4. wimmeln, schwärmen, in Massen auftreten 5. *fig.* im geheimen vor sich gehen; im Gang sein; brodeln 6. Aufstoßen verursachen (Magen) 7. verschmelzen *(intr.)* (z.B. Metalle); heilen (Wunde); zusammenwachsen (Knochenbruch); angehen (Pfropfreis) 8. *V* a) versinken, untergehen (Schiff) b) verlorengehen (z.B. ausgeliehenes Geld) c) nicht stattfinden; ins Wasser fallen Zu 1a): **Su, yüz derecede kaynar.** Wasser kocht bei hundert Grad (Celsius). **Et kaynadı.** Das Fleisch ist gar (durchgekocht). **Kaynayan bir sıcaklık var.** Es herrscht e–e Gluthitze. Zu 1b): **Tencere kaynıyor.** Im Topf brodelt es. Zu 2a): **Deniz kaynıyor.** Es herrscht starker Seegang. Zu 2b): **Çocuk kaynayıp duruyor.** Der Junge zappelt dauernd herum. Zu 4: **Burada karıncalar kaynıyor.** Hier wimmelt es von Ameisen. s.a. **Kum gibi insan kaynıyor.** Zu 5: **Burada bir iş kaynıyor.** Hier ist et. im Gange. Zu 7: **Yarası çabuk kaynadı.** Seine Wunde ist schnell verheilt. Zu 8a): **Gemi beş dakikada kaynadı gitti.** Das Schiff sank binnen fünf Minuten. **O para kaynadı gitti demek.** Mit anderen Worten: Das Geld ist hin. Zu 8c): **Lakırdıya daldık, ders kaynadı.** Wir haben nur geschwätzt, und Unterricht war keiner.
kaynana [×··] Schwiegermutter *f* (des Ehemannes *bzw.* der Ehefrau) *kayınvalide ≗ **seni seviyor(-muş)!** *hum.* Du hast Glück, daß noch et. zu essen da ist! (beim Auftauchen e–s unerwarteten Gastes)
kaynanadili, -ni Feigendistel, Opuntie *f bot.* Opuntia (ursina u.a.)
kaynanalık Rolle, Tätigkeit *f* der Schwiegermutter ~ **etmek** *pej.* (dem Schwiegersohn *bzw.* der Schwiegertochter) Vorschriften machen wollen und dadurch Unfrieden heraufbeschwören
kaynanazırıltısı, -nı *Kspz.* Schnarre, Ratsche *f* *cırcır
kaynar 1. kochend, siedend, sprudelnd, wallend 2. kochend heiß 3. *P* Quelle *f* 4. *V* Haschisch *n* (zum Rauchen) ~ **su** heißes (kochendes) Wasser ~ **su kaloriferi** Warmwasserheizung *f*
kaynarca [·×·] kleinere Thermalquelle *çağlayık
Kaynarca *n.pr.* O.u.D. im Rbz. Kocaeli; s.a. **Küçükkaynarca**
kaynaşık verschmolzen, zusammengewachsen ~ **renkler** harmonische Farben *pl.* *barışık renkler
kaynaşıkçeneliler s. **yapışıkçeneliler**
kaynaşıklık *phil.* Chaos *n* (vor der Erschaffung der Welt)
kaynaşma 1. Verschmelzung *f* 2. *ling.* s. **kaynaştırma** 3.

starke Bewegung; Woge *f* der Erregung; Unruhe *f* (z. B. bei Zuhörern)

kaynaşmak 1. *a. chem.* e–e Verbindung eingehen, sich verbinden, zusammenwachsen, verschmelzen (z. B. verschiedene Volksteile); harmonieren (Farben) *birleşmek, imtizaç etmek 2. *fig.* sich gut verstehen, gute Freunde werden 3. (durcheinander) wogen (Menschenmenge) 4. in großer Menge vorhanden sein, wimmeln

kaynaştırma 1. Verschmelzung, Vereinigung *f* 2. *ling.* Kontraktion *f* *derilme (z. B. **kahve altı** > **kahvaltı**); ~ **harfi** (*od.* **sesi**) *gr.* Übergangs-, Verbindungs-laut *m* (z. B. in den Wörtern **ikiyi, ikinin, ikisi, ikişer** die Laute **y,** (erstes) **n; s, ş**) *koruma ünsüzü; vikaye harfi; yardımcı ses

kaynaştırmak 1. verbinden, vereinigen 2. in Übereinstimmung (Einklang, unter e–n Hut) bringen 3. aufeinander abstimmen (Farben) 4. *ling.* (Laute) zusammenziehen, kontrahieren

kaynata [×··] Schwiegervater *m* (des Ehemanns *bzw.* der Ehefrau) *kayınpeder

kaynatma Vs. zu **kaynatmak;** ~ **makinesi** Koch- (Brüh-, Fixier-)maschine *f*, Brennbock *m* für Stoffappretur

kaynatmak 1. zum Sieden bringen; kochen 2. zusammenheilen lassen 3. übersäuern (z. B. Magen) 4. zusammenschweißen (Metalle) 5. *V* gemütlich plaudern, sich angeregt unterhalten *yarenlik etmek 6. *V* Ausgeborgtes nicht zurückgeben 7. *V* et. verschwinden lassen, *F* abservieren

kayne vorislamische ar. Sängerin

kaypak 1. glatt, glitschig (z. B. Weg) 2. *fig.* wer sein Wort nicht hält, unzuverlässig 3. ölig (Flüssigkeit) 4. *dial.* glänzend, strahlend 5. gestohlen, Diebes-, Schmuggler- ~ **mal** Diebesgut *n*, Schmugglerware *f*

kaypakçı *V* 1. Dieb, Räuber *m* 2. Schmuggler, Hehler *m*

kaypaklaşmak 1. glatt (glitschig) werden 2. nicht zu seinem Wort stehen, unzuverlässig werden

kaypaklık 1. Glätte *f*, Glitschigsein *n* 2. leichtes Gleiten (z. B. von Maschinenteilen) 3. *fig.* Unzuverlässigkeit *f*, Wankelmut *m*

kaypamak; kaypımak *selt.* 1. entwischen 2. verschwinden 3. *dial.* ausrutschen; zu Fall kommen

kayra 1. Gnade, Huld, Gunst *f*, Wohlwollen *n*, Güte, Gewogenheit, Wohltat *f* *atıfet, ihsan, inayet, lütuf 2. ≗ *mV*

kayracılık Providentialismus *m* *inayeti rabbaniye mesleği; providansiyalizm

kayrak 1. Skigelände *n* 2. *dial.* a) Schiefer *m* *arduvaz, kayağantaş b) abgleitend (Erdmasse bei Bergrutsch u. ä. m.) c) Schleifstein *m* *bileği taşı d) flacher runder Stein (bei Spielen) ~ **kum** Treibsand *m*

kayralmak *P* Sandbänke bilden (Fluß)

kayramak beschenken; huldvoll gewähren *ihsan etmek

kayran Waldlichtung *f*

kayranlı mit Lichtungen (Wald)

Kayrevan(-iye) s. **Kayrüvan(-iye)**

kayrılmak Pass. zu **kayırmak; bir vazifeye** ~ als Günstling e–e Stelle erhalten

Kayrüvan [··–] *n.pr.* 1. Kairuan (in Tunis) 2. **(-ı Kadim)** *hist.* Cyrene (in der Cyrenaika)

Kayrüvaniye [··–··] s. **Kirene Okulu**

kayser [×·] *hist.* 1. (römischer, byzantinischer, deutscher) Kaiser *m* 2. *pr.* ≗ Wilhelm II. Zu 1: **Bizans -leri** die byzantinischen Kaiser *pl.* ≗ **ordusu** das (kaiserlich-)deutsche Heer (bis 1918)

Kayseri *n.pr.* Stadt (das alte Cäsarea) im gln. Rbz. (Mittelanatolien)

kayserlik 1. Kaiserreich *n* 2. Kaisertum *n* ~ **rejimi** 1. Kaiserherrschaft *f* 2. *pr.* kaiserliches Deutschland

kayşa Berg-, Erd-rutsch *m* *göçü, heyelân

kayşamak *geol.* absinken, absacken *heyelân etmek

kayşat Geröll(-ablagerung *f*) *n*, Schutt *m* *döküntü, mevaddı müteheyyile

kaytak *dial.* 1. wortbrüchig 2. s. **kuytu** 3. s. **mürteci** 4. s. **orospu**

kaytan 1. Baumwoll- od. Seiden-schnur, -kordel *f* (z. B. als Einfassung von Kissen od. Stickereien) 2. *naut.* Zeising *n*, Beschlagleine *f* 3. aus Schnüren bestehend ~ **bıyıklı** mit langem, dünnem Schnurrbart ~ **örgü** Geflechtsornamentik *f* *girişik örgü ~ **yakısı** *med.* Haarseil *n*

kaytancı wer feine Schnüre herstellt bzw. verkauft

kaytanlamak paspelieren; mit Zierstreifen besetzen

kaytarmak *dial.* 1. zurückgehen lassen, nicht annehmen; zurückgeben, ablehnen, zurückweisen, abschlagen *geri çevirmek, iade etmek, reddetmek 2. sich von e–r Arbeit drücken *işten kaçmak

kaytaz s. **hotoz**

Kaytus [×·] *astr.* s. **Balina**

kayyetmek [×··] sich erbrechen *kusmak

kayyım 1. Moscheediener *m* 2. *jur.* Pfleger, Beistand, Kurator *m*

kayyımlık Aufgaben *pl.* od. Tätigkeit *f* e–s **kayyım**

kayyum [ū] 1. unwandelbar (Gott) 2. s. **kayyım**

kayyumiyet, -ti [ū] Unwandelbarkeit *f* (Gottes) *özdenlik

kayzer(-lik) s. **kayser(-lik)**

kaz (I) 1. Gans *f zo.* Anser 2. einfältig, dumm 3. *V* a) Lärmmacher, Krakeeler *m* b) Kuppler, Zuhälter *m* ~ **adımı** Stech-, Parade-schritt *m* ~ **beyinli** dumm, beschränkt, einfältig; schwer von Begriff *anlayışsız, gabi ~ **boğmak** *fig.* e–n Gimpel auf den Leim locken ≗ **dağı** *n.pr.* Berg *m* Ida, Idagebirge *n* (südöstl. von Troja) ≗ **gelen yerden tavuk esirgenmez.** *Spr.* Es lohnt sich schon manchmal, mit der Wurst nach der Speckseite (*od.* dem Schinken) zu werfen. ~ **gibi yolmak** j–n (im Spiel) vollständig ausnehmen ~ **göğsü** Schrägkante *f* ~ **kafa(-lı)** s. ~ **beyinli;** ≗ **kazla, daz dazla, kel tavuk kel** (*od.* **topal**) **horozla.** *Spr.* Gleich und gleich gesellt sich gern. *Spr.* ~ **kümesi** Gänsestall *m* ~ **otu** 1. s. **çobansüzeği** (1) 2. Gänsefingerkraut *n bot.* Potentilla anserina *gümüş otu ~ **palazı** 1. junge Gans 2. *fig.* unerfahrener Jüngling ~ **tüyü** Gänsefeder *f* (*fr.* Schreibgerät) ~ **yerine ördek almak** hereingelegt (beschummelt) werden **-ı koz anlamak** vollkommen verkehrt verstehen **-ın ayağı (< kaziye)** Sachverhalt *m* (in Ra. wie:) ≗**ın ayağı öyle değil.** Die Sache ist anders als du denkst. **Anlıyor musun şimdi -ın ayağı ne olduğunu?** Merkst du, worum es geht (worum es sich handelt, was gespielt wird?) **-ın ayağını kaç olduğunu anlatmak** (*od.* **göstermek**) j–m zeigen, wo Barthel den Most holt

kaz (II), **-zzı** *va.* Rohseide *f*

kaza [·–] 1. Urteil *n* 2. Richteramt *n*, Gerichtsbarkeit, Rechtspflege *f* 3. göttliche Fügung; Schicksal *n* 4. Unfall *m*, Unglück(-sfall *m*) *n* 5. Zufall *m* 6. Nachholung *f* e–r versäumten kirchlichen Pflicht 7. Ausführung *f* e–r Tat (z. B. Zahlung e–r Schuld) 8. Verwaltungsbezirk *m* e–s türk. Landrats; Landkreis, Distrikt *m* *ilçe, kaymakamlık 9. *hist.* (bis zum 19. Jh.) Kreis *m* (als Teil e–s Sandschaks) ~ **atlatmak** e–n Unfall überstehen ~ **dairesi** s. **yargı çevresi;** ~ **etmek** nachholen (z. B. versäumtes Gebet od. Fasten) ~ **fonksiyonu** (*od.* **kuvveti**) *jur.* richterliche Gewalt *yargı gücü; yargılama kuvveti ~ **geçirmek** e–n Unfall erleiden ≗ **geldikte** (*od.* **gelince**) ~ **daniş gözü kör olur.** *Spr.* Wenn das Schicksal zuschlägt, erblindet die Vernunft (od. die Wissenschaft). ≗ **geliyorum demez.** *Spr.* Ein Unglück kommt über Nacht. ~ **hakkı** Rechtsprechung, Justiz, Gerichtsbarkeit *f* ~ **idare heyeti** Distriktsverwaltung *f* ~ **ile** 1. infolge e–s Unfalls 2. zufällig ~ **kurşunu** verirrte Kugel ~ **kuvveti** s. **yargı gücü** ~

mercileri *jur.* s. **yargı organları;** ~ **merkezi** Kreisstadt *f* ~ **olarak** s. **kaza ile;** ~ **sigortası** Unfallversicherung *f* ~ **ve kader** Los, Geschick, Schicksal, Fatum, Verhängnis *n* *alınyazısı ~ **yeri** Unglücks-, Unfall-stelle *f* **-ya bırakmak** (bşi) die Erfüllung e–r kirchlichen Pflicht aufschieben **-ya kalmak** noch zu erfüllen sein (rel. Pflicht) **-ya karşı sigorta** s. ~ **sigortaşı; ²ya rıza gerek.** In das Unvermeidliche muß man sich fügen. **-ya uğramak** 1. e–n Unfall haben 2. von e–m Unglück betroffen werden **-yı mübrem** *va.* „doppelt gedrehter Beschluß der Vorsehung" *d. h.* betrübliche Notwendigkeit, unerbittliche Fügung des Schicksals

kazadide [·––·] verunglückt (Person)

kazaen [·–·] *Adv.* 1. infolge e–s Unfalls 2. zufällig 3. kraft des Richteramtes ~ **katil** (unbeabsichtigter) Totschlag

kazagörmüş *selt.* s. **kazadide**

kazağı Kratzeisen *n* (verschiedener Art)

kazaî [·––] 1. durch e–n Unfall herbeigeführt 2. richterlich, gerichtlich, kraft Richterspruch, Justiz- *yargısal ~ **içtihat** Rechtsprechung *f* ~ **karar** gerichtliche Entscheidung, richterliches Urteil; Beschluß *m*, Verfügung *f* ~ **mıntıka** Gerichts-bezirk, -sprengel *m* ~ **muamele** gerichtliche Handlung; Justizakt *m* ~ **ölüm** Tod *m* durch Unglücksfall ~ **rüşt** *jur.* Mündigkeit *f* kraft Richterspruch; Mündig-, Volljährigkeits-erklärung *f* *yargısal erginlik ~ **takdir** *jur.* Urteil *n* nach richterlichem Ermessen ~ **tefsir** richterliche Auslegung ~ **temlik** Forderungsübergang *m* (Rechtsübergang *m*) kraft Richterspruch ~ **yetki** *jur.* Zuständigkeit *f* des Gerichts

Kazak, -ağı 1. Kosak *m* 2. Kasache *m*, Kasachin *f* 3. kasachisch

kazak (I) 1. Pullover, Sweater, Kasack *m* 2. (grellfarbiges) Trikot der Jockeis

kazak (II) 1. ohne Bart, rasiert *tıraşlı 2. Haustyrann *m* (*ant.* **kılıbık**)

Kasakça Kasachisch(-e) *n* (Turksprache)

Kazakistan *n.pr.* Kasachstan (UdSSR)

kazaklı e–n Pullover (Sweater, Kasack, ein Trikot) tragend

kazaklık *hum.* Verhalten *n* e–s Haustyrannen

kazalı [·–·] 1. was e–n Unfall od. ein Unglück herbeiführen kann; gefährlich, riskant 2. aus soundsoviel Distrikten (Landkreisen) bestehend Zu 2: **üç** ~ **bir vilâyet** ein aus drei Distrikten bestehender Rbz.

kazamat, -tı 1. Kasematte *f* 2. *selt. mil.* Bunker *m* *blokhavs, kale, sığınak 3. *naut.* gepanzerter Geschützstand

kazan 1. großer Kessel (für Essenszubereitung, Wasserkochen usw.) 2. Dampfkessel *m* 3. *typ.* Druckwalze *f* 4. *va.* großes Geschütz ~ **cidarı** Kesselwand(-ung) *f* ~ **dairesi** (*od.* **yeri**) Kesselraum *m* ~ (*od.* **-ları**) **devirmek** (*od.* **kaldırmak**) *fig.* meutern, sich empören (*urspr.* auf Janitscharen bezüglich) ~ **kaynamak** (bir yerde) *fig.* von brodelnder Unruhe erfüllt sein ⚬ **kaynamayan yerde maymun oynamaz.** *fig.* Ohne Gegenleistung bekommt man nichts. ~ **kaynatmak** den Kessel aufs Feuer setzen ⚬ **kazana götün karadır demiş.** *Spr.* Ein Esel schilt den andern Langohr. *Spr.* ~ **ocağı** Feuerung *f* ~ **önü** Feuerungs-, Heiz-raum *m* ~ **üzengi** e–e türk. Steigbügelart ~ **zarfı** s. ~ **cidarı; -a yol verme** (*od.* **-ı devreye sokma**) Anheizung *f* des Kessels **-ı devreden çıkarma** Ausgehenlassen *n* des Kesselfeuers **-ı kapalı kaynamak** *fig.* undurchsichtig sein (Person) **-ı kaynarken tenceresi oynarken** *P* wenn alles in Hülle und Fülle vorhanden ist; **(bir yer)** ~, **(birisi) kepçe** s. Stw. **kepçe**

Kazan *n.pr.* Kasan (Hauptstadt von Tataristan, UdSSR)

kazancı 1. Kessel-schmied, -reiniger, -flicker *m* 2. Heizer *m* *ateşçi ~ **dede** *hist.* Küchenbediensteter bei den Mewlewi

kazancılık Tätigkeit *f* od. Aufgaben *pl.* e–s **kazancı**

kazanç, -cı 1. Gewinn, Ertrag, Verdienst *m* 2. Vorteil, Nutzen, Profit *m* ~ **hırsı** Gewinnsucht *f* ~ **vergisi** Einkommen-, Gewerbe-, Gewinn-steuer *f* ~ **yolu yapmak** (bşi) aus et. ein Gewerbe machen

kazanççı Schieber, Kriegsgewinnler, Großverdiener *m*

kazançlılık Schiebertum *n*, Treiben *n* e–s Kriegsgewinnlers; Großverdienertum *n*

kazançlı 1. ertragreich (z. B. Erzmine), einträglich (z. B. Tätigkeit), lukrativ, rentabel, Gewinn abwerfend, lohnend, vorteilhaft 2. wer e–n Gewinn erzielt hat, wer sich durch erzielte Gewinne bereichert hat

kazandırıcı: ~ **yıllanma** (*od.* **zamanaşımı**) s. **iktisap mürurudzamanı**

kazandırmak Kaus. zu **kazanmak** *spez.* verschaffen; verhelfen (zu)

kazandibi, -ni 1. Süßspeise (*spez.* **mahallebi** od. **tavukgöğsü**), die man bei der Zubereitung absichtlich im Topf hat et. anbrennen lassen, wodurch sie angenehm brenzlig schmeckt 2. *fig.* Nesthäkchen *n*

kazanılmış erworben *edinilmiş, kisbî

Kazanlaştırmak (*pej. G*) (das Türkeitürkische) nach dem Kasan-Türkischen ausrichten (vgl. ähnlich: **Azerîleştirmek, İdilleştirmek**)

kazanlık Kesselraum *m*

kazanmak 1. verdienen (Geld) 2. gewinnen (Freund, in der Lotterie, j–s Zuneigung, Prozeß, Belohnung usw.); erwerben, erringen (z. B. Freiheit) 3. Vorteil haben, Nutzen ziehen 4. annehmen (z. B. mürrisches Wesen; schlechte Gewohnheiten) 5. sich et. zuziehen (z. B. Krankheit), auf sich laden (z. B. Sorgen) 6. erbeuten, erobern 7. sparen (Zeit) 8. siegen Zu 1: **Haftada ikiyüz lira kazanıyor.** Er verdient wöchentlich zweihundert Pfund. Zu 2: **Büyük ikramiyeyi kazandı.** Er hat das große Los gewonnen. **Kazanırsan dost kazan, düşmanı anan da doğurur.** *Spr.* Sieh zu, daß du Freunde gewinnst; Feinde kommen von selber; es kann auch dein eigener Bruder sein. Zu 3: **Çok okuyan çok kazanır.** Wer viel lernt, hat viel Nutzen davon. Zu 4: **huy** ~ launisch (mürrisch) werden *huy edinmek Zu 7: s. **vakit** ~

kazantaşı, -nı Kesselstein *m* *kefeki

kazar Graveur, (Stahl-, Kupfer-)Stecher *m* *hakkâk

kazara [·×·] 1. zufällig, durch Zufall 2. unglücklicherweise 3. wenn, falls *eğer, şayet

kazaratar [·×·×] Bagger *m*; *s. a.* **düzleme -ı; kürekli** ~

kazarka [·×·] s. **angıt**

kazaska [·×·] Kosakentanz *m*

kazasker 1. *urspr.* osm. Heeresrichter (an der Spitze der richterlichen Hierarchie; *später* Zweiteilung des Amtes: **Rumeli** *bzw.* **Anadolu -i**) 2. (in der späteren osm. Zeit etwa:) Vizekanzler *m* ~ **lokması** e–e süße Krapfen-Art

kazaskerlik Rang *m*, Aufgaben *pl.* e–s **kazasker**

kazaya [·––] *va. Pl.* zu **kaziye**

kazayağı, -nı 1. Froschlöffel *m bot.* Alisma (plantago-aquatica) *çobandüdüğü 2. Gänsefuß *m bot.* Chenopodium (botrys u. a.) 3. Haken *m* mit mehreren Spitzen, *a.* z. B. Fußangel *f* 4. dreieckiges Balkengefüge 5. (Wege-)Knotenpunkt *m* 6. s. **kaz adımı** 7. Zickzack-Verzierung (*spez.* an Rocksäumen) 8. *naut.* Hahnepot *f* 9. rötlich-gelb ~ **esansı** (*od.* ~ **uçaryağı**) *med.* Wurmsamenöl *n* (aus Chenopodium anthelminticum gewonnen)

kazaz [·–] *va.* Seidenspinner od. Seidenhändler *m*

kazazede [·–··] wer od. was von e–m Unglück betroffen ist: verunglückt, obdachlos, schiffbrüchig, erdbebengeschädigt, von Überschwemmung betroffen usw. ~ **gemi** beschädigtes Schiff

kazazlık [·–·] 1. Gewerbe *n* e–s Seidenspinners 2. Seidenspinnerei *f* 3. Seidenhandel *m*

kazbeği, -ni *fr.* e–e pers. Kupfermünze
kazboku, -nu *F* von schmutzig grünlich-gelber Farbe
kazboynu, -nu *naut.* Lümmel *m* (Scharnier am Giekbaum)
kazcı Gänse-züchter, -händler, -verkäufer *m*
kazdırmak Kaus. zu **kazmak;** s. **kuyu (mühür)** ~
kazein Kasein *n*, Käsestoff *m* ~ **boya** Kaseinfarbe *f* (des Malers)
kazel s. **gazel** (II)
kazellenmek s. **gazellenmek**
kazemat s. **kazamat**
kazevi, -ni feingeflochtene, henkellose Tragschale
kazgal derber Schuh
kazı 1. Ausschachtung *f* 2. Ausgrabung *f* *hafriyat, kazın 3. Schrämen *n*, Abbau *m* (im Bergwerk) *abataj 4. (Ein-) Gravieren, Ziselieren, Stechen *n* *hak ~ **kalemi** (Grab-) Stichel *m* *tığ kalem
kazıbilim s. **arkeoloji**
kazıcı 1. wer et. ausgräbt, aushebt 2. Graveur, Ziseleur, Stecher *m* Zu 1: s. **mezar -sı** Zu 2: s. **mühür -sı**
kazık, -ığı 1. Pfahl, Pfosten, Pflock *m* 2. Brückenpfeiler, Träger *m* (z.B. aus Eisenbeton) 3. *fr.* zur Hinrichtung od. Folterung verwendeter Pfahl 4. Griff *m* in die Hose des Gegners (bei **yağlı güreş**) 5. *V* Gaunerei, Übervorteilung *f*, Nepp *m* 6. *V* was e–m aufgehängt (aufgeschwatzt) wird, womit man geneppt worden ist 7. *V* teuer, zu teuer ~ **atmak** (b–ne) *V* hereinlegen, neppen, übers Ohr hauen, übervorteilen ~ **ayaklı** auf Pfählen erbaut, Pfahl- ~ **bağı** *naut.* Webeleinstek *m* *ıskalara bağı ~ **çakan** *techn.* Ramme *f* ~ **çarığı** (*od.* ~ **pabucu**) Eisenspitze *f* (an e–m Holzpfahl) ~ **çemberi** Eisen-ring *m*, -zwinge *f* (zur Verhütung des Splitterns e–s Pfahls beim Einrammen) ~ **dikmek** 1. e–n Pfahl (bzw. Pfähle) einrammen 2. *fig.* durch e–e aufsehenerregende Tat von sich reden machen ~ **duvar** Pfahlwerk *n*, Palisadenwand *f* *palanka ~ **gibi** (*od.* **kadar**) 1. kerzengerade und stark (kräftig, steif) 2. *fig.* kerngesund, kräftig (z.B. Mensch) 3. *pej.* vierschrötiger Kerl, Riesenkerl, Hüne *m* ~ **humması** s. **-lı humma;** ~ **kakmak** 1. e–n Pfahl (Pfosten, Pflock) einrammen 2. *fig.* Sitzfleisch haben; zäh festhalten (z.B. an seinem Posten, seiner Stellung); wie angenagelt sitzenbleiben 3. sich für dauernd ansiedeln 4. **(dünyaya)** uralt werden (Zu 4: **Dünyaya ~ kakacak değil a!** Der lebt auch nicht ewig!) ~ **kesilmek** 1. stocksteif werden 2. stahlhart werden ~ **kuyruk balığı** der Fisch Pteroplatea altavela ~ **mani** *mil.* Pfahl-hindernis *n*, -sperre *f* ~ **marka** *V* 1. unverschämt teuer 2. Nepplokal *n*, reinste Apotheke ~ **yemek** *V* geneppt, hereingelegt werden ~ **yutmuş (gibi)** kerzengerade; als ob er e–n Ladestock verschluckt hätte **-a oturmak** 1. *fr.* durch Pfählen hingerichtet werden, gepfählt werden 2. *fig.* e–n Hereinfall erleben, geschädigt (geneppt) werden **-a oturtmak** (*od.* **vurmak**) 1. *fr.* durch Pfählen hinrichten, pfählen 2. *fig.* schädigen, neppen **-larını kırmak** *F* sich auf seine vier Buchstaben setzen **-tan kurtulmuş** s. **ipten -tan kurtulmuş**
kazıkçı wer (beim Verkauf) übervorteilt (neppt, hereinlegt)
kazıkkök, -kü *bot.* Pfahlwurzel *f* *cezri vetedî
kazıklamak 1. *fr.* durch Pfählen hinrichten, pfählen 2. *V* übervorteilen, übers Ohr hauen, neppen, hereinlegen 3. mit Pfählen abstecken 4. einpfählen, einpflocken 5. *Ch.* auf Fahrgäste warten
kazıklı mit Pfählen (Pfosten, Pflöcken, Trägern) ~ **humma** *P* Tetanus, Wundstarrkrampf *m* *tetanos ~ **şarampol manii** *mil.* Pfahlwerk *n* ~ **tahkimat** *mil.* Palisade(-n.werk *n*) *f* ~ **tel manii** *mil.* Pfahldrahthindernis *n* ♀ **Voyvoda** *hist.* Vlad III. (Çepeş) (ein durch Pfählung von Gefangenen berüchtigter Woiwode der Walachei [15. Jh.])
Kazıkumuk 1. Name e–r türk. Volksgruppe im nordöstl. Kaukasus 2. deren Sprache *Lak
kazılı 1. aus-geschachtet, -gehoben 2. ausgegraben 3. graviert ~ **taş** vertieft gravierter (Edel-)Stein; Gemme *f* ~ **yazı** (*od.* ~ **kitabe**) s. **kazma yazı**
kâzım 1. *va.* wer sich zu beherrschen weiß 2. ♀ *mV* **Kâzıme** *wV*
kazıma Vs. zu **kazımak** *spez.med.* Ausschabung, Auskratzung, Kürettage *f* *kürtaj ~ **bıçağı** Radiermesser *n* ~ **resim** Sgraffito *n*
kazımak 1. (aus-, ab-, weg-)kratzen od. schaben; radieren; *naut.* schrapen; *va.* (ein-)gravieren 2. sich an e–r Stelle kratzen 3. glatt rasieren; ganz abnehmen (Bart) 4. vernichten, ausrotten, mit Stumpf und Stiel vertilgen 5. *V* wie ein Wasserfall auf j–n einreden 6. *V* j–m alles (Geld, Besitztum usw.) abnehmen, abluchsen; j–n ausnehmen
kazımbilim s. **arkeoloji**
kazımık *P* Schabsel *n* (was aus e–m Topf ausgekratzt ist)
kazın archäologische Ausgrabung
kazınmak 1. Pass. zu **kazımak** 2. sich kratzen 3. sich rasieren 4. *fig.* alles (Besitztum) zusammenkratzen 5. s. **içi-(midesi)** ~
kazıntı 1. Ab-, Heraus-gekratztes; Schabsel *n* 2. radierte Stelle (auf Papier); Rasur *f* Zu 1: s.a. **tekne -sı**
kazıntılı 1. ausradiert (z.B. Wort) 2. worauf Radierungen vorgenommen worden sind (z.B. Papier)
kazıyacak 1. Abziehklinge *f* (des Tischlers) 2. Schaber, *naut.* Schraper *m* 3. *selt.* Rasiermesser *n* *ustura
kazıyıcı 1. Kratz-, Schab-eisen *n* (wie Radiermesser, Schuhraspel u.ä.) 2. Planierraupe *f*
kâzip, -bi 1. lügnerisch, Lügner *m* 2. trügerisch, unecht, falsch, Pseudo- ~ **asabîyülcenah** s. **yalancı sinirkanatlılar;** ~ **içtima** s. **fikrî içtima;** ~ **kantaron** gemeine Flokkenblume *bot.* Centaurea jacea ~ **paskalya çiçeği** aufrechte Mehlblume *bot.* Eclipta erecta
kaziye 1. *z. va.* Sache, Angelegenheit *f*, Problem *n*, Sachlage *f*, Fall, Vorgang *m*, Ereignis *n* 2. *math., log.* Behauptung *f*, zu beweisender Satz; Urteil *n* *önerme 3. *gr.* Teilsatz *m* *cümlecik 4. *va.* richterliches Urteil **-i mucibei cüziye** (*bzw.* **külliye**) s. **olumlu tikel** (*bzw.* **tümel**) **önerme; -i muhkeme** *jur.* Rechtskraft *f* *lâzımülicra hüküm ve karar; kesin yargı **-i muhkeme kesp etmiş** *jur.* rechtskräftig **-i sâlibei cüziye** (*bzw.* **külliye**) s. **yadsılı tikel** (*bzw.* **tümel**) **önerme**
kazkanadı, -bı 1. abgeschnittener Gänseflügel, der zum Fegen verwendet wird; Gänsewedel *m* 2. *(Ringen)* Doppelnelson *m* bzw. Krawatte *f*
kazlık 1. Gänse-stall, -hof *m* 2. Dummheit *f*
kazma 1. Vs. zu **kazmak** 2. (Spitz-)Hacke *f*, Pickel *m* 3. *fig.* Spatenstich *m* 4. aus-gegraben, -geschaufelt, -gehoben, -gehöhlt; ein-gegraben, -geschnitten, -graviert; geschnitzt, ziseliert, gestochen Zu 3: **-ilk -yı vurmak** den ersten Spatenstich tun ~ **kürek** Hacke und Schaufel *f* ~ **yazı** eingravierte Schrift
kazmacı 1. Häuer *m* (Bergarbeiter) 2. *mil.* Pionier, Sappeur *m*
kazmaç s. **ekskavatör**
kazmadiş Schaufelzahn *m* (übergroßer Schneidezahn)
kazmak, (-ar) 1. aus-graben, -heben, -höhlen 2. ein-graben, -schneiden, -gravieren; schnitzen, ziselieren, stechen *hakketmek **kazdığı çukura kendisi düşmek** selber in die Grube fallen, die man e–m anderen gegraben hat. **Kazma elin kuyusunu, kazarlar kuyunu.** *Spr.* Was du nicht willst, daß man dir tu, das füg auch keinem andern zu! *Spr.*
kazmat s. **kazamat**
kazmir 1. Kaschmir(-gewebe *n*) *m* 2. Kaschmir-

kazmirci wer Kaschmirgewebe herstellt od. verkauft
kazuarina s. **demirağaç**
kazulet *P* 1. riesenhaft, unschön 2. häßlich wie die Nacht
kazurat, -tı [·– –] Exkremente *pl.*
kazüist, -ti *phil.* Kasuist *m*
kazüistik *phil.* Kasuistik *f*
kazzaz s. **kazaz**
ke (I) s. **ka** (I)
ke (II) *ar., va.* wie, als ob
kea s. **Yeni Zelanda koca papağanı**
Kea (adası) *n.pr.* Kea (Zykladeninsel) *Murtat
kebabe [ā] Kubebenpfeffer *m bot.* Piper cubeba *Hint biberi
kebabiye *V* Zigarettenstummel *m*, Kippe *f*, Hugo *m* *izmarit
kebair [ā] *z. va. Pl.* zu **kebire**) Todsünden *pl.*
Keban *n.pr.* O.u.D. am Euphrat im Rbz. Elazığ
kebap, -bı *urspr.* [ā] 1. Röstfleisch *n* (Fleisch, das am Spieß od. in e–m Topf ohne Wasserzusatz gebraten [gedünstet, geröstet] wird) 2. ähnlich zubereitete andere Speisen 3. geröstet, Röst- Zu 1: s. **döner ~; hindi (kâğıt, kuyu, kuzu çevirme, şiş, tandır, tas, tavuk, tencere) -ı** Zu 2: s. **çömlek (kestane, patlıcan) -ı; pideli (salçalı, yoğurtlu)** ~ u.ä.m. Zu 3: ~ **mısır** gerösteter Mais ~ **etmek** rösten, am Spieß braten; grillen ~ **kestane** Röstkastanien, Maroni *pl.* ~ **olmak** Pass. zu ~ **etmek;** s.a. **yanıp** (*bzw.* **ciğeri**) ~ **olmak;** ~ **şişi** 1. Bratspieß *m* 2. *V* Dolch *m* *kama
kebapçı Hersteller und Verkäufer *m* von **kebap** *spez.* **şiş kebabı:** Garkoch *m* ~ **kedisi gibi yutkunmak** mit heißem Verlangen betrachten
kebapçılık Gewerbe *n* e–s **kebapçı**
kebaplı mit (kleineren) Fleischstücken ~ **ıspanak** Spinat mit Fleisch(-stücken) ~ **pilav** Reisfleisch *n*
kebaplık woraus **kebap** hergestellt wird (Fleisch)
kebe 1. ungenähter ärmelloser Filz-Überwurf (der anatolischen Schäfer) (kürzer als **kepenek**) 2. ein spez. in Bursa hergestelltes gesticktes Filztuch (für Portieren usw.)
kebedî *va.* die Leber betreffend, Leber-, hepatisch
kebediyeler s. **ciğerotları**
Kebek *n.pr.* Quebec (Kanada)
kebere (ağacı) s. **gebreotu**
kebeş s. **gebeş**
kebet, -di *med.* Leber *f* *karaciğer ~ **rüptürü** *med.* Leberriß *m*
kebikeç *fr.* abergl. Formel in alten Handschriften (gegen Mottenfraß) (nach dem Namen e–s Engels)
kebir [ī] *va.* 1. groß 2. (in naturwissenschaftl. Bez. oft): major 3. betagt, alt 4. großjährig Zu 1: s. **İskenderi** ≗, **Çarşıyı** ≗
kebire [ī] 1. *ar. Fem.* zu **kebir** 2. Todsünde *f*
kebis [ī], (*Fem.* **kebise**) *va.* Schalt- **senei -e** Schaltjahr *n* *artıkyıl **yevmi** ~ Schalttag *m* *artıkgün
kebut, -du [ū] *va.* (himmel-)blau *gökrengi, mavi
kebuter [ū] *va.* Taube *f* *güvercin
kebze *P* 1. *an.* Schulterblatt *n* *azmı ketif, kürek kemiği 2. Wahrsagen, Prophezeien *n*
kebzeci *P* Wahrsager *m* (der aus den Schulterblättern geschlachteter Schafe die Zukunft voraussagen will)
kecabe [ā] *va.* s. **mahfe**
keç (I), **-çi** (*engl.* **ketch**) Ketsch *f* (Küstenfahrzeug)
keç (II), **-ci** *pers., va.* s. **eğri, çarpık**
keç (III) **ez keç ken** (*engl.* **catch as catch can**) Freistilringen *n*
keçap Ketchup *m, n* (pikante Würzsauce)
keçe 1. Filz *m* 2. aus Filz hergestellt, Filz- 3. dünner, haarloser Teppich 4. *hist.* weiße Filzmütze der Janitscharen ~ **baş** *vet.* Schaf- od. Ziegen-tuberkulose *f* ~ **bıçak** *fig.* ungeschickt; wer et. nicht zustandebringt *beceriksiz ~ **conta** *techn.* Filzdichtung *f* ~ **delen** (od. ~ **geçiren**) Sprühregen *m* ~ **gibi** verfilzt (z.B. Haare) ~ **külâh** *va.* 1. wer eine Filzmütze trägt 2. (< *pers.* **kec külah**) wer seine Kopfbedeckung schräg aufsetzt; Stutzer, Geck *m; gel. a.* Herumtreiber *m* ~ **külâh etmek** j–n seiner Ämter und Würden entkleiden **-den minare** *fig.* falsch, unecht **-sini sudan çıkarmak** sich geschickt aus e–r Affäre ziehen **-yi suya salmak** (*od.* **atmak**) *V* ganz schamlos handeln
keçeci Hersteller u. Verkäufer *m* von Filz od. dünnen Teppichen ~ **tokmağı** Walkstock *m*
keçelemek 1. mit Filz belegen 2. *(Metall)* durch Reiben mit Filz glänzend machen
keçelenmek; keçeleşmek 1. sich ineinander verfilzen (z.B. Haare) 2. *fig.* einschlafen, steif werden (Arme, Beine) 3. *fig.* ziemlich unempfindlich werden (Körperstelle)
keçeli (I) 1. (ganz od. teilweise) aus Filz hergestellt, mit Filzbesatz, Filz- 2. *hist.* Janitschar mit (weißer) Filzmütze
keçeli (II) s. **geçeli**
keçi 1. Ziege *f zo.* Capra (hircus u.a.) 2. *fig.* eigensinnig, starrköpfig, stur *inatçı 3. *V* Strichjunge *m* 4. *V* Haschisch *n* ~ **ağızlı** *P* Vielfraß, Nimmersatt *m* ~ **çobanı** Ziegenhirt *m* ~ **emceği** *dial.* e–e schwärzliche, längliche Feigenart ~ **kafalı** s. **keçi** (2); ~ **mayasıl otu** stinkendes Hartheu *bot.* Hypericum hircinum ~ **memesi** 1. s. **meme üzümü** 2. eiförmiges Mundstück e–s Tschibuks ~ **otu** 1. Leberbalsam *m bot.* Ageratum conyzoides 2. s. **uyuzotu** ~ **sedefi** s. **keçisakalı** (3); ~ **söğüt ağacı** Salweide *f bot.* Salix caprea ~ **sütü** Ziegenmilch *f* ~ **sütü humması** s. **Malta humması;** ≗ **yıldızı** s. **Kapella;** ≗**de de sakal var.** (*od.* ≗**nin de sakalı var.**) *Spr.* „Auch die Ziege hat e–n Bart." d.h. Die Kutte macht noch keinen Mönch. *Spr.* **-leri kaçırmış olmak** *F* seine fünf Sinne nicht beisammen haben; übergeschnappt sein **-leri koyunlardan ayırmak** *Th.* die Schafe von den Böcken trennen ≗**ye can kaygısı, kasaba yağ kaygısı.** *Spr.* Der e–e ist besorgt um sein Leben, der andere denkt nur an den Vorteil, den er daraus ziehen kann.
keçiayağı, -nı Ziegenfuß, Giersch *m bot.* Aegopodium podagraria
keçibiti, -ni Ziegenlaus *f zo.* Linognathus stenopsis
keçiboğan die Ginsterart Calycotome (villosa *bzw.* spinosa)
Keçiborlu *n.pr.* O.u.D. im Rbz. Isparta
keçiboynuzu, -nu 1. Johannisbrotbaum, Karobbaum *m bot.* Ceratonia siliqua 2. Johannisbrot *n*, Karobe *f* *(1, 2) harup ~ **çekirdeği** *fr.* Juweliergewicht ~ **gibi** 1. fad, geschmacklos 2. sehr mühselig und wenig ertragreich (Arbeit)
keçicilik Ziegenhaltung *f*
keçikulağı, -nı s. **ışkın**
keçileşmek eigensinnig, starrköpfig werden
keçili 1. mit nb. Ziegen 2. *V* türk. Hundertpfundschein *m* Zu 1: s. **Üç ~ Kürt gibi kurulma!**
keçilik Eigensinn *m* ~ **etmek** eigensinnig sein
keçimantarı, -nı s. **akmantar**
keçiöldüren s. **keçiboğan**
Keçiören *n.pr.* Landhaus-Vorort von Ankara
keçisağan Ziegenmelker *m*, Nachtschwalbe *f zo.* Caprimulgus europaeus
keçisakal Spitzbart *m* (*a.* Person) *Frenk sakalı
keçisakalı, -nı 1. Geißbart *m bot.* Aruncus silvester *erkeçsakalı, tekesakalı 2. Stranddistel *f bot.* Eryngium maritimum 3. gebräuchliche Geißraute *bot.* Galega officinalis *keçi sedefi, küçük yalan çivit 4. s. **laden çiçeği** 5. s. **iskorçina** (2)
keçitırnağı, -nı Geißfuß *m* (Schnitzwerkzeug) *üçgen oyma kalemi

keçiyemişi, -ni s. **yabanmersini**
keçiyolu, -nu Saumpfad, Steig *m* *çoban yolu; patika
keder Kummer, Gram *m*, Sorge *f*, Leid *n*, (seelischer) Schmerz; Trübsal *f*; Bitteres od. Schweres (das man durchmachen muß) *acı ~ **çekmek** 1. Kummer und Sorge haben 2. (weh-)klagen ~ **etmek** (bşe) e–r Sache nachtrauern ~ **vermek** Kummer und Sorge verursachen **-ine iştirak etmek** (b–nin) an j–s Kummer Anteil nehmen
kederdide [ī] betrübt, bekümmert, traurig, trauernd, leidbetroffen, schwer geprüft (z.B. durch den Tod e–s nahen Angehörigen) ~ **aile** die trauernde Familie, die trauernden Hinterbliebenen
kederlenmek sich grämen, sich härmen
kederli 1. s. **kederdide** 2. betrüblich, traurig (stimmend), schmerzlich
kedersiz 1. ohne Kummer und Sorgen; unbeschwert 2. was keinen Kummer verursacht
kedi (Haus-)Katze *f zo.* Felis domesticus ~ **ayağı** Katzenpfötchen *n bot.* Antennaria dioica ~ **barsak solucanı** Katzenspulwurm *m zo.* Toxocara cati ≗ **bulunmadığı** (*od.* **bulunmayan**) **yerde fareler baş kaldırır.** *Spr.* Wenn die Katze fort ist, tanzen die Mäuse auf dem Tisch. *Spr.* ~ **ciğere bakar gibi bakmak** voll Gier, mit heißem Verlangen betrachten ~ **çevikliğiyle** mit katzenhafter Gelenkigkeit ~ **gibi dört ayak üstüne düşmek** wie e–e Katze auf die Pfoten fallen ~ **ile çuvala** (*od.* **harara**) **girmek** *fig.* sich mit e–m unverträglichen Menschen einlassen ~ **(ile) köpek gibi** wie Hund und Katze ~ **karaciğer kelebeği** Katzenleberegel *m zo.* Opisthorchis felineus ~ **köprüsü** *naut.* Tankerbrücke *f* ~ **makisi** Katta *f zo.* Lemur catta ≗ **kuyruğu bulutu** *F* Lämmerwölkchen *pl.* ≗ **ne budu ne?** Was kann man schon von ihm erwarten? Er bringt ja doch nichts zuwege. ≗ **olalı bir fare tuttu.** (spöttisch über die verspätete Ausführung e–r leichten Aufgabe) Hat er es also doch fertiggebracht! ~ **piresi** Katzenfloh *m zo.* Ctenocephalus felis ≗ **Usta** s. **Çizmeli Kedi;** ≗ **uzanamadığı** (*od.* **yetişmediği**) **ciğere pis** (*od.* **mundar**) **der.** *Spr.* Die Trauben sind zu sauer, sagte der Fuchs, als er sie nicht erreichen konnte. ~ **yavrusu gibi** wie ein kleines Schmeichelkätzchen (Kind) ≗ **yavrusunu yiyeceği zaman sıçana benziyor dermiş.** Wer seinen Hund los sein will, dichtet ihm Tollwut an. ~ **yılanı** Katzenschlange *f zo.* Tarbophis fallax ~ **yüzünü yıkar gibi** die reinste Katzenwäsche ≗**ler çamaşır yıkıyor.** (*etwa:*) Schuster, bleib bei deinem Leisten! *Spr.* ≗**nin boynuna ciğer asılmaz!** *Spr.* Man macht doch nicht den Bock zum Gärtner! **-nin fare ile oynaması gibi** das reinste Katz-und-Maus-Spiel **-ye ciğer (peynir, peynir tulumu) emanet etmek (ısmarlamak, yüklemek)** *fig.* den Bock zum Gärtner machen
kediayası, -nı s. **basurotu**
kedibalı, -nı s. **ağaç balı**
kedibalığı, -nı Katzenhai *m zo.* Scyllium; s.a. **büyük (küçük)** ~
kedibaşı, -nı Hohlzahn *m*, Hanfnessel *f bot.* Galeopsis (ladanum u.a.)
kedicik Kätzchen *n* (*a.bot.* *tırtıl, tırtılsı)
kedidili, -ni Katzenzunge *f* (aus Biskuit od. Schokolade) *langdöşa
kedigiller (Familie *f* der) Katzen *pl. zo.* Felidae
kedigözü, -nü 1. *min.* opalisierender Edelstein *spez.* Sternsaphir *m* *aynülhirre, kaplangözü 2. Katzenauge *f*, Rückstrahler *m* *katafot, stop
kedimsi katzen-ähnlich, -gleich
kedinanesi, -ni s. **kediotu** (2)
kediotu, -nu 1. Baldrian *m bot.* Valeriana (officinalis u.a.) *valeryan 2. gemeine Katzenminze *bot.* Nepeta cataria *kedinanesi, yaban sümbülü 3. gemeine Haselwurz *bot.* Asarum europaeum *yabanî nerdin ~ **ruhu** *pharm.* Baldriantropfen *pl.*
kediotugiller Baldriangewächs *pl. bot.* Valerianaceae
keditırnağı, -nı s. **gebreotu**
kedme *va.* 1. Narbe *f* 2. Brandmal *n*
keduret s. **küduret**
keenlemyekün [·×·×·] *va.* „als ob es nie existiert hätte", null und nichtig, ungültig ~ **hükmüne konulmak** als nicht existierend angesehen werden
keenne [·×·] *va.* als ob, als wenn *güya, sanki ≗ **beni görmemiş gibi davrandı.** Er tat so, als hätte er mich nicht gesehen.
kef (I) *va.* Schaum *m* *köpük 2. *P* s. **tortu**
kef (II) 1. der 25. Buchst. des osm. Alph. (s.a. **kâf**) 2. s. **kâfı Arabî**
kef (III), **-ffi** *va.* 1. Hand(-fläche, -voll) *f* 2. Tatze, Pfote *f* 3. Fußsohle *f* 4. *fig.* Meisterschaft *f* in e–r Kunst
kef (IV), **-ffi** *va.* Zurückziehung *f* der Hand; Zurückhaltung *f* (der Gefühle)
kefaet, -ti [ā] gesellschaftliche od. gesetzliche Gleich-heit, -stellung
kefaf [ā]; **kefafınefs** [·–·×·] *va.* bescheidener Lebensunterhalt
kefafınefsetmek [·–·×··] *va.* seinen (bescheidenen) Lebensunterhalt bestreiten, sich mit wenigem begnügen (müssen), mit irgend etwas Erreichbarem seinen Hunger stillen, sich durchfretten
kefaflanmak [·–··] s. **kefafınefsetmek**
kefal 1. **(balığı)** a) dicklippige Meeräsche *zo.* Mugil chelo b) dünnlippige Meeräsche *zo.* Mugil capito 2. *Sch.* die Note fünf (Ausreichend) 3. *V* Zigarettenstummel *m*, Kippe *f*, Hugo *m* *izmarit ~ **kavunu** e–e runde, dickschalige Zuckermelonenart (*spez.* in der Ägäis) ~ **tutmak** *Sch.* gerade noch die Note „Ausreichend" bekommen
kefalet, -ti [ā] Bürgschaft, Sicherheitsleistung *f* *boyun olma; boyunluluk ~ **akçesi** Kaution *f* ~ **etmek** (b–ne) bürgen, haften, Bürgschaft leisten, sich verbürgen (für) **-le salıverme** (od. **tahliye**) *jur.* vorläufige Ent-, Frei-lassung aus der Haft gegen Sicherheitsleistung
kefaleten [ā] *Adv.* als Bürgschaft, als Sicherheit
kefaletname [·–·–·] Bürgschafts-brief, -schein *m*
kefalgiller (Familie *f* der) Meeräschen *pl.zo.* Mugilidae
kefaller Barschartige *pl. zo.* Percesoces
kefaloma [··×·] *naut.* Seitenteil *m* e–s Staaknetzes **(dalyan)**
kefalometri Schädelmessung, Kephalometrie *f*
kefaret, -ti [ā] 1. *rel.* Buße, Sühne(-gabe) *f* (*spez.* freiwilliges Fasten od. Almosenspenden *n* bei Nichteinhaltung e–s Gelöbnisses) 2. Preis *m* Zu 2: **hürriyetin -i** Preis *m*, den man für die Freiheit zu zahlen hat ~ **yapmak** Buße tun, büßen **-ini ödemek** (bşin) *fig.* seine Strafe für et. erhalten; büßen müssen (für)
Kefe *n.pr. hist.* Stadt *f* Feodosia (Kaffa) (Krim)
kefe (I) Waagschale *f* *göz
kefe (II) dünner Haarhandschuh (anstelle unserer Kardätsche zum Abreiben der Pferde nach dem Striegeln)
kefeki 1. **(taşı)** s. **kumtaşı, pamuktaşı** 2. Zahn-, Wasser-, Kessel-stein *m* **-ye dönmek** ganz durchlöchert sein
kefelemek 1. **(atı)** das Pferd nach dem Striegeln mit dem **kefe** genannten Haarhandschuh abreiben; (kardätschen) 2. *va.* sich mühen, kämpfen *uğraşmak
kefeli 1. mit Waagschalen 2. abgerieben (Pferd)
kefen Leichentuch *n* ~ **soyucu** Leichenfledderer *m* *nebbaş **-e sarmak** s. **kefenlemek -i yırtmak** *fig.* von e–r gefährlichen Krankheit genesen; Freund Hein von der Schippe springen ≗**in cebi yoktur.** Ins Jenseits kann man nichts mitnehmen.

kefenci 1. wer Leichentücher herstellt 2. Grabräuber, Leichenfledderer *m* 3. *V* Wucherer, Räuber, Erpresser *m*
kefenlemek 1. (e–n Toten) in das Leichentuch einhüllen *tekfin etmek 2. (Kochkunst) vor dem Braten in feinen Eierteig einwickeln (Huhn, Truthahn usw.)
kefenli 1. in ein Leichentuch gehüllt (Toter) 2. (Kochkunst) in Eierteig eingerollt
kefenlik zur Herstellung von Leichentüchern geeignet od. best. (Stoff)
kefensiz ohne Leichentuch ~ **yatanlar** gefallene Krieger *şehitler
kefere (*va. Pl.* zu **kâfir**) die Ungläubigen (*fr. a.* häufig in der Verst. **-i fecere**)
kef(e)ret, -ti (helfendes) Mittel; Hilfsmittel *n*, Wirkung *f*, Nutzen *m*, Wirksamkeit *f* **≗i budur.** (Formel der Volksmedizin) Das hilft! **Bir -e yaramaz.** Das hilft nichts (führt zu nichts, ist zwecklos, ist unnütz).
keferetsiz nutzlos, zwecklos, unnütz
Kefeştetayış *n.pr.* s. Stw. **Ashabı Kehf**
keffe s. **kefe** (I)
keffi *va.* Hand-; s. a. **varakı** ~
keffimeryem 1. Jerichorose *f bot.* Anastatica hierochuntica 2. die Katzenkraut-Art Nepeta mussini *(1, 2) Meryem çiçeği
keffinefsetmek *va.* sich beherrschen
keffiyet, -di Verzicht(-leistung *f*) *m*, Aufgeben, Abstandnehmen *n* ~ **etmek** (bşden) et. aufgeben; abstehen, Abstand nehmen (von); verzichten, Verzicht leisten (auf) *el çekmek, vazgeçmek
keffüleset, -di s. **aslanpençesi** (1)
kefgir s. **kevgir**
kefil [ī] Bürge *m* *boyunlu ~ **almak** e–n Bürgen nehmen, sich Bürgschaft leisten lassen ~ **göstermek** (*od.* **vermek**) e–n Bürgen stellen, Sicherheit geben ~ **olmak** (b–ne) bürgen, haften, Bürgschaft leisten, sich verbürgen (für) **-e kefil** (*od.* **-in kefili**) *jur.* Nachbürge *m* *art boyunlu **binnefis** *jur.* Leibesbürge *m*
kefillik 1. Rolle *f* e–s Bürgen; Bürgen *n* 2. Bürgschaft, Sicherheitsleistung *f*
kefin *P* für **kefen**
kefir Kefir *m*
kefiye (bis zu den Schultern reichendes) ar. Kopftuch
kefne *naut.* Segel(macher)handschuh *m* *yelkenci yüksüğü
kefret(-siz) s. **kef(e)ret(-siz)**
keftar [ā] *va.* s. **sırtlan**
kefter *va.* s. **güvercin**
Kegalar s. **Gegalar**
keh (I) s. **geh, kâh**
keh (II) *va.* s. **saman**
kehanet, -ti [ā] Wahrsagen *n*, Weissagung, Voraussage, Prophezeiung *f* ~ **etmek** *od.* **-te bulunmak** wahr-, weis-, voraus-sagen, prophezeien
kehel (< *ar.* **kâhil**) *P* arbeitsscheu, faul, träge
kehf 1. *va.* Höhle, Grotte *f* 2. *fig.* Zufluchtsort *m* 3. *med.* Kaverne *f* ≗ **suresi** Name der 18. Koran-Sure
kehfi *va.* mit Hohlraum (Hohlräumen), *med.* kavernös
kehhal, -li [ā] *va.* 1. Augenarzt *m* 2. wer e–r Braut die Augen und Augenbrauen schminkt 3. Hersteller und Verkäufer *m* von Augenschminke
kehkeşan [ā] *astr.* Milchstraße *f* *samanyolu
kehle (I) (*a.* **kehl**) *va.* in den mittleren Jahren stehend
kehle (II) Laus *f zo.* Pediculus *bit
kehlelenmek 1. Läuse bekommen, verlaust werden 2. sich die Läuse absuchen, sich lausen *(1, 2) bitlenmek
kehleli voller Läuse, verlaust *bitli
kehlibar [ā] 1. Bernstein *m* *kılkapan, samankapan 2. aus Bernstein hergestellt, Bernstein- ~ **ağızlık** Bernsteinmundstück *n* ~ **balı** bernsteingelber, durchsichtiger Honig ~ **yağı** Kopalharz *n*
kehlibarcı [ā] Hersteller od. Verkäufer *m* von Bernsteinwaren (wie Gebetsketten, Mundstücken usw.)
kehribar; kehrüba s. **kehlibar**
Kehtane [ā] *n.pr.* (< **kâğıthane,** Papierfabrik) Das Tal der Süßen Wasser von Europa (in der nordöstl. Verlängerung des Goldenen Horns)
keis, -e'si 1. *va.* Kelch, Pokal *m*, Glas *n* 2. *bot.* s. **çanak**
kek, -ki Königskuchen *m* ~ **kalıbı** Kuchenform *f*
kekâ(-h) *P* (Ausruf des Wohlbehagens) **Ooh ~!** Ach, wie schön! Jetzt wollen wir es uns aber einmal recht behaglich machen! *Gel keyfim gel!
keke (I) *P* stotternd; Stotterer *m* *kekeme
keke (II) 1. *va.* s. **gaga** 2. Hakenstock *m* (zum Heranholen von Ästen beim Obstpflücken), Obstpflücker *m*
kekelemek 1. stottern (infolge Sprachfehlers) 2. stottern, stammeln (infolge Erregung)
kekelez *dial.* s. **sincap**
kekelik Stottern, Stammeln *n*
kekeme stotternd; Stotterer *m*
kekemek s. **kekelemek**
kekemelik Stottern *n* *pepemelik, rekâket
kekeş *va.* s. **roka**
kekez *V* Strichjunge *m*
kekik echter Thymian; Quendel *m bot.* Thymus vulgaris ~ **azmak** *va.* Verdauungsbeschwerden haben ~ **yağı** Quendelöl *n*
kekikli 1. mit Thymian bestanden od. nach Thymian duftend 2. mit Thymian zubereitet
kekiz *z. va.* 1. gefügig, willfährig, nachgiebig 2. Lustknabe *m*
keklik, -iği 1. Rebhuhn *n zo.* Perdix perdix 2. s. **dilbalığı** ~ **çiğdemi** Gladiole *f bot.* Gladiolus byzantinus ~ **gibi** lebenslustig (Mädchen) ~ **gözü** Sommer-Adonisröschen *n bot.* Adonis aestivalis *yaz kanavcıotu ~ **otu** s. **güvey otu;** ~ **palazı** junges Rebhuhn ~ **sürüsü** Schwarm *m* Rebhühner ~ **üzümü** Wintergrün *n bot.* Gaultheria procumbens
kekre herb, leicht säuerlich
kekrelik Herbheit, Herbe *f*
kekremsi 1. mit herbem Beigeschmack, leicht säuerlich schmeckend 2. *fig.* mit säuerlicher Miene, von wenig einladendem Äußeren
kekremsilik 1. herber Beigeschmack 2. *fig.* säuerliche Miene
kekresi et. herb schmeckend
kekvok, -ku Cake-Walk *m* (fr. Tanz)
kel 1. **(hastalığı)** Grindpilzflechte *f*, Erbgrind *m med.* Favus 2. grindköpfig 3. kahle Stelle am Kopf 4. kahlköpfig, haarlos 5. *fig.* kahl, nackt (z. B. Fels) 6. kaum möbliert (z. B. Zimmer) 7. verkümmert (Pflanzen, Bäume) ≗ **başa simşir tarak yakışır ya.** *fig.* 1. Luxus *m* am unrechten Platz 2. Das paßt wie die Faust aufs Auge ~ **başta berberlik öğrenmek** Versuch *m* am untauglichen Objekt ~ **ibis** s. **kelaynak;** ~ **kâhya** wer überall seine Nase hineinsteckt, zudringlicher Mensch, Unberufener ~ **mantarı** der Schmarotzerpilz Acharios Schoenlein (ein Fadenpilz) ~ **olmak** grindköpfig sein; Haarausfall haben ~ **otu** gemeine Pestwurz *bot.* Petasites officinalis ~ **ölür...** (usw.) s. **kör ölür...** (usw.) ~ **örten** *fr.* ein bis über die Ohren reichender Fes *ayıp kapayan ≗ **tavuk** ~ **horozla badaşır.** *mst. pej.* Gleich und gleich gesellt sich gern. *Spr.* ≗ **yanında kabak anılmaz** (*od.* **denmez**). *Spr.* Im Hause des Gehängten soll man nicht vom Strick sprechen. *Spr.* ≗**e köseden yardım olmaz.** *Spr.* Erwarte keine Hilfe von dem, der selber in e–r üblen Lage ist. **-i açılmak** (*od.* **görünmek**) offenkundig werden (Fehler, Schuld, Verge-

hen) **-i kızmak** wütend werden, (e−m an und für sich gutmütigen Menschen) über die Hutschnur gehen **-i körü toplamak** Krethi und Plethi zusammenholen **²in aybını takke örter.** *Spr.* Unzulänglichkeiten e−r hohen Persönlichkeit werden oft durch deren Reichtum (Rang usw.) verdeckt. **²in medarı olsa kendi başına olur.** *Spr.* s. **²e köseden yardım olmaz.**

kelâl, -li *va.* 1. Überdruß, Widerwille *m* *bıkkınlık, usanç 2. Ermüdung, Erschöpfung *f*, Abgespanntsein *n* ~ **gelmek** 1. e−r Sache überdrüssig werden 2. müde (erschöpft, abgespannt) werden ~ **vermek** 1. Überdruß verursachen 2. ermüden, langweilen

kelâlet, -ti s. **kelâl**

kelâm 1. Wort *n*, Ausspruch *m*, Rede *f*, Sprache 2. *gr.* Satzgefüge *n*, Periodenbau *m*, Sinnganzes (bestehend aus e−m od. mehreren Sätzen) 3. *phil.* Logos *m* *deyi, logos 4. (*a.* **ilmi** ~) isl. Theologie *spez.* Koranstudium *n* 5. ⌐ Koran *m* ~ **etmek** reden, sprechen **-a agaz etti** *va. od. hum.* Er hub an zu reden.

kelâmcı Korankenner *m*

Kelâmıkadim [·−··−] Koran *m* *Kur'an

kelâmıkibar [·−··−] berühmter Ausspruch *ulusöz

kelâmî *va.* 1. mündlich, verbal *sözül 2. auf den Koran bezüglich 3. isl. scholastischer Theologe

kelâmiye isl. scholastische Theologie

Kelâmullah [·−·−] Wort *n* Gottes, Koran *m*

kelaynak Kahlibis, Waldrapp *m* *zo.* Geronticus eremita

kelbî 1. *va.* den Hund betreffend, hündisch 2. zynisch *sinik ~ **filozof** Zyniker *m*

Kelbiasgar; Kelbiekber s. **Küçükköpek; Büyükköpek**

kelbiye 1. s. **köpekgiller** 2. s. **kinizm**

kelbiyun [ū] *va. Pl. phil.* Zyniker *pl.*

Kelda(-nî) s. **Kalde(-li)**

kele *dial.* s. **tosun**

kelebek, -eği 1. Schmetterling *m* 2. Leber-, Lungen-egel *m* 3. s. ~ **hastalığı** 4. *techn.* Flügelschraube *f*, Flügel- 5. **(valf)** *techn.* Drosselventil *n* 6. (Spinn-, Fliegen-)Rolle *f* (an der Angel) 7. Fensterriegel *m* 8. s. ~ **gözlük** 9. s. ~ **gibi** Zu 2: s. **büyük(küçük) karaciğer -i; akçiğer -i** ~ **camı** Ausstell-, Dreh-fenster *n* (am Auto) ~ **gibi** hübsch gekleidetes kleines Mädchen ~ **gözlük** Zwicker, Kneifer *m* *kıskaç gözlük ~ **hastalığı** Lungen-, Leber-egelkrankheit *f*; s. a. **akciğer (karaciğer) kelebek hastalığı;** ~ **kanadı** s. **güvercin kanadı;** ~ **kravat** Querbinder *m*, Fliege, Schleife *f* ~ **kulacı** Schmetterlings-, Delphin-stil *m* (beim Schwimmen) ~ **mastı** Zwergspaniel *m* ~ **reze** Scharnierband *n* ~ **somun** Flügelmutter *f* (e−r Schraube) ~ **valf** *techn.* Drosselklappe *f* *kanatlı supap ~ **vida** Flügelschraube *f*

kelebekler s. **pulkanatlılar**

kelebekotu, -nu s. **sarı yonca**

kelefe s. **keleve**

kelek, -eği 1. mit nackten od. leeren Stellen (z.B. Maiskolben) 2. ohne Haare, ohne Borsten (z.B. Sack aus Ziegenfell) *kılsız 3. unreife Zuckermelone 4. Kelek *n*, Schlauchfloß *n* (von aufgeblasenen Ziegenhäuten getragenes Holzgestell) 5. verkümmert (Pflanze, Baum) 6. *V* blöder Kerl *kokomiro **-e bağlamak** verderben (*V* verhunzen, versaubeuteln)

keleklik, -iği *V* Dummheit, Albernheit *f* ~ **etmek** *V* sich dumm, albern benehmen

kelem *P* s. **lahana**

keleme *dial.* nicht-gepflügter bzw. nicht-umgegrabener Boden

kelender s. **kilindir**

kelep, -bi *P* großes Garnknäuel

kelepçe [·×·] 1. Hand-fessel, -schelle *f* 2. *techn.* Schelle 3. Schraubzwinge, Klemmschraube *f* (des Tischlers) 4. Bügel *m*, Lasche *f* (zur Befestigung der Deichsel od. Federung e−s Wagens) ~ **vurmak** (*od.* **takmak**) (b−ne) j−m Handschellen anlegen, j−n fesseln

kelepçelemek (bileklerinden) s. **kelepçe vurmak**

kelepçeli mit **kelepçe; elleri** ~ **olarak** mit gefesselten Händen ~ **saat** Armbanduhr *f*

kelepir 1. Gelegenheitskauf *m* 2. sehr billig, besonders preisgünstig 3. *va.* Stiefkind *n* *üvey evlât ~ **yakalamak** (*od.* **-e konmak**) zu e−m Gelegenheitskauf kommen, et. sehr preiswert erstehen

kelepirci 1. wer auf Gelegenheitskäufe aus ist 2. wer es versteht, sich auf billige Art in den Besitz guter Dinge zu setzen 3. Verkäufer *m* von Gelegenheitsstücken; Altwarenhändler, Trödler *m*

kelepser Kandarenkette *f*, Kinnriemen *m* (am Pferdegeschirr)

keler *allg.* Echse *f* ~ **derisi** 1. Haifischleder *n* mit granulierter Oberfläche (zum Polieren) 2. Eidechsenhaut *f*

kelerbalığı, -nı Meerengel, Engelhai *m* *zo.* Squatina squatina *maymunbalığı

kelerbilim Herpetologie, Kriechtierkunde *f* *erpetoloji, sürüngenbilim

kelerbilimsel herpetologisch *erpetolojik

Keles *n.pr.* O.u.D. im Rbz. Bursa

keleş 1. *dial.* schön, hübsch, nett, gut aussehend *güzel, yakışıklı 2. *abus.* s. **kel** 3. mutig, tapfer 4. dumm, idiotisch

keleve *dial.* 1. Baumwollknäuel *n* od. Seidenstrang *m* 2. Spindel *f*

kelevvel *va.* wie früher *eskisi gibi

Kelhurî Name e−s kurdischen Dialektes

kelidonin *pharm.* Chelidonin *n*

kelim [·−] (*ar.*: Gesprächspartner); **Suretülkelim** Name der 20. Koran-Sure *Ta-Ha suresi

kelime Wort *n*, Vokabel *f* ~ **ailesi** *ling.* Wortfamilie *f* **bekelime** *z.va.* Wort für Wort, wortwörtlich *motamo ~ **bölünmesi** (*od.* ~ **kesme**) Worttrennung *f* (am Ende e−r Zeile) ~ **cambazlığı** Jonglieren *n* mit Worten, Wort-spielerei, -klauberei *f* ~ **çalmak** *F* Wörter aufschnappen ~ **çeşitleri** *ling.* Wortarten *pl.* ~ **düzeni** *ling.* Wortanordnung *f* (im Satz) ~ **hazinesi** *ling.* Wortschatz *m* ~ **kalabalığı** (leerer) Wortschwall ~ **karışıklığı** s. **parafazi;** ~ **kataloğu** Stichwortkatalog *m* (in e−r Bibliothek) ~ **koşması** s. **ikileme;** ~ **oyunu** Wortspiel *n* ~ **teşkili** Wortbildung *f* *kelime yapımı ~ **üzerinde oynamak** zweideutig reden (*od.* schreiben) ~ **yanaçları** s. **sanayil lafziye;** ~ **yapımı** s. ~ **teşkili; -lerin üzerinde durmak** (*od.* **-lere basmak**) mit Nachdruck sprechen **-lerini tartmak** seine Worte abwägen **-nin bütün** (*od.* **tam**) **manasiyle** im vollen Sinn des Wortes **-si -sine** wortgetreu, wortwörtlich **-i asliye** *gr.* Simplex *n*, einfaches Wort *basit kelime **-i şahadet** isl. Glaubensbekenntnis (das u.a. den Neugeborenen od. Sterbenden ins Ohr geflüstert od. den Toten im Grab zugerufen wird, nämlich: **Eşhedü en lâ ilâha illallah ve eşhedü enne Muhammedan abdühu ve resulühu.** Ich bezeuge, daß es keinen anderen Gott gibt (außer Allah) und daß Mohammed sein Diener und Prophet ist.) **-i şahadet getirmek** das Glaubensbekenntnis sprechen **-i tevhit** *rel.* das monotheistische Glaubensbekenntnis

kelimebilim(-sel) s. **sözbilim(-sel); leksikoloji(-k)**

kelimeli aus nb. Wörtern bestehend *od.* soundsoviele Wörter umfassend

kelimetan [ā]; **kelimeteyn** *va.* die beiden Grundsätze des isl. Glaubensbekenntnisses (vgl. **kelimei şahadet)**

kelimevî *va.* auf das Wort bezüglich ~ **sistem** Graphik *f* nach Wortfamilien

Kelimullah [·−·−] Beiname von Moses („der von Gott Angeredete") (vgl. Koran, Sure 4, Vers 164)

kelişer s. **zehir çengeli**
Kelkit, -ti *n.pr.* 1. **(ırmağı)** Fluß in Anatolien (*Anm.* Das Kelkit-Tal ist ein berüchtigtes Erdbebengebiet) 2. O. u. D. im Rbz. Gümüşane
kellâ *va.* Verst. zu **hâşa** (1)
kelle 1. *pej.* Kopf *m* (auf den e–e Prämie ausgesetzt ist, der abgeschlagen ist usw.) 2. Zuckerhut *m* 3. ganzer Käse (bei best. Sorten) 4. Kopf *m* (bei Kohl; e–s Hammels) 5. (Korn-)Ähre *f* ~ **götürür gibi** über-stürzt, -hastet, mit unangebrachter Eile ~ **kulak yerinde** *P* gut gekleidet; ansehnlich, stattlich, kräftig, wohlgenährt ⁓ **mi götürüyorsun?** Was soll denn diese Hast? ~ **peyniri** e–e in der Umgebung von Balıkesir und Izmir hergestellte Käseart *Mihalıç peyniri ⁓ **sağ olsun da külâh bulunur** (*od.* **eksik olmaz**). *Spr.* Hauptsache, man ist gesund, dann findet sich auch e–e Arbeit ~ **şekeri** 1. Hutzucker *m* 2. Zuckerhut *m* *külâh şekeri **-mi keserim (İş böyle değilse...)** Wenn das nicht stimmt, freß ich e–n (dreckigen) Besen! **-si koltuğunda olmak** *od.* **-sini koltuğuna almak** *fig.* dem Tod (beherzt) ins Auge sehen, sein Leben riskieren **-sini ortaya koymak** zu allem, selbst zum Sterben entschlossen sein **-sini uçurmak** j–n e–n Kopf kürzer machen **-yi vermek** sein Leben opfern *canını feda etmek
kellenme Haarausfall *m*, Alopezie *f* *alopesi
kellepuş *va.* 1. jegliche Kopfbedeckung (wie Hut, Mütze, Haube usw.) 2. *fr. spez.* Kappe *f*, Käppchen *n* unter dem Turban 3. *fr. selt.* Helm *m* *miğfer
kelleşme s. **ağaçsızlanma**
kelli (*va.* kausale Pp. mit Abl.) da ja, weil, nachdem **Sen böyle dedikten ~ ben ne yapabilirim!** Was kann ich schon tun, nachdem du so gesprochen hast?
kellifelli 1. ansehnlich, stattlich, gut gekleidet, imponierend 2. ernst, gesetzt
kellik 1. Grindköpfigkeit *f* 2. kahle, pflanzenlose Stelle
kelner *selt.* der (deutsche) Kellner
Keloğlan 1. *n.pr.* Held in türk. Märchen 2. ⁓ Kosewort für ein Waisenkind, das in e–e Familie od. als Lehrling aufgenommen ist Zu 2: **Bizim ⁓ı incitmeyin!** Unsern armen Liebling dürft ihr nicht kränken!
keloyit, -di *med.* Keloid *n*, Narbengeschwulst *f*
kelp (I), **-bi** *z. va.* 1. Hund *m* *köpek, it 2. *Schi.* Hunds-, Sau-kerl *m* Zu 1: s. **daül-; -i akur** *va.* bissiger Hund *azgın köpek, salar köpek
kelp (II), **-pi** (*engl.* **kelp**) Tang *m*, Seegras *n*
kelpe *P* Weinberg-, Reben-pfahl *m*
kelpeten *P* für **kerpeten**
kelpkuyruğu, -nu s. **çayır otu** (4)
Kelt, -ti 1. Kelte *m*, Keltin *f* 2. keltisch
Keltçe keltische Sprache, Keltisch
Keltiberler *n.pr.* Keltiberer *pl.*
Keltik keltisch
kem (I) 1. übel, schlecht, böse, schlimm *kötü 2. minderwertig, schlecht (hinsichtlich Gewicht od. Feingehalt) 3. *va.* wenig, mangelnd, gering ~ **akçe** minderwertiges Geld (Münzen mit herabgesetztem Edelmetallgehalt) ⁓ **alâtla kemalât olmaz.** (Wortspiel) Mit minderwertigem Werkzeug läßt sich nichts Hervorragendes schaffen. ~ **nazarla bakmak** (b–ne) gehässig mustern ~ **niyet** böse Absicht, Hinterlist *f* ~ **sanıcı** übelgesinnt, böswillig, mißgünstig, gehässig ~ **söz** herabsetzende, verächtliche Bemerkung ⁓ **söz kem akçe sahibinindir.** *Spr.* Ein übles Wort fällt auf den zurück, der es gebraucht.
kem (II) *va.* wieviel(-e) *kaç; ne kadar
kema [ā] *va.* wie, gleich
kemabiş [ā, ī] *va.* mehr oder weniger, ungefähr *aşağı yukarı, takriben
kemafilevvel [ā] *va.* wie früher, unverändert *eskisi gibi
kemafissabık [·—·—·] *va.* s. **kemafilevvel**
Kemah *n.pr.* O. u. D. im Rbz. Erzincan
kemakân [·——] *va.* s. **kemafilevvel**
kemal, -li [ā] 1. Vollendung, Reife, Vollkommenheit, Vortrefflichkeit, Vorzüglichkeit *f* 2. (höchster) Wert, das Beste, was man von e–r Person od. Sache sagen kann 3. höchster Grad 4. ⁓ [×·] *mV* Zu 1: **ehli** ~ mit allen Vorzügen ausgestattet Zu 2: **Bunun -i on kuruş, ne değeri var!** Das Ding kostet höchstens zehn Kurusch, was liegt also schon daran! ~ **bulmak; -e ermek** (*od.* **gelmek**) heranreifen, der Vollendung entgegengehen, Vollkommenheit erlangen **⁓i ne!** Na ja, allzu teuer ist es auch nicht! **-i ciddiyetle** in vollem Ernst, ganz ernsthaft **-i evvel** s. **entelekya; -i hayretle** aufs höchste verwundert, baß erstaunt **-i ihtiram** höchste Ehren *pl.* **-i muhabbet** aufrichtige Liebe **-i muvaffakıyetle** mit größtem Erfolg **-i sükûnetle** voller Ruhe **-i teessürle** mit tiefster Betrübnis
kemalât, -tı *va. Pl.* zu **kemal;** s. a. Stw. **kem**
Kemalist, -ti 1. Kemalist(-in *f*) *m* 2. kemalistisch *(1, 2) Atatürkçü ~ **devleti** der kemalistische Staat, die neue Türkei ~ **rejim** kemalistisches Regime
Kemaliye *n.pr.* O. u. D. im Rbz. Erzincan
Kemalizm Kemalismus *m* *Atatürkçülük
Kemalpaşa O. u. D. im Rbz. İzmir
keman 1. Bogen *m* (Schußwaffe) *yay 2. Bogen *m* (als Wölbung) *kavis 3. ⁓ *astr.* s. **Yay** 4. bogenförmig gewölbt 5. Geige, Violine *f* ~ **çalmak** Geige spielen ~ **etmek** bogenförmig wölben ~ **gibi** schmal und gleichmäßig (Augenbrauen) ~ **kaş(-lı)** mit schön gewölbten Augenbrauen ~ **köprüsü** Geigensteg *m* ~ **sapı** Geigenhals *m* **yapıcısı** Geigenbauer *m* ~ **yapıcılığı** Geigenbau *m* ~ **yayı** Geigenbogen *m*
kemancı 1. Geigenbauer *m* 2. Geigenhändler *m* 3. Geigenspieler(-in *f*) *m* Violinist(-in *f*) *m*, Geiger(-in *f*) *m*
kemancılık 1. Geigen-bau *m*, -herstellung *f* 2. Geigenhandel *m* 3. Tätigkeit *f* e–s Geigers, Geigenspiel *n*
kemançe 1. s. **kemençe** 2. *hist.* langer Schnörkel (bei Unterschriften)
kemane [ā] 1. Violinbogen *m* (für **keman** od. **kemençe**) 2. größere fünfsaitige Geige 3. *techn.* a) Kantenmeißel *m* (des Bildhauers) b) Draht-, Dreh-, Bohr-bogen *m* 4. *naut.* Galion *n* *talyamar başlığı ~ **çekme** *(Ringen)* Umfassungsgriff von hinten mit Druck auf Magen und Bauch des Gegners
kemanî [·——] *(orient. Mus.)* Geiger(-in *f*) *m*, Violinist(-in *f*) *m*
kemanist, -ti Kontamination von **kemancı** und **viyolonist**
kemankeş [ā] *va.* 1. Bogenschütze *m* 2. s. **kemanî**
kemayar [··—] *z. va.* minderwertig (Gold- od. Silbermünzen)
kembizaa [··—·] *va.* 1. mit geringem Kapital 2. *fig.* recht ungebildet 3. *fig.* von geringen Fähigkeiten **bu abdi -ları** *osm. Besch.* meine Wenigkeit
keme Ratte *f zo.* Rattus; ~ **yılanı** Rattenschlange *f zo.* Zamenis mucosus
kem'e (Winter-)Trüffel *f bot.* Tuber *domalan
kemençe [·×·] dreisaitige, mit Rundbogen gespielte Spießgeige
kemençeci [·×··] 1. Hersteller od. Verkäufer *m* von **kemençe** 2. Kementsche-Spieler *m*
kement, -di 1. Lasso *m, n*, Wurfschlinge *f* 2. *fr.* eingefetteter Riemen (für Hinrichtungen) 3. *va.* Halfter *m, n* 4. *va.* Haarlocke *f*
kementlemek *V* ergaunern od. entwenden (Geld); j–m betrügerisch viel Geld abnehmen (beim Glücksspiel)
kemer 1. Gürtel, Gurt (s. a. **emniyet kemeri**) *m* 2. Bund *m* (e–r Hose od. Unterhose) 3. s. **altın kemeri** 4. Bogen *m* (z. B. Brückenbogen), Gewölbe *n*, Wölbung, Arkade *f* 5. Aquädukt *m* 6. *geol.* Antiklinale, Sattelfalte *f* 7. Gurt-

werk *n* (e–s Piloten od. Fallschirmspringers) 8. bogenförmig, gewölbt 9. *hist.* Helfer *m* e–s Aufsichtsbeamten (in e–r Medrese) ~ **alnı** s. **başkemer kaburgası;** ~ **ayağı** Gewölbe-pfeiler, -träger *m* ~ **bağlama** „Gürtelumbinden" *n* (alter Brauch, bei dem das Oberhaupt e–r Familie der Braut e–n goldenen od. silbernen Gürtel umbindet) ~ **burun** Hakennase *f* ~ **gözü** *arch.* Joch *n* ~ **kalıbı** *arch.* Bogen-, Gewölbe-gerüst *n* *kantara ~ **karnı** innere Gewölbefläche ~ **kaş** schön gewölbte Augenbrauen *pl.* *takı ebru ~ **kayışı** Leibriemen *m*, Koppel *n* ~ **kilidi** s. **anahtar taşı;** ~ **kovanı** Bogenrundung *f* (e–s Gewölbes) ~ **köprü** Bogenbrücke *f*, Viadukt *n* ~ **tablası** *arch.* Giebelfeld, Tympanon *n* ~ **takmak** e–n Gürtel anlegen od. tragen ~ **taşı** *arch.* Keilstein *m* (e–s Gewölbes) ~ **tokası** Gürtelschnalle *f* ~ **üzengisi** (*od.* **yatağı**) *arch.* Verbindungsstein *m* zwischen Pfeiler und Gewölbe; Kämpfer *m* **-ini kasmak** (*od.* **sıkmak**) *fig.* den Gürtel enger schnallen müssen

kemeraltı, -nı 1. Arkaden, Lauben *pl.*, überwölbter Basar 2. ≗ *n.pr.* Stadtteil von Istanbul

kemerbent, -di s. **başkemer (kaburgası)**

kemere *naut.* Decksbalken *m* *mangasa ~ **alt kontra astarı** *naut.* Plankengang *m* (zwischen den Gabelhölzern), Setzweger *m* ~ **çeliği** *naut.* Schlinge, Rippe *f* (Unterdecksversteifung für Poller usw.)

kemerli 1. mit nb. **kemer** 2. gewölbt, gebogen, Haken- 3. mit Arkaden Zu 1: **sekiz** ~ **bir köprü** e–e Brücke mit acht Bogen Zu 2: ~ **burun** Hakennase *f* ~ **hayvangiller** (Familie *f* der) Gürteltierer *pl. zo.* Dasypodidae *tatugiller ~ **pasaj** Lauben-, Bogen-gang *m*, Arkade *f* ~ **payanda** *arch.* Strebebogen *m* ~ **pencere** Bogenfenster *n*

kemerlik 1. aus Holz, Leder od. Eisen gefertigter Bund, in den Werkzeuge, Gläser usw. hineingesteckt werden können (*bes.* bei Scherbettverkäufern) 2. *hist.* pekeschenartiges Wams mit Wehrgehenk (für Unteroffiziere der Janitscharen)

kemerpatlıcan große, längliche Aubergine (im Ggs. zu **bostan patlıcanı**)

kemgöz böser Blick; Malocchio *m*

kemha [ā] 1. Gold- od. Silber-Brokat *m* 2. Seidensamt *m*

kemhacı [ā] Hersteller od. Verkäufer *m* von **kemha**

kemik, -iği 1. *an.* Knochen *m* *azım 2. aus Knochen angefertigt, Bein-, beinern 3. **-ler** *pl.* Gebeine *pl.* (e–s Toten) ~ **atmak** (b–nin önüne) *fig.* j–m e–n Knochen vorwerfen (um ihn zum Schweigen zu bringen ~ **bankası** *med.* Knochenbank *f* ~ **boşluk** *an.* knöchernes Labyrinth *~ labirent ~ **çatısı** *an.* Knochengerüst *n* ~ **çıkıntısı** *an.* Apophyse *f*, Knochenfortsatz *m* *nütuu azım ~ **gibi** knochentrocken, steinhart ~ **gövdesi** *an.* Diaphyse *f*, Mittelstück *n* der Röhrenknochen ~ **hastalığı** Knochenleiden *n*, *spez.* Rachitis *f* ~ **hastalıklı** rachitisch ~ **iliği** *an.* Knochenmark *n* *muhhu azım ~ **iltihabı** *med.* Knochenentzündung, Ostitis *f* *osteit ~ **iskeleti** Knochengerüst *n* ~ **kapmak** *pej.* auch et. ergattern, abbekommen ~ **kaynağı** Symphyse, Knochenfuge *f* *semfiz ~ **kırığı** Knochenbruch *m* ~ **kıymığı** Knochensplitter *m* ~ **kömürü** *pharm.* Knochenkohle *f* ~ **labirent** s. ~ **boşluk;** ~ **levhacığı** *an.* Knochenlamelle *f* *sufeyhai azmiye ~ **pensi** *med.* Knochenzange *f* ~ **plastiği** *med.* Osteoplastik *f* *osteoplasti ~ **şişi** *med.* Exostose *f*, Knochenanwuchs *m* ~ **ucu** *an.* Epiphyse *f*, Endstück *n* von Röhrenknochen *nihayeti azım ~ **uru** *med.* Knochengewebsgeschwulst *f*, Osteom *n* ~ **yalayıcı** würdeloser Schmeichler; Speichellecker *m* *dalkavuk, kâselis ~ **yapıcı** knochenbildend, osteogen ~ **yapracığı** s. ~ **levhacığı;** ~ **yumuşaması** *med.* Knochenerweichung, Osteomalazie *f* ~ **zarı** *an.* Bein-, Knochenhaut *f*, Periost *n* *simhak, peryost **-e işlemek** j–m durch und durch gehen (Kälte, Regen usw.) **-i çıkmak** verrenkt sein (Knochen) **-i kalın** starkknochig **-leri sayılmak** *fig.* nur mehr Haut und Knochen sein **-leri titremek** (*od.* **sızlamak**) keine Ruhe im Grab finden können **-lerini kırmak** (*mst. als Drohung*) j–m alle Knochen zerbrechen

kemikbilim *med.* Osteologie, Knochenkunde *f* *osteoloji

kemikbilimsel *med.* osteologisch, knochenkundlich *osteolojik

kemikçik *an.* Knöchelchen *n*

kemikdoku *an.* Knochengewebe *n* *nesci azmî

kemikleşme *biol.* Ossifikation, Knochenbildung, Verknöcherung *f* *taazzum

kemikleşmek 1. ossifizieren, zu Knochen werden, verknöchern 2. *fig.* fest werden, einwurzeln

kemikli 1. Knochen besitzend 2. mit vielen Knochen, knochig 3. mit starken Knochen 4. nur mehr Haut und Knochen; abgezehrt ~ **balıklar** Knochenfische *pl.zo.* Teleostei *esmakı azmiye ~ **et** Fleisch mit Knochenzulage

kemiklik Beinhaus, Oss(u)arium *n*

kemiksel Knochen-, Bein- *azmî

kemiksi knochenähnlich

kemiksiz 1. keine Knochen besitzend 2. ohne Knochenzugabe ~ **hayvan** Weichtier *n*, Molluske *f*

kemin(-e) [ī] *va. osm. Besch.* klein, winzig, bescheiden, ergeben **bendei kemine** *va.* ergebener Diener *d.h.* ich; s.a. **kerkemin**

kemîn *va.* 1. Hinterhalt *m* *pusu 2. im Hinterhalt liegend

kemircik 1. kleiner Knorpel 2. s. **sabankemiği**

kemirdek *P* 1. Schwanzknorpel *pl.* 2. s. **kuyruk kemiği**

kemirgengagalı Trogon *m zo.* Trogon *m* (Urwaldvogel)

kemirgenler Nagetiere, Nager *pl.zo.* Rodentia *kadıma

kemirici 1. nagend, Nage- 2. *fig.* fressend, verzehrend 3. zerfressend ~ **ateş** verzehrendes (wütendes) Feuer ~ **kıskançlık** verzehrende (nagende, wütende) Eifersucht

kemiriciler s. **kemirgenler**

kemirmek 1. nagen 2. ab-, durch-nagen, ab-, weg-fressen 3. *fig.* langsam in et. eindringen und es zerstören; zerfressen, auszehren

kemiyet, -ti 1. Quantität, Menge, Masse, Anzahl *f* 2. (bekannte od. unbekannte) Größe 3. *gr. va.* Numerus *m* ~ **zarfları** s. **nicelik zarfları; -te hata** Quantitäts-, Kalkulations-irrtum *m*

kemküm etmek herum-stottern, -reden

kemlik *va.* s. **kötülük**

kemling Kämmling *m* (ausgekämmte kurze Wollfasern; z.B. als Polstermaterial verwendet)

kemmaye [ā] *va.* minderwertig, mit schlechten Charaktereigenschaften

kemmî *va.* quantitativ, Mengen; s.a. **tahlili** ~

kemmiyat, -tı [ā] *va. Pl.* zu **kem(m)iyet; -ı vaz'iyeler** s. **koordinatlar**

kemosentez Chemosynthese *f* *kimyasal bileşim

kemotaksi Chemotaxis *f* *kimyagöçümü

kemotropizm Chemotropismus *m* *kimyayönelim

kempaye [ā] *va.* von niedrigem Rang, geringwertig

kemre *dial.* 1. Mist, Dung, Dünger *m* *gübre 2. Schorf *m*, Kruste *f* (über e–r Wunde) *yara kabuğu ~ **tutmak** *dial.* e–e Kruste bilden; verschorfen (Wunde)

kemter (*va.* Komparativ zu **kem**) 1. schlechter, geringer 2. *osm. Besch.* in Füg. wie **bendei -leri** meine Wenigkeit, ich

kemterane [ā] *va. osm. Besch.* demütig, bescheiden, ganz ergeben, gering, unwert, submissest

kemterin [ī] (*va.* Superlativ zu **kem**) 1. schlechtest-, geringst- 2. ergebenst-

ken *dial.* 1. s. **kenar** 2. Rand *m* e–s Abgrunds

-ken (apokopiertes **iken**)

Kenan *n.pr.* 1. das Land Kanaan (Bibel) 2. *mV*

Kenanî; Kenanlı *hist.* 1. Kanaaniter(-in *f*) *m* 2. kan(a)anäisch, kanaanitisch
kenar [ā] 1. Rand *m* Kante *f*, Saum *m*, Krempe *f* (e–s Hutes) 2. Randverzierung *f* 3. (Meeres-)Ufer *n* 4. Winkel *m*, abgelegener Ort 5. abgelegen, entfernt 6. *math.* Seite *f* (z. B. e–s Dreiecks) 7. *math.* Schenkel *m* (e–s Winkels) *(6, 7) dılı 8. Rand- od. Nach-bemerkung *f* 9. *va.* Umarmung *f* Zu 4: **bir -a çekmek** (b–ni) j–n beiseitenehmen ~ **ayak** *arch.* vorspringender Eckpfeiler ~ **bastırmak** (be-)säumen, einfassen (Stoffrand) ~ **boşluğu** freier (Papier-)Rand ~ **çekmek** (*od.* **yapmak**) 1. s. ~ **bastırmak** 2. e–e Randlinie ziehen ~ **çizgisi** *Fb.* Seitenlinie ~ *taç çizgisi ~ **dere** Dachrinne *f* ~ **halısı** s. **kenare** (2); ~ **kaytanı** Borte, Raspel *f* ~ **mahalle** Außenbezirk *m* (e–r Stadt), Armenviertel *n* ~ **notları** Anmerkungen, Marginalien *pl.* ~ **pervazı** (*od.* ~ **suyu**) Einfassung, Umrandung, Bordüre *f* ~ **taşı** Bordschwelle *f* ~ **tiyatrosu** Vorstadtbühne *f* ~ **yazısı** Randinschrift *f* (e–r Münze) ~ **yerde** an e–m abgelegenen Ort **-a almak** *va.* umarmen **-a atılmak** 1. nicht beachtet werden 2. in den Hintergrund gedrängt werden **-a atmak** *va.* fahren lassen (z. B. Sorgen) **-a çekilmek** sich von allem zurückziehen **-da kalmak** 1. seine frühere Bedeutung verlieren 2. e–e untergeordnete Tätigkeit ausüben **-da köşede** in irgendeinem (versteckten) Winkel *kıyıda bucakta **-da oturmak** *fig.* Mauerblümchen sein **-ın dilberi** Landpomeranze *f* **≈ın dilberi nazik de olsa nazenin olmaz.** (Nabi) *Spr.* (*etwa:*) Bauer bleibt eben Bauer. **≈ına bak bezini al, anasına bak kızını al!** *spr. Ra.* (Sinn:) Sei vorsichtig in deiner Wahl!
kenarcı [ā] Strandfischer *m*
kenare [ā] *va.* 1. Rand *m*, Einfassung *f* 2. *spez.* Teppich *m* am Rand e–s Raums
kenarlamak [·–··] (ein-, um-)säumen, einfassen, bördeln
kenarlı [ā] 1. mit Rand, Saum usw. (s. **kenar**) 2. *mel.* mit Randverzierung 3. mit Randbemerkungen ~ **kapak** s. **geçme tapa**
kenarlık [ā] 1. Randverzierung, Zierkante, Einfassung, Paspel *f* 2. Geländer *n* (e–r Treppe, e–s Balkons)
kenarortay *geom.* Mittellinie *f* *hattı vasıt
kenarsız [ā] ohne **kenar** *spez.* 1. ungesäumt, nicht umnäht 2. unendlich
kende *va.* 1. ausgehobenes Loch; Graben *m* 2. abgeschnitten, abgetrennt 3. ausgehöhlt, graviert
kendi, -ni *fr. a.* **-yi** 1. er (sie, es) selbst 2. er (sie, es) 3. eigen 4. Refl. (*flektiert*) sich Zu 1: ≗ **bilir.** Er weiß es selbst. **≈me ayırdım.** Ich habe es für mich selbst reserviert. **≈miz görmeliyiz.** Wir müssen das erst selber einmal sehen. **≈niz sebep oldunuz.** Daran sind Sie selbst schuld. **≈si gelsin!** Er soll selbst kommen! **Kabahat -sinde.** Er hat selbst Schuld. Zu 2: **≈leri evde yoklar mı?** Sind sie nicht zu Hause? Ist niemand von der Familie zu Hause? **-nden dört yaş büyük kardeşiyle** mit seinem (um) vier Jahre älteren Bruder zusammen **Reisicumhur, -lerini teşyi edenler arasında** Der Staatspräsident im Kreis derer, die sich (an der Bahn) von ihm verabschieden Zu 3: ~ **evim** mein eigenes Haus ~ **sözünüz** Ihre eigenen Worte ~ **oğlu** sein eigener Sohn ≗ **ağziyle söyledi.** Er hat es mir selber gesagt. Ich habe es aus seinem eigenen Mund. ~ **ağziyle tutulmak** sich in seinen eigenen Worten fangen ~ **âlemde olmak** in seiner eigenen Welt leben ~ **aleyhine silâh vermek** selber dem Gegner die Waffe in die Hand geben ~ **ayağiyle gelmek (gitmek)** s. **ayağiyle gelmek (gitmek);** ~ **başına** 1. von sich aus, er selbst 2. ganz allein, für sich allein, auf eigene Faust *hodbehot ~ **başına buyruk olmak** von niemand dreingeredet bekommen ~ **bildiğini okumak** *fig.* seinen eigenen Weg gehen ~ **derdine düşmek** selber genug um die Ohren haben (*scil.* und daher anderen nicht helfen können) ≗ **düşen ağlamaz.** *Spr.* Wer sein Unglück selber verschuldet hat, braucht sich nicht zu beklagen. ~ **eliyle** eigenhändig, selbst ~ **fermanını yazmak** *fig.* selber sein Unglück heraufbeschwören ~ **gelen** glücklicher Zufall; Geschenk des Himmels (Person od. Sache) ~ **göbeğini kendi kesmek** *fig.* selber alles tun müssen ~ **gönlünden güvey olmak** *fig.* sich trügerischen Hoffnungen hingeben ≗ **gözündeki merteği görmez de, elin gözündeki çöpü görür.** *Spr.* Was siehst du den Splitter in deines Bruders Auge und wirst nicht gewahr des Balkens in deinem Auge? (Bibel) ~ **gözüyle** mit eigenen Augen ~ **hakkını cebren vikaye** *jur.* Selbsthilfe *kendiliğinden hak alma ~ **halinde** 1. zurückhaltend, reserviert 2. ruhig, anständig, sich in nichts einmischend 3. einfältig, naiv *aptalca, saf 4. frei, selbständig ~ **haline bırakmak** (b–ni) 1. j–n seinem Schicksal überlassen 2. j–n seiner Wege gehen lassen, j–n in Ruhe lassen ~ **havasına gitmek** *od.* ~ **havasında olmak** tun und lassen, was e–m beliebt ~ **işine karışmak** sich um seine eigenen Angelegenheiten kümmern, vor seiner eigenen Tür kehren ~ **işler** automatisch ~ **-ne** 1. ohne bei j–m anzufragen, selber, selbständig 2. ganz allein, ohne fremde Hilfe, auf eigene Faust 3. zu sich selbst (z. B. sprechen), bei sich selbst (z. B. denken) 4. von selbst, automatisch, an und für sich schon (z. B. genügen) ~ **-ne gelin güvey olmak** s. Stw. **gelin;** ~ **-ne güvenmek** Selbstvertrauen haben ~ **-ne hizmet** Selbstbedienung *f* *selfservis ~ **-ne istihlâk** Selbstverbrauch *m* ~ **-ni harcama** s. ~ **-ni tatmin;** ~ **-ni koruma** Selbstschutz *m* ~ **-ni tatmin** (geschlechtliche) Selbstbefriedigung, Masturbation *f* *mastürbasyon ~ **-ni yemek** 1. sein Unglück (seinen Tod) selber verschulden 2. sich zu Tode grämen, sich selbst das Leben zur Hölle machen 3. sich Gewissensbisse machen ~ **kuyusunu** ~ **kazmak** sich selbst sein Grab schaufeln ~ **payıma** ich für meinen Teil, was mich betrifft ~ **varken** in seiner Gegenwart ~ **yağiyle kavrulmak** mit den eigenen Kräften und Hilfsmitteln auskommen, autark sein, auf eigenen Füßen stehen ~ **yokken** in seiner Abwesenheit **-nce** s. **kendice; -nde olmamak** nicht ganz bei Trost sein **-nden** 1. an (und für) sich *bizatihi, kendisi 2. von sich aus; spontan; ganz allein **-nden geçmek** 1. seiner Sinne nicht mehr mächtig sein; nicht mehr wissen, was man tut 2. das Bewußtsein verlieren, bewußtlos (ohnmächtig) werden *a.* einnicken, einduseln 3. außer sich sein (vor Freude usw.) 4. ganz zerlumpt (abgerissen) sein **-nden yana yontmak** in die eigene Tasche wirtschaften **-ne almak** (bşi) et. auf sich beziehen **-ne çekmek** anziehend wirken (auf) **-ne etmek** sich selber schaden (s. a. **Ne ettiyse -ne etti.**) **≈ne gel!** Nun nimm doch einmal Vernunft an! **-ne gelmek** 1. wieder zu sich kommen, nüchtern werden 2. vernünftig werden 3. wieder auf die Beine kommen (*fig.*) 4. sich zusammennehmen **-ne has olan nezaketle** mit der ihm eigenen Höflichkeit **-ne kalkan yapmak** (bşi od. b–ni) Deckung suchen (hinter) **-ne kapanma** *psych.* Autismus *m* **-ne özgü devim** *astr.* Pekuliarbewegung *f* **-ne ... süsü vermek** s. Stw. **süs; -ne telkin** s. **otosügjestyon; -ne yedirmek** (bşi) 1. sich et. gefallen lassen, et. hinnehmen 2. (innerlich) über et. hinwegkommen (können) **-ne yeten bir gaye** Selbstzweck *m* **-ne yeten yönetim** Autarkie *f* *otarşi **-ne yontmak** nur für sich selbst sorgen **-ni akıntıya bırakmak** sich treiben lassen (vom Gang der Ereignisse) **-ni akıntıya kaptırmak** s. **akıntıya kapılmak; -ni alamamak** (z. B. **gülmekten**) sich (z. B. des Lachens) nicht enthalten (erwehren) können, (lachen) müssen **-ni atmak** (bir yere) irgendwohin stürzen, schnurstracks (unverzüglich) irgendwohin gehen **-ni beğenmek** selbstgefällig (eingebildet) sein **-ni benzetme** *psych.* Identifikation *f* **-ni bırakmak** 1. sich gehen lassen 2. (bşe) sich (e–r Sache) hingeben 3. nachlassen (bei et.)

-ni bil! Erkenne dich selbst! **-ni bilen** (*o.* **bilir**) ernst, vernünftig, gesetzt; sittsam (Frau, Mädchen) **-ni bilmek** 1. sich bei vollem Bewußtsein befinden, (richtig) denken können 2. vernünftig sein 3. geschlechtsreif werden 4. menstruieren (Zu 1: **-mi bildim bileli** soweit ich zurückdenken kann) **-ni bilmemek** 1. über sich selbst im unklaren sein, sich nicht beurteilen können 2. sinnlos betrunken sein 3. (halb) bewußtlos daliegen 4. verwirrt sein 5. arrogant sein, kein Maß und Ziel kennen **-ni bir şey sanmak** sich für wunder was halten **-ni bulmak** 1. sich irgendwo finden (ohne recht zu wissen, wie man dahingelangt ist) 2. wieder zu sich kommen **-ni çekme** *(Turnen)* Klimmzug *m* **-ni dar atmak** (bir yere) schleunigst irgendwohin laufen, *F* sich verdrücken; mit Mühe und Not entkommen **-ni denetleme** Selbstkontrolle *f* (beim Film) **-ni devaynasında görmek** sehr selbstgefällig sein, sich maßlos überschätzen **-ni dirhem dirhem satmak** sich sehr bitten lassen **ni eğitim** Selbsterziehung *f* *kendini terbiye **-ni ele vermek** sich selbst verraten **-ni eleştirme** Selbstkritik *f* *otokritisizm **-ni fasulye gibi nimetten saymak** sich für wunder was halten, maßlos eingebildet sein **-ni göstermek** 1. zeigen, was man kann 2. sich auszeichnen 3. *pej.* sich aufspielen 4. **(hekime)** sich untersuchen lassen (Zu 3: **Kendisini Türk uyruğunda göstermiştir.** Er gab sich als Türken aus.) **-ni götürmek: ²ni otuz kırk sene evveline götür!** Versetz dich einmal in die Zeit vor dreißig oder vierzig Jahren zurück! **-ni hissettirmek** sich fühlbar machen **-ni idare** Selbstverwaltung *f* *kendini yönetim **-ni idare etmek** 1. *pol.* sich selbst verwalten 2. (bşle) sich durchbringen (mit), leben (von) **-ni idare prensipi** Selbstbestimmungsrecht *n*, Recht *n* der Selbstverwaltung **-ni kapıp salıvermek** (*od.* **koyuvermek**) 1. (bir işe) e–e Angelegenheit mit allen Kräften betreiben 2. sich gehen lassen, nachlässig sein (z.B. in Kleidung) **-ni kaptırmak** 1. in die Zwickmühle geraten, sich festfahren 2. (bir işe) sich e–r Sache nicht entziehen können; von et. besessen sein 3. sich von j–m beeinflussen lassen **-ni kaybetmek** s. **kendinden geçmek; -ni naza çekmek** sich sehr bitten (nötigen) lassen, sich zieren **ni öldürme** Selbstmord *m* *intihar **²ni pabucu büyüğe okut!** „Laß dich einmal von dem Mann mit dem großen Pantoffel (dem Hodscha) besprechen" *d.h.* Du bist ja verrückt! **-ni satmak** sich aufspielen **-ni sevdirmek** s. Stw. **sevdirmek; -ni sevme** Autoerotismus *m* *otoerotizm **-ni tanıtmak** sich *(Akk.)* vorstellen **-ni tartmak** seine Kräfte prüfen; überlegen, ob man e–r Sache gewachsen ist **-ni terbiye** s. **kendini eğitim; -ni toplamak** (*od.* **toparlamak**) 1. sich (von e–r Krankheit) erholen, sich wieder aufrappeln 2. sich fassen (nach e–m Schreck) **-ni tutamamak** sich nicht halten können (vor Lachen) **-ni tutmak** 1. sich gedulden, sich bezähmen 2. sich enthalten (et. zu tun) **-ni vermek** (bşe) 1. sich e–r Sache verschreiben, sich voll und ganz widmen 2. **(içkiye)** sich dem Trunk ergeben **-ni yemek** s. ~ **-ni yemek; -ni yönetim** s. **kendini idare; -ni zorlamak** 1. sich Gewalt antun 2. sich überanstrengen *spez.* sich überheben **-si** 1. er (sie, es) (selbst) 2. an (und für) sich *kendinden, bizatihi (Zu 1: **²si burada, söylesin!** Er ist ja selber hier; da soll er es uns doch sagen!) **²si muhtacı himmet bir dede!** Er hat doch selber nichts zu brechen und zu beißen! **-since** seiner Meinung nach **-sinden bahsettirmek** von sich reden machen **-sine gönderilen** s. **mürselünileyh; -sine yollanan** s. **muhalünileyh; (...ise) -sine yok bilsin!** (Wenn...) dann kann ihm et. blühen! **-sini sakatlama** *jur.* Selbstverstümmelung *f*

kendibeslek *bot.* autotroph, sich selbständig ernährend *ototrof, özbeslenen

kendibesleklik *bot.* Autotrophie *f* *ototrofi, özbeslenme

kendibiten s. **hudayinabit**

kendice [·×·] subjektiv *indî

kendicik *F* s. **kendi**

kendiliğinden 1. aus sich selbst heraus, selbständig, eigen *bizatihi 2. aus eigener Initiative; spontan *binefsihi, içinden, tav'î 3. *jur.* ipso facto ~ **ateşlenme** *mot.* Selbstzündung *f* ~ **ihkakı hak;** ~ **hak alma** (Strafrecht:) Selbsthilfe *f* ~ **iş görme** *a. mil.* selbständiges Handeln, eigene Initiative ~ **tutuşma** *chem.* Selbstentzündung *f* ~ **türeme** (*od.* ~ **üreme**) *biol.* 1. Urzeugung *f* *tenasül binefsihi 2. aus Urzeugung hervorgegangen

kendiliğindenlik Spontaneität *f* *içindenlik, tav'iyet

kendilik, -iği 1. Selbst *n* 2. Wesen *n*, Entität *f* *mahiyet **-inden** s. ges. Stw.

kendince [·×·] s. **kendice**

kendir 1. s. **kenevir** 2. *P* Strick *m*, Seil *n* 3. aus Hanf hergestellt ~ **halat** (*od.* **ip**) Hanf-seil, -tau *n* ~ **hortum** Hanfschlauch *m* ~ **muzu** Manilahanf *m bot.* Musa textilis ~ **salmastra** Hanf-packung, -dichtung *f* ~ **tarağı** Hanfhechel *f* ~ **tiftiği** Bast *m* ~ **yağı** Hanf(samen)öl *n* (*spez.* aus Cannabis indica)

kendirci 1. wer Hanf anbaut 2. Hanfhändler *m*

kendircilik 1. Hanfanbau *m* 2. Hanfhandel *m*

kendirgiller (*va.* **kendiriye**) Hanfgewächse *pl. bot.* Cannabinaceae

kendisi s. Stw. **kendi**

kene 1. Zecke *f*, Holzbock *m zo.* Ixodes ricinus *sakırga, kırışak, yavsı 2. *gel. irrt.* für ähnliche Parasiten; vgl. z.B. **koyun -si (koyun biti)** ~ **gibi yapışmak** wie e–e Klette kleben, sich nicht abschütteln lassen ~ **humması** Zeckenfieber *n* *karahumma **-ler** Milben *pl. zo.* Acarina

kenef 1. *urspr.* Seite *f*, Rand *m* 2. *P* Abort, *F* Lokus *m*, Latrine *f*, *P* Abtritt *m* *ayakyolu 3. schmutzig, unsauber, ekelhaft ~ **sazlığı** (*od.* **süpürgesi**) *V* spärlicher Schnurrbartwuchs

kenefçi Latrinenreiniger *m*

kenegöz *P* mit sehr kleinen Augen (Person)

keneotu, -nu (*a.* **kenegerçekotu**) Rizinusstaude *f bot.* Ricinus communis *hırva; hintyağı ağacı

kenet, -ti Eisenklammer *f* (z.B. bei Gerüsten od. bei der Reparatur von zerbrochenem Geschirr); (Mauer-)Anker *m*, Krampe *f* ~ **etmek** s. **kenetlemek;** ~ **gibi bağlanmak** (*od.* **yapışmak**) dicke Freunde sein; wie Pech und Schwefel zusammenhalten ~ **taşı** s. **anahtar taşı;**

kenetlemek 1. verklammern, verkrampen, verankern; **(ile)** ankoppeln (z.B. an Raumschiff) 2. fest aufeinanderpressen

kenetlenmek Pass. od. Refl. zu **kenetlemek:** 1. fest aufeinander schließen 2. sich eng umschlingen

kenetli 1. verklammert, verkrampt, verankert 2. fest aufeinandergepreßt

kenevir 1. gemeiner Hanf *bot.* Cannabis sativa 2. Hanf-Eibisch *m bot.* Hibiscus cannabinus ~ **defnesi** Hanfseidelbast *m bot.* Daphne cannabina *Hint defnesi ~ **kuşu** Hänfling *m zo.* Carduelis cannabina *ketenkuşu ~ **muzu** Abaka *m bot.* Musa textilis *abaka

kenevirci(-lik) s. **kendirci(-lik)**

kengel; kenger(otu) 1. die Distelart Gundelia Tournefortii 2. s. **ayıyoncası** 3. s. **yabanî enginar** 4. Habichtskraut *n bot.* Hieracium *şahin otu

kengelsakızı, -nı s. **çengelsakızı**

kengeryaprağı, -nı Akanthusblatt *n*, Blattkranz *m* (Zierform an der korinthischen Säule)

kenisa; kenise [ī] *va.* s. **kilise**

kenisaî [·–·–] *va.* kirchlich, Kirchen-

keniz [ī] *va.* 1. Sklavin, Dienerin *f* 2. unverheiratetes Mädchen; Jungfrau *f*

kennas [ā] *va.* 1. s. **çöpçü** 2. (bei den Mewlewi) Abortreiniger *m*

kenofobi (*franz.* **kénophobie**) s. **agorafobi**
kenotaf Zenotaph, Grabmal *n* (für anderswo ruhende Tote)
kenozoik s. **neozoik**
kent (I), **-ti** Stadt, Ortschaft *f* *belde, şehir, kasaba ~ **işleri** s. **belediye işleri**
kent (II), **-ti** 1. *mus.* Quinte *f* *beşli 2. *(Poker)* Fünfer-Sequenz *f* (in verschiedenen Farben) ~ **floş** s. **floş ruayal**
kental, -li 1. Zentner *m* (50 kg) 2. Doppelzentner *m*, metrischer Zentner (100 kg)
kentar Quintar *m* (100. Teil e–s albanischen Lek)
kentet, -ti *mus.* (Vokal- od. Instrumental-)Quintett *n* *kuintet
kentiyon *math.* Quintillion *f*
kentleşme Verstädterung *f*
kentli (I) Städter(-in *f*) *m*, Bürger(-in *f*) *m* **Bunu köylü de duydu, ~ de!** *fig.* Das ist doch nichts Neues! Das weiß ja jeder!
kentli (II) 1. *mus.* mit (nb.) Quinte 2. *(Poker)* mit Fünfer-Sequenz
kentmimarlığı, -nı Städtebau(-wesen *n*) *m* *ürbanizm
kentole *mus.* Quintole *f* beşleme
kentoros *myth.* Zentaur *m* *santor
kentsel städtisch
kentsoylu s. **burjuva**
kentüor *fast ungebr.* s. **kentet**
kenz *va.* vergrabener Schatz ≗ **suresi** andere Bez. der Fâtiha-Sure
kep, -pi 1. Schülermütze *f* 2. Schiffchen *n* (Militärmütze) 3. Schwestern-haube *f*, -häubchen *n* 4. Barett *n*
kepaze [ā] 1. geringgeschätzt, verachtet, lächerlich 2. schamlos, würdelos, verächtlich *rezil, utanmaz 3. *fr.* beim Übungsschießen verwendeter, lose gespannter Bogen ~ **etmek** (b–ni) j–n in den Augen der Leute herabsetzen, zum allgemeinen Gespött machen ~ **olmak** sich schamlos (würdelos, verächtlich) benehmen, seine Würde preisgeben, sich entehren
kepazelik [ā] Würdelosigkeit, Schamlosigkeit *f*, skandalöses Benehmen, schändliche Tat ~ **etmek** sich würdelos, skandalös benehmen
kepbastı großes Doppelnetz (der Fischer) ~ **dalyanı** e–e spez. Form des **dalyan** genannten Staaknetzes
kepçe 1. Schöpf-löffel *m*, -kelle *f* (für Essen, geschmolzenes Metall usw.) *a.* e–e Kelle voll 2. Kescher *m*, Sacknetz *n* (Fangnetz an Rahmen mit Stiel) 3. *naut.* hinterer Rundbau (e–s Schiffes), (über den Hintersteven ragendes rundes) Heck 4. e–e best. Ringertechnik (bei **yağlı güreş**) 5. *agr.* Jauchekelle *f* 6. Uhrpendel *n* *sarkaç 7. Greifer, Löffel *m*, Schaufel *f* (z. B. an e–m Bagger) ~ **gibi** groß und abstehend (Ohren) **(bir yer) kazan (birisi)** ~ z. B. **Istanbul kazan ben ~.** Ich bin in ganz Istanbul herumgelaufen. Ich habe ganz Istanbul abgesucht.
kepçekulak mit großen, abstehenden Ohren
kepçekuyruk *V* wer auf Kosten anderer lebt; Nassauer, Schmarotzer *m*
kepçeli mit **kepçe** ausgestattet ~ **tarak** Löffelbagger *m*
kepçesurat mit kleinem Gesicht
kepek 1. Kleie *f* 2. (weiße) Kopfschuppen *pl.*
kepekçi Kleiehändler *m*
kepeklenmek 1. sich mit Kopfschuppen bedecken 2. trokken und fade werden (Äpfel)
kepekli 1. Kleie enthaltend od. mittels Kleie hergestellt 2. mit Kopfschuppen; schuppig 3. schwammig und geschmacklos (Obst, Gemüse)
kepeksiz 1. ohne Kleie 2. ohne Kopfschuppen
kepenek 1. ungenähter, ärmelloser Filz-Überwurf der anatolischen Schäfer (länger als **kebe**) 2. e–e Kornmottenart 3. *dial.* s. **kelebek** ≗ **altında er yatar.** *Spr.* 1. Ein schlichtes Gewand verbirgt oft e–n tüchtigen Kerl. 2. In e–r rauhen Schale steckt oft ein guter Kern. *Spr.*
kepenez s. **tatlısu kefali**
kepenk, -gi (eiserner od. hölzerner) Roll-, Fenster-laden (*spez.* für Geschäfte) **leri indirmek** die Rolläden herunterlassen; (das Geschäft) schließen
kepenklik Fall-, Klapp-tür *f* (zu e–m unter dem Geschäft befindlichen Lager)
kepez *dial.* 1. Felsen *m* am Meeresufer 2. Kopfschmuck *m* e–r Braut 3. Kamm *m*, Haube *f*, Krönchen *n* (mancher Vögel)
kepi Kepi, Käppi *n* (*spez.* in Frankreich)
kepir *dial.* dürrer, unfruchtbarer Boden
kepmek *dial.* 1. einstürzen, zusammenbrechen (Mauer, Gebäude usw.) 2. ausrutschen, fallen
Kepsut *n.pr.* O. u. D. im Rbz. Balıkesir
kerah [ā] *fr.* der 16. Teil e–s **arşın** od. **endaze** ca. 4½ cm)
kerahet [ā], **-ti** 1. Ekel, Widerwillen *m* *(1, 2) iğrençlik 2. widerwillig getan (Arbeit) 3. *fr.* was nach dem Scheriatsrecht nicht ausdrücklich verboten, aber dem Verbotenen so nahe steht, daß es gemieden werden sollte ~ **etmek** (*od.* **getirmek**) 1. Abneigung, Widerwillen haben 2. verabscheuen ~ **vakti** *hum.* Beginn *m* e–s abendlichen Zechens (vgl. **akşamcılık**)
keraheten [ā] *va. Adv.* mit Widerwillen, widerwillig
kerahetli [ā] schmutzig, unsauber
keramet, -ti [ā] 1. *va.* Gnade, Großmut, Freigebigkeit *f* 2. Gnadenwirkung *f*, Wundertat *f* (e–s Heiligen) 3. Charisma *n*, Geruch *m* der Heiligkeit 4. (in Erfüllung gegangene) Prophezeiung *f* 5. richtige Ansicht od. treffender Ausspruch 6. *va.* Freigebigkeit *f* ≗ **buyurdunuz** *od.* **≗te bulundunuz.** Wunderbar (gesagt, getan)! (Ra., die *fr.* gerne von Schmeichlern, heute durchweg *iron.* verwendet wird) ~ **gibi** wunderbar richtig, überaus treffend ~ **göstermek** Wunder vollbringen ~ **sahibi** *mst. iron.* Prophet *m* ~ **savurmak** (*od.* ~ **taslamak**) *iron.* Weisheiten von sich geben **≗im yok ya!** Wie hätte ich das wissen sollen? **-ine yormak** (b–nin) (e–n Erfolg) j–s Wunderkräften zuschreiben
kerametli [ā] 1. wundertätig, im Geruch der Heiligkeit stehend, heilig, hochverehrt, sehr angesehen 2. *va.* freigebig
keramik s. **seramik**
kerata 1. Hahnrei *m*, gehörnter Ehemann *boynuzlu 2. *Schi.* Kerl, Bursche, Schuft, Schurke *m* 3. *F* Schlingel *m* 4. Schuh-anzieher, -löffel *m* *çekecek
keratin *biol.* Keratin *n*, Hornsubstanz *f* *boynuz maddesi
keratinli Horn- ~ **kat** Hornschicht *f* ~ **süngerler** Hornkieselschwämme *pl. zo.* Cornacuspongida
keratit, -ti *med.* Keratitis *f*, Hornhautentzündung *f* (des Auges)
keratoplasti *med.* Keratoplastik, Hornhautübertragung *f*
keratoz *med.* Keratose, Verhornung *f* (*spez.* der Haut)
keraviye [ā] s. **Karaman kimyonu**
Kerbelâ *n.pr.* Kerbela (im Irak) (Grabstätte von Mohammeds Enkel Hüseyin) ~ **hali** (*od.* ~ **sıkıntısı**) drückende Hitze und Wassermangel **-'da kalmak** *hum.* nichts zu trinken haben; vor Durst schier verschmachten
kerdeme Kresse *f bot.* Lepidium (campestre u. a.)
kere Mal *n* *defa, sefer **İki ~ okudum.** Ich habe es zweimal gelesen. **O, bir ~ olur.** Das darf nicht wieder vorkommen. **üç ~ beş** drei mal fünf **bazı** ~ manchmal
kerecik *Dim.* zu **kere;** s. **bir** ~
kerem Gnade, Güte, Großmut, Großherzigkeit *f*, Edelmut *m*, Freigebigkeit *f* ~ **buyurun** (*od.* **eyleyin**) *fr. Höfl.* Würden Sie mich bitte anhören? ~ **etmek** die Güte haben (zu) ~ **sahibi** gnädig, gütig, großmütig, großherzig, edelmütig, freigebig

keremit s. **kiremit**
keremkâr s. **kerem sahibi**
kerempe 1. Felsvorsprung *m* an der Küste 2. Berggipfel *m* 3. Bug *m* (e–s Schiffes)
keres *P* große, tiefe Eß-Schüssel
kereste [·×·] 1. Bau-, Schnitt-holz *n* 2. *V* dumm, blöd, plump, ungeschliffen, grob, Bauernlümmel *m; a.:* Gimpel *m*, unerfahrener Neuling (im Glücksspiel) 3. Material und Zubehör (*spez.* für die Herstellung von Schuhen), Schusterbedarf *m* 4. *V* männliches Glied, Penis *m* ~ **ambarı** Holzlager *n* ~ **kırpıntısı** Holzabfälle *pl.* **-si kavi** s. **keresteli**
keresteci [·×·] wer mit Bauholz (*bzw.* Schusterbedarf) handelt, Holzkaufmann *m*
kerestecilik [·×··] 1. Handel *m* mit Bauholz (*bzw.* mit Schusterbedarf) 2. Holzindustrie *f*
keresteli [·×·] *P* groß und stark, hünenhaft, vierschrötig (Mensch) *iri yapılı
kerestelik [·×·] was als Bauholz *bzw.* Schusterbedarf geeignet od. verwendet wird
kerevet; kerevit (I), **-ti** 1. Pritsche *f*, Holzgestell *n* (worauf Matratzen od. Kissen gelegt werden) 2. Bretterbühne *f* (z.B. für Musikanten in e–m Kaffeehausgarten) 3. mit Drahtgeflecht bespannter Rahmen (der Seidenraupenzüchter)
kerevides [··×·]; **kerevit** (II), **-di** s. **karavide**
kereviz 1. Sellerie *m, f bot.* Apium graveolens var. dulce 2. *Sch.* e–e unter Schülern verwendete *spött.* Anrede
kerez *V* Aufnahme und Bewirtung *f* von Gästen *ikram, izaz
kerh *va.* 1. Abneigung *f*, Widerwille *m* 2. Widerstreben *n* ~ **etmek** *va.* 1. Widerwillen haben (gegen) 2. widerstrebend tun
kerhane [ā] Bordell, Dirnen-, Freuden-haus *n*
kerhaneci [ā] 1. Bordellwirt(-in *f*) *m* 2. *Schi. V* Saukerl, Schweinehund *m*
kerhen [×·] *Adv.* 1. unfreiwillig, mit innerem Widerstreben, nur gezwungenermaßen *gönülsüz, istemeyerek 2. mit Widerwillen (Ekel) *iğrenerek, tiksinerek
kerih [ī] *va.* widerwärtig, widerlich, ekelhaft, abscheulich *iğrenç, tiksindirici
kerim [ī] 1. gnädig, gütig, großmütig 2. freigebig 3. groß, erhaben, edel 4. ♀ [×·] *mV*
kerime [ī] *z.va.* 1. Tochter *f* *kız evlât 2. Koranvers *m* 3. ♀ *wV* **-m cariyeniz** *od.* ~ **bendeniz** *va. osm. Besch.* meine Tochter **-niz hanım** Ihr Fräulein (*bzw.* Ihre Frau) Tochter
keriz 1. s. **geriz** 2. *V* Glücksspiel *n* 3. *V* Neuling *m* im Glücksspiel, Gimpel *m* 4. *V* vergnügtes Zusammensein (mit Musik) ~ **alayı** *V* e–e Schar Zigeunermusikanten **-e bayılmak** (*od.* **kesilmek**) *V* im Glücksspiel verlieren **-e etmek** *V* beim Glücksspiel betrügen (z.B. mittels gezinkter Karten)
kerizci *V* 1. Musikant *m* 2. Mogler, Betrüger, Bauernfänger *m* (im Glücksspiel)
kerizlemek *V* Musik machen *çalgı çalmak
kerke grobes Gewand
kerkeç, -ci *hist.* s. **hücum kulesi**
kerkemin(-e) [ī] *Verst.* von **kemin(-e); câyı -eleri** *va. osm. Besch.* „meine niedrige Stellung" (Ihnen gegenüber)
kerkenez Turmfalke *m zo.* Falco tinnunculus; s.a. **kırmızı ayaklı ~; küçük ~; ~ taşı** s. **tavşancıl taşı**
kerkes 1. *va.* s. **akkaba;** 2. ♀ *n.pr.* Xerxes *spez.* Xerxes I. *Kşayarşa
kerkez e–e in der Türkei durch Kreuzung gezüchtete Kamelart
kerki große Axt
kerkin *va.* gereizt, zornig, wütend (Tier)
kerkinmek *va.* fest packen; sich anklammern (an)
Kerkira s. **Korfu**
Kerkük *n.pr. geogr.* Kirkuk, Kerkuk (Stadt u. Erdölgebiet im Irak)
kerliferli s. **kellifelli**
keren Lehmboden *m* (*a.* für primitive Dächer verwendet)
kerm *va.* Weinberg *m*
kermanî s. Stw. **hatap**
kermason Seidenstoff *m* (*spez.* aus Aleppo)
Kerme körfezi *geogr.* Meerbusen *m* von Kos
kermen s. **kirman**
kermes (I) (*franz.* **kermesse**) 1. Jahrmarkt *m* (mit Volksbelustigungen) (z.B. **Bergama -i**) 2. Volksfest *n* (wie ein solches z.B. manchmal von dem Roten Halbmond veranstaltet wird)
kermes (II) s. **kırmızböceği;** ~ **meşesi** s. **kırmız meşesi**
Kernuak *ling.* Kornisch(-e) *n* (keltische Sprache von Cornwall)
keromani *med.* Chäromanie *f*, krankhafte Heiterkeit
keroplasti Keroplastik *f* *balmumu heykelciliği
kerozen (*franz.* **kérosène**) Kerosin, Petroleum *n*
Kerpe adası *n.pr.* Insel *f* Karpathos (Dodekanes)
kerpeten Zange *f* (zum Herausziehen von Nägeln usw.), Beiß-, Kneif-zange *f*, Extraktionszange *f* (des Zahnarztes)
kerpiç, -ci 1. ungebrannter, an der Luft getrockneter Ziegel, Luftziegel *m* 2. hieraus hergestellt ~ **duvar** mauer *f* aus Luftziegeln, Lehmmauer *f* ~ **gibi** steinhart ~ **kesilmek** 1. steinhart werden 2. *fig.* wie versteinert dastehen 3. *fig.* sich zu Tode schämen ~ **kesmek** (*od.* **yapmak**) Luftziegel herstellen ~ **tuğlası** Lehmziegel *m*
kerpiççi wer Luftziegel herstellt od. damit handelt
kerrake [ā] *fr.* leichter, enganliegender, mantelartiger Überwurf aus dünnem, ziemlich hartem Wollstoff **(sof)** (Nur mehr in der Ra.:) **(Şimdi) anlaşıldı Vehbinin -si!** *fig.* Jetzt sieht man, was gespielt wird. Jetzt ist die Katze aus dem Sack!
kerrat, -ti [ā] *z. va. Pl.* zu **ker(r)e;** ~ **cetveli** s. **çarpım tablosu; -la** zu wiederholten Malen, mehrmals, öfters
kersen *dial.* Kübel, Zuber, Trog *m*, Wanne *f*
kertan *V* heikel, gefährlich, brenzlig (Lage)
kerte 1. Kerbe *f*, Einschnitt *m* 2. Stufe *f*, Grad *m*, Stadium *n* *derece, radde 3. *naut.* (Kompaß-)Strich *m* (Abstand von 11° 15') 4. *naut.* e–n (Kompaß-)Strich weiter entfernt 5. *naut.* Lage, Position, Richtung *f* 6. günstige Lage, geeigneter Augenblick 7. Raste *f* (am Abzug e–r Schußwaffe) Zu 2: **son** ~ letztes Stadium **İş bu -ye geldikten sonra...** Nachdem die Angelegenheit dieses Stadium erreicht hat... **İşi bu -ye getirmemeliydiniz!** So weit hätten Sie die Sache nicht treiben sollen! Zu 4: s. **yıldız (~) karayel** (*bzw.* **poyraz**); **-si -sine** genau im richtigen Augenblick **-sine gelmek** in das richtige Stadium kommen **-sine getirmek** den geeigneten Augenblick für et. finden **-sini almak** anpeilen, anvisieren **-sini geçmek** den richtigen Zeitpunkt ungenutzt verstreichen lassen
kertele *selt.* s. **çetele**
kerteleme 1. Gradation, Stufenfolge *f* 2. Eichung *f* (e–s Meßgeräts) ~ **gediği** *Th.* Antiklimax *f*
kertenkele [·×·] 1. Eidechse *f zo.* Lacerta (muralis u.a.) 2. ♀ *astr.* Eidechse *f* (Sternbild)
kertenkelegözü, -nü Eidechsenwurz *f bot.* Sauromatum (guttatum u.a.)
kertenkelekuyruğu, -nu Echsenschwanz *m bot.* Saururus cernuus
kertenkeleyılanı, -nı Eidechsennatter *f zo.* Malpolon monspessulanus (in Mittelmeerländern)
kerteriz (*engl.* **quarters**) *naut.* Peilung, Lage, Position, Richtung(-sbestimmung) *f* ~ **aleti** Peilgerät *n* ~ **almak**

die Richtung od. Lage bestimmen, sich orientieren, e–e Peilung vornehmen ~ **etmek** 1. s. ~ **almak** 2. reg. (Trabzon) taxieren, schätzen ~ **hattı** *naut.* Dwarslinie *f* ~ **noktası** Richt-, Orientierungs-punkt *m* ~ **pusulası** *naut.* Peilkompaß *m* *semt pusulası
kerti s. **kerte**
kertik 1. Kerbe *f*, Einschnitt *m* 2. Scharte *f* 3. gekerbt, eingeschnitten 4. schartig 5. *mil.* Ausschnitt *m* ~ **açmak** s. **kertiklemek**
kertiklemek einkerben
kertikli gezähnt, gekerbt
kertilme *vet.* Beinverletzung e–s Pferdes (durch die eigenen Hufe)
kertmek, (-er) (m. Akk.) 1. (ein-)kerben, Einschnitte machen 2. scharf reiben, scheuern Zu 2: **Kayık, rıhtımı kerterek geçti.** Das Boot scheuerte an der Kaimauer, als es vorbeifuhr.
kerubî [·––] Cherub *m*
kerubiyun [·–·–] Cherubim *pl.*
kervan Karawane *f* ~ **çulluğu** Brachvogel *m zo.* Numenius; s. a. **büyük (yağmur, ince gagalı)** ~ **çulluğu;** ~ **otu** *z.va.* s. **kediotu** (3); ~ **vurmak** e–e Karawane überfallen (Räuber) **-a katılmak** *fig.* sich dem großen Haufen anschließen
kervanbaşı Karawanenführer *m*
kervancı 1. wer e–e Karawane ausrüstet 2. Karawanenführer *m*
Kervankıran s. **Çobanyıldızı**
kervansaray Karawanserei *f*
Kervanyıldızı s. **Çobanyıldızı**
kes (I) Person *f*, Individuum *n* jemand (*Anm.* Nur in festen Verb. wie **bikes, herkes, nakes**)
kes (II) *va.* 1. betroffen, bestürzt, sprachlos 2. entscheidend Zu 2: s. a. **kesen-;** ~ **dönmek** (*od.* **kalmak**) *va.* sehr betroffen sein, sich in Grund und Boden schämen ~ **düşürmek** *va.* j–n erstarren lassen (z. B. vor Scham)
kesafet (I), **-ti** [ā] 1. Dichte, Dichtheit, Dichtigkeit, Kompaktheit *f* *yoğunluk 2. *chem.* Verdichtung, Konzentration *f* *derişme, konsantrasyon 3. *va.* große Menge 4. Intensität *f* (e–r Tätigkeit)
kesafet (II), **-ti** [ā] *va.* 1. Trübung, Undurchsichtigkeit *f* 2. Schmutz *m*
kesahça s. **kese** (I, 3)
kesalet, -ti [ā] *va.* 1. Trägheit *f* 2. *phys.* Hysterese, Hysteresis *f* *histerezis
kesan [ā] *va.Pl.* zu **kes** (I)
kesare [ā] *va.* Bruchstück, Fragment *n*
kesat, -dı; kesatlık, -ığı [ā] 1. Geschäftsstille, Flaute, Stagnation *f* *durgunluk 2. Rückgang *m* der Produktion 3. Arbeitslosigkeit *f* 4. Fehlen *n*, Mangel *m*, spärliches Vorhandensein
kesber eine Kreuzung von **dağlıç**-Schafböcken mit **karaman**-Schafen
kesbî später, nachträglich erworben
kese (I) 1. Beutel *m*, Säckchen *n spez.* Geldbeutel *m*, Täschchen, Futteral *n* 2. Frottierhandschuh *m* (aus Ziegenhaar) 3. *fr.* (a. ~ **akça** *od.* **kesahça**) ein Beutel Geld (als Werteinheit von 500 Kurusch) 4. *fig.* eigene Tasche (aus der man bezahlen muß), finanzielle Lage (in der man sich befindet) 5. *med.* Zyste *f* 6. *an.* Tasche *f*, Sack *m*, Blase *f* Zu 1: s. **mühür (para, Kuran) -si** Zu 3: vgl. **bir** ~ **altın** ein Beutel Gold (als Werteinheit von 10000 Kuruş) Zu 4: **Masrafı -sinden yaptı.** Er hat die Kosten aus eigener Tasche bezahlt. **Bu fiyat -me elvermiyor.** Das ist zu teuer für mich. ~ **kemanı** *mus.* Sackgeige, Pochette *f* ~ **sürmek** mit dem Frottierhandschuh reiben ~ **sürünmek** sich frottieren **-den eklemek** aus eigenen Mitteln zusetzen **-nin ağzını açmak** in den Beutel greifen, Geld herausrücken; *F:* et. „springen lassen" **-nin dibi görünmek** allmählich zu Ende gehen (Geld) **ᵒnize bereket!** Vergelt's Gott! **ᵒsi müsait olur.** Er kann es sich (finanziell) leisten. **ᵒsinde Halil İbrahim bereketi var.** Er hat wohl e–n Heckpfennig im Beutel. **ᵒsine göre** nach seinen finanziellen Verhältnissen **-sine güvenmek** sich et. leisten können **-sine hiç bir şey girmemek** 1. keinen roten Heller bei et. besehen 2. keinen praktischen Vorteil von et. haben **ᵒye danış, pazarlığa sonra giriş!** *Spr.* Befrage deine Börse, bevor du handelst! **-ye dokunmak** j–n Geld kosten, j–m finanziellen Schaden verursachen
kese (II) *P* abschneidend, verkürzend, Abkürzungs- *kestirme ≗ **yollardan gidilirse, iki saatte varılır.** Wenn man die Abkürzungswege geht, kommt man in zwei Stunden hin.
kesecik, -iği 1. Gehörsäckchen *n*, Sacculus *m* *küyeys 2. s. **akciğer -i;** ~ **iltihabı** *med.* Schleimbeutelentzündung, Bursitis *f*, Hygrom *n*
kesedar [ā] 1. *fr.* Schatz-, Zahl-meister *m* (e–r größeren Behöde) 2. *fr.* Verwalter, Intendant *m* (in e–m vornehmen Haushalt) 3. wer bei e–r Lastträgergruppe den Tagesverdienst einsammelt ≗ **efendi razı olmaz.** *hum.* Das kann ich mir (finanziell) nicht leisten.
keseğen *dial.* 1. kleine Maus 2. s. **danaburnu** (2) 3. s. **telkurdu** 4. s. **tırpankurdu**
kesek 1. Erd-scholle *f*, -klumpen *m* 2. ausgehobenes Rasenstück 3. s. **tezek** 4. *va.* Stück *n* ~ **kırma makinesi** *agr.* Ackerwalze *f*
kesekâğıdı, -nı (Papier-)Tüte *f*
kesel; keselân *va.* Schlaffheit, Erschlaffung, Ermattung, Mattheit *f* ~ **gelmek** erschlaffen, müde werden
keselemek mit dem Frottierhandschuh reiben, frottieren
keselenmek 1. Pass. od. Refl. zu **keselemek** 2. zu e–m Beutel (Säckchen usw.) weren 3. mit e–m Beutel (Säckchen usw.) ausgestattet werden 4. *fr.* sich auf 500 Kurusch belaufen
keseli mit Beutel (Säckchen usw.) ~ **antilop** Springbock *m zo.* Antidorcas marsupialis *Afrika ceylanı ~ **ayı** s. **koala;** ~ **karıncacıl** Ameisenbeutler *m zo.* Myrmecobius fasciatus ~ **köstebek** Beutelmaulwurf *m zo.* Notoryctes typhlops ~ **kurbağa** Taschenfrosch *m zo.* Nototrema marsupiatum ~ **kurt** 1. Beutelwolf *m zo.* Thylacinus cynocephalus 2. s. ~ **solucan;** ~ **solucan** (Blasenwurm-) Finne *f zo.* Cysticercus *kabarcıklı solucan, dudu mükeyyes ~ **solucan hastalığı** *med.* Blasenwurmkrankheit, Cysticercose *f*
keseliler Beuteltiere *pl. zo.* Marsupialia *keysiye
kesen 1. Part. Präs. zu **kesmek** 2. *geom.* Sekante, Schnittlinie *f* *katı, sekant ~ **damar** *geol.* Gesteinsgang *m* ~ **silâhlar** Hieb- und Stich-waffen *pl.*, blanke Waffen *pl.* *eslihai cariha, eslihai katıa
Kesendire [·×··] *n.pr.* Kassandra (Ausläufer der Chalkidike)
kesene *dial.* 1. s. **sözleşme** 2. s. **abone** 3. Vergabe *f* als Ganzes *toptan ihale
kesenek, -eği *fr.* Steuerpachtung *f* *iltizam **-e almak** die Steuern pachten *iltizam etmek **-e vermek** Steuern verpachten
kesenekçi *fr.* Steuerpächter *m* *iltizamcı, mültezim
kesenkes *P* bestimmt, kategorisch, fest, entschieden, kurz und bündig *katî (olarak) **Gitmeyeceğini** ~ **söyledi.** Er lehnte es kategorisch ab hinzugehen.
keser Dechsel *f*, Dachsbeil *n* ≗ **gitti, sapı da arkası sıra!** Wenn schon die Hauptsache verloren ist, braucht man sich um Kleinigkeiten auch nicht mehr zu kümmern. ~ **götü gibi konuşmak** *V* anzügliche Reden führen
kesi *va.* 1. s. **kesenek** 2. vom ganzen Stück abgeschnittenes

Tuch; Stoffrest *m*, Kupon *m* 3. die für e–n Schuß erforderliche Pulvermenge 4. Unterwäsche *f*

ke'sî *bot.* 1. zum Kelch gehörig, Kelch- *çanak 2. kelchförmig, -ähnlich *çanaksı

kesici 1. ab-, durch-schneidend, Schneide-, scharf 2. Viehschlächter *m* 3. Cutter, Schnittmeister, Tonschneider *m* (Film, Rundfunk) 4. Schneidapparat *m* (bei Papierherstellung) ~ **ve batıcı aletler** Hieb- und Stich-waffen *pl.;* s. a. **karagöz** ~

kesicidişler *an.* Schneidezähne *pl.* *esnanı katıa

kesif *urspr.* [ī] 1. dicht, dick, gedrängt, kompakt *yoğun 2. *chem.* verdichtet, konzentriert *derişik 3. intensiv, rege (z. B. Tätigkeit) 4. opak, undurchsichtig Zu 1: ~ **bir kalabalık** e–e dichte Menschenmenge ~ **duman** dicker Rauch; Qualm *m* **nesci** ~ s. **tıkız doku** Zu 3: **altı aylık** ~ **bir çalısmadan sonra** nach halbjähriger intensiver Tätigkeit

kesik 1. ge-, be-, ange-, abge-schnitten, verstümmelt 2. unterbrochen (z. B. Verkehr) 3. sauer geworden (Milch, Mayonnaise usw.) 4. matt, müde, kraftlos 5. *V* schlecht, dumm, mies, belemmert (Lage) 6. Schnitt(-wunde *f*) *m* 7. Magermilchkäse *m* 8. *mil.* Ausschnitt *m* ~ **arazi** *mil.* durch-, zer-schnittenes Gelände ~ **bulunmak** abgeschnitten sein (z. B. Verbindung) ~ **kâğıt** *V* Spielkarten *pl.* mit leicht abgeschmirgelten Rändern (zu Betrugszwecken) ~ **kalmak** unvollendet liegenbleiben ~ **kelime** (*od.* ~ **sözcük**) *ling.* Kurzwort *n* (z. B. **mototren** < **motörlü tren**) ~ ~ abgehackt (z. B. reden), stoßweise (z. B. lachen); zeitweilig, gelegentlich ~ ~ **çizilen yol çizgileri** unterbrochene Linien *pl.* (auf Straßen zur Verkehrsregelung) ~ **koni** *math.* Kegelstumpf *m* *mahrutu nakıs ~ **kopuk** verstümmelt, abgerissen, zusammenhanglos ~ **otu** *P* blutstillendes Kraut ~ **piramit** *math.* Pyramidenstumpf *m* *ehramı nakıs ~ **top** 1. *(Tennis, Pingpong)* Schnittball *m* 2. *Fb.* Ball mit Effet ~ **tümce** *stil.* elliptischer Satz *eksiltili cümlecik ~ **yakalı yağmurkuşu** Seeregenpfeifer *m zo.* Charadrius alexandrinus

kesikli zeitweise unterbrochen: 1. *math.* unstetig *munkatı 2. *phys., phil.* diskontinuierlich *munkatı, mütekattı 3. intermittierend, aussetzend ~ **akım** *el.* Wechselstrom *m* ~ **nabız** *med.* intermittierender Puls ~ **tayf** *phys.* diskontinuierliches Spektrum *munkatı tayf

kesiklik 1. Ge-, Be-, Ange-, Abge-schnittensein *n*, Verstümmelung *f* 2. Unterbrechung *f* 3. Sauer-Sein *n* (von Milch usw.) 4. plötzliche Mattigkeit; Kraftlosigkeit, Müdigkeit *f*

kesiklilik Diskontinuität *f*

kesiksiz ununterbrochen: 1. *math.* stetig 2. *phys.* kontinuierlich *(1, 2) mütemadi 3. *mod.* gleichmäßig weiterlaufend, nicht eingenommen ~ **akım** *el.* Gleichstrom *m* ~ **tayf** *phys.* kontinuierliches Spektrum *mütemadi tayf

kesiksizlik Kontinuität, Stetigkeit *f*

kesilme Vs. zu **kesilmek** *spez.* 1. Abbruch *m* (von Besprechungen, diplomatischen Beziehungen usw.) 2. *el.* (Strom-)Unterbrechung *f* ~ **kuvveti** *naut.* Zerreißfestigkeit *f* (von Tauen usw.)

kesilmedik s. **yakası** ~ **lakırdı**

kesilmek 1. Pass. od. Refl. zu **kesmek** 2. mit e–m Mal keine Kraft mehr haben, plötzlich erlahmen 3. werden (zu *od.* wie) 4. sauer werden (z. B. Milch) 5. (m. Abl.) nicht mehr haben 6. (m. Abl.) nicht mehr tun (ausführen, leisten) können 7. aufhören (z. B. Regen), sich legen (z. B. Wind) 8. *V* (m. Dat.) ganz begeistert sein (von), et. über alle Maßen lieben 9. *V* ausgeben, loswerden (Geld in Vergnügungsstätten) 10. *naut.* zerreißen *(intr.)* Zu 1: **Su kesildi.** Das Wasser ist abgestellt worden. **Cereyan kesildi.** Der el. Strom ist abgeschaltet worden. **Kesilen baş (bir daha) yerine konmaz.** *Spr.* Was geschehen ist, ist geschehen (und läßt sich nicht mehr rückgängig machen). Zu 2: **Yüzerken birdenbire kesildim.** Beim Schwimmen haben mich plötzlich die Kräfte verlassen. **Dizleri kesildi.** Die Knie wurden ihm weich. **Kuvveti kesildi.** Er hatte auf einmal keine Kraft mehr. **Koşmaktan nefesim kesilmiştir.** Vom schnellen Laufen bin ich ganz außer Atem gekommen. Zu 3: s. **buz(taş)** ~; **Yüzü kıpkırmızı kesildi.** Er wurde ganz rot im Gesicht. Zu 5: **kuvvetten** ~ keine Kraft mehr haben **iştahtan** ~ den Appetit verlieren; s. a. **ardından** ~ Zu 6: **yemeden içmeden** ~ nicht mehr essen und nicht mehr trinken können **çalışmaktan** ~ nicht mehr arbeiten können

kesim 1. Vs. zu **kesmek** 2. Beendigung *f*, Ende *n*, Schluß *m* 3. s. **kesenek** 4. erreichte Linie 5. *a. mil.* Abschnitt *m* 6. *z. va.* Form, Gestalt *f*, Zuschnitt *m*, Verhalten, Benehmen *n* 7. festgelegter Preis 8. *V* betrügerisches „Ausnehmen" e–s Spielers 9. Ausschnitt *m* (an Damenkleidern) 10. s. **bölümcük, meclis** Zu 1: **yerle beraber** ~ Kahlschlag *m* (im Wald) Zu 2: **ders -i** 1. Schulschluß *m* 2. Ende *n* der Vorlesungen Zu 4: s. **su -i** Zu 7: ~ **vakti** Zahltag *m* Zu 9: **yuvarlak bir** ~ ein runder Ausschnitt ~ **akçesi** *fr.* Zahlung *f* e–r best. Summe an e–e (auf Verlangen des Ehemanns) geschiedene Frau ~ **hayvanları** Schlachtvieh *n* *kasaplık hayvanlar ~ **noktası** *geom.* Schnittpunkt *m* ~ **parası** *fr.* Lösegeld *n* *fidye ~ **sıkleti** Schlachtgewicht *n* (*Ggs.* Lebendgewicht) ~ **yasağı** *jur.* Verbot *n* des Fällens von Bäumen **-e bağlamak** 1. *va.* zur Erlangung e–s Lösegeldes j–n gefangen halten 2. Ratenzahlung vereinbaren *taksite bağlamak **-e** (*od.* ~) **kesmek** *va.* 1. e–e best. Zeit für die Ausführung e–r Arbeit vereinbaren 2. s. **-e bağlamak; -e vermek** *va.* 1. s. **kiraya vermek** 2. s. **keseneğe vermek; -ine getirmek** *F* für gegeben ansehen; j–m gefallen

kesimci s. **kesenekçi**

kesimevi, -ni s. **mezbaha**

kesimlemek 1. skandieren (Verse) *takti etmek 2. *fig.* hervorheben, betonen 3. *dial.* genau überlegen

kesimli 1. festgesetzt, vereinbart 2. *P* gut gebaut; groß und stattlich

kesimlik 1. schlachtreif (Vieh) 2. zur Abholzung bestimmt (Wald)

kesin 1. s. **katî** 2. *log.* kategorisch *kategorik ~ **bilgi** Gewißheit, Sicherheit *f*, sicheres Wissen *yakin, teyakkun ~ **bilimler** exakte Wissenschaften *pl.* ~ **buyruk** *phil.* kategorischer Imperativ ~ **dönüş** endgültige Rückkehr (in die Heimat) ~ **hesap kanunu** s. **hesabı katî kanunu;** ~ **hüküm** *jur.* 1. s. **amir hüküm** 2. s. **kaziyei muhkeme;** ~ **istirahat** *med.* unbedingte Ruhe ~ **kararlı** fest entschlossen ~ **kural** feste Regel ~ **olarak tespit etmek** mit Bestimmtheit feststellen ~ **yargı kararı** *jur.* s. **kaziyei muhkeme**

kesincilik *phil.* Lehre *f* vom kategorischen Imperativ

kesinleşmek; kesinlik s. **katîleşmek; katîlik**

kesinmek (m. Akk.) *P* 1. für sich et. abschneiden (lassen) (z. B. Stoff für e–n Anzug) 2. schlachten (lassen) (z. B. Hammel)

kesinsiz nicht endgültig, nicht definitiv, unentschieden, unbestimmt, widerruflich, anfechtbar, nicht entscheidend *gayri katî, katî olmayan

kesinsizlik die Tatsache, daß et. nicht endgültig, nicht definitiv usw. ist

kesinti 1. Unterbrechung, Stockung *f*, Einschnitt *m*, zeitweiliges Aufhören od. Versagen *inkıta 2. Abzug *m* (vom Lohn od. Gehalt), Kürzung *f* (von Geldern), Abstrich *m* (z. B. am Budget) 3. Abfall *m*, Span *m*, Schnitzel, Schnipsel *m, n* 4. s. **kupür** 5. *F* Spott *m*, Verspotten *n* **-ye almak** (b–ni) *F* sich heimlich über j–n lustig machen

-ye uğramak e–e Unterbrechung erfahren; ins Stocken geraten
kesintili mit Unterbrechungen (Abzügen usw.) (s. **kesinti**)
kesintisiz 1. ununterbrochen 2. ohne Abzug, steuerfrei
kesir, -sri 1. (Zer-)Brechen *n* 2. *med.* Fraktur *f*, Knochenbruch *m* 3. *math.* Bruch *m*, Bruchteil *m* 4. Minderung *f* (z.B. des Ansehens) ~ **bombası** *mil.* Brisanzbombe *f* ~ **çizgisi** Bruchstrich *m* ~ **mermisi** *mil.* Brisanz-, Sprenggeschoß *n* **-i adi** s. **bayağı kesir; -i aşarî** s. **ondalık kesir; -i aşarîi devrîi basit** s. **basit devirli ondalık kesir; -i aşarîi devrîi mürekkep** s. **karışık devirli ondalık kesir; -i aşarîi mütenavip** s. **devirli ondalık kesir; -i basit** s. **basit kesir; -i mürekkep** s. **bileşik kesir; -i mütevali** s. **zincir** (*od.* **devirli**) **kesir**
kesîr *va.* viel, zahlreich, reichlich, häufig
kesirli 1. Bruch-, gebrochen 2. aus Bruchteilen bestehend, Bruch-, Teil-, Klein- ~ **numara** Zwischennote (Schule) ~ **para** Kleingeld *n*, Scheidemünzen *pl.* *buçuklu para, ufaklık ~ **sayı** *math.* Bruchzahl *f* *kesrî adet
kesîrülelvan [·–··–] *va.* bunt, vielfarbig
kesîrüleşkâl *va.* s. **bolşekilli**
kesîrülevlât *va.* s. **çok çocuklu**
kesîrülhücre *va.* s. **çokhücreli; ~ nebatat** s. **çokhücreli bitkiler**
kesîrülvuku, -uu [·–··–] *va.* häufig vorkommend
kesîrülvücuh [ü] *va.* s. **çokyüzlü**
kesişen *math.* sich gegenseitig schneidend *birleşen, mütekatı ~ **gözlem** *naut.* Kreuzpeilung *f*
kesişme Vb. zu **kesişmek** *spez.* 1. *H.* endgültige Regelung (beiderseitiger Forderungen), Kontenabrechnung *f* 2. Abtausch *m* (von Steinen im Damespiel)
kesişmek 1. sich gegenseitig schneiden 2. *H.* gegenseitig abrechnen 3. *H.* handelseinig werden 4. abtauschen (Steine im Damespiel) 5. *V* sich durch Blicke verständigen (Mann und Frau)
kesiştirmek Kaus. zu **kesişmek** *spez. naut.* die Position e–s Schiffes bestimmen *mevki koymak
kesit, -ti *geom.* Schnitt *m* *makta
kesitaşı, -nı großer flacher Stein, auf dem Wäsche im Bach gewalkt und gewaschen wird
kesken *dial.* s. **danaburnu** (2)
keskenmek *dial.* mit der Faust drohen
keski *allg.* jedes Schneidewerkzeug *spez.* 1. Handbeil, Gartenmesser *n*, Hippe *f* 2. Meißel *m*, Stemmeisen *n*, Stechbeitel *m* 3. Zwickzange *f* ~ **demiri** (*od.* ~ **bileziği**) Messersech *n* (am Pflug)
keskin 1. scharf (Messer, Essig, Kälte, Auge, Ohr usw.); Scharf- (z.B. Schütze) 2. kräftig, stark (Wein, Tabak) 3. spitz (Nadel usw.) 4. wirksam, eindringlich 5. scharfblikkend 6. laut, streng, durchgreifend 7. tätig, aktiv, eifrig 8. *V* Päderast *m* 9. *z.va.* Schneide *f* (e–s Messers usw.) 10. *Th.* schrill (Stimme) ~ **göz** scharfes Auge ~ **nişancı** Scharfschütze *m* ≗ **sirke kabına** (*od.* **küpüne**) **zarar(-dır).** *Spr.* 1. Allzu scharf macht schartig. *Spr.* 2. Man kann das Gute ja auch übertreiben. ~ **viraj** scharfe Kurve ~ **yazı** klare, gut leserliche Schrift ≗ **zekâ keramete kıç attırır** (*od.* **taş çıkarır**). *Spr.* Scharfer Verstand ist mehr wert als die Prophezeiung e–s Wahrsagers. ~ **zekâlı** scharfsinnig **-ler** *hist.* osm. Reiterelite *f*
Keskin *n.pr.* O.u.D. im Rbz. Ankara
keskinleşmek scharf (bzw. schärfer) werden (usw. vgl. **keskin**)
keskinleştirmek; keskinletmek schärfen (usw. vgl. **keskin**)
keskinlik, -iği 1. Schärfe *f* 2. Spitz- od. Stark-sein *n* (vgl. **keskin**) 3. Eindringlichkeit, Wirksamkeit *f* 4. Scharfblick *m* 5. Härte, Strenge, Heftigkeit *f* 6. Aktivität *f*, Eifer *m* 7. Schneide *f* (e–s Messers usw.); **-ine koymak** hochkant stellen
kesme 1. Vs. zu **kesmek** 2. (Zu-)Schnitt *m* 3. Blechschere *f* 4. *Ka.* Abheben *n* 5. *math.* s. **daire kesmesi** 6. geschnitten bzw. würfel-förmig, -ähnlich, Würfel- 7. festgesetzt, Fest- (z.B. Preis) *maktu 8. einzelnes Lokum-Stückchen (vgl. **lokum**); 9. *ling.* Hiatus *m* 10. s. **akçekesme; ~ almak** *V* in die Wange kneifen (mit Zeige- und Mittelfinger) ~ **çizgisi** Trennungsstrich *m* (am Ende e–r Zeile) ~ **ev** s. **kesmelik** (2); ~ **fiyat** fester Preis; Festpreis *m* ~ **hamlacı** Schneidbrenner *m* ~ **işareti** Auslassungs-, Unterbrechungs-zeichen *n* *apostrof ~ **kapaksız cep** angeschnittene Tasche (bei Kleidungsstück) ~ **makarna** (Band-)Nudeln *pl.* *nuy ~ **noktalar** Auslassungspunkte *pl.* (bei unvollendetem Satz) *sıra noktalar, takdir noktaları ~ **taş** Quader *m*
kesmece 1. unter der Bedingung, daß die Früchte (*spez.* Zucker- od. Wasser-melonen) aufgeschnitten werden (wobei der Käufer dann nur diejenigen nimmt, die gut sind) 2. zum Aufschneiden (Melonen) 3. zum gleichen Preis, einheitlich, unterschiedslos, jedes 4. ohne Feilschen (Handeln) Zu 1: **Karpuzu ~ verirlerse alırız.** Wir kaufen die Wassermelonen nur unter der Bedingung, daß sie vorher aufgeschnitten werden. Zu 2: ~ **karpuz** Wassermelonen *pl.* zum Aufschneiden (*spez.* als Händlerangebot) Zu 3: **Bu kitapları ~ onar liradan aldım.** Ich habe alle diese Bücher unterschiedslos zu zehn Pfund das Stück gekauft. Zu 4: ~ **pazar** geschäftliches Abkommen, bei dem sofort der letzte Preis festgelegt wird
kesmek, (-er) 1. (durch-, entzwei-, zer-)schneiden 2. abschneiden, abtrennen 3. fällen, umhauen (Baum), hakken, hauen, spalten, sägen (Holz) 4. in gleiche od. nahezu gleiche Teile schneiden (Fleisch, Kartoffel usw.) 5. sich (in den Finger, die Hand usw.) schneiden 6. schneiden (z.B. Haar), beschneiden, stutzen (z.B. Flügel) 7. auf-, an-schneiden (z.B. Wurst) 8. verschneiden, kastrieren 9. a) töten, umbringen, überfahren b) schlachten, abstechen (Tier) 10. zeitweilig od. für dauernd einstellen; abbrechen (z.B. Verhandlungen); unterbrechen; aufhören lassen, beenden; ein Ende machen (mit); ausschalten (Strom, Radio usw.), abstellen, absperren (Wasser usw.), wegnehmen (den Kopf, Gas beim Auto usw.), abstoppen, abfangen (z.B. *Fb.*); j–m den Weg verlegen 11. bestimmen (z.B. Tag), entscheiden (z.B. Angelegenheit), festsetzen, ausmachen (Preis, Termin usw.) *tayin etmek, tasrih etmek 12. abziehen, zurück-, ein-behalten, sperren (z.B. e–n Teil des Gehalts) 13. prägen (Münzen), drucken (Banknoten) *basmak 14. verringern, herabsetzen (z.B. Fahrgeschwindigkeit) 15. *Ka.* a) abheben, abnehmen b) überstechen 16. entwöhnen (Säugling) 17. ausstellen, ausfertigen; erlassen (z.B. Steckbrief) 18. die Dame schlagen (im Damespiel) 19. *P* kosten, sich belaufen (auf) 20. *P* necken, foppen, aufziehen 21. *V* prahlen, aufschneiden, renommieren *caka satmak 22. *V* j–m betrügerisch Geld abnehmen (im Spiel), j–n ausnehmen 23. *Ch.* e–m Fahrgast zuviel Geld abnehmen, *F* j–n behumsen Zu 2: s. **bilet (önünü, yol)** ~ Zu 3: s. **odun** ~ Zu 5: **Parmağını kesti.** Er hat sich in den Finger geschnitten. Zu 6: s. **saç(tırnak)** ~ Zu 9a): **Kocasını tren kesti.** Ihr Mann ist vom Zug überfahren worden. Zu 9b): **koyun** ~ ein Schaf (bzw. Schafe) schlachten Zu 10: s. **arkasını (ayağını, dilini, kısa, sesini, sözünü, tediyatı, tren, mülâkatını, ümidini) ~; Bu ilâç baş ağrısını keser.** Dieses Mittel hilft gegen Kopfschmerzen. **Müzakereler kesildi.** Die Verhandlungen wurden abgebrochen. s.a. **önünü (yolunu)** ~ Zu 11: **Gününü daha kesmedik.** Wir haben noch keinen bestimmten Tag dafür ausgemacht. s.a. **ceza (aklı)** ~ Zu 12: **Ücretinden elli lira kestiler.** Man hat fünfzig Pfund vom Gehalt abgezogen. s.a. **maaş** ~ Zu 13: s. **para** ~ Zu 14: s. **yolunu** ~

Zu 16: s. **memeden (sütten)** ~ Zu 17: **Fransız mahkemeleri tevkif müzekkeresi kesmiştir.** Die französischen Gerichte haben e–n Steckbrief erlassen. Zu 19: **İş ne kesti?** Was hat die Geschichte gekostet? **Hesap ne kadar kesiyor?** Wie hoch ist die Rechnung? – **Kesemediğin eli öp de başına koy!** *Spr.* s. **Bükemediğin eli** usw.; **kesip** (*od.* **kestirip) atmak** 1. vollständig austilgen, mit Stumpf und Stiel ausrotten 2. kurzerhand entscheiden, das Schlußwort sprechen, endgültig regeln 3. kurz und bestimmt antworten **kesip biçmek** 1. zerschneiden; *a.* niedermachen, töten 2. *fig.* wohlüberlegt vorgehen (handeln) 3. beenden, entscheiden 4. passend machen 5. *F* schwadronieren **Kesseler bir damla kanı akmazdı.** Jeder Blutstropfen wich ihm aus dem Gesicht. Er wurde kreidebleich. **kestiği** (*od.* **attığı) tırnak olamamak** *od.* **kestiği tırnağa benzememek** sich nicht im entferntesten messen können (mit)

kesmekalıp, -bı Schablone *f* (des Malers)

kesmelik 1. Steinbruch *m* *taş ocağı 2. Höhlenwohnung *f* 3. hölzernes Türschloß

kesmeresim Scherenschnitt, Schattenriß *m*

kesmeşeker Würfelzucker *m* *kare şeker, küp şeker

kesmez stumpf (Messer)

kesmik 1. Ährenreste *pl.* (nach dem Dreschen) 2. Käse *m* (*im Ggs.* zu Molke)

keson Caisson, Senkkasten *m* ~ **hastalığı** s. **dalgıç hastalığı**

kesp, -bi 1. Erwerben, Erlangen *n*, Erwerbung, Acquisition *f* 2. Gewinn *m* 3. Arbeit *f* (zum Broterwerb) ~ **etmek** 1. erwerben, erlangen, gewinnen (Bedeutung, Berühmtheit usw.) 2. sich et. zuziehen (z.B. Krankheit) **-i kanuniyet etmek** Gesetzeskraft erlangen **-i katiyet etmek** *jur.* rechtskräftig werden (Urteil) **-i kuvvet etmek** *va.* s. **kuvvetlenmek; -i nezaket etmek** *va.* s. **nazikleşmek; -i nüfuz etmek** *va.* s. **nüfuz kazanmak; -i şeref etmek** (bşle) *z.va.* sich beehren, sich die Ehre geben, die Ehre haben (zu) **-i şiddet etmek** *va.* s. **şiddetlenmek; -i şöhret etmek** *va.* berühmt werden, sich e–n Namen machen

kesre s. **esre; -i izafiye** *gr.* Bindevokal *m* (der pers. Izafetkonstruktion)

kesreli s. **esreli**

kesret, -ti Vielzahl, Fülle *f;* große Anzahl od. Menge; Übermaß *n* *çokluk ~ **üzere** (*od.* **-le**) verstärkt, in besonders großer Zahl, überreichlich, in Hülle und Fülle **-le vaki** besonders häufig, sehr oft vorkommend **İşlerimin -ine binaen ...** Da ich geschäftlich stark in Anspruch genommen bin ... **-i ilâh mesleği** s. **politeizm; -i tekrar** s. **geneleme**

kesretiye *phil.* Pluralismus *m* (*im Ggs.* zum Monismus) *çokçuluk

kesretli in großer Zahl, reichlich, viel, zahlreich; groß (Menge)

kesretmek [×··] *z.va.* 1. (ab-, zer-)brechen 2. *fig.* verletzen, übertreten 3. niederwerfen, zähmen 4. besiegen, in die Flucht schlagen 5. Abbruch tun (z.B. der Ehre)

kesrî *math.* Bruch-, gebrochen ~ **adet** s. **kesirli sayı**

Kesriye *n.pr.* Kastoria (Städtchen in Mazedonien)

kestane [ā] 1. Kastanie *f* 2. kastanienbraun ~ **ağacı** Edelkastanie *f bot.* Castanea sativa ~ **at** rötlichbraunes Pferd, Goldfuchs *m* ~ **dorusu** kastanien-, rötlich-braun (Pferdefarbe) ~ **kabuğundan çıkmış da kabuğunu beğenmemiş.** *Spr.* Er schämt sich seiner einfachen Herkunft (*od.* seiner früheren Freunde). ~ **karası** *naut.* period. Seesturm (auf dem Schwarzen Meer; gegen 27. September) ~ **kargası** Eichelhäher *m zo.* Garrulus glandarius *ayrılık kargası ~ **kebabı** geröstete Kastanien; Maroni *pl.* ~ **palamudu** s. **palamut** (I) Anm.; ~ **rengi** 1. rötlich-braune Farbe; van Dyck-Braun *n* 2. kastanien-, rötlich-braun ~ **suyu** Name e–s beliebten Quellwassers (aus Sarıyer) ~ **suyu gibi** sehr dünn (Kaffee) ~ **şekeri** (*od.* **şekerlemesi**) kandierte Kastanien *pl.* ~ **toprağı** e–e bes. Art Blumenerde ~ **turpu** e–e rundliche Rettichart

kestaneci [ā] wer Kastanien verkauft *spez.* (fliegender) Maronihändler

kestanecik [ā] 1. *an.* s. **prostat** 2. Kastanie *f* (Hornschwiele am Pferdebein)

kestanefişeği, -ni Frosch, Schwärmer *m* (Feuerwerkskörper)

kestanekabağı, -nı s. **helvacıkabağı**

kestanelik [ā] Kastanienwäldchen *n*

kestel *va.* Burg *f*, Schloß *n* ~ **çileği** nußgroße, dunkelrote Erdbeerart

kestere gemeiner Ziest *bot.* Stachys officinalis *betunika; solucan otu

kestirme 1. Vs. zu **kestirmek** 2. abkürzend, Abkürzungs-, abschneidend (Weg) 3. kurz und bündig, abrupt, abschließend (z.B. Antwort) 4. approximativ, annähernd, ungefähr 5. Nickerchen *n* 6. *mil.* Ortung, Auskundschaftung *f* 7. Verhütung *f* e–r Verzuckerung (bei dicken Fruchtsäften) ~ **aleti** Peilgerät *n* ~ **merkezi** Peilstelle *f* ~ **tertibatı** Peilvorrichtung *f* ~ **yol** Abkürzungsweg *m* **-den gitmek** *fig.* nicht lange fackeln

kestirmek 1. Kaus. zu **kesmek** 2. klar erkennen, herausfinden, ausfindig machen 3. abschätzen, taxieren 4. entscheiden, festsetzen 5. *F* (*a.* **uyku** ~) ein kleines Schläfchen halten 6. voraussehen, vorherwissen 7. *mil.* peilen, orten, auskundschaften 8. *va.* veranlassen, daß jemand Abstand nimmt (von); (et.) aufgibt **kestirip atmak** s. **kesip atmak**

keş (I) 1. Magermilchkäse *m* 2. *V* einfältig, dumm, blöd ~ **etmek** *V* blamieren, bloßstellen **-ten gelmek** *V* s. **keşlemek** (2)

keş (II) **end keri** *hist.* (amerikanische) Cash-and-carry-(Barzahlungs-)Klausel

-keş *pers. Sx.* 1. (an-)ziehend 2. ertragend, erduldend, durchmachend 3. *selt.* gezogen, geführt; vgl. **afyon-, esrar-, gayret-, ser-keş** usw.

keşakeş [ā] *va.* 1. beiderseitiges Ziehen (in entgegengesetzter Richtung) 2. Konflikt, Zank, Streit *m* 3. Unentschlossenheit *f*, Zögern *n*, Unsicherheit *f* 4. Kummer, Gram *m*

-keşan [ā] 1. s. **-keş** 2. *va. Pl.* zu **-keş**

keşan [ā] **keşan** (*od.* **keşan ber keşan**) *va.* ziehend, schleppend

Keşan *n.pr.* Städtchen u. D. im Rbz. Edirne

Keşap *n.pr.* O.u.D. im Rbz. Giresun

keşef *va.* 1. s. **kaplumbağa** 2. s. **Yengeç burcu** 3. flaches Wassergefäß mit breitem Ausguß

keşen *P* Ketten-halfter *m, n*, -fessel *f*

keşende *va.* ziehend, ertragend, duldend; s. **mihnetkeşende**

keşfetmek [×··] 1. entdecken (z.B. ein Land) 2. enthüllen, ans Licht bringen 3. in Erfahrung bringen (Geheimnis) 4. erraten 5. voraus-sehen, -berechnen; veranschlagen 6. *a. mil.* erforschen, erkunden, aufklären, rekognoszieren

keşfi *va.* 1. Entdeckungs- 2. Schätzungs-, Voranschlags-

keşfiyat, -tı *z. va. Pl.* Entdeckungen, Erkundungen, Nachforschungen *pl.*

keşide [ī] *z. va.* 1. Ziehung *f* (z.B. bei Lotterie) 2. Ausstellung *f* (e–s Schecks, Wechsels) 3. Absendung, Aufgabe *f* (e–s Telegramms) 4. Veranstaltung *f* (z.B. e–s Banketts) 5. längerer Schriftzug (*a.* zum Ausfüllen leerer Stellen in der alten Kunstschrift) 6. gezogen, ertragen, erlebt *çekilmiş 7. (*in Zss., va. pers. Sx*) ziehend, ertragend, erlebend, trinkend ~ **etmek** *z.va.* 1. ziehen (z.B. Los, Linie) 2. ausstellen (Scheck, Wechsel) 3. absenden, aufgeben (Telegramm) 4. veranstalten (Bankett) 5. ertragen, durchmachen, erleben

keşideci [·–··] *z.va.* Aussteller *m* (e–s Schecks, Wechsels), Trassant *m* (e–s Wechsels)
keşif, -şfi 1. Entdeckung *f* 2. Enthüllung, Aufdeckung *f* 3. Erfahren *n* 4. Erraten *n* 5. (Kosten-)Voranschlag *m* 6. *a. mil.* Erforschung, Erkundung, Aufklärung, Rekognoszierung *f* ~ **beratları dairesi** Patentamt *n* ~ **birliği (faaliyeti, hedefi)** *mil.* Aufklärungs-verband *m* (-tätigkeit *f*, -ziel *n*) u.ä.m. ~ **kolu** *mil.* Spähtrupp *m*, Aufklärungsabteilung, Patrouille *f* ~ **uçağı** *mil.* Aufklärungsflugzeug *n*, Aufklärer *m* ~ **uçuşu** Erkundungs-, Aufklärungs-flug *m* ~ **ve muayene** *jur.* gerichtlicher Augenschein, Augenscheinsaufnahme, Ortsbesichtigung *f* **-ini yapmak** (bşin) e–n Kostenvoranschlag machen (für) **-i taarruzî** *mil.* gewaltsame Erkundung; Erkundungs-angriff *m*, -gefecht *n*
keşifname [ā] schriftlicher (Kosten-)Voranschlag; Lastenheft *n*, Leistungsverzeichnis *n*
keşik *dial.* s. **sıra, nöbet**
keşikleme *dial.* s. **almaş, münavebe**
keşikleşmek *dial.* abwechselnd arbeiten
keşir *dial.* s. **havuç**
keşiş 1. Pope *m*, niederer christl. Geistlicher 2. christl. Mönch *rahip ≗ **dağı** *n.pr., fr. Bez.* des **Uludağ** Bithynischer Olymp (bei Bursa) ~ **kalpağı** (*od.* ~ **külâhı**) Alpensockenblume *f*, Bischofshut *m bot.* Epimedium alpinum ~ **otu** s. **karabaş** (4)
keşişhane [ā] christliches Kloster
keşişleme 1. Südostwind, Schirokko *m* 2. *naut.* Südosten (SO) *(1, 2) akçayel ~ **kerte doğu** *naut.* Südost zu Ost ~ **kerte kıble** *naut.* Südost zu Süd
keşişlik 1. niedere christl. Geistlichkeit; Popentum *n* 2. Mönchstum *n* 3. Klosterleben *n*
keşke [×·] (Einleitung e–s irrealen Wunschsatzes) wenn doch ..., wäre (hätte) doch ..., möchte doch ..., wollte Gott, daß ... ≗ **gelseler!** Wenn sie doch nur (endlich) kämen! ≗ **haber göndereydik.** Hätten wir doch e–e Mitteilung geschickt! ≗ **ölseydim de bu günleri görmeseydim!** Wäre ich doch gestorben, daß ich diese Zeit nicht mehr mitzumachen brauchte!
keşkek Weizengrütze *f* mit Fleisch
keşkekaleyisselâm *V* blöder Kerl
keşki s. **keşke**
keşkül 1. *fr.* Bettlerschale *f* (wie sie z.B. die wandernden Derwische mit sich führten; *mst.* die Hälfte e–r Kokosnuß-Schale; *gel. a.* aus Ebenholz) 2. e–e Milch-Süßspeise (auf die zerkleinerte Pistazien, Pignolen od. geschabte Kokosnüsse gestreut werden)
keşkülüfukara [·····–] s. **keşkül**
keşlemek *V* nicht beachten, sich nicht kümmern (um), ignorieren, et. nicht tragisch nehmen
keşmekeş 1. Durcheinander *n*, Wirrwarr *m*, Unordnung *f* 2. Zank, Streit *m* 3. s. **keşakeş**
Keşmir 1. *n.pr.* Kaschmir 2. ≗ Kaschmir-wolle *f*, -gewebe *n* ~ **amber çiçeği** Kokarden- od. Papagei-blume *f bot.* Gaillardia grandiflora ~ **keçisi** Kaschmirziege *f*
Keşmirli Einwohner(-in *f*) *m* von Kaschmir
keşsavak *V* vergnügungssüchtiger, aber unerfahrener, naiver Reicher; Grünhorn, Gimpel, Provinzonkel *m*
keşşaf [ā] 1. *mil.* Aufklärer, Erkunder *m* 2. *fr.* Bez. der türk. Pfadfinder *izci
keşşaflık [ā] 1. Aufklärung, Erkundung *f* 2. *fr.* Pfadfinderorganisation *f* *izcilik
keşti *va.* 1. Schiff *n* *gemi 2. Säufer, Trunkenbold *m*
ket (I) s. **nişasta**
ket (II) (in der Füg.:) ~ **vurmak** (bşe) beeinträchtigen, behindern, hemmen, erschweren, inhibieren, Abbruch tun, schädigen
ket (III) (*engl.* **cat**) *naut.* Kat *n* (Einsegel-Takelung für kleinere Boote)
ketal, -li *P* steifgestärkter glänzender Baumwoll- od. Leinen-stoff
ketaniye [ā] s. **ketengiller**
kete *P* e–e best., aus Reismehl hergestellte Art **çörek**
ketebe (I) *va. Pl.* zu **kâtip; -i aklâm** *va.* Büroschreiber, Sekretäre *pl.*
ketebe (II) *fr.* 1. Fähigkeitszeugnis *n* für e–n Schüler der Kalligraphie 2. (*a.* **ketebehu**) Unterschrift *f* e–s Kalligraphen (*spez.* am Ende e–s handschriftlichen Werkes od. auf e–r Schrifttafel) Zu 2: **O kitabın -si okunmuyor.** Die Signatur des Kopisten ist unleserlich.
keten 1. gewöhnlicher Flachs; Lein *m bot.* Linum usitatissimum 2. Leinen, Linnen *n*, Drillich *m* 3. leinen, linnen ~ **bezi** Leinenstoff *m*, Leinwand *f*, Segeltuch *n*, Kanevas, Drillich *m* ~ **çiçeği** Leinblume *f bot.* Linum grandiflorum ~ **dövmek** Flachs hecheln *filarizlemek ~ **elbise** Drillichkleidung *f*, leinene Kleidung ~ **helvası** e–e in Fäden ausgezogene Helwa-Art *pamuk helva ~ **tarağı** Flachshechel, -schwinge *f* ~ **tiftiği** Zupfleinwand, Scharpie *f* ~ **tokmağı** Flachsbreche *f* *filariz ~ **üskülü** gehechelter, spinnfertiger Flachs ~ **üstüpüsü** (Hanf-)Werg *n* ~ **yağı** Leinöl *n* *beziryağı
ketenci 1. Leineweber *m* 2. Leinwandhändler *m*
ketencik 1. Seetang *m*, Alge(-n *pl.*) *f* 2. Leindotter *m bot.* Camelina sativa *Almanya susamı 3. ein aus (2) gewonnenes Öl
ketencilik 1. Leinen-herstellung, -industrie *f* 2. Leinwandhandel *m*
ketengiller Leingewächse *pl. bot.* Linaceae *ketaniye
ketenhelva s. **keten helvası**
ketenkuşu, -nu s. **kenevir kuşu**
ketenler *chem.* Keto-, Carbonyl-Gruppe *f*
ketentohumu, -nu Leinsamen *m* ~ **lapası** *med.* Leinsamenbrei *m*
kethüda [ā] *urspr.* Form von **kâhya;** ~ **bey** 1. s. **kul kethüdası** 2. s. **kâhya bey;** ~ **yeri** *hist.* Stellvertreter *m* des **kul kethüdası** und im Krieg Kommandeur der 33. Janitscharen-Orta (Leibgarde des **Yeniçeri ağası**)
ketif, -tfi *va.* 1. Schulter *f* *omuz 2. *an.* Schulterblatt *n* *azmı ketif, kürek kemiği
ketim, -tmi *va.* Verbergen, Verstecken, Verhehlen, Geheimhalten, Bewahren *n*
ketmetmek [×··] *va.* verbergen, verstecken, verhehlen, geheimhalten, wahren (z.B. Geheimnis), verschweigen (z.B. Wahrheit)
keton *chem.* Keton *n*
ketum [ū] verschwiegen, diskret *ağzı sıkı, ağzı pek ~ **davranmak** Stillschweigen bewahren
ketumiyet, -ti [ū] Verschwiegenheit, Diskretion *f* ~ **göstermek** Stillschweigen (Diskretion) bewahren
ketumluk [·–·] s. **ketumiyet**
kevakip, -bi [ā] *va. Pl.* zu **kevkep**
keven s. **geven**
kevgir 1. Schaum-löffel *m*, -kelle *f*, gelochter Schöpflöffel 2. Sieb *n* (z.B. zum Waschen von Reis) ~ **taşı** s. **delikli taş**
kevkebe *va.* 1. Stern *m* *yıldız 2. *hist.* an langer Stange befestigte glänzende Stahlkugel (die neben e–m Herrscher ähnlich e–r Fahne getragen wurde) 3. Reiteraufzug *m* 4. Pomp, Prunk *m* 5. s. **gülpencere**
kevkebî *va.* die Sterne betreffend, Stern- **cümlei kevkebiye** s. **takımyıldız**
kevkep, -bi *va.* 1. Stern *m* *yıldız 2. et. Strahlendes, Glänzendes
kevn *va.* 1. Entstehen *n* 2. Dasein *n*, Existenz *f* 3. Welt *f* 4. Kosmos *m*, Universum *n*
kevneyn (*va. Dual* zu **kevn**) die beiden Welten, die diesseitige und die jenseitige Welt; s.a. **seydi-**

kevnî 1. s. **kozmik** 2. s. **kozmolojik**
kevniyat, -tı [ā] *va. Pl.* s. **kozmoloji**
kevnümekân *va.* Universum *n*
Kevser *isl. Myth.* Name e–r Paradiesquelle 2. *wV* ~ **gibi** köstlich wie Nektar ~ **suresi** Name der 108. Koran-Sure
key (I) *va.* wann *ne zaman
key (II), **-yyi** *med.* Ausbrennen *n*, Kauterisation, Kaustik *f*
Keyaksar *n.pr.* Kyaxares (Mederkönig)
Keyaniyan [ā, ā] s. **Akamanışlar**
keyf s. **keyif**
keyfe *va.* wie *nasıl
keyfemayeşa [ā, ā] *va.* nach Belieben, nach Gutdünken, willkürlich
keyfer *va.* Vergeltung *f* (Strafe od. Belohnung)
keyfetmek [×··] s. **keyif çatmak**
keyfî 1. willkürlich, Willkür- 2. qualitativ ~ **hareket** Willkürakt *m*, willkürliches Vorgehen ~ **muamele** *jur.* Willkürlichkeit *f*, willkürliche Handlung; Willkürakt *m* ~ **tahlil** s. **tahlili** ~
keyfiyet, -ti 1. Qualität *f*, Wie *n* (e–r Sache), Art und Weise, Beschaffenheit, Eigenschaft *f* *nitelik 2. Sachverhalt *m* 3. Tatsache *f*, Umstand *m* 4. Vor-gang, -fall *m*, -kommnis *n* 5. *phil.* Modalität *f* *cihet, kiplik Zu 1: **Mesele kemiyette değil, -tedir.** Es kommt hierbei nicht auf die Quantität, sondern auf die Qualität an. Zu 2: **... -i ilân olunur.** (Gerichtssprache) ... wird hiermit zur allgemeinen Kenntnis gebracht. **²in tahkikiyle imbası.** (als Aktenvermerk) *va.* Der Sachverhalt ist festzustellen und zu melden. **² böyle böyle.** *F* So steht es nun einmal. Zu 3: **inkâr edilemez bir** ~ e–e unbestreitbare Tatsache Zu 4: **Tabı -ini idare etmek üzere ...** Zur Überwachung des Druckvorganges **Elçi, -i protesto etti.** Der Gesandte hat wegen dieses Vorfalles Protest eingelegt. ~ **zarfı** s. **niteleme belirteci; -i hal** nähere Umstände *pl.*, Sachlage *f*, Sachverhalt *m*, alles
keyfiyeten *va. Adv.* qualitativ
Keyhüsrev 1. Name mehrerer pers. Könige *spez.* Cyrus II. (der Große) *İkinci Kurus 2. Name verschiedener seldschukischer Sultane (12.–13. Jh.)
keyif, -yfi 1. Wohlbefinden *n*, Behaglichkeit *f*, behagliche Ruhe, gute Laune, Stimmung, Gefallen *n*, Freude *f* 2. Vergnügen *n*, Vergnügung *f*, Amüsement *n*, *mel.* Fröhlichkeit *f*, Frohsinn *m* 3. Schwips, Rausch *m*, Weinlaune *f*, angeheiterte Stimmung, Ausgelassenheit *f* 4. Willkür, Laune *f* 5. Gesundheit *f*, Befinden *n* 6. leicht beschwipst, angeheitert 7. *V* Haschisch *n* 8. *va.* charakterliche Veranlagung *huy, mizaç Zu 1: **Bugün -im yok.** Ich bin heute gar nicht in Stimmung. **Bu haber, -imi kaçırdı.** Diese Nachricht hat mir die ganze Laune verdorben. Zu 2: **O, ancak -ini düşünür.** Er hat nichts im Kopf als Vergnügungen. **Herkes -inde.** Jeder ist gut aufgelegt. Zu 3: s. ~ **verici zehir** Zu 4: **Ben -e hizmet etmem.** Willkür unterstütze ich nicht. **rüzgârın ve suların -ine tabi** Wind und Wogen preisgeben **-ince** wie es ihm beliebt, willkürlich **Kızı keyfine bıraksalar, zurnacıya varır.** *Spr.* Wenn man ein Mädchen handeln läßt, wie es will, heiratet es einen Flötenbläser (Oboenspieler). **² benim, köy Mehmet Ağanın.** Ich will nicht, daß sich jemand in meine Angelegenheiten einmischt. ~ **çatmak** es sich gemütlich machen ~ **halinde** angeheitert, beschwipst ~ **olmak** leicht angetrunken sein ~ **sormak** sich nach j–s Befinden erkundigen ~ **sürmek** ein angenehmes Leben führen; es sich gut gehen lassen ~ **verici zehir** Rauschgift *n* ~ **vermek** betrunken, berauscht machen ~ **yapmak** es j–m gemütlich machen ~ **yetiştirmek** s. **keyif çatmak. ²i bozuldu** (*od.* **kaçtı**). 1. Es hat ihm die Laune verdorben (*F* die Stimmung verhagelt). Er ist verstimmt. 2. Er fühlt sich nicht wohl. **-i düzelmek** (*od.* **yerine gelmek**) 1. in gute Laune kommen 2. sich erholen (Patient) **-i için** (nur) zu seinem Vergnügen **-i oluncaya kadar** solange es ihm paßt **-i sıra** ganz nach Laune **²i tamamdır.** Er ist bester Laune. Er ist glänzend aufgelegt. **-i yerinde olmamak** 1. mißgestimmt sein 2. nicht ganz auf dem Posten sein **²im böyle istiyor.** Es gefällt mir eben so. **²im iyi değil.** Ich fühle mich nicht recht wohl. **²im yerinde.** Ich fühle mich ganz wohl. **²in bilir.** Wie du willst. **-ince** ganz nach Belieben **-ine bakmak** es sich wohl sein lassen **-ine diyecek yok** wunschlos glücklich **-ine gitmek** 1. **(kendi)** Vergnügungen suchen; sich amüsieren wollen 2. **(bş b–nin)** gefallen **-ini bozmak** (*od.* **kaçırmak**) (b–nin) j–m die gute Laune verderben; j–n verstimmen **-ini çıkarmak** (bşin) et. in vollen Zügen genießen **²inin kâhyası değilim ki!** Soll er sich vergnügen, wie er mag! **²iniz hoş olsun!** *iron.* Von mir aus! Meinen Segen haben Sie! **²iniz nasıl?** Wie fühlen Sie sich? Wie geht es Ihnen? **-inize** nach Ihrem Belieben; wie Sie meinen **²inizi bozmayın!** Lassen Sie sich nicht stören!
keyiflenmek in Stimmung kommen, aufgeräumter Stimmung werden; ausgelassen (beschwipst, lustig) werden
keyifli 1. gut aufgelegt, in Stimmung, vergnügt und lustig, ausgelassen, gut gelaunt, fröhlich 2. behaglich, angenehm 3. beschwipst 4. berauschend
keyiflice *Dim.* zu **keyifli;** ~ **ot** scharfer Rittersporn, Läusekraut *n bot.* Delphinium staphisagria *bitotu (Anm.: Die Samen werden als Purgativ verwendet.)
keyifsiz 1. nicht in Stimmung, mißgestimmt, verstimmt 2. unwohl, nicht ganz auf dem Posten, unpäßlich
keyifsizlenmek 1. *selt.* mißgestimmt werden 2. unpäßlich werden
keyifsizlik 1. *selt.* Verstimmung, Mißstimmung *f* 2. Unwohlsein *n*, Unpäßlichkeit *f*
Keykâvus; Keykubat 1. Name verschiedener legendärer Perserkönige 2. Name verschiedener seldschukischer Sultane (13. Jh.)
keylus s. **kilüs**
keylusî den Chylus (Milch-, Nahrungs-saft) betreffend; s. a. **veridi** ~
keymus [ū] s. **kimüs**
keysiye s. **keseliler**
Keyvan [ā] *astr. va.* Saturn *m* *Satürn, Zühal
keyyetmek [×··] *med.* kauterisieren, ausbrennen
kez 1. Mal *n* *defa, sefer 2. s. **gez** (I) 3. s. **gezi**
keza [×–] *va.* ebenfalls, gleichfalls, auch, ebenso, desgleichen, ferner, dito ~ **ve keza** *va.* und so weiter
kezalik [·×·] s. **keza**
Keziban [ā] *wV*
kezlemek *dial.* zielen *nişan almak
kezzap (I), **-bı** [ā] *va.* gewohnheitsmäßiger Lügner
kezzap (II), **-bı** *urspr.* [ā] (< *pers.* **tîz ab,** scharfes Wasser) 1. Scheidewasser *n*, Salpetersäure *f* *azotik asit, nitrik asit 2. *P* Salzsäure *f* *tuzruhu
KGB *(russ. Abk.)* Staatssicherheitsdienst *m* der UdSSR (seit 1953)
kıbal, -li [ā] *va.* 1. Form *f*, Aussehen *n*, Äußeres 2. Kleidung *f*, Aufzug *m* Zu 2: **Ben bu** ~ **ile herkesin önüne çıkamam.** In diesem Aufzug kann ich mich nicht zeigen.
kıbale [ā] *med.* Geburtshilfe *f*
kıble 1. Richtung *f* nach Mekka (während des isl. Gebets) 2. Südwind *m* 3. *naut.* Süden, Süd- 4. *fig.* Stelle, an die sich jemand wendet, der in Not ist ~ **kerte keşişleme** *naut.* Süd zu Ost ~ **kerte lodos** *naut.* Süd zu West ~ **keşişleme** *naut.* Südsüdost, SSO ~ **lodos** *naut.* Südsüdwest, SSW ~ **rüzgârı** (*od.* ~ **yeli**) Südwind *m* **-si belli değil** jemand, von dem man nicht weiß, in wessen Diensten er steht od. woran er glaubt
kıblenüma [ā] ein Kompaß, auf dem die Richtung nach Mekka eingezeichnet ist

Kıbrıs (adası) *n.pr.* Zypern ~ **humması** s. **Malta humması;** ~ **Türk Federe Devleti** (*Abk.*: KTFD) Türkischer Bundesstaat auf Zypern
Kıbrısçık *n.pr.* O.u.D. im Rbz. Bolu
Kıbrıslı 1. Zyprer, Zypriote *m*, Zyprerin, Zypriotin *f* 2. zypr(iot)isch
kıç, -çı 1. hinterer od. letzter Teil von et., Ende *n* (z.B. e–r Geschichte) 2. Gesäß *n*, Hinterteil *m*, Hintern, Popo *m* *(weniger grob:) **dip, oturak, makat,** (gröber:) **göt** 3. *reg.* Bein *n*, Fuß *m* 4. *naut.* Heck, Achterschiff *n* 5. *mil.* Hinterteil, Bodenstück *n* (bei Geschützen, Gewehren usw.) ~ **altı** achterlicher Kajüts- und Wohn-raum ~ **atmak** 1. (nach hinten) ausschlagen (Pferd) 2. *F* sehr begehren, vor Begierde brennen ~ **attırmak** (m. Dat.) *F* besser sein, mehr wert sein (als), überlegen sein, übertreffen ~ **bayrağı** Heckflagge *f* ~ **bodoslaması** Hintersteven *m* ~ **gönderi** s. **sancak gönderi;** ~ **güverte** Quarter-, Achter-deck *n* ~ **kamara(-sı)** Heckkajüte *f* ~ **kasara** (erhöhtes) Achterdeck; Poop(-deck *n*) *f* ~ **koltuk** *naut.* Heckanlegetrosse *f* ~ **kuruzu** Gillung, Gilling *f* ~ **küpeştesi** Heck-reling *f*, -geländer *n* ~ **loçası** Heckklüse *f* ~ **oturağı** Achtersitz *m* (e–s offenen Bootes) ~ **palamar** Heck-, Achter-tau *n* ~ **sallamak** *V* sich in den Hüften wiegen; *(V)* mit dem Hintern wackeln (Dirne) ~ **torpido kovanı** Hecktorpedorohr *n* ~ **-üstü(-ne) oturmak** *F* hilflos dasitzen, keinen Ausweg mehr haben ~ **yatırması** Heckwerk *n*, Querversteifung *f* ~ **yelkenleri** Hintersegel *pl.* ~ **yelpazesi** Randsomholz *n* **-a tirimli** *naut.* hecklastig (Schiff) **-ı kırık** *V* belanglos, wertlos, dumm (Sache) **-ına kına koymak** *P* schadenfroh sein, frohlocken **-ına tekmeyi atmak (vurmak, yapıştırmak)** (b–nin) j–m e–n Tritt in den Hintern geben *d.h.* j–n fortjagen **-ını kaldıramamak** keine Hand rühren; faul sein **-ını yırtmak** *V* wie am Spieß brüllen **-ının ağzı kabara** *P Ra.* beim Wurf von **dübara** (Wü.) **♀ının kılı ağarmış.** *pej.* Er ist ein richtiger Tapergreis. **-ının kılları enginar çiçeği gibi ağarmak** (*V Ra.* hinsichtlich alt gewordener Strichjungen) **-ının kıllariyle balık yakalamak** (*od.* **tutmak**) *V* unglaubliches Schwein haben **-ının üzerinde durmaz** *naut.* stark schaukelnd (Schiff) **-tan batmak** über das Heck (*od.* das Heck voraus) absinken **-tan dolma** *mil.* Hinterlader *m* **-tan kara etmek** über Heck anlegen
kıçın kıçın *P* nach hinten, rückwärts, zurück *geri geri
kıçlı s. **kıça tirimli**
kıdem 1. Alter *n*, Bestehen *n* seit langer Zeit 2. Dienstalter *n* 3. *(hinsichtlich Gott)* s. **ezel;** ~ **zammı** Dienstalterszulage *f*
kıdemce; (*va.* **kıdemen**) dem Dienstalter (Range) nach
kıdemli 1. in e–m best. Dienstalter stehend 2. dienstälter, von höherem Dienstalter Zu 1: **sefirlerin en -si** der dienstälteste Botschafter Zu 2: ~ **onbaşı** *mil.* Obergefreiter ~ **yüzbaşı** 1. *fr. naut.* Rang *m* zwischen Kapitänleutnant und Korvettenkapitän 2. s. **önyüzbaşı**
kıdemlilik Anciennität *f*, Dienstalter *n*
kıdemsiz ohne od. von geringem Dienstalter, jünger **en** ~ **subay** dienstjüngster Offizier
kığ(-ı) Schaf-, Ziegen-, Kamel-mist *m*
kığırmak *va.* (an-, zu-)rufen
kığıştı *z. va.* 1. Rascheln, Knistern *n* 2. Rasseln, Klirren *n*
kığlamak Kot auswerfen (Schafe, Ziegen, Kamele)
kıh (I) *Ki.* 1. schmutzig, unsauber 2. Schmutz *m*, Exkremente *pl.* 3. Ermunterungszuruf für Kleinkinder, ihr Geschäftchen zu verrichten
kıh (II) **kıh** (*Lm.* des Lachens) hihi! ♀ ~ **diye güldü.** Hihi! lachte er.
kıhfî *va.* den Schädel betreffend, Schädel-
kıhıf, -hfı *va.* s. **kafatası; ilmi** ~ s. **frenoloji**
kık, -kı s. **kığ(-ı)**
kıkır kıkır kichernd ~ ~ **gülmek** kichern
kıkırdak 1. *an.* Knorpel *m* 2. s. **kakırdak;** ~ **poğaçası** Griebenpastete *f* ~ **tutkalı** Knorpelleim *m*, Chondrin *n* ~ **uru** *med.* Knorpelgeschwulst *f*, Chondrom *n*
kıkırdakbilim Knorpelkunde, Chondrologie *f*
kıkırdakbilimsel knorpelkundlich, chondrologisch
kıkırdakdoku *an.* Knorpelgewebe *n* *nesci gudrufî
kıkırdakhalka *an.* Ringknorpel *m* *halkai gudrufiye
kıkırdakımsı knorpelähnlich
kıkırdaklı knorpelig, Knorpel- ~ **balıklar** Knorpelfische *pl.* *zo.* Chondrichthyes
kıkırdamak 1. kichern 2. frieren wie ein junger Hund 3. *V* abkratzen (sterben)
kıkırtı Kichern, Gekicher *n*
kıl 1. (einzelnes) Haar; Borste *f* 2. Körperhaare *pl.* 3. Ziegen-haare *pl.*, -fell *n* 4. aus Ziegenhaar hergestellt 5. *V* aufdringlich, lästig ~ **alma** Enthaarung, Epilation *f* ~ **çadır** s. **Yürük çadırı;** ~ **çatlak** Haarriß *m* ~ **çekmek** *V* schmeicheln; um den Bart gehen *dalkavukluk etmek ~ **çuval** Haarsack *m* ~ **damar** s. **kılcal damar;** ~ **dökücü** Haarentfernungsmittel *n* *epilatuar ~ **eldiven** Frottierhandschuh *m* (aus Ziegenhaaren) ~ **elek** Haarsieb *n* ~ **fırça** (feiner) Haarpinsel ~ **folikülü** Haarbalg *m* ~ **gibi** haar-fein, -dünn ~ **gömlek** härenes Hemd ~ **kadar farklı olmamak** (m. Abl.) sich nicht im geringsten unterscheiden (von) ♀ **(kadar) kaldı denize gidiyordum.** Um ein Haar wäre ich ins Meer gestürzt. ~ **kalem** (aus e–m einzigen Haar bestehender) Pinsel der Vergolder ~ **kesecıği** s. ~ **folikülü;** ~ **keçi** (gewöhnliche) Ziege *f* ~ **kökü** Haarwurzel *f* ~ **oğlak** Ziegenlämmchen, Zicklein *n* ~ **payı** 1. um Haaresbreite 2. **(farkla)** hauch-fein, -dünn (Zu 1: **Ölümden** ~ **payı ile kurtulmuştur.** Er konnte gerade noch dem Tod entgehen.) ~ **pranga kızıl çengi** leichtsinnig, flatterhaft (Frau, Mädchen) ~ **şaşmadan** äußerst sorgfältig; haargenau ~ **testere** Laubsäge *f* ~ **tüyü** Fadenfeder *f* (bei Vögeln) ~ **üstünde durmak** auf des Messers Schneide stehen, nur mehr an e–m seidenen Fädchen hängen **-dan ince kılıçtan keskin** dünner als ein Haar und schärfer als ein Schwert (in der isl. Myth. von **sırat köprüsü** gesagt) **-dan kıla** peinlich genau, minutiös **-dan nem kapmak** überempfindlich sein, alles auf die Goldwaage legen, sich bei allem getroffen fühlen **-ı kıpırdamamak** s. **-ını kıpırdatmamak** (1); **-ı kırk yarmak** *fig.* 1. et. aufs genaueste untersuchen (studieren od. überlegen) 2. *pej.* Haarspalterei treiben; pedantisch sein **-ına (bile) dokunmamak** kein Haar krümmen **-ına bile dokunulmaz** sakrosankt **-ını dökmek** sich mausern (Vögel) **-ını kıpırdatmamak** (*od.* **oynatmamak**) 1. (kendi) keine Miene verziehen, vollkommen ungerührt bleiben 2. (b–nin) j–n nicht beeindrucken können
kılaç, -cı die Federgrasart Stipa leucotricha
kılade [ā] *va.* Hals-band *n*, -kette *f*, Kollier *n*
kılağı der beim ersten Schleifen entstandene feine Messergrat **-sını almak** (*od.* **gidermek**) s. **kılağılamak**
kılağılamak (bşi) e–m Messer den Feinschliff geben
kılağılı mit Feinschliff, feingeschliffen, gut abgezogen
kılağısız nicht abgezogen, schlecht schneidend, stumpf
kılaptan 1. vergoldeter (od. versilberter) Kupfer-, Messing-, Zinn-draht 2. Gold- od. Silber-litze, -borte *f*, -besatz *m* *sırma tırtıl ~ **işleri** Posamentierwaren *pl.*
kılaptancı Posamentier *m*
kılaptanlı mit Gold- od. Silber-litze
kılav *vet. P* e–e tödlich verlaufende Schafkrankheit
kılavuz 1. Führer *m* (Person od. Buch), Fremdenführer, Vorreiter *m* 2. *naut.* Lotse *m* 3. *selt.* (um 1933) s. **Führer** 4. Heiratsvermittler(-in *f*) *m* 5. Stollen *m* (im Bergwerk) 6. Gewinde-, Schrauben-bohrer *m* 7. Führungs-schiene, -nadel *f* u.ä.m., Leit- 8. Leittier *n* (bei Kamelkarawane

mst. ein Esel) 9. Startband *n* (e–s Films) 10. *V* Schlepper, Anreißer *m* (z. B. für Spielhöllen) ~ **açmak** ein Gewinde schneiden ~ **araba** Triebwagen *m* (bei Straßenbahn) ~ **burgu** lange, schmale Bohrerspitze ~ **çarmıhı** s. **şeytan çarmıhı;** ~ **çavuşu** *hist.* Herold *m*, der bei berittenem Umzug dem Sultan bzw. dem Großwesir die Straße freimachte ~ **dingil** Leitachse *f* ~ **ehliyeti** *naut.* Lotsenpatent *n* ~ **flaması** *naut.* Lotsenflagge *f* ~ **halatı** Signalleine *f* (des Tauchers) ~ **idarehanesi** *naut.* Lotsenstation *f* ~ **kitabı** *naut.* See-, Segel-handbuch *n* ~ **kol** Leitstange *f*, Führungsarm *m* ~ **makara** Leit-, Lenk-rolle *f* ~ **makinesi** Schraubenschneidemaschine *f* ~ **mihver** Leitachse *f* ~ **ray** Leitschiene *f* ~ **resmi** (*od.* **ücreti**) Lotsengeld *n* ~ **sandalı** Lotsen-boot *n*, -schoner *m* ~ **taşıl** *geol.* Leitfossil *n* ~ **tekerlek** Leitrad *n* ~ **vida mili** Leitspindel *f* ~ **yıldız** *astr.* Leitstern *m* ² **karga olanın burnu boktan çıkmaz (kalkmaz, kurtulmaz).** *Spr.* Wenn man e–n Raben zum Führer hat, kommt man aus dem Kot nicht heraus.

kılavuzbalığı s. **maltapalamudu**

kılavuzlamak 1. führen, (ge-)leiten 2. lotsen

kılavuzluk 1. Aufgabe, Tätigkeit *f* e–s Führers 2. Lotsenberuf *m*, -wesen *n* 3. Heiratsvermittlung *f* ~ **etmek** 1. Führerdienste leisten, als Führer dienen 2. den Lotsenberuf ausüben 3. Heiratsvermittlung betreiben

kılayaklılar s. **kıllı ayaklılar**

kılbarak s. **midilli**

kılbaz *V* Kriecher, Schmeichler, Speichellecker *m* *dalkavuk

kılbitleri, -ni Federlinge, Haarlinge *pl. zo.* Mallophaga *tüybitleri

kılburun schmale (ins Meer vorspringende) Landzunge

kılcal haar-fein, -dünn, Haar-, Kapillar- *şa'rî ~ **boru** *an.* Kapillare *f*, Haarröhrchen *n* *embubei şa'riye ~ **damarlar** *an.* Kapillargefäße *pl.* *eviyei şa'riye ~ **etki** s. **kılcallık;** ~ **kök** *bot.* Wurzelhaar *n*

kılcallık *phys.* Kapillarität, Haarröhrchenanziehung *f* *şariyet

kılcan *dial.* Vogelnetz *n* aus Pferdeschwanzhaaren

kılcın s. **domuz kurdu**

kılçık 1. (Fisch-)Gräte *f* 2. Granne, Spelze *f* 3. ein best. Griff beim Ringen ~ **atmak** (b–ne) *V* j–m Prügel zwischen die Beine werfen

kılçıkbaşlılar Kratzer *pl. zo.* Acantocephala (Klasse der Nemalthemìnthen) *başıdikenliler

kılçıklı 1. mit (vielen) Gräten 2. mit (vielen) Grannen od. Spelzen 3. *fig.* schwierig, mit Hindernissen verknüpft, *F* verzwickt, vertrackt *pürüzlü

kılçıksız 1. ohne Gräten 2. ohne Grannen od. Spelzen ~ **buğday** s. **kaplıca buğdayı** (2)

kıldöken s. **altınkuyruk**

kılefte *V* Stehlen *n*, (Taschen-)Diebstahl *m*

kılefteci *V* (Taschen-)Dieb *m*

kılgı praktische Anwendung; Praxis *f* *ameliyat, pratik, tatbikat

kılgılamak praktisch anwenden, in die Praxis umsetzen

kılgılı praktisch (angewandt) *amelî, pratik, tatbikî

kılgın praktisch anwendbar *amelî, pratik, kabili tatbik

kılıbık Pantoffelheld *m* (*ant.* **kazak**)

kılıbıklık Benehmen *n* e–s Pantoffelhelden ~ **etmek** 1. sich wie ein Pantoffelheld benehmen 2. *allg.* feige sein

kılıcına *Adv.* seitlich, hochkant

kılıç, -cı 1. Säbel *m*, Schwert *n*, Degen *m* 2. s. ~ **hakkı** 3. s. **saban -ı** 4. Schwertstreich *m* 5. säbelförmig, krumm, Säbel- 6. Name e–s türk. Ka. 7. Eisenträger *m* (in e–r Wand) *bağlama hançeri ~ **açmak** 1. ein Schwert schleifen 2. ein Schwert schmieden ~ **alayı** *hist.* feierliche Prozession e–s neuen Sultans nach Eyüp, wo er mit dem Schwert Eyüps umgürtet wurde (Krönungsfeierlichkeit) ² **Ali Paşa** (*urspr.* **Uluç Ali Paşa**) *n.pr.* berühmter türk. Seeheld des 16. Jh. ~ **artığı** die vom Schwert verschont Gebliebenen, die Überlebenden *pl.* (nach e–r Schlacht) ~ **askısı** Säbel-, Schwert-gehänge *n* ² **Aslan** *n.pr.* (Name verschiedener seldschukischer Herrscher) ~ **atlamak** *fr.* über das Schwert springen (als eidliche Versicherung, ein gefährliches Wagnis zu unternehmen) ~ **atmak** (*od.* **çalmak**) mit dem Schwert dreinschlagen, e–n Säbelhieb versetzen ~ **bağlamak** ein Schwert umgürten ~ **çalmak** s. ~ **atmak;** ~ **çekmek** (*od.* **çıkarmak**) das Schwert ziehen ~ **çiçeği** s. **glayöl;** ~ **darbesi** Schwertstreich, Säbelhieb *m* ~ **demiri** (Säbel-, Schwert-, Degen-)Klinge *f* ~ **düellosu** Säbelduell *n* ~ **fasulyesi** Schwertbohne *f bot.* Canavalia ensiformis ~ **hakkı** *hist.* Lehen *n* mit e–m Jahresertrag von anfänglich 3000–6000 Asper (das an verdiente Kämpfer vergeben wurde) ~ **hamaylı** Umhängeriemen *m* (des Schwertgehänges) ~ **kabzası** (Säbel-, Schwert-, Degen-)Griff *m* ~ **kabza siperi** (*od.* ~ **siperliği**) Säbelkorb *m* ~ **kalkan oynamak** gewappnet entgegentreten **kılıçkalkan oyunu** türk. Volkstanz mit Schwert und Schild ~ **kaşı** Stichblatt *n* ~ **kayışı** Säbelkoppel, Schwertgehenk *n* ~ **kesmek** das Ka. **kılıç** spielen ~ **kını** Säbelscheide *f* ² **kınını kesmez.** *Spr.* Eine Krähe hackt der andern kein Auge aus. *Spr.* ~ **kırlangıcı** s. **karasağan.** ² **kuşananın, at binenin.** *Spr.* Das Schwert gehört dem, der es umgürtet, das Pferd dem, der es reitet. ~ **kuşanmak** das Schwert umgürten ~ **namlusu** Säbelklinge *f* ~ **otu** 1. Fleckenblume *f bot.* Acmella 2. Tüpfel-, Johanniskraut *n bot.* Hypericum perforatum *kuzukıran; sarı kantaron; yaraotu ~ **oynatmak** *va.* despotisch regieren ~ **pabucu** unterer Teil der Säbelscheide ~ **püskülü** Säbeltroddel *f* ~ **savurmak** den Säbel schwingen ~ **siperi,** ~ **siperliği** Säbelkorb *m* ~ **şiş** gegrillter Schwertfisch (auf kleinen Bratspießen) ~ **tak(ın)mak** 1. das Schwert (den Säbel) umgürten 2. e–n Säbel tragen ~ **topuzu** Schwertknauf *m* ~ **vurmak** 1. mit dem Schwert entzweihauen 2. s. **kılıç atmak;** ~ **yarası** Säbelhieb *m* (Wunde od. Narbe) **-a dayanmak** 1. sich auf das Schwert stützen 2. sich ins Schwert stürzen 3. *fig.* mit dem Säbel rasseln, e–e Gewaltherrschaft ausüben **-ı kınına koymak** 1. das Schwert in die Scheide stecken 2. *fig.* Frieden schließen **-ın hakkı olarak** 1. mit dem Recht des Siegers 2. *fig.* wohlverdient **-ın yüzü** flache Klinge **-ını kırmak** den Militärdienst quittieren **-la düello etmek** (auf) Säbel fechten, ein Säbelduell austragen ²**la yaşayan kılıçla ölür.** *spr. Ra.* Wer das Schwert nimmt, der soll durch das Schwert umkommen. (Bibel) **-tan geçirmek** über die Klinge springen lassen, niedermetzeln **-tan geçmek** niedergemetzelt werden

kılıçbacak säbel-, krumm-beinig

kılıçbalığı, -nı 1. Schwertfisch *m zo.* Xiphias gladius 2. ² *astr.* Schwertfisch *m* (Sternbild)

kılıççı *fr.* Schwertfeger *m*, Waffenschmied *m*

kılıçgagalı Säbelschnäbler *m zo.* Recurvirostra avocetta

kılıçhane [ā] *fr.* Schwertfegerei, Waffenschmiede *f*

kılıçkırlangıcıgiller s. **sağangiller**

kılıçkuyruk, -uğu Schwertträger *m zo.* Xiphophorus Helleri (Aquariumsfisch)

kılıçlama 1. s. **kılıcına** 2. quer, schräg ~ **kaçmak** im Zickzack davonlaufen

kılıçlı mit Säbel (Schwert, Degen) ausgerüstet ~ **baston** (*od.* ~ **asa**) *fr.* Stockdegen *m*

kılıçoyuncusu s. **eskrimci**

kılıçoyunu, -nu s. **eskrimcilik**

kılıçsı *bot.* schwertförmig (Blatt)

kılıf 1. Etui, Futteral *n*, Hülle *f*, Überzug *m*, Bezug *m* (z. B. e–s Kissens), Mantel *m* (z. B. e–s Kabels) 2. *an.* Tunica *f* *gömlek 3. *bot.* Blattscheide *f* 4. *naut.* Segelsack *m* (zur Aufbewahrung der Segel)

kılıflamak mit e–r Hülle umgeben
kılıflı mit Etui, Futteral usw.
kılıflık 1. zur Herstellung von Etuis, Futteralen usw. geeignet 2. ledernes Schmucketui
kılık, -ığı 1. Kleidung, Tracht *f*, Äußeres; Aussehen *n*, Aufzug *m* 2. Art, Form *f* 3. *phil.* Gestalt *f* *geştalt 4. *P* Bild *n* 5. Benehmen, Verhalten *n* Zu 2: **münasip bir -a sokmak** in passende Form bringen Zu 3: ~ **çekmek** (*od.* ~ **çıkarmak**) *P* abbilden ~ **değiştirmek** 1. sich verkleiden 2. sein Verhalten ändern ~ **kıyafet** Verst. von **kılık** (1); ~ **kıyafet düşkünü** ärmlich gekleidet, in ärmlichem Aufzug ~ **kıyafet köpeklere** (*od.* **sıçanlara**) **ziyafet** ärmlich, abgerissen, elend ~ **kıyafette herkesten geri kalmamak** in Kleidung und Äußerem niemand nachstehen **-ı kıyafeti yerinde** s. **kılıklı kıyafetli; ... -ına girmek** (b–nin) sich verkleiden (als)
kılıklama Vs. zu **kılıklamak;** ~ **hakkı** *jur.* s. **ihdas hakkı**
kılıklamak *selt.* formen, gestalten
kılıklandırmak s. **tasavvur etmek**
kılıklı 1. (in e–r best. Art) gekleidet 2. s. **kıyafetli; çoban** ~ in Schäferkleidung **dilenci** ~ **bir adam** ein Mann in Bettlerkleidung ~ **kıyafetli** ordentlich gekleidet, von ansehnlichem Äußeren
kılıksız unordentlich (od. schäbig) gekleidet, abgerissen, zerlumpt
kılıksızlık Abgerissensein *n*, zerlumpter Zustand
kılınç *va.* s. **kılıç**
kılır(otu) *dial.* s. **diş hilâli**
kılıper Klipper *m* (schnelles Segelschiff od. schnelles amerikanisches Verkehrsflugzeug)
kılkapan Bernstein *m* *kehlibar, samankapan
kılkıran s. **saçkıran**
kılkurt s. **sivrikuyruk**
kılkuyruk 1. *hum.* armer Tropf, der nichts anzuziehen hat, (mittelloser) Landstreicher 2. s. **gümüşçün** 3. Spießente *f* *zo.* Anas acuta
kılküflücesi, -ni *med.* Haarpilzkrankheit, Trichomykose *f*
kıllanmak 1. Haare bekommen, haarig werden, sich behaaren (Körper) 2. e–n Schnurrbart bekommen (Jüngling) 3. s. **kartlaşmak**
kıllet, -ti *va.* geringes Vorhandensein; Knappheit *f*
kıllı 1. haarig, behaart, mit vielen Haaren 2. *Ka.* *V* König, Dame, Bube, *gel. a.* Zehn *f* *surat ~ **ayak otu** Haarsegge *f bot.* Carex hirta *kum otu ~ **ayaklılar** Borstenwürmer *pl. zo.* Chaetopoda ~ **bebek** s. **sakallı bebek;** ~ **hatmı** rauher Eibisch *bot.* Althaea hirsuta ~ **serçedili** rispenblütiger Seidelbast *bot.* Thymelaea hirsuta ~ **yakıotu** zottiges Weidenröschen *bot.* Epilobium hirsutum
kılmak, (-ar, *fr. a.* **-ır)** *Hv.* in der Bed. von **etmek** Zur Verwendung s. **mümkün (namaz, sıfıra müsavi, takla, zarurî)** ~
kılsız ohne Haare, unbehaart, ohne Borsten
kılükal s. **kıylükal**
kılyakı *med.* Haarseil *n*
kım kım (Lm. e–r dauernden Bewegung) ⚬ ~ **kımıldanıyor.** Er rutscht dauernd hin und her.
kımıl (I) Rüsselwanze *f zo.* Aelia rostrata
kımıl (II) **kımıl** s. **kım kım**
kımılda(n)mak sich bewegen, sich rühren, sich regen **Kımıldama, çekiyorum!** Halt mal still, ich knipse jetzt!
kımıldatmak bewegen, in Bewegung setzen, rühren, regen
kımıltı Regung, Bewegung *f*
kımız Kumyß *m* (gegorene Stutenmilch)
kımlanmak sich anschicken aufzustehen od. fortzufliegen
kın 1. Futteral, Etui, Täschchen *n* (für ein Messer), Scheide *f* (für Schwert, Dolch usw.) 2. *bot.* Spatha *f* ~ **çamurluğu** Metallverzierung *f* am unteren Teil e–r Säbelscheide
kına Henna, Alkanna *f* (rotgelbes Färbemittel zu kosmetischen Zwecken) ~ **basma(-sı);** ~ **düğünü** s. **kınagecesi;** ~ **ezmek** (*od.* ~ **ezmesi**) Familienfeier *f* an **kınagecesi** (*q.v.*) nach Weggang der Gäste ~ **gibi** ganz fein (Pulver) ~ **koymak (sürmek, vurmak, yakmak)** mit Henna färben **-lar yakmak** 1. vor Freude ganz närrisch sein 2. schadenfroh sein **-ya çıkmak** zur **kınagecesi** (*q.v.*) zusammenkommen
kınaağacı, -nı 1. Hennastrauch *m bot.* Lawsonia inermis 2. s. **kurtbağrı** (1)
kınaağacıgiller Weiderichgewächse *pl. bot.* Lythraceae
kınacık s. **buğdaypası**
kınaçiçeği, -ni Garten-Springkraut *n*, Balsamine *f bot.* Impatiens balsamina
kınaçiçeğigiller Springkraut-, Balsaminen-gewächse *pl. bot.* Balsaminaceae *balsamiye
kınagecesi, -ni *fr.* Frauenzusammenkunft im Haus der Braut am Abend vor der Hochzeit (wobei Finger- und Zehennägel der Braut mit Henna bestrichen wurden); Mittwoch *m* e–r Brautwoche
kınak *va.* Fingergelenk *n*
kınakına 1. Chinarindenbaum *m bot.* Cinchona (officinalis u.a.) 2. mit Chinarinde hergestellter Likör ~ **kabuğu** Chinarinde *f*
kınalamak Henna auftragen, mit Henna färben
kınalı 1. mit Henna gefärbt 2. rotgolden (Haar) ~ **alıç** s. **ekşi muşmula;** ~ **keklik** Steinhuhn *n zo.* Alectoris graeca *dağ kekliği ~ **kuzu** mit Henna gekennzeichnetes Schlachtlamm (am **Kurban Bayramı**); ~ **yapıncak** e–e rötliche Traubenart
Kınalı(ada) *n.pr.* Kınalı, Proti (die Istanbul am nächsten gelegene Prinzeninsel)
kınalık Blumentopf *m* mit 18 cm Durchmesser
kınamak (m. Akk.) mißbilligen, tadeln, kritisieren, Vorwürfe machen, rügen *ayıplamak, takbih etmek
kınamsık wer an allem et. auszusetzen hat; ewiger Nörgler
kınamsımak (m. Akk.) Kritik üben (an), kritisieren, bekritteln *muaheze etmek, tenkit etmek
kınaotu, -nu s. **kınaağacı**
kındıraç, -cı *P* Hohl-meißel, -bohrer *m* (des Tischlers)
kındıran; kındırıcı s. **müşevvik; kışkırtan, kışkırtıcı**
Kınık *n.pr.* O.u.D. im Rbz. İzmir
kınkanat, -dı *zo.* Deckflügel *m*, Elythron *n* *elitra
kınkanatlılar Deckflügler *pl. zo.* Coleoptera *mugammedülcenah
kınlamak (m. Akk.) 1. Etuis, Futterale usw. herstellen 2. et. in ein Etui, Futteral usw. hineinstecken
kınlı in e–r Hülle befindlich; umhüllt, überzogen
kınnap, -bı 1. Hanfgarn *n* 2. Schnur *f*, Strick *m* 3. s. **hintkeneviri** (5)
Kınnapzade [··–·] Typ *m* des modernisierten **Çelebi** im Karagözspiel
kıp kıp s. **kıpır kıpır**
Kıpçakça-Kumanca *ling.* das Kiptschakisch-Kumanische (Deny)
Kıpçaklar *n.pr. fr.* türk. Volksstamm
kıpı *dial.* s. **şaka, latife**
kıpık halbgeschlossen (Auge) ~ **gözlü** mit halbgeschlossenen Augen, blinzend, zwinkernd
kıpıklık *med.* Ptosis *f* (Herabhängen des gelähmten oberen Augenlids)
kıpır kıpır (Lm. e–r dauernden leichten Bewegung, e–s Sich-Rührens od. Sich-Regens) ~ ~ **kaynamak** über-kochen, -laufen ~ ~ **oynamak** ruhelos umherrutschen; herumzappeln
kıpırdak lebendig, frisch, regsam, munter, flink bei der Hand *cevval
kıpırda(n)mak sich bewegen, sich rühren, sich regen **Ko-**

lumda bir şey kıpırdanıyor (*od.* **kıpırdanıp duruyor**). An meinem Arm krabbelt etwas.
kıpırdatmak Kaus. zu **kıpırdamak: İşleri biraz kıpırdattık.** Wir haben e–n kleinen Fortschritt erzielt.
kıpırtı leichte Bewegung; andauerndes Sich-Regen od. Sich-Rühren
kıpışık s. **kıpık**
kıpıştırmak 1. s. **göz** ~ 2. intermittierend blinken (z. B. Leuchtfeuer)
kıpkıl *selt.* graubärtig *kır sakallı
kıpkırmızı [×···] ganz rot, feuer-, brand-, knall-rot ~ **kesilmek** (*od.* ~ **olmak**) knallrot (im Gesicht) werden
kıpkısa [×··] *selt. Verst.* von **kısa**
kıpkızıl [×··] 1. s. **kıpkırmızı** 2. *fig.* kommunistisch eingestellt (z. B. Zeitschrift) 3. *fig.* furchtbar, entsetzlich, ungeheuer, wüst, schrecklich Zu 3: ~ **bir anarşi** wüstes Durcheinander
kıpmak, (-ar) *P* **(göz)** mit den Augen zwinkern, zuzwinkern, zublinzeln; s. a. Stw. **karanlık**
Kıptça s. **Kıptîce**
Kıptî 1. Kopte *m*, Koptin *f* 2. koptisch 3. *abus.* Zigeuner (-in *f*) *m*
Kıptîce 1. Koptisch(-e) *n* (Sprache) 2. *abus.* Zigeunersprache *f* 3. nach Zigeunerart
kır (I) 1. grau (*spez.* Menschenhaare od. Pferd) 2. graue Farbe 3. *a.* ~ **(donlu) at** a) Grauschimmel *m* b) Name des Zauberpferdes in türk. Märchen ≗ **atın yanında duran ya huyundan ya suyundan.** *Spr. (Sinn:)* Man wird immer durch die Umwelt beeinflußt. ~ **düşmek (saçına, sakalına)** allmählich grau werden (Haar, Bart) ~ **karışmış saçlar** graumeliertes Haar ~ **saçlı bir kadın** e–e grauhaarige Frau ~ **sakal** grauer (grau gewordener) Bart ~ **sakallı** graubärtig; Graubart *m* ~ **serpmek** s. **kır düşmek**
kır (II) 1. das freie, mst. unbebaute bzw. unfruchtbare, sich weit erstreckende Feld außerhalb e–r Ortsgemeinschaft; Ödland *n* 2. (neuerdings *a.*) Land *n* (im Ggs. zur Stadt) ~ **akçaağacı** Feldahorn, Maßholder *m bot.* Acer campestris ~ **âlemi** Vergnügen *n* im Freien ~ **ayrığı** Quecke *f bot.* Agropyron repens u. a. ~ **bekçisi** Feldhüter, Flurschütz *m* ~ **çiçeği** Feldblume *f* ~ **evi** Sennhütte *f* ~ **gazinosu** (*od.* ~ **kahvesi**) einfacher Kaffeeausschank im Freien ~ **gezisi** Ausflug *m* ~ **incirkuşu** Brachpieper *m zo.* Anthus campestris ~ **karabaşı** Ackerziest *m bot.* Stachys arvensis ~ **karanfili** s. **hüsnüyusuf;** ~ **kekiği** s. **yabanî kekik;** ~ **kırlangıcı** Rauchschwalbe *f zo.* Hirundo rustica ~ **koşusu** Geländelauf *m* ~ **kurdu** Präriewolf, Kojote *m zo.* Canis latrans ~ **nüfusu** Landbevölkerung *f* ~ **resmi** *(Malerei)* Idyll(-e *f*) *n* ~ **romanı** *lit.* Roman *m* aus dem Landleben ~ **safranı** s. **yalancısafran;** ~ **sarayı** Eremitage *f* (Gartenhaus in Parkanlage) ~ **sansarı** Iltis *m zo.* Putorius putorius ~ **sekbanı** *va.* Feldhüter *m* ~ **serdarı** *fr.* 1. Chef *m* der Landgendarmerie 2. Feldhüter *m* ~ **tırtılı** Schwammspinner *m* (bzw. dessen Raupe) *zo.* Lymantria dispar ~ **yemeği** Picknick *n* ~ **yürüyüşü** Geländemarsch *m* (*spez.* als Training)
kıraat, -ti *urspr.* [·–·] 1. (Vor-)Lesen, Rezitieren *n* 2. Koranlesart *f* 3. Lektüre *f* 4. **(kitabı)** Lesebuch *n* *okuma kitabı 5. *parl.* Lesung *f* ~ **etmek** (vor-)lesen, rezitieren
kıraatçı *va.* lesend, Leser(-in *f*) *m*
kıraathane [···–·] Kaffeehaus, Café *n*
kıracak Nußknacker *m*
kıraç unfruchtbar, wasserlos (Boden)
kıraça noch nicht ausgewachsene Bastard-Makrele **(istavrit)**
kıraçlaşma *geogr.* Versteppung *f*
kıraçlık 1. Dürre, Trockenheit, Unfruchtbarkeit *f* 2. unfruchtbarer Boden
kırağı Reif *m* ~ **çalmak** s. Stw. **çalmak.** ≗ **yağmış.** Es hat gereift. Es ist Reif gefallen.
kırağılı mit Reif bedeckt, bereift
kırak 1. Ufer *n*, Rand *m* *kıyı, kenar 2. Bergrücken *m*
kıral(-cı usw.) s. **kral(-cı** usw.)
kıran (I) 1. Part. Präs. zu **kırmak** 2. *vet.* Epizootie *f*, (Vieh-)Seuche *f*, (grassierende) Epidemie *marazı mühliki müstevli Zu 1: s. **odun** ~; **buz-, dalga-kıran; taşkıranotu** Zu 2: **Bu yıl şığırlara** ~ **girdi.** In diesem Jahr sind viele Rinder von e–r Seuche dahingerafft worden. **Cinslerine** ~ **girdi.** Ihre Art ist stark dezimiert (fast ausgerottet). s. a. ... **kıtlığına** ~ **girmek;** ~ **kırana** s. **kıyasıya**
kıran (II) [ā] *va.* 1. Annäherung, Nähe *f* 2. *astrol. fr.* die Konjunktion zweier best. Planeten, die teils als schlechtes **(kıranı nahseyn),** teils als gutes **(kıranı sadeyn)** Omen betrachtet wurde; vgl. a. **sahipkıran**
kıran (III) s. **kırak**
kıranta [·×·] 1. leicht angegrauter Mann in mittleren Jahren 2. gut gekleidet; ansehnlich, gepflegt (älterer Mann) 3. leicht ergraut (Haar)
kırantalaşmak graumeliertes Haar bekommen, langsam grau werden
kırasıya (als ob er brechen wollte), heftig, wild
kırat, -tı [ā] 1. Karat *n* (= 1/24 miskal) 2. Qualität *f*, Wert *m*, Niveau *n* *değer, keyfiyet, seviye Zu 2: **Ne -ta bir adam olduğunu son hareketi gösterdi.** Seine letzte Tat hat gezeigt, was von ihm zu halten ist.
kıratlık [ā] von soundsoviel Karat
kırba 1. Wasserbehälter *m* (aus (Tierhaut) 2. *P* Wassersucht *f* od. Rachitis *f* 3. *fig.* Säufer, Trunkenbold *m* ~ **gibi içmek** *V* saufen wie ein Loch *(V)* ~ **olmak** *P* die Wassersucht (bzw. die Rachitis) haben
kırbacı 1. Hersteller od. Verkäufer *m* von Wasserbehältern **(kırba)** 2. wer Wassersucht (od. Rachitis) durch Besprechung heilen zu können vorgibt
kırbacık *an.* Utriculus *m* (im inneren Ohr)
kırbaç, -cı (Reit-, Klopf-)Peitsche *f*, Geißel, Knute *f* ~ **cezası** Strafe *f* der Auspeitschung ~ **darbesi** Peitschenhieb, -schlag *m* ~ **değneği** Peitschenstiel *m* ~ **ipi** Peitschenschnur *f* ~ **vurmak** (b–ne) (aus-)peitschen ~ **yemek** (aus-)gepeitscht werden
kırbaçkurdu, -nu Peitschenwurm *m zo.* Trichurus trichurus ~ **hastalığı** *med.* Trichuriasis *f*
kırbaçlama Geißelung *f*
kırbaçlamak (m. Akk.) mit der Peitsche schlagen, (aus-) peitschen
kırcı Schneegraupeln *pl.*
kırcın s. **kıran** (I, 2)
kırç Rauhreif *m*
kırçan s. **ağrıma**
kırçıl 1. graumeliert 2. *P* alt, bejahrt ~ **et sineği** graue Fleischfliege *zo.* Sarcophaga carnaria *külrengi et sineği
kırçıla *naut.* Marling, Marlleine *f*, Hüsing *f* bes. guter Qualität *mürnel
kırçıllanmak; kırçıllaşmak graumeliert werden
kırçoz(-laşmak) *V* s. **kıranta(-laşmak)**
kırdırmak Kaus. zu **kırmak** *spez.* 1. zum Diskont geben (Wechsel) 2. sich das Gehalt (ganz od. teilweise) vor Fälligkeit auszahlen lassen; s. a. **askeri** ~
kırgıbayır *geogr.* Ödland *n*
kırgın 1. gekränkt, beleidigt, getroffen, verletzt 2. (b–ne) böse (auf), ärgerlich (über) 3. *selt.* geringer geworden, gebrochen (z. B. Kälte) 4. *selt.* lauwarm, überschlagen (Wasser) 5. s. **kıran** (I, 2) 6. *va.* s. **katliam**
kırgınlık, -ığı 1. Gekränkt-, Beleidigt-sein *n*, Ärger, Verdruß *m* 2. leichte Unpäßlichkeit; Unwohlsein *n* *kırıklık **-ını gidermek** s. **gönül almak** (2)
Kırgız 1. Kirgise *m*, Kirgisin *f* 2. kirgisisch

Kırgızca Kirgisisch(-e) *n* (Sprache)
Kırgızistan *n.pr.* Kirgisistan (UdSSR)
Kırgızlar Türbesi *n.pr.* ein in Izmit zur Zeit von Orhan Gazi (14. Jh.) errichtetes Grabdenkmal
kırı s. **ıskonto**
kırıcı 1. wer (zer-)bricht (usw. s. **kırmak**) 2. (strahlen-, schall-)brechend 3. kränkend, beleidigend (z.B. Worte) 4. s. **sarraf** 5. Falzer *m* (in der Buchbinderei) 6. *fr.* Flachsbreche *f* 7. *Fb.* wer hart und gewalttätig spielt ~ **güç** *opt.* Brechungsvermögen *n* ~ **söylemek** kränkende Worte gebrauchen
kırıcılık 1. *opt.* Refraktion *f* 2. *psych.* unfreundliches, kränkendes Verhalten
kırık, -ığı 1. ge-, zer-brochen, zerschlagen, zertrümmert, zerschmettert, kaputt 2. nicht reinrassig 3. schlechte (Schul-)Note; Ungenügend *n* 4. Bruchstück *n* 5. Bruch, Knick *m* 6. (Knochen-)Bruch *m* 7. (*a.* ~ **yeri**) Bruchstelle *f* 8. Grütze *f* 9. *geol.* Verwerfung, Verschiebung *f*, Sprung *m* 10. *P* Liebhaber, Galan, Cicisbeo *m* 11. *V* Junge, Bursche *m* 12. Waldblöße, Lichtung *f* 13. *Tr.sp.* geschlagener Stein Zu 1: **Bugün hava -tır.** Heute ist es nicht mehr so kalt wie gestern. s.a. **Vücudum** ~. Zu 4: **cam -ı** Stück *n* e−r Glasscheibe Zu 6: **Kolunda** ~ **var.** Sein Arm ist gebrochen. Zu 7: **Bunun -ı neresinde?** Wo ist die Bruchstelle? Zu 8: **arpa -ı** Gerstengrütze *f* ~ **çizgi** *math.* gebrochene Linie *hattı münkesir ~ **döküк** 1. nicht ordentlich gemacht, recht minderwertig, mies *derme çatma 2. zusammenhanglos (z.B. Rede) 3. altes Zeug; Trödel, Plunder, Krimskrams *m* ~ **düzen** *mus.* gebrochener Akkord ~ **not vermek** e−e schlechte Note (Zensur) geben (Lehrer) ~ **sandalye** kaputter Stuhl ~ **tahtası** *med.* Schiene, Schindel *f* *cebire ~ **tazı** nicht reinrassiger Windhund
kırıkçı(-lik) s. **çıkıkçılık**
Kırıkhan *n.pr.* Stadt u.D. im Rbz. Hatay
Kırıkkale *n.pr.* Stadt u.D. im Rbz. Ankara
kırıkkırak s. **krikkrak**
kırıklı ge-, zer-brochen, Bruch- ~ **pirinç** Bruchreis *m*
kırıklık, -ığı 1. Bruch(-stelle *f*) *m* 2. leichte Unpäßlichkeit, körperliches Unwohlsein *kırgınlık 3. Abneigung, Unlust *f* *isteksizlik 4. s. **hayal -ı** Zu 2: **Bugün -ım var, sokağa çıkmayacağım.** Heute gehe ich nicht hinaus; ich fühle mich nicht recht wohl.
kırılabilen brechbar (Lichtstrahl)
kırılacak zerbrechlich
kırılayazmak beinahe zerbrochen werden
kırılgan 1. leicht zerbrechlich 2. *fig.* empfindlich, reizbar, übelnehmerisch
kırılganlık 1. Zerbrechlichkeit *f*, geringe Bruchfestigkeit 2. *fig.* Empfindlichkeit, Reizbarkeit *f*
kırılma 1. Vs. zu **kırılmak** 2. Bruch, Knick *m* 3. *phys.* Strahlenbrechung, Refraktion *f* *inkisar refraksyon 4. *geol.* Verwerfung *f* 5. geziertes Gehen od. Schreiten ~ **çöküntüsü** *geol.* tektonischer Graben ~ **emniyeti** Bruchsicherheit *f* ~ **indisi** *phys.* Brechungs-verhältnis *n*, -quotient *m* *karinei inkisar ~ **mukavemeti** Bruchfestigkeit *f*
kırılmak 1. Pass. zu **kırmak** 2. zerbrechen *(intr.)* 3. sich gekränkt (beleidigt) fühlen 4. (b−ne) böse sein (auf) 5. *phys.* gebrochen (abgelenkt) werden (Licht) 6. nachlassen (Kälte), schwächer werden (Sturm usw.) 7. zugrundegehen, umkommen 8. sich anlegen, sich in die richtige Falte legen (z.B. Kragen) 9. sich unpäßlich fühlen 10. an die Oberfläche getrieben werden (z.B. Fische infolge Sauerstoffmangels) Zu 1: **Dünkü hücumda çok asker kırıldı.** Der gestrige Angriff hat viele Mann gekostet. Zu 6: **Soğuk kırıldı.** Die Kälte hat et. nachgelassen. Zu 9: **Bütün vücudum kırıldı.** Ich bin wie zerschlagen (gerädert). s.a. **Elin ayağın kırılsın! gülmekten (açlıktan)** ~; **kırılası!** Möge ... zerbrochen werden! *a. Adj.* verflucht, verdammt, elend (z.B. Stock) **kırılıp dökülmek** *fig.* 1. j−m um den Bart gehen 2. kokettieren, Avancen machen (Frau, Mädchen) 3. sich zieren, affektiert tun (Frau, Mädchen) 4. ganz abgenutzt werden
kırılmalı ırakgörür Refraktor *m*, Linsenfernrohr *n*
kırım (I) 1. s. **katliam** 2. Falte *f*, Falz, Kniff, Bruch *m* 3. Plissee-, Quetsch-falte *f*, Faltenstreifen *m* 4. s. **etkırımı** 5. großes Viehsterben 6. *P* Rabatt *m*, Ermäßigung *f*
kırım (II) **kırım** (*in Verb.* mit **kırıtmak**) voller Koketterie, geziert, affektiert
Kırım *n.pr.* Krim *f* ~ **Gotçası** *ling.* Krimgotisch(-e) *n* ~ **ineği** *fig.* melkende Kuh; gute Einnahmequelle ~ **kertenkelesi** taurische Eidechse *zo.* Lacerta taurica ~ **Muharebesi** Krimkrieg *m* (1854−1856) ~ **Tatarları** Krimtataren *pl.*
Kırımlı 1. Krimbewohner(-in) *f, m* 2. aus der Krim stammend
kırımtartar *chem.* gereinigter Weinstein, Weinsteinrahm *m*, Cremor tartari *m*
kırın *reg.* **(Tekirdağ)** Tanz *m* *dans
kırınım; kırınma s. **difraksyon**
kırınmak 1. sich beim Gehen in den Hüften wiegen 2. *opt.* e−e Brechung erfahren 3. *reg.* tanzen
kırıntı 1. Bruchstück *n*, Splitter *m*, Krümchen *n*, Krümel *m, n* *ufantı 2. spärlicher Rest *m*, Überbleibsel *n*, Trümmer *pl.* *kalıntı 3. *V* Haschisch-Krümel *pl.* Zu 1: s. **ekmek (fikir) -sı** Zu 2: **eski servetinin -ları** die Trümmer seines einstigen Vermögens ~ **tortul** *geol.* Trümmersedimente *pl.* *bakiyevî sahra
kırıntılı krümelig, bröckelig, zerfallend
kırış kırış kırışmış (alın) mit gerunzelter Stirn
kırışak s. **kene**
kırışık 1. faltig, runzelig, verschrumpelt, zerknittert 2. Falte, Runzel *f*
kırışıklı mit (vielen) Falten und Runzeln; ganz zerknittert
kırışıklık 1. Faltig-, Runzelig-sein *n* 2. Unebenheit *f* (e−r Oberfläche)
kırışıksız 1. ohne Falten od. Runzeln 2. glatt (Oberfläche)
kırışmak 1. faltig (runzelig) werden, sich zerknittern 2. sich gegenseitig kränken (verletzen, beleidigen) 3. sich gegenseitig umbringen 4. gegeneinander stoßen (z.B. Eier bei best. Ksp.) 5. (bşle) Halbpart machen, sich in et. teilen 6. handeln, feilschen, markten 7. kokettieren, flirten *cilveleşmek 8. (b−le) e−e Wette eingehen (mit) *bahse tutuşmak 9. sich kräuseln (Wasseroberfläche) 10. *Scha.* Figuren od. Bauern abtauschen
kırışmaz *naut.* Stanze *f* *zımba
kırıştırmak 1. zerknittern 2. runzeln (Stirn) 3. flirten, anbändeln (mit)
kırıtışmak (miteinander) poussieren
kırıtkan kokett *cilvekâr, cilveli
kırıtkanlık kokettes Verhalten; Koketterie *f*
kırıtmak sich kokett benehmen, kokettieren *cilvelenmek
kıristal 1. s. **kristal** 2. *V* Kokain *n* ~ **lamba** *V* weibliche Brust; Busen *m*
kırk, -kı 1. vierzig 2. Zahl *f* Vierzig 3. sehr viel, unzählig, zahllos, alle möglichen Zu 3: **Bunu yapman için ~ fırın ekmek yemen lâzımdır!** Bis du dazu imstande bist, wird es noch geraume Zeit dauern! s.a.Stw. **fırın;** ~ **anahtar sahibi** (*od.* ~ **anahtarlı**) Großgrundbesitzer *m*, der Reiche ~ **aşı** das vierzig Tage nach einem Todesfall für Freunde und Bekannte zubereitete Mahl ~ **bin** 1. vierzigtausend 2. unendlich viele ⩪ **bir kere** (*od. hum.* ~ **bir buçuk**) **maşallah!** Unberufen, toi, toi, toi! (im Sinne von: sich vor Bewunderung nicht lassen können und immer wieder die Abwehrformel **maşallah** aussprechen; ähnlich: ~ **bir kere tüh tühlemek**); ~ **boğum** langes Zyper-

gras *bot.* Cyperus longus ~ **budak** *fr.* vierzigarmiger Leuchter in e–m Bektschi-Kloster (der nur am 10. Muharrem und an **nevruz** angezündet wurde) ~ **defa** unzählige Male ~ (*od.* **bin**) **dereden su getirmek** s. Stw. **dere;** ~ **evin kedisi** wer in vielen Häusern verkehrt, überall zu Hause ≗ **gün taban eti, bir gün av eti.** *Spr.* (über e–n späten Erfolg gesagt) Hat er es also doch noch geschafft! Lange genug hat es ja gedauert! ≗ **Hadîs** *T* von **Hadîsi Erbain** (*q.v.*) ~ **hamamı** Bad *n* e–r Wöchnerin am 40. Tag nach der Geburt ≗ **Haramîler** (Ali Baba und) die vierzig Räuber (1001 Nacht) ~ **helva** Zusammenkunft *f* von Verwandten und Freunden mit Verteilung von Helwa am 40. Tag a) nach der Geburt e–s Kindes b) nach e–r Beerdigung ≗ **hırsız bir çıplağı soyamamış.** *Spr.* Wo nichts ist, kann man auch nichts holen. ~ **ikilik (top)** *hist.* 42-cm-Mörser *m*, dicke Bertha *Berta ~ **ikindi (yağmuru)** die nach Mittag einsetzenden periodischen, kurzen Regenfälle (ungefähr 40 Tage lang; in best. Teilen Anatoliens) ~ **kapının ipini çekmek** sich an alle möglichen Leute wenden, von Pontius zu Pilatus gehen ~ **kapının mandalı** *fig.* 1. Hans Dampf in allen Gassen 2. aufdringlicher Mensch ≗ **Ölmezler** die vierzig Unsterblichen (der Franz. Akademie) ~ **para** 1. vierzig Para (= 1 Kurusch) 2. sehr wenig Geld ~ **parasız kalmak** ohne e–n Pfennig Geld dastehen; keinen roten Heller besitzen ≗ **paraya dokuz taklak atar.** *Spr.* Für ein bißchen Geld tut er alles, was gewünscht wird. ~ **pencereli konak** s. **Yürük çadırı;** ~ **sual** *pej.* ewige Fragerei ≗ **tarakta bezi var.** s. **Bin tarakta bezi var.** ~ **yalan** Erzlügner *m* ~ **yıl** ewig lange, *F* ewig und drei Tage ≗ **Yil** *lit.* die Memoiren von Halit Ziya Uşaklıgil (1936, 5 Bde.) ~ **yıl bir gün** e–s schönen Tages; früher oder später *günün birinde; ergeç ~ **yıl günahkâr bir gün tövbekâr** *spött. Ra.* für e–n schlechten Menschen, der einmal et. Gutes tut ≗ **yıl kıran olmuş eceli gelen ölmüş.** *Spr.* Auch bei e–r Massenerkrankung stirbt nur derjenige, dem es das Schicksal bestimmt hat. ~ **yılda bir** sehr selten; alle Jubeljahre einmal (≗ **yılda bir namaz kılacak oldum, cami yıkıldı.** *hum.* Ausnahmsweise wollte ich einmal in die Moschee gehen, da muß sie doch einstürzen!) ≗ **yılda bir namaz, onu da şeytan(-lar) komaz.** *spr. Ra.* s. **Ayda yılda** (usw.); ~ **yılın başı** 1. s. ~ **yılda bir** 2. gerade ein einziges Mal ~ **yıllık** alt (Freund, Kunde) ≗ **yıllık Kâni olur mu Yani?** *Spr.* 1. Wer ewig lange Kâni (= Mohammedaner *bzw.* ein rechtschaffener Mensch) gewesen ist, kann im Alter nicht plötzlich Yani (= Christ *bzw.* ein schlechter Mensch) werden. 2. Jung gewohnt, alt getan. *Spr.* **(Artık) -a gelmiş.** Er ist (endlich) ins Schwabenalter gekommen (*d.h.* vernünftig geworden). **-ı çıkmak** 1. das Wochenbett hinter sich haben 2. vierzig Tage alt sein (Neugeborenes) 3. vierzig Tage tot sein ≗**ından sonra azanı teneşir paklar.** (*od.* **azana çare bulunmaz.**) *Spr.* Wer in vorgerücktem Alter noch immer unverbesserlich ist, bleibt es bis zu seinem Tod. **-ından sonra saz çalmak** *fig.* 1. sich in vorgerücktem Alter e–r mühseligen und langwierigen Aufgabe unterziehen 2. et. zu spät in Angriff nehmen (nach dem Spr. ≗ **yılından sonra saza başlayan kıyamette çalar.**) **-ını doldurmak** s. **-ını görmek** (1); **-ını görmek** 1. die ersten vierzig Tage überstanden haben (Neugeborenes od. Wöchnerin) 2. vierzig Tage tot sein 3. am Leben bleiben (nach überstandener schwerer Gefahr) **-ının içinde** s. **kırklı** (4); (*Anm.:* Während dieser Zeit darf nach türk. Sitte die Wöchnerin nicht aus dem Haus gehen.) ≗**lar** aus vierzig Personen bestehende Gruppe *spez.* 1. *isl. Myth.* e–e mysteriöse Gruppe von sufischen Heiligen 2. die 40 Mitglieder der Franz. Akademie 3. ≗ die 40 Tage, in denen e–e Frau nach der Niederkunft das Haus nicht verlassen darf ≗**lar dağı** *va.* Libanon(-gebirge *n*) *m* **-lara karışmak** *hum.* verschwinden, unsichtbar werden **-ları karışık** (*od.* **karışmış**) **olmak** kurz nacheinander geboren od. gestorben sein bzw. entbunden worden sein **-ta bir** ein Vierzigstel

Kırkağaç *n.pr.* Städtchen u. D. im Rbz. Manisa (*Anm.:* Die Zuckermelonen dieser Gegend sind sehr geschätzt.)

kırkambar 1. Behälter od. Ort *m* mit allen möglichen Gegenständen, das reinste Museum, e–e ganze Ausstellung 2. *fig.* wer in allen möglichen Dingen bewandert ist, Polyhistor *m*, *F* lebender Brockhaus 3. *naut.* Stückgüter *pl.* *parça mal 4. ≗ Name e–r seinerzeit von Ahmet Mithat Efendi herausgegebenen Zeitschrift (1873) 5. *V* aus Zigarettenstummeln gesammelter Tabak 6. Lager *n* von Stoffabfällen bzw. Stoffresten 7. *P* Hausierer *m* *çerçi ~ **balığı** s. **vatoz;** ~ **sözleşmesi** Seefrachtvertrag *m* *navlun mukavelesi

kırkar (zu) je vierzig

kırkayak 1. Tausend-, Schnur-füßler *m zo.* Julus terrestris 2. s. **kasıkbiti**

kırkbaş Löwentrapp *m bot.* Leontice leontopetalum *aslan kulağı; patlangaç, patpatı

kırkbayır (barsağı) *an.* Blättermagen, Omasus *m* (dritter Magen der Wiederkäuer)

Kırkçeşme kemeri s. **Bozdoğan kemeri**

kırkgeçit, -di 1. Fluß *m*, den man unterwegs vielmals überqueren muß 2. Fluß *m* mit vielen Übergängen (Furten)

kırkı zur Schaf- und Ziegen-schur verwendete große Schere; Schafschere *f*

kırkıcı wer Schafe od. Ziegen schert

kırkıl graubärtig *kır sakallı

kırkım 1. Schaf- und Ziegen-schur *f* 2. die dafür angesetzte Jahreszeit

kırkımcı 1. s. **kırkıcı** 2. *reg.* s. **hanımböceği**

kırkıncı vierzigst-

kırkıntı s. **kırpıntı**

Kırkkızlar Türbesi volksetymologisch für **Kırgızlar Türbesi** (*q.v.*)

Kırkkilise älterer Name von **Kırklareli** (bis 1924)

kırklamak 1. s. **kırkını görmek** (1) 2. (bşi) et. sehr oft tun *spez.* Wäsche sehr gründlich durchwaschen

Kırklareli [·×–·] *n.pr.* Stadt im gln. Rbz. (Thrazien)

kırklı 1. vierzig Teile umfassend 2. wer die vierzig Tage (e–s best. Ereignisses) überstanden hat 3. in den gleichen vierzig Tagen geboren (Kinder) 4. Wöchnerin *f* (*bzw.* Neugeborenes) innerhalb der 40 Tage nach der Entbindung (*bzw.* Geburt) *kırkının içinde Zu 3: **Onunla -dır.** Die beiden Kinder sind kurz nacheinander zur Welt gekommen.

kırklık (I) vierzig Einheiten umfassend *spez.:* 1. vierzig Jahre alt, vierzigjährig 2. *fr.* Münze zu vierzig Para (= 1 Kurusch) 3. *P* Babyausstattung *f* (für ein erwartetes Kind) ~ **adam** Vierziger *m* (Person) ~ **paket** 1. Vierzigerpackung *f* 2. ein Paket für vierzig Kurusch

kırklık (II) *P* s. **kırkı**

kırkma 1. Vs. zu **kırkmak** 2. Ponyfrisur *f* ~ **makinesi** s. **kırkı**

kırkmak, (-ar) 1. die Spitzen (Ränder, oberen Teile) von et. wegschneiden, be-, zu-schneiden, stutzen 2. scheren (Schafe, Ziegen)

kırkmerdiven 1. steile Anhöhe, starke Steigung 2. *fr.* e–e best. Art Damaszenerstahl

kırlağan 1. Seuche, Epidemie *f* 2. Pest *f* *veba ~ **sürüsü** *z. va.* 1. e–e Menge Unheil 2. e–e Bande übler Kerle

kırlangıç, -cı 1. Schwalbe *f zo.* Hirundo 2. *P* umherziehender Quacksalber, der angeblich Augen- *spez.* Starkrankheiten heilen kann 3. *hist.* mit Segeln und Rudern ausgestattetes kleines, wendiges Schiff der frühosm. Zeit ~ **kuyruğu birleştirme** (bei Holzarbeiten) Schwalbenschwanzverbindung *f* ~ **kuyruklu kelebek** Schwalben-

schwanz *m zo.* Papilio machaon ~ **piresi** Schwalbenfloh *m zo.* Ceratophyllus hirundinis
kırlangıçbalığı, -nı 1. roter Knurrhahn *zo.* Trigla hirundo 2. Flughecht *m zo.* Exonautes exsiliens
kırlangıçdönümü, -nü die ersten Oktobertage *pl.*
kırlangıçfırtınası, -nı Name e–s period. Seesturms (gegen 8. April *bzw.* 18. Oktober)
kırlangıçotu, -nu 1. Schellkraut *n bot.* Chelidonium majus 2. s. **sarı haşhaş**
kırlant, -dı; kırlanta s. **girlant**
kırlaşmak grau werden, ergrauen
kırlık (I) 1. graues Haar 2. graues Gefieder
kırlık (II) 1. freie ländliche Gegend 2. leichtes Kopftuch der Bauersfrauen
kırma 1. Vs. zu **kırmak** 2. gebrochen, gefaltet, geknickt 3. Plissee-, Falten-streifen *m*, Quetschfalte *f* 4. Graupen *pl.* od. Schrotmehl *n* 5. Selbstspanner *m* (Waffe) 6. mit Blutbeimischung e–r best. Rasse; gekreuzt (mit) 7. (*a.* ~ **mercan**) Rotbrassen *m zo.* Pagellus erythrinus 8. e–e bes. Form bei verschiedenen ar. Schriftarten (z.B. **nesih (rıka, sülüs) -sı**) Zu 4: **buğday -sı** Weizengraupen *pl.* Zu 6: **Arap -sı at** arabisches Halbblut **goril -sı** *hum.* ein halber Gorilla ~ **baca** *naut.* umlegbarer Schornstein (e–s Dampfers) ~ **biti** Reismehlkäfer *m zo.* Tribolium confusum ~ **çatı** Walmdach *n* ~ **çifte** Doppelbüchse *f* (als Selbstspanner) ~ **değirmeni** Abschrotmühle *f* ~ **kepbastı dalyanı** e–e spez. Form des **dalyan** genannten Staaknetzes ~ **köpek** nicht-reinrassiger Hund; *F* Promenadenmischung *f* ~ **peyke** Klapp-, Not-sitz *m* *straponten ~ **tabanca** Pistole *f* mit Klapplauf ~ **taş** Straßenschotter *m*, Gleisbettung *f* ~ **tecrübesi** Bruchprobe *f* ~ **yaka** *hist.* Kröse *f*, Mühlsteinkragen *m* (17. Jh.) ~ **yazı** e–e spez. Form bei **talik** (5) od. **nesih** (2)
kırmacı 1. Falzer *m* (in der Buchbinderei) 2. Graupenhändler *m* 3. *P* a) Mühle *f* b) Müller *m*
kırmak, (-ar) 1. (zer-)brechen; zer-schlagen, -trümmern, -schmettern; kaputt machen 2. grob mahlen; schroten 3. hacken, spalten (Holz) 4. knicken, falten, falzen 5. brechen (Widerstand, heftige Kälte), benehmen (z.B. j–m die Lust) 6. dahin-, weg-raffen, töten, vernichten, niedermachen 7. zusammenbrechen lassen, zurückschlagen (z.B. Angriff); zersprengen, in die Flucht schlagen (z.B. feindliche Truppen) 8. vermindern; Abbruch tun (z.B. der Ehre); herabsetzen bzw. drücken (Preis); abziehen (bei Punktbewertung) 9. diskontieren (Wechsel) 10. kränken, beleidigen 11. *Tr.sp., Scha.* schlagen (Stein, Figur) 12. **(para)** viel Geld verdienen 13. wenden, drehen, steuern 14. **(numarayı)** e–e schlechte Note (Zensur) geben 15. (mezatta bşi) et. ersteigern 16. s. **rekor** ~ 17. *intr. V* abhauen, türmen Zu 1: **Bardağı kırdı.** Er hat das Glas zerbrochen (zerschlagen, kaputtgemacht). s.a. **burnunu(taş)** ~. Zu 3: s. **odun** ~ Zu 4: s.a. **diz** ~ Zu 5: s. **mukavemeti(-ni)** ~; **hevesini** ~ (b–nin) j–m die Lust benehmen Zu 6: **Bu seneki soğuk çok hayvan kırdı.** Die Kälte in diesem Jahr hat viele Tiere dahingerafft. Zu 7: **Kıtaatımız, düşman hücumunu kırdı.** Unsere Truppen haben den feindlichen Angriff zurückgeschlagen. Zu 8: s. **fiyat (şeref)** ~ Zu 9: s.a. **maaş** ~ Zu 10: **kıramamak** (b–ni) j–m et. nicht abschlagen können Zu 12: **Bu şirket, çok para kırdı.** Diese Firma hat geradezu Geld gescheffelt. Zu 13: s. **arabayı (direksiyonu, dümen** bzw. **dümeni)** ~ Zu 17: s.a. **dümeni (ipi)** ~. **Kırdığı koz(-lar)** (*od.* **cevizler**) **kırkı** (*od.* **bini**) **aştı.** Er begeht e–e Tapsigkeit nach der andern. Was er alles an Dummheiten angestellt hat, geht auf keine Kuhhaut. **kırıp dökmek** kurz und klein schlagen, in Stücke hauen **kırıp geçirmek** 1. schwere Verluste verursachen 2. zerstören 3. tyrannisieren 4. **(gülmekten)** laut herauslachen lassen **kırıp sarmak** *V* 1. endlich mit et. zum Schluß kommen 2. e–n Weg finden, et. bewerkstelligen
kırmalamak 1. in kleine Stücke brechen, zer-bröckeln, -bröseln, -krümeln 2. plissieren, fälteln
kırmalı mit Plissee-, Preß-falten, Plisseestreifen; plissiert, gefältelt ~ **kenar** Randverzierung *f* (an e–m Buch)
kırmalık seichte, kiesige Meeresstelle
kırmasız ohne Falten (Knicke od. Plisseestreifen)
kırmız Karmin(-lack *m*, -rot *n*) *n*, Kermes *m* (aus Schildläusen od. aus Antimon gewonnene rote Farbe) ~ **incir ağacı** Koschenille-Kaktus *m bot.* Nopalea coccinellifera ~ **macunu** *med.* Alkermes *m*, rotbraunes Schwefelantimon ~ **meşesi** Kermeseiche *f bot.* Quercus coccifera ~ **madeni** s. **madenkırmız**
kırmızböceği, -ni Kermesschildlaus *f zo.* Coccus ilicis (*od.* vermilio)
kırmızı 1. (blut-, scharlach-, karmin-)rot *kızıl 2. rote Farbe; Rot *n* 3. rote Schminke; Rouge *n* ~ **Afrika lâlesi** scharlachrote Blutblume *bot.* Haemathus coccineus *kırmızı yılan soğanı ~ **ağaçkurdu** Weidenbohrer *m zo.* Cossus cossus ~ **akçaağaç** rotblütiger Ahorn *bot.* Acer rubrum ~ **alklar** Rotalgen *pl. bot.* Rhodophyceae *kızıl suyosunları ~ **amiral kelebeği** Admiral *m zo.* Vanessa atalanta ~ **ayaklı kerkenez** Rotfußfalke *m zo.* Falco vespertinus ~ **ayaklı sümsük kuşu** Tölpel *m zo.* Sula piscator ~ **bakır** reines Kupfer ~ **baldırıkara** s. **devesakalı;** ~ **balık** s. **havuzbalığı;** ~ **ballıbaba** rote Taubnessel *bot.* Lamium purpureum ~ **balmumu** Siegellack *m* *mühür mumu ~ **başlı mangabey** Rotkopf-Mangabe *f zo.* Cercocebus torquatus ~ **biber** 1. roter Pfeffer, Cayenne-Pfeffer *m bot.* Capsicum frutescens 2. rote Paprika, Peperoni *pl. bot.* Capsicum annuum ~ **bit** s. **tünek biti;** ~ **boyunlu dalgıç** Rothalstaucher *m zo.* Podiceps griseigena ~ **çayır mantarı** Perlpilz *m bot.* Amanita rubescens ~ **çayır otu** Herdengras *n bot.* Agrostis rubra ~ **çaylak** s. **kızıl çaylak;** ~ **çiçekli kırlangıçotu** roter Hornmohn *bot.* Glaucium corniculatum ~ **çiçekli yüksükotu** roter Fingerhut *bot.* Digitalis purpurea ~ **çobandeğneği** Flohknöterich *m bot.* Poygonum persicaria ~ **dipli mumla davet etmek** j–m e–e eigene Einladung schicken (oft spött.: **Seni** ~ **dipli mumla davet etmedim ya!** Ich habe dich ja nicht kommen heißen!) ~ **doğan** s. **kızıl doğan;** ~ **dut** rote Maulbeere *bot.* Morus rubra *mor dut ~ **farekulağı** rote Miere *bot.* Anagallis arvensis ~ **fener** *V* rote Laterne; Bordell *n* ~ **frenküzümü** rote Johannisbeere *bot.* Ribes spicatum ~ **gagalı dağ kargası** Alpenkrähe *f zo.* Pyrrhocorax pyrrhocorax ~ **gömlek** *fig.* was sich (auf die Dauer) nicht verheimlichen läßt ~ **havuz balığı** s. **havuz balığı;** ~ **hevhulma** Blutweiderich *m bot.* Lythrum salicaria ~ **kadife çiçeği** rotes Rohrkraut *bot.* Gnaphalium sanguineum ~ **kantaron** s. **küçük kantaron;** ~ **keklik** s. **dağ kekliği;** ~ ~ s. **kıpkırmızı;** ~ **koşnil** rote Schildlaus *zo.* Aonidiella aurantii ~ **körlüğü** s. **daltonizm;** ~ **kuduzotu** echter Widerstoß *bot.* Statice limonium ~ **kuyruklu şakrakkuşu** Rosengimpel *m zo.* Carpodacus rubicilla ~ **kürecik** rotes Blutkörperchen *alyuvar, küreyvei hamra ~ **mantar** Kaiserling *m bot.* Agaricus aurantiacus ~ **mercan** s. **mercan** (I); ~ **mızrak çiçeği** Speerlilie *f bot.* Doryanthes Palmeri ~ **muşmula ağacı** rotfrüchtige Apfelbeere *bot.* Aronia arbutifolia ~ **mürver** Traubenholunder *m bot.* Sambucus racemosa ~ **nane** rote Minze *bot.* Mentha rubra ~ **odun** s. **koka ağacı;** ~ **orman karıncası** s. **kızılkarınca;** ~ **oy** Gegenstimme *f* (bei Abstimmung) ~ **pancar** rote Rübe *bot.* Beta vulgaris var. rapa rubra ~ **patlıcan** *P* s. **domates;** ~ **sayılar** *H* rote Zahlen *pl.* ~ **sığırdili** s. **havacıva (otu);** ~ **sığır kulağı** Natternkopf *m bot.* Echium rubrum ~ **sırtlı örümcekkuşu** Rotrückenwürger, Neuntöter *m zo.* Lanius collurio ~ **söğüt** Purpurweide *f*

bot. Salix purpurea ~ **şapkalı kız** Rotkäppchen *n* ~ **taraf** *mil.* rote Partei (im Manöver) ~ **üçgül** Kopf-, Rot-klee *m* *bot.* Trifolium incarnatum ~ **yabanmersini** Preiselbeere *f* *bot.* Vaccinium vitis idaea ~ **yapraklı kızılcık** roter Hartriegel *bot.* Cornus sanguinea *Avrupa kızılcığı ~ **yermantarı** rote Trüffel *bot.* Tuber rufum ~ **yeşim** *min.* rötlicher Jaspis ~ **yılan soğanı** s. ~ **Afrika lâlesi;** ~ **yumak** roter Schwingel *bot.* Festuca rubra ~ **yumurta** Osterei *n* ~ **zambak** Türkenbundlilie *f* *bot.* Lilium martagon *Istanbul zambağı, Şark martagonu ~ **zırnık** *min.* Realgar *m;* rote Arsenblende *realgar

Kırmızıay (um 1935 versuchte T von **Hilâliahmer;** später ausschließlich **Kızılay)**

kırmızılanmak; kırmızılaşmak rot werden, sich röten

kırmızılatmak rot färben, rot werden lassen

kırmızılı teilweise rot, mit roten Stellen

kırmızılık Röte *f*

kırmızımsı; kırmızımtırak rötlich

kırmızıturp, -pu Radieschen *n* *bot.* Raphanus sativus var. radicula

kırnak, -ağı 1. *va.* Sklavin, Dienerin *f* 2. *P* schöne Frau, hübsches Mädchen

kırpık (I) 1. geschoren (z.B. Schafe) 2. gestutzt (z.B. Schnurrbart) 3. *V* Würfel (zum Falschspiel) mit abgefeilten Kanten 4. bruchstückhaft, fragmentarisch

kırpık (II) s. **kıpık**

kırpım s. **kupür** (4)

kırpıntı 1. Scherwolle *f* 2. Abfälle, Schnippel, (Papier-) Schnitzel, (Stoff-)Reste *pl.* 3. (Edelstein-)Splitter *pl.* ~ **bohçası** 1. Sack *m* für (Stoff-)Abfälle 2. *hum.* wer ein Sammelsurium von Wissen besitzt

kırpışmak 1. mit den Augen zwinkern (wegen grellen Lichts) 2. flackern (Licht)

kırpmak, (-ar) 1. s. **kıpmak** 2. s. **kırkmak** 3. verringern (z.B. Ausgaben)

kırro *V* dumm, ungebildet

kırsal ländlich (vgl. **kır** II, 2)

kırsıçanımsıgiller (Familie *f*) der Klippschliefer *zo.* Procaviidae; vgl. a. **daman** (I)

Kırşehir *n.pr.* Stadt im gln. Rbz. (Mittelanatolien)

kırtas [ā] *va.* Schreibpapier *n*

kırtasî [·– –] *va.* 1. Schreib-, Büro- (z.B. Arbeiten) 2. bürokratisch 3. aktenmäßig 4. administrativ

kırtasiye [ā] 1. Schreibwaren *pl.* 2. Bürobedarfskosten *pl.* 3. formelle, amtliche Behandlung (von Akten) ~ **levazımı** Büro-bedarf *m*, -artikel *pl.* ~ **mağazası** Papier- und Schreibwaren-handlung *f*

kırtasiyeci [ā] 1. Papier- und Schreibwaren-händler *m* 2. Bürokrat *m* *bürokrat

kırtasiyecilik [ā] 1. Papier- und Schreibwaren-handel *m* 2. Bürokratie *f* 3. *pej.* Bürokratismus, Amtsschimmel *m* *bürokrasi

kırtipil *V* armselig, ärmlich, schäbig, erbärmlich, mickerig

kıs (I) (< *ar.* **kıyas**): **Ve** ~ **alâ hâzâ!** *va.* Richte dich danach!

kıs (II) **kıs** Lm. e–s unterdrückten, spöttischen Lachens ~ ~ **gülmek** leise vor sich hinlachen, kichern, spöttisch lachen

kısa 1. kurz (*ant.* uzun) 2. klein(-gewachsen) ~ **ayaklı** Falzblume *f* *bot.* Micropus bombycinus ~ **bıyık** englischer Schnurrbart ~ **boylu** klein(-gewachsen), untersetzt, gedrungen ~ **çenelilik** Brachygnathie *f* (abnorme Kleinheit des Unterkiefers) ~ **çizgi** s. **birleştirme çizgisi;** ~ **dalga** Kurzwelle *f* (Radio) ~ **devre** *phys.* Erd-, Kurz-schluß *m* ~ **devre mesai** *H* Kurzarbeit *f* ~ **devreye almak** *el.* kurzschließen ~ **dönem arzı** *H* kurzfristiges Angebot ~ **dörtnal** abgekürzter Galopp ~ **ebegümeci** rundblättrige Malve *bot.* Malva rotundifolia ~ **geçmek** sich nicht in Einzelheiten verlieren; es kurz machen ~ **görüşlü** engstirnig ≗ **günün kârı** (*od.* **kazancı**) **az olur.** *Spr.* 1. Wer nur kurze Zeit arbeitet, kann auch nicht viel verdienen. 2. *hum.* Das wenige Erreichte ist immerhin besser als gar nichts. ~ **hurma ağacı** echte Zwergpalme *bot.* Chamaerops humilis ~ **huzmeli farlar** Scheinwerfer *pl.* mit Abblendlicht ~ **iğne yapraklı çam** Fichtenkiefer *f* *bot.* Pinus echinata ~ **kanatlı böcekler** Kurzflügler *pl.* *zo.* Staphylinidae ~ **kesmek** 1. sich kurz fassen 2. schnell beenden 3. abbrechen (z.B. Reise) ~ **kıllı base** Kurzhaardackel *m* ~ ~ ganz kurz (z.B. Erzählung) ~ **kollu** 1. *selt.* kurzarmig 2. kurzärmelig ~ **menzilli** mit kurzer Reichweite (z.B. Geschütz) ~ **mesafe uçuşu** Kurzstreckenflug *m* ~ **mesai** Kurzarbeit *f* ~ **meşe** s. **bodur meşe ağacı;** ~ **metrajlı filim** (*od.* ~ **filim** *od.* ~ **metraj**) Kurzfilm *m* (von 300–1000 m Länge) ~ **nöbet** *naut.* s. **öksüz vardiya;** ~ **ömürlü** kurzlebig (*a. fig.*) ~ **pantalon** Kniehose *f* (des Boxers) ~ **parmaklı tarlakuşu** Kurzzehenlerche *f* *zo.* Calandrella brachydactyla ~ **sesli** (*od.* ~ **ünlü**) *phon.* kurzer Vokal *kısa sâit ~ **soluklu** kurzatmig (spez. Tier) ~ **söylemek** mit wenigen Worten sagen ~ **tekne** *geol.* Mulde *f* ~ **tutmak** et. zu kurz machen (z.B. Hemdärmel) ~ **uzantı** *an.* Dendrit *m* *dendrit ~ **vadeli istikraz** *H* Anleihe *f* mit kurzer Laufdauer ~ **vadeli senet** *H* Wechsel *m* auf kurze Sicht ~ **yazmak** sich kurz fassen (beim Schreiben) ~ **yoldan** im Abkürzungsverfahren; nur in den Hauptpunkten (z.B. berichten)

kısaca 1. ziemlich kurz 2. [·×·] *Adv.* in wenig Worten, kurz **-sı** [·×··] um es kurz zu sagen, kurz und gut, mit e–m Wort

kısacık [×··] ganz kurz, sehr klein; gedrungen

kısaç(-lamak) s. **kıskaç(-lamak)**

kısakafalı(-lık) s. **brakisefal(-lık)**

kısalık Kürze, Kleinheit *f*

kısalmak kurz bzw. kürzer werden (z.B. Tage), sich verkürzen; einlaufen (z.B. Stoff)

kısaltı *ling.* Wortverkürzung, Abkürzung *f* ~ **kitap adı** *typ.* Schmutztitel *m*

kısaltım (perspektivische) Verkürzung

kısaltma 1. Vs. zu **kısaltmak** 2. Abkürzung *f* *ihtisar ~ **emsali** Reduktionskoeffizient *m* ~ **madrubu** Reduktionsfaktor *m* **derinliği** ~ *mil.* Verkürzung *f* der Tiefe

kısaltmak 1. kürzer machen, (ab-, ver-)kürzen, reduzieren 2. schnell beenden (z.B. Aufstand) 3. einlaufen lassen (Stoff)

kısaltmalı ver-, abge-kürzt ~ **kelime** (*od.* ~ **sözcük**) *ling.* Abkürzung *f* (z.B. NATO)

kısamahmut, -du 1. gemeiner Gamander *bot.* Teucrium chamaedrys *dalakotu 2. kriechender Günsel *bot.* Ajuga reptans

kısarak ziemlich kurz, recht kurz

kısarna Darstellung *f* in verkürztem Maßstab

kısas (I) [ā] Wiedervergeltung *f*, Lex Talionis *f*, Talion, Blutrache *f* ~ **etmek** Blutrache üben **-a kısas** Auge um Auge, Zahn um Zahn ≗ **suresi** s. **Kasas suresi; -a -la mukabele etmek** Gleiches mit Gleichem vergelten, mit gleicher Münze heimzahlen

kısas (II) *z. va. Pl.* zu **kıssa;** ≗**ı Embiya (Enbiya)** Prophetengeschichten *pl.*

kısasen [ā] *va. Adv.* zur Wiedervergeltung

kısatülhimar [····–] *va.* s. **eşekhıyarı**

kısık 1. vermindert, herabgesetzt (usw. s. **kısmak**) 2. (zusammen-)gepreßt, (ein-)gezwängt 3. heiser, rauh; *mus.* *a.* gedämpft, schwach (Stimme) 4. *va.* s. **kasık** 5. *va.* Engpaß *m* *dar boğaz 6. *math.* irreduzibel 7. enge Stelle ~ ~ **öksürmek** hüsteln

kısıklı 1. spärlich fließende Quelle 2. ≗ O. bei Üsküdar (Istanbul) ≗ **suyu** Name e–s sehr beliebten Quellwassers

kısıklık 1. Verringertsein *n* (usw. s. **kısmak**) 2. (Zusam-

men-)Gepreßtsein, (Ein-)Gezwängtsein *n*, Rauheit *f* (der Stimme), Heiserkeit *f*
kısılma 1. Vs. zu **kısılmak** 2. *biol.* Zusammenziehung, Kontraktion, Systole *f* *takabbuz; yürek kasıntısı
kısılmak 1. Pass. zu **kısmak** 2. sich (dem Umfang, der Intensität od. der Menge nach) verringern, weniger werden 3. gefangen sein, nicht mehr entfliehen können 4. sich zusammenziehen (z.B. Herz) 5. rauh (heiser) werden (Stimme) Zu 2: **Musluğun suyu kısıldı.** Es kommt nur mehr wenig Wasser aus der Leitung. Zu 3: **Kapana kısıldı.** Er saß in der Falle.
kısılmış *med.* eingeklemmt (z.B. Darm)
kısım (I) Hand-, Faust-voll *f*
kısım (II), **-smı** 1. Teil *m*, Stück *n* 2. Abteilung, Sektion 3. Art *f*, Geschlecht *n*, Klasse, Kategorie *f* Zu 3: s. **kadın -ı; ~ etmek** *va.* teilen **~ ~** 1. gruppenweise 2. abschnittsweise **~ şefi** Sektionschef, Abteilungsleiter *m* **-ı aşarî** s. **mantis; -ı azam** *(selt.)*; **-ı azamî** größerer od. größter Teil, Hauptteil *m*, Gros *n* **-ı fevkanî** s. **üst kısım; -ı küllî; küllî ~** Haupt-macht *f*, -streitkräfte *pl.*, Gros *n* **-ı mahsus** *va.* Sonderspalte *f* (in e–r Zeitung) **-ı süfla** s. **alt ~; -ı tam; tam ~** s. **karakteristik**
kısımlamak *P* mit e–r Hand greifen; e–e Handvoll nehmen
kısınmak sich einschränken (in seinen Bedürfnissen) *imsak etmek
kısıntı Einschränkung *f* **yeni -lar ve tasarruflar** neue Einschränkungen und Sparmaßnahmen *pl.*
kısır 1. unfruchtbar, steril 2. *fig.* unergiebig, unproduktiv **~ döngü** *log.* Circulus vitiosus, Kreis-, Zirkel-Schluß *m* *devri batıl, dairei faside
kısırganmak (bşi) et. vorenthalten, mit et. geizen, et. nicht gerne abgeben wollen
kısırlaşmak unfruchtbar (unergiebig, steril) werden
kısırlaştırmak unfruchtbar machen, sterilisieren, unergiebig werden lassen
kısırlık Unfruchtbarkeit, Sterilität, Unergiebigkeit *f* *akamet
kısıt, -tı *jur.* Entmündigung *f* *hacir
kısıtlamak 1. beschneiden, einschränken (z.B. j–s Rechte) 2. rationieren 3. *jur.* entmündigen *hacretmek **otomobil kullanma kısıtlanması olan olan günler** die Tage, an denen ein teilweises Fahrverbot (für Autos) besteht
kısıtlı 1. eingeschränkt 2. rationiert 3. *jur.* entmündigt *mahcur
kıskaç, -cı 1. (Greif-, Feuer-, Schmiede-, Kneif- usw.)Zange *f* 2. Zange *f*, Scheren *pl.* (z.B. e–s Krebses) 3. Treppen-, Klapp-leiter *f* 4. *mil.* Zange(-nbewegung) *f* **~ gözlük** s. **kelebek gözlük; ~ içine almak** *mil.* in die Zange nehmen **~ şeklinde** (*od.* **tarzında**) zangen-artig, -förmig
kıskaçlamak mit der Zange (bzw. den Scheren) packen od. zwicken (fr. a. als Tortur)
kıskaçlı Zangen- **~ tarak** Greifbagger *m*
kıskaçvari [··– –] zangen-artig, -förmig
kıskanç, -cı 1. eifersüchtig 2. neidisch *hasut
kıskançlık 1. Eifersucht *f* 2. Neid *m* *haset **~ yüzünden** aus Eifersucht **-tan çatlamak** von wütender Eifersucht verzehrt werden
kıskandırmak eifersüchtig bzw. neidisch machen, j–s Eifersucht (bzw. Neid) erregen
kıskanılmak Pass. zu **kıskanmak. Sizden bu kadarcık bir şey kıskanılır mı?** Diese Kleinigkeit sollte man Ihnen mißgönnen?
kıskanmak 1. (b–ni b–den) allein besitzen wollen; aus Eifersucht e–m andern nicht gönnen wollen 2. (m. Akk.) eifersüchtig wachen (über) 3. (m. Akk.) eifersüchtig sein (auf) 4. (b–ni b–den) auf j–n eifersüchtig sein und dabei e–n anderen verdächtigen 5. (b–ne bzw. bşi) j–n beneiden (um), j–m nicht gönnen *haset etmek 6. (b–den bşi) j–m et. nicht geben wollen, j–m et. mißgönnen 7. s. **imrenmek** Zu 1: **Bu çocuk, annesini kardeşinden kıskanıyor.** Der Junge ist eifersüchtig auf seinen Bruder und gönnt ihm die Mutter nicht. Zu 2: **Her Türk, yurdunu anasını gibi kıskanır.** Jeder Türke wacht eifersüchtig über sein Land wie über seine Mutter (ist um sein Land ebenso besorgt wie um seine Mutter). Zu 3: **Karısını kıskanıyor.** Er ist eifersüchtig auf seine Frau. Zu 4: **Karısını herkesten kıskanıyor.** Er ist eifersüchtig auf seine Frau und verdächtigt dabei jeden. Zu 5: **İyi insanlar, kimseyi kıskanmazlar.** Ein guter Mensch hegt gegen niemand Neid. **Saadetimi kıskanıyor.** Er gönnt mir mein Glück nicht. Zu 6: **Bu kitabı sizden kıskanacak değilim.** Nicht, daß ich Ihnen dieses Buch nicht geben wollte.
kıskı was zwischen zwei Dinge geklemmt wird wie z.B. Keil *m*, Hemmschuh *m* usw.
kıskıvrak [×··] 1. ganz fest (packen, binden usw.) 2. geschmackvoll und ordentlich **≗ bağladılar.** Man band ihn so fest, daß er kein Glied rühren konnte. **≗ yakalamak** dingfest machen
kısma Vs. zu **kısmak** *techn.* Drosseln *n*, Drosselung *f*
kısmaç s. **etufuvar, surdin**
kısmak, (-ar) 1. anziehen; kürzer fassen (Seil, Leine usw.) 2. (Auge) halb zukneifen 3. einschränken (z.B. Ausgaben) 4. beschränken, beschneiden (z.B. Freiheit) 5. vermindern, herabsetzen (z.B. Gehälter) 6. anlegen (Ohren) 7. *techn.* drosseln (Dampf, Energie) 8. leiser stellen (Radio) 9. dämpfen (Stimme) 10. herunterschrauben (Lampendocht) 11. quetschen, einklemmen Zu 3: **Yiyecekten, içecekten, giyecekten bu kadar ~ ne demektir düşünebilir misiniz?** Können Sie sich vorstellen, was es heißen will, im Essen und Trinken sowie in Kleidung sich derart einschränken zu müssen? s.a. **kulaklarını ~** Zu 11: **Kapı parmağımı kıstı.** Ich habe mir den Finger an der Tür geklemmt. s.a. **kuyruğunu ~; dili kısıp oturmak**
kısmen [×·] *Adv.* teilweise, zum Teil, teils **~ de olsa** wenigstens teilweise **≗ haklısınız.** Teilweise haben Sie recht. **~ tediye** Teilzahlung *f* *bölümsel ödeme
kısmet, -ti 1. *va.* Teilen *n*, Teilung *f* 2. Los, Geschick, Schicksal *n*, Vorausbestimmung *f* 3. *mel.* Glück *n* *spez.* (Heirats-)Partie *f* (e–s Mädchens) 4. (Ausruf) schon möglich! denkbar! es könnte schon sein! vielleicht! Zu 2: **Yine ~ olmadı!** Es ist wieder nichts geworden! Zu 3: **Ona zengin bir ~ çıktı.** Sie hat e–e gute Partie gemacht. Zu 4: **Yarın gelecek misiniz? – Kısmet!** Kommen Sie morgen? – Schon möglich! **~ ağacı** Losbaum *m bot.* Clerodendron splendens **~ aramak** sein Glück versuchen **~ beklemek** auf e–n Freier warten (Mädchen) **~ bolluğu** Füllhorn *n* des Glücks **~ etmek** in Füg. wie: **Felek onları birbirlerine ~ etti.** Das Schicksal hat sie ehelich zusammengeführt. **Allah ~ etmişse olur.** Wenn Gott es so bestimmt hat, geschieht es eben. **≗ gökten zembille inmez.** *Spr.* Die gebratenen Tauben fliegen e–m nicht ins Maul. *Spr.* **≗ olmadı.** Das Schicksal hat es nicht gewollt. Es hat nicht sollen sein. **≗ olursa gene görüşürüz.** Vielleicht sprechen wir uns ein andermal wieder. **-i açık** 1. glücklich, unbeschwert 2. mit (vielen) Bewerbern (Mädchen) **≗i ayağına gelmiş.** Das Schicksal hat es gut mit ihm gemeint. (Er verdient plötzlich viel Geld.) **-i bağlanmak** 1. dauernd von Pech verfolgt werden 2. vergeblich auf e–n Freier warten (Mädchen) **-i bağlı** 1. wer dauernd Pech hat 2. vergeblich auf e–n Freier wartend (Mädchen) **≗i çıkmadı.** Sie hat keinen Mann bekommen. **-i ise** wenn es das Schicksal so will **-i kıt** Pechvogel *m* **≗inde ne varsa kaşığında o çıkar.** *Spr.* Was e–m Menschen bestimmt ist, wird ihm eben zuteil. **-ine mani olmak** dem Glück (bzw. der Heirat) im Wege stehen

kısmetli 1. glücklich, vom Glück begünstigt 2. mit Aussicht auf e–e Heirat (Mädchen)
kısmetsiz 1. Pechvogel *m* 2. vergeblich auf e–n Freier wartend (Mädchen)
kısmî teilweise, partiell, Teil- *bölümsel ~ **af** Teilamnestie *f* ~ **görünüş** Teilansicht *f* *parça görünüş ~ **mağlubiyet** Teilniederlage *f* ~ **müştak** *math.* partieller Differentialquotient ~ **netice** Teilergebnis *n* ~ **seçim** Nachwahl *f* *ara seçimi ~ **seferberlik** Teilmobilmachung *f* ~ **sigorta** Teilversicherung *f*
kısrak 1. (Pferde-)Stute *f* 2. ≗ *astr.* Sirrah (im Sternbild der Andromeda) *Sirrah
kısrık 1. scheu, gehemmt 2. linkisch, unbeholfen
kıssa 1. (lehrreiche) Geschichte, Erzählung, Fabel *f* 2. Vorgang, Vorfall *m*, Sache, Geschichte *f* **-dan hisse** Und die Moral von der Geschicht' ... **-dan hisse almak** aus der Geschichte (Erzählung *bzw.* Sache) e–e Lehre ziehen
kıssahan [··–] *va.* Geschichtenerzähler *m*
kıst (I), **-tı** *va.* 1. gerechtes Handeln 2. Anteil *m* *hisse 3. Rate *f* *taksit
kıst (II), **-tı** arabische Kostuspflanze *bot.* Costus speciosus
kıstak, -ağı 1. Landenge *f*, Isthmus *m* *berzah 2. *an.* schmalste Stelle einiger Organe
kıstas [ā] 1. Kriterium *n* 2. *va.* große Waage *spez. rel.* Waage *f* der Gerechtigkeit
kıstelyevm 1. Gehaltsabzug *m* 2. *va.* Tageslohn *m*
kıstı *dial.* Gold- od. Silber-schmuck *m* (an e–m Frauenhalsband)
kıstırmak 1. Kaus. zu **kısmak** 2. (sich ein Glied) quetschen 3. in die Enge treiben (und zu fassen bekommen) 4. drosseln (Dampf, Wasserstrahl usw.) 5. **(gözleri)** scharf blicken Zu 2: **Parmağımı kapıda kıstırdım.** Ich habe mir den Finger an der Tür gequetscht. Zu 3: **Keratayı tenhada bir kıstırabilsem!** Wenn ich den Kerl nur einmal allein zu fassen bekäme! **Hırsızı çatı arasına kıstırdılar.** Man verfolgte den Dieb bis zum Dachboden und erwischte ihn dort.
kıstlı *va.* 1. steuer-, tribut-pflichtig 2. Schuldner *m* 3. Soldat *m*
kış (I) 1. Winter *m* 2. (Winter-)Kälte *f*; kalt ~ **armudu** Winterbirne *f* ~ **atkuyruğu** Winter-Schachtelhalm *m bot.* Equisetum hiemale ~ **baba** Väterchen Frost; strenge Kälte ~ **bağırtlak ördeği** Krickente *f zo.* Anas crecca ~ **bahçesi** Wintergarten *m* ~ **boynuz otu** sternblütiger Winterling *bot.* Eranthis hiemalis *ilkbahar çiçeği ~ **budaması** Winterschnitt *m* ~ **çanı** s. **kardelen;** ~ **dönencesi** Wintersonnenwende *f* ~ **ekini** Winter(aus)saat *f* ~ **evi** s. **kışlık** (3); ~ **görmek** e–n strengen Winter durchmachen ~ **gülü** s. **kara çöpleme;** ~ **günü** 1. s. **kışın** 2. Wintertag *m* ~ **ıhlamuru** s. **küçük yapraklı ıhlamur;** ~ **kabağı** s. **asmakabağı;** ~ **kıyamet** strenger Winter ~ **konağı** (*od.* **ordugâhı**) *mil.* Winterquartier *n* ~ **ordugâhına yerleşmek** *mil.* Winterquartier beziehen ~ **mevsimi** Wintersaison *f* ~ **seferi** *mil.* Winterfeldzug *m* ~ **teçhizatı** Winterausrüstung *f* ~ **teresi** echtes Barbenkraut *bot.* Barbarea vulgaris ~ **uykusu** 1. *biol.* Winterschlaf *m* 2. *med.* Hibernation *f*, Heilschlaf *m* *hibernasyon ~ **uykusuna yatmak** den Winterschlaf halten ~ **uyuşukluğu** s. ~ **uykusu;** ~ **üstü** bei Wintereinbruch ~ **yapmak** winterlich kalt werden ~ **yardım sandığı** Winterhilfswerk *n* ~ **yemek** *selt.* s. ~ **görmek;** ~ **zerreni** Kalykanthus *m*, japanischer Gewürzstrauch *bot.* Chimonanthus fragrans **-ı çıkarmak** (*od.* **geçirmek**) den Winter (irgendwo) verbringen **-ı etmek** bis zum Winter an e–m Ort bleiben **-ın çatında** mitten im (strengsten) Winter **≗tan sonra bahar olur.** *Spr.* Auf Regen folgt Sonnenschein.
kış (II) 1. (Scheuchruf) Husch, fort! Hscht! 2. s. **kış** (I); ~ **demek** Schach bieten (ansagen) ~ ~ **etmek** verscheuchen (Vögel usw.)
kışçı *V* wer sich für den Winter im Gefängnis „einlogiert" (Landstreicher)
kışın [×·] *Adv.* im Winter, während des Winters, den Winter über
kışır, -şrı Rinde, Schale, Kruste *f* *kabuk ~ **bağlamak** e–e Kruste bilden ~ **içmek** aus den Schalen der Kaffeebohnen ein Getränk bereiten **-ında kalmak** *fig.* nicht bis zum Kern e–r Angelegenheit vordringen **-ı arz** s. **yerkabuğu; -ı dimağ** s. **beyin zarı; -ı sin** s. **seman**
kışırlanma Rissigwerden und Abblättern *n* (z.B. von Ölfarben) *soyulma
kışkırmak *selt.* 1. in Furcht geraten; erschreckt auffahren 2. aufgescheucht werden; auseinanderstieben (z.B. Vögel)
kışkırtı Hetze, Aufwiegelung *f*, Umtriebe, Machenschaften *pl.*, Provokation *f* *tahrikât
kışkırtıcı hetzend, provozierend, provokatorisch; Hetzer, Aufwiegler, Unruhestifter, Hintermann, Drahtzieher, Provokateur *m* *müşevvik, muharrik, tahrikâtçı ~ **ajan** (*od.* ~ **gizmen**) s. **ajan provokatör**
kışkırtmak 1. aufscheuchen (z.B. Hühner) 2. in Unruhe versetzen; Angst einjagen 3. aufhetzen, aufwiegeln, provozieren, anstiften (z.B. zu e–m Verbrechen) *tahrik etmek
kışkışlamak ein Kind durch wiegende Bewegungen zu beruhigen versuchen
kışla [×·] 1. Kaserne *f* 2. *va.* s. **kışlak;** ~ **hapsi** Kasernenarrest *m* ~ **karakolu** Kasernenwacht *f* **kumandanı** Kasernenkommandant *m* **-ya yerleştirmek** kasernieren (Truppen)
kışlabent, -di *mil.* Kasernenarrestant *m*
kışlabentlik *mil.* Kasernenarrest *m*
kışlak 1. Winter-Unterkunft *f* (für Almhirten und ihre Herden) 2. *fr. mil.* Winter-quartier, -lager *n*
kışlamak 1. beginnen, hereinbrechen, einsetzen (Winter) 2. (irgendwo) überwintern, den Winter verbringen Zu 1: **Bu yıl havalar erken kışladı.** In diesem Jahr ist es frühzeitig Winter geworden. Zu 2: **Asker, siperlerde kışladı.** Die Soldaten haben in den Schützengräben überwintert.
kışlatmak 1. Kaus. zu **kışlamak** 2. *V* **(başına)** s. **musallat etmek**
kışlı *selt.* Winter-; s.a. **karlı kışlı**
kışlık 1. winterlich, Winter- 2. für den Winter geeignet od. best. 3. Winterwohnung *f* ~ **elbise** Winter-kleid *n*, -anzug *m* ~ **karargâh** *mil.* Winterquartier *n* ~ **mürdümük** die Platterbsenart Lathyrus cicera
kışrınca *va.* oberflächlich *sathî olarak
kışrî s. **kabuksal**
kışriye s. **kabuklular; -i âliye** s. **yüksekkabuklular**
kışt s. **kış** (II)
kışta 1. Netz-Anone *f bot.* Anona reticulata 2. Schuppen-Anone *f bot.* Anona squamosa *Hint ayva ağacı
kıt (I), **-tı** 1. wenig, gering, knapp, spärlich, kümmerlich, beschränkt, nicht ausreichend, nicht genügend, unzureichend (*ant.* **bol**) 2. *P* s. **kıtlık;** ~ **kanaat geçinmek** sich kümmerlich durchfretten **-a gitmek** *P* der Familie e–s Verstorbenen od. e–r bedürftigen Familie Essen bringen **-a kıt** *od.* **-ı kıtına** gerade noch eben, kaum, nur knapp, nur mit größter Mühe **-ı kıtına hesaplamak** knapp berechnen (bemessen); es gerade noch schaffen **-ı kıtına idare etmek** nur sehr knapp auskommen können **-ı kıtına yetişmek** kaum ausreichen
kıt (II), **-tı** *va.* 1. Seite *f* *yan 2. Meinung *f* Zu 1: **sizin -ınızda** an Ihrer Seite, bei Ihnen Zu 2: **benim -ımda** meiner Meinung nach
kıt (III) **kıt** 1. (Lockruf für Hühner) put, put! 2. Lm. des Pickens (von Hühnern)

kıta 1. Festland *n*, Kontinent *m* *anakara, ber, kara 2. *mil.* Trupp *m*, Truppe *f* 3. *lit.* a) Gliederungsform e–s **müsemma** b) Strophe *f* mit vier Halbversen (jedoch nicht **rubaî**) 4. Stück *n* (als Zählbegriff) *tane, parça 5. *geom.* s. **daire parçası** 6. (Teil-)Stück *n*, Teilstrecke *f* *bölge 7. Größe *f*, Format *n* (z.B. e–r Zeitung) 8. *va.* Land, Gebiet *n* 9. *lit.* panegyrischer od. erotischer Abschnitt e–r Kasside in selbständiger Form 10. kalligraphisches Täfelchen Zu 1: **Avrupa -sı** das europäische Festland Zu 4: **dört ~ fotoğraf** vier Lichtbilder Zu 7: **küçük -da eserler** Werke *pl.* in kleinerer Form ~ **ablukası** s. **kara ablukası; ~ hekimi** *mil.* Truppenarzt *m* ~ **ihtiyatı** Truppenreserve *f* ~ ~ 1. in einzelnen Stücken 2. gesondert, getrennt, jeder einzeln ~ **kumandanı** (*od.* **komutanı**) Truppenkommandant, -kommandeur, -führer, -befehlshaber *m* ~ **nakliyatı** (*od.* **sevkıyatı**) Truppen-transport *m*, -beförderung *f* ~ **nakliye gemisi** Truppen-transportschiff *n*, -transporter *m* ~ **ön heyeti** Truppenvorkommando *n* ~ **sahanlığı** Festlandssockel *m* ~ **sargı yeri** Truppenverbandsplatz *m* ~ **subayı** Truppenoffizier *m* ~ **tahaşşüdatı** Truppen-konzentration, -zusammenziehung *f* ~ **tatbikatı** Truppenübung *f* ~ **yaylası** *geogr.* s. **kara platosu; -nın sevk ve idaresi** Truppenführung *f* **-i daire, daire kıtası** s. **daire parçası**

kıtâ, -âı *math.* Sektor, Ausschnitt *m* **-ı daire** s. **daire kesmesi; -ı küre** s. **küre kesmesi**

kıtaat, -tı [··–] *Pl.* zu **kıta** (*fr. a.* **kıtaatı askeriye**) *mil.* Truppen, Streitkräfte *pl.*

kıtal, -lı (I) [ā] *va.* 1. Gemetzel, Blutbad, Massaker *n* *katliam, kırım 2. blutiger Kampf, blutige Schlacht *mukatele ≗ **suresi** s. **Muhammet suresi**

kıtal (II) s. **kital**

kıtalararası, -nı interkontinental

kıtaönü, -nü s. **kara platosu**

Kıtas *va. astr.* s. **Balina**

kıtasal Festland-, Kontinental- *berrî, kıt'avî, karasal

kıt'avî *va.* s. **kıtasal**

kıtık Werg *n*, Hede *f*, Kapok *m* (als Polsterfüllung) ~ **doldurmak** auspolstern (Kissen usw.) ~ **sıkı** *hist.* Ladepfropfen *m* aus Werg (bei alten Geschützen)

kıtıklamak s. **kıtık doldurmak**

kıtıpiyos *V* erbärmlich, miserabel, armselig, elend, jämmerlich

kıtır 1. Popcorn *n*, Puffmais *m* 2. *V* Schwindel *m*, Geflunker *n*, erlogenes Zeug ~ **atmak** (*od.* **yuvarlamak**) *V* zusammenlügen, flunkern ~ ~ 1. scharf geröstet od. gebacken, knusperig 2. Lm. e–s Knabberns od. Knackens ~ ~ **doğramak** (*od.* **kesmek**) kalten Blutes abschlachten (niedermachen, *F* abmurksen) ~ ~ **yemek** knabbern (z.B. Nüsse)

kıtırbom *V* Schwindel *m*, Geflunker *n*, erlogenes Zeug

kıtırcı *V* wer das Blaue vom Himmel herunter lügt; Schwindler *m*

kıtırdamak *intr.* knacken, krachen

kıtırtı Knacken *n*, (leichtes) Krachen

kıtlama *Adv.* mit e–m Stück Zucker im Mund (Tee trinken)

kıtlaşmak knapp (spärlich, gering, rar) werden, sich verknappen, nicht mehr in ausreichender Menge vorhanden sein

kıtlık, -ğı 1. Mangel *m*, Knappheit *f*, spärliches (ungenügendes) Vorhandensein 2. (Hungers-)Not *f* Zu 1: s. **adam (sebze) -ı** Zu 2: **O yıl ~ vardı.** In jenem Jahr herrschte Hungersnot. **-ına kıran girmek** vom Erdboden verschwinden; nicht auffindbar sein (**Yalan -ına kıran girmedi ya!** Man kann ja immer noch schwindeln!) **Kız -ına kıran girmedi ya!** Es gibt ja noch genug andere Mädchen! (als Trost für e–n abgewiesenen Freier) **-tan çıkmış gibi** voll Heißhunger; gierig

Kıtmir [ī] 1. *n.pr.* s. Stw. **Ashabı Kehf** 2. ≗ *allg.* Hund *m* *köpek

kıvam [ā] 1. Dickflüssigkeit, Konsistenz, Viskosität *f* 2. *fig.* richtiger Grad od. Zustand, richtiger Augenblick od. Punkt, beste Gelegenheit; Höhepunkt *m* *tav 3. *va.* Stütze *f* Zu 3: vgl. **Kıvamettin** *m V* (= Stütze der Religion) Zu 1: **bal -ında** so dickflüssig wie Honig Zu 2: **Eğlence tam -ını bulmuşken ...** Als die Stimmung gerade ihren Höhepunkt erreicht hatte ... **İş tam -ındadır.** Es ist jetzt gerade der richtige Augenblick dafür. **-a gelmek** (*od.* **ermek**) *od.* **-ını bulmak** 1. die richtige Konsistenz bekommen 2. *fig.* den richtigen Punkt (bzw. Höhepunkt) erreichen

kıvamlanmak [·–··] s. **kıvama gelmek**

kıvamlı [ā] 1. von der richtigen Konsistenz; dickflüssig 2. *fig.* den richtigen Grad besitzend, im richtigen Zustand, geeignet, günstig, passend

kıvamölçer *techn.* Viskosimeter *n*

kıvamsız [ā] 1. nicht die richtige Konsistenz besitzend 2. *fig.* nicht den richtigen Grad besitzend, nicht im richtigen Zustand, noch nicht recht entwickelt, ungünstig, ungeeignet, unzeitig

kıvanç 1. berechtigter Stolz *iftihar 2. Ruhmestitel *m* *mefharet **-la** stolz, mit berechtigtem Stolz

kıvanmak 1. (bşle) berechtigtermaßen stolz sein (auf), sich e–r Sache rühmen können *iftihar etmek 2. (bşe) sich freuen (über), großen Gefallen finden (an)

kıvılcım Funke(-n) *m* ~ **aralığı** *el.* Funkenstrecke *f* ~ **bujisi** s. **buji;** ~ **gözlüğü** Schweißerbrille *f* ~ **kafesi** Funkenfänger *m* (an Dampflokomotive) ~ **kondansatörü** *techn.* Funkensammler *m* ~ **saçmak** Funken sprühen lassen; s.a. **Gözleri ~ saçtı.**

kıvılcımlanmak durch überspringende Funken in Brand geraten (*a. fig.*)

kıvılcımlı funkensprühend, funkelnd (z.B. Augen)

kıvır kıvır 1. s. **kıvrım kıvrım** 2. sich drehend, sich wendend, sich geschmeidig biegend (z.B. im Tanz)

kıvır zıvır 1. schlecht, übel, miserabel, wertlos, zusammengestoppelt, *F* hingehauen 2. sinnlos, albern, dumm 3. belanglose Einzelheiten *pl.* Zu 1: **Bu, pek öyle ~ ~ bir sergi değil!** Das ist gar keine üble Ausstellung! Zu 3: ~ **-la vakit geçirmeyelim!** Wir wollen die Zeit nicht mit überflüssigem Kleinkram vertrödeln!

kıvırcık 1. lockig, gekräuselt, kraus 2. (*bes.* im Marmaragebiet gezüchtete) dünnschwänzige Schafart 3. Fleisch *n* von (2) ~ **baldırıkara** gemeines Widerton-Moos *bot.* Polytrichum commune ~ **hurma ağacı** Curly-Palme *f bot.* Howea Forsteriana ~ **lahana** Wirsingkohl *m bot.* Brassica oleracea var. capitata *top lahana ~ **nane** Krauseminze *f bot.* Mentha crispa ~ **salata** Endivie *f bot.* Cichorium endivia ~ **solungaç balığı** Krausenhai *m zo.* Chlamydoselachus anguineus ~ **yapraklı sığırkuyruğu** s. **kral şamdanı**

kıvırcıklaşmak kraus werden, sich kräuseln (Haar)

kıvırmak 1. kräuseln (z.B. Haare), drehen (z.B. Schnurrbart), winden, ringeln 2. ein-, um-säumen (z.B. Taschentuch) 3. falzen; umbiegen (z.B. Rand) 4. in wiegende Bewegung versetzen, drehen; (ohne Obj.) tanzen, sich drehen 5. *F* et. fertigbringen, et. können, *F* hinbringen, deichseln, fingern 6. auftischen, vorsetzen (z.B. Lügengeschichte) 7. *intr.* abbiegen, sich wenden (nach) Zu 2: **Şu bezi dört tarafından kıvırmalı.** Das Tuch hier soll rundherum eingesäumt werden. Zu 4: **Her tarafını kıvıra kıvıra oynadı.** Beim Tanzen wiegte er den ganzen Körper mit. **Aman ne hoş kıvırıyor!** Wie geschmeidig sie tanzt! Zu 5: **Bu işi onun kadar kimse kıvıramaz.** Niemand kann das so wie er. **Bir oturuşta bir tencere yemeği kıvırdı.** Auf e–n Sitz aß er e–n ganzen Topf leer. Zu 6: **Gene**

yalanları kıvırmağa başladı. Jetzt will er uns schon wieder Lügenmärchen auftischen! Zu 7: **Araba, birdenbire sağa kıvırdı.** Der Wagen bog mit einem Mal nach rechts ab.

kıvracık [×··] *P* ordentlich, aufgeräumt (z.B. Haus)

kıvrak 1. geschickt, flink, behend, hurtig *atik 2. ordentlich, tadellos, ansprechend, schmuck 3. gewunden (z.B. Pfad), gedreht 4. kraus, gekräuselt, lockig 5. Überwurf *m* (anatolischer Bäuerinnen) ~ **edalı** sich kokett bewegend ~ **iplik** gedrehtes, reißfestes Garn; Zwirn *m*

kıvraklık, -ığı 1. Geschicklichkeit *f*, flinkes Benehmen; Behendigkeit *f* 2. ordentliches Aussehen; Korrektheit *f*, tadelloser Zustand; Eleganz *f* 3. Gewundensein *n* od. Neigung *f*, sich zu winden (kringeln, kräuseln) 4. *fig.* Eigenart, Eigentümlichkeit *f* Zu 4: **Bunlar, gramer sayfalarında kaideleşmeden evvel dilde müeyyideleşmiş birer dil -ıdır.** Es handelt sich hier um Spracherscheinungen, die sich langsam herausgebildet haben, um erst dann in der Grammatik Aufnahme zu finden. **Cümlelerin -larını, değişimlerini gözden geçirmeliyiz.** Wir müssen uns einmal die Eigenart des Satzbaues und seine Veränderungen ansehen.

kıvramak 1. sich drehen, sich winden, sich ringeln 2. in Unordnung kommen, sich verheddern (z.B. Garn)

kıvrandırmak Kaus. zu **kıvranmak** *spez.* quälen, peinigen

kıvranmak 1. *selt.* sich winden, sich schlängeln 2. sich winden, sich krümmen (vor Schmerzen) 3. *fig.* ein sorgenvolles Dasein führen, dahinvegetieren 4. sehr vermissen; ausgehungert sein (nach)

kıvrık 1. gedreht, gezwirbelt (z.B. Schnurrbart) 2. gebogen (z.B. Fingernägel) 3. aufgeschlagen (Hutkrempe) ~ **paça** Hosenumschlag *m*

kıvrıkdal Laubwerk *n* (als Ornament) *sarmadal

kıvrıkkurt s. **manas**

kıvrılma 1. Vs. zu **kıvrılmak** 2. *geol., geogr.* Faltung *f* *iltiva

kıvrılmak 1. Pass. zu **kıvırmak** 2. sich locken, sich kräuseln, sich ringeln 3. sich winden (z.B. Eisenbahnlinie) 4. sich zusammenrollen (z.B. beim Schlafen) 5. sich wenden; abbiegen (z.B. nach rechts)

kıvrım 1. Umlegefalte *f*, Falz, Saum, Rand *m* 2. *geol., geogr.* Falte *f* *iltiva, kat 3. Gekräusel *n* (der Haare), (Haar-)Locke *f* 4. *an.* Windung *f* (des Darms, Gehirns) ~ ~ 1. gekräuselt, gelockt, geringelt, gewellt, gewunden, wellenförmig (z.B. Oberfläche) 2. krumm, winklig, sich windend, in Windungen, gebogen ~ **gözü** *arch.* Volutenpolster *n* (e–r ionischen Säule) ~ ~ **kıvranmak** 1. sich in wütenden Schmerzen winden 2. im größten Elend leben ~ **mahmuzu** *arch.* Volute *f* (e–r ionischen Säule) ~ **süs** Mäander *m* (Ornament) *sapak ~ **yontuğu** *geogr.* Faltenrumpf *m*

kıvrımbarsak *an.* Krummdarm *m*, Ileum *n* *ileum

kıvrımkılsılar Spirochäten *pl. zo.* Spirochaetales

kıvrımlanmak; kıvrımlaşmak sich ringeln, sich kräuseln, sich locken

kıvrımlı 1. mit Umlegefalte (Falz, Saum) 2. gekräuselt, gelockt 3. gekrümmt, gewunden 4. *geogr.* mit Bodenfalte, gefaltet *(3, 4) mültevi ~ **katlar** *geol.* gefaltete Schichten *mültevi katlar

kıvrıntı 1. s. **kıvrım** 2. Biegung, Kurve, Krümmung *f* *dönemeç, viraj

kıvrıntılı mit vielen Biegungen od. Krümmungen, gewunden, winkelig

kıya s. **cinayet;** ~ **bilgini** s. **kriminalist**

kıyabilim(-sel) s. **kriminoloji(-k)**

kıyacı s. **cani**

kıyadet, -ti *va.* Führung, Leitung *f*, Kommando *n* ~ **etmek** *va.* kommandieren, befehligen

kıyafet, -ti [ā] Kleidung, Tracht *f*, Aufzug *m* *kılık 2. *pr.* Abend-anzug *m*, -kleid *n*, Uniform *f* 3. Äußere, Aussehen *n* ~ **balosu** Kostüm-, Trachten-ball *m* ~ **değiştirmek** 1. die Kleidung wechseln 2. sich äußerlich verändern *spez.* sich verkleiden 3. die nationale Tracht ablegen ~ **düşkünü** ärmlich gekleidet ~ **ilmi** (*fr. a.* **ilmülkıyafe**) Physiognomik, Ausdruckskunde *f* *fizyognomoni **-ine düşkün** sehr auf seine Kleidung bedacht, stutzerhaft gekleidet

kıyafethane [·–·–·] Trachtenmuseum *n*

kıyafetli [ā] 1. mit nb. Kleidung 2. gut gekleidet Zu 1: **asker** ~ in Uniform **dilenci** ~ in Bettlerkleidung Zu 2: s. **kalıplı** ~

kıyafetname [·–·–·] 1. Werk *n* über Kleidung (Trachten, Kostüme, Uniformen usw.) e–r best. Zeit od. e–s best. Landes 2. *fr.* Werk *n* über die Physiognomik

kıyafetsiz [ā] 1. ärmlich gekleidet, abgerissen, zerlumpt 2. von abstoßendem Äußern

kıyak *V* prima, hervorragend, großartig, fabelhaft, wunderbar, erstklassig, fein ~ **kaçmak** *V* sich gehören; angebracht sein

kıyakçı *V* 1. verwegener Glücksspieler 2. Haschischraucher *m*

kıyaklaşmak *P* sich prima ausnehmen

kıyaklık, -ığı *V* Großartigkeit, Erstklassigkeit *f;* ein prima Ding; ganz große Klasse; hervorragende Qualität (*od.* Leistung)

kıyam [ā] 1. (m. Dat.) Aufstehen, Sich-Erheben *n* (vor) 2. Aufrechtstehen *n* (beim Gebet) 3. Aufstand *m*, Empörung, Revolte, Rebellion *f* 4. Unterfangen, Unternehmen *n*, Versuch *m* 5. *naut. va.* Abfahrt *f* 6. *va.* s. **kıyamet** (1) Zu 1: **Yaşça büyük olanlara ~ küçüklerin terbiyesini gösterir.** Es zeugt von Anstand, wenn jüngere Leute vor älteren aufstehen. ~ **etmek** 1. aufstehen, sich erheben 2. e–n Aufstand unternehmen, rebellieren, revoltieren, sich empören 3. (bşi yapmağa) unternehmen, beginnen, wagen, sich unterfangen (et. zu tun) ~ **flaması** *naut. va.* Abfahrtssignalflagge *f;* Blauer Peter

kıyamet, -ti [ā] 1. **(günü)** *rel.* Auferstehung *f*, Jüngster Tag, Jüngstes Gericht *din (hesap, hüküm) günü; ruzu mahşer 2. *fig.* Lärm, Tumult, lärmendes Durcheinander *hercümerç 3. *fig.* großes Unheil 4. s. **kış ~;** ~ **alâmeti!** wie schrecklich! ~ **gibi** (*od.* ~ **kadar**) sehr viel; e–e Unmenge (z.B. Arbeit) ~ **kopmak** 1. kommen, anbrechen (Jüngster Tag) 2. entstehen, losgehen (Lärm) ~ **kopsa** nie und nimmer, auf keinen Fall *asla ~ **köprüsü** *P* s. **sırat köprüsü.** ≗ **mi koptu?** Was zum Teufel ist denn los? ≗ **suresi** Name der 75. Koran-Sure ~ **teorisi** (*od.* ~ **kuramı**) *biol.* Kataklysmen-, Katastrophen-theorie *f* *kıyamet nazariyesi **-e kadar** bis in alle Ewigkeit **-e kalmak** unlösbar sein (Problem) **-i** (*od.* **-leri**) **koparmak** e–n Heidenlärm schlagen, nicht schlecht loswettern

kıyamî [·––] *va.* aufrechtstehend (beim Gebet) (*spez. fr.* Rüfai-, Sadi- und Bedewi-Derwische)

Kıyaniyan s. **Keyaniyan, Akamanışlar**

kıyas [ā] 1. Vergleichen *n*, Vergleich *m* 2. Gleichsetzen *n* 3. *ling.* Analogiebildung *f* 4. *jur.* Analogie(-schluß *m*) *f* 5. *log.* Syllogismus *m* *tasım 6. *z. va.* (anerkannte) regelmäßige Wortbildung Zu 4: **bu ~ üzere** analog hierzu Zu 6: **-a muhalefet** grammatisch-inkorrekte Bildung (wie z.B. **çiftlikât**); ~ **etmek** 1. vergleichen, zum Vergleich heranziehen 2. gleichsetzen 3. messen (an), beurteilen (nach) 4. von et. auf et. anderes schließen (Zu 1: **geçen yıllara ~ edilince** im Vergleich zu früheren Jahren Zu 2: **Bu adamı başkalarına ~ edemeyiz.** Wir dürfen ihn nicht auf die gleiche Stufe mit anderen stellen.) ~ **kabul etmez** *od.* **gayri kabili** ~ unvergleichlich **-la** (m. Dat.) 1. im Vergleich (zu) 2. analog (zu), entsprechend **-ı devir** s. **devir, diyalel; -ı fasit** s. **paralojizm; -ı matvî** s. **entimem;**

-ı mevsulünnetayiç s. **öntasım; -ı mukassim** s. **ikilem; -ı müdellel** s. **epikerem; -ı mülhak** s. **astasım; -ı müselsel** s. **sorit; -ı nefsetmek** *va.* von sich aus auf andere schließen

kıyasat, -tı [·− −] *va. Pl.* zu **kıyas; -ı müselsele** s. **çoktasım**

kıyasen [ā] (m. Dat.) 1. im Vergleich (zu) 2. in Analogie (zu), analog, entsprechend, sinngemäß *örnekseme yoliyle; örneksenerek

kıyasıya (als ob man umbringen wollte), erbarmungslos, unbarmherzig (z. B. töten), bis aufs Messer, bis aufs Blut (z. B. sich befehden) ~ **dövmek** j−n halb tot schlagen ~ **harp etmek** auf Tod und Leben kämpfen

kıyasî [·− −] 1. Norm-, Maß-, Einheits- 2. analog 3. *gr.* regelmäßig (gebildet) Zu 1: s. **vahidi** ~ Zu 3: ~ **sıfat** *gr.* abgeleitetes Adjektiv

kıyaslamak vergleichen *karşılaştırmak, mukayese etmek

kıyaslı *selt.* regelmäßig, der Regel entsprechend *kıyasî

kıyasmaalfarik [·−··−·] *stil. va.* Vergleich *m* mit Betonung des (zahlenmäßigen) Unterschiedes

kıydırmak Kaus. zu **kıymak;** s. a. **nikâh** ~

kıyem *va. Pl.* zu **kıymet**

kıyemî 1. selten vorkommend und teuer 2. *jur.* unvertretbar (Gegenstand) ~ **eşya** *jur.* unvertretbare Sachen *pl.* *benzeri bulunamayan nesneler

kıyemiyat [ā], **-tı** *va. jur.* s. **kıyemî eşya**

kıygı(-n, -nlık) s. **gadir (mağdur, mağduriyet)**

kıyh(-î) s. **irin(-li)**

kıyı 1. Rand *m*, äußerstes Ende, Grenze, Abgrenzung *f* 2. Flußufer *n*, Meeres-küste *f*, -strand *m* *sahil 3. abgelegene Stelle ~ **balıkçılığı** Küstenfischerei *f* ~ **bölgesi** (*od.* **sahası**) Küstengebiet *n* ~ **çulluğu** Uferschnepfe *f zo.* Limosa lapponica ~ **dili** Nehrung *f* ~ **gölü** Lagune *f*, Haff *n* ~ **kaplaması** Uferbefestigung *f* ~ **kırlangıcı** Küstenseeschwalbe *f zo.* Sterna paradisaea ~ ~ der Küste (dem Ufer) entlang ~ **kordonu** Küsten-strich *m*, -land *n*, Litorale *n* ~ **koşarı** Stelzenläufer, Strandreiter *m zo.* Himantopus himantopus *bataklık yağmur kuşu ~ **kumulu** s. **denizel kumul;** ~ **müdafaası** Küstenverteidigung *f* ~ **otu** Strandling *m*, Uferkraut *n bot.* Litorella uniflora ~ **platformu** s. **kara platosu;** ~ **sıra** der Küste entlang ~ **suları** Küstengewässer *pl.* ~ **tipleri** Küstenformen *pl.* *sahil tipleri ~ **yengeci** s. **çağanoz; -da bucakta** (*od.* **-da köşede**) 1. an e−m unauffälligen Ort 2. an e−m entlegenen Ort, irgendwo (in e−r Ecke) **-dan gitmek** der Küste entlang fahren **-dan kıyıdan** 1. s. ~ ~ 2. *fig.* mit äußerster Vorsicht **-sına bucağına kadar bilmek** (bşi) et. wie seine Westentasche kennen **-ya çekilmek** sich zurückziehen, j−m aus dem Weg gehen **-ya çıkmak** (*od.* **inmek**) an Land gehen; landen **-ya düşmek** (*od.* **oturmak**) stranden, auflaufen (Schiff)

kıyıcı (I) 1. wer et. zerhackt, zerkleinert 2. unbarmherzig, erbarmungslos, grausam, herzlos, hartherzig, gefühllos, unmenschlich *gaddar Zu 1: s. **tütün -sı**

kıyıcı (II) 1. *va.* Küstenwache *f* 2. Küstenfischer *m* 3. wer ermächtigt wurde, ein gestrandetes Schiff abzuwracken od. Strandgut einzusammeln 4. häufig der Küste entlang fahrend (Schiff, Person)

kıyıcılık (I) 1. Zerhacken, Zerkleinern *n* 2. Unbarmherzigkeit, Grausamkeit *f* ~ **tiyatrosu** Theater *n* der Grausamkeit (Arthur Antoine)

kıyıcılık (II) 1. *va.* Tätigkeit *f*, Aufgaben *pl.* e−r Küstenwache 2. Küstenfischerei *f*

kıyık gehackt, zerhackt, zerkleinert ~ ~ **kıymak** in kleine Stücke schneiden

kıyıklık 1. Zerhackt-, Zerkleinert-sein *n* 2. völlige Erschöpfung; Zerschlagensein *n*

kıyılgı *(kaum gebr.)* s. **karar** (3)

kıyılmak 1. Pass. zu **kıymak** 2. *fig.* sehr schmerzen (Körperteil), wie gerädert (zerschlagen) sein 3. ganz ausgehungert sein Zu 1: **Nikâh kıyıldı.** Die Ehe wurde geschlossen. **Zavallıya nasıl kıyıldı!** Wie scheußlich ist der arme Kerl umgebracht (bzw. zugrundegerichtet) worden! **Bu kadar güzel çiçeğe nasıl kıyılır!** Wie kann man denn e−e so schöne Blume einfach zertrampeln! **Paraya kıyılmayınca bu işin biteceği yok.** Wenn man mit Geld knausert, kommt diese Angelegenheit nie zu Ende. Zu 2: **Yorgunluktan her tarafım kıyılıyor.** Ich komme mir wie gerädert vor; so müde bin ich. Zu 3: **Açlıktan içim kıyıldı.** Ich bin halbtot vor Hunger.

kıyım 1. (Zer-)Hacken, Zerkleinern *n* 2. Art *f* des Hakkens; Schnitt *m* 3. Ungerechtigkeit, Grausamkeit *f* *gadir 4. Massaker, Blutbad *n* *katliam ~ ~ 1. ganz klein gehackt 2. wie gerädert; ganz zerschlagen; halbtot (vor Hunger)

kıyımlı (grob bzw. fein) gehackt, geschnitten

kıyımlık die zu hackende Menge

kıyın 1. s. **ceza** 2. s. **zulüm**

kıyınmak 1. (körperlich) wie zerschlagen sein 2. wehtun, schmerzen, rebellieren (Magen)

kıyıntı 1. Gefühl *n* des Zerschlagenseins 2. hohles Gefühl im Magen 3. Unpäßlichkeit, Schwäche *f* *kırıklık 4. (wertloser) Abfall *m* (z. B. Holzspäne)

kıyır kıyır Lm. des Knirschens **O türlü armutlar yenilirken ~ ~ ses çıkarırlar.** Diese Birnen knirschen so lustig, wenn man hineinbeißt.

kıyısal Küsten-, Strand- *sahile ait

kıyışmak 1. ein Abkommen treffen; zu e−r Einigung kommen 2. sich messen, in Wettbewerb treten (mit) *boy ölçüşmek 3. *va.* s. **kesişmek** 4. *va.* wagen, riskieren

kıylükal, -li [ā] *z. va.* Klatsch *m*, Gerede *n* *dedikodu **-i mucip olmak** zu Gerede Anlaß geben, Tratschereien hervorrufen

kıyma 1. Vs. zu **kıymak** 2. gehacktes Fleisch, Hackfleisch *n*, Gehacktes ~ **bıçağı** Hack-, Wiege-messer *n* ~ **göz** *P* dunkelfarbiges Auge ~ **kütüğü** Hack-, Hau-klotz *m* ~ **makinesi** Fleischmaschine *f*, (Fleisch-)Wolf *m* ~ **tahtası** Hackbrett *n* (des Metzgers)

kıymak, (-ar) 1. (zer-)hacken, zerkleinern (Fleisch, Tabak usw.) 2. (m. Dat.) nicht knauserig sein (mit), gerne hergeben; bereit sein zu opfern 3. (m. Dat.) unbarmherzig töten (abschlachten, abstechen) od. zugrunde richten, ins Verderben stürzen 4. (bşi yapmağa) **kıyamamak** es nicht übers Herz bringen, et. zu tun 5. s. **nikâh** ~ Zu 1: **et (tütün)** ~ Fleisch, Tabak hacken Zu 2: **Paraya kıyarsan bulursun.** Wenn du mit Geld nicht knauserst, bekommst du auch leicht welches. **Paraya kıyamıyor.** Er kann sich vom Geld nicht trennen. Zu 3: **Bana kıyma!** Bring mich nicht um! Verschone mich! **Milletine kıymıştır.** Er hat sein Volk ins Verderben gestürzt. s. a. **cana** ~ Zu 4: **Bu kuzuyu kesmeğe insan kıyamaz.** Man bringt es einfach nicht übers Herz, das liebe Lämmchen zu schlachten. **kıyasıya** s. ges. Stw.

kıymalı mit Hackfleisch; faschiert ~ **poğaca** Mürbeteigpastete *f* mit Hackfleischfüllung

kıymalık(et) nur als Hackfleisch verwendbar

kıymet, -ti 1. Wert *m* *değer 2. Preis *m* *fiyat 3. Wertschätzung, Achtung *f*, Ansehen *n* 4. Wert(-stufe *f*) *m* (z. B. bei Briefmarken) 5. Bedeutung, Geltung *f* 6. wertvoller Gegenstand 7. verdiente Persönlichkeit Zu 4: **altı -te bir Atatürk hatıra serisi** e−e Atatürk-Gedenkserie in sechs Wertstufen ~ **biçmek** e−n Preis ansetzen ~ **eksilmesi** Wertminderung *f* ~ **koymak** schätzen, taxieren ~ **nazariyesi** Wertphilosophie, Axiologie, Timologie *f* *değer kuramı ~ **takdiri** Schätzung *f* (des Wertes), Taxation *f* ~ **tenzili** Devalorisation *f* *devalorizasyon ~ **üzerinden gümrük resmi** Wertzoll *m*, Zoll *m* ad valorem ~ **vermek** Wert legen (auf), schätzen, achten **-i düşmek** im Wert sinken, entwertet werden **-i kalmamak** seinen Wert verlieren **²i yok.** Es hat keinen Wert mehr. Es ist zu spät dafür. **-ini bilmek** j–n od. et. zu schätzen wissen **-ler ve kambiyo borsası** Wertpapier-, Fonds-börse *f* **-ten düşmek** 1. im Wert od. Preis fallen 2. *fig.* an Wert (od. Bedeutung) verlieren **-ten düşürmek** abwerten (z. B. Währung) **-i adediye** s. **sayısal (numaral) değer; -i cebriye** s. **cebirsel değer; -i harbiye** *mil.* Kampfwert *m* **-i ittihadiye** s. **birleşme değeri; -i muhammene** Tax-, Schätz-wert *m* *bedeli muhammen **-i muhammeneli** im Schätzwert von ... **-i mutlaka** s. **mutlak değer; -i takribiye** s. **yaklaşık değer; -i vasatiye** s. **ortalama değer**

kıymetlendirmek 1. wertvoll(-er) machen, qualitativ steigern 2. verwerten, auswerten

kıymetlenmek 1. wertvoll(-er) werden, an Wert, Qualität, Bedeutung gewinnen 2. ver-, ausge-wertet werden

kıymetli 1. von nb. Wert 2. soundsoviele Werte (Wertstufen) umfassend 3. wertvoll, kostbar (Sachen) 4. tüchtig, verdient, schätzenswert (Personen) 5. besonders geliebt (geschätzt, geachtet), Liebling *m*, Favorit(-in *f*) *m* 6. (in der Anrede) liebenswert, geschätzt, geehrt 7. reichhaltig (z. B. Bibliothek) Zu 2: **19 ~ yeni pullar** neue Briefmarken in neunzehn Wertstufen Zu 4: **O, pek ~ bir adamdır.** Er ist ein sehr tüchtiger Mann. Zu 5: **anasının -si** Mutters Liebling Zu 6: **² arkadaşlar!** Geehrte Kollegen! **~ eşya** Wertsachen *pl.* **~ eşya mukabili avans** *H* Bevorschussung von Wertsachen **~ senetler** (*od.* **evrak**) Wertpapiere *pl.*, begebbare Papiere *pl.* *değerli kâğıtlar **~ taş** Edelstein *m*

kıymetlilik 1. Wertvollsein *n*, Wert *m* 2. Verdienst *n*, Tüchtigkeit *f*, gute Eignung

kıymetnaşinas [··–·–] *z. va.* wer den Wert (e–r Sache od. Person) nicht zu schätzen weiß

kıymetsiz 1. wertlos, ohne Wert *değersiz 2. wenig geschätzt, gering geachtet 3. unbegabt, ungeeignet **~ numune** Muster *n* ohne Wert (Postsache)

kıymetsizlik 1. Wertlosigkeit *f* 2. geringe Schätzung 3. Unbegabt-, Unfähig-sein *n*

kıymetşinas [···–] *z. va.* wer den Wert (e–r Sache od. Person) zu schätzen weiß

kıymettar [ā] *z. va.* s. **kıymetli**

kıymık (Holz- od. Knochen-)Splitter *m* **Elime ~ battı.** Ich habe e–n Splitter in die Hand bekommen.

kıymıklanmak zersplittern *(intr.)*

kıymıklı mit Splittern

kıyrak *selt.* nahe, benachbart *yakın, komşu

Kıytas [ā] *astr. va.* s. **Balina**

kıytasiye [ā] s. **balinalar**

kıyye *va.* s. **okka**

kız 1. Mädchen, Fräulein *n*, unverheiratete weibliche Person 2. Tochter *f* 3. (unberührte) Jungfrau *f* 4. *Spk.* Dame, Königin *f* 5. weiblich 6. Dienstmädchen *n* 7. **²** *astr.* s. **Başak** Zu 5: (Füg. mit voran- od. nachgestelltem **kız** dienen häufig als Ersatz für fehlende Femininformen. s. unten sowie unter **asansörcü, daktilograf, figüran, işçi**); **~ alıp vermek** untereinander heiraten (z. B. zwei Familien) **~ almak** 1. *fr.* e–e Sklavin kaufen 2. ein Mädchen zur Frau nehmen **~ atlet** Leichtathletin, Sportlerin *f* **~ biti** wer dauernd mit Mädchen zusammen ist (Junge) **~ bozmak** ein Mädchen entjungfern, deflorieren **~ çıkarmak** verheiraten (Mädchen) **~ çıkmak** unberührt (jungfräulich) sein **² doğdu.** s. Stw. **galiba; ~ evlât** Tochter *f* **~ gibi** 1. wohlerzogen, zurückhaltend, schüchtern, von mädchenhafter Zaghaftigkeit (junger Mann) 2. tadellos, fehlerfrei, prima, makellos, erstklassig 3. *V* funkelnagelneu **~ gözü** s. **flurya** (2); **~ ismi** Mädchenname *m* **~ istemek** um die Hand e–s Mädchens anhalten (bei deren Eltern od. Verwandten) **~ kaçırmak** ein Mädchen entführen (rauben, verschleppen) **~ kalbi** s. **kanlı yürek; ² Kalesi** Name e–r Inselburg (Ruine) südwestl. von Mersin **~ kamışı** s. **danaayağı** (2); **~ kardeş** (jüngere od. gleichaltrige) Schwester (ältere Schwester: *mst.* **abla**); **~ kızan** s. **karı kızan; ~ kilimi** von Nomadenmädchen als Aussteuer angefertigter Wandteppich **~ kurusu** alte Jungfer, spätes Mädchen **~ lisesi** Mädchengymnasium *n*, Oberschule *f* für Mädchen, Oberlyzeum *n* **~ oğlan kız** Jungfrau *f*, jungfräulich, unberührt *bakire, erden **~ oğlan kızlık** Jungfernschaft, Jungfräulichkeit *f* **~ okulu** Mädchenschule **~ oyunu** Name e–s best. Wü. **² Öğretmen Okulu** Lehrerinnenseminar *n* *Kız Muallim Mektebi, Darülmuallimat **~ talebe** Schülerin(-nen *pl.*) *f*, Studentin(-nen *pl.*) *f* **~ tarafı** Verwandte *pl.* der Braut **² Taşı** *n.pr.* Marciansäule *f* (in Istanbul) **~ ticareti** Mädchenhandel *m* *beyaz kadın ticareti **~ vermek** sich durch Verheiratung e–r Tochter mit e–r anderen Familie verschwägern **-ı kısrağı** (b–nin) *F* j–s weibliche Familienangehörige **-ı olmak** ein Mädchen bekommen (zur Welt bringen) **²ım sana söylüyorum, gelinim sen anla** (*od.* **dinle**)! *Spr.* 1. Den Sack schlägt man, den Esel meint man. *Spr.* 2. *(F)* Nachtigall, ich hör' dir trapsen! **²ını dövmeyen dizini döver.** *Spr.* Wer seine Tochter nicht streng hält, wird es später bereuen. **-ını vermek** j–m seine Tochter zur Frau geben **-lar ağası** *P fr.* schwarzer Obereunuch (im Sultanspalast) **-lar anası** *va.* Äbtissin, Priorin *f* *başrahibe

kızak, -ğı 1. Schlitten *m* 2. *naut.* Helling *m, f*, Schlipp *m*, Ablaufbahn *f* 3. *mil.* Gleitbahn *f* 4. *abus.* Skier *pl.* (*üblicher:* **kayak**) 5. Gleit-, Roll-sitz *m* im Rennboot Zu 2: s. **yerli (müteharrik) ~; ~ döşeği** (*od.* **oluğu**) *naut.* Ablaufschlitten *m* (für den Stapellauf) **~ ızgarası** *naut.* Hellingsohle *f* **~ kaymak** Schlitten fahren; rodeln **~ meyli** *naut.* Schräge *f* der Ablaufbahn **~ yapmak** ins Schleudern kommen (Auto) **-a çekmek** 1. aufschleppen (Schiff) 2. j–n entlassen, „ausrangieren" **-a koymak** 1. auf Stapel (Kiel) legen (Schiff) 2. zum alten Eisen werfen (Person) **-tan indirilme** Stapellauf *m* **-tan inme ağırlığı** Ablaufgewicht *n* (e–s Schiffes) **-tan inmek** vom Stapel laufen (Schiff) *tezgâhtan inmek

kızaklı mit **kızak** ausgestattet **~ kriko** Schlittenwinde *f*

kızaklık Tragbalken *pl.* (unter dem Fußboden)

kızalak Klatschmohn *m bot.* Papaver rhoeas *gelincik

kızamık *med.* Masern *pl.* **~ çıkarmak** die Masern bekommen

kızamıkçık *med.* Röteln *pl.* *rozeol, verdiye

kızamıklı an Masern erkrankt

kızamıksı *med.* masernähnlich (Ausschlag)

kızan (I) 1. Knabe, Junge *m* 2. Bauernbursch, Dorfjüngling *m* 3. Kind und Kegel *çoluk çocuk

kızan (II) *P* 1. läufig 2. Brunft, Brunst *f* **~ olmak** (*od.* **-a gelmek**) in die Brunft kommen; läufig werden

kızanlanmak; kızanlaşmak s. **kızan olmak**

kızarmak, (-ır) 1. rot od. rotbraun werden, zu reifen beginnen (Kirschen, Tomaten) 2. erröten, (scham-)rot werden 3. sich entzünden (Haut) 4. braun werden, bräunen, braten, dünsten *(intr.)* (z. B. in der Pfanne od. am offenen Feuer) 5. rotglühend werden **kızarıp bozarmak** (*od.* selt. **~ morarmak**) abwechselnd rot und blaß werden, die Farbe wechseln

kızartı roter Flecken; Rötung, Bräunung *f*

kızartma 1. Vs. zu **kızartmak** 2. gebratenes bzw. gedünstetes Fleisch od. Gemüse 3. gebraten Zu 2: s. a. **kabak (patlıcan) -sı** Zu 3: **~ piliç** s. **piliç -sı**

kızartmak Kaus. zu **kızarmak** 1. braten, schön braun werden lassen 2. s. **yüz(-ünü) ~**

kızböceği, -ni Libelle, Wasserjungfer *f zo.* Libellula depressa *iğnecik, yusufçuk

kızcağız armes Mädchen, bedauernswerte Kleine
kızdırma Vs. zu **kızdırmak** *spez.* 1. *techn.* Anheiz-, Glüh- 2. *P* Fieber *n* ~ **fırını** Glühofen *m* ~ **lambası** (An-)Heizlampe *f*
kızdırmak 1. *techn.* anheizen bzw. überhitzen 2. reizen; ärgerlich machen
kızgın 1. heiß (z.B. Fett), glühend (z.B. Eisen) 2. *fig.* wütend, erregt, aufgeregt, erzürnt *öfkeli 3. brünstig, brünftig, läufig (Tier) 4. heftig, hitzig 5. *techn.* überhitzt ~ **boru** *techn.* Glührohr *n* ~ **bulut** Magmawolke *f* (e–s Vulkans) ~ **dam** *dial.* s. **hamam;** ~ **gülle** *fr. mil.* Brandgeschoß *n* ~ **istim** überhitzter Dampf; Heißdampf *m* ~ **köpürmüş** vor Wut schäumend, *F* fuchsteufelswild ~ **tas** erhitzte Metallschale (vgl. **tas işkençesi**)
kızgınlık 1. Heiß-, Glühend-Sein *n* 2. *fig.* Wut, Erregung, Aufregung *f*, Zorn, Ärger *m* *öfke 3. *fig.* Brunft, Brunst *f* ~ **devresi** Brunftzeit, Läufigkeit *f*
kızgırmak *P* 1. zischen (Schlange) 2. e–n schrillen Ton ausstoßen (Falke, der auf seine Beute niederfährt)
kızıl 1. (blut-)rot; rote Farbe; Rot *n* 2. rotglühend 3. (zur Bez. e–s Elativs) ganz, vollkommen, furchtbar, schrecklich, fanatisch, wüst, ungeheuer usw. 4. Goldstück *n* 5. **(hastalığı)** *med.* Scharlach *iskarlatin 6. kommunistisch, Rot- 7. *gel.* radikal ♎ **adalar** *n.pr.* Prinzeninseln *pl.* (bei Istanbul) ~ **akbaba** Gänsegeier *m zo.* Gyps fulvus ~ **akçe** „rotes Gold" (e–e Silber-Kupfer-Legierung des 17. Jh.) ~ **altın** funkelnagelneues Goldstück ~ **aşıboyası** s. **kızılkök;** ~ **başlı örümcek kuşu** Rotkopfwürger *m* (Vogel) *zo.* Lanius senator ~ **boya** s. **kızılkök;** ~ **buhran** furchtbare Krise ~ **cahil** vollkommener Ignorant ~ **çam** Aleppokiefer *f bot.* Pinus halepensis var. brutia ~ **çaylak** roter Milan *zo.* Milvus milvus ~ **Çin** Rotchina ~ **deli** vollkommen verrückt ~ **erik fırtınası** *naut.* Name e–s period. Seesturms (gegen Ende Juli) ~ **gerdan** Rotkehlchen *n zo.* Erithacus rubecula *nar bülbülü ~ **gerdanlı incirkuşu** Rotkehlpieper *m zo.* Anthus cervinus ~ **kahverengi** s. **bakır rengi;** ~ **kanavcıotu** brennendes Teufelsauge *bot.* Adonis flammeus ~ **karaman** e–e weniger geschätzte Art der Karaman-Schafe ~ **kaz** Rothalsgans *f zo.* Branta ruficollis ~ **keklik** s. **dağ kekliği;** ~ **kır** graurot (Pferdefarbe) ~ **kırlangıç** Rötelschwalbe *f zo.* Hirundo daurica ~ ~ s. **kıpkızıl;** ~ **kuruş** *hist.* e–e ungarische od. venezianische Goldmünze ~ **külâh** *hist.* rote Jakobinermütze ~ **mangır** *P* Kupferpfennig *m;* roter Heller ♎ **Ordu** Rote Armee ~ **orkinos** s. **tonbalığı;** ~ **partici** fanatischer Parteigänger; *F* Radikalinski *m* ~ **saçlılık** Rothaarigkeit *f* ~ **sutavuğu** s. **bıldırcın kılavuzu;** ~ **suyosunları** s. **kırmızı suyosunları;** ~ **şahin** Adlerbussard *m zo.* Buteo rufinus ~ **ümmî olan** vollkommener Analphabet ~ **yüksükotu** roter Fingerhut *bot.* Digitalis purpurea **-a çalmak** ins Rötliche spielen (Farbe)
kızılağaç, -cı 1. Schwarzerle *f bot.* Alnus glutinosa *akçaağaç 2. s. **bakkam ağacı** (1); ~ **yaprakböceği** Erlenblattkäfer *m zo.* Agelastica alni
kızılaltı infrarot, Infrarot *n* *enfraruj, kızılötesi ~ **ışınları** infrarote Strahlen *pl.*
Kızılay (Cemiyeti *od.* **Derneği)** *n.pr.* Roter Halbmond (dem Roten Kreuz entsprechende türk. Organisation; bis 1935: **Hilâliahmer)**
kızılayak *Th. (spez. in Antalya)* Regisseur *m* für bäuerliche Vorführungen
Kızılbaş 1. *P pej. Bez.* für **Alevî** *od.* **Rafızî** (*Anm.:* Den Schiiten wird vielfach unmoralisches Verhalten nachgesagt.) 2. *hist. mil.* Ordensorganisation in Persien (Träger der roten Haydarkappe; 15. Jh.) 3. ein Turkmenenstamm in Afghanistan (seit dem 18. Jh.) ♎ **ördek** Kolbenente *f zo.* Netta rufina **-tan esir almış gibi** „als ob er e–n schiitischen Ketzer gefangen hätte" *d.h.* niederträchtig, en canaille (behandeln)
kızılbaşlı rotköpfig ~ **örümcekkuşu** Rotkopfwürger *m zo.* Lanius senator
Kızılbaşlık 1. die schiitische Glaubensgemeinschaft der Kızılbaş 2. *P* das Verhalten der Kızılbaş
kızılca 1. ins Rötliche spielend; rötlich 2. *P* Wangenrot, Rouge *n* 3. Goldstück *n* ~ **ikindi** später Nachmittag ♎ **kıyamet koptu** (bş üzerine). Darüber entstand ein furchtbarer Lärm (schrecklicher Tumult). ~ **yel** s. **lodos**
Kızılcahamam *n.pr.* O. u. D. im Rbz. Ankara
kızılcık Kornelkirsche, Herlitze *f bot.* Cornus (mas u.a.) ~ **sopası** (*fig.* dem deutschen „Haselnußstecken" entsprechend) Prügel *pl.* ~ **şerbeti** Kornelkirschsaft *m* (Volksmedizin gegen Durchfall)
kızılcıkgiller Hartriegelgewächse *pl. bot.* Cornaceae
Kızıldeniz *n.pr.* Rotes Meer *Bahriahmer, Şap denizi **-'in aşılması** Durchzug *m* der Israeliten durch das Rote Meer (Bibel)
kızılderili Rothaut *f*, Indianer *m*
kızıldil Rotzunge *f zo.* Pleuronectes microcephalus
kızıldoğan Rohrweihe *f zo.* Circus aeruginosus
Kızılelma 1. *urspr.* goldener Reichsapfel christlicher Herrscher 2. *osm. Bez.* für Rom od. Moskau 3. die türk. Idealheimat (vgl. a. **Ziya Gökalp,** Kızılelma, 1915)
kızılgeyik, -iği Rot-, Edel-hirsch *m zo.* Cervus elaphus
kızılgöz s. **çamça**
Kızılhaç, -çı *n.pr.* Rotes Kreuz *Kızılsalip; Salibi Ahmer
Kızılırmak 1. *n.pr.* „Roter Fluß"; Halys *m* (des Altertums) 2. ♎ *V* s. **salhane**
kızılımsı s. **kızılsı;** ~ **yalancı kızamık** s. **skarlatinella**
kızılısı Hundstage *pl.* (in der 2. Hälfte des Juli) *eyyamı bahur
kızılkanat, -dı Rotfeder *f zo.* Scardinius erythrophthalmus
kızılkantarongiller Enziangewächse *pl. bot.* Gentianaceae
kızılkarınca rote Waldameise *zo.* Formica rufa
kızılkök 1. Krapp *m*, Färberröte *f bot.* Rubia tinctorum *kökboyası 2. Alizarin, Krapp-rot *n*, -lack *m* *alizarin
kızılkurt, -du 1. Palisadenwurm *m zo.* Strongylus vulgaris 2. s. **kırmızı ağaçkurdu;** ~ **sancısı** *vet.* Wurmaneurysma *n* (tödl. Pferdekrankheit)
kızılkuyruk, -uğu Rotschwänzchen *n zo.* Phoenicurus *duvar bülbülü; s.a. **ev(bahçe) -u**
Kızıllar *n.pr.* ein Stamm der Chasaren (vgl. **Hakaslar)**
kızıllaşmak 1. sich röten, rot werden (z.B. Laub) 2. rotglühend werden (z.B. Brennschere) 3. nach der kommunistischen Seite tendieren
kızıllık 1. Rot-Sein *n*, Röte *f*, rote Farbe 2. Morgen- od. Abend-rot *n* 3. *pol.* kommunistische Einstellung 4. Scharlachfieber *n* ~ **otu** s. **büyük karakafesotu**
kızılmak Pass. zu **kızmak. Böyle şeylere kızılır mı?** Wie kann man sich über so et. ärgern? **en kızılan simalar** die bestgehaßten Persönlichkeiten
kızılötesi, -ni s. **kızılaltı**
Kızılsalip, -bi [ī] *va.* s. **Kızılhaç**
kızılsı ins Rötliche spielend (Farbe)
kızılsolucan s. **kızılkurt** (1)
kızılşap malvenfarbig, stumpflila
Kızıltepe *n.pr.* Städtchen u. D. im Rbz. Mardin
kızıltı Rötung *f* (der Haut, des Himmels usw.)
kızıltoprak 1. *geol.* Roterde *f* 2. ♎ *n.pr.* Stadtteil von Istanbul (auf der kleinasiat. Seite)
kızılyaprak gemeiner Odermennig *bot.* Agrimonia eupatoria *eyir otu, kasıkotu, koyun otu
kızılyara *dial.* s. **şirpençe**
Kızılyıldız der rote Planet *Mars (1)
kızılyürük *dial.* s. **yılancık** (2)
kızışık heftig, hitzig, heiß

kızışmak 1. heftig entbrennen, heftiger werden (Streit, Debatte usw.) 2. allmählich eifriger werden, in Feuer geraten, mehr und mehr aus sich herausgehen (z. B. Ringer) 3. heiß werden (z. B. feuchtes Heu) 4. brünstig werden, in die Brunst (Brunft) kommen (Tier)
kızıştırmak 1. erhitzen, heiß werden lassen 2. *fig.* erregen, anstacheln
Kızkulesi, -ni *n.pr.* Leanderturm *m* (bei Üsküdar, Istanbul)
kızkuşu, -nu Kiebitz *m zo.* Vanellus vanellus
kızlı (in der Füg.:) ~ **erkekli** weiblich und männlich ~ **erkekli köy çocukları** die Dorfjugend beiderlei Geschlechts
kızlık, -ığı 1. Jungfräulichkeit, Jungfernschaft, Unberührtheit *f* *bekâret, erdenlik 2. Adoptivtochter *f* *evlât (*od.* çocuk) edinilen; evlâtlık 3. Mädchen- ~ **adı** Mädchenname *m* (e–r verheirateten Frau) ~ **alma** s. **evlât** (*od.* **çocuk**) **edinme;** ~ **odası** (Jung-)Mädchenzimmer *n* ~ **zarı** *an.* Jungfernhäutchen, Hymen *n* *gışayı bekâret **-ını bozmak** ein Mädchen entjungfern, deflorieren
kızmak, (-ar) 1. ganz heiß (rot, glühend) werden, sich erhitzen, (sich) heißlaufen 2. siedend heiß werden (z. B. Fett) 3. *fig.* wütend (zornig) werden *öfkelenmek 4. brünstig werden, in die Brunst (Brunft) kommen 5. brüten wollen (Vogelweibchen)
kızmemesi, -ni *P* 1. s. **grepfrut** 2. *gel. a.* Bez. für bes. saftige Pfirsicharten
ki 1. (Relativpartikel) der, (die, das), welcher, (welche, welches) 2. (vor e–m Subjekt- od. Objektiv-satz) daß 3. (in Verb. mit **demek** zur Bez. direkter od. indirekter Rede) 4. (final) damit, um ... zu 5. (mit konsekutiver Färbung) (so) daß, der, welcher 6. (konsekutiv-kausal) daß, denn, da 7. (konsekutiv-potential nach neg. Hauptsatz) daß ... etwa 8. (elliptisch zur Hervorhebung e–r überraschenden Tatsache) und siehe da 9. (fakultatives Bindeglied zwischen **bilmem** und Fragesatz zum Ausdruck e–s ungläubigen Staunens, e–s Zweifels od. e–r Ratlosigkeit) denn, nur, denn nur 10. (am Ende e–s Satzes zum Ausdruck von Ungehaltenheit) ja, doch, ja doch 11. (am Ende e–s Ausrufesatzes zur Verstärkung von **öyle, o kadar** od. **bir** spez. als Ausdruck von Freude od. Staunen) 12. (nach e–m Fragesatz zum Ausdruck e–s Zweifels od. e–r Befürchtung) etwa 13. (temporal) als 14. (temporal; mit inhaltlicher Weiterführung wie bei latein. cum inversum) als (auf einmal) 15. (in best. festen Füg.) Zu 1: **O yerden ~ herkes kaçar sen de kaç!** Meide den Ort, den alle meiden! **Her dilde bir takım tabirler vardır ~ onları herkes istediği dilediği gibi kullanamaz.** In jeder Sprache existieren bestimmte, feste Redensarten, die niemand nach eigenem Gutdünken abändern kann. **O adam ~ dün evine gittik, bugün bize gelmiş.** Der Mann, den wir gestern in seinem Haus besucht haben, ist heute zu uns gekommen. Zu 2: **Anlaşıldı ~ bu işi yapan odur.** Es hat sich herausgestellt, daß das sein Machwerk war. **Herkes bilir ~ dünya yuvarlaktır.** Jeder weiß, daß die Erde rund ist. Zu 3: **Bana dedi ~ şimdi bunu alacaksın.** Er sagte zu mir: „Das wirst du gleich bekommen." **Ona dedim ~ yarın gelsin.** Ich sagte zu ihm, er solle morgen kommen. Zu 4: **Oturdum ~ biraz dinleneyim.** Ich setzte mich, um ein bißchen auszuruhen. **Herkes çalışır ~ durumunu düzeltsin.** Jeder arbeitet, um seine Lage zu verbessern. Zu 5: **Öyle iki sığınak yaptılar ~ bütün halkı alabilir.** Man baute zwei Luftschutzbunker, in denen die ganze Bevölkerung Platz finden kann. Zu 6: **Çocuklar derse girmiş olmalılar ~ ortada kimseler yok.** Die Kinder sind wohl in die Klasse gegangen, daß (da) überhaupt niemand zu sehen ist. (*Anm.:* Reine Kausalität nur im Altosm. z. B. **Yüksel ~ yerin bu yer değil.** Erhebe dich, denn dein Platz ist nicht auf dieser Erde!) Zu 7: **İnsan değil ~ lâf anlasın!** Er ist ja kein vernünftiger Mensch, dem man et. klarmachen könnte. **Gün geçmez ki ... olmasın.** Es vergeht kein Tag, wo nicht ... stattfindet. **Yerimiz yok ki alalım.** Wo sollen wir uns denn hinsetzen? Es ist ja kein Platz da. s. a. **Çiğ yemedim ~ karnım ağrısın! – Sakalım yok ~ sözüm dinlensin!** u. ä. m. Zu 8: **Kapağı kaldırmış ~ sandık bomboş.** Er hob den Deckel in die Höhe und siehe da, die Kiste war vollkommen leer. Zu 9: **Bilmem ~ nasıl söylemeli?** Wie sagt man doch gleich? **Bilmem ~ ne yapsam?** Was soll ich nur tun? Zu 10: **Sana güvenilmez ~!** Auf dich ist ja kein Verlaß! **Bilmem ~!** Ich weiß nicht! (mit schwacher affektischer Färbung) **Ben yapmadım ~!** Ich habe es ja doch nicht getan! Zu 11: **Öyle çalışkan ~!** Er ist unglaublich fleißig! **Bir vurdu ~!** Dem hat er wohl e–e heruntergehauen! **O kadar para harcadı ~!** Er hat schrecklich viel Geld ausgegeben! Zu 12: **Acaba gelmez mi ~?** Kommt er etwa nicht? **Acaba ceza verirler mi ~?** Am Ende wird man ihn vielleicht noch bestrafen? Zu 13: **Bir gün ~ çok yürümüştüm...** Eines Tages, als ich schon lange marschiert war... Zu 14: **Konuşma beş dakika kadar uzamıştı ~ bir hava binbaşısı yaklaştı.** Das Gespräch hatte etwa fünf Minuten gedauert, als ein Luftwaffenmajor herzutrat. Zu 15: s. **belki, çünkü, halbuki, mademki, oysaki, sanki; demek (meğer, nasıl, öyle, ta, velev) ~; bunun içindir ~; şüphe yok ~** usw.
-ki (-kü) (*Sx.* zur Bildung temporaler, lokaler od. poss. Adj. od. Sb.; Anfügung an Gen., Lokativ, Orts- und Zeitadv. Das Sx. unterliegt nicht den Gesetzen der Vokalharmonie. Ausnahmen: **dünkü, bugünkü**); **evdeki** im Haus befindlich, im Haus Befindlicher **onunki** der (die, das) seinige, ihrige **karşıki ev** das Haus gegenüber **evvelki** *od.* **önceki** früher-, vorherig- **bu seneki** diesjährig **geçen seneki** vorjährig **o zamanki** damalig **bu defaki** diesmalig, jetzig **Bana düşen vazifeyi her vakitki gibi yapacağım.** Die mir obliegende Pflicht werde ich wie immer erfüllen. **Hergünkü gibi çalışmasına başlamıştır.** Wie jeden Tag begann er seine Arbeit.
kibar [ā] 1. *urspr. Pl.* zu **kebir** 2. vornehm ~ **bir giyim** vornehme Kleidung ~ **düşkünü** heruntergekommen ~ **illetine** (*od.* ~ **hastalığına**) **uğramak** den Vornehmen spielen ~ **lokması** großartig; prima Sache **-ı rişat** s. **teleke**
kibarca [·–·] recht vornehm
kibariye s. **gebreotugiller**
kibarlaşmak [·–··] 1. vornehm werden, feines Wesen annehmen 2. *pej.* ein vornehmer Herr werden (und seine alten Freunde nicht mehr beachten)
kibarlık, -ığı [ā] 1. Vornehmheit *f*, vornehmes Wesen, feines Verhalten 2. *pej.* Hochnäsigkeit *f* ≈ **Budalası** Le Bourgeois Gentilhomme (Molière) ~ **düşkünü** immer auf Vornehmheit bedacht ~ **taslamak** *od.* **-ı tutmak** *F* den Vornehmen spielen, sich hochnäsig zeigen
kibarzade [·––·] *va.* von vornehmer Herkunft
Kibele *n.pr.* s. **Sibel**
kibernetik s. **sibernetik**
kibir, -bri (unberechtigter) Stolz; Hochmut *m*, Selbstüberschätzung, Arroganz *f* **-ine dokunmak** j–s Stolz verletzen **-ine yedirememek** (m. Akk.) zu stolz sein (um ... zu); es unter seiner Würde halten (zu)
kibirlenmek stolz (hochmütig, arrogant) werden
kibirli stolz, hochmütig, anmaßend, arrogant, aufgeblasen, hochnäsig, prätentiös
kibirlilik hochfahrendes Wesen; Aufgeblasenheit *f*
kibirsiz bescheiden, einfach, anspruchslos, höflich, leutselig, unprätentiös
kibirsizlik Bescheidenheit, Einfachheit, Anspruchslosigkeit, Leutseligkeit *f*

kibitka [·×·] Kibitka *f:* 1. russischer Schlitten mit Mattendach 2. Filzzelt *n* asiatischer Nomadenstämme
kibrit, -ti *P a.* [kirpit] 1. *va.* Schwefel *m* *kükürt 2. Streich-, Zünd-holz *n* 3. *(Mystik)* Führer *m* *mürşit 4. *selt.* rosige Gesichtsfarbe ~ **çakmak** ein Streichholz anreiben ~ **çöpü** 1. abgebranntes Steichholz 2. so dünn wie ein Streichholz ~ **inhisarı** Streichholzmonopol *n* ~ **kutusu** Streichholzschachtel *f* ~ **suyu** verdünnte Schwefelsäure **-i ahmer** *va.* 1. *(Alchimie)* Stein *m* der Weisen 2. Gold *n* **-i nebatî** s. **kurdayağı tozu**
kibritçi 1. Streichholz-fabrikant, -händler, -verkäufer(-in *f*) *m* 2. übertrieben sparsam, knauserig, knickerig 3. schäbig gekleidet
kibritçilik 1. Streichholz-herstellung *f*, -handel, -verkauf *m* 2. Knauserigkeit *f* 3. zerlumpte Kleidung
kibritî *va.* 1. Schwefel- 2. schwefelgelb
kibritiye *va.* s. **kükürtatar**
kibritiyet, -ti [·–··] *va.* Sulfat *n* (Salz *n* der Schwefelsäure) **-i hadit** *va.* Eisensulfat *n* **-i nuhas** *va.* Kupfersulfat *n* **-i tutya** *va.* Zinksulfat *n*
kibritlik Streichholzständer *m*
kibritotu, -nu s. **kurdayağı**
kibritotugiller Bärlappgewächse *pl. bot.* Lycopodiaceae
kibriya [ā] *va.* 1. Macht und Herrlichkeit *f* (Gottes) 2. ♎ Gott
kibutz Kibbuz *m* (israelische Kollektivsiedlung)
Kiel *n.pr.* (*gel. a.* **Kiyel**) Kiel (deutsche Stadt) ~ **kanalı** *n.pr.* Nord-Ostsee-Kanal *m*
kifaf(-lanmak) s. **kefaf(-lanmak)**
Kifavus *va.* s. **Sefe**
kifayet, -ti [ā] 1. s. **yeterlilik** 2. s. **ehliyet, yetenek;** ~ **derecesi** (*od.* ~ **miktarı**) s. **yeter miktar;** ~ **etmek** s. **yetmek** (I, 1)
kifayetli [ā] s. **yeterli**
kifayetsiz(-lik) [ā] s. **yetersiz(-lik)**
kifoz *med.* Kyphose *f*, Buckel *m*
Kigalar s. **Gegalar**
Kiği *n.pr.* O. u. D. im Rbz. Bingöl
kih kih s. **kıh kıh**
kihalet, -ti [ā] *va.* 1. Schminken *n* der Augenlider 2. Augenheilkunde, Ophthalmiatrie *f*
kik, -ki 1. Gig *f, n;* leichtes Rennboot 2. *V* Nase *f* *burun
kikbot, -tu s. **kik** (1)
kikirdemek *dial.* s. **fıkırdamak** (2)
kikirik 1. lang und schmächtig 2. *P* s. **yerfıstığı;** s. a. **Conkikirik**
kikla [×·] gefleckter Lippfisch *zo.* Labrus berggylta *mankafa balığı
Kiklat; kiklon; Kiklop; kiklotron s. **Siklat; siklon; Siklop; siklotron**
kil *geol.* Ton(-erde *f*) *m* ~ **mineralleri** *geol.* Tonmineralien *pl.* ~ **tablet** Tontafel *f* (früherer Zeiten); ~ **taşı** *geol.* Schieferton *m* *arjilit ~ **taşı** *geol.* Tonschiefer *m*
kile *fr.* türk. Kornmaß verschiedener Größe; etwa: Scheffel *m*
kiler 1. Vorrats-, Speise-kammer *f*, -schrank *m* 2. *naut.* Pantry, Anrichte *f* 3. s. **buğday -i;** ~ **vagonu** *mil.* Verpflegungswagen *m*
kilerci *fr.* Küchen-, Keller-meister, Butler *m*
kilercibaşı *fr.* Oberküchenmeister *m* (im Sultanspalast) *serkilârî
kilercilik Amt *n*, Aufgaben *pl.* e–s **kilerci**
kilermeni *pharm.* roter Bol (Tonerdesilikat)
Kilikya [·×·] *n.pr. hist.* Zilizien ~ **göknarı** s. **Adana göknarı;** ~ **kapıları** s. **Külek boğazı**
kilim 1. Teppich *m* ohne Flor: Wirk-, Wand-teppich, Kelim *m* 2. *fr.* grobes Gewand (z. B. e–s Derwischs) **-i kebeyi sermek** *P* sich an e–m Ort niederlassen, sich häuslich einrichten
kilimci Kelim-hersteller, -händler *m* ~ **ile kör hacı** *P* irgendwer
kilimcilik Kelim-herstellung, -webekunst *f*, -handel *m*
kilindir *fr.* zylindrisches Weinmaß (ca. 2 Liter)
kilindre *selt.* Zylinder *m*, Walze *f*
kilindreli (in der Füg.:) ~ **purinçina** *naut.* Kugel- od. Rollen-lager *n* (e–r Patentscheibe)
kilindro [·×·] 1. s. **kilindir** 2. Druckwalze *f* (in e–r Drukkerei)
kilis s. **yeşil sazan**
Kilis *n.pr.* Stadt u. gln. D. im Rbz. Gaziantep
kilise [·×·] christliche Kirche (Gotteshaus od. Organisation) ~ **babaları** Kirchenväter *pl.* *âbayı kenisaiye ~ **direği gibi** *hum.* feist (Nacken) **-nin evrenselliği akımı** *rel.* ökumenische Bewegung *f*
kilisecik *rel.* Kapelle *f*
Kilisli aus Kilis stammend
kilit, -di 1. (Tür-)Schloß *n* 2. *mil.* Schlüsselstellung *f*, beherrschender Mittelpunkt 3. *naut.* Ketten-Schäkel *m* 4. weißer Fleck am Maul e–s Pferdes Zu 1: s. a. **asma** ~; ~ **ağızlığı** (*od.* ~ **deliği**) Schlüsselloch *n* ~ **altında** unter Verschluß ~ **cıvatası** Splintbolzen *m* ~ **çarkı** Sperrad *n* ~ **çengeli** Sperrhaken *m* ~ **dili** Falle *f* (e–s Türschlosses) ~ **düzeni** Sperrgetriebe *n* ~ **gibi** verschlossen, stumm (Mund) ~ **gibi olmak** *fig.* in allem solidarisch vorgehen ~ **kancası** Sperrbügel *m* ~ **karşılığı** (*od.* ~ **köprüsü**) Riegelspange *f* (bei e–m Schloß) ~ **kürek altına almak** 1. gut verschließen, gut verwahren 2. *fig.* gut aufpassen (auf) ~ **mahfazası** (Tür-)Schloßkasten *m* ~ **mandalı** Sperrklinke *f* ~ **mevzii** *mil.* Schlüsselstellung *f* ~ **sandığı** (*od.* ~ **tablası**) Schloßkasten *m* ~ **taşı** s. **anahtar taşı;** ~ **vurmak** 1. einschließen 2. s. **ağzına** ~ **vurmak;** ~ **yayı** (Tür-)Schloßfeder *f* ~ **yeri** (*od.* **noktası**) *mil.* Schlüsselpunkt *m*
Kilitbahir *n.pr.* Festungsanlage auf Gallipoli an der engsten Stelle der Dardanellen
kilitçi Schlosser *m*
kilitçik *naut.* Dolle *f*, Ruderpflock *m*
kilitlemek 1. a) zu-, ab-, ver-schließen, ab-, zu-sperren b) einschließen (Person od. Sache) 2. ineinander-stecken, -fügen, -verflechten (z. B. Finger); zusammen-beißen, -pressen (Zähne) 3. *naut.* anschäkeln
kilitlenmek 1. Pass. zu **kilitlemek** 2. (gut) zusammenbeißen, artikulieren (Zähne)
kilitli 1. mit (Tür- usw.)Schloß 2. ver-, abge-, zuge-schlossen, ab-, zu-gesperrt 3. ineinander verflochten 4. gut artikulierend (Zähne)
kilitsiz 1. ohne (Tür-)Schloß 2. unversperrt, nicht abgeschlossen 3. nicht ineinander verflochten 4. nicht gut artikulierend (Zähne)
kiliz Schilf(-rohr) *n bot.* Phragmites communis *kamış, saz
kilizbalığı, -nı s. **kilis**
kilizman; kilizmen Röhricht, Rohrdickicht *n* *kamışlık, sazlık
killemek *fr.* mit Tonerde behandeln (z. B. schmutzige Wäsche)
killi aus od. mit Tonerde, Ton- ~ **kireçtaşı** *min.* Zechstein *m* ~ **külte (sahra, taş)** Tongestein *n* ~ **şist** Tonschiefer *m* ~ **toprak** Tonerde *f*
kilo [×·] 1. Kilo(-gramm) *n* 2. a) Gewicht *n* b) Gewichtsklasse *f* (in der Schwerathletik) 3. Liter *m, n* Zu 2a): **♎m seksendir.** *F* Ich wiege achtzig Kilo. Zu 3: **bir** ~ **süt (şarap)** ein Liter Milch (Wein) ~ **almak** 1. *mel.* zunehmen (als Zeichen der Gesundheit) 2. *pej.* dickwerden (Personen) ~ **vermek** (*od.* **kaybetmek**) abnehmen, abmagern
kiloamper *el.* Kiloampere *n*, 1000 Ampere

kilogram Kilo(-gramm) *n*
kilogramkuvvet, -ti *phys.* Kilopond *n*
kilogrammetre [···×·] *phys.* Kilopondmeter, Meterkilopond *n* (*fr. a.* Meterkilogramm)
kilohertz *selt.* s. **kilosikl**
kilojul *phys.* 1000 Joule
kilokalori Kilokalorie *f* *büyük kalori
kilolitre [··×·] Kiloliter *n*
kiloluk von soundsoviel Kilogramm
kilometraj 1. Entfernung *f* in Kilometern 2. *mot.* Kilometerstand *m*
kilometre [··×·] Kilometer *m, n* ~ **açmak** *Ch.* seinen Verdienst aufzehren ~ **doldurmak** *Ch.* die Zeit totschlagen ~ **kare** Quadratkilometer *m, n* *karekilometre, kilometre murabbaı ~ **taşı** Kilometerstein *m*
kilometrör *mot.* Kilometerzähler *m*
kilosaykl; kilosikl (*engl., franz.* **kilocycle**) *phys.* Kilohertz *n* (Maßeinheit für die Frequenz)
kilot, -tu s. **külot, -tu**
kiloton 1. Gewicht *n* von 1000 Tonnen 2. Sprengkraft *f*, die 1000 Tonnen TNT entspricht
kilovat, -tı *el.* Kilowatt *n*
kilovatlık mit soundsoviel Kilowatt arbeitend (z. B. Rundfunksender)
kilovatsaat Kilowattstunde *f*
kils *va.* s. **kireçtaşı**
kilsî *va.* kalkig, Kalk-
kilt, -ti Kilt, Schottenrock *m*
kiltaşı, -nı *geol.* Schieferton *m*
kilte *va.* 1. Bündel, Garbe *f*, Haufen, Armvoll *m* 2. s. **yumacıklar**
kilükal s. **kıylükal**
kilüs [×·] *biol.* Chylus, Milch-, Nahrungs-saft *m* ~ **damarı** *an.* Milchbrustgang *m*, Ductus thoracicus *veridi keylusî
kilya [×·] *naut. va.* (Schiffs-)Kiel *m*
kilye *med.* Niere *f* *böbrek **iltihabı** ~ s. **nefrit**
kilyevî 1. *med.* Nieren-, Nephro- 2. nierenförmig
Kilyos *n.pr.* O. u. Seebad am Schwarzen Meer nördl. von Istanbul (heute: **Kumköy**)
kim 1. wer? (in rhet. Fragen a.: wer ... schon?) 2. (mit folg. **ise:**) wer auch immer; jeder, der 3. *va.* s. **ki** (1) Zu 1: **Bunu ~ söyledi?** Wer hat das gesagt? **Benimle ~ gelecek?** Wer kommt mit? **Bu, -indir?** Wem gehört das? **Bu çocuk -in nesi?** Wem gehört das Kind? Zu 2: ≗ **çalışırsa, kazanır.** Wer arbeitet, verdient auch Geld. ≗ **bilir?** 1. Wer weiß? Weiß der Himmel! 2. vielleicht, schon möglich ≗ **diyeyim?** Wen darf ich melden? ~ **-e dum duma** 1. ohne daß e–r vom andern weiß 2. ohne daß sich j–m um ihn (bzw. darum) gekümmert hätte; unbemerkt, unbeachtet 3. Es herrscht ein Tohuwabohu. (Zu 3: **Söz anlatmak mümkün değil ~ -e, dum duma.** In dem Durcheinander kann sich ja kein Mensch verständlich machen.) ≗ **-inle, o da benimle.** Es gibt immer e–n Menschen, den man nicht ausstehen kann, und für ihn bin ich es eben. ~ **ne derse desin** soll e–r sagen, was er will ≗ (*od.* ≗**dir**) **o?** Wer (ist) da? ≗ **oluyor?** Für wen hält er sich eigentlich? ~ **vurduya gitmek** von unbekannter Hand erschlagen (getötet) werden ≗**e ne?** 1. Wen geht das schon et. an? 2. Wem macht das schon et. aus? ≗**e niyet, kime kısmet.** Dem e–n bleibt nur der Wunsch, et. zu erlangen, dem andern fällt das gleiche mühelos zu. **-i** *(Adj. u. Sb.);* **-isi** *(Sb.)* einige, manche **-i insanlar** manche Menschen **-i kimsesi** Familienangehörige *pl.* von ihm ≗**i köprü bulamaz geçmeye, kimi su bulamaz içmeye.** *Spr. fig.* Ein Zuviel ist manchmal ebenso schlecht wie ein Zuwenig. **-i vakit** manchmal, gelegentlich **Evlerin -i büyük, -i küçük.** Die einen Häuser sind groß, die anderen klein. ≗**i gelir, -i gider.** Die einen kommen, die anderen gehen. ≗**i nalına vurur, -i mıhına.** *Spr.* Viele Köpfe, viele Sinne. **-i zaman** manchmal **Çocukların -isi çalışkan, -isi tembel.** Manche Kinder sind fleißig, manche faul. ≗**im var?** Wen habe ich schon? Auf wen kann ich denn rechnen? **-imiz** einige von uns ≗**in arabasına binerse onun türküsünü çağırır.** *Spr.* Wes Brot ich eß, des Lied ich sing! **-in** (*od.* **kim**) **gibi?** wie wer? ≗**in haddine?** Wer wollte sich schon erdreisten? Wer wäre so überheblich? **-in** (*od.* **kim**) **için?** für wen? ≗**in ne demeğe var?** (drohend) Wer hat hier e–e Gegenrede? ≗**ine hayhay, kimine vay vay.** *spr. Ra.* 1. Dem e–n ist das Glück hold, dem anderen kehrt es den Rücken. 2. Was dem e–n sin Uhl (= seine Eule), ist dem andern sin Nachtigall. *Spr.* **-iniz?** wer von euch? **-inle** (*a.* **kimle**)? mit wem? **-ler** wer alles? (**Burada -ler var?** Wer ist alles hier?)
Kimberler *n.pr. hist.* Zimbern (german. Volksstamm)
kimesne (*im Vers a.* **kimsene**) *va.* s. **kimse**
kimlik, -iği Identität *f* (e–r Person), Personalien *pl.* *hüviyet ~ **belgesi (kâğıdı, kartı)** Personalausweis *m*, Identitäts-, Kenn-karte *f* *hüviyet cüzdanı (vesikası, varakası), nüfus kâğıdı ~ **simgesi** Exlibris *n* **-i bilinmeyen şahıs** unbekannte Person
kimono [·×·] 1. Kimono *m* 2. Schlaf-, Morgen-rock *m*
kimse 1. jemand, einer 2. Person *f* 3. [×·] *(m. Neg.)* niemand, keiner Zu 1: ≗ **geldi mi?** a) Ist jm. gekommen? b) Hat jm. nach mir gefragt? **Tanımadığım bir -dir.** Es ist jm., den ich nicht kenne. Zu 2: **İçerde oturan -ler.** Die Leute, die drinsitzen. Zu 3: **Evde ~ yok.** Es ist niemand zu Hause. **Bugün ~ gelmedi.** Heute ist niemand gekommen. ≗**m yok.** Ich stehe ganz allein. ≗**yi görmedim.** Ich habe niemand gesehen. ≗ **ayranım** (*od.* **yoğurdum**) **ekşi demez.** *Spr.* Jeder Krämer lobt seine Ware. *Spr.* ≗ **halin nedir demedi.** Kein Mensch hat sich um mich gekümmert. ≗ **memleketinde peygamber olmaz.** *Spr.* Der Prophet gilt nichts in seinem Vaterland. (Goethe) ≗**den kimseye hayır yok** (*od.* **gelmez**). *Spr.* Hilf dir selbst, so hilft dir Gott. *Spr.* **-ler** Leute *pl.* ≗**nin ahı kimsede kalmaz.** *Spr.* Die Verwünschung e–s Gepeinigten erfüllt sich einmal an dem Peiniger. **-nin burnu kanamadan** ohne daß j–m auch nur ein Haar gekrümmt worden wäre, ohne Blutvergießen ≗**niz yok mu?** Haben Sie niemand an Freunden od. Verwandten? ≗**si yok.** Er steht ganz allein.
kimsecik [×··] (*Dim.* zu **kimse**) gar niemand, keine Menschenseele **Vakit epeyce geç olduğu için, sokakta -ler yoktu.** Da es schon ziemlich spät war, war weit und breit niemand auf der Straße zu sehen.
kimsesiz [×··] 1. alleinstehend, ohne Verwandte (Angehörige, Freunde) *bikes 2. verwaist, leer (z. B. Straße) **-ler yuvası** 1. Waisenhaus *n* 2. Heim *n* für alleinstehende ältere Leute, Altersheim, Stift *n*
kimsesizlik [×···] 1. Alleinstehen *n*, Zustand *m* dessen, der keine Verwandte od. Freunde hat *bikeslik 2. Verwaistsein *n* (e–r Gegend)
kimüs [×·] *biol.* Chymus, Speisebrei *m* (im Magen) *keymus
kimya [ā] 1. Chemie *f* 2. et. bes. Kostbares 3. *va.* s. **simya, alşimi;** ~ **denklemi** (*od.* ~ **muadelesi**) chemische Gleichung ~ **sanayii** chemische Industrie ~ **taşı** s. **filozof taşı;** ~ **tedavisi** *med.* Chemotherapie *f* *şimiyoterapi ~ **teknolojisi** chemische Technologie **-yı batıl** *va.* s. **alşimi; -yı fizikî** s. **fiziksel kimya; -yı harurî** *va.* s. **termokimya; -yı (gayri) uzvî** *va.* (an-)organische Chemie *f*
kimyaca *Adv.* chemisch, auf chemischem Weg *bilkimya ~ **saf** chemisch rein
kimyacı [ā] 1. Chemiker *m* *kimyager 2. *F* Chemielehrer(-in *f*) *m*
kimyacılık [ā] 1. Chemikerberuf *m* *kimyagerlik 2. Welt *f* der Chemie

kimyadoğrulumu, -nu s. **kimyayönelim**
kimyager(-lik) [ā] s. **kimyacı(-lık)** (1)
kimyagöçümü, -nü Chemotaxis *f* (bei Tieren od. Pflanzen) *şimiyotaksi
kimyahane [··–·] chemisches Institut
kimyasal s. **kimyevî; ~ aşın(dır)ma** *spez. geol.* Korrosion *f* **~ bileşim** Chemosynthese *f* *kemosentez **~ eşdeğer** chemisches Äquivalent *muadili kimyevî **~ görev** (*od.* **fonksiyon**) chemische Funktion *vazifei kimyeviye **~ işleme** chemischer Prozeß
kimyayönelim Chemotropismus *m*
kimyevî chemisch **~ analiz** chemische Analyse **~ gübre** chemischer Dünger; Kunstdünger *m* **~ savaş vasıtaları** *mil.* chemische Kampf-mittel, -stoffe *pl.*
kimyon Kreuzkümmel *m bot.* Cuminum cyminum; s. a. **Karaman -u; yabanî ~**
kimyongüvesi, -ni Kümmelmotte *f zo.* Depressaria nervosa *anason güvesi; kabya
kimyonî 1. hellolivgrün 2. *fig.* s. **şekerrenk**
kimyonlu 1. Kümmel enthaltend 2. mit Kümmel gewürzt
kimyosentez s. **kimyasal bileşim**
kimyotaksi; kimyotaktizm s. **kimyagöçümü**
kimyotropizm s. **kimyayönelim**
kin (I) [ī] Groll, Haß *m,* Rachsucht, Animosität *f,* feindliche Gesinnung **~ bağlamak (beslemek, gütmek, tutmak)** Groll hegen; hassen; rachsüchtig sein **~ saklamak** nachtragend sein **-ini almak** Rache nehmen, sein Mütchen kühlen
kin (II) *Zig.* Wein *m*
kinaye [ā] 1. Andeutung, Unterstellung, Anspielung *f* 2. *lit. va.* ein sowohl in wörtlicher wie figürlicher Bed. verwendeter Ausdruck 3. *va. gr.* s. **edat; ~ ile (suretiyle, yoliyle) söylemek** Anspielungen machen, durch die Blume sagen, unterstellen
kinayeli [ā] e–e Andeutung od. Anspielung enthaltend, anzüglich, bissig *üstü kapalı **~ ~ gülümsemek** verschmitzt lächeln **~ sözler** anzügliche, bissige Worte *pl.*
kinci [–·] gehässig, böswillig, rachsüchtig
kincilik [–··] Gehässigkeit, Böswilligkeit, Rachsucht, Animosität *f,* Ressentiment *n*
kindar [––] s. **kinci; ~ bir propaganda** gehässige (böswillige) Propaganda
kindergarten Kindergarten *m* *çocuk bahçesi
kinderhaym Kinderheim *n*
kinematik s. **devimbilim(-sel)**
kineskop, -pu (*franz.* **kinescope**) (Fernsehen) Bildröhre *f*
kinestezi(-k) s. **devinduyum(-sal)**
kinetik, -iği 1. s. **devimsel** 2. s. **devimbilim**
kineziterapi (*franz.* **kinésithérapie**) Heilgymnastik, Bewegungstherapie *f*
kinik zynisch, Zyniker *m*
kinin 1. *med.* Chinin 2. *V* s. **Köylü** (5)
kiniş Nut *f* (bei Holzverbindung) **~ rendesi** Nuthobel *m*
kinizm Zynismus *m* *kelbiye
kinkaju Wickelbär *m zo.* Potos flavus
kinli s. **kinci;** s. a. **deve ~**
kinsiz ohne Groll; ohne Rachsucht
kip, -pi 1. *dial.* Muster *n,* Form *f* *örnek, kalıp 2. Akzidens *n,* akzidentelles Merkmal (*ant.* **san**) 3. *gr.* Verbalform *f spez.* Modus *m* *sıyga
kipe *(Turnen)* Kippe *f*
kiplik *phil.* Modalität *f* *cihet, keyfiyet
kiproko (*franz.* **quiproquo**) Verwechslung *f*
kipür Gipüre, Gipürarbeit *f* (Klöppelspitze aus Gimpen *d. h.* mit Seide übersponnenen Baumwollfäden)
kir 1. Schmutz *m,* Unsauberkeit *f* 2. *fig.* Flecken *m* (auf j–s Ehre), Schande, Unehre *f* 3. s. **kulak -i; ~ götürmek** 1. (bş) nicht leicht schmutzen, nicht sehr empfindlich sein (Stoff) 2. (bşi) sehr schmutzig sein **~ kaldırmak** s. **götürmek** (1); **~ tutmak** leicht schmutzen, sehr empfindlich sein (Stoff) **-i kabarmak** in kleinen Teilen abgehen (Haut beim Frottieren)
kîr *va.* männliches Glied; Penis *m*
kira [ā] Miete, Pacht *f* **~ arabası** Mietwagen *m* **~ bedeli** Miete *f,* Miet-, Pacht-zins *m* **~ evi** Mietshaus *n* **~ ile** (*od.* **-da**) **oturmak** zur Miete wohnen **~ ile tutmak** mieten, pachten **~ müddeti** Miets-, Pacht-dauer *f* **~ ve ödünç kanunu** (amerikanisches) Leih-Pacht-Gesetz (1941) **-da olmak** 1. vermietet (verpachtet) sein 2. zur Miete wohnen **-ya** (*od.* **~ ile**) **vermek** vermieten, verpachten
kiracı 1. Mieter(-in *f*) *m,* Pächter(-in *f*) *m* *müstecir 2. *P* a) Verleiher *m* von Reit- od. Last-tieren b) Spediteur *m* c) *naut.* Befrachter *m* 3. *jur.* s. **kiralayan** (1); **~ çıkartma davası** s. **tahliye davası; -nın kiralaması** Untervermieten *n*
kiracılık Tätigkeit *f* od. Aufgaben *pl.* e–s **kiracı** *(q.v.)*
kirahane [·––·] *va.* Mietshaus *n*
kiralama sözleşmesi Mietsvertrag *m*
kiralamak [·–··] 1. (b–ne) vermieten (z.B. Wohnung), verpachten (z.B. Grundstück), verleihen (z.B. Reittier) 2. (b–den) mieten, pachten, (aus-)leihen 3. chartern (Schiff)
kiralanan s. **mecur** (2)
kiralayan 1. Vermieter, Verpachter, Verleiher *m* 2. *naut.* a) Befrachter, Charterer *m* b) Verfrachter, Reeder *m* *armatör
kiralı 1. vermietet, verpachtet, verliehen 2. gemietet, gepachtet, (aus-)geliehen **~ kasa** Schließfach *n* (bei e–r Bank) **~ katil** gedungener Mörder **~ kız** Call-Girl *n*
kiralık [ā] zu vermieten, zu verpachten, zu verleihen
kiram [ā] *va. Pl.* zu **kerim**
kiramünkâtibin [·–·–·–] *isl. Myth.* diejenigen Engel, welche die guten und schlechten Taten e–s Menschen aufschreiben
kirar [ā] *va.* Wiederholung *f*
kiraren [ā] *va. Adv.* wiederholt, mehrmals, in wiederholten Fällen
kirasu [·×·] *griech.* Zugabe *f,* Geschenk *n* (bei e–m Einkauf)
kiraz 1. Kirsche *f* 2. kirschförmig **~ ağacı** Kirschbaum *m bot.* Prunus avium **~ ağızlık** Zigarettenspitze *f* aus Kirschbaumholz **~ ayı** der Monat Mai **~ dudaklı** mit vollen, roten Lippen **~ eriği** Sauerkirsche *f bot.* Prunus cerasus **~ gibi** kirschrot **~ gözkurdu** Steinfruchtbohrer *m zo.* Anthonomus druparum **~ kuşu** Kappenammer *f zo.* Emberiza melanocephala **~ meltemi** ein leichter Landwind im Juni (s. a. **meltem**); **~ rakısı** s. **kirş** (II); **~ sineği** Kirschfliege *f zo.* Rhagoletis cerasi **~ turpu** e–e kleine Radieschenart
Kiraz *n.pr.* O. u. D. im Rbz. İzmir
kirazbalığı s. **acıbalık**
kirazelması, -nı Franzapfel *m* (sehr kleine, rote, feste Apfelsorte) **~ ağacı** Franzapfelbaum *m bot.* Pirus malus apiana
kirazlık Kirschgarten *m*
kirde Brotteig *m* od. Fladen *m* aus Maismehl **~ kebabı** gebratene Fleischstückchen *pl.* in Brotteig
kireç, -ci Kalk *m* **~ badanası** Kalkfarbe *f* (zum Tünchen) **~ fırını** s. **~ ocağı; ~ gibi olmak** kreidebleich werden **~ harcı** Kalkmörtel *m* **~ kesilmek** s. **~ gibi olmak; ~ kuyusu** Kalkgrube *f* (zum Löschen des Kalks) **~ ocağı** Kalkofen *m,* -brennerei *f* **~ sandığı** Kalkkasten *m* **~ söndürmek** 1. Kalk löschen 2. „den Brand löschen“ *d. h.* nach starkem Alkoholgenuß Wasser trinken **~ suyu** *med.* Kalkwasser *n* *mai kils **~ sürmek** kalken **~ şerbeti** Kalklösung *f,* -wasser *n*

kireçayak s. **taşayak**
kireççi 1. Kalkbrenner *m* 2. Kalkhändler *m*
kireççil *bot.* kalkhaltigen Boden bevorzugend, kalziphil *muhibbülkils, kirecsever
kireççilik 1. Kalkbrennerei *f* 2. Kalkhandel *m*
kireçkaymağı, -nı Chlorkalk *m*
kireçlemek 1. Kalk hinzufügen 2. kalken, tünchen
kireçlenme s. **kireçleşme**
kireçlenmek 1. Pass. zu **kireçlemek** 2. Kalk (Wasserstein) ansetzen 3. sich mit Kalk beschmieren
kireçleşme 1. Kalzination *f* 2. *biol.* Verkalkung *f*
kireçleşmek 1. zu Kalk werden 2. *biol.* verkalken *tekellüs etmek
kireçli 1. Kalk enthaltend, Kalk- 2. stark kalkhaltig (z. B. Wasser) 3. gekalkt, getüncht 4. mit Kalk beschmiert (z. B. Hände) ~ **kumtaşı** Kalksandstein *m* ~ **süngerler** Kalkschwämme *pl. zo.* Calcispongia *isfenciyei kilsiye
kireçlik 1. Kalklager *n* 2. Kalk enthaltend
kireçlilik Kalkgehalt *m* (*spez.* des Wassers)
kireçsever s. **kireççil**
kireçsevmez s. **kireçyeren**
kireçsile(ş)me Kalzination, Kalzinierung *f* *teklis (tekellüs)
kireçsiz 1. ohne Kalk 2. kalkarm (Wasser)
kireçsütü, -nü *chem.* Kalkmilch *f* *lebeni kils (zum Weißen der Wände)
kireçtaşı, -nı Kalkstein *m* *kalker, kils
kireçyeren kalzifug, kalkhaltigen Boden meidend (Pflanze) *müçtenibülkils, kalsifüj
kiremidî *z. va.* ziegelrot
kiremit, -di Dachziegel *m* ~ **aktarmak** 1. umdecken, ausbessern (Dach) 2. *V* s. **cima etmek** ~ **kaplamak** (*od.* **örtmek**) ein Dach mit Ziegeln decken ~ **kırmızısı** Englisch-Rot *n* (Malerfarbe) ~ **ocağı** Ziegelbrennerei, Ziegelei *f*
kiremitçi 1. Ziegel-brenner od. -händler *m* 2. Dachdecker *m*
kiremitçilik 1. Ziegel-brennerei *f* od. -handel *m* 2. Dachdeckerei *f*
kiremithane [ā] Ziegelwerk *n*, Ziegelei *f*
kiremitli mit Ziegeln gedeckt, Ziegel- ~ **kaplumbağa** Karettschildkröte *f zo.* Eretmochelys imbricata
kiremitlik Ziegeldach *n*
kiremitsi ziegelartig übereinanderliegend
Kirene *n.pr.* Cyrene *Kayrüvan ~ **Okulu** die phil. Schule des Aristippos *Kayrüvaniye
Kiril kyrillisch ~ **harfleri** kyrillische Schrift
Kirinal *n.pr.* Quirinal *m* (in Rom)
kiriş 1. (Darm-)Saite *f* 2. (Bogen-)Sehne *f* 3. Kantholz *n* (langer Querbalken, spez. zum Aufnageln der Dielenbretter) 4. *an., math.* Sehne *f* *veter ~ **kılıfı iltihabı** *med.* Sehnenscheidenentzündung, Tendovaginitis *f* ~ **olmak** *V* wie e–e Klette an j–m hängen (und ihn drangsalieren) ~ **takmak** e–e Saite (bzw. Saiten) aufziehen, besaiten **-i kırmak** *V* abhauen, türmen (= ausreißen, auskneifen)
kirişçi 1. wer Darmsaiten (Katgut) herstellt od. damit Handel treibt 2. *va.* Henker *m* *cellât
kirişhane [ā] Werkstatt *f* zur Herstellung von Darmsaiten bzw. Kantholz
kirişleme 1. Vs. zu **kirişlemek** 2. s. **kılıçlama** 3. s. **kiriş** (3)
kirişlemek 1. mit Saiten bespannen (M.i.) 2. mit e–r Sehne versehen (Bogen) 3. den Bogen spannen 4. Querbalken legen
kirişli mit **kiriş** ausgestattet
kirizma; kirizme [·×·] tiefes Umbrechen des Bodens ~ **etmek** (*od.* **yapmak**) tief um-graben, -spaten; umbrechen (Boden), rigolen *devirme yapmak ~ **pulluğu** Rigol-, Untergrund-pflug *m*
kirkit, -ti *dial.* bei der Teppichherstellung zum festen Anziehen der Knoten verwendeter Weberkamm
kirlemek s. **kirletmek**
kirlenmek 1. schmutzig werden, beschmutzt werden, sich schmutzig machen 2. *fig.* besudelt werden, mit Schmutz beworfen werden (z. B. j–s Ehre) 3. menstruieren, die Periode haben (Frau, Mädchen) 4. vergewaltigt (geschändet) werden
kirletmek 1. schmutzig machen, beschmutzen, verunreinigen, besudeln 2. *fig.* verleumden, anschwärzen 3. vergewaltigen, schänden
kirli 1. schmutzig, beschmutzt, unsauber 2. wer die Menstruation durchmacht (Frau, Mädchen) 3. schmutzige Wäsche 4. trübe (Licht) 5. schmählich, schändlich 6. *isl.* rituell unrein *cenabet Zu 3: **Epey ~ birikti.** Es hat sich e–e ganze Menge schmutziger Wäsche angesammelt. ~ **çamaşır** *a. fig.* schmutzige Wäsche ~ **çamaşırlarını ortaya dökmek** (*od.* **çıkarmak**) (b–nin *bzw.* kendi) j–s (*bzw.* seine) schmutzige Wäsche vor aller Welt ausbreiten ~ **çıkı(-n)** schäbig gekleidet (Reicher); Geizkragen *m* ~ **kokoş** *P* Dreckspatz *m* (Junge) ~ **kukla** *P* Schlampe *f* (Mädchen, Frau) ~ **sepeti** Wäschepuff *m*, Korb *m* für schmutzige Wäsche ~ **su** Schmutzwasser, Spülicht *n* ~ **yün** ungereinigte Wolle (nach der Schafschur) **-ye atmak** zur schmutzigen Wäsche werfen
kirlihanım s. **zinya çiçeği;** ~ **peyniri** Name e–s zarten, salzlosen, nur in Istanbul hergestellten Fettkäses
kirlikan *biol.* Venenblut *n* *demi veridî, karakan
kirlilik Beschmutzt-Sein *n*, Unsauberkeit *f* (*a.* rituell)
kirloz *hum. od. spött. F* schmutzig, unsauber, Schmutzfink *m* *pasaklı
kirman *va.* 1. Burg(-festung) *f* *hisar 2. s. **kirmen**
kirmen *dial.* Spinnrocken *m*, Kunkel *f* **-i alıvermek** hinterlistig vorgehen
kiroloji; kiromansi Chiromantie, Handlesekunst, Handliniendeutung *f*
kiropraksi *med.* Chiropraktik *f*
kiropraktör *med.* Chiropraktiker *m*
kirpas *va.* Leinenstoff, Drillich *m*
kirpi 1. Igel *m zo.* Erinaceus europaeus 2. ♀ seinerzeitiges Pseudonym von Refik Halid Karay 3. **(manii)** *mil.* spanischer Reiter 4. s. **Avustralya -si;** ~ **balığı** Igel-, Kugelfisch *m zo.* Diodon hystrix ~ **dikeni** Kugeldistel *f*, Igelkopf *m bot.* Echinops (sphaerocephalus) *mavi dünya ~ **düzeninde savunma** *mil.* Igelstellung *f* ~ **fidanı** Igelwollblume *f bot.* Erinacea pungens ~ **gibi büzülmek** 1. sich wie ein Igel zusammenrollen 2. ängstlich zurückweichen ~ **helvası** e–e Manna-Art ~ **parmaklık** s. **duvar kirpisi;** ~ **sakal** Stoppelbart *m*, Bartstoppeln *pl.*
kirpik, -iği 1. (Augen-)Wimper(-n *pl.*) *f* *hedep 2. *bot., zo.* Wimperhaar(-e *pl.*) *n* ~ **çatmak** *va.* die Augen schließen; schlafen **-i kirpiğine değmemek** die ganze Nacht kein Auge zutun **-i kurumamak** unaufhörlich weinen **-le harman sürmek** *fig.* et. Unmögliches unternehmen
kirpikkanatlılar Fransenflügler *pl. zo.* Thysanoptera *tripsler
kirpikli mit (nb.) Wimpern ~ **epitel** *an.* Flimmerepithelium *n* ~ **haşlamlılar** s. **kirpiksiler**
kirpikliler Wimpertierchen *pl. zo.* Ciliata *zülehdap
kirpiksi wimpernähnlich, Wimpern- *hedebî ~ **cisim** *an.* Ziliar-, Strahlen-körper *m* (des Auges) ~ **kas** *an.* Ziliarmuskel *m* ~ **yaprak** *bot.* gewimpertes Blatt
kirş (I) *an.* Pansen *m* (erster Magen der Wiederkäuer)
kirş (II) Kirsch(-wasser *n*) *m*
kirtik, -iği Teppichumrandung *f*
kirtil Hamen, Kescher *m* (für Fischfang)
kirve *P* 1. wer die Kosten e–r Beschneidung übernimmt

und den Knaben während der Beschneidung hält 2. naher Freund e–s Mannes

kirya; kirye [×·] *griech.* mein Herr!

kis [ī] *va.* s. **kise, kese; -i misbahî** s. **yüzme kesesi**

kisa [ā] *va.* 1. wollene Kleidung 2. Teppich *m*

Kisarna [·×·] Name e–s türk. Mineralwassers

kisbî erworben (Kenntnisse, Fähigkeiten usw.) *edinilmiş, kazanılmış

kise [ī] *va.* 1. s. **kese** 2 *bot.* Samenkapsel *f* 3. *med.* s. **kist** Zu 1: **-i dem'iye (havaiye, safraiye, sephiye)** s. **gözyaşı (hava, öt, yüzme) kesesi**

kispet, -ti enge Lederhose der Ringer bei **yağlı güreş;** ~ **çıkarılması** Ausziehen *n* (od. völliges Zerreißen *n*) der Ringerhose durch den Gegner (was als schändlichste Niederlage gilt)

Kisra [ā] Chosrau (Titel der Sassanidenkönige sowie später allg. Titul. der Perserkönige)

kist, -ti 1. *med.* Zyste *f* 2. *bot.* Kapsel, Hülle *f*

kistik *med.* zystisch, blasenartig

kisve; kisvet, -ti 1. Tracht, Kleidung *f* 2. s. **kispet** 3. *jur.* Amts- od. Berufs-kleidung *f* (wie Robe, Talar, Ornat, Uniform) 4. die schwarze Brokatumhüllung der Kaaba 5. Äußeres; Aussehen *n* (e–r Person od. Sache) **kisvesini kendi dikmek** (*od.* **ilmek**) *fig.* seine Aufgabe selber verrichten

kiş 1. Schach (dem König) 2. s. **kış** (II)

kişe s. **gişe**

kişi 1. Person *f* *şahıs 2. *lit., Th.* auftretende Person; Held *m* 3. *z. va.* Mensch *m*, man, einer, jeder 4. *va.* Mann *m* *erkek 5. *va.* Besitzer, Eigentümer *m* *sahip Zu 1: **Sizi iki ~ aradı.** Zwei Leute haben nach Ihnen gefragt. Zu 3: ≗ **ektiğini biçer** (*od.* **ettiğini bulur**). *Spr.* Was der Mensch säet, das wird er ernten. (Bibel) ~ **adılı** (*od.* ~ **zamiri**) *gr.* Personalpronomen *n* ≗ **arkadaşından bellidir.** *Spr.* Sage mir, mit wem du umgehst, und ich sage dir, wer du bist. *Spr.* ≗ **doğduğu yerde değil, doyduğu yerdedir.** *Spr.* Ubi bene, ibi patria. (nach Cicero) ~ **dokunulmazlığı** (*od.* ~ **güvenliği**) Unantastbarkeit, Unverletzlichkeit *f* der Person *masuniyeti şahsiye ~ **durumları** *jur.* Personenstand *m* *ahvali şahsiye ~ **durumları kütüğü** *jur.* Personenstands-, Melde-register *n* *ahvali şahsiye kütüğü; nüfus sicili ≗ **dünyaya bir gelir.** *Spr.* Man kommt nur einmal auf die Welt. ~ **eki** *gr.* Personalendung *f* (beim Verbum) ≗ **noksanını bilmek gibi irfan olamaz.** *Spr.* Sich selbst erkennen ist die schwerste Kunst. ≗ **refikından azar.** *Spr.* Schlechte Beispiele verderben gute Sitten. *Spr.* **-ler türesi** *jur.* Personenrecht *n* *şahsın hukuku

kişicilik *phil., psych., rel.* Personalismus *m*

kişileştirmek individualisieren

kişilik 1. für soundsoviel Personen (Leute, Mann) bestimmt 2. aus soundsoviel Personen bestehend 3. Persönlichkeit *f* *şahsiyet 4. Humanität, Menschlichkeit *f*, menschliches Empfinden; Güte, Menschenfreundlichkeit *f* *insaniyet 5. persönliche Note 6. Gesittung, Wohlerzogenheit *f*, ordentliches (höfliches, anständiges) Benehmen 7. Festtagskleidung *f* Zu 1: **beş ~ otomobil** Automobil *n* für fünf Personen, Fünfsitzer *m* **iki ~ yatak** Doppel-, Ehe-bett *n* Zu 2: **200 ~ bir turist kafilesi** e–e Reisegesellschaft von 200 Personen **20.000 ~ İtalyan kuvveti** die 20 000 Mann umfassende italienische Streitmacht ~ **hakkı** *jur.* Persönlichkeitsrecht *n* *şahsiyet hakkı ~ **ikileşmesi** *psych.* Persönlichkeitsspaltung *f* ~ **yapısı** Persönlichkeitsstruktur *f*

kişilikçilik s. **kişicilik**

kişilikdışı 1. unpersönlich 2. überpersönlich *(1, 2) gayri şahsî

kişilikli 1. von charakteristischer Persönlichkeit, persönlich hervorstechend 2. s. **insaniyetli**

kişiliksiz 1. keine ausgeprägte Persönlichkeit darstellend 2. s. **insaniyetsiz**

kişioğlu, -nu 1. Mensch(-en.sohn) *m* *insanoğlu 2. von vornehmer Abstammung *kişizade, soylu

kişirti Wiehern, Gewieher *n*

kişisel persönlich, Personal-, individuell, eigen *şahsî ~ **birlik** *jur., pol.* Personalunion *f* *şahsî birleşme ~ **dava** s. **şahsî dava;** ~ **durumlar (kütüğü)** s. **kişi durumları (kütüğü);** ~ **yararlar** (*od.* ~ **çıkarlar**) *jur.* persönliche Interessen *pl.* *şahsî menfaatler

kişizade [ā] s. **kişioğlu** (2)

kişizadelik [ā] vornehme Abstammung

kişlemek 1. fortjagen, fortscheuchen (Tiere) 2. Schach bieten

kişmiş Korinthe(-n *pl.*) *f*

kişnemek wiehern (Pferd)

kişniş 1. gebauter Koriander *bot.* Coriandrum sativum 2. Koriander *m* (Gewürz) 3. s. **çayırotu** (6); ~ **şekeri** kleineres Zuckerwerk mit Koriander

kişt, -ti *va.* Saat(-feld *n*) *f* ~ **etmek** *va.* (aus-)säen

kişver *va.* Land *n* *memleket, ülke

kişverküşa [ā] *va.* Eroberer *m* *cihangir

KİT = Kamu İktisat Teşebbüsleri Öffentliche Wirtschaftsunternehmungen

kit, -ti (*franz.* **quitte**) quitt, ausgeglichen

kitabe [ā] 1. Inschrift *f* *yazıt 2. (*fr. a.* **-i sengi mezar**) Grabinschrift *f*, Epitaph *n* 3. Buchtitel *m* 4. Schmuckplatte, -tafel *f* (z. B. über e–r Tür) **-ler bilgisi** Inschriftenkunde, Epigraphik *f*

kitabeli [ā] mit (nb.) **kitabe** (*q.v.*)

kitaben [ā] *va. Adv.* schriftlich *yazılı olarak

kitabet, -ti [ā] 1. *va.* Schreiben(-können) *n* 2. Kunst *f* der schriftlichen Darstellung, literarischer Stil 3. s. **kâtiplik** 4. Schrift(-zeichen *pl.*) *f* *yazı 5. *va.* s. **mükâtebe** (2); **-i resmiye** Amts-, Kanzlei-, Behörden-Stil *m*

kitabevi, -ni [·×··] 1. Buchhandlung *f* *kitaphane 2. Verlag *m* *yayınevi

kitabî [·––] 1. *va.* wer an e–e Offenbarungsschrift (wie Koran, Hexateuch, Neues Testament) glaubt; Monotheist *m* 2. *z. va.* in e–m wissenschaftlichen Werk niedergelegt, wissenschaftlich fundiert 3. *fr.* Bibliotheksbeamter im Sultanspalast 4. *fr.* gestreifter Musselin (aus Indien od. Syrien) 5. *z. va.* buchmäßig, aus Büchern erworben (z. B. Wissen) 6. *z. va.* ausschließlich od. vorzugsweise in Büchern verwendet, Buch- Zu 6: ~ **sözler** Buchwörter *pl.*

kitabiyat(-çı) *va.* s. bibliyografi; bibliyograf

kitabiye [ā] Bast *m*

Kitabullah [·–·–] *va.* Buch *n* Gottes; Koran *m*

kitabülamal [·–·––] *isl. Myth.* Register *n* der guten und bösen Taten e–s Menschen

kitakse (m. Dat.) *V* 1. Betrachte(-t)! Beobachte(-t)! 2. Aufgepaßt (auf)! Vorsicht (mit)! ~ **etmek** (m. Dat.) *V* 1. beobachten, sich et. ansehen, betrachten 2. achtgeben (auf), aufpassen (auf), vorsichtig sein (mit)

kital, -li *naut.* Hamen *m*, Beutelnetz *n* (zum Herausholen von Fischen aus dem **dalyan** genannten Netz)

kitalci *naut.* Fischer, der den Hamen handhabt

kitap, -bı *urspr.* [ā] 1. Buch *n* 2. *pr.* heiliges Buch; Offenbarungsschrift *f* 3. s. **hesap ~;** ~ **budalası** (*od.* **delisi**) Büchernarr, Bibliomane *m* ~ **damgası** Exlibris *n* ~ **desteği** Bücherstütze *f* ~ **dolabı** Bücherschrank *m* *kütüphane ~ **donatımı** Buchausstattung *f* ~ **ehli** s. **ehli-;** ~ **etmek** s. **hesap etmek;** ~ **falı** Bibliomantie *f* ~ **gibi** *Ch.* wunderschön, fabelhaft (Mädchen, Frau) ~ **gibi konuşmak** sehr gelehrt daherreden *alimane konuşmak ~ **güvesi** s. **gümüşçün;** ~ **halinde çıkmak** als Buch (in Buchform) herauskommen ~ **harmanı** s. Stw. **harman;** ~ **işa-**

reti Lesezeichen *n* ~ **kabı** (*od.* ~ **mahfazası**) Buchhülle *f* (aus Leder od. Karton) ~ **kesesi** Buchhülle *f* (aus Stoff) ~ **kurdu** Bücherwurm *m (a. fig.)* ~ **odası** Bibliothekszimmer *n* ~ **rafı** Bücher-brett, -regal *n* ~ **resimlemeciliği** Buchillustrierung *f* ~ **resmi** Buchillustration *f* ~ **ressamı** Buchillustrator *m* ~ **tiryakisi** *fig.* Bücherwurm *m* ~ **yakışı** Bücherverbrennung *f* **-a el basmak** die Hand auf den Koran legen (als Bekräftigung e–s Schwurs, e–r Versicherung), schwören, fest versichern **-a** (*od.* **-ına**) **uydurmak** (bşi) e–r dubiosen Sache den Anschein der Korrektheit geben **-a uygun** vorschriftsmäßig **-ı harman etmek** s. Stw. **harman etmek.** **≗ta yeri yok.** In den amtlichen Vorschriften (*bzw.* im Koran) ist hierüber nichts gesagt. **≗ı Hak; ≗ı Hâkim** s. **Kitabullah; ≗ı Mukkaddes** (Titel der Bibelübersetzung, erstmalig 1885) Bibel *f*, Heilige Schrift **ilmi** ~ theologische Exegese

kitapbilim Bücherkunde *f* *bibliyoloji

kitapbilimsel bücherkundlich *bibliyolojik

kitapbiti, -ni Bücherlaus *f zo.* Liposcelis divinatorius

kitapçı 1. Buchhändler *m* 2. Verleger *m* 3. *va.* Bibliothekar *m* (im Dienst e–s Vornehmen) ~ **başı** *hist.* Oberhofbibliothekar *m* (des Sultans) ~ **dükkânı** Buchhandlung *f*

kitapçılık 1. Buchhandel *m* 2. Verlagswesen *n* 3. *va.* Dienst *m* e–s **kitapçı** (3)

kitaphane [··–·] 1. Buchhandlung *f* *kitabevi 2. *va.* Bücherschrank *m* 3. *va.* Bibliothek *f*

kitaplamak s. **hesaplamak kitaplamak**

kitaplı 1. mit Büchern 2. s. **hesaplı** ~

kitaplık 1. Büchergestell *n* *kitap rafı 2. Bücherschrank *m* *kitap dolabı 3. Bibliotheks-, Bücher-zimmer *n* *kitap odası 4. Bibliothek(-sabteilung) *f* 5. für ein Buch (bzw. für Bücher) best. od. geeignet (z.B. Papier) 6. soundsoviele Bücher (Bände) umfassend (z.B. Bibliothek)

kitapsaray öffentliche Bücherei (Staats-, Stadt- usw.)Bibliothek

kitapsaver Bücherliebhaber, Bibliophile *m* *bibliyofil

kitapseverlik, -iği Bücherliebhaberei, Bibliophilie *f*

kitapsız 1. wer kein Buch hat, ohne Buch 2. gottlos, heidnisch (*spez.* wer nicht der jüdischen, christlichen od. isl. Glaubensgemeinschaft angehört) 3. s. **hesapsız** ~

kitara [·×·] *mus.* Gitarre *f* mit sechs Doppelsaiten

kitaracı; kitarist, -ti Gitarrespieler *m*

kitin *biol.* Chitin *n*

kitle s. **kütle;** ~ **oyunu** *Th.* Massenstück *n*

kitle(n)mek s. **kilitle(n)mek**

kitlevî Massen-, Gesamt-, Total-, total **Hiç bir** ~ **tahliye vukua gelmemiştir.** Zu e–r Gesamtevakuierung ist es nicht gekommen.

kitli s. **kilitli**

kitman [ā] *va.* 1. Verbergen, Verhehlen *n* 2. Zurückhaltung, Reserviertheit *f*

kitra s. **ağaçkavunu**

kitre (ağacı) 1. Tragant, Bocksdorn *m bot.* Astragalus tragacantha *zamk ağacı, geven 2. Seyal-Akazie *f bot.* Acacia seyal ~ **zamkı** Tragant *m*, Gummiharz *n*

Kitriya s. **Büyük Çuha adası**

kivi s. **apteriks**

kiyah [ā] *va.* Gras *n*

kiyanî; kiyaniyat, -tı s. **kozmogonik; kozmogoni**

kiyanoz s. **siyanoz**

kiyanti [·×·] Chianti(-wein) *m*

kiyaset, -ti [ā] Klugheit, Schlauheit, Intelligenz *f*, Scharfsinn *m* *fatanet

kiyasetli klug, schlau, intelligent, scharfsinnig *fatanetli

kiyasetsiz dumm, stupid

kiyetist, -ti *rel.* Quietist *m* *sekinci

kiyetizm *rel.* Quietismus *m* *sekincilik

kizbî *va.* falsch, unwahr, lügnerisch

kizelgur *min.* Kieselgur *m*, Diatomeenerde *f*

kizip, -zbi *va.* Lüge, Unwahrheit *f*

kizir *P* Gehilfe *m* des Ortsvorstehers; Adjunkt *m*

klak, -kı 1. Chapeau claque *m* (zusammenklappbarer Zylinder) 2. *spez. Th.* Claque *f*

klaket, -ti (*franz.* **claquette**) 1. *mus.* Klapper(-instrument *n*) *f* 2. Stepptanz *m* 3. *(Filmproduktion)* Klappe *f*

klakör *Th.* Claqueur *m*, gedungener Beifallsklatscher *alkışçı, şakşakçı

klakson (*franz.* **klaxon**) (Auto-)Hupe *f* **≗ çalınmaz.** Hupen verboten! ~ **çalmak** hupen

klamp, -pı (*franz.* **clampe**) *med.* Ader-presse, -klemme *f* ~ **yapmak** *med.* abbinden (Ader, Darm)

klamşel (*engl.* **clamp-shell**) Greifbaggereimer *m*

klan Clan, Stammesverband *m* *semiye, sop

klapa (*deutsch* **Klappe**) Aufschlag *m*, Revers *n, m* (bei Anzug)

klape (*franz.* **clapet**) Klappenventil *n*

klark, -kı *chem.* Blaukreuz *n*, Chlor-Arsen-Gas *n* (Giftgas) ~ **çekmek** *V* (m. Dat.) et. ablehnen, nein sagen (zu), sich abweisend verhalten (gegen)

klarnet, -ti *mus.* Klarinette *f*

klarnetçi; klarnetist, -ti *mus.* Klarinettist *m*

klas (*franz.* **classe**) 1. *soz.* Klasse, Schicht *f* 2. *naut.* Klasse *f* (e–s Schiffs) 3. Leistungsfähigkeit, Güte, Klasse *f* 4. *F* hervorragend, ausgezeichnet, prima Zu 3: **-ı düşük bir maç** ein recht zweitrangiges Wettspiel Zu 4: **en** ~ **futbolcu** der hervorragendste Fußballspieler **-ını göstermek** seine Leistungsfähigkeit (Klasse) beweisen

klasifikasyon Klassifizierung *f* *tasnif

klasik (*franz.* **classique**) 1. klassisch 2. klassisches Werk; Klassiker *m* 3. von altersher gebräuchlich, allgemein üblich, traditionell, konventionell Zu 1: ~ **edebiyat** klassische Literatur ~ **Latince** klassisches Latein Zu 2: **Yunan -leri** die griechischen Klassiker *pl.* Zu 3: ~ **usuller** traditionelle Methoden *pl.* ~ **şark çıbanı** s. **Halep çıbanı**

klasikçilik s. **klasisizm**

klasikleşmek 1. den Charakter e–s klassischen Werkes annehmen, allmählich zum Klassiker werden 2. (allmählich) zur Tradition (zum festen Bestand) werden **klasikleşmiş dava** seit langem bestehendes Problem, traditionelle Streitfrage

klasiklik 1. Klassisch-Sein *n* 2. Klassik *f*, Klassizismus *m*

klasisizm Klassik *f*, Klassizismus *m*

klasman (*franz.* **classement**) 1. Klassifizierung, Reihenfolge, Wertung *f* 2. *(Sport)* Rangliste *f*

klasör (*franz.* **classeur**) 1. (Brief-)Ordner, Schnellhefter *m* *musannif, sıralaç 2. Aktenschrank *m*

klastik (*franz.* **clastique**) **kayaç** s. **kırıntı tortul**

klavet, -ti (*franz.* **clavette**) *techn.* Vorsteckstift, Splint *m*

klaviger Keulenkäfer *m zo.* Claviger

klavn Clown *m*

klavsen (*franz.* **clavecin**) *mus.* Klavizimbel, Cembalo *n*, Kielflügel *m*

klavsenci; klavsenist, -ti Cembalist(-in *f*) *m*

klavye (*franz.* **clavier**) 1. Klaviatur *f* (bei Klavier), Manual *n* (bei Orgel) 2. Tastatur *f* (z.B. bei Schreibmaschine) **-si kuvvetli** gewandt, geschickt, tüchtig (Setzer in der Druckerei)

klavyeli mit e–r Klaviatur bzw. Tastatur ausgestattet

kle (*franz.* **clé, clef**) 1. *mus.* Schlüssel *m* *anahtar 2. *(Ringen)* Fessel(-ung) *f*, Schlüsselgriff *m*

klefte(-ci) s. **kılefte(-ci)**

kleksografi Klecksographie *f* (*spez.* bei psych. Test)

Kleman *n.pr.* Clemens (*spez.* Papstname)

Kleopatra yılanı s. **Mısır kobrası**

klepisto [·×·]; **kleps** *Bill.* Zugball, Rückläufer *m* ~ **çekmek** *Bill.* e–n Ball als Rückläufer spielen

kleptoman kleptomanisch; Kleptoman-e *m*, -in *f*
kleptomani Kleptomanie *f*
klerikal klerikal
klerikalizm Klerikalismus *m*
klidestal Chlydesdale *m* (kräftige, schottische Pferderasse)
klik, -ki *od.* **-ği** Clique *f*, Klüngel *m*
kliket, -ti (*franz.* **cliquette**) Handklapper *f*
klikleşme Cliquenbildung *f*
klima Klima *n* *iklim ~ **cihazı** s. **iklimleme aygıtı**
klimaks 1. Steigerung *f* 2. *bot.* Klimax *f* 3. Höhepunkt *m* 4. Orgasmus *m*
klimatik klimatisch, Klima- *iklimî
klimatizasyon s. **iklimleme**
klimatize mit Klimaanlage ~ **etmek** mit Klimaanlage ausstatten
klimatografi Klimatographie *f*, Beschreibung *f* der klimatischen Verhältnisse (der Erde)
klimatoloji(-k) s. **iklimbilim(-sel)**
klinç, -çi *(Boxen)* Clinch *m* (Umklammerung des Gegners)
klinik, -iği 1. Klinik *f*, Krankenhaus *n* *seririyat 2. klinisch 3. Klinik(-um *n*) *f*, Unterricht *m* am Krankenbett
klinikman (*franz.* **cliniquement**) *Adv.* klinisch (z. B. tot)
klinker 1. Klinker *m* (Ziegelart) *Hollanda tuğlası 2. *naut.* Klinker-Beplankung *f* (e–s Boots)
klinometre [··×·] s. **eğimölçer**
kliper Klipper *m:* a) *fr. naut.* schnelles Segelschiff b) schnelles Verkehrsflugzeug
klips (*engl.* **clip**) 1. Klipp, Klips *m* 2. Klemmer *m* (z. B. am Füllfederhalter)
klirens (*engl.* **clearance**) *biol.* Ausscheidung *f* (der Niere)
kliring Clearing *n*, Verrechnung *f* *takas ~ **anlaşması** Clearingabkommen *n*
kliringli über Clearing verrechnet, auf Verrechnungsabkommen basierend (z. B. Handel)
klişe 1. Klischee *n*, Druckstock *m* 2. *phot.* Negativ *n* 3. *fig.* Klischee *n*, Abklatsch *m*, billige Nachahmung; Gemeinplatz *m;* trivial, banal, abgedroschen *basmakalıp 4. verkleinerte Druckwiedergabe; Faksimile *n* 5. feste Fügung Zu 3: ~ **laflar** abgedroschene Worte Zu 5: s. a. **klişe-kelime** und **klişeci;** ~ **atelyesi** Klischieranstalt *f* ~ **halinde** 1. als Klischee 2. *pej.* klischeemäßig, nach Schema F ~ **yapmak** klischieren, ein Klischee herstellen
klişe-kelime (In der Terminologie der gemäßigten türk. Sprachreformer: e–e in ar. od. pers. Füg. verwendete feste Wortverbindung, die, als kaum ersetzbar, vorläufig im Türkischen weitergeführt werden soll wie z. B. **suikast, kuvayı, milliye** usw.)
klişe-tabir *selt.* s. **klişe-kelime**
klişeci 1. wer Klischees anfertigt, Chemigraph *m* 2. *(G)* wer sich für die Originalschreibung ausländischer Eigennamen einsetzt 3. *(G)* türk. Sprachreformer gemäßigter Richtung, der best., kaum ersetzbare ar. od. pers. Füg. als „Klischee" vorläufig beibehalten will; s. a. **klişe-kelime**
klişecilik 1. Herstellung *f* von Klischees 2. Einstellung *f*, Verhalten *n* e–s **klişeci** (2, 3)
klişehane [ā] s. **klişe atelyesi**
klişeleşmek 1. *pej.* zum billigen Klischee werden 2. e–e feste Form annehmen, festwerden (z. B. Redensarten)
klişograf *typ.* Klischograph *m* (el. Graviermaschine für Druckstöcke)
klitoris s. **bızır, dılak**
klivya [×·] Clivia, Klivie *f*, Riemenblatt *n bot.* Clivia miniata
KLM = Koninklijke Luchtvaart Maatschappij Königl. Niederländische Luftfahrtgesellschaft
kloak, -kı s. **dışkılık**
Klodiyüs *n.pr.* Claudius
klor *chem.* Chlor *n*
klore chloriert, gechlort ~ **etmek** chloren, chlorieren
kloridrik asit *chem.* Salzsäure *f* *tuzruhu
klorik *chem.* Chlor- ~ **asit** Chlorsäure *f*
klorimetre [··×·] *chem.* Chlormesser *m* *klorölçer, mikyası klor
klorlamak chloren, chlorieren
klorlu Chlor enthaltend, chlorig
klorofil *bot.* Chlorophyll, Blattgrün *n* *maddei hadra
kloroform *med.* Chloroform *n*
kloroform(iz)asyon *med.* Chloroformierung *f*
kloroformize chloroformiert ~ **etmek** chloroformieren
kloromisetin *med.* Chloromycetin *n* (Antibiotikum)
kloroplast, -tı *bot.* Chloroplast *m*, Chlorophyllkern *m*
kloroz *med.* Chlorose, Bleichsucht, Blutarmut *f*
klorölçer s. **klorimetre**
klorür *chem.* Chlorverbindung *f*, Chlorid *n*
klostrofobi (*franz.* **claustrophobie**) s. **kapalı yer korkusu**
kloş (*franz.* **cloche**) 1. glockenförmig, in Glockenform (z. B. Mantel) 2. glockenförmiger (Damen-)Rock; Glokkenrock *m*
kloşlu in Glockenform
Klovis (*franz.* **Clovis**) *n.pr. hist.* Chlodwig
klozet, -ti (Wasser-)Klosett *n*
kluazone 1. Cloisonné *n* (e–e Emailmalerei), Zellenschmelz *m* 2. mit Zellenschmelzarbeit (z. B. Tisch)
klüp s. **kulüp**
klüz (*franz.* **cluse**) *geogr.* Engpaß *m*, Schlucht *f* *dar boğaz
knidliler Nesseltiere *pl. zo.* Cnidaria
knut, -tu *fr.* (russische) Knute *f*
ko Imper. zu **komak** vgl. **koymak** (6)
koagülabilite *med.* Gerinnbarkeit *f* (des Blutes); s. a. Stw. **kan**
koala [·×·] Koala *m*) (Beutelbär *m zo.* Phascolarctus cinereus *keseli ayı
koalisyon Koalition *f* ~ **kabinesi** Koalitionskabinett *n* *temerküz kabinesi
koata [·×·] s. **örümcek maymunu**
koati [·×·] Nasenbär *m zo.* Nasua rufa
kob s. **hilâl boynuzlu kob**
kobalt, -tı *chem.* Kobalt *n* ~ **bombası** Kobaltbombe *f* ~ **çiçeği** *min.* Kobaltblüte *f*, Erythrin *m* ~ **mavisi** kobaltblau
kobaltin *min.* Kobaltin, Kobaltglanz *m*
kobar die Meeräschenart Mugil saliens
kobay Meerschweinchen *n zo.* Cavia porcellus *hintdomuzu
kobe kletternde Krallenwinde *bot.* Cobaea scandens *çan sarmaşığı
kobez s. **kırmızı ayaklı kerkenez**
kobil ein spez. bei der Lachsfischerei verwendetes Fischerboot
kobra s. **Hint (Mısır) -sı; şah** ~
kobragiller Giftnattern *pl. zo.* Elapidae
koca (I) (Ehe-)Mann, Gatte, Gemahl *m* *eş, zevç **-ya kaçmak** mit e–m Mann auf und davongehen (Mädchen) **-ya varmak** *P* (e–n Mann bekommen) heiraten **-ya vermek** (zur Frau geben) verheiraten
koca (II) 1. groß, riesig, enorm, kolossal 2. grob (z. B. Fehler) 3. *fig.* groß, berühmt 4. alt *ihtiyar 5. *selt.* klug, tüchtig, wacker ~ **albacak** Moorwasserläufer, Rotschenkel *m zo.* Tringa totanus ~ **bebek** *(pej.)* großes Kind ~ **herif olmak** tüchtig heranwachsen (Junge), *F* ein Mordskerl werden ~ **kulak** Langohr *n* (Esel *m*) ≗ **Sinan** *n.pr.* Sinan der Große (türk. Baumeister des 16. Jh.) ~ **yarpuzu** 1. echter Staudenmajoran *bot.* Majorana maru 2. Nußdolde *f bot.* Cachrys libanotis

kocabaş Kernbeißer *m zo.* Coccothraustes coccothraustes *florcin
kocabaşı *P* Gemeindevorsteher, Bürgermeister *m* *muhtar
Kocaeli, -ni [geschlossenes **e**] *n.pr.* Rbz. (Nordwestanatolien), Verw. İzmit
kocakafa 1. mit e–m Mordsschädel 2. *pej.* Dummkopf *m* *mankafa
kocakarı 1. alte Frau, *pej.* alte Hexe 2. *V* „die Alte" (= Mutter) 3. frühreif (Mädchen) ~ **fırtınası** *naut.* Name e–s period. Seesturms (Mitte März) ~ **ilâcı** Hausmittel *n* (wie z. B. **deve hamuru, kızılcık şerbeti** usw.); ~ **lakırdısı (lafı, masalı)** Altweibergeschwätz *n* ~ **soğuğu** einwöchige Kälteperiode (Mitte März) *berdelacuz
kocalak s. **kızıl çaylak**
kocalamak; kocalaşmak s. **kocamak**
kocalı verheiratet (Frau) *evli
kocalık 1. Altsein, (Greisen-)Alter *n* 2. Ehemann-Sein *n*
kocal(t)mak s. **koca(t)mak**
kocamak alt (bzw. älter) werden, altern *ihtiyarlamak
kocaman riesig, enorm, kolossal (*ant.* **minimini**)
kocamışlık *med.* frühzeitiges Gealtertsein
Kocamustafapaşa *n.pr.* Stadtteil von Istanbul unweit von Yedikule (*fr.* **Samatya**) (nach e–m Großwesir des 15. Jh.)
kocaoğlan *hum.* Bär *m* *ayı
kocareis *(fr. Matrosensprache)* Erster Maat (auf Segelschiffen) *ikinci kaptan
kocasız 1. ohne Mann, alleinstehend (Frau) *erkeksiz, eşsiz 2. ohne Begleitung des Mannes
kocasızlık 1. Fehlen *n* des Mannes, Alleinstehen *n* (e–r Frau) 2. fehlende Begleitung des Mannes
kocatmak alt (bzw. älter) werden lassen, altern lassen, alt machen
kocayemiş 1. Baumerdbeere *f* 2. **(ağacı)** Erdbeerbaum *m bot.* Arbutus unedo
kocmak s. **koçmak**
kocuk s. **gocuk**
kocunmak 1. Anstoß nehmen, sich beleidigt fühlen, übelnehmen 2. Angst bekommen, zusammenfahren, aufschrecken Zu 1: s. a. (das palatalisierte) **gücenmek** Zu 2: s. **Al kaşağıyı** usw.
kocuşmak *z. va.* sich umarmen *kucaklaşmak
koç, -çu 1. Schafbock, Widder *m* 2. *fig.* jung, kräftig, mutig ~ **aşması** Bespringen *n* der Schafe ~ **burunlu** mit scharf vorspringender (römischer) Nase ~ **katımı** 1. Deckung *f* der Schafe 2. Herbst *m* ~ **katımı fırtınası** *naut.* Name e–s period. Seesturms (zu Anfang Oktober) ~ **otu** kleines Knabenkraut, Narrenorche *f bot.* Orchis morio ~ **yiğit** junger, gut aussehender, kräftiger Mann, junger Held
Koç, -çu *astr.* Widder *m* (Sternbild od. Tierkreiszeichen) *Hamel ~ **ılımı (noktası)** s. **ilkbahar ılımı (noktası)**
koçaç *va.* 1. s. **koçu** 2. *fr.* Kutscher *m* *arabacı
koçak *va. od. dial.* 1. beherzt, mutig, unerschrocken (Mann) *yürekli 2. freigebig *cömert 3. *va.* s. **koç**
koçaklama *(türk. Volkslit.)* episches Gedicht *destan
koçam *dial.* zwei Händevoll . . .
koçan 1. Strunk *m* (bei Salat, Kohl, Mais usw.) 2. Juxta, Souche, Stammleiste *f*, Kontrollabschnitt *m* 3. a) steif (z. B. Hände vor Kälte) b) hart, unreif (Obst, Gemüse)
koçanlı 1. mit Strunk 2. mit Souche
Koçarlı *n.pr.* O. u. D. im Rbz. Aydın
koçbaşı, -nı *hist.* Widder, Sturmbock, Mauerbrecher *m*
koçboynuzu 1. *naut.* Belegklampe *f* 2. gebräuchlicher Steinklee *bot.* Melilotus officinalis *kokulu sarı yonca 3. Kaiserkrone *f bot.* Fritillaria imperialis 4. *fr. mil.* Lafettenhaken *m*
Koçhisar *n.pr.* 1. s. **Şereflikoçhisar** 2. s. **Kızıltepe;** ~ **gölü** s. **Tuzgölü**
Koçhisarıbalâ s. **Ilgaz**
Koçinçin s. **Koşinşin**
koçkar bes. großer und starker Widder (für Wettkämpfe)
koçlanmak 1. sich wie ein Widder aufrichten 2. *fig.* Mut zeigen 3. s. **azmak** (II)
koçmak 1. s. **kucaklamak** 2. bespringen, decken (männl. Tier)
koçu 1. alttürk. vierrädriger Zweispänner für Spazierfahrten (mit kleineren Vorder- und größeren Hinter-rädern) 2. (auf hochstehenden Balken errichtetes) Vorratsdepot, Kornspeicher *m* 3. *reg.* Sänfte *f* (für die Braut)
koçuşmak s. **kocuşmak**
koçyumurtası, -nı Hoden *pl.* des Widders
kod, -du 1. Code, Kode *m* 2. *selt.* Gesetzbuch *n* ~ **açma** Entschlüsselung, Dechiffrierung *f*
koda *mus.* Koda *f*
kodaman *hum.* 1. reich, mächtig, einflußreich 2. hohes Tier, einflußreiche Persönlichkeit
kodamanlık hoher Rang; Ansehen *n*
kodein *pharm.* Kodein *n*
kodeks *med.* Pharmakopöe *f*, amtliches Arzneibuch *düsturüledviye
kodes 1. *va.* Hühnerstall *m* 2. *va.* dunkles, enges Gemach 3. *V* Kittchen, Loch *n*, schwedische Gardinen *pl.* (= Gefängnis) **-i boylamak** *V* ins Gefängnis kommen
kodifikasyon *jur.* Kodifikation, Kodifizierung *f*
kodlamak; kodlu s. **şifrelemek; şifreli**
kodoş *P* Kuppler, Zuhälter *m*
kodoşluk *P* Kupplerei, Zuhälterei *f*
koedükasyon s. **karma eğitim**
koefisiyan (*franz.* **coefficient**) s. **katsayı**
koersitif (*franz.* **coercitif**) **saha** s. **gideren alan**
kof (I) 1. hohl, ausgehöhlt 2. taub (Nuß) 3. *fig.* hohl, unbrauchbar, unwissend 4. wer kräftig aussieht, aber zu nichts taugt ~ **beyinli** (*od.* ~ **kafalı**) Hohlkopf *m* ~ **çıkmak** sich als Niete (Versager) herausstellen ~ **söz** (*od.* ~ **lakırdı**) leeres Geschwätz
kof (II) *naut.* Kuff *f* (flaches Küstenfahrzeug)
kofa s. **hasırotu**
kofana [·×·] *Bez.* des Blaufisches **(lüfer)** bei e–r Länge von über 30 cm
Kofçaz *n.pr.* O. u. D. im Rbz. Kırklareli
koferdam *naut.* Kofferdamm *m* (Abgrenzung bei Tankschiffen)
koflaşmak 1. hohl werden (z. B. Nuß) 2. *fig.* seine körperliche od. geistige Beweglichkeit verlieren
kofluk 1. Hohlsein *n*, Hohlheit *f* 2. Taubsein *n* (e–r Nuß) 3. Hohlheit, Unbrauchbarkeit, Unwissenheit *f*
kofoz *med.* Kophosis *f* (totale od. partielle Taubheit)
kofre (*franz.* **coffret**) *selt.* Kästchen *n*
kofti [×·] *V* Lüge *f*, Schwindel *m*, Aufschneiderei, Angeberei *f*, Bluff *m* ~ **atmak** lügen, schwindeln, aufschneiden, angeben, bluffen
koful *bot., geol.* Hohlraum *m*, Vakuole *f* *halâ, vakúol
kofullu mit Hohlräumen (z. B. Gestein)
koğ- s. a. **kov-**
koğuş Gemeinschaftsraum *m* in Kasernen, Krankenhäusern, Internaten usw. wie Schlafsaal, Speisesaal *m*, Krankenstation, Gefängniszelle *f*, Unterrichtsraum *m* usw. ~ **ağacı** Vierkantbalken *m* ~ **kıdemlisi** *mil.* Stubenältester ~ **meydancısı** wem die Reinigung von Gefängniszellen übertragen ist
kohezyon *techn.* Kohäsion *f*
kok, -ku (*a.* ~ **kömürü**) Koks *m*
koka [×·] 1. **(ağacı)** Cocastrauch *m bot.* Erythroxylon coca 2. s. **kuka**

kokain Kokain *n* ~ **çekmek** Kokain schnupfen
kokainizm *med.* Kokainvergiftung *f*
kokainoman kokainsüchtig; Kokainist(-in *f*) *m*
kokainomani Kokainismus *m*
kokak *P* übelriechend, stinkend
kokakola [×·×·] Coca-Cola *n, f*
kokana s. **kokona**
kokarağaç s. **gök ağacı**
kokarardıç, -cı Stinkwacholder *m bot.* Juniperus foetidissima *bozardıç
kokarböcekgiller Baumwanzen *pl. zo.* Pentatomidae
kokarca [·×·] 1. Iltis *m zo.* Putorius putorius 2. (*a.* **Amerikan -sı**) Skunk *m*, Stinktier *n zo.* Mephitis mephitis
kokarçalı stinkender Goldregen *bot.* Anagyris foetida *domuzdikeni
kokargelincik Steppeniltis *m zo.* Mustela putorius Eversmannii
kokart, -dı Kokarde *f*
kokartlı mit Kokarde geschmückt
kokaryakıt *P* s. **tezek** (1)
kokayağı, -nı *z. va.* Pflanzenfett *n*
koket, -ti kokett, eitel, gefallsüchtig
koketiye (*franz.* **coquetier**) *selt.* Eierbecher *m*
koketlik; koketri Koketterie, Gefallsucht *f*
kokhane [ā] Kokerei *f*
kokil Kokille, Gußform *f* ~ **gümüşü** Muschelsilber *n* (z. B. zum Bemalen von Porzellan)
koklam *biol.* Geruchssinn *m* *şamme
koklama Vs. zu **koklamak** *spez. biol.* Riechen *n* *şem ~ **duyusu** Geruchsempfindung *f* ~ **organı** Geruchsorgan *n* ~ **siniri** Geruchsnerv *m*
koklamak (m. Akk.) riechen, schnüffeln (an), beriechen, beschnuppern **Koklayanın burnu düşer!** Das stinkt ja wie die Pest!
koklaşmak (I) *techn.* verkokt werden (Steinkohle)
koklaşmak (II) 1. sich gegenseitig beriechen (beschnüffeln, beschnuppern) (Tiere) 2. sich liebkosen (streicheln, küssen) (Personen)
koklaştırmak verkoken (Steinkohle)
koklatmak (b–ni bşe) 1. j–n an et. riechen lassen 2. *V* ein wenig von et. abgeben; herausrücken (z. B. Geld) **Bahçesinde meyveler çürür de kimseye koklatmaz.** Das Obst verfault ihm im Garten, aber keinem gibt er et. ab.
koklea *an.* s. **salyangoz** (2)
kokleer kanal s. **salyangoz kanalı**
kokmak, (-ar) 1. *mel.* gut riechen, duften 2. *pej.* übel riechen, stinken, *a.:* allmählich e–n üblen Geruch verbreiten, zu stinken beginnen 3. riechen (nach) 4. drohend bevorstehen, in der Luft liegen, Symptome (von et.) erkennen lassen 5. *P* s. **koklamak** Zu 1: **gül gibi** ~ wunderbar duften Zu 2: **Bu et kokuyor.** Das Fleisch (hier) fängt allmählich an zu stinken. Zu 3: **sarmısak** ~ nach Knoblauch riechen Zu 4: **Ortalık harp kokuyordu.** Man fühlte e–n Krieg herannahen.
Kokmaz bulaşmaz. s. **Ne kokar ne bulaşır.**
kokmuş 1. übelriechend, stinkend, muffig geworden *kokuşuk 2. faul, träge, vor Faulheit stinkend 3. maßlos eingebildet Zu 2: **Amma da** ~ **şeysin!** Du stinkst ja geradezu vor Faulheit!
koko (*franz.* **coco**) 1. Kokosfaser *f* 2. Kokosläufer *m* 3. Kokosnuß *f* *büyük hindistancevizi 4. *V* Koks *m* (= Kokain)
kokomiro [··×·] *V* s. **kelek** (6)
kokona [·×·] 1. *fr.* christl. (*spez.* griech.) Frau (Dame) 2. eitle, aufgeputzte Dame ~ **gibi** *P* 1. ältere aufgeputzte Dame 2. unverschleiert
kokoniça *V* junges Mädchen, junge Frau
kokoreç, -ci türk. Gericht aus Hammel- od. Lamm-därmen
kokoroz 1. Mais *m* (*öst.* Kukuruz *m*) *mısır 2. et. spitz Zulaufendes und Abstoßendes (z. B. Kopfbedeckung) 3. *V* häßlich, widerwärtig (Person)
kokorozlanmak *V* sich (angeberisch od. drohend) vor j–m aufpflanzen
kokorozlu *V* aufgedonnert, aufgetakelt
kokot, -tu Kokotte, Halbweltdame, Kurtisane *f*
kokotluk Kurtisanentum *n*
kokoz 1. *V* ohne Geld, abgebrannt, pleite 2. *va.* alt, senil
kokozlamak *V* in Geldschwierigkeiten sein, auf dem Trokkenen sitzen
kokozluk *V* Abgebranntsein *n*, Pleite *f*
kokteyl [×·] Cocktail *m* ~ **parti(-si)** Cocktail-Party *f*
koku 1. (guter od. schlechter) Geruch *m* 2. *mel.* angenehmer Geruch; Duft *m* 3. *pej.* übler Geruch; Gestank *m* 4. Parfüm *n* 5. *V* Kokain *n* 6. geringe Spur (von), Anzeichen *n* (von) Zu 6: **Doğru -su da var.** Für die Richtigkeit besteht ein schwacher Hinweis. **Onda ciddiyetin -su bile yoktur.** Er besitzt keinen Funken Ernsthaftigkeit. **Ortalıkta bir savaş kokusu var.** Es sieht bedrohlich nach Krieg aus. ~ **almak** 1. riechen, e–n Geruch verspüren, wittern 2. *fig.* wittern, wahrnehmen ~ **alamamak** *od.* ~ **alma hassasını kaybetmek** den Geruchssinn verlieren ~ **giderici** Desodorans *n* ~ **giderme** Desodorierung *f* ~ **sürünmek** sich parfümieren ~ **vermek** (*od.* **duyurmak**) 1. riechen, e–n Geruch verbreiten 2. *fig.* e–n best. Eindruck hinterlassen (Zu 2: **... bize bir tercüme -su duyuruyor.** ... klingt für uns nach Übersetzung.) **-su çıkmak** 1. zu riechen anfangen 2. *fig.* allmählich ans Tageslicht kommen, sich allmählich herausstellen (wahrer Sachverhalt) 3. *fig.* sich allmählich bemerkbar machen, seine Schatten vorauswerfen (z. B. drohendes Ereignis) **-sunu almak** (bşin) *fig.* Wind bekommen (von)
kokucu hausierender Parfümhändler
kokulandırmak e–n best. Geruch verleihen
kokulu 1. e–n Geruch ausströmend, riechend 2. *mel.* gut riechend, duftend, parfümiert 3. *pej.* stinkend, Stink- ~ **akasya** s. ~ **filbahar;** ~ **aslan otu** Nelkensommerwurz *f bot.* Phelipaea aegyptiaca ~ **bezelye çiçeği** s. **ıtrışahî;** ~ **bomba** Stinkbombe *f* ~ **çayır otu** s. **kokulu yonca** (1); ~ **çöpleme** stinkende Nieswurz *bot.* Helleborus foetidus *fena kokulu harbak ~ **defne** rosmarinblättriger Seidelbast *bot.* Daphne cneorum ~ **dönbaba** Moschus-Reiherschnabel *m bot.* Erodium moschatum ~ **filbahar** scharfe Waldrebe *bot.* Clematis flammula ~ **gelincik** s. **kokarca** (1); ~ **inciçiçeği** s. ~ **yapışkan;** ~ **kiraz** Weichselkirsche *f bot.* Prunus mahaleb *mahlep ~ **maydanoz** s. **mis(k) maydanozu;** ~ **menekşe** Märzveilchen *n bot.* Viola odorata ~ **nane** s. **nane;** ~ **nergis** wohlriechende Narzisse *bot.* Narcissus odorus ~ **papatya** s. **Rumî papatya;** ~ **rezede** s. **muhabbetçiçeği;** ~ **sabun** parfümierte Seife; Toilettenseife *f* ~ **sarı yonca** s. **koçboynuzu** (2); ~ **servi** die Zypressenart Cupressus Goweniana (*u. a.* in Istanbuler Parkanlagen) ~ **süpürgeotu** Nelkensommerwurz *f bot.* Orobanche caryophyllacea ~ **tahta maun ağacı** Barbados-Zeder *f bot.* Cedrela odorata ~ **yapışkan** Waldmeister *m bot.* Asperula odorata ~ **yonca** 1. perennierendes Ruchgras *bot.* Anthoxanthum odoratum 2. echter Steinklee *bot.* Melilotus officinalis 3. blauer Bockshornklee *bot.* Trigonella caerulea
kokusal Geruchs-, olfaktorisch *şemmî
kokusuz geruchlos
kokuşmak zu riechen (stinken) beginnen (z. B. Fleisch) *kokmak
kokuşuk s. **kokmuş** (1, 2); ~ **ceviz** s. **tatula** (1)
kokutmak 1. (gut od. schlecht) riechen lassen, mit Duft bzw. Gestank erfüllen (z. B. Zimmer) 2. veranlassen od. zulassen, daß et. in Fäulnis übergeht und stinkt 3. *P* j–m

langsam die Lust an et. benehmen, j–m allmählich auf die Nerven gehen

kokü s Kokkus *m*, Kokke, Kugelbakterie *f*

kol 1. *an.* Arm *m, a. fig.* z.B. Fluß-, Leuchter-, Anker-arm usw., *a. geogr.* Nebenfluß *m* 2. *an.* Oberarm *m* *üst kol 3. Vorderfuß *m* (e–s Pferdes) 4. Ärmel *m* (e–s Kleidungsstückes) 5. Ast *m* (e–s Baumes) 6. *techn.* Kurbel *f*, Griff, Schwengel, Hebel *m* 7. Stange *f*, Stab, Balken *m* (als Träger, Stütze, Verschluß usw.) 8. Schenkel *m* (e–s Magneten) 9. Hals *m*, Griffbrett *n* (e–s S.i.) 10. Strang *m*, Kardeel *n*, Ducht *f*, Schaft *m* (bei Tauwerk) 11. Teil *m*, Abteilung, Gliederung *f* *kısım, şube 12. *mil.* Trupp *m*, Patrouille *f*, (bewaffnete) Streife *f* 13. *mil. fr.* Flügel *m* *cenah, kanat 14. *a. mil.* Kolonne *f* 15. Gruppe, Schar *f*, Ensemble, Team *n* 16. Seite, Richtung *f* *taraf 17. *arch.* Seitenflügel *m* (e–s Gebäudes) 18. *bot.* Ausläufer, Seitentrieb *m* 19. Armlehne *f* (z.B. e–s Sessels) 20. *fr. mil.* (strategisch wichtige) Aufmarschstraße *f* 21. armähnlich, Arm-, Neben- 22. s. **yol -u** Zu 1: **sağ -u olmak** (b–nin) j–s rechte Hand sein Zu 4: **-ları sıvalı** mit aufgekrempelten Ärmeln Zu 6: s. **piston (tulumba) -u** Zu 7: s.a. **terazi -u** Zu 11: **dil ve edebiyat -u** Sprach- und Literatur-abteilung *f;* s.a. **dağ -u** Zu 12: s. **hücum (keşif) -u** Zu 14: s. **nakliyat -u; beşinci** ~ Zu 15: s. **temsil -u; bir çengi -u;** ~ **çalışmaları** Gruppenarbeit *f*, Teamwork *n* Zu 16: **Şehir üç -dan kuşatıldı.** Die Stadt wurde von drei Seiten her eingeschlossen. **sağ -da** auf der rechten Seite, rechterhand, rechts ~ **ağzı** Ärmel-rand, -aufschlag *m* ~ **akımı** *phys.* Ableitungsstrom *m* *müştak cereyan ~ **askısı** Armbinde *f* (als Stützverband) ~ **atmak** 1. j–m den Arm um den Hals legen, j–n umarmen 2. Äste ansetzen 3. sich verzweigen, sich verästeln 4. sich ausbreiten, sich ausdehnen, sich entwickeln (z.B. Stadt) 5. ergreifen (Feuer) ~ **bağı** Armbinde *f* (als Abzeichen) *pazıbent ~ **bastı** *(Ringen)* unentschiedener Ausgang (da jeder Ringer e–n Fuß des Gegners umklammert hält) ~ **bastırma** *naut.* Kurzspleiß *m* ~ **baş ana atardamarı** Arm-Kopf-Schlagader *f* ~ **çevirme** *(Turnen)* Armkreisen *n* ~ **demiri** Eisenstange *f* (als Torverschluß) ~ **deniz** *geogr.* Randmeer *n* ~ **derinliği** *mil.* Marschtiefe *f* ~ **devriği** Ärmelaufschlag *m* ~ **düğmesi** Manschettenknopf *m* ~ **eğesi** Armfeile *f* ~ **emeği** manuelle Arbeit, Handarbeit *f* ~ **evi** s. **koltukaltı;** ~ **gezmek** 1. *fr. mil.* die Ronde halten; patrouillieren 2. wüten, herrschen, umgehen (Epidemie, Kälte, Tod) (Zu 2: s. **ayaz paşa (salgın, ölüm) kol geziyor**); ~ **işareti** 1. *mil.* Armbinde *f* 2. *mil.* Ärmelabzeichen *n* 3. Signalarm *m* ~ **kabağı** Schwammkürbis *m bot.* Luffa *luf ~ **kâğıdı** *typ.* marmoriertes Papier (als Bucheinband) ~ **kanat olmak** (b–ne) j–m helfen, unter die Arme greifen, j–n unterstützen ~ **kapağı** 1. *mil.* Ärmelaufschlag *m* 2. (bei Damenkleidern) Manschette *f* ~ **kavrama** *(Judo)* Armhebel *m* ~ **kayık** (*od.* **kayığı**) *z. va.* Patrouillenboot *n* ~ **kemiği** *an.* Oberarmbein *n* *azmı adut, karaca kemiği, pazı kemiği, humerus ~ **kıvrımı** Armbeuge *f* ~ **kilitlemesi** *(Ringen)* Armschlüssel *m* ~ **kirişi** *techn.* Auslegerträger *m* ~ **kola** Arm in Arm ~ **kola girmek** sich unterhaken, Arm in Arm gehen ~ **nizamı** *mil.* Hintereinandermarschieren *n*, Gänsemarsch *m* ~ **oyunu** Name e–s best. Tanzes ~ **saati** Armbanduhr *f* ~ **salmak** s. ~ **atmak;** ~ **tahtası** Ärmelbügelbrett *n* ~ **tertibatı** *techn.* Gestänge *n* ~ **tesiri** Hebelwirkung *f* ~ **testeresi** Spannsäge *f* ~ **uzantı** *geol.* Apophyse *f* (seitliche Forts. e–s erzhaltigen Gesteins) ~ **uzatmak** sich aus-, ver-breiten ~ **üçbaşlısı** s. **üçbaşlı kol kası;** ~ **vermek** ausschlagen (Baum) ~ **vurmak** 1. umhergehen 2. patrouillieren ~ **yormak** hart arbeiten ~ **zırhı** Armschiene *f* (bei e–r Rüstung) **-a almak** *va.* hilfreiche Hand bieten **-a çıkmak** *mil.* zu e–m Patrouillengang ausrücken **-larını açmak** 1. die Arme ausbreiten 2. (b–ne) j–n mit großer Herzlichkeit empfangen (aufnehmen) **-larını kavuşturmak** 1. die Arme übereinanderschlagen (kreuzen) 2. *fig.* untätig verharren **-larını sallaya sallaya gelmek** *fig.* mit leeren Händen kommen **-larını sıvamak** 1. die Ärmel aufkrempeln 2. *fig.* sich ans Werk machen **-u boş dönmek** s. **eli boş dönmek; -u kanadı kalmamak** (*od.* **kırılmak**) *fig.* 1. flügellahm werden, hilflos dastehen 2. in den Zustand völliger Erschöpfung geraten **-u sakat bir çocuk** ein Kind mit verkrüppeltem Arm **-u uzun** einflußreich, mächtig **-u uzun olmak** *a.:* sich Gehorsam (od. Anerkennung) zu verschaffen wissen **-una girmek** (b–nin) sich bei j–m einhängen, j–n unterhaken **ᵒuna kuvvet!** Nur immer wacker weiter! (Zuruf an j–n, der e–e Arbeit verrichtet) **-unda altın bileziği olmak** e–n einträglichen Beruf ausüben (*spez.* Handwerker) **-unu budunu kırmak** (b–nin) *F* j–n krumm und lahm schlagen **-unu budunu sallayarak** schlenkernden Ganges **-unu burmak** *V* 1. gegen j–n aufkommen 2. j–n übertrumpfen (übertreffen), sich als der Überlegene erweisen **-unu bükmek** (b–nin) 1. j–m den Arm umdrehen 2. *fig.* weiteren Widerstand unmöglich machen; besiegen 3. *fig.* j–m et. verderben, j–n zu nichts kommen lassen **-unu uzatmak** die Hand ausstrecken **-unun altına sıkıştırmak** et. unter den Arm klemmen

kola (I) [×·] 1. Stärke(-mittel *n*) *f*, Wäschestärke *f* 2. Kleister, Klebstoff, Leim *m* 3. Stärken *n*, Behandlung *f* mit Stärke od. Leim Zu 3: **Bu yakanın -sı iyi olmadı.** Der Kragen ist nicht richtig gestärkt.

kola (II) [×·] Kolabaum *m bot.* Cola vera bzw. Cola acuminata ~ **cevizi** Kola-, Guru-nuß *f*

kolaborasyon 1. *mel.* Mit-, Zusammen-arbeit *f* 2. *pej.* Dienste *pl.* e–s Helfershelfers, Zusammengehen *n* (z.B. mit e–m ins Land eingedrungenen Feind), Kollaboration *f*

kolaboratör 1. *mel.* Mitarbeiter *m* 2. *pej.* Helfershelfer *m;* wer mit dem Feind in verräterischer Weise zusammenarbeitet

kolacı [×··] wer Wäsche stärkt und bügelt

kolacılık [×···] Gewerbe *n* e–s **kolacı**

kolaçan *V* Umhergehen, Ausspionieren, Auskundschaften *n* (z.B. als Vorbereitung für e–n Einbruch) ~ **etmek** (m. Akk.) *V* auskundschaften, ausspionieren **-a çıkmak** *V* auf Erkundung ausgehen (betr. Raub, Diebstahl usw.)

kolagiller Sterkuliengewächse *pl. bot.* Sterculiaceae

kolağası, -nı *fr.* Offiziersrang zwischen Hauptmann und Major (heute: **kıdemli yüzbaşı**); zwei Stufen: **sağ kolağası** und **sol kolağası**

kolahane [··–·] Wasch- und Bügelanstalt *f*

kolajen *biol.* Kollagen *n*, Bindegewebsleim *m* ~ **tel** *biol.* Kollagenfaser *f* *beyaz tel

kolalamak 1. stärken und bügeln 2. leimen (Papier)

kolalı [×··] 1. Stärke (Klebstoff, Leim) enthaltend 2. gestärkt und gebügelt 3. geleimt (Papier) ~ **gömlek** (steif-) gestärktes Hemd

kolan 1. Gurt(-band *n*) *m*, Riemen *m* 2. Pferde-, Sattel-gurt *m* 3. Stricke *pl.* an e–r Hängeschaukel ~ **balığı;** s. **mersin balığı;** ~ **çözmek** (*od.* **gevşetmek**) abgurten ~ **salıncağı** Hänge-, Garten-schaukel *f* ~ **vurmak** 1. (ein Pferd) satteln 2. Schwung holen (auf e–r Schaukel) ~ **yeri** Gurtstelle *f* (bei Pferdegeschirr) **-ı açmak** die Riemen (*fig.* Zügel) lockern **-ı çekmek** die Riemen (*fig.* Zügel) anziehen

kolaps *med.* Kollaps *m*

kolargol *med.* Kollargol *n*, kolloides Silber

kolasız 1. keine Stärke od. Klebstoff enthaltend 2. ungestärkt

kolasyon (*franz.* **collation**) *selt.* Imbiß *m*

kolay 1. leicht, unschwer, mit keinen od. wenig Mühen

verbunden (*ant.* **güç, zor**) 2. Mittel *n*, Abhilfe *f* ~ **gelmek** *naut.* von achtern kommend (Wind) ꝭ **gelsin** (*gel. a.* **gele**). „Möge (die Arbeit) leicht werden!" (*feste Höfl.* angesichts fremder Arbeit) ~ **görünmek** (*od.* **gözükmek**) leicht ausschauen (es aber nicht sein) ~ ~ ganz leicht, ganz einfach; *(in neg. Sätzen)* so einfach ... (nicht) ~ **(yutulur) lokma değil** reichlich schwierig (Person od. Sache) ~ **rüzgâr** *naut.* Achterwind *m* *omuzluk rüzgârı; serbest rüzgâr ~ **seyir** *naut.* Fahrt *f* mit Achterwind **-da** verfügbar, disponibel, greifbar; zur Hand ꝭ**ı var!** Dem läßt sich leicht abhelfen! **-ına bakmak** (bir işin) schauen, daß et. zustandekommt, et. möglich machen **-ına gelmek (öyle)** sich bewerkstelligen lassen **-ına kaçmak** et. von der leichten Seite anpacken; oberflächlich ausführen **-ını bulmak** (bir işin) Mittel und Wege finden (für *bzw.* gegen et.), et. fertigbringen

kolayca [·×·] leicht, unschwer

kolaycacık [·×··] ganz leicht, ganz einfach

kolayımsı ziemlich leicht; unschwer

kolaylamak (bşi) den größten od. schwierigsten Teil e–r Arbeit hinter sich haben, aus dem Gröbsten heraus sein

kolaylanmak bald zu Ende sein (auszuführende Arbeit)

kolaylaşmak 1. leicht(-er) werden; sich leichter gestalten 2. s. **kolaylanmak**

kolaylaştırmak 1. erleichtern; Schwierigkeiten aus dem Weg räumen 2. schneller zu Ende kommen (mit e–r Arbeit)

kolaylık, -ığı 1. Leichtigkeit, Mühelosigkeit *f* 2. Erleichterung, Unterstützung, Vergünstigung *f* 3. praktische Einrichtung; Gebrauchsgegenstand *m* 4. Möglichkeit, Abhilfe *f*, Mittel *n* Zu 1: ꝭ**ı yüzünden iş çabuk bitti.** Da die Arbeit nicht schwer war, konnte sie in kurzer Zeit zu Ende geführt werden. Zu 4: ꝭ**ım olsaydı, ben bu parayı çoktan öderdim.** Wenn ich dazu in der Lage gewesen wäre, hätte ich die Summe schon längst bezahlt. ꝭ**ını buldu.** *F* Er hat den richtigen Dreh gefunden. ~ **göstermek** (*od.* **yapmak**) (b–ne) j–m Erleichterungen (Vergünstigungen) verschaffen, j–m behilflich sein, j–n unterstützen ~ **vermek** s. **Allah** ~ **versin! -la** mit Leichtigkeit, leicht, mühelos

kolaylıklı leicht zu bedienen od. zu handhaben (z.B. Bremse)

kolbaşı, -nı 1. Anführer, Gruppenleiter *m* 2. Abteilungschef *m*

kolbaşılık Führung, Leitung *f*

kolböreği, -ni e–e Pastetenart in länglicher Form

kolcu 1. patrouillierender Wächter (z.B. Zollwächter) 2. Kontrollbeamter *m* 3. Dienstbotenvermittler *m* ~ **başı** Kontrollchef *m* ~ **kadın** *fr.* mit der Inspektion von Bordellen beauftragte Polizeibeamtin ~ **sandalı** *fr.* Patrouillen-, Zoll-boot *n*

kolculuk Tätigkeit *f*, Aufgaben *pl.* e–s **kolcu**

kolçak 1. langer, wollener Fausthandschuh (gleichzeitig Pulswärmer) 2. Ärmel-schützer, -schoner, Überziehärmel *m* 3. *fr.* Armschiene *f* (Teil e–r Rüstung) 4. Armbinde *f* (als Abzeichen) *pazıbent

koldaş Arbeitskamerad, Kollege *m*

koldaşlık Arbeitskameradschaft, Kollegialität *f*

koldkrem Cold Cream *n*

kole *Bill.* preß *yapışık ~ **durmak** preß stehen (Spielball)

kolebyaka [··×·] russ. Fisch- od. Hühner-pastete

koledok kanalı s. **öt kanalı**

koleg *selt.* Kolleg-e *m*, -in *f*

kolegyum [·×·] *selt.* Kollegium *n*, Lehrkörper *m*

kolej 1. private höhere Schule od. Fachschule *f* im Rang e–s **lise** 2. *selt.* (Richter-)Kollegium *n* Zu 1: **Amerikan Kız** ꝭ**i** *n.pr.* Amerikanisches Mädchengymnasium (in Istanbul) **Türk Maarif Cemiyeti** ꝭ**i** (Name e–r privaten höheren Schule in Ankara) **Polis** ꝭ**i** *n.pr.* Höhere Polizeischule *f* (in Ankara) Zu 2: **İttihamname, yüksek mahkemenin -ine verilmiştir.** Die Anklageschrift wurde dem hohen Gerichtshof übergeben.

kolejli Schüler(-in *f*) *m* e–s **kolej**

koleksiyon 1. (Briefmarken-, Münzen- usw.)Sammlung *f* 2. (Mode-)Kollektion *f* ~ **merakı** Sammeleifer *m*, *pej.* Sammelwut *f* ~ **yapmak** 1. sammeln (Briefmarken usw.) 2. e–e (Mode-)Kollektion zusammenstellen

koleksiyoncu (Briefmarken- usw.)Sammler(-in *f*) *m*

koleksiyonculuk 1. Sammeln *n* (als Liebhaberei) 2. Sammler-tum, -wesen *n*

koleksiyoner (*eigentlich:* **koleksiyonör**) (*franz.* **collectionneur**) s. **koleksiyoncu**

kolektif 1. kollektiv, Kollektiv-, gemeinschaftlich, Gruppen-, umfassend 2. Kollektiv *n* (Arbeits- und Produktionsgemeinschaft) ~ **anten** Gemeinschaftsantenne *f* ~ **emniyet** (*od.* ~ **güvenlik**) kollektive Sicherheit ~ **iş sözleşmesi** kollektiver Arbeitsvertrag ~ **ortalık** (*od.* ~ **şirket**) *H* offene Handelsgesellschaft ~ **sevişme** Gruppensex *m*

kolektifleşmek kollektiviert werden; sich kollektivieren

kolektifleştirmek kollektivieren

kolektivist, -ti 1. Anhänger(-in *f*) *m* des Kollektivismus 2. kollektivistisch ~ **bir rejim** e–e kollektivistische Regierungsform

kolektivite *selt.* (Volks-)Gemeinschaft *f*, Gesamtheit *f* ~ **şuuru** Volksempfinden *n*

kolektivize kollektiviert ~ **etmek** kollektivieren

kolektivizm Kollektivismus *m* *cemaniye, ortaklaşacılık

kolektör *techn.*, *el.* Kollektor, Sammler, Kommutator, Stromabnehmer *m*

kolera [×··] *med.* Cholera *f* ~ **vakası** Cholerafall *m* **-ya tutulmak** von Cholera befallen werden

koleralı von der Cholera befallen, cholerakrank

koleret, -ti (*franz.* **collerette**) *mod.* Halskrause *f*

kolerin *med.* Cholerine *f*, Brechdurchfall *m*

kolesistit, -ti *med.* Cholezystitis, Gallenblasenentzündung *f*

kolesterin; kolesterol, -lü *med.* Cholesterin, Gallenfett *n*

kolhoz Kolchos *m*, Kolchose *f*

koli Postpaket *n* *posta paketi

kolibasil *med.* Kolibakterie *f*, Darmbazillus *m*

kolibri Kolibri *m* *zo.* Mellisuga

kolik, -ki *od.* **-ği** *med.* Kolik *f*, Bauchgrimmen *n*

kolimatör *astr.* Kollimator *m*; s.a. **nişan-ü**

kolineer kollinear *doğrudaş

kolinski Kolinski *m*, sibirischer Feuerwiesel (*spez.* dessen Fell)

kolipostal s. **koli**

kolir (*franz.* **collyre**) *pharm.* Augen-tropfen *pl.*, -salbe *f* (*a.* als Kosmetikum)

kolit, -ti *med.* Kolitis, Dickdarmentzündung *f*

Kolize *n.pr.* Kolosseum *n* (in Rom)

kolkotar s. **İngiliz kırmızısı**

kolkret, -ti (*engl.* **concrete**) *techn.* Kiesbeton *m*

kollagen [··×] *biol.* Kollagen *n*, Leimbildner *m*, Gerüsteiweiß *n* ~ **tel** Kollagenfaser *f*

kollamak (m. Akk.) 1. warten, lauern (auf), abwarten, abpassen (Gelegenheit, günstigen Zeitpunkt usw.) *gözetmek 2. in seine Obhut nehmen, beschirmen, beschützen, sich j–s annehmen *göz etmek 3. aufmerksam beobachten, (umher-)spähen, Ausschau halten *gözlemek Zu 1: **uygun bir zaman** ~ e–n günstigen Zeitpunkt abpassen Zu 2: **O, her vakit zayıfları, düşkünleri kollar.** Er nimmt sich immer der Schwachen und Hilflosen an. Zu 3: **etrafı** ~ überall umherspähen **kollayıcı dikkat** aufmerksames Beobachten *müterakkip dikkat

kollu 1. mit (nb.) Arm, Ärmel, Abteilung (usw. s. **kol**) 2.

-armig, -ärmelig, -zackig, -strahlig Zu 1: s. ~ **elbise (makine); dört** ~ **halat** *naut.* vier-kardeeliges, -schäftiges Tau Zu 2: **yedi** ~ **samdan** siebenarmiger Leuchter **kısa** ~ kurzärmelig **beş** ~ **yıldız** fünfzackiger Stern ~ **anahtar** Hebelschalter *m* ~ **burgu** Bohrwinde *f* ~ **cetvel** s. **T cetveli;** ~ **dürbün** Scherenfernrohr *n* ~ **çekiç** Balkenhammer *m* ~ **elbise** Kleid *n* mit (langen) Ärmeln, Ärmelkleid *n* ~ **fener** Wand-lampe, -leuchte *f* ~ **makas** Hebelschere *f* ~ **makine** Steppmaschine *f* (des Schusters) ~ **mekanizma** Hebelwerk *n* ~ **terazi** Balkenwaage *f* ~ **testere** Bügelsäge *f* ~ **vinç** Auslegekran *m*

kolluk (I), **-uğu** 1. Manschette *f* 2. Ärmel-schützer, -schoner *m*, Überzieh-, Schmutz-ärmel *m*

kolluk (II), **-uğu** *va.* Polizei, Gendarmerie *f* *polis, zabıta

kolodyum [·×·] *pharm., phot., techn.* Kollodium *n*, Klebäther *m*, Wundpflaster *n*

kolofan Kolophonium, Geigenharz *n* *reçine

koloidal, -li *chem.* kolloid, kolloidal, feinzerteilt *şibih koloidî ~ **barut** rauchloses (*bzw.* rauchschwaches) Pulver ~ **gümüş** s. **kolargol**

koloit, -di *chem.* Kolloid *n*

kolokas eßbare Kolokasie *bot.* Colocasia antiquorum

kolokyum Kolloquium *n*, (wissenschaftliches, politisches usw.) Gespräch

kolombin (*franz.* **colombine**) *min.* Bleierz *n*

Kolombiya *n.pr.* 1. Kolumbien (Südamerika) 2. Columbia (USA) 3. **(İngiliz -sı)** Britisch-Kolumbien (im westl. Kanada)

Kolombiyalı 1. Kolumbier(-in *f*) *m* 2. kolumbisch

kolombiyum s. **niyobiyum**

kolombo *pharm.* Kolombowurzel *f* (der Pflanze Chasmantera palmata) (Mittel gegen Durchfall)

kolomborna [··×·] s. **kulumbur** (1, 2)

Kolomböncesi vorkolumbisch *prekolombiyen

Kolomp, -bu *n.pr.* Kolumbus **-'un yumurtası** Ei *n* des Kolumbus

kolon (I) (*franz.* **colonne**) 1. Säule *f* *sütun 2. *selt.* (Marsch-) Kolonne *f* 3. (Zeitungs-)Spalte, Kolumne *f* *sütun 4. Rubrik *f* (z.B. auf e–m Formular) 5. *an.* s. **kalınbarsak** 6. *typ.* nicht umbrochener (Kolonnen-)Satz Zu 2: **beşinci kolon** *va.* s. **beşinci kol;** ~ **prova kâğıdı** *typ.* Fahnenabzug *m* ~ **tashihi** *typ.* Fahnenkorrektur *f* **-u müstaraz (nazil, said)** s. **enine (inen, çıkan) kalınbarsak**

kolon (II) (*franz.* **colon**) *selt.* Kolonist *m*

kolona [·×·] *naut.* 1. die Reihe der großen Vertäuungspoller an e–m Kai 2. *z. va.* Untermast *m* (von den Mastbakken bis zum Deck) ~ **bağı** Rundtörn *m* ~ **halinde** abgetakelt (Segelschiff) ~ **nizamı** Fahrt *f* (von Schiffen) in Dwarslinie ~ **palangası** schwere Talje

kolonat, -dı Kolonnade *f*, Säulengang *m* (ohne Bögen) *revak

koloni 1. Kolonie *f* *müstemleke, sömürge 2. Kolonie *f* (als Gesamtheit der Kolonisten) 3. (Ausländer-)Kolonie *f* 4. (Bakterien- usw.)Kolonie *f* *yığınak 5. (Bienen-)Volk *n* Zu 3: **Viyana'daki Türk -si** die türkische Kolonie in Wien

kolonlu mit (nb.) **kolon**

Kolonya [·×·] 1. *n.pr.* Köln 2. ≗ **(suyu)** Kölnisch Wasser ≗ **ispirtosu** Polierspiritus *m*

kolonyacı [·×··] 1. Hersteller od. Verkäufer *m* von Kölnisch Wasser 2. Parfümeriehändler *m*

kolonyacılık 1. Herstellung *f* und Verkauf *m* von Kölnisch Wasser 2. Parfümeriehandel *m*

kolonyal 1. Kolonie-, kolonial 2. Tropen ~ **şapka** Tropenhelm *m*

kolonyalı mit Kölnisch Wasser besprengt ~ **mendil** 1. Erfrischungstuch *n* 2. Abschminktuch *n*

kolonyalizm s. **sömürgecilik**

koloratur *mus.* Koloratur *f* ~ **soprano** Koloratursopran *m*

kolordu *mil.* (Armee-)Korps *n* (bestehend aus drei Divisionen und Ergänzungstruppen) ~ **birliği** Korpsverband *m* ~ **karargâhı** Korpshauptquartier *n* ~ **kumandanı** (*od.* **komutanı**) kommandierender General ~ **kumandanlığı** (*od.* **komutanlığı**) Generalkommando *n* ~ **(merbut) kıtaları** Korpstruppen *pl.* ~ **topçusu** Korpsartillerie *f*

kolori *a. mus.* Kolorit *n*

koloridye [··×·] noch nicht ausgewachsener **kolyoz** (*q.v.*)

kolorimetre; kolorimetri s. **renkölçer; renkölçüm (renkölçme)**

kolorimetrik kolorimetrisch

kolorist, -ti Kolorist *m*

kolos *selt.* s. **devheykel**

kolosal *selt.* kolossal, riesig

kolostrum s. **ağız** (9)

kolpo [×·] 1. *Bill.* Stoß *m* 2. *V* günstiger Punkt; Gelegenheit *f*, geeigneter Augenblick **-suna getirmek** *V* die Gelegenheit benützen; et. richtig „hinkriegen" (*spez.* durch Betrug im Spiel) **-ya gelmek** *V* hereingelegt (übertölpelt) werden

kolsuayaklılar Armfüßer *pl. zo.* Brachiopoda

kolsuz ohne **kol** (*q.v.*) *spez.* 1. ohne Arme 2. ärmellos 3. ohne Griff (Henkel, Klinke) ~ **kanatsız kalmak** hilflos dastehen

kolşisin *med., pharm.* Kolchizin *n* (Alkaloid der Herbstzeitlose)

koltar (*engl.* **coal-tar**) Steinkohlenteer *m*

koltuk, -uğu 1. Raum *m* zwischen Arm und Körper; Achselhöhle *f* 2. (Lehn-, Polster-, Klub- usw.)Sessel *m*, (Arm-)Lehnstuhl *m*, Fauteuil *m* 3. Behandlungsstuhl *m* (des Zahnarztes) 4. **(resmi, merasimi, töreni)** *fr.* Hochzeitszeremonie, bei der der Bräutigam die Braut unterhakte und sie durch die Reihen der Gäste hindurch ins Brautgemach führte 5. *fig.* Schmeichelei *f* 6. einsam, abgelegen (z.B. Straße) 7. in abgelegener Straße befindlich (Trödelladen, kleiner Kramladen, Kneipe usw.) 8. s. ~ **değneği** 9. *hum.* Stelle, Stellung *f*, Posten *m*, Amt *n* *post, sandalye 10. *V* geheimes Bordell 11. *arch.* Strebe, Stütze *f* 12. *naut.* Anlegetrosse *f* 13. *fig.* Schutz *m*, Protektion, Unterstützung *f* 14. Teil *m* des Pferdekörpers zwischen Vorderbeinen und Brust 15. *bot.* Blattstielwinkel *m* 16. Sitz *m* (im Parlament, Th., Kino) 17. der zweite Tänzer bei **bar** (I) Zu 2: s.a. **elektrikli** ~ Zu 5: ≗**tan hoşlanmaz.** Schmeicheleien sind ihm zuwider. ~ **bakkal** kleiner Krämer (*mst.* Zweiggeschäft) ~ **değneği** 1. Krücke *f* 2. *fig.* einflußreicher Gönner od. Protektor ~ **değneğiyle** 1. mittels Krücke(-n) 2. *fig.* mit fremder Hilfe ~ **değneğiyle gezmek** an Krücken gehen ~ **dersi** *fr.* außerplanmäßiger Unterricht (in e–r Medrese) ~ **halatı** (*od.* ~ **palamarı**) s. **koltuk** (12); ~ **kapı** Seiteneingang *m* (in e–m Palast); Dienstboteneingang *m* ~ **kapmak** *hum.* e–n hohen Posten ergattern ~ **kavgası** Postenjägerei *f* ~ **meyhanesi** Kneipe, Schenke *f*, Bumslokal *n* ~ **odası** Neben-raum *m*, -zimmer *n* (*mst.* nur durch ein größeres Zimmer erreichbar) ~ **sarrafı** kleinerer Geldwechsler (z.B. in abgegrenztem Teil e–s Ladengeschäftes) ~ **taşı** *arch.* Wölbbogen *m* (nahe dem Schlußstein) ~ **teri** Achselschweiß *m* ~ **vermek** (b–ne) j–m (ins Gesicht hinein) lobhudeln ~ **yanaklığı** Ohrensessel *m* ~ **zırhı** *fr.* Teil der Rüstung zwischen Schulter und Brust **-a gelmek** gerne Schmeicheleien hören **-a girmek** 1. die **koltuk** genannte Hochzeitszeremonie beginnen 2. *va.* heiraten **-a vermek** *fr.* die Braut an die Seite des Bräutigams stellen (vgl. **koltuk** 4); **-ları kabarmak** (*od.* **larını kabartmak**) 1. stolz werden 2. sich wichtig tun **-ta olmak** 1. *hum.* freigehalten werden 2. es bequem haben, verwöhnt werden **-u altına almak** (bşi) et. unter den Arm nehmen **-una girmek** 1. j–n unter-fassen, -haken (*spez.* um ihm beim Gehen be-

hilflich zu sein) 2. (*a.* **-una sığınmak**) sich unter j–s Schutz flüchten **-unda olmak** (b–nin) unter j–s Schutz stehen; von j–m unterstützt werden
Koltuk *astr.* Kassiopeia *f* (Sternbild) *Zatülkürsî
koltukaltı, -nı 1. Achselhöhle *f* 2. *fig.* Schutz *m*, Protektion *f* 3. Ärmelausschnitt *m* (bei Anzug, Kleid) *kol evi ~ **bölgesi** *an.* Achselgrube *f* *nahiyei ıptiye **-na almak** j–n unter seine Fittiche nehmen; protegieren
koltukçu 1. Sessel-fabrikant od. -händler *m* 2. Altwarenhändler, Trödler *m* 3. Kneipwirt *m* 4. Schmeichler *m*
koltukçuluk Tätigkeit *f* e–s **koltukçu** *(q.v.) spez.* liebenswürdiges Getue
koltuklamak 1. s. **koltukaltına almak** 2. s. **koltuğuna girmek** 3. schmeicheln, lobhudeln 4. (b–ni) j–m gut zureden; j–n „bearbeiten"
koltuklu 1. mit Armlehnen (Stuhl, Sessel), Lehn- 2. *va.* gestützt, mit Protektion ~ **sandalye** Lehnstuhl *m*
koltukluk 1. Schweiß-, Achsel-blatt *n* *subra 2. als Sesselbezug geeignet od. dazu best.
koltuksuz 1. ohne Armlehnen (Stuhl, Sessel) 2. *pol.* ohne Geschäftsbereich ~ **nazır** Minister *m* ohne Portefeuille
kolumbaryum Kolumbarium *n*, Urnenhalle *f* (e–s Friedhofs)
kolumbir s. **kulumbur** (2)
kolya rudya s. **koloridye**
kolye Kollier *n*, Hals-kette *f*, -schmuck *m* *gerdanlık
kolyedöpriz (*franz.* **collier de prise**) *el.* Steckdose *f*
kolyeli mit Kollier, Ring- ~ **ardıçkuşu** Ringdrossel *f zo.* Turdus torquatus *bozbakkal
kolyos buntblättrige Nessel *bot.* Coleus Blumei
kolyoz [×·] Mittelmeermakrele *f zo.* Scomber colias ~ **vonozu** s. **koloridye**
kolza [×·] (*franz.* **colza**) Raps *m bot.* Brassica napus var. oleifera ~ **böceği** Rapsglanzkäfer *m zo.* Meligethes aeneus ~ **toprak** (*od.* **yaprak**) **piresi** Rapserdfloh *m zo.* Psylloides chrysocephala ~ **yağı** Raps-, Rüb-öl *n*
koma (I) [×̄·] *med.* Koma *n*, tiefe Bewußtlosigkeit **-ya girmek** 1. in tiefe Bewußtlosigkeit fallen 2. *V* a) ganz perplex sein b) sich (vor Erregung) nicht mehr kennen **-ya sokmak** *V* 1. mörderisch verprügeln 2. in größte Schwierigkeiten bringen
koma (II) Auslassungs- od. Unterbrechungszeichen *n;* s. a. **apostrof**
koma (III) [–·] 1. Vs. zu **komak** 2. *z. va.* hingestellt, gelassen, vorgebracht 3. s. **kuma**
koma (IV); **komma** *mus.* Komma *n*, Neuntelton *m* ~ **bemolü** (*bzw.* **diyezi**) *(türk. Musik)* Erniedrigung (bzw. Erhöhung) *f* um e–n Neuntelton
koma (V) *dial.* s. **haydi.** ≗ **koş!** Nimm die Beine in die Hand!
komak s. **koymak**
komalık *med.* Zustand *m* tiefer Bewußtlosigkeit ~ **etmek** *V* 1. fuchsteufelswild machen 2. s. **komaya sokmak;** ~ **olmak** *V* todmüde sein
koman *dial.* s. **ibrik**
Komançiler *n.pr.* Komantschen *pl.* (Indianerstamm)
komand (*franz.* **commande**) *snob. H* Bestellung *f* *sipariş
komandit, -ti (*od.* ~ **şirket**) *H* Kommanditgesellschaft *f* ~ **ortak** s. **komandite;** ~ **sermaye** *H* Kommanditkapital *n*
komandite (*franz.* **commandité**) *H* Komplementär *m*, persönlich haftender Gesellschafter e–r Kommanditgesellschaft
komanditer (*franz.* **commanditaire**) *H* Kommanditist *m*, stiller Teilhaber
komando [·×·] 1. *mil.* Kommando(-trupp *m*) *n* 2. Sabotagetrupp *m* od. Schlägerkommando *n* 3. *hist.* (2. Weltkrieg) Arbeitskommando *n* (von Kriegsgefangenen od. Konzentrationshäftlingen) 4. Himmelfahrtskommando *n*, verlorener Haufen 5. Kommandostelle *f* (e–r Organisation) 6. *naut.* linksgängiges 5–10schäftiges Tau (als Dichtungsmaterial)
komandör Kommandeur, Komtur *m* (Ordensstufe)
komanter (*franz.* **commentaire**) Kommentar *m* *tefsirat, tefsirler
komar *dial.* s. **açalya**
komatula s. **antedon**
komb (*franz.* **combe**) *geol.* Bergeinschnitt *m*, Talmulde *f*
kombina 1. (Industrie-)Werk *n*, (Fabrik-)Anlagen *pl.*, Kombinat *n* 2. *agr.* best. Zusammenstellung der wichtigsten Geräte 3. *agr.* Kombinationsmaschine *f*
kombinatör (*franz.* **combinateur**) *techn.* 1. Berechner, Zusammensteller *m* 2. *(el., Radio)* Stufen-, Wellen-schalter *m*
kombinatuvar (*franz.* **combinatoire**) kombinatorisch
kombine (*franz.* **combiné**) 1. kombiniert, Kombinations- 2. *agr.* Kombinationsmaschine *f* 3. *(Sport)* kombinierter Wettkampf Zu 1: ~ **oyun** *spez. Fb.* Kombinationsspiel *n* ~ **etmek** kombinieren
kombinezon (*franz.* **combinaison**) 1. (An-)Ordnung, Kombination, Verbindung *f*, Arrangement *n*, Zusammenstellung *f* 2. Hemdhose *f* (für Damen) 3. Gruppierung *f*, Zusammenschluß *m* (z.B. von Staaten) 4. *spez. Fb.* Kombinations-, Zusammen-spiel *n* 5. Schlosser-, Monteur-, Flieger-anzug, Overall *m* 6. *selt. chem., phys.* Verbindung *f* 7. *Scha.* bestimmte (Spiel-)Stellung
komedi 1. *Th.* Komödie *f*, Lustspiel *n* *mudhike 2. *fig.* Komödie, Farce *f*, Theater *n*, Verstellung *f*, aufgelegter Schwindel 3. *abus.* s. **komodin** Zu 3: ~ **aynalı** *P* 1. Garderobeablage *f* mit Spiegel 2. verschließbarer Waschschrank (in dessen Deckel ein Spiegel angebracht ist) ~ **oynamak** *fig.* Komödie spielen
komedon (*franz.* **comédon**) *med.* Mitesser *m* (in der Haut)
komedya [·×·] s. **komedi**
komedyacı [·×··] Komödiant(-in *f*) *m*, Komödienspieler(-in *f*) *m*, Komiker(-in *f*) *m*
komedyacılık [·×···] *pej.* Possenreißerei *f*
komedyen (*franz.* **comédien**) 1. s. **komedyacı** 2. *fig.* Heuchler *m*
komensalizm (*franz.* **commensalisme**) s. **ortakçılık**
komersyal (*franz.* **commercial**) Handels- *ticarî; s. **ataşekomersyal, bürokomersyal**
komet, -ti (*franz.* **comète**) *selt.* s. **kuyrukluyıldız**
komfor s. **konfor**
komi (*franz.* **commis**) 1. Angestellter, Verkäufer *m* 2. Büro-, Kellner-gehilfe *m*
komik 1. Komiker(-in *f*) *m* 2. die Gattung des Komischen betreffend, komisch 3. komisch, sonderbar, lächerlich, drollig **-i şehîr** „berühmter Komiker" (Titel, der in e–r eigenen Feier verliehen wurde)
komikleşmek komisch, drollig werden
komiklik, -iği 1. Gattung *f* des Komischen, Komik *f* 2. das Komische (Sonderbare, Lächerliche, Drollige) Zu 1: ≗ **de sanattır.** Auch die Komik ist e–e Kunst. Zu 2: **Hatanın -ine dikkat ediyor musunuz?** Merken Sie, wie drollig der Fehler wirkt?
komilfo *selt.* comme il faut, wie es sich gehört, musterhaft
Kominform *n.pr.* Kominform *n* (Kommunistisches Informationsbüro) (1947–1956)
Komintern *n.pr.* Komintern *f* (Kommunistische Internationale) (1919–1943) ~ **aleyhindeki pakt** Antikominternpakt *m*
komiser (*franz.* **commissaire**) (Polizei-, Preisüberwachungs-, Regierungs- usw.)Kommissar *m*
komiserlik 1. Kommissariat *n*, Amt *n* e–s Kommissars 2. Polizei-station, -wache *f*
komisyon 1. Kommission *f*, Ausschuß *m* *encümen 2. *H*

Kommission *f* (Handel für fremde Rechnung), Zwischenhandel *m* 3. *H* Kommission, Provision, Makler-, Vermittler-gebühr *f* ~ **mukavelesi** Kommissionsvertrag *m*
komisyoncu *H* 1. Kommissionär *m* 2. Makler, Vermittler *m*
komisyonculuk 1. Tätigkeit *f* e–s Kommissionärs, Kommission(-sgeschäft *n*) *f* 2. Makler-beruf *m*, -gewerbe *n*
komisyoner s. **komisyoncu**
komita 1. politische Untergrundbewegung 2. (revolutionäres) Komitee 3. Gesamtheit *f* der Komitadschi
komitacı Komitadschi *m* (Angehöriger e–r bewaffneten Untergrundbewegung *spez. fr.* e–r solchen in Mazedonien)
komitacılık 1. (Tätigkeit *f* e–r) Untergrundbewegung *f* 2. Zugehörigkeit *f* zu e–r Untergrundbewegung
komite 1. Komitee *n*, (leitender) Ausschuß *m* *encümen 2. s. **komita**
komiteci(-lik) *gel.* für **komitacı(-lık)**
komivuayajör (*franz.* **commis voyageur**) Handlungsreisender; Vertreter *m*
komma s. **koma** (IV)
komodin (*ital.* **comodine**) 1. Nachttischchen *n* (neben dem Bett) 2. Spind *m, n* (*spez.* in Internaten) 3. Garderobeablage *f* (im Vorraum) 4. mit Deckel verschließbarer Waschschrank (s. a. **komedi**)
komodor *(naut. u. Luftwaffe)* Kommodore, Geschwaderführer *m* ~ **sancağı** (*od.* ~ **forsu**) *naut.* s. **gidon** (2)
komodorluk Rang *m*, Aufgaben *pl.* e–s **komodor**
Komor takımadaları (*od.* **Komorlar**) *geogr.* Komoren *pl.*
komot, -du (Wäsche-)Kommode, Truhe *f*
Komotini s. **Gümülcine**
kompansasyon Kompensation *f spez. H* Verrechnungsabkommen *n*
kompartıman (*franz.* **compartiment**) (Eisenbahn-)Abteil, Coupé, Kupee *n*
kompas 1. *naut.* (Schiffs-)Kompaß *m* 2. (Greif-)Zirkel *m* 3. *typ.* Winkelhaken *m* 4. Meßkluppe, Schublehre *f* 5. *V* gemeinsame Beratung (Verabredung, Planung) *f* (e–r Tat), Komplott *n* 6. Intrige, List *f* ~ **kurmak** *V* gemeinsam beraten (verabreden, planen) (Tat), ein Komplott aushecken ~ **sallamak** 1. *typ.* fleißig arbeiten 2. *V* nicht beachten, nicht hinhören, sich nicht kümmern, keinen Wert beimessen
kompaslı 1. mit **kompas** 2. *V* vereinbart, verabredet, geplant, gemeinsam ausgeheckt
kompaund (*engl.* **compound**) 1. zusammengesetzt 2. *techn.* Verbund-
komper (*franz.* **compère**) *selt.* Pate *m*
kompetan kompetent, zuständig, maßgebend, befugt
kompilasyon Kompilation, Zusammenstellung *f*
kompile kompiliert, zusammengestellt ~ **etmek** kompilieren, zusammenstellen
kompir s. **kumpir**
kompitür *gel. irrt.* für **kompüter**
komple 1. ganz, vollständig, vollzählig, Voll-, komplett 2. ganz besetzt (z. B. Straßenbahn) 3. Herrenanzug *m* 4. (*a.* ~ **bir kostüm**) Komplet *n* 5. Satz *m*, Garnitur *f* 6. all-, viel-seitig (Person) 7. *(Sport)* aus mehreren Disziplinen bestehend (z. B. Fünfkampf) ~ **pansiyon** Vollpension *f;* s. a. **kafekomple; çay komple**
kompleks 1. Komplex *m*, Ganzes 2. *psych.* Komplex *m* 3. komplex
kompleksli *psych.* mit Komplexen beladen
komplekssiz *psych.* ohne Komplexe
komplikasyon *spez. med.* Komplikation *f* *ihtilât
komplike kompliziert, schwierig, verwickelt ~ **etmek** komplizieren, erschweren, verwirren
komplikeleşmek kompliziert, verwickelt werden
komplikeleştirmek komplizieren
kompliman Kompliment *n*, Schmeichelei *f*, (aufdringliche) Liebenswürdigkeit ~ **yapmak** Komplimente machen, schmeicheln, von aufdringlicher Liebenswürdigkeit sein
komplimancı *mst. pej.* Komplimentenmacher, Schmeichler *m*, von aufdringlicher Liebenswürdigkeit
komplimancılık *pej.* liebenswürdiges Getue
komplimento [··×·] *z. va.* s. **kompliman**
komplo 1. Verschwörung *f*, Komplott *n*, geplanter Anschlag 2. *abus.* Attentat *n* (korrekt: **suikast**) Zu 2: ~ **teşebbüsü** (*kontaminatorisch* für ~ und **suikast teşebbüsü**) versuchter Anschlag ~ **yapmak** 1. e–n Anschlag planen od. anzetteln; konspirieren 2. *abus.* ein Attentat verüben
komplocu Verschwörer(-in *f*) *m*
komploculuk Verschwörertum *n*, Konspiration *f*
komposto [·×·] 1. Kompott *n* 2. *agr.* Kompost, Mischdünger *m*
kompostoluk 1. Kompott-, Obst-schale *f* 2. (nur) für Kompott geeignet (Obst) 3. *agr.* als Kompost verwendbar
kompoze (*franz.* **composé**) 1. künstlerisch entworfen 2. *mus.* vertont, komponiert ~ **etmek** 1. künstlerisch entwerfen 2. vertonen, komponieren
kompozisyon 1. *mus.* Komposition, Vertonung *f* *beste 2. (Schul-)Aufsatz *m* *tahrir vazifesi 3. künstlerischer Aufbau od. Entwurf 4. Komposition *f* (als Gemälde) 5. Verbindung *f*, Zusammengehen *n* (z. B. pol. Parteien)
kompozitör *mus.* Komponist, Ton-setzer, -dichter *m* *besteci, bestekâr
kompozitörlük *mus.* 1. Tätigkeit *f* als Komponist 2. Kompositionslehre *f*
komprador 1. wucherischer Aufkäufer 2. kapitalistischer Ausbeuter
kompres Kompresse *f*, feuchter Umschlag
kompresör *techn.* Kompressor, Verdichter *m;* s. a. **rulo** ~
kompresyon Druck *m*, Verdichtung, Kompression *f*
komprime 1. Tablette, Pastille, Pille *f* 2. Suppenwürfel *m* *çorbalık 3. (Zeitungs-)Kurzartikel *m*
kompromi(s) Kompromiß *m, n* *anlaşıt, tarzı itilâf
kompund s. **kampavnd**
kompüter Computer, Elektronenrechner *m*, Datenverarbeitungsanlage *elektronik hesap makinesi; ordinatör
komsomol Komsomol *m* (kommunistische Jugendorganisation in Rußland)
komsomolcu Komsomolz-e *m*, -in *f* (Mitglied des Komsomol)
komşu 1. Nachbar(-in *f*) *m* 2. benachbart, Nachbar- ~ **açı** *math.* Nebenwinkel *m* *mücavir zaviye ~ **kapısı** *fig.* ganz nahe, nur e–n Katzensprung entfernt ~ **kapısına çevirmek** (bir yeri) dauernd und überflüssigerweise nach e–m ziemlich weit entfernten Ort gehen ~ **kesim** *mil.* Nachbarabschnitt *m* ~ **kıta** *mil.* Nachbartruppe *f* ~ **memleketler** Nachbarländer *pl.* **²da pişer, bize de düşer.** *spr. Ra.* Vielleicht fällt von dem Gewinn auch für uns et. ab. **²nun tavuğu komşuya kaz görünür** (*od.* **gelir**). *Spr.* Neid sieht alles doppelt so groß. **-suna gülme** *fig.* Schadenfreude *f*
komşuluk 1. Benachbartsein *n*, Nachbarschaft, Nähe *f* 2. Verkehr *m* mit Nachbarn 3. freundschaftlich ~ **etmek** freundschaftlich verkehren ~ **hakkı** *jur.* Nachbarrecht *n*
komut, -tu *mil.* (gegebenes) Kommando *n*, Befehl *m* *emir ~ **işareti** Kommandozeichen *n* ~ **kulesi** Kommandoturm *m*
komuta *mil.* Kommando *n*, Befehl(-sgewalt *f*) *m* *kumanda ~ **etmek** das Kommando führen, befehligen ~ **heyeti** Kommando-behörde *f*, -stab *m* ~ **ifadesi** (*od.* **lisanı**) Kommandosprache *f* ~ **makamı** Kommandostelle *f*
komutan *mil.* Kommandant, Kommandeur, Befehlshaber, Führer *m* *kumandan ~ **filikası** (*od.* **gemisi**) Führerboot

n ~ **makamı** Führerstelle *f* ~ **tipi** Führergestalt *f* ~ **vasıfları** (*od.* **hassaları**) Führereigenschaften *pl.*
komutanlık *mil.* 1. Rang *m*, Aufgaben *pl.* e–s Kommandeurs 2. Kommando *n*, Kommandantur *f*, Dienststelle *f* e–s Kommandeurs *(1, 2) kumandanlık ~ **kurmayı** *od.* ~ **erkân heyeti** Führerstab *m* ~ **kudreti** (*od.* **salâhiyeti**) Führergewalt *f*
komutmak *dial.* 1. s. **gayrete getirmek** 2. s. **davrandırmak**
komün (*franz.* **commune**) 1. (Stadt- od. Land-)Gemeinde 2. *hist.*, *pol.*, *soz.* Kommune *f*
komünalizm Kommunalismus *m*, Selbstverwaltung *f* der Gemeinden
komünikasyon 1. Mitteilung *f* 2. Verbindung *f*, Verkehr *m*
komünike Kommuniqué *n*, (regierungs-)amtliche Mitteilung *resmî tebliğ
komünist, -ti 1. Kommunist(-in *f*) *m* 2. kommunistisch ≗ **beyannamesi** Kommunistisches Manifest (1848) ~ **partisi** kommunistische Partei ~ **propagandası** kommunistische Propaganda ≗ **Rusya** das kommunistische Rußland, Sowjetrußland
komünite (*franz.* **communité**) (tierische und pflanzliche) Gemeinschaft *f*
komünistlik 1. kommunistische Lehre, Bewegung od. Tätigkeit 2. Gesamtheit *f* der Kommunisten 3. Zugehörigkeit *f* zum Kommunismus 4. Kommunismus *m*
komünizm Kommunismus *m* *kamulculuk, iştirakiye
komünote (*franz.* **communauté**) Gemeinsamkeit, Gemeinschaft *spez.* 1. Völkergemeinschaft *f* 2. Volksgemeinschaft *f* Zu 1: **Avrupa -si** die europäische Völkergemeinschaft Zu 2: **Alman -si** die deutsche Volksgemeinschaft
komünvelt, -ti (*gel. Entstellung*) Commonwealth *n*, Staatenbund *m*
komünyon (katholische) Kommunion *f*
komütasyon (*franz.* **commutation**) *el.* Umschaltung *f*
komütatör (*franz.* **commutateur**) *el.* Kommutator, Umschalter *m* *çevirgeç
kon *reg.* Haus *n*, Wohnung *f*
konak, -ağı 1. Quartier *n*, Herberge *f*, (Orts-)Unterkunft *f* 2. *va.* Tagesreise *f* 3. Rast, Pause *f*, Halt *m* 4. großes prächtiges Gebäude *spez.* Regierungsgebäude *n*, Konak *m*, Palast *m* 5. Kopfgrind, Gneis, Milchschorf *m* (bei Kleinkind) 6. *biol.* Wirt *m* (e–s Schmarotzers) *mihmandar 7. *va.* Gast *m* *konuk, misafir ~ **cetveli** Quartierliste, Unterkunftsübersicht *f* ~ **darısı** italienische Borstenhirse *bot.* Setaria italica ~ **etmek** Station machen (auf e–r Reise) ~ **gibi** groß, prächtig (Haus) ~ **hizmeti** Quartierdienst *m* ~ **iaşesi** Quartierverpflegung *f* ~ **kumandanı** (*od.* **komutanı**) Ortskommandant *m* ~ **kurmak** *mil.* biwakieren ~ **listesi** Quartierliste *f* ~ **puslası** Quartierschein *m* ~ **sahibi** Quartier-geber, -wirt *m* ~ **taksimatı** Quartierverteilung *f* ~ **vermek** 1. Unterkunft gewähren 2. *mil.* Quartier anweisen ~ **yavrusu** *fr.* kleinerer Palast (mit 10–15 Räumen) ~ **yeri** Unterkunftsort *m* **-a yerleşmek** Quartier beziehen **-a yerleştirmek** einquartieren **-lara girmek** Quartier beziehen
konakçı 1. wer für e–e größere Reisegesellschaft Unterkunft beschafft 2. *mil.* wer Soldaten in Quartieren unterbringt 3. s. **konak** (6); ~ **erbaş** *mil.* Furier *m* ~ **subay** *mil.* Quartiermeister *m*
konaklama 1. Vs. zu **konaklamak** 2. *mil.* Unterkunft *f*
konaklamak für kurze Zeit Quartier nehmen *spez.* übernachten
konaklatmak einquartieren, unterbringen
konaklı 1. vornehmer, reicher Herr 2. mit Kopfgrind (Gneis, Milchschorf) (Kleinkind)
konaklık 1. als Quartier (Herberge, Unterkunft) geeignet od. dazu best. 2. soundsoviel Tagereisen entfernt 3. Etappe, Stufe *f*, Abschnitt *m*
konargöçer s. **göçerkonar**
konay (*kaum gebr.*) s. **kamp**
konca 1. Knospe *f* *spez.* Rosenknospe *f* 2. Bez. für das zweite Jahr e–s Kindergartens 3. *V* qualitativ gutes Haschisch
koncalı 1. mit nb. Knospen 2. mit Knospen übersät
koncolos s. **karakoncolos**
konç, -cu 1. (Stiefel-)Schaft *m* 2. (Strumpf-)Oberlänge *f*, Wadenteil *m* 3. (*Fechten*) lederner Stulpenhandschuh
konçerto [·×·] *mus.* Konzert *n* (als Kompositionsform)
konçina; konçine [×··] Name e–s türk. Ka.
konçlu 1. mit nb. Schaft bzw. Wadenteil 2. *pr.* mit langem Schaft bzw. Wadenteil 3. (*Fechten*) mit ledernen Stulpenhandschuhen
konçsuz 1. ohne Schaft bzw. Oberlänge 2. mit kurzem Schaft, mit kurzer Oberlänge 3. (*Fechten*) ohne lederne Stulpenhandschuhe
kondansasyon *techn.* Kondensation, Verdichtung *f*
kondansatör *phys.* 1. Kondensator *m* *miksefe, mükessife 2. s. **kondansör**
kondanse kondensiert (z. B. Milch) ~ **etmek** kondensieren, verdichten, eindicken
kondansör *opt.*, *phot.* Kondensor, Verdichter, Verstärker *m*
kondil (I) (*franz.* **condyle**) s. **lokma** (5)
kondil (II) *Zig.* Auge *n* *göz
kondisyon (*a.* ~ **fizik**) (*Sport*) Kondition *f*, körperliche Leistungsfähigkeit
kondisyonman (*franz.* **conditionnement**) Konditionierung *f*, Bestimmung *f* des Feuchtigkeitsgehalts (bei Textilien)
kondoktor s. **kondüktör**
kondom Kondom *n* (Gummischutz bei Geschlechtsverkehr)
kondominyum *pol.* Kondominium *n*
kondor Kondor *m* *zo.* Sarcorhamphus gryphus *tepeli akbaba
kondotiyere [···×·] 1. *hist.* Kondottiere *m* (Söldner- od. Freischaren-führer) 2. Söldner *m*
kondrin *biol.* Chondrin *n*, Knorpelleim *m*
kondrit, -ti *med.* Chondritis, Knorpelentzündung *f*
kondroloji(-k) s. **kıkırdakbilim(-sel)**
kondurmak 1. Kaus. zu **konmak** 2. (bir yere) unterbringen (Reisende, Gäste usw.) 3. et. aufsetzen (anstecken, anlegen, befestigen usw.) 4. müde machen, erschöpfen, mitnehmen 5. **(cevabı)** gleich mit der Antwort zur Hand sein Zu 3: **Başına çiçekler kondurmuş.** Sie hat sich Blumen ins Haar gesteckt. Zu 4: **Hastalığı kendine kondurmuyor.** Die Krankheit nimmt ihn nicht sonderlich mit.
Kondükatör (Titel des rumänischen Marschalls Antonescu während des II. Weltkriegs) Staatsführer *m*
kondüksiyon (*franz.* **conduction**) s. **iletim**
kondüktör (*franz.* **conducteur**) 1. (Eisenbahn-, Autobus-, Trambahn-)Schaffner *m* 2. *selt.* Leiter, Führer, Aufseher *m* 3. (*in osm. Zeit*) technischer Beamter
kondüvit, -ti (*franz.* **conduite**) *Th.* Inspizient *m* *çağırıcı
koneksiyon (*franz.* **connexion**) *techn.* Verbindung *f*, Anschluß *m*
konesör (*franz.* **connaisseur**) Kenner *m*, (Sach-)Kundiger
konfederasyon Konföderation *f*, (Staaten-)Bund *m*; s. a. **İsviçre** ≗**u**
konfederatif konföderativ, Bundes-
konfedere konföderiert
konfeksiyon 1. Konfektion *f* (im Ggs. zur Maßschneiderei) 2. serienmäßig hergestellte Fertigkleidung
konfeksiyoncu wer in der Konfektionsbranche tätig ist, Konfektionär *m*, Konfektionsschneider *m*
konferans 1. Konferenz, Sitzung, Tagung, Zusammenkunft, Besprechung *f* 2. Vortrag *m* ~ **çekmek** lange und

eindringlich auf j–n einreden ~ **salonu** Vortragssaal *m*, Aula *f* ~ **turnesi** Vortragsreise *f* ~ **vermek** 1. e–n Vortrag halten 2. *V* sich erbrechen, sich übergeben, *V* kotzen
konferansçı 1. Konferenz-, Tagungs-teilnehmer(-in *f*) *m* 2. Vortragender, Redner *m* 3. Conférencier *m*
konfesyon (*franz.* **confession**) Beichte *f* (*a. fig.*) ~ **etmek** (b–ni) j–m die Beichte abnehmen
konfesyonal (*franz.* **confessional**) Beichtstuhl *m*
konfeti [·×·] Konfetti *n* ~ **serpmek** Konfetti streuen
konfitür Konfitüre *f* (*üblicher:* **reçel**)
konfor 1. Komfort *m* 2. praktisch-moderne Einrichtung
konforlu 1. mit Komfort, komfortabel eingerichtet 2. mit praktisch-moderner Einrichtung
konformatör (*franz.* **conformateur**) 1. Hutform *f* 2. (Streck-)Leisten *m*
konformist, -ti 1. konformistisch 2. *pej.* Nachbeter, Jasager *m*
konformizm 1. Konformismus *m* 2. *pej.* Jasagerei *f*
konforsuz ohne Komfort, primitiv eingerichtet (z. B. Haus)
konfortabl s. **konforlu**
Konfüçyanizm *rel.* Konfuzianismus *m*
Konfüçyüs *n.pr.* Konfuzius, Konfutse
konfür *gel. irrt.* für **konfor**
konga [×·] Conga *f* (M.i. od. Tanz)
konglomera; konglomerat, -tı *geol.* Konglomerat *n* *çakıl kayaç; yığışım
Kongo [×·] 1. Kongo *m* (Fluß) 2. *fr.* Kongo-Staat *m*
Kongolu 1. Kongolese *m*, Kongolesin *f* 2. kongolesisch
kongövde *bot.* Strunk, Stiel, Stamm *m*
kongra *va.* od. *V* für **kongre**
kongre [×·] (*franz.* **congrès**) 1. Kongreß *m* 2. Parteitag *m* 3. ≗ Kongreß *m* (USA)
koni (*franz.* **cône**) *math.* Kegel, Konus *m* *mahrut ~ **kabuklu salyangoz** gemeine Napfschnecke *zo.* Patella vulgata ~ **kesiti** s. **konik** (2)
konik *math.* 1. kegelförmig, konisch *mahrutî 2. Kegelschnitt *m* *mahrutiye ~ **bitki** s. **epifit;** ~ **dişli çark** Kegelrad *n*
koniklik, -ği Konizität *f*
konişmento [··×·] *H* Konnossement *n*, Seefrachtbrief *m*
konje (*franz.* **congé**) *selt.* 1. Urlaub *m* 2. Entlassung *f* 3. Abschied *m*
konjenital *med.* kongenital, angeboren
konjestiyon *med.* Kongestion *f*, Blutandrang *m*
konjonktif doku s. **katılgandoku**
konjonktiva s. **göz sümüksel zarı**
konjonktivit, -ti *med.* Konjunktivitis, Bindehautentzündung *f* (des Auges)
konjonktör-disjonktör *el.* Sicherheitsschalter *m*
konjonktür Konjunktur, Wirtschaftslage *f* ~ **bülteni** Wirtschaftsnachrichten *pl.*
konjonktürel konjunkturell, konjunkturbedingt
konjügezon (*franz.* **conjugaison**) s. **birleşme** (5)
konkasör (*franz.* **concasseur**) s. **taş kırma makinesi**
konkav(-lık) s. **içbükey(-lik)**
konket, -ti (*franz.* **conquête**) *snob.* Eroberung *f* (e–r Frau)
konklav Konklave *n* (Ort od. Versammlung)
konkoit, -di *math., techn.* Konchoide, Muschellinie *f*, Kurve *f* vierten Grades
konkorda *gel.* für **konkordato**
konkordan *mus. selt.* s. **bariton** (1)
konkordato [··×·] 1. Konkordat *n* (Vertrag zwischen e–m Staat und der Römischen Kirche) 2. *jur.* Konkordat *n*, Nachlaßvertrag, Präventivakkord, Zwangsvergleich *m* (innerhalb od. außerhalb e–s Konkurses)
konkre (*franz.* **concret**) s. **somut**
konkresyon *geol.* Konkretion *f* *yumru(-lanma)
konkretize konkretisiert ~ **etmek** konkretisieren
konkur (*franz.* **concours**) Wettbewerb *m* *müsabaka ~ **komple** Military *f* (olympische Disziplin)
konkurhipik (*franz.* **concours hippique**) 1. Reit- und Fahrturnier *n* *binicilik müsabakası 2. *abus.* Pferderennen *n* *at koşusu, at yarışı
konkürans (*franz.* **concurrence**) *selt.* Konkurrenz *f*, Wettbewerb *m* *rekabet
konma 1. Vs. zu **konmak** 2. *mil.* Unterkunft *f* 3. *mil.* Lagerung *f* ~ **cetveli** *mil.* Unterkunftsübersicht *f*
konmak (*Aorist:* **konar, konur**) 1. Pass. zu **komak, koymak** 2. absteigen (z. B. Reisende zum Übernachten) 3. ein Zeltlager aufschlagen; lagern, kampieren 4. sich setzen (z. B. Vogel), sich niederlassen, sich legen 5. niedergehen, landen (z. B. Flugzeug) 6. *V* et. kostenlos od. mühelos erhalten 7. *V* j–m e–e (Ohrfeige) herunterhauen Zu 2: **Yolcuların çoğu bu hana konar.** Viele Reisende steigen in diesem Han ab. Zu 4: **Kelebek, çiçeğin üzerine kondu.** Der Schmetterling setzte sich auf die Blume. **Masaya toz konmuş.** Der Tisch ist mit e–r Staubschicht überzogen. **konup göçmek** herumzigeunern, unstet umherziehen Zu 5: **Bu tayyare, ~ için münasip bir yer bulamamıştır.** Das Flugzeug konnte keinen geeigneten Landungsplatz finden. Zu 6: s. **hazıra (lüpe, mirasa, servete)** ~
konsa s. **taşlık** (3)
konsantrasyon 1. Konzentration *f*, geistige Sammlung, höchste Aufmerksamkeit 2. *chem.* Konzentration, Verdichtung *f* *derişme, kesafet
konsantre konzentriert ~ **etmek** konzentrieren *temerküz ettirmek, merkezîleştirmek
konsantrik konzentrisch *eşmerkezli
konsekan *selt.* konsequent, folgerichtig
konsepsyon 1. Empfängnis, Befruchtung, Konzeption *f* 2. Konzeption *f*, geistiger Entwurf, Auffassung, Anschauung *f* 3. ≗ *n.pr.* Concepcion (in Chile)
konsept, -ti Begriff *m*, Vorstellung *f*, Gedanke *m*, Idee *f*
konseptüalizm s. **kavramcılık**
konser 1. Konzert *n* (als mus. Aufführung) 2. Zusammenklingen *n* ~ **salonu** Konzertsaal *m* ~ **vermek** ein Konzert geben
konserci; konsertist, -ti Konzert-künstler(-in *f*) *m*, -spieler(-in *f*) *m*, Ausführende *m, f*
konsertmayster *mus.* Konzertmeister *m*
konserto s. **konçerto**
konservatizm s. **sağcılık**
konservatör 1. konservativ; Konservative *m, f* *muhafazakâr, sağcı, tutucu 2. Konservator, Pfleger *m*
konservatu(v)ar (Musik-)Konservatorium *n* *darülelhan
konserve 1. Konserve *f*, Eingemachtes 2. konserviert, eingemacht, eingedost, eingeweckt ~ **açacağı** Büchsenöffner *m* ~ **et** Büchsenfleisch *n* ~ **etmek** konservieren, einmachen, eindosen, einwecken ~ **kutusu** Konservenbüchse, -dose *f*
konserveci Konserven-fabrikant, -verkäufer *m*
konservecilik Herstellung *f* und Vertrieb *m* von Konserven
konserveleme maddeleri Konservierungsmittel *pl.*
konsesyon Konzession *f*, Zugeständnis *n* ~ **koparmak** (b–den) j–n zu Zugeständnissen zwingen
konsey (*franz.* **conseil**) Rat(-sversammlung *f*) *m* *meclis, şûra ~ **toplantısı** Rats-versammlung, -sitzung, Delegiertentagung *f*
konseyye (*franz.* **conseiller**) Berater, Ratgeber, Beirat *m* *müşavir
konseyyelik Tätigkeit *f*, Amt *n*, Aufgaben *pl.* usw. e–s Beraters (Ratgebers, Beirats) *müşavirlik
konsil *rel.* Konzil *n*
konsilye (*franz.* **concilié**) *selt.* versöhnt ~ **etmek** versöhnen

konsinyasyon (*franz.* **consignation**) 1. Hinterlegung *f* *emaneten tevdi 2. Verwahrung, Aufbewahrung *f* *ida

konsinyater (*franz.* **consignataire**) Konsignatar, Verwahrer, Treuhänder *m*

konsistans (*franz.* **consistance**) s. **kıvam**

konsol 1. Konsole *f*, Krag-, Trag-stein *m* 2. Wandbrett *n* 3. Pfeiler-, Spiegel-, Wand-tischchen *n* ~ **piyano** Klavier, Piano, Pianino *n* ~ **saati** (kleine) Standuhr, Kaminuhr *f*

konsolato [··×·] *z. va.* Konsulat *n* *konsoloshane, konsolosluk

konsolidasyon Konsolidierung, Umwandlung, Fundierung *f* (der Staatsschulden)

konsolide 1. konsolidiert (*spez.* Staatsschulden) 2. s. **konsolit;** ~ **etmek** konsolidieren

konsolit, -di 1. Konsol *m*, Konsols *pl.* (konsolidierte Staatspapiere ohne festen Kündigungstermin) 2. Name e–s türk. Ka. ≗ **hanı** *fr.* Börse *f* (in Galata)

konsolitçi 1. wer mit Obligationen, Aktien und anderen Wertpapieren handelt 2. wer das Ka. **konsolit** spielt

konsolos Konsul *m* ~ **beratı** Exequatur *n* (Zulassung *f* e–s ausländischen Konsuls) ~ **köpeği gibi kasılmak** maßlos eingebildet sein ~ **mahkemeleri** *fr.* Konsulatsgerichte *pl.* (zur Zeit der Kapitulationen)

konsoloshane [ā] 1. Konsulatsgebäude *n* 2. konsularische Vertretung; Konsulat *n* *konsolosluk

konsolosluk 1. s. **konsoloshane** 2. Amt *n*, Aufgaben *pl.*, Würde *f* e–s Konsuls ~ **ajanı** Konsularagent *m* ~ **havzası** *jur.* Konsulatsbereich *m* ~ **mukavelesi** Konsularvertrag *m*

konsolto s. **konsulto**

konsomasyon (*franz.* **consommation**) Verzehr *m*, Zeche *f* (in e–m Lokal) ~ **yapan kadın** Animierdame *f*

konsomasyoncu; konsomatris Animierdame *f*

konsomatrislik Tätigkeit *f* e–r Animierdame ~ **yapmak** als Animierdame tätig sein

konsome (*franz.* **consommé**) *selt.* Fleischbrühe *f* *et suyu

konson (*franz.* **consonne**) *gr.* Konsonant *m* *sessiz, ünsüz

konsonan *mus.* konsonant, harmonisch übereinstimmend ~ **düzen** *mus.* s. **uyumlu düzen**

konsonans *mus.* Konsonanz *f* (*ant.* disonans)

konsonant, -tı 1. *selt.* s. **konson** 2. s. **konsonan**

konsonantlı *gr.* mit (nb.) Konsonant

konsonlaşmak *gr.* zum Konsonanten werden

konsor prens (*franz.* **prince consort**) Prinzgemahl *m*

konsorsiyum [·×··] *H* Konsortium *n*, Unternehmerverband *m*

konspirasyon Konspiration, Verschwörung *f* *komplo

konspire Verschwörer(-in *f*) *m* *komplocu

konstant, -tı *math., techn.* 1. konstant 2. Konstante *f*, konstante Größe

konstantan (*franz.* **constantant**) Konstantan *n* (Kupfer-Nickel-Legierung)

konstipasyon *med.* Kon-, Ob-stipation *f* *inkıbaz, peklik

Konstitüant, -tı *n.pr.* Konstituante *f*, Verfassunggebende Nationalversammlung (1789)

konstitüsyon 1. *selt. pol.* Verfassung *f* 2. Beschaffenheit *f*, Zustand *m*

konstitüsyonel 1. *selt. pol.* konstitutionell, verfassungsmäßig 2. *med.* angeboren

konstrüksiyon (Auf-)Bau *m*, Konstruktion *f*

konstrüktif konstruktiv, aufbauend, schöpferisch ~ **tiyatro** konstruktivistisches Theater

konstrüktivizm Konstruktivismus *m* (in der bildenden Kunst od. in der Musik) *yapılıkçılık

konstrüktör ressam Konstruktionszeichner *m*, technischer Zeichner *desinatör

konsulto [·×·] (Ärzte-)Konsilium *n*

konsül 1. *selt.* s. **konsolos** 2. *hist.* Konsul *m* (Rom, Franz. Revol.) ~ **jeneral** *va.* Generalkonsul *m*

konsüllük *hist.* Amt *n* e–s Konsuls; Konsulat *n*

konsültan (*franz.* **consultant**) 1. beratend, ratgebend 2. beratender Arzt 3. Rechtsberater *m*

konsültasyon 1. (*allg.*) Konsultation *f*, gemeinsame Besprechung, Unterredung, Rücksprache, Beratung *f* 2. s. **konsulto** Zu 1: **Londra -u** die Londoner Besprechung(-en *pl.*) *f*

konşimento; konşumento s. **konişmento**

kont (I), **-tu** (*franz.* **comte**) Graf *m* ~ **gibi** wie ein Graf; elegant gekleidet ~ **gibi yaşamak** leben wie Gott in Frankreich

kont (II), **-tu** (*franz.* **conte**) *selt.* Erzählung *f*

kont (III), **-tu** (*franz.* **compte**) *selt.* Rechnung *f*

kontak, -ğı 1. a) *techn.* Kontakt b) *fig.* Berührung, Verbindung, Beziehung *f* 2. (Auto) Zündung *f* 3. Kurzschluß *m* 4. s. **kafadan (anadan)** ~; ~ **anahtarı** Zündschlüssel *m* ~ **camı** Kontaktlinse *f* (aus Glas) ~ **çivisi** Kontaktstift *m* ~ **lens** *opt.* Kontaktlinse, Haftscheibe *f* ~ **metamorfizması** s. **değme başkalaşması.** ≗ **yaptı.** Es ist ein Kurzschluß entstanden. **-ı açmak** (*bzw.* **kapamak**) (den Motor) an- (*bzw.* aus-)schalten

kontaktör (*franz.* **contacteur**) Schütz *n*, automatischer Schalter

kontan (*franz.* **comptant**) 1. bar 2. Bar-geld *n*, -schaft *f*

kontenjan 1. *H* Kontingent *n*, Quote *f* 2. (Truppen-)Kontingent *n* ~ **senatörü** vom türk. Staatspräsidenten ernannter Senator (vgl. Anayasa, Artikel 70) ~ **tevziat listeleri** Kontingentierungslisten *pl.* ~ **usulü** Kontingentierungssystem *n* **-a bağlamak** kontingentieren **-a tabi** kontingentiert

kontenjanlı unter Kontingentierung; kontingentiert ~ **ticaret** kontingentierter Handel

kontenjans (*franz.* **contingence**) Zufälligkeit, Eventualität, Möglichkeit *f* ~ **açısı** *math.* Berührungswinkel *m*

kontenjantman (*franz.* **contingentement**) 1. Kontingentierung *f* 2. Kontingent(-ierungsquote *f*) *n*, Zuteilung *f* 3. Zwangswirtschaft, Rationierung *f*

konter- s. **kontr-** bzw. **kontra-**

kontes (*franz.* **comtesse**) 1. Gräfin *f* 2. *abus.* für **kontluk** (3) 3. *Sch.* Lehrerin *f* 4. s. **çingülü** (2)

konteyner Container, Großbehälter *m*

kontgut, -tu (*franz.* **compte-gouttes**) *med.* Tropfenzähler *m* *damlalık

kontır- s. **kontr-** bzw. **kontra-**

kontinan *selt.* 1. Kontinent *m*, Festland *n* 2. Kontinent *m* (Europa ohne England)

kontinantal Kontinental- vgl. Stw. **bloküs**

kontkuran (*franz.* **compte-courant**) *H* laufende Rechnung; Kontokorrent *n*

kontluk, -uğu 1. Grafenwürde *f*, gräflicher Rang 2. *fig.* Pracht *f*, Pomp *m* 3. (englische) Grafschaft *f* Zu 3: **Kent -unda** in der Grafschaft Kent

kontoş *hist.* reichgesticktes Gewand der fr. krimtatarischen Fürsten

kontör (Elektrizitäts-)Zähler *m*, (Gas-)Uhr *f*, (Wasser-)Messer *m* *muaddit, sayaç ~ **dolabı** Zählerschrank *m*

kontr 1. (*Bridge*) kontra 2. (*Boxen*) Abblocken, Kontern *n*

kontra (I) 1. kontra, dagegen, Gegen- 2. *Bill.* Contre *m*, Rück-, Gegen-stoß, Wegschlag *m* 3. s. **kontraplak, kontrplak;** ~ **denizler** *naut.* gekreuzter Seegang, Kreuzsee *f* bzw. kabbelige See ~ **gitmek** (b–ne) *P* j–m zum Tort et. tun; *techn.* Gegenmutter *f*

kontra (II) *naut.* 1. folgend; höher od. weiter außen befindlich 2. Sicherungs-, Ersatz-, Borg- (z. B. Tau), Preventer *m;* zusätzlich, Behelfs- 3. Geitau *n* (e–s Groß- od. Focksegels) 4. Halsen *n* 5. *Verk.* von ~ **babafingo;** ~ **babafin-**

go (çubuğu, sereni, yelkeni) Oberbram- bzw. Royal(-stenge, -rah *f*, -segel *n*) ~ **baston** Außenklüverbaum *m* ~ **baş bodoslaması** *od.* ~ **bodoslama** 1. Außensteven *m* 2. Vorsteven-, Reit-knie *n* ~ **brasa** Borgbrasse *f* ~ **flok** 1. Außenklüver *m* 2. Flieger *m* (drittes Vorsegel e–s Kutters) ~ **fua sereni** Bagienrah *f* (e–r Fünfmastbark) ~ **fua yelkeni** Bagien-, Kreuz-segel *n* (e–r Fünfmastbark) ~ **giz** Flaggengaffel *f* ~ **grandi** dritter Mast (e–s Sechs- bis Sieben-masters) ~ **güverte** Spardeck *n* (Deck leichterer Bauart über dem Hauptdeck) ~ **ıskota** Geitau *n* (der kleineren Segel) ~ **istalya** s. **sürstarya;** ~ **karina** Vor-, Los-kiel *m* ~ **kontrata** Mondsegel *n* (kleineres Segel über dem Skysegel) ~ **kontrin** s. ~ **kontrata;** ~ **kurtelaçin** Royal-, Lee-segel *n* (vgl. **pruva k.k. yelkeni**); ~ **landa (demiri)** Klappe *f* unter e–r Pütting ~ **mantilya** Borgtoppnant *f* ~ **metaforası** Butenluv *m* ~ **mizana** 1. Besan-, Kreuz-mast *m* (auf Schiffen mit mehr als drei Masten) 2. Besan-Topp(-segel *n*) *m* 3. Treiber(-mast) *m* 4. s. **mancana yelkeni;** ~ **mizana abaşo velenası** Besanstagsegel *n* ~ **omurga** Vor-, Los-kiel *m* ~ **palaserte** Verstärkungsrüste *f* (für die Pütting) ~ **payı** Royalstange *f* ~ **pik (yelkeni)** oberes Gaffelsegel; Gaffeltoppsegel *n* ~ **tavlun** unteres Orlopdeck (auf alten Kriegsschiffen) ~ **torsolom** zusätzliche Refftalje ~ **trinket** Vorhals *m* ~ **trinketina flok** Innenklüver *m* ~ **yeke** Behelfspinne *f*

kontra (III) s. **kontrat**

kontraatak, -ğı s. **kontratak**

kontrabando *va.* s. **kontrabant**

kontrabant, -dı 1. Schmuggel, Schleichhandel *m* 2. Schmuggelware *f*

kontrabasso(-cu) s. **kontrbas(-çı)**

kontrabasson s. **kontrafagot**

kontradans s. **kontrdans**

kontrafagot, -tu *mus.* Kontra-, Doppel-fagott *n*

kontraksiyon (*franz.* **contraction**) s. **kasılma**

kontrakt, -tı (*engl.* **contract**) Kontrakt-Bridge *n*

kontraktür *med.* Kontraktur, Versteifung *f*

kontralize (*franz.* **contre-alizé**) s. **karşıtalize**

kontralto [·×·] *mus.* 1. *urspr.* Kontra-Alt, tiefer Alt 2. Alt (-stimme *f*) *m*

kontramiral, -li Konteradmiral *m*

kontramirallik Rang *m* und Stellung *f* e–s Konteradmirals

kontrandü (*franz.* **compte-rendu**) 1. Rechenschaftsbericht *m,* Gesamtaufstellung *f* 2. Rezension, Beurteilung *f*, kritische Besprechung

kontrapedal Rücktrittbremse *f* (am Fahrrad)

kontraplak s. **kontrplak**

kontrapunkt, -tu; kontrapunto s. **kontrpuvan**

kontrasepsiyon Kontrazeption, Schwangerschaftsverhütung *f*

kontraseptif *med.* schwangerschaftsverhütend

kontrasomun *techn.* Gegenmutter *f* *ters somun

kontrast, -tı *selt.* Gegensatz, Kontrast *m*

kontrastan (*franz.* **contrastant**) *selt.* kontrastierend, Gegen- ~ **tem** *mus.* Gegenthema *n*

kontrastlı *phot.* kontrastreich

kontrat, -tı Vertrag, Kontrakt *m* *mukavele

kontrata [·×·] *naut.* (in folg. Füg.:) ~ **(babafingo) yelkeni** Skysegel *n* ~ **grandi direği** vierter Mast e–s Siebenmasters ~ **mizana** letzter Mast e–s Fünf- bis Sieben-masters

kontratabla (*franz.* **contre-table**) Sperrholz *n*

kontratak, -ağı (*franz.* **contre-attaque**) *spez. Fb.* Gegenangriff, -vorstoß *m*

kontratempo *mus.* Kontratempo *n*

kontratlı vertragsmäßig (ausbedungen, festgelegt), kontraktlich, Vertrags-

kontratname [··–·] Vertrags-ausfertigung, -urkunde *f*, -instrument *n*, schriftlicher Vertrag; Kontrakt *m* *mukavelename

kontrato [·×·] s. **kontrat**

kontrbas *mus.* Baßgeige *f*, Kontrabaß *m*

kontrbasçı; kontrbasist, -ti Baßgeiger, Kontrabassist *m*

kontrbüfe Anrichte, Kredenz *f*

kontrdans *fr.* Kontertanz *m*

kontrendikasyon *med.* Kontraindikation *f*

kontrendike *med.* kontraindiziert, nicht anwendbar (Arznei)

kontrespiyonaj (*franz.* **contre-espionnage**) Gegenspionage, Spionageabwehr *f*

kontretmek [×··] 1. *(Bridge)* kontrieren 2. *(Boxen)* kontern

kontrfason (*franz.* **contrefaçon**) (betrügerische) Nachahmung, (unerlaubter) Nachdruck

kontrfile (*franz.* **contre-filet**) Rückenstück (Filet) *n* zweiter Qualität (*spez.* Rindfleisch)

kontrfor (*franz.* **contrefort**) *arch.* Strebe-mauer *f*, -bogen, -pfeiler *m* *payanda, destek

kontripuvan s. **kontrpuvan**

kontrjur (*franz.* **contre-jour**) *phot.* Gegenlicht *n* ~ **resimler** Gegenlichtaufnahmen *pl.*

kontrmetr (*franz.* **contremaître**) Werkführer, Vorarbeiter, Polier *m* *ustabaşı

kontro s. **kontra** (I, II)

kontrol, -lü, -lu 1. Kontrolle, Überwachung, Aufsicht, Über-, Nach-prüfung *f* 2. s. **kontrolör** 3. (an e–r Zahlkasse vorzulegender) Rechnungskupon *m* ~ **etmek** kontrollieren, überwachen, beaufsichtigen, über-, nach-prüfen ~ **kalemi** 1. *el.* Prüfstecker *m* 2. *V* Penis *m* ~ **lambası** *(Radio)* Steuerröhre *f* ~ **memuru** s. **kontrolör;** ~ **merkezi** *a. mil.* Überwachungsstelle *f* ~ **saati** Stech-, Kontroll-, Stempel-uhr *f*

kontrolcu s. **kontrolör**

kontrollu; kontrollü unter Kontrolle (Überwachung) stehend; kontrolliert, überwacht, beaufsichtigt, überprüft, nachgeprüft

kontrolör Kontrolleur *m;* Kontroll-, Aufsichts-beamter; (Nach-)Prüfer *m*

kontrolsuz unkontrolliert, unbeaufsichtigt, nicht überwacht (überprüft, nachgeprüft)

kontrolsuzluk fehlende od. mangelnde Kontrolle (Aufsicht usw.)

kontrparti (*franz.* **contre-partie**) 1. *H* Gegenposten *m* (in der doppelten Buchführung) 2. entgegengesetzte Meinung

kontrpiye *(Sport spez. Fb., Tennis)* Täuschungsmanöver, das den Gegner außerhalb der Schußlinie stehen läßt **-de bırakmak** den Gegner (z. B. Torwart) über die beabsichtigte Schußlinie täuschen

kontrplak (*franz.* **kontre-plaque**) 1. Furnier *n*, Sperr(holz)-platte *f* 2. *techn.* Vernietungsscheibe *f*

kontrpuva (*franz.* **contre-poids**) Gegen-, Ausgleichs-gewicht *n* (u. a. a. bei Radio)

kontrpuvan (*franz.* **contrepoint**) *mus.* Kontrapunkt *m*

kontrpuvancı; kontrpuvantist, -ti *mus.* Kontrapunktiker *m*

kontrpuvanlamak *mus.* kontrapunktieren

kontrpuvanlı *mus.* kontrapunktisch

kontrray (kontırray) (*franz.* **contre-rail**) *(Eisenbahn)* Leitschiene *f*

kontrsüje (*franz.* **contre-sujet**) *mus.* 1. Gegenthema *n*, zweites od. drittes Thema 2. Kontrasubjekt *n* (bei der Fuge)

kontrtan (*franz.* **contretemps**) 1. *mus.* s. **kontratempo** 2. s. **karşı zaman vuruşu**

kontrtorpiyyör (*franz.* **contre-torpilleur**) *z. va.* Torpedobootszerstörer *m* *destroyer, torpido muhribi

kontrvalör (*franz.* **contre-valeur**) *H* Gegenwert *m*

kontur Kontur(-en *pl.*) *f*, Umriß(-zeichnung *f*) *m*
konturat s. **kontrat**
kontu(v)ar (*franz.* **comptoir**) Kontor, Büro *n*
konu (I) 1. s. **konukomşu** 2. s. **enikonu**
konu (II) Gegenstand *m*, Thema *n*, Stoff, Vorwurf *m* (künstlerischer Betrachtung); Betreff, Punkt *m* *mevzu, sadet ~ **birliği** s. **eylem birliği**; ~ **etmek** zum Gegenstand (e–r Besprechung usw.) machen; besprechen, behandeln ~ **ile ilgili** betreffend ~ **kataloğu** Sachkatalog *m*
konuk 1. Gast, Besucher *m* *mihman, misafir 2. *biol.* Gast *m* (= Schmarotzer) ~ **ekip** *(Sport)* Gästemannschaft *f* ~ **etmek** s. **misafir etmek**; ~ **oyuncu** *Th.* Gastschauspieler(-in *f*) *m* ~ **evi** s. **misafirhane**
konukçu 1. (beigegebener) Reisebegleiter od. Führer *mihmandar 2. s. **konak** (6)
konuklamak *P* als Gast aufnehmen und bewirten *izaz ve ikram etmek
konukluk *va.* 1. Gast-Sein, Zu-Besuch-Sein *n* *misafirlik 2. (einfache) Herberge *misafirhane
konukomşu Nachbarn *pl.* sowie (zu e–m best. Zeitpunkt) zufällig Anwesende *pl.*
konuksever(-lik) s. **misafirperver(-lik)**
konulmak (I) Pass. zu **komak** bzw. **konmak; konulan yer** *mil.* belegte Unterkunft
konulmak (II) *P* absteigen, übernachten (auf e–r Reise)
konulu mit nb. Thema (Gegenstand, Stoff, Vorwurf); *H* im Betreff genannt *mevzulu
konum 1. *math.* Lage *f* *vaziyet 2. *geogr.* Ort *m*, Stelle *f*, Platz *m* *mevki 3. *geogr.* Lage *f*, Zustand *m* *durum, vaziyet ~ **analizi** s. **topoloji**
konumluk Ort *m*, Stelle *f* *mevzi
konur *va.* 1. bräunlich, dunkelgrau (*spez.* Pferdefarbe) 2. mutig, tapfer 3. ♀ *mV* ~ **al** s. **kumral**
konuş 1. Imper. zu **konuşmak** 2. Vs. zu **konmak** 3. *geogr.* Örtlichkeit, Lage, Landschaft *f* *mevki şartları 4. *mil.* Dislokation *f*, räumliche Verteilung der Truppen
konuşkan geschwätzig, redselig
konuşkanlık, -ığı Redseligkeit, Geschwätzigkeit *f* **-ı tutmak** redselig, geschwätzig werden **-la** mit großer Geschwätzigkeit
konuşma 1. Vs. zu **konuşmak** 2. Vortrag *m* *konferans 3. Besprechung, Unterredung *f* *görüşme, mülâkat, temas 4. Ansprache, Rede *f* 5. *Th.* Dialog *m*, Zwiegespräch *n* ~ **aygıtı** *an.* Sprechwerkzeuge *pl.* ~ **borusu** *selt.* Sprachrohr *n* ~ **dili** gesprochene Sprache, Umgangssprache *f* (der Gebildeten) ~ **inzibatı** *mil.* Fernsprechdisziplin *f* ~ **koltuğu** S-förmiger Doppelsessel ~ **memuru** *mil.* Unterhändler, Parlamentär *m* ~ **merkezi** (Broca'sches) Sprachzentrum *n* ~ **odası** 1. Sprechzimmer *n* 2. *Th.* Künstlerzimmer *n* ~ **titremi** (*od.* ~ **tonu**) Sprechton *m* ~ **yapmak** e–n Vortrag (e–e Rede, Ansprache) halten ~ **yazarı** *(Film)* wer die Dialoge schreibt; Dialogist *m*
konuşmacı Redner *m*, Vortragender *hatip, konferansçı
konuşmak 1. sprechen 2. sich verständlich machen 3. sich unterhalten, plaudern, reden 4. (m. Akk.) über et. sprechen, et. besprechen 5. (b–le) a) Beziehungen unterhalten (zu); verkehren (mit) b) liiert sein (mit); mit j–m gehen 6. *F* sehr hübsch sein (z. B. Krawatte) 7. leeres Zeug reden Zu 4: **Bunu yarın konuşuruz.** Darüber sprechen wir morgen. **konuşmamak** (b–le) *fig.* mit j–m übers Kreuz sein *görüşmemek
konuşmento s. **konişmento**
konuşturmak 1. reden lassen 2. e–e Aussprache herbeiführen (zwischen), *fig.* versöhnen 3. zu e–m Geständnis bringen 4. (bşi) meisterhaft spielen (M.i.)
konuşuk *dial.* Absprache *f*, Abkommen *n*, Abmachung *f*
konuşulmak Pass. zu **konuşmak; konuşulan** *gel.* für **mevzubahis olan; konuşulan dil** s. **konuşma dili**
konuşuş Sprechweise *f*
konut, -tu 1. Wohnung *f*, Wohn-ort, -sitz *m* *ikametgâh, mesken 2. *log., math.* Postulat *n* *mevzua, postulat 3. s. **konak** (6); ~ **dokunulmazlığı** s. **mesken masuniyeti**
konvansiyon 1. Konvention *f*, Abkommen *n*, Vereinbarung *f* 2. Brauch *m*, Förmlichkeit *f* 3. ♀ *n.pr. hist.* Konvent *m* (Convention Nationale) (während der Franz. Revolution 1792–1795)
konvansiyonel 1. konventional, durch Abkommen geregelt, vereinbart 2. konventionell, traditionell ~ **silâhlar** konventionelle Waffen *pl.* ~ **treni** Konventional(-zug) *m*
konveks(-lik) s. **dışbükey(-lik)**
konveksiyon *met., phys.* Konvektion *f*
konversiyon *fin.* Konversion, Konvertierung *f*
konverter Konverter, Umformer, Transformator *m* *değiştirgeç
konvertibilite *fin.* Konvertibilität, Konvertierbarkeit *f*
konvertibl *fin.* konvertierbar, frei austauschbar (*spez.* Währungen)
konvertisör s. **konverter**
konveyer; konveyör *techn.* Conveyer *m*, Becherwerk, Förderband *n*, laufendes Band
konvoy Konvoi *m*, Geleit(-zug *m*) *n*, (Lastwagen-)Kolonne, Transportstaffel *f* *kafile ~ **filotillası** Geleitflotille *f* ~ **hizmeti** Geleitzugdienst *m* ~ **komutanı** Geleitzugbefehlshaber *m*
konvülsiyon *med.* Konvulsion *f*, Schüttelkrampf *m*
Konya [×·] *n.pr.* Stadt im gln. Rbz. (südl. Mittelanatolien; *hist.* Ikonion) ~ **Ereğlisi** s. **Ereğli**
konyak echter (französischer) Kognak; s. a. **kanyak**
Konyalı aus Konya stammend, Einwohner(-in *f*) *m* von Konya; s. a. Stw. **Gonyalı**
Konyar(os)lar *n.pr.* Bez. für die seit 1356 in der europäischen Türkei angesiedelten Türken
Konyevî *va.* s. **Konyalı**
konyoz *med.* Koniose, Staubkrankheit *f*
konzern *H* Konzern *m*
konzertmeister s. **konsermayster**
konzertstück *mus.* Konzertstück *n*
kooperasyon Zusammen-, Mit-arbeit *f*, Kooperation *f* *teşriki mesai, işbirliği
kooperatif 1. kooperativ, genossen-, gemein-schaftlich 2. Genossenschaft *f* ~ **birlikleri** Genossenschaftsverband *m*
kooperatifçi Mitglied *n* e–r (Konsum-)Genossenschaft
kooperatifçilik Genossenschaftswesen *n*
kooperatifleşmek sich genossenschaftlich organisieren
koordinasyon Koordination *f*, gegenseitige Abstimmung, *gel. a.* Gleichschaltung *f* ~ **alıştırmaları** *(Turnen)* Koordinationsübungen *pl.* *uyum alıştırmaları
koordinat, -tı: ~ **eksenleri** *math.* Koordinatenachsen *pl.* ~ **kavramları** *log.* koordinierte Begriffe *pl.* ~ **sistemi** *math.* Koordinatensystem *n* **-lar** *math.* Koordinaten *pl.* *kemmiyatı vaz'iyeler
koordone koordiniert ~ **etmek** koordinieren, aufeinander abstimmen, gleichmäßig ausrichten, *gel. a.* gleichschalten
kopal Kopal *m* (bernsteinähnliches, schwer schmelzendes Harz)
kopanaki [··×·] 1. (Spitzen-)Klöppel *m* 2. Klöppelspitze *f*
kopar s. **kupuvar**
koparmak Kaus. zu **kopmak** *spez.* 1. (ab-, weg-, los-, aus-, entzwei-, zer-)reißen 2. pflücken, abbrechen 3. (b–den bşi) nur mit Mühe von j–m et. erhalten können, *F* et. loseisen 4. schlagen (Lärm), erheben (Geschrei); aufwirbeln (Staub) 5. sehr schmerzen 6. *va.* hervorbringen, schaffen Zu 1: s. **Dilini koparırım.** Zu 2: **çiçek (meyva)** ~ Blumen (Obst) pflücken Zu 3: **Ondan bu kitabı ~ kolay olmadı.** Es war nicht leicht, von ihm dieses Buch zu be-

kommen. Zu 4: s. **çiğlik (gürültü, kıyameti, toz)** ~ Zu 5: s. **karnı** ~
kopasıca [··×·] Möge ihm (der Kopf) abgerissen werden! s. **Kafası** ~
kopay s. **kopoy**
kopça 1. Heftel *n;* Haken und Öse 2. die hintere Kralle e–s Jagdfalken ~ **çengeli** s. **erkek kopça;** ~ **halkası** s. **dişi kopça**
kopçalamak ein-, zu-haken (Kleidungsstück)
kopçalı 1. mit Haken und Öse(-n) 2. ein-, zu-gehakt
kopek Kopeke *f* (100. Teil e–s Rubels) *kapik
Kopenhag *n.pr.* Kopenhagen
kopepodlar Ruderfüßer *pl. zo.* Copepoda
koper *allg. Bez.* für Flachfische
Kopernik *n.pr.* Kopernikus ~ **sistemi** Kopernikanisches (heliozentrisches) Weltsystem
kopi s. **kopya**
kopil 1. frecher Gassenjunge 2. *V* Junge, Bursche, Kerl *m*
kopillik 1. Verhalten *n* von Gassenjungen 2. Schar *f* Gassenjungen
kopilya s. **dingil pimi**
kopist, -ti Kopist(-in *f*) *m*, Abschreiber(-in *f*) *m*, Vervielfältiger(-in *f*) *m*
kopje *geol., geogr.* kleiner Inselberg
kopkolay [×··] ganz einfach, kinderleicht
kopkoyu [×··] *selt.* Verst. zu **koyu**
kopma Vs. zu **kopmak;** ~ **dayancı** Bruchfestigkeit *f* ~ **noktası** Zerreißpunkt *m* ~ **yeri** Riß-, Bruch-stelle *f*
kopmak, (-ar) 1. *intr.* reißen, abbrechen 2. a) abgehen, sich loslösen (Knopf, Stiel usw.) b) sich trennen (von j–m) 3. ausbrechen (z.B. Krieg), losbrechen, losgehen, sich erheben, entstehen (Lärm, Getöse usw.) 4. sehr schmerzen (Körperteil) 5. *reg.* laufen *koşmak 6. in Tätigkeit treten 7. *va.* auftauchen, erscheinen Zu 1: **İp koptu.** Das Seil ist gerissen. Zu 3: **Harp koptu.** Der Krieg brach aus. **Fırtına kopacak.** Es wird ein Unwetter losgehen. **Bir vaveylâdır koptu.** Es erhob sich ein Jammergeschrei. Zu 4: **Barsaklarım kopuyor.** Ich habe furchtbare Leibschmerzen.
kopoy Bracke *m, (f),* Spür-, Vorsteh-, Jagd-hund, Stöber *m*
kopra [×·] Kopra *f* (zerkleinerte u. getrocknete Kokosnußkerne)
koprolit, -ti Koprolith *m* *taşıl dışkı
kopsa *naut.* Eisenring *m* am Kalfathammer
kopsikefali [×··×·] *V* Kopf ab! ~ **etmek** (m. Akk.) *V* j–m den Kopf abschlagen
Kopt, -tu 1. Kopte *m*, Koptin *f* 2. koptisch *(1, 2) Kıptî
kopuk 1. ab-, los-gerissen, abgebrochen 2. *fig.* ohne geregelte Arbeit, ohne Geldmittel, Landstreicher *m* ~ **alayı** (*od.* ~ **takımı**) ein Haufen Nichtstuer; Janhagel *m* ~ **düğme** abgerissener Knopf ~ **filim gibi** mit Unterbrechungen weitergehend ~ **otomatı** *(Weberei)* automatische Abstellvorrichtung bei Fadenbruch
kopukluk 1. Zustand *m* des Ab-, Los-gerissenseins 2. *fig.* Kraftlosigkeit, Schwäche *f* 3. Vagabundentum *n*, Verhalten *n* e–s Strolches
kopuntu et. Abgerissenes (Stück Stoff; Knopf usw.)
kopuz *fr.* birnenförmige, ein- od. mehr-saitige Gitarre (wie sie z.B. von den **ozan** verwendet wurde)
kopuzcu Kopuz-, Gitarre-spieler *m*
kopülasyon (*franz.* **copulation**) s. **çiftleşme**
kopya [×·] 1. Kopie *f*, Durchschlag *m*, Abschrift, Pause *f*, *phot.* Abzug *m* 2. Herstellung *f* von Kopien usw., Vervielfältigung *f*, Kopieren *n* 3. Abschreiben, *F* Spicken *n* (der Schüler) ~ **defteri** *fr.* Kopierbuch *n* ~ **etmek** 1. kopieren, e–e Abschrift herstellen 2. *phot.* e–n Abzug herstellen 3. abschreiben, spicken (Schüler) ~ **kâğıdı** 1. Kohle-, Blau-, Paus-papier *n* *karbon kâğıdı 2. (dünnes) Durchschlagspapier ~ **kalemi** Kopierstift *m* ~ **makinesi** 1. Kopierpresse *f* 2. Vervielfältigungsapparat *m* ~ **mürekkebi** Kopiertinte *f* ~ **şasisi** Kopierrahmen *m* ~ **-sını almak** (*od.* **çıkarmak**) von et. e–e Abschrift herstellen, et. durchpausen
kopyacı 1. s. **kopist** 2. wer (z.B. in e–m Examen) in unerlaubter Weise abschreibt, *F* spickt
kopyacılık 1. Tätigkeit *f* e–s Kopisten 2. Abschreiben *n* (z.B. in e–r Prüfung)
kopye(-ci, -cilik) s. **kopya(-cı, -cılık)**
kor (I) *Abk.* von **kolordu** *(mst. in Zss.)* (Armee-)Korps *n* ~ **komutanı** *mil.* kommandierender General
kor (II) 1. Glut *f* 2. rot (z.B. Lippen) ~ **dökmek** gut brennen, e–e gute Glut geben ~ **gibi** glut-, feuer-rot ~ **kayaç** *geol.* Magmatit *m*, Erstarrungsgestein *n*
kor (III) Aorist zu **ko(y)mak**
kor (IV) (in der Füg.:) **korangle**
kora (I); **Kora** s. **kore; Kore**
kora (II) *arch.* Chorraum *m*, Presbyterium *n;* Altarplatz *m* (in kathol. Kirchen) ~ **bölmesi** Chorschranke *f* ~ **dehlizi** Chorumgang *m* ~ **parmaklığı** (*od.* ~ **şebekesi**) Chorgitter *n*
korakoit, -di (*franz.* **coracoïde**) s. **kargamsı çıkıntı**
korakor (*franz.* **corps à corps**) 1. Mann gegen Mann; Nahkampf *m*, Handgemenge *n* 2. *(Boxen)* Infight, Clinch *m* ~ **gelmek** handgemein werden
koral, -li Choral *m*, Kirchenlied *n*
Koralı s. **Koreli**
koram s. **hiyerarşi; silsilei meratip**
koramiral, -li Vizeadmiral *m*
koramirallik Rang *m*, Stellung *f*, Aufgaben *pl.* e–s Vizeadmirals
korangle (*franz.* **cor anglais**) Englischhorn *n* *İngiliz kornosu
koranyaniye s. **kızılcıkgiller**
koray (*franz.* **corail**) *mod.* korallenrot
korayş kleinerer, innen mit Pelz besetzter Kalpak
korazyon *geol.* Korrasion *f*
korbey (*franz.* **corbeille**) *selt.* rundes od. ovales Blumenbeet
korçak ein primitives anatolisches Puppenspiel
kord (*franz.* **corde**) Gewebsfaden *m*
korda (*franz.* **cordat**) 1. grober Wollstoff 2. Packleinwand *f* 3. s. **sırt ipliği**
kordalılar Chordaten *pl. zo.* Chordata
kordat (*engl.* **cordate**) *bot.* herzförmig (Blatt)
kordele 1. Band *n*, Kordel *f* 2. Haarschleife *f* 3. s. **örümcek çiçeği;** 4. Umrandung *f* (*a.* e–r Münze, Medaille) ~ **makarne** Spaghetti *pl.* ~ **testere** Bandsäge *f* **-sini kesmek** *Ch.* 1. dem Fahrer e–e Strafe aufbrummen 2. blamieren, zum Gespött der Leute machen
kordelebalığı s. **flandrabalığı**
kordeleçin s. **kurtelaçin**
kordelena [··×·] *naut.* 1. Hahnepot *f*, Spinnekopf *m* 2. Piekfall *n*
kordelisa s. **kurtelaça**
kordenela s. **kordelena**
kordiplodmatik diplomatisches Korps ~ **reisi** Doyen *m* des diplomatischen Korps
kordit, -ti Kordit *m* (fadenförmiges, rauchschwaches Schießpulver)
kordiyal 1. *med.* Herzstärkung *f* 2. *med.* herzstärkendes Mittel 3. s. **Antant** ~
kordiye (*franz.* **cordier**) s. **telgeren**
kordon (*franz.* **cordon**) 1. dicke (Seiden-)Kordel od. Schnur 2. (Uhr-, Medaillon- usw.)Kette *f* 3. *el.* Kabellitze, Verbindungsschnur *f* 4. Mauer-band *n*, -kranz *m* 5. Zier-, Rahmen-leiste *f* (an Möbeln) 6. Kordon *m*, Po-

sten-, Absperrungs-kette *f* 7. Schärpe *f* (e–s) Adjutanten) 8. breite Kaistraße 9. a) Nabelschnur *f* b) Samenstrang *m* 10. *geogr.* Ablagerungsschicht *f* des Meeres auf Sandstrand 11. *naut.* Ducht *f*, Kardeel *n* (e–s Taues) ~ **altına almak** absperren, abriegeln (Haus, Stadtviertel usw.) ~ **kaldırmak** die Sperre aufheben ~ **kaynağı** *techn.* Nahtschweißung *f* ~ **koymak** absperren, abriegeln ~ **nöbetçisi** Absperrposten *m*

kordone (*franz.* **cordonnet**) dünne Schnur, Häkel-, Knopfloch-seide *f*

kordonlamak s. **kaytanlamak**

kordonlu mit **kordon** ausgestattet

kore (hastalığı) (*franz.* **chorée**) *med.* Chorea *f*, Veitstanz *m* *daülrakıs

Kore *n.pr.* Korea

koregraf Choreograph *m* (Regisseur des Tanzes)

koregrafi Choreographie *f*, Aufzeichnung *f* od. Regieentwurf *m* der Tanzbewegungen, Ballett-, Tanz-kunst *f*

koregrafik choreographisch

korekt, -ti 1. korrekt, genau 2. ehrlich, zuverlässig

korelasyon Korrelation, Wechselbeziehung *f*

Koreli 1. Koreaner(-in *f*) *m* 2. koreanisch

koremb (*franz.* **corymbe**) s. **yalancı şemsiye**

korendon s. **korindon**

Korent, -ti *n.pr.* Korinth (griech. Stadt) ~ **düzeni** *arch.* korinthischer Stil ~ **kanalı** *n.pr.* Kanal *m* von Korinth ~ **sütunu** *arch.* korinthische Säule

Korentiyen (*franz.* **corinthien**) *arch.* korinthisch (*spez.* Säule)

koreograf(-i, -ik) s. **koregraf(-i, -ik)**

korepetitör *mus.* Korrepetitor *m*

korepetitörlük *mus.* Amt *n*, Tätigkeit *f* usw. e–s Korrepetitors

korespondan *selt.* (Zeitungs-)Korrespondent *m*

korespondans Korrespondenz *f*, Briefwechsel *m* ≗ **Diplomatik** *fr.* Deutsche Diplomatisch-Politische Korrespondenz

korfo cebi s. **içcep**

Korfu (adası) *n.pr.* Insel *f* Korfu

Korgan *n.pr.* O. u. D. im Rbz. Ordu

korgeneral, -li *mil.* Generalleutnant *m*

korgenerallik Rang *m* e–s **korgeneral**

koriça; koriçe [·×·] *naut.* Stagkragen *m*

koridor 1. Korridor, Flur, Gang 2. *pr. hist.* Polnischer Korridor 3. *V spez. Fb.* ein Torwart, der viele Tore einstekken muß

korif hurma ağacı Talipot-Palme *f bot.* Corypha umbraculifera

korindon (*franz.* **corindon**) *min.* Korund *m*

korist, -ti Chorist(-in *f*) *m*, Chorsänger(-in *f*) *m*

korkak 1. zaghaft, furchtsam, ängstlich 2. feige, Feigling *m* *cebin, cebanetli ~ **karga** *fig.* ganz verschüchtert od. verängstigt

korkaklık 1. Zaghaftigkeit, Ängstlichkeit *f* 2. Feigheit *f* *cebanet ~ **etmek** sich feige benehmen

korkmak, (-ar) 1. (m. Abl.) sich fürchten, Angst haben (vor) 2. (m. Abl.) befürchten, daß... 3. fürchten, besorgt sein 4. (m. Dat.) sich nicht getrauen, nicht wagen (zu) Zu 1: **gök gürültüsünden** ~ sich vor dem Donner fürchten **Kork aprilin beşinden, öküzü ayırır eşinden.** *Spr.* Am 5. (heute: 18.) April herrscht ein solches Unwetter, daß zwei aneinander gekoppelte Ochsen auseinandergerissen werden. s.a. **Allahtan kork!** Zu 2: **hasta olmaktan** ~ befürchten, daß man krank wird Zu 3: **Korkarım gelmeyecektir.** Ich fürchte, er kommt nicht. **Korktuğum başıma geldi.** (*od.* **Korktuğuma uğradım.**) Genau, was ich befürchtet habe, ist mir nun doch passiert. **Korkarım ki, ateşiniz birkaç çizgi yükselmiş olmasın.** Ich fürchte, Ihr Fieber ist um einige Grad gestiegen. **Korka korka ona gittim.** Mit Zittern und Zagen ging ich zu ihm hin. Zu 4: **Sokağa çıkmaya korkuyor.** Er getraut sich nicht, auf die Straße zu gehen.

korku 1. Furcht, Angst *f*, Schrecken *m* 2. Befürchtung, Besorgnis *f* (z. B. et. falsch zu machen) 3. Gefahr *f* *tehlike, muhatara Zu 1: **hırsız -su** Angst *f* vor Einbrechern **hastalık -su** Angst *f* krank zu werden Zu 3: **Yollarda ~ var mı?** Sind die Straßen unsicher? ~ **almak** Angst bekommen, sich allmählich fürchten ≗ **dağları aşırır** (*od.* **bekletir**). *Spr.* Angst macht Beine. ≗ **dağları bekler.** Dem schlottern ja jetzt schon die Knie! ~ **damarı** aufsteigendes Angstgefühl ~ **filmi** Gruselfilm *m* ~ **salmak** Schrecken verbreiten ~ **vermek** Schrecken einjagen ~ **yoklamak** (b–ni) j–n überkommen, befallen (Angst)

korkulmak Pass. zu **korkmak; Böyle şeylerden korkulur mu?** Wie kann man sich denn vor so et. fürchten? **Fırtına çıkacağından korkuluyor.** Man befürchtet den Ausbruch e–s Unwetters. **korkulur bir şey** et., wovor man sich fürchten muß

korkulu 1. beunruhigend, beängstigend, Schrecken einjagend 2. gefährlich, riskant *tehlikeli Zu 1: ~ **rüya** beängstigender (schwerer) Traum ≗ **rüya görmektense uyanık yatmak yeğdir.** *Spr. fig.* Es ist besser, auf e–n erhofften Gewinn zu verzichten, als sich auf ein gefährliches Unternehmen einzulassen. Zu 2: **Bu ~ işe girişmeyin!** Lassen Sie sich nicht auf diese gefährliche Geschichte ein!

korkuluk, -uğu 1. Vogelscheuche *f* 2. Geländer, Schutzgitter *n*, Brüstung *f* 3. *fig.* wer e–e übertragene Aufgabe nicht od. kaum erfüllt; lächerlicher Popanz 4. (Säbel-) Korb *m* *siperlik 5. Gitterwerk *n* (an der Seite e–s Wagens) Zu 1 u. 3: s. **bostan -u** Zu 4: s. **kılıç kabza -u**

korkunç, -cu (*a.* als Elativ) furchtbar, fürchterlich, entsetzlich, schrecklich ~ **ayı** Grislybär *m zo.* Ursus horribilis ~ **bir sıcak** e–e schreckliche Hitze

korkunçlaşmak schreckenserregend wirken

korkunçluk, -uğu Fürchterlichkeit *f;* gräßliches Aussehen

korkusuz 1. unerschrocken, furchtlos, beherzt 2. ungefährlich, harmlos, unschädlich

korkusuzluk 1. Unerschrockenheit, Furchtlosigkeit, Beherztheit *f* 2. Ungefährlichkeit, Harmlosigkeit, Unschädlichkeit *f*

korkut 1. Furcht od. Ehrfurcht erregend; imposant 2. ≗ *mV*

Korkuteli, -ni O. u. D. im Rbz. Antalya

korkutma 1. Einschüchterung *f* 2. *jur.* Erpressung, Nötigung *f* *ikrah ve tehdit

korkutmak (m. Akk.) 1. Furcht einjagen, Schrecken einflößen, j–n ängstigen, (er-)schrecken 2. einschüchtern, bedrohen, erpressen *gözdağı vermek 3. j–n befürchten lassen, daß...

korlanmak glühend werden

korluk 1. *P* Kohlenbecken *n* *mangal 2. Glühen *n* Zu 2: s. **akkorluk**

kormus s. **gövde yumrusu**

korna [×·] Hupe *f* (an Auto od. Fahrrad) ~ **çalmak** hupen

kornalin (*franz.* **cornaline**) *min.* Karneol *m* (e–e Quarzabart)

kornea *an.* Kornea, Hornhaut *f* (des Auges) *saydam tabaka

korner (*engl.* **corner**) 1. spekulativer (Waren-)Aufkauf 2. *Fb.* Eck-ball, -stoß *m*, Ecke *f* **-e çıkarmak (şutu)** zur Ecke ablenken (Schuß) **-ini kaleye doldurmak** (b–nin) j–s Eckstoß in ein Tor verwandeln **-le kurtarmak (kesmek, önlemek)** zur Ecke abwehren

kornet, -ti *mus.* Kornett *n*

kornetçi Kornett *m*

korniş (*franz.* **corniche**) 1. Gardinenleiste *f* (über e–m Fenster od. e–r Tür zur Befestigung von Gardinen bzw. Kelims) 2. Vorhang-, Portieren-stange *f* (aus Messing) 3. Karnies, Kranzgesims *n* 4. Rahmenleiste *f*, fester Rand; Einfassung *f* (z. B. bei Wandkarten) 5. steile Felswand ~ **çivisi** s. **çengel çivisi;** ~ **rendesi** Kehlhobel *m* ~ **yol** felsige Uferstraße

kornişli mit **korniş;** z. B. eingefaßt (Wandkarte)

kornişon (*franz.* **cornichon**) kleine Pfeffergurke

korniyer (*franz.* **cornière**) *techn.* Winkeleisen *n* *köşebent

korno [×·] 1. *mus.* Waldhorn *n* 2. s. **İngiliz -su** 3. aus Horn gefertigter Pulver- od. Öl-behälter

kornocu Hornbläser, Hornist *m*

kornü (*franz.* **cornue**) s. **karni**

koro [×·] 1. (aus Sängern od. Sprechern bestehender) Chor 2. Chor-gesang *m*, -lied *n*, Sprechchor *m* 3. *arch.* Chor *m, n* ~ **çocuğu** *rel.* Meßdiener, Ministrant *m* ~ **halinde** im Chor; alle zusammen ~ **kılığı** Chorhemd *n* ~ **şefi** Chor-direktor, -leiter, -meister *m*

korobaşı *Th.* Chorführer *m*

korocu s. **korist**

korografya Chorographie, Landesbeschreibung, Arealkunde *f*

korolla *bot.* s. **taç** (4)

korona [·×·] *hist.* deutsche Kaiserkrone

koroner (*franz.* **coronaire**) 1. kranzförmig *taçsı 2. *abus.* Herzkranzgefäße *pl.* ~ **damarlar(-ı)** Herzkranzgefäße *pl.* ~ **yetmezliği** *med.* ungenügende Funktion der Herzkranzgefäße

koronör (*engl.* **coroner**) Leichenbeschauer und Untersuchungsrichter (England, USA)

koroydo [·×·] *V* dumm, beschränkt; Hornochse *m; a.:* Gimpel *m*, Grünhorn *n* (beim Glücksspiel)

korozif 1. ätzend, fressend, angreifend, korrosiv, zerstörend 2. Ätzmittel *n*

korozman s. **kruvazman**

korozo s. **bitkisel fildişi**

korozyon *chem., geol., med.* Korrosion *f*

korporalizm (*franz.* **corporalisme**) *va.* s. **maddecilik**

korporasyon (*franz.* **corporation**) Körperschaft *f*

korporatif korporativ, körperschaftlich, ständisch

korpüskül *chem., phys.* Korpuskel *n*, kleinstes Materieteilchen

korrida [·×·] *span.* Stierkampf *m*

korsa(-cı, -lı) s. **korse(-ci, -li)**

korsaj (*franz.* **corsage**) Mieder, Leibchen *n*

korsak s. **karsak**

korsan 1. Seeräuber, Freibeuter, Pirat, Korsar *m* 2. *allg.* Räuber, Entführer *m* (z. B. e–s Flugzeugs) 3. wer ein Urheberrecht verletzt 4. nicht erlaubt; illegal Zu 2: s. **tren -ları;** Zu 3: ~ **radyo** Schwarz-, Piraten-sender *m* Zu 4: ~ **yürüyüş** nicht gestatteter (Demonstrations-)Marsch ~ **gemisi** 1. Seeräuber-, Piraten-schiff *n*, Korsar *m* 2. Kaper(-schiff *n*) *m* ~ **harbi** 1. Piratenkrieg *m* 2. uneingeschränkter U-Boot-Krieg (des I. Weltkriegs)

korsanlık 1. Seeräuberei *f*, Piratenunwesen *n* 2. Kapern *n*, (Kaperei *f*); s. a. **hava korsanlığı;** ~ **etmek** 1. Seeräuberei betreiben 2. auf Kaperfahrt auslaufen; kapern

korse [×·] (*franz.* **corset**) Korsett *n*, Schnür-leib *m*, -mieder *n* 2. *hist.* Brustharnisch *m* ~ **balinası** Korsettstange *f* ~ **giymek** ein Korsett anlegen (bzw. tragen)

korseci Korsett-hersteller, -händler *m*

korseli wer ein Korsett trägt, geschnürt

Korsika *n.pr.* Korsika ~ **kara çamı** korsische Schwarzkiefer *bot.* Pinus nigra var. corsicana

Korsikalı 1. Korse *m*, Korsin *f* 2. korsisch

kort, -tu Tennisplatz *m*

korta; korte [×·] Flirt *m*, Liebelei *f* ~ **etmek** (*od.* **yapmak**) hinter den Frauen her sein

kortej (*franz.* **cortège**) 1. Gefolge, Ehrengeleit *n*, Fest-, Auf-, Um-zug 2. Trauerzug *m*

kortes Cortes *pl.* (span., *fr. a.* portug. Volksvertretung)

Korti organı *an.* Corti'sches Organ (im Ohr)

kortizon *pharm.* Kortison *n* (Rheumamittel)

kortlu mit Tennisplatz (bzw. Tennisplätzen)

koru gepflegter kleinerer Wald; Wäldchen *n*, Hain, Forst *m*

korucu Wald-, Feld-hüter *m*

koruculuk Aufgaben *pl.*, Tätigkeit *f* e–s Wald-, Feld-hüters

korugan *mil.* Bunker *m* ~ **hattı** Bunkerlinie *f* ~ **mevzii** Bunkerstellung *f*

koruk unreifes, saueres Obst *spez.* unreife Trauben *pl.* ~ **lüferi** *P* die im August gefangenen ersten Blaufische **(lüfer)**

koruluk Forstgelände *n*, Waldabschnitt *m*

korum Massenzustrom *m* (von Fischen)

koruma Vs. zu **korumak** Schonen, Schützen *n*, Schutz *m*, Bewahren *n*, Obhut, Fürsorge *f* *himaye, vikaye ~ **düzeni** Schutzvorrichtung *f* (z. B. bei e–r Kreissäge) ~ **gözlüğü** Schutzbrille *f* ~ **mevzii** *mil.* Schutzstellung *f* ~ **sahası** *mil.* Schutzbereich *m* ~ **ünsüzü** s. **kaynaştırma harfi;** ~ **yurdu** (versuchte T. von **darülaceze**)

korumak 1. (m. Akk.) in Obhut nehmen; Fürsorge tragen (für), schützen, wahren (z. B. j–s Interessen) *himaye etmek 2. decken (Unkosten) 3. (m. Abl.) schützen, bewahren (vor) 4. verteidigen *savunmak 5. (m. Akk.) helfen, unterstützen, beistehen

korumalık Schutzgestell *n* (um neugepflanzte Bäume)

korun Horn(-substanz *f*) *n* (in folg. Füg.:) ~ **tabakası** *an.* Hornschicht *f* (der Oberhaut) *tabakai karniye

koruna tschechische Krone (zu 100 **haler**)

korunak 1. *P* Zufluchtsort *m* *sığınak 2. versuchte T. von **prevantoryum**

koruncak Behältnis, Etui, Schmuckkästchen *n* *mahfaza

korundokusu, -nu *an.* Hornmasse *f*

korunga s. **eşekotu**

korungalık Kleefeld *n*

korunma 1. Schutz *m* 2. *med.* Prophylaxe *f*, Verhütung *f* von Krankheiten ~ **tedbiri** Schutzmaßnahme *f* **-ya muhtaç çocuklar** schutzbedürftige Kinder *pl.*

korunmak 1. sich schützen, sich verteidigen 2. geschützt, verteidigt werden **korunmuş geçit** *(Verkehr)* geschützter Übergang

korunuk 1. ge-, be-schützt, bewahrt 2. protegiert; Günstling *m* *mahmi

korunum 1. Schutz *m* 2. Erhaltung *f* *sakınım ~ **kanunu** *phys.* Gesetz *n* der Erhaltung

korut, -tu *va.* 1. befestigter Platz; Festung *f* 2. Kurtine *f* (e–r Festungsanlage)

koruyucu 1. schützend, bewahrend, verhütend 2. Protektor, Schutz-, Schirm-herr *m* *hami 3. Hüter, Schützer, Wächter *f* 4. Schutzvorrichtung *f* (an e–r Maschine) 5. Prophylaktikum, Vorbeugungsmittel *n* 6. Zwinge *f* (e–s Messers) ~ **örtü** Schutz-anstrich, -überzug *m* (bei Metallen) ~ **ruh** Schutzgeist *m* ~ **sistem** *pol., H.* Schutzzollsystem *n*

korvet, -ti *naut.* Korvette *f* ~ **kaptanı** *naut.* Korvettenkapitän *m* (in der Türkei bis 1934; danach: **deniz binbaşısı**)

koryum [×·] s. **altderi**

korza [×·] *naut.* 1. Unklarwerden *n* zweier Ankerketten (Grundtaue) 2. s. **kuruz**

kosekant, -tı [×··] *trig.* Kosekans *m* *tamamı katı

kosinüs [×··] *trig.* Kosinus *m* *tamamıceyp, teceyp

koskoca [×··] riesengroß, riesig, ungeheuer, gewaltig, kolossal, baumlang
koskocaman [×···] *mst. hum. od. Ki.* s. **koskoca**
koskoslanmak stolz werden, sich in die Brust werfen, sich aufblasen *böbürlenmek
kosmetik s. **kozmetik**
kosmik; kosmos usw. s. **kozmik; kozmos** usw.
Kosova [×··] *n.pr.* Amselfeld *n*, Kosovo Polje (Jugoslawien) (Schlachten 1389 und 1448)
kosta [×·] *va.* 1. Küste *f* 2. s. **kaburga**
kostak *P* fein, elegant, vornehm (gekleidet)
kostaklanmak *P* sich herausputzen
Kostantiniye [···–·] (*a.* **Mahrusei** ~) *va.* Konstantinopel, Istanbul
koster (*engl.* **coaster**) *naut.* Küstenfahrzeug *n*
kostik 1. ätzend, Ätz- 2. Kaustikum, Ätzmittel *n* ~ **soda** *chem.* Ätznatron *n* *sut kostik **-le muamele etmek** *med.* (ab-)ätzen
kostüm 1. Tracht, Kleidung *f*, Kostüm *n* 2. Ausgehkleidung *f* (e–r Dame) 3. (Herren-)Anzug *m* 4. Karnevalskostüm *n*, Maskenanzug *m* ~ **tayyör** Schneiderkostüm *n*
kostüme kostümiert; s. a. **bal** ~
kostümlü 1. kostümiert, in Kostümen; gekleidet 2. ein Schneiderkostüm tragend ~ **balo** Kostümfest *n*
kostümlük für ein Kostüm (e–n Anzug) geeignet od. best. (Stoff)
koşa 1. gleichzeitig 2. gleichlaufend, parallel *muvazi, paralel 3. begleitend, Begleit- *müterafık Zu **koşa koşa** vgl. Stw. **koşmak**
Koşab *astr.* der Stern Beta im Sternbild des Kleinen Bären
koşaç *gr. log.* Kopula *f* *rabıta, edatı haber
koşalık 1. gleichzeitiges Auftreten; Koinzidenz *f*, Zusammenwirken *n* 2. Parallelität *f* 3. Nebeneinanderbestehen *n* *terafuk
koşaltı *P* Gespann *n*
koşam *dial.* eine (od. zwei) Handvoll
koşargiller Wüstenläufer *pl. zo.* Cursoriidae
koşarkınkanatlı Laufkäfer *m zo.* Carabus granulatus
koşarmak *dial.* ein Tier, dessen Mutter tot ist, von e–m Muttertier säugen lassen, das seine Jungen verloren hat
Koşinşin *n.pr. fr.* Cochinchina, Kotschinchina (heute: Südvietnam) ~ (*od.* **Koşin**) **tavuğu** s. **Beç tavuğu**
koşku *stil.* Zeugma *n*
koşma 1. Laufen *n*, Lauf *m* 2. *lit., mus.* e–e Volksliedart 3. *naut.* Stütz- od. Ersatz-Tau *n* bzw. -mast *m* 4. e–e best. Kelimart
koşmaca *Ksp.* Fange-, Hasche-spiel *n*
koşmak, (-ar) 1. laufen, rennen, eilen; strömen (z. B. Menschenmenge) 2. rennen, ein Rennen laufen, an e–m Rennen teilnehmen (z. B. Pferd) 3. **(ardından, arkasından, peşinden)** a) e–r Sache nachjagen, et. verfolgen b) hinter j–m her sein 4. (b–nin yardımına) j–m zu Hilfe eilen 5. zur Begleitung beigeben; beigesellen *terfik etmek 6. (an-)spannen (Pferde, Wagen) 7. **(şart)** zur Bedingung machen, (als Bedingung) festsetzen 8. *V* rollen lassen, werfen (Würfel) 9. zu j–m gelaufen kommen; sich wenden (an) *baş vurmak 10. sich schnell weiterbewegen (z. B. Staubwolke) Zu 3: **İki yıldır bu işin peşinden koşuyorum.** Seit zwei Jahren bin ich hinterher. Zu 6: **atları arabaya** ~ die Pferde anspannen (vor den Wagen spannen); **arabayı** ~ den Wagen anspannen **koşa koşa gelmek** in aller Eile angelaufen kommen **koşar adım** Laufschritt *m* **Koşar adım marş** (*od.* **ileri**)! Laufschritt marsch, marsch! **koşar emir neferi** *mil.* Läufer *m* **koşup tozmak** sich tummeln; umherspringen (z. B. Füllen)
koşnil Koschenilleschildlaus *f zo.* Coccus cacti **-ler** s. **kabuklu bitler**
koşturmak 1. zum Laufen bringen; in Trab setzen 2. schnell wegbringen 3. absenden, befördern 4. *intr.* umherlaufen
koşu 1. a) s. **koşma** (1) b) Rennen *n* *yarış 2. (in der Füg.:) **bir** ~ Bez. der Schnelligkeit und Leichtigkeit, mit der man et. erledigen kann 3. *va.* Rang, Stand *m*, Gesellschaftsklasse *f* Zu 1 b): **at -ları** Pferderennen *pl.* Zu 2: **Ben bir** ~ **eve gider, istediğinizi getiririm.** Ich bin im Handumdrehen zu Hause und hole Ihnen das Gewünschte. Zu 3: **aşağı** ~ **adamlar** den einfachen Volksschichten angehörige Leute *pl.* ~ **arabası** *(Trabrennen)* Sulky *n* ~ **atı** Rennpferd *n* ~ **duruşu** *(Sport)* Laufstellung *f* ~ **koparmak** wie ein Pfeil dahinschießen ~ **yolu** Rennbahn *f*
koşucu 1. *(Sport)* Läufer, Renner *m* 2. Lauf- 3. Rennfahrer *m* ~ **devekuşu** Emu *m zo.* Dromaeus novaehollandiae ~ **kuşlar** s. **karinasızlar**
koşuculuk *(Sport)* Schnellaufen *n*
koşuk 1. s. **beyit** 2. s. **nazım** 3. s. **şiir**
koşukçu s. **şair**
koşul Voraussetzung, Vorbedingung *f* *şart ~ **birleşik zamanı** s. **şart kipi;** ~ **tümcesi** s. **şart cümlesi**
koşulmak Pass. zu **koşmak; Yanımıza adam koşuldu.** Es wurde uns ein Begleiter mitgegeben. **Bu davete her taraftan koşuldu.** Zu dieser Einladung strömten von überallher Leute zusammen. **Koşulsaydı yetişilirdi.** Wenn man sich beeilt hätte, wäre man noch rechtzeitig gekommen. **O kadar koşulmak da lâzım değildi.** Solcher Eile hätte es nun auch wieder nicht bedurft. **koşulmamış** (*bzw.* **koşulmuş**) **top** *mil.* unbespanntes (*bzw.* bespanntes) Geschütz
koşulu be-, ange-spannt ~ **nakliye taburu** *mil.* bespannte Fahrabteilung ~ **teşkiller** *mil.* bespannte Formationen (Einheiten) *pl.* ~ **topçu** *mil.* bespannte Artillerie
koşum 1. (Zugtier- *spez.* Pferde-)Geschirr *n* 2. Anspannen *n* (von Wagen, Pferden usw.) 3. Koppelung *f* (e–r Lokomotive od. e–s Eisenbahnwagens) ~ **atı** (*od.* ~ **beygiri**) Zugpferd *n* ~ **çubuğu** *techn.* Kupplungsbügel *m* ~ **deppoyu başçavuşu** *mil.* Geschirrmeister *m* ~ **hayvanı** 1. Zugtier *n spez.* Zugpferd *n* 2. *mil.* Bespannung *f* ~ **kolu** *mil.* Seitenzugriemen *m* ~ **malzemesi** *mil.* Geschirr (-zeug) *n*, Beschirrung *f* ~ **takımı** Kupplung *f* (bei Eisenbahnwagen) **-u almak** (*od.* **çıkarmak**) abschirren, ausspannen
koşumlu bespannt, angeschirrt
koşun *va.* 1. Soldat *m* *asker 2. Reihe *f*, Glied *n* *saf 3. *P* s. **koşu** (1 b) ~ **bağlamak** sich in Reih und Glied aufstellen *saf tutmak ~ ~ in Reih und Glied
koşundaş *P* Kamerad *m* (beim Militär)
koşuntu 1. Gefolge *n*, Stab *m*, Umgebung *f* *maiyet 2. *pej.* Helfershelfer, Komplizen *pl.* 3. s. **atfı beyan**
koşuşma Laufen, Gerenne *n*, (Menschen-)Auflauf *m*
koşuşmak 1. laufen, herbei-, zusammen-eilen, -strömen 2. dauernd umherlaufen
koşut gleichlaufend, parallel *muvazi, paralel ~ **ağaç** Barren *m* (Turngerät) *barparalel
koşutdluk 1. *phil.* Parallelismus *m* 2. *math.* Parallelität *f* *(1, 2) paralellik
kot (I) **pantalon** (*franz.* **cotte p.**) Monteuranzug *m*, Arbeitskleidung *f*
kot, -tu (II) (*franz.* **cote**) 1. Zeichen *n*, (Kenn-)Ziffer *f*, Buchstabe *m*, Nummer *f* 2. Kote *f*, Geländepunkt *m*, Höhe *f* (auf e–r Karte), Wasserstand *m* (e–s Flusses) 3. *naut.* Klassenzeichen *n* (e–s Schiffes) 4. Maßangabe *f* (auf Zeichnung, Plan usw.) 5. s. **kod**
kota 1. Quote *f*, Anteil, Betrag *m* 2. Kontingent *n*, Zuteilung *f*, Verteilungsschlüssel *m* 3. Einfuhrliste *f* (für Waren)
kotaj (*franz.* **cottage**) s. **koteç**
kotangent, -ti *trig.* Kotangens *m* *tamamı mümas

kotanjan(t) s. **kotangent**
kotarmak 1. (aus-)leeren *boşaltmak 2. austeilen (Essen) 3. *fig.* zu Ende führen, beenden, vollständig durchführen od. erledigen Zu 3: **Bir işi kotarmadan başkasına girişmemeli.** Man soll e–e Sache erst ganz fertig machen, bevor man et. Neues beginnt.
kotas; kotaz s. **hotoz**
kotasyon (*franz.* **cotation**) (Börse) Kursnotierung *f*
Kotdazür (*franz.* **Côte d'Azur**) s. **Gök Sahil**
Kotdemrod (*franz.* **Côte d'Emeraude**) s. **Zümrüt Sahili**
Kotdivuar (*franz.* **Côte d'Ivoire**) s. **Fildişi Sahili**
Kotdölor (*franz.* **Côte de l'Or**) s. **Altın Sahili**
kote (*franz.* **coté**) kotiert (z.B. an der Börse) ~ **etmek** kotieren, notieren, bewerten
koteç, -ci (*engl.* **cottage**) Land-, Sommer-haus *n*
koter *med.* Kauter *m* (chirurgischer Brenner)
koterizasyon *med.* Kauterisation, Kaustik *f*
koterize kauterisiert ~ **etmek** kauterisieren, (ab-)ätzen, ausbrennen
kotiledon 1. *bot.* s. **saksıgüzeli** 2. *an. bot.* Kotyledone *f*
kotilozorlar *zo.* Kotylosaurier *pl.*
kotiyon Kotillon *m* ~ **tevziatı** Verteilung *f* von Kotillon-Orden
kotlamak 1. *math.* nivellieren, (*va.* kotieren), die Höhe e–s Geländepunktes messen *rakımlamak 2. Maßzahlen eintragen (auf Zeichnung, Plan usw.)
kotle (*franz.* **côtelé**) *mod.* gerippt ~ **kadife** Rippsamt *m*
kotlet, -ti 1. Kotelett *n* *pirzola 2. Koteletten *pl.* (Barttracht)
kotletpane (*franz.* **côtelette panée**) paniertes Kotelett
kotlu mit Maßzahlen ~ **geometri** Zahlengeometrie *f* *hendesei murakkama; terkimî hendese; yükseltili geometri
koton (*franz.* **coton**) s. **pamuk:** ~ **idrofil** s. **hidrofil pamuk;** ~ **kordone** (*franz.* **coton cordonnet**) Glanzzwirn *m*
kotonperle (*franz.* **coton perlé**) Perlgarn *n* (dickeres, wie Seide glänzendes Baumwollgarn)
kotra (I) [×·] *naut.* Kutter *m* ~ **yarışları** Kutterregatta *f*
kotra (II) [×·] *fr.* Pferch *m* (für Schlachtvieh)
kov *P* Diffamierung *f*, Lästern *n* ~ **etmek** *P* herabsetzen, diffamieren; lästern (über)
kova 1. Eimer *m* 2. *V* Strichjunge *m* 3. Schmutzfänger, Schlammfang *m* (in e–m Gully) 4. Förderkorb *m* (im Bergwerk) 5. Federhaus *n* (e–r Taschenuhr) 6. ein Eimer voll 7. s. **bahçe -sı** 8. *V Fb.* wer viele Tore einstecken muß (Torwart od. Mannschaft) ~ **fesi** *fr.* best. Form des Fes (oben et. breiter) ~ **gibi** *F* riesengroß
Kova *astr.* Wassermann *m* *Delv, Saka
kovacı wer Eimer herstellt od. verkauft
Kovadis? Quo Vadis? (Roman von Sienkiewicz, 1845)
kovalamaca *Ksp.* Fange-, Hasche-spiel *n*
kovalamak (m. Akk.) 1. hinter et. od. j–m her sein; verfolgen, nachjagen 2. lauern (z.B. auf e–e Gelegenheit), spähen (nach) 3. (birbirini) aufeinander folgen, einander ablösen (z.B. Ereignisse)
kovalı mit Eimer(-n) ausgestattet ~ **tarak (makinesi)** Eimerkettenbagger *m* ~ **tulumba** Kübelspritze *f*
kovalık große Binse *bot.* Scirpus lacustris
kovan 1. Bienen-stock *m*, -haus *n*, -korb *m* 2. Hülse, Muffe, Buchse, Radbüchse *f* 3. *mil.* Geschoß-, Patronenhülse *f*, Kartusche *f* 4. *mil.* (Torpedoausstoß-)Rohr *n* 5. *V* Strichjunge *m* 6. Loch *n* (in e–m Werkzeug zur Befestigung e–s Stiels) 7. *P* Butterfaß *n* 8. *mil.* Rille am Bajonett (zum Aufstecken auf das Gewehr) Zu 4: s. **torpido (torpil) -ı;** ~ **çiçeği** 1. gelbe Garbe *bot.* Achillea ochroleuca 2. *bot.* Blüte des Fingerhuts ~ **dikeni** s. **geven;** ~ **otu** 1. s. **oğulotu** 2. s. **arı -ı** (2) 3. s. **geven;** ~ **resmi** *fr.* Steuer *f* auf Bienenhäuser ~ **tırnağı** *mil.* Auswerfer *m* (am Gewehr od. Geschütz)
kovanlı mit **kovan** ausgestattet
kovanlık Reihe *f* der Bienenhäuser
kovboy Cowboy *m* ~ **filmi** Wildwestfilm, Western *m* *vestern
kovcu *P* Lästermaul, Denunziant, Ehrabschneider *m*
kovculuk *P* Diffamierung, Lästerung *f*, Denunziantentum *n*
koverkot, -tu Covercoat *m* (Stoff od. Mantel)
kovlamak *P* diffamieren, lästern (über), denunzieren, herziehen (über)
kovmak, (-ar) 1. fortjagen, vertreiben, verscheuchen (*a.* z.B. Gedanken) 2. beseitigen, eliminieren 3. entlassen 4. *va.* hinter et. her sein
kovucuk, -uğu *bot.* Lentizelle, Rindenpore *f*
kovuk, -uğu 1. (Aus-)Höhlung *f*, Hohlraum *m*, Innenraum *m*, Kaverne *f* *cevf 3. Geode *f* (im Gestein) *jeot 4. hohl (Baum, Zahn usw.); ausgehöhlt
kovuklu 1. mit **kovuk** (*q.v.*) 2. s. **kovuk** (4)
kovumsamak s. **istiskal etmek**
kovuntu fortgejagt, entlassen *matrut
kovuş 1. Vs. zu **kovmak** 2. s. **koğuş**
kovuşturma *jur.* Fahndung, Strafverfolgung *f*, Ermittlungen *pl.*
kovuşturmak verfolgen, hinter j–m od. et. her sein
kovuşturmazlık *stil.* Anakoluth *n*, Satzbruch *m*
koy kleinere (Meeres-)Bucht, Bai *f* ~ **çıbanı** s. **sakızcı çıbanı**
koyacak Behälter *m*, Behältnis *n* (wie z.B. Schrank, Kiste, Käfig, Korb, Teller usw.)
koyak *P* Tal *n* *vadi ~ **aklanı** (*od.* ~ **yamacı**) Talwand *f*
koyar *P* Vereinigungsstelle zweier Flüsse *kavşak, mülteka
Koyballar *n.pr.* Koibalen *pl.* (kleine türk. Volksgruppe im Abakan-Gebiet) *Tubalar
koymak (daneben *a.* das ält. **komak;** Aorist.: *mst.* **kor,** *selt.* **koyar**) 1. setzen, stellen, legen 2. (hinein-)stecken, hineintun 3. daraufstreuen, dazutun 4. ein-schütten, -gießen, -schenken, -schöpfen 5. auf-, aus-stellen, einsetzen 6. (über-)lassen, aufgeben, opfern 7. bringen (z.B. Zeitung e–n Artikel, ein Bild usw.) 8. schreiben, darauf-, darunter-setzen 9. (b–ne) j–n kränken, treffen, verletzen, beleidigen, wurmen, j–m nahegehen 10. *Hv.* in einigen Ra. 11. *math.* (ein-)setzen (z.B. Zahlenwert für e–e Unbekannte) Zu 1: **Çamaşırları sandığa mı koydunuz?** Habt ihr die Wäsche etwa in die Truhe gelegt? Zu 2: **Kâğıdı cebine koydu.** Er steckte das Papier in die Tasche. Zu 3: **yemeğe tuz** ~ Salz ans Essen tun (geben) Zu 5: **Her tarafa nöbetçi komuşlar.** Man hat überall Wachen ausgestellt. **Bu işe kimi koyacağız?** Wen sollen wir dafür anstellen (einsetzen)? Zu 6: **Kitabı bütün gün elinden komadı.** Er hat das Buch den ganzen Tag nicht aus der Hand gelegt. **Beni aç kodular.** Man hat mir nichts zu essen gegeben. **İçeriye kimseyi koymuyorlar.** Man läßt niemand herein (bzw. hinein). **ko** (mit zweitem Imp.) Soll doch..., Laß doch... vgl. **Geçme namert köprüsünden, ko aparsın su seni!** Zu 8: s. **adres (imza, tarih)** ~ Zu 9: **Bu söz ona çok koymuş.** Das Wort hat ihn sehr verletzt. Zu 10: **göme** ~ s. **gömmek; bağlaya** ~ sich et. anheften, anbinden **asa** ~ sich et. an den Hals hängen, sich et. umhängen **Koduğum yerde otluyor.** *fig.* Er hat keine Fortschritte gemacht. **Kodunsa bul!** 1. Es ist nirgends zu finden. Es ist wie weggeblasen! 2. Der ist längst über alle Berge! **Koy avucuma, koyayım avucuna.** *Spr.* Hilfst du mir, so helfe ich auch dir. **koyacak yer bulamamak** *fig.* höchste Wertschätzung bezeugen **Koyma akıl, akıl olmaz** (*od.* **cepten düşer**). *Spr.* Ein dummer Kerl bringt auch bei bester Beratung nichts Ordentliches zustande. **koyup gitmek** et. liegenlassen und weggehen

koyu 1. dickflüssig, fest, steif (*ant.* **sulu**) 2. dunkel (Farbe) (*ant.* **açık**) 3. *fig.* eingefleischt, eingeschworen, fanatisch, unverbesserlich, unbelehrbar, orthodox, streng, Erz-, Stock- 4. *fig.* finster, plump, dick, schwerfällig, massiv 5. stark (Tee) 6. konzentriert (z.B. Säure) 7. nicht gewässert, nicht gepanscht (z.B. Milch) 8. hitzig (Debatte) 9. glühend, tief (Liebe) 10. Höhepunkt *m* (z.B. e–r Auseinandersetzung) Zu 2: ~ **al** Goldfuchs *m* (Pferd) ~ **kırmızı** dunkelrot, purpurrot ~ **yeşil** dunkelgrün Zu 3: ~ **muhafazakâr** stockkonservativ Zu 4: ~ **Osmanlıca bir cümle** *pej.* ein im dicksten Osmanisch geschriebener Satz ~ **küfürler savurmak** mit groben Schimpfworten um sich werfen Zu 5: ~ **çay** starker Tee ~ **duman çıkarmak** dikken Rauch ausstoßen; qualmen ~ ~ **düşünmek** s. **kara kara düşünmek;** ~ **matem** Volltrauer *f*

koyulanmak; koyulaşmak 1. dickflüssig (steif, fest) werden (Flüssigkeit) 2. dunkler werden, nachdunkeln (Farbe) 3. mehr und mehr in die Tiefe gehen *derinleşmek

koyulaştırıcı Verstärker, Festiger *m* (*spez.* für Farben)

koyulaştırmak 1. dunkler bzw. dickflüssiger werden lassen 2. verstärken (z.B. Filmnegativ) **koyulaştırılmış süt** 1. Milch mit Zusatz von Mehl, Stärke usw. 2. eingedampfte Milch

koyulatmak s. **koyultmak**

Koyulhisar *n.pr.* O. u. D. im Rbz. Sıvas

koyulmak (I) s. **koyulaşmak**

koyulmak (II) 1. Pass. zu **koymak** 2. (m. Dat.) sich an et. machen, an et. herangehen; et. unternehmen, in Angriff nehmen, beginnen *girişmek, teşebbüs etmek 3. münden, sich ergießen (in) (Fluß)

koyultmaç *dial.* Süßspeise aus dick eingekochter Milch

koyultmak Kaus. zu **koyulmak** (I) 1. ein-, ver-dicken 2. dunkler werden lassen

koyulu s. **açıklı koyulu**

koyuluk 1. Dickflüssigkeit *f*, Festsein, Steifsein *n* 2. Dunkelsein *n* (e–r Farbe) 3. *fig.* Fanatismus *m*, Unbelehrbarkeit, Unverbesserlichkeit *f* 4. *fig.* Schwerfälligkeit, Plumpheit *f* 5. Starksein *n* (des Tees)

koyulum s. **teşebbüs**

koyun (I) 1. Schaf *n*, Hammel *m zo.* Ovis 2. Bock *m* (Turngerät) 3. s. ~ **gibi;** ≗ **adası** *n.pr.* e–e kleinere, zwischen **Paşalimanı** und **Avşa** gelegene Marmara-Insel ~ **atlaması** Sprung *m* e–s Pferdes über ein Hindernis ~ **bakışlı** dümmlich dreinschauend ~ **başlı** (*od.* ~ **beyinli**) beschränkt, dumm ~ **biti** Schaflaus *f zo.* Linognathus ovillus ~ **burun sineği** Nasenbremse *f zo.* Oestrus ovis ≗ **can derdinde, kasap yağ derdinde.** *Spr.* s. **Keçiye can kaygısı, kasaba yağ kaygısı.** ~ **çiçeği** s. **çalık** (8); ~ **çobanı** Schafhirt, Schäfer *m* ~ **dede** einfältig, naiv, dumm ~ **emini** *fr.* Erheber der Schafsteuer ~ **eti** Hammelfleisch *n* ~ **gibi** dumm, stupid ~ **kafalı** Dummkopf *m* ~ **kaval dinler gibi dinlemek** zuhören, ohne das Geringste zu verstehen ~ **kenesi** (*irrt.*) „Schafzecke *f*" (s. ~ **sinekbiti**); ~ **keser gibi boğazlamak** viehisch abschlachten (Menschen) ~ **otu** s. **kızılyaprak;** ~ **pıtrağı** Wasserhanf *m bot.* Eupatorium cannabinum ~ **sarmaşığı** s. **karapazı** (3); ~ **sinekbiti** Schaflausfliege *f zo.* Melophagus ovinus ~ **şeridi** Schafbandwurm *m zo.* Moniezia expansa ~ **yatırma** *agr.* Bodendüngung *f* durch eingepferchte Schafe ~ **yavşanı** Poleigamander *m bot.* Teucrium polium ~ **yılı** *hist.* 8. Jahr des alttürk. 12-Jahres-Zyklus **-dan atlama** *(Turnen)* Bockspringen *n* ≗**un bulunmadığı yerde keçiye Abdurrahman Çelebi derler.** *Spr.* 1. Die Ziege ist die Kuh des kleinen Mannes. *Spr.* 2. Unter den Blinden ist der Einäugige König. *Spr.* 3. Nutze das, was du besitzt.

koyun (II), **-ynu** 1. Brust *f* 2. Busen *m* (*a. fig.*) Zu 1: **Kesesini koynunda taşır.** Er trägt seinen Geldbeutel auf der Brust. ~ **cebi** Brusttasche *f* Zu 2: **Annesi, çocuğunu koynuna aldı, ayrı yatak yaptırmadı.** Die Mutter ließ für ihr Kind kein eigenes Bett aufschlagen, sondern nahm es zu sich in ihr Bett. **Hepimiz bu yurdun koynunda yetiştik.** Wir sind alle am Busen dieses Landes groß geworden. **koynunda yılan beslemek** *fig.* e–e Natter am Busen nähren **koynundan** *z. va.* aus eigener Tasche (z.B. bezahlen müssen) ~ **koyuna** eng umschlungen ~ **saati** Taschenuhr *f* *cep saati **koynu dolu olmak** *P* ein rechter Geizhals sein **koynuna girmek** (b–nin) 1. sich an j–n anschmiegen, sich von j–m umarmen lassen 2. mit j–m ins Bett gehen

koyun (III) nach unten, zum Boden hin (nur mehr in **yüzü-**)

koyunculuk Schafzucht *f* od. Handel *m* mit Schafen

koyungözü, -nü 1. Gänseblümchen *n bot.* Bellis perennis *ilkbahar çiçeği 2. Mutterkraut *n bot.* Matricaria parthenium *varatika otu

koyunkeçi Kreuzung *f* von Schafbock und Ziege od. von Ziegenbock und Schaf

koyunkıran s. **kılıç otu** (2)

Koyunluhisar s. **Koyulhisar**

koyuntu *dial.* Schmerz, Gram, Kummer *m* *acı

koy(u)vermek 1. frei-, los-, ent-lassen, freigeben, laufen (gehen) lassen 2. *fig.* loslassen (Gelächter), ausbrechen (in) 3. *fig.* wachsen (stehen) lassen (z.B. Bart) 4. lassen, erlauben Zu 1: **İnat etme, koyuver gitsin!** Sei nicht so eigensinnig, und laß ihn schon laufen! Zu 2: s. **kahkaha** ~ Zu 3: s. **sakal** ~ Zu 4: **Gelecekti ama, babası koyuvermiyor.** Er (Sie) würde schon kommen, aber sein (ihr) Vater erlaubt es nicht.

koz (I) 1. (Wal-)Nuß *f* 2. *Ka. od. fig.* Trumpf *m* Zu 2: **Hasmın elinde hiç bir** ~ **bırakmamalı.** Dem Gegner darf man keinen Trumpf lassen. ≗ **adası** *n.pr.* Ikaria, Nikaria, Kariot (Insel südwestl. von Samos) ~ **atmak** *Ka.* Trumpf spielen ~ **bekçileri** *hist.* diejenigen Leibdiener des Sultans, die bei Ausfahrten für Kleidung und Kaffee zu sorgen hatten ~ **helva(-sı)** e–e Helwa-Art mit Walnußkernen, türkisches Nougat ~ **kabuğuna girmek** *fig.* sich in ein Mauseloch verkriechen ~ **kırmak** 1. *Ka.* Trumpf spielen 2. *F* et. Ungehöriges (Unpassendes) tun, e–e Taktlosigkeit begehen ~ **vermek** *fig.* sich die Trümpfe aus der Hand winden lassen **-u kaybetmek** verlieren, den kürzeren ziehen **-una koz** *F* dauernde Widerrede **-unu elinden almak** *fig.* (dem Gegner) die Trümpfe aus der Hand winden **-unu oynamak** *fig.* seine Trümpfe ausspielen **-unu paylaşmak** (b–le) *fig.* mit j–m noch e–e Rechnung zu begleichen haben (**Sizinle paylaşılacak -um var!** Ich habe noch ein Hühnchen mit Ihnen zu rupfen!)

koz (II) [–] (*franz.* **cause**) *snob.* Grund *m*, Ursache *f*

koza [×·] 1. Samenkapsel *f* (bei Baumwolle, Mohn usw.) 2. Kokon *m* (*spez.* des Seidenspinners) ~ **çıkarmak** Seidenraupenzucht betreiben

kozacılık Seidenraupenzucht *f* *ipekçilik

kozahane [··–·] Seidenraupenzüchterei *f spez.* die Stelle, wo sich die Kokons befinden

kozak 1. *P* s. **koza; kozalak** 2. *(in osm. Zeit)* Aufbewahrungsmappe *f* für wichtige politische Korrespondenz (im Serail) 3. s. **kazak** (I)

Kozaklı *n.pr.* O. u. D. im Rbz. Nevşehir

kozalak 1. s. **koza** 2. Fruchtträger *m* der Koniferen wie Tannenzapfen *m*, Zypressen-, Zirbel-nuß *f* usw. 3. nicht richtig ausgewachsen; verkümmert (z.B. Melone) 4. *fr.* elfenbeinerne Schutzkapsel für ein (Wachs-)Siegel ~ **gibi** schmächtig ~ **mahallesi** *V* Friedhof *m* ~ **pulu** *bot.* Zapfenschuppe *f*

Kozalaklılar Koniferen, Nadelhölzer *pl. bot.* Coniferae *iğneyapraklılar, sanavberiye

kozalaksı zapfenähnlich ~ **bez** *an.* Zirbeldrüse, Epiphyse *f* *guddei sanavberiye

kozalite (*franz.* **causalité**) s. **nedensellik**

Kozan *n.pr.* Städtchen u. D. im Rbz. Adana
Kozluk *n.pr.* O. u. D. im Rbz. Siirt
kozmetik 1. Kosmetik, Körper- und Schönheitspflege *f* 2. Kosmetikum, Schönheitsmittel *n* 3. kosmetisch
kozmik kosmisch *acunsal, kevnî ~ **ışınlar** s. **evren ışınları**
kozmobiyoloji Kosmobiologie *f*
kozmodrom Kosmodrom *n*, Raumfahrtflugplatz *m* *uzay üssü
kozmogoni Kosmogonie *f*, Schöpfungsmythos *m* *evrendoğum, kiyaniyat, tekvin ilmi
kozmogonik kosmogonisch *evrendoğumsal, kiyanî, tekvinî
kozmografik kosmographisch
kozmografya [··×·] Kosmographie *f*
kozmoloji Kosmologie *f*, Lehre *f* vom Weltall *evrenbilim, kevniyat
kozmolojik kosmologisch *evrenbilimsel, kevnî
kozmonot, -tu Kosmonaut, Weltraumfahrer *m* *astronot
kozmopolit, -ti 1. Kosmopolit(-in *f*) *m*, Weltbürger(-in *f*) *m* 2. kosmopolitisch, weltbürgerlich, von internationalem Gepräge (z.B. Stadt) 3. *bot.* über die ganze Welt verbreitet (Pflanze)
kozmopolitçilik; kozmopolitizm Kosmopolitismus *m*, Weltbürgertum *n*
kozmopolitlik *bot.* Verbreitung *f* (e–r Pflanze) über die ganze Welt
kozmos [×·] 1. Kosmos *m*, Weltall *n*, Weltordnung *f* *acun, evren 2. s. **yenidünya** (4)
kozör *selt.* Causeur *m*, unterhaltsamer Plauderer
kozöz 1. *selt.* Causeuse *f*, unterhaltsame Plauderin 2. s. **konuşma koltuğu**
köçek 1. Tierjunges *spez.* Kamelfüllen *n* 2. *fr.* Bez. für Jünglinge, die in Frauenkleidung Tänze **(köçek oyunu)** vorführten 3. leichtsinnig *hoppa 4. *fr.* Janitscharen-Rekrut *m* 5. *fr.* dienender Derwisch (bei den Mewlewi) 6. *mus.* e–e melodische Weise in der türk. Musik (ähnlich wie **saba**)
köçekçe fröhliches Tanzlied (*mst.* **ağırlama** *od.* **karcığar**)
köçeklemek Junge werfen (*spez.* Kamel)
köfte 1. Frikadelle *f*, Fleischklößchen *n*, Bulette *f*, Klops *m* (aus Hackfleisch, in rundlicher od. länglicher Form) 2. Kloß, Knödel *m* (z.B. aus Kartoffeln, **bulgur** usw.) 3. *V* Schulmädchen *spez.* Gymnasiastin *f*
köfteci wer (neben anderen Gerichten hauptsächlich) Frikadellen zubereitet und verkauft
köftecilik Gewerbe *n* e–s Frikadellenverkäufers
köftehor *(hum. od. tadelnd)* 1. Sonderling, Eigenbrötler *m*, komischer Bursche 2. Schlingel, Nichtsnutz, Bengel *m* 3. Aufschneider, Prahlhans *m*
köfteli mit Fleischklößchen (z.B. Reis)
köfter bandartiger dünner Fladen aus getrocknetem Traubensaft. (Der Saft wird mit Stärkemehl gekocht, auf e–m Brett zum Trocknen gebracht und schließlich geschnitten.)
köfteruz [ü] *naut.* Kalfat-, Rabat-eisen *n*
köftün Ölkuchen *m* (an Rinder verfütterte Abfälle von Flachs od. Sesam)
köhne 1. alt, abgenutzt, abgeschabt, abgebraucht, abgewetzt 2. überlebt, veraltet, überaltert, unmodern Zu 1: ~ **bir ev** ein altes Haus, *F* ein alter Kasten Zu 2: ~ **bir fikir** e–e überlebte Ansicht ~ **bir metot** e–e veraltete (überholte) Methode ~ **bahar** *va.* s. **sonbahar**
köhneleşmek 1. sich abnutzen (abschaben, abwetzen) 2. veralten, sich überleben, unmodern werden, zum Ladenhüter werden
köhnelik 1. Altsein, Abgenutztsein *n* (usw.) 2. Veraltet-, Unmodern-sein *n;* Rolle *f* e–s Ladenhüters 3. et. Veraltetes od. Überholtes z.B. veralteter Stil, überholte Methode usw.
köhnemek *selt.* s. **köhneleşmek** (*mst.* nur in der Form **köhnemiş**)
kök, -kü 1. *bot.* Wurzel *f* 2. unterster Teil best. Dinge 3. (Zählwort bei Pflanzen) Stück *n* 4. *fig.* Wurzel *f*, Grund *m*, innerster Kern *esas, temel 5. Ursprung *m*, Herkunft *f* (z.B. e–r Familie) 6. *gr.*, *math.* Wurzel *f*, Stamm *m* *cezir 7. *chem.* Radikal *n* *cezir 8. *z. va.* Wirbel *m* (an S.i.) Zu 1: s. **ek (kazık, saçak, yumru)** ~ Zu 2: **diş -ü** Zahnwurzel *f* **nasırın -ü** zutiefst sitzender Teil des Hühnerauges, (Dorn *m*) Zu 3: **üç** ~ **maydanoz** drei Stück Petersilie Zu 4: **İşi -ünden temizlemeli.** Man muß die Angelegenheit von Grund auf bereinigen. Zu 6: s. **denklem -ü; kare (küp)** ~; **81'in dördüncü kuvvetten -ü** vierte Wurzel aus 81 Zu 8: **sazı** ~ **etmek** stimmen (M.i.) ~ **anestezi** *med.* Wurzelbetäubung, Leitungsanästhesie *f* ~ **enfiye** Nieswurzel *f* (Wurzel von Helleborus) ~ **işareti** *math.* Wurzelzeichen *n* *cezir işareti ~ **salmak** (*od.* **atmak**) Wurzel schlagen, festwachsen, *fig.* heimisch werden ~ **sökmek** *fig.* sich e–r mühevollen Aufgabe unterziehen ~ **söktürmek** (b–ne) j–m e–e mühselige Arbeit aufhalsen ~ **yumrusu** Wurzelknolle *f* (wie z.B. bei Maniok) **-ten** s. ges. Stw. **-ü kurumak** ausgerottet werden **-ü soğanlı mantar** s. **kırmızı mantar; -ünden budamak (koparmak, yok etmek)** *od.* **-üne kibrit suyu dökmek** *od.* **-ünü kurutmak** (*od.* **kazımak**) mit Stumpf und Stiel vertilgen, völlig ausrotten **-ünden sökmek** entwurzeln (z.B. Baum) **-ünden yıkmak** et. völlig niederreißen **-ünden kesip atmak** endgültig regeln; ein für allemal beseitigen (Problem) **-üne kıran girmek** *P* vom Erdboden verschwinden **-üne kibrit suyu!** (Verwünschung) 1. Hol ihn (es) der Teufel! 2. Verdammte Schweinerei!
kökanlam *ling.* s. **semantem**
kökayaklılar; kökbacaklılar Wurzelfüßer *pl. zo.* Rhizopoda *zatülercülüccezriye
kökbilgisi, -ni *ling.* Etymologie *f* *etimoloji, iştikak
kökboyası, -nı (*a.* **kökboya**) s. **kızılkök** (1, 2)
kökboyasıgiller krappartige Gewächse *pl. bot.* Rubiaceae *feviyeler
kökboynu, -nu 1. *bot.* Wurzelhals *m* 2. *an.* Zahnhals *m*
kökçü Wurzel-, Kräuter-händler(-in *f*) *m*
kökçük *bot.* Wurzelfaser *f*
kökçül *zo.* wurzelfressend
köke *hist.* Kriegsschiff mit 26 Ruderpaaren (größer als **baştarda**)
kökel s. **kökten**
köken *P* 1. Einzelpflanze *f* od. Ranke *f* (bei Kürbissen, Melonen usw.) 2. Ursprung *m*, Herkunft *f;* Wurzel *f*, tieferer Hintergrund 3. *gr.* Wurzel(-wort *n*) *f* *cezir, maddei asliye 4. Ansatzstelle *f* (z.B. der Finger, Blätter usw.) Zu 1: **Bu -de üç karpuz var.** An dieser Ranke sind drei Wassermelonen. Zu 2: **Yazının -i resimdir.** Die Ursprungsform der Schrift ist das Bild. **-inde büyümüş** (*od.* **yetişmiş**) **olmak** *F* mit et. genau vertraut sein
kökenli auf der Basis (z.B. von Opium) hergestellt **Arapça** ~ **kelimeler** Wörter arabischen Ursprungs
kökertmek *dial. agr.* ablegen, absenken, auspflanzen, pikieren
kökkırmızısı s. **kızılkök** (1, 2)
kökkurdu, -nu 1. s. **danaburun** (2) 2. s. **telkurdu**
kökleme pulluğu s. **anız bozma pulluğu**
köklemek 1. mit der Wurzel ausreißen (Pflanze) 2. die im Boden verbliebene Wurzel e–r Pflanze herausreißen 3. (durch-, ab-)steppen, pikieren (verschiedene Stofflagen) 4. dünne Haarzöpfchen zu e–m größeren Zopf vereinigen 5. stimmen (M.i.) 6. *mot.* stark auf das Gaspedal treten

köklenmek 1. Pass. zu **köklemek** 2. s. **kökleşmek**
kökleşmek 1. *agr.* Wurzel schlagen 2. *fig.* festen Boden gewinnen 3. *fig.* einwurzeln, fest werden (z.B. Wörter)
köklü 1. mit (nb.) Wurzel, Wurzel- 2. gut fundiert, auf fester Grundlage ruhend *esaslı 3. eingewurzelt (z.B. Anschauung) 4. alteingesessen; vornehm (z.B. Familie) ~ **çelik** Wurzelsteckling *m* ~ **reformlar** grundlegende Reformen *pl.* ~ **süsen** Rüsselschwertel *m bot.* Iris sisyrinchium
köklülük, -üğü Verwurzeltsein *n; fig.* feste Bindung
kökmantar *bot.* Mykorrhiza *f*, Wurzelpilzsymbiose *f* *mikoriz
köknar Tanne *f bot.* Abies ~ **baştankarası** s. **çam baştankarası;** ~ **kargası** Tannenhäher *m zo.* Nucifraga caryocatactes **-lar** s. **çamgiller**
köknarlık Tannenwald *m*
kökremek s. **kükremek**
köksakız Kok-Saghys, Kautschuk-Löwenzahn *m bot.* Taraxacum koksaghys
köksap, -pı *bot.* Rhizom *n*, Wurzelstock *m* *sâkı cezrî
köksel s. **cezrî**
köksöker *agr.* (Kartoffel-, Rüben- usw.)Rodemaschine *f*
köksü *bot.* Rhizoid *n* (bei Kryptogamen) *şibih cezrî
köksüz 1. ohne Wurzel 2. *fig.* schlecht fundiert 3. ohne feste Bindung; unstetig
köksüzlük, -üğü Fehlen *n* e–r festen Bindung; Unstetigkeit *f*
kökten radikal, grundlegend, vollständig (z.B. Veränderung) ~ **bozuk** grundschlecht (Person) ~ **sürme** 1. Wurzelschößling *m* 2. seit Generationen (in der betr. Familie) nachweisbar
köktenci(-lik) s. **radikalist; radikalizm**
kökteş *ling.* mit der gleichen Wurzel ~ **tümleç** *ling.* Figura etymologica
kökteşleme *ling.* Annomination, Paronomasie (z.B. **soru sormak**) *paronomaz
Köktürkçe; Köktürkler s. **Göktürkçe; Göktürkler**
kölçer *P* e–e Pilzerkrankung des Weizen
köle 1. *fr.* Sklave *m* 2. hörig 3. *osm. Besch.* für die eigene Person od. nahe Anverwandte Zu 2: **-niz** (*od.* **leri**) „Ihr Sklave" d.h. ich **mahdum -niz** mein Sohn **~n olayım!** *P* Ich flehe dich an! Ich bitte dich inständig!
kölecilik 1. (System *n*) der Sklaverei *f* 2. Verhalten *n* der Raubameise (*zo.* Polyergus rufescens)
köleleşmek zum Sklaven werden, versklavt werden
köleleştirmek versklaven
kölelik 1. Sklaverei *f*, Sklaventum *n* *memlukiyet 2. Sklavenarbeit *f*
kölemen Mameluck *m* *memluk **~ler** *hist.* Mamelucken (-dynastie *f*) *pl.* (in Ägypten 1250–1517)
kölük s. **gülük**
kömeç *bot.* Korb *m* (z.B. der Sonnenblume), Körbchen *n* (z.B. der Kamille), Kopf, Knopf *m* (als Blütenstand) *kumme
kömi *naut. hist.* Aufseher *m* für die Galeerensträflinge *vardiyan
kömür 1. Kohle *f* *fahim 2. kohl-, pech-schwarz 3. *gel.* Kohlengas *n* 4. *el.* Kohlestift *m* ~ **almak** *naut.* Kohle fassen (einnehmen) (als Brennstoff); bunkern ~ **ambarı** 1. *naut.* Kohlenbunker *m* 2. Kohlen-depot, -lager *n* ~ **başa vurmak** (*od.* **çarpmak**) von ausströmendem Kohlengas benommen werden ~ **çarpması** Kohlengasvergiftung *f* ~ **çavalyesi** Kohlenkorb *m* ~ **çubuklu lamba** *Th.* Bogenlampe *f* ~ **damarı** Kohlenflöz *n* ~ **deposu** Kohlenlager *n* ~ **elektrot** Kohlenelektrode *f* ~ **gibi** kohlschwarz *kapkara, simsiyah ~ **gözlü** mit kohlschwarzen Augen ~ **haline koymak** in Kohle verwandeln ~ **hamalı** Kohlenträger, -arbeiter *m* ~ **havzası** Kohlen-becken, -gebiet *n* ~ **kalem** Zeichenkohle *f* *füzen ~ **kovası** Kohleneimer *m* ~ **küreği** Kohlenschaufel *f* ~ **limanı** Kohlenhafen *m* ~ **madeni** s. ~ **ocağı;** ~ **mevcudu** Kohlenvorrat *m* ~ **ocağı** Kohlen-bergwerk *n*, -grube, Zeche *f* ~ **pili** Kohleelement *n* ~ **saçlı** mit kohlschwarzen Haaren ~ **süzgeci** Kohlefilter *m* ~ **telli lamba** Kohle(n)fadenlampe *f* ~ **tozu** Kohlen-staub, -grus *m* ~ **tozu patlaması** Kohlenstaubexplosion *f* ~ **vapuru** Kohlendampfer *m* ~ **vermek** bekohlen, mit Kohle versorgen ~ **yapım fırını** Kohlenmeiler *m* ~ **yıkama yeri** Kohlenwaschanlage *f*
kömürcü 1. Köhler *m* 2. Kohlenhändler *m* 3. Kohlenträger *m* 4. Heizer *m* ~ **çırağına dönmek** wie ein Schornsteinfeger aussehen
kömürcülük 1. Köhlerei *f* 2. Kohlenhandel *m* 3. Tätigkeit *f*, Aufgaben *pl.* e–s Kohlenträgers od. Heizers
kömürcün kayası Schwarzgrundel *f zo.* Gobius niger
kömürleşme Karbonisation, Verkohlung *f* *tefahhum ~ **gazı** Schwelgas *n*
kömürleşmek zu Kohle werden; verkohlen *(intr.)* **kömürleşmiş ceset** verkohlte Leiche
kömürleştirme Karbonisation *f*, Karbonisieren *n* *tefhim
kömürleştirmek karbonisieren, verkohlen lassen
kömürlü Kohle enthaltend, Kohlen- ~ **arazi** Kohlengebiet *n*
kömürlük 1. Kohlen-schuppen *m*, -lager *n* 2. Kohlenkeller *m* 3. *naut.* Kohlenbunker *m* 4. Tender *m* (e–r Lokomotive)
kön s. **gön**
könek, -eği hölzerner Wasserbehälter
könkürlemek *dial.* s. **ihtiyarlamak**
könü(-lük) *dial.* s. **âdil, adalet**
köpecik Hündchen *n*
köpeç s. **küpeç**
köpek, -eği 1. Hund *m zo.* Canis familiaris *it 2. *Schi.* Hund(-sfott), Schurke, Schweinehund *m* **~ baltaya sap getirdi mi?** *F* (als Kennzeichen e–s Gesprächs) Lauter belangloses Zeug! ~ **barsak solucanı** Hundespulwurm *m zo.* Toxocara canis ~ **bile yemez** (*od.* **-e atsan yemez**) miserabel, schauderhaft, erbärmlich ~ **dili** 1. die Distelart Carduus pycnocephalus *başlı diken 2. gebräuchliche Hundszunge *bot.* Cynoglossum officinale *tavşankulağı 3. Flunder *f zo.* Pleuronectes cynoglossus ~ **düdüğü** (Fabrik-, Warn-)Sirene *f* ~ **elması** s. **kankurutan** (1); ~ (*od.* **köpekler**) **gibi** wie ein geprügelter Hund (z.B. winseln); kriecherisch, unterwürfig ~ **gibi sadık** *pej.* von hündischem Gehorsam; *a. iron.* getreuer Diener seines Herrn ~ **kenesi** *Hundszecke f zo.* Ixodes ricinus ~ **köpeği yemez** (*a. mit der Forts.* **amma iler tutar yerini de bırakmaz**). *Spr.* Eine Krähe hackt der andern kein Auge aus (aber ungerupft läßt sie sie auch nicht). ~ **kulübesi** Hundehütte *f* ~ **maması** Hundefutter *n* ~ **menekşesi** Hundsveilchen *n bot.* Viola canina ~ **öldüren** s. **it kaçıran;** ~ **papatyası** stinkende Kamille *bot.* Anthemis cotula ~ **pençesi** Waldwinde *f bot.* Convolvulus silvatica ~ **piresi** Hundefloh *n zo.* Ctenocephalus canis ~ **tenyası** Hundebandwurm *m zo.* Taenia echinococcus ~ **yayını** Zwergwels *m zo.* Amiurus nebulosus *cüce yayın ~ **yese kudurur** *F* sehr ehrenrührig (Bemerkung) **-ı bağlasan durmaz** *F* gottverlassenes Kaff *(F)* **~i öldürene sürütürler.** *Spr.* Was man sich eingebrockt hat, muß man auch selber auslöffeln. **-in ağzına kemik atmak** dem Hund e–n Knochen vorwerfen *d.h.* j–m durch ein Geschenk den Mund stopfen. **~in ahmağı baklavadan pay umar.** *Spr.* Ein dummer Hund erwartet sogar bei **baklava** seinen Anteil. **~le çuvala girilmez.** *Spr. od.* **~le yatan pire ile kalkar.** *Spr.* Wer mit Hunden zu Bette geht, steht mit Flöhen auf. *Spr.* **~ler güler buna!** Da lachen ja die Hühner! Das ist ja zum Schießen!

köpekayası, -nı weißer Andorn *bot.* Marrubium vulgare *it sineği, beyaz farasyon
köpekbalığı, -nı Hai *m zo.* Mustelus (u. a.); s. a. **bayağı (güneşleyen) ~; öz-**
köpekbaşlı maymun Pavian *m zo.* Papio cynocephalus *babuin
köpekbiti, -ni Hundelaus *f zo.* Trichodectes canis
köpekdişi, -ni 1. *an.* Eckzahn *m* *sinni nabi 2. s. **domuz ayrığı**
köpekgiller Hunde und hundeartige Tiere *pl. zo.* Canidae *kelbiye
köpekgülü, -nü s. **yabangülü**
köpekkuyruğu, -nu 1. gemeines Kammgras *bot.* Cynosurus cristatus 2. Bez. für e–n Ringergriff (gegen Hals, Stirn od. Kinn des sich aus der Brücke drehenden Gegners)
köpekle(n)mek; köpekleşmek *fig.* 1. winseln und flehen, *F* klein und häßlich werden 2. wie ein geprügelter Hund daherkommen
köpekli 1. mit e–m Hund (bzw. mit Hunden) 2. von Hunden gezogen, Hunde- ~ **kızak** Hundeschlitten *m*
köpeklik 1. hündisches (kriecherisches) Benehmen 2. hundsföttisches Betragen; Niedertracht, Gemeinheit *f* ~ **etmek** 1. sich kriecherisch benehmen; katzbuckeln 2. sich niederträchtig benehmen
köpekmemesi, -ni 1. *med.* Blutgeschwür *n* (in der Achselhöhle od. in der Leistengegend) 2. s. **itüzümü**
köpekotu, -nu s. **kara yerpırasası**
köpeksiz ohne Hund(-e) ~ **köy bulup değneksiz gezmek** *F* außer Rand und Band sein
köpeküzümü, -nü s. **itüzümü**
köpekzehiri, -ni *bot.* das Hundsgiftgewächs Apocynum venetum
köpoğlu, -nu [×–·] (*a.* ~ **köpek**) 1. *Schi.* Hund(-sfott) *m*, Schweinehund, Schurke *m*, Kanaille *f* 2. abgefeimter (gewiegter, gerissener) Bursche 3. *F* verdammtes Ding, verfluchtes Biest
köpoğluluk Schlauheit, Gerissenheit, Abgefeimtheit *f*
köprü 1. Brücke *f* (*a. Th.;* Zahnprothese; Turnübung) 2. *naut.* Brückendeck *n*, (Kommando-)Brücke *f* 3. *(Ringen)* Brücke *f* 4. Verbindungsklammer, (Quer-)Spange *f*, (Verbindungs-)Steg *m* (z. B. an e–r Brille), (Geigen-)Steg *m* *eşik, Riegel *m* (z. B. an Kleidungsstücken), Riegelhalter *m* (z. B. an e–m Schloß), *techn.* Lasche *f* (z. B. für den Fensterverschluß), Schelle *f* (z. B. an e–m Rohr) 5. *fig.* Brücke *f*, Sprungbrett *n* 6. *V* ein best. Betrugsmanöver (*spez.* bei Poker) ~ **ağacı** Streich-baum, -riegel *m* (am Webstuhl) ~ **altı çocuğu** obdachlose Waise ~ **ana ayağı** Widerlager *n* (e–r Brücke) ~ **atmak** *fig.* die Verbindung abbrechen (zu) ~ **ayağı** Brückenpfeiler *m* ~ **başı** 1. *mil.* Brückenkopf *m* 2. *fig.* Stützpunkt *m*, fester Ausgangspunkt, gesicherte Basis ~ **başı mevzii** *mil.* Brückenkopfstellung *f* ~ **başı tesis etmek** (*od.* **kurmak**) e–n Brückenkopf bilden, errichten ~ **çıkış yolu** Brückenausgang *m* ~ **döşemesi** Brücken-decke *f*, -belag *m;* Fahrbahn *f* (auf e–r Brücke) ~ **giriş yolu** Brückenzugang *m* ~ **gözü** Jochweite *f* (Spannweite zwischen zwei Brückenpfeilern) ~ **inşaatı** Brückenbau *m* ~ **karalar** *geogr.* Festlandsbrücke *f* ~ **kemeri** Brückenbogen *m* ~ **kurmak** e–e Brücke schlagen (bauen, errichten) ~ **mahmuzu** Wellen-, Eis-brecher *m* (an Brückenpfeilern) ~ **methali** Brückenzugang *m* ~ **mühendisi** Brückenbauingenieur *m* ~ **sehpa ayağı** Brückenbock *m* ~ **tankı** Brückenkampfwagen *m* ~ **vazifesi görmek** 1. als Brücke dienen 2. *fig.* als Sprungbrett dienen ~ **yan korkuluğu** Brückengeländer *n* **≗nün altından çok sular geçti.** Seither hat sich vieles geändert. **-nün mahreci** Brückenausgang *m* **-nün üst kısmı** Brückenüberbau *m* **≗yü** (*od.* **≗den**) **geçinceye kadar ayıya dayı derler** (*od.* **demelidir**). *Spr.* Mit den Wölfen muß man heulen. *Spr.*
köprücü 1. Brücken-bauer, -arbeiter, -bauingenieur *m* 2. *mil.* Pionier *m* ~ **birliği** (*od.* **kolu**) Pionier-, Brückenkolonne *f* ~ **bölüğü** Pionier-, Brücken-kompanie *f*
köprücük (*Dim.* zu **köprü**) *spez.* 1. *techn.* Klammer *f;* Steg *m* (e–r Kette) 2. Sattel *m* (e–s Streichinstruments) *çentikli, çetele, kafa desteği ~ **bağlantısı** Knie-, Spannriemen *m* (e–s Schusters) ~ **kemiği** *an.* Schlüsselbein *n* *azmı terkova
köprücükaltı atardamarı *an.* Schlüsselbein-Schlagader *f* *şiryanı tahtetterkova
köprücüklü *techn.* mit Klammer od. Steg ~ **zincir** *techn.* Stegkette *f*
köprücülük Brückenbau(-wesen *n*) *m* ~ **malzemesi** Brückenbau-, Pontonier-gerät *n* ~ **müfrezesi** (*od.* **takımı**) Brücken(bau)abteilung *f*
köprülü 1. mit **köprü** ausgestattet 2. überbrückt 3. ≗ *n.pr.* berühmte türk. Familie 4. ≗ *n.pr.* Titov Veles (Stadt in Jugoslawien) ~ **vinç** Laufkran *m*
köprülük 1. was zur Herstellung von **köprü** geeignet ist od. dient 2. was als **köprü** dient z. B. Verbindungsglied *n*, Landbrücke *f* usw.
köpük, -üğü (Seifen-, Kaffee-, Wellen- usw.)Schaum *m* ~ **kauçuk** Schaumgummi *m* ~ **kepçesi** Schaum-löffel *m*, -kelle *f* ~ **kurabiyesi** s. **beze** (III); ~ **şilte** Schaumgummimatratze *f* ~ **taşı** s. **lületaşı; -ünü almak** abschäumen
köpüklenmek Schaum bilden, sich mit Schaum bedecken od. überziehen
köpüklü Schaum bildend od. mit Schaum bedeckt, Schaum- ~ **beton** Schaumbeton *m* ~ **kahve** der mit Schaum bedeckte türk. Kaffee ~ **şarap** Schaumwein, Sekt *m*, (Champagner *m*)
köpülemek *P* die Füllung (e–s Kissens, Polsters, e–r Matratze usw.) festnähen
köpürge 1. Gewölbe *n* *tonoz 2. Kettbaum *m* *levent
köpürmek 1. Schaum bilden, schäumen (z. B. Seife) 2. Blasen bilden und sauer werden (z. B. Marmelade) 3. *fig.* vor Wut schäumen **Öyle bir köpürüş köpürdü ki.** Er geriet in unglaubliche Wut. **köpüre köpüre akmak** wildschäumend dahinfließen
kör (I) 1. blind, Blinde *m, f* 2. stumpf (Messer, Schere usw.) 3. schwach, trüb (Licht) 4. dunkel (Zimmer) 5. tot (Gleis, Gegend) 6. ausgetrocknet (Brunnen) 7. unachtsam, fahrlässig 8. verständnislos, dumm, uneinsichtig 9. (in Verwünschungen *gel.*) widerwärtig, scheußlich, elend 10. s. **ananın (elinin) -ü** 11. verwickelt, kompliziert (Angelegenheit) 12. ohne Öhr (Nadel) 13. verhärtet, taub (Gewissen) 14. *P* Grab *n* 15. *dial.* s. **sürme** (6 b); ~ **azabı** *P* s. **kabir azabı;** ~ (*od.* ~ **gibi**) **bakmak** 1. hinschauen und doch nichts erkennen 2. *(in Bet.)* s. ~ **olmak;** ≗ **bıçak ele yavuz, iş bilmeyen avrat dile yavuz.** *Spr.* Mit e–m stumpfen Messer kann man sich gleichwohl in die Hand schneiden; e–e Frau, die von ihrer Arbeit nichts versteht, bemäntelt ihre Unfähigkeit gerne durch viel Geschwätz. ≗ (*od.* **Eşek**) **bile düştüğü çukura bir daha düşmez.** *Spr.* Selbst ein dummer Kerl wird sich hüten, denselben Fehler zum zweiten Mal zu machen. ~ **boğaz** 1. der Magen, der immer sein Recht verlangt 2. gefräßig, unersättlich ~ **çapa** *agr.* Rodehacke *f*, Karst *m* ~ **çetik** *P* s. **köstebek;** ~ **değneğini beller** (*od.* **bellemiş**) **gibi** immer auf die gleiche, stumpfsinnige Art (z. B. übersetzen) ~ **dizi** *mil.* blinde Rotte ~ **döğüşü** blindwütiges Durcheinander, Ziel- und Plan-losigkeit *f* ~ **duman** Dunst, Nebel *m* ~ **duvar** Wand *f* ohne Tür od. Fenster ~ **etmek** 1. blenden 2. verblenden 3. stumpf werden lassen (z. B. Messer) ~ **fare** Blindmaus *f zo.* Spalax typhlus ~ **flanç** *techn.* Blindflansch *m* ≗ **gördü, sağır duydu.** Jeder weiß

das. ~ **haşhaş** die Schlafmohnart Papaver somniferum var. anatolica ~ **hat** totes Geleise ~ **inanç(-çılık)** Fanatismus *m* *taassup ~ **iniş** Blindlandung *f* (e–s Fliegers) ~ **kadı** *fig.* wer kein Blatt vor den Mund nimmt; wer anderen die Wahrheit ins Gesicht sagt ≗ **kadı diyecek kadar doğru söz de işe yaramaz.** *Spr.* Nicht jede Wahrheit kann man unverblümt aussprechen. ~ **kadılık etmek** *od.* ~ **kadıya körsün demek** 1. j–m unverblümt seine Meinung sagen 2. das Ding beim rechten Namen nennen ~ **kemer** *arch.* Blende *f*, Blendbogen *m* *yalancı kemer ~ **kese** s. **çıkmaz** (4); ≗ **kör parmağım gözüne!** Das sieht ja ein Blinder! Sonnenklar! ~ **kurşun** s. **serseri kurşun;** ~ **kurttan bile vazgeçmemek** auch für das kleinste Lebewesen Sorge tragen (vgl. Es fällt kein Sperling vom Dach ohne den Willen Gottes.) ≗ **kuşun yuvasını Allah yapar.** s. **Garip kuşun** (usw.); ~ **kuyu** 1. Blindschacht *m* (im Bergwerk) *bür 2. ausgetrockneter Brunnen ~ **mağara balığı** Höhlenfisch *m zo.* Amblyopsis spelaeus ~ **mermi** (**bomba** usw.) Blindgänger *m* ~ **nefes** Schwaden *m* (im Bergwerk) ~ **nişancılık** Zufallstreffer *m* ~ **nokta** blinder Fleck (im Auge) ~ **olası(-ca)** 1. Möge er blind werden! 2. verdammt, verflucht, elend (z. B. Kerl) ~ **olmak** blind (stumpf usw. vgl. **kör**) werden (bzw. sein) ≗ **ölür badem gözlü olur, kel ölür sırma saçlı olur.** *Spr.* Nach dem Tod e–s Blinden spricht man von dessen mandelförmigen Augen, nach dem Tod e–s Grindkopfes von dessen goldblonden Haaren. (Ironisierung e–s übermäßigen Lobes, das e–m Verstorbenen oder e–r unwiederbringlich vergangenen Zeit gezollt wird.) ~ **pencere** blindes Fenster; Blendfenster *n* ~ **şeytan** (*od.* ~ **talih**) Mißgeschick, Unglück, Pech *n* ~ **tampon** Prellbock *m* (am Ende e–s Abstellgeleises) ~ **tırnak** verkrüppelter Fingernagel ~ **tiramola etmek** *naut.* das Wenden verfehlen ~ **topal** unvollkommen, mangelhaft, mehr schlecht als recht ~ **uçuş** Blindflug *m* ~ **uçuşiyle uçmak** blindfliegen ~ **vadi** *geogr.* abgeschlossenes Tal (ohne Ausgang) *uçsuz vadi ~ **yol** totes Geleise **-cesine mutaassıp** in fanatischer Verblendung, blindwütig ≗**e elvandan** (*od.* **renkten**) **bahsolunmaz.** *Spr.* Was soll man e–m Blinden von Farben reden? ≗**le yatan şaşı kalkar.** *Spr.* 1. Schlechte Beispiele verderben gute Sitten. *Spr.* 2. Wer mit den Hunden zu Bette geht, steht mit Flöhen auf. *Spr.* ≗**ler diyarında şaşılar padişah olur.** *Spr.* Im Reich der Blinden ist der Einäugige König. *Spr.* ≗**ler mahallesinde ayna satmağa benzer.** (*od.* ≗**ler sofrasında ışıkla kaşık aramağa benzer.**) Das ist genau so, als wollte man den Blinden Spiegel verkaufen *d. h.* überflüssig, sinnlos **-ü körüne** blindlings, aufs Geratewohl, ohne alle Überlegung, ohne Sinn und Verstand **-ün taşı kelin başı** (*spr. Ra.* bei ausweichender Antwort) ≗**ün taşı rast geldi.** *fig.* Ein blindes Huhn findet auch einmal ein Körnchen. *Spr.* **-ün taşına benzememek** nicht von ungefähr kommen (sondern mit Absicht geplant sein) **-ünü kırmak** *P* j–n demütigen, j–s Stolz verletzen **-ünü öldürmek** *P* 1. sich überwinden; nachgeben, einlenken 2. s. **nefsini körletmek**

kör (II) [–] *Ka.* Cœur, Herz *n* *kupa

korağaç, -cı Blindholz *n* (mittlere Schicht e–r Furnierplatte)

körbarsak *an.* Blinddarm *m* âver ~ **takısı** *an.* Wurmfortsatz *m* (des Blinddarms), Appendix *m, f* *solucansı takı

körbaston *naut.* Stampfstock *m* (Stütze des Bugspriets) *sakal

kördüğüm 1. fester Knoten 2. *fig.* komplizierte Angelegenheit, heikles Problem, gordischer Knoten ~ **etmek** ein heilloses Durcheinander anrichten

körebe Blindekuh (*Ksp.* od. die betr. Person)

körelme *biol.* Verkümmerung *f med.* Atrophie *f* *atrofi, dumur

körelmek 1. am Erlöschen sein (Feuer) 2. allmählich versiegen (Quelle) 3. *biol.* verkümmern *dumura uğramak 4. stumpf werden (Messer) 5. *fig.* seine Fröhlichkeit verlieren

köreşe *P* Schneeglätte *f*

körez *reg.* (*Bolu*) nett, hübsch

körfez 1. Meerbusen, Golf *m*, Bucht, Bai *f* 2. abgelegen, versteckt

körfezli ausgebuchtet (*a. bot.*: Blatt)

körgözlü *z. va.* undankbar *nankör

körkandil 1. trübes Licht 2. sternhagelvoll

körkaya Klippe *f* od. Riff *n* unmittelbar unter dem Meeresspiegel

körküçüren Scheibenfinger *m zo.* Hemidactylus turcicus

körkütük s. **körkandil** (2)

körlemeden 1. blindlings drauf los, ohne weitere Überlegung 2. *iron.* unbeschwert von Sachkenntnis 3. aufs Geratewohl, auf gut Glück, ohne zu zielen

körlemek 1. zumauern (Tür, Fenster) 2. zustopfen (Loch)

körlenmek; körleşmek 1. stumpf werden (*a. fig.*) 2. austrocknen, versiegen (Brunnen, Quelle usw.) 3. schwach werden (Licht), einrosten (z. B. Arbeitskraft), nachlassen (z. B. geistige Fähigkeit), (geistig) verkümmern, *F* versauern; ins Hintertreffen geraten (z. B. durch starke Konkurrenz) 4. allmählich zuheilen (Wunde)

körleştirmek stumpf werden lassen **Devamlı içki zekâyı körleştirir.** Dauernder Alkoholgenuß verdummt.

körletmek 1. stumpf werden lassen 2. verkümmern od. welken lassen 3. lahmlegen (z. B. Handel); weitgehend verdrängen, in den Hintergrund treten lassen 4. abblenden (Licht) 5. zum Schweigen bringen (z. B. feindliche Artillerie) 6. entschärfen (z. B. Blindgänger)

körlük 1. Blindheit *f*, Stumpfsein *n* (usw. s. **kör**) (I) 2. *fig.* Verblendung *f*, unüberlegte Handlung, sinnloses Vorgehen 3. *fig.* Unachtsamkeit, Fahrlässigkeit *f* ~ **etmek** (*od.* **vermek**) *P* j–m et. zum Trotz tun *inadına yapmak

körmük oyunları *dial.* Vor-, Auf-führungen *pl.* (*spez.* Volkstheater)

körocak kinderlose Familie

Köroğlu, -nu 1. *n.pr.* volkstümlicher Räuber des 16. Jh. 2. ≗ *hum.* Ehefrau *f* Zu 2: **Evde iki kişiyiz, bir** ≗ **bir ayvaz.** Zu Hause sind wir nur zu zweit: Frau und Mann (und sonst niemand). **-nun ayvazı** *fig.* unzertrennlicher Gefährte

körpe 1. frisch, grün (Gemüse usw.) 2. jung (z. B. Huhn) 3. jugend-, tau-frisch (z. B. Mädchen), zart (z. B. Kind), empfänglich (z. B. Gehirn)

körpecik ganz frisch, besonders zart usw.

körpelik 1. Frisch-, Grün-sein *n* 2. Jungsein *n* 3. Jugendfrische, Zartheit, Empfänglichkeit *f* (vgl. **körpe**)

körsümek *dial.* 1. seine Kraft verlieren 2. allmählich erlöschen (*a. fig.*)

körtün s. **kürtün**

körük 1. Blasebalg *m* 2. (Falten-)Balg *m* (e–r Kamera, Ziehharmonika; zwischen zwei D-Zug-Wagen usw.) 3. Klappverdeck *n* (e–s Wagens) 4. *techn. a.* Gebläse *n*

körükçü 1. wer Blasebälge (usw.) herstellt und verkauft 2. wer e–n Blasebalg betätigt 3. Aufwiegler, Wühler, Hetzer *m*

körükçülük Tätigkeit *f* e–s **körükçü**

körüklemek 1. mit dem Blasebalg anfachen (z. B. Feuer) 2. *fig.* anfachen, schüren (z. B. Streit), an-, auf-stacheln, reizen (z. B. Neugier)

körüklü mit (Blase-, Falten-)Balg od. Klappverdeck ~ **fotoğraf makinesi** Balgkamera *f* ~ **payton** Kutsche *f* mit Klappverdeck

köryılan Blödauge *n zo.* Typhlops vermicularis

köryılangiller Blindschlangen *pl. zo.* Typhlopidae

köryılansıgiller Schleichen *pl. zo.* Anguidae
kös (I) große Kesselpauke (z. B. fr. in der Janitscharenkapelle) ~ **dinlemiş** *F* abgebrüht, dickfellig
kös (II) **kös** s. **küs küs**
köse 1. mit keinem od. nur geringem Bartwuchs 2. dünn (wachsend) 3. wer im anatol. Volkstheater Aufführungen, Tänze usw. organisiert ~ **orman** lichtes Gehölz ~ **sakal** dünner Bart **ºyle alay edenin top sakalı kara gerek.** *Spr.* Wer sich über andere lustig machen will, muß selber untadelig dastehen. **Her şey olur biter, -nin sakalı bitmez.** (Wortspiel mit **bitmek**) *(etwa:)* Alles hat ein Ende, nur die Wurst hat zwei.
köseğen s. **küseğen**
köseği *dial.* 1. Schüreisen *n* 2. halb verkohltes Holz
kösele 1. Rinds-, Sohlen-leder *n* 2. Leder- ~ **conta** Lederdichtungsring *m* ~ **gibi** steinhart (geworden) ~ **kasnak** Lederscheibe *f* ~ **kayış** Lederriemen *m* ~ **salmastra** *techn.* Stulpe *f* ~ **salmastra bileziği** Stulpenring *m* ~ **suratlı** frech dreinschauend; unverschämt
köseleli (Rinds-)Leder ~ **kasnak** Lederscheibe *f*
köseletaşı, -nı 1. Klopfstein *m* (des Schusters) 2. Wetzstein *m* 3. *spez.* zum Polieren von Marmor verwendeter Bims- od. Sand-stein
köselik 1. fehlender od. spärlicher Bartwuchs 2. dünner (lichter) Wuchs
kösem s. **kösemen**
Kösem Sultan *n.pr.* Gemahlin *f* Ahmets I. (bekannt durch ihre wiederholten Eingriffe in die Politik)
kösemen 1. Leit-hammel *m*, -tier *n* (z. B. Ziegenbock) 2. zum Kampf abgerichteter starker Widder od. Ziegenbock 3. *fig.* mutig, unerschrocken **Önde ~, arkada kınalı kuzu.** *fig.* Vorneweg ein Leithammel und hinterdrein die (ergeben und unwissend) in ihr Schicksal Tappenden
kösemenlik Rolle *f* e–s Leithammels ~ **etmek** Leithammel sein, *fig.* den Anführer spielen
köskötürüm [×··] 1. vollständig gelähmt 2. *fig.* vollkommen lahmgelegt
köskütük s. **küskütük**
kösnü *P* Brunft, Brunst *f* (e–s Tieres)
kösnük *P* brünstig, brünftig, läufig (Tier)
kösnül; kösnülük *P* sinnlich, erotisch *şehvanî
kösnümek *P* in die Brunst (Brunft) kommen, läufig werden
köstebek Maulwurf *m zo.* Talpa europaea ~ **illeti** *vet.* Skrofulose *f* (am Pferdenacken) *boyun flegmonu; sıraca ~ **kapanı** Maulwurfsfalle *f* ~ **yuvası** 1. Maulwurfshaufen *m* 2. *fig.* kleiner Hügel
köstek, -ği 1. Fußfessel *f* (für Weidetiere) 2. (Uhr-, Schlüssel- usw.)Kette *f* 3. s. Stw. **estek** 4. Bremsklotz, Hemmschuh *m* (an e–m Wagen) 5. *fig.* Fessel, Bindung *f*, Hindernis *n* 6. Riemen *m* am Umgang e–s Pferdes (der das Ausschlagen verhindert) 7. Lederring *m* (am Fuß e–s Lockvogels) 8. *(Ringertechnik)* Fesselung *f* 9. *naut.* Bez. für verschiedene Taljereepe ~ **mili** Halter *m* (e–r Uhrkette) ~ **olmak** *fig.* ein Hemmschuh sein ~ **vurmak** 1. e–m Pferd Fesseln anlegen 2. *(Ringen)* e–n Fuß (od. beide Füße) des Gegners fest umklammern ~ **zinciri** Hemmkette *f* (am Rad) **-i kırmak** sich davonmachen, sich aus dem Staub machen
köstekleme 1. Hemmung *f* 2. Verbot *n*
kösteklemek (m. Akk.) 1. e–e Fußfessel anlegen (e–m Weidetier) 2. *fig.* e–n Hemmschuh anlegen, et. erschweren od. völlig zum Erliegen bringen
kösteklenmek 1. Pass. zu **kösteklemek** 2. sich mit dem Fuß in et. verfangen
köstekli mit **köstek** *spez.* gefesselt, gehemmt, erschwert ~ **saat** Uhr *f* mit Kette
Kösten adası s. **Uzunada**
Köstence [×··] *n.pr.* Konstanza (rumänische Hafenstadt)
Köstendil *n.pr.* Kjustendil (Städtchen in Westbulgarien)
köstere s. **küstere**
kösü Querbalken *m* (zum Verschließen e–r Tür)
köşe 1. Ecke *f*, Winkel *m* *bucak 2. entfernter (einsamer od. vergessener) Winkel; Ort *m* der Zurückgezogenheit 3. Teil *m* (e–s Landes), Gegend *f* 4. Kurve, Krümmung *f* (e–r Straße, e–s Wasserlaufes usw.) 5. s. **baş(üst)** ~ 6. mit Ecken und Kanten Zu 3: **Zelzele, memleketin birçok -lerinde duyulmuştur.** Das Erdbeben ist in vielen Teilen des Landes wahrgenommen worden. ~ **bingisi** *arch.* Trompe *f*, vorgekragte Wölbung ~ **bucak** alle Ecken und Winkel (z. B. absuchen) ~ **çalığı (kırması, pahı)** abgestumpfte Ecke ~ **demiri** s. **köşebent;** ~ **dikmesi** (*od.* ~ **direği**) Eckpfosten *m* ~ **doktoru** *pej.* Quacksalber, Kurpfuscher *m* ~ **dolabı** (*od.* ~ **etajeri**) Eckschrank *m* ~ **eğe** Dreikantfeile *f* ~ **kadısı** wer träge in e–r Ecke sitzt, aber andere herumkommandiert ~ **kapmaca** *Ksp.* Bäumchen-Verwechseln, Kämmerchen-Vermieten *n* ~ ~ 1. voller Ecken od. Biegungen 2. von Ecke zu Ecke *od.* in jeder Ecke ~ **minderi** kleineres Sitzkissen ~ **müftüsü** *fig.* aufdringliche, hinterlistige Person; Intrigant, Rechtsverdreher, Rabulist, Winkeladvokat *m* ~ **örümceği** s. **ev örümceği;** ~ **sarrafı** Geldwechsler, der e–n kleinen Verschlag an e–r Straßenecke od. in e–m Geschäft hat ~ **tablası** *arch.* Bogenfeld, Tympanum *n* ~ **taşı** Prellstein, Abweiser *m* **-sine** (*od.* **bir köşeye) çekilmek** *fig.* sich von allem zurückziehen **-ye oturmak** *fig.* heiraten (Mädchen)
köşebaşı, -nı 1. Straßen-ecke, -biegung *f* 2. in e–m best. Stadtviertel befindlich 3. *hist.* Titel der fünf weißen Eunuchen im Serail ~ **ustuları** zweitrangige Karagöz-Spieler *pl.*
köşebent, -di 1. Winkelband *n* 2. Winkeleisen *n* 3. (gummierte, dreieckige) Photoecke *f* 4. *naut.* s. **paraçol** ~ **çark** *techn.* Winkelrad *n* ~ **kesimi** Winkelquerschnitt *m* ~ **ray** Winkelschiene *f*
köşedar [ā] *va.* s. **köşeli;** ~ **şal** Kaschmir-Halstuch *n* (mit gestickten Ecken)
köşegen *math.* Diagonale *f* *kutur
köşegenel *math.* diagonal
köşek Kamelfüllen *n*
köşeklemek Junge werfen (Kamelstute)
köşeleme *Adv.* 1. *selt.* e–e Ecke bildend od. mit der Ecke nach vorn 2. quer über Eck (z. B. Sofa), schräg
köşeli mit (nb.) Ecken, Winkeln, eckig, winklig ~ **ayraç (mutarıza, parantez)** *a. math.* eckige Klammer ~ **mal** Kantholz *n* ~ **yel çakılı** *geol.* Dreikanter *m* *dreikanter ~ **yığışım** *geol.* Breccie *f* *breş (I)
köşelik 1. was zum Ausfüllen e–r Ecke geeignet ist; Eck- 2. *arch.* Spandrille *f*, Bogenzwickel *m*
köşk, -kü 1. (schön verziertes, in e–m Garten gelegenes) Landhaus, Villa *f*, Schlößchen *n*, kleiner Palast 2. Aussichts-turm *m*, -terrasse *f* *tepe köşkü 3. s. **yangın, -ü** 4. *naut.* Achterdeckkabine *f* 5. *Ka. V* Höchstzahl ~ (bei **fitil:** 20) ~ **bekçisi** s. **köşklü** (2)
köşklü 1. mit **köşk** 2. *fr.* Beobachtungsposten *m* der Feuerwehr (vgl. **yangın köşkü**); ~ **hünkâr kayığı** *hist.* großer Kaik des Sultans mit Thronhimmel
kötek, -ği Prügel, Hiebe, Schläge *pl.* *dayak ~ **atmak (basmak, çekmek, çalmak, vermek, vurmak)** j–m e–e Tracht Prügel verabfolgen, j–n durchprügeln ~ **yemek** Prügel beziehen, verprügelt werden
kötekbalığı, -nı s. **minakop**
kötrüm s. **kötürüm**
kötü schlecht, übel, schlimm, bös(-artig), minderwertig, miserabel *fena ~ **ad** übler Ruf, schlechter Leumund ~ **adam** 1. schlechter Mensch, übler Bursche 2. *Th.* Schurke *m* ~ **dilli** mit boshafter Zunge; Lästerzunge *f* ~ **durum** s. **suihal;** ~ **etmek** 1. (b–ni) sich übel auswirken

(auf j–n) 2. (bşi yapmakla) übel daran tun (zu) ~ **gözle bakmak** (b–ne) mißgünstig betrachten ~ **güdüm** Mißwirtschaft *f* ~ **hastalık** schlimme Krankheit ~ **huy** 1. üble Angewohnheit; Laster *n* 2. schlechte Stimmung 3. Bösartigkeit, Heimtücke *f* ~ **işçilik** minderwertige (miserable) Arbeit ~ **kadın** 1. Dirne, Hure *f* *orospu 2. *Th., Film* Vamp *m* ~ **kalpli** übelgesinnt, böswillig ~ **kaya** s. **gevşek kaya;** ~ **kişi olmak** 1. als schlechter Mensch dastehen (ohne eigenes Verschulden) 2. (b–le) sich verzanken (mit), sich j–s Feindschaft zuziehen ~ ~ **bakmak** (b–ne) heimtückisch mustern ~ ~ **düşünmek** schwarzen Gedanken nachhängen ~ **muamele** 1. schlechte Behandlung 2. Mißhandlung *f* (Zu 2: **hayvanlara** ~ **muamele** Mißhandlung *f* von Tieren, Tierquälerei *f*) ~ **nazar** s. **kemgöz;** ~ **niyet** schlechte (böswillige) Absicht, übles Vorhaben *suiniyet ~ **niyetli** übelgesinnt, übelwollend, böswillig *bedhah ~ **ruhlar** böse Geister *pl.* ~ **sanı** Argwohn *m*, Mißtrauen *n* *suizan ~ **söylemek** (b–i için) j–m Schlechtes nachsagen ~ **tanınmış** verrufen; übel beleumundet ~ **yazmak** e–e schlechte Handschrift haben ~ **yola düşmek** (*od.* **sapmak**) (kadın) zur Dirne werden ~ **yönetim** Mißwirtschaft *f* *suiidare **-ye alma** falsche Auffassung *suitelakki **-ye boğmak** *V* hereinlegen, beschwindeln **-ye çekmek** et. übel auslegen **-ye doğru gitmek** (iş) übel ausgehen **-ye yormak** als schlechtes Vorzeichen deuten

kötücü bösartig, hinterhältig

kötücül 1. böswillig, übelgesinnt, mißgünstig 2. wer Böses tut; wer Schaden anrichtet

kötücül(l)ük 1. Böswilligkeit *f*, feindselige Gesinnung 2. Schaden-Anrichten *n*

kötülemek 1. *intr.* abmagern; elend werden (Person) 2. *intr.* von minderer Qualität sein (Dinge) 3. (b–ni) j–n schlechtmachen, diffamieren

kötüleşmek 1. schlecht(-er) werden, sich verschlechtern, sich verschlimmern; bösartig werden 2. schlechter gehen (e–m Kranken) 3. zur Dirne werden

kötüleştirmek verschlechtern, verschlimmern

kötületmek *P* in e–e üble Lage bringen

kötülük, -üğü 1. schlechter Zustand, minderwertige Qualität, übler Charakter 2. (beabsichtigte od. zugefügte) Bosheit, Schlechtigkeit *f*, üble Tat; Böses 3. Dirnentum *n* ~ **etmek** (*od.* **yapmak**) Böses tun ² **eden** ~ **bulur.** *Spr.* Jeden Übeltäter erreicht (früher oder später) seine Strafe. **-üne söylemek** Schlechtes reden (über)

kötülükçü 1. niederträchtig, boshaft, gemein *hain, şerir 2. übelgesinnt, übelwollend, böswillig *bedhah

kötümsemek (m. Akk.) 1. in et. ein böses Omen erblicken *teşeüm etmek 2. mit Mißtrauen betrachten, keinen rechten Gefallen finden können (an) *gözü tutmamak

kötümser 1. Pessimist(-in *f*) *m* 2. pessimistisch *bedbin, karamsar, pesimist

kötümserlik Pessimismus *m* *bedbinlik, karamsarlık, pesimizm

kötürüm 1. (an den Beinen) gelähmt 2. verkrüppelt (Bein) 3. *fig.* nicht (mehr) leistungsfähig **²den aksak, hiç yoktan torlak yeğdir.** *Spr.* Besser e–e Glatze als gar keine Haare. *(F)*

kötürümleşmek 1. gelähmt od. verkrüppelt werden 2. *fig.* lahmgelegt werden, seine Leistungsfähigkeit bzw. Wirksamkeit verlieren

kötürümleştirmek lahmlegen, unwirksam werden lassen

kötürümlük 1. Gelähmtsein *n*, Lähmung *f* 2. Verkrüppeltsein *n* 3. *fig.* fehlende Leistungsfähigkeit

köy Dorf *n*, Landgemeinde *f* ~ **adamı** s. **köylü;** ~ **ağası** begüterter, einflußreicher Großbauer ~ **başı** 1. Dorfanfang *m* 2. s. ~ **ağası;** ~ **derneği** Gemeinderat *m* e–s Dorfes ~ **düğünü** Bauernhochzeit *f* ~ **evi** Landhaus, Bauernhaus *n* ~ **hukuku** *jur.* Landgemeindenrecht *n* ~ **ihtiyar meclisi** Ältestenrat *m* e–s Dorfes ~ **kâhyası** *fr.* Dorfältester ~ **muhtarı** Orts-, Gemeinde-vorsteher *m* ~ **ordugâhı** *mil.* Ortsbiwak *n* **Senden** (*od.* **Ondan**) **ne köy olur ne kasaba.** *fig.* nichts wert; unbrauchbar

Köyceğiz *n.pr.* O. u. D. am gln. See im Rbz. Muğla

köycü Landwirtschaftslehrer *m*, landwirtschaftlicher Berater

köycülük Unterweisung *f* in Landwirtschaft

köydeş aus dem gleichen Dorf stammend

köylü 1. Bauer *m*, Bäuerin *f*, Dorfbewohner(-in *f*) *m* 2. bäuerlich, Bauers-, dörflich 3. *pej.* bäuerisch, linkisch, unbeholfen 4. s. **köydeş** 5. ² e–e der billigsten türk. Zigarettenmarken Zu 4: **kendi -leri** Leute *pl.* aus seinem eigenen Dorf ~ **ağzı** Patois, Provinzidiom *n* ~ **kadın** Bauersfrau, Bäuerin *f*

köylük aus soundsoviel Dörfern bestehend

köylülük 1. Bauernstand *m* 2. ländliche Beschaffenheit; Bäuerlichkeit *f* 3. *pej.* bäuerisches Wesen und Benehmen, Unbeholfenheit *f*

köymek; köynük s. **göymek; göynük**

köyodası, -nı Gästezimmer *n* (in e–m Dorf)

köyper *geol.* Keuper *m* (oberste Stufe der Trias)

köysü düzen *arch.* Bossenwerk *n*, Rustika *f* (*spez.* in der Renaissance)

köz glimmende Asche

kraft, -tı *(engl.)* starkes Packpapier

krakman (*franz.* **craquement**) *selt.* Krachen, Knirschen *n*

Krakovi; Krakovya *n.pr.* Krakau

kral 1. König *m (a. fig.)* 2. Meister *m* (in e–r Kunst) 3. *V* vorzüglich, prima, meisterhaft Zu 1: **Yunan -ı** *fr.* der griechische König **otomobil -ı** Automobilkönig *m* Zu 2: **taklit -ı** Meister *m* der Parodie ~ **ağacı** Madagaskar-Palisander(-holz *n*) *m* ~ **cennetkuşu** Königsparadiesvogel *m zo.* Cincinnurus regius ~ **eğreltisi** Königsrispenfarn *m bot.* Osmunda regalis ~ **kolibri** Topaskolibri *m zo.* Topaza bella ~ **kuş** Königsvogel *m zo.* Tyrannus tyrannus (Nordamerika) ~ **naibi** s. Stw. **naip;** ~ **nutku** Thronrede *f* ~ **otu** Meisterwurz *f bot.* Peucedanum ostruthium *imparatorya, imparatorotu, padişah otu ~ **penguen** Königspinguin *m zo.* Aptenodytes patagonica ~ **şamdanı** buchtige Königskerze *f bot.* Verbascum sinuatum *kıvırcık yapraklı sığırkuyruğu ² **ve Yedi Bilgeler** s. **Yedi Bilgeler Efsanesi;** ~ **yılan** Abgottschlange *f zo.* Boa constrictor **-dan fazla** (*od.* **ziyade**) ~ **taraftarı** *od.* **-dan çok kralcı** *fig.* katholischer als der Papst **-lar kralı** König *m* der Könige (Iran) **-lara lâyik** ganz hervorragend; erstklassig

kralcı 1. Royalist(-in *f*) *m;* royalistisch 2. Monarchist(-in *f*) *m;* monarchistisch

kralcılık 1. Royalismus *m* 2. monarchistische Einstellung

kralî [·––] *va.* königlich **nutku** ~ *va.* Rede *f* des Königs **sarayı** ~ *va.* königliches Schloß

kraliçe 1. Königin *f (a. fig.)* 2. *biol.* Königin *f* (bei Ameisen, Termiten, Bienen) *ana arı 3. Königin *f* der Nacht *bot.* Cereus grandiflorus 4. *gel. irrt.* für **imparatoriçe** Zu 1: s. **güzellik -si**

kraliçelik, -iği 1. Würde *f*, Amt *n*, Aufgaben *pl.* usw. e–r Königin 2. *(spez. Sport)* Meisterschaft, Rekordleistung *f* (e–r Frau) **²e seçildi.** Sie wurde zur Königin gewählt.

kraliyet, -ti s. **krallık;** ~ **ailesi** die königliche Familie ² **Operası** Königliche Oper

kraliyetçi(-lik) s. **kralcı(-lık)**

krallaşmak 1. König werden 2. *fig. (Sport)* e–e Rekordleistung erbringen, an die Spitze gelangen

krallık 1. Königswürde *f* 2. königliches Amt, Aufgaben *pl.* e–s Königs 3. Königtum *n*, *gel. a.* Monarchie *f* 4. Königreich *n* 5. *(spez. Sport)* Meisterschaft, Rekordleistung *f*

~ **meclisi** Kronrat *m* *kraliyet meclisi, saltanat şûrası ~ **naibi** s. Stw. **naip**
kramp, -pı (Muskel-, Waden-)Krampf *m* ~ **girmek (ayağına)** e–n Wadenkrampf bekommen
kramplaşma Krampfanfall *m*
krampon (*franz.* **crampon**) 1. eiserne Klammer 2. Steigeisen *n* 3. Lederstolle *f* (auf *Fb*-Schuhen) 4. Stolle *f* (am Hufeisen) 5. Widerhaken *m* (an Pflanzen), Steigeisenbindung *f*
kramponlu mit Klammern, Steigeisen (usw.)
kran *selt.* s. **vinç**
krank, -kı (I) (*engl.* **crank**) Kurbel *f* dirsek ~ **kolu** Kurbelarm *m*, Kurbel-, Pleuel-, Schub-stange *f* *biyel ~ **mahfazası** Kurbelgehäuse *n* (am Motor) ~ **mili** Kurbelwelle *f* ~ **yatağı** Kurbelwellenlager *n*
krank, -kı (II) (in der Ausdrucksweise türk. Gastarbeiter in Deutschland) krank ~ **yapmak** sich krank melden
kranyoloji Kraniologie, Schädellehre *f*
kranyolojik kraniologisch
kranyometri s. **kafatası ölçümü**
krapo (*franz.* **crapaud**) 1. *techn.* Klemmplatte *f* (z.B. bei Geleisen); Heftzwinge *f* 2. *va. mil.* Mörserlafette *f*
kraps (*engl.* **craps**) ein best. Wü. (mst. **pasanglez** genannt)
kraşa (*franz.* **crachat**) Auswurf, Speichel *m* ~ **çıkarmak** ausspeien, ausspucken
kraşuar (*franz.* **crachoir**) Spucknapf *m*, Speibecken *n* (*spez.* beim Zahnarzt)
krater Krater *m* *müşker, volkan ağzı, yanardağ ağzı ~ **gölü** Kratersee *m* *müşker gölü
kravat, -tı 1. Krawatte *f*, Schlips, Binder *m* *boyunbağı 2. *(Ringertechnik)* Krawatte *f* 3. *P* Rechnung, Faktur *f*
kravatçı Krawatten-hersteller, -verkäufer *m*
kravatçılık Krawatten-herstellung *f*, -handel *m*
kravatlı 1. e–e Krawatte tragend 2. mit nb. Krawatte 3. mit Halskrause (Gans, Taube)
kravatlık Krawattenhalter *m* (im Schrank) *boyunbağı çubuğu
kravatsız ohne Krawatte *bzw.* Halskrause
kravl Kraul(-en *n*) *m*, Kriechstoß *m* (beim Schwimmen) ~ **yüzmek** kraulen
kreasyon (*franz.* **création**) (Mode-)Schöpfung *f*
kreatör (*franz.* **créateur**) (Mode-)Schöpfer *m*
kredi 1. *fin.* Kredit *m* 2. *fig.* Kredit *m*, Vertrauenswürdigkeit *f* ~ **açmak** e–n Kredit eröffnen ~ **fonsiye** Bodenkredit *m* ~ **hacmi** Kreditvolumen *n* ~ **ile satış** Verkauf auf Ziel ~ **itilâfı** Kreditabkommen *n* ~ **kooperatifi** Kreditgenossenschaft *f* **-si düşmek** *fig.* an Kredit verlieren
kredili mit nb. Kredit, Kredit-
kredisiz 1. ohne Kredit 2. wer keinen Kredit genießt
kredito [·×·] *va.* s. **kredi**
kredo [×·] *rel.* Kredo, Glaubensbekenntnis *n*
kredül (*franz.* **crédule**) *selt.* leichtgläubig
krem 1. (*spez.* Haut- od. Gesichts-)Creme, Pomade *f* 2. von hellerem Gelb, creme-, sand-farben, beige; chamois (z.B. Photokopierpapier) ~ **sürünmek** sich eincremen
krema [×·] 1. Sahne *f*, Rahm *m* 2. Vanillecreme *f* 3. Creme-Füllung *f* (bei Pralinen) 4. *fig.* Elite *f*, beste Vertreter *pl.*, Prominenz *f* ~ **makinesi** Zentrifuge *f*, (Milchschleuder *f*) ~ **torbası** Spritzbeutel *m* (des Konditors)
kremalı [×··] 1. mit **krema** versehen od. damit hergestellt ~ **çikolata** 1. Creme-Schokolade *f*, gefüllte Schokolade 2. Creme-Pralinen *pl.*
kremasız 1. ohne Sahne od. Rahm 2. ohne Creme-Füllung
kremasyon (*franz.* **crémation**) *selt.* Feuerbestattung *f*
krematoryum [··×·] Krematorium *n*
kremayer (*franz.* **crémaillère**) *techn.* Zahn(rad)stange *f*
kremayerli mit Zahn(rad)stange ~ **demiryolu** Zahnradbahn *f*
kremlemek Creme auftragen; (ein-)cremen
Kremlin (*franz.* **Kremlin**) **(sarayı)** *n.pr.* Kreml *m* (in Moskau)
kremşanti(-yi) (*franz.* **crème Chantilly**) Schlagsahne *f*
kremtartar (*franz.* **crème de tartre**) s. **kırımtartar**
Kreol, -lü Kreol-e *m*, -in *f*, kreolisch
kreozol, -lü Kreosol *n*
kreozot, -tu s. **katranruhu**
kreozotlamak mit Kreosot durchtränken (Holz)
krep, -pi (*franz.* **crêpe**) 1. Flor, Krepp *m* 2. Krepp-Papier *n* 3. *Th.* Bastkrepp *m* (für falschen Bart usw.) 4. Eier-, Pfann-kuchen *m*, Omelett *n* ~ **jorjet** Crêpe Georgette *m* (zartes Gewebe aus Kreppgarn) ~ **kâğıdı** s. **krep** (2); ~ **kauçuk taban** Kreppsohle *f* ~ **konfitür** Palatschinken *pl.* ~ **lavabl** Crêpe lavable *m* (weiches, seidenes Kreppgewebe für Damenwäsche) ~ **maroken** s. **maroken** (3); ~ **saten** Crêpe Satin, Seidenkrepp *m*
krepdöşin Crêpe de Chine *m*, Chinakrepp *m*, Florseide *f*
krepe (*franz.* **crêpé**) 1. gekräuselt 2. gekräuselte Haare *pl.* ~ **kâğıt** s. **krep** (2)
kreplemek kräuseln, kreppen (*spez.* Stoffe)
kreplin Krepeline *f*, (Garnkrepp *m*)
krepon 1. Krepon *m* (Borkenkrepp *m*) 2. Krepp-Papier *n*
kreş (*franz.* **crèche**) s. **çocuk bakımevi**
kreşendo [·×·] *mus.* 1. crescendo; stärker werdend 2. Crescendo *n*
kretase (*franz.* **crétacé**) s. **tebeşir devri**
kreten *med.* Kretin, Schwachsinniger *m*
kretenlik; kretinizm *med.* Kretinismus, Schwachsinnigkeit, Idiotie *f*
kreton Cretonne *m*, *f* (mittelkräftiger Baumwollstoff)
kreyn (*engl.* **crane**) *selt.* s. **vinç**
kreyon (*franz.* **crayon**) Zeichenstift *m*
krezol, -lü *pharm.* Kresol *n* (Desinfektionsmittel)
Krezüs *n.pr.* Krösus (König von Lydien) (nur *selt. fig.* hierfür *mst.* **Karun**)
krible (*franz.* **criblé**) gesiebt; Sieb-; ~ **maden kömürü** Siebkohle(-n *pl.*) *f*
kriegspiel *mil.* Kriegs-, Plan-, Sandkasten-spiel *n*
kriket, -ti Kricket *n* (engl. Schlagballspiel)
krikkrak, -kı (*franz.* **cric-crac**) Stangenzwieback *m*
kriko [×·] (*ital.* **crioco**) (*franz.* **cric**) Wagenheber *m*, Hebe-, Kabel-, Schrauben-winde *f*
kriminal 1. verbrecherisch, strafbar, kriminell *cinaî 2. Straf-, Kriminal- 3. *jur.* strafrechtlich Zu 2: ~ **polis** Kriminal-polizei *f*, -polizist *m*
kriminalist, -ti Kriminalist *m* *kıya bilgini
kriminalistik Kriminalistik *f*
kriminolog Kriminolog-e *m*, -in *f*, Kriminalist(-in *f*) *m*, Kriminalwissenschaftler(-in *f*) *m*
kriminoloji Krimin-ologie, -alistik, -alwissenschaft *f*, -alwesen *n* *kıyabilim ~ **kongresi** Kriminalistenkongreß *m* ~ **mütehassısı** s. **kriminolog**
kriminolojik krimin-ologisch, -alistisch, -alwissenschaftlich *kıyabilimsel
krinolin *fr.* Krinoline *f*, Reifrock *m*
kriple s. **krible**
kript, -ti; kripta Krypta, Gruft *f* *mahzenmezar
kriptestezi Kryptästhesie *f*; außersinnliche Wahrnehmung
kripto (*franz.* **crypto communiste**) verkappter Kommunist
kriptogamlar s. **çiçeksiz bitkiler**
kriptogram Kryptogramm *n*, Geheimtext *m*
kripton *chem.* Krypton *n* (Edelgas)
kriptos s. **kript(-a)**
kris Kris *m*, malaiischer Dolch
krispin (*franz.* **crispin**) *Th.* komische Bedientenrolle
kristal 1. Kristall *m*, *n* *billur 2. in Kristallform, Kristall- 3.

s. **kırıstal;** ~ **cam** Kristallglas *n* ~ **şeker** Kristallzucker *m* (*üblicher:* **toz şeker**)
kristalizasyon 1. Kristallisierung *f*, Anschießen *n* zu Kristallen 2. Sich-Herauskristallisieren *n*, Klärung *f*
kristalize kristallisiert ~ **şeker** *selt.* s. **kristal şeker**
kristalleşme s. **billurlaşma**
kristalli bulucu (*od.* ~ **detektör**) *(Radio)* (Kristall-)Detektor *m*
kristalografi(-k) s. **billurbilim(-sel)**
kristaloit, -di *chem.* Kristalloid *n* *billursu
kristaltaye (*franz.* **cristal taillé**) feingeschliffenes Kristall
kristofl Christofle *n* (Neusilberart)
kriter; kriteryum [··×·] Kriterium *n*, Wertmesser, Prüfstein *m* *mehenk, mısdak, ölçüt
kritik 1. kritisch *tenkidî 2. Kritik *f* *eleştiri, tenkit 3. Kritiker *m* *eleştirici, münekkit 4. kritisch, bedenklich, gefährlich *buhranlı ~ **anlar** kritische Augenblicke *pl.* ~ **etmek** kritisieren, kritisch besprechen ~ **nokta** kritischer Punkt ~ **sıcaklık** *phys.* kritische Temperatur *buhran sühuneti
kritisizm *phil.* (Kant'scher) Kritizismus *m* *eleştirimcilik, intikadiye, tenkidiye
kriyoskopi *phys.* Kryoskopie *f*
kriyoskopik *phys.* kryoskopisch
kriz 1. Krise, Krisis *f* *buhran 2. *med.* Anfall *m* Zu 2: **dün şiddetli bir apandisit -i ile mustarip olan dostumuz** unser Freund, der gestern akute, heftige Blinddarmentzündung bekam, ...; s. a. **kalp -ine tutulmak**
krizalit, -di *zo.* Chrysalide, (Insekten-)Puppe *f* *dudu hadis
krizalitleşmek sich verpuppen (Raupe)
krizantem (*franz.* **chrysanthème**) s. **kasımpatı**
krizolit, -ti *min.* Chrysolith *m*
krizopras *min.* Chrysopras *m*
kroke (I) (*franz.* **croquet**) Krocket *n* (engl. Rasenspiel)
kroke (II) (*engl.* **groggy**) **olmak** (Boxen) angeschlagen sein; zu Boden gehen
kroket (I), **-ti** (*franz.* **croquette**) Krokette *f*, gebackenes Klößchen
kroket (II), **ti** (*engl.* **croqet**) s. **kroke** (I)
kroki (*franz.* **croquis**) Kroki(-zeichnung *f*) *n*, Geländeskizze *f*, (rasch entworfene) Bleistiftzeichnung ~ **defteri** Skizzenbuch *n* **-sini almak** (*od.* **yapmak**) (bşin) krokieren, skizzieren, ein Kroki zeichnen
krokodil 1. Krokodilleder *n* od. hieraus hergestellt 2. *(Eisenbahn)* automatisches Vorsignal
krol (*engl.* **crawl**) s. **kravl**
krom *chem., min.* Chrom *n* ~ **alaşımı** Chromlegierung *f* ~ **kaplama** Verchromung *f* ~ **kaplı** verchromt ~ **kırmızısı** Chromrot *n* ~ **sarısı** Chromgelb *n*
kromaj (*franz.* **chromage**) Verkromung *f*
kromat, -tı Chromat *n*, chromsaures Salz
kromatik 1. *phys.* chromatisch *renkser 2. *phys.* Chromatik, Farbenlehre *f* 3. *mus.* chromatisch, in Halbtönen fortschreitend 4. *mus.* Chromatik *f*, chromatisches Klanggeschlecht ~ **iplik** *biol.* Linienstrang *m* (im Zellkern) *haytı mülevven
krome (*franz.* **chromé**) verchromt, chromiert ~ **etmek** verchromen, chromieren
kromik Chrom- ~ **asit** Chromsäure *f*
kromit, -ti Chromit *m*, Chromeisenstein *m*
kromlama Verchromung *f*
kromlu 1. Chrom führend od. enthaltend 2. verchromt, chromiert, Chrom- ~ **çelik** Chromstahl *m* ~ **kösele** Chromleder *n* ~ **nikel** Chromnickel *n*
kromolit, -ti Chromolith *m*
kromolitografi s. **renkli litografik baskı**
kromonika [·×··] Chromonika *f*, chromatische Mundharmonika
kromoplast, -tı *bot.* Chromoplast(-en *pl.*) *m*d *hubeybatı mülevvene
kromosfer *met.* Chromosphäre *f* *kürei levniye, renkküre
kromotipografi Chromotypie *f*, Farbendruck *m*
kromozom *biol.* Chromosom *n*
kron s. **kuron**
kronaksi *biol.* Chronaxie *f* (Mindestdauer des el. Stroms zur Erzeugung von Muskelkontraktion)
kronik 1. Chronik *f*, Berichte *pl.* aus dem Zeitgeschehen 2. Familienchronik *f* 3. chronisch *müzmin, süreğen
kronikçi; kronikör (*franz.* **chroniqueur**) Chronist *m*, Berichterstatter *m* über Tagesereignisse
kronograf Chronograph, Zeitschreiber *m*
kronoloji 1. Chronologie, Zeitrechnung *f* 2. chronologische Übersicht; Zeittafel *f* ~ **bakımından** chronologisch betrachtet
kronolojik chronologisch
kronometraj (*franz.* **chronométrage**) *(Sport)* Zeitabnah-me *f*
kronometre [··×·] 1. Chronometer *n*, Präzisionsuhr *f* 2. *(Sport)* Stoppuhr *f* 3. *bot.* Metronom *n*
kronometreci *(Sport)* Zeit(ab)nehmer *m*
kronometri (*franz.* **chronométrie**) Zeitmessung *f*
kronometrör (*franz.* **chronométreur**) s. **kronometreci**
kronopoz (*franz.* **chronopose**) *phot.* Belichtungstabelle *f*
kronprens *hist.* der ehemalige deutsche Kronprinz (Sohn Wilhelms II.)
kropi bağı s. **krupi bağı**
kros (*engl.* **cross**) 1. s. **kroskantri** 2. *(Boxen)* Stopp-Stoß *m* 3. (*franz.* **crosse**) Golf- od. Hockey-Schläger *m*
krosbar (*engl.* **cross-bar**) *Fb.* Torlatte *f*
krosçu *(Sport)* Teilnehmer(-in *f*) *m* an **kroskantri**
kroshet, -di (*engl.* **crosshead**) *techn.* Kreuzkopf *m* (Maschinenteil) ~ **yatağı** Kreuzkopflager *n*
kroskantri 1. (*engl.* **cross-country**) Geländelauf *m* *kır koşusu 2. Stern-, Rund-fahrt *f* Zu 2: s. a. **bisiklet -si**
krosman s. **kruvazman**
kroş (*franz.* **croche**) *mus.* Achtelnote *f* *sekizlik, çengelli
kroşe (*franz.* **crochet**) 1. *(Boxen)* Haken *m* 2. Häkelnadel *f* 3. Häkelarbeit, Häkelei *f* 4. *z. va.* eckige Klammern *pl.* ~ **yapmak** (*od.* **örmek**) häkeln
kroton Kroton *m* *bot.* Croton (tiglium u. a.) ~ **yağı** *pharm.* Krotonöl *n*
krummhorn *mus.* Krummhorn *n*
krup, -pu *med.* Krupp *n*, Kehlkopfdiphtherie *f*
krupi (bağı) *naut.* Achter-stich, -steek, -knoten *m*
krupon (*franz.* **croupon**) Kernstück *n* e−r gegerbten Rinderhaut
Kruşçef; Krutçef *n.pr.* Chruschtschow
krupiye Croupier *m*
kruvasan (*franz.* **croissant**) Hörnchen *n* (Gebäck)
kruvaze (*franz.* **croisé**) 1. zweireihig (z. B. Anzug) 2. übereinandergehend (Teile e−s Schlitzes) 3. *(Tennis)* der in die entgegengesetzte Ecke plazierte Ball
kruvaziyer (*franz.* **croisière**) Gesellschaftsreise *f* (zu Schiff)
kruvazman (*franz.* **croisement**) 1. Kreuzung *f* (bei Verkehrswegen) 2. Kreuzung *f*, Rassenmischung *f* 3. *mus.* Hand-über-Hand-Spielen *n* (Klavier) *çaprazlama, makas ~ **yapmak** sich kreuzen
kruvazör (*franz.* **croiseur**) *naut.* Kreuzer *m* ~ **birliği** Kreuzerverband *m* ~ **filosu** Kreuzergeschwader *n* ~ **harbi** Kreuzerkrieg *m*
krüsifi Kruzifix *n*
ksenon [×·] *chem.* Xenon *n* (Edelgas)
kseroftalmi *med.* Xerose, Xerophthalmie, Augendarre *f*
ksilofon *mus.* Xylophon *n*
ksilograf Xylograph, Holzschneider *m*
ksilografi Xylographie, Holzschneidekunst *f*, Holzschnitt *m*

ksilografik xylographisch, Holzschnitt-
Kşayarşa s. **Kerkes**
ktenoforlar Rippenquallen *pl. zo.* Ctenophora
KTFD s. **Kıbrıs Türk Federe Devleti**
kuadrant, -tı *astr.* s. **dörtlük aracı**
kuafe (*franz.* **coiffé**) frisiert ~ **etmek** (sich) frisieren
kuaför (*franz.* **coiffeur**) (Damen-)Frisör *m* *kadın berberi ~ **salonu** (Damen-)Frisiersalon *m*
kuaföz (*franz.* **coiffeuse**) 1. (Damen-)Friseuse *f* 2. Frisiertischchen *n*, -toilette *f*
kuafür (*franz.* **coiffure**) Frisur, Haartracht *f* *saç tuvaleti ~ **modaları** Haartrachten, Frisuren *pl.*
kuaker Quäker *m* (England, USA)
kuandu Greifstachler *m zo.* Coëndu prehensilis (Baumstachelschwein)
kuars(-it) s. **kuvars(-it)**
kuart, -tı *mus.* Quarte *f* *dörtlü
kuartet, -ti s. **katuör**
kuarto [·×·] *Ka.* Vier *f*
kuaterner 1. *geol.* s. **dördüncü zaman** 2. *chem.* quaternär (aus vier Bestandteilen zusammengesetzt)
kuba [– –] *va.* s. **tuzlubalgam**
Kuba(-lı) s. **Küba(-lı)**
kubaşmak *P* gemeinsam e–e Arbeit verrichten
kubat 1. grob(-schlächtig), plump, gewöhnlich *kaba 2. unschön *biçimsiz
kubatlık 1. Grobschlächtigkeit, Plumpheit, Gewöhnlichkeit *f* *kabalık 2. unschöne Form *biçimsizlik
kubbe 1. Kuppel *f* 2. Gewölbe *n* 3. (*fr. a.* **-i sema**) Himmelsgewölbe *n* 4. große Frikadellenart aus Hackfleisch, Bulgurmehl, Gewürzen, Pignolen und Korinthen 5. kuppelförmig; hochgewölbt (z. B. *fr.* Turban) ~ **veziri** s. **kubbealtı veziri; -leri çınlatmak** die Gegend mit Geschrei erfüllen **-sini yapmak (bir yalanın)** e–r Lüge die Krone aufsetzen
kubbealtı, -nı *hist.* Räume *pl.* im Serail für Ministerratssitzungen, offizielle Empfänge usw. ~ **veziri** *hist.* ein osm. Wesir, der berechtigt war, an Sitzungen im **kubbealtı** teilzunehmen
kubbelendirmek 1. mit e–r Kuppel ausstatten 2. wölben
kubbelenmek sich wölben
kubbeli 1. mit (nb.) Kuppel(-n) 2. kuppelförmig, Kuppel-, gewölbt Zu 1: s. **yedi ~ hamam yapmak; ~ cibinlik** Baldachin *m*
kubbetülhanek s. **damak kemeri**
kûbere; azmı ~ s. **önkol kemiği**
kubhiyat, -tı [ā] *va. Pl.* verwerfliche, abscheuliche Dinge od. Handlungen *pl.*
kubuh, -bhu *va.* 1. Häßlichkeit, Verwerflichkeit, Abscheulichkeit *f* 2. üble Tat, schändliche Handlung
kubur (I) [· –] *va. Pl.* zu **kabir;** *a.* **-lar**
kubur (II) 1. längerer, rohrförmiger Behälter 2. Abflußrohr *n* (in e–m Abort) 3. *fr.* Pistolenart 4. eng anliegend (z. B. Hose) Zu 1: vgl. **eyer (kalem, ok) -u**
kuburluk 1. Pulverbehälter *m* 2. Pistolentasche, Halfter *f* 3. Köcher *m*
kucak, -ağı 1. Raum *m* zwischen den (um et. gelegten) Armen und der Brust 2. Schoß *m*, Brust *f*, Busen *m*, Umarmung *f* 3. die mit zwei Armen faßbare Menge; Armvoll *m* (z. B. Holz) ~ **açmak** (b–ne) j–n Zuflucht finden lassen ~ **çocuğu** Kleinkind *n* ~ **dolusu** (*od.* ~ ~) 1. überreichlich (z. B. spenden) 2. vielmals (z. B. grüßen lassen) ~ **kucağa** eng aneinander geschmiegt ~ **kucağa gelmek** ganz nahe herankommen **-ına almak** 1. auf den Schoß nehmen 2. auf den Arm nehmen (Kind) **-ına atılmak** (b–nin) Zuflucht suchen (bei) **-ına düşmek** 1. mitten hineingeraten (unter die Feinde, ins Unglück usw.) 2. s. **-ına atılmak; -ına oturmak** (b–nin) sich j–m auf den Schoß setzen **-ında** (bşin) mitten in... **-ında gezdirmek** auf dem Arm (umher-)tragen (z. B. Kind) **-taki çocuk** s. ~ **çocuğu; -tan kucağa dolaşmak** (*od.* **gezmek**) *pej.* von Hand zu Hand gehen (Mädchen, Frau)
kucaklamak 1. a) (b–ni) umarmen, in die Arme nehmen b) (bşi) ans Herz drücken 2. (rings) umgeben Zu 2: **ovayı kucaklayan yüksek dağlar** die hohen Berge, welche die Ebene rings umgeben
kucaklaşmak sich (gegenseitig) umarmen
kuçina s. **kuzina**
kuçukuçu 1. *Ki.* Wauwau *m* (= Hund) 2. (Lockruf für Hunde, etwa:) Komm komm!
kudas [ā] *christl. rel.* Abendmahl *n* (*gel. a.* geweihte Hostie; Messe, Kommunion *f*)
kudat s. **kuzat**
kuddamî [· – –] *an.* Vorder- *ön
kuddus [· –] *va.* 1. allerheiligst 2. vollkommen rein 3. ohne alle Fehler (Gott)
kudema [ā] (*va. Pl.* zu **kadim**) 1. die Alten, Vorfahren *pl.* 2. (Abl.) **-dan** sehr verdienstvoll, hochangesehen
kudeyh (*Dim.* zu **kadeh**) s. **kadehçik**
kudret, -ti 1. Allmacht *f* Gottes 2. Kraft, Macht, Stärke *f*, Vermögen *n*, Leistungsfähigkeit *f* 3. *phys.* Energie *f* *enerji 4. Wohlhabenheit *f*, Reichtum *m* 5. Naturanlage *f* 6. e–e Latwerge aus verschiedenen Pflanzensäften (Volksheilmittel) 7. ♀ *mV* Zu 2: **Kudretimizin yettiği herşeyi yaptık.** Wir haben alles getan, was in unserer Macht stand. ~ **kaynağı** Kraftquelle *f* ~ **hamamı** heiße Quelle; Thermalbad *n* *ılıca ~ **helvası** Manna *f, n* ~ **miktarı** *techn.* Energiemenge *f* ~ **narı** s. **acıhıyar;** ~ **topu** *P* s. **gök gürültüsü; -in tahaffuzu** *phys.* Erhaltung *f* der Energie *enerjinin sakımı **-ten** auf natürliche Weise (ohne menschliches Zutun) entstanden **-i fatıra** Schöpferkraft *f* Gottes **-i harbiye** *mil.* Kampf-, Schlag-kraft *f* **-i maliye** Finanzkraft *f*
kudretçilik *phil.* Energetik *f* *güççülük
kudretlenmek Kraft gewinnen, kräftig(-er) werden, erstarken, leistungsfähig(-er) werden
kudretli 1. stark, kräftig, mächtig 2. leistungsfähig (z. B. Flugzeug) 3. tüchtig, fähig, begabt (z. B. Schriftsteller) 4. *z. va.* wohlhabend, reich
kudretsiz 1. machtlos, kraftlos, ohnmächtig, unvermögend 2. schwächlich, unfähig, wenig begabt
kudretsizlik 1. Macht-, Kraft-losigkeit *f*, Ohnmacht *f*, Unvermögen *n* 2. Unfähigkeit *f*, geringe Begabung
kudsî; kudsiyet s. **kutsî; kutsiyet**
Kudsişerif [···–] s. **Kudüs**
kudsiyan [ā] *va.* Engel *pl.* *melekler
kudu (I) *arch.* hufeisenförmige Öffnung
kudu (II) Kudu *m* (Antilopenart) *zo.* Strepsiceros strepsiceros
kudum (I) s. **kudüm**
kudum (II) [· –] *z. va.* 1. Ankunft *f*, Eintreffen *n* (nach langer Reise) 2. Eintritt, Beginn *m* (e–r best. Zeit)
kudumiye [· – ··] *fr.* 1. Ehrengeschenk *n* für e–e hohe Persönlichkeit bei der Rückkehr von e–r längeren Reise od. bei Eintreffen e–s Gastes 2. *fr. lit.* e–e Kasside anläßlich e–r solchen Rückkehr (bzw. Ankunft e–s Gastes od. beim Amtsantritt e–s Ministers od. Sultans; *irrt. a.* **istikbaliye** genannt)
kudur [· –] *va.* Macht, Kraft, Fähigkeit *f* **-u hak** *P* rechtmäßiger Besitz
kudurgan 1. jähzornig, schnell aufbrausend 2. aggressiv
kudurganlık 1. Jähzorn *m* 2. Aggressivität *f*
kudurmak 1. die Tollwut bekommen, tollwütig werden 2. *fig.* ganz außer sich geraten (z. B. vor Zorn), sich wie ein Wilder gebärden; wild werden (z. B. Meer); sich ungebärdig benehmen (z. B. Kinder)

kuduruk 1. tollwütig 2. wie toll, rasend 3. ungebärdig, ungezogen (Kind) *yaramaz
kuduz 1. von Tollwut befallen, tollwütig (Tier) 2. Tollwut *f* *daülkelp 3. wütend, rasend *azgın
kuduzböceği, -ni Blasenkäfer *m*, spanische Fliege *f zo.* Cantharis vesicatoria *İspanya (*od.* yakı) böceği
kuduzböceğigiller Weichkäfer *pl. zo.* Cantharidae
kuduzotu, -nu 1. Gebirgssteinkraut *n bot.* Alyssum saxatıle *deliotu 2. das Seidelbastgewächs Daphne Tartonraira 3. s. **dişotu** (1) 4. s. **beyaz** ~
kudüm kleine, metallgefaßte Doppeltrommel (wie sie fr. bei der Janitscharenkapelle od. in Derwischklöstern verwendet wurde)
Kudüs (*fr. a.* **Kudsişerif**) *n.pr.* Jerusalem
Kudüslü aus Jerusalem stammend, Einwohner(-in *f*) *m* von Jerusalem
kufe rundes, auf dem Euphrat verwendetes Flechtwerkboot
Kûfe *n.pr.* Kufa (*fr.* Stadt südl. von Bagdad)
kûfi 1. aus Kufa stammend 2. (*a.* **hattı** ~) kufische Schrift (altarabisch)
kugar s. **puma**
kuğu 1. Schwan *m zo.*Cygnus 2. ≗ *astr.* Schwan *m* (Sternbild) Zu 1: s. a. **sessiz (ötücü)** ~**; Bewick -su;** ~ **fırtınası** Name e–s period. Seesturms gegen Mitte April ~ **gibi** schwanengleich (Gestalt; weißer Hals)
kuğurmak gurren (Tauben)
kûh *va.* Berg *m* *dağ
Kûhinur [–·–] „Berg des Lichts", Kohinur *m* (großer Diamant)
kûhul, -hlü Augen(lider)schminke *f* (Stibium, Antimon *n*) (*a.* Heilmittel für Augenleiden)
kuintet, -ti *mus.* s. **kentet**
Kuisling 1. *n.pr.* Quisling (norwegischer Faschistenführer) 2. ≗ *pej.* Quisling, Kollaborateur *m*
kuka [×·] 1. feines Häkelgarn in best. Knäuelform 2. das für Zigarettenspitzen od. Gebetsketten verwendete braune, harte Holz der Kokospalme od. hieraus gefertigt 3. *hist.* mit Federn besetzter Kopfschmuck für Stabsoffiziere der Janitscharen 4. s. **köke** 5. Name e–s türk. Ksp.
kukla [×·] 1. mit Fingern gespielte Handpuppe 2. an Fäden gezogene Marionette 3. *fig.* Puppe, Marionette *f, gel. a.* Puppenspiel *n* 4. Puppe *f (Kspz.)* 5. kleine, schmächtige Person 6. *z. va.* elegant und reich geschmückt (Frau) ~ **gibi** 1. willenloses Geschöpf 2. klein, schmächtig ~ **gibi oynatmak** 1. wie e–e Puppe tanzen lassen 2. j–n hinhalten, an der Nase herumführen ~ **hükümet** Marionettenregierung *f* ≗ **mı oynuyor?** Gibt es et. Lustiges zu sehen? ~ **oyunu** Puppenspiel *n*
kuklacı 1. wer Puppen (Marionetten) herstellt 2. Puppenspieler(-in *f*) *m*
kuknus *myth.* großer Vogel (Schwan) mit 360 Schnabelöffnungen, die bei Wind verschiedene Melodien ertönen lassen; *gel. a.* Vogel Phönix
kuku (*franz.* **coucou**) s. **guguk kuşu**
kukuç *P* harte Schale von Pfirsich- oder Aprikosen-kernen
kukulete [··×·] (*ital.* **cocaletta**) Kapuze *f*
kukuleteli 1. mit Kapuze ausgestattet 2. e–e Kapuze tragend, Kapuzen-
kukulla [·×·] (Mönchs-)Kutte *f* (mit Kapuze)
kukulya [·×·] Kokon *m* des Seidenspinners ~ **fırtınası** *naut.* Name e–s period. Seesturms gegen 20. Mai
kukulyacı 1. wer mit Seidenraupenkokons Handel treibt 2. wahrsagende Zigeunerin ~ **kıyafetli** in zigeunermäßigem Aufzug (Frau)
kukumav Steinkauz *m zo.* Athene noctua s. a. **peçeli** ~; ~ **gibi** mutterseelenallein ~ **gibi düşünüp durmak** trüben Gedanken nachhängen

kukuriko (*franz.* **cocorico**)! kikeriki! (Hahnenschrei)
kul 1. Knecht, Diener, Sklave *m* *köle 2. Dienerin, Sklavin *f* *cariye, karavaş 3. Mensch *m* (im Ggs. zu Gott) 4. *hist.* Janitschar *m* 5. osm. Besch. Zu 5: **-unuz** (*od.* **-ları**) *va.* „Ihr ergebener Diener" *d. h.* ich ~ **ağası** s. **Yeniçeri ağası;** ≗ **azmayınca Hak yazmaz.** *Spr. (etwa:)* Hochmut kommt vor dem Fall. *Spr.* ~ **cinsi** *hist. (bis 1908) Bez.* für Konkubinen höherer Beamter, die e–n Sohn hatten und nach e–r Heirat den Titel **kadın** bekamen ~ **çavuşu** *hist.* Janitscharenoffizier *m* unteren Ranges ~ **hakkı** Nachbarspflicht(-en *pl.*) *f* ≗ **hatasız olmaz.** *Spr.* Kein Mensch ohne Fehl. *Spr.* ~ **kâhyası** *hist.* Generalkommissar *m* der Janitscharen *kethüda beyi ~ **köle** (*od.* ~ **kurban**) **olmak** j–m vollkommen ergeben (*a.* hörig) sein ~ **oğlu** *hist.* im Militärdienst erzogener Janitscharenabkömmling ~ **sıkılmayınca (bunalmadıkça), Hızır yetişmez.** *Spr. (etwa:)* Wenn die Not am größten, ist Gottes Hilf' am nächsten. *Spr.* ~ **taksimi** gleichmäßige Verteilung (*ant.* **Allah taksimi**); ~ **yapısı** von Menschenhand geschaffen, vergänglich ≗**un dediği olmaz, Allahın dediği olur.** *Spr.* Der Mensch denkt, und Gott lenkt. *Spr.*
kula [×·] falb; gelblich-grau ~ **at** Falbe *m* (Pferd)
Kula *n.pr.* O. u. D. im Rbz. Manisa. (Sehr geschätzt sind die Kula-Gebetsteppiche älterer Zeit.)
kulacık 1. *an.* Herz-vorhof *m*, -ohr *n* *üzeyn 2. *bot.* Nebenblatt *n*, Blattansatz *m*
kulaç 1. Klafter *f, m, n* (Spannweite der seitlich ausgestreckten Arme; 6 Fuß) 2. *naut.* Faden *m* (1,83 m) Zu 2: **Burada deniz beş -tır.** Das Meer ist hier fünf Faden tief. **Üç -ta su çıktı.** In e–r Tiefe von drei Faden stieß man auf Wasser. **iki** ~ **ip** zwei Faden langes Seil ~ **açmak** die Arme seitwärts ausstrecken ~ **atmak** Hand über Hand schwimmen, kraulen ~ ~ überreichlich, in sehr großer Menge
kulaçlama 1. Vs. zu **kulaçlamak** 2. Kraul *m*, Kraulen *n*, Handüberhandschwimmen *n*
kulaçlamak (m. Akk.) 1. et. nach Klaftern od. Faden ausmessen 2. mit großen Schritten durchmessen 3. s. **kulaç atmak**
kulaçlık soundsoviel Klafter bzw. Faden ausmachend **sekiz** ~ **bir kuyu** ein acht Faden tiefer Brunnen
kuladıra [·×··] *naut.* 1. Orlopdeck *n* (auf Frachtschiffen) 2. Zwischendeck *n* (als Teil des Laderaums für Passagiere dritter Klasse) 3. Teil *m* des Zwischendecks (bei Kriegsschiffen)
kulağakaçan Ohrwurm *m zo.* Forficula auricularia
kulâî (*a.* **hummayı** ~) *vet.* Maul- und Klauenseuche *f* *şap illeti
kulak (I), **-ağı** 1. *an.* Ohr *n* 2. *spez.* äußeres Ohr 3. musikalisches Gehör 4. Wirbel *m* (an e–m S.i.) 5. überstehender Teil e–s Kartothekblattes, Sichtzunge *f*, heraushängender Registraturzettel, anhängender Zettel (z.B. zur Bestätigung des Empfangs) 6. Henkel, Griff *m* 7. Kiemendeckel *m* (bei Fischen) 8. Patte *f* (an e–r Tasche) 9. (Schuh-)Lasche *f* 10. Schutzblech *n*, Einfassung *f* (an e–m Schlüsselloch; am oberen Teil e–r Säbelscheide u. ä. m.) 11. kleines Hackfleisch- od. Teig-klößchen in der Suppe 12. F-Loch, Schalloch *n* (an S.i.) 13. Seitenblatt *n* (e–s Sattels) *kanat 14. Wischer *m* (des Kreidezeichners) ~ **ağırlığı** Schwerhörigkeit *f* ~ **akıntısı** *med.* Ohrenfluß *m*, Otorrhoe *f* ~ **asmak** Gehör schenken, sein Ohr leihen, sich et. anhören, hinhören ~ **asmamak** (*od. F* **arkasına atmak**) 1. nicht hören wollen (auf), nicht annehmen, nicht befolgen (Rat, Anregung usw.) 2. sich nicht kümmern (um), nicht reagieren (auf) (Zu 2: **Hiç bir tehdide** ~ **asmayız.** Auf Drohungen reagieren wir nicht. Durch Drohungen lassen wir uns nicht einschüchtern.) ~ **belâsı** Lärm *m*, Getöse *n* ~ **çınlaması** Ohren-klingen,

-sausen *n* ~ **çorbası** Suppe *f* mit Hackfleisch- od. Teigklößchen ~ **davulu** *an.* 1. Paukenhöhle *f* *sandukai tabıl; tempan boşluğu 2. s. **kulakzarı;** ~ **delmek** 1. e–n ohrenbetäubenden Lärm vollführen 2. s. **kulağını delmek;** ~ **dikmek** die Ohren spitzen; ganz Ohr sein ~ **doldurmak** s. **dinlemek;** ~ **dolgunluğu** gehörmäßig erworbene (ungefähre) Kenntnis (**Buna dair** ~ **dolgunluğum var.** Ich habe schon davon gehört.) ~ **erimi** Hörweite *f* ~ **iltihabı** *med.* Ohrenentzündung, Otitis *spez.* Mittelohrentzündung *f* *otit ~ **kabartmak** die Ohren spitzen, genau zuhören, gut aufpassen ~ **karıştıracağı** (*od.* ~ **temizleyici**) Ohrlöffel *m* ~ **kemikçikleri** *an.* Gehörknöchelchen *pl.* ~ **kepçesi** Ohrmuschel *f*, äußeres Ohr *sayvan ~ **kesilmek** ganz Ohr sein, gespannt zuhören ~ **kıkırdağı** s. ~ **kepçesi;** ~ **kiri (mumu, yağı)** Ohrenschmalz, Cerumen *n* *simlâh ~ **menzili** Hörweite *f* ~ **misafiri olmak** (bşe) Ohrenzeuge *(m)* von et. sein od. werden, unbemerkt et. anhören, et. belauschen können ~ **otu** s. **damkoruğu;** ~ **terbiyesi** Gehör-schulung, -bildung *f* ~ **tutmak** zu-, an-hören *dinlemek ~ **uğultusu** Ohrensausen *n* ~ **uyuzu** *vet.* Akariase, Ohrkrätze *f* (bei Hunden) ~ **vermek** gespannt zuhören ~ **yırtıcı ses** gellender Schrei ~ **yolu** *an.* Gehörgang *m* *mecrayı sem'î ~ **yumuşağı** Ohrläppchen *n* *kulakmemesi

(kulağı): ~ **ağır işitmek** schwerhörig sein *(a. fig.)* ≗ (*od.* **Kulakları) çınlasin!** Mögen ihm die Ohren klingen! (Abwesender, von dem man Gutes erzählt) ~ **delik** hellhörig, *F* Schlitzohr *n* ~ **dolmak** 1. et. aufschnappen *(F)* (durch Hören) 2. schon viel über j–n od. et. gehört haben ~ **ile duymuş olmak** mit eigenen Ohren gehört haben; Ohrenzeuge gewesen sein ≗ **işitmez.** 1. Er ist taub. 2. Er hört schlecht. ~ **kirişte olmak** 1. ganz Ohr sein 2. in unruhiger Erwartung sein ~ **olmak** (m. Lok.) seine volle Aufmerksamkeit widmen, genau zuhören (**Kulağım sizde.** Ich bin ganz Ohr für Ihre Ausführungen. ≗ **sokakta idi.** Er lauschte auf die Straße hinab.) ~ **ötmek** Ohrensausen haben

(kulağına): ~ **çalınmak (gelmek, erişmek)** (b–nin) j–m zu Ohren kommen; *F:* et. läuten hören (**Buna benzer bir şey benim de kulağıma çalındı.** So et. ist mir auch schon zu Ohren gekommen.) ~ **çan çalmak** j–m et. in die Ohren schreien (weil er nicht hören will) ≗ **davul mu çalınıyor?** *selt.* Du sitzt wohl auf deinen Ohren? ~ **girmek** (b–nin) ein offenes (geneigtes, williges) Ohr finden (bei j–m) ~ **kar suyu kaçmak** 1. in e–e mißliche Lage geraten 2. in Unruhe (*od.* verstört) sein ~ **koymak** (*od.* **sokmak**) j–m et. (vorsichtig) beibringen, suggerieren; j–n langsam (mit e–m Gedanken) vertraut machen *telkin etmek ≗ **kurşun** (*mit od. ohne* **suyu**)! s. **Şeytan kulağına kurşun!** ~ **küpe olmak** j–m e–e Lehre sein; sich et. als Warnung dienen lassen ~ **pamuk tıkamak** *fig.* so tun, als ob man et. nicht hörte ~ **pire kaçmak** argwöhnisch werden, Verdacht schöpfen ~ **söylemek** (*od.* **fısıldamak**) j–m et. ins Ohr sagen, j–m et. zuflüstern

(kulağında): ~ **kurt olmak** *fig.* e–n Floh im Ohr haben ~ **küpe olmak** s. **kulağına küpe olmak**

(kulağından): ≗ **pamuğu at da!** Sperr doch endlich einmal deine Ohren auf!

(kulağını): ~ **açmak** die Ohren aufmachen, genau zuhören ~ **burmak** 1. an den Ohren nehmen 2. *fig.* j–n warnend auf et. aufmerksam machen ~ **bükmek** j–m et. einschärfen od. j–n warnend auf et. hinweisen ~ **çekmek** 1. j–n am Ohr ziehen 2. *fig.* tadeln, zurechtweisen, rügen, ausschelten; *gel. a.* bestrafen ~ **delmek** *V* e–m Gimpel klarmachen, daß er (bei dem Glücksspiel) auf den Leim gegangen ist ~ **doldurmak** j–n gründlich instruieren; vorbereiten, (vorher) informieren ~ **ensesinden göstermek** mit der Hand über den Nacken auf das (entferntere) Ohr zeigen *d. h.* et. unnötig komplizieren ≗ **kiraya mı verdin?** Du sitzt wohl auf deinen Ohren, was? ~ **tahriş etmek** (b–nin) j–m unangenehm in den Ohren klingen ~ **uzatmak** die Ohren spitzen

(kulaklar): **-ı dolmak** et. dauernd zu hören bekommen und dessen überdrüssig werden **-ı paslanmak** seit langem keine gute Musik mehr gehört haben **-ı tırmalamak** unangenehm in den Ohren klingen, das Ohr verletzen **-ına inanamamak** seinen eigenen Ohren nicht trauen wollen **-ına kadar kızarmak** bis über beide Ohren rot werden **-ına pamuk tıkamak** sich Watte in die Ohren stopfen **-ını çekmek** (b–nin) j–n an den Ohren ziehen **-ını çıkarmak** *F* sein wahres Gesicht zeigen **-ını dikmek** die Ohren spitzen (Tier) **-ını kırmak** absetzen, hinlegen *indirmek, yatırmak **-ını kısmak** die Ohren anlegen (Tier) **-ını tıkamak** 1. sich die Ohren verstopfen od. zuhalten 2. (bşe) et. nicht hören wollen, sich e–r Sache gegenüber verschließen **-ının pasını gidermek** nach langer Zeit wieder einmal gute Musik hören

(kulaktan): ~ **âşık olmak** sich in jem. verlieben, von dem man hat reden hören ≗ **burun yakın, kardeşten karın yakın.** *Spr.* 1. Das eigene Kind steht e–m näher als der leibliche Bruder. 2. Jeder ist sich selbt der Nächste. *Spr.* Das Hemd ist e–m näher als der Rock. *Spr.* ~ **dolma** 1. gehörmäßig erworben (Kenntnisse) 2. oberflächlich, ungefähr (Wissen) ~ **-a** von Mund zu Mund (z. B. heimlich weitersagen) ~ **pamuk atmak** (*od.* **pamuğu çıkarmak**) *fig.* 1. die Ohren aufknöpfen, genau zuhören 2. auf e–n Ratschlag hören 3. hellhörig werden

kulak (II), **ağı** Kulak, Großbauer *m* (Rußland)

kulakaltı bezi *an.* Ohrspeicheldrüse, Parotis *f* *guddei nekfiye

kulakbilim *med.* Ohrenheilkunde, Otiatrie, Otologie *f* *otoloji

kulakbilimsel otiatrisch, otologisch *otolojik

kulakçı *F* Facharzt *m* für Hals-, Nasen- und Ohrenkrankheiten

kulakçık s. **kulacık**

kulakçın Ohrenklappe *f* (an e–r Kopfbedeckung)

kulakdemiri, -ni Streich-brett, -blech *n* (am Pflug)

kulaklı 1. mit **kulak** *(q.v.)* 2. s. **karakulak**(3) 3. *V* großer zweischneidiger Dolch ~ **anterlin** *typ.* Setzlinie *f* ~ **iğne** Nähnadel *f* *dikiş iğnesi ~ **dalgıç** Ohrentaucher *m zo.* Podiceps auritus ~ **folyabalığı** Teufelsrochen *m zo.* Mobula mobula ~ **orman baykuşu** Waldohreule *f zo.* Asio otus ~ **tarlakuşu** Ohrenlerche *f zo.* Eremophila alpestris

kulaklık 1. Ohrenschützer *m* 2. (Hör-)Muschel *f*, Hörer *m* (beim Telefon) 3. Kopfhörer *m* (z. B. bei Radio) 4. *med.* Stethoskop, Hörrohr *n* *misma

kulakmemesi, -ni Ohrläppchen *n* *fuseys; kulak yumuşağı

kulaksız 1. ohne **kulak** 2. mit gestutzten Ohren (Tier)

kulaktozu, -nu 1. s. **denge taşı** 2. (< **kulak düzü**) haarlose Stelle hinter dem Ohr **-na vurmak** j–m eins hinter die Ohren geben

kulakzarı, -nı *an.* Trommelfell *n*

kulampara Päderast *m* *oğlancı

kulamparalık Päderastie *f*

kulan (I) (*franz.* **coulant**) *selt.* flüssig, gewandt (Stil)

kulan (II) asiatischer Wildesel, Kulan *m zo.* Equus hemionus

kulapa gemeiner Seidelbast *bot.* Daphne mezereum *mazaryon
kulas (*franz.* **culasse**) *mot.* Zylinderkopf *m* *silindir başlığı
kule (I) 1. (Uhr-, Feuer-, Verkehrs-, Sprung-, Panzer- usw-.)Turm *m* 2. *fr.* Burg, Festung *f* (e–s Feudalherrn) 3. Aussichtstürmchen *n* 4. *z. va.* Berg-höhe *f*, -gipfel *m*, -spitze, -kuppe *f;* Anhöhe *f* ~ **atlamaları** Turmspringen *n* (z. B. als Wassersport) ~ **salyangozu** Turmschnecke *f zo.* Turritella ~ **sofuları** *hist.* e–e best. Gruppe von Dienern im Sultanspalast
kule (II) (*franz.* **coulé**) *Bill.* Nachläufer *m* *sırt üstü
kuleli 1. mit e–m Turm (bzw. mit Türmen) 2. turmartig 3. ♎ Gegend in der Nähe von Çengelköy auf der asiatischen Seite des Bosporus; bes. bekannt durch das dortige Militärgymnasium (Kadettenanstalt) Zu 1: ~ **döner kaldırak** *techn.* Dreh-, Brücken-kran *m* ~ **kaldırak** *techn.* Turmkran *n*
kuli (chinesischer) Kuli *m*
kulis 1. *Th.* (Bühnen-)Kulisse *f* 2. Schauspielerkreise *pl.*, Künstlermilieu *n* 3. Kulisse *f*, Frei-handel, -verkehr *m* (nicht-amtlicher Börsenverkehr) 4. *pol.* Ort *m* mehr od. minder geheimer Besprechungen od. diese Besprechungen selber 5. *techn.* Kulisse *f* (Steuerungselement an Dampfmaschinen) ~ **gürültüsü** *Th.* Nebengeräusche *pl.* ~ **yapmak** *spez. pol.* in der Kulisse tätig sein
kulisçi 1. *T* von **kulisye** 2. *fig.* wer im Hintergrund tätig ist
kulisye (*franz.* **coulissier**) Freiverkehrsmakler *m*
kulkas Kolokasie *f bot.* Arum colocasia
kulkasiye s. **yılanyastığıgiller**
kulkul *va.* 1. fröhlich, heiter, hilfsbereit 2. s. **gulgule**
kullanılış s. **kullanış;** ~ **şekli** *med.* Gebrauchsanweisung *f* (auf e–m Rezept)
kullanılmak Pass. zu **kullanmak; kullanılamayan kapasite** ungenutzte Kapazität (in der Wirtschaft) **kullanılamaz bir hale koymak** unbrauchbar machen (z. B. Geschütz) **kullanılmış** gebraucht (**Bu makine kullanılmışa hiç benzemiyor.** Dieser Apparat sieht gar nicht gebraucht aus.)
kullanım Verwendung, Verfügung *f* *tasarruf
kullanış 1. Gebrauch *m*, An-, Ver-wendung *f* 2. Handlichkeit *f*, leichte Verwendbarkeit, bequeme Einrichtung ~ **tarzı** Gebrauchsanweisung *f* *sureti istimal **-tan düşmek** ungebräuchlich werden (Wort, Suffix usw.)
kullanışlı handlich, leicht zu handhaben (z. B. Apparat), praktisch und bequem eingerichtet
kullanışsız unhandlich, schwer zu handhaben (z. B. Apparat), unbequem (z. B. Wohnung)
kullanma Vs. zu **kullanmak;** ~ **belgesi** Betriebserlaubnis *f;* ~ **çıkarları karşılığı** s. **ecri misil;** ~ **değeri** Gebrauchswert *m* ~ **ve yararlanma** Nutznießung *f*
kullanmak 1. verwenden, gebrauchen, benutzen 2. anlegen, tragen (Kleidungsstück) 3. beschäftigen (Arbeiter, Angestellte) 4. (bşde) *a.:* einsetzen, unterbringen 5. handhaben (z. B. Schwert); lenken, leiten, dirigieren; fahren (z. B. Auto) 6. richtig behandeln; umgehen können (mit) 7. arbeiten lassen (z. B. Kapital in e–m Unternehmen) 8. ein best. Genußmittel zu sich nehmen 9. *F* sexuell verkehren (mit) Zu 2: **gözlük** ~ e–e Brille tragen **Bu elbiseyi hiç kullanmadım.** Den Anzug habe ich überhaupt noch nicht getragen. Zu 3: **aşçı** ~ e–n Koch haben Zu 4: **Onu bir vazifede kullanmalı.** Man muß ihm einmal e–n Posten geben. Zu 5: **Otomobil kullanabilir misiniz?** Können Sie Auto fahren? Zu 6: **O, adam kullanmasını bilir.** Er weiß, wie man mit Menschen umzugehen hat. Zu 8: **Hiç içki kullanmaz.** Er trinkt überhaupt keinen Alkohol. s. a. **tütün** ~ Zu 9: **O kadını kullanmış diyorlar.** Sie soll seine Mätresse gewesen sein.
kullap, -bı 1. Haken *m* 2. Krampe, Haspe *f* 3. (Tür-)Kloben *m* 4. Haspel *f* zur Umwicklung von Garn mit Gold- od. Silberfäden 5. *med. va.* Wundklammer *f*
kulluk 1. Sklaverei *f*, Sklaventum *n* 2. Sklavenarbeit *f* 3. *fr.* Polizei-(Gendarmerie-, Militär-)wache, -station *f* 4. *z. va.* Gottesverehrung *f*, Gehorsam *m* ~ **etmek** (b–ne) 1. dienen 2. verehren (Gott)
kullukçu *fr.* 1. Gendarm, Polizist, Feldhüter *m* 2. *allg.* Angestellter, Diener, Wächter *m*
kulm *geol.* Kulm *m* (schiefrige Ausbildung der Steinkohlenformation)
kulomp, -bu; kulon *el.* Coulomb *n*
kulör (*franz.* **couleur**) *selt.* Farbe *f* *renk ~ **lokal** Lokalkolorit *n*
kulp, -pu 1. Henkel *m* 2. kleiner Anhängering, Öse *f* (z. B. an Schmuck-Goldmünzen) 3. *fig.* Vorwand *m*, Ausflucht, Ausrede, Handhabe *f*, Mittel und Wege *pl.* 4. *(Turnen)* Pausche *f* (am Seitpferd) ~ **takmak** 1. e–n Henkel (od. e–e kleine Öse) anbringen 2. e–n Vorwand od. e–e Ausrede erfinden 3. s. **yumurtaya** ~ **takmak** 4. (m. Dat.) et. auszusetzen haben (an) **ꞯu kulağı yok.** Man sieht nicht recht, wie man die Sache anpacken kann. **-unu bulmak** (bir işin) 1. e–e Ausrede finden 2. wissen, wie man et. anzufangen hat **-unu kaybetmek** nicht recht wissen, wie man et. anfangen soll
Kulp *n.pr.* O. u. D. im Rbz. Diyarbakır
kulpa *V* (in folg. Füg.:) ~ **oynamak** j–n hereinlegen, beschwindeln **-sını bozmak** (b–nin) j–m das Spiel verderben, e–r böswilligen Absicht zuvorkommen
kulplu 1. mit Henkel, Henkel- 2. mit Anhängering 3. *(Turngerät)* mit Pauschen ~ **bardak** Henkel-glas *n*, -becher *m* ~ **beygir** *(Turngerät)* Seitpferd *n* *saplı beygire ~ **kâse** Henkeltopf *m*
kulpsuz 1. ohne Henkel od. Griff 2. ohne Anhängering (Goldmünze) 3. ohne Pauschen
Kulu *n.pr.* Städtchen u. D. im Rbz. Konya
kulûb *va. Pl.* zu **kalp, -bi** (III)
kuluçka 1. (*a.* ~ **tavuk**) Bruthenne, Glucke *f* 2. Brüten *n* 3. *med.* Inkubation *f* 4. *fig.* faul, träge ~ **devri (devresi, süresi)** 1. Zeit *f* des Brütens, Brutzeit *f* 2. *med.* Inkubationszeit *f* *devri tefrih ~ **makinesi** Brut-apparat, -ofen *m* ~ **olmak** glucken (Henne) **-ya oturmak** (*od.* **yatmak**) 1. sich zum Brüten setzen, brüten (*spez.* Huhn) 2. *fig.* ewig lange irgendwo bleiben
kulum s. **eyer kulumları**
kulumbur *naut.* 1. Karronnade *f* (alte Haubitzenart), Drehbasse *f* (kleines drehbares Geschütz auf alten Kriegsschiffen) 2. (mit anderer Etymologie) (Mast-)Topp *m*
kulun neugeworfenes Füllen (e–r Stute od. e–r Eselin) ~ **atmak** ein Füllen werfen
kulunç, -cu 1. *med.* Kolik *f* 2. *P* rheumatische Gelenkkrankheit ~ **kırmak** e–e Kolik (e–n Hexenschuß, e–e Genicksteife usw.) durch Reiben und Kneten zu beheben suchen
kulunlamak ein Füllen zur Welt bringen (Stute, Eselin)
kulunluk *dial.* Gebärmutter *f*, Uterus *m* (bei Tieren) *dölyatağı
kulübe 1. (einfaches) Häuschen; (Stroh-, Lehm-, Hunde-) Hütte *f*, Baracke *f*, (Telefon-)Zelle *f* 2. (für e–n Polizisten, Posten, Nachtwächter, Gärtner usw. best.) Häuschen *n* z. B. *mil.* Schilderhaus *n*
kulübeli aus Hütten bestehend, Hütten- ~ **ordugâh** *mil.* Hüttenlager *n*
kulüp, -bü 1. Klub *m*, Klubhaus *n* 2. Sportvereinigung *f* 3. ♎ (*fr.* **Büyükkulüp** bzw. **Serkldoryan**) türk. Zigarettenmarke
kulüpçülük Vereinswesen *n*
kulvar (*franz.* **couloir**) 1. Wandelgang *m* (im Theater, Parlamentsgebäude usw.) 2. Gang, Korridor *m* (in e–m Ge-

bäude) 3. Gang *m* (im D-Zug-Wagen) 4. *(Sport)* Schwimm- od. Lauf-bahn *f* 5. *(Verkehrswesen)* Fahrbahn *f* 6. (steiler) Gebirgspaß

kum 1. Sand *m* 2. körniges Fruchtfleisch (*spez.* bei Birnen od. Quitten) 3. Nieren-, Harn-grieß *m* 4. kleine Tupfen, Sprenkel od. Punkte *pl.* (auf Stoffen) 5. sandig 6. sandkorngroß ~ **bağırtlağı** Sandflughuhn *n zo.* Pterocles orientalis ~ **bankı** Sandbank *f* *kumsal ~ **banyosu** Sandbad *n* ~ **başı** s. **kumsal** (2–4) ~ **çölü** Sandwüste *f* ~ **dalgacıkları** Wellenfurchen, Rippelmarken *pl.* *ripelmark(-lar) ~ **dökmek** Sand streuen ~ **döküm** Sandguß *m* (in der Gießerei) ~ **döngüsü** *met.* Sandhose *f* ~ **döşek** Sandbett *n* (bei Pflasterung) ~ **düşürmek** Nierengrieß im Harn ausscheiden ~ **engereği** Sandviper *f zo.* Vipera ammodytes meridionalis ~ **fırtınası** Sandsturm *m* ~ **gibi** wie Sand am Meer (≗ **gibi insan kaynıyor.** Es wimmelt nur so von Menschen.) ~ **hastalığı** Nieren-, Harn-grieß *m* ~ **havuzu** *La.* Sprunggrube *f* ~ **inci** winzige Perle, Staubperle *f* ~ **kalıp** Sandform, Gießerde *f* (in der Gießerei) ~ **karınca** e–e winzige Ameisenart ~ **kelebeği** s. **küçük karaciğer kelebeği;** ~ **keleri** s. **sakangur** (1); ~ **kınkanatlıgiller** (Familie *f* der) Sandkäfer *pl. zo.* Cincindelidae ~ **kırlangıcı** Uferschwalbe *f zo.* Riparia riparia ~ **ocağı** Sandgrube *f* ~ **otu** 1. Sand-rohr, -gras *n bot.* Calamogrostis arenaria 2. Quendel-Sandkraut *n bot.* Arenaria serpyllifolia 3. s. **gıcık otu** 4. s. **kıllı ayak otu** 5. s. **uyuz otu;** ~ **piresi** Sandfloh *m zo.* Sarcopsylla penetrans *Amerika piresi; et kenesi ~ **püskürtme aleti** Sandstrahlgebläse *n* ~ **saati** Sand-, Eier-uhr *f* ~ **sağnakları** Sandstürme *pl.* ~ **sandığı** Sandkasten *m* ~ **sandığında tatbikat** *mil.* Sandkastenspiel(-e *pl.*) *n* ~ **seddi** *geogr.* Nehrung *f* ~ **tepesi** Sandhügel *m* ~ **torbası** Sandsack *m* (*a. beim Boxen* *pönçing-bag) ~ **trahunyası** echtes Petermännchen *zo.* Trachinus araneus ~ **yığını** Sandhaufen *m* ~ **yılanı** Sandschlange *f zo.* Eryx jaculus ~ **zambağı** Meeresnarzisse *f bot.* Pancratium maritimum **-a oturmak** auf e–e Sandbank auflaufen (Schiff) **≗da oyna da kıçına çöp batmasın!** 1. *Ra.* gegenüber j–m, der sein Geld verschleudert hat 2. (*Ra.* gegenüber j–m, der nichts riskieren will) Laß dich doch einrahmen! 3. *gel.* Ohne fremde Hilfe wäre es nicht gegangen. **-da oynamak** 1. in kümmerlichen Verhältnissen leben 2. das Nachsehen haben, leer ausgehen, nichts abbekommen *avucunu yalamak **-da oynatmak** (b–ni) j–m et. wegschnappen **-u sökmek** Nierengrieß im Harn ausscheiden

kuma *fr.* zweite Frau, Nebenfrau *f* *ortak; ≗ **gemisi yürür, elti gemisi yürümez.** *Spr.* s. Stw. **ortak**

Kumanca s. **Kıpçakça-Kumanca**

kumanda [·×·] 1. Kommando *n*, Befehl *m* 2. Befehlsgewalt *f* 3. Antrieb *m*, Steuerung, Bedienung, Schaltung *f* ~ **etmek** (m. Dat.) kommandieren, das Kommando führen, befehligen ~ **heyeti** *mil.* Kommando-stab *m*, -behörde *f* ~ **köprüsü** *naut.* Kommandobrücke *f* ~ **kulesi** *(Flugwesen)* Kontrollturm, Tower *m* ~ **makamı** *mil.* Kommando-stelle, -behörde *f* ~ **masası** Steuer-, Schaltpult *n* ~ **satmak** *P* e–n befehlshaberischen Ton anschlagen, herumkommandieren ~ **tablosu** Schalttafel *f* **-ya uyma kabiliyeti** Lenkbarkeit, Regulierbarkeit, Handhabung *f* **-yı (ele)almak** das Kommando übernehmen

kumanda-sözler Kommandoworte *pl.*

kumandan Kommandant, Kommandeur, Befehlshaber, Führer *m* *komutan ~ **vekili** Stellvertreter *m* des Kommandanten **-ın yeri** *mil.* Platz *m* des Führers

kumandanlık 1. Rang *m*, Aufgaben *pl.* e–s Kommandanten 2. Kommando *n*, Kommandantur *f*, Dienststelle *f* e–s Kommandeurs *(1, 2) komutanlık ~ **bayrağı** *mil.* Kommandoflagge *f*

kumandarya [··×·] Commanderia *m* (süßer, dickflüssiger Zypernwein)

Kumandılar *n.pr.* Kumandiner *pl.* (Turkstamm im nördl. Altaigebiet)

kumando [·×·] *naut.* linksgeschlagenes 5–10kardeeliges Tau

Kumanlar s. **Kıpçaklar**

kumanya [·×·] 1. Reiseproviant, Mundvorrat *m* 2. Schiffsproviant *m*, (Wasser- usw.)Vorrat *m*, Lebensmittel *pl.* 3. Vorratsraum *m* (*naut. a.*: Hellegatt *n*) 4. verschließbarer Kasten am Heck e–s Bootes ~ **ambarı** Proviantraum *m* ~ **üstü** Verdeck *n* des Heckkastens in e–m Boot

kumanyacı Proviantmeister, (*naut. a.*: Bottler) *m*

kumanyalık *naut.* Proviant-, Vorrats-raum *m*

kumar Glücks-, Hasard-spiel *n* ~ **borcu** Spielschulden *pl.* ~ **masası** Spieltisch *m* ~ **oynamak** Hasard spielen; *fig.* blindlings riskieren ~ **oynatmak** Glücksspiele veranstalten od. zulassen ~ **salgını** allgemeine Spielsucht ~ **tutkusu** Spielleidenschaft *f* **-a düşkün** vom Spielteufel besessen **≗da kazanan, aşkta kaybeder.** *Spr.* Glück im Spiel, Unglück in der Liebe. *Spr.* **-da yemek** et. verspielen

kumarbaz(-lık) s. **kumarcı(-lık)**

kumarcı Hasardspieler *m*

kumarcılık (regelmäßig betriebenes) Glücks-, Hasard-spiel ~ **etmek** ein Hasardspiel betreiben

kumarhane [··–·] Spiel-saal, -salon *m pej.* Spielhölle *f*

kumarhaneci [··–··] Besitzer *m* e–r Spielhölle

kumarısı, -nı gemeine Sandwespe *f zo.* Ammophila sabulosa

kumari [·––] *va.* Betel *m*, Betelblätter *pl.*

kumaş 1. Stoff *m*, Tuch *n* 2. *fig.* Charakter *m*, Art *f*, Kerl *m* Zu 2: **Onun ne ~ olduğunu biliyorum.** Ich weiß, was das für ein (übler) Bursche ist. **-ı aşağı bir adam** ein minderwertiger Charakter ~ **kaplamak** (*od.* **geçirmek**) mit Stoff überziehen ~ **mengenesi** Mangel, Wäscherolle, Bügel-, Plätt-maschine *f*, Kalander *m* (für neugewebte od. gewaschene Stoffe) ~ **topu** Stoffballen *m*

kumaşçı Tuchhändler *m*

kumaşçılık Tuchhandel *m*

kumaşmak *dial.* s. **kubaşmak**

kumbalığı, -nı s. **kumyılanbalığı**

kumbara [×··] 1. Sparbüchse *f* 2. *mil.* Geschoß *n*, Granate *f*, *fr. a.* Haubitzenkugel *f*

kumbaracı [×···] 1. *fr.* wer e–e Haubitze bediente od. Grenadier *m* 2. Granat-, Minen-werfer *m* *maynatan Zu 2: **üçüncü ~ alayı** *mil.* drittes Granatwerferregiment ~ **ekip** *mil.* Granatwerfertrupp *m*

kumbarahane [···–·] *fr.* 1. Haubitzenkugelgießerei *f* 2. Grenadierkaserne *f*

kumbaralık *naut. va.* Munitionskammer *f*

kumcu Sand-träger od. -verkäufer *m*

kumcul 1. auf Sandboden wachsend (Pflanze) 2. im Sand lebend (Tier) *(1, 2) kumsever ~ **bitkiler** *bot.* Sandpflanzen, Psammophyten *pl.*

kumkayası balığı die Grundelart Gobius melanostomus

Kumköy *n.pr.* s. **Kilyos**

kumkuma 1. bauchiger Krug (mit engem Hals), Amphora *f* 2. *fig.* wer et. in bes. starkem Maß besitzt bzw. tut od. ein Ort, wo et. in großer Menge vorhanden ist Zu 2: s. **akıl (dedikodu, esrar, fesat, fitne, haşarat, malumat) -sı**

kumla s. **kumsal** (2–4)

kumlama makinesi Sandstrahlgebläse *n*

kumlamak 1. mit Sand bestreuen 2. mittels Sandstrahl reinigen

kumlu 1. Sand enthaltend, aus Sand bestehend, sandig 2. klein-getupft, -gepunktet (Stoff) 3. mit körnigem Fruchtfleisch (Birnen, Quitten) 4. rauh, uneben (Stahl) ~ **göktaşı** *astr.* Chondrit *m* ~ **kâğıt** Sandpapier *n*

Kumluca *n.pr.* O. u. D. im Rbz. Antalya
kumluk 1. sandige Stelle od. Gegend, Sandstrand *m* 2. Sandbank *f* *kumsal 3. mit großen Sandwüsten (Land) 4. sandig, Sand- (z.B. Strand) 5. Sandstreubehälter *m* (auf e–r Lokomotive) ~ **deveelması** Stranddistel *f bot.* Eryngium maritimum
kumme s. **kömeç**
kumpanya [·×·] 1. (*mst.* ausländische) Handelsgesellschaft *f* 2. Schauspielertruppe *f* 3. *fig.* Kreis *m* Gleichgesinnter, *pej.* Haufen *m*, Bande *f*
kumpas s. **kompas**
kumpir *reg.* Kartoffel *f* *patates
kumral rötlich-gelb, hellbraun, dunkelblond ~ **saçlı** mit dunkelblonden Haaren
kumrallık bräunlicher Teint
kumru e–e kleinere Taubenart *zo.* Streptopelia; vgl. **dere (orman, Türk) -su** ~ **göğsü** changeant, changierend, perlgrau (z.B. Seidenstoff) **-lar gibi sevişmek** turteln; verliebt reden
Kumru *n.pr.* O. u. D. im Rbz. Ordu
kumsal 1. sandhaltig, sandig, Sand- 2. *geogr.* Sandbank *f* *kum bankı 3. sandige Gegend 4. Sandstrand *m* ~ **çatlağı** Brandung *f* (des Meeres)
kumsallık 1. Sandgrube *f* 2. Sand-, Bade-strand *m* *plaj
kumsever s. **kumcul**
kumtaşı, -nı 1. Sandstein *m* *gre 2. Steingut *n*
kumuç kleinere, in Massen auftretende Fliegenart
Kumuklar *n.pr.* Kümüken, Kymyken *pl.* (Turkstamm in Daghestan am Kaspischen Meer)
kumul (Sand-)Düne *f* *eksibe
kumuş s. **yaprakbiti**
kumyılanbalığı, -nı Sandaal *m zo.* Ammodytes (lanceolatus *bzw.* tobianus)
kunda *zo.* große Giftspinne
kundak, -ağı 1. festverschnürtes Bündel 2. (Säuglings-) Windeln *pl.* 3. Gewehrschaft *m* 4. Geschützlafette *f* 5. Brandfackel *f*, Feuerbrand *m* 6. (*a.* **baş -ı**) die von e–m Kopftuch zusammengehaltenen Haare 7. Stütze, Unterlage *f*, Träger *m* *destek 8. (Schmetterlings-, Insekten-) Puppe *f* *krizalit, nemf, pupa 9. *fig.* Aufhetzung *f* ~ **çocuğu** Wickelkind *n* ~ **sokmak** (*od.* **koymak**) 1. (m. Dat.) die Brandfackel in et. werfen od. an et. legen; et. in Brand stecken 2. *fig.* Unfrieden stiften **-ı çözülmemiş** ganz neu; frischgebacken **-tan beri** von der Wiege an
kundakçı 1. wer Gewehrschäfte herstellt 2. Brandstifter, Mordbrenner *m* 3. *fig.* Unruhestifter, Friedensstörer, Hetzer *m*
kundakçılık Tätigkeit *f* e–s **kundakçı** *spez.* Brandstiftung *f* od. Hetze *f*
kundaklamak (m. Akk.) 1. in Windeln legen, wickeln (Kind) 2. auf dem Gewehrschaft anbringen (Lauf) 3. in Brand stecken 4. die Haare unter das Kopftuch schieben und dieses festbinden 5. *fig.* hetzen, Unruhe stiften
kundaklı 1. (in Windeln) gewickelt (Kind) 2. mit Lafette (Geschütz) 3. mit Brennstoff gefüllt
kundura [×··] 1. grober Halbschuh; *a.* e–e Art Überschuh 2. *allg.* Schuh *m* ~ **bağı** Schuhriemen, Schnürsenkel *m* ~ **boyacısı** Schuhputzer *m* *lostracı ~ **boyası** (*seltener* **cilâsı**) Schuhwichse *f* ~ **fırçası** Schuhbürste *f* ~ **kalıbı** Schuhleisten *m* ~ **tamircisi** Schuh-flicker, -macher, Schuster *m*
kunduracı Schuster, Schuhmacher, Schuhhändler *m* *ayakkabıcı ~ **sabunu** Steatit, Speck-, Seifen-stein *m*
kunduracılık 1. Schustergewerbe *n*, Schuhmacherei *f* 2. Schuhhandel *m*
kunduralı wer Schuhe trägt
kundurasız wer keine Schuhe trägt
kunduz Biber *m zo.* Castor (fiber u.a.) ~ **ağacı** graugrüne Magnolie *bot.* Magnolia glauca ~ **hayası** *pharm.* Bibergeil *n*
kunduzböceği, -ni s. **kuduzböceği**
kunduzotu, -nu s. **kuduzotu**
kuneyve s. **kanalcık**
kunlamak *dial.* s. **kulunlamak**
kunt, -tu *P* 1. schwer (z.B. Schuhe), massig, wuchtig *F a.*: klotzig (z.B. Bau) 2. schwerfällig; schwer von Begriff (Person)
kuntopya [·×·] Einsatz *m* (im Schuhleisten)
kunturat(-lı) s. **kontrat(-lı)**
kunut, -tu (I) [·–] *va.* Hoffnungslosigkeit, Verzweiflung *f* *ümitsizlik
kunut, -tu (II) [·–] *va. isl. Rel.* 1. Gehorsam *m* 2. Gottesverehrung *f* 3. supererogatorisches Gebet nach dem Abendgebet *vitir
kup (I), **-pu** (*franz.* **coupe**) *selt.* (Trink-)Becher, Pokal *m*
kup (II), **-pü** (*franz.* **coupe**) 1. Zuschneiden *n* 2. Schnitt *m*, Trennlinie *f* 3. *Ka.* Abheben *n* ~ **papye** Papier-messer *n*, -schneider *m*, Falzbein *n*
kupa (I) *(Sportprämie)* Pokal *m* 2. *allg.* Becher *m* od. e–n Becher voll 3. *Ka.* Herz *n* *kör 4. *med.* Schröpfkopf *m* *hacamat şişesi; vantuz Zu 1: ~ **final maçı** Pokalendspiel *n* Zu 3: **-nın kızı** *Ka.* Herzdame *f* Zu 4: ~ **çekmek** Schröpfköpfe aufsetzen
kupa (II) (*franz.* **coupé**) *z. va.* Coupé *n* (geschlossene vierrädrige Kutsche mst. für zwei Personen)
Kupa *astr.* Becher *m* (Sternbild)
kupaj (*franz.* **coupage**) (Wein-)Verschnitt *m*
kupal *z. va.* klobig, unschön, massig
kupes s. **çitari**
kuphiyat s. **kubhiyat**
kupkuru [×··] 1. stroh-, knochen-trocken 2. spindeldürr (Person)
kuplaj (*franz.* **couplage**) Verbindung, Kupplung, Koppelung, Schaltung *f*
kuple 1. (*franz.* **couplet**) Couplet *n* 2. (*franz.* **couplé**) gekoppelt (z.B. Entfernungsmesser mit Kameraobjektiv) ~ **etmek** koppeln
kuplör (*franz.* **coupleur**) *(Eisenbahn)* Kupplung *f*
kupol (*franz.* **coupole**) *selt.* Kuppel *f*
kupon 1. Dividenden-, Gewinnanteil-, Zins-schein *m*, Coupon, Kupon *m* 2. (internationaler) Postantwortschein *m* 3. Stoff-Coupon *m* (als Restbestand) 4. Abschnitt, Kupon, Vordruck *m* (z.B. in e–r Zeitung), Kontrollabschnitt *m* u.ä.m. Zu 4: s.a. **numara -u**
kupör (*franz.* **coupeur**) Zuschneider *m* *makastar
kuprit, -ti (*franz.* **cuprite**) *min.* Rotkupfererz *n*
kupsirküvi (*franz.* **coupe-circuit**) *el.* Aus-, Sicherheitsschalter *m*, Sicherung *f*, Unterbrecher *m*
kupula s. **kadehçik**
kupuvar (*franz.* **coupoir**) *typ.* Schneidrolle *f* *kopar
kupür (*franz.* **coupure**) 1. Zeitungsausschnitt *m* 2. Banknote *f*, Schein, Abschnitt *m* 3. (vom Verkäufer) abgeschnittener Stoff 4. (von e–m Zensor, e–m Regisseur usw.) gestrichene Stelle; Auslassung, Kürzung, Streichung *f* *kırpım, kesinti 5. (Briefmarken-)Bogen *m*
kur (I) Cour, Hofmacherei *f* ~ **yapmak** (b–ne) den Hof machen, die Cour schneiden, hofieren, umwerben ~ **yapan** *a.* Verehrer *m*
kur (II) (*franz.* **cours**) s. **kurs** (I); ~ **forse** *fin.* Zwangskurs *m*
kura [ā] *va.Pl.* zu **karye** *(q.v.)* 1. Dörfer *pl.* 2. *jur.* s. **mülkiyet**
kur'a 1. Los *n* 2. *mil. fr.* Aushebung, Rekrutierung *f* 3. *mil. fr.* die durch Losziehung zum Militärdienst Einberufenen ~ **askeri (eri, neferi)** Rekrut *m* *acemi er ~ **çekişmek** gemeinsam losen ~ **çektirme** Rekrutierung *f* ~ **çekmek**

losen, das Los ziehen ~ **efradı** *fr.* Rekrutenjahrgang *m* ~ **erleri kütüğü** Rekrutierungsstammrolle *f* ~ **erlerinin toplanması** Rekrutenaushebung *f* ~ **isabet etmek** (*od.* **-sı çıkmak**) rekrutiert werden (durch Auslosung) ~ **keşidesi** Auslosung, Ziehung *f* ~ **mükellefi** rekrutierungspflichtig ~ **usulü** Rekrutierungssystem *n* **-da boş numara çekmek** sich freilosen **-sı olmak (bir yılın)** Jahrgang soundsoviel sein (hinsichtlich Wehrpflicht) **-ya girmek** das wehrpflichtige Alter erreichen, wehrpflichtig werden
kurabiye [ā] 1. süßes Gebäck; Plätzchen, Konfekt *n spez.* Makrone *f* 2. *V* hübsches Kind ~ **gibi** nur so auf der Zunge zergehend, lecker ~ **karpuz** kleine hochwertige Wassermelonenart
kurabiyeci [ā] Makronen-hersteller, -verkäufer *m*
kur'acı *fr.* Offizier *m*, der die neuen Rekruten durch das Los auswählte
kurada s. **hurada**
kurağ prächtiges Bauwerk
kuraj *selt.* Beherztheit *f*, Mut *m*, Courage *f*
kurak 1. trocken, ohne Niederschläge (z.B. Wetter) 2. trocken, wasserarm (Boden) 3. *P* s. **kuraklık;** ~ **devirlilik** *geogr.* Trockenperiode *f*
kurakçıl xerophil, die Trockenheit liebend od. bevorzugend ~ **bitki** Xerophyt *m* *muhibbülyübuse nebat ~ **salyangoz** weiße Turmschnecke *zo.* Zebrina detrita
kuraklık Trockenheit, Dürre *f*
kural Regel *f* *kaide ~ **olarak** s. **kaideten; -a aykırılık** *stil.* Regelwidrigkeit *f*
kuraldışı *ling.* unregelmäßig *gayri kıyasî
kurallı 1. geregelt od. der Regel entsprechend 2. *ling.* regelmäßig *kıyasî ~ **cümle** s. **düz cümle**
kuralsız 1. ungeregelt od. e−r Regel nicht entsprechend 2. *ling.* unregelmäßig *gayri kıyasî
kuram s. **teori**
Kuramalar *n.pr.* türk. Volksgruppe in Turkestan
kurampa s. **ayrıntılı cizim**
kuramsal s. **teorik;** ~ **dilbilgisi** normative Grammatik
Kur'an *urspr.* [ā] (*a.* **Kur'anı Kerim**) Koran *m* ~ **kesesi** Stoff-Futteral *n* für e−n Koran ♎ **ona çarptı** s. Stw. **çarpmak** ~ **-a el basmak** s. **kitaba el basmak**
kuran (*franz.* **courant**) *el.* Strom *m* *cereyan
kurander (*franz.* **courant d'air**) (Durch-, Luft-)Zug *m*
Kur'anî [· − −] *va.* den Koran betreffend, koranisch
kuranportör (*franz.* **courant-porteur**) *techn.* Stromleiter *m*
kurbağa 1. Frosch *m* od. Kröte *f zo.* Rana, Bufo u.a. 2. *techn.* Drahtspanner *m* 3. *techn.* Explosionsstampfer, Benzinfrosch *m* ~ **adam** Kampfschwimmer, Froschmann *m* *balıkadam ~ **balığı** Himmelsgucker, Meerpfaff *m zo.* Uranoscopus scaber ♎ **bile vararak vararak demiş!** *fig.* Nur keine Überstürzung! Immer mit der Ruhe! ~ **kayası balığı** die Grundelart Mesogobius batrachocephalus
kurbağacık 1. junger Frosch; Fröschlein *n* 2. Hebelvorschneider *m* (des Schlossers) 3. Fenstergriff *m* 4. Fröschleingeschwulst *f* (unter der Zunge) 5. Pips *m* (bei Hühnern) *(4, 5) dilaltı
kurbağagiller *zo.* Batrachier, Froschlurche *pl.* *dıfdaiye
kurbağalama 1. Brustschwimmen *n* 2. *(Turnen)* Froschklettern *n*
kurbağaotu, -nu 1. knolliger Hahnenfuß *bot.* Ranunculus bulbosus 2. Buffonie *f bot.* Bufonia
kurbağazehiri, -ni 1. gemeiner Froschbiß *bot.* Hydrocharis morsus ranae *küçük nilüfer 2. Giftstoff *m* der Färberfrösche (Südamerika)
kurbağazehirigiller Froschbißgewächse *pl. bot.* Hydrocharitaceae *mücehhezei maiye
kurban *urspr.* [ā] 1. Opfer(-tier) *n* 2. s. ♎ **Bayramı** 3. Opfer *n* (e−s Unglücks, e−r Katastrophe, e−r Idee usw.) 4. (*reg.* Anrede) He du! Mensch! ~ **ayı** s. **zilhicce;** ♎ **Bayramı** das isl. Opferfest (10.−14. Zilhicce) ~ **etmek** als Opfer darbringen, opfern ~ **gitmek** 1. zum Opfer fallen 2. sich aufopfern ~ **kesmek** ein Opfertier schlachten ~ (*od.* **kurbanın**) **olayım!** 1. (Ausdruck liebender Bewunderung; etwa): mein Gott! 2. (Ausdruck inbrünstigen Flehens; etwa): um Gotteswillen! ~ **olmak** (m. Dat.) 1. das Opfer werden (von), e−r Sache zum Opfer fallen 2. s. ~ **olayım** 3. sich opfern (Zu 1: **bir blöfe** ~ **olmak** das Opfer e−s Bluffs werden Zu 2: ~ **olduğum eski müdürümüz** unser lieber früherer Chef) ~ **payı** an Arme abgegebene Teile e−s geschlachteten Opfertieres ~ **taşı** Opferstein, Altar *m* ~ **vermek** sich aufopfern (*mst.* kleinere od. größere Gruppe)
kurbanlık 1. als Opfertier bestimmt, zum Opfer auserwählt, Opfer- 2. *fig.* Schlachtopfer, Kanonenfutter *n*, Himmelfahrtskommando *n* 3. *fig.* still, geduldig (wie ein Opferlamm) ~ **koyun** Opferlamm *n (a. fig.)*
kurben *va. Adv.* nahe; in der Nähe
kurbet, -ti *va.* 1. Nähe *f* *yakınlık 2. nahe Verwandtschaft 3. Vertrautheit *f;* nahe Beziehung 4. das Gott-Nahesein
kurbiyet, -ti *va.* 1. Nähe *f* 2. enge Freundschaft, Vertrautheit *f*
kurca *P* 1. Kratzen, Reiben *n* 2. Reizen, Entzünden *n* ~ **çıbanı** stark eiterndes Geschwür
kurcalamak (m. Akk.) 1. reiben, kratzen, an et. herumarbeiten (*mst.* mit spitzem Gegenstand) 2. *fig.* aufrühren, wieder aufs Tapet bringen (*spez.* et. Unerfreuliches) 3. erregen, reizen, beschäftigen, beunruhigen, j−m zu schaffen machen 4. genauer untersuchen Zu 1: **kilidi** ~ am Schloß herumarbeiten Zu 2: **Meseleyi kurcalama!** Rühr doch die Sache nicht wieder auf! **Kurcalama sivilceyi, çıban edersin!** *Spr.* Laß die Sache auf sich beruhen, sonst kann dir Unheil entstehen! Zu 3: **Bu mesele, zihinleri -tadır.** Diese Frage beschäftigt alle Gemüter.
kurcata *naut.* s. **gorçete**
kurdağzı, -nı 1. *naut.* Lippe, Lippklampe *f* 2. Schwalbenschwanz *m* (als Holzverbindung) 3. ein bes. in Flüssen verwendetes Fischernetz 4. *med.* s. **dudak-damak yarığı**
kurdayağı, -nı Keulenbärlapp *m*, Schlangenmoos *n bot.* Lycopodium clavatum *kurtpençesi, kibritotu, yer yosunu ~ **tozu** *pharm.* Bärlappsamen *m*, Sporenmehl *n*, Pflanzenschwefel *m* *kibriti nebatî
kurdela; kurdele s. **kordele**
kurdenela [··×·] s. **kordenela**
kurdeşen *med.* Nessel-ausschlag *m*, -sucht *f*, Urticaria *ürtiker, encüriye
kurena [ā] (*va. Pl.* zu **karin**) 1. Nahestehende *pl.* 2. Hof *m* (e−s Herrschers) 3. (*a.* **-yı padişahî**) Kammerherren *pl.* *mabeyinciler 4. die mst. nach der **Fatiha** rezitierten Koran-Suren **-dan** *fr.* Kammerherr *m* *mabeyinci
kurenalık [ā] Würde *f*, Rang *m* e−s Kammerherrn
kureybe s. **tulumcuk**
Kureyş *n.pr.* ar. Stamm, dem auch Mohammed angehörte und der bis 630 Mekka beherrschte ~ **suresi** Name der 106. Koran-Sure
Kureyşî Angehöriger des Stammes der **Kureyş. Afitabı** od. **Nebii** ~ (Beiname des Propheten Mohammed)
kurgaç *mus.* s. **düzen anahtarı**
kurgan 1. *va.* 1. Burg, Festung *f* *kale 2. Grab(-denkmal), Mausoleum *n* *kabir, türbe 3. Kurgan *m*, Hügelgrab *n*
kurgaz *va.* ganz abgemagert, nur mehr Haut und Knochen
kurgu 1. Uhrschlüssel *m bzw.* Krone(-n.aufzug *m*) *f* 2. Federspannung *f* 3. *fig.* unbegründete Annahme; Einbildung *f*, Wahn, Verdacht, Argwohn *m* *kuruntu, vehim 4. *phil.* Spekulation *f* *nazar, spekülasyon 5. *(Film)* s. **montaj** (2)
kurgucu *(Film)* Schnittmeister *m*
kurgul spekulativ; rein theoretisch

kurgulamak *(Film)* zusammenstellen
Kurikanlar *n.pr. hist.* türk. Nomadenstamm westlich des Baikal-Sees
kuriye *(franz.* **courrier**) 1. diplomatischer Kurier 2. Flugpostsendung *f* od. das betr. Flugzeug
kuriyelik Kurierdienst *m* ~ **etmek** den Kurierdienst versehen
kurk, -ku s. **gurk, -ku**
kurkas s. **kürkas**
kurlağan s. **dolama** (2); ~ **otu** s. **dolamaotu**
kurlak, -ağı Schlinge, Falle *f*
kurma Vs. zu **kurmak;** ~ **anahtarı** Uhrschlüssel *m* ~ **yayı** Spannfeder *f*
kurmacılık s. **konstrüktivizm**
kurmak, (-ar) 1. aufstellen (z. B. Bett) 2. aufschlagen (Zelt, Gerüst, Bühne usw.) 3. schlagen, bauen, errichten (z. B. Brücke) 4. abhalten (z. B. Markt) 5. (auf-)montieren 6. decken (Tisch) 7. spannen (Feder, Bolzen, Büchse, Saite usw.) 8. aufziehen (z. B. Uhr) 9. stellen (z. B. Falle) 10. einlegen (z. B. Mixed Pickles), einmachen (z. B. Konfitüre) 11. gründen (z. B. Handelsgesellschaft) 12. bilden (z. B. Regierung), einberufen (z. B. Versammlung) 13. (et. Großes) aufbauen, schaffen, errichten, ins Leben rufen, *F* auf die Beine stellen 14. spinnen, anzetteln (Ränke, Intrigen) 15. legen (Hinterhalt) 16. entwerfen, schmieden (Plan) 17. sich ergehen (in Phantasievorstellungen) 18. sich et. ausdenken, sich et. in den Kopf setzen 19. aufstacheln, aufhetzen (gegen) 20. nicht loskommen können, dauernd über et. nachgrübeln müssen, sich in et. verbohren Zu 1: s. **karyola** ~ Zu 2: s. **çadır (perde, sahne, tezgâh)** ~; s. a. **bağdaş** ~ Zu 3: s. **köprü** ~ Zu 4: s. **pazar** ~ Zu 6: s. **sofra** ~ Zu 7: s. **sazı** ~ Zu 8: s. **saati** ~ Zu 9: s. **kapan (tuzak)** ~ Zu 10: s. **turşu** ~ Zu 11: s. **şirket** ~ Zu 12: **hükümet (divan, meclis)** ~ e–e Regierung (e–n Rat, e–e Versammlung) bilden Zu 13: s. a. **kurucu** Zu 14: s. **dolap (düzen, kompas** u. ä. m.) ~ Zu 15: s. **pusu** ~ Zu 16: s. **plan** ~ Zu 17: **hayal** ~ sich in Phantasievorstellungen ergehen Zu 18: **Mebus olmayı kurmuş.** Er hat es sich in den Kopf gesetzt, Abgeordneter zu werden. Zu 20: **O meseleyi kurdukça kurdu, nihayet bu hareketi yaptı.** Die Angelegenheit hat ihm innerlich immer mehr zu schaffen gemacht und hat ihn schließlich zu dieser Tat getrieben. **kurup çatmak** sich grundlos gekränkt fühlen
Kurmancî ein kurdischer Dialekt
kurmay *mil.* 1. Generalstab *m* *erkânı harp, erkânı harbiye 2. im Generalstab tätig ~ **albay** Oberst *m* im Generalstab ~ **başkanı** Chef *m* des Generalstabs ~ **gezisi** (*od.* **seyahati**) Generalstabsreise *f* ~ **haritası** Generalstabskarte *f* ~ **heyeti** Generalstabskorps *n* ~ **hizmeti** Generalstabsdienst *m* ~ **mesleği** Generalstabslaufbahn *f* ~ **subay** Generalstabsoffizier *m* ~ **yüzbaşı** Hauptmann *m* im Generalstab
kurmaylık 1. *mil.* Generalstabsdienst *m* 2. *allg.* Oberste Führung *f*
kurna [×·] 1. (Marmor-)Becken *n* (unter dem Wasserhahn im türk. Bad *od.* bei e–m Brunnen) 2. *va.* vorspringende Ecke ~ **başı soyguni gibi** ohne e–n roten Heller, ohne e–n Pfennig Geld in der Tasche ~ **hakkı** Gebühr *f* für die Benützung des Marmorbeckens im türk. Bad
kurnaz pfiffig, listig, schlau, gewitzt, gerissen
kurnazlaşmak pfiffig (schlau, gewitzt) werden
kurnazlık Pfiffigkeit, Schlauheit, Gerissenheit *f*
kuron (*franz.* **couronne**) 1. (Zahn-, Haar-)Krone *f* 2. Krone *f* (als Münze od. Währungseinheit)
kuronlu überkront (Zahn)
kurp, -bü *va.* Nähe, Nachbarschaft *f*
kurra [ā] (*va. Pl.* zu **kari**) 1. Leser *pl.* 2. *spez.* geübte Koran(vor)leser *pl.*
kurre *va.* 1. Kühlung *f* 2. Frische *f*, Glanz *m*
kurretülayn *va.* „Kühlung des Auges" *d. h.* Freude *f*, Glück *n*, geliebter Mensch *göz nuru **-ım** *va.* mein Liebling
kurs (I) (*franz.* **cours**) 1. Kursus, Lehrgang *m* 2. *H* Kurs *m* (bei Devisen, Wertpapieren usw.)
kurs (II) 1. runde Platte; Scheibe *f* 2. (scheinbare) Sonnen-, Mond-scheibe *f* 3. ein Stück Aloeholz, das in e–m Zimmer als Aroma abgebrannt wird *f* **-u varak** s. **yaprak ayası**
kurs (III) (*franz.* **course**) Weg-, Fahr-strecke *f* (z. B. e–s Taxis)
kursak, -ağı 1. Kropf *m* (bei Vögeln) *kansa 2. *F* Magen *m* 3. Windsack *m* (bei Dudelsack) 4. Membran *f*, dünnes Häutchen *spez.* Goldschlägerhäutchen *n* 5. mit e–m Häutchen überzogen (z. B. Tamburin) **-ı boş** *P* mit leerem Magen; hungrig **-ında kalmak (hevesi, isteği)** unausgeführt bleiben **-ından geçmemek** *P* keinen Bissen hinunterbringen (aus Kummer) **-ından sakallı** *P* nur e–n Kinnbart tragend
kursaklı 1. mit Kropf (Vogel) 2. *P* mit Kropf od. Halsgeschwulst behaftet (Mensch) 3. mit Windsack (Dudelsack) 4. *F* mutig, beherzt ~ **düdük** *Kspz.* Dudelsackpfeife *f*
kurşak *P* s. **kuşak**
kursiye(r) (türk. Neubildung analog zu **bursiye** *bzw.* **kasiyer**) Kursteilnehmer(-in *f*) *m*
kurşun 1. Blei *n* (Metall) 2. Bleiplatte *f* 3. Bleiplombe *f* 4. Gewehr- od. Revolver-kugel *f* 5. Blei-hülle *f*, -mantel *m* 6. Bleistiftmine *f* 7. Bleifassung *f* (e–s Fensters) 8. s. **iskandil** 9. *typ.* Letter(-n *pl.*) *f* 10. bleiern, aus Blei, Blei- ~ **atımı** s. ~ **menzili;** ~ **atmak** 1. e–n Schuß (bzw. Schüsse) abfeuern 2. sich feindselig verhalten, *F* querschießen 3. (birbirine) *fig.* sich heftig befehden 4. s. **meteliğe** ~ **atmak** 5. **(söze, lakırdıya)** *V* j–m ins Wort fallen *lafını kesmek ~ **beyazı** Bleiweiß, Kremser Weiß *n* (Malerfarbe) *gümüş beyazı ~ **boku** Bleischlacke *f* ~ **boru** Bleirohr *n* ~ **cevheri** *min.* Graphit *m* *plombajin ~ **damga** Stempelplombe *f* ~ **dolmakalemi** Füll-, Dreh-, Druckbleistift *m* ~ **dökmek** 1. Blei gießen (*a.* abergläubischer Brauch zur Behebung des bösen Blickes) 2. Kugeln gießen ~ **erimi** s. ~ **menzili;** ~ **eritme ocağı** Bleischmelzofen *m* ~ **geçmez** s. ~ **işlemez;** ~ **gibi** bleischwer ~ **ipi** *naut.* Lotleine *f* ~ **işlemez** kugel-fest, -sicher ~ **kaplama** Bleimantel *m* ~ **kaplamak** 1. mit Bleiplatten abdecken 2. mit Bleimantel umgeben ~ **kaplamalı** 1. mit Bleiplatten gedeckt 2. mit Bleimantel ~ **kaplamalı kablo** Bleikabel *n* ~ **kepçesi** Bleilöffel *m* (in der Gießerei) ~ **madeni** Bleibergwerk *n*, -grube *f* ~ **melhemi** *med.* Bleisalbe *f* ~ **menzili (atımı, erimi)** Schußweite *f* (Gewehr) ~ **oksit** *chem.* Blei-glätte *f*, -oxyd *n* *mürdesenk ~ **otu** Glasschmalz *m* *bot.* Salicornia fruticosa ~ **örtü** Bleidach *n* ~ **renginde(-n);** ~ **renkli** blei-, dunkel-grau ~ **salmastra** Bleiabdichtung *f* ~ **sıkmak** s. Stw. **sıkmak;** ~ **sirkesi** *pharm.* Bleiessig *m* ~ **tahta** Bleiplatte *f* ~ **tavası** Schmelzlöffel *m* (für Bleigießen) ~ **tel** Bleidraht *m* ~ **tuzu** *chem.* Bleisalz *n* ~ **yağdırmak** (m. Dat.) mit e–m Kugelhagel überschütten ~ **yağmuru** Kugel-regen, -hagel *m* ~ **yarası** Schußwunde *f* ~ **yemek** e–e Kugel (e–n Schuß) abbekommen ~ **zehirlenmesi** *med.* Bleivergiftung *f* *satürnizm
kurşuncu 1. Bleigießer *m* 2. wer mit Blei od. Bleigegenständen handelt 3. Kugel-gießer, -hersteller, -händler *m* 4. **(kadın)** angeblich heilkräftige Frau, die Blei gießt, damit das Neugeborene nicht vom bösen Blick getroffen wird 5. Klempner, Installateur, Rohrleger *m*
kurşunculuk 1. Bleihandel *m* 2. Bleigießen *n*
kurşunî (blei-, dunkel-)grau
kurşunîleşmek dunkelgraue Farbe annehmen

kurşunîlik dunkelgraue Farbe
kurşunkalem Bleistift *m* ~ **açacağı** Bleistiftspitzer *m* ~ **resim** Bleistiftzeichnung *f*
kurşunlamak 1. mit Blei überziehen; mit Bleiplatten dekken 2. plombieren, verplomben
kurşunlanmak 1. Pass. zu **kurşunlamak** 2. *mil.* sich mit Bleiresten füllen (Züge e–s Geschützrohrs)
kurşunlaşmak zu Blei werden; sich in Blei verwandeln
kurşunlu 1. bleihaltig, Blei- 2. mit Bleiplatten gedeckt, Blei- 3. mit (Blei-)Plombe verschlossen, plombiert 4. mit Bleihülle umgeben 5. mit Blei beschwert (z. B. Angelhaken) ~ **antimon** Antimonial-, Hart-Blei *n* ~ **baston** mit Blei beschwerter (Schlag-)Stock ~ **cam** Blei-glas, -kristall *n* ~ **damga** (Zoll-, Sicherungs- usw.)Plombe *f* ~ **kablo** Bleikabel *n* ≗ **Zindan** *hist.* Bleikammern *pl.* von Venedig
Kurşunlu *n.pr.* O. u. D. im Rbz. Çankırı
kurt, -du 1. Wolf *m zo.* Canis lupus 2. Wolfspelz *m* 3. *fig.* erfahren, gerissen, gewiegt, mit allen Wassern gewaschen 4. *V* türk. Fünfpfundnote *f* (mit dem Bild des grauen Wolfs) 5. wer bei e–m Ksp. gefangen werden soll (*ant.* **ebe**) 6. Made *f*, Holzwurm *m* 7. Spul-, Eingeweidewurm *m* *solucan 8. Madenwurm, Pfriemenschwanz *m* *sivrikuyruk Zu 3: **O, bu işin -udur.** Darauf versteht er sich ausgezeichnet. Das versteht er aus dem FF. **eski deniz -larından** alter Seebär **eski** ~ alter Fuchs ~ **dolabı** Tellereisen *n* ~ **dökmek** *med.* Würmer im Stuhlgang haben ≗ **dumanlı havayı sever.** *Spr.* Im trüben ist gut fischen. ~ **düşmek** s. **içine** ~ **düşmek;** ~ **eğreltisi** s. **erkek eğreltiotu;** ~ **eniği** Wolfsjunge *n* ~ **geçinip tilkilik etmek** den Entschlossenen spielen, aber wankelmütig sein ~ **gibi** 1. *fig.* schlauer Fuchs, gerissener Bursche 2. unternehmungslustig, voll Initiative 3. s. **içini** ~ **gibi yemek;** ~ **gidişi** (*od.* **lingi**) leichter Trab ~ **görmüş eşek gibi kulaklarını dikmek** *P* die Ohren spitzen; genau zuhören ~ **helvası** s. **Girit otu;** ~ **ile koyun bir yerde** *fig.* Zustand *m* des totalen Friedens od. vollkommener Sicherheit ≗ **kocayınca köpeğin maskarası olur.** *Spr.* Ein alter Wolf wird zum Gespött der Hunde. ~ **köpeği** Wolfshund *m* ~ **kula** rötlich-braun (Pferdefarbe) ≗ **kurdu** (*od.* **komşusunu**) **yemez.** *Spr.* Eine Krähe hackt der andern kein Auge aus. ~ **kuş** alle Lebewesen ≗ **kuş yuvasına dönmüş.** Jeder ging nach Hause. ~ **kuyusu** Fallgrube *f* ~ **örümceği** Wolfsspinne *f zo.* Lycosa vultuosa ~ **sürüsü** Wolfsrudel *n* ~ **yemiş** 1. wurmstichig 2. mottenzerfressen **-a kuşa yem olmak** *F* (unterwegs) verloren gehen **-unu kırmak** *od.* **-larını dökmek** et. endlich Erreichtes nach Herzenslust genießen (bzw. tun)
Kurt, -du *astr.* Wolf *m* (Sternbild)
kurtağzı s. **kurdağzı**
kur-tak s. **kurgu** (5)
Kurtalan *n.pr.* O. u. D. im Rbz. Siirt (14)
kurtaran *naut.* Rettungsschiff *n*
kurtarıcı 1. rettend, Retter *m* *halâskâr 2. Abschlepp-, Kran-wagen *m* od. Wagen *m* mit den nötigen Hilfsmitteln zur Behebung e–r Autopanne an Ort und Stelle
kurtarış *spez. Fb.* Parade *f* (Abwehr e–s Torschusses)
kurtarma Vs. zu **kurtarmak;** ~ **brandası** Sprungtuch *n* (der Feuerwehr) ~ **gemisi** Seenotkreuzer *m* ~ **ve yardım** *jur.* Bergung und Hilfeleistung *f* in Seenot ~ **yüzücülüğü** Rettungsschwimmen *n*
kurtarmak 1. retten, befreien; bergen (z. B. Verwundete) 2. (be-)wahren 3. loskaufen, erlösen 4. zurückgewinnen (Spielverluste) 5. einlösen (Pfand) 6. *Fb.* retten, klären 7. *gel. irrtüml.* für **kotarmak** 8. Unkosten decken (Summe) 9. entsprechen (vorgeschlagener Preis) Zu 2: s. **görünüşü (zevahiri)** ~
kurtayağı s. **kurdayağı**
kurtbağrı, -nı 1. Liguster *m*, gemeine Rainweide *bot.* Ligustrum vulgare *kına ağacı 2. rispenblütiger Seidelbast *bot.* Daphne gnidium *Arabistan defnesi (*Anm.:* Die **Semina coccognidii** genannten Früchte dienen als Abführmittel) 3. Spatzenzunge *f bot.* Passerina hirsuta
kurtbilim Helminthologie *f*, Lehre *f* von den Eingeweidewürmern *helmintoloji, solucanbilim
kurtbilimsel helminthologisch
kurtboğan Wolfseisenhut *m bot.* Aconitum lycoctonum *boğanotu
kurtçuk Larve, Raupe, Made *f* *larva, sürfe
kurtçukkıran Maden- bzw. Raupen-vertilgungsmittel *n*
kurtçul Larven fressend (z. B. Fische)
kurtdöken *pharm.* Wurmmittel, Anthelminthikum *n* *solucan düşürücü
kurtelaça [··×·] *naut.* Marsleesegel *n*
kurtelaçin [··×·] *naut.* Bramleesegel *n*
kurtiye (*franz.* **courtier**) Börsenmakler *m*
kurtizan Kurtisane *f*
kurtizanlık etmek s. **kur yapmak**
kurtize (*franz.* **courtisé**) *selt.* hofiert ~ **etmek** hofieren, umwerben, j–m den Hof machen
kurtkapanı, -nı 1. (mit Reisig bedeckte) Wolfsgrube 2. (*Ringen*) Armschlüssel *m* und Beinhebel *m* 3. Fußangel *f*
kurtkıyan Madenhacker *m zo.* Buphaga africana
kurtkulak s. **vaşak**
kurtlanmak 1. madig werden, Maden bekommen 2. wurmstichig werden 3. das Bedürfnis haben, et. umherzugehen (nach langem Sitzen) 4. unruhig auf seinem Platz hin- und herrutschen
kurtlu 1. madig, voller Maden 2. wurmstichig 3. (*a.* ~ **peynir;** ~ **kaşar**) *fig.* Zappelphilipp *m* (Kind, das nicht stillsitzen kann) ~ **bakla** „Saubohne *f* mit Made darin" *d. h.* dauernd in Bewegung od. sich dauernd drehend ≗ **baklanın kör alıcısı olur.** *Spr.* s. **Bitli baklanın** (usw.)
kurtluca Name verschiedener Kriechgewächse *spez.* 1. Osterluzei, Hohlwurz *f bot.* Aristolochia bracteata *zeravent 2. Ackergamander *m bot.* Ajuga chamaepitys *yer selvisi, yer çamı, yermeşesi, meşecik 3. Wassergamander *m bot.* Teucrium scordium *yılanotu, susarmısağı 4. Knoblauchskraut *n bot.* Alliaria officinalis *sarmısak otu
kurtmantarı, -nı Stäubling *m bot.* Lycoperdon tuber *tozlu mantar
kurtmasalı, -nı Ammenmärchen *n*, langes Geschwätz ~ **okumak** (b–ne) *fig.* die unmöglichsten Ausreden (od. Entschuldigungen) vorbringen
kurtpençesi, -ni 1. Natterwurz *f*, Wiesenknöterich *m bot.* Polygonum bistorta *yılankökü, çıyancık 2. Blutwurz *f bot.* Potentilla tormentilla 3. s. **kurdayağı**
kurttırnağı, -nı s. **kurtpençesi** (2)
kurtulmak 1. gerettet werden (z. B. Patient) 2. befreit werden 3. entbunden werden (Frau) 4. beendet werden 5. sich losreißen, sich freimachen (z. B. angebundenes Pferd) 6. sich retten, sich befreien 7. sich lockern (z. B. Schraube) 8. abrutschen, ab-, aus-gleiten 9. sich loslösen, abbrechen (*intr.*) 10. (m. Abl.) entkommen, et. od. j–n loswerden Zu 4: **Bu iş akşama kadar kurtulmaz.** Bis zum Abend werden wir damit nicht fertig werden. Zu 8: **Bıçak elimden kurtuldu.** Das Messer glitt mir aus der Hand. Ich rutschte mit dem Messer aus. **Ellerim kurtuldu ve düştüm.** Meine Hände glitten ab, und ich fiel hin. Zu 9: **Tahtanın ucu kurtulmuş.** Das Ende des Brettes brach ab. Zu 10: **Çok şükür, şu belâlı heriften kurtulduk!** Gott sei Dank, diesen lästigen Kerl wären wir los! **hastalıktan** ~ wieder gesund werden
kurtulmalık Lösegeld *n* *fidye(-inecat)
kurtuluş 1. Befreiung, Errettung *f* *halâs, necat 2. Sich-Losreißen, Entkommen *n* ≗ **Bayramı** (lokale) Befrei-

ungsfeier *f* ~ **nefesi** Aufatmen *n* der Erleichterung ~ **Savaşı** s. **İstiklâl Harbi (Savaşı);** ≗ **ve Bağışlanma Gecesi** s. **Regaip Kandili** ≗ **yok.** Es gibt keinen Ausweg. Wir sind verloren. ~ **yolu** s. **kaçıt**

Kurtuluş *n.pr.* Stadtteil von Istanbul

kurtum s. **yalan safran**

kurtyemez s. **karameşe**

kurtyeniği, -ni 1. wurmstichige Stelle 2. *fig.* s. **bityeniği**

kuru 1. trocken, dürr (*ant.* **yaş, nemli**) 2. vertrocknet, abgestorben (Pflanzen) 3. regen-, wasser-arm (z. B. Gebiet) 4. getrocknet, gedörrt, Trocken-, Dörr- (*ant.* **taze, yeşil**) 5. mager, abgemagert, elend 6. nackt, kahl, ohne Ausstattung od. Einrichtung 7. leer, bloß, ohne weitere Bedeutung 8. nicht nässend (z. B. Flechte) 9. ohne Auswurf, trocken (z. B. Husten) 10. *fig.* trocken, nüchtern, langweilig 11. s. **piç -su** 12. *gel.* allein 13. *V* Haschisch *n* 14. Trockenes, Getrocknetes ~ **ağrı** unvergoltenes Leid (das dem Urheber noch nicht heimgezahlt worden ist) ~ **bakır** (*lm.* Ergänzung und Verst. von **tamtakır**); ~ **bakla** enthülste Saubohnen *pl.* ~ **balık** Stockfisch *m* ~ **başına kalmak** allein übrigbleiben, mutterseelenallein sein ~ **beyinli** 1. dumm, stupid 2. flatterhaft, fahrig ~ **boya** (anzurührende) Trockenfarbe *f* ~ **boynuz** (*od.* ~ **çekmen**) *med.* Schröpfkopf *m* (der ohne Anwendung des Schröpfschnäppers aufgesetzt wird) ~ **buhar** *techn.* Trockendampf *m* ~ **buz** s. **karbonik buz;** ≗ **çaylarda boğulasıca!** *(Fluch)* Soll er doch gleich krepieren! ~ **çeşme** ausgetrockneter Brunnen ~ **çeşmeden aptes almak** *fig.* Unnützes treiben ~ **damıtma** *chem.* trockene Destillation *taktiri yabiş ~ **direk gitmek** *naut.* ohne Segel fahren (Segelschiff bei Achterwind) ~ **duvar** 1. Mauer ohne Mörtel 2. nackte, kahle Wand ~ **egzama** nicht-nässende Flechte ~ **ekmeğe muhtaç** bitterarm ~ **ekmek** 1. trockenes (trokken gewordenes) Brot 2. trocken Brot (ohne Belag od. Zukost) ~ **emzik** Schnuller, Gummilutscher *m* ~ **erik** Dörrpflaumen *pl.* ~ **fasulye** (Gericht *n* aus) weiße(-n) Bohnen *pl.* (*ant.* **taze fasulye**); ~ **fikirli** phantasiearm, nüchtern denkend ≗ **gayret çarık eskitir.** *Spr.* Blinder Eifer schadet nur. *Spr.* ~ **gösteriş** leere Aufmachung, bloße Angeberei ~ **gürültü** blinder Lärm; viel Lärm um nichts ~ **gürültüye pabuç bırakmamak** s. Stw. **gürültü;** ~ **hacamat** *med.* Saugglockenbehandlung *f* (ohne Skarifikation) ~ **hasır** (*od.* ~ **tahta**) **üzerinde bırakmak** ohne e−n Pfennig Geld lassen; ins Elend bringen ~ **hastalık** *P* Schwindsucht *f* ~ **havuz** *naut.* Trockendock *n* ~ **hulyalar** bloße Einbildungen, reine Chimären *pl.* ~ **iddia** leere Behauptung ~ **iftira** glatte Verleumdung ~ **incik** *an.* Wadenbein *n* ~ **incir** Dörr-, Trocken-feigen *pl.* ~ **istim** *techn.* gesättigter Dampf; Sattdampf *m* ~ **kadit** (*od.* ~ **kafes**) furchtbar abgemagert, das reine Skelett ~ **kalabalık** 1. gaffende Menge 2. bloßes Herumstehen ~ **kalabalık etmek** nur im Weg herumstehen (statt zu helfen) ~ **kalıp** nur mehr das Gerippe (e−s Baues) ~ **kaşkaval** *F* Dummkopf, Hornochse *m* ~ **kaval** *P* öder Schwätzer ~ **kaymak** reine Sahne; Butterklümpchen *pl.* nach Entfernung der Milch ~ **kazı** Kaltnadel(-radierung) *f* ~ **kemik** mager und elend, nur mehr Haut und Knochen ~ **kibarlık** bloßes Getue; Protzen *n*, Großtuerei *f* ~ **koyak** *geogr.* Trockental *n*, Wadi *m* ~ **kumla** *naut.* Sandbank *f* (wie sie bei Ebbe hervortritt) ~ **kursak** Schutzblättchen *n* für Illustrationen in Handschriften ~ **-ya** umsonst, vergebens ~ **laf** leeres Gerede ~ **mülkiyet** s. **çıplak mülkiyet;** ~ **oda** leeres (kahles, unmöbliertes) Zimmer ~ **ot** Heu *n* ~ **otoklav** Trockensterilisator *m* ~ **öksürük** trockener Husten ~ **patırdı** s. **kuru gürültü;** ~ **pil** Trocken-element *n*, -batterie *f* ~ **poğaça** Mürbeteigpastete *f* ~ **sandalye** ungepolsterter Stuhl *od.* Stuhl *m* ohne Sitzkissen ~ **seren** *naut.* Rahe *f* ohne Segel ~ **sıcaklık** *med.* erhöhte Temperatur ohne Schweißausbruch ~ **sıkı** 1. blinder Schuß 2. *fig.* Schreckschuß, Bluff *m*, bloße Drohung ~ **sıkı atmak** 1. mit Platzpatronen schießen 2. *fig.* e−n Schreckschuß abfeuern, bluffen ~ **sıkı doldurmak** blind laden (mit Platzpatronen) ~ **soğan** Zwiebel(-knolle) *f* (im Ggs. zu Zwiebelschößlingen) ~ **soğuk** trockene Kälte ~ **sözler** leeres Gerede ~ **tahtada kalmak** 1. auf dem kahlen Boden sitzen, kein Mobiliar (mehr) haben 2. arm wie e−e Kirchenmaus sein ~ **tarım** (*od.* ~ **ziraat**), *agr.* Dryfarming *n* ~ **tekne** 1. abgetakeltes Schiff 2. s. **duba** (1); ~ **temizleme** chemische Reinigung ~ **toprak üstünde** auf dem nackten Boden ~ **ün** *fig.* Schall und Rauch ~ **üzüm** Rosinen *pl.* ~ **üzüm rekoltesi** Rosinenernte *f* ~ **vaatler** leere Versprechungen *pl.* ~ **yaprak** dürres Blatt ~ **yaş** *P* s. **iyi kötü;** ~ **yaygara** s. **kuru gürültü;** ~ **yer** nackter Boden ~ **yük gemisi** *naut.* reines Frachtschiff ~ **zatülcenp** s. **plörit;** ~ **ziraat** s. **drayfarming; -da kalmak** durch den Eintritt der Ebbe auf den Strand geraten (Schiff) **-dan gitmek** *V* Haschisch zu sich nehmen **≗nun yanında yaş da yanar.** *Spr. fig.* Manchmal trifft die Strafe auch e−n Unschuldigen. **-ya almak** *naut.* ins Trockendock ziehen (Schiff zur Ausbesserung)

Kurucaşile [···×·] *n.pr.* O. u. D. im Rbz. Zonguldak

kurucu 1. aufbauend, konstruktiv, schöpferisch 2. konstituierend; (Be-)Gründer *m* *müessis Zu 1: **onun** ~ **siyaseti** seine Aufbaupolitik Zu 2: ~ **meclis** konstituierende Versammlung, Gründungsversammlung *f* *müessisan meclisi

kuruçay Tee *m* (als Handelsware)

kuruçaycı Teehändler *m*

kurukafa 1. Totenschädel *m* 2. Dummkopf, Hohlkopf *m* 3. armer, alleinstehender Mensch 4. s. **sfenks kelebeği**

kurukahve Kaffee *m* (als Handelsartikel)

kurukahveci Kaffeehändler *m*

kurul 1. Kommission *f* 2. Versammlung *f*, Kollegium *n*, Rat *m* 3. Mission, Delegation, Abordnung *f*, Komitee *n* 4. Korps *n*, Gruppe *f*, Expedition *f* *(1−4) heyet

kurulamak *tr.* 1. (ab-)trocknen, trockenreiben 2. ablöschen (nasse Schrift)

kurulanmak Pass. od. Refl. zu **kurulamak**

kurulmak 1. Pass. zu **kurmak** 2. sich aufblasen, sich wichtig tun, sich in Positur setzen 3. (m. Dat.) sich bequem irgendwo niederlassen, sich setzen Zu 1: **dünya kurulalıdan beri** seit Erschaffung der Welt, seit jeher

kurultay Kongreß *m*, Tagung *f* *kongre

kurulu 1. aufgestellt; aufgeschlagen (z. B. Zelt) 2. (m. Abl.) zusammengesetzt, bestehend, gebildet (aus) *müteşekkil 3. geladen, schußbereit (Waffe), gespannt (Bogen) 4. aufgezogen (Uhr) ~ **düzen** bestehende Ordnung

kuruluk 1. Trockenheit, Dürre *f* 2. Getrocknet-, Gedörrtsein *n* 3. Magerkeit *f*, Abgemagertsein *n* 4. Kahlheit *f*, Fehlen *n* von Einrichtungsgegenständen 5. *fig.* Trockenheit, Nüchternheit, Langweiligkeit *f* 6. *P* Dörr-obst, -gemüse *n*

kuruluş 1. Vs. zu **kurulmak** 2. Einrichtung, Gründung *f*, Institut(-ion *f*) *n*, Unternehmen *n*, Anlage *f* *kurum, müessese, tesis 3. Bau *m*, Struktur, Konstitution *f* *bünye 4. *mil.* Truppengliederung *f* 5. *ling.* Syntagma *n* ~ **hali** Gründungsstadium *n* **-a ilhak etmek** angliedern

kurum (I) dicker Ruß ~ **bağlamak** (*od.* **tutmak**) dicken Ruß ansetzen; verrußen

kurum (II) Einbildung, Anmaßung *f*, Hochmut *m*, Aufgeblasenheit, Arroganz *f* *azamet ~ ~ **kurulmak** sehr aufgeblasen, arrogant sein, *F* dick tun ~ **satmak** sich sehr wichtig vorkommen, wichtig tun, recht hochnäsig sein **-u bozulmak** gedemütigt werden **≗undan geçilmiyor** (*bzw.* **geçilmez**). Sein Gehabe ist einfach unerträglich.

kurum (III) 1. Gesellschaft *f*, Verein(-igung *f*) *m* *cemiyet 2. s. **kuruluş** (2) Zu 1: s. **Türk Dil (Tarih) ≗u; -lar vergisi**

Körperschaftssteuer *f* **-unu bozmak** (bşin) in Unordnung bringen
kuruma çatlakları *geol.* Trockenrisse *pl.*
kurumak *intr.* 1. trocken werden, trocknen 2. ein-, aus-, ver-trocknen (z.B. Pflanze) 3. abmagern, kraftlos (elend, schwach) werden *cılızlaşmak 4. gelähmt werden (Körperglied) Zu 1: s. **ağzında tükrüğü** (*od.* **dili**) ~; s.a. **Ağzı (ayağı, dili) kurusun** (*od.* **kuruyası**)! **kurumaz yağ** *chem.* nichttrocknendes Öl *zeyti gayri müceffif **kurur yağ** *chem.* trocknendes Öl *zeyti müceffif
kurumeyve(-ci) s. **kuruyemiş(-çi)**
kurumlanmak 1. sich wichtig tun, hochnäsig sein 2. (bşden) sich brüsten (mit), eingebildet sein (auf), pochen (auf) 3. dick verrußen
kurumlu 1. eingebildet, aufgeblasen, anmaßend 2. voll Ruß, ganz rußig
kurumsak *va.* Kuppler, Zuhälter, Hahnrei *m*
kurumsuz 1. ohne Hochmut od. Arroganz, schlicht, einfach, bescheiden *alçakgönüllü, mütevazı 2. ohne Ruß
kurun [·–] (*va. Pl.* zu **karn**); **-u ahire** Neuzeit *f* *yeniçağ **-u uhra** neueste Zeit *sonçağ **-u ula** Altertum *n* *eskiçağ, ilkçağ **-u ula vasıtai nakliyesi** vorsintflutliches Vehikel **-u vusta** Mittelalter *n* *ortaçağ **-u vustaî** mittelalterlich
kurunmak *z. va.* sich abtrocknen
kuruntu 1. irrige Vorstellung; Illusion *f*, falsche Einbildung, leere Hoffnung 2. überflüssige Sorge, unbegründeter Argwohn, Wahn, Verdacht *m* **Hastalığı -dan ibarettir.** Seine Krankheit ist nichts weiter als Einbildung. **-ya düşmek** 1. sich leeren Hoffnungen hingeben 2. argwöhnisch werden
kuruntucu wer sich irrigen Vorstellungen hingibt
kuruntulu wer sich überflüssige Sorgen macht; unter e–r Zwangsvorstellung leidend *evhamlı
kuruntusuz wer sich keine (überflüssigen) Sorgen macht, ruhig, heiter, unbeschwert
Kurus *n.pr.* Cyrus (mehrere pers. Könige, spez. Cyrus II. [der Große]) *Keyhüsrev
kuruş 1. Kurusch, Piaster *m* (100. Teil e–s türk. Pfunds, untergeteilt in 40 Para) 2. *Verst.* zu **karış; -u kuruşuna** auf Heller und Pfennig (z.B. bezahlen)
kuruşlandırmak den Preis von et. angeben; auszeichnen
kuruşluk soundsoviel Kurusch ausmachend (kostend, wert)
kurut *P* getrocknetes Milchprodukt (z.B. getrockneter Joghurt, Trockensahne usw.)
kurutaç *chem.* Exsikkator, Trockenapparat *m* *aleti tecfif
kurutma Vs. zu **kurutmak;** ~ **dolabı** s. **otoklav;** ~ **fırını** Trocken-ofen *m*, -kammer *f* ~ **kabı** s. **kurutaç;** ~ **kâğıdı** Lösch-blatt, -papier *n* ~ **tahtası** Spannbrett *n* (für Schmetterlinge)
kurutmaç 1. Lösch-blatt, -papier *n* *papyebüvar, sünger kâğıdı 2. Löscher *m*
kurutmak Kaus. zu **kurumak** *spez.* 1. trocknen lassen, dörren (z.B. Obst) 2. trockenlegen (z.B. Sümpfe) 3. s. **kökünü (kanını)** ~ 4. aufessen, vertilgen *silip süpürmek 5. Unheil bringen; vernichten, kaputtmachen
kurutucu 1. trocknend (tr.) 2. Trockenanlage *f* (z.B. für Wäsche) ~ **madde** Sikkativ *n*
kuruyemiş Dörr-, Trocken-obst *n*
kuruyemişçi Dörrobst-, Trockenobst-händler *m*
kuruz *naut.* Achterpiek *n* (*ant.* **çalım**) ~ **kasa** *naut.* Marlschlag *m*
kurye(-lik) s. **kuriye(-lik)**
kuseybe s. **bronşçuk**
kusare 1. s. **kasara** 2. s. **maksure**
kusine (*franz.* **coussinet**) Schienenstuhl *m* (bei Eisenbahnschienen) *ray yatağı
kuskun Umgang *m* (des Pferdegeschirrs), Schwanzriemen *m* ~ **kayışları** Hinterzeug *n* (am Pferdegeschirr) ~ **yeri** Hinterteil *n* (des Pferdes) **-a kuvvet** eiligst (z.B. sich davonmachen) **-u düşük** 1. mit herunterhängendem Umgang (Pferd) 2. klapprig (Pferd) 3. ruiniert, auf den Hund gekommen 4. erbärmlich gekleidet 5. in Ungnade gefallen *gözden düşmüş **-u koparmak** *V* ausreißen; *(V)* türmen
kuskunsuz 1. ohne Umgang (Pferd) 2. *fig.* in Unordnung, durcheinander, überallhin verstreut, verwahrlost, heruntergekommen *perişan
kuskus (I) Kuskus *m* (Teigware in Form von Kügelchen; in der Suppe od. ähnlich wie Reis zubereitet) ~ **pilavı** Kuskus-Pilaw *m*
kuskus (II) Kuskus, Kletterbeutler *m zo.* Phalanger *Avustralya tembelhayvanı
kuskuta s. **küsküt**
kusmak, (-ar) 1. *intr.* sich erbrechen, sich übergeben, *V* kotzen 2. *tr.* aus-, er-brechen, von sich geben, auswerfen 3. *tr.* wieder zeigen, von neuem erkennen lassen (z.B. gefärbter od. gereinigter Stoff e–n früheren Flecken) 4. *mil.* speien (Feuer) 5. den Angelhaken od. den Köder wieder von sich geben (Fisch) **Kusacağım geliyor.** 1. Es ist mir speiübel. 2. Dabei könnte es e–m geradezu schlecht werden.
kusmuk erbrochener Mageninhalt, Erbrochenes
kuso s. **Habeş otu**
kusturucu Brechreiz verursachend; emetisch ~ **ceviz** s. **tatula;** ~ **mantar** Spei-Täubling *m bot.* Russula emetica ~ **ilâç** *med.* Brechmittel, Vomitiv(-um), Vomitorium, Emetikum *n*
kusuntu *P* s. **kusmuk**
kusur (I) *urspr.* [·–] 1. Fehler, Mangel *m*, Mangelhaftigkeit, Unvollkommenheit, Unzulänglichkeit *f* 2. Verschulden *n*, schuldhaftes Verhalten; Schuld, Vernachlässigung, Verabsäumung *f* 3. *F* Rest *m*, Übriges 4. Zerrbild *n*, Karikatur *f* (von et.) Zu 1: **Kumaşın ufak bir -u var.** Der Stoff hat e–n kleinen Fehler. Zu 2: **Benim -um nedir?** Was habe ich verbrochen? Zu 3: **Paranın -u senin olsun!** Den Rest (des Geldes) kannst du behalten! Zu 4: **analar -u** Zerrbild *n* e–r Mutter **ev -u** miserables Haus **insan -u** 1. mißgestalteter Mensch 2. übler Bursche ~ **bulmak** Ausstellungen machen (an, gegen), et. auszusetzen haben, kritisieren, bemängeln ~ **etmek** 1. e–n Fehler begehen, et. falsch machen 2. (mit Lok.) nachlässig sein (bei), et. ver(ab)säumen, es fehlen lassen (an) (Zu 2: **İnsan, vazifesinde** ~ **etmemeli.** Man darf seine Pflichten nicht vernachlässigen. **Lâzım gelen tedbirleri almakta** ~ **etmeyecektir.** Er wird nicht versäumen, die nötigen Maßnahmen zu ergreifen. **Kendisine riayette** ~ **etmedik.** Wir haben es ihm gegenüber nicht an Rücksicht fehlen lassen.) ~ **kalmak** 1. zuviel sein, übrigbleiben 2. zu wenig sein, fehlen **-a bakmamak** (*od.* **kalmamak**) Nachsicht üben, nachsichtig sein, entschuldigen, verzeihen **ᵕa bakmayın.** Nehmen Sie es mir bitte nicht übel (*scil.* daß ich es nicht besser machen konnte). **ᵕa bamya** *hum.* für **ᵕa bakma; -da bulunmak** et. verabsäumen od. et. verkehrt machen **-unu bağışlamak** 1. s. **kusura bakmamak** 2. begnadigen
kusur (II) [·–] *va. Pl.* zu **kasır** (I)
kusurlu 1. mit Fehlern behaftet, fehler-, mangel-haft 2. unvollständig, unvollkommen 3. inkorrekt (z.B. sprachlicher Ausdruck) 4. wer e–n Fehler begangen hat, wer et. vernachlässigt od. verabsäumt hat, schuldhaft ~ **bulmak** beanstanden ~ **imkânsızlık** *jur.* schuldhafte Zahlungsunfähigkeit
kusurluluk 1. Mangel-, Schad-, Fehler-haftigkeit *f* 2. Schuld(-haftigkeit) *f*
kusursuz 1. fehlerfrei, ohne Mängel, tadellos, ausgezeichnet 2. vollständig, vollkommen 3. korrekt 4. untadelig,

makellos, unbescholten, schuldlos, unverschuldet ≈ **bir Allah var.** *Spr.* Nur Gott ist ohne Mängel. *d.h.* Der Mensch ist nun einmal unvollkommen.

kusva [ā] (*va. Fem.* zu **aksâ**) 1. äußerst-, letzt-, ganz weit entfernt 2. äußerste Grenze; Höhepunkt *m*

kuş (I) 1. Vogel *m* 2. haarlose Stelle auf der Kruppe e–s älteren Pferdes 3. Zwickel *m* (bei Kimono-Ärmel) 4. *va.* s. **atmaca, doğan** 5. *V* a) Gimpel *m* (der sich beim Hasardspiel betrügen läßt) b) Neuling, Anfänger *m* c) Penis *m* 6. *Kspz.* Drachen *m* *uçurtma ~ **alıcı** s. **ateş dikeni;** ~ **avlamak** auf Vogelfang ausgehen ~ **ayağı** s. **söküötu;** ~ **beyinli** *fig.* beschränkt, mit e–m Spatzenhirn ~ **çiçeği** Gemshorn *n bot.* Martynia ~ **falı** Wahrsagen *n* aus dem Vogelflug (z.B. im alten Rom) ~ **fığı** Vogelwicke *f bot.* Vicia cracca ~ **geçim fırtınası** *naut.* ein periodischer Seesturm zu Anfang November ~ **gibi** so leicht (od. flink) wie ein Vögelchen (z.B. Kind) ~ **gibi olmak** schnell bei der Hand sein; flugs et. tun ~ **gibi uçup gitmek** nach kurzer Krankheit sterben ~ **gibi yemek** wie ein Vögelchen (sehr wenig) essen ~ **göçü** Wanderung *f* der Zugvögel ~ **gözü** 1. s. **unutmabeni** 2. Stoff *m* mit Rautenmuster ~ **iğdesi** vgl. **iğde;** ~ **illeti** s. **karakuş** (2); ~ **kadar can** ein Spatzenleben (das leicht erlischt) ~ **kadar olmak** nur mehr Haut und Knochen sein ~ **kafesi gibi** hübsch und klein, niedlich, nett (Haus) ~ **kanadiyle** 1. mit der Taubenpost 2. *fig.* auf dem schnellsten Wege; flugs ~ **katısı** s. **taşlık** (3); ~ **kenesi** Vogelzecke *f zo.* Argas persicus ~ **kışlamak** s. ~ **avlamak;** ~ **kondurmak** *fig.* et. meisterhaft bewerkstelligen ~ **misali** im Husch ≈ **mu konduracak?** *iron.* Das ist gerade der Richtige (*d.h.* Er kann es auch nicht besser). ~ **otu** die Straußgrasart Agrostis capillaris (Mittelmeergebiet; häufig zur Einfassung von Beeten) ~ **örümceği** s. **yer örümceği;** ~ **piresi** Hühnerfloh *m zo.* Ceratophyllus gallinae ~ **tutmak** Vögel fangen ~ **uçup** (*od.* **uçmaz**) **kervan geçmez** ganz abgelegen, einsam, gottverlassen (Ort, Stelle, Gegend) ~ **uçurmamak** *fig.* niemand hinein- od. heraus-lassen, (e–e Örtlichkeit) hermetisch abriegeln ~ **uykusu** leichter Schlaf (infolge Argwohn, Angst usw.) *tavşan uykusu ~ **üvezi** Mehlbeere *f bot.* Sorbus aria ~ **vebası** Geflügel-, Hühner-pest *f* *yalancı veba ~ **yuvası** 1. Vogelnest *n* 2. Nestfarn *m bot.* Asplenium nidus 3. *fr.* kleine Delle an der Vorderseite e–s Fes *yar tekmesi ~ **yürekli** kleinmütig, verzagt **-a benzemek** (*od.* **dönmek**) 1. (durch Herumschnippeln) ganz verkorkst werden (was verbessert werden sollte) 2. *spött.* jetzt erst et. gleichsehen **-a benzetmek** (*od.* **döndürmek**) (bşi) et. verschlimmbessern (nach der Nasrettin-Geschichte vom Strauß und dessen abgehackten Beinen) **-u açılmış** mit haarloser Stelle auf der Kruppe (Pferd) *d.h.* alt **-u kafesten uçurmak** „den Vogel entkommen lassen" *d.h.* j–n od. et. (durch eigene Schuld) verlieren **-u ötmek** *V* seinen Mann stehen (sexuell)

kuş (II) Schicht, Lage *f* z.B. unterlegter Stoff, Schweißblätter *pl.*, Deckschicht *f* (für Farben) usw.

Kuşadası, -nı *n.pr.* O. u. D. im Rbz. Aydın ~ **körfezi** *n.pr.* Bucht *f* von Samos ~ **patlıcanı** große, längliche Auberginenart

kuşak, -ğı 1. Gürtel *m* (*a.* bei Judo); Leib-gurt *m*, -binde *f;* Bauchriemen *m* (am Pferdegeschirr) 2. Holz-, Eisen-reifen *m* 3. Generation *f* *batın, göbel, hesil 4. *math.* Kugelzone *f*, Gürtel *m* 5. *geogr., geol.* Zone *f*, Gürtel *m* *mıntıka 6. *astr.* Himmelszone *f* 7. (Holz-)Verstrebung, Versteifung *f, arch.* Band *n* 8. *techn.* Leiste *f* 9. *mil.* Umwallung *f* ~ **çözmek** 1. sein Bedürfnis verrichten; austreten (Mann) 2. den Beischlaf ausüben; koitieren (Mann) 3. sich vor der Ehe e–m Mann hingeben (Mädchen) ~ **kuşanmak** *fig.* sich als Kandidaten aufstellen lassen; kandidieren ~ **sarmak** sich den Leibgurt umbinden **-ı berk** strenggläubig **-ı gevşek** *V* Schürzenjäger, Don Juan, Wüstling *m*

kuşakçı wer Gürtel (usw.) herstellt od. verkauft

kuşaklama 1. Vs. zu **kuşaklamak** 2. als Versteifung (Verstrebung, Strebe, Stütze) dienend

kuşaklamak 1. mit Reifen umgeben 2. versteifen, verstreben

kuşaklı 1. wer e–n Gürtel (usw.) trägt, Gürtel- 2. mit Verstrebungen ~ **istihkâm** *mil.* Gürtelbefestigung *f* ~ **ördek** Brandente *f zo.* Tadorna tadorna ~ **tabya** Gürtelfort *n*

kuşam 1. *va.* was umgehängt bzw. umgebunden ist (Schwert, Leibgurt usw.) 2. anständige (ordentliche, gute) Kleidung Zu 2: s. **giyim** ~

kuşamlı s. **giyimli** ~

kuşane [ā] s. **kuşhane**

kuşanmak 1. (m. Akk.) umbinden (z.B. Leibgurt), umgürten (z.B. Schwert) 2. s. **giyinip** ~

kuşantı s. **giyinti** ~

kuşatıcı taarruz *mil.* Umfassungsangriff *m*

kuşatma Vs. zu **kuşatmak;** ~ **harekâtı** *mil.* Umfassungsbewegungen, -operationen *pl.* ~ **meydan muharebesi** Umfassungsschlacht *f* ~ **taarruzu** Umfassungsangriff *m*

kuşatmak (m. Akk.) 1. (e–m anderen) et. umbinden, umgürten 2. einschließen, umgeben, umfassen 3. umzingeln, umringen, belagern 4. s. **donatıp** ~ 5. s. **giydirip** ~ 6. s. **kaplamak** (2)

kuşbakışı, -nı 1. Vogelschau *f;* Aussicht *f* von oben; Luftbild *n* 2. aus der Vogelperspektive; aus der Luft; ~ **plan** Übersichtsplan *m*

kuşbaşı, -nı 1. Vogelkopf *m* 2. etwa von der Größe e–s Spatzenkopfs ~ **doğramak (eti)** das Fleisch in kleine Stückchen schneiden ~ **et** in kleine Stückchen geschnittenes Fleisch ~ **kar** dicke Schneeflocke ~ **kebap** gedünstetes Hammelragout (in walnußgroßen Stücken)

kuşbaz [ā] 1. Vogel-züchter, -händler *m* 2. Falkenier *m* (*spez. hist.* am Sultanshof)

kuşbazlık [ā] 1. Vogel-zucht *f*, -handel *m* 2. *hist.* Falkenzucht, -pflege *f* (am Sultanshof)

kuşbilim Vogelkunde, Ornithologie *f* *ornitoloji

kuşbilimsel vogelkundlich, ornithologisch *ornitolojik

kuşburnu, -nu 1. Hagebutte *f* *itburnu 2. s. **yabangülü**

kuşçu 1. Vogel-züchter, -händler *m* 2. *hist.* Falkner, Falkenier *m* (des Sultans) 3. *V* Kuppler, Zuhälter *m* ~ **başı** *hist. (im Serail)* 1. Oberfalkenier *m* 2. Oberküchenmeister *m* ~ **çarşışı** *fr.* Vogelmarkt *m* ~ **kahvesi** *fr.* Kaffeehaus *n*, in dem auch Stubenvögel verkauft wurden ~ **üvezi** Eberesche, Vogelbeere *f bot.* Sorbus aucuparia

kuşçuk Vöglein, Vögelchen *n*

kuşçuluk Vogel-zucht *f*, -handel *m*

kuşdili, -ni 1. e–e Eschenart od. der geflügelte Samen dieser Esche 2. Spielsprache der Kinder, bei der zwischen den einzelnen Silben e–s Wortes od. zwischen die einzelnen Wörter ein nicht-zugehöriger Bestandteil (Laut, Silbe, Wort) eingeschaltet wird 3. *va.* Händler-Argot *n* 4. s. **biberiye**

kuşe kâğıt (*od.* ~ **kâğıdı**) Kunstdruck-, Glanz-, Baryt-papier *n* *kaymak kâğıt (kâğıdı); papye kuşe

kuşekmeği, -ni Heller-, Feldpfennig-kraut *n bot.* Thlaspi arvense *çobandağarcığı; yaban hardalı

kuşet, -ti (*franz.* **couchette**) Liegestatt *f*, Bett *n* (auf Schiffen od. in Eisenbahnen) ~ **koltuk** s. **ayarlı koltuk**

kuşetli mit Betten (ausgestattet) ~ **vagon** Liegewagen *m*

kuşgömü, -nü Filetstück *n* (*spez.* bei **pastırma**)

kuşhane [ā] 1. Vogelhaus *n*, (großer) Vogelkäfig; Voliere *f* 2. (kleinerer) Kochtopf; Kasserolle *f*

kuşi (*franz.* **couchis**) *arch.* Untergebälk *n* *aşık

kuşkanadı, -nı 1. Flederwisch *m* (zum Abstauben) 2. Fä-

cher *m* *yelpaze 3. volkstüml. Bez. für verschiedene Hals- od. Augen-Erkrankungen
kuşkirazı, -nı s. **yabanî kiraz** (1)
kuşkonmaz 1. echter Spargel *bot.* Asparagus officinalis altilis 2. Spargelkraut *n* (Zierpflanze) *spez.* Federspargel *m bot.* Asparagus plumosus
kuşku 1. Angst, Sorge, Besorgnis, Unruhe *f*, Argwohn *m* 2. s. **şüphe**; ~ **yatmak** keinen festen Schlaf finden können **-ya düşmek** s. **uşkulanmak**
kuşkucu 1. besorgt, mißtrauisch, argwöhnisch 2. *phil.* skeptisch, Skeptiker *m* *septik, şüpheci
kuşkuculuk *phil.* Skeptizismus *m* *septisizm, şüphecilik
kuşkulandırmak 1. in Furcht setzen, erschrecken, in Angst und Sorge geraten lassen 2. argwöhnisch werden, Verdacht einflößen *gönül bulandırmak
kuşkulanmak 1. in Angst und Sorge geraten, überall Gespenster sehen 2. argwöhnisch werden, Verdacht schöpfen *gönlü bulanmak
kuşkulu 1. in Angst und Sorge lebend, ängstlich, argwöhnisch, mißtrauisch 2. s. **şüpheli**
kuşkusuz 1. ohne Argwohn 2. s. **şüphesiz**
kuşkusuzluk Arglosigkeit *f*, innere Ruhe
kuşlak Gebiet *n* mit vielen jagdbaren Vögeln, Vogelparadies *n*
kuşlamak *Sch.* ochsen, büffeln *ineklemek
kuşlokumu, -nu kleines, rundlich-dickes Gebäck aus Eigelb, Mehl, Zucker (wie es oft auf der Straße an Kinder verkauft wird)
kuşlu 1. mit e–m Vogel (bzw. mit Vögeln) (z.B. verziert) 2. vogelreich ~ **saat** s. **guguklu saat**
kuşluk 1. **(vakti)** der späte Vormittag (etwa ab 10 Uhr) *kabakuşluk 2. *va.* großer Vogelkäfig 3. s. Stw. **hil'at**; ~ **namazı** supererogatorisches Gebet (nach **işrak namazı**) (*spez.* bei dem Celvetiye-Orden) ~ **yemeği** zweites Frühstück; Gabelfrühstück *n*
kuşmantarı, -nı s. **islikûf**
kuşmar Vogelfalle *f*
kuşotu, -nu 1. die Straußgrasart Agrostis capillaris (Mittelmeergebiet; häufig zur Einfassung von Beeten) 2. s. **kanarya otu**
kuşpalazı, -nı 1. Diphtherie *f* *difteri 2. *selt.* Vogeljunges
kuşsütü, -nü „Vogelmilch *f*": 1. et. Nicht-Existierendes, Nicht-Erhältliches 2. größte Sorgfalt Zu 1: **≗nden** (*od.* **kuşsütüyle**) **turna yoğurdundan başka her şey var** (*od.* **eksik değil**). Alles nur Erdenkliche ist da. (bei e–m Gastmahl) Zu 1/2: **kuşsütüyle beslemek** a) auftischen, was Küche und Keller bietet b) *fig.* j–m jeden Wunsch von den Lippen ablesen, j–n grenzenlos verwöhnen
kuştüyü, -nü 1. Flaumfeder(-n *pl.*) *f*, Daune(-n *pl.*) *f* 2. Daunen- ~ **gibi** daunenweich ~ **gibi hafif** leicht wie e–e Flaumfeder ~ **yastık** Daunenkissen *n* ~ **yatak** Federbett *n*
kuşüzümü, -nü Korinthe(-n *pl.*) *f* (getrocknete) Beeren der kernlosen Weinstockart Vitis apyrena)
kuşyemi, -ni 1. Vogelfutter *n spez.* Hanfsamen *m* 2. s. **serçe yem otu**
kut (I), **-tu** *selt.* 1. Glück, Wohlergehen *n* *saadet 2. gutes Vor-, An-zeichen, gute Vorbedeutung *uğur
kut (II), **-tü** [ū] *va.* 1. Essen *n*, Nahrung *f* 2. Burg, Festung *f* Zu 1: s. ~ **-ülâyemut**
kutak *rel.* Heiligtum, Sanktuarium *n*
kutan *P* schwerer Pflug
kutbeyn (*va. Dual.* zu **kutup**) 1. die beiden Pole 2. ≗ *rel.* Hasan und Hüseyin (die beiden Söhne des Kalifen Ali)
kutbî *math., geogr.* 1. polar, Polar- *kutupsal 2. Polare *f* *kutup doğrusu ~ **vaz'iyeler** Polarkoordinaten *pl.*
kutbiye s. **kutbî** (2)
kutbiyet, -ti Polarität *f* **-in izalesi** Depolarisierung *f* **-ini izale etmek** depolarisieren
kûteh *va.* kurz *kısa
kûtehbin [–·–] *va.* kurzsichtig (*a. fig.*)
kutil (I) (*franz.* **coutille**) kurzer breiter Degen
kutil (II) (*franz.* **coutil**) Zwillich, Drillich *m*
kutis s. **altderi**
kutlamak (m. Akk.) 1. gratulieren, Glück (Segen) wünschen, beglückwünschen *kutlulamak, tebrik etmek 2. feiern, feierlich (festlich) begehen *tesit etmek
kutlaşmak sich gegenseitig beglückwünschen (Glück wünschen, gratulieren)
kutlu 1. glücklich, segensreich, gesegnet, glückbringend *mübarek, uğurlu 2. heilig *mukaddes 3. ≗ *mV*, *wV* Zu 1: **Bayramınız** ~ **olsun!** Gesegnete Feiertage! Schönes Fest! Zu 2: **en** ~ **vazifemiz** unsere heiligste Aufgabe
kutlulamak s. **kutlamak**
kutnu Name e–s Baumwoll-Seide-Gewebes
kutranî *va.* s. **kutrî**; ~ **ateş** *mil.* Schrägfeuer *n*
kutren [×·] *z. va. Adv.* 1. dem Durchmesser nach; diametrisch 2. in der Diagonale; diagonal
kutrî 1. diametrisch 2. diagonal
kutsal heilig, göttlich *kutlu, kutsî, mukaddes ~ **bencillik** *pol.* sacro egoismo (Italien 1914) ~ **ekmek** *rel.* Hostie *f* ~ **el** kleines handförmiges beschriftetes Metall-(mst.Kupfer-)Täfelchen in der Kette e–r Moscheelampe ~ **savaş** s. **cihat**
kutsallık Heiligkeit, Göttlichkeit *f* *kutsiyet
kutsamak für heilig erklären, heiligsprechen, heiligen *takdis etmek
kutsî 1. heilig, göttlich *kutlu, kutsal, mukaddes 2. ≗ [×·] *mV*
kutsîlik s. **kutsiyet**
kutsiyat, -tı [ā] *z. va. Pl.* heilige Dinge *pl.*, Heiliges
kutsiyet, -ti s. **kutsallık**
kutsuz 1. unheilbringend, unheilvoll, unselig *menhus, namübarek 2. arm, elend, unglücklich, bedauernswert *zavallı
kutsuzluk 1. Unheilvoll-, Unselig-sein *n* 2. bedauernswerter Zustand; Unglück *n*
kuttaıtarik, -kı [·–··–] *va.* (*urspr. Pl.*) Wegelagerer *m, pl.* *yolkesen(-ler)
kutu 1. Schachtel, Dose, Büchse *f*, Kasten *m; techn. a.* Gehäuse *n; el.* Schaltanlage *f* 2. *fig.* wer et. in hohem Maße besitzt bzw. tut *kumkuma 3. *fr.* türk. Kornmaß, achter Teil e–s **kile** Zu 1: **kibrit -su** Zündholzschachtel *f* Zu 2: s. **akıl (fesat) -su**; ~ **gibi** klein und niedlich, hübsch und nett (eingerichtet) (z.B. Haus) ~ **sütü** Dosenmilch *f* **-nun kapağını açtırmak** j–m seine Geheimnisse entlokken, *F* j–m die Würmer aus der Nase ziehen
kutucu Verpacker(-in *f*) *m*
kutulamak in Schachteln, Dosen usw. verpacken
kutup, -tbu 1. *el., geogr., phys.* Pol *m; techn.* Radachse *f* 2. *fig.* Zentrum *n*, Zentralstelle *f*, Brenn-, Angel-, Hauptpunkt *m* 3. hervorragende Persönlichkeit; Meister *m* 4. *an.* Anfangs- bzw. End-punkt *m* e–s Organs (Niere, Magen usw.) ~ **arası** Polabstand *m* ~ **araştırıcısı** Polarforscher *m* ~ **ayısı** Eisbär *m zo.* Ursus maritimus ~ **basıklığı** polare Abflachung ~ **bobini** Polanker *m* ~ **cereyanı** Polarisationsstrom *m* ~ **çarığı** Polschuh *m* ~ **dairesi** Polarkreis *m* ~ **değiştirici** Polwechsler *m* ~ **doğrusu** *geogr., math.* Polare *f* *kutbî, kutbiye ~ **dolayı** (*od.* **yöresi**) **yıldız(-ı)** s. **batmayan yıldız**; ~ **fecri** (*od.* **ışığı**) Polarlicht *n* ~ **fırtınakuşu** Eissturmvogel *m zo.* Fulmarus glacialis ~ **gecesi** Polarnacht *f* ~ **kuşağı** *geogr.* Polarzone *f* *kutup mıntıkası ~ **mahfazası** Polgehäuse *n* ~ **mihveri** Polachse *f* ~ **seferi** Polar-reise, -expedition *f* ~ **tilkisi** Polarfuchs *m zo.* Vulpes lagopus *gök tilki ~ **uzaklığı** *astr.* Polardi-

stanz *f* (Winkelabstand e–s Sternes vom Himmelsnordpol) *bu'du kutup ~ **zaviyesi** Polarwinkel *m*
kutbu cenubî (*bzw.* **şimalî**) s. **güney** (*bzw.* **kuzey**) **kutbu; Kutbu Cenubî Kıtası** s. **Antarktika**
kutupengel *phys.* Depolarisator *m* *manii istıktap
kutuplamak *phys.* polarisieren
kutuplanma 1. Ausschlagen *n* der Magnetnadel nach Norden 2. Polarisation *f* *ucaylanma ~ **önleyicisi** s. **kutupengel**
kutuplaşmak e–e Polarität (Gegensätzlichkeit) bilden *zıtlaşmak
kutuplaştırmak 1. Kaus. zu **kutuplaşmak** 2. *phys.* polarisieren
kutuplu mit nb. Pol, -polig **-iki** ~ zweipolig
kutupölçer Polarimeter *n* *polarimetre
kutupsal *geogr., math., phys.* polar *kutbî, poler
kutupsallık Polarität *f (a. fig.)*
Kutupyıldızı, -nı *astr.* Polarstern *m* *Demirkazık
kutur, -tru 1. *va.* Gegend *f*, Bezirk *m*, Land *n* 2. *math.* Durchmesser *m* *çap 3. *math.* Diagonale *f* *köşegen
kutülâyemut [–·–·–] *va.* Lebensnotwendigstes ~ **geçinmek** *z. va.* sich mit dem Existenzminimum durchschlagen müssen, zum Leben zu wenig, zum Sterben zuviel haben
kutür (*franz.* **couture**) Schneiderei *f* *terzilik
kutüriye (*franz.* **couturier**) (Damen-)Schneider *m*
kuut, -du [·–] *va.* Sitzen *n* auf dem Boden (bei Gebet od. zeremonieller Handlung) ~ **etmek** *va.* sich auf den Boden setzen
kuva [ā] (*z. va. Pl.* zu **kuvvet**) Kräfte, Gewalten, Streitkräfte *pl.* **²yı İnzibatiye** Bez. der von Sultan Vahdettin gegen Mustafa Kemal Paşa eingesetzten Streitkräfte **-yı külliye** *mil.* Hauptstreitkräfte *pl.*, Gros *n* **²yı Milliye** die Nationalen (Streit-)Kräfte; Mitkämpfer *pl.* der kemalistischen Bewegung im türk. Freiheitskrieg **²yı Milliyeci** aktiver Kemalist (im türk. Freiheitskrieg) **-yı umumiyei harbiye** *va.* Wehrmacht *f*
kuvadratik (*franz.* **quadratique**) quadratisch *ikinci derece
kuvadratür (*franz.* **quadrature**) s. **karele(ştir)me**
kuvanca *naut.* Ablösung *f* (der Deckwache) ~ **vardiya etmek** *naut.* die Deckwache ablösen
kuvanta *phys.* Quant *n* ~ **istatistiği** *phys.* Quantenstatistik *f* ~ **kuramı (nazariyesi, teorisi)** Quantentheorie *f*
kuvantalaşma *phys.* Quantifikation *f*
kuvars *min.* Quarz *m* ~ **lambası** Quarzlampe *f*
kuvarsit, -ti *min.* Quarzit *m*
kuvarslı Quarz enthaltend ~ **saat** Quarzuhr *f* *elektronik saat
kuvart boy *typ.* Quartformat *n*
kuvarta [·×·] *Ka.* Vierersequenz *f*
kuvartana [··×·]d s. **dörtlü humma**
kuvat, -dı (*franz.* **couvade**) *soz.* Männerkindbett *n*
kuver (*franz.* **couvert**) Gedeck *n*
kuvertür (*franz.* **couverture**) Decke *f*, Überzug *m*
Kuveyt; Küveyt, -ti *n.pr. geogr.* Kuwait
kuvöz (*franz.* **couveuse**) 1. Brutapparat *m* 2. *med.* Brutschrank, -kasten *m* (für Frühgeburten), Couveuse *f*
kuvvanî [·––] *phys., phil.* dynamisch *dinamik, gürel
kuvvaniyet, -ti [ā] *phys., phil.* Dynamik *f* *dinamik, gürellik
kuvve 1. Kraft *f* 2. Potentialität *f* 3. *psych.* geistige Fähigkeit; Vermögen *n* *meleke, yeti 4. Welt *f* des Gedanklichen, auf dem Papier stehender Plan (im Ggs. zur Verwirklichung) 5. *mil.* Präsenzstärke *f* **-de olmak** vorgesehen, eingeplant sein **-de kalmak** nicht zur Ausführung gelangen (z.B. Plan) **-den fiile çıkarmak** in die Tat umsetzen, zur Ausführung bringen, verwirklichen *hakikatleştirmek, tahakkuk ettirmek, realize etmek **-den fiile geçmek** (*od.* **çıkmak**) in die Tat umgesetzt werden, verwirklicht werden **-i adliye** s. **kaza kuvveti; -i anilmerkeziye** s. **merkezkaç kuvvet; -i icraiye** s. **icra kuvveti; -i inbatiye** Kraft *f* des Bodens, pflanzliches Leben hervorzubringen **-i intaşiye** *bot.* Keim-kraft, -fähigkeit *f* **-i kazaiye** s. **kaza kuvveti; -i maddiye** materielle Kraft; Schlagkraft *f* **-i maneviye** moralische Kraft; Moral *f*, seelische Verfassung; Stimmung *f* **-i maneviyenin kırılması** Demoralisierung *f* **-i mekniye** *phil.* Potential *n* *gizilgüç **-i muharrike** motorische (treibende) Kraft, bewegende Energie; Kraftstrom *m*, Antriebskraft *f* **-i muharrikei elektrikiye** s. **elektromotor kuvvet; -i muharrikei mıknatısiye** s. **magnetomotor kuvvet; -i müdrike** Begriffsvermögen *n* **-i samia** s. **samia** (1); **-i şamme** s. **şamme; -i teşriiye** gesetzgebende Gewalt
kuvvet, -ti 1. Kraft, Stärke *f* 2. *phys.* Kraft *f* 3. Lebenskraft *f*, gute Gesundheit 4. Widerstandsfähigkeit, Haltbarkeit *f* 5. Wirksamkeit *f* 6. Macht, Gewalt *f* 7. Ungestüm *n*, Wucht *f* 8. Meisterschaft *f* (z.B. des Stils) 9. Wagemut *m* 10. *mil.* Streitkraft *f* 11. *math.* Potenz *f* 12. (m. Dat.) a) Möge ... stark sein! b) kraft, dank Zu 1: s. **beygir -i** Zu 6: s. **hayvanî** ~ Zu 10: **kara kuvvetleri** Landstreitkräfte *pl.* **hava kuvvetleri** Luftwaffe *f* Zu 11: **beşinci kuvvete refetmek** *math.* zur fünften Potenz erheben Zu 12: **Haydi bakalım tabana** ~! Jetzt lauf aber einer, was er kann! **Koluna** ~! Bravo! **Paraya** ~ **muvaffak oldu.** Dank dem Geld hat er Erfolg gehabt ~ **almak** 1. (neue) Kraft (*od.* Kräfte) sammeln, gewinnen 2. Mut fassen ~ **bulamamak** (bşi yapmağa) nicht wagen können (zu) ~ **bulmak** gestärkt werden; Boden gewinnen ~ **çifti** *phys.* Kräftepaar *n* ~ **gösterisi** demonstrative Machtentfaltung ~ **ihtiyacı** (*od.* **lüzumu**) *mil.* Kräftebedarf *m* ~ **iktisadı** *mil.* Kräfteersparung, -ersparnis *f* ~ **ilâcı** Kräftigungs-, Stärkungsmittel, Tonikum *n* ~ **iletimi** *phys.* Kraftübertragung *f* ~ **inkısamı** *mil.* Kräfte-verteilung, -einteilung *f* ~ **istikameti** *techn.* Kraftrichtung *f* ~ **kaydırma** *mil.* Kräfteverschiebung *f* ~ **kullanma** Gewaltanwendung *f* ~ **macunu** Aphrodisiakum *n* ~ **merkezi** Kraftwerk *n* ~ **nispeti** *mil.* Kräfteverhältnis *n* ~ **ölçme aleti** Kraftmesser *m* ~ **taksimi** s. **kuvvet inkısamı;** ~ **tasarrufu** s. ~ **iktisadı;** ~ **taşı** schwerer Stein (zur Kraftmessung) ~ **vermek** Kraft verleihen, kräftigen, stärken **-i kalmamak** keine Kraft mehr haben **-ine mağrur olarak** durch seine Macht verblendet **-le** 1. kräftig, stark 2. mit Gewalt 3. mit Bestimmtheit, nachdrücklich (Zu 3: **Bunu -le umarım.** Damit rechne ich fest. **-le muhtemel** sehr wahrscheinlich; **... yapması -le muhtemel** aller Wahrscheinlichkeit nach ...) **-ler ayrılığı** *jur.* Gewaltenteilung *f* *tefriki kuva **-ler sahası** *phys.* Kraftfeld *n* **-leri dağıtma** *mil.* Zersplitterung *f* der Kräfte **-leri kullanmak** *mil.* Kräfte einsetzen **-lerin ayrılığı** *jur.* Gewaltenteilung *f* **-lerin birleşmesi** *jur.* Gewaltenverbindung *f* **-lerin çoğu** *mil.* Masse *f*, Gros *n* **-ten düşmek** von Kräften kommen, an Kraft verlieren, schwach werden **-ten düşürmek** schwächen, entkräften
kuvvetlendirici 1. (ver-)stärkend, kräftigend; *med.* tonisch 2. *phot.* Verstärker *m*
kuvvetlendirmek (m. Akk.) Kraft verleihen, kräftigen, erstarken lassen, (ver-)stärken *takviye etmek
kuvvetlenmek 1. Kraft gewinnen, sich kräftigen, kräftiger (stärker) werden, erstarken 2. ertragreich werden (Boden)
kuvvetli 1. kräftig, stark, lebhaft (z.B. Wunsch) 2. gewaltig, mächtig, kraftvoll 3. heftig (z.B. Winde), wuchtig (z.B. Schlag) 4. laut (z.B. Stimme); schallend (z.B. Gelächter) 5. überzeugend (Beweis) 6. widerstandsfähig, dauerhaft 7. angesehen, einflußreich 8. (b–den) überlegen 9. tüchtig (z.B. Angestellter) 10. leistungsfähig (z.B. Maschine) 11. hartnäckig (z.B. Gerücht) 12. *mus.* be-

tont, gut (Taktteil) 13. *Adv.* stark, fest, sehr Zu 1: **Arapçası ~ olan bir tanıdığımız** ein Bekannter von mir, der sehr gut Arabisch kann **burnu ~ bir adam** wer feine Gerüche wahrnehmen kann **~ tenor** s. **büyük opera tenoru; ~ ünsüz** *phon.* Fortis *f*, gespannter Konsonant **~ zaman** *mus.* guter (betonter) Taktteil (*ant.* hafif zaman)

kuvvetölçer s. **dinamometre**

kuvvetsiz 1. kraftlos, machtlos, schwach, matt 2. wirkungslos (Arznei)

kuvvetsizlik 1. Kraft-, Macht-losigkeit *f*, Schwäche, Mattigkeit *f* 2. Wirkungslosigkeit *f* (e–r Arznei)

kuyruk, -uğu 1. Schwanz, Schweif *m* 2. *pr.* Fettschwanz *m* (des Hammels) 3. Schwanz-, Steuer-federn *pl.*, Schwanz *m* (des Vogels) 4. Schwanz *m* (e–s Flugzeugs, Drachens), Schweif *m* (e–s Kometen) 5. Schwanzflosse *f* (e–s Fisches) 6. Schleppe *f* (z.B. e–s Brautkleids) 7. ständiger Begleiter, Gefolge *n, pol. a.:* Mitläufer *m, pl.* 8. (Menschen-, Auto- usw.)Schlange *f* 9. Anhang *m* *zeyil 10. hinterer od. unterer Teil verschiedener Gegenstände wie: Stiel, Schaft, Griff *m* (Uhr-)Pendel *n*, Saitenhalter *m* (e–r Geige), Ausläufer *m* (e–r Erzader), Ende *n*, (Haar-)Zopf *m*, Angel *f* (e–s Messers) usw. 11. *mus.* Noten-hals, -stiel *m* *bacak 12. äußerer Augenwinkel Zu 7: **O, bu adamın -udur.** Er folgt diesem Menschen wie sein Schatten. Zu 10: **-taki furgon** angehängter Güterwagen Zu 12: s. **gözünün -iyle bakmak; ~ acısı** nicht verwundener Groll, alter Haß; Rachsucht, Unversöhnlichkeit *f*, Ressentiment *n*, Animosität *f* **~ acısını çıkarmak** sein Mütchen kühlen, Rache nehmen, Vergeltung üben **~ betri** *vet.* Kupieren *n* (des Pferdeschwanzes) **~ çekmek** den Augen durch Schminke ein verlängertes Aussehen geben **~ çiçeği** Schwanzblume *f bot.* Anthurium magnificum *bayrak çiçeği **~ devlet** Satellitenstaat *m* *peyk devlet **~ düğmesi** Sattelknopf *m* (an der Geige) **~ kaldırmak** läufig sein (weibliches Tier) **~ kemiği** s. **kuyruksokumu (kemiği); ~ keskisi** Kupierzange *f* (für Pferdeschwänze) **~ lambası** Rücklicht *n* (am Auto) **~ manivelası** Protzstock *m* (am Geschütz) **~ olmak** 1. (bir yerde) Schlange stehen 2. j–m blindlings folgen **~ omurları** *an.* Steinbeinwirbel *pl.* *fıkaratı us'usiye **~ sallamak** 1. mit dem Schwanz wedeln (bzw. wippen) (Hund bzw. Bachstelze) 2. *fig.* kriechen, schmeicheln 3. *fig.* Avancen machen (Frau, Mädchen e–m Mann) **~ takımı** Leitwerk *n* (bei Flugzeug, Ballon, Bombe) **~ tekerleği** Heckrad *n* (e–s Flugzeugs) **~ teleği** Schwanzfeder *f* (e–s Vogels) **~ tutmak** sich anstellen (bei e–r Schlange wartender Leute) **~ ürünü** s. **son ürün; ~ yapmak** Schlange stehen **~ yüzgeci** Schwanzflosse *f* **-a bağlamak** anhängen (Eisenbahnwagen) **-a girmek** s. **kuyruk tutmak; -u ele geçmek** erwischt werden **-u kapana kısılmak** in die Kelmme geraten **-u omuzlamak** *V* die Beine in die Hand nehmen; sich davonmachen **-u titretmek** *V* abkratzen, krepieren (= sterben) **-una baka baka** ganz kleinlaut **-una basmak** (b–nin) j–m auf den Schwanz (Schlips) treten, j–n kränken, beleidigen, reizen **-una kabak bağlamak** *hum.* noch j–n anderes mitbringen (*F* anschleifen) **-una teneke bağlamak** (b–nin) *fig.* j–n verspotten, verhohnepiepeln, auf den Arm nehmen *alaya almak, maskaraya almak **-unu altına almak** 1. den Schwanz einziehen 2. kleinlaut werden; klein beigeben **-unu çekmek** von et. Abstand nehmen; et. sein (od. bleiben) lassen **-unu ele geçirmek** erwischen, packen, fassen, verhaften **-unu ele vermek** sich erwischen lassen, gepackt (gefaßt, verhaftet) werden **-unu kısmak** 1. den Schwanz einziehen 2. *fig.* klein und häßlich werden (vor lauter Angst) 3. *fig.* sich verdrücken **-unu kıstırmak** (b–nin) *fig.* j–n in die Enge treiben, j–n stellen **-unu oynatmak** mit dem Schwanz wedeln (Hund) **-unu tava sapına çevirmek** (b–nin) *hum.* j–n übel zurichten, j–n gehörig durchprügeln

kuyrukaltı çıbanı *vet.* ein unter dem Schwanz von Vögeln (*spez.* Kanarienvögeln) auftretendes gefährliches Geschwür

kuyrukkakan 1. Steinschmätzer *m zo.* Oenanthe oenanthe *akgerdan, taşöpen 2. s. **vınlayan (takırdayan, karakulaklı)**

kuyruklu 1. mit Schwanz, Schleppe usw. (vgl. **kuyruk**) *zuzenep 2. *P* Skorpion *m* *akrep 3. *fr.* Konzession *f* (für Geldwechsler) **~ biber** Kubebenpfeffer *m bot.* Piper cubeba **~ fişek** *mil.* Rakete *f* *roket **~ kelebek** s. **kırlangıç kayruklu kelebek; ~ kurbağa** Kaulquappe *f* *iribaş **~ piyano** Konzert- od. Stutz-Flügel *m* **~ saat** Standuhr *f* **~ sarraf** *fr.* konzessionierter Geldwechsler **~ sürme** Schminke *f*, die den Augen ein verlängertes Aussehen gibt **~ yalan** faustdicke (schamlose, unverschämte) Lüge **-lar** Schwanzlurche *pl. zo.* Urodela

kuyrukluyıldız 1. *astr.* Komet *m* *kevkebi zuzenep 2. Rakete *f* (Feuerwerkskörper) **~ kuyruğu** *astr.* Kometenschweif *m* **~ saçı** Koma *f* (e–s Kometen)

kuyruksallayan 1. Bachstelze *f zo.* Motacilla (alba u.a.) *yonda kuşu 2. Frau, die e–m Mann Avancen macht; kokett Zu 1: a. **ak(sarı) ~; dağ -ı**

kuyruksallayangiller (Familie *f* der) Stelzen *pl. zo.* Motacillidae

kuyruksokumu (kemiği) *an.* Kreuzbein *n* *sağrı kemiği

kuyruksu schwanzförmig

kuyruksuz 1. schwanzlos, ungeschwänzt 2. mit kupiertem Schwanz (Hund) **~ piyano** s. **konsol piyano; -lar** Froschlurche *pl. zo.* Anura

kuyrukyağı, -nı das aus Hammelschwänzen gewonnene Fett

kuytu 1. versteckt, still, einsam, abgelegen (Ort, Stelle) 2. s. **kuytuluk**

kuytuluk Abgeschiedenheit *f* (e–s Ortes)

kuyu 1. Zieh-, Schöpf-brunnen *m* 2. Bergwerksschacht *m*, (Erdöl-)Bohrloch *n*, (Kalk-)Grube *f* 3. Miete *f* (Aufbewahrungsort für Feldfrüchte usw.) 4. *fig.* Abgrund *m*, bodenlose Tiefe **~ bileziği** Brunnen-kranz *m*, -einfassung *f*, Verkragung *f* **~ dolabı** Schöpfwerk *n* **~ fındığı** unreif in die Erde vergrabene Haselnüsse *pl.* (die hierdurch e–n bes. Geschmack gewinnen) **~ gibi** sehr tief **~ kebabı** in kleiner Grube gebratenes ganzes Schaf od. Lamm **~ suyu** bitteres, zum Trinken ungeeignetes Wasser **~ suyu gibi** geschmacklos, fade **~ tulumbası** Brunnenpumpe *f* **-sunu kazmak** 1. (b–nin) j–m e–e Grube graben, j–m e–e Falle stellen 2. s. **kendi -sunu kendi kazmak; -ya atmak** (k–ni) sich selbst töten, Selbstmord begehen **Kendimi -ya atarım!** (halb scherzhafte Drohung, etwa:) Ich häng' mich noch auf!

Kuyucak *n.pr.* O. u. D. im Rbz. Aydın

kuyucu Brunnen-gräber, -bauer *m*

kuyuculuk Brunnen-graben *n*, -bau *m*

kuyudat, -tı [·‒‒] *dopp. Pl.*, Bed.: **kuyut, kayıtlar**

kuyum *va.* Gold- und Silberschmuck *m;* Juwelen *pl.*

kuyumcu Goldschmied, Juwelier *m* **~ çekici** Fassonhammer *m* (des Goldschmieds) **~ terazisi** Goldwaage *f*

kuyumculuk Goldschmiedekunst *f*, Juweliergewerbe *n*

kuyut, -du [·‒] *va. Pl.* zu **kayıt** (1–3); **-a tatbik etmek** mit den Eintragungen vergleichen, kollationieren (Buchhaltung)

kuz im Schatten liegend (befindlich) **~ yönü** s. **güzey, kuzey**

kuzah *urspr.* Name e–r heidnischen Luftgottheit: s. **kavsi-kuzahî** *va.* in den Regenbogenfarben spielen, irisierend

kuzahiye; tabakai ~ s. **iris**

kuzat, -tı [ā] *va. Pl.* zu **kadı**

kuzen Vetter, Cousin *m*

kuzey 1. Norden *m* *şimal 2. nördlich, Nord- *kuzeysel, şimalî 3. Nordabhang *m* (e–s Berges) ≗ **Atlantik Paktı Teşkilâtı** (*od.* ≗ **Atlantik Antlaşması Örgütü**) *n.pr.* NATO *f* ~ **balinası** Seiwal *m zo.* Balaenoptera borealis ~ **burnu** *geogr.* Nordkap *n* ≗ **Buz Denizi** *geogr.* Nördliches Eismeer ≗ **Deniz** *geogr.* Nordsee *f* ~ **dilleri** *ling.* die skandinavischen Sprachen ~ **ışığı** (*od.* ~ **fecri**) Nordlicht *n*, nördliches Polarlicht ≗ **Kore** *geogr.* Nordkorea ~ **kutbu** Nordpol *m* ~ **kutbu bölgesi** *geogr.* arktische Zone ~ **kutup dairesi** nördlicher Polarkreis ~ **kuzeybatı** Nordnordwest, NNW ~ **kuzeydoğu** Nordnordost, NNO ~ **noktası** *astr.* Nordpunkt *m* ≗ **Okyanusu** s. ≗ **Buz Denizi;** ~ **sıçan piresi** nordischer Rattenfloh *zo.* Ceratophyllus fasciatus ~ **yarımküre** (*od.* ~ **yarımyuvarı**) nördliche Hemisphäre **-e dönmek** 1. mehr und mehr aus nördlicher Richtung kommen (Wind) 2. nach Norden ausschlagen (Kompaßnadel)

kuzeybatı Nordwesten *m*, nordwestlich, Nordwest- *şimali garbî

kuzeydoğu Nordosten *m*, nordöstlich, Nordost- *şimali şarkî

kuzeyli 1. Nordländer(-in *f*) *m* 2. *pol.* Anhänger *m* des Nordens (USA, Korea) 3. Nord-

kuzeysel nördlich, Nord- *şimalî

Kuzeytacı, -nı *astr.* Nördliche Krone *İklili şimalî

kuzgun Kolkrabe *m zo.* Corvus corax *büyük (*od.* kara) karga ~ **karası** rabenschwarz ~ **otu** s. **kartal eğreltisi;** ≗**a yavrusu şirin** (*od.* **şahin** *od.* **anka**) **görünür** (*od.* **gelir**). *Spr.* 1. (*spött. Ra.* über elterliche Affenliebe) 2. Jedem Narren gefällt seine Kappe.

kuzgunayağı, -nı 1. krähenfußartiger Wegerich *bot.* Plantago coronopus *hilâl otu, kılar 2. quirlblättriger Kümmel *bot.* Carum verticillatum

kuzguncuk 1. kleiner Rabe 2. vergittertes Guckloch (an den Türen von Gefängniszellen) 3. ≗ *n.pr.* O. auf der asiatischen Seite des Bosporus

Kuzgundenizi, -ni *n.pr. va.* s. **Hazardenizi**

kuzgunî (*a.* ~ **siyah**) pech-, kohl-, raben-schwarz

kuzgunkılıcı s. **glayöl**

kuzin Cousine, Kusine *f*, (Base *f*)

kuzina [·×·] (*ital.* **cucina**) 1. Küchenherd *m* 2. *naut.* Schiffsküche, Kombüse *f* (auf Handelsschiffen)

Kuzistan *n.pr. geogr.* Chusistan (pers. Provinz; vom Irak beansprucht)

kuzu 1. Lamm, Schäfchen *n* 2. Türchen *n* in e–m größeren Tor 3. verkrüppelte kleine Frucht (z. B. Orange), die an e–e normalgroße angewachsen ist 4. s. **kuzu gibi** 5. *V* s. **puşt** (1); ~ **akbabası** s. **sakallı akbaba;** ~ **çevirme kebabı** am Spieß gebratenes ganzes Lamm ~ **çıbanı** kleineres, harmloses Geschwür ~ **derisi** Lammfell *n spez.* Persianer *m* ~ **dili** die Ochsenzungenart Anchusa aggregata ~ **doldurmak** farciertes Lamm zubereiten ~ **dolması** farciertes Lamm ~ **gevreği** 1. s. **eşek marulu** 2. Rapünzchen *n*, Acker-, Feld-salat *m bot.* Valerianella olitoria ~ **gibi** (*a. mit der Forts.* **akıllı uslu**) lammfromm, ruhig, sanftmütig, nachgiebig ~ **kapaması** s. **kapama** (2); ~ **kartalı** s. **sakallı akbaba;** ~ **kestanesi** kleine süße Kastanienart ~ **kuşu** s. **sakallı akbaba;** ~ ~ s. **kuzu gibi;** ~ **otu** 1. große Mudarpflanze *bot.* Asclepias gigantea 2. s. **panzehir otu;** ~ **palamudu** kleinerer Thunfisch ~ **pıtrağı** Odermennig *m bot.* Agrimonia eupatoria ~ **postuna bürünmüş** *fig.* Wolf *m* im Schafspelz ~ **sarması** 1. Lamm-kaldaunen, -kutteln *pl.* 2. *fig.* dicke Freunde *pl.* ~ **uysallığı** Schafsgeduld *f* **-m** mein Lieber! meine Liebe! mein Liebes! mein Lämmchen (Herzchen, Süßes, Engelchen usw.) **-ya dönmek** s. **kuzulaşmak**

kuzucuk Lämmchen, Schäfchen *n* **kuzucuğum** *F* mein kleiner Liebling!

kuzudişi, -ni Milchzahn *m* (der Kinder) *sütdişi

kuzugöbeği, -ni s. **akmantar**

kuzukapan s. **sakallı akbaba**

kuzukıran s. **kılıç otu**

kuzukulağı, -nı (Sauer-)Ampfer *m bot.* Rumex (acetosa u. a.) ~ **asidi** s. **asit oksalik;** ~ **tuzu** Kleesalz *n*

kuzulamak 1. Junge werfen, lammen (Schaf) 2. neben sich e–e verkümmerte Zwergfrucht haben (normale Frucht) 3. e–e dünnere Linie od. e–e Schraffierung neben sich haben (Linie, Schrift)

kuzulaşmak lammfromm werden, allmählich aus der Hand fressen

kuzulu 1. ein Lämmchen tragend (Schaf) 2. von einem Lämmchen begleitet 3. mit et. Kleinerem der gleichen Art (z. B. Frucht, Tor usw.) ~ **cetvel** dicke Randlinie mit dünnerer daneben ~ **kapı** (größeres Tor), in dem ein Türchen angebracht ist

kuzuluk 1. Schafhürde *f* 2. *fig.* Fügsamkeit, Nachgiebigkeit *f* 3. *fr.* Nische *f* (in dem Speisesaal e–s Klosters) 4. ≗ Name e–s türk. Mineralwassers (nach dem gln. Ort im Rbz. Sakarya)

kuzumantarı, -nı allg. Bez. von Röhrlingen wie Steinpilz *m bot.* Boletus edulis; Hexenröhrling *m bot.* Boletus deliciosus u. a. m.

Küba *geogr.* Kuba

kübabe s. **kebabe**

kübaj (*franz.* **cubage**) Kubikberechnung *f* (bei Baumstämmen)

Kübalı Kubaner(-in *f*) *m*, kubanisch

kübera [ā] *va. Pl.* zu **kebir**

kübik 1. *math.* kubisch *mikâbî 2. kubistisch (Haus, Bild usw.) ~ **sayı** s. **küp sayı**

kübist, -ti 1. kubistisch 2. Kubist(-in *f*) *m*

kübizm Kubismus *m*

kübra [×–] *va. Fem.* zu dem Elativ **ekber;** *log.* Obersatz *m*, Propositio major *büyük önerme

kücü Helfe *f* (Stützfaden beim Weben)

küçücük niedlich klein, winzig

küçük, -üğü 1. klein (*ant.* **büyük**) 2. jung, jünger, *gel. a.* jüngst- 3. zahlenmäßig gering, klein, kleiner 4. *fig.* a) niedrig, gemein, unwürdig b) unwichtig, unbedeutend 5. in niedrigem Rang stehend (Beamter) 6. *jur.* minderjährig 7. Kind *n*, Junge *m*, Mädchen *n* 8. (Anrede od. Zuruf) Kleiner! Kleine! Kleines! 9. (Tier-)Junges Zu 2: **Benden beş sene** (*od.* **yaş**) **-tür.** Er ist fünf Jahre jünger als ich. ~ **-ad** Vorname *m* ≗ **Ağrı** (**dağı**) *n.pr.* Kleiner Ararat (3925 m) ~ **ak balıkçıl** Seidenreiher *m zo.* Egretta garzetta ~ **akasma** s. **İtalyan akasması;** ~ **akciğer kılkurdu** kleiner Lungenwurm (Parasit bei Schafen) *zo.* Protostrongylus rufescens ~ **alaca ağaçkakan** Kleinspecht *m zo.* Dryobates minor ≗ **Antant** *hist.* Kleine Entente *f* (Tschechoslowakei, Rumänien, Jugoslawien; 1920–21) ~ **aptes** Wasserlassen, Urinieren, Harnen *n*, *F* kleines Geschäft ≗ **Asya** s. **Anadolu;** ~ **atkuyruğu** Akkerschachtelhalm *m bot.* Equisetum arvense ≗ **Atlaslar** *n.pr.* Tell-Atlas *f* (in Algerien) *Tell dağları ~ **avarya** *jur.* kleine Haverei ~ **ay** Februar *m* *şubat ~ **ayıgiller** Kleinbären *pl. zo.* Procyonidae ~ **azıdişleri** *an.* Prämolaren, vordere Backenzähne *pl.* ~ **bağırgan kartal** Schreiadler *m zo.* Aquila pomarina ~ **baldıran** gemeine Hundspetersilie *bot.* Aethusa cynapium ~ **balyemez** *hist.* Falkonette *f* ~ **başlı** 1. mit kleinem Kopf 2. *fig.* dumm, unverständig ~ **başlık harfleri** *typ.* Kapitälchen *pl.* ~ **bayram** s. **Şeker bayramı;** ~ **bey** 1. kleiner Herr 2. (Anrede, *oft iron.* od. *hum.*) junger Herr! ~ **boy fotograf makinesi** Kleinbildkamera *f* ~ **cari hesap** Sparkonto *n* ~

cari hesap defteri Sparbuch *n* ~ **cavers** Kutki-Hirse *f bot.* Panicum miliare ~ **Cezayir menekşesi** Immergrün *n bot.* Vinca minor ≗ **Çamlıca suyu** Name e–s beliebten Quellwassers ~ **çaplı** kleinkalibrig ~ **çapta** in kleine(re)m Ausmaß od. Umfang ~ **çatalkuyruklu balina** Zwergwal *m zo.* Balaenoptera acutorostrata ~ **çayırgüzeli** Zwerg-Zittergras *n bot.* Briza minor ≗ **Çekmece** *n.pr.* O. am Marmarameer in der Nähe von Istanbul ~ **çıkma** *hist.* Ernennung od. Beförderung *f* außerhalb der Feier der Thronbesteigung e–s Sultans ~ **çiçekli sığırkuyrugu** kleinblütige Königskerze *bot.* Verbascum thapsus *buranca (otu) ~ **çinçilya** Wollmaus *f zo.* Chinchilla lanigera ~ **çizgi** s. **birleştirme çizgisi;** ≗ **Çuha adası** *n.pr.* Insel *f* Antikythira (Cerigotto) (südl. des Peloponnes) ~ **dağları ben yarattım demek** 1. sehr von sich eingenommen sein 2. furchtbar aufschneiden ~ **defterdar** *hist.* s. **şıkkı sani;** ~ **doğan** Kleinwanderfalke *m zo.* Falco minor ~ **dolu** Graupeln *pl.* ~ **düşmek** (b–nin yanında) in j–s Augen an Ansehen verlieren, blamiert dastehen, sich klein und häßlich vorkommen ~ **düşürmek** 1. (b–ni) j–n in den Augen anderer herabsetzen; herabwürdigen, blamieren, bloßstellen 2. (k–ni) sich erniedrigen, sich bloßstellen, sich blamieren ~ **düzey** *Th.* Podest *n* ~ **ebegümeci** nordische Malve *bot.* Malva borealis ~ **esnaf** Einzelhändler *m* oder *pl.;* Kleingewerbetreibende(-r *sg.*) *pl.* ~ **evren** Mikrokosmos *m* ~ **evsineği** kleine Stubenfliege *zo.* Fannia canicularis ~ **fesleğen** kleines Basilienkraut *bot.* Ocimum minimum ~ **gece tavuskelebeği** kleines Nachtpfauenauge *zo.* Saturnia pavonia ~ **gelmek** zu klein sein (z.B. anprobierte Schuhe) ~ **gezegen** *astr.* Planetoid, Asteroid *m* ~ **göğüs kası** *an.* kleiner Brustmuskel ~ **görmek** 1. für unbedeutend halten, nicht beachten, links liegenlassen 2. unterschätzen ~ **görünmek** jünger aussehen (als man tatsächlich ist) ~ **göstermek** 1. j–n für jünger ausgeben (als er wirklich ist) 2. s. ~ **görünmek;** ~ **grup** *mil.* Untergruppe *f* ~ **hamamböceğid** s. **Alman hamamböceği;** ~ **hanım** junge Dame, junges Fräulein ~ **hareketler** niedrige (gemeine, rohe) Handlungen *pl.* ~ **harf** Kleinbuchstabe *m*, Minuskel *f* ~ **havlıcan** Galgantwurzel *f bot.* Alpinia officinarum ~ **hevhulma** ysopblättriger Weiderich *bot.* Lythrum hyssopifolia ~ **heykel** s. **heykelcik;** ~ **hikâye** 1. *fr.* Novelle, Erzählung *f* 2. Kurzgeschichte, Short story *f* ~ **hindistancevizi** s. Stw. **hindistancevizi;** ~ **ısırgan** kleine Brennessel *bot.* Urtica urens ~ **ışıldak** *Th.* Kleinscheinwerfer *m* ~ **ibre** s. **akrep** (2); ~ **inciçiçeği** s. **kokulu yapışkan;** ~ **isim** 1. Vorname *m* 2. abgekürzte Namensform, Kurzname *m* ~ **iskete** Girlitz *m zo.* Serinus serinus *kanarya ~ **işini görmek** (s) ein kleines Geschäft verrichten ~ **İtilâf** s. **Küçük Antant;** ~ **jibon** Hulok *m zo.* Hylobates hoolok *hulok ≗ **Kafkaslar** *n.pr.* Kleiner Kaukasus ~ **kalibreli tüfek** Kleinkalibergewehr *n* ~ **kalkanbezi** *an.* Nebenschilddrüse *f* *paratiroit ~ **kalori** *phys.* Gramm-Kalorie *f* ~ **kantaron** Tausendgüldenkraut *n bot.* Erythraea centaurium *kızılkantaron ~ **karaciğer kelebeği** kleiner Leberegel *zo.* Dicrocoelium lanceolatum *kum kelebeği ~ **karakol** *mil.* Feldwache *f* ~ **karanfil** Federnelke *f bot.* Dianthus plumarius ~ **kardes** jüngerer Bruder, jüngere Schwester ~ **karga** Dohle *f zo.* Coloeus monedula ~ **karıncayiyen** s. **cüce karıncayiyen;** ~ **karides** Felsengarnele *f zo.* Palaemon serratus *teke ~ **kavak tekeböceği** Pappelbock *m zo.* Saperda populnea ~ **kedibalığı** kleingefleckter Katzenhai *zo.* Scyllium canicula *küçük sakız levreği ~ **kerkenez** Rötelfalke *m zo.* Falco Naumanni ~ **kızıl buğday** s. **kaplıca buğdayı;** ~ **kişniş otu** kleiner Koriander *bot.* Bifora testiculata ~ **komuta** (*od.* **kumanda**) **makamları** *mil.* untere Führer, Führungsstellen *pl.* ~ **kök boyası** Färbermeier *m bot.* Asperula tinctoria ~ **köyün büyük ağası** *fig.* kleiner Gernegroß ~ **kum yılanbalığı** Sandaal *m zo.* Ammodytes tobianus ~ **kumru** Zwergtaube *f zo.* Streptopelia senegalensis (*a.* in Anatolien) ~ **kurna** *Sch.* zweiter Vorsitzender der Disziplinarkommission ~ **kurtbağrı** kleine Spatzenzunge *f bot.* Passerina virgata ~ **kuzukulağı** 1. kleiner Ampfer, Feldampfer *f bot.* Rumex acetosella 2. gemeiner Sauerklee *bot.* Oxalis acetosella 3. kopfförmige Marante *bot.* Calathea allouia ~ **küsküt otu** Quendelseide *f bot.* Cuscuta epithymum *eftimon ~ **lahana** s. **Brüksel lahanası;** ~ **lahana kelebeği** kleiner Kohlweißling *zo.* Pieris rapae *turp kelebeği ~ **latinçiçeği** kleine Kapuzinerkresse *bot.* Tropaeolum minus ~ **maaşlı memurlar** geringbesoldete Beamte *pl.* ~ **martı** Sturmmöwe *f zo.* Larus canus ≗ **Menderes** *geogr.* 1. der kleine Mäander 2. (*a.* **Eski Menderes**) Skamander *m* ~ **mevlut ayı** s. **rebiyülâhır;** ~ **meyveli Trabzon hurması** italienische Dattelpflaume *bot.* Diospyros lotus ~ **muşta topu** Punching-, Punkt-ball *m* (Boxen) ~ **muhabbetçiçeği** Färber-Wau *m bot.* Reseda luteola ~ **nalburunlu yarasa** Zwerghufeisennase *f zo.* Rhinolophus hipposideros ~ **Nil aygırı** Zwergflußpferd *n zo.* Choeropsis liberiensis ~ **nilüfer** s. **kurbağazehiri;** ~ **oğlu** sein jüngster Sohn ≗ **Onbaşı** der kleine Korporal (Napoleon I.) ~ **orman bahçıvanı** kleiner Waldgärtner (Kiefernmarkkäfer) *zo.* Blastophagus minor ~ **orta** die fünfte der insgesamt sechs Ringerklassen ~ **oynamak** nur mit kleinem Einsatz spielen ~ **önerme** *log.* Untersatz *m*, Propositio minor *suğra ~ **panda** Katzenbär *m zo.* Ailurus fulgens ~ **papatya** s. **mayıs papatyası;** ~ **parmak** 1. kleiner Finger 2. kleine Zehe *(1, 2) serçeparmak ~ **pastırma** Abart des **pastırma-** *Ka.* ~ **penguen** Zwergpinguin *m zo.* Eudyptula minor ~ **pırasa** Rosenlauch *m bot.* Allium roseum ~ **puhu** s. **cüce baykuş;** ≗ **Ruslar** *va.* Ukrainer *pl.* (*va.:* Kleinrussen) ~ **sakız levreği** s. ~ **kedibalığı;** ~ **sanatlar** Kleingewerbe, Handwerk *n* ~ **serçedili** Vogelkopf *m bot.* Thymelaea passerina ~ **sevk ve idare** *mil.* untere Führung ~ **sıracaotu** s. **pıtrak dikeni** (3); ~ **sinektutan** französisches Leimkraut *bot.* Silene gallica ~ **sinir otu** mittlerer Wegerich *bot.* Plantago media ~ **soreks** Zwerkspitzmaus *f zo.* Sorex minutus *minik soreks ~ **spor** *bot.* Mikrospore *f* ≗ **Suyılanı** *astr.* Kleine Wasserschlange (Sternbild) ~ **tarlakuşu** Stummellerche *f zo.* Calandrella rufescens ≗ **taş baş yarar** *Spr.* Kleine Ursachen, große Wirkungen. *Spr.* ~ **taze soğan** Schnittlauch *m bot.* Allium schoenoprasum ~ **tepeli** *fr.* ein dem **örf** (3) ähnlicher Turban (hoher Staatsbeamter) ~ **terim** *log.* Terminus minor, Unterbegriff *m* *haddi asgar ~ **testere gagalı ördek** Zwergsäger *m zo.* Mergus albellus ~ **tevakkuf** *mil.* kurzer Halt ~ **toy kuşu** Zwergtrappe *f zo.* Otis tetrax *mezgerdek ~ **tövbe ayı** s. **cemaziyelâhır;** ~ **yangın plakaları** *mil.* Brandplättchen *pl.* (wie sie zu Beginn des II. Weltkrieges über Feindgebiet abgeworfen wurden) ~ **yapraklı ıhlamur** Winterlinde *f bot.* Tilia cordata *kış ıhlamuru ~ **yaşımdan beri** von klein auf ~ **yılan dili** Kletterfarn *m bot.* Lygodium ~ **yüzgeçli yunusbalığıgiller** Weißwalartige *pl. zo.* Delphinapteridae ~ **zabit** *va.* Unteroffizier *m* *gedikli çavus ~ **zanaatçı** Einzelhändler *m*, Kleingewerbetreibender **-ten beri** von Kindheit an, von klein auf **-üne oynamak** s. ~ **oynamak;** **-ünü etmek** s. **küçük işini görmek**

Küçükaslan *astr.* Kleiner Löwe (Sternbild)

Küçükayı *astr.* Kleiner Bär *Dübbüasgar

küçükbaş Kleinvieh *n* (Schafe, Ziegen)

küçükdil *an.* Zäpfchen *n*, Uvula *f* **-ini yutmak** *fig.* 1. e–n jähen Schrecken bekommen 2. platt sein vor Verwunderung *(F)*

Küçükkaynarca *n.pr.* O. in der Dobrudscha ~ **Antlaşması** *hist.* Vertrag von K. (1774)

Küçükköpek *astr.* Kleiner Hund (Sternbild) *Kelbiasgar

küçüklemek 1. *selt.* kleiner machen, verkleinern 2. j–n schlechtmachen, herabsetzen, beleidigen, beschimpfen *tahkir etmek 3. erniedrigen, demütigen *tezlil etmek
küçüklenmek 1. *z. va.* klein werden od. klein erscheinen 2. Pass. zu **küçüklemek**
küçükleşmek 1. klein(-er)werden 2. sich kindisch benehmen
küçüklü (in der Füg.:) ~ **büyüklü** 1. klein und groß (z.B. Melonen), kleinere oder größere (z.B. Nachrichten) 2. jung und alt
küçüklük 1. Kleinheit *f* 2. jugendliches Alter; Kindheit *f; jur.* Minderjährigkeit *f* 3. kleine (An-)Zahl od. Menge 4. Unwichtigkeit, Unbedeutendheit *f* 5. erniedrigendes Verhalten (Benehmen, Vorgehen); Unwürdigkeit *f* 6. Kleinlichkeit *f* ~ **etmek** 1. e–e erniedrigende Handlung begehen 2. kleinlich handeln
küçüksemek (m. Akk.) 1. für unbedeutend halten, unterschätzen, nicht beachten, links liegenlassen, verachten *küçük görmek, istisgar etmek 2. verkleinern, herabsetzen, bagatellisieren
küçükşalgam Rübsen *m bot.* Brassica rapa oleifera
Küçükyalı *n.pr.* größerer Vorort von Istanbul auf der kleinasiatischen Seite
küçükyarasalar Kleinflattertiere *pl. zo.* Microchiroptera
küçükyayın Zwergwels *m zo.* Ameiurus nebulosus
küçülmek 1. klein(-er) werden, sich verringern, sich klein machen, abnehmen 2. *fig.* ganz klein und häßlich werden 3. *fig.* seinem eigenen Ansehen Abbruch tun 4. *techn.* sich verjüngen 5. sich für jünger ausgeben als man wirklich ist Zu 5: s.a. Stw. **sübek**
küçültme Vs. zu **küçültmek** *spez.* Verkleinerung, Reduktion, Verjüngung *f* (beim Maßstab) ~ **bileziği** *techn.* Reduktionsmuffe *f* ~ **borusu** *techn.* Reduktionsrohr *n* ~ **eki** *gr.* Diminutivsuffix *n* ~ **ismi** s. **küçültmeli ad;** ~ **ölçüsü** verjüngter Maßstab ~ **pergeli** Reduktions-, Verkleinerungs-zirkel *m*
küçültmek 1. klein(-er) machen, verkleinern, verringern, reduzieren; verjüngen (Maßstab) 2. et. geringer (kleiner od. jünger) darstellen als es in Wirklichkeit ist 3. leise(-r) stellen (Radio) 4. j–s Ehre od. Ansehen Abbruch tun; j–n erniedrigen, demütigen
küçültmeli ad (*bzw.* **sıfat**) *gr.* sb. (*bzw.* adj.) Verkleinerungsform *f*, Diminutiv *n*
küçültücü 1. erniedrigend, ehrenrührig 2. Verkleinerungsapparat *m*
küçümen (-cik) sehr klein, winzig, niedlich
küçümsemek s. **küçüksemek**
küçürek *P* recht klein; winzig; Knirps *m*
küduret, -ti [ū] *va.* 1. Gram, Kummer *m*, Leid *n* 2. s. **bulanıklık**
küesal Quetzal *m* (mittelamerikanischer Vogel) *zo.* Pharomacrus mocinno
küf 1. Schimmel *m* (Spaltpilz) 2. *P* Rost *m* *pas ~ **bağlamak** (*od.* **tutmak**) 1. schimmelig werden, verschimmeln 2. *fig.* in Vergessenheit geraten ~ **kokmak** muffig (dumpfig, moderig) riechen ~ **kokusu** Modergeruch *m* ~ **mantarları** Schimmelpilze *pl.* (Schlauchpilze der Gattungen Aspergillus u. Penicillium)
küfe 1. großer Tragkorb; Kiepe *f* 2. *V* Hintern, Popo *m*, Gesäß *n* ~ **çiçeği** Höckerkelch *m bot.* Cuphea platycentra ~ **ile getirilmek** so betrunken sein, daß man in e–r Kiepe nach Hause getragen werden muß (*fr.* häufig ausländische Matrosen in Istanbul)
küfeci 1. wer Kiepen herstellt od. verkauft 2. Lastträger **(hammal)** *m*, der j–s Markteinkäufe in seiner Kiepe trägt ~ **söğüdü** s. **aksöğüt**
küfecilik 1. Herstellung *f* und Verkauf *m* von Kiepen 2. Trägerdienste *pl.* (vgl. **küfeci** 2)
küfeki s. **kefeki**
küfeli 1. e–e Kiepe tragend 2. s. **küfeci** (2)
küfelik 1. Kiepevoll *f* 2. vollkommen betrunken, sternhagelvoll
küflenmek 1. schimmelig werden, verschimmeln 2. rostig werden, rosten (*präziser:* **paslanmak**) 3. *fig.* veralten, sich überleben, unmodern werden, zum Ladenhüter werden *köhneleşmek 4. *fig.* einrosten (z.B. Arbeitskraft) 5. lange Zeit versteckt od. gehortet liegen (z.B. Goldstücke)
küflü 1. schimmelig, verschimmelt 2. rostig (*präziser:* **paslı**) 3. *fig.* überlebt, veraltet, überaltert, unmodern, antiquiert *köhne 4. *hum.* versteckt aufbewahrtes od. gehortetes Gold
küflüce Mykose, Pilzkrankheit *f* *mantar hastalığı
küfran [ā] (*fr. a.* **-ı nimet**) Undank(-barkeit *f*) *m* *nankörlük
küfretmek [×··] 1. schimpfen, fluchen, Verwünschungen ausstoßen 2. (b–ne) j–n beschimpfen 3. sich in Blasphemien ergehen
küfriyat, -tı [ā] *va.* 1. Flüche, Schimpfworte *pl.* 2. Schmähungen *pl.* 3. gotteslästerliche Taten *pl.*
küfür (I), **-frü** 1. Unglaube *m*, ketzerische Auffassung od. Äußerung; Gottlosigkeit *f* 2. Schimpfen, Fluchen *n*, Fluch *m*, Verwünschung, Gotteslästerung *f* 3. *va.* a) s. **küfran** b) Verheimlichung *f* der Wahrheit c) Ungläubige *pl.* (Nicht-Mohammedaner) ~ **etmek** s. **küfretmek;** ~ **işitmek** Verwünschungen zu hören bekommen, verwünscht werden ~ **yağdırmak** (b–ne) mit Flüchen (Schimpfworten, Verwünschungen) überhäufen ~ **savurmak** (*od.* **-ü basmak**) s. **küfretmek; -ler sıralamak** e–n ellenlangen Fluch ausstoßen
küfür (II) **küfür** angenehme Kühlung bringend (Wind)
küfürbaz wer dauernd schimpft und flucht; Lästermaul *n*
küfürbazlık wüstes Schimpfen, gotteslästerliches Fluchen
küfüv, -ffü ebenbürtig, gleichstehend **Kız, bu gencin küffü değil.** Das Mädchen steht sozial unter dem jungen Mann. **kendi küffiyle evlenmek** j–n gleichen Standes heiraten
küheylan arabisches Vollblutpferd
kükre *P* wildgeworden, brünstig, brünftig (Tier)
kükremek 1. brüllen (Löwe) 2. laut schreien (Tier in der Brunft) z.B. röhren (Hirsch) 3. losdonnern; vor Wut schäumen 4. wild werden 5. anschwellen (Fluß; gärender Stoff usw.) **kükremiş aslan gibi** wie ein brüllender Löwe
kükürt 1. Schwefel *m* 2. *dial.* e–e in der Türkei durch Kreuzung gezüchtete Kamelart ~ **banyosu** Schwefelbad *n* ~ **kaynağı** s. **kükürtatar;** ~ **kurşunu** Bleisulfid *n*, Bleiglanz *m* ~ **ocağı** Schwefelgrube *f* ~ **saçmak** (m. Dat.) s. **kükürtlemek;** ~ **tütsüsü** Ausschwefeln *n*
kükürtatar *geol.* Solfatara *kükürt kaynağı
kükürtçiçeği, -ni sublimierter Schwefel; Schwefelblüte *f*
kükürtlemek 1. mit Schwefel behandeln; (aus-)schwefeln 2. vulkanisieren
kükürtlü 1. schwefelhaltig, schweflig, Schwefel- 2. vulkanisiert ~ **bakır** Schwefelkupfer *n* ~ **gümüş** s. **arjantit;** ~ **hidrojen** *chem.* Schwefelwasserstoff *m* ~ **kauçuk** vulkanisierter Gummi ~ **su** schwefelhaltiges Wasser ~ **tütenler** *geol.* s. **kükürtatar**
kül (I), **-lü** Asche *f* ~ **ateşinde pişirmek** auf kleinem Feuer braten (z.B. Fleisch) ~ **bağlamak** seine Wirkung verlieren; erlöschen ~ **boşaltma tesisatı** Entaschungsanlage *f* ~ **etmek** 1. in Asche legen, niederbrennen, zerstören, vernichten 2. *fig.* (finanziell) ruinieren 3. durchbringen, vergeuden (Geld) 4. aufs höchste entzücken; es j–m antun (z.B. Schönheit e–r Frau) ~ **falı atmak** *fig.* faul herumsitzen; seine Zeit vertrödeln ~ **fukarası olmak** bettelarm sein ~ **gibi** bleich, blaß, aschfahl ~ **gibi olmak** *od.* ~ **kesilmek (beti benzi, rengi, yüzü)** ganz blaß werden,

kreidebleich werden, die Farbe verlieren ~ **haline gelmek** völlig ausbrennen *(intr.)* ~ **kömür** rauchender Trümmerhaufen, völlig ausgebrannt ~ **kömür etmek** in Schutt und Asche legen ~ **kutusu** Aschenkasten *m* ~ **olmak** Pass. zu ~ **etmek;** ~ **öksüzü** elternlose Waise ~ **regülatörü** *techn.* Aschenregler *m* ~ **renkli** s. **külrengi;** ~ **suyu** s. **küllü su;** ~ **üzre oturmak** *va.* arm wie e–e Kirchenmaus sein ~ **vazosu** Aschen-, Grab-urne *f* ~ **yemek** *V* sich verrechnen (*spez.* falsch anschreiben bei *Ka.*) ~ **yutmak** *V* in e–e Falle gehen, j–m auf den Leim gehen **-e çevrilmek** in Schutt und Asche sinken **-ünü boşaltmak** *techn.* entaschen **-ünü** (*od.* **küllerini) savurmak** *fig.* mit Stumpf und Stiel vernichten

kül (II), **-llü** *va.* 1. (vollständiges, unteilbares) Ganzes *tüm 2. jeder ~ **halinde** als Ganzes, insgesamt ~ **teşkil eden eşya** *jur.* Sachgesamtheit *f* *nesne bütünlüğü

külâh 1. *fr.* spitze od. hohe Kopfbedeckung aus Filz; Derwischmütze *f* 2. Spitze *f* (e–s Minaretts, Kirchturms usw.); *a.* Dachreiter *m* (e–r gotischen Kirche) 3. *mil.* Haube *f* (e–s Geschützes) 4. *mil.* Kappe *f* (e–s Geschosses) 5. Spitztüte *f* 6. s. **gecelik** ~ 7. niedriger Hohlzylinder aus Messing (zum Schutz des brennenden Nargileh-Tabaks) 8. *fig.* Schwindel, Betrug *m*, Gaunerei *f* 9. unrechtmäßige persönliche Bereicherung ~ **atmak** s. **-ını havaya atmak;** ~ **etmek** *va.* (b–ne) j–n betrügen, hereinlegen, übers Ohr hauen ~ **giydirmek** 1. *hist.* (e–n hohen Staatsbeamten) seines Amtes entsetzen 2. s. ~ **etmek;** ~ **giymek** sich betrügen lassen, hereinfallen, übers Ohr gehauen werden ~ **kapmak** sich e–n einflußreichen Posten verschaffen, sich persönliche Vorteile sichern ~ **peşinde** wer sich e–n einflußreichen Posten bzw. persönliche Vorteile zu verschaffen versucht ~ **sallamak** kriecherisch schmeicheln, den ergebenen Diener spielen ~ **şekeri** s. **kelle şekeri; -a gelmemek** sich nicht betrügen (hereinlegen) lassen **²ma anlat** (*od.* **dinlet)!** Das kannst du e–m anderen erzählen (weismachen) **-ını havaya** (*od.* **göğe) atmak** *fig.* außer sich vor Freude sein **-ını önüne almak** s. **kara kara düşünmek; -ını ters giydirmek** 1. es j–m eintränken 2. j–n gewaltsam zur Räson bringen **-ları değiştirmek** (*od.* **değişmek**) sich entzweien, sich verzanken, sich verfeinden

külâhçı 1. Hersteller und Verkäufer *m* von **külâh** 2. *fig.* Schwindler, Gauner, Betrüger, Schurke *m*

külâhçılık 1. Herstellung *f* und Verkauf *m* von **külâh** 2. Schwindel *m*, Gaunerei *f*, Betrug *m*

külâhlı mit **külâh;** ~ **mermi** *mil.* Kappengeschoß *n*

külâhsız ohne **külâh**

külbastı Röst-, Grill-fleisch *n*

külbastılık für Röst-, Grill-fleisch geeignet

külbe *va.* 1. s. **kulübe** 2. s. **hücre**

külbütör (*franz.* **culbuteur**) *techn.* Kippvorrichtung *f*, Kipper, Wipper *m*

külçe 1. Metallklumpen, Barren *m*, ungemünztes Edelmetall 2. Bund *m, n;* Bündel *n* Zu 2: s. **anahtar -si;** ~ **altın** Barrengold *n* ~ **gibi oturmak** vor Erschöpfung zusammenbrechen ~ **halinde** 1. als Barren 2. *fig.* ganz zusammengebrochen (vor Erschöpfung) ~ **kalıbı** Barren-, Guß-form *f* ~ **mukabili ikraz** Darlehen *n* auf ungemünztes Edelmetall

külçeleşmek 1. zu e–m Klumpen (Barren) werden 2. *fig.* s. **külçe gibi oturmak**

küldür großes Getöse; s. a. **paldır** ~

külek, -eği hölzernes Henkelgefäß (für Joghurt, Honig usw.)

Külek boğazı *geogr.* Zilizische Pforte *f*

külfet, -ti 1. Mühe, Anstrengung, Schwierigkeit *f*, Aufwand *m*, Umstände *pl.* 2. Förmlichkeit, Zeremonie *f* 3. große (Geld-)Ausgaben *pl.* Zu 1: **(yapmak) -ine katlanmak** sich der Mühe unterziehen (zu), sich die Mühe machen (zu); s. a. **beyyine -i;** Zu 2: **Aramızda öyle -e ne lüzum var?** Wir brauchen doch nicht so förmlich zu sein! ~ **etmek** sich Mühe (Umstände) machen

külfetli 1. mühevoll, anstrengend, schwierig, umständlich 2. förmlich, zeremoniell, konventionell 3. manieriert, gekünstelt, unnatürlich 4. mit großen (Geld-)Ausgaben verbunden

külfetsiz 1. mühelos, leicht, ohne Mühe und Anstrengungen 2. ohne Förmlichkeiten, ungezwungen 3. ungekünstelt, spontan 4. ohne große (Geld-)Ausgaben

külhan 1. Heiz-raum, -ofen *m* (im türk. Bad) 2. *naut.* Schiffskessel *m*, Feuerungsanlage *f* ~ **gibi** unerträglich heiß (Örtlichkeit) ~ **kapağı** Aschenklappe *f* **-ını boşaltmak** *techn.* abschlacken

külhanbey(-i) junger Vagabund, Taugenichts, Strolch, Rowdy, Rocker *m* ~ **lehçesi** Gaunersprache *f*, Rotwelsch, Argot *n* *kayışdili

külhanbeyce nach Rockerart

külhanbeylik Rowdytum, Rockertum *n*

külhancı Heizer *m* e–s türk. Bades (*spez. hist.* im Serail)

külhanî 1. s. **külhanbey(-i)** 2. (scherzhaft) Spitzbube, Schlingel, Taugenichts *m*

küliçe [ī] *va.* 1. s. **kurs** (II) 2. rundes Buttergebäck 3. s. **külçe**

külkedisi, -ni 1. verfroren; dauernd am warmen Ofen sitzend 2. faul, träge 3. ♀ Aschenbrödel *n*

külleme 1. Vs. zu **küllemek** 2. *bot.* Oidium *n* (z. B. Milchschimmel) ~ **mantarıgiller** Mehltaupilze *pl. bot.* Erysiphaceae

küllemek mit Asche bedecken

küllendirmek 1. zu Asche werden lassen 2. mit Asche bedecken 3. *fig.* lindern od. stillen (Schmerz)

küllenmek 1. zu Asche werden 2. sich mit Asche bedecken 3. gelindert od. gestillt werden (Schmerz) 4. s. **hallenip** ~

küllî 1. total, völlig, gänzlich, vollständig 2. *log.* universal, universell, allgemein, umfassend *tümel 3. bedeutend, zahlreich, erheblich, (recht) viel, gewaltig, beträchtlich, reichlich, ansehnlich ~ **fark** beträchtlicher (erheblicher) Unterschied ~ **halefiyet** *jur.* Gesamtrechtsnachfolge, Universalsukzession *f* *tümel ardıllık ~ **kısım** s. **kısmı küllî;** ~ **kuvvetler** s. **kuvayı külliye;** ~ **masrafı mucip olmak** beträchtliche Ausgaben verursachen ~ **müştak** *math.* totaler Differentialquotient ~ **zayiat** *a. mil.* erhebliche Verluste

külliyat, -tı [ā] *Pl.* 1. gesammelte Werke *pl.* e–s Autors 2. *log.* allgemeine Merkmale, Kategorien *pl.* *tümeller

külliye 1. Komplex *m*, Gesamtheit *f*, *spez.* gemeinnütziger Anstalten um e–e Moschee (wie Medrese, Spital, Bibliothek usw.) 2. *fr.* Universität *f* *darülfünun, üniversite

külliyen *Adv.* gänzlich, vollständig, vollkommen (z. B. ahnungslos), absolut, total, restlos, ganz und gar, völlig; rundweg (z. B. leugnen)

külliyet, -ti 1. Gesamtheit, Totalität, Gänze, Ganzheit, Geschlossenheit, Integrität *f* *bütünlük, tamamiyet 2. große Menge **-le** in großer Zahl

külliyetli s. **küllî** (3); **Esir adedi pek -dir.** Die Zahl der eingebrachten Gefangenen ist recht beträchtlich. ~ **kayıplar kaydetmek** erhebliche Verluste zu verzeichnen haben ~ **hasar** beträchtlicher Schaden

küllü Asche enthaltend, mit Asche untermischt ~ **su** Aschenlauge *f* (zum Wäschewaschen)

küllük 1. Aschenkasten, Abfalleimer *m* 2. Aschen-becher *m*, -schale *f* *sigara tablası

küllüm *V* (in der Füg.:) ~ **yutmak** sich e–n Bären aufbinden lassen; j–m auf den Leim gehen

külminasyon (*franz.* **culmination**) s. **doruk** (5)

külot, -tu (*a.* ~ **pantalon**) (*franz.* **culotte**) 1. kurze Hose,

Knie-, Reit-hose *f* 2. (Damen-)Schlüpfer *m*, kurze (Herren-)Unterhose 3. Kinderhöschen *n* ~ **çorap** Strumpfhose *f* ~ **etek** Hosenrock *m* ~ **korsa** Hemdhose *f*

külotlu mit **külot** bekleidet

külrengi, -ni aschfarben (asch-)grau ~ **ağaçkakan** s. **gri ağaçkakan;** ~ **balıkçıl** Graureiher *m zo.* Ardea cinerea ~ **et sineği** s. **kırçıl et sineği;** ~ **karga** s. **leş kargası;** ~ **köryılansı** Scheltopusik *m zo.* Ophiosaurus apus (Panzerschleichenart) ~ **ötleğen** s. **çalıbülbülü;** ~ **yelve** kleinasiatische Ammer *zo.* Emberiza cineracea

külsel Aschen-

kült, -tü Kult *m*, Gottesverehrung *f* *tapınç

kültaş *geol.* Tuff(-stein) *m* *tüf

külte 1. s. **külçe** 2. Strauß *m*, Bündel *n*, Garbe *f* *demet 3. *geol.* Gestein *n* *kayaç, sahre

kültivatör *agr.* Kultivator, Grubber *m*

kültive kultiviert ~ **etmek** kultivieren

kültür 1. Kultur *f* *hars 2. Bildung *f* 3. Anbau *m*, Kultur *f* *haraset, tarım Zu 2: s. a. **umumî** ~; **ataşesi** Kulturattaché *m* ≗ **Bakanlığı** 1. (1935–1939 für **Maarif Vekâleti**); 2. (seit 1971) Ministerium *n* zur Pflege türkischer Kultur 3. *gel.* (deutsches) Kultusministerium ~ **bölgesi** Kulturkreis *m* ~ **evrimi** kulturelle Entwicklung ~ **fizik** Körperkultur, Gymnastik *f*, Leibesübungen *pl.*, Sport *m* ~ **fizik yapmak** turnen, Sport treiben ~ **ihtilâli** (chinesische) Kulturrevolution (1966–1969) ~ **incisi** s. **üretme inci;** ~ **sahibi adam** gebildeter Mensch ~ **yapmak** Kulturen anlegen (z. B. von Bakterien)

kültürcü Kultur und Bildung fördernd

kültürel kulturell, Kultur-

kültürleşmek s. **medenîleşmek**

kültürlü 1. kultiviert 2. kulturell, Kultur- 3. gebildet (Mensch) Zu 3: **Kültürlü adam kime derler?** Wen nennt man gebildet?

kültürpark, -kı Gartenanlage *f* mit Vergnügungsstätten, Sportplätzen usw. *lunapark, ülküpark

kültürsüz 1. kulturlos 2. ungebildet

kültürsüzlük 1. Kulturlosigkeit *f* 2. mangelnde Bildung

külünk, -gü Spitzhacke *f*, Pickel *m*

külür Knollen-Platterbse *f bot.* Lathyrus tuberosus

külüstür (*a.* ~ **marka**) *V* alles, was wertmäßig gemindert erscheint: altmodisch, vorsintflutlich, unpraktisch, unförmig, unhandlich, minderwertig, ramponiert, veraltetes Modell, alter Klapperkasten; Ladenhüter *m;* alter Kracher od. Knacker (alter, gebrechlicher Mensch)

külüstürleşmek *V* allmählich zum alten Eisen gehören; (bei Personen *a.*) alt und taperig werden

küm *P* 1. s. **küme** 2. kleinere Hürde od. Einzäunung (für Weidetiere)

kümbelti kuppelförmige, rundliche Erhebung

kümbet, -ti 1. Kuppel *f* 2. steinernes Kuppelgrab 3. kuppelförmige Erhebung, rundliche Ausbuchtung 4. *F* Hintern, Popo *m* 5. *va.* Himmel(-s.gewölbe *n*) *m* 6. *fr.* großer Wulstturban

kümbetli mit rundlicher Erhebung, vorspringend, sich vorwölbend

küme 1. rundlicher Haufen, rundliche Erhebung 2. größere Schar; Gruppe *f*, Rudel *n* 3. *(Sport)* Mannschaft *f* Zu 1: **bir** ~ **ot** ein Heuhaufen ~ ~ haufen-, scharen-weise, in Haufen, in Scharen

kümebulut, -tu *met.* Kumulus *m*, Haufenwolke *f* *kümülüs

kümek s. **küme**

kümelemek an-, auf-häufen

kümelenmek 1. Pass. zu **kümelemek** 2. *mil.* sich gruppieren *gruplanmak

kümeleşmek sich zusammenballen, sich anhäufen

kümes 1. Hühner-, Geflügel-stall *m* 2. bescheidenes Häuschen Zu 2: **Biriktirdiğimiz para ile bir** ~ **edindik.** Mit unseren Ersparnissen haben wir uns ein bescheidenes Häuschen zugelegt. ~ **biti** s. **tünek biti;** ~ **hayvanları** Geflügel *n;* **-e kapamak (tavukları)** die Hühner einsperren

kümeyt, -ti *va.* 1. Rotfuchs *m* (Pferd) 2. Rotwein *m*

küm(m)el Kümmel-branntwein, -likör *m*

kümülonimbüs s. **boranbulut**

kümültü primitive Wald- od. Feld-hütte (für Wächter, Jäger usw.)

kümülüs s. **kümebulut**

kün *phil.* Fiat *n* *olsun

künafe e–e warm gegessene Art **tel kadayıfı**

küncü *va.* Sesam(-körner *pl.*) *m* ~ **yağı** s. **şırlağan** (II)

künde 1. Fußfessel, Kette *f* (*spez.* für Sträflinge; s. a. Stw. **tomruk**) 2. Holzklotz *m* 3. *fig.* Dummkopf *m* 4. Töpferscheibe *f* 5. Hinterhalt *m*, List, Falle *f* 6. *(Ringen)* Zange, Fessel *f* **-den atmak** *fig.* 1. Mittel und Wege finden, um j–n od. et. zu Boden zu strecken 2. *fig.* übers Ohr hauen; betrügen, hereinlegen

kündelemek *(Ringen)* in die Zange nehmen

künek, -ği (Wasser-)Karaffe *f*

küney Sonnen-, Süd-seite *f* (e–s Berges) *güneş tarafı

künfekâna [··×·] *va.* 1. (Gott sprach): Es werde (Licht), und es ward (Licht). 2. göttliche Schöpfung aus dem Chaos

künfeyekûn [··×·] *va.* 1. (Gott sprach): Es werde, und es ist (wird sein) 2. s. **künfekâna** 3. vernichtet, zerstört

küngüre *va.* 1. höchster Punkt e–r Kuppel 2. Wachtturm *m* 3. Festungsmauer *f*, Zinnen *pl.*

küngürlemek *dial.* 1. wie betäubt sein od. in Halbschlaf verfallen 2. alt und gebrechlich werden 3. schiefgehen (Angelegenheit)

künh Kern *m*, (inneres) Wesen; Substanz *f* (e–r Sache), wirkliche Ursache, wirklicher Grund, tiefere Bedeutung, eigentlicher Sinn; Hintergründe *pl.* *içyüz, kök, ledünniyat, öz, zat **-üne varmak** (bşin) bis zum Kern vordringen, etwas genau erforschen, gründlich lernen

künk, -gü (*a.* ~ **borusu**) (großes) Abflußrohr

künke Holzabfälle, Späne *pl.*

künkotu, -nu s. **ayrık otu**

künuz [ū] *va. Pl.* zu **kenz**

künye 1. *fr.* Beiname (der den Namen des Vaters, der Mutter, des Sohnes od. der Tochter enthielt) 2. Personenstandseintragung *f*, (aufgenommene) Personalien *pl.* Zu 1: Zeitweiliger Beiname von Ercüment Ekrem Talu: **Ebülmuvakkar** (nach seinem Sohn **Muvakkar**); ~ **defteri** 1. großes Heft mit den Personalien aller in e–m best. Betrieb tätigen Personen 2. *mil.* Stammrolle *f* *(1, 2) kütük defteri **-si bozuk** *fig.* heruntergekommen, in erbärmlichen Verhältnissen lebend **-sini okumak** (b–nin) *fig.* j–m sein Sündenregister vorhalten **-sini silmek** *V* verbannen, in die Verbannung schicken

künyelemek *agr.* Pflanzen durch angehängte Schildchen kennzeichnen

küp (I), **-pü** 1. großes, bauchiges Tongefäß (mit schmalem Unterteil) (für Flüssigkeiten od. Weizen, Mehl usw.) (*fr. a.* für Metallgeld) 2. *V* betrunken 3. (primitive) Handtrommel (bei anatol. Volksmusik) ~ **gibi** *hum.* dick wie e–e Tonne ~ **gibi sağır** stocktaub ~ **kapağı** rundlicher Deckel für e–n großen Tonkrug ~ **kapağı hotoz** *fr.* Frauenkopfbedeckung *f* in rundlicher Form; Käppchen *n* ~ **yıkamak** *V* mit dem Geld nur so um sich werfen **-e sıçan düşmek** *V* schwanger werden **-lere binmek** *fig.* in hellen Zorn geraten, in die größte Erregung kommen, vor Wut schäumen **-ünü doldurmak** *fig.* sich die Taschen füllen, reich werden (durch Ausnützung günstiger Gelegenheiten)

küp (II), **-bü** *math.* 1. Würfel, Kubus *m* 2. würfelförmig,

Würfel-, kubisch 3. Kubikzahl *f* *(1–3) mikâp ~ **kök** *math.* Kubikwurzel *f* *cezri mikâp ~ **sayı** *math.* Kubikzahl *f* *adedi mikâp ~ **şeker** *selt.* Würfelzucker *m* *kare şeker, kesmeşeker
küpe 1. Ohr-gehänge *n*, -ring *m*, -perle *f* 2. *fig.* Warnung *f*, mahnende Erinnerung 3. (Haut-)Glöckchen *pl.* (am Hals e–r Ziege), Lappen *pl.* (e–s Hahns) 4. birnenförmiges Glasgehänge an e–m Kronleuchter Zu 2: s. **kulağına ~ olmak; ~ takmak** Ohrringe (Ohr-gehänge, -perlen) befestigen bzw. tragen ~ **taşı** Stein *m* in e–m Ohr-ring, -gehänge
küpeç, -ci *dial.* kleinerer **küp** (I, 1)
küpeçiçeği, -ni Fuchsie *f bot.* Fuchsia (hybrida u. a.) *hasekiküpesi
küpeçiçeğigiller Nachtkerzengewächse *pl. bot.* Oenotheraceae *halkaviye
küpeli mit Ohrringen bzw. (Haut-)Glöckchen od. Lappen
küpeşte [·×·]d (1–3 *naut.*) 1. Reling *f spez.* Handläufer *m* e–r Reling 2. Schandeck(-el *m*) *n* 3. Doll-, Schäl-, Setzbord *n* 4. Handlauf *m* (e–s Treppengeländers) 5. Ausschrägung *f* der Fensterleibung
küphane [·–·] größerer Aufbewahrungsort (z. B. Keller) für die **küp** genannten Tongefäße
küpidon 1. Amorette *f*, Liebesgott *m* 2. hübsches Kind od. hübscher junger Mann
küpleği *P* Höhlung *f* (für den Stiel bei Axt, Beil, Schaufel usw.)
küpleme *P* Wasseransammlung *f* in der Bauchhöhle
küplü 1. mit bauchigem Tongefäß 2. *fr. (in Galata)* Kneipe, Schenke *f* *meyhane 3. *V* Saufbold *m* ~ **güruhu** Leute, die sich dauernd in Kneipen herumtreiben
küplük s. **küphane**
küprit s. **kuprit**
kür *med.* Kur *f*
kürar *a. med.* Kurare, Pfeilgift *n*
kürarlama *med.* Narkotisierung *f* mittels Kurare
Küraso 1. *n.pr.* Curaçao (im Karibischen Meer) 2. ≗ Curaçao(-likör) *m*
küratif (*franz.* **curatif**) *med.* heilend, heilkräftig
kürdan (*franz.* **cure-dent[s]**) Zahnstocher *m* ~ **gibi** wie ein Strich; sehr mager (Person) ~ **otu** s. **diş hilâli**
kürdanlık Behälter *m* für Zahnstocher
kürdî 1. *va.* kurdisch 2. Kurdenteppich *m* od. von Kurden gefertigter Wollstoff 3. in der orient. Mus. e–e auf den Ton B abgestimmte Tonfolge 4. *mus.* e–e Weise in der **dügâh**-Tonfolge
kürdili hicazkâr *mus.* e–e Weise in der **rast**-Tonfolge
Kürdistan *n.pr.* Kurdistan ~ **Teali Cemiyeti** *hist.* (1919/20) antikemalistische Vereinigung für ein unabhängiges Kurdistan
küre (I) *P* Schmelzofen *m* (für Erze)
küre (II); **kürre** 1. *math.* Kugel *f* 2. *geogr.* Kugel, Sphäre *f* 3. Weltenkörper *m*, Welt *f* 4. Globus *m* 5. runde Büroklammer *f* Zu 2: s. a. **garp yarımküresi** Zu 3: **başka bir -nin acayip mahlukları gibi** wie sonderbare Geschöpfe aus e–r anderen Welt ~ **dilimi** *math.* Kugelschicht *f* ~ **kesiği** *techn.* Kalotte *f* ~ **kesmesi** *math.* Kugelausschnitt *m* *kıtaı küre ~ **kuşağı** *math.* Kugelzone *f*, Gürtel *m* *mıntıkai küre ~ **müsellesatı** sphärische Trigonometrie *f* **-i arz** s. **yerküre; -i ayn** s. **göz yuvarı; -i beyziye** s. **oosfer; -i hacerî** s. **litosfer; -i levniye** s. **kromosfer; -i maiye** s. **suyuvarı; -i musattaha** s. **düzlemküre; -i mücesseme** s. **-i arz; -i nesimî** s. **atmosfer; -i sema** *va.* Himmelskugel *f* **-i sulbe** s. **litosfer; -i ziya** s. **fotosfer**
Küre *n.pr.* O. u. D. im Rbz. Kastamonu
kürecik 1. Kügelchen *n* 2. Blutkörperchen *n* *küreyve, yuvar 3. runde Pille
küreçiçeği, -ni s. **kürevî** (3, 4)
kürek, -eği 1. Schaufel, Schippe *f* 2. Ruder *n*, *naut.*: Riemen *m* 3. *fr.* Galeerenstrafe *f* 4. Zwangsarbeit, Zuchthausstrafe *f* 5. Brotschieber *m* (des Bäckers) ~ **ağırşağı** der verdickte Teil e–s Ruders (bis zur Dolle; bei türk. Booten) ~ **ayaklılar** Ruderfüßer *pl. zo.* Steganopodes ~ **cezası** s. ~ (3, 4); ~ **çekmek** rudern, *naut.*: pullen, rojen ~ **kemiği** *an.* Schulterblatt *n*, Scapula *azmı ketif, kebze ~ **kullanmak** das Ruder gebrauchen, rudern, *naut.*: pullen ~ ~ schaufelweise; in großen Mengen ~ **mahkûmu** 1. *fr.* Galeerensträfling *m* 2. Zuchthaussträfling *m* ~ **yarışı** Ruderregatta *f* **-e asılmak** (*od.* **yüklenmek**) sich mit allen Kräften in die Riemen legen, aus Leibeskräften rudern **-e vurmak** *fr.* auf die Galeere schicken (Sträfling) **-lere yapışmak** die Ruder ergreifen, sich in die Riemen legen
kürekayaklılar Ruderfüßer *pl. zo.* Steganopodes
kürekçi 1. wer Ruder herstellt od. verkauft 2. Ruderer *m*, *naut.*: Bootsgast *m* 3. Heizer *m*
kürekçilik 1. Gewerbe *n* od. Tätigkeit *f* e–s **kürekçi** 2. Rudersport *m*
küreklemek s. **küremek**
kürekli mit (soundsoviel) Rudern (Riemen) ausgestattet ~ **kazaratar** (Hoch-)Löffelbagger *m* **çift** ~ **sandal** das mit e–m Ruderpaar ausgestattete Boot
kürelemek s. **küremek**
küreme 1. Vs. zu **küremek** 2. Bagger- ~ **makinesi** 1. (Trokken-)Bagger *m* 2. Räummaschine *f*
küremek 1. (weg-)schaufeln 2. *fig.* beseitigen, verjagen
küremsi kugelähnlich, sphäroidisch
küresel *math.* sphärisch *kürevî ~ **trigonometri** sphärische Trigonometrie ~ **üçgen** sphärisches Dreieck
küresellik s. **kürevîlik**
küret, -ti *med.* Kürette *f* (scharfer Löffel zum Auskratzen *spez.* der Gebärmutter)
küretaj s. **kürtaj**
kürevî 1. kugel-förmig, -rund, kugelig, Kugel- 2. *math.* sphärisch 3. strauchartige Kugelblume *bot.* Globularia alypum 4. blaue Kugelblume *bot.* Globularia vulgaris *mavi inciçiçeği ~ **mafsal** Kugelgelenk *n* ~ **müsellesat** sphärische Trigonometrie ~ **şamandıra** *naut.* Kugeltonne *f* ~ **vaz'iyeler** *math.* Kugelkoordinaten *pl.*
kürevîlik Kugelform *f*, sphärische Beschaffenheit *küreviyet
küreviyet, -ti s. **kürevîlik**
küreyvat, -tı [ā] *va. Pl.* zu **küreyve; -ı beyza** (*bzw.* **hamra**) *va.* weiße (*bzw.* rote) Blutkörperchen *pl.* **-ı beyza** (*bzw.* **hamra**) **tekessürü** *med.* Leukozytose *f* (*bzw.* Polyzythämie *f*) **-ı beyza** (*bzw.* **hamra**) **tenakusu** *med.* Leukopenie *f* (*bzw.* Oligozythämie *f*)
küreyve [·×·] *va. Dim.* zu **küre** 1. Kügelchen *n* 2. Blutkörperchen *n* 3. runde Pille **-i beyza** (*bzw.* **hamra**) s. **akyuvar** *bzw.* **alyuvar; -i şahmiye** s. **yağ yuvarı**
küriterapi (*franz.* **curiethérapie**) s. **radyoterapi**
küriyum [××·] *chem.* Curium *n*
kürk, -kü 1. Pelz *m* (als nicht-verarbeitetes od. verarbeitetes Tierfell) 2. mit Pelz besetzt od. gefüttert, Pelz- ~ **böceği** Pelzkäfer *m zo.* Attagenus pellio ~ **giydirmek** *hist.* e–n Ehrenpelz verleihen ~ **güvesi** Pelzmotte *f zo.* Tinea pellionella ≗ **ile börk ile adam olunmaz.** *Spr.* Das Kleid macht nicht den Mann. Die Kutte macht nicht den Mönch. *Spr.* ~ **kabı** Außenseite *f* e–s Pelzes ~ **kaplamak** mit Pelz ausfüttern ~ **manto** Pelzmantel *m* ~ **sırçası** glänzend-weiße Pelzhaare (zum Beweis, daß der Pelz nicht gefärbt ist) ~ **tulum(-lu)** ein Paar viereckige Pelzstücke ≗**ü orak vaktinde, orağı kürk vaktinde.** *Spr.* Mit Notwendigem muß man sich rechtzeitig eindecken.
kürkas Purgiernuß *f bot.* Jatropha curcas *(müshil) hintfıstığı

kürkçü Kürschner, Pelzwarenhändler *m*
kürkçülük Kürschnergewerbe *n*
kürklü 1. e–n Pelz(-mantel), e–e Pelzjacke usw. tragend 2. mit Pelz besetzt od. gefüttert 3. Pelz- (Tier) 4. Pelzmütze *f* (*mst.* aus Hasenfell) ~ **eldiven** Pelzhandschuhe *pl.* ~ **manto** Mantel *m* mit Pelz-besatz bzw. -fütterung
kürnemek *dial.* sich zusammendrängen
kürrase [ā] *va.* ein Bogen Papier (acht Blätter) für e–e Handschrift
kürsü 1. Redner-pult *n*, -tribüne *f* 2. Katheder *n, m*, Lehrerpult *n* 3. Kanzel *f* (in der Moschee) 4. Lehrstuhl *m* (an e–r Universität) 5. Sockel, Ständer, Untersatz *m, naut.*: Deckverschraubung *f* e–r Geschützlafette 6. unterster Teil e–s Minaretts 7. *isl. Myth.* a) neunter Himmel b) Gottes Allmacht *f* 8. *va.* Thron *m*, Hauptstadt *f* 9. *P* Stuhl *m* *sandalye 10. *va.* Amt *n*, Stelle *f* 11. *hist.* mit rotem Samt bedeckter Antritt für e–n Sultan (zum Besteigen e–s Pferdes) ~ **hocası** von der Moscheekanzel predigender Geistlicher ~ **şeyhleri** *fr.* Geistliche, die in best. Istanbuler Moscheen nach dem Freitagsgebet predigten *cuma vaizleri ~ **taşı** 1. Sockel, Säulenfuß *m* 2. Eckstein *m*
kürsücü *va.* Hersteller u. Verkäufer *m* von Stühlen
kürsüdar [ā] *hist.* Beamter, der für **kürsü** (11) zu sorgen hatte
kürsülü 1. mit **kürsü** *q.v.)* ausgestattet 2. Inhaber *m* e–s Lehrstuhls (an der Universität) ~ **ışıldak** *mil.* Sockelscheinwerfer *m* ~ **kundak** *mil.* Sockellafette *f*
Kürt, -dü 1. Kurde *m*, Kurdin *f* 2. kurdisch
kürtaj (*franz.* **curetage**) 1. *med.* Aus-schabung, -kratzung, Abrasio, Kürettage *f* 2. *euph.* Abtreibung *f* (der Leibesfrucht) ~ **kaşığı** s. **küret;** ~ **yapmak** 1. *med.* kürettieren, mit dem scharfen Löffel auskratzen (*spez.* Gebärmutter) 2. *euph.* e–e Abtreibung vornehmen
Kürtçe 1. kurdische Sprache, Kurdisch 2. kurdisch
Kürtçü kurdischer Nationalist *bzw.* Separatist
Kürtçülük 1. *mel.* kurdische Nationalbewegung 2. *pej.* kurdisch-separatistische Umtriebe *pl.* 3. Propaganda *f* für den kurdischen Separatismus
kürtün *P* 1. schwerer Pack-, Trag-sattel 2. Schneewehe *f*
kürümek s. **küremek**
küryozite (*franz.* **curiosité**) *selt.* 1. Neugier *f* 2. Seltenheit, Rarität, Kuriosität *f*
küs *Ki.* böse **Ben seninle -um, ne konuşuyorsun?** Ich bin mit dir böse; wozu redest du denn jetzt? ~ ~ **(yürüyüp gitmek)** 1. nachdenklich, bekümmert (dahingehen) 2. in verbissenem Ärger (weggehen)
küseğen 1. wer leicht übelnimmt, wer alles auf sich bezieht; Blümchen *n* Rührmichnichtan, mimosenhafter, überempfindlicher Mensch 2. s. **küstümotu**
küskü 1. Brechstange *f* (im Steinbruch) 2. Schüreisen *n* 3. brennendes, halbverkohltes Holzscheit
küskün 1. böse (mit), verzankt (mit); grollend, schmollend 2. unzufrieden, enttäuscht 3. in der Entwicklung zurückgeblieben; verkrüppelt, verkümmert 4. **(otu)** s. **küstümotu** 5. *va.* in Ungnade gefallen *gözden düşmüş ♀ **Âşıklar** *lit.* Le Dépit Amoureux (Molière)
küskünlük 1. Bösesein (mit j–m), Grollen, Schmollen *n* 2. Unzufriedenheit, Enttäuschung *f* 3. Verkümmerung *f*
küsküt (otu) Hexen-, Teufels-zwirn *m*, Seide *f bot.* Cuscuta (europaea u. a.) *bağboğan, cinsaçı
küskütlü mit Teufelszwirn überwuchert (Acker)
küskütük [×··] 1. unbeweglich od. schwerfällig wie ein Klotz 2. vollkommen betrunken, sternhagelvoll
küsme 1. Vs. zu **küsmek** 2. in der Entwicklung zurückgeblieben z. B. verkümmert
küsmek, (-er) 1. (m. Dat.) böse sein (auf, mit), sich gekränkt von j–m abwenden, grollen, schmollen, hadern 2. sich nicht weiterentwickeln, nicht weiter wachsen, verkümmern; 3. nicht gehen (Teig) 4. sich melden, revoltieren (z. B. hungriger Magen) Zu 1: **bahtına** ~ a) mit seinem Schicksal hadern b) die Flinte ins Korn werfen Zu 2: **Hamur, yolunda yuğrulmazsa küser.** Wenn der Teig nicht ordentlich durchgeknetet wird, geht er nicht.
küspe Treber, Trester *pl.*, Ölkuchen *m*, Preßrückstände *pl.*
küspit, -di (*franz.* **cuspide**) *bot.* Stachelspitze *f*
küst, -tü e–e bes. Art des Tr.sp.
küstah 1. frech, dreist, unverschämt 2. unverschämter Kerl 3. *hist.* wer sich (bei den Mewlewis) e–s Vergehens schuldig gemacht hatte
küstahlaşmak frech werden; sich mausig machen
küstahlık Frechheit, Unverschämtheit, Dreistigkeit, Anmaßung, Arroganz *f* ~ **etmek** s. **küstahlaşmak**
küstere 1. Rauhbank *f*, Langhobel *m* 2. Quarzsandstein *m* od. ein daraus hergestellter Mühlstein 3. Schleif-, Wetzstein *m* *bileği taşı **-ye tutmak** schleifen, wetzen
küstümotu, -nu Mimose, Sinnpflanze *f bot.* Mimosa pudica *küseğen, küskün, mimoza
küstümotugiller Mimosengewächs *pl. bot.* Mimosaceae *müstahiye
küstüvan *hist.* Roßharnisch *m* *çokal
küsuf [ū] Sonnenfinsternis *f* *gün tutulması ~ **etmek** sich verfinstern (Sonne) **-u cüzî (küllî)** partielle (totale) Sonnenfinsternis ***parçalı** (*bzw.* **tam**) **gün tutulması**
küsur [ū] *Pl.* zu **kesir** 1. *va.* Brüche *pl.* 2. Bruchteile *pl.*, kleiner Betrag, Rest *m* 3. (nach e–r runden Zahl) und einige, und ein paar mehr, und soundsoviel Zu 2: **Bu paranın -undan vazgeçtim.** Auf den kleinen Restbetrag habe ich verzichtet. Zu 3: **altı bin** ~ **lira** etwas über 6000 Pfund
küsurat, -tı [·––] (*va. dopp. Pl.* zu **kesir**) 1. s. **küsur** 2. Bruchrechnen *n*
küsü *P* s. **küskünlük**
küsülü *P* 1. böse (mit), verfeindet, verzankt 2. mürrisch, ungehalten
küsüşmek sich miteinander verzanken, einander grollen
-küşa [ā] *va. pers. Sx.* 1. öffnend, ausdehnend, lösend 2. brechend, erobernd
küşade [ā] *va.* 1. offen, geöffnet, zugänglich (für das Publikum) *açık, açılmış 2. *fig.* froh, fröhlich, heiter
küşat, -dı [ā] 1. Eröffnung, Einweihung *f* 2. *va.* a) e–e best. Art des Tr.sp. b) Eröffnung *f* (bei Schach, Tr.sp.) 3. *mus.* s **aranağme** 4. Liebreiz *m*, Anmut *f* ~ **etmek** *va.* (er-)öffnen, einweihen *açmak ~ **resmi; resmi** ~ Eröffnungsfeier *f*, feierliche Eröffnung *açılış resmi
küşayiş [ā] *va.* innere Aufgeschlossenheit; Freude *f*, fröhliche, heitere Stimmung *ferahlık ~ **bulmak** fröhlich gestimmt werden **i efkâr** *va.* hoher Gedankenflug, schöpferische Phantasie
küşne *P* s. **kara burçak**
küştere s. **küstere**
Küşterî s. **Şeyh Küşterî**
küt, -tü 1. abgerundet, abgestumpft, abgeplattet 2. stumpf (Messer) 3. kurz und dick (Finger) 4. (Lm. e–s dumpfen Klopfgeräusches) bum! peng! 5. *va.* gelähmt *kötürüm 6. *dial.* entkernte Baumwolle ~ **buçak** (*od.* ~ **köşe**) s. **geniş açı;** ~ **inme** *P* s. **smaç** ~ **kaynak** *techn.* Stumpfschweißung *f* ~ ~ bum bum! (**Kalbim** ~ ~ **atıyordu.** Das Herz schlug mir nur so.)
kütah [ā] *va.* kurz *kısa
Kütahya [·×·] *n.pr.* Stadt im gln. Rbz. (Westanatolien) (Bekannt ist die Kütahya-Keramik)
kütikül *bot.* Kutikula *f*, (äußere Zellschicht) *beşere
kütin Kutin *n* (fettartiger, für Wasser schwer durchlässiger Stoff der Kutikula)
kütle 1. großes, massives Stück; Block, Klotz *m*, (Eis-)

Scholle *f* 2. Masse *f*, Haufen *m*, größere Schar 3. *phys.* Masse *f* 4. *geogr.* Massiv *n*, Gebirgsstock *m* ~ **ateşi** *mil.* Massenfeuer *n* ~ **halinde kullanma** *mil.* Masseneinsatz *m* ~ **halinde taarruz** Massenangriff *m*, massierter Angriff ~ **merkezi** *phys.* Massenmittel-, Massenschwer-punkt *m* **-i taliye** s. **çiçektozu kümesi**
kütleleşmek zu e–m geschlossenen Ganzen werden; ein einheitliches Ganzes bilden
kütlemek ertönen, erschallen (dumpfes Klopfgeräusch)
kütlesel Massen-
kütleşmek 1. sich abplatten 2. stumpf werden
kütletmek ein dumpfes Klopfgeräusch ertönen lassen
kütlevî Massen- ~ **dağlar** s. **toplu dağlar;** ~ **taarruz** *mil.* Massenangriff *m*
kütlü *dial.* entkernt (Baumwolle)
küttap, -bı [ā] *va. Pl.* zu **kâtip;** s. a. **Reisülküttap**
küttedek [×··] bums! plötzlich, mit e–m Mal
kütük, -üğü 1. Baumstamm *m* 2. Teil *m* e–s zersägten Baumstammes 3. Baumstumpf, Stubben *m* 4. Holzklotz *m* 5. Reb-, Wein-stock *m* 6. Hauptbuch, Register *n*, Matrikel *f* *sicil 7. *naut.* Planke *f* Zu 4: s. **et -ü** Zu 5: s. **bağ -ü** Zu 6: s. **nüfus -ü** Zu 7: s. **yalı -ü;** ~ **bıçkısı** Rundholzsäge *f* ~ **defteri** *mil.* Stammrolle *f* ~ **gibi** 1. steif wie ein Klotz 2. (an-)geschwollen (z. B. Beine) 3. sternhagelvoll **-e geçirmek** 1. amtlich registrieren 2. *mil.* in die Stammrolle eintragen **-e yazım** (*bzw.* **yazmak**) s. **tescil (etmek)**
kütükleşmek hart und unempfindlich werden
kütüklü mit **kütük;** ~ **diken** Knolldistel *f bot.* Cnicus tuberosus
kütüklük 1. *mil.* Patronentasche *f* 2. mit nb. **kütük** Zu 2: **on bin** ~ **bir bağ** ein Weinberg mit 10000 Stöcken
kütüp, -bü *va. Pl.* zu **kitap**
kütüphane [ā] 1. (öffentliche) Bibliothek, Bücherei *f* *kitapsaray 2. Bibliothekszimmer *n* *kitap odası 3. Bücherschrank *m* *kitap dolabı 4. Buchhandlung *f* *kitabevi, kitaphane 5. Literatur *f*, Schrifttum *n* Zu 5: **Bu eser, -mizde mühim bir yokluğu doldurmaktadır.** Mit diesem Werk schließt sich e–e empfindliche Lücke in unserem Schrifttum. ~ **faresi** *fig.* Bücherwurm *m* ~ **memurluğu** Bibliotheksdienst *m* ~ **memuru** Bibliothekar *m*
kütüphaneci [ā] Bibliothekar(-in *f*) *m*
kütüphanecilik [ā] 1. Bibliotheks-wesen *n*, -kunde, -wissenschaft *f* 2. Bibliothekarberuf *m* ~ **okulu** Ausbildungsschule *f* für Bibliothekare
kütür kütür 1. Lm. des Knirschens od. Krachens, wie es beim Essen od. Zerteilen von Birnen, Quitten, Wassermelonen usw. entsteht 2. e–e Frucht, die beim Zerteilen od. Kauen ein solches Geräusch entstehen läßt Zu 1: ~ ~ **yemek** knabbern ~ ~ **bir ayva** e–e (lustig) knirschende (od. krachende) Quitte ~ ~ **dövmek** *hum.* e–e gesalzene Tracht Prügel verabfolgen
kütürdemek knirschen, krachen, knarren
kütürtü 1. Knirschen, Krachen, Knarren *n* 2. Lärm *m*, Getöse *n*
kütürtülü 1. knirschend, krachend, knarrend 2. geräuschvoll, lärmend (z. B. Maschine)
küul, -lü [ū] *va.* Alkohol *m* *alkol, ispirto
küulî [·––] *va.* den Alkohol betreffend, Alkohol enthaltend, alkoholisch, Alkohol- *alkolik, alkollü, ispirtolu
küvet, -ti (*franz.* **cuvette**) 1. Schale *f*, Napf *m*, Wasch-becken *n*, -schüssel *f* 2. *phot.* Entwicklerschale *f* 3. Klosett- od. Piß-becken *n* 4. *med.* Instrumentenschale *f* 5. Badewanne *f* 6. *selt.* Vertiefung, Aushöhlung, Mulde *f*
Küveyt s. **Kuveyt**
küyeys [·×] *ar. Dim.* zu **kise;** s. **kesecik**
küzaz [ā] *va. med.* Tetanus *m* **-ı fizyoloji** s. **fizyolojisel tetanos**
kvas Kwass *m* (gegorenes) russ. Getränk (aus Brot od. Früchten)

L

l, L [lɛ] 15. Buchst. des türk. Alph.
la *mus.* (Ton od. Note) **a;** ~ **normal** *mus.* Kammerton A, Normalstimmton *m*
lâ *ar.* 1. nicht, es gibt nicht 2. nein 3. *Px.* nicht, un-, a- Zu 1: ≗ **ilâha illallah(-u).** Es gibt keinen anderen Gott außer Allah. ~ **teşbih ve** ~ **temsil** *va.* ohne daß ich auf e–n (et.) anspielen möchte ~ **şek ve** ~ **şüphe** *va.* ohne allen Zweifel Zu 2: ≗ **vallahi!** *va.* Nein, bei Gott! ≗ **vallahi görmedim!** *va.* Ich habe ihn bei Gott nicht gesehen! Zu 3: s. **lâahlâkî, lâakal, lâlettayin, lâdinî, lâkayt** usw.
-la, -le s. **ile**
lâahlâkî; lâahlakiye s. **amoral(-izm)**
lâakal *va.* wenigstens, mindestens *en az, hiç olmazsa
la'an(-e) *va.* (in den Flüchen) **La'ane Allah!** *od.* **La'an Allahu aleyh!** Gott verdamme ihn!
lab s. **yırtıcı martı**
labada [×··] 1. Gartenampfer *m bot.* Rumex patientia 2. Wasserampfer *m bot.* Rumex aquaticus *su labada otu
labdanum Labdanum *n* (weiches Harz aus e–m Baum des Mittelmeergebiets)
labellum *bot.* Lippe *f* (e–r Blüte)
labeo (*franz.* **labéo**) ein barbenähnlicher Karpfenfisch
labferment, -ti s. **peynir mayası**
labirent, -ti 1. Labyrinth *n*, Irrgarten *m* 2. *an.* s. **içkulak**
labirentliler Labyrinthfische *pl. zo.* Labyrinthiformes
lâbis *z. va.* tragend (Kleidung), bekleidet (mit) **müşür üniformasını** ~ **olduğu halde** in der Uniform e–s Generalfeldmarschalls
laboran(t), (-tı) Laborant(-in *f*) *m*
laboratu(v)ar Laboratorium *n* *darülmesai
Labrador 1. *n.pr.* Halbinsel *f* Labrador 2. ≗ s. **labradorit**
labradorit, -ti *min.* Labradorit *m*
labros [×·] s. **ikla balığı**
labrum *an., zo.* s. **üstdudak**
labunya [·×·] 1. Glüheisen *n* (des Schusters) 2. *V* s. **me'bun**
lâbüt, -ddü *va.* 1. unbedingt nötig, absolut erforderlich, unentbehrlich 2. *Adv.* unbedingt, auf jeden Fall
labyum *an., zo.* s. **altdudak** (2)
lâcerem *va.* 1. ohne allen Zweifel, ganz bestimmt *besbelli, muhakkak, şüphesiz 2. auf jeden Fall; unbedingt 3. s. **ister istemez**
lâcivердî *va.* s. **lâcivert** (2)
lâcivert, -di 1. (*a.* ~ **taşı**) *min.* Lapislazuli, Lasurstein *m* 2. dunkelblau, tiefblau
lâcivertleşmek dunkelblau werden
laçin 1. s. **kırmızı ayaklı kerkenez** 2. *va.* steil, abschüssig 3. *va.* kühn, entschlossen 4. ≗ *n.pr.* alttürk. Volksstamm
laçka(-lık) s. **laşka(-lık)**
ladan(-um) s. **laden** (3)
laden [ā] 1. **(çiçeği)** Zistrose *f bot.* Cistus (creticus u. a.) 2. **(ağacı)** Sumpfporst *m*, wilder Rosmarin *bot.* Ledum palustre 3. Ladanum *n* (Harz der Zistrose; verwendet für

Pflaster, Räucherungen und Parfüms) ~ **gibi şakağına yapışık kalmak** *fig.* j–m nicht von der Seite weichen
ladengiller Zistrosengewächse *pl. bot.* Cistaceae
lâdes [×·] Vielliebchen *n* (*mst.* mittels ~ **kemiği** ausgeführt) ~ **kemiği** Gabel-bein *n*, -knochen *m* (V-förmig verwachsenes Schlüsselbein bei Vögeln, spez. Hühnern) ~ **tutuşmak** (*od.* **tutmak**) Vielliebchen essen (ein Gabelbein auf „Vielliebchen" durchreißen)
Ladik *n.pr.* O. u. D. im Rbz. Samsun
Ladika s. **Vladika**
ladin (ağacı) Fichte *f bot.* Picea (alba u. a.) *çam sakız ağacı
Ladince s. **Reto-Romanca**
ladinga [·×·] *va.* Patronen-Schultergurt *m*
lâdinî [–––] a-religiös, laizistisch, weltlich
lâdinîlik [–––·] Laizismus *m*
lâedri [–·–] 1. *va.* Ich weiß (bzw. verstehe) nicht 2. (bei lit. Angaben) Verfasser unbekannt
lâedriye [–×·] s. **agnostisizm**
lâene s. **bendeğil, benolmayan**
laf 1. (gesprochenes) Wort *lakırdı, söz 2. Worte *pl.*, Plauderei *f*, Reden *n* 3. *pej.* leeres Gerede, dummes Geschwätz, Gewäsch *n* 4. Prahlerei *f*, Aufschneiden *n* 5. (Ausruf) Blech! Quatsch! Unsinn! 6. heftige Auseinandersetzung *tartışma 7. Thema *n*, Gegenstand *m* *konu Zu 1: **ben -ımı bitirmeden** bevor ich noch zu Ende sprechen konnte Zu 3: **Onun söyledikleri -tan ibaret.** Was er sagt, ist alles dummes Gerede. ~ **açmak** et. erwähnen; sprechen (von) ~ **açmazı** *V* anzügliche Worte *pl.* ~ **ağzında kalmak** j–m im Munde stecken bleiben (Wort) ~ **altında kalmamak** 1. um e–e Erwiderung nicht verlegen sein 2. immer das letzte Wort behalten wollen ~ **anlamak** s. **söz anlamak;** ⁓ **anlatmak deveye hendek atlatmaktan güç.** Er ist überaus begriffsstutzig. Er hat e–e lange Leitung. ~ **aramızda** unter uns gesagt ~ **atmak** 1. *mel.* von diesem und jenem reden, gemütlich plaudern, sich gemütlich unterhalten *yarenlik etmek 2. *pej.* protzig daherreden, den Mund vollnehmen, aufschneiden, großtun 3. (m. Dat.) a) ein Mädchen od. e–e Frau ansprechen bzw. ihnen et. zurufen (um anzubändeln) b) *(allg.)* j–m et. zurufen ~ **bolluğu** Wortschwall *m*, wortreiches Gefasel ~ **çatlatmak** prahlen, aufschneiden ~ **çıkmak** umgehen (Gerücht); aufkommen (Gerede) ~ **çiğnemek** s. Stw. **çiğnemek;** ⁓ **değil!** Das ist keine Lappalie! Das muß man schon ernst nehmen! ~ **ebeliği (ebesi)** s. **dil ebeliği (ebesi);** ~ **etmek** 1. (b–le) reden, plaudern 2. (bşi) et. breittreten, über et. klatschen 3. anfahren (Vorgesetzter), *F* dumm anreden (Zu 1: **Seninle** ~ **edilmez!** Mit dir kann man ja nicht reden!) ~ **gelişi** nebenbei, beiläufig (z. B. bemerken) ~ **götürüp getirmek** Klatsch verbreiten; et. geschäftig weitererzählen, et. hinterbringen ~ **işitmek** Vorwürfe bekommen, getadelt werden, *F* e–e Zigarre verpaßt bekommen ~ **kalabalığı** leeres Gechwätz, Wortschwall *m* ~ **kavafı** s. **çene kavafı;** ~ **kıtlığında asmalar budamak** lauter belangloses Zeug reden ~ **körüğü** leerer Schwätzer, Klatschtante *f* ⁓ **lafı açar** s. **Söz sözü açar;** ⁓ **mı?** Das kann doch nicht dein Ernst sein! ~ **ola** (*a.* m. der Forts. **beri gele**)! Unsinn! ~ **olmak** zum Thema des Klatsches werden; allgemein kritisiert werden ~ **olsun diye** nur so dahingesagt (ohne bes. Absicht) ~ **salatası** Blabla *n* ⁓ **söyledi balkabağı!** Dumme Rederei! ~ **taşımak** s. ~ **götürüp getirmek;** ~ **vurmak** *va.* prahlen, aufschneiden ~ **(söz, lakırdı) yetiştirmek** 1. auf alles e–e Antwort haben 2. dauernd reden ⁓ **yok!** Nichts auszusetzen! **-a boğmak** j–n mit e–m Wortschwall überschütten **-a dalmak** im Gespräch die Zeit vergessen; sich verplaudern **-a** (*od.* **lakırdıya**) **karışmak** sich in ein Gespräch einmischen **-a koyulmak** (b–le) mit j–m zu plaudern beginnen **-a merdiven dayamak** s. **lakırdıya çanak tutmak; -a mim koymak** sich (für später) et. merken **-a** (*od.* **lakırdıya**) **tutmak** j–n durch ein Gespräch aufhalten **-ı ağzına tıkamak** s. **sözü ağzına tıkamak; -ı biçimine getirmek** die Rede auf et. bringen **-ı çevirmek** (*od.* **değiştirmek**) s. **lakırdıyı çevirmek; -ı kesmek** aufhören zu reden **-ı kısa kesmek** keine unnötigen Worte verlieren ⁓**ı** (*od.* **lakırdısı**) **mı olur?** 1. Nicht der Rede wert! Das ist doch selbstverständlich! 2. (bşin yanında başka bşin) Man kann doch nicht beides in e–m Atem nennen! **-ı tadında bırakmak** (mit seinen Worten) die Grenzen des Schicklichen wahren ⁓**ı uzatmayalım!** Machen wir es kurz! ⁓**ı yeller alsın!** Das will ich nicht gehört haben! ⁓**ımı yabana atma!** Hör auf meine Worte! **-ın gelişi** s. **sözün gelişi; -ın nereye varacağını düşünmemek** (*od.* **-ını tartmamak**) unüberlegt daherreden **-ın gümrüğünü vermek** *V* weiterreden **-ın ortasına düşmek** dazwischenreden **-ın turşusunu kurmak** *fig.* um den Brei herumreden **-ına kapılmak** (b–nin) auf j–s Gerede hereinfallen ⁓**ını(⁓ınızı)balla kesiyorum** s. **Sözünü (Sözünüzü) balla kesiyorum. -ını ağzına tıkamak** (b–nin) j–n nicht ausreden lassen ⁓**ını benim gecelik külâhıma anlatsın!** s. Stw. **gecelik; -ını bilmek** seine Worte abwägen **-ını enine boyuna ölçmemek** sich mit seinen Worten nicht genügend vorsehen **-ını esirgememek** (*od.* **sakınmamak**) s. **sözünü esirgememek; -ını etmek** 1. von et. (*bzw.* über j–n) reden 2. et. aussprechen, in den Mund nehmen Zu 2: **Terbiyeli bir adam asla „eşek" -ını etmez.** Ein Mensch mit guter Kinderstube nimmt das Wort **„eşek"** nicht in den Mund. **-ını kesmek** (b–nin) j–m ins Wort fallen **-ını şaşırmak** nicht wissen, was man erwidern soll ⁓**la peynir gemisi yürümez.** (*od.* ⁓**la pilav pişerse, deniz** [od. **dağ**] **kadar yağı benden!**) *Spr.* Mit bloßem Gerede ist nichts geschehen! **-ta kalmak** nicht verwirklicht (ausgeführt) werden **-tan ibaret kalmak (ancak)** nur mehr nominell bestehen, nur mehr auf dem Papier stehen (z. B. Souveränität)
lafazan schwatzhaft und prahlerisch, Plaudertasche *f*, Klatschbase *f*
lafazanlık Geschwätzigkeit *f*, aufdringliche Redseligkeit; Schwatzhaftigkeit *f* *gevezelik ~ **etmek** 1. geschwätzig daherreden, schwatzen, klatschen 2. *fig.* den Mund nicht halten können
lafçı 1. s. **lafazan** 2. *mel.* guter Redner
lafçılık leeres Geschwätz
lafız, -fzı 1. (gesprochenes, einzelnes) Wort 2. *jur.* Wortlaut *m*, Buchstabe *m* (e–s Gesetzes usw.) (*ant.* **ruh**); **-ı murat** *F* nur so dahingeredet
laflamak *P* plaudern; sich unterhalten
lafügüzaf [···–] *va.* dummes Gerede, leere Worte
lafzan [×·] *z. va. Adv.* wörtlich, dem Wortlaut nach ~ **ve manen** dem Buchstaben und dem Geist nach
lafzî wörtlich, Wort- ~ **tefsir** wörtliche Auslegung *söylemsel (*od.* sözel) yorum
lafziye 1. Wortfülle, Weitschweifigkeit *f* *boşsözcülük 2. *päd.* Verbalismus *m* *ezbercilik
lagofita [··×·] *naut.* e–e best. flache Schwammart
lagot s. **danaburnu** (2)
lagün (*franz.* **lagune**) s. **denizkulağı** (1)
lağ yelkeni *naut.* Luggersegel *n*
lağap(-lı) *P* für **lakap(-lı)**
lağar 1. schmächtig gebaut; mit schmalen Flanken (Pferd) 2. schwerfällig (in den Bewegungen)
lağım 1. Kloake *f*, Abortabfluß *m*, Kanalisation, Abwässergrube *f* 2. Stollen *m*, unterirdischer Gang 3. Minen-, Spreng-gang *m* *sıçanyolu 4. (Land-)Mine *f* *mayın ~ **açmak** (*od.* **kazmak**) 1. e–n Abflußgraben ausschachten 2. unterminieren ~ **ağzı** Gully *m, n* ~ **atmak** e–e Mine hochgehen lassen; sprengen ~ **barutu** Sprengpulver *n* ~

bombası Minenbombe *f* ~ **çukuru** (*od.* ~ **kuyusu**) Senkgrube *f* ~ **deliği** Bohrloch *n* ~ **fişeği** Sprengpatrone *f* ~ **fitili** Minenzündschnur *f;* Lunte *f* e–r Sprengladung ~ **gübresi** Jauche *f* ~ **harbi (muharebesi, savaşı)** Minenkrieg *m* ~ **karşılamak** *mil. z. va.* e–e Gegenmine legen ~ **kaşığı** Bohrkrätzer *m* (in der Miniertechnik) ~ **manii** Minensperre *f* ~ **mili** Gesteinbohrmaschine *f*, Steinbohrer *m* ~ **müdafaası** Minenabwehr *f* ~ **şıçanı** e–e große Rattenart (in Abwässern) ~ **suları** Abwässer *pl.* ~ **tarlası** Minenfeld *n* ~ **veya mecra bacası** Einsteigloch *n* **-la atmak** sprengen (z.B. Gestein)
lağımcı 1. Kloakenreiniger, Kanalisationsarbeiter *m* 2. *fr.* Stollengräber, Pionier *m* (*va.* Mineur *m*) 3. *V* Päderast *m* ~ **bölüğü** Minier-, Spreng-kompanie *f* ~ **mili** Steinbohrer *m*
lağıv, -ğvı 1. Aufhebung, Abschaffung; Einziehung (z.B. e–r Beamtenstelle) 2. *va.* leeres Gerede; Nichtigkeit *f* 3. *va.* Versehen *n*, Irrtum *m*
lağvetmek [×··] abschaffen, aufheben, einziehen *kaldırmak
lağvî *va.* unbedeutend, wertlos
lağviyat, -tı *va.* leeres Gerede
lağvolmak = lağvedilmek
lahana [×··] Kraut *n*, Kopfkohl *m bot.* Brassica oleracea var capitata *göbek lahana, iri başlı lahana, top lahana ~ **ağacı** unechter Kohlbaum *bot.* Andira inermis ~ **biti** Kohlblattlaus *f zo.* Aphis brassicae ~ **dolması** Krautwikkel *pl.* ~ **güvesi** Kohlschabe *f zo.* Plutella maculipennis ~ **kelebeği** Kohlweißling *m zo.* Pieris brassicae ~ **tahtakurusu** Kohlwanze *f zo.* Eurydema oleracea ~ **turşusu** eingelegtes Kraut (e–e Art Sauerkraut) ~ **yaprağı** *pej.* Käseblatt *n* (Zeitung) ~ **yapraklı hurma ağacı** westindische Kohlpalme *bot.* Oreodoxa oleracea
lâhavle [–×·] (Ausruf des Schreckens od. des Unmuts) mein Gott! ~ **çekmek** (*od.* **okumak**) die Formel **„lâhavle (ve lâ kuvveta illâ billâhil âliyülazîm)"** aussprechen. (Es gibt keine Kraft und keine Stärke außer bei Gott, dem Erhabenen und Mächtigen.)
Lahi; Lahey *n.pr.* Haag *m*, Den Haag; s'Gravenhage ~ **Adalet Divanı** s. **Milletlerarası Daimî Adalet Divanı;** ~ **Hakem Mahkemei Daimesi** *n.pr.* Ständiger Schiedsgerichtshof im Haag ~ **Kaideleri** Haager Regeln *pl.* (1921) ~ **Mukaveleleri** Haager Konventionen *pl.* (1899 und 1907)
lâhik, -ki *z. va.* 1. dazukommend 2. neu ernannt, in das Amt eingetreten (Beamter) 3. jetzig, augenblicklich (z.B. Inhaber e–s Amtes) (*ant.* **sabık**) 4. *gr.* angefügt, suffigiert ~ **olmak** *z. va.* 1. hinzukommen 2. angefügt werden
lahik, -hkı *va.* s. **alüvyon**
lâhika 1. Anhang, Nachtrag *m*, Ergänzung *f* 2. *gr.* Affix *n spez.* Suffix *n*, Nachsilbe *f* *ek, pes edat, sonek, süfiks 3. *jur.* Kodizill *n* **-i müteahhire** s. **sonek; -i mütekaddime** s. **önek; -i tasrifiye** s. **çekim eki**
lahim, -hmi *va.* Fleisch *n* *et **-i ganem** *va.* s. **koyun eti; -i zait** *med.* Auswuchs *m*, Geschwulst *f*
lâhim *zo.* fleischfressend, karnivor
lâhime s. **etoburlar**
lahin, -hni 1. (Musik-)Weise, Melodie *f* *ezgi 2. *va.* Klang, Ton *m* (bei Stimme od. Musik)
lahit, -hdi 1. ausgemauertes Grab, gemauerte Totengrube 2. Sarkophag *m*
lahkî s. **alüvyonlu; mevaddı lahkiye** Alluvial-, Geschiebestoffe *pl.*
lahlahiye s. **açıçiğdemgiller**
lahmacun gebackener Fladen mit Hackfleisch ~ **pidesi** *V* blöder Kerl
lahmî *med.* fleischig, Fleisch-
lahmiye s. **damkoruğugiller;** ~ **otu** die Dickblatt-Art Crassula falcata
lahoz(balığı) die Barsch-Art Epinephelus alexandrinus
Lahur *n.pr.* Lahore (Hauptstadt des Pandschab) ~ **çıbanı** s. **Halep çıbanı;** ~ **şalı** s. **lahurî**
lahuraki [··×·] Umschlagtuch *n* aus feiner Merinowolle (Imitation von **lahurî**)
lahurî [– – –] indischer Schal *Lahur şalı
lâhut [– –] *va.* Göttlichkeit *f*, göttliches Wesen
lâhutî [– – –] *va.* göttlich, gotterfüllt, heilig
lahza Augenblick, Moment *m* **-da** in e–m Augenblick, im Nu, blitzschnell
lahzadalık *phil.* Augenblicklichkeit *f*
lahze s. **lahza**
lâicabiye(-ci) s. **yadgerekircilik (yadgerekirci)**
laik(-leştirmek, -lik) s. **layik(-leştirmek, -lik)**
lâin verdammt, verflucht, verwünscht *melun
lak (I), **-kı** (*franz.* **laque**) s. **laka**
lak (II), **-kı** (*franz.* **lac**) künstlicher Teich; Wasserbecken *n* (z.B. in e–m Garten)
Lak s. **Kazıkumuk** (2)
-lak Sx. zur Bild. von Sb. (mit Ortsbedeutung) und Adj. (Vgl. z.B. **avlak, kuşlak** usw., **çatlak, dazlak** usw.)
laka [×·] (Gummi-)Lack *m* *gomalaka
lakacı Lackierer *m*
lakalamak lackieren
lakap, -bı 1. Beiname *m* 2. Spitzname *m* 3. *fr.* die offizielle schriftliche Anrede (z.B. **Devletlü efendim; Şevketlü Sultanım**) ~ **takmak** e–n Bei-, Spitz-namen geben; **-ı üstünde** wie schon der Beiname sagte
lakaplı mit dem Bei- bzw. Spitz-namen...
lâkaydane [–·–·] gleichgültig, indifferent **Bu nutuk, Amerikan gazetelerinde** ~ **karşılanmıştır.** Die amerikanischen Zeitungen haben dieser Rede kein sonderliches Interesse entgegengebracht.
lâkaydi [–·–] *z. va.* s. **lâkaytlık**
lâkaydiye s. **kiyetizm, sekincilik**
lâkayt, -dı gleichgültig, indifferent ~ **bırakmak** j–n kalt lassen, nicht sonderlich berühren ~ **kalmak** (bşe od. bşe karşı) keine Notiz nehmen (von), sich nicht kehren (an)
lâkaytlık Gleichgültigkeit, Indifferenz *f*
lake (I) (*franz.* **laqué**) mit Lack überzogen, lackiert
lake (II) (*franz.* **laquais**) *selt.* Lakai, Diener *m*
lâkelâm *va.* wogegen nichts einzuwenden ist; unstreitig *Hiç bir diyecek yok; kesin
lakerda in Salzbrühe eingelegter, in Scheiben geschnittener Thunfisch
lakerdacı Hersteller od. Verkäufer *m* von **lakerda**
lakerta *naut.* Reibholz *n*, hölzerner Fender
lakır lakır (Lm. des Gluckerns von Flüssigkeiten) gluck gluck! ~ ~ **dikmek** (ein Glas, e–e Flasche usw.) gierig leeren (ohne Atem zu holen)
lakırdamak gluckern (Flüssigkeit)
lakırdı 1. Wort *n*, Ausdruck *m* *söz 2. Gespräch *n*, Plauderei, Unterhaltung *f* 3. *pej.* leeres Gerede, dummes Geschwätz; Gefasel *n* *laf 4. Wortstreit *m* 5. Aushandeln *n* (e–r Ware) 6. Widerrede *f* Zu 1: **Bu nasıl** ~ **böyle?** Drück dich gefälligst et. anders aus! Zu 2: **ºmıza karışmasalar!** Wenn sich doch die andern nicht in unsere Unterhaltung einmischen wollten! Zu 3: **ºdır o, aldırma!** Kehr dich doch nicht an das dumme Geschwätz! ~ **ağzından dökülmek** s. Stw. **ağız;** ~ **altında kalmamak** s. Stw. **laf;** ~ **anlamak** s. **söz anlamak;** ~ **avlamak** et. aufschnappen (aus den Reden anderer) ~ **bitirmek** 1. handelseinig werden 2. die Unterredung beenden ~ **çevirmek** Klatsch verbreiten, klatschen, tratschen ~ **çiğnemek** s. Stw. **çiğnemek;** ~ **ebesi** s. **dil ebesi;** ~ **etmek** s. Stw. **laf;** ~ **götürüp getirmek** s. Stw. **laf;** ~ **işitmek** s.

Stw. **laf;** ~ **kaldırmak** zu Gerede Anlaß geben ≗ **karıştı (araya).** Man kam auf et. anderes zu sprechen. ~ **karıştırmak** 1. von e–m Thema ablenken 2. Zwietracht säen ~ **kavafı** s. **çene kavafı;** ~ **paralamak** zu sprechen anfangen (Kleinkind) ~ **söylemek** tadeln, rügen, kritisieren ~ **taşı** s. **çene kavafı;** ~ **taşımak** s. Stw. **laf;** ~ **yakası açmak** et. von neuem aufs Tapet bringen; wieder aufrühren ~ **yetiştirmek** s. Stw. **laf; -nın persengi** s. **ağız(dil) persengi; ≗sı mı olur?** (*od.* **≗sı olmaz**) s. **Lafı mı olur? -sını etmek (kesmek)** s. Stw. **laf; -ya boğmak** s. **lafa boğmak; -ya boşanmak** zu diskutieren beginnen; besprechen, erörtern **-ya çanak tutmak** e–e scharfe Erwiderung geradezu herausfordern **-ya dalmak (tutmak)** s. **lafa dalmak (tutmak); -yı ağzına takmak** (b–nin) j–m e–e frühere Behauptung unter die Nase reiben **-yı ağzına tıkamak** j–n nicht ausreden lassen **-yı ağzından kapmak** j–m das Wort aus dem Munde nehmen **-yı bağlamak** aufhören zu reden, mit seinem Geschwätz aufhören **-yı çevirmek** 1. et. Gesagtes verdrehen od. willkürlich auslegen 2. dem Gespräch e–e andere Wendung geben **-yı ezip büzmek** immer wieder das gleiche sagen **-yı uzatmak** sich in endlosen Einzelheiten ergehen

lakırdıcı geschwätzig, redselig; Schwätzer *m*, Schwatzbase, Klatschmaul, Waschweib *n*

lâkin [ˣ·] aber, indessen, jedoch, sondern *ama, fakat

lakit, -ti *va.* 1. Fundsache *f;* herrenloses Eigentum 2. Findling *m*, Findelkind *n* 3. s. **lukata**

laklak 1. Klappern *n* (des Storches) 2. *fig.* Geschnatter *n*, leeres Geschwätz 3. s. **leylek;** ~ **etmek** 1. schwatzen, schnattern, tratschen 2. klappern (Storch)

laklaka s. **laklak** (1, 2)

laklakıyat, -tı [···–] *Pl.* dummes Geschwätz; Tratsch *m*, Gewäsch *n*

laklamak lacken, lackieren

laklı *selt.* gelackt, lackiert

lakolit, -ti *geol.* Lakkolith *m* (Tiefengesteinskörper) *mantarsı kayaç

lakonik lakonisch

lakoniklik; lakonizm lakonische Kürze

Lakonya [·×·] *hist.* Lakonien

Lakonyalılar *hist.* Lakonier *pl.*

lakoz s. **lahoz**

laksatif *med.* 1. laxierend, abführend 2. Laxativ(-um), Abführmittel *n*

laktasyon (*franz.* **lactation**) *med.* 1. Milchabsonderung *f* 2. Stillen, Säugen *n*

laktaz Laktase *f* (Enzym des Darmsafts)

laktik Milch- ~ **asit** Milchsäure *f*

lakto(dansi)metre Lakto(densi)meter *n*

laktoz Laktose *f*, Milchzucker *m* *süt şekeri

laküstr (*franz.* **cité lacustre**) Pfahl-dorf *n*, -bauten *pl.*

lâl (I), **-li** *va.* 1. stumm, sprachlos 2. *Th.* e–e bäuerliche Pantomime **-üepkem** ganz sprachlos (vor Verwunderung usw.)

lâl (II), **-li** *va.* 1. *min.* Granat od. Rubin *m* 2. e–e bes. Art roter Tinte 3. rubinrot, granatfarben, hellrot 4. die (roten) Lippen (der Geliebten) 5. Rotwein *m* 6. s. **kırmızböceği;** ~ **rengi** Karmin *n* **-i yakut** s. **seylantaşı**

lala [×·] *fr.* 1. im Haus e–s Vornehmen tätiger älterer Diener, der ein Kind zu betreuen hatte, es zur Schule brachte und abholte, mit ihm spielte usw.; (e–e Art) Erzieher od. Hofmeister *m* (selt. e–e entsprechende Frau) 2. Anrede für e–n Eunuchen im Sultanspalast 3. vom Sultan dem Großwesir gegenüber angewandte, halb respektvolle, halb familiäre Anrede 4. Prinzenerzieher *m, gel. a.* Vertrauter e–s als Gouverneur tätigen Prinzen 5. Hofbeamter, dem die Pagenerziehung oblag 6. *selt.* Sklave *m* ~ **paşa** *fr.* 1. Prinzenerzieher, der zum Pascharang aufgestiegen war *spez.* Großwesir, der seinerzeit Erzieher des Sultans war 2. verhätscheltes, verwöhntes Kind ≗ **paşa eğlencesi değilim!** An mir läßt keiner seine Launen aus! ~ **paşa eğlendirmek** *fig.* sich ganz nach j–s Wünschen richten müssen ~ **paşa oyunu** Bubenstreich *m*, Ungezogenheit *f* ~ **paşa oyununa çıkmak** *fig.* das verwöhnte Kind spielen **-yla tayayla büyümüş** verwöhnt (Kind)

laladaş *fr.* gegenseitige Anrede der Sultanspagen, die demselben Erzieher unterstanden

lalalık Obliegenheiten *pl.* e–s **lala**

lalanga [·×·] süßes Omelett

Lalapaşa *n.pr.* O. u. D. im Rbz. Edirne

lâle 1. Tulpe *f bot.* Tulipa (Gesneriana u.a.) 2. *va.* rote Lippen *pl.* 3. *agr.* Obstpflücker *m* (Gartengerät *spez.* für Feigen) 4. *fr.* Halseisen *n* e–s Sträflings 5. ≗ *wV* ≗ **devri** die (kulturgeschichtlich bedeutsame) „Tulpenperiode" (1718–1730) unter dem Großwesir Damat İbrahim Paşa ~ **soğanı** Tulpenzwiebel *f* ~ **zinciri** *naut.* Sorgkette *f*

lâleağacı, -nı s. **Amerika** ~

lâleci Tulpenzüchter, Tulpenfreund *m*

lâlecilik Tulpen-zucht *f*, -anbau *m*

lâlegûn *va.* rosarot *pembe

lâlegül e–e melod. Weise in der türk. Musik

lâleli 1. mit Tulpen (*bzw.* Tulpenmustern) geschmückt 2. ≗ *n.pr.* Stadtteil in Istanbul (zwischen Beyazit und Aksaray)

lâlelik 1. *spez. fr.* Tulpenvase *f* (mit engem Hals) 2. Tulpen-beet *n*, -garten *m*

lâlename [–·–·] *fr.* Gedicht od. Broschüre über Tulpen od. Tulpenzucht

lâleruh [–·–] e–e melod. Weise in der türk. Musik

lâlettayin 1. irgendein, beliebig 2. aufs Geratewohl

lâlezar [–·–] *va.* s. **lâlelik** (2)

lam (I) 26. Buchst. des osm. Alph. 2. s. **kaddi** ~; ~ **cim** (*fr. Abk.* von **lâyecuz** = es ist nicht erlaubt) Einwand *m* **Ne** ~ **dedim ne cim!** Ich habe ja gar nichts dagegen gesagt! **≗ı cimi yok.** 1. Dagegen läßt sich nichts sagen. Da gibt es kein Wenn und kein Aber. 2. Es liegt keine Veranlassung vor, länger zu zögern. 3. Das läßt sich nun nicht mehr ändern. Dagegen ist kein Kraut gewachsen. **Buna** ~ **cim istemez.** In jeder Hinsicht untadelig.

lam (II) (*franz.* **lame**) 1. Objektträger *m* (am Mikroskop) 2. Rasierklinge *f* 3. *techn.* dünnes (Metall- usw.)Plättchen; Streifen *m*, Lamelle *f*

lama (I) [×·] Lama *n zo.* Lama glama

lama (II) [×·] Lama *m* (Buddhapriester in Tibet und in der Mongolei)

lama (III) 1. Klinge *f* (e–s Messers); Rasierklinge *f* 2. dünnes Metallplättchen; Lamelle *f* 3. *naut.* flaches, langes Eisen- od. Stahl-band 4. (Gold- od. Silber-)Lahn *m* Zu 1: s. **testere -sı** Zu 2: s. **jaluzi -ları;** ~ **demiri** Flach-, Bandeisen; Eisenblech, Metallband *n*

lamacı 1. Lamaist *m*, Anhänger *m* des Lamaismus 2. lamaistisch

lamacılık *rel.* Lamaismus *m*

lâmaddiye *phil.* Immaterialismus *m*

lamaist (lamaizm) s. **lamacı(-lık)**

lâmantıkî s. **mantıkdışı**

lamantin s. **manati**

lamarkçılık; lamarkizm Lamarckismus *m*

lamba (I) 1. (Petroleum-, Gas- el. usw.) Lampe *f* 2. Röhre *f* (des Radioapparates) ~ **ayağı** *(Radio)* Röhrensockel *m* ~ **fasonu** Lampenfassung *f* ~ **gömleği** Glühstrumpf *m* (bei Gaslicht) ~ **karpuzu** Lampenglocke *f* ~ **şişesi** Lampenzylinder *m* **-yı açmak** die (Petroleum-)Lampe hinaufschrauben **-yı kısmak** die (Petroleum-)Lampe herunterschrauben **-yı yakmak** die Lampe anzünden (anstecken)

lamba (II) [×·] Nut(-e) *f*, Falz *m*, Fuge, Rinne, Rille, Hohlkehle *f* ~ **açmak** (m. Dat.) et. nuten, (ein-)falzen
lambacı 1. Lampenfabrikant *m* 2. Lampen-händler, -verkäufer *m*
lambacılık Herstellung *f* od. Vertrieb *m* von Lampen
lambalamak nuten, falzen, fugen
lambalı [×··] 1. mit (nb.) Lampen bzw. Röhren 2. ausgekehlt, gerillt, geriefelt, gespundet, gefedert, gefügt, gezinkt, gegratet Zu 1: **beş ~ radyo makinesi** Fünf-Röhren-Apparat *m* Zu 2: ~ **tahta kaplama** 1. (Tischlerei) Verscherbung, Verzahnung *f* (von Balken, Bohlen usw.) 2. *naut.* Verdoppelung *f*, Stoßlappen, Umschlag *m* (breiter Saum des Segels) ~ **menteşe** s. **Cermen menteşe(-si)**
lambalık 1. *fr.* Aufbewahrungsort *m* für Lampen 2. e–e Lampe voll (z. B. Petroleum)
lam(b)da Lambda *n* (griech. Buchst.) ~ **dikişi** *an.* Lambdanaht *f* (am Schädel) ~ **kemiği** *an.* Inkabein *n* (Teil des Hinterhauptbeins)
Lambert fındığı s. **badem fındığı**
lambo (*franz.* **lambeau**) *med.* Hautlappen *m* (bei Transplantation)
lambri Lambris *m*, Täfelung, (Wand-)Verkleidung *f* ~ **kaplamak** täfeln (Wand)
lambrili mit Lambris ausgestattet; getäfelt
Lambet Vok Lambethwalk *m* (Modetanz um 1939)
lame mit (Silber-, Gold-)Lahn durchzogen (durchwirkt), Brokat-, Lamé- ~ **entari** Brokatkleid *n* ~ **iskarpin** 1. Gold-, Silber-lederschuh *m* 2. Brokatschuh *m* ~ **kumaş** Brokat *m*
lâmehale [–·–·] *va.* wohl oder übel *ister istemez
lâmekân über den Ort erhaben, an keinen Ort gebunden (Gott)
lamel (*franz.* **lamelle**) Deckgläschen *n* (für mikroskopische Präparate)
lâmelif 1. die Ligatur von **lâm** und **elif** in der ar. Schrift 2. gewunden, krumm ~ **çekmek** *F* (bşe) Schluß machen (mit); beenden ~ **çevirmek** (*od.* **çizmek**) e–n kleinen Bummel machen
lamî (I) [– –] *va.* 1. den Buchst. **lam** betreffend 2. lambda-, gabel-förmig 3. hufeisenförmig 4. krumm und schief *eğri büğrü 5. (*a.* **azmı** ~) *an.* Zungenbein *n* **izafeti lamiye** *va. gr.* possessive Izafetkonstruktion
lami (II) [–·], **-ii** 1. *va.* glänzend, leuchtend 2. ♀ *mV; Lamia wV*
lamia Weberbock *m zo.* Lamia textor
lamih [ā] 1. *va.* s. **lami** (1) 2. ♀ *mV,* **Lamiha** *wV*
lamina s. **yaprak ayası**
laminarya [··×·] Riesentang *m bot.* Laminaria
lâmise 1. Tastsinn *m*, Gefühl *n* *dokunum 2. Fühlhorn *n*, Fühler *m* *duyarga
lamparo die beim nächtlichen Fischfang verwendete Leuchte (zum Anlocken der Fische) od. das betr. Boot
lampas (*franz.* **lampas**) *vet.* Froschgeschwulst *f* (Gaumenanschwellung bei Pferden)
lampasa [×··] 1. lose, langes Gewand 2. unförmig, unschön (Kleidung) 3. *naut.* Rahenverstärkung *f* *seren tirizi
lâmuhale [–·–·] *va.* unbedingt, auf jeden Fall *mutlaka, behemehal
lan *V Abk.* für **ulan**
-lan, -len s. **ilen**
lancon *naut. hist.* älterer Kanonenboot-Typ
landa [×·] *naut.* Pütting *f*, Rüsteisen *n*
lando(-n) Landauer *m* (Wagenart)
landolet, -ti 1. Landaulett *n* (Wagenart) 2. Personenkraftwagen *m* mit zurückklappbarem Hinterverdeck
Landtag *pol.* Landtag *m* **Prusya ~ intihabı** *hist.* Wahl *f* zum Preußischen Landtag
lâne *va.* 1. Nest *n* 2. Wohnung *f*, Haus *n*
lânet, -ti 1. Verwünschung *f*, Fluch *m* 2. verwünscht, verflucht, verdammt, verflixt, schlecht, übel ~ **altında kalmak** ein fluchwürdiges Andenken hinterlassen, verflucht (verwünscht) werden ~ **etmek** (*od.* **okumak**) verwünschen, verfluchen, verdammen *lânetlemek, tel'in etmek ♀ **olsun!** Verflucht! Verdammt! Verwünscht!
lânetleme 1. Vs. zu **lânetlemek** 2. verwünscht, verflucht, verdammt
lânetlemek verwünschen, verfluchen, verdammen
lânetli verwünscht, verflucht, verdammt
lânetullah [–··] verdammter Kerl; Schuft *m*
Langa *n.pr.* Stadtteil von Istanbul zwischen Aksaray u. Davutpaşa (fr. bekannt durch seine Obst- u. Gemüsegärten) ~ **hıyarı** 1. e–e bes. geschätzte Gurkenart 2. *V* Flegel, Rüpel *m*
langa lunga *lm., naut.* ein von zwei Matrosen (abwechselnd) betätigtes Handspill (auf Segelbooten)
langdöşa (*franz.* **langue de chat**) s. **kedidili**
langır lungur [····] 1. rumpelnd, holpernd, stoßend (z. B. Wagen auf schlechter Straße) 2. holperig, unbeholfen (z. B. sprechen) 3. unverblümt, gerade heraus, grob, tolpatschig (z. B. reden)
langırt, -tı (*lm.*) Tisch-Fußball *m* ~ **salonu** (amerikanischer Spielsalon)
langur Hulman *m* (südindische Affenart) *zo.* Presbytis entellus
langust, -tu Languste *f*, Stachelhummer *m zo.* Palinurus vulgaris *makassız (*od.* dikenli) ıstakoz
langustin Kaisergranat *m zo.* Nephrops norvegicus
lanolin; lanolein Lanolin *n*
lansa [×·] *naut.* (in der Füg.:) ~ **patrisası** Royalpardune *f*
lanse (*franz.* **lancé**) 1. lanciert 2. Lancé *n* (Gewebeart) ~ **etmek** lancieren (z. B. Künstler), aufbringen (z. B. neuen Ausdruck)
lanset, -ti (*franz.* **lancette**) s. **neşter**
lanskne (*franz.* **lansquenet** < **Landsknecht**) Name e–s Ka.
lansye Lancier *m* (*fr.* Gesellschaftstanz)
lantan *chem.* Lanthan *n*
lantana Wandel-blüte *f*, -röschen *n bot.* Lantana salvifolia
lantanid *chem.* Lanthanid *n*
lantanit, -ti *min.* Lanthanit *m*
lantern majik (*franz.* **lanterne magique**) *va.* s. **büyücü** (*od.* **sihirbaz**) **feneri**
lantigo *med.* Lentigo *f*, Leberfleck *m*
lantisel (*franz.* **lenticelle**) s. **kovucuk**
lap, -pı 1. (Lm. des Aufschlagens e–s halbfesten Stoffes) patsch! klatsch! bauz! 2. Schmatzen *n* Zu 1: **Hamur ~ diye yere düştü.** Klatsch! da lag der Teig auf dem Boden. ~ ~ Lm. e–s Schlappens od. Schmatzens ~ ~ **yemek** gierig schmatzen ~ ~ **yürümek** (dahin-)schlappen; schlurfen
Lap, -pı *n.pr.* zu den Tosken gehöriger albanischer Volksstamm
lapa [×·] 1. dicke Reissuppe 2. Brei *m* 3. *med.* Kataplasma *n* heißer Breiumschlag 4. weich, schlaff ~ **gibi** breiartig ♀ ~ **kar yağıyor.** Es schneit in dicken Flocken ~ **koymak** (*od.* **vurmak**) e–n Breiumschlag machen
lapacı 1. wer gerne Brei ißt 2. aufgeschwemmt, aufgedunsen (Person) 3. träge, faul 4. Weichling, Feigling *m*
lapacılık 1. Aufgeschwemmt-, Aufgedunsen-sein *n* 2. Trägheit, Faulheit *f* 3. Weichlichkeit, Feigheit *f*
lapalanmak 1. breiartige Konsistenz annehmen 2. *fig.* erschlaffen, erlahmen
lapalık zur Herstellung von Brei od. Breiumschlägen verwendet (z. B. Reis)
Lapalis [··×] *n.pr.* La Palisse (franz. Marschall, gest. 1525) ~ **hakikati** Binsenwahrheit *f*
lapamsı 1. breiartig 2. *fig.* kraftlos, schlaff, schlapp

laparoskop, -pu *med.* Laparoskop *n* (Instrument zur Untersuchung der Bauchhöhle)
laparoskopi *med.* Laparoskopie *f*
laparotomi *med.* Laparotomie *f*, Bauchschnitt *m*
lapaz [×·] *naut.* Name e–r Schwammkrankheit
lapçın weicher, kurzschäftiger, an der Seite geschnürter Hausschuh mit dünner, absatzloser Ledersohle (über den bei Bedarf ein Überschuh **[pabuç]** gezogen wird) ~ **ağızlı** unüberlegt drauflosredend
lapilli [·×·] Lapilli, Rapilli *pl.* (Lavagrus) *volkan çakılı
lapina [·×·] 1. schwarzäugiger Lippfisch (Mittelmeer) *zo.* Crenilabrus pavo 2. *med.* Lapine *f* (Kaninchenpocken-Impfstoff)
lapinagiller (Familie *f* der) Lippfische *pl. zo.* Labridae
lapis(-lazüli) *min.* Lapislazuli, Lasurit *m* *lazürit
Lapon 1. Lappe *m*, Lappin *f* 2. lappisch
Laponca [·×·] Lappisch, Sprache *f* der Lappen
Laponya [·×·] *n.pr.* Lappland
Laponyalı [·×··] s. **Lapon**
lappa große Klette *f bot.* Arctium lappa
lappadak [×··] s. **larpadak**
Lapseki *n.pr.* O. u. D. im Rbz. Çanakkale
lapya; lapye (*franz.* **lapie**) s. **oluklu taş**
lar s. **ak elli jibon**
-lar, -ler (Pluralendung): 1. Zur Verwendung nach Kardinalzahlen s. spez. die Stw. **bir, üç, beş, yedi, oniki. on yaşlarındaki çocuk** ein etwa zehnjähriger Junge; **1920'lerde** um 1920; **70'ler Türkiyesi** die Türkei in den 70er Jahren; s. a. **üçler, yüzlerce** usw. 2. *F* (*spez.* in Istanbul zur Bez. der ganzen Familie) **Fatma hanımlar selâm söyler.** Die ganze Fatma-Familie läßt grüßen. 3. **Grimmler, Andersenler** Leute wie Grimm od. Andersen 4. **-ları, -leri** zur Bez. e–r zeitlichen Regelmäßigkeit z. B. **akşamları** alle Abende; abends **cumartesileri** an Samstagen; samstags
lardit, -ti (*franz.* **lardite**) *min.* Speckstein *m*
larengoskop, -pu *med.* Laryngoskop *n*, Kehlkopfspiegel *m*
larenjit, -ti *med.* Laryngitis, Kehlkopfentzündung *f*
larenks *med.* Kehlkopf, Larynx *m* *gırtlak
largetto [·×·] *mus.* 1. larghetto, ziemlich langsam 2. Larghetto *n*
largo [×·] 1. *mus.* a) largo, breit, gedehnt, sehr langsam b) Largo *n* 2. *naut.* Backstagsbrise *f* (= ¾ Wind)
larmo [×·] *naut.* Stag *n* e–s Stagsegels *spez.* Klüverstag *n* ~ **yakası** *naut.* Vorliek *n* e–s Schratsegels
larp, -pı (Lm. e–s plötzlichen und heftigen Geschehens) wupp! ♀ **diye önümüze çıktı.** Wupp, da stand er vor uns.
larpadak [×··] wupp! ♀ **yakaladı.** Wupp, da schnappte er es.
larva [×·] s. **kurtçuk**
laser *phys.* Laser(-strahl), Lichtverstärker *m*
lâsık, -kı *va.* klebend, anhaftend
laskine s. **lanskne**
laso [×·] Lasso *n, m* *kement
lasta [×·] *naut.* 1. Schiffs-, Fracht-raum *m*, Tonnage *f* (*spez.* für Getreide) 2. Gewichtseinheit *f* von zwei Tonnen
lastarya [·×·] Grün- bzw. Braun-kohl *m bot.* Brassica oleracea acephala
lasteks Lastex *m* (Gewebe aus Gummifäden, die mit Kunstseiden- od. Chemie-fasern umsponnen sind)
lastik, -iği 1. Gummi *m, n* 2. (Fahrrad-, Auto-)Reifen, Mantel, Schlauch *m* 3. Gummischuh(-e *pl.*) *m* 4. Radiergummi *m* 5. Gummiring *m* (z. B. zum Einwecken) 6. Gummi-band *n*, -litze *f*, -zug *m* 7. Badekappe *f* 8. Gummi-finger *m*, -handschuh *m* 9. Gummischürze *f* 10. Präservativ, Kondom *n* *kapot 11. Gummiblase *f* (z. B. für Fb.) 12. Dichtungsscheibe *f* 13. (ganz od. teilweise) aus Gummi hergestellt; mit Gummi überzogen, Gummi- ~ **baskısı** (*ältere Bez.*) *typ.* Offsetdruck *m* ~ **çizme** Gummi-, Wasser-stiefel *pl.* ~ **değiştirme** Reifenwechsel *m* ~ **gibi** flink, hurtig *cevik ~ **hortum** Gummischlauch *m* ~ **incir ağacı** s. **kauçuk ağacı;** ~ **kılıf** Gummihülle *f* ~ **levha** Gummilamelle *f* ~ **levyesi** Reifenheber *m* (*spez.* bei Auto) ~ **pompası** Luftpumpe *f* (für Autoreifen, Fußbälle usw.) ~ **sopa** Gummiknüttel *m* ~ **sünger** Schaumgummi *m* ~ **şerit** Gummiband *n* ~ **tampon** Gummipuffer *m* **-i şişirmek** den Reifen od. die Fb.blase aufpumpen
lastikağacı, -nı 1. Para-Kautschukbaum *m bot.* Hevea brasiliensis 2. s. **lastik incir ağacı**
lastikçi wer Gummiwaren herstellt od. verkauft
lastikli 1. Gummi enthaltend, mit Gummi überzogen, Gummi- 2. elastisch (*üblicher:* elastikî) 3. *fig.* dehnbar (z. B. Begriff), mehrdeutig (z. B. Wort), was verschiedene Deutungen zuläßt (z. B. Aussage), schwammig ~ **konuşmak** sich (beim Reden) nicht festlegen ~ **söz** dehnbarer Begriff, schwammiger Ausdruck ~ **şerit** Gummiband *n*, -zug *m*
lastikotin (*engl.* **lasting-coating**) Lasting *n* (fester Kammgarnstoff)
lâşe s. **leş** (I)
lâşek *va.* zweifellos, gewiß, unzweifelhaft *şüphesiz
lâşey *va.* so gut wie nichts, gleich Null, wertlos
laşin (*engl.* **lashing**) *naut.* Festbinden *n* (e–r Schiffsladung)
laşka [×·] *naut.* 1. (Kommando) Lego! 2. Entspannen, Lockern, Nachlassen *n* (e–r Trosse usw.) 3. locker, lose, schlaff 4. *fig.* nicht intakt (Sache); schlampig, nachlässig (Person) ~ **etmek** 1. *naut.* entspannen, lockern, nachlassen, Lose geben, fieren, abschießen (Tau) 2. *naut.* mit e–r Talje (e–m Refftakel, e–m Ruder usw.) aufkommen 3. *F* (e–e Pflicht) vernachlässigen; sich nicht recht kümmern (um) Zu 3: **Bu günlerde işi biraz** ~ **ettik.** In den letzten Tagen haben wir uns bei der Sache et. Zeit gelassen. ♀ **bando!** *naut.* Los-machen! -binden! ~ **borina kullanmak** *naut.* ohne Verwendung der Buline laufen (Schiff) ~ **olmak** lose werden, sich lockern, anfangen zu spielen (z. B. Schraube in ausgeleiertem Gewinde)
laşkalaşmak s. **laşka olmak**
laşkalık, -ığı *selt.* der durch **laşka** ausgedrückte Zustand *spez. fig.* Schlampigkeit, Nachlässigkeit *f*
lâşuur [–·–] *va.* das Unbewußte
lat, -tı Lat *m* (*fr.* Währungseinheit in Lettland)
lata [×·] 1. Latte, Leiste *f* 2. *fr.* langer, schwarzer Überwurf der isl. Geistlichen
latacı [×··] Hersteller und Verkäufer *m* von **lata**
latans *med.* Latenz *f* ~ **süresi** *med.* Latenzstadium *n*
latanya [·×·] die Fächerpalmen-Gattung Latanie *bot.* Latania
latarna [·×·] 1. Drehorgel *f*, Leierkasten *m* 2. *Ch.* alter Klapperkasten (Auto)
latarnacı Drehorgelspieler, Leierkastenmann *m*
Latça s. **Letçe**
lateks Latex *m*, Kautschukmilch *f*
lâtemsil [–·–] *va.* s. Stw. **lâ**
lâtenahi [–·––] s. **lâyetenaha**
latent, -ti *med.* latent; ohne typische Merkmale
lateral lateral, seitlich, Seiten- *canibî, yanal
Lateran *n.pr.* Lateran *m* (päpstlicher Palast in Rom außerhalb der Vatikanstadt)
laterit, -ti *geol.* Laterit *m* (roter Verwitterungsboden)
laterna(-cı) s. **latarna(-cı)**
lâteşbih [–·–] *va.* ohne daß ein (unangebrachter) Vergleich gezogen werden soll *benzetmek gibi olmasın
latif [·–] 1. schön, hübsch, anmutig, fein, nett, reizend, lieblich 2. angenehm, zufriedenstellend *hoş 3. *va.* der Gnädige (Attribut Gottes) 4. ♀ [×·] (< **Abdüllatif**) *mV*
latife [·–·] 1. Scherz, Spaß, Witz *m*, Schnurre *f*, lustige

Anekdote od. Erzählung 2. ≗ [×··] *wV spez.* ≗ **Hanım** (Mädchenname: **Latife Uşaklıgil**) Gemahlin von Mustafa Kemal Atatürk (verheiratet 1923; geschieden 1925) ~ **anlamaz** (*od.* **bilmez**) wer keinen Scherz versteht, wer sich gleich getroffen fühlt ~ **bertaraf** Scherz beiseite, im Ernst (gesprochen) ~ **etmek** scherzen, spassen ≗ **latif gerek.** *Spr.* Ein Spaß muß seine Grenzen haben. ~ **olarak** im Scherz, zum Spaß ~ **söylemek** et. Lustiges erzählen ~ **yollu** scherzhaft **-den anlamak** Spaß verstehen **-ye bozmak** (bşi) et. ins Scherzhafte wenden
latifeci [·–··]; *va.* **latifegû** [·–·–] unterhaltsam, witzig; Spaßmacher, Witzbold *m;* guter Erzähler *şakacı
latifesiz [·–··] ohne Spaß, im Ernst
latifülmanzar [·–···] *va.* lieblich anzusehen
lâtilokum [×···] *P* für **rahatlokum** (< **rahatı hulkum**) s. **lokum**
Latin [×·] 1. *hist.* Latiner(-in *f*) *m* (Einwohner von Latium); latinisch 2. lateinisch, Latein- 3. römisch 4. romanisch; Romane *m* 5. römisch-katholisch ~ **Amerika(-sı)** Lateinamerika ~ **ayini** Gottesdienst *m* nach römisch-katholischem Ritus ~ **Birliği** (*od.* ~ **İttihadı**) lateinische Münzunion ~ **edebiyatı** römische Literatur ~ **filolojisi** Romanistik *f* ~ **gemisi** Schiff *n* mit Lateinsegeln ~ **haçı** lateinisches Kreuz; Passionskreuz *n* ~ **harfleri** Lateinalphabet *n*, -buchstaben *pl.*, -schrift *f* ~ **ırkı** lateinische Rasse ~ **İmparatorluğu** Lateinisches Kaiserreich (in Istanbul; 1204–1261) ~ **Kilisesi** Römisch-Katholische Kirche ~ **milletleri** romanische Völker *pl.* ~ **yelkeni** *naut.* Lateinsegel *n*
Latince [×··] 1. lateinische Sprache, Latein(-isch) 2. lateinisch
Latinceci Latinist(-in *f*) *m*
Latinci *fr.* Verfechter *m* des Latein-Alphabets
latinçiçeği, -ni Kapuzinerkresse *f bot.* Tropaeolum *Hint (od. Frenk) teresi
latinçiçeğigiller Kapuzinerkressengewächse *pl. zo.* Tropaeolaceae *hançeriye
Latino-Ameriken lateinamerikanisch
latme *va.* s. **şamar, tokat**
Lattakiye *n.pr.* Lattakia (Stadt u. Gebiet in Syrien)
Latviya [×··] s. **Letonya**
lâubali [–·––] 1. *urspr.* ich kümmere mich nicht darum 2. unehrerbietig, dreist, unbekümmert, respektlos 3. ohne Förmlichkeit, zwanglos, ungeniert, sich leicht anbiedernd, plump vertraulich
lâubalice reichlich unbekümmert; recht ungeniert
lâubalileşmek plump vertraulich werden
lâubalilik [–·––·] 1. Unehrerbietigkeit, Dreistigkeit, Unbekümmertheit, Respektlosigkeit *f* 2. zwangloses (ungezwungenes) Benehmen, Ungeniertheit *f*
lâubaliyane [–·–·–·] *va.* s. **lâubalice**
launch *(engl.) naut.* Barkasse *f*
lâübali(-ce usw.) s. **lâubali(-ce** usw.)
lav 1. Lava *f* 2. Tuff *m* ~ **akıntısı** Lavastrom *m* ~ **taşı** Tuffstein *m* ~ **taşması** Lavaerguß *m*
lava [×·] *naut.* 1. Zieht! 2. Zieht hoch! Heißt! ~ **borina** dicht beim Wind gebraßt ~ **etmek** 1. *naut.* ziehen (Boot, Netz usw.), einholen (Tau) 2. hochziehen, hissen, heißen 3. verleumden; herziehen (über) 4. *V* gierig verschlingen; (alles) wegputzen ≗ **etme!** Aufhören! Stopp! Festhieven! ≗ **ıskota** Backholen!
lavabo 1. Waschbecken *n* 2. Wasch-tisch *m*, -toilette *f* 3. Waschraum *m*
lavaj *techn. od. med.* Waschung, Spülung, Wässerung, Ausschlämmung *f* ~ **yapmak** waschen, spülen, e–e Spülung vornehmen, wässern, ausschlämmen
lavajlamak s. **lave etmek** (3)
lavalık *naut.* Zieh-, Einhol-, Hiß- ~ **yoma** s. **palamar**
lavanta [·×·] 1. **(çiçeği)** echter Lavendel *bot.* Lavandula (spica u.a.) 2. Lavendelwasser *n* 3. getrocknete Lavendelblüten 4. *allg.* Parfüm *n*
lavantacı [·×··] Parfümeriehändler *m*
lavantacılık [·×···] Parfümeriehandel *m*
lavantalı [·×··] 1. mit Lavendelwasser besprengt 2. mit Lavendelgeruch 3. *allg.* parfümiert
lavantalık [·×··] 1. Fläschchen *n* mit Lavendelwasser 2. *allg.* Parfümfläschchen *n*
lavaş *P* dünnes Fladenbrot
lavaşa [×··] flacher Silberbarren
lavatera [··×·] s. **ağaç ebegümeci**
lavdanom [×··] *pharm.* Laudanum *n*, Opium-extrakt *m*, -tinktur *f*
lave (*franz.* **lavé**) 1. gewaschen, ausgeschlämmt 2. *phot.* gewässert 3. *med.* ausgepumpt (Magen) ~ **etmek** 1. waschen, ausschlämmen 2. *phot.* wässern 3. *med.* auspumpen
lavi (*franz.* **lavis**) 1. Zeichnen od. Malen *n* mit (verdünnter) Tusche 2. Tuschzeichnung *f*
lavman (I) (*franz.* **lavement**) *med.* 1. Einlauf *m*, Klistier *n*, Darmspülung *f* *ihtikan, tenkıye 2. Klistierspritze *f*
lavman (II) (*franz.* **lave-mains**) Handwaschbecken *n*
lavra (I) [×·] *naut.* 1. Kinnbacks-, Fuß-block *m* (am Mast) 2. Setzen *n* der Unterwanten ~ **etmek** die Pardunen setzen
lavra (II) [×·] **deliği** *naut.* Spund-, Verschluß-loch *n* (in e–m Boot)
lavta (I) [×·] *mus.* Laute *f* (mit kleinerem Schallkörper als **ud**); ~ **çalmak** Laute spielen
lavta (II) [×·] *med.* 1. Geburtszange *f* *forseps 2. Geburtshelfer *m* *akuşör
lavtacı [×··] 1. Hersteller und Verkäufer *m* von Lauten (od. anderen M.i.) 2. Lautenspieler(-in *f*) *m*
lavtspiker (*engl.* **loud speaker**) *selt.* Lautsprecher *m* *hoparlör
lavuar (*franz.* **lavoir**) (Kohlen-, Erz-)Wäsche *f spez.* Kohlenwasch- und Kohlensortier-anlage *f*
lâyakıl *va.* seiner Sinne nicht mächtig *aklı başında olmayan
lâyani [–––] *va.* 1. sinnlos, unangebracht *manasız, yararsız
lâyecuz [–·–] *va.* 1. nicht erlaubt, nicht zulässig 2. Einwand *m* (s.a. **lam cim**)
lâyefhem *va.* verständnislos *anlayışsız
lâyefna [–·–] *va.* unsterblich, unvergänglich *ölmez; fenâ bulmaz
lâyemut [–·–] *va.* unsterblich, ewig *ölümsüz, ölmez
lâyemutiyet, -ti [–·–··] *va.* Unsterblichkeit *f* *ölümsüzlük, ölmezlik
lâyenazil [–···] *va. jur.* unabsetzbar *azolunamaz
lâyenazillik, -iği *va. jur.* Unabsetzbarkeit *f*
lâyenbagi [–··–] *va.* 1. unpassend, ungehörig *yakışıksız 2. häßlich *çirkin 3. falsch *yanlış
lâyenfek(-k) *va.* 1. unteilbar, unzertrennlich *bölünemez 2. untrennbar, inhärent *ayrılamaz
lâyenkatı, -ıı *va.* ununterbrochen, dauernd *biteviye, devamlı olarak, durmadan
lâyenkesir *va.* unzerbrechlich *kırılmaz
lâyetebeddel *va.* unveränderlich; immer gleichbleibend *değişmez
lâyetegayyer *va.* s. **lâyetebeddel**
lâyetenahi [–··––] *va.* unendlich *sonsuz
lâyetenahiyet, -ti *va.* Unendlichkeit *f* *sonsuzluk
lâyezal, lâyezul [–·–] *va.* unsterblich, unvergänglich, ewig *ölümsüz, ebedî
layfbot, -tu (*engl.* **life-boat**) *naut.* Rettungsboot *n*
lâyık, -kı, -ğı wert, würdig, verdienend, gebührend, ent-

sprechend, passend ~ **görmek** (b–ni bir işe) j–n als geeignet für et. ansehen ~ **olduğu üzere** od. ~ **olduğu veçhile** s. **-ıyle;** ≗ **oldukları akıbete uğramışlardır.** Sie sind ihrem verdienten Schicksal nicht entgangen. ≗ **şu ki** Was getan werden sollte, ist folgendes: **...-ını bulmak** 1. den passenden Lebensgefährten finden 2. die verdiente Strafe erhalten. **-ını vermek** s. **Allah -ını versin! -ıyle** *Adv.* gebührend, geziemend, entsprechend, gehörig, tüchtig, genügend **-ı veçhile** s. **-ıyle;** s. a. **ağzına(itimada)** ~**; gayri** ~ *selt.* unpassend, ungehörig, unziemlich

lâyiha 1. Vorlage *f*, Entwurf *m*, Denkschrift *f* 2. *jur.* Schriftsatz *m*

layik, -ki (*franz.* **laïque**) laizistisch, weltlich

layikleştirmek laizistisch gestalten

layikleşmek laizistische Gestaltung, erfahren

layiklik 1. Laizismus *m* 2. Trennung *f* von Kirche und Staat

layisizm s. **layiklik**

layka mittelgroße sibirische Hundeart *Sibirya köpeği

layner (*engl.* **liner**) 1. *techn.* Futter *n*, Büchse *f* (e–s Zylinders, Lagers usw.) 2. Linienschiff *n* (Fracht- od. Personen-schiff) *muntazam hat gemisi

layşmanya Leishmanie *f* (Geißeltierchen)

layşmanyoz *med.* Leishmaniose *f*

layter (*engl.* **lighter**) *naut.* Leichter *m*

laytmotif 1. *mus.* Leitmotiv 2. *pej. selt.* (dauernde) Wiederholung, (ewiger) Refrain

laytveyt, -ti (*engl.* **light-weight**) *(Sport)* Leichtgewicht *n spez.* Rennpferd *n* unter Normalgewicht

lâyuat, -ddi [–··] *va.* unzählig, zahllos *sayılmaz, sayısız ~ **ve lâyuhsa** *va.* in unübersehbarer Menge

lâyuğlep *va.* unbesiegbar *yenilmez

lâyuhsa [–·–] *va.* s. **lâyuat**

lâyuhti [–·–] *va.* unfehlbar

lâyuhtilik *va.* Unfehlbarkeit *f*

lâyukal [––·] *va.* mit dem Verstand nicht faßbar *anlakalmaz, anlaşılmaz

lâyulâ [–––] *va.* unüberschreitbar

lâyuref *va.* unerforschlich

lâyutak [–·–] *va.* unerträglich *tahammülfersa

lâyüfhem *va.* unbegreiflich *kavranılmaz

lâyüfna [–·–] *va.* s. **lâyefna**

lâyüzal, -li [–·–] *va.* unvergänglich, ewig *ebedî, lâyezal

Laz 1. Lase *m*, Lasin *f* (Angehörige e–s kaukasischen Volksstammes im Nordosten der Türkei) 2. lasisch ~ **baltası** Axt *f* mit gekrümmter Schneide (zum Holzspalten) ~ **kirazı** s. **taflan**

laza kleinerer Bottich (Zuber, Kübel) *spez.* für Honig

lâzale(-t) [––·] *va.* Möge nie fehlen! *eksik olmasın

lazar (*franz.* **lézar**) 1. Eidechse(-nleder *n*) 2. *abus.* Krokodil-, Schlangen-leder *n*

Lazar s. **Âzir**

lazareto [··×·] *z. va.* Quarantäne-station *f*, -hafen *m* *tahaffuzhane

Lazca 1. lasische Sprache, Lasisch (südkaukasische Sprache) 2. lasisch

lazebeliye s. **horozibiğigiller**

lâzık *va.* anhaftend *yapışkan

lâzım 1. nötig, notwendig, erforderlich *gerek 2. *gr.* intransitiv *geçişsiz 3. *phil.* anhaftend, inhärent 4. *phil.* Folgesatz *m*, Korollarium *n* 5. *phil.* Akzidens *n* ~ **gelenlere emir vermek** die zuständigen Stellen anweisen ~ **gelmek** 1. nötig (notwendig, erforderlich) sein 2. sich als notwendig ergeben, geschehen müssen (Zu 2: **Bir memur nizama riayet etmezse, hakkında ne** ~ **gelir?** Was hat mit e–m Beamten zu geschehen, der sich gegen die Vorschriften vergangen hat?) ~ **olmak** 1. nötig (notwendig, erforderlich) sein 2. noch gebraucht werden (können) ~ **ve kâfi şart** s. **gerek ve yeter şart;** ~ **ve melzum** 1. Akzidens *n* und Substanz *f* 2. Folgesatz *m* und vorausgehendes Urteil 3. Folge und Voraussetzung *f* 4. *allg.* zwei zusammengehörige Dinge **-dan tadiye** *gr.* s. **oldurgan; -ı gayri müfarık** *z. va.* unentbehrlich, unerläßlich

lâzımlı 1. *P* für **lâzım** bzw. **lüzumlu** 2. *selt.* s. **lâzımlık**

lâzımlık Nacht-topf *m*, -geschirr *n* *oturak

lâzımülicra hüküm ve karar *jur.* s. **kaziyei muhkeme**

lâzımülinkıyat (Befehl usw.), dem man nachzukommen hat

lâzımsız *P* für **lüzumsuz**

lâzime 1. *va.* et. Notwendiges; Notwendigkeit *f*, Erfordernis *n* 2. Bedarf, Betriebsstoff *m* (*spez.* bei Schiffen) 3. *math.* notwendiger Zusatz; Folgesatz *m* *gerekçe **-i mevcudiyet** *va.* Lebensnotwendigkeit *f*

lâzimeci *naut.* Schiffshändler *m*, Lieferant *m* von Schiffsproviant und -ausrüstung

Lazistan *n.pr.* Lasistan (Gebirgslandschaft an der Südostküste des Schwarzen Meeres)

Lazkiye [×··] osm. Bez. für **Lattakiye**

lazot, -tu (< **Laz otu)** Mais *m* *mısır

lazürit, -ti s. **lapis(-lazüli)**

lb. s. **libre**

le Name bzw. Laut des Buchst. L

-le, -la s. **ile**

-le hali *gr.* Instrumentalis *m* *mefulünma

le'âl(-i) *va. Pl.* zu **lü'lü** Perlen *pl.*

leamet, -ti [ā] *va.* Gemeinheit, Niedertracht *f* *alçaklık

leb s. **lep**

lebalep [×–·] bis zum Rand, gesteckt, zum Brechen (Bersten) (voll) *ağız ağıza

lebbeyk, -ki *z. va.* (bei Aufforderung od. Anruf) Gewiß! Ja! Was steht zu Diensten? Gerne! Mit Vergnügen! ≗ **Allahümme** ~**!** *rel.* Ich bin bereit, o Herr, deine Gebote zu erfüllen (vgl. **telbiye)**

lebek ağacı Lebachbaum *m bot.* Albizzia lebbek (liefert gutes Nutzholz)

leben *va.* 1. Milch *f*, milchige Flüssigkeit 2. Joghurt *m* **-i kils** s. **kireçsütü**

lebenî *med.* milchig

lebensraum *selt.* Lebensraum *m* *hayat sahası

lebep, -bi *va.* aus Saffianleder geflochtenes Kopfzeug (des Pferdegeschirrs)

lebibe [ī] (*Fem.* zu **lebip**) 1. *va.* ärmel- und kragen-loses Unterhemd 2. ≗ [×··] *wV*

lebiderya [ā] *z. va.* Meeres-ufer *n*, -küste *f*, Strand *m*

lebip, -bi [ī] 1. *va.* verständig, klug 2. ≗ [×·] *mV*

lebistes Guppy *m zo.* Lebistes reticulatus (Aquariumfisch)

leblâbiye s. **sarmaşıkgiller**

leblâbülarz s. **sarmaşık**

leblebi 1. geschälte und geröstete Kichererbsen *pl.* 2. *V* Gewehr-, Revolver-kugel *f*, „blaue Bohne“

leblebici 1. wer Kichererbsen röstet und verkauft 2. wer gerne geröstete Kichererbsen ißt

leblep, -bi Helmbohne *f bot.* Dolichus lablab

leçek 1. viereckiges, diagonal gefaltetes Frauenkopftuch 2. beim Färben mit Henna verwendete Binde

leçer 1. Haarsieb *n* 2. *va.* e–e Art Konfitüre (mit ganzen Früchten)

lede [×·] *ar. Präp. va.* bei, in, anläßlich, beim Eintritt (von)

ledelhace [ā] *va.* nötigenfalls, im Bedarfsfall, gegebenenfalls

ledelicap [··––] *va.;* **ledeliktiza** [ā] *va.* s. **ledelhace**

ledelmuayene [ā] *va.* bei der Untersuchung (Inspizierung)

ledelvusul [···–] *va.* bei seiner Ankunft

ledessual [ā] *va.* bei Befragung

ledettahkik [ī] *va.* bei (näherer, genauerer) Untersuchung

ledg *va.* Biß *m* (e–r Schlange od. e–s Skorpions)

ledre s. **lodra**

ledün, -nnü *va.* Gottesbewußtsein *n*

ledünnî *va.* s. **tanrısal**
ledünniyat, -tı [ā] *Pl.* 1. verborgene Wege *pl.* der Vorsehung 2. wirklicher Grund, nähere Umstände; Hintergründe *pl.* *künh
lef, -ffi 1. *va.* Falten *n* 2. *va.* (Herum- od. Hinein-)Wickeln *n* 3. Bei-, Hinzu-fügen *n*, Bei-, Hinzu-legen *n*
leffen [×·] *va. Adv.* s. **ilişik olarak**
leffetmek [×··] *va.* bei-, hinzu-fügen, bei-, hinzu-legen (z.B. e–m Brief) *iliştirmek
leffüneşir, -şri [×·×·] *stil.* Qualifikation *f* zweier (bzw. mehrerer) Dinge od. Personen durch zwei (bzw. mehrere) Feststellungen (*Anm.* Entspricht die Reihenfolge der Feststellungen derjenigen der angeführten Dinge od. Personen, so handelt es sich um **-i mürettep**, im gegenteiligen Fall, *spez.* bei chiastischer Bezugsfügung, um **-i müşevveş.**)
Lefke *n.pr.* Leukas (griech. Insel)
Lefkoşa; Lefkoşe [·×·] *n.pr.* Nikosia, (Levkosia) (Hauptstadt von Zypern)
lega (päpstlicher) Legat (*mst.* im Rang e–s Kardinals)
legal *selt.* gesetzlich, gesetzmäßig, legal
legalizasyon Legalisation, Beglaubigung *f* (von Urkunden)
legalize legalisiert, amtlich beglaubigt, bestätigt ~ **etmek** legalisieren, amtlich beglaubigen, bestätigen
legasyon *selt.* Gesandtschaft *f*
legatin (*franz.* **légatine**) Name e–s Seidenwollstoffes
legato [·×·] *mus.* 1. legato, gebunden 2. Legato *n*
legorn (*engl.* **leghorn**) Leghorn *n* (Hühnerrasse)
legümin *biol.* Legumin *n* (Eiweiß der Hülsenfrüchte) *bitkisel kazein
leğen 1. tragbares, metallenes Becken (zum Hände-, Wäsche-waschen usw.) 2. *an.* Becken *n* *havsala, pelvis ~ **başından almak** (bir kızı) ein im Haushalt tüchtiges Mädchen nehmen ~ **ibrik** (mit Deckel verschließbares) Waschbecken und zugehöriges Wasserkännchen zur rituellen Reinigung **Her şey bitti de işimiz bir ~ örtüsüne kaldı.** Wir müssen der Sache nur noch den letzten Schliff geben.
leğencik s. **havuzcuk** (1)
leğençe [·×·] kleines Waschbecken (vgl. **leğen**)
Leh 1. Pole *m*, Polin *f* 2. polnisch *Lehli, Polonyalı
leh zugunsten, für **-inde olmak** 1. für et. sein, et. befürworten 2. sich zu j–s Gunsten auswirken **-inde bulunmak** (*od.* **söylemek**) zugunsten (von) sprechen, sich einsetzen (für), et. vertreten, für et. sein **-ine olmak** zu j–s Gunsten sein **-te ve aleyhte** für und wider, dafür und dagegen **meselenin ~ veya aleyhinde konuşmak** für od. gegen et. sprechen
Lehçe [×] 1. polnische Sprache, Polnisch 2. polnisch *Polca
lehçe 1. Dialekt *m*, Mundart *f* 2. (mehr od. minder selbständig gewordener) Sprachzweig 3. Sprache *f*, Idiom *n* 4. *va.* Gesicht *n*, Äußeres 5. *va.* Wörterbuch, Lexikon *n*
lehçebilim Mundartenkunde *f* *diyalektoloji
lehçebilimci Mundartenforscher(-in *f*) *m* *diyalektolog
lehçebilimsel mundartenkundlich, dialektologisch *diyalektolojik
lehçeli mit nb. **lehçe**
lehep, -bi *va.* Flamme *f* *alev
lehim Löt-metall *n*, -masse *f* *spez.* Lötzinn *m* ~ **çubuğu** s. **havya;** ~ **lambası** Lötlampe *f* ~ **madeni** Lötmetall *n* ~ **yeri** Lötstelle *f* **-ini çözmek** ablöten
lehimci Löter, Klempner, Installateur, Rohrleger *m*
lehimlemek 1. löten 2. *V* den Beischlaf ausüben
lehimli ge-, ver-lötet, zugelötet
lehimsiz 1. ohne Lötzinn 2. unverlötet
Lehistan *n.pr.* Polen *Polonya
lehiv, -hvi *va.* Spiel(-erei *f*) *n*, Belustigung *f*, Zeitvertreib *m*
Lehli 1. Pole *m*, Polin *f* 2. polnisch
lehtar [ā] 1. Anhänger, Freund, Parteigänger *m*, auf j–s Seite stehend 2. *jur.* Benefiziaterbe *m* 3. *H* Begünstigter
lehviyat, -tı [ā] *va. Pl.* Spielereien, Belustigungen *pl.*, Zeitvertreib *m*
leîm *va.* 1. niederträchtig, gemein, verachtenswert *alçak 2. geizig, knickerig *nekes
leitmotiv s. **laytmotif**
lejant, -dı 1. Zeichenerklärung, Legende *f* (z.B. zu e–r Karte) 2. Bildunterschrift, Erläuterung *f*, erklärender Text 3. Rand-, Auf-, In-schrift *f* (auf e–r Münze usw.) 4. *selt.* Legende *f*, Fabel, Sage *f*, Mythos *m*
lejantlı mit (nb.) **lejant**
lejislatör (*franz.* **législateur**) Gesetzgeber *m*
lejitimist, -ti *pol.* Legitimist(-in *f*) *m*
lejyon Legion *f* (als mil. od. halbmil. Organisation) ⁓ **Etranjer** s. **Yabancı Lejyonu**
lejyondonör (*franz.* **légion d'honneur**) (französische) Ehrenlegion ~ **nişanı** Band *n* der Ehrenlegion ~ **nişanının şövalye rütbesi** Rang *m* e–s Ritters der Ehrenlegion
lejyoner (*franz.* **légionnaire**) 1. *hist.* Legionär *m* 2. Fremdenlegionär *m* 3. Ritter *m* der Ehrenlegion
lek Lek *m* (albanische Währungseinheit zu 100 **kentar**)
leka(balığı) Bläuel *m*, Gabelmakrele *f* *zo.* Lichia amia
leke 1. (Schmutz-, Obst-, Tinten-, Sonnen- usw.)Flecken *m* 2. Fleck(-en) *m* (auf der Haut, im Auge, auf den Fingernägeln usw.) 3. *fig.* (Schand-)Fleck, Makel, Fehler *m* Zu 2: **Bu pırlantanın -si olmasa, çok para eder.** Wenn dieser Brillant lupenrein wäre, würde er sehr viel wert sein. ~ **bırakmak** Flecken machen (hinterlassen) ~ **çıkarmak** 1. e–n Flecken beseitigen (wegbringen, ausreiben) 2. (m. Abl.) et. entflecken ~ **etmek** (bşi) beflecken, beschmutzen, besudeln, schmutzig machen ~ **getirmek** (b–ne) entehren, in Verruf bringen (Handlung) ~ **olmak** befleckt (beschmutzt), besudelt, (schmutzig) werden, Flekke bekommen ~ **sabunu** Fleck-seife *f*, -stift *m* ~ **sürmek** *fig.* beflecken, in den Schmutz ziehen, besudeln, verleumden
lekebaskı Tuschätzung *f* *akvatinta
lekeci 1. wer Anzüge, Kleider, Hüte usw. reinigt *spez.* Inhaber *m* e–r chem. Reinigung 2. Tachist *m* *taşist ~ **kili** Fleckenmergel *m* **-ye vermek** in die Reinigung geben (Anzug, Kleid usw.)
lekecilik 1. Reinigung *f* (von Anzügen usw.) 2. Tachismus *m*
lekedar [ā] *va.* s. **lekeli** (2)
lekelemek 1. beflecken, beschmutzen, besudeln, schmutzig machen 2. *fig.* in den Schmutz ziehen, mit Schmutz bewerfen, verleumden
lekelenmek 1. Pass. zu **lekelemek** 2. Flecke bekommen 3. sich beflecken, sich besudeln, sich schmutzig machen
lekeli 1. befleckt, beschmutzt, besudelt, schmutzig, fleckig 2. *fig.* wer keine reine Weste hat, wer nicht untadelig dasteht, nicht makelfrei 3. gefleckt, Fleck- 4. nicht lupenrein (Edelstein) ~ **baldıran** s. **büyük baldıran;** ~ **hani balığı** Beutelbarsch *m* *zo.* Paracentropristis hepatus ~ **kedibalığı** Fleckhai *m* *zo.* Pristiurus melanostomus ~ **mercan** Marmorbrasse *f* *zo.* Pagellus mormyrus ~ **salep** geflecktes Knabenkraut *bot.* Orchis maculata ~ **sinekyutan** Grauschnäpper *m* *zo.* Muscicapa striata
lekelihumma *med.* Fleck-typhus *m*, -fieber *n* *tifüs
leken *P* großer Flechtwerk-Schuh (Schneeschuh) (gegen Einsinken im Schnee)
lekende 1. grobgenähter Zwirn- od. Leder-saum 2. s. **saat lekendesi**
lekeresim Tuschmalerei *f*
lekesiz 1. ohne Flecken, sauber, rein 2. *fig.* fleckenlos, makellos, untadelig

lekesizlik 1. Sauberkeit, Reinheit *f* 2. *fig.* Fleckenlosigkeit, Makellosigkeit *f*, untadeliger Charakter, reine Weste
Lekler *n.pr.* Kurdenstamm in Luristan (Iran)
leksikal *selt.* lexikalisch
leksikograf Lexikograph *m*, Verfasser *m* e–s Wörterbuches *lugatçi, sözlükçü
leksikografi Lexikographie *f* *lugatçilik, sözlükçülük
leksikografik lexikographisch
leksikolog Lexikologe *m* *lugat bilgini
leksikoloji Lexikologie, Wortkunde *f* *lugat bilimi, kelimebilim, sözlükbilim
leksikolojik lexikologisch, wortkundlich *kelimebilimsel, sözbilimsel
lektör, rü (Universitäts-)Lektor(-in *f*) *m* *okutman
lektörlük (Universitäts-)Lektorat *n* *okutmanlık
lektür Lesen *n*, Lektüre *f* *kıraat
leleşme *Th.* Lambdazismus *m* (fehlerhafte Aussprache des **R** als **L**)
lem'a *va.* Glanz *m*, Blitzen, Funkeln *n*
Leman gölü *n.pr.* Genfer See *m*
lemean [ā] 1. Glänzen, Funkeln *n* 2. s. **gazışı;** 3. ⁓ *wV* ~ **etmek** *va.* glänzen, leuchten, funkeln, glitzern, strahlen, blinken, blitzen *parıldamak **-ı flüorî** s. **flüorışı; -ı fosforî** s. **fosforışı**
lemeanlı [ā] s. **gazışıl**
lemha *va.* 1. Glanz, Schimmer *m* 2. flüchtiger Blick **-tülbasarda** *va.* in e–m Augenblick, im Handumdrehen
lemi, -m'i 1. *va.* Glänzen, Funkeln *n* 2. ⁓ *mV*
lemis, -msi s. **dokunma**
lemming Lemming *m zo.* Lemmus lemmus (skandin. Wühlmaus)
lemniskat, -tı *math.* Lemniskate *f*
lemsetmek [×··] *va.* (be-)tasten, berühren *dokunmak
lemsî s. **dokunsal**
lemyezel *va.* ewig (Gott)
len (I) (*franz.* **laine**) Wolle *f* ~ **kastor** Biberette *f* (plüschartiger Stoff)
len (II) s. **ulan**
-len, -lan s. **ilen**
lenduha [·––] 1. ungeschlacht, grobschlächtig (Person) 2. plump gearbeitet, klobig wirkend, *F* Klotz- (z.B. Möbel), *F* unscherig
lenf(-a) *biol.* Lymphe *f* *akkan ~ **boğumları** (*od.* **düğümleri**) Lymphknoten *pl.* *ukadatı lenfaiye ~ **damarları** Lymphgefäße *pl.* *eviyei lenfaiye ~ **sistemi** Lymphgefäßsystem *n* *cümlei lenfaiye
lenfaî *va.* 1. die Lymphe betreffend, Lymph- 2. phlegmatisch; Phlegmatiker(-in *f*) *m*
lenfaîlik *va.* Phlegma *n*
lenfanjit, -ti *med.* Lymphgefäßentzündung, Lymphangitis *f*
lenfatik *med.* lymphatisch *lenfavî
lenfavî 1. s. **lenfatik** 2. s. **lenfaî**
lenger 1. *naut.* (Schiffs-)Anker *m* 2. breitrandige Kupferschüssel, große Kupferplatte; Becken *n* ~ **anası** *naut.* Flunke, Hand *f* (e–s Ankers) *çapa ~ **atmak** (*od.* **bırakmak**) 1. Anker werfen 2. *V* sich nicht von der Stelle rühren, wie festgenagelt sitzenbleiben ~ **kaldırmak** den Anker lichten
lengerendaz [ā] 1. vor Anker liegend 2. *fig.* fest-liegend, -sitzend, sich nicht von der Stelle rührend ~ **olmak** 1. ankern, vor Anker liegen 2. *fig.* festen Fuß fassen, sich niederlassen
lengerli s. **lengerendaz**
lengüist, -ti s. **dilbilimci**
lengüistik s. **dilbilim(sel)**
Leninci 1. Leninist(-in *f*) *m* 2. leninistisch
Lenincilik Leninismus *m;* Lehre *f* Lenins
Leninist; Leninizm s. **Leninci(-lik)**

lenjöri (*franz.* **lingerie**) 1. Wäschebesatz *m* 2. Damenunterwäsche *f*
lenk *va.* lahm, hinkend *topal; s.a. **Timur-**
lens *opt. selt.* Linse *f*
lentigo s. **lantigo**
lentiye *naut.* 1. Seiten-, Hilfs-, Dirigier-tau *n* (z.B. beim Hieven schwerer Lasten) 2. Spring(-leine) *f*, Boots-krabber, -klauer *m* (beim Vertäuen)
lento (I) *mus.* 1. lento, langsam, schleppend 2. Lento(-satz, -teil *m*) *n*
lento (II) (*franz.* **linteau**) *arch.* Fenster- od. Tür-sturz *m*
Leonit akanyıldız yağmuru *astr.* s. **Aslan yağmuru**
leopar; leopart, -dı 1. Leopard, Panther *m zo.* Panthera pardus *bebir, pars 2. Leoparden-fell *n*, -mantel *m*
lep, -bi 1. *va.* Lippe *f* 2. *va.* Rand *m* *kenar 3. erste Silbe von **leblebi;** ~ **değmez** in der älteren Lit. ein Gedicht, in dem kein Labiallaut vorkommt ~ **demeden leblebiyi anlamak** *fig.* sofort verstehen, was gemeint ist
lepanda [·×·] 1. sauber, rein 2. fein, zierlich
lepiska [·×·] 1. ⁓ *n.pr. va.* Leipzig 2. *va.* Leipziger Seide *f* 3. blond und seidenweich (Haar)
leppey s. **lebbeyk**
lepra [×·] *selt., med.* Lepra *f*, Aussatz *m* *cüzam, miskin illeti
leprom *med.* Leprom *n*, Lepraknoten *m*
leprozoryum [··×·] Leprosorium, Leprakrankenhaus *n* *miskinhane
lepta (anstelle des Sg. **lepton,** Lepton *n*) Lepta (100. Teil der griechischen Drachme)
leptospira s. **solukburgumsu**
leptospiroz s. **solukburguca**
-ler s. **-lar, -ler**
lerci e–e Spielart der Bisamziege; vgl. **mis keçisi**
lermo s. **larmo**
lerne Ruderfußkrebs, Hüpferling *m* (*zo.* Gattung Copepoda) (auch als Parasit unter der Brustflosse von Schwertfischen)
Ler(y)os adası *n.pr.* Insel *f* Leros (Dodekanes)
lerzan [ā] *va.* 1. zitternd, bebend 2. ⁓ *wV* ~ **etmek** *va.* zittern lassen, Schrecken einjagen
lerze *va.* Zittern, Beben *n*
lerzenak, -ki [ā] s. **lerzan**
lerziş s. **lerze**
lesepase (*franz.* **laissez-passer**) Passier-, Grenzübertrittsschein *m*
lesitin *pharm.* Lezithin *n*
leş (I) 1. Aas *n*, Tierkadaver *m* 2. *V od. pej.* menschlicher Leichnam 3. (aus dem Wasser ragender) Rumpf e–s gesunkenen Schiffes 4. et. unbrauchbar Gewordenes, was nicht mehr zu reparieren ist, nur noch für den Müllhaufen geeignet 5. *hist.* Feuerwehrmann **(tulumbacı),** der vor Erschöpfung auf der Strecke bleibt ~ **akbabası** Schmutzgeier *m zo.* Neophron percnopterus ~ **atlamak** ein Blutbad anrichten ~ **böcekleri** Aaskäfer *pl. zo.* Silphidae ~ **çiçeği** s. **gök nişanı;** ~ **gibi** 1. wie die Pest stinkend 2. stinkfaul; Nichtstuer *m* ~ **gibi sarhoş** sternhagelvoll; (*V:* stinkbesoffen) ~ **gibi serilmek** *pej.* mit ausgestreckten Armen und Beinen daliegen ~ **kargası** Nebelkrähe *f zo.* Corvus corone cornix *külrengi karga ~ **kokusu** 1. Aasgeruch *m* 2. *fig.* infernalischer Gestank ~ **sineği** Aasfliege *f zo.* Pyrellia cadaverina ~ **şamandırası** *naut.* Wrack-boje, -tonne *f* ~ **yapmak** *Ch.* überfahren, totfahren **ºin olduğu yere kargalar üşer.** *Spr.* Wo ein Aas ist, da sammeln sich die Raben (Geier). *Spr.* **-ini çıkarmak** (b–nin) j–n halbtot schlagen **-ini sermek** (b–nin) töten, tot hinstrecken
leş (II) **bağı** *naut.* einfacher Paalsteek; Leibstich *m*
leşçi *V* Mörder *m*

leşçil aasfressend
leşker *va.* 1. Soldaten *pl.*, Militär, Heer *n* 2. Held *m*, tapfer
let *va.* s. **dayak atma;** ~ **vurmak** *va.* s. **dövme**
letafet, -ti [ā] 1. Schönheit, Anmut, Lieblichkeit, Feinheit *f*, Reiz *m* 2. Annehmlichkeit, Erfreulichkeit *f*
letaif [ā] *z. va. Pl.* zu **latife**
letal *med.* letal, tödlich ~ **faktör** *med.* Letalfaktor *m*
letalite *med.* Letalität *f*, (Zahl *f* der) Todesfälle *pl.*
letarji Lethargie *f*: 1. *med.* (krankheitsbedingte) Schlafsucht *f* 2. Trägheit, Gleichgültigkeit, Teilnahms-, Interesse-losigkeit *f*
letarjik lethargisch: 1. *med.* schlafsüchtig 2. träge, gleichgültig, teilnahmslos
lete [×·] *naut.* s. **neta; nete**
Letçe; Letonca lettische Sprache; Lettisch(-e) *n* 2. lettisch
Letler; Letonlar *n.pr.* Letten *pl.*
Letonya [·×·] *n.pr.* Lettland
Letonyalı 1. Lette *m*, Lettin *f* 2. lettisch
lev(deliği) *naut.* Spei-, Nüster-gatt *n*
leva (I) [×·] (anstelle des Sg. **lev,** Lew *m*) Lewa *f* (bulgarische Währungseinheit zu 100 Stotinki)
leva (II) *naut.* 1. s. **lava** 2. Verholen *n* (e–s Schiffes am Warpanker od. an der Warpleine), Bugsieren, Schleppen *n* od. entsprechendes Kommando
levahik, -kı [ā] (*va. Pl.* zu **lâhika**) *an.* Adnexe, Annexe *pl.* *ekler, mülhakat **-i lâmise** s. **dokunaç**
levanten 1. Levantiner *m* *tatlısu Frengi 2. levantinisch
levantin 1. Levantinerin *f* 2. Santolia *f*, Zypressenkraut *n* *bot.* Santolina 3. Levantine *f* (geköperter Seidenstoff)
levazım [ā] *Pl.*zu **lâzime** 1. Notwendiges, Erforderliches; Bedarfsartikel *pl.*, erforderliche Gegenstände, Utensilien *pl.*, Material *n* *gereç 2. **(sınıfı)** *mil.* Intendantur *f* ~ **albayı** *mil.* Intendant *m* ~ **binbaşısı** *mil.* Intendanturrat *m* ~ **bölüğü** *mil.* Wirtschaftskompanie *f* ~ **işleri dairesi** *mil.* Intendantur *f*, Heeresverwaltungsamt *n* ~ **kâtibi** *mil.* Intendantursekretär *m* ~ **müdürü** *mil.* Quartiermeister *m* ~ **okulu** *mil.* Intendaturschule *f* ~ **subayı** Intendanturoffizier *m* ~ **tuğgenerali** Generalintendant *m* ~ **tümgenerali** Generalstabsintendant *m* ~ **üsteğmeni** Intendanturinspektor *m* ~ **ve teçhizatı harbiye** *mil.* Kriegsausrüstung *f* ~ **yüzbaşısı** Intendanturassessor *m* **-ı harbiye** *mil.* Kriegsmaterial *n*
levazımat, -tı [·–:–] *dopp. Pl.* zu **lâzime;** s. **levazım**
levazımcı *mil.* Intendanturbeamte *m*
levendatı [ā] **bahriye** *hist.* s. **levent** (4)
levent, -di 1. großgewachsen und gut aussehend (junger Mann) 2. *va.* a) flink, rege b) tapfer 3. irreguläre Truppe zur Niederhaltung meuternder Janitscharen 4. *hist.* Marinesoldaten *pl.* 5. Kettbaum *m* (am Webstuhl) 6. *naut.* Kette *f* am Lukendeckel 7. ≗ *n.pr.* a) Stadtteil von Istanbul b) *mV* ~ **külâhı** *hist.* rote Matrosenmütze ~ **palangası** s. **levent** (5)
leventlik 1. kräftiger, stattlicher Wuchs 2. *hist.* Tätigkeit *f*, Aufgaben *pl.* usw. der **levent** genannten Marinesoldaten
levger spitzer Schuhleisten (zum Weiten des Vorderteils e–s Schuhes)
levha 1. Schrifttafel *f* (häufig als Ornament) 2. Überschrift *f* *serlevha 3. Scheibe, Platte *f* 4. *techn.* Blatt *n* (feines Blech) 5. (Reklame-)Schild, Plakat *n*, Straßen-, Firmenschild *n* 6. Liste *f* 7. *typ.* Abbildung, Tafel *f* 8. Anblick *m* *manzara 9. Schalbrett *n* (des Tischlers) Zu 4: ~ **-yayı** *techn.* Blattfeder *f* Zu 6: s. **avudkatlar -si;** ~ **kavramı** *techn.* Scheibenkupplung *f* ~ **tutkal** Tafelleim *m*
levhacı 1. Schilder-, Plakat-maler *m* 2. Verkäufer *m* von Schrifttafeln
levhacık Plättchen *n*, Lamelle *f* *sufeyha
levhalı Scheiben-, Platten-, Blätter-
levhaşallah [···–] *z. va.* (Ausruf der Bewunderung od. Überraschung) Ja, da sieh einer an! Donnerwetter! Alle Achtung!
levhimahfuz [ū] *isl. Myth.* (für den Jüngsten Tag aufbewahrte) Tafel *f* der göttlichen Beschlüsse; vorbestimmter Wille Gottes
levih, -vhi *va.* (zur Beschriftung dienende) Tafel *f*
levim, -vmi *va.* Tadel, Vorwurf *m*, Vorhaltung *f*
levin, -vni 1. Farbe *f* *renk 2. Gesichtsfarbe *f*, Teint *m* 3. Sorte, Art *f*
levis, -vsi *va.* Schmutz *m* *pislik
leviye s. **levye**
leviz, -vzi *va.* Mandel *f* *badem
levmetmek [×··] *va.* tadeln, Vorhaltungen machen
levrek, -eği See-, Meer-barsch *m* *zo.* Dicentrarchus labrax; s. a. **uzun-;** ~ **mayonezli** Barsch in Mayonnaise
levrekgiller Familie *f* der Barsche *zo.* Percidae
levüloz *med.* Lävulose *f*, Fruchtzucker *m* *früktoz
levvam [ā] *va.* tadelnd, Vorwürfe machend s. a. **nefsi -e**
levye (*franz.* **levier**) 1. Schalthebel *m* (im Auto), Steuerknüppel *m* (im Flugzeug) 2. s. **kaldıraç**
levze *va.* s. **bademcik**
lex fori *jur.* s. **mahkemenin kanunu**
ley (anstelle des Sg. **leu,** Leu *m*) Lei *m* (rumänische Währungseinheit; zu 100 Bani)
leyal, -li [ā] *va. Pl.* zu **leyl(-e)**
leydi [×·] Lady *f*, adlige bzw. vornehme englische Dame
leyl *va.* Nacht *f* *gece ≗ **suresi** Name der 92. Koran-Sure
leylâ 1. *va.* lange, stockfinstere Nacht 2. die letzte Nacht e–s ar. Mondmonats 3. *V* sternhagelvoll 4. ≗ *wV* (spez. in der Liebesgeschichte ≗ **ve Mecnun**)
leylak, -kı, -ğı Flieder *m* *bot.* Syringa vulgaris ~ **güvesi** Fliedermotte *f* *zo.* Gracilaria syringella
leylakî fliederfarben, lila *lila
leyle *va.* Nacht *f* *gece ≗**i Berat (Kadir, Miraç, Regaip)** s. **Berat** (usw.) **gecesi. -i mübareke** *va.* heilige Nacht (e–s religiösen Feiertages)
leylek, -eği Storch *m* *zo.* Ciconia ciconia ~ **bacaklı** storch-, lang-beinig ~ **burnu** schierlingsblättriger Reiherschnabel *bot.* Erodium cicutarium ~ **çadırı** *hist.* Henkerzelt *n* (für Janitscharen-Deserteure) ~ **çiçeği** Gürtel-Pelargonie *f* *bot.* Pelargonium zonale *sardunya ~ **fırtınası** Name e–s period. Seesturms gegen Ende März ~ **gagası** s. **pantograf;** ~ **gibi** lang und schmächtig; reinste Hopfen-, Bohnen-stange ~ **uçak** Fieseler Storch *m* ~ **yuvası** Storchennest *n* ~ **yuvası gibi saç** ungekämmtes, wirr herumhängendes Haar, *F* Zottelhaar *n* **-i havada görmek** *F* dauernd auf Achse (= unterwegs) sein ≗**i havada mı gördün?** (Hänselworte für Leute, die viel umherreisen) **-in (yuvadan) attığı yavru** *fig.* Aschenbrödel *n* ≗**in ömrü laklakla geçer.** *Spr.* 1. (spött. über Schwätzer) Der Storch verbringt ja sogar sein ganzes Leben mit Klappern. 2. (weiterer Sinn): Mit leerem Gerede kommt man nicht weiter.
leylen *va. Adv.* nachts, zur Nachtzeit *geceleyin, geceleri
leyletülarus s. **şebiarus**
leylî 1. *va.* nächtlich, Nacht- 2. Internats- 3. Internats-schüler(-in *f*) *m*, -student(-in *f*) *m*, Interne *m, f* *(2, 3) yatılı ~ **mektep** Internat(-sschule *f*) *n* *yatılı okul ~ **talebe** s. **leylî** (3)
leysiye s. **nihilizm**
leyteleallе [···×·] *va.* (< *ar.* **leyte ve lâalle** „wäre es doch, und vielleicht kann es sein" *d. h.*) leere Vorwände *pl.*, nutzloses Klagen, ewiges Zögern u. ä. m.
leyyin *va.* 1. zart, weich 2. sanft, mild
lez *hist.* Name zweier osm. Steuern in Tripolis und in der Cyrenaika
lezaiz [ā] (*va. Pl.* zu *ungebr.* **lezize**) Freuden, Annehmlichkeiten *pl.* **-i hayat** *va.* Freuden *pl.* des Daseins
lezar s. **lazar**

lezbiyen (*franz.* **lesbienne**) s. **sevici**
lezez *hist.* vierte und letzte Quartalszahlung der Janitscharen-Löhnung (für die Monate şevval, zilkade, zilhicce)
Lezgiler *n.pr.* Lesghier *pl.* (kaukasischer Volksstamm, urspr. in Daghestan)
leziz [ī] 1. schmackhaft, wohlschmeckend *lezzetli 2. angenehm, erfreulich
lezyon (*franz.* **lésion**) *med.* Verletzung, Schädigung *f* (e–s Organs)
lezzat, -tı [ā] *va. Pl.* zu **lezzet**
lezzet, -tı 1. Wohlgeschmack *m* *tat 2. Genuß *m*, Vergnügen *n*, Freude *f* *zevk, haz ~ **almak** (*od.* **duymak**) (bşden) 1. j–m (wohl) schmecken 2. Freude haben, Vergnügen finden (an) **-ini tatmak** (bşin) kosten, probieren
lezzetiye s. **hedonizm**
lezzetlendirmek schmackhaft (wohlschmeckend) machen, Würze verleihen
lezzetlenmek 1. schmackhaft (wohlschmeckend) werden, Würze bekommen 2. s. **lezzet almak** (*od.* **duymak**)
lezzetli 1. (so und so) schmeckend 2. *pr.* schmackhaft, wohlschmeckend *leziz 3. *fig.* angenehm, erfreulich Zu 1: s. **buruk** ~
lezzetsiz 1. ohne Würze, fade (schmeckend) 2. *fig.* lustlos, freudlos
lezzetsizlik 1. fehlende Würze, fader Geschmack 2. Lust-, Freud-losigkeit *f*
-lığ(-laşma, -lı) s. **alüvyon(-laşma, -lu)**
lıkır lıkır; lıkırdamak s. **lakır lakır; lakırdamak**
li *va. ar. Präp.* 1. für 2. bei 3. wegen 4. von, durch Zu 1: **ibreten lissairin** *va.* als warnendes Beispiel für die anderen Zu 2: **lillah ve resulihi** *z. va. Bet.* bei Gott und seinem Propheten
lian [ā] *va.* beiderseitige Herabbeschwörung e–s Gottesfluches *spez. fr. jur.* Eidesformel bei angeschuldigtem Ehebruch e–r Frau
libade [ā] kurze, wattierte, boleroartige Frauenjacke (mit Ärmeln) ≗ **suyu** Name e–s beliebten Quellwassers (Istanbul)
liban [·–] *va.* 1. Muttermilch *f* 2. Säugen, Stillen *n* *emzirme
libas [ā] Kleid *n*, Kleidung(-sstücke *pl.*) *f*, Anzug *m* *giysi **-ı fahir** *hist.* Ehrenkleid *n* (s. **hil'at**)
libelül (*franz.* **libellule**) s. **kızböceği**
liberal, -li 1. liberal, freiheitlich, frei 2. weitherzig, tolerant *hoşgörülü 3. Liberale *m, f* ~ **ekonomi** freie Wirtschaft ~ **lideri** Führer *m* der Liberalen ~ **partisi** liberale Partei
liberalist, -ti 1. liberalistisch, extrem liberal 2. Liberalist(-in *f*) *m* ~ **propaganda** liberalistische Propaganda
liberalizm 1. Liberalismus *m* *erkincilik 2. Weitherzigkeit, Toleranz *f*
liberalleştirmek liberalisieren
liberallık 1. Liberalismus *m* *liberalizm 2. liberale Bewegung
liberasyon 1. Schuldentilgung, Liberation *f* 2. Liberalisierung *f* (bei Waren-Export u. -Import) 3. Ablösung *f* (e–r Hypothek) 4. Aufhebung *f* (der staatlichen Kontrolle)
libere freigegeben (Waren) ~ **etmek** freigeben
liberten (*franz.* **libertin**) *hist.* Freidenker *m*
liberti 1. **(kumaş)** weicher, leichter Möbelbezugsstoff 2. *snob.* Freiheit *f*
Liberya *n.pr.* Liberia (Westafrika)
Libi s. **Libya**
libidibi s. **dividivi**
libido [·×·] *psych.* Libido *f*
libre [×·] 1. Pfund *n* (= 500 g) 2. englisches Pfund (= 454 g)
librelik soundsoviel Pfund schwer, -pfünder
libretto [·×·] Libretto *n*, Textbuch *n* (von Opern, Operetten, Singspielen, Oratorien), Text *m*
librettocu Librettist, Textdichter *m*
librpansör (*franz.* **libre penseur**) Freidenker *m*
Libya [×·] *n.pr.* Libyen ~ **çölü** *n.pr.* Libysche Wüste ~ **seferi** Feldzug *m* in Nordafrika (1940–1943)
Libyalı 1. Libyer(-in *f*) *m* 2. libysch
licam [ā] 1. *an.* Zungen-Bändchen *n*, Frenulum *n* *dilaltı bağı 2. *va.* Gebiß *n* (e–s Zaums)
Lice *n.pr.* O. u. D. im Rbz. Diyarbakır
lid s. **lied**
liddit, -ti Lyddit *n* (Sprengstoff aus Pikrinsäure)
lider [×·] 1. Führer *m* (e–r Partei, Gewerkschaft, geistigen Bewegung usw.) 2. Staatsmann *m* 3. *(Sport)* Tabellenführer *m*
liderlik Führung *f*
lido [×·] 1. Sandbank *f* 2. Sandstrand *m* 3. Schwimmbassin *n* 4. ≗ *n.pr.* Lido *m*
Lidya [×·] *n.pr. hist.* Lydien (in Kleinasien)
Lidyalılar *hist.* Lyd(i)er *pl.*
lieb [·×] s. **liebin**
liebeveyn [···×] *va.* leiblich (Bruder od. Schwester) *anababa bir; öz
liebin [·×·] *va.* mit dem gleichen Vater (Geschwister)
liecl- *(mit ar. od. pers. Konstruktion) va.* 1. zum Zwecke (von), behufs, für 2. wegen
lied [ī] (deutsches Volks- od. Kunst-)Lied *n*
lif *urspr.* [–] 1. Faser *f* 2. (im türk. Bad zum Schäumenlassen der Seife verwendete) Quaste *f* aus Palmfasern 3. **(kabağı)** Luffa *f* (Kürbisgewächs) *bot.* Luffa cylindrica 4. *an.* Ligament, Band *n*, Sehne *f* **-i adalî** s. **kas teli; -i hayvanî** s. **hayvansal tel; -i nebatî** s. **bitkisel tel**
lifafe [ā] *va.* 1. s. **kefen** 2. *med.* s. **sargı, bandaj** 3. *bot.* Hülle *f* *bürüm
lifçik *biol.* Fibrille *f*, Muskel-, Nerven-fäserchen *n* *telcik
lifî [––] s. **telsel**
lifin [––] s. **fibrin**
lifli [–·] s. **telsel;** ~ **asbest,** ~ **serpantin** s. **yılantaşı**
lifsel *an.* fibrös
lifsikurtlar Fadenwürmer *pl. zo.* Filiariata
lifti [×·] *naut.* Stech-, Loch-beitel *m*, Stemmeisen *n*
lig, -gi *(a. Sport)* Liga *f* ~ **lider** *Fb. usw.* Tabellenerster, *F* Spitzenreiter *m* ~ **maçı** *Fb. usw.* Ligaspiel *n*
liga (I) [×·] *naut.* drei Meilen (= 5,56 km)
liga (II) [×·] *(naut. Kommando)* Refft Segel! ≗ **bir kat camadan!** Ein Reff einstecken! ~ **etmek** reffen (Segel)
ligadura [··×·] *naut.* 1. Platting, Lasching, (Beschlag-)Zeising *f*, Sorrtau *n*, Zurring *m* 2. Schiemannsgarn *n*
ligaman; ligament, -ti *med.* Ligament(-um), Sehnenband *n*
ligatür (*franz.* **ligature**) *med.* Abbindung *f* (Unterbindung von Blutgefäßen)
ligora [×··] *griech.* schnell, rasch
ligorna [·×·] s. **legorn**
Ligurya [·×·] *n.pr.* Ligurien ~ **denizi** *n.pr.* Ligurisches Meer
liğen s. **leğen**
liğnit s. **linyit**
lihaf [ā] 1. *va.* Bettdecke *f* 2. *an.* (Haut-)Decke, Hülle *f* 3. *bot.* Samenhaut *f*
lihaza [·×·] *va.* infolgedessen, deshalb, daher
lihye *va.* Bart *m* *sakal **-i şerife** die (als Reliquie aufbewahrten) Barthaare des Propheten Mohammed *sakalı şerif
lik [ī] *va.* s. **lâkin, ama**
lika (I) [ā] *va.* 1. persönliche Begegnung 2. Anblick *m*, Aussehen *n* (e–r Person) 3. *pers. Sx.* mit nb. Gesicht Zu 3: s. **mehlika**

lika (II) [×·] Flockseide *f* (*fr. a.* als Füllung in Tintenfässern)
lika (III) [×·] s. **lak, laka**
Likaonya [··×·] *n.pr. hist.* Lykaonien (in Kleinasien)
likatura s. **ligadura**
liken 1. *bot.* Flechte *f* 2. *med.* (~ **hastalığı**) Flechte *f*, Lichen *m* **-ler** *bot.* Flechten *pl.*, Lichenes *şeybiye
likeon 1. ≗ Lykeion *n* (im alten Athen) 2. aristotelische Schule
likidasyon 1. Abwicklung *f* von Börsengeschäften *spez.* Bereinigung *f* der Terminverbindlichkeiten 2. Liquidation, Geschäfts-aufgabe, -auflösung *f* *hali tasfiye 3. Räumungsverkauf, Ausverkauf *m* wegen Aufgabe des Geschäfts
likidatör *H* Liquidator *m* *tasfiye memuru
likide liquidiert ~ **etmek** liquidieren ~ **olmak** liquidiert werden
likidite *H* Liquidität *f*, flüssige Mittel *pl.*
likin [–·] *va.* s. **lâkin**
likit, -di 1. flüssig 2. *H* flüssig, verfügbar, disponibel, liquid(-e) 3. Flüssigkeit *f* ~ **aktif** *H* verfügbare Mittel *pl.*
liknit, -ti (*franz.* **lychnite**) weißer Marmor aus Paros
likorinoz Räucherfisch *m spez.* geräucherte dünnlippige Meeräsche (Mugil capito)
likör Likör *m* ~ **şarabı** Süßwein *m*
likörlü Likör enthaltend, Likör-
Likürgüs *n.pr.* Lykurg
Likya [×·] *n.pr. hist.* Lyzien (in Kleinasien)
Likyalılar *n.pr. hist.* Lyzier *pl.*
lila [×·] fliederfarben, lila *leylakî
lil'arziye s. **yerözekçil**
lilbeşeriye [···–·] s. **insaniçincilik**
lil'eneiye s. **beniçincilik**
lillah(-i) [ā] (*P a.*: ~ **için**) 1. um Gottes willen! 2. bei Gott!
lim (*franz.* **lime**) kleine, süße Zitrone; Limetta *f bot.* Citrus limetta
liman (I) 1. Hafen *m* 2. (*mst.* **sütliman**) still, ruhig ~ **bölgesi (sahası, mıntıkası)** Hafen-bezirk *m*, -gebiet, -gelände *n* ~ **çıkış yeri** (*od.* **mahreci**) Hafenausfahrt *f* ~ **kılavuzu** Hafenlotse *m* ~ **mahallesi** Hafenviertel *n* ~ **mâniası** Hafensperre *f* ~ **masrafları** Hafengebühren *pl.* ~ **odası** Hafenkommandantur *f* ~ **komutanı** (*od.* **reisi**) Hafen-kapitän, -meister *m* ~ **şahadetnamesi** Patent *n* e–s Hafenlotsen ~ **şehri** Hafenstadt *f* ~ **şirketi** Hafengesellschaft *f* ~ **tesisatı** Hafenanlagen *pl.* ~ **ücreti** Hafen-gebühren, -kosten *pl.* ~ **zabıtası** Hafenpolizei *f* **-a giriş** Hafeneinfahrt *f* **-a girmek** in den Hafen einlaufen **-dan çıkmak** auslaufen, den Hafen verlassen
liman (II) (*russ.*) *geogr.* Liman *m* (Typ e–r Bucht)
limancık Schlupfhafen *m*; kleine Bucht
limanlamak 1. in den Hafen einfahren 2. im Hafen liegen 3. sich legen, sich beruhigen (Meer, Wind)
limanlı 1. mit e–m Hafen 2. mit nb. Hafen (bzw. Häfen) 3. *va.* s. **limanlık** (3)
limanlık 1. als Hafen verwendbar, Hafen- 2. geschützte Bucht 3. Ruhe, Stille *f* 4. ruhig, still
Limasol *n.pr.* Limassol (Hafenstadt auf Zypern)
limba (I); **limbo** *naut.* 1. Barke *f*, Leichter *m*, Schute *f*, Prahm *m* (zur Frachtbeförderung) 2. Umladen *n* der Fracht von Schiffen mit großem Tiefgang auf flachere Schiffe
limba (II) Limba *n* (grünlich-gelbbraunes Holz von Terminalia superba; *spez.* als Furnierholz verwendet) *sarı maun
lime [ī] schmaler, langer Streifen ~ ~ zerrissen, zerschlissen, zerfetzt (z.B. Kleidung) ~ ~ **etmek** *tr.* zerreißen, zerschleißen, zerfetzen ~ ~ **olmak** Risse bekommen, zerschleißen, zerfetzt werden, in Fetzen gehen (Kleidung)
limit, -ti 1. *a. math.* Grenze *f* *gaye 2. (Börsen-)Limit *n*
limitet (*engl.* **limited**) (**şirket**) Gesellschaft *f* mit beschränkter Haftung, GmbH *f*
limiye (*franz.* **limier**) Spürhund *m*
Limni [×·] 1. (**adası**) Insel *f* Lemnos 2. (**şehri**) Stadt *f* Lemnos (od. Kastro)
limnoloji Limnologie *f*, Süßwasser-, Seen-kunde *f*
limon *P a.* [ilimon] 1. Zitrone *f* 2. s. **limonata;** ~ **ağacı** Zitronenbaum *m bot.* Citrus medica limonum ~ **asidi** Zitronensäure *f* ~ **ayvası** rundliche, mittelgroße Quittenart (*spez.* der Amasya-Gegend) ~ **gibi sararmak** kreidebleich werden ~ **kabuğu gibi** *F* klein und wenig formschön (Hut) ~ **kirişi** s. **merdiven kirişi;** ~ **küfü** grünlichblau, blaugrün ~ **otu** 1. Lemongras *n bot.* Andropogon citratus 2. s. **oğulotu;** ~ **sarısı** zitronengelb ~ **sıkmak** 1. Zitronen auspressen 2. (**lafa, söze**) *V* an unpassender Stelle j–m ins Wort fallen ~ **suyu** s. **limonata;** ~ **şekeri** 1. Zitronendrops *pl.* 2. Zitronat *n*
limonata [··×·] (Zitronen-)Limonade *f* ~ **gibi** kühl, erfrischend (leichter Wind während der Sommerhitze)
limonatacı [··×··] Limonadenverkäufer *m*
limonî [·––] 1. zitronenfarbig, von hellgelber, ins Grünliche spielender Farbe 2. *fig.* launisch, launenhaft *spez.* leicht gekränkt, empfindlich, argwöhnisch *alıngan 3. nicht mehr so herzlich wie früher, etwas erkaltet, getrübt (Freundschaft, Beziehungen) 4. regnerisch aussehend (Wetter) Zu 2: ~ **tabiatlı bir adam** ein launenhafter Mensch Zu 3: **Bugünlerde aramız ~.** Wir sind nicht mehr so dicke Freunde wie früher. ~ **çehre** verdrießliches, griesgrämiges Gesicht ~ **tabiat** Launenhaftigkeit *f*
limonit, -ti *min.* Limonit, Brauneisenstein *m*
limonlu 1. Zitronen enthaltend 2. mit Zitronensaft zubereitet, sauer, säuerlich
limonluk 1. Gewächshaus *n*, Wintergarten *m* 2. Zitronenpresse *f* 3. Zitronenplantage *f* 4. Blumenkasten *m*
limontozu; limontuzu, -nu *chem.* Zitrat *n*, Salz *n* der Zitronensäure
limonumsu zitronenähnlich, an Zitronen gemahnend (z.B. Geschmack)
limuzin Limousine *f*
linç, -çi Lynchen *n*, Lynchjustiz *f* ~ **etmek** lynchen ~ **usulü** Lynchjustiz *f*
lineer (*franz.* **linéaire**) s. **çizgisel**
linet s. **liynet**
linguist(-ik) s. **lengüist(-ik)**
liniment, -ti *med.* Liniment, Einreibemittel *n*
linin *biol.* Linin, Achromatin *n* (des Zellkerns)
link, -ki, -gi *P* Halbpaß *m* (des Pferdes) *bozuk eşkin ~ **gitmek** s. **linklemek**
linklemek *P* im Halbpaß gehen (Pferd)
linkoz in Teichen lebende Meeräschenart
lino *Abk.* für **linotip**
linol Linolplatte *f* ~ **oyma işleri** Linolschnitte *pl.*
linolyum [·×·] Linoleum *n* *muşamba
linon Linon *m* (feiner Batist)
linotip, -pi *typ.* Linotype *f*, Setz- und Zeilengießmaschine *f*
linotipi *typ.* Maschinensatz *m*
linyit, -ti (*franz.* **lignite**) (*a.* ~ **kömürü**) Braunkohle *f*
lipari [·×·] die nach dem Laichen wieder Fett ansetzende Makrele **(uskumru)**
Lipari adaları *n.pr.* Liparische Inseln *pl.* (Italien)
liparis 1. Glanzkraut *n bot.* Liparis loeselii (Orchideenart) 2. großer Scheibenbauch (Fisch) *zo.* Liparis liparis 3. zu den Spinnern gehörige Schmetterlinge wie Nonne *f zo.* Lymantria monacha, Schwammspinner *m zo.* Lymantria dispar u.a.m.

liparit, -ti *min.* Liparit *m*
lipaz *med.* Lipase *f* (fettspaltendes Ferment)
lipoit, -di *biol.* 1. lipoid, fettähnlich 2. Lipoid *n*
lipom *med.* Lipom *n*, Fettgeschwulst *f*
Lipso(-s) *n.pr.* Insel *f* Lipso, Lepsia (Dodekanes)
lipsos (balığı) kleiner Drachenkopf *m zo.* Scorpaena porcus
lir *mus.* Lyra, Leier *f* ~ **kuşu** Leierschwanz *m zo.* Menura superba *Avustralya karatavuğu
lira [×·] 1. Pfund *n* (Währungseinheit in der Türkei u. anderen Ländern) 2. Goldpfund *n* (Münze)
liralık [×··] 1. soundsoviel Pfund ausmachend (Geldbetrag) 2. im Wert od. in der Preislage von soundsoviel Pfund 3. Pfund-schein *m*, -stück *n* Zu 1: **yarım** ~ **kâğıt** 50-Kurusch-Schein *m* Zu 2: **beş** ~ **kumaş** Stoff *m* in der Preislage zu fünf Pfund Zu 3: **tedavüle konan yeni gümüş -lar** die in Verkehr gesetzten neuen Ein-Pfund-Silberstücke
liret, -ti italienische Lira
liretlik in Höhe von soundsoviel italienischen Lira
lirik lyrisch ~ **dram** *z. va.* 1. Oper *f* *opera 2. Komödie *f* mit Gesang ~ **oyun** *Th.* Musikdrama *n* ~ **tenor** s. **hafif tenor**
liriklik; lirizm 1. Gattung *f* der Lyrik 2. Lyrismus *m* (übertriebene Gefühlsbetonung bei e–m Musikstück)
lisam [·–] *va.* Kopfschleier *m* *yaşmak
lisan [ā] 1. *va.* Zunge *f* 2. Sprache *f spez.* Ausdrucksweise *f* Zu 2: **tehditkâr bir** ~ e–e drohende Sprache ~ **ilmi** s. **lengüistik;** ~ **nezaheti** vornehme Ausdrucksweise **-a almak** über et. reden **-a gelmek** 1. ins Gerede kommen (Person) 2. zu sprechen beginnen (Tiere, Steine usw. im Märchen) 3. beredet werden (Vorgang, Thema usw.) **-ı maderzat** *va.* Muttersprache *f* *anadili **-ı mizmar** s. **gırtlak kapağı;** ~ **-ı Osmanî** *va.* osmanische Sprache, Osmanisch *Osman dili, Osmanlıca
lisanaşina [·––·–] *z. va.* sprachkundig, Sprachkenner *m spez.* wer mehrere Sprachen spricht
lisancı [ā] s. **dilci**
lisanen [ā] *va. Adv.* mündlich *sözle, sözlü olarak, şifahen
lisanıhal, -li [·–·–] stumme, aber beredte Sprache (e–r Haltung, Situation usw.), Abglanz *m* (e–r seelischen Stimmung)
lisanî *va.* 1. s. **dilsel** 2. zungenförmig ~ **şuur** Sprach-bewußtsein, -empfinden *n*
lisaniyat(-çı) s. **dilbilim(-ci)**
lisans (*franz.* **licence**) 1. (an e–r Hochschule abgelegtes) Staatsexamen 2. Zeugnis *n* über das abgelegte Staatsexamen, Diplom *n* 3. *H* (Ausfuhr- bzw. Einfuhr-)Genehmigung *f*, Erlaubnis(-schein *m*) *f*, Lizenz *f* 4. Genehmigung *f* zur Ausübung best. Berufe; Berechtigungsschein *m* 5. *selt.* Verstoß *m* (gegen Regeln, gute Sitten usw.)
lisansiye (*franz.* **licencié(e)**) wer sein Staatsexamen (an e–r Hochschule) abgelegt hat
lisanullah [ā, ā] *va.* Koran *m*
lise (*franz.* **lycée**) 1. Gymnasium *n*, Oberschule *f* 2. *spez.* (die auf die **ortaokul** folgende) dreiklassige (1949–1955 vierklassige) Oberstufe der türk. höheren Schule ~ **diploması** Reifeprüfungszeugnis *n* ~ **mezunu** wer im Besitz des Reifezeugnisses ist ~ **şahadetnamesi** s. ~ **diploması;** **²yi Bitirme Belgesi** Abgangszeugnis *n* der höheren Schule (ohne Berechtigung zum Übertritt an e–e Hochschule); s. a. **Devlet Olgunluk Diploması; ²yi Bitirme İmtihanı** Abschlußprüfung *f* der türk. höheren Schule (aufgehoben 1955; vgl. **Devlet ² İmtihanı**)
liseli Gymnasiast(-in *f*) *m*, Oberschüler(-in *f*) *m*
lisöz (*franz.* **lisseuse**) Wasch- und Plätt-maschine *f* (in der Textilindustrie)
lissairin [·–·–] *va.* für die anderen
liste [×·] 1. Liste, Aufstellung *f*, Verzeichnis *n* 2. *spez.* Speisekarte *f* **-sini yapmak** (bşin) e–e Liste (von et.) aufstellen **-ye geçirmek** in die Liste eintragen, registrieren
literatür 1. Fachliteratur *f* 2. *selt.* schöne Literatur
litmüs (*engl.* **litmus**) *chem.* Lackmus *n, m* ~ **kâğıdı** Lackmuspapier *n*
litograf; litografi s. **litografyacı; litografya**
litografik lithographisch
litografya [··×·] Lithographie *f*, Steindruck *m* *taşbasma ~ **kalemi** Lithokreide *f* ~ **kalkeri** (*od.* **taşı**) Litho(graphier-)stein *m*
litografyacı [··×··] Lithograph, Stein-zeichner, -drucker *m*
litoloji(-k) s. **taşbilim(-sel)**
litorina [··×·] Strandschnecke *f zo.* Littorina littorea
litosfer s. **taşyuvar**
litotipografi; litotipografya [····×·] lithographische Vervielfältigung; Lithotyp(ograph)ie *f*
litotomi *med.* Lithotomie *f;* operative Entfernung von Blasensteinen
litotrisi (*franz.* **lithotritie**) *med.* Lithotripsie *f*, Zertrümmerung *f* von Blasensteinen
litotritör (*franz.* **lithotriteur**) *med.* Lithotripter, Lithoklast *m*
Litovca 1. litauische Sprache; Litauisch(-e) *n* 2. litauisch
litre [×·] Liter *m, n*
litrelik soundsoviel Liter enthaltend od. für soundsoviel Liter bestimmt **bir** ~ **şişe** (Ein-)Literflasche *f* **iki** ~ **şişe** Zwei-Liter-Flasche *f*
liturya [·×·] 1. s. **litürji** 2. s. **kudas**
litürji *rel.* Liturgie *f;* Form *f* des Gottesdienstes
Litvanca s. **Litovca**
Litvanya *n.pr.* Litauen; ~ **dili** s. **Litovca**
Litvanyalı 1. Litauer(-in *f*) *m* 2. litauisch
lityaz *med.* Lithiasis, Steinbildung *f* (in inneren Organen)
lityum [×·] *chem.* Lithium *n*
litzendraht, -tı Litzendraht *m*
liüm [·×]; **liümmin** [·×·] *va.* von der gleichen Mutter (Geschwister)
liva [×–] 1. Fahne, Flagge *f*, Banner *n* *sancak 2. *mil.* Brigade *f* *tuğay 3. *mil.* **(paşa)** s. **tuğgeneral** 4. *hist.* andere Bez. für **sancak** *mutasarrıflık 5. *isl. Myth.* (*a.* **livaülhamt**) Fahne *f* des Propheten (am Jüngsten Tag) ~ **amirali** s. **tuğamiral;** ~ **kumandanı** s. **tuğkomutan;** ~ **kumandanı miralay** s. **tuğbay;** ~ **kumandanı mirliva** s. **tuğgeneral; -yı Sultanî** *hist.* Sultansfahne *f* (s. a. **mirialem**)
livalık 1. s.1mutasarrıflık 2. *fr.* = **tuğgenerallik**
livar 1. (in Verb. mit dem Meer stehender, künstlicher) Fischteich 2. *naut.* Bünn *f* (Raum im Fischereifahrzeug zur Aufnahme gefangener, lebender Fische)
livata [·–·] *z. va.* 1. Sodomie *f* 2. Päderastie *f*
livingrum (*engl.* **living-room**) modernes Wohn- und Eßzimmer
Livler *n.pr.* Livländer *pl.*
Livonya [·×·] *n.pr.* Livland ~ **körfezi** *n.pr.* Rigaer Bucht *f*
Livonyalı 1. Livländer(-in *f*) *m* 2. livländisch
livre (I) (*franz.* **livrée**) 1. Livree *f* (Dienerkleidung) 2. *zo.* Fell, Gefieder *n*
livre (II) (*franz.* **livret**) s. **libretto**
livreli in Livree (Diener)
Liya [×·] *n.pr.* Lea (Bibel)
liyakat, -ti [·–·] 1. Würdigkeit *f*, Verdienst *n* 2. Tauglichkeit, Fähigkeit, Tüchtigkeit, Bewährung *f* (im Dienst) ~ **göstermek** sich bewähren **² Madalyası** (Osmanischer) Verdienstorden (gestiftet 1891) ~ **sahibi** qualifiziert, verdient, bewährt
liyakatli [·–··] 1. würdig, verdient 2. tüchtig, fähig, bewährt
liyakatsiz [·–··] 1. unwürdig, ohne Verdienst 2. untauglich, untüchtig, wer sich nicht bewährt

liyakatsizlik [·–··] 1. Unwürdigkeit *f* 2. Untauglichkeit, Untüchtigkeit, Unfähigkeit, Nichtbewährung *f*
liyan (I) (*franz.* **liant**) *arch.* Bindemittel *n*
liyan (II) *bot.* Liane *f* (tropische Schlingpflanze)
liyas (I) (*franz.* **liasse**) Pack(-en) *m*, Bündel *n* (Post, Akten)
liyas (II) *geol.* Lias *m, f*, schwarzer Jura *altjura
liye (*franz.* **liais**) s. **sert kalker**
Liyej *n.pr.* Lüttich (Stadt in Belgien)
liyezon 1. Verbindung *f* *irtibat 2. Liaison *f*, (Liebes-)Verhältnis *n* 3. *mus.* Legatobogen *m* ~ **yapmak** 1. ein (Liebes-)Verhältnis eingehen 2. binden, herüberziehen (mus. od. Aussprache)
liyk; liykin *va.* s. **lâkin**
liynet, -ti 1. *selt.* Weichheit *f* 2. *med.* weicher Stuhlgang ~ **ilâcı** (leichtes) Abführmittel
Lizbon *n.pr.* Lissabon (Portugal)
lizol, lü *med.* Lysol *n*
lizollemek mit Lysol behandeln
lizollü Lysol enthaltend, mit Lysol getränkt, Lysol-
lizöz (*franz.* **liseuse**) 1. Lesepult *n*, Büchertisch *m* 2. Bettjäckchen *n* (für Frauen)
lob (I), **-bu** (*engl.*) (*Tennis*) Hoch-ball, -schlag *m* ~ **yapmak** e–n Hochball schlagen
lob (II) (*franz.* **lobe**) s. **lop** (III)
lobelya [·×·] Lobelie *f bot.* Lobelia inflata *Frengi otu
lobi (*engl.* **lobby**) 1. Vorhalle *f*, Wandelgang *m* 2. *pol.* Lobby *f* (Interessengruppe)
lobut, -tu Keule *f* (Schlagwaffe, Turngerät)
lobül (*franz.* **lobule**) s. **lopçuk**
loca [×·] 1. Loge *f* (im Theater, Kino, Parlament usw.) 2. (Freimaurer-)Loge *f* 3. *hum.* Gefängniszelle *f* 4. s. **locya**
locya Loggia *f*
-locya s. **-loji**
loça [×·] *naut.* (Anker-)Klüse *f* ~ **bileziği** (*od.* **kovanı**) *naut.* Klüsenrohr *n* ~ **kapağı** Klüsendeckel *m*
loda [×·] (Heu-, Stroh-)Diemen, Schober, Feimen *m* *dokurcun
loden Loden *m* (Wollgewebe)
loder (*engl.* **loader**) 1. (Ver-, Auf-)Lader *m* 2. Verladevorrichtung *f* *yükleyici
lodos 1. *naut.* Südwest, SW 2. *naut.* Südweststurm *m* 3. (*heute meist:*) Südwind *m* *boz yel, cenup rüzgârı, güney yeli 4. Süden *m* *cenup, güney 5. (*nach älteren Belegen a.*) Südostwind *m* ~ **balığı gibi gevşek** schlapp, müde, arbeitsunlustig ~ **kerte batı** *naut.* Südwest zu West ~ **kerte kıble** *naut.* Südwest zu Süd ~ **poyraz** *fig.* unbeständig, wankelmütig ~ **poyraz mukataası** *va.* Nichtstun, Herumlungern *n* ~ **tutmuş gibi** schwindlig und nervös **≗un gözü yaşlıdır.** *Spr.* Südwind bringt (meist) Regen.
lodoslamak 1. einsetzen (Südwind) 2. in Südwind umschlagen (Wind) **Hava lodosladı.** Es hat Südwind eingesetzt.
lodosluk, -uğu Südseite *f*
lodra *fr.* Gewichtsmaß von 128 g (**kantar lodrası**) bzw. von 153,60 g für Seide u. andere teure Materialien (**vezne lodrası**)
logaritma [··×·] *math.* Logarithmus *m* ~ **almak** logarithmieren ~ **cetveli** s. **sürgülü hesap cetveli;** ~ **tablosu** Logarithmentafel *f*
logaritmik logarithmisch
logistik Logistik *f*, mathematische Logik *imsel mantık
logofet, ti *hist.* 1. Laienbeamter des griech. Patriarchen in Istanbul (der Angelegenheiten mit türk. Regierungsstellen zu regeln hatte) 2. Kanzler *m* e–s moldavischen od. walachischen Fürsten
logos [×·] *phil.* Logos *m* *deyi, kelâm
loğ *P* Steinwalze *f* ~ **ağacı** hölzerner Gabelgriff (bei e–r Steinwalze) ~ **taşı** Walzenstein *m*
loğdur *P* s. **loğ ağacı**
loğlamak *P* (fest-, flach-)walzen
loğusa Wöchnerin *f*, Frau *f* im Wochenbett ~ **akıntısı** *med.* Wochenfluß *m*, Lochien *pl.* ~ **hastalığı** (*od.* **humması**) *med.* Puerperal-, Kindbett-fieber *n* *hummayı nifasî (nifasiye) ~ **şekeri** rautenförmiger Zucker mit Gewürzen, der durch Verwendung von Kermesbeeren rötliche Farbe erhalten hat ~ **şerbeti** mit rotgefärbtem Zucker hergestelltes Erfrischungsgetränk (für Besucher e–r Wöchnerin)
loğusalık Wochenbett, Puerperium *n*
loğusaotu, -nu Osterluzei, Hohlwurz *f bot.* Aristolochia bracteata *karaasma, zeravent
loğusaotugiller Osterluzeigewächse *pl. bot.* Aristolochiaceae *karaasmagiller
lohuk dicker Sirup
lohusa s. **loğusa**
lojik 1. Logik *f* *mantık 2. logisch *mantıkî
lojikçi s. **lojisyen**
lojisizm (*franz.* **logicisme**) s. **mantıkçılık**
lojistik 1. s. **logistik** 2. *mil.* Nachschub-, Transport- und Verpflegungs-wesen *n* od. hierauf bezüglich
lojisyen (*franz.* **logicien**) Logiker *m*
lojman (*franz.* **logement**) Wohnung, Wohngelegenheit, Unterkunft *f*, *spez.* Arbeiterwohnheim *n* ~ **binası** Wohnhaus *n* ~ **temini** Wohnungsbeschaffung *f*
lok, -ku (I) (*engl.* **lock**) *naut.* Schleusenkammer *f*
lok (II) **lok** Lm. e–s Gluckerns ~-~ **etmek** knurren (Magen des Pferdes beim Laufen)
loka *z. va.* schlampig, liederlich, unordentlich
lokal, -li 1. Aufenthaltsraum *m* (z. B. für Arbeiter außerhalb der Arbeitszeit) 2. Klub-, Verkehrs-, Vereins-lokal *n* 3. Gast-, Wirts-haus *n* 4. lokal, örtlich *mahallî, mevziî ~ **patronu** Gastwirt *m*
lokalayzer (*engl.* **localizer**) Landekurssender *m* (für Flugzeuge)
lokalite (*franz.* **localité**) s. **yerellik**
lokalizasyon Lokalisation, Lokalisierung *f*
lokalize lokalisiert ~ **etmek** lokalisieren *mevziîleştirmek
lokanta [·×·] Restaurant *n*, Gastwirtschaft *f*, Gast-, Speisehaus *n*
lokantacı [·×··] Besitzer od. Pächter *m* e–s Restaurants; Restaurateur, Gastwirt *m*
lokantacılık [·×···] Gastgewerbe *n*
lokantalı [·×··] mit Restaurant ~ **vagon** Speisewagen *m* *vagon-restoran, yemekli vagon
lokatif *gr.* Lokativ *m* *mefulünfih, -de hali; kalma hali (*od.* ~ durumu)
lokavt, -tı Aussperrung *f* (von Arbeitern) ~ **etmek** aussperren (Arbeiter)
loker (*engl.* **locker**) s. **portuç**
lokma 1. Bissen, Happen *m* 2. etwas, ein bißchen, ein Stück(-chen) (z. B. Brot) 3. Krapfen *m* (löffelweise in schwimmendes Fett gegebener Hefeteig, der nach dem Backen mit Zuckerflüssigkeit durchtränkt wird) 4. *fig.* Beute *f* (z. B. kleinere Tiere, die von größeren gefressen werden) 5. *an.* Gelenkkopf, Kondylus *m* *kondil 6. Schneidbacken *m* (an der Gewindeschneidkluppe) 7. *naut.* Bolzen *m* (in dem Glied e–r Ankerkette) 8. s. **lökün** 9. (in der Sprache der Mewlewi) Essen *n* (spez. Reisgericht) **≗ çiğnemeyince** (*od.* **çiğne(n)meden**) **yutulmaz.** *Spr.* Ohne Fleiß kein Preis. *Spr.* ~ **dökmek** Krapfen backen ~ **etmek** (*fr.* im Sprachgebrauch der Derwische) essen ~ **gözlü** mit hervorquellenden Augen, glotzäugig ~ **kapmak** s. **ağzından** ~ **kapmak;** ~ ~ Stück für Stück, in kleinen Mengen ~ ~ **etmek** zerstückeln, zerkleinern ~ ~ **fırlamak (gözleri)** Augen machen wie ein gestochenes Kalb, die Augen weit aufreißen **-sı ağzında**

büyümek; -sı boğazına dikilmek; -sı ağzında kalmak keinen Bissen hinunterkriegen **-sını dökmek** (b–nin) für das Seelenheil e–s Verstorbenen Krapfen backen und an die Armen verteilen **-sını saymak** (b–nin) j–m jeden Bissen in den Mund zählen
lokmacı wer Krapfen herstellt, verkauft bzw. verschenkt
lokmagöz s. **lokma gözlü**
Lokman [ā] *n.pr.* 1. Sagengestalt des ar. Heidentums (weiser Spruchdichter, Fabeldichter) 2. ² *Abk.* von **²ruhu;** ~ **hekim** (*irrt.* für **hakim**) Lokman der Weise ~ **hekimin ye dediği şey** *hum.* was Lokman der Weise zu genießen empfohlen hat *d.h.* 1. köstliche Speise 2. charmante, attraktive Frau ~ **suresi** Name der 31. Koran-Sure
lokmanruhu, -nu [··–·] *chem.* gewöhnlicher Äther, Äthyläther *m* (fälschlich: Schwefeläther *m*) *eter
lokmaüstü, -nü *an.* Epikondylus *m* *epikondil
lokomobil Lokomobile *f*, fahrbare Dampf-, Kraft-maschine
lokomosyon Lokomotion, Ortsveränderung *f*
lokomotif Lokomotive *f* *makine ~ **deposu** Lokomotivschuppen *m*
lokomotifli mit Lokomotive(-n) ausgestattet, von e–r Lokomotive (bzw. von Lokomotiven) gezogen
lokotraktör Klein-, Gruben-, Rangier-lokomotive *f*
loksodromi Loxodrome *f* *eğrigidiş
loksodromik loxodrom
lokum 1. Lokum *n* (Süßigkeit aus Stärkemehl, das mit Wasser und Zucker gekocht wird; nach Erkalten wird die geleeartige Masse in kleine Stücke geschnitten und mit Zucker bestreut) *kesme, lâtilokum 2. *Ka.* Karo *n*, Eckstein *m* *karo, dineri, orya 3. *Sch.* milder, nachsichtiger Lehrer 4. s. **dinamit -u;** ~ **gibi** schön, weich und süß
lokumcu Hersteller und Verkäufer *m* von **lokum** (1)
loküsyon (*franz.* **locution**) *selt.* idiomatische Redensart *tabir, deyim
loligo [·×·] *selt.* s. **kalamar(-ya)**
lolo *V* 1. s. **lololo** 2. Penis *m*
lololo *V* 1. Angeberei, Prahlerei *f*, Flunkern *n* 2. s. **çük** Zu 1: **Bana da mı ~?** a) Mir willst du doch nichts weismachen? Mit solchen Mätzchen darf man mir nicht kommen! b) Damit lasse ich mich nicht einschüchtern!
Lom Selbstbezeichnung der **Poşa** genannten Zigeuner
lombago s. **lumbago**
lombar *naut.* 1. Stück-, Lade-pforte, (Lade-)Luke, Bunkertür *f* 2. *selt.* Backbord *n* 3. aufgenageltes Brett; Futterholz *n*, Futterung *f* ~ **ağzı** Laufplanke *f* ~ **bastikası** Lippe, Lippklampe *f* ~ **kapağı** Pfortendeckel *m* ~ **levendi** s. **levent** (6)
Lombardya [·×·] *n.pr.* Lombardei *f*
lombart, -dı *H* Lombard *m, n* (Kredit gegen Verpfändung beweglicher Sachen) ~ **muamelesi** *H* Lombardgeschäft *n*
Lombar(t)lar *n.pr. hist.* Langobarden *pl.* *Longobartlar
lomboz *naut.* 1. Bullauge *n* 2. (Spring-)Luke, Schütte *f* 3. Oberlicht *n* ~ **camı** Decksglas *n* ~ **kör kapağı** Bullaugenklappe, Fensterblende *f* ~ **manikası** Kabinen-lüftungsanlage *f*, -lüfter *m*
lonca [×·] Innung, Zunft, Gilde, Körperschaft *f* ~ **ustası** Innungsmeister *m*
Londra *n.pr.* London
Londralı 1. Londoner(-in *f*) *m* 2. aus London stammend
londrin(-a) imitiert engl. Stoff (in Frankreich hergestellt)
longe s. **oransa**
Longobartlar s. **Lombar(t)lar**
Longos *n.pr.* Sithonia, Longos (mittlerer Ausläufer der Chalkidike)
longplay (*engl.*) Langspielplatte *f* *mikrosiyon
longrin (*franz.* **longrine**) s. **boylama kirişi**
longuz *naut.* plötzlich tief abfallende Stelle (in Meer od. Fluß)
lop (I) s. **lob** (I)
lop (II), **-pu** 1. rundlich, ziemlich groß und weich 2. gekocht (Ei) 3. **(diye)** s. **loppadak;** ~ **et** größeres Stück Fleisch ohne Knochen ~ **incir** Name e–r größeren weichen Feigenart ~ ~ s. **loppadak;** ~ ~ **yemek** (*od.* **yutmak**) in großen Bissen hinunterschlucken ~ **yanaklı** pausbäckig ~ **yumurta** gekochtes Ei ~ **yüzlü** mit aufgedunsenem Gesicht
lop (III), **-bu** (*franz.* **lobe**) *an.* Lappen, Flügel, Lobus *m* *fus
lopa (balığı) s. **çitari**
lopçuk *an.* Läppchen *n*, Lobulus *m* *fuseys
loplu lappig, gelappt
loppadak [×··] 1. platsch! klatsch! 2. schnapp! 3. wupp!
lopur Schmatzgeräusch *n* ~ ~ 1. **(yemek, yutmak)** schmatzend hinunterschlingen 2. prall, weich (Fleisch)
lor(peyniri) frischer, weicher, ungesalzener Ziegenkäse *mizitra peyniri
loran (*Abk. von engl.* **long range aid to navigation**) Fern-(bereichs)-Navigationssystem *n*
lordoz *med.* Lordose *f*, Hohlkreuz *n*
Loren *n.pr.* Lothringen ~ **haçı** Lothringer Kreuz
Lorenli 1. Lothringer(-in *f*) *m* 2. lothringisch
lori 1. Lori *m zo.* Nycticebus (u.a.) (Halbaffenart) 2. Lori, Pinselzüngler *m zo.* Loris (u.a.) (Papageienart)
lort, -du 1. (englischer) Lord 2. *P* steinreich; Krösus *m* *Karun, banker Zu 2: **Ya ~ ya mort!** *V* Entweder reich oder tot! Alles oder nichts! ~ (*od.* **lortlar**) **gibi** mit sorgenfreiem Leben, wie Gott in Frankreich **²lar Kamarası** englisches Oberhaus
lorta [×·] 1. Schuhmacherleisten *m* 2. Größe *f* des Schuhmacherleistens Zu 2: s. **baş, orta, aşağı** ~
lortluk Rang *m* e–s Lords, Lordschaft *f*
Lortmer (*engl.* **Lord Mayor**) Oberbürgermeister *m* engl. Großstädte
lostarya [·×·] *z. va.* Wirts-, Gast-haus *n*, Schenke, Kneipe *f*
lostaryacı [·×··] *z. va.* Gast-, Schank-wirt *m*
lostra [×·] 1. Schuhwichsen *n*, Gewerbe *n* e–s Schuhputzers 2. *naut.* Blankputzen, polieren *n* ~ **etmek** 1. *selt.* Schuhe wichsen 2. *naut.* blankputzen, polieren ~ **olunmak** Pass. zu ~ **etmek;** ~ **salonu** Schuhputzladen *m*
lostracı [×··] Schuhputzer *m* *boyacı
lostracılık Gewerbe *n* e–s Schuhputzers
lostromo [·×·] *naut.* dritter Maat (und Mannschaftsführer bei der Handelsmarine)
losyon 1. Gesichts- od. Haar-wasser *n* 2. Gummilösung *f* (z.B. für Schlauchreparaturen) 3. *med.* Abwaschung *f*
loş 1. halbdunkel (z.B. Zimmer) 2. *dial.* faul, träge, schlaff
loşluk 1. Halbdunkel *n* 2. *dial.* Faulheit, Trägheit, Schlaffheit *f*
lota [×·] s. **tatlısu gelincik balığı**
lotarya [·×·] (polizeilich verbotenes) Glücksspiel mit Losziehung
lotaryacı wer das verbotene **lotarya**-Spiel betreibt
Loter *n.pr.* Lothar
loto [×·] Lotto *n*, Zahlenlotterie *f*
lotus 1. ägyptische Lotosblume *bot.* Nymphaea lotus *beyaz nilüfer, Nil nilüferi, Mısır lotusu 2. **(ağaç ~)** Lotosbaum *m*, Lotosjujube *f bot.* Zizyphus lotus *yabanî hünnap ağacı 3. *myth.* Lotosfrucht *f*
Loyit, -di *n.pr. naut.* Lloyd *m*
Lozan *n.pr.* Lausanne (Schweiz) ~ **Barış Antlaşması** (*fr.* ~ **Sulh Muahedenamesi**) Lausanner Friedensvertrag *m* (24. Juli 1923)
löğusa(-lık) s. **loğusa(-lık)**
lök, -kü 1. schwerfällig, plump 2. träge, faul 3. faul (Ei) 4.

Zuchtkamel *n* (Hengst) 5. s. **lökün; ~ gibi oturmak** 1. sich schwerfällig irgendwohin fallen lassen 2. unbeweglich, wie ein Klotz dasitzen **~ ~ yürümek** schwerfällig dahingehen **~ yumurta** faules Ei
löklemek 1. kitten (*spez.* gesprungenes Porzellan; vgl. **lökün**) 2. *techn.* lidern, abdichten
lökom *med.* Leukom *n*, weißer Hornhautfleck (im Auge)
lökore *med.* Leukorrhöe *f*, weißer Fluß (Frauenkrankheit)
lökosit, -ti Leukozyte *f*, weißes Blutkörperchen *akyuvar
lökositoz s. **akyuvar çoğalması**
lökoz s. **lösemi**
lökün *P* Kitt *m* (aus Kalk, Eiweiß und Leinöl)
lökünlemek *P* (mit **lökün**) kitten, abdichten, lidern
lönç, -çü *selt.* Lunch *m* (Gabelfrühstück bzw. Mittagessen)
löpür löpür s. **lopur lopur**
lös *geol.* Löß *m* *tozla
lösemi *med.* Leukämie *f*, Blutkrebs *m* *kan kanseri
lösit, -ti *min.* Leuzit *m*
lötrefil yapmak *V* s. **cima etmek**
löve (*franz.* **levée**) *Ka.* Stich *m*
LSD „Wahnsinnsdroge" *f* (Lysergsäurediäthylamid), LSD *n*
luabî [·– –] *va.* den Speichel betreffend, Speichel- **guddei luabiye** s. **tükürük bezi**
luap, -bı [·–] *va.* Speichel *m*, Sputum *n* *salya, tükürük
lubet, -ti [ū] *va.* Spiel(-zeug) *n* (*spez.* Karagöz od. Marionetten)
lubetbaz *va.* Karagöz- od. Marionetten-spieler *m*
lubiyat, -tı [··–] *Pl.* 1. öffentliche Vergnügungen *pl.* 2. *spez.* Schauspiele *pl.*, Theater *n* **~ kumpanyası** Schauspieler-truppe *f*, -ensemble *n* **~ vergisi** Vergnügungssteuer *f* **~ yerleri** Vergnügungsstätten *pl.*
lubun; lubunya *V* Strichjunge *m*
lubya [×·] *z. va.* s. **kuru fasulye**
luf 1. Luffa(-schwamm *m*) *f* 2. s. **kol kabağı**
Luftwaffe *n.pr.* (deutsche) Luftwaffe *f* (während des II. Weltkriegs)
lugat, -ti 1. *va.* Sprache *f* *dil, lisan 2. einzelnes Wort; Vokabel *f* *kelime, söz 3. Wörterbuch, Lexikon *n* *sözlük 4. (*a.* **~ hazinesi**) Wortschatz *m*, Vokabular *n* **~ bilgini** Lexikologe *m* **~ bilimi** Lexikologie, Wortkunde *f* **~ kitabı** s. **lugat** (3); **~ paralamak** 1. geschwollen (gespreizt) daherreden, mit Fremdwörtern um sich werfen 2. fluchen, schimpfen
lugatçe 1. kleineres Wörterbuch; Taschenwörterbuch *n* 2. Spezialwörterbuch *n* 3. Wörterverzeichnis *n* (z.B. als Anhang e–s Werkes)
lugatçi(-lik) s. **sözlükçü(-lük)**
lugavî 1. *z. va.* lexikalisch, wörtlich 2. *va.* Verfasser *m* e–s Wörterbuches
lugaz gereimtes Rätsel
luheyme [·×·] (*va. Dim.* zu ar. **lahme**) s. **etçik; -i dem'iye** s. **gözyaşı etçiği**
Lui *n.pr.* Ludwig **~ katorz (kenz, sez)** 1. Ludwig XIV. (XV., XVI.) 2. Louis-quatorze (-quinze, -seize) *n* (französische Kunststile)
Luiz *n.pr.* Luise
luizin Luisine *f* (weiches, taftbindiges Gewebe aus reiner Seide)
Luka [×·] *n.pr.* Lukas (Evangelist)
lukata *jur.* Fundsachen *pl.*, Fund *m*
lulu (*franz.* **loulou**) Spitz *m* (Hunderasse) *şpits
lumbago [·×·] *med.* Hexenschuß *m*, Lumbago *f*
lumbar; lumboz s. **lombar, lomboz**
lumpenproletarya Lumpenproletariat *n*
luna weißer Carrara-Marmor
lunapark, -kı Rummelplatz, Vergnügungspark *m* (nach dem Vorbild des fr. Lunaparks in Berlin)
lunula 1. Möndchen *n* (am Fingernagel) *akçılyay 2. Mondvogel *m* (Schmetterling) *zo.* Phalera bucephala
lup (I), **-pü** *selt.* Lupe *f*, Vergrößerungsglas *n* *pertavsız
lup (II), **-u'bu** *va.* 1. Spiel *n* 2. Unterhaltung, Zerstreuung *f* 3. Darstellung *f*
luping [×·] Looping *m, n,* senkrechter Schleifenflug
lupus s. **lüpüs**
lustur *V* Schuhputzer *m* *lostracı, boyacı
Lût, -tü *n.pr.* Lot (Bibel) **~ denizi; Bahri ~** *n.pr.* Totes Meer *Ölü deniz **~ kavmi** Einwohner *pl.* von Sodom und Gomorrha
lûtfen; lûtfetmek s. **lütfen; lütfetmek**
lutî [– –] 1. Sodomit *m* 2. Päderast *m* *kulampara
lutr (*franz.* **loutre**) Otterfell *n* (od. hieraus hergestellt)
lûtuf s. **lütuf**
lübbî *va.* zum Innersten od. Besten (e–r Sache) gehörig, Kern-, Mark-
lüben (nach dem Namen des franz. Herstellers **Lubin**) *fr.* ein Toilettenwasser
Lübnan [ā] *n.pr.* 1. (*a.* **Cebel(i) Lübnan**) Libanon(-gebirge *n*) *m* 2. **(Cumhuriyeti)** Republik *f* Libanon **~ sediri** echte Zeder; Libanonzeder *f bot.* Cedrus Libani *dağservisi, katran ağacı, şeceri Süleyman, lübnanservisi
lübnanservisi, -ni s. **Lübnan sediri**
Lübnanlı [ā] Libanes-e *m*, -in *f* 2. libanesisch
lücce *va.* 1. weites Meer; Ozean *m* 2. *fig.* große Menge 3. Spiegel *m* *ayna **~ ~** *va.* s. **dalga dalga**
lüfah [ā] s. **güzelavratotu**
lüfer Blaufisch *m zo.* Pomatomus saltatrix (sehr geschätzter Mittelmeerfisch) (Nach der Größe werden unterschieden: **defne yaprağı** (bis 10 cm); **çinakop** (10–15 cm); **sarıkanat** (15–20 cm); **lüfer** (20–30 cm); **sırtı kara; kofana** (mehr als 30 cm) **~ çiçeği** Spargelbohne, Flügelerbse *bot.* Lotus tetragonolobus
lüfercilik Fang *m* von Blaufischen
lük *va.* s. **laka; ~ boyası** rote, aus Gummilack gewonnene Farbe
Lük s. **Luka**
lükan böceği s. **geyikböceği**
lüknet, -ti *va.* Stottern *n*
lüks (I) 1. Luxus *m* 2. fein, elegant, luxuriös, vornehm, hochherrschaftlich, Luxus- Zu 2: **şehrin en ~ otelleri** die vornehmsten Hotels der Stadt **~ eşya** Luxusartikel *pl.* **~ kamara** Luxuskabine *f* **~ meç** Galanteriedegen *m* **~ mevki** Luxusklasse *f* (z.B. auf Bosporusdampfern) **~ mobilya** Möbel *pl.* in Luxusausführung **~ vergisi** Luxussteuer *f* **~ yapmak** 1. in Luxus leben 2. Luxus treiben, entfalten
lüks (II) 1. (*franz.* **lux**) Lux *n* (Einheit der Beleuchtungsstärke) 2. (*franz.* **luxe**) **(lambası)** Druckluftlampe *f*
lüksasyon *med.* Luxation, Verrenkung *f*
Lüksemburg *n.pr.* Luxemburg
Lüksemburglu 1. Luxemburger(-in *f*) *m* 2. luxemburgisch
lüksüö (*franz.* **luxueux**) *selt.* luxuriös, verschwenderisch, üppig
lüle et. Gerolltes od. Gedrehtes: 1. Korkenzieherlocke *f* 2. feste Sahne in der Form e–r Schillerlocke 3. Pfeifenkopf *m* (*spez.* bei e–m Tschibuk) 4. *fr.* Wassermaß (= **4 masura**) 5. Rohr *n* e–r gefaßten Quelle, Brunnenrohr *n* 6. *techn.* Düse *f* 7. Spritztüte *f* *kâğıt külâh 8. *P* Tülle *f* *emzik **~ çubuğu** lange Tabakspfeife; Tschibuk *m* **~ ~** s. **lüleli** (1)
Lüleburgaz *n.pr.* Städtchen u. O. im Rbz. Kırklareli
lüleci wer lange Tonpfeifen herstellt; Pfeifenmacher *m* **~ çamuru** Ton-, Ocker-erde *f*
lüleli 1. gelockt (Haar) 2. *P* mit Tülle *emzikli
lületaşı, -nı *min.* Meerschaum *m* *denizköpüğü, Eskişehir taşı, manyezit

lü'lü *va.* Perle *f* *inci ~ **otu** s. **taşkesen otu**
lümaşel s. **kavkı kayaç**
lümen *phys.* Lumen *n* (Maßeinheit für den Lichtstrom)
lüminesan(-s) s. **gazışıl; (gazışı)**
lüminozite *astr., phot.* Lichtstärke *f* *ışıklılık; ışıma gücü
lüp (I), **-bbü** 1. Mark *n*, Kern *m* (z.B. e–r Nuß) 2. *fig.* Innerstes od. Bestes (e–r Sache) **-ü sin** s. **dişözü**
lüp (II), **-pü** *V* 1. müheloser (kostenloser, unrechtmäßiger) Gewinn, Profit, *F* Schmu, *V* Rebbach *m* 2. (Lm. für das Verschwindenlassen e–s größeren, wertvollen Gegenstandes) schwupp! schwups! wupp(-dich)! mir nichts, dir nichts Zu 1: ≗ **buldu mu dayanamaz.** Wenn er e–n Rebbach machen kann, hält ihn nichts zurück. **-e bayılır** profit-, hab-gierig **-e konmak** e–n unrechtmäßigen Gewinn erzielen Zu 2: ~ **diye** s.a. **lüppedek;** ~ **diye yutmak** mit e–m Haps hinunterschlucken
lüpçü *V* 1. Profit-, Schmu-macher *m* 2. Schmarotzer, Nassauer *m* *bedavacı, beleşçi 3. wer Bestechungsgelder annimmt
lüpçülük *V* Verhalten e–s **lüpçü**
lüppedek [×··] *P* s. **lüp** (II, 2); **Parayı** ~ **cebine attı.** Mir nichts, dir nichts steckte er das Geld in seine Tasche.
lüpüs *med.* Lupus *m* (fressendes Geschwür *spez.* tuberkulöse Hautflechte)
Lüs *n.pr.* Lucias (*a.* **Papstname)**
Lüsern *n.pr.* Luzern ~ **Gölü** s. **Dört Kanton Gölü**
lüstre geputzt (Schuhe) ~ **etmek** putzen, glänzend machen
lüstrin 1. Lüstrine, Glanzseide *f* (für Hutfutter, Schuhe usw.) 2. aus Lüstrine hergestellt
Lüterci; Lüteriyen 1. Lutheraner(-in *f*) *m* 2. lutherisch
Lütercilik; Lüteranizm *rel.* Luthertum *n*
lütesyum [·×·] *chem.* Lutetium *n*
lütfen [×·] *Adv.* 1. bitte! 2. freundlicher-, liebenswürdigerweise 3. *iron.* gnädig(-st) ≗ **çeviriniz!** Bitte wenden! (*Abk.* l.ç.) ~ **ziyaretime gelmiş olan...,** der mich liebenswürdigerweise besucht hat ~ **ve keremen** *va.* in großzügiger, freigebiger Weise
lütfetmek [×··] 1. freundlichst gewähren (geben, schenken) 2. so freundlich sein zu... Zu 2: **Ekmeği lütfeder misiniz?** Würden Sie mir bitte das Brot reichen?
lütfi 1. *va.* freundlich, gewogen 2. Lütfi [×·] *mV*
lütuf, -tfü 1. Güte, Freundlichkeit *f*, Wohlwollen *n*, Huld, Gnade, Gewogenheit *f* 2. Erlaubnis *f* 3. Schönheit, Annehmlichkeit *f* ~ **buyurmak** 1. die Güte haben zu... 2. gestatten 3. s. **lütfetmek;** ~ **görmek** s. **iyilik görmek; -ü kahrına denk gelmek** sich lohnen, sich bezahlt machen (aufgewandte Mühe) **-ünüzle** dank Ihrem Wohlwollen, durch Ihre Freundlichkeit; (bşi yapmak) **-ünde bulunmak** die Güte haben zu..., so freundlich sein (und...)
lütufdide [··–·] *va.* wem e–e Gunst, Freundlichkeit usw. zuteil geworden ist
lütufkâr *z. va.* huldvoll, gütig, wohlwollend, freundlich, gnädig, gewogen
lütufname [··–·] *va. Höfl.* Brief *m*, Schreiben *n*
lüverver *P* für **revolver**
Lüzas *n.pr.* Lausitz *f*
lüzucet, -ti [ū] Dick-, Zäh-flüssigkeit, Viskosität *f* *viskozite
lüzucetli [ū] dick-, zäh-flüssig, viskos
lüzuciyet(-li) s. **lüzucet(-li)**
lüzum [ū] 1. *va.* Untrennbarkeit *f*, natürliche Verbundenheit 2. Notwendigkeit *f*, Bedürfnis *n*, Bedarf *m* ~ **görüldüğü takdirde** *od.* **-u takdir(in)de** *od.* **-u halinde** im Bedarfsfall, nötigen-, gegebenen-falls **-u kadar** (*od.* **derecede**) soweit erforderlich **-u olan miktarda** in der benötigten Menge **-u veçhile tenvir etmek** (b–ni) j–m die nötigen Erklärungen (Erläuterungen) geben (z.B. Minister e–m Journalisten) **Bunun bana -u yoktur.** Das brauche ich nicht. **Bunun size -u var mı?** 1. Brauchen Sie das? 2. Können Sie das entbehren? **-undan fazla** übermäßig, über Gebühr (**Bu bahis -undan fazla uzatildı.** Das Thema wurde übermäßig lange behandelt.) **Bu rapor, -undan ziyade kısa yazılmıştır.** Dieser Bericht ist zu kurz. **Hem ne -u var?** Wozu denn auch? **-u gayri müfarık** *phil.* Inhärenz *f* *ayrılamazlık **-u malâyelzem** 1. Einhaltung *f* e–r überflüssigen Vorschrift (Verordnung, Regel) 2. *lit.* reicher Reim (z.B. **tebdil:tadil**) *inat (II), iltizam **-u muhakeme kararı** *jur.* Beschluß *m*, Antrag auf gerichtliche Voruntersuchung zu stellen (bei dem Ermittlungsverfahren) **-u vakıf** *jur.* Unwiderruflichkeit *f* e–r frommen Stiftung
lüzumlaşmak erforderlich werden
lüzumlaştırmak erforderlich machen
lüzumlu nötig, notwendig, erforderlich *lâzım ~ **addetmek** für nötig erachten ~ **geçit** *jur.* Wegerecht *n* *mürur hakkı ~ **lüzumsuz** teils erforderlich, teils aber auch überflüssig ~ **lüzumsuz yerde** auch dort, wo es überflüssig wäre ~ **vasıfta hata** *jur.* s. **esasta hata**
lüzumsuz unnötig, überflüssig, nicht erforderlich ~ **bulmak** für überflüssig erachten ~ **şekilde** überflüssigerweise
lüzumsuzluk der Umstand, daß et. unnötig (überflüssig, nicht erforderlich) ist

M

m, M [mɛ] 16. Buchst. des türk. Alph.
ma [–] *va.* Wasser *n* *su **-i billurî** s. **billurlaşma suyu; -i cari** s. **akarsu; -i dafik** s. **meni** (II); **-i kils** s. **kireç suyu; -i muhreç** *va.* Wasserverdrängung *f* **-i mukattar** s. **damıtlık su; -i zerrin** s. **altınsuyu**
ma- [–] was vgl. **maada, macera, mafevk** usw.
maa *va. ar. Präp.* mit ~ **aile** s. **maaile;** ~ **bahçe** mit Garten ~ **hane** mit Wohnhaus ~ **takım** mit allem Zubehör
maada [×·–] häufig Kontr. [×·] 1. *z. va.* was außerhalb (nicht mitzurechnen, darüber hinaus vorhanden) ist 2. außer: a) nebst b) ausgenommen 3. **(yaptıktan)** ~ nicht nur... (sondern auch); ohne zu reden (von), abgesehen (von) Zu 1: **(bundan) -sı** *F* Rest *m*, die übrigen *pl.*, das Übrige Zu 2: **bundan** ~ außerdem, überdies, zudem, darüber hinaus **Evde benden** ~ **kimse yok.** Außer mir ist niemand zu Hause.
maadin [·–·] *va. Pl.* zu **maden**
maahaza *mst.* mit Kontr. [×·–] s. **mahaza**
maaile (< maa aile) mit der Familie, mit Kind und Kegel *en famille
maalesef *fr.* [··×·], *heute* [·×··] od. mit Kontr. [×··] leider, bedauerlicherweise *maatteessüf
maali [·––] *(va. isol. Pl.)* 1. hohe Eigenschaften *pl.* 2. erhabene Gedanken *pl.* 3. große Taten *pl.*
maaliftihar [····–] *va.* mit (berechtigtem) Stolz
maalitizar [··–·–] *va.* mit der Bitte um Entschuldigung
maalkasem [··×] *va.* eidlich, unter Eid
maalkerahe [···–·] *va.* mit Widerstreben, widerwillig, ungern
maalmemnuniye [ū] (*irrt. a.* **-tle**) *z. va.* mit Vergnügen (Freude, Genugtuung), gern *memnuniyetle, seve seve
maamafih s. **mamafih**

maamüştemilât (*irrt. a.* **-la**) mit allem Zubehör, mit der ganzen Einrichtung, möbliert
maan *va. Adv.* gemeinsam, zusammen *birlikte
maani [·––] (*va. Pl.* zu **mana**) *fr. a.* in der Bed. Stilistik *f*
maar *geogr.* Maar *n* (kraterförmige Senke)
maarif *urspr.* [·×·], *heute* [×··] od. mit Kontraktion [×·] (*urspr. Pl.* zu **marifet**) 1. *va.* Kenntnisse *pl.*, Wissen (-schaften *pl.*) *n* 2. ≗ *pr.* Unterrichts-, Bildungs-wesen *n*, Unterrichtsverwaltung *f; a. Abk.* für ≗ **Vekâleti;** ≗ **Basımevi** vgl. **Matbaai Amire;** ≗ **Emini (Eminliği)** Regierungs-präsident (-präsidium *n*) *m* für das Unterrichtswesen (bis zur Zentralisation anfangs der 30er Jahre) ≗ **Müdürü** Leiter *m* e–r (lokalen) Unterrichtsverwaltung ≗ **Müdürlüğü** Amt *n*, Dienststelle *f* e–s **Maarif Müdürü;** (lokale) Unterrichtsverwaltung ≗ **müfettişi** Unterrichts-inspektor, Schulrat *m* ≗ **Nazırı (Nezareti)** (osm. bzw. nicht-türk.) Kultusminister(-ium *n*) *m* ≗ **Şûrası** Beirat *m* für das Unterrichtswesen ≗ **Vekili (Vekâleti)** *fr.* (Türk.) Kultusminister(-ium *n*) *m* (vgl. a. **Kültür Bakanlığı, Maarif Vekilliği, Millî Eğitim Bakanlığı**); ~ **Vekilliği** (1939–1946 für **Maarif Vekâleti**); ≗ **Veziri (Vezareti)** Kultusminister(-ium *n*) *m* (in Ländern wie Persien, Afghanistan und *fr. a.* Ägypten)
maarifçi *mst.* [–··] 1. Fachmann *m* im Unterrichtswesen 2. Angestellter od. Beamter in e–r Unterrichtsbehörde *spez.* im Ministerium
maarifçilik *mst.* [–···] 1. Tätigkeit *f*, Aufgaben *pl.*, Funktionen *pl.* e–s **maarifçi** 2. Unterrichtswesen *n*
maarifperver [·–··] *va.* Förderer *m* von Kunst und Literatur, Mäzen *m*
maaş 1. *urspr.* Lebensunterhalt *m*, Existenzmittel *pl.* 2. monatliche Gehalts- *bzw.* Pensions-zahlung (an etatmäßig angestellte Beamte *bzw.* deren Witwen od. unmündige Kinder) ~ **bağlamak** (*od.* **tahsis etmek**) ein Gehalt bewilligen (ansetzen, anweisen) ~ **bordrosu** Gehalts-, Zahl-liste *f* ~ **cüzdanı** 1. Heft *n* mit abtrennbaren Abschnitten (für pensionierte Beamte *bzw.* deren Witwen od. unmündige Kinder) 2. *mil.* Soldbuch *n* ~ **kâtibi** *mil.* Zahlmeister *m* *hesap memuru ~ **kesme** Gehalts-abzug *m*, -kürzung *f* ~ **kırdırmak** sich das Gehalt (unter Entrichtung von Diskontzinsen) vor Fälligkeit auszahlen lassen ~ **tezyidi** Gehaltserhöhung *f* ~ **zammı** Gehaltszulage *f* **-ını kesmek** (b–nin) 1. j–m das Gehalt sperren, die Gehaltszahlungen (an j–n) einstellen 2. j–m das Gehalt kürzen **-ların tevhit ve teadülü** s. **barem kanunu**
maaşlı [·–·] 1. etatmäßig bezahlt (im Ggs. zu **ücretli**) 2. soundsoviel Gehalt beziehend 3. besoldet (etatmäßiger Beamter *bzw.* Dienst) Zu 1: ~ **memurlar** etatmäßige Beamten *pl.* Zu 2: **bin lira ~ bir memur** ein Beamter mit e–m Monatsgehalt von 1000 Pfund Zu 3: ~ **hizmet** besoldeter Dienst s. a. **dolgun (küçük) ~ memurlar**
maaşsız [·–·] wer nicht als etatmäßiger, pensionsberechtigter Beamter rechnet und daher nicht **maaş** *erhält*
maaşşükran [··–] *va.* mit Dankbarkeit, dankbar
maateferrüat [·····–] *z. va.* mit allem Zubehör, mit allem Nötigen ausgerüstet
maatteessüf [×····] *od.* mit Kontr. [×···] leider, bedauerlicherweise *maalesef
maatteşşekkür *va.* s. **maaşşükran**
maazalik [×·–·] *z. va.* s. **mahaza**
maazallah [·×·–] Gott behüte! Gott bewahre!
maaziyadetin [···–·] *va.* mehr als notwendig, überreichlich
mabadettabia [–––·–·] s. **metafizik**
mabait s. **mabat**
mabaki [–––] *va.* Rest *m*
mabat, -di [––] 1. Fortsetzung *f* 2. *V* Hintern, Popo *m* **≗i var.** Fortsetzung folgt. *Devamı var ~ **beynelmaani** s. **telfik** (2)
mabeka [–·–] *va.* s. **mabaki**
maber [ā] *va.* jeder Übergang wie z. B. Straße, Kreuzung, Furt *f*, Paß *m* usw.
mabet, -di [ā] Tempel *m*, Gotteshaus *n* *tapınak ~ **ağacı** zweilappiger Fächerblattbaum *bot.* Ginkgo biloba
mabey(i)n, -yni [ā] 1. *wörtl.* was dazwischen ist 2. Zwischen-raum *m*, -gemach *n* (*fr.* zwischen **haremlik** und **selâmlik**) *zülveçheyn 3. *fr.* (*a.* **-i hümayun**) Empfangsräume *pl.* im Sultanspalast 4. *fr.* Sultanspalast *m* 5. a) Beziehungen *pl.*, Verhältnisse *pl.* b) Abkühlung *f* der Beziehungen; Entfremdung, Spannung *f* 6. *mit Poss. Sx.* zwischen, unter Zu 5 a): **≗leri bozuk.** Sie stehen auf gespanntem Fuß. Zu 5 b): ~ **olmak** s. **araları açılmak** Zu 6: **Meseleyi -inizde halletmelisiniz.** Die Sache müßt ihr schon unter euch selbst abmachen. ~ **başkâtibi** *hist.* erster Sekretär des Sultans *sır kâtibi ~ **çavuşu** *hist.* Leibgardist *m* im Dienst des Sultans *hünkâr çavuşu; ~ **erkânı** *hist.* hochgestellte Hofbeamte *pl.* ~ **senedi** s. **adi senet** ~ **terliği** e–e best., mst. von Männern getragene Art Hausschuhe
mabeyinci [ā] *hist.* Kämmerer, Kammerherr *m* (im Sultanspalast)
mabeyincilik [ā] *hist.* Kammerherrenamt *n*
mabihülliftihar [–·····–] *va.* wessen man sich berechtigtermaßen rühmen darf, Ruhmestitel *m*
mabihülihticaç, -cı [–····–] *va.* Argument *n*, Grundlage *f* od. Ausgangspunkt *m* e–r Argumentation
mabihülkıvam [–···–] *va.* s. **sübstratum**
mablak 1. Spachtel, Spatel *m, f* 2. langer, ziemlich flacher Holzlöffel (wie er bei der Zubereitung von **aşure** verwendet wird)
mabude [––·] Göttin *f* *ilâhe, tanrıça
mabut, -du [––] Gott *m*, Gottheit *f*
-maca; -mece Sx. m. finalem, konditionalem od. resultativem Aspekt; oft in der iron. Bed. „auch e–e Art von...", „auch ein..." Vgl. **aldatmaca, bildirmece, bulmaca, düzmece, hatırlatmaca** u. a. m.
Macar 1. Ungar(-in *f*) *m* 2. ungarisch ~ **şalgamı** s. **buhurumeryem** (1)
macar (*a.* ~ **askeri**) *V* Laus *f* *bit
Macarca [·×·] 1. ungarische Sprache, Ungarisch 2. ungarisch
Macaristan *n.pr.* Ungarn
Macaristanlı *selt.* s. **Macar**
macarkâri *(G)* s. Stw. **-kâri**
macarlaşmak magyarisiert werden (z. B. Teil der Kumanen)
macarlaştırmak magyarisieren
Macarlı *selt.* (von Puristen beanstandet) s. **Macar**
macera [–·–] 1. *va.* Vorkommnis *n*, Vorfall *m*, Ereignis *n* 2. Abenteuer *n* *sergüzeşt, avantür ~ **kadını** Abenteu(r)erin *f* ~ **peşinde koşmak** auf Abenteuer ausgehen ~ **romanı** Abenteuerroman *m* **-ya atılmak** sich in ein Abenteuer stürzen
maceracı(-lık) s. **maceraperest(-lik)**
maceralı [–·–·] abenteuerlich, aufregend, riskant
maceraperest, -ti [–·–··] 1. abenteuerlustig 2. Abenteurer(-in *f*) *m*
maceraperestlik [–·–···] 1. Abenteuerlust *f* 2. Abenteurertum *n* 3. abenteuerliches Leben
macis Mazis(-blüte *f*) *m* (getrocknete Samenhülle des Muskatnußbaums; als Gewürz od. Heilmittel verwendet)
macit, -di [ā] 1. *va.* ruhmreich, berühmt 2. ≗ *mV;* **Macide** *wV*
macong [ā] Mah-Jongg-Spiel *n*
macun [ā] 1. Paste *f* 2. Kitt *m* 3. *pharm.* Latwerge *f* 4. *pharm.* Aphrodisiacum *n* 5. Lutschbonbon *m* 6. *V* Filter-Opium *n* Zu 1: **diş -u** Zahnpaste *f* Zu 2: **camcı -u** Glaser-

kitt *m* ~ **gibi** pastös, teigig, weich, knetbar ~ **küsteresi** Gehrungsstoßlade *f* (des Glasers) ~ **sürmek** mit Kitt zuschmieren, (ein-, ver-, zu-)kitten
macuncu [ā] 1. wer Pasten (Kitt, Latwerge, Aphrodisiaka) herstellt bzw. verkauft 2. Lutschbonbonverkäufer (Straßenhändler) *m* ~ **fırıldağı** auf dem Tragbrett e–s **macuncu** (2) angebrachtes Glücksrad (mst. einfacher Pfeil)
macunî [– – –] pastös, teigig
macunlamak [–···] (aus-, ein-, ver-, zu-)kitten
macunlaşmak teigige Konsistenz annehmen
macunlu [ā] (aus-, ein-, zu-)gekittet, verkittet
macunluk [ā] Kittbehälter *m*
maç, -çı Wett-kampf *m*, -spiel *n*, Match *m, n* ~ **sahası** *Fb.* Spielfeld *n* ~ **yapmak** ein Wettspiel austragen (*Anm.* Die Füg. ~ **oynamak** wird von türk. Puristen beanstandet.) **-a sokmak** veranlassen, daß jm. an e–m Wettspiel teilnimmt
maça (I) [×·] 1. (Guß-)Kern *m* 2. *Ka.* Pik, Schippen *(n)* *kara maça, pik(-a) ~ **beyi** 1. *Ka.* Pik-Junge *m* 2. *fig.* eingebildet, selbstgefällig ~ **beyi gibi kurulmak** sich hinlümmeln, sich hinfläzen, sich hinflegeln ~ **harcı** Kernmasse *f* ~ **kumu** Kernsand *m* (in der Eisengießerei) ~ **kutusu** Kernkasten *m* ~ **parçası** Kernstück *n* (in der Formerei)
maça (II) [×·] 1. *naut.* Splitt-, Klauen-hammer *m* (des Kalfaterers zur Entfernung alter Planken) 2. *dial.* Einschnitt *m* (im Dechsel; zum Herausziehen von Nägeln)
maçiç Machiche *m* (*fr.* Gesellschaftstanz)
Maçin [ā] *va.* der südliche Teil von China; s. a. **Çin Maçin**
Maçka *n.pr.* 1. Villenviertel von Istanbul 2. O. u. D. im Rbz. Trabzon
maço [×·] 1. *naut.* Besan-, Giek-baum *m* 2. Vorschlaghammer, Fäustel *m*
maçör (*franz.* **matcheur**) (*spez. Tennis)* routinierter Turnierspieler
maçula [·×·] *naut.* 1. Kleidkeule *f* 2. s. **maçuna**
maçuna [·×·] *naut.* 1. Dampf-spill *n*, -winde *f*, Dampf-, Masten-kran *m* 2. s. **façuna -sı;** ~ **gemisi** 1. Hebe-, Bergungs-schiff *n* 2. Hulk *f, m* (abgetakeltes Schiff mit Mastkran) ~ **harcı** Kran-geld *n*, -gebühr *f*
mada; mâda *jüngere Schreib.* für **maada**
madalya [·×·] Medaille, Denkmünze, Verdienstauszeichnung *f* **nın ters tarafı** *od.* **-nın öteki** (*od.* **öbür) yüzü** *fig.* Kehrseite *f* der Medaille
madalyon 1. große Medaille od. Gedenkmünze 2. Medaillon *n* 3. *gel.* = **madalya**
madam (für Nicht-Türkinnen) 1. Frau *f*, Frau Gemahlin *f* 2. Zimmerfrau *f* 3. (Anrede) gnädige Frau
madama [·×·] *P* für **madam; bir Ermeni -sı** *P* e–e armenische Dame
mâdâm(-e) *va.* 1. solange ... andauert 2. während des ganzen...
mâdâmeddünya *va.* solange die Welt bestehen bleibt
mâdâmülhayat *va.* das ganze Leben hindurch
madampol, -lü; madapolam Madapolam *m* (glatter, weich ausgerüsteter Baumwollstoff für Wäsche)
madara [·×·] *V* 1. leer, hohl, sinnlos (Worte) 2. *Sch.* Bestreben *n* e–s Schülers, dem Lehrer Fehler nachzuweisen und ihn zu blamieren ~ **etmek** *V* blamieren, bloßstellen ~ **olmak** *V* sich blamieren (mit seinen Behauptungen)
madde 1. Materie *f*, Stoff *m*, Substanz *f* *özdek, nen 2. Artikel, Paragraph *m* (e–s Vertrags, Gesetzes usw.) 3. Stichwort *n*, Artikel *m* (in e–m Nachschlagewerk) 4. (in Vorschlag gebrachte) Sache, Angelegenheit *f*, Vorschlag *m* 5. *H* (Rechnungs-)Posten *m*, Buchung *f* 6. *selt.* Eiter *m* *cerahat 7. männliches Glied; Penis *m* 8. *va.* Bedeutungselement, Semem *n* *semantem ~ **analizi** s. **nitel analiz;** ~ **değişimi** s. **metabolizm(-a);** ~ **ismi** *gr.* Stoffname *m* ~ **kaydetmek** *H* e–n Posten buchen **-i asliye** *gr.* 1. Stamm *m* (e–s Wortes) (im Ggs. zur Flexionsendung) *gövde 2. Wurzel(-wort *n*) *f* *cezir, köken **-i ecnebiye** Fremd-körper *m*, -stoffe *pl.*, Fremdes **-i hadra** s. **klorofil; -i iptidaiye** s. **hammadde; -i mahsusa(-sı)** *va.* der betreffende Paragraph (Artikel) **-i mülevvine** s. **boyarmadde**
maddebiçimçilik *phil.* Hylemorphismus *m*
maddeci(-lik) s. **materyalist** *bzw.* **materyalizm**
maddeleşmek sich verwirklichen, greifbare Form annehmen
maddeleştirmek verwirklichen, greifbare Form annehmen lassen
maddeli mit nb. **madde** (*spez.* Artikeln, Paragraphen)
maddelik aus soundsoviel Artikeln (Paragraphen) bestehend
maddesel s. **maddî**
maddeten *Adv.* 1. in materieller Hinsicht, materiell 2. effektiv, evident, mit Bestimmtheit
maddevî *ling. va.* semantisch *semantik
maddî 1. materiell, stofflich, Sach- *özdeksel, nensel 2. materiell gesinnt (Person) ~ **eda** *jur.* sachliche Leistung; Sachleistung *f* *mamelekten eda ~ **hasar** (*od.* **zarar**) Sachschaden *m* ~ **hata** *jur.* Tatsachenirrtum *m* ~ **karine** *jur.* tatsächliche Vermutung ~ **mallar** *jur.* körperliche Gegenstände *pl.* ~ **mesele** *jur.* Tatfrage *f* ~ **nokta** *phys.* Massenpunkt *m* (in der Mechanik) *maddesel nokta ~ **tazminat** *jur.* Ersatz *m* für Vermögensschaden *özdeksel (*od.* nensel) zarar-giderim **gayri** ~ nicht materiell, nicht stofflich **gayri** ~ **mallar** *jur.* unkörperliche Gegenstände, immaterielle Güter *pl.*, Immaterialgut *n*
maddîlik 1. materielle (stoffliche) Beschaffenheit 2. materielles od. egoistisches Denken
maddiyat, -tı [··–] *Pl.* materielle Dinge *pl.*, Materielles
maddiyatçı [··–·] Materialist(-in *f*) *m*
maddiye s. **maddecilik, materyalizm**
maddiyet, -ti materielle (stoffliche) Beschaffenheit
maddiyun [ū] *va. Pl.* Materialisten *pl.* *maddeciler, özdekçiler
madelet, -ti [ā] *va.* Gerechtigkeit, Billigkeit *f* **icrayı** ~ **etmek** Gerechtigkeit üben (*od.* walten lassen) **Babı** ~ *hist.* 1. Osmanische Regierung *f* 2. Sultanspalast *m*
madem [×·]; **mademki** [–×·] 1. *va.* solange als... 2. da nun einmal, da ja; in Anbetracht der Tatsache, daß..., nachdem (kausal) Zu 2: ~ **öyle söyledi, öyle yaparız.** Nachdem er es einmal so angeordnet hat, machen wir es auch so.
maden [ā] 1. Mineral, Gestein *n* 2. Erz *n* 3. Metall *n* 4. aus Metall hergestellt, metallen, Metall- 5. Mine, Grube *f* 6. Mineralstoffe enthaltend 7. *selt.* (Metall-)Legierung *f* 8. *fig.* reiche Fundgrube, unerschöpflicher Born ~ **akademisi** Bergakademie *f* ~ **boku** Schlacke *f* (bei Erzverhüttung) ~ **cevheri** (abbaufähiges) Erzvorkommen *n* ~ **damarı** Erzader *f* ~ **devri** Bronzezeit *f* ~ **filizi** Erz *n* *filizi madenî ~ **hukuku** *jur.* Bergrecht *n* ~ **işçisi** Bergmann *m* ~ **işletme imtiyazı** Konzession *f* zur Ausbeutung e–r Mine ~ **işletmeciliği** Bergbau *m* ~ **kaplama** Metallisierung *f;* Metallbeschlag *m* ~ **köpüğü** s. ~ **boku; kuyusu** s. ~ **ocağı;** ~ **külçesi** Metall-barren, -block, Ingot *m*, Luppe *f* ~ **mühendisi** Bergbauingenieur *m* ~ **ocağı** Bergwerk *n* ~ **oyma** Ziselierung *f* *çalma ~ **pisliği** Schlacke(-n *pl.*) *f* ~ **sanayii** 1. Metallindustrie *f* 2. Metallurgie, Hüttenkunde *f* ~ **sodası** Selters-, Soda-wasser *n* ~ **şirketi** Bergwerksgesellschaft *f* ~ **Tetkik ve Arama Enstitüsü** *n.pr.* Mineralogisches Forschungs- und Schürf-Institut *n* (in Ankara) ~ **yatağı** Erz-lager, -vorkommen *n*
Maden [ā] *n.pr.* (*fr.:* **Ergani Maden**) Städtchen u. D. im Rbz. Elazığ (mit großen Kupfererzvorkommen)

madenbilim(-sel) s. **mineralbilim(-sel)**
madenci [ā] 1. Berg-mann, -arbeiter *m*, Kumpel *m* 2. Mineraloge, Metallurg *m* 3. Bergbauingenieur *m* 4. Bergbau treibend (z. B. Staat) 5. Gruben-, Minen-besitzer *m* ~ **fırını** (*od.* **ocağı**) Schmelzofen *m* ~ **lambası** Gruben-, Sicherheits-lampe *f*
madencilik [ā] 1. Bergbau *m* 2. Metallurgie, Hüttenkunde *f* 3. Mineralogie *f* ~ **sanayii** Verhüttungsindustrie *f*, metallurgische Industrie
madenî [–·–] 1. mineralisch *mineral 2. metallen, metallisch, Metall- *madensel 3. *mus.* metallisch, helltönend, klangvoll ~ **eşya** Metallwaren *pl.* ~ **etiket** Metallschildchen *n* ~ **para** Metallgeld *n*, Münzen *pl.* ~ **ses** metallisch klingende Stimme ~ **turbit** *chem.* basisches schwefelsaures Quecksilberoxyd ~ **yağ** s. **mineral yağ**
madeniyat, -tı [–··–] *va. Pl.* 1. Mineralien *pl.* 2. Metalle; Metallgegenstände *pl.* 3. Mineralogie *f* *mineraloji
madenkırmız Mineralkermes *m*, Kermes minerale (Gemisch von Antimonsulfid und Antimontrioxyd; *fr. pharm.*) *kırmız madeni
madenkömürü, -nü Steinkohle *f* *taşkömür(-ü)
madenleşme s. **mineralizasyon**
madenli 1. metallhaltig 2. mineralhaltig
madensel s. **madenî**
madensi s. **ametal**
madensuyu, -nu Mineralwasser *n*
Mader [·×] 1. Madeira, Madera (Insel) 2. ♀ Maderawein *m* 3. ♀ Madeirastickerei *f*
mader [ā] *va.* Mutter *f* *ana, anne
maderane *va.* [–·–·] mütterlich
maderî *va.* [–·–] die Mutter betreffend, mütterlich, Mutter- ~ **aile** s. **analık ocak**
madernamî [–·––] s. **anasanlı**
maderşahî(-lik) s. **anaerkil; anaerki**
maderzat, -dı [–·–] *va.* angeboren, natürlich, Mutter-; s. a. **lisanı** ~
madg *va.* Kauen *n* ~ **etmek** *va.* kauen *çiğnemek
madgî *va.* Kau- **adalei -ye** s. **çiğneme kası**
madih [ā] *va.* lobend, rühmend, preisend *senakâr
madik *arm.* 1. Name e–s Murmelspiels 2. *V* List *f*, Schwindel, Betrug *m* ~ **atmak (etmek, oynamak)** (b–ne) *V* betrügen, hereinlegen, übers Ohr hauen **Bana** ~ **olmaz!** *V* Mich legt man nicht (so schnell) herein!
madikçi *V* Schwindler, Lügner, Betrüger *m*
Madlen (*franz.* **madeleine**) 1. *selt.* Magdalena *(wV)* 2. ♀ Kochschokolade *f*
madmazel s. **matmazel**
Madon; Madonna [·×·] Madonna *f*, Gottesmutter *f* Maria (in bildlicher Darstellung)
madraba Ausgleichsgewicht *n* (bei Pferderennen)
madrabaz 1. Aufkäufer, Groß-, Zwischen-händler *m* (für Obst, Gemüse, Fische usw.) 2. Kundenbetrüger, Spitzbube, Gauner *m* ~ **kayığı** Boot *n* e–s Fischaufkäufers
madrabazlık 1. Großaufkauf, Zwischenhandel *m* 2. Gaunerei, Spitzbüberei *f*
Madras 1. *n.pr. geogr.* Madras 2. ♀ Madras *m* (Baumwoll-Seiden-Gewebe) 3. ein Kopftuch aus diesem Gewebe ~ **humması** s. **kalaazar**
madreporlar *zo.* s. **matraporlar**
madrigal, -li 1. *urspr.* Hirtenlied od. Schäfergedicht *n* 2. *mus.* Madrigal *n*
madrigalesk, -ki *spez. mus.* madrigalesk, madrigalistisch
madrigaletto [···×·] *spez. mus.* Madrigaletto *n* (kurzes, einfaches Madrigal)
madrigalist, -ti *mus.* Komponist *m* e–s Madrigals, Vertreter *m* des Madrigalstils, Madrigalist *m*
madrubat, -tı [·––] *va. Pl.* zu **madrup, madrube; -a tefrik** s. **çarpanlara ayırma**
madrubunfih [·–·–] *va. math.* Multiplikator *m* *çarpan
madrup, -bu [ū] *va.* 1. geschlagen, geklopft, geprügelt 2. *va.* geprägt, geschlagen (Münzen) 3. *math.* Multiplikand *m* *çarpılan **-u ihtimalî** *va.* Wahrscheinlichkeitsfaktor *m*
madum [––] *va.* nicht existierend, nicht vorhanden
madumiyet, -ti *va.* [––··] Nicht-Existenz *f*, Nichtvorhandensein *n*
madumülcenah [––··–] s. **kanatsızlar**
madumürrücul s. **ayaksızlar**
madun [––] *va.* 1. unten befindlich 2. niedriger (z. B. Aufgabe) 3. im Rang tiefer stehend, untergeordnet, Untergebener *ast
madunluk [––·] *va.* Untergeordnetsein *n* *astlık
madut, -du *va.* [––] 1. (m. Abl.) gerechnet, gezählt (zu) 2. zahlenmäßig begrenzt, beschränkt Zu 1: **Balina balıklardan** ~ **değildir.** Der Walfisch rechnet nicht zu den Fischen.
maestoso [··×·] *mus.* 1. maestoso, feierlich, getragen 2. Maestoso *n*
maestro s. **mayestro**
mafa s. **mapa**
mafat, -tı [––] *va.* was verlorengegangen ist; was verpaßt, versäumt worden ist; s. a. **telâfiimafat**
mafe [ā] s. **mahfe**
mafer [ā] 1. Hohleisen *n* (des Drechslers) 2. Riefelung, Hohlkehle, Rille *f*
mafevk, -ki [ā] 1. *va.* oben befindlich 2. höher (z. B. Aufgabe) 3. im Rang höher stehend, übergeordnet, Vorgesetzter *üst 4. *va.* was über et. hinausgeht, Überschuß *m* Zu 2: **Tahsili itibariyle daha** ~ **işler görmesi mümkün olan Emin...** Emin, der für e–n höheren Posten genügend Vorbildung besäße...
mafevkattabia [–···–·] übernatürlich *doğaüstü
mafia Maf(f)ia *f*, Geheimbund *m*, Gangsterbande *f*
mafiş [×·] 1. (< *ar.* **ma fih şey**) *F* nicht (mehr) vorhanden *yok 2. Name e–r kleineren, leichten Gebäckart
mafsal *an.* Knochen-fügung, -verbindung *f; (a. techn.)* Gelenk *n* ~ **iltihabı** *med.* Gelenkentzündung, Arthritis *f* **-ı gayri müteharrik** s. **oynamaz eklem; -ı müteharrik** s. **oynar eklem**
mafsalî *an.* das Gelenk betreffend, Gelenk-
mafsallanmak *an.* ineinanderfassen, sich ineinanderfügen, artikulieren
mafsallı mit Gelenk, Gelenk-, Klapp-, beweglich ~ **kavram** *techn.* Gelenkkupplung *f* ~ **kundak** Gelenklafette *f* ~ **mil** Gelenkwelle *f*
mafua (*franz.* **ma foi**) *lev.* meiner Treu; wahrlich; auf Ehre
mafüv, -vvü [ā] *va.* 1. entschuldigt, verziehen 2. entschuldbar, verzeihlich
Mafya [×·] Maf(f)ia *f* (sizilianischer Geheimbund)
magazin Magazin *n*, Unterhaltungszeitschrift, Illustrierte *f*
magenta [·×·] Magenta, Anilinrot *n*
magma *geol.* Magma *n*
magmasal; magmatik *geol.* magmatisch
magmatit, -ti s. **kor kayaç**
magna s. **manyat**
magnalyum [·×·] Magnalium *n* (Magnesium-Aluminium-Legierung)
magnet, -ti *va.* Magnet *m* *mıknatıs
magnetik magnetisch, Magnet- *mıknatısî ~ **alan** *phys.* magnetisches Feld; Magnetfeld *n* *mıknatısî saha ~ **bant** Tonband *n* ~ **kutup** *geogr.* magnetischer Pol ~ **mayın** magnetische Mine
magnetit, -ti *min.* Magnetit, Magneteisenstein *m*
magnetize s. **manyetize**
magnetizma [··×·] *phys.* Magnetismus *m*, magnetische Kraft *mıknatısiyet
magnetizmacı(-lık) s. **manyetizmacı(-lık)**

magneto s. **manyeto**
magnetofon Magnetophon, Tonbandgerät *n* *teyp
magnetomotor kuvvet *phys.* magnetomotorische Kraft *kuvvei muharrikei mıknatısiye
magnezi s. **manyezi**
magnezit, -ti *min.* s. **lületaşı**
magnezya [·×·] s. **manyezi**
magnezyum [·×·] 1. *chem.* Magnesium *n* 2. *phot.* Blitzlicht *n* *fleş ~ **sülfat** Magnesiumsulfat, Bittersalz *n* *İngiliz (Setliç) tuzu
magnezyumlu Magnesium- ~ **lamba** Magnesiumlampe *f*
magnitüt, -dü Erdbebenstärke *f*
mago *zo.* s. **Berber maymunu**
magri Meeraal *m zo.* Conger conger
mağ *P* e–e Taubenart, deren Kopf, Flügelenden und Schwanz andersfarbig sind
mağara 1. Höhle, Grotte *f* 2. *med., geol.* Kaverne *f*, Hohlraum *m* ~ **adamı** Höhlenmensch, Troglodyt *m* ~ **devri** s. **yontma taş devri;** ~ **ev** Höhlenwohnung *f* ~ **resimleri** Höhlen-, Fels-malereien *pl.* ~ **semenderi** Grottenolm *m zo.* Proteus anguineus
mağarabilim Höhlen-forschung, -kunde, Speläologie *f* *speleoloji
mağarabilimci Höhlenforscher, Speläologe *m* *speleolog
mağarabilimsel höhlenkundlich, speläologisch *speleolojik
mağaralı 1. mit nb. Höhle(-n) 2. höhlenreich
mağaramsı *med., geol.* kavernös
mağaza 1. (großer) Laden, (großes) Geschäft 2. Lager *n* (e–s Kaufmanns) 3. *naut.* Vorratsraum *m*, Hellegatt *n*
mağazacı 1. Laden-, Geschäfts-inhaber *m* 2. Magazinverwalter, Lageraufseher *m*
mağazalamak *selt.* aufspeichern (Waren)
mağbun [ū] *va.* 1. *jur.* übervorteilt 2. s. **şaşkın**
mağbut, -tu [ū] *va.* 1. s. **imrence, imrenç** 2. glücklich, fröhlich *mutlu, neşeli
mağden *gel. Graphik* für **maden**
mağdur [ū] ungerecht behandelt, benachteiligt, geschädigt, zurückgesetzt, *jur.* Verletzter ~ **etmek** benachteiligen, schädigen; *jur.* verletzen
mağduriyet, -ti; mağdurluk ungerechte Behandlung; Benachteiligung, Schädigung, Zurücksetzung *f*
mağfiret, -ti Sündenvergebung *f* (durch Gott) ~ **etmek** die Sünden vergeben (Gott)
mağfiretnişan [····–] im Zeichen der Sündenvergebung stehend (Ramazan)
mağfur [ū] *va.* 1. wem Gott seine Sünden vergeben hat 2. für wessen Seelenheil gebetet wird
mağlubiyet, -ti 1. Niederlage *f* 2. (bşe) Sich-Hinreißenlassen *n* (z.B. vom Zorn) **-e uğramak** (*bzw.* **uğratmak**) e–e Niederlage erleiden (*bzw.* beibringen)
mağlup, -bu 1. besiegt, geschlagen, niedergeworfen, überwältigt 2. hingerissen (z.B. vom Zorn) ~ **edilmez** *spez. mil.* unüberwindlich ~ **etmek** besiegen, schlagen, niederwerfen, überwältigen ~ **olmak** (*od.* **düşmek**) 1. (b–ne) besiegt (geschlagen) werden (von), j–m unterliegen 2. (bşe) sich (z.B. vom Zorn) hinreißen lassen ~ **ve perişan** (*od.* **imha**) **etmek** *mil.* vernichtend schlagen
mağmum [ū] 1. wolkig, bedeckt, trüb *bulutlu, kapalı 2. *fig.* getrübt, bekümmert, traurig, nachdenklich
mağmumiyet, -ti [ū]; **mağmumluk** [·–·] 1. Bedeckt-, Trübe-Sein *n* 2. *fig.* Betrübnis, Traurigkeit *f*, Bekümmertsein *n*, Nachdenklichkeit *f*
mağnezya s. **manyezi**
mağnezyum s. **magnezyum**
Mağosa [×··] *n.pr.* Famagusta (Stadt auf Zypern)
mağribî 1. *va.* westlich 2. ≗ Maure, Berber, Magrebiner *m*
mağrip, bi 1. Westen *m* *batı, garp 2. *fr.* ≗ Nordafrika (ohne Ägypten) ≗ **inciri** s. **Mısır inciri;** ~ **kurbağası** Moorfrosch *m zo.* Rana arvalis ≗ **ocakları** *hist.* Berberstaaten *pl.* (Marokko, Algerien, Tunis, Tripolis) **-ten maşrıka(kadar)** *va.* von einem Ende bis zum anderen; überall(-hin) ≗**i Aksâ** *va.* Marokko *Fas ≗**i Evsat** *va.* Tunis und Algerien
mağruk, ku [ū] *va.* 1. ertrunken *suda boğulmuş 2. untergegangen (Schiff) *batmış
mağrur [ū] 1. stolz, eingebildet, hochnäsig, hochmütig 2. (bşe) vertrauend, bauend (auf)
mağruren [ū] s. **affınıza** ~
mağruriyet, -ti [ū] *va.* Stolz *m*, Einbildung *f*, Hochmut *m*, Hochnäsigkeit *f*
mağrurlanmak [ū] hochmütig, eingebildet werden
mağrurluk [·–·] s. **mağruriyet**
mağrus [ū] *va.* (an-)gepflanzt
mağsup, -bu [ū] *va.* mit Gewalt entzogen, usurpiert
mağşuş [ū] *va.* 1. nicht rein; legiert, gemischt, mit geringerem (herabgesetztem) Feingehalt (Münzen) 2. ge-, verfälscht
mağşuşiyet, -ti [ū] *va.* 1. Legierung, Mischung *f*, Herabsetzung *f* des Feingehalts 2. (Ver-)Fälschung *f*
mağz *va.* 1. *an.* Gehirn *n* *beyin, dimağ 2. Innere *n* 3. Denken *n*, Verstand *m* 4. *fr.* s. **ilik** (II) 5. Kern *m* (e–r Frucht)
mah (I) [ā] *va.* 1. Mond *m* 2. Monat *m* (des Mondjahres) *(1, 2) ay 3. schönes Mädchen, schöner Jüngling 4. mondgleich, strahlend, schön **-i hal** *va.* laufender Monat
mah (II) (in der Füg.:) ~ **gelmemek** (b–ne) nicht ausreichen, nicht genügen (für), nicht sättigen können
mahabet(-li) s. **mehabet(-li)**
mahafil [·–·] (*Pl.* zu **mahfil**) *spez.* (Gesellschafts-)Kreise *pl.*
mahak s. **muhak**
mahakim [·–·] *va. Pl.* zu **mahkeme**
mahal, -lli 1. Ort *m*, Stelle *f*, Platz *m* *yer 2. *pr.* richtiger Ort, rechte Stelle 3. *math.* (geometrischer) Ort 4. Anlaß *m*, Veranlassung *f* 5. Raum *m*, Möglichkeit *f* Zu 1: **-imizde** *H* am (hiesigen) Platz Zu 3: **-i hendesî; hendesî** ~ geometrischer Ort *geometrik yer Zu 4: **Bu sözlere** ~ **yoktur.** Es liegt keine Veranlassung vor, derartiges zu sagen. Zu 5: **İlerde şikâyetlere** ~ **bırakmamak** (*od.* **vermemek**) **üzere.** Um etwaigen Beschwerden vorzubeugen ... ~ **kalmamak** nicht länger nötig sein ~ **masrafları** *H* Platzspesen *pl.* ~ **tayini** *mil.* Orientierung, Ortung, Ortsbestimmung *f* **-inde** 1. an Ort und Stelle, am Tatort 2. an der rechten Stelle, am rechten Ort (Fleck) (Zu 1: **-inde keşif** *jur.* Beweis *m* durch Augenschein; richterlicher Augenschein Zu 2: **-inde sarfedilen bir söz** ein Wort am richtigen Platz) **-ine masruf emek** die nicht umsonst aufgewandte Mühe **-ine masruf para** Geldaufwendung *f*, die sich gelohnt hat **-i firar** *va.* Zufluchtsort *m* **-i ikamet** Wohn-ort, -sitz *m* **-i memuriyet** Dienstort *m* **-i mürettep** *mil.* Bestimmungsort *m* **-i vaka** Tatort *m*
mahalakallah [–×··–] *va.* „was Gott geschaffen hat" *d.h.* 1. Geschöpfe *pl.* 2. große Menge 3. voll, angefüllt
mahalle Stadtviertel *n;* größeres Wohnviertel ~ **bahçesi** Park-, Grün-anlage *f* ~ **bekçisi** für ein best. Stadtviertel zuständiger Nachtwächter ~ **beyi** s. ~ **kabadayısı;** ~ **çapkını** 1. schüchterner und ungeschickter Liebhaber 2. unerfahren, dumm, naiv ~ **çocuğu** Gassenjunge, Lausbub *m* ~ **halkı** Bewohner *pl.* e–s best. Stadtviertels ~ **kabadayısı** in engerem Kreis angesehen; Hahn *m* im Korb ~ **kahvesi gibi** eng, stickig, mit vielen Menschen (Ort) ~ **kahvesine dönmek** unordentlich werden ~ **karısı** ungebildete, zanksüchtige Frau, „Marktweib" *n*, *dial.* Bißgurn *f* ~ **mektebi** *fr.* e–e Art Vorbereitungsschule ~ **muhtarı** Vorsteher *m* e–s Stadtviertels ~ **tavrı** vulgäre Manieren *pl.* **-yi ayağa kaldırmak** das ganze Stadtviertel in Unruhe (Schrecken) versetzen

mahallebi [·×··] Reismehlpudding *m* ~ **çocuğu** verwöhntes Muttersöhnchen; Weichling *m* ~ **kaşığı** flacher, dreiecksförmiger Löffel für **mahallebi**
mahallebici 1. wer Reismehlpuddig (u. ä.) herstellt und verkauft 2. *F* wer gerne Reismehlpudding ißt 3. s. **mahallebi çocuğu**
mahalleli wer im gleichen Stadtviertel wohnt, Nachbar (-in *f*) *m*
mahallî lokal, örtlich, Orts- *yerli, yerel ~ **acenta** *H* Platzvertreter *m* ~ **âdet** lokaler Brauch ~ **hükümet** Ortsbehörde *f* ~ **idare** *jur.* Lokalverwaltung *f* ~ **maç** *Fb. usw.* Lokaltreffen *n* ~ **saat** Ortszeit *f*
mahallîleştirmek lokalisieren *yerelleştirmek
mahalsiz ungelegen, unzeitig, unangebracht
mahana *V* für **bahane**
maharaca [··×·] Maharadscha *m*, indischer Fürst *mihrace
maharani [··– –] Maharani *f*, Frau *f* e–s Maharadscha, indische Fürstin
maharet, -ti [·–·] 1. Geschicklichkeit, Gewandtheit *f* 2. (Kunst-)Fertigkeit, Fähigkeit *f*, Talent *n*
maharetli [·–··] 1. geschickt, gewandt 2. kunstfertig, fähig, talentiert 3. meisterhaft
maharetsiz [·–··] 1. ungeschickt, ungewandt 2. unfähig, untalentiert
maharetsizlik [·–···] 1. Ungeschicklichkeit *f*, fehlende Gewandtheit 2. Unfähigkeit *f*, mangelndes Talent
mahasal, -li [–··] *va.* Gesamtergebnis, Resultat *n*
mahasin [·–·] *va.* 1. Schönheiten *pl.* 2. gute Eigenschaften od. Taten *pl.* 3. schöne Werke 4. Bart und Schnurrbart
mahaşerallah [–···–] *va.* großes Gedränge, große Menschenmenge
mahaza [×·–] gleichwohl, trotzdem, indessen, jedoch *bununla beraber, mamafih
mahazar [–··] *va.* was vorbereitet, fertig ist
mahber *va.* Tintenfäßchen *n* (vgl. **divit**)
mahbube [ū] *va.* 1. Geliebte *f* 2. e–e bes. geschätzte Tulpenart
mahbup, -bü [ū] *va.* 1. geliebt; Geliebter 2. s. **zeri** ~; **-ü Huda** „der Geliebte des Herrn“ (Beiname des Propheten Mohammed)
mahcemal [–·–] *va.* wunderbare Schönheit
mahcubiyet, -ti [ū] 1. Beschämung *f*, Beschämt-Dastehen *n*, Blamiertsein *n*, Blamage *f* 2. Schüchternheit, Scheu, Verlegenheit *f*, Zaghaftigkeit, Befangenheit *f*
mahcun Mah-Jongg(-spiel) *n*
mahcup, -bu [ū] 1. beschämt, blamiert 2. schüchtern, verlegen, schamhaft, befangen, sich genierend ~ **etmek** 1. verlegen werden lassen, beschämen, blamieren 2. durch Wohltaten verpflichten ~ **kalmak** (*od.* **olmak**) 1. beschämt, blamiert dastehen 2. befangen sein, sich genieren
mahcupluk [·–·] s. **mahcubiyet**
mahcur [ū] unter Kuratel gestellt, entmündigt *hacirli, kısıtlı
mahcuriyet, -ti [ū] Kuratel, Entmündigung *f*
mahcuz [ū] 1. gepfändet *hacizli 2. gepfändeter Gegenstand
mahçe s. **mehçe**
mahdum [ū] 1. *va.* bedient, Herr *m* *efendi 2. *z. va.* Sohn *m* ~ **köleniz** *osm. Besch.* mein Sohn („Ihr Sklave“)
mahdut, -du [ū] 1. ein-, ab-gegrenzt 2. *math.* begrenzt, definiert *muarref, sınırlı, tariflenmiş 3. (geistig) beschränkt 4. (an Zahl, Umfang, Ausmaß) begrenzt, beschränkt, (relativ) wenig od. gering, in recht geringer Zahl, selten Zu 1: **Bu ova şimalen büyük dağlarla -tur.** Die Ebene hier ist nach Norden zu von hohen Bergen begrenzt. Zu 2: **gayri** ~ *geom.* unbegrenzt, unendlich *sınırsız **gayri** ~ **feza** *math.* unendlicher Raum **gayri** ~ **müstakim** *geom.* unendliche Gerade *sınırsız doğru Zu 3: s. **izanı** ~ **bir adam** Zu 4: **Çalıştığı saha -tur.** Sein Arbeitsgebiet ist relativ eng. ~ **hedefli taarruz** *mil.* Angriff *m* mit begrenztem Ziel **Böyle muktedir bahçeciler pek -tur.** Man findet nur selten derartig fähige Gartenarchitekten. ~ **artırma** nicht-öffentliche Versteigerung ~ **ehliyet** *jur.* beschränkte Handlungs-, Geschäfts-fähigkeit *sınırlı yetenek ~ **fikirli** engstirnig, beschränkt, dumm ~ **mesuliyet** beschränkte Haftung ~ **mesuliyetli şirket** s. **limitet şirket;** ~ **müstakim** s. **sınırlı doğru;** ~ **ortaklık** *jur.* Fahrnisgemeinschaft *f*
mahdutluk [·–·] **hali** Begrenztheit, Enge *f*
mahfaza 1. Behälter *m*, Gehäuse, Futteral *n*, Umhüllung *f*, Etui *n* 2. Schmuckkästchen *n* 3. *bot.* Kapsel *f*, Samengehäuse *n* *kapsül Zu 1: **Yolda kalan trenin tekerlekleri buzdan** ~ **içinde idi.** Die Räder des auf der Strecke liegengebliebenen Zuges waren von e–r Eisschicht umhüllt. **-i büzur** 1. s. **sporkesesi** 2. s. **ovogon dağarcığı; -i mafsaliye** s. **eklem kapsülü**
mahfazacı wer Behälter (Futterale, Etuis usw.) herstellt od. verkauft
mahfazalı 1. mit Behälter (Futteral, Etui usw.) 2. geschützt (z.B. Bucht)
mahfe Traggestell *n* (auf dem Rücken e–s Kamels, Pferdes od. Maultieres), Sänfte *f*
mahfel *P* für **mahfil**
mahfi [ī] *va.* 1. verborgen, versteckt, geheim 2. insgeheim, verstohlen
mahfil 1. Klub-, Versammlungs-, Gesellschafts-haus *n* 2. (Gesellschafts-, Personen- *spez. pol.*)Kreis *m* 3. durch Gitter od. Verschlag abgeteilte Loge; *a.* Galerie *f* in e–r Moschee Zu 3: **-i hümayun** *fr.* für den Sultan reservierte, vergitterte Galerie in e–r **selâtin camii**
mahfuz [ū] 1. (auf-)bewahrt, verwahrt, geschützt, erhalten 2. vorbehalten (z.B. Rechte) 3. unter Bewachung, eskortiert 4. auswendig gelernt Zu 4: **Kuran tamamiyle -umdur.** Ich kann den ganzen Koran auswendig. ~ **hisse** *jur.* Pflichtteil *m*, *n* *saklı pay ~ **hisseli mirasçı** *jur.* Pflicht-erbe *m*, -erbin *f* ~ **mahal** *mil.* Unterstand *m* ~ **mallar** *jur.* Vorbehaltsgut *saklı mallar
mahfuzen [ū] *Adv.* unter Bewachung, in Gewahrsam **Istanbul'dan** ~ **getirmişlerdir.** Man brachte ihn unter Bewachung von Istanbul hierher.
mahfuziyet, -ti [ū] 1. *mil.* Schutz *m* 2. Aufbewahrung *f* 3. Gewahrsam *m*, Bewachung *f* 4. *chem.* Erhaltung *f* *sakım
mahıv, -hvı 1. Vernichtung, Ausrottung *f* 2. Zerstörung *f*, Zunichte-Machen *n*
mahi (I) [– –] *va.* 1. Fisch *m* *balık 2. Firstpfette *f*, Dachfirst, -stuhl *m* ~ **kiremidi** 1. Firstziegel *m* 2. Dachfirst *m*
mahi (II) [– –] *va.* vernichtend, zerstörend, auslöschend
mahir [ā] 1. s. **maharetli** 2. ♀ *mV*
mahiye [ā] 1. *va.* Monats-gehalt *n*, -lohn *m* 2. s. **mahya**
mahiyet, -ti [ā] 1. Wesen *n*, Natur, Art *f*, Charakter *m* (z.B. e–r Angelegenheit) *nelik 2. *phil.* Entität *f*, Wesen *n* *kendilik Zu 1: **aynı -te** gleichartig **mevziî -te ufak tefek muharebeler** *mil.* kleinere Kämpfe örtlichen Charakters **-i meçhul** *fig.* dunkel, verdächtig, zweifelhaft **♀i nedir?** *F* Was liegt schon daran! Vollkommen unbedeutend!
mahiyetli [ā] von nb. Art, e–n best. Charakter tragend, gemahnend (an)
mahkeme 1. Gericht(-shof *m*) *n* *yargılık 2. (gerichtliche) Aburteilung ~ **azası** Mitglied(-er *pl.*) *n* des Gerichtshofes ~ **celpnamesi** gerichtliche Vorladung ~ **dışı muameleler** *jur.* außergerichtliche Handlungen *pl.* ~ **duvarı** s. **yüz** (*od.* **surat**) **mahkeme duvarı;** ~ **harcı** Gerichtskosten *pl.* ~ **harici ikrar** *jur.* außergerichtliches Geständnis ♀

kadıya mülk olmaz! *Spr.* Auch ein Richter bleibt nicht ewig in seinem Amt! ~ **kararı** gerichtliches Urteil ~ **masrafları** Gerichtskosten *pl.* ~ **önünde ikrar** *jur.* gerichtliches Geständnis ~ **reisi** (*od.* **başkanı**) Gerichtspräsident *m*, Vorsitzender des Gerichtshofes ~ **röportajları** (Überschrift:) Aus dem Gerichtssaal ~ **salonu** Gerichtssaal *m* **-de dayısı olmak** (b–nin) *hum.* e–n hohen Protektor haben **-ler içtihadı** *jur.* Rechtsprechung *f* **-ler teşkilâtı** *jur.* Gerichtsverfassung *f* **-lerin dereceleri** *jur.* gerichtliche Instanzen *pl.* **-lerin tatili** *jur.* Gerichtsferien *pl.* **-nin kanunu** *jur.* Recht *n* des Prozeßgerichtes, lex fori *lex fori **-ye** (*od.* ~ **huzuruna**) **çıkmak** vor Gericht erscheinen **-ye sevki esnasında** als er dem Gericht vorgeführt wurde **-ye tevdi** gerichtliche Hinterlegung **-ye vermek** dem Gericht übergeben; gerichtlich vorgehen **-yi boylamak** vor Gericht erscheinen müssen **-yi tahkir** ungebührliches Benehmen vor Gericht **≗i Asliye** s. **Asliye Mahkemesi; ≗i Evkaf** *hist.* Gericht *n* der Frommen Stiftungen (vor 1909: **Evkaf Müfettişliği**); **-i kübra** *rel.* s. **divanı ceza; ≗i Temyiz** s. **Temyiz ≗si**

mahkemeli wer mit e–m anderen e–n Prozeß hat ~ **olmak** *F* vor Gericht gehen

mahkemelik was gerichtlich geregelt werden muß ~ **olmak** e–e gerichtliche Auseinandersetzung haben, prozessieren

mahki [ī] *va.* erzählt, berichtet, überliefert

mahkûk, -kü 1. (ein-)graviert, ziseliert, gestochen 2. ausradiert 3. Rasur *f*, ausradierte Stelle

mahkûkât, -tı *Pl.* Gravierungen, Ziselierungen, Stiche, Inschriften *pl.*

mahkûm 1. ver-, abge-urteilt *hükümlü 2. Sträfling *m* 3. *fig.* gezwungen, verurteilt, verdammt (zu) 4. wer e–m best. Schicksal nicht entgehen kann *spez.* (von den Ärzten) aufgegeben, für unheilbar (unrettbar) erklärt 5. *va.* unterdrückt, unterjocht, versklavt, geknechtet Zu 3: **Ben burada oturmağa -um.** Ich bin dazu verurteilt, hier zu wohnen. **akim kalmağa** ~ zur Unfruchtbarkeit verurteilt (z. B. Unternehmen) Zu 5: ~ **millet** geknechtete Nation; Volk *n* unter Fremdherrschaft **hürriyeti -e** *va.* Freiheit in Ketten ~ **etmek** 1. verurteilen (z. B. zum Tod), aburteilen 2. *fig.* verurteilen, verdammen **-ların himayesi** *jur.* Gefangenenfürsorge *f*

mahkûmiyet, -ti 1. Verurteilung *f*, Schuldigsprechen *n*, Aburteilung *f* 2. *pr.* Vorstrafe *f* 3. Strafzeit *f* Zu 1: ~ **kararı** *jur.* Schuldspruch *m* **≗ine karar verildi.** Er wurde für schuldig befunden und (entsprechend) abgeurteilt. Zu 2: **Hiç bir -i yoktur** (*od.* **bulunmuyor**). Er ist nicht vorbestraft. **evvelki -i de nazarı itibara alınarak** unter Berücksichtigung der Tatsache, daß er bereits vorbestraft ist. Zu 3: **≗ini bitirmeden öldü.** Er ist vor Verbüßung seiner Strafzeit gestorben.

mahlas [×·] 1. Deckname *m*, Pseudonym *n* (z. B. e–s Dichters) 2. Bei-, Ruf-name *m* (bes. im Ggs. zu **göbek adı**) 3. *va.* Zufluchtsort *m* ~ **beyti** (in der ält. Lit.) derjenige Vers (*spez.* e–s Ghasels), in dem der Name des Dichters genannt wird

mahlasname [··–·] (in der ält. Lit.) Gedicht, das ein bekannter Autor an e–n Anfänger richtet und in dem er diesem e–n Beinamen **(mahlas)** gibt

mahlep, -b 1. s. **kokulu kiraz** 2. *va.* s. **bal** (I)

mahlu, -uu [ū] (*gel. a.* **mahlûğ**) abgesetzt, entthront (z. B. König)

mahluk, -ku [ū] 1. ge-, er-schaffen 2. Geschöpf *n*, Kreatur *f* *yaratık

mahlukat, -tı [·––] *Pl.* Geschöpfe *pl.*, Schöpfung *f*

mahlul, -lü [ū] 1. analysiert, zerlegt, aufgelöst *erimiş 2. *phys.*, *chem.* Solution, Lösung, Lauge *f* *eriyik 3. dem Fiskus verfallen (Hinterlassenschaft beim Fehlen von Erben) 4. unbesetztes Amt ~ **tımar** *jur.* herrenlos gewordenes Lehen *sepet tımarı **-e batırmak** laugen

mahlulât, -tı *va. Pl.* 1. *chem.* Solutionen, Lösungen, Laugen *pl.* 2. dem Fiskus verfallene Güter (infolge des Fehlens von Erben)

mahluliyet, -ti; mahlullük Herrenlossein *n* (e–s Nachlasses)

mahlut, -tu [ū] 1. (mit fremden Bestandteilen) gemischt, vermengt, vermischt; gepanscht, verfälscht 2. *chem.* Gemisch *n* *karışım 3. Mengkorn *n* (Weizen und Roggen *od.* Hafer und Roggen)

mahmedet, -ti *va.* 1. rühmenswerte Tat od. Eigenschaft 2. Dank(-barkeit *f*) *m*

mahmel s. **mahmil**

mahmi [ī] *z. va.* 1. ge-, be-schützt, beschirmt, protegiert 2. Schützling *m* *korunuk ~ **devlet** *pol.* Protektorat(-s.staat *m*) *n*

mahmil 1. *va.* Fahrzeug *n* 2. s. **mahfe** 3. (*a.*: **-i şerif**) *hist.* die Sänfte für die jährlichen Geschenke isl. Herrscher (mit **sürre** nach Mekka entsandt)

mahmude [ū] 1. (*a.* **ince** ~) Scammonia-, Purgier-winde *f bot.* Convolvulus scammonia *bingözotu, skamonya 2. *pharm.* Scammoniumharz *n* (Abführmittel) 3. ♀ *wV*

Mahmudî [·––] *va.* 1. auf Mahmut bezüglich 2. **(fes)** unten schmaler, oben weiter gearbeiteter Fes mit blauen Seidentroddeln

mahmudiye [ū] 1. dünne Goldmünze zu 25 Silberkurusch aus der Zeit Mahmuts II. (heute gerne als Schmuckstück getragen) 2. s. **Mahmudî (fes)** 3. ♀ *n.pr.* O. u. D. im Rbz. Eskişehir

mahmul, -lü [ū] 1. beladen, belastet *yüklü 2. regenschwer (Wolken) 3. zugeschrieben, zur Last gelegt, imputiert 4. *log.* Prädikat *n* *yüklem 5. *stil.* gespreizter Stil 6. *naut.* Lastschiff

mahmum [ū] *va.* 1. fiebrig, fieberhaft 2. wer dummes Zeug redet

mahmur [ū] 1. schlaftrunken, noch ganz verschlafen 2. übernächtigt, verkatert, benommen 3. sehnsüchtig, schmachtend (*spez.* Blick)

mahmurçiçeği, -ni 1. s. **çiğdem** (1) 2. s. **üzerlik (otu)** (2)

Mahmure *wV*

mahmurlaşmak 1. schlaftrunken werden 2. verkatert werden 3. schmachten

mahmurluk 1. Schlaftrunkenheit *f* 2. Kater *m*, Katzenjammer *m*, Benommenheit *f* ~ **açmak** (*od.* **bozmak**) e–e Benommenheit beim Aufstehen mit e–m kleinen Quantum Alkohol überwinden

mahmut, -du [ū] 1. *va.* gelobt, gepriesen 2. *va.* lobenswert, rühmlich 3. ♀ [×·] *mV* (*spez.* Sultansname od. Beiname Mohammeds)

Mahmutpaşa *n.pr.* 1. osm. Großwesir (gest. 1474) 2. das nach ihm benannte Stadtviertel in Istanbul 3. *spez.* (~ **yokuşu**) zum Großen Basar führende steile Straße mit Kleider- und Stoff-geschäften

mahmuz *urspr.* [ū] 1. Sporn *m* (e–s Reiters) 2. Sporn *m* (des Hahns od. anderer Vögel) 3. *hist.* Rammsporn *m* (e–s Kriegsschiffes) 4. Steigeisen *n* 5. giebelförmiger Schutz an Brückenpfeilern 6. s. **çavdarmahmuzu** Zu 4: s. **direk -u;** ~ **çarkı** (*od.* **pulu**) Rädchen *n* am Sporn ~ **şıkırdatarak** sporenklirrend ~ **takmak** die Sporen anlegen ~ **vurmak** (bir gemiye) *hist.* ein Schiff rammen **-la dürtmek** (e–m Pferd) die Sporen geben

mahmuzçiçeği, -ni das anatolische Baldriangewächs Kentranthus calcitrapa

mahmuzlamak s. **mahmuzla dürtmek**

mahmuzlu mit Sporn (usw. s. **mahmuz**); ~ **camgöz (balığı)** Dornhai *m zo.* Acanthias vulgaris ~ **incirkuşu** Spornpie-

per *m* (Vogel) *zo.* Anthus Richardi ~ **nal** Stollenhufeisen *n*
mahnuk, -ku [ū] *va.* erwürgt, erdrosselt, erstickt
mahnukan [ū] *va. Adv.* durch Erwürgung, Erdrosselung, Erstickung
mahon s. **mahun, maun**
mahonya [·×·] Mahonie *f bot.* Mahonia (pinnata u. a.) *sarıboya ağacı
mahpes *z. va.* Gefängnis *n* *cezaevi, hapishane, mahpushane
mahpeyker s. **mehpeyker**
mahpus *urspr.* [ū] 1. gefangen, eingekerkert, eingesperrt, eingeschlossen 2. Strafgefangener, Sträfling *m* 3. s. **kapsık** 4. e–e Spielart im Tr.sp. Zu 1: **buzlar arasında ~ kalan vapurlar** die im Eis eingeschlossenen Dampfer
mahpushane [··–·] *z. va.* s. **mahpes**
mahpusiyet, -ti [ū]; **mahpusluk** 1. Gefangen-, Eingesperrt-, Eingeschlossen-sein *n*, Einkerkerung, Haft(-zeit) *f* 2. Spannung *f* (von Grundwasser)
mahra Holzbehälter *m* zum Traubentransport
mahraca s. **maharaca, mihrace**
mahrama 1. Makramee *n* (breites, gesticktes Umschlagtuch, das reg. von Frauen über dem Mantel getragen wird) 2. kleineres Handtuch (z.B. im türk. Bad) 3. Taschentuch *n*
mahrani s. **maharani**
mahreç, -ci 1. Ausgang *m* (bei Kino, Bahnhof usw.), Auslaß *m* 2. *H* Absatz-markt *m*, -gebiet *n* 3. *phon.* Artikulationsstelle *f* *boğumlama yeri, çıkak 4. Aussprache, Lautung *f* 5. Quelle *f* (z.B. e–r Nachricht) 6. *math.* Nenner *m* (e–s Bruches) *payda 7. *fr.* e–e best. Rangstufe bei Geistlichen 8. *fr.* auf e–n Nachlaß angewandte Teilungszahl 9. *fr.* Internatsschüler *m* in e–m Militärgymnasium 10. *fr.* Fachschule *f* Zu 2: ~ **bulmak** Absatz(-märkte) finden ~ **işareti** *H* Herkunftszeichen *n* Zu 5: **muhtelif -lerden gelen haberlere göre** laut Nachrichten aus verschiedenen Quellen Zu 6: **-ten kurtarmak** s. **paydadan kurtarmak; tevhidi ~ etmek** (*od.* **yapmak**) s. **paydaları eşitlemek; -i müşterek** s. **ortak payda** Zu 10: **-i aklâm** *fr.* Ausbildungsschule *f* für Sekretäre (1862–1876)
mahreçli mit nb. **mahreç** *spez.* aus e–r best. Quelle stammend **dün gelen Berlin ~ telgraflar** die gestern aus Berlin hier eingetroffenen Telegramme
mahrek, -ki 1. (Bewegungs-)Bahn *f* (e–s Planeten, Kometen usw.) 2. Flug-, Geschoß-bahn *f* *(1, 2) yörünge **-ini şaşırmak** von seiner Bahn abweichen (z.B. Stern)
mahrem 1. *va.* religiös verboten, untersagt 2. *fr.* wer (als naher Verwandter des betr. Mädchens) keine Heirat eingehen durfte 3. *fr.* wem (als nahen Verwandten) der Zutritt zum Harem gestattet war 4. geheim, vertraulich, intim, privat *gizli 5. Vertrauter (e–r hohen Persönlichkeit), Mitwisser *m* ~ **dosya** Geheimakten *pl.* ~ **kaydiyle bildirmek** vertraulich (unter dem Siegel der Verschwiegenheit) mitteilen ~ **malumat** vertrauliche Mitteilungen *pl.* ~ **tutmak** geheimhalten **-ler** die Vertrauten *pl.*, nächste Umgebung **-i esrar** *od.* **-i raz** *va.* s. ~ (5)
mahremiyet, -ti 1. Intimität *f*, intime Sphäre, Privatleben *n* 2. vertraute Freundschaft 3. geheimer Charakter (z.B. e–r Akte) 4. hermetische Abgeschlossenheit (z.B. e–s Landes) **-ine girmek** mit j–m aufs engste vertraut werden **-le kapalı bulunmak** (b–ne) hermetisch verschlossen sein (für), j–m völlig unzugänglich sein
mahremlik s. **mahremiyet** (*spez.* 3)
mahruk, -ku [ū] *va.* 1. verbrannt, abgebrannt 2. (ver-)brennbar 3. Brennstoff *m*
mahrukat, -tı [·––] *Pl.* 1. Brenn-, Heiz-material *n* *yakacak 2. Brennstoff *m* *yakıt **-ı maiye** *va.* flüssiger Brennstoff *akaryakıt, ihrakiye
mahrukatçı [·––·] wer mit Brennmaterial handelt, Holz- und Kohlen-händler *m*
mahrum [ū] wem et. versagt ist (od. bleibt), wer et. entbehren muß; beraubt, entblößt; *psych.* frustriert *yoksun ~ **etmek** (*od.* **bırakmak**) (b–ni bşden) j–n e–r Sache berauben, j–m et. versagen (**Beni bu şereften ~ etmeyiniz!** Versagen Sie mir die Ehre nicht!) ~ **kalmak** (*od.* **olmak**) (m. Abl.) j–m versagt bleiben, et. entbehren müssen (**Bundan ~ kaldı.** Dies blieb ihm versagt.)
mahrumiyet, -ti [ū] 1. Beraubtsein, Entbehrenmüssen *n* 2. (harte) Entbehrung, (fühlbarer) Mangel, (schmerzlich empfundene) Lücke 3. *psych.* Frustration *f* *(1, 2) yoksunluk Zu 1: **İşitmek hassasından ~ büyük bir bedbahtlıktır.** Des Gehörs beraubt zu sein, ist ein großes Unglück. Zu 2: **Bu eseri tanımamak bizim için hakikî bir ~ teşkil ederdi.** Daß wir dieses Werk bisher nicht kannten, war e–e schmerzlich empfundene Lücke. **-ler içinde yaşamak** ein entsagungsvolles Leben führen müssen **-lere katlanmak** Entbehrungen auf sich nehmen ~ **bölgesi** unterentwickeltes Gebiet ~ **cezası** Entziehung *f* von Vergünstigungen (Schulstrafe)
mahrumluk s. **mahrumiyet**
mahrus [ū] *va.* geschützt, bewacht, wohlbehütet (Stadt, Land) **memaliki -ei şahane** e–e der fr. Bez. des Osmanischen Reiches
mahruse [ū] *va.* große Stadt **-i Kostantiniye** *va. Bez.* für Istanbul **-i Mısır** *va. Bez.* für Kairo
mahrut, -tu [ū] *math.* Kegel, Konus *m* *koni ~ **biçimi şamandıra** *naut.* Kegelstumpftonne, Klappboje *f* ~ **kesimi** Kegelschnitt *m* ~ **şeklinde** kegelförmig **-u nakıs** s. **kesik koni; -u teberrüzî** s. **birikinti konisi**
mahrutî [·––] *math.* kegelförmig, konisch, Kegel- *konik ~ **çadır** Spitzzelt *n* ~ **dişli** Zahnkegelrad *n*, konisches Zahnrad ~ **irtisam** Kegelprojektion *f* ~ **kavram** *techn.* Konuskupplung *f* ~ **şamandıra** *naut.* Kegeltonne *f* ~ **valf** Kegelventil *n*
mahrutîleşmek [·–––·] konische Gestalt, Kegelform annehmen
mahrutiyet, -ti [ū] *math.* Konizität *f*
mahrutvari [·–––] kegelförmig
mahsuben [ū] *Adv.* 1. auf Konto, a conto 2. (bşe) zur Verrechnung unter entsprechender Anrechnung (auf) ~ **-iade** s. **mirasta iade**
mahsul, -lü [ū] 1. Erzeugnis, Produkt *n* *ürün 2. Ernte *f* 3. Resultat, Ergebnis *n*, Ertrag *m*, Leistung *f* *verim 4. *pej.* Ausgeburt *f* Zu 4: s. **hayal -ü;** ~ **almak** ernten ~ **kaldırmak** die Ernte einholen ~ **münavebesi** *agr.* Fruchtwechselwirtschaft *f* ~ **vermek** e–e Ernte abwerfen, *fig.* Früchte bringen
mahsulât, -tı [·––] *Pl. spez.* (Ernte-)Ertrag *m*
mahsuldar [··–]; **mahsullü** fruchtbar, ertragreich
mahsulsüz [ū] unfruchtbar, keinen od. nur minimalen Ertrag abwerfend
mahsup, -bu [ū] 1. ver-, ange-rechnet 2. Verrechnung *f*, Anrechnung *f*, Abzug *m*, Abschreibung *f* 3. Gefolgsmann, Anhänger *m* ~ **etmek** (m. Dat.) an-, ver-rechnen (auf) **-unu yapmak** (bşin) an-, ver-rechnen (auf)
mahsur (I) [ū] 1. umgeben 2. eingeengt, eingezwängt 3. belagert, eingeschlossen 4. beschränkt (auf) Zu 1, 2: **Şehir yüksek dağlar arasında ~ bir vaziyette bulunuyor.** a) Die Stadt ist von hohen Bergen umgeben. b) Die Stadt liegt eingeengt zwischen hohen Bergen. Zu 3: **-in** [·––] *va. Pl.* die Belagerten, Eingeschlossenen *pl.* Zu 4: **Nüfuzu kendi köyüne -dur.** Sein Einfluß ist auf das eigene Dorf beschränkt. ~ **kalmak** 1. eingeschlossen (belagert) sein 2. begrenzt, beschränkt sein (auf)
mahsur (II) [ū] *va.* 1. trübe, glanzlos (Auge) 2. arm, notleidend

mahsus (I) *urspr.* [ū] 1. bestimmt (für); *a.:* die Aufgabe habend; welcher … soll 2. eigen(-tümlich), besonders, charakteristisch, spezifisch Zu 1: **Erkeklere -tur.** (Nur) für Männer (Herren). **eski sünnet düğünlerinde çocuk çığlıklarını bastırmağa ~ hokkabaz tefi** der Tamburinlärm, der bei Beschneidungsfeiern früherer Art das Kindergeschrei übertönen sollte Zu 2: **Mübalağa Acemlere -tur.** Übertreibungen sind charakteristisch für die Perser. s. a. **vezni ~; ~ kanun** *jur.* Gesetz *n* im formellen Sinn, formelles Gesetz

mahsus (II) (mst. mit **h**-Synkope [×·]) *Adv.* 1. eigens, extra 2. absichtlich, mit Absicht, *F* extra 3. zum Tort, im Scherz Zu 1: **Buraya ~ bunun için geldim.** Ich bin eigens zu diesem Zweck hierhergekommen. Zu 2: ≗ **yapmadım.** Ich habe das nicht absichtlich getan. Zu 3: ≗ **söylüyor, inanmayın!** Er sagt das ja nur zum Scherz, glaubt ihm doch nicht!

mahsus (III) [ū]; (*fr.* **mahsûs**) 1. *z. va.* gefühlt, empfunden *duyulan, duyulur, hissedilen 2. fühlbar, merklich, deutlich, empfindlich, größer, beträchtlich *duyulabilecek, hissedilebilecek Zu 2: **Pahalılık ~ bir surette arttı.** Die Teuerung ist fühlbar gestiegen. **~ hasar mucip olmadan** ohne größeren Schaden anzurichten **~ üstünlük** fühlbare (merkliche, deutliche) Überlegenheit **~ na-** *va.* kaum merklich **gayri ~** mit den Sinnesorganen nicht wahrnehmbar

mahsusan [ū] *va. Adv.* besonders, speziell, eigens

mahsusat, -tı [·––] *va. Pl.* Gegenstände *pl.* der sinnlichen Wahrnehmung; Erscheinungswelt *f*

mahşer 1. *isl. Myth.* Versammlung *f* der am Jüngsten Tag Auferstandenen 2. **(günü)** Tag *m* des Jüngsten Gerichtes; Weltuntergang *m* *kıyamet 3. große Menschenmenge; Gedränge *n* **~ gibi** s. **mahşerî; ~ meydanı** Ort *m* des Jüngsten Gerichtes **~ midillisi** *hum.* kleiner Unruhestifter **-e dönmek** sich mit e–r riesigen Menschenmenge erfüllen (Örtlichkeit) **-e kalmak** niemals verwirklicht werden

mahşerî riesig, ungeheuer (Menschenmenge)

mahtum [ū] *va.* versiegelt *mühürlü

mahtun [ū] *va.* beschnitten *sünnetli

mahudane [–––·] *va.* Krotonbaum *m bot.* Croton tiglium

mahuf [ū] *va.* entsetzlich anzusehen, Grausen einflößend; schrecklich, furchtbar

mahun 1. Mahagoni(-holz) *n* 2. aus Mahagoni(-holz) hergestellt **~ ağacı** westindischer Mahagonibaum *bot.* Swietania mahagoni **~ cevizi** (*od.* **elması**) Kaschukerne *pl.* (*a.* Elefantenläuse genannt) (Fruchtkerne von **Amerika elması**); **~ mobilya** Mahagonimöbel *pl.* **~ rengi** rötlichdunkelbraun

mahunya s. **mahonya**

mahur [––] e–e melod. Weise in der türk. Musik

mahut [––] *pej.* berüchtigt, anrüchig, übel ≗ **meseleyi gene mi açtılar?** Bringt man die üble Geschichte schon wieder daher?

mahvetmek [×··] 1. ausrotten, mit Stumpf und Stiel vernichten 2. zerstören, zunichte machen 3. j–n in ein großes Unglück stürzen

mahviyet, -ti Bescheidenheit *f* *alçakgönüllülük, tevazu **~ göstermek** Bescheidenheit an den Tag legen

mahviyetli; mahviyetkâr(-ane) bescheiden, unaufdringlich, schüchtern

mahvolmak [×··] 1. Pass. zu **mahvetmek** 2. zugrunde gehen

mahvüharap, -bı [···–] *va.* gänzlich vernichtet, dem Erdboden gleichgemacht

mahvüispat, -tı [···–] *lit. va.* Überarbeitung *f* e–s Werkes *spez.* e–r Dichtung

mahya 1. Leucht-spruchband od. -bild *n* im Ramazan (mittels Lämpchen von e–m Minarett zum andern) 2. **(aşığı)** Dachfirst, Firstbalken *m* 3. (*a.* **~ kiremidi**) Firstziegel *m* **~ kurmak** die **mahya** genannten Lämpchen anbringen

mahyacı 1. wer **mahya** (1) herstellt od. anbringt 2. *selt.* Dachdecker *m*

mahyacılık Tätigkeit *f* e–s **mahyacı**

mahz *va.* rein, lauter, bloß, lediglich **-ı hakikat** *va.* reine Wahrheit, sehr wahr **-ı iftira** *va.* glatte Verleumdung **-ı isabet** *va.* sehr treffend, sehr richtig

mahzâ [×–]; **mahzan** *va. Adv.* nur, lediglich, bloß, allein

mahzar *va.* 1. Anwesenheit *f* (e–r hohen Persönlichkeit) 2. *jur.* Gerichtsprotokoll *n* *zabıtname 3. gemeinsames Bittgesuch; Petition *f*

mahzen 1. finsterer, unterirdischer Raum 2. Vorkommen *n* (von Bodenschätzen) 3. Anlage *f* 4. Lager, Magazin *n*, Vorratskammer, Scheuer *f*, Keller *m* Zu 2: s. **petrol -i** Zu 3: s. **soğuk hava -leri; ~ kapağı** Falltür *f* **-i evrak** *va.* Archiv *n* *arşiv

mahzenmezar Krypta, Gruft *f* *kripta

mahzuf [ū] *va.* 1. (weg-)gestrichen 2. ausgelassen, elidiert, apokopiert 3. *ält. Lit.* nur mit unpunktierten Buchstaben geschrieben (ar. Schrift) *mühmel, mücerret

mahzun [ū] 1. traurig, betrübt, bekümmert 2. traurig stimmend; betrüblich **~ baştankara** Trauermeise *f zo.* Parus lugubris **~ etmek** betrüben, traurig stimmen, bekümmern

mahzuniyet, -ti [ū] Betrübnis *f*, Kummer, Gram, Schmerz *m*, Trauer *f*

mahzunlaşmak [ū] traurig (bekümmert, melancholisch) werden

mahzunluk [·–·] s. **mahzuniyet**

mahzur [ū] 1. (bestehendes) Bedenken, (eventuell zu erhebender) Einwand; Hindernis *n* 2. Nachteil, Schaden *m*, Schattenseite *f* Zu 1: **Yarın size gelmek istiyorum, acaba bir ~ var mı?** Morgen will ich Sie aufsuchen; haben Sie et. dagegen? **Hastaya ekmek verebilirsiniz; hiç bir ~ yoktur.** Sie können dem Patienten unbedenklich Brot zu essen geben. Zu 2: **Bunun ne -u var?** Was schadet das schon? **-u şer'î** *va.* wichtiges Bedenken, ernstzunehmender Einwand

mahzurat, -tı [·––] *va. Pl.* zu **mahzur**

mahzurlu bedenklich, hinderlich, nicht einwandfrei, nachteilig **Bu işin ~ tarafı vardır.** Die Sache hat e–n Haken. **sıhhî bakımdan ~ olan binalar** hygienisch nicht einwandfreie Gebäude *pl.*

mahzuz [ū] *z. va.* erfreut, zufriedenstellend, angenehm berührt

mahzuziyet, -ti [ū] *va.* Freude, Zufriedenheit *f*

mai s. **ma, maî, mavi** bzw. **mayi**

maî [––] *va.* das Wasser betreffend, Wasser-, Hydro-, flüssig; s. a. **kürei maiye, mahrukatı maiye**

maide [ā] 1. gedeckter Tisch; Tafel *f* *sofra 2. Essen, Mahl, Bankett *n* ≗ **suresi** Name der 5. Koran-Sure

mail [ā] 1. sich neigend, geneigt 2. *math.* schräg, schief *eğik 3. *fig.* e–e Neigung habend (zu), geneigt; verlangend (nach), verliebt (in), (e–r Sache) ergeben 4. (in e–e andere Farbe) spielend Zu 4: **yeşile ~** ins Grünliche spielend **~ ateş** *mil.* Schrägfeuer *n* **~ dairevî mahrut** *math.* schiefer Kreiskegel **~ hat** schräge Linie **~ irtisam** *math.* schiefe Projektion **~ olmak** sich neigen **~ menşur** s. **eğik prizma; ~ üstüvane** s. **eğik silindir**

maile [ā] *geogr.* Abhang *m*, Abdachung *f* *aklan, versan

mailiinhidam [–·····–] dem Einsturz nahe, baufällig *müşrifiharap

mailiyet, -ti [ā] 1. Geneigtsein *n*, Neigung *f* 2. *math.* Schräge, Schiefe *f* 3. *fig.* Neigung (zu), Verlangen (nach) 4. (in e–e andere Farbe) Spielen *n*

main [––] *va.* 1. s. **eşkenar dörtgen** 2. reines, klares Was-

ser ~ **şeklinde** rautenförmig, rhombisch ~ **yüzlü cisim** s. **eşkenar paralelyüz**
maişet, -ti [·–·] 1. Lebensweise *f* 2. Lebensunterhalt *m* 3. (Geld-)Zuwendungen *pl.* an Geistliche der unteren Rangstufen ~ **seviyesi** Lebens-haltung *f*, -standard *m* **-ini temin etmek** sich seinen Lebensunterhalt verdienen
maişetgâh *va.* Arbeitsstelle *f* (wo man sein Brot verdient)
maiye [ā] s. **susallar**
maiyet (I), **-ti** [ā] *chem.* Hydrat *n* **-i fahim** Kohlehydrat *n*
maiyet (II), **-ti** Gefolge *n*, Stab *m*, Umgebung *f* ~ **memuru** Beamter in der Ausbildungszeit bei e–m Regierungspräsidenten **(vali)**; ~ **vapuru** Dampfer *m* e–r ausländischen diplomatischen Vertretung; Stationsschiff *n* **-inde** (b–nin) 1. zusammen mit... 2. (e–m Vorgesetzten) direkt unterstellt, in seinem Stab, in seiner Umgebung **-i seniye çavuşu** s. **mabeyinci çavuşu**
Majeste 1. Majestät *f* 2. Seine (*bzw.* Ihre) Majestät Zu 2: **Majeste VIII. Edward** Seine Majestät (S.M.) Eduard VIII.
majik magisch, Zauber-
Majino *n.pr.* Maginot (Erbauer der nach ihm benannten französischen Verteidigungslinie) ~ **hattı** 1. Maginot-Linie *f* 2. *Sch.* schwer, gefährlich (Fach od. Stunde)
majinovari [···–] an die Maginot-Linie gemahnend ~ **istihkâmlar** Befestigungen *pl.* wie in der Maginot-Linie
majistral 1. meisterhaft, großartig (z.B. Rede) 2. *med.* magistral, nach ärztlicher Vorschrift bereitet
majolika Majolika *f*
majorite *selt.* Mehrheit *f* *ekseriyet, çoğunluk
Majorka [·×·] *n.pr.* Mallorca (Baleareninsel)
majör 1. *mus.* Dur *n* 2. *log.* s. **büyük önerme** 3. *Ka.* (*Pikett*) e–e Folge von drei od. mehr Karten (vom As herunter) ~ **dizi** Durtonleiter *f* ~ **mod** Durtonart *f* ~ **üçlü** *mus.* große Terz
majüskül(harf) s. **büyük harf**
maka Name e–s türk. Ka.
makabil, -bli [–·] das Vorausgegangene; Vorgeschichte *f* **-ine şamil** (*od.* **şümulü**) **olmak** *jur.* rückwirkende Kraft haben (z.B. Bestimmung) *geriye yürümek
makablettarih *va.* s. **tarihöncesi**
makadam 1. Makadam *m, n* (Straßenbelag) 2. makadamisiert, mit Schotter und Kies bestückt
makadamize s. **makadam** (2); ~ **etmek** makadamisieren, mit Schotter und Kies bestücken
makadamlaştırmak s. **makadamize etmek**
makak, -kı Makak *m* (Affenart) *zo.* Macaca
makal, -li [·–] *va.* Sprechen, Reden *n*, Wort *n*
makalât, -tı [·––] *va.* 1. = **makaleler** 2. = **sözler**
makale [·–·] 1. (Zeitungs-, Zeitschriften-)Artikel *m*, (kleinere) Darstellung od. Abhandlung *f* 2. *va.* Wort *n* *söz 3. *va.* Rede *f* *nutuk ~ **sahibi** Verfasser *m* des Artikels (der Abhandlung)
makam *urspr.* [·–] 1. Dienststelle, Behörde, Instanz *f* 2. hohe Stellung, angesehenes Amt 3. Amtszimmer, Büro *n* 4. *mus.* a) melodische Weise od. Tonfolge in der türk. Musik b) Tonart *f* 5. Stelle *f*, Platz *m*, Statt *f* 6. *z. va.* Aufenthalt, Wohnort *m*, Anwesenheit *f* 7. heilige Stätte *spez.* Grab *n* e–s Heiligen Zu 1: s. **hükümet -ları** Zu 2: **Bakanlık -ına kadar yükseldi.** Er hat es bis zum Minister gebracht. Zu 3: **Kendisini -ında ziyaret ettim.** Ich suchte ihn in seinem Amtszimmer auf. Zu 4: s.a. **her -dan söylemek** Zu 5: **Tebliğ -ına kaim olmak üzere ilân olunur.** Dies wird hiermit zur allgemeinen Kenntnis gebracht. **...olduğunu yemin -ına kaim olmak üzere teminen beyan eylerim.** Ich erkläre hiermit an Eidesstatt, daß... s.a. **protesto -ına; taziye -ında;** ~ **otomobili** Dienstwagen *m* ~ **sırası** *mil.* Dienstweg *m* ~ **şoförü** Fahrer *m* e–s Dienstwagens ~ **tahsisatı** (*od.* ~ **ödeneği**) Stellenzulage *f* ~ **tutmak** 1. *z. va.* sich e–n Wohnort wählen 2. e–e Melodie anstimmen ~ **tutturmak** 1. vor sich hinträllern 2. *fig.* V belästigen, stören **-ında** (*a.:*) als Zeichen (von), in best. Absicht **-ı ait** *va.* zuständige (Dienst-)Stelle **≗ı İbrahim** ein im Hof der Großen Moschee von Mekka aufbewahrter Stein (vor dem ein Gebet von zwei **rekât** verrichtet wird) **≗ı Meşihat** s. **Meşihat** (2)
makamat, -tı [·––] *z. va. Pl.* zu **makam; -ı mübareke** *va.* heilige Stätten *pl.* **-ınca** behördlicherseits
makamlı [·–·] wohlklingend, harmonisch
makamsız [·–·] mißtönend, unharmonisch
makaon kelebeği s. **kırlangıç kuyruklu kelebek**
makap s. **matkap**
makar, -rrı 1. fester Wohnsitz 2. Zentrum *n*, Sitz *m*, Residenz *f* **-ı hükümet** *va.* Regierungssitz *m*, Hauptstadt *f* *merkez, başşehir, paytaht
makara 1. Haspel, Garnwinde *f* 2. Spule, (Lauf-)Rolle, Seil- od. Förder-trommel, Riemenscheibe *f* 3. *naut.* (mehrscheibiger) Block e–r Talje 4. *phys.* Induktionsspule *f* *bobin 5. Kettspule *f* (des Webers) 6. Nähgarn *n* ~ **çekmek** (längere Zeit) singen, trällern (Singvogel) ~ **dili** *naut.* Scheibe, Rolle *f* (e–s Flaschenzuges) ~ **evi** *naut.* Gehäuse *n* e–r Rolle; Tau-Kloben, Block *m* ~ **geçmek** V verspotten; zum besten haben ~ **gibi (söylemek)** ununterbrochen, wie ein Buch (od. Wasserfall) (reden) ~ **sapanı** *naut.* Stropp *m* e–s Taljeblocks **-ları koy(u)vermek (salıvermek, zaptedememek)** sich vor Lachen ausschütten wollen, laut herauslachen **-ya almak** (b–ni) verhohnepiepeln, auf den Arm nehmen **-yı takmak** hänseln, necken, foppen, aufziehen
makaracı wer Rollen (Spulen usw.) herstellt od. verkauft
makaralı mit Rolle (Spule usw.) ~ **kuş** Vogel *m*, der längere Zeit singt (trällert) ~ **yatak** *techn.* Rollager *n*
makararola [···×·] *naut.* Block *m* mit zwei Scheiben, deren größere auf der kleineren liegt
makarna [·×·] Teigwaren *pl.* (Makkaroni, Spaghetti, Hörnchen, Sternchen, Bandnudeln usw.); s.a. **düdük -sı;** ~ **barutu** *mil.* Röhrenpulver *n*
makarnacı [·×··] 1. wer Teigwaren (spez. Makkaroni) herstellt od. verkauft 2. *hum.* Makkaroni-Esser, Italiener *m*
Makaryosçu *hist.* Makarios-Anhänger *m* (Zypern)
makaryoslamak V auf alles e–e Gegenrede haben
makas 1. Schere *f* 2. Schermaschine *f* (z.B. bei Stoffappretur) 3. Weiche *f* (bei Bahngeleisen) 4. Schere *f* (e–s Krebses, Hummers usw.) 5. Achsschere *f*, Deichselarm *m* (am Vorderteil e–s Wagens) 6. a) (*Ringen*) Scherengriff, -wurf *m* b) (*Tanzen*) Scherenschritt *m* c) (*Turnen*) Scherensprung *m* d) (*Schwimmen; Fb.*) Scherenschlag *m* 7. *naut.* Scherenkran *m* 8. Dachsparren *pl.* 9. (*Frauensprache*) weiblicher Geschlechtsteil 10. *naut.* s. **dirsek** (7) 11. Wangenkneifen *n* (mst. mit Zeige- und Mittelfinger) 12. Federung *f* *süspansyon 13. *mus.* s. **çaprazlama** 14. V Jetzt reicht es aber! Halt den Mund! 15. V widerrechtliche Zurückbehaltung (z.B. e–s Geldbetrages, den ein Taxichauffeur dem Wagenbesitzer abliefern müßte) Zu 14: **Lafa makas!** (*od.* **Makası kapa!**) V Jetzt langt es aber mit dem Geschwätz! ~ **almak** (*od.* **geçmek**) (b–den) j–n in die Wange kneifen ~ **ateşi** *mil.* Kreuzfeuer *n* ~ **bendi** s. **makas** (6 a); ~ **dairesi** Stellwerk *n*, (Weichenstellerei *f*) ~ **değmedik sakal** ungepflegter (struppiger, verwilderter) Bart ~ **dikmesi** (kleine) Dachstuhlstrebe ~ **dili** Weichenzunge *f* ~ **gülle** s. **planketa;** ~ **hakkı** Abfälle, Flicken *pl.* (in e–r Schneiderwerkstatt) ~ **kirişi** Stützbalken *m* ~ **kolu** Weichenhebel *m* ~ **kumanda merkezi** (*Eisenbahn*) Stellwerk *n* ~ **otu** ägyptisches Kalikraut *bot.* Mesembryanthemum (nodiflorum u.a.) ~ **payı** 1. Saum *m*, Zugabe *f* (beim Zuschneiden) 2. *allg.* Reserve *f* ~ **tezgâhı** Schermaschine, Maschinenschere *f* ~ **yapmak** V

widerrechtlich für sich behalten (vgl. **makas** (15); ~ **yayı** Wagenfeder *f* **-ların manivela merkezi** Stellwerk *n* (bei der Eisenbahn)
makasçı 1. wer Scheren herstellt od. damit handelt 2. Weichensteller *m* 3. *V* Schmu-Macher *m* (vgl. **makas** 15)
makasçılık 1. Herstellung *f* od. Verkauf *m* von Scheren 2. Übernahme *f*, Nachdruck *m* (von Meldungen anderer Zeitungen) 3. Weichenstellung *f* 4. *V* Schmu-Macherei *f* (vgl. **makas** 15)
makasgagalı martı schwarzer Scherenschnäbler *zo.* Rhynchops nigra
makaslama 1. Vs. zu **makaslamak** 2. kreuzweise 3. s. **makas** (6); ~ **ateş** *mil.* Kreuzfeuer *n* ~ **geçiş** Scherensprung *m* (bei Hochsprung)
makaslamak 1. mit der Schere schneiden; *a.* zusammenschneiden, kürzen (z.B. Film) 2. die Schere anwenden (vgl. **makas** 6) 3. (in die Wange) kneifen, zwicken 4. übernehmen, abdrucken (z.B. in anderer Zeitung erschienenen Artikel) 5. *V* Schmu machen (vgl. **makas** 15)
makaslı mit Schere (usw.) ~ **dürbün** Scherenfernrohr *n*
makaslıböcek 1. Hirschkäfer *m zo.* Lucanus cervus *yereşeği 2. s. **bağkesen**
makaslık *V* rundes Loch im türk. Abort
makassız ohne Schere (usw.) ~ **ıstakoz** Languste *f zo.* Palinurus vulgaris *langust
makastar Zuschneider *m* *kupör
makasvari [··– – –] scherenartig ~ **dişler** *vet.* Scherengebiß *n*
makat, -dı 1. Gesäß *n*, Hintere, Popo *m*, Allerwertester 2. Bezug *m* e–s Sitzkissens od. über ein Sitzkissen gelegter Stoff 3. niedriges Holzgestell mit Sitzkissen 4. *F* Schneid *m, f*, Courage *f* **-tan geliş** *med.* Steißgeburt *f*
makber(-e) Begräbnis-stätte *f*, -platz *m*, Grabstelle *f*, Friedhof *m* *mezar, mezarlık
makbuh [ū] *va.* verabscheut
makbul, -lü [ū] 1. *z. va.* angenommen, akzeptiert 2. beliebt, geschätzt 3. angenehm, gefällig, gebilligt, gutgeheißen, gepriesen, bewundert 4. ♀ *mV* **Makbule** *wV* **-e geçmek** mit Freude in Empfang genommen werden, sehr willkommen sein (z.B. Geschenk)
makbuliyet, -ti [ū] *va.* Beliebtheit *f*, Gefallen *n*
Makbuş Koseform für **Makbule**
makbuz *urspr.* [·–] 1. *va.* erhalten, in Empfang genommen 2. Quittung, Empfangsbestätigung *f* *alındı Zu 1: **İki bin lira -um olmuştur.** Zweitausend Pfund erhalten zu haben bestätigt ... ~ **mukabilinde** gegen Quittung ~ **senedi** Quittung *f*, Lagerschein *m* ~ **vermek** (*od.* **tanzim etmek**) e–e Quittung ausstellen
makbuzat, -tı [·– – –] *z. va. Pl.* 1. erhaltene od. eingegangene Gelder, Eingänge, Inkassi *pl.* 2. Einlagen *pl.* (bei e–r Bank) *(1, 2) mehuzat
makdem *va.* 1. Ankunft *f*, Eintreffen *n* 2. *fr.* Kopfbedekkung *f* der **kalyoncu** (1)
makderet, -ti *va.* Kraft, Stärke *f*, Vermögen *n* **Bu ahkâmın icrası hususunda bezli ~ olunması.** *va. Beh.* Auf genaue Durchführung dieser Bestimmungen ist zu achten.
makdur [ū] *va.* 1. (schicksalsmäßig) vorherbestimmt 2. größtmögliche Anstrengung Zu 2: **sarfı ~ etmek** *va.* die größtmöglichen Anstrengungen unternehmen, sein Bestes tun
Makedonya [··×·] *n.pr.* Mazedonien ~ **maydanozu** mazedonische Petersilie *bot.* Athamanta macedonica
Makedonyalaşmak *(G)* mazedonischen Charakter annehmen *d.h.* zum Unruheherd werden
Makedonyalı 1. Mazedonier(-in *f*) *m* 2. mazedonisch
makes [ā] 1. Widerschein *m*, Spiegel(-bild *n*) *m*, Abklatsch, Widerhall *m* 2. (m. Dat.) *fig.* Sprachrohr *n* ~ **bulmak** ein Echo (e–n Widerhall) finden **Bu zat, memlekette dolaşan şayialara ~ oldu.** Er wurde zum Sprachrohr der im Land umlaufenden Gerüchte.
maket, -ti (*franz.* **maquette**) (verkleinertes) Modell *n*, Entwurf *m*, Skizze *f*, Schema *n*
makferlan (*franz.* **macfarlane**) Pelerinen-, Rad-mantel *m*
makhur [ū] *va.* 1. vernichtet, zugrunde gerichtet, ausgerottet *kahredilmiş 2. in die Flucht geschlagen, zersprengt *münhezim 3. wer den Zorn Gottes auf sich geladen hat, verflucht 4. besiegt, unterworfen
makıys 1. verglichen 2. vergleichbar
makıysünaleyh als Vergleichsbasis od. Vorbild dienend, maßgebend (für et. anderes); wonach analog verfahren wird; s.a. Stw. **batıl**
maki (I) 1. Buschwald *m*, Dickicht *n*, Macchia *f* 2. geheimer Unterschlupf für e–e Untergrundbewegung od. diese selber; Maquis *m*
maki (II) Maki, Lemure, Fuchsaffe *m zo.* Lemur
makigiller s. **maymunsular**
makimsiler Halbaffen *pl. zo.* Lemuroidea
makina(-cı, -cılık) s. **makine(-ci, -cilik)**
makine [×··] 1. Maschine *f* 2. Lokomotive *f* 3. Apparat *m* 4. *spez.* Kamera *f*, Photoapparat *m* 5. *dial. od. P* Auto *n* od. Fahrrad *n* 6. (Räder-)Werk *n*, Mechanismus *m;* Maschinenteil *m* (z.B. e–s Dampfers) 7. Druckerpresse *f* 8. *V* Revolver *m*, Pistole *f* ~ **bağlamak** die Lokomotive ankoppeln ~ **dairesi** Maschinen-haus *n*, -anlage *f*, -raum *m* ~ **dizgisi** *typ.* Maschinensatz *m* ~ **fabrikası** Maschinenfabrik *f* ~ **fenni** Maschinenbaulehre, Ingenieurwissenschaft *f* ~ **gibi adam** sehr fleißig, rasch und genau arbeitend ~ **gücü** Leistungsfähigkeit, Arbeitsleistung *f* (e–r Maschine) ~ **ile** maschinell (hergestellt) ~ **ile yazılmış** maschinenschriftlich ~ **insan** Roboter *m* ~ **inşaatı** Maschinenbau *m* ~ **inşaat mühendisi** Maschinenbauingenieur *m* ~ **işi** Maschinenarbeit *f* ~ **kayışı** Treibriemen *m* ~ **matkabı** s. **düz oluklu delgi;** ~ **mühendisi** Maschinen-ingenieur, -bauer *m* ~ **mühendisliği** Maschinenbau *m* ~ **ressamı** Maschinenzeichner *m* ~ **şekeri** *selt.* (feiner) Grießzucker *Amerikan şekeri ~ **tesviyecisi** Maschinenschlosser *m* ~ **yağcısı** Maschinenschmierer *m* ~ **yağı** Maschinenöl *n* ~ **yağlaması** Maschinenschmierung *f* **-de sakatlık** Maschinenschaden *m*, Panne *f* **-ye verilirken** (gazete) erst nach Redaktionsschluß eingelaufen (Nachricht) **-yi bozmak** *V* 1. sich den Magen verrenken *spez.* Durchfall bekommen 2. sich e–e Geschlechtskrankheit zuziehen **-yi durdurmak** die Maschine anhalten (zum Stehen bringen) **-yi işletmek** die Maschine anlassen
makineci 1. Maschinenbauer *m* 2. s. **makinist**
makinecilik 1. Maschinenbau *m* 2. s. **makinistlik**
makineleşmek 1. sich mechanisieren 2. mechanisiert werden (*spez.* Truppen) **makineleşmiş** *mil.* mechanisiert
makineleştirmek mechanisieren (z.B. Truppen) **makineleştirilmiş** *mil.* s. **makineleşmiş**
makineli [×···] 1. mit **makine** ausgestattet 2. maschinenmäßig betrieben, maschinell bedient, Maschinen- 3. *Abk.* von ~ **tüfek** Zu 3: s. **hafif** ~; ~ **iskandil** *naut.* Lotmaschine *f* ~ **kukla** *Th.* mechanische Puppe ~ **merdiven** Rolltreppe *f* ~ **süpürge** Straßenkehrmaschine *f* ~ **tabanca** Maschinenpistole *f* ~ **tüfek** Maschinengewehr *n* *mitralyöz ~ **tüfek bölüğü** Maschinengewehrkompanie *f* ~ **tüfek gibi konuşmak** wie ein Wasserfall (Maschinengewehr) auf j–n einreden ~ **tüfek kıtaları** mit Maschinengewehren ausgerüstete Truppen *pl.* ~ **tüfek tankı** Maschinengewehrkampfwagen *m* ~ **tüfek yuvası** Maschinengewehrnest *n* ~ **vesait** *mil.* mechanisierte Kampfmittel *pl.*
makineto [··×·] *techn.* Aufweitzange *f* (des Klempners)
makinetolamak aufweiten (Rohr)

makinist, -ti 1. Maschinist *m* 2. Fahrer *m spez.* Lokomotivführer *m* 3. Mechaniker, Schlosser, Maschinenmeister *m* ~ **kabini** Führerstand *m* (auf der Lokomotive)
makinistlik Beruf *m*, Tätigkeit *f*, Aufgaben *pl.* e–s Maschinisten (usw.)
makkap s **matkap**
maklûp, -bu *va.* 1. umgedreht, umgestürzt 2. umgewandelt, geändert 3. Palindrom *n*
makore Makoré *n* (rotbraunes tropisches Hartholz *spez.* für Furniere)
makrama s. **mahrama**
Makriköy s. **Bakırköy**
makrokozm(-os) s. **büyük evren**
makrosefali (*franz.* **macrocéphalie**) *med.* Makrozephalie *f* (anomale Vergrößerung des Kopfes)
makroseizm (*franz.* **macroséisme**) schweres Erdbeben *genişdeprem
makrozomi *med.* Makrosomie *f*, Riesenwuchs *m*
makruh [ū] *va.* 1. verletzt *yaralanmış 2. eiterig (Wunde, Geschwür)
makrun [ū] *va.* herangebracht, vereint **hakikate** ~ *va.* wahr **sihhate** ~ *va.* richtig wahr
maksat, -dı 1. Ziel *n*, Zweck *m* 2. Absicht *f*, Vorhaben *n*, Vorsatz *m* 3. was man sagen (ausdrücken) will, was man meint *(1–3) meram Zu 1: **bu -la** zu diesem Zweck, hierzu ~ **gütmek** ein (geheimes) Ziel verfolgen, beabsichtigen, bezwecken **-a aykırı** (*od.* **uymaz**) ungeeignet, unzweckmäßig **-a elverişli** s. **-a uygun; -a hizmet; -a mutabakat** (*od.* **uygunluk**) Zweckdienlichkeit *f* **-a muvafık** (*od.* **uygun**) zweck-mäßig, -dienlich, geeignet **-a tevafuk etmek** zweckdienlich sein **-a vâkıf** zielbewußt **ı âlâ** höherer Zweck **-ı mahsus** bestimmte (bösartige, heimtückische usw.) Absicht, Tendenz *f*
maksatlı 1. intentional, zielgerichtet, zweckbestimmt 2. übelgesinnt, böswillig *kötüniyetli 3. tendenziös, Tendenz- ~ **öğrenme** systematisches Erlernen
maksem *va.* Stau-see *m*, -werk *n*, Schütz *n*, Wehr *n*, Mühlgraben *m*
maksi *mod.* 1. Maximode *f* 2. **(elbisesi)** Maxikleid *n*
maksila [·×·] *an.* s. **üstçene**
maksim Maxime, Lebensregel *f*, Denkspruch, Grundsatz *m*
maksima Maximum *n*, Höchst-maß *n*, -wert *m*
maksimal maximal, Höchst-, Spitzen-
maksimum [×··] 1. Maximum *n* 2. Höchst-, Maximal-, maximal
maksum [ū] *va.* 1. geteilt 2. *math.* Dividend *m* *bölünen
maksumünaleyh [·–···] *va. math.* Divisor *m* *bölen
maksur [ū] *va.* 1. beschränkt, sich beschränkend (auf) 2. verkürzt, reduziert Zu 1: **Bütün iddialarımız buna -dur.** Unsere Ansprüche beschränken sich hierauf.
maksure [ū] 1. gesonderte Gebetsloge in e–r Moschee (für höchste Persönlichkeiten) 2. *va.* geheimster Winkel e–s Hauses
maksut, -du [ū] 1. bezweckt, beabsichtigt, Ziel *n*, Absicht *f* 2. was man sagen (ausdrücken) will, was man meint 3. ♀ *mV*
makta, -aı 1. Schnittfläche *f* (z. B. *fr.* bei Rohrfeder); Schlagfläche *f* (im Wald) 2. Unterbrechung *f* od. Ende *n* 3. *geom.* s. **kesit** 4. *fr.* Täfelchen *n*, auf dem Rohrfedern zugeschnitten wurden 5. Etappe *f* (e–r Entwicklung) 6. Zäsur *f*, Verseinschnitt *m* *durak
maktabeyt, -ti letzter Vers e–r Kasside od. e–s Gasels
maktel *va.* 1. Tatort *m*, Mordstelle *f* 2. Hinrichtungsstätte *f* 3. *(in der ält. Lit.)* Gedicht auf den Tod e–r hohen Persönlichkeit
maktu, -uu [ū] 1. *va.* (ab-)geschnitten, gefällt (z. B. Baum) 2. fest (Preis) 3. Zeitungsausschnitt *m* *kupür 4. pauschal ~ **fiyat** fester Preis; Festpreis *m* *prifiks ~ **ücret** s. **belli ücret;** ~ **vergi** *H* Pauschalsummensteuer *f*
maktua *va.* Zeitungsausschnitt *m* *kupür
maktuan [ū] *va.* 1. mit Festpreisen 2. alles zusammen, unter Zahlung e–s Pauschalbetrags, en bloc
maktul, -lü [ū] getötet, ermordet **cephede** ~ **düşmek** an der Front (vor dem Feind) gefallen
makul, -lü [– –] 1. vernunftgemäß, rational, vernünftig (Sache) *aklî, ussal 2. vernünftig, verständig (Mensch) 3. verstandesmäßig faßbar; verständlich, begreiflich *anlaşılır 4. nur geistig faßbar, intelligibel *(3, 4) anlakalır ~ **görmek** für vernünftig (angemessen) halten ~ **söz** einleuchtende (plausible) Bemerkung **gayri** ~ der Vernunft zuwiderlaufend, unvernünftig, sinnlos
makulât, -tı [– – –] *va. Pl.* intelligible Welt ~ **dairesinde** im Rahmen des Rationalen
makulat, -tı [· – –] *va. Pl.* zu **makule**
makule [ū] *va.* 1. Gruppe, Klasse, Gattung, Art *f* *çeşit, takım 2. *log.* Kategorie, Begriffsform *f* *kategori, ulam 3. Blutgeld, das ein Stammeshäuptling zu zahlen hatte Zu 1: **serseri -si** *pej.* Landstreicher und ähnliches Gesindel **bu** ~ **adamlar** *mst. pej.* solche (derartige) Leute *pl.*
makuliyet, -ti [– –··] 1. Vernünftigkeit, Richtigkeit, Faßlichkeit *f* 2. vernünftiges (vernunftgemäßes) Verhalten; Vernunft *f* Zu 2: **-e davet etmek** e–n Appell an den gesunden Menschenverstand richten
makûs [– –] 1. reflektiert, als Spiegelbild zurückgestrahlt 2. umgekehrt, auf den Kopf gestellt 3. entgegengesetzt, gegenteilig 4. *math., log.* umgekehrt *evrik, ters 5. *fig.* widrig, nicht zufriedenstellend verlaufend ~ **bir netice almak** (*od.* **elde etmek**) das genaue Gegenteil des Beabsichtigten erreichen (z. B. Propaganda) ~ **cereyan** Gegenströmung *f* ~ **gitmek** unglücklich verlaufen (Angelegenheit) ~ **talih** widriges Schicksal
makûsen [– – ·] *Adv.* zu **makûs;** ~ **mütenasip** s. **ters orantılı;** ~ **mütenazır** *geom.* gegen-, schief-symmetrisch
makûsiyet, -ti *va.* s. **aksilik, terslik**
makyaj (*franz.* **maquillage**) Schminken, Make-up *n* ~ **temizleyici** *Th.* Abschminkcreme *f* ~ **yapmak** sich schminken
makyajcı *Th., Film* Schminkmeister *m*
makyajlı mit Schminke, geschminkt, Schmink-
Makyavel *n.pr.* Machiavelli
Makyavelce; Makyavellik machiavellistisch; skrupellos
Makyavelcilik; Makyavelizm Machiavellismus *m*, skrupellose Machtpolitik
makyavelvari [···– –] an Machiavelli gemahnend, machiavellistisch (z. B. Gedankengang)
makye (*franz.* **maquillé**) geschminkt ~ **etmek** schminken
makzere s. **dışkılık**
mal (*urspr.* [–] mit **i**-haltigem **l**-Laut; *heute mst.* [·] mit **u**-haltigem **l**-Laut) 1. Eigentum, Hab und Gut *n* 2. Geld und Gut, Vermögen *n* 3. Ware *f*, Erzeugnis, Fabrikat *n* 4. *fig.* (übler) Kerl, (finsterer) Bursche, (loses) Frauenzimmer 5. größere Tiere *spez.* Kühe und Büffelkühe *pl.* 6. Kuhherde *f* 7. *V* schönes, stattliches Weib 8. *V* Geld *n*, Moneten *pl.* 9. *V* Haschisch, Heroin *n usw.; allg.* Rauschgift *n* 10. *Sch.* Zigaretten *pl.* Zu 1: **Bu ev, arkadaşımın -ıdır.** Das Haus hier ist Eigentum meines Freundes. Zu 3: s. **tüccar -ı; yerli -ları** Zu 4: **Ne** ~ **olduğu yüzünden belli.** Man sieht ihm (ihr) schon am Gesicht an, was man von ihm (ihr) zu halten hat. ~ **ayrılığı** *jur.* Gütertrennung *f* ~ **beyanı** (*od.* **bildirimi**) *jur.* Vermögenserklärung *f* ~ **bilgisi** Waren-kunde, -kenntnis *f* ~ **birliği** *jur.* Verwaltungs- und Nutznießungs-gemeinschaft, Gütergemeinschaft *f* ~ **bulmuş Mağribî gibi** 1. ganz entzückt 2. mit größter Geschäftigkeit, gar nicht schnell genug (z. B. et. tun können) ♀ **canın yongasıdır.** *Spr.* 1. Man

braucht nun einmal Geld, um zu leben. 2. Besitztum ist ein Stück Leben (*d. h.* man trennt sich ungern davon). ~ **canlısı** habgierig ~ **dağıtmak** sein Vermögen durchbringen, Hab und Gut verschleudern ~ **edinmek** 1. Eigentümer von et. werden *spez.* Geld und Gut gewinnen 2. et. wie seine eigene Angelegenheit betrachten od. behandeln *spez. neg.*: ~ **edinmemek** sich nicht kümmern (um), keine Notiz nehmen (von) ~ **etmek** 1. (mit Preis im Dat.) erstehen, erwerben, kaufen 2. (k–ne od. üstüne) sich (unrechtmäßig) et. aneignen 3. *H* gutbringen, gutschreiben 4. *neg.* ~ **etmemek** (üzerine) s. ~ **edinmemek** (Zu 1: **Tanesini bir liraya** ~ **etti.** Er hat jedes Stück für ein Pfund erstanden. s.a. **ucuza** ~ **etmek**); ~ **gözlü** s. ~ **canlısı**; ~ **hesabı** Warenkonto *n* ~ **kaçırmak** *jur.* 1. den Zoll hintergehen 2. Vermögensstücke verheimlichen, beiseiteschaffen od. veräußern (Gemeinschuldner od. Erblasser) ~ **kalemi** staatliche Zahlstelle ⚭ ~ **kazanır.** *Spr.* Wo Tauben sind, da fliegen Tauben zu. *Spr.* ~ **menal** s. **mal mülk.** ⚭ **meydanda.** *fig.* Es ist ja nichts Geheimes dabei. ~ **müdürü** Finanzdirektor *m* e–s Distrikts ~ **müdürlüğü** 1. Rang *m*, Aufgaben *pl.* e–s (Distrikts-)Finanzdirektors 2. Finanzamt *n* (e–s Distrikts) ~ **mülk** Hab und Gut *n*, (ganzes) Besitztum ~ **mülk sahibi** bemittelt, begütert, wohlhabend ~ **olmak** (mit Preis im Dat.) j–n (j–m) et. kosten, j–m (j–n) zu stehen kommen (**birçok kimselerin hayatına** ~ **olmak** viele(n) Leute(n) das Leben kosten **Bu iş bize çok pahalıya** ~ **oldu.** Diese Geschichte ist uns recht teuer zu stehen gekommen. **Bu makine size kaça** ~ **oldu?** Was hat Sie diese Maschine gekostet?) ~ **ortaklığı** *jur.* Gütergemeinschaft *f* ~ **ortaklığının uzatılması** *jur.* fortgesetzte Gütergemeinschaft ~ **para** *H* Warengeld *n* ~ **rejimleri** *jur.* Formen *pl.* des ehelichen Güterrechts ~ **sahibi** Eigentümer *m* ~ **sahipleri sicili** s. **tapu sicili;** ~ **saklamak** *a. pej.* hamstern ~ **sandığı** Staatskasse *f*, Fiskus *m* ~ **sigortası** Sach-, Güter-versicherung *f* ~ **sürmek** Waren absetzen ~ **ve menal** s. **malümenal; mal mülk;** ~ **yapmak** ein Vermögen anhäufen **-ı malına** (satmak) zum Einkaufspreis, ohne Gewinn (verkaufen) **-ı omuzunda** besitzlos, mittellos **-ın gözü** 1. qualitativ beste Ware, *F* prima Qualität 2. *pej. (und üblicher als 1)* übler Bursche, minderwertiges Subjekt **-ının hesabını bilmemek** unendlich reich sein **-i Karun** *va.* unendlicher Reichtum **-i mirî** 1. staatliche Gelder *pl.* 2. Staatsbesitz *m*, staatliches Eigentum

mala 1. (Maurer-)Kelle *f* 2. *agr.* Erdschäufelchen *n* (des Gärtners)

maladrua (*franz.* **maladroit**) *selt.* ungeschickt; Tolpatsch, Tölpel *m*

malafa 1. Achse, Welle, Spindel *f* *dingil, mil 2. *techn.* Aufsteckdorn *m* 3. Ringstock *m* (des Goldschmieds) 4. *V* männliches Glied; Penis *m*

Malaga 1. *n.pr.* Malaga (Stadt in Spanien) 2. ⚭ Malaga (-wein) *m* 3. ⚭ Muskatellertrauben *pl.*

malahtar *naut.* Teerquast *m* (des Kalfaters) *zift fırçası

malak 1. Büffelkalb *n* 2. *V* Dummkopf, Blödian *m*

malakâri Stuckverzierung *f*

malâkelâm [– –·–] *va.* s. **söz götürmez**

malakit, -ti *min.* Malachit *m* *bakırtaşı

Malakof 1. *n.pr.* Hauptfort *n* von Sebastopol (Krim) 2. ⚭ e–e best. Art des Dominospiels 3. ⚭ *fr. mod.* Turnüre *f*

malakoloji s. **yumuşakçalar bilimi**

malaksör (*franz.* **malaxeur**) 1. Knetmaschine *f* 2. Betonmischmaschine *f* *karıştırıcı

malalamak (m. Akk.) mit der (Maurer-)Kelle auftragen und glattstreichen

malama *V* türk. Goldpfund *n*

malamal [– – –] *va.* bis an den Rand, gesteckt (voll)

malamat *dial.* 1. schlecht, übel 2. schändlich, skandalös ~ **etmek** *dial.* bloßstellen; mit Schande bedecken 3. verhohnepipeln

malamatlık *dial.* Schande, Schmach *f*, Skandal *m* *rezalet

malânihaye [– –·–·] *va.* unendlich *sonsuz

malarya [·×·] Malaria *f* *sıtma **-ya tutulmak** (*od.* **yakalanmak**) von Malaria befallen werden, die Malaria bekommen

malaryalı [·×··] 1. an Malaria erkrankt 2. malariaverseucht (Gegend) *(1, 2) sıtmalı

malasi (*franz.* **malacie**) *med.* 1. krankhaftes Eßgelüste *iştah sapkısı 2. s. **kemik yumuşaması**

malat s. **melati, melatya**

Malatya [·×·] *n.pr.* Stadt im gln. Rbz. (östl. Mittelanatolien) ~ **armudu** e–e bes. geschätzte Birnenart ~ **kayısı** Name e–r ovalen Aprikosenart

Malay 1. Malaie *m*, Malaiin *f* 2. malaiisch ~ **takımadası** (*od.* **takımadaları**) *n.pr.* Malaiischer Archipel *m*, Insulinde (*f*)

malâyani [– – – –] *va.* sinnlos, zwecklos, unnütz

malâyaniyat, -tı [– – –·–] *va. Pl.* unnützes Gerede, sinnloses Geschwätz

malâyelzem [– –··] *va.* unnötig, überflüssig

malâyutak [– –·–] *va.* 1. unerträglich 2. unmöglich (Zumutung, Vorschlag usw.)

malaz *dial.* 1. unbebauter, mit Unkraut überwucherter Boden 2. überschwemmtes Feld

Malazgirt *n.pr.* Städtchen u. D. im Rbz. Muş

malca [×·] 1. in Waren, in natura 2. finanziell, pekuniär, geldlich, Geld- Zu 2: **Onun** ~ **durumu iyi değil.** Seine pekuniären Verhältnisse sind nicht günstig.

maldar [– –] [**i**-haltiger **l**-Laut] *z.va.* begütert, wohlhabend, reich

maldarlık [– –·] (erster **l**-Laut **i**-haltig) *va.* Wohlhabenheit *f*, Reichtum *m*

maldon (*franz.* **maldonne**) *Ka.* falsches Geben; (Sich-)Vergeben *n*

malecema *naut.* s. **mancana** (II) **yelkeni**

malen (I) [×·] [**i**-haltiger **l**-Laut] s. **malca**

malen (II) (*franz.* **malin**) *selt.* 1. Schlaukopf *m* 2. boshafter Mensch

malez (*franz.* **malaise**) Un-, Miß-behagen *n*, Unzufriedenheit *f*

Malezya yarımadası *geogr.* Malaien-Halbinsel *f*

Malezyalı s. **Malay**

malformasyon (*franz.* **malformation**) *med.* Mißbildung *f*

malgama [×··] Amalgam *n*

malgamalamak amalgamieren

Malgaş (*franz.* **Malgache**) Madagass-e *m*, -in *f*, madagassisch

Malgaşça *ling.* Madagassisch(-e) *n*

malıtaşı, -nı an e–m Seil befestigter größerer Stein (der für Boote als Anker verwendet wird)

malî [– –] [**i**-haltiger **l**-Laut) 1. finanziell, pekuniär, geldlich, Geld- 2. die Finanzen od. das Finanzwesen betreffend, finanztechnisch, Finanz- ~ **bilanço** *H* Jahresbilanz *f* (für Steuerveranlagung) ~ **buhran** (*od.* **kriz**) Finanzkrise *f* ~ **iktidar** Finanzkraft *f* ~ **itibar** geschäftliches Ansehen; Kreditwürdigkeit *f* ~ **kanun** Finanz-, Budget-gesetz *n* ~ **mesuliyet sigortası** Haftpflichtversicherung *f* ~ **muvazene** Ausgeglichenheit *f* im Haushaltsplan ~ **sendika** Finanzkonsortium *n* ~ **sene** (*va.*: **senei maliye**) Finanzjahr *n* ~ **servis** Schulden-, Zinsen-dienst *m*, Zinsleistungen *pl.* ~ **tedbirler** finanzielle Maßnahmen *pl.* ~ **vaziyet** Finanzlage *f* *ahvali maliye ~ **yardım** (staatliche) Subvention *f* ~ **yıl** s. ~ **sene**

mâli [– –] *va.* 1. voll, angefüllt *dolu 2. s. **çok fazla**

maliborda [··×·] *naut.* Holzverschalung *f* od. Taumatten *pl.* von der Luke bis etwa zur Wasserlinie (als Schutz der Außenseite des Schiffes bei Beladung)
malihulya [–··–] 1. Melancholie, Schwermut *f*, Trübsinn *m* 2. irrige Vorstellung, leere Einbildung; Illusion *f*, Wahn, Verdacht *m* *kuruntu, evham
malik, -ki [ā] 1. besitzend, innehabend; Inhaber *m* *iye 2. ⁓ *mV* 3. ⁓ *isl. Myth.* Name des Engels, dem die Höllenwärter **(zebani)** unterstehen ~ **olmak** (m. Dat.) besitzen, (inne-)haben **Kendine** ~ **değildir.** Er ist von Sinnen (nicht mehr Herr seiner selbst). ~ **sıfatiyle zilyetlik** *jur.* Eigenbesitz *m* *öz elmenlik; iye gibi elmenlik; iyece elmenlik
malikâne [–·–·] 1. großes Besitztum; Liegenschaft *f* *yurtluk 2. *hist.* (unter best. Bedingungen vergebene) Staatsdomäne
malike [ā] 1. *va.* Besitzerin, Inhaberin *f* 2. ⁓ *wV*
Malikî [–·–] 1. die (im sunnitischen Islam als e–e der vier orthodoxen Rechtsschulen anerkannte) Lehre des **Malik bin Enes** (die insbes. Nordwestafrika beherrscht); Malikismus *m* 2. Anhänger *m* des Malikismus; Malikit *m*, malikitisch ~ **mezhebi** malikitische Rechtsschule
malikiyet, -ti *va.* [ā] Besitz(-en *n*) *m*, Besitz-, Eigentumsrecht *n*, Besitztitel *m*
Malin (*franz.* **Malines**) *n.pr.* Mecheln (Stadt in Belgien)
malinyite (*franz.* **malignité**) med. Bösartigkeit *f* (spez. e–s Tumors)
Malisorlar *n.pr.* Malzoren, Malissoren *pl.* (albanische Bergbewohner)
malista [×··] *griech.* ja *evet
maliye [ā] [i-haltiger **l**-Laut] 1. Finanzen *pl.*, Finanz-wesen *n*, -verwaltung *f* 2. ⁓ *Abk.* für **Maliye Vekâleti** (*od.* **Bakanlığı**); ~ **ilmi** Finanzwissenschaft *f* ~ **politikası** Finanzpolitik *f* ~ **tahsil şubesi** Steuererhebungsstelle *f* ~ **Vekâleti** (*od.* **Bakanlığı**) (türk.) Finanzministerium *n* ~ **Vekili** (*od.* **Bakanı**) (türk.) Finanzminister *m*
maliyeci [ā] 1. Finanz-sachverständiger, -fachmann *m* 2. Beamter od. Angestellter in der Finanzverwaltung *spez.* im Finanzministerium
maliyecilik [ā] 1. Tätigkeit *f*, Funktion *pl.* e–s Finanzsachverständigen 2. Finanzwesen *n*
maliyet, -ti [ā] **(fiyatı)** Herstellungs-, Gestehungs-, Selbstkosten *pl.*, Gestehungspreis *m* ~ **muhasebesi** *H* Kalkulation, Kostenrechnung *f*
Malkarlar s. **Balkarlar**
Malkara *n.pr.* Städtchen u. D. im Rbz. Tekirdağ
malkıran *P* für **sığır vebası** Rinderpest *f*
malkoç 1. *va.* Zuchtwidder *m* 2. *hist.* Führer *m* der irregulären Truppe der **Akıncı** (in frühosm. Zeit) ~ **oğlu;** *P a.* **markaç oğlu** listig, verschlagen, Schwindler, Gauner *m*
mallanmak 1. zu Hab und Gut kommen; reich werden 2. s. **sahip çıkmak** (1)
malleol (*franz.* **malléole**) s. **aşık çıkıntısı**
malm *geol.* s. **üstjura**
malmignat s. **İtalyan malmignatı**
malopa [·×·] *naut.* Name e–r Schwammkrankheit
malperest, -ti *z.va.* habgierig; dem Götzen Mammon dienend
Malpigi *n.pr.* Malpighi (italienischer Anatom des 17. Jh.) ~ **cisimcikleri** (*fr.* **cüseymatı**) *an.* die Malpighi'schen Körperchen *pl.*
malsal sermaye s. **aynî sermaye**
malström *geogr.* Malstrom, Strudel, Sog *m*
malşans (*franz.* **malchance**) Unglück, Pech, Mißgeschick *n*, Unstern *m*
malt (I), **-tı** (*franz.* **malt**) Malz *n* ~ **fabrikası** Mälzerei *f* ~ **özütü** s. **arpa özütü;** ~ **şekeri** s. **maltoz**
malt (II), **-tı** (*franz.* **malthe**) *min.* Erd-, Berg-teer *m*

Malta 1. **(adası)** *n.pr.* Insel *f* Malta 2. ⁓ s. **Malta taşı;** ~ **gibi** sehr teuer (Ort, Gegend) ~ **haçı** 1. Malteser-, Johanniter-kreuz *n* 2. *techn.* Malteserkreuzgetriebe *n* ~ **humması** (*od.* ~ **sıtması**) *med.* Malta-, Mittelmeer-fieber *n* ~ **keçisi** s. **maltızkeçisi;** ~ **mantarı** 1. Hunds-kolben *m*, -rute *f bot.* Cynomorium coccineum 2. Malteserschwamm *m pharm.* Fungus melitensis (*fr.* blutstillendes Mittel) ~ **muşmulası** s. **maltaeriği;** ~ **taşı** Tripel *m*, Kieselerde *f* *moskoftaşı, Trablus taşı
maltaerigi, -ni 1. Wollmispel *f bot.* Eriobotrya japonica *yenidünya 2. die gelbliche, säuerliche Frucht hiervon
maltaköpeği, -ni Malteser *m* (weißer, seidenhaariger Schoßhund)
Maltalı s. **Maltız**
maltapalamudu, -nu Lotsenfisch *m zo.* Naucrates ductor *kılavuzbalığı
Maltepe *n.pr.* 1. Stadtteil in Ankara 2. Villenvorort von Istanbul (auf der asiatischen Seite, gegenüber den Prinzeninseln) 3. O. nordwestl. von Istanbul 4. e–e türk. Zigarettenmarke
maltız tragbarer, kleiner Holzkohlenherd mit Rost
Maltız 1. Malteser(-in *f*) *m* 2. maltesisch, Malteser-
maltızkeçisi, -ni Malteserziege *f* (kleinere, kurzhaarige Ziegenart mit mittlerem Milchertrag) (*Anm.* Türk. Puristen wollen nur die Bild. **Malta keçisi** od. **Maltız keçi** gelten lassen.)
maltlaştırmak mälzen
maltoz *chem.* Maltose *f*, Malzzucker *m* *malt şekeri
Maltüsçülük; Maltüzyanizm Malthusianismus *m*
malul, -lü [––] 1. leidend, kränklich, siech, gebrechlich 2. (kriegs-)verletzt; Invalide *m* Zu 1: **zihin hastalığiyle** ~ an e–r Geisteskrankheit leidend **birçok kusurlarla** ~ viele Mängel aufweisend ~ **gazi** kriegsversehrt *harp -ü
malulen *va. Adv.* als Kriegsversehrter, Invalide
malulin [–––] *va.Pl.* zu **malul**
maluliyet, -ti; malullük 1. Kränklichkeit *f*, Siechtum *n*, Gebrechlichkeit *f* 2. Invalidität *f* ~ **sigortası** Invaliden-, Invaliditäts-versicherung *f*
malum [––] 1. bekannt *bilinen 2. *math.* bekannte Größe; Bekannte *f* *bilindik 3. *gr.* aktiv *etken 4. (als Antwort) sicher, gewiß, natürlich, klar ~ **olmak** 1. bekannt sein (bzw. werden) 2. (b–ne) et. ahnen Zu 1: **⁓unuzdur ki ...** Es ist Ihnen (ja) bekannt, daß ..., Sie wissen (ja) schon, daß ... **⁓unuz olsun ki ...** Sie müssen wissen, daß ... **⁓uâliniz olduğu veçhile** Wie Ihnen bekannt ist ... ⁓ **olduğu üzere** (häufige captatio benevolentiae) Bekanntlich ..., Wie allgemein bekannt ist ... **Arzın döndüğü herkeşe -dur.** Es ist jedermann bekannt, daß sich die Erde dreht. ~ **ya** bekanntlich; wie jedermann weiß **Bana** ~ **oldu.** Ich habe es geahnt. Mir schwante schon so et. **-u ilâm** *z. va.* 1. Mitteilung *f* von et. bereits Bekanntem 2. Das wissen wir schon; gewiß, sicherlich, klar, natürlich, bekanntermaßen **gayri** ~ unbekannt *meçhul
malumat, -tı [–––] *urspr. Pl.* 1. Kenntnis(-se *pl.*) *f*, Wissen *n* *bilgi, bili 2. *phil.* Erkenntnis *f* *bilgi 3. Nachricht (-en *pl.*), Aufklärung, Information, Mitteilung, Benachrichtigung, Auskunft *f* Zu 3: **hiç bir** ~ keinerlei Nachricht (od. Kenntnis) **Esaslı bir -a sahip olmadığım halde ...** Obwohl mir genauere Einzelheiten nicht bekannt sind ... **Bunun hakkında** ~ **(almak) istiyenler ...** Wer hierüber Näheres erfahren will ... ~ **edinmek** 1. Kenntnisse, Wissen erwerben 2. zur Kenntnis nehmen ~ **istemek** sich informieren wollen ~ **istihsal etmek** 1. sich Kenntnisse aneignen 2. sich Kenntnis (Aufklärung) verschaffen (über), et. erkunden ~ **kabilinden** zur Orientierung ~ **kaydetmek** (bşden) et. zur Kenntnis (ad notam) nehmen ~ **kumkuması** wer über ausgedehnte Kenntnisse verfügt *hum.* gelehrtes Haus ~ **paralamak** mit Kenntnissen

prunken ~ **sahibi** 1. mit großem Wissen, kenntnisreich, gelehrt 2. informiert, instruiert ~ **satmak** *iron.* den gewiegten Kenner spielen ~ **toplamak** Auskünfte einholen ~ **vermek** (b–ne) Mitteilung machen, Auskunft geben, j–n in Kenntnis setzen, benachrichtigen, informieren **-ı olmak** (bşden) von et. wissen, über et. Bescheid wissen, im Bild sein **-ına müracaat etmek** um Auskunft bitten **-ı iptidaiye** Anfangsgründe, Grundkenntnisse *pl.* **-ı umumiye** *va.* Allgemeinwissen *n* **ademi** ~ Nicht-Informiertsein *n* (**Bunun hakkında Ankara'da ademi ~ beyan edilmektedir.** In Ankara wird erklärt, daß man hiervon keine Kenntnis habe.)

malumatfüruş [– –··–] *z. va.* wer alles besser wissen will; Neunmalkluger, Übergescheiter; Wissensprotz *m*

malumatfüruşluk [– –··– ·] *z. va.* Besserwisserei *f*

malumatlı [– –··] 1. kenntnisreich, gelehrt 2. informiert, instruiert

malumatsız 1. ohne Kenntnisse, unwissend 2. nicht informiert, nicht instruiert

malumatsızlık [– –···] 1. Unwissen(-heit *f*) *n*, Ignoranz *f* 2. Nicht-Informiertsein *n*

malumattar [– –·–] Kenntnis besitzend, Bescheidwissend, unterrichtet, im Bild, informiert, instruiert ~ **etmek** in Kenntnis setzen, benachrichtigen, informieren, instruieren

malumiye [– –··] *fr.* Geldbeträge, die in osm. Zeit zur Verteilung in Mekka und Medina mit der **sürre** *(q. v.)* abgesandt wurden

malumiyet, -ti [– –··] *va.* Bekanntsein *n*, Tatsache *f*, daß et. bekannt ist

maluzya [·×·] *selt.* s. **menekşe** (1)

malümenal [–··–] s. **mal menal; mal mülk**

malvarlığı s. **mamelek**

malzeme 1. Bedarfsartikel, erforderliche Gegenstände, Utensilien *pl.*, benötigtes Material, Materialien *pl.*, Zutaten *pl.* (z. B. in Küche od. bei Schneiderei) *gereç 2. *lit.* Stoff *m* (e–r Erzählung usw.) ~ **ambarı** Material-, Geräte-lager *n* ~ **azlığı (fıkdanı, noksanı)** Materialmangel *m* ~ **deposu** Geräte-lager *n*, -park *m* ~ **kolu** Nachschubabteilung, Trainkolonne *f* ~ **kusuru** Materialfehler *m* ~ **sarfiyatı** Materialverbrauch *m*

mama 1. *Ki.* Mama, Mutter *f* 2. *Ki.* Essen *n* 3. Mehlbrei *m* für Kleinkinder 4. Kindernährmittel *n* ~ **bezi** Sabberlätzchen *n*

mamadadı (schwarze) Amme *f*

mamafih [– –·] gleichwohl, indessen, jedoch, trotzdem, immerhin

mamaliga [··×·] 1. e–e Art Polenta (aus Maismehl) 2. Maiszwieback *m*

mamaloji (*franz.* **mammalogie**) s. **memeliler bilimi**

mambo [×·] Mambo *m* (Modetanz)

mambul otu s. **bambul otu**

mamelek, -ki [ā] 1. gesamtes Hab und Gut, Vermögen, Besitztum *n* *varlık; malvarlığı; varı yoğu 2. *spez.* gesamter Nachlaß, hinterlassener Besitz; Erbmasse *f* ~ **hakları** *jur.* Vermögensrechte *pl.* **-ten eda** *jur.* s. **maddî eda**

mameza [–·–] *va.* was vergangen ist; s. a. **meza** ~

mamiz *Zig.* Schuh *m*

mamul [– –] 1. verfertigt, hergestellt, gearbeitet, fabriziert, erzeugt, produziert 2. (*spez.* Industrie-)Erzeugnis, Produkt *n*

mamulât, -tı [–·–] *Pl.* (*spez.* Industrie-)Erzeugnisse, Produkte *pl.* **-ı dahiliye** *va.* inländische Fabrikwaren; Inlandserzeugnisse *pl.*

mamulünbih [– –··] *va.* gültig, in Kraft (Gesetz, Bestimmung usw.) *mer'i

mamur [– –] bebaut, gut angebaut, kultiviert, (auf-)blühend, dicht besiedelt **gayri** ~ unbebaut, unkultiviert, öde, wüst

mamure [– –·] kultivierte, dicht besiedelte Gegend; gepflegte, aufblühende Stadt

mamuriyet, -ti [– –··] blühender Zustand, kulturelle Entwicklung; Blühen, Gedeihen *n*

mamurlaşmak [–···] aufblühen, e–n Aufschwung nehmen, sich entwickeln (z. B. Stadt)

mamurluk [–··] s. **mamuriyet**

mamut, -tu Mammut *n zo.* Elephas primigenius ~ **ağacı** Mammutbaum *m*, Sequoie *f bot.* Sequoia gigantea *devağacı, sekoya

mana (I) *urspr.* [– –], *heute mst.* [–·] 1. Sinn *m*, Bedeutung *f* *anlam 2. Sinn *m*, vernünftiger Grund od. Zweck 3. Äußeres; Ausdruck *m* (z. B. der Gesichtszüge) 4. *va.* Traum *m* *rüya 5. geistige od. seelische Sphäre Zu 1: **kelimenin bütün** (*od.* **tam**) **-siyle** im wahrsten Sinn des Wortes **Cümlenin -sını anlamadım.** Was der Satz bedeuten soll, ist mir nicht klar geworden. Zu 1, 2: **Bunun ne -sı var?** a) Was bedeutet das? (z. B lexikalisch) b) Was für e–n Sinn hat das? Zu 3: **Çiller, yüze bazen sevimli bir ~ verir.** Sommersprossen verleihen e–m Gesicht mitunter e–n liebenswerten Ausdruck. ~ **çıkarmak** (m. Abl.) 1. (e–r Äußerung od. Handlung) e–n falschen Sinn unterlegen 2. *spez.* sich durch et. getroffen fühlen, et. auf sich beziehen ~ **ismi** s. **ismi ~;** ~ **unsuru** *ling.* Semem *n* *semantem ~ **vermek** 1. interpretieren, auslegen 2. (bir parçaya) mündlich übersetzen (z. B. in der Klasse) ~ **verememek** (m. Dat.) nicht begreifen können **-sına gelmek** (*od.* **olmak**) 1. bedeuten 2. soviel bedeuten wie ..., die gleiche Bedeutung besitzen wie ... (Zu 2: **Tören, merasim -sına olduğu için ...** Da **tören** die gleiche Bedeutung besitzt wie **merasim** ...) **-ya müteallik** semantisch, Sinn-, Bedeutungs- *anlamsal **-yı hakikî** wörtliche Bedeutung *öz anlam **-yı mecazî** bildliche (übertragene, figürliche) Bedeutung *mecaz anlam

mana (II) [··] s. **kanyot**

mana (III) Mana, Orenda *n* (nach der rel. Anschauung von Naturvölkern geheimnisvolle Kraft)

manaca [–··] dem Sinn, der Bedeutung nach

manahnufih(-imiz) *va.* unser Thema (Problem)

manalandırmak erklären, auslegen, interpretieren, erläutern

manalı [–··] 1. bedeutsam, bedeutungsvoll, beachtlich, inhaltsreich 2. sinnreich, sinnvoll 3. Anspielungen enthaltend, vielsagend (z. B. Blick, Worte) 4. ausdrucksvoll (z. B. Gesicht)

manar 1. *dial.* Axt *f*, Beil *n* 2. *va.* obeliskenförmiger Stein (als Wegweiser)

manas Walker *m zo.* Polyphylla fullo *kadılokması, kıvrıkkurt

manasız [–··] 1. ohne (vernünftigen) Sinn, unsinnig 2. unangebracht, unpassend, nicht angezeigt *yakışıksız, yersiz 3. *P* dumm, unvernünftig, blöd Zu 3: ꝯ **herif!** *P* Blöder Kerl!

manasızlık 1. Sinnlosigkeit *f*, Unsinn(igkeit *f*) *m* 2. Unangebracht-, Unpassend-sein *n*

manastır christl. Kloster *n* ~ **tonozu** s. **haçtonoz**

Manastır *n.pr.* Monastir, Bitolj (Stadt in Mazedonien)

manat, -tı s. **ruble**

manati s. **Afrika (Amerika) -si**

manav Obst- und Gemüse-händler *m* ~ **dükkânı** Obst- und Gemüse-laden *m*, -geschäft *n*

Manavgat *n.pr.* Städtchen u. D. im Rbz. Antalya

manavlık Obst- und Gemüse-handel *m*

manca [×·] 1. *a. naut.* Essen *n*, Mahlzeit *f* 2. Fressen *n* (*spez.* für Hunde od. Katzen)

mancana (I) [·×·] *naut.* 1. großer flachgebauter Behälter

für Süßwasser; Wasserfaß *n* 2. Stelle *f* des Schiffes, wo sich das Wasserfaß befindet. Vgl. a. **kartel, varil**
mancana (II) [·×·] **(yelkeni)** *hist. naut.* Besan *m* (kleineres Sturmsegel am Heck von Kriegsschiffen)
mancelina [··×·] Manzinellenbaum *m bot.* Hippomane mancinella (Der Milchsaft dient zur Pfeilgiftbereitung; Westindien)
mancınık 1. Katapult *m, n* (usw. s. **katapült**) 2. Haspel, Garnwinde *f* (bei der Seidengewinnung) 3. *z. va.* Winde *f*, Wellrad *n* (am Brunnen)
mancınıkçı wer ein Katapult (bzw. e–e Garnwinde, ein Wellrad) bedient
Mançular *n.pr.* Mandschus *pl.*
Mançuri; Mançurya [·×·] Mandschurei *f* ~ **keneviri** s. **hintkeneviri** (2)
Mançuryalı aus der Mandschurei stammend, mandschurisch
manda (I) Wasserbüffel *m zo.* Bubalus bubalus *camus, susığırı 2. *fig.* dicke, plumpe Person ~ **ambarı** Alteisenlager *n* (in e–r Fabrik) *kalıntı ambarı ~ **arabası** s.**kağnı;** ~ **berber iken** *(selt. türk. Mf.)* Als der Büffel Frisör war ... ~ **biti** Büffellaus *f zo.* Haematopinus tuberculatus ~ **gibi** dick und unbeholfen ~ **gibi yayılmak** sich hinplumpsen lassen ~ **gibi yemek** wie ein Scheunendrescher einhauen; gierig hinunterschlingen ⚲ **karadır ama, sütü beyazdır.** *Spr.* Der Büffel ist schwarz, aber seine Milch ist weiß.
manda (II) (*franz.* **mandat**) 1. Auftrag *m*, Anweisung *f* 2. (Völkerbunds-)Mandat *n* Zu 1: s.a. **-post;** ~ **altındaki memleketler** Mandats-länder, -gebiete *pl.*
mandacı *hist.* osm. Wächter im Marinearsenal
mandagöz mercanbalığı nordischer Seebrassen *zo.* Pagellus centrodontus
mandagözü, -nü *P* große Nickelmünze zu 25 Kuruş (bis 1938 im Verkehr)
mandal 1. (Fenster-, Tür-, Schrank-)Riegel *m*, Olive *f*, Drehriegel *m*, Türklinke *f* 2. Wäscheklammer *f* 3. Wirbel *m* (an S.i.) 4. Drehknopf *m* (am Rundfunkgerät) 5. Sperrklinke *f* (z.B. bei Zahnrädern) 6. *naut.* Klampe *f* 7. *naut.* Knebel *m*, Querholz *n* (zum Festhalten zweier Taue usw.) 8. *naut.* Stütz- od. Schloßholz *n* 9. *techn.* Daumen, Nocken *m*
mandalina [··×·] 1. Mandarinenbäumchen *n bot.* Citrus nobilis 2. Mandarine *f* ~ **likörü** Mandarinenlikör *m*
mandallamak (m. Akk.) 1. zuriegeln, schließen (Tür, Fenster, Schrank usw.) 2. anklammern (Wäsche) 3. aufziehen (Saite) 4. sperren (Räder) 5. *naut.* befestigen (Tau auf Klampe) 6. *naut.* durch ein Querholz verbinden 7. *naut.* mit Schloßholz befestigen
mandallı mit Riegel (usw. s. **mandal)**
mandalsız ohne Riegel (usw. s. **mandal)**
mandapost, -tu (*franz.* **mandat-poste**) Post-anweisung, -überweisung *f* *posta havalesi
mandar *naut.* 1. Spill *n* 2. s. **çördek**
mandaren s. **mandarin** (II)
mandarin (I); **mandarina** [··×·] s. **mandalina**
mandarin (II) 1. (chinesischer) Mandarin 2. Mandarinen-Ente *f zo.* Aix galericulata
mandater 1. Mandatar *m* 2. ein Mandatsgebiet betreffend, Mandats- ~ **devlet** *pol.* Mandatarstaat *m*
mandaterlik Aufgaben und Rechte *pl.* e–s Mandatars bzw. Mandatarstaats
mandepsi *V* Schwindel, Betrug *m*, Lug und Trug *(m)* **-ye basmak** (*od.* **düşmek**) hereinfallen, übers Ohr gehauen werden **-ye bastırmak** (*od.* **düşürmek**) hereinlegen, übers Ohr hauen
mandıra [×··] 1. Schafpferch **m** 2. Molkereibetrieb *m* 3. Milchgeschäft *n* ~ **köpeği** 1. Schäfer-, Hirten-hund *m* 2. *pej.* Köter *m* 3. jähzorniger (reizbarer, brutaler) Mensch (in fremdem Dienst)
mandıracı Besitzer od. Pächter *m* e–r **mandıra** *spez.* Molkereiinhaber *m* od. Geschäftsführer *m* e–s Milchgeschäftes
mandibula [·×··] *an.* s. **altçene (kemiği)**
mandilya [·×·] **çiçeği** gekrönte Wucherblume, gelbe Margerite *bot.* Chrysanthemum coronarium
mandolin *mus.* Mandoline *f*
mandolinci Mandolinenspieler(-in *f*) *m*
mandoz *naut.* s. **maneska**
mandren (*franz.* **mandrin**) 1. Dorn *m*, Spindel *f*, Spannfutter *n* 2. Spitzdocke *f* (des Drechslers)
mandril Mandrill, Maimon *m zo.* Mandrillus sphinx
Mane, Tesel, Fares (*franz.* **Mane, Thecel, Pharès**) s. **Mene, Tekel, Ufarsin**
manej 1. Schulreiten *n*, (Pferde-)Dressur *f* 2. Reit-bahn, -schule *f*, Tattersall *m* 3. Manege *f*, Zirkus *m* *sirk
manen [×·] *Adv.* 1. psychisch, gefühlsmäßig, seelisch, moralisch (z.B. beeinflussen) 2. ideell 3. dem Sinn nach, der Bedeutung nach 4. dem Wesen nach, virtuell 5. indirekt ~ **ve maddeten** ideell und materiell
manent, -di [ā] *va.* 1. gleich, ähnlich 2. wie
maneska [·×·] *naut.* große Doppelblocktalje
manet, -ti (*franz.* **manette**) *techn.* Hand-griff, -hebel *m*, Drehklinke *f*, Riegel *m*
maneton *(franz.) techn.* Kurbelzapfen, Kolbenbolzen *m*
manevî [–·–] 1. geistig, innerlich, seelisch, psychisch, moralisch, ideell *ruhanî, tinsel 2. den Sinn (die Bedeutung) betreffend ~ **acı** seelischer Kummer ~ **cebir** *jur.* moralischer (psychischer) Zwang, Einschüchterung, Nötigung *f* ~ **evlât** Adoptivkind *n* ~ **fail** intellektueller Urheber; Anstifter *m* ~ **giderim** s. ~ **tazminat;** ~ **icaz** gedankliche Prägnanz ~ **ilimler** Geisteswissenschaften *pl.* ~ **kıymet** *a. mil.* innerer Wert ~ **kuvvet** (*od.* **kudret**) *a. mil.* moralische Kraft, (Kampf-)Moral *f* ~ **kuvvetler** seelische Kräfte *pl.* ~ **muzaheret** ideelle (moralische) Unterstützung ~ **ölüm** s. **medenî ölüm;** ~ **silâhlanma** moralische Aufrüstung ~ **tazminat** *jur.* Ersatz *m* für Nichtvermögensschäden *tinsel zarar-giderim; gönülalma ~ **tesir** psychische (psychologische, moralische) Wirkung ~ **tesir altında bırakmak** j–n moralisch unter Druck setzen ~ **zarar** ideeller Schaden
manevîleşme Vergeistigung *f*
manevîlik [–·–·] s. **maneviyet**
maneviyat, -tı [–··–] *Pl.* 1. übernatürliche Kräfte *pl.* 2. Gebiet *n* od. Welt *f* des Ideellen (Moralischen, Religiösen) 3. seelische Verfassung od. Kraft; (Kampf-)Moral *f*, Kampfgeist *m*, Stimmung *f* 4. Gedenken *n* (e–s Verstorbenen) **-ı bozuk bir ordu** demoralisiertes Heer **-ı bozulmak** (*od.* **kırılmak**) demoralisiert werden **halk -ları üzerinde müessir vasıtalar** wirksame Mittel *pl.* zur Hebung der Volksstimmung
maneviyet, -ti 1. Geistigkeit, Spiritualität *f*, ideeeller Gehalt, 2. Gedankenwelt *f*
manevra [·×·] 1. *techn.* Handhabung, Bedienung, Steuerung, Schaltung *f* 2. *allg.* Vorgehen, Verhalten *n*, Taktik *f*, Maßnahmen, Versuche, Bemühungen *pl.* 3. *mil.* Manöver *n*, Truppenübung *f* 4. *(Eisenbahn)* Rangieren, Verschieben *n* 5. *naut.* Manövrieren *n* (e–s Schiffes beim Anlegen od. Abfahren) 6. *fig.* Manöver *n*, Kunstgriff, Trick, Kniff *m* 7. *V* Machenschaften *pl.*, Gaunerei *f*, Schwindel, Betrug *m* ~ **arazisi** Manövergelände *n* ~ **çevirmek** *V* ein Ding drehen (deichseln, fingern) *d.h.* et. mit List od. unerlaubten Mitteln durchführen ~ **fişeği** *mil.* Platz-, Übungs-patrone *f* ~ **garı** Rangier-, Verschiebe-bahnhof *m* ~ **hattı** Rangiergeleise *n* ~ **istasyonu** Rangier-, Verschiebe-bahnhof *m* ~ **kabiliyeti** *mil.* Manö-

vrierfähigkeit *f* ~ **kayışı** *mil.* Koppel *n* ~ **kritiği** *mil.* Manöver-kritik, -besprechung *f* ~ **kutru** s. **devir dairesi;** ~ **lokomotifi** Rangierlokomotive *f* ~ **serbestliği** *mil.* Manövrierfreiheit *f* ~ **yapmak** 1. Versuche unternehmen 2. *mil.* Manöver abhalten bzw. ausführen, manövrieren, operieren 3. manövrieren (Schiff) 4. rangieren, verschieben (Zug, Lokomotive) 5. (geschickt) manipulieren **-dan âciz gemi** *naut.* manövrierunfähiges Schiff **-dan âciz işareti** *naut.* Kennzeichen *n* für ein manövrierunfähiges Schiff

manevralı 1. listig, schlau ausgedacht 2. unredlich, betrügerisch, falsch ~ **iş** List *f*, Trick *m*

manga [×·] *mil.* Zug *m*, Gruppe *f* (Untergliederung e–r Kompanie; 10–14 Mann), Korporalschaft *f* 2. *naut.* Eß- od. Aufenthaltsraum *m* für die Matrosen (auf dem Schiff) 3. *naut.* Backschaft *f* 4. Runde *f* (sitzender Personen) 5. *hist. naut.* Ruderbank *f* (der Galeerensklaven) ~ **başı** (*od.* **komutanı**) Gruppen-, Korporal-schaftsführer *m* (Gefreiter od. Unteroffizier) ~ **kolu** Gruppenkolonne *f* ~ ~ gruppenweise

mangabey Mangabe *f zo.* Cercocebus

mangal 1. (Holzkohlen-)Becken *n* 2. das an e–r (über den Bug e–s Fischerbootes reichenden) Stange angebrachte Feuer (zum Anlocken der Fische bei Nacht) od. diese Art Fischfang ~ **başında** an (od. vor) dem Kohlenbecken ~ **göbeği** (*od.* ~ **içi**) (herausnehmbarer) Einsatz in e–m Kohlenbecken *ateşlik ~ **kedisi gibi** verschlafen, träge ~ **kömürü** Holzkohle(-n *pl.*) *f* ~ **tablası** (*od.* ~ **tahtası**) Untersatz *m* für ein Kohlenbecken **-da kül bırakmamak** *F* furchtbar renommieren

mangallı mit Kohlenbecken ausgestattet

mangan *va.* s. **manganez**

manganez (*franz.* **manganèse**) *chem.* Mangan *n* ~ **filizi** Manganerz *n* ~ **halitası** Manganlegierung *f* ~ **karbidi** Mangankarbid *n* ~ **superoksidi** Mangansuperoxyd *n* ~ **tuncu** Manganbronze *f*

manganezli manganhaltig, Mangan- ~ **çelik** Manganstahl *m* ~ **demir** Manganeisen *n*

manganit, -ti *min.* Manganit *m*, Manganhydroxyd *n*

manganlı *va.* s. **manganezli**

mangasa [·×·] *naut.* Decksbalken *m* *kemere

mangır 1. *fr.* kleine Kupfermünze; Heller *m* 2. *hum.* Geld *n*, *F* Moneten *pl.* 3. kleine, leicht brennbare Scheibe aus gepreßtem Kohlenstaub (für den Nargileh-Tabak) 4. noch nicht ausgewachsene Goldbrasse (vgl. **çipura**) ~ **otu** s. **Girit otu**

mangırsız *F* ohne e–n Pfennig Geld, abgebrannt, pleite

Mangışlak (yarımadası) *n.pr.* Halbinsel *f* Mangischlak (am Nordostufer des Kaspischen Meeres, berüchtigt durch die dortigen Winterstürme)

mangiz *Zig., V* Moneten *pl.*, Pinke *f*, Kies *m* (Geld) ~ **eritmek** *V* Geld ausgeben, verbrauchen ~ **tutmamak** *V* auf dem Trockenen sitzen, pleite sein

mangrov ağacı *allg.* (jedes) Mangrovengewächs

mangu ağacı indischer Mangobaum *bot.* Mangifera indica *hintkirazı ağacı

mangust, -tu Mungo *m*, Manguste *f zo.* Mungos mungo

mani (I) [ā], **-ii, -yi** 1. hindernd, verwehrend, (ab-)sperrend, abhaltend, verweigernd 2. ausschließend 3. Hindernis *n*, Sperre *f*, Verhau *m* 4. *(Sport)* Hürde *f* Zu 2: s. Stw. **tarif** Zu 3: **Yarın gelemem, -im var.** Morgen kann ich nicht kommen; ich bin verhindert. Zu 4: **bir -in devrilmesi** Umwerfen *n* e–r Hürde ~ **mıntıkası** *mil.* Sperrzone *f* *mıntıkai memnua ~ **olmak** (m. Dat.) 1. (ver-)hindern 2. verwehren, verweigern, absperren, abhalten 3. aufhalten (Zu 3: **Size ~ olmayayım.** Ich will Sie nicht aufhalten.) ~ **tedbirler** *jur.* Vorbeugungsmaßnahmen *pl.* **-i irs** *fr.* *(isl. Recht)* Grund *m* für e–n Erbausschluß **-i istıktap** s. **kutupengel**

mani (II) 1. Manie, Besessenheit, Sucht *f* 2. s. **manya** Zu 1: **... sende âdeta ~ haline gelmiştir** ... ist bei dir schon geradezu zur Manie geworden

mâni volkstüml. Gedicht *mst.* in Vierzeilern zu je 7 Silben, mit dem Reimschema a, a, b, a

Mani(-i Nakkaş) *n.pr.* Mani (Begründer des Manichäismus, 3. Jh. n. Chr.)

mânia 1. Hindernis *n*, Sperre, Schwierigkeit *f* 2. *(Sport)* Hürde *f* ~ **ateşi** *mil.* Sperrfeuer *n* ~ **balonu** *mil.* Sperrballon *m* ~ **birliği** *mil.* Sperreinheit *f* ~ **yarışı** Hindernislauf *m*, -rennen *n* ~ **zinciri** *mil.* Sperrkette *f*

mânialamak [–···] *mil.* sperren (z. B. Eisenbahn, Straße usw.); Hindernisse, Sperren anlegen od. damit versehen

mânialı [–··] 1. Hindernisse aufweisend, schwierig (Gelände) 2. Hindernis-, Hürden- ~ **koşu** (*od.* **yarış**) 1. Hindernisrennen *n* 2. Hürdenlauf *m*

Manicilik s. **Manikeizm**

manidar [–·–] s. **manalı**

manifatura [···×·] Web- und Wirkwaren, Manufakturwaren, Textilien *pl.*

manifaturacı [···×·] Manufakturist, Textil-händler, -verkäufer *m*

manifaturacılık [···×··] Manufaktur-, Textil-branche *f*, Handel *m* mit Web- und Wirk-waren

manifestasyon Manifestation, Bekundung, Kundgebung, Demonstration *f*

manifesto [··×·] 1. *naut.* Ladungsverzeichnis *n*, Zolldeklaration *f* über die Ladung e–s Schiffes 2. *jur.* Manifest *n*

manifolt, -du (*engl.* **manifold**) *naut., techn.* Sammelleitung *f* **-tan egzost** *V* Päderastie *f*

Maniheizm s. **Manikeizm**

manika [·×·] *naut.* 1. Lüftungsanlage *f spez.* Lüfter *m*, Luft-, Wind-sack *m* 2. Pumpenschlauch *m*, Schlauchleitung *f* 3. (drehbare) Schornsteinkappe

Manikeen *rel.* 1. Manichäer *m* 2. manichäisch

Manikeizm *rel.* Manichäismus *m*

manikür 1. Maniküre, Hand-, Nagel-pflege *f* 2. s. **manikürcü**

manikürcü (kız) Maniküre *f* (Person); Hand-, Nagel-pflegerin *f*

manikürlü manikürt ~ **eller** (manikürte), sehr gepflegte Hände

Manila [·×·] *n.pr.* Manila ~ **halatı** Hanfseil *n* ~ **keneviri** Manilahanf *m* (s. a. **kenevir muzu**)

manilemek s. **mânialamak; ağır malzeme ile** ~ *mil.* verrammeln

manimani [×·×·] 1. *naut. va.* mündliche Weitergabe e–s Befehls 2. *dial.* unaufhörlich, dauernd

maniple (*franz.* **manipulé**) Morsetaste *f*, Geber, Sender *m* *mors anahtarı, manipülatör ~ **yapmak** tasten, senden (z. B. Morsezeichen)

manipülasyon 1. Handhabung, Behandlung, Tastung, Bedienung *f* (z. B. e–s Apparates) 2. *pej.* Manipulation *f*

manipülatör 1. s. **maniple** 2. wer e–n (Morse-)Apparat bedient

Manisa *n.pr.* Stadt (das alte Magnesia ad Sypilum) im gln. Rbz. (Westanatolien) ~ **lâlesi** Busch-Windröschen *n bot.* Anemone nemorosa

manişka s. **maneska**

manita [·×·] *V* Betrug, Schwindel *m*, raffiniertes Vorgehen; Bauernfängerei *f* (unter Berufung auf angebliche Bekanntschaft) **bir ~ kıvırmak** *V* es raffiniert anstellen ~ **yapmak** (b–ne) *V* j–n anführen, begaunern, prellen

manitacı [·×··] *V* Bauernfänger, Gauner *m*

manitacılık [·×··] *V* Bauernfängerei, Gaunerei *f*
manivela [··×·] (vgl. *franz.* **manivelle**) 1. Kurbel *f*, Handgriff *m* 2. Hebel *m*, Brechstange *f*, Hebewerkzeug *n*, Hebebaum *m* *kaldıraç 3. *naut.* Hand- od. Spill-spake *f* ~ **kolu** Hebelarm *m* ~ **tesiri** Hebelwirkung *f*
manivelalı [··×··] mit Hebel (usw.) ~ **fren** Hebelbremse *f*
maniyer (*franz.* **manière**) *selt.* 1. Art und Weise, Manier *f* 2. Benehmen *n*, Manieren *pl.*
maniyere (*franz.* **maniéré**) manieriert, gesucht *yapmacıklı
maniyerist, -ti (*franz.* **maniériste**) Manierist *m* *yapmacıkçı
maniyerizm (*franz.* **maniérisme**) 1. Manieriertheit *f* 2. Manierismus *m* *yapmacıkçılık
maniza [·×·] *naut.* Kommando bei e–r in Reih und Glied angetretenen Mannschaft: Auseinanderrücken!
manizm Ahnenkult *m*, Totenverehrung *f*, Manismus *m*
mank, -kı (Roulette) manque (die Zahlen 1–18)
mankafa [×··] 1. einfältig, dumm, beschränkt; Dummkopf *m* 2. ganz benommen (im Kopf) 3. rotzkrank (Pferd, *selt.* Mensch) ~ **balığı** s. **kikla;** ~ **hastalığı** *P* s. **sakağı;** ~ **karpuz** übergroße Wassermelone
mankafalık 1. Einfältigkeit, Dummheit, Beschränktheit *f* 2. Benommenheit *f* 3. Rotz(-krankheit *f*) *m*
mankala 1. *va.* Tagesmarsch *m* 2. Spielbrett *n* mit runden Vertiefungen (für Einsätze)
manken (*franz.* **mannequin**) 1. Glieder-, Maler-puppe *f* 2. Schneider-puppe *f* 3. Schaufensterpuppe *f* 4. Mannequin *n*, *m*, Vorführdame *f* 5. *fig.* willenloser Mensch, Marionette *f* 6. *z. va.* Vogelscheuche *f* 7. *med.* anatomisches Modell; Phantom *n* 8. Puppe *f* (bei Karnevalsumzügen)
manliher *hist.* Mannlichergewehr *n* (Mehrlader mit Gradzugverschluß)
manna Manna *f*, *n;* s. a. **Acem mannası**
mano s. **mana** (II); **kanyot**
manolya [·×·] Magnolie *f bot.* Magnolia (virginia u. a.)
manolyagiller (*fr.* **manolyasiye**) Magnoliengewächse *pl. bot.* Magnoliaceae
manometre [··×·] Manometer *n*, Druckmesser *m* *basıölçer ~ **ibresi** Manometerzeiger *m* ~ **ibresinin vaziyeti** Manometerstand *m*
manozluk *naut. reg.* engmaschiger Mittelteil des **difana** genannten Netzes
mansap, -bı 1. s. **munsap** (2) 2. *irrt.* für **mansıp**
mansart, -dı 1. **(oda)** Mansarde, Bodenkammer *f* *tavanarası oda 2. **(çatı)** Mansarddach *n*
mansıp, -bı Dienststelle *f*, Amt *n spez.* hohe Beamtenstellung
mansiyon (*franz.* **mention**) lobende Erwähnung (z. B. von Ausstellungsbildern, die keinen Preis bekommen haben)
mansup, -bu [ū] *z. va.* ernannt (Beamter); im Amt ~ **mirasçı** *jur.* eingesetzter Erbe; Testamentserbe *m* *atanmış kalıtçı
mansur [ū] 1. *va.* durch Gott unterstützt; siegreich; Sieger *m* 2. ♁ *mV*
mansure [ū] *Fem.* zu **mansur** 1. *Abk.* von **asakiri** ~ 2. ♁ *wV* ~ **defterdarı** *hist.* Generalzahlmeister *m* (des osm. Heeres nach der Beseitigung der Janitscharen-Organisation)
mansuriyet, -ti [ū] *va.* Siegreich-Sein *n*, Sieg *m* (durch Gottes Hilfe)
Manş (*franz.* **La Manche**) **(denizi)** *n.pr.* Ärmelkanal *m*
manş (*franz.* **manche**) (*Bridge u. a. Ka.*) Partie *f* (e–s Robbers), Runde *f*, Satz *m*
manşet, -ti (*franz.* **manchette**) 1. Manschette *f* 2. Schlagzeile *f* (e–r Zeitung), Überschrift *f*, Kopf *m* 3. erklärende Textbeifügung; Bildunterschrift *f*
manşo (*franz.* **manchot**) s. **kral penguen**
manşon (*franz.* **manchon**) 1. (Damen-)Muff *m* 2. *techn.* Muffe *f* *ek bileziği 3. Gasglühstrumpf *m*
manta (I) weißes Veilchen *bot.* Viola imberbis
manta (II) s. **kulaklı folyabalığı**
mantalite Geisteshaltung, Mentalität *f* *zihniyet
mantar 1. Pilz *m* 2. Kork *m* (Material) 3. verarbeiteter Kork wie: Kork-sohle, -einlage *f* usw. 4. *spez.* Kork(-en) *m*, Flaschenpfropfen *m*, *a.:* Korkkapsel *f* 5. aus Kork hergestellt, Kork- 6. *Kspz.* Korkpatrone *f*, Knallkorken *m* 7. **(kapağı)** Geschützverschluß *m* 8. Krispelholz *n* (bei der Lederfabrikation) 9. *dial.* haarlose Stelle an der Nasenspitze von Tieren 10. *V* Schwindel *m*, Lüge *f*, Aufschneiderei *f* 11. *Sch.* dumm, einfältig; Trottel *m* 12. *V* nutzlos, sinnlos *boş ~ **ağacı** Korkbaum *m bot.* Phellodendron (amurense u. a.) (ostasiatischer Zierbaum) ~ **atmak** *V* aufschneiden, das Blaue vom Himmel herunterlügen ~ **başlı manika** *naut.* Pilzkopflüfter *m* ~ **burgusu** (*od.* ~ **çekecek**) Korkenzieher *m* *tirbuşon ~ **gibi yerden bitmek** wie Pilze aus dem Boden schießen ~ **gibi** brüchig, zerbrechlich ~ **hastalığı** 1. s. **küflüce** 2. s. **mantarlaşma** (2); ~ **kambiyumu** s. **mantardoğuran;** ~ **kavı** (Schwamm-)Zunder *m* (aus Polyporus fomentarius od. P. igniarius) ~ **kaya** *geol.* Pilzfelsen *m* ~ **meşesi** Korkeiche *f bot.* Quercus suber ~ **özü** *bot.* Suberin *n*, Korkstoff *m* *filinin, süberin ~ **pabuç** Schuh *m* mit Korksohlen od. -absätzen ~ **şehir** Bez. für Städte, deren Bevölkerung in e–m Jahrzehnt auf das Doppelte od. mehr angewachsen ist ~ **tabakası** Kork-schicht, -rinde *f* *tabakai mantariye ~ **tabancası** *Kspz.* Knallkorkrevolver *m* ~ **yakası** ein durch die Korkschwimmer e–s Fischernetzes gezogenes Seil **-a basmak** *V* auf e–n Schwindel hereinfallen, auf den Leim gehen, sich übertölpeln lassen **-lar** *bot.* Pilze *pl.* *futur
mantarbiçim s. **mantarsı**
mantarbilim Pilzkunde, Mykologie *f* *mikoloji
mantarbilimsel pilzkundlich, mykologisch *mikolojik
mantarcı 1. Pilz-züchter, -händler, -verkäufer *m* 2. *V* a) Aufschneider, Schaumschläger *m* b) Schwindler, Betrüger, Gauner, Bauernfänger *m*
mantarcıl von Pilzen lebend (*spez.* best. Ameisen od. Termiten)
mantarcılık 1. Pilz-zucht *f*, -verkauf, -handel *m* 2. *V* a) Aufschneiderei, Schaumschlägerei *f* b) Schwindel, Betrug *m*, Gaunerei, Bauernfängerei *f*
mantardoğuran *bot.* Korkkambium, Phellogen *n* *fellojen; tabakai müvellidei felliniye
mantardoku *bot.* Phelloderm *n* *felloderm(-a)
mantarlamak 1. mit Korken verschließen, zukorken 2. *V* belügen, betrügen, beschwindeln
mantarlaşma *bot.* 1. Verkorkung *f* *tefellüm 2. Haus-, Holz-schwamm *m bot.* Marulius lacrimans
mantarlı 1. mit Pilzen bewachsen (bestanden) 2. Pilze enthaltend od. aus Pilzen hergestellt, Pilz- 3. aus Kork hergestellt od. Kork enthaltend, Kork- 4. mit Kork-pfropfen od. -kapsel 5. mit Knallkorken 6. mit Korkmundstück (Zigarette) ~ **çorba** Pilzsuppe *f* ~ **şişe** mit Korken od. Korkkapsel versehene Flasche ~ **tabanca** *Kspz.* Knallkorkrevolver *m* ~ **yemek** Pilzgericht *n*
mantarlık 1. an Pilzen reiche Stelle 2. Pilzbeet *n*, Champignonkeller *m*
mantarsı pilzähnlich, schwammartig *mantarbiçim ~ **kayaç** s. **lakolit**
mantel *techn.* Mantel *m* (als Hülle von Röhren, Kabeln, Geschossen usw.)
mantelli *techn.* Mantel-

mantı (I) Fleischpastete *f* (die zusammen mit Joghurt und manchmal mit Knoblauch gegessen wird)
mantı (II) *naut.* 1. Marsrahfall *n* 2. Drehreep *n*, Mantel *m*
mantık, -ığı 1. Logik *f* 2. vernünftige Handlung ~ **cebiri** Funktionenkalkül *m* (in der Logistik) ~ **titremi** (*od.* ~ **tonlanması**) s. **anlatım vurgusu;** ~ **vurgusu** s. **tümce vurgusu; -ı remzî** s. **imsel mantık**
mantıkan *Adv.* auf logischem Weg, logisch
mantıkapan *naut.* 1. Takel *n* und Mantel *m* (z.B. am Backstag) 2. Klappläufer *m*
mantıkça s. **mantıkan**
mantıkçı Logiker *m* *lojikçi, lojisyen
mantıkçılık 1. Logismus *m* 2. Logizismus *m*
mantıkdışı, -nı alogisch *lâmantıkî
mantıkıyun [u–] *va. Pl.* Logiker *pl*
mantıkî 1. logisch *mantıklı, mantıksal 2. *va.* rationell ~ **olarak** logischerweise ~ **pozitivizm** s. **yenipozitivizm; gayri** ~ der Logik widersprechend; unlogisch *mantıksız
mantıkîlik Logisch-Sein *n*
mantıklı 1. folgerichtig, logisch 2. logisch denkend od. handelnd
mantıklılık Folgerichtigkeit *f*
mantıköncesi, -ni *phil.* prälogische Phase (menschlicher Entwicklung) *kablelmantık
mantıksal folgerichtig, logisch
mantıksız 1. der Logik widersprechend, unlogisch 2. unlogisch denkend od. handelnd
mantıksızlık 1. Ungereimtheit *f* 2. unlogische Behauptung
manti s. **mantı** (II)
mantilye [·×·] *naut.* Toppnant *f*, Schwungtau *n*
mantin Name e–r Seidenstoffart (dicker als **canfes**)
mantinato; mantineto; mantinota s. **mantonita**
mantis *math.* Mantisse *f* *kısmı aşarî; ondalık bölüm
mantizelo [··×·] *naut.* Refftalje *f*
manto (*franz.* **manteau**) [×·] 1. Damenmantel *m* 2. s. **örtenek**
manto-rop, -bu Mantelkleid *n* (für Damen)
mantol, -lü *pharm.* Menthol *n*
mantolu e–n Mantel tragend, im Mantel (Dame)
mantoluk für e–n Damenmantel best. od. geeignet (Stoff)
mantonita [··×·] (ausgehaltene) Mätresse; Geliebte, Freundin *f* *kapatma, metres
mantuk, -ku [u–] *va.* 1. gesagt, ausgesprochen 2. Wort *n* 3. Sinn, Inhalt *m*, Bedeutung *f* *mazmum, meal
mantunita s. **mantonita**
manuluk *dial.* Seidenfaden-Haspelmaschine *f*
manüel (*franz.* **manuel**) Hand-, Lehr-buch *n*
manükür s. **manikür**
manüskri Manuskript *n*, Handschrift *f*
manya [×·] *med.* Manie *f;* manische Phase (des manisch-depressiven Irreseins) *mani (II)
manyak (*franz.* **maniaque**) 1. irre, wahnsinnig 2. besessen, schrullig 3. *med.* manisch
manyakodepresif (*franz.* **maniaco-dépressif**) *psych.* manisch-depressiv ~ **psikoz** s. **siklofreni**
Manyas *n.pr.* O. u. D. am gln. See im Rbz. Balıkesir
manyat (I), **-tı** 1. kleineres, mit drei Ruderpaaren ausgestattetes Fischerboot 2. **(ağı)** Schleppnetz *n*
manyat (II), **-tı** 1. *hist.* Magnat *m* 2. Großgrundbesitzer *m* 3. Großindustrieller *m*
manyetik; manyetit s. **magnetik; magnetit**
manyetize (*franz.* **magnétizé**) magnetisiert ~ **etmek** magnetisieren
manyetizma (*franz.* **magnétisme**) 1. s. **magnetizma** 2. s. **hipnotizma**
manyetizmacı 1. *med.* Magnetiseur, Magnetopath *m* 2. Hypnotiseur *m*
manyeto (< *franz.* **magnéto-génératrice**) *techn.* Zündmagnet *m*, Magnetzündung *f*
manyetofon s. **magnetofon**
manyezi 1. *chem.* Magnesia, Talk-, Bitter-erde *f* 2. Magnesiumsulfat *n* (Abführmittel) *pharm.* Magnesium sulphuricum
manyezit, -ti s. **lületaşı**
manyok, -ku Maniok *m bot.* Manihot utilissima ~ **unu** Maniokmehl *n*, Tapioka *f*
manzar *va.* 1. Anblick *m* 2. Äußeres 3. Gesicht *n*, Physiognomie *f* 4. *fr.* s. **gözbebeği**
manzara 1. Anblick *m*, Ansicht, Aussicht *f*, Bild *n* *görünüş 2. *(spez. phot. und Malerei)* Landschaft *f* *peyzaj 3. Schauspiel *n*, Szene *f* (Zu 1: **O, iyi bir** ~ **arz etmiyor.** Das ist kein erfreuliches Bild.) ~ **kartı** Ansichtskarte *f* ~ **ressamı** Landschaftsmaler *m* ~ **tablosu** Landschaftsgemälde *n* **-i umumiye** s. **genel görüntü** *bzw.* **genel görünüş**
manzaralı 1. mit nb. Aussicht 2. *pr.* mit schöner bzw. weiter Aussicht
manzarasız ohne Aussicht (z.B. Haus)
manzum [ū] in Gedichtform, in Versen
manzume [ū] 1. Gedicht *n*, Versdichtung *f* 2. (philosophisches) System; Richtung, Lehre, Lehrmeinung, Theorie, Doktrin *f* *çığır, meslek, öğreti, sistem 3. System *n* Zu 3: **-i şemsiye** s. **güneş sistemi**
manzur [ū] *va.* 1. gesehen 2. gern gesehen; Günstling, Schützling *m* Zu 1: **Evrak -unuz oldu mu?** *va. Beh.* Haben Ihnen die Akten vorgelegen?
Maocu; Maoist, -ti 1. Maoist (-in *f*) *m* 2. maoistisch
Maoculuk; Maoizm Maoismus *m*
maon s. **mahun**
mapa [×·] *naut.* 1. Augbolzen *m* 2. Ruder-öse, -schere *f* (am Bootsheck) 3. *fr.* (vor Verwendung der Elektrizität) Öl-lampe *f*, -licht, -feuer *n*
mapamondo (vgl. *franz.* **mappemonde**) [··×·] *naut. va.* Weltkarte *f*
maparol (*franz.* **ma parole**) *lev.* auf mein Ehrenwort
mâr (I) *va.* Schlange *f* *yılan **-ı sermadide** *va.* erstarrte Schlange
mâr (II), **-rrı** *va.* 1. vorüber-, vorbeigehend, Passant(-in *f*) *m* 2. vergangen
mara Pampashase *m zo.* Dolichotis patagonica *pampa (od. Patagonya) tavşanı
marabu 1. Marabu, Kropfstorch *m zo.* Leptopilus crumeniferus 2. Marabuseide *f* od. hieraus hergestellter Stoff
marabut s. **murabut**
marakas *mus.* Maracas *pl.* (Jazzinstrument)
Marakeş s. **Merakeş**
maral s. **meral**
marangoz 1. (Möbel-)Schreiner, Tischler *m* 2. *naut.* Schiffszimmermann *m* (gleichzeitig oberster Handwerker) ~ **çaprazı** Schränk-eisen *n*, -feile ~ **gönyesi** Gehrmass *n* (des Tischlers) ~ **kalemi** s. **ıskarpela;** ~ **mengenesi** Schraubknecht *m* ~ **takımı** Tischlereigerät *n*, Tischlerwerkzeug *n* ~ **tezgâhı** Hobelbank *f* ♀ **yongayı kendine yontar.** *Spr.* Jeder denkt zuerst an sich.
marangozbalığı, -nı s. **testerebalığı**
marangozhane [···–·] Schreinerei, Tischlerei, Schreiner-, Tischler-werkstatt *f*
marangozluk 1. Schreiner-, Tischler-handwerk *n* 2. s. **marangozhane** 3. Möbelanfertigung *f*
maranta [·×·] Marante *f*, schilfartige Pfeilwurz *bot.* Maranta arundinacea *ararot kamışı
maraska Maraska *f* (dalmatinische Sauerkirsche)

maraskino [··×·] Maraschino *m* (Likör)
Maraş *n.pr.* 1. Stadt im gln. Rbz. (südl. Mittelanatolien) 2. Gebiet an der türk.-griech. Demarkationslinie bei Famagusta (Zypern)
Maraton *n.pr.* Marathon ♎ **yarışı** Marathonlauf *m*
maratoncu *(Sport)* Marathonläufer *m*
maraz 1. Krankheit *f* *hastalık 2. Plage *f*, Übel *n*, Kummer *m* *dert, belâ 3. Fehler, Defekt *m* 4. griesgrämig, pedantisch, nicht zufriedenzustellen; ewiger Nörgler **-ı asabî** s. **nevroz; -ı cima** *vet.* Beschälseuche *f* **-ı mühliki müstevli** s. **kıran; -ı müstevli** s. **epidemi; -ı ruhî** s. **psikopati**
mâraz *geogr.* Lage *f* (hinsichtlich der Himmelsrichtung) *bakı
maraza(-cı) *P* s. **muaraza(-cı)**
marazcılık Unzufriedenheit, Griesgrämigkeit, Nörgelei *f*
marazî krankhaft, pathologisch ~ **ruhiyat** s. **psikopatoloji;** ~ **teşrih** pathologische Anatomie
marazîlik krankhafter Zustand, Morbidität *f*
maraziyat, -tı s. **patoloji**
marazlanmak *P* s. **hastalanmak**
marazlı *P* krank, kränklich
marazm *med.* Marasmus *m*, allgemeiner geistig-körperlicher Verfall
marda 1. Geschenk *n* od. Trinkgeld *n* (das ein Verkäufer außerhalb des ausgemachten Preises erwartet) 2. Ausschußware *f* *ıskarta mal
Mardin *n.pr.* Städtchen im gln. Rbz. (Südostanatolien)
maregraf *(franz.* **marégraphe)** s. **gelgit yazarı**
mareke [ā] *va.* Schlachtfeld *n*
marengo Marengo *m* (schwarz-weiß meliertes Wollgewebe)
mareşal (Generalfeld-)Marschall *m* ~ **asası** Marschallstab *m* ♎ **Fransası** *hist.* Vichy-, Pétain-regierung *f* (im II. Weltkrieg)
mareşallik Rang *m* e–s (Generalfeld-)Marschalls
margarik asit *chem.* Margarinsäure *f*
margarin *(a.* ~ **yağı)** Margarine *f*
margarinci Margarine-hersteller, -verkäufer, -händler *m*
margarincilik Herstellung *f* von Margarine, Handel *m* mit Margarine
margarit, -ti Margaretenblume *f*, großes Maßliebchen *bot.* Chrysanthemum leucanthemum
margarita [··×·] **bağı** *naut.* Schafschenkel, Trompetersteek *m*
margizet s. **markizet**
Marg(ö)rit, -ti *(franz.* **Marguerite)** *n.pr.* Margarete
Mari banyosu s. **su banyosu**
marife [ā] 1. *va.* s. **bilgi, marifet** 2. *gr.* determiniertes Sb. *spez.* der Genitiv e–r suffigierten Nominalkomposition (z.B. **Kitabı okudum.** Ich habe das (bewußte) Buch gelesen. *od.* **„evin"** in der Füg. **evin kapısı)** *(ant.* **nekre)**
marifelik [ā] *gr.* Determinierung *f* e–s Sb. (vgl. **marife)** *(ant.* **nekrelik)**
marifet, -ti [ā] 1. Geschicklichkeit, Fertigkeit, Kunst *f*, Kunst-, Meister-stück *n* 2. besonderer Vorzug (z.B. e–r Maschine) 3. *pej. od. spött.* Tat, Handlung *f*, Leistung *f* 4. *va.* (Er-)Kenntnis *f*, Wissen *n* 5. Mittel *n*, Vermittlung, Hilfe *f* 6. *isl. Mystik* Gotteserkenntnis *f* mittels der Sinne (nicht des Verstandes). (Zu 1: **♎ini göster, bakalım!** Nun zeig einmal, was du kannst! Zu 3: **Yaptığın -i beğendin mi?** *iron.* Auf deine Glanzleistung bist du wohl noch besonders stolz? **keyif ehli bir ayyaşın kanlı -i** Bluttat *f* e–s Trunkenbolds) ~ **nazariyesi** s. **epistemoloji;** ~ **sahibi** geschickt, talentiert ~ **satmak** behaupten, daß man besonders geschickt od. klug ist **-iyle** (b–nin) durch Vermittlung, durch die Hand (von)
marifetli [ā] 1. geschickt, kunstfertig, gewandt (Mensch) 2. besondere Vorzüge aufweisend (z.B. Maschine) 3. kunstvoll hergestellt
Marifetname [–··–·] *lit.* ein von İbrahim Hakkı Efendi (18. Jh.) verfaßtes Werk zur (mystischen) Gotteserkenntnis
marihuana; marijuana Marihuana, Haschisch *n*
Mariler s. **Çeremişler**
marina [·×·] *naut.* Boots-, Jacht-hafen *m*
marinat, -dı Marinade *f*
mariniyer *(franz.* **marinière)** Damenbluse *f* mit Matrosenkragen
Marinoculuk; Marinizm *lit.* Marinismus *m* (italienischer Schwulststil)
marit, -di [–·] *va.* ungehorsam, aufständisch, rebellisch
mariz (I) [ī] kränklich, leidend, siech *hastalıklı
mariz (II) *V* Schläge, Prügel *pl.* ~ **atmak** *(od.* **uçlanmak)** *V* e–e Tracht Prügel verabfolgen **-ine kaymak** (b–nin) *V* s. **marizlemek**
marizlemek *V* (ver-)prügeln, ver-, durch-hauen
marizlenmek *V* Prügel beziehen, Schläge bekommen
marj *(franz.* **marge)** 1. Rand *m spez.* der e–e Druckseite umgebende weiße Rand od. Heftrand *m* 2. *fig.* Spielraum *m*, Marge, Spanne *f* 3. *H* Deckung *f* (z.B. bei Lombardierung von Wertpapieren) *ihtiyat payı 4. *techn.* Toleranz(-bereich *m*) *f*
marjinal *H* Rand-, Grenz-, Mindest-; knapp über der Rentabilitätsgrenze liegend (z.B. Gewinn)
marjlı 1. mit Rand (z.B. Heft) 2. mit nb. Spielraum (Marge, Spanne) 3. mit nb. Deckung
marjör *(franz.* **margeur)** Tabulator, Randeinsteller *m*
mark, -kı Mark *f* (deutsche Währungseinheit)
Mark, -kı *n.pr.* Markus *(spez.* Evangelist) ~ **Antuvan** *n.pr.* Marcus Antonius
marka [×·] 1. Warenzeichen *n*, Stempel *m* (auf Waren), Fabrik-zeichen *n*, -marke *f* 2. Herkunft *f*, Ursprung (-sland *n*) *m* 3. *Abk.* von **markalı** 4. Merkmal, (Ab-, Kenn-)Zeichen *n* 5. Monogramm *n* od. Wäscheinitialen *pl.* 6. (Zahl-)Marke *f*, *gel. a.* Notgeld *n* 7. *Fb.* Abdecken *n* e–s Spielers 8. (Lebensmittel-)Marke *f* (für rationierte Waren) (Zu 2: **Bu torpilin -sı keşfedilmemiş değildir.** Man ist sich durchaus nicht im unklaren über die Herkunft dieses Torpedos. Zu 3: **Zündapp** ~ **motör** Zündapp-Motorrad *n*
markacı 1. wer Warenzeichen *(usw.* s. **marka)** anfertigt, anbringt od. verkauft 2. *V* Schwindler, Betrüger, Gauner *m*
markacıoğlu *od.* **markaç oğlu** s. **markacı; malkoç oğlu**
markaj *(franz.* **marquage)** 1. *Ka.* Aufschreiben *n* (der Gewinn- und Verlustpunkte) 2. *Fb.* Abdeckung *f* (e–s Spielers)
markalamak (m. Akk.) mit Warenzeichen (Stempel, Initialen usw.) versehen; et. kennzeichnen, stempeln, markieren
markalı [×··] mit Warenzeichen (usw.) **Buick** ~ **otomobil** Buick-Wagen *m*
markasız ohne Fabrikzeichen; nicht gekennzeichnet
markasit, -ti *(franz.* **marcassite)** Eisen-, Schwefel-kies, Markasit *m*
marke *(franz.* **marqué)** 1. aufgeschrieben, notiert 2. markiert 3. *Fb.* abgedeckt (Spieler) ~ **etmek** 1. aufschreiben, notieren 2. markieren 3. abdecken (Spieler)
markelemek s. **marke etmek**
market, -ti *(engl.)* 1. *selt.* Markt *m* 2. Lebensmittelgeschäft *n*
marketing Marketing *n*, Absatzvorbereitung *f*, Marktforschung *f* hinsichtlich Absatzmöglichkeiten *pazarlama
marketör *(franz.* **marqueteur)** wer Einlegearbeiten macht

od. verkauft; Intarsienarbeiter, Intarseur, Kunsttischler *m*

marketöri Marketerie, Einlegearbeit *f*, Intarsia *pl.*

marketörili mit Einlegearbeit, Intarsien-

marki Marquis *m* (franz. od. engl. Adelsstufe zwischen Herzog und Graf)

markilik Marquisat *n*

markiz 1. Marquise *f* (Frau e–s Marquis) 2. **(koltuk)** niedriger, breiter Sessel für zwei Personen 3. **(yüzük)** mit Brillanten besetzter, oval gefaßter Damenring mit blauem Stein 4. überdeckte Bahnhofshalle *spez.* senkrecht zu Glasschutzdächern angebrachte Glasschürzen *pl.* 5. schön verziertes Vordach (über e–r Tür) 6. *naut.* s. **velena yelkeni**

markizet, -ti Marquisette *f* (gazeartiges Gardinengewebe)

markka finnische Mark (zu 100 **peni**)

marklık in Höhe von soundsoviel Mark **150 milyon ~ kredi anlaşması** das Kreditabkommen über 150 Millionen Mark

Marko Paşa *n.pr.* Leibarzt Abdülhamits II., gest. 1888; s. a. Stw. **dert**

Markomanlar *hist.* Markomannen *pl.* (germanischer Volksstamm)

Markorel *n.pr.* Marcus Aurelius, Mark Aurel (römischer Kaiser)

Markos *n.pr.* (*a.* **Aziz ~**) Markus (Apostel)

marköz (*franz.* **marqueuse**) Markierungstäfelchen *n* bei verschiedenen Ka., *spez.* bei Bésigue

Marksçı(-lık) s. **Marksist; Marksizm**

Marksist, -ti 1. Marxist(-in *f*) *m* 2. marxistisch **~ fikirler** marxistisches Gedankengut

Marksizm Marxismus *m*

marmahor s. **mermahur**

Marmara *n.pr.* 1. Marmara (O. auf der Insel Marmara) 2. **(denizi)** Marmarameer *n* 3. türkische Zigarrenmarke **~ adaları** die aus drei größeren (Avşa, Marmara, Paşalimanı) und verschiedenen kleineren Inseln bestehende Gruppe der Marmarainseln **~ adası** *n.pr.* Insel *f* Marmara **~ çırası gibi yanmak** 1. wie Zunder brennen 2. *fig.* empfindliche Einbuße erleiden **~ Ereğlisi** s. **Ereğli**

marmara *naut.* Lenzen *n* **~ etmek** lenzen **~ olmak** Pass. zu **marmara etmek**

Marmaris *n.pr.* kleiner Hafenort u. gln. D. im Rbz. Muğla

marmelat, -dı Marmelade *f*

marmelatlı Marmelade enthaltend od. mit Marmelade hergestellt

marmoset, -ti (*engl.* **marmoset**) s. **ipek maymun**

marmot, -tu (*franz.* **marmotte**) s. **dağ sıçanı**

marmurus (balığı) der aalähnliche Fisch Echelus myrus

marmuza s. **çanta çiçeği**

marn (*franz.* **marne**) *geol.* Mergel *m* *pekmez toprağı

Marn *n.pr.* Marne *f* (Fluß in Frankreich)

marnel 1. *naut. fr.* erfahrener Seemann *muallim gemici 2. Matrosenanzug *m* (*spez.* bei Kindern) 3. Matrosen- (z.B. Kragen)

marnlamak *agr.* mit Mergel düngen; mergeln

marodaj (*franz.* **maraudage**) Plündern, Marodieren *n* *çapulculuk

Marok, -ku *selt.* Marokko *Fas **~ kuvvetleri** *selt.* marokkanische Streitkräfte *pl.* **~ zeytin ağacı** marokkanischer Eisenholzbaum *bot.* Argania sideroxylon

maroken 1. Maroquin *m*, Saffian(-leder *n*) *m* 2. aus Saffianleder hergestellt, Saffian- 3. Marocain *m, n*, Crepe marocain *m* (Seidengewebe) **~ ciltli** in Saffianleder gebunden **~ ejipsiyen** e–e *spez.* als Kleiderstoff verwendete Marocain-Art

maron (*franz.* **marron**) *mod.* 1. Maron *n* 2. kastanienbraun

Maronit, -ti 1. Maronit(-in *f*) *m* 1. maronitisch

marpuç, -cu Schlauch *m* der Wasserpfeife

marpuççu wer Schläuche für Wasserpfeifen anfertigt od. damit Handel treibt

mârrülbeyan; mârrüzzikir *(beides va.)* oben-erwähnt, -genannt

mars *Tr.sp.* doppelt bewerteter Gewinn **~ etmek** 1. *Tr.sp.* ein Spiel gewinnen, bei dem der Gegner noch alle Steine auf dem Brett behalten hat 2. *fig.* durch unwiderlegliche Argumente zum Schweigen bringen **~ olmak** 1. *Tr.sp.* ein Spiel verlieren, bei dem man keinen Stein vom Brett hat nehmen können 2. *fig.* auf unwiderlegliche Argumente nichts mehr zu antworten wissen

Mars 1. *astr.* Mars *m* (Planet) *Merih, Sakıt 2. Mars (römischer Kriegsgott)

Marsala [·×·] 1. *n.pr.* Marsala (sizilianische Hafenstadt) 2. ⚬ Marsala(-wein) *m*

marsama 1. Poleiminze *f* *bot.* Mentha pulegium 2. wilder Thymian *bot.* Thymus serpyllum

marsapet, -ti *naut.* Fußpferd, Peerd *n* (von wo aus die Segel bedient werden) (Kriegsmarine) *basadora **~ ayakları** *naut.* Springfeld *n* (Haltetau an den Rahen) **~ bağı** s. **filator bağı; ~ cevizi** *naut.* Knopf, Türkenbund *m*

marsavan s. **marsıvan**

Marsel *n.pr.* 1. Marzellus, Marcel 2. *selt.* Marcelle

Marseyez *n.pr.* Marseillaise *f*

marsık 1. schlechtgebrannte, stark rauchende Holzkohle 2. *V* (Neger(-in *f*) *m* **~ gibi** von schmutzigbräunlicher Farbe, schwarzbraun **~ kokusu** Gestank *m* von schlechtgebrannten Holzkohlen

marsıvan 1. *va.* Grenzwächter *m* 2. *va.* Gouverneur *m* e–s Grenzgebietes od. Kommandant *m* von Grenztruppen 3. Esel *m* **~ eşeği** *(grob)* Esel, Dummkopf *m*

marsıvanotu s. **solucan otu** (1)

Marsilya [·×·] *n.pr.* Marseille **~ humması** s. **Malta humması; ~ sabunu** Kern-, Wasch-seife *f*

Marsilyalı [·×··] aus Marseille stammend, Marseiller (-in *f*) *m*

marsipet s. **marsapet**

Marslı Mars-bewohner, -mensch *m* *Merihli

marş 1. *mil.* marsch! 2. *mus.* (Militär-)Marsch *m* 3. Nationalhymne *f* 4. Anlasser *m* (beim Auto) 5. Fußhebel *m*, Pedal *n* **~ düğmesi** Anlaßknopf, Starter *m* **~ fünebr** (*franz.* **marche funèbre**) Trauermarsch *m* ⚬ **~** *mil.* Im Laufschritt marsch marsch! **~ motörü** *techn.* Anlassermotor *m* **-a basmak** den Starter betätigen; vgl. **pedallara basmak**

Marşal 1. *n.pr.* Marshall (US-General u. Politiker) 2. ⚬ **(ders)** *Sch.* Unterrichtsstunde *f*, in der der Lehrer fehlt oder aber in der er den Lernstoff nicht abfragt **~ planı** *pol.* Marshall-Plan *m* **~ yardımı** 1. *pol.* Marshall-Hilfe *f* 2. *Sch.* Gesichtspflege der Frauen

marşandiz (*franz.* **marchandise**) 1. *selt.* (Handels-)Ware *f* 2. (*franz.* **train de marchandises**) Güterzug *m* *yük katarı **~ istasyonu** (*od.* **garı**) Güterbahnhof *m* **~ vagonu** Güterwagen *m*

marşpiye (*franz.* **marchepied**) 1. Trittbrett *n* (e–s Fahrzeugs) 2. *fig.* Sprungbrett *n* 3. s. **ayaklı merdiven**

mart, -tı März *m* **~ dokuzu** Frühjahrsäquinoktialsturm *m* (gegen 21. März des jetzigen Kalenders) **~ havası** 1. unbeständiges Wetter; Aprilwetter *n* 2. *fig.* unbeständiges Wesen; Launenhaftigkeit *f* **~ havası gibi** launisch, wankelmütig, unzuverlässig (Person) ⚬ **içeri pire dışarı.** *Ra.* bei Eintreffen e–r Person und gleichzeitigem Aufbruch e–r anderen (zur Charakterisierung unverträglicher Gegensätze) ⚬ **kapıdan baktırır, kazma kürek yaktırır.** *Spr.*

Unerwartete Märzkälte bringt oft Schaden. ~ **kedisi (gibi)** *hum.* Schürzenjäger, Don Juan *m* ~ **sineği** s. **bahçe sineği;** ~ **yavrusu** Märzkätzchen *n*
martagan e–e von Sultan Mehmet I. verwendete Turbanform
martaval *V* Lüge *f*, Schwindel, Bluff *m*, Aufschneiden *n*, Angeberei *f* ~ **atmak** (*od.* **okumak**) *V* lügen, schwindeln, bluffen, angeben, aufschneiden
martavalcı *V* Lügner, Schwindler, Aufschneider, Angeber *m*
martavalcılık *V* Angeberei, Aufschneiderei *f*
Marten *n.pr.* Martin (*a.* Papstname)
martı Möwe *f zo.* Larus
martika; martiko [·×·] Segelschiff der türk. Schwarzmeerküste (bis 300 Tonnen groß; mit rückwärts gebogenem Bug und hohem Heck) *gagalı
martila (vgl. *franz.* **martelet**) Hämmerchen *n* (z.B. des Dachdeckers od. des Goldschmieds)
martin (I) *fr.* Martinigewehr *n* (einschüssige Flinte) **-i atmak** s. Stw. **atmak**
martin (II) **demiri** *naut.* Martinanker *m*
martingal (*franz.* **martingale**) 1. s. **kelepser** 2. *mod.* (Stoff-)Lasche *f* (z.B. Rückengurt *m*)
martini [·×·] Martini *m* (Cocktail)
martir (*franz.* **martyre**) 1. Märtyrer, Dulder, Blutzeuge *m* 2. Martyrium *n*, Marter *f*, Opfertod *m* od. Höllenqualen *pl.*
marto (*franz.* **marteau**) *selt.* s. **martila**
martolos *hist.* 1. christl. Soldat e–r türk. Garnison 2. Seeräuber *m* (auf der Donau)
martopilon (*franz.* **marteau-pilon**) Dampf-, Fall-hammer *m*, Pfahlramme *f*, Rammbär *m*
maruf [– –] 1. allgemein bekannt 2. *rel.* vorgeschrieben, gesetzlich, erlaubt (*ant.* **münker**) **... namiyle** ~ der unter dem Namen ... allgemein bekannte ...
marufiyet, -ti [– –··] *va.* Bekanntsein *n*, Berühmtheit *f* ~ **kazanmak** allgemein bekannt werden
marul Lattich *m bot.* Lactuca ~ **sütü** *pharm.* Lactucarium *n*, Giftlattichsaft *m* (aus Lactuca virosa)
marulcu wer Lattich anpflanzt od verkauft
marulcuk s. **çöpleme**
Maruni [– – –] s. **Maronit**
Marut s. **Harut ile Marut**
maruz [– –] 1. *va.* ausgestellt, dar-, an-geboten 2. der Einwirkung von et. ausgesetzt 3. *va.* eingereicht, unterbreitet (Gesuch usw.) 4. *va.* dargelegt (Sachverhalt) Zu 2: **güneşe** ~ **kalmak** der Sonne ausgesetzt sein **hakarete** ~ **kalmak** Spott und Hohn (Beschimpfungen, Beleidigungen) ausgesetzt sein **cüzi bir mukavemete** ~ **kalmak** *a. mil.* nur mehr auf geringen Widerstand stoßen **Bir haksızlığa mı** ~ **kaldınız?** Ist Ihnen ein Unrecht widerfahren? **suale** ~ **kalanlar** diejenigen, an welche die Frage gerichtet worden war **ilerde herhangi bir itaba** ~ **kalmamak için** um später keinen Vorwürfen ausgesetzt zu sein **fena bir muameleye** ~ **bırakmak** e–r Mißhandlung aussetzen Zu 4: ~ **şekilde** *va.* in der dargelegten Weise
maruzat, -tı [– – –] *urspr. Pl.* 1. handschriftliche oder mündliche Darlegung(-en *pl.*), Eingabe(-n *pl.*), Ausführung(-en *pl.*) *f* (e–s Untergebenen) 2. *Besch.* Bitte *f* Zu 2: **Size -ım var.** *va.* Ich hätte eine Bitte an Sie. **-ta bulunmak** *z.va.* vortragen, unterbreiten, e–e Eingabe machen **-ı âcizanem** s. Stw. **âcizane**
marya [×·] 1. Mutter-schaf *n* od. -ziege *f* 2. *allg.* Weibchen *n* e–s Tieres 3. **(balık)** kleine Fische verschiedener Art ~ **ağı** etwa 7 m breites und 100 m langes, engmaschiges Fischernetz
maryaj (*franz.* **mariage**) *selt.* 1. Heirat, Hochzeit *f* 2. Ehe *f* ~ **sivil** (*franz.* **mariage civil**) standesamtliche Trauung
maryol (*franz.* **mariole**) 1. *hist. naut.* christl. Seemann (*gel. a.* Kapitän) in der osm. Marine 2. *P* Pfiffikus, Schlaumeier, Gauner *m*
maryolluk *V* Schwindel *m*, Gaunerei *f*, Betrug *m*
maryonet, -ti *selt.* Marionette, Puppe *f* *kukla
mas, -ssı Aufsaugen *n*, Absorption *f* *soğurma
masa [×·] Tisch *m; a.* Tischgesellschaft *f* 2. Abfertigungsstelle, Kommission, Abteilung *f* (bei e–r Behörde), Dezernat *n* 3. (*a.* **iflâs -sı**) Konkursmasse *f* ~ **başı sohbeti** Tischgespräch *n*, Unterhaltung *f* bei Tisch ~ **başına** an den (zum) Tisch ~ **başında** am (vor dem) Tisch ~ **dağı** *geogr.* Tafelberg *m* ~ **kasnağı** Zarge *f* e–s Tisches ~ **örtüsü** Tischdecke *f* ~ **tenisi** Tischtennis *n* *pingpong ~ **üstü** Tischplatte *f* **ºnın üstü toz içindeydi.** Der Tisch war ganz staubig. **-yı itmek** den Tisch et. anders rücken **-yı yumruklamak** mit der Faust auf den Tisch schlagen
masadak [– ··] *va.* 1. bestätigt, verifiziert 2. Bestätigung, Verifikation *f*
masaj Massage *f* ~ **rulosu** Punktroller *m* ~ **yapmak** massieren
masajcı s. **masör, masöz**
masajcılık Beruf *m*, Tätigkeit *f* e–s Masseurs, e–r Masseuse
masal 1. (Kinder-)Märchen *n*, Erzählung *f* 2. *fig.* leeres od. unwahres Geschwätz; (Ammen-)Märchen *n* 3. *lit.* Fabel ~ **gibi** (*od.* **kabilinden**) märchenhaft, unvorstellbar º **okuma!** Erzähl doch keine (Ammen-)Märchen! ~ **söylemek** Märchen erzählen **-ı bağlamak** mit dem dummen Geschwätz aufhören
masalcı 1. Märchenerzähler(-in *f*) *m* 2. *fig.* Lügner *m*, Klatschbase *f*
masallama 1. Fabeldichtung *f* 2. Erzählungskunst *f* *tahkiye
masallaşmak zum Mythos werden
masallaştırmak mythologisieren
masar *hist.* erste Quartalszahlung der Janitscharenlöhnung (für die Monate muharrem, safer, rebiyülevvel)
masarif [·–·] (*z.va. Pl.* zu **masraf**) Ausgaben, (Un-)Kosten, Auslagen, Spesen *pl.* **-i muhakeme** s. **muhakeme masrafları; -i nakliye** *z.va.* Transport-kosten, -spesen *pl.* **-i rahiye** *va.* s. **yol parası; -i zaruriye** s. **zarurî masraflar**
masarifat, -tı [·–·–] *va. dopp. Pl.* zu **masraf** s. **masarif**
masarika [··×·] s. **barsak askısı**
masat, -dı Wetzstahl *m* (*spez.* des Metzgers) **-a vurmak** am Wetzstahl abziehen (Messer)
mase *Bill.* Massé-, Kopf-stoß *m*
masebak, -kı [– ··] *va.* 1. voraus-, vorauf-gegangen 2. Vorgeschichte *f*; Vergangenes; Vergangenheit *f*
maseduan (*franz.* **macédoine**) gemischtes Gemüse
maser (*engl.* **maser;** *Abk.* von **microwave amplifier by stimulated emission of radiations**) Maser *m*, Mikrowellenverstärk-er *m*, -ung *f*
maserasyon (*franz.* **maceration**) Mazeration *f* (Erweichung, Auslaugung pflanzlicher od. tierischer Gewebe)
masına, -mesine (Bez. e–s finalen od. korroborativen Aspektes) tatsächlich, wirklich, schließlich, reichlich, recht wohl, ja, schon (z.B. **Uzak olmasına uzaktı.** Das war schon recht weit. **Bilmesine bilirdik.** Wir wußten das recht wohl. s.a. **İstemesine istiyorum. Unutmasına unutmadım. Acıkmasına acıkmıştım.**)
masif (I) (*franz.* **massif**) 1. massiv, ohne Hohlraum *som 2. *geogr.* Massiv *n*, Bergstock *m* *eski kütle
masif (II) [·–] *va.* s. **sayfiye, yazlık**
mâsil s. **cevzi** ~
masiva [–·–] alles außer Gott *d.h.* irdische Dinge *pl.*, Welt *f* **-dan geçmek** sich von der Welt zurückziehen

masiyet, -ti [ā] *va.* 1. s. **isyan** 2. s. **günah;** ~ **etmek** *va.* e–e Sünde begehen
masiyetkâr *va.* sündhaft, Sünder(-in *f*) *m*
mask (*franz.* **masque**) 1. (Toten-)Maske *f* 2. *hist.* Maskenspiel *n* (England)
maskal(-a) s. **mıskal(-a)**
maskara 1. unterhaltsam, lustig 2. *pej.* komisch, grotesk, lächerlich; Narr *m* verrückter Kerl; Spottfigur *f* 3. Karnevalsnarr, Hanswurst *m* 4. Karnevalsmaske *f* 5. Närrchen (Kind) *n* (Zu 1: **Görseniz ne** ~ **şey!** Den müßtet ihr einmal sehen; das ist wohl ein lustiger Bursche! Zu 2: **Çocukların -sı oldu.** Er ist zum Gespött der Kinder geworden.) ~ **etmek** s. **-ya çevirmek;** ~ **gibi** lächerlich, lachhaft ~ **olmak** zum Gespött werden **-lar alayı** Karnevalszug *m* **sını çıkarmak** (b–nin) verunglimpfen, dem Gespött preisgeben **-ya almak** (b–ni) sich lustig machen (über), *F* j–n durch den Kakao ziehen **-ya çevirmek** 1. (b–ni) j–n zum Gespött der Leute machen 2. (bşi) ins Lächerliche ziehen, lächerlich machen 3. s. **berbat etmek** (2); **-ya dönmek** aussehen wie e–e Schießbudenfigur
maskaralanmak 1. den Hanswurst spielen, Possen treiben 2. sich lächerlich machen
maskaralaşmak 1. unterhaltsam, lustig werden 2. s. **maskaralanmak** (2)
maskaralık 1. Possenreißen, Hanswurstspielen *n* 2. würdeloses od. skandalöses Benehmen; Schande, Unehre, Erniedrigung *f* *kepazelik, rezalet ~ **etmek** den Hanswurst spielen ≗ **değil!** Das ist kein Scherz!
maskarat, -tı; maskarata [··×·]; **maskaret, -ti** (Vorder-, Stoß-)Kappe *f* (am Schuh)
maskare (*franz.* **mascaret**) *geogr.* Sprungwelle, Springflut *f* (in Flußmündungen)
maskaron (*franz.* **mascaron**) *arch.* Fratzengesicht *n*, Maskaron *m*
maskatıreis, -e'si [·×···] *va.* Geburtsort *m* *doğum yeri
maske [×·] 1. (Gesichts-, Gas-, Karnevals-, Fecht-, Narkose-, Draht- usw.) Maske *f;* Larve *f* 2. (*a.* **burun -si**) Maulkorb *m* (für Hunde) 3. *phot.* Abdeckmaske *f* 4. *fig.* Maske *f*, trügerischer Schein 5. *mil.* Tarn-überzug *m*, -bekleidung *f* 6. *Bill.* in. e–r Linie stehend (Spielball als letzter) ~ **gibi** maskenhaft, unbeweglich (z. B. Gesichtszüge) **-si düşmek** sich entlarven; unverhüllt zutage treten **-sini atmak (indirmek, kaldırmak)** die Maske fallen lassen, sein wahres Gesicht zeigen **-sini düşürmek** (*od.* **kaldırmak**) (b–nin) j–m die Maske vom Gesicht reißen, j–n entlarven
maskeleme malzemesi *mil.* Tarn(ungs)material *n*
maskelemek 1. mit **maske** (*q.v.*) versehen 2. kaschieren 3. abblenden, abschirmen, ver-, zu-hängen, verdunkeln *karartmak 4. *mil.* tarnen Zu 3: **sokakların umumî tenviratının maskelenmesi için** zur Abblendung der Straßenbeleuchtung Zu 4: **uçağa karşı maskelenmiş bir top** ein gegen Fliegersicht gedecktes Geschütz
maskelenmek Pass. od. Refl. zu **maskelemek**
maskeli 1. e–e Gesichtsmaske (e–n Maulkorb usw. s. **maske**) tragend 2. *fig.* maskiert, kaschiert 3. *spez. mil.* getarnt 4. abgeblendet, verdunkelt (z. B. Lampe) ~ **arı** Maskenbiene *f zo.* Prosopis variegata ~ **balo** Maskenball *m* ~ **örümcekkuşu** Maskenwürger *m* (Vogel) *zo.* Lanius nubicus ~ **ötleğen** Maskengrasmücke *f zo.* Sylvia Rüppelli
maskeret, -ti (*engl.* **muskrat**) s. **bizam sıçanı**
maskesiz ohne **maske** z. B. **burnu** ~ **dolaşan köpekler** Hunde ohne Maulkorb
maskot, -tu (*franz.* **mascotte**) Maskottchen *n*, Glücksbringer *m*
masl(-i leben) *va.* Molke *f*
maslahat, -tı 1. Sache, Angelegenheit *f*, Geschäft *n* *iş, mesele 2. was bei e–r Angelegenheit richtig bzw. förderlich ist 3. Ruhe *f*, Frieden *m* *barış 4. V männliches Glied; Penis *m* ~ **görmek** e–e Angelegenheit behandeln (abwickeln) ≗ **öyle değil.** So ist die Sache ja nun nicht. **-i amme** s. **kamu yararı**
maslahatgüzar [····–] *pol.* Geschäftsträger *m* *işgüder
maslahatgüzarlık [···–·] *pol.* Tätigkeit *f*, Aufgaben *pl.*, Amt *n* e–s Geschäftsträgers *işgüderlik
maslahatlı *va.* wer in Verfolg e–r Angelegenheit bei e–r Behörde vorspricht; dienstlicher Besucher; Antragsteller, Lobbyist *m*
maslak 1. dauernd fließende, gefaßte Quelle 2. Wasserbassin *n* (mit Zu- und Ab-fluß) od. Wasserturm *m* 3. (Wasser-)Trog *m* (zur Viehtränke) *yalak
masluben [·×·] *va. Adv.* unter Hinrichtung durch den Strang
maslup, -bu [ū] 1. gehängt, aufgeknüpft, durch den Strang hingerichtet; Gehenkter 2. *va.* ans Kreuz geschlagen; gekreuzigt
maslüddem *va.* s. **serum**
masmavi [×–·] ganz blau, blitzblau
masna, -aı *va.* Wasserdepot *n*, Zisterne *f*
masnu, -uu [ū] 1. (kunstvoll) hergestellt 2. verarbeitet (z. B. Edelmetall) 3. künstlich, gekünstelt, erkünstelt 4. frei erfunden, erdichtet, unwahr
masnuat, -tı [·––] *Pl.* 1. kunsthandwerkliche Erzeugnisse *pl.* 2. *pej.* Künsteleien *pl.* 3. willkürliche Erfindungen *pl.*
mason(-luk) s. **farmason(-luk)**
masör (I) 1. Masseur *m* 2. Massagegerät *n*
masör (II) (*franz.* **ma sœur**) Schwester (Anrede für Ordensschwestern)
masöz Masseuse *f*
masra s. **masura**
masraf 1. (Geld-)Ausgabe(-n *pl.*) *f*, (Un-)Kosten, Spesen, Aufwendungen, Auslagen *pl., jur. a.:* Verwendungen *pl.* *gider 2. Zutaten *pl.* *harç, gereç ~ **etmek** Geld ausgeben (**Çok** ~ **etti.** Er hat viel Geld ausgegeben. Er hat sich in große Unkosten gestürzt.) ~ **fazlalığı** Mehrausgabe(-n *pl.*) *f* ~ **görmek** 1. Einkäufe, Anschaffungen machen 2. für et. aufkommen 3. Geld ausgeben ~ **hamili** Kostenträger *m* ~ **hissesi** Spesenanteil *m* ~ **istemek** Kosten verursachen ~ **kaldırmak** Kosten tragen ~ **kapısı** Anlaß od. Zwang *m*, Geld auszugeben; Ausgabeposten *m* ~ **kapısı açmak** Geldausgaben verursachen **-a girmek** (*od.* **duçar olmak**) sich in Unkosten stürzen **-a sokmak** (b–ni) j–m Kosten verursachen **-ı çekmek** et. aus der eigenen Tasche bezahlen; aufkommen (für) **-ı kısmak** die Ausgaben einschränken **-ı yapmak** (be-)zahlen (z. B. gemeinsame Zeche) **-ını çıkarmak** seine Auslagen wieder hereinbekommen **-ını temin etmek** (bşle) seine Ausgaben (aus best. Mitteln) bestreiten **-ları toplamak** die Ausgaben (Unkosten) zusammenrechnen **-ların hesaplanması** Kosten(vor)anschlag *m* **-tan çıkarmak** unerwartete Geldausgaben verursachen **-tan çıkmak** unerwartet Geld ausgeben müssen (s.a. Stw. **pisipisine**); **-tan kaçınmak** Ausgaben scheuen
masrafçı wer (Schneider-)Zutaten, Zubehör verkauft
masraflı kostspielig, teuer
masrafsız wenig od. keine Kosten verursachend, billig
masruf [ū] *va.* ausgegeben, aufgewendet (für), verwendet (auf) *sarfedilmiş ~ **mesai** *va.* aufgewandte Mühe
masseter (*franz.* **masséter**) s. **çiğneme kası**
massetmek [×··] aufsaugen, absorbieren, *chem. a.* dämpfen, neutralisieren *soğurmak
mastaba 1. (Sitz-)Bank *f* (an der Wand) 2. Mastaba *f* (altägyptischer Grabbau)
mastalya [·×·] s. **mastela**

mastar (I) 1. *gr.* Infinitiv *m*, Nennform *f* *isim-fiil 2. *gr.* Verbalsubstantiv *n* *eylem ismi 3. *va.* Ursprung *m*, Quelle *f*, Ausgangspunkt *m*
mastar (II) 1. Lehre *f* (Meßwerkzeug) 2. Richtscheit *n* (der Maurer) **-a vurmak** kalibrieren
mastara Alhidade *f* *alidat
mastarbaskı *typ.* Schablonen-, Sieb-druck *m*
mastela [·×·] (kleinerer) Bottich, Kübel, Zuber, Trog *m*
mastelalık *naut.* 1. Traggestell *n* für e–n Zuber 2. Aufbewahrungsort *m* für Zuber
master [ā] Magister *m* (akadem. Grad)
mastı 1. s. **base** 2. *gel. Bez.* für Hunde wie Skye-Terrier, Zwergspaniel usw.
mastıbacak s. **bastıbacak**
mastıçiçeği, -ni s. **arnika**
mastif (*engl.* **mastiff**) englische Dogge, Bulldogge *f*
mastika [·×·] 1. *selt.* s. **sakız** 2. e–e mit Mastix hergestellte Raki-Art
mastit, -ti *med.* Mastitis, Mammitis, Brust(drüsen)entzündung *f*
mastodon Mastodon *n* (ausgestorbene Elefantenart)
mastoid s. **mememsi**
mastoptoz *med.* Mastoptose *f* Hängebusen *m*
mastor; mastur *V* 1. sternhagelvoll 2. im Haschischrausch
mastori *(griech.)* *V* 1. Meister *m* *usta 2. s. **efendi**
mastorlaşmak; masturlaşmak *V* betrunken werden od. in Rausch verfallen
masturi [·×·] *naut.* breitester Teil e–s Schiffes ~ **posta** Haupt-, Null-spant *m* ~ **tırhandil (postaları)** s. **ana tırhandil (postaları)**
mastürbasyon s. **kendi kendini tatmin**
masum [– –] 1. unschuldig, schuldlos, ohne Sünde, sündenfrei *suçsuz, günahsız 2. harmlos 3. kleines (unversorgtes) Kind, armes Wurm Zu 2: ~ **balıkçı gemileri** harmlose Fischerboote *pl.* ~ **yüzlü** unverdächtig aussehend
masumiyet, -ti [– – ··] 1. Unschuld, Schuldlosigkeit *f* 2. Harmlosigkeit *f* 3. Kindheit *f* **-i anlaşılmak** sich als unschuldig erweisen
masumluk [– – ·] s. **masumiyet**
masun [· –] 1. gesichert, geschützt, geborgen, sicher 2. unverletzlich ~ **bulunmak** (bşden) sicher (geschützt) sein (vor)
masuniyet, -ti [· – ··] 1. Gesichertsein *n*, Sicherheit *f* 2. Integrität, Unversehrtheit *f* 3. Immunität, Unverletzlichkeit, Unantastbarkeit *f* *dokunulmazlık **-i şahsiye; şahsî** ~ s. **kişi dokunulmazlığı; -i teşriiye, teşriî** ~ s. **milletvekilliği dokunulmazlığı;** s.a. **diplomasi (mesken) -i**
masunluk [· – ·], **-uğu** s. **masuniyet;** s.a. **arazi -u**
masura [·×·] 1. Schußspule *f* (beim Weben), Spule *f* (in e–m Schiffchen) 2. Ausflußrohr *n* (e–r gefaßten Quelle) 3. altes Wassermaß bei der Verteilung von Wasser aus e–m Aquädukt (= 1/4 **lüle** od. **4 çuvaldız**); **-ya sarmak** aufspulen (Garn)
maş (I) die Bohnenarten Phaseolus aureus und Ph. mungo (Mungobohne)
maş (II) (*engl.* **mash**) leicht verdauliches Pferdefutter
maşa 1. Feuerzange *f* 2. Nadel, Klammer, Spange *f* 3. Brennschere *f* 4. Pinzette *f* 5. Splint *m* 6. Sperrklinke *f*, Anker *m* (bei e–r Uhr) 7. *fig.* wer als Werkzeug dient; Strohmann *m;* wer die Kastanien aus dem Feuer holen soll; Helfershelfer, Komplize *m* ~ **demiri** Eisen *n* geringerer Qualität ~ **gibi** dünn, ausgemergelt (Person) ~ **kadar** winzig (neugeborenes Kind) ~ **varken elini yakmak** 1. sich überflüssigerweise die Finger verbrennen 2. sich überflüssigerweise Gefahren aussetzen **-nın ucuyla tutmak** *fig.* 1. Abscheu, Ekel empfinden 2. mit et. Schmutzigem nichts zu tun haben wollen **-yla bile tutulmaz** nicht einmal mit der Feuerzange anzufassen *d.h.* überaus schmutzig **-yla tutulacak yeri kalmamak** kein gutes Haar an j–m bleiben
maşalamak brennen, ondulieren (Haare)
maşalı mit **maşa;** ~ **çivi** Vorsteckstift, Splint *m* ~ **tüfek** *hist.* Muskete *f*, Luntengewehr *n*
maşalık 1. was als **maşa** dient 2. *spez.* Rolle *f* e–r vorgeschobenen Person, e–s Strohmanns ~ **etmek** (b–ne) j–m als Werkzeug dienen
maşallah [×̲··] „was Gott gewollt hat" *d.h.* 1. (Ausruf der Bewunderung, Freude od. *spez.* bei dem Lob von Kindern, Abw. gegen den bösen Blick) Großartig! Wunderbar! *ne güzel! 2. (Ausruf der Verwunderung od. e–s Tadels) aber doch ...; und trotzdem 3. (häufig vor Ausdrücken wie:) **Nasılsınız? Hoş geldiniz** usw. *etwa:* Nanu, wen sehe ich? (od.) Schön, daß wir uns einmal wiedersehen! 4. Gold- od. Silber-plättchen *n* mit der Aufschrift **„Maşallah"**, das Kindern als Talisman gegen den bösen Blick umgehängt od. angesteckt wird ꝸı **var.** 1. Es geht ihm (unberufen) ausgezeichnet. Er sieht glänzend aus. 2. Es ist großartig damit bestellt.
maşatlık Friedhof *m* (für Nichtmohammedaner, *spez.* für Juden)
maşer (I) [– ·] (menschliche) Gemeinschaft, Gesellschaft *toplum
maşer (II) (*franz.* **ma chère**) *lev.* meine Teure (Liebe)!
maşerî [– · –] *va.* Gemeinschafts-, Gemein-, kollektiv, sozial *cemî, ortaklaşa
maşerîlik; maşeriyet, -ti [ā] *va.* Gesamtheit *f* *mecmuiyet, ortaklaşma
maşerli unter Verwendung des Ausdrucks **maşer** (II); ~ **monşerli konuşma** *pej. lev. Ausdrucksweise,* bei der andauernd **ma chère** *od.* **mon cher** verwendet wird
maşerşinas [– ·· –] *va.* s. **sosyolog**
maşıta s. **maşita**
maşi [– –] *va.* zu Fuß gehend
maşinasyon (*franz.* **machination**) Machenschaft, Intrige *f*
maşinizm 1. Mechanisierung *f*, Maschinenbetrieb *m* 2. *phil.* mechanistische Weltanschauung
maşita [– ··] *va.* e–e zum Schmücken e–r Braut (*spez.* als Friseuse) bestellte Frau
maşiye [ā] *va.* Kleinvieh *n* (spez. Schafe und Ziegen) *küçükbaş hayvan
maşiyen [– – ·] (*va. Adv.* zu **maşi**) zu Fuß *yaya
maşlah *fr.* Überwurf, Umhang *m* (für Frauen) (nach ar. Vorbild)
maşlahlı 1. mit **maşlah** bekleidet 2. *fig.* orientalisch spez. ar. anmutend, klingend usw. (z.B. Wort)
maşraka mit mannshohen Wänden umgebenes Flachdach (Schlafgelegenheit *spez.* in Syrien) *sutuh
maşrapa Metall- od. Email-becher bzw. -krug *m* mit Henkel (zum Wasser-schöpfen od. -trinken)
maşrık, -kı *va.* Osten, Orient *m* *şark, doğu ꝸı **Azam** *n.pr.* Groß-Orient *m* (Freimaurerloge)
maşrıkî [·· –] *va.* östlich, orientalisch
maşuk, -ku [– –] 1. *va.* geliebt; Geliebter 2. ꝸ [– ·] *mV;* s.a. **âşık ve** ~
maşuka [– – ·] *va.* Geliebte *f*
mat (I), **-tı** Matt *n* (*spez.* im Scha.) ~ **etmek** 1. (schach-) matt setzen 2. *fig.* j–n zum Schweigen bringen (in e–r Diskussion) ~ **kalmak** *fig.* ganz verblüfft sein ~ **olmak** 1. (schach-)matt gesetzt werden 2. *fig.* nichts mehr erwidern können (in e–r Diskussion)
mat (II), **-tı** 1. matt, glanzlos 2. *phot.* halbglänzend
mata (I) s. **meta**
mata (II) s. **matafyon**
mata (III) [×·] *naut.* Reffkausch *f* bzw. Reffklampe *f*

matador 1. Matador, Stierkämpfer *m* 2. e–e best. Art des Dominospiels
matafora s. **metafora**
matafyon *naut.* 1. Reffgatt *n* (Reffbandloch im Segel) 2. Öse *f* (im Sonnensegel)
matah 1. *pej.* übler Kerl, finsterer Bursche 2. *mel.* (in Fragen od. Ausrufen) gute Ware, guter Kerl Zu 1: **Onun ne ~ olduğunu biliriz.** Wir wissen, was das für ein übler Bursche ist. Zu 2: **Bu da bir ~ mı sanki?** Und das soll gute Ware sein? **Bu, ~ değil ya!** Na, so kostbar ist das nun auch wieder nicht! **Bunu ~ sanıyor.** Er glaubt, wunder wie viel das sei.
matar *va.* Regen *m* *yağmur
matara 1. *a. mil.* Feldflasche *f* 2. *chem.* Glas-, Destillierkolben *m*
mataracı Wasserträger *m* (e–r Karawane)
matbaa Druckerei *f* *basımevi ~ **mürekkebi** Druckerschwärze *f* **ᵒi Amire** *n.pr. fr.* Kaiserlich-Osmanische Druckerei *f* (in Istanbul) (*Anm.*: 1926: **Millî** ~, 1927: **Devlet ᵒsı**, *später:* **Devlet Basımevi;** 1955: **Maarif Basımevi,** 1968: **Millî Eğitim Basımevi)**
matbaacı 1. Druckereibesitzer *m* 2. Arbeiter *m* od. Angestellter in e–r Druckerei; Drucker, Typograph *m*
matbaacılık, -ığı 1. Tätigkeit *f* e–s Druckereibesitzers bzw. e–s Druckers 2. Druckereiwesen *n*, Buchdruck *m*, Druckergewerbe *n* 3. Druck(-technik *f*) *m* Zu 3: s. **nota -ı**
matbah s. **mutfak**
matbu, -uu [ū] 1. gedruckt 2. verlegt * (1, 2) basılı, basılmuş 3. *va.* sympathisch, angenehm, liebenswert **gayri** ~ ungedruckt *basılmamış
matbua [ū] 1. *allg.* Gedrucktes; Presseerzeugnis *n*, Druckschrift *f* 2. *spez.* Drucksache *f* Zu 1: **memnu -lar** verbotene Druckschriften *pl.*
matbuat, -tı [·––] Presse *f*, Tagesschrifttum *n* *basın ~ **balosu** Presseball *m* ~ **cemiyeti** Pressevereinigung *f*, Journalistenverband *m* ~ **cürmü** *jur.* Pressevergehen *n* ~ **hukuku** *jur.* Presserecht *n* ~ **hürriyeti** Pressefreiheit *f* ~ **murakabesi** Presseüberwachung *f*
matbuh [ū] *va.* 1. gekocht 2. durch Kochen gewonnene Essenz
mate(çayı) s. **Paraguay çayı**
mateahhar [–·×·] *va.* nachträglich auftretend
matekaddem [–·×·] *va.* 1. vorher aufgetreten 2. Vergangenheit *f* *mazi
matem [ā] Trauer *f* *yas ~ **ayı** Trauermonat *m* (Muharrem) ~ **ayini** Trauerfeier *f* der Schiiten am 10. Muharrem (zu Ehren des Enkels des Propheten Mohammed, Hüseyin) ~ **bandı** Trauerflor *m* ~ **elbisesi** Trauerkleidung *f* ~ **havası** gedrückte Stimmung ~ **marşı** Trauermarsch *m* ~ **mektup kâğıdı** schwarzgerändertes Briefpapier; Trauerpapier *n* ~ **töreni** s. ~ **ayini;** ~ **tutmak** 1. trauern, in Trauer sein 2. Trauerkleidung anlegen **-e bürünmek** Trauerkleidung anlegen **-e gark etmek** in Trauer versetzen **-ini tutmak** (b–nin) j–n betrauern
matematik 1. Mathematik *f* *riyaziye 2. mathematisch *riyazî ~ **coğrafya** mathematische Geographie ~ **ilimleri** mathematische Wissenschaften *pl.* ~ **kesinlik** mathematische Genauigkeit ~ **terimler** mathematische Fachausdrücke *pl.* ~ **yedekler** s. **riyazî ihtiyatlar**
matematikçi 1. Mathematiker *m* 2. Mathematiklehrer(-in *f*) *m* *(1, 2) riyaziyeci
matematiksel mathematisch
matematisiyen Mathematiker(in *f*) *m*
matemhane [–·–·] Trauerhaus *n*
matemli [ā] 1. trauernd, in Trauer 2. traurig (z.B. Melodie)
matemzede [ā] *va.* von e–m Trauerfall betroffen, in Trauer versetzt; trauernder Hinterbliebener
materyal s. **materyel** (1)
materyalist, -ti 1. Materialist(-in *f*) *m* 2. materialistisch *(1, 2) maddeci, özdekçi
materyalizm Materialismus *m* *maddecili, maddiye, özdekçilik
materyel 1. Material(-ien *pl.*) *n* *malzeme 2. materiell
matiko [·×·] s. **filfil**
matine 1. *selt.* Vormittags-vorstellung, -vorführung, Matinee *f* 2. Vorstellung, Vorführung *f* außerhalb des regulären Abendprogramms (*spez.* im Kino) 3. Morgenrock *m*
matineli temsil s. **matine** (1, 2)
matiz (I) 1. *V* sternhagelvoll, *V* stinkbesoffen 2. Schauspieler *m* im Ortaoyunu in der Rolle des Betrunkenen ~ **etmek** *V* j–n betrunken machen, j–m e–n Rausch aufhängen
matiz (II) *naut.* Langspleiß *m* ~ **etmek** *naut.* im Langspleiß aneinanderfügen (Taue), verspleißen
matizlik *V* Betrunkenheit, *(hum.)* Besäufnis *f*
matkap, -bı Bohrer *m* *delgi ~ **aynası** Bohrfutter *n* ~ **kolu** Bohrwinde *f* ~ **mili** Bohrstange *f* ~ **talaşı** Bohrspäne *pl.* ~ **tezgâhı** Bohrmaschine *f* ~ **ucu** Bohrereinsatz *m*
matla, -aı [·–] 1. *astr.* Aufgangs-stelle *f*, -punkt *m*, Aufgang *m* (e–s Gestirns) 2. *lit.* erster Doppelvers e–r Kasside od. e–s Gasels
matlap, -bı *va.* 1. Wunsch *m*, Begehren, Verlangen *n*, Forderung *f*, Anspruch *m* 2. (zu bereinigende) Angelegenheit
matlaştırmak mattieren; matt polieren
matlubat, -tı [·––] *Pl.* Schuldforderungen, Außenstände, Guthaben *pl.* *alacaklar ~ **bakiyesi** *H* Habensaldo *m* ~ **senetleri** *H* Wechselforderungen *pl.* (*ant.* **tediye senetleri**); ~ **ve mevcudat** *H* Aktiva *pl.* (e–r Bilanz)
matlup, -bu [ū] 1. gewünscht, verlangt, begehrt 2. erstrebt, ersehnt; Ziel *n*, Wunsch *m* 3. erforderlich, gefordert, vorgeschrieben, Erfordernis *n*, Anforderung *f* 4. *H* Schuldforderung *f*, (Gut-)Haben *n* Zu 1: **Vilâyetçe -tur.** Es wird vom Wilajet gewünscht. Es liegt im Interesse des Wilajets. Zu 3: ~ **vesikalar** erforderliche Unterlagen *pl.* **-a muvafık** den Anforderungen entsprechend ~ **şerait** vorgeschriebene Bedingungen *pl.* ~ **veçhile** wie gefordert Zu 4: **Ondan yüz lira -um var.** Ich habe noch 100 Pfund von ihm zu bekommen. ~ **hanesinde olmak** ausstehen (Gelder) **-taki düyun** *H* Aktiva *pl.* (*ant.* **zimmetteki düyun); -a kaydetmek** j–m (bzw. j–s Konto) e–n Betrag gutbringen **-lar** s. **matlubat**
matluplandırmak *H* gut-bringen, -schreiben
matma, -aı *va.* 1. Gegenstand *m* e–s Gelüstes, et. Ersehntes, Begehrtes 2. Köder *m*, Lockspeise *f*, Reiz *m*
matmah *va.* was betrachtet (begehrt, herbeigesehnt) wird, **-ı nazar** *z.va.* was in die Augen sticht, Gegenstand *m* e–s Gelüstes
matmazel 1. unverheiratete, nichtmohammedanische Dame 2. (mit folgendem Namen) Fräulein ... 3. (in der Anrede ohne folgenden Namen) (gnädiges) Fräulein
matra (I) s. **matara**
matra (II) (*franz.* **matras**) Armbrustbolzen
matrah [·–] *fin.* angesetzter Steuerwert; Bemessungsgrundlage *f*
matrak, -ğı 1. *V* a) Vergnügen *n*, Belustigung *f*, Spott *m* b) amüsant, drollig (Person) c) *Sch.* leicht, unterhaltsam (Fächer, Stunden) 2. a) Knüppel, Knüttel *m* b) *fr. mil.* Übungskeule *f* (für Rekruten) ~ **geçmek** (b–le) *od.* **-a almak** sich lustig machen (über); verhohnepiepeln ~ **oyunu** *hist.* e–e Tanz-Unterhaltung der Haremsdamen

matraka (Eisen-)Hammer, Fäustel *m* (der Steinmetzen) **azmı** ~ *va.* s. **çekiçkemiği**
matrakbaz *hist.* wer **matrak oyunu** ausführte
matrakçı 1. *hist. mil.* Lehrmeister *m* im Keulenkampf 2. *V* Spötter, Spaßvogel *m*
matrakuka [··×·] *V* männliches Glied; Penis *m*
matraporlar *zo.* Steinkorallen *pl. zo.* Madreporaria *zatüssukabatı gayri müşa'ara
matriarkal, -li mutterrechtlich *anaerkil
matriks 1. s. **dölyatağı** 2. s. **tırnak -i**
matris 1. *typ.* Matrize *f* 2. *math.* Matrix *f*
matruh [ū] *va.* 1. weggeworfen 2. auferlegt (Steuern) **-ünanlı** *va.* s. **eksilen; -ünminh** *va.* s. **çıkan**
matruk [ū] *va.* 1. schwächlich, kraftlos (Person) 2. durch Regenfälle weich geworden (ausgedorrter Boden)
matruş [ū] *va.* rasiert
matrut, -du [ū] *va.* fortgejagt, entfernt, entlassen *kovulmuş
Matta *n.pr.* (*a.* **Aziz** ~) Matthäus (Apostel)
matuf [−−] 1. *va.* (nach e−r Seite) geneigt 2. *va. gr.* verbunden 3. (m. Dat.) gerichtet (auf), bezweckend, was ... soll
matuh [−−] *z.va.* altersschwach, kindisch *bunak
matuhluk [−−·] *z.va.* Altersschwäche *f*, Kindischsein *n* *ateh, bunaklık
matürasyon (*franz.* **maturation**) *selt.* s. **olgunlaşma**
matvi [i] *va.* ein-, zusammen-gerollt *dürülmüş
matya [×·] eiterndes Geschwür, schwärende Wunde ~ **etmek** eitern lassen; s. a. Stw. **sivilce;** ~ **olmak** zu eitern (schwären) beginnen
Matyas *n.pr.* Matthias
maun (I) s. **mahun**
maun (II) [−−] (*ar.*: Hilfe *f*, Beistand *m*) ≗ **suresi** Name der 107. Koran-Sure
mav s. **miyav**
mavaka [−··], **-aı** was geschehen (vorgefallen) ist; Ereignis, Begebnis *n*, Begebenheit *f*, Sachverhalt *m*
maval 1. *urspr.* ar. Romanze od. Ballade 2. *V* faustdicke Lüge ~ **okumak** *V* faustdicke Lügen auftischen, das Blaue vom Himmel herunterlügen
mavera [−·−] 1. was sich auf der anderen Seite befindet, was drüben od. jenseits ist, Trans-, Ultra- 2. *rel.* Jenseits *n* **-yı benefşevî (menekşevî)** s. **ültraviyole;** ≗**yı Kafkas** Transkaukasien ≗**yı Şeria (Erdün, Ürdün)** *hist.* Transjordanien *Şarkî Urdün, Öte Ürdün, Şeria Maverası, Şark-ül-Ürdün, Erdün, Ürdün, Transjordanya
maveraî [−·−−] *va.* jenseitig. transzendental
Maerayünnehir [−·−··] *n.pr.* Transoxanien
mavi [−·] 1. blau 2. Blau *n* ~ **ayrık** die Queckenart Agropyron intermedium ~ **balina** s. **gök balina;** ~ **balon balığı** die Kugelfisch-Art Lagocephalus lagocephalus ~ **baştankara** Blaumeise *f zo.* Parus caeruleus *dağ isketesi, fanta ~ **boncuk** blaue Perle (gegen den bösen Blick) ~ **boncuk hikâyesi** (e−e türk. Volkserzählung, wonach ein Mann jeder seiner Frauen e−e blaue Perle gibt mit der Versicherung, die jeweilige Besitzerin sei sein erkorener Liebling: **Mavi boncuk kimde ise, gönlüm ondadır.**) ~ **boya kökü** Färberwaid *m*, wilder Indigo *bot.* Isatis tinctoria *yabanî çivitotu ≗ **Cami** s. **Sultanahmet (Camii);** ~ **çentiyane** Schwalbenwurz-Enzian *m bot.* Gentiana asclepiadea ~ **çiçekli adaçayı** quirlblütige Salbei *bot.* Salvia verticillata ~ **çiçekli orman asması** s. **İtalyan akasması;** ~ **dantela çiçeği** Blaudolde *f bot.* Didiscus caeruleus ≗ **deniz** s. **Hint okyanusu;** ~ **doğan** Kornweihe *f zo.* Circus cyaneus ~ **dünya** s. **kirpi dikeni;** ~ **gecesefa(-sı)** Trichterwinde *f bot.* Ipomoea hederacea ~ **göl süseni** blaue Lotosblume *bot.* Nymphaea caerulea *mavi su zambağı ~ **gözlü** blauäugig ~ **güvercin** Hohltaube *f zo.* Columba oenas *hakuran ~ **hastalık** *med.* Blausucht *f* ~ **hindiba** blaue Rasselblume *bot.* Catananche caerulea ~ **inciçiçeği** s. **kürevî** (4); ~ **ispirto** Brennspiritus *m* ~ **kâğıt almak (vermek)** *Ch.* „den blauen Brief bekommen (geben)" *d.h.* entlassen werden (entlassen) (Chauffeur) ~ **kalem** Blaustift *m* ~ **kanş** Pfeifengras *n bot.* Molinia caerulea ~ **kantaron** s. **peygamberçiçeği;** ~ **kordele** Blaues Band (Preis) ~ **kuzgun** Blauracke *f zo.* Coracias garrulus *yeşil karga ~ **küf (hastalığı)** Blauschimmel *m* (bei Tabakpflanzen) ~ **mi** ~ ganz blau, blitzblau ≗ **nehir** s. **Yangçe(-kiyang);** ~ **pire otu** scharfe Dürrwurz *bot.* Erigeron acer ~ **sakallı** Bartblume *f bot.* Caryopteris incana ~ **salip** s. **arsin(gazı);** ~ **su zambağı** s. ~ **göl süseni;** ~ **süzgeç kelebeği** Blausieb *n zo.* Zeucera pyrina (Schmetterling aus der Familie der Holzbohrer) ~ **süsen** deutsche Schwertlilie *bot.* Iris germanica ~ **taraf** *mil.* blaue Partei (im Manöver) ~ **tayyörlü hanım** Dame *f* im blauen Schneiderkostüm ~ **teber** s. **mavi zambak** (2); ≗ **Tümen** *hist.* Blaue Brigade (Division) (spanisches Expeditionskorps im II. Weltkrieg) ~ **unutmabeni** s. **sıçankulağı;** ~ **vitriyol** Kupfervitriol *n* *bakır sülfat ~ **yıldız** Blaustern *m*, Szilla *f bot.* Scilla (nutans u.a.) ~ **zambak** 1. s. ~ **süsen** 2. s. **muhabbetçiçeği** (2) 3. gemeine Siegwurz *bot.* Gladiolus communis **-ye çalmak** ins Blaue spielen, e−n bläulichen Unterton haben, *phot.* blaustichig sein (Farbphoto)
mavibaş Blaukopf *m zo.* Diloba caeruloecephala (Eulenschmetterling)
mavice [ā] bläulich
mavigerdan s. **buğdaycıl(bülbül)**
mavileşmek [ā] blau (bläulich) werden *gökremek
mavili 1. mit blauen Punkten od. in Blau gehalten (z.B. Decke) 2. blau gekleidet
mavilik [ā] blaue Farbe; Blau *n*
mavimsi [ā]; **mavimtırak** [−···] bläulich
maviş [ā] 1. blauäugig und mit hellem Teint (Mädchen) 2. (als Kosewort) Schatz, Liebling *m*
maviyeşil alklar (*od.* **suyosunları**) Blaualgen *pl. bot.* Cyanophyceae
mavna [×·] 1. Schleppkahn, Leichter, Prahm *m* 2. *fr.* Segelschiffart *f* 3. *naut.* Wange *f* des Mastes 4. *naut.* Längssaling *f* ~ **yatağı** *naut.* Mastbacke *f*
mavnacı Leichterschiffer, Ewerführer, Löscher, Auslader *m* ~ **gönderi** *naut.* (Bund-)Stake *f*, Schiebebaum *m*
mavri 1. **(balığı)** *reg.* (*Köyceğiz*) s. **kefal** 2. ≗ **Mira** *n.pr.* griech. Widerstandsbewegung in Istanbul nach dem I. Weltkrieg
mavro [×·] *V* Neger *m*, Schwarzer ~ **oskisi** *V* ägyptisches Goldpfund
mavruşkil (balığı) s. **işkine**
mavuç *naut.* eiserner Kratzhaken (zur Entfernung von altem Kalfaterwerg)
mavuna(-cı) s. **mavna(-cı)**
Mavusa s. **Mağosa**
mavzer 1. Mausergewehr *n* 2. Mauserpistole *f*
maya 1. Hefe *f*, Sauerteig *m* 2. *chem.* Ferment *n*, Gärstoff *m*, Treibmittel *n* *hamire 3. e−e melodische Weise in der Volksmusik (Zentral- und Ost-Anatolien) 4. ein bulgarisches, mit Joghurt hergestelltes Getränk 5. *fig.* Grundstock *m*, Wichtigstes, Wesentliches; Natur *f*, Wert, Charakter *m*, Voraussetzung *f* (z.B. für ein Gelingen) 6. *dial.* weibl. Zuchttier *spez.* Kamelstute *f* 7. *V* zudringlich, lästig. Zu 5: **-sı bozuk bir adam** ein Mensch mit schlechten Charaktereigenschaften; ein dunkler Ehrenmann ≗, **cesaret ve imandır.** Voraussetzung (für das Gelingen) ist Mut und gläubiges Vertrauen. **bu -daki** derartig(-e) ~ **gibi bir kadın** gesunde, et. füllige Frau ~ **otu**

s. **şerbetçiotu;** ~ **tutmak** Sauerteig (Hefe usw.) herstellen
Maya *n.pr.* Maya (in Mittelamerika) *m* ~ **dili** Mayasprache *f*
mayaağacı, -nı s. **yağ hurma ağacı**
mayabozan *chem.* Antiferment *n* *muzaddı tahammür
mayacı Hersteller od. Verkäufer *m* von Hefe (Treibmitteln, Gärstoffen)
mayacılık Herstellung *f* od. Verkauf *m* von Hefe (Treibmitteln, Gärstoffen)
mayala(ndır)mak mit e–m Gärstoff durchsetzen; Hefe (usw.) beifügen; in Gärung bringen, säuern, gären lassen; gehen lassen (Teig)
mayalanma Gären *n*, Gärung *f* *ihtimar, tahammür, fermantasyon
mayalanmak 1. Pass. zu **mayalamak** 2. gären, in Gärung kommen; gehen (Teig) 3. *z. va.* zunehmen, anwachsen, sich vermehren
mayalı mit Hefe (Sauerteig usw.) durchsetzt; gesäuert; gegangen (Teig)
mayalık 1. als Hefe (Treibmittel usw.) geeignet 2. *dial.* als Zuchttier geeignet
Mayans *n.pr.* Mainz (deutsche Stadt)
mayasıl 1. Ekzem *n*, nässende Flechte; Hautausschlag *m*, Hitzebläschen *pl.* *egzama, tuzlubalgam 2. Hämorrhoiden *pl.* *basur ~ **otu** 1. s. **basurotu** 2. Günsel *m*, Lorenzkraut *n bot.* Ajuga reptans 3. s. **tüylü kısamahmut**
mayasız 1. ohne Hefe (Sauerteig usw.), ungesäuert, 2. *fig.* moralisch minderwertig, von schlechtem Charakter
maydanoz gemeine Petersilie *bot.* Petroselinum sativum
maydanozgiller Doldengewächse *pl. bot.* Umbelliferae *sayvaniye
maydanozlu mit Petersilie zubereitet
may darling *snob.* my darling! mein Liebling! Schätzchen!
may dir [ī] *(snob.)* s. **may darling**
maye [ā] *va.* 1. s. **maya** 2. Kraft, Stärke *f* 3. Vermögen, Besitztum *n* 4. Wissen *n*, Bildung *f*
mayenkasem(-iyet) *(beides va.)* s. **bölünebilir(-lik)**
mayestra s. **mayistra**
mayestro [·×·] *mst. snob.* Maestro *m:* 1. Musiker, Komponist *m* 2. Kapellmeister, Dirigent *m*
mayhoş 1. süßsauer, säuerlich 2. *fig.* nicht mehr so herzlich wie früher, et. kühler geworden (z.B. Beziehungen), et. erkaltet (z.B. Freundschaft) *limonî
mayhoşluk 1. süßsäuerlicher Geschmack 2. *fig.* leichte Abkühlung (freundschaftlicher Beziehungen)
mayın (I), **-ynı** (*engl.* **mine**) (Land-, See-) Mine *f* ~ **arama cihazı** Minensuchgerät *n* ~ **arama tarama gemisi** (*od.* ~ **tarama gemisi**) Minensuchboot *n* ~ **barajı** Minensperre *f* ~ **demiri** Minenanker *m* ~ **dökmek** Minen legen ~ **dökülmesi** Verminung *f* ~ **dökülmüş mıntıka** vermintes Gebiet ~ **gemisi** Minen-boot *n*, -leger *m* ~ **tarak gemisi** *od.* ~ **tarayıcı** (*od.* **toplayıcı**) **gemi** Minensuchboot, Räumboot *n* ~ **tarlası** Minenfeld *n* **bir -a çarpmak** auf e–e Mine auflaufen (Schiff)
mayın (II) *V* unerfahren im Glücksspiel; Gimpel *m*
mayınlamak s. **maynlamak**
mayıs 1. Mai *m* 2. frischer Kuh- od. Schafmist 3. trockener Kuhmist (Brennmaterial) ~ **balığı** Alse *f zo.* Alosa alosa ~ **çanı** s. **inciçiçeği;** ~ **çiçeği** 1. zweiblättrige Schattenblume *bot.* Majanthemum bifolium 2. s. **inciçiçeği** 3. Grund-, Primel-strauch *m bot.* Epigaea repens ~ **papatyası** echte Kamille *f bot.* Matricaria chamomilla *adi (*od.* küçük) papatya
mayısböceği, -ni 1. Maikäfer *m zo.* Melolontha vulgaris 2. Engerling *m*
mayıssineği, -ni s. **günlük sinek**
mayışmak *V* dumm dreinschauen
mayi, -ii [–·] 1. Flüssigkeit *f* 2. flüssig **-i dimağii şevkî** s. **beyinomurilik sıvığı; -i mahruk** flüssiger Brennstoff; Kraftstoff *m* *akaryakıt **-i mahruk deposu** Kraftstofflager *n*
mayiat, -tı [–·–] *va. Pl.* Flüssigkeiten *pl.*
mayiiyet, -ti [ā] *va.* flüssiger Zustand
mayili pusula s. **ispirtolu pusula**
mayin(-lemek) s. **mayın; maynlamak**
mayistra [·×·] *naut.* 1. **(sereni)** Großrah *f* 2. **(yelkeni)** Großsegel *n* 3. Nordwestwind *m* (Mistral *m*)
maymun 1. Affe *m* 2. nachäffend 3. häßlich, lächerlich ~ **ağacı** s. **Şili arokaryası;** ~ **ekmeği ağacı** s. **baobap ağacı;** ~ **gibi** 1. affenähnlich 2. lächerlich ⌒ **gözünü açtı** *fig.* Wir sind gewitzt. Jetzt lassen wir uns nicht mehr anführen. *Şimdi zor yutturursun! ~ **iştahlı** *fig.* unbeständig, launenhaft, wankelmütig; wer viel beginnt und nichts zu Ende führt ~ **kapısında oynamak** (b–nin) *fig.* vom Glück begünstigt sein, *F* Schwein haben ~ **kuyruğu bastikası** *naut.* Flaggen-, Ober-gaffel *f*, Affenschwanz *m* ⌒ **mu oynuyor?** Was gibt es denn da zu schauen? ~ **oynatmak** e–n Affen tanzen lassen ~ **saltası** Affenjacke *f* (auch spött. für kurzes, enges, unschönes Kleidungsstück) ~ **suratlı** häßlich; Affengesicht *n* ~ **yılı** *hist.* 9. Jahr des alttürk. 12-Jahres-Zyklus *biçin yılı **-a benzetmek (çevirmek, döndürmek)** lächerlich und abstoßend werden lassen **-a dönmek** 1. lächerlich und abstoßend wirken 2. s. **akıllanmak; uslanmak**
maymunbalığı, -nı s. **kelerbalığı**
maymuncu wer mit Affen handelt od. solche ausstellt bzw. tanzen läßt
maymuncuk 1. Äffchen *n* 2. drolliger kleiner Junge 3. Dietrich, Nachschlüssel *m* 4. *naut.* Mast-ring *m*, -band *n*
maymunluk 1. Possierlichkeit, Drolligkeit *f* 2. Affenkäfig *m* 3. Gegend *f* mit vielen Affen 4. Nachäffen *n*
maymunsular Makis, Halbaffen, Lemuren *pl. zo.* Lemuridae *makigiller
mayn s. **mayın**
mayna [×·] 1. *naut. Kommando* zum Niederholen von Segeln (usw. vgl. ~ **etmek**) 2. *fig.* Unterbrechung, Ruhepause, Beendigung *f* ~ **etmek** (1–4) *naut.*) 1. niederholen, einziehen, wegfieren (Segeln, Rahen usw.) 2. herunter-, hinab-lassen (z.B. Kranlast) 3. niederholen bzw. dippen (Flagge) 4. zu Wasser fieren (Rettungsboot) 5. *P* aufhören (mit), et. beenden ~ **olmak** 1. Pass. zu ~ **etmek** 2. *intr.* aufhören, zu Ende gehen, enden ~ **vermek** et. unterbrechen bzw. aufhören (mit)
maynatan *mil.* Granat-, Minen-werfer *m* *kumbaracı
maynlamak verminen
mayo [×·] (*franz.* **maillot**) 1. Badeanzug *m*, -trikot *n* (bei Sport- od. Variete-Darbietungen)
mayolu 1. im Bade-anzug, -trikot 2. im Trikot
mayonez Mayonnaise *f*
mayonezli mit (od. in) Mayonnaise, Mayonnaisen-
Mayorka [·×·] *n.pr.* Mallorca (span. Insel)
mayoz s. **meyoz**
mayötik (*franz.* **maïeutique**) s. **doğurtucu(-luk)**
mayşor (*franz.* **maillechort**) Neusilber *n* *arjantan, almangümüşü
maytap, -bı 1. Rakete *f*, (kleinerer) Feuerwerkskörper 2. *V* s. **mehtap** 3. *V* Spott *m*, Verspotten, Auslachen *n* ~ **etmek** *od.* **-a almak** *V* j–n zum besten haben, j–n auf die Schippe nehmen
mayuk, -ku *z. va.* (Blüten-, Blumen-)Knospe *f* *konca
mayukal [–··] *va.* verständlich *anlaşılabilen
mayup, -bu [––] *va.* 1. ungehörig, schändlich, schmählich, den ungeschriebenen Gesetzen von Sitte und Anstand zuwiderlaufend *ayıp 2. fehlerhaft, mangelhaft

maza s. **meza**
mazak gestreifter Knurrhahn *zo.* Trigla lineata
mazanne 1. wer in e–m Verdacht steht, verdächtig 2. (*mst.* **-den**) wer als Heiliger angesehen wird
mazanneisu [ū] s. **mazanne** (1); ~ **erbabından** verdächtiges Individuum
mazarrat, -tı Schaden, Nachteil *m* *zarar **-ı dokunmak** (*od.* **olmak**) schaden, schädlich (nachteilig) sein
mazarratlı schädlich, nachteilig *zararlı
mazarratsız unschädlich, harmlos *zararsız
mazaryon 1. gemeiner Seidelbast; Kellerhals *m bot.* Daphne mezereum *kulapa 2. lorbeerblättriger Seidelbast *bot.* Daphne laureola
mazbata 1. Protokoll *n*, Niederschrift *f* 2. Zeugnis *n*, Bestätigung *f* 3. ein Schriftstück (*spez.* Bericht) mit mehreren Unterschriften (bes. im behördlichen Verkehr) Zu 2: s. **hüsnühal -sı**; ~ **muharriri** Protokoll-, Schriftführer *m* ~ **tanzim etmek** ein Protokoll aufstellen, e–e Niederschrift anfertigen
mazbut, -tu [ū] 1. *va.* in Besitz genommen 2. *va.* verhaftet 3. geschützt (z. B. gegen Regen) 4. solide (gebaut), fest 5. ordentlich, aufgeräumt 6. aufgezeichnet, eingetragen, aufgeführt, registriert 7. protokolliert, zu Protokoll genommen 8. festgelegt (z. B. Grenzen), festgesetzt, bestimmt 9. haftend (im Gedächtnis) 10. kurz, treffend, bündig, konzis (Stil) 11. vom Staat verwaltet (fromme Stiftung) 12. gesund, kräftig Zu 9: **... -umdur.** ich erinnere mich sehr deutlich an ...
mazbutiyet, -ti [ū] *z. va.* 1. ordentlicher Zustand 2. Festigkeit, Solidität *f* 3. *stil.* treffende Kürze
Mazdak s. **Mezdek**
Mazdeizm (*franz.* **mazdéisme**) Mazdaismus *m*; zoroastrische Religion *Zerdüştlük
mazeret, -ti [ā] 1. Entschuldigung *f* 2. Ablehnungs- (Entschuldigungs-, Hinderungs-)Grund *m* ~ **beyan etmek** 1. e–e Entschuldigung vorbringen 2. e–n Hinderungsgrund anführen **-i meşrua** 1. triftige Entschuldigung 2. unabweisbarer Hinderungsgrund
mazeretli [ā] 1. entschuldigt 2. entschuldbar, verzeihlich
mazeretname [–··–·] Entschuldigungsschreiben *n*
mazeretsiz [ā] 1. unentschuldigt 2. unentschuldbar, unverzeihlich
mazet, -ti (*franz.* **mazette**) *spez. Bill.* schlechter Spieler; Stümper *m*
mazgal 1. Schießscharte *f* 2. Sehschlitz *m*, Guckloch *n* ~ **siperi** s. **baru kalkanı**; **-ına kargı saplamak** *V* s. **cima etmek**
mazgala s. **mıskala**
mazgallı mit Schießscharte(-n) od. Sehschlitz(-en) ~ **barbata** (Burg-)Zinnen *pl.*
Mazgirt *n.pr.* O. u. D. im Rbz. Tunceli
mazhar 1. *urspr.* Erscheinungsort *m* 2. wer et. erlangt, erreicht, erfährt, genießt, wer ausgezeichnet wird (durch Gunst, Ehren usw.) 3. ≗ *mV* 4. ein bei geistlicher Musik verwendetes Tamburin ohne Schellen ~ **olmak** (bşe) erlangen, erreichen, erfahren, genießen, sich erfreuen **-ı itibar olmak** *va.* in hohen Ehren stehen
mazhariyet, -ti 1. Erlangen *n* (von Gunst, Ehren usw.), Erfahren *n* (z. B. e–r Wohltat) 2. Erfolg *m*, Glück *n* 3. natürliche Begabung; Talent *n*
mazı 1. **(ağacı)** Lebensbaum *m*, Thuja *f bot.* Thuja (spez. orientalis) *ömür ağacı 2. Gallapfel *m* ~ **arıları** Gallwespen *pl. zo.* Cynipidae *ur (*od.* yumru) arıları ~ **meşesi** levantinische Galleiche *bot.* Quercus infectoria ~ **tozu** Tannin *n*, Gerb-säure *f*, -stoff *m* *tanen
Mazıdağı, -nı *n.pr.* O. u. D. im Rbz. Mardin
mazi [––] 1. *va.* vergangen, früher 2. Vergangenheit *f*, verflossene Zeit 3. *gr.* Präteritum *n*, Vergangenheit *f* *geçmiş zaman **-si bozuk** mit nicht einwandfreier Vergangenheit **-ye karışmak** (*od.* **intikal etmek**) nur mehr historisches Interesse bieten, zu e–r historischen Reminiszenz herabsinken **-i naklî** (*bzw.* **şühudî**) s. **belirsiz** (*bzw.* **belirli**) **geçmiş kipi**
mazili [––·] mit nb. Vergangenheit **uzun** ~ **bir siyasî teşekkül** e–e seit langem bestehende politische Organisation
maziperest, -ti [––··] *mst. pej.* mit unkritischer Verehrung an der Vergangenheit hängend, stockkonservativ; laudator temporis acti
maziperestlik [––···] unkritische Verehrung der Vergangenheit, stur konservative Haltung
mazlum [ū] 1. unterdrückt, bedrückt, verfolgt, ungerecht behandelt 2. *fig.* still, ruhig, verträglich, bescheiden, mit allem zufrieden *sessiz, uysal 3. ≗ [×·] *mV*
mazlumiyet, -ti [ū]; **mazlumluk** 1. Unterdrückung *f* 2. Sanftmut, Milde, Bescheidenheit *f*
mazmaza 1. (geräuschvolles) Ausspülen des Mundes mit Wasser (*spez.* bei der rituellen Reinigung) 2. Gurgeln *n* *gargara ~ **etmek** 1. sich (geräuschvoll) den Mund mit Wasser ausspülen 2. gurgeln
mazmum [ū] 1. *va.* hinzugefügt 2. s. **zammeli, ötreli**
mazmun [ū] 1. Sinn, Inhalt *m*, Bedeutung *f* 2. *lit.* geistreiche Anspielung 3. *va.* was zu (be-)zahlen ist
mazmunlu inhaltvoll, sinnvoll
maznun [ū] 1. *va.* angenommen, vermutet 2. im Verdacht stehend, verdächtig *zanlı 3. angeklagt; Angeklagte *m, f* *müttehem, müddeaaleyh, sanık Zu 2: **... çalmakla da -dur.** Er steht auch im Verdacht, ... gestohlen zu haben
maznuniyet, -ti [ū] *va.* Verdacht *m* ~ **altında kalmak** im Verdacht stehen, verdächtig sein
mazohist, mazoşist, -ti 1. Masochist(-in *f*) *m* 2. masochistisch
mazohizm, mazoşizm Masochismus *m*
mazot, -tu 1. Masut *n* (Petroleumdestillationsrückstände; Brennmaterial u. a. für Schiffs- und Lokomotiv-kessel) 2. *Ch.* Alkohol *m* od. Zigaretten *pl.* ~ **almak** *V* essen, futtern **-u olmak** *V* Zigaretten haben **-u yerinde olmak** (b–nin) *V* ziemlich gebechert haben; angetrunken sein (Chauffeur)
mazotlama das Übergießen von Wassertümpeln mit e–r Masutschicht (zur Moskitobekämpfung)
Mazovi; Mazovya Masowien (Landschaft an der Weichsel)
mazrubat; mazrubunfih s. **madrubat; madrubunfih**
mazruf [ū] 1. von e–r Hülle umgeben 2. in e–m Umschlag steckendes Papier 3. Inneres; Inhalt *m* (*ant.* **zarf**) Zu 3: **-a lâyık bir zarf derununde** in e–r dem Inhalt angemessenen Ausstattung (z. B. Buch)
mazrufen [ū] *va. Adv.* in e–r Hülle, e–m Umschlag
mazrup s. **madrup**
mazrur [ū] *va.* geschädigt (Person)
mazul, -lü [––] *va.* abgesetzt, des Amtes enthoben, zur Disposition gestellt *azledilmiş, işten çıkarılmış
mazulen [––·] *va. Adv.* unter Amtsenthebung
mazuliyet, -ti [––··] *va.* Absetzung, Amtsenthebung *f* ~ **maaşı** s. **açık maaşı**
mazur [––] 1. entschuldigt 2. entschuldbar, verzeihlich ≗ **buyurunuz.** Ich bitte um Entschuldigung. ~ **görmek** (*od.* **tutmak**) j–n entschuldigen (der e–n Auftrag, e–e Einladung usw. ablehnt) ~ **göstermek** (m. Akk.) et. entschuldigen, e–e Entschuldigung für et. darstellen (**Bu, açık şehirlerin bombardıman edilmesini ~ göstermez.** Das entschuldigt keinesfalls die Bombardierung offener Städte.) ~ **olmak** 1. entschuldigt fehlen 2. entschuldbar sein

mazuriyet, -ti [ā, ū] *va.* Entschuldigung(-sgrund *m*) *f*
mazurka [·×·] *mus.* Mazurka *f* (polnischer Nationaltanz)
Mazurya [·×·] *n.pr.* Masuren (ostpreußische Landschaft) ~ **bataklığı** *n.pr.* Masurische Sümpfe *pl.*
mazut s. **mazot**
Mazüri s. **Mazurya**
me (I) [–] 1. mäh! 2. *Ki.* Schaf, Lamm *n*, Ziege *f*
me (II) [·] Name bzw. Lautung des Buchst. M
meal, -li [ā] Sinn, Inhalt *m*, Bedeutung *f* **şu -de bir şayia** ein diesbezügliches Gerücht
mealen [·×·] dem Sinn (Inhalt) nach (*ant.* **lafzan**); ~ **tercüme** sinngemäße (nicht wörtliche) Übersetzung
mealsiz [ā] ohne Sinn (Inhalt, Bedeutung)
meandr s. **âsık yolu**
meap, -bı 1. (*isol. ungebr.*) Zufluchtsort *m* 2. *fr. Sx.* (in Füg. wie:) **devlet-, haşmet-, şevket- meap** usw.
mearic [ā] (*ar.*: die Stufen) ≗ **suresi** Name der 70. Koran-Sure
measir [ā] (*va. Pl.* zu ungebr. **me'sere**) Heldentaten, große Leistungen, gute Werke *pl.* (der Vorfahren)
MEB; M.E.B. = Millî Eğitim Bakanlığı
mebadi [·––] (*va. Pl.* zu **mebde**) *spez.* Vorkenntnisse *pl.* *önbilgi
mebani [·––] *va. isol. Pl.* 1. Bauten, Gebäude, Baulichkeiten, Bauwerke *pl.* 2. Grund-lagen, -regeln *pl.*
mebde, -ei 1. Anfang, Beginn *m* *başlangıç 2. Ausgangspunkt, Ursprung *m* *başlangıç noktası 3. Prinzip *n*, Grund-satz *m*, -lage *f* *ilke, prensip, umde
mebi, -ii [ī] *va.* 1. verkauft 2. zum Verkauf gestellt; Verkaufsgegenstand *m*
mebiz [ī] s. **yumurtalık** (3); **-i âlâ** (*bzw.* **-i esfel**) s. **üst** (*bzw.* **alt) durumlu yumurtalık**
meblağ (Geld-)Betrag *m*, Summe *f* *tutar
mebni [ī] 1. ge-, er-baut, errichtet 2. *fig.* beruhend (auf), begründet (in), gegründet (auf) 3. fig. in Anbetracht, wegen, infolge, da, weil Zu 3: **havanın bozulması ihtimaline** ~ in Anbetracht des unsicheren Wetters **Hastalığına** ~ **gelemedi.** Infolge Erkrankung konnte er nicht kommen. **buna** ~ daher, aus diesem Grunde, demzufolge
mebrur [ū] 1. *va.* geleistet, erfüllt (Pflicht) 2. *va.* schätzens-, rühmens-wert, wertvoll 3. ≗ *mV* **Mebrure** *wV*
me'bun [ū] *va.* 1. verdächtig od. angeklagt 2. Strichjunge *m*
mebus *urspr.* [·–] 1. *va.* entsandt 2. Abgeordnete *m, f*, Volksvertreter(-in *f*) *m* *saylav, milletvekili 3. ≗ türk. Zigarettenmarke
mebusan [·––] *va. Pl.* zu **mebus;** ≗ **meclisi** *va. (spez. osm.)* Abgeordnetenhaus, Parlament *n*
mebusluk 1. Tätigkeit *f*, Aufgaben *pl.* e–s (e–r) Abgeordneten 2. Abgeordnetensitz *m*, Mandat *n* *(1, 2) saylavlık, milletvekilliği **-tan ıskat etmek** e–n Abgeordneten seines Mandats für verlustig erklären
mebzul, -lü [ū] 1. *va.* in großer Menge gespendet 2. reichlich, in Hülle und Fülle vorhanden *bol, çok ~ **buyurmak** *va.* spenden, gewähren, gestatten, einräumen
mebzulen [ū] *z. va. Adv.* in großer Zahl, reichlich
mebzuliyet, -ti [ū] 1. *va.* reichliches Spenden 2. Fülle *f*, Überfluß *m*, (über-)reichliches Vorhandensein *bolluk
mecal, -li [ā] 1. Kraft *f* *güç, takat 2. *va.* Möglichkeit, Gelegenheit *f* ~ **bırakmamak** überwältigen, auf die Knie zwingen, auspumpen, zum Verstummen bringen **-i kalmamak** keine Kraft mehr besitzen
mecalsiz [ā] kraftlos, schwach *argın, takatsız
mecalsizlik [ā] Kraftlosigkeit, Schwäche *f* *takatsızlık
mecari [·––] *va. Pl.* zu **mecra; -yi bevil** s. **sidik yolları**
mecaz [ā] Bild *n*, Metapher *f*, figürlicher Ausdruck, übertragene Bedeutung *imaj ~ **anlam** s. **manayı mecazî; -ı mürsel** *stil.* Metonymie *f* *addeğişimi **-lar** *pl.* Tropen (und Figuren) *pl.*
mecazen [·×·] *Adv.* in übertragener Bedeutung, bildlich, figürlich
mecazî [·––] bildlich, figürlich, metaphorisch, übertragen **kelimenin** ~ **manası** die übertragene Bedeutung des Wortes
mecazlık [ā] Rolle *f* e–r Metapher
mecbur [ū] gezwungen, genötigt ~ **etmek** zwingen, nötigen ~ **olmak** gezwungen (genötigt) sein od. werden; müssen
mecburen [·×·] *Adv.* gezwungenermaßen, wohl oder übel
mecburî [·––] 1. gezwungen, erzwungen, Zwangs- 2. obligatorisch, verbindlich, Pflicht-, vorgeschrieben (*ant.* **ihtiyarî**) 3. Not- ~ **askerlik (hizmeti)** Wehrpflicht *f* ~ **dersler** Pflichtfächer *pl.* ~ **durak** ständige Haltestelle (im Ggs. zur Bedarfshaltestelle) ~ **figürler** vorgeschriebene Figuren *pl.* (z.B. beim Eiskunstlauf) ~ **hizmet** Zwangsdienst *m* ~ **ikamete tabi tutulmak** e–n Zwangsaufenthalt angewiesen bekommen ~ **ikametgâh** vorgeschriebener Wohnsitz; Zwangsaufenthalt *m* ~ **iniş** Notlandung *f* (e–s Fliegers) (≗ **bir iniş yapmağa muvaffak olmuştur.** Es gelang ihm notzulanden.) ~ **iskâna tabi tutulan** wem ein Zwangsaufenthalt angewiesen wird ~ **istikamet** vorgeschriebene Fahrtrichtung ~ **istikraz** Zwangsanleihe *f* ~ **kartel** Zwangskartell *n* ~ **ricat** *mil.* erzwungener Rückzug ~ **sigorta** Zwangsversicherung *f*, obligatorische Versicherung
mecburiyet, -ti [ū] Zwang *m*, Gezwungensein *n*, (gebieterische) Notwendigkeit, Verpflichtung *f* ~ **halinde** im Bedarfs-, Not-fall, gegebenenfalls ≗ **yoktur.** Niemand ist gezwungen. Man kann es tun oder bleibenlassen. **-inde olmak** s. **mecbur olmak**
meccanen [ā] *Adv.* umsonst, kostenlos, gratis, unentgeltlich *bedava, parasız
meccanî [·––] 1. umsonst gewährt, gratis gegeben, kostenlos, unentgeltlich 2. Stipendiat(-in *f*) *m*
meccanîlik [ā] Unentgeltlichkeit *f spez.* freie Unterkunft, Verpflegung und Kleidung e–s türk. Stipendiaten
-mece s. **-maca**
mecelle 1. *urspr.* Buch *n*, Band *m* 2. Gesetzessammlung *f* 3. (≗**i Ahkâmı Adliye**) das bis 1926 in Kraft gewesene türk. bürgerliche Gesetzbuch **-den bir sual sormuşum gibi** als ob ich e–e hochphilosophische Frage gestellt hätte
mecelleşmek *P* sich zanken, heftig debattieren
meci [–·] *Ki.* (Schaf-, Ziegen-)Hirt *m*
mecidî [·––] von Sultan Abdülmecit od. zur Regierungszeit dieses Sultans geschaffen, gestiftet usw. ~ **fes** *fr.* ähnliche Fes-Art wie **Mahmudî fes** mit schwarzer Troddel
mecidiye [·–··] 1. alte Silbermünze von 20 Kurusch aus der Zeit des Sultans Abdülmecit (*fr. a.* **sim** ~ *od.* **beyaz** ~ genannt) 2. ≗ **(Nişanı)** Medschidije-Orden *m* 3. *fr.* breite, niedrige Form des Fes ~ **altını** (*od.* **altın** ~) Einpfund-Goldstück *n* aus der Zeit Abdülmecits ~ **çeyreği** alte Silbermünze zu 5 Kurusch
Mecidiyeköy *n.pr.* Vorort von Istanbul
mecit, -cdi *va.* Ruhm *m*, Ehre, Größe *f*
mecît, -di 1. *va.* ruhmreich; Ruhmreiche *m* (Beiname Gottes) 2. **Mecit** [×·] (*Verk.* von **Abdülmecit**) *mV* 3. s. **mecidiye**
Mecitözü, -nü *n.pr.* O. u. D. im Rbz. Çorum
meclis 1. Gesellschaft *f*, gesellschaftliche Veranstaltung; Zusammen-kunft *f*, -sein *n*, Gesellschaft(-skreis *m*) *f* 2. Versammlung, Sitzung *f* 3. (beratendes od. beschlußfassendes) Kollegium, Gremium *n*, Rat *m*, Kammer *f*, Parlament *n* 4. *Th.* Szene *f*, Auftritt *m* *bölümcük, kesim 5.

Versammlungsort *m* 6. *va.* Welt *f* Zu 1: **Dün geceki -imiz pek tatlı geçti.** Unser Zusammensein gestern abend ist sehr nett verlaufen. Zu 3: s. **Türkiye Büyük Millet** ²i; **aile -i; idare -i.** (*Anm.* Häufig pleonastisch z. B. **Reichstag (sinot, diyet** usw.) **-i);** ~ **bozan** Störenfried *m* ² **Heyeti Umumiyesi** *hist.* s. **Büyük Millet Meclisi;** ~ **hükümeti** s. **parlamenter hükümet;** ~ **kurmak** e–e Sitzung abhalten; beraten ~ **reisi** Kammerpräsident *m* ~ **tahkikatı** (*od.* **soruşturması**) parlamentarische Untersuchung ~ **toplantı yılı** Parlaments-, Sitzungs-jahr *n* **-in içtimaı** Zusammentritt *m* der Ratsversammlung *asamblenin toplanması **-ten dışarı** mit Verlaub gesagt **-i âli** *parl.* Hohes Haus (**Bu kanun, -i âlice kabul edildiği takdirde ...** Falls dieses Gesetz von dem Hohen Haus angenommen werden sollte ...) **-i âyan** s. **âyan meclisi; -i âyan azası** Senator *m* *senatör ²**i Mebusan** s. **Mebusan** ²**i; -i meşayih** *hist.* Dienststelle *f* des Scheich ül-Islam, die Angelegenheiten der Derwischklöster zu regeln hatte **-i nuzzar** (*od.* **vükelâ**) *va.* Ministerrat *m*, Kabinett *n* *heyeti vekile, vekiller heyeti, nazırlar meclisi (od. heyeti), bakanlar kurulu

meclisârâ *z. va.* gesellschaftlich gewandt, guter Gesellschafter

meclisârâlık *z. va.* gesellschaftliche Gewandtheit; Unterhaltungsgabe *f*

meclubiyet, -ti [ū] *va.* Sich-hingezogen-Fühlen *n*, Begeisterung *f*, Enthusiasmus *m*

meclup, -bu [ū] 1. *va.* beigezogen, herbeigeholt 2. *fig.* hingezogen, hingerissen, begeistert Zu 2: **Bu piyaniste ~ oldum.** Von dem Spiel des Pianisten war ich ganz hingerissen.

mecma, -aı 1. Versammlungsort, Sammelplatz *m* 2. Sammlung, Kollektion *f* *koleksiyon, toplak Zu 1: s. **zıtların -ı; -ı erafil** s. **karga derneği; -ı nas** Ort *m*, an dem immer viele Leute zusammenkommen

mecmer s. **micmer**

mecmu, -uu [ū] 1. *va.* vereinigt, angehäuft 2. sämtlich, all, insgesamt, ganz, Gesamt- 3. Gesamtheit *f* 4. *math.* Summe 5. *va. gr.* a) in den Plural gesetzt b) Plural *m* *cemi, çoğul Zu 2: ~ **tonaj** Gesamttonnage *f* Zu 3: **kitapların -u** alle Bücher Zu 4: **-u cebrî; cebrî** ~ s. **cebirsel toplam**

mecmua *urspr.* [ū] 1. Fem. des Adj. **mecmu** 2. Zeitschrift *f* *dergi 3. Gesamtheit *f*, Zusammenstellung *f* (zu e–r größeren Einheit), Sammlung, Kollektion *f* Zu 3: **-i hayvanat** s. **direy; -i nebatat** (*od.* **nebatiye**) s. **bitey; -i satıh** s. **yüzey**

mecmuacılık Zeitschriftenwesen *n*

mecmuan [ū] *Adv.* insgesamt, als Ganzes gerechnet, alle zusammen

mecmuiyet, -ti [ū] *va.* Gesamtheit *f* *maşeriyet, ortaklaşma

mecnun [ū] 1. irrsinnig, verrückt, toll, wahnsinnig, geisteskrank *çılgın, deli 2. toll verliebt 3. ² Name des Liebhabers in **„Leylâ ile Mecnun"**

mecnuniyet, -ti [ū]; **mecnunluk** [·–·] Irrsinn, Wahnsinn *m*, Tollheit *f*

mecra [ā] 1. (Wasser-)Lauf *m*, Flußbett, Leitungsrohr *n*, Kanal, Gang *m* 2. (Durch-)Leitung, Zuführung *f* 3. *fig.* (Ab-, Ver-)Lauf *m* 4. *fig.* Quelle *f* (e–r Nachricht) ~ **bacası** (Straßen-)Schacht *m*, Einsteigloch *n* **-yı dem'î** s. **gözyaşı yolu; -yı sem'î** s. **kulak yolu; -yı tabiî** natürlicher (Ab-, Ver-)Lauf

mecruh [ū] *va.* 1. verwundet, verletzt 2. *fig.* widerlegt, nachgewiesenermaßen unrichtig

mecruhiyet, -ti [ū] *va.* 1. Verletzung, Verwundung *f* 2. *fig.* nachgewiesene Unrichtigkeit, Widerlegung *f*

mecur [––] 1. *va.* wem Lohn, Belohnung gegeben worden ist 2. *jur.* Mietsache *f* *kiralanan

Mecusî [·––] Parse, Feueranbeter, Mazdaist *m*

Mecusîlik; Mecusiyet, -ti [ū] zoroastrische Religion, Mazdaismus *m*

Mecüç, -cü vgl. Stw. **Yecüç**

meczum (I) [ū] *va.* entschieden, klar, feststehend, unzweifelhaft

meczum (II) [ū] *va.* s. **cüzamlı**

meczup, -bu [ū] 1. hingezogen, hingerissen, entzückt, begeistert 2. verzückt, ekstatisch 3. närrisch, verrückt

Meç *n.pr.* Metz (Stadt in Lothringen)

meç, -çi 1. Degen *m* 2. Dolch *m* (der Luftwaffenoffiziere) 3. Fechtsäbel *m*, Florett *n*, Schläger *m* 4. s. **meş;** ~ **oynamak** fechten *eskrim yapmak

meçhul, -lü [ū] 1. unbekannt *bilinmeyen 2. *math.* Unbekannte *f* *bilinmedik 3. *allg.* unbekannte Größe 4. unsicher, ungewiß *belirsiz, bellisiz 5. *gr.* passiv *edilgen Zu 1: **... olduğu -ümüzdür.** Es ist uns nicht bekannt, daß ... ² **Asker** der Unbekannte Soldat ² **Asker Abidesi** (*od.* **Anıtı**) Grabmal *n* des Unbekannten Soldaten

meçhulat, -tı [·––] *va. Pl.* 1. unbekannte od. unverständliche Dinge *pl.* 2. *fig.* Dunkel *n* *karanlık ² **içinde kaldım.** *va.* Ich tappte im Dunkeln. (*fig.*)

meçhuliyet, ti [ū] 1. Unbekanntsein *n* 2. Ungewiß-, Unsicher-sein *n* Zu 1: **adresinizin -ine binaen ...** da Ihre Adresse nicht zu ermitteln war

meçhullü [ū] mit soundsoviel Unbekannten **iki ~ muadele** *math.* Gleichung *f* mit zwei Unbekannten *iki bilinmeyenli denklem

meçhulülahval [·–··–] *va.* 1. Person *f* unbekannter Herkunft 2. verdächtiges Individuum

meçli mit **meç** ausgestattet ~ **baston** *fr.* Stockdegen *m*

med s. **met**

medar [ā] 1. Mittelpunkt *m* e–r Drehbewegung 2. Punkt, Gegenstand *m*, um den sich et. dreht 3. Grund, Anlaß *m* 4. Wendekreis *m* *dönence 5. Gebiet *n* zwischen den beiden Wendekreisen, Tropen *pl.* *tropika 6. Bahn *f* e–s Gestirns *yörünge 7. (Hilfs-)Mittel *n*, Erleichterung, Quelle (*fig.*) *f* Zu 2: **-ı kelâm** *va.* Gesprächsthema *n* Zu 3: **Türklerin -ı iftiharı** worauf (bzw. auf wen) alle Türken stolz sein können Zu 4: ²**ı Cedi (Seretan)** Wendekreis *m* des Steinbocks (Krebses) *Oğlak (Yengeç) dönencesi Zu 7: **-ı maişet** (*od.* **taayyüş**) *va.* Erwerbsquelle *f*, Unterhalt *m* **-ı temyiz bir vasıf** *va.* ein unterscheidendes Merkmal **deniz tutanlara ~ olsun diye** als Erleichterung für Seekranke ~ **olmak** helfen, dienlich sein, beitragen

medarî [·––] 1. den Wendekreis betreffend 2. tropisch *tropikal ~ **mıntıka** s. **tropikal kuşak**

medayih [ā] *va. isol. Pl.* rühmenswerte Eigenschaften od. Taten *pl.*

meddah [ā] 1. Lobredner *m* 2. öffentlicher Märchen- und Geschichten-erzähler (der gerne fremde Sprechweisen nachahmt)

meddahlık [ā] 1. Lobrednertum *n* 2. Beruf *m* bzw. Tätigkeit *f* e–s **meddah** (2)

medde Dehnung, Längung *f spez.* Dehnungszeichen *n* über e–m **elif** (der ar. Schrift)

meddeli gedehnt, gelängt, mit Dehnungszeichen über e–m **elif**

meddetmek [×··] dehnen, längen

meddikâmil s. Stw. **met**

meddücezir, -zri 1. Ebbe und Flut *f*, Gezeiten *pl.* *gelgit 2. *fig.* wechselvoller Zustand; Schwanken, Hin und Her *n* Zu 2: **Bu nevi -ler her muharebede olan işlerdir.** Ein solches Hin und Her ist bei jeder Schlacht zu beobachten. ~ **cetveli** Gezeitentafel *f*

mededallah s. **medet Allah**

medenî 1. *urspr.* städtisch 2. zivilisiert, kultiviert 3. kulturell, Kultur- 4. Kulturmensch *m* 5. bürgerlich, Zivil- 6. ² auf die Stadt Medina bezüglich; medinensisch (*spez.*

Koran-Suren) Zu 4: **bir garp -si** ein europäischer Kulturmensch ~ **ehliyet** s. **hak yeteneği; ~ evlenme** s. ~ **nikâh; ~ haklar** bürgerliche Rechte; Privatrechte *pl.* *yurttaşsal haklar ~ **haklardan ıskat** Entziehung *f* der bürgerlischen Ehrenrechte ~ **haklardan istifade ehliyeti** *jur.* Rechtsfähigkeit *f* *hak yeteneği ~ **hakları kullanma ehliyeti** *jur.* Geschäfts-, Handlungs-fähigkeit *f* *eylem yeteneği ~ **hal** *jur.* Familien-, Personal-stand *m* ~ **hukuk** (*od.* **hukuku medeniye** *od. selt.* **medeniye hukuku**) Zivil-, Privat-recht *n*, bürgerliches Recht *yurttaşlar türesi ~ **ilerleyiş** kultureller Fortschritt ~ **kanun; kanunu** ~ bürgerliches Gesetzbuch *yurttaşlar yasası ~ **kanunlar** Zivilgesetze *pl.* ~ **nikâh** Ziviltrauung *f*, standesamtliche Trauung ~ **ölüm** *jur.* bürgerlicher Tod ~ **semereler** *jur.* zivile (od. bürgerliche) Früchte *pl.* *türel verim ~ **usul hukuku** *jur.* Zivilprozeßrecht *n* *yurttaşlar yargılama türesi

medenîleşmek 1. sich zivilisieren, sich kultivieren 2. sich entwickeln, sich modernisieren *(1, 2) uygarlaşmak

medenîlik 1. Zivilisation, Kultur *f* *medeniyet 2. Kulturbrauch *m*, -sitte *f*

medeniye [ī] s. Stw. **medenî**

medeniyet, -ti 1. Zivilisation, Kultur *f* *uygarlık 2. (*a.* ~ **âlemi**) Kulturwelt *f*

medeniyetsiz unzivilisiert, unkultiviert

medeniyetsizlik 1. Fehlen *n* von Kultur und Zivilisation 2. unzivilisiertes, unkultiviertes Benehmen

medet, -di 1. Hilfe *f*, Beistand *m*, Unterstützung *f* 2. zu Hilfe! ~ **Allah** (*od.* ~ **ya Rabbi**)! 1. Gott steh mir (uns) bei! 2. furchtbar, schrecklich, entsetzlich Zu 2: **öyle bir fırtına ki** ~ **Allah!** ein entsetzlicher Sturm ~ **beklemek (ummak)** Hilfe erwarten (erhoffen) ~ **etmek** helfen, beistehen, unterstützen

medih, -dhi Loben, Preisen *n*, Lob *n* ~ **bimâ yüşbehüzzem** s. **yergimsi övgü;** ~ **ve sena etmek** s. **methüsena etmek; -e lâyık** rühmenswert, löblich

mediha 1. *va. lit.* Lob-, Preis-gedicht *n* 2. ♀ *wV*

medine [ī] 1. *va.* Stadt *f* *şehir 2. ♀ *n.pr.* (*Abk.* von **Medinetünnebi** *od.* **Medinei Münevvere**) Medina ♀ **çiçeği** Rohrkraut *n bot.* Gnaphalium ♀ **dilencisi** (*od.* ♀ **fukarası**) *fig.* ganz zerlumpt ♀ **fukarası gibi dizilmiş olmak** wie die Hühner auf der Stange sitzen ♀ **kurdu** Medina-, Guinea-wurm *m zo.* Dracunculus medinensis (Erreger der Drakunkulose)

mediyant, -tı *mus.* Mediante *f*, Mittelton *m* des Dreiklangs

medlul, -lü *va.* Sinn *m*, Bedeutung *f* (e–s Satzes, Textes usw.)

Medok, -ku 1. *n.pr.* Médoc (Landschaft in Frankreich) 2. ♀ Médoc(-wein) *m*

medrese Medres(s)e *f*, isl. Hochschule für Theologie, Jurisprudenz und Literatur (in der Türkei abgeschafft: 1924) **-ye dökülmek** *va.* wissenschaftlichen Charakter annehmen **-ye düşmek** (bir mesele) *iron.* zu e–m endlosen Palaver führen

medreseli 1. Medres(s)e-Student *m* 2. wer die Medres(s)e durchgemacht hat 3. wer in klerikalen Anschauungen befangen ist (*etwa:* ultramontan)

med'uv [ū] *va.* (ein-)geladen, (geladener) Gast *davetli

Medüz 1. *myth.* Medusa 2. ♀ s. **su -leri**

medya [×·] *med.* Media *f* (mittlere Gefäßhaut)

medyal *spez. an.* medial; in der Mitte gelegen *içyan

medyokr (*franz.* **médiocre**) *selt.* mittelmäßig, durchschnittlich

medyum [×·] *psych.* Medium *n* *aracı

medyumluk Rolle *f* e–s Mediums

medyun [ū] 1. Schuldner *m* *borçlu, verecekli 2. verdankend od. was j–m zu verdanken ist 3. verpflichtet, verbunden Zu 2: ~ **olmak** a) (bsi b–ne) j–m et. verdanken *borçlu olmak b) (m. Dat.) zu verdanken sein Zu 3: **-u şükran olmak** zu Dank vrpflichtet sein, Dank schulden ♀**u şükranınızım.** Ich bin Ihnen zu Dank verpflichtet.

meee [mɛ:] mäh!

mefahir [ā] *va. Pl.* zu **mefharet; -i milliye** *va.* Leuchten *pl.* der Nation, führende Köpfe *pl.*

mefer, -rri *va.* Zufluchtsort *m*, Asyl *n*

meferrülkelbiye s. **zakkumgiller**

mefhar *va.* Ruhm *m* **-ı kâinat** Ruhm *m* des Universums (= Mohammed)

mefharet, -ti 1. Ruhm(-estitel) *m* 2. ♀ *wV*

mefhum [ū] 1. *va.* verstanden 2. *log.* Begriff *m* *kavram 3. Sinn *m*, Bedeutung *f* (z. B. e–s Schreibens). Zu 1: **Maksadınız -um oldu.** *va.* Ich habe Ihre Absicht verstanden.

mefhumiye [ū] s. **kavramcılık**

Mefisto [·×·] *n.pr.* Mephisto(-pheles)

mefkaret, -ti *va.* Not, Entbehrung *f*, Elend *n*

mefkudiyet, -ti [ū] *va.* Nichtvorhandensein, Fehlen *n*

mefkûre(-ci, -cilik, -vî) s. **ülkü(-cü, cülük, -sel)**

mefkut, -du [ū] 1. nicht vorhanden, fehlend 2. *jur.* verschollen *gaip

mefluç, -cu vom Schlag getroffen (gerührt); gelähmt *inmeli **iki bacağı** ~ an beiden Beinen gelähmt

mefruğ [ū] abgetreten, zediert, übereignet, übertragen

mefruğünleh [·–··] *jur.* wem et. abgetreten (zediert, übereignet, übertragen) ist *geçirilen

mefruş [ū] 1. auf dem Boden ausgebreitet 2. (mit Marmor, Kies usw.) ausgelegt 3. möbliert *döşeli, möble-(li), mobilyalı

mefruşat, -tı [·––] *Pl.* Möbel(-einrichtung *f*) *pl.*, Mobiliar *n* *döşeme, mobilya

mefruşe [ū] *fr.* Haremssklavin, Odaliske, Konkubine *f*

mefruz (I) [ū] 1. abgeteilt, abgegrenzt 2. in Teile zerlegt, parzelliert

mefruz (II) [ū] 1. angenommen, hypothetisch, fiktiv, imaginär, *mil. a.* markiert *farazî, muhayyel 2. kirchlich vorgeschrieben

mefsedet, -ti 1. *selt.* Verderbnis *f* 2. Hetztätigkeit *f*, Unruhestiften *n*, Aufwiegelung *f*, staatsfeindliche Umtriebe *pl.* *bozutçuluk, fesatçılık ~ **ocağı** (*od.* **yatağı**) Herd *m* der staatsfeindlichen Umtriebe

mefsuh [ū] *va.* 1. aufgehoben (Bestimmung, Beschluß usw.), annuliert, für ungültig erklärt 2. gekündigt (Vertrag, Abkommen usw.) 3. aufgelöst (Parlament, Vereinigung usw.)

mefsuhiyet, -ti [ū] *va.* Aufhebung, Annullierung, Kündigung *f*

mefsul, -lü [ū] *va.* getrennt, losgelöst, isoliert s. **vavı -e**

mefsus [ū] *va.* s. **varakı** ~

meftuh [ū] *va.* 1. geöffnet, offen 2. erobert, eingenommen (z. B. Stadt) 3. s. **fethalı, üstünlü**

meftun [ū] 1. hingerissen (von Bewunderung), entzückt, mit Hingebung verehrend, verliebt *tutkun 2. ♀ *mV* ~ **etmek** hinreißen, entzücken, in helle Begeisterung versetzen ~ **(ve meshur) olmak** (bşe) von et. ganz hingerissen sein **-u olmak** (b-nin) verliebt sein (in j–n)

meftuniyet, -ti; meftunluk *va.* Hingerissensein *n*, entzückte Bewunderung, bewundernde Verehrung; Verliebtheit *f* *tutkunluk

meftur (I) [ū] *va.* 1. erschaffen, geschaffen *yaratılmış 2. angeboren, natürlich *cibillî, tabiî

meftur (II) [ū] 1. entmutigt, traurig, niedergeschlagen, betrübt, verzweifelt *melül 2. unmutig, unlustig *spez.* arbeitsunlustig od. lebensüberdrüssig, verdrossen, erschöpft, abgespannt *bıkkın, bezgin

meful, -lü [ū] 1. *va.* gemacht, getan 2. *gr.* Ergänzung *f*, Objekt *n* *mütemmim, tümleç 3. *V* Strichjunge *m* **-ü**

gayri sarih 1. s. **dolaylı tümleç** 2. s. **belirtisiz nesne; -ü mutlak** *va.* Akkusativ des inneren Objekts, Figura etymologica *f* **-ü sarih** s. **belirtili nesne**
mefuliyet rabıtası *va. gr.* die Verbalform des Typus **gördüğü** *od.* **göreceği** *sıla sıygası
mefulünanh [ū] *va. gr.* Ablativ *m* *-den hali
mefulünbih [ū] *va. gr.* Akkusativ *m* *-i hali
mefulünfih [ū] *va. gr.* Lokativ *m* *-de hali
mefulünileyh [ū] *va. gr.* Dativ *m* *-e hali
mefulünleh [ū] *va. gr.* Finalis *m* (Bild. mit **için, berayı-, liecli-** usw.)
mefulünma [·–·–] *va. gr.* Instrumentalis *m* *-le hali
mefulünminh [ū] *va. gr.* Ablativ *m* *-den hali
megafon Megaphon *n*, Sprachrohr *n*
megafonlu mit Megaphon ausgerüstet
megagraf (*franz.* **mégagraphe**) (Zeichen-)Brett *n* (für große Zeichnungen)
megahertz *phys.* Megahertz (1 Million Hertz) *megasikl
megalit, -ti Megalith *m*, großer Steinblock
megalitik megalithisch, Megalith- ~ **anıtlar** Megalith-, Hünen-, Großstein-gräber *pl.*
megalocu *pej.* Verfechter *m* des groß-griechischen Gedankens
megaloidea [·×··×·] *pej.* groß-griechischer Gedanke
megaloman (*franz.* **mégalomane**) größenwahnsinnig
megalomani (*franz.* **mégalomanie**) Größenwahn *m*
megalops Tarpon, Silberkönig *m zo.* Megalops atlanticus (großer Heringsfisch des Antillenmeeres)
megalosefal (*franz.* **mégalocéphale**) großköpfig, makrozephal
megametre [··×·] 1. *naut.* Mega(lo)meter *n* (Gerät zur Längenbestimmung) 2. tausend Kilometer
megaseros Megaceros *n* (ausgestorbener Riesenhirsch)
megasikl (*franz.* **mégacycle**) s. **megahertz**
megateryom [··×·] Megatherium *n* (ausgestorbenes Riesenfaultier)
megaton *phys.* Megatonne *f*, 1 Million Tonnen
megatonluk mit soundsoviel Megatonnen (z.B. Sprengstoff)
megavat, -tı *phys.* Megawatt *n*, 1 Million Watt
megom [×·] *phys.* Megohm *n*, 1 Million Ohm
Megrez *astr.* der Stern Delta im Großen Bären
meğer [×·] 1. (*mst.* mit Verbalform auf **-miş** zur Darstellung des wahren Sachverhalts nach falscher Annahme; *mst.* am Anfang e–s Satzes, seltener am Ende) aber, doch, jedoch, indessen, dabei (adversativ), tatsächlich war doch… (hatte man…), schon 2. s. **-ki** Zu 1: **Ben onun gittiğini zannediyordum, ~ daha Istanbul'da imiş.** Ich dachte, er sei schon abgereist; dabei befand er sich noch in Istanbul. **≗ ben aldanmışım!** Ich sollte mich aber getäuscht haben! **O, önceden aklına koymuş ~.** Er hatte sich jedoch das in den Kopf gesetzt.
meğerki [×··] (*mit Optativ od. Imper.*) es sei denn, daß …; wenn nicht gerade … **Bu iş bitmeyecek, ~ siz de yardım edesiniz.** Wir werden mit der Arbeit nicht fertigwerden, es sei denn, daß Sie mit Hand anlegen. **Yarın mutlaka gelirim, ~ işim çıksın.** Ich komme morgen bestimmt, wenn nicht gerade e–e dringende Arbeit anfällt.
meğerleyim [×···] *P* für **meğer** (1)
meğerse [×··] s. **meğer** (1)
meh s. **mah**
mehabet, -ti [ā] würdevolles Aussehen, imponierendes Äußeres; Würde, Majestät, Erhabenheit *f* *heybet
mehabetli [ā] achtunggebietend, Ehrfurcht einflößend, würdevoll, majestätisch, imposant; (*fr.* in bezug auf den Sultan:) erhaben, erlaucht
mehakim [ā] *va. Pl.* zu **mahkeme; -i adiyeye tevdi olunmak** den ordentlichen Gerichten übergeben werden
meham, -mmı [ā] *va. Pl.* zu **mühim(-me)** Geschäfte, Belange, wichtige Angelegenheiten *pl.*
meharet s. **maharet**
mehari [·––] s. **hecin devesi**
mehaz [–·] Quelle *f* (e–r Information, e–s Autors usw.) ~ **olmak** *a.:* herangezogen werden (z.B. autoritatives Werk)
mehbil s. **dölyolu**
mehbilî *med.* vaginal
mehbit, -ti *va.* Ort *m* des Niedergangs, Absturzstelle *f*
mehcur [ū] *z. va.* 1. fern, getrennt 2. aufgegeben, außer Gebrauch gekommen (z.B. Wort) ~ **düşmek** (*od.* **kalmak**) 1. fern sein, getrennt sein (von) 2. aufgegeben werden, außer Gebrauch kommen
mehcuriyet, -ti [ū] *va.* 1. Getrennt-, Fern-sein *n* 2. Vergessenwerden, Außer-Gebrauch-Kommen *n*
mehcurlaşmak außer Gebrauch kommen
mehcurlaştırmak aufgeben (Wörter)
mehçe kleiner vergoldeter Halbmond (auf e–m Minarett, e–r Kuppel usw.) *alem, ayça
mehdî 1. *va.* rechtgeleitet (*spez. rel.*) 2. **Mehdi** a) *rel.* Mahdi *m* (von den Schiiten erwarteter Messias) b) *mV*
Mehdicilik *hist.* Mahdismus, Messianismus *m*
mehel für **mahal** in der Ra. **Meheldir.** Es geschieht ihm (dir) recht! Er hat (du hast) es nicht anders verdient! *Oh olsun!
mehengir s. **mihengir**
mehenk, -gi Prüfstein *m* (des Juweliers od. *fig.* = Kriterium *n*); s.a. **Dostluğun -i idbardır; -e vurmak** prüfen, erproben **-ten geçmiş olmak** erprobt sein, sich bewähren
mehenkçi 1. Metallprober, Goldschmied *m* 2. *fig.* Menschenkenner *m*
mehenktaşı, -nı *geol.* Lydit, Probestein *m*, schwarzer Kieselschiefer
mehil, -hli Frist *f*, Termin *m*, (Bedenk-)Zeit *f* ~ **vermek** e–e Frist setzen (einräumen, bewilligen, gewähren)
mehip, -bi [ī] *va.* 1. furchtbar, entsetzlich, fürchterlich, schrecklich *korkunç 2. s. **heybetli, mehabetli** 3. *va.* s. **aslan**
mehle bestes Halsstück (bei Hammelfleisch)
mehlika 1. *va.* „Mondgesicht" *n*, schön (Mädchen), Schöne *f* 2. ≗ *wV*
mehlike *va.* 1. gefährlicher Ort 2. gefährliche Angelegenheit, riskantes Unternehmen
mehmaemken [·–×·] *va.* soweit wie möglich, im Rahmen des Möglichen *alâkaderilimkân, olabildiği kadar
Mehmet (< **Muhammet**) *mV spez.* Name mehrerer Sultane
Mehmetçik Bez. für den einfachen türk. Soldaten, Landser *m* ~ **abidesi** Erinnerungsdenkmal *n* an die siegreichen Kämpfe auf Gallipoli (Seddülbahir 1915)
mehmuz [ū] *va.* s. **hemzeli**
mehpare [ā] 1. *va.* „Teil *m* des Monds", schön (Mädchen), Schöne *f* 2. ≗ *wV*
mehpeyker 1. *va.* s. **mehlika** (1) 2. ≗ *wV*
meht, -di *va.* Wiege *f* *beşik **-i hürriyet** *hist.* „Wiege der Freiheit", *fr.* Beiname für die Stadt Saloniki **-i ulya (-yı saltanat)** *fr.* Bez. für die Mutter e–s Sultans *valide Sultan **-i zuhur** *va.* Wiege *f*, Entstehungsort *m*
mehtabî *va.* s. **kameriye**
mehtabiye *va.* 1. s. **maytap** (1) 2. *lit.* Gedicht an den Mondschein
mehtap, -bı *urspr.* [ā] 1. Mondschein *m* *ay ışığı 2. Zeit *f* des Vollmonds 3. Neckerei *f*, Spott *m* 4. *fr.* Zünd-licht *n*, -rute *f*, Lunte *f* 5. s. **maytap** (1); ~ **sefası** (*od.* **gezintisi**) Mondscheinpromenade *f* **-a almak** s. **maytaba almak**
mehtaplı mondbeschienen, Mondschein-, Mond-
mehter *hist.* 1. Bez. für verschiedene Angestellte im Serail

wie Pförtner, Pferdeknecht usw.; *a.* Kammerherr, der Beförderungen od. Auszweichnungen mitzuteilen hatte 2. Musiker *m* in **mehterhane** *(q.v.)* 3. wer unter Verwendung e–r Handtrommel **(darbuka)** Geld für die **sürre** *(q.v.)* sammelte ~ **takımı** s. **mehterhane** (1)
mehteran [ā] *va. Pl.* zu **mehter**
mehterbaşı, -nı *hist.* Dirigent *m* e–r Janitscharenkapelle
mehterhane [ā] *hist.* 1. Militärkapelle *f*, Janitscharenmusik *f* 2. Ort *m*, wo e–e solche Kapelle spielte 3. Kaserne *f* e–r Militärkapelle 4. *fig.* Gefängnis *n*
mehuz [– –] *va.* 1. erhalten, empfangen, bekommen *(Part.)* 2. entlehnt, ent-, über-nommen Zu 1: **Gönderilen para -um olmuştur.** *va.* Das übersandte Geld habe ich erhalten.
mehuzat, -tı [– – –] *z. va. Pl.* 1. erhaltene od. eingegangene Gelder *pl.*, Eingänge *pl.* 2. (Bank-)Einlagen *pl.* *(1, 2) **makbuzat**
mehuze [– –·] s. **yardımcı teorem**
mehveş 1. *va.* „mondgesichtig", schön, Schöne *f* 2. ≗ *wV*
Mein Kampf (*Anm.*: Hitlers Buch wird mst. mit dem deutschen Titel zitiert, seltener **Mücadelem** od. **Kavgam**)
Meis (adası) s. **Kastelorizo**
mek *arm. selt.* ein *bir
mekân 1. Ort, Raum *m* 2. Heimat *f*, Vaterland *n*, Wohnort *m* *yer, yurt 3. *phil., phys.* Raum *m* *feza, uzay ~ **tasarımı yetisi** *psych.* räumliches Vorstellungsvermögen ~ **tutmak** sich niederlassen ~ **zarfı** s. **yer zarfı**
mekânen *va. Adv.* örtlich, räumlich
mekânet, -ti *va.* 1. Macht, Kraft, Stärke *f* 2. Ernst *m*, Festigkeit, Würde *f*
mekanik 1. Mechanik, Bewegungslehre *f* *mihanik 2. Maschinenwesen *n* 3. mechanisch *mihanikî ~ **endüstrisi** Maschinenindustrie *f* ~ **tertibatlı** mit mechanischer Vorrichtung
mekanikçi *phil.* mechanistisch; Anhänger *m* des phil. Mechanismus
mekanikçilik mechanistische Weltanschauung, Mechanismus *m* *mekanizm
mekaniksel 1. die Mechanik betreffend, mechanisch 2. *phil.* mechanistisch *(1, 2) mihanikî
mekanisiyen Mechaniker *m* *makinist
mekanizasyon Mechanisierung *f*, Umstellung *f* auf Maschinenbetrieb
mekanize mechanisiert ~ **etmek** mechanisieren
mekanizm 1. s. **mekanizma** 2 s. **mekanikçilik**
mekanizma [··×·] 1. Mechanismus *m*, Mechanik *f* 2. Triebwerk, Getriebe, Räderwerk *n (a. fig.)* 3. *fig.* Vorgang, Prozeß *m* Zu 3: **düşünmenin -sı** Denkvorgang *m*
mekano (*franz.* **mécano**) *Kspz.* Stabilbaukasten *m*
mekanograf (*franz.* **mécanographe**) 1. Maschinenbuchhalter *m* 2. Fachmann *m* für Rechenmaschinen
mekanografi (*franz.* **mécanographie**) 1. Maschinenbuchhaltung *f* 2. Büromaschinenindustrie *f*
mekanografik (*franz.* **mécanographique**) selbsttätig registrierend ~ **makine** Lochkarten-, Hollerith-maschine *f*
mekanoterapi *med.* Mechanotherapie, Heilgymnastik *f*
meke *dial* s. **karameke**
me'kel s. **me'kil**
meker s. Stw. **teker**
mekful, -lü [ū] *va.* verbürgt, garantiert **-ünanh** *jur. va.* Person *f*, für die gebürgt wird **-ünbih** *jur. va.* womit gebürgt wird *boyunluluk konusu **-ünleh** *jur. va.* wem Bürgschaft geboten wird
mekik 1. Weberschiffchen *n* 2. Schiffchen *n* in der Nähmaschine 3. Nähwerkzeug *n* zur Herstellung od. Ausbesserung von Fischernetzen ~ **dokumak** (*od.* **atmak**) *fig.* hin- und hergehen, in dauernder Bewegung sein ~ **gibi** hin- und hergehend, in dauernder Bewegung

me'kil (*Anm.* **me'kel** wird von türk. Puristen beanstandet) *va.* Unterhalt *m*, Auskommen *n*, Broterwerb *m* ~ **ittihaz etmek** *va.* nur als Broterwerb betrachten (Amt, Stelle)
mekin [ī] *va.* 1. ansässig 2. Be-, Einwohner *m*
mekinet, -ti *va.* 1. s. **ağırbaşlılık** 2. Einfluß *m*, Kraft *f* *nüfuz, kuvvet
mekir s. **mekr**
mekis (I) s. **meks**
mekis (II) *va.* s. **ağırbaşlı, temkinli**
Mekitarist, -ti Mechitarist *m* (Angehöriger e–s arm. Benediktinerordens)
mekkâre Last-, Trag-tier, Packpferd *n* ~ **beygiri** Packpferd *n* ~ **hayvanı** Last-, Trag-tier *n* ~ **kayışı** Packriemen *m* ~ **kolu** Tragtierkolonne *f* ~ **semeri** Trag-, Pack-sattel *m*
mekkâreci 1. wer Lasttiere besitzt od. vermietet 2. Lasttiertreiber *m*
Mekke (*fr. a.* **-i Mükerreme**) *n.pr.* Mekka ~ **ayrıkotu** s. **idrisotu;** ~ **payesi** *fr.* Rangstufe bei Geistlichen ~ **samanı** die von Mekkapilgern heimgebrachten getrockneten, starkriechenden Wurzeln der Bartgrasart Vetiver *bot.* Andropogon squarosus (Insekten- *spez.* Motten-schutzmittel) **-'de dilenip Medine'de zekât vermek** s. Stw. **Sultanahmet**
Mekkeli aus Mekka stammend, Mekka-
Mekkî *va.* 1. Mekka betreffend 2. s. **Mekkeli**
meknî *va.* 1. *phil., phys.* potentiell *gizil, kâmin 2. *phil.* latent *saklı 3. versteckt, gut aufgehoben
mekr *va.* List, Gaunerei *f*, Schwindel *m*
mekremet, -ti *z. va.* Freigebigkeit, Wohltätigkeit *f*, edler Charakter; Güte *f*
mekremetli 1. freigebig, wohltätig, von edlem Charakter 2. (*a.* **mekremetlü**) *fr.* Titel derjenigen Geistlichen, die den Rang e–s **müderris** innehatten
mekruh [ū] 1. abscheulich, ekelhaft, widerwärtig, widerlich *iğrenç 2. kirchlich unerwünscht, jedoch nicht ausdrücklich verboten (z.B. Genuß von Pferdefleisch)
mekruhat, -tı [·– –] *z. va. Pl.* Gesamtheit *f* dessen, was kanonisch unerwünscht ist
mekruhiyet, -ti [ū] 1. Abscheulichkeit *f* 2. kanonische Unerwünschtheit
meks *va.* Haltmachen, Anhalten *n*, kurzes Verweilen ~ **etmek** anhalten, e–e Zeitlang verweilen
Mekseleyna [··×·] *n. pr.* s. Stw. **Ashabı Kehf**
meksep, -bi *va.* 1. Erwerb, Gewinn *m* 2. Lebensunterhalt, Brotverdienst *m*
meksife s. **mükessife**
Meksika *n.pr.* Mexiko (Land) ~ **çayı** 1. *pharm.* ein Medizinaltee (thé du Mexique) 2. s. **yaylaçiçeği;** ~ **çiçeği** s. **dikenli haşhaş** (1); ~ **keneviri** s. **sabır kınnabı;** ~ **körfezi** *n.pr.* Golf *m* von Mexiko
Meksikalı 1. Mexikaner(-in *f*) *m* 2. mexikanisch
Meksiko *n.pr.* Mexiko (Stadt)
Meksikolu Einwohner(-in *f*) *m* der Stadt Mexiko
meksup, -bu [ū] *va.* 1. erworben, verdient 2. erlernt
meksur [ū] 1. *va.* zerbrochen, 2. *geol.* klastisch, zertrümmert 3. s. **esreli**
mekşuf [ū] *va.* offen, entblößt, aufgedeckt, entdeckt, erforscht, ausgekundschaftet *açılmış, meydana çıkarılmış
mektebî *va.* s. **okulsal**
mektep, -bi 1. Schule *f* (als Lehranstalt) *okul 2. Schule *f* (als künstlerische od. wissenschaftliche Richtung) *ekol 3. *Sch.* a) Bordell *n* b) Gefängnis *n* 4. *va.* Büro, Sekretariat *n* ~ **arkadaşı** Schul-kamerad(-in *f*) *m*, -freund(-in *f*) *m* ~ **çocuğu** 1. Schulkind *n*, Schüler(-in *f*) *m* 2. *V* unerfahren ~ **etmek** *V* s. **-e başlatmak (vermek);** ~ **gemisi** Schulschiff *n* ~ **görmemiş** 1. ungebildet 2. *V* ungehobelt (Person) ~ **medrese görmüş** mit Schulbildung; gebildet

~ **kaçağı** (*od.* **kaçkını**) Schulschwänzer *m* ꝝ **kapandı.** 1. Die Schule ist geschlossen worden. 2. Die Schule hat geschlossen (wegen Ferien, Epidemie usw.). ~ **müdürü** Schuldirektor, Anstaltsleiter *m* ~ **pansiyonu** Schülerheim, Internat *n* ~ **seyri** *fr.* Schulausflug *m* ~ **şeriki** *va.* s. ~ **arkadaşı;** ~ **tatili** Schulferien *pl.* ~ **ücreti** Schulgeld *n* (in türk. Privatschulen bzw. in ausländischen Schulen) **-e başlatmak** (*od.* **vermek**) *V* verkaufen, veräußern, losschlagen **-e devam etmek** die Schule besuchen **-e girmek** 1. das Schulgebäude betreten 2. in die Schule gehen, seine Schulzeit beginnen **-e gitmek** zur Schule gehen, die Schule besuchen **-e yazılmak** (*od.* **girmek**) als Schüler eingeschrieben werden bzw. sich einschreiben lassen **-i asmak** *F* die Schule schwänzen **-ten çıkarmak** (*od.* **tart etmek**) j–n der Schule verweisen, dimittieren bzw. relegieren
mektepçilik Schulwesen *n*
mektepli 1. Schüler(-in *f*) *m* 2. wer ein Schulabgangszeugnis besitzt 3. regulär ausgebildeter Offizier (*ant.* **alaylı**)
mekteptaş Schul-freund(-in *f*) *m*, -kamerad(-in *f*) *m*, Mitschüler(-in *f*) m
mektubî [·– –] s. **mektupçu**
mektum [ū] *va.* 1. geheimgehalten, verheimlicht, verhehlt 2. (in betrügerischer Absicht) nicht angemeldet, nicht registriert (bei e–r Behörde) ~ **tutmak** *va.* 1. geheimhalten 2. (bşi b–den) j–m et. verheimlichen 3. nicht anmelden, nicht registrieren lassen (z. B. Geburten)
mektumat, -tı [·– –] *va. Pl.* geheimgehaltene Dinge od. Vorgänge *pl.*
mektup, -bu 1. [··] Brief *m*, Schreiben *n* 2. [·–] *va.* geschrieben, schriftlich niedergelegt Zu 1: s. **itimat -u** Zu 2: **hukuku -e** *va.* geschriebenes Recht *yazılı hukuk ~ **açacağı** Brieföffner *m* ~ **almak** e–n Brief (bzw. Briefe, Post) bekommen ~ **atmak** e–n Brief einwerfen (zur Post geben) ~ **bloku** Briefblock *m* ~ **kâğıdı** Briefpapier *n* ~ **kutusu** Briefkasten *m* ~ **sahibi** Schreiber, Verfasser *m* des Briefes ~ **sırrı** Briefgeheimnis *n* ~ **terazisi** Briefwaage *f* ~ **ücreti** Briefporto *n*, Postgebühr *f* ~ **üstü** Adresse, Anschrift, Briefaufschrift *f* ~ **yazmak** e–n Brief bzw. Briefe schreiben **-a son vermek** (das Schreiben) schließen
mektupçu (*fr.* **mektubî**) Kanzleichef *m* in e–m Ministerium od. Regierungspräsidium ~ **kalemi** Geschäftsstelle *f* e–s Ministeriums od. Regierungspräsidiums (bis 1949)
mektupçuluk Amt *n*, Rang *m*, Tätigkeit *f* e–s **mektupçu**
mektuplaşma Briefwechsel *m*, Korrespondenz *f*
mektuplaşmak Briefe wechseln, in Briefwechsel stehen, korrespondieren
mekûlât, -tı [– – –] *z. va. isol. Pl.* Eßwaren, Speisen, Lebens-, Nahrungs-mittel *pl.* *yiyecek(-ler)
melâbe *va.* 1. Spiel *n* *oyun 2. Spielzeug *n* *oyuncak
melafir *min.* Melaphyr *m* (Ergußgestein)
melâhat, -ti 1. *va.* Schönheit, Lieblichkeit, Anmut *f* 2. ꝝ [×··] *wV*
melâik, -ki *va. Pl.* zu **melek;** ~ **ağacı** dornige Aralie *bot.* Angelica spinosa ~ **borusu** Trompetenstechapfel *m bot.* Datura suaveolens *inek boynuzu ~ **otu** s. **melekotu; -i mukarrebin** *isl. Myth.* diejenigen Engel, denen der Zutritt zu Gott gestattet ist, *etwa:* Erzengel *pl.*
melâike (*urspr. Pl.* zu **melek**, *a. als Sg.*) Engel *m* od. *pl.*
melâl, -li gedrückte Stimmung; Verdruß *m* ~ **gelmek** traurig (niedergedrückt, melancholisch) werden ~ **getirmek** traurig (melancholisch) stimmen; niederdrücken
melâlet, -ti *va.* s. **melâl**
melâmet, -ti *va.* Tadel, Vorwurf *m* ~ **etmek** *va.* tadeln, rügen
Melâmetî; Melâmetiye Name e–r isl. mystischen Richtung
Melâmî [·– –] *va.* Anhänger *m* der **Melâmetiye**
Melâmiyun [·–·–] *va. Pl.* zu **Melâmî**
melânet, -ti fluchwürdige Handlung; Ruchlosigkeit, Verruchtheit *f*
melânetkârane fluchwürdig, ruchlos, verrucht
Melanezya [··×·] *n.pr.* Melanesien
Melanezyalı [··×··] 1. Melanesier(-in *f*) *m* 2. melanesisch
melanjör (*franz.* **mélangeur**) *techn.* s. **karıştırıcı**
melankoli Melancholie, Schwermut *f* *karasevda
melankolik melancholisch, schwermütig
melanurya [··×·] Brand-, Meer-brassen *m zo.* Oblada melanura
melas [·×] Melasse *f*, Sirup *m*
melati; melatya [·×·] *naut.* Name e–r hochwertigen Schwammart
melâz *va.* Zuflucht(-sort *m*) *f*, Asyl, Refugium *n* *memen, sığınak
melbus [ū] *va.* angezogen, ge-, be-kleidet
melbusat, -tı [·– –] Bekleidung(-sstücke *pl.*) *f* *giyecek, giysiler ~ **ve teçhizat deposu** *mil.* Bekleidungs- und Ausrüstungs-depot *n*
melce 1. Zuflucht(-sort *m*) *f*, Asyl, Refugium *n* 2. (personifiziert) Helfer, Schützer *m spez.* Idris ~ **hakkı** s. **sığınma hakkı**
melda 1. *va.* taufrisch (Mädchen) 2. ꝝ *wV*
mele *va.* Volk *n*, Menge, Öffentlichkeit *f* (s. a. **alâmeleinnas**)
meleğen [–··] jämmerlich blökend (*bzw.* meckernd) (Schaf bzw. Ziege)
melek 1. Engel *m* 2. engelgleiche Person 3. ꝝ a) *wV* b) *hist.* *mV* (wahrscheinlich Euph. für **malak**); ~ **gibi** wie ein Engel d. h. von untadeligem Charakter
melekâne *va.* engelhaft
melekâsa *va.* engelgleich
melekât, -tı *Pl.* Fähigkeiten *pl.* **-ı akliye; aklî ~; akıl -ı** geistige (intellektuelle) Fähigkeiten *pl.*
melekçehre *va.* mit engelgleichem Antlitz
meleke 1. geistige Fähigkeit; Vermögen *n* *kuvve, yeti 2. Fertigkeit, Routine *f*, (erworbene) Gewandtheit od. Geschicklichkeit *yatkınlık ~ **edinmek** (*od.* **kazanmak**) sich Fertigkeit (Routine) erwerben ~ **sahibi olmak** gut bewandert, routiniert sein, Fertigkeit besitzen
melekî *va.* engelgleich
melekotu, -nu 1. Brustwurz *f bot.* Angelica 2. *spez.* Engelwurz *f bot.* Archangelica officinalis
melekse; melekşe *va. naut.* kleineres Segelfahrzeug (auf dem Schwarzen Meer)
melekût, -tu *va.* 1. Herrschaft, Souveränität, Oberhoheit 2. Gottesreich *n*
melekûtî *va.* göttlich, transzendental
melekülmevt, -ti Todesengel *m* (Azrail)
meleküssıyane [ā] Schutzengel *m*
melel s. **melâl**
meleme [–··] 1. Vs. zu **melemek** 2. ungeschickt, unbeholfen *beceriksiz 3. *mus.* Mißton *m*
melemek [–··] 1. blöken (Schafe) 2. meckern (Ziegen)
melena *med.* Melaena *f*, Schwarzruhr *f*
melengiç *P* s. **çitlembik**
meles *P* satteltief (Pferd)
meleş *dial.* Schaf *n*, das zwei Lämmer hat
meleşmek [–··] gemeinsam blöken (*bzw.* meckern) (Schafe *bzw.* Ziegen)
melez (I) 1. Bastard, Mischling, Mulatte, Mestize *m* 2. *bot.* Hybride, Bastardpflanze, Kreuzung *f* *hibrit 3. gemischt, gekreuzt, Bastard-, Misch- 4. Weizen *m* mit Gerste und Hirse untermischt ~ **adam** Mischling *m* ~ **dil** Mischsprache *f* ~ **kelime** *ling.* hybride Bildung (z. B. **otomobil,**

sanatçı); ~ **süsen** Bastard-Schwertlilie *f bot.* Iris spuria ~ **yonca** Bastardklee *m bot.* Trifolium hybridum
melez (II) **(ağacı)** (*franz.* **mélèze**) Lärche *f bot.* Larix (decidua u.a.) *Venedik terementi ağacı
melezleme Vs. zu **melezlemek** (Arten-)Kreuzung, Bastardierung *f* ~ **yoliyle meydana getirmek** durch Kreuzung hervorbringen (z.B. best. Blumenart)
melezlemek kreuzen (Gattungen, Rassen usw.)
melezleşme (Rassen-)Mischung *f, pej.* Bastardisierung *f*
melezleşmek sich kreuzen, sich mischen, *pej.* bastardisiert werden
melezleştirmek e–e Kreuzung od. Mischung herbeiführen, *pej.* bastardisieren
melezlik Kreuzung, Mischung *f, pej.* Bastardisierung *f,* Mischmasch *m; ling.* Zwitterbildung *f*
melfuf [ū] *va.* 1. bei-, an-liegend; bei-gefügt, -geschlossen *ilişik, bağlı 2. Anlage *f* (zu e–m Schreiben) *ek
melfufat, -tı [·––] *va. Pl.* Anlagen *pl.* (e–s Schriftstückes)
melfufen [ū] *va. Adv.* s. **ilişik olarak**
melfuz [ū] *va.* geäußert, gesagt, ausgesprochen
melfuzat, -tı [·––] *va. Pl.* Äußerungen *pl.*
melhame *va.* Gemetzel, Massaker *n*
melhem (< **merhem**) 1. Salbe *f* 2. *fig.* Linderung, Heilung *f* ~ **sürmek** (m. Dat.) Salbe schmieren (od. aufstreichen) (auf)
melhuz [ū] 1. *z. va.* denkbar, möglich 2. erwartet *memul 3. voraussichtlich, wahrscheinlich *muhtemel ~ **görmek** für wahrscheinlich halten ~ **olmak** zu erwarten sein, in Aussicht stehen
melhuzat, -tı [·––] *va. Pl.* mögliche Ereignisse; Eventualitäten *pl.*
melih [ī] 1. *va.* schön, lieblich, anmutig *sevimli, şirin 2. ♀ [×·] *mV* **Meliha** [×··] *wV*
melik, -ki 1. (orient.) König *m* 2. Beiname Gottes 3. ♀ *mV*
melikâne königlich, Königs- (*üblicher:* **mülûkâne**)
melike 1. (orient.) Königin *f* 2. ♀ *wV*
melinit, -ti Melinit *m* (Sprengstoff)
melisa [·×·] s. **oğulotu;** ~ **ruhu** *pharm.* Melissengeist *m*
melkut [·–], **-tu** *va.* 1. vom Boden aufgehoben 2. Findelkind *n*
mellâh *va.* Seemann, Matrose *m*
melo [×·] *Abk.* von **melodram**
melodi Melodie *f* *ezgi, lahin
melodici *mus.* Melodiker *m*
melodik melodisch, melodiös, klangvoll, wohllautend
melodram 1. Melodrama, Singspiel *n* 2. Volks-, Schauerstück *n*
melodramatik melodramatisch, *pej.* rührselig
meloman (*franz.* **mélomane**) Musik-schwärmer(-in *f*) *m,* -narr *m,* -närrin *f*
melomani; melomanlık Musikschwärmerei *f*
melon (*a.* ~ **şapka**) Melone *f;* runder steifer Hut
Melos *n.pr.* Milo(-s) (Zykladeninsel)
meloterapi (*franz.* **mélotherapie**) *med.* Musiktherapie *f*
melsa [ā] *ar. Fem.* zu **emles** *va.* 1. glatt 2. Wein *m* **adalei** ~ s. **yalız kas**
meltem leichter, sommerlicher Landwind (zum Meer hin); s. a. **kabak (kiraz) -i**
melûf [––] (bşle) *va.* gewöhnt (an), vertraut (mit), gewohnt *alışık
melûfiyet, -ti *va.* Gewöhnung *f,* Vertrautsein *n*
melun [ū] 1. verflucht, verdammt, verwünscht, ruchlos, verrucht *lâin, lânetli 2. Schurke *m* *alçak, merdut
melül, -lü 1. traurig, betrübt 2. niedergeschlagen, hoffnungslos, mutlos 3. *va.* überdrüssig, gelangweilt *bıkkın 4. ♀ *mV* ~ ~ **bakmak** gequält (ganz traurig, mitleiderregend) dreinblicken
melzum [ū] *va.* untrennbar verbunden
memalik (I), **-ki** [ā] (*va. Pl.* zu **memleket**); **-i ecnebiye** *va.* fremde Länder *pl.,* Ausland *n* *yabancı ülkeler (*od.* memleketler) **-i hârre** *va.* heiße Länder, Subtropen od. Tropen *pl.* **-i hârreye mütehammil** *va.* tropendienstfähig **-i Osmaniye** *hist.* Gebiet *n* des Osmanischen Reichs
memalik (II), **-ki** [·––] *va. Pl.* zu **memluk**
memat, -tı [ā] Tod *m;* s. **hayat** ~
memba, -aı (*gel. a.* **-yı**) Quelle *f* (*a. fig.*) **Mevsuk bir -dan istihsal ettiğimiz malumata göre** Nach Meldungen aus sicherer Quelle ... ~ **suyu** Quellwasser *n*
memduh [ū] 1. *va.* gelobt, gerühmt 2. *va.* lobenswert, rühmlich 3. ♀ [×·] *mV* **Memduha** [×··] *wV*
memdut, -du [ū] 1. ausgedehnt, verlängert 2. *chem.* verdünnt *sulandırılmış 3. gelängt, gedehnt (durch **medde**); ~ **sâit** s. **uzun sesli**
meme 1. Mutterbrust *f* 2. Euter *n* (bei Tieren) 3. Brenner *m* (e–s Petroleumkochers, e–r Karbidlampe usw.) 4. *med.* Geschwulst *f,* Knoten *m* 5. *techn.* Düse *f* 6. Ohrläppchen *n* 7. *naut.* Kreuz *n* (e–s Ankers) Zu 4: s. **basur -si** Zu 6: s. **kulak -si;** ~ **başı** 1. Brustwarze *f* 2. Zitze *f* ~ **başlığı** *med.* Saughütchen *n* ~ **bezi** *an.* Brustdrüse *f* *guddei sediye ~ **çocuğu** Säugling *m,* Brustkind *n* ~ **düğmesi** (*od.* **gülü**) s. ~ **başı;** ~ **emmek** an der Mutterbrust saugen ~ **süngeri** Warzenhof *m* ~ **tepesi** (*od.* **ucu**) s. ~ **başı;** ~ **üzümü** Name e–r langbeerigen Traubenart *keçi memesi ~ **vermek** die Brust geben, säugen, stillen **(Evde) memede çocuğun mu var?** (*hum.* zu e–m weiblichen Gast gesagt) Schreien die Kinder (zu Hause) (*scil.* daß du so schnell aufbrechen willst)? **-de olmak** im Säuglingsalter stehen **-den kesmek** entwöhnen (Säugling)
memecik *an.* Papille *f* *huleyme
memeli 1. mit **meme** 2. warzenförmig ~ **hayvanlar** s. **memeliler**
memelik 1. Säckchen *n* zum Zubinden des Euters 2. *P* Büstenhalter *m* *sutyen 3. künstlicher Busen
memeliler *zo.* Säugetiere, Mammalia *pl.* *zatüssedaya ~ **bilimi** Säugetierkunde *f*
mememsi 1. von der Form e–r Brustwarze od. Zitze 2. papillar *huleymî ~ **çıkıntı** *an.* Warzenfortsatz *m* (am Schläfenbein)
memen [–·] *va.* Zuflucht(-sort *m*) *f,* Asyl, Refugium *n* *melâz, sığınak
memento (*franz.* **mémento**) *selt.* 1. kurzgefaßtes Lehrbuch, Handbuch *n* 2. Merkblatt *n*
memer, -rri *va.* 1. Durchgangsstelle *f,* begangene Strecke 2. *astr.* Durchgang *m* *geçit **-i nas** *va.* begangene Strecke, belebte Straße
memeş Geifer, Schaum *m* (bei Rindern)
memhur [ū] *va.* versiegelt *mühürlü
Memiş Koseform für **Mehmet;** ~ **Ağa** s. **Baba Himmet**
memişhane [ā] s. **memşa(-ne)**
memleha *va.* s. **tuzla**
memleket, -ti 1. Land *n* *ülke 2. Heimat *f* (in engerem od. weiterem Sinn), Geburtsort *m,* Vaterstadt, Heimatprovinz *f,* Vaterland *n* 3. *abus.* Ort *m,* Gegend, Stadt *f* 4. *V* Beyoğlu und nähere Umgebung ~ **dışına çıkarma** *jur.* Ausweisung *f* ~ **dışına çıkma** Ausreise *f* ~ **haberleri** (*Zeitungsspalte*) Regionales ~ **hasreti** (*selt.* ~ **hastalığı**) Heimweh *n* *daüssıla, nostalji ~ **hikâyeleri** Erzählungen *pl.* aus der Heimat (*a.* Titel e–r Novellensammlung von Refik Halid Karay) ~ **içi** (*od.* **sahası**) *mil.* Heimatgebiet *n* ~ **işleri** vaterländische Aufgaben *pl.* ~ **parası** *fin.* Landeswährung *f* **-in örfü** landesüblicher Brauch **-in sınırları** Landesgrenzen *pl.*
memleketçi *selt.* vaterlandsliebend, patriotisch, national

Memleketeyn *hist., va. Dual:* die beiden Länder d.h. Moldau *f* und Walachei *f* (unter osm. Verwaltung)
memleketli 1. Landsmann, Mitbürger *m* *hemşeri 2. Einwohner *m*
memlu [ū], **-uu** *va.* (an-)gefüllt, voll *dolu
memluh [ū] *va.* gesalzen, eingelegt
memluk [ū], **-kü** 1. *fr.* ausschließliches Besitztum *spez.* (Kauf-)Sklave *m* 2. *hist.* Mameluck *m* *kölemen
memlukâne [ū] *va.* 1. sklavisch, Sklaven- 2. *osm. Besch.* (gegenüber hochgestellten Persönlichkeiten) *(etwa:)* submissest
memlukiyet [ū], **-ti** *va.* Sklaverei *f*, Sklaventum *n* *kölelik
memnu [ū], **-uu** verboten, untersagt *yasak ~ **fiiller** verbotene Handlungen *pl.* *yasak eylemler ~ **hakların iadesi** *jur.* Rehabilitierung *f*, Wiedereinsetzung *f* in frühere Rechte ~ **meyve** (*Bibel od. fig.*) verbotene Frucht ~ **mıntıka** verbotene Zone; Militärzone *f*, Sperr-gebiet *n*, -zone *f* *yasak bölge ~ **silâhlar** verbotene Waffen *pl.*
memnuat, -tı [·––] *va. Pl.* Verbotenes **-ı şer'iye** *va.* die e–m Mohammedaner religionsgesetzlich verbotenen Handlungen
memnuiyet, -ti [ū] *va.* Verbot(-ensein) *n* *yasaklık; yasak olma ~ **müddeti** s. **iddet müddeti; -in ref'i** (*od.* **kaldırılması**) Aufhebung *f* des Verbots
memnun [ū] 1. (m. Abl.) zufrieden (mit) *hoşnut 2. (m. Dat.) erfreut, angenehm berührt, glücklich (über) Zu 1: **Ben yerimden -um.** Ich bin mit meinem Posten zufrieden. Zu 2: **Sizi gördüğüme çok ~ oldum.** Es hat mich sehr gefreut, Sie zu sehen. ~ **etmek** (b–ni) zufriedenstellen, erfreuen **gayri** ~ unzufrieden, unbefriedigt
memnunen [·×·] *va. Adv.* mit Vergnügen, gerne *memnuniyetle
memnuniyet, -ti [ū] 1. Zufriedenheit, Befriedigung, Genugtuung *f* 2. Freude *f*, Vergnügen *n* ~ **izhar etmek** seiner Zufriedenheit Ausdruck verleihen ~ **verici** *od.* **-e şayan** befriedigend, zufriedenstellend **-le** mit Vergnügen (Freude, Genugtuung), gerne *maalmemnuniye (**Bu, çok -le karşılanacak bir muvaffakıyettir.** Das ist ein Erfolg, der große Genugtuung auslösen muß.)
memnuniyetsiz [ū] unzufrieden
memnuniyetsizlik [ū] Unzufriedenheit, Mißstimmung *f*
memnunluk [·–·] s. **memnuniyet; (bşi yapmaktan) ~ duymaktayız.** Es ist für uns e–e Freude (daß wir ...)
Memo [×·] Koseform für **Mehmet**
memorandum [··×·] 1. Memorandum *n*, amtliche od. diplomatische Note, Denkschrift *f* *muhtıra 2. Notiz-buch *n*, -kalender *m*
memşa(-ne) [ā] Abort *m* *ayakyolu, aptesane **Onun sözüyle -ya bile gitmem.** *V* Auf seine Worte gebe ich nichts. Ich höre nicht auf ihn.
memuar (*franz.* **mémoire**) *selt.* 1. *pol.* Denkschrift *f* 2. (wissenschaftliche od. lit.) Abhandlung
memul, -lü [––] *z. va.* 1. erhofft 2. erwartet, was zu erwarten ist, worauf man sich gefaßt macht; vermutet, vorhergesehen, wahrscheinlich 3. Hoffnung, Erwartung *f* Zu 2: **O heriften her şey -dür.** Bei dem Burschen muß man sich auf alles gefaßt machen. ~ **etmek** 1. (er-)hoffen 2. erwarten, vermuten, annehmen, voraussehen (Zu 2: **Bunu sizden ~ etmezdim.** Das hätte ich von Ihnen nicht erwartet.) **-ü üzere** wie er erhofft (bzw. erwartet) hatte **-ün gayrısı** *z. va.* et. anderes, als man erhofft (bzw. erwartet) hatte **-ün hilâfına olarak** wider alles Erwarten **gayri** ~ 1. unverhofft 2. unerwartet, unvermutet, plötzlich, unvorhergesehen
memun [––] *va.* sicher, gefahrlos, ungefährdet
memur 1. [––] beauftragt, ermächtigt 2. [–·] Beamter 3. (**kadın** *od.* **hanım** ~) Beamtin *f* Zu 1: **Bu kanunun icrasına Maliye Vekili -dur.** Mit der Durchführung des Gesetzes ist der Finanzminister beauftragt. **tahkike** ~ mit der Untersuchung beauftragt ~ **etmek** (b-ni bşe) j–n mit et. beauftragen ~ **namzedi** Beamtenanwärter *m*, nicht-etatmäßiger Beamter (*fr.*: Supernumerar *m*) ~ **namzetliğine tayin etmek** zum nicht-etatmäßigen Beamten (od. Beamten auf Zeit) ernennen ~ **sicili** Personal-akten, -nachweise *pl.* (e–s Beamten) **-lar üzerinde murakabe** Dienstaufsicht *f* **-un şahsî kusuru** *jur.* persönliches Verschulden des Beamten
memurculuk Funktionärswesen *n*, Bürokratie *f*
memure [–··] *va.* Beamtin *f* *kadın (*od.* hanım) memur
memuren [–×·] *va. Adv.* in dienstlichem Auftrag, in amtlicher Mission, dienstlich
memurin [–·–] (*va. Pl.* zu **memur**); ~ **muhakematı usulü** *jur.* Verfahren *n* über die Zulässigkeit od. Durchführung e–s Strafverfahrens gegen Beamte
memuriyet, -ti [––··] 1. Beamten-eigenschaft *f*, -rang *m* 2. Amt *n*, Stelle, Funktion *f* 3. Staatsdienst *m* 4. dienstlicher Auftrag; Aufgabe, Sendung, Mission *f* Zu 4: **-i mahsusa ile** *va.* in besonderer Mission ~ **almak** in den Staatsdienst treten ~ **hayatı** Beamtenlaufbahn *f* ~ **vazifesi** s. **memurluk görevi;** ~ **ve mevki nüfuzunu suiistimal** *jur.* Amts-, Gewalt-mißbrauch, Mißbrauch *m* der Amtsgewalt **-e tayin edilmek** zum Beamten ernannt werden **-in gaspı** *jur.* Amtsanmaßung *f* **-ten ihraç** (*od.* **-ten çıkarılma**) *jur.* Amts-entsetzung, -enthebung, Dienstentlassung *f*, Entfernung *f* aus dem Dienst
memuriyetsiz [––···] ohne etatmäßige Anstellung
memuriyetsizlik [––····] Fehlen *n* e–r etatmäßigen Anstellung
memurluk [–··] 1. s. **memuriyet** 2. Beamten-tum *n*, -schaft *f* ~ **görevi** Beamtenpflicht *f*
memzuç, -cu [ū] *va.* gemischt
men (I) s. **meni, -n'i;** ~ **davası** s. **müdahalenin men'i davası**
men (II) (*ar.*) wer; derjenige, der ... ≗ **dakka dukka (dünyası).** Wer schlägt, wird geschlagen. *d.h.* betrogener Betrüger od. Wie du mir, so ich dir. *Çalma elinin kapısını, çalarlar kapını.
men (III) (*pers.*) ich ≗ **çi gûyem, tamburem çi gûyed.** „Was sage ich und was sagt (spielt) mein Instrument?" *d.h.* Man kann dem Kerl nichts klarmachen.
men (IV) 1. Manna-Flechte *f* *bot.* Lecanora esculenta 2. Manna *n*, *f* 3. *va.* Vorhaltung *f* e–r erwiesenen Wohltat 4. s. **batman;** ~ **ılgın ağacı** Manna-Tamariske *f* *bot.* Tamarix mannifera
menaat, -ti [·–·] *mil. va.* Unzugänglichkeit (des Geländes), (Gelände-)Schwierigkeit *f*
menabi, -ii [ā] (*va. Pl.* zu **memba**); **i iştira muhtırası** *H* Bezugsquellennachweis *m*
menafi, -ii [ā] (*z. va. Pl.* zu **menfaat**) 1. Vorteile *pl.* 2. Belange, Interessen *pl.* Zu 2: **İtalyan -ini muhafaza için** zum Schutz der italienischen Interessen **-i şahsiye** persönliche Vorteile (Interessen, Belange) *pl.*, Eigennutz *m* *hususî menfaatler **-i umumiye** öffentliches Interesse; Gemeinnutz *m* **-i umumiye kararı** *jur.* Beschluß *m* (Entscheidung *f*) über die Gemeinnützigkeit (e–r Enteignung od. e–s Vereins) **-i umumiyeye hadim cemiyet** s. **kamuya yararlı dernek**
menaj (*franz.* **ménage**) 1. Haushalt *m* 2. eheliche Gemeinschaft; Familie *f*
menajer s. **menecer**
menajeri *selt.* **Menagerie** *f*
menakıp, -bı [ā] *va. Pl.* zu **menkıbe**
menakıpname [·–·–·] spez. rel. Legendenerzählungen *pl.*
menal, -li [ā] *va.* 1. Erreichtes, Erlangtes 2. Erreichen, Erlangen *n* 3. s. **malümenal**

menam [ā] 1. *va.* Schlaf, Schlummer *m* *uyku 2. Traum *m* *rüya
menar(-e) [ā] *va.* 1. s. **minare** 2. Leuchte *f* 3. Leuchtturm *m*
menasıp, -bı [ā] (*va. Pl.* zu **mansıp**); **-ı sitte** *hist.* die jährlich neu vergebenen sechs hohen osm. Beamtenstellen, nämlich **nişancılık, şıkkı evvel (sani, salis) defterdarlıkları, reisülküttaplık, deftereminliği**
menasik, -ki [ā] (*Pl. zu ungebr.* **mensek**) (*a.* **menasikülhac**) die bei der Pilgerfahrt nach Mekka zu beobachtenden Riten
menazır [ā] (*z. va. Pl.* zu **manzara**) 1. Aussicht *f*, Ansicht *f* 2. (*a.* **fenni** ~) *math.* Perspektive *f* Zu 1: **eşsiz -la süslü olan** mit unvergleichlicher Aussicht (z. B. Haus) ~ **krokisi** *mil.* Ansichtsskizze *f* Zu 2: ~ **kaideleri** Gesetze *pl.* der Perspektive **-üttasvir** s. **stereografi; -üttasvirî** s. **stereografik**
menazırî [·–·–] *math.* perspektiv(-isch) *perspektif
menba s. **memba**
mendebur 1. nichtsnutzig, faul, arbeitsscheu, schlampig 2. abstoßend, widerwärtig
mendel *va.* 1. magischer Kreis (e–s Beschwörers) 2. s. **ödağacı**
Mendelcilik; Mendelizm Mendelismus *m*
menderes [×··] 1. Mäander *m*, schlangenförmig gebogener Flußlauf 2. s. **âşık yolu** 3. ⩯ *n.pr.* a) s. **Büyük** ⩯; **Küçük** ⩯ b) *türk. Fn. (spez.)* **Adnan** ⩯ türk. Ministerpräsident 1950–1960, gestürzt 27. Mai 1960, hingerichtet September 1961
Menderesçilik; Menderesizm Menderes-Regime, -System *n*
mendil 1. Taschentuch *n* 2. Serviette *f* ~ **açmak** betteln *dilenmek ~ **atmak** *reg.* das Taschentuch (als Zeichen der Liebe) zuwerfen ~ **kadar** recht klein; winzig (z. B. Fensterchen) ~ **sallamak** mit dem Taschentuch winken
mendirek 1. durch Wellenbrecher geschützter (künstlicher) Hafen, Binnenschiffhafen *m*, Hafenbecken *n* 2. Hafendamm *m*, Mole *f*
mendup [ū], **-bu** *va.* 1. kirchlich erlaubt (und empfohlen) 2. beweint, beklagt (Toter)
Mene, Tekel, Ufarsin Mene Tekel, Ufarsin (gezählt, gewogen, zerteilt) (Bibel)
menecer [×··] 1. *(Sport)* Manager, Betreuer *m* 2. Geschäftsführer *m* *jeran ~ **hastalığı** s. **stres**
menecerlik 1. *(Sport)* Betreuung *f* 2. Geschäftsführung *f*
menekşe 1. (März-)Veilchen *n bot.* Viola (odorata) 2. *V* Hinterteil *n*, Hintern, Popo *m*, *V* Arsch *m* Zu 2: s. a. Stw. **sıkı;** ~ **kökü** Veilchenwurzel *f spez.* (durftender) Wurzelstock von Iris florentina ~ **moru** 1. Violett *n* 2. violett ⩯ **Onbaşı** s. **Küçük Onbaşı**
menekşegiller Veilchengewächse *pl. bot.* Violaceae *benefşenciye
menekşegülü, -nü e–e Kletterrosenart *bot.* Rosa bengalensis
Menelas *n.pr.* Menelaus
Menemen *n.pr.* Städtchen u. D. im Rbz. İzmir (Derwischaufstand 1930; Ermordung des Leutnants Kubilay) ~ **bardağı gibi dizilmiş olmak** s. **Medine fukarası gibi dizilmiş olmak**
menengiç, -ci s. **çitlembik, meneviş**
menengokok, -ku Meningokokkus *m*, *med.* Diplococcus intercellularis meningitidis
menenjit, -ti *med.* Meningitis, Hirnhautentzündung *f* *sâri beyin humması
menent, -di s. **manent**
menetmek [×··] 1. verbieten 2. verweigern 3. (ver-)hindern
menevî den menschlichen Samen betreffend, Samen-, spermal
meneviş 1. (angenehm säuerlich schmeckende) Frucht der Terpentinpistazie **(terementi ağacı)** 2. (kleine) Moirierung *f*, Wasserglanz *m* *hare 3. bläulicher od. bräunlicher Glanz von Stahlgegenständen
menevişlenmek Lichtreflexe (Wasserglanz, Moirierung) zeigen bzw. (Stahl) bläulich od. bräunlich glänzen
menevişli 1. moiriert 2. mit bläulichem od. bräunlichem Glanz (z. B. Schwert)
menfa [ā] Verbannungsort *m* *sürgün yeri ~ **hayatı** Leben *n* in der Verbannung
menfaat, -ti 1. Vorteil, Nutzen, Profit *m* 2. Interesse *n* 3. *jur.* (versichertes) Interesse Zu 1, 2: **hususî -ler** s. **menafii şahsiye;** ~ **görmek** e–n Vorteil erfahren Zu 2: **Fransız** ~ **mıntıkası** französische Interessensphäre **müşterek -leri alâkadar eden meseleler** Angelegenheiten *pl.*, die gemeinsame Interessen berühren ~ **çevreleri** Interessentenkreise *pl.* ~ **değerinden aşağı** (*bzw.* **yüksek**) **sigorta** Unter- (*bzw.* Über-)Versicherung *f* **-i umuma ait mallar** s. **kamu emlâki**
menfaatbahş *va.* s. **menfaatli**
menfaatçi s. **menfaatperest**
menfaatli nutz-, gewinn-bringend, vorteilhaft
menfaatperest, -ti auf den eigenen Vorteil bedacht; egoistisch, selbstsüchtig, eigennützig *asıcıl, çıkarcı
menfaatperestlik egoistisches Interesse; Selbstsucht, Eigennützigkeit *f* *çıkarcılık
menfaatsiz keine Vorteile bringend, keinen Gewinn abwerfend
menfaattar [···–] *va.* 1. Vorteile gewinnend, in seinen Zielen gefördert 2. interessiert
menfez Öffnung *f*, (Luft-)Loch *n*, Spalte *f*, Ritz *m*
menfi [ī] 1. *va.* verbannt *sürgün 2. negativ, abschlägig, ablehnend, wer alles verneint; destruktiv 3. *phil.* negativ, verneinend, verneint *olumsuz, sâlibe, yadsılı 4. *phys., math.* negativ, Minus- *negatif ~ **adet** s. **negatif sayı;** ~ **cevap** 1. negative (abschlägige) Antwort; Ablehnung *f* 2. unbefriedigende Antwort ~ **cümle** s. **olumsuz tümce;** ~ **fiil** s. **olumsuz eylem;** ~ **kemiyet** negative Größe ~ **muayene** *med.* negativer Befund ~ **müdahale davası** *jur.* s. **müdahalenin men'i davası;** ~ **netice** schlechtes Ergebnis, schlechte Wirkung ~ **ruhlu** übelgesinnt, böswillig ~ **şart** *jur.* Negativklausel *f* ~ **tefsirler** ablehnende (Zeitungs-) Kommentare *pl.* ~ **zarar ziyan** *jur.* negatives Interesse; Vertrauensschaden *m*
menfilik [·–·] 1. Charakter *m* des Negativen 2. Verneinung, Negierung *f* 3. negative Haltung; Ablehnung *f*
menfiyen [·×·] *va. Adv.* 1. unter Verbannung 2. in negativer Weise 3. mit ablehnender Einstellung
menfur [ū] 1. verabscheut, gemieden 2. abscheulich, verabscheuenswert Zu 1: **herkesin -u** von jedermann verabscheut (od. gemieden) Zu 2: **Kızlara** ~ **bir şekilde tecavüzde bulunulmuştur.** Die Mädchen sind e–m abscheulichen Vergehen zum Opfer gefallen.
mengeç, -ci *P* Webschütz *m*, großes Weberschiffchen
mengel *P* Fuß-, Knöchel-reif *m* *halhal
Mengen *n.pr.* O. u. D. im Rbz. Bolu
mengene [×··] 1. Schraubstock *m*; Schraubknecht *m* (des Tischlers) 2. Presse, Kelter *f* 3. Spannrahmen *m* (z. B. des Buchbinders) 4. Feilkloben *m* 5. Klemmholz *n* (des Besenbinders) 6. Mangel, Wäscherolle, Bügel-, Plättmaschine *f*, Kalander *m* 7. Zange *f* Zu 1: s. **marangoz -si** Zu 2: s. **üzüm (zeytin) -si** Zu 4: s. **el -si** Zu 6: s. **kumaş -si** Zu 7: s. **cerrah -si**
menhi [ī] *va.* kirchlich verboten, untersagt
menhir Menhir *m* (prähist. unbehauene Steinsäule)
menhiyat, -tı [·––] *va. Pl.* kirchlich Verbotenes

menhol, -lü (*engl.* **manhole**) *naut.* Einsteige-, Mann-loch *n*
menhus [ū] 1. unheilbringend, unheilvoll, böse, unselig *uğursuz 2. abstoßend, widerwärtig, widerlich ~ **bir surat** ein abstoßendes Gesicht ~ **talih** widriges Geschick, böser Stern, Unglück *n*
meni (I), **-n'i** 1. Verbieten, Verbot *n* 2. Verweigern *n*, Weigerung *f* 3. (Ver-)Hindern *n* ~ **davası** *jur.* Unterlassungsklage *f* *giderme arancı (*od.* dilemi) **men'i muhakeme kararı** s. **muhakemenin men'i kararı; men'i müdahale davası** s. **müdahalenin men'i davası; men'i müskirat** *va.* Alkoholverbot *n* **men'i nefsetmek** *va.* sich enthalten
meni (II) [ī] Samen(-flüssigkeit *f*) des Mannes, Sperma *n* *bel suyu, sperma, mai dafik ~ **gelmesi** Samenerguß *m*, Ejakulation *f*
menisk, -ki (*franz.* **ménisque**) 1. *opt.* Punktalglas *n* 2. *an.* (*a.* **menisküs**) Meniskus *m* *oynak ayçası 3. *phys.* gekrümmte Oberfläche e–r Flüssigkeit in e–r engen Röhre (durch Haarröhrchenanziehung) ~ (*od.* **menisküs**) **olmak** sich e–e Meniskusverletzung (*spez.* e–n Meniskusriß) zuziehen
menkıbe 1. Heldentat *f* (e–s Kriegers) 2. fromme Tat (e–s Heiligen) 3. Legende *f*
menkıbegû *va.* Legendenerzähler *m*
menkıbeleşmek legendär werden, zur Legende werden
menkıbevî legendär
menkip, -bi Schulter(-gelenk *n*) *f* *omuz
menku, -uu [ū] 1. (in Wasser) gekocht 2. Aufguß *m*
menkûbiyet, -ti *va.* In-Ungnade-Fallen *n*, Ungnade *f* **-e uğramak** in Ungnade fallen
menkûha *va.* angetraute Gattin
menkul, -lü [ū] 1. *selt.* getragen, transportiert 2. umgeladen 3. (Buchführung) übertragen, transportiert 4. tragbar, beweglich *spez.* bewegliches Gut 5. übernommen, übertragen 6. mündlich überliefert, erzählt 7. (kendinden) was jem. von sich selbst erzählt, was jem. nach seiner eigenen Darstellung besitzt ~ **davası** *jur.* Mobiliarklage *f* ~ **eşya** s. ~ **mallar;** ~ **kıymetler** Börsenpapier, börsenfähige Wertpapiere *pl.* ~ **kıymetler borsası** Effektenbörse *f* ~ **kredisi** *H* Lombardkredit *m* ~ **mallar** (*fr.:* **emvali -e**) bewegliche Güter *pl.*, Mobilien *pl.*, Fahrnis *f* *menkulât ~ **mülkiyeti** Fahrniseigentum *n*, Eigentum *n* an beweglichen Sachen ~ **rehni** Pfandrecht *n* an beweglichen Sachen **gayri** ~ (neg. **menkul** in allen Bed. *spez.*) 1. unbewegliches Gut 2. *Sch.* Dummkopf *m* **gayri** ~ **davası** Grundstück-, Immobilien-klage *f* **gayri** ~ **kıymet artışı vergisi** Wertzuwachssteuer *f* **gayri** ~ **kredi müessesesi** Bodenkredit-anstalt *f*, -institut *n* **gayri** ~ **kredisi** *H* Immobiliarkredit *m* **gayri** ~ **mallar** *od.* **gayri -ler** Immobilien, Liegenschaften *pl.*, Grund und Boden *m*, unbewegliche Güter *pl.* **gayri** ~ **mükellefiyeti** Grunddienstbarkeit *f* **gayri** ~ **rehin** Grundpfand *n* **gayri** ~ **veya hipotek karşılığı avans** Kredit *m* gegen dingliche Sicherheit **gayri -e tecavüz** *jur.* Eigentumsstörung *f*, verbotene Eigenmacht
menkulat, -tı [·––] *Pl.* 1. bewegliche Güter *pl.*, Mobilien *pl.*, Fahrnis *f* *menkul mallar 2. *va.* mündliche Überlieferungen *pl.* **gayri** ~ **mukabili ikraz** Hypothekendarlehen *n*
menkûp, -bu *va.* 1. vom Glück verlassen 2. in Ungnade gefallen
menkûr *va.* ge-, ver-leugnet
menkuş [ū] *va.* 1. gemalt, bemalt, mit Malereien geschmückt 2. gestickt 3. (dem Gedächtnis) eingeprägt
menkuşat, -tı [·––] *va. Pl.* 1. Malereien *pl.* 2. Verzierungen *pl.* 3. Stickereien *pl.*
mennan [ā] 1. *va.* der Allgütige (Gott) 2. ♂ (*Abk.* von **Abdülmennan**) *mV*
mennane [ā] *va.* e–e Frau, die nur ihres Geldes wegen geheiratet worden ist (und sich dementsprechend verhält)
Mennocu: Mennonit, -ti *rel.* 1. mennonitisch 2. Mennonit (-in *f*) *m*
Mennoculuk; Mennonizm *rel.* mennonitische Lehre
menopoz s. **âdet kesilmesi**
menoraji *med.* Menorrhagie *f*, abnorm starke Menstruation
menostaz *med.* Menostase *f*, Ausbleiben *n* der Monatsblutung
menseç, -ci s. **dokuma fabrikası**
mensek *va.* Ort *m* e–r rel. Zeremonie z.B. Opferplatz *m* (*spez.* bei der Wallfahrt nach Mekka)
mensi [ī] *va.* 1. in Vergessenheit geraten, vergessen *unutulmuş 2. aufgegeben *terk edilmiş
mensubat, -tı [·––] *va. Pl.* 1. Verwandte, Angehörige *pl.* 2. irgendwohin gehörige Dinge, Tiere usw. *pl.*
mensubin [·––] *va. Pl.* Angehörige *pl.* (z.B. e–r Organisation)
mensubiyet, -ti [ū] *va.* 1. Verbindung *f* (mit), Zugehörigkeit *f* (zu) 2. Mitgliedschaft *f* (in e–m Verein) 3. s. **çatkınlık**
mensucat, -tı [··–] *va. Pl.* Textilien, Textilwaren *pl.*
mensucatçı [··–·] *va.* Produzent (Hersteller) *m* von Textilwaren, Textilfabrikant *m*
mensucatçılık [··–··] *va.* Textil-fabrikation, -warenbranche *f*
mensuç, -cu [ū] *va.* gewebt
mensuh [ū] *va.* abgeschafft, beseitigt, aufgehoben, annuliert
mensup, -bu [ū] 1. zu-, an-gehörig, (an-)gehörend 2. bezüglich (auf), verbunden (mit), betreffend 3. Angehöriger (z.B. e–r Organisation) 4. Günstling, Schützling *m* *çatkın, müntesip; s. a. **ismi** ~
mensur [ū] 1. in Prosa (geschrieben, abgefaßt usw.), prosaisch, Prosa- (*ant.* **manzum**) 2. *va.* ausgestreut, verstreut *dağılmış, saçılmış
mensure [ū] Prosa(-stück *n*, -dichtung, -schrift *f*) *f*
menşe, -ei 1. Ursprung *m*, Entstehung *f* 2. Ursprungsort *m* 3. Ausbildungsstätte, Schule *f* ~ **işareti** *H* Herkunfts-, Ursprungs-zeichen *n* ~ **şahadetnamesi** Ursprungszeugnis *n* (für Waren)
menşeli 1. von nb. Ursprung 2. aus e–r best. Schule hervorgegangen. Zu 1: **Alman** ~ **mallar** Waren deutschen Ursprungs
Menşevik *hist.* 1. Menschewist(-in *f*) *m* 2. menschewistisch
Menşeviklik; Menşevizm *hist.* Menschewismus *m*
menşur [ū] 1. *va.* offen ausgebreitet; ausgestreut, veröffentlicht 2. *hist.* kaiserlich-osm. Ernennungsurkunde (*spez.* für e–n Wesir od. Marschall) 3. *math., phys.* Prisma *n* *biçme, prizma ~ **renkleri** Farbe *pl.* des Prismas
menşurî [·––] *va.* prismatisch, prismaförmig *biçmesel, prizmatik
menşurlu (Optik) prismatisch
-ment, -di (*va. pers. Sx.*) ausgestattet (mit), besitzend
menta [×·] 1. Pfefferminz(-bonbons *pl.*) *f* *naneşekeri 2. Pfefferminzlikör *m* *nane likörü
menteşe Scharnier(-band) *n*, Fischband *n*, Türangel *f*
menteşeli mit Scharnier (Fischband, Türangel)
mentol, -lü Menthol *n*
mentorluk Rolle *f* e–s Mentors
menus [––] 1. geläufig, gebräuchlich 2. gewöhnt (an), vertraut (mit) 3. zahm (Tier) **gayri** ~ 1. ungeläufig, ungebräuchlich 2. nicht gewöhnt (an), nicht vertraut (mit), fremd 3. ungezähmt, wild (Tier)
menusiyet, -ti [–––·] 1. Gebräuchlich-, Geläufig-sein *n* 2.

Gewöhntsein *n* (an), Vertrautsein *n* (mit) 3. Gezähmt-Sein *n*, Zahmheit *f* (e–s Tieres)
menusiyetsiz [– – · · ·] s. **gayri menus**
menusiyetsizlik [– – · · · ·] 1. (relative) Fremdartigkeit *f* (z. B. e–s Ausdrucks), Nicht-Geläufigsein *n* 2. Umstand *m*, daß man nicht an et. gewöhnt ist 3. Ungezähmtheit, Wildheit *f* (e–s Tiers)
menusleşmek [– – · ·] 1. geläufig od. gebräuchlich werden (z. B. neuer Ausdruck) 2. sich gewöhnen (an), vertraut werden (mit) 3. zahm werden (Tier)
menut, -tu [ū] *va.* (m. Dat.) abhängig (von), beruhend (auf) *bağlı, mütevakkıf, vabeste
menutiyet, -ti [ū] *va.* Abhängigkeit *f* **-i mütekabile** *va.* gegenseitige Abhängigkeit
menü; menüe s. **mönü; mönüe**
menvi [ī] *va.* Ziel *n*, Zweck *m*, Absicht *f* *maksat
menzil 1. Reise-, Ruhe-station, Etappe *f* *konak 2. *fr.* Poststation *f*, Relais *n* 3. *fr.* Entfernung *f* zwischen zwei Poststationen 4. Ziel *n*, Bestimmungsort *m* 5. *mil.* Etappe *f*, Hinterland *n* (der Kampftruppe) 6. *mil.* Rastplatz *m* (e–r marschierenden Kolonne) 7. Trag-, Reich-weite *f*, Bereich *m* Zu 7: s. **atış (kulak, ok, top, tüfek) -i;** ~ **ambarı** Etappenmagazin *n* ~ **atmak** *fr.* mit dem Bogen auf weite Entfernung schießen ~ **beygiri** Post-, Kurierpferd *n* ~ **birliği** (*od.* **kıtası**) *mil.* Etappentruppe *f* ~ **bozmak** *fr.* e–n Rekord brechen (im Bogenschießen) ~ **dikmek** *fr.* e–n Stein aufstellen (zur Bez. des weitesten Bogenschusses) ~ **hastanesi** *mil.* Etappenlazarett *n* ~ **hattı** *mil.* Etappenlinie *f* ~ **işleri** (*od.* **hizmeti**) *mil.* Etappenwesen *n* ~ **komutanı** *mil.* Etappenkommandant *m* ~ **levazım başkanı** Etappenintendant *m* ~ **mevki komutanlığı** *mil.* Etappenortskommandantur *f* ~ **mevkii** (*od.* **noktası**) Etappenort *m* ~ **mıntıkası** Etappengebiet *n* ~ **müfettişi** *mil.* Etappeninspektor *m* ~ **müfettişliği** *mil.* Etappeninspektion *f* ~ **müfettişliği başhekimi** *mil.* Etappenarzt *m* ~ **oku** *fr.* Pfeil *m* zum Weitschuß ~ **taşı** Stein *m*, der e–n Rekord im Bogenweitschuß anzeigt (in der Umgebung von Istanbul heute noch vorhanden) **-ine varmak** (*od. va.* **-i maksuduna erişmek**) sein Ziel erreichen (s. a. Stw. **erişmek**)
menzilci *fr.* 1. Eilbote, Kurier *m* 2. Posthalter *m* ~ **beygirine benzemek** *fig.* keine Minute Ruhe haben
menzile 1. Rang *m*, soziale Stufe *f* 2. *pej.* Stufe *f*, auf die jm. herabsinkt *dereke 3. Herberge *f*, Unterkunftsort *m* *konak yeri
menzilhane [ā] *fr.* Relais-, Post-station *f*
menzilli mit nb. **menzil** *spez.* von nb. Reichweite; s. **uzun** ~ **toplar**
menzul, -lü [ū] *va.* vom Schlag getroffen; gelähmt *inmeli, kötürüm
menzur [ū] *va.* 1. feierlich gelobt 2. Dank-, Votiv-
Meonya [· × ·] *hist.* Mäonien (alte Bez. für Lydien)
mephas 1. Kapitel *n*, Abschnitt *m* (in e–m Buch) 2. *(in va. Füg.)* -kunde, -lehre, -graphie, -logie **-ı ahcar** s. **litoloji; -ı âsap** s. **nevroloji; -ı esbap** s. **nedenbilim; -ı esvat** s. **fonetik; -i gayat** s. **teleoloji; -ı marifet** s. **epistemoloji; -ı rüşeym** s. **embriyoloji; -ı vücut** s. **ontoloji; -ı vücuda ait** s. **ontolojik; -ülbeşer** s. **antropoloji; -üleşkâl** s. **morfoloji; -ülmiyah** s. **hidroloji; -ülmüstehasat** s. **paleontoloji**
mephus [ū] *va.* ge-, be-sprochen, erwähnt **-ünanh** *va.* Gegenstand *m*, Thema *n* der Erörterung
mephut, -tu [ū] *va.* verblüfft, verdutzt, bestürzt *şaşkın
mepsut, -tu [ū] 1. *va.* geöffnet, ausgebreitet 2. *va.* ausführlich dargelegt 3. ein Schriftstil (auf Tafeln mit ar. Inschrift)
mepsuten mütenasip s. **doğru orantılı**
mera [ā] (Vieh-)Weide *f*, Weide-platz *m*, -land *n*, Trift *f* *otlak, yaylak ~ **gülü** s. **yakıotu**
meraci, -ii [ā] (*va. Pl.* zu **merci**) Instanzen *pl.* **silsilei** ~ Instanzen-, Dienst-weg *m*
merak, -kı (I) [ā] 1. Neugier, Wißbegier *f* 2. Lust, Neigung *f*, Hang *m*, Interesse *n*, Vorliebe, Leidenschaft, Passion *f* 3. Spannung *f* 4. Sorge, Besorgnis, Unruhe, Angst, Betroffenheit *f* 5. Melancholie, Schwermut *f* 6. Hypochondrie *f* Zu 3: **Bu filim büyük bir -la beklenir.** Man erwartet diesen Film mit großer Spannung. ~ **etmek** 1. (bşe) Interesse haben, sich interessieren (für); *a.* versessen sein (auf) 2. (bşi) neugierig (gespannt) sein (auf), et. gerne wissen (in Erfahrung bringen) wollen 3. (bşi) sich Sorgen machen, bekümmert sein, sich ängstigen (um) (Zu 2: **Bu makinenin nasıl işlediğini** ~ **ettim.** Ich wollte gerne wissen, wie diese Maschine arbeitet. Zu 3: **Oğlumum hastalığını çok** ~ **ediyorum.** Die Krankheit meines Sohnes beunruhigt mich sehr. ≗ **edecek bir şey yok!** Keinerlei Anlaß zu Befürchtungen! ≗ **etme, ben işimi bilirim.** Verlaß dich drauf, ich weiß Bescheid!) ~ **getirmek** in Schwermut verfallen ~ **halini almak** (bş) zur Leidenschaft werden ~ **kaplamak** (b–ni) unruhig (besorgt) werden ≗ **oldu da soruyorum.** Die Sache interessiert mich. Daher meine Frage. ~ **sar(dır)mak** (bşe) 1. e–e Leidenschaft bekommen (für), sich sehr stark interessieren (für), sich mit Eifer werfen (auf) 2. s. **içini** ~ **sarmak; -a düşmek** in Besorgnis geraten **-ı kalkmak** 1. sich interessiert zeigen; neugierig sein 2. traurigen Gedanken nachhängen **-ına dokunmak** (*od.* **-ını mucip olmak**) 1. j–s Interesse wecken 2. j–n in Unruhe versetzen (z. B. Nachricht) **-ta bırakmak** (b–ni) in Sorge (Unruhe) versetzen, j–m Angst machen **-ta kalmak** in Sorge (Unruhe, Angst) sein **-tan çatlamak** 1. vor Neugierde beinahe umkommen 2. von größter Sorge erfüllt sein
merak, -kı (II) [ā] 1. *va.* Pferdekruppe *f* *atın sağrısı 2. ≗ *astr.* der Stern Beta im Großen Bären
Merakeş [ā] *n.pr.* 1. *va.* Marokko *Fas 2. Marrakesch (Stadt in Marokko)
merakî [· – –] hypochondrisch; eingebildeter Kranker, *a.* Wiedergabe von „Le Malade Imaginaire" (Molière – Ahmet Vefik Paşa) *hastalık hastası
merakip, -bi [ā] (*va. Pl.* zu **merkep**); **-i bahriye** *va.* Wasserfahrzeuge *spez.* Seeverkehrsmittel *pl.*
meraklanmak (m. Dat.) 1. sich Sorge machen, sich ängstigen (um) *kaygılanmak 2. traurig (betrübt, melancholisch) sein (od. werden) *üzülmek 3. neugierig werden, sich interssieren
meraklı 1. neugierig, wißbegierig 2. interessiert, passioniert, schwärmend (für), versessen (auf); -liebhaber *m* 3. schwer zufriedenzustellen, wählerisch, pedantisch genau 4. aufregend, spannend, interessant, fesselnd 5. besorgt, beunruhigt *kaygılı 6. ängstlich, furchtsam, nervös, argwöhnisch Zu 2: **Bu spora -dır.** Er betreibt diesen Sport mit Leidenschaft. **ava** ~ passionierter Jäger; s. a. **çiçek (dans, futbol, tiyatro) -sı;** ~ **yayını** bibliophile Ausgabe Zu 3: s. **yemeğe** ~**; temizlik -sı** Zu 4: ~ **bir macera** ein aufregendes Abenteuer ~ **bir röportaj** ein spannender Bericht
meraklılık 1. Neugier, Wißbegierde *f* 2. Unruhe, Besorgnis *f*
meraksız 1. nicht neugierig, nicht wißbegierig 2. nicht interessiert, desinteressiert, indifferent
meraksızlık 1. mangelnde Wißbegier 2. Mangel *m* an Interesse, Desinteresse(-ment) *n*, Gleichgültigkeit, Indifferenz *f*
meral, -li 1. Hindin, Hirschkuh *f* 2. *gel. a. Bez.* für das Weibchen anderer Säugetiere *spez.* Rehgeiß, Ricke *f* 3. ≗ *wV*
meralık [ā] 1. Weideland *n* 2. reich an Weideland
meram [ā] 1. Ziel *n*, Zweck *m*, erstrebtes Ende 2. Wunsch

m, Absicht *f*, Vorhaben *n*, Vorsatz *m* 3. was man sagen (ausdrücken) will, was man meint *(1–3) maksat ~ **anlamak** 1. verstehen, was gemeint ist 2. *fig.* folgsam sein; gehorchen ~ **anlamaz** unvernünftig, wem kein Verständis beizubringen ist ≗ **anlayan beri gelsin!** Was nützt das ganze Reden, wenn doch niemand darauf hört! ~ **etmek** 1. et. mit Beharrlichkeit verfolgen od. betreiben 2. sehr besorgt sein (um) ≗ **etmeğe görsün!** Wenn er ernsthaft dahinter her ist, erreicht er sein Ziel. ≗ **ın elinden bir şey kurtulmaz.** *Spr.* Zielbewußtem Streben ist noch nie der Erfolgt versagt geblieben. **-ına nail olmak** sein Ziel erreichen **-ını anlatmak** sich verständlich machen, sich ausdrücken können

meramet(-çı, -lemek) s. **meremet(-çi, -lemek)**

meranet, -ti [ā] *va.* Dehnbarkeit *f* (z. B. e–s Metalls)

merare [ā] *va.* 1. s. **öt kesesi** 2. s. **öt, safra; kanatı** ~ s. **koledok kanalı**

meraret, -ti [ā] *va.* Bitterkeit, Bitternis *f* *acılık

meraretli [ā] *va.* bitter, schmerzlich *acı

merasim [ā] *(isol. Pl., mst. in sg. Funktion)* 1. Feier (-lichkeit) *f*, feierliche (festliche) Veranstaltung *ihtifal, tören 2. Zeremonien, Feierlichkeiten *pl.* 3. Ordnung *f*, geordneter Verlauf; Regelung *f* 4. Protokoll *n* *teşrifat, protokol Zu 1: s. **imza (istikbal, izdivaç, nişan, tedfin) -i;** ~ **alayı** Festzug *m* ~ **duruşu** (*od.* ~ **için tertiplenme**) *mil.* Paradeaufstellung *f* ~ **geçişi** *mil.* Vorbeimarsch *m*, Parade(-marsch *m*) *f* ~ **kılıcı** Paradedegen *m* ~ **odası** *od.* ~ **salonu** Empfangssalon *m* ~ **tertip etmek** (*od.* **yapmak**) e–e Feier veranstalten **-le karşılamak** feierlich einholen (empfangen) **-i mahsusa ile** mit besonderen Feierlichkeiten

merasimli [ā] offiziell, feierlich

merasimsiz [ā] ohne Feierlichkeit; in aller Stille (z. B. begraben)

meratip, -bi [ā] *z. va. Pl.* zu **mertebe** Rangstufen *pl.* ~ **silsilesi; silsilei** ~ 1. Instanzen-, Dienst-weg *m* *silsilei meraci 2. Hierarchie, Rangordnung *f* *hiyerarşi, koram ~ **silsilesine riayet etmek** den Instanzen-, Dienst-weg einhalten ~ **silsilesiyle** ihrem jeweiligen Rang entsprechend; nach Rang, Stand und Ansehen

merbut, -tu [ū] (m. Dat.) 1. verbunden (mit), geknüpft (an), verknüpft (mit) 2. bei-, an-geheftet 3. angeschlossen, e–n Teil bildend, angegliedert, abhängig ~ **kıtalar** s. **kolordu kıtaları**

merbutan [·×·] *va. Adv.* anliegend, an-, bei-geheftet, anbei

merbutat, -tı [·––] *va. Pl.* 1. Anlagen *pl.* (e–s Schreibens) 2. zugehörige Teile, Annexe, Pertinenzien *pl.*

merbutiyet, -ti [ū] *va.* 1. Verbundensein *n*, Verbundenheit *f* 2. Gebunden-, Angegliedert-sein *n*, Abhängigkeit *f* 3. Anhänglichkeit *f* *(1–3) bağlılık

mercan (I) **(balığı)** Rotbrassen *m zo.* Pagellus (erythrinus u.a.)

mercan (II) 1. Koralle *f zo.* Corallium rubrum 2. aus Korallen hergestellt, Korallen- 3. korallenrot, leuchtend rot 4. *(in der ält. Lit.)* Korallenlippen *pl.* ~ **adası** s. **mercanada;** ~ **ağacı** Korallenstrauch *m bot.* Erythrina crista-galli ~ **çiçeği** 1. s. ~ **ağacı** 2. Kennedie *f bot.* Kennedia ~ **fırtınası** Name e–s periodischen Seesturms gegen Ende August ~ **gerdanlık** Korallenhalsband *n* ~ **kayaları** (*od.* ~ **bankları**) Korallenbänke *pl.* ~ **kayığı** Boot *n* der Korallenfischer ~ **odunu** s. **kırmızı sandal ağacı;** ~**resifi** *geogr.* Korallenriff *n* ~ **terliği** (*od.* ~ **terlik**) offener roter Lederpantoffel (ohne Fersenleder und ohne Absatz) ~ **yapıları** Korallenbauten *pl.*

mercanada 1. Koralleninsel *f* 2. *spez.* Atoll *n*, ringförmige Koralleninsel *atol

mercanbiçim; mercanımsı korallenförmig, -artig

mercanî [·––] *selt.* 1. korallenrot 2. korallenhaltig, Korallen-

mercaniye [ā] s. **mercanlar**

mercanköşk, -kü (< merzengûş) 1. Mausöhrchen *n*, kleines Habichtskraut *bot.* Hieracium pilosella *farekulağı, tırnak otu 2. Majoran *m bot.* Origanum majorana

mercanlar Korallen-, Blumen-tiere *pl. zo.* Anthozoa *mercaniye

mercanlı Korallen enthaltend

mercanotu, -nu liegendes Mastkraut *bot.* Sagina procumbens

mercanyılanı, -nı Korallenschlange *f zo.* Elaps corallinus

mercek, -eği 1. *opt.* Linse *f* 2. *bot.* s. **kovucuk;** ~ **takımı** *opt.* Linsensystem *n*

mercekbiçim; merceksi *an.* linsenförmig

mercengûş s. **mercanköşk**

merci, -li 1. *va.* Ort, an dem man zurückkehrt 2. *va.* Stelle, an die man sich wendet 3. zuständige (bzw. übergeordnete) Dienststelle, Behörde, Instanz *f* **-leri tecavüz etmek** den Dienst-, Instanzen-weg nicht einhalten

mercimek, -ği (Acker- od. Saat-)Linse *f bot.* Lens esculenta *ades ~ **böceği** Linsenkäfer *m zo.* Bruchus lentis ~ **çorbası** Linsensuppe *f* ~ **gibi** (*od.* ~ **kadar**) ganz klein (und rundlich); niedlich ~ **kadar ufalmak** ganz klein werden (z. B. Augen) ~ **kemiği** *an.* Os. lenticulare (linsenförmiges Knöchelchen im inneren Ohr bei dem Amboß) *azmı adesî **-i fırına vermek** *hum.* e–e Liebelei haben, geschlechtlich miteinander verkehren

mercu [ū] *va.* 1. er-, ge-beten *rica edilmiş 2. erhofft, erwartet *umulan

mercuh [ū] *va.* bevorzugt ~ **taraf** *jur. va.* diejenige Partei, die als erste ihre Sache vor Gericht vorbringen darf

merdan [ā] *va. Pl.* zu **mert**

merdane (I) [ā] Walze, Rolle *f* *silindir, yuvak, yuvgu; s.a. **yol (yufka) -si**

merdane (II) [ā] männlich, mannhaft: 1. mutig, tapfer, heldenhaft, ritterlich 2. brav, wacker, ehrlich, zu seinem Wort stehend

merdanelemek [ā] walzen, ausrollen

merdiven (< *pers.* **nerduban**) 1. Treppe *f* 2. Leiter *f* ≗ **ayak ayak** (*od.* **basamak basamak**) **çıkılır.** *Spr.* Eine Treppe ersteigt man Stufe für Stufe. ~ **aydınlığı (boşluğu; evi; yuvası)** Treppenhaus *n* ~ **böğrü** Treppenwange *f* ~ **basamağı** 1. Treppenstufe *f* 2. Leitersprosse *f* ~ **basamağı gibi** wie die Orgelpfeifen (Kinder) ~ **başı** Treppenabsatz *m* ~ **dayamak** 1. e–e Leiter anstellen 2. *fig.* sich e–m best. Alter nähern (Zu 2: **elliye** ~ **dayamış bir bayan** e–e Dame, die stark auf die Fünzig geht); s.a. **göğe** ~ **dayamış olmak;** ~ **halısı** Treppenläufer *m* ~ **kapağı** Treppentür *f* (zu e–m Obergeschoß) ~ **kirişi** Frei-, Treppenwange *f* *limon (*od.* omurga) kirişi ~ **kolu** Treppenstück *n* (zwischen zwei Podesten) ~ **korkuluğu** Treppengeländer *n* ~ **kovası** Schacht *m* des Treppenhauses; offene Spindel e–r Wendeltreppe ~ **koymak** s. ~ **dayamak;** ~ **küpeştesi** Handlauf *m* (an e–m Geländer) ~ **parmaklığı** Stäbe *pl.* e–s Treppengeländers ~ **sahanlığı** Treppenabsatz *m*, (Treppen-)Podest *m, n* ~ **tırabzanı** s. ~ **korkuluğu**

merdivenli mit Treppe bzw. Leiter ~ **çıkış** Treppenaufgang *m* ~ **yol** Treppen-weg *m*, -straße *f*

merdivensi; merdivenvari [···––] treppen-artig, -förmig ~ **dişler** *vet.* Treppengebiß *n*

merdut, -du [ū] *va.* vertrieben, hinausgeworfen, verstoßen *kovulmuş, dışarı atılmış 2. abgelehnt, abgewiesen (z. B. Klage) 3. verworfen, verwerflich, ruchlos; Schurke *m* *alçak, melun 4. widerlegt (z. B. Behauptung) *çürütülmüş

merdüm *va.* 1. Mensch *m* 2. menschlich

merdümek *va.* 1. Männchen, Männlein *n* 2. *an.* Pupille *f* *gözbebeği
merdümgiriz [···–] *va.* menschenscheu, einsiedlerisch *adamcıl
merdümhar [ā] *va.* Menschenfresser *m* *yamyam
merek *dial.* Scheune *f*, Schuppen *m*
meremet, -ti 1. Ausbesserung, Überholung, Reparatur *f* 2. Restaurierung, Restauration *f* (z. B. e–s Kunstwerks) ~ **etmek** s. **meremetlemek**
meremetçi 1. wer e–e Ausbesserung, Überholung, Reparatur vornimmt *spez.* Schuhflicker, Klempner 2. Restaurator *m*
meremetlemek 1. ausbessern, überholen, reparieren 2. restaurieren (z. B. Kunstwerk)
meret, -ti *P* 1. klobig, klotzig, ungeschlacht, plump 2. verflixt, verdammt, verwünscht, verflucht, blödsinnig 3. verflixter Kerl, blöder Bursche Zu 1: **Bu ne ~ şeymiş, her gün bir tarafı bozuluyor.** Hol der Kuckuck das verdammte Ding da; dauernd geht doch et. kaputt daran! Zu 2: **Bırak şu -i ben böyle adamlardan hoşlanmam.** Laß doch den blöden Kerl aus dem Spiel; mit solchen Leuten will ich nichts zu tun haben!
merfu, -uu [ū] *va.* 1. emporgehoben 2. aufgehoben, annulliert, abgeschafft
Mergube *wV*
mergup, -bu [ū] 1. gewünscht, begehrt, ersehnt, gern gekauft 2. gern gesehen, wünschenswert, allgemeinen Beifall findend
mergula: cüce ~ Krabbentaucher *m zo.* Plotus alle (e–e Alk-Art)
merhaba [×··] (familiäre, et. robuste, mst. unter Männern gleichen Ranges verwendete Begrüßungsformel): Guten Tag! Grüß Gott! (*schweiz.* Grüezi!) ~ **siperi** *fr.* Schießscharte *f* an der hinter e–m Festungstor befindlichen Mauer (zur Verteidigung gegen eingedrungene Feinde) **-sı olmak** (b–le) auf dem Grußfuß stehen; mit j–m nur flüchtig bekannt sein **-yı kesmek** die Beziehungen abbrechen; j–m die Freundschaft aufkündigen
merhabalaşmak sich gegenseitig (mit **merhaba**) begrüßen
merhale 1. Reisestation *f* 2. (Entfernung *f* e–r) Tagesreise 3. Grad *m*, Stufe *f*, Rang *m* *derece, mertebe 4. Phase *f*, Stadium *n*, Etappe *f* (e–r Entwicklung) *safha ~ ~ in Etappen, etappenweise
merhaleli mit (nb.) **merhale**
merhalesiz ohne **merhale; ~ uçuş** Nonstopflug *m*, Flug *m* ohne Zwischenlandung
merhamet, -ti Mitleid, Erbarmen *n*, Barmherzigkeit, Milde, Güte, Großmut, Gnade *f* ~ **dilemek** um Erbarmen flehen ~ **etmek** (*od.* **göstermek**) Mitleid haben, sich erbarmen, Milde üben ~ **hissi** mitleidige Regung **-e gelmek** Barmherzigkeit üben, sich erbarmen **-e lâyık** bemitleidenswert, erbarmungswürdig **2ten maraz doğar (çıkar; hâsıl olur).** *Spr.* Mitleid schafft oft Verdruß.
merhameten *va. Adv.* aus Mitleid
merhametli mitleidig, barmherzig, milde, gütig, großmütig, gnädig
merhametlilik Mitleidigkeit, Barmherzigkeit *f*
merhametsiz mitleidslos, unbarmherzig, hartherzig, hart
merhametsizlik Unbarmherzigkeit, Hartherzigkeit *f*
merhem s. **melhem**
merhum [ū] in die Gnade Gottes eingegangen, verstorben, selig, Verstorbene, Selige *m* (Moslem)
merhume [ū] verstorben, selig (Frau); Verstorbene, Selige *f*
merhun [ū] 1. verpfändet, versetzt, als Pfand gegeben; hinterlegt (z. B. Wertpapiere als Garantie) *tutulu 2. *jur.* Pfand *n* *rehin, tutu 3. *z. va.* von best. Bedingungen abhängig; (durch et.) gegeben Zu 3: **vakti -unda** zur gegebenen Zeit **-a temellük şartı** *jur.* Verfall-klausel *f*, -svertrag *m*
merhunat, -tı [·––] *va. Pl.* was verpfändet (versetzt, hinterlegt) worden ist **-ı menkule mukabili ikraz** *H* Lombarddarlehen *n*
meri [ī] s. **yemek borusu**
mer'i (I) [ī] *z. va.* sichtbar **gayri** ~ unsichtbar
mer'i (II) [ī] 1. *va.* angesehen, geschätzt, geachtet 2. gültig, geltend, in Kraft ~ **olmak** 1. in Kraft sein, gültig sein 2. in Kraft treten
Meriç *n.pr.* 1. O. u. D. im Rbz. Edirne 2. **(nehri)** Maritza *f* (Fluß)
meridyen s. **öğlen** (2); ~ **dairesi** Meridiankreis *m* *nısfınnehar dairesi ~ **dürbünü** s. **öğlen aracı;** ~ **düzlemi** Meridianebene *f* *nısfınnehar müstevisi
Merih s. **Mars** (1)
Merihli 1. Mars-bewohner, -mensch *m* *Marslı 2. fremdartig; sonderbar aussehend (Person)
merina [·×·] **(balığı)** Muräne *f zo.* Muraena helena
merinos [·×·] 1. **(koyunu)** Merino(-schaf *n*) *m zo.* Ovis aries hispanica 2. Wolle *f* des Merinoschafes od. daraus hergestellter Stoff
merinosçu [·×··] Besitzer od. Züchter *m* von Merinoschafen
merinosçuluk [·×···] Zucht *f* von Merinoschafen
merinoslaştırmak mit Merinoschafen kreuzen (andere Schafarten)
meristem s. **sürgendoku**
mer'iyat, -tı [·––] *va. Pl.* zu **mer'i** (I) sichtbare Dinge *pl.*
meriyet -ti Gültigkeit *f*, In-Kraft-Sein *n* *geçerlik, yürürlük **-e** (*od.* ~ **mevkiine**) **geçmek** (*od.* **girmek**) in Kraft treten, Gültigkeit erlangen *dahili meriyet olmak, yürürlüğe girmek **-te olmak** in Kraft (rechtskräftig) sein
mer'iyülhatır [·–·–·] *va.* angesehen, einflußreich (Person) *sözü geçen
merkantilist, -ti Merkantilist *m*
merkantilizm Merkantilismus *m*
merkat, -dı *va.* Grab(-stätte *f*, -mal *n*) *n*, letzte Ruhestätte
Merkator *n.pr.* Mercator ~ **izdüşümü** Mercatorprojektion *f*
merkep, -bi 1. *va.* Fahrzeug, Schiff *n* 2. Reittier *n* 3. *spez.* Esel *m* ~ **kolu** Eselkolonne *f*
merkepçi 1. Eseltreiber *m* 2. Eselverleiher *m*
merkez 1. Zentrum *n*, Mittelpunkt *m* 2. Zentrale *f*, Sitz *m* der Verwaltung *(1, 2) özek 3. *Abk.* für **-i hükümet** (*od.* **-i devlet**) Sitz *m* der Regierung, Hauptstadt *f* *başşehir, payitaht 4. *pr.* Polizeikommissariat *n* 5. *fig.* Linie, Art, Richtung *f* 6. 𝟐 *va. mV* (Zu 5: **Benim düşünüşüm de bu -dedir.** Ich bin auch ziemlich der gleichen Meinung. **Sizin kanaatiniz ne -dedir?** Was meinen Sie dazu? **Umumî kanaat, İtalya'nın bu maçı kazanacağı -indeydi.** Man war allgemein der Überzeugung, daß Italien dieses Wettspiel gewinnen werde.) ~ **açı** *math.* Zentri-, Mittelpunktswinkel *m* *merkezî zaviye 𝟐 **Bankası** *Abk.* für **Türkiye Cumhuriyeti Merkez Bankası** Zentralbank *f* (der Türkischen Republik) ~ **muavini** *Fb.* Mittelläufer *m* *santrhaf ~ **muhacimi** *Fb.* Mittelstürmer *m* *santrfor ~ **omurga** s. **içomurga;** ~ **sinir sistemi** *biol.* zentrales Nervensystem ~ **tutmak** sich konzentrieren ~ **üssü** Herd *m* (e–s Erdbebens) ~ **zaviyesi** s. **merkez açı; ... -inde olmak** sich drehen (um) (Gespräch) **-i âlem** *va.* Sonne *f* *güneş **-i idare; idare -i** (Geschäfts-, Verwaltungs-)Zentrale *f* **-i sıklet** *phys.* Schwerpunkt *m* *ağırlık merkezi **-i muvazene** *phys.* Schwankpunkt *m*
merkezci 1. zentralistisch 2. Zentralist(-in *f*) *m*
merkezcil zentripetal ~ **kuvvet** *phys.* Zentripetalkraft *f* *ilelmerkez kuvvet
merkezcilik Zentralismus *m*

merkezî 1. zentral, Zentral-, Mittel- 2. zentral gelegen ~ **Amerika** Zentral-, Mittel-amerika ~ **Avrupa** Mitteleuropa ~ **devletler** Zentralmächte *pl.* ~ **hükümet** Zentralregierung *f* ~ **irtisam** Zentralprojektion *f* ~ **mihver** *phys.* Zentralachse *f* (e–r Kräftegruppe) ~ **sıklet** *mil.* Schwerpunkt *m* (z.B. Operationen) ~ **zaviye** s. **merkez açı**
merkezîleşmek 1. sich konzentrieren *temerküz etmek 2. sich zentralisieren
merkezîleştirmek 1. konzentrieren 2. zentralisieren
merkeziyet, -ti 1. zentrale Lage 2. Zentralisierung, Zentralisation *f* 3. Zentralismus *m* **ademi** ~ Dezentralisierung, Dezentralisation *f*
merkeziyetçi 1. zentralistisch 2. Zentralist(-in *f*) *m*
merkeziyetçilik Zentralisationsbestrebungen *pl.*, Zentralismus *m*
merkezkaç, -çı zentrifugal *santrifüj ~ **kuvvet** *phys.* Zentrifugalkraft *f* *anilmerkez kuvvet, santrifüj kuvvet ~ **tulumba** *techn.* Zentrifugalpumpe *f*
merkezlemek *techn.* zentrieren
merkezlendirmek 1. zentralisieren 2. konzentrieren, sammeln *temerküz ettirmek
merkezleşmek 1. zum Mittelpunkt werden 2. (üzerinde) sich auf e–n Mittelpunkt richten (Blicke)
merkezleştirmek s. **merkezlendirmek**
merkezsizleşme Dezentralisation *f*
merkum [ū] *mst. pej.* oben-genannt, -erwähnt
merkûp, -bu *fr.* Schuh *m* aus weichem, gelbem Leder, der über **mest** *od.* **çedik** getragen wurde
merkûz *va.* 1. gepflanzt 2. auf-gepflanzt, -gestellt (z.B.Fahnenstange) 3. a) gerichtet (Blick) b) errichtet (z.B. Denkmal) 4. *fig.* verwurzelt, fest eingewurzelt, angeboren Zu 4: **Yalan söylemek onun cibilliyetinde -dur.** Das Lügen ist ihm (sozusagen) angeboren.
Merkür 1. *astr.* Merkur *m* (Planet) *Arzıtilek, Utarit 2. *myth.* Merkur (Gott), Hermes 3. Merkur *m*, *n* (Bez. der Alchimie für Quecksilber)
merlanos s. **mezgit**
merlengeç, -ci s. **sakız ağacı** (1)
merlos *P* 1. s. **merlangoz** 2. s. **barlam**
mermahur [·––] 1. Katzengamander *m bot.* Teucrium marum 2. s. **kankurutan** (2)
mermer 1. Marmor *m* 2. aus Marmor hergestellt, Marmor-, marmorn ~ **gibi** 1. marmorgleich (weiß, hart und fleckenlos) 2. *fig.* kalt wie Marmor ~ **kaymağı** Alabaster *m* *sumermeri ~ **kireci** Marmorkalk *m* (Kalk aus gebranntem Marmorstaub) ~ **ocağı** Marmor-bruch *m*, -grube *f* ~ **semender** Marmormolch *m zo.* Triturus marmoratus ~ **sıva** Bewurf *m* (e–s Hauses) ~ **sütun** Marmorsäule *f* ~ **taklidi** s. **yalancı mermer; -den su çıkarır** *fig.* bärenstark, von herkulischer Kraft (Person)
mermerci 1. wer Marmor bearbeitet od. verkauft 2. wer Grabsteine herstellt (aus Marmor od. anderem Material)
mermercilik 1. Marmorbearbeitung *f* 2. Marmorhandel *m* 3. Herstellung *f* von Grabsteinen
mermerlik was mit Marmor ausgelegt ist z.B. Marmorflur *m* u.ä.m.
mermerşahî [··––] feines, weißes Musselingewebe
mermi Geschoß *n*, Kugel, Granate *f* ~ **cinsi** Geschoßart *f* ~ **çukurlu arazi** *mil.* Trichtergelände *n* ~ **çukuru** Granattrichter *m* ~ **demeti** (*od.* **huzmesi**) Geschoßgarbe *f* ~ **dip tablası** *mil.* Geschoßboden *m* ~ **emniyetli** geschoßsicher ~ **gömleği** Geschoßmantel *m* ~ **gövde kovanı** Geschoßhülle *f* ~ **isabeti** Geschoßaufschlag *m* ~ **parçası** Granatsplitter *m* ~ **sağanağı** (*od.* **yağmuru**) Geschoßhagel *m* ~ **sevk tertibatı** Geschoßführung *f* ~ **yağdırmak** mit e–m Geschoßhagel überschütten ~ **yatağı** Geschoß-lager, -raum *m* ~ **yolu** Geschoß-, Flug-bahn *f* ~ **yolu tepe yüksekliği** Scheitelhöhe *f* e–r Geschoßbahn ~ **yolunun alçalan (yükselen) kısmı** absteigender (aufsteigender) Ast der Geschoßbahn ~ **zarfı** s. ~ **gömleği; -nin sukut noktası** Geschoßaufschlag *m*
mermiyat, -tı [·––] *va. Pl.* zu **mermi**
mermuz [ū] *va.* durch Zeichen ausgedrückt, symbolisch dargestellt
mermuzat, -tı [·––] *va. Pl.* symbolische Darstellung *pl.*
Mernuş [ū] s. Stw. **Ashabı Kehf**
Merovenj *hist.* merowingisch, Merowinger *m*
merrat, -tı [ā] *va. Pl.* zu **merre; -la** *va.* wiederholt, öfters
merre *va.* Mal *n* *defa
merreten *va.* einmal ~ **bade uhra** *va.* mehrmals hintereinander
merrü s. **herrü**
mersa [ā] *va.* Ankerplatz *m*, Bucht *f*, Hafen *m* *koy, liman
mersat s. **mirsat**
mersener (*franz.* **mercenaire**) *selt.* Söldner *m*
mersenerlik *selt.* Söldnertum *n*
merserize merzerisiert, verdelt (Baumwolle) ~ **etmek** merzerisieren, veredeln (Baumwolle)
mersi (*franz.* **merci**) danke schön! danke sehr! *teşekkür ederim
mersin 1. **(ağacı)** echte Myrte *bot.* Myrtus communis 2. **(balığı)** Stör *m zo.* Acipenser (sturio u.a.) ~ **morinası** Hausen *m zo.* Huso huso ~ **yapraklı sütotu** buchsblättrige Kreuzblume *bot.* Polygala chamaebuxus ~ **yapraklı turunç** myrtenblättrige Pomeranze *bot.* Citrus aurantium var. myrtifolia
Mersin *n.pr.* Hafenstadt u. Verw. des Rbz. İçel (Südanatolien)
mersingiller Myrtengewächse *pl. bot.* Myrtaceae *asiye
mersiye *lit.* Trauerode, Nänie, Elegie *f*
mersiyehan [ā]; **mersiyekâr** Klagesänger, Elegiker *m*
mersum [ū] *va.* 1. (auf-)gezeichnet, beschrieben 2. obenerwähnt, -genannt (Anm. Vor der Tanzimatperiode auf Nicht-Mohammedaner bezüglich oft pej. = **merkum**) 3. Tradition *f* *gelenek Zu 1: s. a. **dahilen (haricen)** ~
mert, -di 1. *va.* Mann *m* 2. mutig, tapfer, heldenhaft, ritterlich 3. brav, wacker, ehrlich, zu seinem Wort stehend
mertçe s. **merdane** (II)
mertebanî [··––] bläulich-grün glasiertes irdenes Geschirr (wie es urspr. in Martaban (Burma) hergestellt wurde)
mertebe 1. Grad, Rang *m* 2. *math.* Ordnung, Reihe *f*, Grad *m* Zu 2: **ikinci -den münhani** *math.* Kurve *f* zweiter Ordnung **-ler silsilesi** s. **meratip silsilesi**
mertebelen(dir)me *soz.* Hierarchisierung *f*
mertebelilik, -iği Hierarchie *f*
mertek großer Vierkantbalken
mertlik Mannhaftigkeit *f*, (Helden-)Mut *m*, Tapferkeit, Unerschrockenheit *f* *yiğitlik
mervarit, -di [ā] *va.* Perle *f* *inci
Merve *n.pr.* kleiner (heute eingeebneter) Hügel bei Mekka; s. a. Stw. **Safa**
mervi [ī] *va.* überliefert, erzählt, berichtet
Meryem *n.pr.* 1. *wV* 2. **Hazreti** ~ Mutter *f* Gottes, Jungfrau *f* Maria, Madonna *f* ~ **buhuru** s. **buhurumeryem;** ~ **çiçeği;** ~ **eli** s. **keffimeryem;** ~ **otu** Nelkenwurz *f bot.* Geum urbanum *amberağacı, karanfil otu, mübarekotu ~ **suresi** Name der 19. Koran-Sure
Meryemana *n.pr.* s. **Hazreti Meryem;** ~ **asması** s. **akasma;** ~ **dikeni** echte Mariendistel *bot.* Silybum Marianum ~ **eldiveni** s. **yüksükotu** (2); ~ **fırtınası** Name e–s period. Seesturms gegen 21. Oktober ~ **günü** Mariä Himmelfahrt *(f)* (15. August) *Asompsiyon ~ **kandili** ewige Lampe (vor e–m Muttergottesbild) ~ **kandili gibi**

schwach (Licht) ~ **kuşağı** *P* Regenbogen *m* *alâimisema ~ **tasviri** Muttergottes-, Madonnen-bild *n*
meryemiye Salbei *m, f bot.* Salvia officinalis *adaçayı
meryempelesengi, -ni Marienbalsam *m pharm.* Balsamum Mariae (von Calophyllum calaba u.a.)
merzaga *va.* Sumpf, Morast *m* *bataklık
merzagî *va.* sumpfig, Sumpf-; morastig *bataksal ~ **humma** *va.* Sumpffieber *n* ~ **nergis** Sumpfdotterblume *f bot.* Caltha palustris
merz(e)ban [ā] s. **marsıvan**
merzengûş s. **mercanköşk**
Merzifon *n.pr.* Städtchen u. gln. D. im Rbz. Amasya
merzuk, -ku [ū] *va.* ernährt, unterhalten
Merzuka *wV*
mes (I), **-ssi** 1. Berührung *f*, Kontakt *m* 2. (zeitliches) Auftreten, Sich-Zeigen *n* ~ **-i hacet** *va.* Bedarfsfall *m* **-i hacet etmek** *va.* erforderlich sein (od. werden) *gerekmek
mes (II) (katholische) Messe *f*
mesa [ā] *va.* Abend *m* *akşam
mesabe [ā] Grad *m*, Eigenschaft, Stellung, Geltung *f* **-sinde olmak** soviel sein wie, die Stelle (von) vertreten, (als et.) dienen **Aldığı para hiç -sindeymiş.** Er bekam so gut wie nichts. **Bu genç, müdürün sağ eli -sindedir.** Der junge Mann hier ist die rechte Hand des Direktors.
mesadet, -ti [ā] 1. *va.* Glück, Wohlergehen *n* *bahtiyarlık, mutluluk 2. ♀ *wV*
mesafe [ā] 1. Strecke, Entfernung, Distanz *f*, Abstand *m* *uzaklık 2. s. **resmiyet** (2); ~ **almak** *mil.* 1. Abstand halten 2. Abstand nehmen **müspet sonuçlara doğru** ~ **almak** mehr und mehr zu greifbaren Ergebnissen führen ~ **bırakmak** Distanz wahren; Vertraulichkeiten vermeiden ~ **cetveli** *mil.* Entfernungslineal *n* ~ **düzeltmesi** (*od.* **tashihatı**) *mil.* Entfernungsberichtigung *f* ~ **mesahası** (*od.* **-nin ölçülmesi**) Streckenmessung *f* ~ **navlunu** *naut.* Distanzfracht *f* ~ **ölçme aleti** *mil.* Entfernungsmesser *m* *telemetre ~ **stadyası** *mil.* Distanzskala *f* ~ **tahmini** Entfernungs-, Distanz-schätzen *n* ~ **yayı** *techn.* Abstandsfeder *f* **-yi kapatmak** *(Sport)* den gegnerischen Vorsprung aufholen **bir** ~ **almak** (*od.* **katetmek**) e–e Entfernung (Strecke) zurücklegen **Istanbul'a beş kilometre -de** fünf Kilomter vor Istanbul (von Istanbul entfernt)
mesafeli [ā] mit nb. (*bzw.* größerem) Abstand
mesağ *va.* 1. Sanktion *f*, (gesetzliche) Genehmigung, Erlaubnis *f* 2. Gesetzlichkeit, Rechtmäßigkeit *f*
mesaha [·–·] 1. (geometrische) Vermessung *f* Landesaufnahme *f*, Messen *n* 2. s. **-i sathiye;** ~ **etmek** (*od.* **yapmak**) vermessen ~ **fenni** Vermessungskunde, Geodäsie *f* *jeodezi ~ **ipi** s. **ölçü ipi;** ~ **kıtası** *mil.* Meßtrupp *m* ~ **memuru** Vermessungsingenieur, Geometer *m* ~ **şahadetnamesi** *spez. naut.* Schiffsvermessungsurkunde *f* ~ **şebekesi** *mil.* Meßnetz *n* ~ **şeridi** s. **ölçü şeridi;** ~ **usulü** Meßverfahren *n* ~ **zinciri** Meßkette *f* **-i hacmiye** Rauminhalt *m* **-i sathiye** Flächen-inhalt *m*, -maß *n*, Ober-, Boden-fläche *f* *yüzölçümü
mesai [·––] *(isol. ar. Pl.)* Bemühungen, Anstrengungen *pl.*, Mühe, Arbeit *f* *iş(-ler), çalışma(-lar), emek(-ler) ~ **arkadaşları** Mitarbeiter, Kollegen *pl.* ~ **borsası** Arbeitsbörse *f* ~ **nazırı** *va.* Arbeitsminister *m* ~ **sarf etmek** (m. Dat.) Mühe aufwenden, viel Kraft an et. wenden ~ **yapmak** *od.* **-ye kalmak** Überstunden machen **♀leri meşkûr olsun!** *va. bzw. iron.* Es sei Ihnen für Ihre Bemühungen gedankt! **-i esasiye** *va.* Hauptarbeiten, wichtigste (grundlegende) Arbeiten *pl.* *ana işler
mesail [ā] *va. Pl.* zu **mesele**
mesaj (*franz.* **message**) 1. Verlautbarung, Erklärung, Botschaft *f* *ileti 2. *(mündl. od. schriftl.)* Mitteilung, Nachricht *f*, Bescheid *m* ~ **bırakmak** e–e Nachricht hinterlassen
mesajeri (*franz.* **messagerie**) 1. Güterbeförderung *f spez.* Eiltransporte *pl.* 2. Gesellschaft *f* für Eiltransporte sowie deren Gebäude 3. Eilgut *n*
mesalih [ā] (*z. va. Pl.* zu **maslahat**); **-i zatiye** *va.* persönliche Angelegenheiten bzw. Anliegen *pl.;* s.a. **ashabı** ~
mesamat, -tı [·––] *z. va. Pl.* zu **mesame**
mesame [ā] Pore *f* *gözenek
mesameli [ā] 1. -porig 2. porös
mesamelilik [ā] 1. -porigkeit *f* 2. Porosität *f*
mesamiyet, ti [ā] poröse Beschaffenheit, Porosität *f*
mesane [ā] *an.* Harnblase *f* *sidik torbası ~ **düşmesi** *med.* Zystozele *f*, Blasenvorfall *m* ~ **iltihabı** *med.* Blasen-entzündung *f*, -katarrh *m*, Zystitis *f* ~ **taşı** Blasenstein *m*
mesarika s. **masarika**
mesbuk, -ku [ū] 1. *va.* was ein Präzedens hat 2. *va.* in den Schatten gestellt, überholt 3. vergangen, früher, geleistet (Dienste) **gayri** ~ *va.* ohne Präzedenzfall, beispiellos
mesbukülemsal [·–··–] *va.* mit Präzedenzfällen
mescit, -di kleinere Moschee (in der keine Freitags- bzw. Feiertagsgebete abgehalten werden) **♀i Aksâ** *n.pr.* die Aksa-Moschee (in Jerusalem) **♀i Haram** *od.* **♀i Şerif** *n.pr.* die Mekka-Moschee (in der Nähe der Kaaba) **♀i Nebevî** *n.pr.* das erste isl. Gotteshaus (in Medina) **♀i Takva** (*od.* **♀i Kuba**) *n.pr. hist.* die erste Moschee (deren Grundstein von Mohammed selbst gelegt worden ist)
mesdut, -du [ū] *va.* ge-, ver-schlossen, verstopft, versperrt *kapalı, tıkalı
mesel 1. Sprichtwort *n* od. sprichtwörtliche Redensart 2. Ausspruch *m*, Sentenz, Maxime *f* 3. Parabel *f*, Gleichnis *n* 4. Beispiel *n* ~ **haline girmek** *od.* ~ **gibi olmak** sprichwörtlich werden
meselâ [×·–] zum Beispiel *örneğin
mesele 1. Frage(-punkt *m*) *f*, strittige Frage, Streitfrage *f* *sorun 2. *a. math., phys.* Problem *n*, Aufgabe *f* 3. komplizierte Angelegenheit; Affäre, Sache *f* Zu 3: **Bu, günün -si oldu.** Das ist ein aktuelles (od. akutes Problem) geworden. **Bu da** ~ **mi?** *iron.* Ist das etwa ein Problem? **O, ayrı bir** ~**!** Das ist e–e Sache für sich. **Oraya gitmek, şimdi bir -dir.** Eine Reise dorthin ist heute e–e komplizierte Angelegenheit. ~ **çıkarmak** 1. Schwierigkeiten bereiten, et. zum Problem werden lassen 2. **(hiçten)** viel Aufhebens um e–e belanglose Sache machen ~ **yapmak** (bşi) viel Aufhebens machen (über) ♀ **yok.** Das ist kein Problem. **-i müstehire** *jur.* präjudizielles Rechtsverhältnis; Vorfrage *f*
meselleşmek sprichwörtlich werden
Mesen [·×] *n.pr.* Maecenas; Mäzen *m*
meserret, -ti *z. va.* Freude *f* *sevinç **-ini mucip olmak** (b–nin) *z. va.* j–m Freude bereiten
meserretaver [ā]; **meserretbahş** *va.* Freude bereitend, erfreulich, froh
meserretli glücklich, fröhlich (z. B. best. Tag)
meshetmek 1. s. **mesvermek** 2. *va.* streicheln 3. *va.* salben, ölen
meshur [ū] *z. va.* verzaubert, verhext 3. bezaubert *(1, 2) büyülenmiş
mesih, -shi (I) *va.* 1. Abreiben *n* mit der Hand 2. Streicheln *n* 3. Salben, Ölen *n*
mesih, -shi (II) *va.* 1. Entstellung *f spez.* Verwandlung *f* in Tiergestalt 2. mit verändertem Aussehen *spez.* in Tiergestalt 3. sonderbar, befremdlich *acayip, garip 4. *lit.* Plagiat *n* *intihal
Mesih [ī] 1. *n.pr.* Gesalbter; Messias *m;* Jesus Christus 2. *fr. selt. mV*
Mesiha [·––] *va.* s. **Mesih (1); -dem, -nefes** *va.* wiederbelebender Odem (Christi)
Mesihçi *rel.* Messianist *m*
Mesihçilik *rel.* Messianismus *m*

Mesihî 1. den Messias betreffend, messianisch, christlich; Christ *m* 2. *fr. selt. mV*
mesihiyet, -ti [·–··] *va.* 1. Gesalbtsein *n* 2. Christentum *n*
Mesihiyun [·–·–] *va.* Christen *pl.* *Hıristiyanlar
Mesina boğazı *geogr.* Straße *f* von Messina
mesina s. **misina**
-mesine s. **-masına**
mesir [ī] s. **mesire;** ≗ **bayramı** jährliches Volksfest in Manisa (15. April) ≗ **macunu** Lutschbonbons, die an ≗ **bayramı** von den Minaretten der Sultan-Moschee an das Volk ausgestreut werden (von 1926 bis 1952 verboten)
mesire [ī] 1. Ausflugs-, Vergnügungs-ort *m* (im Freien) 2. *gel.* = **sayfiye**
mesiregâh *va.* **mesirelik** s. **mesire** (1)
mesken 1. Wohnung *f*, Wohnhaus *n* 2. Wohn-sitz, -ort *m*, Aufenthalt *m* *(1, 2) konut, eğlek ~ **buhranı** Wohnungsnot *f* *meskensizlik ~ **masuniyeti** *jur.* Unverletzlichkeit *f* der Wohnung *konut dokunulmazlığı ~ **masuniyeti aleyhinde suç** *jur.* Hausfriedensbruch *m* *meskene taarruz, mesken masuniyetini ihlâl ~ **tutmak** sich (für dauernd) irgendwo niederlassen ~ **zammı** Wohnungs(geld)-zuschlag *m* (für Beamte) **-e taarruz** Hausfriedensbruch *m*
meskenet, -ti *va.* 1. s. **miskinlik** 2. s. **fakirlik** (1) 3. s. **beceriksizlik**
meskenlendirme ~ **kanunu** Heimstätten-, Siedlungs-gesetz *n*
meskenlendirmek in e–m Eigenheim unterbringen
meskenleştirme(-k) s. **meskenlendirme(-k)**
meskensiz ohne Wohnung (Behausung) ~ **kalmak** obdachlos sein
meskensizlik 1. Obdachlosigkeit *f* 2. Wohnungsnot *f* *mesken buhranı
meskûk, -kü *va.* geprägt (Münzen)
meskûkât, -tı *(z. va. Pl.)* Münz-, Metall-geld *n*, klingende Münze, geprägtes (gemünztes) Geld ~ **bilgisi** s. **nümismatik** (1)
meskûn bewohnt, bevölkert ~ **kılınmak** s. **nüfuslanmak;** ~ **kılmak** s. **nüfuslandırmak;** ~ **mahal** (*od.* **yer**) *mil.* Ortschaft *f* ~ **yer muharebesi** *mil.* Gefecht *n* in Ortschaften, Ortsgefecht *n* **gayri** ~ unbewohnt, unbevölkert
meskût, -tu verschwiegen, mit Schweigen übergangen ~ **bırakmak** (*od.* ~ **geçmek**) 1. mit Stillschweigen übergehen 2. Stillschweigen bewahren (über) ~ **kalmak** nicht berührt werden (Thema)
meslek, -ki *od.* **-ği** 1. Beruf *m*, berufliche Tätigkeit; Weg *m* Bahn, Karriere, Laufbahn *f* 2. Richtung, Lehre, Doktrin, Theorie, Lehrmeinung *f*, philosophisches System *çığır, manzume, ögreti 3. *va.* Verhalten, Benehmen *n* Zu 1: **siyasî -e girmek** die politische Laufbahn einschlagen Zu 3: s. **-siz;** ~ **ahlâkı** Berufsethos *n* ~ **eğitimi** Berufsausbildung, Lehre *f* ~ **gayreti** Diensteifer *m* ~ **hastalıkları** Berufskrankheiten *pl.* ~ **hayatı** Berufsleben *n* ~ **kolu** Berufszweig *m* ~ **kursu** Fachkursus *m* ~ **lisesi** Berufsfachoberschule *f* ~ **okulu** Berufsschule *f* ~ **sahibi** 1. berufstätig 2. Fachmann *m* 3. Mann *m* von Prinzipien ~ **sırrı** Berufsgeheimnis *n* ~ **ve iş eğitimi** Berufsausbildung *f* ~ **ve sanatın tatili icrası** *jur.* Berufs- und Gewerbeverbot *n* **-ten** aus der (betr.) Berufssparte hervorgegangen; Berufs- **-ten oyuncu** *Th.* Berufsschauspieler *m* **-ten** (*a.* **ten yetişme**) **konsolos** Berufskonsul *m* (*ant.* **müntahap konsolos**)
meslekî beruflich, Berufs-, Fach- ~ **danışma** Berufsberatung *f* ~ **gazete** Fachzeitung *f* ~ **ilgiler** berufliche Interessen *pl.* ~ **işler** (*od.* ~ **meseleler**) Berufs-angelegenheiten, -fragen *pl.* ~ **ögretim** (*od.* ~ **tedrisat**) Berufsschulwesen *n* ~ **suç** Amtsvergehen *n* (e–s Beamten)
meslekli s. **meslek sahibi**
mesleksiz 1. berufslos, ohne Beruf 2. *fig.* wankelmütig, unbeständig *renksiz
mesleksizlik 1. Fehlen *n* e–s festen Berufes 2. *fig.* Wankelmut *m*, Unbeständigkeit *f*
meslektaş Kollege *m*, Kollegin *f*, Berufs- od. Arbeitskamerad(-in *f*) *m*
meslektaşlık Umstand *m*, daß man Kollege (Arbeits-, Berufs-kamerad) ist
mesmercilik; mesmerizm Mesmerismus *m* (Lehre vom animalischen Magnetismus)
mesmu, -uu [ū] *va.* gehört 2. des Zuhörens wert, beachtlich, beachtenswert Zu 1: ≗**um oldu.** *va.* Es ist mir zu Ohren gekommen.
mesmuat, -tı [·––] *va. Pl.* Gerüchte *pl.*, Hörensagen *n*
mesmum [ū] *va.* vergiftet
mesmumen [·×·] *va. Adv.* durch (an den Folgen e–r) Vergiftung
mesnet, -di 1. Stütze *f*, Stützpunkt *m*, *mil. a.* Auflage *f* 2. Widerlager *n* 3. einflußreiche Stellung, hohes Amt 4. *phys.* Richtungsgerade *f* e–s Vektors *destek
mesnetsiz ohne **mesnet** *spez.* grundlos, unbegründet
mesnevî 1. *lit.* gereimte Halbverse **(mısra)** (aa, bb, cc usw.) (*spez.* in Epen und Verserzählungen) 2. längeres erzählendes Gedicht dieser Form 3. *pr.* **(-i şerif)** Hauptwerk von Mevlâna Celâlettin Rumî
mesneviyat, -tı [ā] *va. Pl.* zu **mesnevî** Werke *pl.* in mesnevî-Form
mesnun [ū] *va.* 1. gewohnt 2. beschnitten *sünnetli 3. kirchlich nicht vorgeschrieben, aber von Mohammed geübt (Brauch)
meson [×·] *phys.* Meson *n* (Elementarteilchen)
mesrur [ū] 1. erfreut, froh, fröhlich 2. ≗ *mV* **Mesrure** *wV* ~ **etmek** erfreuen, glücklich machen ~ **olmak** (bşle) erfreut sein, sich freuen (über)
mesruriyet, -ti [ū] Erfreutsein *n*, Freude *f*
messah [ā] *va.* Vermessungsingenieur, Geometer *m*
messetmek [×··] *va.* auftreten, sich zeigen, sich geltend machen (z. B. Notwendigkeit, Bedürfnis usw.)
mest (I), **-ti** trunken, berauscht *(fig.)* ~ **etmek** (be-)trunken machen, berauschen *(fig.)* ~ **olmak** (be-)trunken, wild begeistert sein
mest (II), **-ti** kurzschäftiger, weicher, leichter Lederschuh (über den ein Überschuh gezogen werden kann)
Mestan ağa Figur im Karagözspiel (Thrazier; Ringer od. Fuhrmann; Prahlhans)
mestane [ā] *va.* 1. wie ein Betrunkener 2. schmachtend (Blick, Auge)
mestçi *fr.* wer die **mest** genannten Schuhe herstellte od. verkaufte
mesto [×·] *mus.* mesto, traurig, ernst
mestur (I) [ū] *z. va.* 1. ver-, ge-, be-deckt, verhüllt, verschleiert, geheim 2. *med.* latent (Krankheit) ~ **endaht** *mil.* indirekter Schuß ~ **irtibat** *mil.* gedeckte Verbindung ~ **mevzi** *mil.* verdeckte Stellung
mestur (II) [ū] *va.* geschrieben, aufgezeichnet, (oben-)erwähnt
mesture [ū] 1. (*Abk.* von **tahsisatı** ~) Geheim-, Dispositionsfonds *m* *örtülü ödenek 2. *va.* verschleierte Frau
mesturen [·×·] *va. Adv.* 1. verstohlen, heimlich 2. *mil.* gedeckt (z. B. vorgehen) ~ **tertiplenme** *mil.* gedeckte Aufstellung
mesturiyet, -ti [ū] *mil.* Deckung *f*
mesturülbüzur [·–··–] s. **kapalıtohumlular**
mesubat [·––] *va. Pl.* zu **mesube**
mesube [ū] *va.* Belohnung *f* im Jenseits
Mesudiye [ū] *n.pr.* O. u. D. im Rbz. Ordu
mesudiyet, -ti [ū] *va.* Glück(-sgefühl) *n*
mesul, -lü [ū] verantwortlich, haftend, schuldig (an) *so-

rumlu ~ **etmek** verantwortlich (haftbar) machen, zur Verantwortung ziehen *sorumlu tutmak ~ **kumanda makamları** *mil.* verantwortliche Kommandobehörden *pl.* ~ **olmak** (bşden) verantwortlich sein, haften (für) ~ **tutmak** (b–ni bşden) j–n für et. verantwortlich machen **gayri** ~ nicht verantwortlich, nicht haftend
mesuliyet, -ti [ū] 1. Verantwortung *f* 2. Verantwortlichkeit, Haftung *f*, Haftpflicht, Schuld *f* *(1, 2) sorum, sorumluluk ~ **altında kalmak** verantwortlich gemacht werden, *F* geradestehen müssen (für) ~ **hissi** Verantwortungsgefühl *n* ~ **muhabbeti** (*od.* **sevgisi**) Verantwortungsfreudigkeit *f* ~ **sigortası** Haftpflichtversicherung *f* **-i altında** auf seine Verantwortung **-i haiz olmak** die Verantwortung tragen (haben) **-i üzerine almak** *od.* **-i deruhte etmek** die Verantwortung übernehmen **-ten kaçınmak** die Verantwortung scheuen (nicht übernehmen wollen) **ademi** ~ 1. *va.* s. **beraat** 2. Nichtverantwortlichkeit, Nichthaftung *f*, Haftungsausschluß *m* *sorumsuzluk
mesuliyetli [ū] mit Verantwortung verbunden, verantwortungs-voll, -reich (Aufgabe, Posten usw.)
mesuliyetsiz 1. unverantwortlich 2. verantwortungslos
mesuliyetsizlik [ū] 1. Unverantwortlichkeit *f* (z.B. e–s Vorgehens) 2. Verantwortungslosigkeit *f*
mesut, -du [ū] 1. glücklich, beglückt 2. ≗ [×·] *mV* **Mesude** *wV* (*Anm.* zu 1: häufig stereotype Verwendung in Anzeigen wie z.B. ~ **bis nişan (izdivaç** usw.); ~ **bir hayat sürmek** ein glückliches Leben führen ~ **bir netice** ein gutes Ergebnis ~ **bis sene** ein erfolgreiches Jahr ~ **etmek** glücklich machen, beglücken
mesvermek mit der nassen Hand über Kopf und Füße fahren (wenn das Ritual der Fußwaschung aus gesundheitlichen Gründen nicht möglich ist)
meş (*franz.* **mèche**) *selt.* Haarlocke *f*
meşaiye [ā] s. **peripatetizm**
meşaiyun [·–·–] *va. Pl.* Peripatetiker *pl.* ~ **felsefesi** s. **peripatetizm**
meşak, -kkı [ā] *va. Pl.* zu **meşakkat**
meşakkat, -ti große Mühe od. Anstrengung; Strapaze *f* ~ **çekmek** Mühen auf sich nehmen, Strapazen durchmachen
meşakkatli anstrengend, mühselig, mühevoll, strapaziös
meşakkatsiz mühelos, leicht, bequem
meşale 1. Fackel 2. Leuchte *f*, Licht *n* 3. ≗ Name e–r kurzlebigen lit. Zeitschrift (erstmalig: 1. Juli 1928) ~ **çekmek** *fig.* vorangehen; die Führerrolle spielen
meşaleci Fackelträger *m;* s. a. **Yedi** ≗**ler**
meşate [ā] s. **meşşate**
meşayih [ā] *va. Pl.* zu **şeyh**
meşbu [ū] *chem., phys.* gesättigt, saturiert *doymuş **gayri** ~ ungesättigt *doymamış
meşcere *va.* Baumgruppe *f*, Hain *m*, (Forst-)Bestand *m*
meşe 1. Eiche *f bot.* Quercus 2. aus Eichenholz hergestellt, eichen, Eichen- ~ **odunu** 1. Eichenholz *n* 2. *fig.* Lümmel, Flegel *m* 3. *fig.* Dummkopf *m*, vollkommener Ignorant ~ **yarması** *V* ungehobelter Kerl, Grobian *m*
meşebüken *V* Grobian, Taps, Tölpel *m*
meşecik s. **kurtluca** (2)
meşelik 1. Eichen-wäldchen, -gehölz *n* 2. reich an Eichen
meşgale Beschäftigung, Arbeit, Tätigkeit *f* *iş; iş güç
meşgalesiz 1. beschäftigungslos 2. *fig.* sorgenfrei
meşgul, -lü [ū] 1. beschäftigt 2. besetzt 3. belegt, reserviert *agaje 4. interessiert 5. in Gedanken versunken ~ **etmek** 1. beschäftigen, in Anspruch nehmen 2. j–m die Zeit stehlen, j–n in der Arbeit aufhalten, j–n stören 3. hinhalten (z.B. durch leere Versprechungen) **gayri** ~ unbesetzt
meşguliyet, -ti [ū] Beschäftigung, Arbeit *f* **-inin fazlalığına binaen** wegen Arbeitsüberlastung **Bugünlerde -im ziyade.** In diesen Tagen habe ich besonders viel zu tun.
meşguliyetsiz [ū] 1. ohne geregelte Arbeit 2. *fig.* faul, träge
meşguliyetsizlik [ū] 1. Fehlen e–r geregelten Tätigkeit 2. *fig.* Faulheit, Trägheit *f*
Meşhedî Bewohner(-in *f*) *m* von Meschhed ~ **mübalağası** *z. va.* grenzenlose Übertreibung
meşher Ausstellung, (Verkaufs-)Auslage *sergi
meşhet, -di 1. Ort *m*, wo Glaubenskämpfer od. Frontsoldaten getötet worden sind, Schlachtfeld *n* 2. Grab *n* e–s Märtyrers 3. ≗ *n.pr.* Meschhed (Stadt im nordöstl. Iran)
meşhur [ū] 1. berühmt; berühmte Persönlichkeit *şöhretli 2. allgemein bekannt *maruf, tanınmış 3. *pej.* nur allzu bekannt, berüchtigt *mahut **-u âlem** *va.* weltberühmt **gayri** ~ unbekannt
meşhurat, -tı *va. Pl.* allgemein bekannte Tatsachen *pl.*
meşhut, -du [ū] mit eigenen Augen gesehen, durch Augenschein wahrgenommen *görülen, görülmüş ~ **cürüm** (*od.* **suç**); **cürmü-** frische Tat, frisch begangene Straftat, flagrantes Vergehen, delictum flagrans ~ **cürümler** (*od.* **suçlar**) **kanunu** Gesetz *n* über flagrante Vergehen ~ **cürümler** (*od.* **suçlar**) **mahkemesi** Gericht *n* zur Aburteilung flagranter Vergehen; Schnellgericht *n*
meşihat, -tı [ī] *hist.* 1. Rang *m* e–s Scheichs (als Oberhaupt e–s geistlichen Ordens) 2. (*a.* ≗ı **İslâmiye**) Amt *n* und Rang *m* des Scheich ül-Islam *Makamı Meşihat ≗ **Binası** s. **Şeyhülislâm Kapısı**
meşime [ī] s. **etene**
meşimî [·––] s. **tabakai meşimiye**
meşin 1. (sumachgegerbtes) Schafleder 2. hieraus hergestellt od. damit umgeben 3. *Fb.* Leder *n* (= Fußball) ~ **ağacı** Lederbaum *m bot.* Dirca palustris ~ **ciltli** in Leder gebunden ~ **gibi** (sonnen-)gebräunt (Person) ~ **gözlük** Scheuklappe *f* (des Pferdes) ~ **suratlı** *fig.* dickfellig, abgebrüht ~ **top** (*od.* **yuvarlak**) *Fb.* rundes Leder (= Fußball *m*)
meşinci Weißgerber *m*
meşinli in Leder gebunden od. damit umgeben
meşiyet, -ti *va.* 1. Gang, Marsch *m* 2. *fig.* Verlauf *m* 3. Wille *m* (*spez.* Gottes)
meşk (I), **-kı** 1. Kalligraphievorlage *f* für Schüler 2. Üben *n* (in Schönschrift, Zeichnen, Musik) Übung *f* 3. Übungsstunde *f*, Unterricht *m* ~ **almak (vermek)** Unterricht (in Kalligraphie, Zeichnen, Musik) nehmen (geben) ~ **etmek** 1. (ein-)üben 2. (bşi b–den) sich von j–m et. beibringen lassen *(1, 2) geçmek ~ **hocası** *fr.* Kalligraphielehrer *m* ~ **olmak** *allg.* als Muster (Vorlage) dienen
meşk (II), **-ki** lederner Wasserbehälter *kırba
meşkûk, -kü 1. *va.* bezweifelt 2. *z. va.* zweifelhaft, unsicher, unbesimmt *şüpheli **Bugün gelmesi -tür.** *z.va.* Es ist zweifelhaft, ob er heute kommt.
meşkûr *va.* 1. mit Dank anerkannt, belobt 2. dankenswert, löblich, anerkennenswert **Meşkûre** *wV*
meşlah(-lı) s. **maşlah(-lı)**
meşmul, -lü [ū] *va.* eingeschlossen, enthalten
meşmulât, -tı [·––] *va. Pl.* Inhalt *m*
meşrebiye *fr.* Muscharabie *f* (etwas vorspringendes hölzernes Gitterfenster, durch das man hinaussehen kann, ohne selbst gesehen zu werden)
meşrep, -bi 1. Naturell *n*, natürliche Eigenschaft; Charakter *m*, Gemütsart *f*, Temperament *n*, Stimmung, Lebensart *f*, Wesen *n* 2. *Sx.* von nb. Naturell Zu 1: **Bu adamın -i hoşuma gitmiyor.** Sein ganzes Wesen sagt mir nicht recht zu. **-ine uygun düşmemek** (b–nin) j–m nicht behagen, nicht zusagen **-leri uygun iki arkadaş** zwei gleichgestimmte Freunde Zu 2: s. **açık-, hafif-, hoş-meşrep**

meşru, -uu [ū] 1. gesetzlich, rechtmäßig, erlaubt, zulässig, legitim, legal 2. berechtigt 3. triftig (Entscheidung) ~ **kılmak** heiligen (s.a. Stw. **gaye**); ~ **müdafaa; müdafaai -a** *jur.* Notwehr *f* ~ **müdafaa halinde** in Notwehr **gayri** ~ ungesetzlich, gesetzwidrig, unrechtmäßig, unerlaubt, unzulässig, unlauter, illegitim **gayri** ~ **çocuk** illegitimes (uneheliches bzw. außereheliches) Kind **gayri** ~ **harp** ungerechtfertigter Krieg **gayri** ~ **hareketler** ungesetzliche Handlungen *pl.* **gayri** ~ **rekabet** unlauterer Wettbewerb

meşrubat, -tı [·– –] Getränke *pl.* *içecekler **-ı küuliye** s. **alkollü içkiler**

meşruh [ū] *z. va.* 1. erklärt, erläutert, kommentiert 2. ausführlich dargelegt

meşruhat, -tı [·– –] *(z. va. Pl., a. in sg. Bed.)* Erklärung (-en *pl.*), Erläuterung(-en *pl.*), Randbemerkung(-en *pl.*), Fußnote(-n *pl.*) *f*, Aktenvermerk(-e *pl.*) *m* **-ta bulunmak** *z. va.* Erläuterungen geben; kommentieren

meşruiyet, -ti [ū]; **meşruluk** 1. Gesetzlichkeit, Legitimität, Legalität *f* 2. Berechtigung *f* 3. Triftigkeit *f* (e–r Entschuldigung) 4. Legitimismus *m*

meşrut, -tu [ū] (aus-)bedungen, vereinbart, vertragsmäßig bestimmt, stipuliert **hükümeti -a** *va.* s. **meşrutî monarşi;** ~ **harp kaçağı** *jur.* relative Konterbande

meşruta 1. *ar. Fem.* zu **meşrut** 2. Besitz *m* der Toten Hand, bei dem der Stifter best. Bedingungen hinsichtlich des Verwalters **(mütevelli)** od. der Verwendung der Einkünfte gestellt hat 3. *allg.* Besitz *m*, der unter der Bedingung der Nicht-Veräußerung überlassen bzw. vermacht wird 4. *(a.* ~ **odaları**) *fr.* Wohnräume *pl.* für Moscheebedienstete *bzw.* für Angestellte in Krankenhäusern od. Armenküchen

meşruten [ū] *Adv.* bedingt, unter bst. Bedingungen ~ **tahliye** *jur.* vorläufige (bedingte) Entlassung (aus der Strafhaft)

meşrutî [·– –] konstitutionell ~ **monarşi** konstitutionelle Monarchie

meşrutiyet, -ti [ū] 1. Konstitutionalismus *m* 2. konstitutionelle Staatsform od. Verfassung (in der Türkei: Beginn 1876 bzw. 1908) ~ **devri** *pol.* konstitutionelle Periode (1908–1918); s. a. **Birinci (İkinci)** ~

meşşate [·–·] *fr.* e–e Frau, welche die Braut am Hochzeitstage frisierte und schmückte

meşta [ā] *va.* s. **kışlak**

meşum [ū] von schlechter Vorbedeutung, ominös, unheilvoll, unheilbringend, verderblich, unselig *uğursuz

meş'ur [ū] bewußt **gayri** ~ unbewußt

meşveret, -ti 1. Beratung *f* 2. Ratsversammlung *f* ~ **ehli** *z. va.* Mitglied(-er *pl.*) *n* e–r Ratsversammlung; Ratgeber *sg., pl.* ~ **etmek** beraten ~ **kurmak** Beratungen abhalten

met, -ddi 1. Flut *f* *(ant.* Ebbe) 2. *gr.* Dehnung, Längung *f* *uzatma 3. Länge, Weite *f* ~ **dalgası** Gezeiten-, Flutwelle *f* ~ **hali** *geogr.* Hochwasser *n* *kabarık deniz ~ **hareketi** *geogr.* Flut *f* *kabarma ~ **işareti** s. **medde;** ~ **ve cezir** s. **meddücezir;** ~ **ve cezirli** 1. *geogr.* Ebbe und Flut aufweisend 2. *fig.* mit Schwankungen, mit wechselvollem Ausgang **-i basarı şeyhî** s. **presbitlik; -i kâmil** *geogr.* s. **büyük gelim**

Met, -di *hist.* 1. Meder(-in *f*) *m* 2. medisch ~ **İmparatorluğu** *hist.* Mederreich *n*

meta, -aı [·–] 1. Ware *f* *mal 2. *pej.* s. **matah** 3. Besitz *m*, Vermögen *n* 4. Hausgerät *n*

metabolik *biol.* metabol(-isch), veränderlich

metabolizm(-a) *biol.* Metabolismus, Stoffwechsel *m* *madde değişimi

metafizik 1. Metaphysik *f* *mabadettabia 2. metaphysisch *(1, 2) fizikötesi

metafizikçi; metafizisyen Metaphysiker *m*

metafora [··×·] *naut.* 1. Davit *m* (kleiner drehbarer Schiffskran) 2. Leesegelspiere *f* 3. Ausleger *m* *avtriger ~ **ventosu** *naut.* Davit-gei, -geer *f*

metakarp, -pı *(franz.* **métacarpe**) s. **el tarağı**

metal 1. Metall *n* 2. aus Metall hergestellt, metallen 3. *typ.* e–e bei der Linotype zur Zeilenherstellung verwendete Schmelzlegierung von Antimon und Blei

metal-para Metallgeld *n*, Münzen *pl.*

metalbilim s. **metalürji**

metalbilimsel s. **metalürjik;** ~ **işlem** Verhüttung *f* ~ **süreç** metallurgischer Vorgang

metali, -ii [ā] *va. Pl.* zu **matla; -i müstakime** s. **bahar açısı**

metalibat, -tı [·–·–] (von türk. Puristen getadelte, jedoch gebr. Kontamination aus **metalip** × **mutalebat**) Forderungen, Ansprüche *pl.*

metalip, -bi [ā] *va. Pl.* zu **matlap**

metalist teori *H* Metallismus *m*

metalizasyon *(franz.* **métallisation**) s. **maden kaplama**

metalografi Metallographie, Metallkunde *f* *metalyapıbilim

metalsi Metalloid *n* *ametal, madensi

metalsiz nichtmetallisch

metalürji Metallurgie, Hüttenkunde *f*

metalürjik metallurgisch, Hütten-

metalürjist, -ti 1. Hütteningenieur *m* 2. Hütten-, Metallarbeiter *m* 3. Schwerindustrieller

metamorf(-ik) *spez. geol.* metamorph *başkalaşmış

metamorfizm(-a) *spez. geol.;* **metamorfoz** s. **başkalaşım, başkalaşma**

metampsikoz *(franz.* **métempsycose**) s. **ruhgöçü**

metan (gazı) Methan, Gruben-, Sumpf-gas *n*

metanet, -ti [ā] 1. Haltbarkeit, Festigkeit, Dauerhaftigkeit *f* 2. *fig.* (innere) Festigkeit, Zähigkeit, Widerstandskraft *f;* (innerer) Halt Zu 2: **kıtanın dahilî -i** *mil.* der innere Halt der Truppe

metanetli [ā] 1. haltbar, fest, dauerhaft 2. *fig.* ausdauernd, zäh, widerstandsfähig

metanetsiz [ā] schwach, haltlos, ohne Widerstandskraft, ohne inneren Halt, ungefestigt

metanetsizlik [ā] Mangel *m* an Festigkeit od. Widerstandskraft, innere Haltlosigkeit

metanol Methanol *n* *metil alkol

metapsişik 1. Metapsychik, Parapsychologie *f* *mabaderruhiyat 2. metapsychisch *mabaderruhî, (1, 2) ruhötesi

metastaz *med.* Metastase, Tochtergeschwulst *f*

metatars *(franz.* **métatarse**) s. **ayak tarağı**

metatez *(franz.* **métathèse**) 1. *ling.* s. **göçüşme** 2. s. **yargıların -i**

metazori [··×·] *griech., V* 1. mit Gewalt, gewaltsam, zwangsmäßig 2. unter Drohungen

metbu, -uu [ū] *va.* 1. wem gefolgt od. gehorcht wird 2. Herrscher, Souverän *m* **-u müfahhamım** *va.* mein erlauchter Souverän

metbuiyet, -ti [ū] *va.* Herrschertum *n*, Souveränität *f*

metelik, -iği (< *franz.* **métallique**) *fr.* Kupfer- bzw. (unter Sultan Reşat) Nickel-münze zu 10 Para (erste Prägung 1828) ~ **etmez** keinen roten Heller wert ~ **vermemek** (bşe) 1. keinen Pfennig (für et.) bezahlen 2. *fig.* keine Bedeutung beimessen; sich nicht kümmern (um) **-e kurşun atmak** *F* in arger Geldnot sein, pleite sein

meteliksiz ohne alle Barmittel, ohne e–n roten Heller, abgebrannt *parasız, züğürt

meteliksizlik Abgebranntsein *n*, Pleite *f*

meteor 1. Luft-, Witterungs-, Wetter-erscheinung *f* *alâimi cevviye 2. Meteor *m* *meteortaşı ~ **yağmuru** s. **akanyıldız yağmuru**

meteorit, -ti s. **meteortaşı**

meteorizm (*franz.* **météorisme**) *med.* s. **karın şişkinliği**
meteorolog Meteorolog-e *m*, -in *f*
meteoroloji Meteorologie, Wetterkunde *f* *atmosferbilim, hava bilgisi, (ilmi ahvali cev) ~ **enstitüsü** meteorologisches Institut ~ **raporu** Wetterbericht *m* ~ **servisi** Wetterdienst *m*
meteorolojik meteorologisch *atmosferbilimsel ~ **durum** Wetterlage *f*
meteorolojist, -ti s. **meteorolog**
meteortaşı, -nı Meteor *m*, Meteorit *m* *haceri semavî, havataşı, meteor(-it)
metfen *va.* Grab(-stätte *f*) *n* *kabir, mezar
metfu, -uu [ū] *va.* ausbezahlt
metfuat, -tı [·– –] *va. Pl.* 1. (Kassen-)Auszahlungen *pl.* 2. Abrechnungen *pl.* über (Kassen-)Auszahlungen, (Kassen-)Ausgang *m*
metfun [ū] *va.* 1. begraben, bestattet, beerdigt, beigesetzt *gömülü 2. vergraben (Schatz)
methal, -li 1. Eingang *m* (bei Gebäude usw.), Zugang *m* (z.B. zu e–r Landenge) 2. Einleitung *f* (in e–m Werk) 3. Einführung *f* (z.B. in e–e wissenschaftliche Materie) 4. Beteiligung, Mitwirkung *f*, *pej.* strafbares Einverständnis **-i olmak** (b–nin bir işte) in e–e Angelegenheit mitverwickelt sein, seine Finger in et. haben *parmağı olmak
methaldar [··–] verwickelt (in), mitbeteiligt (bei), ebenfalls zu tun habend (mit) ~ **olmak** s. **methali olmak**
methar *a. mil.* Magazin, Lager, Depot *n*
methetmek [×··] loben, preisen, rühmen *övmek, sena etmek
methiye (zum Ruhm e–s anderen verfaßtes) Lobgedicht *n*, Panegyrikus *m* (vgl. **fahriye**) *övgü **-sini yapmak** (bşin) *fig.* et. rühmen, ein Loblied singen (auf)
methiyeci Panegyriker *m*
methiyecilik 1. Verherrlichung, Lobpreisung *f* 2. *pej.* Lobhudelei (auf) *f*
methul [ū] *va.* 1. eingedrungen 2. ins Gerede gekommen 3. beschuldigt, verdächtig
Methuşalâh; Methuşalem *n.pr.* Methusalem (Bibel)
methüsena [ā] Lobpreisen *n*, Lob und Preis **her türlü -nın fevkinde olmak** *mel.* über alles Lob erhaben sein ~ **etmek** loben, lobpreisen, volles Lob spenden, in den höchsten Tönen preisen
metil *chem.* Methyl *n* ~ **alkol** Methylalkohol, Holzgeist *m* *odun ruhu, metanol
metilen *chem.* Methylen *n*
metilik alkol s. **metil alkol**
metin (I), **-tni** (Original-)Text, Wortlaut *m* ~ **olarak** im (vollen) Wortlaut **-e sadık** text-, wort-getreu
metin (II) [ī] 1. haltbar, dauerhaft, stark, solid, fest 2. *fig.* ausdauernd, zäh, widerstandsfähig, standhaft 3. ⁀ [×·] *mV*
metis (*franz.* **métis**) 1. *biol.* durch Kreuzung entstanden; Bastard, Mischling *m* *azma, kırma 2. Halbleinen *n*
metizmenos [··×·] *V* im Haschischrausch
metodik methodisch, systematisch *metotlu
metodist, -ti *rel.* Methodist(-in *f*) *m*
metodizm *rel.* Methodismus *m*
metodoloji Methodologie, Methodenlehre *f* *bilimler mantığı, usuliyat, yöntembilim
metonimi (*franz.* **métonymie**) s. **addeğişimi**
metonomazi *ling.* Metonomasie *f* (z.B. Melanchthon < Schwarzert)
metop, -pu (*franz.* **métope**) s. **ayna** (15)
metot, -du Methode *f*, Verfahren *n* *usul, yöntem
metotlu s. **metodik;** ~ **şüphe** s. **felsefi şüphe**
metotsuz unmethodisch (arbeitend *bzw.* gearbeitet)
metör *typ.* Setzer, Metteur *m*
metöransen (*franz.* **metteur en scène**) 1. *Th.* Regisseur, Spielleiter *m* 2. (Film) Aufnahmeleiter *m* *(1, 2) vazısahne
metraj (*franz.* **métrage**) 1. Ausmessen *n*, Vermessung *f* 2. Länge *f* (*spez.* e–s Films) (in Metern); s.a. **kısa** ~
metrajlı von nb. Länge (Film); s. **kısa (uzun)** ~ **filim**
metrdotel (*franz.* **maître d'hôtel**) 1. Geschäftsführer *m* (e–s Hotels) 2. Oberkellner *m*
metre [×·] (*franz.* **mètre**) Meter *n*, *m* 2. Metermaß *n* Zu 2: vgl. **katlanır;** ~ **kare** Quadratmeter *n*, *m* *kare metre, metre murabbaı ~ **karelik** von soundsoviel Quadratmetern ~ **küp** Kubik-, Raum-meter *n*, *m* *metre mikâbı ~ **kübün katları** Viel-, Mehr-faches des Kubikmeters *metre mikâbının ezafı ~ **mikâbı** s. **metre küp;** ~ **murabbaı** s. **metre kare;** ~ **saniye** Metersekunde *f* ~ **sistemi** (*od.* **usulü**) metrisches System; Dezimalsystem *n*
metrelik soundsoviel Meter betragend
metres (*franz.* **maîtresse**) 1. Mätresse, Geliebte, Freundin *f* 2. *V* (Istanbul) *a.* Geliebter; Freund *m*
metrik 1. *mus.* s. **tartıbilim** 2. *selt.* Versbau *m* 3. metrisch ~ **kental** metrischer Zentner, Doppelzentner (100 kg) ~ **sistem** s. **metre sistemi**
metris *mil.* Schanze *f* ~ **sepeti** *fr.* Schanzkorb *m*
metrit, -ti *med.* Metritis *f*, Entzündung *f* der Gebärmuttermuskulatur
metriz (*franz.* **maîtrise**) *selt.* Meisterschaft *f* *üstatlık
metro [×·] 1. *va.* s. **metre** 2. Abk. von **metropoliten;** *spez.* die Untergrundbahn in Paris 3. Tunnelbahn *f* (in Istanbul) *tünel ⁀ **Hanı** *n.pr.* (Verwaltungsgebäude der seit 1939 verstaatlichten Tunnelbahn-Gesellschaft in Istanbul)
metroloji (*franz.* **métrologie**) Maß- und Gewichtskunde *f*
metronom *mus.* Metronom *n*
metronomik metronomisch *m*
metropol, -lü Metropole, Hauptstadt *f*
metropolit, -ti Metropolit *m*, griechisch-orthodoxer Erzbischof (im Rang nach dem Patriarchen)
metropoliten (*franz.* **chemin de fer métropolitain**) Untergrundbahn *f* *alt ulaşım
metropolithane [ā] Amtssitz *m* des Metropoliten
metropolitlik 1. Stellung *f*, Rang *m*, Aufgaben *pl.* e–s Metropoliten 2. Amtssprengel *m* e–s Metropoliten
metruk, -kü [ū] 1. verlassen, im Stich gelassen, auf-, preisgegeben 2. vernachlässigt 3. hinter-, nachge-lassen, postum 4. außer Gebrauch gekommen, veraltet (z.B. Wort) Zu 3: **asarı -e** nachgelassene, postume Werke ~ **çocuk** ausgesetztes Kind; Findling *m* ~ **çocuklar yurdu** Findelheim *n* ~ **evrak; evrakı -e** schriftlicher Nachlaß ~ **mallar; emvalı metruke** hinterlassener Besitz
metrukât, -tı [·– –] *va. Pl.* Hinterlassenschaft *f*, Nachlaß *m* *tereke, bırakıt
metruke [ū] 1. *ar. Fem.* zu **metruk** 2. *Sb.* verstoßene bzw. geschiedene Frau
metrukiyet, -ti [ū] *va.* Verlassensein *n* (usw. vgl. **metruk**) ~ **halinde** *va.* in verkommenem Zustand
meva [ā] *va.* Wohnort *m*, Wohnung *f*, Heim *n*
mevacip, -bi [ā] (*va. isol. Pl.*) 1. Löhnung *f* (e–s Soldaten), Gehälter *pl.* (bei Beamten) 2. *hist.* Quartalslöhnung *f* der Janitscharen *ulufe
mevahip, -bi [ā] *va. Pl.* zu **mevhibe**
mevait, -di [ā] *va. Pl.* zu **mevut, mevit, maide** *od.* **miat** (II) 1. Versprechungen *pl.* 2. Zeiten od. Orte e–r Abmachung, festgelegte Termine od. Stellen, Verabredungen *pl.* 3. gedeckte Tische *sofralar **-i iğfalkârane** *va.* trügerische Versprechungen *pl.*
mevali [·– –] 1. (*va. Pl.* zu **mevlâ,** *mst. im Abl.* **-den**) freigelassener Sklave 2. (*va. Pl.* zu **molla**) hohe geistliche Richter *pl.* im **mevleviyet**-Rang

mevaridat, -tı [·—·] *irrt.* für **muvaredat**
mevaşi [·——] *(isol. Pl.)* Vieh *n* (Schafe, Ziegen und Rinder)
mevat (I), **-ddı** [ā] *z. va. Pl.* zu **madde; -ı ecnebiye** Fremdkörper, -stoffe *pl.* **-ı gıdaiye** s. **gıda maddeleri; -ı iaşe** *mil.* Verpflegungsmittel *pl.* **-ı infilâkiye** *mil.* Sprengmittel *pl.* **-ı iptidaiye** s. **iptidaî maddeler; -ı madeniye** Minerale *pl.* **-ı müştaile** feuergefährliche Stoffe *pl.* **-ı müteharrike** rollendes Material (der Eisenbahn) **-ı müteheyyile** s. **döküntü, kayşat**
mevat (II), **-tı** (*va. Pl.* zu **mevt**) 1. unbelebte Dinge *pl.* 2. herrenloser, unbebauter Boden
mevce *geogr., phys.* Welle *f* *dalga
mevcelenmek *z. va.* sich wellen, wellig werden
mevceli *z. va.* wellig
mevciye *bot.* s. **talkım; -i helezoniye** s. **sarmal talkım; -i unkudiye** s. **talkım**
mevcudat, -tı [·——] *Pl.* 1. alles Existierende; Wesen, Geschöpfe *pl.*, Schöpfung *f* 2. Kassenbestand *m*, Bestände *pl.* ~ **ve matlubat** *H* Bestände und Forderungen, Aktiva *pl.* *aktif ~ **ve muvazene defteri** *H* Inventarverzeichnis, Bestandsbuch *n*, Inventar- und Bilanzbuch *n*
mevcudiyet, -ti [ū] (Vorhanden-, Da-)Sein, Existieren *n*, Existenz *f* ~ **hükmü** *log.* Existentialurteil *n* *varlık yargısı **bir** ~ **göstermek** sich bemerkbar machen **ademi** ~ Nicht-vorhandensein, -existieren, Fehlen *n* *yokluk
mevcut, -du *urspr.* [ū] 1. vorhanden, existierend, bestehend 2. anwesend 3. verfügbar 4. (beim Namensaufruf) hier! 5. Wesen, Geschöpf *n* *varlık 6. Bestand *m*, Gesamt-zahl, -summe *f* 7. *mil.* Stärke *f* (e–s Truppenteils) Zu 2: **burada** ~ **olan herkes** jeder hier Anwende Zu 6: **Okulun -u üçyüzdür.** Die Schule wird von insgesamt 300 Schülern besucht. ~ **defteri** Inventar *n*, Bestandsverzeichnis *n* ~ **göstermek** (b–ni) j–n als anwesend (in e–e Liste) eintragen ~ **listesi** Anwesenheits-, Präsenz-liste *f* ~ **olmak** 1. vorhanden sein, existieren *var olmak 2. anwesend sein **-u tespit etmek** die Anwesenheit feststellen
mevcutlu mit e–m Bestand (von), *mil.* in Stärke (von); mit soundsoviel Plätzen (z.B. Internat) **kırk** ~ **bir leylî pansiyon** ein Internat für 40 Schüler; s.a. **tam** ~
mevç, -ci *phys.* Welle *f* *mevce, dalga ~ **tulü** Wellenlänge *f* *tulümevç; dalga uzunluğu ~ **tullü** mit nb. Wellenlänge (**yirmi kilovatlık kısa** ~ **tullü istasyon** der mit 20 Kilowatt arbeitende Kurzwellensender)
mevdu, -uu [ū] 1. anvertraut, übergeben 2. übertragen (Aufgabe, Amt usw.)
mevduat, -tı [·——] *Pl.* 1. Depositen *pl.*, anvertrautes Gut 2. (Bank-)Einlagen *pl.*
meveddet, -ti *z. va.* Liebe, Freundschaft, Verehrung, Ergebenheit *f* *sevgi, dostluk **Arzı hürmet ve teyidi** ~ **eylerim efendim.** *(osm. Briefschluß)* Mit den verbindlichsten Grüßen bin ich Ihr sehr ergebener ...
meveddetkârane [···—·] *va.* freundlich, liebevoll
meveddetlü *va.* lieb, teuer (*Anm.:* Im osm. Briefstil Anrede für rangmäßig Tieferstehende)
mevhibe 1. (*va. a.* **-i ilâhiye**) Gottes-gabe *f*, -geschenk *n* 2. Begabung, Anlage *f*, Talent *n* 3. ♀ *wV*
mevhibeli begnadet, begabt, fähig, talentiert (z.B. Schriftsteller)
mevhum [ū] 1. nur in der Einbildung existierend, imaginär, gedacht, fiktiv 2. erdichtet, an-, vor-geblich ~ **adet** s. **sanal sayı;** ~ **hat** gedachte Linie
mevhumat, -tı [·——] *va. Pl.* Einbildungen, Fiktionen, Wahnvorstellungen *pl.*
mevhume [ū] *jur.* Fiktion *f*
mevhup, -bu [ū] *va.* gegeben, geschenkt, angeboren
mevhubünleh [ū] *jur. va.* der Beschenkte, Bedachte *bağışlanan
mevidimülâkat, -tı [····——] *va.* verabredete Zeit od. Stelle; Treffpunkt *m*, Verabredung *f*, Stelldichein, Rendezvous *n*
meviditelâki [····——]; **mevidivisal, -li** [ā] *va.* s. **mevidimülâkat**
meviş *P* für **meneviş**
mevit, -di *va.* Zeit *f* od. Ort *m* e–r Abmachung, Verabredung *f*
meviza *va.* (religiöse) Ermahnung *f*
mevki, -ii 1. Ort *m*, Stelle *f*, Platz *m*, Örtlichkeit *f* 2. Klasse *f* (bei Eisenbahn, Schiff usw.) 3. *pr.* erste Klasse 4. Lage, Situation *f* 5. Standort *m* (z.B. e–s Schiffes) 6. Stellung *f*, Posten *m*, Amt *n* Zu 4: **müşkül bir -e koymak** in e–e schwierige Lage (*od.* peinliche Situation) bringen **müşkül bir -de kalmak** in Schwierigkeiten (e–r peinlichen Situation) sein Zu 6: **yüksek bir** ~ **işgal etmek** ein hohes Amt bekleiden ~ **farkı** 1. Preisdifferenz *f*, Zuschlag *m* (beim Übergang in e–e höhere Klasse bei Eisenbahn, Dampfer usw.), Übergang *m* 2. Stellungs-, Rang-unterschied *m* ~ **feneri** *naut.* Positionslaterne *f* ~ **hastanesi** *mil.* Ortslazarett *n* ~ **kapma** *pej.* Postenjägerei *f* ~ **koymak** *naut.* s. **kesiştirmek;** ~ **kumandanı** *mil.* Standortkommandant *m* ~ **raporu** Positionsmeldung *f* (e–s Flugzeugs) ~ **sahibi subay** höherer Offizier ~ **şartları** *geogr.* Örtlichkeit, Lage, Landschaft *f* *konus **-ine göre** je nach den Umständen **-i amut** s. **dikme ayağı; -i icraya koymak** 1. verwirklichen, ausführen 2. *H* effektuieren **-i iktidar** *pol.* Machtstellung *f* **-i iktidara geçmek (gelmek)** ans Ruder kommen, die Macht übernehmen **-i iktidarda bulunmak** *pol.* an der Macht sein **-i meriyete girmek** in Kraft treten, Gültigkeit erlangen **-i müstahkem** *z. va.* 1. feste, ausgebaute Stellung 2. Festung *f* **-i tedavüle çıkarmak** in Umlauf setzen, emittieren
mevkif *va.* Station, Haltestelle *f* *durak
mevkiî lokal, örtlich
mevkili 1. mit nb. **mevki** 2. *pr.* mit erster Klasse (Eisenbahn, Straßenbahn usw.)
mevkip, -bi 1. Reiterumzug *m*, berittener Umzug *alay, biniş 2. bewaffnete Begleitung od. Leibwache, Geleit *n* **-i hac** *hist.* Geleit *n* für die Geschenke, die jährlich am 15. Şaban nach Mekka gesandt wurden (vgl. **sürre** II); **-i hümayun** *hist.* Gefolge *n* des Sultans (z.B. bei Besichtigungen)
mevkuf [ū] 1. verhaftet; Häftling, Arrestant *m* 2. festgehalten, an der Ausfahrt verhindert (z.B. Schiff) 3. (m. Dat.) abhängig (von) *bağlı 4. zur frommen Stiftung gemacht; vermacht, gestiftet Zu 3: **Ona -tur.** *va.* 1. Davon hängt es ab. Darauf kommt es an. 2. Es hängt von ihm ab. Es kommt auf ihn an. **gayri** ~ auf freiem Fuß
mevkufat, -tı [·——] *va. Pl.* 1. unveräußerlicher Besitz der Toten Hand 2. *H* sistierte Zahlungen *pl.*
mevkufen [ū] *va. Adv.* 1. unter Verhaftung 2. in Gewahrsam 3. unter Festhaltung
mevkufiyet, -ti [ū] 1. Verhaftetsein *n*, Haft *f* 2. Abhängigkeit *f* 3. Festgehaltenwerden *n* 4. Arrest *m*, Sistierung *f* 5. Umstand *m*, daß sich et. im Besitz der Toten Hand befindet; Unveräußerlichkeit *f* **-in mahsubu** *jur.* Anrechnung *f* der verbüßten Haftzeit (auf die verhängte Strafe)
mevkûl, -lü *va.* 1. mit der Vertretung beauftragt 2. e–m Vertreter anvertraut **-ünileyh** *va.* Vertreter *m* *vekil
mevkut, -tu [ū] 1. periodisch, regelmäßig wiederkehrend 2. befristet ~ **kanun** *jur.* befristetes Gesetz *müddetli kanun **yevmî ve** ~ **matbuat** *va.* Tagespresse *f* und (die periodisch erscheinenden) Zeitschriften *pl.*
mevkute [ū] *va.* Zeitschrift *f* *mecmua

Mevlâ 1. Gott; Herr *m* 2. ≗ (nur unter Verwendung des Pl. **mevali**) freigelassener Sklave 3. ≗ *urspr.* Form von **molla** ~ **rahmet eyleye!** Der Herr gebe ihm (ihr) die ewige Ruhe! ≗**sını bulmak** *fig.* das Ziel seines Strebens erreichen

Mevlâna [·– –] 1. *va.* unser Herr 2. *va.* Titel für hochgestellte Geistliche, etwa: Seine Eminenz 3. ~ **Celâlettin Rumî** *n.pr.* Gründer des Mewlewi-Ordens 4. *F hum. Anrede etwa:* Verehrtester!

Mevlevî *fr.* Angehöriger *m* des Derwischordens der **Mevleviye;** tanzender Derwisch; Mewlewi *m* ~ **gibi dönmek** (b–nin başı) j–m ganz schwindlig werden ~ **külâhı** (*od.* **sikkesi**) konische Kopfbedeckung aus Filz, wie sie die Angehörigen des Mewlewi-Ordens trugen

mevlevîhane [··– – ·] *fr.* Mewlewi-Kloster; Kloster *n* der tanzenden Derwische

Mevlevîlik; Mevleviye *fr.* Mewlewi-Orden *m*

mevleviyet, -ti *fr.* Rang *m* od. Amt *n* e–s **molla**

mevlit, -di (*z. va.* und weitgehend durch **mevlut** ersetzt) 1. Geburt *f* *doğma 2. Geburtsort *m* *doğum yeri 3. Geburts-Zeit *f*, -tag *m* ~ **alayı** *hist.* feierliche Prozession des Sultans zur Moschee am Geburtstag des Propheten **-i şerif** Geburtstag *m* des Propheten und die Gedenkfeier am 12. Rabiyülevvel

mevlithan s. **mevluthan**

mevlut, -dü [ū] 1. *va.* neugeborenes Kind 2. *fig.* Kind, Erzeugnis, Produkt *n* 3. *a.:* **-ü nebi (nebevî, peygamber, peygamberî, şerif)** s. **mevlidi şerif** 4. Gedicht *n* auf die Geburt Mohammeds (das am Geburtstag des Propheten od. a. bei anderen wichtigen Anlässen (vgl. 5) in der Moschee verlesen wird (das berühmteste Gedicht dieser Art ist von **Süleyman Çelebi** verfaßt) 5. Toten-, Seelenmesse *f* (40 Tage nach dem Tod im Haus od. in der Moschee) 6. ≗ *mV* ~ **alayı** s. **mevlit alayı;** ≗ **gecesi** (*od.* **kandili**) Feier *f* anläßlich der Geburt Mohammeds (Nacht vom 11./12. Rebiyülevvel) ~ **kıraat olunmak** gelesen werden (Gedicht auf die Geburt Mohammeds bzw. Seelenmesse) ~ **okutmak** 1. e–e Seelenmesse lesen lassen 2. (b–nin canına) *F* j–n schikanieren

mevluthan [·– –] wer das Gedicht auf die Geburt Mohammeds singend vorträgt, *etwa:* Kantor *m*

mevrit, -di *va.* Ziel *n*, Bestimmungsort *m* **Otomobille meçhul bir -e hareket etmiştir.** Er ist im Auto mit unbekanntem Ziel abgereist.

mevrudat, -tı [·– –] *va. Pl.* Eingänge *pl.* (an Waren od. Post)

mevrus [ū] 1. ge-, er-erbt, überkommen, angeboren 2. *jur.* hinterlassenes Erbe

mevrut, -du [ū] *va.* eingegangen, eingelaufen (Schriftstücke)

mevsim 1. Jahreszeit *f* 2. Zeit *f* (bei Witterungserscheinungen) 3. Saison, Zeit *f* 4. Zeit *f* der Aussaat od. der Ernte 5. Übergangszeit *f* (Frühling od. Herbst) Zu 2: s. **yağmur -i** Zu 3: s. **av (deniz, seyahat) -i** Zu 4: ~ **elbisesi** Übergangs-anzug *m*, -kleid *n* ~ **dalgalanmaları** *H* saisonale Schwankungen *pl.* ~ **rüzgârı** s. **Hindistan** ~ **rüzgârı**

mevsimî *va.* s. **mevsimlik** (I)

mevsimli (*nur in der Füg.:*) ~ **mevsimsiz konuşmak** ungereimtes Zeug daherreden

mevsimlik 1. der Jahreszeit entsprechend, Saison-, jahreszeitlich, saisonbedingt 2. für die Übergangszeit bestimmt, Frühjahrs-, Herbst-, Übergangs- 3. *Adv.* für e–e Saison Zu 1: ~ **salınımlar** *astr.* jahreszeitliche Schwankungen *pl.* Zu 2: ~ **pardesü** Übergangsmantel *m* Zu 3: **Bu köşk ~ tutulmuştur.** Dieses Landhaus ist für e–e Saison gemietet worden.

mevsimsiz 1. der Jahreszeit nicht entsprechend 2. unzeitig, verfrüht, voreilig 3. (zeitlich) ungeeignet, unpassend, schlecht gewählt

mevsuf [ū] *z. va.* 1. beschrieben, qualifiziert, charakterisiert, gekennzeichnet 2. *gr.* das durch ein Adjektiv nb. Sb. *belirtilen ~ **ekseriyet** qualifizierte Mehrheit ~ **ikrar** *jur.* Geständnis *n* mit Vorbehalt ~ **iş** qualifizierte Arbeit

mevsuk, -ku [ū] 1. dokumentarisch belegt, authentisch 2. zuverlässig, sicher, glaub-, vertrauens-würdig

mevsukan [·×·] *va. Adv.* zu **mevsuk; Bana ~ temin edildiğine göre** *va.* Wie mir glaubhaft versichert worden ist, ...

mevsukıyet, -ti [ū] *va.* 1. dokumentarische Gewißheit 2. Glaub-, Vertrauens-würdigkeit, Zuverlässigkeit *f*

mevsukluk [·–·] s. **mevsukıyet**

mevsul, -lü [ū] *va.* verbunden, vereinigt **ismi** ~ *gr. va.* Relativpronomen *n;* s. a. **vavı -e**

mevt, -ti *va.* Tod *m* *ölüm

mevta [ā] (*va. Pl.* zu **meyyit**) 1. Tote *pl.* 2. Toter *sg.*

mevtaî [·– –] *va.* Toten-, Grabes- ~ **bir sükût** Totenstille *f*

mevut, -du [ū] 1. versprochen, gelobt 2. vorherbestimmt (durch Gott) ~ **ecel; eceli** ~ natürlicher Tod **eceli -iyle ölmek** e–s natürlichen Todes sterben; s. a. **Arzı** ≗

mevvaç, -cı [ā] *va.* wogend, stürmisch (z. B. Meer)

mevzeç, -ci; mevzek, -ği Same *m* des scharfen Rittersporns; Stephanskörner *pl. pharm.* Semen Staphisagriae ~ **otu** s. **bitotu** (1)

mevzi, -ii 1. Ort *m*, Stelle, Lage *f* 2. *mil.* Stellung *f* ~ **almak** *mil.* e–e Stellung beziehen, in Stellung gehen ~ **boşaltmak** (*od.* **terk etmek**) *mil.* e–e Stellung räumen, aufgeben ~ **değiştirme** (*od.* **tebdili**) *mil.* Stellungswechsel *m* ~ **harbi** *mil.* Stellungskrieg *m* *siper harbi ~ **inşası** *mil.* Stellungsbau *m* ~ **intihabı** *mil.* Auswahl *f* der Stellung ~ **tümeni** *mil.* Stellungsdivision **-e sokmak** *mil.* in Stellung bringen **-e yerleşmek** *mil.* in Stellung gehen, e–e Stellung beziehen **-e yerleştirmek** *mil.* in Stellung bringen (z. B. Geschütz) **bir -e girmek** *mil.* in e–e Stellung einbrechen **-in imtidadı** *mil.* Verlauf *m* der Stellung

mevziî 1. lokal, örtlich *yerel 2. lokal beschränkt, auf ein kleineres Gebiet bezüglich, regional *bölgesel 3. sporadisch auftretend (Krankheit) ~ **saat** Ortszeit *f*

mevziîleşmek sich lokalisieren, lokalisiert werden

mevziîleştirmek lokalisieren (Brand, Krieg usw.)

mevzilemek aufstellen (z. B. Geschütze), hin-stellen, hin-, an-bringen, postieren

mevzilenme *mil.* Aufstellung *f*

mevzilenmek 1. Pass. zu **mevzilemek** 2. *mil.* e–e Stellung beziehen

mevzu, -uu [ū] 1. *va.* gesetzt, gestellt, gelegt 2. *va.* eingerichtet, aufgestellt, eingeführt 3. Thema *n*, Gegenstand, Stoff *m*, Objekt *n* *konu 4. *mil.* (Manöver-)Aufgabe *f* ~ **fiyatlar** *H* Preisbindung *f* ~ **hukuk** *jur.* positives (gesetztes) Recht *müspet hukuk **-a girmek** zum (eigentlichen) Thema kommen **... -unda** hinsichtlich, zur Frage ..., zum Thema ... **-dan hariç** unerheblich, belanglos, irrelevant

mevzua [ū] 1. *ar. Fem.* zu **mevzu** 2. *Sb.* s. **konut, postulat**

mevzuat, -tı [·– –] *Pl.* 1. Gesetzgebung *f* od. bestehende Gesetze *pl.* 2. Postulate, Gegebenheiten, Bestimmungen, Vorschriften *pl.* 3. Behälter, Behältnisse *pl.* (wie z. B. Säcke, Kisten, Kanister usw.) Zu 2: **özel okullar -ı** Bestimmungen *pl.* über Privatschulen

mevzubahis, -hsi (*urspr.* **mevzuubahis**) Gegenstand *m* der Unterredung; wovon die Rede ist, in Rede stehend, in Frage kommend ~ **etmek** erwähnen, besprechen, erörtern, untersuchen ~ **olmak** 1. Pass. zu ~ **etmek** 2. in Frage stehen

mevzulu mit dem (od. über das) Thema ... **siyasetimiz** ~

konferans Vortrag *m* über das Thema „Unsere Politik"
mevzun [ū] 1. *va.* gewogen 2. metrisch richtig, rhythmisch, im Versmaß 3. gut proportioniert; harmonisch ~ **adım** Gleichschritt *m*
mevzunülendam [·–··–] *va.* s. **endamı mevzun**
mey (I) *va.* alkoholisches Getränk *spez.* Wein *m* *içki, şarap
mey (II) *mus.* ein spez. in Ostanatolien viel verwendete kleinere Oboenart
meyal, -li [ā] *Verst.* zu **hayal**
meyama *naut.* Nockbändsel *n* ~ **kalçeteleri** *naut.* Segelzeisinge *pl.*
meyan (I) [ā] s. **meyankökü**
meyan (II) [ā] (nur in best. Füg.) 1. Mitte *f* 2. Zwischenraum *m* 3. *an.* Lende *f* **bu -da** darunter, dabei, unter anderem **-ında** unter ihnen, zusammen mit ihnen; s. a. **der-**
meyanbalı, -nı Lakritze *f* (eingedickter Süßholzsaft)
meyancı [ā] Mittelsperson *f*, Vermittler *m* *aracı
meyancılık [ā] Mittlerrolle *f*
meyane [ā] 1. mittlerer Teil; Mitte *f* 2. mittler- 3. Zwischenraum *m* 4. gegenseitige Beziehung 5. richtige Konsistenz (e–s Teigs, Breies usw. *spez.* bei Helwa-Zubereitung) 6. *(Kochkunst)* Sauce *f* (als Bindemittel) 7. mittlere Perle e–r Halskette 8. s. **orta halısı; -mizde** *z. va.* bei uns **-si gelmek** 1. die richtige Konsistenz bekommen 2. die richtige Zeit sein (für) **sini bulmak** 1. versöhnen 2. den richtigen Zeitpunkt treffen (zur Erledigung e–r Angelegenheit) **-sini getirmek** 1. die richtige Konsistenz erzielen 2. die richtige Zeit bringen **-ye girmek** 1. dazwischenkommen (z.B. Hindernisse) 2. sich ins Mittel legen
meyaneci(-lik) s. **meyancı(-lik)**
meyankökü, -nü [ā] echtes Süßholz *bot.* Glycyrrhiza glabra ~ **sarmaşığı** s. **Amerika meyankökü**
meyanotu, -nu [ā] s. **meyankökü**
meydan *urspr.* [ā] 1. (öffentlicher) Platz 2. freies Feld, offenes, ebenes Gelände 3. Raum *m* e–s Geschehens od. Vorhandenseins *ortalık 4. *va.* Zeit 5. *mus.* (*a.* **-sazı**) 12-saitiges Zupfinstrument mit langem, dickem Hals *âşık sazı, divan sazı, çöğür 6. *fr.* in Bektaschi-Klöstern für den Gottesdienst best. Ort 7. *(in idiom. Ra.)* Sein, Erscheinen *n*, Gelegenheit, Möglichkeit *f* ~ **almak** 1. entstehen, auftreten, sich ausbreiten (*spez.* Unangenehmes) 2. Boden gewinnen ~ **aramak** e–e Möglichkeit od. Gelegenheit suchen ~ **baklası** *V* Herumtreiberin, Nutte *f* ~ **başı** (*od.* ~ **kethüdası**) *mil. hist.* Disziplinaroffizier *m* (für Rekruten des Janitscharenkorps) ~ **bırakmak** Möglichkeit od. Gelegenheit geben (zu) ~ **bulmak** Möglichkeit od. Gelegenheit finden (zu) ~ **dayağı** *fr.* öffentliche Auspeitschung ~ **etmek** sich im Sängerstreit messen ~ **korkusu** s. **agorafobi;** ~ **muharebesi** (*od.* ~ **savaşı**) (offene Feld-)Schlacht *f* ~ **okumak** (b–ne *od.* b–ne karşı) herausfordern ~ **saati** Normaluhr *f* ~ **sinisi** e–e bes. große Art **sini;** ~ **süpürgesi** 1. Straßenbesen *m* 2. *V* Dirne, Hure *f* ~ **şairi** s. **saz şairi;** ~ **şeyhi** s. **cazgır;** ~ **temsili** Theatervorstellung *f* unter freiem Himmel, Freilichtaufführung *f* ~ **trafik kontrol kulesi** s. **uçuş kulesi;** ~ **vermek** Möglichkeit od. Gelegenheit geben (zu), et. fördern ~ **vermemek** die Möglichkeit abschneiden, et. unterbinden, keinen Raum lassen (für) **-a atılmak** 1. aufgebracht werden (z.B. Gerüchte), verbreitet werden (z.B. Nachrichten) 2. auf den Platz treten (um einzugreifen) **-a atmak** aufbringen (z.B. Gerüchte), verbreiten (z.B. Nachrichten) **-a çıkarmak** 1. enthüllen, aufdecken, an den Tag bringen 2. schaffen, hervorbringen 3. fördern (z.B. Erze) **-a çıkmak** 1. sich herausstellen, an den Tag kommen 2. geschaffen od. hervorgebracht werden; entstehen, auftreten 3. sich zum Kampf stellen, den Fehdehandschuh aufnehmen 4. erwachsen werden; auf eigenen Füßen stehen können (Kinder) **-a düşmek** sich überall einmischen **-a gelmek** entstehen, geschaffen od. hervorgebracht werden, zustandekommen **-a getirmek** schaffen, hervorbringen, zustandebringen **-a koymak** vorlegen, aufweisen (Leistungen) **-a sürmek** s. **kışkırtmak; -a vurmak** zeigen, enthüllen, offenbaren, aufdecken **-da** 1. offen daliegend, im Freien, ungeschützt 2. klar, einleuchtend, greifbar, sichtbar *görünürde, ortada **-da bırakmak** 1. offenliegen lassen 2. j–m im Stich lassen **-da kalmak** 1. erhaltenbleiben (z.B. antikes Kunstwerk) 2. *fig.* auf der Straße liegen **-dan çekilmek** von der Bildfläche verschwinden **-dan kaldırmak** verstecken, verbergen **-ı bırakmak** (b–ne od. bşe) das Feld überlassen **-ı boş bulmak** freie Bahn haben (sehen) und radikal vorgehen **-ı siyaset ustası** *va.* s. **cellât**
meydancı 1. mit dem Fegen und Säubern von Höfen od. Plätzen beauftragter Diener 2. *fr.* wer für Sträflinge und ihre Zellen zu sorgen hatte 3. *fr.* wer (im Derwischkloster) Gäste zu begrüßen od. Feierlichkeiten zu organisieren hatte 4. *hist. naut.* ein Matrose, dem gelegentliche Arbeiten übertragen wurden
meydancıbaşı *mil. hist.* höherer Janitscharenoffizier (im Rang nach dem **çorbacı)**
meydancık Plätzchen *n*
meydanî *fr.* ein kostbarer Seidenstoff
meydanlık weiter, freier Platz
meydansazı, -nı s. **meydan** (5)
meyelân 1. Neigung, Schräglage *f* 2. *fig.* Zuneigung, Lust, Liebe *f*, Hang *m* *eğinim, eğşinim
meyhane [ā] Kneipe, Schenke *f* ~ **pilavı** e–e Pilaw-Art aus Weizengrütze **(bulgur)**, grünem Paprika und Tomaten
meyhaneci [ā] Kneip-, Schank-wirt *m* ~ **otu** s. **çobandüdüğü** (1)
meyhanecilik [ā] Gewerbe *n*, Tätigkeit *f* e–s Schankwirts
meyil, -yli 1. *geogr., math.* Neigung(-sfläche), Abdachung *f*,. Abhang *m*, Böschung *f*, Gefälle *n*, Neigung(-swinkel *m*) *f*; *naut.* Überhängen *n*, Fall *m* (z.B. e–s Mastes od. Schornsteins) *eğim, eğilme 2. *phys.* Inklination *f* (der Kompaßnadel) *eğilme 3. Neigung, Lust *f* (zu), (ideales) Streben *özlem 4. Zuneigung, Liebe *f* Zu 1: **Buradaki** ~ **çoktur.** Hier ist das Gelände stark abschüssig. Zu 3: **Ona -im yoktur.** Dazu habe ich keine Neigung (od. Lust). ~ **bağlamak** (*od.* ~ **vermek**) Zuneigung fassen, liebgewinnen ~ **etmek** s. **meyletmek;** ~ **göstermek** (bşe) eingenommen sein (für), e–e Neigung haben (zu) ~ **hatası** *naut.* Krängungsfehler *m* ~ **mikyası** *math.* Gefälle *n* *eğim ölçeği ~ **verdirmek** *mil.* abdachen (Gelände) ~ **zaviyesi** Neigungswinkel *m* **-i azam hattı** s. **en büyük eğimli doru**
meyillendirmek schiefstellen, neigen
meyillenmek ein Gefälle bekommen, sich neigen
meyilli 1. geneigt, abschüssig, mit Gefälle 2. *fig.* zugeneigt, verliebt (in)
meyletmek [×··] 1. in e–e schiefe od. schräge Lage kommen, sich neigen 2. *fig.* Neigung (Lust, Liebe) haben (zu), verliebt sein (in)
meymene *mil. va.* rechter Flügel e–s Heeres
meymenet, -ti 1. gute Vorbedeutung, gutes Vor-, An-zeichen 2. Glück *n*, Segen *m*
meymenetli 1. von guter Vorbedeutung, glückbringend 2. glücklich, gesegnet
meymenetsiz 1. von schlechter Vorbedeutung, unglückbringend 2. unglücklich 3. abstoßend, widerwärtig, unsympathisch (Person)
meymenetsizlik 1. üble Vorbedeutung, böses Anzeichen; Eigenschaft *f*, Unglück zu bringen od. zu verbreiten 2.

Unglück *n* 3. abstoßendes, unsympathisches Äußeres (e–r Person)
meymun [ū] *va.* glückverheißend, segensreich; **Meymune** *n.pr.* Maimuna (die letzte Frau Mohammeds)
meyoz *biol.* Meiose *f* (Reduktionsteilung vor der Keimzellenbildung) *indirgeme (*od.* redüksiyon) bölünmesi
meysere *va. mil.* 1. linker Flügel (e–s Heeres) 2. Reichtum *m*
meyus [– –] verzweifelt, verzweifelnd, hoffnungslos *nevmit, ümitsiz ~ **etmek** zur Verzweiflung bringen ~ **olmak** verzweifeln, in Verzweiflung geraten
meyusane [– – – ·] verzweifelt, hoffnungslos *nevmidane ~ **fakat kahramanca müdafaalarını yaparken** bei ihrer verzweifelten, aber heldenmütigen Gegenwehr
meyusiyet, -ti [– – · ·] *z. va.* Verzweiflung, Hoffnungslosigkeit *f*
meyusluk [– – ·] s. **meyusiyet**
meyva s. **meyve**
meyve 1. *bot.* Frucht *f* *semer 2. Früchte *pl.*, Obst *n* *yemiş 3. *fig.* Frucht *f*, Ergebnis, Resultat *n* ~ **ağacı** Obstbaum *m* ~ **ağaççılığı** Obstbaumzucht, Obstbaukunde, Pomologie *f* ~ **bahçesi** Obstgarten *m* ~ **dizisi** Fruchtgehänge *n* ~ **kabuğu** *bot.* Perikarp *n* *perikarp ~ **kurusu** Backobst *n* ~ **salatası** Obstsalat *m* ~ **sinekleri** Bohrfliegen *pl. zo.* Trypetidae ~ **şekeri** s. **früktoz;** ~ **tepsisi** Obstschale *f* (auf dem Tisch) ~ **vermek** Früchte tragen (zeitigen) **-i memnua** verbotene Frucht (Bibel und *fig.*)
meyveci 1. Obst-händler, -verkäufer *m* 2. Obstzüchter *m*
meyvecilik 1. Obsthandel 2. Obstbau *m*
meyvedar [· · –] *va.* reichlich Früchte tragend
meyvedışı s. **dışkabuk**
meyvehoş *va.* Obstmarkt *m* (*spez.* für Trockenfrüchte)
meyveiçi, -ni s. **ikincizar**
meyveli 1. Früchte tragend, Obst- 2. mit Früchten 3. aus Obst zubereitet, Frucht- ~ **ağaçlar** Obstbäume *pl.* ~ **çöğen** Kalikraut *n*, beerige Salzpflanze *bot.* Anabasis articulata ~ **dondurma** Fruchteis *n* ~ **drop** Fruchtdrops *m*, -bonbon *m, n*
meyvelik 1. gute Obstgegend 2. Obst-schale *f*, -teller 3. Obstgarten *m* 4. trockener, kühler Raum od. Holzgestell *n* für Obstaufbewahrung
meyveortası, -nı s. **orta kabuk**
meyvesiz 1. keine Früchte tragend 2. ohne Obst
meyvesizlik 1. Umstand *m*, daß keine Früchte vorhanden sind 2. (völliges) Fehlen *n* von Obst 3. Obstmangel *m*
meyveyaprak *bot.* Fruchtblatt, Karpell *n* *varakı sümeyrî
meyyal, li [ā] (m. Dat.) (zu-)geneigt, Neigung (Lust, Liebe) habend (zu), tendierend
meyyit, -ti *va.* 1. tot, gestorben 2. Tote *m, f*, Leichnam *m* 3. *va.* ausgezehrter Mensch
meyyiten [× · ·] *va. Adv.* tot, als Toter *ölü olarak
meyzin(-lik) s. **müezzin(-lik)**
meza (I) [ā] *va.* Es ist vergangen. ⊥ **mameza!** *va.* s. **Olan oldu!**
meza (II) *naut.* s. **meze** (II)
mezahim [ā] *va. Pl.* zu **zahmet**
mezahip, -bi [ā] (*va. Pl.* zu **mezhep**); ~ **nazırı** *irrt. wie auch* **mezhep nazırı** *q.v.*
mezalim [ā] *Pl.* Bedrückungen, Grausamkeiten, Kriegsgreuel, Scheußlichkeiten *pl.* *zulümler
mezamir [· – –] (Pl. zu **mezmur** und **mizmar**); **-i Davut** Psalter *m* *zebur
mezanşim *biol.* Mesenchym *n* (embryonales Bindegewebe)
mezanter *biol.* Mesenterium *n* (Dünndarmgekröse)
mezar [ā] Grab(-stätte *f*, -mal *n*) *n* *kabir, metfen ~ **hücresi** Arkosolium *n* (Wandgrab in e–r Katakombe) ~ **kaçkını** wie ein Grabgespenst aussehend, mager und elend ~ **kazıcısı** Totengräber *m* ~ **kitabesi** Grabschrift *f*, Inschrift *f* auf e–m Grabstein, Epitaph *n* ~ **taşı** Grabstein *m* ~ **tümseği** (*od.* ~ **kümbeltisi**) Grabhügel *m* ~ **vazosu** s. **kül vazosu; -dan çıkarmak** *fig.* dem Tod entreißen **-ın kenarında** mit e–m Bein bereits im Grabe stehend
mezarcı [ā] 1. Totengräber *m* 2. Friedhofswärter *m*
mezarcılık [ā] Amt *n* e–s Totengräbers od. Friedhofswärters
mezaristan [· – · –] *va.;* **mezarlık** [· – ·] Fried-, Kirch-hof *m* *kabristan
mezarna [· × ·] *naut.* (Luken-)Süll *n*
mezat, -dı *urspr.* [ā] Versteigerung, Auktion *f* ~**dairesi** Auktionsraum *m* ~ **etmek** versteigern ~ **malı** *fig.* billige und minderwertige Ware ~ **memuru** Auktionator *m* ~ **olmak** (*od.* **edilmek**) versteigert werden **-a çıkarmak (koymak, vermek)** zur Versteigerung bringen, versteigern lassen **-ta satmak** versteigern **-tan almak** bei e–r Versteigerung käuflich erwerben, et. ersteigern **-ı sultanî** *fr.* s. **açık artırma**
mezatçı Versteigerer, Auktionator *m*
mezatçılık Amt *n* e–s Auktionators
mezaya [· – –] (*va. Pl.* zu **meziyet**) Vorzüge *pl.*
mezbah *hist.* Opferaltar *m*
mezbaha 1. Schlachthaus *n* *kanara, salhane 2. *fig.* Schlacht-bank *f*, -opferaltar *m* ~ **müfrezesi** *mil.* Schlächtereiabteilung *f* ~ **rüsumu** Schlachthausgebühren *pl.*
mezbele 1. Kehricht-, Schutt-haufen, Müllabfuhrplatz *m* *çöplük, süprüntülük 2. *va. fig.* üble Lage
mezbelelik *fig.* schmutziger Ort
mezbuh [ū] *va.* 1. geschlachtet 2. geopfert, als Opfer dargebracht 3. ⊥ **İsmail** (nach dem Koran); **İshak** (nach der Bibel)
mezbuhane [· – – ·] verzweifelt (z. B. Widerstand), auf Leben und Tod (z. B. Kampf)
mezbur [ū] *va.* obenerwähnt, obengenannt
mezç, -ci Mengen, Mischen *n*, Mischung *f*, Gemengsel *n* ~ **etmek** mengen, mischen *karıştırmak, katıştırmak
Mezdek *n.pr.* Masdak (iranischer Religionsstifter, 5. Jh. n. Chr.)
Mezdekî *hist.* Masdakit *m*
Mezdekîlik *hist.* Masdakitentum *n*
meze (I) [× ·] 1. kleiner Imbiß (z. B. Brot und Oliven, Käse, Wurst, Sardinen, Kaviar u.ä.m., was zum Raki od. Bier verzehrt wird) 2. *z. va.* witzige Bemerkung; Scherz *m* **-ye almak** *z. va.* sich lustig machen (über)
meze (II) *naut.* 1. halb- 2. *hist.* um ein Deck verkleinertes (rasiertes) Schiff ~ **etmek** *naut.* (ein Schiff) um ein Deck verkleinern (rasieren)
mezeborda [· · × ·] **ateş** *naut.* Breitseite *f* (als Geschützsalve) *alabanda ateş
mezeci [× · ·] wer Oliven (Käse, Wurst, Sardinen, Kaviar usw.) verkauft
mezecilik [× · · ·] Gewerbe *n* e–s **mezeci**
mezefirkateyn *naut. hist.* Fregatte *f* ohne Geschütze auf dem Oberdeck
mezegüverte *naut. hist.* Halbdeck *n*
mezekapak *naut. hist.* Fregatte *f* mit zwei Ruderbänken
mezekerte *naut. hist.* halber (Kompaß-)Strich
mezekorvet, -ti *naut.* s. **barkobastiya**
mezelemek 1. s. **bezelemek** 2. *P* den Teig zu e–m Laib kneten
mezelenmek 1. e–n kleinen Imbiß zum Raki od. Bier nehmen 2. (bşle) *z. va.* sich lustig machen (über), verspotten
mezelik [× · ·] was als **meze** (I) geeignet ist
mezellet, -ti *z. va.* Gemeinheit, Niedrigkeit, Schande, Schmach *f* **-e düşmek** sich erniedrigen

mezemarinaye [····×·] *naut.* Kanthaken *m*
mezemmet, -ti *va.* 1. üble Nachrede; Diffamierung *f* 2. schändliche Tat ~ **etmek** *va.* klatschen, herziehen (über)
mezenter(-yum) s. **mezanter**
mezepupa [··×·] *naut.* erhöhtes Achter-, Quarter-deck
mezeryon s. **mazaryon**
mezesiz ohne Zukost (z. B. Wein trinken)
mezestre [·×·] *naut.* halbmast, halbstocks ~ **etmek** 1. **(bayrağı)** auf Halbmast flaggen 2. **(çubuğu)** die Bramstengen streichen ~ **sancak etmek** die Flagge halbmast setzen ~ **ve hisa etmek** (die Flagge) dippen, auf- und niederholen
mezevolta [··×·] *naut.* halber Schlag (Steek), Marlschlag *m*
mezevoltalı *naut.* mit **mezevolta:** ~ **dülger bağı** *naut.* Balken- und Halb-stich *m* (Knotenart)
mezga *naut.* ein zur Herstellung von Masten bes. geeignetes Fichtenholz
mezgerdek s. **küçük toy kuşu**
mezgit, -di Wittling, Merlan *m zo.* Gadus merlangus
mezitgiller Schellfische *pl. zo.* Gadidae
mezhebî *va.* bekenntnismäßig, konfessionell ~ **hürriyet** s. **mezhep hürriyeti**
mezhep, -bi 1. religiöses Bekenntnis, Konfession, Glaubensrichtung, Religion, Sekte *f* 2. Ritus *m* 3. Lehre, Lehrmeinung, Doktrin *f*, isl. Rechtsschule *f* 4. Verhalten, Benehmen *n* ~ **hürriyeti** Religions-(Bekenntnis-, Glaubens-)Freiheit *f* ~ **nazırı** (*gel. irrt.* wörtl. Wiedergabe von „Kultusminister") **-i geniş** großzügig, weitherzig, duldsam (in moralischen Dingen)
mezhepli wer e–e best. Religion od. andere Lehrmeinung vertritt
mezher 1. s. **çiçeklik** 2. *fr.* lautenähnliches Instrument der Derwische
mezit (I) [ī] *va.* 1. vermehrt, gesteigert 2. viel, reichlich, lang Zu 2: vgl. **Ömrünüz ~ olsun!**
mezit (II) s. **mezgit**
meziyet, -ti 1. besondere Fähigkeit, große Tüchtigkeit; Vorzug *m*, Vortrefflichkeit, Vorzüglichkeit *f*, Verdienst *n* 2. Überlegenheit *f*, Vorrang *m* ~ **nişanı** Verdienstorden *m spez.* türk. Verdienstorden (gestiftet 1910)
meziyetli rühmenswert, verdienstvoll
meziyetsiz ohne nennenswerte Vorzüge od. Verdienste
mezkûr obenerwähnt, obengenannt
mezleka *va.* 1. sumpfiger Ort, glitschige Stelle 2. *fig.* was leicht e–n Irrtum verursachen kann
mezmum [ū] *va.* 1. getadelt, diffamiert 2. schlecht, häßlich, tadelnswert, verwerflich *ayıp, yergin
mezmur [ū] Psalm *m* (Davids)
mezoderm (*franz.* **mésoderme**) s. **ortaderi**
mezokarp (*franz.* **mésocarpe**) s. **orta kabuk**
mezolitik (devre) Mesolithikum *n*, mittlere Steinzeit
mezoloji (*franz.* **mésologie**) Lehre *f* von der Umweltbeeinflussung
mezon *phys.* Meson *n*
Mezopotamya [···×·] *n.pr.* Mesopotamien
mezozoik *geol.* Mesozoikum, Erdmittelalter *n* *ikinci zaman
mezra, -aı *va.* anbaufähiges od. bestelltes Feld
mezru (I), **-uu** [ū] *va.* besät, bestellt, angebaut, angepflanzt **gayri** ~ unbestellt, brachliegend
mezru (II), **-uu** [ū] *va.* mit der Elle ausgemessen
mezruat, -tı [·––] *va. Pl.* 1. Saat *f*, Getreide, Korn *n* (auf dem Acker) 2. Saatfelder, bestellte Felder *pl.* 3. Anpflanzungen, Plantagen *pl.*
mezun [––] 1. beurlaubt, auf Urlaub *izinli 2. (bşi yapmağa) berechtigt, ermächtigt (et. zu tun) *salâhiyettar, yetkili 3. (bir mektepten) wer e–e Schule durchlaufen und ein Diplom bzw. Abgangszeugnis erhalten hat, Absolvent(-in *f*) *m* 4. entschuldigt, befreit (von e–r Pflicht)
mezunen [–×·] *va. Adv.* auf Urlaub *izinli olarak
mezuniyet, -ti [–––·] 1. Urlaub *m*, Beurlaubung *f* *izin 2. Erlaubnis, Berechtigung, Ermächtigung *f* *salâhiyet, yetki 3. Beendigung *f*, Schluß *m* (e–r Schulausbildung) 4. Entschuldigt-, Befreit-sein *n* (von e–r Pflicht) 5. s. **kazaî rüşt;** ~ **almak** 1. Urlaub nehmen 2. Urlaub bekommen 3. die Erlaubnis (Berechtigung, Ermächtigung) erhalten ~ **imtihanı** Abschlußexamen *n* ~ **istidası** Urlaubsgesuch *n* ~ **vermek** 1. Urlaub geben 2. die Erlaubnis (Ermächtigung, Berechtigung) erteilen **-i kâmile** (*od.* **tamme**) *va.* Vollmacht *f*, volle Verfügungsberechtigung
mezura [·×·] Maßband, Bandmaß *n*
mezür 1. Maß *n* 2. *mus.* Takt(-maß *n*) *m* *(1, 2) ölçü 3. s. **mezura**
mezza orkestra *mus.* mit halbem Orchester
mezza voce [ç] *mus.* mit halber Stimme
mezzo [×·] *naut.* Bauchgording *f* *kargafunda
mezzoforte [··×·] *mus.* Mezzoforte *n* (halblautes Spiel)
mezzosoprano [×··×·] *mus.* 1. Mezzosopran *m* 2. Mezzosopranistin *f*
MGK = **Millî Güvenlik Kurulu** Nationale Sicherheitskommission
MGP s. **Millî Güven Partisi**
MHP s. **Milliyetçi Hareket Partisi**
mı s. **mi** (I)
mıcır 1. s. **mucur** 2. *V* unbedeutender Mensch, lächerlicher Fant
Mığitaryan s. **Mekitarist**
mığra s. **magri**
mıh (I) größerer Nagel *spez.* Hufnagel *m* *ekser ~ **çakmak** (*od.* **vurmak**) Nägel einschlagen ≗ **der de çivi demez.** *Ra.* zur Charakterisierung unverständlicher Pedanterie
mıh (II) s. **kavun sineği**
mıhçı Nagelschmied *m*
mıhçılık Gewerbe *n* e–s Nagelschmieds
mıhî Nagel-, Keil- **hattı mihî** s. **çiviyazısı**
mıhladız *P* für **mıknatıs**
mıhlama (I) 1. Vs. zu **mıhlamak** 2. *V* e–e best. betrügerische Art des Würfelns *sürtme ~ **atmak** *V* beim Würfeln betrügen
mıhlama (II) *dial.* *(Kochkunst)* ein Gericht aus **pastırma,** Zwiebeln und Eiern
mıhlamak 1. mit größerem Nagel befestigen; an-, fest-, zunageln 2. *fig.* j–n festnageln (so daß er sich nicht von der Stelle rühren kann); fesseln (z.B. ans Bett, an den Schreibtisch usw.) 3. (b–nin kafasına) *fig.* j–m et. einhämmern 4. *V* mit Messer od. Dolch auf j–n einstechen 5. befestigen, einsetzen (Edelstein) Zu 5: **bir taşı ajur biçimi** ~ e–n Edelstein in Klauenfassung anbringen
mıhlanmak Pass. zu **muhlamak** z. B. **kafasına** ~ et. eingehämmert bekommen **mıhlanıp durmak** (bir yerde) 1. wie angenagelt stehenbleiben 2. ewig lange irgendwo bleiben
mıhlı 1. mit größerem Nagel befestigt; an-, fest-, zu-genagelt 2. *fig.* (an e–r Stelle) festgenagelt
mıhsıçtı *V* 1. geizig, knauserig 2. habgierig
mıhsıçtılık *V* 1. Geiz *m*, Knauserigkeit *f* 2. Habgier *f*
mıklep, -bi *fr.* Klappe *f* am orient. Bucheinband (als Lesezeichen verwendet)
mıknatıs Magnet *m* ~ **bobini** Magnetspule *f* ~ **çubuğu** Magnetstab *m* ~ **göbeği** Magnetkern *m* ~ **kutbu** s. **magnetik kutup; -ı elektrikî** s. **elektromagnet**
mıknatısî magnetisch, Magnet- ~ **mayın** magnetische Mine ~ **saha** s. **magnetik alan;** ~ **semt** *naut.* magnetischer (od.

mißweisender) Kurs **ibrei mıknatısiye** s. **mıknatıslı iğne**
mıknatısiyet, -ti s. **magnetizma; -i gidermek** entmagnetisieren **-i mütebakiye** s. **artık magnetizma; -i hayvaniye** s. **hayvansal magnetizma; manyatizma**
mıknatıslamak magnetisch werden lassen, magnetisieren *manyetize etmek
mıknatıslanma Vs. zu **mıknatıslanmak;** ~ **kabiliyeti** Magnetisierbarkeit *f* **-sı kabil** magnetisierbar
mıknatıslanmak 1. magnetisiert werden 2. magnetisch werden
mıknatıslı 1. mit e–m Magnet ausgestattet, Magnet- 2. magnetisch (gemacht), magnetisiert 3. *fig.* magnetisch anziehen ~ **iğne** Magnetnadel *f* *ibrei mıknatısiye ~ **mayın** magnetische Mine
mıknatıslık, -ığı Magnetismus *m* **-ı gidermek** entmagnetisieren
mıkta s. **makta** (4)
mıncık Krallen *pl.* e–r Katze ~ ~ Lm. des Zerfetzens, Zerknitterns, Übel-Zurichtens, Knetens, Zusammenpressens (mit den Händen) ~ ~ **etmek** (mit den Händen) zerfetzen, zerknittern, übel zurichten, kneten, zusammenpressen
mıncıklamak s. **mıncık mıncık etmek**
mıntaka s. **mıntıka**
mıntıka 1. *geogr., math.* Zone *f*, Gürtel *m* *kuşak 2. *a. an.* Zone *f*, Gebiet *n* 3. *geogr., mil.* usw. Gebiet *n*, Gegend *f*, Abschnitt *m*, Region, Zone *f*, Bereich, Sektor, Raum, Bezirk *m* ~ **hududu** Abschnittsgrenze *f* ~ **ihtiyatı** *mil.* Abschnittsreserve *f* **-dan mıntıkaya** *mil.* abschnittsweise **-i baride** s. **soğuk mıntıka; -i burç** s. **Zodyak; -i hârre** (*od.* **mahruka**) s. **ısı kuşak; -i küre** s. **küre kuşağı; -i memnua** s. **memnu mıntıka**
mıntıkaülharekât, -tı *mil.* Nebenoperationsschauplatz *m* *tali darülharekât; s.a. **harekât nıntıkası** sowie **darülharekât**
mıntıkavî *va.* auf ein best. Gebiet bezüglich, örtlich od. gebietsmäßig beschränkt, zonal, Zonen-, regional *bölgesel ~ **emniyet itilâfları** regionale Sicherheitsabkommen *pl.*
mır mır Lm. e–s halblauten Vor-sich-Hinmurmelns; *a. Verst.* zu **mırılda(n)mak;** ~ ~ **etmek** s. **mırılda(n)mak**
mırıl mırıl 1. halblaut vor sich hinmurmend od. halblaut e–e Melodie trällernd 2. schnurrend (Katze) 3. murrend, aufbegehrend
mırılda(n)mak 1. halblaut vor sich hinmurmeln, in den Bart knurren; brummen od. halblaut e–e Melodie trällern 2. schnurren (Katze) 3. murren, aufbegehren
mırıltı 1. halblautes Vor-sich-Hinmurmeln, leises Trällern e–r Melodie 2. Schnurren *n* (e–r Katze) 3. Murren, Aufbegehren *n*
mırın (in der Füg.:) ~ **kırın etmek** sich (e–m Vorschlag gegenüber) ziemlich ablehnend verhalten; nicht recht an et. heranwollen
mırlamak schnurren (Katze)
mırmır (I) **(balığı)** s. **marmurus balığı**
mırmır (II) s. **mır mır**
mırmır (III) *V* 1. schäbig gekleidet, abgerissen 2. Habenichts, Landstreicher *m*
mırmırık *F* in der richtigen dickflüssigen Konsistenz und gut gegoren **(boza)**
mırnav miau
mısdak, -kı [ā] *va.* 1. Beweis *m* für die Richtigkeit 2. Kriterium *n* *ölçüt
mısdakıyat, -tı [ā, ā] *va.* s. **ölçütbilim**
mısır (*a.* ⩯ **buğdayı**) Mais *m bot.* Zea mays ~ **biti** Maiskäfer *m zo.* Calandra zeae ~ **ekmeği** Maisbrot *n* ~ **fitili** *hist.* Zündschnur *f* (bei Geschützen) ~ **koçanı** Maiskolben *m* ~ **püskülü** (die gelblichen, büschelförmigen) Maisgrannen *pl.* ~ **püskülü gibi** spärlich, dünn, schütter (Haar) ~ **rastığı** Maisbrand *m bot.* Urtilago zeae ~ **unu** Maismehl *n* **-ı tanelemek** Maiskolben auskörnen
Mısır *n.pr.* Ägypten ~ **akbabası** s. **leş akbabası;** ~ **anasonu** Ajowankümmel *m bot.* Carum copticum ~ **baklası** s. **acı bakla** (1); ~ **buğdayı** s. **mısır;** ~ **çakılı** *min.* e–e Jaspis-Art ~ **Çarşısı** *n.pr.* Ägyptischer Basar (gedeckter Markt bei der **Yeni Cami** in Instanbul; *mst.* Lebensmittelgeschäfte) ~ **çaylağı** Schmarotzermilan *m zo.* Milvus aegyptius ~ **çekirgesi** ägyptische Wanderheuschrecke *f zo.* Anacridium aegyptium ~ **gülü** 1. s. **fulya** (1) 2. s. **nesrin** (1); ~ **humması** s. **Malta humması;** ~ **inciri** 1. Tunakaktusfeige *f bot.* Opuntia tuna *Arap inciri, Mağrip inciri 2. s. **Hint inciri** ~ **kavağı** Behenbaum, Ölnußbaum *m bot.* Moringa ~ **kobrası** Uräusschlange *f zo.* Naja haje ~ **kol kabağı** ägyptischer Schwammkürbis *bot.* Luffa aegyptiaca ~ **kutnusu** s. **dimi;** ~ **lotusu** s. **lotus** (1); ~ **mercimeği** weiches Honiggras *bot.* Holcus mollis *sarı darı ~ **pamuk ağacı** westindische Baumwolle *bot.* Gossypium barbadense ~ **sansarı** s. **firavunfaresi;** ~ **söğüdü** Ben-Nußbaum *m bot.* Moringa pterygosperma ~ **şekeri** *fr.* kandisartiger Rohzucker in durchsichtigen Stückchen ~ **tavuğu** 1. s. **Beç tavuğu** 2. *P* s. **hindi;** ~ **turnası** s. **yılancıl;** ~ **yasemini** arabischer Jasmin *bot.* Jasminum sambac *ful, zambak yasemini ~ **yoncası** Bersim-, Alexandriner-klee *m bot.* Trifolium alexandrinum **-a kaçış** *rel.* Flucht *f* von Maria und Joseph nach Ägypten **Bunu -daki sağır sultan bile işitti.** Das ist ja stadtbekannt. Das pfeifen ja die Spatzen schon von den Dächern.
Mısırlı 1. Ägypter(-in *f*) *m* 2. ägyptisch ~ **haçı** ägyptisches Kreuz; Antoniuskreuz *n*
mısırlık mit vielen Maisfeldern bestanden
mısıryağı, -nı Maisöl *n*
mıska s. **muska**
mıskal Syrinx, Papageienflöte, Panflöte *f* ~ **kamışı gibi** eng beieinander
mıskala Polier- od. Brünier-stahl *m* ~ **etmek** polieren, brünieren
mısra, -aı [ā] 1. Halbvers *m*, Vers-hälfte, -zeile *f* *dize 2. *bot.* s. **çenet** 3. *va.* Türflügel *m* 4. *va.* Schalenhälfte *f* (e–r Auster usw.)
mısralı [ā] 1. aus soundsoviel Verszeilen bestehend 2. mit soundsoviel Fruchtklappen, -klappig
Mısrî *va.* s. **Mısırlı**
mıstak s. **mısdak**
mıstar 1. Liniergerät *n* 2. Richtscheit *n* (der Maurer)
mısvat, -tı [ā] *va.* 1. Lautstärke *f* 2. lärmend, schreiend
mışıl mışıl (Lm. e–s ruhigen Atmens, Schlafens) friedlich, sanft und selig
mışmış *P* für **kayısı** *od.* **zerdali**
mıymıntı schwerfällig, träge, phlegmatisch (bei der Arbeit)
mızıka 1. Orchester *n*, Musikkapelle *f spez.* Militär-kapelle, -musik *f* 2. *pej.* die weniger richtig als laut spielende Kapelle, *F* Bumskapelle *f* 3. Kindertrompete od. Mundharmonika *f* Zu 1: **başta** ~ **olduğu halde** mit klingendem Spiel ~ **köşkü** Musikpavillon *m*
mızıkacı *mst. pej.* Musikant *m*
mızıkalı *hist.* Angehöriger der Hofmusikkapelle
mızıkçı 1. unzuverlässig; Querulant *m* 2. Spielverderber, Störenfried *m*
mızıkçılık 1. Querulantentum *n* 2. Spielverderberei *f*
mızıklanmak das Spiel verderben
mızırdanmak quengeln, nörgeln
mızmar *va.* s. **hipodrom**
mızmız 1. unentschlossen, zögernd, träge, schwerfällig

(handelnd od. sprechend) 2. Trödler *m*, Schlafmütze *f* 3. Nörgler, Meckerer *m*, quengelig
mızmızlanmak 1. träge (schwerfällig) werden 2. herumnörgeln, meckern; quengeln (z.B. Kind)
mızmızlık 1. Unentschlossenheit, Trägheit, Schlafmützigkeit *f* 2. Nörgelei *f*, ewiges Kritisieren 3. Quengeln *n* (e−s Kindes) 4. Unzuverlässigkeit, Spielverderberei *f* ~ **etmek** s. **mızmızlanmak**
mızrak, -ğı Lanze *f* ≗ **çuvala girmez** (*od.* **sığmaz**). *Spr.* 1. Offenkundiges läßt sich nun einmal nicht verheimlichen. 2. Das ist ja ausgemachter Unsinn! ~ **flaması** Lanzenflagge *f* ~ **kayışı** Lanzenriemen *m* ~ **kovanı** Lanzenschuh *m* ~ **sapı** (*od.* **sırığı**) Lanzenschaft *m* ≗**a davran!** (*od.* ≗ **kullan!**) *mil.* Lanzen gefällt!
mızraklı mit Lanze; Lanzenreiter, Ulan *m* ~ **ilmihal** *fr.* rel. Unterweisungen *pl.* für die Elementarstufe; Katechismus *m* (so genannt nach den Lanzen auf der Umschlagdecke) ~ **rozet** das Ananasgewächs Echmaea fulgens (Treibhauspflanze) ~ **yapraklı sinirotu** Spitzwegerich *m bot.* Plantago lanceolata
mızraksı *bot.* lanzettlich (Blatt)
mızrap, -bı Schlagring *m* (zum Anreißen von Saiten), Plektron *n* *çalgıç, tezene
mi (I), **(mı, mu, mü)** (Verwendung nach den Gesetzen der Vokalharmonie; graphische Trennung von dem vorhergehenden Wort; Stellung nach dem betonten Wort) 1. (Fragepartikel) 2. (zum Ausdruck e−r höfl. Bitte) 3. (in lebhafter Erzählung) 4. (Verst.partikel) 5. (In Verb. mit Formen des Präteritums der bestimmten Aussage in temporaler od. konditionaler Bed.) 6. (zur Bez. des Deliberativs) Zu 1: **Geldi mi?** Ist er gekommen? **Şu mu, bu mu?** Das dort oder das hier? **Geleyim mi, gelmeyeyim mi?** Soll ich nun kommen oder nicht? **Bu mektubu sen mi yazdın?** Bist du es, der diesen Brief geschrieben hat? **Ne mi var?** Und da fragst du noch, was los ist? Zu 2: **Bu kaşığı lütfeder misiniz?** Würden Sie mir bitte diesen Löffel reichen? **Bana bir bardak su verir misiniz?** Bitte geben Sie mir ein Glas Wasser. Zu 3: **Dün yolda Ahmet'e raslamaz mıyım?** Treffe ich gestern nicht Ahmet unterwegs? Zu 4: **cahil mi cahil!** ein ganz unglaublicher Ignorant! **Yapar mı yapar!** Und ob er das tut! **güzel mi güzel!** wunderschön Zu 5: **Sabah oldu mu ...** Sowie es Tag geworden ist (geworden war; ist) ... **İnsan çalıştı mı ...** Wenn man fleißig gewesen ist ... Zu 6: **Bu hadiseyi polise ihbar etsem mi?** Ob ich wohl den Vorfall der Polizei melden soll?
mi (II) *mus.* (Ton od. Note) E ~ **bemol klarnet** *mus.* Klarinette *f* in Es ~ **teli** *mus.* E-Saite *f*
mia (I) [ā] s. **barsak; -i isnaaşer** s. **onikiparmak barsağı; -müstakim** s. **rektum**
mia (II) s. **akamber**
miaî [·−−] *va.* Eingeweide-, Darm-, intestinal, enteral
miat (I), **-tı** [ā] *math.* s. **yüzlük birimler bölüğü**
miat (II), **-dı** [−−] 1. Verschleißzeit, Lebensdauer *f* (bei Gebrauchsgegenständen *spez.* in Internaten od. beim Heer) 2. festgelegter Zeitpunkt, (äußerster) Termin *vade sonu 3. (*a.* **yevmi** ~) Jüngstes Gericht Zu 1: **Asker ayakkabısının -ı altı aydır.** Militärstiefel sind nach e−m halben Jahr ausgedient (und müssen durch neue ersetzt werden). Zu 2: **-ından evvel** vor der Zeit, vorzeitig **-ı dolmuş olmak** *od.* **-ını doldurmuş olmak** ausgedient haben *d.h.* 1. (Sachen) erneuerungsbedürftig sein 2. (Personen) pensionsreif sein
mibzer Sämaschine *f* *ekim makinesi
micana s. **mizana**
micmer Weihrauchfäßchen, Räuchergefäß *n*
miçaço [·×·] *naut.* Schraubenwinde *f*
miço [×·] 1. *naut.* Schiffsjunge *m* od. junger Steward 2. Schankbursche *m*
mide [ī] 1. *an.* Magen *m* 2. Appetit *m*, Eßlust *f* 3. (ästhetischer) Geschmack ~ **ağrısı** Magenschmerzen *pl.* ~ **ağzı** *an.* Magenmund *m*, Kardia *f* *fuadı mide ~ **asitliği** Magensäure *f* **mide-barsak emmesi** *med.* Magen-aushebe-rung, -spülung *f* **mide-barsak iltihabı** Magen-Darm-Entzündung, Gastroenteritis *f* ~ **bezi** *an.* Magendrüse *f* *guddei mideviye ~ **borusu** s. **yemek borusu;** ~ **bozmak** den Magen verderben ~ **bozukluğu** (*od.* ~ **fesadı**) Magenverstimmung *f* ~ **bulandırmak** 1. Brechreiz hervorrufen, Ekel erregen 2. Verdacht aufkommen lassen ~ **çukuru** *an.* Magengrube *f* *üstkarın ~ **düşüklüğü** Magensenkung, Gastroptose *f* *gastroptoz ~ **ekşimesi (kaynaması, yanması)** Sodbrennen *n* ~ **genişlemesi** (*od.* ~ **tevessüü**) Magenerweiterung, Gastrektasie *f* ~ **iltihabı** Magenschleimhautentzündung, Gastritis *f* ~ **kanseri** *med.* Magenkrebs *m* ~ **kapısı** *an.* Pförtner, Pylorus *m* *bevvabı mide ~ **salgısı** (*od.* ~ **suyu**) Magensaft *m* *usarei mideviye ~ **spazmı** Magenkrampf *m* ~ **sümük zarı** *an.* Magenschleimhaut *f* *beşerei muhatiyei mide ~ **ülseri** Magengeschwür *n* ~ **za'fı** Dyspepsie *f*, schlechte Verdauung **-si ağzına gelmek** würgen müssen, Ekel empfinden **-si bozulmak** sich den Magen verrenken *(F)* **-si bulanmak** 1. Brechreiz, Übelkeit empfinden, (j−m) übel werden 2. Verdacht schöpfen, argwöhnisch werden *şüphelenmek **-si ekşimek (kaynamak, yanmak)** Sodbrennen bekommen **-si götürmemek (kabul etmemek, kaldırmamak)** et. nicht vertragen können; empfindlich sein (gegen) **-si ezilmek** s. St. **ezilmek; -si kabarmak** j−m übel werden **-si kaldırmak** sich et. nicht verekeln lassen **-si kazınmak** s. **içi kazınmak; -sinden bağlanmak** nur auf den eigenen Vorteil aus sein **-sinden rahatsız olmak** an Magenbeschwerden leiden **-sine dokunmak** Magenbeschwerden verursachen **-sine düşkün** gefräßig (*F* verfressen) **-ye durmak** (*od.* **oturmak**) im Magen liegenbleiben (Schwerverdauliches) **-yi ateşlemek** *V* Schnaps trinken **-yi bastırmak** den ärgsten Hunger stillen **-yi yakmak** Sodbrennen verursachen
midebilim *med.* Gastrologie *f* *gastroloji
midebilimsel *med.* gastrologisch *gastrolojik
mideci [−··] 1. *F* wer nur daran denkt, sich den Wanst vollzuschlagen 2. nur auf den eigenen Vorteil bedacht; eigennützig, Egoist *m*
midecilik [−···] 1. Gefräßigkeit *f*, *F* Verfressenheit *f* 2. Eigennutz, Egoismus
mideli sutyen Mieder, Korselett *n*
midesineği Magenbremse *f zo.* Gastrophilus intestinalis
midesiz [−··] 1. wem es beim Essen vor nichts graust 2. *fig.* wer wenig Sinn für Ästhetik besitzt 3. *fig.* dickfellig, abgebrüht
midesizlik [−···] 1. geringer Sinn für Ästhetik, (Begehen *n* e−r) Geschmacklosigkeit 2. Dickfelligkeit *f*
midevî [−·−] 1. den Magen betreffend, Magen-, gastrisch 2. leicht verdaulich, bekömmlich, appetitanregend 3. den Magen kurierend **guddei mideviye** s. **mide bezi**
midhat s. **mithat**
midi Midi-Mode *f*
Midilli [·×·] *n.pr.* 1. Mytilene (Stadt auf Lesbos) 2. **(adası)** Insel *f* Lesbos 3. **(kruvazörü)** der von der Türkei zu Beginn des 1. Weltkrieges übernommene deutsche Kreuzer „Breslau“ (gesunken Januar 1918 im Ägäischen Meer) ~ **ayvası** s. **çukurgöbek ayvası**
midilli [·×·] Pony *n* (*urspr.* aus Lesbos)
midşipmen (*engl.* **midshipman**) *fr.* (bis 1914) Leutnant *m* zur See *deniz teğmeni
Midyat, -tı *n.pr.* Städtchen u. D. im Rbz. Mardin
midye Pfahl-, Mies-muschel *f zo.* Mytilus (edulis u.a.) ~

dolması Muschelreis *m* ~ **pilakisi** Muschelragout *n* ~ **zehirlenmesi** Muschelvergiftung *f* **-ler** s. **yassısolungaçlılar**

midyeci Muschel-züchter, -verkäufer *m*

midyecilik Muschel-zucht *f*, -verkauf *m*

midyelik Muschelbank *f*

mie *va.* hundert *yüz

mifreşe *fr.* 1. der für die Rohrfedern best. Teil e–s **divit** *(q.v.)* 2. Stoffschutz *m* in e–r Federbüchse

miftah *va.* Schlüssel *m* 2. Chiffrierschlüssel *m* 3. Schlüssel *m* (zu e–m Lehrbuch) ~ **ağası** *hist.* Schlüsselbewahrer *m* (im Serail)

migren *med.* Migräne *f* *yarım baş ağrısı; yarımca

migrenli *med.* an Migräne leidend

migrosa vermek (b–ni) *V* j–n abwimmeln

miğde *gel.* *Graphik* für **mide**

miğfer Helm *m* *tolga ~ **tepeliği** Helmbusch *m*

miğferli kakatua Helmkakadu *m zo.* Callocephalon galeatum

miğzel *va.* Spindel *f* *iğ

miğzelî *va.* spindelförmig

Miha(i)l *n.pr.* Michael

Mihalıç älterer Name von **Karacabey;** ~ **peyniri** s. **kelle peyniri**

Mihalıççık O. u. D. im Rbz. Eskişehir

mihanik s. **mekanik** (1)

mihanikî 1. mechanisch (z.B. Tätigkeit) *mekanik 2. *phil.* mechanistisch *mekaniksel

mihanikiyet, -ti *selt.* s. **mekanizma**

mihber s. **deneykap**

mihbere *va.* Tintenfaß *n*

mihcem s. **hacamat şişesi**

mihek s. **mehenk**

mihen *va.* *Pl.* zu **mihnet**

mihengir (< *pers.* **pehnegir**) Streichmaß *n*, Parallelreißer *m* (des Tischlers) *nişangeç

mihengirlemek parallele Striche ziehen (Tischler)

mihenk(-çi) s. **mehenk(-çi)**

mihir (I), **-hri** *va.* 1. Sonne *f* *güneş 2. Zuneigung, Liebe *f* 3. ≗ *n.pr.* Mithra (altiranischer Sonnengott)

mihir (II), **-hri** *jur. fr.* die Mitgift, welche e–e Frau bei der Heirat von dem Mann erhielt und die als gesetzliches Heiratsgut galt **-i muaccel** die von dem Mann bei der Heirat ausgezahlte Mitgift *sıdak, *P* ağırlık **-i müeccel** die von dem Mann nach der Heirat in Raten gezahlte und im Fall e–r Scheidung einklagbare Mitgift

mihman [ā] *va.* Gast *m* *misafir

mihmandar [·––] 1. offizieller Reisebegleiter (für hohe Gäste der Regierung) 2. Führer, Begleiter *m* (z.B. bei e–r Besichtigung) 3. Gastgeber *m* 4. s. **konak** (6)

mihmandari [·–––] *va.;* **mihmandarlık** [·–··] 1. Amt *n*, Aufgaben *pl.*, Tätigkeit *f* e–s **mihmandar** 2. Begleitung, Führung *f*, Geleit *n* ~ **etmek** (b–ne) begleiten, geleiten, führen (*spez.* hohe Gäste)

mihmanhane [·––] *va.* 1. s. **misafirhane** 2. (*a.* **-i âlem**) s. **dünya**

mihmanlık [ā] *va.* s. **misafirlik**

mihmannüvaz [·–·–] gastfreundlich, gastfrei *misafirperver

mihmannüvazi [·–·––] *va.;*, **mihmannüvazlık** [·–·–·] Gastfreundschaft, Gastlichkeit *f* *misafirperverlik

mihmanperver(-lik) [ā] s. **mihmannüvaz(-lik)**

mihmansaray [·–··] *va.* s. **mihmanhane** (1, 2)

mihnet, -ti 1. Mühe, Beschwerde *f*, Ungemach *n* 2. Kummer *m*, Not, Drangsal *f*, Elend, Leid *n*, Trübsal *f* 3. Heimsuchung *f*, Unglück *n* ~ **çekmek** Not und Elend erdulden

mihnethane [ā] Ort *m* der Heimsuchung, Jammertal *n*

mihnetkeş; mihnetkeşende; mihnetzede *va.* wer Leid und Trübsal durchmachen muß

mihnetli 1. mühevoll, beschwerlich 2. bedrückt, bekümmert

mihrace [ā] s. **maharaca**

mihrak, -kı [ā] 1. *va.* Herd *m* 2. *math., phys., a. fig.* Brennpunkt *m* *(2) odak ~ **mesafesi** Brennweite *f* **-a getirmek** *phot.* scharf einstellen

mihrap, -bı [ā] 1. Gebetsnische *f* (in der Moschee od. auf e–m Gebetsteppich) 2. *va.* worauf man seine Hoffnung setzt 3. *lit. va.* Augenbrauen *pl.* der Geliebten ~ **yerinde** *fig.* immer noch schön (alte Dame); s. a. Stw. **cami**

mihriban 1. *va.* freundlich, liebevoll 2. ≗ *wV*

Mihridat, -tı *z. va.* s. **Mitridat, -tı**

Mihrimah [ā] **Sultan** *n.pr.* Tochter Süleymans des Prächtigen und Gattin von Rüstem Paşa

mihver 1. *techn.* Achse, Welle *f* *eksen 2. (*a.* ~ **devletleri**) *hist.* Achse(-n.mächte, -n.staaten *pl.*) *f* 3. *fig.* Dreh-, Schwenkungs-, Angel-punkt *m* ~ **istikametinde tazyik** *techn.* Axialdruck *m* **-i üzerinde dönmek** rotieren **-i arz** s. **yerekseni; -i basarî** optische Achse **-i nühaişevkî** s. **beyinomurilik ekseni; -i üstüvanî** s. **akson**

mihverci *hist.* 1. Angehöriger e–s Achsenstaates 2. achsenfreundlich, Achsen ~ **matbuat** *hist.* 1. Achsenpresse *f* 2. achsenfreundliche Presse **-ler** *hist.* 1. Achsenangehörige *pl.* 2. Achsenfreunde *pl.* 3. Achsenmächtige *pl.* 4. Achsentruppen *pl.*

mihverî *va.* auf e–e Achse bezüglich, Achsen-, Axial-, achsrecht *eksenel ~ **yol** *mil.* Hauptnachschubweg *m*

mihverîlik; mihveriyet, -ti *phys.* Axialität *f*

mihverli drehbar, schwenkbar ~ **top** *fr.* Drehbasse *f*

mihverülharekât, -tı *mil.* Operationsachse *f*

mika [×·] *min.* Mika *f*, *m*, Glimmer *m* *evrenpulu

mik'a *va.* Pflug *m* *saban **azmı** ~ s. **sabankemiği**

mikâbî *math.* kubisch *kübik

mikado 1. *va.* japanischer Kaiserpalast 2. ≗ *va.* Mikado, Tenno 3. Mikado *n* a) Geschicklichkeitsspiel mit langen dünnen Holzstäbchen b) das Hauptstäbchen in diesem Spiel

Mikâil [–––] *n.pr.* der (isl. od. christl.) Erzengel Michael

mikalı [×··] 1. Glimmer enthaltend 2. glimmerartig (glänzend od. aussehend) ~ **kumtaşı** *min.* Psammit *m* *psamit

mikâp, bı *math.* 1. Würfel, Kubus *m* 2. kubisch, würfelförmig, Würfel- 3. Kubikzahl *f* *(1–3) küp **adedi** ~ s. **küp sayı**

mikaşist, -tı *min.* Glimmerschiefer *m*

mikat, -tı [––] *va.* 1. festgesetzte Zeit 2. ausgemachter Ort 3. *spez.* Stelle *f* auf dem Weg nach Mekka, wo die Wallfahrer das Pilgergewand anlegen

Mikelanj *n.pr.* Michelangelo

Miken *n.pr.* Mykenä ~ **medeniyeti** Mykenische Kultur

mikhal *z. va.* Schminkstift *m* (für die Augen)

miki [×·] (*Abk.* für ~ **Mavs**) 1. Micky-Maus *f* 2. Trickfilm *m*

miklap, -bı s. **mıklep**

mikleme s. **kalemdan**

miknatis s. **mıknatıs**

mikolog Mykologe, Pilz-sachverständige, -forscher *m*

mikoloji(-k) s. **mantarbilim(-sel)**

Mikoni [·×·] **(adası)** *n.pr.* Insel *f* Mykonos

mikoriza (*franz.* **mycorrhize**) s. **kökmantar**

mikoterapi (*franz.* **mycotherapie**) *med.* Heilbehandlung *f* mit Antibiotika

mikoz (*franz.* **mycose**) s. **küflüce**

mikro 1. [·×] *griech.* klein 2. [×·] *Abk.* für **mikrofon**

mikrobar Mikrobar *n* (Maßeinheit für den Schalldruck in der Akustik)
mikrobik durch Mikroben verursacht (Krankheit), Mikroben-, mikrobisch
mikrobiyolog Mikrobiologe, Mikrobenforscher *m*
mikrobiyoloji Mikrobiologie, Mikrobenforschung *f*
mikrobiyolojik mikrobiologisch
mikrofarad *techn.* Mikrofarad *n*
mikrofilm Mikrofilm *m*
mikrofizik, -iği Atomphysik *f*
mikrofon Mikrophon *n*
mikrofonik mikrophonisch
mikrofonlu mit Mikrophon ausgestattet
mikrofotoğraf Mikrophotographie *f*
mikrokimya s. **mikroşimi**
mikrokok, -ku Mikrokokkus *m*, kleine Kugelbakterie
mikrokozm Mikrokosmos *m*
mikrokulomp *techn.* Mikro-Coulomb *n*
mikrolit, -ti *min.* winziger Kristall; Mikrolith *m*
mikrolitli külte (*od.* **sahre**) mikrokristallinisches Gestein
mikrometre [··×·] Mikrometer *n*
mikrometreli mit Mikrometer ausgestattet
mikrometrik mikrometrisch ~ **vida** Mikrometerschraube *f*
mikron *math., phys.* Mikron, My *n*
Mikronezya [··×·] *n.pr.* Mikronesien
Mikronezyalı [··×··] 1. Mikronesier(-in *f*) *m* 2. mikronesisch
mikroom *phys.* Mikroohm *n*
mikro-ont, -du (*franz.* **micro-onde**) *phys.* Ultrakurzwelle *f*
mikroorganizma s. **mikrop**
mikrop, -bu 1. Mikrobe, Bakterie *f* 2. (Krankheits-)Erreger *m* (*korrekter:* **virüs**) 3. *fig.* Mensch, von dem Böses herrührt z.B. zersetzendes Element 4. *V* Polizist od. Gendarm *m* 5. *V* raffinierter Hasardspieler ~ **kültürü** Bakterienkultur *f* ~ **savaşı** bakteriologische Kriegsführung
mikropil (*franz.* **micropyle**) s. **kapıcık** (2)
mikroplanmak 1. infiziert werden (z.B. Milch) 2. s. **kirlenmek**
mikroplu Mikroben enthaltend, mit Mikroben untermischt
mikropsuz keine Mikroben enthaltend, keimfrei, sterilisiert
mikropsuzlandırmak; mikropsuzlaştırmak keimfrei machen, sterilisieren (z.B. Operationsinstrumente)
mikrosefal mikrozephal, kleinköpfig
mikroseizm (*franz.* **microséisme**) s. **ince deprem**
mikrosiyon (plak) (*franz.* **microsillon**) Langspielplatte *f*
mikroskop, -pu Mikroskop *n* *hurdebin
mikroskopik mikroskopisch *hurdebinî
mikroskopluk nur durch das Mikroskop erkennbar, mikroskopisch klein
mikrospor (*franz.* **microspore**) s. **küçük spor**
mikrospori *med.* Mikrosporie, Kopfpilzerkrankung *f*
mikroşimi (*franz.* **microchimie**) Mikrochemie *f*
miksefe s. **kondansatör**
mikser 1. Mixer, Mixbecher *m* 2. Misch-maschine *f*, -apparat *m* 3. s. **betonyer**
miksomatoz *vet.* Myxomatose *f* (Viruskrankheit bei Hasen und Kaninchen)
miksödem *med.* Myxödem *n* (Erkrankung infolge Unterfunktion der Schilddrüse)
mikta, -aı s. **makta** (4)
miktar [ā] 1. Quantum *n*, Menge *f*, (Geld-)Betrag *m* 2. Teil *m* 3. (unbestimmte) Anzahl *f* 4. Wert *m* 5. gebührendes Maß; Grenzen *pl.* 6. *va. med.* Dosis *f* (verordnete Arzneimenge) 7. *phon.* Quantität *f* ~ **analizi** s. **nicel analiz;** ~ **zarfı** s. **ölçü belirteci;** (kendi) **-ını bilmek** sich nicht mehr herausnehmen, als e–m zukommt, seine Grenzen einhalten **-ı baliğ** ausmachende Menge; Gesamtmenge *f* **-ı kâfi** genügende Menge **-ı muayyen** s. **düze**
miktarca [·–·] mengenmäßig, quantitativ
miktaren [ā] *va. Adv.* der Menge nach, quantitativ
mikyal, -li [ā] ein altes Getreidemaß
mikyas [ā] 1. Meßinstrument *n* 2. Maßstab *m* *ölçek 3. Standard *m* 4. (Aus-)Maß *n*, Umfang *m* Zu 3: **altın -ından ayrılmak** den Goldstandard aufgeben Zu 4: **vâsi** (*od.* **geniş**) **-ta** in großem Umfang (Maß), weitgehend **-ı hamız** s. **asidimetre; -ı his** s. **duyumölçer; -ı hurdebinî** s. **mikrometre; -ı kalevî** s. **alkalimetre; -ı klor** s. **klorimetre; -ı kuvvet** s. **dinamometre; -ı ma** s. **hidrometre; -ı matar** s. **plüviyometre; -ı rutubet** s. **nemölçer; -ı saffeti hava** s. **ödyometre; -ı tazyik** s. **manometre; -üllevin** s. **kolorimetre**
mikyaslı [ā] 1. mit e–m Meßinstrument ausgestattet 2. in e–m best. Maßstab angefertigt Zu 2: **1:500** ~ **harita** Karte *f* im Maßstab 1:500
mil (I) 1. *techn.* Spindel, Achse, Stange, Welle *f* 2. (Schmink-)Stift *m* 3. (Grab-)Stichel *m*, (Radier-)Nadel *f* 4. *med.* Sonde *f* 5. steiler Berggipfel Zu 1: s. **ana** ~; **matkap -i;** ~ **çekmek** (b–nin gözlerine) j–m die Augen ausstechen, j–n blenden ~ **dirseği** *techn.* Daumen, Nokken *m* ~ **kavramı** *techn.* Wellenkupplung *f* ~ **ucu** *techn.* Stirnzapfen *m* ~ **yatağı** *techn.* Achsenlager *n*
mil (II) (*franz.* **mille**) Meile *f* (Längenmaß verschiedener Größe) **-i bahrî** s. **deniz -i; -i berrî** s. **İngiliz -i;** ~ **uzunluğu** Meilenzahl *f*, Entfernung *f* in Meilen
mil (III) *geol.* Schlamm, Schlick *m* *balçık, salsal
mil (IV) (*franz.* **mille**) *selt.* tausend ~ **mersi** *snob.* tausend Dank!
milâdi von der Geburt Christi an gerechnet; christlich ~ **tarih** christliche Zeitrechnung
milakop s. **minakop**
Milan s. **Milano**
Milanez nach Mailänder Art (z.B. Spaghetti)
Milanlı s. **Milanolu**
Milano [·×·] *n.pr.* Mailand ~ **lahanası** Wirsingkohl *m*
Milanolu 1. Mailänder(-in *f*) *m* 2. mailändisch, Mailänder
Milas *n.pr.* Städtchen u. D. im Rbz. Muğla
Milaslı 1. Einwohner(-in *f*) *m* von Milas 2. aus Milas stammend
milât, -dı [––] 1. *va.* Geburt(-stag *m*) *f* 2. (*va. a.* **-ı İsa**) Christi Geburt **-tan evvel** (*od.* **önce**) v.Chr. **-tan sonra** n.Chr.
mildiyu (*franz.* **mildiou**) *bot.* Mehltau *m* *yaprak pası; s.a. **bağ -su**
mile (*franz.* **bille**?) *Kspz.* Tonmurmel *f*
milel *va. Pl.* zu **millet;** s.a. **beynelmilel**
Milet, -ti *n.pr.* Milet(-os) (Westanatolien)
milföy (*franz.* **mille-feuille**) Blätterteigtorte *f* mit Vanillecreme-Füllung
milh s. **tuz**
miliamper *phys.* Milliampere *n*
milibar Millibar *n* (Maßeinheit für den Luftdruck)
miligram Milligramm *n*
miligramlık im Gewicht von soundsoviel Milligramm
mililitre [··×·] Milliliter *n*
milim 1. *Abk.* für **milimetre** 2. der tausendste Teil e–s türk. Pfunds (bei behördlichen Rechnungen kleiner Gegenstände *spez.* in Ausschreibungen) 3. *(in neg. Sätzen)* nicht im geringsten; durchaus nicht
milimetre [··×·] Millimeter *m, n* ~ **kare** (*od.* **murabbaı**) Quadratmillimeter *n, m* ~ **küp** (*od.* **mikâbı**) Kubikmillimeter *n, m*
milimetrelik soundsoviel Millimeter stark (lang, breit, dick,

hoch usw.), vom Kaliber ...; **75 ~ Krupp obüsü** Kruppsche 7,5 cm-Granate

milimetrik mit Millimetereinteilung, Millimeter- **~ kâğıt** Millimeterpapier *n*

milimikron *math.* Millimikron, Millimy *n*

milis 1. Miliz *f* 2. Miliz-angehöriger, -soldat *m* 3. *hist. gel.* zur Wiedergabe von SA (nationalsozialistische Sturmabteilung) verwendet; *üblicher:* **hücum kıtaatı; ~ teşkilâtı** Bürgerwehr *f*

militan (*franz.* **militant**) 1. einsatz-, schlag-bereit, aktiv, kämpferisch 2. (eifriger) Verfechter, Aktivist, Terrorist *m*

militanlık (*spez.*) terroristischer Aktivismus

militarist, -ti 1. Militarist *m* 2. militaristisch

militarizm Militarismus *m*

militer (nur in Füg. wie **ataşemiliter**) Militär-

milleme *agr.* Schlammdüngung *f* (auf Äckern)

millet, -ti 1. *va.* Religionsgemeinschaft *f* 2. Nation *f*, Volk *n* *ulus 3. *P* soziale Klasse; Berufsgruppe *f* 4. *P* a) Leute *pl.* b) die Anwesenden, alle *pl.*, jeder Zu 3: **Bütün mavunacı -i burada.** Alle Bootsleute sind hier versammelt. Zu 4: s. **kadın -i; ≗ Meclisi** (*spez. türk.*) Nationalversammlung *f* **≗ Partisi** *pol.* Nationalpartei *f* (Türkei) (1948–1954; Neugründung 1962) **≗ler Cemiyeti** *hist.* Völkerbund *m* *Cemiyeti Akvam **≗ler Cemiyeti Konseyi** *hist.* Völkerbundsrat *m* **≗ler Sarayı** *n.pr.* 1. *fr.* Völkerbundspalast *m* 2. Palast *m* der Vereinigten Nationen (in Genf)

milletlerarası, -nı international, zwischen-, über-staatlich *arsıulusal, beynelmilel, enternasyonal **≗ Adalet Divanı** *n.pr.* Internationaler Gerichtshof (1. Tagung: 1946) **≗ Çalışma Bürosu** Internationales Arbeitsamt **≗ Çalışma Teşkilâtı** s. **İLO ≗ Daimî Adalet Divanı** *n.pr. hist.* Ständiger Internationaler Gerichtshof im Haag (nach dem 1. Weltkrieg) **~ hukuku** internationales (zwischenstaatliches) Recht **≗ İmar ve Kalkınma Bankası** Internationale Bank für Wiederaufbau und wirtschaftliche Entwicklung; Weltbank *f* *Dünya Bankası **~ iş hukuku** internationales Arbeitsrecht **~ işaret kitabı** s. **işaret kodu; ~ mahkemeler** internationale (zwischenstaatliche) Gerichte *pl.* **~ mücamele** *jur.* internationale Höflichkeit; Courtoisie *f* *mücamelei düveliye **~ nehirler** internationale Ströme *pl.* **≗ Ödemeler Bankası** Bank *f* für Internationalen Zahlungsausgleich **~ örf ve âdet** internationaler Brauch **≗ Para Fonu** *n.pr.* Internationaler Währungsfonds **≗ Posta İttihadı** (*od.* **Birliği**) Weltpostverein *m* **≗ Sivil Havacılık Teşkilâtı** Internationale Zivilluftfahrt-Organisation; İCAO (Sonderbriefmarken 1950) **~ teamül** internationaler Brauch **≗ Tediyat Bankası** *n.pr.* Bank *f* für Internationalen Zahlungsausgleich **~ ticaret hukuku** internationales Handelsrecht

milletleşmek zu e–r Nation werden, e–e nationale Einheit bilden, zu e–m (festgefügten) Volksganzen werden

millettaş Volksgenoss-e *m*, -in *f*

milletvekili, -ni Abgeordnet-er *m*, -e *f*, Volksvertreter(-in *f*) *m* *mebus, saylav

milletvekilliği, -ni 1. Tätigkeit *f*, Aufgaben *pl.* e–s Abgeordneten 2. Abgeordnetensitz *m*, Mandat *n* *mebusluk, saylavlık **~ dokunulmazlığı** parlamentarische Immunität *masuniyeti teşriiye; yasama dokunulmazlığı

milli mit nb. Spindeln, Achsen usw.; s.a. Stw. **müteaddit**

millî 1. national, Volks-, Staats-, heimatlich, inländisch *ulusal 2. *Fb.* Nationalspieler **~ bayram** Staats-, National-feiertag, staatlicher Feiertag **~ benlik** 1. nationale Existenz 2. Nationalstolz **≗ Birlik Komitesi** *n.pr.* Komitee *n* der Nationalen Einheit (1960/61) **~ cenaze merasimi** Staatsbegräbnis *n* **≗ Eğitim Bakanı (Bakanlığı)** Türk. Kultusminister(-ium *n*) *m* *Maarif Vekili (Vekâleti) **~ emniyet hizmeti** *mil.* Abwehrdienst *m* **≗ Güven Partisi** *pol.* Nationale Vertrauenspartei (Türkei; gegr. 1967) **≗ Güvenlik Kurulu** Nationale Sicherheitskommission *f* **~ hâkimiyet** nationale Souveränität **≗ Hâkimiyet Bayramı** Fest *n* der Nationalen Souveränität (Staatsfeiertag) *Ulusal Egemenlik Bayramı **~ haysiyet** Nationalehre *f*, Ehre des Landes **~ hıyanet** Volksverrat *m* **~ hukuk** internes (nationales) Recht *iç hukuk **≗ İstihbarat Teşkilâtı** Nationales Informationsbüro **~ kıyafet** Nationaltracht *f* **≗ Kütüphane** *n.pr.* Nationalbibliothek *f* (in Ankara; eröffnet 1948) **≗ Matbaa** *n.pr.* Türkische Staatsdruckerei (vgl. a. **Matbaai Amire**); **~ marş** Nationalhymne *f* **≗ Mücadele** s. **İstiklâl Harbi; ~ müdafaa** nationale Verteidigung; Landesverteidigung *f* **~ müdafaa hukuku** Wehrrecht *n* **~ müdafaa mükellefiyeti kanunu** (türk.) Gesetz *n* über die Wehrpflicht **≗ Müdafaa Vekili (Vekâleti)** s. **≗ Savunma Bakanı (Bakanlığı); ~ müdafaa vergisi** Wehrsteuer *f* **~ ordu** Volksheer *n*, nationale Armee (*spez.* türk. Armee während des Freiheitskampfes) **~ para** inländisches Geld **~ park** Naturschutzpark **~ Reis** Führer *m* der Nation (Ehrentitel für Atatürk zu dessen Lebzeiten; nach seinem Tod: **Ebedî Şef**); **~ ruh** Volksgeist *m* **~ savunma** s. **~ müdafaa; ≗ Savunma Bakanı (Bakanlığı)** (Türk.) Minister(-ium *n*) *m* für die Nationale Verteidigung **~ seferberlik** *mil.* totale Mobilmachung *f* **~ Selâmet Partisi** Nationale Heilspartei (Türkei) **~ sosyalist** *hist.* 1. Nationalsozialist(-in *f*) *m* 2. nationalsozialistisch **≗ Şef** Führer *m* der Nation (Ehrentitel für İsmet İnönü während seiner Staatspräsidentschaft) **~ toprağımız** unsere heimische Erde; Boden *m* unseres Vaterlandes

millîcilik *selt.* Nationalbewußtsein *n*, Eintreten *n* für nationale Belange

millîleşmek sich nationalisieren, nationalen Charakter annehmen **Türk dilinin millîleşmesi ideali** Ideal *n* e–r Nationalisierung der türk. Sprache

millîleştirmek 1. nationalisieren 2. verstaatlichen

milliyet, -ti 1. Nationalbewußtsein *n*, nationaler Gedanke 2. Nationalismus *m* 3. Nationalität, Staatsangehörigkeit *f* 4. **≗** *n.pr.* türk. Tageszeitung (gegr. 1950) Zu 1: **~ duygusu** Nationalgefühl *n* Zu 3: **-i meçhul bir uçak** ein Flugzeug unbekannter Nationalität **-ler prensipi** Nationalitätenprinzip *n*

milliyetçi 1. national-gesinnt, -denkend 2. nationalistisch, Nationalist(-in *f*) *m* **≗ Çin** *n.pr.* Nationalchina (Formosa) **≗ Hareket Partisi** Nationale Aktionspartei (Türkei; gegr. 1969) **~ sosyalist** (anfangs der 30er Jahre verwendet) s. **millî sosyalist**

milliyetçilik 1. nationale Gesinnung, nationales Denken 2. Nationalismus *m*

milliyetperver(-lik) s. **milliyetçi(-lik)**

milliyetsiz unpatriotisch

Milo(-s) s. **Melos**

milokop s. **minakop**

milord 1. Mylord (Anrede) 2. *va.* vierrädriges Kabriolett (Kutsche)

milreis *fr.* Milreis *n* (in Portugal und Brasilien) (seit 1913: **eskudo**)

milsi *an.* griffelförmig

milyar Milliarde *f* (s. a. **bilyon**)

milyarder Milliardär(-in *f*) *m*

milyarlık in Höhe von soundsoviel Milliarden

milyon Million *f*

milyoner 1. Millionär(-in *f*) *m* 2. millionen-reich, -schwer

milyonluk soundso viele Millionen ausmachend

milyö Umgebung, Umwelt *f* Milieu *n* *çevre, muhit **~ oyunu** *Th.* Milieustück *n*

mim (I) [ī] 1. 27. Buchst. des osm. Alph. (*a.* als Schlußzeichen e–r Handschrift) 2. *fig.* Merk-, Notabene-zeichen *n*

~ **koymak** (m. Dat.) 1. auf die schwarze Liste setzen 2. sich et. merken
mim (II) *selt.* 1. Mimus *m* (antike Volksposse) 2. Mime, Schauspieler, Pantomimenkünstler *m*
mimar [– –] Architekt, Baumeister *m* ~ **arşını** *fr.* Längenmaß von 78 cm = 24 **parmak** = 288 **hat;** ~ **başı** (*fr.* Ehrentitel) Generalbaumeister *m*
mimari [– – –] 1. Architektur, Baukunst *f* 2. architektonischer Stil; Baustil *m* Zu 1: **modern** ~ neuzeitliche Baukunst ~ **şubesi** Abteilung *f* für Architektur Zu 2: **yeni -ye göre yapılan binalar** Häuser im neuen Baustil
mimarî [– – –] die Architektur (Baukunst) betreffend, Architektur-, Bau-, architektonisch ~ **resim** Bauzeichnung *f* ~ **sergi** Architekturausstellung *f*
mimariye [– – · ·] Architektenhonorar *n*
mimarlık [– – ·] 1. s. **mimari** 2. Beruf *m*, Tätigkeit *f* e–s Architekten
mimber Kanzel *f* (in der Moschee)
mimetizm (*franz.* **mimétisme**) 1. *biol.* Mimikry, Schutzfärbung *f* 2. *allg.* Anpassungsfähigkeit *f*
mimik 1. Mimik *f*, Gebärden- und Mienenspiel *n* 2. mimisch
mimikri Mimikry *f*, mimetische Anpassung; Schutzfärbung *f*
mimlemek [ī] (m. Akk.) s. **mim koymak**
mimlenmek 1. Pass. zu **mimlemek** 2. *fig.* verdächtig werden
mimli [– ·] 1. mit dem Buchst. Mim geschrieben od. gekennzeichnet 2. *fig.* verdächtig; (polizeilich) überwacht; auf der schwarzen Liste stehend Zu 2: **Bu adam polisçe -dir.** Er steht bei der Polizei auf der schwarzen Liste. ~ **tirfil** e–e Mim-ähnliche Abart des **tirfil** genannten Ornamentes
mimodram mimisches Drama
mimoza [· × ·] s. **küstümotu**
min *ar. Präp.* von, seit, wegen, zwischen
mina (I) [– –] *va.* Ankerplatz, Hafen *m*
mina (II) [– –] *va.* 1. Glas *spez.* Weinglas *n* 2. s. **gökyüzü** 3. s. **mine**
Mina [– –] *n.pr.* O. und Raststelle auf dem Weg nach Arafat für Mekkapilger (die dort an jedem Tag je sieben Steinchen auf drei Steinhaufen zu werfen haben)
minakop, -pu Bartumber, Bartelbarsch, Schattenfisch *m* *zo.* Umbrina cirrhosa *gölgebalığı, kötekbalığı
minare [ā] Minarett *n* ~ **boyu** (ungefähre Höhenangabe): zwischen 20 und 30 m ~ **gibi** *od.* ~ **kırması** baumlang; *F* lange Latte ~ **gölgesi davul tozu** Bez. für et. Unsinniges ~ **külâhı** oberster, konisch zulaufender Teil e–s Minaretts ~ **merdiveni** Wendeltreppe *f* **-lere kaftan giydirmek** den obersten Teil der Minarette illuminieren (an rel. Feiertagen) ²**yi çalan kılıfını hazırlar.** *Spr.* Wer et. unternehmen will, trifft die notwendigen Vorbereitungen.
minareci [ā] 1. wer Minarette baut od. ausbessert 2. *V* (mittels Leiter einsteigender) Einbrecher, Dieb *m*
minareli [ā] mit nb. Minaretten **Sultanahmet Camii** (*od.* **Camisi**) **altı -dir.** Die Sultan-Ahmed-Moschee hat sechs Minarette.
minarenk, -gi *va.* himmel-, hell-blau
mincihetin [· × · ·] *va.* in gewissem Sinn, einerseits, auf der einen Seite
minda *od.* **minde** [× ·] **olmak** *naut.* Block an Block kommen (in der Talje) *d.h.* reparaturbedürftig sein
minder 1. Sitzkissen *n* 2. Matratze *f* 3. (Ringer-)Matte *f* 4. *va.* hohes Amt ~ **altı etmek (olmak)** s. **hasıraltı etmek (olmak);** ~ **çürütmek** keine Anstalten zum Fortgehen machen (Besuch) ~ **sermek** *fig.* 1. faul herumsitzen; auf der Bärenhaut liegen 2. sich häuslich niederlassen, sich einnisten, nicht wieder fortgehen (Besuch) ~ **tuhafı** *va.* s. **meddah; -e geçmek** *fr.* im Rang aufsteigen
mine [× ·] 1. Schmelz(-überzug) *m*, Glasur *f*, Email *n*, Emaille *f* 2. Emailmalerei *f* 3. Zahnschmelz *m* 4. Zifferblatt *n* (e–r Uhr) 5. emailliert 6. Häkel-, Zier-spitze *f* *oya 7. ♀ *wV* ~ **etmek** s. **minelemek;** ~ **işi** Emailarbeit *f* ~ **mavisi** s. **minarenk**
mineci [× · ·] Email-, Schmelz-arbeiter, Emailleur *m*
minecilik [× · · ·] 1. Tätigkeit *f* e–s Emailleurs 2. Emailliertechnik, -kunst *f*
mineçiçeği, -ni 1. Verbene *f*, gebräuchliches Eisenkraut *bot.* Verbena officinalis *güvercin otu 2. *gel. irrt.* für **unutmabeni**
mineçiçeğigiller *bot.* Verbenazeen, Verbenen-, Eisenkrautgewächse *pl.* *baristaroniye
minelaşk (*a.* **ah** ~) ja, ja, die Liebe! was die Liebe nicht alles fertigbringt!
minelbap [ā] **ilel mihrap** [ā] *va.* von A–Z, von Anfang bis Ende (z.B. erzählen)
minelemek emaillieren, glasieren, mit Schmelz überziehen
minelevvel ilel âhir *va.* 1. von Anfang bis Ende 2. mit allen Einzelheiten
mineli [× · ·] emailliert, glasiert, mit Glasur (Schmelz) überzogen ~ **balık** großes Exemplar des Leierfisches **(üzgünbalığı)**
minelkadim [· · –] *va.* von alters her, von jeher, schon immer *eskiden beri, öteden beri
mineral, -li 1. Mineral *n* *maden 2. mineralisch, mineralhaltig, Mineral- *madenî ~ **âlemi** Mineralreich *n* ~ **damarı** Mineralgang *m* ~ **kimyası** anorganische Chemie ~ **yağ** Mineralöl *n* *madenî yağ
mineralbilim Mineralogie *f*
mineralbilimsel mineralogisch
mineralizasyon; mineralleşme Mineralisierung *madenleşme
mineralleştirmek 1. vererzen *ham maden haline sokmak 2. mineralhaltig machen
mineralli mineralhaltig
mineralog Mineralog-e *m*, -in *f*
mineraloji(-k) s. **mineralbilim(sel)**
minet, -ti lothringisches Eisenerz
minganis [· × ·] *griech. hum.* = **etme, yapma; Acele** ~**!** = **Acele etme!** Nur immer mit der Ruhe!
mingayrihaddin [· × · × ·] *va.* ohne mir ein Urteil anmaßen zu wollen **Benim tahminim,** ~**, budur.** Das ist meine unmaßgebliche Meinung.
mingayrikastin [· × · × ·] *va.* ungewollt, unbeabsichtigt *istemeyerek
Mingrelya [· × ·] *n.pr.* Mingrelien (Landschaft im südwestl. Kaukasus)
minh(-ü) *va.* s. **ondan**
minha *va.* 1. s. **anha minha** 2. *math.* Subtrahend *m*
minhaç, -cı *va.* große, breite Straße, Landstraße *f* 2. *fig.* Weg *m*, Methode *f*
minhar *va.* s. **burun deliği**
minhat, -tı *va.* (Tischler-)Hobel *m*
mini 1. s. **minicik, minik** 2. Mini-Mode *f* ~ **etek** Minirock *m*
minibüs Kleinbus *m* (für 10–12 Personen)
minibüsçü 1. Fahrer e–s Kleinbusses 2. Kleinbus-Unternehmer *m*
minibüsçülük, -üğü Tätigkeit *f bzw.* Gewerbe *n* e–s **minibüsçü**
minicik [× · ·] winzig, Liliput-
minik 1. klein und lieb; nett, zierlich 2. Kleinchen *n* 3. *gel. hum.* Kleinstaat *m* (z.B. Monaco u.ä.) ~ **heykeller** Nippes *pl.* ~ **soreks** s. **küçük soreks**

minikleşmek 1. klein und zierlich werden 2. zusammenschrumpfen
minima *a. med.* Minimum *n*, Mindest-maß *n*, -wert *m*
minimal minimal, winzig, Mindest-
minimalı mit Minimum(-angabe) ~ **termometre** Minimumthermometer *n*
minimini 1. klein und niedlich, winzig, nett 2. niedliches kleines Kind
minimum [×··] 1. Minimum, Mindestmaß *n* 2. Minimal- *asgarî
mink s. **Amerikan vizonu**
minkale 1. *math.* Winkelmesser, Transporteur *iletki 2. s. **mankala**
minkar *va.* 1. s. **taşçı kalemi** 2. Schnabel *m* (kleinerer Vögel)
minkarî *va.* Schnabel-, Haken- ~ **burunlu** *va.* s. **burnaz, gagaburun**
minkaş(-e) *va.* 1. (Grab-)Stichel *m* 2. Zange *f*
minko *(Lottospiel)* Ablegung *f* der zweiten Reihe
minküllilvücuh [ū] *va.* in jeder Hinsicht, auf jede Art und Weise *her cihetten
minnacık [×··] *P* für **minicik**
minnet, -ti empfundene Dankesschuld, Dank(-barkeit *f*) *m*, Sich-verpflichtet-Fühlen, Verbundensein *n* ~ **altında kalmak** (*od.* **yaşamak**) seine Dankesschuld nicht abtragen können ~ **çekmek** (*od.* **duymak**) sich j–m verpflichtet fühlen, von lastender Dankesschuld erfüllt sein ~ **etmek** 1. e–e Dankesverpflichtung auf sich laden 2. j–n um e–n Gefallen angehen (ersuchen), *a.:* j–n demütig bitten müssen ≗ **kadar ağır yük olmaz.** *Spr.* Nichts lastet mehr auf e–m Menschen als das Gefühl, sich dankbar erweisen zu müssen. ≗ **olsun!** Sie würden mir damit e–e große Gefälligkeit erweisen! ≗ **size kaldı.** Es steht bei Ihnen, ob Sie diese Gefälligkeit erweisen wollen. ~ **ve şükran** Gefühl *n* aufrichtiger Dankbarkeit **-i altına girmek** (b–nin) sich j–n zu Dank verpflichten *eyvallah etmek **-i olmak** *od.* **-ine ram kalmak** zu Dank verpflichtet sein
minnettar [ā] zu Dank verpflichtet; dankbar, erkenntlich ~ **bırakmak** (b–ni) j–n zu Dank verpflichten
minnettari [··––] *va.*; **minnettarlık** [ā] Gefühl *n* der Verpflichtung, Dankesschuld, Dankbarkeit, Erkenntlichkeit *f*
minnoş (Koseform) **-um** mein Kleinchen!
Minorka [·×·] 1. *n.pr.* Minorka, Menorka 2. ≗ Minorkahuhn *n*
Minos *n.pr.* Minos (sagenhafter kretischer König) ~ **medeniyeti** Minoische Kultur (Teil der Kretisch-Mykenischen Kultur)
Minotavros; Minotor [··×·] *myth.* Minotaurus *m*
minoyen (*franz.* **minoen**) minoisch
minör *mus.* Moll *n* ~ **beşli düzeni** *mus.* Molldreiklang *m* ~ **dizi** Molltonleiter *f* ~ **mod** Molltonart *f* ~ **üçlü** *mus.* kleine Terz
minşar [ā] *va.* Spannsäge *f*
minşarî [·––] *va.* gezackt
mintan 1. Oberhemd *n* ohne Umschlagkragen 2. wattierte Ärmelweste
mintanlık grober Baumwollstoff (für **mintan**)
mintarafillah nach göttlichem Ratschluß, wie es dem Herrn gefallen hat
mintoni *V* verliebt, Verliebte(-r *m*) *f*
minuta [·×·] *naut.* Logglas *n* *fula
minüskül Kleinbuchstabe *m*, Minuskel *f* *küçük harf
minütöri (*franz.* **minuterie**) Zeiger-, Zähl-werk *n* (e–r Uhr)
minval, -li [ā] *va.* Art und Weise *f* *tarz, yol **bu** ~ **üzere** *va.* auf diese Weise, so
minyatür 1. Miniatur *f* (Bild in alter Handschrift, kleines Bild, Musikstück od. Schachaufgabe) 2. klein, winzig, zierlich ~ **golf** Minigolf *n*
minyatürcü Miniaturen-maler, -zeichner, Miniator, Komponist bzw. Verfaser *m* von Miniaturen
minyatürcülük Miniaturenmalerei *f*, Kunst *f* der Miniatur
minyon klein, niedlich, nett, hübsch, zierlich; s.a. **filеminyon**
minyonet, -ti Mignonette *f*, feine Zwirnspitze
minyum s. **sülüğen**
mir (I) [ī] *va.* 1. Befehlshaber, Anführer *m* 2. Herr *m* **-im** *hum.* mein Lieber! **-i alem** *hist.* 1. Träger *m* der Sultansfahne **(livayı Sultanî)** 2. (in späterer Zeit) Titel e–s der höchsten Beamten im Sultanspalast **-i kelâm** *va.* guter Redner; beredt **-i miran** *hist.* Titel e–s osm. Verwaltungsbeamten im Range e–s Generalleutnants
mir (II) Mir *m* (*fr.* russische Dorfgemeinschaft)
mira Meßlatte, Absteckstange *f*
miraciye [–––·] *lit. va.* Gedicht *n* auf Mohammeds Himmelfahrt
miraç, -cı [––] (*a.* **-ı nebevî**) Mohammeds Himmelfahrt (gefeiert als ≗ **gecesi, Leylei** ≗, ≗ **kandili** am 26./27. Recep)
Miraç, -cı *astr.* der Stern Beta im Sternbild der Andromeda
miraçname [–––·] s. **miraciye**
mirahur [ī] s. **imrahor**
Mirak s. **Miraç**
mirakl oyunu *Th.* Mirakelspiel *n* *tansık oyunu
miralay(-lık) *fr.* (bis 1934) s. **albay(-lık)**
mirar [ā] *va. Pl.* zu **merre**
miraren [ā] *va. Adv.* öfters, wiederholt
miras [––] 1. Erbe *n*, Erbschaft *f*, Nachlaß *m*, Hinterlassenschaft *f* *kalıt 2. Erb-gut *n*, -anlage *f* ~ **bırakan** *jur.* Erblasser(-in *f*) *m* *muris ~ **davası** Erbstreit *m* ~ **edinme** s. **-ın iktisabı**; ~ **hakkı** Erbrecht *n* (e–r best. Person) ~ **hissesi** Erbteil *n*, *m* ~ **hukuku** Erbrecht *n* (in objektivem Sinn) *kalıt türesi ~ **kalmak** vererbt bekommen; überkommen (Erbe) ~ **mukavelesi** Erbvertrag *m* *kalıt sözleşmesi ~ **sebebiyle istihkak davası** Erbschaftsklage *f* *kalıt arancı (*od.* dilemi) ~ **şirketi** ungeteilte Erbengemeinschaft *kalıtçılar ortaklığı ~ **vergisi** Erbschaftssteuer *f* ~ **yemek** 1. erben, in den Besitz e–r Erbschaft kommen 2. e–e Erbschaft durchbringen (vergeuden) (Zu 1: **Amcasından yüzbin lira miras yedi.** Von seinem Onkel hat er 100000 Pfund geerbt.) **-a ehliyet** Erbfähigkeit *f* **-a konmak** s. ~ **yemek** (1); **-a liyakat** Erbwürdigkeit *f* *kalıta yaraşma **-a liyakatsizlik** s. **-tan mahrumiyet; -ın açılması** Eröffnung *f* des Erbgangs **-ın iktisabı** Erb(schafts)anfall *m* **-ın intikali** Erbübergang *m* *kalıtın geçişi **-ın kabulü** Annahme *f* der Erbschaft **-ın reddı** Ausschlagung *f* der Erbschaft **-ın taksimi** Erbteilung *f* **-ta iade** Ausgleichung *f* (unter Miterben) **-tan çıkarmak** (*od.* **mahrum etmek**) enterben **-tan feragat mukavelesi** Erbverzicht(-svertrag) *m* **-tan ıskat** Enterbung *f* *kalıttan çıkarma **-tan mahrum etmek** enterben **-tan mahrumiyet** Erbunwürdigkeit *f* *mirasa liyakatsizlik, kalıttan yoksunluk
mirasçı [––·] Erbe *m*, Erbin *f* *kalıtçı, vâris
mirasyedi [––··] 1. Erbe *m* (e–s größeren Vermögens) 2. Verschwender *m*
mirasyedilik [––···] 1. Ererbung *f* e–s größeren Vermögens 2. *fig.* Verschwendung, Vergeudung *f*
mirat, -tı [ā] *va.* Spiegel *m* *ayna
Mirditler *n.pr.* Mirditen *pl.* (albanischer Volksstamm katholischen Glaubens)
mirfak *va.* 1. s. **dirsek** 2. Küche od. Speisekammer *f*
Mirfak *astr.* der Stern Alpha im Sternbild Perseus

mirfaka *va.* Ellbogen-Stützkissen *n*
mirî [– –] *va.* 1. dem Staat (Fiskus) gehörig, staatlich, Staats-, fiskalisch, ärarisch, offiziell *beylik 2. Fiskus *m*, Staat(-skasse *f*) *m* 3. (staatlich erhobene) Steuer Zu 3: **-sini almak** et. besteuern ~ **fiyat** *va.* staatlich festgesetzter Preis ~ **hazinesi** *va.* Staatskasse *f* ~ **mal** s. **malı** ~; ~ **mukataat** *hist.* verpachtete Steuern *pl.* ~ **orman** Staatsforst *m*
mirikina s. **gecemaymunu**
mirkak *va.* s. **oklava**
mirkat *va.* 1. s. **merdiven** 2. s. **basamak**
mirliva [–·–] *va.* 1. s. **tuğgeneral** 2. *(in frühosm. Zeit)* s. **sancak beyi**
mirlivalık Rang *m*, Stellung *f* e–s **mirliva**
mirsad *va.* Beobachtungsstelle *f*, Versteck *n*
mirsat, -tı *va. naut.* Anker *m* *gemi demiri
miryametre [··×·] Myriameter *m* (10000 m)
mirza [– –] (< **emîrzade**) e–e Art Adelstitel bei einigen Turkvölkern sowie in Iran. (Hinter e–m Namen in der Bed. „Fürst", vor e–m Namen als Bez. der Zugehörigkeit zu der führenden Intelligenzschicht)
mis (I) (< **misk**) 1. Moschus, Bisam *m* 2. Zibet *m* ~ **çiçeği** Ackerskabiose *f bot.* Knautia arvensis ~ **dikeni** Bisamdistel *f bot.* Carduus nutans ~ **faresi** (*od.* ~ **sıçanı**) Bisam-, Zibet-ratte *f zo.* Ondatra zibethica ~ **geyiği** (*od.* ~ **keçisi**) Moschustier *n zo.* Moschus moschiferus ~ **gibi** 1. sehr sauber und wohlriechend (z. B. frische Wäsche) 2. lukrativ, gewinnbringend (Tätigkeit usw.) 3. freilich, gewiß, und ob! Zu 3: **Ben du işi ~ gibi yaparım!** Und ob ich das fertigbringe! *F* Das bringe ich wunderbar hin! ~ **gibi kokmak** 1. wunderbar duften 2. s. Stw. **kavga;** ~ **gibi tütmek** s. Stw. **kavga;** ~ **gülü** Bisam-, Moschus-rose *f bot.* Rosa moschata ~ **ile amber** (*a. m. der Forts.* **Arzu ile Kamber**) genau wie erwünscht ~ **kabağı** Moschuskürbis *m bot.* Cucurbita moschata ~ **karacası** Moschusböckchen *n zo.* Nesotragus moschatus (in Ostafrika) ~ **kedisi** s. **Afrika (Asya) mis kedisi;** ~ **kedisigiller** Schleichkatzen *pl. zo.* Viverridae ~ **kokulu** (stereotyper Ruf der Erdbeerverkäufer) ~ **kokulu mayasıl otu** die Günsel-Art Ajuga iva ~ **maydanozu** Süßdolde *f bot.* Myrrhis odorata ~ **otu** 1. Bisam-, Moschus-kraut *n bot.* Adoxa moschatellina 2. s. **adi pelin** 3. s. **yabanî fesleğen** 4. gelbblütiges Moschuskraut *bot.* Mimulus moschatus ~ **öküzü** (*od.* ~ **sığırı**) Bisam-, Moschusochse *m zo.* Ovibos moschatus ~ **ördeği** Moschus-Ente *f zo.* Cairina moschata *Berberistan ördeği ~ **sabunu** (stark) parfümierte Toilettenseife ~ **soğanı** schopfblütige Perlhyazinthe *bot.* Muscari comosum
mis (II) 1. unverheiratete angelsächsische Dame; Mädchen *n* 2. *spez.* (englische) Erzieherin, Gouvernante 3. (mit folg. Namen) Fräulein … 4. Schönheitskönigin *f* *güzellik kraliçesi Zu 1: **bir operette erkek rolü oynayan Amerikalı -ler** die amerikanischen Mädchen, die in e–r Operette Hosenrollen spielen
misaferet, -ti [ā] *va.* 1. s. **misafirlik** (1) 2. Internierung *f* von Ausländern (im Kriegsfall)
misafir [ā] 1. Gast, Besuch(-er) *m* 2. (kleiner) Erdenbürger (neugeborenes Kind) 3. Albugo *f* (weißer Fleck der Augenhornhaut) ~ **etmek** 1. als Gast aufnehmen 2. (bir yere) unterbringen (Gast) (Zu 2: **şehrin en lüks otellerine ~ edilen muallimler** die Lehrer, die (als Gäste der Regierung) in den elegantesten Hotels der Stadt untergebracht worden sind …) ~ **gibi oturmak** *hum.* nicht bequem sitzen ~ **heyeti** Gäste-gruppe, -abordnung, -delegation *f* ~ **işçi** Gastarbeiter *m* ~ **kabul etmek** e–n Gast empfangen, aufnehmen ~ **konağı** (*od.* ~ **evi**) s. **misafirhane;** ~ **olmak** (b–ne) j–s Gast sein ~ **odası** 1. Fremden-, Gast-zimmer *n* 2. Empfangsstube *f*, Salon *m* (*fr.* gute Stube) 3. Nachtquartier *n* (einfacher Art *spez.* in anatolischen Dörfern) ~ **profesör** Gastprofessor *m* ~ **sanatçı** Gastschauspieler *m* ~ **tohumu** *V* illegitimes, uneheliches Kind ⁓ **umduğunu değil, bulduğunu yer.** *Spr.* Ein Gast ißt nicht das, was er erwartet, sondern das, was ihm vorgesetzt wird, *d. h.* Man muß den Gegebenheiten Rechnung tragen.
misafirci(-lik) [ā] *selt.* s. **misafirperver(-lik)**
misafireten [ā] *va. Adv.* als Gast, als Besuch (*a.* als Hotelgast)
misafirhane [·–·–·] einfaches Hotel; Herberge *f;* Nachtquartier *n* (spez. in anatolischen Dörfern)
misafirlik, -iği [ā] Stellung, Rolle *f* e–s Gastes; (Gast-) Besuch *m* *konukluk **-e davet etmek** j–n (für längere Zeit) in sein Haus einladen **-e gelmek** zu Besuch kommen; besuchen **-e gitmek** (b–ne) auf Besuch gehen; besuchen
misafirperver [ā] gastfreundlich, gastfrei *mihmannüvaz
misafirperverlik [ā] Gast-freundlichkeit, -freundschaft, -lichkeit *f* *mihmannüvazlık
misak, -kı [– –] 1. Pakt *m*, Abkommen *n* *pakt 2. Satzung *f* ⁓**ı Millî** *hist.* Nationalpakt *m* (in dem Unabhängigkeit für Gebiete mit türk. Bevölkerungsmehrheit verlangt wurde; 1920)
misal, -li [ā] 1. Beispiel *n* 2. *va.* s. **idea** 3. Muster, Vorbild *n* 4. *va. Sx.* gleich, ähnlich, wie 5. *va.* Traum *m* *düş, rüya Zu 4: **eski dervişler misali** wie früher die Derwische ~ **getirmek** ein Beispiel anführen ~ **olarak** s. **meselâ**
misbah s. **yüzgeç; -ı batnî** s. **karın yüzgeci; -ı sadrî** s. **göğüs yüzgeci; -ı şercî** s. **anus yüzgeci; -ı zahrî** s. **sırt yüzgecı; -ı zenebî** s. **kuyruk yüzgeci**
misbahî [··–] *va.* Flossen-, Schwimm-; s. a. **kisi** ~
misbahîyürricil s. **yüzgeçayaklılar**
misel *biol., chem.* Mizell(-e *f*) *n*
miselyum *bot.* Myzel(-ium) *n* *emeç
misemülyet s. **el bileği**
Misen s. **Miken**
misil, -sli 1. Gleiches, Entsprechendes 2. *math.* …mal so viel, Mehr-, Viel-faches *kat Zu 2: **üç -i** dreimal so viel **-i** (mit od. ohne **menendi**) **yok** (*od.* **görülmemiş**) unvergleichlich, einmalig, beispiellos, sondergleichen **-iyle mukabele** *jur.* Retorsion *f* **-i müşterek** s. **ortak kat; -i müştereki asgar** s. **en küçük ortak kat; -i tezyit** Koeffizient *m*
misilleme 1. (Wieder-)Vergeltung, Vergeltungs-, Gegenmaßnahme *f* 2. Repressalie *f* *(1, 2) mukabele bilmisil ~ **taarruzu** Vergeltungsangriff *m* ⁓ **tedbirler tatbik edilmektedir.** Es werden jetzt Vergeltungsmaßnahmen ergriffen. ~ **uçuşu** Vergeltungsflug *m* (mit Bombenabwurf) ~ **yapmak** Repressalien ergreifen, Vergeltung üben
misillemek Vergeltungsmaßnahmen, Repressalien ergreifen
misilli; misillü ähnlich, gleich, wie, -artig **bu** ~ **hareketler** derartige (solche) Handlungen *pl.*
misilsiz s. **misli yok**
misina [·×·] Angelschnur *f* aus Seidendarm od. Nylon (*fr.* aus Pferdehaar)
Misisipi *geogr.* Mississippi *m* ~ **aligatoru** Hecht-Alligator *m zo.* Alligator mississipiensis
misistira [·×··] kleinerer Ochsenstachel
misiz (mit folg. Namen) Frau … (*engl.* **Mrs.**)
misk, -ki s. **mis** (I)
miskal (I), **-li** [ā] 1. osm. Juwelier- od. Apotheker-gewicht (1 3/7 dirhem = 4,5 g) 2. *fig.* winzige Menge
miskal (II) s. **mıskal**
miskap s. **matkap**
miskat, -tı [ā] *va.* 1. Wasser-eimer, -behälter *m* 2. s. **kadeh**
misket (I), **-ti** (*franz.* **muscat**) 1. **(üzümü)** Muskatellertrau-

be *f* 2. würzige, aromatische Frucht ~ **elması** aromatischer Apfel ~ **şarabı** Muskateller(-wein) *m*
misket (II), **-ti** (*franz.* **mousquet**) 1. Schrapnellkugel *f* 2. *Kspz.* Stahlkugel *f* 3. s. **mosketo**
miskin 1. dickfellig, unempfindlich, gleichgültig 2. unglaublich träge, schlafmützig; Faulpelz *m* 3. jämmerlich, erbärmlich 4. Leprakranke, Aussätzige *m*, *f* *cüzamlı ~ **hastalığı** (*od.* **illeti**) *med.* Aussatz *m*, Lepra *f* *cüzam **-ler tekkesi** (*od.* **-ler dergâhı**) 1. s. **miskinhane** 2. (spött. für best. Derwischklöster) Ort *m* der Untätigkeit, Faulenzerparadies *n* **Miskinler Tekkesi** Roman von Reşat Nuri Güntekin (1946)
miskinhane [ā] Krankenhaus *n* für Aussätzige, Leprosorium *n* *leprozoryum
miskinleşmek 1. Dickfelligkeit an den Tag legen 2. faul und schlafmützig werden, *F* vertrotteln 3. e–e jämmerliche Gestalt abgeben
miskinlik 1. Indifferenz, Gleichgültigkeit, Dickfelligkeit *f* 2. Trägheit, Schlafmützigkeit, Lethargie *f* 3. Erbärmlichkeit, Jämmerlichkeit *f;* trostloser Zustand 4. Lepra *f*, Aussatz *m*
miskiyo (*ital.* **mischio**) buntgeäderter italienischer Marmor
mislen *va. Adv.* in gleicher Weise, entsprechend ~ **eda** *jur.* vertretbare Leistung
Misleyna [·×·] *n.pr.* s. Stw. **Ashabı Kehf**
mislî *jur.* vertretbar (Sache) ~ **eşya** *jur.* vertretbare Sachen *pl.* *benzeri bulunabilen nesneler; benzerli nesneler
misma, -aı [ā] 1. *va.* Ohr *n* *kulak 2. *med.* Stethoskop, Höhrrohr *n* 3. Hörer *m* (als Gerät) *kulaklık
mismar [ā] *va.* 1. Nagel *m* *çivi, mıh 2. Pfahl, Pflock *m* *kazık
mismarî [·– –] *va.* 1. nagelförmig 2. keilförmig ~ **yazı** s. **çiviyazısı**
mispikel (*franz.* **mispickel** < *dt.* **Mißpickel**) *min.* Arsenopyrit, Arsenkies *m* *arsenopirit
missa s. **mes** (II)
mistaço [·×·] *naut.* 1. Wasserstag *n* 2. Spriet(-baum *m*) *n*
mister [×·] (I) (Anrede od. Bez. für Angelsachsen) (der) Herr ~ **Ruzvelt** (Herr) Roosevelt (*üblicher:* **Bay Ruzvelt** *od.* **Ruzvelt**)
mister (II) [·–] (*franz.* **mystère**) **(oyunu)** *Th.* Mysterienspiel *n*
mistifikasyon *selt.* Mystifikation, Täuschung, Vorspiegelung *f*
mistik 1. mystisch, geheimnisvoll 2. Mystiker(-in *f*) *m* *gizemci, mutasavvıf
mistika; mistiko [×··] *naut.* schonerähnliches Segelschiff in der Levante
mistiklik; mistisizm Mystizismus *m*, Mystik *f* *gizemcilik, tasavvuf
mistral Mistral *m*, Tramontana *f* (stürmischer Nord(west-)wind in Südfrankreich)
misvak, -kı [ā] orient. Zahnstocher *m* od. e–e Art Zahnbürste *f* (aus verschiedenen Hölzern hergestellt) ~ **ağacı** 1. Oldenlandia *f bot.* Oldenlandia Schimperi 2. s. **erak**
misvaklı [ā] mit Zahnbürste (nur mehr in der z. va. Füg.) **başı** ~ 1. *fr.* Medrese-Student *m* 2. klerikaler Fanatiker
misyon 1. Mission *f*, Auftrag *m*, Aufgabe *f* 2. Missionsstation *f* 3. *pol.* diplomatische od. konsularische Vertretung
misyoner (christlicher) Missionar
misyonerlik Missionstätigkeit *f*
Mişerler *n.pr.* Mischären *pl.* (türk. Volksgruppe im mittleren u. östl. Rußland)
mişkât, -tı *fr.* Nische *f* (vgl. **hücre** 4)
-miş'li geçmiş zaman s. **belirsiz geçmiş kipi**
mişmiş s. **mışmış**
mişrat, -tı [ā] *va.* 1. s. **neşter** s. *allg.* scharfes Messer
mişvar [ā] *va.* 1. Zustand *m*, Sachlage *f*, Lauf *m* (der Dinge) 2. Art und Weise *f* 3. Verhalten, Benehmen *n* **-ı âlem** *va.* Lauf *m* der Welt
mişvel *va.* kleine Sichel **-i muh** s. **beyinorağı**
mit, -ti Mythos *m*, Mythe *f*, Götter-, Helden-sage *f*
MİT s. **Millî İstihbarat Teşkilâtı**
mithan s. **gayal**
mithat, -tı 1. *va.* lobenswerte Tat 2. *va.* Lob *n*, Ruhm *m* 3. ♀ *mV*
mitil beiderseitig weiße Steppdecke (die mit Überzug versehen wird)
miting (*engl.* **meeting**) 1. Versammlung *f spez.* Demonstrationsversammlung *f* 2. Tagung *f*, Kongreß *m*, Zusammenkunft *f* ~ **yapmak** e–e Versammlung (bzw. Tagung) abhalten
mitingci Versammlungs- od. Tagungs-teilnehmer *spez.* Demonstrant *m*
mitolog (*franz.* **mythologue**) Mythologie-, Sagen-forscher (-in *f*) *m*
mitoloji 1. Mythologie *f* *esatir 2. mythologische Forschung *f*
mitolojik mythologisch, legendär, sagenhaft *esatirî
mitoman (*franz.* **mythomane**) *med.* krankhafter Lügner
mitomani *med.* krankhafte Lügensucht
mitos s. **mit**
mitoz s. **eşeyli bölünme**
Mitra s. **Mihir** (I, 3)
mitral *med.* die Mitralklappe betreffend, Mitral-
mitralyet, -ti (*franz.* **mitraillette**) 1. leichtes Maschinengewehr *hafif makineli tüfek 2. Maschinenpistole *f*
mitralyetli mit leichtem Maschinengewehr bzw. mit Maschinenpistole ausgerüstet
mitralyöz (*franz.* **mitrailleuse**) Maschinengewehr *n* *makineli tüfek ~ **gibi (konuşmak)** wie ein Wasserfall reden ~ **yuvaları** Maschinengewehrnester *pl.*
mitralyözcü Maschinengewehrschütze *m* **-ler** Bedienungsmannschaft *f* e–s Maschinengewehrs
mitralyözlü mit Maschinengewehr(en) ausgerüstet
mitrayyöz s. **mitralyöz**
Mitridat, -tı 1. *n.pr. hist.* Mithridates *Mihridat 2. ♀ *ältere Bez.* für **tiryak**
mitridatizm *med.* Mithridatismus *m* (Giftfestigkeit durch Gewöhnung)
miyah [ā] (*va. Pl.* zu **ma**) Wasser, Gewässer *pl.* **-ı cariye** s. **akarsular**
miyalji (*franz.* **myalgie**) s. **kas ağrısı**
miyama [ā] *naut.* Kausch *f* e–s Segels
miyan(-e) s. **meyan(-e)**
miyangir(lemek) s. **mihengir(-lemek)**
miyar [– –] 1. *chem.* Reagens *n* *ayıraç 2. Eichmaß *n* 3. gesetzlicher Feingehalt (des Goldes) 4. (Normal-)Maß *n* ~ **güvertesi** *naut.* oberstes Deckshaus ~ **pusula** *naut.* Regelkompaß *m* **-ı nakdî** Münzfuß *m;* s.a. Stw. **altın**
miyasma [·×·] *med. va.* Miasma *n*, Krankheitsstoff *m*
miyasteni (*franz.* **myasthénie**) s. **kas zayıflığı**
miyaz *med.* Myiase *f*, Madenfraß *m*
miyav miau
miyavlamak miauen (Katze)
miyofibril *an.* Myofibrille *f* *kas hücresi (*od.* ~ gözesi) telciği
miyokardi *med.* Myokardie *f* (Kreislaufstörungen)
miyokart, -di *an.* Myokard(-ium) *n*, Herzmuskel *m* *adalei kalp, yürek kası ~ **enfarktüsü** *med.* Herzinfarkt *m*
miyolem (*franz.* **myolemme**) s. **kas zarı**
miyoloji (*franz.* **myologie**) s. **kasbilim**
miyom (*franz.* **myome**) s. **kas uru**

miyop, -pu (*franz.* **myope**) kurzsichtig (Auge od. Person) *kasirülbasar; uzakgörmez
miyopluk Kurzsichtigkeit *f* *kasrıbasar, uzakgörmezlik
miyosen *geol.* 1. Miozän *n* 2. dem Miozän angehörig
miyozit, -ti *med.* Myositis, Muskelentzündung *f* *kas iltihabı
miyozotis [··×·] *selt.* Vergißmeinnicht *n bot.* Myosotis
miza (*franz.* **mise**) Spieleinsatz *m* ~ **etmek** einsetzen (beim Spiel)
mizabe [−−·] *med.* Rinne, Rille, Furche *f*
mizaç -cı [ā] 1. natürliche Anlage; Veranlagung *f*, Charakter *m*, Temperament *n* 2. Laune, Stimmung *f* 3. *z. va.* Befinden *n*, Gesundheit, Konstitution *f* **-a hizmet etmek** über sich ergehen lassen; hinnehmen, dulden **-ına göre** je nach Temperament **-ına uygun** dem eigenen Wunsch (Gefallen) entsprechend **-ları uymamak** innerlich nicht zueinander passen (Personen)
mizaçgir [·−−] *va.* unterwürfig, servil, kriecherisch, schmeichlerisch
mizaçgirlik [·−−·] *va.* Speichelleckerei, Servilität, Unterwürfigkeit *f*
mizaçlı 1. mit nb. Veranlagung (od. Temperament) 2. in nb. Stimmung (Laune) 3. von nb. Konstitution (Gesundheit)
mizaçsız 1. in schlechter Stimmung, gedrückt 2. unwohl, krank, unpäßlich, indisponiert
mizaçsızlık 1. Gedrücktheit *f* 2. Unpäßlichkeit, Indisposition *f*
mizah [ā] Humor, Witz, Scherz *m* *gülmece ~ **mecmuası** (*od.* ~ **dergisi**) Witzblatt *n*
mizahçı [ā] 1. Humorist *m*, *a.* Redakteur *m* e−r Witzecke 2. Spaßmacher, Witzbold *m* *şakacı
mizahî [·−−] humoristisch, witzig
mizan [−−] 1. Waage *f* *terazi 2. arithmetische Probe *sağlama 3. *H* Probe-, Salden-bilanz *f* 4. *H* Ausgleichssaldo *m* (in e−r Bilanz) 5. Meßinstrument *n* 6. ♎ *astr.* s. **Terazi** 7. *z.va.* Waage *f* der Gerechtigkeit, Jüngstes Gericht 8. *va.* Gewicht *n* 9. *z.va.* Vernunft *f*, vernünftige Erwägung; Kriterium, Maß *n*, Logik *f* ~ **etmek** (*od.* **yapmak**) *math.* die Probe machen ~ **kalemi** *hist.* s. **ruznamçeci; -a çekmek** (b−ni) Rechenschaft fordern (von j−m) **-a vurmak** 1. wiegen *(tr.)* 2. *fig.* abwägen, vergleichen **-ı şehrî** s. **aylık mizan; -ülharare** s. **termometre; -ülhava** s. **barometre; -ürrutube** s. **higrometre; -üssühune** s. **termometre**
mizana [·×·] *naut.* 1. **(direği)** Besan-, Kreuz-mast *m* 2. **(yelkeni)** Besansegel *n*
mizanacı *naut.* Matrose am Besanmast
mizanpaj (*franz.* **mise en pages**) *typ.* Umbruch *m* *sayfa düzeni
mizanpli (*franz.* **mise en plis**) 1. Legen *n* (der Haare) 2. *spez.* Wasserwelle *f*
mizansen (*franz.* **mise en scène**) Inszenierung *f* (*a. fig.*), Ausstattung *f* *sahneye koyma; oyun düzeni
mizansenli mit nb. Inszenierung od. Ausstattung; inszeniert (*a. fig.*) **büyük** ~ **filim** Ausstattungsfilm *m*
mizantren (*franz.* **mise en train**) *typ.* Einrichtung *f* für den Druck
mizantrop, -pu Misanthrop, Menschen-feind, -hasser *m*
mizantropik misanthropisch, menschenfeindlich
mizap, -bı [−−] *va.* 1. Dach-, Regen-rinne *f* *damlalık 2. Auskehlung *f*, Gewinde *n*
Mizar *astr.* Mizar (mittlerer Deichselstern im Sternbild des Großen Bären)
mizistra [·×·] s. **mezestre**
mizitra [·×·] **(peyniri)** (*fr.* in Istanbul) s. **lor peyniri**
mizmar [ā] 1. kleinere Pfeife od. Flöte 2. Psalm *m* (Davids) 3. *an.* Stimmritze, Glottis *f*
Mizya [×·] *n.pr.* Mysien (kleinasiatische Landschaft des Altertums)
Mizyalılar *n.pr.* Einwohner *pl.* von Mysien
MLSPB = Marksist-Leninist Silâhlı Propaganda Birliği (kommunistische Untergrundbewegung)
mnemotekni Mnemotechnik, Gedächtniskunst *f*
mnemoteknik mnemotechnisch
mobilya [·×·] Mobiliar *n*, Möbel(-einrichtung *f*) *pl.* *döşeme, mefruşat ~ **mağazası** Möbelgeschäft *n* ~ **tekeri** Möbelrolle *f*
mobilyacı Möbel-fabrikant, -händler *m*
mobilyacılık Möbel-herstellung *f*, -verkauf *m*
mobilyalı mit Mobiliar, möbliert *döşemeli, mefruş, möble (-li)
mobilyasız ohne Mobiliar, unmöbliert
mobilye s. **mobilya**
mod *mus.* Ton-art *f*, -geschlecht *n*
moda (I) [×·] 1. Mode *f* 2. der neuesten Mode entsprechend, modisch ~ **bir şapka** ein Hut nach der neuesten Mode ~ **dergisi** (*od.* ~ **mecmuası**) Modejournal *n* ~ **düşkünü** 1. Modenarr, Stutzer, Geck *m* 2. Mode-dame *f*, *pej.* -närrin *f* ~ **renkler** modische Farben, Modefarben *pl.* ~ **salgını** (allgemeine) Modetorheit ~ **yaratıcısı** Modeschöpfer *m* **-sı geçmek** 1. aus der Mode kommen, unmodern werden 2. *fig.* nicht mehr aktuell sein (Angelegenheit) **-sı var olmak** (bşin) Mode (im Schwang) sein, beliebt sein, Zulauf haben
moda (II) s. **muda**
Moda [×·] *n.pr.* Istanbuler Vorort (auf dem asiatischen Ufer)
modacı Modeschöpfer *m*
modal *gr.*, *phil.*, *mus.* modal
model 1. (Holz-, Gips-, Flugzeug-, Akt- usw.)Modell *n*, Muster *n* 2. Schnitt *m*, Machart *f* (z. B. e−s Anzugs) 3. Gießform *f* 4. Modellheft *n*, Modejournal *n*, Vorlage *f* 5. Art *f*, Typ *m*, Bauart *f* 6. Ebenbild *n* Zu 5: **en küçük -de denizaltılar** U-Boote der kleinsten Bauart Zu 6: **Çocuk, babasının küçük bir -idir.** Der Junge ist sein Vater in Miniaturausgabe. ~ **balmumu** Modellierwachs *n* ~ **değiştirmek** *Ch.* auffahren (auf); *F* tüchtig anbumsen ~ **durmak** (Akt-)Modell stehen
modelaj (*franz.* **modelage**) Modellieren *n* *oylumlama
modelci 1. Modellierer, Modelleur *m* 2. Modell-bauer, -former *m* 3. Gießer *m*
modelcilik 1. Modell-bau *m*, -zeichnen, -schneidern *n* 2. Gießen *n*, Tätigkeit *f* e−s Gießers, Gießereihandwerk *n*
modele modelliert ~ **etmek** modellieren
modelli resim Zeichnen (Malen) *n* nach der Natur (Akt, Landschaft)
modellik Modellstehen *n* ~ **etmek** Modell stehen
moder Modder *m*, Schlammerde *f*
moderato [··×·] *mus.* moderato, gemäßigt, mäßig schnell
modern modern, neuzeitlich *asrî ~ **zamanlar** neueste Zeit
modernist, -ti 1. modernistisch, neuerungssüchtig 2. Modernist *m*
modernizasyon Modernisierung *f*
modernize modernisiert ~ **etmek** modernisieren, modern (-er) gestalten, den Forderungen der Neuzeit anpassen *asrîleştirmek, modernleştirmek, muasırlaştırmak
modernizm Modernismus *m* *çağcıllık
modernleşmek sich modernisieren, modern(-er) werden, sich den Forderungen der Neuzeit anpassen *asrîleşmek, muasırlaşmak
modernleştirmek s. **modernize etmek**
modifikasyon *spez. biol.* Modifikation *f* *değişke, tadil
modist, -ti (*franz.* **modiste**) Hutmacherin *f*
modistra [·×·] 1. Modistin, Putzmacherin *f* 2. Schneiderin *f*

modordr [·×] (*franz.* **mot d'ordre**) 1. Parole, Losung *f* 2. Stichwort *n*
modul; modül *math., techn.* Modul *m*
modülasyon Modulieren *n*, Modulation *f*
modülasyonlu *(Radio)* moduliert
modülatör *(Radio)* Modulationsröhre *f*
modüle moduliert ~ **etmek** modulieren
modüs vivendi 1. Modus vivendi *m* 2. (vorläufige) Abmachung; Abkommen *n*, Vertrag *m*
moer s. **moher**
mofa Mofa *n* (Fahrrad mit Hilfsmotor)
mofet, -ti Mofette *f*, Grubengas *n*
Moğol 1. Mongole *m*, Mongolin *f* 2. mongolisch
Moğolca 1. mongolische Sprache, Mongolisch 2. mongolisch
Moğolistan *n.pr.* Mongolei *f*
Moğosa; Moğusa s. **Mağosa**
moher [·×] Mohär *m* (Wolle der Angoraziege und daraus gefertigter Stoff)
Moka [×·] 1. *n.pr.* Mokka (Ortschaft am Roten Meer) 2. ≗ *va.* Mokka *m* (als ar. Kaffeesorte) *Yemen kahvesi
mokasen Mokassin *m* (indianisches od. modernes Schuhwerk)
moket, -ti Mokett *m* (Möbelplüsch)
mol, -lü *phys.* Mol; Gramm-Molekül *n*
mola [×·] (1–2 *naut.*) 1. Lockern, Nachlassen *n* (e–s Taues), (Auf-)Fieren, Lose-Geben *n* 2. *(Kommando)* Lego! 3. Auswerfen *n* des (Fischer-)Netzes od. der Angel 4. Rast(-pause *f*, Ausruhen *n*, Halt, Aufenthalt *m* ≗ **bosa gabya!** (Kommando zum Losmachen des Großtoppsegels und Festmachung durch Schoten) ~ **bosa kamçısı** Tauende *n* zum Festmachen von zusammengerollten Segeln ~ **etmek** 1. *naut.* lockern, nachlassen, (auf-)fieren, Lose geben 2. **(palamar ve halatları)** *naut.* von den Tauen losmachen 3. rasten, e–e Rastpause einlegen, et. ausspannen ≗ **kürekler!** Ruder ins Boot! ~ **taşı** größerer Stein (z.B. an e–r Straßenecke, wo ein Lastträger seine Last vorübergehend absetzen kann) ~ **vermeden** pausenlos, ohne Unterbrechung ~ **vermek** 1. rasten, e–e Rastpause einlegen, et. ausspannen 2. zu e–m vorläufigen Stillstand kommen (z.B. Kampfhandlungen) ~ **yapmak** Rast machen, halten ~ **yeri** Rast-ort, -platz *m* **-da olmak** *V* sehr rückständig (dumm) sein
molas *geol.* Molasse *f*
molasız ohne Rast(-pause)
molazma [·×·] *naut. reg.* kleineres Netz (bei der Küstenfischerei)
Moldav 1. *hist.* moldavisch 2. Moldau *f* (Fluß) ~ **Ulah Memleketi** *hist.* Moldau-Walachei *f*
Moldavya [·×·] *n.pr. hist.* Moldau *f* (früheres Donaufürstentum) *Buğdan
Moldavyalı [·×··] *hist.* aus der Moldau stammend, moldavisch
molekül Molekül *n*, Molekel *f* *zerre ~ **ağırlığı** Molekulargewicht *n* ~ **arası** intermolekular ~ **derişmesi** *chem.* Molekularverdichtung *f* *temerküzü zerrevî
moleküler; molekülsel molekular, Molekular- *zerrevî
mol(ekül)gram s. **mol**
moleskin 1. Moleskin *m, n*, Englischleder *n* (Stoff) 2. Kunstleder *n*
molet, -ti (*franz.* **molette**) Seilscheibe *f* (im Bergwerk)
molibden *chem.* Molybdän *n*
molla 1. *hist.* Molla, Oberrichter *m* 2. *hist.* großer Gelehrter; Titel isl. Geistlicher 3. (in späterer Zeit) Titel für Lese- und Schreibkundige, *spez.* für Studenten der Medrese 4. Muley *m* (marokkanischer Herrscher) ~ **bey** *hist.* Titel für adlige Geistliche
mollalık s. **mevleviyet**
moloz 1. (Bau-)Schutt *m*, abgerissenes Mauerwerk; Abbruchsteine *pl.*, Geröll *n* 2. Schottersteine *pl.* 3. aus Schotter hergestellt od. mit Schotter ausgefüllt 4. wertlos, unbrauchbar 5. *V* a) wertloser Gegenstand b) unbedeutender Mensch, lächerlicher Fant ~ **dolgu** Wand-, Mauer-füllung *f* ~ **döşek** Schotter-, Stein-bettung *f* (e–r Stützmauer) ~ **duvar** s. **kaba duvar;** ~ **kırması** Splitt *m* (als Straßenbelag) ~ **taşı** Bruchstein *m*
molozcu Schutträumer *m*
molozlaşmak *V* alt und häßlich werden
molozlu (*V* in der Füg.:) ~ **pilav** Reis mit viel Fleisch
molozluk Schutthaufen *m*
molton (bezi) Molton *m* (Baumwollstoff)
Moluklar; Molükler; Molük adaları *n.pr.* Molukken, Gewürzinseln *pl.* *Baharat adaları
mombin (*franz.* **mombin**) s. **İspanya eriği ağacı**
moment, -ti *phys.* Moment *n* *vezniyet
monad *phil.* Monade *f*
monadcılık; monadizm *phil.* Monadismus *m*, Monadologie *f*
Monako [·×·] *n.pr.* Monako ~ **prensliği** Fürstentum *n* Monako
Monakolu [·×··] 1. Monegasse *m*, Monegassin *f* 2. monegassisch
monark, -kı Monarch(-in *f*) *m*
monarşi Monarchie *f* *tekerklik
monarşik monarchisch
monarşist, -ti 1. Monarchist(-in *f*) *m* 2. monarchistisch
monat(-çılık) s. **monad(-cılık)**
moncuk, -uğu *(in alttürk. Zeit)* 1. rundlicher Abschluß e–r Zeltstange (gleichzeitig zur Abwehr böser Geister; später: **boncuk**) 2. Schmuckstein *m*
mondanite mondänes Leben
monden mondän, nach Art der großen Welt
mondovizyon (*franz.* **mondovision**) interkontinentale Fernsehsendung
Mondros *n.pr.* Mudros (auf der Insel Lemnos) ~ **Mütarekesi** Waffenstillstand *m* von Mudros (30.10.1918)
Mongol s. **Moğol**
mongolfiyer *hist.* Montgolfiere *f*, Warmluftballon *m*
mongolik die Mongolen betreffend; mongolisch
Mongolistan s. **Moğolistan**
mongoliyen (*franz.* **mongolien**) s. **mongoloyit**
mongolizm *med.* Mongolismus *m*
mongoloyit, -di *med.* mongoloid
mongos Mungo *m*, Manguste *f zo.* Lemur mongos
monist, -ti Monist(-in *f*) *m* *birci
monistik monistisch
monitor 1. *naut.* Monitor *m* (kleineres gepanzertes Kriegsschiff) 2. Monitor *m* (in der Fernsehtechnik bzw. der Atomphysik)
monitör (*franz.* **moniteur**) *(Sport)* Berater, Ausbilder, *a.:* Vorturner, Trainer
monizm *phil.* Monismus *m* *bircilik, vahdetiye
mono Mönchsschmuckvogel *m zo.* Manacus manacus (Südamerika)
monodi *mus.* Monodie *f*
monodram *Th.* Monodrama *n*
monogam monogam, in Einehe lebend
monogami Monogamie, Einehe *f*
monografi Monographie, Einzeldarstellung *f*
monogram Monogramm *n*
monogramlı mit Monogramm versehen (gestickt, geschmückt usw.)
monoideizm (*franz.* **monoïdéisme**) s. **tekdüşüncelik**
monokl, -lü Monokel, Einglas *n*
monoklinal *geol.* monoklin

monolit, -ti Monolith *m* (Säule od. Denkmal aus e–m einzigen Stein)
monolog Monolog *m*, Selbstgespräch *n*
monoman *med.* monoman, mit e–r fixen Idee behaftet
monomani *med.* Besessenheit *f*, fixe Idee, Wahnvorstellung *f*
monometalizm Monometallismus *m*, einfache Währung
monoplan s. **tek kanatlı uçak**
monopol, -lü Monopol *n* (Alleinhandelsrecht *n* od. alleiniges Herstellungsrecht) *inhisar, tekel
monopolize monopolisiert ~ **etmek** monopolisieren *inhisara almak
monopolleştirmek s. **monopolize etmek**
monoray (*franz.* **monorail**) 1. einschienig 2. Einschienenbahn, Allweg-Bahn *f* 3. Laufschiene *f*
monosikl (*franz.* **monocycle**) Einrad *n* (der Artisten)
monosilap, -bı (*franz.* **monosyllabe**) einsilbig(-es Wort)
monotayp (*engl.* **monotype**) s. **monotip**
monoteist, -ti 1. Monotheist(-in *f*) *m* 2. monotheistisch *(1, 2) muvahhit, tektanrıcı
monoteizm Monotheismus *m* *tektanrıcılık, tevhit, vahdaniye
monotip, -pi *typ.* Monotype *f* (Gieß- und Setz-maschine für Einzelbuchstaben)
monoton monoton: 1. z.B. *math.* gleichförmig 2. *pej.* eintönig, -förmig, ermüdend, langweilig
monotoni; monotonluk Monotonie *f*: 1. z.B. *math.* Gleichförmigkeit *f* 2. Ein-tönigkeit, -förmigkeit *f*
Monroe doktrini (kaidesi, düsturu) Monroedoktrin *f* (1823)
monsenyör Monseigneur: 1. (Seine) Hochwürden 2. *fr.* (Seine) Durchlaucht
monsinyor 1. s. **monsenyör** 2. italienischer Geistlicher
monşer (*franz.* **mon cher**) *lev.* mein Lieber! *azizim
monşerli *pej.* mit (dauernder) Verwendung des Ausdrucks **mon cher;** s.a. **maşerli**
montaj 1. *techn.* Montage, Montierung, Aufstellung *f*, Auf-, Ein-, Zusammen-bau *m* 2. *(Film)* Schnitt *m* und Zusammenstellung *f* *kurgu, kur-tak 3. *V* ein best. betrügerisches Mischen der Poker-Karten ~ **atelyesi** (*od.* **pavyonu**) Montagehalle ~ **resmi** Montagezeichnung *f* ~ **salonu** Rüsthalle, Rüsterei *f* ~ **yapmak** 1. montieren, aufstellen, auf-, ein-, zusammen-bauen 2. *(Film)* schneiden und zusammenstellen
montajcı s. **montör**
monte etmek 1. montieren, aufstellen, auf-, ein-, zusammen-bauen 2. *(Film)* schneiden und zusammenstellen 3. auf die Bühne bringen, inszenieren, neu einstudieren
montör 1. Monteur, Montagearbeiter *m* 2. *(Film)* Schnittmeister, Tonmeister, Cutter *m*
montür (*franz.* **monture**) Gestell *n*, Rahmen *m*, Fassung *f*
monüman Monument *n*, Prunkbau *m*, Denkmal *n* *abide, anıt
monümantal monumental, großartig, hochbedeutend
moped *selt.* Moped *n* (Kleinkraftrad)
mor 1. (dunkel-)violett 2. purpurrot 3. fahl, blaugefroren (z.B. Gesicht) 4. *V* Fünfzigpfundschein *m* *Japon ~ **çiçekli ormangülü** pontische Alpenrose *bot.* Rhododendron ponticum ~ **dut** s. **kırmızı dut;** ~ **etmek** *V* blamieren, bloßstellen ~ **olmak** *V* 1. Prügel beziehen 2. blamiert dastehen ~ **salkım** Glyzinie *f* *bot.* Wistaria sinensis ~ **üçgül** s. **çayırtirfili;** ~ **yakut** *va.* Amethyst *m*
mora *reg.* (Trabzon) s. **böğürtlen**
Mora [×·] *n.pr.* Peloponnes *m*, Morea
moral, -li 1. Moral *f* *ahlâk 2. moralische (seelische) Verfassung, Stimmung, (Kampf-)Moral, Durchhaltekraft *f* *maneviyat 3. moralisch, sittlich, ethisch *ahlâkî ~ **bozukluğu** moralische Verderbnis ~ **vermek** ermutigen **-ini bozmak** 1. demoralisieren 2. *F* j–m auf die Nerven fallen
Moralı 1. Bewohner(-in *f*) *m* des Peloponnes 2. aus dem Peloponnes stammend
moralist, -ti 1. Moralist, Moralphilosoph, Sittenrichter *m* 2. Sittenschilderer *m*
moralite 1. Moral, Nutzanwendung *f* (e–r Geschichte) 2. **(oyunu)** *Th.* Moralität *f*, geistliches Schauspiel (im Mittelalter)
moralize 1. sittlich gehoben 2. (Psychoanalyse) sublimiert ~ **etmek** 1. sittlich heben 2. sublimieren 3. *intr.* moralisieren
moralizm Moralismus *m* *ahlâkçılık, törelcilik
moralman *Adv.* moralisch, sittlich, ethisch
morarmak 1. (dunkel-)violett werden 2. blaue Flecken bekommen (z.B. durch Schläge), blau anlaufen (z.B. bei Erstickungsanfall) 3. purpurrot werden (z.B. vor Scham) 4. (vor Kälte) ganz blau werden (z.B. Gesicht)
morartı brauner (od. blauer) Fleck
morartmak Kaus. zu **morarmak** *a.*: 1. braun und blau schlagen 2. *V* blamieren; zum Gespött der Leute machen
moratoryum [··×·] Moratorium *n*, allgemeiner Zahlungsaufschub
Morava *n.pr.* 1. March *f* (Fluß in der Tschechoslowakei) 2. Morawa *f* (Fluß in Jugoslawien)
Moravya [·×·] *n.pr.* Mähren ~ **kapısı** *n.pr.* *geogr.* Mährische Pforte *f*
Moravyalı 1. Bewohner(-in *f*) *m* von Mähren 2. aus Mähren stammend
mordan (*franz.* **mordant**) 1. *mus.* Mordent, Pralltriller *m* *kapma, tırmıklama 2. **(sıvısı)** Beize *f*, Ätzwasser *n*
mordanlamak ätzen, beizen
Mordovca; Mordva dili *ling.* Mordwinisch(-e) *n*
Mordovlar *n.pr.* Mordwinen *pl.* (finnischer Volksstamm westlich der Wolga)
more (albanischer Ausruf der Verwunderung) ja doch, nun aber, hallo! nanu? **Bunlar ne** ~? Nanu, was sind denn das für Dinge? **İnsaf,** ~! Alles, was recht ist!
morela [·×·] *naut.* 1. Fid *m*, Splißhorn *n* (großer hölzerner Marlspieker zum Öffnen von Tausträhnen) 2. *fr.* Pfropfen *m* (aus Werg usw.) zum Abdichten von Schußlöchern in der Wasserlinie ~ **etmek** *fr. naut.* ein Loch in der äußeren Bordwand abdichten
moren (I) (*franz.* **morin**) gelber Farbstoff
moren (II) (*franz.* **moraine**) Moräne *f* *buzultaş
morendo [·×·] *mus.* morendo, hinsterbend, verhauchend, erlöschend
moresk, -ki *selt.* maurisch ~ **üslubu** maurischer Stil
morfem *ling.* Morphem, Formans *n* *şekil unsuru
morfematik *ling.* morphematisch
morfidar *naut.* Heckkrümmung *f*
morfin Morphium *n* ~ **atmak** *V* spitze, anzügliche Bemerkungen machen ~ **koymak** *Sch.* den Lehrer hereinlegen
morfinist, -ti s. **morfinoman**
morfinizm *med.* Morphinismus *m*, Morphiumvergiftung *f*
morfinli 1. Morphium enthaltend 2. aus (od. mittels) Morphium hergestellt
morfinoman Morphinist(-in *f*) *m*, morphiumsüchtig
morfinomani Morphiumsucht *f*
morfoloji *biol., gr.* Morphologie, Formenlehre *f* *biçimbilim, şekliyat, yapıbilim
morfolojik morphologisch, die äußere Gestalt betreffend *biçim-, şekil-, yapı-bilimsel
morg (*franz.* **morgue**) Leichen-schauhaus *n*, -halle *f* ~ **raporu** *jur.* Obduktionsbefund *m*
morile s. **morela**

morina (I) [·×·] Kabeljau, Dorsch *m zo.* Gadus morrhua; s.a. **mersin -si**
morina (II) [·×·] Quirl-Karde *f bot.* Morina (longifolia u.a.)
moringa [·×·] s. **ban ağacı**
Moris *n.pr.* Moritz ~ **adası** *n.pr.* Insel *f* Mauritius
Moritanya [··×·] *n.pr.* Mauretanien
Moritanyalı 1. Mauretanier(-in *f*) *m* 2. mauretanisch
moriza; morize [·×·] *naut.* Reffbändsel *n*, Steekbolzen *m*
morlanmak; morlaşmak s. **morarmak**
morluk 1. (Dunkel-)Violett *n* 2. Purpurrot *n* 3. blaue (blau angelaufene) Stelle 4. fahle Farbe (des Gesichtes)
Mormon Mormone *m*, Mormonin *f*
Mormonluk Mormonentum *n*
morötesi, -ni s. **ültraviyole**
mors (I) Walroß *n zo.* Odobenus (rosmarus u.a.)
mors (II) 1. ≗ *n.pr.* Morse 2. Morse- ~ **alfabesi** Morsealphabet *n* ~ **anahtarı** Morsetaste *f*, Geber, Sender *m* *maniple ~ **cihazı** Morseapparat *m* ~ **yazısı** Morseschrift *f*
mort, -tu *V* 1. tot, Tote *m, f* 2. Tod *m* ~ **olmak** *V* abkratzen, ins Gras beißen (= sterben)
mortadella [··×·] Mortadella *f* (italienische Wurstsorte)
mortalite Mortalität, Sterblichkeit *f*, Todesfälle *pl.*
mortaş *min.* violetter Quarz; Amethyst *m*
mortel (*franz.* **mortel**) 1. sterblich, vergänglich 2. tödlich (*a. fig.*)
morti *V* s. **morto**
mortlamak *V* 1. abkratzen (= sterben) 2. alles Geld verlieren (beim Glücksspiel)
mortlatmak *V* 1. totschlagen, umbringen 2. j–n ausplündern, ausnehmen (im Spiel), j–m alles Geld abnehmen
morto [×·] *V* Toter; Leichnam *m* ≗ **peniz** *Zig.* Halt den Mund! **-yu çekmek** *V* s. **mortlamak**
mortocu [×··] 1. Leichenträger *m* (bei christl. Begräbnis) 2. Friedhofsbettler *m* (der gewerbsmäßig bei e–m Begräbnis Koranverse **(aşır)** spricht 3. *V* Imam *m* 4. *V* Fahrer *m* des Leichenwagens
mortu(-cu) s. **morto(-cu)**
moruk *V* alter Kracher (Knacker, Knabe, Kauz), Tapergreis *m*; der Alte (*a.* = Vater *m*)
morukla(ş)mak *V* zum Tapergreis werden, alt werden
morula [·×·] *biol.* Morula *f*
morumsu; morumtırak ins (Dunkel-)Violette od. Purpurne spielend, bläulich (angelaufen)
mosketo [·×·] *hist.* Muskete *f*
mosketon (*franz.* **mousqueton**) 1. *hist.* Karabiner *m* (der Artilleristen od. Kavalleristen) 2. Karabinerhaken *m*
moskito [·×·] *mil.* Moskito *m* (brit. Langstreckenbomber)
Moskof *fr.* 1. Russe, Moskowiter *m* 2. russisch, moskowitisch 3. *va.* s. **Moskovalı** 4. *fig.* grausam, unbarmherzig ~ **bezi** grobe, russische Leinwand
moskofcamı, -nı *min.* Muskovit *m*, heller Glimmer *beyaz mika, müskovit
Moskofça *va.* russische Sprache; Russisch(-e) *n*
moskoftoprağı, -nı s. **Malta taşı**
Moskova [×··] *n.pr.* 1. Moskau 2. **(çayı)** Moskwa *f*
Moskovacı *F* moskauhörig
Moskovalı 1. Moskauer(-in *f*) *m* 2. moskauisch, moskowitisch, Moskau-
mosmor [×·] (*Verst.* von **mor**) ganz dunkelviolett, purpurrot (vor Scham), ganz fahl od. blaugefroren, braun und blau (am Körper)
mosso [×·] *mus.* mosso, bewegt, lebhaft, schnell
mostra [×·] 1. Muster *n*, Probe *f* 2. Schaufenster-ware, -auslage *f* 3. Auslaufen (Zutagesteichen) *n* (e–s Steinkohlenflözes, e–r Erzader usw.) 4. Lockvogel *m* *pırlak, çığırtkan 5. eitles, affektiertes Benehmen 6. *V* sonderbarer Typ ~ **olmak** bloßgestellt sein, blamiert dastehen ~ **vermek** zu Tage streichen (vgl. **mostra** 3); **-sını bozmak** (b–nin) *V* j–m et. versalzen
mostralık [×··] 1. Muster-, Probe-stück *n* 2. Muster-, Probe-sendung *f* 3. *hum.* wer nach et. aussieht, aber nichts tut
motamo (*franz.* **mot à mot**) Wort für Wort, wörtlich, wortgenau *kelime bekelime
mote(-t), (-ti) *mus.* Motette *f*
motel Motel *n*
motif 1. künstlerisches Motiv; Vorwurf, Gegenstand *m*, Thema *n* 2. (Teppich-, Spitzen- usw.) Muster *n* 3. *mus.* Motiv, Thema *n*
motivasyon (*franz.* **motivation**) s. **güdülenme**
motive (*franz.* **motivé**) **etmek** 1. motivieren, begründen, rechtfertigen 2. anregen, verursachen
moto (*franz.*) s. **motosiklet**
motobal (*franz.* **motoball**) Motor-Fußball *m* (mit je 5 Spielern)
motobatöz (*franz.* **motobatteuse**) *agr.* Motordrescher *m*
motokompresör (*franz.* **motocompresseur**) Motorkompressor *m*
motokros (*engl.* **motocross**) Moto-Cross *n* (Geländeprüfung für Motorradsportler)
motokültör (*franz.* **motoculteur**) s. **motörlü pulluk**
motokültür (*franz.* **motoculture**) mechanische Landwirtschaft
motopaver (*engl.*) s. **serici**
motopomp, -pu Löschfahrzeug *n*, Motor-, Kraft-spritze *f* (der Feuerwehr)
motor 1. Motor *m* 2. s. **motorbot** 3. s. **motosiklet** 4. *V* Dirne, Hure *f* 5. *V* Dummkopf *m* ~ **cekreti** Motorhaube *f* ~ **fabrikası** Motorenwerk *n* ~ **krankı** Motorkurbel *f* ~ **krank mili** Motorkurbelwelle *f* ~ **makinisti** Maschinenschlosser *m* ~ **sinir** *biol.* motorischer Nerv *harekî sinir ~ **tertibatı** Triebwerk *n* ~ **ustası** Autoreparateur *m* *oto tamiratçısı **-la işletme** Motorantrieb *m* **-u bozulmak** *V* Durchfall haben *ishal olmak **-un suyunu değiştirmek** *V* ein kleines Geschäft verrichten, austreten
motorbot, -tu Motorboot *n*, Lastkahn *m* mit eingebautem Motor
motorcu 1. Motorenbauer *m* 2. Motorenhändler *m* 3. wer e–n Motor bedient, z.B. Triebwagenführer, Motorradfahrer, Fahrer *m* e–s Motorbootes usw.
motorculuk 1. Motorenbau *m* 2. Motorenkunde *f* 3. Motorenhandel *m* 4. Motorwesen *n* 5. Bedienung *f* e–s Motors
motorin Dieseltreibstoff *m*
motorize motorisiert *motörlü ~ **etmek** motorisieren *motörleştirmek, motörlendirmek
motorlu s. **motörlü**
motorsuz ohne Motor ~ **uçak** Segelflugzeug *n* *planör ~ **uçuş** Segel- bzw. Gleit-flug *m* *planörcülük
motorşip, -pi (*engl.* **motorship**) Motorschiff *n* (mit Dieselmotor(-en) ausgestattet)
motosikl (*franz.* **motocycle**) Fahrrad *n* mit Hilfsmotor
motosiklet, -ti (*franz.* **motocyclette**) Motor-, Kraft-rad, Krad *n* ~ **bölüğü** *mil.* Kradschützenkompanie *f* **-e binmek** Motorrad fahren
motosikletçi Motorrad-, Krad-fahrer *m*
motosikletli 1. mit Motorrad (bzw. Motorrädern) ausgerüstet 2. Motorrad- 3. s. **motosikletçi**
motoskreyper (*engl.* **motoscraper**) *techn.* Schürfkübelraupe *f*
mototraktör (*franz.* **mototracteur**) Motorschlepper, Traktor, Bulldog *m*
mototren (Diesel-)Triebwagen, Schienenbus *m*
motör s. **motor**

motörcü(-lük) s. **motorcu(-luk)**
motörlendirmek *selt.* s. **motörleştirmek**
motörleşmek 1. sich motorisieren 2. motorisiert werden
motörleştirme Motorisierung *f*
motörleştirmek motorisieren **motörleştirilmiş on tümen** *mil.* zehn motorisierte Divisionen
motörlü 1. mit Motor(-en), Motor- 2. mit soundsoviel Motoren, -motorig 3. s. **motorize** Zu 2: **dört ~ uçak** viermotoriges Flugzeug **~ balon** lenkbares Luftschiff, Zeppelin *m* (*üblicher:* kabili sevk balon, dirijabl, zeplin) **birlik** *mil.* motorisierter Verband **~ bisiklet** Fahrrad *n* mit eingebautem Motor; Moped, Mofa *n* **~ kademe** *mil.* motorisierte Staffel **~ kano** Motor-, Auto-boot *n* *kano otomobil **~ kıta** *mil.* motorisierte Truppe **~ kızak** Motorschlitten *m* **~ kollar** *mil.* Kraftfahrerkolonnen *pl.* **~ kotra** Motorkutter *m* **~ nakliye kıtası** *mil.* Kraftfahrtruppe *f* **~ pişdar kuvvetler** *mil.* motorisierte Vorausabteilungen *pl.* **~ pulluk** Motorpflug *m* *motokültör **~ taşıt** Kraftfahrzeug *n* **~ topçu** *mil.* motorisierte Artillerie **~ tren** s. **mototren; ~ uçak** Motorflugzeug *n* (im Ggs. zu Segelflugzeug)
motörsüz s. **motorsuz**
motris (*franz.* **motrice**) 1. (Straßenbahn-)Triebwagen , Motorwagen *m* 2. motorisch, Antriebs- **~ kuvvet** motorische Kraft, Antriebskraft *f* *kuvvei muharrike **~ tekerlek** *techn.* Triebrad *n*
moz olmak *V* vor lauter Betrunkenheit einschlafen
mozaik, -ki 1. Mosaik *n*, Musiv-, Einlege-arbeit *f*, Terrazzo *m* 2. mit Mosaikbelag, musivisch, eingelegt, mit Terrazzo **~ sıva** Edelputz *m* *edelpüs **~ taşı** Mosaiksteinchen *n*
mozaikçi wer Mosaik (Terrazzo, *gel. a.* Fliesen, Kacheln) herstellt, damit handelt od. e–e Fläche auslegt
mozak *P* Ferkel *n*
mozole Grabdenkmal, Mausoleum *n* *anıtkabir
M.Ö.; MÖ = milâttan önce
möble 1. *selt.* Mobiliar *n*, Möbel(-einrichtung *f*) *pl.* *mobilya, mefruşat 2. mit Mobiliar, möbliert *mobilyalı, mefruş
möbleli s. **möble** (2)
mönü Menü *n*, Speisefolge *f*
mönüe *mus.* Menuett *n*
mösyö (*franz.* **monsieur**) (Anrede od. Bez. für Nichttürken) (der) Herr
Möz (*franz.* **Meuse**) *n.pr.* Maas *f* (Fluß)
M.S.; MS = milâttan sonra
M/S = motorşip
MSP = Millî Selâmet Partisi
MTA = Maden Tetkik Arama (Enstitüsü)
mu (I) s. **mi** (I)
mu (II) [ū] s. **muy**
mu- s.a. **mü-**
muabbir *va.* Traumdeuter *m*
muaccel *z.va.* 1. beschleunigt 2. sofort bar ausbezahlt 3. fällig (Zahlung) *ödeme günü gelmiş 4. e–e melodische Weise in der türk. Musik Zu 2: s. **icarei -e** (Stw. **icareteyn**) und **mihri ~; ~ borç** *jur.* einklagbare Schuld
muaccele *fr.* Vorauszahlung *f* (bei Pachtung staatlicher od. der Toten Hand gehöriger Güter)
muacceliyet, -ti *z. va.* Fälligkeit *f* *ödeme gününün gelmesi **~ kaydı** Fälligkeitstermin *m* *ödeme gününün gelmesi yazgısı
muaccil *va.* beschleunigend
muacciz lästig, belästigend, unangenehm, zudringlich *sırnaşık, tedirgin edici
muaccizlik lästiges Benehmen; Zudringlichkeit *f*
muaddel revidiert, in einzelnen Punkten geändert, modifiziert
muaddil 1. *va.* modifizierend, (teilweise) abändernd 2. s. **parametre**
muaddit, -di 1. *va.* zählend 2. s. **sayaç kontör**
muadele [ā] 1. *va.* Gleichheit *f* 2. *math.* Gleichung *f* *denklem 3. *fig.* rätselhafte Angelegenheit
muadelet, -ti [ā] Äquivalenz, Gleichwertigkeit *f* *eşdeğerlik **~ hakkı** Gleichberechtigung *f* **~ hakkını haiz olmak** gleiche Rechte besitzen, gleicherachtet werden **-i kabul edilmiş** als gleichrangig angesehen
muadil [ā] 1. gleich-artig, -schwer, -wertig, -bedeutend, -stark 2. äquivalent; Äquivalent *n* 3. *H* Devisengegenwert *m* Zu 1: **Başvekil, böyle bir muamelenin harp ilânına ~ olduğu cevabını vermiştir.** Der Ministerpräsident erwiderte, ein solches Vorgehen sei gleichbedeutend mit e–r Kriegserklärung. **-i kimyevî** s. **kimyasal eşdeğer**
muaf [ā] 1. *va.* verziehen, entschuldigt 2. enthoben, entbunden (von e–r Verpflichtung), befreit, dispensiert (von e–r Leistung), frei 3. *biol., med.* immun *bağışık **~ kılma** *biol.* Immunisierung *f* *bağışıklama **~ tutulmak** befreit (dispensiert) sein (von)
muafiyet, -ti [ā]; **muaflık** 1. *va.* Entschuldigtsein *n* 2. Befreiung, Freistellung *f* (z.B. von Steuern od. Abgaben), Erlaß *m* (e–r Verpflichtung od. Leistung), Dispens *m* 3. *biol., med.* Immunität *f* *bağışıklık **~ vermek** 1. Dispens erteilen, dispensieren, entheben, entbinden, befreien (von) 2. *biol., med.* immunisieren, immun machen *bağışıklamak
muahede [ā] (Staats-)Vertrag *m*, Abkommen *n* **~ akdetmek** e–n Vertrag schließen, ein Abkommen treffen **~ akdi** Vertrags(ab)schluß *m* **~ ile** vertraglich, vertragsmäßig **~ müddeti** Dauer *f* des Vertrags **-yi feshetmek** den Vertrag kündigen **-ye iltihak** Beitritt *m* zu dem Vertrag
muahedename [·–··–·] 1. Vertrags-urkunde *f*, -instrument *n* 2. Friedensvertrag *m*
muaheze [ā] Tadel *m*, Rüge, Kritik *f* **~ etmek** tadeln, rügen, kritisieren *tenkit etmek, kınamsımak **-ye duçar olmak** getadelt, gerügt, kritisiert werden
muahhar *va.* 1. e–r späteren Zeit angehörig, später folgend, nach-kommend, -folgend, letzt- *sonraki 2. Hintern, Popo *m*
muahideyn [ā] (*va. Pl.* zu **muahit**) die beiden vertragschließenden Parteien
muahit, -di [ā] *va.* vertragschließend
muahiz [ā] *va.* tadelnd, rügend, kritisierend
muakkat, -dı *va.* 1. verknüpft, verknotet 2. abgeschlossen (z.B. Vertrag) 3. unklar, schwer verständlich, dunkel, obskur (Fügungen, Sätze usw.) *düğümlü
muakkip, -bi 1. *va.* hinterdreinlaufend, verfolgend 2. (Bank-)Beamter, der laufende Geschäfte zum Abschluß zu bringen und Außenstände einzutreiben hat
mualecat, -tı [·–·–] *va. Pl.* zu **mualece**
mualece [ā] 1. Arznei *f*, Medikament *n*, Heil-trank *m*, -salbe *f* *ilâç 2. Verabreichung *f* (e–r Arznei) Behandlung *f* mit e–m pharmazeutischen Mittel 3. ärztl. Behandlung *f*
muallâ *z. va.* 1. hoch, erhaben *yüce 2. ⁓ *wV*
muallak, -kı 1. *va.* auf-, an-gehängt, frei-hängend, -schwebend *asılı 2. in der Schwebe, noch nicht entschieden *asıda, asıda kalmış 3. abhängig (von) *bağlı, mütevakkıf 4. *(Metrik)* offene Silbe *açık hece Zu 3: **Bu iş sizin kararınıza -tır.** Es kommt auf Ihre Entscheidung an. ⁓ **Kemer** *n.pr.* Aquädukt *m* des Justinian (bei Istanbul) **~ tazminat ihtiyatları** *jur.* Schadensreserven *pl.* (e–r Versicherungsgesellschaft) **-ta** (*od.* **~**) **bırakmak** in der Schwebe lassen, nicht entscheiden **-ta kalmak** noch in der Schwebe sein, noch nicht entschieden sein (Angelegenheit)

muallaka (in vorisl. Zeit) preisgekröntes Gedicht (das in der Kaaba aufgehängt wurde)
Muallakat(-ı Seba) (in vorisl. Zeit) die sieben in der Kaaba aufgehängten Kassiden
muallakıyet, -ti *va.* Unerledigtsein, Unentschiedensein *n;* s.a. **davada ~**
muallel 1. mangelhaft, unvollständig, mit Fehler(-n) behaftet 2. ungültig (Stimmzettel)
muallem *va.* geschult, gelernt (z.B. Arbeiter), ausgebildet (z.B. Soldat)
muallik *va.* s. **asıcı**
muallim Lehrer *m* (*a.:* Lehrerin *f*) *öğretmen ~ **gemici** s. **marnel** (1); ~ **mektebi** Lehrerseminar *n* *öğretmen okulu
muallime *va.* Lehrerin *f* *öğretmen
muallimlik 1. Lehrberuf *m* 2. Aufgaben *pl.*, Stellung *f* e–s Lehrers
muamelât, -tı [·—·—] *Pl.* zu **muamele;** ~ **holü** Schalterraum *m* (z.B. e–r Bank)
muamele [ā] 1. Verhalten, Benehmen, Auftreten, Verfahren, Vorgehen *n*, Handlungsweise, Behandlung *f* 2. Handel *m*, Geschäft *n*, Umsatz, (Geschäfts-)Abschluß *m* (z.B. an der Börse) 3. Dienst-, Geschäfts-gang, Dienstweg *m* (z.B. e–s Gesuches), Formalitäten *pl.*, Abfertigung *f* 4. Verkehr, Umgang *m* 5. *chem.* Behandlung *f* Zu 1: **Bana karşı hâlâ çocuk -si yapıyor.** Er behandelt mich noch immer wie ein Kind. Zu 2: **Borsada bugün ~ olmadı.** An der Börse sind heute keine Umsätze getätigt worden. **O fabrika ile artık ~ yapmıyorum.** Mit dieser Fabrik mache ich keine Geschäfte mehr. Zu 3: **Bu evrakın -si henüz bitmedi.** Diese Akten sind noch nicht von allen in Frage kommenden Dienststellen bearbeitet worden. Zu 4: **Bu adam ~ bilmiyor.** Er weiß nicht, wie man mit Leuten umzugehen hat. s.a. **cinsî ~; ~ etmek** (m. Dat.) behandeln ~ **görmek** 1. behandelt werden (z.B. Akten von den einzelnen Dienststellen od. Person) 2. gehandelt werden (Börsenpapiere) ~ **memuru** Verwaltungsbeamter ~ **vergisi** Umsatzsteuer *f* **-ye koymak** in den Geschäftsgang geben (z.B. Gesuch) **-i zevciye** *va.* eheliche Beziehungen *pl.*, ehelicher Beischlaf
muameleci [ā] 1. Agent, Makler, Vermittler *m* 2. Wucherer *m*
muamelecilik [ā] 1. Makler-, Vermittler-beruf *m* 2. Wucher *m*
muameleli [ā] bearbeitet (Akten)
muamma [··—] 1. Rätsel *n* 2. rätselhafte Angelegenheit ~ **kabilinden** rätselhaft
muammalı rätselhaft
muammer 1. langlebig 2. ♀ *mV, wV* ~ **etmek** *z. va.* ein langes (und glückliches) Leben schenken; vgl. **Allah seni ~ etsin!** ~ **olmak** ein langes (und glückliches) Leben führen
muanaka [·—··] *va.* Sich-Umarmen *n*, Umarmung *f*
muaneset, -ti [ā] *va.* 1. Gewöhnung, Vertrautheit, Zutraulichkeit *f* 2. Zahm-Sein *n* (von Tieren) ~ **etmek** 1. vertraut sein 2. zutraulich sein
muannidane [···—·] hartnäckig, verbissen (z.B. Widerstand)
muannit, -di hartnäckig, eigensinnig, halsstarrig, verbissen, zäh *anut, direngen, inatçı ~ **inkıbaz** (*od.* **kabız**) hartnäckige Verstopfung
muanven [·×·] *va.* 1. betitelt 2. prächtig, prunkvoll
muaraza [·—··] heftige Auseinandersetzung; Zank, Streit *m*, Wortgefecht *n*, Kontroverse *f* ~ **etmek** (*od.* **çıkarmak**) e–e Kontroverse haben, Streit bekommen **-nın men'i davası** *jur.* s. **müdahalenin men'i davası**
muarazacı [·—···] wer auf alles e–e Gegenrede hat; aufsässig
muare 1. Moiré *m, n* 2. moiriert
muarefe [ā] Bekannt-Sein *n* (mit jem.), Bekanntschaft *f* **-si olmak** (b–le) mit j–m bekannt sein, sich gegenseitig kennen *bilişmek
muareke [ā] *va.* Gefecht *n*, Kampf *m*, Schlacht *f*
muarız [ā] Widersacher, Gegner *m* **Bu fikrinize -ım.** Ich kann mich Ihrer Meinung nicht anschließen. Ich bin anderer Auffassung.
muarra [··—] *va.* 1. frei (von) 2. entblößt (von), ohne
muarref 1. *math.* begrenzt, definiert *mahdut, sınırlı, tariflenmiş 2. *phil.* definiert *tanımlı 3. bekannt, gekannt **gayri** ~ *math.* unbegrenzt, nicht definiert *namütenahi, sınırsız, tariflenmemiş
muarrep, -bi *va.* arabisiert (Wörter); s.a. **müstarep**
muarrif *va.* 1. mitteilend 2. Moscheediener, der die Namen von Stiftern bekannt gibt 3. *jur.* wer j–n vor e–m Notar, Richter usw. identifiziert
muasır [ā] 1. Zeitgenoss-e *m*, -in *f* 2. zeitgenössisch *(1, 2) çağdaş
muasırlaş(tır)mak s. **modernleş(tir)mek**
muassıra s. **büzgen**
muaşaka [·—··] s. **âşıktaşlık**
muaşeret, -ti [ā] soziales Zusammenleben, Verkehr, Umgang *m* ~ **adabı** s. **adabımuaşeret;** ~ **etmek** (sozial) zusammenleben
muaşşer s. **onlu** (3)
muaşşir *hist.* Zehntenerheber *m* *öşürcü
muatebe [ā] Tadel *m*, Rüge *f*, Verweis *m* ~ **etmek** tadeln, rügen, e–n Verweis erteilen
muatep, -bi [ā] *va.* getadelt, gerügt ~ **tutmak** (b–ni) tadeln, zurechtweisen, Vorhaltungen, Vorwürfe machen
muattal 1. aufgegeben, nicht mehr verwendet 2. still-gelegt, -stehend 3. untätig, müßig Zu 2: **Fabrika ~ duruyor.** Die Fabrik arbeitet nicht.
muattar 1. wohlriechend, duftend, aromatisch *ıtırlı, kokulu 2. e–e best. Tulpenart 3. ♀ *wV*
muavaza [·—··] 1. (Ein-)Tauschen *n*, Tausch *m* 2. Kompensation *f*, Ausgleich *m* ~ **etmek** 1. (ein-)tauschen 2. kompensieren, ausgleichen ~ **nazariyesi** s. **ödünleme kuramı**
muavedet, -ti [ā] *va.* Rück-kehr, -reise *f* *dönüş
muavenet, -ti [ā] Unterstützung, Hilfe(-leistung) *f*, Beistand *m*, Fürsorge *f* ~ **etmek** (b–ne) unterstützen, helfen, beistehen ~ **hizmeti** Hilfsdienst *m*
muavin [ā] 1. helfend, unterstützend 2. Hilfs-, Behelfs- 3. Gehilfe *m*, Hilfsbeamter 4. Stellvertreter *m*, Vize- 5. *Fb.* Läufer *m* *haf 6. s. **şoför -i** 7. **-ler** *Pl.* die nächsten Mitarbeiter, engerer Kreis (um e–e pol. Persönlichkeit), Referenten *pl.* (z.B. in e–m Ministerium), Sachbearbeiter *pl.* Zu 4: **Sovyet hariciye komiser -i** stellvertretender sowjetischer Außenkommissar; s.a. **müdür -i;** ~ **hastane gemisi** Hilfslazarettschiff *n* ~ **hattı** *Fb.* Läuferreihe *f* ~ **kıta** Hilfstruppe *f* ~ **konsolos** Vizekonsul *m* ~ **kruvazör** Hilfskreuzer *m* ~ **rampa** *mil.* Behelfsrampe *f* ~ **şahıs** *jur.* Erfüllungsgehilfe *m* *ödeme yardımcısı ~ **tahkimat** *mil.* Behelfsbefestigung *f*
muavinlik [ā] Tätigkeit *f* e–s **muavin**
muavveç, -ci *z.va.* 1. krumm, gekrümmt 2. krumm und schief, verkrümmt, zusammengekrümmt
muavvizetan [····—]; **muavvizeteyn** *va.* die beiden letzten Suren des Korans (oft auf Amuletten); die „Schutzsuren“ (*Anm.* Bei Einschluß der 112. Sure: **muavvizat**)
muayede [ā] *z. va.* (beiderseitige) Glückwünsche zu e–m Feiertag *bayramlaşma ~ **alayı** *od.* **resmi** ~ *hist.* offizielle Feierlichkeiten, bei der die höchsten Beamten dem Sultan ihre Glückwünsche anläßlich e–s Festes darbrachten
muayene [ā] 1. Untersuchung, (Über-)Prüfung *f* 2. ärztli-

che Untersuchung 3. Zollrevision *f* ~ **etmek** untersuchen, (über-)prüfen, revidieren, kontrollieren, genau durchsehen ~ **hakkı** Durchsuchungsrecht *n* ~ **komisyonu** *mil.* Prüf(ungs)kommission *f* ~ **lambası** *techn.* Prüflampe *f* ~ **memuru** Zollkontrolleur *m* ~ **nizamı** *mil.* Appellaufstellung *f* ~ **odası** s. **muayenehane;** ~ **usulü** Prüfverfahren *n* ~ **voltajı** Prüfspannung *f* ~ **yeri** *mil.* Prüfstelle *f*

muayeneci [ā] 1. Zoll-beamter, -revisor *m* 2. Revisionsbeamter

muayenehane [·—··—·] 1. ärztliches Untersuchungszimmer; Ordinationsraum *m* 2. Zollrevisionsstelle *f*

muayyebat, -tı [···—] *va. Pl.* schändliche Dinge od. Handlungen *pl.*

muayyen 1. bestimmt, fest(-gesetzt) 2. *math.* determiniert *belirli 3. gewiß, bestimmt, sicher ~ **bir müddet zarfında** innerhalb e–r best. Frist ~ **günler** *euph.* Menstruationstage *pl.* ~ **harfitarif** *gr.* bestimmter Artikel **gayri** ~ 1. unbestimmt 2. *math.* indeterminiert 3. unbeschränkt, unumschränkt, schrankenlos *hudutsuz, sınırsız Zu 1: **gayri** ~ **harfitarif** *gr.* unbestimmter Artikel

muayyenat, -tı [···—] *va. Pl.* Rationen *pl.*, Verpflegung *f*

muayyeniyet, -ti *z. va.* Bestimmtheit, Klarheit, Präzision, Genauigkeit *f*, Fest-Umrissensein *n* **gayri** ~ *va.* Unbestimmtheit, Verschwommenheit, Unklarheit *f*, fehlende Präzision *belirimsizlik, bellisizlik

muayyeniyetçilik *va.* s. **determinizm**

muayyep, -bi *va.* schimpflich, schändlich, entehrend, diffamierend

muazzam 1. sehr groß; riesig 2. bedeutend, wichtig, ansehnlich, beachtlich, bemerkenswert 3. geachtet, geehrt, namhaft

muazzep, -bi *va.* 1. gequält, gepeinigt 2. beunruhigt ~ **etmek** 1. quälen, peinigen, 2. beunruhigen

muazzez *z. va.* 1. geschätzt, geachtet, verehrt *kıymetli 2. lieb, wert, teuer 3. ♀ *wV*

mubah [ā] zulässig, indifferent (vom Islam weder verboten noch verlangt) ~ **görmek** für erlaubt ansehen; dulden

mubassır *fr.* 1. aufsichtführender Beamter in e–m Internat 2. kontrollierender Zollbeamter

mubayaa [·—··] Ankauf *m* *satın alma ~ **bedeli** Ankaufspreis *m*, Gestehungskosten *pl.* ~ **etmek** an-, einkaufen

mubayaacı [·—··] 1. Einkäufer *m* 2. *va.* Börsenmakler *m*

mubayaat, -tı [·—·—] *Pl.* zu **mubayaa;** ~ **komisyonu** Einbzw. An-kaufskommission *f* *satın alma komisyonu **-ta bulunmak** Einkäufe machen (tätigen)

mûbit, -di zoroastrischer Priester; Magier *m*

mucevveze *hist.* hoher Wulstturban best. osm. Würdenträger

mucez [ū] *va.* 1. verkürzt, abgekürzt 2. *stil.* konzis

muci, -ii *va.* schmerzend *acı veren, can yakan

mucibe [ū] *ar. Fem.* zu **mucip;** s.a. **olumlu**

mucibince [—·×·] 1. gemäß, zufolge, kraft 2. *z. va.* (als Aktenvermerk) Genehmigt *muvafık

mucik s. **mujik**

mucip, -bi [ū] 1. notwendig machend, veranlassend, verursachend, hervorrufend, bewirkend, bedingend 2. Anlaß, Grund *m*, Motiv *n* 3. Erfordernis *n* 4. notwendige Folge 5. ♀ *mV* ~ **göstermek** s. **olumlamak;** ~ **olmak** (bşi) veranlassen, verursachen, hervorrufen, bewirken, bedingen, zur Folge haben, nach sich ziehen ~ **sebepler** s. **esbabı -e; -ten çıkmak** genehmigt werden **bir** ~ **çekmek** mit dem Genehmigungsvermerk weiterreichen (z. B. Gesuch) **-i hayret** *va.* erstaunlich *şaşılacak

mucir [ū] Vermieter, Verpachter *m* *kiralayan; kiraya veren

mucit, -di [ū] 1. Erfinder *m* 2. erfinderisch ~ **kadın** Erfinderin *f*

mucitlik [ū] Erfindungsgabe *f*

mûciz *va.* unfähig, kraftlos machend, schwächend

muciz [ū] kurz, bündig, gedrängt, lakonisch; prägnant, konzinn, konzis

mucize [ū] Wunder *n* *tansık ~ **göstermek** (ein) Wunder tun ~ **kabilinden** wie durch ein Wunder (z. B. gerettet werden)

mucizeli; mucizevî [—··—] *z. va.* wunderbar, mirakulös ~ **tesir** Wunderwirkung *f*

mucuk *P* e–e sehr kleine Fliegenart

mucur 1. Kohlen-abfall, -staub *m* 2. (Eisen-)Schlacke *f* 3. *allg.* Abfall *m* 4. kleine Steinchen in der zur Asphaltierung von Straßen dienenden Teermasse

Mucur *n.pr.* O. u. D. im Rbz. Kırşehir

muçek; muçik Abstreichmesser *n* (am oberen Ende e–s Ochsenstachels zur Reinigung der Pflugschar)

muço s. **miço**

muda [×·] *naut.* dichtes (starkes) Reffen **-da** dichtgerefft

mudalla s. **çokgen**

Mudanya [·×·] *n.pr.* O. am Golf von Gemlik und gln. D. im Rbz. Bursa ~ **Mütarekesi** Waffenstillstand *m* von Mudania (11.10.1922)

mudarebe [ā] 1. *z. va.* Schlägerei *f* 2. *jur. fr.* Interessengemeinschaft *f* e–s stillen Teilhabers **(rabbülmal)** und e–s aktiven Teilhabers **(nefes ortağı)**

mudi, -ii [——] *va.* 1. Einzahler *m* *yatıran 2. Einlagerer, Hinterleger *m* *saklatan

mudil [ū] 1. kompliziert, schwierig (Angelegenheit, Gedankengang usw.) 2. *a. chem.* komplex *karmaşık 3. Komplex *m* ~ **cümle** s. **girişik tümce;** ~ **fiil** s. **birleşik eylem**

mudilât, -tı *va. Pl.* schwierige Dinge; komplizierte Angelegenheit *pl.*

mudile [ū] *phil.* Komplex *m* *karmaşa

mudire s. **müdire**

Mudurnu *n.pr.* O. u. D. im Rbz. Bolu

mufadınca *va.* nach Maßgabe, gemäß, entsprechend

mufagama [·—··] s. **ağızlaşma**

mufarakat, -ti [·—··] 1. Abschiednehmen, Verlassen *n*, Abreise, Trennung *f* 2. *mil.* Abzug, Abmarsch *m* (z. B. von Besatzungstruppen) 3. Ehescheidung *f* ~ **etmek** 1. Abschied nehmen, verlassen, abreisen, sich trennen (von) 2. *mil.* abziehen 3. sich scheiden lassen

mufarık, -kı s. **müfarık, -kı**

mufassal ausführlich, eingehend, mit Einzelheiten, detailliert *ayrıntılı

mufassalan [·×··] *Adv.* zu **mufassal**

mufat, -dı [ā] *va.* Sinn, Inhalt, Geist, Tenor *m* (z. B. e–s Textes); Maßgabe *f* (e–r Bestimmung); s.a. **mufadınca**

mufel ocağı; mufla *chem.* Muffel *f* (Schmelztiegel)

muflon 1. Mufflon *m* *spez.* europäischer Mufflon *zo.* Ovis aries musimon 2. dicker Futterbesatzstoff, der in leichtere Mäntel eingeknöpft werden kann

mugaddi [ī] nahrhaft, nährend, Nähr- *besleyici, besinli ~ **kıymet** Nährwert *m*

mugalata [·—··] Sophisterei, Spiegelfechterei, Spitzfindigkeit *f*

mugalatacı [·—···] Sophist, Rabulist *m*

mugalatalı [·—···] sophistisch, rabulistisch

mugalla *va.* 1. gekocht *kaynatılmış 2. Aufguß, (Kräuter-)Tee *m*

mugammedülcenah [····—] s. **kınkanatlılar**

mugan [ā] *va. Pl.* zu **muğ;** s.a. **pirimugan**

muganni [ī] Sänger *m* *şantör **kadın** ~ *selt.* s. **muganniye**

muganniye Sängerin *f* *şantöz

mugayeret, -ti [ā] 1. Unähnlichkeit, Verschiedenheit *f* 2.

Zuwiderlaufen, Entgegengesetzt-Sein *n*, Gegensatz, Widerstreit *m*
mugayir [ā] 1. unähnlich, verschieden 2. zuwiderlaufend, im Widerspruch (Gegensatz) stehend (zu), entgegengesetzt
mugaylan *va.* s. **devedikeni**
mugayyebat, -tı [···–] *va. Pl.* was mit den Sinnen nicht erfaßbar ist, unsichtbare Dinge, Mysterien, Geheimnisse *pl.*
mugayyer *z. va.* abgeändert, verändert
mugo çam fıstık ağacı Krummholzkiefer, Latsche *f bot.* Pinus montana od. Oinus pumilio
muğ 1. Parse, Feueranbeter, Mazdaist *m* *Mecusî 2. Kneipwirt *m* 3. häufiger Besucher e–r Kneipe
muğbeçe *va.* 1. junger Gehilfe im zoroastrischen Tempel 2. junger Schankbursche
muğber 1. *va.* mit Staub bedeckt 2. *fig.* gekränkt, verstimmt, aufgebracht, erzürnt
muğfel *va.* getäuscht, betrogen, irregeführt *aldatılmış
muğfil *z. va.* täuschend, betrügend, irreführend *aldatıcı
Muğla *n.pr.* Städtchen im gln. Rbz. (Südwestanatolien)
muğlak, -kı 1. *va.* verschlossen, versperrt 2. schwerverständlich, dunkel, kompliziert, verwickelt 3. undurchsichtig, ungeklärt (z. B. Lage)
muh, -hhu 1. *an.* Mark *n* *ilik, öz 2. *an.* Gehirn, Hirn *n* *dimağ, beyin ~ **şuaları** Markstrahlen *pl.* **-u azım** s. **kemik iliği**
muhaba [·––] *va.* Angst, Scheu *f*
muhabbet, -ti 1. Liebe, Zuneigung, Freundschaft *f* 2. freundschaftliche Unterhaltung; Plauderei *f* ~ **beslemek** Zuneigung hegen; gernhaben ~ **etmek** 1. freundschaftliche Zuneigung haben 2. gemütlich plaudern ~ **göstermek** Freundlichkeit erweisen, seine Freundschaft beweisen ~ **olsun diye** s. Stw. **bre;** ~ **otu** e–e Pflanze, die abergläubische Menschen mit sich führen, um sich die Liebe e–r best. Person zu sichern *spez.* Alraunwurzel *f bot.* Mandragora officinarum ~ **tellalı** Kuppler(-in *f*) *m* ~ **tılsımı** Liebeszauber *m*
muhabbetçiçeği, -ni 1. Reseda *f bot.* Reseda (odorata u.a.) *küçük karanfil çiçeği 2. Schmucklilie, Liebesblume *f bot.* Agapanthus umbellatus *Afrika zambağı, mavi zambak
muhabbetçiçeğigiller Resedagewächse *pl. bot.* Resedaceae
muhabbetkâr *va.* s. **muhabbetli**
muhabbetkuşu, -nu Wellensittich *m zo.* Melopsittacus undulatus
muhabbetleşmek 1. sich freundschaftlich gewogen sein 2. sich freundschaftlich unterhalten
muhabbetli liebevoll, herzlich, freundschaftlich
muhabbetname [···–·] 1. freundschaftliches Schreiben 2. Liebesbrief *m*
muhabbetsiz lieblos
muhabbetsizlik Lieblosigkeit *f*
muhaberat, tı [·–·–] *Pl.* zu **muhabere;** ~ **sırrı** Brief-, Postgeheimnis *n* **Münakalât ve** ~ **kesilmiş gibidir.** Die Verkehrs- und Nachrichtenverbindung ist so gut wie ganz unterbrochen. s.a. **(telgraf ve) telefon -ı; ticarî** ~
muhabere [ā] Nachrichten-verbindung *f*, -verkehr *m*, schriftlicher Verkehr; Korrespondenz *f* ~ **ağı** (*od.* **şebekesi**) Nachrichtennetz *n* ~ **amiri** Stabsoffizier der Nachrichtentruppe ~ **atlısı** Meldereiter *m* ~ **ana mihveri** s. **ana muhabere mihveri;** ~ **birliği** *mil.* Nachrichtenverband *m*, -einheit *f* ~ **etmek** in Briefwechsel stehen, korrespondieren ~ **faaliyeti** (*od.* **işlemesi**) Nachrichtenverkehr *m* ~ **güvercini** Brieftaube *f* ~ **hürriyeti** *jur.* Postgeheimnis *n* ~ **irtibatı** Nachrichtenverbindung *f* ~ **işleri** Nachrichtenwesen *n* ~ **kademesi** *mil.* Nachrichtenstaffel *f* ~ **korgenerali** General *m* der Nachrichten ~ **köpeği** Meldehund *m* ~ **memuru** s. **telgrafçı;** ~ **mermisi** Meldewurfgeschoß *n* ~ **neferi** *mil.* Nachrichtenmann ~ **postaları** 1. Nachrichtenposten *pl.* 2. Meldekette *f* ~ **taburu** Nachrichtenabteilung *f* ~ **vasıtası** Nachrichtenmittel *n* ~ **ve muvasala işleri** Nachrichten- und Verkehrsdienst *m* ~ **zinciri** Meldekette *f*
muhabereci [ā] *mil.* Soldat der Nachrichtentruppe, Nachrichtenmann *m*
muhabir [ā] 1. Berichterstatter, Korrespondent *m* 2. korrespondierendes Mitglied (e–r Akademie) **-i mahsus** *va.* Sonderberichterstatter *m*
muhaceme [ā] *va.* Anfallen *n*, tätlicher Angriff *saldırma, hücum
muhaceret, -ti [ā] 1. s. **göç(-menlik)** 2. Fortziehen *n* (der Zugvögel) **≗i Akvam** *hist.* Völkerwanderung *f* *Kavimlerin Göçü ~ **etmek** 1. (aus-, ein-, zu-)wandern 2. fortziehen (Zugvögel)
muhacim [ā] 1. *va.* angreifend, anfallend 2. *Fb.* Stürmer *m* *akıncı ~ **hattı** *Fb.* Stürmerreihe *f*, Sturm *m*
muhacir [ā] 1. s. **göçmen** 2. *Th.* aus Thrazien stammender Prahlhans, oft Ringer *(Karagözspiel und Ortaoyunu)* ~ **arabası** leichter vierrädriger Wagen ~ **fasulye** s. **ferasetsiz fasulye;** ~ **hücre** s. **göçmen hücre;** ~ **kuş** Zugvogel *m*
muhacirin [·–·–] (*va. Pl.* zu **muhacir**) *spez. hist.* Gefährten *pl.* Mohammeds, die mit ihm von Mekka nach Medina auswanderten
muhacirlik [ā] s. **göçmenlik**
muhaddep(-lik) s. **dışbükey(-lik)**
muhadderat, -tı [···–] *(va. isol. Pl.)* die verschleierten (frommen, tugendhaften, mohammedanischen) Frauen
muhaddis 1. Erzähler od. Kenner *m* der isl. Tradition **(hadîs)** 2. Verfasser *m* e–r Traditionssammlung
muhadenet, -ti [ā] *va.* freundschaftliche Beziehung, Freundschaft *f* *dostluk ~ **muahedesi** Freundschaftsvertrag *m* *dostluk paktı
muhafaza [·–··] 1. Schutz *m*, Beschützen *n*, Hut *f*, Behüten *n*, Bewachung *f* 2. Geleit *n*, Bedeckung *f* 3. Bewahren *n*, Wahrung, Erhaltung *f* 4. Aufbewahrung *f* 5. Beibehaltung *f* Zu 3: **-i hukuk** *va.* Wahrung *f* der Interessen **-i mevcudiyet** Selbst-behauptung, -erhaltung *f* **-i mevcudiyet gırizesi** Selbsterhaltungstrieb *m* Zu 5: **eski âdetlerin -sı** Beibehaltung *f* der alten Gebräuche ~ **altına almak** in Schutzhaft nehmen ~ **altında bulundurmak** unter Bewachung (Kontrolle) stellen ~ **etmek** 1. (be-)schützen, behüten 2. geleiten 3. (be-)wahren, erhalten, (sich ein Recht) vorbehalten 4. aufbewahren 5. beibehalten, aufrechterhalten, (siegreich) behaupten (z. B. Rekord) Zu 3: **k–ne bir hak** ~ **etmek** sich ein Recht vorbehalten ~ **gözlüğü** Schutzbrille *f* ~ **kafesi** Schutzgitter *n* ~ **memuru** Zollwächter *m* ~ **nöbeti** Schutzwache *f* ~ **örtüsü** Schutzüberzug *m*, -hülle *f* ~ **silâhı** Schutzwaffe *f* ~ **tedbirleri** vorsorgliche Anordnungen, Sicherungsmaßnahmen *pl.* ~ **tertibatı** Schutzvorrichtung *f* ~ **ücreti** *(Bank)* Depotgebühr *f*
muhafazacı(-lık); muhafazakâr(-lık) s. **tutucu(-luk)**
muhafazalı geschützt; gut aufbewahrt
muhafazasız schutzlos, ungeschützt
muhaffef *va.* 1. gemildert, abgeschwächt *hafifletilmiş 2. abgekürzt, verkürzt
muhaffif *z. va.* mildernd, abschwächend *hafifletici; s.a. **esbabı muhaffife**
muhafız [ā] 1. (be-)schützend, behütend; (Be-)Schützer *m* 2. geleitend, deckend, Geleit- 3. bewahrend, erhaltend; Bewahrer, Erhalter *m* 4. aufbewahrend 5. beibehaltend, behauptend, aufrechterhaltend 6. Wärter, Wächter *m* 7. s. **kale -ı;** ~ **kıta(-sı)** 1. Leib-wache, -garde *f* 2. (Grenz-)

Schutztruppe *f* 3. Stabstruppe *f* 4. Bedeckung *f*, Ehrengeleit *n* 5. *hist.* nationalsozialistische Schutzstaffel (SS) ~ **kuvvet** *mil.* Garnison *f* ~ **tabur** Leib-garde *f*, -bataillon *n*
muhafızlık [ā] Tätigkeit, Rolle *f*, Aufgaben *pl.* e-s **muhafız** *spez.* Be-, Über-wachung *f*
muhak, -kkı s. **yeni ay**
muhakemat, -tı [·–·–] *va. Pl.* zu **muhakeme**; ~ **müdürlüğü** Rechtsabteilung *f* (e–r Behörde); s.a. **usulü -ı cezaiye**
muhakeme [ā] 1. Gerichts-, Prozeß-verhandlung *f* *yargılama 2. Überlegung, Erwägung, Beurteilung *f* (erwägendes) Gemüt *n*, Urteilskraft, Denkfähigkeit *f* 3. Urteil *n* *hüküm, usa vurma, uslamlama, yargı, yargılama Zu 1: **şantajcıların -si** Gerichtsverhandlung *f* gegen die (od. Aburteilung der) Erpresser Zu 2: **Dün neşrolunan beyannameler, -leri bir hayli meşgul edecek mahiyettedir.** Die gestern veröffentlichten Erklärungen werden die Gemüter stark beschäftigen. ~ **altına almak** vor Gericht stellen ~ **etmek** 1. vor Gericht stellen, aburteilen 2. urteilen, denken, erwägen, überlegen, beurteilen 3. *phil.* urteilen *uslamlamak, usa vurmak ~ **masrafları** Gerichts-, Prozeß-kosten *pl.* ~ **usulü** Prozeß *m*, Verfahren *n* *yargılama süreci; yargılayış ~ **yürütmek** Erwägungen anstellen **-lerin aleniyeti** s. **yargılamanın açıklığı; -nin iadesi** Wiederaufnahme *f* des Verfahrens **-nin men'i kararı** Einstellung *f* des Strafverfahrens
muhakemeli [ā] 1. unter Gerichtsverhandlung 2. urteilsfähig, verständig, einsichtig, umsichtig, klug
muhakemesiz [ā] 1. ohne Gerichtsverhandlung 2. unverständig, unvorsichtig, unklug
muhakemesizlik [ā] 1. Fehlen *n* e–r Gerichtsverhandlung, Mangel *m* an Urteilsfähigkeit, Unverständnis *n*, unkluges Verhalten
muhakkak, -kı 1. gewiß, sicher, bestimmt, feststehend 2. *Adv.* auf jeden Fall, unbedingt 3. Name e–r ar. Schriftart Zu 2: **Bu kitabı** ~ **okuyunuz!** Dieses Buch müssen Sie unbedingt lesen! ~ **nazariyle bakmak** (*od.* **addetmek**) für sicher halten, mit Bestimmtheit rechnen, daß ...
muhakkaka s. **muhakkak** (2)
muhakkar *va.* 1. verachtet, beschimpft 2. verachtenswert, verächtlich
muhakkem *jur. va.* s. **hakem**
muhakkik, -kı *va.* genau untersuchend (nachprüfend, kontrollierend)
muhal, -li [ā] 1. unmöglich, unerfüllbar 2. undenkbar, unvorstellbar **-e talik etmek** et. von e–r unerfüllbaren Bedingung abhängig machen
muhalât, -tı [·––] *va. Pl.* absurde, unmögliche Dinge *pl.*
muhalefet, -ti [ā] 1. Nicht-Übereinstimmung *f*, Widerstreit, Gegensatz *m*, Gegensätzlichkeit *f*, Kontrast *m* 2. *spez. pol.* Opposition, Gegnerschaft *f*, Widerspruch *m* 3. Ungunst *f* (der Witterung) 4. Zuwiderhandeln *n*; Verstoß *m* (gegen) Zu 3: **havanın -i yüzünden** infolge ungünstiger Wetterverhältnisse ~ **etmek** (*od.* **göstermek**) 1. nicht übereinstimmen, e–n Gegensatz bilden 2. sich sträuben; *spez. pol.* opponieren, widersprechen, sich widersetzen 3. zuwiderhandeln ~ **partisi** *pol.* Oppositionspartei *f* ~ **varakası** *jur.* Zahlungsverbot *n* **-ten dolayı** (bşe) wegen Zuwiderhandlung (gegen)
muhaleset, -ti [ā] *va.* Herzlichkeit, Aufrichtigkeit, Ehrlichkeit *f*; aufrichtige (herzliche) Freundschaft *samimiyet
muhalif [ā] 1. nicht übereinstimmend, entgegengesetzt, gegensätzlich, konträr 2. *spez. pol.* Opponent *m*, Oppositions-, gegnerisch, oppositionell 3. ungünstig (Witterung) 4. (m. Dat.) gegen, zuwider Zu 2: ~ **parti** Oppositionspartei *f* ~ **rey** a) Gegenstimme *f* b) gegnerisches Urteil Zu 3: ~ **hava** ungünstige Wetterlage Zu 4: **emre** ~ **hareket etmek** dem Befehl zuwiderhandeln **şartlarına** ~ **olarak** in vertragswidriger Weise ~ **kuvvei muharrikei elektrikiye** s. **zıt elektromotor kuvvet; -i hakikat** wahrheitswidrig **-i kaide** s. **anormal**
muhallebi(-ci) s. **mahallebi(-ci)**
muhalledat, -tı [···–] *va. Pl.* unvergängliche Schöpfungen, unsterbliche Werke *pl.*
muhallef *va.* hinter-, zurückge-lassen
muhallefat, -tı [···–] *va. Pl.* Nachlaß *m*, Hinterlassenschaft *f* *tereke
muhallefe *va.* Witwe *f* *dul kadın
muhallet, -di *va.* unvergänglich, unsterblich, ewig
muhallil 1. *phys.* Analysator *m* *analizleyen 2. auflösend *eriten 3. Lösungsmittel *n* *çözücü, çözgen 4. s. **hülleci**
muhalliye s. **boşaltaç**
muhalünaleyh [·–··] *H va.* Angewiesener (im Zahlungsverkehr) *kendisine yollanan
muhalünleh [ā] *H va.* Anweisungsempfänger *m* (bei Zahlungen) *yollanan
muhami [·––] *va.* Verteidiger, Rechtsanwalt *m*
Muhammedî 1. mohammedanisch, islamisch 2. Mohammedaner(-in *f*) *m*
Muhammedîlik Mohammedanismus, Islam *m*
muhammediye 1. *lit.* Werk über Mohammeds Leben und Lehre 2. ﷺ *n.pr.* e–e schiitische Sekte
muhammen (ab-)geschätzt, veranschlagt, taxiert, Schätz-, Tax- ~ **bedel; bedeli** ~ Schätz-, Tax-wert *m* *tahmin edilen bedel, tahmin bedeli
muhammenat, -tı [···–] *va. Pl.* Schätzungen, Taxierungen *pl.*
muhammes 1. *lit.* volkstümliche Gedichtform mit Strophen zu je fünf Halbversen *beşli 2. s. **beşgen**
muhammesî *math.* Fünfeck-, fünfseitig, Pentagonal- ~ **menşur** s. **beşgen prizma**
muhammet, -di 1. *va.* hochgepriesen, vielgerühmt 2. ﷺ **(Hazreti** ﷺ**)** *n.pr.* Mohammed (Stifter des Islams) (571–632 n.Chr.) ~ **suresi** Name der 47. Koran-Sure *Kıtal suresi
muhammız s. **oksitleyen**
muhammin Schätzer, Taxator *m*
muhamminlik Tätigkeit *f* e–s Taxators, Schätzen, Taxieren *n*
muhammir *chem.* Ferment *n*
muhannat, -tı; muhannes, muhannet *alles va.* 1. furchtsam, ängstlich, feige *korkak 2. niedrigdenkend, gemein, verachtenswert, verächtlich *alçak
muharebe [ā] 1. Schlacht *f*, Kampf m, Gefecht *n* 2. *abus.* Krieg, Feldzug *m* ~ **ağırlığı** Gefechtstroß *m* ~ **arabası** Gefechts-, Kampf-wagen, Tank *m* ~ **birliği** Gefechts-, Kampf-einheit *f* ~ **dışı** (*od.* **harici**) **etmek** gefechtsunfähig machen, außer Gefecht setzen ~ **etmek** e–e Schlacht schlagen; kämpfen ~ **fasılası** Gefechtspause *f* ~ **fişeği** scharfe Patrone ~ **gazı** Kampfgas *n* ~ **gidişi** Gefechtsverlauf *m* ~ **grupu** Gefechts-, Kampf-gruppe *f* ~ **hazırlığı** Gefechtsbereitschaft *f* ~ **idare yeri** Gefechtsstand *m* ~ **idaresi** Gefechtsführung *f* ~ **kudreti** Schlag-, Kampfkraft *f* (e–r Truppe) ~ **kudretli** schlag-, kampf-kräftig (Truppe) ~ **meydanı** Schlachtfeld *n* ~ **mıntıkası** Gefechtsabschnitt *m*, Kampfzone *f* ~ **sahası** Kampfgebiet *n* ~ **usulü** Kampfweise *f* **-nin kızışan** (*od.* **mihrak**) **noktaları** Brennpunkte *pl.* des Kampfes **-nin sevk ve idaresi** Führung *f* des Gefechtes **-ye sokmak** in den Kampf werfen; einsetzen (Truppen) **-yi kesmek** das Gefecht (den Kampf) abbrechen
muharip, -bi [ā] 1. kämpfend, Kampf-; Frontkämpfer *m* 2. kriegführend 3. kriegerisch, kriegstüchtig 4. Kombattant *m*, Mitglied *n* der bewaffneten Macht, Soldat *m* Zu 1: ~ **kıta** *mil.* Kampftruppe *f*, kämpfende Truppe **eski -ler** ehemalige Frontkämpfer *pl.* Zu 2: ~ **devlet** kriegführen-

der Staat ~ **taraflar** kriegführende Parteien *pl.* **gayri** ~ nicht kriegführend
muhariplik, -iği [ā] 1. Frontkämpfertum *n* 2. Kriegführung *f* 3. Kriegstüchtigkeit *f* 4. Kriegszustand *m* Zu 2: **Iki tarafa ~ hakkı tanılıyor.** Beiden Seiten werden die Rechte e–s Kriegführenden zuerkannt. **gayri** ~ Nichtkriegführen *n* **bu devletin gayri muharipliği** der Umstand, daß dieser Staat nicht zu den Kriegführenden gehört
muharref abgeändert, entstellt, gefälscht, verstümmelt (Werte, Text)
muharrem 1. *urspr.* verboten, untersagt 2. erster Monat des isl. Mondjahres *aşure ayı 3. ♀ *mV*
muharremat, -tı [···–] *va. Pl.* religionsgesetzlich Verbotenes
muharremiye *fr.* 1. erster Tag des Monats Muharrem 2. Neujahrsgeschenk *n* (am 1. Muharrem) 3. *lit.* e–m hohen Herrn überreichtes Neujahrsgedicht
muharrer 1. (nieder-)geschrieben, verfaßt 2. aus-geschrieben, -gestellt (z.B. Scheck) 3. auf-, an-geführt
muharrerat, -tı [···–] *va. Pl.* 1. Schriftstücke *pl.* 2. Korrespondenz *f*
muharrif *va.* wer (et. Geschriebenes) abändert, entstellt, fälscht, verstümmelt
muharrik, -ki 1. bewegend, in Bewegung setzend, antreibend, Antriebs- *devitken 2. *chem.* gläsernes Rührstäbchen *karmaç 3. Anstifter, Rädelsführer *m*, treibende Kraft; Hetzer, Aufwiegler, Hintermann, Drahtzieher, Provokateur *m* *tahrikâtçı 4. emotionale Antriebskraft, Trieb *m* *dürtü Zu 1: s. **kuvvei -e;** ~ **ve** ~ **müteharrik malzeme** rollendes Material Zu 2: **isyanın başlıca -lerinden biri** e–r der Haupträdelsführer bei dem Aufstand
muharrikli *techn.* mit nb. Antrieb
muharrip, -bi *va.* vernichtend, zerstörend, verwüstend
muharrir 1. Schriftsteller, Literat *m* 2. Verfasser, Autor *m* *müellif, yazan 3. Redakteur, Schriftleiter, Publizist *m* *yazar
muharrire *va.* 1. Schriftstellerin *f* 2. Verfasserin *f* 3. Schriftleiterin, Publizistin *f*
muharrirlik, -iği 1. Tätigkeit *f* e–s Schriftleiters od. Schriftstellers 2. die Tatsache, daß jem. der Verfasser (e-r best. Schrift, e–s Artikels usw.) ist 3. Publizistik *f* Zu 1: s.a. **senaryo -i**
muharriş 1. kratzend *tırmalayıcı 2. erregend, reizend; Reizmittel *n* *irkilten 3. ätzend, bissig (z.B. Kritik)
muhasama [·–··] Feindschaft, Gegnerschaft *f*
muhasamat, -tı [·–·–] *Pl.* Feindseligkeiten, Kampfhandlungen *pl.* **-ı kesmek** (*od.* **tatil etmek**) die Feindseligkeiten einstellen **-ın tatili** Einstellung *f* der Feindseligkeiten
muhasara [·–··] Einschließung, Belagerung *f* ~ **etmek** einschließen, belagern ~ **ordusu** Belagerungsarmee *f* ~ **sanatı** (*od.* **fenni**) Belagerungskunst *f* **-yı kaldırmak (kesmek, refetmek)** die Belagerung abbrechen (aufheben)
muhasaracı [·–···] *selt.* Belagerer *m*
muhasaracılık [·–····] Belagerungskunst *f*
muhasebat, -tı [·–·–] *Pl.* Rechnungsgeschäfte, Abrechnungen *pl.* ~ **dairesi reisi** *mil.* Generalzahlmeister *m* ♀ **Divanı** s. **Divanımuhasebat**
muhasebe [ā] 1. Abrechnung *f* 2. Rechnungs-abteilung, -kammer, -kanzlei *f* 3. Buch-führung, -haltung *f* ~ **defterleri** Rechnungsbücher *pl.* ~ **görmek** die Abrechnungen prüfen ~ **kontrolü** Rechnungsprüfung *f* ~ **makinesi** Buchungsmaschine *f*
muhasebeci [ā] Rechnungs-führer, -beamter, Vorstand *m* der Rechnungskanzlei, Kassenbeamter (für Löhne und Gehälter) *m*
muhasebecilik, -iği [ā] 1. Rechnungs-kanzlei, -abteilung, Finanzabteilung *f* 2. Tätigkeit *f* e–s **muhasebeci** Zu 1: **okullar -i** Regierungshauptkasse (Staatsoberkasse) *f* für Schulangelegenheiten
muhasım [ā] gegnerisch, feindlich; Gegner, Feind *m*
muhasır [ā] *va.* belagernd; Belagerer *m*
muhasip, -bi [ā] 1. Rechnungsbeamter, Buchführer, Buchhalter *m* 2. Kalkulator *m* **-i mesul** *va.* verantwortlicher Rechnungsführer
muhasiplik [ā] 1. Rechnungswesen *n*, Buch-führung, -haltung *f* 2. Tätigkeit *f* e–s **muhasip**
muhassal *va.* erzeugt, hervorgebracht
muhassala 1. Gesamt-resultat, -ergebnis *n* 2. s. **bileşke**
muhassas *z. va.* 1. bestimmt (für), festgesetzt, ausgeworfen (Betrag) 2. fest (Gehalt) Zu 2: **Hükümetten ~ maaşı vardır.** Er bezieht ein festes Gehalt von der Regierung.
muhassasat, -tı *z. va. Pl.* 1. für e–n best. Zweck ausgeworfene Gelder, zugewiesene Haushalts-, Budget-mittel *pl.* 2. Bezüge *pl.* (e–s Beamten) **-ı şehriye** *va.* Monatsbezüge *pl.* *aylık maaş *bzw.* aylık ücret
muhassenat, -tı [···–] *va. Pl.* 1. gute Taten 2. Vorteile, Vorzüge *pl.*
muhassıl *va.* 1. erzeugend, hervorbringend 2. (vor der Tanzimatperiode) Steuererheber *m*
muhat (I), **-tı** [ā] umgeben, umschlossen, mit Einfriedung, eingefaßt (von) *çevrilmiş, kuşatılmış, sarılmış
muhat (II), **-tı** [ā] s. **sümük**
muhatap, -bı [·–·] 1. angeredet; Angeredeter 2. *gr.* (a. **şahsı** ~) zweite Person *ikinci şahıs 3. *H* Bezogener (e–s Wechsels), Trassat *m* 4. (Fernsprech-)Teilnehmer *m* 5. Adressat *m* 6. Gesprächs-, Unterhaltungs-partner *m* ~ **olmak** 1. angeredet werden 2. angesprochen werden (auf et.) 3. gerichtet sein (gegen); stoßen (auf et.) **bu sözlerin -ı olan zat** der mit diesen Worten angeredete Herr Zu 2: **... sualine de ~ olabiliriz.** Man kann an uns auch die Frage richten ... **böyle tenkitlere ~ olmayı hiç de hak etmeyen zatlar** Personen, die solche Kritik nicht verdienen
muhatara [·–··] *z. va.* gefährliche Lage; Gefahr *f*, Risiko *n* *tehlike **-ya sokmak** in Gefahr bringen, gefährden
muhataralı [·–···] gefährlich, gefahrvoll, riskant *tehlikeli
muhatarasız [·–···] sicher, ungefährdet
muhatî [·––] s. **sümüksel**
muhattat, -tı *va.* mit Linien versehen, gestreift **adalei -a** s. **çizgili kas**
muhavere [ā] 1. Unterhaltung *f*, Gespräch *n* 2. *Th.* Dialog *m* ~ **etmek** sich miteinander unterhalten
muhavvel *va.* 1. verändert, umgestaltet 2. weiter-gegeben, -gereicht (z.B. Akten)
muhavvif *va.* in Angst versetzend, Schrecken einjagend
muhavvile s. **transformatör**
muhayyel imaginär, fiktiv, (nur) angenommen, (nur) in der Einbildung (Phantasie) existierend *farazî, mefruz
muhayyelât, -tı *Pl.* Phantasievorstellungen, Hirngespinste *pl.*
muhayyele s. **muhayyile**
muhayyer 1. wer die Freiheit der Wahl hat, wer et. annehmen od. ablehnen kann 2. mit Rückgaberecht erworben; zur Ansicht (od. auf Probe gekauft, bzw. überlassen) 3. *fr.* e–e gelbliche Papierart 4. e–e lebhafte melod. Tonfolge um das hohe **A** in der türk. Musik Zu 1: **Fikrimi söyledim, kabul edip etmemekte -siniz.** Ich habe meine Ansicht dargelegt; es steht Ihnen frei beizupflichten oder nicht. Zu 2: **O adam ~ mal satmaz.** Er verkauft keine Waren auf Probe. ~ **almak** auf Probe kaufen (mit Rückgaberecht) ~ **bırakmak** zur Probe überlassen ~ **buselik;** ~ **kürdî;** ~ **sümbüle;** ~ **zengüle** (*od.* ~ **zirgüle**); ~ **zirkeş**

mus. Abarten der **muhayyer** genannten melodischen Weise ~ **muamele** *H* Nochgeschäft *n*
muhayyerlik *jur.* 1. Ersetzungsbefugnis *f* 2. Freiheit *f* der Wahl
muhayyile Phantasie, Einbildungskraft *f*, Vorstellungsvermögen *n* *imgelem
muhayyir 1. *va.* verblüffend, verwirrend, in Erstaunen versetzend *şaşırtıcı 2. Name e–r Tulpenart
muhbir 1. *va.* s. **muhabir** 2. *pej.* Polizeispitzel, Spion *m*, bezahlter Agent 3. *med.* erstes Symptom e–r ansteckenden Krankheit 4. ⚲ *hist.* Name e–r zuerst in Istanbul, später in London herausgegebenen Zeitung (Hauptschriftleiter: Ali Suavi)
muhbirlik 1. *va.* Berichterstattung *f*, Reportertum *n* 2. *pej.* Agententum, Spitzelwesen *n*
muheyh [·×] (*va. Dim.* zu **muh**) s. **dimağçe, beyincik**
muheyhî das Kleinhirn betreffend, Kleinhirn-
muhhuşevkî s. **muhuşevkî**
muh(h)î das Mark bzw. Hirn betreffend, Mark-, Hirn-
muhibbane [ā] *va.* freundschaftlich, liebevoll
muhibbe (*ar. Fem.* zu **muhip**) 1. Liebende, Freundin *f* 2. ⚲ *wV* **aziz -m!** meine Liebe und Teure!
muhibbülkils *u.ä. Füg.* s. Stw. **muhip**
muhik, -kkı 1. wer die Wahrheit spricht 2. *va.* wer gerecht handelt 3. gerechtfertigt (z.B. Forderung, Anspruch), richtig (z.B. Behauptung), vernünftig, gerecht und billig *haklı ~ **sebepler** *jur.* wichtige Gründe *mühim sebepler **gayri** ~ ungerechtfertigt, unbillig *eğri, haksız
muhil (I), **-lli** *va.* 1. störend, beeinträchtigend 2. kränkend, verletzend **-i asayiş** *va.* Ruhe-, Friedens-störer *m* **-i haysiyet** *va.* ehr-kränkend, -verletzend, ehrenrührig **-i haysiyet cürüm** s. **yüz kızartıcı suç**
muhil (II) [ī] *H va.* Anweisender (im Zahlungsverkehr) *yollayan
muhip, -bbi 1. liebend, Liebender, Freund *m* 2. Anhänger, Sympathisant *m* 3. *fr.* Angehöriger der unersten Ordensstufe 4. ⚲ *mV* **-ülkils** s. **kireççil; -ülmilh** s. **tuzcul; -ülyübuse** s. **kurakçıl; -ürrutube** s. **nemcil**
muhiş [ū] *va.* schrecklich, entsetzlich, furchtbar *korkunç
muhit, -ti [ī] 1. umgebend, einschließend 2. in sich fassend; umfassend 3. Umgebung *f*, (Um-)Kreis *m*, Umwelt *f* 4. *math.* Umfang(-slinie *f*) *m*, Peripherie *f* *çevre ~ **yapmak** (*od.* **edinmek**) sich e–n Freundes- od. Bekanntenkreis schaffen ~ **zaviyesi** s. **muhitî zaviye; -i arz** s. **yerçevresi; -i daire** s. **çember; daire çevresi; -ülmaarif** s. **ansiklopedi**
muhitî [·– –] Umkreis-, Umfangs-, Rand-, peripher(-isch) *çevrel ~ **zaviye** s. **çevreaçı; dairei muhitiye** s. **çevreteker**
muhkem fest, stark, solide; s.a. **kaziyei muhkeme**
muhlis 1. aufrichtig, ergeben 2. ⚲ *mV* **Muhlise** *wV;* **-iniz, -leri** *(im osm. Briefstil an e–n im Rang tiefer Stehenden)* ich
muhliye s. **mühliye**
muhnik, -kı erstickend ~ **gaz** Giftgas *n*
muhreç, -ci *va.* 1. s. **ihraç edilmiş; çıkarılmış** 2. hervorgegangen (z.B. aus e–r best. Schule) 3. *math.* Ergebnis, Resultat *n* (bei den vier Grundrechenarten)
muhrik, -kı 1. *chem.* ätzend, kaustisch *yakıcı 2. ergreifend, rührend, herzzerreißend *dokunaklı
muhrip, -bi 1. zerstörend 2. *naut.* (Torpedoboots-)Zerstörer *m* *destroyer ~ **muhafız gemisi** Zerstörerbegleitschiff *n* ~ **uçak** Zerstörerflugzeug *n*
muhsin 1. *va.* wohltätig; Wohltäter *m* 2. ⚲ *mV* **Muhsine** *wV*
muhtaciyet, -ti [ā] *va.* s. **muhtaçlık**
muhtaç, -cı [ā] 1. benötigend, bedürfend 2. notleidend, bedürftig 3. *va.* unter e–r Dankespflicht stehend ~ **etmek** von der Hilfe e–s anderen abhängig machen ~ **olmak** 1. (bşe) et. nötig haben, benötigen, brauchen, bedürfen *ihtiyacı olmak 2. Not leiden **-ı beyan** *va.* was e–r Erklärung bedarf **-ı muavenet** *va.* hilfsbedürftig **-ı teemmül** *va.* reifliche Überlegung erfordernd
muhtaçlık Bedürftigkeit, Armut, Not *f*
muhtar 1. [·–] *va.* erwählt, auserkoren (*spez.* Mohammed) 2. [·–] frei, selbständig, unabhängig, autonom *otonom, özerk(-li) 3. [··] Gemeinde-, Orts-vorsteher *m*, Vorstand *m* e–s Stadtviertels 4. ⚲ [×·] *mV*
muhtariyet, -ti [ā] 1. Freiheit, Unabhängigkeit *f* 2. Selbstverwaltung, Selbständigkeit, Autonomie *f* *otonomi, özerk(li)lik
muhtarlık 1. Amt *n* e–s **muhtar** 2. die von e–m Ortsvorsteher geleitete größere (Dorf-)Gemeinde
muhtas, -ssı *va.* 1. besonder-, eigen, eigentümlich 2. eigens ausgewählt 3. eigens bestimmt, ausschließlich gültig (für)
muhtasar 1. (ab-)gekürzt, verkürzt *kısaltılmış, kısa 2. Kompendium *n* 3. *z. va.* ohne viel Aufwand, einfach, bescheiden
muhtasaran [·×··] *Adv.* kurz gesagt, kurz zusammengefaßt
muhtazar; muhtazır *va.* im Sterben liegend, auf dem Totenbett
muhtekir wer spekulativ Waren hortet, Waren-Spekulant, *m* *ihtikârcı, vurguncu
muhtekirane [ā] wucherisch, halsabschneiderisch
muhtel, -lli 1. verwirrt, beschädigt, verdorben 2. gestört, beeinträchtigt, zerrüttet **-i şuur** s. **şuuru muhtel**
muhtelefünfih [ī] *va.* strittig, umstritten *kavgalı, münazaunfih
muhteliç, -ci *med.* konvulsivisch zuckend
muhtelif 1. verschieden(-artig) *mütenevvi, çeşitli 2. verschiedene, einige, mehrere *türlü 3. *va.* entgegengesetzt, konträr **-üladla** s. **çeşitkenar; -ülcins** *z. va.* verschiedenartig **-ülecnas** *va.* heterogen, ungleichartig
muhtelis wer e–e Unterschlagung od. e–n Unterschleif begangen hat; Defraudant *m*
muhtelit, -ti 1. gemischt *karışık, karma 2. *math.* komplex *karmaşık ~ **adet** s. **karmaşık sayı;** ~ **birlik** *mil.* gemischter Verband ~ **hakem mahkemesi** *jur.* gemischtes Schiedsgericht ~ **hayat sigortası** *jur.* gemischte Versicherung ~ **ikrar** *jur.* qualifiziertes Geständnis ~ **komisyon** gemischte Kommission ~ **müfreze** *mil.* gemischte Abteilung ~ **senet** *H* auf e–n best. Namen ausgestelltes Wertpapier (*spez.* Namensaktie) mit Inhaberkupons ~ **takım** *(Sport)* Auswahlmannschaft *f* ~ **tedrisat** s. **karma eğitim**
muhtemel 1. möglich, eventuell 2. wahrscheinlich **-üzzıddeyn** *va.* s. **tevcih; gayri** ~ unwahrscheinlich
muhtemelât, -tı *va. Pl.* 1. Möglichkeiten, Eventualitäten *pl.* 2. Wahrscheinlichkeiten *pl.*
muhtemelen *Adv.* 1. möglicherweise 2. wahrscheinlich, voraussichtlich
muhtemir *va.* gegoren, fermentiert, gesäuert
muhtenik, -kı *va.* erstickt
muhterem 1. geehrt, verehrt, geschätzt, geachtet *sayın, saygı(lar)değer 2. ⚲ *mV, wV*
muhteri, -ii 1. Erfinder *m* *mucit 2. Verleumder *m*
muhterik, -kı *va.* verbrannt, niedergebrannt
muhteris 1. eifrig, leidenschaftlich, gierig, begehrlich 2. ehrgeizig *harisi cah
muhteriz vorsichtig, zurückhaltend, reserviert *ihtirazlı, çekingen ~ **davranmak** sich vorsichtig (reserviert) verhalten, auf der Hut sein
muhtesip, -bi s. **ihtisap ağası**

muhteşem 1. prächtig, prachtvoll, pompös, großartig *ihtişamli, debdebeli, tantanal 2. ≗ *mV* ~ **tecerrüt** (*od.* ~ **yalnızlık**) splendid isolation, „glänzendes Alleinsein" (Englands im 19. Jh.)
muhteva [ā] Inhalt *m* (z.B. e–s Schriftstückes) *içerik, kapsam
muhtevi [ī] enthaltend, in sich schließend (od. fassend)
muhteviyat, -tı [ā] *Pl.* Inhalt *m* *içindekiler
muhtıra 1. Note, Denkschrift *f*, Memorandum *n* *memorandum 2. Notiz *f* 3. (*a* ~ **defteri**) Notiz-buch *n*, -kalender *m*
muhti [ī] *va.* 1. wer e–n Fehler od. e–e Sünde begeht, Schuldige, Sünder *m* 2. irreführend, täuschend
muhuşevkî s. **omurilik**
muhyi [ī] *va.* belebend *canlandırıcı
muhzır *fr.* Gerichtsdiener *m* (der die in Frage kommenden Personen dem Gericht vorführte) *mübaşir ~ **ağa** *hist.* Kommandant *m* der Leibwache des Großwesirs (Janitscharenoberst)
muin [ī] 1. helfend; Helfer, Gehilfe *m* 2. Ernährer *m* *destek 3. ≗ *mV* Zu 2: **dört çocuklu ailelerin babası veya -i** der Vater bzw. der Ernährer bei Familien mit vier Kindern **nesci** ~ s. **destekdoku**
muinli [·–·] wer e–n Ernährer für die Familie hat (*spez.* bei Einberufung zum Heer)
muinsiz [·–·] wer keinen Ernährer für die Familie hat
muir [·–] *va.* wer et. verleiht, ausborgt *iğreti veren
muit, -di [·–] *fr.* wer als Gehilfe des Lehrers die Schüler bei ihren Arbeiten zu beaufsichtigen hatte; Repetitor *m*
mujik *fr.* Muschik *m*, russischer Bauer
mukaar(-lık) s. **içbükey(-lik)**
mukabbız zusammenziehend, verengernd **-ı eviye** s. **damardaraltan**
mukabele [ā] 1. *va.* Gegenüberstehen *n* 2. Entgegnung, Erwiderung, Antwort *f* 3. Gegenüberstellung, Vergleichung, Kollation(-ierung) *f* 4. Gegenleistung *f*, Entgelt *n*, Vergeltung *f* 5. Aufnahme *f*, Widerhall *m* 6. laute Koranrezitation in der Moschee (durch e–n **hafız**) 7. *fr.* Rezitation und Kultübungen *pl.* in Klöstern, wobei sich die Derwische einander gegenüberstanden ~ **etmek** 1. erwidern, entgegnen, versetzen (= sagen) 2. entsprechen 3. sich revanchieren, et. vergelten 4. vergleichen, kollationieren (mit) 5. (m. Dat.) *fig.* erwidern Zu 5: **aşkına ~ etmeyen bir hanım** e–e Frau, die seine Liebe nicht erwiderte **ateşe ~ etmek** *mil.* das Feuer erwidern ~ **görmek** aufgenommen werden, Widerhall finden (**Nutuk çok heyecanlı alkışlarla ~ gördü.** Die Rede fand begeisterten Widerhall.) ~ **okumak** mit lauter Stimme in der Moschee den Koran rezitieren (im Ramazan) **-de bulunmak** (*od.* ~ **etmek**) 1. erwidern, entgegnen, versetzen 2. sich revanchieren
mukabelebilmisil [ā], **-sli** 1. (Wieder-)Vergeltung, Vergeltungsmaßnahme, Repressalie *f* *misilleme 2. *jur.* Retorsion *f* *misliyle mukabele ~ **taarruzu** Vergeltungsangriff *m* **-de bulunmak** zu Vergeltungsmaßnahmen schreiten, Repressalien ergreifen
mukabeleci [ā] 1. wer in der Moschee den Koran laut rezitiert (im Ramazan) 2. Büroangestellter, der Reinschriften, Rechnungen usw. kollationiert 3. *fr.* Aushebungs-, Kontroll-offizier *m*
mukabelesiz [ā] unwidersprochen, ohne Gegenrede (Widerstand)
mukabeleten [ā] *z. va. Adv.* 1. als Entgegnung, in Erwiderung, zur Antwort 2. in Gegenüberstellung; durch Vergleichung (Kollationierung) 3. als Gegenleistung, als Entgelt 4. zur Vergeltung 5. dafür, auch meiner (deiner-, seiner-)seits
mukabil [ā] 1. gegenüber-liegend, -sitzend, auf der anderen Seite (od. drüben) befindlich 2. entgegengesetzt, gegnerisch, Gegen- 3. korrespondierend, entsprechend 4. *math.* reziprok *karşıt, mütekabil 5. *Pp. m. Dat.* gegen (-über), für, anstelle 6. Entsprechung *f*, Gegenstück *n*, entsprechender Ausdruck; Ersatz *m*, Ersetzung *f* *karşılık 7. Gegenleistung *f* *-i ivaz Zu 5: **buna** ~ a) demgegenüber b) dafür, an dessen Stelle, anstelle davon ~ **abluka** Gegenblockade *f* ~ **cihet** entgegengesetzte Richtung ~ **darbe** *mil.* Gegenstoß *m* ~ **dava (eda)** s. **karşı dava (edim);** ~ **emir** *mil.* Gegenbefehl *m* ~ **hareket** Gegenaktion *f*, -stoß *m* ~ **hücum (imza, lağım)** s. **karşı hücum (imza, lağım);** ~ **pırıldak yeri** *mil.* Gegenblinkstelle *f* ~ **sigorta** s. **karşılıklı sigorta;** ~ **taarruz** Gegen-angriff *m*, -offensive *f* ~ **taarruz yapmak** e–n Gegenangriff ausführen ~ **taarruza geçmek** zum Gegenangriff übergehen ~ **tedbir (teklif)** s. **karşı tedbir (teklif);** ~ **tesir** Gegenwirkung *f* **-inde** 1. als Entgelt, als Gegenleistung 2. unter Einsatz (von) 3. gegen Entrichtung (Bezahlung) (von) 4. als Ersatz (für) Zu 2: **hayat -inde** unter Einsatz des Lebens Zu 3: **on lira -inde** gegen Entrichtung von zehn Pfund **-i ivaz** s. ~ (7)
mukaddem *va.* 1. voraus-, vorauf-, vorher-gehend 2. den Vorzug verdienend, höheren Wert besitzend 3. vormals, ehemals 4. zuvor, früher, vorher, vor 5. s. **önerti** 6. ein Baumvoll-Seidengewebe (ähnlich wie **kutnu**) 7. vorgelegt, unterbreitet Zu 4: **bir sene** ~ *va.* ein Jahr zuvor ~ **gelmek** (mit Abl.) *va.* vorangehen (z.B. Wort)
mukaddema [·×·–] *va. Adv.* vorher, zuvor, früher, seinerzeit *önce, eskiden
mukaddemat, -tı [···–] *Pl.* 1. Präliminarien, Vorverhandlungen *pl.* 2. s. **öncüller** 3. Anfangsgründe *pl.*
mukaddeme 1. Einleitung, Einführung *f*, Vorwort *n*, Präambel *f* *önsöz 2. Anfang, Beginn, Auftakt *m*, erster Schritt *başlangıç 3. Grundlage *f* 4. Präzedenzfall *m* Zu 4: **-i şer'iye** Präzedenzfall *m* in der Rechtsprechung nach dem Scheriatsgesetz ~ **kabilinden** als Einleitung ~ **teşkil etmek** (bşe) den Auftakt bilden (zu, für) **-i beyyine** s. **beyyine başlangıcı**
mukadder 1. angesetzt, veranschlagt 2. vorherbestimmt, vom Schicksal verhängt, unvermeidlich *yazılı 3. als bekannt angesetzt; impliziert; nicht ausdrücklich angegeben 4. ≗ *wV* Zu 1: **kıymeti -eli mektup** Wertbrief *m*
mukadderat, -tı [···–] *urspr. Pl.* 1. Geschicke *pl.* (z.B. e–s Volkes) 2. Schicksal, Los, Geschick *n* *alınyazısı **-ın istihzası** Ironie *f* des Schicksals
mukaddes 1. heilig 2. ≗ *wV* ~ **cihat** heiliger Krieg (der Mohammedaner) ~ **defne** s. **yakıotu;** ~ **İttifak** *hist.* Heilige Allianz ~ **odun ağacı** s. **peygamberağacı;** ~ **resim** Heiligenbild *n*, Ikone *f* ~ **şehir** heilige Stadt *f* (Mekka, Medina bzw. Jerusalem od. Rom) ~ **tepsi** Opferstock *m* (in christl. Kirchen); s.a. Stw. **emanat**
mukaddesat, tı [···–] *Pl.* Heiliges, Heiligtümer *pl.* **Bütün -ım üzerine yemin ederim ki ...** Bei allem, was mir heilig ist, schwöre ich, daß ...
mukaddime s. **mukaddeme**
mukaffa [··–] *va.* gereimt *kafiyeli, uyaklı
mukallip, -bi *va.* (ver-, um-)ändernd
mukallit, -di 1. nachahmend, nachäffend; Imitator *m* *taklitçi 2. Spottvogel *m zo.* Hippolais; s.a. **beyaz (sarı)** ~**;** ~ **otu** s. **mis otu** (4)
mukallitlik Nach-ahmen, -äffen *n*, Nachahmung *f*, Imitieren *n* *taklitçilik
mukanfezülcilt s. **derisidikenliler**
mukannen *z. va.* 1. fest-gesetzt, -gelegt, bestimmt (z.B. Termin) 2. fest (Preis) *maktu 3. regelmäßig, periodisch (wiederkehrend)
mukarebe [ā] *va.* Sich-Nähern, Nahekommen *n*, Annäherung *f;* s.a. **fiili** ~

mukarebet, -ti [ā] 1. s. **mukarebe** 2. Verwandtsein *n*, Verwandtschaft *f*
mukarenet, -ti [ā] *va.* 1. Sich-Nähern *n*, Annäherung *f* 2. enge Berührung; Verbindung *f*, Umgang *m* 3. *astr.* s. **kıran** (II) 4. Geschlechtsverkehr *m* 5. Entsprechen *n* *uygunluk Zu 1: **İki devlet arasında ~ tesisi için ...** Um e–e Annäherung zwischen den beiden Staaten herbeizuführen ...
mukarin [ā] 1. sich nähernd, in enge Berührung tretend 2. entsprechend *uygun Zu 2: **-i hakikat** *od.* **hakikate ~** *va.* der Wahrheit gemäß
mukarip, -bi [ā] *va.* herannahend *yaklaşan
mukarrep, -bi *va.* 1. herangezogen, nahestehend 2. wem es erlaubt ist, sich (Gott, dem Sultan usw.) zu nähern Zu 2: s. **melâiki -in**
mukarrer *z. va.* 1. beschlossen, festgesetzt, abgemacht *kararlaş(tırıl)mış 2. sicher, genau, bestimmt
mukarrerat, -tı [·‥–] *va. Pl.* Beschlüsse, Festsetzungen, Abmachungen *pl.*
mukarribe s. **yaklaştırıcı kas**
mukarrip, -bi *z. va.* 1. heran-bringend, -ziehend 2. wer veranlaßt od. erlaubt, daß sich jem. nähert 3. *hist.* Geistlicher, der im Ramazan in Gegenwart des Sultans Koranverse erläuterte *tefsir hocası
mukarrir *va.* 1. ausführlich darlegend, erklärend 2. *hist.* wer e–e Vorlesung wiederholt und genau erläutert (Gehilfe e–s Medrese-Professors) 3. *hist.* wer im Ramazan (in Anwesenheit des Sultans) theologische Vorlesungen hält
mukaseme [ā] *z. va.* (Auf-)Teilung *f* ~ **etmek** unter sich (auf-)teilen *bölüşmek
mukassat, -tı *va.* in Raten entrichtet (Zahlung) *taksitli
mukassatan [·×‥] *Adv.* in Raten, in Teilzahlung *taksitle
mukassem *va.* geteilt, verteilt
mukassi [ī] *va.* 1. bedrückt, betrübt, traurig *sıkıntılı 2. unangenehm, lästig *müziç
mukassim *va.* (ver-)teilend, trennend; s.a. **kıyası mukassim**
mukataa [·–‥] 1. *fr.* Steuerpachtung *f* 2. Bodenpacht *f* *icarei zemin ~ **vergisi** Steuer, die von der Verwaltung der Güter der Toten Hand **(Vakıflar İdaresi)** auf Ackerland erhoben wird, das in Baugelände od. Gärten umgewandelt worden ist **-ya bağlamak** *fr.* verpachten (Steuern)
mukataalı [·–‥·] wofür Bodenpacht zu entrichten ist (vgl. **mukataa vergisi**)
mukatele [ā] blutiger Kampf; Gemetzel *n* *kıtal
mukatta, -aı *va.* 1. zerschnitten, zerbrochen 2. isoliert, einzeln 3. skandiert (Gedicht)
mukattar destilliert *damıtık
mukavelât, -tı [·–·–] *va. Pl.* zu **mukavele; ~ muharriri** *va.* Notar *m* *kâtibiadil, noter
mukavele [ā] Vertrag, Kontrakt *m*, Abkommen *n*, Konvention *f* *kontrat, uylaşım, sözleşme ~ **akdetmek** (*od.* **yapmak**) e–n Vertrag schließen, ein Abkommen treffen ~ **ehliyeti** *jur.* Rechtsgeschäftsfähigkeit *f* ~ **etmek** *z. va.* sich gegenseitig verpflichten (et. Best. zu tun) ~ **ile** vertraglich, kontraklich ~ **müddeti** Vertragsdauer *f* **-ye bağlamak** vertraglich festlegen **-ye bağlı faiz** kontraktlich festgelegte Zinsen *pl.* **-ye müstenit nakdî ceza** Konventionalstrafe *f* **-i içtimaiye** *va.* Gesellschaftsvertrag, Contrat Social *m*
mukaveleli [ā] vertragsmäßig festgelegt, kontraktlich gesichert od. gebunden, Vertrags-, Kontrakt-
mukavelename [·–‥–·] Vertrags-urkunde, -ausfertigung *f*, -instrument *n*, Konventionsakte *f* *kontratname
mukavelesiz vertragslos
mukavelevî [·–‥–] *va.* 1. vertraglich, kontraktlich, Vertrags-, Kontrakt- *ahdî, sözleşimsel, sözleşmeli 2. konventionell (z. B. Ausdrucksweise)
mukavemet, -ti [ā] 1. Widerstand *m*, Gegenwehr *f* 2. *phys.* Widerstand *m* *direnç 3. *phil.* Nichtwollen, Widerstreben *n* *direngi ~ **etmek** widerstehen (können), Widerstand leisten, aushalten, ertragen, überstehen *dayanmak ~ **görmek** auf Widerstand stoßen ~ **göstermek** Widerstand leisten ~ **grupu** *mil.* Widerstandsgruppe *f* ~ **hattı** *mil.* Widerstandslinie *f* ~ **kabiliyeti** Widerstandskraft, -fähigkeit *f* ~ **kuvveti** Widerstandskraft *f* ~ **merkezi** (*od.* **noktası**) *mil.* Stützpunkt *m* ~ **mıntıkası** (*od.* **sahası**) *mil.* Widerstandszone *f* ~ **yarışı** (*od.* ~ **koşusu**) 1. Dauerlauf *m* 2. Langstrecken-lauf *m* (3–15 km), -fahren, -schwimmen *n* ~ **yuvası** *mil.* Widerstandsnest *n* **-ini kırmak** (b–nin) j–s Widerstand brechen **-ten düşürmek** s. Stw. **düşman; -i mahsusa** s. **özdirenç**
mukavemetçi [ā] 1. wer selber zum Widerstand entschlossen ist und diesen befürwortet (*ant.* **itaatçi**) 2. Anhänger(-in *f*) *m* der Widerstandsbewegung 3. *(Sport)* Langstrecken-läufer, -fahrer, -schwimmer *m*
mukavemetçilik [ā] Widerstandsbewegung *f*
mukavemetli [ā] widerstandsfähig, Widerstand leistend
mukavemetsiz [ā] widerstandslos, nachgiebig, schwach
mukavim [ā] widerstandsfähig, ausdauernd; s.a. **ateşe (soğuğa) ~**
mukavva [·×·] 1. Pappe *f*, Karton 2. aus Pappe (Karton) hergestellt, Papp-, Karton- ~ **ciltli** kartoniert (Buch) ~ **geçirmek** in Pappe binden; kartonieren ~ **makası** Pappschere *f* (in der Buchbinderei)
mukavvalı mit Pappe, Karton (ausgestattet)
mukavves *z. va.* gewölbt, bogenförmig ~ **nişangâh** *mil.* Kurvenvisier *n* (auf Gewehren)
mukavvi [ī] *z. va.* kräftigend, stärkend, *med. a.* tonisch *kuvvetlendirici **-i bâh** Aphrodisiakum *n*
mukayese [ā] Vergleich(-en *n*) *m*, Vergleichung *f* ~ **edilemeyecek derecede** unvergleichlich ~ **etmek** (*od.* **yapmak**) e–n Vergleich ziehen, vergleichen *karşılaştırmak, kıyaslamak ~ **sıfatı** *gr.* s. **karşılaştırma derecesi; -i ruhiye** s. **psikometri**
mukayeseli [ā] e–n Vergleich enthaltend, vergleichend, Vergleichs- ~ **anatomi** s. **karşılaştırmalı anatomi;** ~ **gramer** vergleichende Grammatik ~ **hukuk ilmi** vergleichende Rechtswissenschaft, Rechtsvergleichung *f*
mukayesevî [·–‥–] *va.* s. **mukayeseli**
mukayyet, -di 1. gebunden, gefesselt 2. bedingt, durch Bedingungen eingeschränkt 3. eingetragen, registriert, Register- 4. genau aufpassend, scharf achtgebend, Sorgfalt und Mühe aufwendend ~ **ekseriyet** s. **mevsuf ekseriyet;** ~ **kafiye** *(fr. Metrik)* „Doppelreim" *m* (vgl. **kayıt** 8); ~ **mark** *hist.* (deutsche) Registermark *f* (der 30er Jahre) *registermark
mukayyi, -ii [ī] *z. va.* 1. emetisch, Brechen erregend, vomitiv 2. Brechmittel, Emetikum, Vomitiv *n*
mukayyit, -di 1. Registraturbeamter, Registrator *m* 2. s. **imleç**
mukayyitlik Registraturtätigkeit *f*, Registrieren *n*
mukbil 1. *va.* glücklich, erfolgreich 2. ♀ *mV* **Mukbile** *wV*
mukdim *va.* pflichtgetreu, gewissenhaft, fleißig
mukır, -rrı *va.* offen eingestehend; geständig
mukim [ī] *z. va.* wohnhaft, ansässig ~ **elçi** Ministerresident *m*
mukni, -ii *z. va.* überzeugend, glaubhaft *inandırıcı
mukoza [·×·] **(zarı)** *biol.* Schleimhaut *f* *gışayı muhatî
mukriz 1. Darlehensgeber *m* *ödünç veren 2. Anleihezeichner *m*
muktataf *va.* zusammengetragen, gesammelt, geerntet
muktatafat, -tı [·‥–] *va. Pl.* Aus-, Blüten-lese, Anthologie *f*

muktaza [··–] *va.* 1. erforderlich, benötigt 2. Notwendiges, Erforderliches; Erfordernis *n*, Gebührendes; Notwendigkeit *f* **-sınca** zufolge, gemäß, entsprechend *gereğince (**Sekizinci madde -sınca amel olunması.** *osm. Beh.* Es ist nach § 8 zu verfahren.) **-yı hal** *va.* (jeweils) gegebener Fall
muktazi [ī] *va.* 1. notwendig machend, erfordernd 2. notwendig, erforderlich
muktaziyat, -tı [···–] *va. Pl.* erforderliche Dinge od. Schritte *pl.*; Erforderliches **≗ın icrası rica olunur.** *osm. Beh.* Es wird gebeten, das Erforderliche zu veranlassen.
muktebes über-, ent-nommen, angeführt, zitiert
muktebesat, -tı [ā] *va. Pl.* Übernahmen, Zitate *pl.*
mukteda [ā] *va.* 1. an der Spitze stehend; führend 2. als Vorbild genommen; nachgeahmt
muktedir leistungsfähig, tüchtig, stark ~ **bir öğretmen** ein fähiger Lehrer ~ **kılmak** in den Stand setzen, befähigen (zu) ~ **olmak** (m. Dat.) imstande, fähig sein, die Kraft haben (zu), können **gayri** ~ unfähig, untüchtig
mukterin *astr.* in Konjunktion stehend
muktesit, -di sparsam, wirtschaftlich, rationell wirtschaftend
muktesitlik Sparsamkeit *f*, Sparsinn *m*, rationelles Wirtschaften
mukus *biol.* Schleim *m*
mulaj 1. Abdruck, Abguß *m* 2. Modellierarbeit *f* (z.B. beim Zahnarzt) 3. *(Schneiderei)* Maßschnitt *m* ~ **kâğıdı** Schnitt *m* (Papiervorlage zum Zuschneiden e–s Kleidungsstückes)
muleta [·×·] rotes Tuch (der spanischen Stierkämpfer)
mulin [ū] *va.* ver-, an-kündigend, proklamierend ~ **olmak** (bşi) *va.* ver-, an-künden, proklamieren
mull Mull *m* (e–e best. Art Humus)
mulör 1. Gießer, Former *m* 2. Modellierer *m* 3. wer e–n Maßschnitt anfertigt
mulür 1. Zierleiste *f* 2. *mod.* Randbesatz *m* (auf Kleidern)
mum 1. Wachs *n* 2. (Wachs-)Kerze *f* 3. *fr.* Kerze *f* (als Lichtstärke) *kandela 4. *fig.* weich, gelehrig, fügsam, nachgiebig ~ **ağacı** 1. Wachsmyrte *f bot.* Myrica cerifera 2. Andenwachspalme *f bot.* Ceroxylon andicolum 3. s. **cilâ ağacı;** ~ **burnu** (Kerzen-)Schnuppe *f* ~ **cilâsı** Bohnerwachs *n* ~ **dibi mum ortası** Name e–s türk. Ksp. (ähnl. wie „Alle Vögel fliegen") ≗ **dibine ışık vermez.** *Spr.* 1. Man kann anderen Leuten besser raten als sich selbst. 2. Man sorgt manchmal nicht genug für seinen eigenen Vorteil. 3. Er treibt keine Vetternwirtschaft. ~ **dikmek** (bşe) *fig.* et. vernichten ~ **direk** 1. kerzengerade, in ganzer Höhe aufgerichtet, strammstehend *dimdik 2. *fig.* aufrecht, wacker, ehrlich, gerade, korrekt *dosdoğru ~ **duruşu** *(Turnübung)* Kerze *f*, Nackenstand *m* ~ **etmek** *fig.* weichkneten, zu Ordnung und Disziplin zwingen; *F* auf Vordermann bringen ~ **fidanı** 1. peruanischer Säulenkaktus *bot.* Cereus peruvianus 2. Wachsblume *f bot.* Hoya carnosa ~ **gibi** 1. s. ~ **direk** 2. fügsam, brav, willig, gehorsam *uslu, kıpırtısız ~ **gibi oturmak** wie angegossen sitzen (Anzug) ~ **güvesi** s. **petek güvesi;** ~ **hurma ağacı** Carnaubapalme *f bot.* Copernicia cerifera ~ **ışığı** Kerzen-licht *n*, -schein *m* ~ **kabağı** Wachskürbis *m bot.* Benincasa cerifera ~ **kuvveti** Kerzenstärke *f* ~ **külâhı** Löschhütchen *n* (zum Auslöschen von Kerzen) *şamdan külâhı **-makası** Lichtputzschere *f* ~ **olmak** *fig.* 1. weichwerden, sich der Ordnung und Disziplin unterwerfen 2. (m. Dat.) *V* einverstanden sein, sich zufrieden geben (mit) ~ **söndürenler** *P pej. Bez.* für Anhänger der Şia (*spez.* **Kızılbaş, Yezidî**); ~ **yağı** Talg *m*, Unschlitt *n* ~ **yapıştırmak** 1. siegeln 2. *fig.* sich et. merken, et. im Kopf behalten **-a döndürmek** (*od.* **çevirmek**) s. ~ **etmek; -la aramak** *fig.* mit der Laterne suchen, sehr hinter et. hersein, sich nach et. sehnen **-un burnunu kesmek** *fr.* die Kerze schneuzen
mumaileyh [––··] *z. va.* oben-genannt, -erwähnt
mumcu 1. Wachszieher od. Wachskerzenverkäufer *m* 2. *fr.* mit Luntenschloßgewehr ausgerüstet (Soldat) 3. *hist.* e–r der zwölf Offiziere der ersten Janitscharenorganisation
mumçiçeği, -ni 1. kleine Wachsblume *bot.* Cerinthe minor 2. die Wachsblumenart Cerinthe retorta *arı çiçeği
mumhane[ā] Wachszieherei *f* (Werkstatt)
mumlamak 1. mit Wachs tränken, wachsen 2. (ver-)siegeln
mumlaşmak zu Wachs werden
mumlu 1. Wachs enthaltend 2. mit soundsoviel Kerzen ~ **bez** s. **muşamba;** ~ **boya** enkaustische Farbe ~ **kâğıt** Wachspapier *n* (als Vervielfältigungsmatrize) ~ **tel** Wachsdraht *m*
mumlubitler s. **unlubitler**
mumluk 1. mit nb. Kerzenstärke (z.B. Glühbirne) 2. für soundsoviel Kerzen bestimmt (z.B. Leuchter)
mumpalmiyesi, -ni s. **mum ağacı** (2)
mumsöndü *fig.* unmoralisch, ungehörig (Anspielung auf e–e fr. Bektaschi-Zeremonie)
mumsu wachsähnlich
mumya [×·] 1. Mumie *f* 2. (*a.* ~ **gibi**) nur mehr Haut und Knochen (Person) 3. *va.* Heilmittel *n* für Wunden und Verletzungen ~ **büyüsü** abergl. Stiche in die Wachsfigur e–s gehaßten Menschen od. Tieres ~ **olmak** s. **mumyalaşmak**
mumyacı Einbalsamierer *m*
mumyalamak mumifizieren, einbalsamieren
mumyalaşmak 1. zur Mumie werden 2. *fig.* zum Skelett abmagern (Person)
Muna s. **Mina**
munafık, -kı [ā] 1. *va.* Heuchler *m*, Scheinheiliger 2. Ohrenbläser, Zwischenträger *m* 3. Unfriedenstifter, Störenfried, Hetzer *m*
munafıklık [ā] 1. *va.* Heuchelei, Scheinheiligkeit *f* 2. Ohrenbläserei, Zwischenträgerei *f* 3. Zwietracht-Säen, Hetzen *n*
munafıkun [·–·–] (*va. Pl.* zu **munafık**); ≗ **suresi** Name der 63. Koran-Sure
munassıf 1. s. **açıortay** 2. *an.* Mittelfell, Mediastinum *n*
mundar (< **murdar**) *P* schmutzig, unsauber, unrein (*a.* rituell) *kirli, pis ~ **herif** *V* Dreckskerl *m*
mundarlamak beschmutzen, verunreinigen
mundarlık Schmutz *m*, Unsauberkeit *f*
munfasıl 1. getrennt, gesondert, geschieden *ayrılı, ayrılan 2. wer aus e–m Amt ausgeschieden (bzw. entfernt worden) ist 3. unverbunden (best. Buchst. der ar. Schrift, best. Pronomina) 4. *log.* disjunktiv *ayrık
munga s. **şapkalı maymun**
mungo (I) s. **mangust**
mungo (II) *(engl.)* Mungo *m* (Gewebe aus Reißwolle)
munis [ū] 1. gewohnt, vertraut, geläufig *alışılan 2. gesellig, umgänglich, liebenswert, nett, sympathisch *cana yakın 3. zahm, zutraulich 4. ≗ *mV* **Munise** *wV* Zu 1: **Bu tabir bana ~ gelmiyor.** Dieser Ausdruck ist mir nicht geläufig. **gayri** ~ 1. ungewohnt, ungeläufig 2. ungesellig 3. nicht gezähmt; wild
munislik, -iği [ū] 1. Vertrautheit, Geläufigkeit *f* 2. Geselligkeit, Umgänglichkeit *f;* liebenswerter Charakter 3. Zutraulichkeit *f* Zu 3: **Genç kadın, bir kedi -iyle erkeğe sokuldu.** Die junge Frau schmiegte sich mit katzenartiger Zutraulichkeit an den Mann.
munkabız 1. zusammengezogen *büzülmüş, kısılmış 2. an

Verstopfung leidend; hartleibig *peklik çeken 3. sich unbehaglich fühlend 4. schweigsam
munkalip, -bi 1. verwandelt 2. *chem.* umgewandelt ~ **olmak** 1. verwandelt werden, sich verwandeln (z. B. in e–n Trümmerhaufen) 2. **(hakikate)** *z. va.* sich als wahr herausstellen
munkarız s. **münkariz**
munkatı, -ıı 1. unterbrochen, diskontinuierlich *süreksiz 2. *math.* unstetig *kesikli 3. beendet, ausgestorben, erloschen (z. B. Dynastie) 4. getrennt, abgesondert ~ **olmak** e–e Unterbrechung erfahren ~ **tayf** s. **kesikli tayf**
munsap, -bı 1. (ein-)mündend, sich ergießend (Fluß) 2. (breite) Flußmündung *f*, Ästuar *n* *ağız, kavuşak ~ **olmak** (m. Dat.) münden, sich ergießen (Fluß)
munsarif *va.* flektierend (Sprache) *bükülgen
munsif *va.* gerecht und billig denkend od. handelnd, vernünftig, wohl-meinend, -wollend, menschlich, gütig, mitleidig *insaflı
muntabı, -ıı *va.* 1. gedruckt 2. gestempelt 3. angeboren, natürlich 4. gefällig, angenehm 5. unvergeßlich
muntabık, kı 1. koinzident, sich deckend 2. (bir yere) a) an e–m Punkt angreifend (Kraft) b) feststehend (z. B. Tischbein auf dem Boden)
muntafi 1. *va.* ausgelöscht, erloschen 2. s. **sönümlü**
muntak, -kı *math.* rational ~ **adet** s. **oransal sayı; gayri ~ adet** s. **orandışı sayı**
muntazam 1. geordnet, ordentlich, geregelt, regelmäßig, regulär 2. *math.* regelmäßig *düzgün 3. *phys.* gleichförmig *düzgün 4. konsolidiert 5. gepflegt, gut unterhalten (z. B. Straße) 6. gleichmäßig, im gleichen Rhythmus, rhythmisch (Schritte, Bewegungen usw.) ~ **altı dıllı menşur** *math.* regelmäßiges sechsseitiges Prisma ~ **hareket** s. **düzgün hareket;** ~ **hat gemisi** s. **layner** (2); ~ **hücum** *mil.* planmäßiger Angriff *plana göre taarruz ~ **kıta** reguläre Truppe ~ **mesai** regelmäßige Arbeit ~ **mudalla** *math.* regelmäßiges Vieleck ~ **muhammes (müseddes)** s. **düzgün beşgen (altıgen);** ~ **mütehavvil hareket** s. **düzgün değişen hareket; gayrı** ~ ungeordnet, unregelmäßig, regellos, irregulär
muntazaman *Adv.* zu **muntazam;** ⁓ **geç geliyor.** Er kommt regelmäßig zu spät. **Derslere ~ devam ediyor.** Sein Unterrichtsbesuch ist regelmäßig.
muntazar *z. va.* 1. erwartet 2. erhofft *(1, 2) beklenen ~ **hak** *jur.* Anwartschaft *f* *beklenen hak
muntazır erwartend, erhoffend, entgegensehend *bekleyen ~ **kıta** *mil.* Bereitschaftstruppe *f* ~ **olmak** (bşe) erwarten, erhoffen
muntazıran [·×··] *va. Adv.* in Erwartung, entgegensehend
munzam, -mmı hinzugefügt, zusätzlich, Zusatz- ~ **değerli pul** s. **artılıpul;** ~ **gümrük resmi** Ausgleichszoll *m* ~ **mesai saatleri** Überstunden *pl.* ~ **olmak** hinzu-, dazu-kommen ~ **pakt** Zusatz-pakt, -vertrag *m*, -abkommen *n* ~ **sigorta** Zusatzversicherung *f* ~ **tahsisat** zusätzlich bewilligte Budgetmittel, Zusatzkredite *pl.* ~ **ücret** 1. zusätzliches Gehalt, Lohnnebenleistungen *pl.* *ek ücret 2. Nach-, Straf-porto *n* ~ **vazife** s. **ek görev; nesci** ~ s. **katılgandoku**
mur [ū] *va.* 1. Ameise *f* *karınca 2. (symbolisch für) Hilflosigkeit, Ergebenheit *f* 3. *bot.* Rost, Brand *m* (Pflanzenkrankheit)
murabaha(-cılık) s. **tefecilik**
murabahacı [·–··] s. **tefeci**
murabba (I), -aı *math.* 1. Quadrat *n*, zweite Potenz *kare 2. (*a.* **-ı tam**) Quadrat *n*, gleichseitiges rechtwinkliges Viereck *kare, tam kare 3. *lit.* Gedicht *n* mit Strophen zu je vier Halbversen 4. *va.* e–e melod. Weise in der türk. Musik ~ **yelken** s. **seren yelkeni;** ~ **yelkenli** s. **kabasorta armalı gemi; -ını almak** quadrieren
murabba (II) [··–] dickeingekochte Konfitüre mit ganzen Früchten (in der Türkei seltener geworden)
murabbaat, -tı [···–] *va. Pl.* zu **murabba** (I); ~ **ağı** Koordinaten-, Gitter-netz *n*
murabbalı *math.* -quadratisch s. **iki ~ muadele**
murabıt, -tı [ā] Marabut *m* (Einsiedlermönch spez. in Nordafrika) ⁓**lar** *hist.* Almorawiden *pl.* (maurische Dynastie)
murabut, -tu [ā] s. **murabıt;** ~ **kuşu** s. **marabu** (1)
Muradiye [ā] *n.pr.* 1. O. u. D. im Rbz. Van 2. *fr.* e–e Unterabteilung des Nakschibendi-Ordens
murafaa [·–··] *jur.* 1. *va.* Prozeß *m* 2. Hauptverhandlung *f*, mündliche Verhandlung *duruşma ~ **olmak** gerichtlich vorgehen; prozessieren ~ **talebi** *jur.* Antrag *m* auf mündliche Verhandlung
murafakat, -tı [·–··] *va.* 1. Begleitung *f* 2. Koinzidenz *f* *düşümdeşlik
murafık, -kı [ā] *va.* 1. begleitend 2. koinzidierend
murahhas 1. bevollmächtigt 2. Bevollmächtigter, Delegierter ~ **aza** *H* Delegierter des Verwaltungsrates ~ **elçi** bevollmächtigter Minister ~ **heyet** (*va.* **heyeti -a**) bevollmächtigte Delegation *delegasyon
murahhasa armenischer Bischof, Abt od. Prior
murahhaslık Tätigkeit *f* e–s Delegierten *delegelik
murakabe [·–··] 1. Überwachung, Kontrolle, Aufsicht, Revision, Prüfung *f* *denetim 2. religiöse Meditation, mystisches Sich-Versenken ~ **altında bulundurmak** unter Kontrolle stellen ~ **etmek** 1. überwachen, kontrollieren, beaufsichtigen, revidieren, prüfen 2. meditieren ~ **meclisi** Aufsichtsrat *m*
murakıp, -bı [ā] 1. überwachend, kontrollierend 2. Kontrollbeamter, Kontrolleur, Aufsichtsbeamter, Revisor, Prüfer *m* *kontrol memuru, kontrolcu, denetçi 3. meditierend ~ **muhasip** *H* Bücherrevisor *m* **heyeti -a** *va.* Kontrollkommission *f*
murakıplık [ā] Tätigkeit *f* e–s **murakıp** *spez.* Aufsicht, Kontrolle, Revision, Prüfung *f*
murakkam *va.* mit Nummer od. Zahl; numeriert **hendesei -a** s. **kotlu geometri**
murana s. **şakıt**
murane [––·] *(osm. Briefstil)* demütig, bescheiden, ergeben
murassa, -aı *va.* 1. mit Edelsteinen (besetzt, verziert, geschmückt) *cevahirli 2. ein Satz (in Prosa od. Poesie) mit Reimwörtern
murat, -dı [ā] 1. Ziel *n*, Zweck *m*, Absicht *f*, Vorsatz, Wunsch *m* 2. gewollt, gewünscht, gemeint; was man sagen (ausdrücken) will 3. ⁓ *n.pr.* [×·] a) *mV* b) **(ırmağı** *od.* **suyu)** Östlicher Euphrat *Doğu Fırat Zu 2: **Bunu demekten ~.** Damit soll gesagt sein. Damit ist gemeint. ⁓ **da o!** Das ist genau, was gewünscht war! ~ **etmek** 1. wünschen, wollen, erstreben 2. meinen; sagen wollen **-ı olmak** sich erfüllen (Wunsch) ⁓**ın elinden ne kurtulur?** *Spr.* 1. Beharrlichkeit führt zum Ziel. 2. Steter Tropfen höhlt den Stein. **-ına ermek** (*od.* **nail olmak**) sein Ziel (seine Absicht) erreichen
Muratlı *n.pr.* O. u. D. im Rbz. Tekirdağ
murç, -cu Schlagbohrer *m* (für Beton)
murdar 1. s. **mundar** 2. nicht rituell geschlachtet ~ **ağacı** Blutweiderich *m bot.* Lythrum salicaria ~ **etmek** nicht rituell schlachten (und dadurch nach isl. Auffassung verunreinigen) ~ **ilik** s. **omurilik**
murdarhar *va.* aasfressend
murdarlık s. **mundarlık**
Mureş *n.pr.* Maros *f* (Fluß in Ungarn)

muris [ū] 1. *va.* verursachend, zustandebringend 2. *jur.* Erblasser *m* *miras bırakan, kalıtbırakan
muriza; murize s. **moriza; morize**
murmel s. **marmot**
murt, -tu s. **mersin** (1)
murtabıt s. **mürtebit**
murtat 1. s. **mürtet** 2. ⩲ s. **Kea(adası)**
murtaza 1. *va.* beliebt 2. ⩲ *mV spez.* Beiname des Kalifen Ali 3. ⩲ Roman von Orhan Kemal (1952)
mus (I) [ū] (*engl.* **moose**) Elch *m spez.* amerikanischer Elch *zo.* Alces americana; s.a. **Avrupa musu**
mus (II) (*franz.* **mousse**) Kräuselgarn *n*; s.a. **naylon ~**
Musa [– –] *n.pr.* 1. Moses (Bibel) 2. *mV* **~ ağacı** s. **ateş dikeni; ~ dağı** *geogr.* steiler Berg (1355 m) im Amanosgebirge (Hatay)
musa [– –] *va.* 1. testamentarisch bestimmt 2. Testamentsvollstrecker *m* 3. empfohlen, geraten
musabiyet, -ti [ā] *va.* Morbidität *f*, Krankheitszustand *m*
musadakat, -tı [·–··] *va.* gegenseitige Ehrlichkeit, aufrichtige Freundschaft
musaddak, -kı 1. bestätigt, beglaubigt, bezeugt 2. ratifiziert **~ senet** Ratifizierungsurkunde *f* **~ suret; sureti -a** *va.* beglaubigte Abschrift *tasdikli kopya
musaddık, -kı 1. *va.* bestätigend, beglaubigend, bezeugend 2. *va.* ratifizierend 3. ⩲ Mossadek (ehemaliger pers. Ministerpräsident)
Musaf *P* s. **Mushaf**
musafaha [·–··] *va.* Händedruck *m* **~ etmek** *va.* sich gegenseitig die Hand drücken *el sıkışmak
musaffa [··–] *va.* gereinigt, geläutert, geklärt, rein *temizlenmiş, arıtılmış
musahabe(-t), (-ti) [·–··] Unterhaltung, Plauderei *f* **~ etmek** sich unterhalten; plaudern
musahhah *va.* verbessert, korrigiert *düzeltilmiş
musahhih Korrektor *m* (e–r Druckerei)
musahhihlik Korrekturlesen *n*
musahibe [ā] s. **nedime**
musahip, -bi [ā] unterhaltsamer Gesellschafter (e–s Hochgestellten), Höfling, Kammerherr *m*
musakka kleingeschnittenes Dünstgemüse (*spez.* **patlıcan** od. **kabak**) mit **kuşbaşı et** (*od.* Hackfleisch), Zwiebeln u. Tomaten
musalaha [·–··] *va.* Frieden(-sschluß) *m* **~ akdetmek** *va.* Frieden schließen
musaleh [– – ·] *jur.* Bedachter; Vermächtnisnehmer *m* *vasiyet edilen; vasiyet alan
musalla [··–] 1. Ort, wo das Gebet verrichtet wird 2. Gebets-teppich *m*, -matte *f* **~ taşı** Stein-bank *f*, -tisch (zur Aufbahrung von Toten, für deren Seelenheil vor der Beisetzung Gebete gesprochen werden)
musallat, -tı 1. herfallend (über), heimsuchend, sich zu schaffen machend (an) 2. Unfug treibend 3. belästigend, störend **~ etmek** (m. Dat.) (Unerwünschtes) über j–n bringen (**İnsanlara azîm bir belâ ~ etti.** Er hat großes Unheil über die Menschheit gebracht.) **~ fikir** *psych.* fixe Idee; Besessenheit *f* *sabit fikir; takınak **~ olmak** 1. (b–ne) belästigen, stören, nicht in Ruhe lassen 2. (bşe) über et. herfallen, et. heimsuchen, sich (wiederholt od. längere Zeit) an et. zu schaffen machen
musalli [ī] *z. va.* wer die vorgeschriebenen Gebete regelmäßig verrichtet
musammat, -tı *lit.* e–e best. ältere Gedichtform
musammem *va.* geplant, vorgesehen, in Aussicht genommen, beabsichtigt
musandıra [·×··] 1. Wand-, Paneel-brett, Bord *n* 2. e–e Art Schrank in alttürk. Häusern (zur Aufbewahrung von Bettzeug) 3. Anrichte *f*, Büfett *n*
musandıracı başı *hist.* Vorgesetzter der **darüssaade ağaları**
musanna, -aı *z. va.* 1. kunstvoll hergestellt, kunstreich *sanatlı 2. künstlich, gekünstelt 3. erdichtet, willkürlich erfunden, falsch, gefälscht *düzme, uydurma 4. fiktiv, angenommen, unterstellt *yapıntı(-lı)
musannefat, -tı [···–] *va. Pl.* literarische Werke *pl.*
musannif 1. *va.* Schriftsteller, Autor *m* 2. s. **klasör**
musap, -bı [ā] (von e–m Übel) betroffen, (von e–r Krankheit) befallen, Opfer *n* (e–s Unglücks) **kolera -ı** *od.* **koleraya ~ olan** cholerakrank
musaraa [·–··] *z. va.* 1. Ringen *n*, Ringkampf *m* *güreş 2. *allg.* Kampf, Streit *m* **~ etmek** *z. va.* 1. ringen, e–n Ringkampf ausführen 2. *allg.* kämpfen, streiten
musarra, -aı *(in der ält. Lit.)* mit gereimten Halbversen (Gedicht od. Doppelvers)
musarrah *va.* ausdrücklich (expressis verbis) festgestellt (dargelegt, bestimmt), klar ausgesprochen
musarrahan *va. Adv.* zu **musarrah**
musattah *z. va.* flach, eben *düz **hendesei -a** *va.* Planimetrie *f* *düzlem geometri
musavver *va.* 1. geformt, dargestellt, abgebildet 2. mit Figuren (Malereien, Skulpturen) verziert 3. illustriert 4. nur in der geistigen Vorstellung existierend; geplant, beabsichtigt
musavvir *va.* 1. formend, bildend, darstellend 2. darstellender Künstler 3. s. **hayalgücü** 4. Beiname von Allah **maddei -ei müşekkile** s. **plazma; maddei -ei ula** s. **protoplazma**
Musevî [–·–] 1. mosaisch, israelitisch, jüdisch 2. Israelit, Jude *m* **~ camiası** israelitische Gemeinde
Musevîlik [–·–·] 1. Judentum *n spez.* jüdische Religion 2. Zugehörigkeit *f* zum jüdischen Glauben
Mushaf 1. Koran(-exemplar *n*) *m* 2. ⩲ *allg. va.* Buch *n*
musi [– –] *va.* 1. Erblasser *m* 2. wer e–n Testamentsvollstrecker einsetzt 3. empfehlend, ratend
musibet, -ti [·–·] 1. Unglück *n*, Plage *f*, Leid *n*, trauriges Ereignis, böse Erfahrung 2. *fig.* verwünschter Bursche; Plagegeist *m* 3. *gel.* Unglückswurm *m* 4. unglückbringend, elend, übel, verwünscht
musibetli [·–··] unglückselig, unheilvoll, unglücklich
musikal(-lık) s. **müzikal(-lık)**
musikar [–·–] 1. s. **mıskal** 2. *myth.* singender Schwan
musiki [–·–] (allg. od. spez. türk.) Musik *f* *müzik **~ akşamı** musikalischer Abend; Musikabend *m* **~ aletleri** Musikinstrumente *pl.* **~ bilgini** Musikwissenschaftler *m* *müzikolog **~ bilimi** Musikwissenschaft *f* *müzikoloji **~ dizeği** s. **dizek; ~ imlâsı** Musikdiktat *n* **~ hakkâklığı** Noten-stechen *n*, -stich *m* **~ kaleydoskopu** bunte Musik **~ meraklısı** Musikliebhaber *m* **~ tarihi** Musikgeschichte *f*
musikici [–·–·] 1. Musiker(-in *f*) *m* 2. Musiklehrer(-in *f*) *m* 3. Komponist(-in *f*) *m*
musikili musikalisch
musikişinas [–·–·–] 1. Musikkenner 2. musikalisch (Person) 3. *abus.* Musiker, Komponist
musil [ū] *an.* s. **getirici**
musilei Süleymaniye [ū] *fr.* Rangstufe, die e–n Geistlichen zu Vorlesungen in der Süleymaniye-Moschee berechtigte
musip, -bi [ī] *va.* angebracht, passend, richtig, zweckmäßig (z.B. Maßnahme), entsprechend, geeignet (z.B. Vorschlag) *doğru, yerinde, uygun
musir, -rri *z. va.* beharrlich (auf et. bestehend), hartnäckig, nachdrücklich, angelegentlich *inatçı, ısrar eden
muska 1. (aufgeschriebener) Zauberspruch (den man bei sich trägt, in Wasser trinkt od. bei abergläubischen Räucherungen verbrennt) 2. Amulett *n*, Talisman *m* (häufig

in Dreiecksform) 3. in Dreiecksform hergestellt, dreieckig (z.B. Pastete) ~ **takmak** ein Amulett tragen
muskacı Hersteller od. Verkäufer *m* von **muska**
muskavari [··—–] 1. nach Art e–s Amuletts (getragen) 2. in Dreiecksform
muslih *va.* 1. vermittelnd, versöhnend *ara bulan, barıştıran 2. (ver-)bessernd, reformierend 3. ♀ *mV*
muslihane [ā] 1. *Adj.* friedlich 2. *Adv.* auf friedlichem Wege, im Guten ~ **suretihal** friedliche Lösung, gütliche Bereinigung ~ **tekâmül** friedliche Entwicklung
muslin (*franz.* **mousseline**) Musselin *m* ~ **cam** 1. hauchdünnes Glas 2. e–e Art Opalglas ~ **dö len** (*franz.* **m. de laine**) s. **yün** ~; **dö sua** (*franz.* **m. de soie**) s. **ipek** ~
muslinet, -ti bes. feine Musselinart
musluk, -uğu 1. Wasserhahn *m,* Hahn *m* (an e–m Faß usw.) 2. (Hand-)Waschbecken *n*, Toilette *f, V* männliches Glied; Penis *m* ~ **bataryası** Mischbatterie *f* (für Warm- und Kaltwasser) ♀ **damlıyor.** Der Wasserhahn tropft. ~ **suyu** Wasser aus der Wasserleitung (zum Waschen) ~ **taşı** Spül-stein *m*, -becken *n* **-u açmak** *fig.* 1. keine Kosten scheuen 2. *V* reden, schwatzen ♀**u çevir!** Hör auf mit dem Geflenne!
muslukçu 1. Installateur, Klempner *m* 2. *V* Taschendieb, (vgl. **muslukçuluk**)
muslukçuluk 1. Gewerbe *n* e–s Installateurs, Klempners 2. *V* Diebstahl *m* (an j–m., der bei ritueller Reinigung seine Jacke abgelegt hat)
musluklu mit (Wasser-)Hahn
musluksuz ohne (Wasser-)Hahn
muson (*franz.* **mousson**) *met.* Monsun *m* *Hindistan mevsim rüzgârı
mustabey Name e–r bes. geschätzten Birnensorte
mustafa 1. [··–] *va.* auserwählt 2. ♀ [×··] *mV* 3. ein Beiname Mohammeds
Mustafa Kemal Paşa s. **Atatürk**
Mustafakemalpaşa *n.pr.* Städtchen u. D. im Rbz. Bursa
Mustafapaşa *n.pr. osm. Bez.* für Swilengrad (Bulgarien)
mustalah *va.* 1. in der Sprache der Fachwissenschaft geschrieben 2. für e–n Laien unverständlich
mustalahat, -tı [···–] *va. Pl.* Fachausdrücke *pl.*
mustar, -rrı gezwungen, genötigt, keinen anderen Ausweg findend, in e–r Zwangslage ~ **bir halde** gezwungenermaßen, wohl oder übel ~ **kalmak** sich in e–r Zwangslage befinden, et. wohl oder übel tun müssen ~ **olmak** (bşi yapmağa) (et. tun) müssen
mustarap, -bı *hist.* arabisierter Christ in Spanien der Maurenzeit; Mozaraber *m*, mozarabisch
mustarip, -bi (I) s. **mustarap**
mustarip, -bi (II) 1. beunruhigt, erregt, verstört 2. (bşden) (körperlich od. seelisch) leidend (an); gequält
mustatil [ī] *math.* Rechteck *n* *dik dörtgen **-ürreis** s. **dolikosefal, uzunkafalı**
mustatilî *va.* rechteckig, in der Form e–s Rechtecks
Musul *n.pr.* Mos(s)ul (Stadt im Irak)
muş (I) kleineres Schiff zur Personenbeförderung (Dampfer bzw.Motorboot)
muş (II) [ū] *va.* Maus, Ratte *f* *fare, sıçan
Muş *n.pr.* Städtchen im gln. Rbz. (Ostanatolien)
muşabak, -kı (< **müşebbek**) durchbrochen (Handarbeit); als Netzarbeit hergestellt, Flecht-, Netz-, Gitter-arbeit, netzförmig
muşamba [·×·] (*ar.* **muşamma'**) 1. Wachstuch *n*, Ölleinwand *f* 2. Linoleum *n* 3. wasserdichter (gummierter) Regenmantel; Lederölmantel *m* *gamsele 4. *naut.* Schmarting *f* ~ **cilâsı** Bohnerwachs *n* ~ **döşemek** Linoleum legen ~ **fener** alttürk., zusammenlegbarer Lampion (aus gewachstem Stoff) ~ **gibi** unglaublich schmutzig (Wäschestücke) ~ **gocuk** Ölmantel *m* ~ **perde** Rolljalousie *f* ~ **şapka** Südwester *m* ~ **yağmurluk** Öl-kleidung *f*, -zeug *n*
muşambalamak mit **muşamba** auslegen od. bekleiden *naut.* schmarten
muşambalı mit **muşamba** (ausgelegt, bekleidet)
muşer [ū] *va.* Krummsäge *f* (des Zimmermanns)
muşikâf [ū] *va.* Haarspalter *m*, pedantischer Kritiker
muşmula [×··] 1. gemeine Mispel *beşbıyık, döngel ağacı, ezgil 2. *V* alter Kerl ~ **ağacı** 1. Felsenmispel *f bot.* Amelanchier rotundifolia 2. Mispelbaum *n bot.* Mespilus pycnoloba 3. gemeine Mispel *bot.* Mespilus germanica 4. s. **Japon -sı**; ~ **gibi** s. ~ **suratlı**; ~ **kadar şişip büyümek** riesengroß werden (Augen) ~ **olmak** *F* alt und runzelig werden (Person) ~ **suratlı** mit vielen Falten und Runzeln im Gesicht, *F* ganz zerknittert
muşt, -tu *va.* 1. Faust(-schlag *m*) *f* 2. s. **tarak** (4); **-ülkadem** s. **ayak tarağı**; **-ülyet** s. **el tarağı**; **-ürrai** s. **çobantarağı**
muşta [×·] 1. Faustschlag *m* 2. Schlagring *m* (Hiebwaffe) 3. Fäustel, Schusterhammer *m* 4. Schlegel *m*, Schlagholz *n* (des Wollkremplers) 5. Griff *m*, Heft *n* 6. Stößel *m* (zum Farbenreiben) ~ **vurmak** s. **muştalamak**
muştalamak 1. mit der Faust (dem Schlagring usw.) auf j–n einschlagen 2. *fig.* j–m et. drastisch einprägen (einhämmern, einbleuen)
muştu(-cu usw.) *P* s. **müjde(-ci** usw.)
mut, -tu 1. Glück *n* *baht, talih 2. Glückseligkeit *f* *mutluluk, saadet
Mut, -tu *n.pr.* Städtchen u. D. im Rbz. İçel
muta (I), **aı** [ā] *va.* wem Gehorsam geleistet wird ~ **olmak** *va.* Gehorsam finden
muta (II) [––] 1. gegeben *verilmiş 2. Gegebenes; Gegebenheiten, Daten *pl.*, gegebene Größe *veri 3. *jur. va.* Frauenkleidung, die bei e–r Scheidung vom Mann herausgegeben werden muß
mutaassıp, -bı 1. *pej.* fanatisch, Fanatiker(-in *f*) *m*, bigott 2. *mel.* strenggläubig
mutaassıplık 1. *pej.* Fanatismus *m*, Bigotterie *f* 2. *mel.* Strenggläubigkeit *f*
mutaazzım s. **müteazzım**
mutabakat, -tı [·–··] 1. Übereinstimmung, Konformität *f*, Adäquatsein *n* 2. *gr.* Kongruenz *f* 3. s. **identiklik** 4. *stil.* Genauigkeit *f* des Ausdrucks *tıbak, yerindelik ~ **etmek** übereinstimmen ~ **ettirmek** *math.* s. **identiklemek**; **-ı efkâr** *z. va.* Übereinstimmung *f* der Ansichten **ademi** ~ 1. Nichtübereinstimmung *f*, Fehlen *n* e–r Konformität 2. *stil.* Ungenauigkeit *f* des Ausdrucks *yerindesizlik
mutabık, -kı [ā] 1. übereinstimmend, konform, gleichlautend, entsprechend, adäquat 2. kongruent 3. s. **identik** 4. einverstanden! *kabul, dakkor Zu 1: **Aslına -tır.** s. **Aslına uygun.** ~ **kalmak** (bşe) 1. (sich) einig werden, sich einigen (über) 2. (biriyle) mit j–m übereinstimmen ~ **olarak** in Übereinstimmung (mit) ~ **olmak** (*od.* **gelmek**) entsprechen; konform (kongruent, identisch) sein; übereinstimmen
mutaden [––·] *va. Adv.* gewöhnlich, üblicherweise
mutaf (I) [––] *va.* umkreist (Stelle); vgl. **tavaf**
mutaf (II) [––] 1. wer aus Ziegenhaar Pferdedecken, Futtersäcke usw. herstellt od. verkauft 2. diese Gegenstände selber 3. *Zig.* Haar *n* *kıl, saç, bıyık
mutafçı *P* für **mutaf** (1)
mutaffifiyn (*ar.*: die das Maß Verkürzenden) ♀ **suresi** Name der 83. Koran-Sure
mutahhar *va.* 1. sauber, rein 2. heilig **Mutahhara** *wV*
mutalebat, -tı [·–·–] *Pl.* Forderungen, Ansprüche *pl.* **-ta bulunmak** Forderungen stellen, Ansprüche erheben
mutalebe [·–··] Forderung(-srecht *n*) *f*, Anspruch *m*, Begehren, Ansinnen *n* ~ **etmek** 1. fordern, beanspruchen 2. *spez.* gerichtlich einfordern

mutalla [·×·] *va.* mit Gold verziert, vergoldet
mutallaka [·×··] *fr.* verstoßene (geschiedene) Frau
mutallik *va.* wer seine Frau verstoßen hat; vgl. **talâk**
mutantan *va.* 1. prächtig, pompös, prunk-, glanz-voll *debdebeli, şatafatlı, tantanalı 2. geräuschvoll, lärmend *gürültülü
mutarıza *va.* Klammer, Parenthese *f* *parantez
mutarızalı *va.* in Klammern gesetzt (stehend) *parantezli
mutarra [··–] *va.* 1. frisch, saftig 2. duftend 3. glänzend *parlak 4. ♀ *wV*
mutasaddi [ī] **olmak** (m. Dat.) *va.* sich unterfangen, sich unterstehen (et. zu tun)
mutasallif *va.* 1. eingebildet, arrogant 2. s. **şarlatan**
mutasanni *va.* kunstvoll, gekünstelt
mutasarrıf 1. *z. va.* wer die Verfügungsgewalt über et. besitzt 2. *hist. osm.* Gouverneur *m* e–s **sancak** genannten Gebietes ~ **olmak** (m. Dat.) die Verfügung haben, verfügen (über)
mutasarrıflık 1. Funktionen *pl.* e–s **mutasarrıf** 2. spätere Bez. für **sancak** (2) *liva
mutasavver 1. erdacht, ersonnen, in der Phantasie vorgestellt 2. geplant, beabsichtigt, ins Auge gefaßt 3. denkbar, ersinnbar, vorstellbar
mutasavvıf isl. Mystiker *gizemci
mutasavvıflık 1. die isl. Mystik 2. Mystikerwesen *n*, Treiben *n* der Mystiker
mutat, -dı [––] 1. gewohnt, gewöhnlich, üblich 2. Gewohnheit, Gepflogenheit *f* Zu 2: **Sabahları erken kalkmak -ımdır.** Ich bin regelmäßiger Frühaufsteher. **♀ı olan Avrupa seyahatine çıktı.** Er hat seine übliche Europareise angetreten. **♀ım değildir.** Es ist nicht meine Gewohnheit. Ich pflege nicht (zu ...) ~ **hilâfına** nicht wie sonst, nicht wie üblich ~ **merasim** übliche Zeremonien *pl.* ~ **şartlarla** zu den üblichen Bedingungen **-ı veçhile** (*od.* **üzere**) nach seiner Gewohnheit, wie üblich, wie immer **-ın fevkinde** ungewöhnlich, außergewöhnlich
mutatabbip, -bi 1. *pej.* Kurpfuscher, Scharlatan, Quacksalber *m* 2. Naturarzt, Heilpraktiker *m*
mutavaat, -tı [·–··] 1. Unterwerfung *f*, Gehorsam *m* 2. *va.* Übereinstimmung *f* ~ **etmek** sich unterwerfen, Gehorsam leisten ~ **fiili (zamiri)** s. **dönüşlü eylem (adıl)**
mutavassıt, -tı 1. vermittelnd; Mittels-mann *m*, -person *f*, Vermittler *m* 2. mittelmäßig, durchschnittlich 3. *med.* median 4. Durchschnitts-, Mittel- (z.B. Wert) 5. *va.* dem Mittelstand angehörig *ortahalli ~ **kademe** *mil.* Zwischenglied *n* ~ **sinirli otu** mittlerer Wegerich *bot.* Plantago media ~ **tüccar** Zwischenhändler *m*
mutavassıtlık 1. Vermittlerrolle *f* 2. Mittelmäßigkeit, Durchschnittlichkeit *f* ~ **etmek** den Vermittler spielen, vermitteln
mutavattın s. **mütevattın**
mutavvel *va.* 1. ausgedehnt, recht lang 2. weitschweifig, in allen Einzelheiten dargestellt
mutayyep, -bi *va.* 1. gut, rein, sauber (gemacht) 2. parfümiert 3. zufrieden(-gestellt)
mutazallim sich beschwerend, sich beklagend (über erlittenes Unrecht)
mutazammın einbeziehend, einschließend, implizierend ~ **olmak** 1. einbeziehen, einschließen, implizieren 2. *va.* s. **kefil**
mutazarrır 1. wer e–n Schaden erlitten hat, geschädigt *zarar gören 2. betroffen (z.B. durch e–n Erlaß) ~ **etmek** (b–ni) schädigen, Schaden zufügen ~ **olmak** 1. geschädigt werden (bzw. sein) 2. betroffen werden (bzw. sein)
mutçuluk s. **evdemonizm**
muteber [ū] 1. angesehen, geachtet, geschätzt, geehrt 2. zahlungsfähig, solvent, Kredit genießend, kreditwürdig 3. glaubwürdig 4. gültig, in Kraft *geçer, geçerli ~ **kefil** kreditwürdiger Bürge ~ **olmak** (*od.* **tutulmak**) gültig sein, gelten
muteberan [–··–] *z. va. Pl.* angesehene und einflußreiche Bürger, Honoratioren, Notabeln, prominente Persönlichkeiten *pl.* *ileri gelenler
muteberiyet, -ti; muteberlik *va.* 1. Ansehen *n*, Achtung *f* 2. Glaubwürdigkeit *f* 3. *jur.* Rechtsgültigkeit *f* *geçerlik
muteberiyetsizlik *jur. va.* Rechtsungültigkeit *f* *geçmezlik, geçersizlik
mutedil [ū] 1. mäßig, gemäßigt, maßvoll *itidalli 2. *chem.* neutral *nötür ~ **bir pürizm** gemäßigte Sprachreinigung ~ **fiyat** mäßiger Preis ~ **hava** angenehmes, mildes Wetter ~ **mıntıka** *geogr.* gemäßigte Zone *orta kuşak ~ **nutuk** in gemäßigtem Ton gehaltene Rede **-ler** gemäßigte Kreise *spez.* gemäßigte türk. Sprachreformer *pl.*
mutekadat, -tı [–··–] *va. Pl.* Glaubenssätze, religiöse Überzeugungen *pl.*
mutekif [ū] *va.* wer sich (zum Fasten od. zu Gebeten) zurückzieht
mutekit, -di [ū] 1. gläubig, religiös 2. (m. Dat.) wer an et. glaubt
mutel, -lli [ū] *va.* leidend, kränklich, siech
mutemet, -dı [ū] 1. wem Vertrauen geschenkt wird, vertrauenswürdig, zuverlässig 2. Vertrauensmann *m*, Vertrauter, Beauftragter, Bevollmächtigter 3. Kassenwart, Rendant *m* 4. *fr. Bez.* e–s Ministers in isl. Staaten
mutemetlik [ū] 1. Vertrauenswürdigkeit *f* 2. Beauftragung, Bevollmächtigung *f* 3. Tätigkeit *f* e–s Rendanten 4. *fr.* Aufgaben *pl.*, Rang *m* e–s Ministers in isl. Staaten
mutena [–·–] 1. sorgfältig (gearbeitet), genau (gemacht) 2. mit Bedacht ausgewählt 3. wichtig, bedeutsam
muterif [ū] *va.* zugebend, (ein-)gestehend, geständig, bekennend ~ **olmak** (m. Dat.) *va.* zugeben, (ein-)gestehen, bekennen
muteriz [ū] 1. *z. va.* wer Einwendungen erhebt, wer kritisiert; Opponent, Gegner, Kritiker *m* 2. *jur.* wer Einspruch erhebt ~ **olmak** 1. Einwände erheben, opponieren, kritisieren 2. *jur.* Einspruch erheben
muteriza(-lı) s. **mutarıza(-lı)**
mutesif [ū] *va.* grausam, erbarmungslos, tyrannisch
mutezil [ū] *z. va.* sich absondernd, schismatisch
Mutezile [ū] isl. nicht-orthodoxe Richtung (die u.a. Willensfreiheit des Menschen annimmt)
mutezir [ū] *va.* wer e–e Entschuldigung vorbringt
mutfak 1. Küche *f* 2. *naut.* Kombüse *f* ~ **evanisi** Küchengeräte *pl.* ~ **hamamböceği** s. **doğu hamamböceği;** ~ **mahsulü** *fig.* Mulattenkind *n* e–r schwarzen Köchin ~ **ocağı** Küchenherd *m* ~ **takımı** Küchengeschirr *n* ~ **vagonu** *mil.* Küchenwagen *m*
muthik, -ki *va.* lächerlich, komisch
muthikât, -tı *va. Pl.* Lächerlichkeiten, Drolligkeiten, Narrenpossen, Komödien *pl.* **-ı dehir** *va.* zeitgenössische Albernheiten *pl.*
muthike *va.* Komödie *f* *komedi, komedya
muthikeci *z. va.* Komödienspieler, Komödiant *m*
muti (I), **-ii** [ī] 1. *z. va.* folgsam, gehorsam, gefügig *itaatli 2. *va.* unterworfen, untertan 3. ♀ *wV*
muti (II) [––] *va.* gebend, schenkend; Geber, Schenker *m*, Gott *veren
mutilik [·–·] *selt.* Gehorsam *m*, Gefügigkeit *f* *itaat
Mutki *n.pr.* O. u. D. im Rbz. Bitlis
mutlak, -kı 1. *a. Adv.* absolut, unbedingt *saltık, salt 2. *math.* absolut 3. *chem.* absolut, rein, vollkommen 4. *va.* freigelassen ~ **butlan** *jur.* absolute Nichtigkeit *çürüklük ~ **butlan sebepleri** *jur.* Nichtigkeitsgründe *pl.* (bei e–r Ehe) ~ **değer** *math.* absoluter Wert *mutlak kıymet, (*va.* kıymeti mutlaka) ~ **ekseriyet,** (*va.* **ekseriyeti -a**) absolu-

te Mehrheit ~ **haklar** *jur.* absolute Rechte *pl.* *saltık haklar ~ **harp kaçağı** *jur.* absolute Konterbande ~ **monarşi** absolute Monarchie (olacağına) ~ **nazarla bakmak** et. als sicher ansehen ~ **müdafaa** (*va.* **müdafaai -a**) *mil.* passive Verteidigung ~ **sıfır noktası** absoluter Nullpunkt **vekili** ~ Vertreter *m* mit absoluten Vollmachten, Bevollmächtigter **-ai amme** s. **yalın önerme**
mutlaka [×··] 1. *ar. Fem.* zu **mutlak** 2. *Adv.* absolut, unbedingt, auf jeden Fall *her halde, her ne olursa olsun
mutlakıyet, -ti Absolutismus *m*, Autokratie *f*, unumschränkte (absolute) Monarchie *saltçılık
mutlakıyetçi absolutistisch (eingestellt)
mutlu glücklich *mesut, saadetli ~ **kılmak** beglücken ~ **olsun diye** et. als gutes Vorzeichen betrachtend *teberrüken, teyemmünen ~ **son** *Th.* Happyend *n* ~ **sonuç** guter Ausgang (z. B. e–s Abenteuers) **Ne ~ Türküm diyene!** (Atatürk) Wie glücklich, wer sagen kann: Ich bin Türke!
mutluluk s. **mut**
mutmain, -nni *z. va.* überzeugt, sicher, gewiß
mutrip, -bi *va.* 1. Musikant *m* 2. Sänger *m*
mutsuz unglücklich *bedbaht
mutsuzluk Unglück *n* *bedbahtlık
muttaki [ī] *va.* gottesfürchtig, fromm
muttali, -ii *va.* informiert, Kenntnis besitzend ~ **olmak** *z. va.* (m. Dat.) Einblick haben (in), informiert sein (über), Kenntnis besitzen (von), et. gehört od. erfahren haben
muttariden [·×··] *va. Adv.* zu **muttarit**
muttarit, -di *z. va.* 1. regelmäßig, normal, gleich-mäßig, -förmig *düzgülü, tekörnek 2. sich in regelmäßigen Abständen wiederholend 3. *med.* intermittierend
muttasıf *va.* ausgezeichnet, begabt (mit e–r Eigenschaft)
muttasıl 1. anstoßend, angrenzend 2. zusammenhängend, durchlaufend 3. [×··] *Adv.* andauernd, ununterbrochen, unaufhörlich, ohne Unterlaß *biteviye, bir düziye Zu 3: ~ **yağmur yağıyor.** Es regnet unaufhörlich. ~ **hat** (*bzw.* **mevzi**) *mil.* zusammenhängende (durchlaufende) Linie (bzw. Stellung)
muvacehe [ā] 1. das (von Angesicht zu Angesicht) Einander-Gegenüberstehen *yüzleşme 2. Gegenüberstellung, Konfrontation *f* *yüzleştirme ~ **etmek** (m. Akk.) einander gegenüberstellen, konfrontieren **-sinde** 1. vor j–s Augen, in Anwesenheit (von) 2. angesichts, gegenüber, bei, in Anbetracht Zu 1: **35.000 seyirci -sinde** vor 35 000 Zuschauern Zu 2: **bu gibi fevkalâde haller -sinde** angesichts solcher Ausnahmefälle **-i umumiyede** *va.* vor aller Augen, in aller Öffentlichkeit
muvaceheten [ā] *va.* von Angesicht zu Angesicht, bei Konfrontierung
muvacih [ā] *va.* gegenüberstehend, Auge in Auge, in Anwesenheit (von)
muvafakat, -ti [·–··] 1. Übereinstimmung *f* 2. Zustimmung, Einwilligung *f* *onam ~ **etmek** 1. übereinstimmen 2. zustimmen, einwilligen *onamak **-i ef'al** s. **sinerji**
muvaffak, -kı 1. erfolgreich (Person) 2. mit Erfolg durchgeführt, gelungen, erfolgreich (Sache) *muvaffakıyetli 3. ~ *mV* ~ **bir eser** ein erfolgreiches Werk ~ **etmek** Erfolg verleihen (z. B. Gott) ~ **olmak** 1. (bşde) Erfolg haben (bei), et. erfolgreich bestehen (durchmachen, ablegen) 2. (bşe) gelingen Zu 1: **İmtihanda ~ oldu.** Er hat die Prüfung bestanden. Zu 2: **Firara ~ olmuştur.** Es gelang ihm zu fliehen. ~ **rey** s. **müspet oy**
muvaffakıyat, -tı [···–] *va. Pl.* zu **muvaffakıyet**
muvaffakıyet, -ti Erfolg *m*, Gelingen *n* *başarı ~ **elde etmek** (*od.* **kazanmak**) e–n Erfolg erzielen, Erfolge erringen **-le** mit Erfolg, erfolgreich **-ler dilemek** guten Erfolg wünschen **-ten istifade** Auswertung (Ausbeutung) *f* des Erfolgs **ademi** ~ s. **-sizlik**
muvaffakıyetli mit Erfolg durchgeführt, von Erfolg begleitet, erfolgreich, gelungen, geglückt *başarılı ~ **bir ameliyat neticesinde** dank e–r gelungenen Operation ~ **bir netice** ein günstiges Ergebnis ~ **büyük bir taarruz** e–e erfolgreiche Großoffensive
muvaffakıyetsiz 1. wer keinen Erfolg gehabt hat, ohne Erfolg 2. nicht gelungen, mißlungen, mißglückt
muvaffakıyetsizlik Mißerfolg *m*, Mißlingen *n*, Erfolglosigkeit *f* ~ **göstermek** mißlingen, keinen Erfolg haben **-e uğramak** e–n Mißerfolg haben
muvafık, -kı [ā] 1. passend, geeignet, gegeben, entsprechend, konform *uygun 2. übereinstimmend, die gleiche Auffassung vertretend 3. einwilligend, zustimmend 4. Anhänger der Regierungspartei (*ant.* muhalif) Zu 1: **bu işin en ~ adamı** der gegebene Mann hierfür Zu 2: **Bu meselede sizinle ~ değilim.** In dieser Angelegenheit kann ich Ihnen nicht beipflichten. ~ **gelmek** passen, sich eignen, entsprechen ~ **gibi görünmek** gegeben, geraten erscheinen **gayri** ~ unpassend **maksada** ~ zweck-mäßig, -dienlich, passend, praktisch
muvahhiş s. **muhiş**
muvahhit, -di s. **monoteist**
muvakkar *va.* 1. angesehen, geachtet, ge-, ver-ehrt 2. ernst, bedächtig 3. ~ *mV*
muvakkat, -ti zeitweilig; zeitlich begrenzt, vorübergehend, temporär, provisorisch, vorläufig, einstweilig, Not-, Behelfs- *geçici ~ **anlaşma** vorläufiges Abkommen, Modus vivendi *m* ~ **bütçe** provisorischer (Staats-)Haushalt ~ **fasıla** zeitweilige Unterbrechung ~ **hisse senedi** Interimsschein *m* (bei Aktienausgabe) ~ **hükümet** provisorische Regierung ~ **kanun** Notverordnung *f* ~ **kayıt** (*od.* **tescil**) *jur.* vorläufiger Eintrag *geçici yazım ~ **köprü** Not-, Behelfs-Brücke *f* ~ **rampa** *mil.* Notrampe *f* ~ **sargı** Notverband *m* ~ **sigorta ilmühaberi** *jur.* vorläufiger Versicherungsschein; Deckungszusage *f*, Versicherungszertifikat *n* ~ **teminat** *jur.* vorläufige Sicherheit; Kaution *f*
muvakkaten [·×··] *Adv.* zeitweilig, provisorisch, vorübergehend, vorläufig, behelfsmäßig, einstweilig ~ **icra** *jur.* vorläufige Vollstreckung
muvakkit, -ti 1. Beamter, der die Gebetszeiten nach dem jeweiligen Sonnenstand berechnet 2. Chronometer *n*
muvakkithane [···–·] Arbeitsraum *m* e–s **muvakkit** (mst. Nebenraum e–r Moschee)
muvalât, -tı *va.* 1. Freundschaft *f* 2. gegenseitige Unterstützung
muvaneset, -ti [ā] *va.* s. **muaneset**
muvare s. **muare**
muvaredat, -tı [·–·–] *pl.* 1. Ein-künfte, -gänge *pl.* 2. An-, Zu-fuhr *f* (z. B. von Lebensmitteln) 3. Einfuhr(-waren *pl.*) *f*, Import *m* 4. *va.* was j–m in den Sinn kommt
muvarede [ā] *va.* 1. Ankunft *f* 2. *lit.* gleiche Ausdrucksform zweier Dichter
muvasala [·–··] 1. Verbindung(-sweg *m*) *f* 2. *mil.* Verbindung *f* 3. Verkehr *m* ~ **ağı** (*od.* **şebekesi**) Verkehrs-, Verbindungs-netz *n* ~ **hattı** Verbindungslinie *f* ~ **hendeği** Verbindungs-, Lauf-graben *m*, Sappe *f* ~ **hendeği başı** Laufgraben-, Sappen-kopf *m* ~ **hizmeti** Verkehrsdienst *m* ~ **yolu** Verbindungs-, Zufahrts-weg *m*, *mil. a.* Verbindungslinie *f*
muvasalat, -tı [·–··] Ankunft *f*, Eintreffen *n* ~ **etmek** ankommen, eintreffen **Berlin'e** ~ die Ankunft in Berlin
muvaşşah *va.* 1. (aus-)geschmückt 2. *lit.* Akrostichon *n*
muvazaa [·–··] vorheriges Übereinkommen; Verabredung *f* (*spez.* zu unlauteren Zwecken), fingiertes Rechtsverhältnis; Scheingeschäft *n*, Simulation *f* *danışık ~ **senedi** *H* Gefälligkeitswechsel *m*
muvazaalı [·–···] vorher verabredet (ausgemacht, abgekartet) *danışıklı

muvazaaten [·—··] *Adv.* entsprechend vorheriger Abmachung, im Wege der legalen Fiktion
muvazabet, -ti [·—··] *va.* ausdauernder Fleiß ~ **etmek** *va.* ununterbrochen arbeiten
muvazat, -tı [·——] *va.* Parallelität *f*, Parallelismus *m*
muvazene [ā] 1. Gleichgewicht *n*, Balance *f* 2. *chem.* Gleichgewicht *n* *denge 3. *H* Ausgleich *m* (bei e–r Bilanz) 4. *stil.* Parallelismus *m* ~ **anı** *phys.* Stabilitätsmoment *n* ~ **aleti** Ausgleicher *m* (z.B. am Flugzeug) ~ **etmek** 1. ins Gleichgewicht bringen 2. *H* ausgleichen ~ **haddi** *phys.* Stabilitätsgrenze *f* ~ **kanadı** Höhen-, Dämpfungs-flosse *f* (am Flugzeug) ~ **supapı** Ausgleichsventil *n* ~ **teli** Ausgleichsdraht *m* ~ **tertibatı** Ausgleichsvorrichtung *f*, Ausgleicher *m* ~ **vergisi** Ausgleichssteuer *f* ~ **yayı** Ausgleichsfeder *f* (am Geschütz)
muvazeneli [ā] 1. im Gleichgewicht, ausgeglichen 2. *fig.* maßvoll, ausgeglichen, wohl überlegt
muvazenesiz [ā] 1. nicht im Gleichgewicht, unausgeglichen 2. *fig.* seelisch zerrüttet, haltlos
muvazenesizlik, -ği [ā] 1. fehlendes Gleichgewicht; Unausgeglichenheit *f* 2. *fig.* seelische Zerrüttung; Haltlosigkeit *f* Zu 1: **ihracat ve ithalât -i** Unausgeglichenheit *f* zwischen Ausfuhr und Einfuhr
muvazenet, -ti [ā] s. **muvazene; -e getirmek** ausbalancieren **-i gayri müstakirre** s. **kararsız denge; -i gayri mütehavvile** s. **bozulmaz denge; -i mayiat** s. **hidrostatik; -i müstakirre** s. **kararlı denge**
muvazi [·——] parallel, gleichlaufend *mütevazi, paralel, koşut ~ **bağla(n)ma** *el.* Parallelschaltung *f* ~ **cereyan** Nebenschlußstrom *m* ~ **cetveli** *spez. naut.* Parallellineal *n* ~ **hatlar** *math.* Parallelen *pl.* *paraleller, paralel çizgiler ~ **rezistans** *techn.* Abzweigwiderstand *m* ~ **takip** *mil.* parallele Verfolgung ~ **tersim** *techn.* Parallelprojektion *f* *paralel izdüşüm ~ **yatak** *techn.* Parallelführung *f* **gayri** ~ nicht parallel; divergent
muvazilik [ā] Parallel-Sein *n*, Parallelität *f*, Parallelismus *m* *muvazat, paralellik, koşutluk
muvazin [ā] *va.* im Gleichgewicht, ausgeglichen
muvazzaf 1. verpflichtet, beauftragt 2. *va.* festbesoldet 3. *mil.* aktiv, im aktiven Dienst stehend ~ **gedikli erbaş** aktiver Unteroffizier ~ **hizmet** aktiver Dienst; Wehrdienst *m* ~ **konsolos** Berufskonsul *m* ~ **ordu** stehendes (aktives) Heer ~ **subay** aktiver Offizier
muvazzah *z. va.* 1. erklärt, erläutert, auseinandergesetzt 2. klar, deutlich 3. genau (z.B. Adresse)
muveç, -ci [ū] s. **muavveç**
muvman (*franz.* **mouvement**) *mus.* Satz *m* (z.B. e–r Sonate)
muvmanlı *mus.* mit nb. Satz (Sätzen)
muy *va.* Haar *n* *kıl
muylu *techn.* 1. (Lauf-, Lager-, Dreh-)Zapfen *m* 2. *mil.* Schildzapfen *m* in e–r Lafette ~ **yatağı** Zapfenlager *n*, Lagerpfanne *f*
muymul e–e nicht abrichtbare Falkenart
muytap s. **mutaf**
muz Banane *f* *bot.* Musa (paradisiaca u.a.) ~ **gemisi** Bananendampfer *m* ~ **gibi olmak** *V* sich schämen (müssen), blamiert dastehen ~ **inciri** e–e bes. beliebte Bananenart
muzaaf [·—·] *z. va.* 1. (ver-)doppelt 2. vervielfacht, vielfach ~ **cezir** s. **ikikat kök;** ~ **nazım** *math.* Binomale *f* ~ **nispet; nispeti -a** s. **harmonisiz oran**
muzaf [ā] 1. beigefügt, verbunden 2. *gr.* zweites Glied e–r turksprachlichen sb. Füg. (wie z.B. **kapısı** in der Füg. **evin kapısı**) *belirtilen
muzaffer 1. siegreich; Sieger *m* 2. ♀ *mV, wV* **Hiç bir zaman bir harpte iki ~ olmamıştır.** In e–m Krieg hat es noch nie zwei Sieger gegeben. ~ **devletler** Siegerstaaten *pl.*
muzafferane [···—·] siegreich **onun bu şehre ~ duhulü** sein siegreicher Einzug in diese Stadt ♀ **ilerlemeğe devam ediyorlar.** Sie setzen ihren siegreichen Vormarsch fort.
muzafferen [·×··] *va. Adv.* siegreich
muzafferiyet, -ti Siegreich-Sein, Siegen *n*, Sieg, Triumph *m* ~ **kazanmak** den Sieg erringen **-ine dua etmek** (b–nin) für j–s Sieg beten
muzafünileyh [ā] *gr.* 1. erstes Glied e–r turksprachlichen sb. Füg. (wie z.B. **evin** in der Füg. **evin kapısı**) *belirten 2. **(hali)** Genitiv *-in hali
muzaheret, -ti [ā] s. **müzaheret**
muzallefe s. **toynaklılar**
muzari [·——] s. **geniş zaman**
muzat, -ddı [ā] 1. entgegenwirkend, verhütend, anti-, kontra- 2. entgegengesetzt **-ı istitbap; -ı tedbir** *med.* Kontraindikation *f* **-ı klor** s. **antiklor; -ı sem** s. **antitoksik; -ı taaffün** s. **antiseptik; -ı tahammür** s. **mayabozan; -ı temsil** s. **yadımlama; -ı temsile uğratmak** s. **yadımlamak**
muzayaka s. **müzayaka**
muzculgiller Pisangfresser *pl. zo.* Musophagidae
muzgiller Bananengewächse *pl. zo.* Musaceae *muziye fasilesi
muzıka s. **mızıka**
muzır, -rrı 1. Schaden bringend, mit Schaden verbunden, schädlich 2. *hum.* Schlingel, Taugenichts *m* ~ **evrak; evrakı -a** *hist.* verbotenes Schrifttum ~ **olmayacak bir hale sokmak** unschädlich machen
muzırlık 1. Schaden bringende Angelegenheit *f*, Schädlichkeit *f* 2. *hum.* Mutwille, Unfug *m*
muzip, -bi [ū] 1. quälend; Quälgeist *m* 2. wer gern zu Possen aufgelegt ist, Spaßvogel *m*
muziplik, -ği [ū] Scherz, Streich, Possen, Spaß, Schabernack, Ulk *m* *azizlik ~ **etmek** (b–ne) j–n hänseln, nekken, verspotten, aufziehen **-i tutmak** (b–nin) Lust bekommen, e–n Streich zu spielen
muziye (fasilesi) s. **muzgiller**
muzlim *va.* 1. dunkel, finster *karanlık 2. *fig.* heimlich, versteckt 3. *fig.* unheilvoll, düster, schlimm
muzmahil *va.* vollkommen vernichtet, vertilgt ~ **etmek** *va.* vollkommen vernichten, vertilgen
muzmer *va.* 1. versteckt, verborgen, geheim 2. nicht eigens ausgedrückt, unausgesprochen, impliziert, (in et.) enthalten 3. versteckte Absicht; Hintergedanken *m*, geheime Hoffnung; Vorbehalt *m*
muzmerrat, -tı [ā] *va Pl.* zu **muzmer** *(q.v.)*
muztar; muztarip s. **mustar; mustarip**
mü s. **mi** (I)
mü- s.a. **mu-**
mübadele [ā] 1. (Aus-, Um-)Tausch *m* 2. Tauschhandel *m* ~ **etmek** (aus-, um-)tauschen ~ **ettirmek** austauschen lassen, zum Umtausch einreichen (z.B. Banknoten) ~ **maddesi** Tausch-objekt *n*, -artikel *m* **-ye tabi olmak** dem Austausch unterliegen (z.B. best. Personenkreis) **-i nüfus** s. **nüfus değiş tokuş**
mübaderet, -ti [ā] *va.* Beginn, Anfang *m*
mübadil [ā] 1. *va.* austauschend 2. austauschbar, dem Austausch unterliegend (z.B. Bevölkerungsteil) Zu 2: **bir ~ kafilesi** e–e Austauschgruppe (von Türken, die in Griechenland ansässig waren, gegen Griechen, die in Kleinasien od. Thrazien ansässig waren) **gayri** ~ dem Bevölkerungsaustausch nicht unterworfen; eingebürgert, dauernd ansässig
mübahase [·—··] 1. Unterhaltung, Plauderei *f* 2. Erörterung, Besprechung, Behandlung *f* (e–s Themas) 3. Diskussion, Debatte *f* ~ **etmek** 1. sich unterhalten, plaudern 2. erörtern, besprechen, behandeln 3. diskutieren, debattieren
mübahat, -tı [·——] *va.* Sich-Rühmen(-Können) *n*, Ruhm

m, (erlangte) Ehre ~ **etmek** *va.* sich (berechtigtermaßen) rühmen können, stolz sein dürfen **kesbi** ~ **etmek** sich die Ehre geben
mübahi [·––] *va.* wer sich (e–r Sache) rühmen kann ~ **olmak** (bşle) s. **mübahat etmek**
mübalağa [·–··] 1. Übertreibung *f* 2. *stil.* Hyperbel *f* 3. *va.* Übermäßigkeit *f*, übermäßig ~ **etmek** übertreiben, aufbauschen ~ **ile hasis** unglaublich geizig ~ **merakı** Neigung *f* zu übertreiben ~ **sıfatı** *od.* **ismi** ~ *gr.* Elativ, Superlativ *m* *üstünlük derecesi
mübalağacı [·–···] wer zu Übertreibungen neigt
mübalağacılık [·–····] Neigung *f* zu Übertreibungen
mübalağalı [·–···] 1. übertrieben, aufgebauscht 2. *stil.* hyperbolisch 3. zu weit gehend, zu viel, zu hoch Zu 3: **Hiç bir masraf ve fedakârlık bize** ~ **görünmemelidir.** Keine Kosten od. Opfer dürfen uns zu hoch sein. ~ **takdim tehir** *stil.* s. **haşivli takdim tehir**
mübalağasız [·–···] 1. nicht übertrieben, wahr 2. bescheiden, vernünftig
mübalât, -tı [·––] *va.* 1. Aufmerksamkeit, Umsicht, Sorgfalt *f* *itina, ihtimam 2. Ehrerbietung *f*, Respekt *m* *hürmet, itibar
mübalâtsız [·––·] 1. ohne genügende Sorgfalt 2. unbekümmert, zwanglos, ungeniert *lâubali
mübalâtsızlık [·––··] 1. Mangel *m* an Sorgfalt 2. Unbekümmertheit, Zwanglosigkeit, Ungeniertheit *f*
mübarek -ki [ā] 1. glücklich, gesegnet, segensreich *kutlu, uğurlu 2. (Ausruf der Verwunderung od. des Spottes) Menschenskind! mein lieber Mann! 3. *euph.* (zur Vermeidung e–r Verwünschung) a) verflixt, verteufelt, verwünscht b) unglückbringend c) begriffsstutzig, schwer von Begriff 4. *P* Gott Zu 1: **Bayramınız** ~ **olsun!** Gesegnete Feiertage! Fröhliches Fest! Zu 2: **⁓, ne güzel yer!** Mensch, was für ein feiner Platz! **Aklın nerede idi,** ~? Aber Menschenskind, wo hast du nur deinen Verstand gelassen? Zu 3: ⁓ **ağzını açma!** Halt dein Lästermaul! ⁓ **adama laf anlatmak kabil değil ki!** Man kann dem (dummen) Kerl ja nichts begreiflich machen! s.a. **belâlar mübareki;** ~ **dikeni** s. **şevket otu;** ~ **etmek** segnen; s.a. Stw. **Allah;** ~ **gün** kirchlicher Feiertag
mübareklik [ā] *selt.* Gesegnet-Sein *n*, Segen *m*
mübarekotu, -nu s. **Meryem otu**
mübareze [ā] 1. Zweikampf *m*, Duell *n* 2. Fechtkunst *f*
mübariz [ā] *z. va.* 1. wer e–n Zweikampf austrägt, Duellant *m* 2. Ringkämpfer *m*
mübaşeret, -ti [ā] *z. va.* Anfangen, Beginnen *n*, Inangriffnahme *f* ~ **etmek** (bşe) *z. va.* anfangen, beginnen, in Angriff nehmen
mübaşir [ā] 1. Gerichtsdiener *m* 2. *va.* zudringlich, lästig
mübaşirlik [ā] Amt *n*, Tätigkeit *f* e–s **mübaşir**
mübayaa s. **mubayaa**
mübayenet, -ti [ā] Nichtübereinstimmung, Differenz *f*, Unterschied *m*, Gegensatz, Widerspruch *m*, Divergenz *f* *ayrılık, tutmazlık, tenakuz
mübayin [ā] nicht übereinstimmend, differierend, verschieden, gegensätzlich, widerspruchsvoll, divergierend *birbirini tutmaz, mütenakız
mübdî, -ii 1. schöpferisch, schaffend, produktiv, genial *yaratıcı 2. Schöpfer *m*, Gott *Yaradan 3. *va. rel.* Neuerer, Ketzer *m*
mübeccel 1. angesehen, geachtet, geehrt, verehrt 2. ⁓ *wV*
mübeddil 1. *va.* austauschend, auswechselnd 2. *chem.* Konverter *m* *değiştirgeç
mübeddile *techn.* (Um-)Schalter *m* ~ **kordonu** Verbindungsschnur *f* (am Klappenkasten e–r Telephonzentrale) ~ **sandığı** Schaltkasten *m* (bei el. Leitung)
müberhen *va.* 1. erwiesen, bewiesen 2. s. **aşikâr**
müberra [ā] 1. *va.* frei (von), erhaben (über) 2. ⁓ *wV*
müberrit, -di *z. va.* 1. (ab-)kühlend 2. s. **soğutkan** 3. s. **karlık** (1, 2)
mübeşşer 1. *va.* wer e–e gute Nachricht erhalten hat 2. ⁓ *wV*
mübeşşir 1. e–e gute Nachricht überbringend, et. Angenehmes ankündigend *müjdeci, müjdeleyen 2. *rel.* e–r der vier Evangelisten **Teşrifinizi** ~ **mektubunuzu aldım.** Ich habe mit Freuden Ihren Brief erhalten, der mir Ihren Besuch ankündigt.
mübeyyin *mst. Beh.* darlegend, kundtuend, ersichtlich werden lassend, woraus hervorgeht **Talebe olduğunu** ~ **bir vesika gösterdi.** Er legte e–e Bescheinigung vor, aus der hervorging, daß er Schüler (bzw. Student) ist.
mübeyyiz *va.* wer Reinschriften anfertigt (Kanzleibeamter)
mübeyyizlik *va.* Tätigkeit *f* e–s **mübeyyiz**
mübezzir *va.* verschwenderisch, Verschwender *m*
mübin [ī] 1. wer Schlechtes vom Guten unterscheidet 2. evident, offensichtlich, klar; s.a. **dini mübin**
mübrem 1. dringend, (vor-)dringlich, unbedingt erforderlich 2. unabweisbar, unvermeidlich 3. unerbittlich (Schicksal)
mübremlik 1. Zwangsläufigkeit *f* 2. Unvermeidlichkeit *f* 3. Unerbittlichkeit *f*
mübrez *va.* gezeigt, vorgelegt
mübriz *va.* wer et. zeigt od. vorlegt
mücadele [ā] 1. Kampf *m*, Bekämpfung *f* 2. Streit *m*, Auseinandersetzung *f* ~ **etmek** 1. kämpfen 2. streiten, e–e Auseinandersetzung haben ⁓ **suresi** s. **Mücadile suresi;** **⁓m** Mein Kampf (Hitler) *Kavgam **-i beka** s. **yaşama uğraşı**
mücadeleci [ā] 1. Kämpfer, Streiter *m* 2. kämpferisch, von Kampfgeist erfüllt Zu 1: **Türk dili -leri** Kämpfer *pl.* für (ein reines) Türkisch
mücadeleli [ā] scharf, heftig (z.B. Wettkampf)
mücadil [ā] *va.* s. **mücadeleci**
mücadile [ā] (*ar.*: die Streitende) ⁓ **suresi** Name der 58. Koran-Sure
mücahede [ā] Kampf *m* (für e–e Idee, *spez.* für ein rel. Ziel)
mücahit, -di [ā] 1. Glaubenskämpfer *m* 2. Kämpfer (für), Verfechter (e–r Idee) *m* 3. ⁓ *mV* Zu 2: **yabancı kültürün -leri** Verfechter *pl.* fremder Kultur
mücamaa [·–··] Geschlechtsverkehr, Beischlaf, Koitus *m*
mücamele [ā] *z. va.* Höflichkeit, Freundlichkeit, Aufmerksamkeit *f* ~ **senedi** *H* Gefälligkeitswechsel *m* **-i düveliye** *va.* s. **milletlerarası mücamele**
mücanebet, -ti [ā] *va.* Sich-Enthalten, (Ver-)Meiden *n* ~ **etmek** *va.* sich enthalten, (ver-)meiden
mücanibî [·–·–] *math.* asymptotisch
mücanip, -bi [ā] 1. *va.* sich enthaltend, (ver-)meidend 2. s. **asimptot**
mücaraha [·–··] *va.* Sich-gegenseitig-Verwunden *n* ~ **etmek** *va.* sich gegenseitig verwunden
mücaseret, -ti [ā] *va.* Sich-Unterfangen, Sich-Unterstehen, Wagen *n* ~ **etmek** (bşe) *va.* sich unterfangen, sich unterstehen, wagen (et. zu tun)
mücasir [ā] *va.* wer et. wagt; verwegen, kühn
mücaveret, -ti [ā] *z. va.* 1. Nähe, Nachbarschaft *f* *komşuluk, yakınlık 2. beschauliches Leben; Kontemplation *f* (vgl. **mücavir**)
mücavir [ā] 1. nahe, benachbart, Nachbar- 2. Einsiedlermönch, der sich in der Nähe e–r Moschee od. e–s Heiligengrabes angesiedelt hat ~ **kesim** (*od.* **mıntıka**) *mil.* Nachbarabschnitt *m* ~ **kıta** *mil.* Nachbartruppe *f* ~ **zaviye** s. **komşu açı**
mücaz [ā] *va.* 1. erlaubt, rechtmäßig 2. Absolvent *m* e–r Medrese; graduiert *diplomalı

mücazat, -tı [·––] *z. va.* Bestrafung, Strafe *f* *ceza ~ **etmek** (*od.* **vermek**) (b–ne) *z. va.* bestrafen
mücbir zwingend ~ **sebepler; esbabı -e** *jur.* höhere Gewalt *zorlayıcı nedenler
müceddeden [·×··] *va. Adv.* 1. von neuem, erneut 2. zum erstenmal, ganz neu
müceddet, -di [·×·] *va.* 1. erneuert, reformiert 2. wiederhergestellt 3. ganz neu *yepyeni
Müceddidiye *n.pr. fr.* e–e Unterabteilung des Nakschibendi-Ordens
müceddit, -di *z. va.* 1. erneuernd, reformierend 2. wiederherstellend
mücef, -ffi *z. va.* 1. hohl 2. Höhlung *f* 3. Seele *f* (z.B. e–s Geschützrohres) ~ **gülle** Hohlkugel *f* ~ **mermi** Hohlgeschoß *n* **-in çapı** (*od.* **kutru**) Bohrungsdurchmesser *m*
mücehhez 1. ausgerüstet, ausgestattet, versehen (mit) *donanmış 2. gerüstet, vorbereitet (auf Eventualitäten) ~ **olmak** 1. ausgerüstet sein (mit), et. bei sich führen (tragen, haben) 2. gerüstet, vorbereitet sein
mücehhezei maiye s. **kurbağazehirigiller**
mücehhiz *z. va.* wer ausrüstet (ausstattet) *spez.* Reeder, Schiffseigner *m* *armatör
mücellâ *va.* poliert, glänzend, blank *parlak; s.a. **tıraşı** ~
mücellet, -di *va.* 1. gebunden *ciltli 2. Band *m* *cilt
mücellit, -di Buchbinder *m* *ciltçi, kapçı
mücellithane [ā] Buchbinder-werkstatt, -ei *f*
mücellitlik Buchbinder-ei, -kunst *f*, -gewerbe *n*
mücerrebat, -tı [ā] *va. Pl.* Erfahrungen, Tatsachen *pl.*
mücerredat, -tı [ā] *z. va. Pl.* Abstraktbegriffe, Abstrakta *pl.* *soyut kavramlar
mücerrediyet, -ti *z. va.* 1. abstrakter Charakter, Abstraktion *f* *abstraksyon 2. Junggesellentum *n* *bekârlık 3. Nacktheit *f*
mücerrep, -bi erprobt, durch Erfahrung bestätigt, durch Versuche festgestellt
mücerret, -di 1. abstrakt *abstre, soyut 2. unverheiratet, ledig (Mann) 3. ~ **(hal)** s. **yalın hal** 4. einzeln, gesondert, getrennt, isoliert 5. s. **mahzuf** (3) 6. nackt, bloß 7. rein, unverfälscht 8. [×··] *Adv. P* allein, bloß, lediglich, nur, einfach 9. isolierend (Sprache) *tek heceli Zu 8: ~ **seni kızdırmak için** nur um dich zu ärgern ~ **adet** s. **abstre sayı;** ~ **alacak** *jur.* abstrakte Forderung ~ **âyini** *fr.* e–e Feier bei den Bektaschis, bei der ein Novize das Gelübde **(ikrar)** der Ehelosigkeit ablegte ~ **çizgi** *techn.* neutrale Linie ~ **isim** s. **soyut isim;** ~ **nokta** *math.* isolierter Punkt (e–r Kurve)
mücerrit, -di *phys.* isolierend; Isolator, Nichtleiter *m* *yalıtkan ~ **şerit** Isolierband *n*
mücessem 1. verkörpert, personifiziert, in Person 2. körperlich, dreidimensional 3. plastisch Zu 1: **namusu** ~ fleischgewordene Ehrlichkeit **zekâyı** ~ Intelligenz *f* in Person ~ **dılı** s. **ayrıt;** ~ **hendese; hendesei -e** s. **uzay geometri;** ~ **kat'ı mükâfi** s. **paraboloit;** ~ **kat'ı nakıs** (bzw. **nakısî**) s. **elipsoit** (bzw. **elipsoidal**); ~ **kat'ı zait** (bzw. **zaidî**) s. **hiperboloit** (bzw. **hiperboloidal**)
mücevher 1. mit Edelsteinen geschmückt *spez.* diamantenbesetzt 2. Kleinod, Juwel *n* 3. *fr.* punktierter Buchstabe in der ar. Schrift ~ **tarih** (in der ält. Lit.) Chronogramm *n* (bei dem nur die mit Punkten versehenen Buchstaben nach der **ebced**-Rechnung gezählt wurden)
mücevherat, -tı [ā] *Pl.* Kleinodien, Juwelen *pl.*, Geschmeide *n*, Schmuck *m*
mücevherci Juwelier *m*
mücevhercilik Juweliergewerbe *n*
mücevvef s. **mücef**
mücevveze s. **mucevveze**
mücmel 1. kurz, bündig, konzis 2. kurz zusammengefaßt; summarisch 3. kurze Zusammenfassung; Resümee *n*
mücmelen [×··] *va. Adv.* zu **mücmel**
mücrim 1. schuldig 2. Schuldiger, Verbrecher, Delinquent, (Übel-)Täter *m* *(1, 2) suçlu
mücrimin [··–] *va. Pl.* zu **mücrim**
mücrimiyet, -ti Schuldigsein *n*, Schuld, Täterschaft *f* ~ **kararı** *jur.* Schuldspruch *m* **Jüri, mevkufların -ine karar verdiği takdirde** Falls das Richterkollegium die Inhaftierten schuldig sprechen sollte ...
mücver e–e Frikadellenart
müçtehit, -di 1. Koran-Exeget *m* 2. Titel der höchsten schiitischen Geistlichen
müçtemi, -ii vereinigt, versammelt *toplanmış, toplu ~ **devletler** Staatenbund *m*
müçtemian [·×··] *Adv.* gemeinsam, (alle) zusammen *topluca, hep birden
müçtenip, -bi (bşden) meidend, sich fernhaltend, sich abseits haltend (von) **-ülkils** s. **kireçyeren**
müçter, -rri *va.* wiederkäuend
müçterre s. **gevişgetirenler**
müdafaa [·–··] 1. Verteidigung, Abwehr, Defensive *f* 2. Prophylaxe *f* 3. *jur.* Plädoyer *n* ~ **arazisi** Abwehrgelände *n* ~ **başarısı** Abwehrerfolg *m* ~ **bölgesi** (*od.* **kesimi**) Verteidigungsabschnitt *m* ~ **cephesi** Abwehrfront *f* ~ **etmek** 1. verteidigen 2. abwehren ~ **grupu** *mil.* Widerstandsgruppe *f* ~ **hakkı** *jur.* Recht *n* zur Verteidigung; heiliges Recht des Angeklagten ~ **harbi** Defensivkrieg *m* ~ **hattı** Verteidigungslinie *f* ~ **hazırlığı** Abwehrbereitschaft *f* ~ **manzumesi** Verteidigungssystem *n* ~ **mevzii** Verteidigungsstellung *f* ~ **oynamak** *Fb.* defensiv spielen ~ **savaşı** Abwehrkampf *m* ~ **şahidi** *jur.* Entlastungszeuge *m* ~ **tesisleri** Verteidungsanlagen *pl.* ~ **vergisi** Wehrsteuer *f* **-dan taarruza geçmek** aus der Abwehr zum Angriff übergehen **-ya geçiş** Übergang *m* zur Verteidigung **-ya icbar etmek** in die Verteidigung drängen ²**i Hukuk (Cemiyeti)** *n.pr.* (offiziell: **Anadolu ve Rumeli Müdafaai Hukuk Cemiyeti**) Vereinigung *f* zur Verteidigung der Nationalrechte (Vorläuferin der 1923 gegründeten Türk. Republikanischen Volkspartei) **-i meşrua; meşru** ~ Notwehr *f* **-i milliye** s. **millî müdafaa; -i mutlaka** passive Verteidigung **-i müteaddiye** aktive Verteidigung
müdafaacı [·–···] s. **müdafi**
müdafaaname [·–··–·] Rechtfertigungs-, Verteidigungsschrift, Apologie *f*
müdafaasız [·–···] 1. unverteidigt 2. wehrlos
müdafaasızlık [·–····] 1. Unverteidigt-Sein *n* 2. Wehrlosigkeit *f*
müdafi, -ii [ā] 1. verteidigend, abwehrend, Abwehr leistend 2. *jur., Fb. usw.* Verteidiger *m*
müdafilik, -ği [ā] Tätigkeit, Rolle *f*, Aufgaben *pl.* e–s Verteidigers, Verteidigung *f* **-ini yapmak** (bşin) sich für et. einsetzen
müdahale [·–··] 1. Sich-Einmischen *n*, Einmischung *f* 2. *jur., mil., pol.* Intervention *f* *karışma, taşkınlık, el-atma 3. Einschreiten, Eingreifen *n* 4. *med.* (operativer) Eingriff ~ **etmek** 1. sich einmischen 2. *jur.* intervenieren 3. einschreiten, eingreifen 4. *med.* e–n (operativen) Eingriff vornehmen ~ **hakkı** Interventionsrecht *n* ~ **tümeni** *mil.* Eingreifdivision *f* ~ **yoliyle dava** *jur.* Drittintervention, Nebenklage *f* **-nin men'i davası** *jur.* Besitzstörungs-, Abwehr-, Unterlassungs-klage *f* *taşkınlığın (*od.* el atmanın) giderilmesi arancı (*od.* dilemi)
müdahaleci 1. Interventionist *m* 2. interventionistisch
müdahalecilik Interventionismus *m*
müdahane [·–··] würdeloses Schmeicheln; Speichelleckerei, Kriecherei *f* *dalkavukluk ~ **etmek** (b–ne) j–m nach dem Munde reden, kriecherisch schmeicheln
müdahaneci [·–···] s. **müdahin**

müdahaneli [·–··] schmeichlerisch, kriecherisch, schleimig
müdahhar *z. va.* lagernd, aufgespeichert, angesammelt, Reserve-
müdahil [ā] 1. dazwichentretend 2. *H* Ehrenakzeptant, Honorant *m* 3. *jur.* **(davacı)** Intervenient, Nebenkläger *m* *davaya katılan
müdahin [ā] würdeloser Schmeichler; Speichellecker *m* *dalkavuk
müdana [·––] *P* für **minnet**
müdara [·––] geheuchelte Freundschaft; Katzenfreundlichkeit *f* ~ **etmek** Freundschaft heucheln, katzenfreundlich sein
müdava; müdavat, -tı [·––] *z. va.* ärztliche Behandlung *tedavi ~ **etmek** *med.* behandeln
müdavele [ā] *va.* 1. Rotierenlassen *n* 2. Austausch *m* 3. Zirkulieren-, von Hand zu Hand Gehen-Lassen *n* **-i efkâr** Meinungsaustausch *m* *fikir teatisi, reyleşme
müdavemet, -ti [ā] *va.* 1. stetiger Fleiß; Ausdauer *f* 2. regelmäßiger Besuch ~ **etmek** (m. Dat.) *va.* 1. ausdauernd sein (bei) 2. (regelmäßig) besuchen (Schule, Kurs usw.)
müdavi [·––] *z. va.* behandelnd (Arzt) *tedavi eden
müdavim [ā] *z. va.* 1. fleißig, unermüdlich 2. regelmäßig besuchend, regelmäßiger Besucher (Kunde); Student, Stammgast *m*
müddea [ā] 1. Forderung *f*, Anspruch *m* *mutalebe 2. Prozeßgegenstand *m*, Klageobjekt *n* *savlık 3. Behauptung *f* *sav, tez
müddeaaleyh *mst. verderbt* zu **müddeialeyh** *q. v.*
müddeabih [ā] *jur.* s. **münaziünfih** (2)
müddeayat, -tı [··––] s. **müddeiyat**
müddehar s. **müdehhar**
müddei [ī] 1. wer auf et. Anspruch erhebt, Prätendent *m* 2. Kläger *m* *davacı
müddeialeyh (< **müddeaaleyh**) Angeklagter *mütteham, davalı, arançlı, dilemli
müddeiumumî(-lik) s. **savcı(-lık)**
müddeiyat, -tı [ā] (< **müddeayat**) *Pl.* Forderungen, Ansprüche, Behauptungen *pl.*
müddeiye Klägerin *f*
müddet, -ti 1. Zeit-dauer, -spanne *f*, -raum *m*, Dauer, Frist *f* *süre 2. Zeit *f* Zu 1: **Işbu pakt on sene -le akdedilmiştir.** Vorstehendes Abkommen ist auf die Dauer von zehn Jahren geschlossen. **ᵒi dolmadan emekliye ayrıldı.** Er wurde vorzeitig pensioniert. **-i dolmuş pasaport** abgelaufener Paß; s.a. **ömrü -ince** Zu 2: **bir -tenberi** seit einiger Zeit **bir ~ sonra** einige Zeit nachher, etwas später **uçuş -i** Flugzeit *f* **-i ömür** Lebenszeit *f*
müddetli 1. von nb. Zeit(-dauer) 2. zeitlich begrenzt, befristet ~ **kanun** *jur.* befristetes Gesetz
müddetsiz 1. *Adj.* ohne best. Zeitdauer, nicht befristet, fristlos 2. *Adv.* auf unbestimmte Zeit, bis auf weiteres ~ **olarak kapatılmak** auf unbestimmte Zeit verboten werden (z. B. Zeitung) ~ **tehir edilmek** auf unbestimmte Zeit verschoben werden
müdebbir *z. va.* umsichtig, vorsorglich, vorsichtig, geschickt *tedbirli
müdebbirlik Umsicht, Vorsorglichkeit *f*
müdebdep, -bi s. **debdebeli**
müdehhar s. **müdahhar**
müdekkik, -kı 1. sorgfältig untersuchend, genau prüfend 2. Forscher *m*
müdekkikane [ā] *z. va.* sorgfältig, genau (z. B. Untersuchungen)
müdellel *z. va.* bewiesen, auf Beweise gestützt, fundiert
müderris 1. *fr.* Universitätsprofessor *m* *profesör 2. *urspr.* Lehrer *m* an e–r Medrese ~ **muavini** *fr.* = **doçent**
müderrislik *fr.* 1. Tätigkeit *f*, Aufgaben *pl.* e–s **müderris** 2. Professur *f* 3. Lehramt *n* an e–r Medrese
müdessir (*ar.*: der Bedeckte) ᵒ **suresi** Name der 74. Koran-Sure
müdevven s. **dergin**
müdevvenat, -tı [ā] *Pl.* gesammelte Werke *pl.*
müdevver *z. va.* 1. rund, kreisförmig 2. *H* übertragen (z. B. auf neues Konto) 3. übergeben (z. B. von anderer Behörde), übernommen (z. B. aus vorhergehender Amtsperiode) Zu 1: s. **ribatı** ~ Zu 2: **hesabı cedide** ~ *va. H* auf neue Rechnung übertragen (z. B. Saldo) ~ **zeravent** s. **dişi zeravent**
müdir s. **müdür**
müdiran [·––] *va. Pl.* Direktoren, Leiter *pl.*
müdire [ī] Direktorin, Leiterin *f*
müdiriyet s. **müdürlük**
müdrik, -ki 1. *va.* erreichend, erlangend, einholend 2. begreifend, verstehend, erfassend, einsehend, (e–r Sache) bewußt ~ **bulunmak** (*od.* **olmak**) (bşi) begreifen, verstehen, erfassen, einsehen, erkennen, sich e–r Sache bewußt sein
müdrike *va.* Intellekt *m*, Denkfähigkeit *f* *anlık, fahime, intelekt
müdrir *med.* harntreibend, diuretisch
müdür 1. Direktor, Leiter, Vorstand *m* 2. Kanzleichef, Verwaltungsdirektor *m* (z. B. in e–r Hochschule) *(1, 2) direktör 3. *gel.* für **müdire** 4. s. **nahiye -ü** 5. Mudir *m* (Leiter e–r ägyptischen Provinz) ~ **başyardımcısı** Subdirektor *m* (türk. Direktor in ausländischen Schulen der Türkei) ~ **muavini** zweiter Direktor, stellvertretender Anstaltsleiter **-ü umumî** s. **genel direktör**
müdüre *selt.* s. **müdire**
müdüriyet s. **müdürlük**
müdürlük 1. Amt *n*, Tätigkeit *f*, Aufgaben *pl.* e–s **müdür** 2. Direktion, Leitung, Verwaltung *f* 3. Direktorat *n* 4. Kanzlei, Verwaltungsdirektion *f*
müebbeden [·×·] *Adv.* 1. für immer, auf ewig 2. lebenslänglich, auf Lebenszeit
müebbet, -di 1. immerwährend, ewig 2. lebenslänglich ~ **küreğe** (bzw. **hapse**) **mahkûm** zu lebenslänglichem Zuchthaus verurteilt
müeccel *z. va.* 1. aufgeschoben, (erst) später fällig (od. bezahlt) *ödeme günü gelmemiş; erteli 2. *mil.* unabkömmlich Zu 1: s. a. **mihri** ~ sowie Stw. **icareteyn**
müedda [ā] *va.* 1. Sinn, Inhalt *m* 2. gezahlt, geleistet, entrichtet **-sınca** *va.* gemäß, wie es in ... heißt
müeddep, -bi 1. wohlerzogen, sittsam, anständig, von gutem Betragen, brav, höflich *edepli, uslu 2. sehr belesen; kenntnisreich
müeddi [ī] *va.* 1. hervorbringend, verursachend 2. zahlend, leistend, entrichtend ~ **olmak** (bşi) *va.* führen (zu), veranlassen, zur Folge haben, verursachen
müeddip, -bi *va.* Erzieher, Lehrer *m*
müekkel s. **müvekkel**
müekket, -di *va.* 1. wiederholt 2. verstärkt 3. von neuem befohlen od. eingeschärft
müekkil s. **müvekkil**
müekkit, -di *va.* 1. wiederholend 2. verstärkend 3. wer von neuem befiehlt od. einschärft
müellef *va.* 1. vereinigt 2. verfaßt 3. *math.* harmonisch ~ **huzme** *math.* harmonisches Strahlenbündel ~ **taksim** *math.* harmonische Teilung
müellefat, -tı [ā] *va. Pl.* Werke, literarische Arbeiten *pl.* *eserler, yazı eserleri
müellif Verfasser, Autor *m* *eser sahibi, yazan ~ **hakkı** Autorenrechte *pl.*
müellim schmerzlich, traurig, betrüblich *acıklı, elemli

müemmen *va.* gesichert, sichergestellt (Forderungen, Rechte usw.) *temin edilmiş
müennes *gr.* weiblich; Femininum *n* *dişil
müesses 1. gegründet 2. fest begründet, eingewurzelt, eingebürgert, allgemein verwendet
müessesat, -tı *va. Pl.* **-ı resmiye** *va.* öffentliche Institutionen *pl.* **-ı tüccariye** *va.* Handelsunternehmungen *pl.*
müessese Einrichtung, Anstalt, Institution *f*, Institut, Unternehmen *n* *kurum **-i hayriye** *z. va.* Wohlfahrtseinrichtung *f*
müesseseleşmek zu e–r festen Institution werden
müessif bedauerlich (z.B. Vorfall), beklagenswert, schmerzlich, betrüblich *esefli, acınacak ~ **bir zıya** ein schmerzlicher Verlust
müessir 1. wirksam, wirkend 2. rührend, ergreifend, zu Herzen gehend *dokunaklı 3. eindrucksvoll 4. *chem.* aktiv *faal 5. durchdringend (z.B. Kälte) 6. *chem.* Agens *n* *etken 7. *phys.* Induktionsapparat *m* *indükleç ~ **ateş menzili** *mil.* wirksame Schußweite ~ **bir ilâç** wirksames Mittel, gute Arznei ~ **fiil** *jur.* Körperverletzung, Mißhandlung *f*, tätlicher Angriff ~ **muvaffakıyetle** mit nachhaltigem Erfolg ~ **olmak** (b–nin üzerinde) Einfluß üben (auf) ~ **vasıtalar** wirksame Mittel *pl.*
müessiriyet, -ti Wirksamkeit *f* **Muharebeye katî bir -le iştirak etmişlerdir.** Sie griffen entscheidend in die Schlacht ein.
müessirlik s. **müessiriyet**
müessis (Be-)Gründer *m* *kurucu ~ **hisse senedi** *H* Gründeranteilschein *m*
müessisan [ā] *va. Pl.* ~ **meclisi** s. **kurucu meclis**
müessislik 1. Tatsache *f*, daß jem. Gründer ist (bzw. zu den Gründern gehört) 2. Gründerprivileg *n*
müevvel *z. va.* 1. künstlich und gezwungen interpretiert 2. gewunden (Ausdruck, Rede usw.) 3. ausgelegt, gedeutet (Traum) ~ **bir ikrar** ein gewundenes Geständnis
müevvelen [·×··] *va. Adv.* in gewundenen Ausdrücken (z.B. et. eingestehen)
müevvil *z. va.* 1. wer e–e gezwungene Interpretation gibt 2. wer sich gewunden ausdrückt 3. Traumdeuter *m*
müeyyet, -di 1. bestätigt, bekräftigt 2. gefestigt, sanktioniert 3. unterstützt **kuvayı maddiye ile ~ olmayan haklar** Rechte *pl.*, denen nicht durch materielle Macht Nachdruck verliehen wird
müeyyide 1. Bestätigung, Bekräftigung *f* 2. Sanktion(-ierung) *f*, Erteilung *f* der Gesetzeskraft *teyit, yaptırım **-ye bağlamak** sanktionieren
müeyyideleşmek Bestätigung (Sanktionierung, Geltung) finden; festwerden (z.B. Sprachgebrauch)
müeyyit, -di 1. bestätigend, bekräftigend 2. festigend, sanktionierend ~ **olmak** 1. bestätigen, bekräftigen 2. festigen, sanktionieren
müezzin isl. Gebetsrufer, Müezzin *m* *meyzin ~ **mahfili** der für den Müezzin in der Moschee best. Platz
müezzinlik Amt *n*, Aufgaben *pl.* e–s Müezzin *meyzinlik
müfaheme [ā] *va.* Verständigung *f*, Abkommen *n*
müfahham *va.* erhaben, hoch, erlaucht ~ **metbuum** *va.* mein erlauchter Souverän
müfarakat s. **mufarakat**
müfarık, -kı [ā] *va.* 1. getrennt, trennbar 2. geschieden
müfekkir 1. nachdenkend; Denker *m* 2. nachdenklich stimmend
müfekkire Denken, Denkvermögen *n*
müferrih 1. erfreulich, aufheiternd 2. angenehm, wohltuend 3. Erleichterung verschaffend (z.B. Arznei)
müfessir 1. kommentierend, auslegend, erklärend 2. (Koran-)Kommentator *m* *tefsirci
müfettiş Inspektor, Inspekteur *m*
müfettişlik Amt *n*, Rang *m*, Dienststelle *f* e–s Inspektors
müfit, -di [ī] 1. *va.* ausdrückend (Sinn) 2. nützlich, vorteilhaft, segensreich (Regen, Maßregel usw.), heilsam *faydalı 3. aufschlußreich, bedeutsam, gehaltvoll, instruktiv 4. ≗ [×·] *mV* **Müfide** [×··] *wV*
müflis 1. zahlungsunfähig, bankrott *batkın 2. *jur.* Gemeinschuldner, Konkursit *m* 3. ohne Geld, abgebrannt **≗e mal mı kaptırdin?** *F* s. **Karadeniz'de gemilerin mi battı?** **-in kabadayısı** wer (in prahlerischer Absicht) Geld ausgibt für Dinge, die er sich nicht leisten kann
müfredat, -tı [ā] *Pl.* 1. Einzelpunkte (z.B. e–s Programms), Einzelposten (z.B. e–r Aufstellung), Einzelheiten *pl.* 2. *lit.* ungereimte Doppelverse *pl.* ~ **programı** Stoffverteilungsplan *m* (e–r Schule)
müfret, -di 1. *va.* einzeln, getrennt 2. *va.* einfach 3. *lit.* ungereimter Doppelvers 4. *gr.* Singular *m* *tekil 5. *phil.* singulär *ferdî, tekil ~ **faiz** (einfache) Zinsen *pl.* (im Ggs. zu Zinseszinsen) ~ **halinde** *gr.* im Singular ~ **yapmak** *gr.* den Singular bilden
müfrez 1. (von e–m größeren Ganzen) abgetrennt 2. abgegrenzt, abgeteilt 3. parzelliert *parsellenmiş 4. *mil.* detachiert, abkommandiert
müfreze *mil.* abkommandierter Truppenteil; Detachement *n*, Abteilung *f*, Kommando *n* ~ **kumandanı** *mil.* Führer *m* e–s Detachements
müfriğ *biol.* ausscheidend, exkretorisch, Exkretions-; s.a. **cihazı** ~
müfrit, -ti 1. übertreibend 2. übertrieben, übermäßig 3. extrem, radikal
müfriz su s. **gideğen**
müfsit, -di 1. verderbend, zerstörend, Unheil stiftend, den normalen Zustand (zer-)störend od. untergrabend, (zum Schlechten) verleitend, verführend 2. hetzerisch, aufwieglerisch 3. Staatsfeind *m*, subversives Element
müfsitlik Hetztätigkeit *f*, staatsfeindliche Umtriebe *pl.*, Aufwiegelung *f*, politische Brunnenvergiftung *fesatçılık, mefsedet
müft, -tü *va.* 1. Geschenk *n*, Gratisgabe *f* 2. kostenlos, gratis, umsonst ≗ **olsun da zift olsun!** *spr. Ra.* Und wenn es auch ein richtiger Dreck ist, Hauptsache, es kostet nichts!
müftakir *va.* 1. arm, verarmt, bedürftig 2. benötigend, entbehrend ~ **olmak** (bşe) *va.* bedürfen, brauchen, benötigen
müftehir 1. (bşle) sich e–r Sache rühmend, stolz (auf) 2. ruhmreich *şanlı 3. ehrenamtlich *fahrî, onursal
müftekir *va.* 1. wer nachdenkt, überlegt 2. *abus* s. **müftakir**
müfteri [ī] verleumderisch; Verleumder *m* *karacı
müfterilik [··–·] 1. Chrakter *m* e–s Verleumders 2. Verleumdung *f*, ungerechtfertigte Verdächtigung, falsche Anschuldigung *iftira, karacılık
müfteris 1. Raub-, reißend, wild (Tier) 2. mordlustig, blutgierig (Mensch) *(1, 2) yırtıcı
müftiyyülenam [ā] *hist.* Titel des Scheich ül-Islam
müftü Mufti *m* (*urspr.* geistlicher Würdenträger, der ein Fetwa erteilte; heute in der Türkei oberster Geistlicher e–s größeren Bezirkes)
müftülük Amt *n*, Würde *f*, Dienststelle *f* e–s Mufti
müge (*franz.* **muguet**) 1. s. **inciçiçeği** (1) 2. Maiglöckchenparfüm *n* 3. ≗ *wV*
mühendis Ingenieur *m*
mühendisböceğigiller (Familie *f* der) Spanner *pl. zo.* Geometridae *geometresgiller, ölçmengüvegiller
mühendishane [ā] *fr.* Ingenieur- und Pionier-schule *f*
mühendislik 1. Ingenieurberuf *m* 2. Ingenieurwissenschaften *pl.* 3. Ingenieurwesen *n* 4. Maschinenbau *m*
müheykel kräftig, robust, vierschrötig, riesig, hünenhaft

müheyya [ā] *z. va.* fertig, gerüstet, bereit (zu) *hazır
müheyyi [ī] 1. *va.* vorbereitend 2. *med.* prädisponierend
müheyyiç, -ci auf-, er-regend, sensationell, begeisternd
mühim, -mmi 1. wichtig, erheblich, bedeutend, bedeutsam, von Bedeutung 2. (häufig schematischer Gebrauch): bedenklich (z.B. Krankheit), gefährlich (Unfall, Operation usw.), besorgniserregend (Zustand), erheblich, beträchtlich (Ausgaben, Unkosten usw.), beachtlich (z.B. Rede), groß, stark (z.B. Nachfrage), ansehnlich (z.B. Spende), kritisch (z.B. Periode), schwer (z.B. Schlag, *a. mil.*) ~ **kaza** schwerer Unfall ~ **sebepler** *jur.* wichtige Gründe *pl.* *muhik sebepler; önemli nedenler
mühimcene [·×··] recht wichtig, von mehr oder minder großer Bedeutung
mühimmat, -tı [ā] *Pl.* zu **mühimme** 1. *urspr.* dringende Angelegenheiten *od.* wertvolle Gegenstände *pl.* 2. (*urspr.* **-ı harbiye**) notwendiges Kriegsgerät, Kriegsbedarf *m* 3. *spez.* Munition *f* Zu 2: s.a. **harp -ı;** ~ **deposu** Munitionslager, -depot *n* ~ **kuvvesi** *mil.* Munitionsnachweisung *f* ~ **nakliye gemisi** Munitionstransporter *m* ~ **treni** Munitionszug *m*
mühimme *va.* wichtige od. dringliche Angelegenheit; Belang ~ **defteri** *hist.* die im Großwesirat geführten Aufzeichnungen über Verhandlungen im Staatsrat sowie über geheime Erlasse und Verfügungen ~ **kalemi** *hist. osm.* Regierungsabteilung, der die Bearbeitung bes. wichtiger Staatsangelegenheiten oblag
mühimsemek für wichtig erachten, Bedeutung beimessen, wichtig nehmen *önemsemek
mühlet, -ti Frist *f*, Aufschub *m* *önel, vade ~ **tayini suretiyle** unter Fristsetzung ~ **vermek** e–e Frist einräumen, e–n Aufschub gewähren
mühletli 1. befristet 2. mit nb. Frist Zu 2: **üç saat ~ bir ültimatom** ein auf drei Stunden befristetes Ultimatum
mühlik, -ki tödlich, lebensgefährlich *öldürücü
mühliye (*a.* **mülhiye**) Jute *f* (Bastfaser von Corchorus capsularis od. C. olitorius) *jüt
mühmel 1. vernachlässigt 2. nachlässig, unordentlich, schlampig (z.B. Kleidung) 3. verwahrlost (z.B. Haus) 4. sinnlos, bedeutungslos 5. s. **mahzuf** (3); ~ **giyinmek** sich nachlässig kleiden
mühmelât, -tı *z. va. Pl.* verstärkende Füll- od. Begleitwörter ohne eigene Bed. (z.B. **cubur** in **abur cubur** od. **mafif** in **hafif mafif**); nur selt. isol.
mühmil *va.* wer et. vernachlässigt; nachlässig, schlampig, unordentlich
mühre 1. Glas- od. Achat-kugel bzw. Kauri-Muschel *f* (zum Glätten von Papier od. Pergament) 2. Kügelchen *n*, Perle *f* (e–r Gebetskette) 3. *va.* Wirbelknochen *m* 4. Schmiedehammer *m* 5. kronenähnlicher Auswuchs am Kopf e–r Schlange 6. Schorf *m* (e–r Wunde) 7. Schwiele *f* *nasır 8. Glättwerkzeug *n* (des Buchbinders od. Goldschmiedes) 9. *va. (Tr.sp., Scha.)* Stein *m* 10. Knochengeschwulst *f* am Pferdeknie 11. Lockvogel *m* *müre ~ **tahtası** Unterlage *f* (aus Lindenholz) zum Glätten von Papier *pesterek
mühreci *selt.* Lesbierin, Tribade *f*
mührelemek glätten (Papier od. Pergament)
mühreli geglättet (Papier, Pergament)
mühresenk, -gi s. **balgamtaşı**
mühresiz ungeglättet (Papier, Pergament)
mühtedi [ī] zum Islam übergetreten; Konvertit *m*
mühtez, -zzi *va.* 1. zitternd, vibrierend 2. ganz aufgeregt
mühür, -hrü 1. (Amts-)Siegel *n* 2. Stempel *m*, Siegel, Petschaft *n* 3. gestempelter (gedruckter) Namenszug, faksimilierte Unterschrift 4. *lit.* Mund od. Auge *n* der Geliebten ~ **basmak** 1. (ver-)siegeln 2. (ab-)stempeln ~ **fekki** *jur.* 1. Lösen, Abnehmen *n* der Siegel 2. Siegelbruch *m* ~ **gözlü** mit großen, dunkelfarbigen Augen ~ **kazdırmak** (*od.* ~ **kazıtmak**) ein Siegel stechen lassen, ein Petschaft anfertigen lassen, e–n Stempel gravieren lassen ~ **kazıcısı** Siegelstecher, Stempelschneider, Graveur *m* ~ **kesesi** Futteral *n* für den (Namen-)Stempel ♀ **kimde ise, Süleyman odur.** *Spr.* Wer an der Spitze steht, befiehlt eben. ~ **kozalağı** Schutzhülle *f* (für ein angebrachtes Siegel) ~ **mumu** Siegellack *m* *kırmızı balmumu ~ **pensesi** Plombierzange *f* ~ **vaz'ı** *jur.* Versiegelung *f* **-ü fekketmek** (*od.* **koparmak**) das Siegel erbrechen (lösen) **-ünü basmak** *fig.* sich für et. verbürgen, Brief und Siegel geben **-ünü yalamak** *fig.* seine Zusage (od. Einwilligung) zurückziehen **-ü has(nazırı)** Großsiegelbewahrer *m* (England) **-ü hümayun** *hist.* kaiserliches Siegel (das der Sultan bis zur Tanzimat-Periode dem jeweiligen Großwesir als Zeichen unbeschränkter Vollmacht aushändigte) *mührü şerif, hatemi vekâlet **-ü nübüvvet** ein Muttermal, das Mohammed zwischen den Schulterblättern gehabt haben soll **-ü sadaret** *hist.* Siegel *n* des Großwesirs (erstmalig 1861) **-ü Süleyman** 1. Salomonsiegel *n* (zwei ineinander verschlungene Dreiecke) 2. s. **boğumlucaotu; -ü şerif** s. **mührü hümayun; -ü zatî** Unterschriftsstempel *m* (bis 1908 allgemein, *a.* von Beamten, verwendet)
mühürcü Hersteller od. Verkäufer *m* von Petschaften od. Stempeln
mühürcülük Herstellung *f* u. Verkauf *m* von Petschaften und Stempeln
mühürdar [ā] 1. *(in osm. Zeit)* Siegelbewahrer, Privatsekretär *m* (e–s Ministers) 2. ♀ *n.pr.* Stadtviertel in Istanbul (zwischen Kadıköy und Moda)
mühürdarlık [ā] *(in osm. Zeit)* 1. Amt *n* des Siegelbewahrers 2. Privatsekretariat *n* (e–s Ministers)
mühürlemek 1. (ver-)siegeln (*a.* gerichtlich) 2. (ab-)stempeln 3. *(Sport)* e–n Erfolg „besiegeln"
mühürlü 1. ge-, ver-, zuge-siegelt 2. abgestempelt 3. mit Siegel ~ **yüzük** Siegelring *m* ~ **zarf** versiegelter Umschlag
mühürsüz unversiegelt
müjde 1. frohe Botschaft, gute Nachricht; Freudenbotschaft *f* 2. Geschenk *n* für den Überbringer e–r guten Nachricht *müjdelik 3. ♀! (*a.* ♀**ler olsun!**) *(Ausruf)* Ich bringe euch gute Nachricht! ~ **böceği** Hummel *f zo.* Bombus (*Anm.:* Das Summen e–r Hummel im Haus gilt als Vorzeichen e–r guten Nachricht, die man erhalten soll.) ~ **etmek** s. **müjdelemek;** ~ **vermek** 1. e–e Freudenbotschaft überbringen 2. ein Geschenk für e–e überbrachte gute Nachricht geben ♀**mi isterim** (*od.* **verin**)! Was bekomme ich für die gute Nachricht?
müjdeci 1. Freudenbote *m*, Überbringer *m* e–r guten Nachricht 2. Verkünder, Vorbote *m* Zu 2: s.a. **bahar -si**
müjdecibaşı *hist.* Beamter, der dem Sultan die Rückkehr der Mekka-Karawane zu melden hatte (vgl. **sürre alayı**)
müjdelemek 1. e–e gute Nachricht überbringen 2. gratulieren
müjdelenmek 1. e–e gute Nachricht überbracht bekommen 2. gratuliert bekommen
müjdeli haber Freudenbotschaft *f*
müjdelik s. **müjde** (2)
müjderesan [ā] *va.* s. **müjdeci**
müjgân 1. *va.* (Augen-)Wimpern *pl.* 2. ♀ *wV*
mükâfat, -tı [·‒‒] 1. Belohnung *f*, Lohn *m* 2. Preis *m*, Prämie, Auszeichnung *f* ~ **almak** (*od.* **kazanmak**) e–e Belohnung (bzw. e–n Preis) bekommen ~ **etmek** (*od.* **vermek**) 1. belohnen 2. auszeichnen ~ **görmek** e–e Belohnung (bzw. e–n Preis, e–e Anerkennung) bekommen ~ **ilânı** Ausschreibung *f* e–r Belohnung *ödül duyu-

rusu ~ **konkuru** Preiswettbewerb *m* ~ **tevzii** Preisverteilung *f* ~ **olarak** 1. als (*od.* zur) Belohnung 2. als Preis (Prämie, Auszeichnung)

mükâfaten [·×··] *va. Adv.* (m. Dat.) s. **mükâfat olarak**

mükâfatlandırmak 1. belohnen 2. prämiieren, auszeichnen Zu 2: **takdirname ile mükâfatlandırılan öğretmenler** die durch ein Belobigungsschreiben ausgezeichneten Lehrkräfte

mükâfatlı mit Belohnung (Prämie, Preis, Auszeichnung) **On bin dolar ~ bir müsabaka açmıştır.** Er schrieb e–n 10000-Dollar-Wettbewerb aus. ~ **müsabaka ilânı** Preisausschreiben *n* *ödüllü yarışma duyurusu

mükâfi [·––] *va.* gleich(-wertig); s.a. **kat'ı** ~

mükâleme 1. Unterhaltung, Konversation *f*, Gespräch *n*, Dialog *m* 2. Besprechung, Verhandlung, *(mil.)* Unterhandlung, *(pol.)* Aussprache *f* 3. Telephongespräch *n* ~ **memuru** (*od.* **subayı**) *mil.* Unterhändler, Parlamentär *m* ~ **odası** Besprechungs-, Verhandlungs-zimmer *n*, Verhandlungsraum *m* **-de bulunmak** e–e Besprechung (Aussprache) haben, verhandeln, *mil.* unterhandeln, parlamentieren

mükâlemeci s. **mükâleme memuru**

mükâşefe *va.* 1. Untersuchung *f* *inceleme 2. Besichtigung *f* *teftiş 3. *(Mystik)* innere Erleuchtung

mükâtebe 1. *z. va.* schriftlicher Verkehr; Korrespondenz *f*, Briefwechsel *m* 2. *fr. jur.* ein (mst. schriftlicher) Vertrag über die Freilassung e–s Leibeigenen gegen Zahlung des Schätzwertes seiner Person an den Herrn *kitabet ~ **etmek** *z. va.* korrespondieren 3. *fr. jur.* Fem. zu **mükâtep** *(q.v.)*

mükâtep, -bi *fr. jur.* der bedingt freigelassene Leibeigene (vgl. **mükâtebe** 2)

mükedder 1. (Person) betrübt, traurig, bekümmert, in Trauer versetzt, leidbetroffen *kederli 2. *va.* trübe, verschwommen 3. *va.* getadelt ~ **etmek** in Trauer versetzen

mükeffen *va.* in ein Leichentuch gehüllt (Toter)

mükellef 1. verpflichtet (et. zu tun) z.B. dienstverpflichtet, steuerpflichtig usw. *yükümlü 2. großartig, pompös, prunkvoll ~ **ameleler** dienst- bzw. zwangs-verpflichtete Arbeiter *pl.* ~ **bir ziyafet vermek** ein großes Essen (ein pompöses Bankett) geben ~ **kılmak** (*od.* **tutmak**) j–n zu et. verpflichten *f* **olmak** (bşi yapmakla) verpflichtet sein (et. zu tun)

mükellefiyet, -ti Verpflichtetsein *n*, Verpflichtung *f*, *jur. a.* Last, Belastung, Auflage, Beschwerung *f* *yüküm, yükümlülük s. z.B. **harp (vergi, yol) -i**

mükellefiyetli mit Verpflichtung ~ **hibe** s. **yükümlü bağışlama**

mükelles *chem.* kalziniert ~ **soda** kalziniertes Soda, kohlensaures Natron *karbonat dö sut

mükemmel vollkommen, vollendet, vorzüglich, hervorragend, ausgezeichnet, erstklassig, *F* prima, tipptopp (*Anm. a.* in Verb. mit **en, gayet, çok:** ganz hervorragend, ganz erstklassig usw.)

mükemmelen [·×··] *z. va. Adv.* zu **mükemmel**

mükemmelleşmek vorzüglich, perfekt werden; sich vervollkommnen

mükemmelleştirmek vervollkommnen, ausfeilen, perfektionieren

mükemmeliyet, -ti; mükemmellik, -iği Vollkommenheit, Vorzüglichkeit, Vortrefflichkeit, Perfektion *f*

mükerrem 1. *z. va.* ge-, ver-ehrt, ehrenswert 2. ♀ *mV, wV* **Mekkei -e** *va.* das ehrenreiche Mekka

mükerremen [·×··] *va. Adv.* ehrerbietig, unter großen Ehren

mükerrer *z. va.* wiederholt, mehr-malig, -fach *tekrarlanmış ~ **ateşli tüfek** Repetiergewehr *n* ~ **ıskonto** *H* Rediskontierung *f* *reeskont ~ **kafiye** Doppelreim *m* ~ **kesir** periodischer Dezimalbruch ~ **poliçe** *H* Rückwechsel *m* *retret ~ **sigorta** Rückversicherung *f*

mükerreren [·×··] *va. Adv.* mehrfach, wiederholt, zu wiederholten Malen

mükerrir 1. *va.* wiederholend, Repetier- 2. *jur.* rückfällig

mükesser *va.* gebrochen; s.a. **cem'i** ~

mükesserlik s. **bükün**

mükessif *va.* verdichtend, kondensierend

mükessife *va.* Kondensator *m* *kondansatör

mükevven *va.* hervorgebracht; er-, ge-schaffen

mükevvenat, -tı [ā] *va. Pl.* 1. Geschöpfe *pl.* *mahlukat 2. Universum *n* *kâinat

mükevvin *va.* schaffend; Schöpfer *m*

mükeyyif *va.* 1. anregend, stimulierend 2. berauschend

mükeyyifat, -tı [ā] *va. Pl.* 1. Stimulantien *pl.* 2. Rauschmittel, Narkotika *pl.*

müköz (*franz.* **muqueuse**) s. **mukoza**

mükrim 1. *z. va.* gastfreundlich, liebenswürdig, aufmerksam 2. ♀ *mV* **Mükrime** *wV*

müktesebat, -tı [ā] *va. Pl.* erworbene Kenntnisse od. Rechte *pl.*

müktesep, -bi (wohl-)erworben *edinik ~ **hak** *jur.* erworbenes Recht *kazanılmış hak

müktesip, -bi *va.* wer et. erwirbt

mülâabe *va.* 1. Spiel *n*, Tändelei *f* 2. Liebelei *f*

mülâbese *va.* 1. Vermengung, Vermischung *f* 2. Verbindung *f*, Zusammenhang *m*, Beziehung *f* **... -siyle** in Verbindung (mit), im Hinblick (auf), da vielleicht ... könnte; damit nicht ... **suitefehhüme sebebiyet verir -siyle** damit kein Mißverständnis entsteht

mülâhaza 1. (angestellte) Betrachtung, Erwägung, Überlegung, (sorgsame) Prüfung *f* 2. Meinung, Ansicht *f* 3. Bemerkung *f* Zu 1: **... -siyle** in der Erwägung, daß ... Zu 2: **... -sında olmak** der Meinung (Ansicht) sein Zu 3: **-lar dermeyan etmek** Bemerkungen machen ~ **etmek** überlegen, erwägen, sorgfältig prüfen **-ya almak** in Rechnung stellen, in Erwägung (Betracht) ziehen

mülâhazasız ohne genügende Prüfung, unüberlegt, unbesonnen

mülâhazasızlık Unüberlegtheit, Unbesonnenheit *f*

mülâhazat, -tı [·–·–] *Pl.* 1. Erwägungen, Überlegungen *pl.* 2. Bemerkungen *pl.* ~ **hanesi** Rubrik *f* für Bemerkungen ~ **hanesini açık bırakmak** *fig.* Bedenken haben, über j–n ein festes Urteil abzugeben

mülahham [·×·] beleibt, korpulent *şişman

mülâkat, -tı [·––] Zusammenkunft, Unterredung, Unterhaltung, Besprechung *f*, Interview *n* *görüşme ~ **etmek** (b–le) e–e Unterredung haben (mit), j–n interviewen

mülâki [·––] zusammenkommend, e–e Unterredung (Besprechung, ein Interview) habend ~ **olmak** (m. Dat.) zusammen-kommen, -treffen, e–e Unterredung (Besprechung) haben

mülakkap, -bı [·×·] *va.* mit dem Beinamen ...

mülâsık, -kı *va.* 1. angewachsen, haftend 2. anstoßend, benachbart

mülâtafa *va.* 1. Scherzen, Spaßen *n* 2. Leutseligkeit *f*

mülâyemet, -ti *z. va.* 1. Passend-, Geeignet-sein *n* 2. leichter Stuhlgang 3. geringe Abschüssigkeit (z.B. e–r Straße) 4. Gutmütigkeit, Nachgiebigkeit, Willfährigkeit, Milde *f* ~ **göstermek** milde behandeln, Nachsicht üben ~ **vermek** die Verdauung fördern

mülâyim 1. zusagend, passend, sympathisch 2. sanft abfallend, wenig abschüssig 3. weich (Stuhlgang) 4. gutmütig, nachgiebig 5. milde, gemäßigt (z.B. Winter) 6. leise, behutsam (Stimme) 7. ♀ *mV* Zu 1: **Bu fikir bana çok** ~

geliyor. Dieser Gedanke ist mir recht sympathisch. ~ **bir teklif** ein einleuchtender Vorschlag
mülâyimlik s. **mülâyemet;** ~ **çıkmak** (birisi) leichten Stuhlgang haben; nicht an Verstopfung leiden
mülâzemet, -ti *va.* 1. zähes Festhalten; Ausdauer, Emsigkeit *f* 2. Dienst *m* e–s Hilfsbeamten; Supernumerardienst *m* 3. Lehrzeit *f* ~ **etmek** (m. Dat.) *va.* 1. sich abmühen (mit et.), eifrig bestrebt sein (zu) 2. als Supernumerar tätig sein
mülâzım *va.* 1. Hilfsbeamter, Supernumerar *m* 2. (bis 1934) Leutnant *m* *teğmen ~ **muharrir** *va.* Hilfsredakteur *m* **-ı evvel** s. **üsteğmen; -ı sani** s. **teğmen**
mülâzımlık *va.* 1. s. **mülâzemet** 2. s. **teğmenlik**
mülemma, -aı 1. beschmutzt, besudelt 2. bunt, scheckig 3. (in der ält. Lit.) teils türkisch, teils arab. od. pers. geschriebenes Gedicht Zu 1: **çamurla** ~ ganz mit Schmutz bedeckt **kanla** ~ ganz mit Blut besudelt
mülevven *va.* 1. farbig *renkli 2. gefärbt *boyalı, boyanmış s.a. **sem'i** ~
mülevves *va.* 1. schmutzig, unsauber *kirli, pis 2. wirr durcheinander *karmakarışık
mülevvin *va.* färben; Färber *m*
müleyyin den Stuhlgang fördernd, abführend ~ **bir ilâç** Abführmittel, Laxativ *n*
mülga [ā] abgeschafft, aufgehoben, beseitigt, annulliert, für nichtig erklärt, aufgelöst *ilga edilmiş, kaldırılmış
mülhak, -kı 1. hinzu-gefügt, -gesetzt, zusätzlich, Zusatz- 2. angegliedert, einverleibt 3. attachiert, beigegeben *(1–3) katma ~ **bütçe** Zusatzbudget *n* ~ **subay** attachierter Offizier ~ **vakıflar** fromme Stiftungen, die heute e–m **mütevelli** unterstehen (s.a. **mazbut vakıflar**)
mülhakat, -tı [··–] *Pl.* 1. angegliederte Landesteile (Ortschaften, Gebiete) *pl.* 2. *an.* Adnexe, Annexe *pl.* 3. (nähere od. weitere) Umgebung Zu 3: **İzmir ve -ında şiddetli bir zelzele** ein heftiges Erdbeben in İzmir und Umgebung
mülhem (bşden) inspiriert, angeregt (durch)
mülhit, -di *z. va.* 1. gottlos; Atheist *m* 2. Ketzer, Häretiker *m*
mülhitlik *z. va.* 1. Gottlosigkeit *f*, Atheismus *m* 2. Ketzerei, Häresie *f*
mülhiye s. **mühliye**
mülk, -kü 1. Grundbesitz *m* 2. Anwesen *n* 3. Staatsgebiet *n*, Boden *m*, Territorium *n* ~ **edinme** Grunderweb *m* ~ **sahibi** Grundstücksbesitzer *m* ≗ **suresi** Name der 67. Koran-Sure *tebareke ~ **vergisi** Grundsteuer *f*
mülkî 1. zivil, administrativ *sivil 2. territorial 3. *gr.* Possessiv-, besitzanzeigend ~ **seferberlik** zivile Mobilmachung ~ **taksimat** administrative Einteilung ~ **tamamlık** (*od.* **tamamiyet**); *va.:* **tamamiyeti mülkiye** territoriale Integrität ~ **zamir** s. **iyelik zamiri**
mülkiye 1. (Stand *m* der) Verwaltungsbeamten 2. ≗ **(Mektebi)** *fr.* Hochschule für Verwaltungsbeamte (in Ankara) (*spätere Bez.:* **Siyasal Bilgiler Okulu,** *heute:* **Siyasal Bilgiler Fakültesi**); ~ **nazırı** *hist.* osm. Innenminister *m*
mülkiyeci Verwaltungsbeamter
mülkiyeli 1. *fr.* Studierender der Verwaltungshochschule 2. aus der Verwaltungshochschule hervorgegangen
mülkiyet, -ti dinglicher Besitz *iyelik ~ **eki** s. **iyelik eki;** ~ **hakkı** Eigentum(-srecht) *n* ~ **zamiri** s. **iyelik zamiri; -i edebiye** *va.* s. **fikrî haklar; -i muhafaza mukavelesi** (bzw. **kaydı**) *jur.* Eigentumsvorbehalt *m* *iyeliği saklı tutma sözleşmesi (bzw. yazgısı) **-in gayri aynî haklar** *jur.* beschränkte dingliche Rechte *pl.* **-in nakli** Besitzübertragung *f* *iyeliğin geçirilmesi **-ten ıskat etmek** enteignen
mülklenmek Grund und Boden erwerben
mülkname [ā] *hist.* s. **temlikname**
mültasık *va.* zusammenhängend, verbunden ~ **sahre** s. **yapışık külte**
mültebis *z. va.* unklar, vage *bulanık, müphem
mülteca [ā] *va.* Zuflucht(-sort *m*) *f*, Asyl *n*
mülteci [ī] Zuflucht suchend; Flüchtling, Emigrant, Asylant, Asylbewerber *m*
mültefit, -ti 1. *va.* Beachtung schenkend; achtend (hörend) (auf) 2. *z. va.* liebenswürdig, aufmerksam, freundlich
mültehip, -bi *va.* entzündet (z. B. Wunde) *yangılanmış
mülteka [ā] s. **kavşak** (I)
mültemes *z. va.* begünstigt, protegiert; Schützling *m*, wer e–n starken Rückhalt (Fürsprecher, Protektor) hat
mültemis *z. va.* begünstigend, protegierend; Fürsprecher, Beschützer, Protektor *m*
mültevi [ī] s. **kıvrımlı**
mültezem *z. va.* 1. gewünscht, verlangt; für notwendig erachtet 2. unterstützt, protegiert
mültezim 1. *z. va.* begünstigend, fördernd, protegierend 2. *hist.* Steuerpächter *m* *kesenekçi
mültikolor (*franz.* **multicolore**) *selt.* vielfarbig *çokrenkli
mültilateral *pol.* multilateral, mehrseitig (Vertrag)
mültimilyoner Multimillionär(-in *f*) *m*
mültipleks Vielfachumschalter *m* (bei Telegraph)
mülûk, -kü *va. Pl.* zu **melik**
mülûkâne *z. va.* 1. königlich 2. (für den osm. Sultan) kaiserlich, großherrlich
mülzem *va.* 1. zum Verstummen gebracht, ad absurdum geführt (in e–r Diskussion) 2. für nötig erachtet; erforderlich
mülzim *va.* zum Schweigen bringend, ad absurdum führend (in e–r Diskussion)
mülzime *va.* Briefbeschwerer *m* *baskılık, prespapye
mümanaat, -tı [·–··] 1. Widerstand *m*, Opposition *f* 2. (Ver-)Hindern *n* ~ **etmek** (*od.* **göstermek**) 1. sich widersetzen; opponieren 2. (ver-)hindern
mümarese [ā] 1. Üben, Trainieren *n*, Übung *f* 2. praktische Erfahrung; Routine, Praxis *f* ~ **edinmek** (*od.* **kesp etmek**) Erfahrung (Routine) erwerben ~ **etmek** üben, trainieren
mümas, -ssı [ā] 1. berührend; anstoßend (an) 2. *geom.* (*a.* **hattı** ~ *od.* **mümas hattı**) Tangente *f* *teğet 3. *trig.* Tangens *m* *tanjan(-t) ~ **müstevisi** (*od.* **sathı**) *geom.* Tangentialebene *f*
mümaselet, -ti [ā] 1. Gleich-artigkeit, -förmigkeit, Ähnlichkeit *f* 2. *math.* Homothetie, Streckung *f* *homoteti
mümasil [ā] 1. gleich-artig, -förmig; ähnlich 2. *math.* homothetisch *homotetik 3. analog *andıran
mümaşat, -tı [·––] 1. s. **yoldaşlık** 2. Anpassung *f* *uyma 3. geheuchelte Zustimmung; Schmeichelei *f* ~ **etmek** in scheinheiliger Weise zustimmen
mümbais 1. *va.* (fort-)geschickt, abgesandt 2. *z. va.* verursacht (durch), herrührend (von)
mümbasit, -ti 1. aus-gebreitet, -gestreckt 2. erfreut, fröhlich, heiter ~ **etmek** erfreuen; fröhlich stimmen
mümbit, -ti ergiebig, ertragreich, fruchtbar *bitek, verimli **gayri** ~ nicht ergiebig, wenig ertragreich, unfruchtbar
mümeddit, -di s. **gerici** (II, 2)
mümessil 1. (Stell-)Vertreter, Repräsentant *m* 2. Abgesandter, Delegierter, Nuntius *m* 3. Schauspieler, Darsteller *m* 4. *va.* Verleger *m* *editör 5. s. **sınıf -i** Zu 2: s. **Papa -i;** ~ **işçi** *jur.* Arbeitervertreter *m* ≗**ler Meclisi** *n.pr.* Repräsentantenhaus *n* (in USA)
mümessillik 1. (Stell-)Vertretung *f* 2. Delegation *f* 3. Rolle *f* e–s Schauspielers, Darstellers 4. *va.* Verlagswesen *n*
mümeyyiz 1. unterscheidend 2. wer zwischen Gut und Böse unterscheiden kann 3. *jur.* urteilsfähig, zurechnungsfähig *ayırtım güçlüsü 4. für ausgehende Schriftstücke verantwortlicher Kanzleichef 5. Mitglied *n* e–s Prüfungsaus-

schusses; Prüfer, Examinator *m* ~ **vasıf; vasfı** ~ unterscheidendes (spezifisches, charakteristisches) Merkmal; Charakteristikum *n* *ıralıyan **-ler** Prüfungskommission *f* **kuvvei -e** *va.* Einsicht *f*, Scharfsinn *m*

mümin [–·] 1. glaubend, der Gläubige 2. *pr.* Mohammedaner, Muslim, Moslem *m* 3. ≗ *mV* **Mümine** *wV* ≗ **suresi** Name der 40. Koran-Sure

müminin [–·–] *va. Pl.* die Gläubigen

mümimun [–·–] 1. *va.* s. **müminin** 2. ≗ **suresi** Name der 23. Koran-Sure

mümkün 1. möglich, ausführbar *olanaklı 2. möglich, eventuell; vielleicht eintretend; denkbar *olumsal ~ **kılmak** ermöglichen ~ **mertebe** *od.* ~ **olduğu kadar** soweit wie möglich; möglichst ~ **süratle** mit möglichster Beschleunigung, möglichst rasch °**ü yok!** *P* Unmöglich! **gayri** ~ unmöglich

mümkünat, -ti [ā] *va. Pl.* 1. Möglichkeiten *pl.* 2. Eventualitäten *pl.*

mümkünsüz *P* für **imkânsız**

mümsik, -ki *va.* 1. sich enthaltend 2. knauserig, geizig *eli sıkı; pinti 3. hartnäckig, eigensinnig 4. schüchtern, scheu

mümtaz [ā] 1. gesondert, getrennt *ayrı tutulmuş 2. e–e Sonderstellung einnehmend; privilegiert 3. ausgezeichnet, hochstehend, führend, hervorragend, Elite- 4. *z. va. pol.* mit eigener Verwaltung; selbständig, autonom 5. ≗ [×·] *mV* ~ **zümreler** die oberen (führenden) Schichten *pl.* **idarei -e** *va.* s. **muhtariyet**

mümtaziyet, -ti [ā]; **mümtazlık** 1. Sonder-stellung *f*, -rang *m*, Privileg *n* 2. führende Stellung 3. *pol.* Autonomie *f*

mümtehine (*ar.*: die Prüfende) ≗ **suresi** Name der 60. Koran-Sure

mümteli *va.* 1. angefüllt, voll (geworden) 2. wer sich den Magen überladen hat

mümteni, -ii *va.* 1. *urspr.* verweigernd, ablehnend 2. unmöglich, unerreichbar *imkânsız, olmazlı **emri** ~ *va.* Unmöglichkeit *f* *mümtenilik, olmazlık; s.a. **sehli** ~

mümtenilik *va.* s. **emri mümteni**

mümtet, -ddi *va.* 1. sich erstreckend 2. sich fortsetzend; dauernd

mümteziç, -ci *va.* 1. vereinigt, verschmolzen, verbunden 2. harmonisch, homogen 3. anpassungsfähig, nachgiebig, friedliebend, verträglich *uysal, yumuşak başlı 4. hermetisch verschlossen

mümza [ā] *va.* unter-schrieben, -zeichnet *imzalı, imzalanmış

mümzi [ī] *va.* unter-schreibend, -zeichnend, Signatar- ~ **devletler** *va.* Signatarmächte *pl.* **gayri** ~ **devletler** *va.* Nichtsignatarmächte *pl.*

münacat, -tı [·––] 1. *va.* Flüstern *n*, leises Sprechen 2. stilles, inbrünstiges Gebet 3. Gebet *n* in Form e–r Kasside

münada [·––] *va.* 1. (aus-)gerufen 2. *gr.* Vokativ *m* *seslenme durumu

münadi [·––] 1. öffentlicher Ausrufer; Herold *m* *carcı, tellal 2. s. **müezzin**

mün'adim *va.* 1. vernichtet, zerstört 2. (bşden) beraubt, ermangelnd

münadim [ā] 1. Gefährte, Freund *m* 2. s. **nedim**

münaferet, -ti [ā] *z. va.* gegenseitige Abneigung; Kälte *f* der Beziehungen *sevişmezlik ~ **etmek** sich gegenseitig nicht ausstehen können

münafese [ā] *va.* 1. gehässige Rivalität *f* 2. (gegenseitige) Animosität *f* ~ **etmek** einander hassen

münafık(-lık) s. **munafık(-lık)**

münafi [·––] *va.* (m. Dat.) nicht entsprechend, entgegengesetzt, unvereinbar (mit)

münakalât, tı [·–·–] *Pl.* Verkehr(-sverbindungen *pl.*) *m* ~ **ve muhaberat** Verkehrs- und Nachrichtenverbindungen *pl.* ≗ **Vekâleti** (türk.) Verkehrsministerium *n* *Ulaştırma Bakanlığı ~ **yolları** Zufahrts-wege, -straßen *pl.*

münakale [·–··] 1. Verbindung *f* 2. Verkehr *m* *ulaşım 3. *H* Übertrag(-ung *f*) *m* Zu 2: **mühim bir** ~ **merkezi** ein wichtiger Verkehrsknotenpunkt ~ **nizamnamesi** Verkehrsordnung *f* ~ **vasıtaları** Verkehrsmittel *pl.*

münakasa [·–··] Submission *f*, Vergebung *f* auf dem Submissionsweg *eksiltme ~ **suretiyle** auf dem Submissionsweg **-ya konulmak** ausgeschrieben werden (Submission) **-i aleniye** s. **açık eksiltme**

münakaşa [·–··] 1. Streiten, Zanken *n* 2. Diskussion, Debatte *f* ~ **etmek** 1. streiten, zanken 2. diskutieren, debattieren ~ **götürmez** unbestreitbar, unstreitig ~ **kapısı açmak** 1. Auseinandersetzungen hervorrufen 2. *pej.* ein endloses Palaver heraufbeschwören **-da bulunmak** (b–le) 1. zanken, streiten 2. diskutieren, debattieren

münakaşacı [·–···] 1. streit-, zank-süchtig 2. wer diskutiert, debattiert

münakaşalı [·–···] strittig, umstritten, Streit- ~ **bir mesele** strittiges Problem; Streitfrage *f*

münakehe [·–··] *va.* Eheschließung *f*

münakız [ā] *va.* widerspruchsvoll, kontradiktorisch, gegensätzlich *birbirini tutmayan

münakis zurück-gestrahlt, -geworfen, reflektiert **fiili** ~ s. **refleks**

münakit, -di 1. abgehalten (Sitzung) 2. zusammenberufen (Versammlung) 3. abgeschlossen (Vertrag) 4. *z. va.* geknotet, geknüpft

münakkah *va.* 1. verfeinert, gereinigt, vereinfacht 2. *stil.* klar, nüchtern, ohne rhetorischen Schwulst *soğumlu 3. sorgfältig revidiert (Buch) 4. als Bestes auserwählt; erlesen *seçkin 5. gestrichen (überflüssige Angabe)

münakkahiyet, -ti *va.* 1. Reinigung, Vereinfachung *f* 2. *stil.* Klarheit, Nüchternheit *f*; Fehlen *n* des rhetorischen Schwulstes *soğumluluk 3. sorgfältige Revision 4. Erlesenheit *f*

münakkaş *va.* verziert, geschmückt

münakkat, -tı *va.* punktiert; mit Punkten versehen

münakkit s. **münekkit**

münasebat, -tı [·–·–] *Pl.* Beziehungen *pl.* **-ı mütekabile** *va.* gegenseitige Beziehungen *karşılıklı münasebetler **-ta bulunmak** (politische) Beziehungen unterhalten

münasebet, -ti [ā] 1. Beziehung *f*, Verhältnis *n*, Verkehr *m* 2. *phil.* Wechselbeziehung, Korrelation *f* *bağlılaşma 3. *math.* Verhältnis *n* *bağıntı 4. Verbindung *f*, Zusammenhang *m*, passende Gelegenheit, Anlaß, Grund *m* 5. Zweckmäßigkeit, Schicklichkeit *f* Zu 1: **Kendisiyle hiç bir -im kalmadı.** Ich habe keine Beziehungen mehr zu ihm. s.a. **cinsî** ~ Zu 4: **bu -le** bei dieser Gelegenheit, im Zusammenhang hiermit ≗ **almaz.** Es schickt sich nicht. Es paßt jetzt nicht. ~ **aramak** e–e passende Gelegenheit suchen ~ **düşürmek** (*od.* **getirmek**) e–e passende Gelegenheit finden können, es ermöglichen (können) ~ **kurmak** (*od.* **tesis etmek**) (biriyle) in Beziehungen treten (zu) **-e girmek** Bekanntschaft schließen **-i kesmek** die Beziehungen abbrechen **-iyle** 1. im Zusammenhang hiermit, im Anschluß daran, in weiterer Auswirkung hiervon 2. auf Grund von ..., anläßlich **-ler temadi etmek** Beziehungen unterhalten (weiterführen)

münasebetli [ā] 1. in Beziehung stehend 2. passend, entsprechend, angemessen, geeignet ~ **münasebetsiz** gleichgültig ob et. paßt od. nicht, bei jeder (unpassenden) Gelegenheit, bei jedem Anlaß, ungereimt (z.B. daherreden)

münasebetsiz [ā] 1. unpassend, unangebracht, ungeeignet, unzeitig, ungehörig, verkehrt 2. et. zur Unzeit tuend z.B. albern, unbekümmert, formlos, respektlos ~ **Meh-**

met ağa (*od.* ~ **efendi**) *P* 1. wer bei e–r Diskussion nicht zum Thema gehörige Dinge vorträgt 2. ungehobelter Bursche; Flegel *m*
münasebetsizlik [ā] 1. Unschicklichkeit, Ungehörigkeit *f* 2. Albernheit, Unbekümmertheit, Formlosigkeit, Respektlosigkeit *f*
münasebettar [·–··–] (bşle) *z. va.* in Verbindung stehend (mit), in Beziehung stehend (zu)
münasefe [ā] *va.* Halbieren *n*
münasefeten *va. Adv.* in zwei gleiche Teile geteilt
münasip, -bi [ā] passend, angebracht, entsprechend, angemessen, geeignet, zweckmäßig, schicklich; gut (Gedanke) ~ **bir şekil ve tarzda** in geeigneter Form ~ **düşmek** angebracht, passend sein ~ **görmek** (*od.* **bulmak**) (bşi) für angebracht halten (et. zu tun) **gayri** ~ unpassend, unangebracht, unzeitig, ungehörig, verkehrt
münavebe [ā] Abwechseln *n*, Abwechslung *f*, Ablösung *f* ~ **ile** abwechselnd, umschichtig, reihum
münavebeten [·×··] *va. Adv.* s. **münavebe ile**
münazaa [·–··] Wortwechsel *m*, Streit(-igkeit *f*) *m* *çekişme ~ **çıkarmak** e–n Streit hervorrufen ~ **etmek** e–n Wortwechsel haben, sich streiten ~ **mevzuu** Gegenstand *m* des Streites
münazaacı [·–··] streitsüchtig, zänkisch; Händelsucher(-in *f*) *m*
münazaalı s. **münaziünfih** (1)
münazara [·–··] Debatte, Diskussion, Besprechung, Erörterung *f* ~ **etmek** debattieren, diskutieren, besprechen, erörtern **fenni** ~ s. **diyalektik** (1)
münazil [×··] *va.* 1. abgesetzt, entlassen 2. wer sich von der Welt zurückgezogen hat
münaziünfih [·–··–] 1. strittig, umstritten, Streit- *münakaşalı; çekişmeli 2. *jur.* Streitgegenstand *m* *aranç konusu; arançlık; dilem konusu, dilemlik
münbais s. **mümbais**
münbit s. **mümbit**
münceli *va.* 1. leuchtend, glänzend 2. ans Tageslicht gekommen; offenkundig, evident
müncemit, -di *z. va.* gefroren, Eis- **Bahri** ⁱ**i Cenubî (Şimalî)** s. **Antarktik (Arktik) Okyanus**
müncer, -rri 1. *va.* (hin-)gezogen 2. *z. va.* hinauslaufend (auf) ~ **olmak** (bşe) hinauslaufen (auf), enden, endigen (mit), führen (zu)
müncezip, -bi *z. va.* sich hingezogen fühlend (zu), interessiert (für), Zuneigung od. Liebe empfindend (für)
münci [ī] 1. *va.* rettend, befreiend; Retter, Befreier *m* *halâskâr, kurtarıcı 2. ⚭ *mV*
Münciye s. **Mülk suresi**
mündefi, -ii *va.* vertrieben, beseitigt, verschwunden, gegenstandslos geworden (Sorge, Bedenken usw.)
mündemiç, -ci eingeschlossen (enthalten, liegend) (in) **bu harekette** ~ **bulunan mana** der Sinn dieses Vorgehens
münderecat, -tı [ā] *Pl.* (< **mündericat**) Inhalt *m* (z.B. e–s Buches) *fihrist, içindekiler
münderiç, -ci *z. va.* 1. enthalten (in) 2. ein-gesetzt, -gefügt, -gerückt (z.B. Zeitungsartikel)
münderis *va.* untergegangen, spurlos verschwunden *çökmüş, kaybolmuş
münebbih 1. *va.* weckend 2. Reizmittel, Stimulans *n* *uyaran 3. warnend ~ **hat** s. **ara doğrusu;** ~ (*od.* **münebbihli**) **saat** *va.* Wecker(-uhr *f*) *m* *çalar saat **-i bâh** Aphrodisiakum *n*
münebbihli s. Stw. **münebbih**
müneccim 1. *va.* Astronom *m* 2. Astrolog, Sterndeuter *m*
müneccimbaşı *hist.* oberster Sterndeuter
müneccimlik Tätigkeit *f*, Aufgaben *pl.* e–s **müneccim**
münekkit, -di kritisierend, Kritiker *m* *eleştirmen
münevver 1. erleuchtet, hell 2. gebildet, aufgeklärt, Intellektueller, Intelligenz- 3. ⚭ *wV* ~ **kütle** (*od.* **zümre**) Intelligenzschicht *f*, Gebildete *pl.*
münevveran [ā] *va. Pl.* die Intellektuellen
münevverlik Gesamtheit *f* der Intellektuellen, gebildete Kreise *pl.*, Intelligenz *f*
münevvim einschläfernd ~ **bir ilâç** ein Schlafmittel
münevvir *va.* erleuchtend, erhellend
münezzeh frei (von), erhaben (über) **Allah mekândan -tir.** Gott ist über den Raum erhaben. **her türlü şaibeden** ~ **bir adam** ein in jeder Hinsicht makelfreier Mensch
münfail 1. gekränkt, verletzt, beleidigt 2. entrüstet, unwillig 3. passiv *dingin, edilgin
münfailiyet, -ti passiver Zustand; Passivität *f* *dinginlik
münfehim *va.* verstanden, begriffen
münfek, -kki *z. va.* (los-)gelöst, abgetrennt ~ **olmak** *z. va.* sich (los-)lösen, sich abtrennen
münfelik, -ki *chem.* explosiv *patlayıcı
münferice s. **geniş açı**
münferiç, -ci 1. weit geöffnet, klaffend 2. stumpf (Winkel)
münferiden [·×··] *Adv.* einzeln, isoliert, gesondert, getrennt, separat, (für sich) allein *ayrı ayrı, birer birer, teker teker, tek başına
münferit, -di 1. einzeln, Einzeln-, isoliert, gesondert, Sonder-, Separat- 2. *el.* isoliert 3. *med.* sporadisch ~ **ateş** *mil.* Einzelfeuer *n* ~ **emir** *mil.* Einzelbefehl *m* ~ **hapis** Einzelhaft *f* ~ **hücre** Einzelzelle *f* (z.B. in e–m Gefängnis) ~ **korunma** *mil.* Einzelschutz *m* ~ **muharebe atışı** *mil.* gefechtsmäßiges Einzelschießen ~ **sulh** Sonder-, Separat-friede *m* ~ **taarruz** *mil.* Einzel-, Teil-angriff *m* ~ **tabya** *mil.* Einzelfort *n* ~ **talim ve terbiye** *mil.* Einzelausbildung *f*
münfesih *z. va.* 1. aufgelöst, zersetzt 2. aufgehoben, annulliert
münhal, -lli 1. *chem.* (auf-)gelöst *erimiş 2. *chem.* löslich *erir, kabili inhilâl 3. frei, unbesetzt, offen (Posten, Stelle) ~ **bulunan bir memuriyete talip olmak** sich um e–e freigewordene Stelle bewerben ~ **mebusluk intihabı** Nachwahl *f* **gayri** ~ *chem.* unlöslich *erimez
münhani [··–] 1. gekrümmt, krumm(-linig) *eğri, eğrili, eğrisel 2. Kurve *f*, Bogen *m* *eğri ~ **cetvel** Kurvenlineal *n* ~ **hareket** krummlinige Bewegung ~ **hat** *math.* krumme Linie; Kurve *f* *eğri çizgi ~ **muadelesi** Kurvengleichung *f*
münharif 1. geneigt, schräg 2. abweichend, verändert 3. *psych.* abwegig 4. s. **dörtkenar**
münharifi vier-seitig, -eckig ~ **menşur** s. **dörtgen prizma**
münhasır begrenzt, beschränkt (auf) ~ **mümessil** *H* alleiniger (Gebiets-)Vertreter (für e–e Ware) ~ **olmak** (m. Dat.) begrenzt, beschränkt sein (auf), sich begrenzen, sich beschränken (auf), nur bestimmt sein (für)
münhasıran [·×··] *Adv.* ausschließlich, lediglich, nur ~ **şahsa bağlı haklar** s. **yalnızca kişiye bağlı haklar**
münhasif *va.* 1. verdunkelt (Mond) 2. *fig.* in den Schatten gestellt 3. verschwunden ~ **fener** *naut.* unterbrochenes (Leucht-)Feuer
münhat, -ttı tief(-er) gelegen (Ort, Gebiet) *ingin ~ **arazi** s. **çukurel;** ~ **yer** *geogr.* Senkung, Vertiefung *f* *çukurluk
münhazım *va.* verdaut *sindirilen
münhedim *va.* ein-, zusammen-gestürzt (z.B. Haus) *yıkık
münhemik, -ki 1. *mst. pej.* e–e Vorliebe besitzend (für), sehr stark (zu et.) neigend 2. e–r Sache ganz hingegeben; ganz aufgehend (in) Zu 1: **Yalan söylemeğe -tir.** Er hat e–n Hang zum Lügen.
münhezim völlig besiegt, entscheidend geschlagen ~ **etmek** völlig besiegen, entscheidend schlagen

münhezimen [·×··] *va. Adv.* in wilder Flucht, in völliger Auflösung (z. B. zurückfluten)
münif [ī] 1. *va.* hoch, erhaben 2. ♀ [×·] *mV* **Münife** [×··] *wV*
Münih *n. pr.* München ~ **birası** Münchner Bier *n* ~ **Konferansı** *hist.* Münchner Konferenz (1938)
Münihli 1. aus München stammend 2. Münchner(-in *f*) *m*
mün'im 1. *va.* gnädig, wohltätig; Wohltäter *m* 2. **Münim** [×·] *mV* **Münime** [×··] *wV*
münip, -bi [ī] 1. *va.* reuiger Sünder 2. *fr.* ein Derwisch, der sein Noviziat beendet hat 3. *va.* ergiebig, reichlich, segensreich (Regen) 4. ♀ [×·] *mV* **Münibe** [×··] *wV*
münir [ī] 1. *va.* hell leuchtend, strahlend 2. ♀ [×·] *mV*, **Münire** [×··] *wV* **kitabı** ~ Bibel *f* (*Bez.* im Koran)
münisipalite (*franz.* **municipalité**) *selt.* Stadtverwaltung *f*, Magistrat *m*
münkalip s. **munkalip**
münkariz unter-, zugrunde-gegangen (z. B. Staat, Volk), erloschen, ausgestorben (z. B. Dynastie) ~ **olmak** untergehen, zugrundegehen, aussterben
münkasım (m. Dat.) eingeteilt (in) *bölünmüş
münkat, -dı [ā] sich unterwerfend, nachgebend, gehorsam, folgsam *baş eğen, boyun eğen ~ **eylemek** unterwerfen, zum Nachdenken zwingen ~ **olmak** (b–ne) sich von j–m lenken od. führen lassen, j–m gehorchen
münkatı s. **munkatı**
münkazi [ī] *z. va.* abgelaufen (Frist)
münker *z. va.* 1. geleugnet, in Abrede gestellt 2. von Gott mißbilligt 3. tadelnswert, kanonisch veboten 4. ♀ *isl. Myth.* Name des e–n der beiden Engel, welche die Toten im Grabe verhören und gegebenenfalls bestrafen (s. a. **Nekir**)
münkerat, -tı [ā] *va. Pl.* rituell Verbotenes
münkesif *va.* verdunkelt, verfinstert (Sonne)
münkesir 1. ge-, zer-brochen *kırık 2. *fig.* gekränkt, verletzt *kırgın ~ **hat** s. **kırık çizgi**
münkeşif 1. *va.* entdeckt, aufgedeckt 2. *z. va.* auftretend, sich zeigend **trahomun** ~ **olduğu yerlerde** in Gebieten, wo die ägyptische Augenkrankheit (stärker) auftritt
münkir 1. (ab-)leugnend 2. Gottesleugner *m*, Ungläubiger 3. ♀ s. **Münker** (4)
münselip, -bi *va.* entrissen, entzogen, geraubt (z. B. Ruhe, Sicherheit usw.)
münşeat, -tı [ā] *va.* 1. Prosawerke *pl.* 2. Briefe *pl.* 3. Briefsteller *m*
münşerih *z. va.* fröhlich gestimmt, heiter, froh, unbeschwert
münşi [ī] *fr.* wer die osm. Ausdrucksweise beherrschte *spez.* 1. Sekretär *m* 2. Schriftsteller, Autor *m*
münşiyane [ā] 1. *mel.* im besten osm. Stil abgefaßt 2. *pej.* im dicksten Osmanisch geschrieben
müntahabat, -tı [···–] *va. Pl.* literarische Auswahl; Anthologie *f* *antoloji
müntahap, -bı *z. va.* (aus-)gewählt, Wahl- *seçilmiş, seçme ~ **konsolos** Wahlkonsul *m* (*ant.* **meslekten yetişme konsolos**)
müntahil wer ein Plagiat begeht; Plagiator *m*
müntahip, -bi *z. va.* wählend; Wähler *m* *seçmen **-i evvel** Urwähler *m* (bei indirekten Wahlen) **-i sani** Wahlmann *m* (der die Abgeordneten wählt) *ikinci seçmen
müntakil *va.* von e–r Stelle zu e–r anderen übergehend: 1. ererbt, überkommen *intikal eden; kalan 2. ins Jenseits eingegangen; verstorben
müntakim *va.* 1. Rächer *m* 2. *rel.* ein Beiname von Allah
müntakit, -di *va.* Kritiker *m* *eleştirici, münekkit
müntefi, -ii wer Nutzen (Gewinn) aus et. zieht
müntefih *med.* angeschwollen, aufgebläht
münteha [ā] 1. Ende *n*, Grenze *f* 2. höchster Grad 3. *math.* Endpunkt *m*, Extremität *f* *uç, son 4. *gr.* Endung *f* **-lar** s. **uçlar**
müntehi [ī] *z. va.* 1. endigend, endend 2. letzt- 3. *math.* endlich *mütenahi, sonlu ~ **olmak** (bir yere) reichen (bis), end(ig)en (mit) ~ **sınıf** *va.* letzte Klasse
müntehip s. **müntahip**
müntehir 1. Selbstmörder *m* 2. sich selbst bzw. sein eigenes Schiff versenkend
münten *med.* infiziert
müntesik, -kı s. **düzenleşik**
müntesip, -bi 1. gehörend (zu), angehörend 2. in nahen Beziehungen stehend (zu e–r Person); Schützling, Günstling *m* *çatkın, mensup
müntesir *va.* diffus *dağınık, yayınık
münteşir 1. *va.* verbreitet, ausgestreut; unter die Leute gebracht 2. veröffentlicht, publiziert, erschienen, erscheinend, herausgegeben ~ **sıcaklık** *techn.* Strahlungswärme *f* *yayılma ısısı **gayri** ~ nicht publiziert, unveröffentlicht
müntiç, -ci *va.* verursachend, zur Folge habend, herbeiführend ~ **olmak** (bşi) verursachen, zur Folge haben, herbeiführen **gayri** ~ s. **tutarsız**
müntin *va.* 1. stinkend, übelriechend 2. *med.* ansteckend
münzevi [ī] abgesondert, zurückgezogen; Einsiedler, Eremit *m* ~ **yaşamak** ein Einsiedlerleben führen
münzeviyane [ā] zurückgezogen, einsiedlerisch
müphem 1. unbestimmt, unklar, ungeklärt, dunkel, verworren, verschwommen, vage *bulanık, mültebis 2. *log.* doppeldeutig *ikizli ~ **bırakmak** et. ungeklärt lassen ~ **sıfat** *gr.* s. **belgisiz sıfat;** ~ **tahattur** *psych.* undeutliche Erinnerung *anımsama ~ **vaziyet** ungeklärte (unklare) Lage ~ **zamir** *gr.* s. **belgisiz adıl**
müphemat, -tı [ā] *va. Pl.* unbestimmte Dinge *spez. gr.* Indefinita *pl.* (z. B. Pronomina od. Adjektiva) *belgisiz adıllar (*bzw.* belgisiz sıfatlar)
müphemiyet, -ti *z. va.* Unbestimmtheit, Unklarheit *f*, ungeklärte Situation, verschwommene Darstellung, vage Ausdrucksweise; Undeutlichkeit *f*
müphemleşmek unklar werden
müpteda [ā] 1. *va.* Anfang, Beginn *m* *başlangıç 2. *gr.* Subjekt *n* e–s Nominalsatzes *özne
müptedi [ī] 1. anfangend, beginnend 2. Anfänger, Neuling *m* 3. wer et. Neues aufbringt
müptelâ (m. Dat.) 1. verfallen, ergeben (e–m Laster, e–r Leidenschaft usw.) 2. befallen (z. B. von Krankheit) 3. vernarrt, verliebt Zu 1: **kumara** ~ dem Spielteufel verfallen **aşka** ~ liebestoll Zu 2: **vereme** ~ schwindsüchtig Zu 3: **Bu kıza -dır.** Er ist ganz vernarrt in dieses Mädchen.
müpteni [ī] 1. *va.* gebaut, errichtet, gegründet 2. *z. va.* (bşe) gestützt, beruhend (auf)
müptezel 1. im Überfluß vorhanden, sehr häufig vorkommend 2. gewöhnlich, alltäglich, banal, trivial, abgenutzt, entwertet ~ **bir kadın** Hure, Dirne *f*
müptezelleşmek 1. sich übermäßig steigern, überhandnehmen 2. infolge übermäßiger Verwendung banal wirken
müptezellik 1. übermäßig starkes Vorhandensein; Überproduktion, Inflation *(fig.) f* 2. Banalität, Trivialität *f*
mür, -rrü 1. Myrrhe *f* 2. *va.* bitter ~ **ağacı** 1. Myrrhenbaum *m bot.* Commiphora myrrha 2. spanische Süßdolde *bot.* Myrrhis odorata *kokulu frenkmaydanozu ~ **gülü** s. **Isparta gülü**
müraat (I), **-ti** [·––] Innehalten *n* (e–r Regel), Befolgung *f* (e–r Anweisung); Konformität *f*, Abgestimmtsein *n* ~ **etmek** (e–e Regel) innehalten; (e–n Befehl) befolgen **-i nazir** s. **telfik** (2)
müraat (II), **-tı** [·––] *va.* s. **müraililk**
müracaat, -tı [·–··] *häufig mit Kontr.* [·–×] 1. Sich-Wenden (an), Vorstellig-Werden (bei) *n*, An-, Nach-frage *f*

2. Nach-schlagen, -sehen *n* (in e–m Werk) 3. Benützung, Anwendung *f* (e–s Mittels) 4. *va.* Rückkehr *f* ~ **etmek** 1. (b–ne) sich wenden (an), vorstellig werden (bei), an-, nach-fragen (bei) 2. (bir kitaba) nach-schlagen, -lesen, -sehen 3. benützen, verwenden, anwenden heranziehen, sich bedienen Zu 3: **hemen daima ~ ettiğimiz bir vasıta** ein Mittel, dessen wir uns fast immer bedienen **Hatıra gelen her tedbire ~ etmektedir.** Er bedient sich jedes nur denkbaren Mittels. ~ **sahibi** s. **müracaatçı; -ta bulunmak** s. ~ **etmek**
müracaatçı [·–··] *bzw.* [·–·] wer bei e–r Behörde vorstellig wird z. B. Bewerber od. Antragsteller
müracaatgâh [·–··–] *va.* Stelle od. Person *f*, an die man sich wendet
müradefe [ā] *va.* 1. *ling.* Bedeutungsgleichheit *f* 2. Begleitung *f spez.* Reiten *n* hinter e–m anderen auf dem gleichen Pferd
müradif [ā] *va.* 1. s. **sinonim** 2. Begleiter, Hintermann *m* (auf dem gleichen Pferd)
mürafaa; mürafakat; mürafık s. **murafaa; murafakat; murafık**
mürahi(-lik) s. **yeniyetme(-lik)**
mürai [·––] scheinheilig, heuchlerisch; Heuchler, Gleisner *m* *ikiyüzlü
mürailik [·––·] Scheinheiligkeit, Heuchelei *f*, Gleisnertum *n* *ikiyüzlülük ~ **etmek** scheinheilig tun, heucheln
mürasele [ā] 1. Korrespondenz *f* 2. Sendung *f spez.* Postsendung *f* 3. *fr.* Ernennungsschreiben *n* e–s **kadı** für seinen Stellvertreter
mürayat, -tı *va.* s. **mürailik**
mürbuy kereviz gemeines Myrrhenkraut *bot.* Smyrnium olusatrum *yabanî kereviz
mürci [ī] s. **indirgen, redüktör**
mürde *va.* tot, Toter ~ **bacı** *fr.* Schlachtviehsteuer *f* *serçin derçin resmi
mürdedil *va.* gefühllos, hartherzig
mürdesenk, -gi s. **kurşun oksit**
mürdüm (eriği) Damaszenerpflaume *f bot.* Prunus syriaca
mürdümük Acker-Platterbse *f bot.* Lathyrus sativus *tavşanbezelyesi
müre s. **mühre** (11)
mürebbi [ī] 1. Erzieher *m* 2. Dompteur, Dresseur, (Tier-)Bändiger *m* 3. wer et. zubereitet od. verarbeitet (z. B. Tierhäute)
mürebbilik 1. Erzieherberuf *m* 2. Tätigkeit *f* e–s Dompteurs, Dresseurs 3. Zubereitung od. Verarbeitung *f* (z. B. von Tierhäuten)
mürebbiye 1. Erzieherin, Gouvernante *f* 2. Dompteuse *f*
mürebbiyelik 1. Gouvernantenberuf *m* 2. Tätigkeit *f* als Dompteuse
müreccah (bşe) den Vorzug besitzend od. verdienend (gegenüber), vorgezogen, besser ~ **görmek** für besser halten, vorziehen
mürеddef *va.* 1. aneinandergereiht 2. *lit.* ein Gazel od. e–e Kaside mit **redif** (3) *(q. v.)*
müreffeh 1. wohlhabend, begütert; sorgenfrei lebend 2. bequem, sorglos *gönençli ~ **bir hayat** ein bequemes Leben ~ **bir insan** wohlhabender Mensch ~ **zümre** begüterte Klasse
müreffehen [·×··] *va. Adv.* zu **müreffeh**
mürekkebat, -tı [ā] *va. Pl.* 1. Zusammensetzungen *pl. spez. ling.* Komposita *pl.* 2. Bestandteile, Ingredienzien *pl.* 3. *chem.* Verbindungen *pl.*
mürekkebe s. **bileşikgiller**
mürekkep, -bi 1. (m. Abl.) zusammengesetzt (aus) *bi(r)-leşik 2. Tinte *f* 3. Tusche *f* 4. Druckerschwärze *f* Zu 3: s. **Çin -i** Zu 4: s. **matbaa -i;** ~ **cehil** s. **cehli ~;** ~ **cümle (fiil, isim, kelime, sıfat, sıyga** *od.* **zaman)** s. **birleşik tümce (eylem, ad, sözcük, sıfat, zaman);** ~ **faiz** s. **bileşik faiz;** ~ **hokkası** Tinten-faß, -glas *n* ~ **ikrar** *jur.* qualifiziertes Geständnis ~ **kartuşu** Füllpatrone *f* (für Füllfeder) ~ **lekesi** Tintenfleck *m* ~ **merdanesi** *typ.* Druckwalze *f* ~ **olmak** bestehen (aus) ~ **selâse kaidesi** s. **bileşik üçlü kaidesi;** ~ **suç** *jur.* Vergehen *n* in Tatmehrheit ~ **yalamış** gebildet, wohlerzogen ~ **yumağı** *(od.* ~ **tamponu)** Einschwärzballen, Tampon *m* (des Kupferstechers) **-i kurumadan** bevor noch die Tinte auf dem Papier richtig getrocknet war (*scil.* war das Geschriebene überholt *bzw.* der geschlossene Vertrag gebrochen) **gayri** ~ nicht zusammengesetzt; einfach
mürekkepbalığı, -nı Tintenfisch *m zo.* Sepia officinalis
mürekkepbalıkları, -nı s. **kafadanbacaklılar**
mürekkepçi wer Tinte (Tusche, Druckerschwärze) herstellt od. verkauft
mürekkepçilik Gewerbe *n* e–s **mürekkepçi**
mürekkeplemek 1. mit Tinte beschmieren 2. mit Druckerschwärze bestreichen 3. mit Tinte (Tusche usw.) ausziehen (Zeichnung)
mürekkepleşmek *selt.* zu e–r einheitlichen (sprachlichen) Füg. werden; mit Einheitsdruck gesprochen und in e–m Wort geschrieben werden
mürekkepli 1. mit Tinte (Tusche, Druckerschwärze) beschmiert 2. Tinte usw. enthaltend ~ **damga** Feuchtstempel *m* ~ **kalem** *z. va.* Füllfederhalter *m* *dolmakalem, stilo
mürekkeplik Tintenfaß *n*
mürekkip, -bi *z. va.* 1. zusammensetzend 2. *phys.* Komponente *f* ***bileşen**
müressem *va.* 1. illustriert, bebildert 2. mit Zeichnungen od. Blümchen (z. B. Handschrift)
mürettebat, -tı [ā] *urspr. Pl.* 1. Besatzung *f* (e–s Kriegsschiffes, Tanks, Flugzeugs usw.) 2. Bedienungsmannschaft *f* (z. B. e–s Geschützes)
mürettep, -bi 1. geordnet, vorbereitet, zurechtgestellt, festgesetzt (z. B. Gehalt) 2. vorher abgemacht, vereinbart (*pej.* abgekartet), arrangiert, angezettelt 3. willkürlich erfunden, absichtlich in Umlauf gesetzt, bewußt ausgestreut (z. B. Gerücht) 4. *mil.* zusammengesetzt, kombiniert ~ **adet** (*od.* ~ **sayı**) *jur.* Gesamtzahl *f* der stimmberechtigten Mitglieder *tamsayı ~ **işaret** Geheimzeichen *n* ~ **mahkeme** *jur.* Strafkammer *f* ~ **tümen** *mil.* kombinierte Division
mürettil *va.* wer langsam und nach den Regeln des **tecvit** *(q. v.)* den Koran rezitiert
mürettip, -bi 1. *z. va.* ordnend, vorbereitend, zurechtstellend 2. *typ.* (Hand-)Setzer, Metteur *m* *dizici; (vgl. **operatör**); ~ **hatası** Druckfehler *m*
mürettiphane [ā] *typ.* Setzerei, Setzerwerkstatt *f* *dizgi evi
mürettiplik *typ.* 1. Beruf *m* und Tätigkeit *f* e–s Setzers 2. s. **mürettiphane**
mürevviç, -ci eintretend (für), sich einsetzend (für), propagierend, befürwortend **bir partinin -i efkârı** *va.* Sprachrohr, Organ *n* e–r Partei
mürg *va.* s. **kuş**
mürit, -di [ī] *fr.* 1. Schüler *m* e–s Ordensoberhauptes 2. Novize *m* (in e–m Orden)
müritlik [·–·] 1. Leben *n* e–s geistlichen Schülers, Noviziat *n* 2. Schüler-, Novizen-alter *n*
mürnel *naut.* 1. Marling *f*, Marlleine, Hüsing *f* *kırçıla 2. Knittels *pl.* (dünne Leinen aus zwei Kabelgarnen für Platting)
mürrüsafi [··––] Myrrhe *f* (Harz)
mürsel *va.* 1. geschickt, gesandt 2. Gesandter Gottes, Prophet *m* 3. ♁ *mV*

mürselat, -tı [ā] *va. Pl.* zu **mürsele** *spez.* „Die Entsandten" (77. Koran-Sure)
mürsele *va.* 1. wer od. was entsandt worden ist 2. Engel *m* *melek 3. Brief, Zettel *m* ~ **bağı** *naut.* feste Verknüpfung zweier Taue
mürselünileyh Adressat, Empfänger *m* *kendisine gönderilen
mürsil *va.* 1. schickend, absendend; Absender *m* *gönderen 2. s. **götüren**
mürsile *va.* 1. Sendestation *f*, Rundfunksender *m* *istasyon, radyodifüzyon postası 2. Sendegerät *n* *verici radyo
mürşit, -di den rechten Weg weisend; Führer, Lehrer *m, fr. a. Bez.* für ein Ordensoberhaupt **Hayatta en hakikî ~ ilimdir.** (Atatürk) Der einzig wahre Führer im Leben ist die Wissenschaft. (Inschrift an dem Gebäude der Universität Ankara) **-i azam** *rel.* der Prophet Mohammed
mürt, -dü *z. va.* tot, eingegangen, krepiert (Tier, *V* Mensch) ~ **olmak** *z. va.* eingehen, krepieren (Tier, *V* Mensch)
mürtaiş *va.* zitternd; s.a. **hezeyanı** ~
mürtebit, -ti *va.* verknüpft, verbunden ~ **illiyet** s. **bağlı nedensellik;** ~ **suçlar** *jur.* zusammenhängende Straftaten *pl.*
mürtecel *va.* improvisiert, Improvisation *f*
mürteci, -ii fortschrittsfeindlich, rückschrittlich, reaktionär; Reaktionär *m*
mürteciane [ā] *va.* s. **mürteci;** ~ **hareketler** reaktionäre Bestrebungen *pl.*
mürtecil *va.* 1. improvisierend, Improvisator *m* 2. *fig.* schlagfertig
mürtecilik Verhalten *n* e–s Reaktionärs
mürtefi *geogr.* hoch
mürtehin *va. jur.* Pfandgläubiger *m* *tutu alan
mürtekip, -bi wer et. Schlechtes tut *spez.* bestechlich, käuflich, korrupt, unehrlich
mürtesem 1. *va.* gezeichnet, entworfen 2. *math., phys.* Projektion *f* *izdüşüm **-ini bulmak** *techn.* projizieren
mürteşi [ī] bestechlich, käuflich; *jur.* Bestechungsempfänger *m*
mürtet, -ddi wer vom isl. Glauben abgefallen ist, Glaubensabtrünniger; Renegat *m*
mürur [ū] 1. Vorbei-, Vorüber-gehen *n*, Über-gang *m*, -fahrt *f*, Vorbei-marsch , -ziehen *n*, -fahrt *f* 2. Ab-, Verlauf *m* (e–r Zeitspanne) ~ **etmek** *va.* vorbei-, vorübergehen usw. *geçmek ~ **edip geçerken** (öfters als Typus e–r Tautologie zitiert; s.a. Stw. **Babıâli**); ~ **hakkı** 1. *jur.* Wegerecht *n* 2. *mil.* Durchmarschrecht *n* *geçit hakkı ~ **kabiliyeti** Gangbarkeit *f* (e–s Geländes) ~ **tezkeresi** Passierschein *m* **-u balâ** s. **üstgeçiş; -u süflâ** s. **altgeçiş; -u ubur** *va.* (Straßen-)Verkehr *m* *gidişgeliş, trafik **kabili** ~ begangbar, befahrbar, passierbar
mürurïye [ū] *z. va.* 1. Durchgangsgebühr *f* wie: Brückenzoll *m*, Stadtsteuer *f* (Oktroi *m, n*) usw. *geçmelik 2. Passierschein *m*
mürüruzaman [·—··—] „Ablauf *m* der Zeit " *d.h.* 1. Fälligkeit *f* 2. *jur.* Verjährung *f* *yıllanma, zamanaşımı **-a tabi olmayan hak** *jur.* unverjährbares Recht **-a uğramak** 1. fällig werden (z.B. Zinskupons) 2. verjähren **-la** im Verlauf der Zeit, allmählich, nach und nach
mürüvvet, -ti 1. vornehme Denk- und Handlungsweise 2. Güte *f*, Wohlwollen *n*, Menschenfreundlichkeit *f* 3. Freude *f* (die Eltern an Kindern erleben) 4. Freigebigkeit *f* *cömertlik 5. ♀ *wV* Zu 1: ~ **sahibi bir adam** ein grundanständiger Mensch Zu 3: **evlâdının -ini görmek** Freude an seinem Kind erleben **Allah çocuklarımızın -ini göstersin!** Gott möge uns Freude an unseren Kindern erleben lassen! Zu 4: **♀e endaze olmaz.** *Spr.* Der Freigebigkeit sind keine Grenzen gesetzt. ~ **etmek** großherzig, freigebig sein
mürüvvetkâr s. **mürüvvetli;** ~ **mutavassıt** *hist.* ehrlicher Makler
mürüvvetli von vornehmer Denk- und Handlungsweise *spez.* 1. höflich, anständig, ehrlich, wohlerzogen 2. gütig, wohlwollend, menschenfreundlich, rücksichtsvoll 3. freigebig *cömert
mürüvvetlü (osm. Briefstil) Titul. für Personen einfacheren Standes
mürüvvetment, -di *va.* s. **mürüvvetli**
mürüvvetsiz 1. ungefällig, unhöflich, grob 2. rücksichtslos 3. knauserig
mürüvvetsizlik 1. Ungefälligkeit, Unhöflichkeit, Grobheit *f* 2. Rücksichtslosigkeit *f* 3. Knauserigkeit *f*
mürver Holunder *m bot.* Sambucus; s.a. **bodur(kırmızı, siyah)** ~; ~ **iğne** e–e best. Stickerei-Technik ~ **mantarı** Johannisohr *n bot.* Auricularia sambucina
müsaade [·—··], *oft mit Kontr.* [·—·] 1. Erlaubnis, Genehmigung *f*, Gestatten *n* 2. Begünstigung *f* 3. Günstigsein *n*, Gunst *f* (der Witterung) 4. Gestatten Sie? Wenn es gestattet ist! Zu 1: **bütçenin -si nispetinde** soweit es das Budget gestattet, im Rahmen des Budgets Zu 2: **en ziyade mazharı** ~ **millet muamelesi kaydı** Meistbegünstigungsklausel *f* Zu 3: **havaların -sinden istifade ederek** unter Ausnutzung des günstigen Wetters ~ **buyurmak** die Genehmigung erteilen; gestatten (*Anm.:* Bei Verwendung im Amtsstil mst. nicht zu übersetzen. Vgl. **Yol parasının itasına** ~ **buyrulmasını rica ederim.** Ich bitte höfl. um Anweisung des Reisegeldes.) ♀ **buy(u)run!** Gestatten Sie! ~ **etmek** erlauben, gestatten ~ **ederseniz** 1. wenn Sie gestatten 2. *spez. Höfl.* e–s Sich-Verabschiedenden **♀nizle** Gestatten Sie bitte! Sie gestatten doch? (*a. Höfl.* beim Vorbeigehen an j–m, der im Wege steht)
müsaadekâr [·—··—] zu Zugeständnissen bereit, nachgiebig, tolerant **Bu devlet** ~ **davranmayacakmış.** Es sieht nicht so aus, als ob sich dieser Staat zu Konzessionen bereit finden wird.
müsaadekârlık 1. Bereitwilligkeit *f*, Zugeständnisse zu machen; Nachgiebigkeit, Toleranz *f* 2. Zugeständnis *n*, Konzession *f (spez. pol.)*
müsaadename [·—··—·] schriftliche Erlaubnis, schriftlicher Genehmigungsbescheid *spez.* Führerschein *m*
müsaadesizlik [·—····] 1. Umstand *m*, daß keine Genehmigung erteilt worden ist 2. Ungunst *f* (der Witterung, des Klimas usw.) Zu 1: **kanunî** ~ **yüzünden** da es gesetzlich verboten ist ...
müsabaka [·—··] 1. Wett-eifern *n*, -bewerb *m*, Konkurrenz *f* 2. Wett-streit, -kampf *m*, -spiel *n*, Turnier *n* Zu 2: s.a. **bisiklet (güreş) -si;** ~ **imtihanı** Konkurrenzprüfung *f* *yarışma sınavı **-ya girmek** an e–m Wettbewerb teilnehmen, konkurrieren **-ya koymak** e–n Wettbewerb ausschreiben
müsabık, -kı [ā] 1. Teilnehmer(-in *f*) *m* an e–m Wettbewerb 2. Konkurrent(-in *f*) *m*, Rival-e *m*, -in *f* *(1, 2) yarışmacı
müsade [·—·] häufige Graphik für **müsaade**
müsadefe [ā] *va.* Zusammen-treffen, -fallen *n*
müsademe [ā] 1. Zusammen-stoß, -prall *m*, Kollision *f* 2. *mil.* Gefecht, Scharmützel *n* 3. Stoß, Schlag *m* 4. Aufschlag *m* (e–s Geschosses) ~ **etmek** (bşle) zusammenstoß, -prallen, kollidieren (mit) ~ **hızı** Aufschlagsgeschwindigkeit *f* (e–s Geschosses) ~ **iğnesi** Schlagbolzen *m* ~ **kıtası** (*od.* **kolu**) *mil.* Stoßtrupp *m* ~ **kuvveti** *mil.* Stoßkraft *f* ~ **paleti** *naut.* Leck-matte *f*, -segel *n* *yara paleti ~ **pulu** (*od.* **halkası**) *mil.* Stoßring *m* ~ **tamponu** Stoßpuffer *m* ~ **tapası** Aufschlagzünder *m* ~ **yayı** Auf-

schlagfeder *f* **-i efkâr** *z. va.* Aufeinanderprallen *n* der Meinungen
müsademeli [ā] Aufschlag- ~ **mermi** Aufschlaggeschoß *m* ~ **tapa** s. **müsademe tapası**
müsadere [ā] 1. Beschlagnahme, Konfiskation, Konfiszierung, (gerichtliche) Einziehung *f* *zoralım 2. *geogr.* Anzapfung *f* e–s Flusses (durch e–n anderen) ~ **alelmatlup** s. **savı kanıtsama;** ~ **etmek** beschlagnahmen, mit Beschlag belegen, konfiszieren, (gerichtlich) einziehen
müsadif [ā] 1. begegnend, findend; zusammenfallend (mit) 2. treffend, fallend (auf) *rastlayan, rast gelen Zu 2: **ayın onuna** ~ **perşembe günü** Donnerstag, den 10. dieses Monats ~ **olmak** (m. Dat.) 1. begegnen, treffen, finden; zusammenfallen (mit) 2. fallen, treffen (auf)
müsaferet, -ti [ā] 1. *va.* Reise *f* *yolculuk, seyahat 2. s. **misafiret, misafirlik**
müsahabe s. **musahabe**
müsahele [ā] *va.* 1. Entgegenkommen *n*, Toleranz, Milde *f* 2. Annahme *f*, daß et. leicht zu erledigen ist
müsahelekâr [·—··—] *va.* 1. entgegenkommend, tolerant 2. wer die Ausführung e–r Angelegenheit für leicht hält
müsait, -di [ā] 1. *va.* erlaubend, gestattend, gewährend, zulassend 2. günstig, geeignet 3. aus-, hin-reichend, entsprechend (z.B. Gehalt) 4. befriedigend (z.B. Antwort) 5. übereinstimmend (mit), entsprechend 6. verständnisvoll, gleichgesinnt 7. *F* wer gerne flirtet; *F* Poussierstengel *m* 8. *va.* Helfer *m* Zu 5: **mevzuata** ~ den Bestimmungen entsprechend ~ **davranmak** Entgegenkommen zeigen **gayri** ~ ungünstig, widrig
müsakkafat, -tı [···—] *z. va. Pl.* 1. überdachte Anwesen, Gebäude *pl.* (im Ggs. zum Baugrund); (*spez.* der Toten Hand gehöriger) Hausbesitz 2. Einnahmen *pl.* aus Hausbesitz ~ **vergisi** Gebäudesteuer *f*
müsalaha [·—··] *z. va.* Versöhnung *f*, Friede *m* *barış, sulh ~ **etmek** (*od.* **akdetmek**) *va.* Frieden schließen
müsalemet, -ti [ā] Eintracht *f*, Frieden *m*, In-Ruhe-und-Frieden-Leben *n* *barışıklık
müsalemetkâr; müsalemetperver s. **barışçı(-l)**
müsamaha [·—··] 1. Nachsicht, Duldung, Toleranz *f* 2. Nach-, Fahr-lässigkeit, Unachtsamkeit *f*, Versäumnis *n* ~ **etmek** (*od.* **göstermek**) 1. (b–ne) Nachsicht haben (mit), Nachsicht üben (gegen) 2. (bşe) ein Auge zudrükken (bei) 3. (bşde) nachlässig, säumig sein (in et.), et. dulden
müsamahacı [·—···] s. **müsamahakâr** (1)
müsamahakâr [·—··—] 1. nachsichtig, Nachsicht übend, tolerant, weitherzig 2. *pej.* nach-, fahr-lässig
müsamahalı [·—···] s. **müsamahakâr** (1)
müsamahasız [·—···] 1. unnachsichtig, unerbittlich 2. intolerant, engherzig
müsamahasızlık [·—····] 1. Unnachsichtigkeit, Unerbittlichkeit *f* 2. Intoleranz, Engherzigkeit *f*
müsamere [ā] Unterhaltungsabend *m*, bunter Abend (z.B. mit Musikdarbietungen und Theatervorstellungen, *spez.* in Schulen)
müsanede [ā] *va.* Hilfe, Unterstützung *f* ~ **etmek** *va.* helfen, unterstützen
müsaraat, -tı [·—·] Sich-Beeilen *n* ~ **etmek** (bşi yapmağa) sich beeilen (et. zu tun)
müsavat, -tı [·——] Gleich-heit, -berechtigung, -stellung *f* *eşitlik ~ **dairesinde** auf dem Boden der Gleichberechtigung, unter gleichen Bedingungen für alle ~ **derecesi** s. **eşitlik derecesi;** ~ **hakkı** Recht *n* auf Gleichberechtigung (und Gleichbehandlung) **gayri** ~ s. **eşitsizlik**
müsavatçı(-lık) s. **eşitçi(-lik)**
müsavaten [·——·] s. **eşitçe**
müsavatsızlık [·——··] s. **eşitsizlik**
müsavi [·——] 1. *a. math.* gleich *eşit, bir 2. gleich-gestellt, -berechtigt Zu 1: **İki zait dört** ~ **altı.** Zwei plus vier ist (sind) sechs. **Bence hep** ~. Es ist mir alles recht. ~ **işareti** *math.* Gleichheitszeichen *n* ~ **kılmak** s. **müsavileştirmek;** ~ **muamele** unterschiedslose (gleiche) Behandlung **gayri** ~ ungleich, verschieden
müsavileşmek [·——··] ausgeglichen werden
müsavileştirmek ausgleichen, gleichgestalten
müsavilik [·——·] s. **müsavat**
müsaviyüşşekil [·——·×·] s. **eşbiçim(-li)**
müsbet s. **müspet**
müsbit, -ti beweisend, darlegend, dokumentierend *saptayan, tanıtlayan ~ **evrak; evrakı -e** dokumentarische Belege; Unterlagen *pl.* (z.B. zu e–m Gesuch)
müsebba, -aı 1. *va.* sieben Einheiten umfassend, Siebener- 2. s. **yedigen** 3. Gedicht *n*, bei dem jede Strophe sieben Halbverse umfaßt
müsebbep, -bi *va.* 1. verursacht, veranlaßt 2. schön eingerichtet (z.B. Zimmer)
müsebbip, -bi *z. va.* verursachend, Anlaß gebend; Anstifter, Urheber *m*, wer die Schuld hat *sebep olan **-ülesbap** *va.* „Grund *m* aller Gründe", Gott
müsecca, -aı *lit.* in Reimprosa geschrieben
müseccel *z. va.* 1. amtlich eingetragen; registriert *kütüğe geçirilmiş; sicilli 2. eingeschrieben (z.B. Parteimitglied) 3. *pej.* notorisch, berüchtigt
müseddes 1. *va.* sechs Einheiten umfassend, Sechser- 2. s. **altıgen** 3. Gedicht *n*, bei dem jede Strophe sechs Halbverse umfaßt
müseddesî *math.* sechs-eckig, -seitig ~ **menşur** s. **altıgen prizma**
müsekkin 1. beruhigend, schmerz-lindernd, -stillend 2. (*a.* **devayı** ~) Beruhigungsmittel, Sedativum *n*
müsellah bewaffnet, gerüstet *silâhlı, silâhlanmış ~ **bitaraflık** bewaffnete Neutralität ~ **isyan** bewaffneter Aufstand ~ **kuvvet** bewaffnete Macht **gayri** ~ unbewaffnet *silâhsız; s.a. **akıldan (kafadan) gayri** ~
müsellahan [·×··] *va. Adv.* mit der Waffe in der Hand, bewaffnet ~ **müdahale** bewaffnete Intervention
müsellem *z. va.* 1. zugegeben, zugestanden, anerkannt 2. sicher, fest, gewiß, bestimmt, unbestreitbar *belli, söz götürmez 3. *hist.* a) *(in frühosm. Zeit)* Kavallerist *m* b) von der Steuerzahlung entbunden *muaf
müsellemat, -tı [ā] *z. va. Pl.* unbestreitbare Tatsachen, Binsenwahrheiten *pl.*
müselles 1. *va.* drei Einheiten umfassend, Drei-, Dreier- 2. *astr., math.* Dreieck *n* *üçgen 3. *va.* durch Hitze auf ein Drittel reduziert (Flüssigkeit) *spez.* sehr starker Wein 4. *va.* e–e (Haar-)Pomade 5. *va. math.* dreifach 6. *va.* e–e ar. Schriftart Zu 1: s. **İttifakı** (bzw. **İtilâfı**) ≗; **-lere ayırmak** (*od.* **taksim etmek**) triangulieren **-lere ayırma** (*od.* **taksim**) Triangulation *f* **-i kaimüzzaviye** s. **dik üçgen; -i muhtelifüladla** s. **çeşitkenar üçgen; -i münfericüzzaviye** s. **genişaçılı üçgen; -i mütesaviyüladla** s. **eşkenar üçgen; -i mütesaviyüssâkeyn** s. **ikizkenar üçgen**
müsellesat, -tı [ā] *Pl.* s. **trigonometri; -a ait** s. **trigonometrik**
müsellesî *math.* drei-eckig, -seitig ~ **ehram** s. **üçgen piramit**
müsellim *va.* 1. gebend, verabfolgend 2. osm. Titul. e–s Landrats **(kaymakam)** od. e–s Bezirksvorstehers **(nahiye müdürü);** ~ **kaldıran** *va.* lange Ton-Pfeife **(çubuk)** mit Ambra-Mundstück ≗ **kanalı** (*od.* ~ **boğazı**) *geogr.* Meerenge *f* zwischen Lesbos **(Midilli)** und dem Festland
müselsel 1. aufeinanderfolgend, sich kettenartig aneinanderreihend, eng verknüpft *zincirleme 2. *lit.* überall den gleichen Reim aufweisend (Gedicht) *tekuyaklı ~ **bent**

stil. lange Satzperiode *dönem ~ **mevzi** *mil.* geschlossene Stellung
müselselen [·×··] *z. va. Adv.* zu **müselsel**
müsemma [ā] 1. ge-, be-nannt, e–n Namen führend 2. festgelegt, bestimmt (Zeit) 3. vereinbart (Preis) Zu 2: s. **eceli** ~ Zu 3: s. **ecri** ~; ~ **binnakîz** *va.* wessen Name nicht zu den Verhältnissen paßt (z.B. ein **Servet,** der arm ist, ein **Saim,** der nicht fastet usw.)
müsemmen 1. *va.* acht Einheiten umfassend, Achter- 2. s. **sekizgen** 3. Gedicht *n*, bei dem jede Strophe acht Halbverse umfaßt 4. *mus.* s. **katikofti**
müsenna [·×–] *va.* 1. doppelt, aus zwei Teilen bestehend 2. *gr.* in den Dual gesetzt
müsennen *va.* gezahnt, gezähnt; s.a. **varakı** ~
müsevvit, -di *va.* wer Konzepte (Entwürfe) anfertigt; Sekretär *m*
müsevvitlik *va.* Aufgaben *pl.* e–s **müsevvit**
müseyyep, -bi *va.* nachlässig (in der Erfüllung von Pflichten) *ihmalcı
müseyyeplik *va.* Nachlässigkeit *f*
müshil abführend; Abführmittel *n* ~ **hintfıstığı (ağacı)** s. **kürkas** ~ **keten** Purgierlein *m bot.* Linum catharticum ~ **şeker** Jalapawurzel *f* od. das daraus gewonnene Harz (Abführmittel)
müsin, -nni *va.* bejahrt, alt *yaşı ilerlemiş, yaşlı
müskir *z. va.* berauschend; betrunken machend
müskirat, -tı [ā] *Pl.* geistige Getränke, Spirituosen *pl.;* Alkohol *m* *içki, içkiler ~ **inhisarı** Alkoholmonopol *n*
müskit, -ti *va.* zum Schweigen bringend, schlagend, entwaffnend (z.B. Antwort)
müskovit, -ti s. **moskofcamı**
Müslim *va.* s. **Müslüman; gayri** ~ *va.* Nicht-Mohammedaner *m*
Müslimin; Müslimun [··–] *va. Pl.* zu **Müslim**
Müslüman 1. Mohammedaner, Muslim, Moslem *m* 2. mohammedanisch, muslimisch, moslem(in)isch 3. (*a.* **-ca**) a) fromm, religiös b) grund-ehrlich, -anständig ~ **dini aşikâr** wenn ich ehrlich sein soll; offen gestanden ~ **mahallesinde salyangoz satmak** 1. Allotria treiben 2. sich für ein Hirngespinst einsetzen ~ **olmak** Mohammedaner werden
Müslümanlık 1. Islam *m*, islamische (mohammedanische) Religion 2. Tatsache *f*, daß jemand Mohammedaner ist 3. Frömmigkeit, Religiosität *f*, grundanständiger Charakter 4. Welt *f* des Islam, isl. Sprach- und Kulturgemeinschaft
müsmir 1. *va.* Früchte (Obst) tragend 2. *fig.* fruchtbringend, fruchtbar, ertragreich, gewinnbringend, rentabel, gute Resultate zeitigend *verimli, yemişli ~ **kılmak** fruchtbringend gestalten **gayri** ~ unfruchtbar, unrentabel
müsnedünileyh *gr.* Subjekt *n*, Satzgegenstand *m* *özne
müsnet, -di 1. *va.* gestützt, gelehnt *spez.* auf der Überlieferung e–s Genossen von Mohammed beruhend (Ausspruch des Propheten; Sitte usw.) 2. *gr.* Prädikatsnomen *n* 3. *gr.* Prädikat *n*, Satzaussage *f* *(2, 3) yüklem 4. (Metrik) geschlossene Silbe *kapalı hece
müspet, -ti 1. be-, er-wiesen, bestätigt, festgestellt *tanıtlı 2. s. **olumlu** 3. *a. math., phys.* positiv *pozitif 4. (*a.* ~ **isareti**) Pluszeichen *n* ~ **adet** s. **artı sayı;** ~ **cevap** 1. positive Antwort; Bejahung, Zustimmung, Annahme *f* 2. zufriedenstellende Antwort ~ **cümle** s. **olumlu tümce;** ~ **deliller** *jur.* sichere Beweise *pl.* ~ **felsefe** s. **pozitivizm;** ~ **hukuk** s. **pozitif hukuk;** ~**ilimler** Naturwissenschaften *pl.* ~ **kafalı** praktisch, nüchtern, realistisch ~ **oy** Ja-Stimme *f* *muvaffak rey ~ **şart** *jur.* Positivklausel *f* ~ **zarar** *jur.* positives Interesse, Leistungs-, Erfüllungs-interesse *n*, Nichterfüllungsschaden *m*
müspit s. **müsbit**
müsrif verschwenderisch, vergeudend; Verschwender *m* *savurgan, tutumsuz ~ **çocuk** verlorener Sohn (Bibel)
müsriflik 1. Verschwendung, Vergeudung *f* 2. Verschwendungssucht *f* *(1, 2) israf, savurganlık
müstacel [ā] 1. eilig, dringlich, dringend, vordringlich 2. (z.B. als Aktenvermerk) Eilt! *(1, 2) ivedili ~ **haller** dringende Fälle *pl.* ~ **köprü** *mil.* Schnell-, Not-, Behelfsbrücke *f*
müstacelen [·×··] *z. va. Adv.* schnell, eilig, schleunigst
müstaceliyet, -ti [ā] Dringlichkeit *f* (e–r Angelegenheit) ~ **kararı** *jur.* Dringlichkeitsbeschluß *m* *ivedilik kararı ~ **sıra cetveli** *a. mil.* Dringlichkeitsliste *f* **-le** dringlich, beschleunigt
müstafi [·––] 1. *va.* um Vergebung bittend 2. wer um Entlassung angesucht hat, wer demissioniert hat ~ **hükümet** zurückgetretene Regierung
müstagal, -lli *va.* der Toten Hand gehöriger Grund und Boden (*spez.* Kornfeld)
müstagallât, -tı *va. Pl.* zu **müstagal**
müstağfir *va.* demütig, bußfertig; reuiger Sünder
müstağni [ī] 1. (m. Abl.) nicht bedürfend (benötigend, brauchend), wer et. entbehren (e–r Sache entraten) kann 2. satt, befriedigt 3. wer sich bitten, nötigen läßt 4. was keiner schriftlichen Antwort bedarf Zu 1: **izah ve beyandan** ~ was keines Kommentars bedarf ~ **olmamak** (bşden) et. nicht entbehren können, unbedingt benötigen
müstağrak, -kı 1. *va.* untergegangen 2. ganz versunken, völlig in Anspruch genommen 3. überwältigt, übermannt, hingerissen 4. überhäuft (z. B. mit Wohltaten)
müstağrep, -bi *va.* erstaunlich, verwunderlich, befremdlich
müstağrip, -bi *va.* erstaunt, verwundert
müstahak, -kkı 1. wer et. verdient, wem et. gebührt 2. was jemand verdient, was j–m gebührt; gerechtfertigt Zu 1: **O, bu cezaya -tır.** Er verdient diese Strafe. Zu 2: **-mı bulmak** 1. seine verdiente Strafe erhalten 2. gebührend belohnt werden (s.a. **Allah -ını versin!**) **²tır!** Es geschieht ihm ganz recht! ~ **olmak** würdig sein; verdienen
müstahber *va.* gehört, vernommen, in Erfahrung gebracht
müstahberat, -tı [···–] *va. Pl.* was in Erfahrung gebracht worden ist; (zugegangene) Mitteilungen, (erhaltene) Nachrichten *pl.* **-ımıza nazaran** *va.* wie wir erfahren ...
müstahcer *va.* zu Stein geworden, versteinert
müstahdem 1. an-, ein-gestellt, in Dienst genommen, verwendet, beschäftigt 2. Angestellter 3. Diener *m*
müstahdemin [ī] *va. Pl.* zu **müstahdem;** ~ **idarehanesi** Dienstbotenvermittlung *f*
müstahfız *hist.* Landsturmmann *m* (über 40 Jahre alt) **-lar** Landsturm *m*
müstahfızlık *hist.* Landsturmdienst *m*
müstahik, -kkı 1. *va.* s. **müstahak** 2. *jur.* Rechtsinhaber *m*, Berechtigter *hak etmiş; hak kazanmış
müstahil [ī] *va.* unmöglich, undurchführbar, unausführbar *imkânsız ~ **etmek** *va.* unmöglich machen; vereiteln (z.B. Hoffnungen)
müstahiye s. **küstümotugiller**
müstahkar *va.* 1. verachtet, geringgeschätzt, zurückgestellt (z.B. eigene Neigungen) 2. verächtlich
müstahkem 1. *va.* gesichert, verstärkt 2. *mil.* befestigt ~ **hat** befestigte Linie ~ **mevki** *mil.* Festung *f* ~ **mevki sahası** 1. Wirkungsbereich *m* der Festung 2. Festungsbereich *m* ~ **mevzi** *mil.* befestigte Stellung ~ **muhit** *mil.* Festungsgürtel *m* ~ **ordugâh** *mil.* befestigtes Lager ~ **sahra mevzii** *mil.* befestigte Feldstellung

müstahkır *va.* wer et. verachtet (geringschätzt, zurückstellt)
müstahlef *va.* als Nachfolger eingesetzt
müstahlep, -bi s. **sübye** (I, 2)
müstahreç, -ci *va.* 1. heraus-geholt, -genommen 2. gefördert, gewonnen (z.B. Erze) 3. entnommen (z.B. e–m Werk)
müstahsal *va.* hergestellt, erzeugt, produziert
müstahsalât, -tı *Pl.* Erzeugnisse, Produkte *pl.* **-ı ziraiye** *z. va.* landwirtschaftliche Erzeugnisse, Agrarprodukte *pl.*
müstahsen *z. va.* 1. gelobt, bewundert 2. bevorzugt od. den Vorzug verdienend 3. gut, schön, lobenswert, löblich ~ **görmek** für gut finden, billigen
müstahsil erzeugend, produzierend; Erzeuger, Produzent, Hersteller *m* *istihsalci, üretici, yetiştirici
müstahsillik 1. Produzententum, Herstellerwesen *n* 2. Erzeugung, Produktion *f*
müstahzar 1. *va.* herbei-gebracht, -geholt 2. präpariert, zubereitet, hergestellt 3. vorbereitet 4. erinnerlich; im Kopf behalten 5. *pharm.* Präparat *n*, fertige Arznei ~ **mevzi** *mil.* vorbereitete Stellung ~ **usare** s. **ongun besisuyu**
müstahzarat, -tı [···–] *Pl.* 1. Präparate, fertige Arzneien 2. *va.* was man auswendig kann (Zitate, Anekdoten usw.) **güzellik -ı** kosmetische Mittel; Kosmetika *pl.*
müstahzır 1. *va.* herbei-bringend, -holend 2. *z. va.* vor-, zubereitend, herstellend *hazırlayan
müstait, -ddi 1. fähig, befähigt, begabt, talentiert, intelligent, geschickt 2. *z. va.* geneigt, bereit 3. *med. va.* anfällig (für) ~ **güreşçi** befähigter Ringer
müstakar, -rrı 1. beständig, fest (z.B. Einkünfte), stabil 2. fester Wohnsitz ~ **gedik** *fr.* ortsgebundene Konzession (*ant.* **havaî gedik**); **gayri** ~ unbeständig, wechselnd
müstakbel 1. zukünftig 2. Zukunft *f*, *a. gr.* Futurum *n* *istikbal 3. wer empfangen (begrüßt, abgeholt) wird *karşılanan
müstakbil *va.* s. **istikbalci**
müstakil, -lli 1. selbständig, unabhängig *bağımsız 2. einzelstehend (z.B. Haus) 3. gesondert, Einzel-, Separat- 4. *Adv.* nur, lediglich, einzig und allein *sırf, ancak Zu 1: ~ **mebus** unabhängiger Abgeordneter ~ **cümle** *gr.* s. **bağımsız cümle;** ~ **tuğay** *mil.* selbständige Brigade Zu 3: ~ **antreli bir oda** ein Zimmer mit Separateingang
müstakillen [··×·] *va. Adv.* zu **müstakil** *bağımsızca; bağımsız olarak; sırf, ancak
müstakim [ī] 1. *math.* gerade; Gerade *f* *doğru 2. *math.* geradlinig *doğrulu, doğrusal 3. rechtlich denkend und handelnd, rechtschaffen, ehrlich 4. richtig (in rel. Hinsicht) Zu 4: s. **tariki ~;** ~ **hat; hattı** ~ *math.* gerade Linie; Gerade *f* ~ **huzmesi** *math.* Strahlenbündel *n* ~ **kıtası** s. **doğru parçası**
müstakimane [·–·–·] rechtschaffen, rechtlich, ehrlich
müstakimülcenah [··–··–] s. **düzkanatlılar**
müstakir, -rri *z. va.* 1. fest, stationär 2. beständig, unveränderlich, konstant, gleichmäßig
müstakraz *va.* als Anleihe aufgenommen, entliehen, geborgt
müstakriz *va.* wer e–e Anleihe aufnimmt, wer sich Geld borgt, Anleiheschuldner *m* *ödünç alan
müstaktap, -bı s. **polarılmış**
müstaktıp, -bı s. **polargı**
müstamel [ā] 1. gebraucht, benutzt, nicht mehr neu 2. verwendet, angewendet 3. gebräuchlich, üblich
müstamer [ā] *va.* kolonisiert, besiedelt
müstamere [ā] Ansiedlung, Faktorei, (Handels-)Niederlassung, Kolonie *f* *tarımsa, sömürge
müstamir [ā] (An-)Siedler, Kolonist *m*
müstantik, -kı Untersuchungs-, Vernehmungs-richter *m* *sorgu hâkimi
müstantiklik Amt *n*, Aufgaben *pl.* e–s **müstantik**
müstaraz *z. va.* transversal, Quer-, in der Quer-, Breitenrichtung verlaufend *enine **-ürreis** s. **kısakafalı**
müstarep; müstarip, -bi *va.* arabisiert (z.B. Volk)
müstear [ā] 1. entlehnt, angenommen (Name) 2. *lit.* metaphorisch; Metapher *f* 3. *mus.* e–e Tonart in der orient. Musik
müstearünleh *lit. va.* wofür e–e Metapher verwendet worden ist
müsteban [ā] *va.* deutlich hervorgehend, unmißverständlich
müstebat, -dı *va.* entfernt (Möglichkeit), unwahrscheinlich
müstebdel *va.* ausgetauscht (gegen)
müstebdil *va.* austauschend
müstebiddane [ā] s. **müstebitçe**
müstebit, -ddi 1. absolutistisch, despotisch 2. absoluter Herrscher; Alleinherrscher, Despot, Tyrann *m*
müstebitçe [··×·] absolutistisch, despotisch, tyrannisch
müstebitlik Absolutismus, Despotismus *m*, Willkürherrschaft, Tyrannei *f*
müstecap, -bı [ā] *va.* angenommen, erhört (durch Gott)
müstecir [·–·] Mieter, Pächter *m* *kiracı **-in icarı** *jur.* Untermiete *f*
müsteciren [·×··] *va. Adv.* als Mieter (Pächter), miet-, pacht-weise
müsteclip, -bi *va.* anziehend, attraktiv
müsteda [ā] *va.* erbeten, angesucht (um) ~ **aleyh** *va.* s. **davalı** (2)
müstedam [ā] *va.* andauernd, ununterbrochen, ständig, immerwährend *devamlı
müstedayat, -tı [··––] *va. Pl.* Gesuche, Bitten *pl.*
müstedel, -lli *va.* hergeleitet, deduziert, be-, er-wiesen
müstedi [ī] *va.* 1. Antragsteller *m* 2. Beschwerdeführer *m*
müstedil, -lli *va.* herleitend, deduzierend, be-, er-weisend
müstedir [ī] *va.* 1. kreisend, rotierend 2. rund, kreisförmig, sphärisch
müstefat, -dı [ā] *va.* 1. gewonnen, erzielt 2. verstanden, erfaßt
müstefit, -di [ī] 1. gewinnend, profitierend, Nutzen ziehend 2. wer geistige Förderung erfährt 3. wer sich e–r Person od. Sache als Mittel zum Zweck bedient, als Sprungbrett verwendet, ausnützend
müstefiz [ī] *va.* gefördert, vorangekommen
müstefreşe Konkubine *f*
müstehap, -bbı *rel.* kanonisch empfohlen, aber nicht vorgeschrieben
müstehasat, -tı [ā, ā] 1. *va. Pl.* zu **müstehase** 2. *va.* s. **paleontoloji**
müstehase [ā] Fossil *n*, Versteinerung *f* *fosil, taşıl
müstehcen unsittlich, pornographisch, obszön ~ **neşriyat** *jur.* unzüchtige Schriften und Darstellungen *pl.*
müstehcenlik Pornographie, Obszönität *f*
müstehdi [ī] *va.* wer den rechten Weg sucht
müstehir s. **meselei -e**
müstehlek, -ki *va.* ver-, aufge-braucht, konsumiert
müstehlik, -ki verbrauchend, konsumierend; Verbraucher, Konsument *m* *istihlâkçi, tüketici; ~ **kredisi** s. **tüketim kredisi**
müstehzi [ī] spöttisch, höhnisch, sarkastisch, ironisch
müsteir [ī] *va.* wer sich et. leiht, ausborgt *iğreti alan
müstekbir *va.* eingebildet, hochnäsig
müstekil s. **müstakil**
müstekim s. **müstakim**

müstekreh *z. va.* 1. verabscheut, gemieden 2. abscheulich, widerlich, abstoßend, ekelhaft *iğrenç
müstelzim *z. va.* 1. erforderlich machend, erheischend *gerektiren 2. nach sich ziehend, verursachend, notwendig, erforderlich *gereken
müstemi, -ii *va.* Zuhörer *m* *dinleyici
müstemir, -rri 1. dauernd, beständig, immerwährend, ununterbrochen, 2. fest, eingewurzelt ~ **karlar** *geogr.* ewiger Schnee *toktağan karlar
müstemirren [··×·] *va. Adv.* ununterbrochen, pausenlos
müstemlekât, -tı *z. va. Pl.* Kolonien *pl.* ~ **nazırı** Kolonialminister *m* (*fr. spez.* in England) ~ **sergisi** Kolonialausstellung *f*
müstemleke Kolonie *f* *sömürge ~ **harbi** Kolonialkrieg *m* ~ **imparatorluğu** Kolonialreich *n* ~ **kıtası** Kolonialtruppe *f*
müstemlekeci(-lik) s. **sömürgeci(-lik)**
müsteniden [·×··] *z. va. Adv.* zu **müstenit**
müstenif [·—·] *jur.* Appellant, Berufungskläger *m*
müstenifünaleyh [·—···×] *jur.* Appellat *m*, Berufungsbeklagter
müstenit, -di 1. sich stützend; basierend, gestützt (z.B. auf Argumente) 2. belegt, bezeugt
müstenkif 1. sich fernhaltend (von), nicht teilnehmend (an), verzichtend (auf), Abstand nehmend (von) 2. *spez.* Stimmenthalter, Nichtwähler *m* ~ **kalmak** *spez.* sich der Stimme enthalten
müstensih 1. abschreibend, kopierend; Kopist *m* 2. übernehmend 3. ab-, nach-druckend 4. wiedergebend (Belegstelle) 5. Hektograph, Vervielfältigungsapparat *m*
müsterham *va.* ergebenst gebeten (erbeten, ersucht)
müsterih [ī] ruhig, beruhigt, ruhigen Gemütes ~ **etmek** beruhigen
müsteskal, -lı *va.* kühl aufgenommen, unerwünscht, nicht gern gesehen
müsteski [ī] 1. *va.* wer ein Bittgebet um Regen spricht 2. *med.* hydropisch, wassersüchtig
müstesna [ā] 1. ausgenommen 2. Ausnahme *f*, Ausnahme- 3. außer-gewöhnlich, -ordentlich, hervorragend, vorzüglich Zu 1: **Bazı kelimeler bu kaideden -dır.** Einige Wörter sind von dieser Regel ausgenommen. Zu 2: ~ **haller** (*od.* **ahval**) Ausnahmefälle, besondere Umstände *pl.* ~ **bir vaziyet** Ausnahmestellung *f* Zu 3: ~ **bir güzellik** e–e außergewöhnliche Schönheit ~ **bir talebe** ein weit über dem Durchschnitt stehender Schüler (bzw. Student) ~ **evkaf** s. **evkafı gayri mazbuta;** ~ **tutmak** 1. ausnehmen, e–e Ausnahme machen (mit, bei) 2. (bşden) befreien, entbinden (von e–r Pflicht)
müstesnalık [ā] Außer-gewöhnlichkeit, -ordentlichkeit *f*, Überdurchschnittlichkeit *f*, Sonder-, Ausnahme-fall *m*
müsteşar [ā] 1. Staatssekretär *m* (in e–m Ministerium) 2. Botschaftsrat *m*
müsteşarlık [ā] 1. Funktion *f*, Amt *n* e–s Staatssekretärs bzw. Botschaftsrats 2. Staatssekretariat *n*
müsteşfi [ī] *va.* wer Genesung sucht, wer e–e Kur macht
müsteşrik, -kı Orientalist(-in *f*) *m* *şarkiyatçı
müsteşriklik Orientalistik *f*
müstetir *va.* verborgen, versteckt, verdeckt *örtülü
müstevda, -aı [ā] *jur.* 1. Verwahrer *m* *saklayan 2. Verwahrungsgegenstand *m* *saklama konusu; saklamılan
müstevdi, -ii *z. va.* 1. wer et. zur Aufbewahrung übergibt; Hinterleger *m* *saklatan 2. Einzahler *m* (bei e–r Bank) *yatıran
müstevi [ī] 1. eben 2. (*a.* **sathı** ~) Ebene *f* 3. gestreckt (Winkel) *(1–3) düzlem 4. *gr. va.* die gleiche Form für Maskulinum u. Femininum (Sb. od. Adj.) (z.B. **Saffet**); ~ **ayna** *phys.* Planspiegel *m* *düz ayna ~ **hendese; hendesei -ye** Planimetrie *f* *düzlem geometri ~ **huzmesi** *math.* Ebenenbündel *n* ~ **müsellesat** Trigonometrie *f* der Ebene **gayri** ~ nicht eben
müstevli [ī] 1. eindringend, erobernd; Eindringling, Eroberer *m* 2. angreifend, vorrückend 3. epidemisch (Krankheit) ~ **olmak** (bir memlekete) in ein Land einfallen (und es erobern bzw. besetzen)
müstezat, -dı [ā] 1. *va.* vermehrt, ergänzt 2. *lit.* Gedicht *n*, dessen Halbverse kurze rhythmische Zusätze (s. **ziyade**) aufweisen
müsvedde 1. Konzept *n*, Entwurf *m* (e–s Schreibens) 2. Manuskript *n* 3. *Sch.* Schlafmütze *f*, Einfaltspinsel *m* 4. s. **insan -si**
müsveddeli kâğıt Konzeptpapier *n*
müsyü s. **mösyö**
müşaare [·—··] dichterischer Wettbewerb; Sängerstreit *m* ~ **etmek** dichterisch wetteifern
müşabehet, -ti [ā] 1. Ähnlichkeit *f* *benzerlik, *math.* benzeşim 2. *chem.* Homologie *f* *homoloji ~ **davası** *math.* Ähnlichkeitssatz *m*
müşabih [ā] 1. ähnlich *benzer 2. *chem.* homolog *homolog **gayri** ~ unähnlich, ungleich
müçacere [ā] *va.* Streit, Zank *m*
müşafehe [ā] *va.* persönliche Unterredung; Gespräch *n*
müşahedat, -tı [·—·—] *Pl.* zu **müşahede**
müşahede [ā] 1. (eigene, persönliche) Wahrnehmung (Feststellung, Beobachtung) 2. *med., jur.* psychiatrische Beobachtung *f* 3. *irrt. mil.* Beobachtung (*hierfür korrekt:* **tarassut**); ~ **altına almak** unter psychiatrische Beobachtung stellen ~ **etmek** mit eigenen Augen wahrnehmen (beobachten, feststellen) ~ **günü** Stichtag *m* (für e–e statistische Erhebung) ~ **hasleti** *psych.* Beobachtungsgabe *f*
müşahedehane [·—··—·] psychiatrische Beobachtungsstation
müşahhas 1. personifiziert, verkörpert 2. s. **somut;** ~ **adet** s. **somut sayı;** ~ **isim** s. **somut ad**
müşahit, -di [ā] 1. Beobachter *m* (z.B. *pol.*) *gözlemci 2. *irrt.* Flugzeugbeobachter *m* (*hierfür korrekt:* gözcü, gözetleyici, rasıt) 3. *selt.* müßiger, untätiger Zuschauer *seyirci ~ **delege** abgeordneter Beobachter
müşakele [ā] 1. *va.* Formähnlichkeit *f* 2. *stil., rhet.* Verwendung *f* e–s Wortes in verschiedener Bedeutung; Diaphora *f*
müşareket, -ti [ā] 1. Teilnahme, Beteiligung, Mitwirkung *f*, gemeinsame Tätigkeit 2. *phys.* Kommunikation *f* ~ **etmek** teilnehmen, sich beteiligen, mitwirken ~ **fiili** *gr.* s. **işteşlik fiili; işteş eylem**
müşarünileyh [ā] *va.* oben-erwähnt, -genannt (hochgestellte Persönlichkeit)
müşaşa, -aı [·——] *va.* 1. glänzend, strahlend 2. prunkvoll, pompös
müşateme [ā] *va.* erregte Auseinandersetzung, gegenseitiges Sich-Beschimpfen
müşattar (*ältere Lit.*) als **taştir** (*q.v.*) verfaßt (Gedicht)
müşavere [ā] 1. Beratung, Unterredung, Besprechung *f* 2. *med.* Konsilium *n* ~ **etmek** beraten, beratschlagen, sich unterreden, sich besprechen
müşavir [ā] beratend; Berater, Ratgeber, Beirat, Beistand, Syndikus *m* *danışman ~ **doktor** beratender Arzt
müşavirlik Amt *n*, Tätigkeit *f*, Funktionen *pl.* e–s **müşavir**
müşebbeh 1. s. **benzetilen** 2. s. **antropomorf; -ünbih** s. **benzetmelik**
müşebbek, -ki s. **muşabak;** ~ **parmaklık** s. **kafes parmaklık**
müşebbihe s. **antropomorfizm**
müşeddet, -di *va.* 1. verstärkt 2. verschärft, intensiviert 3. s. **şeddeli**

müşeddide s. **yükselteç**
müşeddit, -di *va.* 1. verstärkend 2. verschärfend, intensivierend *(1, 2) şiddetleştiren 3. *jur.* erschwerend *ağırlaştıran Zu 3: s. **esbabı -e**
müşekkel *va.* 1. *urspr.* geformt 2. von imponierender Größe, ansehnlich, stattlich *gösterişli
müşelkalk, -kı *geol.* Muschelkalk *m* (mittlere Abteilung der Triasformation)
müşerref 1. geehrt, beehrt 2. ≗ *wV* ~ **olmak** 1. geehrt sein, sich geehrt fühlen 2. (b–le) *Höfl.* j–n treffen, kennenlernen bzw. mit j–m sprechen Zu 1: ≗ **oldum.** Es hat mich sehr gefreut. Es war mir e–e große Ehre. Zu 2: **Kiminle -im?** Mit wem habe ich die Ehre (*scil.* zu sprechen)?
müşerrih 1. Anatom *m* 2. Kommentator *m*
müşevveş wirr, verworren, unklar *belirsiz, karışık
müşeveşşiyet, -ti Verworrenheit, Unklarheit *f*, Durcheinander *n*
müşevvik, -kı 1. anstachelnd, aufreizend 2. Hetzer, Anstifter, Provokateur, Rädelsführer, Drahtzieher, Hintermann *(1, 2) kışkırtan, kışkırtıcı
müşevviklik Rolle *f* e–s Rädelsführers, Hetze *f*
müşfik, -kı 1. zärtlich, liebevoll, gütig *şefkatli 2. ≗ *mV* **Müşfika** *wV*
müşir [ī] s. **müşür**
müş'ir 1. mitteilend, bekanntgebend, in Kenntnis setzend (z.B. amtliches Schreiben) 2. s. **gösterge** 3. s. **indis**
müş'ire Zifferblatt *n*, Skalen-, Meß-scheibe *f* (z.B. bei e–m Manometer)
müşiriyet, -ti [·–··]; **müşirlik** s. **müşürlük, mareşallık**
müşker s. **krater**
müşkül 1. schwer, schwierig *çetin, güç, zor 2. Schwierigkeit *f*, Hindernis *n* *çetinlik, engellik, güçlük, zorluk ~ **bir duruma sokmak** in e–e schwierige Lage bringen
müşkülât, -tı (*Pl., gel. a. in sg. Bed.*) Schwierigkeit(-en *pl.*) *f*, Hindernis(-se *pl.*) *n* ~ **çekmek** (*od.* **-a duçar olmak**) mit Schwierigkeiten zu kämpfen haben ~ **çıkarmak** (*od.* **göstermek**) Schwierigkeiten machen (in den Weg legen) **-a uğramak** auf Schwierigkeiten stoßen
müşkülâtsız ohne Schwierigkeiten od. Hindernisse, glatt, reibungslos
müşküle (üzümü) längliche, helle Traubenart mit ziemlich dicker Schale (*spez.* in der Gegend von Bursa)
müşkülleşmek schwierig(-er) werden, sich erschweren
müşkülleştirmek erschweren *ağırlaştırmak
müşkülpesent, -di schwer zu befriedigen, penibel, eigen, wählerisch, anspruchsvoll
müşkülpesentlik Anspruchsvoll-, Wählerisch-sein *n*
müşküre s. **müşküle**
müşrif *va.* 1. hochragend; weite Aussicht gewährend 2. dem Tode nahe 3. nahe bevorstehend, drohend (Entwicklungsstufe) **-iharap** *va.*s. **mailiinhidam**
müşrik, -ki Polytheist, Heide, Götzendiener *m* *putperest
müştagil *va.* beschäftigt, in Anspruch genommen (von e–r Arbeit)
müştail leicht entzündlich, feuergefährlich
müştak (I), **-kkı** 1. *gr.* abgeleitet; Ableitung *f* 2. *math.* Ableitung *f*, Differentialquotient *m* 3. *chem.* Derivat *n* *(1–3) türev ~ **cereyan** s. **kol akımı; -ını almak** s. **türetmek**
müştak (II), **-kı** [ā] 1. (m. Dat.) von Sehnsucht erfüllt (nach), sehnsüchtig verlangend od. begehrend 2. ≗ *mV*
müştakkat, -tı [··–] *z. va. Pl.* 1. Ableitungen *pl.* (z.B. sprachliche) 2. *chem.* Derivate *pl.* *türevler
müştehi [ī] 1. Appetit habend 2. den Appetit anregend; Aperitif *m*, Hors d'œuvre *n*
müştehir *z. va.* allgemein bekannt, berühmt *meşhur, şöhretli, ünlü
müşteki [ī] s. **şikâyetçi**
müştemel *va.* eingeschlossen, enthalten (in)
müştemil 1. umfassend, enthaltend, einschließend 2. s. **müştemel**
müştemilât, -tı 1. zugehörige Teile *pl.*, Zugehöriges; Zubehör *n*, Pertinenzien *pl.* 2. Nebengebäude *pl.* *(1, 2) eklentiler
müşterek, -ki gemeinsam, gemeinschaftlich, kollektiv ~ **avarya** *jur.* s. **büyük avarya;** ~ **bahis** Totalisator, Toto *m* *karşılıklı bahis ~ **borçlu** Mitschuldner *m*, Mitverpflichteter *birlikte borçlu ~ **çalışma** Zusammenarbeit *f* ~ **dava** s. ~ **hak davası;** ~ **donatan** Mitreeder *m* ~ **duvar** Mittelwand *f* ~ **emir** s. **toplu emir;** ~ **fail** *jur.* Mittäter *m* *suç ortağı; ~ **hak davası** *jur.* 1. Gesamtklage *f* 2. gemeinschaftliche Klage ~ **hâkimiyet** *jur.* Kondominium *n* ~ **harekât** *mil.* gemeinsame Operation (verschiedener Waffengattungen) ~ **harekât emri** *mil.* Gesamtbefehl *m* ~ **hukuk** s. **pandekt hukuku;** ~ **komutanlık** *mil.* gemeinsame Führung ~ **lafız** Paronymon *n* ~ **malik** *jur.* Mitbesitzer *m* *paydaş; birlikte iye ~ **menfaatler** gemeinsame Interessen *pl.* ~ **mülkiyet** *jur.* Mit-, Bruchteils-eigentum *n*, Eigentum *n* nach Bruchteilen *paylı mülkiyet; birlikte iyelik ~ **nehirler** s. **milletlerarası nehirler;** ~ **nota** *pol.* Kollektivnote *f* ≗ **Pazar** s. **Ortak Pazar;** ~ **sahip** Mitbesitzer, -inhaber *m* ~ **sigorta** mehrfache Versicherung ~ **terbiye** s. **karma eğitim;** ~ **tesir** Zusammen-wirken *n*, -wirkung *f* **-ülhayat** s. **ortakyaşar; -ülmenfaa** gemeinnützig **-ülmenfaa idare** *jur.* Regierungsverwaltung *f* **-ülmikyas adetler** s. **ortak ölçülür** (*od.* **ölçülebilir) sayılar; gayri müşterekülmikyas adetler** s. **ortak ölçül(e)mez sayılar**
müştereken [·×··] *Adv.* gemeinsam, zusammen, vereint, gemeinschaftlich
müşteri Kunde, Käufer *m* *alıcı ~ **avlamak** auf Kundenfang ausgehen ~ **çevresi** (*od.* ~ **muhiti**) Kundenkreis *m* ~ **tutmak** Kunden gewinnen
Müşteri [ī] s. **Jüpiter** (2)
müşterilik 1. Kunde-Sein *n*, 2. Kundschaft *f*
müştet, -ddi *va.* verstärkt, verschärft, verschlimmert, vermehrt *şiddetlendirilmiş
müştiye s. **tarakotugiller**
müşür(-lük) s. **mareşal(-lik)**
müt'a *va.* Vorteil, Gewinn *m* ~ **nikâhı** zeitweilige Ehe (bei den Schiiten)
mütabaat, -ti [·–·] *va.* Befolgen *n*, Gehorsam *m* ~ **etmek** *va.* befolgen, sich richten (nach)
mütaj (*franz.* **mutage**) Schwefelung *f* des Mostes **(şıra)**
mütalaa [·–··] 1. genaues Lesen *n*, Lektüre *f* 2. eingehendes Studium, genaue Untersuchung; Prüfen *n*, Studie *f* *tetkik 3. Meinung, Ansicht, Auffassung, Erwägung *f* 4. Bemerkung *f*, Kommentar *m* ~ **dermeyan etmek** (*od.* **yürütmek**) e–e Meinung vorbringen (vortragen), kommentieren ~ **etmek** 1. lesen *okumak 2. genau studieren, eingehend prüfen 3. betrachten, kommentieren, besprechen; sich äußern (über) ~ **salonu** Lesesaal *m* *okuma salonu **...sında bulunmak** der Auffassung sein, daß ...
mütalaat, -tı [·–·–] *z. va. Pl.* zu **mütalaa; -ta bulunmak** Erwägungen anstellen, kommentieren, besprechen
mütareke [ā] Waffen-stillstand *m*, -ruhe *f* ~ **anlaşması** (*od.* **muahedesi**) Waffenstillstands-abkommen *n*, -vertrag *m* ~ **bayrağı** weiße Fahne ~ **müzakeresi** Waffenstillstandsverhandlung(-en *pl.*) *f* ~ **teklifi** Waffenstillstandsangebot *n* ~ **yapmak** e–n Waffenstillstand vereinbaren
mütarekename [·–··–·] Waffenstillstands-abkommen *n*, -vertrag *m*
mütasyon(-izm) s. **değşinim (değşincilik)**

mütatör (*franz.* **mutateur**) *el.* Umrichter *m*
mütayit, -ti *V* Kuppler, Zuhälter *m*
müteaccip, -bi staunend, erstaunt, verwundert ~ **kalmak** staunen, erstaunt sein, sich (ver-)wundern
müteaddi [ī] 1. angreifend 2. in j–s Rechte eingreifend 3. *gr.* transitiv *geçişli Zu 1: s. **müdafaai -ye** Zu 3: **-den tadiye** s. **ettirgen**
müteaddit, -di zahlreich-, verschieden-, mehrere, viele, Mehr- ~ **defalar** mehrmals, wiederholt, öfters ~ **günlük** mehrtägig ~ **milli matkap tezgâhı** Mehrspindelbohrmaschine *f* ~ **motörlü uçak** mehrmotoriges Flugzeug
müteaffin in Fäulnis übergegangen, stinkend, übelriechend, putrid ~ **çöpleme** stinkende Nieswurz *bot.* Helleborus foetidus
müteahhir *va.* später kommend, folgend, zukünftig
müteahhit, -di 1. vertragsmäßig, verpflichtet *sözveren, yüklenci 2. Unternehmer, Lieferant *m* *ısmarlanan
müteakiben [··×··] *Adv.* bald danach, kurz darauf
müteakıp, -bı [··–·] 1. hinterdreinkommend, (unmittelbar) folgend; ferner-, weiter- 2. (m. Akk.) gleich (unmittelbar) nach 3. *math.* gleichmäßig aufeinanderfolgend *ardışık, mütevali 4. *bot.* wechselständig (Blätter) *almaşık 5. konsekutiv, Folge- *ardıl Zu 2: **bunu** ~ in unmittelbarem Anschluß daran, gleich danach **dersi** ~ gleich nach der Stunde
müteal, -li [ā] *va.* 1. erhaben (Gott) 2. s. **aşkın** (3)
müteali [··––] *va.* 1. in die Höhe ragend 2. s. **deneyüstü**
mütealiye [ā] s. **deneyüstücülük**
müteallik, -kı betreffend, berührend, angehend; sich beziehend (auf), zusammenhängend (mit), bezüglich, gehörig (zu) *ait, ilişkin
müteallikat, -tı [····–] *z. va. Pl.* Familienangehörige, Verwandte *pl.* *taallukat
müteammidane [··×·–·] *va.* mit Bedacht, wohlerwogen, absichtlich, vorsätzlich, bewußt
müteammim *va.* verbreitet, ausgedehnt, allgemein geworden *yaygın, genelleşmiş
müteammit, -di *va.* vorsätzlich handelnd
müteannit, -di *va.* hartnäckig, starrköpfig, eigensinnig, stur
mütearife [ā] Axiom *n* *aksiyom, belit ~ **kabilinden bir hakikat** e–e axiomatische Tatsache
mütearrız 1. angreifend, aggressiv; Angreifer, Aggressor *m* *mütecaviz, taarruzcu 2. in j–s Rechte eingreifend
müteassir *va.* schwer, schwierig, *çetin, güç, zor
müteayyin *va.* 1. klar, deutlich 2. bestimmt, festgelegt 3. hervorragend, prominent
müteayyiş *va.* sich ernährend, lebend (von)
müteazzım *z. va.* stolz, hochmütig, eingebildet, anmaßend *kibirli, kurumlu
müteazzi [ī] s. **organlaşmış; örgün**
mütebadil [ā] wechselseitig, austauschbar ~ **zaviye** *math.* Wechselwinkel *m*
mütebahhir *va.* 1. große Kenntnisse besitzend, sehr gelehrt 2. unendlich groß (weit)
mütebait, -di [ā] s. **ıraksak**
mütebaki [··––] 1. restlich, übrigbleibend, noch ausstehend 2. Rest, Saldo *m* 3. Überschuß *m*
mütebariz [ā] 1. klar in Erscheinung tretend; klar, deutlich, evident, augenscheinlich, offensichtlich *bariz 2. hervorragend, prominent, führend
mütebasbıs kriecherisch schmeichelnd; Speichellecker *m*
mütebassır *va.* 1. genau betrachtend, sorgsam prüfend 2. umsichtig, bedächtig
mütebayin [ā] *va.* kontrastierend, divergierend, verschieden ~ **adetler** s. **aralarında asalsayılar**
mütebeddil *va.* 1. wechselnd, unbeständig, veränderlich 2. umgewandelt, konvertiert
mütebellir 1. kristallisiert *billurlaşmış 2. klar, deutlich, evident *bariz, mütebariz
mütebenna [ā]; **mütebenni** [ī] *va.* an Kindes Statt angenommen; adoptiert *evlâ edinilmiş
müteberrik, -ki *va.* gesegnet, heilig **eşyayı -e** s. **emanatı mübareke**
mütebessim lächelnd *gülümseyen
mütebeyyin *va.* klar, deutlich, erwiesen
mütecahil [ā] wer Unwissenheit fingiert, wer et. nicht verstehen will *bilmemezlikten gelen
mütecanis [ā] 1. gleichartig, homogen *homogen, bircinsten 2. *ling.* homonym, gleichlautend *eşsesli **gayri** ~ ungleichartig, heterogen *heterogen, ayrıcinsten
mütecanislik [ā] Gleichartigkeit, Homogenität *f*
mütecasir [ā] **olmak** (bşi yapmağa) *z. va.* sich unterfangen, sich erdreisten, sich unterstehen, wagen (et. zu tun)
mütecavir [ā] *z. va.* 1. einander benachbart 2. in der näheren Umgebung befindlich
mütecaviz [ā] 1. überschreitend; hinausgehend (über) 2. angreifend, aggressiv; Angreifer, Aggressor, Übeltäter *m* *mütearrız 3. (m. Akk.) mehr (als), über Zu 2: ~ **tutum** aggressives Verhalten; Aggressivität *f* Zu 3: **iki ayı** ~ **bir zamandan beri** seit mehr als zwei Monaten **bini** ~ über tausend, mehr als tausend
müteceddit, -di *va.* 1. erneuert, wiederhergestellt 2. neu, modern 3. wer dem letzten Modeschrei folgt
mütecelli [ī] **olmak** *z. va.* 1. in Erscheinung treten, sichtbar werden, sich zeigen 2. strahlen, leuchten
mütecellit, -di *va.* 1. stark, kräftig 2. beherzt, mutig, schneidig 3. gebunden (Buch)
mütecemmi, -ii *va.* angehäuft, angesammelt, konzentriert
mütecessim *z. va.* 1. in der Form e–s festen Körpers; fest, solide 2. verkörpert, personifiziert
mütecessis 1. wißbegierig, neugierig 2. *pej.* (herum-)spionierend, herumschnüffelnd; Horcher, Schnüffler *m*
mütecezzi [ī] 1. geteilt, sich teilend 2. teilbar 3. s. **ufalanmış; gayri** ~ unteilbar
mütedahil [ā] 1. ineinander eingedrungen, sich durchdringen 2. noch nicht ausgezahlt, rückständig (z. B. Gehalt) 3. *math.* kommensurabel 4. *phil.* untergeordnet *altık ~ **vergi** Steuerrückstände, rückständige Steuern *pl.* *bakaya
mütedair [ā] (m. Dat.) betreffend, angehend, sich beziehend (auf); über
mütedavi [··––] *va.* wer sich selbst kuriert
mütedavil [ā] im Umlauf befindlich, zirkulierend, kursierend (Geld) ~ **kıymet** leicht veräußerliche Vermögenswerte *pl.* ~ **sermaye** Betriebskapital *n* *döner sermaye
mütedenni [ī] *z. va.* 1. rückläufig, regressiv 2. entartet, verderbt 3. allmählich verfallend
mütedeyyin *z. va.* 1. fromm, religiös *dindar 2. sich zu e–r best. Religion bekennend bzw. dieser angehörig Zu 2: **İslam diniyle** ~ wer sich zum Islam bekennt
müteehhil *va.* verheiratet, vermählt *evli
müteellim 1. traurig, bekümmert, betrübt 2. schmerzend (z. B. Körperglied)
müteemmil *va.* 1. aufmerksam betrachtend 2. überlegend, nachdenklich
müteenni [ī] ruhig, bedächtig, umsichtig
müteessif bekümmert, betrübt ~ **olmak** bedauern, e–m leid tun
müteessir (m. Abl.) 1. e–m Einfluß unterliegend, (durch die Einwirkung von et.) betroffen od. in Mitleidenschaft gezogen 2. (stark) beeindruckt *duygulanmış 3. betrübt, bekümmert, traurig, bewegt, gerührt Zu 1: **Şehrin merkezi, bu bombardımanlardan çok** ~ **olmuştur.** Die innere Stadt hat unter diesen Bombenangriffen schwer gelitten.

Demir, sudan ~ olur. Eisen wird von Wasser angegriffen. **~ etmek** 1. e–e Auswirkung haben (auf); beeinflussen, beeinträchtigen, in Mitleidenschaft ziehen 2. (stark) beeindrucken 3. traurig stimmen, betrüben, bekümmern, rühren Zu 1: **Bu vaziyet, İngiliz hükümetinin hedeflerini asla ~ edemez.** Diese Sachlage kann die Zielsetzung der englischen Regierung in keiner Weise beeinflussen.

müteessiren [··×··] *Adv.* 1. (m. Abl.) unter dem Einfluß (von), durch die Wirkung (von), infolge 2. gerührt, betrübt, traurig

müteezzi [ī] *z. va.* gequält (durch), leidend (unter) **~ olmak** (bşden) gequält werden (durch), leiden (unter)

mütefavit, -ti [ā] *va.* ungleich, unterschiedlich, differenziert *farklı

mütefekkir 1. überlegend, nachdenklich 2. gedankenvoll 3. Denker *m* *düşünür, düşünücü

mütefennin *z. va.* 1. wissenschaftlich gebildeter Techniker 2. (Natur-)Wissenschaftler *m* 3. vielseitig (gebildet)

müteferri, -ii *va.* 1. verzweigt, verästelt 2. herstammend, herrührend 3. (m. Dat.) abhängig, untergeordnet, zugehörig, dazugehörend **buna ~ evrak** die zugehörigen Akten (Unterlagen)

müteferrian *va. Adv.* **ikinci maddeye ~** *va.* zu Artikel 2

müteferrik, -kı 1. getrennt, einzeln, zerstreut *ayrı ayrı 2. verschieden *muhtelif, türlü 3. s. **zeameti -a; ~ haberler** Verschiedenes (Zeitungsspalte)

müteferrika 1. *Fem.* des *Adj.* **müteferrik** 2. Dispositionsfonds *m* (e–r Behörde) 3. Spesengelder *pl.* 4. e–e Abteilung im Polizeipräsidium, die kleinere, verschiedenartige Vorfälle behandelt 5. *hist.* wer Erlasse des Sultans od. e–s Ministers auszutragen hatte

müteferrit, -di *va.* 1. isoliert, getrennt, einzeln 2. einzigartig

mütefessih *va.* verfaulend, verwesend 2. entartet, verderbt

mütefevvik, -kı (b–ne) j–m überlegen, j–n übertreffend

mütegallibe (< **taifei** ~) Gewaltherrscher, Despoten, Tyrannen *pl.*

mütegallibelik Despotie, Tyrannei *f*

mütegallip, -bi despotisch, tyrannisch; Despot, Gewaltherrscher, Unterdrücker, Tyrann *m*

mütegayyir *z. va.* 1. verändert, entstellt, deformiert 2. veränderlich, wandelbar 3. *fig.* faul, verdorben

mütehaccir *va.* zu Stein geworden, versteinert

mütehaddis *va.* entstanden, eingetreten

mütehafit, -ti [ā] *va.* s. **sâkı (nebatı) ~**

mütehakkim *z. va.* 1. wer sich richterliche Gewalt anmaßt, zum Richter aufwirft 2. gebieterisch, herrisch, despotisch, tyrannisch

mütehalif [ā] einander entgegengesetzt od. widerstrebend

mütehalik, -ki [ā] *z. va.* wer sich eifrig auf et. stürzt, lebhaft, begeistert

mütehalli [ī] *va.* geschmückt, geziert (mit guten Eigenschaften usw.)

mütehallik, -ki *va.* begabt, ausgestattet (mit), besitzend

mütehammil ertragend, erduldend, geduldig, ausdauernd **~ su hattı** *naut.* Freibord-, Plimsollmarke *f*

mütehap, -bbı [ā] *va.* befreundet **düveli -e** *va.* befreundete Mächte *pl.*

müteharrik, -ki 1. in Bewegung befindlich, sich bewegend *devingen, hareketli 2. beweglich 3. (bşle) in Bewegung gesetzt, ge-, be-trieben, arbeitend (Maschine, Motor usw.) 4. *va. gr.* vokalisiert *harekeli **~ arma** *naut.* s. **selviçe, selvise; ~ ateş kuvveti** *mil.* bewegliche Feuerkraft **~ bizatihi** selbständig, automatisch **~ hedefler** *mil.* bewegliche Ziele *pl.* **~ izbarço bağı** s. **leş bağı; ~ kıta** *mil.* bewegliche Truppe **~ kızak** *naut.* Schlipp *m* **~ kollu demir** *naut.* Klappanker *m* **~ malzeme** *mil.* rollendes Material **~ müdafaa** *mil.* bewegliche (elastische) Abwehr **~ top mahmuzu** *mil.* Klappsporn *m* **gayri ~** unbeweglich, fest

müteharrikiyet, -ti; müteharriklik Beweglichkeit, Mobilität *f* *devingenlik

mütehassıl *z. va.* entstanden, zustandegekommen, sich einstellend, erworben, gewonnen (z.B. Kenntnisse)

mütehassıs 1. Spezialist, Sachverständiger, Fachmann, Experte *m* *uzman 2. fachkundig, Fach- **~ amele** (*od.* **işçi**) Facharbeiter *m* **~ hekim** Facharzt *m* **~ müşavir** Fachberater *m*

mütehassıslık 1. Spezialistentum *n* 2. Tätigkeit *f*, Aufgaben *pl.* e–s Fachmannes *uzmanlık

mütehassir (I) sehnsüchtig, sehnsuchtsvoll *özleyen

mütehassir (II) s. **pıhtılaşmış**

mütehassis 1. bewegt, beeindruckt 2. (bşle) (von e–m Wunsch usw.) beseelt **~ etmek** (tief) bewegen, beeindrucken, e–n (tiefen) Eindruck hinterlassen **~ olmak** (bşden) (stark) beeindruckt werden (durch) *duygulanmak

mütehaşi [··– –] *va.* sich ängstlich zurückhaltend

mütehaşşit, -di zusammengezogen (Truppen)

mütehavvil 1. *a. math.* veränderlich, variabel 2. *math.* Veränderliche *f* *(1, 2) değişken 3. verändert, geworden (zu) **~ hareket** s. **değişen hareket; -i mutavassıt** s. **parametre**

mütehavilli *math.* soundso viele Veränderliche enthaltend; s.a. Stw. **iki**

mütehayyil *va.* Träumen nachhängend, phantasievoll

mütehayyile Phantasie, Einbildungskraft *f*

mütehayyir verblüfft, verdutzt, ratlos **Buna ~ kaldım.** Ich stand vollkommen ratlos da.

mütehayyiz 1. *phys.* e–n Raum einnehmend 2. angesehen, prominent, einflußreich, führend (Persönlichkeit) *ileri gelen

mütehevvir *z. va.* 1. blindwütig, jähzornig 2. tollkühn, verwegen

müteheyyi, -ii *va.* bereit, fertig

müteheyyiç, -ci aufgeregt, erregt *heyecanlı

müteheyyil *va.* herunterrollend; s. **mevaddı müteheyyile**

mütekabil [ā] 1. einander gegenüberbefindlich 2. gegen-, wechsel-seitig, einander entsprechend, korrespondierend 3. *math.* gegenüberliegend, korrespondierend *karşılıklı, yöndeş 4. umgekehrt 5. reziprok 6. *bot.* gegenständig (Blätter) *karşılıklı **~ ateş himayesi** *mil.* gegenseitige Feuerunterstützung **~ dava** *jur.* Gegen-, Widerklage *f* **~ hürmet hakkı** *jur.* Recht *n* auf gegenseitige Achtung **~ sigorta** wechselseitige Versicherung **~ tabiiyet** gegenseitige Abhängigkeit *bağımlaşım **~ yardım** gegenseitige Unterstützung

mütekabilen [ā] *Adv.* 1. gegen-, wechsel-seitig 2. als Erwiderung 3. in umgekehrter Richtung (z.B. auf e–r Eisenbahnstrecke) 4. reziprok *karşıt olarak

mütekabiliyet, -ti [ā] Gegen-, Wechsel-seitigkeit, Reziprozität *f* **~ esasına müstenit olarak** *od.* **~ esası üzerine** auf der Basis der Gegenseitigkeit

mütekabilülkadem [··–···] s. **antipot**

mütekaddim *va.* voraus-, vorher-gehend, früher, alt, ehemalig, Vor-, Prä-; s. a. **lâhikai -e**

mütekait, -di [ā] 1. pensioniert, verabschiedet, außer Dienst, im Ruhestand; Pensionär, Ruhegehaltsempfänger *m* *emekli 2. *(Sport)* nicht mehr aktiv, inaktiv

mütekallis *va.* zusammengezogen, gespannt, verkrampft, verzerrt

mütekâmil 1. sehr entwickelt, fortgeschritten 2. vervoll-

kommnet, vollkommen Zu 1: **daha** ~ besser, überlegen, wesentlich verbessert
mütekaribiyet, -ti [ā] s. **mütekariplik**
mütekarip, -bi [ā] 1. Name e–s alten Versmaßes 2. s. **yakınsak** 3. nahe, benachbart
mütekariplik [ā] s. **yakınsama**
mütekarrip, -bi 1. herannahend, näherrückend, nahe (z. B. Festtage) 2. *math.* konvergent ~ **harekât** *mil.* konzentrische Operation
mütekarrir *va.* 1. festgelegt, bestimmt 2. sationär, fest
mütekâsif 1. verdichtet, kondensiert, konzentriert *derişik 2. dicht besiedelt
mütekâsil *va.* nachlässig, träge, faul
mütekatı, -ıı [ā] s. **kesişen**
mütekattı, -ıı s. **kesikli**
mütekayyih *med.* eiternd, vereitert, eiterig *irinli, irinlenmiş ~ **iltihabı tabakatı ayniye** *med.* eiterige Augenentzündung, Panophthalmie *f*
mütekebbir stolz, hochmütig, anmaßend, arrogant *kibirli
mütekeffil 1. sich verbürgend 2. (m. Akk.) et. verbürgend, garantierend *sağlayan Zu 2: **mesut bir istikbali** ~ **olan** e–e glückliche Zukunft verbürgend
mütekellim 1. sprechend; Sprecher *m* 2. (*a.* **şahsı** ~) *gr.* erste Person *birinci şahıs 3. *fr.* isl. Theologe *m*
mütekerrir *va.* sich wiederholend; wiederholt
mütekevvin *va.* entstanden *vücuda gelen
mütelâhik *va.* aufeinander folgend; eng verbunden ~ **haklar** *jur.* konkurrierende Rechte *pl.* *yarışan haklar
mütelâki [··– –] *va.* zusammentreffend, sich vereinigend
mütelâsık, -kı *va.* aneinanderstoßend, zusammenhängend
mütelâşi [··– –] *va.* erregt, aufgeregt
mütelevvin *va.* 1. farbig *renkli 2. vielfarbig, bunt 3. *fig.* unbeständig, wankelmütig, flatterhaft, launenhaft, launisch *hercaî
mütelezziz *z. va.* (m. Abl.) Geschmack od. Vergnügen findend (an)
mütelif [–··] *va.* 1. gewöhnt (an), vertraut (mit) 2. harmonisch, aufeinander abgestimmt **düveli -e** *hist. va.* Entente *f* *antant
mütemadi [··– –] 1. (an-)dauernd, beständig, stetig, ununterbrochen *devamlı 2. s. **sürekli** 3. s. **kesiksiz;** ~ **cereyan** s. **doğru akım;** ~ **hezimetler** andauernde Niederlagen *pl.* ~ **suç** *jur.* Dauer-verbrechen, -delikt *n* ~ **tayf** s. **kesiksiz tayf**
mütemadiyen [··×··] *Adv.* fortwährend, in einem fort, dauernd, ununterbrochen, pausenlos *bilâfasıla, biteviye
mütemadiyet, -ti [ā] 1. s. **süreklilik** 2. s. **kesiksizlik**
mütemarız [ā] sich krankstellend, simulierend; Simulant *m*
mütemayil [ā] geneigt, neigend (zu), Neigung (Lust, Liebe) habend (zu), Vorliebe besitzend (für)
mütemayiz [ā] 1. (bşle) sich auszeichnend (durch) 2. *hist.* osm. Beamtenrang zwischen **ula sanisi** und **saniye** (dem Rang e–s Obersten entsprechend)
mütemeddih *va.* wer sich selbst rühmt; prahlerisch, überheblich
mütemeddin zivilisiert, gesittet, Kultur-
mütemehdi [ī] *hist.* falscher Mahdi
mütemekkin *va.* ansässig, wohnend
mütemelmil *va.* erregt, exaltiert
mütemenna [ā] *va.* erbeten, worum angesucht wird **-dır** *osm. Beh.* Wollen Sie bitte ...
mütemerkiz 1. zentralisiert 2. konzentrisch (z. B. Angriff), konzentriert **gayri** ~ dezentralisiert
mütemerrit, -di 1. eigensinnig, halsstarrig *dik kafalı 2. Verzugsschuldner *m*
mütemevviç, -ci 1. wogend, bewegt (Meer) 2. schwebend (z. B. Schulden) *dalgalı 3. *fig.* launenhaft, unbeständig *kararsız
mütemevvil *va.* reich, begütert
mütemeyyiz *va.* deutlich, bestimmt *seçik
mütemmim 1. ergänzend, vervollständigend, supplementär *tamamlayan 2. *gr.* s. **tümleç** 3. *math.* s. **bütünler** 4. *phil.* s. **tümler;** ~ **ceza** *jur.* Zusatzstrafe *f* *tamamlayıcı ceza; ~ **cümle** *gr.* Nebensatz *m* ~ **cüz, cüz'ü** ~ *a. jur.* wesentlicher (integrierender) Bestandteil ~ **malumat** weitere (zusätzliche) Auskünfte *pl.* ~ **yemin** *jur.* Ergänzungseid *m* ~ **zaviye** s. **bütünler açı**
mütenafir [ā] *va.* 1. sich gegenseitig nicht liebend 2. nicht zueinander passend 3. *stil., mus.* hart (unangenehm, schlecht) klingend, kakophonisch *kakışık
mütenahi [··– –] 1. endend 2. *math., phil.* endlich *müntehi, sonlu
mütenaim [ā] *va.* im Reichtum großgeworden, im Luxus lebend, *pej.* verzogen
mütenakıs [ā] sich vermindernd, sich verringernd, abnehmend
mütenakız [ā] einander widersprechend od. entgegengesetzt (z. B. Äußerungen), widerspruchsvoll, gegensätzlich, einander ausschließend, kontradiktorisch *çatışık, çelişik
mütenasiben [ā] *Adv.* s. **orantılı olarak**
mütenasibülendam [··–···–] s. **endamı mevzun**
mütenasip, -bi [ā] 1. *math.* im gleichen Verhältnis stehend, entsprechend, proportional 2. ebenmäßig, (gut) proportioniert, im richtigen Verhältnis (in Einklang) stehend (mit) Zu 1: s. a. die Stw. **makûsen** u. **mepsuten**
mütenassır *va.* zum Christentum bekehrt
mütenavip, -bi [ā] (ab-)wechselnd, Wechsel-, alternierend *almaşık, alternatif ~ **cereyan** s. **dalgalı akım;** ~ **fener** *naut.* Wechselfeuer *n* ~ **surette** abwechselnd, umschichtig ~ **voltaj** *el.* Wechselspannung *f*
mütenazır [ā] s. **bakışık, simetrik**
mütenazıran [··–··] *Adv.* 1. s. **bakışık (simetrili) olarak** 2. entsprechend, beziehungsweise
mütenebbi [ī] 1. falscher Prophet 2. ♀ *n.pr.* ar. Dichter (10. Jh.)
mütenebbih 1. *va.* wachgeworden 2. *fig.* (durch Erfahrung) gewitzigt, (durch Schaden) klug geworden
müteneffir (m. Abl.) *z. va.* et. verabscheuend, Widerwillen habend (gegen)
müteneffiz *va.* s. **nüfuz sahibi**
mütenekkir unkenntlich gemacht, verkleidet, unter anderem Namen
mütenekkiren [··×··] *Adv.* inkognito: 1. unter fremdem Namen 2. verkleidet
mütenevvi, -ii verschieden(-artig) *çeşit çeşit, çeşitli, türlü
mütenezzih *va.* Spaziergänger, Ausflügler *m*
mütenezzil *va.* sich herab-, herbei-lassend
müteradif [ā] s. **sinonim; Siyaset ve politika birbirinin tam -i olan kelimelerdir.** Die Wörter **siyaset** und **politika** bedeuten genau das gleiche. **Sanki ile güya zâhirde biribiriyle** ~ **gibi görünür, fakat ...** Oberflächlich betrachtet, scheinen **sanki** und **güya** die gleiche Bedeutung zu haben, aber ...
müterafık, -kı [ā] 1. begleitend (z. B. Musik), Begleit- 2. (bşle) begleitet (z. B. Worte von Gesten), im Gefolge habend ~ **kusur** *jur.* Mitverschulden *n*, Mitschuld *f* *birlikte kusur (*od.* nedenleme)
müterakim [ā] angehäuft *birikmiş ~ **faiz** aufgelaufene Zinsen *pl.*
müterakip, -bi [ā] *va.* übereinandergeschichtet (z. B. Dachziegel)

müterakki 1. *va.* emporgestiegen 2. fort-, vor-geschritten (in der Entwicklung), progressiv ~ **vergi** s. **mütezayit vergi**
müterakkip, -bi *va.* wartend, lauernd (auf), abpassend (z.B. Gelegenheit) ~ **dikkat** s. **kollayıcı dikkat**
müterassıt, -dı *z. va.* aufmerksamer Beobachter
mütercem *va.* übersetzt, übertragen *çevrilmiş, tercüme edilmiş
mütercim Übersetzer *m* *çeviren
mütereddi [ī] entartet, degeneriert *soysuzlaşmış
mütereddit, -di unschlüssig, unentschlossen, unsicher (*a. H* z.B. Börsenschluß), zweifelnd, zaudernd, zögernd *duruksun, ikircimli
müterekkip, -bi (m. Abl.) *va.* zusammengesetzt, bestehend (aus)
müterennim *va.* 1. erklingend (Instrument) 2. singend
müteressip, -bi *va.* was sich abgelagert, niedergeschlagen hat
mütereşşih *z. va.* durchgesickert
müterettip, -bi 1. zugeordnet, zugewiesen, zufallend (z.B. Aufgabe), zugemessen 2. (m. Abl.) resultierend (aus), verursacht (durch)
mütesadif [ā] *va.* zufällig eintretend, sich ereignend
mütesalip, -bi [ā] *va.* kreuz-weise, -förmig *çapraz
mütesanit, -di sich gegenseitig unterstützend, für einander einstehend, solidarisch, geeint, einig
mütesavi [··– –] einander gleich *eşit, eşitlenmiş **-yüladla** s. **eşkenar; -yülharare** s. **izoterm; -yülirtifa** s. **izohips; -yüssâkeyn** s. **ikizkenar; -yüssühune** s. **izoterm; -yüşşekil** s. **izomorf; -yüttazyik** s. **izobar; -yütterkip** s. **izomerili**
mütesaviyen [··×··] *va. Adv.* zu **mütesavi** *eşit olarak; eşitçe
müteselli [ī] (m. Abl.) Trost findend (in), sich tröstend, getröstet
mütesellika s. **tırmanıcılar**
mütesellim *hist.* (vor der Tanzimatperiode) der von e–m Wali od. Mutasarrıf abgesandte Steuereinnehmer
müteselsil 1. unmittelbar aufeinanderfolgend, zusammenhängend, ununterbrochen 2. (*a.* rangmäßig) durchlaufend ~ **alacaklılar** *jur.* Gesamt-, Solidar-gläubiger *pl.* ~ **borçlular** *jur.* Gesamt-, Solidar-schuldner *pl.* ~ **dağlar** Gebirgskette *f* ~ **kefil** *jur.* Solidarbürge *m*; selbstschuldnerischer Bürge ~ **mesuliyet** *jur.* Solidarhaftung *f*, gesamtschuldnerische Haftung *dayanışmalı sorum (-luluk) ~ **mevzi** *mil.* durchlaufende Stellung ~ **suç** *jur.* fortgesetztes Verbrechen; Sammelverbrechen *n*
müteselsilen [··×··] *z. va. Adv.* zu **müteselsil**
müteşabih [ā] 1. einander gleichend, ähnlich 2. *va.* gleichnishaft (Koranverse)
müteşabihen [ā] *Adv.* zu **müteşabih;** ~ **mevzu** s. **homolog**
müteşaip, -bi [ā] *va.* s. **dallı**
müteşair [ā] wer sich als Dichter ausgibt; Dichterling, Poetaster, Reimschmied *m*
müteşebbis 1. sich bemühend 2. unternehmungslustig, -freudig, voll Initiative 3. Unternehmer *m* ~ **olmak** (m. Dat.) 1. sich bemühen (um) 2. et. unternehmen **nebatatı -e** s. **sarmaşan**
müteşehhip, -bi *va.* s. **akkor**
müteşekki [ī] (m. Abl.) *z. va.* klagend, sich beklagend, sich beschwerend (über)
müteşekkil gebildet, geformt, bestehend, zusammengesetzt (aus) *kurulu **yedi azadan** ~ **bir komisyon** e–e siebenköpfige Kommission
müteşekkir 1. dankend 2. dankbar ~ **olmak** 1. danken, seinen Dank aussprechen 2. dankbar sein
müteşerri, -ii *va.* 1. das Scheriatgesetz einhaltend 2. Scheriatskenner *m*
müteşettit, -ti *va.* gespalten, aufgelöst, desintegriert *dağınık
mütetabi, -ii [ā] *va.* einander folgend ~ **cümle** *va. gr.* Satzperiode *f*
mütetebbi, -ii *va.* genau untersuchend, eingehend forschend; Forscher *m*
mütevafık, -kı [ā] zueinander passend, entsprechend, übereinstimmend, konform, konkordant, korrespondierend ~ **tetabbuk** s. **uyumlu katlaşma;** ~ **zaviyeler** s. **yöndeş açılar**
mütevahhiş *va.* erschreckt, eingeschüchtert, scheu
mütevakkıf 1. *va.* stehenbleibend, sich nicht rührend 2. (m. Dat.) abhängig (von), beruhend (auf) *bağlı, menut, vabeste 3. *med.* stationär
mütevali [··– –] 1. aufeinanderfolgend 2. *math.* s. **ardışık;** ~ **dalgalar halinde** *mil.* in rollendem Einsatz ~ **teslim mukavelesi** *jur.* Sukzessivlieferungsvertrag *m*
mütevaliyen [ā] *Adv.* 1. aufeinanderfolgend, nacheinander, fortlaufend 2. ununterbrochen, dauernd
mütevaris [ā] *va.* ererbt, durch Erbschaft überkommen
mütevarit, -di [ā] *va.* ankommend, eintreffend
mütevasıl [ā] *z. va.* vereinigt, verbunden ~ **kaplar** *phys.* kommunizierende Gefäße *pl.* *birleşik kaplar
mütevatir [ā] *va.* 1. umlaufend, verbreitet (z.B. Gerücht) 2. überliefert 3. Überlieferung *f*
mütevatiren [ā] *Adv.* 1. gerüchtweise 2. auf Überlieferung beruhend
mütevattın *z. va.* (An-)Siedler, Bewohner *m*, mit festem Wohnsitz
mütevazı, -ıı [ā] bescheiden, zurückhaltend, unaufdringlich
mütevazi [··– –] parallel, gleichlaufend *muvazi, paralel ~ **irtisam** *math.* Parallelprojektion *f* **-yüladla** s. **paralelkenar; -yüssütuh** s. **paralelyüz**
mütevazin [··–·] *z. va.* ausgeglichen, ausbalanciert, im Gleichgewicht
müteveccih 1. sich wendend, sich richtend 2. gewendet, gerichtet 3. geneigt, günstig gestimmt, wohlgesinnt
müteveccihen [··×··] *Adv.* in der Richtung (nach), mit Ziel ...
müteveffa [ā] 1. verstorben; Verstorbener *m* *ölen 2. *gel. iron.* selig entschlafen
mütevehhim 1. argwöhnisch und ängstlich 2. unter e–m Wahn od. e–r Zwangsvorstellung leidend *evhamlı, kuruntulu
mütevekkil 1. auf Gott vertrauend, wer sein Schicksal Gott anheimstellt; resigniert 2. ♀ *n. pr.* e–r der abbasidischen Kalifen
mütevekkilen [··×··] **(alellah)** im Vertrauen auf Gott
mütevelli [ī] Verwalter *m* e–r frommen Stiftung
mütevellilik 1. Tätigkeit *f* e–s **mütevelli** 2. Verwaltung *f* e–r frommen Stiftung *tevliyet
mütevellit, -di 1. geboren, zur Welt gebracht 2. *fig.* entstanden (aus), hervorgerufen (durch), herrührend (von), verursacht (durch) *doğmuş, ileri gelmiş
müteverrim *va.* 1. schwindsüchtig, tuberkulös 2. an-, aufgeschwollen
mütevessi, -ii erweitert, ausgedehnt
mütevettir *va.* gespannt *gergin, *gerilmiş
müteyakkız wachsam, umsichtig, auf der Hut, auf dem Posten *uyanık
müteyemmen gesegnet, glücklich *uğurlu
müteyemmim wer **teyemmüm** *(q. v.)* vornimmt
mütezahir [ā] *z. va.* sichtbar geworden ~ **olmak** *z. va.* sichtbar werden, in Erscheinung treten, zum Vorschein kommen, sich zeigen, zutage treten
mütezaif [ā] *va.* verdoppelt, vervielfacht

mütezat, -ddı [ā] einander entgegengesetzt, kontrastierend; s.a. **elfazı -e**
mütezayit, -di [ā] anwachsend, sich vermehrend, zunehmend, vermehrt ~ **vergi** progressive Steuer (Besteuerung)
mütezebzip, -bi *va.* 1. unentschlossen, zögernd, unsicher 2. ungeordnet, in Durcheinander
mütezehhir s. **çiçekseyen**
mütezelzil *va.* geschüttelt, erschüttert, bebend
mütezevviç, -ci *va.* verheiratet, vermählt
müthiş 1. furchtbar, fürchterlich, schrecklich, entsetzlich 2. (zur Bildung e–s Elativs) schrecklich, überaus, erstaunlich, fabelhaft, großartig 3. (als Ausruf, etwa): Man sollte es nicht glauben! ≗ **İvan** *z.pr.* Iwan (IV.) der Schreckliche (russischer Zar)
müttaki [ī] 1. gottesfürchtig, fromm *zahit 2. ≗ **Billah** *n.pr.* (abbasidischer Kalif)
müttakileşmek [ī] fromm werden
müttefik, -kı 1. übereinstimmend, die gleiche Meinung vertretend 2. verbündet, alliiert, Verbündeter, Alliierter Zu 1: **Bu meselede -iz.** In dieser Angelegenheit gehen wir völlig konform. ~ **devletler** alliierte Staaten (Mächte) *pl.* ~ **uçakları** alliierte Flugzeuge *pl.* ≗**ler** Alliierte *pl.* (des I. od. II. Weltkriegs) **-lerarası konferanslar** interalliierte Besprechungen *pl.*
müttefikan [·×··] *Adv.* einstimmig, einmütig
müttehaz gefaßt (z.B. Beschluß), getroffen, ergriffen (z.B. Maßnahmen), eingeschlagen (z.B. Weg), befolgt, üblich (z.B. Methode), fest (z.B. Art des Vorgehens)
müttehem verdächtig, beschuldigt, angeklagt; Angeklagter *müddeaaleyh, suçlu, suçlanmış
müttehiden [·×··] *Adv.* gemeinsam, vereinigt, (alle) zusammen
müttehim *va.* 1. *urspr.* anklagend, Ankläger *m*, beschuldigend 2. s. **müttehem**
müttehit, -di vereinigt *birleşik ≗**ei Amerika; Cemahiri** ≗**e** (≗**i Amerika); Amerika Cemahiri** ≗**esi; Amerika ~ Hükümetleri;** ~ **Amerika** *(alles va.)* s. **Amerika Birleşik Devletleri; -ülmeal** gleichlautend (z.B. diplomatische Noten) **-ülmerkez** *va.* konzentrisch (z.B. Angriff)
müttekâ 1. *va.* Polster, Kissen *n* 2. Stütze, Krücke *f* *dayangaç
mütüalizm *biol., fin.* Mutualismus *m*
müvahidülcisim [ā] s. **akarlar**
müveccih *math.* Leitlinie *f*, Leit- *doğrultman ~ **müstevisi** *math.* Leitebene *f*
müveddet 1. *irrt.* für **meveddet** 2. ≗ *wV*
müvekkel bevollmächtigt, beauftragt *spez.* beauftragter Rechtsanwalt **-ünbih** *va. jur.* Mandat *n* *vekillik konusu
müvekkil Vollmacht-, Auftrag-geber *m spez.* Klient, Mandant *m* (e–s Rechtsanwalts) od. *H* Kommittent *m* *vekillik veren, vekil eden
müvekkile *Fem.* zu **müvekkil**
müvelledat, -tı [ā] *va.* 1. Geburten *pl.* 2. Geschöpfe *pl.* 3. künstlich geschaffene Wörter
müvellet, -di *va.* 1. geboren, zur Welt gekommen 2. Bastard, Mischling *m*, Kreuzung *f* 3. künstlich geschaffen (Wort)
müvellide *va.* Hebamme *f*
müvellidülhumuza(-lı) s. **oksijen(-li)**
müvellidülma [ā] s. **hidrojen**
müvellit, -di 1. erzeugend, hervorbringend *doğurtan 2. *math.* s. **ana çizgi** 3. *phys.* s. **üreteç** 4. *va.* Geburtshelfer *m*
müverrih 1. Geschichtsschreiber, Historiograph, Historiker *m* 2. wer nach **ebced hesabı** *(q.v.)* ein Chronogramm verwendet
müverris *va.* Erblasser *m* *muris, kalıtbırakan
müvessi, -ii *va.* erweiternd *genişleten **-i eviye** s. **damargenişleten**
müvesvis argwöhnisch, mißtrauisch *içkilli
müvesvislik Argwohn *m*, Mißtrauen *n*
müvezzi, -ii 1. *va.* verteilend 2. Briefträger, Postbote *m* 3. (fliegender) Zeitungsverkäufer
müvezzilik Tätigkeit *f* e–s **müvezzi**
müyemmen *va.* segensreich, glückbringend *uğurlu
müyesser 1. *va.* erleichtert, ermöglicht, ausführbar 2. (vom Schicksal) vergönnt, gegeben, gewährt 3. ≗ *wV* Zu 2: **Bana ~ olmadı.** Es war mir nicht vergönnt. ~ **etmek (eylemek)** gewähren, vergönnen
Müz *myth.* Muse *f*
müzaheret, -ti [ā] Unterstützung, Hilfeleistung *f*, Beistand *m* ~ **etmek** (m. Dat.) unterstützen
müzahir [ā] 1. unterstützend, helfend, beistehend; Helfer, Beistand *m* 2. ≗ *mV* ~ **olmak** unterstützen, helfen, beistehen
müzahref *va.* trügerisch glänzend, mit Flitterwerk behängt
müzahrefat, -tı [···–] *va. Pl.* 1. trügerischer Glanz; Flitterwerk *n* 2. Unrat, Kehricht, Müll *m* *pislik, süprüntü
müzakerat, -tı [·–·–] *z. va. Pl.* zu **müzakere**
müzakere [ā] 1. Verhandlung, Besprechung, Unterredung, Erörterung, Beratung *f*, Meinungsaustausch *m* *oylaşım, tezekkür 2. Erledigung *f* der Schulaufgaben 3. mündliche Prüfung (e–s Schülers) ~ **atışı** *mil.* Übungsschießen *n* ~ **etmek** (*od.* **yapmak**) 1. besprechen, erörtern, verhandeln, beraten, Meinungen austauschen 2. die Schulaufgaben machen (Internatsschüler) 3. (e–n Schüler) mündlich prüfen ~ **masası** Verhandlungstisch *m* ~ **murahhası** Unterhändler *m* ~ **salonu** Besprechungsraum *m* **-zaptı** s. **görüşme tutanağı**
müzakereci [ā] 1. *mil.* Parlamentär, Unterhändler *m* 2. *pol.* Unterhändler *m* 3. wer die Arbeit der Internatsschüler überwacht
müzap, -bı [ā] *va.* geschmolzen *ergimiş
müzayaka [·–··] Not, Bedrängnis, finanzielle Schwierigkeit, *F* Klemme *f* *sıkıntı ~ **ile geçinmek** darben, kümmerlich leben **-da olmak** mit Geldschwierigkeiten zu kämpfen haben, in Not (*F* in der Klemme) sein
müzayede [ā] Versteigerung, Auktion *f* *artırma ~ **ile satış** *jur.* Auktion *f*, Verkauf *m* durch Versteigerung; öffentlicher Verkauf an den Meistbietenden ~ **memuru** Auktionator *m* ~ **salonu** Versteigerungslokal *n* **-ye fesat karıştırma** *jur.* Abhalten *n* vom Bieten (bei öffentlichen Versteigerungen) **-ye koymak** versteigern lassen, zur Versteigerung bringen **-i aleniye** s. **açık eksiltme**
müzdahim *z. va.* 1. überfüllt, gedrängt voll 2. an-, aufgehäuft, in Mengen *kalabalık, yığışık
müzdat, -dı [ā] 1. *va.* vermehrt, vergrößert 2. ≗ *wV*
Müzdelife *n.pr.* Rastort (zwischen Mina und Arafat) für Mekkapilger (in vorisl. Zeit Heiligtum)
müzdevice *va.* 1. Paar *n* 2. *lit.* Reimwort *n* 3. s. **müzdeviç alklar** Zu 1: s. **termoelektrik** ~
müzdeviç, -ci *va.* 1. a) gepaart, vereinigt b) verheiratet 2. *math.* s. **eşlenik;** ~ **alklar** s. **kavuşur suyosunları;** ~ **kuvvetler** Kräftepaar *n*
müze [×·] Museum *n*
müzeböceği, -ni Museums-, Kabinett-käfer *m zo.* Anthrenus museorum
müzebzep, -bi 1. *urspr.* schwankend, zaudernd, unbeständig *mütereddit 2. kunterbunt durcheinander, in heillosem Wirrwarr *karmakarışık 3. unordentlich, schluderig (z.B. Verwaltung)
müzeci 1. Museumsfachmann *m* 2. Museumsdiener *m*
müzecilik 1. Museumskunde *f* 2. Museumsdienst *m*

müzehhep, -bi vergoldet, Gold- ~ **kemha** Goldbrokat *m*
müzehher 1. *va.* blühend 2. ⚲ *wV*
müzehhip, -bi vergoldend; Vergolder *m*
müzehhiplik Handwerk *n* e–s Vergolders; Vergolden *n*
müzekkâ *va.* 1. rituell gereinigt (Toter od. Besitz durch Zahlung des **zekât**) 2. unter Anrufung Gottes geschlachtet (Opfertier)
müzekker *gr.* männlich; Maskulinum *n* *eril ~ **kızılcık ağacı** gelber Hornstrauch, Kornelkirsche *f bot.* Cornus mas ~ **pelin** Eberraute *f bot.* Artemisia abrotanum ~ **salep** männliches Knabenkraut *bot.* Orchis mascula
müzekkere offizielles, amtliches Schreiben ~ **kesmek** *jur.* e–e Vorladung (*od.* e–n Haftbefehl) ausstellen; s.a. **tevkif -si**
müzekki [ī] *va.* rituell reinigend (vgl. **tezkiye**)
müzelik [×··] 1. von musealem Wert 2. *hum.* museumsreif, alt; Gerümpel *n*, Plunder, Trödel *m* 3. *hum.* komisch, sonderbar, eigenartig
müzemmil 1. *va.* eingehüllt 2. ⚲ **suresi** Name der 73. Koran-Sure
müzevvir *z. va.* 1. lügenhaft, betrügerisch 2. verleumderisch, das gute Einvernehmen störend; Intrigant *m*
müzevvirlik *z. va.* 1. Lügenhaftigkeit *f*, Betrug *m* 2. Verleumden *n*, Intrigen *pl.*
müzeyyel *va.* mit Anhang od. Zusatz
müzeyyelen [·×··] *va. Adv.* als Anhang (Zusatz), anhangsweise
müzeyyen 1. *z. va.* geschmückt, geputzt, verziert *süslenmiş 2. ⚲ *wV*
müziç, -ci lästig, störend, zudringlich
müzik, -iği 1. (*spez.* europäische) Musik *f* 2. Musikalien, Noten *pl.* ~ **kompozitörü** Komponist, Tonsetzer *m* ~ **konservesi** *V* Schallplatte *f* ~ **kutusu** Spieldose *f* ~ **oryantal** *selt.* orientalische Musik ~ **yazarı** Musikschriftsteller *m* **-le tedavi** s. **müzikoterapi**
müzikal 1. die Musik betreffend, musikalisch 2. musik-begabt, -liebend, musikalisch 3. Musical *n*
müzikalite; müzikallık 1. tonliche Wiedergabe; Klang *m* 2. Musikalität *f*, musikalisches Empfinden; Musik-begabung, -liebe *f*
müzikbilim Musikwissenschaft *f* *müzikoloji
müzikbilimsel musikwissenschaftlich *müzikolojik
müzikçi *selt.* Musiker(-in *f*) *m*
müziket, -ti (*franz.* **musiquette**) *selt.* leichte Musik *hafif (hoppa) müzik
müzikhol, -lü (*franz.*, *engl.* **music-hall**) Varieté(-theater) *n*
müzikli oyun Musical *n*
müzikograf Musik-schriftsteller, -kritiker, -literat *m*
müzikolog Musikwissenschaftler(-in *f*) *m*
müzikoloji(-k) s. **müzikbilim(-sel)**
müzikoman (*franz.* **musicomane**) Musik-narr *m*, -närrin *f*
müzikomani; müzikomanlık Musikbesessenheit *f*
müzikoterapi *med.* Musiktherapie *f*
müziksever Musikfreund(-in *f*) *m*
müzil *va.* beseitigend **-üllevin** s. **renkgideren**
müzisiyen (*franz.* **musicien, -ne**) Musiker(-in *f*) *m*
müzmin 1. chronisch, langwierig (*ant.* **hâd**) 2. dauernd, fortwährend, ewig ~ **bir dert** *fig.* ein chronisches Übel, e–e ewige Plage ~ **hastalık** chronisches Leiden
müzminleşmek chronisch werden (Leiden, Übelstand)
müzminlik chronischer Zustand
müzuvar (*irrt.* für franz. **muselière**) Maulkorb *m*

N

n, N [nɛ] 17. Buchst. des türk. Alph.
na *P* da! hier! nimm! ⚲ **babayı alırsın** *V* s. **Aldın mı babayı?** ⚲ **bir tane daha!** Da ist noch eins! ⚲ **kafa!** *spött.* Das ist mir gerade der rechte! Der hat das Pulver auch nicht erfunden!
na- [ā] *z. va. pers. Präfix m. Neg.bed.* (vgl. die ges. Stw.)
Nââpıyım *P* für **Ne yapayım?** 1. Was soll ich tun? 2. Was kann ich schon dafür?
naaş, -a'şı 1. *urspr.* Tragsessel *m*, Sänfte *f* 2. *va.* Bahre *f* od. Sarg *m* mit dem Leichnam 3. Leichnam *m*, Leiche *f*; sterbliche Überreste *ceset
naat, -a'tı 1. *lit.* Lobpreisung *f* Mohammeds (in der Einleitung e–s Werkes) 2. *lit.*, *mus.* e–e entsprechende Kaside *na'tı şerif (Mustafa, nebi) 3. *va. gr.* qualifizierendes Adjektiv
naathan [··–] wer bei dem Freitagsgebet (in der Moschee od. *fr.* in Derwischklöstern) **naat** (2) vorträgt
Nabatîler *n.pr. hist.* Nabatäer *pl.*
nabazan [··–] *va.* Pulsschlag *m*, Pulsation *f*
nabeca [–·–] *va.* s. **yersiz** (3)
nabedit, -di [–·–] *va.* 1. unsichtbar 2. verschwunden ~ **Mustafa** s. **Düzme(-ce) Mustafa** ~ **olmak** *va.* verschwinden *kaybolmak
nabehengâm [–··–] *va.* unzeitig, zur Unzeit, verfrüht *vakitsiz
nabekâr [–·–] *va.* Taugenichts, Nichtsnutz, Faulenzer *m*, ungezogener Bengel *haylaz, yaramaz
nabemahal [–···] *va.* s. **yersiz** (3)
nabemevsim [–···] *va.* unzeitig, zur Unzeit, verfrüht *mevsimsiz, vakitsiz
nabız, -bzı 1. Puls *m* 2. psychische Einstellung, Meinung, Neigung *f* ~ **almak** (*od.* **nabza bakmak**) den Pulsschlag zählen ~ **atışı** (*od.* ~ **atması**) Pulsschlag *m* ~ **düşüklüğü** *med.* verminderter Pulsschlag ~ **frekansı** *med.* Geschwindigkeit *f* des Pulsschlags ~ **yoklaması** *fig.* Meinungsumfrage *f* *fikir sondajı ~ **yükselmesi** *med.* erhöhter Pulsschlag **-ına girmek** (b–nin) sich bei j–m einschmeicheln **-ına göre şerbet vermek** (b–nin) sich ganz auf j–n einstellen, j–m um den Bart gehen **-ını tutmak** j–m den Puls fühlen **-ını yoklamak** *fig.* bei j–m auf den Busch klopfen; (vorsichtig) sondieren
nabıza [–··] *an. va.* Pulsader *f*
nabızgir [ī] *z. va.* sich einfühlend, diplomatisch
nabi (I) [–·] 1. *va.* Bote *m* *haberci 2. ⚲ *mV* spez. türk. Dichter des 17. Jh.
nabi (II), **-ii** [––] 1. *va.* hervorquellend 2. s. **sinni nabi**
Nabiler *n.pr.* Nabis *pl.* (franz. Malergruppe um 1890)
nabit, -ti [–·] *va.* wachsend ~ **olmak** *va.* wachsen, sich entwickeln; s.a. **hudayınabit**
nabka Dorn-Jujube *f bot.* Zizyphus spina Christi
Nabukodonosor [···×·] *n.pr.* Nebukadnezar *Buhtunnasır
nabut, -du [––] *va.* nicht existierend, nicht vorhanden ~ **etmek** *va.* vernichten
nabza *va.* Pulsschlag *m*
nacak Axt *f* (mit kurzem Holm), Beil *n*
nacar [·–] *va.* Zimmermann, Bauschreiner *m*
naci [––] 1. *va.* gerettet, befreit 2. *va.* wer ins Paradies eingehen wird 3. ⚲ [×·] *mV* **Naciye** *wV*
naçar [––] s. **çaresiz;** ~ **kalarak** da ihm nichts anderes übrigblieb
naçiz [––] unbedeutend, gering, bescheiden **Bu** ~ **hediye-**

nin kabulünü rica ederim. Ich bitte Sie, dieses bescheidene Geschenk annehmen zu wollen. -leri (*osm. Besch.*) Ihr ergebener Diener
nadan [− −] *z. va.* 1. unwissend, dumm, einfältig, töricht, ungebildet *bilmez, cahil 2. grob, unhöflich, verletzend, anmaßend *nobran ≗ **ile konuşmaktan ehliirfan ile taş taşımak yeğdir.** *Spr.* Besser mit Gebildeten zusammen Steine schleppen, als mit Ungebildeten reden (müssen).
nadanlık [− − ·] *z. va.* 1. Unwissenheit, Dummheit, Einfältigkeit, Torheit *f* *cehalet 2. Grobheit, Unhöflichkeit, Anmaßung *f* *nobranlık
nadas *agr.* 1. Brachliegen *n* 2. Brache *f*, Brachfeld *n*, gepflügter, aber noch nicht bestellter Acker ~ **etmek** (*od.* **-a bırakmak**) brachen, brachliegen lassen, (Brachfeld) pflügen
nadi [− −] 1. *va.* öffentlicher Ausrufer 2. *va.* Versammlung, Zusammenkunft *f* 3. ≗ *mV* **Nadiye** *wV*
nadide [− − ·] 1. *va.* nie gesehen *görülmedik 2. *va.* selten anzutreffen, sehr rar *az görülür, az bulunur 3. ≗ [×̱··] *wV*
nadim [− ·] reumütig, Reue empfindend *pişman ~ **olmak** (bşi yaptığına) bereuen, et. getan zu haben
nadir [ā] 1. selten, rar *az bulunur, azrak, seyrek 2. ≗ *mV*
Nadir s. **ayakuçu**
nadirat, -tı [− · −] *Pl.* Seltenheiten, Raritäten *pl.* **-tan olmak** e−e Seltenheit darstellen
nadire [ā] 1. Seltenheit, Rarität *f*, reines Wunder 2. unterhaltsame Geschichte, lustige Anekdote 3. ≗ *wV*
nadiren [ā] *Adv.* selten, in seltenen Fällen, nur ganz vereinzelt
nadirülvuku [− · · · −] *va.* selten vorkommend
nadirülvücut [− · · · −] *va.* sehr selten anzutreffen, sehr rar (Person)
naehil [− · ·] *va.* ungeeignet, untauglich, unfähig *ehliyetsiz, beceriksiz
nafaka 1. Kosten *pl.* für den Lebensunterhalt, Haushaltungsgeld *n* 2. *jur.* Unterhaltszahlung *f*, Alimente *pl.* *geçimlik, bakım 3. (zugeteilte) Ration *f* (bei Lebensmittelbewirtschaftung) ~ **bağlamak** (*od.* **vermek**) j−m das Recht auf Unterhaltszahlung zusprechen (Gericht) ~ **mükellefiyeti** Unterhalts-, Alimentations-pflicht *f* **-sını almak** *V* Prügel beziehen **-sını çıkarmak** (*od.* **temin etmek**) seinen Lebensunterhalt bestreiten
nafakalanmak s. **nafakasını çıkarmak**
nafe [ā] 1. (aus dem Nabelstück gearbeiteter) feiner Pelz *spez.* Fuchspelz *m* 2. Moschusbeutel *m* 3. *va.* Haar *n* der Geliebten
nafıa s. **nafia**
nafi (I), **-ii** [ā] 1. nutzbringend, nützlich, vorteilhaft 2. segensreich (z. B. Regen) 3. zuträglich, heilsam, gesund (z. B. Turnen) 4. Beiname Gottes 5. ≗ (< **Abdünnafi**) *mV*
nafi (II) [− −] *va.* 1. beseitigend 2. negativ
nafia [− · ·] (< **umuru** ~) 1. s. **bayındırlık (işleri)** 2. ≗ *wV* ≗ **Vekili(Vekâleti)** s. **Bayındırlık Bakanı (Bakanlığı)**
nafile [ā] 1. freiwillig als Mehrleistung übernommene fromme Handlung *spez.* supererogatorisches Gebet 2. nutzlos, überflüssig, unnötig, vergeblich, umsonst 3. schlecht, nicht in Ordnung, nichts taugend, minderwertig (*a.* Personen) ~ **masraf** überflüssige Ausgaben *pl.* ~ **namazı gibi** *F* ewig lang ~ **zahmet** vergebliche Mühe ~ **uğraşmak** sich vergeblich abmühen ~ **yere** umsonst, vergeblich **Garson, balık** ~**!** Herr Ober, der Fisch ist schlecht!
nafiz [ā] 1. ein-, durch-dringend *geçen, içe işleyen 2. *fig.* einflußreich, sich durchsetzend *nüfuzlu, sözü geçen 3. ≗ *mV* **Nafize** *wV* ~ **bir nazar** ein durchdringender Blick
naftalin *chem.* Naphthalin *n*
naftalinlemek einmotten
naftol *chem.* Naphthol *n*
nagâh [− −] *va.* 1. unzeitig, zu unpassender Zeit 2. plötzlich, mit einem Mal, unerwartet, unvermutet, unvorhergesehen *ansızın, birdenbire
nagana [·×·] s. **çeçe hastalığı** (2)
nagant, -tı Nagant-Pistole *f*
nagayka [·×·] Nagaika *f* (Lederpeitsche der Kosaken)
nagehan [− · −]; **nagehanî** [− · − −] *va.* s. **nagâh**
nağme 1. melodische Weise, (gesungene) Melodie *f* 2. Ton, Klang *m*, melodische Stimme 3. *fig.* kokettes Nein-Sagen, gezierte (nicht ernst gemeinte) Ablehnung ~ **yapmak** *V* 1. scheinbar uninteressiert berichten 2. den Unwissenden spielen **-yi değiştirmek** *fig.* 1. e−n anderen Ton anschlagen 2. andere Saiten aufziehen
nağmeli mit nb. **nağme**
nah s. **na**
nahafet s. **nehafet**
nahah [− −] *va.* unfreiwillig, gezwungenermaßen; s. a. **hah** ~
nahak, -kkı [− ·] widerrechtlich, unbillig ~ **yere** zu Unrecht, ungerechtfertigterweise
nahalef [− · ·] *va.* s. **şerrülhalef**
Nahçi s. **Çeçen**
nahi [− −] *va.* verbietend, hemmend, hindernd
nahif [ī] (*va. a.* **-ülbünye**) schmächtig, zartgebaut, zierlich wie ein Porzellanfigürchen *ince kesim
nahiflik [· − ·] schmächtiger Körperbau, zierliche Figur
nahik [ā] *va.* wie ein Esel schreiend ~ **çelebi** *V* unerfahrener Spieler; Gimpel *m* (der dauernd vor sich hinstiert)
nahil (I), **-hli** s. **nahl**
nahil (II), **-hli** 1. *va.* Strauch, Baum *m* 2. **nahli Tur** *va.* brennender Busch (auf dem Berg Sinai) (Bibel) 3. s. **hurma ağacı** 4. Schmuckgebinde *n* aus künstlichen Blumen, Blättern und Früchten (*spez.* für ein Brautgemach)
Nahit, -di [− −] s. **Zühre**
nahit, -di [ā] 1. *va.* herangewachsen, allmählich heiratsfähig (junges Mädchen) 2. ≗ *mV* **Nahide** *wV*
nahiv, -hvi *gr.* Syntax, Satzlehre *f* *sözdizimi, sentaks
nahiye [ā] 1. s. **bucak** (3) 2. *an.* Körpergegend, Region *f* *bölge ~ **merkezi** Bezirksstadt *f* ~ **müdürü** Bezirksvorsteher *m*
nahiyevî [− · · −] *med.* lokal, regional
nahl (*ar.*) 1. Biene *f* 2. Gabe *f*, Geschenk *n* ≗ **suresi** Name der 16. Koran-Sure
nahliye 1. s. **arılar** 2. s. **hurmalar**
nahoş [ā] unangenehm ~ **bir sürpriz** e−e unangenehme Überraschung ~ **bir tesir yapmak** e−n schlechten Eindruck machen
nahoşluk [ā] 1. Unannehmlichkeit *f* 2. Unbehaglichkeit, Abneigung *f*
nahs *va.* Unstern *m*, Unheil *n* **-i asgar** *va. astrol.* Mars *m* **-i ekber** *va. astrol.* Saturn *m* **-i felek** s. **nahseyn**
nahseyn *va. astrol.* die beiden unglückbringenden Planeten Mars und Saturn
nahuda (I) [− · −] *va.* gottlos; Atheist *m*
nahuda (II) [− · −] *va. naut.* (Schiffs-)Kapitän *m*
nahve die schwarzen Samen des Ajowankümmels (**Mısır anasonu**) (auf Brot od. als Hustenmittel)
nahvet, -ti Stolz, Hochmut *m*, Einbildung, Anmaßung *f* *kibir
nahvî die Syntax betreffend, syntaktisch *sentaksik
nail [ā] 1. erlangend, erreichend, teilhaftig 2. ≗ *mV* ~ **olmak** (bşe) erreichen (z. B. Ziel der Wünsche), erlan-

gen, erhalten, erfahren, genießen, sich erfreuen (z.B. des gesetzlichen Schutzes)
nailiyet, -ti [ā] *z. va.* (m. Dat.) Erlangen, Erreichen, Teilhaftigwerden *n* **Bilâvasıta zatıâlileriyle mülâkat şerefine -imi istirham ederim.** *(osm. Stil)* Ich bitte höfl. um e-e persönliche Unterredung.
naim (I) [·–] *va.* 1. glückliches Leben; Wohlstand *m* 2. Gottes Güte *f* 3. *isl. Myth.* vierte Paradiesstufe (nach dem Koran) 4. ♂ *mV*
naim (II) [–·] *va.* schlafend *uyuyan
naim (III) [–·] *va.* 1. jugendfrisch 2. weich, zart 3. ohne Knochen
naime [–··] 1. *va.* zierlich, hübsch (Mädchen, Frau) 2. ♀ *wV* 3. s. **yumuşakçalar**
naip, -bi [ā] 1. *fr.* isl. stellvertretender Richter, beauftragter Richter, Richterkommissar *m* 2. Stellvertreter *m* *vekil **-i fail** *gr.* Subjekt *n* im passiven Satz **-i hükümet; -i saltanat; -i kral(-lık)** 1. Reichsverweser *m* 2. (Prinz-)Regent *m* **-ler konseyi** Kronrat *m*
naiplik [ā] 1. *fr.* isl. Richterkommissariat *n* 2. Stellvertretung *f* 3. Reichsverweserschaft, Regentschaft *f* *(1–3) niyabet **Bulgar ~ meclisi** *hist.* bulgarischer Regentschaftsrat
-nak [–] *va. pers. Sx.* voll (mit), gekennzeichnet (durch) s. **hatar-, vehim-nak** usw.
naka [–·] *va.* 1. Kamelstute *f* 2. wertvolle Gebetskette aus den Zähnen der Elefantenrobbe **(nakayı bahrî)** (Anm.: Die Herstellung von Gebetsketten aus Elfenbein war im Islam untersagt.)
nakabil [––·] 1. unmöglich 2. unfähig, unbegabt, unwissend **-i icra** *va.* unausführbar **-i idare** *naut. va.* manövrierunfähig (Schiff) **-i iskân** *va.* unbewohnbar **-i izah** *va.* unerklärlich **-i tamir** *va.* irreparabel **-i tarif** *va.* unbeschreiblich
nakâm [––] *va.* erfolglos, mit leeren Händen, unzufrieden, enttäuscht
nakarat, -tı [··–] *urspr. Pl.* 1. mus, Refrain *m* *bağlama 2. immer wiederkehrende Worte *pl., pej.* ewige Leier Zu 2: s. **hep aynı ~**
nakavt, -tı *(Boxen)* 1. knockout (kampfunfähig nach Niederschlag) 2. Knockout *m* (Kampfunfähigkeit bewirkender Niederschlag) **~ etmek** knockout schlagen **~ olmak** knockout geschlagen werden
nakdavn *(Boxen)* 1. knockdown (niedergeschlagen, aber noch kampffähig) 2. Knockdown *m* (einfacher Niederschlag)
nakden [×·] *Adv.* (in) bar, als Barzahlung
nakdî Geld-, Bargeld- **~ ceza** Geldstrafe *f* *para cezası **~ kıymet** Geldwert *m* **~ muamelât** Bargeldverkehr *m* **~ muavenet** Geldunterstützung *f*, pekuniäre (finanzielle) Hilfe **~ teminat** Bar-kaution, -sicherheit *f* **gayri ~** nicht in Bargeld bestehend (z.B. **sermaye,** Einlage *f* e-s Teilhabers)
nakes(-lik) s. **nekes(-lik)**
nakıiye s. **haşlamlılar**
nakır, -krı *va.* 1. Schnitzarbeit *f* 2. Skulptur, Plastik *f*
nakıs [ā] 1. unvollständig, unvollkommen, mangelhaft *yetkinsiz 2. *math.* minus, weniger, vermindert (um) *eksi 3. s. **~ işareti; ~ bir derece** minus 1 Grad, 1 Grad unter Null **~ borçlar** *jur.* unvollkommene Verbindlichkeiten; Naturalobligationen *pl.* **~ ehram; ehramı ~** s. **kesik piramit; ~ işareti** Minuszeichen *n* **~ kalmış bir eser** unvollendetes Werk **~ karşılıklı akit** *jur.* ungleichmäßig zweiseitiger Vertrag **~ mahrut; mahrutu ~** s. **kesik koni; ~ puvan** *(spez. Sport)* Verlust-, Minus-punkt *m* **~ teşebbüs** *jur.* unvollendeter Versuch (e-r strafbaren Handlung)
nakısa [–··] s. **nakisa; nakise**
nakış, -kşı 1. Wand-, Stuben-malerei, Ornamentik *f* 2. Sticken *n*, Stickerei *f* 3. e-e best. melod. Weise in der türk. Musik 4. *va.* s. **hile** 5. *va.* Bild *n* *resim **~ işlemek** sticken
nakışbent s. **nakşibent**
nakışçı Sticker(-in *f*) *m* *işlemeci
nakışlamak mit Ornamenten versehen *spez.* sticken
nakışlı mit Ornamenten geschmückt *spez.* gestickt **~ boru çiçeği** Trompetenzunge *f bot.* Salpiglossis grandiflora
nakız, -kzı 1. *va.* Zertrümmern, Zerstören *n* 2. Brechen *n*, Bruch *m* (z.B. e-s Gelübdes), Aufhebung, Kassation *f* (e-s Urteils)
nâkız 1. *va.* zertrümmernd, zerstörend 2. brechend (z.B. Gelübde), verletzend (z.B. Vertrag) 3. aufhebend, kassierend (Urteil) **yekdiğerini ~ havadisler** sich widersprechende Nachrichten
naki [·–] 1. *va.* rein, sauber 2. zierlich, hübsch 3. ♂ [×·] *mV* **Nakiye** [×··] *wV*
nakibüleşraf [·–··–] der (zu den geistlichen Würdenträgern gehörende) Archivar für die Nachkommen Mohammeds (in jeder Provinz od. Stadt)
nakil, -kli 1. Beförderung *f*, (Ab-)Transport *m*, Fortbringung *f* 2. Umzug *m* *göç, taşınma 3. Versetzung *f* (e-s Beamten) 4. Verlegung *f* (z.B. e-r Dienststelle), Verlagerung *f* 5. Umfüllen *n* (z.B. aus e-r Flasche in ein anderes Gefäß) 6. Überweisung *f* (z.B. e-s Prozesses an ein anderes Gericht) 7. Erzählen, Berichten *n* Erzählung, Überlieferung *f* 8. Übernahme, Zitierung *f* (z.B. e-r Stelle aus e-m Werk) 9. Über-setzung, -tragung *f* 10. Leitung, Übertragung *f* (z.B. von Elektrizität) 11. *techn.* Übersetzung *f* 12. *med.* Überpflanzung, Transplantation *f* *transplantasyon Zu 6: **mahkeme, davanın Izmir'e -ine karar verdi.** Das Gericht beschloß, den Prozeß nach İzmir zu überweisen. **~ kabiliyeti** 1. Transportfähigkeit *f* 2. Tragfähigkeit *f*, Fassungsvermögen *n* 3. Leistungsfähigkeit, Konduktanz *f* **mukavemeti** Leitungswiderstand *m* **~ şebekesi** 1. Leitungsnetz *n* 2. Verkehrsnetz *n* **~ vasıtası** Transport-, Beförderungs-, Verkehrsmittel *n*, Fahrzeug *n* *taşıt, vasıtai nakliye **-i yekûn** *H* Übertrag *m* (in der Buchhaltung)
nâkil 1. übertragend, überbringend; Überbringer *m* 2. *phys.* leitend, leitfähig; Leiter, Konduktor *m* *iletken 3. erzählend, berichtend; Erzähler *m* 4. *va.* Übersetzer *m* **~ tel** Leitungsdraht *m* **-i hararet** *phys.* guter Wärmeleiter
nâkiliyet s. **iletkenlik**
nakip [·–], **-bi** 1. *va.* Führer od. Vertreter *m* e-s Stammes 2. *fr.* Derwisch, der dem Abt des Klosters bei gottesdienstlichen Übungen assistierte od. ihn vertrat; s.a. **-üleşraf**
nakisa; nakise [·–·] 1. Mangel, Defekt *m*, Lücke, Unvollkommenheit, Beeinträchtigung *f* **~ getirmek** (m. Dat.) Abbruch tun, beeinträchtigen (z.B. Ehre)
nakit, -kdi (*a.* **~ para**) (Bar-)Geld *n* **-i can** *va.* das wertvollste Besitztum, Leben *n*
nakîz 1. entgegengesetzt, gegensätzlich, kontradiktorisch 2. Gegenteil *n* *zıt **-i müddea** s. **antitez;** s.a. **müsemma binnakîz**
nakka *V* Strichjunge *m*
nakkar [·–] 1. Schnitzer, Bildhauer *m* 2. Trommel- od. Pauken-schläger *m* 3. pickend (Vogel)
nakkare [·–·] 1. *hist.* (in der Janitscharenmusik) s. **dümbelek** 2. *P* s. **nara**
nakkarezen [·–··] *hist.* Trommler
nakkarhane [·––·] *fr.* Militärkapelle *f* e-s Herrschers od. Ministers bzw. Ort *m*, wo diese spielte
nakkaş [·–] 1. Wand-, Stuben-, Dekorations-maler *m* 2. *fr.* Miniaturenmaler *m* 3. *fr.* Kunststicker *m* 4. Schnitzer,

Bildhauer *m* ~ **kalıbı** Malerschablone *f* **-ı ezel** (*od.* **-ı âlem**) *va.* (Beiname Gottes)
nakkaşlık 1. Wand-, Decken-, Stuben-malerei, Ornamentik *f* 2. *fr.* Miniaturenmalerei *f* 3. *fr.* Kunststickerei *f* 4. Bildhauerei *f*
naklen [×·] *Adv.* zu **nakil** 1. nach der Überlieferung (Tradition) 2. berichtend, erzählend 3. in Übertragung, Übersetzung 4. unter Versetzung (z.B. auf e–e andere Dienststelle) ~ **yayın** Live-Sendung, Direktübertragung *f* (Radio, Fernsehen)
nakletmek [×··] 1. befördern, (ab-)transportieren, fortbringen 2. *intr.* um-, ver-ziehen 3. versetzen (z.B. e–n Beamten) 4. verlegen, verlagern (z.B. Dienststelle) 5. umfüllen 6. überweisen (z.B. Prozeß an ein anderen Gericht) 7. berichten, erzählen 8. anführen, übernehmen, zitieren 9. übersetzen, übertragen 10. leiten (z.B. Strom) *iletmek 11. *med.* überpflanzen, transplantieren
naklî 1. Transport-, Beförderungs- 2. Überlieferungs-, Erzählungs- Zu 1: s. **masarifi (vesaiti) nakliye** Zu 2: ~ **mazi; mazii** ~ s. **belirsiz geçmiş kipi**
naklidem s. **kan nakli**
naklikelâm *z. va.* Übergang *m* zu e–m anderen Gesprächsthema ~ **etmek** das Thema wechseln
naklimekân etmek um-, aus-ziehen, die Wohnung (den Wohnort) wechseln
nakliyat, -tı [··–] (*Pl., a. in sg. Bed.*) 1. Transport(-e *pl.*) *m*, Beförderung *f*, Frachtgeschäft *n* 2. Umzug *m*, Umzüge *pl.* 3. *va.* Tradition, Überlieferung *f* ~ **birliği** *mil.* Transporteinheit *f* ~ **cetveli** *mil.* Transportübersicht *f* ~ **işleri** Transportwesen *n* ~ **kademesi** *mil.* Transportstaffel *f* ~ **kolu** *mil.* Transport, Fahr-, Kraftfahr-kolonne *f* ~ **komutanı** *mil.* Transportführer *m* ~ **projesi** *mil.* Transportplan *m* ~ **raporu** *mil.* Transportmeldung *f* ~ **resmi** Transport-, Beförderungs-, Verkehrs-steuer *f* ~ **sigortası** Transportversicherung *f* ~ **şirketi** Transportgesellschaft, Spedition *f*
nakliyatçı [··–·] Spediteur *m*
nakliyatçılık [··–··] Speditionswesen *n*
nakliye 1. Transport 2. Transport-, Fracht-, Umzugs-kosten *pl.* 3. s. ~ **gemisi;** ~ **arabası** Transport-, Lieferwagen *m* ~ **eri** *mil.* Trainsoldat *m* ~ **gemisi** Transportschiff *n*, Transporter *m* ~ **kolu** *mil.* Transport-, Fahr-, Kraftfahr-kolonne *f* ~ **komisyoncusu** *jur.* Spediteur *m* ~ **masrafı** s. **taşıma giderleri;** ~ **mukavelesi** Speditionsvertrag *m* *taşıma sözleşmesi ~ **müteahhidi** Frachtführer *m* ~ **senedi** Frachtbrief *m* ~ **sınıfı** *mil.* (Kraft-)Fahrtruppe *f*, Train *m* ~ **takımı** (Ponton-)Fähre *f* ~ **tarifesi** Frachtsatz *m* ~ **treni** Transportzug *m* ~ **uçağı** Transportflugzeug *n*
nakliyeci Transportunternehmer, Frachtführer, Spediteur *m* *taşıyıcı
nakliyecilik 1. Speditionswesen *n* 2. Transport *m* *taşımacılık
naklüddem s. **kan nakli**
nako *Zig.* Nase *f* *burun
naks *va.* 1. Mangelhaftigkeit, Unvollkommenheit *f* 2. Verminderung, Verringerung *f*
Nakşa *osm. Bez.* der Insel Naxos
nakşetmek [×··] 1. mit Buntmalerei versehen, mit Bildern od. Zeichnungen schmücken (Wände, Zimmerdecke) 2. sticken; s.a. **zihne** ~
nakşıberab [···–] *va.* „Malen *n* auf Wasser" *d.h.* 1. Worte *pl.*, die in den Wind geredet sind 2. schnell Vergängliches
Nakşibendî *fr.* 1. Derwischorden der Nakşibendî 2. ein Angehöriger dieses Ordens
Nakşibendîlik *fr.* 1. s. **Nakşibendî** (1) 2. Zugehörigkeit *f* zu dem Nakşibendî-Orden
nakşibent, -di 1. *va.* Dekorationsmaler *m* 2. ≗ *n.pr.* Begründer *m* des nach ihm genannten Derwischordens
nakten; naktî s. **nakden; nakdî**
nakur [––] *va.* Trompete *f* (spez. des Jüngsten Gerichtes) *sûru İsrafil
nakus [––] *va.* 1. Schlagholz *n* (durchlöchertes, mit Klöppel geschlagenes Brett der orient. Christen zum Zusammenrufen der Gemeinde) 2. (Kirchen-)Glocke *f*
nakzen [×·] *Adv.* zu **nakız** 1. unter Aufhebung des bisherigen Urteils 2. unter Bruch (z.B. e–s Eides), unter Verletzung (e–s Vertrags) ~ **görmek** (*od.* **rüyet etmek**) **(davayı)** unter Aufhebung des bisherigen Urteils neu verhandeln ~ **iade etmek (davayı)** unter Aufhebung des bisherigen Urteils an die vorhergehende Instanz zurückverweisen
nakzetmek [×··] 1. *va.* zerstören, zertrümmern 2. brechen (z.B. Eid) 3. verletzen (z.B. Abkommen) 4. aufheben, kassieren (Urteil)
nakzıahdetmek [×·×··] *va.* seinen Eid brechen, sein Wort nicht halten *yeminini nakzetmek
nal 1. Hufeisen *n*; (2–5 *va.*) 2. Schuhwerk *n* 3. Zwinge *f* (an e–m Spazierstock u.ä.) 4. Pflugschar *f* 5. Tätowierung *f* ~ **çakmak** Hufeisen aufnageln; (*ein Pferd usw.*) beschlagen ~ **çivisi** (*od.* ~ **mıhı**) Hufnagel *m* ~ **dövmek** *va.* tätowieren ~ **kasa** s. **falakalı kasa;** ~ **kemer** *arch.* Hufeisenbogen *m* ~ **kesmek** 1. Hufeisen schmieden 2. *va.* tätowieren ~ **sakal** Fräse *f* (Barttracht) ~ **tokmağı** Hufschmiedhammer *m* ~ **toplamak** *fig.* der letzte sein (*urspr.* Rennpferd) ~ **vurmak** mit den Hufeisen der Hinterbeine auf die der Vorderbeine schlagen (Pferd beim Galopp) ~ **vurması** *vet.* Verletzung des Pferdehufs durch falsche Beschlagung **-ı ateşe koymak** das Hufeisen ins Feuer legen (abergläubischer Brauch, der e–n Abwesenden durch Zaubersprüche zur Rückkehr veranlassen soll) **-ına mıhına vurmak** s. **hem -ına hem mıhına vurmak;** s.a. Stw. **kimi; -ını sökmek için ölmüş eşek aramak** *fig.* mühelos et. erwerben wollen **-ları dikmek (parlatmak, atmak)** *V* krepieren, verrecken **-ları kaldırmak** *P* Reißaus nehmen
nalan [––] 1. *va.* (weh-)klagend, stöhnend, seufzend *inleyen 2. ≗ *wV* ~ **olmak** *va.* (weh-)klagen, seufzen, stöhnen *inlemek, inildemek
nalâyık, -kı [––·] *va.* unwürdig, ungehörig, unpassend, unschicklich *yakışmaz, yaraşmaz
nalbant, -dı 1. Hufschmied *m* 2. *iron.* schlechter Zahnarzt; Zahnklempner, Pfuscher *m* ~ **törpüsü** Hufraspel *f*
nalbantlık 1. Gewerbe *n* e–s Hufschmieds 2. Beschlagschmiede *f* ~ **sanatı** Hufbeschlagkunde *f*
nalbeki Tellerchen *n*, Untertasse *f*
nalbur 1. *fr.* Schmied, der nur Hufeisen anfertigte 2. (*heute:*) Eisenwarenhändler *m* *hırdavatçı
nalburiye Eisenwarenhandel *m*
nalburunlu yarasagiller (Familie *f* der) Klappnasen, Langschwangfledermäuse *pl. zo.* Rhinolophidae
nalça 1. U-förmiger Absatzbeschlag 2. kleineres Hufeisen (für Maultiere, Esel usw.) 3. s. **maşa** (6)
nalçalamak mit **nalça** (*q.v.*) versehen
nalçalı mit **nalça** (*q.v.*)
naldöken steiler, steiniger Weg
nale [ā] *va.* (Weh-)Klagen, Stöhnen, Seufzen *n* *inilti
nalende [ā] *va.* s. **nalan** (1)
nalet *P* für **lânet**
naleyn 1. *va.* ein Paar Hufeisen 2. *va.* ein Paar Holzpantinen **(nalın)** 3. *P* = **nalın**
naleyntıraş *va.* s. **nalıncı**
nalın Holzschuh *m* (für das türk. Bad od. die türk. Toilette); (Holz-)Pantine *f* ~ **çivisi** kurzer Nagel mit breitem,

flachem Kopf (wie er für den Lederteil **(tasma)** e–s Holzschuhs verwendet wird); *(etwa:)* Tapetennagel *m*
nalıncı wer (Holz-)Pantinen herstellt und verkauft ~ **keseri** 1. Dechsel *m* des Pantinenmachers 2. *fig.* Egoist *m* ~ **keseri gibi kendine yontmak** alles zu seinem eigenen Vorteil ausbeuten
nalınsı ähnlich wie Holzpantinen ~ **kas** *an.* Zwillingswadenmuskel *m*
naliş [ā] *va.* s. **nale**
nallama Vs. zu **nallamak;** ~ **çekici** Beschlaghammer *m* (des Hufschmieds) ~ **kerpeteni** Hufnagelzange *f*
nallamak 1. beschlagen (*spez.* Pferd) 2. *V* totschlagen, umbringen
nallı 1. beschlagen (*spez.* Pferd) 2. mit Hufeisen verziert 3. *va.* tätowiert
Nallıhan *n.pr.* O. u. D. im Rbz. Ankara
naltıraş s. **nalıncı**
nam [–] 1. Name *m* *ad, isim 2. Ruf *m*, Berühmtheit *f*, Ehre *f*, Ruhm *m* 3. mit Namen, namens *namında Zu 1: **Ali -ında bir çocuk** ein Junge namens Ali Zu 3: **Ahmet** ~ **şahıs** jemand namens Ahmet, ein gewisser Ahmet ~ **almak** sich e–n Namen machen, berühmt werden ~ **bırakmak** e–n berühmten Namen hinterlassen ~ **kazanmak** s. ~ **almak;** ~ **vermek** (*od.* **salmak**) s. ~ **almak; (O, dünyaya** ~ **verdi.** Er ist in der ganzen Welt berühmt geworden.) **-a muharrer** (*od.* **yazılı**) auf den Namen ausgestellt, Namens- (z. B. Aktie) (*ant.* **hamiline muharrer**) *ada yazılı **-a muharrer** (*od.* **yazılı**) **senetler** *H* Namens-, Rekta-papiere *pl.* **-ı nişanı** (*od.* **-ünişane**) **kalmamak** vollkommen in Vergessenheit geraten **-ına** 1. im Namen (von) 2. zugunsten (von), für 3. was den Namen … verdiente 4. auf den Namen (von) Zu 1: **onun -ına imza etmek** in seinem Namen (und Auftrag) unterzeichnen **insaniyet -ına** im Namen der Menschlichkeit Zu 3: **Para -ına bir şey yok.** a) Es ist kein Pfennig Geld da. b) Ich habe keinen Pfennig Geld. **Akraba -ına kimsesi yok.** Er hat keinerlei Anverwandte. Zu 4: **benim -ıma gelen mektuplar** auf meinen Namen einlaufende Briefe **-iyle** unter dem Namen … (z. B. bekannt sein) **-ı diğer** 1. *selt.* Pseudonym *n* 2. alias, auch … genannt; auch unter dem Namen … auftretend Zu 2: **Emine -ı diğer Fethiye** Emine, alias Fethiye **-ı müstear** Pseudonym *n*, Deck-, Künstler-name *m* *takma ad
namadut, -du [–––] *va.* ungezählt, zahllos, unzählig *sayısız
namağlup, -bu [–·–] *va.* 1. unbesiegt 2. unbesiegbar
namahdut, -du [–·–] *va.* unbegrenzt, unendlich weit *sınırsız, uçsuz bucaksız
namahrem [–··] 1. nicht zur Familie bzw. engeren Verwandtschaft gehörig 2. Fremder *m* *yabancı, el ~ **olmak** (birbirine) *fig.* nicht od. nur entfernt miteinander verwandt sein (so daß e–r Heirat kein gesetzlicher Hinderungsgrund entgegensteht)
namahremiyet, -ti; namahremlik Umstand *m*, daß jemand nicht zur Familie bzw. engeren Verwandtschaft gehört
namakbul, lü [–·–] *va.* unerwünscht, unangenehm, unannehmbar
namakul, -lü [–––] *va.* unvernünftig, unverständig, unsinnig
namalum [–––]; **namaruf** [–––] *va.* unbekannt, nicht bekannt
namaver [––·] *va.* bekannt, berühmt *meşhur
namaz rituell genau vorgeschriebenes, täglich fünfmal zu verrichtendes isl. Gebet ~ **aptesi** rituelle Reinigung (vor dem Gebet) ~ **atmak** beten (Juden) ~ **ayları** die Monate Recep, Şaban, Ramazan (mit bes. Gottesdiensten für Frauen) ~ **bezi** (Kopf- und Hals-)Schleier *m* der isl. Frauen bei dem Gebet ~ **halısı** (*od.* ~ **seccadesi**) Gebetsteppich *m* ~ **kılmak** das rituelle Gebet verrichten (Mohammedaner) ~ **vakitleri** Gebetszeiten *pl.* **-a durmak** s. ~ **kılmak; ₂ı kılındı.** Man hat ihm das Totengebet gesprochen. *d. h.* 1. Er ist tot (gestorben). 2. Er ist erledigt (*F* abgemeldet). **-ı niyazı yerinde** wer seinen religiösen Verpflichtungen genau nachkommt **-ında aptesinde** fromm, kirchengläubig
namazbozan e–e Farnkrautart
namazgâh Gebetsplatz *m* im Freien
namazlağı *dial.* für **namazlık** (1)
namazlık 1. Gebetsteppich *m* (od. ein Ersatz) 2. *P* die bei dem Gebet gesprochenen Formeln und Koranverse 3. von der Dauer e–s Gebetes
namazsız menstruierend (Frau, Mädchen)
namdar [––] *z. va.* berühmt *şöhretli, ünlü
name [ā] 1. *va.* Schreiben *n*, Brief *m; gel. a.* Buch *n*, Broschüre, Zeitschrift *f* 2. *P* Liebesbrief *m* 3. *Sx.* zur Bez. e–s Schriftstückes, *gel.* e–r Sammlung von Bestimmungen od. Gesetzen Zu 3: s. **beyan-, istifa-, itimat-name** s. a. **kanun-, nizam-, talimat-name;** ~ **defteri** *hist.* Postbuch *n* für Handschreiben des Sultans ~ **kesesi** *hist.* Stoffumschlag für Handschreiben des Sultans **-i hümayun** *hist.* Kaiserlich-Osmanisches Handschreiben
nameber [ā] *hist.* (vor Einrichtung des Postverkehrs) Überbringer *m* e–s Schreibens, Bote *m*
namert, -di [ā] 1. unmännlich, feige *cebin 2. nichtswürdig, niederträchtig, gemein *alçak (s. a. die unter **Allah** und **geçmek** angeführten Ra.)
namertlik [ā] 1. Feigheit *f* *cebanet 2. Niedertracht, Gemeinheit *f* *alçaklık
namesbuk, -ku [–·–] *z. va.* was kein Präzedens hat, vorher nicht dagewesen **tarihte emsali** ~ was in der Geschichte nicht seinesgleichen hat, historisch einmalig
nameşru, -uu [–·–] illegitim, un-, außer-ehelich (z. B. Kind)
namevcut, -du [–·–] *z. va.* 1. abwesend 2. (beim Namenappell) Fehlt! Abwesend!
namevzun [–·–] *va.* 1. rhythmisch fehlerhaft, unrhythmisch (Gedicht) 2. unharmonisch, unproportional
namık, -kı [ā] 1. *va.* schreibend; Schreiber, Schriftsteller *m* 2. ₂ *mV*
nami [––] *va.* keimend, sprossend, wachsend, sich entwickelnd
namî [––] 1. *va.* berühmt *meşhur 2. **Nami** *mV* **Namiye** *wV*
namiye [ā] *va.* vegetative Kraft
namizaç, -cı [–·–] *z. va.* unwohl, unpäßlich, nicht ganz auf dem Posten *keyifsiz
namizaçlık [–·–·] *z. va.* Unpäßlichkeit *f* *keyifsizlik
namlı (I) [ā] *z. va.* berühmt *meşhur, şöhretli
namlı (II) s. **namlu**
namlılı s. **namlulu**
namlu 1. Gewehr-, Pistolen-lauf *m*, Geschützrohr *n* 2. Klinge *f* (e–s Messers, Schwertes usw.) ~ **baskısı** Rohrbremse *f* ~ **ceketi** Rohrmantel *m* ~ **çekirdeği** Rohrkern *m* ~ **gezi** Rohrkimme *f* ~ **gömleği** Laufmantel *m* ~ **müceffi** Seele *f* (e–s Rohres, Laufes) **-nun iç cidarı** Seelenwand *f* **-nun yüzü** flache Klinge **-su geri teper top** Rohrrücklaufgeschütz *n*
namlulu mit nb. Lauf od. Rohr (bzw. Klinge) s. **uzun** ~ **top; çifte** ~ **makineli tüfek**
namurat, -dı [–·–] *va.* wer sein Ziel nicht erreicht hat; unbefriedigt, enttäuscht
namus *urspr.* [––], *mst.* [–·] 1. Ehre *f*, Ehrgefühl *n* 2. Ehrenhaftigkeit, Unbescholtenheit *f*, guter Ruf (Name) 3. *va.* s. **kanun, nizam** 4. *va. rel.* ein Gott nahestehender Engel ~ **belâsı** s. **ar belâsı;** ~ **borcu** Ehrenschuld *f* ₂ **damarlarım teprendi.** Mein Ehrgefühl empörte sich. ~

ehli keusch, sittenrein ~ **sahibi** ehrlich, anständig, ehrenhaft ~ **sözü** Ehrenwort *n* **-u ile yaşamak** ein ehrbares Leben führen **-una dokunmak** (b–nin) j–s Ehrgefühl (Stolz) verletzen, ehrenrührig sein **-una girmek** (e–e Frau, ein Mädchen) vergewaltigen **-unu ayakları altına almak** *od.* **unu iki paralık etmek** seine Ehre preisgeben **-unu temizlemek** seine Ehre retten **-u ekber** *va.* Erzengel Gabriel

namusiye *va.* Bettvorhang *m* *yatak perdesi

namuskâr(-ane) s. **namuslu**

namuslu [ā] ehrlich, redlich, anständig, tugendhaft (Frau), unbescholten

namusluluk [ā] Ehrlichkeit, Redlichkeit, Anständigkeit, Tugendhaftigkeit (e–r Frau), Unbescholtenheit *f*

namussuz [ā] 1. ehrlos, unehrenhaft 2. ohne Ehrgefühl, schamlos 3. berüchtigt, übel beleumundet

namussuzluk [ā] 1. Ehrlosigkeit, Unehrenhaftigkeit *f* 2. fehlendes od. mangelndes Ehrgefühl; Schamlosigkeit *f* 3. Berüchtigtsein *n* ~ **etmek** e–e ehrlose Tat begehen

namutasavver [–···] *va.* 1. was e–m nicht in den Sinn kommt 2. unvorstellbar

namütenahi [–·––] 1. unendlich *bitimsiz, sonsuz, sonu gelmez 2. *math.* unendlich groß *sonsuz büyük 3. *math.* unbegrenzt, nicht definiert *gayrimuarref, sınırsız, tariflenmemiş ~ **dizi** *math.* unendliche Reihe ~ **işareti** *math.* Unendlichkeitszeichen *n*

namütenahilik [–·–··]; **namütenahiyet, -ti** [–·–··] *a. math.* Unendlichkeit *f* *sonsuzluk

namver [ā] *va.* berühmt *meşhur

namzet, -di 1. Kandidat(-in *f*) *m*, Bewerber(-in *f*) *m*, Anwärter(-in *f*) *m* *aday 2. Verlobte *m*, *f*, verlobt 3. (m. Dat.) e–e drohende Entwicklungsmöglichkeit enthaltend, drohend 4. *jur.* Nacherbe *m* *art mirasçı; sonkalıtçı Zu 3: **bu cihanşümul olmaya ~ boğazlaşma karşısında** angesichts dieses Mordens, das sich auf die ganze Welt zu erstrecken droht ~ **göstermek** als Kandidaten aufstellen **-ler listesi** Kandidatenliste *f*

namzetlik, -iği 1. Kandidatur, Bewerbung, Anwartschaft *f* *adaylık 2. Verlobtsein *n* **-ini koymak** (*od.* **vazetmek**) (m. Dat.) 1. sich als Kandidat aufstellen lasen, kandidieren (für) 2. (b–nin) j–n als Kandidaten aufstellen (für)

nan [ā] *va.* Brot *n* *ekmek **-ı aziz** *(osm.)* tägliches (liebes) Brot

nanay (I) *Zig.*, *V* nicht vorhanden *yok

nanay (II) ein spez. in den Nordostprovinzen übliches Lied ohne Instrumentalbegleitung

nandu s. **Amerika devekuşu**

nane [ā] (Pfeffer-)Minze *f bot.* Mentha (piperita u.a.) ~ **çöpü** *fig.* schmächtig gebaut (Person) ~ **likörü** Pfefferminzlikör *m* ~ **suyu** Pfefferminztee *m* ~ **yağı** (unverdünntes) Pfefferminz-parfüm, -öl *n* ~ **yemek** Unpassendes tun, e–n Fauxpas begehen, et. anstellen, dummes Zeug daherreden (s.a. die unter **yemek** (II) aufgeführten Ra.)

naneli [ā] Pfefferminz enthaltend, nach Pfefferminz riechend, mit Pfefferminzgeschmack

nanemolla [–···] 1. Schwächling, Trottel *m* 2. kraftlos, nicht widerstandsfähig 3. wer oft krank wird

nanemollalık [–····] Zustand *m* od. Verhalten *n* e–s **nanemolla**

naneruhu, -nu Pfefferminzextrakt *m*

naneşekeri, -ni Pfefferminz(-bonbon *m*, *n*) *n*

nanhar [––] *hist.* Kind *n* e–s gefallenen Janitschars, das vom Staat ernährt wurde

nanik lange Nase (als Geste der Verspottung) ≗ **alırsın!** *F* Der wird dir etwas husten! ~ **yapmak** j–m e–e lange Nase machen

nanizm (*franz.* **nanisme**) s. **cücelik**

nankin Nanking *m* (rötlich-gelblicher Baumwollstoff)

nankinet, -ti e–e leichtere Nanking-Art

nankör undankbar *iyilik bilmez, nimetnaşinas

nankörlük Undankbarkeit *f* *nimetnaşinaslık ~ **etmek** sich undankbar erweisen, undankbar sein

nannik *V* Geliebte, Mätresse *f*, ausgehaltene Freundin

nanosefal nanozephal, mit besonders kleinem Kopf

nanozomi (*franz.* **nanosomie**) s. **cücelik**

nanpare [––·] 1. Stück *n* Brot 2. Lebensunterhalt *m* **-ye muhtaç olmak** in Not und Elend leben

nansuk, -ku Nansok *m* (feines, engmaschiges Baumwollgewebe *spez.* für Leibwäsche)

nanünemek [–·×·] *va.* 1. Brot und Salz *(n)* 2. Gastfreundschaft *f* 3. Dankbarkeit, Erkenntlichkeit *f*

nanünimet, -ti [–·–·] *va.* Wohltätigkeit *f*, Edelmut *m*

nap (I), **-bı** [ā] *va.* 1. rein, unvermischt *saf 2. klar, durchsichtig *berrak

nap (II), **-bı** [ā] *va.* Eckzahn, Hauer *m*

nap (III), **-ppı** (*franz.* **nappe**) *geol.* Decke *f* (tektonisch aufgeschobene Gesteinsmasse) *örtü

n'apacak *gel.* *Graphik* der volkstüml. Lautung von **ne yapacak**

napak, -ki [––] *va.* unrein, unsauber, schmutzig *kirli, pis

napalm Napalm *n* (für Benzinbrandbomben)

napnafile [×–··] vollkommen überflüssig

Napoli *n.pr.* Neapel ~ **merhemi** *pharm.* graue Quecksilbersalbe (*fr.* bei Syphilisbehandlung) ~ **sarısı** Neapel-, Orange-gelb *n*

Napolili 1. Neapolitaner(-in *f*) *m* 2. neapolitanisch

napoliten 1. Napolitain *n* (Schokoladentäfelchen) 2. Napolitaine *f* (flanellartiges Baumwollgewebe) 3. neapolitanisch ~ **şarkı** neapolitanisches Fischerlied

Napolyon 1. *n.pr.* Napoleon 2. ≗ Napoleondor *m*

nar *urspr.* [–] Granatapfel *m* ~ **ağacı** Granatapfelbaum *m bot.* Punica granatum ~ **bülbülü** s. **kızıl gerdan;** ~ **gibi** gut durchgebraten ~ **şurubu** Granatapfelsaft *m*

nâr *z. va.* 1. Feuer *n* *ateş 2. (*a.* **-ı cahim**) Höllen-feuer *n*, -glut *f*, Fegefeuer *n* 3. *va.* s. **ateşyuvar, pirosfer** Zu 2: **ehli** ~ *va.* die zur Hölle Verdammten **-a yakmak** j–m Schaden zufügen **-ına yanmak** (b–nin) 1. durch Verschulden e–s anderen leiden müssen 2. anstelle des wirklichen Übeltäters bestraft werden, *F* et. ausbaden müssen **-ı beyza** (*od.* **-ı ebyaz**) s. **akkor**

nara [–·] lautes Geschrei, Gebrüll, Grölen, Gegröle *n* ~ **atmak** laut schreien, brüllen, grölen **-yı basmak** in ein Gegröle ausbrechen, losschreien

naracı [–··] *hist.* wer durch **„Yangın var"**-Rufe den **tulumbacı** *(q.v.)* den Weg zum Brandplatz freizumachen hatte

narcıl s. Stw. **hindistancevizi** (1)

narçiçeği, -ni 1. Granatblüte *f* 2. korallenrot 3. *hist.* ein Fes von korallenroter Farbe (wie ihn Geheimpolizisten bis 1908 trugen) ~ **kotinga** Klippenvogel *m zo.* Rupicola rupicola (Südamerika)

Narçinzade [··–·]; **Narçin bey** Figur *f* des Gecken im Karagözspiel *Kınnapzade, Çelebi

nardenk, -gi eingedickter Fruchtsaft (aus Granatäpfeln, Pflaumen, Kornelkirschen usw.)

nardin steifes Borstengras *bot.* Nardus stricta

nareke Rohrflöte mit Summton (im Karagözspiel bei Wegnahme des **göstermelik** *(q. v.)* verwendet)

narencî *va.* rötlich-gelb, orangefarben

narenciye [ā] Zitrusfrüchte *pl.* *turunçgiller

narenciyeci [ā] Züchter (Pflanzer, Produzent, Exporteur, Importeur) *m* von Zitrusfrüchten

narenç, -ci [ā] *va.* s. **turunç, portakal**

narengî; narenk s. **narencî; narenç**
nareva [–·–] *va.* 1. ungehörig, unschicklich, unpassend *yakışmaz, yaraşmaz 2. ungerecht, unverdient, unbillig
nargile 1. Wasserpfeife, Nargileh *f* 2. *V* leerer Schwätzer ~ **başı** (*od.* **seri**) Nargilehkopf *m* (für den Tabak) ~ **içmek** Wasserpfeife rauchen ~ **suyu** *fig.* fades Getränk, *V* Gesöff *n* **-nin suyunu değiştirmek** *V* sein Wasser abschlagen
nargiller *bot.* Punikazeen *pl.* *rummaniye
narh amtlich festgesetzter Preis (*spez.* für Lebensmittel), Höchstpreis *m* *azamî fiyat ~ **koymak** Höchstpreise festsetzen
nârî 1. Feuer- 2. feuergefährlich 3. Höllen-, höllisch 4. s. **cins, peri;** s.a. **eczayı (el'abı, eslihai) nâriye**
narin [ā] zart, fein, schlank
narince [ā] 1. e–e bes. in der Umgebung von Tokat häufiger vorkommende weiße Traubenart 2. hieraus hergestellter Weißwein
narinlik [ā] Zartheit, Feinheit, Schlankheit *f*
nark, -kı s. **narh**
Narkis [×·] *griech. Myth. n.pr.* Narziß
narkisizm s. **nar(si)sizm**
narkoanaliz *med.* Narkoanalyse *f*
narkolepsi *med.* Narkolepsie *f* (sich wiederholender) Schlafanfall
narkoman (*franz.* **narcomane**) rauschgiftsüchtig; Rauschgiftsüchtige *m, f*
narkomani Rauschgiftsucht *f*
narkotik 1. narkotisch, betäubend 2. Narkotikum, Betäubungsmittel *n* ~ **polisi** Rauschgiftdezernat *n*
narkotin *pharm.* Narkotin *n* (schwaches Betäubungsmittel)
narkotize narkotisiert, betäubt ~ **etmek** narkotisieren, betäuben
narkoz *med.* (Voll-)Narkose *f*, allgemeine Betäubung *genel anestezi ~ **vermek** *med.* in Narkose versetzen; narkotisieren
narkozcu; narkozist, -ti; narkozitör Narkotiseur, Narkosearzt *m*, -schwester *f*
Narman *n.pr.* O. u. D. im Rbz. Erzurum
narsi(si)st, -ti *psych.* Narzist *m*
narsi(si)zm (*franz.* **narcissisme**) *psych.* Narzißmus *m*
narven [ā] *va.* 1. s. **karaağaç** 2. s. **nar ağacı**
nas (I), **-ssı** 1. klare Darlegung (im Koran od. in der isl. Tradition), kanonischer Text 2. Dogma *n* *dogma, inak 3. *va. ling.* ein Wort, dem nur ein einziger Begriff zukommt
nas (II) [ā] *z. va.* Menschen, Leute *pl.*, Publikum *n* *halk, insalar (*vgl.*a. **alâmeleinnas; beynennas**); ≗ **suresi** Name der 114. Koran-Sure (s.a. **muavvizeteyn**)
nas (III) **-a'sı** *va.* 1. Schläfrigkeit *f* 2. Schwäche, Kraftlosigkeit *f*
nasafet s. **nasfet**
Nasara [·––] *va. Pl.* Nazaräer, Nazarener, Christen *pl.* (in e–m isl. Land)
Nasaralık [·–––·] *va.* Nazaräer-, Christen-tum *n*
nasavap, -bı [–·–] *va.* 1. irrig, falsch 2. s. **haksız**
nasayih [·–·] *va. Pl.* zu **nasihat**
nasaz [––] *va.* 1. nicht übereinstimmend, widersprechend 2. nicht in Ordnung 3. ungünstig, widrig (z.B. Schicksal)
nasbetmek [×··] 1. ernennen (Beamte) 2. *va.* errichten, aufrichten *dikmek
nasçı *selt.* Dogmatiker *m*, dogmatisch eingestellt
naseza [–·–] *va.* unwürdig, ungehörig, unschicklich, unpassend *yakışmaz, yaraşmaz
nasfet, -ti Gerechtigkeit und Billigkeit *f* *denkserlik, hakkaniyet ~ **dairesinde** wie es gerecht und billig ist ~ **göstermek** Gerechtigkeit und Billigkeit widerfahren lassen
nasıf [ā] *va.* 1. (*a.* **hattı** ~) s. **açıortay** 2. in zwei gleiche Teile zerlegend
nasıh [ā] *va.* ermahnend; Ratgeber, Berater *m*
nasıl [×·] 1. was für (ein)? welch? 2. wie? auf welche Weise? 3. wie? (was sagten Sie?) 4. wie? (was sagen Sie dazu?) 5. mit folg. **ise** wie auch immer 6. s. **hem de** ~ Zu 1: ≗ **kâğıt istiyorsunuz?** Was für Papier wollen Sie? **Bu ~ iş?** Was ist denn das? **O ~ şey?** Was soll denn das heißen? Zu 2: ≗**sınız?** Wie geht es Ihnen? ≗ **diyeyim?** Wie soll ich mich gleich ausdrücken? ≗ **yapsam da?** Wie fange ich es nur an? ≗ **mı oldu?** Wie das gekommen sein soll, fragst du? Zu 3: ≗**, bir daha söyler misiniz?** Wie? Würden Sie das bitte noch einmal sagen? Zu 4: ≗**, iyi oldu mu?** Nun, ist jetzt alles in Ordnung? ~ **ki** 1. ebenso, aber genau so 2. zumal auch 3. s. **nitekim;** ~ **olsa** wie dem nun auch sein mag, wie es nun auch gekommen sein mag
nasıllık-nicelik zarfı *gr.* s. **niteleme belirteci**
nasılsa [×··] 1. s. **nasıl olsa** 2. irgendwie, auf irgendeine Weise
nasıp, -sbı 1. Ernennen *n*, Ernennung *f* (e–s Beamten) 2. *va.* Errichten, Aufrichten *n*
nasır (I) [–·] 1. Schwiele, Hornhaut *f* 2. Hühnerauge *n* 3. *med.* s. **nasur;** ~ **bağlamak** (*od.* **tutmak**) 1. Schwielen bekommen 2. Hühneraugen bekommen 3. *fig.* sich verhärten, gefühllos werden (z.B. Herz) ~ **içinde** voller Schwielen (z.B Hände) ~ **ilâcı** Hühneraugenmittel *n* ~ **olmak** Schwielen bzw. Hühneraugen bekommen (z.B. Zehen) ~ **otu** s. **saksıgüzeli** (1)
nâsır 1. *va.* helfend; Helfer *m* 2. ≗ *mV* ≗ **suresi** Name der 110. Koran-Sure
Nasıra [–··] *n.pr.* Nazareth (in Palästina)
Nasıralı *rel. hist.* 1. Nazarener *m*, nazarenisch 2. Nazaräer *m*
nasırlanmak 1. schwielig werden 2. Hühneraugen bekommen
nasırlaşmak 1. s. **nasırlanmak** 2. *fig.* sich verhärten
nasırlı 1. schwielig 2. mit Hühneraugen ~ **cisim** *an.* Balken *m* (Nervenbrücke zwischen den Großhirnhälften)
nâsih *va.* 1. austilgend, aufhebend, abrogierend, annullierend 2. Kopist *m*
nasih [·–] *va.* s. **nasihatçı**
nasihat, -ti [·–·] Ermahnung *f*, guter Rat(-schlag) ~ **dinlemek** (*od.* **tutmak**) auf j–s Rat hören, j–s Rat befolgen ~ **etmek (vermek; -te bulunmak)** gute Ratschläge erteilen; j–m gut zureden ~ **yollu** als gutgemeinter Rat
nasihatamiz [·–·––] *va.* Ermahnungen enthaltend, (er-)mahnend (z.B. Worte)
nasihatçı [ī] Ratgeber, Berater, Ermahner, Strafprediger *m*
nasip, -bi [ī] 1. Schicksal, Los, Geschick *n* 2. Anteil *m*, Zuteilung *f* 3. tägliches Brot Zu 2: **Herifin insanlıktan -i yok ki!** Der Kerl hat ja nichts Menschliches an sich! ~ **almak** (*od.* **vermek**) *fr.* in den Bektaschi-Orden aufgenommen werden ~ **etmek** zukommen (erreichen) lassen, gewähren *eriştirmek, ulaştırmak ~ **etmemek (talih)** versagen (Schicksal) ~ **olmak** 1. sich treffen, sich fügen 2. j–m zuteil werden Zu 1: **Bir daha gitmek ~ olursa ...** Wenn sich noch einmal Gelegenheit bietet hinzufahren ... Zu 2: **Onun erdiği bu devlet, herkese ~ olmaz.** Das Glück, das er erreicht hat, wird nicht jedem zuteil. **-im olmadı ...** war mir nicht bestimmt (beschieden) **-ini almak** (bşden) et. genießen ≗**se olur.** Wenn Gott es so bestimmt hat, geschieht es eben.
nasipli [·–·] wem et. zuteil geworden ist *spez. fr.* wer in den Bektaschiorden aufgenommen worden ist
nasir [ā] s. **nesirci**

nasiye [ā] *va.* Stirn *f* *alın **-i hal** *va.* Physiognomie *f*, Gesichtsausdruck *m*
nasp, -bı s. **nasıp**
Nasranî [·−−]; **Nasraniyet, -ti** s. **Hıristiyan(-lık)**
Nasrettin Hoca *n.pr.* der türk. Till Eulenspiegel (13. Jh.), an dessen Namen sich e−e Sammlung witziger Schnurren und Schwänke knüpft **(Letaifi ~ ~); Nasrettin Hoca'nın türbesi gibi** (wie das Grabmal von Nasrettin Hodscha) mit Tür und Schloß, aber ohne Ummauerung
nassî; nassiye s. **dogmatik; dogmatizm**
nasuh [ū] (1−3 *va.*) 1. s. **nasihatçı** 2. aufrichtig (bereuend) 3. rein, sauber 4. ♀ *mV* **tövbei** ~ *od. P* ~ **nusuh tövbesi** Gelöbnis *n* der Besserung
nasuhî [·−−] 1. wer unwiderrufliche Besserung schwört 2. ♀ *mV*
Nasuhiye [ū] *n.pr. fr.* ein Zweig des Halvetî-Ordens
nasur [−−] *va. med.* Fistel *f* *fistül
nasut, -tu [−−] *va.* 1. Menschheit *f* 2. menschliche Natur **âlemi** ~ *va.* sichtbare (diesseitige, vergängliche) Welt
nasyon *selt.* Nation *f*, Volk *n* *millet, ulus
nasyonal *selt.* national *millî, ulusal
nasyonalist, -ti *selt.* nationalistisch, Nationalist(-in *f*) *m* *milliyetçi
nasyonalistlik s. **nasyonalizm**
nasyonalizasyon *selt.* Nationalisierung *f*, nationale Gestaltung *millîleştirme
nasyonalize *selt.* nationalisiert ~ **etmek** nationalisieren, nationalen Charakter verleihen *millîleştirmek
nasyonalizm *selt.* Nationalismus *m*
nasyonalsosyalist, -ti *hist.* nationalsozialistisch; Nationalsozialist(-in *f*) *m* ~ **partisi** *hist.* die nationalsozialistische Partei
nasyonalsosyalistlik; nasyonalsosyalizm *hist.* Nationalsozialismus *m*
naş s. **naaş**
naşad, -dı [−−] *va.* traurig, betrübt, bekümmert, bedrückt *mağmum
naşi [−−] *z. va.* 1. hervorgehend, entstehend (aus) 2. wegen, infolge; da, weil *dolayı Zu 2: **bundan** ~ aus diesem Grunde, daher **hastalıktan** ~ infolge Krankheit
naşinas [−·−] *z. va.* nicht wissend, nicht (aner-)kennend
naşir [ā] 1. verbreitend; Verbreiter *m* 2. Herausgeber *m* 3. Verleger *m* *(1−3) yayınlayan, yayınlayıcı, yayıncı **-in ilânı** *typ.* Waschzettel *m* **-i efkâr** Sprachrohr, Organ *n* (z. B. e−r Partei) **-ülharare** s. **ısıveren**
naşit, -di [ā] 1. *va.* wer Gedichte schreibt od. vorträgt 2. ♀ *mV* **Naşide** *wV*
natamam [−·−] *z. va.* unvollständig, unvollendet *eksik, tamamlanmamış ~ **senet** *H* nicht bankfähiger, nicht begebbarer Wechsel
natamamiyet, -ti [−·−··] *z. va.* 1. Unvollständigkeit *f*, Nicht-vollendet-Sein *n* 2. Insuffizienz, Unzulänglichkeit *f* ~ **hisleri** s. **eksiklik duyguları**
natık [ā] 1. sprechend, redend 2. ausdrückend, besagend Zu 1: s. **hayvanı** ~ Zu 2: **geri dönmeyi** ~ **bir emir** Befehl *m* zur Rückkehr **Kendisine bin lira borcum olduğunu** ~ **bir senet verdim.** Ich habe ihm e−n Schuldschein über tausend Pfund ausgestellt.
natıka (I) [−··] 1. Sprechfähigkeit *f* 2. Redner-gabe *f*, -talent *n*, Beredsamkeit *f*
natıka (II) *naut.* s. **venatka**
natıkalı [−···] 1. beredsam, beredt 2. redselig *konuşkan
natıkaperdaz [−···−] *va.* s. **natıkalı** (1)
natır [ā] 1. *va.* Feldhüter, Aufseher *m* 2. Badewärterin *f* (im türk. Frauenbad)
nativist, -ti nativistisch; Nativist(-in *f*) *m* *doğuştancı, fıtriyeci
nativizm *phil.* Nativismus *m* *doğuştancılık, fıtriye, vehbiye
NATO *n.pr.* NATO *f* (= **North Atlantic Treaty Organization**); s.a. **Kuzey Atlantik Antlaşması Örgütü**
natokafa; natomermeri *V* schwer von Begriff, dumm, blöd
natraşide [−·−·] *z. va.* 1. unrasiert 2. nicht geglättet, nicht ausgefeilt 3. unangebaut 4. unbearbeitet, ungepflegt (z. B. Sprache)
natrit, -ti s. **natron**
natriyum *va. chem.* Natrium *n* *sodyum, sut
natron [×·] *chem.* 1. doppeltkohlensaures Natrium 2. Ätznatron *n*
natuk, -ku [ū] *z. va.* s. **natıkalı**
natur s. **natır**
natura [·×·] natürliche Beschaffenheit, Natur(-anlage), Konstitution *f*, Körperbau *m*
natür *selt.* Natur *f* *tabiat
natüralist, -ti 1. naturalistisch 2. Naturalist(-in *f*) *m* 3. Naturwissenschaftler(-in *f*) *m* 4. Naturphilosoph *m* ~ **tiyatro** naturalistisches Theater *ayrıntılı tiyatro
natüralizm *lit., phil.* Naturalismus *m* *doğacılık
natürel 1. natürlich, angeboren *tabiî 2. ungekünstelt, urwüchsig 3. *mus.* nicht (mehr) alteriert ~ **kâğıt** *V* Karten *pl.* mit kleinen Fabrikfehlern auf der Rückseite (zu betrügerischen Zwecken zusammengestellt) **fa** ~ (Note) *F* mit Auflösungszeichen *bzw.* ohne Versetzungszeichen
natürist, -ti 1. (*a.* ~ **tabip**) Naturheil-arzt, -kundiger *m* 2. Naturmensch *m spez.* Anhänger(-in *f*) *m* der Nacktkultur 3. naturverbunden, Naturheil-
natürizm 1. Naturheilmethode *f* 2. Naturverbundenheit *f*, natürliche Lebensweise *spez.* Nackt-, Freikörper-kultur *f* 3. Naturphilosophie *f*
natürmort, -tu (*franz.* **nature morte**) Stilleben *n*
natüvan [−·−] *va.* kraftlos, schwach *bitap, mecalsiz
natüvanlık [−·−·] Kraftlosigkeit, Schwäche, Erschöpfung *f* *mecalsizlik, takatsızlık
naümit, -di [−·−] s. **nevmit**
naval (I) (in der Füg. **ataşeneval**) Marine-
naval (II) *V* einfältig, dumm, blöd
navar Flugsicherungssystem *n*
Navarin *n.pr.* (Navarino), Pylos (O. an der Westküste des Peloponnes; die Seeschlacht von N. (20. 10. 1827) begründete die griech. Freiheit)
navçağan s. **boruçiçeği** (1)
navi [×·] *naut.* s. **barkobastiya**
navisert, -ti (*engl.* **navigation certificate**) *naut.* Warendurchgangsbescheinigung *f* (spez. im II. Weltkrieg von englischen Behörden für ausländische Handelsschiffe ausgestellt)
navlun 1. Schiffsfracht(-gebühr) *f*, Fracht *f*, Seetransportkosten *pl.* 2.Fahr-kosten *pl.*, -geld *n* (auf Seefahrzeug) ~ **mukavelesi** (*od.* ~ **sözleşmesi**) *naut.* Seefrachtvertrag *m*, Chartepartie *f*
nay s. **ney**
Nayadlar *griech. Myth.* Najaden *pl.*
nayap, -bı [−−] *z. va.* 1. was nicht od. nur selten zu finden, zu erreichen ist; unergründlich 2. unvergleichlich, einzigartig Zu 1: s. **ka'rı nayap**
nayiha [−··] *va.* s. **nevhager**
Nâyîler *n.pr.* e−e türk. Literatengruppe (1911−1923)
naylon 1. Nylon(-gewebe) *n* 2. Kunststoff *m*, Plastik *f* 3. *P* unecht *sahte; ~ **fatura** Proforma-Rechnung *f* ~ **mus** Kräuselkrepp *m*
naylonlu mit Nylon verstärkt
Naymanlar *n.pr.* e−e aus acht Stimmen bestehende türk. Volksgruppe in der westl. Mongolei
nayzen s. **neyzen**

naz [ā] Ziererei *f*, Sich-bitten- (od. -nötigen-)Lassen *n*, affektiertes Benehmen, kokettes Neinsagen; Koketterie *f* **Bu ne ~?** Was soll die Ziererei? **~ etmek (satmak, yapmak)** sich bitten (nötigen) lassen, sich zieren, kokettieren, sich abweisend verhalten, zögern (et. anzunehmen) **~ niyaz** (*od.* **nazüniyaz) ile yapmak** sich erst nach langem Bitten zu et. herbeilassen **~ uykusu** Schlafmützigkeit *f* **-a alışmak** verzogen (verhätschelt) werden (Kind) **-a çekmek** (k–ni) s. **naz etmek; -ı geçmek** (*od.* **-ını geçirmek**) 1. sich von j–m alles gefallen lassen, j–s Launen nachgeben 2. bei j–m e–n Stein im Brett haben (**Ebeveyninin biricik evlâdı olduğu için onlara -ı geçer.** Da die Eltern nur dieses einzige Kind haben, lassen sie sich alle seine Launen gefallen.) **-ını çekmek** (b–nin) s. **-ı geçmek; -ını tepsiye koymak** s. **~ etmek**

nazal *selt. phon.* 1. nasal 2. Nasallaut *m*

nazar 1. Blick(-en *n*) *m*, Sehen *n* *bakış 2. (nach abergl. Vorstellung) böser Blick, böses Auge, (Malocchio *m*) *kem göz 3. *phil.* Spekulation *f* *kurgu, spekülasyon 4. Meinung, Ansicht *f* 5. gute Meinung; Achtung, Gunst *f* *teveccüh 6. Überlegung, Berücksichtigung, Erwägung *f* *mülâhaza **~ atfetmek** (*od.* **fırlatmak**) (m. Dat.) e–n Blick werfen (auf), et. ansehen **~ boncuğu** blaue Perle (od. ein Ersatz dafür) (zur Abwehr des sogenannten bösen Blickes) **~ boncuğu gibi** *F* einzig **~ değmek** (*od.* **isabet etmek**) (b–ne) treffen (böser Blick) (**Ona ~ değmesin!** *Abw.* Möge ihn der böse Blick nicht treffen!) **~ etmek** (m. Dat.) betrachten, ansehen **~ takımı** Talisman *m*, Amulett *n* **~ tütsüsü** s. **nazara karşı tütsü; -a çarpmak** augenfällig sein, in die Augen springen **-a gelmek (çarpılmak, uğramak)** vom bösen Blick getroffen werden **-a inanmak** an den bösen Blick glauben **-a karşı tütsü** (abergläubisches) Räuchern gegen den bösen Blick **-da olmak** in Gunst stehen **-dan düşmek** in Ungnade fallen **-dan mestur** *mil.* gegen Sicht geschützt **-ında** nach seiner Meinung, in seinen Augen **... iyle bakmak** (m. Dat.) betrachten, ansehen (als) (**Ona düşman -iyle bakıyor.** Er betrachtet ihn als seinen Feind. **Müdahalesine katî -iyle bakılmaktadır.** Sein Eingreifen gilt als sicher. **Bu projeye daha şimdiden terkedilmiş -iyle bakılmaktadır.** Der Plan kann schon jetzt als aufgegeben gelten.) **-ı dikkat; (dikkat -ı)** Aufmerksamkeit, Beachtung *f* (**Halkın -ı dikkatine!** Zur allgemeinen Beachtung!) **-ı dikkate almak** in Erwägung (Betracht) ziehen, ins Auge fassen, vor Augen halten, beachten, in Rechnung stellen, nicht übersehen *göz önünde tutmak **-ı dikkatine arz etmek** (b–nin bşi) j–n auf et. aufmerksam machen **-ı dikkatini celp etmek** (*od.* **çekmek**) (b–nin) 1. j–n aufmerksam machen (auf) 2. j–s Aufmerksamkeit auf sich lenken **-ı ıttılaına arz etmek** (b–nin) *z. va.* j–m zur Kenntnis bringen **-ı itibara almak** (bşi) in Erwägung (Betracht) ziehen, berücksichtigen **-ı tasvibine arz etmek** (b–nin) j–m zur Genehmigung unterbreiten (vorlegen) **-ı tenkidine arz etmek** (b–nin) j–m zur kritischen Beurteilung vorlegen

nazaran [×··] (m. Dat.) 1. nach, gemäß, zufolge, entsprechend 2. mit Rücksicht (auf), im Hinblick (auf), in Anbetracht der Tatsache, daß ...; da ja, nachdem (kausal) 3. soweit ...; nach dem, was ... 4. wenn, falls; für den Fall, daß ... Zu 1: **buna ~** demnach, demzufolge **gazete haberlerine ~** Zeitungsmeldungen zufolge Zu 2: **Bankada bin liranız bulunduğuna ~** Nachdem Sie tausend Pfund auf der Bank haben ... Zu 4: **Şeftalilerin Mudanya'da bulunmasına ~ vapurun bunları iki günde yüklemesi mümkündür.** Wenn die Pfirsiche in Mudania lagern, können sie in zwei Tagen verladen werden.

nazarî 1. *z. va.* visuell, optisch 2. theoretisch *kuramsal, teorik 3. *phil.* spekulativ *kurgul, spekülatif **~ bilgiler** theoretische Kenntnisse *pl.* **~ telgraf müfrezesi** *mil. va.* Blinkerzug *m* *pırıldak müfrezesi

nazariyat, -tı [··–] (*Pl., a. in sg. Bed.*) Theorie(-n *pl.*) *f* **-a istinat eden bilgi** theoretische Kenntnisse *pl.*

nazariyatçı Theoretiker *m* *teorisiyen

nazariye Theorie *f* *kuram, teori

nazarlık Amulett *n* od. Talisman *m* gegen den bösen Blick (z.B. bes. Käppchen für Jungen nach der Beschneidung)

nazarlıklı mit e–m Talisman gegen den bösen Blick

nazarotu, -nu s. **üzerlik** (2)

nazdar [––] 1. *va.* s. **nazlı** 2. e–e best. Tulpenart

nazende [–··] 1. *va.* s. **nazlı** 2. Geliebte *f* 3. e–e best. Tulpenart **~ çiçeği** s. **ıtrışahî** (1)

nazenin [–·–] 1. *mel.* zart, fein, zierlich, nett, hübsch 2. *pej.* zimperlich, verwöhnt, (Zier-)Püppchen *n*, hochnäsig 3. e–e melod. Weise in der türk. Musik Zu 2: **Vay -im vay!** Jetzt schau sich doch e–r das Zimperhänschen an!

nazım, -zmı 1. *va.* Linie, Reihe, Anordnung *f* 2. Poesie *f* *koşuk (*ant.* **nesir**) 3. (Vers-)Dichtung *f*, Gedicht *n* *manzume

nâzım 1. ordnend 2. dichtend, reimend; (Vers-)Dichter *m* (*ant.* **nasir**) 3. *math.* s. **normal** (2) 4. s. **regülatör** 5. Schwingkölbchen *n* (mancher Insekten) 6. **Nazım** *mV* **Nazıma, Nazime** *wV* **~ gemi** *naut.* Leit-, Führungs-schiff *n* (z.B. e–s Konvois) **~ müstevisi** *math.* Normalebene *f*

Nazımiye *n.pr.* O. u. D. im Rbz. Tunceli

nazımlama *lit.* Verskunst *f*

nazır [ā] 1. sehend, schauend 2. hinausgehend (auf) (z.B. Fenster) 3. Aufseher, Wächter *m* 4. *osm.* Minister (bis 1922) 5. nicht-türkischer Minister 6. *va.* Direktor *m* *müdür Zu 1: **Allah her yerde hazır ve -dır.** Gott ist allgegenwärtig und sieht alles. Zu 2: **denize ~ oda** Zimmer *n* mit Meeresblick **ºlar meclisi** (*od.* **heyeti**) (genauer: s. **Heyeti Vükelâ**)

nazırlık, -ğı [ā] 1. Ministeramt *n*, Tätigkeit *f* (Rang *m*, Aufgaben *pl.*) e–s Ministers 2. Ministerium *n* *nezaret (vgl. **nazır** 4, 5) **Alman hariciye -ının sözcüsü** Sprecher *m* des (deutschen) Auswärtigen Amtes **dahiliye -ına tayin edilmek** zum Innenminister ernannt werden **hariciye -ına getirilen ...** der zum Außenminister ernannte ...

Nazi [×·] *mst. pej.* 1. Nazi, Nationalsozialist(-in *f*) *m* 2. Nazi-, nazistisch, nationalsozialistisch **~ partisi** *hist.* Nazipartei *f*, NSDAP *f* **~ rejimi** *hist.* Naziregime *n*

naziat [–·–] (*ar.:* die Entreißenden) **º suresi** Name der 79. Koran-Sure

nazif [ī] 1. *va.* rein, sauber 2. hübsch, nett 3. **º** [×·] *mV* **Nazife** *wV*

nazik, -ki [ā] 1. fein, zart 2. höflich, liebenswürdig, freundlich, aufmerksam *nezaketli 3. fein (Instrument) 4. heikel, delikat, bedenklich, schwierig, gespannt (z.B. Lage) **~ bir hal almak** *od.* **~ bir duruma girmek** s. **nazikleşmek** (2)

nazikâne s. **nazik** (2); **~ atlatmak** höflich abwimmeln

nazikleşmek [ā] 1. fein(-er), höflich(-er) werden 2. gespannt (heikel, delikat, schwierig, bedenklich) werden, sich verschärfen, sich zuspitzen (z.B. Lage) 3. (durch Annahme palataler Lautung) sich verfeinern (Aussprache)

naziklik [ā] s. **nezaket**

nazil [ā] 1. (her-)absteigend 2. herabgesandt (Offenbarung) 3. abgestiegen (in) 4. *med.* deszendierend, herabsteigend Zu 2: **Peygamberlere vahiy ~ olurdu.** Den Propheten wurde die göttliche Offenbarung vom Himmel herabgesandt. Zu 3: **murahhasların ~ oldukları otel** das Hotel, in dem die Bevollmächtigten abgestiegen waren

nazile [ā] *va.* 1. Unglück *n* 2. Ungnade *f* 3. Schlaganfall *m* 4. s. **nezle**

Nazilik [×··] *mst. pej.* Nazismus *m*, Nazibewegung *f*, Nationalsozialismus *m* *Nazizm **-ten tecrit** Entnazifizierung *f* **-ten tecrit mahkemesi** Spruchkammer *f* (für die Entnazifizierung)
Nazilli *n.pr.* Stadt u. D. im Rbz. Aydın (mit Textilindustrie)
nazir [ī] 1. gleich, ähnlich *eş, benzer 2. s. **-üssemt**
nazire [ī] 1. *lit.* Nachdichtung *f* *benzek 2. et. Ähnliches od. Entgegengesetztes; Gegenstück *n* 3. *a. mil.* Gegenschlag *m*, Vergeltung *f*
nazirüssemt, -ti [ī] *astr.* Nadir *m* *ayakucu, semtikadem
Nazist, -ti *selt.* nazistisch, Nazi-
Nazizm s. **Nazilik**
nazlanmak s. **naz etmek; Nazlanma da bu işi kabul et!** Laß dich nicht so lange bitten, und tu das schon! **Bu işi kabul edinceye kadar pek nazlandı.** Er hat lange gezögert, diese Aufgabe zu übernehmen.
nazlaş (< **nazlı aş**) e–e süße Reisspeise
nazlı 1. wer sich bitten (nötigen) läßt, sich zierend, kokettierend, halb ablehnend (abweisend) 2. *z. va.* lieb, teuer *aziz 3. verwöhnt, verzärtelt 4. zart, empfindlich (z. B. Pflanze) ~ **alışmış** verwöhnt, verzärtelt (Kind) ~ **alıştırmak** verwöhnen, verzärteln
nazmen [×·] *Adv.* in poetischer Form, in Versen
nazmetmek [×··] in Versen schreiben, versifizieren
nazmî 1. poetisch, Vers- 2. **Nazmi** [×·] *mV* **Nazmiye** *wV*
nazunimet, -ti [–·–·] *(in der va. Ra.:)* ~ **içinde büyümek** verhätschelt, verwöhnt werden
NBC = National Broadcasting Corporation (USA)
ne, -yi (I) 1. was? 2. (mit folg. **ise**) was (nur), was auch immer 3. (Ausruf) was! wie! 4. (mit folg. Sb.) was für ein? 5. (mit folg. Adj.) (Ausruf) wie ...! was für ...! 6. (neg. Bed. in rhet. Fragen) Zu 1: **Bana ~ vereceksin?** Was wirst du mir schenken? **Bana ~?** Was geht das mich an? ≗ **dir o, bil!** Rat einmal, was das ist! Zu 2: ≗ **görse ister.** Was er nur sieht, will er auch haben. Zu 3: ≗**! Geldiniz ha!** Was! Da sind Sie ja! Zu 4: ~ **yolda** auf was für e–m Weg? **Bu ~ biçim şey?** Was ist denn das für e–e Art und Weise? Benimmt man sich etwa so? **Bu ~ hal böyle?** Was ist denn das für ein Zustand? Zu 5: ~ **güzel!** wie schön! ≗ **güzel çiçekler!** Was für schöne Blumen! Zu 6: s. ~ **vazifen;** ~ **mümkün;** ~ **gezer; Bana** ~ usw. ≗ **akla hizmet ediyor?** 1. Was erwartet er (verspricht er sich) denn davon? 2. Wozu soll das gut sein? 3. Was hat er sich nur dabei gedacht? ≗ **akla hizmet dönüyor, yahu?** Warum ist er denn so dumm und kommt zurück? ≗ **âlâ memleket** *iron.* 1. Was willst du noch mehr? Das lasse ich mir gefallen! 2. Das sind ja reizende Zustände! ≗ **âlem?** Was hat das für e–n Zweck? Aber nicht doch! ~ **âlemdedir?** Wie steht es um (*od.* mit) ...? ≗ **âlemdesiniz?** Ja, sieht man Sie auch einmal wieder? Wie geht es Ihnen denn jetzt? ≗ **alıp veremiyor?** *od.* ≗ **alıp veremediği var?** Was will er denn eigentlich? ~ **arar** (b–de)! s. **ne gezer!** ≗ **arıyor (burada)** Was hat er denn hier verloren? ≗ **beis var?** Was schadet das schon? Was liegt schon daran? ~ **biçim** (was für e–e Art und Weise d. h.) unverständlich, sonderbar ~ **bileyim** (häufig nur als Füllausdruck beim Erzählen) Was weiß ich? Wie soll ich schnell sagen? Na ...; Also ... ≗ **buyrulur?** 1. Was sagen Sie jetzt dazu? 2. (herausfordernd) Haben Sie sonst noch etwas auszusetzen? ≗ **cehennemdesin?** Wo steckst du denn zum Teufel? ≗ **çalıp ne oynuyorsun?** Du weißt wohl gar nicht, was du da anstellst! ≗ **çare** s. Stw. **çare;** ≗ **çıkar?** 1. Was schadet das schon? Was liegt schon daran? 2. Was kommt schon dabei heraus? Wozu denn? Warum denn? ~ **çiçek!** 1. *mel.* wie schön (nett, hübsch usw.)! 2. *pej.* na, so ein Kerl! ≗ **çiçek olduğunu bilirim.** *pej.* Ich weiß schon, was ich von ihm zu halten habe. ~ **de güzel şey!** Wie schön ist das doch! (**Bugün hava ~ de güzel!** Prachtvolles Wetter haben wir heute!) (Vgl. a. **da, de** 14a) ~ **de olsa** immerhin, gleichwohl, trotzdem ≗ **de yakışmış!** Und wie das paßt! ~ **dedim de** (*od.* **ettim de**) (Ausruf der Reue) (≗ **dedim de seni dinlemedim!** Hätte ich nur auf dich gehört!) ~ **demek(-tir)?** 1. Was ist die Bedeutung (von)? Was bedeutet ...? 2. Was soll das heißen? Wie kann man denn ... Zu 1: **Bu kelime ~ demek?** Was bedeutet das Wort? Zu 2: **Vazifeden kaçmak ~ demek?** Wie kann man denn einfach vom Dienst weglaufen?) ~ **demek olsun** s. ~ **demek** (2); ~ **demeye** 1. wozu? zu welchem Zweck? 2. in welcher Bedeutung? wieso? ~ **derseniz deyiniz** (als Rückleitung zu e–m Thema, von dem man abgeschweift ist) aber sei dem, wie ihm wolle; wie Sie auch darüber denken mögen ... ≗ **dersin** (*od.* **denir**)? Was soll man dazu sagen? Das ist doch unglaublich! ≗ **dersiniz?** Was sagen (meinen) Sie dazu? ~ **devlet!** was für ein Glück! **-dir ki** 1. wieso? 2. aber, indessen, jedoch, nur *mamafih, şu var ki ~ **diye** wozu? warum? zu welchem Zweck? ≗ **diyorsun!** (Ausruf des Erstaunens) Ja, gibt es das auch? Ist es die Möglichkeit? ~ **doğru!** sehr richtig! ≗ **ekersen, onu biçersin.** *Spr.* Was der Mensch säet, das wird er ernten. ~ **ettim de** s. ~ **dedim de;** (≗ **ettim de geldim?** Warum bin ich nur hierhergekommen? Wäre ich doch nie hierhergekommen!) ≗ **ettiyse, kendine etti.** Damit hat er sich nur selbst geschadet. ~ **fayda?** 1. Was kommt schon dabei heraus? Wozu denn? 2. Was nützt das jetzt, wo es zu spät ist? 3. umsonst, vergeblich ~ **gezer!** 1. (b–de) ... ist überhaupt nicht vorhanden 2. Keine Rede davon! I wo! Gott bewahre! 3. Unmöglich! Ganz ausgeschlossen! ~ **gezsin** s. ~ **gezer** (2); ~ **gibi?** was für ein? welcher? (**Ne gibi bir izlenim edindiniz?** Was für e–n Eindruck haben Sie gewonnen?) ~ **görsem beğenirsiniz?** (*form. Ra.* bei Märchenerzählung) Was meint ihr wohl, was ich da zu sehen bekam? Aber was konnte ich da sehen! ≗ **güne (gûna) duruyor?** 1. Was steht er denn da herum? 2. Warum soll denn das Ding da nutzlos herumliegen? 3. Wozu hat man denn ...? ≗ **günlere kaldık!** Was machen wir doch für Zeiten durch! ≗ **haber(-ler)?** Wie steht die Sache jetzt? Was gibt es Neues? ~ **hacet!** wozu denn? Das ist ja überflüssig! (**Bu kadar külfete ~ hacet?** Wozu die ganzen Umstände?) ~ **haddi!** ein unverschämter Kerl! ~ **haddine!** 1. Wie kommt er nur dazu? Das steht ihm nicht zu! 2. Das wird er sich nicht erlauben! Das kann er nie tun! ~ **hal ise** wie dem auch immer sein mag ≗ **haldedir?** 1. Wie geht es ihm? 2. Wie steht es um ... (Sache) ≗ **hali varsa görsün!** *iron.* Soll er sich doch die Finger daran verbrennen (*scil.* wenn er nicht auf meinen Rat hören will). Er wird schon sehen, wie weit er kommt! ≗ **hiçten bir adam olduğu anlaşıldı.** Es hat sich jetzt herausgestellt, was für ein minderwertiger Bursche er ist. ~ **hikmetse** aus e–m unerfindlichen Grund ≗ **hükmü var?** Was liegt daran? Was hat das schon zu bedeuten? ~ **için** s. **niçin;** ~ **idiği** (*od.* **idüğü**) **belirsiz bir adam** *(ält. Beh.)* ein verdächtiges Individuum ~ **ile?** womit? ≗ **imiş?** Was liegt schon daran? ~ **ise** (einlenkend und ein Thema abschließend) Wie dem nun auch sein mag! Nun (gut)! Nun, wenn schon! (≗ **ise geçelim!** Nun, lassen wir die Sache auf sich beruhen!) (Zu **ne ... ise** s. **ne** 2) ≗ **iyi!** Prima! Großartig! ~ **kadar** 1. wieviel? *kaç 2. wielange? 3. (als Ausruf) wie ...! 4. mit folg. **ise** wieviel (bzw. wie sehr) auch immer Zu 3: ~ **kadar sıcak!** Was für e–e Gluthitze! Zu 4: ~ **kadar olsa** immerhin ~ **kadar söylense...** Man kann ihm noch so gut zureden (*scil.* er tut es doch nicht.) ~ **kerte** wie sehr ~ **ki** s. **nedir ki;** ≗ **külfet!** Was ist das doch für e–e Mühe! Wie unbequem! ~ **lâzım?** wozu? unnötig! überflüssig! ~ **malum?** Wer kann

das wissen? Das kann jeder behaupten! ~ **mene adam** *P* was für ein Mensch, wes Geistes Kind ~ **mutlu** s. Stw. **mutlu;** ~ **mümkün!** ganz unmöglich! völlig ausgeschlossen! ~ **münasebet!** ach, woher denn! keineswegs! unmöglich! ~ **nimet!** Wie gut wäre es (wenn ...) ≗ **o?** 1. Was ist denn das? 2. Was ist denn los? ~ **ola** (*P* **nola**)? Was liegt schon daran? (**Biraz para versen nola!** Etwas Geld kannst du schon herausrücken!) ~ **olacak** *(wegwerfend)* Was soll schon groß sein? Wenn schon! (**Bana ~ olacak, ha gelmiş, ha gelmemiş!** Was kümmert es mich schon groß, ob er da ist oder nicht?) ≗ **olacak kenarın dilberi!** Was kann man von e–r Landpomeranze schon anders erwarten? ~ **olaydı** (*P* **nolaydı**) Was wäre schon dabei gewesen (wenn ...) ~ **oldu?** (m. Dat. in Füg. wie: **Sana ~ oldu?** Was ist denn mit dir los? Was ist dir denn passiert? **Yüzüne ~ oldu?** Was hast du denn da im Gesicht? **Size ~ oldu da karıştınız?** Wie sind Sie nur dazu gekommen, sich einzumischen?) **Bu paralara ~ oldu?** Wo ist das Geld hingekommen? ≗ **olduğumu bilemedim.** Ich wußte nicht, wie mir geschah. Ich war ganz außer mir. ~ **oldum budalası** (*od.* **delisi**) durch unverhoffte Erfolge od. unerwartetes Glück sehr von sich eingenommen; eingebildet, Parvenü, Protz *m* ~ **olup da ...** vgl. **da, de** (14a); ~ **olur?** Warum denn nicht? (**Bunu versen ~ olur?** Nun gib schon her!) ≗ **olur** (*od.* **olursun**) Sei so freundlich und ...; bitte ... ~ **olur** (*gel. a.* **oldu**) ~ **olmaz** für alle Fälle; man kann nie wissen, wozu es gut ist; vorsichtshalber ≗ **olursa olsun!** Komme, was da wolle! Soll es sein, wie es mag! auf jeden Fall ≗ **olursa senden olur.** Nur du allein kannst helfen. ≗ **olursam olayım.** Was dann aus mir wird, ist mir gleich. ≗ **olursunuz bunu yapmayın!** Tut das nur ja nicht! ~ **oluyor?** 1. Was ist denn hier los? 2. Was hat er denn auf einmal? 3. (m. Dat.) Was liegt schon (an ...)? 4. (m. Dat.): **Ona ~ oluyor da karışıyor?** Was mischt er sich denn ein? Die Sache geht ihn doch nichts an! 5. **O, senin ~ oluyor? – Amcam oluyor.** Was ist das für ein Verwandter von dir? – Das ist mein Onkel. ~ **ömür şey!** 1. großartig! wunderbar! 2. ulkig! komisch! ~ **pahasına olursa olsun** um jeden Preis; koste es, was es wolle ≗ **satıyorsun?** Was erzählst du da? ~ **sebepten?** aus welchem Grund? wieso? ~ **siktirir** *V* Es ist überhaupt nichts da. Wo sollte denn ... herkommen? ~ **sinir şey!** *P* 1. eine vertrackte Angelegenheit! 2. Was für ein unangenehmer (lästiger, übler) Bursche ist das doch! ~ **sularda?** Wie steht es jetzt mit ...? Sind Sie mit ... vorangekommen? ~ **şüphe (ona)** zweifelsohne ~ **taraftan?** woher? aus welcher Gegend? ~ **türlü?** was für (ein) ...? ≗ **umurun?** Was hast du damit zu schaffen? Was brauchst du dich darum zu kümmern? ≗ **umurunda?** Was hat er sich schon groß darum gekümmert? ≗ **üstüme vazife** (*od.* **lâzım**)? Was habe ich damit zu tun? Dafür bin ich nicht da. ~ **vakit** 1. wann? 2. (m. folg. **ise** *od.* **ki**) wann auch immer; wenn ≗ **var?** Was gibt's? Was ist los? ~ **var ki** jedoch, aber, indessen ≗ **var ~ yok?** Was gibt es Neues? Wie steht's, wie geht's? ~ **varsın ne yoksun durumu** e–e Situation, in der e–m alles gleichgültig ist ≗ **vazifen?** Was geht das dich an? ~ **veçhile olursa olsun** auf welche Weise auch immer, gleichviel wie ≗ **yalan söyleyeyim?** 1. Warum sollte ich lügen? 2. tatsächlich ≗ **yapalım (yaparsın, yapayım, yapmalı) ki** Was kann man schon dagegen tun? ≗ **yaparsan yap!** Mach, was du willst! ~ **yapıp yapıp** (*od.* ~ **yapıp edip**) 1. irgendwie, auf irgendeine Weise 2. unbedingt, auf jeden Fall; so oder so ≗ **yazar?** Was geht das mich an? ≗ **yok ki?** Was gäbe es nicht? ~ **yüzden** aus welchem Grunde? weswegen? ≗ **yüzle geldin?** Wie kannst du dich unterstehen, hierher zu kommen? ≗ **yüzle söyleyeceğim?** Wo soll ich den Mut hernehmen, (ihm) das zu sagen? ~ **yüzünden?** 1. s. ~ **yüzden?** 2. unter welchem Vorwand? ≗ **zahmet!** Entschuldigen Sie die Störung! ~ **zaman** s. ~ **vakit;** ~ **zamandadır** seit langem ≗ **zarar!** Was macht das schon aus! Was liegt schon daran! **-ce, -ci, -den** s. die ges. Stw.; **-ler** was für Dinge ≗ **-ler de neler, maydanozlu köfteler!** *F* Da gäbe es noch allerhand zu erzählen! ≗**ler etti bana!** Was hat er mir doch alles angetan! ≗**ler var -ler!** Was es nicht alles gibt auf der Welt! ≗**ler neler yapmadı!** Was hat er doch (nicht) alles fertiggebracht! ≗**leri beğendiniz?** Was hat Ihnen alles gefallen? ≗**me lâzım** (*od.* **gerek**)? 1. Was geht das mich an? Was habe ich damit zu schaffen? 2. *gel.* aber, trotzdem, gleichwohl (*Anm.:* entsprechend a. **-ne, -sine, -mize, -nize, -lerine lâzım** *od.* **gerek?**); ≗**mi gördün?** Was hast du mir vorzuwerfen? ≗**nin -si olduğu belli değil.** Man weiß nichts über ihn. Er ist ein zweifelhaftes Individuum. **O adam sizin -niz** (*od.* **neyiniz**)? Wie ist er mit Ihnen verwandt? ≗**si var? Bebek gibi kız!** Was ist denn auszusetzen? Es ist doch ein bildhübsches Mädchen! **-si var -si yoksa** alles, was zur Verfügung steht; alle verfügbaren Kräfte (od. Mittel); sein ganzes Vermögen ≗**sine** (*mit od. ohne* **bahsine girersin**)? Was gilt die Wette? **-sine yetmiyor?** Genügt ihm nicht auch ... **-ye?** wozu? warum? weshalb? ≗**ye doğrusunu söylemiyorsun?** Warum sagst du nicht die Wahrheit? **-ye yarar** s. ~ **fayda; -yimiz: O bizim neyimizdir?** Wie ist er mit uns verwandt? **-yin** (*od.* **-nin**) **-si: Bademcik sahiden -yin -sidir?** Was ist nun tatsächlich über die Rachenmandeln zu sagen? **-yin nesi(kimin fesi) olduğunu bilmediğin kimseler** Leute, die dir vollkommen fremd sind

ne (II) **... ne** (*a.* **ne ... ne de;** *vgl.* **da, de** 15) 1. weder ... noch 2. *(bei neg. Prädikat gel.)* sowohl ... als auch 3. s. unter Stw. **ne** (I): ~ **çalıp** ~ **oynuyorsun;** ~ **olur** ~ **olmaz** Zu 1: **Bu sabah ~ kahve, ~ çay içtim** (*od.* **içmedim).** Heute früh habe ich weder Kaffee noch Tee getrunken. Zu 2: **Sen ~ yaz, ~ kış dinlenmezsen ...** Wenn du dir sowohl im Winter wie im Sommer keine Ruhe gönnst, ... (*Anm.* zu 1, 2: Das Prädikat begegnet, bes. in idiom. Ra., vorzugsweise in der positiven Form; die neg. Form findet sich seltener; gel. sind beide möglich.) ~ **Allahtan ~ şeytandan korkmak** *fig.* keinerlei Skrupel haben (et. Schlechtes zu tun) ~ **altını bırakmak ~ üstünü** alles abklappern *(F),* nichts unbesehen lassen ≗ **aslı var ~ faslı.** 1. Es ist kein wahres Wort daran. 2. Es ist völlig aus der Luft gegriffen *Aslı astarı yok ≗ **başım kaldı ~ beynim.** Ich war ganz benommen (von all dem Lärm, von der vielen Arbeit usw.) ≗ **deveyi gördüm ne deveciyi.** *fig.* Darüber ist mir nichts bekannt. ≗ **ifrat,** ~ **tefrit!** Nicht zu viel und nicht zu wenig! Immer Maß halten! ≗ **kapı var ne baca** s. **kapısız bacasız;** ~ **koç görmek ne de boynuzunu kırmak** s. **Ne Şam'ın şekeri ne Arabın yüzü.** ≗ **kokar ~ bulaşır.** 1. Es ist nichts Rechtes mit ihm anzufangen. Er ist weder Fisch noch Fleisch. 2. ein vollkommen harmloser Mensch ≗ **ot var ~ ocak.** Er ist ein armer Teufel! Schmalhans ist bei ihm (uns usw.) Küchenmeister. ≗ **sakala minnet,** ~ **bıyığa!** (Wer seine Arbeit selber tut) ist niemand zu Dank verpflichtet. ~ **selâm,** ~ **sabah** 1. ohne „Guten Tag" zu sagen 2. ohne sich um irgend jemand zu kümmern ≗ **selâmünaleyküm ~ aleykümselâm.** Ich habe vollkommen mit ihm gebrochen. Unsere Freundschaft ist zu Ende. ≗ **sen sor ne ben söyleyeyim!** Oh, frage nicht! ≗ **sihirdir ~ keramet, el çabukluğu marifet!** (Ster. Ruf des **hokkabaz**) Kein Zauber ist es und kein Wunder, nur Geschicklichkeit! ≗ **Şam'ın şekeri ~ Arabın yüzü.** 1. Weder das eine noch das andere. 2. Wenn man so viele Unannehmlichkeiten dabei in Kauf nehmen soll, verzichtet man lieber gleich darauf. ~ **şap ~ şeker** nicht Fisch und nicht Fleisch ≗ **şaşkın ol basıl,** ~

taşkın ol asıl! *Spr.* Läßt du dich verblüffen, so hast du verloren, wirst du frech, so hängt man dich! *d.h.* Alles mit Maß und Ziel! ≗ **şiş yansın ~ kebap!** *fig.* Es soll keiner (von beiden) zu kurz kommen! ~ **üst bırakmak ~ baş** (b–de) j–n von oben bis unten besudeln, beschmutzen (z.B. vorüberfahrendes Auto) ≗ **üstte var ne başta.** Er hat kaum et. anzuziehen. Er geht ganz zerlumpt einher. ~ **yârdan geçmek ne serden** weder auf das eine noch auf das andere verzichten wollen

ne (III) Name bzw. Lautung des Buchst. N

nebahat [·–·] 1. *va.* Ruhm *m*, Ehre *f*, Adel *m* 2. ≗ [×··] *wV*

nebak, -kı *va.* Dorn-Jujube *f bot.* Zizyphus lotus

nebat, -tı *urspr.* [·–] Pflanze *f*, Gewächs *n* *bitki **-ı mütehafit** s. **sarılgan bitki**

nebatat, -tı [·––] *Pl.* 1. *va.* Pflanzen *pl.*, Vegetation *f* 2. (*Verk.* von **ilmi** ~) Botanik, Pflanzenkunde *f* *botanik ~ **bahçesi** botanischer Garten ~ **bitleri** s. **bitki bitleri;** ~ **dersi** 1. Botanikstunde *f* 2. Botanikunterricht *m* **-ı iptidaiye** s. **birhücreli bitkiler; -ı süfliye** s. **aşağı bitkiler; -ı zatülbüzur** s. **çiçekli bitkiler bitkiler**

nebatî [·––] s. **bitkisel;** ~ **boya** Pflanzenfarbe *f* (im Ggs. zu künstlichen Farben) ~ **hayvan** s. **zoofit;** ~ **örtü** s. **bitkisel örtü;** ~ **yağ** Pflanzen-fett *n*, -butter *f*

nebbaş [ā] *va.* Leichenfledderer *m* *ölü soyucu

nebe 1. *va.* Kunde, Botschaft, Nachricht *f* *haber 2. ≗ **suresi** Name der 78. Koran-Sure

nebean [ā] *z. va.* Hervorquellen, Entspringen *n* ~ **etmek** entspringen. **Sakarya nereden ~ eder?** Wo entspringt die Sakaria?

nebevî [ī] auf e–n Propheten (*spez.* Mohammed) bezüglich; prophetisch

nebezan [··–] s. **nabazan**

nebi [ī] 1. Prophet *m* (in engerem Sinn derjenige Prophet, der keine Offenbarungsschrift hinterlassen hat) 2. ≗ *mV* Zu 1: vgl. **resul**

nebih [·–] *va.* berühmt, edel; **Nebihe** [×··] *wV*

nebil [ī] 1. *va.* würdig, ausgezeichnet, hervorragend, klug, verständig, geachtet, geehrt 2. ≗ [×·] *mV* **Nebile** [×··] *wV*

nebiz [ī] *va.* 1. alkoholisches Getränk aus Datteln, Gerste od. Rosinen *spez.* ar. Dattelwein *m* 2. s. **şarap**

nebülöz *astr.* Nebel(-fleck) *m* *bulutsu, sehabiye

nebze kleines Quantum; Stückchen, Teilchen *n* s.a. **bir ~**

necabet, -ti [ā] 1. vornehme Abstammung; Adel *m* *asalet, asillik 2. vornehmer Charakter, Seelengröße *f*

necabetli [ā] 1. s. **necip** (1, 2) 2. *fr.* Titul. von Prinzen (*Anm.* für osm. Prinzen: **devletlü necabetlü**)

necah [ā] *va.* Erfolg, Sieg, Triumph *m*

necaset, -ti [ā] 1. (rituelle) Unreinheit *f* 2. Exkremente *pl.* **-ten taharet** rituelle Reinigung

necasetli [ā] *va.* unrein, schmutzig

Necaşi [·––] Negus *m* (Kaiser von Äthiopien) *Negüs

necat, -tı [ā] *z. va.* Rettung, Befreiung, Erlösung *f*, Heil *n* *kurtuluş ~ **bulmak** Rettung finden, sich retten ≗ **Ordusu** *n.pr.* Heilsarmee *f*

necatî 1. *va.* die Rettung betreffend 2. **Necati** [·–·] *mV*

necdet, -ti 1. *va.* Tapferkeit *f*, Heldentum *n* 2. ≗ *mV*

nece (I) [×·] 1. welche Sprache? 2. in welcher Sprache (abgefaßt, erscheinend usw.) Zu 1: **Bu adam ~ konuşuyor?** Welche Sprache spricht er denn? Zu 2: **Bu yazı -dir?** In welcher Sprache ist dieses Schreiben abgefaßt?

nece (II) s. **nice**

necef 1. *va.* Hügel *m* *tepecik 2. ≗ *n.pr.* Stadt im Irak (mit Grab des Kalifen Ali)

neceftaşı, -nı *min.* Bergkristall *m* *dağ billuru

neces *va.* (rituelle) Unreinheit

neci (I) in welcher Weise tätig? **O -dir?** Was ist er von Beruf? **Sen ~ oluyorsun?** Was hast du hier dreinzureden? Was geht das dich an?

neci (II) *va.* ein in **Necef** gezüchtetes ar. Pferd

necil [·–] 1. *va.* von vornehmer Abstammung *kişizade 2. ≗ [×·] *mV*

necim, -cmi *va.* Stern *m* *yıldız ≗ **suresi** Name der 53. Koran-Sure **-i bahrî** s. **beşparmak**

necip, -bi [ī] 1. von vornehmer Abstammung, adlig 2. edel, vornehm *(1, 2) asil, necabetli 3. ≗ [×·] *mV* **Necibe** [×··] *wV* ~ **gaz** Edelgas *n* *asil gaz

necis [·–] *va.* 1. schmutzig, (rituell) unrein 2. unheilbar (Krankheit)

Necit, -cdi *n.pr.* Nedschd *m* (ar. Landschaft) *Taşlık Arabistan

necliye s. **buğdaygiller**

Necmettin [×··] (< **Necmüddin**) (Stern der Religion) *mV*

necmî 1. *va.* die Sterne betreffend, Stern- 2. **Necmi** [×·] *mV* **Necmiye** [×··] *wV*

nedamet, -ti [ā] Bereuen *n*, Reue *f* *pişmanlık ~ **etmek (çekmek, getirmek)** Reue empfinden, bereuen *pişman olmak **-ini çekmek** (bşin) et. bereuen, Reue empfinden (über)

nedbe *med.* Narbe *f* *yara izi, yara yeri

neden 1. aus welchem Grunde? warum? 2. Ursache *f*, Warum *n*, (Real-)Grund *m* *illet, sebep ~ **sonra** 1. nach einiger Zeit 2. erst geraume Zeit später; es dauerte sehr lange, bis ... 3. erst als es schon zu spät war ~ **birliği** s. **vesilecilik**

nedenbilim *med., phil.* Ätiologie, Ursachenlehre *etiyoloji, mephası esbap

nedenbilimsel ätiologisch *etiyolojik

nedenlemek s. **sebebiyet vermek**

nedense [·×·] aus irgendeinem (nicht recht verständlichen) Grunde, aus unerfindlichen Gründen

nedensel kausal *illî

nedensellik Kausalität *f* *illiyet, kozalite ~ **bağı** Kausalnexus *m* *illiyet rabıtası ~ **ilkesi** Kausalprinzip *n* *illiyet umdesi

nedensiz grundlos, unmotiviert ~ **zenginleşme** *jur.* ungerechtfertigte Bereicherung *sebepsiz iktisap; bigayrihakkın mal edinme

nedentanrıcı(-lık) s. **deist; deizm**

nedim [ī] 1. Gesellschafter *m*, Vertrauter (am Königshof), guter Erzähler 2. *hist.* Hofnarr *m* 3. ≗ [×·] *mV*

nedime [ī] 1. Hofdame, Gesellschafterin *f* 2. ≗ [×··] *wV*

nedimelik [·–··] Stellung *f* (Rang *m*, Aufgaben *pl.*) e–r Hofdame, Gesellschafterin

nedret, -ti 1. Seltenheit *f*, geringes Vorkommen *azlık, seyreklik 2. ≗ *mV, wV* ~ **kesp etmek** selten werden, rar werden

nef (I) *va.* s. **kâfı nûnî**

nef (II) (*franz.* **nef**) 1. Tafelaufsatz *m* 2. *arch.* Kirchenschiff *n* *sahın

nef (III) s. **nefi**

nefais [ā] (*z. va. Pl.* zu **nefise**) 1. Feines, Erlesenes 2. wertvolle Kunstgegenstände *pl.*

nefaisperest, -ti [ā] *va.* wählerisch; Kenner, Ästhet *m*

nefaset, -ti [ā] 1. Feinheit, Erlesenheit *f* 2. Hochwertigkeit *f*, hohe Qualität

nefehat, -tı [ā] *va. Pl.* zu **nefha** (I)

nefer 1. *va.* Mann *m*, Person *f* *kimse, kişi 2. *mil.* einfacher Soldat, Mann *m* (*fr.* Gemeiner) *er 3. *va.* (als Zählbegriff:) **üç ~ amele** drei Arbeiter

neferiye *va.* kleinbüschelige Traubenart

neferlik Wehrdienst *m* des einfachen Soldaten **-le** als einfacher Soldat

Nefertiti *n.pr.* Nofretete (ägyptische Königin)

nefes 1. Atem(-zug) *m*, Ein- od. Aus-atmung *f*, Hauch *m* 2.

Zug *m* (beim Rauchen) 3. angeblich wunderwirkender Atem sogenannter heiliger Personen, magisches Anhauchen *üfürük 4. Gedicht (Lied, Hymne) auf die Philosophie der Bektaschi od. Alauiten 5. *V* Haschisch *n* (zum Rauchen) ~ **aldırmamak** (b−ne) j−n nicht zu Atem (od. zur Ruhe) kommen lassen ~ **almadan** 1. atemlos 2. pausenlos ~ **almak** 1. Atem schöpfen; einatmen 2. (sich) verschnaufen, et. ausruhen 3. sich behaglich fühlen 4. luftdurchlässig sein 5. atmen, leben ~ **borusu** 1. *an.* Luftröhre *f* *kasaba; soluk borusu 2. Schnorchel *m* (e−s Tauchers) ~ **çekmek** 1. e−n Zug tun (beim Rauchen) 2. *V* Haschisch rauchen 3. *V* den Beischlaf ausüben ~ **darlığı** Atem-not *f*, -beschwerden *pl.*, Asthma *n* *astma, zıykısadır ~ **etmek** (b−ne) (e−n Kranken) mit angeblich heilkräftigem Atem anhauchen ~ **kesikliği** Atemlosigkeit *f* ~ ~ Schritt für Schritt (z. B. verfolgen) ~ ~ **içmek** 1. in Schlückchen trinken 2. paffen (beim Rauchen) ~ **nefese** 1. ganz außer Atem 2. mit knapper Mühe, gerade noch eben ~ **kesmek** den Atem anhalten ~ **ortağı** *H* aktiver Teilhaber (vgl. **mudarebe**); ~ **payı vermek** *fig.* e−e kurze Frist (*F* Verschnaufpause) gewähren ~ **tıkanmak** nur mit Mühe atmen können ~ **tüketmek** sich die Lunge aus dem Leib reden ~ **vermek** ausatmen **-i daralmak** Atembeschwerden haben **-i kesilmek** ganz außer Atem kommen **-i keskin** mit wundertätigem Atem (s.a. **üfürükçü**); **-i kokmak** 1. aus dem Mund riechen 2. s. **açlıktan -i kokmak; -i olmak** *Fb.* Luft haben *d. h.* einigermaßen ungehindert spielen können **ºi tutuldu** (*od.* **tıkandı**) 1. Der Atem stockte ihm. Es verschlug ihm die Sprache. 2. Er war ganz außer Atem. 3. Er hatte e−n Asthmaanfall. **ºin çoksa** (*od.* **ºine elverirse**) **borazan başı ol!** (Spöttisch zu e−m eitlen Schwätzer:) Wenn du schon so viel Atem hast, dann kannst du ja gleich erster Trompeter werden! **-ini çekmek** tief seufzen **-ini tutmak** den Atem anhalten **-ini tüketmek** *F* sich den Mund fusselig reden

nefeslemek 1. anhauchen, anblasen; daraufhauchen 2. s. **nefes etmek** 3. *V* s. **nefes çekmek**

nefeslenmek 1. Pass. zu **nefeslemek** 2. Atem schöpfen, sich et. ausruhen 3. erleichtert aufatmen 4. ganz außer Atem kommen

nefesleşmek *V* Haschisch rauchen

nefesli 1. *mus.* Blas- 2. wer lange den Atem anhalten kann ~ **aletler** *od.* ~ **çalgılar** *od.* **-ler** *mus.* Blasinstrumente *pl.*

nefeslik 1. Atemzug *m* 2. Luft-loch *n*, -klappe *f*, Abzugsrohr *n* 3. Lüftungsvorrichtung *f*, Entlüfter, Exhaustor *m* 4. Wetterleitung *f* od. Grubenventilator *m* (im Bergwerk) 5. Dach-, Boden-, Keller-fenster *n* **bir** ~ **canı kalmış** ganz abgearbeitet, ganz erschöpft

nefesüddem *med.* Hämoptoe, Hämoptysis *f*, Blut-husten, -spucken *n*

nefha (I) *va.* 1. Lüftchen *n*, Hauch *m* 2. Wohlgeruch *m*

nefha (II) *va.* 1. Hauch, Atem *m*, Blasen *n* 2. s. **karın şişkinliği; -i ula** (bzw. **uhra**) *isl. Myth.* erster (bzw. letzter) Trompetenstoß des Erzengels Israfil (zur Ankündigung des Todes aller Lebenden bzw. der Auferstehung der Toten)

nefhetmek [×··] *va.* hauchen, blasen

nefi, -f'i Nutzen, Vorteil, Gewinn, Profit *m*, persönliches Interesse *yarar **nef'ine** zu seinem eigenen Vorteil

nef'î utilitaristisch *faydacıl, ütilitarist

nefih (I), **-fhi** *va.* s. **nefha** (I)

nefih (II), **-fhi** *va.* 1. s. **nefha** (II, 1, 2) 2. belebender Odem **nefhi sûr** *isl. Myth.* Trompetenstoß *m* des Erzengels Israfil (beim Jüngsten Gericht)

nefir (I) [ī] *va.* 1. Horn *n*, Trompete *f* 2. Kampfsignal *n* 3. *an.* Verbindungsgang, Kanal *m*, Röhre *f* 4. *va.* s. **feryat, inilti -i Östaki** s. **Östaki borusu**

nefir (II) [ī] *va.* Zusammenkunft *f* (zu gemeinsamem Vorhaben) **yevmi** ~ letzte Tagesreise der Mekkapilger (von Mina nach Mekka)

nefiriam [·−·−] *fr.* allgemeines Aufgebot (aller Waffenfähigen)

nefis (I), **-fsi** 1. Selbst, Ich *n* 2. *(Koran)* Seele *f*, Leben *n* 3. körperliche Gelüste *pl.*, Begierde *f* 4. Inneres; Kern *m* 5. selbst, eigentlich 6. s. **balık -i** 7. s. **bel suyu** Zu 1: **İnsan, yalnız -ini düşünmemeli.** Man darf nicht nur an sich selber denken. Zu 2: **-i emmare** [ā] *rel.* die das Böse gebietende Seele *spez.* fleischliche Lust **-i levvame** [ā] *rel.* die Vorwürfe machende Seele; Gewissensbisse *pl.* **-i mutmainne** *rel.* ruhige Seele (*Anm.* Diese drei Begriffe gehören zur Grundlage der isl. Ethik und Psychologie) Zu 4: s. **-ülemir** Zu 5: **-i Istanbul** Istanbul selbst, das eigentliche Istanbul **-i adada** auf der Insel selber **-i İtalya'ya ayak basmak** Italien selber (*d. h.* das italienische Mutterland) betreten ~ **mücadelesi** Kampf *m* mit sich selbst; innerer Kampf ~ **müdafaası** Selbstverteidigung, Notwehr *f* **-e itimat** Selbstvertrauen *n* **-i çekmek** Lust bekommen **-i nefsine** jeder für sich **-ine güvenmek** Selbstvertrauen besitzen **-ine mağlup olmak** seine Gelüste nicht bezähmen können; nicht widerstehen können **-ine uymak** seinen Gelüsten nachgeben **-ine yediremernek** (bşi yapmağı) es nicht über sich bringen können (zu) **-ine yedirmek** (bşi) 1. sich et. gefallen lassen, et. hinnehmen 2. (innerlich) über et. hinwegkommen **-ini beğenmek** eingebildet sein **-ini bilmek** sich beherrschen können **-ini kırmak (yenmek, zaptetmek)** seine Gelüste bezwingen, sich beherrschen, sich bezähmen **-ini körletmek** (*od.* **öldürmek**) 1. sich die Hörner ablaufen 2. e−n kleinen Imbiß zu sich nehmen, *F* sich stärken 3. sich überwinden

nefis (II) [ī] erlesen, köstlich, vorzüglich, vortrefflich, ausgezeichnet, wunderbar, entzückend

nefise [ī] 1. feiner Kunstgegenstand 2. **Nefise** [×··] *wV* **-i sanat** *z. va.* Kunstwerk *n*

nefisperest, -ti [×···] *va.* selbstsüchtig, egoistisch

nefiy, -fyi 1. Verbannung, Zwangsverschickung, Deportation *f* *sürgün, sürme 2. *gr., log.* Negation, Verneinung *f* *yadsıma **edatı** ~ *gr.* s. **olumsuz eki**

nefiye s. **ütilitarizm**

nefralji *med.* Nephralgie *f*, Nierenschmerz *m*

nefrektomi *med.* Nephrektomie *f*, operative Entfernung e-r Niere

nefret, -ti Abscheu, Ekel, Haß, Widerwille *m*, Empörung *f* ~ **etmek** (m. Abl.) Widerwillen haben (gegen), Abscheu (Ekel) empfinden (vor), et. verabscheuen ~ **ettirmek** Widerwillen (Ekel) erregen, Abscheu hervorrufen ~ **uyandırmak** Empörung hervorrufen **-i teceddüt** s. **yenilik korkusu**

nefrin [ī] *va.* Verfluchung, Verwünschung *f* ~ **okumak** *va.* verfluchen, verwünschen

nefrit (I), **-ti** (*franz.* **néphrite**) *med.* Nierenentzündung, Nephritis *f* *böbrek iltihabı, zatülkilye

nefrit (II), **-ti** (*franz.* **néphrite**) *min.* Nephrit *m*

nefroptoz *med.* Nephroptose, Senk-, Wander-niere *f*

nefroskleroz *med.* Nephrosklerose, Schrumpfniere *f*

nefsanî [·−−] 1. sinnlich, fleischlich 2. von Animosität erfüllt, gehässig, rachsüchtig

nefsaniyet, -ti [ā] 1. *selt.* Sinnlichkeit *f* 2. Groll *m*, Ressentiment *n*, Animosität, Gehässigkeit *f* *garaz

nefsaniyetçi [ā] wer sich von Ressentiments leiten läßt; gehässig, rachsüchtig

nefsaniyetli [ā] gehässig (z. B. Worte)

nefsî *z. va.* 1. persönlich, eigen, auf das Ich bezüglich 2. selbstisch, selbstsüchtig 3. neidisch, mißgünstig 4. sinnlich, fleischlich

nefsülemir [×·×·] *z. va.* die Sache selbst, das Ding an sich,

eigentliche Angelegenheit; Kern *m* der Sache **-de** eigentlich, an und für sich, in Wahrheit, im Grunde genommen
neft, -ti (*a.* **-yağı**) Naphtha *n*, *f* (Roh-Erdöl) ~ **sürülmüş gibi** *V* als ob er Pfeffer im Hintern hätte *(V)*
neftî dunkelolivgrün
neftyağı, -nı s. **neft**
nefyetmek [×··] 1. verbannen, zwangsverschicken, deportieren 2. *gr., log.* negieren, verneinen *olumsuz kılmak
negatif 1. negativ *menfi 2. *phot.* Negativ *n* ~ **elektrik** *phys.* negative Elektrizität ~ **sayı** *math.* negative Zahl *menfi adet
neglije Negligé *n*, Morgenrock *m*, Hauskleid *n*
Negriyler *n.pr.* Pygmäen, Negrillen *pl.*
Negüs Negus *m* (Kaiser von Äthiopien) *Necaşi
nehafet, -ti [ā] *va.* schmächtiger Körperbau; Zartheit, Zierlichkeit *f*
nehale [ā] s. **nihale**
nehar [ā] *va.* Tag *m* *gün, gündüz
neharen [ā] *va. Adv.* tagsüber, bei Tage *gündüzün
neharî [·——] 1. *va.* den Tag betreffend, Tages- 2. ohne Internat 3. extrem; Externer ~ **mektep** (*bzw.* **talebe**) s. **yatısız okul** (*bzw.* **öğrenci**)
nehbügaret etmek *va.* rauben und plündern
nehiç, -hci *va.* 1. Landstraße *f* 2. Methode *f*, System *n* 3. (staatliches) Regime *n*
nehip, -hbi *va.* Plünderung *f*, Raub *m*
nehir, -hri Fluß, Strom *m* ~ **geçişi** *mil.* Flußübergang *m* ~ **geçitleri etrafında muharebe** *mil.* Gefecht *n* um Flußübergänge ~ **hat kumandanlığı** *mil.* Wasserlinienkommandantur *f* ~ **kavsi** Fluß-bogen *m*, -biegung *f* ~ **kesimi** *mil.* Flußabschnitt *m* ~ **kolu** (*od.* **ayağı**) Flußarm, Nebenfluß *m* ~ **manii** *mil.* Flußhindernis *n* ~ **midyesi** Flußmuschel *f zo.* Unio ~ **yatağı** Flußbett *n* **-lerde suyun çekilmesi** niedrigster Wasserstand *soğulma
nehiy, -hyi 1. *spez. rel.* Verbot *n* 2. (Funktions-)Hemmung, Beeinträchtigung, Erschwerung, Inhibition *f* 3. *gr.* verneinter Imperativ **-i gaip** (bzw. **hazır**) verneinter Imperativ der 3. (bzw. 2.) Person
nehyedici [×···] verbietend (usw. s. **nehyetmek**); ~ **hükümler** *jur.* Verbote, Verbotsvorschriften *pl.*
nehyetmek [×··] 1. *spez. rel.* verbieten, untersagen 2. hemmen, beeinträchtigen, erschweren, inhibieren
nejat, -dı [ā] 1. *va.* Herkunft, Abstammung *f* 2. *va.* Charakter *m*, Naturell *n* 3. ≗ [×·] *mV*
nekahet, -ti [ā] (Wieder-)Genesung, Gesundung, Rekonvaleszenz *f* ~ **bölüğü** *mil.* Genesungskompanie *f* ~ **devresinde olmak** auf dem Weg der Genesung sein ~ **hastanesi** *mil.* Erholungs-, Genesungs-heim *n* **-e girmek** allmählich wieder gesund werden, sich auf dem Weg der Besserung befinden; genesen
nekahethane [·—·—·] Genesungs-, Erholungs-heim, Sanatorium *n*
nekbet s. **nikbet**
nekes *va.* 1. niederträchtig, gemein *alçak 2. knickerig, knauserig *cimri, eli sıkı, pinti
nekeslik *va.* 1. Niedertracht, Gemeinheit *f* *alçaklık 2. Knauserigkeit *f*, schmutziger Geiz *cimrilik, pintilik
nekfi s. **guddei nekfiye**
nekhet s. **nükhet**
nekir *va.* osm. Juwelier- od. Apotheker-gewicht (= 1/4 **fitil**)
Nekir *n.pr. isl. Myth.* Name e–s Engels (vgl. **Münker**)
nekre (I) 1. witzig, ulkig, geistreich; Witzbold, Spaßmacher *m* 2. *z. va.* lustige Anekdote 3. ≗ *fr. Bez.* für **Kavuklu** im Ortaoyunu
nekre (II) *gr.* das in der suffigierten Nominalkomposition nicht-determinierte Sb. (wie z. B. **ev** in der Füg. **ev kapısı**) (*ant.* **marife**)
nekregû *va.* s. Witzbold, Spaßmacher *m*
nekrelik *gr.* Fehlen *n* der Determinierung (vgl. **nekre** II) (*ant.* **marifelik**)
nekrobiyotik *biol.* nekrobiotisch
nekrobiyoz *biol.* Nekrobiose *f* (allmähliches Absterben von Geweben)
nekroloji Nekrologie *f*: 1. Totenliste *f* 2. Nachruf *m*
nekropol, -lü Nekropole, Totenstadt *f*, Gräberfeld *n*
nekrotik *med.* nekrotisch *nuhrevî
nekroz *med.* Nekrose *f* *nuhre
nekroze olmak *med.* brandig werden
nektar 1. *bot.* Nektar, Honig *m* (e–r Blüte) *balözü 2. *griech. Myth.* Nektar, Göttertrank *m* ~ **uzvu** s. **balözülük**
nektaremengiller Honigsauger *pl. zo.* Nectariniidae
nekton *biol.* Nekton *n*
nelik s. **mahiyet, nitelik**
nem 1. (Luft-)Feuchtigkeit *f* *rutubet 2. Tau *m* *çiy, şebnem 3. geringe Nässe (z. B. der zu bügelnden Wäsche) *hafif ıslaklık ~ **kapmak** 1. Feuchtigkeit annehmen 2. s. **buluttan** ~ **kapmak;** ~ **oranı** Wassergehalt *m* (bei Holz)
nema [ā] 1. Wachsen, Wachstum; Gedeihen *n* (von Tieren und Pflanzen) *büyüme 2. Kapital-, Zins-ertrag *m*
nemalandırmak [·—···] auf Zinsen (an-)legen (Kapital)
nemalanmak [·—··] 1. Zinsen tragen (abwerfen) 2. *(materiell od. geistig)* gespeist werden, Förderung erfahren

Neman *n.pr.* Njemen *m* (Fluß)
nematodlar s. **ipliksolucanları**
nembüs s. **nimbüs**
nemcil die Feuchtigkeit liebend; hygrophil ~ **bitki** Hygrophyt *m*, Landpflanze *f* feuchten Standortes *muhibbürrutube nebat
Nemçe *va.* 1. Deutschland, Österreich 2. deutsch, österreichisch; Deutscher, Österreicher *m* ~ **arpası** s. **çıplak arpa;** ~ **tavuğu** s. **Beç tavuğu**
Nemçece *va.* deutsche Sprache, Deutsch
nemçeker 1. hygroskopisch, wasseranziehend *higroskopik 2. *selt.* Hygroskop *n* *higroskop
Nemçeli *va.* s. **Nemçe** (2)
nemek *va.* 1. s. **tuz** 2. s. **lezzet** 3. Dank *m* für erwiesene Wohltat
nemel *va.* Ameise *f* *karınca 2. ≗ **suresi** Name der 27. Koran-Sure
nemelâzımcı *F* wer gerne **neme lâzım** sagt; gleichgültig, indifferent, *F* wurstig
nemelâzımcılık *F* Gleichgültigkeit, Indifferenz, *F* Wurstigkeit *f*
nemeliye s. **karıncagiller**
nemertinler Schnurwürmer *pl. zo.* Nemertini
nemf(-a) 1. *zo.* Nymphe, (Insekten-)Puppe *f* *şufeyre 2. *griech. Myth.* Nymphe *f*
nemfoman(-yak) 1. mannstoll, nymphoman(-isch) 2. brünstig (weibl. Tier)
nemfomani 1. Mannstollheit, Nymphomanie *f* 2. Brunst *f* (bei weibl. Tier)
nemle *P* für **nemli**
nemlendirmek 1. feucht werden lassen, anfeuchten 2. *P* für **demlendirmek**
nemlenmek 1. feucht werden 2. *P* für **demlenmek**
nemletmek 1. be-, an-feuchten 2. *P* für **demletmek**
nemli 1. feucht, be-, ange-feuchtet 2. *P* für **demli**
nemlilik s. **nem**
nemmal; nemmam; nemmas [ā] *va.* Zuträger, Hetzer *m* *ara bozucu, munafık

nemölçer Hygrometer *n*, Luftfeuchtigkeitsmesser *higrometre; mikyası rutubet
Nemrut, -du [ū] 1. *n.pr.* Nimrod (nach der isl. Myth. babylonischer König, der Abraham ins Feuer werfen ließ) 2. ≗ *fig.* hartherzig, grausam, tyrannich, despotisch ~ **dağı** *geogr.* erloschener Vulkan (2916 m hoch) westlich des Van-Sees ~ **suratlı** finster dreinblickend
nemrutluk [· – ·] Hartherzigkeit, Grausamkeit *f*
Nemse s. **Nemçe**
nen s. **madde**
nenin (*od.* **neyin**) Gen. zu **ne** (I)
nenne [×·] *Ki.* Mutter, Mutti, Mama *f* *anne
nenni s. **ninni**
nensel s. **maddî**
neodarvinci; neodarvinizm s. **yenidarvinci(-lik)**
neoempresyonist; neoempresyonizm s. **yeniizlenimci (-lik)**
neodim *chem.* Neodym *n*
neofaşist, -ti neofaschistisch; Neofaschist(-in *f*) *m*
neofaşistlik; neofaşizm Neofaschismus *m*
neofobi *psych.* Neuerungsfurcht *f*
neogen *geol.* 1. Neogen *n*, jüngeres Tertiär 2. dem jüngeren Tertiär angehörig od. dieses betreffend
neojen s. **neogen**
neolamarkizm s.**yenilamarkçılık**
neolitik *geol.* 1. (**çağ**) Neolithikum *n*, Jungsteinzeit *f* *cilâlı taş devri 2. neolithisch
neoloji *ling.* Bildung *f* neuer Wörter, Aufbringen *n* von Neologismen
neolojici *(G)* Bez. türk. Sprachreformer, die zur Ersetzung von ar.-pers. Wortgut vorwiegend Neologismen in Ansatz brachten
neolojizm *ling.* Neologismus *m*, (wilde) Neubildung *f*
neomis s. **su neomisi**
neomisin *med.* Neomyzin *n* (Antibiotikum)
neon *chem.* Neon *n* (Edelgas) ~ **lambası** (*od.* ~ **tübü**) Neon-licht *n*, -röhre *f*
Neo-Osmanlı dili (*pej.* G) Neu-Osmanisch
neoplatonisiyen; neoplatonizm s. **yenieflatuncu(-luk)**
neoplazm(-a) *med.* Neoplasma *n* (bösartige) Geschwulst *f*
neorealist; neorealizm s. **yenigerçekçi(-lik)**
neosembolizm s. **yenisimgecilik**
neovitalizm s. **yenivitalizm**
neozoik *geol.* 1. Neozoikum *n*, Erdneuzeit *f* *üçüncü zaman, yeni hayvanlar zamanı 2. neozoisch *(1, 2) kenozoik, senozoik
neptunyum [·×·] *chem.* Neptunium *n*
Neptün *n.pr.* 1. *myth.* Neptun, Poseidon 2. *astr.* Neptun *m* (Planet)
neptünizm *geol.* Neptunismus *m* *Werner kuramı
nerde(-n) [×·] (häufig für:) **nerede(-n)**
nere [×·] welcher Ort? was für e–e Gegend? welche Stelle? (usw.) (Zu **-de, -den, -li, -ye** s. die ges. Stw.) **Buranın** ~ (od. **-si) olduğunu biliyor musunuz?** Wissen Sie, wo wir hier sind? **≗mizde olursa olsun, devamlı ağrılar hissettiğimiz zaman hekime başvurmalıyız.** Wenn wir an irgendeiner Körperstelle, gleichgültig, welche es sein mag, dauernd Schmerzen verspüren, müssen wir e–n Arzt aufsuchen. **≗n ağrıyor?** Wo hast du Schmerzen? **Senin -ni beğenecek?** Was soll ihm schon an dir gefallen? **Bu, -nin** (*od.* **-sinin) resmi?** Welche Gegend stellt das Bild hier dar? **Bu, -nin malıdır?** Woher kommt diese Ware? **≗yi** (*od.* **≗sini) arıyorsunuz?** Was für e–n Ort suchen Sie? **Burası -si?** Wo sind wir hier? Welche Station ist das? **Orası -si?** (Am Telephon) Wer spricht dort? **Bunun -si güzel?** Was soll daran schön sein? **Müze -si?** Wo ist das Museum? **-si ... -si** s. **nerede ... nerede**
Nere *n.pr. griech. Myth.* Nereus (Meergott)
nerecik *F* s. **nere; Seni nereciğe asayım?** (*iron. Zärtlichkeit*) Wo soll ich dich gleich aufhängen?
nerede [×··] (Lok. zu **nere;** *gel.* a. **nerelerde**) wo? ~ **akşam orada sabah** *fig.* ohne feste Bleibe ≗ **bu bolluk?** *F* Glauben Sie, ich kann das aus dem Ärmel schütteln? Woher nehmen und nicht stehlen? ≗ **çokluk, orada bokluk.** *Spr.* Viele Köche verderben den Brei. *Spr.* ≗ **hareket, orada bereket.** *Spr.* Sich regen bringt Segen. *Spr.* ~ **ise** bald, gleich, sofort (≗ **ise gelir.** Er muß jeden Augenblick kommen. ~ **ise yağmur yağacak.** Es wird gleich regnen.) ~ **kaldı ki** wie sollte ...; geschweige denn; um so weniger (**O kendisi bilmez,** ~ **kaldı ki başkasına öğretsin?** Er weiß es ja selber nicht, wie sollte er es da anderen beibringen können?) ~ **..., nerede ...** 1. (zur Bez. größerer räumlicher Trennung) 2. (zur Bez. e–s qualitativen Unterschiedes) Zu 1: **Ankara** ~, **Konya** ~**!** Ankara und Konya liegen ja recht weit auseinander! Zu 2: ≗ **sen,** ~ **o; aranızda dağlar kadar fark var.** Überlege dir einmal, wer du bist und wer er ist; es ist doch ein himmelweiter Unterschied zwischen euch beiden! **Nerelerde geziyor?** Wo treibt er sich denn herum?
neredelik Aufenthaltsort *m*
nereden [×··] (Abl. zu **nere**) 1. woher? 2. wie? wieso? ≗ **böyle?** Woher des Wegs? Na, wo kommst du (kommen Sie) denn her? ≗ **estin?** Wie kommst du auf einmal dahergeschneit? ≗ **hatırınıza geldi de, bu işi ortaya koydunuz?** Wie sind Sie nur darauf verfallen, diese Geschichte aufs Tapet zu bringen? ≗ **geldi?** 1. Wo ist er hergekommen? 2. Wäre er doch nie gekommen! ~ **nereye** (zur Bez. von et. Ungehörigem od. Unerwartetem) *gel.* Alles, was recht ist! ≗ **nereye, siz böyle bir şey isteyebilir misiniz?** Nanu, wie können Sie denn so et. verlangen? ≗ **söyledim?** Warum in aller Welt habe ich das nur gesagt?
Nereidler *n.pr. griech. Myth.* Nereiden *pl.*
nereli [×··] woher stammend? wo geboren? **Siz -siniz?** Woher stammen Sie? **Benim** ~ **olduğumu biliyor musunuz?** Wissen Sie, wo ich geboren bin?
nereye [×··] (Dat. zu **nere**) wohin? ≗ **böyle?** Wohin des Wegs? ~ **giderse gitsin** wohin er auch gehen mag ≗ **varsan okka dörtyüz dirhem.** *Spr.* Es wird überall mit Wasser gekocht.
nereyis Seeringelwurm *m zo.* Nereis (pelagica, diversicolor) (als Fischköder verwendet) *beyaz deniz kurdu
nergis 1. s. **fulya** (1) 2. Dichternarzisse *f bot.* Narcissus poeticus *zerrin 3. Tazette *f bot.* Narcissus tazetta 4. *fig.* Auge *n* der Schönen ~ **zambağı** s. **amarilis**
nergisgiller; nergiszambağıgiller (*va.* nergisiye) Amaryllisgewächse *pl. bot.* Amaryllidaceae *güzelhatunçiçeğigiller
neriman 1. *va.* s. **pehlivan** 2. *va.* tapfer, mutig, stark 3. ≗ *wV*
neritel *biol., geogr.* neritisch
nerm *va.* weich, zart *yumuşak
nermi [ī] 1. *va.* Weichheit, Zartheit *f* *yumuşaklık 2. **Nermi** [×·] *mV*
nermin [ī] 1. *va.* s. **nerm** 2. **Nermin** [×·] *wV*
neroli [·×·] Neroliöl *n* (Blütenöl der Pomeranze)
nervür (*franz.* **nervure**) 1. Bund *m*, Gebund *n* (am Buchrücken) 2. Rippen *pl.* (an e–r Tragfläche od. e–m Gewölbe) 3. Paspel *f, m*, Biese *f*
nesak, -kı *va.* Anordnung, Reihe, Linie, Art und Weise *f;* vgl. **yeknesak**
nesayih [ā] s. **nasayih**
nescetmek [×··] *z. va.* weben
nescî *va.* 1. auf das Weben bezüglich 2. *an.* Gewebs-
neseben [×··] *va. Adv.* der Abstammung nach, genealogisch ~ **akraba** *va.* blutsverwandt *hısım

nesebî genealogisch, angestammt

nesep, -bi Abstammung, Herkunft *f* *soy ~ **akrabalığı** *jur.* s. **kan hısımlığı;** ~ **davaları** *jur.* Kindschaftsprozesse *pl.* **-i sahih çocuk** *jur.* eheliches Kind *evlilik içi çocuk **-i sahih olmayan** (*od.* **gayri sahih) çocuk** *jur.* außer-, un-eheliches Kind *evlilik dışı çocuk **-in reddi** *jur.* Anfechtung *f* der Ehelichkeit (e–s Kindes) **-in tashihi** *jur.* Ehelichkeitserklärung *f*

neshetmek [×··] *z. va.* abrogieren, aufheben, abschaffen, annullieren (*spez.* Scheriatsgesetz)

nesiç, -sci *a. bot., med.* Gewebe *n* *doku **-i daimî** s. **değişmezdoku; -i guddevî** s. **bezdokusu; -i hücrevî** Zellgewebe *n* **-i hücrevî iltihabı** s. **flegmon; -i munzam** *med.* Bindegewebe *n* *bağdokusu

nesih, -shi 1. Abrogierung, Aufhebung, Abschaffung, Annullierung *f* (*spez.* e–s Scheriatsgesetzes) 2. e–e ar. Schriftart 3. *va.* Abschreiben *n*, Abschrift *f*

nesil, -sli 1. Nachkommenschaft *f*, Geschlecht *n* 2. Generation *f* *kuşak ~ **münavebesi** *biol.* Generationswechsel *m* **-i bozulmuş** degeneriert **-i münkariz olan hayvanlar** ausgestorbene Tierarten *pl.* **-i tükenmek** aussterben (z. B. Familie)

nesillik seit vielen Generationen bestehend; uralt (z. B. Baum)

nesim [ī] 1. Lüftchen *n*, Lufthauch, Zephir *m*, leichter, angenehmer Wind 2. ≗ [×·] *mV* **Nesime** [×··] *wV*

nesimî [·––] 1. atmosphärisch 2. **Nesimi** *mV* Zu 1: s. **havayı** ~

nesip, -bi [ī] 1. *va.* von vornehmer Abstammung (*spez.* väterlicherseits) 2. *lit.* Anfangsteil e–r Kaside 3. ≗ [×·] *mV* **Nesibe** *wV*

nesir (I), **-sri** 1. Prosa *f* *düzyazı (*ant.* **nazım**) 2. Prosadichtung, -schrift *f* *mensure

nesir (II), **-sri** 1. s. **akbaba** 2. s. **kartal** (vgl. a. **Nesritair, Nesrivakı**)

nesirci Prosa-dichter, -schriftsteller *m*, Prosaiker, Prosaist *m*

nesnas [ā] 1. *myth.* menschenähnliches Ungeheuer 2. *va.* Menschenaffe *m spez.* Gorilla *m*

nesne 1. Ding *n*, Sache *f* 2. Gegenstand *m*, Objekt *n* *obje, şey 3. *gr.* Objekt *n*, Ergänzung *f* 4. (mit neg. Verb) nichts ~ **merceği** *astr.* Objektlinse *f* (e–s Fernrohrs) *adesei mer'iye; cisim merceği; objektif; **-ler türesi** s. **eşya hukuku**

nesnel *phil.* sachlich, dinglich, gegenständlich, objektiv *afakî, şey'î, aynî ~ **haklar** s. **aynî haklar**

nesnelcilik Objektivismus *m* *afakiye, objektivizm

nesneli *gr.* transitiv *geçişli

nesnelleş(tir)me *phil.* Objektivation *f*

nesnelleştirmek *phil.* objektivieren

nesnellik Objektivität *f* *afakîlik, objektiflik

nesren [×·] *va. Adv.* in Prosa (geschrieben) (*ant.* **nazmen**)

nesrî *va.* prosaisch, Prosa-

nesrin [ī] 1. wilde Rose; Hain-, Hunds-rose *f bot.* Rosa canina *ağustos (Mısır, Van, yaban) gülü 2. ≗ [×·] *wV*

Nesritair [ā] *astr.* s. **Kartal** (2)

Nesrivakı [ā] *astr.* s. **Vega**

nestalik [·––] Name e–r ar. Schriftart (zwischen **nesih** und **talik**)

nester(-un) [ū] s. **nesrin** (1)

nesteren; nesterin s. **nesrin** (1, 2)

Nesturî [·––] 1. Anhänger *m* der christl. Nestorianer-Sekte, Nestorianer *m* 2. nestorianisch

Nesturîlik; Nesturiye [ū] Nestorianismus *m*

neşat, -tı *va.* Fröhlichkeit, Freude *f*, gute Stimmung

neşatlı *va.* fröhlich, heiter, aufgeräumt

neşatsız *va.* mißgestimmt, traurig

neşe 1. vergnügte Laune; Fröhlichkeit *f*, heitere (frohe, aufgeräumte) Stimmung 2. ≗ *wV* **ºsi kaçtı.** Ihm ist die Laune verdorben worden. **ºsi yerinde.** Er ist aufgeräumter Stimmung (guter Laune). **-sini kırmak** (*od.* **kaçırmak)** (b–nin) j–m die gute Laune verderben **-ye tutulmak** in vergnügte Stimmung kommen

neşelendirmek fröhlich (heiter, froh) stimmen, aufheitern, in gute Laune versetzen, in Stimmung bringen *keyiflendirmek

neşelenmek froh (heiter, vergnügt) werden, in gute Laune (in Stimmung) kommen, aufgeräumt werden *keyiflenmek

neşeli fröhlich, heiter, froh, vergnügt, lustig *keyifli, sevinçli, şen ~ **bir zamanında** wenn er einmal (in) guter Stimmung ist

neşesiz unfroh, verstimmt, mißmutig, gedrückt, in schlechter Stimmung, nicht bei guter Laune

neşesizlik Verstimmung *f*, Mißmut *m*, Gedrücktsein *n*, Unlust *f* **Bugün onda bir** ~ **varmış.** Er ist heute offenbar etwas verstimmt.

neşet, -ti 1. Entstehen, Herrühren *n*, Ursprung *m* 2. ≗ *mV* ~ **etmek** 1. seinen Ursprung haben, entstehen, herrühren, hervorgehen, entspringen 2. abgehen, entlassen werden (Schüler mit Bestehen der Abschlußprüfung)

neşetli wer das Abschlußzeugnis e–r Schule erlangt hat *mezun **1965 yılı -lerindendir.** Er gehört zum Prüfungsjahrgang 1965.

neşide [ī] *va.* 1. (vorgetragenes od. gesungenes) Gedicht 2. berühmte, oft zitierte Verse *pl.* 3. s. **nağme, ezgi; -ler düzmek** (m. Dat.) Gedichte machen (auf) **ºler Neşidesi** Hohelied *n* Davids **-i hab** *va.* Schlummerlied *n*

neşir, -şri 1. Verbreiten *n*, Verbreitung *f* 2. Herausgeben, Edieren *n*, Herausgabe *f* 3. Veröffentlichen, Publizieren *n* 4. Senden *n* (im Rundfunk) 5. *va.* Auferstehung *f* (am Jüngsten Tag) ~ **hakkı** Publikationsrecht *n* ~ **hürriyeti** s. **yayım özgürlüğü;** ~ **mukavelesi** *jur.* Publikationsvertrag *m* *yayım sözleşmesi

neşiv, -şvi *va.* Wachsen, Wachstum *n;* s. a. **neşvünema**

neşren [×·] *z. va. Adv.* durch Publikation ~ **hakaret** s. **basın suçu**

neşretmek [×··] 1. verbreiten (Geruch, Nachricht usw.) 2. herausgeben, edieren 3. veröffentlichen, publizieren 4. *med.* freilegen 5. senden (im Rundfunk)

neşriyat, -tı [ā] *(Pl., a. in sg. Bed.)* 1. Veröffentlichung (-en *pl.*)) Publikation(-en *pl.*) *f* 2. (Rundfunk-)Sendung (-en *pl.*) *f*

neşrütebliğ *z. va.* Bekanntmachung *f*

neşter *med.* Lanzette *f* ~ **vurmak** *fig.* e–e Angelegenheit energisch vorantreiben

neşve(-li) s. **neşe(-li)**

neşvünema [ā] Wachsen, Wachstum, Gedeihen *n*, Entwicklung *f* *büyüme, gelişme, yetişme ~ **bulmak** (heran-) wachsen, gedeihen, sich entwickeln ~ **çağı** Entwicklungsjahre *pl.*

net (I), **-ti** (*franz.* **net**) 1. klar, scharf, deutlich (Bild, Klang, Gedanke) 2. netto; Netto-gewicht *n*, -summe *f* ~ **kâr** *H* Rein-, Netto-gewinn *m*

net (II), **-ti** (*engl.* **net**) Netz *n* (bei Tennis od. Tischtennis) *tenis ağı

neta [×·] 1. sauber, rein 2. *naut.* a) Aufräumen, Ordnen *n* b) Überholen *n* (z. B. von Maschinen) c) Klaren *n* (z. B. von Tauwerk) ~ **etmek** *naut.* 1. aufräumen, wieder in Ordnung bringen (nach Gebrauch) (z. B. Tauwerk in Ringen übereinander legen, aufschießen) 2. überholen (Maschinen) 3. klaren, freimachen (Tauwerk); klarmachen (z. B. Deck zum Gefecht) ~ **batarya eri** (auf Kriegsschiffen) s. **görevli gemici;** ≗ **güverte!** *naut.* Rein Deck!

netameli [ā] (*od.* ~ **değil**) 1. nicht recht geheuer, ominös, et. gefährlich (z. B. best. Gegend) 2. ein rechter Pechvogel, dauernd vom Unglück verfogt
netayiç, -ci [ā] *va. Pl.* zu **netice**
netekim s. **nitekim**
netice [ī] 1. Ergebnis, Resultat *n*, Folge, Wirkung *f* *sonuç 2. Folgerung *f* 3. (zwangsläufige) Folge, Konsequenz *f* *sonurgu Zu 1: **O işten ~ çıkmadı.** Bei der Sache ist nichts herausgekommen. ~ **alamamak** keinen Erfolg erzielen können ~ **anı** *mil.* entscheidender Augenblick ~ **çıkarmak** et. ableiten ~ **vermek** ein Ergebnis zeitigen **-de** letzten Endes **-i istidlâl** s. **vargı; -i kelâm** *z. va.* 1. Hauptpunkte *pl.* von et. Gesagtem 2. kurz gesagt
neticelendirmek 1. ein Ergebnis zeitigen (bei), et. zu e–m Resultat bringen 2. beendigen, erledigen, abschließen
neticelenmek 1. mit e–m Ergebnis enden; erzielt werden (Resultat bei et.) 2. zu Ende gehen, beendet werden, seinen Abschluß finden, ausgehen Zu 1: **Bu mesele daha neticelenmedi.** Die Sache schwebt noch immer. Zu 2: **muvaffakıyetle neticelenen taarruz** erfolgreich durchgeführte Offensive
neticesiz 1. ergebnis-, resultat-los 2. vergeblich, vergebens, umsonst ~ **kılmak** zunichte machen, vereiteln, mißlingen lassen
netlik Klarheit, Deutlichkeit, Schärfe, Präzision, Genauigkeit *f* ~ **ayarı** *phot.* Scharfeinstellung *f*
netresim *techn.* Ansichtszeichnung *f* (mst. im Maßstab 1:10)
neuzübillah [·×··–] Gott steh' uns bei!
nev *va.* 1. neu *yeni 2. frisch *taze
neva [ā] *va.* 1. Ton, Klang *m*, Melodie *f* 2. (in der türk. Musik) a) e–e best. melod. Weise b) der Ton D (e–e Oktave höher als **yegâh**) 4. Lebensunterhalt *m* 5. Reichtum, Wohlstand *m*
nevadir [ā] *va. Pl.* Seltenheiten, Raritäten *pl.*
nevakıs [ā] *z. va. Pl.* Mängel, Lücken, Unvollkommenheiten *pl.* **-ını ikmal etmek** (bşin) die Lücken ausfüllen (bei), die Mängel von et. beheben, die Fehler ausmerzen
nevale [ā] 1. *va.* Gabe *f*, Geschenk *n* 2. Nahrung *f*, Essen *n*, 3. Schicksal, Los *n* ~ (*od.* **-yi**) **düzmek** Essen und Trinken herrichten
nevaleçin [ā] **olmak** *va.* e–n Imbiß nehmen, *F* sich stärken
nevalelenmek [ā] *selt.* e–e Kostprobe nehmen, et. kosten
nevama [×·–] *va.* sozusagen, gewissermaßen, in gewissem Sinn
nev'an *va. Adv.* 1. der Art (Sorte, Gattung) nach 2. ein wenig; etwas
nevat, -tı [ā] s. **çekirdek;** ~ **usaresi** s. **çekirdek özsuyu**
nevatî [·––] zum Zellkern gehörig, Kern-, nuklear **gışayı** ~ s. **çekirdek zarı; usarei nevatiye** s. **çekirdek özsuyu**
-nevaz s. **nüvaz**
nevazil [ā] (*va. Pl.* zu **nazile** *od.* **nezle**) 1. Geschehnisse, Ereignisse *pl.* 2. Unglücksfälle *pl.* 3. (*spez.* in der Sprache älterer Frauen) Erkältung *f*, Katarrh *spez.* Schnupfen *m* *nezle, ingin ~ **olmak** den Schnupfen bekommen (bzw. haben)
nevaziş s. **nüvaziş**
nevbahar [··–] *va.* s. **ilkbahar**
nevbet s. **nöbet; -i sultanî** s. **nöbet** (6)
nevcivan [ā] *va.* 1. Jüngling *m* *delikanlı 2. jung, frisch *taze
nevcivanlık [ā] *va.* 1. Jugend *f* *gençlik 2. Frische *f* *tazelik

neve (*franz.* **névé**) s. **buzkar, buzulkar**
neveser e–e melod. Weise in der türk. Musik
nevfel 1. *va.* s. **deniz** 2. ♀ Benennung *f* von Mecnun (in der Erzählung Leylâ ile Mecnun)
nevha laute Totenklage ~ **etmek** laut beklagen (Toten) ~ **koparmak** losschreien
nevhager (berufsmäßiges) Klageweib *ağlayıcı
nevheves *z. va.* 1. wer sich mit dem Eifer e–s Novizen e–r Sache widmet 2. wessen Eifer schnell verfliegt; wer keine Ausdauer zeigt, launisch
nevheveslik *z. va.* 1. Eifer *m* e–s Novizen 2. Strohfeuer *n* der Begeisterung
nevi, -v'i Art, Spezies *f* *tür **Bur ~ inci görmemiştim.** Solche Perlen hatte ich noch nicht gesehen. **Her ~ mallarda tenzilât.** Rabatt auf alle Waren. **Eşya ~~ ayrılmış.** Die Waren sind nach Sorten geordnet. **bu -den** solch, derartig ~~ **olmak** ganz verschieden(-artig) sein **-lerin sabitliği** s. **türlerin saptanımı; neviyle tayin olunan borçlar** *jur.* Gattungsschulden *pl.* **nev'i beşer** Menschen(-geschlecht *n*) *pl.*, Menschheit *f* **nev'i cinsine mahsus** *od.* **nev'i şahsına münhasır** einzig in seiner Art, sui generis, unvergleichlich
nev'î 1. die Art betreffend, Art-, modal 2. *phil.* spezifisch *türsel ~ **mastar** *gr.* modales Verbalsubstantiv
nevicat, -dı [·––] *va.* neuerfunden
nevim, -vmi *va.* 1. Schlaf *m* *uyku 2. Traum *m* *rüya ♀ **galebe etti** *va.* Der Schlaf überwältigte mich (ihn usw.) **-i sınaî** s. **hipnoz**
nevima s. **nevama**
nevin [·–] 1. *va.* ganz neu 2. ♀ [×·] *wV*
nevir, -vri *P* Gesichtsfarbe *f*, Aussehen *n* *bet, beniz **-i dönmek** sich nicht mehr beherrschen können (vor Ärger, Nervosität usw.)
neviyet, -ti s. **özgüllük**
nevmî *va.* den Schlaf betreffend, Schlaf-
nevmidane [·––·] hoffnungslos, verzweifelt, mit dem Mut der Verzweiflung ~ **gayret sarf etmek** verzweifelte Anstrengungen machen ~ **mukavemet etmek** verzweifelten Widerstand leisten ~ **müdafaaları** ihr verzweifelter Widerstand
nevmidi [·––] *va.* Hoffnungslosigkeit, Verzweiflung *f* *ümitsizlik, yeis
nevmit, -di [ī] *va.* hoffnungslos, verzweifelt *meyus, ümitsiz
nevnihal, -li [ā] *va.* junger Zweig, frischer Sproß
nevniyaz [ā] *va.* 1. Neuling *m* 2. neu erlangt 3. *fr.* Mewlewi-Novize *m*
nevralji Neuralgie *f*, Nervenschmerz *m* ~ **enterkostal** *med.* Interkostalneuralgie *f*
nevraljik neuralgisch
nevrasteni Neurasthenie, Nervenschwäche *f* *sinir argınlığı (bozukluğu, zayıflığı)
nevrastenik 1. neurasthenisch, nervenschwach 2. Neurastheniker(-in *f*) *m*
nevres 1. *va.* heranwachsend, jung 2. ♀ *mV*, *wV*
nevresim 1. *va.* sackähnlicher Steppdecken-Überzug 2. *va.* neumodisch 3. *hist.* ärmelloser Militärmantel mit breitem Kragen (zur Zeit Selims III.)
nevrit, -ti Neuritis, Nervenentzündung *f*
nevrolog Neurologe, Nervenarzt *m*
nevroloji Neurologie, Nervenkunde *f* *mephası âsap, sinirbilim
nevrolojik neurologisch, nervenkundlich *sinirbilimsel
nevropat, -tı 1. neuropathisch 2. Neuropath(-in *f*) *m*, Nervenkranke *m*, *f* *sinir hastası
nevropati Neuropathie *f*, Nervenleiden *n* *sinir hastalığı
nevroz Neurose *f* *marazı asabî; sinirce
nevrozlu neurotisch, Neurotiker(-in *f*) *m*

nevruz [ū] 1. Frühlingsbeginn *m* (Persien) 2. **(bayramı)** pers. Neujahrsfest (22. März) 3. e–e melod. Weise in der türk. Musik ~ **fırtınası** s. **gündönümü fırtınası**
nevruziye [ū] 1. Neujahrsgeschenk *n* (bei Persern) (mit Süßigkeiten) spez. e–e Art Gewürzkuchen, der angeblich gegen Schlangenbiß od. Skorpionstiche feit 2. *fr.* Neujahrsgedicht *n*
nevruzotu, -nu [·–··] echtes Leinkraut, Frauenflachs *m bot.* Linaria vulgaris *aslanağzı, yabanî keten
Nevşehir *n.pr.* Städtchen im gln. Rbz. (Mittelanatolien)
nevvap, -bı [ā] 1. Nabob *m* (Indien) 2. steinreicher Mann, Krösus *m*
nevzat, -dı 1. [ā] neugeboren, Neugeborenes *yeni doğan (od. doğmuş) 2. ♀ [×·] *mV, wV*
nevzuhur [··–] *va.* neu entstanden
ney 1. Rohrflöte *f* 2. *va.* s. **kamış, saz;** ~ **çalmak** (*od.* **üflemek**) die Rohrflöte blasen (spielen)
neye s. Stw. **ne** (I)
neyin; neyle s. **nenin; ne ile**
neylemek (< **ne eylemek**) was tun? **Neyleyim (Neylesin)** Was soll ich (er) tun?
neyse s. **ne ise**
neyyir 1. *va.* leuchtend, strahlend 2. *va.* leuchtender Himmelskörper 3. ♀ *mV, wV* **Neyyire** *wV*
neyzen wer die Rohrflöte bläst, Flötenspieler *m* ~ **bakışlı** 1. von der Seite her aus den Augenwinkeln anschauend 2. *fig.* mit argwöhnischem (mißtrauischem, finsterem, drohendem) Blick
nezafet, -ti [ā] Sauberkeit, Reinheit *f* *temizlik
nezahet, -ti [ā] 1. moralische Sauberkeit; Reinheit, Vornehmheit, Anständigkeit *f* (des Charakters, des Ausdrucks usw.) *temizlik, ahlâk temizliği 2. feines Benehmen; Höflichkeit *f* 3. ♀ *wV*
nezaket, -ti [ā] 1. Feinheit, Zartheit *f* 2. Höflichkeit, Artigkeit, Liebenswürdigkeit, Aufmerksamkeit *f*, Zartgefühl *n* 3. gute Erziehung 4. heikler (delikater, bedenklicher) Zustand; Schwierigkeit, Spannung *f* Zu 4: **Meselenin -i var.** Die Sache ist et. heikel. ~ **göstermek** (b–ne) j–n höflich behandeln, j–m liebenswürdig entgegenkommen ~ **icabı** höflichkeitshalber ~ **kesp etmek** gespannt (heikel, schwierig, bedenklich) werden; sich verschärfen, sich zuspitzen *nazikleşmek ~ **satmak** (*od.* **taslamak**) den Liebenswürdigen spielen ~ **ziyareti** Höflichkeitsbesuch *m* **-e sığmamak** mit der Höflichkeit nicht vereinbar sein **Bu, -e sığar mı?** Ist das etwa höflich (zu nennen)?
nezaketen [ā] 1. als Akt der Höflichkeit, aus Höflichkeit 2. mit Liebenswürdigkeit, höflich
nezaketli [ā] 1. höflich, artig, wohlerzogen, liebenswürdig, freundlich, aufmerksam *nazik 2. *(osm. Briefstil)* Titul. jüngerer Damen ~ **bir zorlayışla** mit sanfter Gewalt
nezaketsiz [ā] unhöflich, unfreundlich, wenig liebenswürdig
nezaketsizlik [ā] Unhöflichkeit, Unfreundlichkeit *f*, Mangel *n* an Liebenswürdigkeit
nezaret, -ti [ā] 1. Aus-, An-sicht *f*, (Aus-, An-)Blick *m* *manzara 2. Aufsicht, Überwachung *f* *gözetim 3. osm. Ministerium (ersetzt 1921 durch **vekâlet**) 4. nicht-türkisches Ministerium 5. Verwaltung *f* e–r frommen Stiftung 6. *allg. va.* Leitung, Verwaltung, Direktion *f* Zu 1: **Bu evin güzel -i vardır.** Das Haus hier hat e–e schöne Aussicht. **-i iyi olan arazi** *mil.* übersichtliches Gelände ~ **altına almak** unter Kontrolle (Polizeiaufsicht) stellen ~ **altında bulundurmak** überwachen ~ **etmek** (m. Dat.) 1. überwachen, die Aufsicht über et. führen 2. *z. va.* leiten, verwalten, dirigieren ~ **makamı** Aufsichtsbehörde *f* *gözetim katı (*od.* orunu) **-i altında** unter seiner Aufsicht
nezarethane [·–·–·] polizeiliches Gewahrsam
nezaretli [ā] mit nb. **nezaret** z. B. **fevkalâde** ~ **bir apartman** Etagenwohnung mit großartigem Ausblick
nezaretsiz [ā] 1. ohne Aussicht (Ausblick, Blick) 2. unbeaufsichtigt, ohne Überwachung 3. ohne Portefeuille (Minister) Zu 3: ~ **nazır** Minister *m* ohne Portefeuille
nezaretsizlik [ā] 1. Fehlen *n* der Aussicht (des schönen Blickes) 2. Unbeaufsichtigtsein *n*
nezd *(urspr. Sb.)* 1. unmittelbare Nähe od. Nachbarschaft, Anwesenheit *f* 2. Meinung, Ansicht *f*, Urteil *n* **-inde** 1. bei 2. nach Ansicht (von) Zu 1: **İspanya'nın Papa Hz. -indeki sefiri** spanischer Botschafter beim Vatikan Zu 2: **onun -inde** seiner Ansicht nach **-ine** zu (... hin)
nezetmek [×··] (weg-, fort-)nehmen, entziehen, entreißen **O hakkı benden nezedemezsiniz.** Dieses Recht können Sie mir nicht nehmen.
nezfî *med.* hämorrhagisch
nezfidem s. **nezif**
nezi, -z'i (Weg-, Fort-)Nehmen, Entzug *m*, Entreißen *n* *kaldırma; s.a. **haleti** ~
nezif, -zfi *med.* Hämorrhagie, Blutung *f*, Blut-fluß, -sturz *m* **-i dimağî** *med.* Gehirnblutung *f*, Bluterguß *m* im Gehirn
nezih [ī] 1. rein, sauber, vornehm, anständig (Charakter, Ausdruck, Umgebung usw.) 2. ♀ [×·] *mV* **Nezihe** [×··] *wV* Zu 1: ~ **bir muhit** anständige Umgebung, gute Gesellschaft
nezir(-li) s. **adak(-lı)**
nezle Erkältung *f*, Katarrh, Schnupfen *m* ~ **olmak** Schnupfen bekommen (bzw. haben) ~ **otu** 1. eichenblättriger Gänsefuß *bot.* Chenopodium botrys 2. römischer Bertram *bot.* Anacyclus pyrethrum *akırkarha 3. Chrysanthemum roseum und Chr. Marshallii (Stammpflanzen des pers. od. kaukasischen Insektenpulvers) *pire otu, pirekapan
nezleli wer e–e Erkältung, e–n Katarrh, Schnupfen hat
nezretmek s. **adamak**
nıkris [ī] Gicht *f med.* Arthritis urica
nıkrisli [·–·] gichtbrüchig, gichtisch
nısap, -bı s. **nisap, -bı**
nısfen [×·] *z. va. Adv.* zur Hälfte, halb
nısfet s. **nasfet**
nısfıleyl; nısfülleyl *va.* s. **gece yarısı**
nısfınnehar; nısfünnehar [ā] *va.* 1. s. **öğle** 2. s. **öğlen** (2); ~ **dairesi** s. **meridyen dairesi;** ~ **müstevisi** s. **meridyen düzlemi**
nısfiye 1. kleine Rohrflöte 2. halbkreisförmige Paillette (als Verzierung an Kleidern) 3. *fr.* Goldmünze (= 1/2 **sultanî**) aus der Zeit Mehmets IV.
nısfiyet, -ti *va.* s. **yarımlık;** ~ **üzere** *va.* in zwei Hälfte(n); fünfzig zu fünfzig (z. B. teilen)
nısfülcenah [ā] s. **yarımkanatlılar**
nısıf, -sfı 1. halb 2. Hälfte *f* *(1, 2) yarı(-m) **-ı daire** s. **yarım daire; -ı dairevî** halbkreisförmig, hemizyklisch **-ı kutur** 1. s. **yarıçap** 2. s. **dışyarıçap; -ı kutru kaim** 1. s. **içyarıçap** 2. s. **yanal yükseklik; -ı küre** s. **yarı(m)küre; -ı kürevî** hemisphärisch **-ı müstakim** s. **yarım doğru**
nışadır Salmiak *m*, Ammoniumchlorid *n*
nışadırî [ī] ammoniakhaltig
nışadırkaymağı, -nı Hirschhornsalz, Ammoniumkarbonat *n* *amonyum karbonat
nışadırruhu, -nu Salmiakgeist *m pharm.* Ammonium causticum
Niandros s. **Sedef adası**
nice [×·] 1. wie viele! wie manche! gar manche! sehr viele! 2. wie groß! wie sehr! welcher! *nasıl 3. *va od. prov.* wie? Zu 3: ♀ **olur?** Wie wird es werden? ~ ~ sehr viele (**Allah** ~ ~ **yıllara eriştirsin!** Gott schenke dir noch sehr viele

Jahre!) ~ **senelere!** (Glückwunschformel) Ad multos annos! ~ **zamanlar sonra** erst lange Zeit danach
nicel quantitativ, Mengen- *kemmî ~ **analiz** *chem.* quantitative Analyse *tahlili kemmî
niceleme *log.* Quantifikation *f*
nicelik Quantität, Menge *f* ~ **zarfları** *gr.* Quantitätsadverbien *pl.* *komiyet zarfları
niçin [×·] (< **ne için**) 1. warum? weshalb? weswegen? aus welchem Grund? 2. wozu?
niçinci [–··] *F* ewiger Fragesteller
nida [ā] 1. Ausruf(-en *n*) *m*, Anruf *m* *haykırı 2. *gr.* (*a.* ~ **edatı**) Interjektion *f* *harfi nida, ünlem 3. ~ *mV, wV* ~ **etmek** ausrufen (*a.* z.B. bei e–r Versteigerung) ~ **işareti** *gr.* Ausrufezeichen *n* *haykırı işareti, ünlem işareti
Nideyim ki? *F* Wozu denn? Warum sollte ich?
nifak, -kı [ā] 1. *va.* Heuchelei, Scheinheiligkeit *f* *ikiyüzlülük 2. Uneinigkeit, Zwietracht *f*, Zank, Hader, Streit *m* *tefrika ~ **çıkarmak** Unfrieden stiften ~ **düşmek** s. **Aralarına nifak düştü;** ~ **saçmak** s. **ortalığa nifak saçmak;** ~ **sokmak** das gute Einvernehmen stören, Zwietracht säen
nifakçı [ā] wer Unfrieden stiftet; Störenfried *m*
nifakuşikak, -kı [·–··–] *va.* Zank und Streit
nifas [ā] 1. Zeitraum *m* von 40 Tagen nach der Entbindung; Wochen-, Kind-bett *n* 2. s. **demi** ~
nifasî [·––] *med.* Wochenbett-, Kindbett-
nigâh *va.* Blick *m* ~ **atfetmek** (bşe) *z. va.* e–n Blick werfen (auf) ~ **etmek** *va.* schauen, blicken, ansehen
nigâr 1. *va.* Bild, Gemälde *n* 2. *va.* bildschöne Frau; Schönheit *f* 3. *va.* Idol, Götzenbild *n* 4. e–e melod. Weise in der türk. Musik 5. ~ *wV* 6. **-nigâr** *Sx.* gezeichnet, gemalt
nigârhane [·––·] *va.* 1. Gemäldegalerie *f* *resim galerisi 2. (Künstler-)Atelier *n* 3. Götzentempel *m*
nigeh *va.* s. **nigâh**
nigehban [ā] *va.* Wächter, Wärter *m*
Niğbolu *n.pr.* Nikopol(-is) bulgarische O. an der Donau) ~ **Meydan Muharebesi** Schlacht *f* bei Nikopolis (1396)
Niğde *n.pr.* Städtchen im gln. Rbz. (südl. Mittelanatolien)
nihaî [·––] 1. End-, Schluß- 2. endgültig, entscheidend ~ **avantaj** entscheidender Vorteil ~ **hesap** Schlußabrechnung *f* ~ **karar** *jur.* Endurteil *n* ~ **müzakerat** Abschlußbesprechungen *pl.* ~ **şekil** endgültige Form ~ **zafer** Endsieg *m*
nihal [ā] 1. *va.* Schößling, Sproß *m* *fidan 2. *va.* feingliedrige Geliebte 3. ~ [×·] *wV*
nihale [ā] 1. Untersatz *m* (für heiße Schüsseln) *sahan (od. tabak) altlığı 2. *va.* frischer Schößling 3. *va.* Fußbodenbelag *m*
nihali [·––] *va.* 1. s. **nihale** 2. Teppich *m* *halı, kilim
nihaliçe *va.* kleiner Teppich
nihan [ā] *va.* 1. verborgen, versteckt, geheim *gizli 2. nicht zu sehen; unsichtbar 3. Geheimnis *n* 4. ~ [×·] *wV* Zu 2: s. **gözden** ~ **olmak**
nihat, -dı [ā] 1. *va.* Naturell *n*, Charakter *m* *huy, tabiat 2. ~ [×·] *mV*
nihavent, -di [ā] e–e melod. Weise in der türk. Musik
nihayet, -ti [ā] 1. Ende *n*, Schluß *m* *son 2. [×–·] *Adv.* schließlich, endlich, zum Schluß, am Ende *sonunda Zu 1: **Bakalım bu işin -i ne olacak?** Wie wird wohl die Geschichte ausgehen? Zu 2: **İhtilâf** ~ **halledildi.** Der Streit wurde schließlich geschlichtet. ~ **bulmak** (*od.* **-e ermek**) enden, zu Ende gehen ~ **derecede** ausnehmend, überaus ~ ~ 1. höchstens 2. mindestens ~ **sonunda** letzten Endes ~ **vermek** (m. Dat.) 1. beenden, schließen 2. (işine) j–n entlassen (Zu 1: **Sözlerine şu suretle** ~ **verdi: ...** Er schloß seine Ausführungen mit folgenden Worten: ... Zu 2: **Memurun işine** ~ **verildi.** Der Beamte wurde entlassen.) **-i gelmemek** nicht enden wollen, immer weitergehen **-i azım** s. **kemik ucu**
nihayetlendirmek [ā] beend(ig)en, vollenden, fertigstellen, zu Ende führen, zu e–m Abschluß bringen *bitirmek
nihayetlenmek [ā] 1. zu Ende gehen, enden, aufhören 2. (bşle) enden, ausgehen (auf) Zu 2: **-ci ile nihayetlenen kelimeler** die auf **-ci** endenden Wörter
nihayetsiz [ā] endlos (z.B. Weg), unendlich, grenzenlos, zahllos, uferlos (z.B. Versprechungen), unzählig *sonsuz, sonu gelmez
nihayetsizlik [ā] Unendlichkeit, Endlosigkeit *f* *sonsuzluk
nihayetülemir [·–··×·] *va.* letzten Endes, am Ende, schließlich
nihayetünnihaye [·–···–·] *va.* ganz zuletzt, letzten Endes, schließlich
nihilist, -ti 1. nihilistisch 2. Nihilist(-in *f*) *m*
nihilizm Nihilismus *m*
nijat s. **nejat**
Nijer *n.pr.* 1. Niger *m* (Fluß in Afrika) 2. **(Cumhuriyeti)** die Republik Niger
Nijerli aus **Nijer** (2) stammend; Einwohner(-in *f*) *m* von Niger
Nijerya [·×·] *n.pr.* Nigeria (in Westafrika)
Nijeryalı [·×··] aus Nigeria stammend, Einwohner(-in *f*) *m* von Nigeria
nik [–] (*va.* und nur mehr in Zss. wie **nikbin**) gut, schön
nikâh 1. Eheschließung, Trauung, Heirat *f* 2. *fr.* s. **mihri müeccel** Zu 1: s. **resmî (dinî)** ~**; Dün -ları akdedildi.** Sie wurden gestern getraut. ~ **altına almak** heiraten, ehelichen ~ **altında** verheiratet, vermählt ~ **bağlamak** die Ehe eingehen ~ **dairesi** Standesamt *n* ~ **düşmek** (b–den b–ne) gesetzlich erlaubt sein (Heirat) (**Kardeş çocuklarına** ~ **düşer mi?** Ist e–e Ehe zwischen Geschwisterkindern erlaubt?) ~ **etmek** 1. verheiraten *evlendirmek 2. heiraten, ehelichen (vom Mann gesagt) ~ **kıydırmak** sich trauen lassen, die Trauung vollziehen lassen ~ **kıymak** die Trauung vollziehen, ehelich trauen (Standesbeamter) ~ **memurluğu** Standesamt *n* ~ **memuru** Standesbeamter ~ **olmak** heiraten; die Ehe eingehen *evlenmek ~ **şahidi** Trauzeuge *m* ~ **şekeri** Süßigkeiten, die an Hochzeitsgäste verteilt werden ~ **tazelemek** wieder heiraten (geschiedene Eheleute) ~ **yüzüğü** Trau-, Ehe-ring *m* *alyans **-ı altına almak** zur Frau nehmen; heiraten (Mann) **-ı bozulmak** (*od.* **kaçmak**) ungültig werden (Ehe durch e–e best. Handlung) **~ım helâl, canım azat!** *fr.* Ausruf e–r Frau, die unter Verzicht auf die ihr zustehende Mitgift des Mannes sich scheiden lassen wollte **-ı dahilî** *va.* Heirat *f* unter Verwandten **-ı haricî** *va.* s. **dışarıdan evlenme**
nikâhlamak 1. s. **nikâh etmek** (2) 2. s. **nikâh kıymak**
nikâhlanmak 1. angetraut werden 2. heiraten (Mann und Frau)
nikâhlı 1. (standesamtlich) getraut, legitim 2. *fr.* wer bei der Scheidung Anspruch auf Zahlung e–r best. Summe hatte (Frau)
nikâhsız in wilder Ehe (lebend), illegitim ~ **yaşama** wilde Ehe; Konkubinat *n*
nikap, -bı [ā] (schwarzer) Gesichtsschleier *peçe
Nikarya [·×·] s. **Karyot (adası)**
nikbet, -ti 1. Unglück *n*, sozialer Sturz, finanzieller Ruin 2. In-Ungnade-Fallen *n*, Ungnade *f* *menkûbiyet **-e uğramak** 1. ins Unglück geraten 2. in Ungnade fallen
nikbin [––] optimistisch; Optimist(-in *f*) *m* *iyimser
nikbini [–––] *z. va.;* **nikbinlik** [––·] Optimismus *m* *iyimserlik
nikefor s. **nikfor**
nikel 1. Nickel *n* (Metall) 2. aus Nickel hergestellt, Nickel-

3. Fünfcentstück *n* (USA) ~ **çeliği** Nickelstahl *m* ~ **elektrodu** Nickelelektrode *f* ~ **gümüşü** Neusilber *n* ~ **halitası** Nickellegierung *f* ~ **oksidi** Nickeloxyd *n* ~ **para** Nickelmünze *f*, -geld *n* ~ **talaşı** Nickelfeilspäne *pl.* ~ **tel** Nickeldraht *m*
nikelaj (*franz.* **nickelage**) Vernickelung *f* *nikel kaplama
nikelajlı vernickelt
nikelin Nickelin *n* (Kupfer-Nickel-Zink-Legierung)
nikellemek vernickeln
nikelli 1. Nickel enthaltend 2. mit Nickel überzogen, vernickelt, Nickel- ~ **alüminyum** Nickelaluminium *n* ~ **bakır** Nickelkupfer *n* ~ **demir** Nickeleisen *n* ~ **mangan çeliği** Nickelmanganstahl *m* ~ **pirinç** Nickelbronze *f*
nikfor Name e–r violetten Feigenart
niknam [— —] *va.* wer sich e–n guten Namen geschaffen hat, berühmt
Nikola *n.pr.* Nikolaus
Nikosya [·×·] *selt.* s. **Lefkoşa**
nikotin *chem.* Nikotin *n*
nikotinli nikotinhaltig
nikotinsiz 1. nikotinfrei 2. nikotinarm
nikris s. **nıkris**
nikriz [·—] e–e melod. Weise in der türk. Musik
nikrom (*franz.* **nichrome**) Chromnickelstahl *m*
Niksar *n.pr.* Städtchen u. D. im Rbz. Tokat
niktalopi (*franz.* **nyctalopie**) *med.* s. **karağı** (II)
niktitant (*franz.* **nictitant, -e**) **zar** *zo.* Nickhaut *f*
nikübed [ī] *va.* s. **iyi kötü**
Nil [ī] *geogr.* Nil *m* ~ **balçıkbalığı** Molchfisch *m zo.* Protopterus aethiopicus ~ **bülbülü** Graubülbül *m. zo.* Pygnonothus arsinoë ~ **nilüferi** s. **lotus** (1); ~ **timsahı** Nilkrokodil *n zo.* Crocodilus niloticus ~ **turnası** Nilhecht *m zo.* Mormyrus (caschive u.a.) ~ **varanı** Nilwaran *m zo.* Varanus niloticus
nil [—] *va.* 1. Indigopflanze *f bot.* Indigofera tinctoria 2. Indigo *m*
nilgûn [— —] 1. *va.* indigoblau 2. **Nilgün** *wV*
nilî *va.* s. **nilgûn** (1)
nilüfer [ī] 1. See-, Teich-rose *f bot.* Nymphaea *bzw.* Nuphar *göl süseni 2. ≗ *n.pr.* a) *wV* b) Fluß in Nordwestanatolien
nilüfergiller (*va.* **nilüferiye**) Seerosengewächse *pl. bot.* Nymphaeaceae
nim [—] *z. va.* halb *yarı, yarım ~ **ilâh** Halbgott *m* ~ **mamul** Halbfertig- (z.B. Fabrikat) ~ **resmî** halbamtlich, offiziös *yarıresmî ~ **şeffaf** s. **yarısaydam;** ~ **vahşî** halbwild
nimbostratüs s. **katmankarabulut**
nimbüs 1. s. **karabulut** 2. ≗ **(Profesör** ≗**)** Karikatur des zerstreuten od. schlauen Professors (nach franz. Vorbild seit 1934)
nimçehre [ī] *va.* s. **nesnas** (1)
nime [ī] *ar. va.* wie schön ...! welch ...!
Nimeg (*franz.* **Nimègue**) Nimwegen (Holland)
nimelmatlup [—··—] *va.* genau, was gewünscht war
nimelvesile [—··—·] *va.* welch guter Anlaß!
nimet, -ti [ī] 1. Glück *n*, Segen *m*, Wohlergehen *n* 2. Wohltat, Gunst *f* 3. Gottesgabe *f*, Lebensunterhalt *m*, tägliches Brot ≗ *wV* ~ **hakkı için** *Bet.* (*etwa:*) bei allem, was mir heilig ist **-e konmak** ein unverhofftes Glück besehen **-i ayağiyle tepmek** sein Glück mit Füßen treten **-ini yemek** j–s Wohlwollen erfahren **-i rüyetten mahrum** *z. va.* des Augenlichtes beraubt
nimetdide [—·—·] *va.* Günstling *m*, Protektionskind *n*
nimetnaşinas(lık) *va.* s. **nankör(-lük)**
nimetşinas [—··—] *z. va.* dankbar *iyilik bilir
nimetşinaslık [—··—·] *z. va.* Dankbarkeit *f*
nimettesadüf [—··—·] *va.* welch wunderbares Zusammentreffen!
nimmest [ī] *va.* et. angetrunken, leicht beschwipst, angesäuselt
nine 1. Großmutter *f* (väterlicher- od. mütterlicherseits) 2. altes Mütterchen; Matrone *f* 3. *va.* Mutter *f* *anne
nineciğim liebes Mütterchen
ninni 1. (*a. mus.*) Wiegen-, Schlummer-lied *n* 2. (*a.* ~ ~ **dodo**)! (am Ende e–s Wiegenliedes) Schlaf gut!
Ninova *n.pr.* Ninive
nipel *techn.* Nippel *m* (Rohr-stutzen, -verbindung)
Nippon s. **Japonya**
nire s. **gücü** (I)
nirenç, -ci s. **nirenk**
nirengi [—·—] Triangulation *f* *triangülasyon ~ **haritası** Vermessungskarte *f* ~ **noktası** Triangulationspunkt *m*
nirenk, -gi [ī] *va.* 1. Zauberei *f*, magische Beschwörung 2. List *f*, Betrug *m* 3. Zeichnung *f*, Entwurf *m*
niriz [— —] s. **nikriz**
Nis (*franz.* **Nice**) *n.pr.* Nizza
nisa [ā] 1. *va.* die Angehörigen des weiblichen Geschlechts, Frauen (Weiber) *pl.* 2. ≗ **suresi** Name der 4. Koran-Sure
nisaî [·— —] 1. das weibliche Geschlecht betreffend, Frauen- 2. gynäkologisch
nisaiye [ā] 1. Frauenkrankheiten *pl.* 2. Gynäkologie *f* *jinekoloji 3. gynäkologische Station; Frauenabteilung *f*
nisaiyeci [ā] Gynäkologe, Frauenarzt *m* *jinekolog
nisan [— —] April *m* ≗ **yağar sap olur, mayıs çağar çeç olur.** (türk. Bauernregel) Wenn es im April regnet und im Mai die Sonne scheint, gibt es eine gute (Getreide-)Ernte.
nisanbalığı, -nı Aprilscherz *m* *puasondavril
nisap, -bı [ā] 1. *va.* Grundlage, Wurzel *f*, Ursprung *m* 2. unterste Vermögens- bzw. Einkommens-grenze (bis zu der e–e Verpflichtung zur Zahlung der Armensteuer **(zekât)** besteht) 3. richtiger Zustand, gegebener Grad; Erforderliches (in e–r best. Lage) 4. erforderliche Zahl; Mindestzahl *f* (z.B. für e–e Abstimmung), Quorum *n* 5. Quote *f* Zu 4: **-ı haiz** beschlußfähig Zu 5: s. **tasarruf -ı; -ını bulmak** in den richtigen Zustand kommen **-ı ekseriyet** s. **çoğunluk derecesi**
Nisiro(adası) *n.pr.* Insel *f* Nisyros (Dodekanes) *Incirliada
nispet, -ti 1. Verhältnis, Ausmaß *n*, Umfang *m* *oran 2. Vergleich *m* *kıyas, mukayese 3. Beziehung, Zugehörigkeit, Zusammenhang *m* *ilgi, ilinti 4. verwandtschaftliche Beziehung 5. Satz *m* (z.B. Diskontsatz), (relative) Zahl, Ziffer, Menge *f*, Teil *m* 6. *F* Tort *m*, Kränkung, Schädigung *f* 7. *F Adv.* (*a.* ~ **olsun diye**) absichtlich, mit Fleiß, *F* extra *inadına, mahsus, nispetle Zu 1: **sekizin yirmidörde -i** Verhältnis *n* von acht zu vierundzwanzig **yüzde yirmibeş -inde** um 25% **Yaşları arasında ~ yok.** Sie sind im Alter zu weit auseinander. **Aletler ve makineler gibi tabirler de ifratle kullanıldıkları -te kıymetlerini kaybederler.** Genau wie Werkzeuge und Maschinen erfahren auch sprachliche Ausdrücke bei allzustarker Inanspruchnahme e–e Wertminderung. ~ **kabul etmeyecek derecede büyük** unverhältnismäßig groß **imkân -inde** im Rahmen des Möglichen Zu 4: **Bu aileye -iniz var mı?** Sind Sie mit dieser Familie verwandt? Zu 5: s. **doğum -inin azalışı; geniş bir ~ dahilinde** in großem Umfang, in großer Menge, in beachtlicher Zahl **Bu hediyelerin en büyük -i kitaplardadır.** Den größten Teil dieser Geschenke machen Bücher aus. Zu 7: **b–ne** ~ j–m zum Trotz (Tort, Possen), um j–n zu ärgern **Bunu bana ~ yapıyor.** Er tut dies nur, um mich zu ärgern. ~ **eki** *gr.* Relationssuffix *n* (das î der Nispetform) *yayı nispî ~ **etmek** 1. (bşi bşe) a) in Beziehung setzen, vergleichen *kıyaslamak b)

gleichsetzen *bir tutmak 2. zuschreiben, beimessen 3. s. **inadına yapmak; ~ kabul etmek** e–n Vergleich zulassen, vergleichbar sein ~ **tutmak** *z. va.* vergleichen ~ **vermek** (b–ne) et. tun, um e–n anderen zu ärgern od. ihm zu schaden **-le** 1. (m. Dat.) im Verhältnis (Vergleich) zu 2. aus Boshaftigkeit, absichtlich, *F* extra
nispetçi wer andere gerne ärgert, hänselt, neckt, wer gerne stichelt, boshaft; *F* Bosnickel *m*
nispetçilik Boshaftigkeit *f*, Sticheln *n*
nispeten [×··] 1. (m. Dat.) im Vergleich (zu), verglichen (mit), im Verhältnis (zu) 2. verhältnismäßig, relativ Zu 1: **Bu, ötekine ~ çok iyidir.** Im Vergleich zu dem anderen ist das hier sehr gut. Zu 2: **Bugün hava ~ iyidir.** Heute ist das Wetter verhältnismäßig gut.
nispetli in nb. Verhältnis stehend (zu)
nispetsiz ungleich, unverhältnismäßig, disproportioniert
nispetsizlik, -iği Ungleichheit *f*, ungleiches Verhältnis; Mißverhältnis *n*, Disproportion *f* **hemen hemen dörtte bir -ine rağmen** trotz der beinahe vierfachen Überlegenheit (des Gegners)
nispî 1. relativ, bedingt *izafî 2. proportional, Verhältnis- Zu 1: **Bugün hastada ~ bir iyilik var.** Heute geht es dem Patienten relativ gut. Zu 2: ~ **seçim** Verhältniswahl *f* ~ **butlan** *jur.* relative Nichtigkeit; Anfechtbarkeit *f* *bozulabilme, bozdurulabilme ~ **butlan sebepleri** *jur.* Anfechtbarkeitsgründe *pl.* (bei e–r Ehe) ~ **çizgi** *math.* Proportionale *f* ~ **ekseriyet** relative Mehrheit ~ **haklar** s. **izafî haklar;** ~ **temsil (usulü)** *jur.* Proportional-, Verhältnis-wahlrecht *n*, Proporz *m*
nisvan [ā]; **nisvî** s. **nisa; nisaî** (1)
nisyan [ā] *z. va.* Vergessen, Aus-dem-Gedächtnis-Verlieren, Auslassen, Übersehen *n*
nişabur; nişaburek [ā, ū] zwei melod. Weisen in der türk. Musik
nişan 1. Zeichen, Merk-zeichen, -mal *n*, -punkt *m*, Anhaltspunkt *m* *alâmet, belirti, iz 2. Ziel(-scheibe *f*) *n*, Zeichen *n* (nach dem man schießt) 3. (hinterlassene) Spur *f*, Mal *n*, *gel. a.* Narbe *f* 4. (Gewehr-)Visier *n*, Zielvorrichtung *f* 5. Verlobung *f*, Verlobtsein *n* *yavukluluk 6. s. ~ **töreni** 7. Verlobungs- od. Ehe-ring *m* 8. Orden *m*, Ehrenzeichen *n*, Verdienstauszeichnung *f* 9. *hist.* Namenszug *m* des Sultans (z.B. auf Bestallungsurkunden) 10. s. ~ **taşı** Zu 5: **Aralarında ~ var.** Sie sind verlobt. Zu 6: **Bizi -a davet ettiler.** Man hat uns zur Verlobungsfeier eingeladen. ≗ **al!** *mil.* Legt an! ~ **aleti** Zieleinrichtung *f*, Visierapparat *m* ~ **almak** 1. zielen; anlegen (Gewehr); (auf j–n) anschlagen 2. e–n Orden e–e Auszeichnung) erhalten ~ **atmak** ein Zielschießen veranstalten ~ **bırakmak** e–e Spur (ein Mal, e–e Narbe) hinterlassen ~ **dairesi** Richtkreis *m* ~ **dürbünü** Zielfernrohr *n* ~ **etmek** markieren, kennzeichnen ~ **gözlüğü** Zielbrille *f* ~ **halkası** s. ~ (7); ~ **hattı** Ziel-, Visier-linie *f* ~ **kolimatörü** Richtglas *n* ~ **koymak** 1. ein Merkzeichen anbringen 2. sich et. (als späteren Anhaltspunkt) merken ~ **merasimi** (*od.* **töreni**) Verlobungsfeier *f* ~ **noktası** Zielpunkt *m* ~ **sathı** Richtebene *f* ~ **tahtası** Scheibe (-nstand *m*) *f* ~ **takımı** *fr.* zierliches Silberkästchen mit Samtumhüllung, das zusammen mit dem Verlobungsring verschiedene Parfüms in Kristallfläschchen enthielt (Geschenk des Bräutigams an die Braut vor der Hochzeit) ~ **takmak** 1. j–m e–n Orden anstecken 2. e–n Orden tragen 3. den Verlobungsring anstecken ~ **taşı** Gedenkstein *m* (*spez. fr.* bei Wettbewerb im Bogenschießen) ~ **tertibatı** Visiervorrichtung *f* ~ **vermek** 1. e–n Orden verleihen 2. (bşden) denken lassen (an), ähneln, gleichen (Zu 2: **Bugünkü fırtına kıyametten ~ verdi.** Heute war ein Sturm, daß man meinen konnte, die Welt gehe unter.) ~ **vaziyeti** (Gewehr-)Anschlag *m* ~ **vidası** Richtschraube *f* ~ **yapmak** 1. die Verlobungsfeier ausrichten 2. sich verloben *nişanlanmak, yavuklanmak ~ **yüzüğü** s. ~ (7); ~ **zaviyesi** Visierwinkel *m* **-a atmak** auf die Zielscheibe schießen **-a vurmak** ins Ziel treffen **-dan dönmek** *od.* **-ı bozmak** (*od.* **atmak**) die Verlobung auflösen ≗**ı İftihar** *hist.* von Mahmut II. gestifteter Orden ≗**ı Osmanî** (*bzw.* **Mecidî**) s. **Osmaniye** (2) *bzw.* **Mecidiye** (2)
-nişan [ā] *va. pers. Sx.* 1. gekennzeichnet (durch); im Zeichen (von) stehend 2. bleibend, haftend; vgl. **mağfiretnişan, hatırnişan**
nişancı [ā] 1. Schütze *m* 2. *pr.* guter Schütze, Scharfschütze *m* 3. *hist.* s. **tuğrakeş** 4. ≗ *astr.* s. **Yay;** ~ **er** (*od.* **nefer**) *mil.* Richt-kanonier, -schütze *m*
nişancılık [ā] Tätigkeit *f* bzw. Amt *n* e–s **nişancı** *spez.* 1. Schießen *n* 2. zielsicheres Treffen 3. *hist.* s. **tuğrakeşlik**
nişane [ā] 1. Zeichen, Merk-zeichen, -mal *n*, -punkt *m*, Anhaltspunkt *m* 2. größere Perle in der Gebetskette (zwischen jeweils 33 normalgroßen Perlen)
nişangâh [·––] 1. Ziel(-scheibe *f*) *n* 2. Visier *n*, Zielvorrichtung *f*, Aufsatz *m* (am Geschütz) ~ **dürbünü** Zielfernrohr *n* ~ **gezi** Visierkimme *f* ~ **hamili** Aufsatzträger *m* (am Geschütz) ~ **kılıfı** (*od.* **örtüsü**) Visierkappe *f*, Aufsatzüberzug *m* (am Geschütz) ~ **ruhlusu** Aufsatzlibelle *f* ~ **sürgüsü** Aufsatzschieber *m* ~ **tertibatı** Zielvorrichtung *f* ~ **zaviyesi** Visier-, Aufsatz-winkel *m*
nişangeç, -ci s. **mihengir**
nişanlamak 1. ein Merkzeichen anbringen, mit e–m Zeichen versehen 2. zielen, visieren 3. verloben *yavuklamak
nişanlanma *jur.* Verlöbnis *n*, Verlobung *f* *yavuklanma
nişanlanmak 1. Pass. zu **nişanlamak** 2. sich verloben *nişan yapmak, yavuklanmak
nişanlı 1. verlobt; Verlobte *m*, *f* *sözlü, yavuklu 2. gekennzeichnet, markiert
nişanlılık Verlobtsein *n*, Verlobung *f* ~ **devresi** Verlobungszeit *f*
nişansız [ā] 1. ohne Kennzeichen, nicht markiert 2. ohne Orden
Nişantaşı, -nı *n.pr.* Stadtteil von Istanbul
nişasta *chem.* Stärke(-mehl *n*) *f* ~ **buğdayı** Emmer *m* (Weizenart) *bot.* Triticum dicoccum ~ **fabrikası** Stärkefabrik *f* ~ **helvası** e–e Helwa-Art aus Mehl, Stärkemehl, Butter und Sirup ~ **mısırı** die spätreifende Mais-Art Zea mays var. amylacea *yumuşak mısır ~ **şekeri** s. **glikoz;** ~ **tutkalı** Stärkemehlkleister *m*
nişastalı Stärkemehl enthaltend od. daraus hergestellt
-nişin [·–] *va. pers. Sx.* sitzend, wohnend, lebend; vgl. **hayme-, post-, sadır-, şah-nişin** usw.
nite [×·] *va.* wie? *nasıl
nitekim [×··] (bei Anführung e–s bekräftigenden Beispiels) wie denn auch; und ja auch, so, wie ja auch zum Beispiel **Ben göremedim, ~ siz de görmüş değilsiniz.** Ich habe es nicht sehen können, wie ihr es ja auch nicht gesehen habt. ≗ **öyle oldu.** So war es denn auch. Tatsächlich, so war es.
nitel qualitativ *keyfî ~ **analiz** *chem.* qualitative Analyse *tahlili keyfî; madde analizi
niteleme Vs. zu **nitelemek;** ~ **belirteci** (*od.* ~ **zarfı**) *gr.* Adverb *n* der Art und Weise *keyfiyet zarfı ~ **sıfatı** qualifizierendes Adjektiv *tavsifî sıfat
nitele(ndir)mek beschreiben, charakterisieren, kennzeichnen, bezeichnen, qualifizieren *tavsif etmek, vasıflandırmak
nitelik 1. Qualität, Beschaffenheit *f*, Merkmal *n*, Charakterzug *m*, Eigenschaft *f*, Art und Weise *f* *keyfiyet, vasıf 2. *mel.* gute Eigenschaft, hervorragende Qualität ~ **zarfı** s. **niteleme belirteci**

nitelikli qualifiziert *kalifiye, mevsuf
nitrat, -tı *chem.* Nitrat *n*, Salz *n* der Salpetersäure *azotiyet ~ **bakterisi** s. **nitrobakteri;** ~ **darjan** s. **gümüş nitratı;** ~ **dö potasyum** Kaliumnitrat *n*, Kalisalpeter *m* ~ **dö sut** Natronsalpeter *m*
nitratlamak nitrieren; mit Salpetersäure behandeln
nitratlaşma; nitrifikasyon *chem.* Nitrifikation, Salpeterung *f*
nitrik asit *chem.* Salpetersäure *f* *azotik asit; kezzap
nitrobakteri *chem.* nitrifizierende Bakterie, Salpeterbakterie *f*
nitrogliserin *chem., med.* Nitroglyzerin *n*
nitrojen *chem.* Nitrogen(-ium) *n*, Stickstoff *m*
nitrojenli Nitrogen(-ium) enthaltend, Stickstoff- ~ **gübre** Stickstoffdünger
nitroselüloz *chem.* Nitrozellulose, Schießbaumwolle *f*
nivelman (*franz.* **nivellement**) 1. Nivellierung, Einebnung *f* 2. *fig. pej.* Gleichmacherei *f* 3. Landvermessung *f* ~ **aleti** Nivellierinstrument *n*
nivo 1. s. **düzeç** 2. Niveau *n*
niyabet, -ti [ā] s. **naiplik;** ~ **meclisi** *od.* **saltanat** ~ **meclisi** Regentschaftsrat *m* ~ **etmek** als (Richter-)Stellvertreter (Reichsverweser, Regent) fungieren
niyaz [ā] 1. inständiges Bitten; Flehen *n* 2. *fr.* ehrerbietige Stellung e–s Derwisches gegenüber dem Ordensältesten 3. *fr.* das e–m Derwisch gewährte Geschenk 4. *va.* Bedürfnis *n*, Not *f* 5. *fr.* e–e melod. Weise in der türk. Musik ~ **etmek** inständig bitten; (er-)flehen ~ **penceresi** Fenster *n* e–r in e–m Kloster gelegenen Türbe
niyazî [·––] 1. bittend, flehend 2. **Niyazi** [·×·] *mV* ~ **olmak** *V* umkommen, draufgehen
niyazkâr [·––]; **niyazment, -di** [ā] *va.* 1. inständig bittend, (er-)flehend 2. nötig habend; bedürfend
niyazname [·––·] *va.* Bitt-schreiben, -gesuch *n*
niye s. **neye**
niyet, -ti 1. Absicht *f*, Vorsatz *m* *kasıt 2. Aussprechen *n* der Intention bei Beginn e–r isl. rituellen Handlung 3. Wahrsage-, Schicksals-, Glücks-briefchen *n; a.* Einwikkelpapier *n* für Bonbons, auf dem ein solcher Spruch steht Zu 1: **Öyle bir -im yoktur.** Eine solche Absicht habe ich nicht. **Dün size gelmeğe -imiz vardı, fakat ...** Wir wollten gestern zu Ihnen kommen, aber ... Zu 2: **Oruç tutmak için** ~ **şarttır.** Für die Gültigkeit des Fastens ist das Aussprechen des Vorsatzes Bedingung. ~ **çekmek** ein Schicksalsbriefchen erstehen ~ **etmek** (m. Dat.) 1. beabsichtigen, planen, wollen, sich et. vornehmen, sich entschließen (zu) 2. *rel.* die Intention aussprechen (bei isl. ritueller Handlung) ~ **fiili** s. **davranma fiili;** ~ **kuyusu** Glücksbrunnen *m* ~ **tutmak** an et. Bestimmtes denken (beim Ziehen e–s Glücksbriefchens, beim Blumenorakel usw.) **~e bak!** Es war doch gut gemeint! **-i bozmak** ein Vorhaben aufgeben, von et. Geplantem Abstand nehmen **~i bozuk.** Er führt Böses im Schild. **-inde olmak** (bşi yapmak) beabsichtigen, die Absicht haben (zu), wollen **-ini bozmak** Böses im Schilde führen
niyetçi Verkäufer *m* von Glücksbriefchen, *F* wahrer Jakob
niyetlenmek s. **niyet etmek**
niyetli 1. die Absicht habend, beabsichtigend, wollend, bereit 2. fastend *oruçlu Zu 2: **Bugün -yim.** Heute faste ich.
niyetlilik Intentionalität *f*
niyetsiz 1. ohne Absicht (Vorsatz) 2. nicht fastend
Niyo *n.pr.* Ios (Zykladeninsel)
niyobyum [·×·] *chem.* Niobium *n*
niza, -aı [ā] 1. Zank, Streit *m* *çekişme, kavga 2. *jur.* Streitigkeit *f*, Konflikt, Rechtsfall, Prozeß *m* ~ **etmek** streiten, zanken
nizacı [ā] streitsüchtig, zänkisch
nizalı [ā] strittig, umstritten, Streit- *münakaşalı, münaziünfih
nizam [ā] 1. (An-)Ordnung *f* *düzen 2. Regelung *f*, Verordnung(-en *pl.*) *f*, Vorschrift(-en *pl.*) *f*, (staatliches) Gesetz 3. System *n* 4. ꞉ [×·] *mV* (Verk. von **Nizamettin**) 5. ꞉ a) Titel des Gouverneurs des Dekkan (im Reich der indischen Großmoguln) b) Titel des Herrschers von Haiderabad (Indien) 1717–1948 ꞉ **Devleti** *hist.* Reich *n* des Nizam; Fürstentum *n* von Haiderabad ~ **koymak** (bşe) Ordnung, System in et. bringen, et. systematisch ausrichten ~ **ve intizam** *mil.* Disziplin *f* *disiplin **-a koymak** (*od.* **sokmak**) et. in Ordnung bringen, regulieren **-a riayet etmek** die Vorschrift(-en) beachten **~ı Cedit** *hist.* die unter Selim III. geschaffene Militärorganisation **-ı harp** 1. *mil. va.* Truppengliederung *f* *kuruluş 2. Schlachtordnung *f*
nizamat, -tı [·––] *va. Pl.* Verordnungen, Vorschriften *pl.*
nizamen [·×·] *Adv.* ordnungsgemäß, der Anordnung (Vorschrift, Verordnung) entsprechend; gesetzlich
nizamî [·––] 1. vorschriftsmäßig, satzungs-, ordnungsgemäß, vorgeschrieben, statutarisch, regulär, gesetzlich 2. ꞉ *mV* ~ **hüküm** Ordnungsvorschrift *f* *düzen kuralı ~ **rüsum** gesetzliche (reguläre) Abgaben *pl.* ~ **seyir** ordnungsgemäßer Verlauf ~ **ücret** gesetzliche (vorgeschriebene) Gebühr
nizamiye [ā] *hist.* (in der Tanzimat-Periode) reguläre (türk.) Armee, stehendes (türk.) Heer ~ **kapısı** Haupttor *n* (e–r Kaserne, e–s Gefängnisses, e–s Palastes usw.) ~ **karakolu** *mil.* Wache *f* am Haupttor
nizamlamak [·–··] systematisch ausrichten, System in et. bringen
nizamlaşmak [·–··] sich ordnen, sich systematisieren, in ein System kommen od. gebracht werden
nizamlaştırmak; nizamlatmak ordnen, systematisieren, in ein System bringen
nizamlı [ā] 1. gut geordnet, geregelt 2. vorgeschrieben, verordnet, bestimmt, vorschriftsmäßig
nizamname [·––·] 1. Statut(-en *pl.*) *n* 2. Vorschrift(-en *pl.*) *f*, Verordnung(-en *pl.*) *f*, Bestimmung(-en *pl.*) *f*, Geschäftsordnung *f* *(1, 2) tüzük 3. *fr.* Durchführungsbestimmungen *pl.* 4. *fr. gel.* Gesetz *n* *kanun **-i esasî** *va.* grundlegende Bestimmungen *pl.*, Statut *n*, Satzung *f*
nizamsız [ā] 1. ungeordnet, ungeregelt, unordentlich 2. unvorschriftsmäßig, vorschriftswidrig, ungesetzlich, illegal
nizamsızlık [ā] 1. Unordnung *f*, Mangel *m* an Ordnung; Regellosigkeit *f* 2. ordnungswidriges Verhalten; Unregelmäßigkeit, Ungesetzlichkeit, Illegalität *f* (z. B. in e–r Amtsführung) *yolsuzluk
nizasız [ā] ohne Streit ~ **kaza** *jur.* freiwillige (nichtstreitige) Gerichtsbarkeit *ihtilâfsiz kaza; çekişmesiz yargı
Nizip *n.pr.* Stadt u. D. im Rbz. Gaziantep
NKGB *(Abk.)* russische politische Geheimpolizei (1941–1946)
NKVD *(Abk.)* russisches Volkskommissariat für innere Angelegenheiten (1934–1941); (Nachfolger der GPU)
No. = numara
No oyunu *Th.* das altjapanische No-Spiel
Nobel mükâfatı (armağanı, ödülü) Nobelpreis *m*
nobelyum *chem.* Nobelium *n*
nobl *selt.* edel, vornehm
nobran unfreundlich, unhöflich, abweisend, grob, verletzend, anmaßend (und verbohrt)
nobranlık Unfreundlichkeit, Ungefälligkeit, Unhöflichkeit, Grobheit, Anmaßung (und Verbohrtheit) *f*
noda *dial.* mit Erde überdeckter Strohhaufen
nodul Spitze *f* des Ochsenstachels

nodullamak 1. mit dem **nodul** stoßen 2. *fig.* anregen, anfeuern
Noel Weihnachten, Weihnachtsfest *n* ~ **ağacı** Weihnachts-, Christ-baum *m* ~ **baba** Weihnachtsmann, Nikolaus, Knecht Ruprecht *m* *Aya Nikola ~ **bayramı** (*od.* **yortusu**) Weihnachtsfest *n* ~ **gecesi** Heiliger Abend ~ **gülü** s. **kara çöpleme;** ~ **yıldızı** Weihnachtsstern *m bot.* Euphorbia pulcherrima (Zierpflanze in Istanbul)
Nogayca Nogaiisch(-e) *n* (türk. Dialekt)
Nogaylar *n.pr.* Nogaier *pl.* (türk. Stamm)
nohudî mattgelb
nohut, -du Kichererbse *f bot.* Cicer arietinum ~ (*od.* ~ **tanesi**) **gibi** groß, dick (Tränen) ~ **oda bakla sofa (gibi) yer** enge Behausung ~ **topu** Gericht *n* aus Kichererbsenbrei, der zu Klößen geformt ist ≗ **yemiş göt gibi ötme!** *V* Hör endlich auf mit deinem blöden Gequatsche!
nohutlu 1. Kichererbsen enthaltend 2. mit Kichererbsen zusammen zubereitet ~ **pilav** Reis mit Kichererbsen
nokra *med., vet.* Dasselbeule *f* *hipodermoz ~ **sineği** s. **büve(-lek)**
noksan *urspr.* [ā] 1. Mangel *m*, Fehlen *n* 2. Unvollständigkeit, Mangelhaftigkeit, Unvollkommenheit *f* 3. fehlend, mangelnd, unvollständig 4. fehler-, mangel-haft, unvollkommen, unzulänglich 5. fehlend, vermißt, überfällig ~ **bir eser** ein unvollendetes Werk ~ **bir iş** e–e mangelhafte Arbeit (Leistung) ~ **görmek** e–e Minderung erfahren ~ **para** nicht richtig abgezähltes Geld ~ **tayfalı** nicht voll bemannt (z. B. Schiff) **-ını tamamlamak** (*od.* **ikmal etmek**) (bşin) die Mängel beseitigen (beheben); die Lükken ausfüllen (bei)
noksanlık Mangelhaftigkeit, Unvollkommenheit, Unzulänglichkeit, Fehlerhaftigkeit *f*
noksansız fehlerfrei, untadelig, vollkommen
noksansızlık Untadeligkeit, Vollkommenheit *f*
nokta 1. Punkt *m* (*math.;* als Satzzeichen; auf dem **i;** im Morsealphabet usw.) 2. Tupfen, Flecken *m* 3. Punkt *m:* a) Stelle *f*, Ort, Platz *m* b) Hinsicht *f*, Thema *n*, Tatsache *f* 4. (Einzel-)Posten *m* 5. *mil.* Etappenort *m* *menzil noktası 6. (als *va.* Längenmaß = 1/12 **hat**) Zu 1: s.a. **galeyan (incimat, tekatu, temas, zeveban) -sı; iki ~; kesme -lar;** (vgl. dagegen **puvan, punto**) Zu 3a: **Hepsi bir -da toplandılar.** Sie kamen alle an e–r bestimmten Stelle zusammen. Zu 3b: **Bu -da aldanıyorsunuz.** In diesem Punkt irren Sie sich. Zu 4: s. **polis -sı;** ~ **göz** s. **sadegöz;** ~ **kaynağı** *techn.* Punktschweißung *f* ~ **koymak** (*wörtl. u. fig.*) e–n Punkt machen ~ **kumandanlığı** *mil.* Etappenortskommandantur *f* ~ ~ 1. Punkt für Punkt; einzeln, nacheinander 2. gesprenkelt, getüpfelt ~ **olmak** *V* 1. verschwinden, verduften, abhauen 2. im Haschischrausch einschlafen ~ **ve hattan mürekkep çizgi** strichpunktierte Linie **-sı sına** Punkt für Punkt (z. B. eintreffen), haargenau *tastamam **-ya virgüle dikkat etmek** *fig.* sehr sorgfältig arbeiten **-i azimet** *va.* Ausgangspunkt *m* **-i nazar** Gesichts-, Stand-punkt *m* **bu -i nazardan** von diesem Standpunkt aus betrachtet **-i nazar ihtilâfı** Verschiedenheit *f* der Auffassung; verschiedene Betrachtungsweise **-i nazarına iştirak etmek** (b–nin) s. Stw. **iştirak etmek**
noktacı(-lık) s. **yeniizlenimci(-lik)**
noktalama 1. Vs. zu **noktalamak** 2. Interpunktion, Zeichensetzung *f* *(usulü) tenkit 3. Punktier- ~ **çarkı** Punktierrädchen *n* ~ **iğnesi** Punktiernadel *f* ~ **işaretleri** Satz-, Interpunktions-zeichen *pl.*, Interpunktion *f* *tenkit (*od.* yazı) işaretleri
noktalamak (m. Akk.) 1. mit Punkten versehen, Punkte setzen (auf), tüpfeln 2. inter-pungieren, -punktieren, die Satzzeichen setzen 3. *techn.* ankörnen 4. hinweisen (auf) 5. kritisch zusammenfassen; pointiert ausdrücken 6. den Schlußpunkt setzen Zu 2: **Yazınızı iyi noktalamadınız.** Bei dem, was Sie geschrieben haben, hapert es et. mit der Zeichensetzung.
noktalanmak 1. Pass. zu **noktalamak** 2. **(hayat)** zu Ende gehen; enden
noktalı 1. getüpfelt, Tüpfel-, punktiert, pointilliert 2. *mus.* s. **stakkato;** ~ **çizgi** punktierte Linie ~ **damarlar** *bot.* Tüpfelgefäße *pl.* *eviyei münakkata ~ **kamadiş** Brückenechse *f zo.* Sphenodon punctatus ~ **virgül** Strichpunkt *m*, Semikolon *n*
noktambül(-izm) s. **uyurgezer(-lik)**
noktasal 1. punktförmig 2. *fig.* sehr klein; winzig
noktasız ohne Punkt(-e)
noktiluka Leuchttierchen *n zo.* Noctiluca (*spez.* miliaris) (Geißeltierchen, das Meeresleuchten hervorruft)
noktürn *mus.* Notturno *n*, Nokturne *f*, Nachtständchen *n*
nola(-ydı) *P* s. **ne ola(-ydı)**
nolana [·×·] s. **Amerika çançiçeği**
nolursa s. **ne olursa**
nom 1. Gesetz *n* *kanun 2. göttliches Gesetz, göttliche Vorschrift
nomahya [·×·] *hist.* Naumachie *f* (in römischen Amphitheatern)
Nomansland *mil.* Niemandsland *n* (zwischen zwei Fronten)
nomat, -dı Nomade *m* *göçebe
nominal nominal ~ **değer** s. **itibarî değer;** ~ **ücret** Nominallohn *m*
nominalist, -ti; nominalizm s. **adcı(-lık)**
nominatif *gr. selt.* Nominativ *m* *mücerret, yalın hal
nomografi *math.* Nomographie *f*
nomogram *math.* Nomogramm *n*
nomsuzluk Gesetzlosigkeit *f*
nonet, -ti; nonetto *mus.* Nonett *n*
nonfigüratif 1. nicht-bildlich, nicht-figürlich, gegenstandslos, abstrakt 2. abstrakte Malerei od. Plastik
nonoş Liebchen, Schätzchen *n* (Kosewort für ein Kleinkind)
nonot, -du *(Radio)* Nonode *f*
nons (päpstlicher) Nuntius *m*
nonyüs [×·] *math., techn.* Nonius *m*
noosluk bilimler Geisteswissenschaften *pl.*
nope Noppe *f*, Knoten *m* ~ **ayıklamak** noppen; von Noppen befreien (Gewebe)
nordik nordisch (in der Rassenlehre)
noriz *Zig.* Wasser *n*
norm; norma 1. Norm, Regel *f*, Prinzip *n*, Grundsatz *m*, Vorbild *n*, Richtschnur *f* *düstur, düzgü, kaide 2. Normung, Normierung *f*
normal, -li 1. normal, Normal-, regelrecht *düzgülü 2. *el., Radio a.* Arbeits-(Strom, Spannung usw.) 3. *math.* Normale *f* (e–r Kurve), Normal- *nâzım ~ **bir surette** auf normale Weise, normal ~ **demiryol** s. **normal hat;** ~ **dingil arası** Normalspurweite *f* ~ **duruş** *(Turnen)* Grundstellung *f* ~ **gerilme** Normalspannung *f* ~ **haller** *a. mil.* normale Verhältnisse *pl.* ~ **hat** Normalspurbahn *f* (mit der Spurweite von 1,435 m) ~ **kâr** *H* angemessener Gewinn ~ **kudret** *techn.* Normalleistung *f* ~ **vida dişi** Normalgewinde *n* **-e dönmek** sich wieder normalisieren
normalaltı, -nı *math.* Subnormale *f* *tahtı nâzım
normalizasyon Normierung, Standardisierung *f* *standartlaştırma
normalleşmek normal werden, normale Formen (bzw. Funktionen) annehmen, sich normalisieren, wieder normal arbeiten (z. B. Körperorgan)
normalleştirmek Kaus. zu **normalleşmek; barsakları** ~ die Verdauung regeln (z. B. Medizin)
normalüstü, -nü übersinnlich

Normandi; Normandiya *n.pr.* Normandie *f* ~ **adaları** Normannische (*od.* Kanal-)Inseln *pl.*
Normandiyalı normannisch; Einwohner(-in *f*) *m* der Normandie
Normanlar *hist.* Normannen *pl.*
normatif normativ, mustergültig, maßgebend *düzgüsel, kanonik
normlamak normen, normieren *standartlaştırmak
normlu genormt, Standard- *standart
Norveç, -ci *n.pr.* Norwegen ~ **ançüezi** s. **çaçabalığı;** ~ **uyuzu** *med.* norwegische Krätze *kabuklu uyuz
Norveççe [·×·] 1. norwegische Sprache, Norwegisch 2. norwegisch
Norveçli norwegisch; Norweger(-in *f*) *m*
nostalji Heimweh *n*, Sehnsucht, Nostalgie *f* *daüssıla
nostaljik 1. Heimweh-, sehnsüchtig 2. heimwehkrank, nostalgisch
nosyon (*franz.* **notion**) *selt.* Begriff *m*, Vorstellung, (Er-)Kenntnis *f*
not, -tu 1. Notiz, Aufzeichnung *f*, Vermerk *m* 2. Note, Zensur, Beurteilung *f*, kritische Bemerkung 3. Fußnote, Anmerkung *f* *haşiye 4. s. **nota** (1–3); ~ **almak** 1. sich Notizen machen 2. e–e Note bekommen (Schüler) 3. beurteilt werden ~ **atmak** e–e Note erteilen; zensieren, beurteilen (Lehrer) ~ **barajı** Notengrenze *f* (für Aufnahme, Stipendium usw.) ~ **bırakmak** e–e kurze Mitteilung (Nachricht) hinterlassen ~ **defteri** Notiz-buch, -heft *n* ~ **düşmek** sich Notizen machen ~ **etmek** (mit Akk.) aufschreiben (sich et.) notieren ~ **kırmak** e–e schlechte Note erteilen (Lehrer) ~ **takdiri** Festsetzung *f* der Note (e–s Schülers), Bewertung *f* ~ **tutmak** mit-, nach-schreiben (et. Gesagtes) ~ **vermek** (mit Dat.) 1. kritisch beurteilen 2. Noten (Zensuren) geben (in der Schule) **-unu** (*od.* **numarasını**) **vermiş olmak** (hakkında) *pej.* sich sein Urteil gebildet haben (über); wissen, was man von j–m zu halten hat
nota [×·] 1. *mus.* Note(-nzeichen *n*, -nschrift *f*) *f* 2. *mus.* (erklingende) Note *f* 3. *mus.* Noten, Musikalien *pl.* 4. diplomatische Note 5. Rechnung, Nota *f* ~ **çizgileri** Notenlinien *pl.* ~ **dizeği** s. **dizek;** ~ **halinde** in Notenschrift ~ **kâğıdı** Notenpapier *n* ~ **matbaacılığı** Notendruck *m* ~ **sehpası** Notenständer *m* ~ **yazısı** Notation, Notenschrift *f* **-dan çalmak** nach Noten (vom Blatt) spielen **-ya almak** in Notenschrift aufzeichnen (z. B. Volkslieder)
notacı Notenschreiber *m*
notacılık 1. Notenschreiben *n* 2. Tätigkeit *f* e–s Notenschreibers
notalamak s. **notaya almak**
notalandırmak *abus.* für **notlandırmak**
notasız ohne **nota** *spez.* ohne Noten ~ **çalmak** ohne Noten (nach dem Gehör bzw. auswendig) spielen
notasyon 1. Zeichenschrift, Notierung *f* 2. *mus.* Notenschrift *f*
noter Notar *m* *kâtibiadil ~ **vasıtasiyle** notariell
noterlik Notariat *n*
notifikasyon *H* (An-)Meldung *f*
notlandırmak benoten, bewerten, zensieren (Schülerleistung)
notokorda [··×·] s. **sırt ipliği**
nova *astr.* Nova *f* *yeni (*od.* geçici) yıldız
novelet, -ti *mus.* Novelette *f*
novokain *med.* Novokain *n*
nozema das Sporentierchen Nosema (*zo.* Nosema apis), das die Nosemaseuche der Bienen **(arı sürgünü)** (*zo.* Nosema bombycis) *bzw.* die Fleckenkrankheit der Seidenraupen **(karataban)** hervorruft
nozemiyaz; nozemoz (*franz.* **nosémiase; nosémose**) s. **arı sürgünü**
nozofobi *psych.* Nosophobie *f* (krankhafte Angst vor Ansteckung)
nozografi *med.* Nosographie, Krankheitsbeschreibung *f*
nozomani *psych.* Nosomanie *f* (Wahn, krank zu sein)
nö (*franz.* **nœud**) Knoten *m*, Schleife *f* (e–r Krawatte usw.)
nöbet, -ti 1. (regelmäßiger) Wechsel; Ablösung *f*, Turnus *m*, Reihe(-nfolge) *f*, Gang *m* 2. Wache *f*, Wachdienst *m* 3. Mal *n* *defa, sefer 4. Fieber(-anfall *m*) *n* 5. Krankheitsanfall *m* 6. *hist.* (zu best. Zeiten und an best. Orten ausgeführtes) Standkonzert *n* e–r Militärkapelle Zu 1: **Bu gece hastanede kalmak benim -imdir.** Heute nacht habe ich Revierwache zu halten. **Bu eşyayı kaç -te götürebilirsin?** Wie oft mußt du gehen, um die Sachen fortzubringen? Zu 2: s. **gece -i** Zu 3: **Bu** ~ **böyle olsun!** Soll es diesmal so sein! Zu 4: **Hastanın -i var mı?** Hat der Patient Fieber? Zu 5: **sar'a -leri** epileptische Anfälle *pl.* ~ **amiri** *mil.* Wachhabender *m* ~ **beklemek** 1. Wache stehen (halten, *F* schieben) 2. sich hintereinander anstellen, Schlange stehen ~ **bende** Jetzt bin ich an der Reihe. Jetzt komme ich dran. ~ **çalmak** ein Standkonzert aufführen (vgl. **nöbet** 6); ~ **değiştirmek** 1. die Wache ablösen 2. (biriyle) j–n ablösen ~ **efradı;** ~ **erleri** Wachmannschaft *f* ~ **gelmek** (b–ne) e–n Anfall *spez.* Fieberanfall haben ~ **kalfaları** *hist.* schwarze Türhüter *pl.* vor den Haremsgemächern ~ **karakolu** *mil.* Wachlokal *n* ~ **tutmak** s. ~ **beklemek;** ~ **vurmak** s. ~ **çalmak; -e çıkmak** (*od.* **girmek**) auf Wache ziehen, den Wachdienst übernehmen **-i tutmak** e–n (Krankheits-)Anfall haben **-ini beklemek** warten, bis man an die Reihe kommt **-le** abwechselnd, der Reihe nach, im Turnus
nöbetçi 1. Posten *m*, (Schild-)Wache *f*, Wach- 2. wer Wach- od. Nacht-dienst hat; diensttuend ~ **eczane** Apotheke *f* mit Nachtdienst ~ **kulübesi** Schilderhäuschen *n* ~ **nefer** Schildwache *f* ~ **posta** *naut.* Deckwache *f* ~ **subayı** wachhabender (diensttuender) Offizier, Offizier *m* vom Dienst ~ **zinciri** Absperrungskette *f* **Bu gece -yim.** Heute habe ich Nachtdienst.
nöbetçilik Wach-, Nacht-dienst *m*
nöbethane [ā] *hist.* Wohngebäude *n* der **mehter** genannten Militärkapelle od. Ort *m* e–s Platzkonzertes
nöbetleşe s. **nöbetle; münavebe ile**
nöbetleşmek sich ablösen, sich abwechseln
nöbetli 1. abwechselnd, der Reihe nach 2. sich in regelmäßigen Abständen wiederholend ~ **humma** s. **sıtma;** ~ **voynuk** *hist.* ein dienstlich nach Istanbul abgestellter **voynuk** (*q.v.*)
nöbetşekeri, -ni Kandiszucker *m*
nör- s.a. **nevr-**
nörofibril (*franz.* **neurofibrille**) s. **sinir telciği**
nöron *biol., med.* Neuron *n* *hücrei asabiye
nöroşirürji (*franz.* **neurochirurgie**) *med.* Neurochirurgie *f*
nöroşirürjik *med.* neurochirurgisch
nöroşirürjiyen *med.* Neurochirurg *m*
nörs (*engl.* **nurse**) Kinder- bzw. Kranken-schwester *f*
nötr (*a.* **nötür**) (*franz.* **neutre**) 1. neutral, unbeteiligt 2. *ling.* neutral, sächlich, Neutrum *n* 3. *chem., el.* neutral 4. *zo.* geschlechtslos (z. B. Bienen)
nötrle(ştir)mek *chem.* neutralisieren *tadil etmek, yansızlaştırmak
nötralist, -ti neutralistisch (eingestellt); Anhänger(-in *f*) *m* der Neutralität
nötralizm *pol.* Neutralismus *m*
nötür s. **nötr**
NTSC (Abk. von National Television System Committee) NTSC-System *n* (des amerikanischen Farbfernsehens)
nuga Nougat *m, n*

Nuh [–] *n.pr.* Noah (Bibel) ~ **der de peygamber demez.** *fig.* Er ist unglaublich pedantisch und eigensinnig. ~ **suresi** Name der 71. Koran-Sure ~ **zamanından** (*od.* **-tan** *od.* ~ **nebiden) kalma** uralt, vorsintflutlich, ganz unmodern **-'un gemisi** 1. Arche *f* Noah 2. *fig.* die reinste Arche Noah; ein Durcheinander von allen möglichen Leuten 3. Arche *f* Noah (Muschelart) *zo.* Arca Noae
nuha(-işevkî) s. **nüha(-işevkî)**
nuhas s. **nühas**
nuhbe *va.* 1. Feinstes, Bestes; auserlesen, Elite- 2. Zechgenosse *m*
nuhre(-vî) s. **nekroz(nekrotik)**
nuhuset, -ti [·–·] üble Vorbedeutung; Unheil, Unglück *n*
nuhusetli [·–··] 1. von übler Vorbedeutung 2. unglückbringend, unselig, unheilvoll 3. widerwärtig (Mensch)
nukleolus s. **çekirdecik**
nukleus *biol.* Zellkern *m* *çekirdek
nukra s. **nokra**
nukre *va.* 1. Silberbarren *m* 2. (*a.* **-i kafa**) *an.* Nackenrille *f* 3. *hist.* die ersten Münzen im Osm. Reich
nukut, -du [·–] *va. Pl.* zu **nakit; efektif ecnebi -unun alım ve satımı** An- und Ver-kauf *m* von Devisen
numan [––] 1. *va.* Blut *n* *kan 2. **(çiçeği)** s. **bahçe şakayıkı** (2) 3. ♀ *mV*
numara [×··] 1. Nummer *f* (*a.* z.B. Losnummer) 2. Nummer, Größe *f* 3. Progammnummer *f* 4. (*gel. a. iron.*) Glanzleistung *f* 5. Note, Zensur *f* 6. *V* Amüsement *n*, Scherz, Spaß *m* 7. *V* Lüge *f*, Schwindel, Betrug *m* 8. *V* Geschlechtsakt *m* Zu 1: **Senin -n kaç?** Welche Nummer hast du? s.a. **yüznumara** Zu 2: **Kaç ~ ayakkabı giyiyorsunuz?** Welche Schuhgröße haben Sie? **on ~ çorap** Strümpfe Größe zehn Zu 6: **O -lar bize geçmez.** Mit solchen Scherzen kannst du uns nicht kommen! ~ **atmak** e–e Note (Zensur) geben ~ **erleri** *mil.* Bedienungsmannschaft *f* (am Geschütz) ~ **kadranı** Wähl(er)scheibe *f* (am Telephon) ~ **koymak** numerieren ~ **kuponu** Platzkarte *f* (bei Schnellzügen) ~ **vermek** s. **numara atmak;** ~ **yapmak** *P od. V* 1. Theater spielen, simulieren 2. e–n Scherz, Witz, Spaß machen 3. den Geschlechtsakt vollziehen **-sına bakmak** (bşin) sich die Nummer von et. merken **-sını vermiş olmak** s. **notunu vermiş olmak; -sını yapmak** *V* herausstreichen; in günstigem Licht erscheinen lassen 2. auftreten (Krankheit) **-yı kırmak** e–e schlechte Note geben (Lehrer)
numaracı [×···] *P od. V* 1. Spaßmacher, Witzbold *m* 2. Simulant *m* 3. Lügner, Schwindler, Betrüger *m*
numaral, -li zahlenmäßig, Zahlen-, numerisch *adedî, sayısal ~ **değer** *math.* Zahlenwert *m*, numerischer Wert *kıymeti adediye, sayısal değer
numaralamak mit Nummer(-n) versehen, numerieren
numaralca [··×·] zahlenmäßig, numerisch *adedî olarak, sayısalca
numaralı [×···] 1. numeriert, e–e Nummer (bzw. Nummern) tragend 2. Nummer soundsoviel Zu 1: **Yerler ~.** Die Plätze sind numeriert. Zu 2: **iki ~ ev** Haus Nummer zwei
numarasız ohne Nummer, nicht numeriert, unnumeriert
numarataj Numerierung *spez.* behördliche Hausnumerierung *f*
numaratör Nummern-, Paginier-stempel *m* (mit beweglichen Zahlen)
numen *phil.* Noumenon; Verstandes-, Gedanken-ding *n* (*ant.* **görüngü**)
numensel *phil.* das Noumenon betreffend
numune 1. Muster *n*, Probe *f* ((z.B. e–r Ware) 2. Muster, Vorbild *n*, gutes Beispiel *(1, 2) örnek ~ **çiftliği** Mustergut *n* ♀ **Hastanesi** *n.pr.* Musterkrankenhaus *n* (in Ankara) **-i imtisal** *z. va.* gutes Beispiel; Vorbild *n* **-i imtisal olmak** *z. va.* mit gutem Beispiel vorangehen
numunelik 1. als Muster (Probe) geeignet od. dienend, Muster-, Probe- 2. Muster-, Probe-sendung *f*, -stück *n* *göstermelik 3. exemplarisch, beispielhaft, typisch 4. *V* komisch, sonderbar ~ **kumaş** Musterstoff *m*
nûn 31. Buchst. des osm. Alph.
nûnî auf den Laut [n] bezüglich od. diesen darstellend; s. **kâfı** ~
nur [–] 1. Licht *n*, Glanz *m*, Helligkeit *f* *aydınlık, ışık, parıltı 2. Aureole *f*, Nimbus *m*, Verklärung *f* 3. *va.* Koran *m* ~ **akmak** glänzen, strahlen ~ **alâ nur** *va.* um so besser ♀ **Baba** *lit.* Roman von Yakup Kadri Karaosmanoğlu (1922) ♀ **dağları** s. **Amanos dağları;** ~ **damlası** s. **nur topu (gibi);** ♀ **içinde yatsın** (*od.* **Toprağı ~ olsun**)!Er ruhe in Frieden! ~ **inmek** (*od.* **yağmak) (mezarına)** in hohen Ehren stehen (Heiliger) ♀ **ol!** Bravo! Großartig! Wunderbar! ♀**pir kalmamış (yüzünde).** Sein Gesicht hatte allen Glanz verloren. ♀ **suresi** Name der 24. Koran-Sure ~ **topu (gibi)** prächtig, allerliebst (kleines Kind) ~ **yüzlü** gütig aussehend (alter Mann) **-u âlem** *va.* „Licht *n* der Welt" (Mohammed) **-u aynım (evlâdım)** mein Liebstes! mein liebes Kind!
Nuran [––] 1. die beiden Töchter des Propheten Mohammed 2. *wV*
nuranî [–––] 1. leuchtend, verklärt *aydın, ışıklı 2. ehrwürdig (Greis)
nuranîlik [––––]; **nuraniyet, -ti** [––··] *va.* Leuchten *n*, Glanz *m*, Verklärtheit *f*
nuraylası, -nı Heiligenschein *m*
nurcu [–·] 1. Anhänger *m* der **nurculuk**-Richtung 2. die Tätigkeit der **nurcu** betreffend
nurculuk [–··] **(tarikatı)** verbotene ordensähnliche Vereinigung der neueren Gegenwart (begründet von Saidi Nursî; *urspr. Name:* Saidi Kürdî gest. 1960)
Nuri [×·] (*a.* Abk. von **Nurettin**) *mV*
Nuristan s. **Kâfiristan** (1)
Nuristanî s. **Kâfir** (7b)
Nuriye [×··] *wV* ~ **tatlısı** e–e türk. Süßspeise (Spezialität von Diyarbakır)
nurlandırmak [ü] beleuchten; erstrahlen lassen; erhellen
nurlanmak [ü] 1. in hellem Licht erstrahlen 2. verklärt sein
nurlu [–·] licht, leuchtend, verklärt
nursuz [–·] (in der Füg.:) ~ **pirsiz** *V* dreckiger alter Kerl
Nusaybin Städtchen u. D. an der syrischen Grenze im Rbz. Mardin
Nusayrî Anhänger *m* der Nusayriye; Nosairier *m*
Nusayriye *n.pr.* extrem-schiitische Sekte (*spez.* im Hatay und in Nord-Syrien)
nush *va.* freundliche Ermahnung, gütliches Zureden
nuska s. **muska**
nusret, -ti 1. Hilfe, Unterstützung *f* 2. Gottes Hilfe *f* 3. Erfolg *m* 4. ♀ *mV*
nusuh s. **nasuh**
nuş [ü] *va.* 1. s. **içki** 2. s. **bal** 3. s. **hayat** 4. s. **iksir;** ~ **etmek** *va.* trinken, zechen ~ **etmek** *va.* trinken, zechen
-nuş [ü] *va. pers. Sx.* trinkend
nuşanuş [–––] *va.* zechend, im Zecherkreis
Nuşirevan [–··–] *n.pr.* Anuschirwan (Beiname des Sassanidenkönigs Chosrau, Hüsrev)
nutasyon *astr.* Nutation *f* *asarı mehdiye; uğrüm
nutfe *va.* 1. reines, klares Wasser 2. männlicher Same; Sperma *n* *meni
nutkî *va.* 1. e–e Rede betreffend 2. **Nutku** *mV*
nutuk, -tku 1. *va.* Sprechfähigkeit *f* 2. Rede, Ansprache *f* 3. *fr.* (in Versen od. in Prosa abgefaßte) Leitschrift e–s Derwisch-Abtes für Novizen 4. ♀ s. **Büyük Nutuk;** ~

atmak (*od.* **çekmek**) *pej.* bombastische Reden schwingen ~ **söylemek (irat etmek, vermek)** e–e Rede halten **-a gelmek** zu reden beginnen ²**u tutuldu.** Es verschlug ihm die Rede (das Wort).
nutuklaşmak sich gegenseitig in Reden apostrophieren od. beiderseits Reden halten
nu(v)ar 1. *mus.* Viertelnote *f* *dörtlük, siyah 2. Noir, Schwarz (bei Roulett)
nuvel *lit.* Novelle *f*
nuvelci Novellendichter(-in *f*) *m*, Novellist(-in *f*) *m*
nuvote 1. Neuheit *f* 2. Nouveauté *f*, neuer Modeartikel
nuy (*franz.* **nouilles**) (Band-)Nudeln *pl.* *kesme makarna
nuzzar [ā] (*va. Pl.* zu **nazır**) Minister *pl.*
nü (*franz.* **nu**) Akt(-bildnis *n*, -studie *f*) *m* *çıplak
nüans 1. Nuance, Schattierung, Abstufung, Tönung *f* 2. Nebenbedeutung *f* (e–s Wortes) *ayırtı
nüanslamak nuancieren, abtönen, stufen
nübüvvet, -ti Prophetentum *n*
Nübye [×·] *n.pr.* Nubien
Nübyeli 1. Nubier(-in *f*) *m* 2. nubisch
nücum [ū] (*va. Pl.* zu **necim**) Sterne *pl.* **ilmi** ~ *va.* 1. s. **astronomi** 2. s. **astroloji**
nücumî [ū] *va.* die Sterne betreffend, Stern-, sideral, siderisch ~ **vakit** *va.* Sternzeit *f*
nüdbe *z. va.* Aufzählung *f* der Verdienste e–s Toten; Totenklage *f*
nüdist, -ti Anhänger(-in *f*) *m* der Nacktkultur, Nudist(-in *f*) *m*
nüdite nackte Figur (*spez.* in der plastischen Kunst)
nüdizm Nacktkultur, Nacktbewegung *f*, Nudismus *m*
nüfus (*urspr. Pl.* zu **nefis** I) 1. Bevölkerung *f*, Bewohner *pl.*, Seelen(-zahl *f*) *pl.*, Einwohner(-schaft *f*) *pl.* 2. (*als Sg.*) Person *f* Zu 2: **Burada beş ~ var.** Hier sind fünf Personen. ~ **artığı (artması, tezayüdü)** Bevölkerungszunahme *f* ~ **aşırılığı (çokluğu, fazlalığı)** Überbevölkerung *f* ~ **azalması (eksilmesi, seyrelmesi)** Bevölkerungsabnahme *f* ~ **azlığı** geringe Bevölkerungszahl ~ **cüzdanı (kâğıdı, tezkeresi)** Geburtsschein *m* (mit Auszug aus dem Melderegister), Personalausweis *m* (für Inländer) ~ **dairesi** Einwohnermeldeamt *n* ~ **değiş tokuş** Bevölkerungsaustausch *m* *mübadelei nüfus ~ **fazlası** Bevölkerungsüberschuß *m* ~ **kütüğü** (*od.* ~ **sicili**) s. **kişi durumları kütüğü;** ~ **kesafeti (sıklığı, yoğunluğu)** Bevölkerungsdichte *f* ~ **memuru** Personenstandsbeamter ~ **memurluğu** Einwohnermeldeamt *n* ~ **sayımı** (*od.* **tahriri**) Volkszählung *f* ~ **vakaları** Personenstandsveränderungen *pl.* **-a kaydetmek** ins Melderegister eintragen
nüfusbilim(-sel) s. **demografi(-k)**
nüfusça an (*od.* in bezug auf) Menschenleben ² **zayiat yoktur.** 1. Menschenleben sind nicht zu beklagen. 2. *mil.* Verluste sind keine zu verzeichnen. Keine Verluste.
nüfusçu Bevölkerungs-statistiker, -politiker *m*
nüfuslandırmak bevölkern *meskûn kılmak, şeneltmek
nüfuslanmak sich bevölkern *meskûn kılınmak, şenelmek
nüfuslanmış bewohnt, bevölkert *meskûn, şenelmiş
nüfuslu 1. mit (*od.* von) soundsoviel Einwohnern 2. von soundsoviel Köpfen (Familie) 3. bevölkert Zu 1: **bir milyon ~ bir şehir** e–e Stadt mit e–r Million Einwohner Zu 2: **altı ~ bir aile** e–e sechsköpfige Familie **çok ~ bir aile** e–e große (zahlreiche, vielköpfige) Familie Zu 3: **çok ~ bir şehir** e–e dichtbevölkerte Stadt
nüfuz [ū] 1. Ein-, Hinein-, Durch-dringen *n*, *phys.* Osmose *f* 2. Einfluß *m* Zu 2: **Halk üzerinde büyük bir -u vardır.** Er hat großen Einfluß beim Volk. ~ **etmek** 1. eindringen *geçmek, işlemek 2. beeinflussen 3. sich auswirken (auf) 4. (bşe) verstehen können ~ **kabiliyeti** s. **geçirimlilik;** ~ **kabiliyetsizliği** s. **geçirimsizlik;** ~ **kazanmak** Einfluß gewinnen, einflußreich werden ~ **kudreti** (*od.* **kuvveti**) Durchschlagskraft *f* ~ **makinesi** Influenzmaschine *f* ~ **sahibi** einflußreich, mächtig, angesehen ~ **ticareti** Handelsgeschäfte *pl.* e–s höheren Beamten zur eigenen Bereicherung ~ **yürütmek** sich Geltung verschaffen, sich durchsetzen **-u suiistimal** Autoritätsmißbrauch *m* **kabili** ~ s. **geçirimli; gayri kabili** ~ s. **geçirimsiz; -u amiriyet** *va.* Autorität *f* **-u nazar** Scharf-blick, -sinn *m* **-u nazar sahibi** scharf-blickend, -sichtig
nüfuziyet, -ti [ū] s. **geçirgenlik**
nüfuzlu [·–·] einflußreich, mächtig, angesehen
nüfuzsuz [·–·] ohne Einfluß (zu besitzen)
nüha, -aı [ā] *an.* 1. Mark *n* 2. s. **nühaişevkî**
nühaî [·––] das (Rücken-)Mark betreffend, medullar
nühaişevkî s. **omurilik**
nühas [ā] *va.* 1. Kupfer *n* *bakır 2. Kupfergeld *n*
nühasî [·––] *va.* kupfern, aus Kupfer, Kupfer-
nühüft, -tü e–e melod. Weise in der türk. Musik
nükaba [··–] 1. *va. Pl.* zu **nakip** 2. *fr.* (bei Rüfai-, Sadi- und Bedewi-Orden) Derwische, die Aussicht hatten, Abt (Scheich) zu werden
nükhet, -ti 1. *va.* Atem *m* 2. *va.* Duft *m* 3. ² *wV*
nükleer Kern-, Atom-, Nuklear- ~ **enerji** Atomkraft *f* ~ **fizik** Kernphysik *f* ~ **kimya** Kernchemie *f* ~ **silâh** Atom-, Kern-waffe *f* ~ **reaktör** Kernreaktor *m*
nüklein *biol.* Nuklein *n* *çekirdek özü
nükleon *phys.* Nukleon *n*
nüksetmek [×··] 1. wieder auftreten, sich von neuem bemerkbar machen, sich wieder einstellen (Krankheit, Erbeinschlag usw.) 2. nachwachsen (Tumor)
nükte 1. Witz, Geist, Esprit *m*, Bonmot *n*, geistreicher Einfall, geistreiche Bemerkung od. Antwort 2. witzige Anspielung; Pointe *f* Zu 2: **Bu karikatürdeki -yi anlayamadım.** Bei dieser Karikatur habe ich die Pointe nicht verstanden. ~ **sarf etmek** (*od.* **yapmak**) geistreiche Bemerkungen (e–n Witz) machen ~ **savurmak** *iron.* dumme Bemerkungen (od faule Witze) machen
nükteci; nüktedan [ā] geistreich, einfallsreich, witzig (Person)
nüktecilik; nüktedanlık Geistreichigkeit *f*, Einfallsreichtum *m*, Witz, Humor *m*
nükteli geistreich, witzig, pointiert, mit feiner Anspielung
nükûl, -lü 1. Widerrufung, Zurücknahme *f* 2. Verweigerung *f* ~ **etmek** 1. widerrufen 2. **(yeminden)** den Eid verweigern (Beklagter) 3. **(sözünden, vadinden)** sein Wort (seine Zusage, das gegebene Versprechen) zurückziehen
nüküs, -ksü 1. Wiederauftreten, Sich-Wiedereinstellen *n*, *spez.* Rück-fall, -schlag *m* (bei e–r Krankheit) 2. Nachwachsen *n* (e–s Tumors)
nül *selt.* null, nichts, kein(-er)
-nüma [ā] *va. pers. Sx.* zeigend
nümayan [·––] *va.* zutage tretend, augenscheinlich, sichtbar *meydanda, görünen
nümayiş [ā] 1. *va.* äußere Erscheinung; Auftreten *n* 2. Demonstration, Kundgebung *f* *gösteri 3. *spez. mil.* Scheinmanöver *n*, -bewegung *f*, -unternehmen *n* ~ **yapmak** 1. demonstrieren 2. *fig.* e–e Schau veranstalten
nümayişçi [ā] demonstrierend; Demonstrant(-in *f*) *m*
nümayişkâr [·–·–] 1. Demonstrations- 2. demonstrativ 3. ein Scheinmanöver unternehmend ~ **surette** in demonstrativer Weise, demonstrativ
nümayişkârane [·–·––·] s. **nümayişkâr;** ~ **mitingler** Demonstrationsversammlungen *pl.*
nümerik numerisch, zahlenmäßig, Zahlen-
nümero(-taj, -tör) s. **numara(-taj, -tör)**
Nümidya [·×·] *hist. n.pr.* Numidien (in Nordafrika)

Nümidyalı [·×··] *hist.* 1. Numid(i)er(-in *f*) *m* 2. numidisch
nümismat, -tı (*franz.* **numismate**) Numismatiker, Münzkenner *m* *sikkeşinas
nümismatik 1. Numismatik, Münzkunde *f* *meskûkât bilgisi 2. numismatisch, münzkundlich
nümune(-lik) s. **numune(-lik)**
nümülit, -ti *geol.* Nummulit *m* ~ **dönemi** *geol.* Nummulitenformation *f*, Alttertiär *n* *paleojen devri
nümülitik (*franz.* **nummulithique**) s. **nümülit dönemi**
nüsg, -gü s. **besisuyu**
nüsha 1. Exemplar *n* (e–s Buches) 2. (Einzel-)Nummer *f* (e–r Zeitung, Zeitschrift usw.) 3. Ausgabe *f* (z.B. e–r Zeitung) 4. Ebenbild *n*, (Ausgabe *f*) 5. Ausfertigung *f* (e–s Schreibens) 6. s. **muska** Zu 2: **ꝛsı yirmibeş kuruştur.** Die Einzelnummer kostet 25 Kurusch. **Cumhuriyet'in dünkü -sında** in der gestrigen Nummer der Cumhuriyet (Istanbuler Tageszeitung) Zu 3: **sabah -sı** Morgenausgabe *f* (e–r Zeitung) Zu 4: **babasının genç bir -sı** e–e verjüngte Ausgabe seines Vaters Zu 5: **iki** ~ **olarak** in doppelter Ausfertigung **-i asliye** *va.* Urschrift *f*, Urtext *m*, Original *n*
nüshateyn *va. Dual* doppelte Ausfertigung ~ **olarak** *va.* in doppelter Ausfertigung
nütasyon s. **nutasyon**
nütrisyon (*franz.* **nutrition**) *selt.* s. **beslenme**
nütu, -uu (*a.* **nütuu azım**) s. **kemik çıkıntısı; -u gurabî** s. **kargaburun çıkıntısı; -u şevkî** s. **dikensi çıkıntı**
-nüvaz [ā] *va. pers. Sx.* streichelnd, liebkosend
nüvaziş [ā] *z. va.* Streicheln *n*, Liebkosung *f* ~ **etmek** *z. va.* streicheln, liebkosen ~ **göstermek** *z. va.* 1. s. ~ **etmek** 2. *fig.* schmeicheln
nüvazişkâr [·–·–] *z. va.* liebkosend, zärtlich, freundlich
nüve 1. Zellkern, Nukleus *m* *çekirdek 2. Keim *m* (e–r Entwicklung) 3. *pol.* Zelle *f* (e–r Geheimorganisation) Zu 2: ~ **halinde** im Entstehen, in nuce **... yeni bir harbin -sini taşımaktadır.** ... trägt den Keim e–s neuen Krieges in sich.
nüveyt, -ti s. **çekirdecik**
-nüvis [·–] *va. pers. Sx.* schreibend; vgl. **facia-, tarih-, vakanüvis** usw.
nüvvap, -bı [ā] 1. *va. Pl.* zu **naip** 2. s. **nevvap**
nüzhet, -ti 1. *va.* Zerstreuung *f*, Vergnügen *n* 2. ꝛ *mV, wV*
nüzul, -lü [ū] 1. Herabsteigen *n* (z.B. vom Himmel) 2. Absteigen *n* (z.B. in e–m Hotel) 3. Schlaganfall *m* *inme Zu 3: **Kendisine** ~ **isabet etti.** Er hat e–n Schlaganfall erlitten. ~ **etmek** 1. herab-steigen, -fallen 2. (bir otele) in e–m Hotel absteigen
nüzullü [ū] apoplektisch, Apoplektiker *m*

O

o, O [ɔ] 18. Buchst. des türk. Alph.
o (I) [–] (Int. der Überraschung, Bewunderung, des Unwillens usw.) oh! ah! ach! nanu! doch! **O, maşallah, ne güzeldir!** Oh, das ist ja großartig! **O, bukadarı fazla.** Das ist aber doch zuviel! **O, maşallah, siz de berabersiniz!** Nanu, Sie sind auch dabei! **O, bu oldu mu ya!** Ach, das hat also doch geklappt!
o (II), **-nu** (verbundenes od. unverbundenes Pron. mit Hinweis auf weiter entfernte Sachen od. Personen) 1. er, sie, es 2. jener, jene, jenes, ersterer, ersterwähnt 3. der (die, das), dort, dieser 4. s. **Gidiş** ~ **gidiş.** 5. ꝛ (bei Erwähnung e–r hochgestellten Persönlichkeit spez. Atatürks) Er ~ **arada** währenddessen, inzwischen, unterdessen ꝛ **balık başka balık!** Ja, Bauer, das ist et. anderes! ~ **biçim** *V* üble Sache (*od.*) übler Kerl ~ **bir** s. **öbür;** ~ **bu** dies und das; alles; dieser und jener; jedes ~ **da bir şey** s. **Bu da bir şey;** ~ **denli** so sehr ~ **duraktan iş almak** *Ch.* sich an e–e best. Frau heranmachen ꝛ **duvar senin, bu duvar benim** (zur Bez. des Hin- und Hertorkelns e–s Betrunkenen) ~ **gibi** solch, derartig ~ **gün** 1. der genannte Tag 2. an dem genannten Tag ~ **gün bu gün** 1. seit jener Zeit; seither 2. Wie es damals war, so ist es auch noch heute. ~ **günden bu yana** seither ~ **günkü** damalig ~ **halde** 1. also, demnach 2. in diesem Fall ~ **kadar** 1. soviel, so sehr, derart, dermaßen, so 2. nur soviel, nicht mehr 3. *(Drohung)* Jetzt langt's aber! Zu 1: **Ben** ~ **kadarını düşünmemiştim.** An soviel hatte ich gar nicht gedacht. ~ **kadar değil** nicht allzusehr ꝛ **kadar kusur kadı kızında da olur.** 1. Es hat eben jeder seinen Fehler. 2. Das kommt in den besten Familien vor. ~ **kadar şiddetli ki** so heftig, daß ... Zu 2: **Ben** ~ **kadar verebilirim.** Das ist alles, was ich geben kann. ~ **kadarcık** so gering (wenig, klein) ~ **kadarcık ufak** so klein, ganz klein, winzig ~ **kerte** *F* in diesem Augenblick ~ **saat** 1. jene Stunde (bzw. Uhr) 2. s. **ossaat;** ~ **sırada** gerade in diesem Augenblick, gerade dann ~ **takdirde** in diesem (*bzw.* e–m solchen) Fall ~ **taraflı olmamak** s. **oralı olmamak;** ꝛ **tarakta** (*od.* **taraklarda**) **bezi yok.** Auf so et. (Ungehöriges) läßt er sich nicht ein. 2. Dafür hat er keinerlei Interesse. ~ **tarih** s. **o gün;** ~ **vakit** 1. dann, darauf 2. damals 3. in diesem Falle; so ~ **vakit bu vakit** s. **o gün bu gün;** ~ **vakitki** damalig ꝛ **yaprağı çoktan kapadım.** Damit habe ich schon lange Schluß gemacht. ꝛ **yalan bu yalan, fili yuttu bir yılan, bu da mı yalan?** (spött. Ra. zu j–m, der alles ablehnt) ~ **yer** der genannte Ort ~ **yolun yolcusu olmak** 1. den Weg alles Fleisches gehen 2. *F* auch so e–e sein, leicht zu haben sein (Frau, Mädchen) **ona, onca, onun** usw. s. die ges. Stw.
o (III) [–] (*franz.* **eau**) (nur in Zss.) Wasser *n* ~ **distile** destilliertes Wasser *damıtık su ~ **fenike** *med.* Karbolwasser *n;* s.a. **odkolonyı; ofort**
oba 1. großes unterteiltes Nomadenzelt aus Filz 2. Nomadenfamilie *f*, Zeltbewohner *pl.* 3. zeitweiliger Aufenthaltsort von Nomaden 4. (im Winter unbewohnte) Almhütte 5. kleinste Pfadfindereinheit (6–8 Jungen)
obartı; obartma Vs. zu **obartmak** *spez. stil.* Übertreibung, Hyperbel *f* *mübalağa
obartmak übertreiben *mübalağa etmek
obartmalı *stil.* hyperbolisch, übertreibend, übertrieben *mübalağalı
obat, -dı (*franz.* **aubade**) *mus.* (Morgen-)Ständchen *n*
obatlamak *mus.* ein Ständchen darbringen
obelisk, -ki Obelisk *m* *dikili taş
oberj (*franz.* **auberge**) *selt.* Herberge, Unterkunft, Gastwirtschaft *f*
oberjist, -ti (*franz.* **aubergiste**) Herbergsvater, Wirt *m*
obeşe (*franz.* **obeché**) s. **paşaağacı**
obezite *med.* Obesität, Fettleibigkeit *f*
obi Obi *m* (japanischer Seidengürtel für e–n Kimono)
Obi *n.pr.* Ob *m* (Fluß in Rußland)
obje Objekt, Ding *n*, Gegenstand *m* *nesne, şey
objeksyon *selt.* Einwand *m*, Beanstandung *f*
objekt, -ti *selt.* s. **obje**
objektif 1. objektiv, streng sachlich, unvoreingenommen *afakî, şey'î 2. Objektiv *n* (bei Fernrohr, Kamera usw.), Gegenstandslinse *f* *nesne merceği 3. Ziel(-punkt *m*) *n*,

Zweck *m*, Vorhaben *n* 4. *gel. Verk.* von **-li** Zu 2: ~ **karşısında** vor der Kamera Zu 4: **Sümitor 1, 2 ~ IIIa modeli Leica makinesi** Leica-Modell IIIa mit Sumitor-Objektiv 1, 2 ~ **hukuk** *jur.* objektives Recht; Recht *n* im objektiven Sinn ~ **hüsnüniyet** *jur.* Treu und Glauben *dürüstlük; dürüstlük kuralları

objektifleş(tir)me(k) s. **nesnelleş(tir)me(k)**

objektifli mit nb. Objektiv **çok ışıklı ~ makineler** Photoapparate *pl.* mit sehr lichtstarken Objektiven

objektiflik s. **nesnellik**

objektivizm s. **nesnelcilik**

obligasyon 1. *selt.* Verpflichtung, Verbindlichkeit *f*, Zwang *m* 2. *fin.* Obligation, Schuldverschreibung *f* *tahvil(-ât)

obliterasyon *med.* Obliteration, Gefäßverstopfung *f*

obnübilasyon (*franz.* **obnubilation**) *med.* geistige Umnachtung

obruk 1. s. **içbükey** 2. trichterförmige Bodenvertiefung 3. s. **düden**

obrukluk zerklüftetes Gelände

obrulamak 1. nach innen wölben 2. aushöhlen

observasyon 1. Observation, Beobachtung *f* 2. Forschung, Untersuchung *f*

observatör 1. beobachtend, Beobachter *m* 2. Forschungs-

observatu(v)ar Observatorium *n*, *(met., astr., geophysikalische)* Beobachtungsstation, Sternwarte *f* *gözlemevi, rasathane

obsesyon *psych.* Obsession, Zwangsvorstellung, Besessenheit *f* *takınak

obsidiyen *min.* Obsidian *m*, Lavaglas *n* *İzlanda akiki

obskürantist, -ti Obskurant, Dunkelmann, Finsterling, Feind *m* der Aufklärung *karanlıkçı

obskürantizm Obskurantismus *m*, Dunkelmännertum *n*, Verdummungseifer *m* *karanlıkçılık

obstrüksiyon Obstruktion *f*: 1. *parl.* Verzögerungstaktik *f* 2. *med.* Verstopfung *f*

obstrüksiyonizm *parl.* Verschleppungs-taktik, -politik *f*

obtüratör (*franz.* **obturateur**) 1. *phot.* Kameraverschluß *m* 2. Verschluß-deckel *m*, -platte *f*, -stück *n*

obtüzyon (*franz.* **obtusion**) Abstumpfung *f* der Sinne

obua (*franz.* **hautbois**) *mus.* Oboe *f*

obuacı *mus.* Oboist(-in *f*) *m*

obur 1. gefräßig, Nimmersatt *m* 2. Vielfraß *m zo.* Gulo gulo

oburlaşmak gefräßig werden

oburluk Gefräßigkeit *f* ~ **hastalığı** *med.* krankhafte Eßbegierde *sinoreksi

obüs (*franz.* **obus**) *mil.* 1. Granate *f*, *gel. a.* Schrapnell *n* 2. **(topu)** Haubitze *f*, Steilfeuergeschütz *n* ~ **bataryası** Haubitzbatterie *f* ~ **mermisi** (*od.* **tanesi**) Haubitzgranate *f*

ocak, -ağı 1. Feuerstelle *f*, Herd, Kamin *m* 2. Herdfeuer *n* 3. Schmiedeesse *f* 4. Brenner *m* (z.B. bei Leuchtgas) 5. Kocher *m* 6. Feuerung *f* (bei Schiffen, Maschinen usw.) 7. Ofen *m*, Brennerei *f* 8. Bergwerk *n*, Grube *f* 9. Gartenbeet *n*, Plantage, Pflanzung *f* 10. Steinbruch *m* 11. Punkt *m*, in dem et. zusammenläuft od. von dem et. ausgeht: Zentrale *f*, Zentrum *n*, Mittel-, Sammel-, Brenn-, Ausgangs-punkt, Sitz, Herd *m* 12. Ort *m*, an dem man sich zu e–m best. Zweck trifft *spez.* Klub *m*; Klub-, Partei-gebäude u.ä.m. 13. Herd *m*, Heim *n*, Familie *f* 14. angesehene Familie; Dynastie *f* 15. *hist. mil.* a) Korps *n*, Truppe, Organisation *f* b) *spez.* Janitscharen-organisation *f*, -regiment *n* 16. Familie *f*, in der das Kurpfuschertum erblich ist 17. **(ayı)** Januar *m* *ikinci kânun, sonkânun, kânunusani 18. *selt.* Schiffswerft *f* Zu 1: **Eskiden odaların çoğuna ~ yaparlardı.** Früher baute man in vielen Zimmern Kamine ein. s.a. **mutfak -ı** Zu 3: s. **demirci -ı** Zu 4: s. **havagazı -ı** Zu 5: s. **ispirto -ı** Zu 7: s. **kireç -ı** Zu 8: s. **kömür (maden) -ı** Zu 9: s. **hıyar (patlıcan) -ı** Zu 10: s. **taş -ı** Zu 11: s. **fesat (tahrikât) -ı** Zu 12: s. **Parti (Sipahi, Türk) ²ı** Zu 13: s. **baba -ı** Zu 14: **Onlar, eski bir -tandır.** Sie gehören e–r alteingesessenen, angesehenen Familie an. Zu 15: s. **Yeniçeri (asker) -ı; ~ dayısı** Zu 18: **Amerikan -ları tarafından inşa edilen gemiler** die auf amerikanischen Werften gebauten Schiffe ~ **ağası** *hist.* s. **Yeniçeri ağası;** ~ **ağaları** *hist.* die obersten Janitscharenoffiziere ~ **bacası** Rauchfang *m* ~ **başı konuşmaları** Gespräche *pl.* am Kamin ~ **başında** am Kamin ~ **bezirgânı** *hist.* Zahlmeister *m* der Janitscharen ~ **beytülmalcisi** *hist.* Beamter, der die Hinterlassenschaft gefallener bzw. verstorbener Janitscharen zu regeln hatte ~ **bucak** jeder Winkel des Hauses, das ganze Haus ~ **çekirgesi** (*od.* **böceği**) Heimchen *n*, Hausgrille *f zo.* Gryllus domesticus ~ **çekmek** *naut.* das Feuer herausreißen ~ **dayısı** *hist.* Kommandeur *m* e–r in e–r osm. Kolonie (*spez.* in Algier, Tripolis od. Tunis) stationierten Janitschareneinheit ~ **demiri** Schüreisen *n* ~ **erkânı** *hist.* s. **ocak ağaları;** ~ **halkı** *hist.* 1. Angehörige *pl.* e–s best. Janitscharenkorps 2. *allg.* Janitscharen *pl.* 3. Infanterie *f* ~ **ızgarası** (Feuerungs-)Rost *m* ~ **işletme usulü** Abbauverfahren *n* (im Bergwerk) ~ **kapısı** Ofentür *f* ~ **kaşı** Feuerloch *n* (mit Herdringen) ~ **sahası** Abbaufeld *n* (Bergwerk) ~ **siperi** Ofenschirm *m* ~ **söndürmek** 1. das Herdfeuer auslöschen 2. *fig.* e–e Familie (Dynastie) vernichten ~ **süpürgesi** Sonne *f* (des Schornsteinfegers) ~ **süpürücüsü** Kaminkehrer, Schornsteinfeger *m* ~ **sürgüsü** Ofenklappe *f* ~ **şişi** Feuer-, Schür-haken *m* ~ **taşı** Feuerbock *m* (im Kamin) **-ı sönmek** 1. aussterben (z.B. Dynastie) 2. ruiniert werden; *(F)* auf den Hund kommen (z.B. Familie) **-ı yakmak** den Herd anzünden **-ın başına oturmak** sich gemütlich (am Kamin) zusammensetzen **-ına düşmek** (b–nin) sich zu j–m flüchten, bei j–m Hilfe suchen, seine Zuflucht zu j–m nehmen **-ına incir dikmek** (b–nin) j–s Familie zugrunde richten **-ını başına yıkmak** j–n ruinieren, j–n fertigmachen **-ını söndürmek** 1. s. **ocağına incir dikmek** 2. e–e Dynastie vernichten **²ta aşın mı taştı?** *hum.* Warum denn so eilig?

ocakçı 1. Kessel-, Schiffs-heizer *m* 2. Schornsteinfeger *m* 3. *fr.* Mitglied *n* des **Türk Ocağı** 4. wer berufsmäßig Kaffee, Tee usw. bereitet

ocakçılık 1. Tätigkeit *f* e–s Kessel-, Schiffs-heizers, Schornsteinfegers od. Kaffee-, Tee-(usw.)zubereiters 2. *fr.* Mitarbeit *f* im **Türk Ocağı**

ocaklı 1. mit (*od.* mit nb.) Herd, Kamin usw. (vgl. **ocak**) 2. e–r best. Organisation angehörig *spez. hist.* zum Janitscharenkorps bzw. **Türk Ocağı** gehörig 3. aus e–r best. Familie (Dynastie) stammend

ocaklık 1. Feuerstelle *f*, Herdplatz *m* 2. Herdstein *m* 3. Rauchabzug *m* (über e–r Feuerstelle) 4. *fr.* Familien-gut *n*, -besitz *m* (*urspr.* Lehen) 4. Tragbalken *m* ~ **demiri** *naut.* Pflichtanker *m*

od (I) s. **ot** (III)

od (II) *lit.* Ode *f*

oda 1. Zimmer *n*, Stube, Kammer *f* 2. (Berufs-, Stände-) Kammer *f* 3. *z. va.* Amt, Büro *n*, Dienststelle *f* 4. *hist.* Kaserne *f* e–s Janitscharenregiments 5. (*gel. als T* von **-hane**) Saal, Raum *m* 6. e–e Art **gecekondu** vor dem I. Weltkrieg 7. Gastzimmer *n*, Herberge *f* (in anatolischen Dörfern) *misafirhane Zu 1: s. **banyo (bekâr, çalışma, hizmetçi, misafir, oturma, sandık, uşak, yatak, yemek) -sı** Zu 2: s. **ticaret (etıbba) -sı** Zu 3: s. **ametçi -sı** Zu 5: s. **ders -sı;** ~ **hapsi** *mil.* Stubenarrest *m* ~ **kethüdası** *hist.* e–r der höchsten Janitscharenoffiziere ~ **müziği** Kammermusik *f* ~ **sineği** s. **karasinek** (1); ~ **takımı** 1. Mobiliar *n* e–s Zimmers 2. *selt.* Zimmergemeinschaft *f*

odabaşı, -nı 1. *hist.* ein Offiziersrang bei den Janitscharen (*etwa:* Hauptmann) 2. oberster Zimmerkellner in e–m

Han 3. Pförtner, Hausmeister *m* (in e–m größeren Gebäude)
odacı 1. Bürodiener *m* 2. Diener *m* in einem Han
odacık Zimmerchen, Kämmerchen, Stübchen *n*
odacılık Tätigkeit *f* e–s Bürodieners od. e–s Dieners in e–m Han
odak, -ğı 1. *math., phys.* Brennpunkt, Fokus *m* *mihrak 2. *med.* s. **irin -ı; ~ derinliği** *phot.* Tiefenschärfe *f* **~ uzunluğu** *phot.* Brennweite, Fokaldistanz *f*
odaklaştırma *phot.* Scharfeinstellung *f* *fokalizasyon
odakölçer *phys.* Fokometer *n* *fokometre
odakölçümü, -nü *phys.* Fokometrie *f* *fokometri
odalı mit nb. Zimmern (usw. s. **oda**); **dört ~ ev** Haus *n* mit vier Zimmern **~ yeniçeriler** Festungsgarnison *f* (zur Janitscharenzeit)
odalık 1. aus soundsoviel Zimmern bestehend 2. Konkubine, Mätresse *f* 3. *hist.* (bis 1908) Odaliske *f* (Haremsdame höheren Ranges) Zu 1: **beş ~ daire** Fünfzimmerwohnung *f* Zu 2: **~ almak** e–e Geliebte aushalten
odaşık *P* Zimmer-genosse *m*, -genossin *f*
odil s. **ot** (II) **yılı**
Odise *n.pr.* Odyssee *f*
oditoryum [··×·] 1. Vortrags-, Konzert-, Hör-saal, Zuschauerraum *m* 2. Senderaum *m* (beim Rundfunk)
odkolonyi [··×·] Eau de Cologne *f, n*, Kölnischwasser *n* *Kolonya suyu
odometre [··×·] Wegmesser, Schrittzähler *m*, Hodometer, Podometer *n* *podometre
odontoloji *med.* Odontologie *f*, Lehre *f* von den Zähnen, Zahnheilkunde *f*
odontometre [···×·] *philat.* Zähnungsschlüssel *m*
ODTÜ = Orta-Doğu Teknik Üniversitesi
odun 1. Brennholz *n* 2. Balken, Pfosten, Stützpfeiler *m* 3. Tracht *f* Prügel 4. (*a.* **~ aleyhisselâm**) dummer und grober (ungeschliffener, ungehobelter) Kerl **~ ağa** *Schi.* Dummkopf, Trottel *m* **~ arısı** (hummelartige) Holzwespe *f zo.* Xylocapa violacea *haber böceği **~ atmak** verprügeln, durchhauen **~ damarları** *bot.* Holzgefäße *pl.* *eviyei haşebiye **~ gazı** Holzgas *n* **~ gibi bir herif** ein ungehobelter, dummer Kerl **~ kalbur demetleri** *bot.* Gefäßbündel, Fibrovasalstränge *pl.* *huzematı kitabiyei haşebiye **~ kesmek** Bäume fällen **~ kıran** Holzhacker *m* **≈ kırdıran** (*scil.* **var mı**)? Will jemand Holz hacken lassen? (Ruf umherziehender Holzhacker) **~ kırmak** Holz hakken **~ kurdu** s. **ağaç kurdu; ~ özü** Lignin *n*, Holzstoff *m* **~ ruhu** Holzgeist, Methylalkohol *m* *metil alkol **~ yarıcı** Holzhacker *m* **~ yarıcının hı(n)k deyiciliğini yapan** s. **havan dövücünün (hı(n)k deyicisi); ~ yarmak** Holz hakken (spalten)
oduncu 1. Holzfäller *m* 2. Brennholzverkäufer *m* **~ bıçkısı** Zugsäge *f* (e–e Waldsäge) **~ kaması** Fällkeil *m*
oduncul 1. sich von Holz nährend 2. Holzkäfer *m zo.* Anobium (u. a.)
odunculuk Tätigkeit *f* e–s Holzhackers bzw. Gewerbe *n* e–s Brennholzverkäufers
odunkömürü, -nü Holzkohle *f*
odunlaşma 1. *bot.* Verholzung *f* *tahaşşüp 2. *fig.* ungeschliffenes Benehmen
odunlaşmak 1. verholzen (*intr.*) 2. ungeschliffen od. begriffsstutzig sein
odunlu kâğıt holzhaltiges Papier
odunluk 1. Brennholzlager *n* 2. Holz-keller, -schuppen *m* 3. als Brennholz geeignet od. dienend 4. s. **odunlaşma** (2)
odunsu holzig, holzartig *haşebî
odunsuz kâğıt holzfreies Papier
odyofon (*franz.* **audiophone**) Audiphon *n*, Hörapparat *m*
odyometre [··×·] 1. Audiometer *n*, Klangprüfer, Gehörmesser *m* *işitme ölçme cihazı 2. *gel. irrt.* für **ödyometre**
odyometri Audiometrie *f* (Prüfung des Gehörs mit Hörmeßgeräten)
odyon Audionröhre *f* (im Rundfunkgerät) *triyot
odyovizüel audiovisuell *işitme-görme
OECD = Organization for Economic Cooperation and Development Organisation *f* für wirtschaftliche Zusammenarbeit und Entwicklung (seit 1960 als Nachfolgerin der **OEEC)** (*türk.*: **İktisadî İşbirliği ve Kalkınma Teşkilâtı)**
OEEC = Organization for European Economic Cooperation Organisation *f* für europäische wirtschaftliche Zusammenarbeit
OEED = Organization for European Economic Development Organisation für europäische Wirtschaftsentwicklung
of (Int. des Überdrusses, der Müdigkeit, des Schmerzes usw., nur selt. der Bewunderung) ach! mein Gott! au! **≈, bıktım artık!** Ach, jetzt habe ich aber genug! **≈, ne sıcak!** Mein Gott, ist das heiß! **≈, kolum acıdı.** Au, der Arm hat mir wehgetan. **~ çekmek** (*od.* **~ demek**) *od.* **~ pof etmek** ächzen und stöhnen
Of *n.pr.* kleiner Hafenort am Schwarzen Meer und gln. D. im Rbz. Trabzon
ofans (*franz.* **offense**) (*selt. spez. Sport)* Angriff *m*
ofansif (*franz.* **offensif**) (*selt. spez. Fb.)* offensiv
oferta [·×·] *H* Angebot *n*, Offerte *f*
ofikleit, -di Ophilkleide *f* (M.i.)
ofis [×·] 1. Büro *n*, Dienststelle *f*, Amt, Geschäftslokal *n* 2. Speise- und Gerätekammer *f*, Anrichte- od. Bedientenzimmer *n* **~ kapısı** Eingang *m* für Lieferanten **İhracat ≈i** türk. Ausfuhramt *n* **Türk-Yunan ticaret -i** türk.-griech. Handelsamt *n* **ihtira beratları -i** Patentamt *n* (*gel.* ohne Suffigierung: **Nansen ~** Nansenbüro *n;* s. a. **Türk-)**
ofit, -ti *geol.* Ophit *n* (Ergußgestein)
ofkarmak keuchen; tief schnaufen (Pferd)
oflamak ächzen, stöhnen **oflayıp poflamak** ächzen und stöhnen
oflaz(-lık) *P* s. **nefis** (II); **nefaset**
ofort, -tu 1. Scheidewasser *n*, Salpetersäure *f*, Eau forte *n, f* 2. geätzte Kupferplatte 3. Radierung *f*
ofris Ragwurz *f* (Orchideenart) *bot.* Ophrys (insectifera u. a.)
ofsayt, -dı *Fb.* 1. abseits 2. Abseitsstellung *f* **~ çizgisi** Abseitslinie *f* **~ pozisyonu** Abseitsstellung *f* **-a düşmek** abseits stehen
ofset, -ti *typ.* 1. **(baskı)** Offsetdruck *m* 2. **(makinesi)** Offset-, Gummidruck-maschine *f* 3. **(usulü)** Offsetverfahren *n*
ofsetçi Offsetdrucker *m*
ofsetçilik 1. Offsetdruck *m*, Gummidruckverfahren *n* 2. Bedienung *f* der Offsetmaschine od. Tätigkeit *f* des betr. Druckers
oftalmi (*franz.* **ophtalmie**) s. **göz iltihabı**
oftalmolog s. **göz doktoru (hekimi, tabibi)**
oftalmoloji s. **göz hastalıkları bilimi**
oftalmolojik ophthalmologisch
oftalmolojist, -ti s. **oftalmolog**
oftalmoskop, -pu *med.* Augenspiegel *m*, Ophthalmoskop *n*
ogalo (*franz.* **au galop**) *selt.* im Galopp, eiligst
Ogüst, -tü *n.pr.* August(-us) *spez.* der Kaiser Augustus
oğalamak s. **ovalamak**
Oğan *selt.* Gott *Allah, Tanrı
oğlak 1. Ziegenlämmchen, Zicklein *n* 2. **≈** *astr.* Steinbock *m* (Sternbild od. Tierkreiszeichen) *Cedi **≈ dönencesi** Wendekreis *m* des Steinbocks *medarı Cedi
oğlan 1. Junge, Knabe, Bube *m* 2. *Ka.* Bauer, Bube, Junge *m* 3. junger Diener 4. Lustknabe *m* 5. Zapfen *m*, Zinke *f*, Feder *f* (bei Holzverbindung) 6. s. **kız oğlan kız; ~ evi**

Familienangehörige *pl.* des Bräutigams ~ **yatağı** s. **döl-yatağı**
oğlancı Päderast *m* *kulampara
oğlancık kleiner Junge; Bübchen *n*
oğlancılık Päderastie *f* *kulamparalık
oğmaç, -cı 1. aus zerriebenem Brot od. Teig hergestellte Einlaufsuppe 2. frische **tarhana**
oğmak s. **ovmak**
oğru(-lamak); oğrun (*P a.* **orgun, urgun**) s. **uğrulamak; uğrun**
oğul, -ğlu 1. Sohn *m* 2. Bienenschwarm *m* (der sich um e–e Königin schart) 3. *Verst.* (in Füg. wie:) **er oğlu er; köpoğlu köpek** usw. 4. (*gel.* Anrede älterer Personen an jüngere) Junge *(m)* ~ **arısı** junge Biene (in e–m Schwarm od. in e–m Bienenkorb) ~ **balı** erster (weißlicher) Honig e–s neuen Bienenschwarmes ~ **döl** Abkömmling *m*, Nachkomme(-n.schaft *f*) *m* ~ **edinmek** adoptieren, an Kindes Statt annehmen ~ **hücre** *biol.* Tochterzelle *f* ~ **vermek** schwärmen (Bienen) ~ **yerine tutmak** 1. wie e–n Sohn behandeln 2. adoptieren **-dan oğla** vom Vater auf den Sohn **-u olmak** e–n Sohn zur Welt bringen
oğulamak s. **olamak**
oğulcağız Söhnchen *n*
oğulcuk 1. (*a.* Kosewort) Söhnchen *n* 2. *biol.* Embryo *m* *embriyon, rüşeym 3. *bot.* s. **cücük**
oğulduruk *P* 1. Gebärmutter *f*, Uterus *m* *dölyatağı, rahim 2. *fig.* Mutter-schoß, -leib *m*
oğulluk 1. Sohnverhältnis *n*, Stellung *f* e–s Sohnes 2. Sohnespflicht *f* 3. angenommener Sohn, Adoptivsohn *m* *evlâtlik; evlât edinilen ~ **alma** s. **evlât edinme**
oğulotu, -nu gebräuchliche Melisse *bot.* Melissa officinalis *Acem otu, kovan otu, limon otu, melisa
oğunmak *dial.* 1. die Besinnung verlieren, ohnmächtig werden *kendinden geçmek 2. Beklemmung verspüren
oğur, -ğru *va.* Gelegenheit *f* *fırsat
oğuz 1. gesund und kräftig (junger Mann) 2. ehrlich, aufrichtig 3. Freund *m* 4. Bauer *m* 5. unerfahren, naiv 6. ≗ *mV* ≗ **Türkçesi** *ling.* Oghusisch(-e) *n* ≗**lar** *n.pr. hist.* Oghusen *pl.* (große türk. Stammesgruppe, die u.a. Osmanen und Seldschuken umfaßte)
Oğuzca s. **Oğuz Türkçesi**
Oğuzeli, -ni *n.pr.* O. u. D. im Rbz. Gaziantep
oh 1. (Int. des Behagens, der Zärtlichkeit od. Betrübnis) oh! ei! ach! ah! 2. Int. der Schadenfreude Zu 1: ≗**, ne güzel!** Oh, wie schön! ~ **çekmek** 1. schadenfroh sein (mit dem Ausruf **Oh olsun!**) 2. s. ~ **demek;** ~ **demek** 1. Uff! sagen; e–m ein Stein vom Herzen fallen 2. sich ausruhen können (Zu 2: **Adamcağız bir gün bile oh diyemedi.** Der arme Kerl hat auch nicht e–n Tag verschnaufen können.) ≗ **olsun!** Geschieht dir (ihm, euch *usw.*) ganz recht!
oha [×–] 1. (Haltruf für größere Tiere) Oha! 2. (grobe Zurechtweisung) Oha! Oha! Das geht ja nun nicht!
ohlamak ächzen, stöhnen, seufzen
ohlokrasi *selt.* Ochlokratie, Pöbelherrschaft *f*
ohm(-metre) s. **om(-metre)**
Ohrana [·×·] *n.pr.* Ochrana *f* (russische Geheimpolizei zur zaristischen Zeit)
oje (Name als Warenzeichen) Nagel-lack *m*, -politur *f*
ojit, -ti *min.* Augit *m*
ojiv *arch.* Spitzbogen *m* ~ **tarzında** ogival, Spitzbogen-
ojival ogival, spitzbogig
o.k; O.K. s. **oke(-y)**
ok, -ku 1. Pfeil *m* 2. Wagendeichsel *f* 3. a) Langbaum *m* (am Pferdewagen) b) Pflugbaum *m* c) Waagebalken *m* d) *naut.* Ankerschaft *m* *gemi demirinin bedeni 4. *math.* Sinusversus *m* *sehim 5. Stachel *m* (z.B. des Stachelschweins) 6. *gel. Verk.* von ~ **yayı** Zu 2: s. **araba -u; çatal** ~ Zu 3: s. **saban -u** Zu 6: **Tatar -u;** ~ **ağacı** Deichselstange *f* ~ **atımı** Pfeilschußweite *f* ~ **atmak** e–n Pfeil (bzw. Pfeile) abschießen ~ **demiri** (*od.* ~ **temreni**) Pfeilspitze *f* ~ **gibi fırlamak** wie ein Pfeil davonschießen ~ **kaçırmak** über das Ziel hinausschießen ~ **kertiği** Nocke *f* (Kerbe, in der ein Pfeil auf die Bogensehne gesetzt wird) ~ **kuburu** Köcher *m* *okluk, sadak ~ **mazgalı** Schießscharte *f* (auf Burgzinnen) ~ **menzili** Pfeilschußweite *f* ≗ **yaydan çıktı** (*od.* ≗ **yayından fırladı**). *fig.* Es läßt sich nichts mehr rückgängig machen. Es ist zu spät. *İş işten geçti. ~ **yaydan fırlar gibi** blitzschnell; *(F)* wie ein geölter Blitz ~ **yayı** Bogen *m* (Waffe) ~ **yeleği** Fiederung *f* des Pfeils ~ **yemek** von e–m Pfeil getroffen werden ~ **zinciri** Deichselkette *f* **-a tutmak** (b–ni) mit e–m Pfeilhagel belegen
okaliptüs Eukalyptus; Blaugummi-, Fieber-baum *m bot.* Eucalyptus (globulus u.a.) *sıtma ağacı
Okan s. **Oğan**
okapi Okapi *n zo.* Okapia Johnstoni
okar s. **balabankuşu**
okarina [··×·] Okarina *f* (M.i.)
okazyon (*franz.* **occasion**) Gelegenheit(-skauf *m*) *f* *kelepir
okazyonalist, -ti; okazyonalizm s. **vesileci(-lik)**
okbaşlı tavukbiti Hühnerlaus *f zo.* Menopon gallinae
okçu 1. wer Pfeile (und Bogen) herstellt od. verkauft 2. Bogenschütze *m* **-lar şeyhi** *fr.* Vorstand *m* des Klubs der Bogenschützen (in Istanbul) *şeyhülmeydan **-lar tekkesi** *fr.* Klub *m* der Bogenschützen (in Istanbul)
okçubaşı *hist.* wer für Pfeile und Bogen zu sorgen hatte (Diener e–s Sultans od. hohen Würdenträgers)
Okçuk *astr.* Pfeil *m* (Sternbild) *Sehim
okçuluk 1. Herstellung *f* od. Verkauf *m* von Pfeilen (und Bogen) 2. Bogenschießen *n*
oke(-y) *F* okay! in Ordnung! einverstanden! gut!
okiyye *fr.* Gewicht von 40 dirhem
okka *fr.* türk. Gewicht (= 400 dirhem = 1283 g) ~ **çekmek** schwer (von Gewicht) sein ≗ **dört yüz dirhem.** *fig.* Das ist e–e unbestreitbare Tatsache. Daran gibt es nichts zu deuteln und zu drehen. ~ **gülü** Zentifolie *f bot.* Rosa centifolia ≗ **her yerde dört yüz dirhem gelir.** *fig.* 1. Was wahr ist, muß wahr bleiben. 2. Es wird überall mit Wasser gekocht. 3. Die Menschen sind überall gleich. 4. Das ist so klar wie zweimal zwei vier ist. **-nın altına girmek** *fig.* 1. in Unannehmlichkeiten geraten, sich die Finger verbrennen 2. die ganze Arbeit selber machen müssen
okkalı 1. schwergewichtig 2. *fig.* bedeutend, wichtig, einträglich (z.B. Amt, Posten) 3. viel, eine (ganze) Menge (z.B. Geld) 4. groß (Tasse) 5. gewichtig, ins Gewicht fallend, bedeutsam (z.B. Worte) 6. ellenlang, wüst (Fluch) 7. gesalzen (Ohrfeige) Zu 2: ~ **bir memuriyet** ein einträglicher Posten Zu 3: **böyle** ~ **bir para** e–e solche Menge Geld Zu 6: **çok** ~ **küfürler savurmak** wie ein Rohrspatz schimpfen ~ **kahve** doppelt große Tasse Kaffee
okkalamak 1. durch Heben ein Gewicht prüfen 2. s. **pohpohlamak**
okkalık 1. soundsoviel Okka ausmachend 2. soundsoviel Okka fassend
oklağı s. **oklava**
oklamak 1. *intr.* wie ein Pfeil vorschießen, vorschnellen 2. mit Pfeilen schießen (auf) 3. mit e–m Pfeil erlegen
oklava Nudelholz *n* ~ **cevizi** e–e längliche, dünnschalige Walnuß-Art ~ **yutmuş gibi** als ob er e–n Ladestock verschluckt hätte, stocksteif, kerzengerade
oklu 1. mit soundsoviel Pfeilen 2. aus Pfeilen gebildet, Pfeil- 3. mit Deichsel (usw.) 4. stachelig, Stachel- 5. *mus.* Streich- ~ **çalgı** *mus.* Streichinstrument *n* *yaylı saz ≗

Haçlılar *hist.* die (ungarischen) Pfeilkreuzler (rechtsradikale Organisation, 1936–1945)
okluk s. **ok kuburu**
oklukirpi Stachelschwein *n zo.* Hystrix cristata *Avustralya kirpisi
oklüzyon Okklusion *f:* 1. *med.* Obstruktion, Verstopfung *f,* Verschluß *m* 2. *med.* normale Bißstellung der Zähne 3. *met.* Zusammentreffen *n* von Kalt- u. Warmfront
okmeydanı, -nı 1. *fr.* freier Platz für Pfeilschießübungen 2. ≗ *spez.* der Höhenrücken in Istanbul zwischen Şişli und Kasımpaşa (heute bebaut) **-nda buhurdan yakmak** *fig.* mit ungenügenden Mitteln an e–e größere Aufgabe herangehen
okr (*franz.* **ocre**) s. **aşıboyası**
okra 1. s. **nokra** 2. s. **bamya**
okramak schreien (Esel), brüllen (Rind), blöken (Schaf), wiehern (Pferd) (nach Wasser od. Futter)
oksalat, -tı *chem.* 1. kleesaures Salz 2. Kalziumoxalat *n* (das Nieren-grieß od. -steine hervorrufen kann)
oksalik s. **asit oksalik**
oksfort, -du Oxford *n* (bunter Baumwollstoff)
oksi s. **okso**
oksidasyon Oxydation *f*
okside oxydiert, angelaufen, rostig geworden
oksidril *chem.* s. **hidroksil**
oksijen *chem.* Sauerstoff *m,* Oxygen *n* *müvellidülhumuza, pasözü ~ **bombası** (*od.* **tüpü**) Druckbombe *f* für Sauerstoff; Sauerstoff-Flasche *f* ~ **çadırı** *med.* Sauerstoffzelt *n* ~ **kaynağı** Autogenschweißung *f* ~ **teneffüs aleti** Sauerstoffgerät *n* (z.B. im Flugzeug)
oksijenlemek *chem.* 1. mit Sauerstoff verbinden 2. blondieren, bleichen (Haare)
oksijenli Sauerstoff enthaltend ~ **su** Wasserstoffsuperoxyd *n* *müvellidülhumuzalı su; hidrojen peroksit
oksijensiz 1. ohne Sauerstoff 2. sauerstoffarm
oksilit, -ti *chem.* (*franz.* **oxylithe**) e–e Mischung aus Natrium- od. Kalium-peroxyd mit wenig Kupfer- od. Nikkel-salz (entwickelt bei Berührung mit Wasser Sauerstoff)
oksit, -di Oxyd *n* *humuz ~ **dö fer** Eisenoxyd *n*
oksitleme Oxydierenlassen *n,* Oxydation *f* *tahmiz
oksitlemek oxydieren lassen, zur Oxydation bringen *tahmiz etmek
oksitlenir oxydierend *kabili tahammuz; yükseltgenir
oksitlenme Ergebnis *n* des Oxydierens, Oxydation *f* *tahammuz
oksitlenmek oxydieren *tahammuz etmek; yükseltgenmek
oksiyür (*franz.* **oxyure**) s. **sivrikuyruk**
okso [×·] *V* hinaus! raus! fort! Mach, daß du fortkommst! Verdufte!
oksu *bot.* pfeilförmig (Blatt)
oksulamak *V* 1. hinauswerfen, zum Teufel jagen 2. ausgeben, loswerden (z.B. Geld)
okşak *dial.* s. **benzeş**
okşamak 1. streicheln, liebkosen, hätscheln, tätscheln 2. streifen, leicht berühren 3. schmeicheln 4. ähneln, gleichen, gemahnen (an) *benzemek, andırmak 5. *V* verprügeln, verdreschen Zu 3: s. **gönül (gururunu) ~; okşayı okşayı vermek (üstünü)** *V* e–e Reihe Faustschläge versetzen
okşayıcı liebkosend
oktan *chem., techn.* Oktan(-zahl *f*) *n*
oktant, -tı *naut.* Oktant *m*
oktav *mus.* Oktave *f* ~ **boy** *typ.* Oktavformat *n*
oktet, -ti *mus.* Oktett *n* *oktüor, oteto
oktole (*franz.* **octolet**) *mus.* s. **sekizleme**
oktot, -du *(Radio)* Oktode *f*
oktruva [×··] Oktroi *m, n,* Stadtzoll *m,* Akzise *f* (städtische Verbrauchssteuer auf eingeführte Lebensmittel u.ä.m.)
okturmak *dial.* sich in Anspielungen ergehen
oktüor *mus.* Oktett *n* *oteto, oktet
oku *dial.* s. **okuntu**
okul 1. Schule, Lehranstalt *f* *mektep 2. Schule, Richtung *f* (in Kunst und Wissenschaft) *mektep, ekol ~ **gemisi** *naut.* Schulschiff *n*
okula (urspr. angesetzte Form von **okul**)
okuldaş Schul-kamerad(-in *f*) *m,* -freund(-in *f*) *m* *mektep arkadaşı
okullu Schüler(-in *f*) *m* (usw. vgl. **mektepli**)
okulöncesi, -ni 1. Alter *n,* in dem ein Kind noch nicht schulpflichtig ist 2. vorschulisch ~ **eğitim** vorschulische Erziehung
okulsal die Schule betreffend, schulisch, schulmäßig, Schul- *mektebî
okulsallık 1. Schulmäßigkeit *f,* schulmäßiger Charakter 2. Schul-zeit *f,* -besuch *m,* Studiendauer *f*
okulsonrası, -nı 1. Alter *n,* in dem keine Schulpflicht mehr besteht 2. Fortbildungs-
okuma Lesen *n,* Lektüre *f* ~ **işareti** Lesezeichen *n* ~ **kitabı** Lesebuch *n* ~ **kurulu** *Th.* Prüfungsausschuß *m* (für eingereichte Bühnenwerke) *edebî heyet ~ **provası** *Th.* Leseprobe *f* *gırgır provası ~ **salonu** Lesesaal *m* ~ **yazma** Lesen- und Schreiben-Können *n* ~ **yazma bilen** des Lesens und Schreibens kundig ~ **yazma bilmez** Analphabet(-in *f*) *m* *ümmî ~ **yitimi** (*od.* ~ **körlüğü**) s. **aleksi.** ≗**sı yazması yok ama, Kayserilidir.** *hum.* Er ist ein bauernschlauer Kerl.
okumak 1. (durch-)lesen 2. vorlesen 3. a) lesen können (z.B. j–s Handschrift), entziffern können b) verstehen, erfassen (z.B. j–s Gedanken) 4. a) rezitieren, vortragen b) erzählen, auftischen, vorsetzen 5. lernen, durchnehmen (in der Schule), besuchen (Schule) 6. studieren 7. singen 8. rufen, einladen 9. mit Zaubersprüchen behandeln; besprechen *üfürükçülük etmek 10. *V* fluchen, wüst schimpfen *sövüp saymak 11. (m. Dat.) *V* verderben, ruinieren *bozmak, berbat etmek Zu 1: **Bana yazdığınız mektubu okudum.** Den Brief, den Sie mir geschrieben haben, habe ich gelesen. Zu 2: **Gazeteyi hızlı oku da ben de dinleyeyim.** Lies die Zeitung laut vor, damit ich auch et. höre! Zu 3: **Ben sizin yazınızı kolaylıkla okurum.** Ich kann Ihre Handschrift leicht lesen. **Eski yazıyı okuyanlar gittikçe azalıyor.** Die Zahl derjenigen, die die alte Schrift lesen können, nimmt immer mehr ab. Zu 4a: s.a. **rahmet** ~ Zu 4b: s. **masal (maval)** ~ Zu 5: **Turgut iki yıl İngilizce okudu.** Turgut hat zwei Jahre Englisch gehabt (gelernt). **Fizikten hangi bahisleri okudunuz?** Was habt ihr in Physik durchgenommen (gelernt, gehabt)? **Gençliğinde okumuş olsaydı ...** Wenn er in seiner Jugend et. gelernt hätte, ... **Istanbul Alman Lisesinde okudu.** Er hat die deutsche Schule in Istanbul besucht. Zu 7/8: s. **(canına) ezan** ~ Zu 9: **okuyup üflemek** Kurpfuscherei betreiben Zu 10: s. **silsilesine** ~ Zu 11: **Ben onun keyfine okurum!** Dem werde ich die Ruhe versalzen!
okumasız des Lesens und Schreibens unkundig, Analphabet(-in *f*) *m* *ümmî
okumuş gebildet, studiert, mit guter Schulbildung ≗ **Kadınlar** Les Femmes Savantes (Molière – Ahmet Vefik Paşa)
okumuşluk (Schul-)Bildung *f*
okunaklı lesbar, leserlich
okunaklılık (leichte) Lesbarkeit *f*
okunaksız kaum lesbar, recht unleserlich, schwer zu entziffern
okunaksızlık (relative) Unleserlichkeit *f*
okuncak *(kaum gebr.)* s. **lejant**

okunmak 1. Pass. zu **okumak** 2. sich (mit Zaubersprüchen) besprechen lassen Zu 1: **Bu yazı okunmaz.** Diese Schrift ist nicht zu lesen. Zu 2: **Sen biraz okun, azizim!** Laß dich einmal besprechen, mein Lieber! (*scil.* damit du wieder vernünftig wirst)
okuntu *dial.* Einladung *f* (*spez.* zu e–r Hochzeit) *oku
okur 1. Leser(-in *f*) *m* *kari, karia, okuyucu 2. *gel.* Schüler (-in *f*) *m*, Student(-in *f*) *m* *talebe, öğrenci
okursever *selt.* wer Freude am Lesen hat; Buchfreund *m*
okuryazar wer lesen und schreiben kann, Nicht-Analphabet(-in *f*) *m*
okuryazarlık Lesen- und Schreiben-Können *n*
okus pokus *selt.* Hokuspokus *m*
okutmak 1. lesen (vorlesen, rezitieren, singen) lassen 2. unterrichten, unterweisen, lehren 3. Schulbildung zuteil werden lassen; ausbilden (studieren) lassen 4. im Unterricht (in der Vorlesung) durchnehmen od. behandeln 5. *V* veräußern, losschlagen, abstoßen (= verkaufen) 6. mit Zaubersprüchen behandeln lassen, besprechen lassen 7. **(k—ni)** a) sich lesen lassen, gelesen werden, zu lesen sein b) (*a.* **k—ni pabucu büyüğe** ~) sich besprechen lassen Zu 1: **Bu parçayı her talebeye okuttum.** Dieses Stück habe ich jeden Schüler lesen lassen. s. a. **mevlut ~. Gelen gidene rahmet okuttu.** Zu 2: **Hangi dersleri okutuyorsunuz?** In welchen Fächern unterrichten Sie? Zu 3: **Ne yazık, çocuklarını okutmadı.** Jammerschade, daß er seinen Kindern keine Schulbildung hat zuteil werden lassen! Zu 5: **Şu fotoğrafı ~ istiyorum.** Diese Kamera will ich losschlagen. Zu 6: s. **hastayı (su)** ~ Zu 7a: **Bu roman kendini sonuna kadar alâka ile okutuyor.** Dieser Roman ist bis zum Ende spannend (zu lesen). Zu 7b: **Sen kendini okut!** Laß dich einmal besprechen! *d. h.* Du bist wohl nicht ganz bei Trost!
okutman(-lık) s. **lektör(-lük)**
okuyan 1. lesend 2. *selt.* Leser(-in *f*) *m* *okur, okuyucu
okuyucu 1. Leser(-in *f*) *m* *kari, karia, okur 2. Lektor(-in *f*) *m* 3. wer e–e Einladung ausspricht od. sie überbringt 4. *(orient.)* Sänger(-in *f*) *m* *hanende 5. Geisterbeschwörer(-in *f*) *m*
oküler (*franz.* **oculaire**) 1. s. **göz camı** 2. *selt.* das Auge od. das Sehen betreffend
okült, -tü *selt.* okkult
okültist, -ti Okkultist(-in *f*) *m*
okültizm Okkultismus *m* *gizlicilik
oküpasyon (*franz.* **occupation**) 1. Beschäftigung, Tätigkeit, Arbeit *f* 2. Besetzung *f*
oküpe (*franz.* **occupé**) 1. beschäftigt (mit) 2. besetzt
okyanus Ozean *m*, Weltmeer *n* *bahrimuhit ~ **fırtınakuşu** Wellenläufer, Sturmsegler *m zo.* Oceanodroma leucorhoa ~ **iklimi** ozeanisches Klima **-a açılmak** sich e–n Zugang zum freien Weltmeer verschaffen
okyanusal ozeanisch *bahrimuhitî
okyanuslararası, -nı interozeanisch: a) zwei Weltmeere verbindend (z. B. Kanal) b) zwischen (zwei) Weltmeeren gelegen
Okyanusya [··×·] *n.pr.* Ozeanien, Südsee(-inseln *pl.*) *f*
okyılanı, -nı 1. Hornviper *f zo.* Cerastes Hasselquistii 2. (nach anderer Darstellung) die ungiftige Natternart Zameis gamonensis
ol *va. Form* von **o** (II); ~ **baptaki** *va.* diesbezüglich ~ **dem** *va.* in diesem Augenblick; unmittelbar darauf ≗ **mahiler ki derya içredir deryayı bilmez.** *fig.* Ein Außenstehender urteilt vielfach objektiver.
ola *prov.* s. **acaba;** ~ **ki** möglicherweise, vielleicht
olabilen; olabilir *phil.* möglich *mümkün, olanaklı ≗ **her çareye baş vurdum.** Ich habe alles mögliche versucht.
olabilirlik *phil.* Möglichkeit *f* *imkân, olanak
olacak, -ağı 1. was geschehen kann; möglich, angebracht, richtig, passend 2. *Schi.* verflucht, verwünscht, keinen Pfifferling wert, lumpig, Dummkopf *m* usw. 3. unvermeidlich; nicht mehr aufzuhalten; Schicksal *n* 4. äußerster Preis Zu 1: ≗ **iş değil!** Das ist ja unmöglich! **Bu ~ iş mi?** Das soll gehen? Ist das auch richtig? ≗ **şeyi söyle ben yapayım!** Sag nur, was richtig ist, und ich tue es! ≗ **gibi değil!** Wohl nicht gut möglich! Zu 2: **Arkadaşım ~ adam beni yarı yolda bıraktı.** Dieser Lump von e–m Freund hat mich im entscheidenden Moment im Stich gelassen. **O senin baban ~ adama söyle de ...** Sage deinem Dummkopf von altem Herrn, daß ... Zu 3: **İş -ına varır.** Die Sache geht jetzt (unvermeidlicherweise) ihren Gang. ≗**a çare yoktur.** *od.* ≗ **olur.** *Spr.* Es kommt alles, wie es kommen muß. ≗**la öleceğe çare bulunmaz.** *Spr.* Gegen das Schicksal und den Tod ist kein Kraut gewachsen. Zu 4: **Şunun -ını söyle de alayım.** Sage mir den äußersten Preis, dann will ich es kaufen.
olagelmek; olagitmek dauernd (regelmäßig) sein (in der Vergangenheit bzw. in der Zukunft) **İyiliğe kemlik olagelmiş olagider.** *Spr.* Bei et. Gutem ist regelmäßig et. Schlechtes dabeigewesen und wird auch immer dabeisein.
olağan regelmäßig, üblich, alltäglich, gewöhnlich, normal *alelâde, bayağı ~ **batkınlık** *jur.* einfacher (od. gewöhnlicher) Konkurs (Bankrott) *adi iflâs ~ **toplantı** *jur.* satzungsgemäße Tagung *adi içtima ~ **yıllanma** (*od.* **zamanaşımı**) *jur.* ordentliche Ersitzung *adi müruruzaman **Bu, ~ işlerdendir, artık alıştık.** Das sind ganz alltägliche Dinge, an die wir uns schon gewöhnt haben.
olağandışı, -nı s. **harikulâde**
olağanlık Regelmäßigkeit, Alltäglichkeit *f*
olağanüstü, -nü s. **fevkalâde;** ~ **durum** s. **fevkalâde hal;** ~ **yıllanma** (*od.* **zamanaşımı**) s. **fevkâlade müruruzaman**
olam s. **olay** (1)
olamak die Reben beschneiden
olamaz [·×·] unmöglich, unausführbar *gayri mümkün, imkânsız, olanaksız
olamazlık [·×··] Unmöglichkeit *f* *ademi ihtimal, ademi imkân, imkânsızkık, olanaksızlık
olamesa [··×·] *F od. V* ohne Überlegung, einfach drauflos
olan Part. Präs. zu **olmak; iyi ~ hasta** der Patient, der jetzt wieder gesund geworden ist **beş çocuğu ~ bir baba** ein Vater von fünf Kindern; s. a. **Sana ~ olmuş. Vay bize -lar! Oldu -lar.** ≗ **oldu** (*a. mit der Forts.* **torba doldu**). Es ist nun einmal geschehen. Jetzt läßt sich nichts mehr ändern. *(F)* Nur keine Leichenreden! ≗**ı attım.** Ich habe alles, was da ist, hineingeworfen. (z. B. Holz in den Ofen)
olanak s. **olabilirlik, imkân**
olanaklı s. **olabilir, mümkün**
olanaksız s. **olamaz, imkânsız**
olanaksızlık s. **olamazlık, imkânsızlık**
olanbiten was sich ereignet (zugetragen) hat; was geschehen (vorgefallen, eingetreten) ist; die ganze Geschichte; der ganze Vorgang ≗ **her şeyi haber aldım.** Ich bin im Bilde über alles, was geschehen ist. ≗ **bu kadar.** Das ist alles, was sich zugetragen hat.
olanca [·×·] all, ganz, alles vorhandene ... ~ **kuvvetiyle** mit aller Kraft, aus Leibeskräften ≗ **parasını batırdı.** Er hat sein ganzes Geld mit Gewalt ausgegeben (*F* auf den Kopf gehauen). ~ **şiddetle** mit größter Heftigkeit
olarak 1. seiend, werdend 2. (häufig zur Bild. von Adv.) Zu 2: **katî ~ yasak** streng verboten **ilk defa ~** zum erstenmal **bunun neticesi ~** als Ergebnis hiervon **sarhoş ~** in betrunkenem Zustand
olası 1. (*a.* **olasıca**) möge doch ... sein (*od.* werden) 2. wahrscheinlich, probabel *muhtemel 3. s. **oldum olası (-ya)**

olasıcılık s. **probabilizm**
olasılı Wahrscheinlichkeits- (z.B. Rechnung) *ihtimalî
olasılık Wahrscheinlichkeit, Probabilität *f* *ihtimal **-lar hesabı** s. **ihtimaller hesabı**
olay 1. Ereignis *n*, Vorfall, Vorgang *m*, Geschehnis *n* *hadise, vaka 2. s. **fenomen; ~ çıkarmak** s. **hadise çıkarmak; ~ örgüsü** *Th., lit.* s. **entrika; -lar dizisi** *Th.* Handlung *f*
olaycılık s. **fenomenizm**
olaylı; olaysız s. **hadiseli; hadisesiz**
olaysal s. **hadisî**
olcay 1. *dial.* Gunst *f* des Schicksals, Glück *n*, günstiges Geschick 2. ≗ *wV*
olçum *dial.* Quacksalber *m*
oldu s. Stw. **olmak**
oldubitti vollendete Tatsache; Fait accompli *n* *emrivaki, olupbitti **-ye getirmek** vor vollendete Tatsachen stellen
oldukça [·×·] 1. jedesmal, wenn ... ist 2. solange ... ist (lebt, besteht) 3. ziemlich, einigermaßen, recht 4. recht gut, ziemlich gut Zu 3: **Hava ~ soğuk.** Es ist ziemlich kalt. ≗ **parası var.** Er ist recht wohlhabend. Zu 4: **Bu at ~ yürüyor.** Dieses Pferd läuft recht gut.
oldurgan *gr.* transitiv (kausativ, faktitiv) (Verben wie **öldürmek, uçurmak, uyutmak** usw., die von intr. Verben abgeleitet sind) *lâzımdan tadiye, yapma geçişli
oldurmak 1. entstehen lassen 2. (heran-)reifen lassen, aufziehen, züchten *olgunlaştırmak, yetiştirmek
olefin *chem.* Olefin *n*
oleik asit *chem.* Ölsäure *f*
olein *chem.* Olein *n*, ungereinigte Ölsäure
Olemp, -pi (dağı) Olymp *m* (in Griechenland)
olempik; olempiyat s. **olimpik; olimpiyat**
oleom; oleum (*franz.* **oléum**) *chem.* rauchige Schwefelsäure *dumanlı sülfürik asit
olgu 1. wirkliches Vorkommnis; Faktum *n*, Tatsache, Realität *f* *vakıa 2. *Th.* s. **olaylar dizisi; ~ birliği** *lit.* Einheit *f* der Handlung **~ romanı** *lit.* Tatsachenroman *m*
olgucu(-luk) s. **pozitivist; pozitivizm**
olgun 1. reif (Früchte) 2. reif, ausgereift (Künstler usw.) ≗ **Uyanış Çağı** Hochrenaissance *f*
olgunlaşma *spez. biol.* Reifung *f* *matürasyon
olgunlaşmak reif werden, (heran-)reifen
olgunluk Reifsein *n*, Reife *f* **~ imtihanı** (*od.* **~ sınavı**) Reifeprüfung *f;* s.a. **Devlet** ≗ **Diploması**
oligark, -kı Oligarch *m*
oligarşi Oligarchie *f* *takımerki
oligarşik oligarchisch
oligoklaz *min.* Oligoklas *m* (weißlicher Feldspat)
oligosen *geol.* 1. Oligozän *n*, mittlere Stufe des Tertiärs 2. dem Oligozän angehörig, oligozän
oligüri *med.* Oligurie *f* (Verringerung *f* der Harnabsonderung)
olijist, -ti (*franz.* **oligiste**) *min.* Roteisenstein, Hämatit *m*
olimpik olympisch **~ stadyum** olympisches Stadion
olimpiyat, -dı (*a.* **-lar**) Olympiade *f*, Olympische Spiele *pl.* **~ köyü** olympisches Dorf **~ oyunları** Olympische Spiele *pl.* **~ yemini** olympisches Gelöbnis
olivin *min.* Olivin *m*
olma: Ahmet oğlu Saniyeden ~ Sohn *m* des Ahmet und der Saniye
olmadık [×··] 1. noch nicht dagewesen (vorgekommen) 2. unglaublich, unerhört 3. unangebracht, beleidigend (z.B. Worte) 4. alle möglichen ... 5. unmöglich Zu 1: **Bu, ~ iş değil ki!** Das würde ja nicht zum erstenmal passieren! Zu 2: **Başıma ~ işler çıkardı.** Unglaublich, was er mir alles aufgehalst hat! Zu 4: **~ bahaneler ileri sürmek** alles mögliche vorschützen Zu 5: ≗ **olmaz!** Nichts ist unmöglich!
olmak, (-ur) 1. sein, vorhanden sein, sich befinden 2. werden (zu), entstehen, geschehen, stattfinden, eintreten 3. möglich sein, angebracht sein, (an-)gehen, nichts ausmachen, nichts schaden 4. reif werden *olgunlaşmak 5. vorbereitet werden *hazırlanmak 6. vergehen (Zeit) *geçmek 7. herankommen (temporal) *gelip çatmak 8. haben, besitzen 9. bekommen 10. (m. Dat.) passen, richtig sein 11. (m. Abl.) et. verlieren, e–r Sache verlustig gehen, um et. kommen 12. *Hv.* zur Bildung verschiedener Verbalformen 13. (b–ne bir şey) j–m zustoßen, passieren, geschehen (Unglück) 14. verwandt sein 15. *Hv.* haben, bekommen (*spez.* Krankheit) 16. *F* betrunken sein 17. (ähnlich wie franz. **c'est que** zur Hervorhebung) schon 18. **~ üzere** a) (spezifizierend) wobei es sich um ... handelt; welche ... sind b) als, zu, für 19. *gel.* Pass. zu **etmek** – Vgl. a. die ges. Stw. **olacak, olan, olmamak, olmuş, olur** usw. Zu 1: **hayatta ~** am Leben sein, leben **olabildiği kadar** soweit wie möglich, im Rahmen des Möglichen *alâkaderilimkân, mehmaemken **Kraliçe Hz., zevçleri beraberlerinde olduğu halde ...** Die Königin in Begleitung des Prinzgemahls ... **Herkes olduğu yerde kalsın!** Jeder soll an der Stelle bleiben, wo er ist! **olduğu gibi** 1. wie es ist (war) 2. wörtlich; ohne jede Änderung *aynen, harfiyen **Öğleden sonra orada olmalıyım.** Am Nachmittag soll ich dort sein. Zu 2: s. **adam (ne) ~. Oldu!** Fertig! **Su buz oldu.** Das Wasser ist zu Eis geworden. **Ehemmiyetli bir hadise oldu.** Es ist ein wichtiges Ereignis eingetreten. **Şiddetli uçak harpleri oldu.** Es haben heftige Luftkämpfe stattgefunden. **Bana her şeyi olduğu gibi söyle!** Sage mir alles, was geschehen ist! *d.h.* Sage mir die ganze Wahrheit! Zu 3: **Böyle iş olmaz!** Das geht nicht! **Oraya gitmesek de olur.** Wenn wir nicht hingehen, schadet es auch nichts. **Olmadı.** Es ist nichts daraus geworden. Die Sache hat nicht geklappt. Es ist nicht dazu gekommen. **olduğu kadar** im Rahmen des Möglichen, soweit wie möglich Zu 4: **Üzüm daha olmadı.** Die Trauben sind noch nicht reif. Zu 5: **Yemek oluyor.** Das Essen wird gerade vorbereitet. Zu 6: **İki yıl oldu.** Es sind zwei Jahre vergangen. Zu 7: **Bayram oldu.** Die Feiertage sind herangekommen. **Bir gün olur (ki) elbet hakikat tezahür eder.** Es wird ein Tag kommen, an dem die Wahrheit offenkundig wird. Zu 8: **Yarın misafirimiz olacak.** Morgen werden wir einen Gast haben. **Evimizin bahçesi olmalıdır.** Unser Haus muß e–n Garten haben (bekommen). **Çocuğun on lirası oldu.** Der Junge hatte sich zehn Pfund zusammengespart. Zu 9: **Zavallı kadının çocuğu olmuyor.** Die arme Frau bekommt keine Kinder. Zu 10: **Bu şapka başıma olmuyor.** Der Hut paßt mir nicht. Zu 11: **Tembelliği yüzünden işinden oldu.** Durch seine Faulheit ist er um seinen Posten gekommen. Zu 12: **gelecek olursa** wenn er kommen sollte (kommt) **Artık bize gelmez oldu.** Er kam nicht mehr zu uns. **Hiç bir gelip giden olmadı.** Es ist niemand vorbeigekommen. Zu 13: **Aman, ona bir şey olmasın!** Daß ihm um Gotteswillen nichts zustößt! **Kimseye bir şey olmadı.** Es ist keinem et. passiert. s.a. **ne ~** Zu 14: s. **ne oluyor** (5)? Zu 15: s. **çamur (ishal, nezle, öksürük, tifo, verem** usw.) **~** Zu 16: **Sen adamakıllı olmuşsun!** Du hast ja ganz schön geladen! *(F)* Zu 17: **Çoktandır farkediyordum.** Ich habe es schon seit langem bemerkt. **Kendisini on yıldır tanıyoruz.** Wir kennen ihn schon seit zehn Jahren. Zu 18a: vgl. **üzere** (4) Zu 18b: **ikinci defa ~ üzere** zum zweitenmal **müstesna ~ üzere** mit Ausnahme von ... **~ üzere telakki etmek** ansehen (als), halten (für) **ola ola** s. **olsa olsa. Oldu da bitti maşallah!** *F* Nun, das hätten wir auch hingekriegt! **Oldu olacak** 1. (*P a. mit der Forts.* **kırıldı nacak**). Es ist nun einmal geschehen und läßt sich nicht mehr ändern. 2. Nachdem es so weit gekommen ist, kann man auch ... Zu 2: **Oldu olacak bari şunu da yapınız!** Jetzt kommt es

nicht mehr darauf an; ihr könnt das also ruhig tun! **Oldu olanlar!** Was hat man doch alles durchzumachen! (**Bize oldu olanlar!** Jetzt sitzen wir ganz schön in der Patsche! Jetzt haben wir den Salat!) **oldum bittim** *od.* **oldum olası(-ya)** von jeher, schon immer (**Oldum olası o öyle idi.** Das war schon immer so.) **olmasına** in Erwiderungen wie: **Genç olmasına genç amma, tembel!** Gewiß ist er noch jung, aber er ist ein Faulenzer! **olsa da olur, olmasa da** Es ist unerheblich, ob ... oder ob nicht ... **Olsa ile bulsa bir yere ekseler, yel ile yuf biter.** *Spr.* Der Mann, der das Wenn und das Aber erdacht, hat sicher aus Häkkerling Gold schon gemacht. (Bürger) **olsa olsa** höchstens: a) schlimmstenfalls b) bestenfalls **olup bitmek** sich zutragen, sich ereignen, vorfallen, eintreten, geschehen

olmamak 1. *allg. neg.* **olmak** 2. *spez.* (bşde) auf e–e best. Beschaffenheit keinen Wert legen Zu 2: **Ben o evin uzaklığında yakınlığında değilim, yeter ki geniş ve ferah olsun!** Es kommt mir nicht darauf an, ob das Haus näher liegt oder weiter entfernt, die Hauptsache, es ist geräumig und bequem.

olmamış [×··] 1. Es ist (offenbar) nichts daraus geworden! 2. nicht ausgereift, unreif (z. B. Obst) *olgunlaşmamış

olmaya ki Gott verhüte!

olmayacak [×···] 1. *(Ausruf)* Das läßt sich nicht machen! 2. ungehörig, unpassend, unangebracht ~ **duaya amin demek** 1. sich mit Unausführbarem abmühen 2. über ungelegte Eier reden ~ **sözler söylemek** Ungehöriges sagen

olmayarak [×···] *neg.* Form zu **olarak; kendisinde** ~ ganz außer sich

olmaz 1. *(Ausruf)* ausgeschlossen! unmöglich! Das gehört sich nicht! Das geht nicht! 2. unmöglich, unglaublich, unerhört 3. s. **hiç -sa. Bu, ~ bir iş değil ki!** Das ist doch nichts so Unmögliches! ≗. ~ Ein „Unmöglich" gibt es nicht! ≗ ~ **deme ~ ~!** *Spr.* Man soll nichts verschwören! ... **ise, daha iyi ~ mı?** Wäre es nicht besser, wenn ... ≗ **olaydı!** Wäre das doch nicht geschehen! Darauf hätte man gut und gern verzichten können! Ohne das wäre es besser gewesen!

olmazlı *log.* widersinnig, absurd, unmöglich *mümteni

olmazlık *log.* Absurdität, Unmöglichkeit *f* *mümtenilik, emri mümteni

olmuş 1. geschehen, geworden 2. wahr (Geschichte, Erzählung usw.) 3. reif (Obst) Zu 1: **Ne yapalım, bir kere ~!** Was soll man schon tun, es ist nun einmal geschehen! ≗**la ölmüşe çare yoktur.** *Spr.* Geschehenes kann man nicht ungeschehen machen, und e–n Toten kann man nicht wieder lebendig machen. ~ **bitmiş** geschehen, fertig Zu 2: **Bize bir masal anlat! ≗ bir masal ister misiniz?** Erzähl uns doch e–e Geschichte! – Soll es e–e wahre Geschichte sein? Zu 3: ~ **elma** reifer Apfel **Bu karpuz fazla ~.** Die Melone hier ist überreif. ~ (*od.* **pişmiş**) **armut gibi eline düşmek** (b–nin) j–m als reife Frucht in den Schoß fallen

olrayt *snob.* all right! in Ordnung! schon gut!

olsun 1. Es soll sein! Es werde! 2. Sei es auch nur; wenigstens 3. *(Ausruf)* Wenn schon! Von mir aus! 4. *phil.* Fiat *n* *kün (*Verk.* aus: **Ve Allah nur ~ dedi ve nur oldu.** Und Gott sprach: Es werde Licht! Und es ward Licht. (Bibel) Zu 2: **bir kere** ~ sei es auch nur einmal; wenigstens einmal Zu 3: s. **Varsın ~ ! ~ ~** allerhöchstens; wenn es hoch kommt (**Bunun fiyatı ~ ~ on lira.** Das kostet, wenn es hoch kommt, zehn Pfund.) **Kâğıt olsun, kalem olsun, her şey hazır.** Alles, was du brauchst steht bereit, Papier wie Schreibgerät.

olta [×·] 1. Angel *f* (Fischfanggerät) 2. s. **volta;** ~ **avı** Angelfischerei *f* ~ **iğnesi** Angelhaken *m* ~ **mantarı** Korkschwimmer *m* (in der Angelfischerei) ~ **takımı** Angelgerät *n* ~ **yemi** Köder *m* (an e–r Angel) **-ya düşmek** *fig.* sich einwickeln lassen, hereinfallen **-ya vurmak** anbeißen (Fisch) **-yı takmak** *fig.* belästigen, nicht in Ruhe lassen **-yı yutmak** *fig.* sich ködern lassen, auf den Leim gehen

oltacı 1. Hersteller od. Verkäufer *m* von Angeln und Angelgeräten 2. Angler *m*

Oltu *n.pr.* O. u. D. im Rbz. Erzurum

oltuotu, -nu Bertramwurz *f bot.* Pyrethrum roseum *pembe pireotu

oltutaşı, -ni s. **kara kehribar**

oltutozu, -nu (aus **oltuotu** gewonnenes) persisches Insektenpulver

olu 1. Sich-Ereignen, Stattfinden, Vorfallen *n* 2. Werden *n*, Bildung, Entwicklung *f* *sayruret

oluk 1. Dachrinne *f* 2. Rille, Riefe, Nute, Hohlkehle *f* 3. Zuleitung (z. B. zu e–m Trog), Rutsche *f* (z. B. für Kohlen), Gleitbahn *f* (z. B. bei e–r Mühle) 4. *med.* Hohlschiene *f* 5. Trum *m, n* (Teil e–s Bergwerkschachtes) ~ **açmak** auskehlen ~ **çekici** Kehlhammer *m* ~ **freze bıçağı** Nutenfräser *m* (Werkzeug) ~ **gibi akmak** *od.* ~ ~ **akmak** 1. reichlich und ununterbrochen fließen, in Strömen fließen (Wasser, Geld usw.) 2. strömen (z. B. Menschenmenge) ~ **rendesi** s. **oluklu rende**

olukçuk s. **çizi** (3)

oluklu 1. mit Dachrinne 2. mit Rille(-n), gerillt, geriefelt, ausgekehlt 3. mit Zuleitung (Rutsche, Gleitbahn) ~ **kalem** Hohl-beitel, -stichel *m* (des Tischlers) ~ **karton** (*od.* ~ **mukavva**) Wellpappe *f* ~ **keski** Hohlmeißel *m*, Gutsche *f* ~ **matkap** Spindelbohrer *m* ~ **ray** Straßenbahnschiene *f* ~ **rende** Rund-, Spund-hobel *m* ~ **saç** Well-, Riffel-blech *n* ~ **saçlı çatı** Wellblechdach *n* ~ **sonda** *med.* Hohlsonde *f* ~ **taş** *geol.* Karren, Schratten *pl.* (Erosionsrisse im Kalkstein) *lapya

olumlama *log.* Bejahung, Affirmation *f* *icap

olumlamak *phil.* bejahen *mucip göstermek

olumlu *log.* bejahend, affirmativ, positiv, *müspet, vücubî ~ **tikel önerme** *log.* partikulär bejahendes Urteil *kaziyei mucibei cüziye ~ **tümce** *gr.* positiver Satz *müspet cümle ~ **tümel önerme** *log.* universell-bejahendes Urteil *kaziyei mucibei külliye ~ **uyuşmazlık** s. **icabî ihtilâf**

olumluk s. **tercümeihal**

olumluluk *log.* Bejahung, Affirmation *f*

olumsal *phil.* kontingent, möglich *mümkün

olumsallık *phil.* Kontingenz *f* *imkân

olumsuz negiert, negativ, verneint, verneinend *menfi, yadsılı ~ **eylem** *gr.* negatives Verbum *menfi fiil ~ **tümce** *gr.* negativer Satz *menfi cümle ~ **uyuşmazlık** s. **selbî ihtilâf**

olumsuzluk Negation, Verneinung *f* *nefiy, selp ~ **eki** *gr.* Verneinungspartikel *f* *edatı nefiy

olunmak 1. Pass. zu **olmak** 2. s. **edilmek** Zu 1: **Bu ilâçla iyi olunmaz.** Mit dieser Arznei wird man nicht gesund. **Bu gibi zorluklar karşısında telâş olunur mu?** Wie kann man sich denn über solche Schwierigkeiten aufregen? s. a. **Bakmakla usta olunsa** (usw.) Zu 2: **Bu evrak size havale olunacak.** Die Papiere werden Ihnen zugesandt.

oluntu 1. Vorfall *m*, Ereignis *n* *vaka 2. *Th., lit.* Episode *f* *epizot

oluntulu *Th., lit.* episodisch *epizodik ~ **komedi** *Th.* Schubladenstück *n* (dessen Teile wenig Zusammenhang zeigen)

olupbiten s. **olanbiten**

olupbitti s. **oldubitti**

olur 1. er (sie, es) wird 2. Es geht! Das läßt sich machen. Gut! In Ordnung! Einverstanden! 3. möglich, glaubhaft, denkbar Zu 1: s. **Damlaya damlaya göl ~. Kel ölür badem gözlü ~.** (usw.) Zu 2: **≗, böyle yaparım!** Gut, ich mache es so! Zu 3: **Bu ~ iş mi?** Ist so et. möglich? Und das soll ein Mensch glauben? ≗ **mu olur.** 1. Natürlich ist das möglich! 2. Es kann schon so kommen, aber Genaues weiß niemand. ~ **olmaz** 1. irgendein-, erster bester, x-beliebig, jeder *değme, benim diyen, rasgele 2. was j–m gerade in den Sinn kommt, alles mögliche 3. geringst-, mindest-, leisest- 4. wenig sinnvoll, recht unbedeutend (Zu 1: **Bu ~ olmaz adamın kârı değil.** Das ist nicht Sache des ersten besten. Das kann nicht jeder. ≗ **olmaz adama emniyet edemem.** E–m x-beliebigen Menschen kann ich nicht trauen. Zu 2: ~ **olmaz söz söylemek** unüberlegt daherreden ~ **olmaz şeyler yapmak** alles mögliche tun ≗ **olmaz şeylere kulak asma!** Hör doch nicht auf jeden Unsinn! Zu 3: ≗ **olmaz patırdıya pabuç bırakmaz.** *spr. Ra.* Er läuft nicht gleich bei dem geringsten Geräusch davon. Er wirft nicht gleich die Flinte ins Korn. Zu 4: ≗ **olmaz şeylerle kafamı yoramam.** Mit so lächerlichem Kram werde ich mir den Kopf zerbrechen!) ~ **şey** et. Übliches od. Mögliches ~ **şey (iş, adam) değil** unglaublich, so ein unglaublicher (*F a.* unmöglicher) ... (≗ **çocuk değil, bir dakka rahat duramıyor.** Nicht auszuhalten mit dem Bengel! Nicht e–e Minute kann er stillsitzen!) **-u ile iktifa etmek** sich mit dem Erreichbaren begnügen **-una bağlamak** (bir işi) e–r Sache die beste Seite abgewinnen ≗**una bak!** Sei vernünftig, du kommst nicht mit dem Kopf durch die Wand! **-una bırakmak** (bir işi) e–r Sache ihren Lauf lassen (ohne selber einzugreifen)

Olur *n.pr.* O. u. D. im Rbz. Erzurum

olurluk Möglichkeit, Eventualität *f*

oluş 1. Art und Weise *f* des Seins bzw. Werdens 2. *a. geol.* Werden *n*, Entstehung, Genese, Entwicklung *f*, Sich-Herausbilden *n* *oluşum, teşekkül, tekevvün 3. ≗ Name e–r (kurzlebigen) türk. Zeitschrift (Ende der 30er Jahre) **-unda** an sich, in Wahrheit

oluşmak entstehen, sich zusammensetzen (aus), werden, sich verwirklichen, sich bilden *teşekkül etmek, tekevvün etmek

oluşturmak entstehen lassen, ins Dasein rufen, schaffen, verwirklichen, bilden *teşekkül ettirmek, teşkil etmek, tekvin etmek

oluşturucu formativ ~ **dil** *ling.* flektierende Sprache *bükülgen dil

oluşuk *geol.* Formation, Bildung, Schichtfolge *f* *teşekkül **üçüncü zamanın -ları** Abteilungen *pl.* der Tertiärformation

oluşul *geol.* genetisch, Entstehungs- *tekevvünî

oluşum s. **oluş**

olut, -tu s. **olupbitti, oldubitti**

om (I) rundliches Ende (*spez.* e–s Knochens)

om (II) Ohm *n* (el. Maßeinheit) ≗ **kanunu** Ohm'sches Gesetz *n*

oma s. **om** (I)

omaca s. **omça**

Oman s. **Umman**

ombra [×·] Umber *m*, Umbra *f*, Erdbraun *n*

ombrella [·×·] *selt.* kleinerer Sonnenschirm

omça [×·] 1. Reb-, Wein-stock *m* *bağ kütüğü 2. Wurzelstock, Baumstumpf, Stubben *m* 3. *an.* Sitzbein, Ischium *n*

Omiros s. **Homer, Homiros**

omlet, -ti Omelett(-e *f*) *n* *kaygana

ommetre [·×·] *el.* Ohmmeter *n*

omnibüs 1. *fr.* größerer, als Liniendroschke fahrender Pferdewagen (vgl. a. **dolmuş**) 2. *el.* Sammel- ~ **çubuk** *el.* Sammelschiene *f*

omnivor *biol.* omnivor; Omnivore *m*, Allesfresser *m* *hepçil

omo- s. **homo-**

omur *an.* Wirbel *m* *fıkra ~ **deliği** Wirbelloch *n* *sukbei fıkariye

omural die Wirbel betreffend, Wirbel- *fıkarî

omurga 1. s. **belkemiği** 2. *naut.* Schiffskiel *m* ~ **kanalı** *an.* Wirbelkanal *m* *kanatı şevkî ~ **kirişi** s. **merdiven kirişi;** ~ **kurmak** auf Kiel legen (Schiff)

omurgalılar Wirbeltiere *pl. zo.* Vertebrata *fıkariye, fıkralılar

omurgasız wirbellos ~ **hayvanlar** *od.* **-lar** wirbellose Tiere *pl. zo.* Invertebrata *pl.* *gayri fıkariye

omurilik *an.* Rückenmark *n*, Medulla spinalis *muhuşevkî, murdar ilik, nühaişevkî ~ **frengisi** Rückenmarkschwindsucht *f med.* Tabes dorsalis ~ **merkez kanalı** *an.* Rückenmarkkanal *m* ~ **sinirleri** Rückenmarks- od. Spinal-nerven *pl.* *âsabı nühaiye ~ **soğanı** verlängertes Hirn, Nachhirn *n* *soğanilik

omurlararası, -nı intervertebral ~ **disk** *an.* Zwischenwirbel-, Band-scheibe *f*

omuz, -mzu, -muzu 1. Schulter, Achsel *f* *menkip 2. Blatt *n* (des Schalenwildes) ~ **arkasına atmak** s. **kulak asmamak;** ~ **askısı** Träger *m* (bei Kleidungs- od. Wäschestücken) ~ **başı** Schulterspitze *f* ~ **çekimi** *(Film)* Nah-, Groß-aufnahme *f* ~ **çekmek** (*od.* **kaldırmak**) die Achseln zucken ~ **çevirmek** (b–ne) j–m die kalte Schulter zeigen ~ **çıkıntısı** *an.* Schulterblattfortsatz *m* ~ **kayışı** Schulter-riemen, -gurt *m* ~ **-a** Schulter an Schulter, dicht gedrängt ~ **öpüşmek** (b–le) *fig.* gleichwertig sein; sich mit j–m messen können (an Wuchs, Rang usw.) ~ **sırığı** Tragejoch, Schulterholz *n* (z. B. für Eimer) ~ **silkmek** 1. die Achseln zucken 2. sich gleichgültig verhalten ~ **şalı** Schultertuch *n* ~ **vermek** (m. Dat.) 1. sich mit der Schulter gegen et. stemmen 2. j–n auf die Schultern nehmen 3. helfen, unterstützen, 4. *V* die kalte Schulter zeigen, sich nicht kümmern (um), ignorieren (Zu 4: **lafa ~ vermek** auf das Gesagte nicht achtgeben, nicht zuhören) ~ **vurmak** 1. beistehen, helfen, unterstützen 2. *V* s. **sataşmak; -a almak** 1. schultern 2. *fig.* schätzen, würdigen **-a çıkmak** (*od.* **binmek**) frech (dreist, zudringlich) werden, belästigen **-a dayamak** schultern, auf die Schultern nehmen **-da taşımak** *fig.* Achtung bezeugen, Ehrerbietung erweisen **-dan atmak** 1. sich nicht interessieren (für), sich nicht kümmern (um), den Unbeteiligten spielen 2. et. abschütteln, loswerden **-la dayanmak** 1. sich mit der Schulter gegen et. stützen, et. mit der Schulter anheben 2. j–n auf die Schultern nehmen 3. helfen, unterstützen **-ları düşük** (*od.* **çökmüş**) mit hängenden Schultern; ganz niedergeschmettert **-una almak** übernehmen, auf sich nehmen *üzerine almak **-una binmek** (b–nin) *fig.* die ganze Last (von et.) zu tragen haben **-una vurmak** 1. mit e–m Schwung auf die Schulter nehmen, aufschultern 2. *fig.* sich et. aufhalsen 3. (b–nin) j–m auf die Schulter schlagen

omuzdaş *pej.* Helfershelfer, Spießgeselle, Komplize *m* *hempa

omuzdaşlık Rolle *f* e–s **omuzdaş;** ~ **etmek** Spießgeselle sein (bei), Helfershelferdienste leisten

omuzlamak (m. Akk.) 1. auf die Schultern (bzw. den Rükken) nehmen, aufschultern 2. sich mit der Schulter gegen et. stemmen od. werfen 3. übernehmen (Aufgabe usw.), *V* entwenden, stehlen, *F* klauen, mitgehen heißen

omuzlu mit nb. Schultern, -schultrig

omuzluk 1. Achsel-stück *n*, -klappe, Epaulette *f* *apolet 2. Schulterholz *n* *çiğindirik 3. *naut.* Bille *f* (abgerundeter Teil des Schiffes am Bug od. am Heck) 4. Schulterstück *n* (der Flügeldecke mancher Insekten) 5. Gummi- od. Metall-kappe *f* am Gewehrkolben ~ **nizamı** *naut.* Staffel *f* ~ **palamarı** *naut.* Verholtau *n* ~ **rüzgârı** s. **kolay rüzgâr**

on 1. zehn 2. Zahl *f* Zehn 3. sehr viel, sehr oft Zu 3: **On kere söylenmez ki!** Das braucht man doch nicht hundertmal zu sagen! ~ **çatallı geyik** Zehnender *m* ~ **çizgili haşe-**

re Koloradokäfer *m zo.* Chrysomela decemlineata ~ **emir** *rel.* die Zehn Gebote; Dekalog *m* ~ **kaidesi** *math.* dekadisches Zahlensystem, Zehner-, Dezimal-system *n* ~ **minare boyu** 1. riesenhoch 2. abgrundtief ~ **para etmez** wertlos, unbrauchbar ~ **paralık etmek** s. Stw. **paralık;** ~ **parasız olmak** ohne e–n Pfennig Geld dastehen; völlig abgebrannt sein ~ **parmağı iki yakasında olmak** *fig.* nachdrücklich sein Recht verlangen ~ **parmağında** ~ **kara** wer über jeden Menschen nur Schlechtes zu sagen weiß ~ **parmağında** ~ **marifet** (*od.* **hüner**) Tausendsassa *m*

ona Dat. zu **o** (II) ihm, ihr ~ **buna dil uzatmak** an allem (*bzw.* jedem) seinen Schnabel wetzen ~ **nazaran** seiner Meinung nach ~ **sebep** *P* deswegen, deshalb, aus diesem Grund *ondan dolayı

onalmak 1. genesen, wieder gesund werden 2. heilen *(intr.)*

onaltılık *mus.* Sechzehntelnote *f* *çiftçengel(-li), dublkroş ~ **es** *mus.* Sechzehntelpause *f*

onaltmak genesen lassen, wieder gesund werden lassen, heilen, kurieren

onam(-a) Billigung, Genehmigung, Bestätigung *f* *tasvip, tensip, teyit, tasdik

onamak billigen, genehmigen, gutheißen, bestätigen

onamlı 1. gebilligt, befürwortet 2. bestätigt *tasdikli

onanizm Onanie *f*, sexuelle Selbstbefriedigung *istimna

onar je zehn ~ ~ in Gruppen zu je zehn, in Zehnergruppen

onarım Ausbesserung, Wiederherstellung, Restauration *f* *tamir(-at)

onarmak 1. ausbessern, reparieren, wieder instandsetzen *tamir etmek 2. wiedergutmachen (z.B. Fehler)

onaşık; onaşma s. **razı; rıza**

onaşmak s. **razı olmak; rıza göstermek**

onat, -tı 1. ordentlich, geordnet, regelmäßig *özenli, düzgün, muntazam 2. geeignet, passend *salih, yarar 3. moralisch gefestigt, sittenstreng *ahlâklı 4. *Adv.* wie erforderlich (geboten, vorgeschrieben) *gereği gibi 5. korrekt, ehrenhaft 6. ≗ *türk. Fn.*

onay 1. passend, geeignet, konform 2. s. **onam(-a)**

onayaklılar Zehnfußkrebse *pl. zo.* Decapoda

onaylamak bestätigen, billigen, ratifizieren *tasdik (tasvip) etmek

onaylı bestätigt, beglaubigt, ratifiziert *musaddak, tasdikli

onbaşı, -yı *mil.* Gefreiter

onbaşılık Rang *m*, Aufgaben *pl.* e–s Gefreiten

onbeş fünfzehn ~ **gün** vierzehn Tage

onbir 1. elf 2. Zahl *f* Elf 3. *Fb.* Elf *f* ~ **ayın sultanı** der Fastenmonat Ramazan

onbirli *mus.* Undezime *f*

onca [×·] 1. seiner Meinung nach 2. was ihn angeht 3. so sehr, so viele *o kadar ~ **zaman** so lange Zeit

oncağız *F* s. **o** (II)

onculayın *selt.* 1. s. **onca** (1) 2. so wie er; gleich ihm

onda (I) *math.* Zehntel *n* *öşür ~ **bir** ein Zehntel

onda (II) Lok. zu **o** (II) bei ihm; dabei

ondalık 1. zehnprozentige Vergütung 2. prozentuale Vergütung; Provision, Kommission *f* 3. *hist.* Zehnter, Zehnten(-abgabe *f*) *pl.* (von Felderträgen) *aşar 4. *math.* dezimal, Dezimal- *aşarî ~ **bölüm** s. **mantis;** ~ **kesir** Dezimalbruch *m* *kesri aşarî ~ **sayı** Dezimalzahl *f* *aşarî adet ~ **sistem** Dezimalsystem *n* *metrik sistem

ondalıkçı 1. wer gegen zehnprozentige bzw. prozentuale Vergütung arbeitet; prozentual beteiligt 2. *hist.* Steuereinnehmer, Zehntenerheber *m*

ondalıklaştırma Umstellung *f* auf das Dezimalsystem (bei Maßen und Gewichten)

ondametre (*franz.* **ondemètre**) Wellen-, Frequenz-messer *m*

ondan Abl. zu **o** (II) von ihm; davon ~ **bundan geçinmek** sich (auf Kosten anderer) durchfretten ~ **sonra** danach, später

ondülasyon (Legen *n* von) Wasser-, Dauer-wellen *pl.*, Ondulation *f* ~ **permanant** s. **permanant**

ondüle 1. gekräuselt, gewellt (Haar) 2. künstlich gelegte (Haar-)Welle, Wasser-, Dauer-Welle *f* ~ **kumaş** Zibeline *f* (Stoff für Damenkleider) ~ **makinesi** Dauerwellenapparat *m* ~ **maşası** Brennschere *f* ~ **saç** 1. onduliertes Haar 2. s. **oluklu saç**

ondülör (*franz.* **onduleur**) *el.* Wechselrichter *m* (Umformer von Gleichstrom in Wechselstrom)

ongun (I) Totem *n* *totem 2. Wappen *n* *arma

ongun (II) 1. ertragreich, fruchtbar *bereketli, feyzli 2. gut angebaut, kultiviert, blühend *bayındır, mamur 3. glücklich *mesut 4. segensreich, gesegnet *kutlu, mübarek 5. ≗ *türk. Fn.* ~ **besisuyu** *bot.* der in der Pflanze absteigende, verarbeitete Saft *müstahzar usare

ongunculuk Totemismus *m* *totemizm

ongunluk 1. großer Ertrag; Fruchtbarkeit *f* *bereket, feyz 2. blühender Zustand; Blühen, Gedeihen *n* *mamuriyet 3. Glück *n* *saadet 4. Segen *m*, Gesegnetsein *n* *mübareklik

oniki 1. zwölf 2. Zahl *f* Zwölf ≗ **Ada(-lar)** *n.pr.* Dodekanes *m* ~ **hayvan isimli takvim** der (nach Tieren benannte) alttürk. 12-Jahres-Zyklus ~ **levha kanunları** *hist.* die Zwölftafelgesetze (im antiken Rom)

onikigen *math.* Zwölfeck *n*

onikili *mus.* Duodezime *f*

onikilik s. **adlî altın**

onikiparmak barsağı *an.* Zwölffingerdarm *m*, Duodenum *n* *miai isnaaşer

onikitelli e–e Gitarrenart **(tambura)** mit 12 Saiten

onikitonculuk Zwölftonmusik, Dodekaphonie *f*

onikiyüzlü *math.* Dodekaeder *m*

oniks *min.* Onyx *m* *balgamtaşı, mühresenk

onlar (I) (Pl. zu **o** [II]) 1. sie 2. jene ≗ **ermiş muradına, biz çıkalım kerevetine (tahtına, tahtaboşuna)** (Schlußformel des türk. Märchens) Sie haben ihr Ziel erreicht, und wir wollen jetzt (auch) zu Bett gehen. ≗**a kömür bizlere ömür** *od.* ≗**a masal bizlere sağlık** (andere Schlußformeln des türk. Märchens)

onlar (II) (Pl. zu **on**); ~ **basamağı** *math.* Zehnerstelle *f* (bei Zahlen)

onlu zehn Einheiten enthaltend *spez.:* 1. *Spk.* Zehn *f* 2. *mus.* Dezime *f* 3. *lit.* e–e Gedichtform mit Strophen zu je zehn Halbversen *muaşşer Zu 1: **kupanın -su** Herz-Zehn *f*

onluk 1. was zehn Einheiten umfaßt, wert ist od. kostet wie z.B. Zehnparamünze *f (va.),* Zehnkuruschstück *n*, Zehnpfundschein *m*, Briefmarke zu 10 Para *(va.)*, 10 Kurusch usw. 2. *math.* Zehner *m* *aşere 3. zehnjährig ~ **birimler bölüğü** *math.* Zehner *pl.* *aşerat ~ **Osmanî** s. **Osmanî** (1); **-lar basamağı** s. **onlar** (II) **basamağı**

onmadık [×··] 1. unheilbar (Wunde) 2. (*a.* ~ **baş**) vom Unglück verfolgt; Pechvogel *m* 3. ungeraten, unverbesserlich ~ **babanın** ~ **oğlu** 1. der Sohn, dem es nicht besser ergeht als schon seinem Vater 2. ungeratener Sohn des ungeratenen Vaters ≗ **hacıyı deve üstünde** (*od.* **Arafat'ta) yılan sokar.** *Spr.* Wer Unglück haben soll, bricht den Finger im Hirsebrei.

onmadıklık, -ığı 1. Unheilbarkeit *f* 2. Unglück, Pech *n*, Hilflosigkeit *f*

onmak 1. besser werden, sich bessern, e–e Wendung zum Bessern nehmen *salâh bulmak 2. vom Glück begünstigt sein, glücklich sein *mesut olmak 3. genesen, wiederhergestellt werden, Rettung finden, befreit werden (von e–m Übel), geheilt werden; heilen (Wunde) *şifa bulmak felâh bulmak

onmaz s. **onmadık**
onmuş vom Glück begünstigt
onomastik 1. Namenkunde, Onomastik *f* 2. namenkundlich, onomastisch *özelisimbilim(-sel)
onomatope *ling.* 1. Onomatopöie, Lautmalerei, Schallnachahmung *f* *yansıma 2. Onomatopoetikon, Schallwort *n*
onore *selt.* geehrt ~ **etmek** ehren
onör 1. *selt.* Ehre *f* *şeref 2. *Ka.* a) e–e der obersten Karten e–r Farbenreihe; Spitze *f;* (Bridge:) Figur *f* b) Honneurs *pl.*, Punktvergütung *f* (für den Besitz von a)
ons Unze *f* (*spez.* engl. Unze = 28,35 g)
onsuz ohne ihn (sie, es) ≗ **olabilirim (yapabilirim).** 1. Ich kann darauf verzichten. 2. Ich brauche ihn nicht.
ontoloji *phil.* Ontologie *f* *mephası vücut, varlıkbilim
ontolojik *phil.* ontologisch *mephası vücuda ait, varlıkbilimsel
ontolojist, -ti *phil.* Ontologe *m*
ontolojizm *phil.* Ontologismus *m* *varlıkbilimcilik
onu Akk. zu **o** (II) ihn, sie, es ≗ **bunu bilmem.** Darauf lasse ich mich nicht ein.
ONU *selt.* **(= Organisation des Nations Unies)** s. **UNO**
onulmak Pass. zu **onmak; Bu dertten kolay kolay onulmaz.** Von diesem Übel kann man so schnell nicht befreit werden. **onulmaz yara** unheilbare Wunde
onultmak bessern, heilen *iyileştirmek
onum s. **felâh**
onun Gen. zu **o** (II) 1. seiner, ihrer 2. sein, ihr ≗ **azametini görme!** Hat man je e–n so arroganten Kerl gesehen? ≗ **bildiğini yedi mahalle bilmez.** Er ist mit allen Wassern gewaschen. ~ **fikrince** seiner Meinung nach ~ **hakkında** 1. über ihn (sie, es) 2. darüber ~ **için** deswegen; aus diesem Grunde **-la beraber** 1. mit ihm (ihr) 2. damit zusammen 3. jedoch, gleichzeitig aber
onuncu zehnt-
onunculuk 1. Rang *m* od. Platz *m* des Zehnten 2. zehnter Preis
onunki seinig-, ihrig-
onur 1. Selbstachtung *f*, Stolz *m*, persönliche Ehre od. Würde; Ehrgefühl *n* *haysiyet, izzetinefis 2. Ehre *f* *şeref ~ **kurulu** s. **haysiyet divanı; -una dokunmak** (b–nin) j–m gegen die Ehre gehen **-una yedirememek** es mit seiner Ehre nicht vereinbaren können
onurlandırmak (be-)ehren, die Ehre erweisen, besuchen *şereflendirmek, teşrif etmek
onurlanmak sich geehrt fühlen, geehrt sein *teşerrüf etmek
onurlu 1. mit feinentwickeltem Ehrgefühl, wer eifersüchtig auf seine Ehre bedacht ist 2. ehrenvoll, geehrt
onursal 1. Ehren- (z.B. Präsidium, Mitglied) *fahrî 2. ≗ *türk. Fn.*
onursuz 1. ohne Ehrgefühl, würdelos 2. wem keine Ehre erwiesen wird
oogon; oojenez; oolit s. **ovogon; ovojenez; ovolit**
oomisetler *bot.* Oomyzeten, Eipilze *pl.* (Gruppe der Algenpilze) *ovogonlu mantarlar
oosfer *biol.* Oosphäre *f* (Eizelle bei Pilzen) *kürei beyziye
oosit, -ti *biol.* Oozyte *f* (unreife Eizelle) *yumurta gözesi
opak, -kı opak, undurchsichtig *saydamsız
opaklık, -ığı Opazität, Undurchsichtigkeit *f*
opal, -li 1. *min.* Opal *m* *aynüşşems, panzehir taşı 2. Opal *m* (feiner Wäschestoff) 3. opalen; wie Opal schimmernd ~ **cam** Opalglas *n*
op'ar (< *engl.* **optical art**) Op-art *f*
oparlör s. **hoparlör**
opera [×··] 1. Oper *f* (Bühnenwerk) 2. Oper(-nhaus *n*) *f* ~ **aryası** Opernarie *f* ~ **suaresi** Opernabend *m* (z.B. im Rundfunk)
opera-buf (*franz.* **opéra-bouffe**) parodistische Oper
operakomik komische Oper
operasyon 1. *med., mil.* Operation *f* *ameliyat bzw. harekât 2. *allg.* Eingriff *m*, Vorgehen *n* 3. Bank-, Börsengeschäft *n* *işlem ~ **görmek** *med.* operiert werden ~ **yapmak** *med.* e–e Operation durchführen, operieren
operasyonel araştırma *H* Unternehmensforschung *f*
operatif 1. operativ 2. *mil.* operativ, strategisch ~ **anlayış** *mil.* operative Auffassung ~ **hava keşfi** *mil.* strategische Luftaufklärung
operatör 1. Chirurg *m* *cerrah 2. (*a.* **sinema -ü**) Kameramann, Filmoperateur bzw. Filmvorführer *m* 3. *allg.* wer e–e Maschine od. e–n Apparat bedient (z.B. Kranführer; *typ.* Maschinensetzer; Traktorfahrer usw.)
operatörlük Aufgaben *pl.* e–s **operatör** *spez.* Chirurgenberuf *m*
operatris (*franz.* **opératrice**) *selt.* s. **telefon operatrisi**
operet, -ti Operette *f*
opinyon (*franz.* **opinion**) *selt.* Meinung, Auffassung *f*
opodeldok, -ku [··×·] *pharm.* Opodeldok *m, n*
opopanaks [·×··] 1. *pharm.* Opopanax *m* (als Heilmittel verwendetes Pflanzenharz) 2. s. **çavşır otu**
oportünist 1. opportunistisch 2. Opportunist(-in *f*) *m*
oportünizm Opportunismus *m*
opossum 1. Opossum *n zo.* Didelphys virginiana 2. Opossum-fell *n*, -pelz *m*
opozisyon 1. *selt.* Opposition *f* 2. (Bankwesen) Sperrung *f* (z.B. e–s Wertpapiers wegen Verlust)
opresyon *med.* Oppression, Beklemmung *f*
opsiyon 1. Optieren *n*, Option *f*, freie Wahl *hıyar 2. *H* Bedenkzeit *f* 3. Vorkaufsrecht *n* 4. Buchung, Vorbestellung *f* (für Schiffs- od. Flug-karte)
opsiyonlu zur Wahl freigestellt, mit Entscheidungsrecht
optan *selt.* Optant(-in *f*) *m*
optik 1. Optik, Lehre *f* vom Licht *ışık bilgisi 2. optisch 3. Seh- ~ **sanrı** (*od.* ~ **yanılsama**) optische Täuschung *galatı basar ~ **sinir** s. **görme siniri**
optimal optimal
optimetre [··×·] Optimeter *n* (Feinmeßgerät für Länge und Dicke)
optimist, -ti; optimizm s. **iyimser(-lik), nikbin(-lik)**
optimum [×··] 1. Optimum *n* 2. optimal
opus; opüs *mus.* Opus, Werk *n*
opya *pharm.* Opiat *n*
opyoman(-i) s. **afyonkeş(-lik)**
or *va.* Deich, Damm *m*, aufgeworfener Erdwall, Schutzwall, befestigter Platz
ora [×·] 1. jener Ort, jene Stelle, jene Gegend 2. jene Angelegenheit ~ **adamları** die Leute dort **-da** dort, an jener Stelle **-dan** 1. von dort (her) 2. daraus, daher ≗**larda böyle bir şey bulunmaz.** Dort findet man so et. nicht. **-larda olmamak** 1. nicht merken, nicht draufkommen *farkına varmamak 2. nicht zuhören; so tun, als ob es e–n nichts anginge ≗**m değil, buram ağrıyor.** Dort tut es mir nicht weh, aber hier. ≗**nın havası bana iyi gelmiyor.** Das dortige Klima bekommt mir nicht. ≗**nız yine ağrıyor mu?** Haben Sie wieder Schmerzen an der gleichen Stelle? ≗**sı iyi.** Soweit ganz gut. Soweit in Ordnung. ≗**sı memleketimizin en güzel yerlerinden biridir.** Das ist e–e der schönsten Gegenden unseres Landes. ≗**sı mühim değil.** Das ist unerheblich. ≗**sı ne yana düşer?** Wo liegt das? Wo ist diese Stelle? ≗**sı neresi?** (Telephon) Wer spricht dort? Welche Nummer ist das? ≗**sına Rufaîler karışır!** Weiß der Teufel! ≗**sını bilmem.** Davon weiß (bzw. verstehe) ich nichts. ≗**sını görmedim.** Die Gegend dort habe ich noch nicht gesehen. **-ya** dorthin, dahin **-ya buraya** hierhin und dorthin; überallhin
oracık die (kleine) Stelle dort **-ta** gleich dort; an Ort und Stelle

orain *V* Heroin *n*
oraj (starkes) Gewitter *n*
orajlı von (heftigem) Gewitter begleitet
orak, -ağı 1. Sichel *f* 2. *P* (Getreide-)Ernte, Erntezeit *f* *hasat ~ **böceği** s. **ağustosböceği; orak-çekiç** *pol.* Sichel und Hammer ~ **makinesi** Mähmaschine *f* ~ **mevsimi** Erntezeit *f* *hasat vakti **-a gelmek** (schnitt-)reif werden (*spez.* Getreide)
orakçı Schnitter, Mäher *m*
orakçılık Mähen *n*
orakl *selt.* Orakel *n*, Weissagung *f*
oraklamak mit der Sichel schneiden, sicheln, mähen
oraklı tırpan *agr.* Sensensichel *f*
oraksı sichelförmig
oral *med., psych.* den Mund betreffend; oral
oralı [×··] aus der dortigen Gegend stammend ~ **olmamak** *fig.* 1. nicht zuhören; so tun, als ob e–n das Ganze nichts anginge 2. nicht dafür zu haben sein; nicht so eingestellt sein
oramak (m. Akk.) 1. reiflich überlegen, Vor- und Nachteile bei et. abwägen *ölçüp biçmek 2. s. **oraklamak** 3. e–n Schutzwall aufwerfen
oramin Auramin *n* (gelber Farbstoff)
oramiral, -li Admiral *m*
oramirallik Titel und Rang *m* e–s Admirals
oran 1. *a. math., phil.* Verhältnis, Ausmaß *n*, Umfang *m* 2. relative Menge (Zahl, Ziffer); relativer Grad; Vergleich *m* *nispet 3. richtiges Verhältnis; Proportionalität *f*, Ebenmaß *n* *tenasüp 4. seelische Ausgeglichenheit; Mäßigung, Fassung *f*, vernünftiges Mittelmaß *ılım, itidal 5. Mutmaßung, Schätzung *f* *tahmin Zu 2: s. **doğurganlık (ölüm) -ı; geçen yıl -la** im Vergleich zum Vorjahr **yüzde altı -ında bir artış** e–e sechsprozentige Zunahme ~ **biçimi** s. **modul**
orandışı sayı *math.* irrationale Zahl *adedi gayri muntak; yadrasyonel sayı
orangutan Orang-Utan *m zo.* Pongo pygmaeus
oranlamak *dial.* 1. (be-)rechnen *hesap etmek 2. mutmaßen, schätzen *tahmin etmek 3. vergleichen, gleichsetzen, gegenüberstellen *mukayese etmek, bir tutmak
oranlı 1. in nb. Verhältnis stehend (zu) *nispetli 2. im gleichen Verhältnis stehend, proportional *mütenasip 3. im richtigen Verhältnis stehend, proportioniert *mütenasip 4. ausgeglichen, ausbalanciert, im Gleichgewicht *mütevazin 5. seelisch ausgeglichen, mäßig, gemäßigt
oranlılık *lit.* s. **telfik** (2)
orans *(altchristl. Kunst)* Orante *f* (Sinnbild des Gebets)
oransa [·×·] längeres Ruderboot mit flachem Boden (zur Personenbeförderung auf der Donau)
oransal sayı *math.* rationale Zahl *muntak adet
oransız 1. ungleich, unverhältnismäßig, disproportioniert *nispetsiz 2. nicht im Gleichgewicht; unausgeglichen *tevazünsüz 3. übertreibend, extrem *müfrit
oransızlık 1. Ungleichheit *f*, Mißverhältnis *n*, Mangel *m* an Ebenmaß *ademi tenasüp 2. Unausgeglichenheit *f* 3. Grenzenlosigkeit *f*, Übermaß *n*
orantı *math.* Proportion, Verhältnisgleichung *f* *tenasüp ~ **kuralı** s. **üçlü kaidesi;** ~ **pergeli** Reduktionszirkel *m*
orantılı proportional *mütenasip ~ **olarak** proportional *Adv.* *mütenasiben ~ **orta** mittlere Proportionale *vasatı mütenasip
orası s. Stw. **ora**
oratmak 1. Kaus. zu **oramak** 2. (alles) auf-essen, -fressen
oratoryo [··×·] *mus.* Oratorium *n*
orbiküler (*franz.* **orbiculaire**) *bot.* kreisförmig, rund (Blatt)
ordinaryüs profesör o. ö. Professor (*Anm.:* Der Titel wurde in der Türkei 1960 abgeschafft)
ordinat, -tı *math.* Ordinate *f* *tertip ~ **ekseni** (*od.* ~ **mihveri**) Ordinatenachse *f*
ordinatör s. **kompüter**
ordino [·×·] 1. Indossament, Giro *n* (auf e–m Wechsel) 2. Bordzettel *m*, Steuermannsquittung *f*, vorläufiger Ladeschein
ordonat, -tı s. **ordu donatım**
ordövr Vorspeise *f*, Hors d'œuvre *n*
ordu 1. Heer *n*, Armee *f* 2. Armee *f* (als Heeresgliederung) 3. *selt.* Lager *n* 4. *allg.* Heerschar *f*, Menge *f* ~ **atı** Militärpferd *n* ~ **baş kumandanı** Armeeoberbefehlshaber *m* ~ **dairesi** Armeedepartement, Truppenamt *n* ~ **donatım** Feldzeugmeisterei *f* ~ **emri** Armee-, Heeres-befehl *m* ~ **erzak ambarı** (*od.* **deposu**) Armeeverpflegungslager *n* ~ **grupu** Armeeabteilung *f* ~ **hazinei evrakı** Heeresarchiv *n* ~ **kadısı** *fr.* Heeresrichter *m* ~ **kaimesi** *fr.* Erlaß *m* des Oberbefehlshabers der Armee ~ **karargâhı** Armeehauptquartier *n* ~ **kumandanı** Armeekommandant *m* *orkomutan ~ **kumandanlığı** Armeeoberkommando *n* ~ **malzemesi** Heeresgerät *n* ~ **merkezi** Armeehauptquartier *n* ~ **müfettişi** Armeeinspektor *m* ~ **müfettişliği** Armeeinspektion *f* ~ **pazarı** Marketenderei *f* ~ **rüesası** *z. va.* Spitzen *pl.* der Wehrmacht ~ **şoför okulu** Heeresfahrschule *f* ~ **teçhizatı** s. **ordu malzemesi;** ~ **tesisleri** Armee-Einrichtungen *pl.* ~ **teşkilâtı** Heeresorganisation, Wehrverfassung *f* ≗ **Yardımlaşma Kurumu** (Kurzform: **OYAK**) Fonds *m* für gegenseitige Hilfe der (türk.) Streitkräfte **-lar grupu** Heeresgruppe *f* **-ların sevk ve idaresi** Heerführung *f* **-nun barışlık kadrosu** Friedensstärke *f* des Heeres **-yu hümayun** *hist.* kaiserlich-osmanische Armee
Ordu (I) *n.pr.* 1. Hafenstädtchen am Schwarzen Meer im gln. Rbz.
Ordu (II) **dili** s. **Urdu**
ordubozan 1. Hetzer, Aufrührer, Staatsfeind *m*, subversives Element *bozutçu, müfsit 2. *P* Krampfader *f* (am Bein) *varis
ordubozanlık Hetztätigkeit *f*, staatsfeindliche Umtriebe *pl.*, Aufwiegelung *f* *bozutçuluk, mefsedet
orducu *hist.* im Dienst der Janitscharen stehender Handwerker (während e–s Feldzugs) (vgl. **ehlihiref**)
orduevi, -ni Offizierskasino *n*
ordugâh *mil.* (Zelt-)Lager, Biwak *n* (primitiver als **karargâh**); ~ **kurmak** lagern (Heer) ~ **mahalli (meydanı, yeri)** Biwaksplatz *m* **-a girmek** *od.* **-ta konmak** Biwak beziehen
oreat, -dı *griech. Myth.* Oreade, Bergnymphe *f*
Oreliyen *n.pr.* Aurelian (römischer Kaiser)
oreomisin *med.* Aureomyzin *n* (Antibiotikum)
orevuar (*franz.* **au revoir**) *snob., lev.* Auf Wiedersehen!
Orfe *n.pr.* Orpheus ~ **ötleğeni** Orpheusgrasmücke *f zo.* Sylvia hortensis
orfoz s. **sarıhani**
org, -gu Orgel *f* *erganun ~ **borusu** Orgelpfeife *f* ~ **noktası** Orgelpunkt *m* *taç ~ **yapıcısı** Orgelbauer *m*
organ 1. *biol.* Organ *n* *uzuv 2. Organ *n* (z. B. e–r Partei)
organbilim *biol.* Organologie *f* *organoloji
organbilimsel *biol.* organologisch *organolojik
organdi [·×·] Organdy *m* (leichtes Baumwollgewebe)
organik organisch *örgensel, uzvî ~ **kimya** organische Chemie ~ **külte** *geol.* organisches Gestein *uzvî sahre ~ **madde** *biol.* organische Substanz
organist, -ti s. **orgcu**
organizasyon Organisation *f*
organizatör 1. Organisator, (Sport-)Veranstalter *m* * teşkilâtçı 2. *V* Kuppler *m*
organize 1. organisiert 2. *pr.* gut (durch-)organisiert, straff gegliedert 3. *gel. irrt.* für **organizasyon;** ~ **etmek** 1. organisieren 2. *pr.* gut (durch-)organisieren, straff gliedern,

einrichten, gestalten, veranstalten ~ **olmak** 1. organisiert sein 2. sich organisieren
organizm(-a) Organismus *m* *örgenlik, uzviyet
organlaşma Organogenese *f* *taazzuv
organlaşmak organische Form annehmen
organlaşmış organisch, organisiert *müteazzi
organoloji(-k) s. **organbilim(-sel)**
organza [·×·] Organza *m* (sehr feines Gewebe)
orgazm Orgasmus *m*
orgcu Organist(-in *f*) *m*, Orgelspieler(-in *f*) *m*
orgeneral, -li Armeekommandeur, (Vier-Sterne-)General
orgenerallik Rang *m*, Aufgaben *pl.* usw. e–s **orgeneral**
Orhaneli, -ni *n.pr.* O. u. D. im Rbz. Bursa
Orhangazi [··– –] O.u.D. im Rbz. Bursa
Orhon ve Yenisey yazıtları Orhon-Inschriften *pl.* (8. Jh.) *Göktürk yazıtlari
orijin Ursprung *m*, Entstehung *f*, Anfang *m* *asliyet
orijinal, -li 1. Original *n* (z.B. Photo) 2. original, Original- 3. *mel.* originell, neu(-artig), ur-, eigen-wüchsig, einfallsreich 4. *pej.* eigenartig, sonderbar, komisch, ausgefallen *acayip, tuhaf Zu 2: ~ **resimler** Originalbilder *pl.* Zu 3: **Bu, ~ bir teşebbüstür.** Das ist ein origineller Versuch. Zu 4: **hayli ~ bir teşbih** ein recht ausgefallener Vergleich
orijinalite Originalität, Ur-, Eigen-wüchsigkeit, Ursprünglichkeit *f* *asliyet
orijinalleşmek Originalität gewinnen *özgünleşmek
orijinallık s. **orijinalite**
orijinli mit nb. Ursprung
oriste [·×·] *griech.* bitte *buyrun *bzw.* efendim
Oriyon *astr.* Orion *m* (Sternbild) *(El-)Cebbar ~ **bulutsu** *astr.* Orionnebel *m* ~ **kuşağı** *astr.* Jakobsleiter *f* *Üç Büyücü ~ **yağmuru** *astr.* Orioniden *pl.*
orji *selt.* Orgie, Ausschweifung *f*
orkestra [·×·] Orchester *n* ~ **şefi** Dirigent, Kapellmeister *m* *şefdorkestr
orkestracı Orchestermusiker(-in *f*) *m*
orkestral *mus.* orchestral, orchestermäßig
orkestralama s. **orkestrasyon**
orkestralamak *mus.* orchestrieren, instrumentieren
orkestrasyon *mus.* Orchestration, Orchestrierung, Instrumentation, Instrumentierung *f*
orkestre 1. *mus.* orchestriert, instrumentiert 2. *fig.* inszeniert ~ **etmek** 1. *mus.* orchestrieren, instrumentieren 2. *fig.* inszenieren
orkestriyon Orchestrion *n* (M.i.)
orkide Orchidee *f. bot.* Orchis
orkinos s. **tonbalığı**
orkit, -ti *med.* Orchitis, Hodenentzündung *f*
orkomutan Armeekommandeur *m* *ordu kumandanı
orkoz(suyu) die bei starkem Südwestwind zum Schwarzen Meer zurückgedrängte Oberflächenströmung im Bosporus
orleans Orleans *m* (leichter, lüsterähnlicher, mit Wolle gemischter glänzender Baumwollstoff)
orlon Orlon, Pan *n* (synthetische Faser)
orman Wald, Forst *m* ~ **açma** Abholzung *f* (des Waldes) ~ **alanı** Lichtung, (Wald-)Schneise *f* ~ **altlığı** Waldhumus *m* ~ **asması** s. **akasma;** ~ **bakım memuru** Forstaufseher *m* ~ **çileği** Walderdbeere *f bot.* Fragaria vesca *yabanî çilek ~ **gibi** struppig, ungepflegt (Bart, Haare) ~ **horozu** s. **çalıhorozu;** ~ **hukuku** *jur.* Forstrecht *n* ~ **işletmesi** Forstwirtschaft *f* ~ **kanunu** s. **dağ kanunu;** ~ **karıncası** s. **kızılkarınca;** ~ **kayını** Rotbuche *f bot.* Fagus silvatica ~ **kebabı** geschmortes Fleisch mit Gemüsebeilagen (*urspr.* über offenem Holzfeuer zubereitet) ~ **kibarı** *hum.* ungeleckter Bär; Grobian, Tölpel *m* ~ **kumrusu** Turteltaube *f zo.* Streptopelia turtur ~ **mektebi** Forstakademie *f* ~ **memuru** Förster *m* ~ **muharebesi** *mil.* Waldgefecht *n* ~ **ötleğeni** Waldlaubsänger *m zo.* Phylloscopus sibilatrix ~ **sarmaşağı** s. **duvar sarmaşağı;** ~ **sıçanı** Waldmaus *f zo.* Apodemus silvaticus ~ **sınırı** *geogr.* Waldgrenze *f* ~ **soreksi** Waldspitzmaus *f zo.* Sorex araneus ~ **taşlamak** *fig.* auf den Busch klopfen ~ **tırmaşık kuşu** Waldbaumläufer *m zo.* Certhia familiaris ~ **yangını** Waldbrand *m* **-da açık yer** Waldblöße *f*, Kahlschlag *m*
ormancı 1. Förster, Forst-wart, -aufseher *m* 2. Forstwissenschaftler *m*
ormancık Wäldchen *n*, Hain *m*
ormancıl im Wald lebend (Vogel)
ormancılık Forst-wesen *n*, -wirtschaft, -verwaltung, -wissenschaft *f*
ormangülü, -nü s. **açalya**
ormanî s. Stw. **hatap**
ormanlaşmak sich bewalden
ormanlaştırmak aufforsten
ormanlı bewaldet
ormanlık 1. waldreiche Gegend; Waldgebiet *n* 2. dicht bewaldet
ormansal den Wald (Forst) betreffend, Wald-, Forst- *eykevî
ormansı waldähnlich, Wald-
ormansız unbewaldet
ormansızlaştırma Entwaldung, Abholzung *f*
ormantavuğugiller Wald-, Rauhfuß-vögel *pl. zo.* Tetraonidae
ormantekesi, -ni Schirrantilope *f zo.* Tragelaphus scriptus
ornatma 1. Substitution *f* 2. Ersatz *m*
ornatmak (m. Akk.) 1. *dial.* e–e best. Stelle anweisen; ansiedeln *yerleştirmek 2. *chem.* substituieren *ikame etmek
ornıman (*franz.* **ornement**) *selt.* Schmuck, Zierat *m* *süs, ziynet, tezyinat
ornitolog, -gu Ornitholog-e *m*, -in *f*
ornitoloji(-k) s. **kuşbilim(-sel)**
ornitolojist, -ti s. **ornitolog**
ornitorenk, -ki Schnabeltier *n zo.* Ornithorhynchus anatinus *gagalı memeli
orobanhiye s. **canavarotugiller**
orojenez; orojeni s. **dağoluş**
orojenik orogen(-etisch) *dağoluşsal
orospu Dirne, Hure *f* *fahişe, fena kadın, kahpe ~ **bohçası gibi** *P* kunterbunt durcheinander ~ **çocuğu** 1. Bastard *m*, Hurenkind *n* 2. gerissen, abgefeimt
orospuluk 1. Gewerbe *n* e–r Dirne, Prostitution *f* 2. *fig.* Unzuverlässigkeit *f*, Wankelmut *m*
orostopoğlu; orostopollu *V* Gauner, Schwindler, Betrüger *m*
orostopoğluluk; orostopolluk *V* Gaunerei *f*, Schwindel, Betrug *m*, Fälschung *f*
orövuar s. **orevuar**
orpiment, -ti (*franz.* **orpiment**) s. **sarı zırnık**
orsa [×·] *naut.* 1. *va.* Backbord *n* *iskele, 2. *va.* Buline *f* 3. Luv(-seite) *f* *rüzgârüstü (*ant.* boca) 4. luvwärts 5. Anluven *n* (*a. Kommando*) ⚓ **alabanda!** Ruder in Lee! Anluven! ~ **alabanda etmek** wenden, über Stag (od. auf den andern Bug) gehen ⚓ **alabanda tiramola!** Wenden! ~ **etmek** an-, auf-luven, an den Wind gehen ⚓ **gel!** Dicht am Wind! ~ **gitmek (varmak, yürümek)** dicht am Wind laufen **-da kazanmak** beim Wind aufkreuzen; anluven **-sına seyretmek** am Wind segeln
orsaboca [×·×·] *naut.* 1. Aufluven und Abfallen *n* 2. *a. fig.* Zickzackkurs *m* 3. *fig.* Torkeln *n* ~ **etmek** 1. *naut.* aufluven und abfallen 2. *naut.* auf- und abgehen (z.B. auf dem Achterdeck) ~ **gitmek** *fig.* 1. torkeln 2. sich recht und schlecht dahinlavieren
orsalamak s. **orsa etmek**

orta 1. (räumliche od. zeitliche) Mitte *f*, Zentrum *n*, Mittelpunkt *m*, Hälfte *f* 2. Gesichtskreis *m*, Raum *m* des Geschehens, Gegend *f* 3. *phys.* Mittel, Medium *n* *ortalık, vasat 4. *math.* Innenglied (e–r Proportion) *vasat 5. Milieu *n*, Nährboden *m* *vasat 6. dritte und vierte der fünf Ringerklassen 7. *hist.* Gliederungseinheit *f* bei den Janitscharen (im Lauf der Entwicklung zahlenmäßig schwankend zwischen Kompanie, Bataillon, Regiment) 8. in der Mitte liegend (befindlich), mittler-, Mittel-, zentral, Zentral- *merkezî, vasatî 9. mittel-mäßig, -groß, mittler- 10. der für das **Ortaoyunu** bestimmte Platz *palanga (2) Zu 1: **yolun -sı** Mitte *f* des Weges, Wegmitte *f* **ayın -sı** Mitte *f* des Monats **Kışın -sını bulduk!** Die Hälfte des Winters haben wir überstanden! Zu 2: **Bu faraziyeyi teyit eder mahiyette -da hiç bir şey yoktur.** Es ist nichts vorhanden, was diese Annahme stützen könnte. **ºda kimse yoktur.** Es ist niemand zu sehen. Zu 6: s. **büyük (küçük)** ~; ~ **alaca ağaçkakan** Mittelspecht *m zo.* Dendrocopus medius ≗ **Almanya** Mitteldeutschland ≗ **Asya** Mittel-, Zentral-asien ≗ **Asya devesi** s. **iki hörgüçlü deve;** ~ **Avrupa köknarı** Edel-, Weiß-tanne *f bot.* Abies pectinata ~ **ayak** *arch.* Brücken-, Fenster-pfeiler *m* ~ **baklası** Flittchen *n;* leichtes, gefälliges Mädchen ~ **boy** 1. mittlerer Wuchs; Mittelgröße *f* 2. mittlere Länge ~ **boylu** von mittlerer Statur ~ **burjuvazi** gehobener Mittelstand ~ **çizgi(-si)** *Fb.* Mittellinie *f* ~ **dağlar** *geogr.* Mittelgebirge *n* ~ **derece** ausreichend (Schulzensur) ~ **derecelik** Mittelmäßigkeit *f* ~ **dikme** *math.* Mittel-lot *n*, -senkrechte *f* *dıl'ın ortasından çıkan amut ~ **direk** *naut.* Großmast *m* ~ **dörtnal** Mittelgalopp *m* ~ **gelirli** mit mittlerem Einkommen ~ **güverte** *naut.* Mitteldeck *n* ~ **haf** *Fb.* Mittelläufer *m* *santrhaf ~ **hal** 1. bescheiden-bürgerliches Leben 2. einigermaßen gute Gesundheit ~ **halısı** großer Teppich in der Mitte e–s Raumes *deste, meyane ~ **halli** in bescheiden-bürgerlichen Verhältnissen lebend; dem Mittelstand angehörig ~ **halli sınıf** Mittelstand *m* ~ **hece** (*od.* **ünlü**) **düşmesi** (*od.* **yutumu**) *ling.* Schwund *m* des Mittelvokals; Synkope *f* *senkop (z. B. **tükrük** < **tükürük**); ~ **hizmetçisi** 1. Hotelpage *m* 2. Dienstmädchen *n* ~ **işi** Hausarbeit *f* (wie Kochen, Aufräumen usw.) ~ **kabuk** *bot.* Mesokarp *n* (Mittelschicht von Pflanzenfrüchten) *meyveortası, mezokarp ~ **kapı** 1. *fr.* Tür *f* zwischen Männer- und Frauen-gemächern (*spez.* im Serail; **Haremi Hümayun Kapısı**) 2. ≗ ≗ das zweite Tor im Topkapı Sarayı *Babüsselâm ~ **karar** mittelmäßig, genügend, ausreichend ~ **kasara** *naut.* Brückendeck *n* ~ **kat** 1. mittleres Stockwerk 2. *naut.* zweites Unterdeck (auf alten Kriegsschiffen) ~ **kayık** *hist.* Landeboot *n* (kleiner als **mavna**); ~ **kesim** Mittelabschnitt *m* (e–s Flusses) ~ **kuşak** *geogr.* gemäßigte Zone *mutedil mıntıka ~ **kütle** *geogr.* Zentralmassiv *n* ~ **lorta** mittelgroßer Leisten des Schuhmachers ~ **malı** 1. *hist.* gemeinsamer Besitz e–s Janitscharenregimentes 2. was zur allgemeinen Benutzung freisteht, Gemeingut *n* 3. *pr.* Dirne *f* ~ **menzilli füze** *mil.* Mittelstreckenrakete *f* ~ **mesafe** *mil.* mittlere Entfernung ~ **mesafe uçuşu** Mittelstreckenflug *m* ~ **nal** Mittelgalopp *m* ~ **orantılı** *math.* mittlere Proportionale *vasatı mütenasip ~ **saha** *(Fb. usw.)* Mittelfeld *n* ~ **sahın** *arch.* Mittel-, Haupt-schiff *n* (e–r Moschee, e–r Kirche) ~ **sahın penceresi** Lichtgaden *m* (e–r Basilika) ≗ **sandığı** s. **kara sandık;** ~ **sıklet** *(Boxen, Ringen, Gewichtstemmen)* Mittelgewicht *n* ~ **sinirotu** mittlerer Wegerich *bot.* Plantago media ~ **soba** Blumentopf *m* von 10 cm Durchmesser ~ **şehir** mittelgroße Stadt ~ **şekerli** 1. mittelsüß (Kaffee) 2. so so, la la; „mittelprächtig" (Zustand) ~ **tahsil** höherer Unterricht; Gymnasialbildung *f* *tali tahsil ~ **tank** *mil.* mittelschwerer Tank ~ **taş çağı** mittlere Steinzeit *f*, Mesolithikum *n* *mezolitik (devre); ~ **terim** *log.* Mittelbegriff *m*, Terminus medius *haddi evsat ~ **vadeli kredi** *H* mittelfristiges Darlehen ~ **vadeli senet** *H* Wechsel *m* mit mittlerer Laufzeit (1–2 Monate) ~ **yaşlı** mittleren Alters, in mittleren Jahren ~ **yazıcısı** *hist.* Rechnungsführer *m* (bei den Janitscharen) ~ **zaman (-lar)** s. **-çağ; -da** 1. in der Mitte 2. greifbar, sichtbar *görünürde, meydanda 3. *(Sport)* offen, unentschieden Zu 3: **sonucu çok ortada bir yarışma** ein noch vollkommen offenes Rennen **-da bırakmak** im Stich lassen **ºda bir çok sözler geçti.** Es wurden viele Worte gewechselt. **ºda bir şey yok.** 1. Es ist nichts zu sehen. 2. Es hat sich nichts Neues zugetragen. **-da bu kadar iş varken ...** wenn soviel Arbeit auf e–n wartet ... **-da dolaşmak** umherschlendern, auf und ab gehen, bummeln **-da kalmak** 1. obdachlos sein 2. vor e–r schweren Alternative stehen **-da olmak** auf der Hand liegen **-da uyak** Mittel-, Binnen-reim *m* **-dan ayırmak** in der Mitte scheiteln (Haar) **-dan kaldırmak** (*od.* **gidermek**) beseitigen, aus dem Weg räumen (schaffen), verschwinden lassen, liquidieren *bertaraf etmek **-dan kalkmak** verschwinden, verlorengehen, untergehen, aufhören (zu bestehen) *zail olmak **-dan kaybolmak** außer Sicht kommen, (von der Bildfläche) verschwinden, nicht mehr zu sehen sein **-dan kaynamak** s. **kaynamak** (9); **-dan kısa boylu** untermittelgroß **-lar** *math.* Innenglieder *pl.* e–r Proportion *içler, vasateyn **-nın sağı** *V* sehr süß (Kaffee) **-nın solu** *V* wenig süß (Kaffee) **ºsı yok (Bunun).** Ein Mittelding gibt es nicht. **-sını bulmak** 1. in zwei gleiche Teile zerlegen 2. e–n Mittelweg finden, ein(-en) Kompromiß schließen **-ya almak** 1. in die Mitte nehmen, e–n Ring bilden (um) 2. *fig.* j–n in die Zange nehmen, j–m scharf zusetzen **-ya atmak** vor-, aufbringen, aufwerfen, aufstellen (**Bir rivayet -ya atıldı.** Es ist ein Gerücht im Umlauf. **-ya atılan haberler** umlaufende Gerüchte *pl.* **bir nazariye -ya atmak** e–e Theorie aufstellen **-ya laf** (*od.* **söz**) **atmak** ins Gespräch bringen; einwerfen; Behauptungen od. Beschuldigungen vorbringen (ohne Namen zu nennen) **varını yoğunu -ya atmak** bereit sein, alles Hab und Gut zu opfern **-ya bir balgam atmak** *V* kurz vor der Regelung e–r Angelegenheit neue Verwirrung stiften) **-ya çıkarmak** 1. aufwerfen, aufs Tapet (zur Sprache) bringen 2. aufzeigen, darlegen, nachweisen **-ya çıkmak** aufkommen, auftauchen **-ya dökmek** 1. auskramen, hervorholen (z. B. sein ganzes Wissen) 2. enthüllen (Geheimnis) **-ya düşmek** zur Dirne werden **-ya koymak** 1. s. **-ya çıkarmak** 2. aussetzen, ausschreiben (Preis, Prämie usw.) 3. s. **canı -ya koymak** 4. ausführen, schaffen, hervorbringen **-ya vurmak** in die Öffentlichkeit bringen

Orta *n.pr.* O. u. D. im Rbz. Çankırı

ortabeyin, -yni *an.* Mittelhirn *n*

ortacı gemäßigt fortschrittlich (zwischen **ilerici** und **gerici** stehend)

ortaç *gr.* Partizip, Mittelwort *n* *sıfatfiil, fer'i fiil

ortaçağ *hist.* Mittelalter *n* *kurunu vusta, orta zaman(-lar)

ortaçağcı Kenner od. Erforscher *m* des Mittelalters

ortadamar *bot.* Mittelrippe *f* (e–s Blattes) *asabı vusta

ortaderi *biol.* Mesoderm *n* *mezoderm

Ortadoğu *geogr.* Mittlerer Osten

ortaelçi Gesandter, bevollmächtigter Minister

ortaelçilik 1. Rang *m*, Aufgaben *pl.* e–s Gesandten 2. Gesandtschaft *f* ~ **müsteşarı** Gesandtschaftsrat *m*

ortak 1. Gesellschafter, Teilhaber, Mitinhaber, Partner, Kompagnon, Sozius *m* *şerik 2. *fr.* zweite Frau, Nebenfrau *f* *kuma 3. *pej.* Komplize *m* 4. gemeinsam *müşterek ~ **çarpan** *math.* gleichbleibender (Multiplikations-) Faktor zwischen den Einzelgliedern e–r geometrischen Reihe *daribi müşterek ~ **dil** *ling.* Gemeinsprache, Koine *f* ~ **etmek** zugesellen, beifügen, assoziieren ~ **fark**

math. (gleichbleibende) Differenz zwischen den Einzelgliedern e–r arithmetischen Reihe *fazlı müşterek ≗ **gemisi yürür** (*od.* **yürümüş**), **elti gemisi yürümez** (*od.* **yürümemiş**). *Spr.* Zwei Frauen e–s Mannes können miteinander auskommen, nicht aber die Frauen zweier Brüder. ~ **isim** *ling.* gemeinsame Bez. für männlich u. weiblich ~ **iyelik** s. **iştirak halinde mülkiyet;** ~ **kat** *math.* das gemeinsame Vielfache *misli müşterek ~ **olmak** 1. sich beigesellen, sich anschließen 2. *H* sich assoziieren ~ **ölçül(e)mez sayılar** *math.* inkommensurable Zahlen *pl.* *gayri müşterekülmikyas adetler ~ **ölçülür** (*od.* **ölçülebilir**) **sayılar** *math.* kommensurable Zahlen *pl.* *müşterekülmikyas adetler ~ **payda** *math.* gemeinsamer Nenner *mahreci müşterek ≗ **Pazar** Gemeinsamer Markt (in der europäischen Wirtschaft) (s. a. **Avrupa** ≗ **Pazarı**); ~ **tam bölen** *math.* gemeinsamer Teiler (Faktor) *kasımı müşterek ~ **yapım** *(Film)* Koproduktion *f*

ortakçı 1. wer auf dem Feld e–s anderen mitarbeitet und dafür e–n Anteil des Ertrags erhält 2. a) Kommensale *m* b) Tischgenosse *m* *şeriki taam

ortakçılık 1. Tätigkeit *f* e–s **ortakçı** 2. *biol.* Kommensalismus *m* (Ernährungsgemeinschaft von Tieren od. Pflanzen) 3. s. **iştiraklı icar**

ortaklaşa 1. *Adv., Adj.* gemeinsam *müşterek(-en) 2. Gemeinschafts-, Gemein-, kollektiv *cemî, maşerî ~ **bilet** Gruppenfahrkarte *f* ~ **değerlendirme** (*a. päd.*) Gesamtbewertung *f* ~ **fiil** s. **işteşlik fiili;** ~ **iyelik** s. **müşterek mülkiyet**

ortaklaşacı(-lık) s. **kolektivist; kolektivizm**

ortaklaşma 1. Gesamtheit *f* *mecmuiyet, maşeriyet 2. Kollektivbesitz *m*

ortaklaşmak sich assoziieren, sich zusammentun

ortaklık 1. Teil-, Mitin-haberschaft *f*, Partnerschaft *f*, Kompaniegeschäft *n* *şeriklik 2. (Handels-)Gesellschaft *f* *şirket 3. Rolle *f* e–s Komplizen ~ **etmek** ein Kompaniegeschäft betreiben ~ **hesabına** auf gemeinschaftliche Rechnung ≗ **öküzden, başka** (*od.* **başlı başına**) **buzağı yeğdir.** *Spr.* Besser ein (mageres) Kälbchen, das man allein besitzt, als ein Ochse, der e–m nur zur Hälfte gehört. ~ **sözleşmesi** s. **şirket mukavelenamesi**

Ortaköy *n.pr.* 1. Vorort von Istanbul am Bosporus 2. O. u. D. in den Rbz. Çorum und Niğde

ortaksama *stil.* Verwendung *f* der 1. Person statt der 2. od. 3. Person

ortakulak *an.* Mittelohr *n spez.* Paukenhöhle *f*, Cavum tympani *sandukai tabıl

ortakyaşama s. **ortakyaşarlık**

ortakyaşar *biol.* Symbiont *m* *müşterekülhayat, sembiyont

ortakyaşarlık *biol.* Symbiose *f* *hayatı müştereke; sembiyoz

ortalama 1. *Adj.* durchschnittlich, Durchschnitts-, mittler-, Mittel- *vasatî 2. *Adv.* in der (*bzw.* die) Mitte, mitten 3. s. **yaklaşık** Zu 2: **Ağacı** ~ **kesti.** Er sägte den Baum mitten durch. ~ **bir hesapla** durchschnittlich gerechnet ~ **değer** *phys.* Mittelwert *m*, Mittel *n* *kıymeti vasatiye ~ **enlem** *astr.* mittlere Breite ~ **fiyat** Durchschnittspreis *m* ~ **hasılat** *H* Durchschnittserlös *m* ~ **hayat süresi** durchschnittliche Lebensdauer **-lar** *H* Mittelwerte *pl.* ~ **hız** *phys.* mittlere Geschwindigkeit *vasatî sürat ~ **olarak** *Adv.* 1. durchschnittlich 2. in der Mitte

ortalamak (m. Akk.) 1. halbieren 2. bis zur Mitte gelangen (räumlich, in e–r Arbeit usw.), die Hälfte (e–r Zeit) hinter sich bringen 3. *Fb.* zur Mitte hereingeben (*spez.* vor dem gegnerischen Tor) 4. den Differenzbetrag umlegen 5. *techn.* zentrieren Zu 2: **İşi ortaladık.** Die Hälfte der Arbeit haben wir hinter uns. **Marmarayı ortalamıştık.** Das Marmarameer hatten wir zur Hälfte durchquert.

ortalaşım *mus.* Temperatur *f*, temperierte Stimmung

ortalayıcı vermittelnd, gemäßigt

ortalık, -ğı 1. Raum *m* e–s Geschehens od. Vorhandenseins; Bildfläche *f* 2. *phys.* Mittel, Medium *n* *orta, vasat 3. Anwesende *pl.*, Publikum *n* 4. s. **orta** (8) 5. Mittelfell *n med.* Mediastinum *n* ≗ **açıldı** (*od.* **ağardı**). Der Tag brach an. ≗ **aydınlaşıyor.** Es wird hell. ≗ **dandini.** Es liegt alles wie Kraut und Rüben durcheinander. Es herrscht ein tolles Durcheinander. ≗ **duruldu.** Die Lage klärte sich. ~ **hizmetçisi** Stuben-, Haus-mädchen *n* ≗ **ısındı.** Es ist wärmer geworden. ≗ **karardı.** 1. Es wurde Abend. 2. Es wurde ganz dunkel (z. B. bei Gewitter). ≗ **karıştı.** Es ging alles drunter und drüber. Es kam zu Tumulten. ≗ **pahalılık.** Es ist alles teurer (geworden). ≗ **sütlimanlık.** Die Lage hat sich beruhigt. ≗ **tas tasa baş başa idi.** Es herrschte ein furchtbares Gedränge. **-a nifak saçmak** e–e hetzerische Tätigkeit entfalten **-a yaymak** unter den Leuten verbreiten (Idee, Nachricht usw.) ≗**ı bir korkudur aldı.** Alle wurden von Angst ergriffen. **-ı allak bullak etmek** *od.* **-ı birbirine katmak.** 1. alles durcheinanderbringen, 2. verpfuschen, verderben 3. allgemeine Aufregung hervorrufen **-ı bulandırmak** s. **havayı bulandırmak; -ı dağıtmak** alles in Unordnung bringen **-ı dümdüz etmek** wütend herumschreien **-ı düzeltmek** die Welt verbessern **-ı haraca kesmek** *fig.* alles beherrschen; alles in der Hand haben **-ı kaldırıp koymak** alles sorgsam aufräumen **-ı pembe** (*od.* **toz pembe**) **görmek** alles in rosenrotem Licht (*od.* durch e–e rosenrote Brille) sehen **-ı süpürmek** fegen, kehren **-ı toplamak** aufräumen (z. B. Zimmer) **-ı tutmak** *od.* **-ta dönmek** 1. die ganze Gegend erfüllen (z. B. Rauch) 2. in aller Munde sein **-ta gözükmek** auf der Bildfläche erscheinen ≗**ta kimse yok.** Es ist (weit und breit) niemand zu sehen. ≗**ta müthiş bir gürültü koptu.** Es entstand ein furchtbares Getöse. **-tan kar kalkınca** sobald der Schnee schmilzt

ortam Milieu *n*, Umgebung, Umwelt *f*, Lebensraum *m*, Biotop *m, n*, (geistige) Atmosphäre; Gegebenheiten, Voraussetzungen *pl.*

ortamektep s. **ortaokul**

ortanca (I) 1. mittlerer; zweit-größter, -ältester (von drei Söhnen) 2. zweitgrößt- (von drei Dingen) 3. *mus.* s. **medyant** 4. *hist.* e–e gehobene Dienerklasse im Serail ≗**sı hepsinden iyi.** Sein Zweitältester ist der allertüchtigste.

ortanca (II) [·×·] Hortensie *f bot.* Hydrangea hortensia

ortaokul Unterstufe *f* e–r höheren türk. Schule, *etwa:* Progymnasium *n* (jedoch nur dreijährig)

ortaoyunu, -nu alttürk. Volksschauspiel *n*

ortaöğretim 1. höheres Schulwesen 2. Gymnasialunterricht *m*

ortaparmak, -ğı Mittelfinger *m*

Ortaşark s. **Ortadoğu**

ortaşım *psych.* Assoziation *f* *çağrışım, teşarük

ortay *math.* die Mitte bildend; Mittellinie *f*

ortayuvar *met.* Mesosphäre *f*

Ortodoks 1. Anhänger(-in *f*) *m* der griech.-orthodoxen Kirche 2. griech.-orthodox 3. ≗ *allg.* traditionsgebunden, *pej.* engstirnig 4. ≗ *pol.* linientreu ~ **Kilisesi** griech.-orthodoxe Kirche *f*

Ortodoksluk 1. griech.-orthodoxe Religion (bzw. Konfession) 2. ≗ Traditionsverbundenheit, *pej.* Engstirnigkeit *f* 3. ≗ *pol.* Linientreue *f*

ortograf *selt.* Orthographie, Rechtschreibung *f* *imlâ

ortografi 1. *arch.* Aufriß *m* 2. *math.* senkrechte Projektion

ortografik *selt.* orthographisch

ortojenez *biol.* Orthogenese *f*

ortoklaz *min.* Orthoklas, Kalifeldspat *m*

ortolan Ortolan *m*, Gartenammer *f zo.* Emberiza hortulana

ortopedi Orthopädie *f*

ortopedik orthopädisch

ortopedist, -ti Orthopäde *m*

ortoskop, -pu Orthoskop *n* (für kristallographische Beobachtungen)
ortoskopi Orthoskopie *f*
ortoskopik orthoskopisch
ortoz s. **ortoklaz**
oruç, -cu 1. isl.-rituelles Fasten im Ramazan (von Sonnenaufgang bis Sonnenuntergang) 2. *fig.* Verzichtenmüssen *n* (auf Freuden, Genüsse usw.) ~ **açmak** mit dem Fasten aufhören (bei Sonnenuntergang) ~ **bozmak** das Fasten abbrechen (durch Einnahme von Speisen od. Getränken) ~ **keyfi** s. **Ramazan keyfi;** ~ **tutmak** das Fastengebot einhalten, fasten ~ **yemek** (*od.* **tutmamak**) das Fastengebot nicht einhalten, nicht fasten
oruçlu wer das Fastengebot einhält, wer fastet
oruçsuz wer das Fastengebot nicht einhält, wer nicht fastet
orun 1. best. Ort *m*, best. Stelle *f* 2. Dienststelle *f*, Amt *n* *spez.* hohe Beamtenstellung *mansıp, makam
orunlama(-lı) s. **alegori(-k)**
orunsuz *selt.* 1. arbeitslos 2. obdachlos
oruntamak *(kaum gebr.)* vertreten, darstellen, repräsentieren *temsil etmek
orür (*franz.* **aurure**) Goldlegierung *f*
orya [×·] *Ka.* Karo *n*, Eckstein *m* *dineri, karo, lokum
oryan(-t) *selt.* Orient *m* ≗ **Ekspresi** Orient-Expreß *m*
oryantal *selt.* orientalisch, morgenländisch ~ **dans** orientalischer Tanz; Bauchtanz *m*
oryantalist, -ti 1. Orientalist(-in *f*) *m* *müsteşrik, şarkiyatçı 2. Maler, der orientalische Motive bevorzugt
oryantasyon *selt.* Orientierung, Ausrichtung *f*
oseanografi(-k) s. **denizbilim(-sel)**
osein *biol.* Ossein *n* (Knochenleim *m*)
oselot, -tu Ozelot *m*, Pardelkatze *f* *zo.* Felis pardalis
Osetçe *ling.* Ossetisch(-e) *n*
Osetler Osseten *pl.* (Bergvolk im Kaukasus)
Osetya [·×·] *n.pr.* Ossetien (Kaukasus-Landschaft)
osilasyon *selt.* Oszillation *f*
osilograf Oszillograph, Schwingungsschreiber *m*
osiyatör *(Radio)* Schwingröhre *f;* s. a. **tarama -ü**
oski *V* türkisches Goldpfund *sarıkız
Oskolotlar *pl.* s. **İskitler**
oskültasyon *med.* Auskultation *f*
Osmancık *n.pr.* Städtchen u. D. im Rbz. Çorum
Osmaneli, -ni *n.pr.* O. u. D. im Rbz. Bilecik
Osmanî [·——] 1. e–e 1618 geprägte Silbermünze 2. osmanisch **lisanı (azbülbeyanı)** ~ s. **Osmanlıca**
Osmaniyan [·—·—] *va.* s. **Osmanlılar**
Osmaniye [ā] *n.pr.* 1. Stadt u. D. im Rbz. Adana 2. ein von Sultan Abdülaziz gestifteter Orden **(Nişanı Osmanî)**
Osmanlı 1. Osmane *m*, Osmanin *f* 2. osmanisch 3. ≗ Ottomane *f* (niedriges Liegesofa) 4. ≗ Ottoman *m* (*fr.* Ripsgewebe (für Damenkleider) 5. ≗ e–e best. Art des Tr.sp. 6. *fig.* autoritäre Persönlichkeit ~ **Bankası** *n.pr.* Ottomanbank *f* (gegr. 1863) ~ **beziri** s. **pişmiş bezir;** ~ **çileği** e–e rundliche, hellrote, sehr aromatische Erdbeerenart ~ **İmparatorluğu** Osmanisches (Kaiser-)Reich ~ **kademi** *fr.* = ½ **arşın** = ca. 37 cm ~ **kaldırımı** grobes Kopfsteinpflaster ~ **küşadı** e–e best. Art des Tr.sp. ~ **lisanı (dili, Türkçesi)** s. **Osmanlıca;** ≗ **tavşanı araba ile avlar.** *Spr.* (Anspielung auf die letzte Zeit der osm. Herrschaft) 1. Die osm. Verwaltung arbeitet nur gemächlich (und erreicht daher so gut wie nichts). 2. Der Osmane strengt sich nicht sonderlich an, kommt aber durch Verschlagenheit doch ans Ziel. **-lar** 1. Osmanen *pl.* 2. die osm. Dynastie *Osmanlı hanedanı
Osmanlıca (seit den 20er Jahren mst. pej.) 1. osmanische Sprache, Osmanisch (die von den türkischen Gebildeten im Osmanischen Reich in Schrift und Wort verwendete Sprache) 2. osmanisch 3. nach osm. Art
Osmanlıcacı 1. *fr.* Verfechter *m* des korrekten Osm.; osm. Purist (im Ggs. zu den fr. türk. Sprachreformern gemäßigter od. radikaler Richtung) *fasahatçı 2. Anhänger od. Vertreter *m* des Osm. (nach der Abschaffung des Sultanats und Kalifats)
Osmanlıcacılık 1. *fr.* osm. Purismus *m* *fasahatçılık 2. Anhänglichkeit *f* an das Osm. (nach der Abschaffung des Sultanats und Kalifats)
Osmanlıcı 1. Verfechter *m* des osm.-imperialistischen Gedankens, Anhänger *m* des Osmanentums 2. wer das Würfelspiel **osmanlı** spielt
Osmanlıcılık Festhalten *n* an der osm. Tradition
Osmanlılık 1. Osmanentum *n* 2. osm. Zeit 3. osm. Staatsangehörigkeit
osmazom (*franz.* **osmazôme**) Fleischextrakt *m* *etsuyu hulâsası
osmiyum [×··] *chem.* Osmium *n* ~ **lambası** Osmiumlampe *f*
osmoloji Osmologie *f*, Lehre *f* von den Riechstoffen
osmotik *chem.* osmotisch ~ **basınç** osmotischer Druck
osmoz *chem.* Osmose *f* *geçiş, hulul
ossaat gleich, sofort *hemen, derhal **Mektup aldım mı ~ cevabını yazarım.** Wenn ich e–n Brief bekomme, so beantworte ich ihn gleich.
osteit, -ti s. **kemik iltihabı**
osteoartrit, -ti *med.* Osteoarthritis *f* (Knochenentzündung in Verbindung mit Gelenkentzündung)
osteoloji(-k) s. **kemikbilim(-sel)**
osteomiyelit, -ti *med.* Osteomyelitis, Knochenmarkentzündung *f*
osteoplasti s. **kemik plastiği**
Ostergon *n.pr. osm. Bez.* der ungarischen Stadt Gran (Esztergom)
Ostiyaklar *Pl.* Ostjaken *pl.* (westsibirische Völkerschaft)
Ostrogotlar *Pl. hist.* Ostgoten *pl.*
osurgan *P* furzend; Furzer *m* ≗ (*od.* **osuruklu**) **göte arpa ekmeği bahane.** *Spr.* Wer et. bemänteln will, findet immer e–e Ausrede.
osurganböceği, -ni Bombardierkäfer *m zo.* Brachynus crepitans
osurmak *P* e–n Wind fahren lassen, e–n streichen lassen, furzen *yellenmek
osurtmak Kaus. zu **osurmak** *fig. P* vor Angst zittern lassen
osuruk, -uğu *P* Furz *m* ~ **ağacı** *P* s. **aylandız;** **-u** (*od. euph.* **bilmem nesi) cinli** *fig.* unberechenbar, launenhaft, leicht aufbrausend **-unu düğümlemek** (b–nin) *V* Furcht einjagen; einschüchtern
oş; oşt, -tu (Ausruf zum Verscheuchen von Hunden) Scht!
ot (I), **-tu** 1. Kraut *n*, Pflanze *f* 2. (*a.* **yeşil** ~) Gras *n* 3. (*a.* **kuru** ~) Heu *n, gel. a.* Stroh *n* 4. Unkraut *n* 5. *va.* Gift *n* *zehir 6. Arznei, Medizin *f* *ilâç 7. *fr.* Enthaarungsmittel *n* 8. *fr.* (Zünd-)Ladung *f* 9. *V* Haschisch *n* 10. mit Heu (Gras, Stroh) ausgefüllt Zu 4: **Bahçeyi ~ basmış** (*od.* **kaplamış**). Der Garten ist von Unkraut überwuchert. ~ **ayıklamak** Unkraut jäten ~ **bağı** Heubündel *n* ~ **çekirgesi** Laubheuschrecke *f zo.* Tettigonia (viridissima u. a.) ~ **çevirme makinesi** *agr.* Heuwender *m* ~ **dikeni** Pflanzenstachel *m* ~ **döküntüsü** Heureste *pl.* (z. B. auf geräumtem Heuboden) ~ **gecesi** *fr.* e–e Volksbelustigung im Frühjahr ~ **ilâcı** Unkrautvertilgungsmittel *n* ~ **kıyma makinesi** *agr.* Häckselmaschine *f* ~ **minder** Strohsack *m* ~ **suyu** *pharm.* Heilgetränk *n* aus dem Sud von Sauerampfer, Lattich, Kerbel u. Mangold ~ **tıkamak** 1. knebeln 2. ersticken ~ **tutunmak** ein Enthaarungsmittel auftragen ~ **yemek** *V* Haschisch rauchen ~ **yeri** 1. Körperstelle *f*, die enthaart werden soll 2. Ort (im türk. Bad), wo e–e Enthaarung vorgenommen wird ~ **yığını** Heuhaufen *m* ~ **yiyen** s. **otçul;** ~ **yoldurmak** (b–ne *fig.* j–n sich abplagen lassen

ot (II) **yılı** s. **öküz yılı**
ot (III), **-du** *z. va.* Feuer *n* ~ **ocak** Heim *n* ~ **taşı** feuerfester Stein, *mst.* grober Sandstein ≗ **yok ateş** (*od.* **ocak**) **yok.** *fig.* Er ist ein armer Teufel.
otacı *dial.* 1. Arzt *m* *hekim, tabip 2. Naturheilkundige *m;* Kräuterfrau *f*
otacılık *dial.* Tätigkeit e–s (e–r) **otacı**
otağ; otak großes, prächtiges Zelt ~ **kurmak** *z. va.* sich niederlassen **-ı hümayun** *hist.* Zelt *n* des Sultans (während e–s Feldzugs)
otakçı 1. Zeltmacher *m* 2. *hist.* Soldat *m*, der ein Zelt aufzuschlagen hatte
otalamak *dial.* 1. vergiften *zehirlemek 2. s. **otamak**
otamak *dial.* behandeln, kurieren *tedavi etmek
otantik 1. authentisch, echt, urkundlich, nachweisbar 2. verbürgt, glaubwürdig, unverfälscht
otari 1. s. **deniz aslanı** 2. s. **denizayısı**
otark(-i) *selt.* s. **otarşist; otarşi**
otarmak s. **otlatmak**
otarşi Autarkie *f*
otarşist, -ti 1. Verfechter *m* autarkischer Bestrebungen 2. autark(-isch)
otarşistlik; otarşizm autarkische Bestrebungen *pl.*
otçu *dial.* 1. s. **otacı** 2. Quacksalber, Kurpfuscher *m*
otçubaşı *hist. mil.* Leiter *m* der Pulverfabrikation
otçul pflanzenfressend *akilülhaşayiş, herbivor
otel Hotel *n*
otelci Hotel-besitzer bzw. -pächter, Hotelier *m*
otelcilik Hotel-, Gast-gewerbe, Beherbergungswesen *n*, Hotellerie *f* ~ **okulu** Hotelfachschule *f*
oteto [·×·] *mus.* Oktett *n* *oktüor
otistik (*franz.* **autistique**) s. **içekapanık**
otit, -ti (*franz.* **otite**) s. **kulak iltihabı**
otizm (*franz.* **autisme**) s. **içekapanıklık**
otlak Weide(-land *n*) *f*, Trift *f* *mera, yaylak
otlakçı *V* wer auf Kosten anderer Leute lebt, wer sich freihalten läßt; Nassauer, Schmarotzer *m*
otlakçılık *V* Nassauern, Schmarotzen *n* ~ **etmek** (*od.* **-la geçinmek**) herumnassauern, sich durchschmarotzen
otlakıye 1. Weidegebühr *f* (für die Benutzung von Gemeindewiesen) 2. *V* s. **otlakçılık**
otlaklık 1. als Weideland geeignet bzw. dazu bestimmt 2. s. **otlakıye**
otlamak 1. weiden, grasen 2. *V* herumnassauern, sich durchschmarotzen 3. naschen 4. *V* mitgehen heißen, klauen 5. *V* sich herumtreiben (Frau)
otlu 1. mit Gras bewachsen 2. mit Heu usw. ausgestopft 3. mit Pflanzen gewürzt 4. giftig
otlubağa Kröte *f zo.* Bufo bufo *kara kurbağası
otluk 1. Grasfläche *f*, gutes Weideland 2. Heuschober *m* 3. *fr.* Zündladung *f*
oto Auto(-mobil) *n*, Kraftwagen *m* ~ **kolu** *mil.* Kraftfahrkolonne *f* ~ **mektebi** s. **otoekol;** ~ **nakliye taburu** *mil.* Kraftfahrabteilung *f* ~ **radyosu** Autoradio *n* ~ **tamircisi** s. **motor ustası**
oto-analiz Selbstanalyse *f*
otoban (*deutsch:* **Autobahn**) s. **otostrat**
otobiyografi Auto-, Selbst-biographie *f*
otobiyografik autobiographisch
otoburlar *zo.* pflanzenfressende Tiere *pl.*
otobüs Autobus, Omnibus *m* ~ **servisi** Autobus-, Omnibus-dienst, -verkehr *m* **-ü kaçırmak** 1. den Autobus versäumen 2. *fig.* e–e Gelegenheit verpassen
otobüsçü 1. Besitzer od. Pächter *m* e–s Autobus-Unternehmens 2. Autobus-fahrer, -schaffner, -kontrolleur *m*
otobüsçülük 1. Autobusunternehmen *n* 2. Tätigkeit *f* e–s Autobusfahrers (usw.; s. **otobüsçü**)
otodafe 1. *hist.* Autodafé *n* 2. *fig.* Verbrennung *f*
otodeklanşör (*franz.* **autodéclencheur**) *phot.* Selbstauslöser *m*
otodidakt, -tı Autodidakt(-in *f*) *m*, autodidaktisch
otodidaktlık Autodidaktentum *n*
otodrom (*franz.* **autodrome**) Autorennbahn *f*
otoekol, -lü (*franz.* **auto-école**) Fahrschule *f*
otoerotik; otoerotizm s. **özerotik; özerotiklik**
otofinansman (*franz.* **autofinancement**) Selbstfinanzierung *f* *zatî finansman
otogar Autobusbahnhof *m*
otograf 1. eigenhändig geschrieben 2. Autogramm *n*
otojen autogen ~ **kaynak** Gas-, Autogen-schweißung *f*
otojir (*franz.* **autogyre**) Hub-, Trag-schrauber *m*, Windmühlenflugzeug *n*
otokar (*franz.* **autocar**) 1. Gesellschaftsomnibus, Überlandautobus *m* 2. (Diesel-)Triebwagen *m* *otoray, otomotris 3. Schienenzepp, Fernschnelltriebwagen *m*
otoklav Autoklav, Druckkessel, Sterilisierapparat *m*
otokrasi Autokratie *f*, unumschränkte Herrschaft
otokrat, -tı Autokrat, Selbstherrscher *m*, unumschränkter Herrscher
otokratik autokratisch, selbstherrlich
otokritik, -iği Selbstkritik *f* *özeleştiri
otokton 1. autochthon, bodenständig 2. Ureinwohner *m*
otokurs; otookul Fahrschule *f*
otolit, -ti s. **denge taşı**
otoloji (*franz.* **otologie**) s. **kulakbilim**
otolojik s. **kulakbilimsel**
otolojist, -ti (*franz.* **otologiste**) *med.* Ohrenspezialist *m*
otoman s. **osmanlı** (3, 4)
Otomarsan = **Otobüs ve Motorlu Araçları Sanayi A.Ş.'i** (Daimler-Benz mit türk. Gesellschaften; gegr. 1967)
otomasyon Automatisierung *f*
otomat, -tı 1. Automat *m* 2. Durchlauferhitzer *m* 3. automatische Treppenbeleuchtung
otomatik 1. automatisch, selbsttätig, unbewußt, unwillkürlich, zwangsläufig, Selbst- 2. Automat *m* 3. automatische Waffe 4. Selbst-anschluß, -wähler *m* (Telephon) Zu 2: **Bu -lerin başında adam eksik olmuyor.** Vor diesen Automaten stehen dauernd Leute. Zu 3: ≗ **ateşi altına alınmışlardır.** Sie wurden unter das Feuer der automatischen Waffen genommen. ~ **bir hareket** e–e automatische (unwillkürliche) Bewegung ~ **dağıtıcı** Warenautomat *m* ~ **deklanşör** *phot.* Selbstauslöser *m* ~ **gibi** *Ch.* redselig und gestenreich (Person) ~ **koltuk** Schleudersitz *m* (im Flugzeug) ~ **kurgulu saat** Armbanduhr *f* mit Selbstaufzug ~ **makine** (*od.* **makinesi**) Automat *m* ~ **pilot** Selbststeuerungsgerät *n* (im Flugzeug) ~ **tabanca** Selbstladepistole *f* ~ **telefon** Telephon *n* mit Selbstanschluß; Selbstwähler *m* ~ **terazi** Schnellwaage *f* ~ **vitesli araba** Wagen (Auto) mit automatischer Schaltung
otomatikleştirmek automatisieren
otomatikman (*franz.* **automatiquement**) *Adv.* (ganz) automatisch; unwillkürlich
otomatizasyon *techn.* Automation, Automatisierung *f*
otomatize automatisiert ~ **etmek** automatisieren
otomatizm Automatismus *m*, Selbsttätigkeit *f* *özdevim, zatülharekiyet
otomitralyöz 1. motorisiertes Maschinengewehr 2. Panzerwagen *m* mit Maschinengewehr
otomobil Auto(-mobil) *n*, (Kraft-)Wagen *m* ~ **acentası** Automobilvertretung *f* ~ **çarpışması** Autozusammenstoß *m* ~ **direksiyonu** Lenk-, Steuer-rad *n*, Volant *m* ~ **fabrikası** Automobilfabrik *f* ~ **feneri** Scheinwerfer *m* *far, projektör ~ **garajı** (Auto-)Garage *f* ~ **idare etmek** e–n Wagen steuern ~ **kızak** Autoschlitten *m* ~ **kolu** *mil.* Kraftwagenkolonne *f* ~ **kullanmak** Auto fahren ~ **mezarlığı** Autofriedhof *m* ~ **motörü** Automotor *m* ~ **plakası** Auto-

nummer *f* ~ **yarışı** Autorennen *n* ~ **yarışçısı** Autorennfahrer *m* ~ **yatak ücreti** Garagengebühr *f* ~ **yolu** Autostraße *f* **-in idaresini elden kaçırdı.** Er verlor die Herrschaft über das Auto.

otomobilci 1. Autofahrer(-in *f*) *m*, Automobilist(-in *f*) *m* 2. Renn-, Berufs-, Herren-fahrer *m* ~ **kadın** Autofahrerin, Automobilistin *f*

otomobilcilik; otomobilizm 1. Kraftfahrzeugwesen *n* 2. Automobilsport *m*

otomobilli mit Kraftwagen versehen (ausgestattet) ~ **ve mitralyözlü şakiler** mit Kraftwagen und Maschinengewehren ausgerüstete Räuber *pl.*

otomobillik 1. aus soundsoviel Kraftwagen bestehend 2. für soundsoviele Kraftwagen bestimmt Zu 1: **Üç ~ bir kafile halinde İzmir'den ayrıldık.** In drei Autos fuhren wir zusammen von İzmir weg. Zu 2: **dörtyüz ~ bir garaj** e–e Garage, die vierhundert Kraftwagen fassen kann

otomotiv (*engl.* **automotive**) **sanayii** Autoindustrie *f*

otomotris (Diesel-)Triebwagen, Schienenkraftwagen *m* *otoray

otonom autonom, selbständig *özerk(-li) ~ **sinir sistemi** s. **yaşatkan sinir sistemi**

otonomi Autonomie, Selbstverwaltung *f*

otopark, -kı (Auto-)Parkplatz *m*

otoplasti *med.* Autoplastik *f*

otoplastik *med.* autoplastisch

otopomp, -pu Feuerwehrauto *n;* (mit dem Motor des Löschfahrzeugs betriebene) Motorspritze *f*

otopsi Autopsie, Leichenöffnung, Obduktion, Sektion *f* *fethimeyyit ~ **raporu** Obduktionsbefund *m*

otoray (*franz.* **autorail**) s. **otomotris**

otoritarizm (*franz.* **autoritarisme**) 1. Eigenmächtigkeit, Willkür *f* 2. autoritäre Staatsform

otorite 1. Autorität *f;* maßgebender Einfluß, Ansehen *n* 2. *abus.* für ~ **sahibi** 3. *jur.* Staatsgewalt, Macht, Behörde, Obrigkeit *f* ~ **sahibi** 1. Autorität besitzend, mit maßgebendem Einfluß 2. (wissenschaftliche) Fachgröße; Autorität *f*

otoriteli 1. Autorität besitzend, Ansehen genießend 2. autoritär

otoriter autoritär

otorömork, -ku Schleppseil *n* (für Segelflugstart)

otorut, -tu (*franz.* **autoroute**) s. **otostrat**

otosansür (*Film*) Selbst-zensur, -kontrolle *f*

otoservis Auto(hilfs)dienst *m*

otosist, -ti (*franz.* **otocyste**) s. **denge taşlı kese**

otoskleroz *med.* Otosklerose *f* (Mittel- bzw. Innen-Ohr-Schwerhörigkeit)

otoskop, -pu *med.* Otoskop *n*, Ohrenspiegel *m*

otostop, -pu (*franz.* **autostop**) Auto-Anhalten *n* ~ **usulü ile** *od.* ~ **yaparak** per Anhalter (reisen, fahren)

otostopçu Anhalter(-in *f*) *m*

otostrat, -dı (*franz.* **autostrade**) Autobahn, Schnellstraße *f* *otoban, otorut

otosügjestyon Autosuggestion *f* *kendine telkin, telkin binefsihi

otosügjestyone e–r Autosuggestion unterliegend

otoşöniy (*franz.* **autochenille**) Kraftwagen *m* mit Raupenantrieb, Raupen-wagen, -schlepper *m*

ototipi *typ.* Autotypie, Raster-, Licht-ätzung *f*

ototrof(-i) (*franz.* **autotroph-e, -ie**) s. **kendibeslek(-lik)**

otoyol s. **otostrat**

otsöken *agr.* Unkrautjäter, Grubber, Rodepflug *m*

otsu(-l) krautartig, krautig, Kraut-, Kräuter- *haşişî

otsular Krautpflanzen *pl.* *aşebiye

otsuz *va.* ohne Feuer ~ **ocaksız** *fig.* armer Teufel

oturacak 1. Sitz- 2. Sitzgelegenheit *f* (Stuhl, Sofa usw.) ~ **yer** Sitzplatz *m*

oturak 1. Boden-, Unter-fläche *f* *dip, taban 2. Nachtgeschirr *n*, -topf *m* *lâzımlık 3. Aufenthalt *m*, Rast, Ruhepause *f* 4. Wohnung *f* 5. s. ~ **tahtası** 6. s. ~ **yeri** 7. Sitz *m* (z. B. im Sattel) 8. **(âlemi)** *reg.* Zechgelage *n* mit Musik und Tänzerinnen 9. *va.* pensioniert, im Ruhestand *spez. hist.* (Janitscharen-)Veteran *m* 10. ans Haus gefesselt (infolge Beinleidens od. anderen Gebrechens) ~ **kündesi** (*Ringen*) Beinhebel *m* *yer kündesi ~ **tahtası** Ruderbank *f* (im Boot), Ruder-, *gel.* Roll-sitz *m* ~ **yeri** Gesäß *n*, Hintere, Popo, Allerwerteste *m* ~ **yüzü** Sitzfläche *f*

oturaklı 1. fest stehend (auf breiter od. schwerer Unterfläche), solide gebaut, mit stabilem Fundament 2. *fig.* besonnen, ruhig, ernst, gesetzt *ağırbaşlı 3. treffend, angebracht (Worte) 4. mit Nachttopf ~ **iskemle** Nachtstuhl *m*

oturaklık *va.* Pension *f*, Ruhegehalt *n*

oturaklılık 1. Standfestigkeit *f* (e–s Gegenstandes), solider Unterbau 2. *fig.* Besonnenheit, Gesetztheit *f* 3. *selt.* Treffend-, Angebracht-Sein *n*

oturga kemiği s. **iskiyon**

oturgan mit sitzender Lebensweise (Person)

oturgu Fuß, Sockel *m* *kaide

oturma Vs. zu **oturmak;** ~ **belgesi** s. **ikamet tezkeresi;** ~ **bildirgesi** s. **ikamet beyannamesi;** ~ **grevi** Sitzstreik *m* ~ **hakkı** *jur.* Wohnrecht *n* *sükna hakkı ~ **helâtaşı** s. **alafranga helâtaşı;** ~ **izni** Aufenthaltserlaubnis *f* ~ **mobilyası** *f* Sitzmöbel *pl.* ~ **odası** Wohnzimmer *n*

oturmak, (-ur) 1. sich setzen, Platz nehmen 2. sitzen 3. a) wohnen *ikamet etmek b) bleiben c) leben 4. passen, entsprechen, gut sitzen *uygun gelmek 5. aufbleiben, nicht zu Bett gehen 6. faul herumsitzen, faulenzen *boş durmak 7. sich senken *çökmek 8. sich setzen, sich niederschlagen 9. **(karaya)** stranden, auflaufen 10. kosten; zu stehen kommen 11. einig werden 12. sich widerrechtlich et. aneignen 13. sich anschicken, et. zu tun; sich an e–e Arbeit machen Zu 1: **Buyrun oturunuz!** Bitte setzen Sie sich! Bitte nehmen Sie Platz! **sandalyeye** ~ sich auf den Stuhl setzen Zu 2: **sandalyede** ~ auf dem Stuhl sitzen Zu 3: a) **Ankara'da oturuyor.** Er wohnt in Ankara **oturduğu yer** Wohnort *m* Zu b): **Burada kaç gün oturacağız?** Wieviel Tage bleiben wir hier? **Vapur limanda iki gün oturdu.** Das Schiff blieb zwei Tage im Hafen (liegen). Zu 4: **Kapak tencereye oturdu.** Der Deckel hat auf den Topf gepaßt. Zu 5: **Dün gece sabaha kadar oturduk.** Gestern nacht sind wir nicht zu Bett gegangen. Zu 6: **Böyle oturacağınıza dersinize çalışsanız, nasıl olur?** Wäre es nicht besser, ihr würdet Schulaufgaben machen als so faul herumzusitzen? Zu 7: **Temelin bu tarafı on santim oturmuş.** Das Gebäude hat sich auf dieser Seite um zehn Zentimeter gesenkt. Zu 8: s. a. **Gözüne kan oturmuş.** Zu 9: **Gemi sisten karaya oturdu.** Bei dem dichten Nebel ist das Schiff auf Strand gelaufen. Zu 10: s. **pahalıya (tuzluya)** ~ Zu 11: s. **pazarlığa** ~ Zu 12: s. **üstüne (üzerine)** ~**; Otur oturduğun yerde** (*od.* **Otur oturmana bak**)! Kümmere dich um deine eigenen Angelegenheiten! **oturan para** s. **atıl para; oturduğu dalı kesmek** (b–nin) j–m den Ast absägen, auf dem er sitzt **oturduğu yeri bilmemek** *fig.* todmüde sein **oturmağa gitmek** (b–ne) als Gast zu j–m gehen; j–n besuchen **oturmuş** 1. festgelegt (z. B. Personalstärke) 2. s. **durmuş** ~**; oturur kalkar bir kız** ordentliches, folgsames Mädchen

oturtma 1. Vs. zu **oturtmak** 2. eingesetzt, gefaßt (z. B. Edelstein) 3. Gericht *n* aus ringförmig geschnittenen Auberginen, Kürbissen od. Artischocken, in denen gehacktes Fleisch mitgekocht wird

oturtmak Kaus. zu **oturmak** *spez.* 1. setzen, sitzen lassen, zum Sitzen auffordern 2. ein-, auf-setzen, einpassen 3. sich setzen (niederschlagen) lassen 4. Ursache sein, daß sich et. senkt 5. **(karaya)** auf Strand setzen 6. stellen

(z. B. Vase auf den Tisch) 7. *V* j–m e–e herunterhauen; j–m e–n Schlag versetzen Zu 1: **Çocuğu sofraya oturttu.** Er setzte das Kind an den Tisch. **Dünkü ziyaretimizde beni oturtmadı bile!** Bei unserem gestrigen Besuch hat er mir noch nicht einmal e–n Stuhl angeboten! Zu 6: **Vazoyu masanın ortasına oturttu.** Er stellte die Vase mitten auf den Tisch.

oturtmalık 1. Fuß-, Scheuer-leiste *f* 2. Sockel, Untersatz *m* 3. Grundmauer *f*

oturtulmak Pass. zu **oturtmak; Baş tarafa oturtuldu.** Man wies ihm den Ehrenplatz an. **oturtulmuş yapılar** *naut.* (Schiffs-)Aufbauten *pl.*

oturucu bir hayat sitzende Lebensweise

oturulmak Pass. zu **oturmak; Yahu, bütün gün evde oturulur mu?** Wie kann man denn den ganzen Tag im Haus herumsitzen?

oturum 1. Sitzung *f spez.* Gerichtssitzung *f* *celse 2. *va.* Aufenthalt *m*, Wohnen *n* *ikamet

oturumluk *va.* als Aufenthaltsort geeignet

oturuş 1. Art und Weise *f* des Sitzens od. des Sich-Setzens 2. Sitzen *n*, Sitz *m* Zu 1: **Şunun -una bakın!** Schaut nur, wie der Kerl dasitzt! Zu 2: **bir -ta** auf e–n Sitz, auf einmal, ohne abzusetzen (z. B. et. austrinken, aufessen usw.)

oturuşlu *va.* bewohnbar, besiedelbar *kabili iskân

oturuşmak sich legen, nachlassen (z. B. Sturm), sich beruhigen, sich besänftigen *şiddeti azalmak, yatışmak

otuz 1. dreißig 2. Zahl *f* Dreißig **≗lar** *hist.* die dreißig Tyrannen (in Athen)

otuzar je dreißig ~ ~ zu je dreißig

otuzbir 1. einunddreißig 2. Zahl *f* Einunddreißig 3. *V* männlicher Geschlechtsteil; Penis *m* 4. *V* Masturbation *f* 5. Name e–s türk. Ka. ~ **çekmek** *V* masturbieren ≗ **Mart İsyanı** *hist.* der Aufstand vom 31. März 1325 (= 13. April 1909) in Istanbul

otuziki 1. zweiunddreißig 2. Zahl *f* Zweiunddreißig ~ **dişe trampet çaldırmak** Zähneklappern verursachen (Kälte)

otuzikilik *mus.* Zweiunddreißigstelnote *f* *triplkroş, üççengelli

otuzlamak *selt.* dreißig Jahre alt werden

otuzlu dreißig Einheiten enthaltend

otuzluk 1. dreißig Einheiten umfassend 2. dreißig Einheiten kostend od. wert 3. dreißigjährig

otuzuncu dreißigst-

Otuzyıl Savaşı *hist.* der Dreißigjährige Krieg

ova (Tief-)Ebene *f* ~ **akçaağacı** Feldahorn *m bot.* Acer campestris ~ **aslanpençesi** Feldsinau *m bot.* Alchimilla arvensis ~ **karaagacı** Feldulme *f bot.* Ulmus carpinifolia ~ **lahanası** Rübenkohl *m bot.* Brassica campifera ~ **nanesi** Feldminze *f bot.* Mentha arvensis

Ovacık *n.pr.* O. u. D. in den Rbz. Çankırı und Tunceli

oval, -li 1. oval *beyzî 2. Oval, Ei-, Lang-rund *n* 3. Rugbyball *m*

ovalamak 1. zwischen den Händen zerreiben, zerbröseln *ufalamak 2. sich die Augen reiben

ovalı Flachlandbewohner(-in *f*) *m*

ovalık 1. ebene Gegend 2. eben 3. viel ebenes Gebiet umfassend

ovaryum; over (*franz.* **ovaire**) s. **yumurtalık** (2)

ovidükt, -tü (*franz.* **oviducte**) *an., med.* Eileiter *m*, Salpinx *f* *yumurta kanalı

ovipar (*franz.* **ovipare**) s. **yumurtlayıcı**

ovlamak (m. Dat.) mit e–m Satz nach et. springen **Kedi serçeye ovladı.** Mit einem Satz sprang die Katze nach dem Sperling.

ovmak 1. massieren, (ein-, ab-)reiben 2. säubern, blank putzen

ovo- s. a. **oo-**

ovogon *bot.* Oogonium *n* (der Thallophyten) *yumurtalık ~ **dağarcığı** *bot.* Balgkapsel *f*, Fruchtbehälter *m* *mahfazai büzur

ovogonlu *bot.* mit Oogonium ausgestattet ~ **mantarlar** s. **oomisetler**

ovojenez (*franz.* **ovogénèse**) s. **yumurta oluşması**

ovolit, -ti *min.* Oolith, Rogenstein *m*

ovolitli kalker *min.* oolithischer Kalkstein; Kalkoolith *m* *beyzî kalker

ovoskop, -pu (*franz.* **ovoscope**) Eier-prüfer *m*, -lampe *f* *yumurta lambası

ovuşturmak 1. gegen-, an-einander reiben 2. einreiben (z. B. Salbe) 3. **(gözlerini)** sich die Augen (aus-)reiben, auswischen

ovül (*franz.* **ovule**) 1. Ovulum *n*, kleines Ei 2. *bot.* Samenanlage *f* *tohum taslağı (*od.* ~ **tomurcuğu**)

ovülasyon *biol.* Ovulation *f*, Eisprung *m*

oy 1. Meinung, Ansicht, Betrachtungsweise, Beurteilung *f* 2. (Wahl-)Stimme *f* 3. Abstimmung, Stimmabgabe *f* *(1–3) rey ~ **avcılığı** Stimmenfängerei *f* ~ **birliği** Einstimmigkeit *f* *ittifakı âra ~ **çokluğu** Stimmenmehrheit *f* *ekseriyeti âra ~ **eşitliği** Stimmengleichheit *f* *tesavii âra ~ **hakkı** Stimmrecht *n* ~ **pusulası** Stimmzettel *m* ~ **sandığı** Wahlurne *f* ~ **vermek** *od.* **-unu kullanmak** abstimmen, seine Stimme abgeben **-a katılmak** an der Abstimmung teilnehmen **-a koymak** s. **reye koymak**

oya 1. Häkel-, Zier-spitze *f* 2. ≗ *wV* ~ **gibi** fein, zierlich

oyacı wer die **oya** genannten Spitzen herstellt od. verkauft, Spitzenhäklerin *f*

oyacılık Herstellung *f* und Verkauf *m* von Oya-Spitzen

oyaçiçeği, -ni die Myrtenart Lagerstroemia indica (z. B. in Istanbuler Parkanlagen)

OYAK s. **Ordu Yardımlaşma Kurumu**

oyalama Vs. zu **oyalamak;** ~ **manevrası** *mil.* Ablenkungsmanöver *n* ~ **muharebesi** *mil.* hinhaltendes Gefecht ~ **müdafaası** (*od.* **mukavemeti**) *mil.* hinhaltender Widerstand

oyalamak 1. beschäftigen, unterhalten, ablenken 2. j–n (unterwegs) aufhalten 3. hinhalten (z. B. durch leere Versprechungen) 4. mit Oya-Spitzen versehen. Zu 1: **Çocuğu biraz oyala!** Beschäftige das Kind ein bißchen! Zu 2: **Yolda beni oyalamasalardı, daha erken gelirdim.** Ich wäre früher gekommen, wenn man mich nicht unterwegs aufgehalten hätte. Zu 3: **Alacaklıyı iki aydır oyalıyor.** Seinen Gläubiger hält er jetzt schon zwei Monate mit leeren Versprechungen hin. Zu 4: **Mendili pek güzel oyalamış.** An dem Taschentuch hat sie sehr schöne Häkelspitzen angebracht.

oyalanmak 1. Pass. zu **oyalamak** 2. sich ablenken, Ablenkung suchen, Allotria treiben 3. seine Zeit vergeuden

oyalayıcı 1. beschäftigend, ablenkend 2. (unterwegs) aufhaltend 3. hinhaltend 4. trügerisch (z. B. Friede) ~ **muharebe (müdafaa)** s. **oyalama muharebesi (müdafaası)**

oyalı mit (Oya-)Spitzen verziert ~ **boyalı** herausgeputzt, aufgedonnert (Dame)

oyan *reg.* Kopfgeschirr *n* (e–s Pferdes)

oydaş gleich-gesinnt, -denkend *hemfikir

oygu s. **oyma**

oylama *parl.* Abstimmung *f*

oylamak 1. s. **oy vermek** 2. s. **oya koymak**

oylaşık (*a.* **oylaşlık**) Besprechungs-, Erörterungs-, Verhandlungs-, Beratungs-, Konsultativ- *tezekkürî

oylaşım 1. Besprechung, Erörterung, Beratung, Beratschlagung *f* *müzakere 2. Erwägung, Überlegung, Überprüfung *f* *tezekkür

oylaşmak besprechen, erörtern, beraten, die Meinungen austauschen *müzakere etmek

oyluk s. **uyluk**

oylum 1. Volumen *n*, Größe *f* *hacim 2. Aushöhlung *f* 3. Blatternarbe *f* 4. ausgehöhlt ~ ~ s. **oymalı**
oylumlamak modellieren
oyma 1. Vs. zu **oymak** 2. Schnitz-arbeit *f*, -werk *n*, Schnitzerei *f*, Gravieren *n*, Gravur *f* 3. Laubsägearbeit *f* 4. Stanz-, Ausschneide-arbeit *f* 5. als Schnitz-(Laubsäge-, Ausschneide-)Arbeit hergestellt, herausgemeißelt ~ **baskı** Holz-, Kupfer-schnitt *m*, Radierung *f* ~ **kalemi** 1. Hohlbeitel *m* (des Tischlers) 2. Radiernadel *f* ~ **kayık** Piroge *f*, Einbaum *m* ~ **keseri** (*od.* ~ **baltası**) Hohldechsel *m* ~ **şemse** gestanztes Medaillon ~ **taş** Gemme *f* ~ **testeresi** Laubsäge *f* ~ **testeresi kolu** Laubsägebogen *m* ~ **yazı** Laubsägeschrift *f*
oymacı (Holz-)Schnitzer, Graveur, Bildhauer *m*
oymacılık, -ığı Schnitz-, Gravier-kunst, Bildhauerei *f;* s. a. **fildişi -ı**
oymaç, -cı s. **boşaltma kalemi**
oymak (I), **(-ar)** 1. aus-graben, -höhlen, -heben, -werfen 2. aus-meißeln, -stechen (*a.* z. B. Augen), -schneiden; schnitzen, stanzen, gravieren 3. (aus-)kehlen Zu 1: **Askerler siper yapmak için yerleri oydular.** Die Soldaten hoben Erde aus, um Schützengräben zu bauen. Zu 2: **mermere** ~ in Marmor meißeln
oymak (II) 1. Stammesgruppe, Sippe *f* 2. *biol.* Tribus *f* *kabile 3. Gruppe *f* von 16–32 Pfadfindern ~ **beyi** (*od.*) ~ **başı** Gruppenführer *m* (bei Pfadfindern)
oymalı mit Ausschnitten, geschnitzt, graviert ~ **yaprak** *bot.* fiederteiliges Blatt *varakı mefsus
oynak 1. sich dauernd bewegend, zappelig; unruhig tänzelnd (z. B. Pferd) 2. *mel.* geschmeidig, gelenkig; beweglich (z. B. Sprache, *a. mil.*) 3. *pej.* unbeständig, launenhaft *kararsız 4. *pej.* tändelnd, kokett, leicht-fertig, -sinnig (Frau, Mädchen) 5. s. **oynar eklem** 6. ein best. Rhythmus in der türk. Musik ~ **ayçası** s. **menisk(-üs);** ~ **barem** (*od.*) ~ **ölçü** *H* gleitender Lohn- u. Gehalts-tarif ~ **kemiği** *P* Kniescheibe *f* *dizkapağı kemiği ~ **kısım** beweglicher Teil ~ **merdiven sistemi** gleitende Lohnskala (bei Inflation) ~ **müdafaa** *mil.* bewegliche Verteidigung ~ **sıvısı** *biol.* Gelenkschmiere, Synovia *f* *sinovya ~ **yeri** *P* Gelenk *n* *mafsal, eklem
oynaklık 1. Zappelig-, Unruhig-Sein; Tänzeln *n* (e–s Pferdes) 2. *mel.* Geschmeidigkeit, Gelenkigkeit, Beweglichkeit *f* 3. *pej.* Unbeständigkeit, Launenhaftigkeit *f* 4. *pej.* Tändelei, Koketterie, Leicht-fertigkeit *f*, -sinn *m* (bei Frauen od. Mädchen) ~ **etmek** 1. unruhig tänzeln (Pferd) 2. unbeständig sein, sein Wort nicht halten 3. leichtfertig sein
oynamak 1. sich auf der Stelle bewegen, zappeln, unruhig sein; tänzeln (Pferd) 2. sich von der Stelle rühren, sich bewegen, wackeln (z. B. Tisch), hin und her spielen *kımıldamak 3. schwanken, fluktuieren 4. spielen (Scha., Karten, Tennis, Rolle usw.), *Th. a.* aufführen 5. *Ka.* ziehen, spielen (best. Karte) 6. ein Kampfspiel aufführen 7. tanzen 8. (bşle) (herum-)spielen (mit), herumfingern (an) 9. (bşle) ein frevelhaftes Spiel treiben (mit), et. aufs Spiel setzen (Leben, Ehre usw.); (b–le) sein Spiel treiben (mit) 10. die Zeit vertrödeln, herumtrödeln 11. s. **içine** ~ Zu 1: s. a. **canı (kalbi, yüreği)** ~ Zu 2: **Bu taş yerinden oynamıyor.** Der Stein hier rührt sich nicht von der Stelle. **Onun bebeğinin kolları, bacakları oynamıyor.** Arme und Beine ihrer Puppe sind unbeweglich. **oynar oturak** Gleitsitz *m* (in Rennruderbooten) Zu 3: **İstatistiklerde rakamlar oynuyor.** Die statistischen Zahlenangaben schwanken. Zu 4: **Baba rolünü oynuyor.** Er spielt die Rolle des Vaters. **bir ata** ~ auf ein Pferd setzen (bei Rennen) Zu 5: **Papazı atacakken kızı oynadı.** Anstatt den König zu ziehen, spielte er die Dame. Zu 6: s. a. **cirit** ~ Zu 7: s. **zeybek oyunu** ~ Zu 8: **kalemle** ~ mit dem Bleistift (herum-)spielen **oynamaz eklem** ununterbrochene Knochenverbindung; Synarthrose *f* *mafsalı gayri müteharrik; sinartroz **oynar eklem** unterbrochene Knochenverbindung; Diarthrose *f* *mafsalı müteharrik; diyartroz **oynaya oynaya** *fig.* mit großer Freude
oynaş Geliebte *m, f,* Freund(-in *f*) *m*, Liebhaber *m*, Mätresse *f*
oynaşmak 1. miteinander spielen (z. B. junge Katzen) 2. e–e Liebschaft unterhalten *âşıktaşlık etmek
oynatıcı wer (Affen, Figuren usw.) tanzen läßt; s. a. **karagöz -sı**
oynatım (*Th., Film*) Aufführung, Vorführung *f*
oynatımcı Kinobesitzer *m*
oynatmak Kaus. zu **oynamak** *spez.* 1. a) wegrücken, bewegen b) tanzen lassen c) rücken, ziehen (z. B. Figuren im Schach usw.) 2. mit Spielen beschäftigen, durch ein Spiel ablenken (z. B. Kinder) 3. hinhalten, an der Nase herumführen 4. (ohne Obj. *od.* **aklını** ~) den Verstand verlieren, verrückt werden *aklını kaybetmek 5. *Th., Film* auf-, vor-führen lassen Zu 1 a: **Piyanoyu yerinden oynatamadım.** Ich habe das Klavier nicht von der Stelle rükken können. Zu 1 b: **maymun (kukla)** ~ den Affen (die Marionettenfiguren) tanzen lassen; s. a. **atı (elini)** ~ Zu 3: **Üç gündür beni oynatıyor.** Seit drei Tagen führt er mich an der Nase herum. Zu 4: **Zavallı az kalsın oynatıyordu.** Der arme Kerl wäre beinahe verrückt geworden.
oynayış 1. Art und Weise *f* des Spielens, Spiel *n*, Darstellung *f* 2. *Th.* Vorstellung *f* *temsil
Oyratlar *n.pr.* Oiroten, Kalmücken *pl.* *Kalmuklar
oyrum Körper, Leib, Rumpf *m* *beden, vücut
oyrumsal *phil.* somatisch, körperlich *bedenî, tensel
oysa [×·]; **oysaki** [×··] indessen, aber, jedoch, und doch ... *halbuki, meğer
oyuk 1. ausgehöhlt, hohl 2. ausgestochen (z. B. Augen) 3. ausgehöhlte Stelle; Loch *n*, Gang *m* (z. B. e–s Maulwurfs), Aushöhlung *f*, *techn. a.* Aussparung *f* 4. *med.* Kaverne *f* 5. Höhle, Grotte *f* *in, mağara ~ **kama** Hohlkeil *m* ~ **yapmak** *techn.* aussparen
oyuklu 1. mit Aushöhlung; hohl 2. *med.* kavernös
oyulga *P* Heft-, Reih-naht *f* *teyel
oyulga(la)mak *P* heften, reihen (Stoff) *teyellemek
oyum 1. Aus-graben, -werfen, -höhlen (usw. s. **oymak**) *n* 2. Höhle, Höhlung, Vertiefung *f* 3. *bot.* Pfahlwurzel *f*
oyumlamak 1. die Pfahlwurzel bilden (Pflanze) 2. *fig.* Wurzel schlagen
oyun 1. (Billard-, Würfel-, Kampf-, Hasard-, Fußball- usw.)Spiel *n* (*a. fig.*) 2. Theateraufführung; Vorstellung *f* (z. B. e–s Zauberkünstlers) 3. Theaterstück *n* 4. Tanz *m* 5. Ring-kampf *m*, -stil *m*, Technik *f* des Ringens 6. Intrigenspiel *n*, Betrug, Schwindel, Streich *m* (den man j–m spielt) Zu 1: **Servetini kâmilen -da yedi bitirdi.** Er hat sein ganzes Vermögen verspielt. Zu 5: **Ahmet hâkim bir -la tuşla galip geldi.** In überlegenem Stil konnte Ahmet seinen Gegner auf beide Schultern legen. ~ **açmak** *fig.* j–n in e–e üble Lage bringen ~ **alanı** *Th.* Spielfläche *f* ~ (*od.* **oyunu**) **almak** ein Spiel (im Spiel) gewinnen ~ **babası** (*od.* ~ **ağası**) *Th.* Anführer *m* bei bäuerlichen Vorführungen ~ **çıkarmak** 1. ein (Gesellschafts-)Spiel erfinden, aufbringen 2. *fig.* Schwierigkeiten herbeiführen ~ **çizelgesi** *Th.* Spielplan *m* *repertuvar ~ **delisi** dem Spielteufel verfallen ~ **düzeni** s. **mizansen;** ~ **ebesi** Anführer *m* (bei Ksp.) ~ **etmek (yapmak, oynamak)** (b–ne) hereinlegen, betrügen, übers Ohr hauen, j–m e–n Streich spielen ≗ **gerçeğe bindi.** Aus Spiel wurde (blutiger) Ernst. ~ **havası** (türk.) Tanzmelodie *f* ~ **hırsızı** Spielbetrüger *m* ~ **hırsızlığı** Spielbetrug *m* ~ **içinde** ~ Schwindel über Schwindel; alles Gaunerei ~ **kâğıdı** Spielkarte *f* *iskambil kâğıdı

~ **masası** Spieltisch *m* ~ **oynamak** 1. (ein Spiel) spielen 2. e–n Tanz aufführen 3. e–n Ringkampf veranstalten; ringen 4. Theater spielen 5. ein Kampfspiel vorführen 6. s. ~ **etmek;** ~ **oyuncak** Lappalie, Bagatelle, Kleinigkeit *f* ~ **sahası** Kinderspielplatz *m* ~ **sansürü** Theaterzensur *f* ~ **süresi** *Th.* Aufführungsdauer *f* ~ **taslağı** *Th.* Skelett *n* der Handlung ~ **vermek** 1. ein Theaterstück aufführen 2. e–n Tanz vorführen 3. das Spiel verlieren ~ **yapmak** 1. s. ~ **etmek** 2. e–n Scherz machen ~ **yanmak** verdorben werden (Spiel) ~ **yasaklaması** s. ~ **sansürü;** ~ **yazarı** Bühnenschriftsteller *m* **-a çıkmak** auftreten (auf der Bühne) **-a gelmek** hereingelegt (übers Ohr gehauen) werden **-a girmek** sich am Spiel beteiligen **-da yutulmak** im Spiel Steine (Geld) verlieren (abgenommen bekommen) **-dan atmak** *Fb.* (e–n Spieler) herausstellen, vom Platz verweisen **-u kapamak** *(Dominospiel)* e–n Stein so setzen, daß der Gegner nicht weiterspielen kann

oyunbaz 1. zum Spielen aufgelegt (z.B. Katze), verspielt 2. geschickter Spieler 3. *fig.* wer listig vorgeht, wer j–m e–n Streich spielt; Gauner, Schwindler *m*

oyunbazlık Verhalten *n* e–s **oyunbaz**

oyunbozan Spielverderber, Störenfried *m*

oyunbozanlık Spielverderberei *f* ~ **etmek** Spielverderber sein, das Spiel verderben, als Störenfried auftreten

oyuncak, -ağı 1. (Kinder-)Spielzeug *n* 2. *fig.* Spielerei, Kleinigkeit, Lappalie, Bagatelle *f*, Kinderspiel *n* 3. *fig.* Spiel-zeug *n*, -ball *m* (z.B. fremder Mächte) Zu 2: **≗ değil, mesele çok ciddî.** Das ist keine Spielerei; die Sache ist sehr ernst. Zu 3: **O, herkesi kendi -ı yapmak ister.** Er möchte jeden Menschen zu seinem Spielball machen.

oyuncakçı Spielwaren-fabrikant, -händler *m* **≗lar** *n.pr.* Stadtteil in Istanbul (Eyüp)

oyuncakçılık Spielwaren-herstellung *f*, -handel *m*

oyuncu 1. Spieler(-in *f*) *m* 2. Darsteller(-in *f*) *m*, Schauspieler(-in *f*) *m*, Bühnenkünstler(-in *f*) *m* 3. Tänzer(-in *f*) *m* 4. Gauner, Schwindler *m* 5. gerne spielend, verspielt Zu 1: **enternasyonal** ~ (z.B. *Fb.*) internationaler Spieler; Internationaler

oyunculuk 1. Spielen *n* 2. Schauspielkunst *f* 3. Schwindel *m*, Gaunerei *f*

oyuntu 1. Ausschnitt *m* (z.B. Einsatzstelle e–s Ärmels) 2. Aushöhlung *f*

ozalit (*franz.* **ozalide**) **kâğıdı** Trockenlichtpauspapier *n*

ozan (*ält. Bez.* für **saz şairi**) Volks-sänger, -liederdichter *m*

ozon *chem.* Ozon *n (F a. m)* ~ **yuvarı** *met.* Ozonosphäre, Ozonschicht *f* (atmosphärische Schicht in 20–40 km Höhe)

ozonlamak mit Ozon behandeln, ozonisieren

ozonlu 1. ozon-haltig, -reich 2. ozonisiert

ozonosfer s. **ozon yuvarı**

ozoserit, -ti Ozokerit *m*, Erdwachs *n* *yermumu

Ö

ö, Ö [œ] 19. Buchst. des türk. Alph.

ö [–] (Int. des Widerwillens, Überdrusses usw.) pfui! wie eklig! ach! oh! oje!

öbek, -eği 1. Gruppe *f* 2. Schar, Rotte *f* 3. Anhäufung *f*, Haufen *m* 4. *astr.* Population *f* Zu 1: s. **Fin-Ugur -i;** ~ ~ in Gruppen bzw. in einzelnen Haufen

öbür [×·] *Adj.* 1. (der) andere (von zweien) *öteki 2. übernächst- ~ **dünya** andere Welt *f*, Jenseits *n* *ahret ~ **dünyaya göndermek** *F* ins Jenseits befördern; umbringen ~ **dünyayı boylamak** *V* ins Gras beißen; abkratzen (= sterben) ~ **gün** 1. **(yarın değil)** ~ **gün** übermorgen 2. **(dün değil)** ~ **gün** vorgestern ~ **hafta** übernächste Woche ~ **yandan** andererseits *diğer taraftan **-ü** *Sb.* 1. der andere 2. der übernächste

öbürkü *P* ander- **Bir sözü -nü tutmuyor.** Heute sagt er so und morgen wieder anders. Er widerspricht sich selber.

öbürsü gün *P* für **öbür gün**

öceş *z. va.* Wette *f* *bahis ~ **kemiği** s. **lâdes kemiği**

öceşmek *va.* 1. wetten, e–e Wette eingehen (abschließen) 2. s. **lâdes tutuşmak**

öcü *Ki.* böser (schwarzer) Mann; Butzemann *m* *umacı

öç, -cü 1. Rachsucht *f* 2. Rache *f* 3. *va.* Wette *f* ~ *(od.* **-ünü) almak** (*od.* **çıkarmak**) Rache nehmen, sich rächen ~ **komak** (*od.* ~ **tutmak**) *va.* od. *P* wetten; e–e Wette eingehen

öçgüder rachsüchtig

öd 1. s. **ödağacı** 2. s. **öt**

ödağacı, -nı Adlerholz(-baum *m*) *n bot.* Aquilaria agallocha

ödek *dial.* s. **ödlek**

ödem(-a) *med.* Ödem *n*, Gewebewassersucht *f*

ödeme Vs. zu **ödemek** 1. (Be-)Zahlung *f* *tediye 2. Erfüllung *f* *ifa 3. Schadenersatz *m* *tazmin 4. Tilgung, Amortisation *f* 5. Vergütung, Entlohnung *f* ~ **amiri** s. **ita amiri;** ~ **anlaşması** Zahlungsabkommen *n* ~ **arancı** (*od.* **dilemi**) s. **ifa davası;** ~ **çağı** s. **ifa zamanı;** ~ **emri** Zahlungsbefehl *m* ~ **güçsüzlüğü** s. **aciz** (I); ~ **güçsüzlüğü belgesi** s. **aciz vesikası;** ~ **gücü olmayan** s. **âciz;** ~ **günü gelmemiş** s. **müeccel;** ~ **günü gelmiş** s. **muaccel;** ~ **gününün gelmesi yazgısı** s. **muacceliyet kaydı;** ~ **kabiliyeti** Zahlungsunfähigkeit, Solvenz *f* ~ **kabiliyetsizliğini ilân etmek** sich für zahlungsunfähig erklären ~ **mühletinin uzatılması** Zahlungsaufschub *m* ~ **şartlı** unter Nachnahme (Postsendung) ~ **uğruna edim** s. **ifayı istihdaf eden eda;** ~ **yardımcısı** s. **muavin şahıs;** ~ **yerine edim** s. **ifa yerini tutan eda; -leri kesme** (*od.* **-lerin tatili**) Zahlungseinstellung *f* *tatili tediyat

ödemek (m. Akk.) 1. (be-, aus-, ein-)zahlen 2. erfüllen 3. e–n Schaden vergüten, Schadenersatz leisten, Entschädigung zahlen (für) *tazmin etmek 4. löschen, tilgen, amortisieren (Schuld) 5. wieder einbringen; ausgleichen (Unkosten) Zu 3: **Herkesin zararını ~ kolay olmayacak.** Es wird nicht leichtfallen, jedem einzelnen den erlittenen Schaden zu vergüten.

ödemeli 1. unter Nachnahme; vom Empfänger zu bezahlen 2. Nachnahme *f* (bei Postsendung)

ödememe protestosu *H* Protest *m* mangels Zahlung (e–s Wechsels) *ademi tediye protestosu

ödemezlik Nichterfüllung, Nichtleistung *f*

Ödemiş *n.pr.* Stadt u. D. im Rbz. İzmir

ödemli *med.* mit Ödem behaftet; ödematös

ödenek 1. Entschädigung *f*, Schadenersatz *m* *tazminat 2. Budgetkredite, Ausgaben *pl.*, bewilligte Gelder *pl.* *tahsisat

ödenmiş çek *H* eingelöster Scheck

ödenti Mitgliedsbeitrag *m* *aidat

ödeş gödeş olmak *P* s. **ödeşmek**

ödeşim; ödeşme s. **takas**

ödeşmek gegenseitig abrechnen, die Verbindlichkeiten begleichen

ödetmek Kaus. zu **ödemek; Kırdığı camın parasını ödetti-**

ler. Sie haben sich die Fensterscheibe bezahlen lassen, die er kaputtgemacht hat.
ödev 1. Pflicht, Verpflichtung, Obliegenheit, Aufgabe *f* *vazife, mükellefiyet 2. (für den Unterricht anzufertigende) Hausaufgabe *f*
ödevbilgisi, -ni s. **deontoloji**
ödevcil s. **vazifeşinas**
ödevli mit fester Verpflichtung, (dienst-)verpflichtet, in dienstlichem Auftrag handelnd *muvazzaf, mükellef, vazifedar
ödeyemez s. **âciz**
ödeyemezlik s. **aciz** (I)
ödlek furchtsam, feige, ängstlich; Feigling, Angsthase *m* *cebin, korkak
ödleklik Angst, Furcht, Feigheit *f* *cebanet, korkaklık
ödül 1. s. **mükâfat** 2. Preis *m* für den Sieger im Ringkampf od. *(va.)* in e–m dichterischen Wettbewerb
ödüllendirmek s. **mükâfatlandırmak**
ödüllü 1. s. **mükâfatlı** 2. ein best. Abschnitt im Ortaoyunu od. (leicht variiert) im Karagözspiel ~ **yarışma duyurusu** s. **mükâfatlı müsabaka ilânı**
ödün Ersatz *m*, Ersatz-, Gegen-leistung *f*, Ausgleich *m* *ivaz, taviz(-at)
ödünç, -cü 1. geliehen, geborgt 2. als Darlehen od. Schuld aufgenommen ~ **almak** von j–m leihen, auf Borg nehmen, e–e Anleihe machen ⩡ **güle güle gider, ağlaya ağlaya gelir.** *Spr.* Verliehenes geht leicht weg und kommt schwer wieder. ~ **para** geliehenes (geborgtes) Geld; Darlehen *n*, Schuld *f* ~ **para almak** sich Geld leihen, e–e Schuld (ein Darlehen) aufnehmen ~ **para vermek** ein Darlehen geben, j–m Geld leihen (borgen) ~ **sermaye** *H* Fremd-, Anleih-kapital *n* ⩡ **Verme ve Kiralama Kanunu** *hist.* Pacht- und Leihgesetz *n* (USA, 1941) ~ **vermek** als Darlehen geben, j–m leihen (borgen)
ödünleme 1. Vs. zu **ödünlemek** 2. Ausgleich *m*, Kompensation *f* *muavaza ~ **kuramı** Lehre *f* von der ausgleichenden Gerechtigkeit *muavaza nazariyesi
ödünlemek (m. Akk.) ersetzen, Ersatz leisten (für), ausgleichen, vergüten, entschädigen *taviz etmek
ödünleyici ayarlanma *biol.* Funktionsausgleich *m* (bei Störung od. Ausfall e–s Organs)
ödünlü zu gleichen Leistungen verpflichtend, Ausgleichs-, ausgleichend *tavizî ~ **adalet** ausgleichende Gerechtigkeit *tavizî adalet
ödyometre [··×·] Eudiometer *n*, Luftgütemesser *m* *mikyası saffeti hava
öf (Int. des Überdrusses, Abscheus, Unmuts usw.) pfui! wie eklig! na so ...! ach! oh! oje! ⩡, **ne pis koku!** Pfui, wie das stinkt! ⩡, **ne kaba herif!** Na, so ein Rüpel!
öfke heftiger Ärger; Zorn *m*, Wut *f* *hiddet ~ **baldan tatlıdır.** *Spr.* Ein richtiger Zornesausbruch erleichtert ungemein. ~ **basmak** e–n Wutanfall bekommen ⩡ **ile kalkan zararla** (*od.* **ziyanla**) **oturur.** *Spr.* In der Wut tut niemand gut. *Spr.* ~ **topuklarına çıkmak** (*od.* **-sı kabarmak**) sich maßlos ärgern **-den ateş püskürmek** in größten Zorn geraten, sich vor lauter Wut nicht mehr kennen **-si burnunda olmak** schnell aufbrausen; jähzornig sein **-sinden kudurmak** vor Wut schäumen **-sini b–den çıkarmak** seine Wut an j–m auslassen **-ye kapılmak** in unbändige Wut geraten
öfkeci jähzornig, cholerisch, reizbar, von hitzigem Temperament *hadidülmizaç
öfkelendirmek in Zorn (Wut) bringen, zornig (wütend) machen, erzürnen
öfkelenmek in Zorn (Wut) geraten, zornig (wütend) werden
öfkeli 1. zornig, wütend, aufgebracht, gereizt *hiddetli 2. s. **öfkeci;** ~ **bulunmak** zornig (wütend) sein
öfkesiz ruhig, beherrscht
öfoni Euphonie *f*, Wohl-klang, -laut *m* *ahenktarlık
öfonik euphonisch, wohlklingend; des Wohlklangs od. der Sprecherleichterung wegen eingeschoben (Laut)
öfori *med.* Euphorie *f*
öğ- s. a. **öv-**
öğe Grund-stoff, -bestandteil *m*, Element *n* *eleman, unsur; s. a. **tümcenin -leri**
öğendire s. **üğendire**
öğesel elementarer, Grund-, ursprünglich, eigentlich, primär *aslî, evvelî, unsurî
öğle 1. Mittag *m* 2. Mittagsgebet *n* od. entsprechender Ruf des Müezzins ~ **dinlenmesi (paydosu, tatili)** Mittagspause *f* ~ **üstü** (*od.* **üzeri**) gegen Mittag ~ **yemeği** Mittagessen *n* **-den evvel** (*od.* **önce**) 1. vormittags, am Vormittag 2. Vormittag *m* **-den sonra** 1. nachmittags, am Nachmittag 2. Nachmittag *m*
öğlen 1. s. **öğle** 2. *astr.* Meridian, Längenkreis *m* *meridyen, nısfınnehar ~ **aracı** Meridiankreis *m* (Fernrohr) *meridyen dürbünü **-de** s. **öğleyin**
öğlenci Schüler(-in *f*) *m* mit Nachmittagsunterricht (bei Schichtunterricht) (*ant.* **sabahçı**)
öğlesonu, -nu Nachmittag *m* ~ **ropları** Nachmittagskleider *pl.*
öğleyin mittags, am Mittag
öğmek s. **övmek**
öğrenci Schüler(-in *f*) *m*, Student(-in *f*) *m* *talebe ~ **karnesi** Schulzeugnis *n* ~ **yurdu** Schüler-, Studenten-heim *n* **-lerin kendi kendilerini yönetmeleri** Schülerselbstverwaltung *f*
öğrencili 1. mit nb. Schülern (Studenten) 2. für soundsoviel Schüler (Studenten) bestimmt (z. B. Gebäude)
öğrencilik s. **talebelik**
öğrenek Warnung, Vermahnung *f* *ibret
öğrenilen geçmiş zaman s. **belirsiz geçmiş kipi**
öğrenim Studium *n*, (Aus-)Bildung *f* *tahsil
öğrenmek, (-ir) (m. Akk.) 1. (er-)lernen 2. erfahren, in Erfahrung bringen 3. sich erkundigen, fragen (nach) 4. sich et. merken Zu 1: **yazı yazmasını** ~ schreiben lernen **dersini** ~ seine Lektion lernen Zu 2: **Soruşturdum ama, bir şey öğrenemedim.** Ich habe überall herumgefragt, habe aber nichts erfahren können. Zu 3: **İsminizi öğrenebilir miyim?** Darf ich nach Ihrem (werten) Namen fragen? **Vapur kaçta kalkacak, lütfen öğrenir misiniz?** Wären Sie vielleicht so liebenswürdig und würden sich erkundigen, wann der Dampfer abgeht? Zu 4: **Tavuk kümesini öğrendi.** Das Huhn hat sich seinen Stall gemerkt.
öğrenmelik Stipendium *n* *burs
öğrenmen *selt.* s. **öğrenci**
öğreti Lehre, Lehrmeinung, Theorie, Doktrin *f* *doktrin, meslek, mezhep; ilmî içtihat
öğretici Lehr-, Unterrichts- *didaktik, tedrisî ~ **dram** (lateinisches) Schuldrama (des Mittelalters) ~ **film** Lehrfilm *m* ~ **kabiliyet** Lehr-fähigkeit *f*, -geschick *n*
öğretim 1. Unterricht *m* *tedris(-at) 2. Unterrichtswesen *n* Zu 2: s. **ilk-, orta-, yükseköğretim;** ~ **aracı** Lehr-, Unterrichts-mittel *n* ~ **görevlisi** Lehrbeauftragte *m, f* ~ **ilkesi** Unterrichtsprinzip *n* ~ **kolları** Unterrichtszweige *pl.* ~ **kurulu** Lehrkörper *m* *talim heyeti ~ **oyunu** *Th.* Lehrstück *n* ~ **programı** s. **müfredat programı;** ~ **üyesi** Mitglied *n* des Lehrkörpers ~ **yardımcısı** Assistent *m* ~ **yılı** Schul-, Unterrichts-jahr *n* *ders senesi
öğretimli didaktisch *didaktik ~ **roman** didaktischer Roman
öğretke s. **didaktik**
öğretme Vs. zu **öğretmek;** ~ **türü** *lit.* didaktische Dichtung
öğretmek 1. lehren, unterweisen, unterrichten, j–m et. beibringen, j–n et. lernen lassen 2. *(Drohung)* lehren,

zeigen, beibringen Zu 1: **Bunu sana kim öğretti?** Wer hat dich das gelehrt? Wer hat dir das beigebracht? **Çocuklarıma amelî şeyler öğreteceğim.** Ich werde dafür Sorge tragen, daß meine Kinder praktische Dinge lernen. Zu 2: **Öğretirim ben sana!** Ich werde es dir zeigen! Ich will dich lehren! Ich werde dir schon die Flötentöne beibringen!

öğretmen Lehrer(-in *f*) *m* *muallim, muallime ~ **okulu** Lehrer(-innen)seminar *n* *muallim mektebi **-ler kurulu** Lehrkörper *m*, Kollegium *n*

öğretmenlik 1. Lehrberuf *m* 2. Aufgaben *pl.* od. Stellung *f* e–s Lehrers

öğretsel 1. Unterrichts-, unterrichtlich *tedrisî 2. didaktisch *didaktik, talimî

öğüldemek *va.* scheuen od. bösartig werden; die Zähne fletschen; ausschlagen (z. B. Pferd)

öğün 1. Mal *n* *defa (*mst.* in bezug auf das Essen) 2. *va.* vorne befindlich **günde üç ~ yemek** täglich drei Mahlzeiten einnehmen **bir ~ yemek** e–e Mahlzeit (im Restaurant)

öğünlük für soundsoviel Mahlzeiten ausreichend od. bestimmt

öğünmek s. **övünmek**

öğür 1. gleichaltrig, koätan 2. wer sich mit et. vertraut gemacht hat, wer sich an et. gewöhnt hat, wer et. gelernt hat z. B. eingefahren (Pferd) 3. woran man gewöhnt ist; geläufig, vertraut *alışılmış, menus 4. Klasse *f*, Stand *m*, Reihe, Gruppe *f*; *pej.* Pack *n*, Bande *f* *fırka, zümre, takım, derinti ~ **olmak** sehr vertraut sein (durch langen Umgang); s. a. **bir arada ~ olmak**

öğürleşmek (m. Dat.) lernen, sich vertraut machen (mit), sich gewöhnen (an) *öğrenmek, istinas etmek

öğürlük Vertrautsein *n* (mit), Gewöhnung *f* (an) *istinas

öğürmek 1. würgen (vor dem Erbrechen) 2. *P* brüllen (Rinder, Büffel, Kamele usw.) *böğürmek **öğüreceği** (*od.* **öğüresi) gelmek** als sehr widerwärtig empfinden, *V* zum Kotzen sein

öğürtlemek auswählen, heraussuchen *seçip almak

öğürtmek 1. Kaus. zu **öğürmek** 2. einfahren, einreiten (Pferd)

öğürtü 1. Würgen *n*, Würgelaut *m* (vor dem Erbrechen) 2. *P* Brüllen *n* (von Rindern, Büffeln, Kamelen usw.) ~ **gelmek** 1. zu würgen beginnen 2. *P* zu brüllen anfangen

öğüt, -tü (guter) Rat, Ratschlag *m*, Ermahnung *f*, (gute) Lehre *nasihat ~ **almak** sich Rat holen ~ **tutmak** e–n Rat befolgen ~ **vermek** e–n Rat geben (erteilen)

öğütçü 1. Ratgeber *m* 2. Prediger *m* *vaiz

öğütlemek (m. Akk.) j–m raten, gute Ratschläge (auf den Weg) geben *nasihat etmek

öğütlük *lit.* s. **kıssa**

öğütmek 1. (zu Mehl) mahlen 2. *fig.* verdauen *hazmetmek, sindirmek

öğütücü (zer-)mahlend, Mahl- ~ **dişler** Backenzähne *pl.* *azıdişleri

öhö (*a.* ~ ~) hm! (ein leichtes Husten od. ein Sich-Räuspern, um sich bemerkbar zu machen, um auf et. Gesagtes aufmerksam zu machen, um j–s Selbstlob zu ironisieren od. um j–n zu hänseln)

öhöleme Hüsteln *n* (vgl. **öhö**)

Öjen *n.pr.* Eugen

Öjeni *n.pr.* Eugenie

öjenik; öjenizm Eugenik, Erbgesundheitslehre, Rassenhygiene *f*

ökaliptüs s. **okaliptüs**

ökçe 1. (Schuh-)Absatz *m* 2. Fersenleder *n* 3. Ferse *f* *topuk 4. Unterteil *m* des türk. Pflugs **(karasaban)** 5. *mus.* s. **topuk;** ~ **kemiği** *an.* Fersenbein *n*, Calcaneus *azmı akap **-sine basmak** (b–nin) *fig.* j–m auf den Fersen sein, j–m zusetzen, j–n in die Zange nehmen **-lerini basmak** das Fersenleder niedertreten (z. B. am Pantoffel) **-lerini çekmek** (*urspr.* das niedergetretene Fersenleder hochziehen) Reißaus nehmen, davonlaufen

ökçeli mit od. mit nb. Absatz (Schuh) **yüksek ~ ayakkabılar** Schuhe mit hohen Absätzen, hochhackige Schuhe, Stöckelschuhe *pl.*

ökçesiz 1. ohne Absatz (Schuh) 2. *V* furchtsam, ängstlich, feig, ohne Schneid

öke(-lik) s. **dâhi; deha**

Öklit, -di *n.pr.* Euklid ~ **teoremi** Satz *m* des Euklid, euklidischer Lehrsatz **-e ait olmayan geometri** nicht-euklidische Geometrie *hendesei gayri Öklidiye

Öklidiyen euklidisch ~ **feza** euklidischer Raum

ökse 1. Vogelleim *m* (der aus dem klebrigen Fruchtschleim der Mistel od. aus der Rinde der Stechpalme hergestellt wird) 2. *fig.* attraktive Frau ~ **çubuğu** Leimrute *f* (zum Vogelfang) **-ye basmak (düşmek, tutulmak)** *fig.* auf den Leim gehen, hereinfallen, sich düpieren lassen

ökseardıcı, -nı Misteldrossel *f zo.* Turdus viscivorus

ökselemek mit Vogelleim bestreichen

ökseli mit Vogelleim bestrichen

ökseotu, -nu weiße Mistel *bot.* Viscum album *burç, çekem, gökçe

ökseotugiller Mistelgewächse *pl. bot.* Loranthaceae

öksü *P* halbverkohltes Holz; Holzkohle *f* *pardı

öksülemek *P* 1. das Feuer schüren (durch Zulegen von Holzkohle) 2. *fig.* auf-hetzen, -reizen, -wiegeln

öksürmek 1. husten *od.* sich räuspern 2. den Husten haben **Öksüreceği tuttu.** Er bekam e–n Hustenanfall.

öksürtmek husten lassen, zum Husten reizen

öksürtücü Hustenreiz hervorrufend

öksürük, -üğü 1. Husten, Sich-Räuspern *n* 2. Art und Weise *f* des Hustens, Sich-Räusperns 3. Husten *m* (Erkrankung) Zu 1: **Bir ~ sesi var.** Er hat e–e ganz belegte Stimme. Zu 2: **Onu -ünden tanıdım.** Ich erkannte ihn an seinem Räuspern. ~ **gelmek** (*od.* **tutmak**) husten müssen, e–n Hustenanfall haben ~ **ilâcı** Hustenmittel *n* ~ **olmak** den Husten haben ~ **otu** s. **devetabanı** (4, 5); ~ **şurubu** Hustensaft *m*

öksürüklü 1. wer Husten hat 2. von Husten begleitet, hüstelnd ~ **tıksırıklı** *F* kränklich

öksüz 1. Waise od. Halbwaise *f* 2. verwaist, elternlos 3. *fig.* ohne Angehörige, Verwandte od. Freunde, alleinstehend *kimsesiz ~ **balığı** Seeleier *f zo.* Trigla lyra ~ **kalmak** zur Waise werden, verwaisen ~ **kemere** *naut.* Stich-, Steck-balken *m*, halber Balken ~ **parmak** Ringfinger *m* ~ **sevindiren** niedlicher, aber wertloser Gegenstand (der höchstens e–m Waisenkind Freude machen könnte) ~ **urganı** s. **ak sarmaşık;** ~ **vardiya** *naut.* Spaltwache *f* (von 16.00–18.00 od. von 18.00–20.00 Uhr) *kısa nöbet **-ler anası (atası, babası)** wer sich elternloser Kinder annimmt; Wohltäter(-in *f*) *m*

öksüzlük 1. Verwaistsein *n* 2. Zustand *m* dessen, der keine Angehörige, Verwandte od. Freunde hat

öküz 1. (Zug-)Ochse *m* 2. *fig.* beschränkt, unerfahren, unfähig; Dummkopf, Ochse *m* 3. *V* zum Falschspiel präparierter Würfel 4. ♉ *astr.* s. **Boğa;** ~ **aleyhisselâm** von polizeiwidriger Dummheit, Riesenroß *n* ~ **arabası** Ochsenwagen *m* ~ **arabası gibi** im Schneckentempo ~ **balıkçılı** Kuhreiher *m zo.* Ardeola ibis ~ **boyunduruğa bakar gibi** *fig.* mit Ärger und Abscheu ~ **damı** Ochsenstall *m* ~ **gibi** 1. strohdumm 2. (*a.* ~ **kadar**) stark wie ein Ochse ~ **kafalı** Dummkopf, Blödian, Idiot *m* ~ **kafası** s. **öküzbaşı;** ~ **kolu** *mil.* Ochsenkolonne *f* ~ **kurbağası** Ochsenfrosch *m zo.* Rana catesbyana ~ **kümesi** *astr.* Hyaden *pl.* (im Sternbild des Stiers) ♉ **öldü ortaklık ayrıldı (bitti, bozuldu).** Der Ochse ist tot, und die Teilhaberschaft hat aufgehört. *d. h.* Zwischen den beiden Partnern besteht kein einigendes Band mehr. ~ **trene bakar gibi bakmak** dastehen wie die Kuh vor dem neuen Scheunentor ~ **yılı** *hist.* zweites Jahr des alttürk. 12-Jahres-Zyklus **²e boynuzu yük olmaz** (*od.* **gelmez**). *Spr.* Der Ochse trägt nicht schwer an seinen Hörnern. **-e boyunduruğu kuyruğundan vurmak** *fig.* den Gaul beim Schwanz aufzäumen **-ü bacaya** (*od.* **dama**) **çıkarmak** *fig.* Unmögliches behaupten od. unternehmen **-ü bıçağın yanına götürmek** *fig.* sich e–e Sache unnötig erschweren **-ü boynuzundan yakalamak** *fig.* den Stier bei den Hörnern packen **-ün altında buzağı aramak** *fig.* 1. vor die falsche Schmiede gehen 2. sich sinnlos abplagen 3. die unmöglichsten Ausreden vorbringen

öküzbaşı *arch.* Bukranion *n* (an griech. Altären, Grabmälern usw.)

öküzburnu, -nu Nashornvogel *m zo.* Bucerus rhinoceros *kalao

öküzdili, -ni italische Ochsenzunge *bot.* Anchusa italica *sığırdili

öküzgözü, -nü s. **arnika**

öküzlük *fig.* 1. unglaubliche (polizeiwidrige) Dummheit 2. dummer Streich

öküzsoğuğu, -nu *od.* **öküzsoğukları, -nı** Name e–s periodischen, etwa sechstägigen Kälteeinbruchs (nach dem 15. April) *sitteisevir

öl *P* 1. (richtige) Bodenfeuchtigkeit *f* 2. feuchte od. nasse Stelle

ölçek, -eği 1. *fr.* Kornmaß (= ¼ kile = 4 okka) 2. Maßstab *m* *mikyas 3. Gradeinteilung, Skala *f* Zu 2: **yüzbinde bir -inde bir harita** e–e Karte im Maßstab 1:100000 ~ **çizgisi** Angabe *f* des Maßstabes e–r Karte

ölçer *P* Feuer-, Schür-haken *m*

ölçermek *P* das Feuer schüren

ölçme Vs. zu **ölçmek;** ~ **kıtası** *mil.* Meßtrupp *m* ~ **mukavemeti** Meßwiderstand *m* ~ **mühendisi** Vermessungsingenieur *m* ~ **saati** Meßuhr *f*

ölçmek, (-er) 1. (ab-, aus-, ver-)messen 2. (bşi bşle) bemessen (nach) 3. *fig.* abwägen (z. B. Worte), gut überlegen (z. B. Handlungen) 4. s. **yeri** ~ 5. vergleichen *karşılaştırmak 6. den Wert von et. ermessen **ölçüp biçmek** (*od.* **tartmak**) *fig.* reiflich überlegen, Vor- und Nachteile genau erwägen, Umsicht an den Tag legen *önünü ardını düşünmek

ölçmengüvegiller s. **mühendisböceğigiller**

ölçü 1. (Ab-, Aus-, Ver-)Messen *n* 2. Maß(-einheit *f*) *n* 3. (festgestelltes) Maß, (Aus-)Maß *n* (z. B. e–s Zimmers), Maßgabe *f* (z. B. des Bedarfs), Größe *f* 4. *pr.* richtiges Maß, Maß und Ziel 5. Vergleichs-, Wert-maßstab *m* 6. s. **ölçüt** 7. *(Metrik)* Silbenmaß *n* 8. *mus.* Taktmaß *n* ~ **aleti** Meß-gerät, -werkzeug *n*, -apparat *m* ~ **almak** Maß nehmen ~ **belirteci** *gr.* Quantitätsadverb *n* *miktar zarfı ~ **çizgisi** *mus.* Taktstrich *m* ~ **ipi** Meß-band *n*, -leine *f* *mesaha ipi ~ **mikyası** Maßstab *m* ~ **şeridi** Bandmaß *n* (des Geometers) ~ **ve ayar mevzuatı** *jur.* Maß- und Gewichtsrecht *n* ~ **vermek** Maß nehmen lassen ~ **vurmak** den Takt schlagen *tempo tutmak, usul vurmak ~ **zoru** *lit.* Zwang *m* des Versmaßes *zarureti vezin **-sünü almak** s. **boyunun -sünü almak; -sünü bildirmek** (b–ne) *fig.* j–n in seine Schranken verweisen **-yü aşmamak** (*od.* **muhafaza etmek**) maßhalten **-yü kaçırmak** nicht maßhalten, kein Maß und Ziel kennen; zu weit gehen

ölçülemek 1. richtig anordnen, arrangieren, regulieren, gut organisieren 2. eichen *ayarlamak

ölçülü 1. (ab-, aus-)gemessen, vermessen *ölçülmüş 2. richtig angeordnet, arrangiert, reguliert, gut organisiert *ölçülenmiş 3. gemäßigt, maßvoll *ılımlı, mutedil 4. mit Maßeinteilung, Meß- ~ **balon** *chem.* Glas-kolben-, -ballon *m*, Meßkolben *m* *balon joje ~ **biçili** reichlich erwogen

ölçülülük Mäßigkeit, Mäßigung *f*, vernünftiges Mittelmaß, mäßiger Genuß *ılım, itidal, itidali mizaç

ölçüm 1. (Ab-, Aus-, Ver-)Messen *n* 2. (festgestelltes) Maß, Ausmaße *pl.* 3. Würdigung, Bewertung *f* *takdir 4. Verhalten, Benehmen *n* ~ **etmek** *va.* den Überlegenen spielen **-ünü bozmak** *va.* sein Verhalten (zum Schlechten) ändern

ölçümlemek 1. erwägen, überlegen, beurteilen *muhakeme etmek 2. bewerten, würdigen *takdir etmek

ölçünmek *va.* reiflich überlegen, genau überdenken *teemmül etmek

ölçüsüz 1. ohne Maß 2. unermeßlich, grenzenlos 3. reichhaltig, übermäßig 4. unmäßig, maßlos, zügellos 5. nicht meßbar 6. *Adv.* ohne Überlegung, einfach drauflos (z. B. reden)

ölçüsüzlük 1. Unermeßlichkeit, Grenzenlosigkeit *f* 2. Reichhaltigkeit *f*, Übermaß *n* 3. Unmäßigkeit, Maßlosigkeit, Zügellosigkeit *f* 4. Durcheinander *n* der Maßbezeichnungen (spez. um 1930)

ölçüşmek (b–le) 1. sich nebeneinander stellen (um zu sehen, wer größer ist) 2. *fig.* sich messen, in Wettbewerb treten (mit) *boy ölçüşmek, müsabaka etmek

ölçüştürmek 1. Kaus. zu **ölçüşmek** 2. *fig.* gegenüberstellen, vergleichen *karşılaştırmak, mukayese etmek

ölçüt, -tü Kriterium *n* *mısdak **-ler öğretisi** s. **ölçütbilim**

ölçütbilim *log.* Kriteriologie *mısdakıyat

öldürmek Kaus. zu **ölmek:** 1. töten, umbringen, (er-)morden; totschlagen (*a.* z. B. Zeit) 2. (bei best. Dingen) den unangenehmen Eigengeschmack od. den bes. scharfen Geschmack bzw. Geruch beseitigen 3. quälen, übermäßig anstrengen, j–n sehr mitnehmen 4. vertrocknen lassen (z. B. Blumen) 5. zugrunde richten, ruinieren 6. abtöten, vernichten (z. B. ein Gefühl) Zu 1: **k–ni** ~ s. **intihar etmek** Zu 2: **Limon balığı öldürür.** Zitrone beseitigt den unangenehmen Fisch-geschmack bzw. -geruch. **soğanı tuzla ezip** ~ der Zwiebel ihre Schärfe nehmen (indem man Salz darüber streut) Zu 3: **Bu yol bizi öldürdü.** Der Weg hat uns nicht schlecht mitgenommen. **öldüresiye** 1. mit der Absicht zu töten 2. als ob man töten wollte, grausam, erbarmungslos, bis aufs Messer, bis aufs Blut

öldürücü tödlich, todbringend, letal ~ **çıyan** s. **dev çıyan**

öldürücülük todbringende Wirkung

öldürüşmek sich gegenseitig töten (umbringen)

ölen verstorben, Verstorbene *m, f* *müteveffa

ölet *P* Epidemie *f*

öleyazmak beinahe umkommen

ölgün 1. nicht mehr frisch; welk, verwelkt, zusammengeschrumpft *pörsümüş 2. erschlafft, entnervt, ermattet, matt 3. ruhig, still (Meer) ~ **bitkin** zu Tode erschöpft

ölker kurzhaariger, dichter Flaum (bei Samt, Pfirsichen usw.)

ölkersiz ohne Flaum, unbehaart ~ **şeftali** Pfirsich *m* mit glatter Schale, Nektarine *f*

ölmek, (-ür) 1. sterben, umkommen (z. B. bei Luftangriff), fallen (im Krieg) 2. welk werden, verwelken (Blumen) 3. beinahe umkommen (vor Durst, Neugierde usw.) 4. seinen Wert (seine Gültigkeit, Gebräuchlichkeit) verlieren, außer Kurs (Gebrauch) kommen 5. ruiniert, vernichtet werden Zu 3: **Meraktan öldü.** Die Neugier hat ihn beinahe umgebracht. **Susuzluktan ölüyorum!** Ich komme vor Durst bald um! Zu 4: **Bu usul öldü artık.** Mit dieser Methode arbeitet man heute nicht mehr. **Öl Istanbul'da kal Istanbul'da!** Nichts kommt Istanbul gleich! **Ölesi!** *(Fluch)* Krepieren soll er! **ölesiye** als ob ... daran sterben sollte: (**ölesiye çarpışmak** auf Tod und Leben kämpfen

ölesiye koşmak sich ganz außer Atem laufen **ölesiye koşturmak(atı)** das Pferd schier zu Tode hetzen **ölesiye sevmek** maßlos verliebt sein) **Ölme eşeğim ölme** (*a. m. der Forts.* **yaza yonca** (*od.* **çayır çimen) bitecek)!** 1. Ob wir das Ende noch erleben werden? 2. *iron.* Da kannst du lange warten! **Ölmek var dönmek yok.** *(Sinn:)* unter allen Umständen weitermachen; stur an seiner Zielsetzung festhalten. **ölünceye kadar bakma akdi** *jur.* Altenteilsvertrag *m*, Leibgedinge *n* *sağlığınca bakma sözleşmesi **ölüp ölüp dirilmek** (*od.* **ölememek**) 1. e–e lebensgefährliche Krankheit durchmachen 2. große Mühsal od. Schmerzen durchmachen müssen **Ölür müsün, öldürür müsün?** (Zornesausruf bei unüberwindlich scheinenden Schwierigkeiten) *etwa:* Da soll doch gleich der Teufel dreinfahren! **Ölürse yer beğensin, kalırsa el beğensin!** *Spr.* Ein Kind braucht e–e strenge Erziehung, wenn et. Ordentliches aus ihm werden soll!

ölmez 1. unsterblich *lâyemut 2. *fig.* unverwüstlich, *F* nicht umzubringen, nicht klein zu kriegen ~ **dikeni** stachliger Mäusedorn *bot.* Ruscus aculeatus *çobanpüskülü, tavşanmemesi

ölmezçiçek Immortelle, Strohblume *f bot.* Helichrysum (olicatum u. a.)

ölmezleşmek unsterblich werden

ölmezleştirmek Unsterblichkeit verleihen

ölmezlik Unsterblichkeit *f* *lâyemutiyet, ölümsüzlük

ölmezoğlu, -nu *P* s. **ölmez** (2); **Bu kumaş ~.** Dieser Stoff ist einfach nicht umzubringen.

ölmezotu, -nu Strohblume *f*, Xeranthemum *n bot.* Xeranthemum (inapertum u. a.) *her dem taze

ölmüş 1. tot, gestorben, verstorben 2. Verstorbene, Tote *m, f* Zu 1: ~ **diller** s. **ölü diller;** ~ **bir hayvan** ein totes Tier ~ **eşek** (*od.* **koyun**) **kurttan korkmaz.** *Spr.* Wer nichts sein eigen nennt, hat nichts zu verlieren. ~ **görünen** scheintot Zu 2: **²leri iyi sözlerle anmalı!** De mortuis nil nisi bene! Von Toten soll man nur Gutes reden! *Spr.* **-lerinin canı için!** Für das Seelenheil deiner Toten! (e–e bes. von Bettlern verwendete Formel) **²lerinin canına değsin!** Gott lohne es dir! Vergelt's Gott!

ölü 1. tot, Tote *m, f,* Leichnam *m* 2. *fig.* matt, schlaff, schwach, regungslos 3. *fig.* außer Gebrauch gekommen; tot (z. B. Sprache); abgestorben (z. B. Baum); leblos, unbelebt 4. lebloser Körper e–s Tieres (*V* e–s Menschen) 5. *V* Mittel *n* zum Falschspiel *spez.* a) besonders präparierter Würfel b) gezinkte Karten Zu 1: **İkimizde bet beniz -ye dönmüştü.** Wir waren beide kreidebleich geworden. Zu 4: **tavuk -sü** das tote Huhn **Mehmet'in -sü** *V* der tote Mehmet; Mehmets Leichnam *m* ~ **açı (mıntıka, zaviye)** toter Winkel *zaviyei meyyite ~ **aşı** Leichenschmaus *m* ~ **balık** Köderfisch *m* ~ **benzi** fahle Gesichtsfarbe ~ **çiçeği** 1. s. **aynısafa** (1) 2. Studentenblume *f bot.* Tagetes erectus ~ **dalga** matte (schwache) Welle (die ihre Kraft schon verloren hat) ~ **deniz** 1. Düngung *f* (Seegang nach dem Sturm) 2. ⚬ **Deniz** *n. pr.* Totes Meer *Lût Denizi ~ **diller** tote Sprachen *pl.* (*ant.* **yaşayan diller**); ~ **doğum** Totgeburt *f* ~ **doğum oranı** Totgeburtenziffer *f* ~ **fiyatına** spottbillig ~ **gibi** regungslos, leblos ~ **gibi uyumak** wie ein Murmeltier schlafen ~ **gömme** *jur.* Bestattung, Beerdigung *f* ~ **gözü gibi** 1. glanzlos, erloschen 2. matt schimmernd (Licht) ⚬ **gözünden yaş, imam evinden aş!** Vollkommen unmöglich! ~ **ısırgan** s. **göl ısırganı;** ~ **ışık** schwacher Schimmer ~ **mevsim** tote Saison; Sauregurkenzeit *f* ~ **nokta** toter Punkt, *a. mil.* Totpunkt *m* ~ **para** totes Kapital ~ **salı** s. **teneşir;** ~ **soyucu** Leichenfledderer *m* ~ **soyuculuğu** Leichenfledderei *f* ~ **veya sağ** tot oder lebendig ~ **yıkayıcısı** Totenwäscher(-in *f*) *m* **-ler hukuku** *jur.* Totenrecht *n* **-lere hakaret ve sövme** *jur.* Verleumdung *f* Verstorbener **-lerden tefeül** Nekromantie *f* **-leri soymak** Leichenfledderei treiben **-nün körü** s. **elinin (ananın) körü; -sü dirisi para etmek** nie seinen Wert verlieren **-sü dirisine binmek** helle Aufregung verursachen (gefährliche Situation) **²sü kandilli** (*od.* **kınalı**)! *V* Der Elende! Der verdammte Kerl! *(a. allg.)* Verdammt noch einmal! **-sü ortada kalmak** unbestattet liegenbleiben (Leichnam) **²sünü öpeyim** (*od.* **göreyim**)! *Bet.* Wahrlich! Wahrhaftig! **-ye el uzatmak** sich an e–m Toten vergreifen *spez.* Leichenfledderei treiben **²yü güldürür!** „Das bringt ja e–n Toten zum Lachen!" *d. h.* Das ist wohl komisch!

ölübaş(-lı) kelebek s. **sfenks kelebeği**

ölük *dial.* s. **ölmüş, ölü, ölgün**

ölüm 1. Tod *m,* Ableben *n,* Todes-, Sterbe-fall *m* 2. *med.* Gewebstod *m,* Nekrose *f* 3. Absterben *n,* Ruin *m* 4. *fig.* furchtbare Plage ⚬ **Allahın emri** Und wenn es mich den Kopf kostet! Soll kommen, was mag! (⚬ **Allahın emri bu işi yapacağım.** Ich tue es einfach, koste es, was es wolle!) ~ **bardağı** s. **zehirli çayırmantarı;** ~ **cezası** Todesstrafe *f* ⚬ **değil ya!** Das kostet ja nicht den Kopf! ~ **dirim** Tod und (*bzw.* oder) Leben (**Bu,** ~ **dirim meselesidir.** Es geht dabei auf Tod und Leben. ~ **dirim dünyası** diese unsere Welt ~ **dirim parası** Notgroschen *m* ~ **dirim savaşı** Kampf *m* auf Leben und Tod, Kampf *m* bis aufs Messer) ~ **döşeği** Sterbe-, Toten-bett *n* ~ **eri** todesmutig, verwegen, tollkühn ~ **fermanı** 1. Todesurteil *n* 2. s. **serdengeçtilik;** ~ **halinde** sterbend ~ **halinde sigorta** (Lebens-)Versicherung *f* auf den Todesfall ~ **ilmühaberi** Sterbeurkunde *f* ~ **kalım** s. **ölüm dirim;** ~ **karinesi** *jur.* Annahme *f,* daß ein Verschollener tot ist ~ **kasası** Sterbekasse *f* ⚬ **kol geziyor.** Der Tod geht um. ~ **kütüğü** Sterberegister *n* ~ **makinesi** Höllenmaschine *f* ~ **oranı** Sterblichkeitsziffer *f* ~ **pahasına da olsa** und koste es auch das Leben ~ **sebebiyle tasarruflar** s. **ölüme bağlı tasarruflar;** ~ **sertliği** Leichen-, Toten-starre *f* ~ **sessizliği** Totenstille *f* ~ **sigortası** *jur.* Todesfallversicherung *f* ~ **şuaı** 1. Todesstrahl *m* 2. s. **laser;** ~ **tehlikesi** Lebensgefahr *f* ~ **teri** kalter Angstschweiß ~ **üçgeni** s. **şeytan üçgeni;** ~ **var dirim var** (*bes.* beim Vorschlag von Vorsichtsmaßregeln) für alle Fälle (⚬ **var, dirim var ayrılmadan helâllaşalım!** Man weiß nie, was e–m zustößt, deshalb wollen wir uns, bevor wir auseinandergehen, angetanes Unrecht gegenseitig verzeihen!) **-den acı** bitterer (schlimmer) als der Tod **²den gayriye hep çare vardır.** *Spr.* Gegen alles gibt es ein Mittel, nur nicht gegen den Tod. **-e bağlı tasarruflar** (*od.* **harcamalar**) *jur.* Verfügungen *pl.* von Todes wegen; letztwillige Verfügungen *pl.* **-e koşmak** in sein Verderben rennen **-le burun buruna gelmek** den Tod vor Augen haben **²ü gören, hastalığa** (*od.* **sıtmaya**) **kail olur.** *Spr.* Wer den Tod vor Augen hat, nimmt gern mit e–r Krankheit vorlieb. **-ü göze almak** sein Leben riskieren **²ün ötesi kolay.** Erst nach dem Tod ist alles leicht. *d. h.* Das Leben ist ein dauernder Kampf. **-üne susamak** sehenden Auges in sein Verderben rennen, seinen Kopf aufs Spiel setzen

ölümcük (Wiedergabe von *franz.* **petite mort**) höchste Stufe des Orgasmus

ölümcül *dial.* 1. tödlich verlaufend (Krankheit) 2. in den letzten Zügen liegend (Person)

ölümlü 1. sterblich 2. vergänglich 3. Mensch *m* 4. (**kaza**) tödlich verlaufend **çok** ~ **savaş** der Kampf (Krieg), der viele Tote gekostet hat

ölümlük (gespartes, zurückgelegtes) Begräbnisgeld ~ **dirimlik** Spar-, Not-groschen *m*

ölümsek *P* im Sterben liegend, dem Tod nahe

ölümsü tödlich, Toten-, an den Tod gemahnend ~ **bir sessizlik** Totenstille *f* *mevtaî bir sükût

ölümsüz(-lük) s. **ölmez(-lik)**

ölünmek Pass. zu **ölmek; Ölenle ölünmez.** *Spr.* Man stirbt nicht gleich, wenn ein Nahestehender gestorben ist. (Beruhigungsworte an trauernd Hinterbliebene)
ölüş Tod *m,* Todesart *f*
ömer otu s. **şerbetçiotu**
Ömerli *n.pr* O.u.D. im Rbz. Mardin
ömiset, -ti (*franz.* **eumycètes**) s. **gerçek mantarlar**
ömrübillah [···–] *P Bet.* bei Gott! wahrhaftig! so wahr ich hier stehe! **Ben ~ elimi harama sürmemiş, namuzlu bir delikanlıyım.** Ich habe bei Gott nichts Böses getan, ich bin ein anständiger Mensch.
ömür, -mrü 1. Leben(-sdauer *f*) *n* *hayat 2. langes und glückliches Leben 3. was e–m sehr gefallen kann, was e–n belustigt; gelungen, schnurrig Zu 1: **Sizlere ~!** (*Abw.* bei Erwähnung e–s Todesfalles): a) Gott erhalte euch am Leben! b) *Euph.* Er starb. Er war nicht mehr. (Zu a: **Validesi de sizlere ~ vefat etti.** Auch seine Mutter ist gestorben. Zu b: **Silâh boom! eder etmez arkadaşı sizlere ~.** Es knallte, und sein Freund war nicht mehr am Leben.) **Çınarın -ü uzun olur.** Platanen haben e–e lange Lebensdauer. **Adamcağızın -ü kısa imiş.** Der arme Kerl mußte früh sterben. **bütün ömrümce** mein ganzes Leben lang; zeit meines Lebens Zu 2: s. **Allah -ler versin!** Zu 3: **Bu adamın arkadaşığı -dür.** Die Freundschaft dieses Mannes ist Gold wert. **Bir anlatışı var ki ~!** Er hat e–e fabelhafte Erzählungsgabe. **Vallahi -sün!** Na, du kannst mir gefallen! Du bist aber ein schnurriger Bursche! **~ adam** prima Kerl, patenter Bursche **~ ağacı** s. **mazı ağacı; ~ boyu seçilmek** auf Lebenszeit gewählt werden **~ boyunca senelik gelir** lebenslängliche Jahresrente **~ çürütmek** sein Leben vertun; ein nutzloses Leben führen **~ sürmek** 1. leben, sein Leben verbringen 2. *pr.* glücklich und zufrieden leben **~ törpüsü** *fig.* was e–n Menschen aufreibt; Nagel *m* zum Sarg; e–e wahre Nervensäge (**Bu iş benim için ~ törpüsüdür.** Die Geschichte wird mich noch ins Grab bringen.) **-e bedel** lebenswert **-ler olsun!** langes Leben! (Erwiderung dessen, dem die Hand geküßt wird) **-ü müddetince** sein ganzes Leben lang **-ü oldukça** solange er lebt **-ü uzamak** weiterleben **-ü vefa etmemek** (b–nin bşe) j–m nicht vergönnt sein, et. zu tun (*d.h.* vor Vollendung e–s Werkes sterben) **²ü yokmuş.** Er hat gar nicht richtig gelebt. *d.h.* Er ist schon in jungen Jahren gestorben. **-ümün varı** mein Liebling (Einziges, Süßes)! **-ünde** in seinem ganzen Leben, jemals *bzw.* (in neg. Sätzen) überhaupt noch nie, noch niemals **²üne bereket!** Vielen Dank! Tausend Dank! **²ünüz çok** (*od.* **mezit**) **olsun!** Vielen herzlichen Dank! Gott möge es Ihnen lohnen! **-ü beşer** Menschenleben *n,* menschliches Leben **-ü Nuh** *fig.* ein sehr langes Leben
ömürlü 1. mit nb. Leben od. mit nb. Lebensdauer 2. *pr.* langlebig, ein hohes Alter erreichend Zu 1: **Kadınlar, erkeklerden daha uzun ~ olurlar.** Frauen erreichen durchschnittlich ein höheres Alter als Männer. Zu 2: **Allah ~ etsin!** Gott schenke ihm (dir) langes Leben! **~ çiçek** Dauerblume *f*
ömürsüz 1. kurzlebig 2. *fig.* nur kurz dauernd
ön 1. Raum *m* vor et. 2. Vorderseite *f* 3. was zeitlich unmittelbar bevorsteht 4. a) vorder, vorderst, Vor-, Voraus-, vorgeschoben, vorne befindlich b) Früh-, Anfangs- 5. (*Film* usw.) Vordergrund *m* 6. **önüne, önünde** (*mst.* lokal) vor Zu 1: **Evin önü bahçe.** Das Gelände vor dem Haus ist Gartenland. Zu 3: **Önümüz kış.** Der Winter steht vor der Tür. Zu 6: s.a. **gözün önüne gelmek; ~ ad** Vor-, Tauf-, Ruf-name *m* *öz ad **~ akit** Vorvertrag *m* *önsözleşme **~ almak** *mil.* e–n Vorsprung erzielen **² Asya** *geogr.* Vorderasien **~ cephe** Vorderfront *f* (e–s Hauses) **~ denetleme** *Th.* Voraufführung *f* **~ dingil** Leitachse *f* **~ dişler** Vorderzähne *pl.* **~ emir** *mil.* Vorbefehl *m* **~ gösteri** *Th.* Vorspiel *n* **~ haber** *mil.* Vormeldung *f* **~ hesap** *H* Vorkalkulation *f* **~ Hıristiyan sanatı** frühchristliche Kunst **~ heyet** *mil.* Vorkommando **~ kalıtçı** (*od.* **~ mirasçı**) *jur.* Vorerbe *m* **~ kaş** Vorderzwiesel *m* (e–s Reitsattels) **~ lambaları** *Th.* Rampenlicht(-er *pl.*) *n* **~ mesele** s. **meselei müstehire; ~ mukavele** s. **önsözleşme; ~ oynayış** *Th.* Korrekturprobe *f* **~ plan** Vordergrund *m* (*wörtl.* und *fig.*) **~ plana geçmek** in den Vordergrund (z.B. des Interesses) treten **~ proje** Vor-, Rohentwurf *m* *avanproje, öntasar(-ı) **~ safta** *a.fig.* in vorderster Linie **~ sıra** *mil.* vorderes Glied **~ siper** 1. Mützenschild *n* 2. *mil.* vorderste Feldbefestigung **~ soruşturma** *jur.* Vorverfahren *n* (im Strafverfahren gegen Beamte) *tahkikatı evveliye **~ taraf** 1. Vorderseite, Front *f* 2. Vorplatz *m* (z.B. vor e–m Haus) **² Uyanış Çağı** Frührenaissance *f* **~ vermek** gestatten **~ yamaç** *mil.* Vorderhang *m* **~ yüz** Vorderseite *f* (z.B. e–r Banknote), Avers *m* (e–r Münze) *rekto **-de girmek** *od.* **-de götürmek (yarışı)** *(Sport)* die Führung übernehmen **-den çekişli oto** Auto mit Vorderradantrieb **-den gidecek heyet** *mil.* Vorkommando *n* **-e almak** voranstellen; früher setzen; vorverlegen (Termin) *takdim etmek **-e bakmak** zu Boden blicken, sich schämen **-e düşmek** vorausmarschieren, vorangehen, den Führer machen **-e geçmek** *(Sport)* in Führung gehen, die Führung übernehmen **-e gelen** führend **-e sürmek** 1. als Deckung verwenden, vorschieben 2. vorbringen, anführen, ins Feld führen *ileri sürmek (Zu 2: **Kocasını öldürdüğü öne sürülen kadın** die Frau, die des Mordes an ihrem Gatten beschuldigt war) **-ler** *mil.* Vorfeld *n* (z.B. e–r befestigten Stellung) **-ü ardı** Anfang *m* und Ende *n, d.h.* alle Einzelheiten *pl.* (e–r Angelegenheit) **-ü ardı alınamamak** immer weiter andauern **-ü sıra** (in geringer Entfernung) vor ihm (her) (**Önü sıra ilerledim.** Ich bin vor ihm hergegangen. **önüm sıra** in kurzer Entfernung vor mir her) **-ümde** vor mir **²ümden çekil!** Verschwinde! Schau, daß du weiterkommst! **-ümüzdeki hafta** nächste Woche **-ünde** 1. vor ihm 2. davor 3. s. **başı önünde; -ünde ardında dolaşmak** *fig.* besonders große Hartnäckigkeit an den Tag legen, unglaublich zudringlich sein **²ünde perende atılmaz** s. Stw. **perende; -ünde sonunda** s. **eninde sonunda; -ünde yuvarlanmak** s. **çanağını yalamak; -ünden** anfangs, zuerst **-ünden geçmek** (b–nin od. bşin) vorbei-gehen, -marschieren, vorübergehen (an) **-üne ardına** (*od.* **arkasına**) **bakmadan** unvorsichtig, unüberlegt **²üne bak!** 1. Schau vor dich! Sieh dich vor! Gib acht! Paß auf! 2. Kümmere dich um deine eigenen Angelegenheiten! **-üne bakmak** 1. aufpassen 2. vor sich hinschauen, auf den Boden schauen (z.B. aus Schüchternheit) 3. sich um seine eigenen Angelegenheiten kümmern 4. auf das Zunächstliegende (*bzw.* den Anfang) schauen, achten 5. als (spärlicher) Gewinn verbleiben (Zu 4: **Önüne bakma, sonuna bak!** *Spr.* Der Anfang ist nicht so wichtig wie das Ende!) **-üne çıkmak** (b–nin) 1. j–m (gerade) in den Weg laufen 2. vor j–n hintreten **-üne dayamak** s. Stw. **dayamak; -üne düşmek** (b–nin) 1. vor j–m hergehen (z.B. um den Weg zu zeigen) 2. dahergetrieben werden, vor j–m hergetrieben werden *önüne katılmak 3. sich an die Spitze setzen, die Führung übernehmen 4. s. **Düş önüme! -üne geçmek** 1. (bir işin) s. **önünü almak** 2. (b–nin) überholen (Sport, Auto usw.) **-üne gelen** wer e–m gerade in den Weg läuft, jeder x-beliebige, irgendeiner, der erste beste, jeder **-üne getirmek** vor-legen, -zeigen **-üne katmak** (m. Akk.) 1. vor sich hergehen lassen (z.B. Führer, der den Weg zeigen soll) 2. vor sich hertreiben (z.B. Kühe, *a.fig.* z.B. Feinde) 3. *fig.* j–n nach seiner Pfeife tanzen lassen **-üne kemik atmak** (b–nin) j–m e–n Knochen vorwerfen *d.h.* j–m durch ein Geschenk den Mund stopfen **-ünü almak**

(bşin) 1. et. verhüten, verhindern, e–r Sache vorbeugen 2. e–r Sache Einhalt gebieten, weitere Ausdehnung unmöglich machen, et. (im Anfangsstadium) unterbinden, et. eindämmen *(1, 2) önlemek **-ünü ardını bilir** (bir adam) 1. klug, gewitzigt, erfahren, Bescheid wissend 2. wer mit Menschen umgehen kann **-ünü ardını düşünmek** (*od.* **saymak**) Umsicht an den Tag legen, umsichtig handeln, alles gut erwägen **-ünü ardını düşünmeden** unüberlegt, kopfüber **-ünü kapamak** *(Scha.)* e–e Figur decken **-ünü kavuşturmak** seinen Rock zuknöpfen, **-ünü kesmek** (b–nin) j–m den Weg verlegen (abschneiden, versperren, vertreten), vor j–n hintreten *yolunu kesmek ⁓ **ünüz açık.** Sie haben alle Aussicht, im Leben voranzukommen.

ön-alıcı s. **şefi** (2)

ön-alım hakkı s. **şuf'a hakkı**

Önalpler *geogr.* Voralpen *pl.*

önavurt ünsüzü *phon.* Alveolarlaut *m* (das i-haltige **l**)

önayak *pej.* Rädelsführer, Anführer, Anstifter *m,* treibende Kraft

önbaskı *typ.* Vorabdruck *m*

önbelirti *med.* erstes Symptom

önbeyin, -yni *an.* Vorderhirn *n*

önbilgi Vorkenntnisse *pl.* *mebadi

önce [×·] 1. *Adv.* zuerst, zunächst, zu Anfang *evvelâ 2. *Pp.* vor (temporal od. lokal) 3. vorher, zuvor, früher 4. *Sb.* was zu Anfang liegt, die zurückliegende Zeit, Vorausgegangenes, Vorgeschichte *f* *makabil Zu 1: **⁓ düşün, sonra söyle!** Überlege zuerst, und dann sprich! **⁓ o söyledi.** Er sprach als erster. Zu 2: **Senden ~ geldi.** Er ist vor dir gekommen. **iki sene öncesine kadar** bis vor zwei Jahren Zu 2/3: **bir yıl ~** a) vor e–m Jahr (von heute an gerechnet) b) ein Jahr zuvor Zu 4: **Bu hükmün önceye geçerliği yok.** Diese Bestimmung hat keine rückwirkende Kraft. **-den, -ki, -leri** s. die ges. Stw.

öncebilim Vorherwissen *n,* Allwissenheit *f* (Gottes) *ilmi ezelî

öncecilik Initiative *f,* selbständiges Handeln *in(i)siyatif

önceden [×··] *Adv.* (zu-)erst, zunächst, im Anfang, anfangs **~ belirlemek** *(a. rel.)* vorherbestimmen **⁓ bilmiyordu, sonra öğrendi.** Anfangs wußte er es noch nicht; er erfuhr es erst später **~ halli lâzım gelen meseleler** *jur.* Vorfragen *pl.*

önceki vor et. anderem liegend (temporal od. lokal); vorhergehend **o evden ~ evler** die Häuser vor dem Haus da drüben **~ gün** vorgestern

öncel 1. Vorgänger(-in *f*) *m* im Amt *selef 2. (im *Pl.*) Vorfahren, Ahnen *pl.* *eslâf 3. voran-, vorher-gegangen, vorig, ehemalig, früher *sabık 4. *phil.* prästabiliert **~ düzen** *phil.* prästabilierte Harmonie (Leibniz) *ahengi ezelî

önceleme 1. *rhet.* Vorwegnahme *f* e–r gegnerischen Frage und deren Beantwortung; Antizipation, Pro(kata)lepsis *f* *suali mukaddere cevap 2. *mus.* Vorausnahme, Antizipation *f* *eralırlık, evme

öncelemek (m. Akk.) voran-stellen, -setzen, et. früher unternehmen als et. anderes *takdim etmek

öncelemeli *rhet., mus.* antizipatorisch, proleptisch

önceleri [×···] *Adv.* 1. in früheren Zeiten, früher *eski zamanda 2. zuerst, anfangs

öncelik 1. Voran-, Voraus-gehen *n* *takaddüm 2. Vorgang *m,* Vorgeschichte *f* 3. Vortritt, Vorrang *m,* Priorität *f* *rüçhan 4. An-zahlung *f,* -geld *n* *pey akçesi 5. Vorfahrt *f* **~ hakkı** 1. s. **rüçhan hakkı** 2. *Th.* Erstaufführungsrecht *n* **~ vermek** die Vorfahrt lassen **-le** vorrangig *takdimen

öncesiz von Ewigkeit her, (ur-)ewig *ezelî

öncesizlik (Ur-)Ewigkeit *f,* *ezel, ezeliyet

öncü 1. *mil.* die Vorhut bildend; Vorhut *f,* Voraus- 2. Vorkämpfer, Avantgardist *m* *(1, 2) pişdar 3. Vordermann *m* (z. B. beim Klettersport) 4. ⁓ *astr.* Prokyon *m* *Şi'rayı Şamî **~ kıtaları** *mil.* Vortruppen, Vorausabteilungen, Heeresspitzen *pl.* **~ müfrezesi** *mil.* Vorausabteilung *f* *ileri müfreze **~ öncüsü** *mil.* erste Vorausabteilung, Vorhutkompanie *f,* Vortrupp *m* **~ tiyatro** avantgardistisches Theater

öncül *log.* Prämisse *f,* Vordersatz *m* (beim einfachen Syllogismus)

öncülük Vorkämpfertum, Advantgardistentum *n* **~ etmek** (*od.* **yapmak**) 1. Vorkämpfer (*bzw.* unter den Vorkämpfern) für et. sein, bahnbrechend wirken 2. die Vorstufe bilden (zu)

öndamak *an.* knöcherner (*od.* harter) Gaumen **~ ünsüzü** *phon.* Vordergaumen-, Palatal-laut *m*

öndamaksı(-l) s. **öndamak ünsüzü**

öndelik Vorschuß *m* *avans

öndem *lit.* 1. Prolog *m* 2. Vorwort *n*

öndenlik *jur.* Fälligkeit *f* *muacceliyet

önder Führer *m* (*spez.* Atatürk) *lider, şef

önderlik, -iği 1. Führung *f* 2. Führer-tum *n,* -eigenschaften *pl.* **~ etmek** 1. führen; die Führerrolle übernehmen 2. s. **öncülük etmek** (2); (b–nin) **-iyle** unter der Führung von ...

öndeyiş *Th.* Prolog *m*

öndüç, -cü Vorbote *m*

öndül *selt.* 1. Einsatz *m* (z. B. bei e–r Wette), Preis *m* (z. B. bei e–m Wettbewerb) 2. (Unter-)Pfand *n,* Bürgschaft, Garantiesumme *f* *rehin

önek, -ki *ling.* Präfix *n,* Vorsilbe *f* *lâhikai mütekaddime, piş edat, prefiks, dahile

öneklemeli *ling.* präfigiert (Sprache)

önel Frist *f* *mehil, mühlet

önem 1. Wichtigkeit, Bedeutung, Erheblichkeit *f,* Belang *m* *ehemmiyet 2. Einfluß *m,* Ansehen, Gewicht *n,* Autorität *f* **~ taşımak** von Belang sein **~ vermek** Bedeutung beimessen; Gewicht legen (auf)

önemli 1. wichtig, bedeutend, erheblich, beträchtlich, von Bedeutung (Belang) *mühim, ehemmiyetli 2. einflußreich, angesehen **~ neden** s. **mühim sebep**

önemsemek (m. Akk.) für wichtig erachten, e–r Sache Bedeutung beimessen, et. wichtig nehmen *mühimsemek

önemsiz unwichtig, unerheblich, ohne Bedeutung, bedeutungslos, belanglos, unbedeutend *ehemmiyetsiz

önemsizlik Geringfügigkeit, Bedeutungs-, Belang-losigkeit *f*

önerge *parl.* Antrag *m,* Motion *f* *takrir

önergenlik Vorpubertät *f*

önergi s. **inha**

öneri 1. *jur.* bindendes Angebot *icap 2. Vorschlag *m* *teklif **-ye çağırı** *jur.* Kaufangebot *n* *icaba davet

önerme 1. Vorschlag *m* *teklif 2. *jur.* s. **öneri** 3. *log.* Behauptung *f,* zu beweisender Satz; Urteil *n* *kaziye Zu 3: s. **büyük (küçük) ~**

önermek vorschlagen, in Vorschlag bringen *inha etmek, teklif etmek

önerti *log.* Voraussetzung *f* e–s hypothetischen Urteils *mukaddem

öneze *P* Anstand, Hochsitz *m* (des Jägers)

önfinansman s. **prefinansman**

öngörmek et. vorsehen, planen **öngörülen tedbirler** die vorgesehenen Maßnahmen

öngörü Voraussicht, Umsicht, Vorsorge *f,* Weitblick *m* *durendişlik

öngörülü umsichtig, vorsorglich, weit vorausblickend *durendiş

öngü(-l) *(kaum gebr.)* s. **inat(-çı)**

öngün s. **arife**

önkol 1. *an.* Unterarm *m* *sâid 2. Vorarm *m* (des Pferdes) ~ **kemiği** *an.* Speiche *f,* Radius *m* (Knochen des Unterarms) *azmı kûbere, döner kemik
Önkuzey dili *ling.* Altnordisch(-e) *n*
önlem *selt.* s. **tedbir**
önleme Vs. zu **önlemek;** ~ **davası (arancı, dilemi)** *jur.* Präventivklage *f* *içtinap davası ~ **harbi** *mil.* Präventivkrieg *m*
önlemek 1. s. **önünü almak** 2. *(a. mil.)* überholen
önleyici 1. verhütend, verhindernd, vorbeugend, Präventiv- 2. *mil.* überholend ~ **harp** Präventivkrieg *m* ~ **takip** *mil.* überholende Verfolgung ~ **tedbir** Vorbeugungsmaßnahme *f* *ihtiyatî tedbir ~ **uçak** *mil.* Abfangjäger *m*
önliman *naut.* Außenhafen *m*
önlü 1. auf e–n vorderen Teil, e–e Vorderseite bezüglich 2. auf der Vorderseite beschrieben ~ **ve arkalı sayfa** doppelseitig beschriebenes Blatt
önlük, -üğü 1. Schürze *f,* (Arbeits-)Kittel *m* 2. (Leder-) Schurz *m* 3. Lätzchen *n* 4. Vorfeld *n* (z. B. e–r Flughalle)
önmüzik *Th.* Vorspiel *n,* Ouvertüre *f*
önoda *an.* vordere (Augen-)Kammer *f* *beyti kuddamî
önoluş(-um) *biol., phil.* Präformation *f* *teşekkülü kablî, tekevvünü evvel
önörgü Rohentwurf, Grundplan *m*
önperde *Th.* Aktvorhang *m*
Önrafaelcilik; ÖnraffaelocuIuk Präraffaelismus *m*
Önrafaelciler; Önraffaellocular Präraffaeliten (England)
önsahne *Th.* Vorbühne *f* ~ **lambaları** *Th.* Vorbühnenbeleuchtung *f* ~ **locası** *Th.* Proszeniumsloge *f*
önseçim Vorwahl *f,* Aufstellung *f* der Rangliste (von Parteikandidaten) *aday yoklaması
önseçmen wer die Rangliste der einzelnen (Partei-)Kandidaten ausarbeitet
önsel(-ci) s. **apriori(-st)**
önses *gr.* Wort- od. Silben-anlaut *m* ~ **düşmesi** *ling.* Aphärese *f* *aferez
önsezi Vorgefühl *n,* Vorahnung *f* *hissikablelvuku
önsöz Vorwort *n,* Einleitung, Einführung *f* *mukaddeme
önsözleşme *jur.* Vorvertrag *m*
öntakı *gr.* Präposition *f,* Verhältniswort *n* *harfi cer
öntasar(-ı) Vor-, Roh-entwurf *m* *avanproje
öntasım *log.* Prosyllogismus *m* *kıyası mevsulünnetayiç
öntaslak erster Entwurf; Rohentwurf *m*
öntepeler *geogr.* Vorberge *pl.*
öntüreme *ling.* Prothese *f*
önürdeşme s. **gıpta** (2)
önyargı Vorurteil *n* *peşin kanaat (hüküm, yargı); prekonsepsiyon, prejüje
önyargılı nicht vorurteilsfrei; voreingenommen
önyüzbaşı, -yı *mil.* Hauptmann erster Klasse, Schwadron-, Batterie-chef *m* *kıdemli yüzbaşı
Öpatorya [··×·] *n. pr.* Eupatoria (auf der Krim)
öperlemek *V* sich küssen, *F* sich abbusseln *öpüşmek
öpmek, (-er) küssen **Çocukları ağızlarından ~ gayri sıhhîdir.** Es ist unhygienisch, Kinder auf den Mund zu küssen. **Bu ihtiyar hanımın elini öptüm.** Ich habe dieser alten Dame die Hand geküßt. s. a. **el etek ~. Öp babanın elini!** (Ausruf der Verblüffung, *spez.* der unangenehmen Überraschung) Da schlag doch e–r lang hin! Da haben wir den Salat! **Öp de başına koy!** Auch für Geringes soll man dankbar sein! **Öp eşiği, çık dışarı!** Ich habe (bei meinem Bittgang) nichts erreichen können. **öperken ısırmak** vorn lecken und hinten kratzen **öpüp (de) başına koymak** mit Kußhand aufnehmen, dankbar annehmen
öpü *va.* Küssen *n,* Kuß *m* *buse, öpüş
öpücü tahtakurusugiller die blutsaugenden geflügelten Wanzen der Gattung Triatoma (Übertrager der Chagas-Krankheit)
öpücük Küßchen *n* ~ **göndermek** Küßchen werfen, e–e Kußhand zuwerfen
öpüş Küssen *n,* Kuß *m*
öpüşmek 1. küssen, *F* sich abbusseln 2. *fig.* sich versöhnen; Frieden schließen 3. *Ch.* zusammenstoßen (Autos)
öpüştürmek veranlassen od. zulassen, daß man sich küßt (bzw. versöhnt) **Dargın arkadaşları öpüştürdük.** Wir haben die verzankten Kameraden dazugebracht, sich den Versöhnungskuß zu geben.
ör *va.* 1. Zaun *m,* Hecke, Bretterwand *f,* Lattenzaun *m* 2. Festungswall *m* ~ **beyi** *va.* Festungskommandant *m* ~ **kazmak** *va.* e–n Wall aufwerfen, sich verschanzen
örcin *P* Strickleiter *f* *ip merdiven
ördek 1. Ente *f zo.* Anas 2. Urinflasche *f* (für bettlägerige Männer) 3. *Ch.* unterwegs aufgenommener Fahrgast 4. *V* Blödian, Dummkopf *m* ~ **avlamak** *Ch.* unterwegs Fahrgäste aufnehmen ~ **edalı** krummbeinig, watschelnd ⁓ **kaza bakarak çatlar.** *Spr.* Der Neidische schadet sich selbst. ~ **muhabbeti** Anteilnahme *f* mit leeren Worten (an dem Unglück von Freunden)
ördekbalığı, -nı 1. Streifenlippfisch *m zo.* Labrus mixtus 2. Schildfisch *m zo.* Lepadogaster bimaculatus
ördekbaşı, -nı grünlichblau
ördekgagası, -nı rötlich-hellgelb
ördekgiller Entenvögel *pl. zo.* Anatidae
öre(-k) *z. va.* 1. Geflecht *n* 2. Errichtung *f* e–r Mauer, e–s Hauses ~ **ipi** Richtschnur *f* (der Maurer) ~ **taşı** Baustein *m*
öreka s. **evrika**
öreke 1. Spinnrocken *m* 2. s. **ebe -si;** ~ **taşı** flaches Riff (im Meer)
örelemek *va.* 1. lose flechten 2. oberflächlich ausbessern 3. ordnen, zurechtmachen, formen, schmücken
örelenmek *va.* 1. Pass. zu **örelemek** 2. e–e schöne Form gewinnen
öremek *va.* ordnen, in Ordnung bringen
ören *va.* 1. Ruine *f* 2. Trümmer(-feld *n*) *pl.* *(1, 2) harabe 3. Viehweide *f* ~ **gülü** s. **yabangülü;** ~ **yavşanı** Wermutpflanze *f bot.* Artemisia absinthium
örf 1. Brauch *m,* Sitte *f,* Herkommen *n,* Gewohnheit *f* *âdet 2. *va.* Unterdrückung, Tyrannei *f* 3. *fr.* großer Wulstturban der höchsten Geistlichen an Feiertagen (ähnlich wie **horasanî**) 4. Stand-, Kriegs-recht *n* 5. *va.* s. **bahşiş;** ~ **etmek** *va.* 1. unterdrücken 2. bedrohen, einschüchtern, erpressen ~ **ve âdet** (*va.* **örfüâdet**) Sitte und Brauch, Brauch und Herkommen; Usance *f* *görenek ~ **ve âdet hukuku** Gewohnheitsrecht *n* *görenek türesi
örfelemek einschüchtern *gözdağı vermek
örfen [×·] *va. Adv.* 1. nach Sitte und Brauch, herkömmlicherweise 2. standrechtlich, nach Kriegsrecht
örfî 1. *va.* herkömmlich, traditionell *göreneksel 2. außerordentlich, durch rechtlichen Ausnahmezustand bedingt, Ausnahme-, Sonder- ~ **destar** *fr.* e–e best. Turbanart ~ **idare** s. **sıkıyönetim**
örfüâdet s. **örf ve âdet**
örge *(bei Ornament spez. arch.)* Motiv *n*
örgen Organ *n* *organ, uzuv
örgencilik *med., phil.* Organizismus *m* *uzvaniye
örgenlemek organisieren *teşkilâtlandırmak
örgenleşmek *biol.* organische Gestalt annehmen *organlaşmak
örgenlik Organismus *m* *organizm, uzviyet
örgensel organisch *organik, uzvî
örgü 1. Flechten, Knüpfen *n,* Strickerei *f* (usw. s. **örmek**) 2. Geflecht, Flechtwerk *n,* Reisighürde, Binsenmatte *f,* Mauer(-werk *n*) *f* 3. Haar-zopf *m,* -flechte *f* *belik, bölük 4. *an.* (Adern-, Nerven-)Geflecht, Netz *n,* Plexus *m* *dafire 5. gestrickt, Strick- Zu 1: **Bunun -sü güzel.** Das ist

e–e schöne Strickart. Zu 2: **kaba bir** ~ ein grobes Geflecht; s. a. **tel -sü** Zu 3: **Saçlarını iki** ~ **yapmış.** Sie hat ihr Haar in zwei Zöpfe geflochten. ~ **bezeme** *arch.* (Zopf-) Geflecht *n* ~ **eldiven** Strickhandschuhe *pl.* ~ **şişi** Stricknadel *f*

örgüç s. **hörgüç**

örgülü gestrickt, geflochten, geknüpft ~ **gömlek** *fr.* Panzerhemd *n*

örgün organisch ~ **eğitim** organische Erziehung *müteazzi terbiye

örgüt(-çü, -çülük, -le(ndir)mek) s. **teşkilât(-çı, -çılık, -landırmak)**

Öridis *n.pr.* Eurydice (Gattin des Orpheus)

örifag *bot., zo.* euryphag; nicht auf e–e best. Nahrung angewiesen

Öripit, -di *n.pr.* Euripides

örme 1. Vs. zu **örmek** 2. geflochten, geknüpft, gehäkelt, gestrickt, Flecht-, Knüpf-, Häkel-, Strick- 3. gestopft, ausgebessert 4. gemauert 5. *selt.* Litze, Tresse, Borte *f* ~ **çorap** gestrickter Strumpf ~ **duvar** Lehmmauer, Piseewand *f* ~ **koltuk** Korbsessel *m* ≗ **Taş** *n.pr.* Gemauerte Säule, Gemauerter Obelisk, Obelisk *m* Konstantins VII. Porphyrogenetos; Koloß *m* (in Istanbul) *Yedinci Konstanten Abidesi ~ **yelek** Strickweste *f* ~ **zırh** *fr.* Kettenpanzer *m*

örmek, (-er) 1. flechten, knüpfen, stricken, häkeln 2. stopfen, ausbessern (Wäschestücke) 3. bauen, errichten, aufführen (Mauer), zumauern (z.B. Fenster) 4. (in Zöpfe) flechten (Haar) 5. *reg.* machen, ausführen Zu 1: s. **ağ (çorap, fanila, saçlarını, tentene)** ~ Zu 2: **elbisenin yırtığını** ~ das Loch (den Riß) in e–m Anzug stopfen

örneğin zum Beispiel *meselâ

örnek, -ği 1. Probe *f*, Muster *n* (z.B. e–r Ware) *numune 2. Muster, Vorbild *n*, gutes Beispiel *numunei imtisal 3. Muster *n*, Machart, Vorlage *f*, Modell *n*, Art *f*, Schnitt *m* *biçim, şekil, model 4. et. genau Entsprechendes (Gleiches, Gleichwertiges) *misil 5. (praktisches) Beispiel, Typ, Typus *m* *misal 6. Vordruck *m*, Formblatt *n* 7. Abschrift *f*, Abdruck *m*, Ausfertigung *f* *suret 8. Muster-, Ideal- Zu 1: **kumaş -leri** Stoffproben *pl.* Zu 3: **O kumaşın bizde birkaç -i var.** Den gleichen Stoff haben wir in verschiedenen Mustern. **Tıpkı -ini yapmış.** Er hat genau nach Vorlage gearbeitet. Zu 4: **Bu kitabın bir -i daha yoktur.** Ein gleichwertiges Werk existiert noch nicht. Zu 8: ~ **bir hatip** Ideal *n* e–s Redners ~ **bir üslupla** in meisterhaftem Stil; meisterhaft ~ **köy** Musterdorf *n*, bäuerliche Mustersiedlung ~ **insan** vorbildlicher Mensch; ~ **almak** sich ein Muster nehmen (an) (**Bu çocuk, babasından** ~ **alıyor.** Der Junge hier macht es genau so wie sein Vater.) ~ **dizi** *mus.* Normaltonleiter *f* (C-Dur) ~ **nüsha** Probeexemplar *n* ~ **olmak** (b–ne) ein Vorbild sein (für) ~ **parça** Probestück *n* (z.B. e–s Tischlers) ~ **sayı** Probenummer *f* (e–r Zeitschrift usw.) **-ini almak** (bşin) das Muster abzeichnen **-ini çıkarmak** (bşin) et. genau nachmachen

örnekleme s. **irsali mesel**

örneklemek als Muster vorführen

örneklik als Muster (Probe) geeignet od. dienend, Muster-, Probe *numunelik

örnekseme *ling.* Analogie(-bildung) *f* *analoji, kıyas ~ **yoluyla** analog *kıyasen

Örop, -pu *n.pr. griech. Myth.* Europa (Person)

Öropeen *selt.* europäisch; s. **İndo-Öropeen**

örs 1. Amboß *m* 2. s. **pabuççu kölesi** 3. ≗ *selt. türk. Fn.* ~ **kemiği** *an.* Amboß *m* (im Ohr), Incus *azmı sindanî ~ **keskisi** *techn.* Abschröter *m* (Amboßeinsatz) ~ **kulağı** s. ~ **ucu;** ~ **kütüğü** Amboßklotz *m*, Schabotte *f* ~ **ucu** Amboßhorn *n* ~ **yüzü** Amboßfläche *f*

örselemek 1. nicht ordentlich behandeln, übel zurichten, beschädigen, zerzausen, zerknittern, ruinieren, kaputtmachen 2. j–m übel mitspielen, j–n arg mitnehmen Zu 1: **Rüzgâr, çiçekleri örseledi.** Der Wind hat die Blumen ganz zerzaust. **Bak, kitabımı nekadar örselemişsin!** Schau nur, wie du mein Buch zugerichtet hast! Zu 2: **Hastalık onu epey örselemiş.** Die Krankheit hat ihn ziemlich mitgenommen.

örtbas etmek vertuschen, unterdrücken, niederschlagen, unter der Hand erledigen **Kabahati** ~ **edildi** (*od.* **oldu**). Sein Vergehen wurde vertuscht.

örtenek *zo.* Mantel *m* (Federdecke des Vogelrückens od. Hautdecke der Weichtiere) *manto

örtme Vs. zu **örtmek** *spez. mil.* Verschleierung, Deckung *f* ~ **cephesi** *mil.* Verschleierungsfront *f*

örtmece; örtmecilik *stil.* Euphemismus *m* *edebikelâm

örtmek, (-er) 1. (be-, zu-, ver-)decken 2. verschleiern (Gesicht) 3. zumachen, schließen *kapamak 4. zuschütten, zuwerfen, zuschaufeln 5. schütten, werfen, häufen, schaufeln (um et. zuzudecken) 6. geheimhalten, nicht ans Tageslicht kommen lassen, vertuschen Zu 1: **Paltomu üzerime örttüm.** Ich deckte den Mantel über mich. Zu 2: s. **yüzünü** ~ Zu 3: **Kapıyı örter misiniz?** Würden Sie bitte die Tür schließen? Zu 4: **mezarı** ~ das Grab zuschaufeln Zu 5: **toprak** ~ (bşin üstüne) Erde häufen (auf et.), mit Erde bedecken Zu 6: **kabahatini** ~ (b–nin) j–s Vergehen vertuschen **Ört ki ölem** (*od.* **öleyim**)! (*iron. Ra.* bei bombastischen Versprechen): Jetzt kann ich ja beruhigt sterben!

örtü 1. Decke *f*, Überzug *m* 2. *mil.* Deckung *f* 3. Dach *n* 4. *geol.* s. **nap** (III) Zu 1: s. **baş (karyola, masa, sofra, yatak) -sü** Zu 2: s. **göze ve ateşe karşı** ~; ~ **dokusu** s. **epitel(-yum);** ~ **telekleri** Deckfedern *pl.* (e–s Vogels) **-sü açılmadık** s. Stw. **açılmadık**

örtücü 1. (be-, zu-, ver-)deckend 2. wer Decken herstellt od. verkauft 3. *phot.* s. **obtüratör**

örtük 1. be-, zuge-, ver-deckt, 2. zugemacht, zugeschlossen 3. versteckt, verborgen

örtükkanatlılar s. **kınkanatlılar**

örtülü 1. mit Decke 2. zugedeckt, verdeckt, 3. unberührt (z.B. Thema) Zu 2: s. **ağzı (başı üstü)** ~; ~ **ödenek** Geheim-, Dispositionsfonds *m* *tahsisatı mesture ~ **ödenekçi** wer aus e–m Geheimfonds Mittel erhalten hat ~ **sermaye** *H* Fremdkapital *n* ~ **ses** verschleierte Stimme

örtünmek 1. sich be-, zu-decken, sich hüllen (in) 2. sich verschleiern Zu 1: **İki battaniye örtünmüş.** Er deckte sich mit zwei Decken zu. **bol bir çarşafla örtünmüş** in e–n weiten Tscharschaf gehüllt

örtüsüz 1. ohne Decke 2. ohne Deckung, ungeschützt, dekkungslos ~ **arazi** *mil.* deckungsloses (ungedecktes) Gelände

örü 1. was geflochten (geknüpft, gestrickt, gehäkelt) ist; Geflecht *n* 2. Gebäude *n*, Bau *m* *bina, yapı 3. Abgrenzung *f* od. abgegrenzter Platz; Scheide-, Zwischen-, Bretter-wand *f* 4. Ausbesserung *f*, gestopfte Stelle 5. stehend, aufrecht ~ **balçığı** Strohlehm *m* ~ **taşı** ein für Brunnen, Mauern usw. verwendeter harter Stein

örücü 1. Stricker(-in *f*) *m*, Flechter(-in *f*) *m* 2. *spez.* Kunststopfer(-in *f*) *m*

örücülük Tätigkeit *f* e–s (e–r) **örücü** *spez.* Kunststopfen *n*

örülü 1. geflochten, geknüpft, gestrickt, gehäkelt 2. gestopft, ausgebessert 3. abgegrenzt ~ **kapı** zugemauerte Türöffnung

örümceğimsiler Spinnentiere *pl. zo.* Arachnoidea

örümcek 1. Spinne *f zo.* Aranea (u.a.) 2. **(ağı)** Spinn(en)gewebe *n*, Spinnweb(-e *f*) *n* ~ **almak** die Spinngewebe wegnehmen ~ **bağlamak** s. **örümcek tutmak;** ~ **çiçeği** ästige Graslilie *bot.* Anthericum ramosum ~ **kafalı** (ver-

ächtliche Bez. für e–n Reaktionär:) verbohrt, stockkonservativ ~ **maymunu** schwarzer Klammeraffe *zo.* Ateles paniscus *koata ~ **otu** 1. s. ~ **çiçeği** 2. Tag-, Dreimasterblume *f bot.* Tradescantia virginiana ~ **tutmak** sich mit Spinnweben bedecken (Raum, Ecke usw.) ~ **zambağı** Schwielenlilie *f bot.* Hymenocallis americana
örümcekbilim Spinnenkunde, Arachnologie *f* *araknoloji
örümcekbilimsel spinnenkundlich, arachnologisch *araknolojik
örümcekkuşu, -nu Würger *m zo.* Lanius (excubitor u. a.)
örümceklenmek 1. sich mit Spinnweben bedecken 2. sich verkleben (Augen, Mund usw. durch Absonderungen spez. bei Fieber)
örümcekler Webspinnen *pl. zo.* Araneida *ankebutiye
örümcekli mit Spinnweben bedeckt ~ **bir oda** ein Zimmer voller Spinnweben ~ **kafa** s. **örümcek kafalı**
örümceksi zar *an.* Spinnwebehaut *f* (des Gehirns) *araknoit, gışayı ankebutî
örüşük üçlü *lit.* Terzine *f*
Östaki borusu *an.* Eustachische Röhre, Ohrtrompete, Tuba *f* *nefiri Östaki
östrojen *biol., med.* Östrogen, Follikelhormon *n*
öşriye *hist.* gegen Zehntenentrichtung vergebenes Land
öşür, -şrü 1. *math.* Zehntel *n* *onda 2. s. **aşar** (1, 3)
öşürcü *hist.* Zehntenerheber *m* *muaşşir
öt, -dü *an.* Galle *f* *safra ~ **kanalı** *an.* Gallengang *m* *kanatı safraî; koledok kanalı ~ **kesesi** *an.* Gallenblase *f* *safra kesesi, kisei safraiye, merare ~ **kesesi taşları** *med.* Gallensteine *pl.* ~ **sarısı** *biol.* Bilirubin *n* (gelbbraun-rötlicher Gallenfarbstoff) ~ **yeşili** *biol.* **Biliverdin** *n* (grüner Gallenfarbstoff) **-ü bokuna karışmak** *V* Heidenangst bekommen **²üm koptu** (*od.* **patladı**). Ich war zu Tode erschrocken. **-ünü koparmak** (*od.* **patlatmak**) (b–nin) j–n zu Tode ängstigen
ötanazi Euthanasie *f*
öte 1. die andere Seite 2. was danach kommt od. was übrigbleibt, Rest *m;* das Übrige, Weitere 3. Gebiet, Land *n* od. Sache *f* jenseits von et. 4. *Adj.* jenseits, ander, weiter, etwas weiter entfernt 5. mehr 6. außer Zu 1: **²den bir ses yükseldi.** Von drüben erscholl e–e Stimme. **²ye geç!** Geh auf die andere Seite (hinüber). Zu 2: **İşin -si kolay.** Das Weitere ist ein Kinderspiel. **²sine karışma!** Über das Weitere brauchst du dir keine Gedanken zu machen! (*scil.* Das besorgen andere!) **Bundan -sine karışmam.** Das Weitere geht mich nichts an. **Ey, ²si? ²si yok!** Ja, und weiter? Nichts weiter! **beş kilometre -de** fünf Kilometer weiter **birkaç adım -si** ein paar Schritte weiter. Zu 3: **dağın -si** Gebiet *n* hinter dem Berg **denizler -si** Übersee *f* **ölümün -si** was nach dem Tod kommt bzw. Leben *n* nach dem Tod; s. a. **burundan -sini görmemek.** Zu 4: **ırmağın** ~ **yakası** das andere Flußufer **gölün** ~ **tarafında** auf der anderen Seite des Sees **Dünyanın** ~ **başından geliyor.** Er kommt vom anderen Ende der Welt. ~ **yandan** andererseits Zu 5: **Güzeldir. Güzelden öte bir şey!** Schön ist es, noch mehr als schön! ~ **gün** *P* kürzlich, neulich, vor kurzem **-de beride** hier und da, an verschiedenen Stellen, verschiedentlich *şurada burada **-den** 1. von drüben, von der anderen Seite 2. da, mit e–m Male 3. darauf(-hin) **-den beri** von jeher, schon immer **-den beriden konuşmak** von diesem und jenem sprechen, von allem möglichen plaudern **-ki** s. ges. Stw. **-si berisi** (bşin) verschiedene Stellen (**Elbisenizin -si berisi çamur olmuş.** Ihr Anzug hat an einigen Stellen Schmutzflecken bekommen.) **²si can sağlığı!** Was willst du noch mehr? Etwas Besseres gibt es nicht! **-sine varmak** das normale Maß (die Grenzen des Erlaubten) überschreiten **-sini beri etmek** (bir işin) kein Mittel unversucht lassen (und schließlich zu dem erstrebten Ziel gelangen) **-ye beriye** 1. hierhin und dorthin, nach verschiedenen Orten 2. hin und her **-ye geçmek** weitergegeben werden, ausstrahlen **²ye git!** Mach ein bißchen Platz! Rück ein wenig zur Seite!
öteberi verschiedene, einige, ein paar (Kleinigkeiten) **≗ almağa çıktım.** Ich wollte ein paar Einkäufe machen. **≗ yedi, karnını doyurdu.** Er aß ein paar Kleinigkeiten, bis er satt war.
öteğen s. **ötleğen**
öteği gün *P* s. **öte gün**
öteki, -ni der andere (von zweien), jener **≗ oda bundan geniştir.** Das andere Zimmer ist geräumiger als das hier. **Bunu beğenmedim, -ni isterim.** Das hier gefällt mir nicht, ich möchte das andere. **Beriki sandalye kırık, -sini alınız!** Der Stuhl hier ist kaputt, nehmen Sie den anderen! ~ **beriki** dieser und (*bzw.* oder) jener, irgendwer, irgendwas, jemand od. et. x-beliebiges, jeder *değme, olur olmaz ~ **dünya** die andere Welt, Jenseits *n* *ahret
ötele(n)me 1. *phys.* Übertragung *f* *intikal 2. *geogr., geol.* Translation *f* 3. *rhet.* Metalepsis *f* *zikri lâzım iradei melzum ve aksi
Öterp, -pi *n. pr.* Euterpe (Muse der lyrischen Dichtung)
Öte-Ürdün *n. pr. hist.* Transjordanien *Maverayı Şeria
ötleğen (Dorn-)Grasmücke *f zo.* Sylvia (communis u. a.) *çalıbülbülü
ötleği *P* s. **sakallı akbaba**
ötlek s. **ödlek**
ötmek, (-er) 1. singen, zwitschern (Vögel) 2. krähen (Hahn) 3. ansprechen, tönen, klingen (Bl.i.) 4. widerhallen 5. klingeln, läuten (z. B. Telefon) 6. *V* dummes Zeug reden 7. *V* sich übergeben, sich erbrechen (*V* kotzen) (Betrunkener) Zu 2: s. **Her horoz kendi çöplüğünde öter.** Zu 3: **Bu klarnet ötmüyor.** Diese Klarinette spricht nicht an. Zu 4: **Şarkılardan dağlar ötüyordu.** Die Berge hallten wider von den Liedern. Zu 5: **Cırrr ... telefon öttü.** Rrrr! da läutete das Telefon.
ötre Vokalisierungszeichen *n* für **o, ö, u, ü** in der ar. Schrift *zamme
ötreli mit dem **ötre**-Zeichen *zammeli, mazmum
öttürgeç *mus.* Resonator *m*
öttürmek 1. Kaus. zu **ötmek** 2. aufschneiden, großtun, renommieren, prahlen Zu 1: **Bu kuşu tekrar** ~ **için acaba ne yapmalı?** Was muß man nur tun, um den Vogel wieder zum Singen zu bringen? **Şu boruyu üfle, bakalım öttürebilecek misin?** Blas' mal in diese Trompete, ob du wohl e–n Ton herausbringst? s. a. **çın çın** ~ Zu 2: **Öttürme!** Nun übertreib mal nicht!
ötü Laut, Ton, Klang *m*
ötücü schön singend (Vogel), Sing- ~ **ardıç** Singdrossel *f zo.* Turdus philomelos ~ **kuğu** Singschwan *m zo.* Cygnus cygnus ~ **kuşlar** *od.* **-ler** Sperlingsvögel *pl. zo.* Passeres
ötüm *mus.* Klangfülle, Resonanz *f*
ötümle(ndir)mek *mus.* den Klang verstärken
ötümlü 1. klangvoll, volltönend 2. *phon.* stimmhaft *titreşimli
ötümsüz 1. ohne Resonanz 2. *phon.* stimmlos *titreşimsiz
ötün(-cü) s. **şefaat(-çi)**
ötürmek *dial.* Durchfall haben *ishale tutulmak
ötürü *Pp. mit Abl.* 1. wegen, infolge, auf Grund (von) 2. weil, da *(1, 2) dolayı
ötürük *dial.* 1. s. **ishal, amel** 2. s. **kolera**
ötüş Vs. zu **ötmek**
ötüşmek 1. (zusammen) singen, zwitschern (Vögel) 2. (gemeinsam) krähen (Hähne)
öv- s. a. **öğ**
öveç, -ci *dial.* 2–3 Jahre alter Hammel
övendire s. **üvendire**
övgü 1. Lob(-en), Preisen, Rühmen *n* *medih, sena 2. s. **methiye;** ~ **söylevi** Lobrede *f*

övgülü lobend, Lob-, lobrednerisch, panegyrisch
övgümsü e–m Lob ähnlich ~ **yergi** Satire in der Form e–r scheinbaren Lobrede *zem bimâ yüşbehül medih
övmek, (-er) loben, preisen, rühmen *methetmek, sena etmek
övmelik s. **takriz**
övücü lobend, preisend, rühmend
övünce; övünç große Befriedigung; Stolz *m* *mefharet, mübahat
övünçlü wer sich e–r Sache rühmen kann; stolz *mübahi
övüngen ruhmsüchtig, prahlerisch
övüngenlik Ruhmsucht, Prahlerei *f*
övünme Vs. zu **övünmek;** ~ **payı çıkartmak** (k–ne) sein Licht nicht unter den Scheffel stellen; sich herausstreichen
övünmek (bşle) 1. stolz sein (auf), sich e–r Sache rühmen können *iftihar etmek 2. sich selbst rühmen, sich loben, prahlen *temeddüh etmek ~ **gibi olmasın!** ohne mich selber rühmen zu wollen
öykü(-cü, -lemek) s. **hikâye(-ci, -lemek)**
öykünmek *dial.* (m. Dat.) 1. nachahmen *taklit etmek 2. nacheifern *imtisal etmek
öyle 1. solch, so ein, derartig 2. *Adv.* (*a.* **öylesi**) auf solche Weise, so, derartig 3. *Adv.* (*a.* **öylesine, öylemesine**) so sehr, dermaßen ~ **bir** *Adv.* derartig, dermaßen (z.B. verprügeln) ≃ **de battık, böyle de.** Wir sind erledigt, so herum oder andersherum. ≃ **değil kazın ayağı** s. Stw. **kazın ayağı;** ~ **gelmek** 1. den lebhaften Wunsch empfinden, große Lust bekommen (zu) 2. (b–ne) j–m so vorkommen, den Eindruck bekommen 3. **(işine)** Wasser auf j–s Mühle sein, sehr erwünscht sein (Zu 1: ≃ **geldi ki kalkıp tokatlayayım!** Ich hatte gute Lust aufzustehen und ihm eine herunterzuhauen.) ~ **ise** wenn es so ist, in diesem Fall, dann allerdings (≃ **ise yaya kaldın tatar ağası!** Dann bist du allerdings auf dem Holzweg, mein Lieber!) ≃ **mi?** Tatsächlich? Wirklich? So? ≃ **olsun!** Recht so! Einverstanden! *Kabul, Pekâlâ ~ ~ 1. auf diese Art 2. allmählich ≃ **söylüyorlar.** Es geht so ein Gerücht um. Die Leute erzählen es. ≃ **şey yok!** 1. So et. gibt es nicht! 2. So et. darf man nicht tun! ≃ **ya!** Natürlich! Wie könnte es anders sein? ≃ **zâhir!** Es muß wohl so sein! **-si** so etwas; et. von dieser Art **-sinden** *F* von dieser Art; so (ist es) **-sine** so sehr, dermaßen, derart
öylece [×··] derart, auf solche Weise, (eben-)so
öyleki derart, daß; so daß ...
öylelikle [··×·] auf solche (od. diese) Weise, so
öylemesine s. **öylesine**
öyleyse s. **öyle ise**
öyük s. **höyük**
öz 1. Selbst, Ich *n* *nefis 2. Kern(-punkt) *m*, Wesen *n*, wesentlicher Bestandteil; Substanz *f*, Geist, Sinn *m* *zat, künh, ruh 3. *bot.* a) Mark *n* b) Fruchtfleisch *n*, 4. Eiterpfropf *m* (e–s Geschwürs) 5. Rahm *m* (der Milch) 6. eigen, selbst, 7. echt, unverfälscht, rein, wahr, wirklich 8. *dial.* Wasserlauf *m* Zu 1: **-üm** ich selbst Zu 2: **meselenin -ü** Kern *m* der Sache; s. **sözü -üne uymak** Zu 5: **sütün -ü** Rahm *m* der Milch Zu 6: ~ **oğlu** sein eigener Sohn Zu 7: s. **Az konuştu,** ~ **konuştu;** ~ **ad** Vor-, Tauf-, Rufname *m* *ön ad ~ **anlam** s. **manayı hakikî;** ~ **çatlağı** Kernriß *m* (im Holz) ~ **elmenlik** (*od.* ~ **tutkanlık**) s. **malik sıfatiyle zilyetlik;** ~ **gölge** Kernschatten *m* ~ **gözüyle** *va.* s. **kendi gözüyle;** ~ **ışınları** *bot.* Markstrahlen *pl.* *eşiai muhiye; özkolları ~ **ikizler** *biol.* eineiige Zwillinge ~ **kardeş** leiblicher Bruder, leibliche Schwester *anababa bir kardeş ~ **özüne** *va.* s. **kendi kendine;** ~ **sermaye** *H* Eigenkapital *n* **-e dönüşlü fiil** s. **dönüşlü eylem; -ü sözü bir** ehrlich, aufrichtig, korrekt, vertrauenswürdig

Özalp, -pı *n.pr.* 1. *türk. Fn., mV* 2. O.u.D. im Rbz. Van
Özbek 1. Usbeke *m*, Usbekin *f* 2. usbekisch ~ **pilavı** ein Reisgericht mit Fleisch, Zwiebeln und Karotten *Buhara pilavı
Özbekçe 1. usbekische Sprache, Usbekisch 2. usbekisch
Özbekistan *n.pr.* Usbekistan (Sowjetrupublik)
özbeöz (von Gebildeten mst. gemiedene Verst. von **öz**): **Müzik ise** ~ **kendi eseri idi.** Die Musik (zu diesem Werk) jedoch war seine ureigene Schöpfung. **Bıçağın** ~ **kendi malı olduğunu söyledi.** Das Messer gehöre wirklich und wahrhaftig ihm, sagte er.
özbeslenen; özbeslenme s. **kendibeslek (-lik)**
özdek 1. Körper *m* *cisim 2. Stoff *m*, Substanz, Materie *f* *madde 3. s. **ayniyat** 4. Stamm, Stengel, Stiel *m* (bei Pflanzen)
özdekçi(-lik) s. **maddeci(-lik)**
özdeklik *phil.* Körperlichkeit, Stofflichkeit, Materialität *f*
özdeksel s. **maddî;** ~ **zarar-giderim** s. **maddî tazminat**
özdeksizlik Immaterialismus *m* *immateryalizm
özden *an.* Thymusdrüse *f*, Bries *n*
özdenlik *phil.* Aseität *f*, Unwandelbarkeit *f* (Gottes) *kayyumiyet
özdeş gleich, identisch *aynı, identik
özdeşlemek s. **identiklemek**
özdeşleşmek sich identifizieren (z.B. Schauspieler mit seiner Rolle)
özdeşlik Identität *f* ~ **ilkesi** *log.* Satz *m* von der Identität
özdevim Selbsttätigkeit *f*, Automatismus *m*; *astr.* Eigenbewegung *f* *otomatizm, zatülharekiyet
özdevimli s. **otomatik**
özdeyiş Maxime, Sentenz *f*, Sinnspruch *m* *özlü söz; vecize
özdışı s. **dışınlı**
özdikeni s. **saparna**
özdirenç, -ci *phys.* spezifischer Leitungswiderstand; Resistivität *f* *mukavemeti mahsusa
özdöllenme *bot.* Selbstbefruchtung, Autogamie *f*
öze charakteristisch, eigentümlich *has
özek, -ği 1. a) Mitte(l-punkt *m*) *f* b) Verwaltungszentrale, Administration *f* *merkez 2. Herz *n* *yürek 3. Kern *m* *çekirdek 4. Eiterpfropf *m* (bei e–m Geschwür) ~ **ağacı** Langbaum *m* (am vierrädrigen Wagen) ~ **çivisi** (*od.* **demiri**) Protznagel *m* (am Wagen)
özekdoku *biol., bot.* Parenchym *n* *parankima
özel 1. besonder-, außergewöhnlich, Sonder-, Extra-, reserviert, speziell *hususî 2. privat, persönlich *hususî, zatî ~ **af** s. **hususî af;** ~ **büro** Privat-kanzlei *f*, -kabinett *n* *kalemi mahsus ~ **dil** Sondersprache *f* (bei best. Berufsgruppen) ~ **düşünce** subjektive Auffassung, persönliche Meinung ~ **eğitim okulu** *päd.* Sonderschule *f* ~ **eşya** s. **zatî eşya;** ~ **girişim** s. ~ **teşebbüs;** ~ **hayatın gizliliği** *jur.* Intimsphäre *f* ~ **isim** (*od.* ~ **ad**) Eigenname *m*, Nomen proprium *n* *ismihas ~ **itfaiye** Betriebsfeuerwehr *f* ~ **kişi** s. **hususî şahıs;** ~ **kütüphane** Privatbibliothek *f* ~ **mülkiyet** Privat-eigentum *n*, -besitz *m* ~ **okul** Privatschule *f* *hususî mektep ~ **olarak** besonders *bilhassa ~ **sektör** 1. Privatbetrieb *m* 2. Privatwirtschaft *f* ~ **teşebbüs** Privatunternehmen *n* ~ **tiyatro** Privattheater *n* ~ **türe** s. **hususî hukuk;** ~ **ulak** Eil-bote *m*, -zustellung *f* ~ **yetki** spezielle Vollmacht; Sonderermächtigung *f*
özeldeyiş Spracheigentümlichkeit *f*, idiomatische Wendung
özeleştiri Selbstkritik *f* *otokritik
özelge Immobilienbesitz *m* *mülk
özelik charakteristische Eigenschaft, Charakteristikum *n* *hassa
özelisimbilim(-sel) s. **onomastik**
özellik Eigentümlichkeit, Eigenart *f*, eigene Note *hususiyet **-le** besonders, insbesondere, speziell, vor allem

özen Sorgfalt, Mühe *f,* Fleiß *m* *ihtimam, itina
özenci; özengen s. **amatör**
özendirici vorbildlich, nachahmenswert
özendirmek Kaus. zu **özenmek** *spez.* zum Vorbild werden lassen
özenli mit Sorgfalt gemacht *bzw.* sorgfältig arbeitend: sorgfältig, fleißig, ordentlich, gründlich
özenmek (m. Dat.) 1. sich Mühe geben, et. sorgfältig und liebevoll ausführen 2. Neigung (Lust und Liebe) haben (zu), gerne wollen 3. (*a.* m. Abl.) nachahmen, imitieren, gerne sein wollen Zu 1: **Ben bu yazıya çok özendim.** An diesen Artikel habe ich viel Mühe gewendet. Zu 2: **Ressamlığa özeniyor.** Er möchte gerne Maler werden. Zu 3: **Kime** (*od.* **kimden) özendin de bu kıyafete girdin?** Nach wessen Vorbild hast du dich denn so gekleidet? – **Özene bezene hazırlayıp önlerine koyduğum yemekleri beğenmediler.** Das Essen, das ich mit so vieler Mühe und Sorgfalt zubereitet hatte, hat ihnen nicht geschmeckt. **özene özene** s. **özene bezene; özenip bezenmek** viel Mühe und Sorgfalt aufwenden
özensiz 1. ohne Sorgfalt gemacht, oberflächlich, *F* hingehaut *baştan savma 2. nicht mit der erforderlichen Sorgfalt arbeitend, nachlässig ≗ **düzen olmaz.** Schlampigkeit bringt nichts Ordentliches zuwege.
özensizlik Nachlässigkeit, Schludrigkeit *f*
özenti 1. Neigung *f,* Bestreben *n,* et. zu tun (spez. et. nachzuahmen) 2. *lit.* Streben *n* nach gesuchter Ausdrucksweise 3. *Adj.* angeblich, Pseudo-, Schein-, Schwindel-, nachgemacht, unecht, falsch Zu 3: ~ **şair** Dichterling, Poetaster *m*
özenticilik *lit.* Preziösentum *n,* gekünstelte Sprache, geschraubter Stil
özentili 1. s. **özenli** 2. *(oft pej.)* gesucht, gekünstelt ~ **bezentili** *(oft pej.)* kunstvoll gedrechselt (z. B. Sätze)
özentisiz kunstlos, einfach, schlicht
özerk(-li) selbständig, unabhängig, frei, autonom *muhtar, otonom
özerk(li)lik Autonomie, Selbstverwaltung *f* *muhtariyet, otonomi
özerotik autoerotisch *otoerotik
özerotiklik; özerotizm Autoerotismus *m,* (sexuelle) Selbstbefriedigung, Masturbation *f* *kendi kendini tatmin; otoerotizm
özet 1. Auszug *m,* kurze Zusammenfassung (Übersicht, Inhaltsangabe), Synopsis *f* *hulâsa, sinopsis 2. *Beh.* Betreff *m* ~ **olarak** zusammenfassend, kurz *hulâsaten **-le** kurz zusammengefaßt
özetlemek kurz zusammenfassen, resümieren *hulâsa (*od.* telhis) etmek
özge 1. ander-, verschieden *başka 2. fremd *yabancı
özgeci(-l); özgecilik s. **altrüist(-lik)**
özgeçmişler Lebenslauf *m* *tercümeihal
özgü 1. ausschließlich gültig od. bestimmt (für) *muhtas 2. charakteristisch, besonder-, eigen, eigentümlich *has 3. ≗ *türk. Fn.*
özgüdüm *techn.* Selbststeuerung *f* (*spez.* e–r Rakete)
özgüdümlü *techn.* mit Selbststeuerung
özgül 1. speziell, von besonderer Art, spezifisch *nev'î, türsel 2. ≗ *wV* ~ **ağırlık** *phys.* spezifisches Gewicht *sıkleti izafiye, vezni mahsus ~ **ısı** s. **ısınma ısısı;** ~ **sıfır** *geogr.* angenommener Nullpunkt, Normalnullpunkt (NN) *m* *izafî sıfır
özgüllük Spezifität, Besonderheit *f* *neviyet, türsellik
özgülük s. **özellik; -le** s. **özellikle**
özgün (-leşmek, -lük) s. **orijinal (-leşmek, -ite)**
özgünaşı *med.* Auto-, Eigen-vakzine *f*
özgür s. **serbest;** ~ **nazım** *lit.* freie Verse *pl.* (vers libres) ~ **nazımcılık** *lit.* Dichten *n* in freien Versen

özgürlük Freiheit, Unabhängigkeit *f* ~ **savaşçısı** Freiheitskämpfer *m*
özindükleme *phys.* Selbstinduktion *f* *selfendüksiyon
özitme *techn.* Selbstantrieb *m* (z. B. e–s Geschosses)
özitmeli *techn.* mit Selbstantrieb arbeitend
özkedibalığıgiller (Familie *f* der) Rochen *pl. zo.* Rajidae *tırpanagiller
özkertenkelegiller (Familie *f* der) Eidechsen *pl. zo.* Lacertidae
özkolları, -nı s. **öz ışınları**
özköpekbalığı, -nı Glatthai *m zo.* Mustelus asterias
özlem 1. Sich-Sehnen *n,* Sehnsucht *f* *hasret, tahassür 2. *psych.* ideales Streben *meyil
özlemek (m. Akk.) Sehnsucht haben (nach), sich sehnen (nach), herbeisehnen
özlemli wer Sehnsucht empfindet, sehnsüchtig, sehnsuchtsvoll
özleşmek 1. markig (saftig, voll) werden (z. B. Getreide zur Reifezeit) 2. teigige od. klebrige Konsistenz annehmen 3. unverfälscht (rein, echt) werden (z. B. Sprache durch Beseitigung fremder Elemente) 4. erstarren, gerinnen *pıhtılaşmak 5. sich bilden (Eiter)
özleştirmeci(-lik) s. **pürist; pürizm**
özleştirmek Kaus. zu **özleşmek** *spez.* reinigen, purifizieren (Sprache)
özletmek (b–ne bşi) in j–m Sehnsucht erwecken (nach)
özleyin [×··] an und für sich; eigentlich *haddi zatında
özleyiş Sich-Sehnen *n,* Sehnsucht *f,* Heimweh *n*
özlü 1. markig, voll 2. sämig (Teig) 3. *stil.* konzis *mucez, veciz 4. a) gehaltvoll, inhaltsreich (z. B. Werk) b) fruchtbar, ergiebig (Boden) 5. eiterig (Geschwür) ~ **buğday** großkörniger Weizen ~ **çamur** 1. klebriger Schmutz 2. Töpferton *m* ~ **hamur** sämiger Teig ~ **söz** s. **özdeyiş;** ~ **toprak** fruchtbarer, ergiebiger Boden
özlük 1. Kern(-punkt) *m,* Substanz *f,* das Wesentliche *cevher 2. Wesen *n* *mahiyet 3. Sache, Angelegenheit *f,* Betreff, Belang, Gegenstand *m,* Thema *n,* Punkt *m* *iş, kâr, husus 4. a) Person *f* *kişi, zat b) persönlich, individuell, eigen *kişisel, şahsî ~ **dava(hak davacısı; hal; ödeme)** s. **şahsî dava(hak davacısı; hal; eda);** ~ **işleri** Personalangelegenheit *pl.* **-le** s. **özellikle**
özne 1. *gr.* Subjekt *n,* Satzgegenstand *m* *fail, müpteda, müsnedünileyh 2. *phil.* Subjekt *n* *zat ~ **birliği (grupu, öbeği)** *gr.* erweitertes Subjekt
öznel subjektiv *enfüsî, indî, sübjektiv ~ **kamu hakkı** s. **sübjektif amme hakkı**
öznelci(-lik) s. **sübjektivist; sübjektivizm**
öznellik Subjektivität *f*
öznitelik charakteristisches Merkmal *hususiyet
özodun Kernholz *n* *göbek odunu, haşebi sadık, iç ağaç
özolumluk *selt.* Autobiographie *f* ~ **romanı** autobiographischer Roman
özöğrenimli Autodidakt(-in *f*) *m*
özötücüler Singvögel *pl. zo.* Oscines
özsaygı(-sı) Selbstachtung *f,* Stolz *m,* Ehre *f,* Selbstgefühl *n* *izzetinefis, onur
özsevi Eigenliebe, Selbstsucht, Eitelkeit *f*
özsu, -yu *biol., bot.* Saft *m* (e–s Organs od. e–r Pflanze) *usare
Öztürkçe echtes (reines, unverfälschtes) Türkisch (*spez.* im Ggs. zum Osm.)
Öztürkçeci Vorkämpfer(-in *f*) *m* für reines Türkisch
Öztürkçecilik Kampf *m* für reines Türkisch
Öztürkçeleştirmek türkifizieren; in reines Türkisch umwandeln
özülge *(kaum gebr.)* Monographie *f*
özümleme *biol.* Umwandlung *f,* (Aufbau-)Stoffwechsel *m,* Assimilation *f* *asimilasyon, temsil

özümlemedokusu, -nu *bot.* Assimilationsgewebe *n*
özümlemek *biol.* assimilieren, umwandeln *temsil etmek
özümlenme s. **özümleme** *asimilasyon, temessül
özümlenmek *biol.* 1. sich umwandeln, sich assimilieren 2. umgewandelt, assimiliert werden *temessül etmek
özümseme 1. s. **özümleme** 2. *psych.* Einfühlung *f* *aynfühlung
özümse(n)mek s. **özümle(n)mek**
özün *(kaum gebr.)* s. **şiir**
özüneroslu̇k s. **özerotiklik**
özünlü innerlich, wesentlich, eigentlich, wahr *derunî, zatî
özür, -zrü 1. Entschuldigung *f* *mazeret 2. Fehler, Mangel *m,* Gebrechen, Leiden *n* *sakatlık Zu 1: **≗ü kabahatinden büyük.** Seine Entschuldigung belastet ihn mehr als sein eigentliches Vergehen. Qui s'excuse, s'accuse. **-ü meşru** triftige Entschuldigung Zu 2: **Bu evin bazı -leri vardır.** Das Haus hier hat einige Mängel. **≗üm var uzun yol yürüyemem.** Ich habe ein Leiden und kann nicht weit gehen. ~ **bulmak** 1. et. auszusetzen haben 2. e–e Entschuldigung (e–n Vorwand) erfinden ~ **dilemek** 1. sich entschuldigen, um Entschuldigung bitten (für e–n begangenen Fehler) *itizar etmek 2. sich entschuldigen (= höflich absagen od. ablehnen) *affını dilemek
özürlü 1. wer e–e (triftige) Entschuldigung gegeben hat, entschuldigt 2. mit Fehlern (Mängeln, Gebrechen), beschädigt Zu 1: **O -dür, gelemez** Er ist entschuldigt, er kann nicht kommen. Zu 2: **Bu masa -dür.** Der Tisch hier hat einige Mängel.
özürsüz 1. wer keine (triftige) Entschuldigung gegeben hat, unentschuldigt 2. ohne Fehler (Mängel, Gebrechen, Leiden) Zu 1: ~ **geç kalanlar** wer ohne triftige Entschuldigung zu spät kommt Zu 2: ~ **pürüzsüz** ohne jegliche Mängel, tadellos
özüt, -tü *pharm.* Essenz *f,* Extrakt *m* *hulâsa
özütleme *pharm.* Extraktion *f,* Herstellung *f* e–s Extraktes *hulâsa çıkarma
özveren s. **özverili**
özveri s. **fedakârlık**
özverili s. **fedakâr**
özyazı Handschrift *f* (e–r Person) *el yazısı, hattıdest
özyönetim Selbstverwaltung *f*

P

p, P [pɛ] 20. Buchst. des türk. Alph.
pa(-bent) s. **pay(-bent)**
pabuç, -cu 1. schaftloser Schuh 2. Pantoffel *m* *başmak 3. a) Sockel *m* (e–r Säule) b) Steinaufbau *m* zwischen **kürsü** und **gövde** (bei e–m Minarett) 4. *techn.* a) Gleitschuh *m,* Führung *f* b) Bremsschuh *m* c) Gleiter *m* (unter e–m Möbelstück) ~ **bırakmak (kuru gürültüye)** sich einschüchtern lassen, sich ins Bockshorn jagen lassen ~ **çiçeği** Pantoffelstrauch *m bot.* Pedilanthus tithymaloides ~ **eskitmek** (*od.* **paralamak**) (bir işin arkasında) sehr hinter et. her sein, e–r Sache nachjagen ~ **gagalı** Schuhschnabel, Abu Markup *m zo.* Balaeniceps rex ~ **dili olmak** (*od.* ~ **kadar dil uzatmak**) 1. ungeschliffene Reden führen; grobe Antworten geben 2. ein rechter Widerspruchsgeist sein ≗ **pahalı!** (*spött.* zu j–m, der es mit e–m Stärkeren aufnehmen will) Da kannst du et. besehen! ~ **tartmak** gewichtig einherstolzieren **-ları ensesini dövmek** *F* Reißaus nehmen **-larını çevirmek** (b–nin) j–n hinauskomplimentieren **-tan aşağı** 1. schlecht, minderwertig, gewöhnlich 2. verächtlich, verabscheuungswürdig *(1, 2) hor **-u büyük** s. **Kendini -u büyüğe okut! -u (artık)dama atıldı.** Er hat nichts mehr zu sagen. Seine Rolle ist ausgespielt. **-u ters çevirmek** *fr.* j–n aus e–m (*spez.* Mewlewi-)Kloster ausweisen **-u ters giymek** sich eiligst aus dem Staube machen **≗uma kadar** *od.* **≗umda değil** *od.* **≗umda mı?** Was liegt mir daran? Ich pfeif' darauf! **-un ucuna basmak** auf Zehenspitzen gehen, schleichen **-unu dama atmak** (b–nin) abhalftern, kaltstellen, j–n zum alten Eisen werden **-unu** (*od.* **-larını**) **eline vermek** (b–nin) j–m den Laufpaß geben, j–n fortjagen **-unu ters giydirmek** (b–nin) 1. j–n in Verwirrung bringen 2. j–n zur überstürzten Flucht veranlassen 3. es j–m zeigen; j–m e–n Streich spielen
pabuççu 1. wer auf die abgelegten Schuhe aufpaßt (*spez.* Moscheediener) 2. wer Schuhe macht, verkauft od. repariert; Schuster, Schuhmacher, -händler *m* ~ **kölesi** Schusterdreifuß *m,* Ständer *m* *örs ~ **somakisi** Polierstein *m* (des Schusters)
pabuççuluk Tätigkeit *f* e–s **pabuççu** *spez.* Schusterhandwerk *n*
pabuçlu 1. wer Schuhe (bzw. Pantoffel) trägt 2. mit nb. **pabuç** 3. *V* Gelehrter, Weiser
pabuçluk 1. Schuhaufsatz *m* (auf dem Kasten e–s Schuhputzers) 2. Steindiele *f* bei der Eingangstür (wo die Schuhe ausgezogen werden) 3. *techn.* Fuß-brett *n,* -platte *f*
pabuçsuz ohne Schuhe ~ **kaçırmak** j–n so sehr in Angst versetzen, daß er schleunigst ausreißt ~ **kaçmak** sich schleunigst aus dem Staube machen, Hals über Kopf davonlaufen
paça 1. unterer Teil e–r langen (Unter-)Hose, Hosenbein *n* 2. Hachse, Haxe *f* (bei Schlachttieren) 3. das aus Hammel- od. Ziegen-Hachsen zubereitete Gericht 4. Hose, Beinkrause *f* (bei manchen Vögeln) ~ **ağızlı olmak** *F* ein schreckliches Mundwerk haben (*spez.* Frau) ~ **astarı** Stoßband *n* (an der Hose) ~ **dondurması** Sülze *f* aus Hammelbeinen ~ **kasnak;** ~ **kazık** zwei Ringertechniken (bei **yağlı güreş**); ~ **kemiği** *V* s. **çük;** ~ **kıvrımı** Hosenumschlag *m* ≗ **pişti** Name e–s türk. Ksp. ~ **yahnisi** Hammelbeinragout *n* (mit Zwiebeln u. Kichererbsen zubereitet) **-lara koyuvermek (korkudan)** sich vor lauter Angst in die Hosen machen **-ları sıvamak** die Hosenbeine aufkrempeln *d. h.* ernsthaft an e–e Arbeit gehen **≗ları tutuştu.** 1. Der Boden wurde ihm zu heiß unter den Füßen. 2. Er bekam Feuer hinter den Hintern. *(P)* **≗larından kibarlık akıyor.** *F iron.* Er trieft nur so von Vornehmheit. (s. a. **borç -larından akmak**). **≗n sıkı ise, çık karşıma!** *P* Komm doch her, wenn du Schneid hast! **-sı düşük** nachlässig, schlampig (in der Kleidung) **-sından tutup atmak** mit Schimpf und Schande davonjagen, *F* hochkant hinauswerfen **-sını çekecek** (*od.* **toplayacak**) **hali olmamak** ungeschickt (unfähig, hilflos) sein **-yı kaptırmak** sich erwischen lassen **-yı** (b–den, bşden) sich retten können (vor); (j–m od. e–r Sache) entkommen können
paçacı wer Hammel- od. Ziegen-hachsen (roh od. zubereitet) verkauft ~ **damından kelp uçar gibi gitmek** *P* wie ein Narr dahinrasen (z. B. Autofahrer)
paçagünü, -nü letzter Tag (Freitag) der Hochzeitsfeierlichkeiten (an dem gekochte Hammelbeine gegessen werden)

paçahane [··–·] *hist.* städtische Schlachtgebühr (bei Kleinvieh)
paçal 1. Mischmehl *n* 2. *fig.* Vermischtes
paçalı 1. mit nb. Hosenbeinen bzw. Hachsen 2. behost, mit Beinkrause (manche Vögel) 3. mit Hachsen als Beilage (z.B. Gemüsegericht) ~ **şahin** Rauhfußbussard *m zo.* Buteo lagopus
paçalık 1. s. **paça** (1) 2. Essen *n* am Tag nach der Hochzeit 3. Kleid *n* e–r jungen Frau am Tag nach der Hochzeit 4. die für **paça** (3) best. Hachsen
paçamura [··×·] *naut.* e–e Art Brotsuppe (aus altem Schiffszwieback)
paçarız s. **çapraz**
paçavra [·×·] 1. alter Stoff- od. Tuch-fetzen, Lappen, Lumpen *m* 2. *fig.* et. Wertloses, Fetzen *m* 3. *V* zudringlich, lästig, unverschämt Zu 2: s. **kâğıt -sı;** ~ **etmek** s. **-ya çevirmek;** ~ **gibi** 1. wertlos (Sache) 2. unbrauchbar, ohne Befähigung (Person) ~ **hastalığı** *P* Influenza, Grippe *f* *enflüanza, grip, salgın nezle ~ **kâğıdı** Hadernpapier *n* **-ya çevirmek** (*od.* **döndürmek**) *od.* **-sını çıkarmak** 1. j–n od. et. übel zurichten, j–m bös mitspielen, et. ganz kaputtmachen, *F* hinhunzen, *V* versauen 2. *fig.* kein gutes Haar an j–m lassen, j–n in Grund und Boden verdammen
paçavracı [·×··] Lumpenhändler *m*
paçavralı [·×··] mit Stoff- od. Tuch-fetzen umwickelt (z.B. Stock) ~ **kurbağagiller** (Familie *F* der) Flugfrösche *zo.* Rhacophoridae
paçile [ā] *va.* aus Reisig geflochtener Schneeschuh (gegen das Einsinken im Schnee)
paçoz; paçuz 1. **(balığı)** gemeine Meeräsche, Großkopf *m zo.* Mugil cephalus *haskefal 2. *V* Dirne, Hure *f*, Weibsstück *n*
paçuli [·×·] s. **tefarik**
padalya [·×·] ausgestopfter Vogel (bei der Jagd als Lockvogel verwendet)
padavra [·×·] dünnes Holzbrettchen *spez.* Dachschindel *f* od. mit solchen gedeckt ~ **gibi** od. **-sı çıkmış** dürr, mager, nur mehr Haut und Knochen (Person)
padıl 1. Paddel *n* 2. Schaufel *f* (e–s Schaufelrads), Schaufelrad *n* (e–s Flußdampfers) 3. Raddampfer *m*
padılbot, -tu Paddel-, Falt-boot *n*
padılbotçu Paddel-, Falt-bootfahrer(-in *f*) *m*
padişah [–·–] orient. Herrscher, König, Kaiser, *spez. fr.* osm. Sultan, Großherr, Padischah *m* ~ **dirliği** *fr.* staatliche Zuwendung (Gehalt, Lehen usw.) ~ **divanı** s. **Divanı Hümayun;** ~ **otu** s. **kral otu.** ⁓ **yasağı üç gün sürer.** *Spr. iron.* Das Verbot des Sultans gilt drei Tage lang.
padişahî *va.* kaiserlich, königlich
padişahlık 1. Rang *m* und Würde *f* e–s Padischahs 2. orient. Königtum, Kaisertum, Sultanat *n* 3. Regierungszeit *f* (e–s Sultans)
padok *(Rennsport)* Paddock *m*, Gehege *n*, umzäunter Laufgang für Pferde
Padökale (boğazı) *n.pr.* Straße *f* von Dover, Ärmelkanal *m*
Paflagonya [··×·] *n.pr. hist.* Paphlagonien
Paflagonyalılar *hist.* Paphlagonier *pl.*
pafta [×·] 1. metallenes Schmuckplättchen (z.B. am Pferdegeschirr) 2. Ziernagel *m* (mit großem Kopf) 3. großer, farbiger Fleck *büyük leke 4. Teilstück *n* e–r größeren Landkarte; Einzelkarte *f* (in e–m Atlas) 5. *techn.* (Gewinde-)Schneidkluppe *f* ~ **ağzı** (*od.* **lokması**) *techn.* Kluppenbacken *pl.* ~ **kolu** *techn.* Schneideisenhalter *m*
pagan (*engl.* **pagan**) s. **payen**
paganizm Heidentum *n*, Polytheismus *m*
page Pagaie *f* (Stechpaddel mit breitem Blatt)
pagoda [·×·]; **pagot, -du** (buddhistische) Pagode
pağurya s. **pavurya**
pah [ā] 1. Schrägkante *f* 2. Abhang *m* 3. geneigt, schräg **-ını almak** abschrägen
paha *urspr.* [·–] Preis, Wert *m* *eder, fiyat ~ **biçmek** (bşe) e–n Preis ansetzen (für), veranschlagen, schätzen, taxieren ~ **biçilmez** überaus wertvoll, von unschätzbarem Wert ~ **kesmek** e–n Preis festsetzen **-da ağır, yükte hafif** ebenso kostbar wie gering an Gewicht **-dan düşmek** im Preis fallen **-ya çıkarmak** den Preis erhöhen **-ya çıkmak** teuer (bzw. teurer) werden, im Preis (od. Wert) steigen **başkalarının zararı pahasına** zum Schaden anderer
pahacı wer besonders hohe Preise verlangt, *F* der reine Apotheker
pahalanmak s. **pahalılaşmak**
pahalı teuer, kostspielig (*ant.* **ucuz**); **-ya oturmak** (*od.* **mal olmak**) teuer zu stehen kommen
pahalılaşmak teurer werden, sich verteuern, im Preis steigen **Hayat pahalılaştı.** Die Lebenshaltung hat sich verteuert.
pahalılık (allgemeine) Teuerung; ~ **zammı** Teuerungszuschlag
pahlamak abschrägen
paj *hist.* Page, Edelknabe *m*
pajinasyon Paginierung, Seitennumerierung *f*
pak, -ki [–] 1. sauber, rein, ordentlich *temiz 2. *fig.* ehrlich, anständig, makellos, ohne Fehl 3. *va.* echt, unverfälscht 4. *va.* heilig
Pâk (*franz.* **Pâques**) **(yortusu)** Ostern, Osterfest *n* ~ **adası** *n.pr.* Osterinsel *f* (im Südpazifik)
paka Paka *n zo.* Agouti paca
pakan [––] *va.* Heilige *pl.*
pakdamen [–––·] *va.* keusch, züchtig
paket, -ti 1. Paket *n* 2. *gel.* Schachtel *f* (Zigaretten) 3. *V* Popo, Hintern *m* ~ **kâğıdı** Packpapier *n* ~ **postanesi** Paketpostamt *n*, Annahmestelle *f* für Postpakete ~ **taşı** *P* für **parke taşı;** ~ **yapmak** (bşi) et. einpacken, ein Paket machen (aus)
paketlemek ein Paket machen (aus), ein-, ver-packen
pakiderm s. **paşiderm**
paking *techn.* Dichtung, Liderung, Packung *f* *conta, salmastra
Pakistan [–·] *n.pr.* Pakistan
Pakistanlı [–·–·] 1. Pakistaner(-in *f*) *m* 2. pakistanisch
pakize [––·] 1. *va.* sauber, rein 2. makellos 3. echt 4. ⁓ *wV*
paklamak [–··] 1. säubern, reinigen 2. beseitigen, töten, umbringen, liquidieren (Personen) 3. alles aufessen, *F* verdrücken 4. freisprechen, für unschuldig erklären
paklık [ā] 1. Sauberkeit, Reinheit *f* 2. *fig.* Ordentlichkeit, Ehrlichkeit, Anständigkeit *f*
pako s. **alpaka** (1)
pakt, -tı Pakt *m*, Abkommen *n* *antlaşma, misak ⁓ **Antant Kordiyal** (Pacte d'Entente Cordiale) Freundschaftsabkommen *n*
pakura [·×·] rumänisches Rohöl
pal Name e–r Taubenart
PAL (Abk. des engl. **Phase Alternation Line**) Pal-System *n* (des Farbfernsehens)
pala 1. kurzes türk. Krummschwert mit breiter (teilweise zweischneidiger) Klinge; Pallasch *m* 2. langes Steuerruder; Paddel *n* od. Stechruder *n*, Wriggriemen *m* 3. Ruderschaufel *f*, Riemenblatt *n* 4. *va.* alter Kelim (Wandteppich) 5. Flügel *m* (e–s Propellers) ~ **çalmak** (*od.* **sallamak**) 1. *z. va.* das Krummschwert handhaben, e–e gute Klinge führen 2. wriggen (Boot) 3. **(kalem)** führen, handhaben (Feder) 4. *fig.* sich abplagen, sich abrackern ~ **çevirmek** *(Rudern)* die Riemenblätter parallel zur Wasserfläche führen (zur Verringerung des Luftwiderstandes) ~ **sürtmek** seine Lebenserfahrungen machen

*görüp geçirmek ~ **sırtı** *naut.* Kante *f* des Riemenblattes **-sına** s. **kılıcına**
palabıyık 1. langer, voller und gewölbter Schnurrbart; Schnauzbart *m* 2. (*a.* **-lı**) schnauzbärtig
palacı wer ein (Fischer-)Boot wriggt
palador *naut.* Quersüll *n* ~ **mezarnası** *naut.* Lukenquersüll *n*
paladyum *chem.* Palladium *n*
palafit(-ta) (*franz.* **palafitte**) prähistorische Pfahlbauten *pl.* (in e–m See)
palakete [··×·] s. **planketa**
palalı mit nb. **pala** z.B. **dört** ~ **pervane** vierflügliger Propeller
palalık, -ığı Kante *f* (e–s Balkens od. Sparrens) **-ına koymak** auf die Schmalseite, hochkant stellen
palamar *naut.* Kabel-, Halte-, Anlege-tau *n,* Festmacher *m,* Trosse *f* ~ **(ile) bağlamak** vertäuen, festmachen ~ **boyu** 1/10 Seemeile (= 120 Faden) ~ **gözü (loçası, lombarı)** Klüse *f* ~ **parası** (*od.* **resmi**) Vertäuungs-, Anlege-, Anker-gebühr *f* ~ **postası** 1. Dalbe *f* 2. Belegpoller *m* ~ **şamandırası** Vertäuungsboje *f* ~ **tutmak** vertäut, festgemacht liegen **-ı** (*od.* **-ları**) **koparmak** (*od.* **çözmek**) *V* „Leine ziehen", sich davonmachen, abhauen, türmen
palamarcı s. **çımacı**
palamarlamak *naut.* vertäuen (Schiff), ein Ende belegen (= ein Tau festmachen, sichern)
palamarlık für die Verwendung von **palamar** bestimmt ~ **baba** s. **palamar postası**; ~ **şamandıra** Ankerboje *f*
palamut (I), **-du** 1. unechter (*od.* mittelländischer) Bonito *zo.* Sarda sarda 2. *abus.* echter Bonito *zo.* Katsuwonus pelamys (*Anm.:* Je nach Größe werden unterschieden: **kestane -u, Çingene -u,** ~ (dieser 30–35 cm lang), **torik** (zweijährig), **sivri** (dreijährig), **altıparmak, piçuta**); ~ **vonozu** junger Bonito
palamut (II), **-du** 1. Walone *f* (*irrt. a.* levantinische Knopper genannt) 2. Eichel *f* 3. *V* dick gestopfte Haschisch-Zigarette ~ **hulâsası** rote Gerberbeize ~ **meşesi** Waloneneiche *f bot.* Quercus aegilops
palamut (II), **-du** *V* ein best. betrügerischer Trick beim Bakkarat-Spiel
palamut(lu)lar Becherfrüchte *pl. bot.* Cupuliferae *bülûtiye
palan (I) s. **palanga**
palan (II) weiche, sattelähnliche Polsterung (ohne Holzgestell); Sattelkissen *n* ~ **vurmak** das Sattelkissen auflegen
palancı Hersteller od. Verkäufer *m* von **palan** (II) *palanduz
palandız Hartsteinblock *m* (z.B. als Einfassung e–s Brunnenhahns)
palandöken 1. s. **naldöken** 2. ⁓ *n.pr.* Gebirgszug südl. von Erzurum (höchste Erhebung 3124 m)
palanga (I) [·×·] *naut.* Talje *f,* Takel *n,* Gien *f,* Flaschenzug *m,* Block *m* (als Hebevorrichtung) ~ **donatmak** *naut.* e–e Talje aufschlagen ~ **makarası** *naut.* Blockscheibe *f* ~ **trentisi** Läufer *m,* Kette *f* (e–s Flaschenzugs) ~ **vetası** *naut.* holende Part; Taljereep *n* **-ya vurmak** *naut.* e–e Talje (usw.) verwenden **-yı tiramola etmek** *naut.* s. Stw. **tiramola**
palanga (II) [·×·] s. **orta** (10)
palangarola [···×·] *naut.* Roll-, Nock-takel *n* *yalpa palangası
palanka [·×·] 1. mit Palisaden und Graben umgebener fester Platz 2. Schanze, Bastion *f*
palanlamak (içeriye) *V* einsperren, ins Gefängnis werfen
palanlı mit Sattelkissen
palas (I) 1. großes Wohnhaus, Mietshaus *n* 2. Luxushotel *n* Zu 1: **Maçka** ⁓**, Murat** ⁓ usw. (Namen großer Mietshäuser in Istanbul) Zu 2: **Pera** ~ **(Oteli)** (Istanbul)
palas (II) *Sch.* 1. leicht, angenehm (z.B. Unterricht) 2. nett, erfreulich (Ding, Örtlichkeit) 3. nachsichtig (z.B. Lehrer) ~ **geçmek** *Sch.* glattgehen, ohne Schwierigkeiten verlaufen
palas (III) *va.* Lappen, Lumpen, Fetzen *m*
palas (IV) **pandıras** *Adv.* Hals über Kopf, in aller Eile, schleunigst, ohne Verzug
palaserte [··×·]; **palasertiye** [··×··] *naut.* Rüste *f* (starke Planke an der Schiffsaußenseite)
palaska [·×·] 1. *mil.* Koppel *n* 2. *mil.* Patronen-gurt *m* od. -tasche *f* 3. *naut.* Munitionskiste *f* (an Bord e–s Schiffes)
palaskalı mit **palaska** ausgestattet
palaspare [··–·] 1. Lappen, Lumpen, Fetzen *m* 2. et. Wertloses (Ärmliches, Schäbiges)
palasturpa [··×·] 1. (Rohr-)Wischer *m* 2. *fr.* Wergpfropf *m* (beim Laden alter Geschütze)
Palatina (*franz.* **Palatinat**) *n.pr.* Rheinpfalz *f*
Palatinalı 1. Rheinpfälzer(-in *f*) *m* 2. rheinpfälzisch
palavra (I) *V* [·×·] 1. dummes Gerede; Geschwätz, Getratsche, Palaver *n* 2. Prahlerei *f,* Aufschneiden, Angeben, Bramarbasieren *n* ~ **atmak (savurmak, sıkmak)** *V* aufschneiden, angeben, bramarbasieren, prahlen
palavra (II) [·×·] *naut. fr.* 1. Unterdeck *n* (auf alten Kriegsschiffen) 2. Zwischendeck *n* ~ **yolcusu** s. **güverte yolcusu**
palavracı [·×··] *V* 1. leerer Schwätzer 2. Angeber, Aufschneider, Prahlhans, Renommist *m*
palavracılık *V* 1. s. **palavra** (I) 2. Verhalten *n* e–s **palavracı**; ~ **etmek** s. **palavra atmak**
palaz das Junge (*spez.* bei Gans, Ente, Taube) *selt. a.* Junge *m,* junger Mann ~ **gibi** rundlich wie ein junges Entchen
palazla(n)mak 1. groß werden (*spez.* junge Gans, Ente, Taube) 2. heranwachsen, sich entwickeln (Kind) 3. zu Geld kommen; sich bereichern 4. (*mst.* **palazlanmak**) *V* aufsässig sein, widerspenstig sein
paldım Umgang *m* (Sattelriemen um die Hinterhand des Pferdes) ~ **dudak** mit herabhängender Unterlippe (Neger) ~ **kemiği** *an.* Steißbein *n,* Os coccygis **-ı aşmak** *fig.* zu hoch sein (für j–s geistige Fähigkeiten)
paldır küldür *od. selt.* **paldır paldır** 1. holterdiepolter! 2. *fig.* unüberlegt
palearktik bölge paläarktische Region
palenk, -gi *va.* grober Bauernschuh *çarık
paleograf Paläograph(-in *f*) *m*
paleografi Paläographie *f,* Handschriftenkunde *f*
paleografik paläographisch
paleolitik 1. **(çağ)** Paläolithikum *n,* Altsteinzeit *f* *eski taş devresi (*od.,* devri) 2. paläolithisch, altsteinzeitlich
Paleolog, -gu *n.pr.* berühmte byzantinische Familie (aus der in der Zeit von 1260–1453 acht Kaiser hervorgegangen sind)
paleontolog s. **paleontolojist**
paleontoloji Paläontologie *f* (Lehre von den Lebewesen vergangener Erdperioden) *eskivarlıkbilim, mephasülmüstehasat
paleontolojik paläontologisch
paleontolojist, -ti Paläontolog-e *m,* -in *f*
paleozoik 1. Paläozoikum, Erdaltertum *n* *ezminei kadimei hayat, birinci zaman 2. paläozoisch
palet, -ti 1. (Maler-)Palette *f* (2–6 *naut.*) 2. Fuß-, Abtretmatte *f* 3. Platting, Stoß-, Tau-matte *f* (gegen Schamfilen) 4. Maus *f* (Bekleidung e–s Taues) 5. Blatt *n* (e–s Ruders, Riemens) 6. Leck-matte *f,* -segel *n* 7. *techn.* Mitnehmer *m* (Förderband), Kratzer *m* 8. s. **işaret -i** 9. *V* Allerwertester; Hintern, Popo *m* 10. *techn.* Schaufel *f,* Flügel *m* 11. s. **dalgıç -i;** ~ **bıçağı** Spatel, Spachtel *m, f*
paletli traktör Raupenschlepper *m*

palikarya [··×·] *pej.* großsprecherischer junger Grieche (in Istanbul)
palinuras [··×·] *naut.* Peilscheibe *f*
palisadî *bot. va.* Palisaden-; s. **tabakai palisadiye**
palisat, -dı Palisade *f* ~ **tabakası** *bot.* Palisadenparenchym *n* *tabakai palisadiye
palladyum [·×·] *chem.* Palladium *n*
palma 1. Palmzweig *m* 2. s. **elyaprak**
Palmir; Palmira [·×·] *n.pr.* Palmyra, Tadmor (in Syrien) ~ **hurma ağacı** s. **Tedmür hurma ağacı**
palmiye (Zier-)Palme *f bot.* Palma
palmiyelik Palmenhain *m*
palp, -pı Taster *m,* Palpe *f* (bei Gliederfüßern)
palpabl *selt.* 1. greifbar, fühlbar 2. handgreiflich
palpasyon *med.* Palpation *f,* Abtasten *n*
palpitasyon *med.* Palpitation *f,* Herzklopfen *n*
palplanş (*franz.* **palplanche**) *techn.* Spundbohle *f* (beim Legen von Unterwasserfundamenten)
palto [×·] (*franz.* **paletot**) (dicker) Wintermantel
paltoluk für e–n Wintermantel geeignet bzw. bestimmt (Stoff)
Palu *n.pr.* O. u. D. im Rbz. Elazığ
paludina Flußkiemenschnecke *f zo.* Paludina
paluze [– –·] e–e Art **pelte;** ~ **gibi** weich und schwammig, *F* wabbelig
palya [×·] *naut.* gabelförmiges Kalfateisen
palyaço [·×·] 1. Bajazzo, Clown, Spaßmacher, Groteskkomiker *m* 2. ⁓ *n.pr.* Der Bajazzo (Oper von Leoncavallo)
palyaçoluk [·×··] Clownerie *f,* Treiben *n* e–s Bajazzos, Hanswurstiade *f*
palyatif 1. *med.* lindernd (aber nicht heilend) 2. *med.* Linderungsmittel *n* 3. *fig.* nicht grundlegend; provisorisch, Notbehelf *m*
palyoş zweischneidiges gerades Kurzschwert, großer Dolch; Seitengewehr *n,* Pallasch *m*
palyum [×·] Pallium *n* (mantelartiger Überwurf im alten Rom, Krönungsmantel der deutschen Kaiser bzw. Amtszeichen der kath. Erzbischöfe)
pami [×·] *V* voran! los! auf! vorwärts!
pampa [×·] *geogr.* Pampa *f* (in Südamerika) ~ **otu** Pampas-, Silber-gras *n* (Zierpflanze) *bot.* Gynerium argenteum *tüy kamışı ~ **tavşanı** s. **mara**
pamplmuz *selt.* Pampelmuse *f* s. **kızmemesi**
pamuk, -uğu 1. Baumwolle *f* 2. Baumwollfüllung *f* (für Matratzen, Kissen usw.) 3. Watte *f* 4. mit Baumwollfüllung 5. ganz od. teilweise aus Baumwolle hergestellt, baumwollen, Baumwolle- 6. schneeweiß ~ **atmak** Baumwolle krempeln (kardätschen) (mit dem Bogen schlagen, auflockern) ~ **balı** weißer Honig ~ **barutu** Schießbaumwolle *f* ~ **bezi** Baumwollstoff *m* ~ **fidanı** Baumwollstrauch *m bot.* Gossypium (hirsutum u. a.) ~ **gibi** 1. schneeweiß *bembeyaz 2. daunenweich ~ **gibi atmak** *fig.* völlig durcheinanderbringen ~ **helva** s. **keten helva(-sı);** ~ **ipliği** Baumwollfaden *m* ~ **ipliğine bağlı olmak** *fig.* an e–m Seidenfädchen hängen ~ **ipliğiyle bağlamak** (bir işi) *fig.* et. auf e–e sehr schwache Grundlage stellen; nur e–e vorläufige Regelung finden (für) ~ **kadife** Baumwollsamt, Velvet *m* ~ **mezruatı** Baumwollplantagen *pl.* ~ **otu** 1. Silberzweiohr *n bot.* Diotis candidissima *beyaz otu 2. schmalblättriges Wollgras *bot.* Eriophorum polystachyum 3. Schimmelkraut *n bot.* Filago (germanica u. a.) ⁓ **Prenses** *n.pr.* Schneewittchen *Karbeyaz(-ı) ~ **salmastrası** Baumwollpackung *f* ~ **tarağı** Egreniermaschine *f* (für Baumwolle) *çırçır ~ **yağı** Baumwollsaatöl, Cottonöl *n* **-unu atmak** (b–nin) *fig.* j–m gehörig die Leviten lesen
pamukağacı, -nı Baumwoll-, Kapokbaum *m bot.* Bombax Ceïba
pamukaki [··×·] glänzendes Baumwollgarn (für Stickereien)
pamukbalığı, -nı Blauhai *m zo.* Carcharias glaucus *gök köpekbalığı
pamukçu Baumwoll-pflanzer bzw. -händler *m*
pamukçuk *med.* Soor(-mykose *f*) *m,* Schwämmchen *pl.* (Pilzbelag in der Mundhöhle, bes. bei neugeborenen Kindern) *dai caversî ~ **küfü** Soorpilz *m*
pamukçuluk Baumwoll-anbau bzw. -handel *m*
pamukelması, -nı Kapsel *f* der Baumwollstaude
Pamukkale *n.pr.* Hierapolis (in der Nähe von Denizli) (mit den berühmten Travertin-Kaskaden)
pamuklanmak 1. e–e leichte Schimmelschicht ansetzen 2. flaumig sein (best. Stoffe)
pamuklu 1. aus Baumwolle hergestellt, baumwollen, Baumwoll- 2. mit Baumwoll- bzw. Watte-einlage, wattiert 3. wattierte Weste od. Decke ~ **kumaş** Baumwollstoff *m*
pamuklubitler s. **unlubitler**
pamuktaşı, -nı *min.* Travertin *m* *kefeki, traverten
pan (I) Panne *f,* Defekt *m* (*spez.* am Auto) *sakatlık ~ **yapmak** e–e Panne haben (Auto, Flugzeug usw.)
pan (II) Panne, Spiegelsamt, Felbel, Seidenplüsch *m*
panafrikanizm Panafrikanismus *m*
Panama 1. *n.pr.* Panama (Mittelamerika) 2. ⁓ **(şapka)** Panamahut *m* 3. ⁓ Panama *m* (Gewebe in Würfelbindung) ~ **berzahı** *n.pr.* Landenge *f* von Panama ~ **kabuğu** Quillaja-, Panama-rinde *f* (des chilenischen Seifenbaums Quillaja saponaria) ~ **kanalı** *n.pr.* Panamakanal *m* ~ **körfezi** *n.pr.* Golf *m* von Panama ~ **meselesi** *hist.* Panamaaffäre *f*
Panamalı 1. Panames-e *m,* -in *f* 2. ⁓ wer e–n Panamahut trägt
panamerikanizm Panamerikanismus *m*
panameriken 1. panamerikanisch 2. ⁓ *n.pr.* Pan American Airways, PAA ⁓ **Birliği** Panamerikanische Union *f* ~ **konferansı** panamerikanische Konferenz *f*
panarabizm panarabische Bewegung
panarap, -bı panarabisch
panat s. **paneta**
panatela(-s) lange, dünne Havanna-Zigarre
Panaya [·×·] s. **Hazreti Meryem, Meryemama;** ~ **Kapulu** Haus *n* der Mutter Maria (inEphesus)
Panayamu [·×··] *(griech. Ausruf)* Heilige Mutter Maria!
panayır 1. Messe(-ausstellung) *f* *fuar, sergi 2. Volksfest *n,* Kirmes *f* ~ **tiyatosu** Jahrmarktstheater *n* ~ **yeri** 1. Messegelände *n* 2. Festplatz *m*
panazyatizm panasiatische Bewegung
pancar 1. Runkel-, Dick-rübe *f bot.* Beta vulgaris (*a. var.* rapacea Rübenmangold *m*) s. **şeker pancarı** 3. s. **kırmızı pancar** ~ **gibi** ganz rot (Gesicht) *kıpkırmızı **(Yüzü ~ gibi oldu.** Er wurde puterrot.) ~ **kesilmek** rotwerden, erröten, e–n roten Kopf bekommen, puterrot anlaufen ~ **şekeri** Rübenzucker *m*
Pancermanist, -ti *hist.* alldeutsch, Alldeutscher
Pancermanizm *hist.* Pangermanismus *m,* alldeutsche Bewegung
pancur Fensterladen *m*
pancurlu mit **pancur** ausgestattet
Pança (häufiger Hundename)
pançinbag (*engl.* punching-bag) *(Boxen)* Sandsack *m* *kum torbası
pançinbol (*engl.* **punching-ball**) 1. Plattform-, Punching-, Birn-ball *m* *armuttop 2. Doppelendball *m* *yumruktopu
panda s. **küçük (büyük, dev)** ~
pandantif 1. (als Schmuck getragener) Anhänger mit Kette 2. *arch.* s. **bingi**
Pandekt hukuku *jur.* Pandektenrecht *n.* gemeines Recht

pandel *Zig.* Tamburin *n,* Schellentrommel *f*
pandemi *med.* Pandemie *f* (sich weit verbreitende Seuche)
pandemik *med.* pandemisch, allgemein verbreitet (Seuche)
pandili Bez. des Tamburins **(tef)** im **Ortaoyunu**
pandispanya [··×·] (*ital.* **pan di Spagna**) gelblicher, in Scheiben geschnittener, mst. mit Konfitüre gefüllter Biskuitkuchen ≗ **gazetesi yazıyordu** (iron. Erwiderung bei prahlerischen, lügenhaften Reden)
pandit, -ti Pandit *m* (Titel brahmanischer Gelehrter)
pandomima [··×·] Pantomime *f,* Gebärdenspiel *n* ~ **kopmak** sich (unter wilden Gebärden) herumzanken (um die Zuschauer zu belustigen) ~ **oynamak** in der Zeichensprache reden
pandufla(-cı) s. **pantufla(-cı)**
pandur *hist.* Pandur *m* (ungar. Leibwächter; irregulärer Milizsoldat; (Feld-)Wächter)
pandura [·×·] *mus. hist.* Bandura *f* (alt-griech., dreisaitiges M.i.)
pandül 1. Pendel *n,* Perpendikel *m, n* *rakkas, sarkaç 2. Stutz-, Pendel-, Stand-, Wand-uhr, Pendüle *f* 3. Unruh *f* (in der Taschenuhr)
pandüllü mit **pandül;** ~ **saat** s. **pandül** (2)
pane paniert ~ **etmek** panieren
panel (*engl.* **panel**) 1. öffentliche Diskussion; Podiumsgespräch *n* 2. Paneltechnik *f* (Methode der Meinungsforscher) 3. Befragtengruppe *f*
pan(h)elenizm Panhellenismus *m,* großgriechischer Gedanke
paneta [·×·] *naut. va.* Lee-, Bei-segel *n*
panganot *P* für **bankınot**
pangenez *biol.* Pangenesistheorie *f* (Darwin)
pangodoz *V* alter Trottel, alter Säufer
pangolin Schuppentier *n zo.* Manis (pentadactyla u. a.)
panik, -ği Panik *f,* panischer Schrecken ~ **çıkarmak** (*od.* **yaratmak**) e–e Panik verursachen (auslösen) ~ **cıkmak** ausbrechen (Panik) ~ **kırmak** *V* sich davonmachen, sich aus dem Staub machen, abhauen, türmen ~ **şeklinde** panikartig ~ **vermek** (*od.* **-e kapılmak**) in Panik geraten
panikçı Panikstimmung verbreitend, wer Panikgerüchte ausstreut
panikçilik Ausstreuung *f* von Panikgerüchten
paniklemek *V.* s. **panik kırmak**
panislâmizm Panislamismus *m,* panislamische Bewegung
panislav panslawistisch
panislavizm Panslawismus *m,* allslawische Einigungsbewegung
panjur s. **pancur**
pankart, -tı (*franz.* **pancarte**) 1. Anschlagzettel, Aushang *m,* Plakat *n* 2. Spruchband, Transparent *n* (z. B. bei Demonstrationen)
pankreas *an.* Bauchspeicheldrüse *f,* Pankreas *n*
pankreatik *med.* das Pankreas betreffend
pankreatit, -ti *med.* Pankreatitis *f,* Entzündung *f* der Bauchspeicheldrüse
pankromatik *phot.* panchromatisch
panlojist, -ti Vertreter *m* des Panlogismus *kamumantıkçı
panlojizm *phil.* Panlogismus *m* *kamumantıkçılık
pano (*franz.* **panneau**) 1. Füllung *f* (z. B. e–r Tür) 2. Fläche *f* (z. B. e–s behauenen Steins) 3. Spruchband *n* 4. beschriftete Tafel (z. B. bei Demonstrationen), Reklametafel, Malwand *f,* Werbeschild *n* 5. *mil.* Signaltuch *n* 6. Bahn *f,* Blatt *n* (bei Textilien)
panola [·×·] s. **pandel**
panorama [··×·] 1. Panorama *n,* Rundblick *m* 2. *phot.* Rundaufnahme *f* 3. *allg.* Ansicht *f* ~ **kartpostalı** Ansichtspostkarte *f* ~ **kartpostalcısı** Hersteller *m* von Ansichtspostkarten ~ **kartpostalcılığı** Herstellung *f* von Ansichtspostkarten
panoramik Panorama-, Rundblick-, Gesamt-, Total- ~ **dürbün** *mil.* Rundblickfernrohr *n* ~ **fotoğraf** Rundaufnahme *f* ~ **görünüş** (*od.* **resim**) Gesamt-, Total-ansicht *f* *umumî manzara
panotomanizm *hist.* Panottomanismus *m*
panpsişist, -ti Vertreter *m* des Panpsychismus *kamutinci
panpsişizm *phil.* Panpsychismus *m* *kamutincilik
pansıman (*franz.* **pansement**) 1. Verbinden *n* e–r Wunde 2. Verband, Umschlag *m,* Packung *f* ~ **yapmak** 1. verbinden (Wunde) 2. *V* am weiblichen Geschlechtsteil herumspielen
pansımancı 1. wer e–n Verband anlegt *spez.* Heilgehilfe *m* 2. Operationsschwester *f*
pansiyon 1. (Familien-)Pension *f,* Fremdenheim *n* 2. Schülerheim, Internat *n* 3. Untermiete *f* 4. Kost und Logis, Vollpension *f*
pansiyona (Mädchen-)Pensionat *n*
pansiyoncu wer e–e Pension unterhält, Pensionsinhaber(-in *f*) *m*
pansiyoner 1. wer in e–m Fremdenheim wohnt od. wer in e–m Hotel Vollpension hat, (Hotel-)Gast *m* 2. wer in e–m Schülerheim wohnt, Pensionär(in *f*) *m* 3. Untermieter(-in *f*) *m* od. Kostgänger(-in *f*) *m* 4. wer bei jemand Kost und Logis hat 5. *Th.* Schauspieler(-in *f*) *m mit festem Gehalt*
panslav(-izm) s. **panislav(-izm)**
pansuman(-cı) s. **pansıman(-cı)**
pantalon lange Hose ~ **balığı** *V* männliches Glied; Penis *m* ~ **subyesi** Hosensteg *m* ~ **zıhı** mil. Hostenstreifen *m*
pantaloncu Hosenschneider *m*
pantalumba *z.va.* Gummigutt *n*
panteist, -ti 1. Pantheist(-in *f*) *m* 2. pantheistisch *kamutanrıcı
panteizm Pantheismus *m* *kamutanrıcılık, vücudiye
pantelist, -ti Vertreter *m* des Panthelismus *kamuiradeci
pantelizm *phil.* Panthelismus *m* *iradei külliye; kamuiradecilik
panteon 1. Pantheon *n:* a) antiker Tempel b) ≗ Ehrentempel *m* (Paris, Rom) 2. Gesamtheit der Götter e–s Volkes
panter *selt. s.* **pars**
Pantkot, -tu (yortusu) Pfingsten, Pfingstfest *n*
pantograf Pantograph, Storchschnabel *m*
pantol *P* für **pantalon, pantolon**
pantollu *V* (in der Füg.:) ~ **hayvan** ungehobelter Bursche, Holzbock *m*
pantolon(-cu) s. **pantalon(-cu)**
pantometre [··×·] *techn.* Pantometer *n*
pantomim(-a) s. **pandomima**
pantufla [·×·] 1. aus dickem Woll- od. Filz-stoff hergestellte Pantoffel (*dial.* Babusche *f*) 2. *V* Entwenden, Klauen *n* *spez.* Taschendiebstahl *m*
pantuflacı 1. Babuschenfabrikant *m* 2. *V* Gauner, Taschendieb *m*
Panturanist, -ti; Panturanizm s. **Turancı(-lık)**
Pantürkist, -ti; Pantürkizm s. **Türkçü(-lük)**
panya [×·] *naut.* Heck-fangleine *f,* -haltetau *n* **-yı çözmek** *fig.* heimlich verschwinden, sich verdrücken
panye (*franz.* **panier**) *hist.* Reifrock *m* (der Damen)
panyol tahtaları *naut.* Stauholz *n,* Garnierung *f*
panzehir Gegengift *n* ~ **otu** gemeiner Hundswürger *bot.* Vincetoxicum officinale *kuzu otu ~ **taşı** 1. Bezoar-, Ziegen-stein *m* 2. *min.* Opal *m* *opal
panzer *mil.* 1. (deutscher) Panzer (im II. Weltkrieg), Tank, Kampfwagen *m* 2. *allg.* Panzerfahrzeug *n*
Papa [×·] Papst *m* ~ **mümessili** (*od.* **vekili**) päpstlicher Nuntius **-nın fevkalâde murahhası** Legat *m*
papağan Papagei *m zo.* Psittacus ~ **balığı** s. **ıskaroz balığı;** ~ **gibi ezberlemek** papageienmäßig (mechanisch) aus-

wendiglernen ~ **hastalığı** *med.* Papageienkrankheit, Psittakose *f* *psittakizm psittakoz

papağanlık papageienmäßiges Nachplappern *bebgaiye

papağanvari papageienhaft

papağanyemi, -ni s. **yalancısafran**

papak langhaarige turkmenische Lammfell- od. Woll-mütze (Kalpak)

Papalık 1. Papstwürde *f* 2. Papsttum *n* 3. Päpstlicher Stuhl; Vatikan *m* 4. Amtszeit *f* e–s Papstes ~ **arazisi** Vatikanstadt *f* ~ **etmek** Papst sein

papara 1. Gericht *n* aus Brot, Käse und Fleischbrühe 2. *fig.* fades Zeug 3. *P* scharfer Verweis; *F* Zigarre *f,* Anpfiff *m* 4. *Bez.* für die Oboe **(zurna)** im **Ortaoyunu** ~ **vermek** *P* e–n gehörigen Verweis erteilen, scharf zurechtweisen, *F* zusammenstauchen ~ (*od.* **-sını) yemek** *P* e–e gehörige Zurechtweisung bekommen, *F* zusammengestaucht werden

papas 1. *P* für **paspas** 2. *naut.* Schwabber, Dweil *m* 3. s. **papaz**

papatya [·×·] Kamille *f bot.* Anthemis; Matricaria s. a. **boyacı (çayır, it, mayıs) -sı; katmerli (Rumî)** ~; ~ **kâfuru** s. **sol kâfur;** ~ **menkuu** Kamillentee *m*

papaya [·×·] Papaya *f,* Melonenbaum *m bot.* Carica papaya *kavun ağacı

papaz 1. christlicher Geistlicher, katholischer Ordensgeistlicher; Pater *m;* griechisch-orthodoxer Pope 2. *Spk.* König *m* *rua ≗ **her gün pilav yemez.** *Spr.* 1. Eine gute Gelegenheit bietet sich nicht alle Tage. Alle Tage ist kein Sonntag. 2. Es kommt nicht immer so, wie man es sich wünscht. ~ **kaçırmak** *Ka.* Schwarzer Peter spielen ~ **karası** 1. schwarzer Stoff für die Talare griechischer Popen 2. (*a.* ~ **karası üzümü**) bläuliche Traubenart, aus der ein starker Rotwein gewonnen wird 3. dieser Rotwein selber ~ **otu** weißer Germer *bot.* Veratrum album ~ **otu tozu** *pharm.* Veratrin *n* ~ **ravendi** Gartenrhabarber *m bot.* Rheum rhaponticum *sürdürücü ravent ~ **uçurmak** 1. ein Zechgelage halten, zechen 2. sich e–n guten Tag machen 3. lügen, betrügen 4. *V* den Beischlaf ausüben **-a dönmek** *hum.* zu lange Haare haben **-a kızıp perhiz** (*od.* **oruç) bozmak** aus Zorn über e–n anderen et. unternehmen, was e–m selber Schaden bringt (Vgl. Lieber den Magen verrenkt, als dem Wirt et. geschenkt.) **-ı bulmak** den Schwarzen Peter in der Hand behalten; der Gelackmeierte sein **-i göt altında bulmak** *V* s. **belâsını bulmak**

papazbalığı, -nı Mönchsfisch *m zo.* Chromis (chromis od. Ch. castanea) (Mittelmeerfisch)

papazi [·×·] *fr.* e–e leichte Organdy-Art (*fr.* für Blusenkragen od. Frauenkopfputz) *fabrika bürümceği

papazkaçtı *Ka.* Schwarzer Peter

papazkülâhı, -nı Pfaffenhütchen *n bot.* Evonymus (europaeus u. a.)

papazlık Stand *m,* Würde *f,* Aufgaben *pl.* usw. e–s **papaz**

papazyahnisi, -ni Schmorgericht *n* aus Muscheln (od. Bohnen), Öl, Wein (od. Essig) und Zwiebeln

papel *V* 1. *fr.* türk. Einpfundschein *m* 2. *allg.* (Papier-)Geld *n;* Türkpfund 3. Spielkarten *pl. spez.* gezinkte Karten *pl.* ~ **oyunu** Name e–s türk. Ka.

papelci *V* Schwindler, Gauner, Betrüger *m* (der auf der Straße das Spiel mit drei Karten veranstaltet)

papelcilik *V* Gaunerei *f,* Schwindel *m*

papilla [·×·] *an.* Papille *f* *kabarcık, tomur

papirolog Papyrologe *m*

papiroloji Papyrologie, Papyruskunde *f*

papirüs 1. ägyptisches Zypergras; Papyrusstaude *f bot.* Cyperus papyrus 2. Papyrus *m* (als Schriftmaterial); Papyrusrolle *f*

papirüsgiller Riedgrasgewächse *pl. bot.* Cyperaceae *sadiye

papist, -ti *pej.* 1. Papist, Römling *m* 2. papistisch

papiyon (*franz.* **papillon**) (*a.* ~ **kravat**) 1. Querbinder *m,* Schleife, Fliege *f,* Schmetterling *m* *fiyonga 2. *(Sport)* Schmetterlingsschwimmen *n* ~ **somunu** Flügelmutter *f* (e–r Schraube) ~ **vidası** Flügelschraube *f*

papiyot, -tu Papillote *f,* Haar-, Locken-wickel *m*

paprika *selt.* Paprika *m,* spanischer Pfeffer

Papu(a)lar *n.pr.* Papuas *pl.* (auf Neuguinea)

Papuasya [··×·] *n.pr.* Neuguinea *Yeni Gine

papuç s. **pabuç**

papura von zwei Ochsenpaaren gezogener schwerer Pflug

papül (*franz.* **papule**) *med.* Papel, Hitzblatter *f*

papyebüvar (*franz.* **papier buvard**) Löschpapier, -blatt *n* *kurutma (*od.* sünger) kâğıdı

papyefrize (*franz.* **papier frisé**) Krepp-Papier *n*

papyekuşe (*franz.* **papier couché**) Kunstdruckpapier *n* *kuşe kâğıt, kuşe kâğıdı

papyemaşe Papiermaché *n*

papyon s. **papiyon**

par (I) *(franz.) (Golf)* festgesetzte Schlagzahl

par (II) *(franz.) selt.* ~ **prensip** grundsätzlich, prinzipiell

Par (III) **par** Intensitätsbegriff in Verb. mit Bez. des Leuchtens, Brennens usw. ~ ~ **parıldamak** hell leuchten, wunderschön glänzen ~ ~ **yanmak** lichterloh brennen

para 1. Geld *n* *akçe 2. Para *m* (40. Teil e–s Kurusch od. 100. Teil e–s jugoslaw. Dinars) 3. Währung *f* 4. Geldwert *m* 5. Geldsumme *f,* Betrag *m* 6. Münze *f,* Geldstück *n* 7. Honorar *n* Zu 2: s. a. **kırk** ~ Zu 3: ~ **meselesini halletmek** das Währungsproblem bereinigen Zu 4: **Bütün otomobillerin -sı, dünyadaki altınların iki misli eder.** Der Geldwert aller vorhandenen Automobile beträgt das Doppelte des Goldes auf der ganzen Welt. Zu 5: **Ona dehşetli bir** ~ **vermiş.** Er hat ihm phantastisch viel Geld gegeben. Zu 6: **parlak bir** ~ ein glänzendes (funkelnagelneues) Geldstück ~ **ayarı** ein Geldstück, dessen Nominalwert dem Geldwert entspricht ~ **basma hakkı** *hist.* Münzregal *n* ~ **babası** reicher Mann, Reicher ~ **basmak** 1. Hartgeld (Münzen) prägen 2. Papiergeld drucken 3. *(Glücksspiel)* auf et. setzen (**Bas parayı!** *P* Leg schon das Geld hin!) ~ **biriktirmek** Geld sparen ~ **bloku** *fin.* Währungsblock *m* ~ **bolluğu** Geldüberfluß *m* ~ **bozmak** Geld wechseln (in kleineres der gleichen Währung) ~ **canlısı** geld-, hab-gierig ~ **cezası** Geldstrafe *f* *nakdî ceza ~ **cüzdanı** Brieftasche *f* ~ **çantası** Geldbörse *f,* Portemonnaie *n* ~ **çekmek** 1. Geld abheben (z. B. auf der Bank) 2. j–m das Geld aus der Tasche ziehen, j–n gehörig schröpfen, j–m Geld abnehmen (durch List od. Gewalt) ~ **çıkarmak** 1. Geld in Umlauf bringen 2. *P* e–e Überweisung tätigen ~ **darbı** 1. Prägung *f* von Hartgeld 2. Druck *m* von Banknoten ~ **darlığı** Geld-knappheit *f,* -mangel *m* ≗ **dediğin el kiri!** *Spr.* Geld gibt sich schnell aus! ~ **dökmek** viel Geld aufwenden (ausgeben) (zur Erreichung e–s best. Zieles) ~ **düşkünü** s. ~ **canlısı;** ~ **erozyonu** *H* Geldentwertung *f* ~ **eritmek** Geld ausgeben od. durchbringen ~ **etmek** 1. ausmachen, kosten 2. wert(-voll) sein 3. nützen, helfen, fruchten (**Kaç** ~ **eder?** 1. Wieviel macht (kostet) es? 2. Wieviel ist es wert? 3. Was nützt das schon? s. a. **Beş para etmez.**) ~ **farkı** Wechselgebühr *f* ~ **fıkdanı** 1. Geldknappheit *f* 2. Kapitalmangel *m* ~ **fonu** s. **milletlerarası para fonu;** ~ **gözlü** s. **paragöz;** ~ **hesabı** *H* Kassenkonto *n* ~ **kukuku** *jur.* Geld- und Münz-recht *n,* Währungsrecht **n** ~ **ile değil** geradezu geschenkt, spottbillig ~ **ile değil, sıra ile!** 1. Mit Geld läßt sich nicht alles erreichen! 2. Immer der Reihe nach! ~ **kaldırmak** Geld aufnehmen, sich Geld auszahlen lassen (z. B. gegen Pfand) ~ **kaptırmak** sich beschummeln lassen ~ **karşılıkları** Deckung *f* (des umlaufenden Geldes) ~ **kaygısı** Geld-, Hab-gier *f* ~ **kayıtları** Kassenbelege *pl.* ~ **kesesi** (gestrickter) Geldbeutel ~ **kesmek** 1. s. ~ **basmak** 2. (*V a.* ~ **kırmak**) Geld scheffeln ~ **koparmak** j–s Brieftasche erleichtern; j–n zur Ader lassen ~ **menfaati** pekuniärer Vorteil ~ **meydan görmek** bar auf den Tisch des Hauses gelegt werden (Geld) ~ **miktarı** Geldbetrag *m* ~ **muamelelerini teftiş** Kassenrevision *f* ~ **olarak verilen ücret** bar ausbezahlter (Arbeits-)Lohn ≗ **parayı çeker.** *Spr.* Wo Tauben sind, da fliegen Tauben zu. *Spr.* ~ **piyasası** Geldmarkt *m* ~ **pul** Geld und Geldeswert (**Kimsenin -sına puluna dokunmaz.** Er vergreift sich nicht an fremdem Gut.) ~ **saçmak** viel Geld vertun ~ **saklamak** 1. Geld aufheben (aufbewahren) 2. *fig.* Geld sparen (zurücklegen) ~ **sermayesi** Barkapital *n* ~ **serpmek** Geld(-münzen) unter das Volk werfen (z.B. bei e–r Hochzeit) ~ **sızdırmak** j–m das Geld aus der Tasche ziehen, j–m ordentlich Geld abknöpfen, j–n bluten lassen ~ **sıkıntısı** Geldverlegenheit, Klemme *f* ~ **sistemi** Währungssystem *n* ~ **şişkinkiği** Aufblähung *f* des Papiergeldumlaufs, Inflation *f* ~ **tablası** Drehteller *m* (an e–m Zahlschalter) ~ **tutmak** Geld haben, bei Kasse sein ~ **tutmamak** Geld verschwenden ~ **tuzağı** Nepp *m* ~ **ünitesi** Währungsstandard *m* ~ **vermek** Geld geben; zahlen ~ **vurmak** (bir işten) Geld herausschlagen (herauswirtschaften, gewinnen) (bei) ~ **yağdırmak** mit dem Geld nur so um sich werfen ~ **yapmak** Geld machen (scheffeln) ~ **yatırmak** 1. Geld einzahlen (z.B. auf ein Konto) 2. Geld (Kapital) investieren ~ **yedirmek** 1. j–m viel Geld in den Rachen werfen 2. bestechen *rüşvet vermek ~ **yemek** 1. a) Geld vertun (verschwenden, vergeuden) b) viel Geld verschlingen (z.B. Unterhalt e–s Autos) 2. Geld unterschlagen (veruntreuen) 3. sich bestechen lassen *rüşvet almak **-dan çıkmak** 1. Geld verlieren 2. (unnütz) Geld ausgeben (müssen) **-lar** *a.:* Sorten *pl.* (effektives ausländisches Geld) **-ları sıkırdatmak** mit dem Geld klimpern **≗n çoksa kefil ol, işin yoksa sahit ol!** *Spr. iron.* Wenn du zuviel Geld hast, dann leiste Bürgschaft, wenn du nichts zu tun hast, dann laß dich als Zeugen benennen! **≗na geçer hükmün!** Du hast deine Bezahlung bekommen und hast mit der Angelegenheit nichts mehr zu tun! **≗nın yüzü sıcaktır.** *Spr.* Für Geld ist jeder zu haben. **-sı olmak** Geld haben, gut bei Kasse sein **-sını çıkarmak** 1. sein Geld zurückziehen, sein Kapital retten 2. (investiertes) Kapital wieder einbringen **-sını saçmak** sein Geld verschleudern **-smı sokağa** (*od.* **denize**) **atmak** sein Geld zum Fenster hinauswerfen **-sını vermek** bezahlen **-sini yemek** (b–nin) auf j–s Kosten leben *sırtından geçinmek **-siyle rezil olmak** blamiert dastehen (wenn et., wofür man Geld ausgegeben hat, nicht zustandekommt) **-ya çevirme** *jur.* (Pfand-)Verwertung *f* **-ya çevirmek** zu Geld machen; realisieren **-ya kıyamamak** die Kosten scheuen **-ya kıymak** keine Kosten scheuen **-ya pul dememek** unglaublich viel Geld verdienen **-ya tapmak** am Geld hängen **-yi bayılmak** (*od.* **sökülmek**) *V* bezahlen (*F* berappen, *F* blechen) müssen **-yı çıkmak** *V* das Geld herausrücken **-yı çürütmek** das Geld schlecht anlegen **-yı esirgememek** (*od.* **kıskanmamak**) keine Geldausgaben scheuen; es sich et. kosten lassen **≗yi oraya değil, paraya vermeli.** Geld muß man an der richtigen Stelle ausgeben. **≗yı veren düdüğü çalar.** *Spr.* Wer das Geld hat, gibt den Ton an. Geld regiert die Welt. *Spr.*

parabellum [··×·] (deutsche) Parabellum-, Selbstlade-pistole *f* (I. Weltkrieg)

parabiyoz *biol.* Parabiose *f,* Zusammenleben *n*

parabol, -lü *math.* Parabel *f* *kat'ı mükâfi ~ **kolları** Äste *pl.* e–r Parabel

parabolik *math.* parabelförmig gekrümmt, parabolisch *kat'ı mükâfevî ~ **ayna** Parabolspiegel *m*

paraboloit, -di *math.* Paraboloid *n* *mücessem kat'ı mükâfî

paraçera [··×·] *naut.* kleinerer Zweimaster (bei der Adria-Küstenschiffahrt)

paraçol, -lu *naut.* 1. Knie-stück, -holz *n,* Winkeleisen, Krummholz *n* 2. zweimastiges Segelschiff (*spez.* für die Küstenschiffahrt im Mittelmeer), Lugger *m* (größerer Art) 3. Träger *m,* Konsole *f,* Kragstein *m,* Knagge *f* 4. s. **paraşol;** ~ **arabası** nichtgefederter, einspänniger Wagen ~ **yelkeni** *naut.* Luggersegel *n*

parad s. **parat**

paradantoz s. **parodontoz**

paradi Galerie *f,* oberster und billigster Theaterplatz, *F* Olymp *m, F* Juchhe *n*

paradigma [··×·] 1. Beispiel *n,* Lehre *f,* kleine Erzählung (mit Nutzanwendung z.B. in e–r Rede) 2. *gr.* Paradigma, Musterbeispiel, Flexionsmuster *n*

paradigmatik paradigmatisch, beispielhaft

paradoks Paradoxon *n,* Paradoxie *f,* scheinbar widersinnige Behauptung **bir -a çok benzemese** wenn es nicht zu paradox klänge

paradoksal 1. paradox, paradox klingend, scheinbar widersinnig 2. seltsam, wunderlich, auffallend (Mensch)

paradoksik *selt.* s. **paradoksal**

paraf Paraphe *f,* Namens-zug, -schnörkel *m*

parafazi *med.* Paraphasie *f* *kelime karışıklığı, teşevvüşü kelimat

parafe mit Paraphe versehen, paraphiert, abgezeichnet ~ **etmek** mit Paraphe versehen, paraphieren, abzeichnen

parafin *chem.* Paraffin *n*

parafinlemek mit Paraffin behandeln, paraffinieren

parafinli paraffinhaltig, aus Paraffin hergestellt, Paraffin-

parafraz *mus.* Paraphrase *f*

parafreni *med.* Paraphrenie *f* (leichtere Art der Schizophrenie)

parafudr (*franz.* **parafoudre**) *selt.* 1. Blitzableiter *m* 2. *(Radio)* Blitzschutzerdung *f,* Erdung(-sschalter *m*) *f*

paragöz geld-, hab-gierig *para gözlü

paragözi (*franz.* **parageusie**) s. **iştah sapkısı**

paragraf 1. **(işareti)** Paragraph(-enzeichen *n*) *m* *çengel 2. Absatz *m* (in e–m Schriftstück) 3. *allg.* Textstelle *f* Zu 2: **yazının son -ı** letzter Absatz des Schreibens Zu 3: **Mektuplardan birisinde şu ~ vadır; ...** In e–m der Briefe findet sich folgende Stelle: ...

paragrafi *med., psych.* Paragraphie *f* (Störung des Schreibvermögens)

paragraflı 1. mit Paragraphenzeichen 2. mit nb. Absätzen od. Stellen

paragrel (*franz.* **paragrêle**) Hagelschutzkanone *f* *dolu dağıtıcı top

Paraguay *n.pr.* Paraguay ~ **çayı** 1. Mate(-tee), Paraguay-Tee *m* 2. Mate-Pflanze *f bot.* Ilex paraguayensis

Paraguaylı 1. Paraguayer(-in *f*) *m* 2. paraguayisch

paraka [·×·] *naut.* Lang-, Grund-leine *f* (Mehrfachangel)

parakete [··×·] *naut.* 1. Log *n,* Logge *f* (Fahrgeschwindigkeitsmesser) 2. s. **paraka;** ~ **atmak** loggen, mit dem Log messen ~ **dolabı** Log-rolle, -trommel *f* ~ **hesabı** s. **kaba kumpas;** ~ **oltası** s. **parakete** (2); ~ **pervanesi** Propeller *m* des Patentlogs ~ **saati** Uhrwerk *n* des Patentlogs ~ **savlosu (ipi kordonu)** Logleine *f* ~ **tahtası** Logbrett, -scheit *n*

paraketeci *naut.* 1. Loggast *m* 2. wer mit Grundleine fischt

parakinezi *med.* Parakinese *f* (Koordinationsstörungen im Bewegungsablauf)

parakromatizm s. **renkkörlüğü**

parakronizm (*franz.* **parachronisme**) zu spät angesetzte zeitliche Einordnung (e–s hist. Vorgangs)

paralaks *astr.* Parallaxe *f* *ihtilâfı manzar, ıraklık açısı

paralali *med., psych.* Paralalie *f* (Wort- od. Laut-verwechslung)
paralama Vs. zu **paralamak;** ~ **barut hakkı** Sprengladung *f* ~ **kapsülü** Sprengkapsel *f*
paralamak 1. a) abnutzen, abwetzen (z.B. Schuhe) b) zerreißen, zerfleischen, in Stücke reißen (*spez.* von Raubtieren gesagt) *parcalamak 2. (in die Luft) sprengen *havaya uçurmak 3. (mit angeblichen Kenntnissen) großtun, sich aufspielen *bilgiçlik etmek Zu 1b): **Aslan geyiği paraladı.** Der Löwe zerfleischte den Hirsch. Zu 3: **Bu zat paralamaya meraklıdır.** Er redet gerne et. geschwollen daher. s.a. **lugat** ~
paralanmak 1. zu Geld kommen 2. Pass. zu **paralamak** 3. sich mit et. Unmöglichem abplagen, e–e Sisyphusarbeit verrichten 4. besonders großen Eifer an den Tag legen, *F iron.* sich schier zerreißen Zu 2: s.a. **içi** ~
paralel 1. parallel *muvazi, mütevazi 2. Parallele *f* 3. Breitengrad 4. s. **barparalel;** ~ **bağla(n)ma** *el.* Parallelschaltung *f;* **-ler** od. **paralel çizgiler** *math.* Parallelen *pl.* *muvazi hatlar
paralelizm s. **paralellik**
paralelkenar *math.* Parallelogramm *n* *mütevaziyüladla
paralellik Parallelität *f,* Parallelismus *m* *koşutluk, muvazat
paralelyüz *math.* Paralleliped, Parallelflach *n* *mütevaziyüssütuh
paralı 1. Geld enthaltend, 2. wohlhabend, reich *zengin 3. entgeltlich, kosten-fällig, -pflichtig 4. mit größeren, runden Tupfen, gesprenkelt (Stoff) ~ **asker** Söldner *m* ~ **mektup** Geld-, Wertbrief *m* ~ **okul** Lehranstalt *f* mit Schulgeldpflicht
paralıca Gewinn abwerfend, einträglich
paralık *fr.* soundoviel Para kostend od. wert **yirmi** ~ **bir pul** *fr.* e–e Zwanzigparamarke (Briefmarke, Stempelmarke usw.) **bir (iki, beş, on)** ~ **etmek** (b–ni) bloßstellen, herunterreißen, öffentlich anprangern **bir** ~ **adam** verachtungswürdiger Mensch
paralitik 1. paralytisch 2. Paralytiker(-in *f*) *m*
paralize gelähmt, lahmgelegt ~ **etmek** lähmen, lahmlegen
paralizi *med.* Paralyse *f,* vollständige Lähmung
paralojizm *log.* Paralogismus, Trug-, Fehl-schluß *m* *kıyası fasit *yanıltıcılık
paramagnetik *phys.* paramagnetisch
paramagnetizm *phys.* Paramagnetismus *m*
paramatta [··×·] Paramatta *m* (leichtes, dichtes Atlasgewebe für Damenkleider)
paramesyum s. **terliksi hayvan**
parametre [··×·] *math.* Parameter *m* *muaddil; mütehavvili mutavassıt
paramiliter militärähnlich, halbmilitärisch
paramnezi *med.* Paramnesie, Erinnerungstäuschung *f*
paramparça [·×··] in tausend Stücke(-n), in Fetzen, ganz zerfetzt, kurz und klein ~ **etmek** in (tausend) Stücke schlagen (od. reißen), ganz zerfetzen, kurz und klein schlagen, zerschmettern
parampet s. **parapet**
parankima [·×··] *bot.* Parenchym *n* *özekdoku
paranoya [··×·] *med.* Paranoia, Geistesgestörtheit *f*
paranoyak Paranoiker *m;* geistesgestört
paranoyit, -di *med.* paranoid
parantel *jur.* Parentel *f* (Gesamtheit der Abkömmlinge e–s Stammvaters, dieser eingeschlossen)
parantez Klammer, Parenthese *ayraç, mutarıza ~ **açmak** 1. in Klammern beifügen 2. *fig.* beiläufig erwähnen ~ **bacaklı** *selt.* krumm- spez. o-beinig
parantezli in Klammern gesetzt od. stehend *mutarızalı
parapet, -ti (*franz.* **parapet**) 1. Geländer *n,* Brüstung *f,* 2. *naut.* Reling, Bordwand *f* *kupeşte 3. *naut.* Finknetz *n,* Hängemattkasten *m* 4. Karnies *n* (zwischen oberstem Stockwerk und Dach e–s Hauses)
parapleji *med.* Paraplegie *f,* doppelseitige Lähmung
parapsikoloji Parapsychologie *f*
parapsikolojik parapsychologisch
parasal geldlich, pekuniär, Finanz-
parasempatik sinir sistemi *med.* parasympathisches Nervensystem
parasız 1. mittellos, arm 2. abgebrannt, pleite *züğürt 3. kostenlos, unentgeltlich, umsonst, gratis 4. unbezahlt, freiwillig ~ **gösteri** *Th.* Gratisvorstellung *f* ~ **kalmak** keinen Pfennig Geld mehr besitzen ~ **pulsuz** *Verst.* von **parasız;** ~ **tellal** wer et. ausposaunt, was ihn nichts angeht, unerwünschter Helfer ~ **yatılı ögrenci** Internatsschüler, der auf Kosten des Staates untergebracht ist
parasızlık 1. Mittellosigkeit, Armut *f* 2. Geld-knappheit, -verlegenheit, pekuniäre Klemme *f*
parasol (*franz.* **parasol**) *selt.* Sonnenschirm *m*
parasoley (*franz.* **parasoleil**) *phot.* Sonnenblende *f*
paraşol e–e Art Kremser (einspänniger, auf allen Seiten offener Wagen mit Sonnendach)
paraşüt, -tü (*franz.* **parachute**) 1. Fallschirm *m* 2. Stoßsicherung *f* (in e–r Armbanduhr) ~ **açma ipi kablosu** Reißleine *f* (am Fallschirm) ~ **avcısı** *mil.* Fallschirmjäger *m* ~ **ekipi** Luftlandetrupp *m* ~ **şemsiyesi** Fallschirmhülle *f* **-le indirmek** (*od.* **atmak**) mit Fallschirm abwerfen (Truppen, Material) **-le inmek** (*od.* **atlamak**) mit dem Fallschirm abspringen **-le atlayış** Fallschirm-absprung *m,* -springen *n* (*a.* als Vergnügung)
paraşütçü 1. mit dem Fallschirm abspringend, Luftlande- 2. Fallschirm-springer(-in *f*) *m, mil.,* -jäger *m* 3. *V* wer sich irgendwo kostenlos Eintritt verschafft hat ~ **kıtalar** *mil.* Luftlandetruppen *pl.* ~ **grupları** *mil.* Fallschirm-, Luftlande-abteilungen *pl.*
paraşütçülük, paraşütizm Fallschirm-springen *n,* -abwurf *m*
paraşütlü mit Fallschirm ausgestattet ~ **tenvir bombası** *mil.* Fallschirm-Leuchtbombe *f*
parat, -dı (Fechten, Boxen) Parade *f* (Abwehr e–s Angriffes)
paratifo (< *franz.* **paratyphoïde**) *med.* Paratyphus *m* ~ **basili** Paratyphuserreger *m*
paratifoz (*franz.* **paratyphose**) s. **salmonelloz**
paratifüs s. **paratifo**
paratiroit, -di (*franz.* **parathyroïde**) **(guddesi)** s. **küçük kalkan bezi**
paratoner (*franz.* **paratonnerre)** 1. Blitzableiter *m* *yıldırımlık 2. *el.* Blitzschutzvorrichtung *f*
paratya [·×·] *naut.* Tragseil *n* e–s Staaknetzes **(dalyan)**
paravan (*engl.* **paravane**) *naut.* Bugschutz-, Otter-gerät *n* (gegen Minen) ~ **şirket** *H* Scheinfirma *f*
paravana [··×·] (*franz.* **paravent**) 1. Wandschirm *m,* spanische Wand, Paravent *m, n* 2. s. **paravan** 3. *fig.* Schutzschild *n,* Deckung *f* ~ **yapmak** (b–ni) j–n als Deckung vorschieben
parazit, -ti 1. Parasit, Schmarotzer *m* *asalak, tufeylî 2. Erreger *m* (e–r Krankheit), Virus *n (m)* 3. *(Rundfunk)* atmosphärische od. andere Störungen ~ **arılar** s. **asalak arılar;** ~ **yapmak** 1. Nebengeräusche bringen (Rundfunkgerät) 2. *V* zu schwadronieren anfangen
paraziter *med.* parasitär, parasitisch *asalaksal
parazitisit, -di (*franz.* **parasiticide**) s. **asalakkıran**
parazitizm Parasitismus *m,* Parasitentum, Schmarotzertum *n*
parazitli 1. mit Parasiten behaftet 2. auf e–n Erreger od. ein Virus zurückzuführen (Krankheit) 3. mit Nebengeräuschen verbunden (Rundfunkempfang)
parazitlik s. **parazitizm**
parazitolog s. **asalakbilim uzmanı**

parazitoloji(-k) s. **asalakbilim(-sel)**
parazitsiz 1. *selt.* ohne Parasiten bzw. Viren 2. störungsfrei (Rundfunkempfang)
parazitsizlendirmek entstören (Radio)
parazvana s. **pırazvana**
parbriz (*franz.* **pare-brise**) (Auto) Windschutzscheibe *f*
parça 1. Stück *n,* Teil *m,* Bruchstück, Fragment *n* 2. Musikstück *n* 3. restlich, Teil- 4. *geom.* s. **daire parçası** 5. *mil.* Bomben- od. Granat-splitter *m* 6. *selt.* Einheit *f* *cüzütam 7. (an zweiter Stelle e–r sb. Füg. gel. zur Verächtlichmachung) 8. *V* charmante Frau, hübsches Mädchen, nettes Ding, *F* reizender Käfer 9. (in best. Füg. als Bez. e–r Ähnlichkeit od. e–s Typus) 10. *V* Haschisch *n* 11. s. **bir** ~ 12. Stück *n* (als Zählwort) (mst. ohne Übersetzung) Zu 1: **Kırılan vazonun -arını saklıyorum.** Die Bruchstücke der Vase bewahre ich auf. **Yolun bu -sı bozuk.** Dieses Stück der Straße ist kaputt. Zu 6: **Fransız donanmasının en ehemmiyetli -ları** die wichtigsten Einheiten der französischen Flotte Zu 7: **bir kâtip -sı** ein Würstchen von Sekretär Zu 9: s. **ay (elmas) -sı** Zu 12: **on ~ gemi** zehn Schiffe ~ **başına ücret** Stücklohn *m* ~ **bohçası** 1. Bündel *n* mit verschiedenen bunten Stoffresten 2. *fig.* Sammelsurium, Durcheinander *n,* Mischmasch *m* ~ **bohçası gibi** aus ganz heterogenen Teilen bestehend; kunterbunt durcheinander ~ **emniyetli** *mil.* splittersicher ~ **görünüş** Teilansicht *f* ~ **götürü işi** Stückakkord *m* ~ **hesabiyle iş** Akkordarbeit *f* ~ **kumaş** Stoffrest *m* (für e–n Anzug) ~ **mal** *naut.* Stückgüter *pl.* ~ **nakliyatı** *mil.* Einzeltransport *m* ~ ~ stückweise, in Stücke gerissen (zerteilt), ganz auseinandergerissen, nur bruchstückweise, völlig zerschellt ~ ~ **etmek** s. **parçalamak;** ~ ~ **olmak** s. **parçalanmak;** ~ ~ **ödemek** nacheinander (in Raten) bezahlen ~ ~ **satmak** stückweise verkaufen ~ **purça** s. ~ ~; ~ **tesiri** *mil.* Splitterwirkung *f* ~ **tesirli bomba** Splitterbombe *f* ~ **ücreti** Stücklohn *m* **-lara ayırmak** zerlegen, auseinandernehmen
parçacı 1. wer Stoff- od. Pelz-reste verkauft, Resteverkäufer(-in *f*) *m* 2. wer mit (Maschinen-)Ersatzteilen handelt
parçacık 1. Stückchen, Teilchen *n* 2. *astr., phys.* Korpuskel *n, f,* Partikel *f* ~ **ışınımı** *astr.* Korpuskularstrom *m*
parçacılık 1. Resteverkauf *m* 2. Handel *m* mit (Maschinen-) Ersatzteilen 3. *Th.* Fragmentismus *m* *fragmantizm
parçak purçak s. **parça purça**
parçalamak in Stücke schlagen, zerstückeln, zerbrechen, zerteilen, spalten, zerreißen *parça parça etmek
parçalanma Spaltung, Auflösung, Desintegration *f*
parçalanmak 1. Pass. zu **parçalamak** 2. in Stücke gehen, zerschellen 3. *fig.* sich äußerste Mühe geben, *F* sich geradezu ein Bein ausreißen (vor Eifer) Zu 1: s. a. **içi** ~
parçalı 1. aus Stücken bestehend (zusammengesetzt), in (Einzel-)Teilen, (zusammen-)gestückelt 2. Andeutungen od. Anspielungen enthaltend, anzüglich (z. B. Worte) *kinayeli 3. verletzend, kränkend, beleidigend *dokunaklı 4. partiell ~ **ay** (*bzw.* **gün**) **tutulması** partielle Mond- (*bzw.* Sonnen-)finsternis *husufu (*bzw.* küsufu) cüzî ~ **bohça** s. **parça bohçası;** ~ **kasa** *naut.* s. **falakalı kasa;** ~ **kırık** *med.* Splitterbruch *m* ~ **komedi** *lit.* Posse *f,* Schwank *m* ~ **tarz** *lit.* Stil *m* e–r Wochenschau
parçasız aus einem Stück
pardesü (*franz.* **pardessus**) leichter Mantel, Überzieher *spez.* Sommer- od. Übergangs-mantel *m*
pardesülük für e–n Übergangsmantel bestimmt (geeignet, ausreichend) (Stoff)
pardı s. **öksü**
pardon 1. Verzeihung! Entschuldigung! Entschuldigen Sie! Pardon! 2. *V iron.* bravo!
pardösü(-lük) s. **pardesü(-lük)**
pare [ā] 1. Stück *n* 2. Zählbegriff in Verb. mit **top atmak** Zu 1: s. **ciğer-, varak-, yek-pare** Zu 2: **... 101 ~ top atılmak suretiyle ilân edildi.** ... wurde durch 101 Kanonenschüsse bekanntgegeben ~ ~ *va.* s. **parça parça**
paregorik (*franz.* **parégorique**) *med.* schmerzstillend, beruhigend
parele [·×·] *naut.* 1. (Holzverbindungen wie): Lasche, Scherbe *f,* Schwalbenschwanz, Zinken *m* 2. vierscheibiger Block 3. Gien *f* (schweres Takel) Zu 1: s. a. **sandıklı** ~
pareleli *naut.* gelascht, mit Schwalbenschwanz od. Zinken
parenç, -ci [ā] *va.* 1. Botenlohn *m* 2. s. **parsa** (I)
parenşim s. **özekdoku, parankima**
parenteral *med.* parenteral (unter Umgehung des Verdauungstraktes)
parestezi *med.* Parästhesie *f* (anormale Körperempfindung)
parezi *med.* Parese *f* (unvollständige Lähmung, Schwäche)
parföm; parfüm 1. lieblicher Duft 2. Parfüm *n*
parfümeri Parfümerie(-geschäft *n*) *f*
parfümerici Parfüm-hersteller od. -händler *m*
pargi [ā] *va.* 1. Abwässerstelle *f* 2. Prostitution *f*
parıl parıl *Adv.* glänzend, leuchtend, strahlend, funkelnd, glitzernd
parıldamak glänzen, leuchten, strahlen, funkeln, glitzern
parıltı Glanz *m,* Leuchten, Strahlen, Funkeln, Glitzern *n*
parıltılı glänzend, leuchtend, strahlend, funkelnd, glitzernd ~ **yıldız** *astr.* Flackerstern *m*
pari (*franz.* **pari**) *selt.* Wette *f*
parile [·×·] *naut.* 1. Kalfat-, Rabat-eisen *n* *kalafat demiri 2. s. **parele**
parima [·×·] *naut.* Fangleine *f* (e–s Boots)
Paris [×·] *n.pr.* 1. Paris (franz. Hauptstadt) 2. Paris (Sohn des trojanischen Königs Priamus) ~ **Deniz Harp Hukuku Beyannamesi** Pariser Seerechtsdeklaration *f* (16. 4. 1856) ~ **Operası** Pariser Oper *f*
Parisli [×··] 1. Pariser(-in *f*) *m* 2. paris(er)isch
paritarizm (*franz.* **paritarisme**) paritätische Mitbestimmung
parite 1. Parität, Gleich-stellung, -berechtigung *f* 2. (Währungs-)Parität *f*
park, -kı 1. Park *m,* öffentliche Anlage 2. größeres Gartenlokal 3. *mil.* (Geschütz- usw.) Park *m* 4. **(yeri)** Parkplatz *m* (für Autos) 5. Parken *n* 6. Austernpark *m* (künstlich angelegte Austernbank) 7. Hürde *f,* Pferch *m,* Gehege *n* 8. (Treibstoff-)Lager *n* Zu 1: s. a. **kültür-, luna-, ülküpark** Zu 2: **bira -ı** Biergarten *m* Zu 5: ~ **etmek** (*od.* **yapmak**) *od.* **-a çekmek** parken (Auto) ~ **saati** (*od.* ~ **sayacı**) Parkuhr *f,* Parkometer *n* ⁓ **yapılmaz!** Parken verboten!
Park, -kı *n.pr. griech. Myth.* Parze, Schicksalsgöttin *f*
parka 1. Parka *m, f* (Anorak mit Kapuze) 2. *mil.* Schneehemd *n*
parke (*franz.* **parquet**) 1. Parkett(-fußboden *m*) *n* 2. Straßenpflaster *n* 3. mit Parkettfußboden 4. gepflastert 5. Maklerbörse *f,* Parkett *n* ~ **döşemek** Parkettfußboden legen ~ **döşemeli oda** Zimmer *n* mit Parkettfußboden ~ **kaldırım** (*od.* **yol**) 1. gepflasterte Straße 2. Straßenpflaster *n* ~ **taşı** Pflaster-, Kopf-stein *m* *paket taşı ~ **taşları** Straßenpflaster *n*
parkeci Parkett-hersteller od. -leger *m*
parkecilik Parkettherstellung od. Parkettierung *f*
parkelemek parkettieren, den Fußboden täfeln
parkeli 1. mit Parkettbelag 2. gepflastert
parkerlemek *techn.* parkerisieren, phosphatieren (Eisen) *fosfatlamak
parketeri, parketör (*franz.* **parqueterie; parqueteur**) s. **parkecilik; parkeci**
Parkinson hastalığı Parkinsonismus *m,* Schüttellähmung *f* *med.* Paralysis agitans *titremeli felç

parkur (*franz.* **parcours**) (Sport) 1. (Renn-)Strecke *f* 2. Golfplatz *m*
parlak 1. glänzend, leuchtend, blank, blitzend, strahlend, funkelnd 2. klar, rein (z.B. Luft) 3. *fig.* glanzvoll, hervorragend, ausgezeichnet, erstklassig 4. *P.* von schönem Äußeren, mit schönen Gesichtszügen ~ **bir düğme** ein blanker Knopf ~ **bir idareci** ein hervorragender Verwaltungsbeamter ~ **bir para** ein funkelnagelneues Geldstück ~ **bir imtihan** e–e glänzend bestandene Prüfung ~ **bir yıldız** ein leuchtender Stern ~ **galibiyetler** glänzende Siege *pl.* ~ **kâğıt** satiniertes Papier, Glanzpapier *n* ~ **kömür** s. **antrasit;** ~ **noktalar** *(Film, phot.)* Schlaglicht *n,* helle Stellen *pl.* ~ **taşlamak** blankpolieren
parlakböcekgiller Glanzkäfer *pl. zo.* Bupressidae
parlakburç, -cu Glanz-strauch *m,* -mispel *f bot.* Heteromeris arbufifolia
parlakgüve s. **lahana güvesi**
parlakkuşgiller Glanzvögel *pl. zo.* Galbulidae
parlaklaşmak Glanz gewinnen
parlaklık 1. a) Glanz *m,* Leuchten, Strahlen, Funkeln *n* b) *astr.* Helligkeit *f* (e–s Gestirns) 2. Klarheit, Reinheit *f* (der Luft) 3. glänzender Erfolg; Erstklassigkeit *f* 4. *P* Schönheit *f* des Äußeren (der Gesichtszüge)
parlakpullular Schmelzschupper *pl. zo.* Ganoidei
parlaktavuk, -uğu Glanzfasan *m zo.* Lophophorus impeyanus
parlamak 1. glänzen, leuchten, strahlen, funkeln, blitzen 2. in Brand geraten, Feuer fangen 3. *fig.* zu Berühmtheit gelangen, Karriere machen 4. *fig.* schnell in Zorn geraten, leicht aufbrausen 5. *va.* sich auf seine Beute stürzen (Habicht) 6. auf e–n auffliegenden Vogel schießen 7. der Führung des Reiters entgleiten (Pferd) 8. *P* hübsch (ansprechend, adrett) aussehen
parlamentarizm Parlamentarismus *m,* parlamentarisches System
parlamenter 1. Parlamentarier *m* 2. parlamentarisch ~ **hükümet** parlamentarische Regierung *meclis hükümeti
parlamento [··×·] 1. Parlament *n,* Volksvertretung *f* 2. **(sancağı)** *naut.* Abfahrtsignalflagge *f* „P“ (des internationalen Signalbuches), „Blauer Peter“ (blaue, rechteckige Flagge mit weißem Rechteck in der Mitte) ~ **binası** Parlamentsgebäude *n* ~ **dokunulmazlığı** s. **milletvekilliği dokunulmazlığı** ~ **rejimi** parlamentarisches Regierungssystem ~ **-nun feshi** Auflösung *f* des Parlaments **-lar arası** interparlamentarisch
parlamentocu [··×··] Anhänger(-in *f*) *m* des parlamentarischen Systems
parlamentoculuk Parlamentarismus *m*
parlamentolu [··×··] mit Parlament, parlamentarisch ~ **monarşi** parlamentarische Monarchie
parlatıcı Polier-stahl *m,* -bürste *f*
parlatma Vs. zu **parlatmak;** ~ **çarkı** Polierscheibe *f* ~ **çeliği** Polierstahl *m* ~ **provası** (*od.* ~ **çalışması**) *Th.* Auffrischungsprobe *f* ~ **tozu** Polierpulver *n*
parlatmak 1. polieren, satinieren, kalandern 2. *V* genehmigen; hinter die Binde gießen (= Alkohol trinken)
parlatoryo [··×·] *selt.* s. **parluar**
parlayan feuergefährlich; leicht entzündlich
parlımanter *selt.* 1. parlamentarisch 2. Parlamentär, Unterhändler *m* *müzakereci Zu 1: s. **anket** ~
parluar (*franz.* **parloir**) *selt.* Sprech-, Empfangs-zimmer *n*
parmağımsı fingerförmig
parmak, -ağı 1. *an.* Finger *m* 2. *an.* Zehe *f* 3. (Rad-)Speiche *f* 4. (Leiter-)Sprosse *f* 5. Rundstab *m* (in e–m Geländer, Gitter usw.) 6. Zoll *m* (Längenmaß): a) englischer Zoll (2,54 cm) b) (in osm. Zeit) 24. Teil e–s **arşın** od. **zirâ,** rund 3 cm. 7. Fingerbreit *m* 8. Streifen *m* (z.B. auf buntem Stoff) 9. Fingerprobe *f* 10. *fig.* Mitbeteiligtsein *n* 11. s. **parmaklık** 12. *mus.* Fingersatz *m* *dokunut 13. *astr.* fr. e–r der 12 Teile e–r Mondfinsternis Zu 1/2: s. **baş-; ikinci (orta, dürdüncü, adsız, küçük)** ~ **; şahadet (yüzük) -ı; serçe-** Zu 7: **Değneği iki** ~ **kısaltmalı.** Den Stock muß man zwei Finger breit kürzer machen. Zu 9: **bir** ~ **bale** e–e Fingerprobe Honig; s.a. **ağzına bir** ~ **bal çalmak.** Zu 10: **Bu işte onun da -ı vardır.** Bei dieser Angelegenheit hat er die Hand im Spiel. ~ **alırı** *mus.* s. **parmak** (12); ~ **atmak** 1. Schwierigkeiten verursachen 2. s. **burnunu sokmak** ~ **basmak** (bşe) 1. den Finger auf et. legen; hinweisen (auf) 2. mittels Fingerabdruck unterzeichnen (Analphabet) ~ **bozmak** sich verzanken (Kinder) ~ **emmek** am Finger lutschen ~ **hesabı** 1. Rechnen *n* unter Zuhilfenahme der Finger 2. (*a.* ~ **usulü**) silbenzählendes Versmaß *hece vezni ~ **hesabı yapmak** an den Fingern rechnen ~ **ısırmak** *fig.* ganz verblüfft sein, sich höchlichst wundern, nur so staunen ~ **ısırtmak** in größtes Erstaunen versetzen ~ **izi** Fingerabdruck *m* ~ **kadar** fingerlang, sehr klein ~ **kadar adam** Däumling *m* (im Märchen) ~ **kadar çocuk** Knirps, Dreikäsehoch *m* ~ **kaldı** beinahe, fast; es hätte nicht viel gefehlt *az kaldı ~ **kaldırmak** den Finger heben (bei Wortmeldung od. Abstimmung) ~ **kapı** Fallgatter *n* ~ **karıştırmak** 1. sich einmischen 2. mitmachen (bei et.) ~ **kemiği** *an.* Finger-, Zehen-knochen *m,* Phalanx *f* *falanj ~ **otu** Knäuelgras *n bot.* Dactylis glomerata ~ ~ 1. e–e Fingerprobe nach der anderen 2. zoll-, finger-breit 3. fingerförmig ~ **rakamı** *mus.* s. **parmak** (12); ~ **sokmak** listig vorgehen ~ **tatlısı** türk. Spritzkuchen in schmaler, langer Form ~ **uyarı** *mus.* s. **parmak** (12); ~ **uyarlamak** *mus.* den Fingersatz angeben (bei) *duvate etmek ~ **üzümü** Traubenart mit langen Beeren ~ **yalamak** sich unrechtmäßig bereichern (vgl. **Bal tutan** ~ **yalar.**) **-ı ağzında kalmak** ganz verblüfft (verdutzt) dastehen, Mund und Nase aufsperren vor Verwunderung **-ı olmak** (b–nin bir işte) seine Hand im Spiel haben **-ı sormak** am Finger lutschen **²ım içinde!** Darüber weiß ich genau Bescheid! Dabei kann ich auch ein Wörtchen mitreden! **-ına dolamak** (*od.* **sarmak**) (m. Akk.) *mst. pej.* sein ganzes Sinnen und Trachten auf et. (bzw. gegen j–n) richten, wie besessen sein (von) **-ında oynatmak** j–n nach seiner Pfeife tanzen lassen **-ını atmak (karıştırmak, sokmak)** (bir işe) sich einmischen, -mengen (in), sich beteiligen (an) *karişmak **-ını bile oynatmamak** keinen Finger rühren, sich passiv verhalten **-ını ıslatmak** *V* den Beischlaf ausüben **-ını kıpırdatacak hali olmamak** *F* hundemüde sein; sich vor Erschöpfung kaum rühren können **-ını koymak** s. **-ını basmak** (l); **-ını sokmak** sich in et. einmischen **-ını yalamak** das Nachsehen haben, leer ausgehen **-ını yaraya basmak** s. unter **yaraya; -ının ucunda** (*od.* **üzerinde**) **çevirmek** et. leicht und geschickt ausführen, *F* et. fingern, deichseln **-la gösterilmek** 1. kaum seinesgleichen haben, sehr berühmt werden 2. an den Fingern hergezählt werden können (Zu 2: **-la gösterilecek kadar az** so wenige, daß man sie an den Fingern (e–r Hand) aufzählen kann) **-la göstermek** (b–ni) mit dem Finger auf j–n zeigen **-la sayılmak** s. **parmakla gösterilmek** (2); **²larında zilleri eksik.** Er ist vor Freude ganz aus dem Häuschen. **-larını çınlatmak** (*od.* **şakırdatmak**) mit den Fingern schnalzen **-larını çıtlatmak** die Finger(-gelenke) knacken lassen **-larını yemek** et. mit größtem Genuß essen, ein Essen ganz hervorragend finden
parmakçı 1. Drechsler *m* (der hölzerne Rundstäbe, Speichen, Sprossen usw., anfertigt) 2. *fig.* Hetzer, Aufwiegler, Unruhestifter, Hintermann, Drahtzieher *m* *kışkırtıcı
parmaklamak (m. Akk.) 1. a) mit den Fingern berühren, herumfingern (an) b) e–e Fingerspitze nehmen (z.B.

Honig) 2. Sprossen, Rundstäbe usw. einsetzen 3. sich einmischen 4. aufhetzen, aufwiegeln, aufreizen *kışkırtmak
parmaklanım fingerförmige Ausbreitung
parmaklanmak 1. Pass. zu **parmaklamak** 2. Finger- od. Sprossen-form annehmen
parmaklarası, -nı *an.* zwischen den Fingern *bzw.* Zehen befindlich (Schwimmhaut) *beynelesabi
parmaklı mit nb. Fingern (Zehen, Sprossen usw.), -fingrig; s. a. **kalem ~**
parmaklık 1. Zaun *m* 2. Gitter(-werk, -fenster) *n* 3. Geländer *n* 4. Sprossenwand *f*, schwedische Wand (Turngerät) 5. Fingerling *m* (Verband od. Schutz *m* für e–n Finger) 6. Grill, (Brat-)Rost *m* ~ **atkısı** s. **lento** (II)
parmaklıklı mit **parmaklık** *(q. v.)*; ~ **kapı** Gittertür *f*
parmaksı *bot.* gefingert (Blatt)
parmaksız ohne Finger (Zehen, Sprossen usw.)
parmıcan Parmesankäse *m*
Parnas *n.pr.* 1. Parnaß *m* (in Mittelgriechenland; heute: **Liyakura**) 2. *fig.* Musenberg *m*, Reich *n* der Dichtkunst
Parnasçılar; Parnasyenler Parnassiens *pl.* (Gruppe franz. Dichter in der 2. Hälfte des 19. Jh.)
Paro s. **Paros**
parodi Parodie *f* *hezel, tehzil,yansılama
parodiye parodiert ~ **etmek** parodieren
parodontoz *med.* Parodontose *f* *diş çukuru piyoresi
paroksizm *geol., med.* Paroxysmus *m* (höchster Grad e–r Erkrankung, e–s Vulkanausbruchs usw.)
parola [·×·] 1. *spez. mil.* Parole, Losung *f*, Kennwort *n* 2. Schlagwort *n* 3. *F* Wink *m*, Andeutung *f*, Stichwort *n* 4. Devise *f*, Motto, Leitwort *n* *döviz, şiar ~ **vermek** Parole ausgeben
parolalı mit Kenn-, Schlag-, Leit-wort ~ **kelime** *mil.* Deckname *m*
paroldonör (*franz.* **parole d'honneur**) Ehrenwort *n*
paronomaz (*franz.* **paronomase**) s. **kökteşleme**
paroreksi Parorexie *f* *iştah sapkısı
Paros(adası) *n.pr.* die Kykladeninsel Paros
parotidit, -ti (*franz.* **parotidite**) s. **kabakulak**
parotis; parotit, -di (*franz.* **parotide**) s. **kulakaltı bezi**
parpa junger Steinbutt
pars Leopard, Panther *m zo.* Panthera pardus *bebir, leopar, (kaplan), panter; ~ **kelebeği** s. **ayıkelebeği**; ~ **lâlesi** Lachenalie *f bot.* Lachenalia (tricolor u. a.) ~ **yılı** *hist.* drittes Jahr des alttürk. 12-Jahres-Zyklus *kaplan yılı ~ **zambağı** Pantherlilie *f bot.* Lilium pardalinum
parsa (I) das nach e–r Theatervorstellung od. e–m Konzert eingesammelte Geld; (Kollekte *f*) 2. *va.* Bettelei *f* *dilencilik **-yı başkası toplamak** *fig.* um den klingenden Lohn seiner Anstrengungen gebracht werden
parsa (II) [– –] 1. gläubig, fromm *dindar 2. redlich, gewissenhaft *namuslu, vicdanlı
parsacı wer (nach e–r Theater- od. Musik-vorführung) Geld einkassiert
parsal s. **partal**
parsek *astr.* Parsec *n* (Parallaxensekunde; 3,257 Lichtjahre)
parsel Parzelle *f*, (vermessenes) Grund-, Flur-stück, Baugelände *n*, -stelle *f*
parsellemek parzellieren
parselli parzelliert
parsenk, -gi s. **persenk**
Parsî *va.* 1. persisch 2. ﻉ s. **Farisî**
Parsîler *n.pr.* Parsen *pl.*
parsiyal *techn.* Partial- ~ **türbin** Partialturbine *f*
parşömen (*franz.* **parchemin**) Pergament *n* *tirşe ~ **kâğıdı** Pergamentpapier *n*

partal 1. alt, ab-getragen, -gewetzt, -geschabt, -genutzt, fadenscheinig 2. Trödel-, Gerümpel-
partallaşmak sich ab-wetzen, -tragen, -schaben, -nutzen, fadenscheinig (schäbig) werden
partener s. **partner, partöner**
partenogoni; partenojenez *biol.* Parthenogenese, Jungfernzeugung *f* *tenasülü bikrî; döllenmesiz çoğalma
parter 1. *Th., Film* Parterre(-platz *m*) *n* 2. Garten-, Blumenbeet *n*
parti 1. (Bestand-)Teil *m*, (Waren-)Posten *m*, Schub *m*, Sendung, Lieferung, Partie, Gruppe *f* 2. geselliges Beisammensein; Party *f* 3. Partie *f*, Spiel *n* 4. *mus.* Stimme, Partie *f*, Part *m*, Gesangsrolle *f* 5. *pol.* Partei *f* *fırka 6. Gelegenheit(-skauf *m*) *f* *kelepir 7. Gewinn, Vorteil, Profit *m* 8. (Heirats-)Partie *f* Zu 1: **bir ~ mal** ein Warenposten ~ ~ schubweise, gruppenweise, in Partien ~ **dubl** (*franz.* **partie double**) *z. va. H* doppelte Buchführung *usulü muzaafa Zu 3: **bilardo -si** Partie *f* Billard, Billardpartie *f* **bir ~ iskambil yapmak** ein Spielchen machen **yi kaybetmek** *(a. fig.)* die Partie verlieren Zu 5: ~ **grupu** Fraktion *f*, parlamentarische Vertretung e–r Partei ~ **ocağı** Parteigebäude *n* Zu 6: **-yi vurmak** a) et. besonders preiswert erstehen *kelepire konmak b) bei et. e–n großen Gewinn erzielen
partici 1. Parteimitglied *n* 2. s. **partizan** (3)
particilik 1. Parteiwesen *n* 2. parteiisches Denken od. Parteigegensätze *pl.* 3. Partei-politik *f*, -geist *m*
partikül *phys.* (Atom-)Teilchen *n*
partikülarist, -ti 1. Partikularist(-in *f*) *m* 2. partikularistisch
partikülarizm Partikularismus *m*
partilerarası, -nı zwischen-, über-parteilich ~ **gerginlik** Spannung *f* unter den (verschiedenen) Parteien
partilerüstü, -nü überparteilich
partili 1. in soundsoviel Parteien (Gruppen, Schüben, Partien usw.) 2. (Spiel-)Partner *m* 3. Parteimitglied *n* 4. Partei- ~ **hatipler** Parteiredner **pl.**
partisip, -si *selt. gr.* Partizip, Mittelwort *n* *ortaç, sıfatfiil
partisipasyon Partizipation, Teilnahme, (Geschäfts-)Beteiligung *f*
partisyon *mus.* 1. Partitur *f* 2. (Klavier-)Auszug *m* **-a almak** *mus.* in Partitur setzen; spartieren
partita 1. *fr.* Partite *f*, Rechnungsposten *m* (beim Zoll) 2. *mus.* Partita *f*
partitur *mus.* s. **partisyon**
partizan 1. Partei-angehöriger; -mitglied *n*, -gänger *m* 2. Partisan, Widerstands-, Freiheits-kämpfer *m* *çeteci, gerilla, gerillacı 3. *mst. pej.* (einseitig) parteipolitisch, Partei- ~ **dili** Parteichinesisch *n* ~ **idare** Parteiwirtschaft *f* ~ **menfaatler** Parteiinteressen *pl.* ~ **savaşı** Partisanenkrieg *m* *çete harbi
partizanca *pej.* nur nach parteipolitischen Gesichtspunkten ausgerichtet (z. B. Tätigkeit)
partizanlık 1. Parteiangehörigkeit *f* 2. a) Partei-wesen *n*, -politik *f* b) parteiisches Verhalten; einseitige Begünstigung, Partisanentum *pej. n*, Bandenunwesen *n*
Partlar *hist.* Parther *pl.* (des Altertums)
partner; partöner Partner(-in *f*) *m*, Teilhaber(-in *f*) *m* bzw. Mitspieler(-in *f*) *m*
parvi (*franz.* **parvis**) Vor-hof, -platz *m* (e–r Kirche)
parvönü Parvenü, Emporkömmling *m*, Neureicher
parvönülük 1. Verhalten *n* e–s Parvenus 2. Schicht *f* der Neureichen
parya Paria, Outcast *m*; Ausgestoßener, Entrechteter
paryalık Pariatum *n*
paryetal 1. parietal; a) *bot.* wandständig b) *an.* zum Scheitelbein gehörig; seitlich 2. s. **yan kafa kemiği**
pas (I) 1. Oxydationsschicht *f* auf Metallen *spez.* Rost *m*, Grünspan *m* 2. Zungenbelag *m* 3. Zahn-stein, -belag *m*

4. Schimmelschicht *f* (z. B. auf Pflanzen) 5. Rost *m* (Name verschiedener Pflanzenkrankheiten) Zu 2: s. **dil -ı** Zu 3: s. **diş -ı** Zu 5: s. **buğday -ı; ~ açmak** 1. den Rost (Grünspan) beseitigen 2. et. trinken, um e–n schlechten Geschmack im Mund loszuwerden **~ lâlesi** braune Schwertlilie *bot.* Iris Iurida **~ önleyici** Rostschutz *m* **~ rengi ardıçkuşu** Rotdrossel *f zo.* Turdus musicus **~ rengi gerdanlı dalgiç** Sterntaucher *m zo.* Gavia stellata **~ renkli yüksükotu** die Fingerhut-Art Digitalis ferruginea *arı kovanı **~ tutmak** (*od.* **~ bağlamak**) sich mit e–r Oxydationsschicht überziehen *spez.* rosten, rostig werden, Grünspan ziehen **~ tutmaz çelik** nichtrostender Stahl

pas (II) (*franz.* **passe;** *engl.* **pass**) 1. *Fb.* Paß *m,* Abgabe, Vorlage *f,* genaues Zuspielen, Weitergeben 2. *Ka.* (ich) passe! 3. ♀ *(Roulett)* Passe (die Zahlen 19–36) 4. Handauflegung *f* (des Magnetiseurs) Zu 1: **ileri (geri) ~; ~ aktarmak** (b–ne) *Fb.* zu-spielen, -flanken, e–e Vorlage geben **~ almak** *Fb.* den Ball zugespielt bekommen **~ dağıtımında** *Fb.* bei dem (jeweiligen) Zuspielen **~ geçmek** *V* 1. sich um et. nicht kümmern, sich nicht an et. kehren 2. j–n links liegen lassen; j–n ignorieren **~ vermek** 1. *Fb.* den Ball zuspielen, ab-, weiter-geben 2. *V* verheißungsvolle Blicke zuwerfen, Avancen machen (Frau, Mädchen) **-ını almak** *V* verheißungsvolle Blicke zugeworfen bekommen, Avancen gemacht bekommen

pas (III) *V* (in der Füg.:) **Seni ~ gibi ayırırım!** *(etwa):* Ich zerreiß' dich in der Luft!

pas (IV) **yapmak** *P* dauernd gewinnen (*spez.* im Hasardspiel)

pasa (I) Fugenleiste *f*

pasa (II) 1. *naut.* Weiterreichen *n* von Hand zu Hand 2. *naut. Kommando:* Weitergeben! 3. *dial.* ununterbrochen, dauernd **~ etmek** 1. *naut.* weiterreichen 2. *P* geben, herausrücken (Geld) 3. **(denize yük)** *naut.* über Bord werfen (Ladung)

pasaj 1. *allg.* Passage *f,* Durch-gang *m,* -fahrt *f* 2. *spez.* (Geschäfts-)Passage *f* 3. *mus.* Passage *f,* Lauf, Gang *m* 4. (Text-)Stelle *f*

pasak 1. Schmutz *m,* Unsauberkeit *f* *kir 2. schmutzige, unordentliche Kleidung

pasakalya [··×·] *mus.* Passacaglia *f*

pasaklı 1. schmutzig, unsauber *kirli 2. nachlässig, schlampig, unordentlich, liederlich (in der Kleidung; Frauen)

pasakula [··×·] *techn.* Vorhammer *m*

pasakül *naut.* 1. Überbordwerfen *n* von Asche und Schlakken 2. Asche *f,* Schlacken *pl.,* Zinder *m*

pasalamak *V* geben, herausrücken

pasalık als Fugenleiste dienende 2 cm starke Bretter

pasanglez s. **kraps**

pasaparola (*ital.* **passa parola)** [···×·] 1. *mil., naut.* Durchsage *f* (e–s Kommandos), Laufbefehl *m* 2. Losungswort *n,* Parole *f* 3. *F* geheime Verabredung, vorherige Abmachung **~ etmek** 1. *mil.* e–n Laufbefehl durchgeben 2. verbreiten (z. B. Nachrichten), ausstreuen (z. B. Gerüchte) 3. *F* j–m heimlich Warnung zukommen lassen **~ olmak** j–m zu Ohren kommen

pasaparolacı Übermittler *m* (e–s Befehls, e–r Anordnung)

pasaport, -tu (*franz.* **passeport**) 1. (Reise-)Paß *m* 2. *naut.* Geleitbrief *m* (im Krieg) *geçişlik **~ çıkartmak** sich e–n Paß ausstellen lassen **-unu almak** *V* entlassen werden, *F* den Laufpaß bekommen, fliegen **-unu eline vermek** *V* j–m den Laufpaß geben, j–n fortjagen, entlassen **-unu istemek** seine Pässe verlangen (Diplomat)

pasaportlu 1. Inhaber(-in *f*) *m* e–s (Reise-)Passes 2. *naut.* mit Geleitbrief

Pasarofça [··×·] *n.pr.* Passarowitz, Poscharewatz (Städtchen unweit Belgrad) **~ antlaşması** Vertrag *m* von Passarowitz (1718)

pasavan (*franz.* **passavant**) 1. Passierzettel *m* (Zoll) 2. (Grenz-)Passierschein *m* 3. *naut.* Laufplanke *f,* Gangbord *n*

pasban [––] *va.* s. **pazvant; -ı felek** *va. astr.* Saturn *m*

pasbuk [–·] (*engl.* **pass-book**) *H* Kontogegenbuch *n*

paseta [·×·] Name e–s türk. Ka.

pasif 1. passiv 2. Passiva, Verbindlichkeiten *pl.* *düyunat **~ fiil** *gr.* s. **edilgen eylem; ~ husumet ehliyeti** (*od.* **salâhiyeti)** *jur.* s. **aranç** (*od.* **dilem) yöneltilme yetkisi; ~ hava korunması** ziviler Luftschutz **~ kelime hazinesi** *ling.* passiver Wortschatz **~ mukavemet** *jur.* passiver Widerstand

pasifik (*franz.* **pacifique**) *selt.* friedliebend, friedlich

Pasifik (denizi, okyanusu) *n.pr.* Pazifischer (Großer, Stiller) Ozean, Pazifik *m* **~ Meselesi** *hist.* Pazifische Frage

pasifiklik *selt.* Friedensliebe *f*

pasifiye (*franz.* **pacifié**) befriedet **~ etmek** befrieden, (e–m Land) den Frieden wiedergeben, die Ruhe wiederherstellen (in)

Pasinler *n.pr.* O. u. D. im Rbz. Erzurum

paskal 1. komisch, schnurrig, lustig, ulkig 2. Spaßmacher, Clown, Groteskkomiker *m* (*spez.* in der Pantomime)

Paskal *n.pr.* 1. Paschalis (Papstname) 2. (Blaise) Pascal (franz. Philosoph)

paskallık komisches, spaßiges Benehmen od. Reden; Clownerie, Groteskkomik *f*

paskalya [·×·] Ostern, Osterfest *n* **~ adası** *geogr.* Osterinsel *f* **~ çöreği** Osterkuchen *m,* -gebäck *n* **~ kuzusu bayramı** Passah(-fest) *n* (der Juden) **~ yumurtası** (farbiges, *spez.* rotes) Osterei *n* **~ yumurtası gibi** *pej.* übermäßig geschminkt

paskalyalık für das Osterfest passend od. bestimmt, Oster-

paslanmak 1. sich mit e–r Oxydations- od. Schimmelpilzschicht bzw. e–m Belag überziehen, *spez.* rostig werden, ein-, ver-, zu-rosten, Grünspan ziehen, schimmelig werden 2. *fig.* einrosten (z. B. Gedächtnis) **paslanmaz çelik** rostfreier Stahl

paslaşmak 1. *Fb.* sich gegenseitig den Ball zuspielen (ab-, weiter-geben) 2. *V* sich durch Blicke verständigen

paslı (I) 1. rostig, verrostet, ein-, zu-gerostet 2. mit Grünspan überzogen 3. belegt (Zunge) 4. voll Zahnstein 5. mit e–r Schimmelschicht überzogen 6. *fig.* eingerostet (z. B. Gedächtnis)

paslı (II) *Fb.* unter Zuspielen, Ab-, Weiter-geben, mit Vorlagen, mit Zuflanken; Paß-

paslılık verrosteter (bzw. schimmeliger) Zustand

pasman (*franz.* **passement**) Borte, Tresse *f,* Besatz *m*

pasmanlı mit Borten, Tressen, Besatz

pasmantarı, -nı Rostpilz *m bot.* Uromyces, Puccinia

pasmantarıgiller Rostpilze, *pl. bot.* Pucciniaceae *futuru harakiye

pasmanteri (*franz.* **passementerie**) Posamentierwaren *pl.*

paso (I) 1. Frei-fahrtschein *m,* -karte *f* 2. Ermäßigungsausweis *m* (z. B. für Verkehrsmittel) 3. (Ausruf, mit dem man kundtut, daß man nicht bzw. nicht weiter mitmacht) Zu 3: **Bundan ötesine benden ~!** Für das Weitere müßt ihr mich schon entschuldigen! **Benden yana ~!** Ohne mich!

paso (II) *Th. hist.* Paso *m, n* (komisches Zwischenspiel im klassischen spanischen Theater)

paso (III) **doble** Paso doble *m* (Tanz)

pasözü, -nü s. **oksijen**

paspal 1. kleiereiches Mehl 2. *V* minderwertiges Haschisch

paspartu 1. Passepartout *n,* Wechselrahmen *m* 2. Hauptschlüssel *m*

paspas 1. Fußabtreter *m* 2. *naut.* Schwabber, Dweil *m*

paspaslamak *naut.* aufwischen (Deck)

passız (I) 1. ohne Rost (Grünspan usw. s. **pas** I) 2. *fig.* nicht eingerostet (Gedächtnis usw.)
passız (II) *Fb.* ohne genügendes Zuspielen (Ab-, Weitergeben) des Balles **Eğer ~ oynamasalardı ...** Wenn sie sich besser zugespielt hätten ...
pasta [×·] 1. Kuchen *m,* Törtchen *n,* Tortenstück(-chen) *n* 2. Äscher *m* (in der Gerberei) 3. Rüsche, Falbel *f,* Faltenbesatz, Volant *m* 4. Pasta, Paste, Creme *f* 5. tscherkessisches Maisbrot 6. *techn.* Löt-fett *n,* -paste *f* Zu 4: s. **diş -sı; ~ kalıbı** Back-, Kuchen-form *f* *forma **~ salonu** Konditorei *f* **~ tutacağı** Tortenheber *m* **~ yapmak** Kuchen backen
pastacı [×··] Konditor, Zuckerbäcker *m*
pastacılık Gewerbe *n* e–s Konditors, Zuckerbäckers
pastahane [··–·] s. **pastane**
pastal 1. Bündel *n* Tabakblätter 2. *P* s. **pastav** (1)
pastalcı wer Tabakblätter aufreiht
pastalı 1. mit Kuchen od. Törtchen 2. mit Rüschen (Falbeln, Volants) besetzt
pastane [·–·] Konditorei *f*
pastav 1. (*P a.* **pastal, postal**) *va.* Tuchballen *m* (ca. 34 m) 2. Pritsche *f* des **peşekâr** (*q.v.*) im Ortaoyunu *şakşak **-la pazarlık** Engros-Handel *m*
pastel 1. Pastell-kreide *f,* -stift *m* 2. Pastell(-bild) *n* 3. Pastell- **~ renkler** Pastellfarben *pl.*
pastelci; pastelist, -ti Pastellmaler(-in *f*) *m*
pastıra Name e–s türk. Ka. *pişti
pastırma türkisches Dörrfleisch (mit Salz und **çemen** zubereitetes, stark gewürztes, getrocknetes od. geräuchertes Rindfleisch, *spez.* Lendenstücke) **~ yazı** Spätherbst *m* (etwa bis 8. November) **-sını çıkarmak** 1. j–n piesacken, quälen 2. ordentlich verprügeln, *F* j–n krumm und lahm schlagen
pastırmacı Hersteller od. Verkäufer *m* von **pastırma**
pastırmacılık Herstellung *f* od. Verkauf *m* von **pastırma**
pastil Pastille, Tablette *f*
pastinak s. **yabanî şeker havucu**
pastiş 1. *lit.* Pastiche *m,* Nach-ahmung, -bildung *f* *benzek 2. *mus.* Pasticcio *n,* Flickoper *f*
pastoral 1. das Hirten- od. Land-leben schildernd 2. *lit.* Schäfer-gedicht, -spiel *n* 3. *(mus., Malerei)* Pastorale *n, f* **~ oyun** *Th.* Hirtendrama *n* **~ roman** s. **kır romanı**
pastör *selt.* protestantischer Geistlicher
pastörizasyon Pasteurisation, Pasteurisierung *f*
pastörizatör Pasteurisationsapparat *m*
pastörize pasteurisiert (*spez.* Milch) **~ etmek** pasteurisieren
pastra [×·] s. **pastıra**
pasturel (*franz.* **pastourelle**) *mus., lit.* Hirtenlied *n* (der Troubadours)
pasvan s. **pazvant**
pasyan *med.* Patient(-in *f*) *m*
pasyans *Ka.* Patience(-spiel *n*) *f* **~ başında** am Patiencetisch, beim Patiencelegen
pasyon (*franz.* **passion**) 1. *selt.* Leidenschaft, Sucht *f,* glühender Wunsch 2. *mus.* Passionsmusik *f*
paşa (< baş ağa) (osm. Titel für hohe Verwaltungsbeamte sowie für Offiziere im Generalsrang) Pascha, General *m* (*mil. seit 1926:* **general**) **~ çayı** *F* schlechter, kalter Tee **~ baştardası** (*od.* **~ gemisi**) *hist. naut.* Admiralsschiff *n* **~ gibi yaşamak** leben wie Gott in Frankreich **≗ Hazretleri** 1. Seine Exzellenz der Herr General 2. *(Anrede)* Exzellenz! Herr General! *Paşam **≗ Kapısı** *va.* 1. Regierungsgebäude *n* *hükümet konağı 2. (vor der Tanzimatperiode) Bez. der Hohen Pforte *spez.* der Dienststelle des Großwesirs und Außenministers **~ olmak** *P* zu viel Alkohol getrunken haben, *F* e–n sitzen haben **~ ~** gerne, mit Freuden **~ patatesi** rundliche weiße Frühkartoffel **-m** 1. Exzellenz! Herr General! 2. *gel.* für **efendim; ≗ya kelle mi yetiştiriyorsun?** *F hum.* Warum hast du es denn so eilig?
paşaağacı, -nı afrikanisches Satinholz (der Sterkulie Triplochiton scleroxylon) (*spez.* als Furnierholz verwendet) *ayüs, obeşe
paşaçadırı, -nı die Begonienart Begonia feasti **~ kadar** riesig; ungeheuer groß
Paşaeli, -yi *va.* europäische Türkei *Avrupa Türkiyesi; Trakya
paşaî [ī] *hist.* Turban *m* (für das Gefolge e–s Paschas)
paşalı *fr.* 1. im Dienst e–s Paschas stehend 2. s. **paşaî; ~ döküntüsü** *fr.* ein durch den Tod bzw. die Entlassung seines Herrn brotlos gewordener Diener e–s Paschas
paşalık 1. Paschawürde *f,* Generalsrang *m* 2. *fr.* Paschalik *n,* Amtsbezirk *m* e–s osm. Paschas
Paşalimanı, -ni *n.pr.* 1. Istanbuler Wohnviertel am Bosporus (zwischen Üsküdar und Kuzguncuk) 2. **(adası)** e–e der drei größeren Marmarainseln
paşasal herrisch, gebieterisch
paşazade [··–·] Sohn *m* (Tochter *f*) e–s Paschas
paşiderm (*franz.* **pachyderme**) *selt.* Dickhäuter *m* (Elefant, Nashorn usw.)
paşmak(-çı) s. **başmak(-çı)**
pat (I), **-tı** *Scha.* 1. Patt(-stellung *f*) *n* 2. patt **-a gelmek** (*od.* **düşmek**) 1. *Scha.* in Pattstellung kommen, patt werden 2. *fig.* nicht mehr weiter können **-a getirmek** (*od.* **düşürmek**) *Scha.* patt setzen
pat (II), **-tı** flach, platt, breitgedrückt, stumpf *yassı, basık **~ burun** 1. platt-, stumpf-, breit-nasig 2. *V* Polizist *m, F* Grüner, *V* Polyp, Bulle *m*
pat (III), **-tı** 1. (Lm. des Auf-prallens, -schlagens e–s flachen Gegenstandes:) patsch! klatsch! bums! bauz! 2. (Lm. e–s plötzlichen Geschehens:) bums! wuppdich! schwups! Zu 1: **≗! diye bir şey düştü.** Klatsch! da fiel et. zu Boden. **~, çat!** (Lm. des Aufschlagens von Tricktracksteinen:) patsch! klatsch! Zu 2: **≗! diye içeriye daldı.** Bums, da tauchte er unter. Schwups, weg war er. **~ küt** (Lm. e–s heftigen Schlagens od. von Gewehrschüssen) 1. mit harten Schlägen; ... daß es nur so knallte 2. piff, paff! **~ ~** 1. (bei wiederholtem Aufschlagen) patsch, patsch! 2. trapp, trapp! trippel, trappel!
pat (IV), **-tı** (*franz.* **patte**) 1. Fuß *m,* Pfote, Klaue *f* 2. Platte *f,* Latz *m,* Klappe *f* 3. *mus.* Rostral *n,* Notenlinienzieher *m* **~ dastragan** Persianerklaue *f*
pat (V), **-tı** 1. **(çiçeği)** a) Aster *f bot.* Aster *yıldızçiçeği b) s. **katmerli papatya** 2. asternförmiger Diamantschmuck
pat (VI), **-tı** *V* militärischer Gruß, militärische Ehrbezeugung **-ı çakmak** *V* militärisch grüßen
pat (VII) **-tı** (*franz.* **pâte**) [–] *selt.* Pasta, Paste, Creme *f* s. **diş patı**
pata [×·] 1. s. **pat** (I) 2. *V* s. **pat** (VI) 3. alles in Ordnung! 4. *naut.* s. **borina -sı; ~ çakmak** *V* militärisch grüßen
patadak; patadan s. **pattadak; pattadan**
Patagonya [··×·] *n.pr.* Patagonien (in Südamerika) **~ tavşanı** s. **mara**
Patagonyalı 1. Patagonier(-in *f*) *m* 2. patagonisch
patagos *V* Fünfkuruschstück *n*
patak Schläge, Prügel, Hiebe *pl.* *dayak, kötek
pataklamak 1. schlagen, (ver-)prügeln, durchhauen, *F* versohlen 2. oberflächlich zusammenkehren od. oberflächlich Wäsche waschen
patakülye [··×·] *naut.* Fußblock *m* (über dem Schloßholzgatt)
patalamba s. **pantalumba**
patalya [·×·] 1. kleines Ruderboot mit 1–3 Ruderpaaren (auf Kriegsschiff), Beiboot *n,* Dingi *n,* Jolle *f* 2. Lockvo-

gel *m* *çığırtkan, pırlak, mostra ~ **durmak** *V* Helfershelfer (e–s Schwindlers) sein
patas *zo.* die Meerkatzenart Cercopithecus patas (Westafrika)
patates [·×·] Kartoffel *f bot.* Solanum tuberosum ~ **çips** (Kartoffel-)Chips *pl.* ~ **ezmesi** (*od.* **püresi**) Kartoffelpüree *n*, -brei *m* ~ **mildiyusu** (*od.* ~ **peronosporası**) Knollenfäule *f* (bei Kartoffeln) ~ **şekeri** s. **glikoz;** ~ **unu** Kartoffelmehl *n* **≗in içi çürümüş.** Die Kartoffeln sind innen verfault.
patatesböceği, -ni Kolorado-, Kartoffel-käfer *m zo.* Leptinotarsa decemlineata
patatesli mit Kartoffeln, Kartoffel-
patavatsız taktlos, unbekümmert, respektlos
patavatsızlık Taktlosigkeit *f*, ungehöriges Benehmen; Verstoß *m* gegen die guten Sitten, Respektlosigkeit *f*
patburun s. unter **pat** (II)
patel *F* Glatze *f*
patella [·×·] 1. *an.* s. **dizkapağı kemiği** 2. s. **koni kabuklu salyangoz**
paten (*franz.* **patin**) 1. Schlittschuh *m* 2. (*a.* **tekerlekli** ~) Rollschuh *m*
patenci Schlittschuh- bzw. Rollschuh-läufer(-in *f*) *m* *patinajcı
patent, -ti (*engl.* **patent**) 1. Patent(-recht) *n* *buluş belgesi; ihtira beratı 2. Staatsangehörigkeitsausweis *m* *tabiiyet vesikası; uyrukluk belgesi **-inin altına almak** (b–ni) despotisch herrschen (über); gängeln
patenta; patente 1. s. **patent** 2. *naut.* Gesundheitszeugnis *n* für ein Schiff, dessen Besatzung und Passagiere ~ **almak** (*od.* ~ **vize ettirmek**) *naut.* Verkehrserlaubnis mit dem Land erhalten
patentalı 1. wer **patenta** besitzt 2. patentiert
pater (*franz.* **patère**) *selt.* Kleider-, Gardinen-haken, Vorhanghalter *m*
paternalizm (*franz.* **paternalisme**) 1. altväterischer Geist 2. soziale od. koloniale Bevormundung
paternoster 1. *selt.* Vaterunser *n* 2. Paternoster(-aufzug), Umlaufaufzug *m*
patetik *selt.* pathetisch, schwungvoll
patır kütür 1. trapp, trapp! trippel, trappel! holterdiepolter! 2. rücksichtslos, brüsk, unüberlegt (z. B. reden)
patır patır mit leichtem hörbarem Plumpsen (z. B. Herabfallen von Früchten)
patırdamak lärmen, poltern, ein Getöse verursachen, Radau machen
patırdatmak 1. mit et. lärmen, poltern usw. 2. *V* radebrechen (Fremdsprache)
patırtı 1. Lärm, Radau, Spektakel *m*, Gepolter, Getöse *n* 2. Wirrwarr *m*, Durcheinander *n*, Unruhe, Unordnung *f* *kargaşalık ~ **çıkarmak** 1. Lärm machen 2. große Unruhe hervorrufen ~ **çıkmak** (*od.* **kopmak**) entstehen (Lärm, Unruhe) ~ **etmek** (*od.* **yapmak**) 1. Lärm machen 2. (mit den Füßen) trampeln ~ **gürültü** (*od.* **kütürtü**) 1. großer Lärm 2. Trampeln *n* (mit den Füßen) ~ **vermek** auszanken, ausschelten **-ya pabuç bırakmamak** sich nicht einschüchtern lassen, sich nicht ins Bockshorn jagen lassen **-ya vermek** (bir yeri) 1. Lärm, Getöse verursachen (in) 2. in Unordnung (Durcheinander) bringen **-ya vurmak** in Aufregung stürzen, ein Durcheinander hervorrufen **-yı basmak** drohen, einschüchtern (wollen)
patırtılı lärmend, geräuschvoll, mit Gepolter, mit Getöse
patik Babyschuh *m*
patika [·×·] schmaler Pfad; Fußpfad, Steig *m* *keçiyolu
patinaj (*franz.* **patinage**) 1. Schlittschuhlaufen *n*, Eislauf *m* 2. Rollschuhfahren *n* 3. Schleudern, Gleiten, Rutschen *n* (e–s Autos) 4. Leerlauf(-en *n*) *m* (*spez.* von Autorädern gesagt) ~ **sahası** (*od.* **yeri**) s. **patinuvar;** ~ **sürat yarışı** Eisschnellauf *m* ~ **yapmak** 1. Schlittschuh laufen 2. Rollschuh fahren 3. ins Schleudern geraten, gleiten, rutschen (Auto) 4. sich auf der Stelle drehen, Leerlauf haben (*spez.* Autoräder) ~ **zinciri** Gleitschutz-, Schnee-kette *f*
patinajcı s. **patenci**
patinet, -ti (*franz.* **patinette**) *Kspz.* Roller *m* *trotinet
patini *V* (in der Füg.:) **-yi tutmak** sich zu Fuß auf den Weg machen
patinuvar (*franz.* **patinoire**) 1. Schlittschuh-, Eis-bahn *f* 2. Rollschuhbahn *f* *(1, 2) patinaj sahası (*od.* yeri)
patis(-t) s. **batist**
patiseri (*franz.* **pâtisserie**) *selt.* 1. Feingebäck *n* 2. Konditorei *f*
patiska [·×·] Kaliko, Linon *m*, weißer Wäschestoff
patküt s. unter **pat** (III)
patlak 1. geplatzt, geborsten, gerissen, aufgesprungen 2. Bersten, Platzen, Reißen, Aufspringen *n* 3. Riß *m*, geplatzte Stelle 4. *dial.* Quelle *f* *memba ~ **davul** geplatzte Trommel ~ **göz** vorstehendes Auge, Glotzauge *n* ~ **gözlü** mit vorstehenden Augen, glotzäugig ~ **istepne** *Ch.* Flittchen *n*, Dirne *f* ~ **körük** s. **laf körüğü;** ~ **mısır** s. **cinmısırı;** ~ **vermek** 1. mit e–m Male offenkundig werden, plötzlich bekannt werden (*spez.* Geheimgehaltenes) 2. plötzlich kommen od. einsetzen, ausbrechen (z. B. Krieg)
patlama Vs. **zu patlamak** 1. Explosion *f*, Knall *m* 2. *phon.* Platzgeräusch *n* (bei Verschlußlauten), Lösung *f* des Verschlusses *(1, 2) infilâk 3. *astr.* Ausbruch *m* *indifa ~ **kazanı** *geol.* Caldera *f* (kesselartiger Vulkankrater) *kaldera ~ **krateri** s. **yanardağ ağzı gölü**
patlamak 1. platzen (z. B. Rohr, Ballonhülle, Bombe usw.), bersten, aufreißen, aufspringen (z. B. Knospen), explodieren (Dynamit, Bombe usw.), losgehen (z. B. Waffe), krachen, knallen, sich mit e–m Knall öffnen 2. plötzlich kommen od. einsetzen, herein-, aus-brechen 3. *fig.* platzen, es nicht mehr aushalten können, schier umkommen (vor Langeweile, Wut usw.) 4. (m. Dat.) *F* sich belaufen (auf), ausmachen, kosten, zu stehen kommen (auf) Zu 2: **Harp patladı.** Der Krieg brach aus. **Kış patladı.** Der Winter setzte plötzlich ein. Zu 3: **Öfkesinden patlayacaktı.** Er hätte vor Wut platzen können. **Can sıkıntısından patlıyordum.** Ich bin beinahe vor Langeweile umgekommen. **Of, patlayacağım!** a) Ich könnte vor Wut aus der Haut fahren! b) Ich bin zum Platzen satt! **Patlama!** Gedulde dich noch e–e Minute! s. a. **Ödüm patladı.** Zu 4: **Bu, bana yüz liraya patladı.** Die Sache hat mich hundert Pfund gekostet.
patlamalı *techn.* Explosions-, Verbrennungs-, Brenn- *ihtiraklı ~ **motor** Verbrennungsmotor *m*
patlamasız schlagwettersicher (Bergwerk)
patlangaç; patlangıç 1. *Kspz.* Knallbüchse *f* 2. Knall-, Zünd-plättchen *n*, Knallerbse *f* 3. Knallbonbon *m* 4. Frosch, Schwärmer, Kanonenschlag *m* (Feuerwerk) 5. aufgeblasene und zum Platzen gebrachte Papiertüte ~ **çalısı** s. **yalancı sinameki**
patlatma fitili Sprengsatz *m* *detonatör
patlatmak 1. platzen (bersten, aufspringen) lassen 2. a) zur Explosion bringen, explodieren lassen b) abfeuern (z. B. Pistole) 3. *fig.* j–n zum Platzen (zur Verzweiflung, in die helle Wut) bringen, j–m den letzten Nerv töten 4. j–m e–e Ohrfeige versetzen, j–m e–e herunterhauen Zu 1: s. a. **gözünü (kafa)** ~ Zu 4: **Şimdi patlatırım ha!** *F* Jetzt werde ich dir aber gleich e–e kleben!
patlayıcı 1. explosiv, explodierend, Knall- *münfelik 2. s. ~ **madde;** ~ **gaz** Knallgas *n* ~ **madde** Spreng-, Explosivstoff *m* ~ **ünsüz** *phon.* Verschluß-, Explosions-laut *m* ~ **yağ** s. **nitrogliserin**
patlıcan Aubergine, Eierfrucht *f bot.* Solanum melongena

~ **çiçeği** s. **tatula** (1) ~ **dolması** farcierte Auberginen *pl.* ~ **inciri** Name e–r großen, violetten Feigenart ~ **kebabı** gedünstetes Hammelfleisch in größeren Stücken mit gebratenen Auberginen ~ **kızartması** im Öl gebratene Auberginen *pl.* (die zusammen mit Joghurt gegessen werden) ~ **ocağı** Auberginenbeet *n*

patlıcangiller Nachtschattengewächse *pl. bot.* Solanaceae *badincaniye

patlıcanî auberginenfarbig, violett

patlıcanlı mit Auberginen zubereitet (Gericht)

Patmos s. **Batnaz**

Patnos *n.pr.* Städtchen u. D. m Rbz. Ağrı

patofobi *psych.* Pathophobie, Krankheitsfurcht *f*

patojen *med.* pathogen, krankheitserregend

patojeni *med.* Pathogenese *f*, Entstehung und Entwicklung *f* e–r Krankheit

patolog s. **patolojist**

patoloji Pathologie *f*, allgemeine Krankheitslehre

patolojik pathologisch, krankhaft ≗ **Anatomi Enstitüsü** Institut *n* für Pathologische Anatomie

patolojist, -ti Pathologe *m*

patoma [·×·] innere Randnaht (am Schuh)

patpat, -tı 1. das Berberitzengewächs Bongardia chrysogonum (Ostanatolien) 2. *V* Kies *m*, Moneten *pl.* (= Geld)

patpatı s. **kırkbaş**

patra [×·] *Verst.* zu **çatra**

patri *selt.* Vaterland *n*

patriarka *selt.* s. **ataerki**

patriarkal 1. patriarchisch, altväterisch 2. vaterrechtlich *ataerkil

patrik, -iği 1. Patriarch, Metropolit *m* (oberster griech.-orthodoxer od. armenisch-gregorianischer Würdenträger) 2. *(Altes Testament)* Erz-, Stammvater *m* s. a. **Emretti** ~ **efendi.**

patrikhane [··–·] Amtssitz *m* des Patriarchen, Patriarchat *n*

patriklik Würde *f*, Sprengel od. Amtssitz *m* e–s Patriarchen, Patriarchat *n*

patrisa [·×·] *naut.* Pardune *f*

patriyot, -tu *selt.* 1. patriotisch 2. Patriot(-in *f*) *m*

patriyotizm *selt.* Patriotismus *m*, Vaterlandsliebe *f*

patron 1. Geschäftsinhaber, Chef *m* 2. Arbeitgeber, Dienstherr *m* *işveren 3. *naut.* Schiffs-eigentümer, -herr *m* 4. *naut. z. va.* Schiffer, Kapitän *m* (e–s kleineren Schiffes) 5. Schnittmuster *n* *patrona

patrona [·×·] 1. Schnittmuster *n* *patron 2. *hist.* stellvertretender Oberbefehlshaber der osm. Flotte, Vizeadmiral *m* ~ **bey** (*od.* **paşa**) *hist.* Titel des osm. Vizeadmirals ~ **kadırgası** *od.* **-i hümayun** *hist.* Flaggschiff *n* des Vizeadmirals

patronaj (*franz.* **patronage**) *jur.* Gefangenenfürsorge *f* (nach e–r Entlassung)

patroncu Musterzeichner *m*

patronluk 1. Stellung *f* e–s Geschäftsinhabers, Chefs 2. Rolle *f* e–s Arbeitgebers 3. Schutzaufsicht, Fürsorge *f*

pattadak; pattadan [×··] *Adv.* (ur-)plötzlich, auf einmal, mit e–m Male; bums, wupp, schwups

patua (*franz.* **patois**) *selt.* Volksmundart *f*, Provinzidiom *n*

patüren (*franz.* **paturin**) s. **çayır -i**

patyo *span.* Patio *m* (Innenhof *m* des span. Wohnhauses)

pavan *mus.* Pavane *f* (Tanz und zugehörige Musik)

paviyon 1. Pavillon *m* (*a.* als Ausstellungs-stand od. -gebäude auf e–r Messe), Halle *f* 2. kleineres, freistehendes Einzelgebäude (z. B. in e–m Krankenhaus) 3. Vergnügungs-, Nacht-lokal *n* 4. Schiffsflagge *f*

pavkırmak *dial.* heulen (Füchse od. Schakale)

Pavlo *n.pr.* Paul (*spez.* Zarenname)

pavlonya Paulownia *f bot.* Paulownia (Parkbaum aus Ostasien)

pavurya [·×·] 1. s. **yengeç** 2. *V* a) schief gehend (Buckliger, Verkrüppelter) b) schiefer Gang

pavuryalaşmak *V* s. **çağanozlaşmak**

pay (I) 1. Anteil, Teil *m* *hisse 2. gleichgroßer Teil 3. *math.* Zähler *m* (e–s Bruches) *suret 4. Schelte *f*, Vorwürfe *pl.*, Tadel *m* 5. (Stoff-)Einschlag *m* 6. Stoffrest *m* Zu 1: **Bu işte sizin emek -ınız hepimizden çoktur.** Sie haben hierbei viel mehr Mühe und Arbeit gehabt als wir anderen alle. **Bir şeyden bir** ~ **çıkıyor.** Es fällt et. ab (bei); man bekommt auch et. (bei) **-ı** Zu 2: **Bunu beş** ~ **yapın!** Macht hieraus fünf gleich große Teile! Zu 4: **Annenden** ~ **mı işittin mi?** Hast du von deiner Mutter Schelte bekommen? Zu 5: s. **dikiş -ı;** ~ **bırakmak** e–n Einschlag stehen lassen (Schneider) ~ **biçmek** (bşden) 1. e–n Anteil festsetzen (bei) 2. denken (an), vergleichen (mit) 3. sich ein Beispiel nehmen (an); *F:* sich ein Stück abschneiden (Zu 2: **Kendinizden** ~ **biçin, siz olsanız razı olur musunuz?** Überlegt doch einmal: Würdet ihr an seiner Stelle einverstanden sein?) ~ **çoğunluğu** Mehrheit *f* der Anteilseigner ~ **etmek** (ver-)teilen ~ **sahibi** Anteilseigner *m* *hissedar ~ **vermek** aufsässig werden, e–e freche Antwort geben (Kind e–m Erwachsenen) **-ını almak** 1. seinen Anteil bekommen 2. *fig.* sein Teil abbekommen, gescholten (ausgezankt) werden **-ını vermek** 1. j–m seinen Anteil geben 2. *fig.* auszanken, schelten

pay (II) [ā] *va.* Fuß *m* *ayak

payan [––] *z. va.* Ende *n* **Bunun zevkine** ~ **olmaz.** Man kann sich immer wieder daran freuen. **Neşesine** ~ **yoktu.** Seine Freude war grenzenlos.

payanda [·×·] Stütze, Strebe, Spreize *f*, Stütz-balken, -pfahl *m* ~ **vurmak** (bşe) et. abstützen **-ları çözmek** *V* sich verdrücken, sich davonmachen

payandalamak abstützen, absteifen (z. B. Mauer)

payandalı (ab-)gestützt

payansız [––·] *z. va.* endlos, grenzenlos, unendlich *sonsuz

payapay *z. va. Adv.* restlos, vollständig, haargenau *eksiksiz, tastamam

paybent, -di *z. va.* 1. am Fuß gefesselt 2. Gefangener 3. (Fuß-)fessel *f* 4. *fig.* Hindernis *n*

paycı *V* wer von der an den **bitirimci** entrichteten Spielgebühr e–n Teil abbekommt

payda *math.* Nenner *m* (e–s Bruches) **-dan kurtarmak** *math.* Brüche beseitigen *mahreçten kurtarmak **-ları eşit olan** *math.* gleichnamig (Brüche) **-ları eşitlemek** *math.* Brüche gleichnamig machen, auf den gleichen Nenner bringen *tevhidi mahreç yapmak

paydaş Teilhaber, Anteilseigner, Aktionär, Mitbesitzer *m* *hissedar; müşterek malik

paydaşlı woran mehrere Personen Anteilrecht besitzen, was mehreren gemeinsam gehört *hisseişayialı

paydaşlık Teil-, Mitin-haberschaft *f*

paydos 1. Arbeits-schluß *m*, -einstellung *f*, Arbeits-, Mittags-pause *f*, Frei-stunde, -zeit *f* 2. *Fb.* Pause *f* 3. *(Ausruf)* a) Schluß! Feierabend! b) (bşe) Schluß mit ... ~ **borusu** (*od.* ~ **zili**) **çalmak** *fig.* die Arbeit abbrechen, alles stehen und liegen lassen ~ **etmek** zu arbeiten aufhören, die Arbeit einstellen, e–e Arbeitspause einlegen, Mittagspause machen, Ferien machen, schließen (**Bu yıl okullar geç** ~ **edecek.** Dieses Jahr schließen die Schulen später. **Yapı** ~ **edildi.** Der Bau wurde eingestellt.)

paye [–·] 1. Rang, Grad *m*, Würde *f* 2. *va.* (Leiter-)Sprosse *f* ~ **vermek** die gebührende Ehre erweisen, *F* ästimieren **elçilik -sini haiz** mit dem Rang e–s Botschafters

Paye [ā] *va.* s. **Polluks**

payelendirmek *va.* e–n Rang verleihen

payeli [–··] mit nb. Rang od. Grad
payen (*franz.* **païen**) 1. heidnisch, polytheistisch, vor- bzw. nicht-christlich, vorislamisch (z.B. Türken) 2. Heide, Polytheist *m*
payet, -ti Paillette *f*, Flitter *m* ~ **sabun** Seifenflocken *pl.* *pulcuklu sabun
payidar [–·–] fest, stabil, dauerhaft, dauernd, stetig, beständig
payidarlık [–·–·] *selt.* Stabilität *f*, Dauer(-haftigkeit), Stetigkeit *f*
payimal, -li [–·–] *va.* 1. Mit-Füßen-Treten *n* 2. mit Füßen getreten 3. *fig.* Verachtung, Geringschätzung *f* 4. *fig.* verachtet, geringgeschätzt ~ **etmek** *va.* mit Füßen treten, nicht die geringste Beachtung schenken, verachten
payin [––] *va.* 1. Unterteil *n* 2. unterste Treppenstufe od. unterste Leitersprosse
payitaht, -tı [–··] Residenz, Hauptstadt *f* (*a.* bei Ländern mit republikanischer Verfassung; auf Ankara nur gel. um 1923 angewandt) *başşehir, başkent, hükümet merkezi, merkez
paylamak hart anfahren, schelten, ausschimpfen, auszanken
paylaşılacak kozu olmak s. **görülecek hesabı olmak**
paylaşmak (bşi) 1. ver-, aus-teilen, unter sich teilen 2. *fig.* teilen, Anteil nehmen (z.B. an dem Kummer e–s anderen)
paylaştırmak 1. jedem seinen Anteil zukommen lassen od. geben; ver-, aus-teilen 2. *fig.* Anteil nehmen lassen (an)
paylatmak veranlassen od. zulassen, daß jm. e–n ausschimpft. **Ben çocuklarımı kimseye paylatmam.** Ich lasse meine Kinder von niemand ausschimpfen.
paylı anteilig ~ **iyelik** s. **müşterek mülkiyet**
paymal [ā,ā] s. **payimal**
payplayn Pipeline *f*, Rohrleitung *f* (für Erdöl, Gas usw.) *boru hattı; boruyolu
paytak 1. krumm-, säbel-beinig 2. *Scha.* Bauer *m* *piyade, piyon ~ ~ **yürümek** watscheln, *F* daherlatschen *badi badi yürümek ~ **yolu** s. **keçiyolu, patika**
paytaklık Krummbeinigkeit *f*
payton Kutsche, Droschke *f* (vierrädriger, mst. zweispänniger Wagen mit Halbverdeck und vier Sitzplätzen)
paytoncu Kutscher, Fahrer *m*
payvant s. **paybent**
payzen *va.* Galeerensträfling *m* *forsa (1)
pazar 1. Sonntag *m* 2. (Wochen-)Markt, Marktplatz, Basar *m* 3. *allg.* Markt *m* 4. Absatzgebiet *n* (für Waren) 5. Geschäft *n*, Handel *m* *alışveriş 6. *va.* s. **pazarlık** Zu 1, 2: ~ **-ı** Sonntagsmarkt *m* **salı -ı** Markt *m* am Dienstag; s.a. **bit (ordu) -ı** Zu 5: **Allah hayırlı ~ versin!** (Wunschformel) Gute Geschäfte! ~ **bozmak** *va.* 1. den Markt (die Auslagen) abräumen 2. s. **pazarlığı bozmak** 3. *fig.* j–m e–n Knüppel zwischen die Beine werfen; querschießen ~ **ertesi** s. **pazartesi;** ~ **etmek** *va.* s. **pazarlık etmek;** ~ **günü** 1. Sonntag *m* 2. am Sonntag ~ **kaygığı** großer Kaik zur Waren- od. Personen-beförderung (*spez.* zwischen den einzelnen Bosporus-Orten) ~ **kayığı gibi** überbeladen, vollgepfropft (Fahrzeug) ~ **kesmek** *va.* s. **pazarlık kesmek;** ~ **kurmak** Markt abhalten ≗ **ola!** (Wunschformel) Gute Geschäfte! Viel Erfolg! ~ **tatili** Sonntagsruhe *f* (Gesetz von 1935) **-a çıkarmak** auf den Markt (zum Verkauf) bringen
Pazar *n.pr.* 1. O. u. D. im Rbz. Rize 2. türk. Zigarrenmarke
pazarbaşı, -nı Marktaufseher *m*
pazarcı 1. Markt-verkäufer, -händler *m* 2. *allg.* Krämer *m;* 3. *fr.* Ordensbruder, der für ein Mewlewikloster Lebensmittel einkaufte *çarşı canı
Pazarcık *n.pr.* 1. O. u. D. im Rbz. Maraş 2. (*fr.* **Tatar** ~) Pasardschik (bulgar. Stadt) 3. *osm. Bez.* für die bulgar. Stadt Tolbuchin (bis 1949 Dobritsch)
pazarcılık 1. Marktverkauf *m* 2. Kramgeschäft *n*
pazarlama *H* Marktforschung *f*, Marketing *n* *marketing
pazarlamacı wer den Absatz e–r Ware zu fördern sucht
pazarlamak Marktforschung anstellen; Absatzmöglichkeiten suchen
pazarlaşmak (um den Preis) handeln, feilschen, markten *pazarlık etmek
pazarlık, -ığı 1. Feilschen, Markten, (Aus-)Handeln *n* 2. Verhandeln *n*, Abmachung, Vereinbarung *f* ~ **etmek** 1. s. **pazarlaşmak** 2. verhandeln, vereinbaren ~ **kesmek** handelseinig werden ≗ **uymadı.** Man wurde nicht handelseinig. ≗ **yok!** Wir haben feste Preise! **-a oturmak** ans Feilschen gehen, zu handeln anfangen **-ı uydurmak** (*od.* **tamamlamak**) e–n Handel abschließen, handelseinig werden **-ı bozmak** *fig.* die Abmachung brechen **-la almak** auf Grund des günstigsten Angebotes kaufen
pazarlıklı unter Aushandeln des Preises ~ **alışveriş** *jur.* freihändiger Verkauf
pazarlıksız ohne Feilschen (Handeln, Markten), zu Festpreisen ~ **alışveriş** Handel *m* zu Festpreisen ~ **satış kanunu** Gesetz *n* über den Verkauf zu Festpreisen (1938)
pazartesi, -ni (*a.* **-yi**) [·×··] Montag *m* ~ **günü** 1. Montag *m* 2. am Montag **-(n)denberi** seit Montag **pazarı -ne (-ye) bağlayan gece** in der Nacht von Sonntag auf Montag
pazaryeri, -ni Marktplatz *m*
Pazaryeri, -ni *n.pr.* O. u. D. im Rbz. Bilecik
pazen [ā] (*franz.* **basin**), Biber *m, n* (angerauhter, flanellartiger Baumwollstoff), geköperter Barchent
pazı (I) Mangold *m bot.* Beta vulgaris var. cicla *yaban pancarı, yabanî ıspanak
pazı (II) 1. Bizeps, Oberarmmuskel *m* 2. Oberarm *m* (s.a. **karaca** [III]) 3. *fig.* Kraft, Macht *f* ~ **kemiği** *an.* Oberarmbein *n* *azmı adut, karaca kemiği, kol kemiği ~ **zırhı** Armschiene *f* (e–r Rüstung) **-sı kuvvetli** 1. mit starken Muskeln, kräftig 2. *fig.* einflußreich, mächtig **-sına güvenmek** auf seine (physische, militärische usw.) Kraft bauen **-ya kuvvet** aus Leibeskräften
pazı (III) *dial.* 1. s. **yufka** 2. s. **beze** (II)
pazıbent, -di 1. (am Arm getragenes) Amulett 2. (als Abzeichen getragene) Armbinde *f* *kolçak
pazıbentli mit Amulett bzw. Armbinde **kolları -ler** mit Armbinden versehene Personen *pl.*
pazmant *P* für **pazvant**
pazu(-bent, -bentli) s. **pazı** (II) **(-bent, -bentli)**
pazval Knie-, Spann-riemen *m* (des Schusters)
pazvant, -tı *(in osm. Zeit)* Nachtwächter *m* (in Rumelien)
pazvantlık *fr.* Aufgaben *pl.* od. Tätigkeit *f* e–s **pazvant;** Aufsicht, Wache, Beaufsichtigung, Kontrolle *f*
pe Name bzw. Lautung des Buchst. P
peba s. **dokuz kemerli tatu**
Peç *n.pr.* 1. Pecs, Fünfkirchen (ungar. Stadt) 2. s. **İpek** 3. s. **Beç**
peçe (I) 1. schwarzer Gesichtsschleier (wie ihn türk. Frauen früher auf der Straße trugen) 2. *fig.* Schleier *m,* Verhüllung *f* 3. *astr., phot.* Schleier 4. oberer Teil e–s Fischnetzes 5. s. **hisar ~;** ~ **takmak** den schwarzen Gesichtsschleier anlegen bzw. tragen
peçe (II) *va.* 1. Tierjunges 2. Junge, Knabe *m,* junger Bursch
peçelemek 1. mit schwarzem Gesichtsschleier verhüllen 2. *a. mil. fig.* gegen Sicht tarnen *alalamak; kamufle etmek
peçeli mit schwarzem Gesichtsschleier, verschleiert ~ **baykus** (*od.* ~ **kukumav**) Schleiereule *f zo.* Tyto alba *kukumav
Peçenekler *hist.* Petschenegen *pl.* (türk. Volksstamm; 8.–11. Jh.)

peçeta s. **pezete**
peçete [·×·] Serviette *f,* Mundtuch *n* ~ **halkası** s. **peçetelik**
peçetelik Servietten-ring, -behälter *m*
peçic *fr.* ein Brettspiel, bei dem anstatt Würfel sieben kleine Muschelschalen verwendet werden
peçiz *Zig., V* Haus *n,* Wohnung *f* ~ **etmek** in das Haus (die Wohnung) gehen
pedagog Pädagoge, Erzieher, Erziehungswissenschaftler, Schulmann *m* *eğiti(m)ci, terbiyeci
pedagoji Pädagogik, Erziehungswissenschaft *f* *eğitbilim, fenni terbiyei etfal
pedagojik pädagogisch, erzieherisch, Erziehungs- *terbiyevî, eğitsel
pedaki [·×·] *griech.* 1. Kind *n,* Junge *m* 2. Kellner *m*
pedal 1. Pedal *n,* Fußantritt *m* *ayakçak 2. (*a.* ~ **makinesi**) kleinere, mittels Fußantrieb betätigte Setzmaschine 3. Pedal *n* (bei Klavier od. Harfe) 4. Pedaltaste *f* (bei Orgel) 5. *mus.* a) Orgelpunkt *m* b) Teil *m* e–r Fuge unmittelbar vor der Schlußkadenz ~ **aynası** Kettenrad *n,* vorderes Zahnrad (am Fahrrad) ~ **sistemi** Fahrradantrieb *m,* Übersetzung *f* **-lara basmak** (kräftig) auf die Pedale (des Fahrrads) treten
pedalcı 1. Maschinensetzer *m* 2. *selt.* Radrennfahrer *m*
pedallama s. **bisiklet hareketi**
pedalye *mus.* Pedalklaviatur *f* (*spez.* bei Orgel) *ayak klavyesi, ayakçaklık
pedan *selt.* Pedant, Kleinigkeitskrämer *m*
pedantizm *selt.* Pedanterie, Kleinigkeitskrämerei *f*
pedavra s. **padavra**
peder Vater *m* *baba
pederane [ā] väterlich
pederast(-i) s. **kulampara(-lık)**
pederî *va.* den Vater betreffend, väterlich, Vaters- ~ **aile** s. **babalık ocak**
pederlik 1. Vaterschaft *f* 2. Väterlichkeit *f*
pederşahi [··– –] vaterrechtlich, (patriarchalisch) *ataerkil
pederşahîlik [ā] Vaterrecht, Patriarchat *n* *ataerki
pedigri (*engl.* **pedigree**) Stammbaum *m* (*spez.* e–s Pferdes)
pedigrili mit Stammbaum; Rassen-
pedikür Pediküre, Fußpflege *f*
pedikürcü Pediküre *f,* Fußpfleger(-in *f*) *m*
pedikürlü pedikürt
pediyatri (*franz.* **pédiatrie**) *med.* Kinderheilkunde *f* *çocuk hekimliği
pedodonti *med.* Pädotontie, Kinderzahnheilkunde *f*
pedoloji (*franz.* **pédologie**) 1. Pädologie, Kinder- und Jugendpsychologie *f* *çocukbilim, etfaliyat 2. s. **toprakbilim**
pedonkül (*franz.* **pédoncule**) s. **çiçek sapı**
pedotekni (*franz.* **pedotechnie**) praktisch angewandte Pädologie
pegmatit, -ti *min.* Pegmatit *m*
pehengir s. **mihengir**
Pehlevî 1. Bevölkerung *f* von Isfahan und Umgebung 2. (*a.* ~ **dili**) *ling.* Mittelpersisch(-e) *n* 3. *Fn.* der Pehlewi-Dynastie (Iran)
pehlivan 1. Ringkämpfer, Ringer *m* (*spez.* bei **yağlı güreş**) 2. *fig.* großer, starker Mann, Riese, Hüne *m* 3. *fr.* Meister *m* im Bogenschießen ~ **çağlı** *z.va.* von hünenhafter Statur ~ **güreşleri** (*od.* **müsabakaları**) Ringkämpfe *pl.* ~ **salatası** Öl und Essig mit eingetunktem Brot ~ **tekkesi** Ringerschule *f* ~ **yapılı** groß und stark gebaut, ein Hüne von Wuchs ~ **yakısı** s. **Ingiliz yakısı**
Pehlivanköy *n.pr.* O.u.D. im Rbz. Kırklareli
pehlivanlık 1. Tätigkeit *f* od. Beruf *m* e–s Ringers 2. Ringen *n* 3. *fig.* Kraft, Stärke *f*
pehpeh 1. (Beifallsruf, *mst. iron.* bravo! großartig! wunderbar! 2. *fig.* Schmeichelei *f,* Lobsprüche *pl.*
pehpehlemek (m. Akk.) j–n mit Lobsprüchen überhäufen, *F* j–m Honig ums Maul schmieren *pohpohlamak
pehriz [ï] (< **perhiz**) 1. Enthaltung *f* (von Schädlichem od. *va.* von Religiös-Verbotenem); Abstinenz *f* 2. Diät(-kur), Schon-, Gesundheits-kost *f* 3. Fasten *n* ~ **etmek** (*od.* ~ **yapmak**) Diät halten ~ **tutmak** fasten ~ **yemeği** Diät(-kost) *f* **-i bozmak** die Diät beenden, nicht mehr diät leben
pehrizkâr *z.va.;* **pehrizli** 1. enthaltsam 2. Diät lebend, Diät haltend 3. fastend
pejmürde 1. *z.va.* verwelkt, abgeblüht 2. zerknittert, zerknautscht 3. zerrissen, zerfetzt, zerlumpt 4. jämmerlich, erbärmlich, heruntergekommen, verkommen
pejmürdelik 1. *z.va.* Verwelktsein *n* 2. Zerknittertsein *n* 3. Abgerissensein *n,* Schäbigkeit *f* 4. Erbärmlichkeit, Verkommenheit *f*
pejoratif *ling.* pejorativ, abwertend, abschätzig *yermeli
pek, -ki 1. hart, streng, starr, stur 2. fest, kräftig, solid, stabil 3. *Adv.* sehr, recht 4. *Adv.* eilig, in Eile, mit schnellen Schritten, schnell, rasch 5. laut Zu 1: s. **Yumuşak huylu atın çiftesi** ~ **olur.** Zu 2: s. **ağzı** ~**; ağzını** ~ **tutmak; arkası (sırtı)** ~ usw. Zu 3: ≗ **yoruldum.** Ich bin sehr müde geworden. ≗ **güzel!** Sehr schön! ~ **şeker!** wie nett, wie süß! ~ **anlayamadım.** Ich habe es nicht recht verstehen können. ~ **mütehassis** sehr bewegt, tief ergriffen (*Anm. a.* vor Elativbegriffen z.B. ~ **ender olarak** nur ganz vereinzelt, überaus selten, nur gelegentlich) Zu 4: ≗ **gittiği için çabuk yoruldu.** Da er rasch ging, wurde er bald müde. - ~ **basmak** fest auftreten ~ **başlı** eigensinnig, dickköpfig, halsstarrig *başı pek, inatçı ~ **bedihî olarak** verständlicherweise ~ **canlı** zählebig, unverwüstlich, nicht umzubringen *canı pek, dayanıklı ~ **çok** recht (sehr) viel(-e) ≗ **de inan olmazmış** (bşe) Es ist kein rechter Verlaß (auf) ~ **fena muamele** *jur.* schwere Mißhandlung und Ehrenkränkung ~ **gözlü** mutig, tapfer, unerschrocken, heldenhaft, verwegen *gözüpek ~ **ileride gezmek** *fig.* große Rosinen im Kopf haben ~ **kısa vadeli senet** *H* Wechsel *m* auf kürzeste Sicht (5–6 Tage) ~ **okumak** laut lesen od. singen ~ ~ hoch gerechnet, höchstens **(Pek pek on lira eder.** Das kostet höchstens zehn Pfund.) ~ **söylemek** 1. laut und deutlich sprechen 2. *fig.* bittere, harte Worte sprechen ~ **tutmak** 1. s. **sıkı tutmak** 2. s. **tok tutmak;** ~ **vurmak** hart schlagen ~ **yakında** 1. ganz in der Nähe, in allernächster Umgebung 2. in allernächster Zeit, binnen kurzem ~ **yürekli** hartherzig, mitleidlos, unerbittlich *merhametsiz ~ **yüzlü** ungeniert, unverfroren, unverschämt ~ **ziyade** 1. sehr (äußerst, recht) viel, besonders 2. übermäßig, zu viel **(pek ziyade mühim** besonders wichtig)
pekâlâ [×– –] 1. *Adj.* sehr schön, großartig, *F* prima 2. schon recht! in Ordnung! einverstanden! 3. sehr wohl, recht gut, mit Fug und Recht 4. (mit folg. Einwand:) na, nun, denn, ja 5. (Ablehnung e–s Einwandes od. Vorschlags) gerade; und ob (*scil.* ich es tun werde)! Zu 1: ≗ **bir ev, niçin beğenmediniz?** Das ist doch ein prima Haus, warum gefällt es euch denn nicht? Zu 3: **Onların şampiyonluk için** ~ **namzet olabileceklerini tahmin ediyoruz.** Nach unserem Dafürhalten können sie sehr wohl für die Meisterschaftskämpfe in Frage kommen. Zu 4: ≗, **madem biliyordun, ne diye söylemedin?** Na, warum hast du es denn nicht gesagt, wenn du es gewußt hast? Zu 5: ≗ **gideceğim! Siz ne karışırsınız?** Und ob ich hingehe! Was geht das euch an?
pekan 1. Hickorywalnußbaum *m* (Amerika) *bot.* Carya illinoensis 2. die Marderart Mustela pennanti ~ **cevizi** Pekannuß *f*
pekari s. **göbekli domuz**

pekblent, -di *min.* Pechblende *f,* Uraninit *n* *peküran, üraninit
pekçe ziemlich hart (fest, eilig, laut) ~ **koşmak** recht eilig laufen
pekdoku *bot.* Kollenchym *n* (Festigungsgewebe der Pflanzen) *nesci kavi
Peke *n.pr.* Pecquet (franz. Anatom) ~ **sarnıcı** *an.* Lymphraum *m,* Cisterna chyli
pekent, -di *geogr.* natürliche Sperre (z.B. Gebirge) *set
peki [×·] (< **pek iyi**) 1. (als Antwort auf e–n erteilten Befehl) gewiß! jawohl! 2. gut! in Ordnung! schon recht! warum nicht? ja! einverstanden! abgemacht! 3. na, nun, denn ja Zu 3: ≗, **ya dün nerede idin?** Ja, aber wo hast du denn gestern gesteckt?
pekici; pekiefendimci *F* 1. wer bei jeder passenden od. unpassenden Gelegenheit **peki (efendim)** zu sagen pflegt 2. *fig.* wer zu allem ja und amen sagt
pekin gewiß, sicher, bestimmt, feststehend *muhakkak
Pekin *n.pr.* Peking ~ **insanı** Peking-Mensch, Sinanthropus *m* ~ **ipeklisi** s. **Çin ipeklisi**
pekine (*franz.* **pékiné**) mit gleichmäßigen helleren und dunkleren Längsstreifen (Seidenstoff)
pekinlik Gewißheit, Bestimmtheit *f* *mevsukıyet
pekinua (*franz.* **pékinois**) Pekinese *m* (chinesischer Zwerghund)
pekişmek 1. hart (fest) werden, sich verhärten 2. sich zusammendrängen od. zusammengepreßt werden *sıkışmak, tıkanmak
pekiştirici s. **pekiştirmeli**
pekiştirme Vs. zu **pekiştirmek;** ~ **kemeri** s. **dayanma kemeri;** ~ **ünlüsü** *ling.* Verstärkungsvokal *m* (z.B. **e** in **güpegündüz**)
pekiştirmek 1. Kaus. zu **pekişmek** 2. *spez.* verstärken, intensivieren, befestigen, fest(-er) binden (nähen, knüpfen) *sağlamlaştırmak, tahkim etmek; s.a. **yüzü** ~
pekiştirmeli *ling.* verstärkend, intensivierend *tekit edici ~ **sıfat** *gr.* intensivierendes Adjektiv (z.B. **bembeyaz, mosmor** usw.) *tekit sıfatı
pekit, -ti Verstärkung, Stütze *f*
pekitme Vs. zu **pekitmek;** ~ **ayağı** Stütze, Steife, Strebe *f* *destek, payanda ~ **bırakması** s. **altgergi;** ~ **duvarı** Stützmauer *f* *istinat duvarı
pekitmek bestätigen, bekräftigen *tekit etmek
pekiyi sehr gut; s.a. **peki**
pekleş(tir)mek *selt.* s. **pekiş(tir)mek**
peklik 1. *selt.* Festigkeit, Härte, Dauerhaftigkeit *f* 2. Verstopfung, Konstipation *f* *inkıbaz, kabız 3. Knauserigkeit, Knickerigkeit *f* 4. *z. va.* Gewalt, Wucht *f* ~ **çekmek** an Verstopfung leiden
pekmez 1. dick eingekochter Obst-, *spez.* Trauben-most; Sirup *m* 2. *V* Blut *n* ~ **akıtmak** *V* Blut vergießen ~ **toprağı** Mergel *m* *marn ≗**in olsun, sineği Bağdat'tan gelir.** *Spr.* Wenn du Pekmez hast, kommen die Fliegen bis von Badgad her.
pekmezci Hersteller od. Verkäufer *m* von **pekmez**
pekmezli 1. mit **pekmez** zubereitet (z.B. *fr.* ~ **boza**) 2. sehr süß (Trauben)
pekmezlik für die Herstellung von **pekmez** geeignet bzw. bestimmt
peksimet, -ti (Schiffs-)Zwieback *m*
peksimetçi Hersteller od. Verkäufer *m* von (Schiffs-)Zwieback
peksimethane [ā] *va.* Herstellungs- od. Aufbewahrungs-ort *m* für (Schiffs-)Zwieback
peksimetlik wasserdichter Behälter od. Aufbewahrungsraum für Schiffszwieback
pekştayn *min.* Pechstein *m* *katrantaşı
pektaş granitähnlicher Hartstein
pektin Pektin *n*
peküran s. **pekblent**
pelajik *biol.* pelagisch; im offenen Meer lebend (Tiere, Pflanzen)
Pelajlar *n.pr. hist.* Pelasger *pl.*
peleme s. **pereme**
pelemir Schuppenkopf *m bot.* Cephalaria syriaca *acımık
pelengir s. **mihengir**
pelenk, -gi *va. s.* **kaplan**
pelerin Pelerine *f,* Überwurf, Radmantel, Umhang *m* *harmani
pelerinli mit Pelerine
pelesenk, -gi 1. Balsam *m* 2. s. **persenk** 3. Palisander(-holz *n*) *m*
pelesenkağacı, -nı Balsamstrauch *m bot.* Commiphora (africana u.a.)
pelikan Pelikan *m zo.* Pelecanus; *s.a.* **beyaz(tepeli)** ~
pelikula *biol.* Pellikula *f* *dericik
pelikül (*franz.* **pellicule**) (unbelichteter) Film
pelin(otu) Beifuß *m bot.* Artemisia; *s.a.* **adi(acı)** ~; ~ **yeşili** gelblich-grün ~ **zehirlenmesi** Absinthvergiftung *f,* Absinthismus *m* *apsentizm
pelit, -di 1. s. **palamut** (II) 2. *geol.* Pelit *m* (Sedimentgestein) ~ **meşesi** 1. s. **palamut meşesi** 2. s. **bodur meşe ağacı;** ~ **yüksüğü** s. **kadehçik**
peliz *V* Vergnügen *n,* Belustigung *f,* Spott *m* ~ **kesmek** *V* sich lustig machen (über), spotten
pellagra *med.* Pellagra *n,* lombardischer Aussatz
Peloponezya [···×] *n.pr. hist.* Peloponnes *m* ~ **harbi** *hist.* Peloponnesischer Krieg
pelota [·×·] Pelota *f* (baskisches Ballspiel)
pelte 1. kalte Geleespeise aus Stärke, Zucker und Obstsaft 2. *allg.* gallertartige Masse, Gallert(-e *f*) *n* ~ **gibi** wabbelig **-ye dönmek** kraftlos zusammensinken
pelteğimsi etwas lispelnd, mit der Zunge anstoßend
peltek 1. lispelnd 2. *Adv.* gehemmt (z.B. sprechen) ~ **diş ünsüzü** *phon.* Interdentallaut *m* *diş-dil ünsüzü; dişlerarası konson
peltekleşmek anstoßen (Zunge), zu lispeln anfangen
pelteklik Lispeln *n*
pelteleşmek 1. gallertartige Konsistenz annehmen 2. *fig.* schlaff werden
pelûz etmek *V* übersetzen *tercüme etmek
pelür (kâğıdı) (*franz.* **papier-pelure**) dünnes Papier *spez.* Durchschlagpapiere *n* (für Schreibmaschine) od. Luftpost-, Übersee-papier *n*
pelüş (*franz.* **peluche**) Plüsch, Wollsamt *n*
pelvan *Verk.* von **pehlivan** (in der Einleitungsformel des türk. Märchens: ... **pire** ~ **iken**)
pelvaze *P* für **pervaz** *spez.* Einfassung *f,* Rand *m* des vorspringenden Daches e–s alttürk. Hauses
pelvis s. **leğen** (2)
pembe 1. rosa(-rot, -farben), blaßrot 2. Rosarot *n* ~ **beyaz** *P* rotwangige, füllige Frau ~ **çarkıfelek** s. **yabvanî çarkıfelek;** ~ **çiçekli funda** das Heidekrautgewächs Erica verticillata *püren ~ **çiçekli sarmaşık** s. **pençeli şahtere;** ~ **görmek;** s. **ortalığı** ~ **görmek;** ~ **maymun** Röteläffchen *n zo.* Leontocebus rosalia *tamarin ~ **pireotu** s. **oltuotu;** ~ **sığırcık** Rosenstar *m zo.* Pastor roseus *su sığırcığı ~ **şakayık** großblättrige Pfingstrose *bot.* Paeonia corallina ~ **yağgülü** s. **Isparta gülü;** ~ **zar** mit Baumwolle gemischter leichter Seidenstoff od. hieraus hergestellt
pembeleşmek rosarot werden
pembelik Rosa(-farbe *f,* -rot *n*) *n*
pembemsi ins Rosarot spielend, blaßrosa
pena [×·] *naut.* (in folg. Füg.:) ~ **cıvadra** (aus e–m Stück gearbeitetes) Bugspriet *n* (einschl. Klüver- und Außen-

klüver-baum) ~ **yelkeni** Schiebstengensegel *n* (e–e Art Lateinsegel)
penah [ā] *va.* Zuflucht(-sort *m*) *f;* s. a. **Haşmet-, Risalet-penah**
penaltı (*engl.* **penalty**) *Fb.* Elfmeter *m* ~ **kaçırmak** *Fb.* e–n Elfmeter verschießen ~ **noktası** *Fb.* Elfmeterpunkt *m* ~ **sahası** *Fb.* Strafraum *m* ~ **yakalamak** *V* die Beine e–r Frau bis oben hin sehen **-yı gole** (*od.* **sayıya) çevirmek** e–n Elfmeter verwandeln
Pencabî [·––] Pandschabi *n* (neuindische Sprache im Pandschab)
Pencap, -bı [ā] *n.pr.* Pandschab, Fünfstromland *n*
pencere [×··] 1. Fenster *n* 2. Öffnung *f,* Schlitz *m,* Loch *n* ~ **boşluğu** Fensteröffnung *f* *açıt ~ **demiri** Eisenstab *m* e–s Fenstergitters ~ **eteği** Wand *f* unterhalb des Fensters ~ **kırlangıcı** Mehlschwalbe *f zo.* Delichon urbica *şehir kırlangıcı ~ **küpeştesi** Fensterbrett *n* ~ **perdesi** Fenster-, Scheiben-gardine *f* *brizbiz ~ **takmak** Scheiben einsetzen ~ **tokmağı** Fenstergriff *m* (bşe) **açılan** ~ *fig.* neuer Gesichtspunkt
pencereli mit Fenster (Schlitz, Loch) ~ **zarf** Fensterbriefumschlag *m*
penceresiz fensterlos; ohne Schlitz (Öffnung)
pencik *hist.* 1. Besitztitel *m,* Eigentumsurkunde *f* (über Sklaven) (ausgehändigt nach Entrichtung der vorgeschriebenen Steuer) 2. Plättchen *n* am Hals e–s zum Verkauf gebrachten Sklaven mit Angaben über Namen, Abstammung usw.
pencikli *hist.* mit **pencik**
pencodo *V* Name e–s betrügerischen Tricks bei Ka.
pencüdü s. **penç dü;** ~ **atmak** *V* s. **yalan atmak**
pencüse *spez. Tr.sp.* fünf und drei
pencüyek s. **penç yek**
penç, -ci 1. *(Wü. od. Tr.sp.)* fünf *beş 2. (*a.* ~ **berk**) *arch.* Fünfpaß *m* ~ **cihar** fünf und vier ~ **dü** fünf und zwei ~ **erkân** *va.* s. **İslâmın beş şartı;** ~ **yek** fünf und eins
pençe 1. Pranke, Tatze, Pfote *f* 2. Fang *m* (e–s Raubvogels), Kralle, Klaue *f* 3. *fig.* strafender Arm (der Gerechtigkeit) 4. Sohle *f* (Lauffläche am Schuh) 5. *z.va.* großer Flecken 6. *fr.* e–e Art Ersatzunterschrift (durch Aufdrücken der fünf Finger) 7. *fig.* Gewalt, Macht *f* 8. *hist.* Bestätigungszeichen *n* auf amtlichen Schreiben *tuğra Zu 3: s. **adaletin (adliyenin) -si** Zu 4: s. a. **gizli** ~; ~ **atmak** (m. Dat.) zupacken und fangen, in seine Gewalt bringen, sich an et. heranmachen (um Vorteil daraus zu schlagen) ~ ~ mit roten Flecken übersät (Gesicht) ~ **tırnaklı kurbağa** Krallenfrosch *m zo.* Xenopus laevis ~ **vurmak** besohlen (Schuhe) **-si içine almak** (b–ni) befallen, sich geltend machen (bei) (z. B. Krise) **-ye geçirmek** s. ~ **atmak**
pençelemek 1. mit den Pranken (Fängen) zu fassen bekommen, mit der Tatze schlagen; erwischen, packen 2. *fig.* mit Gewalt an sich reißen; usurpieren
pençeleşmek 1. sich gegenseitig mit den Krallen packen (Raubtiere) 2. *fig.* sich raufen, sich herumbalgen 3. *fig.* kämpfen, fechten, ringen (z. B. mit den Wellen, dem Tod usw.) 4. hakeln, Fingerziehen machen Zu 3: **Düşmanla üç gün pençeleştik.** Drei Tage haben wir mit dem Feind gerungen
pençeli 1. mit Pranken (Tatzen, Pfoten, Klauen, Fängen) 2. *pr.* mit großen, starken Pranken usw. 3. *fig.* gewalttätig *zorlu 4. *fig.* aggressiv, zank-, streit-süchtig *sataşkan 5. gesohlt (Schuhe) 6. *hist.* mit Bestätigungszeichen *spez.* mit Sultanssiegel ~ **nal** Griffeisen *n* ~ **şahtere** rankende Adlumie, Doppelkappe *f bot.* Adlumia fungosa
pençgâh e–e melod. Weise in der türk. Musik
pençik s. **pencik**
pendafil *griech.* s. **beşparmak otu** (1)
pendifrank *V* schallende Ohrfeige, *F* Backpfeife *f* ~ **atmak** *V* e–e schallende Ohrfeige versetzen ~ **yemek** *V* e–e schallende Ohrfeige beziehen
peneplen *geogr.* Rumpf-, Fast-ebene, Rumpffläche, Peneplain *f* *yalama yazı, yontukdüz
penes 1. *va.* Name e–r kleinen Münze 2. Schmuckplättchen *n* aus Messingblech
penetrasyon (*franz.* **pénétration**) (*spez.* wirtschaftliche) Durchdringung *f* e–s Landes
pengö Pengö *m* (*fr.* ungarische Währungseinheit)
pengölük in Höhe von soundsoviel Pengö
penguen Pinguin *m zo.* Aptenodytes (patagonica u. a.); s. a. **altın (gözlüklü, küçük)** ~ **; imparator(kral) -i**
peni Penny *m* (12. Teil e–s englischen Schillings *bzw.* 100. Teil e–r finnischen Mark)
Penin Alpları *n.pr.* Penninische Alpen *pl.* (zwischen Simplon und Montblanc)
penis s. **kamış** (5); ~ **kıskançlığı** *psych.* Penisneid *m*
penisilin *med.* Penizillin *n* (Antibiotikum)
peniz *Zig., V* Wort(-e *pl.*) *n;* ~ **etmek** *V* sagen, mitteilen *spez.* ausplaudern, verraten (Geheimnis)
pens (I) (*franz.* **pince**) 1. Pinzette *f* 2. Flachzange *f* 3. Zange *f* (des Chirurgen, Zahnarztes, Klempners usw.) 4. Klammer, Klemme *f* 5. Nagelknipser *m* 6. (Schneiderei) Abnäher *m*
pens (II) (*engl.* **pence**) *Pl. zu* **peni**
pense [×·] 1. s. **pens** 2. Kombinationszange *f*
penset, -ti (*franz.* **pincette**) 1. Pinzette *f* 2. Feuerzange *f*
pensne (*franz.* **pince-nez**) Kneifer, Zwicker *m*
pent, -di *va.* Ratschlag *m* *öğüt ~ **etmek** *va.* raten, Ratschläge erteilen *öğütlemek
pentagon 1. *geom.* Fünfeck *n* *beşgen 2. ⩫ Pentagon *n* (USA)
pentametron [·×··] *(Metrik)* Pentameter *m* (fünffüßiger daktylischer Vers)
pentan *chem.* Pentan *n*
pentatlon (*franz.* **pentathlon**) *(Sport)* Fünfkampf *m*
pentatonik *mus.* 1. Pentatonik *f* 2. pentatonisch
Pentekoste [··×·] s. **Pantkot**
pentname [ā] *va.* „Buch *n* der Ratschläge", Ratgeber *m*
pentot, -du *(Radio)* Pentode *f*
penye (*franz.* **peigné**) Kamm-wolle *f,* -garn *n*
penyuar (*franz.* **peignoir**) 1. Frisier-, Bade-mantel *m* 2. Morgenrock *m,* Hauskleid *n* (e–r Dame) *sabahlık
pepe stotternd; Stotterer *m* *kekeme, pepeme
pepelemek stottern, stammeln
pepelik s. **pepemelik**
pepeme s. **pepe**
pepemelik Stottern, Stammeln *n* *kekemelik, rekâket
peperino [··×·] Peperin *m* (vulkanischer Tuffstein)
pepsin *biol.* Pepsin *n*
pepton *biol.* Pepton *n*
per (I) [–] (*franz.* **paire**) *(Poker)* zwei Karten der gleichen Rangstufe
per (II) [–] (*franz.* **père**): ~ **nobl** *Th.* Heldenvater *m;* s. a. **pertrankil**
Pera *griech.* s. **Beyoğlu**
perakende [ā] 1. zerstreut, versprengt, einzeln, kleiner 2. im Kleinhandel, im Einzelverkauf, en dètail, Kleinhandels-, Detail- 3. *va. naut.* Hilfspersonal *n* auf Kriegsschiffen 4. *va. fin.* Buchungsheft *n* für Verbindlichkeiten und Forderungen ~ **borçlar** kleinere Verbindlichkeiten (Schulden) *pl.* ~ **erat** (*od.* **erler**) Versprengte, Nachzügler *pl.* ~ **eratın toplanma yeri** *mil.* Versprengtensammelstelle *f* ~ **fiyat** Kleinhandelspreis *m* ~ **işler yapmak** Geschäfte kleineren Umfangs betreiben ~ **satış** Kleinverkauf *m,* Detail-, Einzel-handel *m* ~ **satış mağazası** Kleinhandelsgeschäft *n*

perakendeci [ā] Klein-, Einzel-händler *m*
perakendecilik [ā] Kleinverkauf, Detail-, Einzelhandel *m*
perborat, -tı *chem.* Perborat *n* (ein Bleichmittel)
perçem 1. *fr.* Haarbüschel *n* (auf dem Kopfwirbel derjenigen, die sich den Kopf rasieren ließen) 2. a) (Pferde-) Mähne *f* *yele b) Haarbüschel *n* zwischen den Augen e–s Pferdes 3. Stirn-, Schmacht-locke *f* *kâkül 4. s. **civanperçemi** 5. Büschelschmuck *m* (an Fahnen, Lanzen usw.)
perçemli mit (nb.) **perçem** *spez.* lang-haarig, -mähnig; ~ **hercaîmenekşe** Hornveilchen *n bot.* Viola cornuta ~ **kuşkonmaz** Zierspargel *m bot.* Asparagus plumosus ~ **maymun** Pinche *f* (kleiner Krallenaffe) *zo.* Leontocebus oedipus
perçin Niet(-e *f*) *m*, Nietung *f* ~ **arası** Niet-abstand *m*, -teilung *f* ~ **baskısı** Nietkopfsetzer, Döpper *m* ~ **başı** (*od.* **kafası**) Nietkopf *m* ~ **çekici** Niethammer *m* ~ **çivisi** Niet(-nagel, -bolzen) *m* ~ **demiri** Nieteisen *n* ~ **eki** Nietnaht *f* ~ **etmek** (ver-)nieten ~ **gövdesi** (*od.* **şaftı**) Nietenschaft *m* ~ **ısıtıcı** Nieterhitzer *m* ~ **kerpeteni** Nietzange *f* ~ **kıskacı** Nietsetzer *m* ~ **makinesi** Nietmaschine *f* ~ **pulu** Vorlegscheibe *f* beim Niet ~ **yeri** Nietstelle *f*
perçinci (Ver-)Nieter, Nietsetzer *m*
perçinlemek 1. (ver-)nieten 2. *fig.* verstärken, (be-)festigen, festmachen, konsolidieren *sağlamlaştırmak, tarsin etmek 3. *V* den Beischlaf ausüben (mit)
perçinleşmek *fig.* zu e–m unlöslichen Ganzen zusammenwachsen, stahlhart werden
perçinli mit Niet(-en), ge-, ver-nietet
perçinsiz nietlos, ungenietet
perdah [ā] 1. Glanz-Verleihen, Polieren *n*, Glanz *m*, Politur *f*, Vervollkommnung, Vollendung *f* 2. zweite Rasur, Nachrasur *f* (gegen den Strich) ~ **demiri** s. **mıskala;** ~ **etmek** 1. glänzend machen, polieren, vervollkommnen 2. gegen den Strich rasieren ~ **vermek** 1. s. ~ **etmek** (1) 2. scharf zurechtweisen ~ **vurmak** s. ~ **etmek** (1)
perdahçı 1. Polierer *m* 2. *V* Schönfärber, Angeber *m*
perdahçılık *V* Schönfärberei, Angeberei *f*
perdahlamak 1. polieren, glätten, Glanz verleihen 2. gegen den Strich rasieren 3. stoßen (Lederfabrikation) 4. *V* bluffen, angeben, aufschneiden 5. *V* ausschimpfen, anpfeifen
perdahlı 1. poliert, glänzend 2. glattrasiert (Bart) ~ **kâğıt** Glanzpapier *n* *cilâlı kâğıt
perdahsız matt, glanzlos, unpoliert
perdahsızla(ştır)mak mattieren
perdaht *va.* s. **perdah**
-perdaz [ā] *(va. pers. Sx.)* 1. machend, ordnend 2. glättend, 3. beseitigend, vernichtend
perde 1. Vorhang *m*, Gardine, Portiere, Jalousie *f* 2. Scheidewand, Trennungsmauer *f*, Abgrenzungszaun *m*, Sperre *f* 3. *an.* Scheidewand *f*, Septum *n* *hâciz 4. *mus., phon.* Ton(-lage *f*) *m*, Klang *m* 5. *mus.* Bund *m* (auf dem Griffbrett e–s S.i.); Luftloch, Ventil *n* (bei Blasinstrumenten); Taste *f* 6. *Th.* Aufzug, Akt *m* 7. *fig.* Akt, Teil *m* 8. Filmleinwand *f* od. Leinwand *f* für Schattenspiele *ekran 9. *med.* grauer Star *m* (Augenkrankheit) *akbasma, aksu, katarakt 10. *fig.* Schleier, Vorhang, Deckmantel *m* 11. *fig.* Schamhaftigkeit, Züchtigkeit, Keuschheit *f* 12. *lit. va.* s. **gökyüzü** 13. s. **ayak -si** Zu 1: s. **kapı (pencere, tiyatro) -si** Zu 2: ~ **ateşi** *mil.* Sperrfeuer *n* Zu 3: s. a. **burun -si.** Zu 7: **Cezayir faciasının son -si** letzter Teil (Akt) der algerischen Tragödie Zu 9: **Gözlerine ~ inmiş.** (*od.* **gelmiş**). Er ist vom grauen Star befallen worden. Zu 10: **bitaraflık -si altında** unter dem Deckmantel der Neutralität. **Bunu duyunca gözlerimdeki ~ kalkıverdi.** Als ich dies hörte, fiel es mir wie Schuppen von den Augen. ~ **arası** *Th.* Pause *f* ~ **arkası** *fig.* Hintergrund *m* ~ **arkasın(d)a gizlenmek** e–n Strohmann vorschieben ~ **arkasında** *fig.* insgeheim, verstohlen ~ **arkasında olmak** *od.* ~ **arkasından iş görmek** hinter den Kulissen arbeiten; graue Eminenz sein ~ **çavuşu** *fr.* Unteroffizier *m* als Türhüter vor dem Amtszimmer e–s Militärkommandanten od. e–s Walis ~ **çekmek** (bşe) 1. den Vorhang vorziehen 2. e–e Scheide-, Trenn-wand ziehen 3. *fig.* verbergen, verhüllen ~ **çubuğu** Vorhangstange *f* ~ **duvar** Außenwand *f* (bei Stahlbetonbauten) ~ **gazeli** ein von Hacivat vor Beginn des Karagözspiels vorgetragenes Gasel ~ **kaldırmak** 1. den Vorhang zurückziehen 2. *fig.* enthüllen, aufdecken ~ ~ langsam, allmählich (**Günün dayanılmaz sıcağı ~ ~ hafifledi.** Die unerträgliche Hitze, die tagsüber herrschte, ließ allmählich nach.) ~ **takmak** e–n Vorhang anbringen ~ **yırtılmak** 1. die Ehre verlieren 2. unverschämt, frech werden **-lerini açmak** *Th.* die neue Theatersaison beginnen **-si sıyrık** (*od.* **yırtık**) schamlos, unverschämt **-ye aktarmak** auf die Leinwand bringen; verfilmen **-yi şaşırmak** umschlagen (Stimme); detonieren
perdeayaklılar *zo.* Schwimmvögel *pl.* *zatülercülülkeffiye
perdebirun [··– –] *va.* schamlos, unanständig *arlanmaz, utanmaz
perdeci 1. *(in osm. Zeit)* Türhüter *m*, der den Gästen den Türvorhang zu öffnen hatte 2. Theaterarbeiter, der den Bühnenvorhang zu bedienen hat 3. wer Vorhänge herstellt, verkauft, anbringt
perdelemek 1. mit Vorhang versehen od. verdecken, e–n Vorhang vor et. ziehen 2. verdecken (z. B. Aussicht)
perdelenme 1. Vs. zu **perdelenmek** 2. *phon.* Intonation *f* *tasavvut
perdelenmek 1. Pass. zu **perdelemek** 2. *med.* vom grauen Star befallen werden
perdeli 1. mit Vorhang (usw. s. **perde**) 2. verschleiert 3. züchtig, anständig (Frau, Mädchen) Zu 1: **üç ~ facia** Tragödie *f* in drei Akten ~ **borazan** Ventiltrompete *f*
perdelik 1. für Vorhänge bestimmt od. geeignet, Vorhang(s)- 2. soundsoviele Aufzüge (Akte) umfassend (Bühnenwerk), -aktig 3. Klaviatur *f* *klavye 4. Griffbrett *n* (der Geige usw.)
perdesiz 1. ohne Vorhang (usw. s. **perde**) 2. *fig.* schamlos, unanständig, unkeusch, unzüchtig
perdesizlik 1. Fehlen *n* e–s Vorhangs (usw. s. **perde**) 2. *fig.* Schamlosigkeit, Unanständigkeit, Unkeuschheit *f*
pere (*franz.* **perré**) Steinpackung *f* (an abschüssiger Stelle) *şev kaplama
pereme *naut.* 1. schweres, zweirudriges Boot *prama 2. Fährboot *n*, Fähre *f* 3. Prahm, Leichter *m*
peremeci *naut.* Bootsführer, Fährmann *m* *pramacı
Peren *va. astr.* s. **Ülker** (1)
perende [·×·] 1. Purzelbaum od. Salto *m* 2. *va.* fliegend, Flug- 3. *va.* s. **av kuşu** 4. *va.* Mewlewi-Derwisch bei der **sema** genannten kultischen Übung ~ **atamamak** (b–nin yanında) 1. nicht aufkommen können (gegen), sich nicht messen können (mit) 2. j–n nicht hinters Licht führen können ~ **atmak** 1. e–n Purzelbaum od. e–n Salto schlagen 2. *fig.* j–m et. weismachen, vormachen (Zu 2: **Büyük zekânız önünde hiç ~ atılır mı?** Ihrem Scharfsinn bleibt doch nichts verborgen! **Onum önünde ~ atılmaz.** Ihm kann man nichts vormachen. Er läßt sich nicht düpieren.)
perendebaz Akrobat, Clown *m*
perendebazlık 1. Akrobatentum *m*, Clownerie *f*, Artistenkunststück *n* 2. *fig. pej.* kunstreiche Verrenkung
perese 1. Richtschnur *f* (der Maurer) 2. (gerade) Richtung *doğrultu 3. *fig.* Stufe *f*, Grad *m*, Stadium *n*, Punkt, Zustand *m* *kerte **İş bu -ye geldikten sonra ...** Nachdem die Angelegenheit dieses Stadium erreicht hat ... **-sine düşmek** gerade zur rechten Zeit geschehen; wie gerufen

kommen **-sine getirmek** 1. in die richtige Lage (in Ordnung) bringen 2. e–e Gelegenheit beim Schopf packen; den richtigen Augenblick wählen **-ye almak** 1. (aus-)messen 2. in Erwägung ziehen, ins Auge fassen, vorsehen *derpiş etmek

-perest, -ti *pers. Sx.* anbetend, verehrend; s.a. **anane-, ateş-, hod-, put-perest**

perestide [ī] *va.* angebetet, verehrt

perestiş Anbetung, Verehrung *f*, Kult *m* ~ **etmek** (b–ne) anbeten, verehren

perestişkâr *z. va.* Anbeter, Verehrer *m* (*a.* z.B. e–s Mädchens)

-perestlik Anbetung, Verehrung, innige Liebe, Hochachtung *f;* s. u.a. **anane-, hod-, mazi-, put-perestlik**

perfeksyon 1. Vollkommenheit *f* 2. Vervollkommnung *f* ~ **kursları** Fortbildungskurse *pl.*

perforaj Perforieren *n*, Perforierung *f* ~ **makinesi** Perforiermaschine *f*

perforasyon Perforation, Durchlöcherung, Durchbohrung, Lochung, Reiß- od. Trenn-linie *f*

perforatör 1. Locher *m*, Lochmaschine *f* 2. Bohrer *m*, Bohrmaschine *f* ~ **kafası** Bohrkopf *m* *sonda kafası

perfore perforiert, durchlöchert, durchbohrt, gelocht ~ **etmek** perforieren, durchlöchern, durchbohren, lochen

performans (*engl., franz.* **performance**) 1. Leistung *f* (e–s Sportlers, e–r Maschine usw.) 2. Erfolg *m* *başarı ~ **seviyesi** Leistungsniveau *n* ~ **testi** Leistungsprüfung *f*

pergel 1. Zirkel *m* 2. ♎ *astr.* Zirkel *m* (Sternbild) ~ **ayağı** Schenkel *m* e–s Zirkels ~ **otu** geschlitzte Tassenpflanze, Kompaßpflanze *f bot.* Silphium laciniatum ~ **takımı** Reißzeug *n* **-ler** *F* Beine *pl.* **-leri açık** *F* langbeinig **-leri açmak** *F* lange Schritte machen, weit ausschreiten

pergellemek 1. mit dem Zirkel abmessen 2. *fig.* planen, projektieren, sich et. ausdenken, entwerfen, in Gedanken abschätzen, in allen Einzelheiten überdenken *tasarlamak

pergola [×··] Pergola *f*, offener Laubengang, offene Halle

perhiz(-kâr, -li) s. **pehriz(-kâr, -li)**

peri 1. *myth.* Fee *f* 2. *fig.* gütige, bezaubernd schöne Frau 3. ♎ *wV* ~ **gibi** wunderschön, lieblich, anmutig ~ **hastalığı** (*od.* **illeti**) *P* Bez. für Krankheiten wie Epilepsie, Hysterie u.ä.m. ~ **masalı** Märchen *n* **-ler diyarı** Märchen-, Wunder-land *n* **-lere bağli** verzaubert, verhext **-leri bağdaşmak** zu e–r Verständigung kommen; ein Einvernehmen erzielen **-si hoşlanmamak** keine Sympathie empfinden (für), nicht recht warm werden (mit)

peribacası, -nı *geol.* Erdpyramide *f*, Erdpfeiler *m*

pericelik *lit.* Zauberposse *f*, Märchendrama *n*, Feerie *f*

pericik 1. Falle *f* (e–s Türschlosses) 2. s. **peri hastalığı**

peride [ī] *va.* 1. weggeflogen, emporgeschwungen 2. verblaßt (Farbe) 3. ♎ *wV*

perido(-t) *min.* Olivin, Peridot *m* *olivin, krizolit

peridotit, -ti *min.* Peridotit *m*

perihan [ā] *va.* 1. Geisterbeschwörer, Zauberer, Hexenmeister *m* 2. Feenkönig *m* 3. ♎ *wV*

periheli (*franz.* **périhélie**) s. **günberi**

perikarp, -pı (*franz.* **péricarpe**) s. **meyve kabuğu**

perikart, -dı (*franz.* **péricarde**) s. **dışyürekzarı**

perilenf (*franz.* **périlymphe**) s. **dışsıvı**

perili 1. von Feen od. bösen Geistern bewohnt 2. verzaubert, verhext, von bösen Geistern besessen ~ **ev** Geister-, Spuk-haus *n* ~ **oyun** *Th.* Märchenstück *n*

perimasası, -nı *geol.* Pilzfelsen *m*

perine *med.* Perineum *n*, Damm *m* (zwischen After und äußerem Geschlechtsteil) **-nin yırtılması** *med.* Dammriß *m*

peripatetisiyen 1. Peripatetiker *m* 2. peripatetisch

peripatetizm Aristotelische (Peripatetische) Schule *f* *gezimcilik, meşaiye

peripesi *lit.* Peripetie *f*, entscheidender Wendepunkt; Umschwung *m*

peripeyker *z. va.* feenartig, wunderschön

peripiramidi, -ni s. **peribacası**

periskop, -pu Periskop *n*, Sehrohr *n* e–s U-Bootes

periskoplu mit Periskop ausgestattet

peristaltik; peristaltizm s. **sığamsal(lık)**

peristil Peristyl *n*, Säulen-gang *m*, -reihe *f*

perişan [·––] 1. zerstreut, aufgelöst, verstreut, in Unordnung, durcheinander *dağınık 2. verwahrlost, heruntergekommen, arm, bedauernswert 3. verstört, verwirrt ~ **etmek** 1. verstreuen, durcheinander bringen, in Unordnung bringen 2. in e–n bedauernswerten Zustand versetzen 3. verstört machen, in Verwirrung bringen

perişanlık [·––·] 1. Verstreut-Sein *n*, Auflösung *f*, Unordnung *f*, Durcheinander *n* 2. heruntergekommener, bedauernswerter Zustand; Verwahrlosung *f* 3. Verstörtheit *f*, völlige Verwirrung

periton *an.* Bauchfell, Peritoneum *n* *karınzarı ~ **iltihabı** s. **peritonit;** ~ **kovuğu** *an.* s. **karınzarı kovuğu**

peritonî [···–] *va.* peritoneal, Bauchfell-

peritonit, -ti *med.* Bauchfellentzündung, Peritonitis *f* *karınzarı yangısı, periton iltihabı **-e tutulmak** Bauchfellentzündung bekommen

perituan (*franz.* **péritoine**) s. **periton; karınzarı**

perka [×·] s. **perki**

perkal [×·] Perkal *m* (feinfädiger Baumwollstoff in Leinwandbindung)

perkalin Perkalin *n* (stark appretiertes Baumwollgewebe für Bucheinbände)

perkende *naut. va.* s. **brigantin**

perki s. **tatlısu levreği**

perkizisiyon (*franz.* **perquisition**) *selt.* gerichtliche Durchsuchung od. Nachforschung

perkitmek s. **pekitmek**

perkolatör (*franz.* **percolateur**) Kaffeefiltermaschine *f*

perküsyon *med.* Perkussion *f* ~ **aleti** *med.* Reflexhammer *m*

perlit, -ti *min.* Perlit *m* *incitaş

perlon 1. Perlon *n* (Kunstfaser) 2. aus Perlon hergestellt, Perlon- ~ **bluz** Perlonbluse *f*

perm *geol.* Perm *n* (jüngster Teil des Erdaltertums)

perma *Abk.* für **permanant**

permanant, -tı Dauerwelle(-n *pl.*) *f* ~ **makinesi** Dauerwellenapparat *m*

permanganat, -tı *chem.* Permanganat *n*, übermangansaures Salz

permeabl; permeabilite s. **geçirgen(-lik)**

permeçe [·×·] *naut.* 1. kleineres Kabeltau wie z.B. Schlepptau *n*, Treidel *m*, Bugsierleine *f* 2. Kette *f* (des Muringsankers usw.)

permi (*franz.* **permis**) 1. (schriftliche) Genehmigung *f spez.* Ausfuhrgenehmigung *f* (z.B. für Devisen), Einfuhrgenehmigung *f* (z.B. für Industrieartikel) *evetçe 2. (Eisenbahn) Freifahrtschein *m bzw.* Ermäßigungsausweis *m* *paso

Permiyen (*franz.* **permien**) s. **Perm**

permütasyon 1. *math.* Permutation *f* 2. *pol.* Ämter-, Stellen-tausch *m*

pernambuk, -ku Pernambuk-, Brasilien-holz *n*

pernisiyöz *med.* perniziös, bösartig

perniyan [ā] *va.* reichgemusterter chinesischer Seidenstoff

perno (I) *naut.* Rollenbolzen *m* (in der Blockscheibe)

perno (II) Pernod *m* (Aperitif)

pero [×·] birnenförmiger Edelstein ~ **küpe** Ohrgehänge *n*

peroksit, -di *chem.* Peroxyd, Superoxyd *n*

peron 1. Bahnsteig *m* (*va.* Perron *m*) 2. *selt.* Freitreppe *f* ~ **bileti** Bahnsteigkarte *f*
Peroncu; Peronist, -ti peronistisch, Peronist(-in *f*) *m* (Argentinien)
Peronculuk; Peronizm *pol.* Peronismus *m*
perone (*franz.* **péroné**) Wadenbein *n* *kamış kemiği
peronospora [··×··] Peronospora *f*
peronosporalı von der Peronospora befallen
peroral *med.* peroral (durch den Mund einzunehmend)
perran [ā]; **perrende** *va.* fliegend *uçan, uçucu; **Perran** [×·] *wV*
perri (*engl.* **perry**) Birnen-most, -wein *m*
pers 1. *lm. Verst.* zu **ters** 2. (in der Füg.:) ~ **olmak** fallen *düşmek
Perse (*franz.* **Persée**) *astr.* Perseus (Sternbild) *(*va.*) Berşauş, Eflarus ~ **yağmuru** *astr.* Perseiden *pl.* (periodischer Sternschnuppenschwarm)
persenk, -gi 1. Ausgleichsgewicht *n* 2. s. **ağız (dilin, lakırdının) -i**
persepsiyon *selt.* Perzeption, Wahrnehmung *f*
perseverasyon *med., psych.* Perseveration *f* (krankhaftes Verharren bei e–m Wort od. Gedanken *bzw.* fortgesetzte Ausführung derselben Handlung)
persiflaj *Th.* Persiflage *f*, geistreiche Verspottung
Persler *hist.* Perser *pl.* (des Altertums)
persona (non) grata Persona grata (*bzw.* ingrata) (Diplomat)
personaj *selt.* (bedeutende) Person, Persönlichkeit *f*
personalite s. **personaj**
personel 1. *selt.* persönlich *şahsî 2. Personal *n*, Belegschaft *f* *kadro ~ **kuyusu** Förderschacht *m* für Bergleute ~ **şefi** Personalchef *m*, Leiter der Personalabteilung
perspektif 1. perspektiv(-isch) *menazırî 2. Perspektive *f* *menazır
perspektivizm *phil.* Perspektivismus *m*
perşembe Donnerstag *m* (*fr.* der eigentliche Hochzeitstag) ~ **günü** 1. Donnerstag *m* 2. am Donnerstag ~ **pazarı** 1. Markt *m* am Donnerstag 2. *fig.* Trödelmarkt *m* ²**nin gelişi çarşambadan bellidir.** *Spr. mst. pej.* 1. Man kann schon jetzt sagen, wie das enden wird. Das kann ja nicht gut gehen! 2. Was ein Häkchen werden will, krümmt sich beizeiten. *Spr.*
Perşembe *n.pr.* O. u. D. im Rbz. Ordu
perşöron Percheron *m* (franz. Kaltblutpferd)
pert, -ti (*franz.* **perte**) Druckverlust *m* (bei Gasleitung)
pertav *z. va.* 1. Sprung, Satz *m* 2. Anlauf *m* ~ **almak** e–n Anlauf nehmen ~ **etmek** springen
pertavsız (< *pers.* **pertevsûz**) Lupe *f*, Brenn-, Vergrößerungs-glas *n* *büyüteç
Pertek *n.pr.* O. u. D. im Rbz. Tunceli
pertev 1. *va.* Licht, Leuchten, Funkeln *n*, Glanz *m* *ışık, pırıltı 2. ♀ *mV*
Pertrankil (*franz.* **père tranquille**) ♀ zeitweiliger Spitzname für İsmet İnönü (1961)
Peru *n.pr.* Peru (Südamerika) ~ **balsamı** *med., pharm.* Perubalsam *m* ~ **biberi** s. **yalancı karabiber;** ~ **pamuk fidanı** südamerikanische Baumwolle *bot.* Gossypium peruvianum
peruka [·×·] 1. Perücke *f* 2. s. **postiş** (2); ~ **çalısı** s. **sarı sumak;** ~ **kullanmak** e–e Perücke tragen ~ **takmak** (sich) e–e Perücke aufsetzen
perukacı Perückenmacher *m*
perukacılık Gewerbe *n* e–s Perückenmachers
perukalı mit Perücke, e–e Perücke tragend
Perulu 1. Peruaner(-in *f*) *m* 2. peruanisch
peruze s. **firuze**
perükâr *z. va.* (*spez.* Herren-)Friseur *m* *berber ~ **dükkânı** Friseur-geschäft *n*, -salon *m*
perükârlık *z. va.* Friseurgewerbe *n* *berberlik
perva [ā] 1. Angst, Furcht *f* 2. Respekt *m*, Achtung, Rücksicht *f* **Onun kimseden -sı yoktur.** Er hat vor niemand Angst (bzw. Respekt).
pervane [ā] 1. Nachtschmetterling *m* 2. Propeller *m* 3. Schiffsschraube *f*, Schaufelrad *n* 4. Ventilator- od. Windmühlen-flügel *m* ~ **çerçevesi** Propellerrahmen *m* ~ **gibi** 1. dauernd herumflatternd, sich dauernd drehend 2. wer dauernd um j–n herum ist ~ **göbeği** Propellernabe *f* ~ **hatvesi** Propellersteigung *f* ~ **kanadı** Propeller-, Schrauben-flügel *m* ~ **mihveri** Propellerachse *f* ~ **olmak** (*od.* **kesilmek**) (b–ne od. b–nin üstüne) 1. j–m nicht von der Seite weichen, zärtlich betreuen, aufmerksam versorgen 2. sich sehr um j–n bemühen, j–n hofieren
pervanebalığı, -nı Klump-, Mond-fisch *m*, schwimmender Kopf *zo.* Mola mola *aybalığı, kamerbalığı
pervaneli [ā] mit **pervane** ausgestattet *spez.* Propeller- ~ **türbin** Propellerturbine *f*
pervanesiz [ā] ohne **pervane** *spez.* ohne Propeller
Pervari *n.pr.* O. u. D. im Rbz. Sürt
pervasız [ā] 1. unerschrocken, furchtlos 2. achtlos, unbekümmert, respektlos, rücksichtslos
pervasızlık [ā] 1. Unerschrockenheit, Furchtlosigkeit *f* 2. Unbekümmertheit, Acht-, Respekt-, Rücksichts-losigkeit *f*
pervaz [ā] Umrandung *f* (verschiedener Dinge:) 1. Gesims *n*, Sims *m*, *n*, Karnies *n* 2. Fries *m*, Zierleiste *f* 3. Saum, Besatz *m* 4. Verschalung *f* 5. Einfassung *f*, Rand *m* (z. B. bei **sini**)
pervazlamak mit e–r Umrandung (Verschalung, e–m Holzrahmen) versehen
pervazlık für Umrandungen spez. Verschalungen geeignet bzw. bestimmt
-perver *z. va. pers. Sx.* in seine Obhut nehmend, liebend, -freund, -liebhaber *-sever; s. **fukara-, insaniyet-, milliyet-, misafir-, sulh-, vatan-perver** usw.
perverde *z. va.* aufgezogen; Pflegling *m* ~ **etmek** *z. va.* 1. aufziehen 2. hegen (Gefühl)
-perverlik *z. va.* -liebe; s. **fukara-, milliyet-, sulh-, vatanperverlik** usw.
pervers pervers, entartet, widernatürlich
perversiyon Perversion, Entartung *f*
Pervin [i] 1. s. **Ülker** (1) 2. *wV*
peryodik 1. periodisch, regelmäßig auftretend, in best. Zeitabständen wiederkehrend *devrî, devirli 2. Periodikum *n*, Zeitschrift *f* *mevkute ~ **hastalık** s. **Ermeni hastalığı;** ~ **sistem** *chem.* periodisches System
peryodisite *techn.* Periodizität *f*
peryodontit, -ti Periodontitis, Wurzelhautentzündung *f* *iltihabı muhiti sinhî
peryodontoloji (Lehre *f* von der) Wurzelbehandlung (in der Zahnheilkunde)
peryost, -tu s. **kemik zarı**
peryostit, -ti *med.* Knochenhautentzündung, Periostitis *f* *iltihabı simhakı azım
peryot, -du Periode *f*: 1. Zeit-raum, -abschnitt *m* 2. *stil.* kunstvoll gefügter längerer Satz 3. *(Metrik)* rhythmische Spracheinheit 4. *mus.* (mst. aus acht Takten bestehende) Grundform 5. s. **devir**
pes (I) 1. tief od. leise (Ton) 2. *fig.* niedrigstehend, gemein, gewöhnlich 3. (in verschiedenen idiom. Ra.) ~ **dedir(t)mek** (b–ne) 1. nieder-ringen, -zwingen, besiegen 2. j–m sehr zusetzen, j–n fertigmachen ~ **demek** 1. sich geschlagen geben, die Waffen strecken 2. **(yanında)** nachgeben, beipflichten ~ **etmek** 1. aufgeben (beim Wettkampf) 2. (b–ne) unterliegen ~ **perdeden almak** s. **aşağıdan almak;** ~ **perdeden konuşmak** *fig.* 1. sich sehr vorsichtig ausdrücken 2. sich großer Ergebenheit befleißi-

gen ~ **tahta** Untersatz *m* für die Beleuchtung im Karagözspiel **Buna ~!** 1. Das geht über mein Verständnis! 2. Das ist doch die Höhe!
pes (II) *va.* rückwärtig, auf der Rückseite od. am Ende befindlich *arka, geri ~ **edat** s. **sonek**
pes (III) *va.* dann, nunmehr, also, folglich
pesek Zahn-belag, -stein *m* *diş pası
pesendide [ī] *va.* geliebt, gebilligt, bewundert
-pesent, -di *pers. Sx.* liebend, billigend, bewundernd; s. z.B. **dil-, hod-, müşkül-pesent** usw.
peser (*franz.* **pessaire**) Pessar *n*, Mutterring *m*
peseta s. **pezeta**
pesimist, -ti; pesimizm s. **kötümser(-lik)**
peskopos s. **piskopos**
pesleşmek *mus.* tiefer werden (Ton)
pesmande [ā] *va.* 1. restlich, übriggeblieben 2. Überbleibsel *n* 3. Hinterlassenschaft *f* (e-s Verstorbenen)
peso s. **pezo**
pespase [ā] *(pharm. und Gewürz)* Mazis(-blüte *f*) *m* (Samenmantel der Muskatnuß)
pespaye [ā] 1. niederträchtig, gemein, verachtenswert; *(als Schi.)* Gemeiner Hund! *alçak 2. s. **kaya eğreltisi**
pespayelik [ā] Gemeinheit, Niedertracht *f*
pespembe [×··] *Verst.* v. **pembe**
pest (I), **-ti** *va.* s. **pes** (I)
pest (II), **-ti** *selt.* s. **veba**
pestenkerani [···×·] *F* sinnlos, dumm, leer, abgeschmackt ≗ **lakırdılar söylüyor.** Es ist alles dummes Zeug, was er daherredet
pesterek s. **mühre tahtası**
pestil 1. dünne Fladen *pl.* aus getrocknetem Aprikosen-, Plaumen- od. Maulbeer-mus 2. *V* a) krank b) betrunken ~ **atmak** *V* lügen, schwindeln, aufschneiden ~ **gibi olmak** wie zerschlagen sein (vor Müdigkeit) **-i çıkmak** Pass. zu **-ini çıkarmak; -ini cıkarmak** (b–nin) 1. zer-malmen, -quetschen, -drücken 2. das Letzte aus j–m herausholen; j–n über alle Maßen anstrengen 3. gehörig durchprügeln, windelweich schlagen
pestisit, -di *agr.* Schädlingsbekämpfungsmittel, Pestizid *n*
pesüs offene Tonlampe *ıştın
peszinde *va.* s. **artakalan**
peş 1. *va.* (herabhängender) Saum; Schleppe *f* (e–s Gewandes) 2. rückwärtiger od. hinterer Teil (e–s Raumes) 3. (mit Possessivendungen) s. **arka;** 4. *Ka.* Stich *m* *löve **-i -ine gelen iki bayram** zwei aufeinanderfolgende Feiertage **-i sıra** dicht hinterdrein, dicht auf den Fersen **-inde dolaşmak (gezmek, olmak)** 1. dauernd hinter j–m her sein, j–m dauernd nachlaufen, j–m nicht von der Seite weichen 2. et. heftig begehren, lüstern sein (nach), *F* scharf sein (auf) **-inde(-n) koşmak** 1. hinter j–m her sein 2. e–r Sache nachjagen; et. eifrig verfolgen **-inden gitmek** hinterdreingehen, nachfolgen, hinterherkommen **-inden sürüklemek** mit sich reißen (ziehen) (z.B. ins Unglück) **-ine düşmek** 1. hinter j–m herlaufen, sich an j–s Sohlen heften 2. et. eifrig verfolgen, energisch hinterher sein **-ine takılmak** sich wie e–e Klette an j–n hängen **-ine takmak** 1. hinten anfügen 2. (jemand anderes) mitbringen Zu 2: s.a. unter **püsür** und **takmak; -ini bırakmak** 1. j–n in Ruhe lassen 2. et. aufgeben **-ini tutmak** s. **-ine düşmek**
peşblent s. **pekblent**
peşekâr Schauspieler im **Ortaoyunu,** der die Vorführung durch ein Gespräch mit dem **Kavuklu** eröffnet
peşenk, -gi *va.* 1. vor e–r Karawane od. Herde hergehend 2. *spez.* Leittier *n*
peşiman [·––] s. **pişman**
peşin 1. *Adv.* im voraus, von vornherein, vorher 2. *Adj.* im voraus bezahlt bzw. zu bezahlen, in bar, gegen bar, bar Zu 1: **Ben size ~ söyledim.** Ich habe es euch ja vorausgesagt. **Üç aylık kirayı ~ istiyor.** Er verlangt Vorauszahlung von drei Monatsmieten. **Maaşlar şimdi ~ veriliyor.** Die Gehälter werden jetzt im voraus bezahlt. Zu 2: ~ **para** bares Geld; Barzahlung *f* ~ **para ile satmak** gegen Barzahlung verkaufen **Ismarlanan şeylerin ücreti -dir.** Bei Bestellungen ist der Gegenwert im voraus zu entrichten. ~ **alışveriş** Kauf und Verkauf gegen bar ~ **almak** bar kaufen ~ **cevap** voreilige Antwort ~ **hüküm** 1. Vorurteil *n* 2. voreiliger Entschluß ~ **kanaat** vorgefaßte Meinung; Vorurteil *n* *önyargı ~ **muamele** *H* Sofort-, Kassa-geschäft *n* (bei Effekten), Locogeschäft *n* (bei Waren) ~ **pazarlık** *fig.* Rechnung *f* ohne den Wirt, Milchmädchenrechnung *f* ~ **satış** Barverkauf *m* ~ **tediye** Barzahlung *f* ~ **yargı** vorgefaßte Meinung; Vorurteil *n* *itikadatı batıla
peşinat, -tı [·––] *va. Pl.* Voraus-, An-zahlung *f*
peşinatsız [·–––·] *va.* ohne Voraus-, An-zahlung
peşinci wer nur gegen bar kauft od. verkauft
peşinen [ī] *Adv.* 1. im voraus (zu zahlen); pränumerando 2. (in) bar
peşinlik *mus.* s. **antisipasyon**
peşiz(-e) [ī] *va.* 1. kleine Münze 2. Fischsuppe *f* 3. s. **katırboncuğu** 4. s. **peçiç**
peşkeş 1. Geschenk *n* 2. geschenkt ~ **çekmek** 1. (b–ne bşi) j–m et. schenken (um ihn zu gewinnen) 2. (b–ne bir iş için) j–m et. Unmögliches zumuten 3. et. her-, verschenken, was e–m nicht gehört 4. verschleudern, vergeuden, sinnlos ausgeben (Zu 3: **Benim malımı elâleme ne hakla ~ çekersin?** Wie kommst du dazu, et. zu verschenken, was mir gehört? Zu 4: **Benim kimseye ~ çekecek malım yok!** Ich habe nichts zu verschenken!) ≗ **esbin bakılmaz dişine.** (Lâedri) E–m geschenkten Gaul schaut man nicht ins Maul. *Spr.*
peşkir 1. Serviette *f*, Mundtuch *n* 2. Handtuch *n* od. (an beiden Enden mit Stickereien versehenes) Überschlagtuch
peşkirci 1. wer **peşkir** (2) anfertigt od. damit handelt 2. *hist.* Serviettenwärter *m* (im Sultanspalast)
peşkovaz *reg.* s. **kasnak** (8)
peşlenmek klemmen bzw. nicht recht schließen (Fenster, Tür)
peşli mit **peş** (1)
peşmin(-e) *va.* ein Woll-Mohär-Stoff
peşpeşe aufeinanderfolgend, hintereinander *art arda
peşrev 1. *lit.* vierzeiliges Lied **(mâni)** in Volkserzählungen 2. in der orient. Musikfolge (vgl. **fasıl, taksim**) nach der Improvisation gespieltes Musikstück, das vier Teile **(hane)** umfaßt, die mit e–r refrainartigen Wiederholung **(teslim)** schließen 3. einleitende Bewegungen und Griffe *pl.* beim Ringkampf 4. *mil.* Kartätsche *f* Zu 3: s.a. **el -i;** ~ **atmak** *V* sich an e–e Frau, ein Mädchen heranmachen ~ **çalmak** *mst. fig.* die Ouvertüre spielen ~ **topu** s. **salkım topu**
peştahta 1. *fr.* kleines Schreibpult, kleiner Arbeitstisch 2. Ladentisch *m* 3. Kaminsims *m, n*, Konsole *f* 4. Zahlbrett *n* des Geldwechslers ~ **saati** Tischuhr *f*
peştamal 1. Lendentuch *n*, Badeschurz *m* (im türk. Bad) 2. Arbeitsschurz *m* ~ **kuşanmak** *fig.* seine handwerkliche Ausbildungszeit beendet haben
peştamalcı wer Badetücher, Schürzen, Frottier-, Handtücher usw. herstellt od. damit handelt
peştamaliye; peştamallık *jur.* Fassonwert *m* (e–s Geschäftes), Goodwill *m*, Gegenwert *m* für die Überlassung der Kundschaft
Peşte [×·] *n.pr. Abk.* von **Budapeşte** Budapest
Peştu dili [·×·] Paschto *n* (afghanische Amtssprache seit 1936) *Afganca
petal (*franz.* **pétale**) s. **taçyaprağı**

petek 1. (Bienen-)Wabe *f* 2. ähnliches radförmiges Gebilde wie z. B. bei Mohn, Kascharkäse usw. 3. *reg.* aufrechtstehender, aus Lehm gefertigter, kastenförmiger Behälter (für Getreide) 4. *an.* Alveole *f* (in der Lunge od. an Drüsen) *sinh 5. *arch.* Teil *m* e–s Minaretts (zwischen **şerefe** und **külâh**); ~ **gözü** Honigzelle *f* ~ **güvesi** Bienen-, Wachs-motte *f zo.* Galeria mellonella *arı (bal, mum) güvesi
petekgöz *an.* zusammengesetztes Auge, Facetten-, Netzauge *n* *ayni mürekkep, bileşik göz
petekkıran s. **arıkuşu**
petekli Waben- ~ **bal** Wabenhonig *m* ~ **kurbağa** Wabenkröte *f zo.* Pipa pipa
petikot, -tu Petticoat *m*
petiyol (*franz.* **pétiole**) s. **yaprak sapı**
petka *V* Hinterteil *n*, Hintern, Popo, *V* Arsch *m* **-sı sıkmak** (b–nin) *V* Schneid, Courage haben
Pet-Kim = **Petro-Kimya Anonim Şirketi** Petrochemiegesellschaft A.-G *f*
petkir feines Sieb; Haarsieb *n*
petkirlemek durch ein Haarsieb geben; fein sieben
peto cebi s. **göğüs cebi**
Petrark, -kı *n.pr.* Petrarca (italienischer Dichter)
Petrarkacılık; Petrarkizm *lit.* Petrarkismus *m*
Petro *n.pr.* Peter; s. a. **Büyük (Deli) Petro**
petroglif Petroglyphe *f*, vorgeschichtliche Felszeichnung
petrografi(-k) s. **taşbilim(-sel)**
petrokimya Petro(l)chemie *f*
petrol, -lü, -lu Petroleum *n*, (destilliertes) Erdöl *gazyağı, taşyağı, petrol gazı, tabiî gaz ~ **aramak** nach Öl bohren ~ **borusu** Öl-leitung, -linie, Pipeline *f* ~ **deposu** Öl-lager *n*, -tank *m* ~ **gemisi** Tankschiff *n*, Tanker *m* ~ **kuyusu** Erdöl-bohrloch *n* od. -quelle *f* ~ **lambası** Petroleumlampe *f* ~ **mahzeni** Ölvorkommen *n* ~ **ocağı** Petroleumkocher bzw. -ofen *m* ~ **platformu** Erdöl-Bohrinsel *f* ~ **tasfiyehanesi** Erdölraffinerie *f* ~ **yakma** Petroleumfeuerung *f*
petrolcü wer in der Erdölindustrie tätig ist
petrollu; petrollü 1. mit Petroleum getränkt, Petroleum 2. erdölhaltig
petroloji(-k) s. **kayaçbilim(-sel)**
petunya [·×·] (Balkon-)Petunie *f bot.* Petunia hybrida
pey 1. Anzahlung *f*, Angeld *n* 2. Gebot *n* (bei e–r Versteigerung) ~ **akçesi** *jur.* An-, Drauf-geld *n* ~ **almak** e–e Anzahlung verlangen bzw. erhalten **-ı tutulmaz** nicht ernst zu nehmen(d), nicht verläßlich ~ **vermek** e–e Anzahlung leisten, Angeld zahlen ~ **sürmek** (*od.* **vurmak**) bieten (bei e–r Versteigerung)
peyam [ā] *va.* Nachricht *f* *haber **ᵒı benden al!** s. **Haberi benden al!**
peyapey [ā] 1. hinter-, nach-einander, eins nach dem andern 2. allmählich, langsam
peyda [ā] 1. vorhanden, ge-, er-schaffen 2. sichtbar, offenbar, deutlich ~ **etmek** 1. vorbringen, aufwerfen, zur Sprache bringen *ortaya koymak 2. hervorbringen, schaffen 3. erwerben, gewinnen (z. B. Kenntnisse) ~ **olmak** auftauchen, zum Vorschein kommen, sich einstellen, sichtbar werden, sich zeigen **-yı karabet etmek** *va.* miteinander verwandt werden **-yı sıhriyet etmek** *va.* miteinander verschwägert werden *dünürleşmek
peydahlamak sich et. anschaffen, sich et. zulegen **Çocuk yeni yeni huylar peydahladı.** Der Junge hat jetzt ganz neue Angewohnheiten. **Bu genç, bir dost peydahladı.** Der junge Mann hat sich e–e Freundin zugelegt.
peydahlanmak s. **peyda olmak**
peyderpey nach und nach, allmählich, langsam
peyengir s. **mihengir**
peygamber 1. der Gottgesandte; Prophet, Seher *m* *nebi, resul, yalvaç 2. ᵒ Mohammed 3. *V* vollkommen betrunken ~ **davasında bulunmak** sich als Prophet aufspielen ~ **öküzü** *iron.* von gottbegnadeter Dummheit ~ **zamkı** Guajakharz *n; pharm.* Guajakol *n* *gayakol; **-ler peygamberi** *isl.* der oberste aller Propheten (= Mohammed)
peygamberağacı, -nı 1. Guajak-, Pockholz-baum *m bot.* Guajacum officinale (*bzw.* sanctum) *mukaddes odunağacı 2. *a. pharm.* Pockholz *n*
peygamberane in prophetischer Weise; prophetisch
peygamberçiçeği, -ni 1. Kornblume *f bot.* Centaurea cyanus *belemir; mavi kantaron 2. *selt.* s. **inciçiçeği**
peygamberdevesi, -ni Gottesanbeterin *f zo.* Mantis religiosa
peygamberdikeni, -ni Ackerkratzdistel *f bot.* Cirsium arvense
peygamberî *va.* prophetisch, Propheten-
peygamberlik 1. Rolle *f* e–s Propheten, Propheten-gabe *f*, -tum *n* 2. Prophezeiung *f* ~ **etmek** prophezeien, vorhersagen
peygambervari prophetenähnlich ~ **hezeyan** prophetische Verzückung
peyk (I), **-ki** 1. *astr.* Satellit, Trabant *m* *uydu 2. **(devlet)** *pol.* Satellitenstaat *m* 3. Anhänger, Gefolgsmann *m* *ardaç 4. *va.* Bedienter, Lakai, Bote *m*, Abgesandter **-i ecel** *va.* Todesengel *m* (Azrail)
peyk (II), **-ki** *Ka.* Pik, Schippen *(n)* *kara maça
peyke Holz-, Sitz-bank *f* (*spez.* in alttürk. Kaffeehäusern) ~ **kurusu** *V* wer die Nacht auf der Bank e–s **sabahçı kahvesi** verbringt, Bummler, Nachtschwärmer *m*
peyker *z. va.* 1. Gesicht, Antlitz *n* 2. Äußeres; Erscheinung *f*
peyklik *fig.* Satellitentum *n*
peylek *va.* s. **yelek** (3)
peylemek 1. e–e Anzahlung auf et. leisten 2. sich (z. B. e–n Tisch) reservieren lassen 3. s. **göz koymak**
peyleşmek (b–le) mittels Anzahlung ein Geschäft fest abschließen
peyman [ā] *va.* feste Zusage, Versprechen, Gelöbnis *n*, Schwur, Eid *m* *ant; s. a. **ahdupeyman**
peymane [ā] *va.* 1. Maß *n* *ölçü 2. Becher, Pokal *m* 3. *(Mystik)* reines Herz (des Gläubigen) ~ **dolmak** *va.* zu Ende gehen (Leben)
peynir Käse *m* ~ **ekmek gibi harcamak** sinnlos vergeuden; *mil.* sinnlos verheizen (Soldaten) ~ **gemisi yürümez** (bşi **demekle** *od.* **lafla**) Bloßes Gerede hilft uns nicht weiter. ~ **helvası** s. **höşmerim;** ~ **mayası** Lab(-ferment) *n* *labferment ~ **salamurası** 1. Käse-lake, -brühe *f* 2. in Salzbrühe eingelegter Käse
peynirağacı, -nı s. **kapok ağacı**
peynirakarı, -nı Käsemilbe *f zo.* Tyroglyphus siro
peynirci Käse-fabrikant, -hersteller, -händler *m*
peynircilik 1. Käserei, Käse-zubereitung, -fabrikation *f* 2. Käse-verkauf, -handel *m*
peynirdişleri, -ni Alterszähne *pl.*
peynirhane [ā] Käserei
peynirkurdu, -nu 1. Made *f* der Käsefliege 2. s. **peynirakarı**
peynirlemek mit Käse füllen od. bestreuen
peynirlenmek 1. Pass. zu **peynirlemek** 2. gerinnen (Milch)
peynirleşmek käseartige Konsistenz annehmen
peynirli mit Käse (zubereitet, gefüllt, bestreut usw.) ~ **börek** Käsepastete *f* ~ **kadayıf** Name e–r Spezialität von Diyarbakır ~ **poğaca** Mürbeteigpastete *f* mit Käsefüllung
peynirsineği, -ni Käsefliege *f zo.* Piophila casei
peynirşekeri, -ni weiches Zuckerwerk mit Bergamottgeschmack
peyrev *z. va.* nachfolgend, in j–s Fußstapfen tretend, e–m Vorbild nacheifernd ~ **olmak** (b–ne) in j–s Fußstapfen treten, j–m nacheifern

peyzaj (*franz.* **paysage**) 1. Landschaft *f* 2. Landschafts-gemälde *n* od. -aufnahme *f* 3. *selt.* Schönheit *f* des Landschaftsbildes
peyzajcı; peyzajist, -ti s. **açık ressamı**
peyzajcılık Landschaftsmalerei *f*
pezeta [·×·] Pesete *f* (span. Währungseinheit)
pezetalık in Höhe von soundsoviel Peseten
pezevenk, -gi 1. Kuppler, Zuhälter 2. *V Schi.* Schweinehund, Saukerl *m*
pezevenklik 1. Zuhälterei *f* 2. Schweinerei *f*
-pezir [ī] *va. pers. Sx.* annehmend, zulassend, findend
pezo [×·] (I) Peso *m* (Währungseinheit in Argentinien, Chile usw.) **Arjantin -su** argentinischer Peso
pezo (II) *V* s. **pezevenk**
pezoluk in Höhe von soundsoviel Peso
pıcak; pıçak *P* für **bıçak**
pıhtı (Blut-)Gerinnsel *n* *aleka
pıhtılanmak; pıhtılaşmak gerinnen, erstarren
pıhtılaşmış *chem.* geronnen *mütehassir
pıhtılaştırmak gerinnen (erstarren) lassen, zum Gerinnen bringen
pılaçka(-cı) s. **plaçka(-cı)**
pılıpırtı 1. Trödel *m*, alter Kram; Gerümpel *n* Krimskrams *m*, wertloses Zeug 2. *pej.* Habseligkeiten, (Sieben-)Sachen *pl.* Zu 2: **~sını** (*od.* **pılıyı pırtıyı) toplayıp gitti.** Er packte seine Siebensachen und zog ab.
pınar 1. (größere) Quelle *f* 2. s. **göz pınarı; ~ başı** Austrittspunkt *m* e–r Quelle
Pınarbaşı *n.pr.* O. u. D. im Rbz. Kayseri
Pınarhisar *n.pr.* O. u. D. im Rbz. Kırklareli
pır 1. (Lm. des Flatterns) prr! burr! 2. (Lm. e–s plötzlichen Davonlaufens) husch! wupp! schwups! weg war er! Zu 1: **Kuş ~ diye uçtu.** Prr! flog der Vogel davon. **~ ~** Lm. des Flatterns von Vögeln od. des Knisterns von brennendem Holz
pıraçire [··×·] *naut. fr.* zweimastiges Schiff mit Luggersegel **~ yelkeni** *naut.* Luggersegel *n*
pırasa [·×·] gemeiner Lauch; Porree *m bot.* Allium porrum **~ bıyıklı** mit langem, kräftigem (*mst.* rotblondem) Schnurrbart
pırasiya s. **bras(y)a**
pıratika s. **pratika**
pırazvana [··×·] 1. Angel *f* (als Griffzapfen bei Messer, Ahle, Schwert usw.) 2. unterer Teil e–r (Schwert-, Dolch- usw.)Scheide, unterer Beschlag
pırıl pırıl glänzend, strahlend, leuchtend, funkelnd, flimmernd, glitzernd
pırıldak 1. *mil.* Blinkgerät *n* 2. Heliostat, Leuchtspiegel *m* *helyosta **~ irtibatı** *mil.* Blinkverbindung *f* **~ işareti** Blinkzeichen *n* **~ muhaberecisi** s. **pırıldakçı; ~ müfrezesi** *mil.* Blinker-zug, -trupp *m*
pırıldakçı *mil.* Blinker *m*
pırıldaklı göreç *astr.* Blinkkomparator *m*
pırıldama *astr.* Szintillation *f*, Sternfunkeln *n* *ışık titremesi; kırpışma
pırıldamak (auf-)leuchten, glänzen, strahlen, funkeln, flimmern, glitzern
pırıldamaölçer *astr.* Szintillometer *n* *sentilometre
pırıltı (Auf-)Leuchten *n*, Glanz *m*, Strahlen, Funkeln, Flimmern, Glitzern *n*
pırıltılı (auf-)leuchtend, glänzend, strahlend, funkelnd, flimmernd, glitzernd
pırlak Lockvogel *m* (zum Fang von Raubvögeln)
pırlamak 1. davonstieben (z.B. kleinere Vögel) 2. *fig.* sich eiligst davonmachen
pırlangıç Brummkreisel *m*
pırlanmak (herum-)flattern (Vogel, der noch nicht flügge ist)
pırlanta [·×·] 1. Brillant *m* 2. mit Brillant(-en) **~ gibi** *fig.* untadelig **~ küpe** Brillantohrring *m* **~ yüzük** Brillantring *m*
pırlantalı 1. mit Brillanten besetzt 2. mit Brillantschmuck, brillantengeschmückt
pırna *V* für **rakı**
pırnal *reg.* s. **yeşil meşe**
pırnallık mit Steineichen bestanden (Weideplatz für Ziegen)
pırnar s. **pırnal**
pırne; pırnı s. **pırna**
pırpı 1. s. **yılantaşı** 2. *reg.* s. **kaplanboğan**
pırpırı 1. (in osm. Zeit) aus rotem Wollstoff gefertigter Schulterumhang der Polizeipatrouillen 2. Lumpen, Fetzen *pl.* 3. *V* vergnügungssüchtig; Schürzenjäger *m* 4. *V* abgerissen, schäbig gekleidet *adadiyoz, bitirim 5. e–e byzantinische Goldmünze 6. kleines Goldplättchen **~ kıyafet(-i)** 1. s. **pırpırı** (1); 2. schäbige Kleidung
pırpıt, -tı 1. alt und verbraucht, fadenscheinig, abgenutzt, abgewetzt *hurada 2. grober, handgewebter Wollstoff *şayak 3. Ringerhose *f* (aus starkem Baumwollstoff oder Mohär)
pırtı (I) 1. wertloses Zeug 2. *P* Siebensachen *pl.;* s.a. **hırtı ~; pılıpırtı**
pırtı (II) *V* s. **Çenen ~!**
pırtık alt und zerrissen; schäbig (Kleidung); *s.a.* **yırtık ~**
pırtlak 1. vortretend, Glotz- *patlak 2. sich leicht aus der Schale lösend (Früchte, Obst)
pırtlamak *intr.* 1. vortreten (Augen) 2. heraus-brechen, -platzen, -eitern; ausgestoßen werden
pısırık zaghaft, ängstlich, energielos; Jämmerling, Waschlappen, Schlappschwanz *m*
pısırıklık mangelnde Unternehmungslust; Zaghaftigkeit, Ängstlichkeit, Energielosigkeit *f*, fehlender Schneid
pısmak s. **pusmak**
pıt, -tı leichtes Geräusch (wie z.B. beim Trippeln) **~ ~** Lm. e–s Trippelns od. e–s anderen wiederholten leichten Geräusches **~ ~ yürüyerek geldi.** Da kam er angetrippelt. **~ ~ yok.** Kein Laut ist zu hören. Alles ist totenstill.
pıtır pıtır *Adv.* 1. mit leisen, raschen Schritten, trippelnd 2. in kleinen Tropfen (z.B. Tränen) 3. in Kügelchen (z.B. Schafmist)
pıtırdamak ein leichtes Geräusch verursachen: 1. (daher-)trippeln 2. rascheln (z.B. Papiere), rauschen (z.B. Blätter e–s Baumes) 3. knarren, knacken, knistern 4. tropfen (z.B. Tränen), klopfen (z.B. Regen)
pıtırtı leichtes Geräusch, wie: Trippeln, Rascheln, Rauschen, Knarren, Knacken, Knistern, Tropfen, Klopfen *n*
pıtrak 1. Stelle *f* an e–m Strauch od. Ast mit dichtgedrängten Blüten od. Früchten 2. Blütenkopf *m* der Klette 3. *spez.* dornige Spitzklette *bot.* Xanthium spinosum *dikenli sıracaotu **~ gibi** dicht beieinander sitzend (Früchte, Blüten)
pıyan s. **meyan** (I)
pi 1. Pi (griech. Buchst.) 2. *math.* Ludolf'sche Zahl (3,1415 ...)
Pi *n.pr.* Pius (Papstname)
picama s. **pijama**
piç (I) 1. un- bzw. außer-eheliches Kind; *(als Schi.)* Hurenkind *n*, Bastard *m*, frecher Bengel 2. schlecht geworden, entartet, verderbt, verdorben 3. verkümmerte Pflanze od. unterentwickeltes Tier 4. Wurzelschößling *m* Zu 2: **Uykum ~ oldu.** Der Schlaf war mir verdorben. **~ etmek** (bir işi) et. verderben, verkorksen, *V* verhunzen, versauen **~ kurusu** *hum.* Bengel, Schlingel *m* (**Seni ~ kurusu seni!** Du kleiner Lauser!) **~ olmak** 1. j–m verdorben

werden (Lust an et.) 2. nutzlos aufgewandt werden; draufgehen
piç (II) (*engl.* **pitch**) *techn., naut.* 1. Zahnteilung *f* (e–s Zahnrads) 2. Neigung, Steigung, Steig-, Gang-höhe *f* (e–r Schraube, e–s Schraubenpropellers)
piç (III) [–] *va.* 1. Drehung, Windung *f* 2. Verdrehung, Verzerrung *f*
piçapiç [– – –] *va.* 1. gewunden, voller Windungen 2. *fig.* verwickelt, kompliziert
piççikato s. pitsikato
piçleşmek entarten, degenerieren
piçlik 1. uneheliche Geburt 2. freches Benehmen
piçpayn Pitchpine *f* (Holz der nordamerikanischen Pechkiefer Pinus rigida bzw. der Sumpfkiefer Pinus palustris)
piçuta [·×·] s. **palamut** (I) (Anm.)
pide [×·] Fladen(-brot *n*) *m* ≗ **adası** *n.pr.* kleine unbewohnte Insel zwischen Burgaz und Heybeli; *griech.* Pita *Kaşık adası ~ **gibi** flach, plattgedrückt
pideci Hersteller od. Verkäufer *m* von Fladenbrot
pidecilik Herstellung *f* od. Verkauf *m* von Fladenbrot
pideli mit Fladen, Fladen- ~ **kebap** kleine geröstete Fleischstücke auf gerösteten, mit heißem Fett getränkten Fladen
pidelik zur Herstellung von Fladen geeignet bzw. bestimmt
pig s. **pik** (II)
pigman(-tasyon) s. **pigment(-lenme)**
Pigmeler *n.pr.* Pygmäen *pl.*
pigment, -ti Pigment *n*, Farbstoff *m* *boya (*od.* renk) maddesi; sıbağ
pigmentlenme Pigmentation *n*
pijama [·×·] Pyjama, Schlafanzug *m*
pijamalı im Pyjama, nur mit Pyjama bekleidet
pik (I), **-ki** (*franz.* **pique**) *Ka.* Pik, Schippen *(kara) maça
pik (II), **-gi** (*engl.* **pig**) (*a.* ~ **demiri**) 1. Guß-, Roh-eisen *n* 2. großes eisernes Rohr
pik (III), **-ki** (*engl.* **peak**) *naut.* oberes Gaffelsegel; Gaffeltoppsegel *n* (Kriegsmarine) *filiz
pika (I) s. **pik** (I)
pika (II) (*franz.* **pica**) s. **iştah sapkısı**
pikador Pikador *m* (beim span. Stierkampf)
pikap, -pı (*engl.* **pick-up**) 1. Tonabnehmer, *m* 2. Plattenspieler *m* 3. leichter Lieferwagen *kamyonet
pike (I) Pikee *m* (Baumwollgewebe mit eingesteppten Mustern) od. daraus hergestellt
pike (II) (*franz.* **piqué**) 1. (*a.* ~ **uçuşu**) Sturzflug *m* 2. *Bill.* Piqué(-stoß *m*) *n* (Kopfstoß als Rückläufer) ~ **bombardıman uçağı** Sturzkampfbomber *m* ~ **ile taarruz** Sturzflug-, Stuka-angriff *m* ~ **şeklinde bombardıman** Bombardierung *f* durch Sturzkampfflugzeuge ~ **taarruzu** s. **pike ile taarruz;** ~ **uçağı (tayyaresi)** Sturzkampfflugzeug *n*, Stuka *m* ~ **yapmak** 1. im Sturzflug heruntergehen 2. *Bill.* e–n Piquéstoß anbringen
pikeli *mus.* s. **stakkato**
piket, -ti *Ka.* Pikett *n*
piknik (I) Picknick *n* *kır yemeği ~ **yapmak** picknicken
piknik (II) pyknisch, Pykniker *m*
piknikçi wer ein Picknick hält
piko (*franz.* **picot**) 1. Hohlsaum *m* 2. (Spitzen-)Zäckchen *n*
pikolo [×··] 1. Hotel-page, -boy *m* Pikkolo *m* *boy 2. *mus.* (*a.* ~ **flüt**) Pikkoloflöte *f*
pikrat, -tı *chem.* Pikrat *n*, Salz *n* der Pikrinsäure
pikrik (*franz.* **picrique**) **asit** *chem.* Pikrinsäure *f*, Trinitrophenol *n*
piktografi Piktographie, Bilderschrift *f*
piktogram Piktogramm *n*, graphisches Symbol
pikür (*franz.* **piqûre**) 1. *med.* Ein-stich *m*, -spritzung *f*, Injektion *f* 2. Stepperei, Steppverzierung *f*
pil (I) (*franz.* **pile**) 1. *el.* Element *n*, Batterie *f* *elektrik bataryası 2. *med.* Herzschrittmacher *m* **-i bitmek** *V* 1. mit j–s Kraft zu Ende sein 2. Mißerfolg haben
pil (II) *va.* s. **fil**
pil (III) *va.* 1. (Schuh-)Absatz *m* 2. Zeltpflock, Hering *m* 3. s. **çelik çomak**
pilaçka(-cı) s. **plaçka(-cı)**
Pilad, -dı *n.pr.* Pylades
pilaki [·×·] 1. mit Zwiebeln, Knoblauch, Karotten und Olivenöl zubereitetes Gericht aus Bohnen od. Fisch (das kalt gegessen wird) 2. *V* einfältig, dumm, blöd ~ **yapmak** *V* alles durcheinanderbringen
Pilat, -tı *n.pr.* Pilatus (Bibel)
pilatika s. **platika**
pilav 1. Pilau, Pilaw *m* (gedünsteter Reis, **bulgur** od. **kuskus,** der mit heißem Fett übergossen wird) 2. *V* Hintern, Popo *m* ~ **köfteli** Pilaw *m* mit (gebratenen) Fleischklößchen ≗ **yiyen kaşığını yanında** (*od.* **belinde**) **taşır.** *Spr.* Wer et. leisten will, muß das richtige Werkzeug besitzen. ≗**dan dönenin kaşığı kırılsın!** *Spr.* 1. Ein gutes Angebot schlägt man doch nicht aus! 2. Ich bleibe bei meinem Entschluß. 3. Mittendrin wird nicht aufgehört!
pilavcı 1. wer Pilaw herstellt od. verkauft 2. wer viel od. gern Pilaw ißt
pilavlı mit (od. auf) Pilaw **kuzubaşı** ~ Lammkopf auf Pilaw
pilavlık zur Herstellung von Pilaw geeignet od. bestimmt ~ **pirinç** Pilaw-Reis *m*
pili(-li) s. **pli(-li)**
piliç, -ci 1. Hühnchen, Hähnchen *n* (größer als **civciv**) 2. **(gibi)** junges, hübsches Mädchen, netter Käfer *(F)*, dufte Biene *(V)* ~ **kızartması** Back-, Brat-hendel *n*
pilli mit Batterie betrieben
pilon Pylon(-e *f*) *m*, Eisenträger, Pfeiler, Lichtmast, Funk-, Verkehrs-turm *m*
pilor *med.* s. **mide kapısı**
pilot, -tu 1. Pilot, Flugzeugführer *m* 2. *naut.* Lotse *m* *kılavuz 3. *fig.* Muster-, Versuchs-, Test- ~ **balon** Pilotballon *m* ~ **bölge** Musterbezirk *m* (z.B. bei der Durchführung e–s neuen Planes) ~ **fabrika** Versuchsanlage *f*, Musterbetrieb *m* ~ **kabini** Flugzeugkanzel *f*, Cockpit *n* ~ **olmak** *V* betrunken sein ~ **sınıf** *päd.* Versuchs-, Test-klasse *f*
pilotaj 1. Flugzeugführung *f* 2. Lotsendienst *m*
pilotlu 1. mit Pilot (Flugzeugführer) 2. *naut.* mit e–m Lotsen an Bord
pilotluk 1. Tätigkeit *f*, Aufgaben *pl.*, Beruf *m* e–s Flugzeugführers, Pilotenwesen *n* 2. Lotsenberuf *m*, Tätigkeit *f* als Lotse
pilotsuz 1. ohne Pilot, unbemannt, ferngesteuert (Flugzeug) 2. *naut.* ohne Lotsen an Bord
pilpaye [ā] s. **fil ayağı**
piluras [·×·] s. **palinuras**
pilül (*franz.* **pilule**) *med., pharm.* Pille, Tablette *f*
pim (*engl.* **pin**) *techn.* Stift, Bolzen, Dorn, Splint *m*
pimpis [×·] (Verst. von **pis**) vollkommen verdreckt
pimpon *V* alter Kracher (Knacker, Knabe); Tapergreis *m;* Alter *moruk, pompuruk
pinakotek, -eği Pinakothek, Bilder-, Gemälde-sammlung *f* *resim müzesi
pinap görl Pin-up-girl *n*
pineklemek träge und verschlafen herumsitzen, herumdösen
pinel 1. *naut.* Wetterfahne *f*, Flögel, Verklicker *m* 2. Lanzenwimpel *m*
pines [×·] Steckmuschel *f zo.* Pinna nobilis
pingpong Pingpong, Tischtennis *n* *masa tenisi
pingpongcu Pingpong-, Tischtennis-spieler(-in *f*) *m*
pinhan [ā] *va.* geheim, verborgen, versteckt *gizli, saklı
pinna s. **pines**
pinpirik; pinpon s. **pimpon**

pinşer Pinscher *m* (Hunderasse)
pinti 1. knauserig, geizig; Geizkragen *m* 2. schäbig gekleidet
pintileşmek 1. knauserig, geizig werden 2. sich (aus lauter Geiz) immer schäbiger kleiden
pintilik 1. Knauserigkeit *f*, Geiz *m* 2. Schäbigkeit *f* (der Kleidung)
pinyon (*franz.* **pignon**) *techn.* 1. Ritzel *n* 2. hinteres Kettenrad (am Fahrrad)
pipet, -ti *chem., med.* Pipette *f*, Saugröhrchen *n*, Stechheber *m*
pipi *Ki.* s. **çiş**
pipo [×·] (Tabaks-)Pfeife *f* ~ **içmek** Pfeife rauchen ~ **temizlemek** *V* den Beischlaf ausüben ~ **tütünü** Pfeifentabak *m*
pipobalığı, -nı Tabakspfeife *f* (Fisch) *zo.* Fistularia tabaccaria
pipolu 1. mit e−r Pfeife im Munde 2. Pfeife rauchend
pir [ī] 1. *va.* bejahrt, alt; Greis *m* 2. Ordensgründer *m* 3. Begründer *m* e−s Gewerbes od. Handwerks, Schutzpatron *m* 4. *allg.* Meister, Führer *m* 5. *Adv.* tüchtig, gehörig, ordentlich, gründlich *adamakıllı Zu 1: **-i fani** *va.* abgelebter Greis Zu 2/3: **Bektaşîliğin -i Hacı Bektaş Veli, gemiciliğin -i Nuh peygamber olduğu söyleniyor.** Der Begründer des Bektaschi-Ordens soll Hacı Bektaş Veli gewesen sein, der erste Seemann Noah. Zu 5: **Bir söyledi amma, ~ söyledi.** Er hat es ihm tüchtig gegeben. **Bir çıktı, ~ çıktı!** Das hat er ja ganz großartig fertiggebracht! ~ **aşkına** *F* umsonst, gratis, unentgeltlich, ohne Lohn (z. B. arbeiten) ~ **aşkına oynamak** um nichts (ohne Einsatz) spielen ~ **ol!** *a. iron.* hoch! bravo! großartig! ~ **yoluna gitmek** *F* sich sinnlos zugrunderichten
piraçol s. **paraşol**
pirahen [−−·] *va.* Hemd *n* *gömlek
piralis Mehlzünsler *m zo.* Pyralis
piramen, piramun [ā] *va.* Umkreis *m*, Umgebung *f* *çevre, etraf
piramidal, -li *math.* 1. pyramidenförmig 2. die Pyramide betreffend, Pyramiden- *(1, 2) ehramî
piramidon *pharm.* Pyramidon *n*
piramit, -di 1. *math., geol.* Pyramide *f* *ehram 2. Pyramide *f* (als turnerische Vorführung) 3. (Markenbezeichnung e−s Wollstoffs) 4. in Prismaform gebackener und in Scheiben geschnittener Schichtkuchen mit Schokoladecremefüllung ~ **kavak** italienische od. Pyramidenpappel *f bot.* Populus nigra var. italica (od. pyramidalis) *ehramî kavak, selvi kavağı
piranha; piraya [·×·] Piranha, Piraya *f* (Raubfisch in südamerikan. Flüssen) *zo.* Pygocentrus piraya *kariba
piraye [−−·] 1. *va.* Zier *f*, Schmuck *m*, Ausschmückung *f* *süs 2. ♇ *wV*
Pire *n.pr.* Piräus *m* (Hafenstadt von Athen) ~ **limanı** Athener Hafen; Piräus *m*
pire Floh *m zo.* Pulex irritans ~ **gibi** flink, gewandt, behend, hurtig, beweglich, schnell *çevik ~ **için yorgan yakmak** *fig.* das Kind mit dem Bad ausschütten ~ **otu** 1. s. **nezle otu** (3) 2. *pharm.* persisches (od. kaukasisches Insektenpulver 3. kretische Augenwurz *bot.* Athamanta cretensis 4. Flohkraut *n bot.* Erigeron linifolius 5. großes Flohkraut *bot.* Inula conyzoides 6. Ruhrwurz *f bot.* Pulicaria dysenterica 7. Floh-Wegerich *m bot.* Plantago psyllium **-yi deve yapmak** *fig.* maßlos übertreiben; aus e−r Mücke e−n Elefanten machen **-yi gözünden, çakalı dizinden vurmak** *P* ein guter Scharfschütze sein **-yi gözünden vurmak** s. **turnayı gözünden vurmak; -yi nallamak** *fig.* 1. pedantisch genau vorgehen, übertriebene Sorgfalt auf et. verwenden 2. Nutzloses od. Unmögliches versuchen
pirekapan s. **nezle otu** (3)
pirekıran Flohvertilgungsmittel *n*
pireksi *med.* Pyrexie *f*, Fieberanfall *m*
pirelenmek 1. Flöhe bekommen 2. sich die Flöhe abfangen, sich flöhen 3. Blasen bilden (Wasser vor dem Sieden) 4. argwöhnisch werden, Verdacht schöpfen
pireli 1. wer od. was Flöhe hat 2. *fig.* argwöhnisch, mißtrauisch
Pirene dağları *od.* **Pireneler** *n.pr.* Pyrenäen *pl.*
piretrin (*franz.* **pyréthrine**) s. **kasımpatı çiçeği tozu**
pirezen [ī] *va.* altes Weib
pirgeometre (*franz.* **pyrgéomètre**) s. **aktinometre**
pirî *va.* greisenhaft, senil; s. **hırsı pirî**
pirikvas (*reg. spez. Thrazien*) kleine Fleisch-klößchen, -klopse *pl.*
pirima [·×·] (in der Füg.:) ~ **çarmıhı** *naut.* Vorwant *f*
pirimeçe s. **permeçe**
pirimugan [−··−] *va.* 1. Schank-, Kneip-wirt *m* 2. Oberhaupt *n*, Superior *m* e−s Derwisch-Ordens
pirina [·×·] Trebern *pl.* der ausgepreßten Oliven; Ölkuchen *m*
pirinç (I), **-ci** 1. Messing *n* 2. aus Messing; Messing- ~ **boru** Messingrohr *n* ~ **bilezik** (*od.* **halka**) Messingring *m* ~ **saç** Messingblech *n* ~ **tel** Messingdraht *m*
pirinç (II), **-ci** Reis *m bot.* Oryza sativa ~ **biti** Reiskäfer *m zo.* Sitophilus oryzae ~ **cırlak sıçanı** *od.* ~ **hamsteri** Grauhamster *m zo.* Cricetulus phaeus ~ **lapası** Reisschleim *m* ~ **otu** Hühnerhirse *f bot.* Panicum Crus-Galli ~ **örgü** Name e−r best. Strickart ~ **unu** Reismehl *n* **-i su kaldırmamak** (b−nin) *fig.* 1. j−s Gerede nicht ertragen können 2. sich nichts (z. B. keine Beleidigung) sagen lassen **-in taşını ayıklamak** *od.* **-i taşından ayırmal** *fig.* e−e mühselige Arbeit verrichten; s. a. **Ayıkla şimdi pirincin taşını!**
pirinçlik 1. Reisanbau *m* 2. Reisfeld *n*
piripak s. **pirüpak**
pirit, -ti *min.* Pyrit, Eisen-, Schwefel-kies *m*
Pirlepe [×··] *n.pr.* Prilep (Stadt in Mazedonien)
pirog *naut.* Piroge *f*, Einbaum *m*
pirogravür (*franz.* **pyrogravure**) Brandmalerei *f* *yakma resim
pirohu s. **piruhi**
pirola Wintergrün *n bot.* Pyrola (uniflora u. a.)
piroman *psych.* Pyromane *m, f*
piromani Pyromanie *f*, krankhafter Brandstiftungstrieb
pirometre [··×·] Pyrometer *n* (Thermometer zum Messen hoher Temperaturen)
Piron *n.pr.* Pyrrho (altgriech. Philosoph)
Pironculuk; Pironizm Pyrrhonismus *m*, skeptische Philosophie des Pyrrho
pirosfer *geol.* Pyrosphäre *f*, Erdinneres
pirozis *med.* Pyrosis *f*, Sodbrennen *n* *mide ekşimesi
pirsiz [−·] *P Verst.* von **arsız: Ne arsız ~ herif imişsin!** Was bist du doch für ein unverschämter Bursche!
pirtmek quetschen, wundreiben, abschürfen
piruhi mit Käse und Petersilie od. mit Hackfleisch gefüllte dreieckige Nudelteigtasche; Pirogge *f*
piruze s. **firuze**
pirüpak, -ki [−·−] *P* ganz sauber, ganz rein, blitzblank, makellos, untadelig *tertemiz, lekesiz
Pirüs *n.pr. hist.* Pyrrhus (König von Epirus)
pirüsvari [··−−] an Pyrrhus gemahnend ~ **zafer** Pyrrhussieg *m*
piryol (*a.* ~ **saati**) (< **Prioli;** Name e−r venezianischen Kaufmannsfamilie) *fr.* unförmige, stark gewölbte Taschenuhr; *F* Zwiebel *f*
pirzen [ī] s. **pirezen**
pirzola Kotelett, Rippchen *n* ~ **yemek** *V* grinsen, lachen

pis 1. schmutzig, unsauber, unrein 2. unangenehm, unsympathisch, abstoßend, widerwärtig, ekelhaft 3. angeschmutzt, nicht mehr ganz sauber 4. obszön, ungehörig, unanständig, Schimpf- Zu 2: **Şu ~ kedinin nesini seviyorsun?** Was findest du denn nur Schönes an dieser ekelhaften Katze? Zu 3: **Şu ekmek -tir, kenarını fare yemiş.** Das Brot hier ist unsauber; die Mäuse haben daran geknabbert. ~ **ağızlı** wer dauernd schimpft und flucht ♀ **herif!** Drecksack! Dreckiger Kerl! ~ **kokmak** stinken, widerlich riechen ~ **koku** Gestank *m,* widerlicher Geruch ~ **kokulu ağaç** s. **aylandız;** ~ **konuşmak** sich in abstoßenden Ausdrücken ergehen ~ **lakırdı** 1. ungehöriger, unanständiger Ausdruck 2. Schimpfwort *n* ~ ~ **bakmak** (b–ne) j–n anstieren, fixieren ~ ~ **düşünmek** schwermütig vor sich hingrübeln ~ ~ **gülmek** schadenfroh (hämisch, *F* dreckig) lachen ~ **su** Abwasser *n,* Abwässer *pl.* ~ **tutmak** 1. et. nicht sauber halten 2. schmutzig werden ~ **uğruna** s. **pisipisine**

pisbıyık *V* widerlicher Kerl, Schmierfink, Drecksack *m,* Ekel *n*

pisboğaz Vielfraß, Nimmersatt *m*

pisboğazlık Gefräßigkeit *f*

piset, -ti (*franz.* **pissette**) *chem.* Spritzflasche *f* *fışkırdak

pisi *Ki.* (Mieze-)Katze, Miez(-e) *f*

pisibalığı, -nı 1. Kliesche *f* (Schollenart) *zo.* Limanda limanda 2. Zwergbutt *m zo.* Citharus citharus; s.a. **dere pisisi; yaldızlı pisibalığı**

pisin (*franz.* **piscine**) Schwimmbassin *n*

pisinli mit Schwimmbassin (z.B. Garten)

pisipisi 1. s. **pisi** 2. (Lockruf für die Katze) miez miez! psps komm!

pisipisine *Adv.* für nichts und wieder nichts, *F* für die Katze ♀ **bu kadar masraftan çıktık.** Jetzt haben wir das viele Geld für nichts und wieder nichts ausgegeben.

pisipisiotu, -nu Mäusegerste *f bot.* Hordeum murinum *duvar arpası

piskopos (christlicher) Bischof)

piskoposhane [ā] bischöfliche Residenz

piskoposluk 1. Bischofswürde *f,* Episkopat *n, m* 2. Bistum *n* 3. bischöfliche Residenz 4. Amtszeit *f* e–s Bischofs

pislemek (m. Dat.) schmutzig machen, beschmutzen, verunreinigen, besudeln **Kedi halıya pislemiş.** Die Katze hat auf den Teppich gemacht. **Çocuk yatağına pislemiş.** Das Kind hat das Bett schmutzig gemacht (hat ins Bett gemacht).

pislenmek 1. Pass. od. Refl. zu **pislemek** 2. *intr.* schmutzig (unsauber, *F* dreckig) werden, verschmutzen *(intr.)*

pisletmek (m. Akk.) 1. s. **pislemek** 2. *fig.* verderben, *F* verkorksen Zu 1: **Çocuk, üstünü başını pisletti.** Das Kind hat sich ganz schmutzig gemacht. Zu 2: **Dikkat et, bu işi de pisletme!** Schau zu, daß du das hier nicht auch wieder verkorkst!

pislik, -ği 1. Schmutz, Unrat, Dreck *m* 2. Kot *m,* Exkremente *pl.* 3. Unreinlichkeit, Unsauberkeit *f* 4. was jemand verdorben hat, *F* verkorkste Sache 5. Abraum *m* (im Bergwerk) Zu 2: **Şu kedi -ini temizlesinler!** Der Katzendreck hier gehört weggeräumt! Zu 3: **Mutfağın -ine bak!** Schau nur, wie die Küche schmutzig ist! **Fukaralık başka, ~ başka.** Armut hat mit Unsauberkeit nichts zu tun. Zu 4: **Onun -lerinin cezasını çekiyoruz.** Jetzt können wir geradestehen für das, was er verkorkst hat. ~ **böceği** heiliger Pillendreher *zo.* Ateuchus sacer ~ **götürmek** (bir yeri) nur so vor Schmutz starren ~ **parmağından (parmaklarından, paçasından, paçalarından) akmak** (b–nin) ein richtiger Schmutzfink sein

pist (I) **-ti** (Ausruf zum Verscheuchen von Katzen) pss! hscht!

pist (II), **-ti** 1. Renn-, Fahr-, Kegel-, Aschen-, Rodel-bahn, Piste *f* 2. Schlittschuh-, Eis-, Rollschuh-bahn *f* 3. Start-, Lande-bahn *f* (für Flugzeuge) 4. Tanzfläche *f* 5. Knüppeldamm, Trampelpfad *m* 6. s. **sirk -i;** ~ **koşusu** Bahnrennen *n*

pistil *bot.* s. **dişiorgan**

pistole (*franz.* **pistolet**) 1. Kurven-schablone *f,* -lineal *n* (der Zeichner) *eğri cetvel 2. s. **tabanca**

piston 1. (Pumpen-)Kolben *m,* Stempel *m* (e–r Pumpe, Injektionsspritze usw.) 2. Pumpenventil, Piston *n* (an Blasinstrumenten) 3. *F* a) Helfer, Protektor *m* *kayıran b) Protektion *f* *iltimas 4. *fr.* Piston *n* (Zündstift bei Perkussionsgewehren) ~ **kırmak** *Ch.* ohne Wissen des Wageninhabers mit dem Auto spazierengefahren ~ **kolu** s. **biyel;** ~ **kursu** (*od.* ~ **yolu**) Kolben-hub, -weg *m* ~ **segmanı** Kolbenring *m*

pistonlamak *F* protegieren

pistonlu 1. mit Kolben ausgestattet, Kolben- 2. *mus.* Piston-, Ventil- 3. *F* wer Protektion genießt ~ **kornet** *mus.* Klappen-, Ventilhorn *n* ~ **trompet** Ventiltrompete *f* ~ **tulumba** Kolbenpumpe *f* ~ **tüfek** *fr.* Perkussionsgewehr *n*

pisuvar Pissoir *n,* Bedürfnisanstalt *f*

piş [–] *va.* vorne od. am Anfang befindlich Vorder-, Anfangs- *ileri, ön ~ **edat** s. **önek; -i nazarda tutmak** *va.* sich et. vor Augen halten *göz önünde tutmak

pişbop (im Karagözspiel) s. **beberuhi**

Pişdadiyan [– – · –] *n.pr.* legendäre erste pers. Königsdynastie

pişdar [– –] *z. va.* 1. *mil.* die Vorhut bildend, Vorhut *f,* Voraus- 2. Vorkämpfer, Avantgardist *m* Zu 1: **İngiliz -ları** die englischen Vorausabteilungen (Heeresspitzen) **motörlü** ~ **kuvvetler** motorisierte Vorausabteilungen *pl.*

pişdarlık [– – ·] *z. va.* Vorkämpfer-, Avantgardisten-tum *n*

pişe [ī] *va.* Rohrflöte

pişeğen; pişek *P* was nicht lange zu kochen braucht (um gar zu werden)

pişekâr s. **peşekâr**

pişgâh [– –] *va.* 1. Raum *m* (vor et.) 2. Gegenwart *f* (e–r Respektsperson) *huzur

pişi *dial.* krapfenähnliches Gebäck

pişik *med.* Wundsein *n,* Hautwolf *m,* Intertrigo *f*

pişim 1. Kochen *n,* Art *f* des Kochens, Braten *n* 2. s. **pişirim** 3. Brennen *n* (bei Keramik)

pişirici 1. wer kocht, brät (usw.) 2. Bäcker *m*

pişirim 1. einmaliges Kochen, Braten (usw.) 2. s. **pişirimlik** Zu 2: **bir** ~ **pirinç** für e–e Mahlzeit ausreichende Reismenge

pişirimlik für soundsoviel Mahlzeiten ausreichend

pişirmek *tr.* 1. kochen, sieden, backen, braten, rösten, grillen, schmoren, dünsten 2. brennen (Ziegel, Ton usw.) 3. aus-, ab-machen, verabreden, absprechen 4. a) unerträgliche Hitze verursachen (z.B. Kleidungsstück) b) wundwerden lassen (Schweißabsonderung) 5. heranreifen lassen, reif machen, *fig.* Erfahrung gewinnen lassen, 6. lernen, studieren 7. planen, sich et. ausdenken, *F* et. aushecken Zu 3: **İşi aralarında pişirmişler.** Sie haben das (vorher) verabredet. Zu 4a): **Bu kazak beni pişirdi.** In diesem Pullover bin ich vor Hitze schier umgekommen. Zu 4b): **Ter, çocuğun kasıklarını pişirmiş.** Das Kind ist zwischen den Beinen (durch Schweiß) ganz wund geworden. Zu 6: **Dersimi iyice pişirdim.** Ich habe meine Lektion gründlich gelernt. **pişirip kotarmak** 1. kochen und austeilen (Essen) 2. *fig.* et. zu Ende führen; fertigstellen *spez.* ein Problem lösen

pişkin 1. genügend gekocht (gebacken usw. s. **pişmek**), gargekocht, gut durchgebraten; gut durchgebacken (z.B. Brot) 2. *z. va. P* reif (z.B. Obst) 3. *fig.* unbekümmert, ungeniert, unverfroren 4. *fig.* gewöhnt (an et.), erfahren, routiniert 5. *F* abgebrüht, dickfellig Zu 3: **Ne ~ adam! Teklif beklemeden oturuverdi.** Ein reichlich ungenierter Herr! Man hat ihn gar nicht augefordert, Platz zu nehmen, und schon hat er sich hingesetzt. Zu 4: ~ **bir maçör** *(Tennis)* ein routinierter Turnierspieler **Ankara'da oturanlar, senenin bu mevsiminde tabiatın bu türlü kuduruşlarına hayli -dirler.** Wer in Ankara wohnt, ist schon vollkommen an solche Extravaganzen der Natur in dieser Jahreszeit gewöhnt.

pişkinlik, -iği 1. Gargekocht-, Gutdurchgebraten-, Gutdurchgebacken-sein *n* 2. Reifsein *n,* Reife *f* 3. *fig.* Unbekümmertheit, Ungeniertheit, Unverfrorenheit *f* 4. Gewöhnung, Erfahrung, Routine *f* 5. *F* Dickfelligkeit *f* Zu 5: **-e vurmak** (bir işi) sich dickfellig stellen; nicht reagieren (z. B. auf Beleidigungen)

pişman [ā] reumütig, Reue empfindend *nadim ~ **etmek** bereuen lassen ~ **olmak** (bşe) et. bereuen, j–n reuen; s. a. **anadan doğduğuna ~ olmak**

pişmaniye [ā] e–e Art **keten helvası,** bei der die einzelnen Fäden ein kompaktes Ganzes bilden

pişmanlık, -ığı Reue *f* *nedamet ~ **akçesi** *H* Reugeld *n* ~ **getirmek** Reue empfinden, bereuen ~ **navlunu** *naut.* Fautfracht *f* **~ı tekrar tepti.** Er bereute, was er getan hatte. Er bekam Gewissensbisse. **-ını çekmek** (bşin) et. bereuen, Reue empfinden (über)

pişmek, (-er) *intr.* 1. kochen, backen, schmoren, dünsten; gekocht (gebacken usw.) werden (vgl. **pişirmek**) 2. gebrannt werden (Ziegel, Ton usw.) 3. reifen, reif werden, *fig.* Erfahrung, Routine gewinnen 4. a) vor Hitze beinahe umkommen b) wund werden (durch Schweißabsonderung) 5. aus-, ab-gemacht, verabredet werden Zu 1: **Çorba pişti mi?** Ist die Suppe fertig? Zu 3: **Bu memur biraz daha pişmek ister.** Dieser Beamte braucht noch et. mehr Erfahrung. **Ekin daha pişmedi.** Das Korn (Getreide) ist noch nicht schnittreif. s. a. **Armut piş, ağzıma düş(demek)** Zu 4a): **Güneş öyle kızgın ki insan pişiyor.** Die Sonne scheint so heiß, daß man förmlich schmort. Zu 4b): **Çocuğun apış arası pişmiş.** Das Kind ist zwischen den Beinen wundgeworden.

pişmiş 1. gekocht, gebraten, gebrannt (vgl. **pişirmek**) 2. reif ~ **armut eline düşmek** s. Stw. **olmuş;** ~ **aşa soğuk su katmak** *fig.* et. im letzten Moment noch verderben ~ **bezir** Leinölfirnis *m* *Osmanlı beziri ~ **kelle** gekochter Hammelkopf (mit vorstehenden Zähnen) ~ **kelle gibi sırıtmak** blöde grinsen ~ **kil** (*od.* ~ **toprak**) Terrakotta *f*

Pişt, -ti *astr.* s. **Dubhe**

piştar s. **pişdar**

pişti s. **pastıra**

piştov *fr.* e–e Pistolenart

pis(ü)va [ī, ā] *va.* (An-)Führer *m*

pita 1. s. **agav** 2. Pita *f* (Agavenfaser *spez.* zur Herstellung von Stricken und Säcken verwendet)

Pitagor (*franz.* **Pythagore**) *n.pr.* Pythagoras ~ **teoremi** *math.* pythagoreischer Lehrsatz *Fisagors davası

Pitagorisiyenler (*franz.* **Pythagoriciens**) Pythagoreer *pl.* *Fisagorslular

pitekantrop, -pu Pithekanthropus erectus *m* (javanischer u. chinesischer Frühmensch des Diluviums)

piton (I) (*franz.* **piton**) Ringbolzen *m,* Ösen-, Hakenschraube *f*

piton (II) Pythonschlange *f zo.* Python

pitoresk, -ki 1. malerisch, farbenprächtig, pittoresk, romantisch 2. malerische Schönheit; Farbenpracht *f,* pittoreskes Gemälde, prächtiges Bild

pitsikato [··×·] *mus.* 1. pizzicato 2. Pizzikato *n*

pivolu diş (*franz.* **dent à pivot**) s. **kamalı diş**

pivot, -tu *(engl., franz.) (Basketball)* Körperdrehung *f* bei festem Stand (zur Abgabe des Balles od. zum Schuß auf den Korb) *dönüş

piyade [ā] 1. *z. va.* Fußgänger *m* *yaya, yayan giden 2. *mil.* a) Infanterist *m* b) Infanterie *f* 3. *Scha.* Bauer *m* *paytak, piyon 4. leichtes, schmales Ruderboot; Kaik *m* 5. *va.* wer nur wenig Kraft, Fähigkeit od. Bildung besitzt; Laie *m* ~ **ağır silâhı** *mil.* schwere Infanteriewaffe ~ **bataryası** *mil.* Infanteriebatterie *f* ~ **bölüğü** *mil.* Schützenkompanie *f* ~ **halatı** *mil.* Vorspann(zug)tau *n* (am Gebirgsgeschütz) ~ **havan bölüğü** *mil.* Minenwerferkompanie *f* ~ **havanı** Granat-, Minen-werfer *m* ~ **kaldırımı** *z. va.* s. **yaya kaldırımı;** ~ **kayığı** *fr.* mit drei Ruderpaaren ausgestatteter Kaik für Spazierfahrten ~ **keşif kolu** *mil.* Infanteriepatrouille *f* ~ **köprüsü** Steg *m,* Fußgängerbrücke *f* ~ **topu** *mil.* Infanteriegeschütz *n*

piyale [ā] *va.* 1. Weinbecher *m,* Trinkschale *f* 2. Becher *m* (voll) Wein **≗ Paşa** *n.pr.* berühmter türk. Seeheld des 16. Jh.; zwei nach ihm benannte Moscheen in Kasımpaşa (Istanbul)

piyan (I) s. **pıyan, meyan**

piyan (II) *naut.* Zurrtau *n,* Zurring *m* ~ **cevizi** s. **gerdel cevizi**

piyan (III) (*franz.* **pian**) *med.* Frambösie *f* *ekvator frengisi; verem dutu

piyanço [·×·] *V* Laus *f* *bit

piyango [·×·] 1. Lotterie *f* 2. **(bileti)** Lotterielos *n* ~ **çekilişi** (*od.* **keşidesi**) Ziehung *f* bei e–r Lotterie ~ **çekmek** 1. ein Los ziehen 2. *Sch.* e–e mündliche Prüfung abhalten (Lehrer) ~ **dolabı** Gewinntrommel *f* (bei Ziehung) ~ **vurmak** 1. in der Lotterie gewinnen 2. *V* e–e schöne Frau zur Nachbarin bekommen **-su çıkmak** in der Lotterie gewinnen **-ya koymak** 1. auslosen 2. als Gewinn ausspielen (in der Lotterie)

piyanino [··×·] *selt.* Pianino, Klavier *n*

piyanissimo [··×··] *mus.* 1. pianissimo 2. Pianissimo(-stelle *f*) *n*

piyanist, -ti Klavier-spieler(-in *f*) *m,* -virtuose *m,* -virtuosin *f,* Pianist(-in *f*) *m*

piyanista [··×·] elektrisches Klavier

piyanistik klaviermäßig

piyano [·×·] 1. Klavier, Piano *n* 2. **(kuyruklu ~)** Flügel *m* 3. piano, leise 4. Piano(-stelle *f*) *n* ~ **başında** am Klavier, am Flügel ~ **çalmak** Klavier spielen ~ **karıştırmak** s. **piyanote etmek;** ~ **öğretmeni** Klavierlehrer(-in *f*) *m* ~ **partisyonu** Klavierauszug *m* ~ **resitali** Klavier-vortrag, -abend *m*

piyanocu 1. wer Klaviere baut, repariert od. verkauft 2. *selt.* s. **piyanist**

piyanola [··×·] Pianola *n*

piyanolu mit Klavier(-begleitung), Klavier- ~ **kentet** Klavierquintett *n*

piyanotaj *pej.* Geklimper *n*

piyanote *pej.* geklimpert ~ **etmek** (auf dem Klavier) herumklimpern *piyano karıştırmak

piyanotör *pej.* Klimperer *m*

piyanta [·×·] Rand *m* der Schuhsohle

piyasa [·×·] 1. Promenade *f,* Bummel *m* 2. Markt, Handel *m* *satak 3. Marktpreis(-e *pl.*) *m* ~ **bilgisi** Platz-, Marktkenntnis *f* ~ **etmek** promenieren, auf den Bummel gehen ~ **fiyatı;** ~ **rayici** Marktpreis, Kurs *m* *satak ederi ~ **previzyonları** (*od.* ~ **tahminleri**) *H* Marktprognose *f* ~ **yeri** Promenade *f,* Bummel *m* **≗ yükseldi.** Die Preise haben angezogen. **-da canlılık** *H* Hochkonjunktur, Hausse *f,* Boom *m* ~ **da geçer** marktgängig **-da yok** nicht zu bekommen, nicht aufzutreiben (Ware) **-dan çekilmek** vom Markt verschwinden (Ware) **-dan kaldırmak** aufkaufen (Waren) **-nın mala boğulması** *H* Übersättigung *f* des Marktes; Überangebot *n* (von Waren) **-ya çıkarmak**

auf den Markt bringen (werfen) (Ware) **-ya çıkmak** 1. auf den Markt kommen, herauskommen (Ware) 2. promenieren, auf den Bummel gehen **-ya düşmek** 1. in großer Zahl vorhanden sein 2. zur Dirne werden **-ya sürmek** 1. in Umlauf setzen *tedavüle çıkarmak 2. auf den Markt bringen (z. B. Waren)

piyastos *V* festgenommen, verhaftet, gefaßt, *F* geschnappt ~ **etmek** *V* verhaften, fassen *F* schnappen ~ **olmak** *V* Pass. zu **piyastos etmek**

piyata [·×·] 1. flacher Teller; Platte *f* 2. flach ~ **eğe** Flachfeile *f*

piyav *(im Ortaoyunu)* Gedanke *m,* Meinung, Idee *f*

piyaz 1. feingeschnittene Zwiebeln *pl.* mit Salz und Petersilie (als Beilage zu Fleisch- od. Fisch-gerichten ohne Sauce) 2. (*a.* **fasulye -ı**) Salat *m* aus gekochten weißen Bohnen, Essig und Öl, der mit Zwiebeln, Salz und Petersilie sowie mit Scheiben hartgekochter Eier und schwarzen Oliven garniert ist 3. *V* Schmeichelei *f,* Kompliment *n,* (aufdringliche) Liebenswürdigkeit ~ **çalmak** s. **ağıza** ~ **çalmak;** ~ **doğramak** *V* aufschneiden, angeben, Lügen auftischen **-ı vermek** *od.* **-ları basmak** *V* s. **piyazlamak** (2)

piyazcı 1. wer Bohnensalat (vgl. **piyaz** 2) herstellt und verkauft 2. *V* Schmeichler, Komplimentenmacher *m;* von aufdringlicher Liebenswürdigkeit

piyazcılık *V* liebenswürdiges Getue

piyazlamak (m. Akk.) 1. Fleisch in Zutaten wie Zwiebeln, Pfeffer, Zimt usw. wälzen und vor dem Ansetzen einige Zeit ziehen lassen 2. *V* schmeicheln, Komplimente machen, j–m um den Bart gehen, j–m lobhudeln

piyazlı mit **piyaz** (1) garniert (Fisch)

piyedestal Piedestal, Fußgestell *n,* Untersatz, Sockel, (Säulen-)Fuß *m* **abide -indeki rölyefler** die am Fuß des Denkmals angebrachten Reliefbilder *pl.*

piyedöpul (*franz.* **pied de poule**) *mod.* 1. Hahnentritt(-muster *n*) *m* 2. (*a.* ~ **desenli**) mit Hahnentrittmuster

piyelit, -ti *med.* Pyelitis, Nierenbeckenentzündung *f*

piyemi *med.* Pyämie *f* (Blutvergiftung durch Eiter)

Piyer (*franz.* **Pierre**) *n.pr.* Peter; s. a. **Sen Piyer**

piyeret, -ti Pierrette *f*

piyero [·×·] Pierrot *m*

piyes (*franz.* **pièce**) Theaterstück, Bühnenwerk *n,* dramatisches Werk ~ **muharriri** s. **piyesçi**

piyesçi Bühnenautor, Dramatiker *m*

piyesçilik Tätigkeit *f* e–s Bühnenautors

piyesleştirmek zu e–m Theaterstück verarbeiten (Stoff); auf die Bühne bringen

piyetizm Pietismus *m* *zühdiye

piyezoelektrik 1. piezoelektrisch, elektrisch durch Druck 2. Piezoelektrizität *f*

piyezometre [···×·] Piezometer *n,* Druckmesser *m*

piyiz *V* für **rakı** *pırna ~ **kaymak** *V* unaufgefordert bei e–m Zechgelage erscheinen

piyizlenmek *V* Raki trinken, ein Raki-Gelage halten, zechen

piyoço *V* s. **piyanço**

piyo(h)emi (*franz.* **pyohémie**) s. **piyemi**

piyon (*franz.* **pion**) 1. *Scha.* Bauer *m* *paytak, piyade 2. (Damespiel): Stein *m*

piyonye *fig.* Pionier, Vorkämpfer, Avantgardist *m* **İnkılâbın -leri** die führenden Persönlichkeiten bei der (kemalistischen) Neugestaltung der Türkei

piyore *med.* Pyorrhoe *f,* Eiterfluß *m* (*spez.* bei Zahnfleischentzündung)

pizolit, -ti *min.* Erbsenstein, Pisolith *m*

pizolitli mit Erbsensteinen; Pisolithen- ~ **kalker** Pisolithenkalk *m*

pizzikato s. **pitsikato**

P. K.: PK = posta kutusu

PKK (= Partiya Kerare Kürdistan) separatistisch-kommunistische kurdische Organisation

plaçka [×·] Rauben, Plündern *n,* Raubzug *m* *çapul ~ **etmek** (aus-)rauben, (aus-)plündern

plaçkacı [×··] Räuber, Plünderer, Marodeur *m* *çapulcu

plafon [×·] (*franz.* **plafond**) 1. (erzielter) Höchstpreis *m* 2. Maximalsteighöhe *f* (e–s Flugzeugs) 3. *H* Plafond *m* (oberer Grenzbetrag für die Kreditgewährung), Höchstbetrag *m,* -grenze *f* 4. (Gold-)Deckung *f* (für die Ausgabe von Papiergeld) 5. Spielart bei Bridge

plafoniyer (*franz.* **plafonnier**) Deckenbeleuchtung *f*

plaj (*franz.* **plage**) Sand-, Bade-strand *m*

plajiyoklaz [····] *min.* Plagioklas *m*

plajzede *hum.* Opfer *n* des Sonnenbrandes (beim Baden)

plak, -kı, -ğı 1. Schallplatte *f* 2. *an., phot. usw.* Platte *f* 3. s. **plaka** (1, 2); ~ **döndürücü** Plattenspieler *m* *pikap ~ **turnant** (*franz.* **plaque tournante**) Drehscheibe *f* (für Lokomotiven) *devvar levha **-a almak** auf (Schall-)Platten aufnehmen **-ı bozulmak** *V* s. **kafa şişirmek**

plaka [×·] (*ital.* **placca**) 1. Schildchen, (Nummern-)Schild *n* (an Fahrrädern, Fuhrwerken, Kraftwagen usw.) 2. Metallplättchen *n* *safiha 3. *(Sport)* Plakette *f* 4. *selt.* Plakat *n* (z. B. bei Wahlen) 5. Schreibtäfelchen *n* (beim Barbutspiel) Zu 2: s. **küçük yangın -ları** Zu 3: **gümüş** ~ Silberplakette *f*

plakacı 1. wer **plaka** herstellt 2. Rechnungsführer *m* (beim Barbutspiel)

plakaj (*franz.* **placage**) 1. eingelegte Arbeit, Furnierarbeit *f* 2. Bekleidung *f* mit Platten

plakalı mit (nb.) **plaka; Alman** ~ **otomobil** Wagen *m* mit deutscher (Zulassungs-)Nummer

plakart, -dı (*franz.* **placard**) (Werbe-)Plakat *n,* Aushang *m,* großer Anschlagzettel

plake (*franz.* **plaqué**) plattiert, überzogen (mit Metall)

plaket, -ti (*franz.* **plaquette**) 1. Plättchen *n,* Plakette *f* 2. Bändchen *n,* Broschüre 3. s. **kan pulcuğu**

plakon *naut.* s. **folkon**

plan 1. Plan *m,* Absicht *f,* Vorhaben *n* 2. Plan, Entwurf, Grundriß *m* 3. *Th.* (Bühnen-)Plan *m* 4. (Film-)Aufnahme *f* *çekim Zu 3: s. **arka (ön)** ~ **;** ~ **atışı** *mil.* Planschießen *n* ~ **kurmak** e–n Plan (bzw. Pläne) schmieden ~ **mucibince** planmäßig, nach dem vorgesehenen Plan ~ **rölövesi** Planskizze *f,* Lageplan *m* ~ **tahtası** Reißbrett *n* ~ **tatbikatı** *mil.* Planübung *f* ~ **yapmak** e–n Plan entwerfen bzw. zeichnen **-a göre (mukabil) taarruz** *mil.* planmäßiger (Gegen-)Angriff *m*

plancılık 1. planmäßiges Vorgehen 2. Planwirtschaft *f*

plançete [·×·] Meßtisch *m*

planetaryum [··×·] s. **gökevi**

planfilm *phot.* Planfilm *m*

planga s. **palanga** (II)

planimetre [··×·] Planimeter *n,* Flächenmesser *m*

planimetri *selt.* Planimetrie *f* *düzlem geometri

planketa [·×·] *naut. hist.* Stangen-, Ketten-kugel *f* (zum Zerfetzen des Takelwerks e–s feindlichen Schiffes) *makas gülle

plankin (*engl., franz.* **planking**) Wellenreiten *n* ~ **tahtası** Wellenrittbrett *n*

plankton *biol.* Plankton *n*

planlama Planung *f*

planlamak 1. planen, vorhaben 2. systematisch aufbauen, planmäßig entwickeln

planlaşmak sich planmäßig gestalten od. entwickeln, planmäßig ausgestaltet (ausgebaut, entwickelt) werden **Ankara şehrinin planlaşması** planmäßiger Ausbau von Ankara

planlaştırmak planmäßig ausgestalten (ausbauen, entwickeln)

planlı planmäßig, systematisch ~ **ekonomi** Planwirtschaft *f*
planlılık planmäßige Gestaltung od. Entwicklung, systematischer Aufbau (Ausbau); Planmäßigkeit *f*
planör (*franz.* **planeur**) 1. Segelflugzeug *n* 2. (**ayakta** ~) (*Turnen*) Standwaage *f*
planörcü Segelflieger(-in *f*) *m*
planörcülük Segel-flug *m*, -fliegen *n*, -fliegerei *f*, -flugsport *m*
plansız 1. planlos 2. oberflächlich
plansızlık 1. Planlosigkeit *f* 2. Oberflächlichkeit *f*
planş (*franz.* **planche**) *typ.* (ganzseitige) Bildtafel
planşet, -ti (*franz.* **planchette**) s. **plançete**
plantasyon 1. Anpflanzen *n* 2. Anpflanzung, Plantage *f*
planton (*franz.* **planton**) 1. *mil.* Ordonnanz *f*, Melder *m* 2. diensthabender Beamter od. Angestellter (*spez.* bei Straßenbahn od. Autobus an Anfangs- und Endstationen)
plantonluk 1. Tätigkeit *f* e–s **planton** 2. Trambahn- od. Autobus-Häuschen *n*
plantuar (*franz.* **plantoir**) *agr.* Pflanz-, Setz-holz *n*
planya [×·] Rauhbank *f*, Langhobel *m* (des Tischlers) ~ **etmek** (ab-)hobeln, abrichten ~ **makinesi** (*od.* **tezgâhı**) Hobel-, Abricht-maschine *f*
planyalamak s. **planya etmek**
plas (*franz.* **place**) (*Rennsport*) Platz *m*
plase (*franz.* **placé**) 1. gut plaziert (z. B. Tennisball) 2. gute Plazierung 3. angelegt, investiert (Kapital) 4. (Pferderennen) plaziert 5. *Fb.* Ristschuß *m* Zu 1: **Orta muhacim, ~ bir vuruşla ikinci golü de yapti.** Mit gut plaziertem Schuß erzielte der Mittelstürmer auch das zweite Tor. Zu 2: **Cevat gayet güzel üç ~ yaptı.** Cevat plazierte dreimal seine Bälle ganz hervorragend. ~ **etmek** gut plazieren
plasebo *med.* Placebo *n* (Scheinarzneipille, Beruhigungspille)
plaselemek (*Sport*) gut plazieren
plasenta [·×·] *selt.* s. **etene, meşime, son**
plasman 1. (Geld-)Anlage, Investition *f* (von Kapital) 2. (*a. Sport*) Plazierung *f* 3. Anstellung, Arbeitsvermittlung *f* ~ **yapmak** anlegen, investieren (Kapital)
plasör; plasöz (*franz.* **placeur, placeuse**) Platzanweiser(-in *f*) *m* (z. B. im Kino)
plaster (*engl.* **plaster**) *med.* 1. (Wund-)Pflaster *n* 2. Gipsverband *m*
plastik, -iği 1. formbar 2. formgebend, gestaltend, bildend 3. plastisch 4. Plastik, Skulptur *f* 5. Kunststoff *m* od. hieraus hergestellt 6. *chem.* Sprenggelatine *f* ~ **cam** Plexiglas *n* *pleksiglas ~ **cerrahi** plastische Chirurgie ~ **sanatlar** bildende Künste *pl.* ~ **torba** Plastiktüte, Tragtasche *f* ~ **tutkal** Polyvilyn-Azetatleim *m* *formika tutkalı
plastikçi wer Gegenstände aus Kunststoff herstellt
plastilin Plastilin *n* (Knetmasse)
plastron Plastron *m*, *n*: 1. Brust-, Schutz-leder *n* (beim Fechten) 2. e–e Art breitere Krawatte 3. gestickter Brustlatz an Damenkleidern 4. *selt.* gestärktes Vorhemd 5. Brust-stück, -bein *n* (der Schildkröten)
plasye (*franz.* **placier**) *H* örtlicher Vertreter e–r Firma
plasyelik *H* örtliche Vertretung e–r Firma
platbant, -dı (*franz.* **plate-bande**) 1. Rasen-, Blumen-rabatte *f* 2. Randstreifen *m*, Einfassung *f*
platelaj [··–] (*franz.* **platelage**) *arch.* Boden-, Bohlen-, Brücken-belag *m*
platerina [··×·] s. **pulaterina**
platform 1. Plattform *f* (bei Eisenbahn-, Straßenbahn-wagen usw.) 2. Dachterrasse *f* 3. *geogr.* Schorre *f*, Brandungs- od. Abrasionsplatte *f* e–r Küste 4. s. **seçim -u** 5. s. **petrol -u**
Plati *n.pr.* (*griech.*) s. **Yassıada**
platika [·×·] Kaulbarsch *m* *zo.* Acerina cernua
platin (I) 1. Platin *n* 2. aus Platin hergestellt ~ **saç** Platinblech *n* ~ tel Platindraht *m*
platin (II) (*franz.* **platine**) *techn.* Platine *f* (im Walzwerk bzw. in der Weberei)
platine (*franz.* **platiné**) 1. platinfarben 2. platiniert 3. blondiert (Haar) ~ **etmek** 1. platinieren, 2. blondieren
platinlemek mit Platin überziehen, platinieren
platinli 1. platinhaltig 2. platinbesetzt
platisefal flachköpfig, platyzephal
platisefali Flachköpfigkeit, Platyzephalie *f*
plato 1. Hochebene *f*, Plateau *n* *yayla 2. Rollfeld *n*, Startfläche *f* 3. Aufnahmeraum *m* (für Film) Zu 2: s. **uçuş -su**
Platon *n.pr.* Plato(-n) *Eflatun
Platonculuk s. **Platonizm**
platonik platonisch ~ **aşk** platonische Liebe
platonizm Platonische Philosophie; Platonismus *m* *eflatuniye
plazma [×·] *biol.* Plasma *n* *maddei musavvirei müşekkile ~ **bozulumu** *bot.* Plasmolyse *f* *inhilâli plazmaî
plazmaî [··–] *va.* das Plasma betreffend, Plasma-
plazmodyum [·×·] s. **sıtma paraziti**
plebeyen Plebejer(-in *f*) *m* (im alten Rom)
plebisit, -ti Volksabstimmung *f*, Plebiszit *n* *ârayı umumiye, reyiam, tümdanış
pleistosen *geol.* 1. pleistozän 2. Pleistozän, Diluvium *n*
pleksiglas Plexiglas *n* *plastik cam
plenpuvar unbeschränkte Vollmacht; Pleinpouvoir *n*
plenşan (*franz.* **plain-chant**) *mus.* gregorianischer Kirchengesang)
pletora *med.* Plethora, Vollblütigkeit *f*
Plevne *n.pr.* Plewen (bulgarische Stadt)
plevra [×·] *med.* s. **akciğer zarı**
plevraî Brustfell-, Pleura- **cevfi** ~ s. **akciğer zarı kovuğu**
plezir (*franz.* **plaisir**) *selt.* Freude *f*, Vergnügen, Gefallen *n*
pleziyozor Plesiosaurier, Plesiosaurus *m* (ausgestorbenes Riesenkriechtier)
pli (*franz.* **pli**) Falte *f*
plikaşe (*franz.* **pli caché**) verdeckte Falte (an Kleidern)
plili gefältelt (Kleid)
Plimsol markası *naut.* Freibord-, Plimsoll-marke *f*
plimut, -tu Plymouth-Huhn *n* (Haushuhn-Art)
Plin *n.pr.* Plinius (römischer Schriftsteller)
plise 1. Plissee *n* 2. Plisseestreifen *m*, Preßfalte *f* 3. plissiert, gefältelt ~ **etmek** plissieren, fälteln
pliseli plissiert, gefältelt
pliyan (*franz.* **pliant**) Feld-, Klapp-stuhl *m*
pliyosen *geol.* 1. Pliozän *n* 2. pliozän
pliz [ī] (*engl.* **please**) bitte
plombajin (*franz.* **plombagine**) *min.* Graphit *m* *grafit; kurşun cevheri
plonjon (*franz.* **plongeon**) 1. Kopf-, Turm-sprung *m* od. ein anderer Sprung ins Wasser 2. *Fb.* Robinsonade *f* (Abwehraktion des Torwarts) ~ **yapmak** 1. e–n Wassersprung ausführen 2. *Fb.* hechten od. sich zu Boden werfen (um den Ball zu halten)
Plotüs *n.pr.* Plautus (römischer Schriftsteller)
plörezi (*franz.* **pleurésie**) *med.* Rippen-, Brust-fellentzündung *f* *zatülcenp
plörit, -ti (*franz.* **pleurite**) s. **plörezi**
plüralist, -ti; plüralizm s. **çokçu(-luk)**
Plütark, -kı *n.pr.* Plutarch (altgriech. Historiker)
plütokrasi Plutokratie, Geldherrschaft *f* *hükümeti ağniya; zenginerki
plütokrat, -tı plutokratisch, Plutokrat(-in *f*) *m*
Plüton *n.pr.* 1. *griech. Myth.* Pluto 2. *astr.* Pluto (Planet)
plütonizm *geol.* Plutonismus, Tiefenvulkanismus *m*
plütonyum [·×·] *chem.* Plutonium *n*

plüvalü (*franz.* **plus-value**) 1. Mehrwert *m* 2. Wertzuwachs *m* *artı değer
plüviyometre [···×·] (*franz.* **pluviomètre**) *met.* Regenmesser *m,* Pluviograph, Ombrometer *n* *mikyası matar; yağmurölçer
p.m. = **post meridiem** nachmittags
pnömatik 1. (Auto-, Fahrrad-)Reifen *m* 2. pneumatisch 3. *techn.* Preßluft-, Druckluft- ~ **kart** Rohrpostkarte *f* *telgraf kartı ~ **posta** Rohrpost *f*
pnömokok, -ku *med.* Pneumokokkus *m* (Erreger der Lungenentzündung)
pnömoloji *med.* s. **akciğer bilimi**
pnömoni *med.* Pneumonie, Lungenentzündung *f* *zatürree
pnömotoraks *med.* Pneumothorax *m*
poca(-lamak) s. **boca(-lamak)**
poççük *dial.* letzter Tänzer (bei **bar** I)
podagra *med.* Podagra *n,* Fußgicht *f*
podima [×··] (in der Füg.:) ~ **vurmak** *naut.* mit den Füßen trampeln (Fischer im Boot, um die Fische in das ausgeworfene Netz zu scheuchen)
Podolya [·×·] *n.pr.* Podolien
podometre (*franz.* **podomètre**) s. **adımsayar, odometre**
podösüet, -ti (*franz.* **peau de Suède**) 1. Wildleder *n* 2. aus Wildleder hergestellt, Wildleder- ~ **eldiven** Wildlederhandschuhe *pl.* ~ **iskarpin** Wildlederschuhe *pl.*
podra [×·] Puder *m* ~ **sürmek** Puder auflegen, pudern, sich pudern
podralamak mit Puder bestreuen, pudern
podralı [×··] mit Puder bestreut, gepudert, Puder-
podralık [×··] Puderdose *f* *pudriye
podraşeker Staub-, Puder-zucker *m* *un şeker
podyum [×·] Podium *n,* Antritt *m*
podzol *geogr.* Podsol *m,* Bleicherde *f*
podzollaşma *geogr.* Podsolierung *f*
poem *lit.* (längeres) Gedicht
poet, -ti (*franz.* **poète**) *selt.* (Vers-)Dichter *m* *şair
poetik *selt.* poetisch, dichterisch
poezi *selt.* 1. Poesie, Dichtkunst *f* 2. (kleineres) Gedicht
pof 1. (Lm. e–s dumpfen Hinfallens) bum(-s)! bauz! 2. (Lm. der entweichenden Luft) pff! fft!
poflamak schnauben, pusten, blasen
pofur pofur schmauchend, paffend (rauchen)
porfurdamak seufzen, ächzen, stöhnen (vor Langeweile)
pofyos *V* wertlos; Schund, Pofel *m*
pogrom Pogrom *m*
poğaça [·×·] Mürbteigpastete *f;* s. a. **kıymalı (kuru, peynirli)** ~
poğaçacı [·×··] Pasteten-händler, -verkäufer *m*
poğada s. **boğada**
poğama *z.va.* 1. Dreh- und Wipp-kran, Derrickkran *m* 2. *naut.* Ladebaum *m*
pohpoh Komplimente, Schmeicheleien, Lobsprüche *pl.* **-ları veriştirmek** (b–ne) j–n mit Lobsprüchen überhäufen **-tan hoşlanmak** gerne Schmeicheleien hören
pohpohçu Schmeichler, Komplimentenmacher *m*
pohpohlamak (m. Akk.) j–m Komplimente machen, Schmeicheleien sagen
pok ağacı s. **peygamberağacı**
poker [×·] 1. *Ka.* Poker(-n, -spiel) *n* 2. (im Pokerspiel) vier Karten der gleichen Wertstufe *kare ~ **çevirmek** *F* Poker spielen, pokern
pokerci Pokerspieler(-in *f*) *m*
pokruva (*a.* ~ **sereni**) *naut.* Großgaffelrah *f* ~ **gizi** Großgaffel *f* ~ **yelkeni** Großgaffelsegel *n*
Pol *n.pr.* Paul
Polak, -kı *selt.* 1. s. **Polonyalı** 2. *hist.* polnischer Reiter (in franz. Diensten)
polar s. **poler**
polargı; polarıcı *phys.* Polarisator *m* *müstaktıp
polarılmış *phys.* polarisiert *müstaktap
polarimetre [···×·] *phys.* Polarimeter *n* *polarölçer
polarite *phys.* Polarität *f*
polarizasyon; polarma *phys.* Polarisation *f* *istıktap
polarmak *phys.* polarisieren
polarölçer s. **polarimetre**
Polatlı *n.pr.* Städtchen u. D. im Rbz. Ankara
Polca s. **Lehçe**
polder *geogr.* Polder *m* (eingedeichtes Land)
polemik 1. Polemik *f* 2. polemisch
polemikçi Polemiker, Diskussionsredner *m*
polen (*franz.* **pollen**) s. **çiçektozu**
poler *selt.* s. **kutupsal**
poliandri (*franz.* **polyandrie**) s. **çokkocalılık**
poliarşi Polyarchie *f* (Herrschaft mehrerer, im Ggs. zu Monarchie)
poliçe (I) [·×·] *H* 1. gezogener Wechsel; Tratte *f* 2. Versicherungs-police *f,* -schein *m* ~ **çekmek** (*od.* ~ **keşide etmek**) *H* e–n Wechsel ziehen (od. ausstellen); trassieren ~ **sahibi** *H* Indossat(-ar), Girat(-ar) *m* **-nin birinci nüshası** *H* Primawechsel *m*
poliçe (II) s. **boliçe**
polifaze (*franz.* **polyphasé**) s. **çokevreli**
polifon(-ik); polifoni s. **çoksesli(-lik)**
poligala [··×·] Wiesenkreuzblume *f bot.* Polygala vulgaris *sütotu
poligam 1. polygam, in Mehrehe lebend 2. Polygamist *m*
poligami Polygamie, Vielehe *spez.* Vielweiberei *f* *taaddüdü zevcat, çokkarılılık
poliglot, -tu 1. mehr-, viel-sprachig (z. B. Buch) 2. mehrere (viele) Sprachen sprechend, polyglott; Polyglotte *m*
poligon 1. *geom.* Vieleck *n* *çokgen 2. Schieß-platz *m,* stände *pl.* 3. *spez.* Artillerieschießplatz *m*
poligraf *selt.* Vielschreiber *m*
poliklinik, -ği Poliklinik *f*
polikrom (*franz.* **polychrome**) vielfarbig, bunt *elvan
polim *V* Aufschneiderei, Prahlerei *f,* Lügen *n* ~ **atmak** *V* aufschneiden, prahlen, lügen ~ **yapmak** *V* sich zeigen (aufspielen) wollen
polimci *V* Lügenbeutel, Aufschneider, Angeber, Prahlhans *m*
polimer *chem.* polymer, vielteilig 2. Polymer(-e) *n*
polimeri; polimerlik *biol., chem.* Polymerie *f*
Polinezya [··×·] *n.pr.* Polynesien
Polinezyalı Polynesier(-in *f*) *m,* polynesisch
polip, -pi (*franz.* **polype**) s. **ahtapot** (1, 2)
polipiye *(va.);* **polipler** (Hydro-)Polypen *pl.*
polis 1. Polizei *f* 2. Polizist, Polizeibeamter, Schutzmann, Schupo *m* ~ **devleti** *pej.* Polizeistaat *m* ~ **filmi** Kriminalfilm *m* ~ **hafiyesi** Kriminalpolizist, Detektiv *m* ~ **karakolu** Polizeiwache *f* ~ **komiseri** Polizeikommissar *m* ~ **köpeği** Polizeihund *m* ~ **memuru (neferi, eri)** Polizist *m* Polizeibeamter ~ **merkezi** Polizeirevier *n* ~ **müdürlüğü** Polizei-direktion *f,* -präsidium *n* ~ **müdürü** Polizei-direktor, -präsident *m* ~ **nezareti altına alınmak** unter Polizeiaufsicht gestellt werden ~ **noktası** Polizeiposten *m* ~ **romanı** Kriminalroman *m*
polisaj (*franz.* **polissage**) Polieren, Schleifen *n*
polisiye (*franz.* **policier**) Polizei-, Kriminal- ~ **olay** Kriminalfall *m*
polislik 1. Tätigkeit *f,* Beruf *m* e–s Polizisten 2. Polizeiwesen *n* ~ **imtihanı** Prüfung *f* für Polizeianwärter
polişinel Hanswurst *m,* komischer Diener, Polichinelle *m*
politbüro *pol.* (kommunistisches) Politbüro *n*
politeist, -ti 1. Polytheist(-in *f*) *m* 2. polytheistisch *çoktanrıcı

politeizm Polytheismus *m,* Vielgötterei *f* *çoktanrıcılık, kesreti ilâh mesleği
politeknik 1. polytechnisch 2. (*a.* ~ **okul**) Polytechnikum *n,* Ingenieur-Fachschule *f*
politik 1. politisch *siyasî 2. s. **politika**
politika 1. Politik *f* *siyaset 2. *fig.* Politik *f* (als Berechnung, Verfahren, Methode usw.) ~ **adamları** Politiker, Staatsmänner *pl.* *rical; devlet adamları
politikacı 1. Politiker *m* *politisiyen, siyasetçi 2. klug und berechnend handelnd, geschickter Taktiker 3. Diplomat, Schmeichler *m*
politikacılık 1. Tätigkeit *f* e–s Politikers od. Verfolg *m* e–r Politik 2. *pej.* politische Zänkerei od. pol. Intrigenspiel 3. diplomatisches Verhalten; Schmeichelei *f*
politisiyen s. **politikacı**
politize *(Neubildung)* 1. ins (Partei-)Politische gezogen (z.B. Sachdebatte) 2. (partei-)politisch engagiert
poliüri *med.* Polyurie *f* (krankhafte Vermehrung der Harnmenge)
polka [×·] Polka *f* (Tanz od. Musikstück)
pollaküri *med.* Pollakisurie, Pollak(i)urie *f* (häufiger Harndrang)
Polluks *astr.* Pollux (im Sternbild der Zwillinge) *Paye; Tevemi muahhar
polo [×·] Polo(-spiel) *n* *çevgen
polonez Polonaise *f* (Tanz od. Musikstück)
Polonez *selt.* 1. Pole *m,* Polin *f* 2. polnisch
Polonezköy *n.pr.* Polendorf, polnisches Tschiftlik (auf der kleinasiatischen Seite des Bosporus)
Polonya [·×·] *n.pr.* Polen *Lehistan ~ **buğdayı** polnischer Weizen *bot.* Triticum polonicum
Polonyalı 1. Pole *m,* Polin *f* 2. polnisch *(1, 2) Leh, Lehli
polonyum [·×·] *chem.* Polonium *n*
polüsyon (*franz.* **pollution**) 1. Verunreinigung *f* (des Wassers, der Luft usw.) 2. Pollution *f,* Samenerguß *m*
polye [×·] *geogr.* Polje *f* (kesselartiges Becken im Karstgebiet)
polyester [·×·] Polyester *m* (Kunststoff)
polyo(-miyelit) *med.* Poliomyelitis *f,* spinale Kinderlähmung *çocuk felci
Pomaklar *n.pr.* zum Islam bekehrte Bulgaren *pl.*
Pomakça die von den Pomaken gesprochene Sprache
pomat, -dı, -tı; pomata [·×·] Pomade, Salbe *f spez.* Haarpomade, -salbe *f*
Pomeranya [··×·] *n.pr.* Pommern
Pomeranyalı 1. Pommer(-in *f*) *m* 2. pommer(i)sch
Pomerelya [··×·] *n.pr.* Pommerellen (Landschaft westl. der unteren Weichsel)
pomet, -ti (*franz.* **pommette**) *an.* Backenknochen *m* *elmacık kemiği
pomfrit, -ti *selt.* Pommes frites *pl.*
pomolog Pomologe *m,* Obstkundiger
pomoloji Pomologie, Obstkunde *f*
pomolojik pomologisch, obstkundlich
pomp, -pu s. **pompa;** vgl. **motopomp**
pompa [×·] 1. Pumpe *f* *tulumba 2. Luftpumpe *f* (für Fahrrad- od. Autoschläuche, Fußballblasen usw.) 3. *mus.* Stimmzug *m* (z.B. bei Trompete) *gömgü, gömgeç
Pompadur 1. *n.pr.* (Marquise de) Pompadour 2. *Adj.* im Rokokostil gearbeitet (z.B. Kleid) 3. *Sb.* niederer Polsterstuhl mit rückwärts gebogener Lehne ~ **üslubu** Louis-quinze(-stil *m*) *n* (franz. Rokoko)
pompalamak 1. (auf-, aus-)pumpen 2. *V* s. **cima etmek**
Pompe *n.pr. hist.* Pompejus (römischer Feldherr)
pompom topu *mil.* Maschinenflak *f* (Flugabwehr-Maschinengewehr)
pompon Pompon *m,* Quaste *f spez.* Puderquaste *f*
pomponlu mit Pompon (usw.)
pompuruk *V* s. **pimpon**
pomza s. **ponza**
ponço [×·] Poncho *m* (Schulterdecke mit Kopfschlitz) (Mittel- und Süd-amerika)
poney Pony *n* *midilli
ponje Pongé(-seide *f*) *m* ~ **batis** Pongé-Batist *m*
ponksiyon *med.* Punktion, Punktur *f* ~ **iğnesi** Punktiernadel *f* ~ **yapmak** punktieren, e–e Punktion vornehmen
ponktüasyon (*franz.* **ponctuation**) Zeichensetzung, Interpunktion *f* *noktalama
ponor *geogr.* Ponor *m,* Katabothre *f* (Schluckloch im Karstgebiet)
ponpon(-lu) s. **pompon(-lu)**
pont, -tu (*franz.* **ponte**) Gegenspieler *m* (bei Bakkarat, Roulett usw.); (bei **paseta** *a.* **pontar**)
pontif (*franz.* **pontife**) 1. Hohepriester *m* 2. *oft iron.* Koryphäe *f,* großes Tier, Literaturpapst *m*
ponton 1. Ponton *m,* Trag-, Brücken-schiff *n* *duba 2. *z. va.* Bagger *m* 3. Kemal *n* (Schwimmkörper zum Heben gesunkener Schiffe) 4. *mil.* Schwimmer, Ponton *m* (e–s Wasserflugzeugs)
Pontos [×·] *hist.* Pontus(-gebiet *n*) *m*
ponza [×·] **(taşı)** (vgl. *franz.* **ponce**) Bimsstein *m* *süngertaşı ~ **sürmek** s. **ponzalamak;** ~ **tozu** Bimssteinpulver *n*
ponzalamak poncieren: a) durchpausen b) (mit Bimsstein) (ab-)schleifen
ponzalı beton *techn.* Bimsbeton *m*
Pop: ~ **art** Pop-art *f* („populäre Kunst") ~ **şarkıcısı** Pop-Sänger *m*
pop, -pu Pope *m*
poplin Popelin(-e *f*) *m* od. daraus hergestellt
popo *Ki.* Popo *m*
popuri (*franz.* **pot-pourri**) Potpourrivase *f* (17./18. Jh.)
popülarite Popularität, Volkstümlichkeit, Beliebtheit *f*
popülarizasyon Popularisierung *f,* Verbreitung *f* im Volk
popülarize popularisiert ~ **etmek** popularisieren, gemeinverständlich machen, populär machen
popüler 1. volks-mäßig, -tümlich, Volks- 2. volkssprachlich 3. gemeinverständlich 4. populär, beliebt
popülerlik T. von **popülarite**
popülist, -ti (*franz.* **populiste**) 1. *pol.* volksparteilich *halkçı 2. *lit.* volkstümlich
popülizm (*franz.* **populisme**) (lit. Strömung in Frankreich um 1930) s. **halkçılık**
por *an.* Pore *f* *mesame
porç s. **borç** (II)
porfir *min.* Porphyr *m* *somaki
porfirî Porphyr- ~ **granit** s. **porfirsi granit**
porfirik *geol.* porphyrisch
porfirit, -ti *min.* Porphyrit *m*
porfirsi porphyrähnlich, Porphyr- ~ **granit** *min.* Granitporphyr *m* *porfirî granit
porinçine s. **purinçina**
pornograf Pornograph *m*
pornografi 1. pornographische Schrift, Pornographie *f* *bâhname 2. pornographisches Schrifttum
pornografik pornographisch
porozite (*franz.* **porosité**) s. **gözeneklilik**
porselen 1. Porzellan *n* 2. aus Porzellan hergestellt, Porzellan- 3. (*a.* ~ **izolatör**) Porzellanisolator *m* ~ **salyangozu** Porzellanschnecke *f zo.* Cypraea *taşböceği ~ **tabak** Porzellanteller *m*
porselenci Porzellan-hersteller od. -verkäufer *m*
porsiyon Portion *f* (*spez.* bei Speisen)
porsuk (I) s. **pörsük**
porsuk (II) Dachs *m zo.* Meles meles
porsuk (III) **(ağacı)** Eibe *f bot.* Taxus baccata
Porsuk (çayı) *n.pr.* ein Nebenfluß der Sakarya

porsukgiller Eibengewächse *pl. bot.* Taxaceae *kadimiye
porsumak s. **pörsümek**
porsun (*engl.* **boatswain**) *naut.* Bootsmann *m* ~ **yamağı** *naut.* Bootsmannsmaat *m*
portakal Orange, Apfelsine *f* ~ **ağacı** Orangen-, Apfelsinen-bäumchen *n bot.* Citrus aurantium var. sinensis ~ **kabuğu şekerlemesi** Orangeat *n* ~ **komposto(-su)** Orangenkompott *n* ~ **menekşesi** s. **kenger otu** (4); ~ **renginde** orange(-nfarbig) ~ **suyu** Orangensaft *m*, Orangeade *f*
portakalata [···×·] Orangenlimonade, Orangeade *f*
portakalcı Orangen-verkäufer, -händler *m*
portakalî *va.* orange(-nfarbig), orangenrot
portakallık Orangerie *f*
portatif 1. tragbar, leicht zu tragen, Hand-, Taschen- 2. zer-, zusammen-legbar 3. (*a.* ~ **yazı makinesi**) Reiseschreibmaschine *f* ~ **(atesli) silâh** *mil.* Handfeuerwaffe *f* ~ **karyola** Feldbett *n* ~ **merdiven** s. **taşınır merdiven;** ~ **mobilya** zerlegbare Möbel *pl.* *sökülür taşınır mobilya; ~ **sandalye** Klappstuhl *m*
portay (*franz.* **portail**) s. **anakapı**
portbagaj (*franz.* **porte-bagages**) 1. Gepäckbrücke *f* (am Auto) 2. Kofferraum *m* (im Auto)
porte (franz. **portée**) 1. Bereich *m*, Weite *f*, Umfang *m* 2. *fig.* Tragweite, Bedeutung, Seite *f* (e–r Angelegenheit) 3. *mus.* Noten-system *n*, -linien *pl.*
Portekiz 1. *n.pr.* Portugal 2. portugiesisch ~ **edebiyatı** portugiesische Literatur
Portekizce 1. portugiesische Sprache, Portugiesisch 2. portugiesisch
Portekizli 1. Portugiese *m*, Portugiesin *f* 2. portugiesisch
porter Porter *m* (starkgehopftes engl. Bier)
portfiliyer (*franz.* **porte-filières**) *techn.* Gewindeschneidkluppe *f*
portföy 1. Brieftasche *f* 2. *H* Portefeuille *n*, Wertpapier-od. Wechsel-bestand *m* (e–r Bank)
portik, -iği 1. Portikus *m*, Säulen-gang *m*, -halle *f* 2. s. **işaret -i**
portiye *selt.* Portier, Pförtner *m*
portlant, -dı (*od.* ~ **çimentosu**) Portlandzement *m*
portmanto (*franz.* **porte-manteau**) Kleiderrechen, Garderobeständer *m*
portmen *P* für **portmone**
portmone Portemonnaie *n*, Geldbeutel *m*
Porto [×·] 1. *n.pr.* Porto (Stadt in Portugal) 2. ≗ Portwein *m*
portofranko [×·×·] *va.* s. **frankoporto**
portolon *naut. hist.* Portulan *m* (Segelhandbuch mit Beschreibung der Linien, Küsten, Häfen)
portör (*franz.* **porteur**) *med.* Bazillenträger *m* *taşıyıcı
portparol (*franz.* **porte-parole**) Wortführer, Sprecher *m* *sözcü
portre 1. Porträt, Bild *n* 2. *fig.* Schilderung, Beschreibung *f*, Charakterbild *n* (z. B. e–s Menschen)
portreci; portretist, -ti s. **başressamı**
portuç, -cu *naut.* 1. Piek-, Vorrats-raum *m*, Hellegatt *n* 2. verschließbarer Schrank; Spind *m, n* 3. Schiffsküche, Kombüse *f*
portvua (*franz.* **porte-voix**) Sprachrohr *n*
poruj (*franz.* **peau-rouge**) Rothaut *f*, Indianer *m* *kızıl derili
pos kräftig, dicht und lang (Schnurrbart)
posa [×·] 1. Treber, Trester *pl.* 2. Grieben *pl.* (beim Auslassen von Fett) 3. Schlacke *f* **-sını çıkarmak** (bşin, b–nin) aus-pressen, -quetschen, -laugen, -beuten, -nutzen
posalanmak sich absetzen, Bodensatz bilden
posat s. **pusat**
posbıyık(-lı) mit kräftigem, dichtem und langem Schnurrbart, schnauzbärtig
poslanmak s. **boylanıp** ~
poslu s. **boslu**
Posof *n.pr.* O. u. D. im Rbz. Kars
post, -tu 1. (Tier-)Fell *n* 2. *fig.* Stellung *f* des Oberhauptes e–s geistlichen Ordens, Sitz, Stuhl *m* 3. *fig.* Stellung, Stelle *f*, Posten *m* *orun 4. (in best. Füg.) Leben *n*, Seele *f* *can ~ **elden gitmek** 1. umgebracht, ermordet werden 2. seinen Einfluß verlieren ~ **kapmak** e–e (gute) Stellung ergattern ~ **kavgası** Stellen-, Posten-jägerei *f* ~ **peşinde koşmak** e–n Posten erjagen wollen ~ **vermek** zugrundegehen, umkommen **-a geçmek** e–n hohen Posten erlangen **-a oturmak** *fr.* Ordensscheich werden **-u deldirmek** *V* angeschossen, verwundet werden **-u kaptırmak** umgebracht werden **-u kurtarmak** 1. sein Leben mit Mühe und Not retten können 2. gerade noch mit e–m blauen Auge davonkommen **-u sermek** (*od.* **atmak**) 1. sich häuslich niederlassen; sich einnisten 2. ungebührlich lange verweilen, wie angeklebt (angenagelt) sitzenbleiben, keinen Abgang finden (z. B. Gast) **-u sudan çıkarmak** seine Lage verbessern **-u ucuza vermemek** seine Haut teuer verkaufen **-u yoluk** *F* armer Kerl **-una oturmak** 1. j–s Posten einnehmen 2. *fig.* sich aufspielen, vornehm tun **-una saman doldurmak** töten, umbringen **-unu çıkarmak** j–n halbtot prügeln
posta [×·] 1. Post *f* (als Gesamtheit der Postsendungen) 2. Post *f* (als Organisation) 3. Post-amt, -gebäude *n* *postane 4. Post-zug, -dampfer *m*, -auto *n* u. ä. m. 5. *mil.* (Wach-)Posten *m*, Wache, Ordonnanz *f* 6. Gruppe, Schicht *f*, Trupp *m* (z. B. bei Arbeitern) 7. Fahrt, Fuhre *f* 8. Rundfunkstation *f* *istasyon 9. *naut.* Spant, Inholz *n* 10. *naut.* Hälfte *f* e–r Schiffsmannschaft 11. *hist.* (in der osm. Kriegsmarine) Hälfte der **bölük** genannten Gruppe (je nach Größe des Schiffes wurde die Mannschaft in 4–6 Gruppen (bölük) eingeteilt; 1 **bölük** umfaßte 2 **posta** zu je 4 **takım**) 12. *va.* (Flotten-)Geschwader *n* Zu 1: **≗dan bize bir şey çıkmadı.** Bei der Post war nichts für uns dabei. Zu 1 bzw. 4: **Istanbul -sı** a) für I. bestimmte Post b) aus I. kommende Post c) nach I. fahrender Zug (Dampfer, Autobus) d) von I. kommender Zug (Dampfer, Autobus) Zu 3: **mektupları -ya götürmek** die Briefe zur (od. auf die) Post bringen Zu 5: **Sağa sola -lar çıkarıldı.** Überall wurden Posten (Wachen) ausgestellt. Zu 6: **İşçi -ları nöbetleşe çalışırlar.** Es wird schichtweise gearbeitet. s. a. **inşa -sı** Zu 7: **Bu araba, bütün eşyayı dört -da taşır.** Der Wagen hier bringt die ganzen Sachen in vier Fuhren weg. Zu 8: s. **Türkiye Radyo Difüzyon ≗ları** Zu 10: s. **iskele (sancak) -sı;** ~ **başı** Anführer *m* e–r Gruppe z. B. leitender Gendarm, Vorarbeiter *m* u. ä. m. ~ **Birliği** s. **Milletlerarası ≗ Birliği;** ~ **çeki** Postscheck *m* ~ **çıkarmak** (*od.* **dikmek**) Posten aufstellen ~ **emri** Postauftrag *m* ~ **etmek** wegbringen, abführen (z. B. auf die Polizeiwache), (irgendwohin) stecken (z. B. ins Krankenhaus), *F* verfrachten ~ **gizliliği** Postgeheimnis *n* ~ **güvercini** Brieftaube *f* ~ **havalesi** Post-anweisung, -überweisung *f* *mandapost ~ **kaldırmak** *V* gemeinsam die Schule schwänzen ~ **kartı** Postkarte *f* *kartpostal ~ **kolisi** s. ~ **paketi;** ~ **koymak** (*od.* ~ **atmak**) (b–ne) 1. arglistig gegen j–n vorgehen 2. bedrohen, einschüchtern ~ **kurmak** *V* ein Komplott aushecken (gegen), e–n hereinlegen wollen ~ **kutusu** 1. Briefkasten *m* 2. (Post-)Schließfach *n* ~ **maka** Abart des **maka**-Ka. ~ **merkezi** Hauptpost *f* ~ **mesahası** *naut.* Spantumfang *m* ~ **neferi** *mil.* Ordonnanz *f*, Posten *m* ~ **olmak** Pass. zu **posta etmek;** ~ **paketi** Postpaket *n* *kolipostal ~ **polisi** patrouillierender Polizist ~ **pulu** Brief-, Frei-marke *f* ~ **sansürü** Post-, Briefzensur *f* ~ **tayyaresi** (*od.* **uçağı**) Postflugzeug *n* ~ **treni** 1.

Postzug *m* 2. Fernzug *m* ~ **ücreti** Porto *n*, Postgebühren *pl.* ~ **vagonu** Postwagen *m* (bei Eisenbahn) ~ **vapuru** Post-, Passagier-dampfer *m* ~ **yapmak** hin und zurück fahren, e–e Fahrt machen (**Araba günde üç ~ yapar.** Der Wagen fährt täglich dreimal in die Stadt. **Iskenderun -sını yapan vapur** der regelmäßige Dampfer nach Iskenderun) **-lar zinciri** *mil.* Postenkette *f* **-ya vermek** zur Post geben, abschicken od. abschicken lassen **-yı kesmek** *fig.* 1. die Verbindung abbrechen 2. nicht mehr irgendwohin gehen

postacı [×··] 1. Briefträger *m* 2. Postbeamter

postacılık 1. Briefträgerberuf *m* 2. Dienst *m* bei der Post 3. Postwesen *n* ~ **etmek** 1. Post austragen 2. als Postbeamter tätig sein

postal (I) postalisch, Post- s. **kartpostal, kolipostal**

postal (II) 1. derber Arbeiter- od. Soldaten-schuh 2. *Schi.* liederliches Frauenzimmer, Hure, Dirne *f* 3. *va.* leichter Lederschuh *mest 4. *P* s. **pastav**

postalamak 1. mit der Post senden 2. *V* j–n abwimmeln

postane [ā] Post(-amt, -gebäude *n*) *f*

poster *(engl.)* Poster *m, n*

posteriyör (*franz.* **postérieur**) s. **art**

postiş (*franz.* **postiche**) 1. unecht, künstlich 2. falsches Haarteil (für Damen) 3. *H* Attrappe *f*

postlimini *jur.* Postliminium *n* (Wiederherstellung des Rechtszustandes in e–m vom Feind wieder geräumten Landesteil)

postnişin [··–] *va.* 1. e–e nb. Stellung innehabend 2. Abt, Superior *m* e–s Derwischklosters

postrestan(t) 1. postlagernd, poste restante 2. postlagernde Sendungen *pl.* 3. Schalter *m* für postlagernde Sendungen

postulat, -tı; postüla *log., math.* Postulat *n* *konut

posyon (*franz.* **potion**) Arznei-, Heil-trank *m*, Mixtur *f*

poş *reg.* (Rize) in kleineren Flüssen verwendetes Fischernetz

Poşa *n.pr.* Kaukasuszigeuner *pl.*

poşat, -dı (*franz.* **pochade**) (flüchtig hingeworfene) Skizze ~ **işlemek** flüchtig skizzieren

poşe (*franz.* **œufs pochés**) (Kochkunst) verlorene Eier *pl.*

poşu s. **puşi**

pot (I), **-tu** (deutsch: **Boot**) Fähre *f* ~ **başı** Übersetz-, Landungs-stelle *f* (an e–m Fluß)

pot (II), **-tu** 1. (durch schlechten Schnitt e–s Kleidungsstückes entstehende) Falte *f* 2. Fauxpas, Schnitzer *m* 3. *F* leichtsinniges Frauenzimmer ~ **gelmek** *fig.* schiefgehen, mißlingen ~ **kırmak** e–n Fauxpas (e–e Tapsigkeit, Ungeschicklichkeit, Taktlosigkeit) begehen; ins Fettnäpfchen treten ~ **yeri** (bir işin) *fig.* wunder Punkt, Schwierigkeit *f*

pot (III), **-tu** 1. Gesamtheit *f* der Einsätze im Pokerspiel, Bank *f* 2. *V* Pokerspiel *n* ~ **yapmak** *V* Poker spielen

pota (I) 1. Schmelztiegel *m* 2. (Sport) Recht *n* der Teilnahme in e–r best. Klasse Zu 2: **Bir galibiyet bizi tekrar şampiyonluk -sına sokacaktır.** Ein Sieg wird uns wieder die Teilnahme an den Meisterspielen ermöglichen. ~ **dökme çeliği** Tiegelgußstahl *m* ~ **gümüşü** Kapellensilber *n* (reines Silber) ~ **ocağı** Tiegelofen *m*

pota (II) (< *franz.* **poteau**) Korb *m* (bei Basketball)

potaç *naut. hist.* kleineres Lastschiff

potamoloji (*franz.* **potamologie**) s. **akarsu bilimi**

potans *med.* (sexuelle) Potenz

potansiyel 1. *a. phys.* Potential *n* *iktidar, gizilgüç 2. potentiell *gizil, kâmin, meknî Zu 1: s. **harp -i;** ~ **farkı** *phys.* Potentialdifferenz *f* *tefazülü iktidar

potas (I) (*franz.* **potasse**) *chem.* 1. Kaliumverbindung *f* 2. *spez.* Kaliumkarbonat, Kali *n*, Pottasche *f* *potasyum karbonat ~ **kostik** Kaliumhydroxyd, Ätzkali *n* *potasyum hidroksit ~ **sabunu** s. **arapsabunu**

potas (II) *V* schäbig gekleidet

potaslı Pottasche enthaltend od. damit hergestellt

potasyum [·×·] *chem.* Kalium *n* ~ **hidroksit** s. **potas kostik;** ~ **iyodür** Jodkali *n* ~ **karbonat** s. **potas** (2); ~ **kromat** s. **sarı potas;** ~ **nitrat** Kalisalpeter *m* *güherçile ~ **siyanür** Zyankali *n* ~ **sülfat** Kaliumsulfat *n* (Düngemittel) ~ **tuzları** Kalisalze *pl.*

potazot (*franz.* **potazote**) *chem.* s. **potasyum nitrat**

poter s. **fötr**

potin (*franz.* **bottine**) (nur wenig über den Knöchel reichender) Halb-, Knöpf-stiefel *m* ~ **bağı** Schuhriemen, Schnürsenkel *m pl.*

potiri [·×·] *griech.* s. **kadeh**

potkal (*ital.* **boccale**) 1. *va.* Bier- od. Wein-flasche *f* 2. *naut.* Flaschenpost *f*

potkapaç(makinesi) s. **havöz**

potlaç, -cı Festlichkeit *f* (bei primitiven Völkern) *şölen

potlamak ein Füllen werfen (Kamelstute)

potlanmak Falten werfen (vgl. **pot** II)

potlu 1. mit Fähre ausgestattet, Übersetz- 2. gefältelt, plissiert (Rock)

poto (*franz.* **poteau**) (Pferderennen) Start- od. Ziel-punkt, -pfosten *m*

potole (*franz.* **pot au lait**) *selt.* Milchkanne *f*

potpuri *mus.* Potpourri *n*

potra [×·] *hist. mil.* Angriff *m* e–r weniger als 100 Mann starken Abteilung der **akıncılar** *(q.v.)* *çete

potrak viele Falten werfend (Kleidungsstück)

potrel s. **putrel**

potuk 1. s. **potlu** (2) 2. s. **puduk**

potur 1. s. **potlu** (2) 2. faltige, runzelige Stelle 3. türk. Bauernhose (die an den Waden eng anliegt und an den Oberschenkeln sowie über das Gesäß weit gearbeitet ist)

poturlu (anatolischer) Bauer

poturoğulları, -nı *hist.* Knabenaushebung *f* **(devşirme)** bei den bosnischen Muselmanen (für die Leibgarde des Sultans od. für andere Dienstleistungen im Serail)

poturumsu; poturumtırak an e–e türk. Bauernhose gemahnend

poylak *hist.* Angehöriger der osm. Mobilgarde in Rumelien

poyra [×·] 1. (Rad-)Nabe *f* 2. Achsbüchse *f* (bei e–r Lokomotive, e–m Eisenbahnwagen usw.) ~ **çalparası** Nabenscheibe *f*

poyralamak (tekerleği) das Rad auf die Achse setzen

poyralık Hartholz *n* (für die Naben von Pferdewagen od. für Tragbalken)

poyrat, -tı *naut.* Fall *n* am Unterleesegel

poyratlı *naut.* (in der Füg.:) ~ **latin yelkeni** Schebeckensegel *n* *yarım latin yelkeni

poyraz 1. Nordostwind *m* 2. *naut.* Nordosten *m*, NO 3. Nordwind *m* 4. Norden *m* ~ **kerte gündoğusu** *naut.* Nordost zu Ost ~ **kerte yıldız** *naut.* Nordost zu Nord **-a çevirmek** s. **poyrazlamak**

poyrazlamak plötzlich einsetzen (Nordostwind) **Hava poyrazladı.** Es hat plötzlich Nordostwind eingesetzt.

poyrazlı mit Nordostwind

poyu s. **altı kemerli tatu**

poz 1. Pose, Positur, Haltung, Stellung *f* 2. *phot.* Belichtung *f* 3. *phot.* Zeitaufnahme *f* (*ant.* **enstantane**) 4. Bild *n*, (photographische) Aufnahme *f* ~ **almak** 1. e–e Pose (Haltung) einnehmen 2. e–e Zeitaufnahme machen ~ **atmak (kesmek, yapmak)** *pej.* posieren, schauspielern ~ **ayarını yapmak** einstellen (z.B. Maschine) ~ **müddeti** (*od.* ~ **süresi**) Belichtungszeit *f* ~ **vermek** 1. Modell stehen 2. belichten, Aufnahmen machen Zu 2: **Bu resme az** (*bzw.* **fazla**) ~ **verilmiş.** Das Bild hier ist unter- (*bzw.* über-)belichtet. **Dışarıda ~ veremediler.** Außenaufnahmen konnten nicht gemacht werden.

Pozantı *n.pr.* O. u. D. im Rbz. Adana
pozisyon 1. *(Sport)* Position, Stellung, Lage *f* 2. *mus.* Lage *f* (= Stellung der Töne, Stellung od. Position bei Streichinstrumenten) Zu 1: **muhakkak gollük -da** *Fb.* in sicherer Torschußstellung
pozitif 1. positiv *müspet 2. (*a.* ~ **resim**) *phot.* Positiv *n* ~ **elektrot** s. **anot;** ~ **film** *phot.* Umkehrfilm *m* ~ **hukuk** *jur.* positives (gesetztes) Recht *mevzu (*od.* müspet) hukuk ~ **klaviyesi** Rückpositiv *n* (bei der Orgel) ~ **sayı** s. **artı sayı**
pozitivist, -ti positivistisch; Positivist(-in *f*) *m* *olgucu
pozitivizm *phil.* Positivismus *m* *ispatiye, olguculuk; müspet felsefe
pozit(r)on *phys.* Positron *n*
Poznan [×·] *n.pr.* Posen (Stadt)
Poznanya [·×·] *n.pr.* Posen (Landschaft)
pozoloji (*franz.* **posologie**) *med.* Lehre *f* von der medizinischen Dosierung
pozometre [··×·] (*franz.* **posomètre**) *phot.* Belichtungsmesser *m*
pozör (*franz.* **poseur**) Angeber, Wichtigtuer, Effekthascher *m*
pöç *P* s. **sağrı kemiği**
pöf *Int.* puh! pfui! **≗, ne fena koku!** Pfui, wie das hier stinkt!
pölot, -tu (*franz.* **pelote**) s. **pelota**
Pön *hist.* Punier(-in *f*) *m*, punisch ~ **harpleri** (*od.* **savaşları**) *hist.* Punische Kriege *pl.*
pöplat, -dı (*franz.* **peuplade**) (primitiver) Volksstamm
pörçük s. **bölük** ~
pörsük eingefallen, zusammengeschrumpft, faltig geworden, verschrumpelt, welk, verwelkt
pörsüklük Eingefallensein *n*, Welkheit *f*
pörsümek einfallen, zusammenschrumpfen, faltig (welk) werden, welken
pösteki Schaf- od. Ziegen-fell *n* ~ **atmak** *fig.* bloßstellen ~ **gibi serili kalmış** kraftlos hingestreckt ~ **olmak** *fig.* kraftlos, schlapp sein od. werden ~ **saydırmak** (b–ne) *fig.* j–m e–e Sisyphusarbeit aufbürden ~ **saymak** *fig.* sich für nichts und wieder nichts abrackern **-sini çıkarmak** (*od.* **sermek**) (b–nin) *fig.* j–m e–e gehörige Tracht Prügel verabfolgen, j–m tüchtig das Fell gerben **-yi sermek** *fig.* keine Anstalten machen zu gehen **-yi sudan çıkarmak** *fig.* 1. sich mit Geschick aus e–r Affäre ziehen 2. zu hohem Ansehen (zu e–r hohen Stellung) gelangen
pötibör (*franz.* **petit-beurre**) Butterkeks *m, n*, Teegebäck *n*
pötidejöne (*franz.* **petit déjeuner**) *selt.* erstes Frühstück *n*
pötifur Petits fours (Tortenstückchen) *pl.*
pötigri (*franz.* **petit-gris**) 1. Feh *n* (graues sibirisches Eichhörnchen) *zo.* Sciurus vulgaris varius 2. Feh-kragen, -mantel *m* usw.
pötikare (*franz.* **petit-carré**) kleingemustert, Pfeffer und Salz (Stoff)
pözaj (*franz.* **pesage**) *(Rennsport)* 1. Wiegen *n* (der Pferde) 2. Wiegeplatz *m*
praçol s. **paraçol**
prafa [×·] Name e–s türk. Ka.
Prag *n.pr.* Prag
pragmacı(-lık) s. **pragmatik, pragmatizm**
pragmatik 1. pragmatisch 2. Pragmatiker, Pragmatist *m*
pragmatist, -ti s. **pragmatik** (2)
pragmatizm Pragmatismus *m*
Prağ, Praha s. **Prag**
prakete s. **parakete**
pralin (*franz.* **praline**) gebrannte Mandel
pralinlemek in Zucker bräunen
prama(-cı) s. **pereme(-cı)**
pranga (I) [×·] *fr.* schwere Sträflingskette (*spez.* für Galeerensklaven) ~ **kaçağı** *fig.* verwegener Räuber **-ya mahkûm** zu Zwangsarbeit verurteilt **-ya vurmak** in Ketten legen
pranga (II) [×·] *naut.* Wurfleine *f* *el yoması
prangabent, -di *fr.* 1. Kettensträfling *m* 2. Galeerensklave *m* *forsa
prangabentlik *fr.* 1. Kettenhaft *f* 2. Galeerensklaverei *f*
prangalı in Ketten gelegt (Sträfling)
prangı *hist.* 1. Falkonett *n* (kleines Geschütz) 2. Falkonettkugel *f*
prasa s. **pırasa**
praseodim *chem.* Praseodym *n*
prasya s. **bras(y)a**
pratik 1. praktisch *amelî, kılgın, kılgılı 2. Praxis, (praktische) Übung *f* *ameliyat, amel, kılgı **-le resim yapmak** aus dem Gedächtnis malen od. zeichnen
pratika [·×·] *naut.* Verkehrserlaubnis *f* zwischen Schiff und Hafen (nach Vorlegung des Gesundheitspasses, der Zoll- und sonstigen Ausweispapiere des Schiffes) ~ **almak** einklarieren (von seiten des Schiffes) ~ **vermek** ausklarieren
pratikçi *selt.* Praktiker *m*
pratisiyen (*franz.* **praticien**) **hekim** praktischer Arzt
predeterminizm (*franz.* **prédéterminisme**) *rel. selt.* Vorbestimmung *f*
predika(-t) *gr., phil.* Prädikat *n* *yüklem
prefabrike (*franz.* **préfabriqué**) in genormten Einzelteilen hergestellt; zusammensetzbar, Fertig- ~ **evler** Fertighäuser *pl.*
prefinansman (*franz.* **préfinancement**) *H* Vorfinanzierung *f*
prefiks (*franz.* **préfixe**) s. **önek**
preforme (*franz.* **préformé**) *H* vorher ausgestellt (z. B. Rechnung vor Lieferung der Ware)
prehistorik; prehistorya; prehistuar s. **tarihöncesi**
prejüje (*franz.* **préjugé**) Vorurteil *n*, vorgefaßte Meinung *peşin yargı, önyargı
prekambriyum *geol.* Präkambrium *n*
prekolombiyen (*franz.* **précolombien**) s. **Kolomböncesi**
prekonsepsiyon s. **prejüje**
prekosite (*franz.* **précocité**) Frühreife *f*
prelüde *mus.* präludiert ~ **etmek** *mus.* präludieren
prelüt, -dü 1. *mus.* Präludium, Vorspiel *n* 2. *fig.* Einleitung *f*, Vorspiel *n*
prematüre (*franz.* **prématuré**) 1. unreif 2. verfrüht, vorzeitig ~ **doğum** Frühgeburt *f*
prematürelik 1. Unreife *f* 2. Verfrühung, Vorzeitigkeit *f*
prens 1. Prinz *m* 2. Fürst *m* 3. *gel. irrt.* für **prenses;** **≗ adaları** *selt.* s. **Kızıl adalar;** **≗ dö Gal** Prince of Wales *m* (Titel des engl. Thronfolgers)
prensdögal ein karierter Wollstoff
prenses (*franz.* **princesse**) 1. Prinzessin *f* 2. Fürstin *f*
prenseslik Rang *m*, Stellung *f* e–r Prinzessin bzw. Fürstin
prensip, -pi, -bi Prinzip *n*, Grund-lage *f*, -satz *m* *ilke, mebde, umde ~ **itibariyle** prinzipiell ~ **sahibi** prinzipien-fest, -treu ~ **uğrunda** des Prinzips wegen
prenslik 1. Rang und Stand *m* e–s Prinzen 2. Fürstenstand *m* 3. Fürstentum *n* Zu 3: s. **Monako prensliği**
preparasyon 1. *selt.* Vorbereitung *f* *hazırlama, harzırlık 2. s. **preparat**
preparat, -tı *med.* zubereitetes Arzneimittel; Präparat *n*
preparatör *chem., phys.* Laborgehilfe *m*
prerafaelizm (*franz.* **préraphaélisme**) s. **önrafaelcilik**
preromantizm (*franz.* **préromantisme**) *lit.* Frühromantik *f*
pres 1. *techn.* Presse *f*, Spanner *m* (für Ski, Tennisschläger usw.); (Wein-)Kelter *f* 2. Drücken *n* (bei Gewichtheben) ~ **silindiri** Preßzylinder *m*
presantiman (*franz.* **pressentiment**) *selt.* Vorgefühl *n*, Ahnung *f* *önsezi

presbit, -ti (*franz.* **presbyte**) *med.* weitsichtig (infolge Alters)
presbiteriyen (*franz.* **presbytérien**) *rel.* presbyterianisch, Presbyterianer(-in *f*) *m*
presbiteriyenlik *rel.* Presbyterianismus *m*
presbitlik *med.* Presbyopie, Alters(weit)sichtigkeit *f* *meddi basarı şeyhî
prese (*franz.* **pressé**) gepreßt, Preß- ~ **camı** Preßglas *n* ~ **etmek** (zusammen-)pressen
presesyon *astr.* Präzession *f* *itidaleyn noktalarının ric'î hareketi
presing (*engl.* **pressing**) 1. Dampfwäscherei *f* 2. Bügelpresse *f*
presipitin *biol., med.* Präzipitin, Niederschlag *m* (im Blut) *çökeltin
presizyon *selt.* Präzision, Genauigkeit *f*
prespapye (*franz.* **presse-papiers**) Briefbeschwerer *m* *baskılık
prestij Prestige, Ansehen *n*, Geltung *f*
prestissimo [·×··] *mus.* 1. prestissimo, sehr schnell 2. Prestissimo *n*
presto [×·] *mus.* 1. presto, schnell 2. Presto *n*
presyon (*franz.* **pression**) Druck *m* *tazyik
prevantif 1. präventiv, vorbeugend, verhütend 2. Präventivmittel, (Empfängnis-)Verhütungsmittel *n*
prevantoryum [··×·] (*franz.* **préventorium**) Heilanstalt *f*, Sanatorium *n*, Erholungs-, Genesungs-heim *n* (*spez.* für Lungenkranke; präventive Behandlung)
Preveze *n.pr.* Prevesa (Küstenstädtchen in Westgriechenland, bekannt durch den Sieg von Barbaros Hayrettin über die Venezianer im Jahr 1538)
previzyon (*franz.* **prévision**) Prognose *f*; s.a. **piyasa -ları; satış -u**
prez *V* Prise *f* Heroin
preza [×·] *naut. va.* Prise, Seebeute *f*
prezantabl (*franz.* **présentable**) gut aussehend, wer sich sehen lassen kann
prezantasyon (*franz.* **présentation**) 1. Vorlage, Vorzeigung *f* 2. Vorstellung *f*, Sich-Vorstellen *n*
prezantatör (*franz.* **présentateur**) 1. Conférencier, Ansager *m* 2. Vorzeiger *m* (z.B. e–s Wechsels)
prezante 1. präsentiert, zur Zahlung vorgelegt (*spez.* Wechsel) 2. *selt.* vorgestellt ~ **etmek** 1. präsentieren, zur Zahlung vorlegen 2. *selt.* vorstellen *takdim etmek
prezervatif Präservativ, Vorbeugungs-, Schutz-mittel, Kondom *n* *kaput, lastik
prezidansiyel (*franz.* **présidentiel**) Präsidial- (z.B. Regierung)
prezidant, -tı (*fast ungebr.*) Präsident, Vorstand *m* *reis, başkan, şef
prezidyum *selt.* Präsidium *n*, Vorsitz *m*, Leitung *f*
Priam *n.pr.* Priamos (König von Troja)
prifiks (*franz.* **prix fixe**) fester Preis; Festpreis *m* *maktu fiat
prikol(-lu) s. **brikol(-lu)**
prim (*franz.* **prime**) 1. Versicherungsprämie *f* *sigorta akçesi 2. Prämie, Belohnung *f*, Bonus, Preis *m* 3. Prämie *f* (z.B. bei Anleihen) 4. Prämie *f*, Agio *n* 5. *mus.* Prime *f* *birli ~ **sigortası** *jur.* Versicherung *f* der Prämie
prima 1. *naut.* s. **pirima** 2. *mus.* s. **prim**
primadonna [··×·] Primadonna *f*, erste Sängerin
primatlar *zo.* Primaten, Herrentiere *pl.*
primer (*franz.* **primaire**) 1. *geol.* s. **birinci zaman; paleozoik** 2. primär, ursprünglich 3. Anfangs-, Elementar- *iptidaî
primin s. **birincizar**
primitif 1. ursprünglich, uranfänglich, Ur-, Grund- 2. *pej.* primitiv, geistig unterentwickelt **-ler** s. **ilkeller; ilkelciler**
primitivizm s. **ilkelcilik**
primli Prämien- ~ **muamele** (*Börse*) Prämiengeschäft *n* ~ **sigorta** Prämienversicherung *f*
primo [×·] *snob.* erstens *evvelâ, ilk olarak
Pripyat, -tı *n.pr.* Pripjet *m* (Nebenfluß des Dnjeprs)
Priştine *n.pr.* Prischtina (Städtchen in Jugoslawien)
priyapizm *med.* Priapismus *m*
priyorite *selt.* 1. Priorität *f*, Vorrang *m* 2. (zeitliches) Vorangehen
priz 1. *el.* Steckdose *f* 2. Abbindung *f* (bei Zement) *donma
prizma [×·] *math., phys.* Prisma *n* *biçme, menşur
prizmatik prismatisch, prismaförmig *biçmesel, menşuri
prizon (*franz.* **prison**) *selt.* Gefängnis *n* *hapishane
probabilite (*franz.* **probabilité**) *selt.* Wahrscheinlichkeit *f*
probabilizm *phil.* Probabilismus *m*, Wahrscheinlichkeitslehre *f* *ihtimaliye, olasıcılık
problem 1. *math.* Aufgabe *f* 2. *allg.* Problem *n*, (schwierige) Angelegenheit *dava, mesele ~ **çocuk** *päd.* schwer erziehbares Kind
problematik problematisch
problemli mit Problemen behaftet
prodüksiyon *selt.* Produktion, Erzeugung, Herstellung *f* *istihsal(-ât), üretim
prodüktif 1. produktiv *verimli 2. ergiebig, rentabel, leistungsfähig
prodüktivite 1. Produktivität *f* 2. Ergiebigkeit, Rentabilität, Leistungsfähigkeit *f* *(1, 2) üretkenlik
prodüktör Hersteller, Erzeuger, Produzent *m* *üretici
profan (*franz.* **profane**) *selt.* Laie, Nichtfachmann *m*
profesör (Universitäts-)Professor, Hochschullehrer *m* ~ **namzedi** (etwa:) außerordentlicher Professor
profesörlük 1. Rang *m* und Titel *m* e–s (Universitäts-)Professors 2. Professur *f*, Lehrstuhl *m*
profesyon (*franz.* **profession**) Beruf *m*
profesyonel (*franz.* **professionel**) 1. Berufs-sportler, -spieler, Professional, Profi *m* 2. berufs-, gewerbs-mäßig, Berufs-, Gewerbs- ~ **fotoğrafçı** Berufsphotograph(-in *f*) *m* ~ **talebe** *Ch.* gut ausgebildeter Beifahrer
profesyonelleşmek (bir işte) e–e Tätigkeit nunmehr berufsmäßig ausüben, ins Profilager übergehen, zum Professional werden; s.a. **dilencilikte** ~
profesyonellik Berufs-spielertum, -sportlertum *n*, Professionalismus *m*, Profitum *n*
profil 1. Profil *n*, Seiten-aufnahme, -ansicht *f* 2. im Profil aufgenommen, von der Seite gesehen (gezeichnet, dargestellt usw.) 3. Profil *n* (e–r Straße) 4. *geol., math.* Profil *n* *yanay ~ **başlar** Köpfe *pl.* im Profil ~ **demir** Profileisen *n* *profile ~ **doğruları** *math.* Profillinien, Seitengeraden *pl.* *cephe müstakimleri, yanay doğruları **-inden resim** Seitenansicht *f*
profilaksi *med.* Prophylaxe, Verhütung *f* (von Krankheiten), Vorbeugung *f* *korunma
profilaktik *med.* prophylaktisch, Vorbeugungs-, Verhütungs-
profile (*franz.* **profilé**) s. **profil demir**
profilli profiliert, Profil-
proforma [·×·] **(fatura)** *H* Vorausberechnung, Proformarechnung *f* ~ **bono** *H* Gefälligkeitsakzept *n*
prognoz Prognose *f* *inzar
program Programm *n* ~ **dergisi** *Th.* Programmheft *n* ~ **mucibince** programmgemäß **-a tabi olarak** in Verfolgung des Programms
programasyon Programm-gestaltung, -ierung *f*
programcı 1. Programmatiker *m* 2. Programmierer *m*
programlamak 1. programmäßig ordnen 2. programmieren
programlaşmak 1. sich nach e–m best. Programm (od. Plan) entwickeln 2. programmäßig (planmäßig) gestaltet werden
programlaştırmak 1. programmäßig (planmäßig) entwik-

keln (gestalten, vorsehen) 2. programmatisch vertreten (z.B. Ideologie) 3. s. **programlamak**
programlı programmäßig, programmatisch, systematisch, methodisch ~ **müzik** Programmusik *f*
program-nutuk Programmrede *f*, programmatische Rede od. Ansprache
programsız ohne Programm
progre (*franz.* **progrès**) Fortschritt *m*, Entwicklung *f*
progresif 1. progressiv, fortschrittlich 2. fortschreitend
proje Projekt *n*, Entwurf, Plan *m* ~ **dairesi** Konstruktionsbüro *f* ~ **taslağı** Roh-skizze *f*, -entwurf *m* ~ **yapmak** e–n Plan (ein Projekt) entwerfen, projektieren, planen
projeci *techn.* Konstrukteur *m*
projeksiyon 1. Projektion *f*, Lichtbild *n* 2. Lichtbildervorführung *f* 3. *math., phys.* Projektion *f* *izdüşüm, irtisam ~ **aleti** s. **projektör** (1)
projeksiyonlu mit Lichtbildern, mit Lichtbildervorführung (z.B. Vortrag)
projektil Projektil, Geschoß *n*
projektör 1. Projektor *m*, Projektionsgerät *n*, Bildwerfer *m* 2. Scheinwerfer *m* (bei Schiff, Auto usw., *a. mil.*) *ışıldak
projektörlü mit Projektor bzw. Scheinwerfer ausgestattet
projelendirmek planen, projektieren
prokomünist, -ti prokommunistisch, kommunistisch eingestellt
proksimal (*franz.* **proximal**) s. **yakın olan**
prolapsüs *med.* Prolaps(-us), Vorfall *m* (e–s Organs)
proletarize *selt.* zum Proletarier geworden, proletarisiert
proletarya [··×·] Proletariat *n*, Arbeiterklasse *f*
proleter 1. Proletarier(-in *f*) *m* 2. proletarisch
prolifik (*franz.* **prolifique**) *biol.* 1. sich stark vermehrend 2. kinderreich
prolog *selt.* Prolog *m* *öndeyiş
promenat, -dı *selt.* Promenade *f*, Spaziergang *m*, Spazierweg *m*
promes (*franz.* **promesse**) *selt.* 1. Versprechen *n*, Zusage *f* 2. Schuld-schein *m*, -verschreibung *f*, Wechsel *m*
Promete *n.pr. griech. Myth.* Prometheus
promet(e)yum *chem.* Promethium *n*
promisküite Promiskuität *f*, häufig wechselnder Geschlechtsverkehr
pronostik, -iği (*franz.* **pronostic**) *med.* Prognose *f*
propaganda [··×·] Propaganda, Werbung, Werbetätigkeit, Reklame *f* ~ **filmi** Werbefilm *m* ~ **vecizesi** Propagandalosung, -devise *f*, -spruch *m* ~ **yapmak** Propaganda machen (betreiben), *pej.* die Reklametrommel rühren
propagandacı [··×··] 1. Propagandist(-in *f*) *m* 2. politische Propaganda treibend 3. propagandistisch, Propaganda-, Werbe-
propagandacılık [··×···] *mst. pej.* Propaganda-, Werbe-tätigkeit *f*, Rühren *n* der Reklametrommel
propagandist, -ti s. **propagandacı**
propan gazı Propangas *n*
prop(il)en *chem.* Prop(yl)en *n*
propolis Propolis *f* (Baustoff der Bienenwaben) *ahılgan
prosede (*franz.* **procédé**) Verfahren, Vorgehen *n*
prosedür (*franz.* **procédure**) 1. *jur.* Prozeßverfahren *n*, Rechtsgang *m* 2. *allg.* Prozedur *f*, Verfahren *n*, Handlungsweise *f*
prosenyum (*franz.* **proscénium**) s. **önsahne**
prosesüs (*franz.* **processus**) (Entwicklungs-)Prozeß *m*
prospektüs Prospekt *m*, Werbeschrift *f* *tanıtmalık
prostat, -tı *an.* Prostata, Vorsteherdrüse *f*
prostatit, -ti *med.* Prostatitis *f*, Entzündung *f* der Vorsteherdrüse
prostatitli *med.* an Prostatitis erkrankt
prostela [·×·] Schürze *f*, Schurz *m* *önlük
prostitüsiyon *selt.* Prostitution *f* *fuhuş
Prosyon (*franz.* **procyon**) *astr.* s. **Öncü**
protagonist, -ti 1. *Th.* Hauptdarsteller(-in *f*) *m* *başaktör, başaktris 2. *fig.* Protagonist, Vorkämpfer, Pionier *m*
protaktinyum [··×·] *chem.* Protaktinium *n*
protein *chem.* Protein *n*
proteinli 1. proteinhaltig 2. proteinreich
protektora Protektorat(-sverwaltung, -sregierung *f*) *n* *himaye idaresi
proteolitik *med.* proteolytisch, eiweißverdauend
proteoliz *chem.* Proteolyse *f* (Aufspaltung von Eiweißkörpern in Aminosäuren)
Protestan 1. Protestant(-in *f*) *m* 2. protestantisch
Protestanlık 1. Protestantismus *m* 2. Protestantentum *n*
Protestantizm Protestantismus *m*
protesto [·×·] 1. Protest, Einspruch *m*, Verwahrung *f* 2. *jur.* Protest, Widerspruch *m*, Mahnung *f* 3. *naut.* s. **avarya mazbatası** Zu 1: **bir** ~ **vermek** e–n Protest einreichen ~ **çekmek** schriftlich Verwahrung einlegen ~ **edilmiş senet** *H* protestierter Wechsel ~ **etmek** (bşi; b–ni) protestieren, Einspruch erheben, Verwahrung einlegen, sich verwahren (gegen) ~ **makamında** zum Protest, als Protestbezeugung, -kundgebung
protestocu wer Protest (Verwahrung) einlegt
protez 1. Prothese *f* (Zahnersatz, künstliches Bein usw.) 2. *ling.* Prothese *f*, Vorschlag *m* *öntüreme 3. *V* falscher Busen
protist, -ti *biol.* Protist, Einzeller *m*
protogermanik (*franz.* **protogermanique**) *ling.* Urgermanisch(-e) *n*
protohistorik frühgeschichtlich
protohistorya Frühgeschichte *f*
protojin *geol.* Protogin *m* (gneisähnlicher Alpengranit)
protokol, -lü 1. Protokoll *n*, Niederschrift *f*, Verhandlungsbericht *m* *tutulga, zabıtname 2. diplomatisches Protokoll *teşrifat
protokollü protokolliert, beurkundet, protokollarisch, durch Protokoll festgestellt
protoksit, -di *chem.* erste Oxydationsstufe; Oxydul *n*
proton [×·] *chem.* Proton *n*
protonema [··×·] *bot.* Protonema *n*
protoplazma [··×·] *biol.* Protoplasma *n* *maddei musavvirei ula
prototip, -pi Muster, Vor-, Ur-bild *n*, Prototyp *m*
prova [×·] 1. (An-)Probe *f* 2. Bühnen- od. Orchester-probe 3. *typ.* Korrektur(-bogen *m*) *f*, Probeabdruck *m* 4. Probefahrt *f* (e–s Verkehrsmittels) 5. s. **pruva**; ~ **di fırtına** *naut.* s. **avarya raporu**; ~ **jeneral** (von türk. Puristen bekämpfte Füg.) Generalprobe *f* ~ **sayfa** *typ.* Probeseite *f* ~ **yapmak** (*od.* **etmek**) 1. (an-)probieren 2. proben, e–e Probe abhalten 3. e–e Probefahrt machen
provadifortuna s. **prova di fırtına**
provalık aus soundsoviel **prova** bestehend
Provansa *n.pr.* Provence *f* (franz. Landschaft)
proverb (*franz.* **proverbe**) *selt.* Sprichwort *n* *atalarsözü, darbımesel
provezza *naut. (va. od. reg.)* starker Westwind
provizyon 1. Provision, Vermittlungs-, Kommissions-gebühr *f* 2. *selt.* Deckung *f* (z.B. für e–n Wechsel)
provizyonlu mit Provision *bzw.* Deckung
provizyonsuz 1. ohne Provision 2. *selt.* ohne Deckung, ungedeckt (Scheck usw.) *karşılıksız
provokasyon Provokation, Provozierung *f*
provokatör 1. Provokateur, Hetzredner *m* 2. provozierend, provokatorisch
provoke provoziert ~ **etmek** provozieren, herausfordern, hervorrufen
provo(-s) (< *franz.* **provocateurs**) holländischer Gammler

prozaik 1. prosaisch 2. *fig.* nüchtern, poesielos, schwunglos
prozodi Prosodie, Silbenmessung *f*, metrisch-rhythmische Behandlung der Sprache
prömiyer (*franz.* **première**) Premiere, Ur- bzw. Erst-aufführung *f*
prurigo *med.* Prurigo, Juckflechte *f*
pruritus *med.* Pruritus, Juckreiz *m*
Prusya [×·] *n.pr. hist.* Preußen ~ **mavisi** Preußisch-Blau *n*, preußisch-blau
Prusyalı 1. Preuße *m*, Preußin *f* 2. preußisch
Prusyalılık *öft. pej.* Preußentum *n*
pruva [×·] *naut.* Bug *m* (e–s Schiffes) ~ **çanaklığı** Vor-, Fock-mars *m* ~ **direği** Fockmast *m* ~ **figürü** *fr.* Galionsfigur *f* *baş figürü ~ **hattı** 1. Kiellinie *f* 2. Kiellinie-Fahren *n* 3. Steuerstrich *m* (beim Kompaßgehäuse) ~ **kontrakurtelaçin yelkeni** Vor-Royal-Leesegel *n* ~ **küreği** Bugriemen *m* (in e–m Boot) ≗ **nerede?** Was liegt an? Wie liegen wir? ~ **palamarı** Anhaltseil *n* (Befestigungsseil am Bug) ~ **sereni** Fockrah *f* ~ **sıvıryası** Ruderbank *f* od. Ruderer *pl.* unmittelbar nach dem Bugmann (auf Booten mit 4–5 Ruderpaaren) **-da** voraus **-dan deniz** Gegensee *f* **-sından esmek** *F* reizen, ärgern, provozieren
pruvacı *naut.* 1. Mann *m* am Fockmast, einfacher Matrose 2. Bugmann *m* (in e–m Boot)
prüsik (*franz.* **prussique**) **asit** s. **asit hidrosiyanik**
psamit, -ti *min.* Psammit *m* *mikalı kumtaşı
psikanalist, -ti Psychoanalytiker(-in *f*) *m*
psikanalitik psychoanalytisch
psikanaliz Psychoanalyse *f* *tahlili ruhî
psikanalizci 1. s. **psikanalist** 2. s. **psikanalitik**
psikasteni *med.* Psychasthenie *f* *ataleti ruhiye, ruh argınlığı
psikedelik psychedelisch
psikedelizm psychedelischer Zustand
psikiyatr Psychiater *m*
psikiyatri Psychiatrie *f* *ruh hekimliği, tababeti ruhiye ~ **kliniği** psychiatrische Klinik
psikiyatrik psychiatrisch
psikiyatrist, -ti s. **psikiyatr**
psikodram *med., Th.* Psychodrama *n*
psikofizik 1. Psychophysik *f* *fizik ruhbilim 2. psychophysisch *ruhsal-fiziksel
psikojen *med.* psychogen, seelisch bedingt
psikolog, -gu Psycholog-e *m*, -in *f* *ruhiyatçı
psikoloji Psychologie, Seelenkunde *f* *ruhbilim, ruhiyat
psikolojik psychologisch
psikolojist, -ti s. **psikolog**
psikolojizm Psychologismus *m* *ruhbilimcilik, ruhiyatçılık
psikometri Psychometrie *f* *mukayesei ruhiye, ruh ölçümü
psikonevrotik psychoneurotisch
psikonevroz Psychoneurose *f*
psikopat, -tı Psychopath(-in *f*) *m*
psikopati Psychopathie *f* *ruh hastalığı, marazı ruhî
psikopatik psychopathisch
psikopatoloji Psychopathologie, Pathopsychologie *f*
psikopatolojik psychopathologisch
psikosomatik *med.* psychosomatisch
psikoteknik 1. Psychotechnik, Eignungskunde *f* 2. psychotechnisch, eignungskundlich
psikoteknisiyen Berufsberater, Tester *m*
psikoterapi Psycho-therapie, -therapeutik *f*
psikoterapist, -ti Psychotherapeut *m*, Facharzt *m* für Psychotherapie
psikoz Psychose *f*, krankhafter Angst- od. Beklemmungszustand
Psişe 1. *n.pr.* Psyche 2. ≗ Ankleidespiegel *m*, großer Drehspiegel
psişik *selt.* psychisch, seelisch *ruhî, ruhsal
psişiyatri(-k) s. **psikiyatri(-k)**
psişizm *selt.* Seelenleben *n*, Psychismus *m*
psittakizm (*franz.* **psittacisme**) s. **papağanlık**
psittakoz (*franz.* **psittacose**) s. **papağan hastalığı**
psoas *an.* großer Lendenmuskel, Psoas *m*
Pş. = paşa
Ptoleme s. **Batlamyos**
ptomayin *med.* Leichengift, Ptomain *n*
ptoz *med.* Ptosis *f* (Herabsinken des gelähmten Oberlides; Senkung der Eingeweide) *düşüklük
P.T.T. = Posta, Telgraf, Telefon
puadösantör (*franz.* **pois de scenteur**) s. **ıtrışahî** (1)
puan (*franz.* **point**) 1. (Bewertungs-)Punkt *m* (bei Sportveranstaltungen, Ausstellungen usw.) 2. Punkt *m* (z.B. bei Muster) ~ **almak** (*od.* **kazanmak**) Punkte gewinnen, sich Punkte sichern ~ **cetveli** Punkt-, Bewertungs-tabelle *f* ~ **cetvelinde düşük bir vaziyette olmak** *(Sport)* e–n schlechten Tabellenplatz haben ~ **durumu** Punktstand *m* ~ **hesabiyle yenmek** nach Punkten gewinnen ~ **itibariyle** an Punkten, nach der Punktberechnung ~ **virgül** *z. va.* s. **noktalı virgül**
puanlamak nach Punkten bewerten
puanlı 1. *(Sport)* mit soundsoviel Bewertungspunkten 2. gepunktet Zu 2: **beyaz** ~ weißgepunktet, mit weißen Punkten (z.B. Krawatte)
puant, -tı (*franz.* **pointe**) (Ballett) Spitzentanz *m*
puantaj (*franz.* **pointage**) 1. Kenntlichmachung *n* durch e–n Punkt, ein Häkchen usw., Anhaken *n* 2. (Punkt-) Bewertung *f* ~ **heyeti** Bewertungskommission *f*, Preisgericht *n*, Preisrichter *pl.*, Jury *f* ~ **yapmak** abhaken (z.B. beim Kollationieren)
puanter Pointer, Vorstehhund *m*
puantiye (*franz.* **pointillé**) 1. punktierte Arbeit, Tüpfelarbeit *f* 2. punktiert, gepunktet, mit Tupfen (z.B. Kleid)
puantiyist, -ti; puantiyizm (*franz.* **pointilliste; pointillisme**) s. **yeniizlenimci(-lik)**
puantör (*franz.* **pointeur**) 1. Handelsagent od. Zollbeamter, der ein- bzw. aus-laufende Waren an Hand e–r Liste kontrolliert und abhakt 2. Punktierer, Markierer *m* 3. *(Sport)* Punkt-, Ziel-richter, Zeitnehmer *m*
puar (*franz.* **poire**) Gummiball *m* (e–s Zerstäubers, e–r fr. Autohupe usw.)
puasondavril (*franz.* **poisson d'avril**) Aprilscherz *m* *nisanbalığı
puç *va.* 1. Steiß *m*, Gesäß *n* 2. Rinne *f* zwischen den beiden Gesäßbacken 3. et. Minderwertiges, Unbrauchbares 4. häßlich 5. hohl
pud (I) [–] *va.* s. **argaç, atkı**
pud (II) Pud *n* (*fr.* russisches Gewicht von 16,38 kg)
puddel *techn.* Puddeln, Frischen *n* (des Eisens) ~ **cürufu** Puddelschlacke *f* ~ **demiri** Puddeleisen *n* ~ **demiri yapmak** puddeln, Schweißstahl gewinnen ~ **işlemi** (*od.* ~ **usulü**) Puddelverfahren *n*
puddling s. **puddel işlemi**
puding [×·] 1. *min.* Puddingstein *m*, Flintkonglomerat *n* 2. Pudding *m* (als Süßspeise)
pudra s. **podra**
pudriye (*franz.* **poudrier**) Puderdose *f* *podralık
pudriyer (*franz.* **poudrière**) *gel. irrt.* für **pudriye**
puduk, -ğu neugeborenes Kamelfüllen
puf (I) pff! fft!
puf (II) (Leder-)Puff *m*
pufböreği, -ni Pastete *f* mit Käse- od. Hackfleisch-füllung (häufig Sinnbild von Schwer-Verdaulichem)
pufla [×·] 1. Eiderente *f zo.* Somateria mollissima 2. Eiderdaunen *pl.* 3. mit Eiderdaunen gefüllt, Daunen- 4. (*a.* ~ **gibi**) weich, locker, bauschig, schwellend
puflamak s. **poflamak**

puhte [ū] *va.* 1. gebacken 2. gekocht 3. reif
puhu(-kuşu) Uhu *m zo.* Bubo bubo
pul kleiner, dünner, flacher Gegenstand *spez.:* 1. Paillette *f*, Flitterplättchen *n* 2. Schuppe *f* (z. B. bei Fischen, *fr. a.* bei Rüstung usw.) 3. *(Tr.sp., Damespiel)* Stein *m* 4. Brief-, Frei-, Stempel-, Wohltätigkeits-, Steuer- usw. marke *f* 5. *techn.* Unterlegscheibe *f* 6. *fr.* kleine Münze (dritter Teil e–r **akça**) 7. *V* Geld *n* *akçe, para 8. Schmuckmünze *f* 9. größerer, runder Flecken od. Punkt 10. s. **ağızlık gülü** Zu 6: s. **bir ~ etmemek** Zu 7: s. **para ~;** ~ **bayii** Stempelmarkenverkäufer *m* ~ **işlemek** mit Pailletten besetzen ~ **kasası** Portokasse *f* ~ **kaya** s. **şist;** ~ **koleksiyoncusu** Briefmarkensammler, Philatelist *m* ~ **koleksiyonu** Briefmarkensammlung *f* ~ **meraklısı** Briefmarken-freund, -liebhaber *m* ~ **pensi** Briefmarkenpinzette *f* ~ ~ mit größeren, runden Punkten, groß-gepunktet, -punktiert ~ **salmastra** Unterlegscheibe *f* ~ **şişe** dünnwandiges Gefäß aus grünlichem Glas ~ **toplamak** Briefmarken sammeln ~ **yapıştırmak** e–e Marke (bzw. Marken) aufkleben
pulaka [·×·] *naut. hist.* Polacke(-r *m*) *f* (zwei- od. dreimastiges Segelschiff im Mittelmeer)
pulanya s. **planya**
pulat, -dı *va.* Stahl *m* *çelik ~ **gibi** *va.* kräftig, leistungsfähig, widerstandsfähig, ausdauernd, zäh
pulaterina [···×·] dünnlippige Meeräsche *zo.* Mugil capito *ilarya
pulatka [·×·] *naut.* Heuer-Vorschuß *m*
pulbilim(-sel) s. **filateli(-k)**
pulcu 1. Verkäufer *m* von Stempelmarken 2. Briefmarkensammler, Philatelist *m* 3. Briefmarkenhändler *m*
pulcuk *bot.* Spreublättchen *n*
pulcuklu sabun s. **payet sabun**
pulculuk 1. Verkauf *m* von Stempelmarken 2. Briefmarkensammeln *n* 3. Briefmarkenkunde, Philatelie *f* 4. Briefmarkenhandel *m*
pulk russische Kosakenabteilung
pulkanatlılar Schmetterlinge *pl. zo.* Lepidoptera *kelebekler ~ **bilimi** Schmetterlingskunde, Lepidopterologie *f*
pullama Vs. zu **pullamak;** ~ **mecburiyeti** Frankaturzwang *m*
pullamak (m. Akk.) et. mit **pul** versehen z. B. mit Pailletten besetzen, mit Brief- od. Stempel-marken versehen, frankieren, verstempeln, versteuern; s. a. **tellemek pullamak**
pullanmak 1. Pass. zu **pullamak** 2. sich abschuppen 3. s. **allanıp ~**
pulloroz (*franz.* **pullorose**) *vet.* s. **civcivlerin beyaz ishali**
pullu 1. mit Pailletten, Flitter besetzt 2. schuppig, Schuppen- 3. mit Brief-, Stempel-marke usw. versehen; frankiert, verstempelt, versteuert 4. mit Unterlegscheibe(-n) 5. mit Schmuckmünze(-n) 6. gepunktet, punktiert ~ **gömlek** Schuppenpanzer *m;* s. a. **allı pullu**
pulluhayvanlar Schuppentiere *pl. zo.* Pholidota
pulluk (I) soundsoviel Marken enthaltend **200 ~ bir tabaka kâğıt** ein Bogen mit zweihundert Marken
pulluk (II) schwerer Pflug (mit mehreren Pflugscharen), Maschinenpflug *m* *kutan ~ **kulağı** Streichblech *n*
pullusürüngenler Schuppenkriechtiere *pl. zo.* Squamata
pulman (kar) Pullman-Wagen *m*
pulover *selt.* Pullover *m* *kazak
pulsu schuppen-, dachziegel-ähnlich
pulsuz ohne **pul** *spez.* 1. ohne Marke, unfrankiert, unverstempelt, unversteuert 2. ohne Geld 3. *zo.* ohne Schuppen Zu 2: s. a. **parasız ~**
puluç sexuell impotent (Mann)
puluçluk sexuelle Impotenz *ananet
pulzometre s. **pülzometre**
puma [×·] Silberlöwe, Puma, Kuguar *m zo.* Puma concolor *kuguar, yenidünya aslanı
punç (I) Punsch *m* (Heißgetränk)
punç (II) (Box-)Schlag *m*
punt, -du, -tu 1. *urspr.* Punkt *m* 2. *naut.* Position *f* e–s Schiffes; Schiffsort *m* 3. *V* e–e best. Zahl od. Karte (bei **paseta** od. **kılıç**) 4. günstige Gelegenheit ~ **tayini** *naut.* Positionsberechnung *f* **-una getirmek** *od.* **-unu bulmak** *F* 1. e–e günstige Gelegenheit finden (um et. zu tun) 2. mit List erreichen; erschleichen, ablisten **-unu haritaya koymak (geminin)** die Position des Schiffes auf der Karte abstecken (*naut.* pricken)
punta Reitstock *m* (e–r Drehbank) ~ **deliği** Zentrierbohrung *f* ~ **gönyesi** Zentrierwinkel *m* ~ **matkabı** Zentrierbohrer *m*
puntal; puntel, -li *naut.* 1. Pfahl, Pflock, Pfosten, Träger *m* 2. Deckstütze *f* 3. **(sırığı)** Störstange *f* (zum Aufjagen der Fische) 4. Schiffs-, Lade-raum *m*
punto [×·] 1. *typ.* Punkt *m* (Maßeinheit der Schriftgröße, 0,376 mm) 2. *typ.* Schriftgrad *m* 3. Punkt *m* (bei Börsenbewertungen)
puntolu [×··] mit nb. Lettern bzw. Börsenbewertungen **iri ~ başlık** Überschrift *f* in fetten (dicken, großen) Lettern
puntoluk [×··] 1. *typ.* soundsoviel Punkte groß 2. soundsoviel Punkte ausmachend (z. B. Bewertungsdifferenz bei Börsenpapieren)
punya [×·] *naut.* Geitau *n* des Groß- od. Fock-segels
pupa (I) s. **kundak** (8)
pupa (II) *naut.* 1. Heck, Achterschiff *n* *kıç 2. von hinten, von rückwärts, Rücken-, Achter- 3. ⚬ *astr.* Puppis (Sternbild) Zu 2: **Rüzgâr ~ esiyor.** Der Wind kommt von recht achteraus. ~ **etmek** ein anderes Schiff von hinten rammen ~ **gitmek** 1. vor dem Wind laufen (Schiff) 2. *fig.* vom Glück begünstigt sein 3. *V* geradeaus gehen ~ **hava** Achterbrise *f* ~ **nöbetçisi** Achterwache *f* ~ **pruva** Richtung *f* vom Heck zum Bug ~ (*od.* **-dan**) **rüzgâr** Achterwind *m* ~ **yelken** 1. durch Achterwind geblähtes Segel 2. *fig.* mit vollen Segeln, in voller Fahrt, mit Windeseile (z. B. herbeilaufen) ~ **yelken açılmak** (bşe) *fig.* et. ausnützen, Vorteil ziehen (aus) ~ **yelken gitmek** 1. vor dem Wind segeln 2. schleunigst (irgendwohin) gehen **-dan esmek** von achtern kommen (Wind) **-dan gelmek** in der Kiellinie e–s anderen Schiffes fahren **-sına seyretmek** vor dem Wind laufen
pupadoğuranlar s. **sinekbitleri**
pupalaşmak sich verpuppen (Raupen)
pupe (*franz.* **poupée**) Puppe *f* *(Kspz.)*
pupla s. **pufla**
purga *met.* Purga *f* (Schneesturm in Sibirien)
purinçina [··×·] *naut.* Metallfutter *n;* s. a. **kilindreli ~**
purmeçe s. **permeçe**
puro [×·] Zigarre *f*, Zigarillo, Stumpen *m* *yaprak sigarası
purpura (I) Purpurschnecke *f zo.* Murex trunculus
purpura (II) *med.* Purpurausschlag *m*, Blutfleckenkrankheit *f*
pursantaj *H* prozentualer Anteil, prozentuale Beteiligung; Prozentsatz *m*
pus (I) (*franz.* **pouce**) engl. Zoll (= 2,54 cm) *inç, parmak
pus (II) 1. leichter Nebel 2. Beschlag *m* (auf Früchten od. Fenstern) 3. Raupengespinst *n* (auf Bäumen usw.) 4. Moos *n* (an Bäumen) 5. (*gel.* an Brustwarze od. Euter auftretender) Schorf *m*
pusarık 1. neblig, dunstig, trüb, naßkalt (z. B. Wetter) *puslu 2. Nebeldunst *m* (in weiter Ebene) 3. Luftspiegelung, Fata Morgana *f* *ılgım, serap ~ **ses** s. **puslu ses**
pusarmak neblig (dunstig, trüb, naßkalt) werden (Wetter)
pusat, -dı 1. *z. va.* Ausrüstung *f*, Werkzeuge *pl.* 2. Waffe *f*,

Kampfgerät *n* 3. Pferdegeschirr *n* 4. Schauspielerkostüm *n (im Ortaoyunu)* 5. *Zig.* Kleidung *f*
pusatçı Schauspieler *(im Ortaoyunu),* der mit der Narrenpritsche, e–m Holzschwert usw. auftritt; Clown, Harlekin *m*
pusatlandırmak ausrüsten, versehen, ausstatten (mit) *teçhiz etmek
pusatlanmak sich die nötigen Waffen od. Werkzeuge beschaffen, sich ausrüsten, sich ausstatten
pusatlı 1. ausgerüstet, versehen, ausgestattet 2. *fr.* mit Rüstung ausgestattet, gerüstet, gepanzert
puse (I) [ū] s. **buse**
puse (II) (*franz.* **poussée**) *mus.* Aufstrich *m* (bei der Geige) *itiş
puselik [ū] s. **buselik**
puset, -ti (*franz.* **poussette**) (Kinder-)Sportwagen *m*
pusla [×·] 1. Zettel *m*, Notiz *f* 2. Rechnung(-szettel *m*) *f* 3. Stimmzettel, Wahlschein *m* 4. s. **pusula**
puslalık was als **pusla** geeignet ist
puslanmak *intr.* beschlagen (z. B. Fenster)
puslu (I) s. **pusarık** (1); ~ **ses** rauchige Stimme *gölgeli ses, pusarık ses
puslu (II) *Verst.* von **uslu**
pusluk von soundsoviel Zoll, -zöllig **altı** ~ **top** 15-cm-Geschütz *n*
pusluluk Dunst, Nebel *m*
pusmak 1. sich ducken, sich kauern, sich verstecken 2. auf der Lauer liegen 3. niedergeschlagen (bekümmert) sein 4. gekränkt (beleidigt) sein 5. s. **pusarmak**
puspus (*franz.* **pousse-pousse**) 1. fahrbarer Krankenstuhl 2. Kinderwagen *m* 3. Rikscha *f* (Ostasien)
pusu *a. mil.* Hinterhalt *m*, Lauer *f* ~ **kurmak** e–n Hinterhalt legen ~ **mevzi** *mil.* Lauerstellung *f* **-da olmak (bulunmak, yatmak)** auf der Lauer liegen **-ya düşürmek** in e–e Falle locken **-ya yatmak** sich in e–n Hinterhalt (auf die Lauer) legen
pusula [×··] 1. Kompaß *m* 2. s. **pusla;** ~ **dolabı** (*od.* ~ **sehpası**) Kompaßhaus *n* ~ **gülü** s. ~ **kartı;** ~ **ibresi** (*od.* **iğnesi**) Kompaßnadel *f* ~ **kartı** (*od.* **kâğıdı**) Kompaß-, Wind-rose *f* ~ **kerteleri** Striche *pl.* auf der Kompaßrose ~ **mahfazası** Kompaß-, Nacht-haus *n* ~ **mili** Kompaßspinne *f* ~ **tashihatı** Kompensieren, Regulieren *n* des Kompasses ~ **tası** Kompaßkessel *m* ~ **yalpalığı** Schwing-, Kompaß-, Kardan-ring *m* ~ **zaviyesi** Kompaßkurs *m* **-nın yanlışı** Kompaßfehler *m*, Fehlweisung *f* **-yı şaşırmak** *fig* 1. vollkommen aus dem Konzept geraten, Unsinniges tun 2. nicht mehr aus noch ein wissen
pusulacı Hersteller od. Verkäufer *m* von Kompassen
pusulasız 1. ohne Kompaß 2. *fig.* verwirrt, unsicher
pusval, -li ein bei der Herstellung von **yemeni** verwendetes Schuhmachermaß
puş pul (*engl.* **push-pull**) *techn.* Gegentakt *m*
puşi *hist. mil.* leichter Offiziersturban (nach der Abschaffung von **kalafat** 1826)
puşide [––·] *va.* 1. bedeckt, verschleiert, verborgen 2. Decke *f* 3. *fr.* die jährlich nach Mekka geschickte Kaaba-Decke
puşlavat, -tı *V Pl.* zu **puşt**
puşt, -tu 1. Strichjunge, Lustknabe *m* 2. *(grobes Schi.)* (etwa:) Saukerl *m*
puştluk 1. Verhalten *n* e–s **puşt** *(q.v.)* 2. *fig.* Unzuverlässigkeit *f* Wankelmut *m*
puşu s. **puşi**
put (I) drei- od. vier-fädiges Seidengarn
put (II), **-tu** 1. Götz(-enbild *n*) *m* *sanem 2. *z. va.* Abgott *m*, Idol *n* 3. *P* Kreuz, Kruzifix *n* ~ **gibi** stieren Blickes und ohne et. zu sagen ~ **gibi durmak** (*od.* **oturmak**) wie ein Ölgötze dastehen (dasitzen) ~ **kesilmek** zur Salzsäule erstarren
puta [×·] *naut. Kommando* zum Fertigmachen des Gangspills od. der Riemen ≗ **kürek!** Riemen einlegen (in die Dollen)! ≗ **manivela** Spaken klar!
putaç s. **potaç**
putafoga [··×·] *naut. hist.* Luntenstock *m*, Zündrute *f*
puthane [ā] Götzentempel *m*
putheykel Götzenbild *n*
putlaştırmak zum Abgott machen; abgöttisch verehren
putperest, -ti Götzen-diener, -anbeter, Heide *m*
putperestlik Götzendienst *m*, Abgötterei *f*, Heidentum *n*
putrel (*franz.* **poutrelle**) 1. Profileisen *n* 2. Tragbalken *m*, Traverse *f*, Quer-, Eisen-träger *m*, T-Eisen, Doppel-T-Eisen *n*
putt (*engl.* **putt**) *(Golf)* Putten *n*, leichter Schlag (zum Einlochen des Balles)
putter (*engl.* **putter**) *(Golf)* Putter, Einlochschläger *m*
putting-grin [··–] (*engl.* **putting-green**) *(Golf)* Spielrasen *m* Grün *n*
putto *arch.* Putte *f*, Putto *m*
puyan [––] *z. va.* laufend, gehend, wandelnd *revan s. **vadii gaflette** ~
püberte (*franz.* **puberté**) *med.* s. **bülûğ**
püblik *selt.* 1. Publikum *n* 2. publik, öffentlich
püf (Lm. des Blasens od. der verächtlichen Ablehnung) pff! fft! ~ **demek** (bşe) aus-blasen, -pusten (z. B. Kerze) ~ **desen uçacak** zum Umblasen dünn (Person) ~ **etmek** s. **püflemek;** ~ **noktası** (*od.* **tarafı**) (bşin) der springende Punkt ~ **noktasını bilmek** *F* 1. den richtigen Dreh heraushaben 2. j–s schwachen Punkt entdecken
püfkürmek 1. blasen, pusten 2. (die Backen) aufblasen 3. (aus-, an-, be-)spritzen
püflemek (m. Akk.) 1. (darauf-)blasen (zur Abkühlung) 2. aus-blasen, -pusten (z. B. Kerze)
püfteri 1. Federspiel *n*, Beizvogel *m* (des Falkners) 2. Lockvogel *m* 3. Locke *f* (Instrument bei der Lockjagd)
püftiyan *Zig.* altes Weib
püfür püfür *Adv.* 1. paffend 2. leicht wehend Zu 2: **Rüzgâr** ~ ~ **ortalığı serinletiyordu.** Die leichte Brise brachte Kühlung.
pük(-lü) s. **ekten pükten; (ekli püklü)**
pülmoner (*franz.* **pulmonaire**) *med.* Lungen-
pulmonik (*franz.* **pulmonique**) *med.* lungenkrank
pülp, -pü Papierbrei *m*, Pulpe *f*, Ganzstoff *m* (bei der Papierherstellung)
pülsoreaktör (*franz.* **pulsoréacteur**) Pulsodüsentriebwerk *n*
Pülümür *n.pr.* O. u. D. im Rbz. Tunceli
pülüskün *dial.* Poleiminze *f bot.* Mentha pulegium
pülverizatör Zerstäuber, Pulverisator *m*, (Flit-)Spritze *f* *püskürgeç
pülverize etmek 1. pulverisieren 2. zerstäuben
pülzometre [··×·] *techn.* Pulsometer *n* (kolbenlose Dampfpumpe)
pünez (*franz.* **punaise**) Reiß-zwecke *f*, -brettstift *m* *raptiye
püpitr (*franz.* **pupitre**) *selt.* (Schreib-, Lese-)Pult *n*
püpük *arch.* Firstverzierung *f*
pür- (in ält. Füg.) voll **-aşkına** s. **pir aşkına; -emel** voller Hoffnung, hoffnungsfreudig **-halecan** ganz aufgeregt **-hayat** lebendig, lebhaft **-hiddet** voller Wut, ganz aufgebracht **-keyif** in aufgeräumter Stimmung **-melâl** s. **hali pürmelâl; -telâş** in höchster Erregung, voller Entsetzen
pürçek 1. geringelt, gekräuselt, gelockt 2. Haar-locke *f*, -kringel *m*
pürçeklenmek sich locken, sich ringeln, sich kräuseln
pürçekli lockig, gekräuselt, geringelt
pürçük 1. s. **pürçek** 2. s. **pörçük**
püre Püree *n*, Brei *m* *ezme

püren *dial.* s. **süpürgeotu** *spez.* **pembe çiçekli funda**
pürgatif *med.* 1. abführend 2. Abführmittel, Purgativ *n*
pürist, -ti 1. Purist, Sprachreiniger *m* (mst. radikaler Richtung) 2. puristisch
püritanizm Puritanismus *m*, Puritanertum *n*
püriten 1. Puritaner(-in *f*) *m* 2. puritanisch
püritenlik s. **püritanizm**
pürizm 1. Purismus *m*, Sprachreinigung *f* 2. *spez.* radikale Sprachreform (in der Türkei)
pürj (*franz.* **purge**) Reinigung, Entleerung *f* *boşaltma ~ **yapmak** e–n Abfluß sichern (z. B. in verstopftem Rohr)
pürmeçe s. **permeçe**
pürtük 1. *va.* steinig, felsig 2. uneben, faltig, zerknittert, runzelig 3. geköpert, genarbt, rauh 4. kleine Unebenheit (Erhebung) (z. B. in der Haut), Köper *m* (bei Textilwaren), Narbe *f* (bei Lederwaren) ~ ~ s. **pürtüklü**
pürtüklenmek kleine Unebenheiten bekommen; faltig (runzelig) werden
pürtüklü mit kleinen Unebenheiten (Erhebungen); rauh, uneben, faltig, runzelig, geköpert, genarbt
pürüz 1. rauhe (unebene, ausgefranste, verschlissene, eingerissene usw.) Stelle 2. *fig.* Schwierigkeit *f*, Hemmnis, Hindernis *n*, Unannehmlichkeit *f* 3. *fig.* kleinerer Fehler od. Mangel Zu 2: **bir ~ çıkmak** auftreten, sich einstellen (Schwierigkeit) ~ **ayıklamak** (*od.* **temizlemek**) Schwierigkeiten beseitigen, et. in Ordnung bringen **-lerini gidermek** (bşin) *fig.* et. ausfeilen **-ünü düzeltmek** (bşin) 1. glätten 2. *fig.* in Ordnung bringen, regeln (Angelegenheit)
pürüzalır Reibahle *f* *rayba
pürüzlenmek 1. rauh (uneben) werden, ausfransen, verschleißen, einreißen 2. *fig.* sich erschweren, schwierig werden 3. *fig.* kleine Fehler od. Mängel bekommen 4. rauh, heiser werden (Stimme)
pürüzlü 1. rauh, uneben, ausgefranst, verschlissen, eingerissen 2. *fig.* schwierig, mit Schwierigkeiten (Hindernissen) verbunden 3. *fig.* mit kleineren Fehlern od. Mängeln
pürüzsüz 1. glatt, eben, gleichmäßig 2. *fig.* ohne Hindernisse, glatt (vonstatten gehend) 3. *fig.* ohne Fehler od. Mängel, fehlerfrei, tadellos Zu 3: **Türkçeyi ~ konuşmak** fehlerfreies Türkisch sprechen
pürüzsüzlük 1. Glätte *f*, ebene (glatte, gleichmäßige) Beschaffenheit 2. *fig.* glatter Verlauf, ungehinderter Ablauf 3. *fig.* Fehlerlosigkeit *f*
püs s. **süs püs**
püseron (*franz.* **puceron**) s. **yaprakbiti**
püskü s. **eski püskü**
püskül Quaste, Troddel *f*, Klunker *m, f*, Franse *f*, Pompon *m, (F)* Bommel *f*
püskülcü Hersteller od. Verkäufer *m* von Troddeln usw.
püskülkuyruklular Zottenschwänze *pl. zo.* Thysanura
püsküllendirmek 1. zu e–r Quaste (Troddel) machen (z. B. Ende e–s Stricks) 2. mit Troddeln, Fransen usw. besetzen 3. veranlassen od. zulassen, daß sich et. unangenehm auswirkt; erschweren, komplizieren 4. übermäßig weit ausspinnen (z. B. Geschichte) od. (bei e–r Erzählung) aufschneiden, flunkern
püsküllenmek 1. die Form e–r Quaste (Troddel) annehmen 2. e–e Troddel bekommen 3. *fig.* unangenehme Folgen zeitigen, sich erschweren, sich komplizieren
püsküllü 1. mit **püskül** 2. quasten-, troddel-, klunker-, fransen-förmig 3. *fig.* kompliziert, erschwert, verdoppelt ~ **belâ** 1. ein wahres Verhängnis 2. *fig.* überaus mühselige Arbeit 3. Landplage *f*, Plagegeist *m* ~ **perde** Fransenvorhang *m*
püskürgeç s. **pülverizatör**
püskürme 1. Vs. zu **püskürmek** 2. mit einzelnen Flecken besät 3. *geol.* Ausbruch *m* (e–s Vulkans), Eruption *f* *indifa ~ **aleti** s. **pülverizatör;** ~ **benli** mit vielen Leber-, Pigment-flecken im Gesicht ~ **fişek** Sternrakete *f* (Feuerwerkskörper) ~ **özeği** *geol.* Ausbruchstelle *f*
püskürmek 1. (heraus-)spritzen (z. B. aus dem Mund, dem Rüssel usw.), blasen, prusten 2. ausspeien, auswerfen (z. B. Vulkan); s. a. **ateş** ~
püskürteç, -ci s. **püskürgeç**
püskürtme tabancası Spritzpistole *f* (z. B. des Anstreichers)
püskürtmek 1. Kaus. zu **püskürmek** 2. *a. mil.* abwehren, zurück-schlagen, -werfen *def ve tart etmek 3. (ab-)blasen (z. B. Gas)
püskürtü vulkanischer Auswurf *volkan çıkartısı, volkandan çıkan madde
püskürük eruptiv, Eruptions- ~ **kayaçlar** *geol.* Extrusiv-, Erguß-gestein *n* *indifaî sahre
püslemek; püslü Verst. zu **süslemek; süslü**
püstül *med.* Pustel *f*, Eiterbläschen *n*
püsür 1. *pej. Verst.* in der Verb. ~ **falan festekiz:** derartig, solch, dumm, häßlich, eklig u. ä. m. 2. in Verb. mit **bok** *F, P* vertrackte Einzelheiten, Krimskrams *m*, lästiges Zeug 3. lästiges Anhängsel Zu 2: **Yahu bu iş iki günde olur mu? Onun okadar boku -ü var!** Was, in zwei Tagen soll das fertig sein, wo soviel Krimskrams dabei zu erledigen ist? Zu 3: **Kendi yetişmiyormuş gibi bir de peşine ~ takmış.** Als wenn es mit ihm allein nicht schon genug wäre, schleift er noch e–n zweiten (lästigen) Menschen herbei!
püsürlü mit Schwierigkeiten od. unnötigem Zeug belastet
püsürsüz s. **pürüzsüz**
pütür s. **pürtük;** ~ ~ ganz rauh (Hände, Haut)
pütürlü s. **pürtüklü**
Pütürge *n.pr.* O. u. D. im Rbz. Malatya

R

r, R [rɛ] 21. Buchst. des türk. Alph.
Rab, -bbi 1. Herr, Herrgott *m;* Gott 2. *va.* Herr, Meister *m*
rabbanî [·––] *va.* 1. göttlich 2. fromm, andächtig **ilhamı** ~ göttliche Inspiration (Eingebung)
Rabbena [··–] *ar.:* unser Gott ~ **hakkı için** (*Bet.; spez.* in der Frauensprache) bei Gott! wahrhaftig! wahrlich! ~, **hep bana!** „Bei Gott, alles für mich!" (als Kennzeichnung e–s Egoisten)
Rabbi [ī] *ar.* (mst. in der Verb.) **ya** ~ mein Gott!
Rabbim 1. mein Gott 2. Herr, Herrgott *m;* Gott Zu 1: ~, **sen bilirsin.** „Mein Gott, du weißt (*scil.* was für mich das Richtige ist)" *d. h.* In deine Hände befehle ich mich, o Gott! Zu 2: ~ **esirgesin!** Behüte Gott! Möge Gott es verhüten! ~**in takdiri ne ise, o olur.** Was Gott beschlossen hat, das geschieht.
Rabbülâlemin [··–·–] *ar.* Herr *m* der Welten (Gott)
rabbülmal [··–] *jur. va.* stiller Teilhaber (vgl. **mudarebe**)
rabıt, ptı 1. (Aneinander-, An-, Fest-)Binden *n*, Verbindung, Vereinigung *f* 2. Hinzu-, Bei-fügung, Beilegung *f* 3. *gr. z. va.* korrekter Satzbau 4. (~ **edatı**) s. **rabıta** (3) 5.

s. **zapturapt** Zu 2: **Arzuhale şu vesikaların -ı lâzımdır.** Dem Gesuch sind folgende Belege beizufügen. Zu 3: s. a. **-ıkelâm; ~ sıygası** s. **zaman ulacı**
râbıt, -tı *va.* 1. verbindend, vereinigend 2. wer sich von der Welt zurückgezogen hat; Asket, Eremit *m*
rabıta [–··] 1. Verbunden-heit *f*, -sein *n*, Band *n* *bağlılık 2. Verbindung *f; log. od. gr.* Zusammenhang *m*, methodische od. systematische Anordnung 3. *gr.* Konjunktion *f*, Bindewort *n* *bağlaç, rabıt edatı 4. *log.* Kopula *f* *koşaç 5. direkter (Zug-)Anschluß Zu 1: s. a. **dostluk -sı** Zu 2: **Bu iki cümle arasında ~ yoktur.** Zwischen diesen beiden Sätzen besteht kein Zusammenhang. Zu 6: **Bu trenlerin Berlin ve Milâno'ya işleyen trenlerle -sı olacaktır.** Diese Züge werden direkten Anschluß nach Berlin und Mailand haben.
rabıtalı [–···] 1. ordentlich, aufgeräumt (z. B. Haus) 2. zusammenhängend (z. B. Worte) 3. ordentlich, anständig, schicklich (z. B. Betragen) 4. gesetzt, ausgeglichen, besonnen, ruhig (Person)
rabıtasız [–···] 1. unordentlich, schlampig, liederlich (z. B. Verwaltung) 2. unzusammenhängend od. sich widersprechend (z. B. Worte) 3. von unausgeglichenem Charakter od. Verhalten (Person)
rabıtasızlık, -ığı [–····] 1. Unordnung, Unordentlichkeit, Schlampigkeit, Liederlichkeit *f* 2. Zusammenhangslosigkeit *f* od. Sich-Widersprechen *n* (von Darlegungen) 3. unausgeglichener Charakter, unausgeglichenes Verhalten (e–r Person) Zu 2: **imlâmızın -ı** Zerfahrenheit *f* in unserer Rechtschreibung
rabıtsız unverbunden, lose, unzusammenhängend
rabıtsızlık Unverbundenheit, Zusammenhangslosigkeit *f*; fehlender (bzw. mangelnder) Zusammenhang
rabi, -ii [ā] *va.* viert- *dördüncü
rabia [–··] 1. *hist.* osm. Beamtenrang zwischen **salise** und **hamise** 2. ≗ *wV*
rabian [–··] *va.* viertens *dördüncü olarak, dördüncüleyin
raca [×·] Radscha *m* (indischer Fürstentitel)
racalık Würde *f* e–s Radscha
raci (I), **-ii** [–·] 1. zurück-gehend, -fallend (auf) 2. betreffend, angehend, sich beziehend (auf) **~ humma** s. **hummayı -a; ~ olmak** 1. zurückfallen (auf), zu tragen (z. B. Verantwortung) 2. sich erstrecken (auf), einschließen 3. betreffen, angehen, sich beziehen (auf) Zu 1: **Mesuliyet kendisine -dir.** Er hat die Verantwortung dafür zu tragen. Zu 2: **Bu tazim, aynı zamanda bütün mesai arkadaşlarınıza da -dir.** Die gleiche Hochschätzung möchte ich auch allen Ihren Mitarbeitern gegenüber zum Ausdruck bringen. Zu 3: **Bu sözler size ~ değildir.** Diese Worte beziehen sich nicht auf Sie. Was ich gesagt habe, ist nicht auf Sie gemünzt gewesen.
raci (II) [––] *va.* 1. bittend, ersuchend 2. erhoffend, erwartend 3. ≗ *wV*
racif [ā] *va.* erzittern lassend
racife [ā] *isl. Myth.* erster Trompetenstoß am Jüngsten Gericht
racih [ā] *va.* den Vorzug besitzend od. verdienend, besser *müreccah, daha iyi
racon (*ital.* **ragione**) 1. Nachdenken *n* 2. *V* Usus, Brauch *m*, Regel, Gewohnheit, Ordnung *f* *âdet, nizam, usul 3. *V* s. **fiyaka; ~ kesmek** 1. (nach genauer Überlegung) ein Urteil fällen (abgeben) 2. *V* sich aufspielen, großtun, angeben
rad (I) (< *engl.* **radiation**) *phys.* Rad *n* (Einheit der Strahlungsdosis)
rad (II) (*ar.:* Donner *m*) ≗ **suresi** Name der 13. Koran-Sure
radansa [·×·] *naut.* 1. Kausche *f* 2. Legel *m*
radansalı *naut.* mit Kausche od. Legel **~ halat** Tau *n* mit eingespließtem Ende
radar [×·] 1. Radar *m, n*, Funkortung *f* 2. Radar-, Funkmeß-gerät *n* **~ ekranı** Radarschirm *m* **~ reseptörü** Radarempfänger *m* *skiyatron
radarcı 1. Radartechniker *m* 2. *Sch.* Spion, Aufpasser *m*
radarcılık 1. Radartechnik *f* 2. *Sch.* Aufpasserei, Spitzelei *f*
radarlı mit Radar(-gerät) ausgerüstet
radde Grad, Umfang *m*, Stufe *f*, Stadium, Ausmaß *n* *derece, kerte **Ayakta duramayacak -de yorgunum.** Ich bin so müde, daß ich mich nicht mehr auf den Beinen halten kann. **-lerinde,** *seltener a.* **-sinde** etwa, ungefähr, circa, gegen **saat sekiz -lerinde** gegen acht Uhr **Bayılma -lerine gelmiştim.** Ich wäre beinahe ohnmächtig geworden.
radife [ā] 1. *isl. Myth.* zweiter Trompetenstoß beim Jüngsten Gericht 2. ≗ *wV*
radikal 1. radikal *cezrî 2. *pol.* radikal, Radikale *m, f* 3. *ling.* (Sprach-)Wurzel *f*, Stamm *m* **~ partisi** *pol.* radikale Partei
radikalist, -ti radikalistisch, Radikalist(-in *f*) *m* *köktenci
radikalizm Radikalismus *m* *cezriye, köktencilik
radiyal *techn.* radial, Radial- **~ armatur** Radialanker *m* **~ matkap makinesi** Radialbohrmaschine *f* **~ türbin** Radialturbine *f*
radiyallahu [···×·] **(anh, anha, anhüm, anhünna, anhüma)** (*ar. Segensformel* bei Erwähnung von Angehörigen od. Gefährten des Propheten Mohammed) Möge Gott (an ihm, ihr, ihnen *(m, f)*, ihnen beiden) Gefallen finden!
radon *chem.* Radon *n* (Edelgas)
radyan (*franz.* **radiant**) *astr.* Radiant *m* **~ noktası** s. **saçılma noktası**
radyasyon (*franz.* **radiation**) 1. Ausstrahlung *f* 2. Strahlwirkung, Bestrahlung *f*
radyatör (*franz.* **radiateur**) 1. (Auto-)Kühler *m* 2. Heizkörper *m* (der Zentralheizung) 3. Heizsonne *f* 4. Gasofen *m* 5. Elektroraumheizer *m* **~ boşaltmak** *V* urinieren, pissen **~ kafesi** (*od.* **~ kılıfı**) *mot.* Kühlerhaube *f* **~ su kaynatmak** *V* Wasser lassen müssen, pissen müssen
radye (*franz.* **radier**) *techn.* Fundament(-platte *f*) *n*, Sohle *f*, Bett(-ung *f*) *n*, Boden *m*
radyo [×·] 1. Radio *n*, Rundfunk *m* 2. Radio(-apparat *m*) *n*, Rundfunkgerät *n*, Empfänger *m* ≗ **Ankara** (um 1930 gel. verwendete, aber als untürkisch abgelehnte Füg.; hierfür: **Ankara Radyosu**) Radio Ankara **~ dinlemek** Radio hören **~ gazetesi** Rundfunkzeitung *f* **~ gökbilimi** s. **radyoastronomi; ~ havadisleri** Rundfunknachrichten *pl.* **~ ırakgörürü** s. **radyoteleskop; ~ istasyonu** Rundfunksender *m* **~ işletmeciliği** Rundfunk-wesen *n*, -betrieb *m* **~ kulaklığı** Kopfhörer *m* **~ makinesi** s. **radyo** (2); **~ muhaberesi** Funkverkehr *m* **~ neşriyatı** Rundfunksendung(-en *pl.*) *f* **~ oyunu** Hörspiel *n* **-yu küçültmek** das Radio leiser stellen
radyoaktif radioaktiv
radyoaktiflik; radyoaktivite Radioaktivität *f*
radyoaktivitelenmek *selt.* radioaktiv werden
radyoastronomi Radioastronomie *f*
radyocu 1. Radiobastler *m* 2. Funkamateur *m* 3. Rundfunkhändler *m*
radyoculuk 1. Bau *m* von Rundfunkgeräten 2. Rundfunkwesen *n* 3. Handel *m* mit Radioapparaten
radyodifüze (*franz.* **radiodiffusé**) durch Rundfunk verbreitet **~ etmek** durch Rundfunk verbreiten, im Rundfunk senden
radyodifüzyon (Verbreitung *f* durch) Rundfunk *m*, Funksendung *f* **~ postaları** Rundfunksender *pl.*
radyoelektrik, -gi 1. Radioelektrizität, Funktechnik *f* 2. radioelektrisch, funktechnisch
radyoetkinliği, -ni s. **radyoaktivite**
radyoevi, -ni Funkhaus *n spez.* Senderaum *m*

radyofar (*franz.* **radiophare**) Funk-feuer *n*, -leitstelle *f*, Bodenfunkstation *f*, Bakensender *m*
radyofoni Rundfunk(-technik *f*) *m*, Funkwesen *n*
radyofonik durch Rundfunk übertragen, Rundfunk-, Radio- ~ **konser** Rundfunkkonzert *n* ~ **piyes** Hörspiel *n*
radyofoto gefunktes Bild; Funkbild *n*
radyogonyometre [····×·] Funkpeilgerät *n*, Peiler *m*
radyogonyometri Funkpeilung *f*
radyogonyometrik Peil-
radyografi 1. Röntgenphotographie, Röntgenographie *f* 2. Röntgenbild, Röntgenogramm *n* **-sini çıkarmak** durchleuchten bzw. sich durchleuchten lassen
radyogram 1. Röntgenogramm *n*, Röntgenaufnahme *f* 2. Funk-telegramm *n*, -spruch *m*
radyojenik (*franz.* **radiogénique**) für den Rundfunk geeignet (z. B. Stimme)
radyokomünikasyon (*franz.* **radiocommunication**) 1. Funkverkehr *m* 2. Funkspruch *m* *(1, 2) telsiz haberleşme
radyolog Radiologe, Röntgenologe, Strahlenforscher *m*
radyoloji Radiologie, Röntgenologie, Strahlenkunde *f*
radyolojik radiologisch, röntgenologisch, strahlenkundlich
radyolu mit Rundfunk bzw. -gerät(-en) ausgestattet
radyometre [··×·] s. **ışınölçer**
radyopatoloji Röntgenpathologie *f* (Lehre von der Strahlenschädigung)
radyoröportaj (*franz.* **radioreportage**) Hörbericht *m*, Funkreportage *f*
radyosinema 1. Schirmbildphotographie *f* 2. röntgenologische Reihenuntersuchung
radyoskopi Röntgendurchleuchtung, Radioskopie, Röntgenoskopie *f* **-sini almak** durchleuchten bzw. sich durchleuchten lassen
radyotelefon 1. Funkfernsprecher *m*, Funksprechgerät *n* 2. Radiotelephonie *f*, drahtlose Telephonie, Sprechfunk *m*
radyoteleskop, -pu *astr.* Radioteleskop *n*
radyotelgraf drahtlose Telegraphie, Funken-, Radio-telegraphie *f*, Funkwesen *n* *telsiz telgraf
radyoterapi Radio-, Röntgen-therapie, Strahlenbehandlung *f*
radyum [×·] *chem.* Radium *n*
radyumlu radiumhaltig
radyus s. **önkol kemiği**
raf 1. Wandbrett *n* 2. Bücher-, Teller-gestell *n*, Etagere *f*, Regal *n* 3. Fach *n* (z. B. in e–m Schrank) **-a koymak** (*od.* **kaldırmak**) 1. keine Beachtung schenken 2. aufschieben, auf die lange Bank schieben **≗tan sünger düşse gelinin başı yarılacak.** *fig.* mimosenhaft empfindlich sein
rafadan 1. weichgekocht (Ei) 2. *V* unerfahren, naiv, unreif
Rafıza [–··] s. **Rafıziye**
Rafızî [–·–] schismatisch, häretisch, ketzerisch *spez.* Angehöriger der **Rafıziye**
Rafızîlik [–·–·] 1. Häresie, Ketzerei *f* 2. s. **Rafıziye**
Rafıziye *n.pr.* schismatische Mohammedaner *pl.*, Schia *f* od. e–e best. schiitische Gruppe
rafi, -ii [ā] *va.* 1. in die Höhe hebend 2. ≗ Beiname Gottes 3. ≗ *mV*
rafia [–··] *Fem.* zu **rafi:** 1. s. **kaldıran** 2. **Rafia** *wV*
rafih [ā] *va.* im Wohlstand lebend
rafinaj (*franz.* **raffinage**) Läuterung, Verfeinerung, Raffination *f*
rafine 1. *techn.* raffiniert, gereinigt (Zucker, Öl usw.) 2. *fig.* raffiniert, ausgesucht, ausgeklügelt ~ **etmek** raffinieren, reinigen
rafineri Raffinerie, Raffinationsbetrieb *m* *tasfiyehane
rafinman Raffinement *n*, Verfeinerung *f*
rafitler Raphiden *pl.* (nadelförmige Kristalle *spez.* in Pflanzenzellen)
raflı mit **raf** ausgestattet ~ **tabak** Tafelaufsatz *m* mit mehreren Absätzen
rafya [×·] 1. Nadel-, Bambus-palme *f spez.* madagassische Bambuspalme *bot.* Raphia ruffia 2. Raphiabast *m*
ragıp, -bı [ā] 1. *va.* wünschend, begehrend 2. ≗ *mV* **Ragıbe** *wV*
raglan [×·] Raglan *m* **kolları** ~ **olarak** mit Raglanärmeln
rağbet, -ti 1. Verlangen *n*, Wunsch *m* (nach), Lust, Neigung *f* (zu), Vorliebe *f* (für) 2. Nachfrage *f*, Zuspruch *m*, Interesse *n*, Beliebtheit *f* ~ **etmek** (m. Dat.) verlangen, wünschen, suchen, begehren; Lust (Vorliebe, Interesse) haben (für) ~ **görmek** (*od.* **bulmak**) beliebt sein (z. B. Modetanz), Beifall finden (z. B. Filmstar), Anklang finden (z. B. Buch), stark besucht werden (z. B. Schule), guten Zuspruch finden (z. B. Restaurant), gefragt sein (z. B. Börsenpapier) ~ **göstermek** Kaus. zu ~ **görmek;** ≗ **güzel ile zenginedir.** *Spr.* Nichts ist so anziehend wie Schönheit verbunden mit Reichtum. **-e mazhar olmak** (*od.* **-te olmak**) s. **rağbet görmek; -ten düşmek** ziemlich unbeliebt werden, weniger od. nicht mehr gefragt sein, geringe(-re) Nachfrage finden, nur mehr wenig besucht werden, mehr und mehr Gäste verlieren
rağbetli 1. verlangend, wünschend, Interesse habend 2. gewünscht, verlangt, gefragt, gesucht, beliebt, Beifall (Anklang) findend, gut besucht 3. *hist.* Titul. für geachtete Nichtmohammedaner, die keinen offiziellen Titel führten, etwa: geehrt, geschätzt **≗sı çok.** Es herrscht große Nachfrage. **-si yok...** ist nicht gefragt.
rağbetsiz 1. kein od. wenig Verlangen tragend, nicht od. kaum begehrend, desinteressiert 2. wenig od. nicht verlangt (gefragt), geringen od. keinen Beifall (Anklang) findend, schwach besucht
rağbetsizlik 1. Desinteresse(-ment) *n* 2. geringe Nachfrage, geringer Beifall (Anklang), schwacher Besuch
rağm (in der va. Füg.:) **bşin rağmına** z. B. **kaidelerin rağmına** den Regeln zum Trotz
rağmen [×·] *(Pp. m. Dat.)* 1. trotz, zum Trotz, entgegen, zuwider 2. obwohl, obgleich, wennschon, wenngleich Zu 1: **buna** ~ trotzdem, gleichwohl **bütün ricalarıma** ~ allen meinen Bitten zum Trotz Zu 2: **onunla aynı evde oturmasına** ~ obwohl er im gleichen Haus wohnt
rah [–] *va.* Weg *m* *yol; s. a. **harcı-, hem-, şeh-rah**
rahat, -tı [–·] 1. Ruhe, Behaglichkeit, Gemütlichkeit, Bequemlichkeit, Annehmlichkeit *f* 2. *mil.* Ruhestellung *f* 3. sich behaglich fühlend 4. ruhig, behaglich, gemütlich, bequem, angenehm Zu 3: **Hiç** ~ **değilim.** Ich fühle mich denkbar unbehaglich. Zu 4: ~ **bir koltuk** ein bequemer Sessel ~ **bir ev** ruhiges, angenehmes Haus ≗ **ararsan mezarda.** *Spr.* s. **Ağrısız baş mezarda olur.** ≗ **batmış** (b–ne) *iron.* Wenn dem Esel zu wohl wird, geht er aufs Eis. *Spr.* ~ **bırakmak** (b–ni) j–n in Ruhe lassen ~ **döşeği** 1. Totenbett *n* 2. *fig.* Bett, Zuhause *n* (im Ggs. zum Schlachtfeld, Meer usw.) (Zu 2: **Birçok gemicilere** ~ **döşeğinde ölmek nasip olmaz.** Vielen Seeleuten ist es nicht vergönnt, daheim zu sterben.) ≗ **dur!** 1. *mil.* Rührt euch! 2. *mil. fr.* s. **Tüfek çıkar!** 3. Sei still (ruhig)! Treib keinen Unfug! Halt doch Ruhe! ~ **durmak** sich ruhig verhalten, nicht zappelig sein ~ **etmek** 1. sich behaglich (gemütlich) fühlen, seine Ruhe und Bequemlichkeit haben 2. sich ausruhen ~ **olmak** es bequem (behaglich, gemütlich) haben, seine Ruhe haben ~ **oturmak** 1. es sich bequem machen 2. ruhig (still) sitzen (Zu 1: **Rica ederim,** ~ **oturunuz!** Bitte machen Sie es sich doch bequem!) ~ ~ gemächlich, in aller Ruhe ~ **vermek** 1. Behaglichkeit (Bequemlichkeit, Gemütlichkeit) verschaffen 2. j–n in Ruhe lassen ~ **yüzü görmemek** nicht zur Ruhe kommen **-a kavuşmak** (endlich) seine Ruhe finden **-ı kaçmak** unruhig (nervös) werden **-ı kalmamak** keine Ruhe mehr

haben **-ı ~ olmak** in behaglichen Verhältnissen leben **-ına bakmak** 1. Gott e–n guten Mann sein lassen 2. es sich bequem machen **-ını bozmamak** sich nicht stören lassen
rahatlamak *intr.* 1. sich wohler fühlen, Erleichterung verspüren, aufatmen 2. sich beruhigen Zu 1: **Hasta ilâcını içtikten sonra epey rahatladı.** Als der Patient die Medizin eingenommen hatte, fühlte er sich wesentlich wohler. Zu 2: **Ulaşım rahatladı.** Der Verkehr hat sich wieder normalisiert (nach Behebung von Stauungen)
rahatlık, -ığı s. **rahat** (1); **Bu evin -ını başka evde bulamayız.** Die Annehmlichkeiten, die wir in diesem Haus haben, können wir in keinem anderen finden. s. a. **Allah ~ versin!**
rahatlokum s. **lâtilokum**
rahatsız 1. wer keine Ruhe (Behaglichkeit, Bequemlichkeit) finden kann, gestört, belästigt 2. unbequem, ungemütlich, unbehaglich, wenig angenehm 3. unwohl, unpäßlich, nicht ganz auf dem Posten (od. Damm), *a. euph.* für **hasta:** krank, leidend, Patient(-in *f*) *m* Zu 1: **Rica ederim ~ olmayınız!** Bitte lassen Sie sich nicht stören! Zu 2: **Bu sandalye pek -dır.** Der Stuhl hier ist recht unbequem. Zu 3: **Üç gündür -dır.** Schon seit drei Tagen fühlt er sich nicht recht wohl. **Ne o, ~ mısınız?** Was ist nur los? Sind Sie krank? s. a. **midesinden ~ olmak; ~ etmek** stören, belästigen (**Affedersiniz, sizi ~ ettim.** Entschuldigen Sie, wenn ich Sie gestört habe.) **~ oturmak** unbequem sitzen
rahatsızlanmak; rahatsızlaşmak 1. sich gestört, derangiert fühlen 2. unwohl (unpäßlich) werden, sich nicht auf dem Posten (Damm) fühlen; *a. euph.* für **hastalanmak:** erkranken, krank werden
rahatsızlık 1. Unbequemlichkeit, Unbehaglichkeit, Ungemütlichkeit, Störung, Belästigung *f* 2. Unwohlsein *n*, Unpäßlichkeit *f; a. euph.* für **hastalık:** Krankheit *f*, Leiden *n od.* für **(kırmızı) aybaşı:** Periode, Menstruation *f* **~ vermek** belästigen, stören
rahavet s. **rehavet**
rahım, -hmı *va.* Mitleid, Erbarmen *n*, Barmherzigkeit, Milde, Gnade *f* *merhamet
rahî (I) [– –] *va.* Weg-, Reise-
rahî [– –] (II) *va.* 1. ruhig trabend (Pferd) 2. *fig.* unbeschwert, sorgenfrei
rahibe [ā] (christliche) Nonne
rahibelik [ā] Nonnentum, Klosterleben *n*
rahik [ī] *va.* 1. schwerer Rotwein 2. echt, rein 3. s. **balözü**
rahim, -hmi 1. *an.* Gebärmutter *f*, Uterus *m* *dölyatağı, döllük 2. *va.* Verwandtschaft mütterlicherseits **~ boynu** Gebärmutterhals *m* **-inde bir çocuk olduğu halde** obwohl (*bzw.* während) sie ein Kind unter dem Herzen trug **-i mader** *va.* Mutterleib *m*
rahim (I) [·–] 1. barmherzig 2. der Barmherzige (Beiname Gottes) 3. ≗ [×·] *mV*
rahim (II) [·–] *va.* mit leiser melodischer Stimme (Mädchen)
rahime [ī] 1. *va.* = **Rahmet eylesin** 2. ≗ [×··] *wV*
rahin [ā] *jur.* Verpfänder *m* *tutulayan; tutuya koyan
rahip, -bi [ā] 1. Mönch, Eremit, Klosterbruder *m* 2. (christlicher) Priester, Pastor, Pfarrer, Pope *m*, Geistlicher **~ akbaba** Mönchsgeier *m zo.* Aegypius monachus *esmer akbaba
rahle kleiner Holzständer (für den Koran), Lesepult *n* **-i tedris** *va.* Lehrstuhl *m*
rahlet s. **rihlet**
rahman [·–] der Allbarmherzige, Allerbarmer; Gott ≗ **suresi** Name der 55. Koran-Sure
rahmanî [·– –] *z. va.* von Gott dem Allbarmherzigen gewährt bzw. ausgehend; göttlich (*ant.* **şeytanî**)

Rahmaniye [·–··] *n.pr. fr.* ein Zweig des Halvetiye-Ordens
rahmet, -ti 1. Erbarmen *n*, Gnade, Sündenvergebung *f* (durch Gott) 2. *P* Regen *m* *yağmur 3. *va.* a) Mohammed b) Koran *m* **~ düşmek** (*od.* **yağmak**) fallen (Regen), regnen **~ etmek** (*od.* **eylemek**) die ewige Ruhe geben, in seine Gnade aufnehmen (Gott) **~ okumak** (m. Dat.) 1. Gottes Gnade (für e–n Verstorbenen) erflehen (durch Aussprechen der Formel **Allah ~ eylesin!** *od.* **≗ullahi aleyh!**) 2. auf j–s Wohl bedacht sein od. Mitleid haben (mit) Zu 2: s. **Düşman düşmana ~ okumaz; ~ okutmak** (m. Dat.) wehmütig an et. denken lassen **Bu harp evvelki harplere ~ okuttu.** Dieser Krieg (mit all seinen Schrecklichkeiten) läßt frühere Kriege (geradezu) in goldenem Licht erscheinen. s. a. **Gelen gidene ~ okutur; ≗ olsun canına!** *P* Gott sei seiner Seele gnädig! **-i rahman** Gnade *f* Gottes des Allerbarmers **-i rahmana kavuşmak** in die Gnade Gottes eingehen; sterben
rahmetli(-k) wer in die Gnade Gottes eingegangen ist, verstorben, selig; Verstorbene, Selige *m, f* *merhum, merhume **~ olmak** (ver-)sterben, verscheiden
rahmetmek [×··] *va.* (b–ne) sich j–s erbarmen, Erbarmen haben (mit)
Rahmetullahi aleyh! Gottes Gnade über ihn! Gott sei ihm gnädig! (vgl. a. **rahmet okumak**)
rahmî 1. *va.* mitleidig, barmherzig 2. **Rahmi** [×·] *mV* **Rahmiye** [×··] *wV*
rahne 1. Einbruchstelle, Bresche *f*, Leck, Loch *n*, Lücke *f* *gedik 2. *va.* Schaden, Verlust *m* **~ açmak** *mil.* durchbrechen, e–n Durchbruch erzielen *gedik açmak **~ almak** ein Loch (Leck, e–e Lücke) bekommen
rahnedar [··–] *va.* 1. e–e Bresche aufweisend, mit e–r Einbruchstelle (Lücke, e–m Loch, Leck) *gedikli 2. wer e–n Verlust od. Schaden erlitten hat
rahşa(-n) [·–] 1. *va.* glänzend, leuchtend 2. ≗ *wV*
raht, -tı *va.* 1. bewegliches Eigentum wie: Gepäck *m*, Ausrüstung *f*, Waren *pl.*, Hausrat *m*, Mobiliar *n* 2. Pferdegeschirr *n* 3. Tür- od. Fenster-angel *f* **~ hazinesi** *hist.* Aufbewahrungsort *m* für das kostbare, juwelengeschmückte Pferdegeschirr des Sultans **~ haznedarı** *hist.* Wärter *m* für das Pferdegeschirr des Sultans
rahtlamak *va.* anschirren *spez.* satteln (Pferd)
rahtlı *va.* angeschirrt *spez.* gesattelt (Pferd)
rahtvan [·–] *hist.* goldgestickter Sattelgurt (zur Befestigung der Pferdedecke) **~ ağası** *hist.* Stallmeister *m* e–s Vornehmen
rahvan 1. Paßgang *m* (e–s Pferdes) 2. Paßgänger, Zelter *m* 3. im Paßgang **≗ at kendini yorar.** *Spr.* „Ein Pferd, das im Paßgang geht, macht sich selber müde." *d. h.* Man soll die Schuld nicht immer bei anderen suchen. **~ gitmek** (*od.* **yürümek**) im Paßgang gehen (Pferd)
rai [– –] *va.* Hirt *m* *çoban
raif [ā] 1. *va.* mitleidig, barmherzig 2. ≗ *mV* **Raife** *wV*
raiş [ā] *jur.* Mittelsperson *f* bei e–r Bestechung
raiyye [ī]; **raiyyet, -ti** *va.* 1. weidende Viehherde 2. *selt. Sing.* zu **reaya**
rakabe *va.* 1. Nacken *m*, Genick *n* 2. Besitz *m*, Eigentum *n* *mülkiyet 3. Sklave *m*, Sklavin *f*
rakabî *med.* Nacken-, Hals-, zervikal
rakam 1. Ziffer *f* 2. Zahl *f* 3. Menge *f*
rakamlamak mit Ziffern versehen *spez. mus.* beziffern (Baß)
rakamlı mit (nb.) Ziffer (Zahl, Menge) **~ basso** *mus.* bezifferter Baß, Generalbaß *m* **en yüksek ~ bütçe** ziffernmäßig höchster Haushaltsplan
raket (I), **-ti** (*franz.* **raquette**) 1. Tennis-, Pingpong-, Badminton-Schläger *m* 2. s. **sinek -i** 3. Tennisspieler(-in *f*) *m* 4. Schnee-reifen, -teller *m* (gegen Einsinken im Schnee)
raket (II), **-ti** s. **roket**

raketli mit **raket** (I od. II); ~ **işaret fişeği** Rakete *f* mit schwebenden Kugeln

rakı Anis-branntwein, -schnaps *m*, Raki *m* (mst. aus Trauben, jedoch a. aus Feigen od. Pflaumen hergestellt) ~ ~ **âlemi** Zechgelage *n* ~ **çekmek** 1. Raki herstellen 2. *V* Raki trinken; zechen ~ **kadehi** Raki-, Schnaps-glas *n*

rakıcı 1. Hersteller od. Verkäufer *m* von Raki 2. *F* wer gern und häufig Raki trinkt

rakıcılık 1. Herstellung *f* od. Verkauf *m* von Raki 2. häufiger Rakigenuß

rakım [ā] 1. *va.* schreibend; Schreiber *m* 2. Höhe *f* über dem Meeresspiegel 3. *math.* Kote *f* *kot 4. **Rakım** *mV* Zu 1: **rakımülhuruf** [–···–] *va.* Schreiber dieses, (der) Verfasser

rakımlamak [–···] *math.* die Höhe e–s Geländepunktes messen, (*va.* kotieren)

rakımlı [ā] soundsoviel Meter über dem Meeresspiegel liegend

rakınrol Rock and Roll, Rock 'n' Roll *m* (Modetanz)

rakıs, -ksı 1. Tanz *m* *dans 2. *phys.* Oszillation, Schwingung *f* *ihtizaz, salınım ~ **hastalığı** *med.* Veitstanz *m*, Chorea *f* ~ **siası** Schwingungsweite *f*

rakibe [·–·] Nebenbuhlerin, Rivalin, Konkurrentin *f*

râkiben [⨯··] *z. va.* (**hayvana, arabaya, vapura, uçağa** usw.) zu Pferd (Wagen), mit dem Schiff (Flugzeug) usw.

rakik, -kı [ī] 1. dünn, fein 2. *fig.* weichherzig, leicht gerührt 3. *va.* s. **cariye, köle**

rakip, -bi [·–] Nebenbuhler, Rivale, Konkurrent *m*, *a.* eifersüchtiger Aufpasser; Gegner *m* (z.B. in einem Wettkampf) ~ **kale** *Fb.* gegnerisches Tor ~ **ticaret evi** *H* Konkurrenzfirma *f*

râkip, -bi *z. va.* reitend *od.* fahrend ~ **olmak** (m. Dat.) *z. va.* besteigen (Pferd, Fahrzeug), einsteigen (in ein Verkehrsmittel), reiten (auf), fahren (auf, in) *binmek

rakiplik [·–·] *selt.* s. **rekabet**

rakipsiz [·–·] ohne Nebenbuhler (Rivalen, Konkurrenten, Gegner)

rakit, -di [ā] stehend, stagnierend, ruhig, still **Bugün deniz pek -tir.** Heute ist das Meer sehr ruhig (still). **Dün hava -ti.** Gestern war es windstill. **miyahı -e** *va.* stehende Gewässer *pl.* *durgun sular

rakkas [·–] 1. orient. Tänzer *m* 2. Pendel *n*, Perpendikel *m, n* *sarkaç ~ **hareketi** Pendelbewegung *f* ~ **testere** Pendelsäge *f* **-ı muaddil** Kompensationspendel *n*

rakkase [·–·] orient. Tänzerin *f*

rakkaselik [·–··] Beruf *m* od. Tätigkeit *f* e–r orient. Tänzerin ~ **etmek** als orient. Tänzerin auftreten

rakkasî [·––] *phys.* pendelartig, Pendel- *sarkıl

rakkaslı mit Pendel ausgestattet, Pendel- ~ **saat** Pendeluhr *f*

rakor (*franz.* **raccord**) *techn.* Verbindungs-, Anschlußstück *n spez.* Muffe *f*, Paßrohr *n*, Rohranschluß *m*

raks s. **rakıs**

raksan [·–] *va.* tanzend, schwingend

raksetmek [×··] 1. tanzen 2. oszillieren, schwingen *ihtizaz etmek, salınmak

raksî *va.* schwingend, oszillierend

rakun (*engl.* **raccoon**) Waschbär *m zo.* Procyon lotor

ralanti (*franz.* **ralenti**) 1. *mot.* langsamster Gang (Auto) 2. *(Film)* Zeitlupenaufnahme *f*

ralantisör (*franz.* **ralentisseur**) *(Film)* Zeitlupe *f*

ralli Rallye *f* (Autosternfahrt mit best. Wertungen)

ralonj (*franz.* **rallonge**) Ansatz-, Verlängerungs-stück *n*

ram [ā] zahm, gebändigt, gehorsam, gefügig, willfährig ~ **etmek** bändigen, willfährig machen, zum Gehorsam bringen, unterwerfen ~ **olmak** (b–ne) sich unterwerfen

ramak, -kı *urspr.* Lebensrest *m*, letzter Atemzug (nur mehr in der Füg.): ~ **kalmak** (m. Dat.) wenig fehlen (zu); beinahe, fast, nahezu, um ein Haar **Düşmesine** ~ **kaldı.** Beinahe wäre er gefallen.

Raman *n.pr.* türk. Petroleumgebiet am **Raman dağı** (südöstliches Anatolien)

ramase (*franz.* **ramassé**) *(Tennis)* nicht-plaziert zurückgeschlagen ~ **etmek** *(Tennis)* die Bälle nicht-plaziert zurückschlagen *d.h.* sich nur mühsam verteidigen können

ramasör (*franz.* **ramasseur**) wer die Bälle nicht-plaziert zurückschlägt (Tennisspieler)

ramasörlük, -üğü *(Tennis)* nicht-plaziertes Zurückschlagen der Bälle ~ **yapmak** s. **ramase etmek; -ü bırakmak** *(Tennis)* aus der (mühsam durchgestandenen Verteidigung) wieder zum Angriff kommen

ramazan *urspr.* [··–] 1. neunter Monat des isl. Mondjahres, Ramadan, Fastenmonat *m* (*fr. a.* **-ı şerif, -ı mağfiretnişan** *od.* **-ülmübarek**) 2. ≗ *mV* ~ **bayramı** s. **şeker bayramı;** ~ **davulu gibi** laut und andauernd redend; j–m dauernd in den Ohren liegend ~ **keyfi** Gereiztheit *f*, leichte Nervosität (*urspr.* infolge Fastens) ~ **tiryakîsi olmak** (*od.* ~ **tutmak**) (b–ni) reizbar (übel gelaunt, schlecht aufgelegt) sein **-ı tutmak** (*bzw.* **yemek**) das Fastengebot einhalten (*bzw.* nicht einhalten)

ramazaniye 1. *va.* Lobgedicht auf den Sultan od. e–n hohen Würdenträger anläßlich des Ramazans 2. ≗ *n.pr.* ein Zweig der **Ahmediye (Halvetiye)**

ramazaniyelik, -iği Lebensmittel, die für **iftar** und **sahur** bereitgestellt wurden

ramazanlık Eßwaren, die für den Ramazan geeignet sind

rambursman (*franz.* **remboursement**) Nachnahme *f*

rami (I) 1. Ramie *f bot.* Boehmeria nivea *Çin keneviri 2. Ramiefaser *f*

rami (II) [––] 1. *va.* werfend, schleudernd, schießend 2. *va.* Bogenschütze *m* 3. ≗ a) *astr.* s. **Yay** b) Stadtteil von Istanbul

ramp, -pı *Th.* (Bühnen-)Rampe *f* ~ **ışığına çıkmak** auf die Bühne kommen (Theaterstück) ~ **ışıkları** Rampenlicht *n*, Fußrampenleuchten *pl.*

rampa [×·] 1. Anlegen *n* (e–s Schiffes), längsseits (am Kai, an e–m anderen Schiff usw.) 2. *hist.* Auswerfen *n* von Enterhaken od. Entern *n* (e–s feindlichen Schiffes) 3. Steigung *f* (e–r Straße, Eisenbahnlinie usw.) 4. (Ver-) Lade-, Auffahrts-rampe *f* (bei e–m Bahnhof); *Th.* (Bühnen-)Rampe *f* 5. Bauklammer *f* (z.B. für Gerüste) 6. Schwimmdock *n*, Pontonbrücke *f*, Landesteg *m* 7. Bahndamm *m* ~ **baltası** *naut. fr.* Enterbeil *n* ~ **etmek** 1. längsseits anlegen (Schiff) 2. *hist.* Enterhaken auswerfen od. entern (feindliches Schiff) 3. *fig.* sich an j–n heranmachen 4. *V* unaufgefordert bei e–m Zechgelage erscheinen *piyiz kaymak Zu 1: **Iki gemi** ~ **etti.** Zwei Schiffe haben Bord an Bord angelegt. **Gemi rıhtıma** ~ **etti.** Das Schiff hat (unmittelbar) am Kai angelegt.

rampacı [×··] *fr.* enternd; Enterer *m*

rampalamak s. **rampa etmek**

-ran [ā] *va. pers. Sx.* treibend, führend, ausübend; vgl. **hükümran, kâmran**

rana [––] *va.* 1. lieblich, hübsch, schön, nett 2. *Adv.* recht gut, sehr wohl 3. ≗ [⨯·] *wV* ~ **bilmek** genau wissen ≗ **malumunuzdur ki** *z. va.* Sie wissen sehr wohl (recht genau), daß...

ranç, -çı Ranch, Farm *f* (in Amerika)

randa [×·] (*a.* ~ **yelkeni**) Gaffelsegel *n*, Besan(-segel *n*) *m* ~ **bombası** Besan-, Giek-baum *m* ~ **gizi** Besangaffel *f* ~ **ıskotası** Besanschot *f*

randalı *naut.* mit Besan ausgestattet (z.B. Kutter)

randevu 1. Rendezvous, Stelldichein *n*, Verabredung *f* 2. Ort *m* des Rendezvous, verabredete Stelle 3. Festsetzung *f* e–r best. Zeit (*spez.* zur ärztl. Behandlung), Termin *m*, Vormerkung *f* 4. *naut.* Sammelplatz *m* für getrennt aus-

laufende Flotteneinheiten 5. *(Sport)* Treffen *n*, Begegnung *f* ~ **almak** sich anmelden (*spez.* beim Zahnarzt), sich für e–e best. Zeit vormerken lassen ~ **vermek** (b–ne) 1. sich mit j–m (hinsichtlich Zeit und Ort) verabreden 2. j–n auf e–e best. Zeit bestellen od. vormerken (*spez.* Zahnarzt) **-su olmak** (b–nin b–le) mit j–m e–e Verabredung haben
randevucu Kuppler(-in *f*) *m*, Bordellbesitzer(-in *f*) *m*
randevuculuk Kuppelei, Bordellwirtschaft *f*
randevuevi, -ni Kupplerwohnung *f*, geheimes Bordell
randevulaşmak ein Treffen vereinbaren
randevulu mit **randevu** z. B. mit Rubriken für Termine od. Vormerkungen (Kalender)
randıman (*franz.* **rendement**) 1. Ertrag *m*, (abgeworfener) Gewinn, Rendite *f* 2. Leistung(-en *pl.*) *f*, Leistungsfähigkeit *f* **-ı kıymetlendirmek** die Leistungen qualitativ steigern
randımanlı gewinnbringend, Gewinn abwerfend, ertragreich, einträglich
randımansız keinen Gewinn abwerfend, unproduktiv
ranforse (*franz.* **renforcé**) *mus., phot.* verstärkt (z. B. *mus.* Melodieton durch Oktavton) ~ **etmek** verstärken
ranforsman (*franz.* **renforcement**) *mus., phot.* Verstärkung *f*
rani [– –] *Verk.* von **mah(a)rani**
rankün Groll *m*, Rachsucht *f*, heimliche Feindschaft, (Ranküne *va. f*)
ransenyöman (*franz.* **renseignement**) *selt.* Auskunft *f*
rant, -tı 1. Rente *f* 2. Rentenpapier *n (Börse)*
rantabilite *H* Rentabilität *f*
rantabl rentabel, ertragreich, zinsbringend, einträglich, Gewinn abwerfend
rantiye (*franz.* **rentier**) Rentner, Rentenbezieher, Privatier *m*
ranversman (*franz.* **renversement**) *mus.* Umkehrung *f*
ranza [×·] (Mannschafts-)Koje *f* (in Kasernen, Kajüten usw.)
rap, -pı (Lm. e–s kurzen, scharfen Geräuschs) rumms! **Bütün kıta tek bir insan gibi ~ diye durdu.** Rumms! stand die ganze Truppe still. ~ ~ Lm. e–s sich wiederholenden, gleichmäßigen, scharfen Geräuschs ~ ~ **diye geçen askerler** die mit gleichmäßigen Schritten vorbeimarschierenden Soldaten
rapistra [·×·] Rübsen, Rübsamen *m bot.* Brassica rapa var. oleracea *yağ şalgamı
rapit, -di (*franz.* **rapide**) *selt.* 1. schnell, eilig 2. Schnell-, D-Zug *m*
rapor (*franz.* **rapport**) 1. Bericht *m*, Meldung *f* 2. *spez.* ärztliche Bescheinigung, ärztliches Attest, Befund *m* ~ **atma yeri** *mil.* Meldeabwurfstelle *f* ~ **merkezi** *mil.* Melde(sammel)stelle *f* ~ **vermek üzere** zur Berichterstattung ~ **yüksüğü** Meldehülse *f* (e–r Brieftaube)
raporcu s. **raportör**
raporlu mit **rapor** *spez.* im Besitz e–r ärztlichen Bescheinigung: a) arbeitsunfähig b) *P* nicht ganz zurechnungsfähig
raport; raporto [·×·] *P* für **rapor**
raporte (*franz.* **rapporté**) berichtet ~ **etmek** berichten, mitteilen
raportör (*franz.* **rapporteur**) 1. Berichterstatter *m* 2. s. **iletki**
raportörlük Berichterstattung *f* ~ **etmek** Berichterstatter sein
rappe Rappen *m* (100. Teil e–s Schweizer Franken)
rapsodi *spez. mus.* Rhapsodie *f*
rapsodik rhapsodisch
rapt s. **rabıt**
raptan *va.* 1. beigefügt 2. in Verbindung (mit) **ikametgâhına** ~ *jur.* da er e–n festen Wohnsitz nachweisen konnte
raptedilmek Pass. zu **raptetmek; Meselenin bir karara raptedilmesi rica olunur.** Um Entscheid in der Angelegenheit wird gebeten.
raptetmek [×··] s. **bağlamak**
raptıkelâm *va.* Stilkunst *f*, kunstvolle Stilisierung
raptiye 1. Büro-, Heft-klammer *f* 2. Reiß-zwecke *f*, -brettstift *m* *pünez 3. Schaftreiter *m* (am Webstuhl) 4. *techn.* Verbindungsstück *n*, Klemme, Zwinge *f* ~ **makinesi** (Büro-)Heftmaschine *f*
raptiyelemek mit e–r Büronadel befestigen; zusammenklammern
ras (I) Ras *m* (äthiopischer Titel)
ras (II) (< **rast**) s. **-gele, -geliş**
rasadat, -tı [··–] *va. Pl. met., astr.* Beobachtungen *pl.* **-ı cevviye** (*od.* **havaiye**) *va.* meteorologische Beobachtungen **-ı havaiye istasyonu** *va.* meteorologische Station, Wetterwarte *f*
rasafi [ī] s. **kaldırımsı; nesci** ~ s. **kaldırımsı doku**
rasat, -dı *met., astr., mil.* Beobachtung *f* *gözleme ~ **etmek** *z. va.* beobachten ♀ **Tepe** *n.pr.* Hügel in Ankara; heute **Anıt Tepe**
rasathane [··–·] 1. Sternwarte *f*, Observatorium *n* 2. meteorologische Station, Wetterwarte *f* 3. Erdbebenwarte *f*
rasgele [×··] 1. irgendein-, x-beliebig, erster bester *değme, olur olmaz 2. aufs Geratewohl, auf gut Glück 3. zufällig treffend (begegnend, findend) 4. *(Wunsch)* Guten Erfolg!
rasgeliş s. **rastlantı**
rasıt, -dı [ā] 1. *astr.* Observator *m* *gözlemen 2. *mil.* (Flugzeug-)Beobachter *m*, Beobachtungsposten *m*
rasih [ā] 1. *va.* kräftig, stark 2. gut bewandert (in e–r Wissenschaft *spez.* der Theologie) 3. ♀ *mV* **Rasiha** *wV*
rasim [ā] 1. *va.* zeichnend 2. ♀ *mV*, **Rasime** *wV*
rasime [ā] *va.* Zeremonie, Feierlichkeit *f* **-i selâm** *va.* Begrüßungsfeierlichkeit *f* (durch die Truppe) **-i tebrik** *va.* Gratulationszeremonie *f*, feierliche Gratulation
rasin [ī] *z. va.* fest, solide, widerstandsfähig *sağlam
rasist, -ti (*franz.* **raciste**) s. **ırkçı**
rasistlik; rasizm (*franz.* **racisme**) s. **ırkçılık**
rasla(n)mak; raslantı s. **rastla(n)mak; rastlantı**
raspa 1. Raspel, Grobfeile *f* 2. Schaber, Kratzer *m*, Schab-, Kratz-eisen *n* 3. *naut.* Schrape *f*, Schrappeisen *n* 4. (Ab-)Raspeln *n* (usw. vgl. ~ **etmek**) 5. *V* Gefräßigkeit, Freßbegier *f* Zu 1: s. **düz (iç)** ~; ~ **çekici** s. **raspacı** (1); ~ **etmek** 1. (ab-)raspeln, (ab-)schaben, (ab-)kratzen, *naut.* abschrappen, abziehen 2. *V* vertilgen, verzehren ~ **taşı** *spez. naut.* Scheuer-, Bims-, Sand-stein *m* **(Malta taşı)** (zum Reinigen des Decks)
raspacı 1. Kratzer, Schaber, Schrapper, Raspler *m* (Arbeiter) 2. *V* gefräßig; Vielfraß, Nimmersatt *m*
raspalamak 1. s. **raspa etmek** 2. *V* (m. Dat.) sich heranmachen (an)
rast, -tı 1. e–e melod. Weise in der türk. Musik 2. gerade, richtig (nur mehr in Füg. wie: ~ **gelmek,** ~ **getirmek,** ~ **gitmek**); ~ **gelinmek** Pass. zu ~ **gelmek; Ahmet çok arandı amma, hiçbir yerde kendisine ~ gelinmedi.** Man suchte überall nach Ahmed, aber er war nirgends zu finden. ~ **gelmek** (m. Dat.) 1. zufällig treffen, begegnen; *a.* kennenlernen 2. j–m (unverhofft) als Anteil zufallen; auf j–n entfallen 3. (ein Ziel od. irgendwohin) treffen 4. finden *bulmak 5. glücken, erfolgreich verlaufen Zu 1: **Bugün yolda kardeşinize ~ geldim.** Heute habe ich unterwegs zufällig Ihren Bruder getroffen. (*Anm.* Zu der Tautologie **tesadüfen ~ gelmek** s. Stw. **Babıâli**) Zu 3: **Üç taş attı ama, hiçbiri ~ gelmedi.** Drei Steine warf er, aber keiner traf. **Taş başına ~ geldi.** Der Stein traf ihn am Kopf. Zu 5: **Bugün her işim ~ geldi.** Heute ist mir alles geglückt. ~ **getirmek** (1, 3, 4 m. Akk., 2 m. Dat.) 1.

schließlich finden (treffen, ausfindig machen) 2. et. abwarten, abpassen 3. (m. e–m Geschoß) treffen 4. Erfolg verleihen; Gelingen schenken Zu 1: **Arkadaşımızı üç gündür arıyordum, nihayet otobüste ~ getirdim.** Drei Tage suchte ich nach unserem Freund; schließlich traf ich ihn im Autobus. Zu 2: **Neşeli bir zamanına ~ getirip dileğimi söyledim, hemen kabul etti.** Ich wartete ab, bis er einmal in guter Stimmung war, dann trug ich ihm meinen Wunsch vor, und er war gleich einverstanden. Zu 3: **Üç kurşun attı, ikisini ~ getirdi.** Er feuerte dreimal und traf mit zwei Schüssen. Zu 4: s. **Allah işinizi ~ getirsin!** ~ **gitmek** gut vorangehen, sich günstig entwickeln (Angelegenheit)

rastakoer (*franz.* **rastaquouère**) 1. Hochstapler(-in *f*) *m* 2. hochstaplerisch

rastakoerlik Hochstapelei *f*

rastık, -ığı 1. schwarze Schminke (für Augenbrauen od. Haar); Spießglanz *m* 2. Brand *m* (Pflanzenkrankheit) *sürme ~ **çekmek** (*od.* ~ **sürmek**) schwarz färben (Augenbrauen, Kopfhaar) ~ **hastalığı** s. **sürme (hastalığı);** ~ **mürekkep** wasserfeste Tinte (Zeichen-)Tusche *f* ~ **taşı** s. **sürme taşı**

rastla(n)mak s. **rast gelmek (gelinmek)**

rastlantı (zufälliges) Zusammentreffen, (zufällige) Begegnung; Zufall *m* *tesadüf

rastlantılı zufällig, gelegentlich *tesadüfî

rastlaşmak 1. einander begegnen, sich zufällig treffen 2. koindizieren

rastlatmak s. **rast getirmek**

rasyoloji(-k) (*franz.* **raciologie; raciologique**) s. **ırkbilim (-sel)**

rasyon Ration, Zuteilung *f*

rasyonalist, -ti 1. Rationalist(-in *f*) *m* 2. rationalistisch

rasyonalite *selt.* rationales Denken, Vernünftigkeit *f*

rasyonalizasyon 1. Rationalisierung *f*, rationelle(re)s Verfahren 2. Rationierung *f* *tayınlama

rasyonalize 1. rationalisiert 2. *selt.* rationiert ~ **etmek** 1. rationalisieren 2. *selt.* rationieren

rasyonalizm Rationalismus *m* *akılcılık, akliye, usçuluk

rasyonel 1. rationell, zweckmäßig, wirtschaftlich 2. *math.* rational *muntak 3. rational, vernunftmäßig ~ **sayı** *math.* s. **oransal sayı**

rasyonelleşmek e–e Rationalisierung erfahren

rasyonelleştirmek rationalisieren, rationeller gestalten

rasyonellik rationelles Handeln (Vorgehen, Verfahren, Wirtschaften usw.)

raşa (*franz.* **rachat**) *jur.* Rückkauf *m* (bei Lebensversicherung) *iştira

raşan [– –] *va.* bebend, zitternd

raşe [–·] *z. va.* Zittern, Beben *n* (z.B. vor Furcht), Erdbeben *n* **Bütün vücudumu bir ~ kapladı.** Ich zitterte am ganzen Körper.

raşelenmek [ā] *va.* zittern, beben

raşeli [ā] *va.* zitternd, bebend

raşi [– –] *jur.* wer Bestechungsgelder zahlt

raşianaljezi; raşianestezi (*franz.* **rachianalgésie; rachianesthésie**) *med.* Rückenmark- *spez.* Lumbalanästhesie *f* *anestezi raşidien

Raşidiye [ā] *n.pr.* ein Zweig des Şazeliye-Ordens

raşidiyen (*franz.* **rachidien**) *med.* Rückgrats-

raşit, -di [ā] 1. *va.* rechtgeleitet, auf dem rechten Weg wandelnd 2. ♂ [×·] *mV* **Raşide** [×··] *wV* Zu 1: s. **Hulefayı Raşidin**

raşitik (*franz.* **rachitique**) 1. von Rachitis befallen, rachitisch 2. von Rachitis herrührend, rachitisch

raşitizm (*franz.* **rachitisme**) *med.* Rachitis *f*, englische Krankheit

ratanya [·×·] Ratanhiawurzel *f pharm.* Salix ratanhiae (Mittel gegen Durchfall; Wurzel der dreimännigen Ratanhie, *bot.* Krameria triandra)

rate (*franz.* **raté**) 1. mißlungen, verfehlt, schiefgegangen, *F* verpatzt 2. Versager *m* (Person)

ratıl s. **rıtıl**

ratıp, -bı [ā] *va.* feucht (Wetter, Haus usw.) *yaş, nemli

ratibe [ā] *va.* 1. Gehalt *n*, Lohn *m* 2. *(spez. rel.)* Pflicht *f* 3. ♀ *wV*

ratifikasyon Ratifikation, Ratifizierung *f*

ratifiye ratifiziert ~ **etmek** ratifizieren

ratine (*franz.* **ratiné**) ratiniert, gekräuselt (Wollstoff) ~ **makinesi** Ratiniermaschine *f*

ratineç, -ci [ā] *va.* s. **reçine; -i Hindî** *va.* Gummigutt *n*

rating (*engl.* **rating**) *naut.* Klassifikation *f* (von Jachten)

ratip, -bi [ā] *va.* 1. ordnend 2. fest(-gesetzt, -gelegt) 3. tägliche Essensration 4. ♂ *mV*

Ratizbon (*franz.* **Ratisbonne**) *n.pr.* Regensburg (in Bayern)

rauf [·–] 1. *va.* gütig, gnädig, der Allgütige (Gott) 2. ♂ [×·] *mV*

ravak, -kı *va.* abgeklärter Wein, reiner (geschleuderter) Honig ~ **gibi** *va.* ganz durchsichtig (klar, fein)

ravendiye [ā] s. **karabuğdaygiller**

Ravendiye [ā] *hist.* die Lehre des materialistischen isl. Philosophen **Ravendî**

ravent, -di [ā] Rhabarber *m bot.* Rheum (officinale u.a.) ~ **şurubu** Rhabarbersaft *m* (Abführmittel)

ravi [– –] *va.* erzählend, berichtend, überliefernd; Erzähler, Überlieferer *m* *nâkil

ravnt, -du *(spez. Boxen)* Runde *f* *devre

ravntluk *(spez. Boxkampf)* über soundsoviel Runden gehend **on ~ bir maç** (*od.* **müsabaka**) ein über zehn Runden gehender Kampf

ravyoli [·×·] Ravioli, Maultaschen *pl.*

ravza *va.* 1. Garten *m* 2. (*P a.* **-i Rıdvan**) Paradies(-garten *m*) *n* 3. Heiligengrab *n* **~i Mutahhara** *od.* **~i Nebi** *(beid. va.)* Mohammeds Grab in Medina

ray (I) (*franz.* **rail**) Gleis *n*, Schiene(-n *pl.*) *f* ~ **eki** Schienenstoß *m* ~ **ferş etmek** (*od.* ~ **döşemek**) Schienen legen ~ **kaynağı** Schienenschweißung *f* ~ **mantarı** Schienenkopf *m* (bei Eisenbahnschienen) ~ **yatağı** s. **kusine;** ~ **yükseltisi** Schienenerhöhung *f* **-a** (*od.* **-ına**) **girmek** (wieder) ins Gleis (in Ordnung) kommen **-a** (*od.* **-ına**) **oturtmak** (*od.* **sokmak**) (wieder) ins Gleis (in Ordnung) bringen **-dan çıkmak** 1. aus den Schienen springen; entgleisen *derayman etmek; yoldan çıkmak 2. *fig.* durcheinander geraten

ray (II) *va.* 1. Hüten, Weidenlassen *n* 2. Grasen *n* (e–r Herde) 3. Ergebung, Kapitulation *f* ~ **etmek** *va.* hüten, weiden lassen *otlatmak 2. grasen (Herde) 3. kapitulieren; sich in j–s Botmäßigkeit begeben

râya s. **reaya**

rayba *techn.* Reib-, Räum-ahle *f* ~ **salmak** s. **raybalamak**

raybalamak *techn.* aufreiben, erweitern (Loch), ausbohren (Kaliber)

ray(e)gân *va.* 1. gratis, umsonst, kostenlos 2. spottbillig 3. reichlich vorhanden 4. wertlos

rayet, -ti [ā] *va.* Fahne *f*, Banner *n*, Flagge *f* *bayrak

Rayh s. **Rayş**

rayiç, -ci [ā] 1. in Umlauf, umlaufend, gültig (Geld) 2. sich gut verkaufend, leicht absetzbar (Ware) 3. Marktpreis, Kurs *m* ~ **akça** umlaufendes Geld, gesetzliches Zahlungsmittel ~ **fiyat** Marktpreis *m* ~ **kıymet** Marktwert *m*

rayiha [–··] Geruch *m spez.* Wohlgeruch, Duft *m* *koku

rayihalı [–···] riechend *spez.* wohlriechend, duftend *kokulu

rayihasız [–···] geruchlos

rayon s. **reyon**

Rayş *hist.* Deutsches Reich (bis 1945), Deutschland ~ **Reisliği** *hist.* Amt *n* des Reichspräsidenten
Rayşbank, -kı *hist.* Deutsche Reichsbank
Rayşkantsler *hist.* (deutscher) Reichskanzler
Rayşmark, -kı *hist.* (deutsche) Reichsmark
Rayşrat, -tı *hist.* (deutscher) Reichsrat
Rayştag (meclisi) *hist.* deutscher Reichstag
Rayşvehr *hist.* deutsche Reichswehr (der Weimarer Republik)
raz [–] *va.* Geheimnis *n* *sır
razakı große weiße Traubenart (mit länglichen, dickschaligen, sehr süßen Beeren, die spez. als Rosinen Verwendung finden)
razı [ā] 1. zufrieden, sich begnügend 2. einverstanden, einwilligend, zustimmend, genehmigend, billigend ~ **etmek** 1. (b–ni) zufriedenstellen, befriedigen 2. (b–ni bşe) j–n geneigt machen, j–n bewegen (zu) ~ **olmak** (*od.* **gelmek**) (m. Dat.) 1. zufrieden sein, sich begnügen (mit) 2. einwilligen (in), et. genehmigen, billigen, erlauben, e–r Sache zustimmen
razık [ā] *va.* Ernährer *m* **-ı hakikî** *va.* Allernährer *m* (Gott)
raziyane [–·–·] s. **rezene**
Raziye [ā] *wV;* s. a. **deli** ~
re (I) *mus.* (Ton od. Note) D
re (II) Name bzw. Lautung des Buchst. R
re- s. a. **rö-**
readaptasyon (*franz.* **réadaptation**) *med.* therapeutische Wiedereingewöhnung (e–s Rekonvaleszenten)
reaksiyon 1. Reaktion; Gegen-, Rück-wirkung *f*, Gegendruck, Rückschlag *m* *aksülamel, tepki 2. *chem.* Reaktion *f* *aksülamel, teamül, tepkime 3. Art des Reagierens, Reaktionsfähigkeit *f* 4. *pol.* Reaktion *f* *irtica ~ **mesafesi** Reaktionsstrecke *f* (die von e–m Autofahrer vom ersten Reagieren [auf ein Hindernis] bis zum Bremsen zurückgelegte Strecke)
reaksiyoner (*franz.* **réactionnaire**) reaktionär (eingestellt); Reaktionär *m* *mürteci
reaktif 1. reaktiv, rückwirkend *tepkin 2. Reagens *n* *ayıraç ~ **kuplaj** (Radio) Rückkopplung *f*
reaktiflik Rückwirkung *f*
reaktivasyon *med.* Reaktivierung *f* (z. B. e–s alten Serums)
reaktör 1. Kernreaktor, Atommeiler *m*, Atomkraftwerk *n* 2. Düsenantrieb *m*, Strahltriebwerk *n*
real, -li Real *m* (*fr.* Münze in verschiedenen Ländern)
realgar s. **kırmızı zırnık**
realist, -ti 1. Realist(-in *f*) *m* 2. realistisch, wirklichkeitsnah *gerçekçi
realistlik s. **realizm**
realite Realität, Wirklichkeit, Tat-sache *f*, -bestand *m*, Sachlage, Gegebenheit *f* *gerçek(-lik), hakikat, şe'niyet
realizasyon 1. Realisierung, Verwirklichung *f* 2. Realisation, Umwandlung *f* in Geld
realize 1. realisiert, verwirklicht 2. realisiert, zu Geld gemacht ~ **etmek** 1. realisieren, verwirklichen *hakikatleştirmek, tahakkuk ettirmek 2. realisieren, in Geld umwandeln
realizm 1. Realismus *m*, realistisches Denken, Wirklichkeitssinn *m* 2. (*phil., lit., Kunst*) Realismus *m*, Wirklichkeitsschilderung *f* *(1, 2) gerçekçilik
realpolitik 1. Realpolitik *f* 2. realpolitisch
reanimasyon *med.* Reanimation, Wiederbelebung *f* (Rückgängigmachung des klinischen Todes) ~ **servisine kaldırılmak** in die Intensivstation gebracht werden
reasürans (*franz.* **réassurance**) Rückversicherung *f* *mükerrer sigorta
reasüre (*franz.* **réassuré**) rückversichert ~ **etmek** rückversichern
reaya [·––] (*Pl.* zu **raiyye**) *hist.* nicht-islamische Untertanen im Osm. Reich (*spez.* Christen)
rebabî [·––] *va.* 1. wer **rebap** herstellt, verkauft od. spielt 2. lyrisch
rebap, -bı [ā] primitive, zweisaitige Violine (mit langem Hals, Aufsetzfuß und Resonanzkörper aus Kokosnußholz)
rebi, -ii [ī] *va.* Frühling *m* *ilkbahar, bahar **faslı** ~ *va.* Frühlingszeit *f*
rebiî 1. *va.* zum Frühling gehörig, Frühlings- 2. **Rebii** *mV* ~ **nokta** s. **bahar noktası**
rebiiye *va.* 1. *agr.* Aussaat *f* zu Ende des Winters 2. *bot.* s. **çuhaçiçeğigiller** 3. *lit.* s. **bahariye**
rebiyülâhır [·–·×·] vierter Monat des isl. Mondjahres *küçük mevlut ayı
rebiyülevvel [·–·×·] dritter Monat des isl. Mondjahres *büyük mevlut ayı
rebont, -du (*franz.* **rebond**) (*Sport*) Rückprall *m* (des Balls)
rebus sic stantibus *selt.* 1. bei dieser Sachlage, bei der Lage der Dinge 2. *jur.* bei gleichbleibenden Verhältnissen
recec *hist.* zweite Quartalszahlung der Janitscharenlöhnung (Anfangsbuchstaben der Monate **rebiyülâhır, cemaziyelevvel, cemaziyelâhır**)
recep, -bi 1. *urspr.* ansehnlich, stattlich 2. (*fr. a.* **recebişerif**) siebter Monat des isl. Mondjahres 3. ≗ *mV*
recez Name e–s ar. Versmaßes
recfe *va.* heftiger Stoß; Erschütterung *f* (bes. bei Erdbeben) *sarsı, sarsım
recim, -cmi Steinigen *n*, Steinigung *f*
recîm *va.* 1. gesteinigt 2. aus dem Paradies vertrieben (Beiname des Teufels)
recmetmek steinigen *taşlamak
recül *va.* 1. Mann *m* (*ant.* kadın) 2. *pr.* geeigneter (richtiger) Mann für et. 3. (*fr. a.* **-ü devlet**) Staatsmann *m* *devlet adamı Zu 1: **-ü salih** rechtschaffener Mann Zu 2: **Bu işin -ü değildir.** Er ist nicht der richtige Mann dafür. Zu 3: **bir Macar -ü** ein ungarischer Staatsmann
recülî *va.* männlich, Manneskraft besitzend, zeugungsfähig
recüliyet, -ti *va.* 1. Männlichkeit, Mannhaftigkeit *f*, Mut *m* 2. Mannheit, Mannes-, Zeugungs-kraft *f* 3. Leistungsfähigkeit *f*
reçel Konfitüre, Marmelade *f*, eingemachtes Gelee
reçellik für **reçel** geeignet od. best.
reçete (vgl. *franz.* **recette**) [·×·] 1. ärztliches Rezept 2. Kochrezept *n* 3. Weg *m*, Verfahren *n* *yöntem ~ **yazmamak** *V* keinen Wert legen (auf); sich nicht kümmern (um)
reçina(-lı) s. **reçine(-li)**
reçine [·×·] 1. Baumharz *n* 2. *spez.* Kolophonium *n* *kolofan ~ **otu** Harzkraut *n bot.* Cressa cretica ~ **sakızı** s. **ağaç balı**; ~ **sürmek (yaya)** mit Kolophonium einreiben (Violinbogen) ~ **verniği** Harzfirnis *m* ~ **yağı** Harzöl *n*
reçineli 1. Baumharz enthaltend, harzig, mit Harz bedeckt 2. mit Kolophonium eingerieben (z. B. Geigensaiten) 3. durch Harzzusatz haltbar gemacht (Wein) ~ **ağaç** Nadelbaum *m*, -holz *n* ~ **şarap** Retsinatawein *m* (*spez.* in Griechenland)
reçitatif s. **resitatif**
redaet, -ti [ā] *va.* 1. Schlechtigkeit, Niedrigkeit, Gemeinheit, Niedertracht, Schändlichkeit *f* *alçaklık 2. *med.* Verschlimmerung *f* (e–r Krankheit, e–r Wunde) **-i ahlâk** *va.* Sittenverderbnis *f*
redaksiyon 1. Redaktion, Schriftleitung *f* *heyeti tahririye 2. Redaktion, Redigierung *f* 3. Abfassung, Ausarbeitung, Anfertigung *f* (e–s Schriftstücks) *(2, 3) yazımla(n)ma ~ **heyeti** (*od.* **komisyonu**) Redaktions-ausschuß *m*, -komitee *n* *yazı işleri heyeti
redaktör Redakteur, Schriftleiter *m* *yazımcı, yazımlayan

redaktörlük, -ğü Tätigkeit *f*, Aufgaben *pl.* e–s Schriftleiters *yazımcılık
reddetmek [×··] 1. *va.* zurück-geben, -senden, -erstatten 2. ablehnen, abweisen, zurückweisen, verweigern, abschlagen, abschlägig bescheiden, nicht annehmen 3. *spez.* e–n Richter als befangen ablehnen 4. verstoßen, nicht mehr als sein Kind anerkennen
reddicevap etmek *va.* zur Antwort geben, erwidern
reddihâkim *jur.* Ablehnung *f* e–s Richters (wegen Befangenheit)
reddimatla, -ıı *lit.* Wiederholung *f* e–s am Gasel-Anfang stehenden Halbverses am Ende des Gedichtes
reddimısra, -ıı *lit.* Wiederholung *f* e–s nicht am Gedichtanfang stehenden Halbverses am Gasel-Ende
reddirüsum [···–] *jur.* Rückzoll *m*
reddiyat, -tı [ā] *Pl.* Zurückerstattung *f* der bei dem Vollstreckungsgericht **(İcra Dairesi)** eingezahlten Schuldbeträge an den Gläubiger
reddiye 1. Verteidigungs-, Rechtfertigungs-schrift *f*, Apologie *f* *savunca 2. *va. jur.* Aufteilung *f* des Restes e–r Erbschaft (nach der gesetzlichen Zuteilung) 3. *hist.* e–e best. Zwangssteuer in osm. Zeit
redevans (*franz.* **redevance**) *H* 1. Lizenzgebühr *f* 2. Standgeld *n*, Platzmiete *f*
redi, -ii [ī] *va.* 1. schlecht, gemein, niedrig, niederträchtig, schändlich *alçak 2. *med.* sich verschlimmernd; gefährlich (Krankheit, Wunde)
redif [ī] 1. *va.* hinterdreinkommend 2. *hist.* Landwehr *f* 3. *(Metrik)* auf die Reimbuchstaben folgende, sich jeweils wiederholende Buchstaben, Silben od. Wörter
redifli [·–·] *(Metrik)* mit **redif** *müreddef
redingot, -tu 1. Gehrock *m*, *F* Bratenrock *m* 2. *fr.* Redingote *f* (taillierter Damenmantel mit Reverskragen)
redingotlu 1. im Gehrock 2. mit Redingote
redresör (*franz.* **redresseur**) *phys.* Gleichrichter *m* *doğrultmaç ~ **lambası** *(Radio)* Gleichrichterröhre *f*
redut, -tu *mil. va.* Redoute *f*, geschlossene Feldschanze *kapalı tahkimat tesisi
redüksiyon *chem.* Reduzieren *n*, Reduktion *f* *irca, indirgeme ~ **bölünmesi** s. **meyoz**
redüktör (*franz.* **réducteur**) *chem.* reduzierend; Reduktionsmittel *n* *indirgen, mürci
ree s. **rie**
reedükasyon (*franz.* **rééducation**) 1. Umschulung *f* 2. *med.* Heilgymnastik *f*
reeksport, -tu (< *franz.* **réexportation**) *H* Wiederausfuhr *f*
reel (*franz.* **réel**) wirklich, tatsächlich, real *gerçek ~ **harcamalar** *H* Realausgaben *pl.*
reelman (*franz.* **reellement**) *Adv.* wirklich, in der Tat
reemplantasyon *med.* Re(im)plantation, Wiedereinpflanzung *f* (z.B. von gezogenen Zähnen)
reenkarnasyon Reinkarnation, Wiederfleischwerdung *f* (spez. nach buddhistischer Lehre)
reeskont, -tu (*franz.* **réescompte**) *H* Rediskont(-ierung *f*) *m* *mükerrer ıskonto
reeskontabl (*franz.* **réescomptable**) *H* rediskontierbar
reevalüasyon (*franz.* **réévaluation**) *fin.* Neubewertung, Wertberichtigung *f*
ref s. **refi**
refah [ā] 1. bequemes Leben, sorgenfreies Dasein; Wohlstand *m* 2. Heil, Wohl *n*, Wohlfahrt *f* (z.B. e–s Landes) *gönenç ~ **devleti** Wohlfahrtsstaat *m* ~ **devri** *hist.* (amerikanische) Prosperität *f* (von 1922–1929)
Refahiye [ā] *n.pr.* O. u. D. im Rbz. Erzincan
refakat, -ti [·–·] 1. Begleitung *f*, Begleiten *n* 2. Geleit(-zug *m*) *n* 3. *P* (eigener) Krankenpfleger ~ **etmek** (b–ne) 1. begleiten, geleiten, das Geleit geben 2. *mus.* begleiten (z.B. am Klavier) ~ **filotillası** Geleitflottille *f* ~ **gemisi** Geleitschiff *n* ~ **müfrezesi** *mil.* Begleitkommando *n* ~ **topçusu** *mil.* Begleitartillerie *f* **-inde bulunan zevatla** mit den ihn begleitenden Herren, mit seiner Begleitung
refakatçi [·–··] s. **akompanyeci**
referandum [··×·] 1. Volksentscheid *m*, Referendum *n* 2. *selt.* Volksbefragung *f*, allgemeine Umfrage
referans (*franz.* **référence**) 1. Hinweis *m*, Bezugnahme *f* 2. *H* Bezugsschreiben *n* 3. Belegstelle *f* 4. Empfehlungsschreiben *n*, Referenz *f*
referanslı 1. Bezugs-, Beleg- 2. im Besitz von Empfehlungsschreiben (Referenzen, Zeugnissen) **İyi ~ mürebbiye aranıyor.** Gesucht: Erzieherin mit guten Zeugnissen
referat, -tı *selt.* Referat *n*, (gutachtlicher) Bericht, Vortrag *m*, Besprechung *f* (e–s Buchs)
referendum s. **referandum**
referi (*engl.* **referee**) *(Sport)* Schieds-, Ring-richter *m*, Unparteiischer
refet, -ti 1. *va.* Güte, Gnade *f* 2. ♀ *mV*
refetlü *va.* gnädig; s.a. **devletlü ~**
refetmek 1. *z. va.* (auf-, empor-, er-)heben 2. *math.* erheben (in e–e best. Potenz) *yükseltmek 3. aufheben (Bestimmung, Verbot, Immunität usw.) Zu 1: **kadehini ~** sein Glas erheben Zu 2: **dördüncü kuvvete ~** in die vierte Potenz erheben Zu 3: **Onun teşriî masuniyeti refedilmiştir.** Die Immunität wurde ihm aberkannt. s.a. **rütbesini ~**
refi, -f'i 1. *z. va.* (Auf-, Empor-, Er-)Heben *n* 2. *math.* Erheben *n* (in e–e best. Potenz) 3. Aufhebung *f* (e–s Verbots, e–r Bestimmung, der Immunität usw.) ~ **kararı** *jur.* Aufhebungsbeschluß *m*
refi, -ii 1. *va.* hoch, erhaben 2. **Refi** [×·] *mV* **Refia** [×··] *wV*
refih [ī] 1. *va.* im Wohlstand lebend; gut situiert 2. ♀ [×·] *mV* **Refiha** [×··] *wV*
refik, -kı [ī] 1. Freund, Kamerad *m* 2. Genosse, Gefährte *m* 3. Kollege *m* *(1–3) arkadaş 4. Ehemann, Gatte *m* 5. ♀ [×·] *mV* **-i habaset** *va.* Helfershelfer, Komplize, Spießgeselle *m* *suç ortağı
refika *urspr.* [·–·] 1. Gefährtin, Kameradin *f* 2. *pr.* Lebensgefährtin, (Ehe-)Frau, Gemahlin, Gattin *f* 3. ♀ [×··] *wV* **♀m çok rahatsızdır.** Meine Frau ist sehr leidend. **-i âcizî** *osm. Besch.* meine Frau
refiyet, -ti (in der Füg.:) ~ **hakkı** Wiedereinsetzungsanspruch *m*, Anspruch *m* aus Besitzentziehung
refleks 1. Reflex(-bewegung *f*) *m* *fiili münakis, yansı, tepke 2. Lichtreflex *m*
reflektör Reflektor *m* *yansıtmalı ırakgörür ~ **tipi foto makinesi** (Spiegel-)Reflexkamera *f* *yansıtmalı fotograf makinesi
reform 1. Reform(-ierung), Neu-, Um-gestaltung *f* 2. *hist. rel.* Reformation *f* ~ **hareketleri** Reformbewegungen *pl.*
reformatör Reformator *m*
reformcu reformerisch, Reformer *m*
reformculuk Reformismus *m*
reformist(-lik); reformizm s. **reformcu(-luk)**
refraksyon *phys.* Strahlenbrechung *f* *inkisarı ziya
refrakter *med.* refraktär, unempfindlich, nicht beeinflußbar
refraktif *phys.* strahlenbrechend
refraktometre [···×·] *phys.* Refraktometer *n*
refraktör (*franz.* **réfracteur**) s. **kırılmalı ırakgörür**
refref *va.* 1. dünner, weicher Stoff 2. Decke *f* 3. Bett *n* 4. Teppich *m* 5. *isl. Myth.* das letzte Beförderungsmittel bei Mohammeds Himmelfahrt
refrefe *va.* Geflatter *n* (von Vögeln)
refren 1. Refrain *m* *nakarat 2. *pej.* ewige Wiederholung *virdizeban
reftar [ā] *va.* 1. Art *f* des Gehens, Gang *m* 2. *fig.* Verhalten, Benehmen, Vorgehen *n* 3. *(va. pers. Sx.)* gehend

refte refte *va.* 1. in kleinen Mengen 2. langsam, allmählich, mit der Zeit, immer mehr *gitgide, yavaş yavaş
reftiye *hist.* (bis 1839) Ausfuhrzoll *m* (später **ihracat rüsumu** genannt)
refüj (*franz.* **refuge**) 1. *selt.* Grün-, Rasen-anlage *f* (z.B. zwischen zwei Fahrbahnen) 2. Schutz-, Verkehrs-insel *f* (auf der Straße) *emniyet adası
refüze (*franz.* **refusé**) abgelehnt ~ **etmek** ablehnen, zurückweisen, ausschlagen, nicht annehmen
regaip, -bi [·–·] (*Pl.* zu *ungebr.* **rağîbe**) ersehnte Dinge *pl.*; Erwünschtes; *spez.* Empfängnis *f* der Mutter Mohammeds, Amine Hatun ⁓ **gecesi** (*od.* **kandili**), **Leylei** ⁓ isl. Feiertag am 1. Freitag des Monats Recep
registermark s. **mukayyet mark**
reglis (*franz.* **réglisse**) s. **meyan** (I) sowie **meyankökü**
regresyon (*franz.* **régression**) 1. Rück-gang *m*, -bildung *f* 2. *geogr.* s. **deniz gerilemesi; çekilme** (2)
regülatör Regulator, Regler *m spez.* 1. Wasserregulierungsanlage *f* 2. Dampfregler *m* (z.B. an Lokomotive) 3. *selt.* Taxameteruhr *f* ~ **ayağı** Reglerbock, Regulatorständer *m* ~ **kolu** Reglerhebel *m*, Regulatorstange *f* ~ **mili** Regulatorspindel *f* ~ **sürgüsü** Regulatorklappe *f* ~ **yayı** Regulatorfeder *f*
regüle reguliert ~ **etmek** regulieren, regeln, in Ordnung bringen
regürjitasyon (*franz.* **régurgitation**) *med.* Aufstoßen *n* (aus dem Magen)
reh s. **rah**
reha [ā] (I) 1. *va.* Rettung, Befreiung, Erlösung *f* 2. *z. va.* Flucht *f*, Entkommen *n* 3. ⁓ [×·] *mV* ~ **bulmak** 1. *va.* gerettet werden (z.B. aus e–r Gefahr) 2. *z. va.* entfliehen, entkommen
reha [ā] (II) *va.* 1. s. **bolluk** 2. s. **zenginlik** 3. s. **gevşeklik**
rehabilitasyon s. **readaptasyon**
rehakâr [·––] *va.* rettend, befreiend, erlösend; Retter, Befreier, Erlöser *m*
rehavet, -ti [ā] 1. Abspannung, Erschlaffung, Mattigkeit *f* 2. Trägheit, Nachlässigkeit *f* ~ **basmak** (*od.* **çökmek**) sich matt und schläfrig fühlen
rehavi [·––] 1. e–e nach **Reha (= Urfa)** benannte südanatolische Musikweise 2. Spiel-dose, -uhr *f*
rehber 1. Führer, Wegweiser *m* 2. Reise-führer *m*, -handbuch *n* 3. geistiger Führer; Lehrer *m* 4. Leitfaden *m* 5. größeres alphabetisches Verzeichnis (*spez.* Telephonverzeichnis) 6. *pol.* (nur um 1930 *gel.* verwendet) Führer *m* (Atatürk od. Hitler) **-i derya** *naut. fr.* Segel-, See-handbuch *n* *seyir kılavuz kitabı
rehberlik Geleit *n*, Führung *f* ~ **etmek** (b–ne) geleiten, führen
rehbersiz führerlos, ohne Führung
rehgüzar [ā] an der Strecke liegend *yol üstü **-ımızdaki şehirler** die Städte auf unserer Reiseroute
rehin, -hni 1. (Unter-)Pfand *n* 2. Faustpfand *n*, Verpfändung *f* 3. Hypothek *f* 4. *gel. irrt.* für **rehine** (*q.v.*); ~ **etmek** verpfänden *tutulamak, tutu(-ya) koymak ~ **fekki** *jur.* Freigabe *f* des Pfandes ~ **hakkı** Pfandrecht *n* ~ **mukabilinde ikraz ile meşgul müessese** *jur.* Pfand-haus *n*, -leihanstalt *f* ~ **senedi** Lagerpfandschein, Warrant *m* **-den kurtarmak** ein Pfand einlösen **-e köymak** (*od.* **bırakmak**) als Pfand geben; verpfänden
rehîn *va.* 1. verpfändet, hypothekarisch belastet 2. nahe, bald
rehine [ī] Geisel *m*, Leibesbürge *m* *tutak
rehinli verpfändet ~ **senetler mukabili ikraz** Darlehen *n* gegen Wechselverpfändung ~ **tahvilât** Pfandbriefe *pl.* ~ **deyin** Hypothekarschuld *f*
rehnetmek s. **rehin etmek**
rehnüma [ā] *va.* (Weg-)Führer, Wegweiser *m* *rehber, kılavuz, yol gösteren
Reich s. **Rayş**
reis (I), **-e'si** 1. *an.* Kopf *m* *baş 2. *math.* Scheitelpunkt *m*, Spitze, Ecke *f* *tepe 3. (*va. Zählwort*) Stück *n* (*spez.* bei Vieh) 4. *va.* Kap, Vorgebirge *n* **bir müsellesin -leri** Ecken *pl.* e–s Dreiecks **bir mahrutun re'si** Spitze *f* e–s Kegels
reis (II) [·–] 1. Präsident, Vorstand *m*, Vorsitzender *başkan 2. Oberhaupt *n*, Chef *m*, Führer *m* (z.B. e–r Delegation) 3. a) *hist.* Kapitän *m* e–s Kriegsschiffes b) (*heute*) Kapitän *m* e–s Segelschiffes od. kleineren Schiffes 4. *hist.* Chef *m* der früheren freiwilligen Feuerwehr **(tulumbacılar)** in Istanbul Zu 1: s. z.B. **mahkeme (meclis) -i** Zu 2: s. z.B. **aile (devlet, erkânıharbiye) -i;** ⁓ **Efendi** s. **Reisülküttap;** ~ **vekili** stellvertretender Präsident; Vizepräsident *m* **-i ruhanî** der höchste geistliche Würdenträger **-i sin** *va. parl.* Alterspräsident *m* **-i vükelâ** *va.* s. **başbakan**
reis (III) *fr.* kleine port. Währungseinheit; s.a. **milreis**
reisicumhur(-luk) s. **cumhurbaşkanı; cumhurbaşkanlığı**
reislik, -iği 1. Amt *n*, Tätigkeit *f*, Aufgaben *pl.* e–s Präsidenten (Vorstandes, Vorsitzenden); Präsidium *n*, Vorsitz *m* 2. Führung *f* (e–r Delegation, Mission, Abordnung) 3. Staats-, Reichs-, Bundes-Präsidentschaft *f* 4. *P* Führung e–s kleineren Schiffes Zu 3: **İsviçre Konfederasyonu -ine seçilmiştir.** Er wurde zum eidgenössischen Bundespräsidenten gewählt. ~ **etmek** (m. Dat.) den Vorsitz (das Präsidium) führen (z.B. in e–r Versammlung) ~ **hükümeti** *jur.* Präsidialregierung *f*
Reisülhattatin [·–··–·–] osm. Titel für e–n anerkannten Schriftkünstler **(hattat)** (*Anm.*: Der letzte R. war **Kâmil Akdik,** dem der Titel 1915 verliehen worden ist; gest. 1941.)
Reisülküttap, -bı [·–··–] *hist.* (bis 1836) osm. Außenminister (*Anm.*: Der volle Titel **Reisülküttap Efendi** wurde mst. zu **Reis Efendi** verkürzt.)
Reisülulema [·–··–] *hist.* oberster Vertreter der isl. Geistlichkeit (in der Dienststelle des Scheich ül-Islam)
Rejans (*franz.* **Régence**) 1. *hist.* Regentschaft *f* (Frankreich 1715–1723) 2. **(lokantası)** bekanntes russ. Restaurant in Istanbul–Beyoğlu ~ **üslubu** Régence-Stil *m*
rejenerasyon *biol., med.* Regeneration, Erneuerung *f* *yenilenme
rejenere regeneriert, verjüngt, aufgefrischt, umgebildet, erneuert und verbessert ~ **etmek** regenerieren, verjüngen, auffrischen, umbilden, erneuern und verbessern, e–e Wiedergeburt erleben lassen
reji Regie *f*: 1. Verwaltung *f spez. fr.* Monopolverwaltung *f* 2. *Th.* Spielleitung *f*
rejim 1. *pol.* Regierungs-, Staats-form *f*, Regime *n* 2. bestimmte Lebensweise 3. Diät, Schonkost *f* 4. Kur *f* 5. Regelung, Ordnung *f*, Bestimmungen *pl.*, Verwaltung, Wirtschaft *f* 6. Genuß *m* (von Kaffee, Tee, Zigaretten usw.) Zu 2: **Bu yaşta bu kadar sıhhatli kalabilmek için, muayyen bir ~ mi takip ettiniz?** Haben Sie e–e best. Lebensweise verfolgt, daß Sie im hohen Alter noch so rüstig sind? Zu 3: ~ **yapmak** Diät halten Zu 4: s. **zayıflama -i** Zu 5: **genel ithalât -i** allgemeine Einfuhrbestimmungen *pl.* Zu 6: **fazla miktarda cıgara, rakı, kahve ve çay -i** übermäßiger Genuß von Zigaretten, Raki, Kaffee und Tee
rejisör Regisseur, Spielleiter *m*
rejisörlük 1. Amt *n*, Aufgaben *pl.*, Tätigkeit *f* e–s Regisseurs 2. Regie(-kunst, -führung) *f*
rejistr [·×·] 1. Register *n* 2. Eintrags-buch, -heft *n* *kayıt defteri 3. *mus.* a) Stimm-, Ton-lage *f* b) (Orgel-)Register *n*
rejyon Gebiet *n*, Region, Gegend *f*, Landstrich *m*

rejyonal regional
rejyonalizm *lit., pol.* Regionalismus *m*
rekabet, -ti [ā] 1. Nebenbuhlerschaft, Rivalität, Konkurrenz(-kampf, -neid *m*) *f* 2. Wett-kampf, -bewerb *m* ~ **etmek** (b–le) wetteifern, konkurrieren, rivalisieren, Konkurrenz machen *yarışmak ~ **memnuiyeti** *jur.* Konkurrenzverbot *n*, Wettbewerbsklausel *f* *yarışma (*od.* yarışıcılık) yasağı **-e galebe çalmak** die Konkurrenz schlagen
rekâket, -ti *va.* 1. Schmächtigkeit, Schwächlichkeit, Schwäche, Kraftlosigkeit *f* 2. *(Stil)* Fehlerhaftigkeit, Ungenauigkeit *f* 3. Stottern, Stammeln *n*
rekambiyo [·×··] *H* Rückwechsel *m*
rekânet, -ti *va.* s. **ağırbaşlılık**
rekât, -tı Reka *f* (best. Folge von Körperbewegungen bei dem isl. Gebet: 1 **kıyam,** 1 **rükû,** 2 **secde**)
rekâtlık aus soundsoviel **rekât** bestehend
rekik, -ki *va.* 1. dünn, schmächtig, schwächlich 2. armselig, gemein 3. inkorrekt, fehlerhaft, ungenau *(Stil)* 4. (*fr. a.* **-üllisan**) stotternd, stammelnd
rekîn *va.* 1. s. **ağırbaşlı** 2. s. **yüksek** 3. ♁ *mV*
rekiz, -kzi *z. va.* Errichtung *f* (z.B. e–s Denkmals), Aufpflanzen *n* (z.B. e–r Fahne), Einpflanzen *n* (z.B. e–r Lanze, Fahnenstange in die Erde)
reklam Reklame, Werbung *f* **(... olarak)** ~ **etmek** in der Reklame als ... bezeichnen, herausstellen ~ **filmi** Werbefilm *m* ~ **yapmak** Reklame machen
reklamcı 1. Werbe-fachmann, -graphiker *m* 2. Reklamemacher *m*
reklamcılık Reklame(-technik), Werbung *f*
rekolte [·×·] (*franz.* **récolté** bzw. **récolte**) (Gesamt-)Ernte *f*, Ertrag *m* **bu yılın buğday (incir, tütün) -si** die diesjährige Weizen-(Feigen-, Tabak-)Ernte ~ **almak** *a. fig.* ernten
rekomandater (*franz.* **recommandataire**) (Wechselrecht) Notadressat, Ehrenzahler *m*
rekomande (*franz.* **recommandé**) eingeschrieben *taahhütlü
rekonstrüksiyon (*franz.* **reconstruction**) Wiederaufbau *m*
rekor Rekord *m*, Best-, Höchst-, Spitzen-leistung *f* ~ **fiyat** unglaublich niedriger (*selt.* hoher) Preis ~ **kırmak** 1. e–n (bestehenden) Rekord brechen 2. **(yeni bir ~ kırmak)** *abus.* e–n neuen Rekord aufstellen ~ **kurmak** e–n Rekord aufstellen ~ **sahibi** Rekordinhaber *m* ~ **sahibi olmak** e–n Rekord halten ~ **seviyeye ulaşmak** e–n Rekordstand erreichen
rekorcu wer e–n Rekord aufgestellt hat bzw. ihn hält, Rekordinhaber *m*
rekortmen (*engl.* **recordman**) s. **rekorcu**
rekreasyon (*franz.* **récréation**) 1. Erholung *f* 2. Freizeitgestaltung *f*
reksizm *hist.* Rexismus *m* (rechtsradikale Reformbewegung in Belgien unter Léon Degrelle)
rektasansyon s. **bahar açısı**
rektifiye (*franz.* **rectifié**) 1. berichtigt, korrigiert 2. *techn.* überholt (z.B. Motor) 3. begradigt (Straße) ~ **etmek** 1. berichtigen, korrigieren 2. *techn.* überholen (*spez.* Motor) 3. begradigen (Straße)
rekto [×·] (*franz.* **recto**) Vorderseite *f* (z.B. e–r Banknote), Avers *m* (e–r Münze) *ön yüz, yüz taraf
rektoskop, -pu *med.* Rektoskop *n*, Mastdarmspiegel *m*
rektoskopi *med.* Untersuchung *f* des Mastdarms mittels Rektoskop
rektör (Universitäts-)Rektor *m*
rektörlük 1. Amtsgeschäfte *pl.*, Würde *f*, Rang *m* e–s (Universitäts-)Rektors 2. (Universitäts-)Rektorat *n*
rektris tüyü *an.* Schwanz-, Steuer-feder *f* *yönetken telek
rektum *med.* Mastdarm *m*, Rektum *n* *göden barsağı, miai müstakim
reküiyem *mus.* Requiem *n*
rekzetmek [×··] *z. va.* errichten (z.B. Denkmal), aufpflanzen (z.B. Fahne), einpflanzen (z.B. Lanze, Fahnenstange in die Erde)
relasyon Relation, Beziehung *f*, Verhältnis *n*
relatif relativ, verhältnismäßig, bedingt
relativite Relativität, Bedingtheit *f*
relativizm Relativismus *m* *bağıntıcılık, görecilik, izafiye, nispiye
rele *techn.* Relais *n* ~ **lambası** *(Radio)* Relaisröhre *f*
releli *techn.* mit Relais ausgestattet
relik (christl.) Reliquie *f*
reliklik (christl.) Reliquienschrein *m*
relöve (*franz.* **relevé**) 1. (Archäologie) Kopieren *n* e–s antiken Kunstwerks 2. *(Statistik)* Erhebung *f* 3. Liste *f*, Verzeichnis *n*, Aufstellung *f* 4. hochgeschlagen (Hutkrempe) 5. gefältelt, plissiert (Kleid)
rem, -mmi *va.* s. **yenirce** (2)
remat, -dı [ā] *va.* Asche *f* *kül
remel 1. Name e–s ar. Versmaßes 2. *mus.* e–e Taktart in der orient. Musik
remet, -di *med. va.* Augenentzündung, Ophthalmie *f*
remi (*engl.* **rummy**) *Ka.* Rommé *n* ~ **yapmak** alle Karten offen auflegen
remide [ī] *va.* erschreckt, verstört, in die Flucht geschlagen
remil, -mli 1. *va.* Sand *m* *kum 2. Geomantie *f* (Wahrsagen *n* aus Linien und Figuren im Sand) ~ **atmak** (*od.* **dökmek**) Geomantie betreiben, aus dem Sand wahrsagen ~ **otu** Spergel-, Sand-kraut *n bot.* Spergularia marina
remilci Geomant *m*
remisyon *med.* Remission *f* (Nachlassen e–r Krankheit od. des Fiebers)
remiy, -myi *va.* Werfen, Schleudern, Schießen *n* **fenni** ~ *va.* Ballistik *f*
remiz (I), **-mzi** 1. Wink *m*, Andeutung *f*; *lit. va.* Allegorie *f* 2. (Formel-)Zeichen, Symbol *n* *simge, sembol
remiz (II) [·–] (*franz.* **remise**) *H* 1. (Vermittler-)Provision *f* 2. Nachlaß, Rabatt, Abzug *m*
remizlendirmek in Zeichenform darstellen; symbolisieren
remizli 1. von e–m Wink (e–r Andeutung) begleitet 2. mit e–m best. Zeichen ~ **isim** Deckname *m*
remont, -tu *mil. va.* 1. Remonte *f* (junges Militärpferd) 2. Ersatzpferd *pl.*
remonte (*franz.* **remonté**) *(Sport spez. Tennis)* aufgeholt (Punkte) ~ **etmek** (Punkte) aufholen
remork s. **römork**
remyetmek [×··] *va.* werfen, schleudern, schießen
remzetmek [×··] 1. e–n Wink od. ein Zeichen geben 2. s. **remizlendirmek**
remzî symbolisch, sinnbildlich *sembolik, simgesel
Remzi [×·] *mV* **Remziye** [×··] *wV*
ren (geyiği) Ren *n zo.* Rangifer tarandus ~ **likeni** *bot.* Rentierflechte *f, n*, -moos *bot.* Cladonia rangiferina
Ren 1. **(nehri)** *n.pr.* Rhein *m* 2. ♁ **(şarabı)** Rheinwein *m*
rencide [ī] gekränkt, beleidigt, verletzt, tief getroffen *kırgın ~ **etmek** kränken, beleidigen, verletzen, tief treffen ~ **olmak** sich gekränkt (usw.) fühlen
renç, -ci *va.* 1. Plage, Mühe *f* 2. Schmerz *m* 3. Verdruß, Ärger *m*
rençper ungelernter Arbeiter; Tagelöhner, Handlanger *m* 2. *spez.* Feld- od. Bau-arbeiter *m* ~ **başı** Vorarbeiter *m* (*spez.* bei Feldbestellung)
rençperlik Tätigkeit od. Stellung *f* e–s **rençper;** Handlangerdienste *pl.*, Landarbeit, Bauarbeit *f*
rende 1. (Tischler- od. Küchen-)Hobel *m* 2. Reibeisen *n*, Reibe *f* 3. Reibsel *n* Zu 4: **peynir -si** geriebener (geschab-

ter) Käse ~ **bıçağı** Hobelmesser *n* ~ **demiri** Hobeleisen *n* ~ **enfiyesi** grob geschnittener Schnupftabak ~ **talaşı** Hobelspäne *pl.*
rendeci Hobler *m* (Arbeiter)
rendelemek 1. (ab-, glatt-)hobeln 2. reiben, schaben, raspeln (Äpfel, Käse usw.)
rendeli 1. mit Hobel 2. (ab-, glatt-)gehobelt
rendering (engl.) Verwertung *f* (von Abfällen, Fetten usw.)
rengârenk, -gi 1. mehr-, verschieden-farbig, farbenreich, bunt, schillernd 2. *va.* zweifelhaft, zweideutig, trügerisch
rengin [ī] *va.* 1. farbig, bunt *renkli 2. schön geschmückt 3. glänzend (Stil) 4. ♀ *wV*
renk, -gi 1. Farbe *f (a. im Ka.)* 2. natürliche Gesichtsfarbe 3. Färbung *f*, Kolorit *n* 4. *fig.* Färbung, Tendenz *f*, ausgeprägte Eigenart 5. *mus.* Klangfarbe *f* *tınlayış 6. *va.* Streich, Possen, Schabernack *m* 7. *(Poker)* s. **floş** (2) ~ **açıcı** Bleichmittel *n* (*spez.* bei Holzbearbeitung) ~ **ahengi** (*od.* ~ **uyumu**) Farbharmonie *f* ~ **almak** e-e neue Farbe annehmen ~ **bağlamak** wieder Farbe ins Gesicht bekommen ~ **birliği** s. **renkteşlik;** ~ **cümbüzü** farbliches Durcheinander ~ **çarpışması** Farbkontrast *m* ~ **duyarlığı** *phot.* Farbempfindlichkeit *f* (e-s Films) ~ **maddesi** s. **pigment;** ~ **merdiveni** Farbskala *f* ~ ~ (verschieden-, mehr-)farbig, farbenreich, bunt, schillernd ~ ~ **olmak** 1. verschiedenfarbig sein 2. (vor Erregung) blaß und wieder rot werden 3. *fig.* heterogen sein, sich voneinander unterscheiden ~ **ressamı** Kolorist *m* ~ **sağlamlığı** Farbfestigkeit *f* (*spez.* bei Stoffen) ~ **süzgeci** *astr.* Farbfilter *m, n* ~ **vermek** (m. Dat.) 1. (in e-r best. Farbe) streichen, färben 2. (*a.* ~ **katmak**) *fig.* Farbe verleihen; lebhafter werden lassen ~ **vermemek** (bşden) *fig.* sich et. nicht anmerken lassen **-e oynamak** (Roulett) auf Farbe setzen **-i atmak (kaçmak, uçmak)** 1. blaß werden, die Farbe verlieren (Person) 2. verblassen, verschießen, verbleichen (Gegenstand) **-i çalık** 1. verschossen, verblaßt, ausgebleicht 2. blaß, bleich **-i çalmak** *(m. Dat. der Farbe)* e-e best. Farbtönung aufweisen **-i değişmek** 1. blaß werden (Person) 2. *fig.* ein anderes Gesicht bekommen (Angelegenheit) **-i dönük** s. **-i çalık; -i tutmak** (*od.* **-i uymak**) farblich harmonieren **-i yok** 1. farblos 2. *fig.* unzuverlässig **-ini belli etmek** *fig.* sein wahres Gesicht zeigen **-ini belli etmemek** s. **renk vermemek; -ini değiştirmek** *fig.* wankelmütig sein; heute so, morgen anders reden (od. denken) **-ten -e girmek** 1. abwechselnd blaß und rot werden (z. B. vor Scham) 2. *fig.* wankelmütig sein
renkgideren *chem.* entfärbend, Entfärbungsmittel *n*
renkkörlüğü, -nü (totale) Farbenblindheit, Achromatopsie *f* *akromatopsi, amâyı elvan
renkkörü farbenblind
renkküre s. **kromosfer**
renklemek (m. Akk.) s. **renk vermek**
renklendirme *phot.* Tönung, Farbschattierung *f*
renklendirmek s. **renk vermek**
renklenmek 1. Pass. zu **renklemek** 2. Farbe erhalten, sich färben, farbig werden 3. *fig.* sich beleben (z. B. Spiel)
renkli 1. mit nb. Farbe(-n), -farbig 2. farbig (im Ggs. zu weiß) 3. *mus.* a) farbenreich b) klangvoll, volltönend, klar *tınılı 4. fröhlich, lustig (Runde, Gesellschaft) 5. Farbige *m, f spez.* Neger(-in *f*) *m* ~ **burçak** bunte Kronwicke *bot.* Coronilla varia ~ **filim** Farbfilm *m* ~ **ispirto** s. **mavi ispirto;** ~ **işitme** *psych.* Farbhören *n* *sem'i mülevven ~ **kalem** s. **boya kalem;** ~ **kabartma** s. **kame;** ~ **litografik baskı** (*od.* ~ **taşbasma(-sı)**) Chromlithographie *f*, Mehrfarbendruck *m* *kromolitografi ~ **nergis zambağı** gebänderter Ritterstern, Zimmeramaryllis *f bot.* Hippeastrum vittatum
renklilik 1. Kolorit *n*, Farbgebung *f* 2. Farbenpracht, Farbigkeit *f* (z. B. der Schilderung)
renkölçer Kolorimeter *n*, Farbtonmesser *m* *kolorimetre
renkölçme; renkölçüm Kolorimetrie, Farbtonmessung *f* *kolorimetri
renkseçmezlik partielle Farbenblindheit, Dyschromatopsie *f* *galatı elvan, diskromatopsi
renksemez achromatisch (Linse) *akromatik
renkser nicht-achromatisch (einfallendes weißes Licht brechend) *kromatik
renksiz 1. ohne Farbe, farblos, weiß 2. *pej.* blaß, bleich, farblos, verschwommen 3. *fig.* nicht hervorstechend, ohne ausgeprägte Eigenart, Alltags- 4. *fig.* unbeständig, ziellos, flatterhaft, wankelmütig ~ **filim** Schwarzweißfilm *m*
renksizleşme s. **depigmantasyon**
renksizlik 1. Farblosigkeit *f*, Weiß-Sein *n* 2. *pej.* Blässe, Farblosigkeit, Verschwommenheit *f* 3. *fig.* Alltäglichkeit *f* 4. *fig.* Unbeständigkeit, Ziellosigkeit, Flatterhaftigkeit *f*, Wankelmut *m*
renkteşlik *bot.* Gleichfarbigkeit *f* (aller Blüten e-s Blütenkorbes) *homokromi
renkyuvar s. **kromosfer**
rennan [ā] *va.* 1. klingend, tönend 2. *phon.* stimmhaft
renso (*franz.* **rinceau**) s. **kıvrıkdal**
renyum *chem.* Rhenium *n*
Reomür 1. *n.pr.* Réaumur 2. ♀ Réaumur-Thermometer *n*
reorganizasyon Reorganisation, Um-, Neu-gestaltung *f* *tensik
reorganize reorganisiert, um-, neu-gestaltet ~ **etmek** reorganisieren, um-, neu-gestalten
reosta [·×·] *phys.* Rheostat *m*
repertu(v)ar 1. Repertoire *n* (e-s Künstlers, Theaters usw.), Spielplan *m*, Programm *n* 2. (alphabetisches) Register; Verzeichnis *n*
repetisyon 1. Wiederholung *f* 2. *Th.* Probe *f*
repetitör *mus.* Korrepetitor *m*
repetitörlük *mus.* 1. Amt *n*, Tätigkeit *f*, Aufgaben *pl.* e-s Korrepetitors 2. Korrepetition *f*
replik (*franz.* **réplique**) 1. Gegenantwort *f* 2. Widerrede *f* 3. *Th.* Stichwort *n* 4. Wiederholung *f* (e-s Erdbebens); neuer Erdstoß
repo s. **röpo**
repor (*franz.* **report**) 1. (Börse) Report *m* 2. s. **nakli yekûn;** ~ **muamelesi** Report-, Prolongations-, Kost-geschäft *n*
reportaj s. **röportaj**
represyon (*franz.* **répression**) s. **röfulman**
reprezantabl (*franz.* **représentable**) 1. *Th.* aufführbar (Stück) 2. s. **prezantabl**
reprezantan (*franz.* **représentant**) 1. (Stell-)Vertreter *m* 2. (Handels-)Vertreter *m*
reprezantasyon (*franz.* **représentation**) 1. Vertretung *f* 2. *Th.* usw. Aufführung, Vorstellung *f*
reprezantatif (*franz.* **représentatif**) 1. (stell-)vertretend 2. repräsentativ, charakteristisch, typisch
reprodüksiyon Reproduktion *f*, Abdruck *m*, *phot.* Abzug *m*, Vervielfältigung, Wiedergabe *f* (e-s Kunstwerks)
reprodüktif 1. reproduktiv: a) nachschöpferisch b) *med.* wiederherstellend 2. fortpflanzungsfähig
reps (*franz.* **reps**) Rips *m* (Stoffart)
repüblik *selt.* Republik *f* *cumhuriyet
repübliken *selt.* republikanisch, Republikaner(-in *f*) *m*
resanet, -ti [ā] Festigkeit, Gediegenheit, Widerstandsfähigkeit *f* *sağlamlık ~ **bulmak** sich festigen (z. B. Freundschaft)
resanetli [ā] fest, gediegen, widerstandsfähig
resas [ā] *va.* 1. Blei *n* *kurşun 2. Zinn *n* *kalay
resçekmek s. **rest çekmek**
resen *va.* Seil *n*, Strick *m*, Leine *f*, Strang *m*, Halfter *m, n*
re'sen [×·] *Adv.* zu **reis** (I) 1. *math.* den Scheitel (die Spit-

ze, die Ecke) betreffend 2. auf eigene Faust, aus eigener Initiative, selbständig 3. direkt, unter Nichtbeachtung des Instanzenweges 4. *H* als Auftraggeber (Selbstkontrahent) 5. *jur.* als Haupttäter (Hauptschuldiger) 6. ex officio; von Amts wegen *görevden ötürü ~ **hareket usulü** *jur.* Offizialmaxime *f* ~ **karar** *jur.* Entscheidung *f* von Amts wegen ~ **mukabil zaviye** *math.* s. **tersaçı;** ~ **tanzim edilen senet** *jur.* öffentlich beurkundetes Schriftstück ~ **teklif olunan yemin** *jur.* richterlicher Eid

resepise (*franz.* **récépissé**) Lager-, Empfangs-, Annahme-, Einlieferungs-schein *m*

resepsiyon (*franz.* **réception**) 1. Empfang(-s.büro *n*) *m*, Rezeption *f* (Hotel) 2. (offizieller) Empfang

resepsiyoncu *(Hotelsprache)* Empfangs-chef *m*, -dame *f*

reseptör (*franz.* **récepteur**) 1. Empfangsgerät *n*, Empfänger *m* 2. (Telephon-)Hörer *m* *(1, 2) almaç, ahize

resesif *biol.* 1. rezessiv, zurücktretend (Erbfaktoren) *çekilgen 2. rezessiv (Erbgang) *çekinik

resesivite *biol.* Rezessivität *f*

reside [ī] *va.* 1. angekommen 2. reif, erwachsen 3. jung

residif *med.* 1. rezidiv, wieder auftretend 2. Rezidiv *n*, Rückfall *m* (bei e–r Krankheit)

resif (*franz.* **récif**) *geogr.* (Felsen-, Korallen- usw.)Riff *n*, Klippe *f*

re'sikâr [–·–] Staatsführung *f* **-a geçmek** die Macht (im Staat) übernehmen **-da bulunanlar** verantwortliche (führende) Staatsmänner *pl.*

resim, -smi 1. Bild *n*, Abbildung, Zeichnung *f*, Gemälde *n*, Photo(-graphie *f*) *n*, Lichtbild *n*, Illustration *f*, Porträt *n* 2. Zeichnen, Malen *n* 3. Dessin, (Web-)Muster *n; allg.* Art und Weise *f* 4. Feier(-lichkeit), Zeremonie *f* *tören 5. Form, Gestalt *f*, Zeichen *n* 6. Abgabe, Gebühr *f;* indirekte Steuer *f* Zu 5: **haç -i** Form *f* e–s Kreuzes, Kreuzzeichen *n* Zu 6: s. **damga (gümrük, kantar) -i;** ~ **albümü** Photoalbum *n* ~ **almak** 1. (ab-)zeichnen, *F* abkonterfeien 2. e–e Gebühr (Abgabe) berechnen 3. s. ~ **çekmek;** ~ **altı yazısı** Bildunterschrift *f* ~ **çekmek** photographieren, e–e Aufnahme (bzw. Aufnahmen) machen, *F* knipsen ~ **çıkarmak** 1. s. ~ **çekmek** 2. sich photographieren lassen ~ **çivisi** s. **pünez; raptiye;** ~ **çizmek** zeichnen, entwerfen ~ **dersi** Zeichen-, Mal-unterricht *m* ~ **fırçası** Malerpinsel *m* ~ **galerisi** Gemäldegalerie *f* ~ **gibi kız** bildhübsches Mädchen ~ **gönyesi** Zeichendreieck *n*, Winkel *m* ~ **kalemi** Zeichenstift *m* ~ **kopya bezi** Pausleinwand *f* ~ **kopyası** Blaupause *f* ~ **mürekkep kalemi** Auszieh-, Reiß-feder *f* *tirlin ~ **müzesi** s. **pinakotek;** ~ **sehpası** Staffelei *f* ~ **sergisi** Zeichen-, Bilder-, Gemäldeausstellung *f* ~ **tahtası** Reiß-, Zeichen-brett *n* ~ **yapmak** zeichnen, malen, e–e Zeichnung (ein Gemälde) anfertigen ~ **yazı** Bilderschrift *f* **-den muaf** abgabefrei **-e tabi** gebühren-, abgabe-pflichtig **(-nin) resmi olmak** feststehen **(Çalışmamakta ısrar edersen, sınıfta kaldığının resmidir.** Wenn du weiter so faul bist, bleibst du totsicher sitzen.) **-ini almak** (*od.* **çekmek**) et. photographieren **-ini çektirmek** (*od.* **çıkartmak**) sich photographieren lassen **-i geçit (kabul, küşat)** s. **geçit (kabul, küşat) resmi; -i hattî** s. **tasarı geometri; -i selâm** (*od.* **tazim**) *mil.* Ehrenbezeugung *f* **-i tahlif** feierliche Vereidigung (*spez.* e–s Beamten) **-i tazim marşı** *mil.* Präsentiermarsch *m*

resimce bildmäßig, malerisch

resimci 1. Photograph *m* 2. Bildverkäufer *m* 3. *selt.* Zeichner, Maler *m* *ressam 4. Zeichenlehrer *m*

resimhane [ā] Zeichenbüro *n*

resimlemeci; resimleyici Illustrator *m*

resimlemek mit Bildern od. Zeichnungen ausstatten, illustrieren

resimli mit Bildern (Zeichnungen, Photographien, Illustrationen) ausgestattet, illustriert ~ **halı** Bildteppich, Gobelin *m* ~ **mecmua** (*od.* **dergi**) illustrierte Zeitschrift ~ **roman** Kurzgeschichte *f* in Bildern; Comics; Comic strips *pl.*

resimlik 1. Bilderrahmen *m* 2. Album *n* *albüm

resimsi *lit.* malerisch, farbig, pittoresk, romantisch, bilderreich

resimsiz ohne Bilder (Zeichnungen, Photographien, Illustrationen), nicht-illustriert

resipiyan (*franz.* **récipient**) Behälter *m*, Behältnis, Gefäß *n*

resis(-e) [ī] *va.* abgenutzt, abgebraucht *eskimiş, yıpranmış

resit, -di [ī] *va.* 1. angekommen, eingetroffen, (erhalten) 2. (in der Buchführung) Kennzeichnung e–s ausstehenden Betrages als bezahlt

resital, -li (Solo-)Konzert *n*, Klavier-, Violin-, Lieder- (usw.) vortrag, -abend *m*

resitatif *mus.* Rezitativ *n*, Sprechgesang *m*

resmen [×·] *Adv.* 1. offiziell, amtlich, dienstlich 2. feierlich, zeremoniell 3. der Form halber, der Konvention entsprechend

resmetmek [×··] 1. zeichnen (z. B. Dreieck) 2. beschreiben (Kreis, best. Bahn usw.)

resmî 1. offiziell, öffentlich, amtlich, dienstlich, behördlich *görevsel 2. formell, förmlich, konventionell, feierlich, zeremoniell *teklifli 3. *va.* darstellend *tersimî 4. bestimmt, sicherlich Zu 2: **O, herkesle pek -dir.** Er behandelt jeden sehr förmlich. **Hep** ~ **görüşürüz.** Wir stehen auf rein konventionellem Fuß. Zu 3: s. **hendesei resmiye;** ~ **beyyine** *jur.* Beweis *m* durch öffentliche Urkunden ~ **dil** Staatssprache *f*, offizielle Sprache ~ **elbise** 1. Uniform *f*, Dienst-kleidung *f*, -anzug *m* 2. Galauniform *f* 3. Abendanzug *m* ~ **evrak** 1. amtliche Schreiben *pl. jur. a.* öffentliche Urkunden *pl.* 2. s. **evrakı resmiye; arşiv;** ~ **gazete** Staatsanzeiger *m*, Gesetzblatt *n* ~ **ilân** offizielle Bekanntmachung ~ **iş'ar** behördliche Mitteilung *pl.*, amtliche Bekanntgabe ~ **karşılama** offizieller Empfang ~ **kayıt** 1. behördliche Registrierung 2. offizielle (Börsen-)Notierung ~ **merci** offizielle Dienststelle; Behörde *f* ~ **mercileri iğfal** *jur.* Irreführung *f* der Behörden ~ **muamele** amtliche Abfertigung, behördliche (dienstliche) Erledigung ~ **nikâh** standesamtliche Trauung, Ziviltrauung *f* *medenî nikâh ~ **piyasa** offizieller Markt ~ **senet** öffentliche Urkunde *görevsel dayanç (*od.* belgit) ~ **sicil** öffentliches Register ~ **sicillere ammenin itimadı** *jur.* öffentlicher Glaube ~ **şekil** *jur.* öffentliche Beurkundung *görevsel biçim ~ **tarihçi** *hist.* Hofhistoriograph *m* *vakanüvis ~ **tasdik** *jur.* öffentliche Beglaubigung ~ **tasfiye** *jur.* amtliche Liquidation *görevsel arıtım **gayri** ~ inoffiziell **gayri** ~ **senet** s. **adi senet**

resmîleşmek offiziellen (amtlichen) Charakter annehmen, konventionell (förmlich) werden

resmîlik *T* von **resmiyet**

resmimsi s. **resimsi**

resmiyet, -ti 1. offizieller (amtlicher, dienstlicher) Charakter (e–r Angelegenheit) 2. Förmlichkeit *f*, zeremonielles (konventionelles) Verhalten 3. Authentizität *f* Zu 1: **İşi -e dökmeyeceğiz.** Wir werden die Sache nicht offiziell anhängig machen. ~ **dairesinde** auf öffentlichem Weg Zu 2: **Bu derece** ~ **samimiyetsizliğe delâlet eder.** So viel Förmlichkeit beweist, daß herzliche Gesinnung fehlt.

Resmo s. **Retimo**

respirasyon *med.* Atmung *f* *solunum

respiratör Atmungs-gerät *n*, -apparat *m*

ressam *urspr.* [ā] 1. Zeichner *m* 2. (Kunst-)Maler *m* 3. *P* Photograph *m* 4. ♀ **(sehpası)** *astr.* Pictor (Sternbild) Zu 1: s. **konstrüktör (teknik)** ~**; makine -ı;** ~ **değneği** Malerstock *m* (als Stütze) ~ **iskelesi** Malergerüst *n*

ressamlık 1. Zeichenkunst *f* od. Zeichnerberuf *m* 2. Mal-

kunst, Malerei, Tätigkeit *f* e–s Malers 3. *P* Photographieren *n*, Beruf *m* e–s Photographen
rest, -ti (*franz.* **reste**) 1. gesamtes Geld, über das ein Pokerspieler (nach Gewinn od. Verlust) verfügt 2. *spez.* Einsatz *m* dieses ganzen Geldes 3. *(Bakkarat)* Keine Karte mehr! ~ **çekmek** 1. (Poker) alles Geld einsetzen 2. **(şerefine)** seine Ehre aufs Spiel setzen
resto [×·] 1. zurück! (= abbestellt!) (Zuruf e–s Kellners an die Küche bei Widerruf e–r gemachten Bestellung) 2. *V* Jetzt langt es aber! Genug! Hör auf! Halt den Mund!
restoran Restaurant, Gasthaus *n* *lokanta, gazino
restorasyon 1. Restaurierung, Wiederherstellung *f* (e–s schadhaften Kunstwerkes, Gebäudes usw.) *onarım 2. *pol.* Restauration(-s.periode) *f* (Frankreich 1815–1830)
restoratör Restaurator *m*
restore restauriert, wiederhergestellt ~ **etmek** restaurieren, wiederherstellen, wieder instandsetzen
resul, -lü [ū] Prophet *m*, Gesandter Gottes (der e–e Offenbarungsschrift hinterlassen hat; vgl. **nebi**); **-ullah** (*od.* **-ü Ekrem**) Prophet *m* Mohammed
resus faktörü *med.* Rhesusfaktor *m*
resus maymunu Rhesusaffe *m zo.* Macaca mulatta *alyanaklı makak
resü Quittung, Empfangsbescheinigung *f*, Hinterlegungs-, Einlieferungs-schein *m* *makbuz
resülmal [–··–], **-li** 1. (Grund-, Anlage-)Kapital *n* *anamal, sermaye 2. *fr. jur.* der mit Vorauszahlung **(selem)** getätigte Kauf
resye *va.* s. **romatizma**
reşadet, -ti [ā] *va.* rechtschaffenes Handeln
reşadetlü [·–··] *fr.* Titul. für das Oberhaupt e–s Derwischklosters *(etwa:)* Ehrwürden
Reşadiye [ā] *n.pr.* O. u. D. am Kelkit-Fluß im Rbz. Tokat
reşakat [·–·], **-tı** *va.* 1. Schmalhüftigkeit *f* 2. *fig.* vornehmes Benehmen
reşat, -dı [ā] 1. *va.* Einschlagen *od.* Verfolgen *n* des richtigen Weges 2. ≗ [×·] *mV* 3. [×·] 4. türk. Goldstück aus der Regierungszeit von Sultan Reşat (Mehmet V.) (1908–1918)
reşen *hist.* dritte Quartalszahlung der Janitscharenlöhnung (Anfangsbuchstaben von **recep** und **şaban** sowie des Endbuchstabens von **ramazan**)
reşidiye [·–··] *z. va.* 1. aus Honig und Sesamöl zubereitete dünne weiße Fäden 2. e–e Art Pudding
reşit, -di [ī] 1. den rechten Weg verfolgend, rechtgeleitet 2. sittlich *od. pol.* reif 3. voll-, groß-jährig, mündig *ergin 4. ≗ [×·] *mV* 5. ≗ *n.pr.* Rosette (ägyptisches Städtchen) ~ **olmayan** minderjährig ≗ **taşı** der Stein von Rosette (mit ägyptischen Hieroglyphen)
reşitlik [·–·] 1. rechtschaffenes Handeln 2. sittliche *od. pol.* Reife *f* 3. Voll-, Groß-jährigkeit, Mündigkeit *f*
reşme Nasenriemen *m* (am Pferdegeschirr)
ret, -ddi 1. *va.* Rück-gabe, -sendung, -erstattung *f* 2. Ablehnung, Ab-, Zurück-weisung, (Ver-)Weigerung *f*, abschlägiger Bescheid; Nichtannahme *f* 3. *spez.* Ablehnung *f* e–s Richters (wegen Befangenheit) 4. Verstoßung *f*, Nichtanerkennung *f* der Kindesschaft Zu 1: s. **-icevap etmek** Zu 4: s. **evlâtlıktan ~**; ~ **hakkı** Einspruchsrecht, Veto *n* ~ **halinde** im Weigerungsfalle ~ **ile cevap vermek** e–e abschlägige Antwort erteilen
retansyon (*franz.* **rétention**) *med.* s. **idrar tutulması**
retiç, -ci *va.* s. **çıkmaz** (4)
Retik Alplar *geogr.* Rätische Alpen *pl.*
retikül (*franz.* **reticule**) 1. kleines Netz; Arbeitsbeutel *m* 2. s. **börkenek** 3. (Damen-)Handtasche *f* *sakamen 4. *opt.* Fadenkreuz *n* *kıl ağı 5. ≗ *astr.* Netz, Retikulum *n* (Sternbild) *Ağcık
retiküler (*franz.* **réticulaire**) s. **ağsı**
ret(i)me *va.* um e–n Finger gewickelter Faden (als Gedächtnisstütze); vgl. Knoten *m* im Taschentuch
Retimo *n.pr.* Rethymno (Städtchen auf Kreta)
retina s. **ağtabaka**
retinit, -ti 1. *med.* Retinitis, Netzhautentzündung *f* 2. *min.* s. **pekştayn**
retorik, -iği 1. Rhetorik *f* *hitabet (sanatı) 2. rhetorisch
Reto-Roman dili *ling.* Rätoromanisch(-e) *n; vgl. a.* **Romanş**
retraksyon *med.* Retraktion, Schrumpfung *f*
retresisman (*franz.* **rétrecissement**) *med.* s. **daralma**
retret s. **rötret**
retriver (*engl.* **retriever**) engl. Jagd- und Apportier-hund
retroversiyon *med.* Rückwärtsneigung, Einstülpung *f* (e–s Organs *spez.* der Gebärmutter)
retşose (*franz.* **rez-de-chaussée**) *snob.* Parterre, Erdgeschoß *n*
retuş Retusche *f*, Retuschieren *n* ~ **etmek** retuschieren
retuşçu; retuşör Retuschör *m*
retuşlu retuschiert
reünyon Zusammenkommen *n*, Treffen *n*, Versammlung *f*
reva [ā] recht und billig, angemessen, angebracht, richtig, passend, in Ordnung *uygun, yakışır, yerinde ~ **görmek** für angebracht (gut, richtig) halten (**kendisine ~ görülen haksızlıklar** die Ungerechtigkeiten, die man ihm zugefügt hat) **Bu yaptığın ~ mıdır?** Ist das in Ordnung, was du da tust? **Bugün çektikleri revadır.** Daß er das heute durchmachen muß, ist ganz in der Ordnung. **≗yı hak mı?** Ist das gerechtfertigt? Hältst du das für richtig?
revabıt, -tı [ā] *va. Pl.* zu **rabıta**
revaç, -cı *urspr.* [ā] 1. Zirkulieren, In-Umlauf-, Im-Verkehr-Sein *n* 2. Marktgängigkeit *f* (e–r Ware) 3. rasches Anklangfinden, schnelle Verbreitung (z. B. e–r Ideologie) ~ **bulmak (görmek)** *od.* **-ta olmak** 1. guten Absatz finden (Ware) 2. rasch Anklang (schnelle Verbreitung) finden Zu 2: **Orada verilen konserlerin hiç kimse tarafından ~ görmediği zannüzehabına düşmek yanlıştır.** Es wäre irrig anzunehmen, daß die dort abgehaltenen Konzerte bei niemand Anklang fänden. ~ **vermek** propagieren, unterstützen (z. B. Idee)
revaçlandırmak 1. marktgängig werden lassen (Ware) 2. Ursache sein, daß et. rasch Anklang findet bzw. sich schnell verbreitet
revaçlanmak s. **revaç bulmak**
revaçlı 1. (markt-)gängig, gefragt (Ware) 2. rasch Anklang findend, schnelle Verbreitung findend
revaçsız 1. keinen od. nur wenig Absatz findend, nicht od. kaum gefragt 2. nicht rasch Anklang od. Verbreitung findend
revaçsızlık 1. fehlender od. geringer Absatz, geringe Marktgängigkeit 2. minimaler Anklang, mangelnde od. fehlende Verbreitung
revak, -kı [ā] 1. Säulen-gang *m*, -halle *f* 2. Kirchenportal *n* 3. s. **istoa** 4. s. **çardak**
revakî; revakiye s. **istoacı(-lık)**
revaklı bahçe *arch.* Kreuzgang *m*
revalorizasyon *fin.* Revalorisierung, Aufwertung *f*
revalorize *fin.* revalorisiert, aufgewertet ~ **etmek** revalorisieren, aufwerten
revalüasyon; revalüe (etmek) s. **revalorizasyon; revalorize (etmek)**
revan [ā] 1. gehend, wandelnd 2. fließend 3. *va.* Gemüt *n*, Seele *f* ~ **olmak** 1. fließen 2. **(yola)** sich auf den Weg machen
Revan s. **Yerevan**
revani *urspr.* [·––] *mst.* [×··] Name e–r Grieß-Süßspeise
revanş 1. Revanche, Rache, Vergeltung *f* 2. *(Sport)* Revan-

che *f* ~ **maçı** Revanche-, Rück-spiel *n* **-ını almak** Revanche nehmen (für)
revelatör (*franz.* **révélateur**) *phot.* Entwickler(-lösung *f*) *m* ~ **banyosu** Entwicklerbad *n*
revendük Steiffutter *n* (für Hemden-kragen od. -manschetten)
reverans Reverenz, Verbeugung, Ehrerbietung *f*
reversibl 1. *selt.* reversibel, umkehrbar 2. *med.* heilbar
reveyon (*franz.* **réveillon**) Weihnachts- od. Silvesterschmaus *m*
revi [ī] *(Metrik)* letzter Reimbuchstabe
revir 1. *a. mil.* Revier *n*, Krankenstube *f* 2. (Forst-)Revier *n*, (engerer) Forst-, Jagd-bezirk
reviş *z. va.* 1. Gang, Marsch *m*, Bewegung *f* 2. Art und Weise *f*, Stil *m*, Verhalten, Benehmen *n* 3. Ab-, Ver-lauf *m*
reviyet, -ti *va.* 1. genaue Überlegung, sorgfältige Prüfung 2. Wachsamkeit *f* 3. Fähigkeit *f*
revizyon 1. Revision *f*, nochmalige Durchsicht; Über-, Nach-prüfung, Kontrolle *f* 2. *techn.* Überholung *f* 3. *pol.* Revision, Umbildung *f* 4. *selt.* (Zoll-, Paß- usw.)Kontrolle *f* ~ **yapmak** *techn.* e–e Überholung vornehmen ~ **görmek** überholt werden (z.B. reparaturbedürftiges Schiff) **-dan geçmek** *V* ins Krankenhaus kommen
revizyoncu *pol.* wer e–e Revision propagiert, revisionistisch (eingestellt), Revisionist *m* *revizyonist, tadilci
revizyonculuk *pol.* Propagierung *f* e–r Revision; Revisionismus *m* *revizyonizm, tadilcilik
revizyonist, -ti; revizyonizm s. **revizyoncu(-luk)**
revnak, -kı 1. *z. va.* Glanz *m*, Schönheit *f* 2. Frische, Jugendkraft *f* 3. ♀ *wV*
revnaklı *z. va.* glänzend, schön
revnaknüma [·–·–] e–e melod. Weise in der türk. Musik
revnaksız *z. va.* glanzlos, trübe, matt, unschön
revolüsyon *selt.* Revolution *f*, gewaltsame Umwälzung; Umsturz *m* *inkılâp, ihtilâl
revolver (*P* a. **rovelver, rövelver, röverver, rüvelver, lüverver**) 1. Pistole *f*, Revolver *m* *altıpatlar, tabanca 2. *techn.* Revolver *m* ~ **tezgâhı** Revolverdrehbank *f* ~ **topu** Revolverkanone *f*
revü 1. *Th.* Revue *f* 2. Zeitschrift, Rundschau *f*
revzen *Bez.* für verschiedene Öffnungen wie: Fenster *n*, Dachluke *f*, Guckloch *n*, Schießscharte *f* u.a.m.
rey 1. Meinung, Ansicht, Betrachtungsweise, Beurteilung *f* 2. (Wahl-)Stimme *f* 3. Stimmabgabe, Abstimmung *f* Zu 1: **Bu hususta -iniz nedir?** Was meinen Sie dazu? **Evvelâ babamın -ini alayım da...** Zuerst will ich einmal hören, was mein Vater dazu sagt. ~ **beyan etmek** seine Meinung darlegen ~ **kazanmak** Stimmen gewinnen ~ **puslası** Stimmzettel *m* ~ **sahibi** 1. Wähler *m* 2. geistige Persönlichkeit ~ **sandığı** Wahlurne *f* ~ **veren idare** *jur.* beratende Verwaltungsbehörde ~ **vermek** 1. e–e Meinung äußern 2. raten 3. (b–ne) seine Stimme abgeben; stimmen (für) **-e koymak (vazetmek, müracaat etmek)** zur Abstimmung vorlegen, abstimmen lassen **-ine iştirak etmek** (b–nin) bei-stimmen, -pflichten **-ini almak** (b–nin) 1. j–n um Rat fragen, konsultieren (z.B. Arzt) 2. j–s Meinung hören wollen **-lerin sayılması** Zählung *f* der abgegebenen Stimmen **-i istişarî** *va.* Gutachten *n*
reybî; reybiye s. **şüpheci(-lik)**
reye (*franz.* **rayé**) gestreift ~ **pantalon** gestreifte Hose
reyelayn *va.* mit eigenen Augen *kendi gözü ile
reyhan [ā] 1. s. **fesleğen** 2. *allg.* wohlriechende Pflanze 3. ♀ [×·] *wV*
reyhanî [·––] 1. auf **reyhan** (1, 2) bezüglich 2. fein, zierlich (Stickerei, Ornamentik) 3. e–e kleinere Ausführung der **muhakkak**-Schriftart
Reyhanlı [ā] *n.pr.* Städtchen u. D. im Rbz. Hatay
reyiam, -mmı [ā] 1. allgemeines Wahlrecht 2. (*a.* **-a müracaat**) Volksabstimmung *f*, Plebiszit *n*
reyleşme s. **teatii efkâr**
reyli (in der Füg.:) ~ **çarmıkları** (*od.* **-ler**) *naut.* Püttingswanten *pl.*
reyon (*franz.* **rayon**) 1. Strahl *m* *şua 2. Regal, Fach *n* (in e–m Geschäft) 3. a) Abteilung *f* (z.B. in e–m Warenhaus) b) (Messe-)Stand *m* 4. (Fahrrad-)Speiche *f* 5. (*franz.* **rayonne**) Reyon *m, n* (nach dem Viskoseverfahren hergestellte Kunstseide)
reyp, -bi *va.* s. **şüphe**
reyyan [ā] *va.* 1. saftig, frisch 2. wer seinen Durst gestillt hat
rezail [·–·] *va. Pl.* zu **rezalet**
rezalet, -ti [ā] Gemeinheit, Nieder-tracht, -trächtigkeit, Schamlosigkeit, Schandtat *f;* unerhörtes Benehmen; Skandal *m* *kepazelik, maskaralık ~ **çıkarmak** ein unerhörtes Benehmen an den Tag legen, e–n Skandal verursachen ~ **çıkmak** entstehen (Skandal) **bir** ~ **korkusiyle** aus Angst vor einem Skandal
rezaletli [ā] s. **rezil**
Rezamiye [ā] *n.pr.* e–e schiitische Sekte
rezan [ā] 1. *va.* s. **ağırbaşlı** 2. ♀ (*a.* in der Schreibung **Rezzan**) *wV*
rezanet, -ti [ā] *va.* s. **ağırbaşlılık**
reze (I) 1. s. **menteşe** 2. Überfall, Vorleger *m* (für Vorhängeschloß) 3. (Tür-)Riegel *m*
reze (II) *P* feine Späne *pl.*
rezede (çiçeği) 1. Färberwau *m bot.* Reseda luteola 2. s. **kokulu** ~
rezeksiyon *med.* Resektion *f*
rezelemek (m. Akk.) 1. Türangeln einlassen (in) 2. verriegeln
rezene gemeiner Fenchel *bot.* Foeniculum vulgare
rezerpin *pharm.* Reserpin *n* (Wirkstoff zur Senkung des Blutdrucks)
rezerv(-e) Reserve *f*, Vorrat, Bestand *m*
rezervasyon Reservierung, Vor-bestellung, -merkung *f* ~ **yapmak** 1. vorbestellen (z.B. Hotelzimmer) 2. vormerken
rezerve 1. reserviert, belegt, bestellt, vorgemerkt 2. *naut.* Notierung *f* von Mängeln e–r Schiffsladung (beim Beladen) ~ **etmek** 1. reservieren, belegen, (vor-)bestellen, zurücklegen 2. sich et. reservieren od. zurücklegen lassen
rezervuar Tank, Behälter *m* (für Flüssigkeiten), Reservoir *n*
rezidans *selt.* Residenz *f*, Wohnsitz *m* **Papanın yazlık rezidansı** Sommerresidenz *f* des Papstes
rezil [ī] 1. gemein, niederträchtig, schändlich, schamlos, würdelos, skandalös 2. mit Schande bedeckt, bloßgestellt ~ **etmek** (b–ni) j–n bloßstellen, in allgemeinen Verruf bringen, zum allgemeinen Gespött werden lassen ~ **etmedik bir tarafını bırakmamak** j–n nach allen Regeln der Kunst schlechtmachen ~ **olmak** *a. Pass.* zu ~ **etmek;** ~ **rüsva(y) etmek (olmak)** *Verst.* v. **rezil etmek (olmak)**
rezilet, -ti [ī] *z. va.* Charaktereigenschaft; Laster *n* *yerginlik
rezillenmek sich schändlich benehmen
rezillik s. **rezalet**
rezistans (*franz.* **résistance**) *el.* Widerstand *m* *direnç
rezmgâh *va.* Walstatt *f*, Kampfplatz *m*, Schlachtfeld *n*
rezonans *phys.* Resonanz *f* *seselim ~ **tesiri** Resonanzwirkung *f*
rezonanslı mit (nb.) Resonanz
rezonatör *phys.* Resonator *m*
rezorpsiyon *med.* Resorption, Aufsaugung *f*

rezüme Zusammenfassung *f*, zusammenfassender Überblick; Resümee *n*
Rezzak, -kı [ā] 1. Allernährer *m* (Gott) 2. (Verk. von **Abdürezzak**) *mV*
rezzaki s. **razakı**
rıdfa; azmı rıdfa s. **dizkapağı kemiği**
rıdvan [ā] *va.* 1. Einwilligung, Zustimmung *f* 2. *va.* Zufriedenheit *f* 3. ♀ *n.pr.* a) *isl. Myth.* Name des Engels am Paradieseingang b) Paradies *n* c) *mV* ♀ **ullahi aleyh!** Möge Gott mit ihm zufrieden sein! (in bezug auf Mohammeds Gefährten gesagt)
Rıfat s. Stw. **rifat**
rıfk, -kı Sanftheit, Güte, Milde, Nachsicht *f* ~ **ile muamele etmek** (b–ne) nachsichtig (gelinde) verfahren (mit)
rıfkî [ī] 1. *va.* sanftmütig, gütig, milde, nachsichtig 2. **Rıfkı** [×·] *mV* **Rıfkıye** *wV*
rıh *fr.* Streusand *m* (zum Ablöschen von Geschriebenem) *dökken
rıhdan; rıh(dan)lık [ā] *fr.* Streusandbüchse *f*
rıhlet s. **rihlet**
rıhtım 1. Kai(-mauer *f*) *m*, Hafendamm *m*, Mole *f* 2. Uferdamm *m*, -straße *f* 3. *selt.* Bahnsteig *m* *peron ~ **mahmuzu** Wellenbrecher *m* (an e–r Hafeneinfahrt) ~ **parası** (*od.* ~ **rüsumu**) Kaigebühr *f* **-dan fora etmek** *naut.* abankern
rıka (*a.* **hattı** ~) die gebräuchlichste Form der ar. Kurrentschrift
rıtıl, -tlı *va.* 1. Weinbecher, Pokal *m* 2. Becher *m* (voll) Wein 3. *fr.* Getreidemaß von 130 Dirhem
rıza [·–] 1. *va.* Wohlgefallen *n* 2. Zufriedensein, Sich-Begnügen *n;* Fügung *f* in Gottes Willen 3. Zustimmung, Einwilligung *f*, Einverständnis *n*, Erlaubnis, Genehmigung, Billigung *f* 4. *jur. a.* Wille *m*, Willens-erklärung, -äußerung *f* 5. ♀ [×·] *mV* Zu 1: **-yı Bari** *va.* Gottes Wohlgefallen Zu 3: **Bu işe -nız var mı?** Sind Sie damit einverstanden? **-sı lâhik olursa** *va.* wenn er seine Zustimmung erteilt ~ **beyanı** *jur.* Willenserklärung *f* ~ **göstermek (vermek)** *od.* **-sı olmak** sich einverstanden erklären, seine Zustimmung geben; einwilligen, genehmigen, billigen **-da fesat** s. **irade fesadı; -sını almak** (*od.* **istihsal etmek**) j–s Zustimmung erlangen **-ya bağlı akitler** *jur.* formlose Verträge, Konsensualverträge *pl.* *isteksel sözleşmeler **-yı tarafeyn** *va.;* **her iki tarafın rızası** gegenseitiges Einverständnis, beiderseitige Zustimmung *terazii tarafeyn
rızaen [ā] *va. Adv.* (in der Füg.:) ~ **lillah** s. **Allah rızas için**
rızaî: ~ **akitler** s. **isteksel sözleşmeler**
rız(ı)k, -zkı tägliches Brot; Lebensunterhalt *m* **-ını çıkarmak** sich seinen Lebensunterhalt verdienen
riayet, -ti [ā] 1. Rücksichtnahme, Berücksichtigung *f* 2. ehrenvolle Aufnahme und reichliche Bewirtung (e–s Gastes) 3. (erwiesene) Ehre, Ehrerbietung *f*, respektvolle Behandlung; Respekt *m* 4. Beachtung, Einhaltung, Beobachtung *f* (z.B. e–r Vorschrift) ~ **etmek** (m. Dat.) 1. berücksichtigen; Rücksicht nehmen (auf) 2. ehrenvoll aufnehmen und reichlich bewirten (Gast) 3. respektieren (z.B. territoriale Integrität) 4. beachten, einhalten, beobachten (z.B. Vorschrift) **-te kusur etmek** 1. nicht gebührend berücksichtigen, nicht genügend beachten 2. es an Achtung (Respekt, Ehrerbietung) fehlen lassen **ademi** ~ 1. Nichtbe(ob)achtung, Nichteinhaltung *f* (z.B. e–r Vorschrift) 2. s. **riayetsizlik**
riayeten [ā] *z. va. Adv.* mit Rücksicht (auf), unter Berücksichtigung, in Anbetracht s. **ihtiyarlığına (ihtiyata)** ~
riayetkâr [·–·–] 1. Rücksicht nehmend (auf), berücksichtigend 2. rücksichtsvoll, ehrerbietig, höflich 3. einhaltend, be(ob)achtend Zu 3: s. **tasarrufa** ~ **olmak**
riayetkârane [·–·–––] rücksichtsvoll, ehrerbietig, mit aller gebotenen Höflichkeit
riayetkârlık [·–·–·] 1. rücksichtsvolles Verhalten; Ehrerbietung, Höflichkeit *f* 2. *selt.* Einhaltung, Be(ob)achtung *f*
riayetlü [ā] *(osm. Briefstil)* Sehr geehrter... (Anrede e–s Muslims an e–n Christen)
riayetsiz [ā] rücksichtslos, unhöflich, unehrerbietig
riayetsizlik [ā] 1. Rücksichtslosigkeit, Unhöflichkeit *f*, Mangel *m* an Ehrerbietung 2. Nichtbe(ob)achtung, Nichteinhaltung *f*, Sich-Hinwegsetzen *n* (über) *uymama, uymazlık
ribas [––] *va.* persischer Rhabarber *bot.* Rheum ribes ~ **şerbeti** *med.* Rhabarbersaft *m*
ribat, -tı [ā] *va.* 1. Band *n*, Bindung *f* *bağ 2. *an.* Sehnenband, Ligament *n* 3. *mil.* befestigte Grenzstation 4. *(Mystik)* a) die diesseitige Welt b) Derwischkloster *n* **-ı beynelmafsalî** s. **eklem bağı; -ı muallik** s. **asıcıbağ; -ı müdevver** s. **yuvarlak bağ**
rica [ā] Bitte *f*, Ersuchen *n* ~ **etmek** (b–den bşi) j–n um et. bitten, ersuchen, et. von j–m erbitten ♀ **ederim, bunu yapmayınız!** Bitte, tut das nicht! **Vaktinde gelinmesi** ~ **olunur.** Um rechtzeitiges Erscheinen wird gebeten. ~ **minnet** *z. va.* nach langem Bitten **-da bulunmak** (b–ne) j–n um et. bitten, ersuchen **Size** (*od.* **Sizden**) **bir -m var.** Ich habe (hätte) e–e Bitte an Sie.
ricacı [ā] 1. *selt.* bittend, Bittsteller(-in *f*) *m* 2. Fürsprech (-er) *m*
ricakâr [·––] bittend (z.B. Blick, Worte), flehend (z.B. Haltung)
rical, -li [ā] *Pl.* zu **recül** 1. *urspr.* Männer *pl.* 2. *va.* große Männer, Persönlichkeiten *pl.* 3. Staatsmänner, Politiker *pl.* *devlet adamları, politika adamları
ricat, -tı 1. *mil.* Rückzug *m* 2. *va.* Verzichtleistung *f* 3. *va.* Wiederaufnahme *f* ehemaliger Beziehungen (innerhalb der **iddet** genannten Wartezeit) ~ **borusu çalmak** *mil.* zum Rückzug blasen ~ **etmek** *mil.* sich zurückziehen, den Rückzug antreten *çekilmek ~ **hattı** *mil.* Rückzugslinie *f* ~ **hattını kesmek** *mil.* (dem Feind) den Rückzug abschneiden ~ **hattını temin etmek** *mil.* den Rückzug decken (sichern) **-ı illet** *va. med.* Wiederauftreten *n* e–r Krankheit **-ı kahkariye** *mil.* Rückzug *m* in völliger Auflösung; fluchtartiger Rückzug
ricatgâh *mil. z. va.* Reduit, Kern-, Innen-werk *n*
ric'î *va.* 1. retrograd, rückläufig *gerigiden, tersyön 2. regressiv, rückwirkend *gerilek 3. reaktionär, rückschrittlich 4. *chem.* umkehrbar *iki yönlü ~ **hareket** Rückläufigkeit *f*
ricl *va.* s. **ayak; -i kâzip** s. **yalancı ayak; -ülcebbar** [ā] s. **Ayak** (17); **-ülvezziye** s. **suokugiller**
rida [ā] *va.* 1. Decke *f* *örtü 2. wollener Schulterumhang e–s Derwischs 3. Schultertuch *n* e–s Mekkapilgers
riddet, -ti *va.* Abfall *m* vom isl. Glauben
ridikül 1. *selt.* lächerlich 2. s. **retikül**
rie *z. va.* Lunge *f* *akciğer
rievî *va.* Lungen-, pulmonal **asabı rievîi midevî** s. **akciğermide siniri**
rieviye s. **akciğerli salyangozlar**
Rifaî s. **Rufaî**
rifat, -ti 1. *va.* Höhe, Erhabenheit *f*, hohe Stellung 2. **Rıfat** *mV*
rifatlü *hist.* Titul. für e–n osm. Major od. e–n Staatsbeamten des **salise**-Ranges
rig s. **rıh**
riga *Ka. selt.* König *m* *papaz, rua
rigaj s. **atkı** (6)
rigavo [·×·] *naut.* feste Part *f* (z.B. e–s Jolltaues)
rih [ī] *va.* Wind *m* *rüzgâr 2. *med.* Blähung *f*
rihî [––] *med.* blähend
rihlet, -ti *va.* 1. s. **göç** 2. Hin-, Ver-scheiden, Ableben *n*,

Tod *m* *irtihal, vefat, ölüm ~ **etmek** *od.* **-i darı beka eylemek** *va.* sterben, ableben

rijit, -di (*franz.* **rigide**) *selt.* 1. starr, fest, straff 2. *fig.* unbeugsam, aufrecht

rika s. **rıka**

rikâbî *va.* 1. Steigbügel- 2. s. **rikâptar; azmı** ~ s. **üzengi kemiği**

rikâp, -bı *va.* 1. Steigbügel *m* *üzengi 2. Anwesenheit *f* des Sultans *spez.* Empfang *m* von hohen Würdenträgern **-ı hümayun** *va.* 1. Fuß *m* des Sultansthrones 2. Glückwunsch-Audienz *f* bei dem Sultan **-ı hümayun ağaları** Gefolge *n* des Sultans bei e–r Reise **-ı hümayun defterdarı** *hist.* Generalzahlmeister *m* des osm. Heeres bei e–m Feldzug

rikâptar [·– –] *hist.* Steigbügelhalter *m* des Sultans (Offizier) *üzengi ağası

riketsiyalar *med.* Rickettsien *pl.* (Krankheitserreger *spez.* des Fleckfiebers)

rikkat, -ti 1. Zartheit, Feinheit *f* 2. Zärtlichkeit, Rührung *f*, Mitleid *n* 3. ≗ *wV* ~ **verici** bewegend, rührend **-e gelmek** Mitleid empfinden, sich rühren lassen **-e getirmek** (*od.* **-ine dokunmak**) Rührung empfinden lassen; tief bewegen **-i kalp** *va.* Mitgefühl *n*, weiches Herz

rikkatamiz [·– –]; **rikkatengiz** [···–] *va.* mitleiderregend, beklagenswert

rikkatli 1. zart, fein 2. leicht gerührt, mitleidig 3. rührend

rim (I) (*franz.* **rime**) *selt.* Reim *m* *kafiye

rim (II) [ī] *va.* 1. s. **irin** 2. s. **cüruf**

Rim *n.pr. va.* s. **Roma**

rimel Wimpernschminke *f* ~ **sürmek** sich die Wimpern schminken

rina (balığı) s. **iğneli vatoz balığı**

rindane [ā] s. **rint**

ring 1. Box-, Kampf-ring *m* 2. a) Ring *m* (in sich geschlossener kreisförmiger Streifen) b) Führring *m* (bei Pferderennen) ~ **servisi** Rundverkehr *m* (e–s öffentlichen Verkehrsmittels) **-e çıkmak** in den Ring steigen (Boxer) **-i eksik** ohne viel Ring-Erfahrung (Boxer)

ringa [×·] **(balığı)** Hering *m zo.* Clupea harengus

ringacık s. **çaçabalığı**

rinit, -ti *med.* Nasenschleimhautentzündung *f*, Nasenkatarrh *m*, Rhinitis *f*

rinoseros *selt.* s. **gergedan**

rint, -di 1. *fr.* freigeistig, weitherzig (in der Auslegung ritueller Vorschriften) 2. *allg.* lebenslustig, humorvoll, jovial

rintlik 1. *fr.* Freigeistigkeit, Weitherzigkeit *f* 2. Lebensfreude *f*, Humor *m*, Jovialität *f*

rintmeşrep, -bi s. **rint**

ripelmark(-lar) s. **kum dalgacıkları**

ripolen (*franz.* **ripolin**) Schleiflack *m*

risale [ā] 1. (kleinere) Broschüre, Abhandlung *f* 2. Pamphlet *n* **-i mahsusa** *va.* Monographie *f* *monografi

risalet, -ti [ā] Propheten-tum, -amt *n* **zamanı** ~ *va.* Zeit *f* des Propheten

risaletpenah [·–··–] *va.* Gesandter Gottes, Prophet *m* Mohammed

risk, -ki Risiko *n*, Gefahr *f*

riske riskiert, gewagt, aufs Spiel gesetzt, gefährdet ~ **etmek** riskieren, wagen, aufs Spiel setzen, gefährden

rismanbaz *va.* Seiltänzer *m* *ip cambazı

ristorno [·×·] *H* 1. Ristorno *m, n*, Storno *m, n*, Rückbuchung *f* 2. Rückvergütung *f* 3. *spez.* Rücknahme *f* e–r Seeversicherung gegen Vergütung ~ **etmek** *H* stornieren

risturn (*franz.* **ristourne**) 1. s. **ristorno** 2. *H* Schmiergeld *n*

riş (I) [–] *va.* 1. Gefieder *n*, Federn *pl.* (e–s Vogels) 2. Schwung- od. Schwanz-feder *f* (e–s Vogels) *telek

riş (II) [–] *va.* 1. s. **sakal** 2. s. **kıl, tüy**

riş (III) [–] *va.* Wunde *f* *yara

-riş [–] *va. pers. Sx.* verwundet *yaralı (vgl. **dilriş**)

Rişar *n.pr.* Richard

rişî [– –] *va.* gefiedert, Feder-; s. **cezri (varakı)** ~

rişte *va.* 1. s. **ip(-lik)** 2. *fig.* Beziehung *f*, Zusammenhang *m*

rişvet, -ti *naut.* 1. Ersatzteil *m* 2. Ersatz-, Reserve-(Rah, Mast, Segel usw.) 3. **(güverte)** Ersatzteillager *n* (auf e–m Schiff)

ritim, -tmi 1. *mus.* Rhythmus *m* 2. *fig.* Rhythmus *m* (des Geschehens) *ittırat

ritimli rhythmisch

ritmik 1. rhythmisch 2. Rhythmik *f*

rivayet, -ti 1. Überlieferung, Erzählung *f*, Bericht *m* 2. Gerücht *n* 3. Version, Lesart *f* ~ **bileşik zamanı** *gr.* zusammengesetzte Dubitativform (z. B. **gelecekmiş, anlamazmış** usw.) *fiili rivayet ~ **etmek** überliefern, erzählen, berichten **-e nazaran** wie man erzählt **Bu hususta ben de bazı -ler işittim.** Hierüber habe ich auch Verschiedenes gehört. **diğer bir -e göre** nach e–m anderen Bericht, nach e–r anderen Version **son günlerde deveran eden -lere nazaran** nach den in den letzten Tagen umlaufenden Gerüchten

Riviyera [··×·] *n.pr.* Riviera *f* **Fransız -sı** Französische Riviera *f*

riya [ā] (I) Heuchelei, Scheinheiligkeit, Falschheit, Verstellung, Hinterhältigkeit *f* *ikiyüzlülük

riya (II) *geogr.* Mündungstrichter *m*, Förde *f* (s. **riyalı**)

riyakâr [·– –] heuchlerisch, scheinheilig, falsch, hinterhältig; Heuchler *m*, Scheinheiliger

riyakârlık [·– –·] 1. Charakter *m* od. Verhalten *n* e–s Heuchlers 2. s. **riya;** ~ **etmek** ein heuchlerisches Verhalten an den Tag legen

riyal, -li 1. s. **real** 2. Rial *m* (Währungseinheit in Iran und Saudi-Arabien) 3. s. **kuşlu** ~

riyala [·×·] *naut. hist.* 1. osm. Konteradmiral *m* 2. **(gemisi)** Schiff *n* des osm. Konteradmirals ~ **bey** Titul. des osm. Konteradmirals

riyalı *geogr.* tief eingeschnitten, zerklüftet (Küste)

riyaset, -ti [ā] 1. Amt *n*, Rang *m*, Funktion *f* e–s Präsidenten (Vorsitzenden, Vorstands), Präsidium *n*, Vorsitz *m* 2. Führung *f* (e–r Delegation, Abordnung, Mission) 3. (Staats-, Reichs-, Bundes-)Präsidentschaft *f* *(1–3) başkanlık, reislik Zu 1: **-e intihap edilmek (seçilmek, getirilmek)** zum Vorsitzenden gewählt werden **-i celile** *va.* hohes Präsidium *yüksek reislik ~ **etmek** (m. Dat.) präsidieren, den Vorsitz führen (in), leiten (z. B. Sitzung) ~ **makamı** Amt *n* des Präsidenten **-inde** unter dem Vorsitz (von)

riyaseticumhur [·–···–] s. **cumhurbaşkanlığı**

riyasetpenah [·–··–] *va.* (in Füg. wie:) **zatı -ileri** *va.* Seine (bzw. Ew.) Exzellenz

riyasız 1. ohne Heuchelei (Falschheit usw.) (Person) 2. offen, ehrlich, ungeheuchelt (Sache)

riyazet, -ti [ā] 1. Selbstkasteiung, Askese *f* 2. verschärfte Haft ~ **çekmek** sich kasteien ~ **hapsi** Arrest *m* bei Wasser und Brot

riyazeten [ā] *va. Adv.* als Kasteiung

riyazî [·– –] mathematisch *matematik(-sel) ~ **ihtiyatlar** *H* mathematische Reserven *pl.*, Prämienreservefonds *m*, Deckungskapital *n* *matematik yedekler

riyaziyat, -tı [·–·–] *z. va. Pl.* mathematische Wissenschaften *pl.*, Mathematik *f* **-ı âliye** *va.* höhere Mathematik

riyaziye [ā] Mathematik *f* *matematik

riyaziyeci [ā] 1. Mathematiker(-in *f*) *m* 2. Mathematiklehrer(-in *f*) *m* *(1, 2) matematikçi

riyaziyun [·–·–] *va. Pl.* Mathematiker *pl.*

riyolit, -ti *min.* Rhyolith *m*

-riz [–·] *pers. Sx.* vergießend, fließen lassend s. **hunriz** u. a. m.

rizan [– –] *va.* fließend, sich ergießend ~ **olmak** *va.* fließen, sich ergießen
Rize *n.pr.* Hafenstadt am Schwarzen Meer im gln. Rbz. (Nordostanatolien)
riziko 1. Risiko *n*, Gefahr *f*, Wagnis *n* 2. *jur.* Versicherungsgefahr *f*
rizikolu riskant, gewagt, gefährlich
rizikosuz ohne Risiko, gefahrlos
rizofora [··×·] Manglebaum *m bot.* Rhizophora mucronata u. R. coniugata
rizom *bot.* Rhizom *n*, Wurzelstock *m* *toprakaltı gövdesi
roba 1. Kleidung *f* 2. Passe *f* (an Damenkleidern)
robalı mit Passe (Damenkleid)
Rober *n.pr.* Robert ~ (*a.* **Robert**) **Kolej** *n.pr.* Robert-College *n* (amerikanische Schule in Istanbul-Bebek)
rober *Ka.* Robber *m* (bei Whist od. Bridge)
robot, -tu Roboter, Maschinenmensch *m*
robotluk Robotertum *n*
roda (I) [×·] *naut.* 1. in Buchten aufgeschossenes Tauwerk; Tauwerksrolle *f*, Taukranz *m* 2. einzelne Bucht e–s solchen Taukranzes 3. 120 Faden langer Taukranz (vgl. **kulaç**); ~ **etmek** in Buchten aufschießen, in Ringen übereinander legen **-sını açmak** ab-wicklen, -spulen (Taukranz)
roda (II) *naut.* (in der Verb.:) ~ **etmek** fest od. straffer anziehen (Kette beim Ankerwerfen)
rodaki [·×·] Rädchen *n* (des Schuhmachers)
rodaylant, -dı Rhodeländer *m* (amerikanische Hühnerrasse)
Rodezya [·×·] *n.pr.* Rhodesien (Südafrika)
Rodezyalı [·×··] 1. Rhodesier(-in *f*) *m* 2. rhodesisch
Rodoplar *n.pr.* Rhodope-Gebirge *n* (Südbulgarien)
Rodos [×·] Rhodos (Insel sowie Stadt) ~ **odun ağacı** Besenwinde *f bot.* Convolvulus scoparius ~ **Şövalyeleri** *hist.* Johanniter *pl.*
Rodoslu aus Rhodos stammend
rodyum [×·] *chem.* Rhodium *n*
rok, -ku *Scha.* 1. Turm *m* *ruh 2. Rochade *f* *rokat
roka (I) [×·] **(salata)** Gartenrauke *f*, Raukenkohl *m bot.* Eruca sativa *circir, kekeş
roka (II) [×·] **(ağacı)** Mafureirabaum *m bot.* Trichilia emetica
rokat, -dı *Scha.* Rochade *f* ~ **yapmak** rochieren
rokay Rocaille *n*, *f* (muschelförmiges Ornament spez. im Rokoko)
roket, -ti 1. Rakete *f* 2. s. **roketatar**
roketatar *mil.* Raketenwerfer *m spez.* Panzerfaust *f* *bazoka
rokfor Roquefort-Käse *m*
rokin-çer (*engl.* **rocking-chair**) Schaukelstuhl *m*
rok'nrol s. **rakınrol**
rokoko 1. Rokoko *n* 2. im Rokokostil gehalten, Rokoko- 3. altmodisch ~ **mobilya** Rokokomöbel *pl.*
rokos s. **sarıhani**
roku Orlean *m* (orangeroter Farbstoff aus den Samenschalen des Orleanbaumes *bot.* Bixa orellana)
rol, -lü 1. Rolle *f* (bei Th., Wirken, Auftreten) 2. *fig.* Scheinmanöver *n*, Bluff, Täuschungsversuch *m*, Komödie *f*, bloße Aufmachung *gösteriş ~ **almak** e–e Rolle übernehmen ~ **dağıtımı** *Th.* Besetzung *f* ~ **kesme** *Th.* Übertreibung *f* (beim Spielen e–r Rolle) ~ **kesmek** *F* 1. aufschneiden, lügen 2. ein gekünsteltes Benehmen an den Tag legen ~ **oynamak** 1. *Th.* e–e Rolle spielen 2. s. **rolü olmak;** ~ **yapmak** *pej.* schauspielern; so tun, als ob… **-ü olmak** (b–nin bir işte) e–e ausschlaggebende Rolle spielen
role (*franz.* **rôle**) *naut.* Aufgabenverteilung *f* (für eventuelle Notfälle)
rolo [×·] *naut.* Heuervertrag *m*
rom Rum *m* (Zuckerrohrbranntwein)
Roma [×·] *n.pr.* Rom ~ **hukuku** römisches Recht ~ **İmparatorluğu** römisches Weltreich (Imperium) ~ **rotası** Rota *f* (höchster Gerichtshof der kathol. Kirche)
Romalı 1. Römer(-in *f*) *m* 2. römisch
roman 1. *lit.* Roman *m* 2. romanisch (Sprache) 3. *arch.* romanisch, Romanik *f* 4. *Th.* *(Ortaoyunu)* Zigeuner *m* *Çingene
romancı Romanschriftsteller(-in *f*) *m*
romancılık 1. Abfassung *f* von Romanen 2. Romankunst *f*
romanesk, -ki 1. roman-haft, -artig 2. romantisch (veranlagt)
romanımsı s. **romanesk**
romanist, -ti *ling.*, *Malerei* Romanist(-in *f*) *m*
romanizm *hist.* Romanismus *m* (Richtung in der flämischen Malerei; 16. Jh.)
romanlaşmak zum Roman werden, e–e romanhafte Ausgestaltung erfahren
romanlaştırmak zu e–m Roman verarbeiten, e–e romanhafte Ausgestaltung geben
romans *lit.*, *mus.* Romanze *f*
romansero [··×·] *lit.* Romanzero *m* (Sammlung spanischer Romanzen)
romansı 1. *lit.* in Romanform gebracht 2. romanhaft ~ **olumluk** *lit.* Biographie *f* in Romanform
Romanş (*franz.* **Romanche**) *ling.* das Räto-Romanische von Graubünden (seit 1938 vierte Amtssprache der Schweiz)
romantik 1. romantisch, schwärmerisch 2. Dichter *od.* Komponist *m* der Romantik, Romantiker *m* 3. *selt.* Romantik *f* ~ **edebiyat** romantische Literatur ~ **istihza** *lit.* romantische Ironie
romantikleştirmek *mus.* romantisieren
romantiklik 1. Wesen *n* des Romantischen 2. s. **romantizm**
romantisizm *selt.* s. **romantizm**
romantize romantisiert ~ **etmek** romantisieren, schwärmerisch darstellen
romantizm 1. Romantik *f* (als Kunstrichtung) 2. *pej.* romantische Verstiegenheit ~ **öncesi** *lit.* Vorromantik *f*
Romanya [·×·] *n.pr.* Rumänien
Romanyalı 1. Rumäne *m*, Rumänin *f* 2. rumänisch *(1, 2) Rumen
Romanyalılaşmak *(G)* sich ähnlich wie die Rumänen verhalten, sich nach dem rumänischen Vorbild richten
romatizma [··×·] *med.* Rheuma(-tismus *m*) *n*
romatizmal rheumatisch
romatizmalı [··×··] 1. von rheumatischen Schmerzen begleitet (z. B. Erkrankung) 2. an Rheumatismus leidend, Rheumatiker(-in *f*) *m*
romatizmamsı *med.* rheumaähnlich
rombik *min.* rhombisch
Romen 1. Römer *m* 2. römisch *(1, 2) Romalı ~ **harfleri** (*od.* ~ **yazısı**) *typ.* Antiqua *f* ~ **rakamları** römische Ziffern *pl.*
romstik Rumpsteak *n*
ron (*franz.* **ronde**) *mus.* ganze Note *birlik
rondela [·×·] *techn.* Unterleg-, Loch-, Stoß-scheibe *f*
rondo [×·] *mus.* Rondo *n*
ronpuvan (*franz.* **rond-point**) *selt.* Stern *m* (Platz, auf den viele Straßen einmünden) *değirmi yol kavuşağı
rontken 1. Röntgenuntersuchung *f* 2. Röntgenbestrahlung *f* 3. Röntgen-aufnahme *f*, -bild *n* 4. *V* Beobachten, Spionieren *n* ~ **cihazı** Röntgen-, Durchleuchtungs-apparat *m* ~ **filmi** Röntgenfilm *m* ~ **ışınları** (*od.* **şuaları**) Röntgenstrahlen *pl.* ~ **işletmek** *V* spionieren ~ **muayenesi** Röntgenuntersuchung *f* ~ **tedavisi** Röntgen-behandlung, -therapie *f* *radyoterapi ~ **yapmak** 1. röntgen 2. sich röntgen

lassen **-ini aldırmak** (*od.* **çektirmek**) sich röntgen lassen **-ini almak** röntgen, durchleuchten

rontkenci 1. Röntgenarzt, Röntgenologe *m* 2. *V* Aufpasser, Helfershelfer *m* (z.B. bei e–m Diebstahl) 3. *V* Voyeur *m*

rontkencilik 1. Röntgenologie *f* 2. *V* Voyeurtum *n* ~ **yapmak** 1. Röntgenologie betreiben 2. *V* heimlich beobachten (sexuelle Vorgänge), versteckt zusehen

rop, -bu (*franz.* **robe**) 1. Damenkleid *n* 2. Talar *m*, Ornat *n*, Robe *f* *cüppe

ropdöşambr (*franz.* **robe-de-chambre**) Morgen-, Schlafrock *m*, Hauskleid *n*

ropluk für ein Damenkleid bzw. e–e Robe best. (geeignet, ausreichend) (Stoff)

ropmanto (*franz.* **robe-manteau**) Mantelkleid *n*

rosto (*ital.* **arrosto**) Braten *m*

rostoluk für e–n Braten best. od. geeignet

rostra (*franz.* **rostre**) *va. naut.* Schiffsschnabel(-verzierung *f*) *m*

Roş Aşana das jüdische Neujahrsfest (16./17. September)

roşat, -dı *Scha.* Rochade *f*

rot, -du (*engl.* **rod**) *techn.* Treib-, Verbindungs-, Schaltstange *f*

rota [×·] 1. (Schiffs-)Route *f*, Kurs *m* 2. Flug-strecke, -linie *f* 3. *allg.* Weg *m* 4. s. **Roma rotası;** ~ **emri** *naut.* Kursbefehl *m* ~ **vermek** *naut.* 1. Kurs nehmen (auf); ansteuern 2. den Kurs absetzen (auf der Seekarte einzeichnen) **-dan kaçmak** *naut.* gieren, aus dem Kurs laufen **-sında** s. **tam -sında; -sından çıkmak** vom Kurs abweichen **ᵒya devam!** *naut. Kommando:* Recht so!

rotaprint, -ti *typ.* Rotaprint(-stapeldrucker *m*) *f*

rotasizm Rhotazismus *m:* 1. *ling.* Übergang *m* e–s stimmhaften **s** zu **r** 2. *med.* fehlerhafte Aussprache des r-Lautes

rotasyon 1. Rotation *f* *dönme 2. regelmäßiger Wechsel; Turnus *m* ~ **tulumbası** Rotationspumpe *f*

rotatif 1. Rotations- 2. **(makine)** *typ.* Rotationsmaschine *f*

rotatorlar Rädertierchen *pl. zo.* Rotatoria

roti (*franz.* **rôti**) *selt.* Braten *m*

rotor *techn.* Rotor *m* *döneç

rotül (*franz.* **rotule**) *techn.* Kugelgelenk *n*

royal(-ist) s. **ruayal(-ist)**

roza [×·] 1. Brillantrose *f* 2. als Brillantrose gearbeitet (z.B. Ohrring) ~ **elmas** Rosette *f* (als Diamantschliff)

rozas (*franz.* **rosace**) s. **gülbezek**

rozbif Roastbeef *n* (Rinderrostbraten nach englischer Art)

rozbit, -ti (*engl.* **rose-bit**) *naut.* Senkfräser *m*

roze (*franz.* **rosé**) rosig, zartrosa ~ **şarap** Roséwein, Bleichert *m*

rozeol, -lü (*franz.* **roséole**) *med.* Röteln *pl.* *kızamıkçık, verdiye

rozet, -ti 1. Rosette *f* 2. Ordensschleife *f* 3. rosenrotes Singrün *bot.* Vinca rosea

rö- s.a. **re-**

röfülman (*franz.* **refoulement**) *psych.* Verdrängung *f* (ins Unterbewußtsein) *ihtibas, itilme, represyon

rögar (*franz.* **regard**) *selt.* Licht-, Einsteige-loch *n* (*spez.* bei Abwässeranlagen)

rökompoze (*franz.* **recomposé**) wieder zusammengesetzt ~ **etmek** wieder zusammensetzen ~ **taşkömür(-ü)** Brikett (-s *pl.*) *n*, Preßkohle(-n *pl.*) *f*

rölans (*franz.* **relance**) 1. *Ka.* neuer, erhöhter Einsatz (*spez.* bei Poker) 2. erbetene Zeit zur Entscheidung über den Vorschlag e–s erhöhten Einsatzes 3. *H* Wiederbelebung *f* (der Wirtschaft)

rölanslı *Ka.* erhöht (Einsatz)

rölanti s.**ralanti**

rölyef 1. Relief(-figur, -arbeit, -stickerei *f*) *n* 2. *phot.* plastische Wirkung (e–s Bildes) 3. *geogr.* Bodenprofil *n*, (Boden-)Erhebung *f*

rölyefli 1. mit Reliefs ausgestattet, in Reliefarbeit ausgeführt, Relief- 2. *phot.* plastisch wirkend (Bild)

römer Römer *m* (Weinglas)

römork, -ku (*franz.* **remorque**) Anhänger(-wagen) *m; a.* Wohnwagen *m*

römorkaj (*franz.* **remorquage**) 1. Schleppschiffahrt *f* 2. Schleppdienst *m*

römorkör (*franz.* **remorqueur**) 1. Zugmaschine *f*, Traktor, Trecker *m* 2. Schleppdampfer, Schlepper *m*

rönar (*franz.* **renard**) Fuchs(-pelz) *m* ~ **arjante** *od.* **arjante** ~ Silberfuchs(-pelz) *m* ~ **platin** Platinfuchs(-pelz) *m*

Rönesans *hist.* Renaissance *f* *intibah devri; Uyanış Çağı

röntgen s. **rontken**

röper (*franz.* **repère**) Kenn-, Merk-zeichen *n*, Anhaltspunkt *m*

röpo (*franz.* **repos**) *selt.* Ruhetag *m*, freier Tag

röportaj Bericht(-erstattung *f*) *m*, Reportage *f* ~ **yapmak** Bericht erstatten

röportajcı Reporter *m*, (Zeitungs-, Rundfunk-)Berichterstatter *m*

röportajcılık Reporter-wesen, -tum *n*

röpri (*franz.* **repris**) *selt.* vorbestraft *sabıkalı

röpriz 1. *mus.* a) Wiederholung(-szeichen *n*) *f* b) Reprise, Wiederaufnahme *f* 2. *Th.* Wiederaufführung, Reprise *f* 3. *selt.* Flicken, Stopfen *n* (e–s Lochs), Ausbesserung *f*

röşanj (*franz.* **rechange**) 1. Ersatzstück *n* (z.B. bei Rasierseife) 2. s. **rötret**

röşerş (*franz.* **recherche**) wissenschaftliche Untersuchung od. Abhandlung *f*

röşüt, -tü (*franz.* **rechute**) *med.* Rückfall *m*

rötar (*franz.* **retard**) 1. Zuspätkommen *n*, Verspätung *f* *gecikme, tehir teehhür 2. *mus.* Vorhalt *m* *asma durgu; gecikim, gecikme ~ **yapmak** Verspätung haben, mit Verspätung eintreffen (*spez.* Zug)

rötarlı mit (nb.) Verspätung **yirmi asır** ~ **bir Neron** ein um 20 Jahrhunderte zu spät gekommener Nero

rötransmisyon (*franz.* **retransmission**) Übernahme *f* (e–r Rundfunksendung durch e–n anderen Sender)

rötret, -ti (*franz.* **retraite**) *H* Rückwechsel *m*, Ritratte *f* *röşanj

rövaşata *Fb.* (Fall-)Rückzieher *m* (auf das gegnerische Tor)

röver (*franz.* **revers**) 1. linke Seite, Kehrseite *f* 2. Auf-, Um-schlag *m* (an Kleidungsstücken) 3. *(Tennis, Pingpong)* Rückhand(-schlag *m*) *f* *bekhent; sol vuruş

röverli 1. mit Auf-, Um-schlag (z.B. Hose) 2. mit Rückhand geschlagen (Tennis-, Pingpong-ball)

röversibl (*franz.* **reversible**) doppelseitig tragbar (z.B. Damenmantel)

ru(-y) [ū] *va.* 1. Gesicht, Antlitz *yüz 2. Oberfläche *f* **ruyi derya** *va.* Oberfläche *f* des Meeres **ruyi iltifat** *va.* s. **güleryüz; ruyi iltifat görmemek** *va.* keine günstige Aufnahme finden **ruyi zemin** *va.* Oberfläche *f* der Erde; Erdboden *m;* s.a. **ruyunigâr**

rua *Ka.* König *m*

ruam [ā] *va.* s. **sakağı**

ruayal königlich (nur in best. Füg. wie:) **Altes** ~**; floş** ~

ruayalist, -ti königstreu, royalistisch, Royalist(-in *f*) *m*

rub s. **rup** *bzw.* **rubu**

ruba (I) [×·] *P a.* [uruba] Kleidung(-sstück *n*) *f spez.* einfaches (Frauen-)Hauskleid aus grobem Stoff

ruba (II) [×·] *naut.* Backhalsen *n*, Halsen *n* mit backen Segeln

rubaî [·– –] 1. *lit.* Vierzeiler *m* (*mst.* mit dem Reimschema a a b a) 2. *va. gr.* vierradikaliges ar. Verbum **-i musarra** Vierzeiler, der überall den gleichen Reim aufweist

rubaiyat, -tı [·—·—] *Pl.* zu **rubaî**
rubalı *z. va.* ge-, be-kleidet *spez.* ein einfaches Hauskleid aus grobem Stoff tragend
rubalık für die Herstellung von **ruba** geeignet, best. od. ausreichend (Stoff)
rubato [·×·] *mus.* 1. rubato, nicht im strengen Zeitmaß 2. Rubato *n*
ruberah [—·—] *va.* zum Weggehen (zur Abfahrt) bereit)
ruberu [—·—] *va.* von Angesicht zu Angesicht, direkt, persönlich
rubi s. **rübi**
rubidyum [·×·] *chem.* Rubidium *n*
ruble [×·] (russicher) Rubel *m*
rubu, -b'u 1. *z. va.* vierter Teil; Viertel *n* *dörtte bir 2. *fr.* vierter Teil e–s halben **arşın** (8,5 cm) **rub'u daire** *astr.* s. **dörtlük aracı; rub'u kerte** *naut.* Viertel(kompaß)strich *m* (= 2° 48′ 45″)
Rub'ülhali *n.pr.* Große Arabische Wüste *Dehna
Rufaî [·——] Rufaiderwisch *m* (*Anm.* Die R.derwische standen im Ruf besonderer Wundertätigkeit) **Bu**(*od.***o**)**işe -ler karışır.** 1. Das kann nur ein Rufaiderwisch fertigbringen. 2. *P* Eine vertrackte Sache!
Rufaîlik; Rufaiye *n.pr.* Derwischorden *m* der Rufai
rufyano [·×·] *selt.* Schurke, Lump *m*
rufyanos *selt.* Vermittler, Makler *m*
rugan 1. Lackleder *n* 2. aus Lackleder hergestellt 3. Lack, Firnis *m* ~ **iskarpin** Lackschuh *m*
rugani [·——] *fr.* ein best., auf Ornamenten aufgetragener Lack; vgl. a. **Edirne kabı**
ruganlamak polieren, lackieren (Leder)
rugbi *(Sport)* Rugby(-spiel) *n*
ruh (I) 1. *va.* Wange, Backe *f* *yanak 2. *va.* Gesicht(-szüge *pl.*) *n* 3. *Scha.* Turm *m* *kale 4. *myth.* der sagenhafte Vogel Roch Zu 3: ~ **oynamak** den Turm ziehen ~ **vermek** 1. den Turm verlieren 2. den Turm vorgeben
ruh (II) [—] 1. Seele, Psyche *f*, Gemüt *n* 2. seelische und geistige Kräfte *pl.* (im Menschen) 3. Geist, Sinn, Charakter *m*, Note *f* 4. Regsamkeit, Rührigkeit *f*, Leben (-sgeist *m*) *n* 5. Gesinnung, Einstellung *f*, Geist *m* 6. Kernpunkt, Lebensnerv *m*, wesentlicher Punkt, Wesen *n* 7. *chem.* Essenz *f*, Geist *m* 8. *jur.* Sinn, Geist *m* (z.B. e–s Gesetzes) (*ant.* **lafız**) 9. Geist *m*, Grabgespenst *n* Zu 3: **Onun ne ruhta insan olduğunu anladım.** Ich habe gemerkt, wes Geistes Kind er ist. Zu 4: **Bu adamda hiç ~ yoktur, ne kadar duygusuz!** Dem Menschen fehlt aber auch jede Regsamkeit, er ist ein richtiger Holzbock! Zu 6: **Meselenin bütün -u orada.** Das ist des Pudels Kern. Zu 7: s. **nane (nışadır) -u** Zu 8: **kanunun -una göre** nach dem Sinn des Gesetzes Zu 9: s. **ervah;** ~ **argınlığı** s. **psikasteni;** ~ **beraberliği** Seelenverwandtschaft *f* ~ **bilgini** s. **psikolog;** ~ **bulmak** Leben (*od.* Sinn) gewinnen ~ **çağırma** (*od.* ~ **falcılığı**) 1. Geisterbeschwörung, Nekromantie *f* 2. *allg.* schwarze Kunst ~ **gibi** geisterhaft ~ **göçü** (*od.* ~ **sıçraması**) Seelenwanderung, Metempsychose *f* *metampsikoz, tenasuh ~ **haleti** (*od.* ~ **hali**) s. **haleti ruhiye;** ~ **hastası (hastalığı)** s. **psikopat(-i);** ~ **hekimliği** s. **psikiyatri;** ~ **karartıcı** (seelisch) bedrückend ~ **ölçümü** s. **psikometri; ²u (bile) duymaz.** Er ist blind und taub. Er merkt auch gar nichts. **-u sıkılmak** sich genieren **-um** (Kosewort) mein Lieber, meine Liebe, mein Liebes **-una fatiha okumak** (bşin) et. in den Schornstein schreiben (können); et. verloren geben **-una işlemek** sozusagen zur zweiten Natur werden **-una sıkıntı basmak** (b–nin) j–m beklommen ums Herz werden **-unu okşamak** j–m gefallen **-unu okumak** (b–nin) in j–s Gedanken lesen können **-unu** (*od.* **ruh**) **teslim etmek** seinen Geist aufgeben; sterben **-unu vermek** mit Leib und Seele (bei e–r Tätigkeit) sein
ruhan [ū] *Adv.* psychisch, seelisch ~ **malul** seelisch krank, an Depressionen leidend
ruhanî [———] 1. seelisch, geistig, immateriell 2. geistlich, die Geistlichkeit betreffend 3. Geistlicher, Kleriker *m* ~ **haz** innere Freude ~ **heyet** (*od.* **idare**) 1. Geistliche, Kleriker *pl.* 2. Kirchenverwaltung *f* ~ **meclis** (Bischofs-)Synode *f* ~ **reis** geistliches Oberhaupt, Oberhaupt *n* der Kirche; s. a. **ayini ruhanî**
ruhanîlik; ruhaniyet, -ti [—·—·] 1. geistiges Wesen; Geistigkeit, Spiritualität *f* 2. Geist *m* e–s verstorbenen großen Mannes *spez.* Schutz *m* durch e–n Heiligen
ruhban [ā] *Pl.* zu **rahip** 1. Geistlichkeit *f* 2. *(in sg. Bed.)* s. **rahip**
ruhbaniyet, -ti [ā] 1. Mönchsleben, Eremitentum *n* 2. Priestertum *n*
ruhbilim(-ci, -cilik, -sel) s. **psikoloji; psikolog; psikolojizm; psikolojik**
ruhî [——] 1. seelisch, psychisch 2. s. **psikolojik** 3. **Ruhi** [×·] *mV*
ruhiyat(-çı, -çılık) s. **psikoloji; psikolog; psikolojizm**
ruhiye [ū] 1. s. **spiritüalizm** 2. ♀ *wV*
ruhiyeci s. **spiritüalist**
ruhiyet, -ti Seelenleben *n* *psişizm, ruhsallık
ruhlandırmak 1. beleben, Lebensodem einflößen 2. *fig.* beleben, Leben und Schwung in et. bringen
ruhlanmak 1. Lebensodem eingeflößt bekommen, belebt werden, sich beleben 2. *fig.* sich beleben, Schwung bekommen
ruhlu 1. beseelt 2. lebend 3. lebendig, aktiv, tätig, energisch 4. seelenvoll 5. gesinnt, eingestellt
ruhnüvaz [—·—] 1. *va.* reizend, nett, anziehend 2. e–e melod. Weise in der türk. Musik
ruhötesi, -ni s. **metapsişik**
ruhperver [ū] *va.* aufmunternd, erheiternd
ruhsal s. **ruhî; ruhsal-fiziksel** s. **psikofizik; ruhsal körlük** *med.* Seelenblindheit *f;* optische Agnosie
ruhsallık s. **ruhiyet**
ruhsar [ā] *va.* s. **ruh** (I) (1, 2)
ruhsat, -tı 1. Genehmigung, Erlaubnis, Lizenz, Ermächtigung *f* 2. Dispens *m* von religiösen Vorschriften ~ **almak** ermächtigt werden ~ **tezkeresi** s. **ruhsatname;** ~ **vermek** genehmigen, gestatten, erlauben, Lizenz erteilen, lizenzieren, ermächtigen
ruhsatiye Lizenzgebühr *f*
ruhsatlı 1. e–e Genehmigung (Erlaubnis, Lizenz, Ermächtigung) besitzend 2. genehmigt, lizenziert, ermächtigt, autorisiert
ruhsatname [··—·] schriftliche Genehmigung (Erlaubnis, Lizenz, Ermächtigung, Konzession) ~ **usulü** Lizenzsystem *n*
ruhsatnameli [··—··] 1. im Besitz e–r Lizenz 2. genehmigt, bewilligt, konzessioniert, autorisiert
ruhsatsız 1. keine Genehmigung (usw.) besitzend 2. nicht genehmigt (usw.)
ruhsuz 1. unbelebt, leblos 2. *fig.* ohne Lebensgeist und Schwung, stumpf, träge, verschlafen, energielos, tatenlos, *F* lahm *cansız, miskin 3. *fig.* leer, nichtssagend, wirkungslos
ruhsuzluk 1. Unbelebtsein *n*, Leblosigkeit *f* 2. *fig.* Mangel *m* an Lebensgeist und Schwung; Stumpfheit, Trägheit *f*, Verschlafensein *n*, Energie-, Taten-losigkeit, *F* Lahmheit *f* *cansızlık, miskinlik 3. *fig.* Nichtigkeit, Unwirksamkeit *f*
Ruhullah [—·—] *va.* Christus *İsa
Ruhulkudüs, -dsü [—···] 1. Heiliger Geist (nach christl. Lehre) 2. Erzengel *m* Gabriel (nach isl. Lehre) *Cebrail
ruj 1. Rouge *n*, rote Schminke; Lippenrot *n* 2. Rot *n* (Farbe

bei Roulett) ~ **sürmek** Rouge auflegen od. sich (die Lippen) schminken
rujlu rotgeschminkt
rukaba [..–] *va. Pl.* zu **rakip**
rukiye 1. *va.* Zauber *m*, Beschwörung *f* 2. ♀ *wV*
rulat, -dı (*franz.* **roulade**) 1. *mus.* Koloratur *f* *fiyoritür 2. *mus.* Lauf *m* *tirat 3. (Kochkunst) Roulade *f*
rulet, -ti 1. Roulett *n* 2. *Kspz.* kleiner Drehwürfel (mit Spitze und Griff) 3. *abus.* s. **rulat** (3) 4. a) Kopierrädchen *n* (für Schnittmuster) b) Teigrädchen *n* ~ **planı** Tableau *n*, Spielplan *m* (bei Roulett)
rulman (*franz.* **roulement**) 1. auf Kugeln laufendes Rad; Kugel(lager)rad *n* 2. (*a.* **bilyeli** ~) Kugellager *n* 3. *selt.* Rollen *n*, Rollbewegung *f*
rulmanlı yatak Kugellager *n*
rulo (*franz.* **rouleau**) 1. (Buch-, Schrift-, Papier-, Wäsche- usw.)Rolle *f* 2. *typ.* Auftrag-, Druck-walze *f* 3. Ackerwalze *f* 4. (*a.* ~ **kompresör**) Straßenwalze *f* ~ **halinde filim** *phot.* Rollfilm *m*
Rum 1. *hist.* Oströmer, (Rhomäer), Byzantiner *m* 2. *hist. n.pr.* Byzanz 3. *in frühosm. Zeit* Bez. für die in Anatolien und Thrazien wohnenden Türken (als Nachfolger der Oströmer) oder deren Land 4. a) *va.* Christ(-in *f*) *m* griech. Abstammung b) der Typus des griechischen Arztes, Kneipwirts od. Schneiders im Karagözspiel 5. (in der Türkei od. e–m anderen isl. Land wohnender) Grieche 6. die unter (5) genannten Griechen betreffend, griechisch Zu 3: **Sultanı Rum** *hist.* türkischer Sultan ~ **ateşi** *hist.* griechisches Feuer *grejuva (ateşi) ~ **okulu** griech. (Minderheits-)Schule *f* (in Istanbul) ~ **suresi** Name der 30. Koran-Sure
rumba [×·] Rumba *f, m* (Tanz)
Rumca [×·] *ling.* Neugriechisch(-e) *n spez.* die heutige griech. Gemeinsprache, die Dimotiki; neugriechisch
Rumeli, -yi [×··] *n.pr.* europäische Türkei, (türk.) Thrazien, *va.* Rumelien *Avrupa Türkiyesi, Trakya (*Anm.*: Die im Frühosm. übliche Flexion **Rumeli, -ni** ist heute fast ganz aufgegeben.) ~ **ağası** *hist.* hoher Janitscharenoffizier für Rumelien, der ebenso wie der **Anadolu ağası** in seinem Gebiet für die Heranbildung des Nachwuchses zu sorgen hatte ~ **beylerbeyi** *hist.* hoher osm. Verwaltungsbeamter für Rumelien (im Rang unmittelbar nach e–m Minister) (entsprechend a. **Anadolu beylerbeyi**); ~ **defterdarı** s. **şıkkı evvel;** ~ **yakası** europäisches Ufer (am Bosporus) **-i Şarkî** *n.pr. hist.* Ostrumelien (1885 mit Bulgarien vereinigt; 1909 offiziell abgetreten)
Rumelihisar(-ı), (-nı) *n.pr.* alte Festung auf der europäischen Seite des Bosporus (erbaut 1452)
Rumelili 1. (türk.) Thrazier(-in *f*) *m* 2. thrazisch
Rumen 1. Rumäne *m*, Rumänin *f* 2. rumänisch
Rumence [·×·] *ling.* Rumänisch(-e) *n*, rumänisch
Rumî [– –] 1. *hist.* oströmisch, byzantinisch 2. den alttürk. Kalender betreffend 3. *frühosm.* aus Anatolien od. Thrazien stammend (Türke) 4. ein seldschukisches Ornament (Laubwerk mit Tiermotiv) ~ **papatya** römische Kamille *bot.* Anthemis nobilis *Alman papatyası, kokulu papatya
Rumiye *n.pr.* ein Zweig des Kadirî-Ordens
Rumlaşmak zum Griechen werden
Rumlaştırmak hellenisieren
Rumluk 1. Griechentum *n*, Griechen *pl.* (in der Türkei od. e–m anderen isl. Land) 2. *mst. pej.* griechischer Charakter, griechisches Wesen (Verhalten, Benehmen usw.)
rumman [ā] *va.* Granatapfel *m* *nar
rummaniye [ā] s. **nargiller**
rumstek s. **romstik**
rumuz *urspr.* [·–] *Pl.* zu **remiz** (fast nur in *sg. Bed.*) 1. Symbol *n*, Chiffre *f* 2. *chem.* Formel *f*, Zeichen *n* *sembol
rumuzat, -tı [·– –] *va. Pl.* zu **rumuz; -ı kimyeviye** chemische Formeln *pl.*
rumuzlu in Symbolen od. Formeln ~ **konuşmak** *fig.* sich in unklaren Andeutungen ergehen
rupi; rupya (I) Rupie *f* (in Indien und Pakistan)
rupya (II) *med.* Rupia *f* (große, borkige Hautpustel)
rupyalık in Höhe von soundsoviel Rupien
Rur (nehri) *n.pr.* Ruhr *f* ~ **havzası** Ruhrgebiet *n*
Rus *P a.* [urus] 1. Russe *m*, Russin *f* 2. russisch ~ **dağları** s. **Rusdağı;** ~ **mersini** s. **karaca balığı;** ~ **sahtiyanı** Juchten(-leder *n*) *m, n* ~ **salatası** russischer Salat
Rusça [×·] *ling.* Russisch(-e) *n*, russisch
Rusdağı, -nı Berg- und Talbahn, Achterbahn *f*
rusgülkadem s. **ayak bileği**
rusgülyet s. **bilek**
Ruslaşmak zum Russen werden
Ruslaştırmak russifizieren
Rusluk 1. Russentum *n*, Russen *pl.* 2. russische Staatsangehörigkeit Zu 2: **-tan Fransızlığa geçen ... isminde bir iş adamı** ein Geschäftsmann namens ..., der seine russische Staatsangehörigkeit gegen die französische eingetauscht hatte
rusta [ā] *va.* Dorf *n* *köy
rustaî [·– –] *va.* 1. Bauer, Landmann *m* *köylü 2. rustikal, ländlich
Rusvari [·– –] nach russischer Art
Rusya [×·] *n.pr.* Rußland
Rusyalı 1. Russe *m*, Russin *f* 2. russisch *(1, 2) Rus
ruşen [ū] 1. *va.* glänzend, strahlend 2. *va.* klar, offenkundig 3. ♀ *mV*
Ruşeniye *n.pr.* ein Zweig des Halvetî-Ordens
Ruten 1. Ruthene *m*, Ruthenin *f* 2. ruthenisch
Rutence [·×·] *ling.* Ruthenisch(-e) *n*, ruthenisch
Rutenya [·×·] *n.pr.* Ruthenien, Karpato-Ukraine *f*, Karpatenrußland
Rutenyalı s. **Ruten**
rutenyum [·×·] *chem.* Ruthenium *n*
rutin 1. Routine, Fertigkeit, Übung *f* 2. routinemäßiges Arbeiten
rutubet, -ti [·–·] Feuchtigkeit *f* *nem ~ **derecesi** Feuchtigkeitsgrad *m* **Bu evde** ~ **var.** Das Haus ist feucht.
rutubetlendirmek *spez. techn.* be-, an-feuchten
rutubetlenmek feucht werden
rutubetli [·–··] feucht *nemli
rutubetsiz [·–··] trocken
ruy s. **ru**
ruyunigâr [–··–] 1. Tigerlilie *f bot.* Tigridia pavonia 2. e–e rosafarbige Traubenart 3. *va.* Antlitz *n* der Geliebten
ruz [–] *va.* Tag *m* *gün **-u Hızır** Sommeranfang *m* (nach türk. Bauernregel am 6. Mai) *Hıdrellez **-u kasım** Winteranfang *m* (nach türk. Bauernregel am 8. November) **-u mahşer (-u ceza, -u hesap)** Tag *m* des Jüngsten Gerichtes, Jüngster Tag *kıyamet günü
ruze [ū] *va.* s. **oruç**
ruzmerre [ū] *va.* alltäglich, gewöhnlich, gang und gäbe
ruznamçe [– –·] *va.* 1. Einnahmen- und Ausgaben-buch *n* 2. *fr. Bez.* desjenigen Finanzbeamten, der die täglichen Ein- und Ausgänge zu buchen hatte; auch Name der betr. Dienststelle
ruznamçeci [– – ··] s. **ruznamçe** (2)
ruzname [– – ··] (1–4 *va.*) 1. Tagebuch *n* 2. Einnahmen- und Ausgaben-buch *n* 3. Tageszeitung *f* *günlük gazete 4. Kalender *m* *takvim 5. (*fr. a.* **-i müzakerat**) Tagesordnung *f* *gündem
ruznameci [– –··] *va.* Buch-halter, -führer *m*
ruzuşep, -bi [–··] *va.* Tag und Nacht, dauernd *gece gündüz

-rüba [ā] *va. pers. Sx.* 1. stehlend, entwendend, raubend 2. wegnehmend, fortbringend Vgl. z.B. **dilrüba**
rübaî s. **rubaî**
rübap s. **rebap**
rübi 1. *min.* Rubin *m* *yakut 2. rubinrot 3. Stein *m* (in e–r Uhr)
rübikon *Ka.* ein best. Gewinnstand (*spez.* bei Bésigue)
rübubiyet, -ti *va.* 1. s. **efendilik** 2. Göttlichkeit *f*
rücu, -uu [ū] 1. Zurückgehen *n*, Sich-Zurückziehen *n* 2. Zurück-kehren, -kommen *n*, Rückkehr *f* (zu e–r Sache) 3. *log.* Zurückgehen *n* (z.B. von Wirkungen auf Ursachen) *gerileme bzw. Rückwirkung *f* (e–s Geschehens auf seine Ursachen) *kayıtım 4. Zurück-ziehung, -nahme *f* (e–r Zusage, e–s Versprechens), Rücktritt *m* *dönme 5. *jur.* Rückgriff, Regreß *m* *başvurma 6. *stil.* Epanorthose *f* (Zurücknahme e–s verwendeten Ausdrucks und Ersetzung durch e–n stärkeren od. richtigeren) Zu 1: **-u bahir** s. **çekilme (2); ~ etmek** 1. zurückgehen, sich zurückziehen 2. zurück-kehren, -kommen (z.B. zu e–m Thema), -greifen (z.B. auf frühere Darlegungen) 3. zurück-ziehen, -nehmen (Zusage, Versprechen usw.) Zu 2: **Dün birdenbire yirmi sene evvele ~ ediyordum.** Gestern fühlte ich mich plötzlich in die Zeit vor 20 Jahren zurückversetzt. s.a. **sadede ~ etmek** Zu 3: s. **sözünden ~ etmek; ~ cezası** s. **cezaî şart; ~ hakkı** *jur.* 1. Rücktrittsrecht *n* 2. Rückgriffs-, Regreß-recht *n* **~ tazminatı** s. **cayma tazminatı; -a kefil** *jur.* Rückbürge *m* *baş vurma boyunlusu **kabili** ~ 1. *phil.* umkehrbar, reversibel *tersinir 2. (Bankwesen) widerruflich (z.B. Akkreditiv) **gayri kabili ~ akreditif** unwiderrufliches Akkreditiv
rüçhan [ā] 1. Überwiegen, Übergewicht *n*, Vorzug *m*, Bessersein *n*, Priorität *f* *öncelik, yeğlik 2. Überragen, Übertreffen *n*, Überlegenheit *f* *faikıyet, üstünlük 3. ⚭ *mV, wV* ~ **hakkı** *jur.* Prioritäts-, Vorzugs-recht *n* *öncelik (*od.* yeğlik) hakkı
rüçhaniyet, -ti [ā] s. **rüçhan** (1, 2)
rüçhanlı [ā] Vorzugs- ~ **aksiyon** s. **imtiyazlı hisse senedi;** ~ **tarife** Vorzugstarif *m*
rüdimanter *selt.* rudimentär, verkümmert
rüesa [ā] *Pl.* zu **reis** (II) die höchsten Beamten, die obersten Würdenträger, führende Persönlichkeiten, Führer, Spitzen, Häupter *pl.* **-yı memurini idariye** *va.* führende Verwaltungsbeamte *pl.* **-yı ruhaniye** *va.* geistliche Würdenträger *pl.;* s.a. **askerî ~; ordu -sı**
Rüfaî s. **Rufaî**
rüfeka [ā] *Pl.* zu **refik** *spez. jur.* Genossen *pl.* *arkadaşlar
rüjin (*franz.* **rigine**) *med.* Knochenfeile *f* (des Chirurgen)
rükban [ā] *va. Pl.* zu **râkip** *binenler
Rüknettin („Stütze der Religion") *mV*
rükû-, -ûu Stellung *f*, bei der sich der isl. Betende mit den Händen auf den Knien nach vorne beugt ~ **etmek** *od.* **-a varmak** sich anbetend neigen (mit drei vorgeschriebenen Bewegungen und Ausrufen)
rükûdet, -ti 1. *med.* Stauung *f* 2. Stagnation *f*
rükûp, -bu *va.* Besteigen *n* (e–s Pferdes, Fahrzeugs usw.), Einsteigen *n* (in ein Fahrzeug), Fahren *n* (auf *bzw.* in e–m Fahrzeug), Einschiffung *f* ~ **etmek** *va.* besteigen (Pferd, Fahrzeug usw.), einsteigen (in ein Fahrzeug), fahren (auf *bzw.* in e–m Fahrzeug), sich einschiffen *binmek
rükût, -du 1. Stagnieren *n*, Stagnation *f* 2. *med.* Hypostase *f*
rükün, -knü 1. *va.* Säule *f*, Pfosten, Pfeiler *m* 2. *va.* Stütze *f*, Träger *m* 3. *va.* Basis *f*, Grundelement *n* 4. führende Persönlichkeit, höherer Beamter; (Haupt-)Vertreter *m* (e–r Familie, Dynastie, Partei usw.) Zu 4: **Bunun hakkında Maarif Vekâletinin salâhiyettar bir rükniyle konuştuk.** Wir haben uns hierüber mit e–m zuständigen Vertreter des Unterrichtsministeriums unterhalten. **Bu ailenin sonuncu -ünü teşkil ediyor.** Er ist das letzte Glied dieser Familie.
rüküş geschmacklos aufgeputzt (Frau, Mädchen)
rünik yazı 1. Futhark *n* (germanisches Runenalphabet) 2. die in den Orhon-Inschriften verwendeten Zeichen)
rüptür 1. *med.* Ruptur, Zerreißung *f*, Riß, Durchbruch *m* 2. Abbruch *m* (z.B. der Geschäftsbeziehungen)
rüsubî [·––] Sedimentär-, Ablagerungs-, Niederschlags- *tortusal, tortul ~ **sahre** s. **tortul külte; mevaddı -ye** *va.* Sedimente *pl.*, Niederschlag *m*
rüsuh [ū] *va.* 1. Festigkeit, Stabilität *f* 2. Routine *f* (in e–m Fach), gründliche Kenntnisse *pl.*, Beherrschung *f* (e–s Faches)
rüsum [ū] *Pl.* zu **resim** 1. Abgaben, Gebühren, indirekte Steuern *pl.* 2. *va.* Regeln, Gebräuche *pl.* **bilumum vergiler ve** ~ alle Steuern und Abgaben *pl.*
rüsumat, -tı [·––] (*dopp. Pl.* zu **resim**) 1. s. **rüsum** 2. *fr.* Zoll(-verwaltung *f*) *m* ~ **emini** *fr.* Generaldirektor *m* für das Zollwesen ~ **motörü** Zollboot *n*
rüsup, -bu [ū] 1. Sediment *n*, Ablagerung *f* *tortu 2. *chem.* Bodensatz *m* *toput 3. *chem.* Präzipität *n*, Niederschlag *m* *çökelek
rüsva(y) [ā] entehrt, beschimpft, in Verruf gebracht, in der Öffentlichkeit bloßgestellt, mit Schande bedeckt ~ **etmek** entehren, beschimpfen, in der Öffentlichkeit bloßstellen, in allgemeinen Verruf bringen **-ı âlem** *va.* Spott *m* (Gespött *n*) aller Leute
rüsva(y)lık 1. Schande, Schmach *f* 2. schändliches Verhalten
rüş Rüsche *f* (an Damenkleidern)
rüşeym Embryo *m*, Keimzelle *f* *embriyon, oğulcuk **daha ~ halinde kırmak** *fig.* im Keim ersticken
rüşeymî *z. va.* embryonal, rudimentär
rüşt, -tü 1. *va.* Einschlagen *od.* Verfolgen *n* des richtigen Weges 2. *va.* richtiger Glaube, richtiges Urteil 3. sittliche *od. pol.* Reife *f* 4. Voll-, Groß-jährigkeit, Mündigkeit *f* *erginlik **-üne ermemiş kız** minderjähriges Mädchen **-ünü ispat etmek** als mündig, volljährig gerechnet werden; s.a. **kazaî ~**
rüştiye *hist.* osm. höhere Lehranstalt (die ungefähr e–r heutigen **ortaokul** entsprach)
rüşvet (I), **-ti** 1. Bestechungssumme *f*, *F* Schmiergeld *n* 2. *jur.* Bestechung *f* ~ **almak** (*od.* **yemek**) sich bestechen lassen ~ **vermek** (*od.* **yedirmek**) (b–ne) bestechen
rüşvet (II) s. **rişvet**
rüşvetçi wer sich bestechen läßt od. bestochen worden ist, bestechlich *mürteşi
rüşvetçilik Korruption, Bestechlichkeit *f*
rüşvetli durch Bestechung zustandegekommen
rüşvetsiz ohne Bestechung(-sgeld)
rütbe (Dienst-)Grad *m*, (Rang-)Stufe *f*, Rang *m*, Stellung *f* ~ **almak** im Rang steigen ~ **derecesi** Rangstufe *f* ~ **işaretleri** Rangabzeichen *pl.* ~ **sırası** Rangordnung *f* ~ **silsilesi** Rangfolge *f* ~ **terfii** Rangerhöhung *f* ⚭ **si nedir?** Welchen Rang bekleidet er? **-sini refetmek** (*od.* **indirmek**) degradieren **-ye göre** rangmäßig, dem Rang nach **-i balâ** *hist.* osm. Beamtenrang unmittelbar nach e–m Minister **-i balâ eshabından** *fr.* hoher Ministerialbeamter **-i şahadet** Ehrenrang *m* e–s vor dem Feind Gebliebenen
rütbeli 1. mit nb. Grad, Rang 2. *pr.* von hohem Rang, hochgestellt Zu 1: **yüksek** ~ hochgestellt (z.B. Offizier)
rütbesiz ohne Rang, einfach, gemein, gewöhnlich ~ **asker** einfacher Soldat
rütbetlü *fr.* Titul. des griech. od. arm. Patriarchen (*etwa:*) (Seine) Eminenz
rüus [ū] *va. Pl.* zu **reis** (I, II)
rüya [––] Traum(-bild *n*, -erscheinung *f*, -gesicht *n*) *m* *düş ~ **gibi** traumhaft ~ **görmek** e–n Traum haben,

träumen ~ **tabiri** (*od.* ~ **yorumu**) Traumdeutung *f* ~ **tabir etmek** Träume deuten (auslegen) **-sı çıkmak** sich erfüllen (Traum) **-sına girmek** (bş) im Traum erscheinen; träumen (von) **-sında görmek** (bşi) träumen (von) **-sında görememek** *fig.* sich et. in seinen kühnsten Träumen nicht vorstellen, nicht entfernt mit et. rechnen **-sında görse hayra yormamak** sich et. nicht träumen lassen

rüyalı [– –·] träumerisch, verträumt (z.B. Augen)

rüyamsı [– –·] traumähnlich, träumerisch

rüyet, -tı 1. Sehen *n*, Sicht *f* 2. Einsichtnahme *f* (in et.), Durchsicht, Revision, Prüfung *f* (z.B. von Rechnungen, Akten usw.) 3. (Prozeß-)Verhandlung *f* Zu 1: **fena** ~ schlechte Sicht, ungünstige Sichtverhältnisse; s.a. **dairei** ~; **galatı rüyet;** ~ **şahidi** Augenzeuge *m* *görgü tanığı ~ **şartları** Sichtverhältnisse *pl.* Zu 2: **-i hesap** *va.* Revision (Prüfung, Durchsicht *f*) e–r Rechnung ~ **edilmek (dava)** verhandelt werden (Prozeß) ~ **fillah** s. **Tanrıda görme;** ~ **zaviyesi** Gesichtswinkel *m* **²i Hilâl** *rel. va.* Erblicken *n* des Mondaufgangs (= Beginn des Ramazans) (*fr.* in Istanbul, nach Meldung an den **şeyhülislâm,** mit Festlichkeiten verbunden) **²i Hilâl Komitesi** ein Komitee, das e–e für alle isl. Länder gültige, zeitlich einheitliche Regelung von Ramazan sowie rel. Feiertagen traf (März 1979; Istanbul)

rüzgâr 1. Wind, Sturm *m* *yel 2. *va.* Zeit *f* 3. *V* leere Angeberei **≗ adaları** *n.pr.* Inseln *pl.* über dem Winde (Teil der Kleinen Antillen) ~ **altına düşmek** *naut.* (leewärts) vom Strich abfallen ~ **avlamak** 1. mit Windeseile (in vollem Galopp) dahinsprengen 2. nichts erreichen können **≗ çıktı.** Es hat sich ein Wind erhoben. ~ **çiçeği** Kuhschelle *f bot.* Anemone vulgaris **≗ durdu.** Der Wind hat sich gelegt. **≗ eken, fırtına biçer.** *Spr.* Wer Wind sät, wird Sturm ernten. *Spr. (Bibel)* **≗ esiyor.** Der Wind weht (bläst). **≗ esmeyince, yaprak oynamaz** (*od.* **dal kımıldamaz**). *Spr.* Von nichts kommt nichts. *Spr.* Es hat alles seine Ursache. ~ **fırıldağı** Windfahne *f* (auf e–m Dach) ~ **gelecek, delikleri tıkamak** vorsorgen; alle Vorkehrungen treffen ~ **gibi geçmek** nur so dahinfliegen (Zeit) ~ **gülü** s. **pusula gülü;** ~ **istikameti** Windrichtung *f* ~ **kalmak** (*od.* **kesilmek**) nachlassen, sich legen (Wind) ~ **payı** Ablenkung *f* e–s Geschosses durch den Wind ~ **süpürmesi** s. **savurma** (2); ~ **sürati** Windstärke *f* **-a salmak** s. **demir taramak; ²a tüküren kendi yüzüne tükürür.** *Spr.* Wer gegen den Wind spuckt, spuckt sich selber ins Gesicht. **-ı iğneye almak** *naut.* vor dem Wind laufen (Schiff) **-ın tesiriyle olan** s. **yelsel; -ın uğultusu** Heulen *n* des Sturmes **-la gitmek** 1. vor dem Wind segeln 2. *fig.* sich der großen Menge anschließen, den Mantel nach dem Winde hängen

rüzgâraltı *naut.* Lee *f* *boca **≗ adaları** *n.pr.* Inseln *pl.* unter dem Winde (Teil der Kleinen Antillen)

rüzgârgülü, -nü Windrose *f* *pusula gülü

rüzgârlanmak 1. zu wehen beginnen (Wind) 2. et. Wind bekommen; sich auslüften (z.B. bei großer Hitze) 3. sich gegen den Wind stemmen

rüzgârlı windig, dem Wind ausgesetzt (z.B. Ort), stürmisch (z.B. Wetter)

rüzgârlık 1. Wetter-, Vor-dach *n* 2. *agr.* Windschutzhecke *f*

rüzgârsız windstill, ruhig

rüzgârüstü *naut.* Luv *f* *orsa

S

s, S [sɛ] 22. Buchst. des türk. Alph.

sa (in franz. Verb.) sein, ihr **Sa Majeste** Seine (bzw. Ihre) Majestät

saadet, -ti [·–·] 1. Glück(-seligkeit *f*) *n*, Wohlergehen *n* *mesadet, mut 2. **≗** *wV, selt. mV* Zu 1: **ne saadet!** was für ein Glück! ~ **asrı** Lebenszeit *f* Mohammeds ~ **bahşetmek** Glück schenken, beglücken ~ **temenni etmek** Glück wünschen ~ **zinciri** Glückskette *f* **²le!** (Abschiedsgruß des Zurückbleibenden) Kommen Sie gut nach Hause! Gott befohlen! Auf Wiedersehen! *güle güle **-i uzma** (*od.* **-i tamme**) *va.* höchste Glückseligkeit *üsmut

saadethane [·–·–·] *va.* 1. Haus *n* e–s Vornehmen 2. *osm. Höfl.* bei Erwähnung des Hauses des Gesprächspartners

saadetli [·–··] glücklich *mesut

saadetlü [·–·–] osm. Titul. von Divisions- und Brigadegenerälen sowie von Verwaltungsbeamten im entsprechenden Rang **(rütbei ula);** *etwa:* Exzellenz

saat, -tı, -ti *urspr.* [–·], *heute mst. mit Kontr.* [–] 1. Stunde *f* (= 60 Minuten) 2. Uhr *f* (Chronometer od. Uhrzeit) 3. (Tages-)Zeit *f* *vakit 4. soundso viele Stunden weit (entfernt, lang) 5. Zähler *m*, Uhr *f* *sayaç 6. *gel.* zur Bez. e–r kurzen Zeitspanne 7. *rel.* a) die vom Schicksal bestimmte Todesstunde *ecel b) Jüngster Tag *kıyamet 8. **≗** *astr.* Pendeluhr (Sternbild) Zu 1: **Bu iş iki -te olur.** Diese Arbeit läßt sich in zwei Stunden bewältigen. Zu 2: s. **cep (duvar, güneş, kol) -i; ≗ üçtür.** Es ist drei Uhr. ~ **üçte** um drei (Uhr) Zu 3: **O -te orada kimse bulunmaz.** Um diese Zeit ist dort niemand anzutreffen. Zu 4: **Orası buraya iki -tir.** Die Strecke von dort bis hierher geht man in zwei Stunden. Zu 5: s. **elektrik(su) -i** Zu 6: **Şehrin düşmesi bir** ~ **meselesidir.** Der Fall (die Kapitulation, Einnahme) der Stadt ist stündlich zu erwarten. s.a. **bir** ~ **evvel; bir** ~ **yakında; ossaat;** ~ **anahtarı** Uhrschlüssel *m* ~ **ayarı** 1. Uhreinstellung *f* 2. genaue Zeit; Zeitansage *f* (Radio) ~ **ayarlamak** *V* s. **cima etmek;** ~ **başı** volle Stunde **≗ başı (galiba)!** (*od.* **≗ başı geldi!**) Es fliegt ein Engel durchs Zimmer. *Galiba kız doğdu. ~ **başına ücret** Stundenlohn *m* (e–s Arbeiters) ~ **başında** jede volle Stunde, stündlich **≗ beş çalıyor.** Es schlägt fünf. **≗ bu saat.** Die Gelegenheit ist günstig! Jetzt darf man nicht länger zögern! ~ **camı** Uhrglas *n* ~ **cebi** Uhrentasche *f* **≗ çalıyor.** Die Uhr schlägt. ~ **çemberi** (*od.* **dairesi**) *astr.* Stundenkreis *m* ~ **dilimi** Zeitzone *f* (von Greenwich aus gerechnet) **≗ durdu.** Die Uhr ist stehengeblieben. ~ **gibi** pünktlich auf die Minute ~ **iğnesi** Uhrzeiger *m* **≗ kaç?** Wieviel Uhr ist es? ~ **kadranı** Zifferblatt *n* ~ **kulesi** Uhrturm *m* ~ **lekendesi** Zylinder *m* e–r Uhr ~ **minesi** s. ~ **kadranı;** ~ **onbir buçuğu çalmak** *fig.* hochbetagt sein ~ **onbirde** 1. um elf Uhr 2. *fig.* in letzter Stunde 3. am Ende des Lebens ~ **otu** Reiherschnabel *m bot.* Erodium ~ **rakkası** Uhrpendel *n*, Perpendikel *m, n* **≗ tamam!** Die Zeit ist um! *Vakti doldu! ~ **tası** Glocke *f* e–s Weckers ~ **tutmak** die Zeit messen (stoppen) (z.B. bei Wettkämpfen) ~ **yayı** (*od.* **zembereği**) Uhrfeder *f* ~ **yelkovanı** großer Uhrzeiger ~ **zarfı** Uhrgehäuse *n* **-e bakmak** auf die Uhr sehen (...) **-e çıkmamak** höchstens noch (soundso viele) Stunden zu leben haben **-e karşı yarış** *fig.* Wettlauf *m* um die Zeit **-i ayar etmek** die Uhr stellen **-i kurmak** die Uhr aufziehen **-i saatine** 1. ganz pünktlich, auf die Minute genau 2. in letzter Minute **-i saatine uymamak** sehr unausgeglichen sein (Person) **-ler olsun!** *P* für **sıhhatler olsun! -lerce** stundenlang **-ten -e** von Stunde zu Stunde, Stunde für Stunde **-i muhtar** s. **eşeşrefi saât**

saât, -tı [−−] *va. Pl.* zu **saat; -ı mesai** *va.* Geschäfts-, Dienst-stunden *pl.*
saatbesaat Stunde um Stunde, von e−r Stunde zur andern, stündlich
saatçı wer Uhren herstellt, repariert, aufzieht od. verkauft *spez.* Uhrmacher *m* ~ **gözlüğü** Klemmlupe *f* (des Uhrmachers)
saatçılık 1. Uhrmachergewerbe *n* 2. Uhren-fabrikation *f*, -handel *m*
saatlı mit Uhr(-werk) ~ **bomba** Bombe *f* mit Zeitzünder *ayarlı (tehirli, teehhürlü) bomba
saatlık soundso viele Stunden ausmachend, -stündig **iki ~ bir iş** e−e Arbeit von zwei Stunden, e−e zweistündige Arbeit
sab(-e) [ā] *va.* 1. schwer, schwierig 2. schwierig zu behandeln; eigensinnig, stur *inatçı
saba [·−] 1. *z. va.* Zephyr *m*, sanfter (Ost-)Wind, leichter Morgenwind; Lüftchen *n* 2. e−e melod. Weise in der türk. Musik Zu 1: s. a. **badısaba**
Saba s. **Seba**
saba maymunu grüne Meerkatze *f zo.* Cercopithecus griseoviridis
sabah 1. Morgen(-zeit *f*) *m* 2. Vormittag *m* 3. am Morgen (Vormittag), morgens, vormittags 4. *F* für **yarın** ~ morgen vormittag 5. *F* heute vormittag 6. ♀ (*a. Verk.* von **Sabahattin**) *mV* Zu 4: **Bugün işimiz var, ~ geliniz!** Heute bin ich beschäftigt; kommen Sie doch morgen vormittag! ~ **akşam** zu jeder Tageszeit, jederzeit (Vgl. a. **akşam demez sabah demez** sowie **akşama sabaha**); ~ **erkenden** am frühen Morgen ~ **ezanı** morgendlicher Gebetsruf ~ **gazetesi** Morgenzeitung *f* ~ **kahvaltısı** (Morgen-)Frühstück *n* ~ **keyfi** (*od.* ~ **mahmurluğu**) Gefühl *n* des Übernächtigtseins; Kater *m* ~ **kızıllığı** Morgenrot *n* ~ **nüshası** Morgenausgabe *f* (e−r Zeitung) ♀ **ola hayrola!** (*od.* **hayır gele!**) Vielleicht klärt sich alles über Nacht! ♀ **oldu.** Es ist Tag geworden. Der Tag ist angebrochen. ~ ~ ganz früh am Morgen ~ **tanı** s. **gün ağarması:** ~ **yıldızı** Morgenstern *m* *Çulpan, Venüs **-a çıkmak** den Morgen noch erleben, bis zum anderen Morgen leben (Kranker) **-a doğru** (*od.* **karşı**) gegen Morgen **-ı bulmak** (*od.* **etmek**) s. **sabahlamak; -ı güç etmek** ungeduldig den Morgen erwarten **-ın köründe** noch vor Morgengrauen; *F:* noch halb in der Nacht **-lardan bir sabah** an e−m der nächsten Vormittage, e−s Vormittags **-ları** 1. jeden Morgen, morgens 2. jeweils am Morgen ♀**tan sonra akşamlar hayrolsun!** 1. Und wo bleibt die Hauptsache? 2. Das paßt wie die Faust aufs Auge. ♀**ı şerifleriniz hayırlar olsun!** *z. va.;* ♀**lar hayrolsun!** ♀**ı şerifler hayrolsun!** ♀**lar olsun!** *od.* (am häufigsten) **Sabahınız hayrolsun!** Guten Morgen!
sabahat, -ti [·−·] 1. *va.* Schönheit *f*, Liebreiz *m*, Anmut *f* 2. ♀ [×··] *wV*
sabahçı 1. wer am Morgen od. gegen Morgen Wache zu halten hat 2. wer die Nacht ohne Schlaf verbringt, wer die Nacht über aufbleibt 3. *V* Bummler, Nachtschwärmer *m* 4. Frühaufsteher(-in *f*) *m* 5. Schüler(-in *f*) *m* mit Vormittagsunterricht (bei Schichtunterricht; vgl. a. **çifte tedrisat; ikili öğretim**); ~ **kahvesi** Kaffeehaus *n*, das die Nacht über bis zum Morgen geöffnet bleibt od. das sehr früh morgens aufmacht
sabahki morgendlich
sabahlamak die Nacht über aufbleiben, nicht zu Bett gehen *a.* sich die Nacht um die Ohren schlagen
sabahlatmak Kaus. zu **sabahlamak; Misafirlerimizi sabahlattık.** Wir sind schuld gewesen, daß unsere Gäste die ganze Nacht nicht zum Schlafen gekommen sind.
sabahleyin [·×··] am Morgen, morgens ~ **şafakla beraber** bei Tagesanbruch, in aller Herrgottsfrühe
sabahlı (in der Füg.:) ~ **akşamlı** jeden Morgen und jeden Abend, morgens und abends
sabahlık 1. Morgen-, Schlaf-rock *m* 2. morgendlich 3. s. **bu ~**
saban Pflug *m;* s. a. **karasaban;** ~ **bıçağı** Messersech *n*, Pflugmesser *n* ~ **çatmak** pflügen ~ **demiri** 1. Pflugschar *f* 2. (bei **karasaban**) eiserne Spitze ~ **izi** Ackerfurche *f* ~ **keskisi** (*od.* **kılıcı**) s. **saban bıçağı;** ~ **kolu** (Pflug-)Sterz *m* ~ **kulağı** Streichblech *n* (am Pflug) ~ **oku** Pflugbaum, Grindel *m* ~ **ökçesi** Molterbrett *n* ~ **sapı** (Pflug-)Sterz *m* ~ **sürmek** 1. pflügen 2. (Ringen) den am Boden liegenden Gegner an den Füßen packen und am Boden schleifen
sabancı 1. wer Pflüge herstellt und verkauft 2. Pflüger *m*
sabanbalığı, -nı Fuchshai *m zo.* Alopias vulpes *tilki balığı
sabankemiği, -ni *an.* Pflugscharbein *n* *azmı mik'a'; vomer kemiği
sabankıran dornige Hauhechel *f bot.* Ononis spimosa *kayışkıran
sabavet, -ti [·−·] *va.* Kindheit *f*, Kindesalter *n* *çocukluk
sabaya [·−−] *va. Pl.* zu **sabiyye**
sabbar [·−] *va.* 1. geduldig, ausdauernd 2. s. **Hint inciri** 3. s. **atlasçiçeği**
sabbariye [·−··] s. **atlasçiçegigiller**
SABENA = Sociéte Anonyme Belge d'Exploitation de la Navigation Aérienne, (Belgische Luftfahrtsgesellschaft)
sabık [ā] vor-, ehe-malig, vorig, früher, Ex-, gewesen ~ **başvekil** früherer Ministerpräsident ~ **kral** Exkönig *m*
sabıka [−··] 1. früher begangenes Delikt 2. *jur.* Vorstrafe *f* 3. *va.* früheres Ereignis Zu 1: **-i mükerrere** Wiederholungsdelikt *n* Zu 2: **Bu hırsızın -sı çoktur.** Der Dieb hat schon viele Vorstrafen. **-i mükerrere sahibi** (*od.* **eshabından**) mehrfach vorbestraft
sabıkalı [−···] *jur.* vorbestraft
sabıkan [−··] *va. Adv.* ehemals, vordem, zuvor, einst, früher (*va.* weiland)
sabıkasız [−···] *jur.* nicht vorbestraft
sabır, -brı 1. Geduld, Ausdauer *f*, Ausharren *n*, Seelenstärke, Kraft *f* (et. zu ertragen) 2. s. **sarı;** ~ **kınnabı** Bambus-Aloe *f*, Riesen-Scheinagave *f bot.* Furcraea gigantea *Meksika keneviri ~ **taşı** Geduld *f* in Person ~ **taşı olmak** e−e wahre Schafsgeduld besitzen ~ **ve sebat** Geduld und Ausdauer *f* **-ı tükenmek** (*od.* **taşmak**) (b−nin) die Geduld verlieren, mit j−s Geduld zu Ende sein ♀**ın sonu selâmettir.** *Spr. od.* ♀**la koruk helva olur** (*a. m. der Forts.* **dut yaprağı atlas**). *Spr.* Geduld bringt Rosen. *Spr.* **-ını taşırmak** (*od.* **-ını tüketmek**) j−s Geduld erschöpfen **-ı cemil** *va.* geduldiges Ausharren, Engelsgeduld *f* **-ı Eyyüp** *z. va.* Hiobsbotschaft *f*
sabırlı geduldig
sabırsız ungeduldig
sabırsızlanmak ungeduldig werden, die Geduld verlieren
sabırsızlık Ungeduld *f* ~ **göstermek** Ungeduld an den Tag legen, ungeduldig werden
sabi (I) [ī] *va.* minderjähriges Kind *spez.* kleiner Junge
sabi (II) [ā], **-ii** *va.* siebt- *yedinci
sabian [−··] *va. Adv.* siebtens *yedinci olarak
sabih (I) [−·] *z. va.* schwimmend, Schwimm- ~ **havuz** Schwimmdock *n* ~ **köprü** Pontonbrücke *f*
sabih (II) [ī] 1. *va.* schön, anmutig 2. ♀ [×·] *mV*
sabiha (I) [−··] *va.* s. **gemi**
sabiha (II) [ī] 1. *va.* schöne Frau, nettes Mädchen 2. *va.* s. **fecir** 3. ♀ [×··] *wV*
Sabiîler *hist. rel.* Sabäer *pl.*
sabinardıçı, -nı s. **karaardıç**
Sabinli *hist.* Sabiner(-in *f*) *m*, sabinisch ~ **kadınların kaçırılması** Raub *m* der Sabinerinnen

sabir (I) (*franz.* **sabir**) die romanische Mischsprache (Lingua franca) in der Levante u. in Nordafrika
sabir (II) [ā] 1. *va.* geduldig, ausharrend 2. ♀ *mV*, **Sabire** *wV*
sabirin [–·–] *va. Pl.* zu **sabir** (II); s. a. Stw. **innallaha**
sabit, -ti [ā] 1. fest, unbeweglich, fix, Fix- 2. *math.* konstant 3. beständig, beharrlich 4. erwiesen, feststehend 5. *techn.* stationär, ortsfest 6. ♀ *mV* ~ **arma** *naut.* stehendes Gut (Stagen, Wanten usw.) ~ **bakış (göz, nazar)** stierer Blick; Fixieren *n* ~ **balon** Fesselballon *m* *bağlı balon ~ **batarya** *mil.* ortsfeste Batterie ~ **cephe** *mil.* starre Front ~ **cıvata** Steinschraube *f* ~ **cisimler** *chem.* feste Körper *pl.* ~ **fener** *naut.* festes (*d. h.* ununterbrochenes) (Leucht-)Feuer *n* ~ **fikir; fikri** ~ fixe Idee *saplantı ~ **fikir sahibi olmak** von e–r fixen Idee besessen sein ~ **fiyat** Festpreis *m* ~ **gelir** festes Einkommen ~ **hedefler** *mil.* feste Ziele *pl.* ~ **kaide** (*od.* ~ **kural**) feste (bindende) Regel ~ **kalem** Kopierstift *m* ~ **kemiyet** *math.* konstante Größe ~ **kollu demir** *naut.* Stockanker *m* ~ **kundak** *mil.* starre Lafette ~ **kuvvet** konstante Kraft ~ **mürekkep** wasserfeste Tinte ~ **nişangâh** *mil.* Standvisier *n* ~ **olmak** 1. erwiesen sein, feststehen 2. *selt.* beharren (bei) ~ **sermaye** Stammkapital *n* ~ **telsiz merkezi** feste Funkanlage ~ **vadeli mevduat** *H* Festgeld *n* ~ **yıldız** s. **duran yıldız**
sabite [ā] 1. *math.* Konstante *f* *degişmez 2. s. **duran yıldız** 3. ♀ *wV*
sabitkadem [–··] *va.* unveränderlich, stetig 2. unerschütterlich, standhaft; zu seinem Wort stehend
sabitleşmek [ā] fest werden (z. B. Grenze)
sabitlik [ā] 1. Festsein, Unbeweglichsein, *techn. a.* Ortsfest-, Stationär-sein *n* 2. Konstanz, Beständigkeit *f* 3. Beharrlichkeit *f* 4. Tatsache *f*, daß et. erwiesen ist, feststeht
sabiyye *va.* minderjähriges Mädchen
sabo (*franz.* **sabot**) 1. *selt.* Holzschuh *m* 2. *mod.* Holzpantoffel *m*
sabotaj Sabotage *f* *baltalama ~ **hareketleri** Sabotageakt *pl.* ~ **yapmak** Sabotage treiben (verüben)
sabotajcı Sabotage treibend, Sabotageakte verübend; Saboteur *m* *baltalayıcı
sabotajcılık 1. planmäßige Sabotage 2. Verhalten *n*, Umtriebe *pl.* e–s Saboteurs
sabote sabotiert ~ **etmek** sabotieren
sabr (*franz.* **sabre**) 1. (Fecht-)Säbel *m* 2. Säbelfechten *n*
sabretmek [×··] (m. Dat. od. ohne Obj.) et. geduldig ertragen, geduldig ausharren, Geduld haben **Sabreden derviş muradına ermiş.** *Spr.* Mit Geduld und Spucke fängt man e–e Mucke. *Spr.* **Biraz sabrediniz!** Gedulden Sie sich e–n Augenblick!
sabrî 1. *va.* die Geduld betreffend, Gedulds- 2. **Sabri** [×·] *mV*, **Sabriye** *wV*
sabrüsebat, -tı [···–] s. **sabır ve sebat**
sabu *V* Spielkartenbehälter *m* (bei Bakkarat)
sabuk s. **abuk sabuk**
sabuklama Delirium *n*, Fieberwahn *m* *hezeyan
sabun Seife *f* ~ **ağacı** dreiblättriger Seifennußbaum *bot.* Sapindus trifoliatus ~ **bezi** Seiflappen *m* ~ **fabrikası** Seifenfabrik *f* ~ **köpüğü** 1. Seifenschaum *m* 2. Seifenblasen *pl.* (*a. fig.*) ~ **köpüğü gibi sönmek** wie Seifenblasen zergehen
sabuncu 1. Seifen-sieder, -fabrikant, -händler *m* 2. Geschirrwäscher *m* (in e–m Restaurant) ~ **suyu** s. **ikincil su**
sabunculuk 1. Seifenfabrikation *f* 2. Seifenhandel *m* 3. (berufsmäßiges) Geschirrwaschen
sabunhane [··–·] Seifen-siederei, -fabrik *f*
sabuniye [ū] e–e aus Mehl, Butter, Sirup und Seifenkraut-Absud hergestellte Helwa-Art
sabunlamak 1. mit Seife einreiben, einseifen 2. **(cildi)** abseifen bzw. sich abseifen 3. *V* j–m im betrügerischen Glücksspiel alles Geld abnehmen; j–n ausnehmen
sabunlanmak 1. ein-, ab-geseift werden 2. sich ein-, abseifen 3. *V* sein ganzes Geld im Glücksspiel verlieren
sabunlaşma *chem.* Verseifung *f* *tasabbun
sabunlaşmak *chem.* verseifen (*intr.*) *tasabbun etmek
sabunlaştırmak zur Verseifung bringen
sabunlu 1. eingeseift, seifig 2. Seife enthaltend, Seifen- ~ **su** Seifenwasser *n*
sabunluk Seifen-schale *f*, -napf *m*
sabunotu, -nu s. **çöven otu** (1)
sabuntaşı, -nı *min.* 1. Speckstein, Steatit, Seifenstein *m* 2. Schneiderkreide *f*
sabur [ū] 1. geduldig, ausharrend, ausdauernd, Seelenstärke (Kraft) besitzend (et. zu ertragen) 2. ein Gottesattribut
sabura [·×·] *va.* s. **safra** (I)
saburlu *P* für **sabırlı**
sabursuz *P* für **sabırsız**
sacayağı, -nı; sacayak 1. eiserner Dreifuß (z. B. zum Essenkochen) 2. *fig.* Triumvirat, Trio *n* ~ **yürümek** *mil.* in Dreierformation marschieren (e–e Kompanie voraus, zwei andere mit Abstand hinterdrein)
sacit, -di [ā] 1. *va.* sich niederwerfend, anbetend (vgl. **secde**) 2. ♀ *mV*, **Sacide** *wV*
saç, -cı (I) 1. Eisen-, Schwarz-blech *n* 2. aus Eisen-, Schwarz-blech hergestellt, Blech- 3. gewölbte Bratpfanne ~ **çekici** Blechhammer *m* ~ **haddesi** Walzwerk *n*, Walzmaschine *f* ~ **kalınlığı** Blechstärke *f* ~ **kaplama** Blechbeschlag *m* ~ **levha** Blech-platte, -scheibe *f* ~ **makası** Blechschere *f* ~ **mamulâtı** Blechwaren *pl.*
saç, -cı (II) [ā] *va.* 1. s. **tik ağacı** 2. s. **karaardıç**
saç (III), **-çı** 1. (Kopf-)Haar *n*, Haare *pl.* 2. s. **kuyrukluyıldız -ı;** ~ **bağı** Haar-band *n*, -schleife *f* *fiyonk ~ **biçimi** s. **tuvaleti;** ~ **boyası** Haarfärbemittel *n* ~ **derisi** (*od.* ~ **dibi**) Haarboden *m*, Kopfhaut *f* ~ **filesi** Haarnetz *n* ~ **ilâcı** Haarwasser *n* ~ **kepeği** Kopfschuppen, Schinnen *pl.* ~ **kesme makinesi** Haarschneidemaschine *f* ~ **kesmek** 1. die Haare schneiden 2. sich die Haare schneiden lassen ~ **kurutma makinesi** (*od.* ~ **kurutucusu**) 1. Fön *m* 2. Trockenhaube *f* *(1, 2) seşuar ~ **modası** 1. s. **saç tuvaleti** 2. modische Frisur ~ **modacısı** Friseur *m*, Friseuse *f* ~ **örgüsü** (Haar-)Zopf *m* ~ **örmek** das Haar in Zöpfe flechten. (**İki** ~ **örmüş.** Sie hat ihr Haar in zwei Zöpfe geflochten.) ~ **podrası** *Th.* Haarpuder *m* ~ **-a baş başa gelmek** sich in die Haare geraten (*spez.* Frauen) ~ **sakal ağarmak** alt werden *yaşlılanmak ~ **sakal ağartmak** (bir işte) *fig.* lange irgendwo Dienste leisten, im Dienst ergrauen ~ **sakal sahibi olmak** kein Kind mehr sein, ein erwachsener Mann sein ~ **sakala karışmış** (*od.* ~ **sakal birbirine karışmış**) unrasiert und mit lange nicht geschnittenen Haaren; ungepflegt; verwildert aussehend ~ **teli** einzelnes Haar ~ **toniği** Haarwasser *n* ~ **tuvaleti** Frisur, Haartracht *f* ~ **yaptırmak** sich frisieren lassen (Damen) **-a sakala kır serpilmek** allmählich ergrauen **-ı başı ağarmak** altern, allmählich alt werden **-ı bitmedik** Neugeborenes **-ı bitmedik yetim** schon in frühester Jugend zur Waise geworden (Kind) **-ı el elinde olmak** *fig.* 1. verheiratet sein (Frau, Mädchen) 2. nach j–s Pfeife tanzen müssen **-ı sakalı ağarmış** gealtert **-ı topuklarını dövmek** lange Zöpfe tragen (Mädchen) **-ı uzun aklı kısa** lange Haare, kurzer Sinn **~ım ak mı kara mı? Önüne düşünce görürsün.** *Spr.* Du brauchst nicht lange herumzufragen. Sehr bald wirst du selber sehen, was los ist. **~ım değil, saç bağım değil.** Ich habe keinerlei Beziehung zu ihm. **-ına ak** (*od.* **kır**) **düşmek** s. **saça sakala kır serpilmek; -ına sakalına bakmadan** ohne Ansehen des Alters

-ından başından utanmak sich ehrerbietig verhalten (gegenüber e–m Älteren) **-ını başını yolmak** sich die Haare raufen **-ını süpürge etmek** *fig.* mit Aufopferung arbeiten (bzw. dienen) (Frau im Haushalt) **-ları diken diken olmak** j–m die Haare zu Berge stehen (vor Entsetzen) **-ları iki türlü olmak** in vorgerücktem Alter stehen **-larını değirmende ağartmamak** sein Leben nicht umsonst gelebt haben **-larını örmek** sich das Haar flechten

saçak, -ağı 1. Vor-, Wetter-dach *n* 2. Fransen *pl.* (z.B. am Vorhang), gefranster Rand od. Besatz e–s Kleides 3. ausgefranst, zerzaust, unordentlich ~ **deresi** s. **dam oluğu;** ~ **karanfil** Pracht-Federnelke *f bot.* Dianthus superbus ~ **kök** *bot.* Faser-, Saug-wurzel *f* *cezri rişî ~ **silmesi** *arch.* Kranzgesims *n* ≗ı **ateş sardı.** s. die Stw. **ateş, alev**

saçakbulut, -tu s. **tüybulut**

saçaklanmak sich ausfransen, fransig werden

saçaklı 1. mit Vor-, Wetter-dach 2. mit Fransen, gefranst 3. zerzaust, wirr; unordentlich gekleidet ~ **baba** *hum.* älterer Mann mit langen, wirren Haaren ~ **kurtluca** s. **yaban domuz dikeni;** ~ **sümüklüböcek** Fadenschnecke *f zo.* Aeolis papillosa

saçaklık *arch.* Architrav *m* *baştaban

saçakyüzgeçliler Quastenflosser *pl. zo.* Crossopterygii

saçalamak ausstreuen, freigebig spenden

saçı 1. Hirse, Reis, Münzen, Blumen, Bonbons usw., die bei der Hochzeit über die Braut ausgestreut bzw. als Geschenk unter das Volk geworfen werden 2. *dial.* Geschenke *pl.*, die ein Bräutigam erhält (vgl. **dürü**); ~ **kılmak** Geschenke ausstreuen

saçık ausgestreut, verbreitet, in Unordnung; s.a. **açık** ~

saçılma noktası *astr.* Radiant, Strahlungspunkt *m*

saçılıp dökülmek s. **dökülüp saçılmak**

saçıntı Aus-, Umher-gestreutes; Abfälle *pl.*, Feinsplitt *m*

saçıştırmak (an verschiedenen Stellen od. in kleineren Mengen) (aus-)streuen

saçkıran *med.* Haarpilzflechte, Trichophytie *f* ~ **otu** kreuzblättrige Wolfsmilch *bot.* Euphorbia lathyris

saçlı mit (nb.) Haaren ~ **deri** s. **saç derisi;** ~ **meşe** türkische Eiche *f bot.* Quercus Cerris *Türk meşesi ~ **sakallı adam** reifer (od. bejahrter, älterer) Mann (von dem man Vernunft und gesetztes Wesen erwarten darf) ~ **yıldız** *selt.* s. **kuyruklu yıldız;** ~ **yosun** Mähnenflechte *f bot.* Alectoria jubata ~ **zambak çiçeği** Rauhschopf *m bot.* Dasylirion acrotrichum

saçlık Haarschmuck *m* (e–r Frau)

saçma 1. Vs. zu **saçmak** 2. aus-, umher-gestreut 3. **(ağ)** Wurfnetz *n* (zum Fischen) 4. Schrot *m, n; hist. a.* = **sakulta** 5. sinnlos, dumm, albern, abgeschmackt, unangebracht, unpassend 6. dumm daherredend, sinnlos handelnd, sich unpassend benehmen 7. dummes Gerede; Gewäsch *n* ~ **sapan** s. **saçma** (5, 7); ~ **yoliyle akılyürütme** (*od.* **ispatlama**) *math., log.* indirekter Beweis; deductio ad absurdum **-nın -sı** blühender (aufgelegter) Unsinn

saçmacı dumm daherredend, unangebrachte Bemerkungen machend

saçmak, (-ar) 1. aus-, ver-streuen 2. sprühen lassen (Funken) 3. verbreiten (Wärme, Geruch, Rauch, Schrecken usw.) **saçıp savurmak** zum Fenster hinauswerfen, sinnlos vertun (Geld)

saçmalamak Unsinn reden, *F* Stuß verzapfen

saçmalık Unsinnigkeit *f* *manasızlık

saçsız haarlos, kahl

saçula [·×·] (in Gießereien verwendetes) Holzmodell

saçuzatan Goldhaar *n bot.* Chrysocoma

sad (I) *va.* hundert *yüz; s.a. **sadberk, sadhezar**

sad (II) [ā] *va.* Glück *n*, Segen *m* (Vgl. a. die *mV* **Sadettin** u. **Sadullah**) **-ı asgar** *astrol. va.* Venus *f* **-ı ekber** *astrol. va.* Jupiter *m*

sad (III) siebter Buchst. des osm. Alph. ≗ **suresi** Name der 38. Koran-Sure

sada [·–] 1. Schall, Klang, Ton, Laut *m*, Stimme *f* 2. *va.* Widerhall *m*, Echo *n* ~ **işareti** *mil.* 1. Schallzeichen *n* 2. *naut.* akustisches Signal ~ **mesaha** (*od.* **ölçme**) **kıtası** (*bzw.* **bölüğü**) *mil.* Schallmeß-trupp *m* (*bzw.* -batterie *f*) ~ **mevcesi** Schallwelle *f* *ses dalgası ~ **mikyası** Schallmesser *m* *fonometre

Sadabat [– – –] *n.pr. geogr.* Sommerresidenz des Schahs von Persien ~ **Paktı** der 1937 zwischen der Türkei, dem Iran, dem Irak und Afghanistan geschlossene Freundschafts- und Nichtangriffspakt

sadak (I) Köcher *m* *okluk

sadak (II) *va.* 1. Wahrheit, Richtigkeit *f* 2. Bestätigung *f* 3. ≗ *türk. Fn.;* s.a. **masadak;** ~ **Allahülazîm(vel kerim)** Gott sagt immer die Wahrheit *(od.)* Gott bestimmt immer das Richtige (rel. Formel nach dem Zuklappen des Korans od. dem Zitieren von **hadîsi kutsî**)

sadaka Almosen *n* ~ **istemek** betteln ~ **vermek** Almosen geben **-sı varmak** s. **Verilmiş sadakası varmış; -ya muhtaç olmak** an den Bettelstab kommen **-i fıtır** s. **fitre**

sadakat, -ti [·–·] 1. Treue, Ergebenheit, Loyalität *f* 2. Klangtreue *f* (Rundfunk); Treue *f* der Wiedergabe (Fernsehen); s.a. **yüksek ~;** ~ **borcu** *jur.* 1. Treu(e)pflicht *f* 2. eheliche Treue; s.a. **eşlerin (işçinin)** ~ **borcu;** ~ **yemini** Treueid *m*

sadakatli [·–··] (ge-)treu, ergeben, loyal *sadık

sadakatsiz [·–··] treulos, untreu, illoyal

sadakatsizlik [·–···] Treulosigkeit, Untreue, Illoyalität *f* ~ **etmek** (b–ne) treulos handeln (gegen), j–m untreu werden

sadakor Rohseide *f*

sadalı [·–·] 1. mit Schall (Laut, Ton, Widerhall, Echo), schallend, hallend 2. vokalisch *sesli 3. *phon.* stimmhaft 4. Sprech-, Ton-(Film) ~ **filim** *va.* Tonfilm *m* *sesli filim ~ **harf** *gr.* s. **ünlü**

sadalılaşmak *phon.* stimmhaft werden

sadalılık *phon.* Stimmhaftigkeit *f*

sadan [– –] *va.* s. **sadeyn**

sadaret, -ti [·–·] 1. Rang *m*, Würde, Tätigkeit *f* e–s osm. Großwesirs od. e–s **kazasker** (*q.v.;* vgl. a. **sadreyn**) 2. Amtsgebäude *n* e–s Großwesirs *(1, 2) sadrazamlık ~ **alayı** *hist.* feierliche Einführung e–s neuen Großwesirs in sein Amt ≗ **Dairesi** *fr.* Hohe Pforte *f* (Offiziell: **Makamı** ≗**i Uzma**) *Babıâli ~ **kaymakamı** *hist.* interimistischer Großwesir (bei längerer Abwesenheit des Großwesirs von der Hauptstadt) ~ **kethüdası** *hist.* oberster Mitarbeiter des Großwesirs ~ **kürkü** *fr.* der e–m neuernannten Großwesir überreichte Zobelpelz ~ **mührü** s. **mührü hümayun; -e geçmek** Großwesir werden

sadasız [·–·] 1. lautlos, tonlos, still, ruhig 2. konsonantisch *sessiz 3. *phon.* stimmlos ~ **harf** *gr.* s. **ünüz**

sadasızlaşmak *phon.* stimmlos werden

sadasızlık [·–··] 1. Fehlen *n* der Stimme; Aphonie *f* 2. *phon.* Stimmlosigkeit *f*

sâdât, -tı *va. Pl.* zu **seyit**

sadberk, -ki 1. hundert-, viel-blättrig 2. *fr.* Laubwerkornament über **şemse** *(q.v.)* 3. ≗ *wV* ~ **gülü** Zentifolie *f bot.* Rosa centifolia

sade [ā] 1. einfach, schlicht, unauffällig (z.B. Kleidung), anspruchslos 2. ohne Beimischung, rein, unverfälscht 3. ohne (die sonst übliche) Zutat) 4. *pej.* naiv, einfältig 5. *Adv.* nur, bloß, lediglich, einzig und allein Zu 1: ~ **bir yemek** einfaches (anspruchsloses, frugales) Essen ~ **bir kıyafet** schlichte (unauffällige) Kleidung ~ **bir tören** e–e schlichte Feier Zu 5: ≗ **bu iş için geldim.** Ich bin lediglich deswegen hierher gekommen. ~ **birimler bölüğü** *math.* die Einer *pl.* *ahat ~ **börek** einfache Pastete (Blätterteig

ohne Füllung) ~ **güzel** schlicht und schön, von natürlicher Schönheit ~ **kahve** Kaffee ohne Zucker ~ **suya** fettlos ~ **suya çorba** Kranken-, Wasser-suppe *f* **-nin -si bir elbise** ein ganz schlichtes Kleid
sadearşın *fr.* ein seidengewirktes, gold- od. silber-gesticktes Gewand
sadece [×··] s. **sade** (5)
sadedil [ā] *va.* naiv, harmlos, leichtgläubig, einfältig *saf
sadedillik [ā] *va.* Naivität, Harmlosigkeit, Leichtgläubigkeit, Einfältigkeit *f*, kindliches Gemüt
sadefe 1. s. **salyangoz** (2) 2. Perlmuttschale *f* 3. (Fisch-) Schuppe *f* *pul
sadegi [–·–] *va.* s. **sadelik**
sadegöz [ā] *zo.* Punktauge *n*, Ozelle *f* *nokta göz
sadekâr [–·–] *va.* wer Entwürfe für Goldschmiedearbeiten anfertigte
sadeleşmek [ā] einfach(-er) werden, sich vereinfachen (z.B. Sprache, Vorschriften usw.)
sadeleştirmek 1. vereinfachen (z.B. Sprache) 2. *math.* vereinfachen, reduzieren, kürzen *ihtisar etmek
sadelik [ā] Einfachheit, Schlichtheit, Unauffälligkeit, Anspruchslosigkeit *f*
sadet, -di 1. *va.* Nähe *f*, Bereich *m* 2. *va.* Gedanke *m*, Absicht *f* 3. Thema *n*, Gegenstand *m* der Unterhaltung od. Erörterung *konu, mevzu ~ **harici** s. **-ten hariç; -e gelmek** zum Thema (zur Sache) kommen **-e rücû etmek** zum Thema (zur Sache) zurückkommen **ᵒim dahilinde değil.** Das geht über den Rahmen meines Themas (Vortrags usw.) hinaus. **-inde bulunmak** *va.* die Absicht haben (zu) **-ten ayrılmak (çıkmak, harice çıkmak)** vom Thema abkommen; abschweifen **-ten hariç** 1. außerhalb des Themas liegend 2. *fig.* unwesentlich, irrelevant 3. s. **istitrat**
sadeyağ Kochbutter *f*
sadeyağlı mit Kochbutter zubereitet (Speise)
sadeyn [ā] *astrol. va.* die beiden Planeten Venus u. Jupiter; s.a. **kıranı** ~
sadhezar [··–] *va.* hunderttausend *yüzbin
sadık, -kı [ā] 1. ergeben, loyal, (ge-)treu 2. wirklich, wahr, echt 3. ♀ *mV; **Sadıka** wV* Zu 1: s.a. **metne** ~
sadıklık [ā] Aufrichtigkeit, Wahrhaftigkeit, Herzlichkeit, Treue *f*
sadır, -drı *va.* 1. Vorderteil *n* 2. Brust(-kasten *m*) *f*, Thorax *m*, *gel. a.* Herz *n* 3. Ausgangspunkt *m* 4. Ehrenplatz *m od.* Vorsitz *m* in e–r Versammlung 5. führender Minister od. Richter; *a. Verk.* von **sadrazam** 6. *lit.* erster Versfuß e–s Distichons **(beyit)** od. erster Satzteil e–s Prosawerkes ~ **ağacı** s. **Arap kirazı; -a geçmek** *va.* 1. den Ehrenplatz *bzw.* den Vorsitz einnehmen 2. Großwesir od. Kazasker werden **-a şifa vermek** *z. va.* beruhigen, zufriedenstellen **-ı azam** s. **sadrazam; -ı esbak** *hist.* ehemaliger Großwesir **-ı Rum** (*bzw.* **-ı Anadolu**) s. **Rumeli** (*bzw.* **Anadolu**) **kazaskeri**
sâdır *va.* ausgehend, herauskommend, ergehend ~ **olmak** *z. va.* 1. ausgehen (von) 2. ergehen, erlassen werden (Befehl, Verfügung usw.) Zu 1: **Kendisinden böyle bir hareket ~ olmaz.** Er tut so et. nicht. Zu 2: **Dün bu hususta bir emir ~ olmuştur.** Hierüber ist gestern e–e Verfügung erlassen worden.
sâdıra *Verk.* von **evrakı** ~ auslaufende Schriftstücke *pl.*, Aus-gang, -lauf *m*
sadırnişin [···–] *va.* 1. wer den Ehrenplatz einnimmt 2. den Vorsitz führend
sadi [––] 1. *va.* das Glück betreffend 2. ♀ a) *mV,* **Sadiye** *wV* b) Anhänger *m* des Sadiye-Ordens
sadik s. **sadist**
sadis [ā] *va.* sechst- *altıncı
sadisen *va.* [ā] *Adv.* sechstens *altıncı olarak
sadist, -ti 1. Sadist(-in *f*) *m* 2. sadistisch
sadiye [ā] s. **papirüsgiller**
Sadiye [ā] *n.pr.* Zweig des Rufaî-Ordens *Cibaviye
sadizm Sadismus *m*
sadme 1. Zusammen-stoß, -prall *m* 2. Stoß, Schlag, Ruck *m*, Erschütterung *f* 3. *z. va.* unerwarteter Schicksalsschlag **Bir otomobilin -sine maruz kalmıştır.** Er wurde von e–m Automobil angefahren. **sadme-hezeyan** s. **sarsma heyecan**
sadpare [·–·] *va.* in hundert Stücke zerbrochen
sadrazam [·–·] *hist.* Großwesir *m* *veziri azam
sadrazamlık, -ığı s. **sadaret; ᵒa kadar yükselmiştir.** Er stieg bis zum Rang e–s Großwesirs auf. ♀ **Kapısı** Hohe Pforte *f* *Babıâli
sadreyn *va. Dual; hist.* die beiden **sadır** *d.h.* die beiden **kazasker** od. ihre Staatssekretäre
sadrî 1. zur Brust gehörig, Brust-, thorakal *göğüssel 2. **Sadri** [×·] *mV;* **Sadriye** [×··] *wV* **cevfi** ~ s. **göğüs kovuğu; adalei sadriye** s. **göğüs kası**
Sadukîler *n.pr. hist.* Sadduzäer *pl.* (altjüdische Partei)
saf (I), **-ffı** 1. Reihe, Linie, Ordnung *f* *dizi, sıra 2. *mil.* Glied *n* ~ **askeri** s. **saffıharp askeri;** ~ **atesi** *mil.* Gliederfeuer *n* ~ **bağlamak** e–e Reihe bilden ~ **dışı etmek** 1. ausschalten; nicht mehr teilnehmen lassen 2. außer Gefecht setzen; kampfunfähig machen ~ **dışı kalma** *pol.* Blockfreiheit *f* ~ **kıtaları** s. **saffıharp kıtaları;** ~ ~ in Reihen, in Gliedern, in Reih und Glied ♀ **suresi** Name der 61. Koran-Sure ~ **tutmak** sich in Reih und Glied aufstellen **-ları sıkıştırmak** *mil.* die Glieder schließen **-tan ayrılmak** (*od.* **çıkmak**) *mil.* aus dem Glied treten **-ı cemaat** (jede) Reihe der Gläubigen bei dem gemeinsamen Gebet in der Moschee
saf (II) *va.* 1. rein, unverfälscht, ohne Beimischung 2. *mel.* aufrichtig, ohne Arg und Falsch 3. *pej.* leichtgläubig, naiv, harmlos, einfältig ~ **altın** Feingold *n* ~ **ispirto** reiner Alkohol *alkol absolü ~ **kil** s. **kaolin**
safa [·–] 1. *va.* Klarheit, Reinheit *f* 2. *va.* Ruhe *f*, Unbeschwertsein *n* 3. Vergnügtsein *n*, Freude, Fröhlichkeit *f* 4. Vergnügen *n* (*spez.* im Freien), Lustbarkeit, Belustigung *f*, lustige Unterhaltung 5. ♀ [×·] *mV* ♀ **bulduk!** *form.* Antwort auf den Willkommensgruß **Safa geldin (-iz)!** *Hoş bulduk (ohne deutsche Entsprechung) ~ **etmek** sich vergnügen ~ **geldine gitmek** e–m Neuzugezogenen seine Aufwartung machen ♀ **geldin(-iz)!** Herzlich willkommen! *Hoş geldin(-iz)! ~ **pezevengi** *V* Lebemann, Playboy *m* ~ **sürmek** es sich gut gehen lassen ~ **vermek** Freude spenden **-da olmak** sich vergnügen, belustigen **ᵒlar getirdiniz!** s. ~ **geldiniz; ᵒlar olsun!** Viel Vergnügen! **-sını sürmek** (bşin) (mit Freuden) genießen **-ya mest kaplamak** *F* nur seinen Vergnügungen leben **-yı hatır** *va.* 1. Wohlbefinden *n*, gute Gesundheit 2. Ruhe, Gemütlichkeit *f* **-yı hatırla** *va. Grußformel (etwa:)* Alles Gute! *güle güle, saadetle
Safa *n.pr.* kleiner (heute eingeebneter) Hügel bei Mekka (kultische Verpflichtung der Mekkapilger zu siebenmaligem Lauf zwischen **Safa** und **Merwe**)
safahat, -tı [··–] (*va. Pl.* zu **safha**) Phasen *pl.*
safalı angenehm, erfreulich
safari 1. Jagdexpedition, Safari *f* (in Afrika) 2. die dabei erforderliche Kleidung
safder 1. *va.* die feindlichen Reihen sprengend, tapfer, heldenmütig; Held *m* 2. ♀ *mV*
safderun(-luk); safdil(-lik) s. **sadedil(-lik)**
safen *an.* Hodensack *m*, Skrotum *n* *haya torbası
safer zweiter Monat des isl. Mondjahres
Safevîler [ī] *hist.* Safawiden *pl.* (iran. Dynastie; 16.–18. Jh.)

Safeviye *n.pr.* isl. Orden, aus dem die Sekte der **Kızılbaş** sowie die Dynastie der Safawiden hervorging
saffat [·–] *isl. Myth.* die Reihen der Engel um Allah **≈ suresi** Name der 37. Koran-Sure
saffet, -ti 1. Reinheit, Lauterkeit *f* 2. Aufrichtigkeit, Unbefangenheit *f* 3. ≈ *mV, wV*
saffetli 1. rein, lauter, untadelig 2. aufrichtig, unbefangen
saffıharp, -bi Schlachtreihe *f* ~ **askeri** (*od.* **kıtaları**) *mil. fr.* Linientruppen *pl.* ~ **gemisi** Schlacht-, Linien-schiff *n* ~ **nizamı** Schlachtordnung *f*
safha 1. *a. phys.* Phase *f* (e–r Entwicklung), Stadium *n* 2. *z. va.* (Ober-)Fläche, Seite *f* 3. *va.* Blatt *n*, Seite *f* 4. *va.* Platte *f* ~ ~ allmählich, langsam, mit der Zeit ~ **teftişi** *mil.* Abschlußbesichtigung *f*
safhalı in (mit) soundsoviel Phasen od. Entwicklungsstadien; s. **iki (çok, üç)** ~
safi (I) [·–] 1. *va.* sauber, rein 2. *va.* auserwählt 3. *va.* aufrichtig, ehrlich 4. ≈ [×·] *mV*, **Safiye** *wV*
safi (II) [––] 1. klar, rein, sauber 2. unvermischt, ohne Beimischung, unverfälscht 3. Netto-, Rein- 4. [×·] lediglich, nur 5. ≈ *mV*, **Safiye** *wV* ~ **ağırlık** (*od.* ~ **sıklet**) Nettogewicht *n* ~ **fiyat** Nettopreis *m* ~ **gelir** Nettoeinkommen *n* ~ **hasılat** Rein-, Netto-ertrag *m* ~ **irat** Reingewinn *m*, Netto-erträgnisse, -einkünfte *pl.* ~ **kâr** (*od.* ~ **kazanç**) Rein-, Netto-gewinn *m* **gayri** ~ 1. gemischt, verfälscht, unrein 2. Brutto- **gayri** ~ **hasılat** Bruttoertrag *m* **gayri** ~ **millî hasıla** Bruttosozialprodukt *n*
safih [·–] *va.* 1. Himmel *m*, Firmament *n* 2. ein breiter, flacher Gegenstand
safiha [ī] 1. Fläche *f* (z.B. e–s Kristalls), Facette *f* 2. Plättchen, Blättchen *n*, Folie *f* (z.B. bei Blattgold) *plaka
safihalandırmak [ī] *techn.* auswalzen (Metalle)
safik *(Metrik)* sapphisch
safil [ā] *va.* 1. tief, niedrig, Unter- 2. niedrigstehend, gemein
safir (I) [ī] *min.* Saphir *m* *gök yakut
safir (II) [ī] *va.* Pfeifen, Zischen *n*
safirî *va. phon.* Zischlaut *m* *ıslıklı ünsüz
safirin (*franz.* **saphirine**) *min.* e–e Chalzedon- od. Korund-Art
safirli mit Saphiren besetzt
safiyane [–·–·]d s. **safi** (II); *mst. pej.* naiv, leichtgläubig, dümmlich
Safiye [ā] *wV spez.* Gattin Mohammeds
safiyet, -ti [ā] s. **saflık**
Safiyullah [·–·–] Beiname von Adam (Bibel)
safizm Sapphismus *m*, lesbische Liebe
safka *va.* gegenseitiges Händeschütteln bei Abschluß e–s Geschäftes od. dieses selber
safkan [–·] rein-blütig, -rassig, Vollblut- (z.B. Pferd) *haliskan, halisüddem
saflaşmak [–··] rein werden, sich reinigen, in gereinigter Form neu entstehen (z.B. Sprache)
saflaştırmak reinigen, läutern, raffinieren
saflık [ā] 1. Reinheit, Unverfälschtheit *f* 2. Aufrichtigkeit, Unbefangenheit *f* 3. Naivität, Harmlosigkeit, Leichtgläubigkeit, Einfalt *f*, kindliches Gemüt ~ **etmek** sich naiv benehmen
Safo [×·] *n.pr.* Sappho (altgriech. Dichterin)
safr s. **smalt**
safra (I) 1. Ballast *m* (e–s Schiffes, Ballons, *a. fig.*) 2. s. **iskandil** (3) ~ **almak** (*od.* **koymak**) Ballast (auf-)nehmen ~ **atmak** 1. Ballast abwerfen 2. *fig.* sich von unnützem Ballast befreien, e–n Hemmschuh loswerden 3. *fig.* e–e lästige Person abschütteln ~ **küreği** *naut.* Ballastschüffel *f* ~ **sarnıcı** *naut.* Ballasttank *m* ~ **su hattı** *naut.* Ballastladelinie, -wasserlinie *f*
safra (II) *an.* Galle *f* *öt ~ **bastırmak** den ärgsten Hunger stillen ~ **kesesi** s. **öt kesesi; -sı dönmek** j–m übel werden **-sı kabarmak** (*od.* **bulanmak**) Brechreiz bekommen
safraî [ī] *va.* die Galle betreffend, Gallen- **kanatı** ~ s. **öt kanalı**
safralı (I) mit Ballast ~ **omurga** *naut.* Ballastkiel *m*
safralı (II) Galle enthaltend
safran 1. Safran-Krokus *m bot.* Crocus sativus 2. aus (1) gewonnener Farbstoff, Safran *m* ~ **gibi** safrangelb ~ **semenderi** die Wassermolchart Triturus crocatus
Safranbolu [–mb–] *n.pr.* Städtchen u. D. im Rbz. Zonguldak
safravi 1. s. **safraî** 2. gallig, cholerisch
safsaf(-iye) s. **söğüt(-giller)**
safsata 1. Sophisma *n*, Sophismus, Scheinbeweis, Trugschluß *m* 2. Sophisterei, Sophistik, Spiegelfechterei *f*, Spitzfindigkeiten *pl.* *(1, 2) bilgicilik, sofizm **-ya düşmek** mit spitzfindigen Argumenten operieren, sich in Sophistereien ergehen
safsatacı Sophisterei treibend; Sophist, Rabulist *m*
safsatacılık Sophisterei *f*, Erfinden *n* von Spitzfindigkeiten
safsatalamak s. **safsataya düşmek**
safsatalı sophistisch, rabulistisch
safşiken *va.* s. **safder** (1)
safun [ū] 1. binsenartige Quecke, Strandquecke *f bot.* Agropyrum junceum 2. Bart-, Blut-gras *n bot.* Andropogon annulatus
sagar [–·] *va.* 1. (Wein-)Becher, Kelch *m* 2. (Mystik) ekstatische Versenkung in Gott
sagati (*franz.* **sagatis**) e–e Art Wollserge
Sagaylar *n.pr.* Sagaier *pl.* (zu den Charkassen **(Hakaslar)** gehörige türk. Volksgruppe)
sagu [×·] Sago *m* *Hint irmiği ~ **hurma ağacı** 1. echte Sagopalme *bot.* Metroxylon Rumphii 2. Nuß-, Brenn-palme *f bot.* Caryota mitis 3. japanischer Palmfarn *bot.* Cycas revoluta *Japon sikası
sağ (I) 1. rechts befindlich; *a. pol.* recht(s), konservativ, recht(s) 2. rechte Seite; Rechte *f* 3. *(Boxen)* Rechtshaken *m*, rechter Schwinger, Rechte *f* ~ **altta** rechts unten ≈ **ayağının nereye gittiğinden sol ayağının haberi yok.** Kein Mensch hat auch nur e–e Ahnung von dem, was ich tue. ~ **ayakkabı** 1. rechter Schuh 2. s. Stw. **sağ** (II); ~ **cenah** 1. *mil.* rechter Flügel 2. *parl.* rechte Seite ~ **cenah partileri** Rechtsparteien *pl.* ~ **çıkarma** s. **sağ** (I, 3); ≈ **elinin verdiğini sol elin görmesin!** *Spr.* Laß deine linke Hand nicht wissen, was die rechte tut! (Bibel) ~ **gözünü sol gözünden kıskanmak** von wütender Eifersucht verzehrt werden ~ **kâfur** natürlicher (dextrogyner) Kampfer *Japon kâfuru ~ **kolağası** s. Stw. **kolağası;** ~ **kolu olmak** (b–nin) *od.* ~ **kolluk etmek** (b–ne) j–s rechte Hand sein ~ **kulağını sol eliyle göstermek** *fig.* et. unnötig komplizieren ~ **muavin** (*bzw.* ~ **müdafi**) *va.* s. **sağhaf** (*bzw.* **sağbek**); ~ **tarafından kalkmış** *fig.* wem alles gut läuft ~ **üstte** rechts oben ~ **yaka** rechtes Ufer (e–s Flusses) ~ **yapmak** nach rechts fahren (einbiegen) (Auto) **≈a bak!** *mil.* Augen rechts! **-a bükülü** *naut.* rechts geschlagen (Tauwerk) **≈a çarh marş!** *mil.* Rechts schwenkt marsch! **-a devirli** *techn.* rechts-gängig, -läufig, -wendig **≈a dön!** *mil.* Rechts um! **-a dönüş** *mil.* Rechtswendung *f* **-a kaymak** *pol.* nach rechts tendieren, konservativ eingestellt sein **-a mail arpacık** *mil.* nach rechts verklemmtes Korn **-a sarılan** *bot.* rechtsdrehend (Ranke) **-a sola** hierhin und dorthin, überallhin, in alle Winkel (z.B. schauen) **-a sola bakmadan** 1. ohne nach rechts od. nach links zu schauen, schnurstracks 2. *fig.* ohne auf et. *od.* auf j–n Rücksicht zu nehmen, geradeheraus, unverblümt, verletzend, tolpatschig (z.B. reden) **-a sola çatmak** e–n Streit vom Zaun brechen wollen **≈a yanaş!** Rechts anschließen! **-da** rechts, auf der rechten Seite **-da solda** verschiedenerorts,

an allen möglichen Orten, hin und her, überall **-dan gel** (in der Ausdrucksweise der Kaffeehaus-Bediensteten) sorgfältig zubereitet, anständig (Kaffee) **≗dan gidiniz!** Rechts gehen! **-dan pas** *Fb.* Rechtsflanke *f* **-dan soldan** von hier und da, von überallher **-ı solu (belli) olmamak** 1. launisch, unberechenbar sein (Person) 2. kein Taktgefühl besitzen; unbekümmert reden od. handeln **-ı solu kollamadan** s. **sağa sola bakmadan; -ı solu öğrenmek** alle Einzelheiten in Erfahrung bringen **-ımda** 1. auf (an) meiner rechten Seite 2. rechts von mir **-ına soluna bakmak** sich (rechts und links) umsehen **-ını solunu bilmemek** (*od.* **şaşırmak**) ganz den Kopf verlieren, außer Fassung geraten, sich völlig verheddern **-ını solunu görmemek** 1. nicht aufpassen; unachtsam sein 2. fuchsteufelswild werden **-ını solunu hesap etmek** s. **hesap etmek kitap etmek; -ını solunu kollayarak** 1. indem er nach allen Seiten hin Ausschau hielt 2. *fig.* vorsichtig, behutsam, rücksichtsvoll

sağ (II) 1. lebend, am Leben 2. gesund, wohlbehalten, unversehrt, heil 3. s. **sağlam** 4. rein, unverfälscht Zu 1: **Annesi sağ, babası ölmüş.** Seine Mutter lebt noch; sein Vater ist tot. Zu 2: s. **Başınız ~ olsun!** Zu 3: ≗ (*od.* **Sağlam) ayakkabı değildir.** Auf ihn ist kein Verlaß. Er ist ein unsicherer Kantonist. Zu 4: s. **sağyağ; ~ akçe** vollwertiges Geld *d.h.* Münzen *pl.* mit vollem Edelmetallgehalt (*ant.* **kem akçe**); ≗ **baş yastık istemez.** *Spr.* Ein gesunder Kopf bedarf des Kissens nicht. **~ bırakmamak** töten, umbringen **~ esen** *va.* s. **sağ salim; ~ kalanlar** Überlebende *pl.* **~ kalmak** am Leben bleiben **~** (*od.* **sağlam) kazık** *fig.* solide Grundlage **~ kazığa bağlamak** s. **sağlam kazığa bağlamak; ~ kurtulmak** mit dem Leben (od. unverletzt) davonkommen ≗ **ol!** 1. *mil.* Jawohl! Zu Befehl! 2. Danke schön! *teşekkür ederim 3. Bravo! Hurra! **~ olsun** (*form.* bei Kritik an e–r Person, der man nichts Böses wünscht) *(etwa:)* Er ist ein netter Kerl, aber... ≗ **olsun da dağ ardında olsun!** *spr. Ra.* Ist er auch weit weg, so ist doch die Hauptsache, daß er gesund ist! **~ para** 1. *selt.* s. **~ akçe** 2. gesunde (stabile) Währung **~ salim** (*od.* **~ selâmet**) gesund und wohlbehalten

sağaçık *Fb.* Rechtsaußen *m*, rechter Flügel-, Außenstürmer

sağair [·–·] *va. Pl.* zu **sağire**

sağalmak gesund werden, gesunden (Kranker)

sağan s. **akkarınlı** (*bzw.* **kara**) **~**

sağanak 1. Wolkenbruch, Platzregen, Regenguß *m* 2. Sturm *m* 3. *z. va.* plötzlich eintretender Schaden od. Verlust Zu 2: s. **kum -ları**

sağanaklı wolkenbruch-, platzregen-artig

sağangiller (Familie *f* der) Segler *pl. zo.* Cypselidae *kılıçkırlangıçgiller

sağbek, -ki *Fb.* rechter Verteidiger

sağcı *pol.* rechts eingestellt, Rechts-, konservativ **~ gazeteler** Rechtspresse *f*, Zeitungen *pl.* der Rechten **~ toplumculuk** evolutionärer Sozialismus

sağcılık *pol.* Rechtsorientierung, Konservat(iv)ismus *m*

sağdeyi s. **tecvit**

sağdıç 1. vertrauter Freund, der den Bräutigam bei der Hochzeit begleitet 2. **(kadın)** Brautführerin *f* (am Hochzeitstag) 3. *z. va.* christl. Tauf-pate *m*, -patin *f* *vaftiz babası (anası) 4. Helfer *m* (bei der Beschneidung) **~ emeği** nutzlose Anstrengung, vergebene Liebesmüh

sağdıçlık Aufgaben *pl.* od. Tätigkeit *f* e–s (e–r) **sağdıç**

sağduyu gesunder Menschenverstand *aklıselim, hassei selime

sağduyulu mit gesundem Menschenverstand begabt

saggörü(-lü) s. **basiret(-li)**

saggörüsüz(-lük) s. **basiretsiz(-lik)**

sağhaf [– –] *Fb.* rechter Läufer

sağı Vogel-mist, -dung *m*

sağıcı melkend, Melker(-in *f*) *m*

sağılmak 1. Pass. zu **sağmak** 2. sich abnützen; verschleißen (Stoff, Teppich usw.) 3. sich auseinanderringeln (z. B. Schlange) 4. *V* sich ein Geheimnis entlocken lassen, *F* sich die Würmer aus der Nase ziehen lassen 5. *V* sich Geld aus der Tasche ziehen lassen

sağım 1. Melken *n*, Melkvorgang *m* 2. (bei einmaligem Melken erzielte) Milchmenge 3. milchgebendes Tier, Melk-, Milch-tier *n* 4. dem Bienenstock entnommene Honigmenge

sağımlı milchgebend, melkbar, Milch-

sağımlık 1. Milchtier *n* 2. *z. va.* Abgabe, Steuer *f*

sağın exakt (Wissenschaft) *sahih

sağır 1. taub (*od.* schwerhörig) 2. ohne Resonanz (z. B. gefülltes Gefäß) 3. matt, dumpf (Stimme) 4. nur schwer zum Kochen kommend (z. B. Kessel) 5. undurchsichtig (Glas) 6. ohne Öffnung (z. B. Mauer); blind (z. B. Fenster) **~ duvar (kemer, pencere)** s. Stw. **kör; ~ etmek** ertauben lassen **~ gibi bağırmak** schreien, brüllen ≗ **için iki kerre kamet olmaz.** *Spr.* Zweimal predigt der Pfarrer nicht. ≗ **işitmez** (*od.* **duymaz**), **uydurur** (*od.* **yakıştırır**). *Spr.* Der Taube hört nicht, was (neben ihm) gesprochen wird, legt sich aber et. zurecht. **~ kef** s. **kâfı nûnî; ~ oda** schalldichter Raum (ohne Fenster) **~ ses** *Th.* dumpfe Stimme **~ sultanın bile duyup bildiği** allgemein bekannt; was schon die Spatzen von den Dächern pfeifen

sağır-dilsiz taubstumm **-ler alfabesi** Taubstummenalphabet *n*

sağır-dilsizlik Taubstummheit *f*

sağırlaşmak 1. taub werden 2. die Resonanz verlieren 3. undurchsichtig werden 4. nur schwer zum Kochen kommen (z. B. Kessel)

sağırlaştırmak s. **sağır etmek**

sağırlatmak *mus.* dämpfen (Ton); stopfen (Trompete)

sağırlık, -ığı 1. Taubheit *f* 2. Fehlen *n* der Resonanz 3. Fehlen *n* der Klangfarbe 4. Umstand *m*, daß ein Topf o. ä. schwer zum Kochen kommt 5. Undurchsichtigkeit *f* (*spez.* bei Glas) **-a vurmak** sich taub stellen

sağırylan Aspisviper *f zo.* Vipera aspis

sağiç, -ci *Fb.* Halbrechter, rechter Innenstürmer

sağir [ī] *va.* klein, jung, minderjährig

sağire [ī] *va.* verzeihliches Vergehen, läßliche Sünde

sağistem guter Wille *hüsnüniyet

sağlam 1. solide, fest, stabil, dauerhaft, widerstandsfähig, haltbar, gut gebaut 2. gesund, rüstig, kräftig, tauglich 3. heil, unversehrt, ganz in Ordnung, wohl-behalten, -erhalten 4. vertrauenswürdig, zuverlässig, gut, sicher, gesichert 5. [×·] *Adv. P* ganz bestimmt, totsicher Zu 1: **~ ayakkabı** fester Schuh Zu 1/2: **~ yapı** a) solider Bau b) robuste Konstitution Zu 2: **~ bir genç** gesunder (kräftiger) junger Mann **~ hava** gesundes Klima Zu 3: **Bütün eşya ~ geldi.** Alle Sachen sind unversehrt hier eingetroffen. Zu 4: **~ iş** a) gute handwerkliche Arbeit b) gesicherte (sichere) Sache, solide Angelegenheit **~ para** gesicherte Währung ≗ **ayakkabı değildir** s. **Sağ ayakkabı değildir. ~ dip** *naut.* fester Ankergrund **~ kaba kotarmak** (bşi) et. richtig in Gang bringen, et. ins richtige Geleise bringen ≗ **kafa sağlam vücutta bulunur.** Mens sana in corpore sano. (Juvenal) **~** (*od.* **sağ) kazık** *fig.* sichere Grundlage, solide Basis **~ (od sağ) kazığa bağlamak** *od.* **-a bağlamak** (bşi) et. auf e–e solide Grundlage stellen z. B. et. fest abmachen *od.* alle Vorsichtsmaßregeln treffen, *F* auf Nummer Sicher gehen **~ rüzgâr** gleichmäßig wehender Wind **~ senet** *H* gesunder Wechsel **~ ticaret evi** *H* solide Firma **~ yerini bırakmamak** (b–nin) *fig.* kein gutes Haar an j–m lassen **-a gitmek** *V* 1. j–n halbtot schlagen 2. auf Nummer Sicher spielen

sağlama 1. Vs. zu **sağlamak** 2. *math.* arithmetische Probe *mizan 3. s. **tekeffül** 4. *techn.* Verstrebung, Versteifung *f* ~ **desteği** *techn.* Quer-, Zwischen-träger *m*
sağlamak (I) 1. sichern, sicherstellen, gewährleisten, herbeiführen, veranlassen, verschaffen *temin, tekeffül etmek 2. festigen, konsolidieren 3. *math.* beweisen *ispat etmek 4. erlangen, erreichen, gewinnen (Erfolg, Überlegenheit usw.)
sağlamak (II) rechts gehen od. fahren
sağlamcı wer auf Nummer Sicher geht
sağlamlamak 1. fest-machen, -schrauben, (wieder) in Ordnung bringen 2. fest ab-, aus-machen 3. konsolidieren, festigen *tarsin etmek
sağlamlaşmak 1. fest (dauerhaft) werden, Stabilität gewinnen, sich festigen, sich kräftigen 2. gesund (rüstig, kräftig, tauglich) werden 3. vertrauenswürdig (zuverlässig) werden 4. gesichert (gewährleistet, sichergestellt) werden 5. in Ordnung kommen (*bzw.* gebracht werden) 6. bestätigt werden, sich bestätigen, sich bewahrheiten (z.B. Nachricht)
sağlamlaştırmak 1. festigen (z.B. Freundschaft), kräftigen (z.B. Muskeln), stärken (z.B. Nerven), konsolidieren 2. gesund (rüstig, kräftig, tauglich) machen 3. sichern, sicherstellen, gewährleisten 4. in Ordnung bringen 5. bestätigen, bewahrheiten
sağlamlık 1. Festigkeit, Stabilität *f*, solider Bau; Widerstandsfähigkeit, Haltbarkeit *f* 2. Gesundheit, Rüstigkeit *f* 3. Unversehrtsein *f*, guter Zustand, Wohlbehalten-, Wohlerhalten-sein *n* 4. Vertrauenswürdigkeit, Zuverlässigkeit, Güte, Sicherheit *f* 5. Richtigkeit, Wahrheit *f* (z.B. e–r Nachricht) 6. Zahlungsfähigkeit *f*, Solvenz *f*
sağlayan s. **mütekeffil**
sağlı sollu 1. rechts und links befindlich, auf beiden Seiten stehend (z.B. Häuser) 2. beidhändig; Beidhänder *m* 3. rechts so gut wie links (z.B. schreiben) 4. nach rechts und nach links (z.B. schauen)
sağlıcakla [··×·] (*va.* a. **sağlıcaklarla**) 1. Leben Sie wohl! Lassen Sie es sich gut gehen! (Abschiedsgruß an e–n Scheidenden) 2. s. **Güle güle kullanınız!**
sağlık (I), **-ığı** 1. Gesundheit *f*, Wohlbefinden *n* 2. Leben (-szeit *f*) *n* 3. gesunder (normaler, richtiger) Zustand 4. (als Antwort) Alles in Ordnung! Zu 3: **muhakeme -ını kaybetmek** die gesunde Urteilsfähigkeit einbüßen ~ **bakımı** Gesundheitspflege, Hygiene *f* ~ **bilgisi** Gesundheitslehre, Hygiene *f* ~ **durumu** Gesundheitszustand *m* ~ **hizmeti** Gesundheitsdienst *m* ~ **işleri** Gesundheits-, Hygiene-wesen *n* ~ **kurulu** Gesundheitskommission *f* *heyeti sıhhiye ᷈ **olsun!** *form. Trostspruch:* Hauptsache, du bist gesund! ~ **özrü** gesundheitlicher Hinderungsgrund *sıhhî mazeret ~ **raporu** ärztliches Attest; Gesundheitszeugnis *n* ~ **selâmetle** gesund und wohlbehalten ᷈ **suları dursun!** *F* s. **Sıhhatler olsun!** ~ **topu** Medizinball *m* ᷈ **varlıktan yeğdir.** *Spr.* Gesundheit ist der größte Reichtum. *Spr.* ᷈ **ve Sosyal Yardım Bakanlığı** (*mst. in der Abk.* ᷈ **Bakanlığı**) Ministerium *n* für Hygiene und Soziale Fürsorge; Hygieneministerium *n* *Sıhhat ve İçtimaî Muavenet Vekâleti, Sıhhiye Vekâleti ~ **yurdu** 1. Genesungsheim *n* 2. privates Krankenhaus ~ **zabıtası** Gesundheitspolizei *f* **-a yüz tutmak** sich auf dem Weg der Besserung befinden (Patient) **-a zararlı** gesundheitsschädlich **-ınca bakma sözleşmesi** s. **ölünceye kadar bakma akdi; -ınca gelir sözleşmesi** s. **kaydıhayatla irat akdi; -ında** bei seinen Lebzeiten **-ından kuşkulanmak** annehmen (fürchten), daß jm. nicht mehr am Leben ist **᷈ınıza!** Auf Ihr Wohl! **᷈ınızı dilerim!** Ich wünsche Ihnen gute Gesundheit! **-la** s. **sağlıcakla; ᷈la olmayaydı!** Wäre das doch nicht geschehen!
sağlık (II) s. **salık**

sağlıklı gesund, normal
sağlıksız nicht recht gesund; kränklich
sağmak, (-ar) 1. melken 2. herausnehmen (Honig aus Bienenstock od. Wabe) 3. aufrollen, abspulen 4. *z. va.* Regen ausströmen lassen (Wolke), regnen 5. *V* j–m das Geld aus der Tasche ziehen 6. j–m ein Geheimnis entlocken, *F* j–m die Würmer aus der Nase ziehen
sağmal (I) milchgebend, Milch-, Melk- 2. *V* woraus man Kapital schlagen kann ~ **inek** *V fig.* Milchkuh *f*, melkende Kuh
sağmal (II) s. **elemsağmal**
Sağmalcılar (neuerdings: **Bayrampaşa**) **Kapalı Ceza ve Tevkif Evi** *n.pr.* großes Straf- u. Untersuchungsgefängnis in Istanbul
sağnak s. **sağanak**
sağrak *va.* Trinkschale *f*, Pokal *m*
sağrı 1. Kruppe *f*, Kreuz *n* (*spez.* des Pferdes) 2. Bergrükken *m* 3. gegerbte Rindshaut (ohne Kopf und Bauch) ~ **kemiği** *an.* Kreuzbein *n*, Os sacrum *azmı aciz ~ **omurları** *an.* Kreuzwirbel *pl.* *fıkaratı acziye
sağsöz *lit.* Sinnspruch *m*, Sentenz *f* *hikmet
sağsözlü e–e Sentenz enthaltend, sentenziös ~ **bitim** *rhet.* 1. Epiphonem *n* 2. Abschluß *m* (e–r Rede usw.) mit e–r Sentenz
sağtöre *jur.* s. **ahlâk**
sağu(-cu) s. **ağıt(-çı)**
sağyağ s. **sadeyağ**
sağyazı s. **imlâ** (4)
sah, -hhı Plazet *n*, Abzeichnung, Bestätigung *f* ~ **çekmek** (bşe) 1. ein Schriftstück abzeichnen 2. *fig.* sein Plazet geben, sich einverstanden erklären 3. *F* Schluß machen (mit et.)
saha [–·] 1. Gebiet, Feld *n*, Platz *m*, Region *f*, Raum, Bereich *m*, Zone *f* 2. *phys.* Feld *n* *alan 3. *math.* Flächen-inhalt *m*, -maß *n* *alan, mesahai sathiye, yüzölçümü 4. Spiel-, Sport-platz *m* 5. Fachgebiet *n* **-dan çıkarmak** *Fb.* vom Platz verweisen, hinausstellen (Schiedsrichter e–n Spieler) **-ya yerleşmek** *Fb.* das Feld beherrschen **-i faaliyet** *va.* s. **faaliyet -sı; -i rüyet** s. **göz alanı; -i şümul** *z. va.* Geltungsbereich *m*
sahâ *va.* Freigebigkeit *f* *cömertlik
sahabe [·–·] (*Pl.* zu **sahip**) Genossen *pl.* des Propheten Mohammed **-i kiram** führende Mitarbeiter *pl.* des Propheten Mohammed
sahabet, -ti [·–·] 1. *va.* Gesellschaft, Gemeinschaft *f* 2. Schutz-Gewähren *n*, (gewährter) Schutz; Gönnerschaft, Protektion *f* ~ **etmek** (b–ne) j–m Schutz gewähren, j–n in Schutz nehmen, protegieren
sahabetkâr [·–·–] *va.* schützend, behütend
sahabî Gefährte *m* Mohammeds
sahabiye *Fem.* zu **sahabî**
sahaf *urspr.* [·–] Antiquar, Altbuchhändler *m* **᷈lar Çarşısı** *n.pr.* Gesamtbez. für die Antiquariate in Beyazit (Istanbul)
sahafet, -ti [·–·] schwächliche Konstitution *spez. med.* Schwachsinn *m*, Debilität *f*
sahaflık, -ığı Altbuchhandel *m*, Antiquariat *n*
sahaif [·–·] (*va. Pl.* zu **sahife**) (Buch-)Seiten *pl.*
sahan 1. Metall-schüssel, -schale *f*, in der Essen warm gemacht od. aufgetragen wird 2. Schüsselvoll *f* 3. Gang *m* (beim Essen) ~ **altlığı** s. **nihale; -da yumurta** Spiegelei *n*
sahgangur s. **sakangur**
sahanlık, -ığı 1. Schüsselvoll *f* 2. Gang *m* (beim Essen) 3. aus soundsoviel Gängen bestehend (Essen) 4. Anrichte (-tisch *m*) *f* 5. Treppenabsatz *m* 6. Plattform *f* (bei Straßenbahn, Eisenbahn usw.); Stand *m* des Lokomotivführers u. des Heizers (auf e–r Dampflokomotive) 7. Pla-

num *n*, horizontale Strecke (e–r Eisenbahnlinie od. Straße) 8. Flachwagen *m* (bei Eisenbahn) 9. s. **kıta -ı**

sahavet, -ti [·–·] 1. *z. va.* Freigebigkeit *f* *cömertlik, el açıklığı 2. ≗ *wV*

sahavetli [·–··] *z. va.* freigebig *cömert, eli açık

sahavî [–·–] *va.* örtlich begrenzt, lokal, regional, zonal

Sahel *geogr.* 1. sandiges Küstengebiet in Nordafrika 2. das Gebiet südl. des Tschadsees bis südl. der Sahara

sahhaf s. **sahaf**

sahın, -hnı *va.* 1. Hof *m* 2. Leere, Öde *f* 3. freier Platz; Schauplatz *m* 4. große, flache Schüssel od. Tafelaufsatz *m* *nef 5. s. **sahne** 6. Kirchenschiff *n* 7. *va. an.* Ohrmuschel *f* ≗**ı Seman** [ā] *od.* ≗**ı Semaniye** *hist.* 1. Hof *m* der acht Medresen (Fatih-Moschee) 2. best. Rang e–s Universitätsprofessors

sahıv, -hvı *va.* 1. Wolkenlosigkeit, Klarheit *f* 2. Freisein *n* (von Rausch, Geistesstörung usw.) s. a. **hali** ~

sahi [–·] (< **sahih**) 1. wirklich, wahr, tatsächlich, der Wahrheit entsprechend, authentisch, richtig 2. exakt (Wissenschaft) *sağın 3. (als Frage od. Ausruf der Verwunderung) Wirklich? Tatsächlich? Was Sie nicht sagen! Zu 1: ≗ **öyledir.** Es ist wirklich so. **Söyledikleri -dir.** Seine Worte entsprechen der Wahrheit. Zu 3: **Siz onu görmediniz mi, ~?** *od.* **≗, siz onu görmediniz mi?** Sie haben ihn (also) tatsächlich nicht gesehen? ≗ **mi?** Tatsächlich? Wirklich? Was Sie nicht sagen! Geradezu unglaublich! ≗ **mi söylüyorsun?** Meinst du das im Ernst? **-den** *Adv.* wirklich, tatsächlich, wahrlich, wahrhaftig

sahibe [ā] Besitzerin, Eigentümerin, Herrin *f* s. a. **ev -sı**

sahici *P* 1. echt, wirklich 2. *Ki.* richtig (*ant.* Spielzeug) Zu 1: ~ **ince** echte Perle Zu 2: **Babam bana ~ bir saat aldı.** Mein Vater hat mir e–e richtige Uhr gekauft.

sahif [ī] *z. va.* 1. dünn, schwach 2. *fig.* nichtig, dürftig, haltlos (z. B. Gedanke), töricht

sahife(-lik) s. **sayfa(lık)**

sahih [·–] *va.* 1. s. **sahi** 2. gesund, wohlbehalten 3. fehlerlos, genau 4. einwandfrei (isl. Überliefererkette) ~ **nesep** *jur.* eheliche Abstammung **gayri ~ nesep** *jur.* außereheliches Kindesverhältnis

sahihan [·–·] *va. Adv.* wirklich, wahr, richtig, tatsächlich

sahil [ā] 1. Meeres-küste *f*, -strand *m* *kıyı 2. Fluß-, Seeufer *n* *yaka 3. *Adj. va.* die Küste betreffend; Küsten- 4. ≗ s. **Sahel** Zu 3: ~ **bölgeler** *va.* Küsten-gebiete, -striche *pl.* ~ **bataryası** Küstenbatterie *f* ~ **boyunca** der Küste entlang ~ **çamı** Strandkiefer *f bot.* Pinus maritima *yalı çamı ~ **değiştirme** *mil.* Uferwechsel *m* ~ **deniz nakliye vasıtaları** Küstenfahrzeuge *pl.* ~ **feneri** *naut.* Küsten-(leucht)feuer *n* ~ **gözetlemesi** *mil.* Küstenüberwachung *f* ~ **istihkâmatı** (*od.* **tahkimatı**) *mil.* Küstenbefestigungen *pl.* ~ **kordonu** s. **kıyı kordonu;** ~ **muhafaza botu** Küstenwachboot *n* ~ **muhafaza teşkilleri** *mil.* Küstenschutzverbände *pl.* ~ **muhafazası** *mil.* Küstenschutz *m* ~ **tipleri** s. **kıyı tipleri;** ~ **topu** Küstengeschütz *n* ~ **topçusu** Küstenartillerie *f* **-den açmak** sich von der Küste entfernen (Schiff) **-den gitmek** der Küste entlang fahren **-e ait** Küsten-, Strand- *kıyısal **-e dikilmek** Kurs auf die Küste nehmen (Schiff) **-e düşmek** (*od.* **-e oturmak**) auf Strand laufen (Schiff) **-e vurmak** an Land geschwemmt werden, angeschwemmt werden **-i yalamak** branden (Wellen) **-i selâmet** *va. fig.* rettendes Ufer; Sicherheit *f* **-i selâmete vâsıl olmak** erfolgreich beenden

sahildar [–·–] mit Küste, angrenzend, anrainend **Karadeniz' de ~ devletler** Anrainerstaaten *pl.* am Schwarzen Meer

sahileşmek [ā] 1. sich bewahrheiten, sich bestätigen, sich als wahr (echt, richtig) herausstellen 2. sich verwirklichen, Wirklichkeit werden, sich realisieren, wahr werden *(1, 2) gerçekleşmek, tahakkuk etmek

sahileştirmek 1. bewahrheiten, bestätigen 2. verwirklichen, realisieren, Ernst machen (mit), ernstlich in Angriff nehmen *(1, 2) gerçekleştirmek, tahakkuk ettirmek

sahilhane [–·–·] *z. va.* Haus *n* am Strand, Strandvilla *f* (*spez.* am Bosporus) *yalı

sahilsaray [–···] *z. va.* Palast *m* am Strand, Uferpalais *n*

sahin [ī] *va.* glühend heiß *kızgın

sahip, -bi [ā] 1. Eigentümer, Besitzer, Herr *m*, et. besitzend od. mit et. begabt 2. Schutz-, Schirm-herr, Gönner, Protektor *m* *hami, koruyucu 3. Verfasser *m* (e–s Briefes, Schriftstückes usw.) Zu 1: s. **ev (fotoğraf, inşaat, istidat, karakter, otorite, söz, tabiat, tecrübe, vicdan, zevk) -i.** Zu 3: **mektup -i** Verfasser *m* des Briefes, Briefschreiber *m* ~ **çıkmak** 1. (bşe) Anspruch machen (auf), sich als Herr (Eigentümer) von et. ausgeben od. aufspielen 2. (b–ne) für j–n eintreten, j–n protegieren, sich j–s annehmen ~ **olmak** besitzen ≗**inden evvel ahıra girme!** *fig.* Man soll höheren Stellen nicht vorgreifen wollen! **-i rey** stimm-, abstimmungs-berechtigt **-i değnek** *naut. va.* Hafen-kapitän, -meister *m* **-i huruç** *va.* 1. wer (nach isl. Lehre) zu e–r nicht näher bestimmten Zeit die Welt wieder in Ordnung bringt 2. Aufrührer, Rebell *m* **-i sikke** *z. va.* Herrscher *m*, der das Recht der Münzprägung besitzt (und ausübt) **-ülhayrat** *va.* wer fromme Stiftungen (Moscheen, Brunnen usw.) begründet hat; Stifter *m*

sahipkıran [–··–] *astrol.* wer während der Konjunktion von Jupiter und Venus geboren od. auf den Thron gekommen ist *spez. hist.* Beiname für **Timurlenk** und die ersten osm. Herrscher, etwa: der Unbesiegliche

sahiplenmek s. **tesahup etmek**

sahipli [ā] 1. was e–n Besitzer hat 2. wer e–n Gönner, Protektor hat

sahiplik [ā] 1. Besitz-, Eigentums-recht *n*, Herr-Sein, Besitzen *n* 2. Schutz *m*, Protektion *f;* Rolle *f* e–s Gönners ~ **etmek** protegieren

sahipsiz [ā] 1. ohne Besitzer (Eigentümer, Herr), herrenlos 2. ohne Gönner (Protektor) ~ **bir köpek** herrenloser Hund ~ **eşya** *jur.* herrenlose Sachen (Güter) *pl.*

sahipsizlik [ā] 1. Herrenlos-Sein *n* 2. fehlender Schutz; Schutzlosigkeit *f*, fehlende Protektion

sahir (I) [ā] *z. va.* 1. (ver-)zaubernd 2. Zauberer *m* 3. bezaubernd

sahir (II) [ā] 1. *va.* dauernd wach, immer wachsam 2. ≗ *mV*, **Sahire** *wV*

sahlebiye; sahlep s. **salepgiller; salep**

sahne 1. *Th.* Bühne *f* 2. Schauplatz *m* (e–s Geschehens) 3. Bild *n*, Szene *f* 4. *Th.* Szene *f*, Auftritt *m* 5. Bühnenkunst *f*, dramatische Kunst Zu 2: **bir vakaya ~ olmak** Schauplatz *m* e–s Geschehens werden **tekrar -de bulunmak** wieder aufs Tapet kommen, wieder zur Diskussion stehen; s. a. **harp -si** Zu 3: **Cezayir karışıklıklarından bir -si** ein Bild (e–e Szene) von den Unruhen in Algerien ~ **asansörü** *Th.* Bühnenversenkung *f* ~ **çalışması** *Th.* Bühnenprobe *f* ~ **dili** *Th.* Bühnensprache *f* ~ **donatımcısı** *Th.* Requisiteur *m* ~ **donatımı** *Th.* Requisiten *pl.* ~ **düzenlemesi** *Th.* Bühneneinrichtung *f* ~ **eseri** Theater-, Bühnen-stück *n*, Drama *n* *piyes ~ **kapıcısı** Bühnenportier *m* ~ **kurmak** e–e Theaterbühne aufschlagen ~ **müziği** Bühnenmusik *f* ~ **tavanı** *Th.* Schnürboden *m* ~ **yazarı** Bühnenautor, Dramatiker *m* *piyes muharriri ~ **yönetimi** (*od.* ~ **vazılığı**) *Th.* Inszenierung, Regiekunst *f* ~ **yönetmeni** (*od.* ~ **vazıı**) *Th.* Regisseur, Spielleiter *m* *metöransen, rejisör **-den çıkarmak** *Th.* vom Spielplan absetzen **-ye çıkmak** 1. *Th.* auftreten (Schauspieler) 2. s. **ortaya çıkmak; -ye koyan** (*od.* **-ye koyucu**) s. **sahne yönetmeni; -ye koymak** (*od.* **çıkarmak**) auf die Bühne bringen, inszenieren ≗**yi boşaltın!** *Th.* Bühne frei!

sahnelemek 1. s. **sahneye koymak** 2. *allg.* darbieten, präsentieren, liefern
sahnevî *va.* Bühnen- ~ **müzik** Bühnenmusik *f*
sahra *urspr.* [·–] 1. unbebautes Feld; Wüste *f* 2. *mil.* Feld- 3. ♀ (*fr. a.* ♀**yı kebir**) *n.pr.* Sahara *f* *Büyük Sahra ~ **atelyesi** Feldwerkstätte *f* ~ **bataryası** fahrende Batterie; Feldbatterie *f* ~ **cephane deposu** (*od.* **parkı**) Feldmunitionspark *m* ♀ **dağları** *n.pr.* Sahara-Atlas *m* (in Algerien) *Büyük Atlaslar ~ **demiryolu** Feldbahn *f* *dekovil ~ **dürbünü** *spez. mil.* Feldstecher *m* ~ **fırını** 1. Feldbackofen *m* 2. Feldbäckerei *f* ~ **hastanesi** Feldlazarett *n* ~ **helâsı** Latrine *f* ~ **istihkâmatı** (*od.* **tahkimatı**) Feldbefestigungen *pl.* ~ **jandarması** Feldgendarmerie *f* ~ **obüsü** Feldhaubitze *f* ~ **ordusu** Feldheer *n* ~ **postası** Feldpost *f* ~ **silâh deposu** Feldzeuglager *n* ~ **telsizi** Feld-, Truppenfunkstelle *f* ~ **topu** (nicht zerlegbares) Feldgeschütz ~ **topçusu** Feldartillerie *f*
sahraî [·––] *va.* Feld-, Wüsten-
sahre *geol.* Gestein *n* *külte **-i müştaile** s. **yanar külte**
sahrınç s. **sarnıç**
sahte 1. falsch, gefälscht, nachgemacht, unecht, imitiert *düzme 2. scheinbar, Schein-, fingiert *yapmacık ~ **belge** gefälschte Urkunde ~ **hareket** *mil.* Scheinbewegung *f*, Täuschungsmanöver *n* ~ **mevzi** *mil.* Scheinstellung *f* ~ **para basma** Falschmünzerei *f* *kalpazanlık ~ **para sürmek** Falschgeld in Umlauf bringen ~ **senet** gefälschter Schuldschein ~ **taarruz** Scheinangriff *m* ~ **tavırlı** geziert, gezwungen, gekünstelt ~ **tedbir** Scheinmaßnahme *f* ~ **tesisler** *mil.* Scheinanlagen *pl.* ~ **teşebbüs** *mil.* Scheinunternehmung *f*
sahteci(-lik) s. **sahtekâr(-lık)**
sahtekâr (Urkunden-)Fälscher, Betrüger *m*
sahtekârlık (Urkunden-)Fälschung *f*, (betrügerische) Nachahmung; Betrug *m* *düzmecilik
sahtelik Gefälschtsein *n*, Fälschung, Unechtheit *f* ~ **iddiası** *jur.* Bestreitung (Ableugnung) *f* der Echtheit e–r Urkunde, Einrede *f* der Fälschung, Fälschungsklage *f*
sahtevakar hohle Würde zur Schau tragend
sahtiyan [··–] Saffian(-leder *n*) *m* od. daraus hergestellt
sahtiyancı wer Saffianleder herstellt od. verkauft
sahtiyancılık Herstellung *f* od. Verkauf *m* von Saffianleder
sahur (I) [·–] Essen *n* vor Tagesanbruch (im Fastenmonat Ramazan)
sahur (II) [––] *va.* 1. Schlaflosigkeit *f* 2. Hof *m* um den Mond
sai [––] 1. wer arbeitet, sich bemüht 2. Überbringer *m* e–r Nachricht, Bote *m*, Abgesandter ~ **ücreti** *H* Botenlohn *m*, Mittlergebühr *f*
said [ā] *va.* 1. aufsteigend *çıkan, yükselen 2. hoch *yüksek ~ **hareket** s. **ağış;** s. a. **kolonu** ~
sâid s. **önkol**
saik, -kı [ā] 1. (an-)treibend, (zu-)führend 2. (Beweg-) Grund *m*, Motiv *n*, Antrieb *m*, Triebfeder *f*, Anlaß *m* *güdü **-te hata** *jur.* Motivirrtum *m*
saika (I) [–··] treibende Ursache od. Kraft; Antrieb, Stachel *m;* **kıskançlık -siyle** von Eifersucht getrieben (gejagt, gepeitscht)
saika (II) [–··] *va.* Blitz(-schlag) *m* s. **siperi-**
saikavî [–··–] blitz-artig, -schnell
sail (I) [ā] *va.* 1. fragend 2. Bettler *m*
sail (II) [ā] *va.* fließend, flüssig
sailiyet, -ti [ā] *va.* flüssiger Zustand
saillik [ā] *va.* 1. Fragen *n* 2. Betteln *n* 3. s. **sailiyet**
saim [ā] 1. *va.* fastend, das Fastengebot haltend 2. ♀ *mV*, **Saime** *wV*
Saimbeyli *n.pr.* O. u. D. im Rbz. Adana
saime [ā] *va.* frei weidend (Tier od. Herde)
saip (I) [ā], **-bi** 1. *va.* treffend, richtig, angebracht, zweckmäßig 2. das Ziel erreichend 3. ♀ *mV*, **Saibe** *wV*
saip (II) [ā], **-bi** *va.* Gewittersturm *m*
sair (I) [ā] ander-, übrig-, sonstig *başka, diğer, öteki
sair (II) [ā] *va.* gehend, wandelnd, sich fortbewegend
saire [ā] *Fem.* zu **sair** (I, II) s. **ve** ~
sairfilmenam [–···–] s. **somnambül, uyurgezer**
sait, -di [ī] 1. *z. va.* glücklich, gesegnet *kutlu, mesut, mutlu 2. wer sich durch fromme Taten Gotteslohn erworben hat 3. ♀ [×·] *mV*, **Saide** *wV*
sâit, -ti *va.* s. **sesli** (2)
sâk, -kı *va.* 1. Stengel, Stiel *m*, Ranke *f* (e–r Pflanze) *sap 2. *an.* Unterschenkel *m* *baldır 3. *geom.* Schenkel *m* *dılı, kenar **-ı cezrî** s. **köksap; -ı mültasık** s. **yapışıcı sap; -ı mütehafit** s. **sarılgan sap; -ı zahif** s. **sürüngen sap**
sak (I), **-kkı** *va.* Dokument *n*, (gerichtliche) Urkunde
sak (II), **-kı** 1. Sack, Beutel *m*, Tasche *f* 2. Damenjacke *f*
sak (III) *dial.* 1. s. **uyanık, müteyakkız** 2. im Halbschlaf
saka (I) 1. Wasser-träger, -händler, -verkäufer *m* 2. ♀ s. **Kova;** ~ **beygiri gibi dolaşmak** überall herumlaufen, von Tür zu Tür gehen, von Pontius zu Pilatus laufen ~ **gediği** *fr.* (bis 1869) Konzession *f* für Wasserträger *tebeşir gediği ~ **meşki** *fr.* Wasserbehälter *m* (aus Tierhaut)
saka (II) **(kuşu)** Stieglitz, Distelfink *m zo.* Carduelis carduelis
saka (III) *va.* s. **baygınlık** (1)
sakağı *vet., med.* Rotz(-krankheit *f*) *m* *ruam
sakağılı *vet., med.* von der Rotzkrankheit befallen (*spez.* Pferd)
sakak, -ağı 1. Wamme *f* 2. Doppelkinn *n*
sakal 1. (Kinn- und Backen-)Bart *m* 2. Bart *m* bei manchen Tieren (z.B. bei der Ziege) 3. *naut.* a) Stampfstock *m* (Stütze des Klüverbaums) *körbaston b) Algenbelag *m* e–s Schiffes 4. e–e beim Vergolden verwendete Bürste ~ **akı** *fig.* Alter, Bejahrtsein *n* ~ **başı dağıtmak** (be-)drohen, einschüchtern *tehdit etmek; ~ **bırakmak (koyvermek, salıvermek, uzatmak)** sich e–n Bart stehen lassen ~ **cücüğü** *z. va.* j–s schwacher Punkt ~ **dağıtmak** s. **âleme** (*od.* **herkese**) **sakal dağıtmak;** ~ **duasına çıkmak** *fig.* et. (mst. Unerreichbares) erhoffen ~ **oynatmaz** ganz reif und saftig (Obst) **-a göre tarak vurmak** *fig.* sich nach der Decke strecken **-a soğan doğramak** j–n durch geheuchelte Freundschaft hinters Licht führen; j–n zum Narren halten **-ı ağarmak** graue (weiße) Haare bekommen, alt werden **-ı bitmek** (bir işin) *F* immer wieder aufgeschoben werden, zu keinem Ende kommen **-ı değirmende ağartmış olmak** trotz hohen Alters nichts dazugelernt haben (♀**ımı değirmende ağartmadım.** Ich habe in e–m langen Leben viele Erfahrungen sammeln können.) (Ich bin doch nicht von gestern.) **-ı ele vermek** (*od.* **-ı kaptırmak**) 1. sich j–m in die Hand geben 2. sich am Gängelband führen lassen 3. a) sich alles bieten lassen b) unter den Pantoffel kommen 4. seine Autorität verlieren **-ı saydırmak** 1. sein Ansehen verlieren 2. sich Geheimnisse entlocken lassen, *F* sich die Würmer aus der Nase ziehen lassen ♀**ım yok ki sözüm dinlensin!** Wie soll ich als junger Mensch Einfluß gewinnen können? ♀**ımı keserim!** *F* Ich will e–n dreckigen Besen fressen, (wenn...); Ich will Meier heißen, (wenn...) **-ımı uzatsam diyecek** e–n Katzensprung weit **-ına göre tarak vurmak** (b–nin) s. **nabzına göre şerbet vermek; -ına gülmek** 1. (kendi) sich ins Fäustchen lachen 2. (b–nin) sich über j–n mokieren **-ını sıvazlamak** sich den Bart streichen **-ı şerif** *P* für **lihyei şerife**
sakalava s. **sakolava**
sakaldöken 1. *va.* ein Jucken, das e–e Rasur nötig macht 2. ♀ *fr. P.* für **Serkldoryan** (*spez.* in Anatolien)
sakalet, -ti [·–·] *va.* s. **sakillik**

sakalık, -ığı *fr.* Tätigkeit *f* e–s **saka** *(q.v.)*
Sakalibe [·–·] *va. hist. (ar. Bez.)* 1. verschiedene Nomadenstämme im heutigen Thrazien 2. ausländische Serail-Sklaven der andalusischen Omaijaden
sakallanmak e–n Bart bekommen
sakallı 1. e–n Bart tragend, bärtig 2. mit Bart (z. B. Ziege) 3. unrasiert ~ **akbaba** Lämmer-, Bart-geier *m zo.* Gypaëtus barbatus *kuzukapan, kuzu kuşu, kuzu akbabası, ötleği, uşakkapan ~ **bebek** *pej.* Kindskopf *m*, kindischer Mensch
sakallikeni, -ni gemeine Bartflechte *bot.* Usnea barbata
sakalotu, -nu Bartgras *n bot.* Botriochlora ischaemum
sakalsız 1. keinen Bart tragend, unbärtig, bartlos 2. rasiert
sakalsızlık 1. Bartlosigkeit *f* 2. Rasiertsein *n*
sakam *va.* Leiden, Übel, Gebrechen *n*
sakamen *(franz.* **sac à main)** (Damen-)Handtäschchen *n* *retikül
sakamet, -ti [·–·] *va.* 1. s. **sakam** 2. Fehler *m*, Fehler-, Mangel-haftigkeit, Unzulänglichkeit *f* 3. Mißgeschick, Unglück *n*, Schaden *m*, Gefahr *f*
sakametli [·–··] *va.* s. **sakim**
sakamonya [··×·] s. **mahmude** (1, 2)
sakandırık Kinnband *n* (e–r Kopfbedeckung) z. B. Sturmriemen *m* (am Helm)
sakangur 1. Skink *m* (Wühlechse) *zo.* Scincus officinalis 2. e–e mst. als Umhüllung verwendete Musselin-Art
sakar (I) 1. weißer Stirnfleck *(spez.* bei e–m Pferd); Blesse *f* 2. ungeschickt, täppisch; Tolpatsch *m* 3. unheilvoll, unter schlechtem Vorzeichen stehend ~ **açma** s. **ayna açma**
sakar (II) *va.* s. **cehennem**
sakarin *chem.* Sacharin *n*
sakarinli mit Sacharin gesüßt
sakarlı 1. mit weißem Stirnfleck (Pferd) 2. *fig.* unglückbringend (Person)
sakarlık, -ığı 1. Ungeschick *n*, Tölpelhaftigkeit, Tapsigkeit *f* 2. Unheilvollsein *n* Zu 2: **Karadeniz eskidenberi -ı ile tanınmıştır.** Das Schwarze Meer ist von alters her als unheilvoll berüchtigt.
sakarmakar *va.* s. **cehennemlik** (1)
sakaroz *chem.* Saccharose *f*, Rohrzucker *m*
Sakarya [·×·] *n.pr.* 1. Rbz. mit dem Verw. Adapazarı (Westanatolien) 2. **(nehri)** Sakaria *m, f* (Fluß) ~ **Meydan Muharebesi** Sakaria-Schlacht (23. 8.–13. 9. 1921)
sakat 1. fehlerhaft (z. B. Ware) 2. unzureichend, unzulänglich, mangelhaft, schlecht (Arbeit, Leistung, Stil usw.) 3. wacklig, ramponiert, beschädigt, kaputt (z. B. Stuhl) 4. mit e–m körperlichen Gebrechen behaftet *spez.* verkrüppelt, verstümmelt 5. *(a. Sport)* verletzt, versehrt, spielunfähig 6. Abfall *m* 7. Fehler, Mangel *m*, Gebrechen *n* ~ **etmek** s. **sakatlamak;** ~ **kalmak** e–n dauernden Körperschaden davontragen
sakatat, -tı *urspr.* [··–] *Pl.* 1. Abfälle *pl.* 2. Fehler, Gebrechen, Mängel *pl.* 3. Kopf, Füße und Eingeweide e–s geschlachteten Tieres
sakatatçı wer **sakatat** verkauft, etwa: Kaldaunenverkäufer, Kuttelhändler *m*
sakatatçılık Gewerbe *n* e–s **sakatatçı**
sakatî *va.* 1. Ramschverkäufer *m* 2. wer viele Fehler begeht (Dichter, Schriftsteller)
sakatlamak 1. beschädigen, ramponieren, kaputtmachen 2. verstümmeln, zum Krüppel machen 3. *a. Sport* verletzen, spielunfähig machen 4. **(hayvanı)** ein Tier überanstrengen *spez.* ein Pferd zuschanden reiten
sakatlanmak Pass. zu **sakatlamak; sakatlanan pul** beschädigte Briefmarke **bileğinden sakatlanan boksör** der am Handgelenk verletzte Boxer
sakatlık 1. Fehlerhaftigkeit *f* 2. Unzureichend-, Ungenügend-sein *n* 3. Tatsache *f*, daß et. wacklig (ramponiert, beschädigt, kaputt) ist 4. körperliches Gebrechen *spez.* Krüppelhaftigkeit *f*, Verkrüppeltsein *n*, Verstümmelung *f* 5. Schaden, Defekt *m*, Panne, Betriebsstörung *f* 6. Verletzung *f* *(spez.* Sport)
sâkeyn *va. Dual.* zu **sâk** *geom.* die beiden Schenkel **-i şibih münharif** s. **ikizkenar yamuk**
sakıf, -kfı *z. va.* (Giebel-)Dach *n*
sakım *chem.* Erhaltung *f* *mahfuziyet
sakın 1. (in Verb. mit neg. Imper.) ja nicht, nur nicht, doch nicht 2. Imper. zu **sakınmak** Zu 1: ~ **söylediklerimi unutmayın!** Vergeßt ja nicht, was ich euch gesagt habe! ~ **oraya gitmeyin!** Geht nur ja nicht dorthin! ~ **hastalanmış olmasın!** Er wird doch nicht etwa krank sein! Zu 2: ~ **ha!** Sei ja vorsichtig! Gib nur gut acht!
sakınca 1. Vorbehalt *m* *kaydı ihtiyatî 2. Bedenken *n* *mahzur ~ **bulunan** bedenklich erscheinend
sakıncalı heikel, delikat, bedenklich
sakıngan vorsichtig, zurückhaltend, reserviert, auf der Hut, zaghaft, sich fernhaltend *ihtirazlı, muhteriz, müçtenip
sakınganlık s. **sakınış**
sakınılmak Pass. zu **sakınmak; Sakınılan göze çöp batar.** *Spr.* Dem Übervorsichtigen passiert besonders leicht ein Mißgeschick.
sakınım s. **korunum**
sakınış Vorsicht, Zurückhaltung, Reserviertheit, Zaghaftigkeit *f*, Sich-Fernhalten *n*
sakınma Vs. zu **sakınmak; -sı olmamak** 1. vor nichts zurückschrecken 2. sich reichlich ungeniert benehmen, unbekümmert handeln
sakınmak 1. (m. Abl.) sich hüten, auf der Hut sein (vor), sich zurückhalten (von), die Hand von et. lassen; nicht wagen, et. zu tun 2. (m. Abl.) sich schützen (gegen), sich in acht nehmen (vor); achtgeben, daß man nicht ... 3. (m. Akk.) schützen, schonen, behüten Zu 1: **günahtan** ~ sich vor e–r Sünde hüten Zu 2: **hastalıktan** ~ achtgeben, daß man nicht krank wird **soğuktan** ~ sich vor Erkältungen in acht nehmen Zu 3: **gözünü** ~ seine Augen schonen **evlâdını** ~ sein Kind behüten **sakın** s. ges. Stw. – **sakınmadan** *od.* **sakınmayarak** frei heraus, rückhaltlos, ungeniert
sakıntı(-lı, -sız) s. **ihtiyat(-lı, -sız)**
sakıp (I) **-kbı** *va.* Öffnung *f*, Loch *n*
sakıp (II) [ā] **-bı** *va.* 1. durchdringend, durchbohrend 2. hell leuchtend 3. **Sakıp** *mV;* s. a. **şahabı** ~
sakır sakır wie Espenlaub (zittern)
sakırdamak zittern, beben
sakırga s. **kene**
sakırtı Zittern, Beben *n*
sakıt, -tı [–·] 1. *va.* fallend, stürzend 2. gefallen, gestürzt, entthront, Ex- 3. außer Kraft, ungültig, hinfällig 4. zu früh geboren 5. *va. (nach isl. Recht)* wer als Erbe nicht in Frage kommt (weil nähere Erben vorhanden sind) Zu 4: s. a. **cenini;** ~ **hanedan** gestürzte Dynastie ~ **olmak** 1. fallen, stürzen 2. hinfällig werden, außer Kraft treten, seine Gültigkeit verlieren
Sakıt *astr.* Mars *m* (Planet) *Mars, Merih
sakız 1. Baum-, Balsam-, Kau-harz *n*, Mastix *m* 2. gelblich, hell-beige 3. ~ **(adası)** *n.pr.* Chios (Insel mit gln. Stadt) ~ **ağacı** 1. Mastixpistazie *f bot.* Pistacia lentiscus *merlengeç 2. gemeiner Balsambaum *bot.* Amyris Plumieri ~ **bademi** s. **dişbademi;** ~ **baklası** längliche, sehr ergiebige **bakla**-Art ~ **çiğnemek** 1. Mastix kauen 2. (b–ne) j–n mit trügerischen Versprechungen hinhalten 3. s. **ağzında ~ çiğnemek;** ~ **dikeni** Mastixdistel *f bot.* Atractylis gummifera *beyaz kurtluca ~ **enginarı** e–e beliebte Artischocken-Art ~ **gibi** 1. schnee-, blüten-weiß 2. zudringlich, lästig, wer nicht abzuschütteln ist ~ **gülü** s. **Isparta gülü;** ~ **leblebisi** in Salz geröstete ungeschälte Kichererb-

sen *pl.* **(nohut);** ~ **levreği** s. **kedibalığı;** ~ **melhemi** *pharm.* Pechpflaster *n* ~ **olmak (âlemin ağzında)** das allgemeine Gesprächsthema bilden, in aller Munde sein ~ **otu** Bockshorn, Teufelszwirn *m bot.* Lycium europaeum *sıncan ~ **rakısı** s. **mastika** (2)
sakızcı çıbanı *med.* amerikanische Leishmaniose *koy çıbanı
sakızkabağı, -nı Speise-, Eier-kürbis *m bot.* Cucurbita pepo
sakızlanmak; sakızlaşmak harzig werden
sakızlı 1. Mastix enthaltend od. mit Mastix zubereitet 2. ♀ Einwohner(-in *f*) *m* von Chios ~ **lokum** Mastixlokum *n*
saki (I) [– –] *fr.* 1. Mundschenk *m* 2. *(Mystik)* a) geistiger Führer für e–n Novizen b) Gott
saki (II) Sake *m* (japanischer Reisbranntwein)
sakil [ī] *va.* 1. schwer (im Gewicht) *ağır 2. häßlich, grob, gewöhnlich *çirkin, kaba 3. bedrückend, beklemmend, langweilig *sıkıntılı 4. e–e Taktart in der türk. Musik 5. *gr.* lang (Silbe) ~ **mastar** *gr. va.* s. **ağır eylemlik**
sakilik [– – ·] *fr.* Tätigkeit *f* e–s Mundschenks
sakillik [· – ·] 1. Schwersein *n*, Gewicht *n* *ağırlık 2. Häßlichkeit *f*, grobe od. gewöhnliche Beschaffenheit *çirkinlik, kabalık 3. Bedrückung, Beklemmung, Langeweile *f* *sıkıntı
sakim [ī] *va.* 1. kränklich, kränkelnd, leidend 2. fehlerhaft, mangelhaft, unzulänglich 3. falsch, schädlich, nicht rätlich, gefährlich
sakin [ā] 1. ruhig, still, unbewegt, friedlich, regungslos *durgun 2. wohnend, wohnhaft 3. *phil.* statisch *dural 4. Be-, Ein-wohner *m* 5. *(in der ar. Gr.)* vokallos (Konsonant) Zu 1: ~ **çocuk** ruhiges (stilles) Kind ~ **deniz** ruhige See, unbewegtes (friedliches) Meer Zu 2: **Keçiören'de** ~ in Keçiören wohnhaft ~ **ateş** *mil.* ruhiges Feuer
sakiname [– – – ·] (in der ält. Lit.) Lobgedicht *n* auf den Wein, den Mundschenk usw.
sakinleşmek [ā] ruhig(-er) werden, sich beruhigen (Nerven, Meer usw.), sich legen (z.B. Sturm)
sakinleştirmek [ā] ruhig(-er) werden lassen, beruhigen **Bu kaplıcaların hassası da sinirleri -tir.** Diese heißen Quellen wirken auch nervenberuhigend.
sakinlik [ā] s. **sükûnet**
sakit, -ti [ā] *z. va.* schweigend, schweigsam, still, stumm ~ **kalmak** stumm bleiben, nichts sagen
saklama Vs. zu **saklamak;** ~ **konusu** s. **vedia;** ~ **sözleşmesi** s. **vedia akdi**
saklamak 1. aufheben, aufbewahren, nicht wegwerfen 2. an e–m sicheren Ort aufbewahren, gut verwahren 3. verstecken, verbergen, nicht zeigen wollen 4. (m. Abl.) et. vor j–m geheimhalten od. verstecken, j–m et. nicht sagen wollen *gizli tutmak 5. schützen, bewahren 6. reservieren (z.B. Tisch) Zu 1: **Sakla samanı gelir zamanı!** *Spr.* Spare in der Zeit, so hast du in der Not! *Spr.* Zu 2: **Şu parayı alın da saklayın!** Nehmt das Geld da und hebt es gut auf! Zu 3: **Mektubu saklamağa çalıştı.** Er wollte den Brief nicht sehen lassen. Zu 4: **Ondan hiç bir sırrımı saklamam.** Ich habe keine Geheimnisse vor ihm. Zu 5: s. **Allah saklasın!**
saklambaç, -cı *Ksp.* Versteckenspielen *n* ~ **oynamak** Verstecken spielen
saklan(ıl)mak 1. Pass. zu **saklamak** 2. sich verbergen, sich verstecken
saklantı Aufbewahrungsort *m* od. Versteck *n*
saklatan s. **mudi**
saklatmak Kaus. zu **saklamak;** s.a. **eti** ~
Saklap, -bı *va. Sing.* zu **Sakalibe** *(q.v.)*
saklayan s. **müstevda, vedia alan**
saklı 1. aufbewahrt, aufgehoben, gesichert *mahfuz 2. versteckt, verborgen *mahfi 3. geheimgehalten, verheimlicht, geheim *hafi 4. *phil.* latent *meknî 5. *jur.* Soldat, der sich der Dienstpflicht entzieht Zu 3: ~ **tutmak** geheimhalten **Bu, kendisinden** ~ **kaldı.** Man verheimlichte es ihm. ~ **kilit** s. **sırlı kilit;** ~ **mallar** s. **mahfuz mallar;** ~ **pay** s. **mahfuz hisse;** ~ **tutma yazgısı** s. **kaydı ihtirazî**
sako [× ·] Sakko *m, n*
sakolava [· · × ·] *naut.* 1. Sprietsegel *n* 2. leichtes Küstenfahrzeug mit Sprietsegel und gleichmäßig gebautem Bug und Heck
sakoleta [· · × ·] *naut. hist.* Kartätschen-ladung *f*, -schuß *m* (zur Zerstörung des Takelwerks e–s feindlichen Schiffes)
sakristi (*franz.* **sacristie**) 1.Sakristei *f* 2. Kirchenschatz *m*
sakrum s. **sağrı kemiği**
saksafon 1. *P* für **saksofon** 2. *V* Penis *m*
saksafoncu 1. *P* für **saksofoncu** 2. *V* mit dem Penis spielend (Frau, Mädchen)
saksağan Elster *f zo.* Pica pica
sakshorn *mus.* Saxhorn *n*
saksı 1. Blumentopf *m* 2. *V* Kopf, Schädel *m* ~ **kabı** s. **saksılık** (2); **²yı biraz sula!** *V* Denk mal ordentlich nach!
saksıgüzeli, -ni 1. s. **damkoruğu** 2. Echeverie *f*, Nabelkraut *n bot.* Cotyledon (lusitanica, umbilicus usw.) 3. Schleierblume *f bot.* Othonna *her dem taze
saksılık 1. Blumen-brett, -gestell *n* 2. Zierbehälter *m* (z.B. aus Kupfer) für e–n Blumentopf *kaşpo 3. Aufbewahrungsort *m* für Topfblumen während des Winters
saksofon *mus.* Saxophon *n*
saksofoncu; saksofonist, -ti Saxophonist(-in *f*) *m*, Saxonphonspieler(-in *f*) *m*
Sakson 1. Sachse *m*, Sächsin *f* 2. sächsisch
Saksonca *ling.* Sächsisch(-e) *n*
Saksonya [· × ·] 1. *n.pr.* Sachsen 2. ♀ Meißner Porzellan ~ **İsviçresi** *geogr.* Sächsische Schweiz
Saksonyalı 1. Sachse *m*, Sächsin *f* 2. sächsisch
sakulete; sakulta s. **sakoleta**
sakuleva s. **sakolava**
sakül (*franz.* **saccule**) s. **kesecik**
sal (I), **-lı** 1. Floß *n*, Fähre *f* 2. *P* Totenbahre *f*, Sarg *m* *tabut ~ **köprü** Schiffbrücke *f*
sal (II), **-llı** (*franz.* **salle**) *selt.* Saal *m*
sal (III) *va.* Glatze *f*
sâl, -li *va.* Jahr *n* *sene, yıl **-i hal** *va. H* laufendes Jahr
salâ 1. Gebetsruf *m* des Müezzins vor dem Freitagsgebet od. *(reg.)* bei Leichenbegängnissen 2. *allg.* laute Ankündigung; Proklamation *f* 3. Ausruf des Ankündigers *(etwa:)* Hört einmal alle her! 4. *va.* Herausforderung *f* ~ **etmek** laut ankündigen, proklamieren ~ **vermek** *(od.* **okumak**) zum Gebet rufen
salâbet, -ti Festigkeit, Härte, Starrheit, Strenge *f* (z.B. der religiösen Anschauung)
salâbetli fest, hart, starr, streng
salaburun *naut.* (Nock-)Gording(-s *pl.*) *f*
salacak 1. Bahre *f* zur Waschung e–s Leichnams *teneşir 2. Totenbahre *f* 3. Sarg *m* 4. ♀ *n.pr.* Stadtteil von Istanbul (zwischen Üsküdar und Haydarpaşa)
salâh 1. *selt.* richtiger od. guter Zustand 2. Besserwerden, Sich-Bessern *n*, Besserung *f* 3. Freundschaft *f*, gutes Einvernehmen; Frieden *m*, Ruhe *f* 4. Rechtschaffenheit *f* 5. ♀ *gel.* Rufform für **Salâhattin** *(mV);* ~ **bulmak** *(od.* **kesp etmek**) sich bessern, besser werden, e–e Besserung erfahren **-a doğru bir tahavvül** e–e Wendung zum Besseren (z.B. bei e–m Patienten) **-a yüz tutmak** sich allmählich bessern; langsam eintreten (Besserung)
Salâhattin *mV* **-ı Eyyubî** *n.pr.* Saladin (12. Jh.; Eroberer von Jerusalem)
salâhiyet, -ti 1. Berechtigung *f*, Recht (zu) *n*, Befugnis, Zuständigkeit, Kompetenz, Vollmacht, Ermächtigung, Autorität *f* *yetki 2. *abus.* (wissenschaftliche) Autorität

*otorite sahibi 3. *jur.* (in engerem Sinn) örtliche Zuständigkeit; Gerichtsstand *m*, Forum *n* ~ **gasbı** *jur.* Amtsanmaßung *f* ~ **ihtilâfı** *jur.* Streit *m* über die örtliche Zuständigkeit ~ **tecavüzü** *jur.* Amtsmißbrauch *m*, Mißbrauch *m* der Amtsgewalt, Überschreitung *f* der Amtsbefugnis *yetki aşımı ~ **teffizi** *jur.* Delegatio *f*, Übertragung *f* von Befugnissen; Gewaltenübertragung *f* *yetki devri ~ **vermek** Vollmacht erteilen, er-, bevoll-mächtigen, autorisieren **-leri darlaştırmak** die Befugnisse (Kompetenzen) einschränken **-lerini tecavüz etmek** seine Befugnisse überschreiten **ademi** ~ *jur.* s. **salâhiyetsizlik**
salâhiyetlendirmek s. **salâhiyet vermek**
salâhiyetlenmek mit Vollmachten (Kompetenzen) ausgestattet werden; ermächtigt (bevollmächtigt, autorisiert) werden, Vollmacht erteilt bekommen
salâhiyetli 1. s. **salâhiyettar** 2. *jur.* (in engerem Sinn) örtlich zuständig ~ **merciler** zuständige Stellen *pl.*
salâhiyetname [·–··–·] schriftliche Vollmacht od. Autorisation; Bevollmächtigungsschreiben *n*
salâhiyetsiz ohne Vollmacht (Autorisation) ~ **temsil** *jur.* (Stell-)Vertretung *f* ohne Vertretungsmacht
salâhiyetsizlik *jur.* örtliche Nichtzuständigkeit
salâhiyettar [·–··–] berechtigt, befugt, zuständig, kompetent, autorisiert, bevoll-, er-mächtigt *yetkili
salahor *fr.* 1. s. **mirahor, imrahor** 2. s. **silâhşor**
salak dümmlich (aussehend), stupid (wirkend), Trottel *m*
salaklık 1. Dummheit, Stupidität *f* 2. ungeschicktes Benehmen; Tolpatschigkeit *f*
salam Salami(-wurst) *f*
sal'am Verk. von **sallallahu aleyhi ve sellem** *(q.v.)*
salamandra [··×·] (*franz.* **salamandre**) kleinerer, tragbarer Kohlenofen
salamandrina die Molch-Art Salamandrina terdigitata (Italien, Dalmatien)
salamanje (*franz.* **salle à manger**) Eßzimmer *n*, Speisesaal *m*
Salamin *n.pr.* Salamis (in Griechenland)
Salamon *n.pr.* Salomon (als jüdischer Typus); vgl. jedoch **Süleyman**
salamura [··×·] 1. Salzbrühe, Lake *f*, Pökel *m* (für Käse, Essiggemüse, Weinbeerblätter usw.) 2. was in Salzbrühe aufbewahrt wird z. B. Pökelfisch, eingelegte Weinbeerblätter usw. 3. in Salzbrühe eingelegt Zu 2: s. **balık (peynir, yaprak) -sı;** ~ **etmek** pickeln (Häute in der Gerberei) ~ **suyu** *F* übles Gesöff ~ **yaprak** eingelegte Weinbeerblätter *pl.*
salamurya [··×·] *V* Getöse *n*, Lärm *m* (bei Festlichkeit, Party usw.)
salangan Salangane *f*, ostindische Schwalbe *zo.* Collocalia
salapurya [··×·] 1. *naut.* (kleinerer) Leichter, Schleppkahn, Prahm *m* 2. *fig.* großer Schuh („Kahn") od. Fuß ~ **gibi** groß od. zu groß; riesig (in bezug auf kleine Gegenstände wie z. B. Schuhe), unförmig
salar (I) [––] *va.* Führer, Leiter, Chef, Kommandant, Befehlshaber *m*
salar (II) anfallend, angreifend, bissig (z. B. Hund)
salaş 1. Verkaufsbude *f*, Marktstand *m* 2. aus Holz gebaut; Baracke, Hütte *f*
salaşpur ein baumwollener Futterstoff
salât, -tı 1. das rituelle isl. Gebet *namaz 2. s. **salavat** (2); 3. *mus.* Gebetshymne *f* **-üselâm getirmek** s. **salavat getirmek**
salata [·×·] 1. *allg.* Salat *m* 2. *spez.* Gurkensalat *m* *hıyar salatası **-yı öldürmek** den Salat anrichten, anmachen
salatacı Salathändler *m*
salatacılık Salatverkauf *m*
salatalık 1. zur Herstellung von Salat geeignet od. bestimmt 2. Gurke *f* *hıyar 3. *Sch.* alter Lehrer, der Alte ~ **biber** Schotenpfeffer *m*
salavat, -tı [··–] *Pl.* s. **salât;** 1. *va.* Gebete 2. *(rel. Formel)* die göttliche Segnung Mohammeds und seiner Nachkommen 3. *form.*, jedoch individuell verschiedene Segenswünsche des **cazgır** *(q.v.)* vor Beginn e–s Ringkampfes **(yağlı güreş)** ~ **getirmek (çekmek, okumak)** in e–r gefährlichen Situation (od. beim Gebet) die Hilfe Gottes erflehen (durch Aussprechen der Formel **Allahümme salli alâ seyyidinâ Muhammedin ve alâ âlihi Muhammed**) ~ **parmağı** *selt.* s. **şahadet parmağı; yanına -la varılır** (*od.* **girilir**) wenn man sich nur mit Zittern und Zagen zu nähern wagt; unnahbar, bärbeißig, tyrannisch
salben [×·] *Adv.* 1. durch Erhängen, durch den Strang 2. *va.* durch Kreuzigung ~ **idam etmek** 1. durch den Strang hinrichten 2. *va.* kreuzigen
salcı Fährmann *m*
salça [×·] 1. Sauce, Brühe, Tunke *f* 2. *spez.* Tomatensauce *f* ~ **kâsesi** s. **salçalık** (1)
salçalı [×··] 1. mit Sauce (Brühe, Tunke) 2. *spez.* mit Tomatensauce ~ **kebap** kleine, am Spieß gebratene Fleischstückchen *pl.* in Tomatensauce
salçalık 1. Sauciere, Saucen-schüssel *f*, -gießer *m* 2. zur Herstellung von **salça** best. bzw. geeignet
saldıran köpek bissiger Hund
saldırgan aggressiv *mütecaviz ~ **davranım** aggressives Verhalten ~ **savaş** Angriffskrieg *m*
saldırganlık Aggressivität *f*
saldırı(-ş) 1. Angriff, Überfall *m* 2. Anpöbelung, Anrempelung *f* 3. *a. pol.* Vorstoß *m* 4. (Fechten) Ausfall *m* *atak
saldırıcı s. **saldırgan**
saldırma 1. Vs. zu **saldırmak** 2. s. **saldırı(-ş)** 3. langes Messer, Bowiemesser *n*
saldırmak 1. (m. Dat.) an-, über-fallen, angreifen; losgehen, sich werfen (auf) 2. (m. Akk.) hetzen, loslassen (auf) 3. (m. Akk.) schleunigst irgendwohin bringen, *F* verfrachten, expedieren 4. *chem.* (m. Dat.) angreifen *tesir etmek 5. *naut.* die erforderliche Richtung einschlagen (auslaufendes Schiff) Zu 1: **Bu köpek gelene geçene saldırır.** Der Hund hier fällt jeden an, der des Weges kommt. Zu 2: **Köpekleri hırsızın üzerine saldırdılar.** Man hetzte die Hunde auf den Dieb. Zu 3: **Onu hemen karakola saldırdılar.** Man brachte (expedierte) ihn sofort auf die Polizeiwache. Zu 4: **Asitler madenlere saldırır.** Säuren greifen Metalle an.
saldırmazlık Nicht-Angreifen *n* *ademi tecavüz ~ **antlaşması** (*od.* ~ **paktı**) *pol.* Nichtangriffspakt *m* *ademi tecavüz misakı
sâldide [––·] *va.* 1. bejahrt, alt, hochbetagt 2. lebenserfahren
salep, -bi [ā] 1. **(otu)** Knabenkraut *n spez.* Orchis-Knabenkraut *n bot.* Orchis mascula (u. a.) *tilki tırnağı 2. die zu Pulver zerriebenen Knollen des Knabenkrautes 3. ein aus (2) hergestelltes, in gesüßter Milch od. in Wasser gekochtes Getränk
salepçi [ā] wer Salep herstellt od. verkauft ~ **güğümü (gibi)** wer heimlich et. betreibt, *spez. pej.* Intrigant *m*
salepçilik [ā] Herstellung *f* od. Verkauf *m* von Salep
salepgiller [ā] Knabenkrautgewächse *pl. bot.* Orchidaceae *sahlebiye
salgı *biol.* Absonderung, Sekretion *f* *ifraz ~ **sistemi** Drüsen(-system *n*) *pl.*
salgıcı *biol.* sekretorisch
salgın 1. mit e–m Schlag allgemein verbreitet 2. ansteckend, epidemisch 3. plötzliches und allgemeines Aufkommen, allgemeines Besessensein; Torheit, Narrheit, Sucht *f* 4. *med.* Epidemie, Seuche *f* 5. *fr.* Umlage,

Steuerabgabe *f* 6. *va.* s. **saldırgan** Zu 3: s. **çekirge (moda, kumar) -ı;** ~ **hastalık** ansteckende Krankheit, Epidemie, Seuche *f* ♀ **kol geziyor.** Es herrscht e–e Epidemie. ~ **nezle** Influenza, Grippe *f* *enflüanza, grip, paçavra hastalığı **-lar bilimi** Epidemiologie, Seuchenlehre *f*

salgıncı *fr.* wer Umlagen (Steuern) einkassiert, Steuererheber *m*

salhane [·–·] *va.* Schlachthaus *n* *mezbaha, kanara

sâlhurde *va.* s. **sâldide** (1)

salı Dienstag *m* ~ **günü** 1. Dienstag *m* 2. am Dienstag, dienstags

salık Nachricht, Mitteilung, Meldung, Neuigkeit *f* *haber ~ **almak** 1. sich erkundigen, fragen (nach) 2. hören, in Erfahrung bringen, sich Kenntnis verschaffen *(1, 2) istihbar etmek ~ **vermek** 1. (bşi) mitteilen, melden, zur Kenntnis bringen *haber vermek 2. (b–nin bşi yapmasını) j–m nahelegen, raten, empfehlen (et. zu tun); (weiter-)empfehlen (Arzt, Medizin, Kurort usw.)

salıncak 1. *Kspz.* (Strick-)Schaukel *f* 2. freihängende Schaukelwiege (für Säuglinge) ~ **halkalar** *(Turngerät)* (Schaukel-)Ringe *pl.* ~ **illeti** s. **delibaş;** ~ **iskele** Hängegerüst *n* ~ **manivela** *techn.* Schlaghebel, Bohrschwengel *m* ~ **sandalye** Schaukelstuhl *m* ~ **tahtası** Sitzbrett *n* e–r Strickschaukel

salıncaklı 1. mit Strickschaukel bzw. Schaukelwiege 2. schaukelähnlich, Schaukel- ~ **at** *Kspz.* Schaukelpferd *n* ~ **koltuk** Schaukelstuhl *m*

salıngaç, -cı s. **sarkaç**

salınım 1. *phys.* Oszillation, Schwingung *f* *ihtizaz, rakıs 2. *astr.* Libration *f* (scheinbare Mondschwankung) *irtikas ~ **genliği** *phys.* Schwingungsweite, Amplitude *f*

salınış wiegender Gang

salınmak 1. Pass. zu **salmak** 2. mit wiegendem Gang gehen, sich in den Hüften wiegen 3. *phys.* oszillieren, schwingen *ihtizaz etmek, raksetmek **salına salına** (*od.* **salını salını**) wiegenden Ganges

salıntı 1. wiegender Gang 2. Schaukeln *n* (e–s Schiffes, Stuhles usw.) 3. Wogen *n* (des Meeres)

salıntılı wackelig, schaukelnd, schwankend, wippend

Salıpazarı, -nı *n.pr.* Stadtviertel von Istanbul zwischen **Tophane** u. **Fındıklı** (nach e–m fr. an Dienstagen dort abgehaltenen Markt)

salıvermek 1. frei-, los-, ent-lassen, freigeben, laufen (od. gehen) lassen *serbest bırakmak 2. *fig.* loslassen (z.B. Gelächter), ausbrechen (in) 3. *fig.* sich (z.B. e–n Bart) stehen lassen *(1–3) koyvermek 4. *naut.* lockern (Wurfleine, Tau usw.) *işletmek Zu 2: s. **kahkaha** ~ Zu 3: s. **sakal** ~

salibe [ā] s. **yadsılı**

Salibiahmer [·–···] s. **Kızılhaç**

salibiye [·–··] s. **turpgiller**

salif [ā] *va.* vorhergehend, früher **edvarı -ede** *va.* in früheren Zeiten

salifülbeyan [–···–] *va.* oben dargelegt

salifüzzikir [ā] *va.* obenerwähnt, besagt, beregt *ismi geçen; yukarıda zikredilen

salih [ā] 1. (m. Dat.) geeignet, passend, verwendbar, brauchbar, tauglich (für) 2. fromm, rechtschaffen 3. s. **yetkili** 4. ♀ a) *mV* b) ein im Koran mehrfach erwähnter ar. Prophet

saliha [–··] 1. *ar. Fem.* zu **salih** 2. ♀ *wV*

salihat, -tı [–·–] *Pl.* zu **saliha; -ı nisvandan** (in Todesanzeigen noch gebräuchlich) die fromme und rechtschaffene (ehrengeachtete) Frau...

Salihli [ā] *n.pr.* Stadt u. D. im Rbz. Manisa

salik [ā], **-ki** 1. (m. Dat.) ergreifend (z.B. Beruf), einschlagend (z.B. Weg), folgend (z.B. e–m Vorbild), Anhänger *m* 2. *fr.* der auf den Novizengrad folgende Derwischrang Zu 1: **bu memlekette milyonlarca -i olan Alevîlik** das Alauitentum, das bei uns Millionen von Anhängern hat

salikozit, -di (*franz.* **salicoside**) s. **salisin**

salim [ā] 1. unversehrt, wohlbehalten, gesund, heil, ganz *sağ, sağlam 2. (bşden) frei (von) 3. einwandfrei, (jeden) zufriedenstellend, befriedigend 4. sicher, gefahrlos 5. ♀ *mV,* **Salime** *wV* Zu 1: s. **sağ** ~ Zu 2: **her türlü hastalıktan** ~ frei von jeglicher Krankheit, vollkommen gesund Zu 3: **Bu, bence en** ~ **bir çarei haldir.** Dies ist meiner Meinung nach e–e allgemein befriedigende Lösung.

salimen [×··] *Adv.* gesund und wohlbehalten, heil, unversehrt, ganz, wohl und munter, sicher

salinometre [···×·] Salinometer *n* (Instrument zur Messung des Salzgehaltes von Solen)

salip (I), **-bi** [ī] Kreuz *n* *haç; s. **Ehli-;** ♀**iahmer**

salip (II), **-bi** [ā] *va.* 1. beraubend (z.B. der Handlungsfreiheit) 2. negierend

salis [ā] *va.* dritt- *üçüncü

salise [ā] 1. *hist.* osm. Beamtenrang zwischen **saniye** und **rabia** 2. *math., astr.* 60. Teil e–r Sekunde

salisen [ā] *va. Adv.* drittens *üçüncü olarak, üçüncüleyin

salisil *chem.* Salizyl *n*

salisilat, -tı *chem.* Salizylat *n*, Salz *n* der Salizylsäure

salisilik asit *chem.* Salizylsäure *f*

salisin *chem.* Salizin *n* (Glykosid der Weidenrinde; Fiebermittel)

salivasyon *med.* Salivation *f*, Speichelfluß *m*

sâliye [ā] *va.* Neujahrsgedicht *n*

salkı *va.* 1. herabhängend 2. schlaff 3. verkrüppelt 4. Durchhang *m* (e–s Seils)

salkım 1. *bot.* Traube, (Trauben-)Dolde *f*, Büschel *n* *unkut 2. Bohnenstrauch, Geißklee *m bot.* Cytisus *unkut 3. Glyzinie *f bot.* Wistaria floribunda 4. Leimkraut *n bot.* Silene *sinekkapan 5. **(ağacı** od. ~ **çiçekli ağaç)** s. **yalancı akasya** 6. Schrapnell *n*, Kartätsche *f* 7. büschelförmig ~ **ateş** 1. Sternschnuppen *pl.* (bei Feuerwerk) 2. Schrapnellbeschuß *m*, Kartätschenfeuer *n* ~ **çiçekli eğrelti otu** Königs(rispen)farn *m bot.* Osmunda regalis ~ **küpe** Ohrring *m* mit Anhänger, Ohrgehänge *n* ~ **saçak** 1. büschelförmige Fransen *pl.* 2. in Fetzen, aufgelöst, unordentlich (*spez.* Kleidung) ~ ~ gedrängt; in geballter Menge ~ **topu** *mil. fr.* Kartätschengeschütz *n* *peşrev topu

salkımak *intr.* herab-, herunter-hängen (z.B. Wangen); schlaff werden

salkımgüvesi, -ni Traubenwickler *m zo.* Polychrosis botrana

salkımküf Traubenpilz *m bot.* Botryomyces equi

salkımküflüce Traubenpilzkrankheit, Botryomykose *f*

salkımlı mit Büscheln usw. (s. **salkım**); ~ **kuşkirazı** gemeine Traubenkirsche *bot.* Prunus padus ~ **sümbül** traubige Perlhyazinthe *bot.* Muscari racemosum

salkımotu, -nu Rispengras *n bot.* Poa (compressa u.a.) *tavşanbıyığı

salkımsı *bot.* trauben-, büschel-, dolden-förmig *unkudî

salkımsöğüt, -dü 1. Trauerweide *f bot.* Salix babylonica 2. ägyptische Weide *bot.* Salix aegyptiaca var. safsaf

salki [×·] Sulky *n* (zweirädriger Wagen für Trabrennen)

salla [·–] s. **sal'am**

sallallahu aleyhi ve sellem (rituelle ar. Formel bei Nennung e–s Propheten) Gott segne ihn und gebe ihm Heil! (verkürzt: **sal'am** od. **salla**)

sallabaş wer dauernd mit dem Kopf wackelt

sallamak *tr.* 1. hin und her schaukeln (z.B. Wiege) 2. hin und her bewegen; schütteln, rütteln 3. schwenken (z.B. Taschentuch), schwingen (z.B. Hacke, Schwert usw.) 4. winken (z.B. mit der Hand) 5. mit dem Kopf nicken od. den Kopf schütteln 6. vernachlässigen, auf die lange

Bank schieben, hinauszögern 7. j–n hinhalten (durch leere Zusagen) 8. s. **bacaklarını** ~ 9. *V* a) versetzen, herunterhauen (Ohrfeige) b) s. **asılmak** (6); **sallamamak** (b–ni) *V* nicht beachten, links liegenlassen, sich nicht kümmern (um) Zu 5: s. **başını ~; her şeye baş ~**

sallandırmak 1. Kaus. zu **sallanmak** 2. aufknüpfen, henken, hängen, durch den Strang hinrichten *salp etmek

sallanma Vs. zu **sallanmak; ~ araçları** *(Turnen)* Schaukelgeräte *pl.*

sallanmak *intr.* 1. hin- und herschwingen, schaukeln (z. B. Hängelampe); schwanken (Person) 2. wacklig sein, wakkeln (z. B. Zahn), nicht feststehen (z. B. Tisch) 3. *fig.* nicht mehr fest im Sattel sitzen (z. B. Regierung), auf tönernen Füßen stehen 4. *techn.* oszillieren, pendeln 5. Allotria treiben *oyalanmak 6. erbeben, zittern, schwanken (z. B. Boden bei Erdbeben) 7. in der Schwebe sein (Angelegenheit) **sallana sallana** sich hin- und herwiegend **sallanır koltuk** Schaukelstuhl *m*

sallantı 1. Geschaukeltwerden od. Sich-Hin-und-Her-Schaukeln *n* 2. Wackligsein, Nicht-fest-Stehen *n* 3. Schütteln, Rütteln, Schwenken, Winken *n* 4. Kopfschütteln od. -nicken *n* 5. Vernachlässigung *f*, Hinausgezögertwerden *n* 6. Hingehaltenwerden *n* 7. *astr.* s. **salınım; -da bırakmak** (e–e Angelegenheit) in der Schwebe lassen; keine Entscheidung treffen **-da olmak** gefährdet sein (z. B. *pol.* Stellung)

sallantılı mit **sallantı** *spez.* unruhig, bewegt (z. B. Leben)

sallapata [·×··] *Adv.* 1. unbesonnen, unüberlegt (z. B. reden) 2. undiszipliniert, liederlich, schludrig (z. B. arbeiten) ~ **bir söz söylemek** unüberlegt et. sagen

sallapatı; sallapati *F* 1. respektlos, unbekümmert, taktlos (Person od. deren Handlung) 2. schludrig, liederlich, oberflächlich (geleistete Arbeit)

sallasırt etmek *F* mit e–m Schwung auf den Rücken nehmen

sallı 1. weitläufig (Gebäude) 2. (wie ein Floß) länger als breit 3. s. **boylu boslu**

salma 1. Vs. zu **salmak** 2. Name e–s best. Reisgerichtes 3. *in frühosm. Zeit* Polizei *f*, patrouillierender Polizist 4. von den Bauern zu entrichtender steuerlicher Beitrag (für öffentliche Arbeiten) 5. am Ärmel herabhängender Stoff-teil, -zipfel *m* (bei manchen Bauerntrachten) 6. Paarungskäfig *m* (für Vögel) 7. *fr.* Wassermaß (= 3 **lüle**) 8. frei umherlaufend, frei weidend 9. frei fließend (Quelle, Wasserleitung usw.) ~ **çuhadarı** *hist.* Polizeistreife *f* ~ **ipi** Wurfleine *f*, Lasso *n* ~ **karakullukçu** *(zur Janitscharenzeit)* Istanbuler Polizei *f* ~ **omurga** *naut.* Schwert *n* (für flachbodige Segelschiffe) ~ **omurga mahfazası** *naut.* Schwertkasten *m* ~ **tomruk** (*od.* ~ **tomruğu**) *fr.* Arrestlokal *n*

salmak, (-ar) 1. aus-, ver-breiten *sermek 2. a) schieben, stoßen, (hin-)einschießen (z. B. Brot in den Ofen) b) (auf später) verschieben *ertelemek 3. a) lang wachsen lassen od. offen hängen lassen (Haar) b) los-, frei-lassen; frei weiden lassen 4. einströmen od. herausschießen lassen 5. eiligst absenden (z. B. Boten), schnell zukommen lassen (z. B. Nachricht) 6. *P* in den (Koch-)Topf tun; hinein-, dazu-geben 7. hinausfahren lassen (z. B. Schiff aufs offene Meer) 8. schießen lassen, ansetzen (z. B. Äste und Zweige), schlagen (Wurzeln) 9. j–n et. erfahren lassen, j–n (in Leid, Unglück usw.) stürzen 10. auferlegen (Steuer, Abgabe) 11. hetzen, loslassen (z. B. Hunde auf j–n) 12. (m. Dat.) anfallen, angreifen, losgehen (auf) *saldırmak 13. hinunterlassen (z. B. in e–n Brunnen) 14. *naut.* schwojen (vor Anker liegendes Schiff) 15. hinterlegen, anvertrauen *emanet etmek Zu 1: s. **gölge (korku)** ~ Zu 2 a): **ekmeği fırına** ~ das Brot in den Ofen schießen Zu 2 b): **ferdaya** ~ auf den nächsten Tag verschieben Zu 3 b): **hayvanları çayıra** ~ das Vieh frei weiden lassen Zu 4: **hazneye su** ~ Wasser in das Reservoir einströmen lassen Zu 5: s. **haber** ~ Zu 6: **pilavın pirincini** ~ den Pilaw-Reis in den Topf tun Zu 8: s. **dal budak** ~ Zu 9: s. **başını derde** ~ Zu 10: **Ona otuz lira salmışlar.** Man hat ihm e–e Abgabe von dreißig Pfund auferlegt. Zu 11: **tazıyı tavşana** ~ den Windhund auf den Hasen hetzen Zu 12: **Ayı insana salar.** Der Bär greift den Menschen an. **salar köpek** bissiger Hund

salmalık 1. *P* Weide(-land) *n, f,* Trift *f* *mera, otlak 2. für die Herstellung von **salma** (2) geeignet *spez.* Muscheln

salmastra [·×·] 1. Dichtung(-sring *m*) *f*, Dichtungs-, Füllmaterial *n*, Packung, Liderung *f* 2. *naut.* Platting, Zeising *f*, Tauwerk *n* aus Kabelgarn ~ **bileziği** (*od.* **halkası**) Dichtungsring *m* ~ **kutusu** *techn.* Stopfbüchse *f* ~ **sarmak** lidern ~ **vidası** Dichtungsschraube *f*

salmonellalar *med.* Salmonellen *pl.*

salmonelloz *med.* Salmonellose *f* *paratifoz

sâlname [– – ·] *z. va.* Almanach, Jahresbericht *m*, Jahrbuch *n* *almanak, yıllık

salon 1. (großer) Saal, Empfangs-, Gäste-zimmer *n*, Salon *m*, Halle *f* 2. Ausstellung(-sraum *m*) *f* 3. s. **artistler (berber, çay) -u;** Zu 1: s. **çalışma (dinleme, duruşma, gümrük, jimnastik, konferans, yolcu) -u** Zu 2: **resim -u** Zeichen- od. Gemälde-ausstellung ~ **adamı** Gesellschaftsmensch, Salonlöwe *m* ~ **arokaryası** (*od.* ~ **çamı**) Zimmertanne *f bot.* Araucaria excelsa ~ **jimnastiği** Hallenturnen *n* ~ **köpeği** Schoßhund *m* *fino ~ **müziği** Salonmusik *f* ~ **piyanosu** Klavier, Pianino *n* ~ **tiyatrosu** *Th.* Kammerspiele *pl.* ~ **yaprağı** Aspidistra, Schildblume *f bot.* Aspidistra (elatior u. a.) *yıldız kalkan

salonlu mit Salon bzw. großem Saal, Salon- ~ **vagon** Salonwagen *m* (Eisenbahn) *vagon-salon

saloz *V* dumm, einfältig, stupid, beschränkt

salozlaşmak *V* in größtes Erstaunen geraten, *V* blöd dreinschauen

salp, -bi 1. Hinrichtung *f* durch den Strang, Hängen *n* 2. *va.* Kreuzigung *f* ~ **etmek** 1. aufknüpfen, henken, hängen, durch den Strang hinrichten 2. *va.* kreuzigen

salpa 1. locker, lose, schlaff, herabhängend *gevşek, sarkık 2. nachlässig (schludrig, schlampig) gekleidet 3. *naut.* Lichten *n* des Ankers 4. ⁀ **(demir)!** Anker auf! ~ **etmek (demiri)** den Anker lichten ⁀ **kürek!** Riemen an! (*scil.* die Bordwand) ~ **olmak** Pass. zu ~ **etmek**

salpak *P für* **salpa** (2)

sals s. **çamur tepesi**

salsa s. **salça**

salsal 1. Schlamm, Schlick *m* 2. (Töpfer-)Ton, Lehm *m*

salsifi (*franz.* **salsifis**) s. **iskorçina** (2)

salt, -tı 1. nur, lediglich, bloß, einzig und allein *yalnız, tek 2. rein, unvermischt, echt, absolut *ari, sırf, saf, mutlak ~ **çoğunluk (çokluk)** absolute Mehrheit *ekseriyeti mutlaka ~ **geçmezlik** s. **mutlak butlan**

SALT (= Strategic Arms Limitation Talks) *pol.* Gespräche *pl.* zur Begrenzung strategischer Waffen

salta (I) [×·] Männchen-Machen *n* ~ **durmak** 1. Männchen machen (Hund, *gel. a.* Katze) 2. *fig.* katzbuckeln; j–m um den Bart gehen

salta (II) [×·] kurze, kragenlose Jacke mit weiten Ärmeln

salta (III) [×·] *naut.* Schrick(-en *n*) *m* ⁀ **brasa!** Brassen! ~ **etmek** (*od.* **vermek**) (auf-)schricken, e–n Schrick geben (ein auf Kraft stehendes Ende ein wenig auffieren); abfieren, nachlassen, abstoppen

salta (IV) [×·] **(oyunu)** Saltaspiel *n*

salta (V) s. **sulta**

saltaborina [···×·] 1. *naut.* Schricken *n* der Buline 2. *fig.* plötzliches Aufspringen

saltacı Hersteller od. Verkäufer *m* der **salta** genannten Jacken
saltadora [··×·] *naut.* Jakobsleiter *f* mit Holzsprossen
saltamarka [··×·] 1. *naut. hist.* kurzes Matrosenjakett 2. s. **salta** (II)
saltanat, -tı 1. Sultanswürde *f*, Sultanat *n* 2. Monarchie *f*, dynastische Herrschaft *monarşi 3. Regierung, Herrschaft *f* 4. *fig.* Prunk *m*, Pracht, Herrlichkeit *f* (der Lebensführung) Zu 3: **demokrasi -larının sonu** das Ende der Demokratien **Amerika'da kadınların -ı** Frauenherrschaft *f* in Amerika ~ **arabası** *fr.* Staatskarosse *f* (des Sultans) ~ **çiçeği** Ruhmesblume, Prachtwicke *f bot.* Clianthus punicea ~ **etmek** herrschen, regieren ~ **hükümeti** s. **hükümet** (4); ~ **kapısı** s. **Babı Hümayun;** ~ **kayığı** s. **köşklü hünkâr kayığı;** ~ **meclisi (konseyi, şûrası)** Kronrat *m* ~ **niyabet meclisi** Regentschaftsrat *m* ~ **sürmek** 1. herrschen, regieren 2. in Pracht und Herrlichkeit leben **-tan çekilmek** (*od.* **feragat etmek**) abdanken, dem Thron entsagen (Kaiser, König usw.) **-tan feragat** Abdankung *f*, Thronverzicht *m* **-ı seniye** *hist.* Kaiserlich-Osmanische Regierung
saltanatlı prunkvoll, pompös, prächtig (z.B. Lebensführung) ~ **civanperçemi** Edelgarbe *f bot.* Achillea nobilis
saltanatlık *P* (Kontamination aus **saltanat** und **sultanlık**)
saltçılık 1. Absolutismus *m*, Autokratie *f*, unumschränkte (absolute) Monarchie *mutlakıyet 2. absolute Kunst
saltık 1. absolut, unbeschränkt *mutlak 2. *dial.* frei, unabhängig *hür ~ **haklar** s. **mutlak hakar**
saltiye *naut.* s. **salta** (III)
salto e–e Ringertechnik (zum Werfen des Gegners)
salvarsan *pharm.* Salvarsan *n*
salvele *fr. ar.* Lobpreisung Mohammeds (am Anfang e–s Buches nach der Lobpreisung Gottes, nämlich: **vessalâtü vesselâmü alâ seyyidinâ Muhammedin ve alâ âlihi ve eshabihi ecmaîn**)
salvo 1. *mil.* Salve *f* 2. s. **savlo**
salya (I) [×·] (ausfließender) Speichel **Çocuğun -sı akmış.** *F* Das Kind hat gesabbert.
salya (II) [×·] *naut. Kommando* zum Ziehen, Schieben, Drehen, Seitenwechsel ♀ **baston!** Klüverbaum ausfahren! ♀ **dışarı!** Ausfahren! ~ **etmek** anholen (Tau, Takel usw.), ausfahren (z.B. *fr.* Geschütze an die Pfortluke) ~ **rüzgâr altına** (bzw. **üstüne**)**!** Abfallen! (bzw. Anluven!)
salyafora [··×·] *naut.* 1. Bereithaltung *f* e–r genügend langen Ankerkette 2. Stengewindreep *n*
salyalı *F* versabbert
salyalıbit s. **şeytantükürüğü**
sâlyan(-e) [ā, ā] *va.* 1. Jahres-steuer, -abgabe *f* 2. Jahresgehalt *n* für best. hohe Staatsbeamte
salyangoz 1. Schnecke *f* (mit Haus) *zo.* Helix 2. *an.* knöcherne Schnecke (im Ohr), Cochlea *helezon, koklea 3. spiralig, schraubenförmig ~ **delgi** (*od.* ~ **matkap**) Schnecken-, Spiral-bohrer *m* (des Tischlers) ~ **kanalı** *an.* Spiralkanal *m* (im Ohr) *kokleer kanalı ~ **kayası** die Grundelart Gobius elongata ~ **merdiven(-i)** Wendeltreppe *f*
salyangozculuk Schneckenzucht *f*
salyangozlar s. **karındanayaklılar**
sam s. **samyeli**
Sam (I) [ā] *n.pr.* Sem (Noahs ältester Sohn)
Sam (II) **Amca** Uncle Sam, USA
sama e–e fr. aus Hunde- od. Tauben-kot (später künstlich) hergestellte Gerberlauge (zur Gewinnung sehr feinen Leders)
samah von Musik begleiteter gemeinsamer Tanz von Frauen und Männern e–r alauitischen Dorfbevölkerung
samalama Gerben *n* mit **sama** (*q.v.*)
saman 1. Stroh *n* 2. Strohhülle *f* (für Flaschen) ~ **alevi gibi** wie Strohfeuer ~ **altından su yürütmek** *fig.* geheime Ränke schmieden, intrigieren ~ **anızı** s. **anız;** ~ **astması** s. ~ **nezlesi;** ~ **çiçeği** 1. Spreublume *f bot.* Achyranthes 2. Moosheide *f bot.* Bryanthus 3. Garten-immortelle, -strohblume *f bot.* Helichrysum bracteatum *altınotu ~ **çöpü** (*od.* ~ **tozu**) Häcksel *m, n*, Spreu *f* ~ **eğesi** Grobfeile *f* ~ **gibi** 1. strohern, fade, geschmacklos 2. nichtssagend, bedeutungslos (Person) ~ **kafalı** dumm, Strohkopf *m* ~ **nezlesi** Heuschnupfen *m* *bahar nezlesi; *med.* devreli rinit ~ **pazarı** 1. Strohmarkt *m* 2. **Samanpazarı** *n.pr.* Teil des alten Ankara mit vielen Kleinhandelsgeschäften ~ **rakısı** grob destillierter Anisbranntwein ~ **sapı** Strohhalm *m* (*a.* für Getränke) ~ **suyu** mattgelbe Vergoldung ~ **yemez** *F* wer sich nicht übertölpeln läßt, gewitzt, schlau ~ **yiyen** *F* wer sich düpieren läßt, dumm; Dummkopf *m*
sâman [– –] *va.* 1. Besitz(-tum *n*) *m* 2. Ruhe *f*, Frieden *m* 3. Kraft, Fähigkeit *f* 4. ♀ *mV* Zu 1: s. **servetüsâman**
samancı Strohhändler *m*
samancılık Strohhandel *m*
Samandağ *n.pr.* Städtchen u. D. im Rbz. Hatay
samanî [·– –] stroh-farben, -gelb
Samanîler [– – –·]; **Samaniyan** [– –·–]; **Samanoğulları** *hist.* Samaniden *pl.* (pers. Dynastie)
samankâğıdı, -nı 1. Pauspapier *n* 2. Strohstoff zur Herstellung von Wellpappe (*fr.* Einwickelpapier für Fleisch)
samankapan Bernstein *m* *kehribar, kılkapan, çöpkapan
samanlı Stroh enthaltend, mit Stroh gefüllt (gemischt, bestreut usw.) ~ **balçık** (*od.* ~ **kerpiç**) Strohlehm *m* (als Baumaterial) ~ **karton** Strohpappe *f*
samanlık Strohschuppen *m*
samanrengi, -ni strohfarben, hellgelb
samanuğrusu, -nu; samanyolu, -nu *astr.* Milchstraße *f* *kehkeşan ~ **ışığı** *astr.* galaktisches Licht
Samariten *hist. od. fig.* Samariter *m*
samaryum [·×·] *chem.* Samarium *n*
Samatya fr. Name von **Kocamustafapaşa**
samba (I) Samba *m, f* (Tanz)
samba (II) s. **paşaağacı**
samedanî [··– –] *va.* göttlich *tanrısal
samedaniyet, -ti [··–··] *va.* Göttlichkeit *f* *tanrısallık
samet, -di 1. der Ewige (= Gott) 2. ♀ *mV* (Verk. von **Abdüssamet**)
sami (I), **-ii** [ā] (Zu-, Gast-)Hörer *m* *dinleyici
sami (II) [– –] 1. *z. va.* hoch, erhaben, erlaucht 2. berühmt 3. *fr.* auf den Großwesir bezüglich 4. **Sami** [×·] *mV*, **Samiye** [×··] *wV* Zu 1: s. **zatı -leri** Zu 2: **emirnamei -ye** *hist.* Erlaß *m* des Großwesirs
Samî [– –] 1. Semite *m*, Semitin *f* 2. semitisch
samia [–··] 1. Gehör(-sinn *m*) *n* *işidim 2. Zuhörerschaft *f*, Publikum, Auditorium *n*
samih [ā] 1. *va.* freigebig 2. *va.* wohltätig, nächstenliebend 3. ♀ *mV*, **Samiha** *wV*
samiin [–·–] *va. Pl.* (Zu-, Gast-)Hörer *pl.*
Samîleşmek zu Semiten werden (*spez.* in Sprache und Religion)
samim [ī] *va.* Inneres (der Seele) 2. ♀ [×·] *mV*, **Samime** [×··] *wV* **-i ruhundan gelen bir muhabbet** e–e aus tiefster Seele kommende Zuneigung (Liebe); s.a. **ansamimülkalp**
samimane [·– –·] *va.* aufrichtig, ehrlich, herzlich
samimî [·– –] 1. aufrichtig, ehrlich, herzlich *içten, içeği 2. offen, ohne Falsch, ehrlich (Person) 3. vertraut, intim, eng befreundet *içli dışlı, senli benli ~ **bir hava içinde** in angeregter Stimmung ~ **duygu** aufrichtiges Gefühl ~ **olmak** (b–le) eng befreundet sein (mit) ~ **selâmlar** herzliche Grüße *pl.* **gayri** ~ unaufrichtig, unehrlich
samimîlik; samimiyet, -ti [·–··] 1. Herzlichkeit, Aufrichtig-

keit *f* *içtenlik 2. Vertrautsein *n*, vertrautes (intimes) Verhältnis, enge Freundschaft **Bu, ne samimiyet?** Was soll diese (unangebrachte) Vertraulichkeit?
samimiyetsiz [·–··] 1. unaufrichtig 2. ohne vertrautes Verhältnis
samimiyetsizlik [·–···] 1. Unaufrichtigkeit *f* 2. Fehlen *n* der Vertrautheit
samin [ā] *va.* acht- *sekizinci
saminen [ā] *va. Adv.* achtens *sekizinci olarak
Samirî 1. *hist.* Samarit(an)er *m* 2. *fig.* Samariter *m* Zu 2: **iyi kalpli** ~ der barmherzige Samariter (Bibel)
samit, -ti [ā] *va.* 1. still, stumm, schweigend 2. taubstumm *sağır-dilsiz 3. leblos, unbelebt *cansız 4. *gr.* s. **ünsüz** 5. *Th.* s. **lâl**
samlâh s. **kulak kiri**
sammame [·–·] *med. va.* Embolie *f* *tıkaç
Sammi Spitzname für amerikanische Soldaten
Samoyetler Samojeden *pl.* (uralische Volksgruppe)
samsa e–e **baklava**-ähnliche Süßspeise
samsam(-e) *va.* scharfes Schwert
Samsat *n.pr.* O. u. D. im Rbz. Adıyaman
Samson *n.pr.* Simson (Bibel) *Şemsun
Samsun *n.pr.* 1. Hafenstadt am Schwarzen Meer im gln. Rbz. 2. *fr.* türk. Zigarettenmarke
samsun Mastiff *m* (große Doggenart)
samsuncu 1. Doggenwärter *m* 2. *hist.* Angehöriger der 71. Janitscharenformation **(orta),** deren Kommandant **samsuncubaşı** genannt wurde
samt, -tı *va.* Schweigen *n* *susma, sükût
samur 1. Zobel *m zo.* Martes zibellina 2. aus Zobelfell hergestellt, Zobel- 3. Zobelpelz *m* *zibelin ~ **kaşlı** mit dunkelbraunen (od. schwarzen) dichten und weichen Augenbrauen ~ **kürk** Zobelpelz *m* ~ **kürkünü sırtına almak** *fig.* die Schuld auf sich laden, die Verantwortung tragen ~ **kürkünü sırtına giydirmek** (b–nin) *fig.* j–m die Schuld aufladen
samuray *hist.* Samurai *m* (Japan)
samyeli, -ni Samum *m* (heißer Wüstenwind) ~ **vurmuş mayıs çirozuna dönmüş olmak** *V* ganz abgemagert, nur mehr Haut und Knochen sein (im Gefängnis)
san (I) 1. Ruf, Leumund *m* 2. Bekannt-, Berühmt-sein *n*, Ruhm *m*, Ehre *f*, Ansehen *n* 3. Eigenschaft *f*, Wesensmerkmal *n* *sıfat 4. Titel *m* *unvan 5. kennzeichnendes Adjektiv
san (II) (*franz.* **cent**) *selt.* hundert *yüz ~ **numara** *euph.* für **yüznumara**
sana (Dat. zu **sen**) dir ~ **bana** Name e–s türk. Ka. *kılıç ≗ **belediye baksın!** (scherzhafte Erwiderung auf: **Bakar mısın(-ız)?** ~ **gelince** was dich betrifft ≗ **mı kalmış?** 1. *iron.* Der hat gerade auf dich gewartet! 2. *(vorwurfsvoll)* Mußtest ausgerechnet du das unternehmen? ≗ **ne?** Was geht das dich an? ≗ **olan olmuş.** Du bist wohl nicht bei Trost? ≗ **taşla vurana** (*od.* **dokunana**) **aşla (ekmekle, pamukla) var** (*od.* **dokun**)! *Spr.* Vergilt Böses mit Gutem!
San'a *n.pr.* Sana (Hauptstadt von Nordjemen)
sanaat s. **sınaat**
sanadit, -di [·––] (*va. Pl.* zu *ungebr.* **sındit**) Führer, Generäle, Kommandanten *pl.*
sanaka *dial.* Aberglaube *m* *hurafe
sanal *math.* imaginär *mevhum ~ **sayı** *math.* imaginäre Zahl *mevhum adet
sanat, -tı 1. Handwerk, Gewerbe *n* *zanaat 2. Kunst *f* 3. Geschicklichkeit *f* ≗ **altın bileziktir.** *Spr.* Handwerk hat goldenen Boden. *Spr.* ~ **anıtları** Kunstdenkmäler *pl.* ~ **eri** Handwerker, Gewerbetreibender ~ **eseri** Kunstwerk *n* ~ **hatası** Kunstfehler *m* ≗ **için** ~ L'art pour l'art. ~ **masalı** Kunstmärchen *n* ~ **okulu** Gewerbeschule *f* ~ **sahibi** Handwerker *m* ~ **serbestisi** Gewerbefreiheit *f* ~ **tarihçisi** Kunsthistoriker(-in *f*) *m* ~ **tarihi** Kunstgeschichte *f* ~ **tezkeresi** Gewerbeschein *m* ~ **yönetmeni** *Th.* Intendant *m*
sanatça s. **sanatkârane**
sanatçı(-lık) T. von **sanatkâr(-lık)**
sanatkâr 1. Künstler *m* 2. Schauspieler *m* *(1, 2) artist
sanatkârane [··––·] künstlerisch, kunst-voll, -reich
sanatkârlık 1. Beruf *m* e–s Künstlers od. Schauspielers, (ausgeübte) Kunst 2. Kunstfertigkeit *f*
sanatlı kunst-voll, -reich, künstlerisch, geschickt
sanatoryum [··×·] Genesungsheim *n*, Heilstätte (*spez.* für Lungenkranke), Sanatorium *n*
sanatsever Kunstfreund *m*
sanavber *va.* 1. Pinie *f bot.* Pinus pinea *çamfıstık ağacı 2. Piniennuß *f* 3. *lit.* schlanke Gestalt (der Geliebten)
sanavberî *va.* 1. zur Konifere gehörig 2. zapfenförmig **guddei sanavberiye** s. **kozalaksı bez**
sanavberiye s. **kozalaklılar; iğneyapraklılar**
sanayi, -ii [·–·] *urspr. Pl.* zu **sanat** und **sınaat** 1. *z. va.* Künste, Gewerbe *pl.* 2. Industrie *f* *endüstri ~ **bölgesi** (*od.* **mıntıkası**) Industriegebiet *n* ~ **devrimi** industrielle Revolution ~ **hukuku** *jur.* Industrie- und Gewerberecht *n* ~ **işletmesi** Industriebetrieb *m* ~ **ve ticaret odası** Industrie- und Handelskammer *f* ~ **-i beytiye** *z. va.* Heimindustrie, -arbeit *f* **-i edebiye** *stil.* Tropen und Figuren *pl.* *yanaçlar **-i lafziye** *stil.* Tropen, bildliche Ausdrücke *pl.* *söz sanatları, kelime yanaçları **-i maneviye** *stil.* (Rede-) Figuren *pl.* *anlam sanatları, yapı yanaçları **-i nefise** *va.* s. **güzel sanatlar; -i türabiye** *va.* Keramikgewerbe *n*, keramische Kunst
sanayici [·–··] 1. industrietreibend, Industrie- (z. B. Staat) 2. Industrieller *endüstriyel
sanayicilik Industrialismus *m*
sanayileşme [·–···] Industrialisierung *f*
sanayileşmek [·–···] sich industrialisieren, industrialisiert werden *endüstrileşmek
sanayileştirmek [·–····] industrialisieren *endüstrileştirmek
sancak, -ağı 1. Fahne *f* (*spez.* e–r mil. Einheit), Banner *n*, Standarte, Flagge *f* 2. *hist.* Sandschak *m* (e–m **mutasarrıf** od. ~ **beyi** unterstehender osm. Regierungsbezirk, Teil e–s **eyalet**) (in der Größe zwischen **vilâyet(il)** und **kaza(ilçe)**) *liva, mutasarrıflık 3. (in gel. Anwendung auf nichttürk. Verhältnisse) Kreis, Distrikt, Bezirk *m* 4. *naut.* Steuerbord *n* (rechte Schiffsseite in Fahrtrichtung) ~ **açmak** ein Banner entfalten ≗ **alabanda!** *naut. Kommando* Hart Steuerbord! ~ **bağı** *naut.* Schot-steek, -stich *m* ~ **beyi** *hist.* osm. Gouverneur e–s Sandschaks *mutasarrıf ~ **borda feneri** *naut.* Steuerbordlaterne *f* ~ **çekmek** e–e Fahne hissen ~ **dikmek** ein Banner aufpflanzen ~ **direği** *naut.* Flaggenstock *m* ~ **esası** s. **bayrak esası;** ~ **gemisi** *naut. fr.* Flaggschiff *n* *kaptan gemisi ~ **gönderi** Flaggen-stock, -pol *m* ~ **iskele** *P* rechts und links (z. B. ohrfeigen) ~ **kontrasında bulunmak** auf Steuerbordhalsen liegen (Segelschiff) ~ **nöbeti** Fahnenwache *f* ~ **postası** *naut.* Steuerbordwache *f* (Matrosen mit ungeraden Nummern) ~ **savlosu** *naut.* Flaggleine *f* ~ **tepeliği** Fahnenspitze *f* **-a gelmek** *naut.* das Ruder steuerbords halten **-a yemin etmek** den Fahneneid leisten **-ı şerif** *hist.* Heilige Fahne (Mohammeds) (die nur im Heiligen Krieg entrollt wird)
sancaktar [··–] Banner-, Fahnen-träger *m* (*a. fig.*)
sancı 1. Seiten-stechen *n*, -stiche *pl.* 2. Kolik *f*, Darmgrimmen *n*, heftige Leibschmerzen *pl.* 3. Geburtswehen *pl.* ~ **tutmak** (b–ni) *od.* **-sı tutmak** *intr.* Seitenstechen (bzw. Leibschmerzen, Kolik od. Geburtswehen) bekommen
sancılanmak s. **sancısı tutmak**

sancılı 1. wer Seitenstechen (bzw. Kolik od. Geburtswehen) hat 2. von Seitenstechen (usw.) begleitet
sancımak *intr.* sehr schmerzen (z. B. Wunde)
sancısız schmerzlos
sançmak *z. va.* errichten (z. B. Denkmal), aufpflanzen (z. B. Fahne), einpflanzen (z. B. Lanze, Fahnenstange) *rekzetmek
sandal (I) Sandale *f*
sandal (II) (Ruder-)Boot *n*, Nachen *m* ~ **tutmak** sich ein (Ruder-)Boot mieten
sandal (III) 1. Sandelbaum *m bot.* Santalum (album u. a.) 2. Sandelholz *n* 3. aus Sandelholz hergestellt 4. Sandel(holz)öl *n* 5. Erdbeerbaum *m bot.* Arbutus andrachne
sandal (IV) Seidensatin *m* ୧ **Bedesteni** *n.pr.* städtische Versteigerungsräume *pl.* in Istanbul
sandalcı 1. Bootsbauer *m* 2. Bootsmann *m* 3. Seidensatinhändler *m*
sandalet, -ti Sandalette *f*
sandalgiller Sandelbaumgewächse *pl. bot.* Santalaceae
sandalî *va.* aus Sandelholz gefertigter Stuhl od. Thron
sandalos s. **sandarak**
sandalye 1. Stuhl *m* (mit Rückenlehne) 2. *fig.* Posten *m*, Stellung *f*, Amt *n* Zu 2: **kendi -sini tarsin etmek için** zur Festigung seiner eigenen Stellung ~ **kavgası** Postenjägerei *f*, Katzbalgerei *f* um e–n Posten ~ **sazı** Sumpfbinse *f bot.* Scirpus lacustris
sandalyeci 1. Stuhl-macher, -fabrikant, -flechter *m* 2. wer Stühle repariert 3. wer Stühle verkauft
sandalyelik 10–15 cm breite Stoßleiste an der Wand (gegen Beschädigung durch Stühle)
sandalyesiz ohne Stuhl bzw. Amt ~ **nazır** Minister *m* ohne Geschäftsbereich
sandarak 1. **(ağacı)** Sandarak-Zypresse *f bot.* Callitris quadrivalvis 2. **(reçinesi)** Kopal *m* (Baumharz zur Lackbereitung) 3. *va.* s. **kırmızı zırnık**
sandık 1. Kiste *f*, Kasten *m*, Truhe *f* 2. Kasse, Zahlstelle *f* 3. *fr.* kastenförmige Feuerwehrpumpe 4. kastenförmiger Behälter zum Abmessen von Sand od. anderen Baumaterialien 5. Wahlurne *f* 6. Fangdamm *m* (beim Brückenbau) 7. (Depositen-)Bank *f* 8. Holzkübel *m* (für Pflanzen) ~ **atmak** e–n Fangdamm bauen ~ **başına gitmek** zur Wahlurne gehen ~ **bonosu** Kassenanweisung *f* ~ **emini** Kassenvorstand, Kassierer *m* ~ **defteri** Kassabuch *n* ~ **eşyası** (Braut-)Ausstattung *f* (Wäsche, Handtücher, Decken usw.) ~ **kebabı** e–e mit Fleisch und Kartoffeln gefüllte Pastetenart ~ **kokusu** der (bei Wäsche od. anderen, in e–r Truhe aufbewahrten Gegenständen vorhandene) angenehme Geruch (der entweder von dem Holz der Truhe od. von Seife, Lavendel u. ä. herrührt) ~ **kurulu** Wahlausschuß *m* ~ **lekesi** Stockfleck *m* ~ **mevcudu** Kassenbestand *m* (e–r Bank, Zahlstelle usw.) ~ **odası** Abstellraum *m*, Nebengelaß *n*, Rumpelkammer *f* ~ **sepet** alle vorhandenen Gegenstände *pl.* (୧ **sepet topladı götürdü.** Er packte alles zusammen und schaffte es fort.) **-lara koymak** in Kisten verpacken **-taki sırtında, teknedeki karnında** wer von der Hand in den Mund lebt; wer keine Ersparnisse macht **-tan çıkmak** durch e–e Wahl an die Spitze gelangen
sandıkbalığı, -nı Kofferfisch *m zo.* Ostracion (nasus u. a.) *deve balığı
sandıkça Kästchen *n*, Kassette, Schatulle *f*
sandıkçı wer Kisten (Truhen, Kästen) herstellt od. verkauft ~ **geçmesi** Schwalbenschwanzverbindung *f* (bei Kistenfertigung)
sandıkkâr *va.* Kassierer *m* *kasiyer, veznedar
sandıklamak 1. in Kisten verpacken 2. *techn.* ausschachten, abteufen
sandıklı 1. in Kisten verpackt 2. Wandtäfelung *f*, Lambris *m* 3. volkstüml. Bez. für e–e als Schmuck getragene Goldmünze aus der Zeit Mahmuts II. *Gazi (od. Hayriye) (altını) ~ **iç omurgası** *naut.* Kastenkielschwein *n* ~ **parele** *naut.* feste Verzapfung (bei Holzverbindung), Schwalbenschwanz, Zinken *m* ~ **saat** große Standuhr; Regulator *m*
Sandıklı *n.pr.* Städtchen u. D. im Rbz. Afyon Karahisar
sandıksal *(spött. G. in der Füg.:)* ~ **demokrasi** (etwa:) „Papierdemokratie" *f* (vgl. **sandık** 5) (*Anm.:* Nach Darstellung von Linkskreisen in der Türkei verdankte die Regierung des Ministerpräsidenten Demirel ihre Existenz den Stimmen der Bauern und der Ungebildeten.)
sandov 1. Expander *m* (Muskelstrecker, Sportgerät) 2. Startseil *n* (für Segelflugzeuge)
sandöviç(-çi) s. **sandviç(-çi)**
sanduk [ū] *va.* s. **sandık**
sanduka [·×·] 1. (Holz- od. Marmor-)Sarkophag *m* 2. sargähnlicher Überbau auf dem Grab e–s isl. Großen 3. christl. Reliquienschrein 4. kleinere Truhe **-i tabıl** *an. va.* s. **kulak davulu**
sandukçe [ū] *va.* Kästchen *n*, Reliquienschrein *m*
sandviç [×·] 1. Sandwich *m, n*, belegtes Brötchen 2. *V* mittlere von drei im gleichen Bett schlafenden Personen ୧ **adaları** *va.* s. **Havaii adaları**; ~ **adam** Sandwichman, Plakatträger *m* (wer Werbeplakate auf Brust und Rücken trägt)
sandviççi Sandwichverkäufer *m*
sanekâllah! *z. va.* Gott schütze dich!
sanem *z. va.* 1. Götze(-n.bild *n*) *m*, Idol *n*, bildschöne(-r) Geliebte(-r) *f, m*, Abgott *m*
sanemhane [··–·] *va.* Götzentempel *m*
sanemperest, -ti Götzen-diener, -anbeter *m*, Heide *m* *putperest
sanfor *H* Sanfor (krumpfechtes Gewebe)
sanforlamak *H* sanforisieren (Gewebe)
sangı *va.* wie betäubt; kopf-, rat-los, verdattert
sangılamak *va. intr.* wie betäubt dastehen; kopflos (ratlos, verdattert) werden
sangılık *va.* Betäubung, Verblüffung, Ratlosigkeit *f*
sanı Meinung, Vermutung, Annahme *f* *zan, zannü tahmin
sanıcı 1. annehmend, glaubend, vermutend 2. denkend, wünschend Zu 2: s. **hayır(kem)** ~
sanık 1. in Verdacht stehend, verdächtig 2. angeklagt; Angeklagte, Beschuldigte, Angeschuldigte *m, f* *(1, 2) maznun
sanıklamak verdächtigen, anklagen, beschuldigen
sanıklık Angeklagt-Sein *n*
sani (I) [––] 1. *z. va.* zweit- *ikinci 2. **Sani** *mV*, **Saniye** *wV*
sani (II) [ā], **-ii** 1. Schöpfer *m* (Gott) 2. *va.* s. **müteahhit; -i kâinat** Weltschöpfer, Demiurg *m* *demiurgos, epitken
sania [ī] 1. *va.* böswillige Erfindung; Verleumdung *f* 2. (Schein-)Manöver *n*, Kniff, Schwindel *m*
sanidin *min.* Sanidin *m*
sanih [ā] *va.* in den Sinn kommend, einfallend (Gedanke) ~ **olmak** *va.* in den Sinn kommen, einfallen
saniha [–··] Einfall, Gedanke *m*, künstlerische Inspiration
sanihat, -tı [–·–] *va. Pl.* zu **saniha**
sanikula [·×··] s. **devekulağı**
saniye [ā] 1. *math.* Sekunde *f* 2. *hist.* osm. Beamtenrang zwischen **mütemayiz** und **salise** 3. (*a.* **-ibresi**) Sekundenzeiger *m* 4. ୧ *wV* ~ **kaybetmeden** unverzüglich **-lerce** sekundenlang **-si -sine** auf die Sekunde genau **-sinde** im Moment, im Augenblick, sofort
saniyeli [ā] 1. soundsoviel Sekunden dauernd 2. Zeit- 3. mit Sekundenzeiger ~ **bomba** Bombe *f* mit Zeitzünder ~ **tapa** Zeitzünder *m*
saniyelik [ā] 1. was nur e–e Sekunde (*bzw.* ganz kurze

Zeit) in Anspruch nimmt 2. Sekundenzeiger *m* Zu 1: **Bu, ~ bir iştir.** Das ist in Null Komma nichts erledigt.
saniyen [ā] *z. va. Adv.* zweitens *ikinci olarak, ikincileyin
sank *od.* **sankı** Vogel-mist, -dung *m* *sağı
sanki [×·] 1. angenommen, daß ...; nehmen wir einmal an, daß... *tutalım ki 2. angeblich 3. wahrlich, doch, ja 4. (Verst. e–r Frage) denn, vielleicht, etwa 5. gleichsam, geradezu, scheinbar, anscheinend, wohl 6. (oft mit folg. **gibi**) als ob, als wenn, wie wenn Zu 1: ≗ **ona bir mektup göndersem, olmaz mı.** Wie wäre es, wenn ich ihm e–n Brief schriebe? Zu 2: ≗ **ben bunu demişim.** Angeblich habe ich das gesagt. Zu 3: **Kenara atmayınız, o da ~ adamdır ha!** So könnt ihr mit ihm nicht umspringen; er stellt doch auch etwas dar! Zu 4: **Neden korkacakmışım ~?** Wovor sollte ich mich denn fürchten? **Ne olur ~, sen de gelsen?** Was wäre denn schon dabei, wenn du auch kämest? ≗ **güzel mi bu da?** Schön soll das sein? **Kimin aklındadır ~ bugün?** Wer erinnert sich denn heute noch daran? Zu 5: **Malthus kanunları, geçen bir asır zarfında ~ tamamiyle aksi neticeyi vermiştir.** Das Malthus'sche Bevölkerungsgesetz hat sich während des vergangenen Jahrhunderts geradezu ins Gegenteil verkehrt. ≗ **iş yaptın değil mi?** a) Du bist vielleicht noch stolz auf deine Leistung? b) Etwas Dümmeres konntest du dir wohl auch nicht ausdenken! Zu 6: ≗ **kabahat benimmiş gibi bana çıkışıyor.** Er zankt mich aus, als ob die Schuld bei mir läge.
sankim *P* für **sanki**
sanksyon 1. Erteilung *f* der Gesetzeskraft; Sanktionierung *f* 2. *allg.* Genehmigung *f* 3. *pol.* Sanktion, Straf-, Gegen-, Vergeltungs-maßnahme *f* *zecrî tedbir
sanksyonlu unter Durchführung von (politischen) Sanktionen
sanlemp, -pi (*engl.* **sunlamp**) *(Film)* Jupiterlampe *f*
sanlı 1. von nb. Ruf od. Leumund 2. *pr.* bekannt, berühmt
sanlık s. **vasfı tahsinî**
sanmak, (-ır) glauben, meinen, annehmen, vermuten; halten (für) *zannetmek **Ben onu insan sandım.** Ich habe ihn für e–n ordentlichen Menschen gehalten.
sanrı Halluzination, Sinnestäuschung *f* *birsam ~ **halleri** s. **ımızganma halleri**
sanrılamak an Halluzinationen leiden
sansabosa [··×·] *naut.* ohne Kettenstopper geschlippt (Anker während e–s Sturms)
sansar Marder *m zo.* Martes (foina u. a.) s. a. **ağaç, -ı; kaya -ı; ~ gibi** verschlagen, hinter-hältig, -listig
sansasyon 1. Empfindung *f*, Eindruck *m* 2. Sensation *f*, (allgemeines) Aufsehen *n*, aufsehenerregendes Ereignis
sansasyonalizm Sensationslust *f*
sansasyonel sensationell, aufsehenerregend
sanseviyera [···×·] s. **evyapan**
Sanskrit(-çe) *ling.* Sanskrit *n*, sanskritisch
Sanskritçeci *ling.* Sanskritist(-in *f*) *m*
sansoryel sensorisch, sensoriell
sansör Zensor *m*, Zensurbeamter
sansörlük 1. Amt *n*, Aufgaben *pl.* e–s Zensors 2. Zensur *f*
sansun(-cu) s. **samsun(-cu)**
sansüalist, -ti 1. Vertreter *m* des Sensualismus, Sensualist *m* *duyumcu 2. sensualistisch
sansüalizm *phil.* Sensualismus *m* *duyumculuk, ihsasiye
sansüel 1. sinnlich 2. sinnlich wahrnehmbar; sensuell
sansür Zensur *f* (amtliche Prüfung und gegebenenfalls Verbot) ~ **etmek** (*od.* **-den geçirmek**) zensurieren, e–r Zensur unterwerfen ~ **koymak** (mit Dat.) die Zensur verhängen (über)
sansürcü s. **sansör**
sansüre zensuriert ~ **etmek** e–r Zensur unterwerfen; zensurieren
sansürlemek s. **sansüre etmek**
santabarba [··×·] *naut. hist.* 1. Feuerwerkerraum *m*, Pulverkammer *f* 2. hinterer Schiffsraum; Achterraum *m*
santiar *math.* Zentiar, 100. Teil e–s Ars, Quadratmeter *m*
santibar Zentibar *n (Luftdruck)*
santigram Zentigramm *n*
santigrat, -dı Zentigrad *n*
santigratlı mit Zentigradeinteilung ~ **termometre** Thermometer *n* mit Celsius-Skala
santigratlık soundso viele Zentigrad (Grad Celsius) ausmachend
santilitre [··×·] Zentiliter *m*
santim 1. Zentimeter *m, n* *santimetr 2. Centime *m* (100. Teil e–s Franken) 3. 100. Teil e–s Kurusch (bei behördlichen Rechnungen) 4. Zentimetermaß *n* 5. *abus.* Größe *f* (z. B. bei Eisennägeln)
santiman (*franz.* **sentiment**) *selt.* Gefühl *n*, Empfindung *f* *duygu
santimantal empfindsam, gefühlvoll, sentimental *duygulu
santimantalite Sentimentalität, Empfindsamkeit *f* *duygululuk
santimantalizm 1. übertriebene Empfindsamkeit; Rührseligkeit, Gefühlsduselei *f* 2. *lit.* sentimentale Dichtung
santimetre [··×·] 1. Zentimeter *m, n* 2. Zentimetermaß *n* ~ **kare** Quadratzentimeter *m, n* *santimetre murabbaı ~ **küp** Kubikzentimeter *m, n* *santimetre mikâbı
santister 100. Teil e–s Sters
santonin *pharm.* Santonin *n* (Wurmmittel)
santor *myth.* Zentaur *m* *kentoros
Santorin (adası) *n.pr.* Insel *f* Thira (Santorin) (nördl. von Kreta)
santr (*franz.* **centre**) *selt.* Zentrum *n*, Mittelpunkt *m*
santr(-a) (*engl.* **centre**) *spez. Fb.* Mittel-, Anstoß-kreis *m* ~ **çizgisi** Mittellinie *f* ~ **yapmak** Anstoß *m*
santr(a)for(vet) (*engl.* **centre-forward**) *spez. Fb.* Mittelstürmer *m*
santr(a)haf (*engl.* **centre-halfback**) *spez. Fb.* Mittelläufer, Stopper *m*
santrak s. **sandalos**
santral, -lı 1. Telephonzentrale, Vermittlung *f* 2. Klappenschrank *m* 3. *allg.* Zentrale *f*, Werk *n* 4. *Sch.* Verstand, Kopf *m*, Köpfchen *n* 5. *Adj.* (nur in best. Füg.) Zentral- Zu 3: s. **elektrik -ı** Zu 5: s. **sofaj ~; -ını işletmek** (*od.* **çalıştırmak**) *V* s. **toriğini çalıştırmak**
santralcı 1. in e–r Zentrale tätiger Beamter 2. *spez.* Telephonist(-in *f*) *m* (am Klappenschrank)
santralist, -ti 1. zentralistisch 2. Zentralist(-in *f*) *m* *(1, 2) merkezci
santralizasyon Zentralisierung *f* *merketleştirme
santralize zentralisiert ~ **etmek** zentralisieren
santralizm Zentralismus *m* *merkezcilik
santrifüj 1. zentrifugal 2. Zentrifuge, Schleuder *f* ~ **kuvvet** *phys.* Zentrifugalkraft *f* *anilmerkez kuvvet, merkezkaç kuvvet
santrifüjlemek zentrifugieren; in der Schleudermaschine absondern (*spez.* Zucker)
santrifüjör (*franz.* **centrifugeur**) Zentrifuge, Schleuder *f*
santripet, -di zentripetal ~ **kuvvet** *phys.* Zentripetalkraft *f* *merkezcil (*od.* ilelmerkez) kuvvet
santrozom *biol.* Zentrosom *n* *yönetici yuvarcık
santur *mus.* Hackbrett *n*, Zimbel *f*
santurcu; santurî [ū, ī] Hackbrettspieler *m*
sanzatu (Bridge) sans atout, Ohne-Trumpf(-Spiel) *n*
sap, -pı 1. *bot.* Stengel, Stiel *m*, Ranke *f* *sâk 2. Stiel *m* (z. B. e–r Pfanne), Griff *m*, Heft *n* (e–s Werkzeugs, Messers usw.), Holm, Helm *m* (bei Beilen, Äxten, Hämmern), Schaft *m* (bei manchen Waffen od. Werkzeugen), Kurbel *f*, (Feder-, Bleistift-)Halter *m*; (Brillen-)Bügel *m*

3. Getreide-, Stroh-bündel *n* 4. Hals *m* (e−s S.i.), Griffbrett *n* 5. *techn.* Verzapfung *f* 6. die für ein Einfädeln benötigte Länge (von Garn, Seide usw.); Fadenlänge *f* 7. *V* s. **erkek;** ~ **arıları** Halmwespen *pl. zo.* Cephidae ~ **bileziği** Griffring *m* (z.B. an e−m Messer), Zwinge, Manschette *f* ~ **çekmek** gemähtes Getreide vom Feld auf die Tenne bringen ~ **demeden samanı anlamak** *fig.* schnell begreifen; hellhörig sein ~ **demiri** Angel *f* (e−s Messers) ~ **derken samanı demek** *fig.* Unsinn reden ~ **doğrama makinesi** Häckselmaschine, Futterschneide *f* ~ **kıvrımı** Schnecke *f* (an e−r Geige) ~ **olmak (bir baltaya)** s. Stw. **bir;** ~ **sinekleri** s. **ekin sinekleri;** ~ **yapmak** *techn.* verzapfen **-ı silik** *V* Taugenichts, Strolch *m* **-ına kadar** überaus; ganz und gar (**-ına kadar dürüst bir adam** ein grundehrlicher, hochanständiger Mensch **-ına kadar mert** ein Kerl, wie er im Buch steht)

sapa abgelegen, abseitsliegend, schwer erreichbar (z.B. Ort) ~ **gelmek** (*od.* **düşmek**) 1. et. abseits liegen 2. (b−ne) schwer erreichbar sein (für) ~ **yer** abgelegener Ort ~ **yol** 1. Seiten-straße *f*, -weg *m* 2. Umweg *m*

sapaju s. **başhklı maymun**

sapak, -ğı 1. (Weg-)Abzweigung *f* 2. Mäander *m* (Ornament) *kıvrım süs 3. unnatürlich, abnormal, ano(r)mal *gayri tabiî, anormal

sapaklık Anomalie, Regelwidrigkeit *f* *hilâfı âde, anomali

sapalık, -ığı Abgelegen-, Schwer-Erreichbar-Sein *n* **yerin -ına rağmen** obwohl der Ort recht abgelegen ist

sapan 1. Schleuder *f* (Wurfwaffe) 2. *Kspz.* Schleuder, Zwille *f* 3. *naut.* Stropp *m*, Tauschlinge *f* 4. *naut.* Stroppblock *m* 5. *med.* Schleuderbinde *f* (für Nasen- od. Kinn-verletzungen) 6. *Verst.* von **saçma** 7. s. **saban;** ~ **taşı** Schleuderstein *m* ~ **taşı yetişmez (peşinden)** „ein Schleuderstein könnte ihn nicht erreichen" (von j−m gesagt, der aus Leibeskräften davonläuft)

Sapanca [·×·] *n.pr.* O. u. D. am gln. See im Rbz. Sakarya ~ **çayı** s. **Trabzon çayı**

sapanorya [··×·] *V* unansehnlich od. häßlich (Person)

saparna [·×·] 1. Stechwinde, Sarsapatille *f bot.* Smilax (aspera u.a.) 2. *pharm.* Sarsaparillenwurzel *f* *özdikeni

saparta [·×·] 1. *naut.* doppelte Breitseite (Geschützfeuer) 2. *fig.* scharfer Verweis; Rüffel *m* **-yı vermek** (b−ne) scharf tadeln, j−m gehörig die Leviten lesen **-yı yemek** e−n Rüffel (e−n Anpfiff, eins auf den Hut) bekommen

sapasağlam [··−·] Verst. von **sağlam** gesund wie der Fisch im Wasser, bei bester Gesundheit, fest wie Eisen usw.

sapçı wer (Holz-)Stiele herstellt und verkauft

sapçık 1. *bot.* Stielchen, Stengelchen *n* 2. *an.* Verästelung *f* (e−s Organs)

sapçılık Herstellung *f* und Verkauf *m* von (Holz-)Stielen

sapık 1. s. **sapak** 2. verrückt, närrisch, übergeschnappt *deli, kaçık 3. ekstatisch, verzückt *meczup Zu 1: s. **cinsî** ~

sapıklaşmak 1. anormal werden 2. in Ekstase geraten

sapıklık 1. Perversion, Verirrung *f* 2. Verrücktheit *f* 3. Ekstase, Verzückung *f*

sapılmak Pass. zu **sapmak; Buradan sapılır.** Hier muß man abbiegen.

sapınç 1. *astr.* Aberration *f* *aberasyon, taharrüf 2. Abgehen, Abirren *n* (vom richtigen Weg) *dalâl, dalâlet

sapınmak vom richtigen Weg abirren *delâlete düşmek

sapır sapır Lm. in Verb. mit **dökülmek** od. **titremek;** ~ ~ **dökülmek** 1. massenhaft herunterfallen (z.B. Äpfel vom Baum) 2. geradezu hingemäht werden (z.B. Soldaten), wie die Fliegen fallen ~ ~ **titremek** wie Espenlaub zittern, an allen Gliedern zittern

sapıtmak 1. *va.* Kaus. zu **sapmak** 2. **(yolu)** vom richtigen Weg abkommen 3. den Verstand verlieren, verrückt werden, überschnappen 4. zu faseln anfangen, *F* Stuß verzapfen

sapkı 1. Perversion, Entartung, Verderbtheit *f* 2. *(Sport spez. Basketball)* Foul *n*, Regelwidrigkeit *f*

sapkın 1. vom rechten Wege abgeirrt 2. pervers, entartet, verderbt 3. *geol.* erratisch ~ **kaya** *geol.* erratischer Block *avare blok, ahcarı dalle

sapkınlık 1. Abweichung *f* vom rechten Glauben od. von e−r allg. Auffassung; Ketzerei *f* 2. Perversion, Entartung, Verirrung *f*

saplama 1. Vs. zu **saplamak** 2. Schaft *m* (e−r Schraube) 3. *techn.* Verzapfung *f* ~ **cıvata** Zapfen, Dübel *m* (bei e−r Holzverbindung) ~ **vida** Stiftschraube *f*

saplamak (bşi bir yere) hinein-stoßen, -stechen (z.B. Messer ins Brot), aufspießen, mit Gewalt hineinbohren

saplanmak (m. Dat.) 1. Pass. zu **saplamak** 2. (mit Gewalt) eindringen 3. steckenbleiben, sich festfahren 4. *fig.* sich (in e−e Idee) verrennen (verbohren, verbeißen), nicht mehr loskönnen (von) 5. e−n Stengel (Stiel) bekommen Zu 2: **Ok bacağına saplandı.** Der Pfeil drang ihm ins Bein. Zu 3: **Araba kuma saplandı.** Der Wagen blieb im Sand stecken. **Gözleri muayyen bir noktaya saplanıp kaldı.** Sein Blick blieb an e−m best. Punkt hängen. Zu 4: **Sen bu fikre saplandın kaldın.** Du hast dich vollkommen in diese Idee verrannt. **Zihni bu noktaya saplandı.** Von diesem Gedanken kam er einfach nicht mehr los.

saplantı 1. fixe Idee *fikri sabit 2. *lit.* Irrweg *m*, Verirrung *f*

saplı 1. mit Stengel (Stiel, Griff usw.) 2. steckengeblieben, festgefahren 3. *fig.* verrannt, verbohrt (in), nicht mehr loskommend (von) 4. Gefäß *n* od. Topf *m* mit langem Stiel, Kasserolle *f* 5. Schöpflöffel *m* ~ **beygir** s. **kulplu beygir;** ~ **el bombası** *mil.* Stielhandgranate *f* ~ **gözlük** Stielbrille *f*, Lorgnon *n*, Lorgnette *f* *fasamen ~ **meşe** Stieleiche *f bot.* Quercus pedunculata ~ **süpürge** Kehrbesen *m* (mit langem Stiel) ~ **tarak** Rechen *m*, Harke *f* ~ **tencere** Stielpfanne *f* ~ **top** Schleuderball *m*

sapma 1. Vs. zu **sapmak** 2. *phys.* Abweichung *f*, Ablenkung, Deviation *f* (z.B. der Kompaßnadel) 3. Hakenschlagen *n* (des verfolgten Wildes) 4. *mil.* Streuung *f* (e−s Geschosses) 5. *ling.* unregelmäßige Formenbildung *aberan

sapmak, (-ar) 1. abweichen, abgehen (von e−m urspr. verfolgten Gedanken) 2. (links od. rechts) ab-, ein-biegen 3. sich (et. Schlechtem od. Falschem) zuwenden Zu 2: **yan sokağa** ~ in die Seitenstraße abbiegen Zu 3: **hileye** ~ zum Betrüger werden, betrügerische Methoden anwenden **fena yola** ~ *fig.* auf Abwege geraten **inkâr yoluna** ~ sich aufs Leugnen verlegen; et. abzustreiten versuchen; s.a. **yalana** ~

sapmaölçer *astr.* Deklinator(-ium *n*) *m*, Deklinometer *n*

saponarya s. **çöven otu** (1)

saponit, -ti s. **sabuntaşı**

sapota [·×·] s. **Amerika elma ağacı**

saprofit, -ti Saprophyt *m*, Fäulnispflanze *f* *çürükçül

sapropel Sapropel *m, n*, Faulschlamm *m*

sapsağlam s. **sapasağlam**

sapsarı [×··] *Verst.* von **sarı** *spez.* 1. toten-, leichen-blaß, aschfahl 2. quittengelb

sapsız ohne Stengel (Stiel, Griff usw.) ~ **balta** *fig.* wer keinen Gönner (Protektor) hat; alleinstehend ~ **meşe** Stein-, Winter-eiche *f bot.* Quercus petraea *karameşe

saptama Vs. zu **saptamak;** s. **tespit;** ~ **arancı** (*od.* **dilemi**) s. **tespit davası**

saptamak s. **tespit etmek**

saptanım (in der Füg.:) **türlerin -ı** *biol.* Konstanz *f* der Arten

saptanımcılık *biol.* Lehre *f* von der Konstanz der Arten

saptırıcı *phys.* 1. ablenkend 2. strahlenbrechend *refraktif

saptırma *arch.* Zickzackfries *m*

sar [−] *va.* (Blut-)Rache *f*

Sar(nehri) *n.pr.* Saar *f* (Fluß) ~ **havzası** *n.pr.* Saargebiet *n*
sara (I) *med.* Epilepsie, Fallsucht *f* *tutarak, tutarık, tutarga, yilbik ~ **nöbeti** epileptischer Anfall **²sı var** (*od.* **tutuyor**). Er hatte e–n epileptischen Anfall.
sara (II) [– –] 1. *va.* sauber, rein 2. ² *wV* Zu 1: s. **amberi** ~
sara (III) *naut. Kommando:* Festmachen! Beschlagen! (Segel) ~ **etmek** festmachen, beschlagen (Segel)
sarabanda [··×·] *mus.* Sarabande *f*
sarabranda [··×·] *naut. hist.* Festzurren *n* der Hängematten
saraciye 1. Sattler-bedarf *m*, -waren *pl.* 2. Sattlerei *f*
saraç, -cı 1. Sattler *m* 2. wer Lederstickereien anfertigt ~ **ruleti** Sattlerroulett *n* bzw. Prique-Maschine *f* (zum Vorzeichnen der Stiche)
saraçhane [··–·] 1. Sattlermarkt *m* (in Istanbul) 2. Sattlerei, Sattlerwerkstatt *f*
saraçlık Sattlerhandwerk *n*
sarafan Sarafan *m* (*fr.* russische Volkstracht *spez.* der Frauen)
sarahat, -ti [·–·] 1. Klarheit, Deutlichkeit, Genauigkeit, Präzision, Unmißverständlichkeit *f* *açıklık, aydınlık, belginlik, vuzuh 2. ausdrückliche bzw. unmißverständliche Erklärung (Erläuterung); nähere Angabe(-n *pl.*) *f* Zu 2: **Buna dair kanunda hiçbir ~ yoktur.** Im Gesetz findet sich hierüber keine nähere Angabe.
sarahaten [·–··] *Adv.* 1. deutlich, klar, unmißverständlich 2. ausdrücklich
sarahatsiz [·–··] 1. unklar, mißverständlich 2. nicht ausdrücklich angegeben, ohne nähere Angabe(-n), unklar formuliert
sarahatsizlik 1. Unklarheit, Undeutlichkeit *f* 2. Fehlen *n* näherer Angaben, unklare Formulierung
sarak, -ğı 1. *arch.* Bandgesims *n*, Fries *m* 2. *typ.* Randverzierung *f*
saraka *V* (versteckter) Spott; Ironie *f*, Sarkasmus *m* ~ **etmek** (b–le) *V* 1. spotten; sich lustig machen (über) 2. belästigen; zudringlich sein **-ya almak** s. ~ **etmek**
sarakacı *V* spöttisch, ironisch, sarkastisch
saralı *med.* epileptisch, Epileptiker(-in *f*) *m*
Saranda; Sarande [·×·] s. **Ayasaranda**
sararmak 1. gelb werden, vergilben 2. blaß od. bleich werden, erblassen, erbleichen **sararıp solmak** 1. immer bleicher od. blasser werden 2. immer mehr vergilben, verwelken (z.B. Blätter)
sarartma 1. Vs. zu **sarartmak** 2. blaß und abgezehrt (Person)
sarartmak 1. blaß, bleich werden lassen 2. vergilben, verwelken lassen
sarat *dial.* großlöcheriges Getreidesieb
saravela [··×·] *naut.* Aufgeien, Beschlagen *n* (der Segel)
saravelacı [··×··] *naut.* Matrose, der als Gehilfe des Toppgastes die Segel beschlagen hilft
saray 1. Schloß *n*, Palast *m*, Palais *n* 2. großes Gebäude 3. Hof(-kreise *pl.*) *m* Zu 2: s. **Adliye ²ı; Beyaz ²; ~ ağaları** *hist.* Serail-Eunuchen *pl.* ² **Burnu** *n.pr.* Serailspitze *f* (in Istanbul) ² **Burnu Parkı** Park *m* an der Serailspitze *Gülhane Parkı ~ **çiçeği** s. **tarla hezareni;** ~ **kırmızısı** gedecktes Rot ~ **lokması** Krapfen *pl.* in Zuckersaft ~ **otomobili** königliches Auto; Hofwagen *m* ~ **patı** s. **yıldızçiçeği** (1); ~ **pilavı** s. **içpilav;** ~ **ustası** s. **kâhya kadın; ²yı Asafi** *hist.* s. **Paşa Kapısı**
Saray *n.pr.* O. u. D. im Rbz. Tekirdağ
Saraybosna *n.pr.* Sarajewo (in Bosnien)
Sarayköy *n.pr.* O. u. D. im Rbz. Denizli
saraylı *hist.* 1. *selt.* osm. Hof-beamter, -bediensteter 2. (*a.* ~ **hanım**) osm. Odaliske od. Hofdame *f* 3. reichverzierte Kopfbedeckung (vgl. **hotoz** 2)
Sarayönü *n.pr.* O. u. D. im Rbz. Konya
Sard *n.pr. hist.* Sardes (in Westanatolien)
sardalya; sardalye; sardela Sardine *f zo.* Clupea pilchardus *ateşbalığı ~ **gibi istif olmak** wie die Sardinen (Heringe) zusammengepreßt sein
Sardca *ling.* Sard(-in)isch(-e) *n;* sard(in)isch
sardırmak 1. Kaus. zu **sarmak** 2. *V* dauernd an et. denken; nachgrübeln (über)
sardinella e–e kleinere Sardinenart: 1. *zo.* Sardinella (aurita u. a.) 2. s. **hamsi balığı**
Sardinya(adası) *n.pr.* Sardinien
Sardinyalı sard(in)isch; Sarde *m*, Sardin *f*
sardoğan e–e Falkenart; mst. = **delice doğan**
sardon; sardun ein für Fischernetze verwendetes Tragseil
sarduan (*franz.* **sardoine**) *min.* Sardonyx *m*
sardunya [·×·] s. **leylek çiçeği**
sardunyagiller s. **turnagagasıgiller**
sarf 1. *va.* Ab-, Weg-wenden *n* 2. Ver-, Auf-wenden *n* 3. Ausgeben, Verbrauchen *n* 4. *gr.* Morphologie, Formenlehre *f* (einschl. Wortbildungslehre) *morfoloji, şekil bilgisi, şekliyat mephası 5. *gel.* = **sarf ve nahiv** *gr.* Formen- und Satzlehre *f*, Morphologie und Syntax *f*, Grammatik *f* *dilbilgisi, gramer, kavait ~ **etmek** 1. *va.* ab-, weg-wenden 2. ver-, auf-wenden (z.B. große Mühe) 3. ausgeben, verbrauchen (*spez.* Geld) 4. aussprechen, sagen, äußern Zu 4: **Bana olmaz iki türlü hakaret kelimesi sarf etmiştir.** Er hat mich mit zwei verschiedenen unglaublichen Schimpfwörtern belegt. **Bu sözü sarf ettiğine çok nadim oldu.** Er bereute es sehr, dieses Wort ausgesprochen zu haben. ~ **unsuru** *ling.* s. **morfem; -ı gayret etmek** s. **gayret(-ler) ~ etmek; -ı zihin etmek** *va.* Scharfsinn aufwenden, genau überlegen
sarfınazar (m. Abl.) 1. auch wenn man nicht rechnet, auch wenn ... nicht wäre, selbst wenn man absieht (von) 2. abgesehen (von), mit Ausnahme (von), ausgenommen Zu 1: **Tembelliğinden ~, çalışsa da anlayışı kıt.** Selbst wenn er nicht so faul wäre und besser arbeitete, seine Intelligenz ist eben nicht ausreichend. Zu 2: **bundan ~** davon abgesehen, mit Ausnahme hiervon **bir kaç küçük hatadan ~** abgesehen von ein paar kleineren Fehlern ~ **etmek** (m. Abl.) 1. nicht in Rechnung stellen, nicht berücksichtigen, nicht in Betracht ziehen; absehen (von) *nazarı itibara almamak 2. verzichten (auf), Abstand nehmen (von) Zu 1: **Bu ufak tefek kusurlardan ~ edilirse, fena adam değil.** Wenn man von diesen unerheblichen Fehlern absehen will, ist er kein übler Kerl. Zu 2: **Dava ikame etmekten ~ edildi.** Man verzichtete darauf, e–n Prozeß anzustrengen.
sarfi *va.* 1. die Ausgaben betreffend 2. *gr.* morphologisch *morfolojik
sarfiyat, -tı [··–] *Pl.* 1. (Geld-)Ausgaben *pl.*, Aufwendungen *pl.* 2. Verbrauch, Konsum *m* *verdi 3. Durchflußmenge *f* (z.B. bei Wasser) 4. *va.* Ausgabenspalte *f* (in der Buchhaltung) 5. *va. med.* Drüsenabsonderung *f* Zu 2: **et -ı** Fleischverbrauch *m* **benzin -ının tahdidi** Einschränkung *f* des Benzinverbrauchs; Benzinrationierung *f*
sargı 1. Binde, Bandage *f* 2. (Wund-)Verband *m* 3. Wickeltuch *n* (für e–n Säugling) 4. *el.* Wicklung *f* ~ **kutusu** (*od.* **sandığı**) Verbandskasten *m* ~ **mahalli** (*od.* **yeri**) *mil.* Verbandsplatz *m* ~ **malzemesi** Verband-zeug *n*, -stoff *m* ~ **paketi** *mil.* Verbandpäckchen *n*
sargılamak wickeln, verbinden, bandagieren
sargılık zur Herstellung e–r Binde (e–s Verbands od. Wickeltuches) geeignet od. bestimmt, Pack-, Verband(s)- ~ **bez** Verband-stoff, -mull *m* ~ **kâğıt** Packpapier *n*
sarhoş 1. betrunken, berauscht 2. *fig.* trunken, berauscht ~ **etmek** 1. betrunken (berauscht) machen 2. *fig.* trunken

machen, berauschen ~ **otu** peruanische Blasenkirsche *bot.* Physalis peruviana ~ **yürüyüşü** schwankender Gang ~ **zembili** schmutzig, unordentlich, unaufgeräumt

sarhoşbacağı, -nı Hohlsaumarbeit *f*

sarhoşluk, -uğu 1. Betrunkensein *n*, Rausch *m* 2. *fig.* Trunkenheit *f*, Rausch *m* Zu 2: **sürat -u** Rausch *m* der Schnelligkeit

sarhoşyolu s. **âsık yolu**

sarı 1. gelb 2. blond 3. bleich, blaß, fahl 4. Gelb *n*, gelbe Farbe 5. Eidotter *m, n* 6. Goldstück *n* 7. s. ~ **bakır** Zu 5: s. **yumurta -sı;** ferner Stw. **sarılı;** ~ **açalya** s. **Amerika hanımeli** (1); ~ **ağaçkurdu** die Raupe des Blausiebs **(mavi süzgeç kelebeği)** ~ **akrep** Feldskorpion *m zo.* Buthus occitanus ~ **altın** echtes Gold ~ **ambar böceği** Messingkäfer *m zo.* Niptus hololeucus ~ **amberçiçeği** 1. Amberkörbchen *n bot.* Amberboa moschata *amberbuy 2. s. **sarı düğünçiçeği;** ~ **arı** Wespe *f zo.* Vespa ~ **aşıboyası** *geol.* gelber Ocker *tıynı asfar ~ **bakır** Messing *n* *pirinç ~ **ballıbaba** Goldnessel *f bot.* Lamium galeobdolon ~ **benizli** mit gelblichem, blassem Teint ~ **boya** 1. gelbe Farbe 2. Gelbbeeren *pl.* (Frucht des Färberdorns *bot.* Rhamnus tinctoria) ~ **boya fidanı** Färberscharte *f bot.* Serratula tinctoria ~ **burçak** Rankenplatterbse *f bot.* Lathyrus aphaca ~ **centiyane** gelber Enzian *bot.* Gentiana lutea ~ **çam** Kiefer, Föhre *f bot.* Pinus silvestris ~ **çıyan** 1. gelbe Bandassel *zo.* Scolopendra lutea 2. *fig.* unsympathischer blonder Mensch ~ **çiçekli ormangülü** gelbblühende Azalee *bot.* Azalea pontica *zifin ~ **çiğdem** gelber Krokus *bot.* Crocus luteus ~ **çirişotu** Jakobsstab *m*, Goldwurz *f*, (Peitschen-Affodill *m*) *bot.* Asphodeline lutea ~ **çizme giymek** 1. e–n hohen Posten einnehmen 2. wohlhabend sein ~ **çizmeli Mehmet ağa** 1. (als Typus ungenauer Angabe) etwa: der reiche Herr Lehmann in Berlin 2. irgend jemand ~ **çobanaldatan** Schafstelze *f zo.* Motacilla flava ~ **darı** s. **Mısır mercimeği;** ~ **diken** Labgoldkorn *n bot.* Scolymus maculatus *altın dikeni ~ **düğünçiçeği** scharfer Hahnenfuß, Butterblume *f bot.* Ranunculus acer *ada çiçeği, sarı amberçiçeği ~ **elâ** hellbraun (Auge) ~ **engerek** Levanteotter *f zo.* Vipera levantina ~ **gagalı dağ kargası** Alpendohle *f zo.* Pyrrhocorax graculus ~ **gagalı ketenkuşu** Berghänfling *m zo.* Carduelis flavirostris ~ **gagalı yelkovan** Gelbschnabel-Sturmtaucher *m zo.* Puffinus Kuhlii ~ **guafa** s. **hintarmudu ağacı;** ~ **gül** 1. Flaverie *f bot.* Flaveria contrayerba 2. s. **Isparta gülü;** ~ **güğüm** s. **hindiba;** ~ **haşhaş** gelber Hornmohn *bot.* Glaucium flavum ~ **hatmi** Schönmalve *f bot.* Abutilon *ebutaylûn, talyon ~ **helile** gelbe Myrobalane *bot.* Terminalia citrina ~ **hintkamışı** gelbe Blattähre *bot.* Phyllostachys aurea ~ **horoz ibiği** großer Klappertopf, großer Hahnenkamm *bot.* Alectorolophus major ~ **ırk** gelbe Rasse, mongolider Rassenkreis ~ **iskorçina** Wiesen-Bocksbart *m bot.* Tragopogon pratensis ~ **kantaron** s. **kılıç otu** (2); ~ **karınca** gelbe Wiesenameise *zo.* Lasius flavus ~ **kayabalığı** die Grundelart Gobius auratus ~ **keçili** Name e–s Stammes in der Nähe von Konya ~ **kök** sellerieblättrige Gelbwurz *bot.* Xanthorrhiza apiifolia ~ **kuş** s. **sarıasma;** ~ **kuyruksallayan** s. **çobanaldatan;** ~ **lira** Goldpfund *n* (Münze) ~ **maun** s. **limba** (II) ~ **meşe** Färbereiche *f bot.* Quercus tinctoria ~ **muhabbetçiçeği** gelber Wau *bot.* Reseda lutea ~ **mukallit** Gelbspötter *m zo.* Hippolais icterina ~ **nergis** 1. Belladonna-Lilie *f bot.* Amaryllis belladonna *nergis zambağı 2. s. **altıncık, aynısafa;** ~ **nilüfer** gelbe Teichrose *bot.* Nuphar luteum ~ **odun ağacı** nordamerikanisches Gelbholz *bot.* Cladastris lutea ~ **olmak** *a.:* die Gelbsucht haben ~ **papatya** 1. s. **öküzgözü** (2); 2. Sonnenröschen *n bot.* Helianthemum salicifolium (od. vulgare) *altın otu ~ **pat** s. **kasımpatı;** ~ **pelin** Kampferbeifuß *m bot.* Artemisium camphorata *altın pelin ~ **pirinç** Gelbguß *m* ~ **potas** Kaliumchromat *n* (zur Holzfärbung) *potasyum kromat ~ **saçlı** mit hellen Haaren, blond(-haarig) ~ **safra** s. **kara safra;** ~ **salip** s. **iperit;** ~ **samur** 1. Fischotter *m zo.* Lutra 2. Otterpelz *m* ~ **sarmısak** Goldlauch *m bot.* Allium Moly ~ **sıcak** *reg. (Südanatolien)* glühendheißer Sommer ~ **sırma** Gold-faden *m*, -litze *f* ~ **sıtma** s. **sarıhumma;** ~ **soğan çiçeği** s. **fulya** (1); ~ **sumak** Perückenstrauch *m bot.* Rhus cotinus *boyacı sumağı; dumanağacı; peruka çalısı ~ **süsen** Wasserschwertlilie *f bot.* Iris pseudacorus *kılıç otu ~ **sümbül** Goldkörbchen, Steinkraut *n bot.* Alyssum alpestre ~ **sütleğen otu** sonnwendige Wolfsmilch *bot.* Euphorbia helioscopia ~ **şebboy** Goldlack *m bot.* Cheiranthus cheiri *duvar şebboyu ~ **şeftali** gelblicher Pfirsich, Safranpfirsich *m* ~ **taş yoncası** s. **kokulu yonca** (2); ~ **yağız** s. **kula(at);** ~ **yasemin** 1. gelber Jasmin *bot.* Gelsemium sempervirens 2. s. **yabanî yasemin** (1); ~ **yelve** Goldammer *f zo.* Emberiza citrinella ~ **yoğurtotu** s. **yoğurtotu;** ~ **yonca** Hopfenklee *m bot.* Medicago lupulina *kelebekotu; şerbetçiotu yoncası ~ **zambak** 1. Goldlilie, braunrote Taglilie *f bot.* Hemerocallis fulva 2. Klebschwertel *m bot.* Ixia bulbocodium *gelin soğanı ~ **zırnık** *min.* Auripigment *n*, gelbe Arsenblende *orpiment

sarıağız (balığı) Schatten-, Adler-fisch *m zo.* Sciaena aquila

sarıasma Pirol *m zo.* Oriolus oriolus

sarıbalık Aland, Nerfling *m zo.* Idus melanotus

sarıbenek *an.* gelber Fleck (im Auge), Macula lutea *şeleli asfar

sarıboya ağacı s. **mahonya**

sarıca 1. gelblich 2. (*a.* ~ **arı**) Wespe *f zo.* Vespa *yabanarısı 3. *hist.* e–e best. Milizgattung

Sarıcakaya *n.pr.* O. u. D. im Rbz. Eskişehir

sarıcık s. **sarıasma**

sarıçalı s. **kadıntuzluğu**

sarıçiçek *reg. (Artvin)* ein Volkstanz von Jungen und Mädchen mit Dudelsack- od. Ziehharmonika-Begleitung

Sarıdeniz *n.pr.* Gelbes Meer

sarıdiş *fr.* ein in Chorasan geschmiedetes Schwert

Sarıgöl *n.pr.* O. u. D. im Rbz. Manisa

sarıgöz (balığı) 1. Streifenbrasse *f zo.* Cantharus lineatus 2. s. **karagöz** (3)

sarığıburma süße Blätterteigpastete (die in ihrer Form an e–n Turban erinnert)

sarıhani Riesenbarsch *m zo.* Serranus gigas *orfoz, rokos

sarıhumma *med.* Gelbfieber *n* *tropika hastalığı ~ **sivrisineği** s. **çizgili sinek**

Sarıırmak *n.pr.* Gelber Fluß, Hwangho *m* (in China)

sarık 1. der um e–e Kopfbedeckung gewundene Turbanstreifen 2. Turban *m* ~ **sarmak** e–n Turban umwinden bzw. tragen ~ **teli** *fr.* golddurchwirkter Streifen an dem Turban e–s hohen osm. Beamten *altın oluk ~ **ucu** s. **talyasan**

Sarıkamış *n.pr.* Städtchen u. D. im Rbz. Kars

sarıkanat, -dı Bez. des Blaufisches **(lüfer)** bei e–r Länge von 15–20 cm

Sarıkaya *n.pr.* O. u. D. im Rbz. Yozgat

sarıkçı *fr.* 1. wer mit Turbantüchern u.ä. handelte 2. Diener, der e–n Turban zu binden hatte

sarıkız 1. *V* türkisches Goldpfund 2. *V* Haschisch *n* 3. ⚘ *myth.* a) e–e Gestalt der türk. Volkssage b) **(tepesi)** höchste Erhebung des Ida-Gebirges **(Kaz dağı)** als Aufenthaltsort dieser Gestalt

sarıklı 1. mit (nb.) Turbanstreifen umwickelt (z.B. **sikke** II) 2. e–n Turban tragend 3. *spez.* isl. Geistlicher

sarılgan kletternd, Kletter-, Schling-(Pflanze, Ranke) ~ **bitki** *bot.* Schlingpflanze *f* *nebatı mütehafit ~ **sap** *bot.* Kletterranke *f* *sâkı mütehafit

sarılı (I) 1. teilweise gelb, mit gelben Stellen 2. mit nb. Dotter Zu 1: ~ **kırmızılı basma** gelb und rot bedruckter Kattun Zu 2: **iki ~ yumurta** Ei *n* mit zwei Dottern
sarılı (II) 1. ein-gewickelt, -gehüllt, -geschlagen, -gerollt 2. mit Verband umwickelt (z.B. Hand) 3. gedreht, geringelt 4. belagert Zu 1: **kâğıda** ~ in Papier eingeschlagen (gewickelt)
sarılık 1. Gelbsein *n*, gelbe Farbe, Gelb *n* 2. *med.* Gelbsucht *f*, Ikterus *m* *yerekan 3. *agr.* Brand, Rost *m* (im Getreide)
sarılıklı von der Gelbsucht befallen
sarılışmak sich gegenseitig umklammern (umschlingen, umarmen)
sarılmak 1. Pass. zu **sarmak** 2. (m. Dat.) sich winden (um), sich klammern (an), umklammern, umschlingen 3. (m. Dat.) sich hüllen, sich einwickeln (in) 4. (b–ne) umarmen, umschlingen, umfassen 5. (birbirine) sich umarmen 6. entschlossen und energisch zugreifen; sich stürzen (auf) 7. s. **boğazına** ~ Zu 2: s. **Denize düşen yılana sarılır. ayağına** ~ Zu 4: s. **boynuna** ~ Zu 6: s. **dört elle** ~; **kaleme (silâha)** ~
sarım 1. Vs. zu **sarmak** 2. einmalige Wickelung bzw. Wikkellänge 3. *phys.* Windung *f*, Gewinde *n* (e–r Schraube, Spirale usw.) *halka ~ ~ **sarılmak** 1. sich zusammenrollen 2. sich herumwickeln
sarımsak(-lı) s. **sarmısak(-lı)**
sarımsı; sarımtırak ins Gelbliche spielend, gelblich, blaßgelb
sarınmak sich einhüllen, sich einwickeln (in), sich umhüllen (mit)
Sarıoğlan *n.pr.* O. u. D. im Rbz. Kayseri
sarıpapa Name e–r gelben Pfirsichsorte
sarısabır 1. echte Aloe *bot.* Aloe vera 2. Aloe(-extrakt *m*) *f* (Holzbeize od. Abführmittel)
sarısalkım Goldregen *m bot.* Laburnum anagyroides *altın yağmuru
sarışın (hell-)blond ~ **Venüs** blonde Venus
Sarıyer *n.pr.* O. u. D. im Rbz. Istanbul
Sarız *n.pr.* O. u. D. im Rbz. Kayseri
sâri [– –] 1. auf andere übergreifend, andere befallend 2. ansteckend, infektiös, Infektions- *bulaşık, bulaşkan, bulaşıcı Zu 2: **emrazı -ye** *od.* ~ **hastalıklar** Infektionskrankheiten *pl.* ~ **beyin humması** *med.* Hirnhautentzündung, Meningitis *f* *menenjit
sari [– –] Sari *m* (indisches Frauengewand)
sar'î *va.* s. **saralı**
sarig (*franz.* **sarigue**) Beutelratte *f zo.* Didelphys dorsigera
sarih [ī] 1. klar, deutlich, genau, präzis, unmißverständlich *belgin 2. ausdrücklich (expressis verbis) festgestellt od. dargelegt, klar ausgesprochen *belirtik, musarrah 3. unbestreitbar ~ **bir hak** klares, unbestreitbares Recht **gayri** ~ 1. unklar, ungeklärt, undeutlich, mißverständlich 2. nicht ausdrücklich festgestellt; impliziert
sarik, -kı [ā] *va.* 1. stehlend *çalan 2. Dieb *m* *hırsız
sarkaç *phys.* Pendel *n* *rakkas
sarkaçlamak *(Turnen)* pendeln
sarkaçlı Pendel- ~ **testere** Pendelsäge *f* ~ **saat** Pendeluhr, Pendüle *f*
sarkastik *selt.* sarkastisch
sarkazm *selt.* Sarkasmus *m*
sarkı *z. va.* kurze goldgestickte Frauenjacke
sarkık 1. (herab-, hinab-)hängend, Hänge- 2. schlaff, *F* wabbelig ~ **dudaklı** mit (wulstigen) Hängelippen ~ **buz** Eiszapfen *m* ~ **çiçek** s. **küfe çiçeği**
sarkıl *phys.* pendelartig, Pendel- *rakkasî
sarkılmak 1. Pass. zu **sarkmak** 2. sich hinab-, (hinunter-, herunter-)lassen (z.B. an e–m Seil)
sarkınmak 1. nach der e–n Seite hinunterhängen 2. sich hinausbeugen od. sich hinunterlassen 3. (m. Dat.) auf-, zu-dringlich sein (gegenüber), belästigen
sarkıntı 1. Auf-, Zu-dringlichkeit, Belästigung *f* 2. *va.* s. **çapul, soygun**
sarkıntılık s. **sarkıntı** (1, 2); ~ **etmek** (*od.* ~ **yapmak**) (e–e Dame) belästigen
Sarkışla *n.pr.* O. u. D. im Rbz. Sıvas
sarkıt *geol.* Stalaktit, Abtropfstein *m* *istalaktit
sarkıtız *V* für **sarıkız**
sarkıtmak 1. Kaus. zu **sarkmak** 2. *fig. hum.* aufknüpfen, hängen, henken, durch den Strang hinrichten 3. *V* a) e–e Ohrfeige geben, *F* j–m e–e kleben b) j–n halbtot schlagen Zu 1: **kuyuya** ~ in den Brunnen hinunterlassen, im Brunnen aufhängen (z.B. Kühlgefäß) **saçını** ~ die Haare offen hängen lassen
sarkma 1. Vs. zu **sarkmak** 2. *med.* s. **düşme** (6)
sarkmak, (-ar) *intr.* 1. (hinunter-, herab-)hängen 2. **(dışarı)** sich hinausbeugen, sich hinauslehnen 3. seinen Weg fortsetzen, weitergehen, *mil.* abziehen 4. *va.* übrigbleiben, als Rest bleiben (bei e–r Rechnung) 5. (m. Dat.) *va.* plötzlich angreifen 6. s. **geride kalmak** Zu 1: s.a. **Burnu sarkıyor.** Zu 2: **Dışarı sarkmayınız!** Nicht hinauslehnen! Zu 3: **Düşman güneye sarktı.** Der Feind zog nach Süden ab.
sarkofaj Sarkophag, Stein-, Prunk-sarg *m*
sarkolem(-ma) s. **kas zarı**
sarkom *med.* Sarkom *n* (bösartige Geschwulst)
sarkopt, -tu (*franz.* **sarkopte**) (Krätz-)Milbe *f zo.* Acarus *uyuz böceği
sarkot, -du *va.* Sarkode *f* (*va.* für: Protoplasma)
sarma 1. Vs. zu **sarmak** 2. in Kohl- od. Weinbeerblätter eingewickelte und in Olivenöl und Wasser gedämpfte Farce (Hackfleisch, Reis); Krautwickel *m*, Kohlroulade *f*, farcierte Weinbeerblätter *pl.* 3. ein ähnlich wie (2) zubereitetes Gericht in Lammdärmen 4. *(Ringen)* Beinklammer *f* 5. Hochstickerei *f* 6. *naut.* Sorring *f* (e–s Kabels) 7. Umhüllung *f* 8. s. **üstüpü** 9. umwickelt, gewikkelt, aufgewickelt, eingeschlagen, umgeben (usw. vgl. **sarmak**) Zu 2: s. **yaprak -sı** Zu 3: s. **kuzu -sı** Zu 4: **-ya almak** *(Ringen)* das Bein des Gegners umklammert halten ~ **flok** *naut.* s. **velena;** ~ **kafiye** *(Metrik)* eingeschlossener Reim (Schema: abba) ~ **süzeni** Name e–r feinen Stickart
sarmaç, -cı s. **bigudi**
sarmadal s. **kıvrıkdal**
sarmak, (-ar) 1. ringsum bedecken, umgeben, um-, einhüllen 2. drehen (*spez.* Zigarette) 3. verbinden (z.B. Wunde), umbinden (z.B. Armbinde) 4. einschließen, einkreisen, umzingeln, umgeben *ihata etmek 5. sich ausbreiten, sich ausdehnen (auf) 6. umarmen, umfangen, umschlingen, herzen, liebkosen *kucaklamak 7. aufwickeln, aufspulen 8. gefallen, interessieren, fesseln 9. (m. Dat.) sich um et. herumwinden, an et. hochklettern, sich ranken (um) 10. einwickeln, einschlagen, einpacken, umwickeln 11. befallen (Angst) 12. *naut.* sorren, zurren (festmachen) 13. s. **aklı** ~ (bşi) Zu 1: **Bu kuşak onun belini ancak iki defa sarar.** Diese Leibbinde läßt sich bei ihm nur zweimal herumwickeln; s.a. **başına bşi** ~ Zu 2: **bir sigara** ~ sich e–e Zigarette drehen Zu 3: s. **yarayı** ~ Zu 5: s. **Alev bacayı sardı.** Zu 7: s. **ipliği makaraya** ~ Zu 8: **Bu iş beni sarmadı.** Diese Tätigkeit hat mich nicht interessiert. Zu 9: **Asma çardağa sardı.** Die Reben haben sich um die Laube gerankt. s.a. **Başına belâ sardı.** Zu 10: **Şu kitabı kâğıda sarar mısınız?** Würden Sie mir bitte dieses Buch (in Papier) einschlagen? s.a. **içine** ~ Zu 11: **Onu büyük can korkusu sarmıştır.** Es befiel ihn Todesangst. **sarıp sarmalamak** fest einwickeln, gut verpacken

sarmal schnecken-, spiral-, schrauben-förmig *helezonî ~ **bulutsu** *astr.* Spiralnebel *m* ~ **damarlar** *bot.* Spiral-, Schrauben-Gefäße *pl.* *eviyei helezoniye ~ **talkım** *bot.* zusammengesetzte Dolde *mevciyei helezoniye
sarmalamak s. **sarıp** ~
sarman 1. riesig, enorm *azman 2. mit gelblichem Fell (Katze) 3. s. **toprak yabanarısı**
sarmaş *(in der Füg.):* ~ **dolaş** eng umschlungen ~ **dolaş olmak** 1. sich in den Armen liegen, sich in die Arme schließen, sich umarmen, sich herzen 2. *fig.* eng befreundet sein
sarmaşan s. **sarılgan**
sarmaşık, -ığı Efeu *m bot.* Hedera (helix u. a.) *duvar sarmaşığı; leblâbülarz ~ **gülü** Kletterrose *f*
sarmaşıkgiller Araliengewächse *pl. bot.* Araliaceae *bilsaniye, leblâbiye
sarmaşmak 1. sich ineinander verflechten, sich verschlingen 2. sich eng umschlingen, sich umarmen, sich herzen
sarmısak, -ağı Knoblauch *m bot.* Allium sativum ~ **dişi** Knoblauchzehe *f* ~ **kurbağası** Knoblauchkröte *f zo.* Pelobates fuscus ~ **macunu** *pharm.* Diascordium *n*, Skordinallatwerge *f* ~ **otu** Lauchhederich *m bot.* Alliaria officinalis ~ **yemedim ki ağzım koksun!** *fig.* Ich habe ja nichts Unrechtes getan, daß ich mich fürchten müßte! ~**ı gelin etmişler de, kırk gün kokusu çıkmamış.** *Spr. (Sinn:)* Es kann sich jm. lange verstellen; deshalb sollte man sich hüten, ihn vorschnell günstig zu beurteilen.
sarmısaklamak mit Knoblauch zubereiten (*spez.* in der Schnellsprechübung:) **Şu yoğurdu sarmısaklasak da mı saklasak, sarmısaklamasak da mı saklasak?**
sarmısaklı mit Knoblauch (zubereitet)
sarnıç, -cı 1. Zisterne *f* 2. *naut.* Wassertank *m* 3. Tankstelle *f* ~ **gemisi** Tankdampfer, Tanker *m* ~ **vagonu** Kessel-, Kübel-wagen *m*
sarnıçlı 1. mit Zisterne 2. Tank- ~ **gemi (vagon)** s. **sarnıç gemisi (vagonu)**
sarp, -pı 1. steil, schwer zu ersteigen 2. *fig.* schwer, schwierig 3. *va.* schwer zu überreden; harthörig 4. steile Anhöhe 5. Schwierigkeit *f* ~ **yamaç** Steilhang *m* ~ **yol** steiler Weg, steile Straße **-a sarmak** s. **iş sarpa sarpmak**
sarpa 1. s. **çitari** 2. s. **mandagöz mercanbalığı**
sarpın 1. Miete *f* (zur Aufbewahrung von Feldfrüchten) 2. Getreidespeicher *m* 3. Backtrog *m*
sarplaşma s. **sarplık**
sarplaşmak 1. steil(-er) werden, (auf einmal) steil in die Höhe gehen 2. *fig.* schwer(-er) werden, sich erschweren
sarplık 1. Steilsein *n*, schwere Ersteigbarkeit 2. *geogr.* steile Abdachung, Steilabhang *m* *sarplaşma
sarraf 1. Geldwechsler *m* (der auch mit Gold, Silber, Obligationen usw. handelt) 2. *va.* Geldverleiher *m*
sarrafiye [·–·‧] 1. Wechslergebühr *f* 2. *hist.* Zinsen, die der osm. Staat auf Beträge zu zahlen hatte, die bei privaten Geldverleihern aufgenommen waren *akçabaşı, güzeşte; senelik nema
sarraflık 1. Wechselgeschäft *n* 2. Tätigkeit *f* e–s Geldwechslers 3. s. **sarrafiye** 4. *pej.* Krämergeist *m* ~ **etmek** Wechselgeschäfte treiben
sarsaç, -cı s. **vibratör**
sarsak gebrechlich, klapperig, zitterig, taperig, schwankend, taumelnd (infolge hohen Alters od. Krankheit) ~ **sursak** *od.* **sarsık sursuk** od. **sarsak pursak** sehr gebrechlich, recht taperig, schwankend (z. B. Gang)
sarsaklık Gebrechlichkeit, Klapperigkeit, Taperigkeit *f*
sarsar *va.* heftiger kalter Sturm; Orkan *m*
sarsı heftige Erschütterung; Erdstoß *m* *recfe
sarsık(-lık) s. **sarsak(-lık)**
sarsılma 1. Erschütterung *f*, Stoß *m* 2. *med.* Zuckung, Konvulsion *f*, Krampf *m*
sarsılmaz unerschütterlich
sarsım 1. Erschüttern *n*, Erschütterung *f* 2. *astr.* Perturbation *f* *irticaf; s. a. **yer -ı**
sarsıntı 1. Rütteln, Schütteln *n* 2. Erschütterung *f (a. fig.)* 3. Erdbeben *n* *deprem, yersarsıntısı, zelzele 4. (einzelner) Erdstoß 5. Vibrieren *n* Zu 1: **trenin devamlı -sı** das dauernde Rütteln des Zuges Zu 2: **Büyük bir ~ geçirdi.** Er hatte e–e große Erschütterung erlebt.
sarsıntılı 1. Schüttel-, Rüttel- 2. von Erschütterungen begleitet; unruhig (z. B. Leben) ~ **elek** *techn.* Rüttelsieb *n*
sarsıntısız 1. erschütterungsfrei 2. ruhig, gleichmäßig (z. B. Leben)
sarsma Vs. zu **sarsmak;** ~ **heyecan** seelischer Schock *sadme-heyecan
sarsmak, (-ar) 1. (heftig) schütteln, rütteln 2. erschüttern *(a. fig.)*, stark in Mitleidenschaft ziehen, j–m sehr nahegehen, j–n arg mitnehmen Zu 1: **Araba bizi çok sarstı.** Der Wagen hat uns arg durcheinandergerüttelt. Zu 2: **Bu haber beni sarstı.** Diese Nachricht hat mich sehr erschüttert. **Bu ziyan onu epey sarstı.** Dieser Verlust ist ihm sehr nahegegangen. **Hastalık, çocuğu hayli sarstı.** Die Krankheit hat den Jungen arg mitgenommen.
sart, -tı *naut. selt.* Hanfseil, Tau *n*
Sart, -dı s. **Sard**
sartiya; sartiye *naut.* Bramstenge-Want(-en *pl.*) *f*
Saruhanlı *n.pr.* O. u. D. im Rbz. Manisa
sarüsofon *mus.* Sarrusophon *n*
SAS = Scandinavian Airlines System, Skandinavische Fluggesellschaft
Sasanîler [–––·]; **Sasaniyan** [––·–] *hist.* Sassaniden *pl.* (pers. Königsdynastie, 224–651 n.Chr.)
sası 1. muffig, moderig (riechend) 2. in Fäulnis (Verwesung) übergegangen, verfaulend, verwesend *mütefessih ~ ~ **kokmak** muffig und moderig riechen, *F* furchtbar stinken
sasımak 1. muffig und moderig riechen 2. in Fäulnis (Verwesung) übergehen, verfaulen, verwesen *tefessüh etmek
Sason *n.pr.* O. u. D. im Rbz. Siirt
sassafras (ağacı) Sassafrasbaum *m bot.* Sassafras officinale
saşe (*franz.* **sachet**) (mst. mit Lavendel gefülltes, zwischen Wäsche gelegtes) Duftsäckchen, Riechkissen
satak *va.* s. **pazar, piyasa;** ~ **ederi** s. **piyasa fiyatı**
satan Part. Präs. zu **satmak** *spez.* Verkäufer(-in *f*) *m*
satanizm *hist., rel.* Satanismus *m*
sataşkan 1. angreifend, anpöbelnd, aggressiv *mütearrız, mütecaviz 2. nicht in Ruhe lassend, störend, belästigend, auf die Nerven gehend *musallat
sataşmak (m. Dat.) 1. angreifen, anpöbeln *çatmak 2. nicht in Ruhe lassen, stören, belästigen, reizen, auf die Nerven gehen *musallat olmak 3. *va.* zusammentreffen
satelit, -ti s. **peyk** (1, 2)
saten 1. Atlas(-seide *f*) *m*, Satin *m* 2. Satinholz *n* (verschiedener, *spez.* nicht-europäischer Bäume wie Fagara flava, Chloroxylon swietania, Murraya exotica, Liquidambar styraciflua u. a. m.)
satenleştirmek satinieren (Papier, Stoffe)
satenli satiniert ~ **kâğıt** s. **perdahlı kâğıt**
sater [ā] s. **kekik**
saterotu, -nu s. **yabanî kekik**
sathan; sathen 1. der Oberfläche (dem Flächeninhalt) nach 2. von außen
sathî [ī] 1. die Oberfläche betreffend, Oberflächen- *yüzeysel 2. unbedeutend, leicht, nicht tiefgehend (z. B. Wunde) 3. *pej.* oberflächlich Zu 1: ~ **tevettür** Oberflächenspannung *f* **zaviyei sathiye** Flächenwinkel *m;* s. a. **mesahai sathiye** Zu 2: ~ **bir yara** leichte Wunde, unbedeuten-

de Schramme Zu 3: ~ **malumat** oberflächliche Kenntnis, oberflächliches Wissen
sathîce [×−·] (*va.* **sathiyen**) 1. nur oberflächlich 2. von außen
sathîlik Oberflächlichkeit *f*
satı Verkaufen *n*, Verkauf *m* **-ya çıkarmak** zum Verkauf bringen (od. stellen)
satıcı Verkäufer, Händler *m* *bayi ~ **tezgâhı** Verkaufs-, Laden-tisch *m*, Theke *f*
satıcılık 1. Tätigkeit *f* e−s Verkäufers *bayilik 2. Kleinverkauf, -handel *m*
satıh, -thı (Ober-)Fläche *f* *yüz, yüzey ~ **mesahası** Flächeninhalt *m* ~ **müsellesatı** Trigonometrie *f* der Ebene ~ **ölçüsü** Flächenmaß *n* **-ı arz** s. **yeryüzü; -ı dahilî** *arch.* Unter-, Innen-seite *f* e−r Wölbung **-ı haricî** 1. s. **dışyüz** 2. *arch.* Bogen-, Gewölbe-rücken *m* **-ı mail** s. **maile; -ı münhani** s. **eğri yüzey; -ı müstedir** *va.* gekrümmte (Ober-) Fläche
satıhlı mit nb. (Ober-)Fläche; s. **tek(çift)** ~ **tayyare**
satılık, -ığı 1. verkäuflich, zu verkaufen 2. *selt.* Verkaufen *n*, Verkauf *m* Zu 2: **-a çıkarmak** zum Verkauf bringen (stellen)
satılmak 1. verkauft werden 2. leicht Absatz finden (Ware) 3. **(düşmana)** für die Feindseite arbeiten, vom Feind bestochen sein
satılmış 1. verkauft 2. käuflich, bestechlich 3. ≗ *mV*
satım Verkauf *m;* s. a. **alım ~; -a konu olan** zum Verkauf gestellt
satımca s. **fatura**
satımlık Maklergebühr, Courtage *f* *beyiye, komisyon
satın (in Verb. mit **almak**) Kauf *m* ~ **alan;** ~ **alıcı** Käufer, Erwerber *m* ~ **alma** (An-, Ein-)Kaufen *n* ~ **alma gücü** (*od.* **kuvveti**) Kaufkraft *f* ~ **alma komisyonu** An-, Einkaufskommission *f* *mübayaa komisyonu ~ **almak** (an-, ein-)kaufen
satır (I) 1. Zeile *f* (von et. Geschriebenem od. Gedrucktem), Reihe, Linie *f* 2. (in der Volksliteratur) Halbvers *m* ~ **aralamak** *typ.* durchschießen ~ **aralığı** *typ.* Zeilenabstand, Durchschuß *m* ~ **düzen makine** *typ.* Zeilensetzmaschine *f* **-ların arasından okumak** *fig.* zwischen den Zeilen lesen
satır (II) [ā] 1. Hackmesser *n* (des Fleischers) 2. Kurzschwert *n* 3. Messer *n* e−r Tabakschneidemaschine 4. Beil *n* (des Scharfrichters); Fallbeil *n* (der Guillotine) ~ **atmak** 1. wild auf et. losschlagen 2. a) schwere Verluste beibringen b) vernichten, ausrotten, massakrieren c) (bşe) et. verpatzen 3. j−m viel Geld abnehmen (beim Spiel) **-a yatmak** *V* j−s prahlerisches Gerede anhören müssen
satırbaşı, -nı 1. Alinea *n*, Absatz *m* 2. (bei Diktat) Neuer Absatz! Neue Zeile! ~ **açmak** *typ.* einrücken (neue Zeile)
satırcı 1. wer Hackmesser herstellt, verkauft od. handhabt *spez.* Fleischergeselle *m* 2. *fr.* mit Kurzschwert ausgerüstet (Soldat)
satırlık aus soundsoviel Zeilen (usw.) bestehend
satış Verkaufen *n*, Verkauf *m* ~ **bedeli (değeri, fiyatı)** Verkaufspreis *m* ~ **birliği** Verkaufsverband *m* ~ **kooperatifi** *H* Verkaufsgenossenschaft *f* ~ **masrafları** *H* Verkaufsspesen, Vertriebskosten *pl.* ~ **memuru** Ladenverkäufer(-in *f*) *m* ~ **previzyonu** *H* Absatzprognose, Verkaufsschätzung *f* ~ **salonu** *H* Verkaufsraum *m* ~ **sonrası hizmeti** *H* Kundendienst *m* ~ **vergisi** *H* Umsatzsteuer *f* ~ **yapmak** s. **satılmak;** ~ **yeri işgaliyesi** Standgebühr *f* (für Markthändler) **-a çıkarmak** (*od.* **-a arz etmek**) zum Verkauf bringen (stellen)
satışlı mit e−m Verkauf (von); **dört milyon ~ İngiliz gazetesi Daily Mirror** die engl. Zeitung Daily Mirror mit vier Millionen verkaufter Exemplare
satine 1. atlasartig 2. Glanz-, satiniert (Papier)
satir 1. *griech. Myth.* Satyr *m* 2. *lit.* Satire *f* *hiciv ~ **dramı** *Th.* Satyrspiel *n*
satirci 1. satirisch 2. Satiriker *m*
satirik satirisch
satiryazis *med.* Satyriasis *f* (männliche Erotomanie)
satkan(-lık) s. **tacir; (ticaret)**
satlıcan *P* s. **plörezi; zatülcenp**
satmak, (-ar) 1. verkaufen 2. mit et. handeln (Firma) 3. sich ausgeben, sich aufspielen (als); so tun, als ob man ... wäre 4. (k−ni) sich in günstigem Licht zeigen wollen 5. a) (für Geld) verraten b) verpfeifen 6. *V* j−n loswerden, *F* abhalftern, *F* sich loseisen (von) 7. in best. Ra. 8. *Th.* unterstreichen, hervorheben Zu 3: s. **evliyalık (kabadayılık, malumat, sır, ustalık)** ~ Zu 4: **Kendini nasıl da satmasını bilir!** Er versteht es aus dem Effeff, Leute für sich einzunehmen. Zu 5: **suç ortaklarını** ~ seine Komplizen verpfeifen Zu 6: **Yanımdakini satamazsam, size gelemeyeceğim.** Wenn ich den Burschen, der jetzt bei mir ist, nicht losbringe, kann ich nicht zu euch kommen. Zu 7: s. **Ne satıyorsun? — ağız(alıp, çene) ~; sata sava geçinmek** in äußerster Not sein (so daß man alles Hab und Gut losschlagen muß) **sata** (*od.* **satıp**) **savmak** seinen ganzen Besitz veräußern (losschlagen)
satman(-lık) (*kaum gebr.*) s. **tacir; (ticaret)**
satranç, -cı 1. Schachspiel *n* 2. s. **satrançlı;** ~ **bezi** Schachbrett *n* (aus Wachstuch) ~ ~ schachbrettartig ~ **tahtası** Schachbrett *n* (aus Holz) ~ **takımı** Schachbrett *n* und die dazugehörigen Figuren, Schachspiel *n* ~ **taşı** Schachfigur *f* ~ **turnuvası** Schach-turnier *n*, -wettkampf *m*
satranççı schachspielend; Schachspieler *m*
satrançlı mit schachbrettartigem Muster, gewürfelt, kariert *damalı, kareli
satrançvari [··−−] schachbrettartig
satrap, -pı *hist.* Satrap *m* (altpers. Statthalter)
satsuma (fayansı) Satsuma *n* (feine japanische Keramik)
sattırmak Kaus. zu **satmak** j−m erlauben, (j−n veranlassen od. j−n zwingen), et. zu verkaufen
satürasyon *H* Saturation, Sättigung *f* (des Marktes)
Satürn 1. *griech. Myth.* Saturn (Gott) 2. *astr.* Saturn *m* (Planet) *Sekendiz, Zühal ~ **halkası** *astr.* Saturnring *m*
satürnizm (*franz.* **saturnisme**) s. **kurşun zehirlenmesi**
satvet, -ti 1. *z. va.* stürmischer Angriff 2. Macht(-entfaltung) *f*, Kriegsmacht *f*
sauna (finnisches) Dampfbad; Sauna *f*
sav 1. Wort *n* *söz 2. Mitteilung, Nachricht, Botschaft, Kunde *f* *haber 3. Gedanke *m*, These *f*, Anspruch *m*, Forderung *f*, Sache *f* (um die es geht); (verfolgtes) Ziel *n*, Absicht *f*, Plan *m* *dava 4. *log.* Behauptung *f* *müddea, tez 5. Sprichwort *n* *atasözü **-ı kanıtsama** *log.* Petitio principii *f* *müsadere alelmatlup
sava (I) *va.* 1. s. **haber** 2. s. **müjde**
sava (II) *P* kleiner Amboß
Sava *n.pr.* Save *f* (Fluß in Jugoslavien)
savacı *va.* 1. s. **haberci** 2. s. **müjdeci** 3. s. **nebi**
savak 1. Teilungsstelle *f* e−s Wasserlaufes 2. Stau-see *m*, -werk *n* 3. Schleuse *f*, Wehr *n*, Überlaufrinne *f* ~ **kapağı** *techn.* Schütz *n*
savan(-a) *geogr.* Savanne *f* (Baumsteppe)
savap, -bı [·−] 1. *va.* richtiges Verhalten, richtige Überlegung 2. Rechtschaffenheit *f* 3. Richtigkeit *f* 4. recht, richtig, korrekt Zu 3: s. **hata ~ cetveli**
savaren Savarin *m* (mit Rum getränkter Hefekuchen)
Savarona [··×·] Name der Jacht Atatürks; später Schulschiff
savaş 1. Kampf, Streit *m* *mücadele 2. Krieg *m* *harp Zu 1:

frengi (sıtma, trahom, verem) -ı Kampf *m* gegen die Syphilis (Malaria, ägyptische Augenkrankheit, Tuberkulose) ~ **alanı** Schlachtfeld *n* *harp meydanı ~ **arkadaşı** Kriegsgefährte, Mitkämpfer *m* ~ **atı** *fr.* Schlachtroß *n* ~ **bilgisi** *mil.* Kriegskunst, Gefechtslehre *f* ~ **birliği** Kampfeinheit *f* ~ **bölgesi** *mil.* Kampfraum *m*, Kriegsgebiet *n* ~ **cesareti** *mil.* kämpferischer Mut ~ **çevresi** *mil.* Kampfbereich *m* ~ **düzeni** Schlachtordnung, Gefechtsformation *f* ~ **gazı** Giftgas *n* ~ **gemisi** Kriegsschiff *n* ~ **hazinesi** Kriegsschatz *m* ~ **hükümleri** Kriegsbestimmungen *pl.* ~ **kümesi** Kampf-, Gefechts-truppe *f* ~ **suçları** Kriegsverbrechen *pl.* ~ **suçlusu** Kriegsverbrecher *m* ~ **tazminatı** Reparationen *pl.*, Kriegsentschädigung(-en *pl.*) *f* ~ **tutsağı** Kriegsgefangener ~ **uçağı** Kampfflugzeug *n* ~ **yeri** s. ~ **alanı**

savaşçı 1. kriegführend, im Krieg liegend *muharip 2. kriegstüchtig, kriegerisch, kriegsgewohnt, kämpferisch *cengâver 3. (Vor-)Kämpfer *m*

savaşçılık Kriegstüchtigkeit *f*

savaşdışı 1. kriegsversehrt 2. nicht-kriegführend 3. kampfunfähig, außer Gefecht (gesetzt)

savaşkan s. **savaşçı** (2)

savaşma Vs. zu **savaşmak** 1. Schlacht *f*, Gefecht *n* *muharebe 2. Kampf *m* *savaş

savaşmak 1. e–e Schlacht schlagen; kämpfen 2. (m. Dat.) sich anstrengen, sich abmühen, sich große Mühe geben (et. fertigzubringen) **savaşan kıta** *mil.* kämpfende Truppe

savaşöncesi, -ni Vorkriegs- *harböncesi ~ **devri** Vorkriegszeit *f*

savaşsonrası, -nı Nachkriegs- *harpsonrası ~ **Avrupası** Nachkriegseuropa *n*

Savaştepe *n.pr.* O. u. D. im Rbz. Balıkesir

savat (I), **-dı** Tulasilber(-arbeit *f*) *n*, Niello *n*

savat (II), **-tı** *va.* 1. Tränkstelle od. Schwemme *f* (für Tiere) 2. Mastanstalt *f*

savatçı Hersteller od. Verkäufer *m* von Tulasilber

savatlamak (I) mit schwarzen Mustern verzieren (Silbergerät), als Tulasilber herstellen

savatlamak (II) *va.* mästen (Tiere)

savatlı (I) mit schwarzen Mustern verziert (Silber), als Tulasilber gearbeitet

savatlı (II) *va.* gemästet, schlachtreif (Tier)

savcı Staatsanwalt *m*, öffentlicher Ankläger *müddeiumumî

savcılık 1. Amt *n*, Rang *m*, Aufgaben *pl.* e–s Staatsanwalts 2. Staatsanwaltschaft *f* *(1, 2) müddeiumumîlik

savdırmak Kaus. zu **savmak** *spez.* vertreiben (Krankheit), aufhören lassen (Schmerzen)

savla [×·] *naut.* (Signal-, Flaggen-, Log- usw.)Leine *f*

savlama(-k) s. **iddianame; (iddia etmek)**

savlayıcı s. **müddei**

savlecan [··–] Poloschläger *m* *çevgen

savlet, -ti ungestümes Drauflosgehen, plötzlicher Angriff *atılış, hamle

savlı filim Tendenzfilm *m*

savlo s. **savla**

savm *va.* s. **oruç**

savma Vs. zu **savmak:** 1. s. **eskiv** 2. s. **baştan ~**

savmaa *va.* 1. Ort *m* der Gottesverehrung 2. s. **tekke, tapınak** 3. Mönchszelle *f*

savmaanişin [····–] *va.* Mönch, Einsiedler, Eremit *m*

savmak, (-ar) 1. fortjagen, entlassen 2. zum Fortgehen veranlassen, *F* abwimmeln 3. (et. Schweres) überstehen 4. (m. Dat.) eindringen (in) *geçmek 5. verblühen, verwelken (Blumen) 6. enden, aufhören (Schmerzen usw.) Zu 1: **hizmetçiyi** ~ das Dienstmädchen entlassen; s. a. **satıp** ~ Zu 2: **dilenciyi** ~ den Bettler abwimmeln Zu 3: **Tokat, büyük kazayı üç bina ve on kadar can kurbaniyle savmıştır.** Tokat hat das große Unglück mit dem Verlust von drei Gebäuden und ungefähr zehn Menschenleben überstanden. Zu 4: **Soğuk içime savdı.** Ich bin ganz durchfroren. Zu 5: **Vazodaki çiçekler savmış, yenilemeli.** Die Blumen in der Vase sind verwelkt (*F* hinüber), man muß neue hineintun.

savmış vergangen, überstanden, bereits erledigt, schon bereinigt (Angelegenheit)

Savoya [·×·] **hanedanı** *hist.* das Haus Savoyen

savruk 1. unbesonnen, unüberlegt, unbedacht 2. zerfahren, unkonzentriert, undiszipliniert 3. ungeschickt, tapsig 4. ⚲ L'Etourdi (Moliere – Ahmet Vefik Paşa)

savruklama *(Film)* Burleske *f* *bürlesk

savrukluk 1. Unbesonnenheit, Unüberlegtheit *f* 2. Zerfahrenheit *f*, Mangel *m* an Konzentration 3. Ungeschicklichkeit, Tapsigkeit *f*

savrulma s. **savurma** (2)

savsa 1. *Adv.* langsam, verstohlen 2. *Sb.* Anschleichen *n* ~ **vermek** *V* sich heimlich an e–e Frau heranmachen

savsacı hinterlistiger Wüstling

savsak (nach-)lässig, oberflächlich arbeitend *ihmalci, müseyyep

savsa(k)lamak 1. (bşi) vernachlässigen, hinauszögern, auf die lange Bank schieben *ihmal etmek 2. (b–ni) hinhalten, vertrösten Zu 1: **İşinizi savsakladım sanmayın, vaktini bekliyorum.** Denken Sie nur ja nicht, ich hätte Ihre Sache einfach liegenlassen, ich warte nur e–e günstige Zeit ab.

savsöz s. **slogan**

savt, -tı (I) *va.* Peitsche *f* *kamçı, kırbaç 2. Peitschen *n*

savt, -tı (II) 1. *z. va.* Ton, Klang, Laut, Schall *m* *selen, ses 2. *fr.* e–e best. Musik (spez. in Derwischklöstern) ~ **unsuru** Phonem *n* *fonem, ses **-ı taklidî** s. **onomatope; ilmi** ~ s. **akustik**

savtî *va.* 1. Ton-, Laut-, Schall-, Klang- 2. phonetisch *fonetik 3. s. **ünlü** ~ **imlâ** phonetische Schreibung ~ **mahreç** *phon.* Artikulationsstelle *f* ~ **usul** phonetisches Prinzip (in der Orthographie) **hurufu -ye** s. **sadalı harfler;** s. a. **hubulü -ye**

savtiyat, -tı [··–] s. **fonetik**

Savua *n.pr.* Savoyen (in Frankreich)

savulmak 1. Pass. zu **savmak** 2. zur Seite treten, Platz machen, ausweichen **Savul(-un)!** Aus dem Weg! Platz da! Vorsicht! Achtung!

savunca Apologie *f* *reddiye

savuncalı verteidigend, rechtfertigend, apologetisch

savunma Verteidigung, Abwehr, Defensive *f* *müdafaa ~ **dişi** Fang-, Stoß-zahn; Hauer *m* ~ **söylevi** *jur.* Plädoyer *n* ~ **tüyleri** *bot.* Brennhaare *pl.* ~ **yazısı** Verteidigungs-, Rechtfertigungs-schrift, Apologie *f* *müdafaaname

savunmak verteidigen *müdafaa etmek

savunmalık Verteidigungs-, Schutz-, Abwehr- *tedafüî

savunman *(Neol.)* s. **avukat**

savunu s. **savunma**

savunucu Verteidiger *m* *müdafi

savunuculuk, -ğu Verteidigung *f*

Savur *n.pr.* O. u. D. im Rbz. Mardin

savurgan verschwenderisch, Verschwender *m* *müsrif, tutumsuz

savurganlık Verschwendung *f* *israf, tutumsuzluk

savurma 1. Vs. zu **savurmak** 2. *geogr.* Deflation *f* (Abblasung lockeren Gesteins durch den Wind) ~ **döküm** Schleuderguß *m* ~ **topu** *La.* Schleuderball *m*

savurmak 1. in die Höhe (od. wuchtig) schleudern (werfen, blasen); worfeln (Getreide) 2. schwingen (z. B. Schwert) 3. um sich schlagen (z. B. mit den Fäusten) 4. aufwirbeln, aufwühlen 5. aussprechen (z. B. Lügen), ausstoßen (z. B.

Fluch), äußern, von sich geben 6. verbreiten, in die Welt setzen (Nachrichten, Gerüchte usw.) 7. verfliegen lassen, mit sich fortreißen, hinwegfegen, wegwehen (z. B. Sturm) 8. prahlen, aufschneiden 9. vergeuden, verschwenden 10. (Essig) bereiten, herstellen Zu 1: **Sigaranın dumanını yüzüme savurma!** Blas mir nicht den Zigarettenrauch ins Gesicht! s. a. **harman** ~ Zu 2: **savurarak vuruş** *(spez. Boxen)* Schwinger *m;* s. a. **kılıç** ~ Zu 3: s. **yumruk** ~ Zu 4: **Kasırga, tozu toprağı savurdu.** Der Sturm hat e–e Unmenge Staub aufgewirbelt. Zu 5: s. **kahkaha (palavra, yalan)** ~ Zu 6: **bir takım haberler** ~ verschiedene Nachrichten verbreiten (bzw. in die Welt setzen) Zu 7: **Bunları inkılâp rüzgârı savurmuş hiçe indirmiştir.** Der Sturm der Neuordnung (Revolution) hat all das hinweggefegt und zu e–m Nichts zusammenschrumpfen lassen. Zu 8: s. **atıp** ~ Zu 9: s. **har vurup harman** ~

savuşmak 1. sich heimlich davonmachen, sich französisch empfehlen, davon-gehen, -laufen, ent-wischen, -kommen 2. vergehen, aufhören (z. B. Krankheit, Schmerz usw.) *geçmek

savuşmaz unheilbar (z. B. Krankheit)

savuşturmak 1. überstehen (z. B. Gefahr) 2. *(Sport spez. Fechten)* parieren, abwehren

savut *dial.* Waffe *f* *silâh

savvag [·–] *va.* s. **kuyumcu**

sây 1. Anstrengung, Bemühung *f*, Fleiß *m*, Bestreben *n*, Arbeit *f* 2. *rel.* der siebenmalige Lauf der Mekkapilger zwischen Safa und Merve ~ **etmek** (bşi yapmağa) sich bemühen, bestrebt sein (et. zu tun) **-i ekal kanunu** s. **en az çaba kuralı**

say s. **başlıklı maymun**

saya 1. *hist.* Beamter, der die Viehzählung vornahm und die Viehsteuer erhob 2. Oberleder *n* (des Schuhs) ~ **çuhası** Sayette *f* (Serge-Art)

sayacı wer das Oberleder von Schuhen zuschneidet

sayaç, -cı (Gas-)Uhr *f*, (Elektrizitäts-)Zähler *m* u. ä. m. *kontör; s. a. **tanecik -ı**

saydam 1. *phys.* durchsichtig, durchscheinend, transparent *şeffaf 2. ♀ *türk. Fn.* ~ **boya** Glasur, Lasur(-farbe) *f* *glasi ~ **ses** *Th.* klare Stimme ~ **tabaka** *an.* Hornhaut *f* des Auges *karniye (tabakası); kornea; ~ **tabaka merceği** *opt.* Kontaktlinse *f* aus Kunststoff

saydamlaşmak durchsichtig, transparent werden

saydamlık 1. Durchsichtigkeit, Transparenz *f* 2. *Th.* Klarheit *f* (der Stimme)

saydamsız *opt.* undurchsichtig, opak *gayri şeffaf; ışıkgeçirmez

saydamsızlık *opt.* Undurchsichtigkeit, Opazität *f*

saydelânî *va.* 1. Apotheker *m* 2. pharmazeutisch

saydele *va.* Pharmakologie, Pharmazeutik *f*

saye [ā] 1. *va.* Schatten *m* 2. Schutz *m*, Gunst, Unterstützung *f*, Auspizien *pl.*, Protektion *f*, Wohlwollen *n* 3. günstiger Umstand, getroffene Maßnahme ~ **ocağı** *hist.* (bis 1908) e–e Gruppe von Viehhändlern, die für das Serail Schafe aus Thrazien lieferte ~ **salmak** *va.* 1. Schatten spenden 2. *fig.* helfen, schützen, protegieren **-nizde** dank Ihnen, durch Ihre Hilfe **-sinde** dank, durch; infolge, auf Grund (von) (**Çalışma -sinde çok başarılır.** Fleiß erreicht viel. **İtfaiyenin tam vaktinde yetişmesi -sindedir ki yangının önü alındı.** Dem rechtzeitigen Eingreifen der Feuerwehr ist es zu danken, daß der Brand keine größeren Ausmaße angenommen hat.) **-sinde sayeban olmak** *iron.* nur durch die Hilfe e–s anderen zu e–m Gewinn kommen **bu(şu, o) -de** hierdurch, so

sayeban [–·–] *va.* 1. Schattendach *n* 2. großes Zelt 3. *fig.* Schutzherr, Protektor *m*

sayedar [–·–] *va.* 1. schattig *gölgeli 2. *fig.* Förderer, Schutzherr, Protektor *m*

sayezar [–·–] *va.* schattiger Ort *gölgelik

sayf *va.* Sommer *m* *yaz

sayfa Seite *f* od. Blatt *n* (e–s Buches, Briefes, e–r Zeitung usw.) ~ **atma** *typ.* Einheben *n* (der Form), Ausschießen *n* ~ **bağlamak** *(od.* ~ **yapmak)** *typ.* den Umbruch vornehmen ~ **düzeni** *typ.* Umbruch *m* *mizanpaj ~ **kâğıdı** *typ.* Papierunterlage *f* (bei ausgebundenen Kolonnen) ~ **şeridi** (festes) Lese-, Buch-zeichen ~ **yapma** s. ~ **düzeni; -yı çevirmek** umblättern, wenden

sayfalık soundso viele Seiten (*bzw.* Blätter) umfassend (stark)

sayfî *va.* sommerlich, Sommer- *yazlık

sayfiye 1. Sommer-, Land-haus *n*, Villa *f* 2. Sommer-frische *f*, -aufenthalt *m* 3. *gel. abus.* für **mesire; -ye gitmek** 1. in die Sommerfrische gehen 2. aufs Land ziehen

sayga s. **bozkır antilopu**

saygı 1. (Hoch-)Achtung, (erwiesene) Ehre, Ehrerbietung, Verehrung *f*, Respekt *m* *hürmet, ihtiram 2. Rücksicht (-nahme) *f* ~ **çoğulu** *ling.* Pluralis majestatis *m* ~ **duruşu** ehrerbietige Haltung (z. B. bei ehrendem Gedenken) ~ **göstermek** Achtung erweisen, ehren, ehrerbietig behandeln ~ **nöbetçisi** Ehrenwache *f;* **(en) derin -larla** (Briefschluß) hochachtungsvoll, ergebenst, mit dem Ausdruck meiner vorzüglichen Hochachtung, Ihr sehr ergebener

saygı(lar)değer 1. s. **sayın** 2. achtenswert, ehrenwert *şayanı hürmet, şayanı ihtiram

saygılı 1. achtungsvoll, ehrerbietig, respektvoll 2. rücksichtsvoll, höflich

saygın geehrt, geachtet *muteber

saygınlık 1. Ansehen *n*, Achtung *f* 2. *H* Kredit *m* *(1, 2) itibar; ~ **betisi** s. **itibar mektubu;** ~ **vekilliği** s. **itibar emri**

saygısız 1. nicht die gebührende Achtung erweisend, unehrerbietig, respektlos 2. rücksichtslos, unhöflich

saygısızlık 1. Nichtachtung, Unehrerbietigkeit, Respektlosigkeit *f* 2. Rücksichtslosigkeit, Unhöflichkeit *f* ~ **göstermek** es an gebührender Achtung fehlen lassen

sayha *va.* Schreien, (Weh-)Geschrei *n* *çığlık

sayı 1. Zahl *f* *adet 2. Nummer, Ausgabe *f* (e–r Zeitung, Zeitschrift usw.) 3. a) Wert *m* e–r Spk. b) Punkt, Stich, Point *m* (im Spiel od. Sport) 4. **-lar** *pl.* s. ~ **sıfatları;** ~ **hakemi** *(Sport)* Punktrichter *m* ~ **ile hizaya gelmek** 1. *mil.* sich der Nummer nach in Reih und Glied aufstellen 2. *fig.* sich ordentlich benehmen, artig sein, e–n nicht beleidigen; wissen, wie weit man gehen darf ~ **ile mağlup** nach Punkten besiegt (unterlegen) ~ **saymak** zählen ~ **sıfatları** *gr.* Zahlwörter, Numeralia *pl.* *sayılar, sıfâtı adediye ~ **tahtası** *(Sport)* Punkttafel *f* ~ **üstünlüğü** zahlenmäßige (numerische) Überlegenheit ᵒ**m suyum yok!** 1. *Ki.* Ich bin aus dem Spiel! 2. **(Buradan ötesine)** Bis hierher und nicht weiter! **-ya gelmeyecek kadar çok** unzählig, unermeßlich viel, unübersehbar

sayıca zahlenmäßig, numerisch ~ **üstünlük** zahlenmäßige (numerische) Überlegenheit

sayıcı Beamter, der die Viehzählung durchzuführen hat

sayıklamak 1. im Schlaf reden 2. phantasieren, irre reden (z. B. im Fieber) 3. (m. Akk.) *fig.* dauernd träumen od. phantasieren (von)

sayılama 1. *math.* Zählen *n*, Zählweise *f*, Zahlensystem *n* 2. s. **istatistik** (Sb.)

sayılamak (auf-)zählen

sayılamsal s. **istatistik** (Adj.)

sayılı 1. zahlenmäßig beschränkt, gering an Zahl, wenig, die wenigen ..., die paar ... 2. e–e best. Nummer tragend, Nummer soundsoviel *numaralı 3. (ab-)gezählt 4. zeitlich festliegend, bestimmt 5. geschätzt, angesehen, geachtet, geehrt, beliebt *muteber, makbul Zu 1: **Bu gibi**

olaylar, tarihte -dır. Solche Ereignisse begegnen in der Geschichte nur selten. **O, dünyanın ~ nikbinlerindendir.** Er ist einer der wenigen Optimisten in der Welt. Zu 2: **49 ~ evde** im Haus Nr. 49 Zu 3: **Tabaklar -dır.** Die Teller sind abgezählt. Zu 4: **~ fırtına** a) periodischer Sturm (der jährlich zu best. Zeit zu erwarten ist) b) (halb anerkennend, halb tadelnd) Schlingel, Teufelsbraten *m* **~ günler** bestimmte Tage *pl. spez.* Festtage *pl.* **~ maka** Abart des **maka**-Ka.

sayılmak Pass. zu **saymak; Balina balıklardan sayılmaz.** Der Walfisch rechnet nicht zu den Fischen. **Lodos'un hatırı sayılır.** Der Südwestwind macht sich bemerkbar. s. a. **hatırı sayılır.**

sayım 1. Zählen *n,* Zählung *f* 2. *(Boxen)* Auszählung *f* **~ ertesi** Zeit *f* nach der (abgehaltenen) Volkszählung **~ günü** Tag *m* der Volkszählung **~ vergisi** die (bis 1950 nach der Stückzahl jährlich zu entrichtende) Viehsteuer; s. a. **hayvan (nüfus) -ı**

sayın geehrt, verehrt, geschätzt, geachtet *muhterem *(im Pl. a. iron.)* die Größen *pl.*

sayısal zahlenmäßig, numerisch, Zahlen- **~ değer** *math.* Zahlenwert *m,* numerischer Wert *numaral değer, kıymeti adediye

sayısalca [··×·] *Adv.* zahlenmäßig, numerisch *adedî olarak, numaralca

sayısız 1. unzählig, zahllos, unübersehbar viele 2. *va.* ungezählt

sayışmak 1. gegenseitig ver-, ab-rechnen, die Konten ausgleichen, kompensieren 2. s. **sövüşüp sayışmak**

Sayıştay s. **Divanımuhasebat**

saykal *va.* 1. Politur *f,* Glanz *m* 2. Polierer *m* **~ vermek** *va.* s. **cilâlamak**

saykalcı *va.* 1. Polierer *m* 2. Schmeichler *m*

saykallamak *va.* 1. polieren 2. schmeicheln, lobhudeln

saykl s. **sikl**

saylamak *dial.* s. **seçmek**

saylav(-lık) s. **mebus(-luk)**

sayma sayısı Kardinal-, Grund-zahl *f,* Kardinale *f* *kardinal (II)

saymaca 1. s. **itibarî** 2. durch Zählen *sayarak

saymak, (-ar) 1. (ab-, auf-)zählen 2. in Rechnung stellen, (an-)rechnen, berücksichtigen *hesaba katmak 3. a) meinen, annehmen, halten (für), rechnen, ansehen (als) b) für bedeutend (nennenswert) ansehen 4. (hoch-)achten, ehren, Ehre erweisen, schätzen, respektvoll behandeln 5. (be-)zahlen 6. zählen, rechnen (zu) 7. s. **sövüp** ~ Zu 1: **ºla bitmez** *(od.* **tükenmez).** Es ist gar nicht alles aufzuzählen. Zu 3: **Artık kışı geçti sayabiliriz.** Wir dürfen jetzt rechnen, daß der Winter vorbei ist. **sayıp donatmak** mit Beschimpfungen überhäufen **sayıp dökmek** 1. alles aufzählen 2. *fig.* alles erzählen, alles sagen

saymamazlık s. **saygısızlık**

sayman(-lık) s. **muhasip(-lik)**

saymazlık *selt.* s. **saymamazlık; saygısızlık**

sayrı s. **hasta**

sayrıl s. **marazî**

sayrılık s. **hastalık**

sayrımsak s. **mütemarız**

sayrımsamak s. **temaruz etmek**

sayruret, -ti [ū] *va.* Werden *n,* Bildung, Entwicklung *f* *oluş, olu

sayt (I), **-dı** *va.* Jagd *f,* Fang *m,* Gewinnung *f,* Fischerei *f* **~ etmek** *va.* jagen, fischen **-ı mahi** *va.* Fischfang *m* *balık avı, balıkçılık

sayt (II), **-dı** *(engl.* **side)** Seite *f;* s. **saytkar, ofsayt**

saytkar *(engl.* **side-car)** Beiwagen *m* (am Motorrad)

saytkarlı mit Beiwagen ausgestattet (Motorrad)

sâyügayret, -ti *va.* Bemühung und Anstrengung *f,* intensive Arbeit, angestrengte Bemühung *efor **~ etmek** sich abmühen, angestrengt arbeiten

sayvan 1. Baldachin *m,* dachartiger Vorsprung, Schattendach *n* 2. überdachte Sänfte 3. loser Besatz; Rüsche, Krause *f,* Volant *m* 4. *an. va.* Ohrmuschel *f* *kulak kepçesi 5. *va. bot.* Dolde *f* *şemsiye

sayvaniye s. **maydanozgiller**

sayyag s. **savvag**

sayyat, -dı [·–] *va.* Jäger, Fischer *m*

saz (I) 1. Rohr, Schilf *n* 2. Bastfaden *m* 3. Faden *m* (der beim Schälen von Bohnenschoten abgezogen wird) 4. aus Rohr hergestellt **~ benizli** bleich, blaß, *F* käsig **~ bülbülü** Rohrsänger *m zo.* Acrocephalus (arundinaceus u. a.) **~ doğanı** s. **kırmızı doğan; ~ kalem** Rohrfeder *f* *kamış kalem **~ kamışı** 1. arabische Binse *bot.* Juncus arabicus *hasırotu 2. s. **süpürge kamışı; ~ kayası** s. **sarı kayabalığı; ~ otu** Seesimse *f bot.* Scirpus lacustris **~ renginde** gelblich, beige

saz (II) *(urspr.* [ā]) 1. *allg.* Musikinstrument *n* *çalgı 2. *spez.* volkstümliches M.i. mit langem Hals 3. **(takımı)** Musikkapelle *f* 4. Vergnügungslokal *n* Zu 1: **O, sazının tam ustasıdır.** Er ist ein Meister auf seinem Instrument. **Sazların ahengi birbirine uydu.** Die Instrumente waren gestimmt. **~ âlemi** s. **saz söz; ~ çalmak** ein M.i. spielen **~ elvah** *fr.* ein dem **santur** *(q.v.)* ähnliches M.i. **~ kâse** *(etwa:)* Glasglockenspiel *n* (in verschiedener Höhe mit Wasser angefüllte Gläser, die mit zwei kleinen Klöppeln leicht angeschlagen werden) **~ semaisi** das bei **fasıl** (6) als letztes gespielte Stück (ohne Gesang) **~ söz** „Musik und Plauderei" *d. h.* geselliges Beisammensein **~ şairi** Volks-sänger, -lieddichter *m* *âşık **-a söze düşkün** wer geselliges Beisammensein liebt **-ı kurmak** das M.i. stimmen **ºı sözü yerinde.** Er ist ein guter Unterhalter.

-saz [ā] *va. pers. Sx.* machend, einrichtend

sazan Karpfen *m zo.* Cyprinus carpio

sazangiller Karpfenfische *pl. zo.* Cyprinidae

sazcı 1. Hersteller od. Verkäufer *m* von M.i. 2. Musikant, Musiker *m*

sazeç, -ci *va.* einfach; s. a. **tasavvuru ~**

sazende [ā] *va.* 1. Musikant, Musiker *m* 2. herstellend, machend

Sazenuş [–·–] *n.pr.* s. **Ashabı Kehf**

sazlama(-k) *selt.* s. **enstrümantasyon; (enstrümante etmek)**

sazlık Röhricht, Schilfdickicht *n* **~ ardıcı** Teichrohrsänger *m zo.* Acrocephalus scirpaceus **~ balıkçıl ördeği** Reiherente *f zo.* Aythya fuligula **~ yelvesi** Rohrammer *f zo.* Emberiza schoeniclus

se (I) *pers.* drei *(bei Wü.)*

se (II) 1. Name bzw. Lautung des Buchst. **s** 2. fünfter Buchst. des osm. Alph.

-se s. **ise**

S.E. s. **Son Ekselans**

seans 1. Vorstellung, Vor-, Auf-führung *f* (Musik, Film usw.) 2. ärztliche Behandlung 3. Sitzung(-sdauer) *f:* a) e–r Ratsversammlung *celse b) (zum Porträtieren) 4. (längeres) Kartenspielen 5. Versammlung, Tagung *f* Zu 1: **Klasik Türk musikisi için hususî -lar ayrılmıştır.** Für die klassische Musik sind gesonderte Vorführungen angesetzt worden. Zu 2: **ültraviyole -ları** Behandlung *f* mit ultravioletten Strahlen

seanslı mit nb. **seans**

SEATO = South East Asia Treaty Organization, Südostasienpakt-Organisation türk.: **Güneydoğu Asya Antlaşması Teşkilâtı**

seb (I), **-bbi** *va.* Beschimpfung, Schmähung *f*

seb (II) *va.* sieben *yedi

Seba [ā] *n.pr.* ein vorisl. König und die nach ihm benannte

Stadt Saba (Südwestarabien) ~ **suresi** Name der 34. Koran-Sure
seba (seb'a) *va.* sieben *yedi; vgl. **acaibisebaiâlem; Muallakatı** ≗
sebadü [ā] *pers.* drei und zwei *(bei Wü.)*
sebahat s. **sabahat**
sebak, -kı *va.* 1. s. **ders** 2. s. **ödül**
sebakamuz [··−−] *va.* s. **öğretmen**
sebakhan [··−] *va.* s. **öğrenci**
Sebâlılar *n.pr. hist.* Sabäer *pl.*
sebat, -tı [ā] 1. *selt.* Festigkeit, Beständigkeit *f* 2. Ausdauer, Beharrlichkeit, Zähigkeit *f* ~ **etmek** (*od.* **göstermek**) Ausdauer an den Tag legen, zäh bleiben, sich (durch aufkommende Schwierigkeiten) nicht entmutigen lassen *direşmek
sebati [·−−] 1. *va.* s. **sebat(-lılık)** 2. ≗ *mV*
sebatkâr *(va.)*; **sebatlı** ausdauernd, beharrlich, zäh *direşken
sebatlılık s. **sebat**
sebatsız ohne Ausdauer (Beharrlichkeit, Zähigkeit), leicht den Mut verlierend
sebatsızlık Mangel *m* an Ausdauer, fehlende Zähigkeit
sebayıdü; sebayüdü [ā] s. **sebadü**
sebbetmek [×··] *va.* (be-)schimpfen, schmähen
Sebbih suresi s. **Âlâ suresi**
sebbüşetim, -tmi *va.* Schmähung, Beschimpfung *f*
sebbüşetmetmek [··×··] *va.* beschimpfen und schmähen
Sebe suresi Name der 34. Koran-Sure
sebebî *va.* Grund-, Anlaß-, Kausal-
sebebiyet, -ti Ursache- od. Anlaß-Sein *n* ~ **vermek** (bşe) Anlaß geben (zu), veranlassen, verursachen, herbeiführen, hervorrufen, verschulden
sebel *med.* Albugo *f*, Hornhauttrübung *f*
Seben *n.pr.* O. u. D. im Rbz. Bolu
sebep, -bi 1. Ursache *f*, Grund *m* 2. Anlaß *m*, Veranlassung *f* 3. *phil.* (Erkenntnis-)Grund *m* 4. *va.* Mittel, Werkzeug *n*; das für e−e Herstellung nötige Material 5. *z. va.* Mittel *pl.*, Besitz *m* Zu 1: **herhangi bir -le** aus irgend e−m Grund **bu -le** (*od.* **bu -ten**) aus diesem Grund, daher, deshalb **Hırçınlığı -iyle hiç bir yerde tutunamıyor.** Infolge seines unverträglichen Wesens kann er sich nirgends halten. ~ **aramak** e−n Vorwand suchen ~ **cümlesi** *gr.* Kausalsatz *m* ~ **göstermek** als Grund anführen, begründen ~ **olmak** s. **sebebiyet vermek;** ≗ **olan sebepsiz kalsın!** (Verwünschung) Wer (an diesem Unglück) schuld ist, soll an den Bettelstab kommen! ~ **rabıtası** *gr.* kausale Verbalfügung (wie **gördüğünden, gördüğü için, gördüğüne binaen** usw.) ~ **yakıştırmak** *lit.* et. auf poetisch-ansprechende Weise erklären **-iyle** 1. auf Grund (von); infolge 2. aus Anlaß ...; anläßlich **-i hikmet** tieferer Grund (**Belki de basın mensuplarına karşı gösterdiği hışmın -i hikmeti budur.** Das ist vielleicht auch der tiefere Grund für seine hochmütige Haltung gegenüber Pressevertretern.)
sebeplenmek 1. *z. va.* zu Mitteln kommen, Besitz od. Macht erwerben 2. *z. va.* seinen Lebensunterhalt verdienen 3. *z. va.* e−e Entschuldigung haben (für die Versäumung e−r rituellen Pflicht) 4. e−n Gewinn bei et. machen, profitieren, verdienen, *F* e−n (kleinen) Rebbach machen
sebepli 1. wer e−n Grund od. e−e Entschuldigung hat 2. begründet, gerechtfertigt, vernünftig 3. *z. va.* bemittelt, reich ~ **karı** e−e Frau, die schwanger ist od. ihre Regel hat (und daher ihren rituellen Pflichten nicht nachkommen kann) ~ **sebepsiz** 1. teils begründet, teils unbegründet 2. bei allen Gelegenheiten 3. willkürlich 4. ohne allen Grund 5. *z. va.* ob bemittelt od. unbemittelt
sebeplilik Kausalität *f* ~ **prensipi** *log.* Gesetz *n* des zureichenden Grundes, principium rationis sufficientis
sebepsiz 1. ohne Grund (Ursache), unbegründet 2. ohne (ersichtlichen) Anlaß 3. ungerechtfertigt, unentschuldigt 4. *z. va.* mittellos, arm 5. *z. va.* ganz willkürlich Zu 4: ~ **kalmak** *fig.* allmählich an den Bettelstab kommen, verarmen ~ **iktisap** *jur.* ungerechtfertigte Bereicherung *bigayrihakkın mal edinme; nedensiz zenginleşme ≗ **kuş bile uçmaz.** *Spr.* s. **Delilsiz cennete bile girilmez.**
sebepsizlik Grundlosigkeit, Unbegründetheit *f*
sebet, -ti *va.* schriftlicher Beleg; (in der Form **sepet** s. **senet sepet**)
sebhale die Formel **süphanallah**
sebike [ī] *va.* (Gold-, Silber- usw.)Barren *m* *külçe
sebiksiz rabıtsız s. **sepkurabıtsız**
sebil [ī] 1. *va.* Weg *m*, Straße *f*, Pfad *m* *yol 2. um Gotteslohn gestiftetes Trinkwasser (an Feiertagen) 3. (Stiftungs-)Brunnen *m* (*mst.* bei e−r Moschee) 4. *allg.* fromme Stiftung ~ **etmek** 1. kostenlos verteilen, reichlich spenden 2. *pej.* vergeuden, verschwenden ≗ **gibi kan aktı.** Es sind Ströme von Blut vergossen worden. ~ **olmak (para)** nutzlos draufgehen (Geld) **-ini tahliye etmek** (b−nin) *z. va.* frei-, los-lassen, laufen lassen *salıvermek
sebilci [·−·] wer kostenloses Trinkwasser spendet
sebilhane [·−−·] s. **sebil** (3) ~ **bardağı gibi** Kopf an Kopf, sich drängend und stoßend (Menschenmenge) ~ **bardağı gibi dizilmiş durmak** 1. dicht nebeneinander in Reih und Glied stehen 2. wie Hühner auf der Stange sitzen
Sebilürreşat [·−··−] („der richtige Weg") Name e−r konservativen Zs.
Seb'iye *hist.* Name e−r schiitischen Sekte (auch **Bâtıniye** od. **Galiye** genannt)
sebk (I), **-ki** *va.* 1. Gießen *n* (Metall-)Guß *m* 2. richtige Anordnung, logischer Zusammenhang (bei mündl. od. schriftl. Darstellung); Stil *m* ~ **etmek** *va.* gießen (Metalle) **-i mefsul** (in der ält. türk. Literatur) durch kurze Einzelsätze charakterisierter Stil **-i mevsul** (in der ält. türk. Literatur) durch lange und verschlungene Sätze charakterisierter Stil
sebk (II), **-kı** *va.* 1. Vorher-, Voraus-, Voran-gehen *n* 2. Vorwegnahme, Antizipation *f* ~ **etmek** 1. voraus-, voran-gehen, sich ereignen, geschehen 2. vorhanden sein, geleistet worden sein Zu 1: **Bu mesele hakkında bazı müzakereler sebk etmiştir.** Hierüber haben bereits einige Besprechungen stattgefunden. Zu 2: **sebk eden hizmetlerine mükâfaten** als Belohnung für die geleisteten Dienste
sebkat, -tı *va.* s. **sebk** (II)
sebkurabıt, -ptı *z. va.* logischer Aufbau od. Zusammenhang (der Sätze) **Sözlerinde ~ yok.** Er spricht ganz unzusammenhängend.
sebkurabıtsız *z. va.* zusammenhangslos, ohne (logischen) Zusammenhang
sebla [·−] 1. *va.* mit langen Augenwimpern 2. ≗ [×·] *wV*
sebore *med.* Seborrhoe *f*, Schmerfluß *m*
sebük *va.* 1. leicht (an Gewicht) *hafif 2. leichtsinnig 3. schnell, flink, geschickt, gewandt
sebükbar [ā] *va.* leicht beladen, mit geringer Last, leicht ~ **kıtalar** *mil. z. va.* bewegliche Truppen *pl.*
sebülmesani [···−−] andere Bez. der **fatiha**-Sure
sebze Gemüse *n* *zerzevat ~ **kıtlığı** Gemüseknappheit *f*
sebzeci Gemüse-händler, -verkäufer *m* *zerzevatçı ≗ **oğlu sebze satar.** *Spr.* Wie der Vater, so der Sohn.
sebzecilik 1. Gemüseanbau *m* 2. Gemüsehandel *m*
sebzeli 1. mit Gemüsebeilage 2. Gemüse enthaltend
sebzelik 1. Gemüsegarten *m* 2. Gemüsefach *n* (im Kühlschrank) 3. Gemüseterrine *f* (mst. mit Deckel)
sebzemsi gemüseartig, Gemüse- ~ **meyvalar** Gemüsefrüchte *pl.*
sebzevat s. **zerzevat**

SECAM (Abk. des franz. **Séquentiel Couleur à Mémoire**) Secam-System *n* (des Farbfernsehens)
secavent, -d [ā] rote (od. goldene) Punktzeichen *pl.* in Koranhandschriften
secaya [·——] *va. Pl.* zu **seciye; ilmi** ~ s. **karakteroloji**
seccade [ā] Gebetsteppich *m*
seccadeci [ā] 1. wer Gebetsteppiche herstellt und damit handelt 2. *hist.* e—r der Diener, die für die Gebetsteppiche zu sorgen hatten (*spez.* im Sultanspalast) ~ **başı** *hist.* oberster der **seccadeci** genannten Diener
seccadenişin [·—··—] s. **postnişin**
secde Niederwerfung, Anbetung, Prosternation *f* (rituell vorgeschriebene Haltung beim isl. Gebet, bei der die Stirn, die Handflächen, die Knie und die Zehen den Boden berühren müssen und drei- bis siebenmal die Formel **Süphane Rabbiyelâlâ** auszusprechen ist) ~ **etmek** (*od.* **kılmak**) die **secde** genannte Haltung beim Gebet einnehmen, sich zu Boden werfen; prosternieren ~ **gülü** Rosenornament *n* am Rand des Korans (Stelle, an der e—e **secde** erforderlich ist) ⩍ **suresi** Name der 32. Koran-Sure **-ye kapanmak (varmak, yatmak)** s. **secde etmek**
secdegâh *va.* Ort *m,* wo das Gebet verrichtet wird
seci, -c'i *lit.* Reimprosa *f*
secili *lit.* in Reimprosa geschrieben *müsecca
seciye 1. Charakter *m,* Sinnes-, Wesens-art, Naturanlage *f* 2. *pr.* Charakterstärke *f* ~ **sahibi** charaktervoll, hochanständig
seciyeli 1. von nb. Charakter 2. *pr.* charakter-fest, -stark, -voll Zu 1: **metin** ~ von großer Standhaftigkeit
seciyesiz charakterlos, verderbt, schlecht
seciyesizlik Charakterlosigkeit, Verderbtheit, Schlechtigkeit *f*
seciyevî [···—] *z. va.* den Charakter betreffend, Charakter-, charakteristisch, charakterlich *ırasal, karakteristik
seçen Wähler(-in *f*) *m* *müntahip
seçenek s. **alternatif**
seçi 1. Wählen *n,* Wahl *f* *intihap 2. s. **ayrı** ~ **yapmak**
seçici 1. auswählend, aussuchend 2. unterscheidend, genau feststellend 3. selektiv, trennscharf (Radio) 4. *hist.* Kurfürst *m* ~ **yakınlıklar** Wahlverwandtschaften *pl.* **-ler kurulu** Preisrichterkollegium *n,* Jury *f* (bei Kunstausstellungen)
seçicilik Selektivität, Trennschärfe *f* (Radio)
seçik 1. unterschieden, verschieden, anders 2. deutlich, klar, bestimmt *mütemeyyiz
seçilme hakkı *jur.* passives Wahlrecht; Wählbarkeit *f*
seçilmiş 1. ausgewählt, ausgesucht 2. bereits ausgesucht (Gegenstände, deren bessere Qualitäten bereits herausgenommen sind)
seçim 1. Wählen *n,* Wahl *f* (von Vertretern, Abgeordneten usw.) *intihap 2. Wahrnehmung *f,* Unterscheidungsvermögen *n* 3. *biol.* Auslese, Selektion, Zuchtwahl *f* *ıstıfa, seleksiyon Zu 2: s. **göz -i;** ~ **cezaları** *jur.* Strafen *pl.* bei Wahlvergehen ~ **çevresi** (*od.* **dairesi**) Wahl-kreis, -bezirk *m* *dairei intihabiye, intihap dairesi ~ **devresi** (*od.* ~ **dönemi**) Wahl-, Legislatur-periode *f* *intihap devresi ~ **hakkı** 1. Wahlrecht *n* *intihap hakkı 2. s. **alternatif borç;** ~ **kampanyası** (*od.* ~ **savaşı**) Wahlkampf *m* ~ **kurulu** (*fr.* ~ **encümeni**) Wahlausschuß *m* ~ **platformu** Wahlprogramm *n* ~ **sandığı** Wahlurne *f* ~ **suçları** Wahlvergehen *pl.* ~ **teorisi** *biol.* Selektionstheorie *f* ~ **tutanağı** Wahlprotokoll *n* *intihap mazbatası ~ **yasakları** *jur.* verbotene Tätigkeiten während e—r Wahl ~ **yeterliği** s. **intihap ehliyeti; -e dayanan monarşi** Wahlmonarchie *f* **-in yenilenmesi** Wiederholung *f* der Wahl (z.B. wegen Formfehler)
seçimlik fakultativ ~ **borç** s. **alternatif borç;** ~ **yetki** s. **muhayyerlik**
seçimsel s. **intihabî**
seçki s. **antoloji**
seçkin 1. (als Bestes) ausgesucht, ausgewählt 2. hervorragend, prominent, best-, erlesen, Elite- *güzide, seçme Zu 1: **Kitapların -lerini hep götürmüşler.** Die ausgewählten Bücher haben sie alle mit fortgenommen. Zu 2: ~ **öğrenciler** die besten Studenten
seçkinlik Erlesenheit, Vortrefflichkeit, Sonder-stellung *f,* -rang *m*
seçme 1. Vs. zu **seçmek** 2. s. **seçkin** (1, 2) 3. *(Sport)* Ausscheidungs-kampf *m,* -spiel *n* 4. **-ler** *pl. lit.* Anthologie *f* ~ **hakkı** aktives Wahlrecht ~ **kıta** *mil.* Elitetruppe *f*
seçmece 1. unter der Bedingung (*bzw.* mit der Zustimmung), daß der Käufer e—e Auswahl trifft 2. ausgewählt, ausgesucht ⩍ **verirsen bunlardan on tane alırım.** Ich kaufe zehn Stück, vorausgesetzt, daß ich sie auswählen darf.
seçmeci(-lik) s. **eklektik; (eklektizm)**
seçmek, (-er) 1. (aus-)wählen, aussuchen *intihap etmek 2. erkennen, identifizieren, genau feststellen, ausmachen, unterscheiden *teşhis etmek 3. wählerisch sein Zu 1: **Ben bu kitabı seçtim.** Ich habe dieses Buch ausgewählt. **Biz sizi başkanlığa seçtik.** Wir haben Sie zum Vorsitzenden gewählt. Zu 2: **Bir karartı gördüm ama, ne olduğunu seçemedim.** Ich habe e—e dunkle Gestalt gesehen, konnte aber nicht ausmachen, was es war. **Ahmet'leri, Mehmet'leri birbirinden** ~ **için ...** zur Unterscheidung der (vielen) Ahmets und Mehmets ... Zu 3: **O seçmez, ne bulursa yer.** Er ist nicht wählerisch; er ißt, was vor ihn kommt. **seçip ayırmak** sortieren
seçmeli s. **muhayyer, seçmece**
seçmen 1. Wähler *m* 2. Wahlmann *m* *(1, 2) müntahip ~ **kartı** Wählerkarte *f,* Wahlschein *m* ~ **kütüğü** (*od.* **listesi**) Wählerliste *f* ~ **yaşı** Wahlalter *n*
seçmenli mit nb. (*od.* soundsoviel) Wahlberechtigten
seçmenlik Aufgaben *pl.* od. Tätigkeit *f* e—s Wählers od. Wahlmannes
sed, -ddi 1. Erdwall *m,* Aufschüttung *f* 2. Sperrmauer *f* (bei e—r Talsperre), Damm, Deich *m* 3. *geol.* Sperre *f* *pekent 4. Hindernis *n,* Barriere *f,* Hemmnis *n* 5. Verhau *m,* Sperre *f* 6. Terrasse *f* (an e—m Abhang) 7. Feld *n* (Streifen zwischen den Zügen e—s Laufinnern bei Feuerwaffen) ~ **ateşi** *mil.* Sperr-, Abriegelungs-feuer *n,* Feuerriegel *m,* -glocke *f* ~ **çekmek** 1. e—e Sperrmauer (e—n Erdwall, Damm) errichten 2. e—n Verhau (e—e Sperre) anlegen 3. *fig.* (bşe) e—r Sache Einhalt gebieten, et. eindämmen, weitere Ausdehnung unmöglich machen, et. unterbinden *önlemek ~ **duvarı** Stützmauer *f* ~ **mevzii** *mil.* Riegelstellung *f* ~ ~ terrassenförmig, in Terrassen ~ **tahkimatı** *mil.* Sperrbefestigung *f*
seda (I) s. **sada**
seda (II) s. **sedi**
sedap [ā]; **sedep** *(beides va.)* s. **sedefotu**
sedat, -tı [ā] 1. *va.* Rechtschaffenheit *f* 2. ⩍ [×·] *mV*
sedatif *med.* 1. schmerzstillend, beruhigend 2. Sedativ (-um) *n,* Beruhigungsmittel *n*
sedaya [·——] *va. Pl.* zu **sedi**
seddade [ā] *va.* s. **sürgülü vana**
seddetmek [×··] 1. verschließen, verrammeln, verbarrikadieren, ver-, ab-sperren, verstopfen 2. *fig.* hindern, stören, hintertreiben
Seddiçin *n.pr.* Große Chinesische Mauer *Çin Seddi (*fr. a.:* **Seddi Yecuç**)
Seddülbahir, -hri *n.pr.* Dorf u. Sperrfort an der Südspitze von Gallipoli (berühmt geworden durch die Kämpfe im I. Weltkrieg)
sedebiye s. **sedefotugiller**
sedef 1. Perlmutt(-er *f*) *n* 2. aus Perlmutt hergestellt, Perl-

mutt- 3. s. **-otu** 4. *va.* Perlmuschel *f* ≈ **adası** *n.pr.* kleine Prinzeninsel südl. von Büyükada; *(griech.)* Niandros, Yandoros ~ **düğme** Perlmuttknopf *m* ~ **hastalığı** *med.* Schuppenflechte, Psoriasis *f* ~ **kakma(-lı)** mit Perlmutt eingelegt ~ **yağı** Rautenöl *n pharm.* Oleum rutae
sedefçe *va.* kleineres, weniger wertvolles Stück Perlmutt
sedefçi wer Perlmutt-Arbeiten (*spez.* Einlegearbeiten) ausführt od. verkauft; Kunsttischler *m*
sedeflemek mit Perlmutt aus-, ein-legen
sedeflenme Irisieren *n*
sedefli mit Perlmutt od. Perlmuschelschalen ~ **feldispat** s. **ay taşı;** ~ **kalker** Muschelmarmor *m*
sedefotu, -nu Gartenraute *f bot.* Ruta graveolens
sedefotugiller Rautengewächse *pl. bot.* Rutaceae
sedefsi perlmutt-ähnlich, -farben
sedi [ī] *va.* 1. Mutterbrust *f* 2. Euter *n,* Zitze *f* *(1, 2) meme
sediman (*franz.* **sédiment**) s. **tortu**
sedimantasyon 1. *geol.* s. **tortulaşma** 2. *med.* Blutsenkung *f*
sedir (I) flaches Holzgestell mit Auflegematratze und Kissen; türk. Polsterbank *f* ~ **halısı** s. **divan halısı**
sedir (II) Zeder *f bot.* Cedrus (Libani u. a.)
sedirlik Zedernhain *m*
sedrebeki *P* 1. dumm, blöd, absurd (Gerede) 2. dummes Geschwätz, *F* Quatsch *m,* Blech *n*
sedye [×·] 1. Tragbahre *f* (für Kranke, Verwundete usw.) 2. Sänfte *f*
sedyeci 1. Krankenträger *m* 2. Sänftenträger *m*
sedyelik (hasta) wer auf e–r Bahre getragen werden muß (Kranker) ~ **olmak** sich nicht auf den Füßen halten können
sefa s. **safa**
sefahat, -ti [·–·] 1. Vergnügungssucht, Zügellosigkeit, Ausschweifung *f* 2. sinnloses Verschwenden **-e dalmak** ein ausschweifendes Leben führen **≈in neticesi sefalettir.** Liederlicher Lebenswandel führt ins Elend.
sefahathane [·–·–·] Lasterhöhle, Spielhölle *f,* Bordell *n*
sefain [ā] *va. Pl.* zu **sefine;** s. a. **seyri-**
sefalet, -ti [ā] Not, Armut *f,* Elend *n,* Verwahrlosung *f* (*mst.* vom sozialen Standpunkt aus betrachtet; s. a. **sefillik**); ~ **çekmek** in Not und Armut leben, Not leiden ~ **mahallesi** Elendsviertel *n* **-e duçar olmak** (*od.* **düşmek**) in Not und Elend geraten
sefalotoraks (*franz.* **céphalothorax**) s. **başlıgöğüs**
sefaret, -ti [ā] *pol.* 1. Botschaft *f* (als Mission od. Gebäude) *büyükelçilik 2. *selt.* Rang *m,* Aufgaben *pl.* e–s Botschafters *sefirlik Zu 2: **onun Berlin -ine tayini** seine Ernennung zum Botschafter in Berlin ~ **erkânı** höhere Beamten *pl.* e–r Botschaft, Stab *m* des Botschafters ~ **kâtibi** Botschaftssekretär *m* ~ **müsteşarı** Botschaftsrat *m*
sefarethane [·–·–·] Botschaft(-sgebäude *n*) *f*
sefaretname [·–·–·] *va.* Botschaftsbericht *m*
Sefe (*franz.* **Céphée**) *astr.* Kepheus *m* (Sternbild) *Kifavus
sefer 1. Reise, Fahrt *f* *yolculuk 2. Fahrt *f* od. Fuhre *f* 3. Mal *n* *defa 4. Verkehr *m* 5. Feldzug, Krieg *m* *harp 6. Expedition *f* 7. **(ayı)** s. **safer** Zu 3: s. **bu (geçen)** ~ Zu 4: s. **hava (tayyare) -leri;** ~ **açmak** die Feindseligkeiten beginnen ~ **etmek** e–e Reise antreten, verreisen ~ **halinde bulunan** auf Fahrt befindlich (Schiff) ~ **hizmetlerine kabiliyetli** *mil.* felddienstfähig ~ **nakliyatı** *mil.* Kriegstransport *m* ~ **ordusu** Expeditionsarmee *f* ~ **planı** *mil.* Feldzugsplan *m* *harekâtı harbiye planı ~ **yapmak (nehir üzerinde)** e–n Fluß befahren **-de iaşe** *mil.* Feldverpflegung *f* **-e gitmek** ins Feld ziehen
seferber mobilisiert, mobil (gemacht) ~ **etmek** 1. mobilisieren, mobil machen (Truppen, Heer) 2. *fig.* auf die Beine bringen, aufmarschieren lassen ~ **haline koymak** s. ~ **etmek** (1); ~ **kıyafeti** feldmarschmäßiger Anzug ~ **olma** Mobilmachung, Mobilisierung *f* ~ **olmak** Pass. zu ~ **etmek**
seferberlik, -iği 1. Mobilmachung, Mobilisierung *f* 2. **(hali)** Mobilzustand *m* ~ **emri** Mobilmachungsbefehl *m* ~ **ihzaratı** Mobilmachungsvorbereitung(-en *pl.*) *f* ~ **ilân etmek** den Mobilmachungszustand erklären, mobil machen ~ **ilânı** Mobilmachungserklärung *f* ~ **planı** (*od.* **projesi**) Mobilmachungsplan *m* ~ **talimatı** Mobilmachungsvorschriften *pl.* ~ **tecrübesi** Probemobilmachung *f* **-in kaldırılması** (*od.* **ilgası**) Demobilmachung *f*
seferî 1. die Reise (Fahrt, den Verkehr, Feldzug, Krieg) betreffend, *spez.* Feld-, Kriegs- 2. Expeditions- 3. auf e–r Reise befindlich (und daher vom rituellen Fastengebot sowie der regelmäßigen Verrichtung der Gebete entbunden) ~ **divanıharp** Feldgericht *n* ~ **erzak** Feldkost *f* ~ **heyet; heyeti seferiye** 1. *mil.* Expeditionskorps *n* 2. (*geogr., geol.* usw.) Expedition(-sgruppe) *f* ~ **hizmet** Militärdienst *m* während des Krieges; Kriegs-, Feld-dienst *m* ~ **hizmet talimatnamesi** Felddienstordnung *f* ~ **hizmet tatbikatı** Felddienstübung *f* ~ **iaşe** Feld-, Kriegs-verpflegung *f* ~ **kadro** Kriegsetat *m* ~ **kıta** Expeditionstruppe *f* ~ **kıyafet** Feldanzug *m* ~ **kuruluş** Truppengliederung *f* im Krieg ~ **kuvvet** (*od.* **mevcut**) Kriegsstärke *f* ~ **kuvvetler** Expeditionstruppen *pl.* ~ **ordu** 1. Kriegsheer *n* 2. Expeditionsarmee *f* ~ **seyrühareket cetveli** Kriegsfahrplan *m* ~ **tayın** Kriegs-, Feld-ration *f* ~ **teçhizat** Kriegs-, Feld-ausrüstung *f* ~ **teşkilât** Kriegsformationen *pl.* ~ **yiyecek istihkakı** Feldkost *f*
Seferihisar *n.pr.* O. u. D. im Rbz. İzmir
seferiye *va.* Kriegszeit *f* ~ **vergisi** *va.* e–e osm. Kriegssteuer
seferki -malig: **her -nden daha fazla hiddetlenmiş** er wurde erst recht wütend
seferli *va.* mobilisiert ~ **ocağı** *hist.* Ausbildungsstelle *f* für Janitscharenzöglinge
seferlik 1. für e–e Reise od. e–n Feldzug bestimmt 2. -malig 3. Mal *n* Zu 2: **iki** ~ **yol parası** zweimaliges (doppeltes) Reisegeld Zu 3: **bu** ~ a) dieses Mal, diesmal b) nur für dieses Mal
sefertası, -nı (aus verschiedenen Einsatzschüsseln bestehender) Essensträger *m,* Menage *f* od. e–e Schüssel davon ~ **gibi** mit 1 Zimmer auf jedem Stockwerk (Haus)
sefih [ī] 1. vergnügungssüchtig, ausschweifend 2. verschwenderisch 3. gemein, gewöhnlich 4. unbeherrscht zügellos 5. *va.* unvernünftig, unverständig *akılsız
sefil 1. in Not und Elend lebend 2. gemein, niedrig, elend 3. heruntergekommen, verwahrlost
sefillik [·–·] elendes Dasein; Elend *n* (*mst.* vom moralischen Standpunkt aus betrachtet; s. a. **sefalet**)
sefine [ī] *va.* 1. Schiff *n* *gemi 2. Zusammenstellung *f* von Untersuchungen (Abhandlungen, Notizen, Gedichten usw.) 3. ≈ *astr.* s. **Argo gemisi; ≈i Nuh** *va.* Arche *f* Noah *Nuh gemisi
sefir *urspr.* [·–] 1. Botschafter *m* *büyükelçi 2. *va.* Gesandter, diplomatischer Abgesandter ~ **izamı hakkı** *jur.* aktives Gesandtschaftsrecht ~ **kabulü hakkı** *jur.* passives Gesandtschaftsrecht **-ler heyeti** diplomatisches Korps *kordiplomatik **-i kebir** *va.* Botschafter *m*
sefire [ī] *z. va.* 1. Botschafterin *f* 2. Frau *f* e–s Botschafters
sefirlik Amt *n,* Rang *m,* Aufgaben *pl.* e–s Botschafters
sefit, -di [ī] *va.* weiß *ak, beyaz; s. a. **Bahrisefit**
sefkidem; sefkidima [ā] *va.* Blutvergießen *n*
segâh e–e der ältesten melod. Weisen in der türk. Musik
segman 1. s. **daire parçası** 2. *techn.* s. **fren (piston, sızdırmazlık) -ı**
segmanter segmentär, aus Segmenten zusammengesetzt
segment, -ti s. **segman**
seğirdim 1. Wettlauf *m* 2. Rück-schlag, -stoß *m* (bei Ge-

schützen) 3. Neigung *f* der zu e–m Mühlrad führenden Wasserrinne, Gerinne *n* ~ **yolu** 1. Wehrgang *m* (auf e–r alten Festung) 2. schmaler Rundgang vor Zimmern e–s Haus (vgl. **han**)
seğirdişmek 1. laufen, eilen (zu mehreren), zusammenströmen, hinauseilen *koşuşmak 2. *fig.* sich abmühen, sich anstrengen *çabalamak
seğirmek zucken (z.B. Augenlid)
seğirtme 1. Vs. zu **seğirtmek** 2. Angel *f* ohne Köder
seğirtmek 1. *selt.* Kaus. zu **seğirmek** 2. (irgendwohin) eilen, laufen, rennen
seğmen 1. *va.* Hundewärter *m* 2. *hist.* Hundewärter *pl.* des Sultans (die in späterer Zeit e–n Teil der Janitscharenorganisation ausmachten) 3. berittene, bewaffnete junge Leute, die in heimischer Tracht an Festen teilnehmen
seha [ā] *an. va.* Hirnhaut *f* *beyin zarı
sehabe [ā] *va.* (einzelne) Wolke
sehabî [·––] *va.* neblig, nebelartig
sehabiye [·–··] *va.* s. **bulutsu, nebülöz**
sehabiyet, -ti [ā] *va.* s. **bulutluluk**
sehap [ā], **-bı** *va.* 1. Wolke *f* *bulut 2. Dunkelheit *f* *karanlık 3. *fig.* Wolke *f*, Schwarm *m* (z.B. von Heuschrecken)
sehavet(-li) s. **sahavet(-li)**
sehaya [·––] *va. Pl. an.* Hirnhäute, Meninges *pl.* *beyin zarları **-yı dimağî şevkî** s. **beyin-omurilik zarları**
seher (I) 1. (*a.* ~ **vakti**) früher Morgen; Morgendämmerung *f* 2. ♎ *wV*
seher (II) Schlaflosigkeit *f* ~ **illetine uğramak** an Schlaflosigkeit leiden
seherî *va.* frühmorgendlich
sehhar [ā] *va.* 1. Zauberer *m* 2. bezaubernd, berückend, verführerisch, Verführer *m*
sehhare [ā] *va.* 1. Zauberin *f* 2. berückende Schöne
sehi [ī] *va.* 1. gerade 2. schlank und rank
sehil, -hli *va.* leicht; nicht schwierig *kolay
sehim, -hmi *va.* 1. a) Pfeil *m* *ok b) Stock *m* mit Eisenspitze 2. *math.* Sinusversus *m* *ok 3. Anteil *m spez.* Erbanteil *m* *pay, hisse 4. Ausbuchtung *f*, Durchhang *m* 5. ♎ *astr.* s. **Okçuk**
sehiv, -hvi *z. va.* Fehler, Irrtum *m*, Versehen *n* ~ **ve nisyan müstesna** *H* Irrtum (und Auslassung) vorbehalten **-i kalem** *va.* Schreibfehler *m*
sehk *va.* s. **buğdaypası**
sehlen *va. Adv.* mit Leichtigkeit; s.a. **ehlen ve sehlen**
sehlimümteni *lit.* „leicht (aussehend) und unmöglich (nachzuahmen)", unnachahmliche Prägnanz des Ausdrucks
sehpa [·–] jeder auf drei (*gel. a.* vier) Füßen stehender Gegenstand *spez.:* 1. Kleider-, Noten-, Garderobe-, Karten- usw. Ständer *m* 2. *phot.* Stativ *n* 3. Dreifuß *m* 4. Messerbänkchen *n* 5. (aus drei Balken bestehender) Galgen *darağacı 6. Staffelei *f* 7. Sägebock *m* 8. Hocker, Schemel *m* ~ **arabası** Bockwagen *m* ~ **ayağı** Gestellfuß *m* ~ **başlığı** Gestellkopf *m* ~ **köprü** *mil.* Bockbrücke *f* ~ **vinçi** Bockkran *m* **-ya çekmek** aufknüpfen, henken, hängen, durch den Strang hinrichten
sehpalı mit **sehpa** ausgestattet ~ **kundak** *mil.* Rahmenlafette *f*
sehtar [ā] ein dreisaitiges M.i. (ähnlich wie **rebap**)
sehven [×·] (*Adv.* zu **sehiv**) irrtümlich, aus Versehen, versehentlich *yanlışlıkla
sehvetmek [×··] *va.* e–n Fehler begehen, sich irren, sich täuschen
sehviyat [ā], **-tı** *va. Pl.* Fehler, Irrtümer *pl.*
sek, -ki (*franz.* **sec**) 1. herb (Wein) 2. trocken (Schaumwein) 3. ohne Zusatz e–r anderen Flüssigkeit (Rakı, Wodka usw.)
SEKA = Türkiye Selüloz ve Kâğıt Fabrikaları İşletmesi, Türkische Zellulose- und Papierverarbeitungsbetriebe (gegr. 1965; Unterabteilung von **KİT**)
sekans (*franz.* **séquence**) (*Film, Ka., mus.*) Sequenz *f*
sekant, -tı *math.* 1. (*a.* ~ **çizgisi**) Sekante, Schnittlinie *f* *kesen, katı 2. *trig.* Sekans *m* *katı
sekban [ā] *hist.* 1. s. **seğmen** 2. (*a.* **kır -ı**) Feldhüter *m* ~ **ortası** *hist.* die 65. Janitscharenformation **(orta)**
sekbanbaşı [·–··] *hist.* Kommandant *m* der **sekban ortası**
seke seke s. Stw. **sekmek**
sekel (*franz.* **séquelle**) *med.* Folgeerscheinung *f* (e–r Krankheit)
sekenat, -tı [ā] (*va. Pl.* zu **sekne**); **harekâtü** ~ *va.* allgemeines Verhalten
Sekendiz *astr.* s. **Satürn**
sekene (*va. Pl.* zu **sakin**) Be-, Ein-wohner *pl.*
sekerat, -tı [ā] *va. Pl.* Anfälle *pl.* von Trunkenheit; Rausch *m* **-ımevt, -ülmevt** (mit Bewußtseinstrübung verbundene) Agonie *f*, Delirium *n* *can çekişme ihtizar
sekester *med.* Sequester *n* (abgestorbene Gewebestücke *spez.* an e–m Knochen)
seki 1. Fuß *m* e–s Pfeilers; Sockel *m*, Fußgestell, Piedestal *n* 2. Steinbank *f* od. erhöhter Sitzplatz 3. weißer Fleck (am Pferdefuß) 4. *geol.* Terrasse *f* *taraça
sekili mit Sockel (usw. s. **seki**)
sekinci(-lik) s. **kiyetist; (kiyetizm)**
sekir, -kri *va.* Trunkenheit *f*, Rausch *m* *sarhoşluk
sekiros [×··] *med.* Szirrhus *m* (bösartige Fasergeschwulst)
sekiz 1. acht 2. Zahl *f* Acht ~ **köşe olmak** *V* gut aufgelegt sein ~ **tek** Achter *m* (Sportruderboot) **-de bir** ein Achtel **Haziranın sekizinde** am 8. Juni
sekizdişligiller Trugratten, Schrotmäuse *pl. zo.* Octodontidae
sekizer je acht ~ ~ jeweils acht, zu je acht
sekizgen *math.* 1. Achteck, Oktogon *n* *müsemmen 2. achteckig, oktogonal
sekizinci acht-
sekizkollular *zo.* Oktopoden *pl.* (Kraken)
sekizleme *mus.* Oktole *f*
sekizlenmek auf acht anwachsen
sekizli acht Einheiten umfassend *spez.:* 1. *Spk.* Acht *f* 2. *mus.* a) Oktave *f* b) Oktett *n* 3. *lit.* Achtzeiler *m* (Gedicht) Zu 1: **maça -si** *Ka.* Pik-Acht *f*
sekizlik 1. acht Einheiten ausmachend (groß, teuer) 2. *mus.* Achtelnote *f* *çengelli kroş 3. achtjährig, acht Jahre alt 4. ♎ *astr.* Oktant *m* (Sternbild) *Tesmin Zu 1: **otuz** ~ **mermi** 38-cm-Geschoß *n* ~ **es** *mus.* Achtelpause *f* *bir çengelli es
sekizyüzlü *math.* Acht-flach *n*, -flächner *m*, Oktaeder *n* *zusemaniyetülvücuh
sekme 1. Vs. zu **sekmek** 2. *mil.* Querschläger, Abpraller, Prellschuß *m*
sekmek 1. (umher-, daher-)hüpfen 2. rikoschettieren, unter Aufschlag abprallen 3. e–e zeitweilige Unterbrechung erfahren (nur in neg. Verwendung) 4. *naut.* umschlagen; plötzlich aus e–r anderen Richtung kommen (Wind) Zu 1: **Serçeler seke seke yürürler.** Die Spatzen bewegen sich hüpfend fort. **seke seke kaçmak** (*od.* **gitmek**) davonhüpfen Zu 2: **Taş seke seke gözden kayboldu.** Der Stein prallte verschiedene Male auf und war dann nicht mehr zu sehen. Zu 3: **Hastanın ateşi bir gün bile sekmedi.** Das Fieber hat bei dem Patienten auch nicht e–n Tag ausgesetzt.
sekmen *dial.* 1. Stuhl *m* ohne Lehne 2. Stufe *f* *basamak
sekne *va.* Sich-Nicht-Bewegen *n*, Stillstand *m*
sekonder sekundär
sekondin s. **ikincizar**
sekont, -du *mus.* Sekunde *f* *ikili
sekoya [·×·] s. **mamut ağacı**

sekresyon s. **salgı**
sekreter Sekretär, Schriftführer *m* *kâtip, yazman ~ **kuşu** Sekretär, Kranichgeier *m zo.* Sagittarius serpentarius *yılan akbabası
sekreterlik 1. Amt *n,* Tätigkeit *f,* Aufgaben *pl.* e–s Sekretärs 2. Sekretariat *n* *(1, 2) kâtiplik, yazmanlık
seks Sex *m,* Geschlechtlichkeit, Erotik *f*
seksapel Sex-Appeal *m*
seksek ein Ksp., bei dem die Teilnehmer auf e–m Fuß hüpfen müssen ~ **döğüşü** *Ksp.* s. **aksak döğüşü**
seksen 1. achtzig 2. Zahl *f* Achtzig 3. *fig.* unzählige ⁓ **Günde Devriâlem** Reise um die Welt in 80 Tagen (Jules Verne) ~ **kere** wie oft! soundso oft! hundertmal! **Sana ~ kere söyledim oraya gitme diye.** Hundertmal habe ich dir gesagt, du sollst nicht dorthin gehen. ⁓ **tarakta bezi var.** s. **Bin tarakta bezi var.**
seksener je achtzig
sekseninci achtzigst-
seksenlik 1. was achtzig Einheiten enthält od. kostet 2. achtzig Jahre alt, achtzigjährig
seksiyon Sektion, (Unter-)Abteilung, Gruppe *f,* (Turn-) Riege *f,* Trupp *m*
seksolog Sexual-wissenschaftler, -forscher *m*
seksoloji Sexual-wissenschaft, -kunde, -forschung *f* *cinslikbilim
sekson(-cu) s. **samsun(-cu)**
sekstant, -tı 1. *naut.* Sextant *m* 2. ⁓ *astr.* Sextant *m* (Sternbild) *Altılık
sekstet, -ti *mus.* Sextett *n* *sekstüor
sekstilyon Sextillion *f*
sekstole *mus.* Sextole *f* *altılama
sekstüor s. **sekstet**
seksüalite Sexualität, Geschlechtlichkeit *f* *cinsellik, cinsiyet
seksüel sexuell, geschlechtlich, Geschlechts-, Sexual- *cinsî ~ **hayat** Geschlechtsleben *n* ~ **üreme** s. **eşeyli üreme**
sekt (I), **-ti** *rel. selt.* Sekte *f*
sekt (II), **-ti** *va.* kurze Stimmunterbrechung (ohne Atemholen) **-i melih** *lit.* die durch Verkürzung e–r best. **aruz**-Form entstehende „angenehme Pause"
sekte 1. schlagartiges Aufhören; Stehenbleiben *n,* Schlag *m* 2. Unterbrechung *f,* Abbruch *m* 3. Beeinträchtigung, Behinderung, Erschwerung *f* Zu 1: s. **beyin (kalp) -si;** ~ **getirmek (vermek, vurmak)** (bşe) beeinträchtigen, abträglich sein, Abbruch tun, behindern, erschweren **-ye uğramak** e–e Unterbrechung erfahren, unterbrochen werden **-ye uğratmak** unterbrechen
sektedar [ā] *z. va.* beeinträchtigt, gehemmt, behindert, erschwert, geschädigt ~ **etmek** (m. Akk.) *z. va.* beeinträchtigen, hemmen, behindern, erschweren, schädigen, Abbruch tun *ket vurmak
sekteikalp, -bi s. **kalp sektesi**
sekter (*franz.* **sectaire**) *selt.* 1. Sektierer *m* 2. sektiererisch
sektirme Vs. zu **sektirmek;** ~ **ateş** *mil. fr.* Rikoschettfeuer *f* ~ **yay** *mus.* springender (Geigen-)Bogen
sektirmek Kaus. zu **sekmek** z.B. (e–n flachen Stein auf dem Wasser) hüpfen lassen; s.a. **gün sektirmeden**
sektör 1. *geom.* Sektor, Kreis-, Kugel-ausschnitt *m* 2. Lebenskreis *m,* Sektor *m,* Arbeits-gebiet *n,* -bereich *m,* Feld *n,* Bezirk *m;* s.a. **özel sektör**
sektörcülük s. **özel ~**
seku(v)estro s. **sikuestro**
sel (I) 1. wildströmendes Wasser; Gießbach *m* 2. wildwogende Menschenmenge ~ **baskını** Überschwemmung *f* ~ **gibi akmak** 1. dahinströmen (Wasser, Menschenmenge) 2. schnell verfliegen (Zeit) ⁓ **gider, kum kalır.** *Spr. (Sinn:)* Ein Unglück kann vorbei sein, aber die nachteiligen Auswirkungen bleiben. ~ **önünden kütük kapmak** *fig.* mühsam und unter großen Gefahren et. erlangen **-i suyu kalmamak** ganz ausgetrocknet (vertrocknet, welk) sein (Speisen, Obst usw.)
sel (II), **-lli** *va.* Ziehen, Zücken *n* (e–r Waffe); s.a. **selliseyf**
sela s. **sele**
Selâcıka *va. Pl. hist.* Seldschuken(-dynastien) *pl.*
seladon (*franz.* **céladon**) 1. zart-, blaßgrün; seladon 2. Seladon *n* (chinesisches Porzellan mit blau-grüner Glasur)
selâhiyet s. **salâhiyet**
selâm 1. *va.* Fehlerlosigkeit *f* 2. *va.* Sicherheit *f* 3. *va.* Friede *m,* Eintracht *f* 4. Gruß *m,* Begrüßung *f* 5. *mil.* Salutieren *n,* Salut *m,* Ehrenbezeigung *f* 6. Unvergänglichkeit (Gottes) *f* ~ **almak** 1. e–n Gruß erwidern 2. (briefliche) Grüße erhalten ~ **çakmak** „Männchen bauen" (= militärisch grüßen) ⁓ **dur!** *mil.* Präsentiert das Gewehr! ~ **durmak** *mil.* das Gewehr präsentieren ~ **etmek** (*od.* **göndermek**) Wünsche für j–s Wohlergehen aussprechen; grüßen lassen ~ ~ **marşı** *mil.* Präsentiermarsch *m* ~ **merasimi** (*od.* **resmi**) Begrüßungszeremonie *f,* feierliche od. offizielle Begrüßung ~ **otu** gebräuchlicher Liebstöckel *bot.* Levisticum officinale *yaban kerevizi ~ **sabah etmek** sich freundschaftlich unterhalten ~ **söylemek** Grüße bestellen (**Kemal Beye (benden) ~ söyleyiniz!** Grüßen Sie bitte Herrn Kemal von mir! **Emin Bey size ~ söyledi.** Herr Emin läßt Sie grüßen.) ~ **verip borçlu çıkmak** e–e schwierige Arbeit für j–n unternehmen, mit dem man nur oberflächlich bekannt ist ~ **verilmez adam** *fig.* verrufener (übel beleumundeter) Mensch ~ **vermek** (b–ne) 1. j–n grüßen 2. salutieren (vor) **-a durmak** ehrerbietig zum Grüßen auf-, da-stehen **-ı var** (b–nin b–ne) j–n grüßen lassen, j–m Grüße bestellen lassen **-ı sabahı kesmek** 1. j–n nicht mehr grüßen, j–n ignorieren 2. die Beziehungen zu jemand abbrechen **-ını almak** j–s Gruß erwidern **-ını esirgemek** keinen Gruß übrig haben, kein Interesse haben (für j–n)
selâmaleyküm s. **selâmünaleyküm**
selâmet, -ti 1. *va. lit.* Fehlerlosigkeit *f* 2. Befreit-Sein *n,* Befreiung *f* 3. Sicherheit, Geborgenheit, Rettung *f* 4. Unversehrt-Sein, Wohlbehalten-Sein *n,* Gesundheit *f,* Heil *n* 5. guter Erfolg ~ **akçesi** *fr.* s. **toprakbastı parası;** ~ **bulmak** (*od.* **-e çıkmak**) gerettet werden; gut davonkommen **-le!** 1. Gott befohlen! Auf Wiedersehen! 2. Gute Reise! **-le çıkmayayım** *Bet.* Es soll mich den Kopf kosten, wenn (nicht) ... **-te olmak** gesund und wohlbehalten sein **-i memleket namına** für das Heil des Vaterlandes, um das Vaterland vor Unheil zu bewahren; s.a. **Allah ~ versin!**
selâmetlemek 1. (b–ni) sich von e–m Abreisenden verabschieden und ihm gute Fahrt wünschen *uğurlamak 2. (bşi) *fig.* sich verabschieden (von), hinter sich lassen (z.B. das alte Jahr an Silvester)
Selâmiye 1. *n.pr.* ein Zweig des **Celvetiye-** bzw. des **Sadiye**-Ordens 2. ⁓ *va.* ein Seidenkäppchen (wie es von Angehörigen der Selâmiye getragen wurde)
selâmlamak 1. a) (b–ni) j–n (be-)grüßen b) (bşi) et. begrüßen; salutieren (vor)
selâmlaşmak 1. sich (be-)grüßen 2. *fig.* einander nur oberflächlich kennen
selâmlık *fr.* 1. die für Herren bestimmten Räume (in e–m großen Wohnhaus) 2. Empfangsraum *m,* Herrenzimmer *n* 3. **(alayı)** *hist.* feierliche Fahrt des Sultans zum Freitaggebet *selâmlık resmi âlisi; cuma alayı, cuma selâmlığı
selâmlıklı mit **selâmlık** (1, 2) ausgestattet
selâmsız 1. (*a.* ~ **kelâmsız** *od.* ~ **sabahsız**) ohne Gruß 2. ohne zu salutieren 3. ⁓ *n.pr.* ein Teil von Üsküdar ⁓**da mı oturuyorsun?** *(Wortspiel; iron.)* Hast du vielleicht

Spatzen unter dem Hut (scil. daß du mich nicht grüßt?) Du kennst mich wohl gar nicht mehr?
selâmünaleyküm [·ˣ··×·] (Begrüßungsformel, die längere Zeit als typisch isl. bzw. als reaktionär od. bäuerlich von der Stadtbevölkerung deutlich gemieden wurde; die Erwiderung lautet: **(ve) aleyküm (-üs-)selâm)** „Frieden über euch!" Guten Tag! Grüß Gott! ~ **demeden** unvermittelt, abrupt, brüsk, taktlos ≗ **kör kadı!** *iron.* Mußt du denn immer so unverblümt die Wahrheit sagen? ≗ **kör kadı olur mu? (bu derece)** Gibt es denn so viel Ungefälligkeit?
selâmünkavlen [·ˣ·×·] 1. Unberufen! Verhüte Gott! 2. (*Euph.* bes. in der Frauensprache) Schlaganfall *m* **-e uğramak** vom Schlag getroffen werden, e–n Schlaganfall erleiden
Selânik *n.pr.* 1. Saloniki; (amtlich:) Thessaloniki 2. für e–n Juden aus Saloniki charakteristisch Zu 2: s. **yürek ~**; ~ **ekmeği** Bez. für ein besonders gutes Brot aus Weizenmehl und Grieß
Selânikli aus Saloniki stammend, Salonik(i)er(-in *f*) *m spez.* konvertierter Jude aus Saloniki *dönme
selâse *va.* drei *üç; s.a. **basit (mürekkep) ~ kaidesi**
selâset, -ti *stil., rhet.* Gewandtheit, Geschmeidigkeit *f* **-i kelâm** *va.* Beredsamkeit *f*
selâsetli flüssig, gewandt, geläufig (mündl. od. schriftl. Ausdruck)
selâtin [·––] *va. Pl.* zu **sultan;** ~ **camii** (*od.* **camisi**) Sultansmoschee *f* (große, repräsentative Moschee mit mindestens zwei Minaretten; erbaut im Auftrag e–s Sultans od. dessen Gemahlin) ~ **meyhane** großes geräumiges Wirtshaus
selbes(-lik) *P* (*spez.* bäuerlich) für **serbest(-lik)**
selbetmek s. **selp etmek**
selbî *va.* negativ, negierend, verneinend ~ **ihtilâf** *jur.* negativer Kompetenzkonflikt *olumsuz uyuşmazlık
Selçuk *n.pr.* 1. *hist.* od. heutiger *mV, selt. wV* 2. s. **Selçukî, Selçuklu** 3. Städtchen u. D. 77 km südl. von İzmir (in der Nähe die Ruinen von Ephesus); s.a. **Ayas(o)luk;** ~ **üslubu** seldschukischer Stil
Selçukî [·––]; **Selçuklu** 1. Seldschuke *m*, Seldschukin *f* 2. seldschukisch
sele (I) flacher Weidenkorb ~ **zeytini** wenig gesalzene Oliven
sele (II) (*franz.* **selle**) Sattel *m* (auf Fahrrad, Motorrad usw.)
sele (III) *dial.* s. **sere** (I)
selef 1. (Amts-)Vorgänger *m* *öncel 2. *va.* Ahn *m* *dede
Selefkîler [ī]; **Selefkiyan** [ā] s. **Selösitler**
Selefküs *n.pr. hist.* Seleukos (Diadoche)
selek *dial.* 1. gastfreundlich 2. freigebig
seleksiyon Auslese, Zuchtwahl, Selektion *f* *ıstıfa, seçim
selektif; selektivite s. **seçici(-lik)**
selektör 1. *agr.* Reinigungstrommel *f* (für Saatgut), 2. *el.* Wähler, Selbstanschluß *m* (bei Telephon) 3. *(Radio)* Sperrkreis *m* 4. *mot.* a) Gangwähler *m* b) Lichthupe *f* ~ **yapmak** *V* mit den Augen ein Zeichen geben; zublinzeln
selem *va.* Kauf *m* mit Vorauszahlung
selen (I) *phon.* Ton, Laut, Klang, Schall *m* *savt, ses
selen (II) s. **selenyum**
Selendi *n.pr.* O. u. D. im Rbz. Manisa
selenli *phon.* Sonant *m* *tannan
selentereler Hohltiere *pl. zo.* Coelenterata
selenyum [·×·] *chem.* Selen *n*
Selep(adası) *n.pr.* Insel *f* Celebes
seleserpe s. **sere serpe**
Selesten 1. *n.pr.* Zölestin 2. Zölestiner(-mönch) *m*
selestin (*franz.* **célestine**) *min.* Zölestin *m*
selfdeterminasyon *pol.* (Recht *n* der) Selbstbestimmung *f*
selfendüksiyon *phys.* Selbstinduktion *f* *özindükleme
selfguvernman Selfgovernment *n*, Selbstverwaltung *f*
selfservis (*engl.* **self-service**) *H* Selbstbedienung *f* *kendi kendine hizmet
selgörmüş *selt.* für **seylâpzede**
selika [ī] Gewandtheit *f* im mündl. od. schriftl. Ausdruck, abgerundeter Stil, ästhetischer Geschmack
selim [ī] 1. *va.* rein, fehlerfrei, gesund, gut 2. *a. med.* gutartig 3. ≗ [×·] *mV* **Selime** *wV* 4. ≗ *n.pr.* O. u. D. im Rbz. Kars Zu 1: s.a. **aklı-, zevki-** Zu 2: ~ **ur** *med.* gutartiger Tumor
selimî [·––] *fr.* hoher, nach oben sich erweiternder Turban (nach Selim I.)
Selimiye [·–··] *n.pr.* 1. Name verschiedener Moscheen, *spez.* e–r in Istanbul und e–r in Edirne 2. Kaserne und Stadtviertel in Istanbul (zwischen Haydarpaşa und Üsküdar) 3. ≗ *fr.* ein in Üsküdar hergestellter Seidenstoff (aus der Zeit Selims III.)
selinti 1. kleinerer Gießbach 2. Bett *n* od. Weg *m* e–s Gießbachs 3. Ablagerung *f* in e–m Gießbach
selis [ī] 1. flüssig, gewandt, geläufig (mündlich od. schriftl. Ausdruck) 2. Gazel *n* der Volksliedsänger, das in e–r best. **aruz**-Art geschrieben ist
sellem = selâmet versin! (vgl. **sallallahu aleyhi ve sellem**)
sellemehüsselâm (*od.* **sellemeyüsselâm**) ohne lange Umschweife, ohne besondere Einleitung, ungeniert
sellenme *geogr.* Fließen, Strömen *n* *seyelân
selli yağmur s. **sağanak** (1)
selliseyf *va.* Ziehen *n* des Schwertes ~ **etmek** das Schwert ziehen; kämpfen
Selman *mV*
selman etmek *V* betteln *avuç açmak, dilenmek
selmek e–e melod. Weise in der türk. Musik
selmen; selmin *dial.* Warenbaum *m* (am Webstuhl)
Selmin *wV*
selofan Cellophan *n*
seloteyp, -pi (*engl.* **cellotape**) Cellophanpapier *n*
Selösitler *n.pr. hist.* Seleukiden *pl.* (Diadochendynastie) *Selefkîler, Selefkiyan
selp, -bi 1. Wegnahme *f*, Entzug *m*, Rauben *n* 2. Beseitigung *f* 3. Leugnen *n* 4. Verneinung *f* 5. (nach fr. isl. Recht) Unzurechnungsfähigkeit *f* ~ **etmek** 1. (weg-, be-)nehmen, entziehen, rauben 2. beseitigen 3. leugnen, verneinen, negieren Zu 1: **Bu gürültü rahatımı ~ ediyor.** Dieser Lärm raubt mir die Ruhe. **bşi yapmak imkânını ~ etmek** die Möglichkeit benehmen (zu)
selsal [ā] *va.* kühles, köstliches Wasser
selsebil [ī] 1. *va.* s. **selsal** 2. ≗ *isl. Myth.* Name e–r Quelle od. e–s Brunnens im Paradies 3. ein brunnenähnliches Ornament in der türk. Architektur
Selt s. **Kelt**
seltsojen (*franz.* **seltzogène**) Siphon(-flasche *f*) *m*
Seltz suyu Selter(s)wasser *n*
selülit, -ti *med.* Zellulitis *f*
selüloit, -di Zelluloid *n*
selüloz *chem.* Zellulose *f*, Zellstoff *m*, Holzfaser *f* ~ **barutu** Schießbaumwolle *f*
selülozik Zellstoff-, Holzfaser-
selülozlu zellstoff-, holz-haltig
selülozsuz holzfrei (Papier)
selva [×·] (I) *geogr.* Selva *f* (tropisches Urwaldgebiet)
selva (II) [ā] *va.* 1. Honig *m* *bal 2. *rel. Myth.* s. **bıldırcın** (1) (den Israeliten in der Wüste Sinai zusammen mit **kudret helvası** (*q.v.*) angeblich zugesandte Speise)
selvi (< servi) Zypresse *f bot.* Cupressus, *spez.* echte Zypresse *bot.* Cupressus sempervirens ~ **boylu** rank und schlank ~ **kavağı** s. **piramit kavak;** ~ **otu** Zypressengarbe *f bot.* Achillea fragrantissima

selvialtı s. **servialtı**
selviçe (*mst. pl.* **-ler**) *naut.* laufendes Gut (z. B. Fallen und Schoten), Tauwerk *n* *müteharrik arma
selvigiller s. **servigiller**
selvilik mit Zypressen bestandene Stelle, Zypressen-wäldchen *n*, -hain *m*
selvinaz [ā] *va. fig.* Geliebte *f*
selvise s. **selviçe**
sem, -mmi Gift *n* *zehir **-i katil** *va.* tödliches (tödlich wirkendes) Gift
sema (I) [ā] 1. Himmel(-sgewölbe *n*) *m* *gök, gökyüzü 2. Luftraum *m* (über e–m Gebiet) 3. ♀ *wV* ~ **gülü** s. **gök gülü**
sema (II), **-aı** [ā] 1. Hören *n* *işitme 2. *fr.* Tanz *m* bzw. Kultübung *f* der Mewlewi-Derwische ~ **evi** s. **semahane**
semaan *va. Adv.* durch Hören
Semadirek [ā] **(adası)** *n.pr.* Insel *f* Samothrake
semafor 1. Semaphor *m, n,* optischer Telegraph 2. (Eisenbahn-)Signal *n*, Signalanlage *f* 3. Küstensignalstation *f*
semaforcu *(Eisenbahn)* Signalwärter *m*
semah ein spez. bei **Alevî-** u. **Bektaşî-**Bevölkerung üblicher Tanz
semahane [·−−·] *fr.* großer, runder Saal in e–m Mewlewi-Kloster, wo die **sema** genannten Kultübungen abgehalten wurden
semahat, -ti [·−·] 1. Freigebigkeit *f* *cömertlik 2. charitative Tätigkeit *hayırperverlik 3. ♀ [×··] *wV*
semahatli [·−··] 1. freigebig 2. wohltätig, charitativ, nächstenliebend
semahatlü [·−·−] *fr.* Ehrentitel für isl. Juristen (bzw. Theologen) im Rang e–s **kazasker;** s. a. **devletlü** ~
semai [·−−] Gedicht- und Liedform der türk. Volkslit. ~ **kahvesi** *hist.* Kaffeehaus *n*, in dem die **semai** genannten Gedichte (Lieder) vorgetragen wurden (etwa bis 1900)
semaî [·−−] (I) 1. *va.* gehört (und nachgesprochen) 2. *gr.* unregelmäßig, erstarrt, unproduktiv (*ant.* **kıyasî**); ~ **edatlar** unproduktive Suffixe *pl.* des Türkischen
semaî [·−−] (II) s. **semavî**
seman (*franz.* **cément**) *an.* Zement *m* (des Zahns) *kışrı sin
sem'an *va.* s. **semaan**
semaniye [ā] *va.* acht *sekiz
semantasyon (*franz.* **cémentation**) Zementierung *f*
semante (*franz.* **cémenté**) *techn.* (ein-)zementiert ~ **etmek** (ein-)zementieren
semantem (*franz.* **sémantème**) *ling.* Semem, Bedeutungselement *n*, Bedeutungsgehalt *m* e–s Morphems *anlamlık, kökanlam, mana unsuru
semantik *ling.* 1. Semantik, Bedeutungslehre *f* 2. semantisch
semavat, -tı [·−−] *va. Pl.* zu **sema** (I)
semaver [ā] Samowar *m*
semavî [·−−] 1. himmlisch, Himmels- 2. göttlich *tanrısal **cismi** ~ s. **gökcismi;** s. a. **haceri** ~; **afatı -ye ve arziye**
sembal (*franz.* **cymbales**) *mus.* Becken *pl.*
sembaliye (*franz.* **cymbalier**) *mus.* Beckenschläger *m*
sembeki s. **sömbeki**
sembiyont, tu *biol.* Symbiont *m* *ortakyaşar, müşterekülhayat
sembiyoz *biol.* Symbiose *f* *ortakyaşarlık, hayatı müştereke
sembol, -lü 1. Symbol, Sinnbild, Wahrzeichen *n* 2. *chem.* Formel *f*, Zeichen *n* *rumuz
sembolik 1. symbolisch, sinnbildlich 2. Symbolik *f*
sembolist, -ti 1. Symbolist *m* 2. symbolistisch
sembolize symbolisch dargestellt, symbolisiert ~ **etmek** symbolisch darstellen, symbolisieren
sembolizm 1. Symbolismus *m* 2. symbolische Handlung od. Darstellung; Symbolisierung *f*
semek, -ki *va.* Fisch *m* *balık
semelcemek *va.* sich winden, sich krümmen (vor Furcht, Schmerzen usw.)
semen (I) Beleibtheit, Korpulenz *f* ~ **bağlamak** (*od.* **peyda etmek**) dick (beleibt, korpulent) werden *şişmanlamak
semen (II) *v.* (Kauf-)Preis, (Gegen-)Wert *m* *karşılık
semen (III) *va.* s. **yasemin**
semender Salamander, Streifenmolch *m zo.* Triturus vulgaris; s. a. **benekli** ~
semendergiller Molche *pl. zo.* Salamandridae
Semendirek s. **Semadirek**
semenli wohlgenährt, dick, feist, korpulent
semer (I) 1. Trag-, Pack-sattel *m* 2. Traguntersatz *m* (e–s Lastträgers) *arkalıç, arkalık 3. *geol.* Antiklinale *f*, Sattel *m* *antiklinal, yukaç 4. *V* Hintern *m*, Popo *m* ~ **devirmek** *mil. fr.* von e–r Janitscharenformation **(orta)** zu e–r anderen überwechseln (was als Beschimpfung der ersteren galt) ~ **vurmak** e–n Packsattel auflegen **-i devirmek** *F* untätig sein; faulenzen **-i dövmek** *F* nur zögernd e–e Aufgabe (ein Amt) übernehmen **-ini dayamak** 1. ein Tragtier in den Stall stellen 2. j–n aus e–m Amt entfernen; j–n entlassen **-ini yere vurmak** ein Amt aufgeben (*F* den Krempel hinschmeißen)
semer (II) *bot.* Frucht *f* *meyve **-i baklî** s. **baklamsı meyve; -i fakir** s. **kapçık meyve; -i inebî** s. **üzümsü meyve; -i kâzip** s. **yalancı meyve; -i mücevvez** s. **buğdaysı meyve**
semerat, -tı [ā] *va. Pl.* zu **semere** *spez. fr.* Einkünfte *pl.* aus Immobilien
semerci Hersteller und Verkäufer *m* von Pack- und Tragsätteln ~ **sazı** s. **sukamışı**
semercilik Herstellung *f* und Verkauf *m* von Pack- und Trag-sätteln
semere 1. Frucht *f* *meyve, yemiş 2. *fig.* Frucht *f*, Ertrag, Gewinn, Nutzen *m*, Erträgnisse, Einkünfte *pl.*, Erfolg *m*, Ergebnis, Resultat *n* **-yi iktitaf etmek** *va.* die Frucht (seiner Bemühungen) ernten
semeredar [ā] *va.* s. **semereli**
semereli fruchtbringend, ertrag-, erfolg-reich, einträglich, gewinnbringend *verimli ~ **neticeler** Erfolge *pl.*
semeresiz frucht-, ergebnis-los ~ **kalmak** fruchtlos verlaufen
Semerkant, -dı *n.pr.* Samarkand
semerli 1. mit (Pack-, Trag-)Sattel bzw. Traguntersatz 2. *fig.* gewöhnlich, grob, vulgär
semestir s. **sömestr**
semfiz (*franz.* **symphyse**) *med.* Symphyse, Junktur *f*, knorpelige Knochenverbindung
semfoni s. **senfoni**
semi, -m'i *va.* 1. Hören *n* *işitme 2. Hören *n* (auf), Befolgen *n* 3. Ohr *n* *kulak **sem'i mülevven** s. **renkli işitme**
sem'î akustisch, Gehör-, auditiv *işitsel
semih [ī] 1. *z. va.* freigebig, großzügig *cömert, eli açık 2. ♀ [×·] *mV* **Semiha** [×··] *wV*
seminer 1. Seminar *n*, Universitäts- od. Hochschul-Institut *n* 2. Seminarraum *m*, 3. Seminar(-übung *f*) *n*
semirgin 1. feist, dick, fett, wohlgenährt 2. faul, behäbig, träge
semirginlik 1. Feistheit *f*, Gut-genährt-Sein *n* 2. Faulheit, Behäbigkeit, Trägheit *f*
semirmek dick (feist, fett) werden
semirtmek 1. kräftigen, nähren (z. B. best. Speisen) 2. mästen, nudeln (z. B. Gänse)
semiye *va.* Clan, Stammesverband *m* *klan, sop
semiyoloji 1. *med.* Semiologie, Symptomatologie (Lehre von den Krankheitserscheinungen) 2. Semeiotik *f* (Lehre vom Ausdruck)
semiz feist, fett, gutgenährt, gemästet, genudelt ~ **demiri** *naut.* stockloser Klappanker; Patent-, Hein-, Hall-anker *m* ~ **tavuk** zartes Masthuhn; Poulet *n*, Poularde *f*

semizebe s. **semizotu**
semizle(ş)mek s. **semirmek**
semizlik Feistheit *f*, Gut-genährt-Sein *n*
semizotu, -nu 1. Gartenportulak *m bot.* Portulaca oleracea sativa 2. gemeines Fettkraut *bot.* Pinguicula vulgaris *yağotu
semizotugiller Portulakgewächse *pl. bot.* Portulacaceae *ferkahiye
semmî *z. va.* giftig *zehirli **mevaddı semmiye** *va.* giftige Substanzen *pl.*
semmur s. **samur**
semmuriye s. **susamurugiller**
sempati 1. Sympathie, Zuneigung *f*, Wohlgefallen *n* 2. Interesse *n*, Vorliebe *f* 3. Mitgefühl *n*, Anteilnahme *f* *duygudaşlık ~ **değeri** Liebhaberwert *m* ~ **duymak** Sympathie empfinden (für) ~ **grevi** Sympathie-, Solidaritätsstreik *m* ~ **siniri** *an.* Sympathicus *m* *asabı sempati ~ **sinirleri** sympathische Nervenstränge *pl.*, sympathisches System **-i kebir** s. **büyük sempatik**
sempatik 1. sympathisch, liebenswert, warmherzig 2. freundlich, liebenswürdig, aufmerksam, zuvorkommend 3. Mitgefühl od. Anteilnahme erweckend bzw. dem Mitgefühl od. der Anteilnahme entsprungen *duygudaşlı 4. *med.* sympathisch (z.B. Nerven) Zu 2: **Amerika'ya giden ... Beyin mazhar olduğu ~ kabul bizi mütehassis etti.** Der freundliche Empfang, der Herrn ... bei seinem Amerikabesuch zuteil geworden ist, hat uns tief beeindruckt. Zu 4: ~ **sinir sistemi** sympathisches Nervensystem
sempatiklik Anmut, Lieblichkeit *f*, Charme, Reiz *m*
sempatizan sympathisierend (mit), Sympathisant(-in *f*) *m* **O partiye ~ oldukları anlaşılmıştır.** Es hat sich herausgestellt, daß sie mit jener Partei sympathisierten.
sempatize etmek sympathisieren, Anteil nehmen, mitfühlen, gleichgestimmt sein
sempl (*franz.* **simple**) *selt.* einfach, unkompliziert, schlicht
Semplon *n.pr.* 1. Simplon *m* (Paß od. Tunnel) 2. Simplon-Orient-Expreß *m*
sempozyum Symposium *n*; wissenschaftliche Tagung
semptom Symptom, Anzeichen *n* *belirti
semptomatik symptomatisch, bezeichnend
semra [ā] 1. *va. Fem.* zu **esmer** 2. ≗ *wV*
semt, -ti 1. Gegend *f* (*spez.* in e–r Stadt), Richtung *f* 2. Nähe, Nachbarschaft *f* 3. *astr.* Azimut *m* *açıklık 4. *naut.* Peilung *f* Zu 1: **Hangi -te oturuyorsunuz?** In welcher Gegend wohnen Sie? Zu 2: **b–nin -ine uğramamak** es absichtlich vermeiden, in j–s Nähe zu kommen; nicht mehr mit j–m verkehren ~ **pusulası** *naut.* Peilkompaß *m* ~ ~ 1. e–e Gegend nach der andern (z.B. absuchen) 2. in einigen Stadtgegenden **ºi meçhule gitti.** 1. Er ist in unbekannter Richtung weggegangen. 2. Er ist mit unbekannter Adresse verzogen.
semtikadem s. **ayakucu, nazir(-üssemt)**
semtürreis, -e'si s. **başucu** (3)
semtürre'sî s. **başucul**
semum [ū] Samum *m*; heißer Wüstenwind *samyeli
sen du; ≗ **adam oluncaya kadar devenin kuyruğu yere değer!** *F* Eher reicht ein Kamelschwanz bis auf die Erde, als daß du ein ordentlicher Mensch wirst! ≗ **ağa ben ağa, koyunları** (*od.* **bu ineği) kim sağa?** *(od.)* ≗ **dede ben dede, bu atı kim tımar ede?** *Spr.* Du bist ein vornehmer Mann, ich bin ein vornehmer Mann; wer soll nun die (Schmutz-)Arbeit ausführen? ≗ **bilirsin bir iki ben bilirim oniki!** *F* Was du im Hirn hast, habe ich im kleinen Finger! ≗ **bilirsin deyince (değirmende) kavga olmaz.** *Spr.* Du kannst e–n Streit vermeiden, wenn du auf die Darlegung deines Gegners eingehst. ≗ **bugün sol tarafından kalkmışsın?** Du bist wohl heute mit dem linken Fuß zuerst aufgestanden? ~ **de** 1. auch du, und du, du aber 2. Pfui über dich! ≗ **de mi Brütüs oğlum benim?** Auch du, mein Sohn Brutus? ≗ **der sen ben der ben diye bir patırdı kopuyor.** Es gibt immer Streit, wenn jeder recht haben will. ≗ **dost kazan düşman ocağının başından çıkar.** *Spr.* s. **Kazanırsan dost kazan** (usw.); ≗ **giderken ben geliyordum** (*od.* **dönüyordum**). Als du erst weggingst, war ich schon wieder zurück *d.h.* So schlau wie du bin ich schon lange. ≗ **kim oluyorsun!** od. ≗ **necisin?** Was hast du dich hier einzumischen? ≗ **misin?** 1. Bist du es? 2. (mit Wiederaufnahme e–s vorausgehenden Verbums in der Form des Part. Präs. zur Bez. e–r unerwarteten, unangenehmen Entwicklung) Aber nicht nur das! Es ist noch schlimmer gekommen. (**Enver denize düştü. Sen misin düşen? O kurtarılamadı!** Enver ist ins Meer gestürzt. Aber nicht nur das! Man hat ihn auch nicht mehr retten können!) ≗ **paradan haber ver!** Hast du Geld, so kannst du dir alles leisten! ≗ **sağ ben selâmet.** 1. Die Sache ist aus. Jetzt kann man nichts mehr tun. 2. Das hätten wir geschafft, Gott sei Dank! 3. *iron.* Jetzt ist das Ding glücklich hin! ~ ~ **ol** *F* Verst. e–r Warnung Auf keinen Fall! Laß es dir gesagt sein! (**Sözlerimi ~ ~ ol hatırından çıkarma!** Vergiß nie, was ich dir gesagt habe!) ≗ **seni bil sen seni!** (Hacı Bayram Veli) Nur wer sich selbst genau kennt, kann die Welt und alle Vorkommnisse richtig verstehen. **-ce** nach deiner Ansicht **-de** bei dir **-den** von dir **ºden büyükle alışveriş etme!** *od.* **ºden devletli ile ortak olma!** *(beides Spr.)* Mit großen Herren ist nicht gut Kirschen essen. *Spr.* Zu **seni, senin, sana** vgl. die ges. Stw.
Sen (I) *(in Zss.)* Sankt ... ~ **Bernar geçidi** Großer St. Bernhard(-Pass) ~ **Bernar köpeği** Bernhardiner(-hund) *m zo.* Canis familiaris extrarius St. Bernardi ~ **Bernar rahipleri** Mönche *pl.* vom Großen St. Bernhard ~ **Gotar** St. Gotthard-Paß *m* ~ **Jorj** 1. Sankt Georg (Heiliger) 2. Name der Öst. Schule in Istanbul ~ **Maren** *n.pr.* San Marino ~ **Per** *selt.* Heiliger Vater; Papst *m* ~ **Piyer** *n.pr.* Petrus (Apostel) ~ **Sinot** s. **sinot** (1); ~ **Toma** *n.pr.* Thomas (Apostel)
Sen (II) [–] **(nehri)** Seine *f*
sena (I) [ā] Lob, Ruhm, Preis *m*, Anerkennung *f* *sitayiş ~ **etmek** loben, rühmen, preisen **-sında bulunmak** (b–nin) in Worten höchster Anerkennung sprechen (von)
sena (II) Senat *m* (im alten Rom, *nur gel.* in Anwendung auf die heutige Zeit)
sena (III) 1. *va.* Aufblitzen *n* 2. s. **sina**
senagû [·––]; **senahan** [·––] *va.* s. **senakâr**
Senaherip, -bi *n.pr.* Sanherib (assyrischer König)
senakâr [·––] 1. lobend, rühmend, preisend; Lobredner *m* *sitayişkâr 2. *(im osm. Briefstil)* ergebener Diener
senarist, -ti (*franz.* **scénariste**) s. **senaryocu**
senaryo [·×·] 1. *Th.* Szenar(-ium) *n* 2. (Film-)Drehbuch *n* ~ **muharriri** Drehbuchverfasser, Textautor *m* ~ **muharrirliği** Tätigkeit *f* e–s Drehbuchverfassers; Abfassung *f* von Drehbüchern
senaryocu s. **senaryo muharriri**
senaryoculuk s. **senaryo muharrirliği**
senato [·×·] 1. *pol.* Senat *m* *âyan meclisi; sena 2. (Universitäts-)Senat *m*
senatör Senator *m*, Senatsmitglied *n* *âyan meclisinden; âyandan
senatörlük Stellung *f*, Rang *m*, Aufgaben *pl.* e–s Senators
sencileyin [×··] *va.* wie du
sendan(-î) s. **sindan(-î)**
sendelemek 1. stolpern, straucheln 2. taumeln, schwanken, wanken 3. *Th.* so tun, als ob man hinfalle (Kavuklu im Ortaoyunu) Zu 1: **Ayağı bir taşa takılıp sendeledi.** Er stolperte über e–n Stein. Zu 2: **Bu haberi alınca fena**

halde sendeledi. Diese Nachricht hätte ihn beinahe umgeworfen.
sendik (*franz.* **syndic**) 1. Syndikus *m* 2. Konkursverwalter *m*
sendika 1. Gewerkschaft, Berufsgenossenschaft *f* 2. Konsortium *n*, Verband *m* Zu 2: s. **emisyon (işveren) -sı**
sendikacı 1. Syndikalist *m;* syndikalistisch 2. gewerkschaftlich 3. Gewerkschaftsvertreter *m*
sendikacılık 1. Syndikalismus *m* 2. Gewerkschaftswesen *n*
sendikal gewerkschaftlich, Gewerkschafts-
sendikalaşmak sich gewerkschaftlich organisieren
sendikalist, -ti; sendikalizm s. **sendikacı(-lık)**
sendrom *med.* Syndrom, Krankheitsbild *n*
sene Jahr *n* *yıl **1960 senesinde** im Jahre 1960 **-lerce** jahrelang, viele Jahre hindurch **seneye** in Jahresfrist; bis in e–m Jahr **-i atiye** s. **gelecek sene; -i dersiye** s. **ders senesi; -i devriye** s. **yıldönümü; -i kameriye** *(isl.)* Mondjahr *n* **-i kebise** s. **artıkyıl; -i maliye** s. **malî yıl; -i şemsiye** s. **güneş yılı; -i tedrisiye** s. **ders senesi**
senebesene *va.* Jahr um Jahr, jährlich
senedat, -tı [ā] *va. Pl.* zu **senet;** ~ **cüzdanı** Portefeuille *n*, Wertpapier- und Wechsel-bestand *m* (e–r Firma) ~ **üzerine avans** Effektenbevorschussung *f* **-ı merhune mukabili ikrazat** s. **senetler üzerine avans; -ı ticariye** s. **ticarî senetler; -ı umumiye** s. **umumî senetler**
senek *dial.* hölzerner Wasserkrug
Senek, -ki *n.pr.* Seneca
senelik 1. jährlich, Jahres- *senevî, yıllık 2. e–n Zeitraum von soundsoviel Jahren umfassend, für soundsoviel Jahre bestimmt, -jährig *yıllık 3. soundsoviel Jahre alt Zu 1: ~ **ücretli izin** bezahlter Jahresurlaub Zu 3: **Bu minare 400 -tir.** Das Minarett hier ist 400 Jahre alt. ~ **nema** s. **sarrafiye** (2)
senet, -di 1. *z. va.* worauf man sich stützen kann, Stütze *f* 2. Dokument *n*, Urkunde *f*, Schein, Beleg *m*, Unterlage *f*, schriftliches Zeugnis, Schriftstück *n* (wie z. B. Schuldschein, Lagerschein *m*, Eigentumsurkunde, Quittung *f*) *H a.* Wechsel *m* *dayanç, belgit 3. Beweis(-mittel *n*) *m* Zu 2: s. **borç (hatır, makbuz, nakliye, tapu, tasarruf) -i** Zu 3: **Yağmur yağacağına -in var mı?** „Hast du e–e schriftliche Garantie, daß es regnen wird?" *d. h.* Woher willst du denn wissen, daß es so kommen muß? ~ **hakkında kanunî mevzuat** *H* Wechselrecht *n* ~ **hamili** *H* Wechselinhaber *m* ~ **ittihaz etmek** (bşi) et. zur Kenntnis (od. ad notam) nehmen (um später darauf zurückzugreifen), et. vermerken ~ **kırdırmak** *H* e–n Wechsel begeben ~ **sepet** irgend e–e schriftliche Unterlage (vgl. a. **sebet**); ~ **vermek** *fig.* j–m Brief und Siegel geben, et. verbürgen ⚇ **vereyim!** *fig.* Das kann ich dir schriftlich geben! **-ler üzerine avans** *H* Darlehen *n* auf Wertpapiere *bzw.* Vorschuß *m* gegen Dokumente **-i bahrî** *va.* s. **gemi tasdiknamesi; -i hakanî** *(in osm. Zeit)* Grundbuchauszug *m* *tapu senedi **-i nihaî** *va.* Schlußprotokoll *n*
senetleşmek sich gegenseitig Bescheinigungen ausstellen
senetli durch Dokumente nachweisbar; verbrieft (*P a. Verst.* ~ **sepetli**)
senetsiz ohne schriftliche Unterlagen ~ **sepetsiz** *P Verst.* von **senetsiz** *spez.* ohne daß schriftliche Unterlagen gegeben oder verlangt worden wären
senevat [ā], **-tı** *va. Pl.* zu **sene**
senevî (I) jährlich, Jahres- *senelik, yıllık ~ **faiz** Jahreszinsen *pl.* ~ **kira** Jahresmiete *f* ~ **vasatî** s. **yıllık ortalama;** ~ **yerfesleğeni** einjähriges Bingelkraut *bot.* Mercurialis annua
senevî (II); **seneviyet** s. **düalist; düalizm**
senfoni *mus.* Symphonie, Sinfonie *f*
senfonik *mus.* symphonisch, sinfonisch ~ **konser** Symphoniekonzert *n* ~ **şiir** symphonische Dichtung
senfonist, -ti Symphoniker *m:* 1. Komponist *m* von Symphonien 2. Mitglied *n* e–s Symphonieorchesters
seni (I) (Akk. zu **sen**) dich (Häufige Verwendung in Ausrufen wie:) ~ **itoğlu it!** *V* du verdammter Hund! s. a. unter Stw. **gidi**
seni (II) [ī] *hist.* (in bezug auf den osm. Sultan) erlaucht, erhaben; s. **iradei -ye**
senin (*Gen.* zu **sen**) 1. deiner 2. dein ~ **anlayacağı** *F* kurz gesagt; das heißt ⚇ **canın can da benimki patlıcan mı?** *iron.* Hauptsache, du bist gesichert! Ich kann ja schauen, wo ich bleibe! ~ **için** für dich ⚇ **söylediğin gazoz ağacı Holivut'ta yetişir!** *V* Das ist ja alles Quatsch, was du da redest! **-le** mit dir
seninki deinig-
Senirkent *n.pr.* Städtchen u. D. im Rbz. Isparta
senit *dial.* Nudelbrett *n*
senjeri (*franz.* **singerie**) *selt.* Nachäffung *f* *maymunluk
senk, -gi *va.* Stein *m* *taş **-i ibret** *hist.* vor dem **Orta Kapı** *(q. v.)* befindlicher hoher Stein, auf dem die Köpfe der Hingerichteten dem Volk zur Abschreckung gezeigt wurden
senklinal *geol.* 1. synklinal, muldenförmig 2. Synklinale, Mulde *f* *ineç, tekne
senkop, -pu *ling., med., mus.* Synkope *f*
senkope (*franz.* **syncopé**) *ling., med., mus.* synkopiert ~ **etmek** synkopieren
senkoplamak s. **senkope etmek**
senkoplu *ling., med., mus.* mit Synkopen, synkopiert ~ **kalp** *med.* unregelmäßig arbeitendes Herz
senkretik *ling., phil.,* synkretistisch
senkretizm 1. *phil.* Synkretismus *m* 2. *ling.* Kasus-Synkretismus *m*
senkromi (*franz.* **synchromie**) Mehrfarbendruck *m*
senkron synchron, zeitgleich, gleichlaufend *eşinzaman, hemzaman, zamandaş
senkroni *ling.* Synchronie *f* *eşzamanlık
senkronik *ling.* synchronisch
senkronizasyon Synchronisation, Synchronisierung *f* (*spez.* bei Film) *zamandaşlaştırma
senkronize synchronisiert (Film) ~ **etmek** synchronisieren
senkronizm Synchronismus *m* *eş(in)zamanlık, zamandaşlık, hemzamani
senli benli intim, vertraut, zwanglos, ungeniert ~ ~ **olmak** mit j–m auf du und du stehen
senlik 1. das Du 2. gerade für dich geeignet
Senmar(-k) (Kilisesi) *n.pr.* Markuskirche *f*, San Marco (in Venedig)
senograf(-ya) (*franz.* **scénographe; scénographie**) *Th.* Bühnenmaler(-ei *f*) *m*
senozoik s. **neozoik**
sensen et. Aromatisches, das man zur Beseitigung schlechten Mundgeruchs kaut (z. B. nach dem Genuß von **pastırma**)
sensiz ohne dich
sent, -ti Cent *m* (100. Teil e–s Dollars u. anderer Währungen)
Sent (in Zss.) Sankt, Heilig ~ **Elen** *n.pr.* St. Helena (Insel) ~ **Espri** *selt.* der Heilige Geist *Ruhulkudüs
sentagma *ling.* Syntagma *n*
sentagmatik *ling.* syntagmatisch
sentaks Syntax, Satzlehre *f* *nahiv, sözdizimi, sintaks
sentaksik syntaktisch *nahvî
sentetik 1. synthetisch *bireşimsel, terkibî 2. synthetisch hergestellt, künstlich, Kunst- *terkibî ~ **neft** s. **bireşimsel neft**
sentez 1. Synthese *f* *bireşim, terkip 2. synthetische Herstellung *terkip
sentilometre (*franz.* **scintillomètre**) s. **pırıldamaölçer**

sentür (*franz.* **ceinture**) Gürtel *m* (z.B. für ein Damenkleid)
sentürlü mit Gürtel (z.B. Damenkleid)
senyor (I) Señor, Herr *(m)* (Spanier)
senyor (II) *(Sport)* Senior *m* (über 16 Jahre)
senyora [·×·] Señora, Frau *(f)*; Dame *f* (Spanierin)
senyorita [··×·] Señorita *(f)*, Fräulein *(n)*; junge Dame (Spanierin)
senyör (*franz.* **seigneur**) *hist.* Lehnsherr *m*, vornehmer, adliger Herr
senyörlük *hist.* Lehnsherrschaft *f*
sep, -bbi *va.* Schmähung, Beschimpfung *f*; s.a. **sebbüşetim**
separatist, -ti *selt.* Separatist(-in *f*) *m*, separatistisch
separatizm *selt. pol.* Separatismus *m*
separatör Separator, Abschneider, Sichter *m*
separe Séparée *n*
sepek eiserner Zapfen (in dem sich ein Mühlstein dreht), Mühleisen *n*
sepelek *Verst.* zu **sersem**
sepelemek *dial.* für **serpelemek**
sepet, -ti 1. (Henkel-, Trag-, Weiden-, Bienen-, Wäsche- usw.)Korb *m*, Kiepe *f* 2. Reuse *f* (beim Fischfang) 3. Förderkorb *m* (im Bergwerk) 4. Beiwagen *m* (am Motorrad) *saytkar 5. ein Korbvoll 6. aus Rohrgeflecht hergestellt, Rohr-, Korb- 7. *Verst.* zu **evet** 8. *Verst.* zu **sürü** 9. *Verst.* zu **senet** 10. *Verst.* zu **sersem;** 11. *mod. fr.* Reifrock *m* ~ **araba** Korbwagen *m* ~ **havası çalmak** (b–ne) *V* s. **sepetlemek;** ~ **işi** 1. Korbflechterei *f* 2. *V* ein best. betrügerischer Trick (bei Bakkarat) ~ **kafalı** s. **öküz kafalı;** ~ **sandık** Reise-, Schließkorb *m* ~ **tımarı** *jur.* herrenlos gewordenes Lehen *mahlul tımar **-e atış** *(Basketball)* Korbwurf *m* **-te pamuğu olmamak** *F* keine Grütze im Kopf haben **-te pamuk** *hum.* Kenntnisse *pl.*, Wissen *n*
sepetçi Korb-flechter, -macher, -verkäufer *m* ~ **söğüdü** (*od.* **kavağı**) Korbweide *f bot.* Salix viminalis *çalıkavak
sepetçilik Herstellung *f* od. Verkauf *m* von Körben, Korbflechterei *f*
sepetçioğlu, -nu ein bes. in Kastamonu u. Umgebung üblicher Volkstanz
sepetkulpu, -nu *arch.* Korbbogen *m*
sepetleme 1. Vs. zu **sepetlemek** 2. *Adv.* schief, schräg (z.B. geschnitten)
sepetlemek 1. in e–n Korb tun (legen, setzen, stellen) 2. *V* j–m zu verstehen geben, daß er unerwünscht ist: a) j–n abblitzen lassen, j–m e–n Korb geben b) hinauskomplimentieren c) fortjagen, entlassen
sepetli 1. mit Korb (usw.; s. **sepet**) 2. s. **senetli** ~; ~ **fistan** *fr. mod.* Reifrock *m* ~ **motosiklet** Motorrad *n* mit Beiwagen
sepetlik 1. als Korb od. zur Herstellung von Körben dienend (geeignet, bestimmt) 2. Aufbewahrungsort *m* für Körbe 3. *arch.* Vorsprung *m* 4. *an.* Nabelgegend *f* 5. Korbvoll *m*
sepettopu, -nu Korb-, Basket-ball *m*
Sephardim [ī], **Sephardlar** *n.pr.* Sephardim *pl.* (die span.-port. Juden und ihre Nachkommen; die orientalischen Juden)
sephiye *va.* Schwimmen *n* ~ **sarnıcı** *naut.* Trimmtank *m*; s.a. **kisei** ~
sepi Gerben *n* *sepicilik, tabaklık ~ **şerbeti** Gerberlauge, Beizbrühe *f* ~ **tozu** (Gerber-)Lohe *f* ~ **vermek** gerben
sepici Gerber *m* *tabak (II) ~ **somağı** Gerbersumach *m bot.* Rhus coriaria
sepicilik Gerben, Gerbergewerbe *n* *tabaklık (II)
sepilemek gerben *tabaklamak
sepili gegerbt
sepken 1. s. **sulusepken** 2. Graupelwetter *n*
sepmek *P* für **serpmek**
sepoy *(engl.)* Sepoy *m (fr.)* indischer Soldat des engl. Heeres
seps Erdschleiche *f zo.* Chalcides ocellatus (Wühlechse)
sepsis *med.* Sepsis, Blutvergiftung *f* *kan zehirlenmesi
sept (I), **-ti** (jüdischer) Sabbat *m* *şabbat
sept (II), **-ti** *va.* (Auf-, In-, Nieder-)Schrift, Eintragung *f* ~ **etmek** *va.* (auf-, ein-, nieder-)schreiben, eintragen
Septe *n.pr.* Ceuta ~ **boğazı** *n.pr.* Straße *f* von Gibraltar
septet, -ti *mus.* Septett *n* *septüor
septik (I) 1. skeptisch 2. Skeptiker(-in *f*) *m* *şüpheci
septik (II) septisch ~ **çukur** Senk-, Abort-, Klär-grube *f* *fosseptik
septilyon Septillion *f*
septimole *mus.* Sept(im)ole *f* *yedileme
septisemi *med.* Septikämie, Sepsis, Blutvergiftung *f*
septisizm Skeptizismus *m*, Skeptik *f* *hisbaniye, şüphecilik
septole *mus.* s. **septimole**
septum *an.* s. **perde** (3)
septüor *mus.* s. **septet**
sepya [×·] 1. Sepia *f* (Farbe) 2. Sepiazeichnung *f* 3. **(balığı)** Tintenfisch *m zo.* Sepia *mürekkepbalığı
ser (I) 1. Kopf *m*, Haupt *n* 2. Führer, Chef, Leiter *m* 3. Anfang, Beginn *m* 4. Grundlage *f*, das Wichtigste 5. *(in Zss.)* Haupt-, Chef-, General-, Meister-, Ehren-, Ober-, Vorder-, führend, leitend, oberst-, erst- *(1–5) baş 6. Gipfel(-punkt), Höhepunkt *m* *doruk, zirve ~ **çekmek** s. **göğe (eflâke) ser çekmek;** ~ **verip sır vermemek** lieber sterben wollen (sich lieber die Zunge abbeißen), als ein Geheimnis verraten **-de ... var.** 1. nur et. Bestimmtes im Kopf haben. 2. et. bedenken (berücksichtigen) müssen Zu 1: **≗de sevda var.** Er ist blindwütig verliebt. Zu 2: **≗de efendilik var.** Schließlich ist man doch ein Gentleman (und hat sich dementsprechend zu benehmen). **≗de kabadayılık var.** Er renommiert nun einmal gern.
ser (II) (*franz.* **serre**) Gewächs-, Treib-haus *n* *limonluk **-de yetiştirmek** im Treibhaus züchten
ser (III) (in der Füg.:) ~ **serbest** 1. vollkommen frei, ganz unabhängig 2. völlig ungeniert
sera [ā] *va.* (Erd-)Boden *m*; s.a. **tabe serahü**
Seracettin [·–·–] („Licht der Religion") *mV*; vgl. **siraç**
serahenk, -gi [ā] *va.* Dirigent *m* (e–r Musikkapelle)
serak, -ağı (*franz.* **sérac**) *geogr.* Sérac, Eisbruch, Gletschersturz *m*
seramedan [·–·–] *va. Pl.* zu **seramet**
seramet, -di [ā] *va.* Führer, Meister *m*, führende Persönlichkeit
seramik 1. keramisch 2. Keramik *f* *çömlekçilik ~ **kalemi** Pastellstift *m* ~ **mamulâtı** keramische Erzeugnisse *pl.*
seramikçi Keramiker(-in *f*) *m*
seramikçilik keramische Kunst
serap, -bı [ā] 1. Fata Morgana *f*, Luftspiegelung *f* (*spez.* in der Wüste) *ılgım, ılgımsalkım 2. ≗ *wV*
serapa [·––] *va.* von Kopf bis Fuß, von oben bis unten, von A–Z, vollständig, ohne Ausnahme *baştan başa, tepeden tırnağa
seraser [ā] *va.* 1. vollständig, von A–Z 2. mit Gold- und Silber-fäden bestickter Seidenstoff
serasker *hist.* (bis 1908) osm. Kriegsminister *m* ≗ **Kapısı** *hist.* osm. Kriegsministerium *n* *Babı Seraskerî
seraskerî den **serasker** betreffend; s.a. **Babı** ≗
seraskerlik 1. Amt *n*, Rang *m*, Aufgaben *pl.* des osm. Kriegsministers 2. osm. Kriegsministerium *n*, Seraskerat *n*
seray s. **saray; -ı sipenç** *va.* irdische Welt, Erde *f*; Diesseits *n*
serazat, -dı [·––] 1. *va.* frei, frei umherlaufend, ungebändigt *başıboş 2. *va.* unbeschwert, unbekümmert, sorglos 3. eigenwillig, kapriziös

serbaz *va.* tollkühn, verwegen
Serber (*franz.* **Cerbère**) *n.pr. griech. Myth.* Cerberus *m* (Höllenhund)
serbest, -ti 1. frei, unabhängig *özgür 2. ungeniert, frei, fest, bestimmt (z. B. im Auftreten, Reden usw.) ~ **açıklık** *techn.* Traglänge *f* ~ **altın esası** Goldstandard *m* ~ **balon** Freiballon *m* ~ **beyyine** *jur.* Prinzip *n* der freien Beweiswürdigung ~ **bırakmak** los-, frei-lassen, laufen lassen ~ **borsa** Frei-handel, -verkehr *m* Kulisse *f* ~ **borsa cetveli** Freiverkehrsnotierungen *pl.* ~ **bölge** *H* Freizone *f* (im Hafen) *transit bölgesi ~ **bulundurmak** freihalten (Straße usw.) ~ **döviz** freie Devisen *pl.* ~ **düşme** *phys.* freier Fall ~ **düşünceli** (*od.* **fikirli**) Frei-denker, -geist *m* ~ **geçmek** frei passieren ~ **güreş** Freistilringen *n* ~ **kartel** freiwilliges Kartell ~ **giriş kartı** Freikarte *f* (für *Th.* usw.) ~ **liman** Freihafen *m* ~ **mayın** s. **serseri mayın;** ~ **meslekler** freie Berufe *pl.* ~ **mıntıka** s. **serbest bölge;** ~ **muamele** s. **primli muamele;** ~ **mübadele** s. ~ **ticaret;** ~ **nazım(-cılık)** s. **özgür nazım(-cılık);** ~ **olmak** (bşi yapmakta) j–m freistehen (et. zu tun) ~ **parkur** *jur.* Triftrecht *n* ~ **piyasa** Frei-handel, -verkehr *m* ~ **resim** Freihandzeichnen *n* ~ **rüzgâr** s. **kolay rüzgâr;** ~ **stil** *(Sport)* Freistil *m* ~ **tabanca** *(Sport)* freie Pistole ~ **tevdiat** offene Verwahrung, offenes Bankdepot ~ **ticaret** Freihandel *m*
serbestçe 1. frei, in freier Weise 2. recht ungeniert, mit genügender Festigkeit ~ **inkişaf hakkı** *jur.* Recht *n* auf freie Entwicklung
serbestçi *hist.* Anhänger *m* bzw. Mitglied *n* der 1930 gegründeten und im gleichen Jahr wieder verbotenen Freien Republikanischen Partei **(Serbest Cumhuriyet Fırkası)**
serbeste *va.* 1. nicht mehr frei 2. in e–m best. Dienst stehend 3. verdeckt, verschlossen, verschleiert, geheim
serbesti [ī] 1. Freiheit, Unabhängigkeit *f* *özgürlük 2. Ungeniertheit, Festigkeit, Bestimmtheit *f* (z. B. im Auftreten) ~ **vermek** freie Hand lassen (z. B. in der Politik) **-i efkâr** Gedankenfreiheit *f*
serbestiyet, -ti s. **serbesti**
serbestlemek freiwerden od. sich freimachen (von et. Drückendem)
serbestleşmek frei (unabhängig) werden
serbestleştirmek frei (unabhängig) machen **... deniz kuvvetlerinin hâkimiyetini de ~ için zarurîdir.** ... ist auch für die unumschränkte Beherrschung durch die Seestreitkräfte erforderlich.
serbestlik s. **serbesti**
serbülent, -di 1. *va.* erhaben, überlegen, hervorragend 2. ≗ *mV*
serçe Sperling, Spatz *m zo.* Passer (domesticus u. a.) ~ **darısı** Sorghum *n,* Durra *f bot.* Andropogon sorghum ~ **dili** 1. Vogelmiere *f bot.* Stellaria media *cam otu 2. rispenblütiger Seidelbast *bot.* Thymelaea (hirsuta u. a.) ~ **kadar** spatzengroß; winzig klein ~ **otu** großblütige Sternmiere *bot.* Stellaria holostea ~ **yem otu** Kanariengras *n,* -hirse *f bot.* Phalaris canariensis ~ **yuvası** *fr.* e–e von Theologiestudenten getragene Turbanart **≗den korkan darı ekmez.** *Spr.* Wer Spatzen fürchtet, kann keine Hirse säen. *d. h.* Keine Rose ohne Dornen. *Spr.*
serçegiller Sperlingsvögel *pl. zo.* Passeridae *asafir, ispinozgiller
serçeparmak 1. kleiner (od. fünfter) Finger 2. kleine Zehe *(1, 2) küçük parmak
serçeşme 1. *va.* (Wasser-)Quelle *f* 2. *hist.* mit der Anwerbung von Freischärlern beauftragter Offizier
serçin 1. Spule *f* des Weberschiffchens 2. *fig.* das Beste (von et.) 3. *fig.* erst-klassig, -rangig, prima, hervorragend ~ **derçin resmi** s. **mürde başı**
serd (I), **-di** Vorbringen, Vortragen, Darlegen *n* (von Ansichten, Einwänden usw.) ~ **etmek** vorbringen, vortragen, darlegen
serd (II), **-di** *va.* 1. kalt 2. *fig.* schroff, abweisend
serdap, -bı [ā] *va.* Keller *m,* unterirdisches Gewölbe (zur Kühlhaltung von Wasser od. als Aufenthaltsraum im heißen Sommer)
serdar [ā] 1. *z. va.* Kommandant, Befehlshaber, Serdar *m* 2. ≗ *mV* **-ı ekrem** *z. va.* Oberbefehlshaber, Generalissimus *m*
serdarlık [ā] *z. va.* 1. Rang *m,* Stellung *f* e–s Kommandanten, Befehlshabers 2. Oberbefehl *m,* Oberkommando *n,* Oberste Heeresleitung
serdengeçti 1. s. **fedaî** 2. *mil.* Angehöriger e–s Himmelfahrtskommandos, dem Tod geweiht *dalkılıç; ölüm eri
serdengeçtilik tollkühnes Unternehmen; Himmelfahrtskommando *n* *fedaîlik
serdümen *naut.* 1. Steuermann *m, naut.* Rudergänger, Quartermeister *m* 2. Obermaat *m* (in der Kriegsmarine)
sere (I) 1. Spanne *f* (zwischen ausgestrecktem Daumen und Zeigefinger) 2. spannengroß *(1, 2) sele
sere (II) *mus.* s. **tirat** (2)
sere (III) **serpe** s. Stw. **sermek**
serebral gangliyon s. **başsinir düğümü**
serefraz [ā] *z. va.* „das Haupt erhebend" *d. h.* 1. geachtet, geehrt, hervorragend, prominent, berühmt, erhaben *yüce 2. stolz
serek *dial.* 1. große Darre 2. Verkaufsstand *m,* Auslage *f*
seremoni 1. Zeremonie *f,* Zeremoniell *n* 2. Feier *f,* feierliche Handlung *tören, merasim 3. *(Sport)* Siegerehrung *f* ~ **yapmak** sich zeremoniell benehmen, Umstände machen
seren 1. Part. Präs. zu **sermek** 2. *spez. naut.* Rahe *f,* (Leesegel-)Spiere *f* ~ **biçmesi** (Schiffs-)Planke, Bohle *f* ~ **tirizi** *naut.* Rahenverstärkung *f* *lampasa ~ **vardavelası** Jackstag *m,* Gleitschiene *f* (an e–r Rah) ~ **yelkeni** Rahsegel *n* **-leri aşağı (yukarı) alabora etmek** die Rahen einziehen (bzw. hochziehen) **-leri brasa pupaya almak** die Rahen vierkant brassen
serenat, -dı *mus.* Serenade *f,* Ständchen *n*
serencam [ā] 1. *va.* Ende, Resultat *n,* Ausgang *m* 2. Ereignis, Geschehen *n,* Vorfall *m,* Erlebnis *n*
serendaz [ā] *va.* 1. todesmutig 2. wer beim Gehen mit dem Kopf wackelt 3. s. **divan halısı**
Serendip, -bi *n.pr.* e–e von ar. Geographen erwähnte Insel (vielleicht Ceylon, Madagaskar od. Sumatra)
Seres *n.pr.* Ceres (römische Göttin)
seretan [ā] 1. s. **yengeç** 2. s. **yenirce** 3. ≗ s. **Yengeç; medarı** ≗ s. **Yengeç dönencesi**
Serez *geogr.* Serres (Stadt in Mazedonien)
serf (*franz.* **serf**) leibeigen, hörig; Leibeigener *m*
serfiraz [ā] s. **serefraz**
serflik Leibeigenschaft *f*
serfren (*franz.* **serre-freins**) s. **gard(ı)fren**
serfüru [ū] *va.* 1. Sich-Verneigen *n* 2. Sich-Unterwerfen *n* ~ **etmek** *z. va.* 1. sich verneigen 2. sich unterwerfen *baş eğmek
sergâh *va.* s. **hayat** (II)
sergen *dial.* s. **yüklük**
sergerdan [ā] *va.* 1. schwindlig, halb betäubt 2. verblüfft, verwirrt
sergerde *pej.* Häuptling, Anführer, Rädelsführer *m,* Haupt *n* (z. B. e–r Räuberbande) *elebaşı
sergerdelik *pej.* Rolle *f* e–s Rädelsführers *elebaşılık
sergi 1. was auf der Erde, dem (Fuß-)Boden ausgebreitet ist (z. B. Teppiche) 2. Ausstellung *f* 3. (Verkaufs-)Auslage *f* 4. Verkaufsstelle *f* unter freiem Himmel 5. *fr.* amtliche Zahlstelle 6. *fr.* Anweisung *f* auf e–e amtliche Zahl-

stelle ≗ **Evi** *n.pr. fr.* Ausstellungsgebäude *n* (in Ankara, an der Stelle der heutigen Staatsoper) ~ **olmak** *F* hundemüde sein ~ **salonu** Ausstellungsraum *m* ~ **sarayı** Ausstellungsgebäude *n* **-ye koymak** ausstellen
sergici 1. Aussteller *m* 2. Straßenhändler *m* (mit Marktstand)
sergileme Vs. zu **sergilemek** *spez.* 1. *lit.* Exposition *f* (e–s Dramas) 2. Exposé *n,* Darlegung *f*
sergilemek 1. ausstellen, zur Schau stellen *teşhir etmek 2. darlegen, auseinandersetzen 3. darstellen; vorführen (z.B. Mode)
sergilik 1. was zur Ausstellung dient 2. Vitrine *f*, Schaufenster *n,* Auslage *f*
sergin 1. aus(einander)gebreitet 2. hingestreckt 3. bettlägerig ~ **vermek** das Bett hüten müssen (Kranker)
sergüzeşt, -ti Abenteuer, Erlebnis *n* *avantür, macera
sergüzeştçi 1. abenteuerlustig 2. Abenteurer *m,* Abenteu(r)erin *f* *(1, 2) maceracı
sergüzeştçilik Abenteurertum *n,* Abenteuerlust *f*
sergüzeştli abenteuerreich, abenteuerlich
serhalife [ī] *hist.* leitender Sekretär (e–r osm. Behörde)
Serhas *n.pr.* Xerxes (pers. König)
serhas(-ı müzekker) s. **eğreltiotu**
serhasiye s. **eğreltiotugiller**
serhat, -ddi *z. va.* Grenze, Grenzlinie *f*
serhatli *fr.* 1. *mil.* osm. Grenzsoldat *m* 2. Ausgehanzug hoher osm. Staatsbeamter
serhatlik *fr.* e–e bes. Stiefelart der **serhatli** (1) bzw. der Offiziere der **Nizamı Cedit**-Organisation
seri (I) 1. Serie, Reihe, Folge *f* *sıra 2. *math.* Reihe *f* *silsile ~ 3. *(Sport; a. bei Schwimmwettbewerb)* Lauf *m;* s.a. **ilk ~**; ~ **(halinde) bağlama** *el.* Reihenschaltung *f* ~ **(halinde) bağlamak** (*od.* **kurmak**) *el.* hintereinander schalten ~ **imalât** (*od.* ~ **üretim**) Serienfabrikation *f* ~ **oyuncusu** *Bill.* wer die amerikanische Serie beherrscht; Serienspieler *m*
seri (II) [ī], **-ii** schnell, rasch *hızlı, süratli ~ **ateş** *mil.* Schnellfeuer *n* ~ **ateşli top** *mil.* Schnellfeuergeschütz *n* ~ **ateşli tüfek** Schnellfeuergewehr *n* ~ **bir netice elde etmek** ein schnelles Ergebnis (e–n raschen Erfolg) erzielen ~ **birlik** *mil.* schnelle Truppe, schneller Verband ~ **bot** *mil.* Schnellboot *n* *şnelbot ~ **hücumbotu** s. ~ **bot;** ~ **muhakeme usulü** *jur.* Schnellverfahren *n* ~ **yazmak** schnell schreiben
serian [·×·] *Adv.* schnell, rasch, unverzüglich *çarçabuk, tezelden
serici *techn.* Straßenbaumaschine *f* *motopaver
serigrafi (*franz.* **sérigraphie**) s. **ipek baskı**
Serik *n.pr.* Städtchen u. D. im Rbz. Antalya
serikâr *va.* s. **re'sikâr**
seril sefil elend, miserabel, erbärmlich, jämmerlich, kläglich
serili (I) 1. aus(einander)gebreitet 2. hingestreckt
serili (II) aus soundsoviel Serien (Reihen, Folgen) bestehend
serilmek 1. Pass. zu **sermek** 2. sich ausstrecken 3. s. **yatağa ~; serilip serpilmek** 1. sich ausgestreckt hinlegen 2. sich entwickeln
serim *Th.* Exposition *f*
serin 1. kühl, frisch (Wetter, Wasser usw.) 2. Kühle, Frische *f* Zu 2: **sabah -inde** in der Morgenkühle ≗ **gel!** *V* Reg dich doch nicht auf! ~ **kanla** kühlen (kalten) Blutes (z.B. et. überdenken)
serinet, -ti (*franz.* **serinette**) *fr.* Vogelorgel *f* (mechanisches M.i. zur Gewöhnung von Käfigvögeln ans Singen)
serinkanlı kaltblütig, ruhig
serinkanlılık Kaltblütigkeit, Ruhe, Selbstbeherrschung *f*
serinlemek 1. s. **serinleşmek** 2. Kühlung suchen *bzw.* sich erfrischen 3. sich erleichtert fühlen (z.B. beim Eintreffen e–r guten Nachricht) Zu 2: **Halk, ~ için plajlara koşmaktadır.** Alles strömt zum Strand, um sich zu erfrischen.
serinlenmek 1. s. **serinleşmek** 2. sich erfrischen, Erfrischung verspüren ≗ **için soğuk bir şey içtiler.** Um sich zu erfrischen, tranken sie et. Kühles.
serinleşmek kühler (frischer) werden, sich abkühlen (z.B. Wasser)
serinletici 1. kühlend, erfrischend 2. Kühler, Ventilator, Entlüfter *m*
serinletme büklümborusu *techn.* Kühlschlange *f* (als Installation)
serinletmek Kaus. zu **serinlemek; Yağmur, ortalığı serinletti.** Der Regen hat alles wieder frisch werden lassen.
serinlik Kühle, Frische *f;* angenehme, frische Luft (z.B. an e–m Sommerabend) ~ **basmak** kühl werden, sich abkühlen (*spez.* Wetter) ~ **vermek** 1. Kühlung bringen 2. *fig.* trösten
serinofil derneği Kanarienzüchterverein *m* (Istanbul)
seriö *selt.* seriös, gediegen, anständig
serir [ī] *va.* 1. Thron *m* 2. erhöhter Sitz, *a.* Bett *n* ≗**i felek** *va.* s. **Büyükayı**
serire [ī] *va.* Geheimnis, Mysterium, Rätsel *n* *sır
serirî [·––] *va.* klinisch
seririyat, -tı [·–·–] *va.* Klinik *f* *klinik **-ı akliye** psychiatrische Klinik **-ı cildiye** dermatologische Klinik
serisit, -ti *min.* Serizit *m*
seriülinfial [·–···–] *va.* leicht gekränkt, schnell übelnehmend
seriülintikal [·–···–] *va.* wer rasch versteht, wer schnell auffaßt *varışlı
seriütteessür [ī] *va.* empfindlich (Mensch)
seriütteessürlük [ī] *va.* Empfindlichkeit *f* (e–s Menschen)
seriüzzeval [·–··–] *va.* schnell vergehend (verfliegend), flüchtig, ephemer
serj Serge *f* (Gewebe)
serjet, -ti dünner, leichter Wollstoff
Serjiyüs *n.pr.* Sergius (*spez.* Papstname)
serkâr *va.* Leiter, Chef, Direktor *m*
serkâtip, -bi *va.* erster Sekretär *başkâtip
serkele Bleiwurz *f bot.* Plumbago, *spez.* die Wurzel von Plumbago zeylanica
serkeş 1. eigensinnig, widerspenstig, widersetzlich *dik kafalı, inatçı 2. ungehorsam, aufständisch, rebellisch
serkeşlik 1. Eigensinn *m,* Widersetzlichkeit *f* 2. Ungehorsam *m,* Meuterei *f*
serkilâri [···–] *va.* s. **kilercibaşı**
Serkis Typ des arm. Dieners **(Ayvaz)** im Karagözspiel
serkl (*franz.* **cercle**) Klub, Kreis *m,* Gesellschaft *f*
Serkldoryan (*franz.* **Cercle d'Orient**) *fr.* türk. Zigarettenmarke, *F a.* in der Abk. **Serkil;** s.a. **Sakaldöken** (*Anm.* Der Name wurde 1946 in **Büyükkulüp** und 1950 in **Kulüp** geändert.)
serlevha (Artikel-)Überschrift *f,* Titel *m,* Kopf *m* *başlık
serlevhalı 1. mit nb. Überschrift 2. mit dem Titel ...
serma [ā] *va.* 1. Winter *m* 2. Kälte *f*
sermadide [·––] *va.* 1. vor Kälte erstarrt 2. erfahren, routiniert
sermak s. **karapazı** (2)
sermaye [ā] 1. a) Vermögen *n,* Kapital(-einlage *f*) *n* *anamal, kapital b) Kapital *n* (im Ggs. zu Zinsen; *spez.* bei Schulden) *resülmal 2. *fig.* Grundstock *m* (auf den man zurückgreifen kann) *spez.* Wissen *n,* Kenntnisse *pl.* 3. Vorrat *m* 4. Gesprächsstoff *m* 5. Einkaufs-, Gestehungspreis *m* 6. Dirne, Hure *f* ~ **hareketleri** Kapitalverkehr *m* ~ **kazançları vergisi** Kapitalertragssteuer *f* ~ **koymak** Kapital investieren ~ **ortaklığı** Kapitalgesellschaft *f* ~

sigortası Summenversicherung *f* **-lerin kaçışı** Kapitalflucht *f* **-si eshama münkasım komandit şirket** *H* Kommanditgesellschaft *f* auf Aktien **-sine satmak** (*od.* **vermek**) zum Selbstkostenpreis verkaufen **-yi kediye yükletmek** *hum.* das Kapital aufzehren, allmählich Bankrott machen
sermayecilik [ā] s. **kapitalizm**
sermayedar [·—·—] 1. Kapitalist(-in *f*) *m* *anamalcı, kapitalist 2. Kapital besitzend, kapitalkräftig *sermayeli **-lara müracaat** Aufforderung *f* zur Nachzahlung bzw. zur neuen Einzahlung
sermayedaran [·—·——] *va. Pl.* zu **sermayedar**
sermayedarlık [·—·—·] s. **kapitalizm**
sermayeli [ā] 1. ein nb. Kapital besitzend 2. kapitalkräftig *sermayedar 3. *fig.* über gute Kenntnisse verfügend Zu 1: **yüzelli milyon lira ~ bir banka** e–e Bank mit e–m (Grund-, Stamm-)Kapital von 150 Millionen Pfund Zu 2: **≗ ortak aranıyor.** Kapitalkräftiger Teilhaber gesucht.
sermayesiz [ā] 1. ohne Kapital 2. ohne genügendes Wissen
sermayesizlik [ā] 1. Fehlen *n* des Kapitals 2. Kapitalmangel 3. Mangel *m* an Kenntnissen
serme 1. Vs. zu **sermek** 2. ausgebreitet
sermedî *va.* ewig, immerwährend *ebedî, sonsuz
sermediyet, -ti *va.* (Ur-)Ewigkeit *f* *ilksizlik, ezeliyet
sermek, (-er) 1. aus(einander)breiten 2. (işi) vernachlässigen, liegenlassen, auf die lange Bank schieben 3. (yere) niederschlagen, zu Boden strecken (z.B. Gegner) 4. *Sch.* schwänzen (Unterricht) Zu 1: **çamaşır ~** Wäsche zum Trocknen auf den Rasen legen **üzümü güneşe ~** Trauben an der Sonne trocknen **sere serpe** 1. der Länge nach ausgestreckt 2. in aller Ruhe und Bequemlichkeit, ganz gemütlich, ganz gemächlich *rahat rahat **Balkonda sere serpe oturulabilir.** Auf dem Balkon kann man ganz gemütlich sitzen.
sermest, -ti (be-)trunken, berauscht *sarhoş
sermesti [ī] *va.*; **sermestlik** *z. va.* Trunkenheit *f*, Berauschtsein *n*
sermet (I), **-di** 1. *va.* s. **sermediye** 2. ≗ *mV*
sermet (II), **-ti** (*franz.* **cermet**) Cermets *pl.* (Werkstoffe aus oxydkeramischer Masse mit Metall)
sermon 1. Predigt, Kanzelrede *f* 2. *fig.* Moralpredigt, Standpauke *f*
sermuharrir(-lik) s. **başmuharrir(-lik), başyazar(-lık)**
sermüneccim s. **müneccimbaşı**
sermürettip s. **başmürettip**
sername [ā] *va.* 1. Überschrift *f*, Titel, Kopf *m* (z.B. e–s Zeitungsartikels) *başlık 2. Anfang *m* (e–s Briefes)
sernigûn *va.* 1. das Oberste zuunterst gekehrt 2. unglücklich; Pechvogel *m*
sernüvişt, -ti *va.* 1. Los, Geschick, Schicksal *n* *alınyazısı 2. s. **sername**
seroloji *med.* Serologie *f*
serolojik serologisch
serom s. **serum**
seroterapi *med.* Serum-, Sero-therapie *f*
seröz *med.* serös; Serum enthaltend od. absondernd
serpantin 1. Papierschlange *f* 2. *min.* s. **yılantaşı** 3. *hist. mil.* Feldschlange *f* 4. Sserpentine, Windung, Kehre *f* 5. *techn.* (Heiz- bezw. Kühl-)Schlange *f*
serpelemek in einzelnen Tropfen regnen; nieseln
serpenah [ā] *va.* s. **serpenk**
serpençe *va.* 1. kräftig, stark 2. unerschrocken
serpenk, -gi *va.* 1. Helm *m* 2. Nackenschutz *m* (am Helm) 3. Wetterdach *n*
serpet, -ti (*franz.* **serpette**) *agr.* Garten-messer *n*, -hippe *f*, Rebmesser *n*
serpilmek 1. Pass. zu **serpmek** 2. sich körperlich gut entwickeln, sich herausmachen; heranwachsen *gelişip büyümek 3. sich der Länge nach ausstrecken
serpinti 1. Spritzer *pl.*, Sprühregen *m* (*a.* z.B. bei Wellen, Wasserfall usw.) 2. *fig.* schwache Ausläufer *pl.* (z.B. e–s Erdbebens) 3. unbedeutende Überreste *pl.* **-sine uğramak** (bşin) nur schwach in Mitleidenschaft gezogen werden (durch)
serpiştirmek 1. *intr.* **(yağmur)** nieseln, leicht regnen 2. *intr.* **(kar)** in kleinen, dichten Flocken fallen *(1, 2) atıştırmak 3. in feinem Sprühregen verspritzen lassen 4. *fig.* kleine Abzahlungen leisten (um die Gläubiger zu befriedigen) 5. *fig.* einstreuen, setzen (z.B. Interpunktionszeichen) 6. ausstreuen, säen Zu 1: **Biraz yağmur serpiştiriyor.** Es nieselt (etwas). Zu 3: **Rüzgâr fıskıyenin sularını etrafa serpiştirdi.** Der Wind trieb das Wasser des Springbrunnens in e–m feinen Sprühregen auseinander. Zu 5: **yazılarımızın arasına serpiştirdiğimiz sayısız noktalar, virgüller** die unzähligen Punkte und Kommata, die wir in unseren Artikeln verwenden
serpme 1. Vs. zu **serpmek** (z.B. *rel.* Besprengung mit Weihwasser) 2. unregelmäßig verstreut (z.B. Flecken) 3. am Rand mit kleinen Bleistückchen versehenes konisches Fischernetz, Wurfnetz *n* **~ boya** s. **tabanca boyası; ~ döküm** Spritzguß *m* **~ lağım** *mil.* Flattermine *f*
serpmek 1. (aus-)streuen (Geld, Konfetti, Futter, Blumen usw.) 2. (be-)spritzen, besprengen 3. *intr.* **(yağmur)** nieseln, leicht und fein regnen 4. *intr.* **(kar)** in kleinen, dichten Flocken fallen 5. *intr.* s. **saçına ak ~** Zu 1: **kuşlara yem ~** den Vögeln Futter streuen **yollara çiçek ~** Blumen auf den Weg streuen Zu 2: s.a. **çiçeklere su ~; yüreğine su ~**
serpuş [·—] Kopfbedeckung *f* *başlık
serrişte *z. va.* 1. Anhaltspunkt *m* *ipucu 2. Anlaß *m*, Gelegenheit *f*
sersefil [×··] ganz heruntergekommen
sersem 1. betäubt, benommen (durch Lärm, Gas, Rauch usw.) 2. *fig.* unbedacht handelnd, dumm, töricht **~ etmek** (*od.* **-e çevirmek**) s. **sersemletmek; ~ gibi** wie betäubt; halb von Sinnen **~ sepelek** (*od.* **~ sepet**) noch ganz benommen
sersemle(ş)mek 1. betäubt, ganz benommen werden 2. in Verwirrung geraten, verblüfft werden
sersemletici betäubend (z.B. Gas)
sersemletmek 1. betäuben, ganz benommen werden lassen 2. *fig.* verblüffen, verdutzen Zu 1: **Kafasına bir sopa vurularak sersemletilmiş.** Durch e–n Stockhieb über den Kopf kam er fast von Sinnen.
sersemlik, -iği 1. Betäubung, Benommenheit *f* 2. Dummheit, Torheit *f* Zu 1: s.a. **uyku -i; ~ etmek** e–e Torheit begehen
serseri 1. herumstrolchend, sich herumtreibend, vagabundierend, unstet umherwandernd, keine Heimstatt findend; Strolch, Vagabund, Landstreicher *m* 2. herrenlos (z.B. Hund) 3. von unstetem Wesen 4. treibend, Treib- 5. vom Ziel abirrend, verirrt **~ aysberk** treibender (schwimmender) Eisberg **~ kurşun** verirrte Kugel **~ mayın** *mil.* Treibmine *f* **~ mermi** Blindgänger *m* **~ romanı** *lit.* Schelmenroman *m* **~ torpil** s. **~ mayın; ≗ Yahudi** Ewiger Jude, Ahasver
serserice vagabundierend, umherstrolchend, wie ein Landstreicher
serserileşmek zum Landstreicher (Vagabunden) werden
serserilik Vagabundenleben *n*, Landstreicherei *f*, unstetes Umherwandern
serseriyane [ā] *va.* s. **serserice**
sert (I), **-ti** 1. hart (z.B. Brett, Strafe) zäh (z.B. Fleisch) 2. stark, schwer (Tabak, Wein) 3. hart, rauh (z.B. Klima) 4. streng, unnachsichtig 5. scharf, heftig (z.B. Erwide-

rung) 6. widerspenstig, störrisch (z.B. Pferd) 7. steif (z.B. gestärkter Kragen) 8. *fig.* zugeknöpft, reserviert 9. *phon.* stimmlos 10. hart, fest (z.B. Hand, Griff) Zu 1: s.a. **başı** ~ Zu 3: **Bugün deniz çok -tir.** Heute ist die See sehr rauh. ~ **adım** *mil.* Paradeschritt *m* ~ **ağaç** Hartholz *n* ~ **alçı** Estrichgips *m* ~ **alçıtaşı** *min.* Anhydrit *m* (wasserfreier, schwefelsaurer Kalk) ~ **alüminyum** Duralumінium *n* ~ **başlı** 1. guten Ratschlägen unzugänglich, verstockt 2. störrisch (Pferd) ~ **buğday** s. **karabuğday;** ~ **cam** Hartglas *n* ~ **ceza** schwere Strafe ~ **cisim** harter (*F* kompakter) Gegenstand ~ **çalım** hochmütiges und abweisendes Verhalten ~ **çelik** Hartstahl *m* ~ **davranmak** sich reserviert (*F* zugeknöpft) verhalten, nicht recht reagieren, sich schwerhörig stellen ~ **demir** Harteisen *n* ~ **deniz** rauhe See, stürmisches Meer ~ **döküm** Hartguß *m* ~ **hava** 1. heftiger Wind 2. rauhes Klima ~ **kalker** *geol.* feinkörniger harter Kalkstein *liye ~ **kat** s. ~ **tabaka;** ~ **kauçuk** Hartgummi, Ebonit *m* ~ **kıllı foksterye** Drahthaarfox *m* ~ **kurşun** Hartblei *n* ~ **Mısır buğdayı** Steinmais *m bot.* Zea indurata ~ **pirinç** Hartbronze *f* ~ **rastık** s. **arpa kapalı rastığı;** ~ **samit** *(va.);* ~ **sessiz** s. **süreksiz ünsüz;** ~ **tabaka** *an.* Sklera *f*, Lederhaut *f* (des Auges) *tabakai sulbe, gözakı ~ **tuğla** Klinker *m* ~ **tütün** starker (schwerer) Tabak ~ **zar** *med.* Dura (mater) *f*, harte (äußere) Hirnhaut ~ **zemin** druckfester Boden

sert (II), **-di** s. **serd** (I)

sertabip, -bi Chefarzt *m*, leitender Arzt *başhekim

sertaç, -cı *va.* 1. Krone *f* 2. *fig.* hochangesehene Persönlichkeit

sertapa [·––]; **sertaser** [ā] s. **serteser**

sertdoku *bot.* Sklerenchym, Festigungsgewebe *n* *skleranşim

sertelmek *F* 1. eigensinnig (aufsässig, widersetzlich) sein 2. sich auf et. versteifen 3. herumkommandieren

serteser *va.* vollständig, ganz und gar, von A–Z, durchaus

sertifika (*franz.* **certificat**) 1. Zeugnis *n*, Bestätigung, Bescheinigung *f* *tasdikname 2. Unterlage *f* 3. Tätigkeitsnachweis *m*

sertiz [ī] *va.* spitz, scharf

sertlenmek streng (rauh, heftig) werden, ein strenges Wesen annehmen *sertleşmek

sertleşme 1. Hartwerden *n* 2. Abbindung *f* (bei Zement) *donma. priz 3. *phon.* Stimmloswerden *n* e–s Konsonanten *spez.* Auslautverhärtung *f*

sertleşmek e–e mit **sert** bezeichnete Eigenschaft annehmen *spez.* hart (härter, heftiger) werden, sich verhärten; *phon.* stimmlos werden, den Stimmton verlieren

sertleştirmek Kaus. zu **sertleşmek; sertleştirilmiş çelik** gehärteter Stahl

sertlik 1. Hart-, Zäh-sein *n*, Härte *f* 2. Stark-, Schwer-sein *n* (von Tabak, Wein usw.) 3. Härte, Rauheit *f* (z.B. e–s Klimas) 4. Strenge, Unnachsichtigkeit *f* Heftigkeit, Schärfe *f* (z.B. e–r Erwiderung) 6. widerspenstiges, störrisches Verhalten 7. Steife, Steifheit *f* 8. *fig.* Zugeknöpftsein *n*, Reserviertheit, Reserve *f* 9. *phon.* Stimmlossein *n* (e–s Konsonanten) ~ **cetveli** Härteskala *f* ~ **derecesi** Härtegrad *m*

serum 1. *med.* Serum *n*, Impfstoff *m* 2. *biol.* Serum, Blutwasser *n* *maslüddem

serumhane [ā] 1. Institut *n* zur Serumherstellung 2. Ort *m* für die Lagerung von Serum

serumlamak (m. Akk.) *med.* mit Serum behandeln, ein Serum eingeben (bzw. injizieren)

serüven(-ci) s. **macera(-perest)**

serv *va.* s. **servi, selvi; -i revan** *z. va.* „wandelnde Zypresse" d.h. von schönem, schlankem Wuchs, gut gebaut

servant, -tı *selt.* Dienstmädchen *n*, Hausgehilfin *f*

server 1. *va.* Kopf *m*, Haupt *n*, Führer *m;* oberst-, höchst- 2. ≗ *mV* **-i enbiya; -i kâinat** höchster der Propheten; Haupt *n* der Schöpfung (= Mohammed)

servet, -ti 1. Vermögen *n*, Reichtum *m* *zenginlik 2. Besitz(-tum *n*) *m* 3. **-ler** *a.* Bodenschätze *pl.* 4. ≗ *mV, wV* Zu 3: s. **toprakaltı -ler;** ~ **ehli** (*od.* **sahibi**) vermögend, reich, wohlhabend ~ **vergisi** Vermögenssteuer *f* **-e konmak** reich werden, zu Reichtum und Besitz gelangen **ºin mi var, derdin var.** *spr. Ra.* Besitz bringt Sorgen.

Servetifünun [ū] *n.pr.* führende lit. Zeitschrift (1891–1944; zeitweise unter dem Namen **Uyanış**); s.a. **Edebiyatı Cedide**

Servetifünuncu [····–·] s. **Edebiyatı Cedideci**

servetli reich, vermögend, wohlhabend

servetsiz ohne Vermögen od. Besitz, arm

servetsizlik Vermögens-, Besitz-losigkeit, Armut *f*

servetüsâman [···––] *va.* Reichtum und Besitz *m*

servi (I) s. **selvi**

servi (II) serviert, aufgetragen

servialtı *V* 1. Grab *n* 2. Friedhof *m*

serviboylu schlank und ebenmäßig gebaut; graziös

servigiller *bot.* Zypressen, zypressenartige Zapfenträger *pl.* Cupressaceae *serviye

servilik s. **selvilik**

servinaz s. **selvinaz**

servis 1. öffentlicher Dienst; Verkehr *m* 2. Bedienung *f* (z.B. in e–m Restaurant) 3. *(Tennis)* Aufschlag *m* 4. Abteilung *f* (bei Ämtern od. Stellen) 5. Tafelgeschirr *n*, Bestecke *pl.* 6. (Garnitur *f*) Tischwäsche *f* 7. Gedeck *n* 8. Ausübung *f* e–r Pflichttätigkeit; Dienst *m* 9. (Geschäfts-)Betrieb *m* Zu 1: s. **diplomatik (malî)** ~**; havadis (otobüs) -i** Zu 2: **birinci sınıf** ~ erstklassige Bedienung Zu 5: **personel** ~ Personalabteilung *f* **kambyo -i** Devisenabteilung *f* ~ **arabası** Dienst-wagen *m*, -auto *n* ~ **atan** *(Tennis)* Aufschläger *m* ~ **hattı** *(Tennis)* s. **başlama çizgisi;** ~ **kapısı** Seiten-, Hinter-tür *f;* Dienstboten-, Lieferantenaufgang *m* ~ **masası** s. **tekerlekli** ~ **masası;** ~ **merdiveni** Hintertreppe *f*, Lieferantenaufgang *m* ~ **yapmak** 1. bedienen (Kellner) 2. *(Tennis)* Aufschlag haben ~ **yolu** Dienstweg *m* (z.B. auf e–r Bahnstrecke) **-te olmak** dienstlich unterwegs sein (z.B. Angestellter des Gaswerks)

servistan [ā] *va.* Zypressenwäldchen *n*

serviye s. **servigiller**

serviyet, -ti (*franz.* **serviette**) Aktentasche, Mappe *f*

servodireksiyon *techn.* Servolenkung *f*

servofren *techn.* Servobremse *f*

servöz (*franz.* **serveuse**) Kellnerin, Bedienerin, Bedienung (Person) *f*

seryaver [ā] erster Adjutant; Flügeladjutant *m* *başyaver

seryaverlik [ā] Amt *n*, Aufgaben *pl.* e–s **seryaver**

seryum [×·] *chem.* Cer(-ium) *n*

serzede *va.* 1. auftreten, in Erscheinung getreten 2. gerügt, getadelt **-i zuhur etmek** *va.* vorfallen, sich ereignen

serzeniş Vorwurf, Tadel, Verweis *m* ~ **etmek** (*od.* **-te bulunmak**) Vorwürfe, Vorhaltungen machen, tadeln, rügen

serzenişkâr *z. va.* vorwurfsvoll, tadelnd, verweisend

ses 1. Klang, Laut, Ton, Schall *m*, Geräusch *n* *savt, sada, selen 2. Stimme *f* 3. *mus.* Stimm-lage, -färbung *f* 4. *mus.* Part *m* (e–s Sängers, Instrumentes, Orchesters usw.), Partie *f* 5. *ling.* Phonem *n*, einzelner Laut e–s Wortes *fonem; savt unsuru Zu 1: s. **çan (davul, düdük, silâh, top** usw.) **-i** Zu 2: s.a. **vicdan -i;** ~ **alıcısı** (Film) Tonaufnahmegerät *n* ~ **bandı** Tonband *n* ~ **boşluğu** s. **ünlü boşluğu;** ~ **büyüklüğü** *mus.* Stimmumfang *m* *hacim ~ **çıkarmak** 1. e–n Ton (Klang) von sich geben; klingen, tönen 2. *fig.* Einwände erheben, sich gegen et. wenden ~ **çıkarmamak** (*od.* ~ **etmemek**) (bşe) nichts sagen (gegen), et. stillschweigend geschehen lassen ~ **çıkmak** 1.

(mit Abl.) klingen, tönen 2. zu hören sein, bekannt werden ~ **çıkmamak** 1. nichts zu hören sein 2. (*a.* ~ **sada çıkmamak**) (bşden) nichts verlauten (von e–m Vorfall, Ereignis) (Zu 1: **Kapıyı vurdum vurdum, ~ çıkmadı.** Immer wieder klopfte ich an die Tür, aber es rührte sich nichts. Zu 2: **Bu işten daha ~ çıkmadı.** Von dieser Angelegenheit ist noch nichts an die Öffentlichkeit gedrungen.) ~ **dağılımı** s. **akustik;** ~ **dalgası** Schallwelle *f* *sada mevcesi ~ **deliği** Schalloch *n* (an e–r Geige) ~ **dizisi** *mus.* Tonleiter *f* ~ **duvarı** Schallmauer *f* ~ **düşmesi** 1. *ling.* Ausfall *m* e–s Lautes; Lautschwund *m* *fonem düşmesi 2. *mus.* Detonieren *n* (der Stimme nach unten) ~ **erimi** Rufweite *f* ~ **etmek** s. **seslenmek;** ~ **etmemek** nichts sagen, den Mund nicht aufmachen, schweigen ~ **gediği** s. **ünlü boşluğu;** ~ **gitmek** (bir yere) bis irgendwohin dringen (Stimme, Klang) ~ **gümrahlığı** s. ~ **büyüklüğü;** ~ **hızı** Schallgeschwindigkeit *f* ~ **hızı üstü uçak** Überschallflugzeug *n* ~ **ikilemesi** (*od.* ~ **ikizleşmesi**) *ling.* Gemination *f* ~ **işareti** Schallzeichen *n* ~ **kakışımı** Kakophonie *f* *kakofoni, tenafür ~ **karşılanması** *ling.* phonetische Substitution; Lautstellvertretung *f* ~ **kaynağı** Schallquelle *f* ~ **kaynaşması** *ling.* lautliche Verschmelzung ~ **kesafeti** Lautstärke *f* ~ **kesilmek** eintreten (allgemeines Stillschweigen) ~ **kirişleri** Stimm-bänder *pl.*, -ritze *f* *hubulü savtiye ~ **kopmak** zu hören sein (Stimme, Schrei, Geräusch) ~ **kuinteti** *mus.* Vokalquintett *n* ~ **kuvvetlendirme cihazı** Lautverstärker *m* ~ **makinesi** Tonband(-apparatur *f*) *n* **mühendisi** *selt.* s. **tonmayster;** ~ **müziği** s. **vokalmüzik;** ~ **nakil borusu** *naut.* Sprachrohr *n* ~ **oluşumu** *phon.* Stimmbildung, Lauterzeugung *f* ~ **ölçme bölüğü** *mil.* Schallmeßbatterie *f* ~ **ölçme usulü** *mil.* Schallmeßverfahren *n* ~ **ölçü aleti** *mil.* Schallmeßgerät *n* *sonometre ~ **ölçümü** Schallmessung *f* *sonometri ~ **rengi** Klangfarbe *f* ≗ **sada yok.** 1. Es ist kein Laut zu hören. Es ist alles still. 2. (b–den) Es liegt keine Nachricht vor (von). ~ **sanatı** Gesangskunst *f* ~ **sürati** Schallgeschwindigkeit *f* ~ **telleri** s. **kirişleri;** ~ **türemesi** *ling.* Vokalentfaltung, Epenthese, Epithese, Anaptyxe *f* ~ **uyumu** s. **sesli uyumu;** ~ **vermek** 1. (auf e–n Ruf) antworten 2. schreien, rufen ~ **yinelemesi** *lit.* Alliteration *f* ~ **yitimi** s. **afoni;** ≗ **yok!** Ruhe! Hört auf mit dem Lärm! ~ **yönetmeni** *Th.* Tonmeister *m* ~ **yuvarlanması** *Th.* überstürztes Sprechen ~ **yükseltici** Megaphon *n* **-i ayyuka çıkmak** (b–nin) aus vollem Halse schreien **ºi çatal çutal oldu.** *F* Seine Stimme überschlug sich. **-i** (*od.* **-i soluğu**) **çıkmamak** 1. nichts sagen, nicht den Mund aufmachen, sich in Schweigen hüllen 2. keinen Ton herausbringen; versagen (Stimme) **-i çıkmaz** schweigsam, wortkarg **-i kesilmek** 1. zu sprechen aufhören 2. zum Schweigen gebracht werden **-i kısılmak** (b–nin) e–e ganz heisere (rauhe) Stimme bekommen **ºi tutuldu.** 1. Er wurde heiser. 2. Es verschlug ihm die Stimme. **-inden tanımak** j–n an der Stimme erkennen **ºine güvenen borazanbaşı olur.** *Spr.* „Wer auf seine Lungenkraft vertraut, wird erster Trompeter." (Hilf dir selbst, so hilft dir Gott!) *Spr.* **-ini çıkarmamak** sich nicht zu et. äußern, sich in Schweigen hüllen **-ini duyurtmak** mit seiner Stimme durchdringen können **-ini inceltmek** seiner Stimme e–e hellere Färbung geben *spez.* e–e Frauenstimme nachahmen **-ini kesmek** 1. (kendi) nicht weiterreden, in seiner Rede innehalten 2. (b–nin) j–n am Schreien hindern (Zu 1: **ºini kes!** Schweig! Halt den Mund!) **-ini kısmak** seine Stimme dämpfen, leiser sprechen **-le** laut (z.B. lesen) *yüksek sesle **-le kestirmeli atış** *mil.* Schießen *n* im Schallmeßverfahren

sesaltı, -nı 1. Infraschall *m* *enfrason 2. mit Infraschall *enfrasonik, sübsonik

sesbilgisi; sesbilim s. **fonetik** (1)

sesbilimsel lautkundlich *fonetik (2)

sesçi *selt.* Sänger(-in *f*) *m*

sesçil s. **fonetik** (3); ~ **imlâ** phonetische Schreibung ~ **yazı** phonetische Transkription, Umschrift

sesdeğişimi, -ni *ling.* Lautwandel *m* (z.B. **hidmet** > **hizmet**)

seselim *phys.* Resonanz *f* *rezonans

sesleme 1. Vs. zu **seslemek** 2. *Th.* Intonation *f*

seslemek *P* lauschen, horchen, hinhören *kulak vermek, dinlemek

seslendirmek 1. Kaus. zu **seslenmek** 2. e–e Tonaufnahme (zu e–m Film) machen 3. spielen (M.i.) 4. anschlagen; erklingen lassen (z.B. Note) 5. zu Gehör bringen (Musikstück) 6. Ausdruck geben (z.B. e–m Wunsch) Zu 2: **ikinci defa** ~ synchronisieren (Film) *duble etmek

sesleniş 1. lautes Rufen; (Auf-)Schrei *m* 2. Antwort *f*

seslenme durumu (*od.* ~ **hali**) *gr.* Vokativ *m* *çağrı hali; vokatif

seslenmek 1. laut rufen, zurufen, schreien 2. Antwort geben, antworten (auf e–n Zuruf) 3. erklingen Zu 1: **Seslendim duymadı.** Ich rief ihm, aber er hörte es nicht. Zu 2: **Çağırdım seslenmedi.** Ich rief ihm, aber er gab keine Antwort.

sesli 1. mit nb. Laut (Klang usw.) 2. *gr.* Vokal, Selbstlaut *m* *sâit; sadalı harf, ünlü 3. Ton-, 4. *phon.* stimmhaft 5. *Adv.* laut *yüksek sesle ~ **benzeri** s. **yarı ünlü;** ~ **filim** Tonfilm *m* ~ **harf** s. **sesli** (2); ~ **konson** *phon.* stimmhafter Konsonant ~ **sözlü filim** Ton- und Sprechfilm *m* ~ **şamandıra** *naut.* Glockentonne *f* *çanlı şamandıra ~ **uyumu** *gr.* türk. Vokalharmonie *f* *ahengi savait

seslik Phonothek *f*, Schallarchiv *n*

seslileşmek *phon.* zum Vokal werden

seslitaş *min.* Phonolith, Klingstein *m* *fonolit

sesötesi, -ni s. **sesüstü**

sessiz 1. wer od. was keine Stimme hat, stumm 2. lautlos, geräuschlos, still 3. kaum zu hören, fast unhörbar, leise; *a.:* keinen tragenden Ton besitzend (z.B. Geige) 4. schweigsam, wortkarg 5. ruhig, still, verträglich, friedlich, unaufdringlich 6. *gr.* Konsonant, Mitlaut *m* *sadasız harf, samit, ünsüz 7. *phon.* stimmlos 8. schall-dicht, -sicher ~ **çıngıraklıyılan** Buschmeister *m zo.* Lachesis mutus (Giftschlange) ~ **filim** Stummfilm *m* ~ **filim çevirmek** *V* 1. (b–nin üzerine) j–n hintergehen 2. dunkle Geschäfte treiben ~ **harf** *va.* s. **sessiz** (6); ~ **konson** stimmloser Konsonant ~ **kuğu** Höckerschwan *m zo.* Cygnus olor ~ **sadasız** ganz ruhig und still, (mucks-)mäuschenstill, leise, unhörbar ~ **silâh başı** *mil.* stiller Alarm ~ **tablo** *Th.* stumme Szene ~ **uyumu** *gr.* konsonantischer Ausgleich (infolge Assimilation) ~ **yürüyüş** Schweigemarsch *m*

sessizleşmek 1. still werden (z.B. Haus) 2. *phon.* zum Konsonanten werden

sessizlik 1. Fehlen *n* der Stimme, Aphonie, Stummheit *f* 2. Laut-, Geräusch-losigkeit *f* 3. Tatsache *f*, daß et. kaum zu hören ist *bzw.* daß ein M.i. keinen tragenden Ton besitzt 4. Schweigsamkeit, Wortkargheit *f* 5. ruhiges (stilles, unaufdringliches) Verhalten, Friedlichkeit, Verträglichkeit *f* 6. Stille, Ruhe *f* (z.B. die über et. liegt) 7. Schalldichte *f*

sesteş 1. homonym, gleichlautend *eşsesli, mütecanis 2. Homonym *n*, gleichlautendes Wort

sesüstü, -nü 1. Ultraschall *m* *ültrason 2. Überschall- *süpersonik 3. s. **hipersonik;** ~ **hız** Überschallgeschwindigkeit *f*

sesyakını s. **transonik**

seş (*franz.* **seiche**) s. **göl esnemesi**

seşuar (*franz.* **séchoir**) s. **saç kurutma makinesi**

set (I), **-ti** 1. *(Tennis, Pingpong)* Satz *m* 2. Szenenaufbau *m* (für e–n Film) ~ **ve geymbol** Satz- und Spielball *m*

set (II) (in der lm. Füg.:) ~ **sepet demek** ins Stottern geraten, unzusammenhängendes Zeug reden
set (III), **-ddi** s. **sed, -ddi**
setare [ā] *va.* 1. ein dreisaitiges M.i. 2. Harmonie *f* *uyum
setbol *(Tennis)* Satzball *m*
seten s. **saten**
setir, -tri Bedecken, Verhüllen, Verschleiern, Tarnen *n,* Deckung *f,* Verheimlichen *n* *gizleme, örtme ~ **kıtası** *mil.* Deckungstruppe *f*
Setliç 1. **(tuzu)** *pharm.* Bittersalz *n* (Abführmittel) *İngiliz tuzu, magnezyum sülfat 2. Sodawasser *n,* Sprudel *m*
setre [×·] *fr.* e–e Art Gehrock
setretmek [×··] bedecken, verhüllen, verschleiern, tarnen, verheimlichen *gizlemek, örtmek
setriavret, -ti *va.* Bedecken *n* der Schamteile (bei Frauen des ganzen Körpers außer Gesicht, Händen und Füßen)
settar [ā] 1. *va.* bedeckend, verhüllend, verschleiernd, verheimlichend 2. *vgl.* **settarüluyup** (2) 3. (< **Abdüsettar**) *mV* **-üluyup** *va.* 1. die Fehler verhüllend (Schminke, Schleier usw.) 2. die Sünden verzeihend (Gott) 3. Überzieher *m,* der abgerissene Kleidung verdeckt
setter Setter *m* (Hunderasse)
setyem (*franz.* **septième**) *mus.* Septime *f*
setyemli *mus.* mit Septime, Septim-
sevabık, -kı [ā] *va. Pl.* zu **sabıka** 1. Vorstrafen *pl.* 2. frühere Ereignisse; Vorgänge *pl.* **-ı ahval** *va.* biographische Einzelheiten
sevabit, -ti [ā] *va. Pl.* zu **sabite**
sevahil [ā] *va. Pl.* zu **sahil; -i mütecavire** *va.* nächstgelegene Ufer *pl.*
sevap, -bı [ā] 1. gute Tat, gutes Werk; Verdienst *n* 2. Lohn *m* im Jenseits; Gotteslohn *m* ~ **etmek (işlemek** *od.* **kazanmak)**; **-a girmek** (*od.* **nail olmak**) Gutes tun, fromme Taten verrichten **~ı var.** Er hat e–e gute Tat verrichtet.
sevaplı [ā] verdienstlich ~ **bir iş** ein verdienstliches (gutes) Werk
sevda [ā] 1. Melancholie, Hypochondrie *f* *karasevda 2. Liebe, Leidenschaft *f* 3. leidenschaftliches Verlangen, starke Lust 4. *oft. pej.* Idee *f* (et. zu tun), Plan *m,* Vorhaben *n* 5. *va.* schwarz 6. ⩳ *wV* Zu 2: **Bu yaşta ~ damarları ziyade kabarır.** In diesem Alter hat man dauernd mit Liebessorgen zu tun. Zu 4: **Bu -dan vazgeç!** Gib diese Idee auf! Laß die Finger davon! **-sına düşmek** (*od.* **kapılmak**) (bşi yapmak) auf die (unglückliche) Idee verfallen (et. zu tun) ~ **çekmek** verliebt sein ⩳ **Hekim** L'Amour Médecin (Molière) **-sında olmak** sich nach et. sehnen (**Ayşe, güzellik -sında.** Ayşe möchte unbedingt e–e Schönheit sein.) **-ya düşmek** s. **başına sevda gelmek; -ya salmak** (b–ni) j–n verliebt machen **-yı sarmak** (b–ne od. bşe) nur mehr Augen haben (für)
sevdalanmak [·–··] 1. sich verlieben 2. sein Herz an et. hängen; begeistert sein (für) 3. *selt.* schwermütig, melancholisch werden
sevdalı [ā] 1. verliebt 2. leidenschaftlich begeistert (für) 3. *selt.* schwermütig, melancholisch 4. Freund *m,* Geliebter e–r Dirne
sevdavî [·––] *va.* 1. verliebt 2. schwermütig, melancholisch
sevdazede [ā] *va.* 1. verliebt; Verliebte *m, f* 2. melancholisch
sevdiceğim *F* mein Liebling! *sevgilim
sevdirmek Kaus. zu **sevmek; Çocuklara okulu sevdirmeli.** Man muß es dahin bringen, daß die Kinder gern zur Schule gehen. **k–ni** ~ sich beliebt machen **k–ni sevdirmemek** 1. sich nicht beliebt machen 2. sich nicht liebkosen (streicheln) lassen
seve seve s. Stw. **sevmek**
sevecen(-lik) s. **şefkatli; (şefkat)**
-sever(-lik) *T* von **-perver(-lik)**
sevgi Liebe *f* *aşk; s. **anababa (evlât, yurt) -si; sevgi-nefret duygusu** *psych.* Haßliebe *f*
sevgili 1. geliebt, lieb, teuer *aziz 2. Geliebte *m, f* *dost, yâr
sevi (abartige) Liebe *f;* s. **özsevi, sevici**
sevici der lesbischen Liebe ergeben, homosexuell (Frau); Lesbierin, Tribade *f*
sevicilik lesbische Liebe; Tribadie *f* *tribadizm
Sevil *n.pr.* 1. Sevilla (Stadt in Spanien) 2. *wV*
sevilir liebens-wert, -würdig, freundlich
sevilmek Pass. zu **sevmek; Sevilirken sevil!** *Spr.* Die Sympathien, die man besitzt, darf man nicht mißbrauchen!
sevim 1. Liebenswertsein *n,* sympathisches (gewinnendes, anziehendes) Wesen; Lieblichkeit *f,* Liebreiz *m* 2. ⩳ *wV*
sevimli lieb, liebenswert, nett, angenehm, sympathisch ~ **bir çocuk!** ein lieber (netter) Junge! **Şu kuzu ne ~ şey!** Es ist doch lieb, das Lämmchen!
sevimlilik Liebreiz *m;* sympathischer Klang (z.B. e–s Wortes)
sevimsiz 1. unsympathisch (unfreundlich, unangenehm) wirkend, nicht ansprechend 2. wer sich nicht mit anderen verträgt; Sonderling *m* ~ **bir yüz** ein unsympathisches Gesicht **Burası bana pek ~ geldi.** Die Gegend hier hat mir gar nicht gefallen.
sevimsizlik 1. Umstand *m,* daß et. nicht anspricht, unsympathisch wirkt 2. Eigenbrötelei *f*
sevinç, -ci 1. Freude *f,* Frohsinn *m,* Fröhlichkeit *f* 2. ⩳ *wV* ~ **delisi olmak** vor Freude ganz aus dem Häuschen geraten ~ **içinde bırakmak** in Freude versetzen, fröhlich stimmen **-inden ağzı kulaklarına varmak** über das ganze Gesicht strahlen
sevinçli 1. froh, fröhlich 2. Freude bringend, freudig, erfreulich, fröhlich, froh, gut Zu 1: ~ **bir yüz** ein frohes (fröhliches) Gesicht Zu 2: ~ **bir haber** e–e gute Nachricht, e–e frohe Botschaft
sevindirici erfreulich
sevindirmek (m. Akk.) (er-)freuen, fröhlich stimmen, aufheitern, aufmuntern, Freude bereiten
seviniş Sich-Freuen *n,* Freude, Fröhlichkeit *f,* Frohsinn *m*
sevinmek (m. Dat.) sich freuen, Freude empfinden (über), froh (fröhlich) werden, in frohe Stimmung kommen
Sevir, -vri s. **Boğa**
seviş (Art *f* der) Liebe *f* **~ten -e fark var.** Es gibt ganz verschiedene Arten Liebe.
sevişmek sich lieben, einander liebhaben, einander gern haben
sevişmezlik gegenseitige Abneigung *münaferet
seviye 1. Niveau *n,* Höhenlage *f,* Stand *m,* Höhe *f,* Rang, Standard *m,* Stufe *f* 2. *selt.* Gleichheit *f* Zu 2: s. **alesseviye;** ~ **farkı** 1. Höhen-, Niveau-unterschied *m,* Gefälle *n* 2. geistiger od. sozialer Rangunterschied **-i zihniye** s. **zihin -si**
seviyeli 1. mit nb. Niveau 2. *pr.* hochstehend
seviyesiz tiefstehend, niedrig, gemein
seviyesizlik Tiefstand *m,* Niedrigkeit, Gemeinheit *f*
sevk, -kı 1. Absenden, Expedieren, In-Marsch-Setzen *n* 2. Weg-führen, -bringen *n* 3. Hinbringen *n,* Über-, Vorführung *f* 4. Hineinführen, Versetzen, Antreiben, Hineintreiben *n* 5. Veranlassen, Verleiten *n* 6. Führung *f* Zu 3: s. **mahkemeye -ı esnasında** Zu 4: **-ı talih** *va.* Schicksalsfügung *f* ~ **borusu** Zuleitungs-, Führungs-rohr *n* ~ **çemberi** Führungsring *m* (z.B. e–r Granate) ~ **etmek** 1. absenden, expedieren, abrollen lassen, in Marsch setzen (z.B. Truppen) 2. weg-führen, -bringen, abführen 3. (hin-)bringen, über-, vor-führen 4. hineinführen, versetzen, an-, hinein-treiben 5. bringen, führen (zu), veranlassen, bewegen, verleiten 6. *a. mil.* führen Zu 2: **esirler**

kışlaya ~ edilirken als die Kriegsgefangenen in die Kaserne abgeführt wurden Zu 3: **Yaralılar hastaneye ~ edildi.** Die Verletzten wurden ins Krankenhaus gebracht. Zu 4: s. **endişeye (tekaüde) ~ etmek** Zu 5: **beni buna ~ eden sebepler** die Gründe, die mich dazu bewogen haben **~ memuru** Versandbeamter **~ mili** *techn.* Führungsstange *f* **~ müzekkeresi** s. **gönderme yazısı; ~ pusulası** *mil.* Begleitzettel *m* **~ subayı** *mil.* Transportoffizier *m* **~ ve idare** Führung *f* (e–r Armee, des Krieges usw.) **kabili ~ balon** lenkbares Luftschiff *dirijabl

sevkıtabiî Instinkt, Naturtrieb *m,* innerer Antrieb *garize, içgüdü, insiyak

sevkıyat, -tı [ā] *Pl. (a. in sg. Bed.)* Sendung(-en *pl.*) *f,* Transport(-e *pl.*) *m* **~ dairesi** Versandstelle, Expedition *f*

sevkuidare [ā] s. **sevk ve idare**

sevkuikna [ā] **etmek** *va.* überreden

sevkulceyş Strategie, Kriegskunst *f* *strateji **~ bakımından mühim noktalar** strategisch wichtige Punkte **~ baskını** strategischer Überfall **~ birliği** strategischer Verband **~ harekâtı** strategische Operation **~ hedefi** strategisches Ziel **~ yolları** Operationsstraßen *pl.*

sevkulceyşçi Stratege, Heerführer, Feldherr *m* *stratej

sevkulceyşî strategisch *stratejik **~ bakımdan** in strategischer Hinsicht **~ birlik** strategischer Verband **~ defütart** strategische Abwehr **~ görüş kabiliyeti** s. **~ muhakeme; ~ harekât** strategische Operation **~ hedef** strategisches Ziel **~ keşif** strategische Aufklärung **~ kuşatma** strategische Umfassung **~ muhakeme** strategischer Blick **~ ricat** strategischer Rückzug

sevmek, (-er) 1. lieben, liebhaben, gern haben, liebgewinnen 2. gerne tun (essen, trinken, spazierengehen usw.) 3. streicheln, liebkosen 4. **(yerini)** gut wachsen, gedeihen (Pflanze) Zu 1: **yurdu ~** das Vaterland lieben **Bunlar, birbirini severek evlendiler.** Sie gewannen einander lieb (verliebten sich ineinander) und heirateten. Zu 2: **şarabı ~** gerne Wein trinken Zu 4: **Bu ağaç yerini sevmiş.** Der Baum hier steht wohl gerade am richtigen Fleck (*scil.* daß er sich so gut entwickelt). **seve seve** mit Freuden, gern, bereitwilligst **Severler güzeli genç ise.** *ster. Ra.* bei **düse** *od.* **çiharüse; Sevsinler!** *iron.* Genau das, womit man sich beliebt macht!

sevp, -bi *ungebr. Sg.* zu **espap**

Sevr *n.pr.* Sèvres (Stadt, 10 km südwestl. von Paris) **~ muahedesi** (*od.* **~ antlaşması**) Friedensvertrag *m* von Sèvres (10. 8. 1920)

sevsen(-iye) s. **süsen(-giller)**

seyadet s. **siyadet**

seyahat, -ti [·–·] 1. Reise *f* *yolculuk 2. Expedition *f* Zu 1: s. **Güzel -ler!** Zu 2: s. **kutup -i; ~ acentası** Reisebüro *n* **~ arkadaşı** Reisegefährt-e *m,* -in *f* **~ çeki** Reise-, Travellerscheck *m* **~ etmek** reisen **~ hürriyeti** *jur.* Freizügigkeit *f* **~ masrafları** Reisekosten *pl.* **~ mevsimi** Reisezeit *f* **~ ücreti** Fahrpreis *m* **~ yevmiyesi** Tagegeld *n* **~ yürüyüşü** *mil.* Reisemarsch *m* **-e çıkmak** auf die Reise gehen, verreisen, e–e Reise antreten

seyahatçi *P* für **seyyah**

seyahatname [·–·–·] Reisebeschreibung *f*

seydikevneyn *va.* „Herr der beiden Welten" (Beiname des Propheten Mohammed)

Seydişehir *n.pr.* Städtchen u. D. im Rbz. Konya

seyek [×·] *(Wü. spez. Tr.sp.)* drei und eins

seyelân 1. Fließen, Strömen *n* *akı, sellenme 2. *med.* (Aus-)Fluß *m,* Ausströmen *n* Zu 2: s. a. **dahilî kan -ı; ~ etmek** 1. fließen, stömen 2. *med.* aus-fließen, -strömen

seyelânıdem *med.* Hämorrhagie, Blutung *f,* Blutsturz *m*

seyelânımeni *med.* Spermatorrhöe *f*

seyelânımuhatî *va.* s. **belsoğukluğu**

seyf *va.* Schwert *n* *kılıç

seyfî 1. *va.* auf das Schwert (den Krieg) bezüglich 2. **Seyfi** [×·] *mV* **~ taç** *fr.* spitz zulaufender hoher Turban

Seyhan *n.pr.* 1. **(ırmağı)** Fluß *m* Seyhan (südl. Mittelanatolien) 2. **(ili)** zeitweise Bez. für **Adana(ili)**

seyide *va.* 1. angesehene Dame 2. Prinzessin, Königin *f* 3. weibl. Nachkomme des Propheten Mohammed 4. ♀ *wV*

seyir, -yri 1. Fahren *n* (von Wasserfahrzeugen) 2. Gang, Verlauf, Ablauf *m,* Entwicklung, Bahn *f* 3. Betrachten, Zusehen, Zuschauen *n* 4. Sehenswertes, Schauspiel *n* Zu 1: **~ halinde bir gemi** ein fahrendes Schiff **~ jurnalı** *naut.* Logbuch, Schiffstagebuch, Journal *n* **~ kılavuz, kitabı** *naut.* Segel-, See-handbuch *n* *rehberi derya Zu 2: **harekâtın iki senelik -i** der Verlauf der Operation innerhalb der letzten beiden Jahre Zu 3: **~ yeri** a) Vergnügungs-, Ausflugs-ort *m* b) Promenade(-nweg *m*) *f* 3. *Th.* Zuschauerraum *m* Zu 4: **Burada ~ mi var, ne bakıyorsun?** Gibt es hier et. Besonderes zu sehen, daß du so dahin schaust? **~ fenerleri** *naut.* Positionslampen *pl.* (e–s Schiffes) **~ subayı** *naut.* Navigationsoffizier *m* **-e dalmak** versonnen betrachten **-e elverişsizlik** Seeuntüchtigkeit *f* (e–s Schiffes) **-e gitmek** 1. e–n Spaziergang machen 2. (bşi) sich et. (zur Unterhaltung) ansehen **-ine doyamamak** (*od.* **doyum olmamak**) sich nicht sattsehen können (an) **-i müstevi** *naut.* Plansegeln *n,* loxodrome Navigation

seyirci 1. Zuschauer, Besucher *m* 2. müßiger, untätiger Zuschauer, *pej.* Gaffer *m* Zu 1: **5000 ~ muvacehesinde** in Anwesenheit von 5000 Zuschauern Zu 2: **~ kalmak** (bşe) et. betrachten, ohne einzugreifen, untätig zusehen, mit verschränkten Armen zuschauen

seyirlik zum Schauen bestimmt, Aussichts-, Ausblick- **~ oyun** *Th.* Schauspiel *n* **~ vagonu** (Eisenbahn) Aussichtswagen *m*

seyis Stallknecht, Pferde-pfleger, -bursche, -wärter *m*

seyit, -di 1. *(ar.)* Herr *(m)* 2. Nachkomme *m* des Propheten Mohammed 3. ♀ *mV*

Seyitgazi *n.pr.* O. u. D. im Rbz. Eskişehir

seyitlik Rang *m* e–s direkten Nachkommen des Propheten Mohammed *siyadet

Seylan 1. **(adası)** *n.pr.* Ceylon 2. Ceylontee *m* **~ tarçını** 1. Ceylon-Zimtbaum *m bot.* Cinnamomum ceylanica 2. Kaneel *m* (bester Ceylon-Zimt) **~ yosunu** s. **agaragar**

seylanî; seylantaşı, -nı *min.* Almandin *m* (granatähnlicher Schmuckstein) *almandin

seylâp, -bı 1. Wildstrom *m,* reißender Strom 2. Hochwasser *n,* Überschwemmung *f*

seylâpzede vom Hochwasser (von Hochwasserschäden) betroffen

seyman s. **seğmen**

seyran [ā] 1. Vergnügungsfahrt *f,* Ausflug *m,* Spazier-gang, -ritt *m* 2. Betrachten *n* **~ etmek** 1. e–e Vergnügungsfahrt (usw.) unternehmen 2. betrachten, ansehen **-a çıkmak** s. **~ etmek** (1)

seyrangâh [·––] 1. Promenade *f* 2. Ausflugsort *m*

seyrek 1. weit auseinanderstehend (z.B. Bäume, Zähne e–s Kammes usw.) 2. lose gewebt (Stoff), weitmaschig (z.B. Strickware) 3. dünnstehend, spärlich, schütter (Haar) 4. *a. Adv.* selten, rar Zu 1: **ağaçları ~ bir bahçe** ein Garten mit weit auseinanderstehenden Bäumen **~ tertip** *mil.* lichte Gliederung Zu 3: **~ saç** schütteres Haar **~ çizgili** dünn schraffiert (z.B. Zeichnung) Zu 4: **bir yere ~ gitmek** nur selten irgendwohin gehen **Kendisine pek ~ tesadüf ediyorum.** Ich treffe ihn nur sehr selten. **~ nabız** *med.* träger Puls

seyrekçe 1. ziemlich weit auseinanderstehend 2. ziemlich weitmaschig 3. recht schütter 4. ziemlich selten, seltener, recht rar

seyrekleşmek 1. allmählich weiter auseinander stehen, weniger dicht stehen 2. spärlich(-er) werden, sich stark verringern, stark abnehmen 3. selten(-er) werden, rar werden 4. schütter werden (Haar) Zu 2: **Münakalât seyrekleşmiştir.** Es herrscht nicht mehr so starker Verkehr. **Kalabalık seyrekleşti.** Die Menge hat sich ziemlich verlaufen. Zu 3: **Yağmur seyrekleşti.** Die Regenfälle sind seltener geworden.

seyreklik 1. Weit-Auseinanderstehen *n* 2. Lose-Gewebtsein, Weitmaschigsein *n* 3. Spärlichkeit *f* 4. Seltenheit *f* 5. Schüttersein *n* (der Haare)

seyrelmek *P* s. **seyrekleşmek**

seyreltik *chem.* verdünnt *memdut

seyreltiklik Verdünnung *f*

seyreltmek 1. *chem.* verdünnen *temdit etmek 2. *agr.* lichten, auspflanzen

seyretmek [×··] 1. fahren (Verkehrsmittel *spez.* Schiff) 2. (m. Akk.) sich et. ansehen, betrachten, zuschauen, zusehen, mit ansehen 3. andauern (Krankheit) 4. dahinfließen, ablaufen (z. B. Zeit) **Sen şimdi curcunayı seyret!** Du wirst gleich sehen (hören), was für ein Getöse losgeht! Du wirst gleich et. erleben können!

seyrettirmek Kaus. zu **seyretmek** *spez.* j–m (et. Interessantes) zeigen

seyrifilmenam [ā] Schlaf-, Nacht-wandeln *n*, Somnambulismus *m* *somnambülizm, uyurgezerlik

seyrisefain [ā] 1. Schiffahrt *f* 2. Navigation *f* ~ **dersi** Navigationsunterricht *m* ~ **fenni** Nautik *f* **-e salih** befahrbar (Gewässer)

seyrisefer *irrt.* für **seyrüsefer**

seyriseri, -ii [···×] große Schnelligkeit, rascher Ablauf ~ **ile** (bei Gepäckbeförderung) als Passagiergut

seyrüsefer (Fahrzeug-)Verkehr *m* *gidişgeliş, trafik ~ **devriyesi** Verkehrsstreife *f* ~ **güzergâhı** Verkehrsstrecke *f* ⩍ **iki saat durdu.** Der Verkehr war zwei Stunden lang lahmgelegt. ~ **(işaret) memuru** Verkehrspolizist *m* ~ **merkezi** Direktion *f* der Verkehrspolizei ~ **tanzim kıtası** *mil.* Verkehrsregelungstruppe *f* ~ **tarifesi** Fahrplan *m*

seyrütemaşa [···–] *va.* Zuschauen, Zusehen, Betrachten *n* ~ **etmek** *va.* zuschauen, zusehen, betrachten

seyyah [ā] (Vergnügungs-)Reisender, Tourist, Wanderer, Passagier *m* ~ **akımı** Touristenstrom *m* ~ **celp etmek** Besucher anlocken ~ **şehri** von Fremden viel besuchte Stadt ~ **uğrağı** von Reisenden viel besuchter Ort ~ **vapuru** Passagier-, Touristen-dampfer *m*

seyyahçılık [ā] *selt.* Reise-verkehr *m*, -wesen *n*

seyyal, -li [ā] 1. fließend, strömend 2. *phys.* flüssig, fließend *akışkan 3. (leicht) beweglich (Heer, Verteidigung usw.) 4. ⩍ *wV* ~ **tasarruflar** *H* liquide Mittel *pl.*

seyyale [ā] *va.* 1. Flüssigkeit *f* 2. Strom *m*

seyyaliyet, -ti; seyyallik [ā] 1. flüssiger Zustand 2. Beweglichkeit *f*, Beweglichsein *n*

seyyan [ā] *va.* zwei gleiche Dinge ~ **tutmak** keinen Unterschied machen (zwischen)

seyyanen [ā] *Adv. va.* 1. gleichmäßig, in gleicher bzw. entsprechender Weise (z. B. verteilen) 2. *pej.* schematisch

seyyar [ā] 1. wandernd, umherziehend, Wander- *gezici 2. beweglich, fahrbar 3. treibend, Treib- 4. *mil.* Feld- 5. Laufjunge *m* (z. B. in e–m Geschäft) ~ **amele** Wanderarbeiter *m* ~ **baraka** Wohnwagen *m* (z. B. der Zirkusleute) ~ **berber** umherziehender Frisör ~ **buz kütleleri** treibende Eisschollen *pl.*, Treibeis *n* ~ **dafii tayyare topçusu** bewegliche Flakartillerie ~ **demir ocağı** *mil.* Feldschmiede *f* ~ **fırın** *mil.* Feldbäckerei *f* ~ **hastane** Feldlazarett *n* ~ **hastane arabası** Lazarettkrankenwagen *m* ~ **jandarma** Feldgendarmerie *f* ~ **keşif kolu** *mil.* beweglicher Spähtrupp ~ **kıta** *mil.* bewegliche Truppe ~ **mengene** Anschlußzwinge *f* ~ **mutfak** Feldküche *f* ~ **sarnıç merkezi** bewegliche Tankstelle ~ **satıcı** Straßen-händler, -verkäufer *m*; fliegender Händler ~ **sirk** Wanderzirkus *m* ~ **tamirhane** fahrbare Reparaturwerkstatt ~ **tekke** *V* ein Automobil, in dem Haschisch geraucht wird ~ **telgraf** Feldtelegraph *m* ~ **telgrafçılık** Feldtelegraphie *f* ~ **terbiye sergisi** pädagogische Wanderausstellung ~ **ticaret memuru** Handlungsreisender; Vertreter *m* ~ **topçu** Feldartillerie *f* ~ **vinç** fahrbarer Kran; Fahrkran *m* *hareketli vinç

seyyare [ā] *va.* 1. *astr.* s. **gezegen** 2. Karawane *f* *kerven

seyyiat, -tı [ā] *va. Pl.* zu **seyyie**

seyyibe *P od. reg.* für **seyyip**

seyyidan [ā] Mohammeds Enkel *pl.* (**Hasan** und **Hüseyin**)

seyyide s. **seyide**

seyyidî *va.* e–n **seyit** betreffend

seyyidi [··–] *va.* Oh, mein Herr!

Seyyidülmürselin [·····–] oberster der Gottesgesandten, größter Prophet (Mohammed)

seyyie 1. Schlechtigkeit *f;* schlechte Handlung, üble Tat; Laster *n* 2. üble Folgen *pl.* (e–r verkehrten Handlung od. schlechten Tat) **-sini çekmek** die üblen Folgen von et. auf sich nehmen müssen, *F* et. ausbaden müssen

seyyip, -bi *va.* geschiedene od. verwitwete Frau

seyyit s. **seyit**

seza [ā] *z. va.* 1. wert, würdig, verdienend *lâyık, yaraşır 2. verdiente Strafe od. Belohnung 3. ⩍ *mV, wV* **Bir kere gidip görmeğe ~.** Es lohnt sich, es einmal anzusehen. **-sını vermek** j–m die verdiente Strafe zuteil werden lassen

sezabiye [ā] s. **sedefotugiller**

Sezar 1. *n.pr.* Cäsar 2. Kaiser *m* Zu 2: **-ın hakkını -a vermek lâzım.** Man muß dem Kaiser geben, was des Kaisers ist.

sezareviç, -ci *selt.* s. **careviç**

sezarizm (*franz.* **césarisme**) Cäsarentum *n*, Selbstherrlichkeit *f*

sezaryen (ameliyatı) (*franz.* **opération césarienne**) *med.* Kaiserschnitt *m*

sezavar [·––] *va.* s. **seza** (1)

sezdirmek 1. j–n et. merken (fühlen, ahnen) lassen, durchblicken lassen, zu verstehen geben 2. klarmachen, bekanntgeben, aussprechen Zu 1: **Meseleyi ~ istedim ama, farkına varmadı.** Ich wollte es ihm zu verstehen geben, aber er merkte es nicht. Zu 2: **Kimseye sezdirmeden gidiverdi.** Ohne e–n Ton (zu jemand) zu sagen, machte er sich schleunigst davon.

sezgi 1. Ahnung *f*, Vorgefühl *n*, instinktives Wittern 2. Intuition *f*, unmittelbare Erkenntnis *tehaddüs

sezgici intuitionistisch; Intuitionist *m*

sezgicilik Intuitionismus *m* *tehaddüsiye

sezgili; sezgisel intuitiv *tehaddüsî

sezi(-m) s. **sezgi**

sezin(le)mek (m. Akk.) ahnen, wittern, allmählich merken, langsam hinter et. kommen, von e–r Sache Wind bekommen *teferrüs etmek

sezmek, (-er) (m. Akk.) fühlen, merken, wahrnehmen, ausmachen

sezon Saison, Jahreszeit, Hauptreisezeit; *(Th., Fb. usw.)* (Haupt-)Spielzeit; Badezeit *f*

sezü s. **mantar meşesi**

sezyum [×·] *chem.* Zäsium *n*

sfagnum s. **bataklık yosunu**

sfenks Sphinx *f* *ebülhevil ~ **kelebeği** Totenkopf *m* (Schmetterling) *zo.* Acherontia atropos *kurukafa, ölübaş(-lı) kelebek

sfenoit sinüs(-ü) (*franz.* **sinus sphénoïde**) *an., med.* Keilbeinhöhle *f*

sfer *selt.* Sphäre *f*, Bereich *m*, Gebiet *n*

sfinksgüvesigiller Schwärmer *pl.* (Schmetterlinge) *zo.* Sphingidae

SHAPE = Supreme Headquarters of the Allied Powers in

Europe Oberkommando *n* der Alliierten Streitkräfte in Europa
sıbağ [ā] *va.* 1. s. **pigment** 2. s. **yaradılış**
sıbka *va.* 1. Tinktur *f* 2. (christl.) Taufe *f* 3. Glaubensbekenntnis *n,* Religion *f*
sıbyan [ā] (*va. Pl.* zu **sabi**) Kinder, Knaben, Jungen *pl.*
sıcacık [×··] hübsch (angenehm, mollig) warm
sıcak, -ağı 1. warm, heiß 2. *fig.* warm, herzlich, liebevoll 3. *med.* mit Entzündung, entzündet 4. Wärme, Hitze *f* (der Luft, des Wetters) 5. türk. Bad *n* *hamam ~ **basması** *med.* Hitzewallung *f,* fliegende Hitze ~ **çıban** Geschwür *n,* Eiterbeule *f* (vgl. **soğuk çıban**); ~ **daire testeresi** Warmkreissäge *f* ~ **dalgası** Hitzewelle *f* ~ **hava motörü** Heißluftmotor *m* ~ **kat** *geogr.* Tierra caliente ~ **keski** Warmmeißel *m* ~ **kuşak** *geogr.* heiße Zone ~ **ses** *Th.* sympathische Stimme ~ **su deposu** Warmwasserbehälter *m* ~ **su döşemi** Warmwasseranlage *f* ~ **su kaloriferi** Warmwasserheizung *f* ~ **su tulumbası** Warmwasserpumpe *f* ~ **tedavisi** Thermotherapie *f* *termoterapi ~ **tutmak** warmhalten (**Yün elbise vücudu ~ tutar.** Wollkleidung hält warm.) ~ **yüzlü** liebenswert, sympathisch **-a dayanır** wärmebeständig **-a gitmek** ins türkische Bad gehen **-ı -ına** unverzüglich, auf der Stelle, sofort, brühwarm (z. B. weitererzählen) **-ın çatında** zur Zeit der größten Hitze (*Anm.* Dieser Ausdruck ist in Istanbul kaum gebr.) **-la muamele** Wärmebehandlung *f* **≗lar bastı.** Die Sommerhitze hat eingesetzt.
sıcakkanlı 1. warmblütig (Tier) 2. liebenswert, sympathisch, angenehm (Person) *cana yakın; sevimli ~ **hayvanlar** *zo.* Warmblüter *pl.*
sıcakkanlılık sympathisches Wesen (e−r Person)
sıcaklık 1. Wärme, Hitze *f* *hararet 2. Wärme(-grad *m*) *f,* Temperatur *f* *sühunet ~ **alma** Wärmeaufnahme *f* ~ **derecesi** Wärmegrad *m* ~ **değeri** 1. Wärmewert *m* 2. Heizwert *m* ~ **düşüşü** Wärmegefälle *n* ~ **ilmi** Wärmelehre *f* ~ **kıymeti** s. ~ **değeri;** ~ **miktarı** Wärmemenge *f* ~ **muadili** Wärmeäquivalent *n* ~ **muvazenesi** Wärmeausgleich *m* ~ **nâkili** Wärmeleiter *m* ~ **sarfiyatı** Wärmeverbrauch *m* ~ **verme** Wärmeabgabe *f* ~ **tasarrufu** Wärmeersparnis *f* ~ **teatisi** Wärmeaustausch *m* ~ **zayiatı** Wärmeverlust *m* **-tan istifade** Wärmeausnutzung *f*
sıcakölçer *phys.* Wärmemesser *m,* Thermometer *n* *mizanülharare, termometre
sıçan 1. Part. Präs. zu **sıçmak** 2. Ratte, Maus *f* (od. ein ähnliches Tier) 3. *V* s. **bakkal;** ~ **akarı** Rattenmilbe *f zo.* Liponyssus bacoti ~ **alıcı** die Weißdornart Crataegus orientalis ~ **deliği** Mauseloch *n (a. fig.)* **≗ deliğine paha biçilmez olmak.** *fig. (etwa:)* Alles rennet, rettet, flüchtet. (Schiller) ~ **derisi** Maulwurfsfell *n,* Moleskin *m, n* ~ **kırı** 1. mausgrau, graubraun 2. Grauschimmel *m* (Pferd) ~ **kuyruklu kurt** Rattenschwanzlarve *f* (Made der Schlammfliege) ~ **oluğu** Trauf-dach, -brett *n* ~ **piresi** Rattenfloh *m zo.* Xenopsylla cheopis ~ **saçı** gelbhaarige Borstenhirse *bot.* Setaria glauca ~ **şeridi** Rattenbandwurm *m zo.* Hymenolepis diminuta ~ **tüyü** mausgrau, graubraun ~ **yılı** *hist.* das 1. Jahr des alttürk. 12-Jahres-Zyklus ~ **yuvası** Mauseloch, Mäusenest *n* **-a dönmek** s. **sudan çıkmış sıçana dönmek; ≗ın geçtiğini aramam ama, yol olur kalır.** *Spr.* Es handelt sich zwar nur um e−e Bagatelle, aber sie kann zum Präzedenzfall werden.
sıçandişi, -ni Hohlsaumarbeit *f* *antika
sıçangiller Familie *f* der Mäuse *zo.* Muridae
sıçanımsılar Schlafmäuse, Bilche *pl. zo.* Myomorpha
sıçankulağı, -nı 1. s. **mercanköşk** (1) 2. Ackerhornkraut *n bot.* Cerastium arvense *beşparmak otu 3. Feldmäuseohr *n bot.* Myosotis stricta *mavi unutmabeni
sıçankuyruğu, -nu 1. Nadel-, Loch-, Stich-feile *f* 2. Ackerfuchsschwanz *m bot.* Alopecurus agrestis 3. (kleinster) Mäuseschwanz *m bot.* Myosurus (minimus) 4. die Bürstengrasart Polypogon monspeliensis
sıçanotu, -nu 1. Ratten-, Mäuse-gift *n* 2. *spez.* Arsenik *n* *zırnık
sıçanyolu, -nu Minengang, Spreng-graben, -stollen *m,* Sappe *f*
sıçırgan mit Durchfall behaftet und alles verunreinigend (z. B. Katze)
sıçırmak s. **sıçtırmak**
sıçmak *V* 1. scheißen, kacken 2. (bşe od. bşin içine) verderben, verkorksen, *F* verhunzen, *P* versauen **sıçıp sıvamak** *V* 1. et. völlig verkorksen, *P* versauen 2. unflätig beschimpfen **Sıçtı Cafer, bez getir!** *V iron.* (bei unerwartetem Eintritt e−r üblen Situation) Na, prost Mahlzeit! s. a. **İçine sıçayım!** und **İşin içine sıçtı.**
sıçrama Springen *n,* Sprung *m* **-ipi** s. **atlama ipi;** ~ **tahtası** *a. fig.* Sprungbrett *n* *tramplen **-larla ilerlemek** *mil.* sprungweise vorgehen
sıçramak 1. (in die Höhe od. nach vorne) springen, hüpfen, *F* hopsen 2. zusammen-, auf-fahren; zusammen-, aufschrecken 3. aufsteigen, schießen (z. B. Blut in den Kopf) 4. sprühen (z. B. Funken), spritzen (z. B. Schmutz) 5. a) (auf et.) überspringen (z. B. auf ein anderes Thema) b) (auf et.) übergreifen (Feuer, Krieg), sich ausdehnen, sich verbreiten, auch andere Stellen befallen (z. B. Geschwüre) Zu 1: **sıçrayıp hoplamak** wild herumtanzen (vor Freude) Zu 2: **Çocuk sıçrayarak uyandı.** Das Kind fuhr aus dem Schlaf hoch. Zu 5b): **Bu memleket, harbin Uzakşark'a sıçramasına mani olmaya çalışacak.** Dieses Land wird zu verhindern suchen, daß der Krieg auf den Fernen Osten übergreift. **Yangın öte mahalleye sıçradı.** Das Feuer griff auf den anderen Stadtteil über.
sıçrarhortumlugiller Rüsselspringer *pl. zo.* Macroscelididae
sıçratma menteşe Hebevorrichtung *f* (an Türen)
sıçrayansıçan Feldhüpfmaus *f zo.* Zapus Hudsonius
sıçrayıcı springend, hüpfend, Spring- ~ **örümcekgiller** Hüpf-, Spring-spinnen *pl. zo.* Salticidae
sıçrayış Sprung *m*
sıçtırmak Kaus. zu **sıçmak** *spez. V fig.* j−m e−e Höllenangst einjagen
sıdak, -kı [ā] *fr.* die sofort bei der Heirat von dem Mann ausgezahlte Mitgift *mihri muaccel
sıddık(-a) s. **sıddik(-a)**
sıddik, -kı [ī] 1. *va.* im höchsten Grade wahrheitsliebend 2. ≗ a) Beiname des 1. Kalifen Ebubekir b) *mV*
sıddika [ī] 1. *Fem.* zu **sıddik** 2. ≗ a) Beiname der Frau des Propheten, Ayşe (Âişe) (Tochter von Ebubekir) b) s. **Hazreti Meryem** 3. *(allg.)* (*mst.* **Sıdıka**) *wV*
sıdık, -dkı 1. Wahrheitsliebe, Aufrichtigkeit, Ehrlichkeit *f* *doğruluk, doğruculuk, gerçeklik 2. innere Verbundenheit; Herzensband *n* *gönül bağı 3. Fehlen *n* von eigennützigen Hintergedanken 4. Treue *f* *sadakat ~ **ile çalışmak** ganz in e−r Arbeit aufgehen, sein Herzblut geben **-ı sıyrılmak** (b−den) (*spez.* in der Frauensprache) j−m keinen Glauben mehr schenken, für j−n nichts mehr übrig haben **-ını tahkik** *fr.* e−e Prüfung für Volksliedsänger
sıfak, -kı [ā] *va.* s. **akörtü**
sıfat, -tı 1. Eigenschaft *f,* Attribut *n* 2. *P* Aussehen *n* und Kleidung *f* (e−r Person), Äußeres 3. *gr.* Adjektiv, Eigenschaftswort *n* 4. Titel *m,* Titulierung *f* Zu 1: **Ne -la?** In welcher Eigenschaft? **baba -iyle** als Vater **başkan -iyle** als Vorsitzender **... müstakil ve hakkı hükümraniye malik bir devlet olmak -iyle** Da ... ein unabhängiger, souveräner Staat ist ... Zu 2: **Onun ne adam olduğu -ından belli.** Schon sein Äußeres läßt erkennen, wes Geistes Kind er ist. ~ **kayması** *ling.* die verschiedene Beziehung e−s Adjektivs vor e−r Nominalkomposition mit ver-

kürztem Genitiv (z.B. **küçük çocuk yorganı; fena kadın çorabı**); ~ **takımı** (*od.* ~ **tamlaması**) *gr.* adjektivische Fügung (Adjektiv + Sb.) *terkibi tavsifî, sıfat terkibi ~ **yapmak** ein Adjektiv bilden
sıfât, -tı *va. Pl.* zu **sıfat; -ı adediye** s. **sayı sıfatları; -ı istifhamiye** s. **soru sıfatları; -ı işariye** vgl. **gösterme sıfatı; -ı müpheme** vgl. **belgisiz sıfat**
sıfatfiil *gr.* Partizip, Mittelwort *n* *fer'i fiil, ortaç
sıfatlaştırmak adjektivieren; in der Rolle e–s Adjektivs verwenden
sıfır 1. Null *f*, Nullpunkt *m*, Zeichen *n* 0 2. null *hiç 3. *fig.* Null *f*, Nichts *n*, vollkommene Wert- od. Bedeutungslosigkeit 4. (im türk. Zehnersystem) schlechteste Schulnote ~ **altı** (*od.* **-ın altında**) unter Null (Thermometer) ~ **atmak** die schlechteste Note geben (Schulzensur) ~ **çizgisi** Null-strich *m*, -linie *f* ~ **mihveri** Nullachse *f* ~ **noktası** Nullpunkt *m* ~ **numara** 1. Nummer Null (z.B. Haarschneidemaschine) 2. *hist.* schmale, hohe Fes-Art 3. *V* ausgezeichnet, prima, erstklassig ~ **numara tıraşlı** spiegelglatt rasiert **-a eşit kılmak** (*od.* **-a eşitlemek**) *math.* auf e–e Nullgleichung bringen *sıframak ≗**a** ~, **elde var** ~. Alles vergeblich, alles für die Katz! Was ist herausgekommen? Null Komma nichts! **-dan başlamak** vom Nullpunkt an beginnen **-ı tüketmek** *V* 1. a) von Kräften kommen; am Ende sein; et. nicht länger durchhalten können b) verarmen; Bankrott machen; pleite gehen 3. abkratzen (= sterben)
sıfırcı *Sch.* ein Lehrer, der häufig die Note Null (= Ungenügend) gibt
sıframak s. **sıfıra eşit kılmak**
sıfrülyet, -di *va.* mit leeren Händen; enttäuscht
sığ 1. seicht, untief 2. seichte Stelle; Untiefe, Sandbank *f* 3. *fig.* oberflächlich (z.B. Kenntnisse) ~ **deniz** Flachsee *f*, Schilfmeer *n* ~ **deniz ortamı** *geol.* neritisches Milieu ~ **deprem ocağı** flache Herdtiefe (bei Erdbeben) ~ **sürme** Jäten *n* des Unkrauts mittels Grubber ~ **yayla** s. **kara platosu; -a oturmak** auflaufen (Schiff)
sığa 1. Rauminhalt *m*, Fassungsvermögen *n* 2. *el.* Kapazität *f* 3. *techn.* Hub *m*
sığaça; sığaço [·×·] s. **kaptırma** (2)
sığala 1. **(ağacı)** Benzoebaum *m bot.* Liquidamber orientalis *günlük (amber, sığla) ağacı 2. **(yağı)** s. **akamber**
sığamak 1. s. **sıvamak** 2. s. **sıvazlamak**
sığamsal *biol.* peristaltisch *peristaltik ~ **hareket** peristaltische Bewegung (der Verdauungsorgane)
sığamsallık *biol.* Peristaltik *f* *peristaltizm
sığar [ā] *va. Pl.* zu **sağir**
sığarukibar [·–··–] *va.* Große und Kleine; alle
sığdırmak hinein-bringen, -zwängen, unterbringen, verstauen; s.a. **aklına (havsalasına)** ~
sığın s. **alageyik**
sığınak 1. Zufluchtsort, Unterschlupf *m* *melce 2. Luftschutz-raum, -keller *m*, -anlage *f* 3. Schutz-, Unterkunfts-, Ski-hütte *f* 4. *mil.* Bunker *m* *blokhavs, kazamat, kale ~ **hizmeti görmek** (b–ne) j–m als Unterschlupf dienen ~ **siper** Luftschutz-, Splitter-graben *m*
sığınca *mil.* Festungs-, Kern-werk *n*, Reduit *m*, *n*
sığınık s. **mülteci**
sığınma Vs. zu **sığınmak;** ~ **gözü** (*od.* ~ **hücresi**) Schutznische *f* (für Arbeiter in e–m Eisenbahntunnel) ~ **hakkı** *jur.* Asylrecht *n* ~ **hakkı vermek** Asylrecht gewähren ~ **limanı** *naut.* Nothafen *m*
sığınmak (m. Dat.) 1. Schutz (Zuflucht) suchen (bei), sich flüchten (zu), um Asyl ersuchen 2. gläubig seine Sache Gott anheimstellen 3. *fig.* sich eng anschließen, sich anschmiegen; sich gruppieren (um) 4. *naut.* e–n Nothafen anlaufen Zu 1: **Demirbaş Şarl Türklere sığındı.** Karl XII. von Schweden flüchtete in die Türkei. Zu 2: s. **Allaha** ~ Zu 3: **kalenin eteğine sığınan eski Ankara** die Altstadt von Ankara, die sich um den Fuß des Burgbergs herumzieht
sığınmış s. **mülteci**
sığıntı 1. wer bei e–r Familie Unterkunft und Beköstigung findet, ohne Familienmitglied zu sein 2. *pej.* unnützer Esser; Schmarotzer *m*
sığır 1. Rind *n* 2. *V* dumm, blöd 3. *fr.* an der Schmalseite gebundenes (handschriftliches) Buch *beyazî ~ **büveleği** Rinderbiesfliege *f zo.* Hypoderma bovis ~ **döşü** Rinderbrust *f* (als Schlachtfleisch) ~ **eti** Rindfleisch *n* ≗ **herif!** *V* Blöder Hund! ~ **kulağı** Wegerichnatterkopf *m bot.* Echium plantagineum ~ **mantarı** Hirschtrüffel *f bot.* Elaphomyces ~ **siki** *P* für ~ **siniri kamçı** Ochsenziemer *m* ~ ~ **şeridi** (*od.* ~ **tenyası**) Rinderbandwurm *m zo.* Taenia saginata *dudu müsellah ~ **topuğu** e–e Trinkglasform von der Form e–r Rinderferse ~ **ve davarlar** Großvieh *n zo.* Pecora ~ **vebası** Rinderpest *f* *vebayı bakarî ~ **yılı** das 2. Jahr des alttürk. 12-Jahres-Zyklus
sığırbiti, -ni Rinderlaus *f zo.* Haematopinus eurysternus
sığırcık, -ığı Star *m zo.* Sturnus vulgaris
sığırcıkgiller Familie *f* der Stare *zo.* Sturnidae
sığırcılık 1. Rinderzucht *f* 2. Rinderhandel *m*
sığırdili, -ni 1. s. **öküzdili** 2. s. **hodan** 3. (geräucherte) Rinderzunge
sığırdilligiller s. **hodangiller**
sığırgözü, -nü 1. s. **öküzgözü** (1, 2) 2. s. **inekgözü** (1) 3. weiße Wucherblume, Margerite *f bot.* Chrysanthemum leucanthemum *aynabakar
sığırkuyruğu, -nu Königskerze *f bot.* Verbascum (phlomoides u.a.) *devedili
sığırlık 1. Ochsenstall *m* 2. *fig.* Dummheit, Tölpelhaftigkeit *f*
sığırsineği, -ni Rinderbremse *f zo.* Tabanus bovinus
sığırtmaç, -cı Rinder-, Kuh-hirt *m*
sığışmak gemeinsam Platz finden, zusammen hinein-passen, -gehen **Biraz daha sıkışırsak, hepimiz sığışırız.** Wenn wir noch etwas mehr zusammenrücken, können wir alle Platz finden.
sığıştırmak hinein-pressen, -stopfen
sığla s. **sığala**
sığlık 1. Seicht-, Untief-sein *n*, Seichtheit *f* 2. Untiefe *f*, seichte Stelle; Sandbank *f* 3. *fig.* Oberflächlichkeit *f*
sığmak, (-ar) hinein-passen, -gehen, Raum finden s. **ele avuca (havsalasına, kabına) sığmaz; akla ~; Bu, nezakete sığar mı? Mızrak çuvala sığmaz. can içe sığmamak**
sığza *va.* 1. Zwickel, Einsatz *m* 2. Oberteil *n* e–s Hemdärmels
sıhhat, -ti 1. Gesundheit *f* *esenlik, sağlık 2. Richtigkeit, Echtheit, Wahrheit *f* *doğruluk, gerçeklik 3. Genauigkeit, Exaktheit, Präzision *f* ~ **bakımı** Gesundheitspflege, Hygiene *f* ~ **fışkırmak** vor Gesundheit strotzen ~ **işleri dairesi** *mil.* Sanitätsdepartement *n* ~ **raporu** ärztliche Bescheinigung; Gesundheitsattest *n* ~ **topu** *La.* Medizinball *m* ~ **üzere** genau, exakt ~ **varakası** Gesundheitsausweis, -paß *m* ~ **ve afiyet üzere** bei bester Gesundheit ≗ **ve İçtimaî Muavenet Vekâleti** (heute: **Sağlık ve Sosyal Yardım Bakanlığı**) *n.pr.* Ministerium für Hygiene und soziale Fürsorge, Hygieneministerium *n* *Sıhhiye (Vekâleti) ~ **yurdu** privates Krankenhaus; Krankenheim *n* **-e muzır** gesundheitsschädlich **-i yerinde olmak** vollkommen gesund sein **-ine içmek** (b–nin) auf j–s Wohl (Gesundheit) trinken **-ini tahkik etmek** (bşin) die Wahrheit feststellen ≗**inize!** Auf Ihr Wohl! ≗**ler olsun!** (*form.* Wunsch nach dem Bad, Haareschneiden, Rasieren) Wohl bekomm's!
sıhhatli 1. gesund 2. richtig, echt, wahr 3. genau, exakt,

präzis Zu 3: ~ **olarak doldurmak** genau ausfüllen (z. B. Formular)
sıhhatsizlik, -iği mangelnde (fehlende) Gesundheit (Richtigkeit usw.) **Ama sakın -imi çok çalışmaktan sanma!** Aber glaube nur ja nicht, daß ich von zu vielem Arbeiten krank geworden wäre!
sıhhî 1. Die Gesundheit betreffend, Gesundheits-, sanitär 2. hygienisch, den hygienischen Anforderungen entsprechend ~ **hizmet** Gesundheitsdienst *m* ~ **mazeret** s. **sağlık özrü;** ~ **tesisat** sanitäre Anlagen *pl.* ~ **vaziyet** Gesundheitszustand *m* *ahvali sıhhiye **gayri** ~ ungesund, unhygienisch
sıhhîleşmek gesund werden, gesunden, genesen
sıhhiye 1. Gesundheits-, Hygiene-wesen *n* 2. Gesundheitsamt *n*, Sanitätsbehörde *f* 3. Sanitätsdienst *m* 4. ≗ *Abk.* von **Sıhhiye Vekâleti** (vgl. **Sıhhat ve İçtimaî Muavenet Vekâleti**); ~ **arabası** *mil.* Sanitätswagen *m* ~ **bölüğü** Sanitätskompanie *f* ~ **çantası** Sanitätstornister *m* ~ **eri** *mil.* Sanitäter *m* ~ **erleri** *mil.* Sanitätspersonal *n* ~ **gedikli çavuşu** 1. Sanitätsunteroffizier *m* 2. *naut.* Sanitätsmaat *m* ~ **hizmeti** 1. Gesundheitsdienst *m* 2. *mil.* Sanitätsdienst *m* ~ **işleri** Gesundheits-, Sanitäts-wesen *n* *umuru sıhhiye ~ **kordonu** Sanitätskordon *m*, Absperrung *f* (zu gesundheitlichen Zwecken) ~ **makamı** Sanitätsbehörde *f* ~ **müfrezesi** *mil.* Sanitätsabteilung *f* ~ **servisi** *mil.* Sanitätsdienst *m* ~ **subayı** Sanitätsoffizier *m* ≗ **Vekili** (türk.) Hygieneminister *m*
sıhhiyeci im Hygiene- od. Sanitäts-dienst tätig, *spez.* 1. Beamter od. Angestellter im Hygieneministerium 2. *mil.* Sanitäter *m*
sıhrî durch Verschwägerung entstanden, Verschwägerungs- ~ **karabet** Verschwägerung *f*
sıhriyet, -ti (durch Heirat entstandene) Verschwägerung *dünürlük ~ **hısımlığı** *jur.* Schwägerschaft *f* ~ **tesis etmek** (b–le) sich verschwägern
sık, -kı 1. eng zusammenstehend (Bäume, Zähne e–s Kammes usw.) 2. dichtgewebt (Stoff), engmaschig (Strickware) 3. dichtstehend, dicht (z. B. Haar), dicht gedrängt 4. *a. Adv.* häufig, öfters, wiederholt ~ **dokumak** *F* sich genau mit et. befassen, e–r Sache genau nachgehen ~ **gözlü kafes** engmaschiges Gitter ~ **hamla** *naut.* schneller Schlag (beim Rudern, Pullen) ~ **nabız** *med.* beschleunigter (od. frequenter) Puls ~ ~ recht häufig, ziemlich oft, immer wieder
sıkboğaz etmek (b–ni) j–n drängen, j–m zusetzen, j–n nicht zur Ruhe kommen lassen **Adamcağızı sıkboğaz ederek muvafakatini aldılar.** Man setzte dem guten Mann sehr zu und erreichte schließlich seine Einwilligung.
sıkça [×·] 1. recht eng, ziemlich dicht 2. recht oft, ziemlich häufig
sıkı 1. eng (umschließend, anliegend, gearbeitet) 2. kurz gehalten, mit wenig Spielraum 3. fest (zugebunden, verschnürt, verschlossen) 4. prall, dicht 5. scharf (z. B. tadeln), streng (z. B. Kontrolle, Diät, Befehl), strikt (z. B. Neutralität), straff (z. B. Disziplin), heftig (z. B. wehen), schwierig (z. B. Arbeit) 6. *V* a) (in Verb. mit Ausdrücken wie **makat, büzük, menekşe**) genug, genügend b) *Sch.* gut, prima 7. Bedrängnis, Klemme, Enge *f* 8. strenge Zucht, scharfe Disziplin 9. (bei alten Feuerwaffen) Ladepropfen *m* 10. s. **eli pek** *od.* **eli sıkı** Zu 1: ~ **bir ceket** ein eng anliegendes Jackett **İskarpin** ~ **olmuş.** Die Schuhe sind et. eng ausgefallen (drücken ein wenig). Zu 3: ~ **bir denk** ein fest verschnürtes Bündel; s. a. **ağzı** ~ Zu 5: ~ **perhiz** strenge Diät Zu 6a): **Menekşen ~ ise, çık karşıma!** *V* Wenn du genug Schneid hast, so komm doch her! Zu 6b): ~ **bir öğretmen** *Sch.* ein prima Lehrer Zu 9: s. a. **kuru ~;** ~ **basmak** nachdrücklich auftreten, energisch vorgehen, das ganze Gewicht seiner Persönlichkeit in die Waagschale werfen ~ **bitaraflık** strikte Neutralität ~ **çalışmak** fest (tüchtig) arbeiten ~ **disiplin** scharfe (straffe) Disziplin ~ **durmak** fest bei et. bleiben, sich nicht beirren lassen ~ **fıkı** 1. vertraut, nahestehend, intim, ungezwungen 2. *selt.* s. **sıkı sıkı;** ~ **fıkı dostlar** vertraute (*F* dicke) Freunde, Busenfreunde *pl.* ~ **fıkı konuşmak** ungezwungen plaudern ~ **fıkı temas** engste Fühlung ~ **fıkı tembih etmek** s. ~ ~ **tembih etmek;** ≗ **isen, bir de sen dene!** Versuch's doch, wenn du dir's zutraust! ~ **muharebe hazırlığı ile** *mil.* in engster Kampfbereitschaft ~ ~ *Verst.* von **sıkı** z. B. ~ ~ **tembih etmek** 1. scharf zurechtweisen 2. ganz besonders einschärfen ~ **-ya** *Verst.* von ~ z. B. ~ **-ya doldurulmuş bir yastık** ein prall gestopftes Kissen ~ **-ya gizli tutmak** streng geheimhalten ~ **-ya kapalı** festverschlossen, hermetisch abgeschlossen ~ **tutmak** 1. **(ağzını)** den Mund halten, schweigen, nichts verlauten lassen 2. festhalten (z. B. Pferd) 3. fest bei et. bleiben 4. scharf verfolgen, ernstlich durchführen, streng handhaben ~ **tutunmak** sich (irgendwo, an et.) festhalten ~ **yürümek** schnell gehen, scharf (stramm) marschieren, ordentlich ausgreifen ~ **yürüyüş** *mil.* Gewaltmarsch *m* **-da büyümek** e–e strenge Erziehung durchmachen, streng erzogen werden **-da kalmak** in der Klemme sitzen **-ya alışmamış** nicht an Zucht und Ordnung gewöhnt, undiszipliniert **-ya dayanmak** 1. sehr viel Arbeit haben 2. unendlich viel Mühsal durchmachen müssen **-ya gelmek** in Bedrängnis geraten, in die Klemme kommen **-ya koymak** (b–ni) j–n drängen, j–m zusetzen (et. zu tun) **-yı görünce** als er in die Klemme geriet **-yı vermek** (b–ne) j–n in Bedrängnis bringen **-yı yemek** 1. e–n scharfen Verweis (e–n Rüffel) bekommen 2. schwer bedroht werden
sıkıcı 1. bedrückend, beklemmend, beschwerlich, lästig 2. langweilig Zu 2: s. a. **can sıkıcı**
sıkıdüzen Disziplin, Ordnung *f* *zapturapt, disiplin
sıkılamak 1. enger machen, kürzer schnallen, anziehen (Gurt, Riemen usw.), nachziehen (z. B. Schraube) 2. j–m zusetzen, j–n bedrängen
sıkılaşmak sich verschärfen od. verschärft werden
sıkılaştırmak verschärfen (Kontrolle, Maßnahmen usw.)
sıkılgan schüchtern, scheu, verlegen, verschämt, zaghaft, befangen, wer sich geniert *mahcup, utangaç
sıkılganlık Schüchternheit, Scheu, Verlegenheit, Verschämtheit, Zaghaftigkeit, Befangenheit *f* *mahcubiyet
sıkılı zusammengedrückt, gepreßt (usw. vgl. **sıkmak**)
sıkılık 1. Eng-sein, -anliegen *n* 2. beschränkter Spielraum 3. Fest-Zugebundensein, Fest-Verschlossensein *n* 4. strenge Handhabung, straffe Durchführung Zu 4: **Kontrol hususî bir -la icra edilmiştir.** Die Kontrolle wurde besonders scharf durchgeführt.
sıkılma 1. Vs. zu **sıkılmak** 2. s. **sıkılganlık** Zu 2: **Bu adamın -sı yok!** Schüchtern ist er ja nicht! Er benimmt sich reichlich ungeniert!
sıkılmak 1. Pass. zu **sıkmak** 2. Langeweile empfinden, sich langweilen 3. sich genieren, befangen (verlegen, schüchtern) sein 4. sich unbehaglich fühlen 5. in Bedrängnis kommen, in die Klemme geraten Zu 2: **Yalnız oturmaktan sıkıldım.** Es wurde mir langweilig, so allein dazusitzen. s. a. **canı** ~ Zu 3: **Sıkıldım da söyleyemedim.** Ich konnte es nicht sagen, weil ich mich genierte. Zu 5: **Sıkılırsam bu parayı harcarım.** Wenn ich einmal in Bedrängnis komme, werde ich dieses Geld angreifen.
sıkılmaz 1. ohne Verlegenheit (Schüchternheit, Befangenheit) 2. *pej.* ungeniert, unverschämt
sıkım Hand-, Faust-voll *f*
sıkımlık s. **bir** ~ **canı olmak**
sıkınç s. **ıstırar**

sıkınçlı s. **ıstırarî; ~ bir durum** Zwangs-, Not-lage *f* **~ bir hareket** e–e unfreiwillige Handlung
sıkınmak (Refl. zu **sıkmak**) sich bemühen, sich anstrengen
sıkıntı 1. unbehagliches (bedrückendes, beklemmendes, beunruhigendes) Gefühl; Unbehagen *n,* innere Unruhe 2. (pekuniäre) Notlage, Bedrängnis, Geldverlegenheit *f* 3. Langeweile *f* 4. Mangel *m* (an Geld, Lebensmitteln, Vorräten usw.) 5. Drang *m* (zum Austreten) 6. große Mühe od. Anstrengung; Strapaze *f* *meşakkat 7. *selt.* ausgepreßter Obstsaft 8. *selt.* ausgepreßtes Obst Zu 3: s. a. **can -sı; ~ basmak (ruhuna)** j–m beklommen ums Herz werden **~ çekmek** 1. (bşden) knapp sein (mit, an) 2. Ärgernisse (Unannehmlichkeiten, Strapazen) durchmachen müssen **~ vermek** ein unbehagliches Gefühl, Unbehagen, Beklemmung verursachen **-da olmak** 1. sich unbehaglich fühlen 2. in Bedrängnis (Not, pekuniärer Notlage) sein **-sı olmak** 1. s. **sıkıntıda olmak** 2. austreten müssen *aptesi gelmek **-ya düşmek** 1. in Bedrängnis (finanzielle Notlage) geraten 2. Beklemmung (Unbehagen) verspüren **-ya gelememek** *iron.* keine Ausdauer an den Tag legen **-ya sokmak** in Verlegenheit bringen
sıkıntılı 1. Unbehagen (Beunruhigung) verursachend; bedrückend, beklemmend, unbehaglich 2. langweilig 3. drückend, schwül (Wetter) 4. anstrengend (z. B. Reise)
sıkışabilirlik Zusammendrückbarkeit, Preßbarkeit *f*
sıkışık 1. zusammengepreßt, dichtgedrängt 2. bedrängt, knapp 3. drängend, dringend Zu 1: **Orada pek ~ oturuyorsunuz.** Ihr sitzt da sehr eng. Zu 3: **~ haller** dringende Fälle *pl.*
sıkışıklık Zusammengepreßtsein *n,* Raummangel *m*
sıkışmak 1. sich (zusammen-)drängen 2. zusammenrücken 3. sich einklemmen, eingeklemmt (gequetscht) werden, sich quetschen 4. in e–e bedrängte Lage geraten, in die Klemme kommen *(a. fig.)* 5. austreten müssen 6. Beklemmungen haben 7. sich die Hand drücken Zu 2: **Lütfen biraz sıkışır mısınız?** Würden Sie bitte et. zusammenrücken? Zu 3: **Parmağı kapıya sıkıştı.** Er hat sich den Finger an der Tür geklemmt. Zu 4: **Bu ay çok sıkıştım.** In diesem Monat bin ich recht knapp bei Kasse. Zu 6: s. **göğsü ~** Zu 7: s. **el ~**
sıkıştırma Vs. zu **sıkıştırmak** *spez. techn.* **~ aynası** Klemmfutter *n* **~ makinesi** Kompressionsmaschine *f* **~ manivelası** Klemmhebel *m* **~ mukavemeti** Kompressionswiderstand *m* **~ oranı** *mot.* Verdichtungsverhältnis *n,* Kompressionsgrad *m* **~ somunu** Gegenmutter *f* **~ takozu** Klemmschuh *m* **~ tazyikı** Verdichtungsdruck *m* **~ vidası** Klemmschraube *f*
sıkıştırmak 1. zusammen-pressen, -drücken, -rücken; enger stellen (rücken), fest zumachen (verschließen) 2. (ein-)klemmen, quetschen 3. zwicken, kneifen 4. j–m scharf zusetzen, j–n in die Enge treiben; *a.:* ins Kreuzverhör nehmen *od.* zur Eile drängen 5. s. **kaleyi ~** 6. viel Arbeit von j–m verlangen, *F* j–n scharf hernehmen 7. **(eline)** in die Hand drücken 8. anziehen (z. B. Schraube), ab-, verdichten Zu 1: **Şişenin mantarını iyi sıkıştırdın mı?** Hast du die Flasche gut zugekorkt? Zu 2: **demiri mengeneye ~** das Eisenstück in den Schraubstock klemmen **Parmağımı kapıya sıkıştırdım.** Ich habe mir den Finger an der Tür geklemmt. Zu 4: **Sıkıştırınca hepsini söyledi.** Als man ihm scharf zusetzte, gestand er alles. **Hasmını bir köşeye sıkıştırdı.** Er trieb seinen Gegner in e–e Ecke. Zu 7: **Eline birkaç lira sıkıştırıverin, derhal yapar.** Drückt ihm nur ein paar Pfund in die Hand, dann tut er es sofort. Zu 8: **salmastra kutusunu ~** *techn.* die Stopfbüchse anziehen
sıkıt (I), **-ktı** (*a.* **-ı cenin**) Fehlgeburt *f,* Abortus *m* *düşük
sıkıt (II) *chem.* 1. komprimiert 2. Pille, Pastille, Tablette *f* *komprime

sıkıyönetim Ausnahme-, Belagerungs-zustand *m,* Stand-, Kriegs-recht *n* *örfî idare
sıkkın 1. gelangweilt, angeödet 2. bedrückt, unruhig 3. in Schwierigkeiten, in Not
sıkkınlık s. **sıkıntı**
sıklam *va.* naß, durchnäßt; s. a. **sırsıklam**
sıklamak 1. schluchzen 2. *va.* pfeifen, zischen *ıslık çalmak
sıklaşma Vs. zu **sıklaşmak** *spez.* starke Zunahme, starkes Ansteigen **boşanmaların -sı** der starke Anstieg der Ehescheidungsziffern
sıklaşmak 1. eng aneinander zu stehen kommen 2. dicht (engmaschig) werden 3. dichter werden (z. B. Haar) 4. sich verdichten (z. B. Gerüchte) 5. häufiger werden, zunehmen, ansteigen, sich steigern, sich vermehren
sıklaştırmak 1. eng(-er) aneinander rücken, näher (dichter, enger) stellen, setzen, legen 2. dichter (engmaschiger) machen 3. dichter wachsen lassen (Haar) 4. häufiger werden lassen, zunehmen (ansteigen) lassen, steigern, vermehren, beschleunigen (Schritte)
sıklet, -ti 1. Schwere *f,* Gewicht *n,* Last *f* *ağırlık, yük 2. *(Sport)* Gewichtsklasse *f* 3. Beklemmung *f,* innere Bedrückung 4. *va. phon.* Velarität *f* Zu 2: s. a. **ağır (hafif, horoz, orta, sinek, tüy, yarım orta, yarım ağır) ~; ~ çekmek** 1. vgl. **çekmek** (20) 2. gelangweilt sein **~ kaybı** Gewichtsverlust *m* **~ merkezi** *a. fig.* Schwerpunkt *m* **~ vermek** 1. plagen, belästigen 2. langweilen **-e müstenit gümrük resmi** Gewichtszoll *m* **-i izafiye** s. **izafî ağırlık**
sıklık 1. Eng-Zusammenstehen *n* 2. Dichte, Engmaschigkeit *f* 3. Dichtstehen *n* (der Haare), Dichtgedrängtsein *n* 4. häufigere Wiederholung; Häufigkeit *f* 5. dicht bevölkert **~ saymak** die Maschen zählen
sıkma 1. Vs. zu **sıkmak** 2. *fr. mil.* e–e Art **şalvar** *(q.v.)* 3. *va.* Korsett *n* *korse 4. zum Auspressen geeignet (z. B. Orangen) **~ baş** aufgestecktes Haar (Damenfrisur mit dünnem Seidenschleier)
sıkmaç s. **mengene, kompresör**
sıkmak, (-ar) 1. (zusammen-)drücken, pressen 2. aus-drükken, -quetschen, -pressen (Zitronen, Trauben usw.), auswringen (Wäsche) 3. quetschen, klemmen 4. zu eng sein (z. B. Schuhe); drücken 5. drängen, j–m zusetzen, j–m viel zu schaffen machen, scharf herannehmen (z. B. Schüler) 6. Unbehagen verursachen, belästigen, langweilen, ärgern, kränken 7. abfeuern, abgeben (Schuß) 8. spritzen (Wasser, Flit usw.) 9. **(k–ni)** sich anstrengen, sich abmühen Zu 1: s. **dişini (elini) ~** Zu 2: s. **limon (çamaşır) ~** Zu 5: **Bu öğretmen, talebeyi çok sıkıyor.** Dieser Lehrer verlangt viel von den Schülern. Zu 6: **Artık sıktın ama!** Nun ist es aber genug! Hör endlich auf! Du wirst ja lästig! s. a. **can ~** Zu 7: **İki (el) kurşun sıktı.** Er feuerte zwei Schüsse ab. Er schoß zweimal. **Havaya sıktım.** Ich habe in die Luft geschossen. **Kafasına kurşun sıktı.** Er schoß sich e–e Kugel durch den Kopf. Zu 8: s. **filit(su) ~** Zu 9: **k–ni hiç sıkmadan** ohne alle Anstrengung; mühelos
sıktırma 1. Schraubzwinge *f* (des Tischlers) 2. *reg.* s. **kuşak, kemer**
sıla 1. Erreichen, Wieder-zusammenkommen, -vereinigtwerden *n* 2. Heimat *f* **~ etmek** s. **sılaya gitmek; ~ ~ özlemi** (*od.* **~ hastalığı**) Heimweh *n,* Sehnsucht *f* *daüssıla **~ sıygası** *va. gr.* s. **mefuliyet sıygası; ulaç; -sını çekmek** (bşin) Heimweh haben, sich sehnen (nach) **-ya gitmek** (*od.* **varmak**) die Heimat wieder besuchen (der man lange fern war); nach Hause fahren
sılacı *P* wer auf Besuch in die Heimat (zu seiner Familie) fährt
sımah [ā] *an.* Gehörgang *m*
sımak *z. va.* 1. zerbrechen, zerstören, demolieren, kaputtmachen 2. niederwerfen, besiegen *yenmek

sınam [ā] *va.* 1. s. **tıkaç** 2. *med.* Embolus *m,* Thrombus *m*
sımsıcak Verst. von **sıcak** glühend heiß
sımsıkı [×··] *Verst.* von **sıkı;** ~ **sarılmak** sich ganz eng umschlungen halten (z. B. Liebespaar)
sınaat 1. Handwerk, Gewerbe *n* *zanaat 2. Handfertigkeit, Geschicklichkeit *f* *beceriklilik
sınaî [·––] 1. *va.* die Kunst (das Handwerk, Gewerbe) betreffend, gewerblich, handwerklich 2. *z. va.* künstlich *sunî, yapay 3. industriell, Industrie- Zu 2: s. **nevmi** ~; ~ **haklar** *jur.* gewerbliche Schutzrechte *pl.* ~ **kredi** Industriekredit *m* ~ **merkez** Industriezentrum *n* ~ **mıntıka** Industriegebiet *n* ~ **müessese** Fabrikbetrieb *m,* Industriewerk *n,* gewerblicher Betrieb ~ **mülkiyet** *jur.* gewerbliches Eigentum ~ **tesisat(-lar)** Industrieanlagen *pl.*
sınamak 1. *va.* Witterung nehmen; beriechen (Tier) 2. versuchen, probieren *denemek, tecrübe etmek 3. prüfen, examinieren, untersuchen *imtihan etmek, muayene etmek
sınap, -bı [ā] *va.* s. **hardal**
sınav Prüfung *f,* Examen *n* *imtihan ~ **vermek** e–e Prüfung ablegen **-ı başarmak** die Prüfung bestehen
sıncan 1. Tragant *m bot.* Astragalus 2. Dorn-Jujube *f bot.* Zizyphus spina Christi ~ **otu** s. **çayır düğmesi**
sındı große Schneiderschere
sındık; sındırgı *va.* Ort *m,* wo dem Feind e–e entscheidende Niederlage beigebracht worden ist
Sındırgı *n.pr.* O. u. D. im Rbz. Balıkesir **-yı sıyırtmış Karaağaca kandil asmış.** *spr. Ra.* Er ist übel beleumundet.
sındırık s. **galibiyet**
sındırma Vs. zu **sındırmak;** ~ **atışı** *mil.* Niederhaltungsschießen *n*
sındırmak (den Feind) entscheidend schlagen, völlig besiegen, niederkämpfen
sıngın *z. va.* 1. zerbrochen 2. zusammenhangslos, verstreut, vereinzelt
sınıf 1. Klasse, Gattung, Kategorie *f,* Rang *m* 2. *bot., zo., soz.* Klasse *f* 3. Schulklasse *f,* Lehrgang *m* 4. Schulzimmer *n,* Klassenraum *m* *dersane 5. *mil.* Jahrgang *m* 6. *mil.* Waffe(-ngattung) *f* 7. Dienstgrad *m* Zu 1: **birinci** ~ erst-klassig, -rangig Zu 2: **işçi -ı** Arbeiterklasse *f* ~ **arkadaşı** Schul-kamerad *m,* -freundin *f* ~ **başı** (*od.* ~ **mümessili**) Klassensprecher *m* ~ **dönmek** die Klasse wiederholen müssen, sitzenbleiben, nicht versetzt werden ~ **gayreti gütmek** klassenkämpferische Ziele verfolgen ~ **geçirmek (bir öğrenciyi)** e–n Schüler (in die nächsthöhere Klasse) versetzen ~ **geçme** Versetzung *f* (in die nächsthöhere Klasse) ~ **geçmek** versetzt werden (Schüler) ~ **indirmek** in die nächsttiefere Gehaltsklasse versetzen (Disziplinarstrafe für Beamte) ~ **mücadelesi** *soz.* Klassenkampf *m* ~ **müfettişliği** *mil.* Waffeninspektion *f* ~ **öğretmeni** Klassenlehrer(-in *f*) *m* ~ **tenzili** Einstufung *f* in die nächstniedrige Gehaltsstufe (als Disziplinarstrafe) ~ **ve silâh** *mil.* Waffengattung *f* **-ta kalmak** (*od. V* **-ta çakmak**) s. **sınıf dönmek**
sınıfçı den Interessen e–r best. Gesellschaftsklasse dienend; Klassen-, klassenkämpferisch
sınıfla(ndır)mak einteilen, klassifizieren, gliedern *bölümlemek, tasnif etmek
sınıflı mit nb. Klassen
sınıfsal mücadele s. **sınıf mücadelesi**
sınık 1. zerbrochen, kaputt *kırık, bozuk 2. aufgelöst, auseinandergegangen, zer-, ver-streut, in Unordnung, durcheinander *dağınık, perişan 3. völlig besiegt, entscheidend geschlagen, völlig vernichtet
sınıkçı *P* **çıkıkçı**
sınır Grenze, Abgrenzung *f* *had, hudut ~ **açı** *phys.* Grenzwinkel *m* (bei der Lichtbrechung) *had zaviyesi ~ **çekmek** (*od.* **koymak**) s. **sınırla(ndır)mak;** ~ **dışı etmek** ausweisen (aus e–m Land) ~ **dışından** aus dem Ausland ~ **garı** Grenzstation *f*
sınırdaş 1. angrenzend, e–e gemeinsame Grenze besitzend, aneinanderstoßend 2. Anrainer *m* *hemhudut
sınırdaşlık Anrainertum *n*
sınırla(ndır)ma 1. Abgrenzung, Demarkation *f* 2. Determination *f* *belirleme, tayin 3. Definition *f* *tahdit, tarif 4. Charakterisierung *f* *tanım 5. **(sınırlama)** *Th.* obere Bühnenabdeckung
sınırla(ndır)mak (m. Akk.) 1. die Grenzen von et. abstekken (festlegen, ziehen); be-, ab-grenzen, ein-, be-schränken *tahdit etmek 2. *phil.* determinieren *belirtmek 3. definieren *tahdit (tarif) etmek 4. genau bezeichnen; charakterisieren *tanımlamak tavsif etmek
sınırlayıcı *phil.* einschränkend, begrenzend *tahdidî
sınırlı 1. mit fester Grenze, be-, abge-grenzt 2. definiert *mahdut, muarref, tariflenmiş ~ **doğru** *math.* Strecke *f* *mahdut müstakim ~ **monarşi** konstitutionelle Monarchie ~ **ortaklık** s. **mahdut ortaklık;** ~ **ölçüde** in begrenztem Umfang; in beschränktem Maß ~ **sayı** *math.* endliche Zahl ~ **sorumluluk** *jur.* beschränkte Haftung ~ **yetenek** s. **mahdut ehliyet;** ~ **yetenekli** s. **mahdut ehliyetli**
sınırsız 1. ohne feste Grenze, unendlich 2. *math.* unendlich, unbegrenzt, nicht definiert *gayrimahdut, gayrimuarref, namütenahi, tariflenmemiş 3. schrankenlos, unumschränkt, unbeschränkt *hudutsuz; gayri muayyen ~ **doğru** *math.* unendliche Gerade *f* *gayri mahdut müstakim ~ **sayı** *math.* unendliche Zahl; ~ **yetki vermek** s. **açık bono vermek**
sınırsızlık Unbegrenztheit *f*
sınmak Pass. zu **sımak** 1. zerbrochen (zerstört, demoliert) werden 2. e–e völlige Niederlage erleiden 3. aufgelöst (zerstreut, verstreut) werden, in Unordnung gebracht werden *dağılmak, perişan olmak
sıpa (I) Eselsfüllen, Eselchen *n*
sıpa (II) s. **sehpa;** ~ **dayak** Stützbalken *m*
sıpıtmak *V* sich j–n vom Hals schaffen; fortjagen
sır (I) 1. Glasur *f,* Email *n,* Schmalt *m* 2. Amalgam *n,* Spiegelbelag *m* ~ **sürmek** e–n Spiegel belegen
sır (II), **-rrı** 1. Geheimnis *n* 2. *phil.* unerforschliches Geheimnis; Mysterium *n* *gizem ~ **açmak** j–m ein Geheimnis mitteilen (eröffnen) ~ **kâtibi** *hist.* s. **mabeyin başkâtibi;** ~ **küpü** 1. verschwiegen 2. wer es faustdick hinter den Ohren hat; durchtrieben ~ **olmak** s. **sırrolmak;** ~ **ortağı** Mitwisser *m,* Eingeweihter, Vertrauter ~ **saklamak** (*od.* **tutmak**) ein Geheimnis bewahren (für sich behalten, nicht ausplaudern) ~ **satmak** geheimnisvoll tun ~ **tevdi etmek** ein Geheimnis anvertrauen ~ **vermek** 1. ein Geheimnis verraten (preisgeben) 2. (bşden) sich et. anmerken lassen **-a kadem basmak** *hum.* spurlos verschwinden **-ına varmak** (*od.* **ermek**) 1. hinter j–s Geheimnis kommen 2. e–r Sache auf den Grund kommen
sıra 1. *a. math.* Reihe, Serie *f* 2. Häuserreihe, Seite *f* 3. Reihen-, Stufen-folge *f* (An-)Ordnung *f* 4. (richtige) Zeit, (richtiger) Augenblick; Gelegenheit *f* 5. *(in best. Füg.) pej.* Masse *f* 6. Sitz-, Schul-bank *f* 7. *mil.* Glied *n* 8. in e–r Reihe (bzw. in Reihen) stehend, Reihen-, Ketten- 9. (in Verb. mit **ardı, arkası, kıyı, önü** *od.* **yanı** in der Rolle e–s Ortsadverbs) 10. Zeile *f* 11. *Ka.* Sequenz *f* Zu 1: **bir** ~ **otomobil** e–e Autoreihe Zu 2: **Halk Sineması -sından Sakarya Eczanesi** die auf der gleichen Seite wie das Volkskino gelegene Sakaria-Apotheke Zu 3: **Bize daha** ~ **gelmedi.** Wir sind noch nicht an der Reihe. s. a. **bir -ya** Zu 4: **bir -sını bulursam, söylerim.** Wenn ich einmal Gelegenheit finde, werde ich es ihm sagen. Zu 5: s. ~ **malı; -dan bir adam** Zu 7: s. **arka (ön)** ~ Zu 8: s. **-dağ** Zu 9: s. **ardı (arkası, kıyı, önü, yanı)** ~ Zu 10: **Bir kaç**

sıra yazı yazdı. Er schrieb ein paar Zeilen. ~ **atışı** *mil.* Reihenfeuer *n* ~ **beklemek** warten, bis man an die Reihe kommt, Schlange stehen ~ **beşliler** *mus.* parallele Quinten *pl.* ≗ **bizim!** Wir sind an der Reihe! ~ **dayağına çekmek** e–n nach dem andern verprügeln ~ **duvarı** Stützmauer *f* ~ **düşürmek** e–e passende Gelegenheit finden ~ **evler** Reihenhäuser *pl.* ~ **gözetmek** 1. auf e–e passende Gelegenheit warten 2. j–s Vorrang od. höheres Alter beachten ~ **ile** s. **sırasiyle** und **sırayla;** ~ **işi** serienmäßige Herstellung ~ **karpuzu** große und kleine Wassermelonen (wie sie gerade kommen) ~ **kollamak** auf eine Gelegenheit lauern ~ **kömürü** nichtverlesene Kohle ~ **malı** Massen-, Ramsch-ware *f* ~ **noktalar** Auslassungszeichen *pl.* ~ **numarası** laufende Nummer ~ **odaları** Zimmerflucht *f* ~ **olmak** e–e Reihe bilden, sich in e–r Reihe aufstellen ~ **savmak** 1. et. lustlos (nur des Anstandes halber) erledigen 2. s. **-sını savmak;** ~ **sayı sıfatları** *gr.* Ordinal-, Ordnungs-zahlen *pl.* *adadı rütbiye ~ **saylavı** einfacher Abgeordneter (ohne Amt) ~ **sesler** *mus.* Tonfolge *f* ~ ~ **ağaçlar** in Reihen angepflanzte Bäume; Baumreihen *pl.* ~ **sütunlar** Säulengang *m,* Kolonnade *f* ~ **takip etmek** die Reihenfolge einhalten, der Reihe nach vorgehen **-da** gerade als ...; in dem Augenblick, wo ... (**Tam arabaya bineceği -da** (*od.* **-larda**) ... Gerade, als er in den Wagen steigen wollte, ... **o -da** gerade in diesem Augenblick, gerade dann **o -larda** etwa um jene Zeit) **-dan** gewöhnlich, üblich, das Normalmaß nicht übersteigend **-dan atış** *naut.* Lauffeuer *n* **-dan bir adam** ein Alltags-, Dutzend-mensch; ein Mensch wie du und ich **-ları sıkıştırmak** 1. die Reihen (fest) schließen 2. *fig.* eng zusammenarbeiten **-larınca** s. **sırasınca; -larında** s. **sularında; -sı değil** zeitlich unangebracht, verfrüht **-sı düşmek** sich bieten (günstige Gelegenheit, Anlaß usw.) **-sı gelmek** 1. (b–ne) an der Reihe sein 2. gerade ein best. Thema berühren (Gespräch) (**sırası gelmişken** da wir gerade davon sprechen; à propos) **-sına geçmek** gerechnet werden (unter) **-sına** (*od.* **sını**) **getirmek** e–n geeigneten Augenblick, e–e günstige Gelegenheit finden **-sına girmek** sich gut abwickeln, gut laufen, günstig verlaufen (Angelegenheit) **-sına göre** wie es sich gerade ergibt *bzw.* wie es gerade erforderlich ist; je nachdem **-sına koymak** 1. ordnen, regeln, in Ordnung bringen 2. an die richtige Stelle setzen 3. rechnen, zählen (zu) **-sınca** (*od.* **sıralarınca**) ihrem Rang nach, in Abstufung, gradweise *alâmeratibihim, aledderecat **-sında** 1. zur rechten Zeit, im richtigen Augenblick 2. (zu e–r best. Zahl Personen) gehörig; unter **-sında olmak** s. **-sına girmek; -sını bilmek** sich hinten anstellen (bei Menschenschlange) **-sını düşürmek** 1. e–e Gelegenheit herbeiführen 2. e–e Gelegenheit bekommen (Zu 2: **-sını düşürürsem** wenn sich mir e–e Gelegenheit bietet) **-sını kaçırtmak** sich e–e Gelegenheit entgehen lassen **-sını kaybetmek** aus seiner gewohnten Ordnung kommen (Säugling) **-sını getirmek** die Sprache auf et. bringen **-sını** (*od.* **nöbetini**) **savmak** 1. sein Teil zu et. beigetragen haben, seine Schuldigkeit getan haben 2. sich ins Unvermeidliche fügen **-siyle** 1. der Reihe nach, einer nach dem andern, umschichtig, abwechselnd 2. in ordentlicher Reihenfolge, jedes an seinen richtigen Platz **-ya bakmak** auf die richtige Zeit od. Anordnung achten **-ya girmek** 1. seinen richtigen Platz einnehmen; (in Reih und Glied) antreten 2. e–e Reihe (Schlange) bilden; sich anstellen 3. (wieder) in Ordnung kommen **-ya koymak** 1. in Reihen aufstellen 2. in Ordnung bringen; regeln **-yı bozmak** e–e Reihenfolge nicht einhalten **-yla** 1. hintereinander, e–r nach dem andern 2. der Reihe nach (mit zeitlichem od. räumlichem Abstand)

sıraca 1. *med.* Skrofulose *f,* Skrofeln *pl.* 2. s. **sıracaotu**

sıracagiller Rachenblütler *pl. bot.* Scrophulariaceae

sıracalı skrofulös

sıracaotu, -nu 1. Braunwurz *f bot.* Scrophularia (nodosa u.a.) 2. Spitzklette *f bot.* Xanthium (abyssinicum u.a.)

sıracı *Th.* s. **kondüvit**

sıradağ(-lar) Gebirgskette *f* *silsile(-i cibal)

sıralaç s. **klasör**

sıralama Vs. zu **sıralamak** *spez.* Reihen-, Rang-folge, Plazierung *f* (z.B. bei Sportergebnissen)

sıralamak 1. in Reihen ordnen, reihenweise aufstellen (z.B. Stühle) 2. in e–r best. Reihenfolge ordnen (z.B. Akten) 3. der Reihe nach vornehmen 4. zählen, rechnen (zu), klassifizieren 5. hintereinander aussprechen (äußern, hervorstoßen) 6. sich von e–m Gegenstand zum andern tasten (Kind, das Gehversuche macht) 7. aufzählen Zu 3: **Bekçi bütün kapıları sıraladı.** Der Wächter ging von e–r Tür zur andern. Zu 5: **Bize karşı bir sürü itiraz sıraladı.** Er hatte uns gegenüber e–e Menge Einwände. s.a. **küfürler** ~

sıralanmak 1. in Reihen aufgestellt (angeordnet) werden 2. sich in Reihen aufstellen, in Reih und Glied antreten 3. rollen, rinnen (Tränen)

sıralı 1. in e–r Reihe (bzw. in Reihen) angeordnet, reihenweise, geordnet 2. soundso viele Reihen ausmachend, -reihig 3. am richtigen Ort od. zur richtigen Zeit: angebracht, passend ~ **sırasız** ohne Rücksicht auf die richtige Reihenfolge od. Zeit; zu unpassender Zeit, ungelegen

sıralıoluş s. **epijenez**

sırasız 1. nicht in der richtigen Reihenfolge od. Ordnung 2. unzeitig, unangebracht, unpassend *vakitsiz, yersiz, yolsuz

sırat, -tı [ā] *va.* 1. Weg, Pfad *m* 2. **(köprüsü)** a) *isl. Myth.* Brücke *f* zum Paradies, die nur von Nicht-Sündern überschritten werden kann b) *fig.* beschwerlicher, gefährlicher Weg **-tan geçmek** *fig.* e–e große Gefahr überstehen **-ı müstakim** (Koran, Sure 1) 1. rechter Weg 2. ≗ Name e–r fr. Zs.

sıravardı *P* für **sıravari**

sıravari [··– –] 1. in Reihen angeordnet, reihenweise, der Reihe nach 2. e–r nach dem andern 3. in Reih und Glied

Sırbistan; Sırbiya *n.pr.* Serbien

sırça 1. *va.* Bergkristall *m* 2. Glas *n* 3. Glasfaser *f* 4. Glasperle *f* 5. unechter Edelstein 6. Rohedelstein *m* 7. Diamantsplitter *pl.* 8. lange, glänzende Haare *pl.* (in verschiedenen Pelzen) ~ **saray** *va.* Kristallpalast *m,* Glashaus *n* ~ **sarayda** (*od.* ~ **köşkte** *od.* **-dan evde**) **oturan başkasına** (*od.* **komşusuna**) **taş atmamalı.** *Spr.* Wer im Glashaus sitzt, soll nicht mit Steinen werfen. *Spr.*

Sırçaköşk; Sırçasaray s. **Çinili Köşk**

sırdaş Mitwisser *m,* Eingeweihter, Vertrauter *sır ortağı

sırdaşlık Mitwisserschaft *f,* Eingeweihtsein *n* (in ein Geheimnis), vertraute Kameradschaft

Sırderya s. **Sir(i)derya**

sırf 1. rein, bloß, lediglich, ausschließlich, nur 2. vollkommen, ganz, von A–Z, nichts als ..., völlig, restlos Zu 1: **Ben** ~ **bu netice için o kadar zahmete katlandım.** Nur um dieses Resultat zu erzielen, habe ich soviel Mühe auf mich genommen. ~ **ilmî gayeler** rein wissenschaftliche Ziele *pl.* Zu 2: **Söyledikleri** ~ **yalandır.** Was er gesagt hat, ist nichts als Lüge (ist von A–Z erlogen). ~ **iradî şart** *jur.* Wollensbedingung *f* *dilek koşulu

sırık 1. (lange) Stange *f* 2. Tragstange *f,* Schulterholz *n* (der Lastträger) 3. *(Forstwesen)* junger Baum 4. *La.* Stab *m* (für Stab-hoch- od. -weit-sprung) ~ **domatesi** Stangentomaten *pl.* ~ **gibi** *pej.* 1. schrecklich (*F* unmenschlich) lang 2. *fig.* faul, untätig ~ **gibi boy büyütmek** sehr in die Höhe schießen (aber keinen Verstand haben) (junger Mensch) ~ **gibi durmak** untätig herumstehen ~ **gibi gezmek** herumstrolchen, sich herumtreiben ~ **hamalı** Lastträger *m,* der die zu befördernden Gegenstände an e–m Schulterholz trägt **-la yüksek atlama** *La.* Stabhochsprung *m*

sırıklamak 1. an e–r Stange emporheben 2. mittels Tragstange befördern 3. *V* entwenden, klauen, mit sich gehen heißen

sırılsıklam [·×··] s. **sırsıklam**

sırım 1. lederner Schnürsenkel 2. Lederriemen *m* 3. Lederwicklung *f* (bei der Lanze) ~ **gibi** schmächtig, aber kräftig; zäh, drahtig (Person)

sırıtkan (hämisch od. dumm) grinsend; (albern, frech, häßlich) lachend

sırıtkanlık (hämisches od. dummes) Grinsen, (albernes, freches, häßliches) Lachen

sırıtmak 1. (hämisch od. dumm) grinsen, (albern, frech, häßlich) lachen 2. *fig.* offen zutage treten (z. B. in seiner ganzen Häßlichkeit); offenkundig werden (Fehler, Nachteile usw.) 3. *P* sterben *ölmek

sırkaf Zinken *n* (von *Spk.* zum Falschspiel) ~ **yapmak** zinken *(Spk.)*

sırkaflamak (Karten zum Falschspiel) zinken

sırkaflı gezinkt (Spielkarten)

sırlamak 1. emaillieren, glasieren, mit Glasur überziehen 2. mit Folie belegen 3. *(Mystik)* beerdigen, bestatten

sırlı (I) versteckt, geheim, mysteriös ~ **kilit** Vexier-, Kombinationsschloß *n*

sırlı (II) emailliert, glasiert; mit Glasur überzogen

sırma 1. Gold- od. Silber-faden *m* 2. gold- od. silber-gestickt 3. **(gibi)** goldblond (Haar) 4. *V* Dirne, Hure *f* ~ **harç** *(od.* ~ **şerit)** Tresse, Litze *f* ~ **işi** Gold-, Silberstickerei *f* ~ **işlemeli** gold-, silber-gestickt ~ **işleri** Posamentierwaren *pl.* ~ **saçli** mit goldblonden Haaren ~ **şeritli** gold-, silber-betreßt ~ **tırtıl** s. **kılaptan** (2)

sırmacı Posamentier, Posamenter *m*

sırmacılık Posamenterie *f*, Herstellung *f* von Besatzartikeln

sırmakeş wer Gold- od. Silber-fäden herstellt od. damit stickt, Gold-, Silber-sticker *m*

sırmakeşlik Gold-, Silber-stickerei *f*

sırmalı 1. mit Gold- od. Silber-stickereien verziert 2. gold-, silber-betreßt, *F* mit viel Lametta ~ **fes** *fr.* ein von Frauen getragener, mit Gold und Silber verzierter Fes

sırnaşık zudringlich (aufdringlich) schmeichelnd od. bittend; lästig, nicht abzuschütteln ~ **âşık** zudringlicher Liebhaber

sırnaşıklık aufdringliches Schmeicheln; Zudringlichkeit *f*, Lästigwerden *n*

sırnaşmak aufdringlich schmeicheln od. bitten, zudringlich sein, um j–s Gunst buhlen, sich aufs Bitten verlegen

Sırp, -bı 1. Serbe *m,* Serbin *f* 2. serbisch

Sırp-Hırvatça [··×·] *ling.* 1. das Serbokroatische 2. serbokroatisch

Sırpça [×·] 1. serbische Sprache, Serbisch 2. serbisch

Sırplı 1. Serbe *m,* Serbin *f* 2. serbisch

sırran; sırren [×·] *va. Adv.* verstohlen, heimlich, insgeheim

sırretmek [×··] *F* 1. auf geheimnisvolle Weise verschwinden lassen 2. stehlen, entwenden

sırrî 1. *va.* geheimnisvoll, mysteriös 2. *va.* mystisch, Mystiker *m* 3. **Sırrı** *mV*

sırrîlik *va.* 1. s. **gizlilik** 2. s. **gizemcilik**

sırrolmak [×··] *od.* **sırrolup gitmek** *F* 1. auf geheimnisvolle Weise verschwinden 2. sich aus dem Staube machen

sırsıklam [×··] von Nässe triefend, bis auf die Haut naß; klatsch-, patsch-naß ~ **âşık** über beide Ohren verliebt

sırsır *dial.* s. **asma ağustosböceği**

sırsız unglasiert

sırt, -tı 1. Rücken *m* (e–s Lebewesens) 2. Rücken *m* (e–s Messers, Buches usw.) 3. Rücken, Kamm, Hang *m,* Höhe *f* (e–s Berges, Hügels) 4. (Rücken-)Lehne *f* (e–s Stuhls) 5. Rücken(-teil) *m* (e–s Kleidungsstückes) 6. Rückseite *f* Zu 2: s. **bıçak -ı** Zu 3: s. **dağ -ı;** ~ **çantası** s. **arka çantası;** ~ **çevirmek** 1. (b–ne) j–m die kalte Schulter zeigen 2. (bşe) sich ablehnend verhalten (gegen) ~ **hamalı** Lastträger *m,* der die zu befördernden Gegenstände auf dem Rücken trägt ~ **ipi (ipliği)** Chorda dorsalis *f* *habli zahrî; notokorda ~ **kaşağısı** s. **kaşak;** ~ **köyleri** hoch auf e–m Berghang gelegene Dörfer *pl.* ~ **omurları** *an.* Rückenwirbel *pl.* *fıkaratı zahriye ~ **sırta gelmek** eins hinter dem andern kommen ~ **sırta vermek** 1. Rükken gegen Rücken stehen 2. *fig.* sich gegenseitig helfen ~ **üstü** 1. auf dem Rücken liegend 2. *Bill.* Nachläufer *m* *kule ~ **üstü uçuş** Rückenflug *m* (beim Kunstfliegen) ~ **üstü yüzme** Rückenschwimmen *n* ~ **vermek** (m. Dat.) den Rücken kehren, sich abwenden (von) ~ **yüzgeci** *an.* Rückenflosse *f* *misbahı zahrî **-a almak** s. **-ına almak; ²ı kaşınıyor galiba!** Ihn juckt wohl das Fell! **-ı kavi** 1. mit starkem Rücken, kräftig (z. B. Lastträger) 2. wer Protektion genießt 3. s. **-ı pek; -ı pek** 1. mit fester (od. warmer) Kleidung, warm gekleidet 2. s. **karnı tok sırtı pek; -ı sıra** nach-, hinter-einander **-ı yere gelmek** *fig.* unterliegen, besiegt werden **-ı yere gelmemek** unüberwindlich sein; j–m nichts anhaben können **-ı yufka** *F* wer nur alte, zerlumpte Kleidungsstücke anhat (und daher im Winter friert) **-ına almak** 1. auf den Rücken nehmen 2. *fig.* übernehmen, auf sich nehmen 3. s. **sırtına geçirmek; -ına binmek** aufgehalst bekommen (Arbeit, Pflichten usw.) **-ına geçirmek** *(od.* **giymek)** anziehen (Kleidungsstück) **²ına soğuk terler bastı.** Der kalte Schweiß brach ihm aus. **-ına vurmak** 1. auf den Rücken schlagen od. klopfen 2. j–m et. aufladen, aufbürden **-ına yüklemek** sich bzw. e–m anderen et. aufladen (aufhalsen, aufbürden) **-ına yüklenmek** 1. auf den Rücken nehmen 2. auf dem Rücken tragen **²ında yumurta küfesi yok ya!** s. **Arkasında ...** usw. **-ında gömleği olmamak** kein Hemd auf dem Leibe haben, nichts besitzen **-ında taş taşımak** *fig.* sehr behindert sein; große Schwierigkeiten zu bestehen haben **-ından atmak** 1. von dem Rücken herunterwerfen, abwerfen 2. *fig.* sich e–r Last entledigen 3. *fig.* j–n abwimmeln, hinauskomplimentieren od. sich von et. drücken **-ından ayrılmamak** (b–nin) j–m nicht von der Seite weichen, j–n nicht aus dem Auge lassen **-ından çıkarmak** (b–nin) auf Kosten e–s anderen e–n Gewinn erzielen **(O, bütün kazancını şunun bunun -ından çıkarır.** Er bereichert sich auf Kosten anderer Leute.) **-ından çıkmak** selber bezahlen müssen **-ından geçinmek** (b–nin) auf j–s Kosten leben **-ını çevirmek** (b–ne) j–m den Rücken kehren, j–n seinem Schicksal überlassen **-ını dayamak** (b–ne; bşe) sich auf j–n (et.) verlassen; auf j–n (et.) bauen **-ını kabartmak** e–n Buckel machen (Katze) **-ını okşamak** (b–nin) *hum.* j–n verprügeln, durchhauen **-ını sıvazlamak** (b–nin) j–m begütigend auf den Rücken klopfen **-ını vermek** 1. sich mit dem Rücken lehnen (gegen) 2. s. **-ını dayamak; -ını vurmak** den Rücken wundscheuern (z. B. Packsattel) **-ını yere getirmek** (b–nin) 1. *(Ringen)* auf den Rücken (auf beide Schultern) legen (Gegner) 2. zu Boden zwingen, sich j–m überlegen erweisen, *F* j–n kleinkriegen **-lar hattı** *a. mil.* Höhen-linie *f*, -kamm *m,* Kammlinie *f* **-ta taşımak** 1. auf dem Rücken tragen 2. *fig.* ehren, hochachten

sırtar e–e Echsenart mit starkem Rückenpanzer

sırtarmak 1. sich mit dem Rücken gegen et. lehnen 2. e–n Buckel machen (Katze) 3. frech (aufsässig) werden, sich widersetzen 4. sich zusammenballen, sich zusammenziehen (Wolken)

sırtıkara 1. das größte Exemplar des Blaufisches **(lüfer)** 2. *V (Tr.sp.)* Sechserpasch *m*

sırtlamak 1. et. auf den Rücken nehmen, sich et. aufladen 2. *fig.* unterstützen, protegieren
sırtlan Hyäne *f zo.* Hyaena (crocuta u. a.); vgl. **benekli (boz, çizgili)** ~
sırtlı mit (nb.) Rücken ~ **testere** Rückensäge *f* (z. B. Fuchsschwanz des Tischlers
sırtsı *phon.* dorsal
sıs(-t) sst! ~ **yapmak** zischen (*spez.* gestörte Zuhörer)
sıska 1. wassersüchtig 2. *selt.* rachitisch 3. mager, schwächlich, kränklich, elend, klapperig (z. B. Pferd) ~ **olmak** *spez.*: die Wassersucht haben
sıskalaşmak sehr abnehmen; klapprig werden
sıskalık 1. Wassersucht *f* 2. *selt.* Rachitis *f* 3. Schwächlichkeit, Kränklichkeit, Klapperigkeit *f*
sıtkı 1. vgl. **sıdık** 2. ⩪ *mV*
sıtma (*P a.:* **ısıtma**) Malaria *f*, Sumpf-, Wechsel-fieber *n* *malarya ~ **ağacı** 1. s. **okaliptüs** 2. s. **Amerika ~ ağacı;** ~ **asalağı** s. ~ **paraziti;** ~ **görmemiş ses** dröhnende Stimme; Stentorstimme *f* ~ **mücadelesi** Malariabekämpfung *f;* Kampf *m* gegen die Malaria ~ **nöbeti** Malariaanfall *m* ~ **otu** s. **dişotu** (1) ~ **paraziti** *med.* Plasmodium *m*, Malariaerreger *m* *plazmodyum ~ **sivrisineği** s. **anofel;** ~ **tutmak** (b–ni) *od.* **-ya tutulmak (yakalanmak)** von Malaria befallen werden
sıtmalanmak 1. Malaria bekommen 2. e–n Malariaanfall haben
sıtmalı 1. malariakrank 2. malariaverseucht (Gegend) 3. *fig.* fieberhaft (z. B. Tätigkeit) *hummalı
sıtmalık malariaverseuchte Gegend, Malariagebiet *n*
sıva (Ver-)Putz, Mörtelbewurf *m* ⩪ **dökülüyor.** Der Verputz blättert (bröckelt) ab. ~ **harcı** Kalkkitt *m*
sıvacı wer Häuser (Wände, Mauern) abputzt; Verputzer *m*
sıvacıkuşu, -nu Kleiber *m*, Spechtmeise *f zo.* Sitta (europaea u. a.); s. a. **kaya** ~
sıvacıkuşugiller Familie *f* der Kleiber *zo.* Sittidae
sıvalamak ver-, ab-putzen, berappen
sıvalı (I) 1. abgeputzt, verputzt, berappt (Haus, Wand, Mauer) 2. augestrichen, aufgetragen (Mörtel, Zement)
sıvalı (II) aufgekrempelt (Ärmel, Hosenbeine)
sıvama 1. Ab-, Ver-putzen, Berappen *n* 2. a) dicht belegt (z. B. mit Silber) b) kompakt 3. *Adv.* bis zum Rand, vollständig, ganz *silme Zu 3: **Bardağı ~ doldurdu.** Er füllte das Glas bis zum Rand. ~ **çamuru** (*od.* ~ **hamuru**) e–e Art Kitt (zum luftdichten Verschluß von Kochtöpfen) ~ **kel** *F* kahl wie e–e Billardkugel
sıvamak (I) 1. ver-, ab-putzen, berappen (Mauer usw.) 2. auftragen, aufstreichen (Mörtel usw.) 3. *fig.* (be-, voll-) schmieren Zu 2: **duvara çimento** ~ Zement auf die Mauer auftragen Zu 3: **Çocuk reçeli yüzüne sıvadı.** Das Kind hat sich im Gesicht mit Marmelade beschmiert.
sıvamak (II) 1. aufkrempeln (Ärmel, Hosenbeine) *sığamak 2. streicheln, liebkosen *sıvazlamak 3. s. **sıçıp** ~ Zu 2: s. **arkasını** ~
sıvanmak 1. Pass. zu **sıvamak** (I, II) 2. (bir işe) allmählich beginnen, in Angriff nehmen
Sıvas *n.pr.* Stadt im gln. Rbz. (Mittelanatolien) ~ **kongresi** *hist.* Kongreß *m* von Sıvas (4.–12. 9. 1919)
sıvasa [·×·] *naut.* breite Handsäge; Einmannsäge *f*, Fuchsschwanz *m*
Sıvaslı *n.pr.* O. u. D. im Rbz. Uşak
Sıvastopol *n.pr.* 1. Sewastopol (Stadt auf der Krim) 2. ⩪ e–e best. Art. des Dominospiels
sıvaşmak 1. kleben-, hängen-bleiben (feuchte Substanz) 2. dünnflüssig od. klebrig werden 3. sich mit et. Klebrigem beschmutzen 4. *fig.* in et. Unangenehmes verwickelt werden
sıvaştırmak Kaus. zu **sıvaşmak** *spez.* aufschmieren, anklatschen
sıvazlamak (m. Akk.) mit der Hand über et. streichen, streicheln, liebkosen; s. a. **sakalını (sırtını)** ~
sıvı 1. fließend, flüssig *akan 2. Flüssigkeit *f* *mayi ~ **sabun** flüssige Seife ~ **yük gemisi** *naut.* Tanker *m*, Tankschiff *n* *tanker
sıvık 1. dünnflüssig (z. B. Teig), nicht fest genug, klebrig *cıvık 2. *V* zudringlich, lästig
sıvıklık 1. Dünnflüssigkeit *f*, Klebrigsein *n* 2. *V* aufdringliches Benehmen
sıvılaşma Verflüssigung, Liquefaktion *f* *temeyyü
sıvılaşmak flüssig werden, sich verflüssigen *temeyyü etmek
sıvılaştırmak; sıvındırmak flüssig machen, verflüssigen *temyi etmek
sıvınma(-k) s. **sıvılaşma(-k)**
sıvıölçer s. **areometre**
sıvırya [·×·] 1. *naut.* Ruderer *m* auf der zweiten Ruderbank 2. ununterbrochen, dauernd 3. e–r nach dem andern 4. bis zum Rand voll, gesteckt voll Zu 1: s. **hamla (pruva) -sı** Zu 2: **Bugün satış ~ gidiyor.** Das Geschäft läuft heute wie am Schnürchen.
sıvıryacı Ruderer *m* auf der zweiten Ruderbank
sıvış *P* Verschwinden *n* ~ **yılı** „Schwundjahr" *n* (jedes 33. Mondjahr mit der Differenz e–s ganzen Jahres gegenüber dem Sonnenjahr)
sıvışık 1. glitschig od. klebrig 2. *fig.* zu-, auf-dringlich, lästig, nicht abzuschütteln
sıvışıklık 1. Glitschig- od. Klebrig-sein *n* 2. Zu-, Auf-dringlichkeit *f* (e–r Person)
sıvışkan s. **sıvışık**
sıvışmak 1. glitschig od. klebrig sein 2. verschwinden, sich verdrücken, sich auf französisch empfehlen
sıvıyağ *chem.* Öl *n* *zeyt
sıya s. **siya**
sıyam [ā] *va.* s. **oruç**
sıyanet, -ti [ā] Beschützen, Bewahren *n*, Schutz *m*, Sicherung *f* ~ **etmek** (be-)schützen, bewahren, sichern *korumak
sıyga 1. *va.* Gieß-, Guß-form *f* 2. *gr.* Verbalform *f spez.* Modus *m* *kip **-ya çekmek** *F* 1. j–m (mit dauernden Fragen, Drohungen od. Tätlichkeiten) zusetzen 2. verhören, ins Kreuzverhör nehmen **-i atfiye** s. **bağlama ulacı; -i ihbariye** s. **bildirma kipi; -i iltizamiye** s. **istek kipi; -i raptiye** s. **ulaç; -i şartiye** s. **şart kipi; -i vücubiye** s. **gereklik kipi**
sıygı Inhalt *m*, Fassungsvermögen *n*, Ladefähigkeit *f*
sıyırga Gerät zum Anhäufen von ausgedroschenem Stroh od. zur Entfernung von Schnee auf Dächern
sıyırmak 1. abschürfen, wundreißen, blutig reißen 2. wegnehmen, entfernen (Decke, Baumrinde usw.), abstreifen (z. B. Hose) 3. ziehen (z. B. Schwert), zücken (z. B. Dolch) 4. leer essen od. auswischen, ausputzen (z. B. Teller mittels Brot) 5. alles an sich nehmen 6. abnagen, blank nagen (Knochen) 7. abtrennen, abreißen (z. B. Stoffstreifen) 8. ritzen, (nur leicht) streifen (z. B. Kugel) 9. dicht über et. hinwegfliegen 10. *fig.* herausholen, retten Zu 1: **Çark elini sıyırdı.** Das Rad hat ihm die Hand wundgerissen. Zu 2: **teri** ~ sich den Schweiß abwischen Zu 5: **Ne buldu ise hepsini sıyırdı.** Er nahm alles an sich, was er nur vorfand. Zu 8: **Kurşun başını hafifçe sıyırıp geçti.** Die Kugel streifte ihn nur leicht am Kopf. Zu 9: **Uçak, binaların damlarını sıyırarak geçti.** Das Flugzeug raste knapp über den Dächern dahin. Zu 10: **Onu bu bulaşık işten ~ kolay değil.** Ihn aus dieser üblen Affäre herauszuholen, ist nicht leicht. s. a. **yakasını** ~
sıyırtma geçmek (bir gemiyi) *naut.* ganz nahe an e–m Schiff vorbeifahren
sıyrık 1. abgeschürft, wundgerissen, blutig gerissen 2. abge-

rissen, heruntergerissen (z. B. Vorhang) 3. *fig.* schamlos, unverschämt, frech 4. (Haut-)Abschürfung, Schramme *f*, blutiger Riß Zu 3: s. a. **perdesi** ~
sıyrıklık 1. Abgeschürftsein *n* 2. Heruntergerissensein *n* 3. Unverschämtheit *f* 4. s. **sıyrık** (4)
sıyrılma Vs. zu **sıyrılmak** 1. *mil.* Sich-Absetzen *n* (vom Feind) *çözülme 2. *geol.* Abscherung *f* *dekolman 3. *med.* Zahnbettschwund *m* Zu 1: **düşmandan ~ hareketleri** *mil.* Absetzbewegungen *pl.*
sıyrılmak 1. Pass. zu **sıyırmak** 2. (bşden) sich aus e–r Affäre ziehen, mit heiler Haut davonkommen (bei) 3. *mil.* sich (vom Feind) absetzen *çözülmek 4. ent-gleiten, -schlüpfen, -kommen Zu 1: **Elim sıyrıldı.** Ich habe Abschürfungen an der Hand davongetragen. Zu 2: **O işten ne güzel sıyrıldı!** Wie geschickt er sich doch aus der Affäre gezogen hat!
sıyrıntı 1. Essensrest *m*, Überbleibsel *pl.* 2. Küchenabfälle *pl.* 3. langer, abgerissener Streifen 4. s. **sıyrık** (4)
sıyt, -tı *va.* 1. Ruf, Ruhm *m*, Berühmtheit *f* 2. Lärm *m*, Getöse *n*
-sız s. **-siz**
sızak das von Berghängen od. Felsen herabtropfende Wasser
sızdırmak 1. Kaus. zu **sızmak** 2. *fig.* j–m Geld abknöpfen (*a.* durch Erpressung), j–n gehörig schröpfen 3. *fig.* enthüllen, ausplaudern, verraten 4. *fig.* heimlich zukommen lassen (z. B. Nachricht) 5. filtrieren, klären Zu 1: **Bugünkü sıcak insanı sızdırıyor.** Die Hitze heute treibt e–m den Schweiß aus allen Poren. **Son kadeh adamı sızdırdı.** Das letzte Glas hat ihm den Rest gegeben (hat ihn völlig betrunken gemacht). **Bu küp, suyu sızdırıyor.** Der Tonkrug hier leckt (läßt Wasser durch). **Onlardan havadis ~ kabil değildi.** Es war nichts aus ihnen herauszukriegen. Zu 3: **Ortalığa hiç bir şey sızdırmadı.** Er hat nichts ausgeplaudert.
sızdırmaz dicht, undurchlässig ~ **kapı** *naut.* Schottür *f*
sızdırmazlık segmanı *techn.* Dichtungsring *m*
sızgın betrunken und schläfrig
sızgıt *dial.* s. **kıyma, kavurma**
sızı 1. (ziehender, bohrender od. stechender) Schmerz; Reißen, Ziehen, Stechen *n* 2. schmerzende Stelle
sızıcı *phon.* spirantisch, Reibe- *sürekli ~ **ünsüz** *phon.* Spirans, Frikativa *f*, Reibelaut *m*
sızıcılaşma *phon.* Spirantischwerden *n* (e–s Verschlußlautes)
sızıldanmak s. **sızlanmak**
sızılı schmerzhaft, schmerzend, reißend, ziehend, stechend, rheumatisch
sızıltı Klage, Beschwerde *f*, Murren *n*, Äußerung *f* der Unzufriedenheit *şekva ~ **çıkarmak** murren, seine Unzufriedenheit kundtun ~ **çıkmak** geäußert werden, laut werden (Klagen) **-ya meydan vermemek** keinen Anlaß zur Unzufriedenheit geben
sızım (I) Ein-, Durch-sickern *n*, Infiltration *f* *sızıntı, tereşşüh
sızım (II) **sızım** (*lm. Verst. spez.* in Verb. mit **sızla(n)mak**) sehr, heftig
-sızın s. **-sizin**
sızıntı 1. durchsickernde Flüssigkeit; Rinnsal *n* 2. s. **sızım** (I) 3. (in die feindliche Front) eingedrungene, eingesickerte Truppen *pl.* 4. Gerücht, Gerede *n* Zu 4: **Kabine değişikliği hakkında bir ~ dolaşıyor.** Man redet von e–m Kabinettswechsel. ~ **suyu** *geol.* Sickerwasser *n* ~ **vermek** Wasser (od. andere Flüssigkeit) durchsickern lassen ~ **yapmak** leck werden (od. sein), lecken ~ **yeri** Leck *n*
sızıntılı *med.* mit Absonderung e–r Flüssigkeit (z. B. Peritonitis)
sızırmak 1. s. **süzmek** 2. s. **sızdırmak**
sızlamak 1. zu schmerzen beginnen, stechen, ziehen, wehtun (z. B. Wunde) 2. s. **sızlanmak**
sızlanmak klagen, sich beklagen, sich beschweren, seine Unzufriedenheit äußern; murren *şikâyet (tazallüm, şekva) etmek
sızlatmak (m. Akk.) 1. e–n stechenden bohrenden Schmerz verursachen 2. **(yüreğini, içini** u. ä.) Anlaß zur Unzufriedenheit od. zu Klagen geben
sızma s. **sızım** (I); ~ **ipi** *techn.* Liderung *f* *salmastra ~ **ipi kutusu** *techn.* Stopfbüchse *f* *salmastra kutusu
sızmak, (-ar) 1. (durch-)sickern, rinnen (Flüssigkeit) 2. (in geringer Menge) hervorkommen, ausströmen (Gas) 3. hindurch-sickern, -dringen (Licht) 4. Flüssigkeiten durchsickern lassen, durchlässig sein, lecken, rinnen 5. luftdurchlässig (porös) sein 6. *fig.* herauskommen, bekanntwerden, durchsickern (Geheimnis, Neuigkeit usw.) 7. sich e–n Rausch antrinken 8. *mil.* eindringen, einsikkern (in die Stellung des Gegners) 9. (*a.* **ileriye doğru**) ~ *mil.* vordringen, vorrücken Zu 1: **Küpten su sızıyor.** Aus dem Tonkrug rinnt Wasser. s. a. **aralarından su sızmaz bir muhabbet** Zu 2: **Borudan gaz -tadır.** Aus dem Rohr tritt Gas aus. Zu 3: **Pancurlardan ışık sızdı.** Durch die Fensterläden drang Licht hindurch. Zu 4: **Bak, fincan sızıyor, çatlamış olmalı.** Schau, die Tasse leckt, sie hat sicher e–n Sprung. Zu 5: **Şu testilerden alınız, gayet güzel sızarlar.** Kaufen Sie e–n von diesen Tonkrügen, sie sind wunderbar porös. Zu 6: **Ağızlarını sıkı tuttular, hiç bir şey sızmadı.** Sie haben reinen Mund gehalten, und so ist von der ganzen Sache nichts bekannt geworden. Zu 9: **vadiden sızmış olan zırhlı kuvvetler** die über das Tal vorgedrungenen Panzerstreitkräfte *pl.*
si *mus.* (Ton od. Note) *H* ~ **bemol** *mus.* (Ton od. Note) B
sia *va.* 1. s. **sığa** 2. Ausdehnung *f*, Bereich *m* 3. Kraft, Stärke *f* Zu 2: **-i tayaran** *va.* Flug-bereich *m*, -weite *f* **-i hal** *va.* Wohlstand *m*; s. a. **hareket -sı**; ~ **hacmi** Hubraum *m* ~ **sayacı** Hubzähler *m*
sial *geol.* Sial *n* (oberer Teil der Erdkruste)
sibak, -kı [ā] *va.* 1. Vorangehendes 2. Band *n*, Verbindung *f*; s. a. **siyakusibak**
Sibel [·–] (*franz.* **Cybèle**) *n.pr.* Cybele, Kybele (phrygische Göttin)
sibernetik (*franz.* **cybernétique**) Kybernetik *f*
Sibirya [·×·] *n.pr.* Sibirien ~ **köpeği** s. **layka**; ~ **sıçrayan sıçanı** Pferdespringer *m zo.* Alactaga saliens ~ **vizonu** sibirischer Nerz *zo.* Mustela sibirica
Sibiryalı 1. Sibirier(-in *f*) *m* 2. sibirisch
sibit, -pti *va.* 1. *hist.* e–r der zwölf Stämme Israels 2. Enkel *m* Zu 1: s. a. **esbat**
sibteyn *va. Dual* Mohammeds Enkel Hasan und Hüseyin
sicil 1. Register *n* *kütük 2. Personalakten *pl.* 3. dienstliche Beurteilung; Qualifikation *f* ~ **etmek** s. **-e kaydetmek**; ~ **kartı** Personalkarte *f* (in e–r Kartei) ~ **limanı** *jur.* Registerhafen *m* ~ **vermek** dienstlich beurteilen, qualifizieren **-e kaydetmek** in die Personalakten eintragen **-ini yazmak** s. ~ **vermek**; **-i ticaret** s. **ticaret -i**
Sicilleteyn *va. Dual. hist.* die beiden Sizilien ~ **Krallığı** *hist.* das Königreich der beiden Sizilien
sicilli 1. ins Register eingetragen, registriert 2. *fig.* vorbestraft
Sicilya [·×·] **(adası)** *n.pr.* Sizilien
Sicilyalı 1. Sizilianer(-in *f*) *m* 2. sizilianisch
sicim Strick, Bindfaden *m*, Packschnur *f* ~ **gibi** unaufhörlich (fließend) (Regen, Tränen usw.) ≗ **gibi yağmur yağıyor.** Es regnet Bindfäden. ~ **yosunu** wetteranzeigendes Drehmoos *bot.* Funaria hygrometrica **-le bağlamak** verschnüren, zusammenbinden
sidaris Lanzenseeigel *m zo.* Dorocidaris papillata (Mittelmeer)

sidat, -tı [ā] *va.* 1. Flaschenkorken *m* *tıkaç 2. *med.* Wattebausch *m* *tampon
siderit, -ti (*franz.* **sidérite**) s. **demirli göktaşı**
siderolit, -ti (*franz.* **siderolithe**) s. **taşdemirli göktaşı**
sideroz 1. *min.* Spateisenstein, Eisenspat *m* 2. *med.* Siderose, Siderosis *f* (Eisenablagerung im Körper)
sidik *biol.* Harn, Urin *m* *bevil, idrar ~ **borucukları** *an.* Harnkanälchen *pl.* *enabibi bevliye ~ **borusu** *an.* Harnleiter, Ureter *m* *halip ~ **damlaması** *med.* Harnfluß *m* ~ **molası** *mil.* Marschpause *f* zum Austreten ~ **söktürücü** *med.* diuretisch, harntreibend ~ **şekeri** *med.* Glykosurie *f*, Zuckerausscheidung *f* im Harn ~ **taşları** *med.* Harn-, Blasen-steine *pl.* ~ **torbası** Harnblase *f* *mesane ~ **torbası iltihabı** *med.* Zystitis *f*, Blasen-entzündung *f*, -katarrh *m* ~ **tutulması** (*od.* ~ **zoru**) *med.* Harnverhaltung, Ischurie, Dysurie *f* *işurya, dizüri ~ **yarışı** *F* Wetteifern *n* in belangloser Sache ~ **yarışına çıkmak** *F* auf keinen Fall zurückstehen wollen ~ **yolları** *an.* Harnwege *pl.* *mecariyi bevil
sidikkavuğu, -nu s. **sidik torbası**
sidikli 1. mit Urin besudelt 2. Bettnässer *m* (Kind) ~ **meşe** ein Eichenholz, das beim Brennen Wasser abgibt
sidiklik *an.* Harnblase *f* *sîdik torbası, mesane
sidikyolu, -nu *an.* Harnröhre, Urethra *f*
sidre *va.* 1. s. **lotus** (2); 2. *isl. Myth.* die 7. Stufe des Paradieses
Sidre körfezi *n.pr.* Große Syrte (Nordafrika)
sidretülmünteha [ā] *isl. Myth.* „Grenzlotus" *m* (Baum in der 7. Stufe des Paradieses)
Siena *n.pr.* Siena (Stadt in der Toscana) ~ **sarısı** 1. siena, rotbraun 2. Sienaerde *f* (Malerfarbe)
sif s. **cif**
sifad [ā] *va.* Begattung *f* (bei Tieren)
sifilis *med.* Syphilis *f* *frengi
sifilitik *med.* syphilitisch; Syphilitiker(-in *f*) *m* *frengili
sifon 1. U-Rohr, Rohrknie *n*, Saug-, Stech-heber *m* 2. Siphon *m* 3. Rohrleitung *f* (für e–n Wasserlauf, z.B. unter e–r Straße) 4. *med.* Spülgerät *n* (für Magen, Nase usw.)
sifonlu mit **sifon** (*q.v.*); ~ **barometre** Heberbarometer *n*
sifonoforlar Staatsquallen *pl.* *zo.* Siphonophora
sifos *V* aus, fertig, vergeblich
sifoz *med.* Kyphose *f*, *F* Turnerbuckel *m*
siftah 1. das erste (Verkaufs- od. Kauf-)Geschäft od. die erste Einnahme (an e–m best. Tag) 2. *Adv. P* zum ersten Mal Zu 1: **Daha ~ etmemiş.** Er hat heute noch kein Geschäft getätigt. **Benim -ım uğurludur!** Daß ich heute als erster bei Ihnen einkaufe, bringt Ihnen Glück! Zu 2: **Bu haberi ~ ondan işittim.** Diese Neuigkeit habe ich zum ersten Mal (zuerst) von ihm erfahren. ~ **etmek** s. **-lamak;** ≗ **sizden, bereket Allahtan!** Die erste Einnahme durch Sie, und der Segen von Gott!
siftahlamak 1. das erste (Verkaufs- od. Kauf-)Geschäft an e–m Tag tätigen; die erste Einnahme erzielen 2. erstmals Frühobst (Frühgemüse) genießen
siftinmek *P* 1. hingehalten werden, Zeit verlieren 2. hin- und her-rutschen (um e–n Juckreiz zu vertreiben) 3. j–n kriecherisch angehen
siga s. **sıyga**
sigan Zigeuner *m* ~ **musikisi** Zigeunermusik *f* ~ **orkestrası** Zigeunerkapelle *f*
sigar Zigarre *f* *puro; yaprak sigarası
sigara 1. s. **cıgara** 2. länglicher künstlicher Köder (in der Angelfischerei) ~ **ağızlığı** Zigarettenspitze *f*
sigaraböceği, -ni Zigarrenkäfer *m* *zo.* Lasioderma serricorne *tatlıkurt
sigaraböreği, -ni Pastete *f* in dünner, länglicher Form
sigaracı Zigarettenverkäufer *m*
sigaralık 1. s. **sigara ağızlığı** 2. Zigarettendose *f*
sigaret, -ti (*fast. ungebr.*) s. **sigara, cıgara**
sigarillo [··×·] *selt.* Zigarillo *m, n*
sigillografya [···×·] Siegel-kunde, -beschreibung *f*
sigma der griech. Buchst. Sigma ~ **kapacıkları** *an.* die drei Sigma-Klappen (an Aorta und Lungenschlagader) *dessamatı siniye
sigorta [·×·] 1. (Lebens-, Feuer-, Unfall- usw.)Versicherung *f* 2. *el.* Sicherung *f* Zu 1: s. **hayat (kaza, yangın** usw.) **-sı;** ~ **acentesi** 1. Versicherungsagent *m* 2. Versicherungsagentur *f* ~ **akçesi** Versicherungsprämie *f* ~ **bedeli** Versicherungssumme *f* ~ **değeri** Versicherungswert *m* ~ **eksperi** Versicherungssachverständiger ~ **etmek** versichern ~ **ettiren** *jur.* Versicherungsnehmer *m* ~ **ettirmek** versichern lassen ~ **menfaati** *jur.* Versicherungsinteresse *n*, versicherbares Interesse ~ **mukavelenamesi** (*od.* **poliçesi**) *jur.* Versicherungspolice *f* ~ **olmak** sich versichern lassen ~ **poliçesi karşılığı avans** Bevorschussung *f* der Versicherungspolice ~ **primi** s. ~ **ücreti;** ~ **şahadetnamesi** *jur.* Deckungszusage *f*, Versicherungszertifikat *n* ~ **şirketi** Versicherungsgesellschaft *f* ~ **tarifesi** Versicherungstarif *m* ~ **teklifnamesi** Versicherungsantrag *m* ~ **umumî şartları** allgemeine Versicherungsbedingungen *pl.* ~ **ücreti** Versicherungsprämie *f* **-nın iştirası** Versicherungsrückkauf *m* **-sı atmak** (bşin) *V* kaputtgehen **-ya tabi** versicherungspflichtig **-ya yatırmak** durch Versicherung decken
sigortacı [·×··] 1. Versicherungsagent *m* 2. *jur.* Versicherer *m*
sigortacılık [·×···] 1. Versicherungsagentur *f* 2. Versicherungswesen *n*
sigortalamak 1. s. **sigorta etmek** 2. *F* sich et. sichern, et. sicherstellen
sigortalı [·×··] 1. *jur.* Versicherter 2. versichert, durch Versicherung gedeckt 3. *fig.* gesichert, sicher
sigortasız nicht versichert, unversichert
sigorya [·×·] *Adv. V* bestimmt, sicher, gewiß
siğil (I) 1. Warze *f* *tavukgötü 2. Exkremente *pl.* von Kröten, Fröschen usw. ~ **otu** 1. Warzen-, Skorpions-kraut *n* *bot.* Heliotropium europaeum 2. s. **karahindiba otu** 2. s. **sütleğen otu**
siğil (II) 1. *mil.* Richtkeil *m* (für ein Geschütz) 2. *naut.* Staukeil, Vorstecker *m* ~ **nizamı** *naut.* Fahrt *f* e–r Flotte in Dreiecksform ~ **vurmak** mit Keil(-en) festmachen
siğillemek s. **siğil vurmak**
siğillenmek 1. zur Warze werden 2. Warzen bekommen
siğilli mit e–r Warze bzw. mit Warzen ~ **huş** Warzenbirke *f* *bot.* Betula pendula ~ **papazkülâhı** Warzen-Spindelbaum *m* *bot.* Evonymus verrucosus
siğim siğim *P* 1. lautlos, leise 2. ganz fein (z.B. regnen)
sihan *va.* Dicke *f* (e–s Hohlkörpers) *kalınlık
sihir, -hri 1. Zauberei, Hexerei *f*, Blendwerk *n* *büyü 2. bezaubernder Reiz; Zauber *m* **-i halâl** s. **çifte bağlılık**
sihirbaz Zauberer, Hexenmeister *m*, Hexe *f* *büyücü ~ **değneği** Zauberstab *m* ~ **feneri** Laterna magica *f*
sihirbazlık Zauberei, Hexerei *f* ~ **etmek** zaubern, hexen
sihirkâr zauberisch, bezaubernd
sihirlemek 1. verzaubern, verhexen 2. bezaubern *(1, 2) büyülemek, teshir etmek
sihirli 1. verzaubert, verhext 2. bezaubert 3. Zauberkraft besitzend, Zauber-, Hexen-, magisch 4. bezaubernd *(1–4) büyülü ~ **değnek** Zauberstab *m* ≗ **Flüt** *n.pr.* Die Zauberflöte (Oper) ~ **göz** magisches Auge (bei Rundfunkgerät)
sihrî zauberisch, Zauber-, Hexen-
Siirt *n.pr.* Stadt im gln. Rbz. (Südostanatolien)
sik *V* Penis, Schwanz *m*
sika(-s) Zykas *f*, Palmfarn *m* *spez.* indischer Palmfarn *bot.* Cycas circinalis

sikatif 1. Sikkativ, Trockenmittel *n* 2. Sikkativ-

sikilmek Pass. zu **sikmek; sikilmiş götün davası olmak** *V* sich nicht rückgängig machen lassen (Geschehenes)

sikiş *V* Geschlechtsverkehr, Koitus, Beischlaf *m*

sikişmek *V* miteinander den Beischlaf ausüben

sikke (I) 1. Münze *f*, Geldstück *n* 2. Münzstempel *m* 3. *va.* gerader Weg ~ **basmak (darp etmek, kesmek, vurmak)** Münzen prägen (schlagen) ~ **darbı** Münzprägung *f* ~ **tarihi** Jahreszahl *f* auf e–r Münze ~ **ve hutbe** *hist.* Vorrecht *n* des Sultans als Kalifen, Münzen prägen zu lassen und im Freitagsgebet genannt zu werden

sikke (II) *fr.* hohe, aus Filz gearbeitete, oben flache Kopfbedeckung der Mewlewi-Derwische

sikkeci Münzpräger, Münzer *m*

sikkedar [ā] Oberaufseher *m* für die Prägestöcke in der Münze

sikkehane [ā] *va.* s. **darphane**

sikkeken Stempelschneider *m* (für Münzen)

sikkeli; sikkepuş [ū] *fr.* **sikke** (II) tragender Mewlewi-Derwisch

sikkeşinas [ā] s. **nümismat**

sikkezen *va.* s. **sikkeci**

sikl (*franz.* **cycle**) *phys.* 1. Periode *f* 2. Hertz *n* (Maßeinheit der Frequenz) vgl. **kilo-, mega-**

siklamen 1. Alpenveilchen *n bot.* Cyclamen europaeum *buhurumeryem, tavşankulağı 2. lilarot, zyklam

Siklat adaları *n.pr.* Zykladen *pl.* (Inselgruppe des Ägäischen Meeres)

siklemek (m. Akk.) *V* sich kümmern, sich scheren (um); *mst. neg.* **siklememek** sich nicht scheren (an); pfeifen (auf)

siklik *selt.* zyklisch, regelmäßig wiederkehrend

siklist, -ti (*franz.* **cycliste**) Rad-sportler, -rennfahrer *m*

siklizm (*franz.* **cyclisme**) Rad-sport *m*, -rennen *n*

siklofreni (*franz.* **cyclophrénie**) manisch-melancholische Krankheit *manyakodepresif psikoz

sikloit, -di *techn.* Zykloide *f*

siklon *met.* 1. Zyklon, tropischer Wirbelsturm *m* 2. Zyklone *f*, Tiefdruckgebiet *n* *(1, 2) kiklon 3. *techn.* Zyklon *m* (Aufbereitungsgerät)

Siklop, -pu *griech. Myth.* Zyklop *m*

siklops s. **tepegöz** (2)

siklotim(-ik) *psych.* zyklothym, Zyklothyme *m, f*

siklotimi *psych.* Zyklothymie *f*

siklotron Zyklotron *n* *kilotron

sikmek (m. Akk.) *V* 1. den Beischlaf ausüben (mit), *V* ficken, vögeln (Mann) 2. ruinieren, übel zurichten, schwer beschädigen

sikon Sykonschwamm *m zo.* Sycon raphanus (ein Kalkschwamm)

sikoz(-is) *med.* Bartflechte, Sykose *f*

Sikstin Kilisesi *n.pr.* Sixtinische Kapelle ~ ~ **İlâhicileri** Chor *m* der Sixtinischen Kapelle

siktir *V* Scher dich zum Teufel! ≗ **et (onu)** *V* Kümmer dich nicht drum! *V* Scheiß drauf!

siktirici *V* gewöhnlich, gemein, wertlos

siktirmek *V* 1. Kaus. zu **sikmek** 2. sich zum Teufel scheren; s. a. **Ne siktirir?**

sikuestro [··×·] *H* Sequester *n*, Sequestration *f*

sil, -lli *va. med.* Tuberkulose *f*; s. a. **sillürie**

silaber (*franz.* **syllabaire**) Fibel *f*, Abc-Buch *n*

silâh 1. (Angriffs- od. Verteidigungs-)Waffe *f* 2. *fig.* Mittel *n* Zu 1: **Artık söz -larındır.** Jetzt sprechen die Waffen. Zu 2: **her -ı kullanmak** sich jedes Mittels bedienen ~ **altı** *mil.* 1. unter (den) Waffen (Fahnen) 2. Wehrdienst *m* ~ **altına almak (çağırmak, davet etmek)** unter die Waffen rufen, (zum Heeresdienst) einberufen; einziehen ~ **altında olmak** unter den Fahnen stehen, den Wehrdienst ableisten ~ **ambarı** (*od.* **deposu**) Waffenlager *n* ~ **arkadaşı** Waffengefährte *m* ~ **arkadaşlığı** Waffenbrüderschaft *f* ~ **arma** Waffensammlung *f* (an der Wand) ~ **atmak** abfeuern (Schußwaffe) ~ **başı** *mil.* Alarm *m* ~ **başı etmek** *mil.* alarmieren ~ **başı işareti** *mil.* Alarmsignal *n* ~ **başı toplanma yeri** *mil.* Alarmsammelplatz *m* ~ **başına!** *mil.* An die Gewehre! Heraus! ~ **bedest** *va.* s. **eli silâhlı;** ~ **çatısı** Gewehrpyramide *f* ~ **çatmak** die Gewehre zusammensetzen ~ **çekmek** e–e Waffe zücken ~ **deposu** Arsenal *n* ~ **doğrultmak** (b–ne) die Waffe richten (gegen); auf j–n zielen ~ **kullanma hakkı** *jur.* Recht *n* auf Waffengebrauch ~ **kuvveti** Waffengewalt *f* ~ **muvaffakıyeti** Waffenerfolg *m* ≗ **om(u)za!** *mil. fr.* Gewehr über! ≗ **patladı.** Der Krieg brach aus. ~ **sesinden uyanmak** vom Waffenlärm geweckt werden (erwachen) ≗ **-a geldi.** Es kam zur kriegerischen Auseinandersetzung. ~ **talim ve terbiyesi** *mil.* Waffenausbildung *f* ~ **taşıma yasağı** Verbot *n* des Waffentragens ~ **terki** Waffenstreckung *f* ~ **zoru ile** mit Waffengewalt **-a davranmak (sarılmak)** zu den Waffen (bzw. zur Waffe) greifen **-ını boşaltmak** seine Waffe abfeuern, Feuer geben **-ları atmak** die Waffen niederlegen (strecken); kapitulieren **-ları bırakmak** 1. militärisch abrüsten 2. s. **-ları atmak** *terki silâh etmek **-ları teslim etmek** die Waffen ausliefern, sich ergeben **-tan tecrit etmek** *mil.* entwaffnen

silâhçı Waffenschmied *m*

silâhendaz [···–] 1. *va.* Füsilier *m* 2. Marinesoldat *m* (*Anm.:* Zur Verdeutlichung *a.:* **bahriye -ı** *od.* **bahriyeli** ~)

silâhendazlık [···–·] Dienst *m* e–s **silâhendaz**

silâhhane [··–·] Waffen-depot, -arsenal, Zeughaus *n*

silâhla(ndır)mak mit Waffen ausrüsten, bewaffnen

silâhlanma Sich-Bewaffnen, Rüsten *n* (Auf-)Rüstung *f*, Kriegsvorbereitungen *pl.* ~ **sanayii** Rüstungsindustrie *f* ~ **yarışı** Rüstungswettlauf *m*, Wettrüsten *n*

silâhlanmak sich bewaffnen; (auf-)rüsten

silâhlı bewaffnet, gerüstet ~ **ayaklanma** (*od.* **isyan**) bewaffneter Aufstand ~ **bitaraflık** (*od.* ~ **tarafsızlık**) bewaffnete Neutralität ~ **çete** bewaffnete Bande ~ **hizmete elverişli** *mil.* kriegsverwendungsfähig ~ **kuvvetler** 1. Militär *n* (als Gesamtheit aller Streitkräfte) 2. ≗ ≗ türk. Zigarettenmarke ~ **tecavüz** bewaffneter Anschlag ~ **tenya** s. **domuz tenyası;** ~ **ticaret gemisi** bewaffnetes Handelsschiff

silâhlık 1. *fr.* (mehrfach gewundener, aus Leder gefertigter, breiter) Waffengürtel 2. Waffendepot *n* (in der Kaserne)

silâhsız 1. unbewaffnet, ungerüstet, waffenlos 2. entwaffnet, abgerüstet 3. ohne Verwendung von Waffen ~ **hizmete elverişli** *mil.* garnisondienstfähig ~ **tenya** s. **sığır tenyası; -a ayırmak** *mil.* für garnisondienstfähig erklären

silâhsızlandırmak 1. entwaffnen *silâhtan tecrit etmek 2. e–e Abrüstung durchführen (bei)

silâhsızlanma 1. Entwaffnetwerden *n* 2. Abrüstung *f* ~ **konferansı** Abrüstungskonferenz *f*

silâhsızlanmak 1. entwaffnet werden 2. abrüsten

silâhsızlık, -ığı 1. Unbewaffnetsein *n*, Waffenlosigkeit *f* 2. Abrüstung *f* Zu 2: **Bu devlet, bir -a tevessül etmeğe amadedir.** Dieser Staat ist bereit, abzurüsten.

silâhşor 1. Bewaffneter, Streiter, Kämpfer, Kämpe, Recke, Ritter *m* 2. in ritterlichen Waffenübungen erfahren 3. Musketier *m* Zu 3: s. **Üç -lar**

silâhşorluk *va.* 1. Ritter-tum, -wesen *n* 2. Erfahrenheit *f* in ritterlichen Waffenübungen 3. Tapferkeit *f*, Heldentum *n* ~ **romanı** *lit.* Ritterroman *m*

silâhtar [··–] 1. *va.* Waffenträger 2. *hist.* ein Angehöriger der Leibwache des Sultans (zur Janitscharenzeit) 3. ≗ *n.pr.* Stadtteil von Istanbul ~ **ağa** *hist.* Waffenmeister *m* des Sultans und Kommandant *m* der Leibwache

silâhtarlık [··–·] Aufgaben *pl.* e–s **silâhtar**
silecek 1. großes Badetuch (wie es spez. im türk. Bad verwendet wird) 2. s. **silgiç**
sileks *min.* Feuerstein, Flint *m* *çakmaktaşı
silene [·×·] Leimkraut *n bot.* Silene (acaulis u. a.)
Silezya [·×·] *n.pr.* Schlesien
Silezyalı 1. Schlesier(-in *f*) *m* 2. schlesisch
silezyen ein Seidenwollstoff, der spez. als Anzugfutter od. Schirmbezug Verwendung findet
silgi 1. (Ab-)Wisch-, Polier-tuch *n* 2. (Abwisch-)Lappen *m* (für die Schultafel) 3. Scheuer-, Aufwisch-Lappen *m* 4. Radiergummi *m* 5. Fußabtreter *m* *paspas
silgiç Scheibenwischer *pl.* (am Auto)
silhafiye s. **kaplumbağalar**
sili (I) *va.* 1. sauber, rein *temiz 2. keusch, sittsam *iffetli
sili (II) [––] *va.* 1. Ohrfeige *f* *şamar 2. Unglück *n* *belâ, felâket
silici 1. Putzer, Polierer *m* 2. Hobler *m*
Silifke *n.pr.* Städtchen u. D. im Rbz. İçel (das alte Seleucia)
silihtar *P* für **silâhtar**
silik 1. abgenutzt, abgerieben, verwischt, abgegriffen (z. B. Münze) 2. *fig.* unauffällig, unscheinbar, nicht sonderlich in Erscheinung tretend (Person)
silikat, -tı *chem.* Silikat *n,* kieselsaures Salz ~ **kabuğu** *geol.* Silikathülle *f* (der Erdkruste)
silikatlı Silikat enthaltend ~ **kireç** Zementkalk *m*
silikleşmek 1. a) abgenutzt werden b) sich abnutzen 2. *fig.* e–e unscheinbare Rolle spielen
siliklik 1. Abgenutzt-(Abgerieben-, Verwischt-, Abgegriffen-)Sein *n* 2. Unauffälligkeit, Unscheinbarkeit *f,* Tatsache *f,* daß jemand nicht sonderlich in Erscheinung tritt
silikoz *med.* Silikose, Steinstaublunge *f*
sililik 1. Sauberkeit *f* 2. Keuschheit, Sittsamkeit *f*
silimsiz(-lik) *psych.* s. **eydetik(-lik)**
silindir 1. *math.* Zylinder *m* *üstüvane 2. jeder zylindrische Körper wie z. B. Ofen-, Abfluß-rohr *n,* Zylinder *m* (beim Auto), (Pumpen-)Stiefel *m,* Dampfzylinder *m,* Stopfbuchse *f* (an e–r Lokomotive); Rolle, Walze *f* 3. *spez.* Straßen-, Dampf-walze *f* 4. (*a.* ~ **şapka**) Zylinder(-hut) *m* ~ **başlığı** *techn.* Zylinderkopf *m* *kulas ~ **geçirme** s. **silindiraj;** ~ **gibi ezip geçmek** *fig.* j–n vollkommen überfahren ~ **kazan** *techn.* Walzenkessel *m* ~ **şeklinde** walzen-, zylinder-förmig ~ **zımpara makinesi** *techn.* Walzenschleifmaschine *f*
silindiraj (*franz.* **cylindrage**) Walzen *n spez.* Straßenwalzung *f* ~ **yapmak** walzen (*spez.* Straßen) *yuvgulamak
silindireksen s. **akson**
silindirlik zylindrisch
silindirli mit nb. Walzen (Rollen, Zylindern) **dört** ~ **makine** Vierzylindermaschine *f*
silindirsel zylindrisch
silinmek 1. Pass. zu **silmek** 2. Refl. zu **silmek** sich ver-, abwischen, sich abgreifen 3. *fig.* völlig in den Hintergrund treten
silinti 1. Durch-, Aus-streichen *n* 2. Durch-, Aus-gestrichenes 3. *fig.* Streichung, Tilgung, Beseitigung *f* 4. *selt.* (Regen-)Rinnsal *n*
silis *chem.* Kieselerde *f,* Siliziumdioxyd *n*
silisçil Kieselboden liebend, siliziphil *silisli yerde yetişen ~ **bitki** *bot.* Kieselpflanze *f*
silisik Kiesel- ~ **asit** Kieselsäure *f*
silisleşme Silifikation, Verkieselung *f*
silisli Kiesel- ~ **kireç** kieselsaurer Kalk ~ **süngerler** Kieselschwämme *pl. zo.* Hexactinellida *camsı süngerler ~ **yerde yetişen** s. **silisçil**
silisseven s. **silisçil**
silistre [·×·] *naut.* Bootsmannspfeife *f*
Silistre [·×·] *n.pr.* Silistria (Stadt in der Dobrudscha)
silisyum [·×·] *chem.* Silizium *n* ~ **pirinci** Siliziumbronze *f*
silisyumlu siliziumhaltig
Silivri *n.pr.* O. u. D. am Nordufer des Marmarameeres im Rbz. Istanbul (*Anm.*: Der dort hergestellte Joghurt ist besonders beliebt.)
silk, -ki *va.* 1. Faden *m,* Schnur *f* (zum Aufreihen von Perlen) 2. Reihe, (An-)Ordnung *f* 3. Linie *f,* Weg *m* 4. Laufbahn, Karriere *f* Zu 3: **-i hidayet** *va.* Weg *m* der göttlichen Führung (= Islam *m*) Zu 4: **-i askerî** militärische Laufbahn; Soldatenstand *m* **-i askerîden tart etmek** aus dem Soldatenstand ausstoßen
silkelemek 1. schütteln (z. B. Baum), ausschütteln (z. B. Staubtuch) 2. *Ch.* den Fahrgast an der gewünschten Stelle absetzen (bei Dolmusch-Fahrt)
silkelenmek Pass. od. Refl. zu **silkelemek**
silki kovulsivisches Zusammenfahren (im Schlaf)
silkinmek 1. (bşden) abschütteln (z. B. Trägheit, Schlaf usw.) 2. sich schütteln 3. zusammenfahren *(intr.)*
silkinti 1. erschrockenes Auffahren 2. Abwerfen *n* der Blüten 3. was beim (Aus-, Ab-)Schütteln hinunterfällt 4. Schütteln *n,* Erschütterung *f*
silkişmek *P* sich schütteln (Hund, Vogel usw.)
silkme 1. Vs. zu **silkmek** 2. Durchpausen *n* (mittels feinen Kohlenstaubs in vorher angebrachten Nadellöchern) 3. Dünstragout *n* (aus Fleisch mit kleingewiegtem Gemüse *spez.* mit Auberginen) 4. Stoßen *n* (bei Gewichtheben) ~ **kalıbı** s. **yazı kalıbı**
silkmek, (-er) 1. (aus-, ab-)schütteln 2. abwerfen 3. erschüttern 4. stoßen (z. B. Pferd, das hart geht) 5. abstreifen (z. B. Zigarettenasche) 6. mit Lochschablone durchpausen (vgl. **silkme**) 7. zubereiten, ansetzen Zu 1: **ağacı** ~ den Baum schütteln **halıyı** ~ den Teppich ausschütteln **örtüyü** ~ die Decke ab-, aus-schütteln; s. a. **omuz (yaka)** ~ Zu 2: **Hayvan süvariyi silkti attı.** Das Pferd warf den Reiter ab. Zu 7: s. **turşu ~; silkip atmak** (b–ni) mit j–m brechen; nichts mehr mit j–m zu tun haben wollen
sill (*engl.* **sill**) *geol.* Lagergang *m*
sille 1. Ohrfeige *f* *tokat 2. *fig.* Schlag *m* Zu 2: s. **feleğin -sine uğramak;** ~ **atmak (kaptırmak, vurmak)** e–e Ohrfeige geben (versetzen, herunterhauen) ~ **kapmak (yemek)** e–e Ohrfeige bekommen (beziehen) ~ **tokat** unter dauernden Schlägen (z. B. j–n wegbringen)
sillürrie *va.* Lungen-schwindsucht, -tuberkulose *f* *verem, tüberküloz
silme 1. Vs. zu **silmek** 2. *Adv.* a) bis zum Rand voll *ağzına dolu b) vollständig, gänzlich 3. gestrichen 4. *va.* gereinigt od. poliert 5. *arch.* Randverzierung *f,* Sims *m, n,* Zierleiste *f* 6. s. **avadanlık** (4) Zu 3: ~ **arpacık** *mil.* gestrichenes Korn ~ **çekmek** e–e Randverzierung anbringen ~ **güverte** *naut.* Schiffsdeck *n* ohne Aufbauten (z. B. Landedeck für Flugzeuge) ~ **sarık** *fr.* e–e best. Turban-Art ~ **tahtası** Holz-brett od. -scheit *n,* mit dem ein gehäuftes Maß (Getreide) auf ein gestrichenes Maß gebracht wird ~ **teşkilâtı** Simswerk *n*
silmece gestrichen, bis an den Rand (voll) *sıvama
silmek, (-er) 1. abwischen (Tränen, Fingerabdrücke *usw.*) wegwischen (z. B. Bleistiftspuren), auslöschen (z. B. Geschriebenes); beseitigen 2. scheuern, reinigen, putzen, polieren 3. (aus-)streichen 4. ab-, glattstreichen 5. abtrocknen 6. abhobeln 7. sich überlegen erweisen; j–n in den Hintergrund drängen; j–n an die Wand spielen Zu 1: s. **ağzını (burnunu, gözlerini, gözyaşını)** ~ Zu 2: s. **tahta(-ları)** ~ Zu 3: **ismini listeden** ~ (b–nin) j–s Namen aus der Liste streichen Zu 4: s. **silme tahtası; sil baştan** s. **al baştan; silip atmak** mit Stumpf und Stiel vertilgen, völlig ausrotten **silip süpürmek** bis auf den letz-

ten Rest beseitigen, mit Stumpf und Stiel vertilgen, alles aufessen
silmeli mit Simswerk od. Zierleiste
silo [×·] Silo, Gärfutterbehälter *m*
silolamak in e–n Silo füllen
silometre (*franz.* **sillomètre**) Geschwindigkeitsmesser *m* (auf Schiffen)
Silopi *n.pr.* O. u. D. im Rbz. Mardin
silsile Reihe, Kette *f spez.*: 1. *math.* Reihe *f* *seri 2. Ahnenreihe *f*, Stammbaum *m*, Geschlecht *n*, Stamm *m* 3. Reihe *f* von Regenten, Ordensoberhäuptern usw. 4. Hierarchie *f* 5. (*va. a.*: **-i cibal**) Gebirgskette *f* *sıradağ(-lar) ~ **haline inkişaf** *math.* Entwicklung *f* in e–r Reihe ~ **yürümek** eintreten, stattfinden (Beförderungsschub) **-sine okumak** (b–nin) j–n bzw. j–s Vorfahren verfluchen, beschimpfen **-i adediyei mütezayide** s. **çoğalan aritmetik dizi; -i alelvilâ** *math.* Progression, Reihe *f* *dizi **-i ecdat** Ahnenreihe *f*, Stammbaum *m* **-i meratip** s. **meratip -si**
silsilename [ā] Stamm-tafel *f*, -baum *m*, Ahnenreihe *f*
silsiletüzzehep *va.* „die goldene Reihe" d.h. die schiitische Verehrung der 12 Imame
silskin Sealskin *m, n*: 1. Fell *n* der Pelzrobbe 2. Plüschgewebe *n* als Imitation des echten Seals
siluet, -ti Silhouette *f*, Schattenriß *m* **-e hâkim bir mevki** ein von überallher sichtbarer Ort (z.B. Stadtbild)
silumin Silumin *n* (Leichtmetall-Legierung)
silür sistemi; silürî sistem *geol.* Silur *n*
Silvan *n.pr.* Städtchen u. D. im Rbz. Diyarbakır
Silviyüs yarığı *an.* Sylvius'sche Furche *f*, Fossa Sylvii *şakkı Silviyüs
silyon *naut.* 1. **(feneri)** Mast-, Topp-licht *n* 2. **(palangası)** Takel und Mantel für das Großstag ~ **tutmak** das Großstag abstützen (*bes.* während e–s Sturmes)
sim (I) [–] *va.* 1. Silber *n* *gümüş 2. Silbermünze *f* 3. aus Silber, silbern 4. silbrig glänzend ~ **akçe** *va.* Silbergeld *n* *gümüş para ~ **kemha** Silberbrokat *m* ~ **mecidiye** (*od.* ~ **mecidî**) Silber-Medschidie *f*
sim (II) *P* s. **işaret, sembol**
sima (I) [––] 1. Gesicht, Antlitz *n* *yüz, çehre 2. Persönlichkeit, Gestalt, Figur *f* 3. *geol.* Fazies *f* *fasiyes
sima (II) *geol.* Sima *n* (unterer Teil der Erdkruste)
sima (III); **simahane** s. **sema(-hane)**
simab [––] *va.* s. **cıva**
Simak [ā] (*a.* **Simakıazel**) *va. astr.* s. **Başakçı**
Simakıramih [·–·–·] *va. astr.* s. **Arktürüs**
Simav *n.pr.* Städtchen u. D. im Rbz. Kütahya
simbal s. **sembal**
simbalom *mus.* Zimbal, Hackbrett *n* (der Zigeuner)
simbiyont; simbiyoz s. **sembiyont; sembiyoz**
simetri Symmetrie *f* *bakışım, tenazur ~ **ekseni** *math.* Symmetrieachse *f spez.* Hauptachse *f* (e–r Hyperbel)
simetrik; simetrili symmetrisch *bakışık, mütenazır, tenazurî ~ **olarak** symmetrisch (*Adv.*) *bakışık olarak, mütenazıran
simetrisiz asymmetrisch, ungleichförmig *bakışımsız, gayri mütenazır
simetrisizlik Asymmetrie, Ungleichförmigkeit *f* *bakışımsızlık, ademi tenazur
simge Symbol, (Formel-)Zeichen *n* *remiz, sembol
simgeci(-lik) s. **sembolist; (sembolizm)**
simgeli symbolisch
simgelik Darstellung *f* durch (Formel-)Zeichen, Symbole
simgesel symbolisch *sembolik, remzî
simhak, -kı [ā] s. **kemik zarı;** ~ **iltihabı** *med.* Periostitis, Knochenhautentzündung *f*
Simi s. **Sömbeki**
simili (*Verk. von franz.* **similigravure**) *typ.* Autotypie, Rasterätzung *f*
simili-Japon in Europa hergestelltes Japanpapier
similor (*franz.* **similor**) s. **tombak**
similya [·×·] *V* männliches Glied; Penis *m*
simin [––] *va.* silbern *gümüş, gümüşî
simit, -di 1. ringförmiges Gebäck; Kringel *m* 2. feingestoßener **bulgur** 3. Rettungsring *m* *cankurtaran 4. *Sch.* schlechteste Note (Null) *sıfır 5. *naut.* Tauschlinge *f*, Stropp *m* 6. *fr.* Baumwollumhüllung *f* von **sikke** (II) (um die der eigentliche Turbanstreifen gewickelt wurde) 7. *fr.* Ledertuff *m* (als Unterlage für **kudüm** *q.v.*) 8. Stützgestell *n* (für e–n Korb) 9. *V* was leicht zu bekommen ist ~ **unu** besonders feines Weizenmehl (zur Herstellung von **simit**)
simitçi Kringel-bäcker, -verkäufer *m*
simitçilik 1. Herstellung *f* od. Verkauf *m* von Kringeln 2. Gewerbe *n* e–s Kringel-bäckers od. -verkäufers
simkeş [ī] *va.* 1. Silberdrahtzieher *m* 2. wer Silber- od. Gold-drähte verarbeitet
simkeşhane [–·–·] *va.* Silberdrahtzieherei *f*
simlâh s. **kulak kiri**
simsar [ā] Vermittler, Makler, Kommissionär *m* *komisyoncu
simsariye [ā] Vermittler-, Makler-, Kommissions-gebühr *f* *komisyon
simsarlık [ā] Tätigkeit *f* e–s **simsar**
simsim *va.* s. **susam**
simsiyah [×··] ganz schwarz; tief-, kohl-, pech-, rabenschwarz
simülatör *astr.* s. **benzetici**
simürg s. **Anka**
simya [ā] Alchimie *f* *alşimi
simyacı; simyager [ā] Alchimist *m* *alşimist
sin (I), **-nni** *va. an.* Zahn *m* *diş **-i lâhime** s. **etobur dişi; -i nabi** (*od.* **kelbî**) s. **köpekdişi**
sin (II), **-nni** *z. va.* (Lebens-)Alter *n* *yaş ~ **haddi** Altersgrenze *f* ~ **haddini dolduran subaylar** die Offiziere, welche die Altersgrenze erreicht haben **-i bülûg** *jur. va.* Pubertätsalter *n* **-i rüşt** *jur.* Volljährigkeit *f*
sin (III) s. **kabir, metfen, mezar**
sin (IV) [–] 15. Buchst. des osm. Alph.
Sina [––] *n.pr.* 1. **(dağı)** Berg *m* Sinai, Sinai-Gebirge *n* *Cebeli Musa, Tur(u)sina 2. **(yarımadası)** Sinaihalbinsel *f* ~ **çölü** *n.pr.* die Wüste Sinai
sina [ā] Sennesblätter *pl.*, Senna *f pharm.* Cassia officinalis (Abführmittel) **-yı Hindî** schmalblättrige Sennakassie *bot.* Cassia angustifolia **-yı kâzip ağacı** s. **yalancı sinameki ağacı; -yı Mekkî** s. **sinameki**
sinabr (*franz.* **cinabre**) *min.* Zinnober *m*
sinad [ā] *va. lit.* fehlerhafter Reim (z.B. **zar : zir**)
sinagog Synagoge *f*
sinagrit s. **sinarit**
sinameki [·–·–] (Sennes-)Kassie *f bot.* Cassia (angustifolia u.a.) ~ **gibi** träge, verschlafen, lästig (Person)
sinan [ā] 1. *va.* eiserne Speerspitze 2. ♀ [×·] *mV, spez.* der berühmte Baumeister des 16. Jh. **Koca Sinan**
Sinaniye [ā] *n.pr.* ein Zweig des Ahmediye-Ordens
sinar *naut.* Kalfateisen *n*
sinara [·×·] großer Angelhaken
sinarit, -ti Zahnbrassen *m zo.* Dentex vulgaris
sinartroz (*franz.* **synarthrose**) s. **oynamaz eklem**
sincabî [·––] graubraun ~ **et sineği** s. **kırçıl et sineği; cevheri** ~ s. **bozmadde**
sincan s. **sıncan**
Sincanlı *n.pr.* O. u. D. im Rbz. Afyonkarahisar
sincap, -bı [ā] Eichhörnchen *n zo.* Sciurus vulgaris ~ **kürk** Feh, Grauwerk *n* *pötigri ~ **maymunu** Totenköpfchen *n zo.* Saimiri sciureus (Affenart)
since (*mst.* in der Verst. ~ ~) *Adv.* 1. ein-, durch-drin-

gend, alles durchnässend 2. heimlich, verstohlen, unter der Hand ~ **pişmiş** auf kleinem Feuer gekocht
sincerf *va.* s. **zincifre**
sindan [ā] *va.* Amboß *m* *örs
sindanî [·−−] *va.* Amboß- **azmı** ~ s. **örs kemiği**
Sindbad gemici *n.pr.* Sindbad der Seefahrer
Sindbadname die Erzählungen von Sindbad dem Seefahrer (in 1001 Nacht)
Sinderella [··×·] (*engl.* **Cinderella**) *n.pr.* Aschenbrödel
sindezmoloji *an.* Syndesmologie, Bänderlehre *f*
sindirici verdauungsfördernd *hâzım
sindirim *biol.* Verdauung *f* *hazım ~ **aygıtı** (*od.* ~ **sistemi**) Verdauungsapparat *m* *hazım cihazı, cihazı hazmî ~ **borusu** (*od.* ~ **kanalı**) Verdauungskanal *m* *embubei hazmiye ~ **bozukluğu** Verdauungsstörungen *pl.*
sindirimsel Verdauungs- *hazmî
sindirmek Kaus. zu **sinmek** *spez.:* 1. verdauen *hazmetmek 2. j−n derart in Angst versetzen, daß er sich nicht mehr zu zeigen wagt 3. *mil.* s. **sındırmak; sindire sindire** langsam durchdringend, durch und durch
sine (I) [−·] 1. Brust *f* 2. *fig.* Busen *m,* Herz *n;* das Innere ~ **bülbülü** *fig.* Busenfreund *m,* erklärter Liebling ~ **çiçeği** die Beifußart Artemisia cina ~ **kemanı** e−e größere Geigenart mit vier od. mehr Saiten **-ye elif çekmek** sich in der Ekstase die Kleider zerreissen **-ye çekmek** (bşi) et. über sich ergehen lassen, et. schweigend ertragen
sine (II) *selt. Abk.* für **sinema(-tograf)**
sine (III) **sine** s. Stw. **sinmek**
sinebent [−··], **-di** 1. *va.* Mieder *n,* Büstenhalter *m* 2. Brustzug *m* (am Pferdegeschirr) *gömüldürük
sinece sinece s. **since since**
sinek, -eği 1. Fliege, Mücke, Schnake, Bremse *f* 2. *Ka.* Kreuz, Treff *(n)* *ispati 3. s. **benek** (3) 4. ♁ *astr.* Fliege *f* (Sternbild) Zu 1: s. **at (et, kurt) -i; karasinek; sivrisinek** Zu 2: ~ **onlusu** Kreuz-Zehn *f* ~ **avlamak** 1. die Daumen drehen; die Zeit vertrödeln 2. nichts verkaufen können (Händler) ~ **kâğıdı** (mit Leim bestrichener) Fliegenfänger ~ **koleksiyoncusu** Insektensammler, Entomologe *m* ~ **kurdu** Fliegenmade *f* ♁ **küçüktür ama, mide bulandırır.** *Spr.* Auch e−e Geringfügigkeit kann empfindlich stören. ~ **öldüren amanit** Fliegenpilz *m bot.* Amanita muscaria ♁ **pekmezciyi tanır.** *Spr.* Er weiß, wo Barthel den Most holt. **raketi** Fliegenklatsche *f* ~ **sakal** Fliege *f* (Barttracht) ~ **sıklet** *(Boxen)* Fliegengewicht *n* (bis 50,802 kg) ~ **uçuşması** *med.* Mouches volantes, fliegende Mücken (e−e entoptische Wahrnehmung) **-in ebesine kadar** *fig.* bis in die kleinsten Einzelheiten (z.B. ausfragen) **-in yağını hesap etmek** *fig.* aus allem Gewinn schlagen wollen; sehr habgierig sein **-ler** s. **ikikanatlılar; -ten yağ çıkarmak** 1. s. **-in yağını hesap etmek** 2. et. Aussichtsloses unternehmen
sinekbitleri, -ni Lausfliegen *pl. zo.* Pupipara *pupadoğuranlar
sinekçil Fliegenschnäpper *m zo.* Muscicapa (striata u.a.)
sinekkapan 1. Venus-Fliegenfalle *f bot.* Dionaea muscipula 2. Leimkraut *n bot.* Silene *salkım 3. Gartenleimkraut *n bot.* Silene armeria 4. s. **sinekçil**
sinekkapangiller 1. Fliegenschnäpper *pl. zo.* Muscicapidae 2. fleischfressende Pflanzen; Sonnentaugewächse *pl. bot.* Droseraceae *droseragiller
sinekkaydı *hum.* (in der Füg.:) ~ **tıraş olmuş** sehr sorgfältig rasiert (*F* glatt wie ein Kinderpopo)
sinekkuşu, -nu 1. Kolibri *m zo.* Trochilus colubris 2. s. **lekeli sinekyutan**
sineklenmek voller Fliegen werden
sinekli voller Fliegen ♁ **Bakkal** Der Fliegenkrämer (Roman von Halide Edib Adıvar 1936; türk. Literaturpreis 1942)
sineklik 1. Fliegen-wedel *m,* -klatsche *f,* -fänger *m* (aufgehängter Klebestreifen), -fenster *n,* -vorhang *m,* -netz *n* 2. voller Fliegen (Örtlichkeit)
sinekür Sinekure, Pfründe *f,* müheloses und einträgliches Amt, *F* fetter Posten
sinekyutan s. **sinekçil**
sinema [×··] 1. Kino, Lichtspieltheater *n,* Filmbühne *f* 2. *gel.* Film *m* ~ **artisti** Filmschauspieler(-in *f*) *m* ~ **basını** Filmpresse *f* ~ **delisi** Filmfan *m* ~ **dergisi** Filmzeitschrift *f* ~ **endüstrisi** Filmindustrie *f* ~ **makinesi** 1. (Kino-)Vorführapparat *m* 2. Film-, Aufnahme-apparat *m* ~ **operatörü** Kameramann, Filmoperateur *m* ~ **salonu** Zuschauerraum *m* ~ **sanatı** Filmkunst *f* ~ **seyircisi** Kinobesucher (-in *f*) *m* ~ **tekniği** Aufnahmetechnik *f* ~ **yıldızı** Film-, Kino-star *m*
sinemacı 1. Kino-besitzer, -pächter *m* 2. Kameramann, Filmoperateur *m* 3. Filmproduzent *m* 4. *allg.* in der Filmbranche tätig
sinemacılık 1. Tätigkeit *f* e−s **sinemacı** 2. Film-produktion, -industrie, -kunst *f*
sinemaevi, -ni s. **sinematek**
sinemasever Filmliebhaber *m*
sinemaskop, -pu Breitwandverfahren *n*
sinematek Filmarchiv *n*
sinematik s. **devimbilim**
sinematograf *va.* s. **sinema makinesi**
sinematografi Filmkunst *f*
sinerama [··×·] Cinerama *n* (ein besonderes Breitwandverfahren)
sinerji Synergie *f* *görevdeşlik, muvafakati ef'al, iştirakı vazaif
sinerjik synergetisch, zusammenwirkend
sinestezi Synästhesie *f* *duyum ikiliği, ihsasların ihtilâtı
sinezen [−··] wer sich die Brust schlägt *spez.* (pers.) Flagellant *m*
sinezenlik [−···] Selbstgeißelung *f* der pers. Flagellanten bei der Muharrem-Feier
Sinfayn *n.pr. hist.* Sinn Fein *f* (nationale irische Freiheitsbewegung)
sinfonya [·×·] s. **senfoni**
singin 1. leicht verdaulich *hazmı kolay 2. s. **sıkılgan** 3. *naut.* niedrig gebaut (Schiff)
singl *(Tennis)* Single, Einzelspiel *n*
singlton *Ka.* einzige Karte e−r best. Farbe, die man in der Hand hat; die blanke ...
sinh *an.* 1. Alveole *f,* Zahnfach *n* *yuva, dişyuvası 2. Alveole *f,* Lungen- od. Drüsen-bläschen *n* *petek
sinhî *va.* alveolar
sini große, runde Kupfer- od. Messing-platte, die, auf e−n Dreifuß gesetzt, als Tisch dient (größer als **tepsi**); ~ **devirmek** *fig.* Dummheiten machen
sinik (I) geduckt, (zusammen-)gekauert
sinik (II) zynisch; Zyniker *m* *kelbî
sinin [·−] *va. Pl.* zu **sene**
Sinin s. **Sina dağı**
sinir 1. *an.* Nerv *m* *asap 2. *F* Sehne, Flechse *f,* Muskelband *n* 3. *F* eigenartige Veranlagung 4. *F* Gefühl, Empfinden *n,* Sinn *m* 5. *F* wer od. was e−m auf die Nerven geht 6. Nervengewebe *n* (in Insektenflügeln) Zu 2: **etin -lerini ayırmak** die Sehnen aus dem Fleisch entfernen Zu 3: **Bu kadının bir -i var, kan görünce bayılır.** Diese Frau hat e−e eigenartige Veranlagung: sowie sie Blut sieht, wird sie ohnmächtig. Zu 4: **Sende hiç ~ yok mu, bu kadar aldırmazlık olur mu?** Hast du denn gar kein Gefühl dafür, daß man nicht so gleichgültig sein darf? Zu 5: s. **Ne ~ şey!** ~ **ağrısı** Neuralgie *f,* Nervenschmerz *m* *nevralji ~ **argınlığı (bozukluğu, zayıflığı)** s. **nevrasteni;** ~ **boğumları** *an.* Nervenknoten, Ganglien *pl.* *ukadatı

asabiye ~ **buhranı** (*od.* **krizi**) neurotischer (hysterischer) Anfall ~ **çekilmesi** Nervenkontraktion *f* ~ **çiftleri** *an.* Nervenpaare *pl.* *ezvacı asabiye ~ **dizgesi** Nervensystem *n* *cümlei asabiye ~ **doktoru** Nervenarzt, Neurologe *m* ~ **düğümü** s. **gangliyon;** ~ **harbi** (*od.* ~ **savaşı**) Nervenkrieg *m,* kalter Krieg *beyaz harp ~ **hastası** Neuropath *m,* Nervenkranker *nevropat ~ **hastalığı** Nervenkrankheit, Neuropathie *f* *nevropati ~ **içinde olmak** ganz aufgeregt sein ~ **ilâcı** Anregungs- *bzw.* Beruhigungsmittel- *n* ~ **kavrulması** (Waden-)Krampf *kramp ~ **kesilmek** sich ärgern ~ **krizleri geçirmek** e–n Nervenzusammenbruch bekommen ~ **küpü** Nervenbündel *n* (Mensch) ~ **nöbeti** neurotischer (hysterischer) Anfall ~ **telciği** *biol., med.* Neurofibrille *f* (feinste Nervenfaser) *nörofibril ~ **tutulması** Muskel- *spez.* Wadenkrampf *m* **-i oynamak** (*od.* **-i tutmak**) nervös werden, die Nerven verlieren, erregt (ärgerlich) werden **-ine dokunmak** (b–nin) j–m auf die Nerven fallen, j–n nervös machen **-ini kesmek (bir atın)** s. **sinirlemek;** (2). **-leri altüst olmak** vor Nervosität ganz durcheinander geraten **-leri ayaklanmak** (*od.* **ayağa kalkmak**) nervös werden **-leri ayakta olmak** nervös sein **ºleri boşandı.** Die Nerven gingen ihm durch. Er konnte sich nicht mehr beherrschen. **-leri bozulmak** s. **âsabı bozulmak; -leri gergin olmak** aufs äußerste gespannt sein (Nerven) **-leri gevşemek** (*od.* **-leri yatışmak**) nachlassen (Erregung); sich allmählich beruhigen (Person) **-leri kuvvetli** wer gute Nerven hat, wer sich nicht aus der Fassung bringen läßt, unerschütterlich **-leri yatıştırmak** die Nerven beruhigen **-leri zayıf** mit schwachen Nerven, nervös **-lerine hâkim olmak** sich beherrschen; kaltblütig sein

sinirbilim(-sel) s. **nevroloji(-k)**

sinirce s. **nevroz**

sinirdoku Nervengewebe *n* *nesci asabî

sinirkanatlılar Netzflügler *pl. zo.* Neuroptera *asabîyülcenah

sinirkını, -nı *an.* Neurilemma *n,* Nervenscheide *f*

sinirlemek (m. Akk.) 1. Sehnen (und andere ungenießbare Teile) aus dem Fleisch herausnehmen 2. *fr.* e–m Pferd die Knieflechsen durchschneiden (und dadurch e–n Reiter im Kampf bewegungsunfähig machen)

sinirlendirmek nervös machen, j–m auf die Nerven gehen (fallen) *asabîleştirmek

sinirlenmek 1. Pass. zu **sinirlemek** 2. nervös (*od.* erregt) werden *asabîleşmek

sinirli 1. mit Sehnen (Häuten usw.) (Fleisch) 2. mit nb. Nerven 3. *pr.* nervös, leicht erregbar *asabî ~ **et** Fleisch voller Sehnen und Flechsen ~ ~ voller Nervosität, nervös, aufgeregt ~ **ot** s. **sinirotu**

sinirlilik 1. Nervosität, Reizbarkeit *f* *asabiyet 2. Zustand *m* e–s Fleischstückes, das voller Sehnen und Flechsen ist **-le** s. **sinirli sinirli**

sinirmek s. **sindirmek**

sinirotu, -nu Wegerich *m bot.* Plantago (major u.a.); s.a. **büyük (orta, mızrak yapraklı)** ~

sinirotugiller Wegerichgewächse *pl. bot.* Plantaginaceae

sinirsel zu den Nerven gehörig od. diese betreffend, Nerven-, Neur-, Neural- *asabî ~ **sistem** Nervensystem *n* *cümlei asabiye ~ **yay** *an.* Neuralbogen *m* *kavsi asabî

sinirsiz 1. ohne Nerven 2. *fig.* ohne sich aufzuregen; ruhig 3. ohne Sehnen und Flechsen (Fleisch)

sinistr (*franz.* **sinistre**) *(Versicherungswesen)* eintretender Schaden bzw. Todesfall *m*

sinizm s. **kinizm**

sinkef [–·] **maddesi** *V va.* Penis *m;* männliches Glied

Sinkiyang *n.pr.* Ost-Turkestan, Hsinkiang *Doğu Türkistan

sinlemek *z. va.* keuchen, ächzen, stöhnen (*spez.* Tiere)

sinlik s. **kabristan, mezaristan**

sinmek, (-er) 1. sich ducken, sich niederkauern 2. *fig.* den Kopf hängen lassen und nichts zu erwidern wagen 3. (m. Dat.) sich irgendwohin flüchten, sich irgendwo zu verstecken suchen 4. (m.Dat.) eindringen (z.B. Regen), sich überall festsetzen (z.B. Geruch) 5. verdaut werden Zu 1: **Avcı sine sine avına yaklaştı.** Geduckt pirschte sich der Jäger an das Wild heran. Zu 2: **Kabahatı yüzüne vurulunca sindi.** Als man ihm sein Vergehen auf den Kopf zusagte, wurde er ganz klein und häßlich. Zu 3: **Tavşan kayanın dibine sinmişti.** Der Hase hatte sich ganz unten am Fels hingekauert (versteckt). Zu 4: **Balığın kokusu eve sinmiş.** Das ganze Haus riecht (roch) nach Fisch. **Yağmur toprağa sine sine yağıyor.** Der Regen dringt gut in die Erde ein. s.a. **içine** ~

sinmez unverdaulich *hazmedilmez

sinnen [×·] *va. Adv.* dem Alter nach **O,** ~ **benden büyüktür.** Er ist älter als ich.

sinnî (I) *va.* Zahn-, Dental- *dişsel ~ **samit** s. **diş ünsüzü**

sinnî (II) *va.* das Alter betreffend

sinolog Sinolog-e *m,* -in *f*

sinoloji Sinologie *f* *Çinbilim

sinolojik sinologisch *Çinbilimsel

sinonim *gr.* 1. synonym, sinn-verwandt, -gleich 2. Synonym *n* *(1, 2) anlamdaş, eşanlam, müradif, müteradif

sinonimleşmek allmählich den gleichen Begriff bezeichnen (wie), mehr und mehr zum Synonymbegriff (von) werden

Sinop *n.pr.* Hafenstädtchen am Schwarzen Meer im gln. Rbz.

sinopsis Synopsis *f,* knappe Zusammenfassung, Übersicht *f, spez.* Filmübersicht *f,* Exposé *n*

sinoptik synoptisch

sinoreksi (*franz.* **synorexie**) s. **oburluk hastalığı**

sinot, -du 1. *fr. a.* **Sen Sinot** Synod *m* (in Rußland) 2. Synode, Kirchenversammlung *f*

sinovya (*franz.* **synovie**) s. **oynak sıvısı**

sinoykiya Synözese *f* (e–e Form der Symbiose)

sinrimek hüpfen, hopsen

sinseng Ginseng *m bot.* Panax ginseng

sinsi verschlagen, hinterhältig, heimtückisch ~ **bir hastalık** e–e heimtückische Krankheit ~ **enflasyon** unsichtbare Inflation

sinsile *P* für **silsile** (2)

sinsileşmek hinterhältig werden

sinsilik Verschlagenheit, Hinterhältigkeit, Heimtücke *f*

sinsin *dial.* abendlicher Tanz junger Männer um ein Feuer (mit **davul-zurna-**Begleitung) (*spez.* bei Hochzeitsfeierlichkeiten)

Sint, -di *geogr.* 1. s. **İndüs** 2. Indus-Gebiet *n*

sintaks s. **sentaks**

sinterlemek (Metallurgie) sintern

sintine *naut.* Bilge *f,* Kielraum *m* ~ **borusu** Lenzleitung *f* ~ **bölmesi** s. ~ **kuyusu;** ~ **iskandil rodu** Peilstock *m* ~ **kuyusu** Pumpen-sumpf, -soot *m,* Brunnen *m* (e–s Schiffes) ~ **örtüsü** Füllung *f* des Nüstergatts ~ **su yolu** Wasserlauf *m* (zum Pumpensumpf) ~ **suyu** Bilgenwasser *n,* Grundsuppe *f* ~ **suyunu çekmek** lenzen (mit der Pumpe) ~ **tulumba deliği** Nüstergatt *n* ~ **tulumbası** Lenzpumpe *f* **-yi marmara etmek** das Bilgenwasser herauspumpen; lenzen

sinüs 1. *math.* Sinus *m* *ceyp 2. *med.* Sinus *m,* Hohlraum *m* (*spez.* in Schädelknochen) ~ **kavramı** *techn.* Sinuskupplung *f* ~ **münhanisi** Sinuskurve *f*

sinüsoidal *math.* die Sinuskurve betreffend, in der Form e–r Sinuskurve

sinüsoit, -di *math.* Sinuskurve *f*

sinüzit, -ti *med.* Sinu(s)itis, Nebenhöhlenentzündung *f, spez.* Stirnhöhlen-katarrh *m* od. -eiterung

sinüzoidal; sinüzoit s. **sinüsoidal; sinüsoit**
sinyal, -li 1. Signal, (Kenn-)Zeichen *n* 2. Signalanlage *f* 3. *(Telephon)* Freizeichen *n* 4. **(lambası)** Blinker *m* (am Auto) 5. **(müziği)** *(Rundfunk, Fernsehen)* Sende-, Pausezeichen *n,* Kennmelodie *f* 6. *(Boxen)* Gong *m* 7. *selt.* Losung, Parole *f* ~ **çekmek** (*od.* ~ **vermek**) 1. signalisieren 2. *(Auto)* den Blinker betätigen, blinken ~ **direği** *(Eisenbahn)* Signalmast *m* **-i açmak** *(Eisenbahn)* das Signal auf freie Fahrt stellen
sinyazıtı Grabinschrift *f,* Epitaph *n*
sinyor *mst. pej. od. iron.* Signor(-e), Herr *(m)* (Italiener)
sinyora [·×·] *selt.* Signora, Frau *(f).* (italienische) Dame
sinyorina [··×·] *selt.* (italienisches) Fräulein, Signorina *(f)*
sipah [ā] *va.* 1. Militär *n,* Truppen *pl.* Heer *n,* Armee *f* 2. (in altosm. Zeit) Kavallerie, berittene Miliz
sipahdar s. **sipehdar**
sipahi [·– –] 1. *va.* zum Militär gehörig 2. (in altosm. Zeit) Kavallerist, Reiter *m* (Inhaber e–s erblichen Lehens) 3. *fr.* Sepoy *m* (in Indien) 4. Spahi *m* (in Algerien) ≗ **Ocağı** 1. *hist.* altosm. Kavallerie *f* 2. Reit-klub *m,* -schule *f* (in Istanbul) 3. türk. Zigarettenmarke
sipahilik *fr.* Stand *m* der **sipahi** (2)
sipahsalar s. **sipehsalar**
sipar 1. *V* Zigarette *f* *cıgara, sigara 2. *(im Ortaoyunu)* Liebhaber *m,* junger Mann
-sipar [ā] *va. pers. Sx.* gebend, opfernd
sipare [ā] *rel.* e–r der dreißig Teile des Korans (zur täglichen Rezitation)
sipari *V* Honorar *n* für Tanzvorführungen od. andere Veranstaltungen bei Festen (*spez.* bei Hochzeiten)
sipariş [ā] 1. Bestelltes, Bestellung *f* 2. Bestellen *n,* Bestellung *f* 3. (*a.* ~ **maaşı**) Gehaltsteil *m,* der direkt an Familienangehörige überwiesen wird Zu 2: **Bu kadının oğlundan yüz lira -i vardır.** Diese Frau bekommt regelmäßig 100 Pfund von dem Gehalt ihres Sohnes überwiesen. ~ **almak** e–e Bestellung auf-, über-nehmen ~ **defteri** *H* Auftragsbuch *n* ~ **etmek** (b–ne bşi) bei j–m et. bestellen ~ **mektubu** *jur.* Bestellschein, Order-, Auftrags-brief *m* ~ **vermek** e–e Bestellung aufgeben
siparoner *fr. naut.* kleines, schnelles Malteserschiff mit Sprietsegel
sipeh s. **sipah**
sipehdar [ā]; **sipehsalar** [··– –] *va.* Oberbefehlshaber, Kommandant *m*
sipenç, -ci *va.* 1. vorübergehende Bleibe; Unterkunft *f* *misafirhane 2. s. **serayı sipenç**
sipent, -di *va.* (vgl. **üzerlik otu** 2)
siper 1. Deckung, Parade *f* (z.B. beim Fechten) 2. schützendes Hindernis; Schutz(-vorrichtung *f*) *m;* Wandschirm *m;* spanische Wand 3. *mil.* Schutzwall *m,* Brustwehr *f,* Schützengraben *m* 4. Hutkrempe *f* od. Mützenschild *n* 5. a) *techn.* Schutz-blech, -schild *n,* -platte *f* b) Säbelkorb *m* 6. (gegen Wind, Regen usw.) geschützter Platz 7. gedeckt, geschützt (z.B. Ort) ~ **almak** 1. sich decken (z.B. beim Fechten) 2. (bşi k–ne) sich hinter et. verschanzen, Deckung suchen (hinter) ~ **aynası** *mil.* Grabenspiegel *m* ~ **bahçesi** *mil.* Feldbefestigungs-platz, -garten *m* ~ **etmek** (bşi) et. als Schutz (od. Hilfe) vorhalten (**eli** ~ **etmek** die Hand vorhalten **Elini kulağının ardına** ~ **ediyor.** Er hält horchend die Hand hinters Ohr. **göğsünü** (*od.* **kendini**) ~ **etmek** sich schützend dazwischenwerfen, mit dem eigenen Körper auffangen, was e–m anderen zugedacht war) ~ **harbi** s. **mevzi harbi;** ~ **havanı** *mil.* Grabenmörser *m* ~ **humması** s. **beş gün humması;** ~ **kalkanı** *mil.* (Schützen-)Grabenschild *m* ~ **kazmak** e–e Brustwehr aufwerfen, Schützen-, Luftschutzgräben o.ä. ausheben ~ **manzumesi** *mil.* Grabensystem *n* ~ **muharebesi** *mil.* Grabenkampf *m* ~ **olmak** (b–ne) j–m als Schutz dienen, j–n schützen ~ **topu** *mil.* Grabengeschütz *n* **-e almak** (b–ni) j–n in seinen Schutz nehmen **-ler kazmak** Gräben ziehen, sich verschanzen
siperisaika [···–··] *z. va.* Blitzableiter *m* *paratoner, yıldırımkıran
siperlenmek 1. Schutz suchen 2. *mil.* sich eingraben, sich einbuddeln
siperli mit **siper** ausgestattet ~ **kasket** Schirmmütze *f*
siperlik, -iği was Deckung od. Schutz gewährt ~ **maske** Fechtmaske *f;* s. a. **kılıç kabza -i**
sipersiz ohne **siper** *spez.* ohne Deckung, ungeschützt, ungedeckt
sipihr *va.* 1. Himmel *m,* Firmament *n* 2. Los, Schicksal *n* 3. *mus.* e–e melod. Weise in der türk. Musik
sipolen, sipolin *min.* Cipollin, Zwiebelmarmor *m*
sipsi 1. Bootsmannspfeife *f* 2. Mundstück *n* der türk. Oboe **(zurna)** 3. *V* Zigarette *f* *sipar, sigara, cıgara 4. *fr.* Trillerpfeife *f* (bei Übungen)
sipsivri [×··] 1. ganz spitz, sehr spitz 2. ganz verlassen 3. *Adv. P* unerwartet (und unerwünscht) ~ **kalmak** mutterseelenallein sein
sir (I) 1. Sir (engl. Titel) 2. *selt.* s. **efendim**
sir (II) (*franz.* **sire**) Majestät *haşmetmeap
sı'r *va.* (Waren-)Preis *m* *narh
siraç, -cı [ā] *va.* 1. Lampe, Laterne, Kerze *f* 2. Licht *n* 3. *rel.* ≗ (*a.* ≗ı **rahı hidayet**) Mohammed 4. ≗ (vgl. **Seracettin**)
siraj (*franz.* **cirage**) *selt.* Wichsen, Bohnern *n*
sirayet, -ti [ā] 1. Über-greifen, -springen, Sich-Ausbreiten *n* 2. Ansteckung, Infektion, Verseuchung *f* 3. *techn.* Fortpflanzung ~ **etmek** (m. Dat.) 1. übergreifen, überspringen, sich ausbreiten, sich fortpflanzen (auf) 2. anstecken, infizieren, verseuchen ~ **sürati** *techn.* Fortpflanzungsgeschwindigkeit *f*
siraz die Karpfenart Varichorinus pestai
Sir(i)derya *n.pr.* Syr-Darja, Jaxartes *m* (Fluß in Mittelasien)
sire (I) (*franz.* **ciré**) *selt.* gewichst, gebohnert, blank, glänzend
sire (II) [ī] s. **siyret** (3) und **siyer** (3)
siren 1. *griech. Myth.* Sirene *f* 2. *selt.* s. **canavar düdüğü**
Sirenaik 1. (*a.* **Sirenaika**) *n.pr.* Cyrenaika, Kyrenaika *f* (in Nordafrika) 2. *phil.* Kyrenaiker *m*
Sirenaizm s. **Kayrevaniye, Kirene okulu**
siret s. **siyret**
Siril s. **Kiril**
sirinks (*franz.* **syrinx**) s. **göğüs gırtlağı**
sirişk, -ki *va.* Träne(-n *pl.*) *f*
sirk, -ki 1. Zirkus *m* 2. *geogr.* Kar *n* *buz yalağı ~ **pisti** Manege, Reitbahn *f*
sirkaf *V* Schuh *m* *ayakkabı
sirkat, -ti *va.* Diebstahl *m* *hırsızlık ~ **etmek** e–n Diebstahl begehen; stehlen
sirke (I) Essig *m* ~ **asidi** (*fr. a.* ~ **ruhu**) Essigsäure *f* ~ **bakterisi** Essigsäurebakterie *f* ~ **kurdu** (*od.* ~ **iplik solucanı**) Essigälchen *n zo.* Anguillula aceti ~ **sineği** Essigfliege *f zo.* Drosophila melanogaster
sirke (II) (Läuse-)Nisse *pl.,* Eier *pl.* von Flöhen od. anderem Ungeziefer
sirkeci Essig-fabrikant, -händler *m*
Sirkeci *n.pr.* Name e–s Stadtviertels in Istanbul ~ **istasyonu** der Bahnhof Sirkedschi (Endstation der europäischen Eisenbahnlinie)
sirkecilik 1. Essigfabrikation *f* 2. Essighandel *m*
sirkeleşmek zu Essig werden
sirkeli 1. mit Essig gemischt bzw. zubereitet 2. mit Nissen (Läusen) behaftet ~ **su** Essigwasser *n* (als Erfrischungsgetränk)
sirkelik Essig-behälter, -krug *m,* -flasche *f*

sirkencebin; sirkengebin [···–] *pharm.* Sauerhonig, Essigmet *m,* Oxymel *n* (mit Essig zubereiteter Honigfruchtsaft)
sirkinmek plötzlich aufwachen, mit e–m Ruck wach werden
sirkmek s. **silkmek**
sirkonfleks (*franz.* **circonflexe**) s. **aksan** ~
sirkülasyon (*franz.* **circulation**) 1. Zirkulieren *n,* Umlauf *m* 2. *med.* Kreislauf *m* 3. Geldumlauf *m*
sirküler (*franz.* **circulaire**) Zirkular, Rundschreiben *n* *genelge
siroko [·×·] Schirokko *m* (warmer Mittelmeerwind)
siroz (I) *med.* Zirrhose *f*
siroz (II) *dial.* s. **bıyıklıbalık**
Siroz ältere Schreibung von **Serez**
sirozlu *med.* 1. mit Zirrhose 2. an Zirrhose erkrankt
Sirrah *va.* s. **Kısrak**
sirrokümülüs *met.* s. **yumakbulut**
sirrostratüs *met.* s. **tülbulut**
sirrüs *met.* s. **tüybulut**
sirtaki [·×·] Sirtaki *m* (griech. Volkstanz)
Sirte körfezi s. **Sidre körfezi**
sirti *naut.* Grund-, Lang-leine *f*
sirto [×·] Name e–s Volkstanzes und der dazugehörigen Musik
Sirüs *n.pr.* Cyrus
sirval *va.* s. **şalvar**
Siryüs s. **Akyıldız**
sis 1. Nebel *m* 2. *phot.* Schleier *m* (auf e–r Aufnahme) *vual 3. *z. va.* braune od. rötliche Flecken im Fell e–s Pferdes ~ **atışı** *mil.* Nebelschießen *n* ~ **bankı** Nebelbank *f* ~ **bombası** Nebelbombe *f* ~ **borusu (düdüğü, kornası)** *naut.* Nebelhorn *n* ~ **çökmek** fallen; sich senken (Nebel) ~ **dağılmak** sich zerteilen (Nebel) ~ **farı** Nebelscheinwerfer *m* (am Auto) ~ **işareti** (*od.* ~ **kampanası**) *naut.* Nebel-signal *n,* -glocke *f* ~ **mermisi** Nebelgeschoß *n* ~ **perdesi** Nebelwand *f*
sisal 1. Sisal-Agave *f bot.* Agave sisalana 2. **(keneviri)** Sisalhanf *m*
Sisam *n.pr.* 1. **(adası)** Insel *f* Samos 2. **(şehri)** Samos (auf der gln. Insel)
Sisamlı 1. aus Samos stammend 2. Einwohner(-in *f*) *m* von Samos
Sisero s. **Çiçero**
Sisif (*franz.* **Sisyphe**) s. **Sizifa**
sislemek *mil.* ein-, ver-nebeln
sislenmek 1. Pass. zu **sislemek** 2. nebelig und feucht werden 3. beschlagen (*intr.*) (z.B. Scheibe) 4. *z. va.* Flecken bekommen (vgl. **sis** 3)
sisleyici s. **pülverizatör**
sisli 1. nebelig und feucht 2. beschlagen (z.B. Scheibe) 3. *phot.* verschleiert, unklar (Aufnahme) *vuale 4. *z. va.* gefleckt (vgl. **sis** 3); ~ **balık** gefleckte Flußbarbe *zo.* Barbus meridionalis
sismik s. **depremsel**
sismograf s. **depremyazar, depremçizer**
sismogram s. **deprem çizisi**
sismoloji(-k) s. **deprembilim(-sel)**
sismometre [··×·] s. **depremölçer**
sismoskop, -pu s. **depremgörür**
sismoterapi *med.* s. **elektroşok**
sisoyidal (*franz.* **cissoïdal**) *math.* Zissoiden-
sisoyit, -di *math.* Zissoide, Efeublattkurve *f*
sistem 1. System, Gefüge *n,* Aufbau, Organismus, Apparat *m,* Gesamtheit *f* *cümle, dizge, heyet 2. Anlage, Einrichtung *f* *tertibat 3. philosophisches System; Richtung, Lehre, Lehr-meinung *f,* -gebäude *n,* Doktrin, Theorie *f* *çığır, manzume, meslek, öğreti 4. Methode *f,* Verfahren *n* *usul, yol, yöntem 5. *geol.* erdzeitliche Formation 6. Regierungsform *f,* Regime *n* ~ **le yapılan çalışma** systematisches Arbeiten
sistematik 1. systematisch, planmäßig, logisch, folgerichtig 2. *bot. zo.* Systematik *f* ~ **katalog** (*Bibliothekswesen*) Real-, Sach-katalog *m*
sistematize systematisiert ~ **etmek** systematisieren, systematisch ausrichten (ausbauen, gestalten)
sistemci Systemspieler *m* (z.B. bei Roulett)
sistemleşmek systematische Ausrichtung od. Gestaltung erfahren, systematisiert werden
sistemleştirmek systematisch ausrichten od. gestalten, systematisieren
sistemli 1. mit nb. System 2. *pr.* systematisch 3. beharrlich
sistemsiz ohne System, unsystematisch, zerfahren
sistemsizlik Systemlosigkeit, Zerfahrenheit *f*
sistik *med.* zystisch, blasenartig od. auf die Blase bezüglich
sistire [×··] 1. Trogscharre *f* (Spachtel zum Auskratzen des Backtrogs) 2. Brotschieber *m* 3. Schabeisen *n* (des Tischlers) ~ **ustura** *naut.* Schabhobel *m,* Ziehklinge *f*
sistirilemek ab-kratzen, -hobeln, -schleifen
sistiserk, -ki *zo.* Zysticercus *m* (Finne des Bandwurms)
sistit, -ti *med.* Zystitis, Harnblasenentzündung *f,* Blasenkatarrh *m* *zatülmesane
sistol, -lü *med.* Systole *f* *yürek kasıntısı
sistoskop, -pu *med.* Zystoskop *n,* Blasenspiegel *m*
sit [ī] s. **sıyt**
sitadel *selt.* Zitadelle *f*
-sitan [ā] *va. pers. Sx.* 1. nehmend, empfangend 2. s. **-istan**
sitare [ā] *va.* 1. s. **yıldız** 2. s. **talih, baht, kader**
sitat, -dı [ā] *va.* Nehmen, Kaufen *n;* s. a. **dadüsitat**
sitayiş [ā] Lob *n,* Anerkennung *f,* Ruhm, Preis *m* *sena ~ **etmek** loben, anerkennen, rühmen **-e lâyık** lobenswert **-le bahsetmek** (b–den) anerkennend von j–m sprechen, j–n rühmen **-te bulunmak** (b–nin hakkında) sich lobend über j–n aussprechen
sitayişkâr [·–·–] lobend, rühmend, anerkennend, preisend **Türkiye'den çok ~ bir lisanla bahsetti.** Er sprach von der Türkei in Worten höchster Anerkennung.
sitayişname [ā, ā] s. **methiye**
site 1. Siedlung, Stadt *f,* Stadtstaat *m* (*spez.* in der Antike) 2. in sich geschlossenes Stadtviertel (z.B. Universitätsviertel)
sitejarden (*franz.* **cité-jardin**) *z. va.* Gartenstadt, Stadtrandsiedlung *f* *bahçeli evler
sitem 1. *va.* Unrecht *n,* ungerechte, tyrannische Behandlung 2. *va.* Qual, Pein, Plage *f* 3. (spöttische) Vorhaltung, leichter Vorwurf ~ **etmek** (b–ne) j–m Vorhaltungen (Vorwürfe) machen – **taşı** *fig.* (scharfe) Vorhaltung
sitemdide [··–·] *va.* wer ungerecht behandelt (tyrannisiert) worden ist
sitemger *va.* s. **sitemkâr**
sitemkâr 1. *va.* ungerecht behandelnd; tyrannisierend 2. vorwurfsvoll
sitemkeş *va.* wer Unrecht erleidet; tyrannisiert
sitemli vorwurfsvoll
sitet, -di s. **sitat, -dı**
siti [×·] City *f* (*spez.* in London)
sitil (I) 1. großer Trinkbecher mit Henkel 2. großer (Kupfer-)Eimer zum Pferdetränken 3. kleiner Weihrauchbehälter an Kette 4. Kaffeekännchen *n* in e–r mit drei Ketten an e–m größeren Behälter befestigten Silberschale 5. *naut.* beim Kalfaltern verwendeter Henkelkessel zum Pechkochen 6. *fr.* hängende, mit Hahn versehene Barbierschüssel (zum Gesichtwaschen nach dem Rasieren) 7. kleineres Kohlenbecken 8. s. **hamamtası**
sitil (II) 1. *F* vornehm, schick, elegant 2. s. **stil**

sitka [×·] schwarzgefärbtes Fell des sibirischen Fuchses
Sitler s. **İskitler**
sitoloji(-k) s. **hücrebilim(-sel)**
sitra (*franz.* **cédrat**) s. **ağaçkavunu**
sitrik asit (*franz.* **acide citrique**) Zitronensäure *f*
sitte *va.* 1. sechs *altı 2. s. **altılık** 3. *fr.* e–e Rangstufe bei Geistlichen
sitteisevir s. **öküzsoğukları**
sittin [·–] *va.* sechzig *altmış (nur mehr in der Füg.:) **-sene** ewig lange, jahrelang, ewig und drei Tage
sitüasyon 1. Situation, Lage *f*, Umstände, Verhältnisse *pl.* 2. Stellung, Stelle *f*, Posten *m*, Arbeit *f*
Sitya [×·] *n.pr.* (das antike) Skythien
Sityalılar s. **İskitler**
sivak, -ki [ā] *va.* 1. s. **misvak** 2. Reinigung der Zähne mittels **misvak**
Sivas s. **Sıvas**
Siverek *n.pr.* Stadt u. D. im Rbz. Urfa
sivil 1. zivil, nichtmilitärisch 2. Zivilist *m* 3. Zivilkleidung *f* 4. *F* Geheimpolizist *m* 5. das bürgerliche (zivile) Leben betreffend, Zivil-, Bürger- 6. *F* barfuß, ohne Hut, ohne Jackett, *gel. a.:* nackt 7. in Zivil(-kleidung) ~ **ahali** (*od.* ~ **halk**) Zivilbevölkerung *f* ~ **gezmek** in Zivilkleidung ausgehen ~ **giymek** Zivilkleidung anlegen ~ **harp** Bürgerkrieg *m* *dahilî harp ~ **idare** Zivilverwaltung *f* ~ **makam** Zivilbehörde *f* ~ **mesken** Wohnhaus *n* ~ **mevkuflar** Zivilgefangene *pl.* ~ **polis** Geheimpolizist *m* ~ **savunma** ziviler Luftschutz ≗ **Servis** (*engl.* **Civil-Service**) Staats-, Verwaltungs-dienst *m* ~ **tayyare** Verkehrsflugzeug *n* **-yıl** bürgerliches Jahr **-ler** Zivilbevölkerung *f* ≗**lerde bulunan bütün silâhlar müsadere edilmiştir.** Alle in Zivilhand befindlichen Waffen wurden beschlagnahmt.
sivilce Pickel *m* (kleine Hauterhebung) **-yi matya etmek** 1. e–n (harmlosen) Pickel zu e–m bösartigen Geschwür werden lassen 2. *fig.* e–e unbedeutende Mißhelligkeit zur offenen Feindschaft werden lassen **Yüzünde birçok** ~ **çıktı.** Sein Gesicht ist mit Pickeln übersät.
sivilceli mit Pickeln behaftet; pickelig
sivilite (*franz.* **civilité**) *selt.* Höflichkeit *f*, Anstand *m*, Artigkeit *f*
sivilizasyon *selt.* Zivilisation, Kultur *f*
sivilize *selt.* zivilisiert, kultiviert ~ **etmek** *selt.* zivilisieren, kultivieren
sivillik 1. Zivilstand *m* 2. s. **başıbozukluk** 3. Adams-, Eva(s)-kostüm *n*
siviş(-ik, -mek) s. **sıvış(-ık, -mak)**
sivri 1. spitz, mit scharfer Spitze 2. spitz zulaufend, konisch 3. genau (Zahl) (*ant.* **yuvarlak**) 4. s. **palamut** (I) (Anm.) ~ **akıllı** *iron.* übergescheit, wer das Gras wachsen hört, *F* überkandidelt ~ **alev** Stichflamme *f* ~ **başlı** 1. mit konisch zulaufendem Kopf (Ende) 2. *fig.* eigensinnig, hartnäckig ~ **burunlu** spitz (Schuhe) ~ **dilli** *fig.* wer e–e spitze (scharfe) Zunge hat ~ **eğe** Spitzfeile *f* ~ **havşa** Spitzsenker *m* ~ **kafalı** eigensinnig, hartnäckig ~ **kavak** s. **piramit kavak;** ~ **kemer** *arch.* Spitzbogen *m* ~ **matkap** Spitzbohrer *m* ~ **sakal** 1. Spitzbart *m* 2. mit Spitzbart ~ **tatlısu salyangozu** Schlammschnecke *f zo.* Limnaea ~ **tepelik** giebelförmiger (Balken-)Aufsatz über e–m Fenster
Sivriada *n.pr.* Oxia; Hundeinsel *f* (bei Istanbul) *Hayırsızada; Hırsız adası
sivribiber scharfer, grüner Paprika (z.B. als Beilage bei **döner kebap**)
sivriboy(-lu) 1. hochaufgeschossen 2. *pej.* lang wie e–e Bohnenstange
sivriburun 1. spitznasig 2. **(karagöz)** schwarzgebänderter Brassen *zo.* Charax puntazzo
Sivrice *n.pr.* O. u. D. im Rbz. Elazığ
sivrifare Waldspitzmaus *f zo.* Sorex araneus *orman soreksi
Sivrihisar *n.pr.* O. u. D. im Rbz. Eskişehir
sivrikuyruk Madenwurm, Pfriemenschwanz *m zo.* Enterobius vermicularis *dudu müstakim, iğne kurdu, kılkurt, oksiyür
sivrilce s. **sivilce**
sivrileşmek 1. spitz(-er) werden 2. konisch zulaufen
sivrilik 1. Spitzsein *n* 2. lange und schmächtige Figur 3. *fig.* Spitze, Schärfe *f*
sivrilmek 1. s. **sivrileşmek** 2. *techn.* sich verjüngen 3. wachsen, in die Höhe schießen 4. *fig.* Karriere machen, zu hohen Ämtern aufsteigen, *F* ein großes Tier werden 5. *fig.* sich besonders stark entfalten (entwickeln), mächtig aufblühen. Zu 4: **Birdenbire sivrildi.** Er ist mit e–m Mal ein großes Tier geworden. Zu 5: **Cherubini'nin zamanında sivrilmeye başlayan Alman musikisi ...** die deutsche Musik, die sich zu Cherubinis Zeit mächtig zu entfalten begann, ...
sivriltmek e–e spitze (konische) Form geben z.B. spitzen (Bleistift)
sivrisinek Stechmücke, Schnake *f*, Moskito *m zo.* Culex pipiens *spez.* Malariamücke *zo.* Anopheles maculipennis *anofel ~ **mücadelesi** Moskitobekämpfung *f*
sivritepe Bergspitze *f*, Gipfel *m*
siya [×·] *naut.* Streichen *n* (Rückwärtsschlag beim Rudern (*naut.* Pullen) ≗ **beraber!** *(naut. Kommando)* Streich überall! ~ **etmek** rückwärts rudern (pullen) ≗ **sancak** (*bzw.* ≗ **iskele**)! *(naut. Kommando)* Streich Steuerbord (bzw. Backbord)! ~ ~ **gitmek** immer weiter zurück-rudern, -pullen ~ **tutmak** *naut.* die Riemen streichen
siyadet, -ti [ā] s. **seyitlik**
siyadetlü [ā] 1. Titul. der **nakibüleşraf** *(q.v.)* 2. s. **devletlü** ~
siyah 1. schwarz *kara 2. schwarze Farbe; Schwarz *n* 3. Neger *m* 4. *mus.* Viertelnote *f* *dörtlük, nuar 5. sehr dunkel 6. schmutzig 7. *typ.* fett 8. *V* Opium *n* 9. **-lar** *a.:* Trauerkleidung *f* Zu 2: **-a oynamak** (Roulett) auf Schwarz setzen Zu 9: **-lara bürünmek** *od.* **-lar giymek** Trauer anlegen ~ **ağaçkakan** s. **kara ağaçkakan;** ~ **akasma** s. **dövülmüş avrat otu;** ~ **altın** „schwarzes Gold" (= Kohle *f*) ~ **arpa** schwarze Gerste *bot.* Hordeum vulgare var. nigrum ~ **bakır** ungereinigtes Kupfer ~ **bal** Saft *m* des Zuckerrohrs ~ **banotu** schwarzes Bilsenkraut *bot.* Hyoscyamus niger ~ **beyaz filim** Schwarzweißfilm *m* ~ **civan perçemi** Trauergarbe *f bot.* Achillea atrata ~ **çotuk** der in der Erde verbliebene Teil e–s Baumstumpfs ~ **darı otu** Flattergras *n bot.* Milium nigricans ~ **ekmek** Schwarzbrot *n* ~ **et** Wildbret *n* ~ **frenküzümü** schwarze Johannisbeere *bot.* Ribes nigrum *kasis ~ **harbak** s. **kara çöpleme;** ~ **harfler** 1. Fettdruck *m* 2. Halbfettdruck *m* (wie er in den ersten Jahren nach der Schriftreform in türk. Zeitungen verwendet wurde) (*ant.* **beyaz harfler**); ~ **ırk** schwarze Rasse; negrider Rassenkreis *zenci ırkı ~ **kan damarı** Blutader, Vene *f* ~ **kızılağaç** s. **erkek akdiken;** ~ **kurtluca** schwarze Eberwurz *bot.* Cardopatium corymbosum ~ **mantar** Speisemorchel *f bot.* Morchella esculenta ~ **mürver** schwarzer Holunder *bot.* Sambucus nigra ~ **saçlı** schwarzhaarig ~ **sığırkuyruğu** schwarzes Wollkraut *bot.* Verbascum nigrum ~ **yapraklı devedili** schwarzblättrige Königskerze *bot.* Verbascum sinnatum ~ **yazı** *typ.* Fettdruck
siyahımsı; siyahımtırak schwärzlich, ins Schwärzliche spielend
siyahî [·––] 1. Neger *m*, Schwarzer *zenci 2. *hist.* Negereunuch *m*
siyahlanmak; siyahlaşmak schwarz werden; sich schwärzen
siyahlatmak schwarz machen, schwärzen
siyahlı 1. in Schwarz gekleidet, in Trauerkleidung 2. mit

schwarzen Flecken ~ **beyazlı** schwarz und weiß gemustert

siyahlık 1. Schwarzsein *n,* Schwärze *f* 2. schwarzer Fleck

siyak, -kı [ā] *va.* Ausdrucksweise *f,* Stil *m* **-ı kelâm** *va.* s. **siyakusibak**

siyakusibak, -kı [·–··–] textlicher od. gedanklicher Zusammenhang; Kontext *m* *ibarenin gelişi, karine, sözgelişi

siyakat, -tı [·–·] *fr.* bes. in der Finanzverwaltung verwendete ar. Schriftart ~ **yavı** *P fr.* krumm, buckelig

Siyam [×·] *n.pr.* Siam, Thailand ~ **hastalığı** *va.* s. **sarıhumma;** ~ **kakulesi** 1. Kardamom *m, n bot.* Amomum cardamomum 2. der als Gewürz verwendete Samen dieser Pflanze, die runden (od. Siam-)Kardamomen

Siyamca [·×·] 1. das Siamesische, die Thai-Sprache 2. siamesisch

Siyamlı 1. Siamese, Thai(-länder) *m,* Siamesin, Thailänderin *f* 2. siamesisch, thailändisch ~ **ikizler** siamesische Zwillinge *pl.*

siyanidrik asit (*franz.* **acide cyanhydrique**) *chem.* Blausäure *f* *asit hidrosiyanik; prüsik asit

siyanojen (*franz.* **cyanogène**) *chem.* Zyan *n*

siyanoz (*franz.* **cyanose**) *med.* Zyanose, Blausucht *f*

siyanür (*franz.* **cyanure**) *chem.* Zyanverbindung *f,* Zyanid *n* ~ **dö potasyum** s. **potasyum siyanürü**

siyasa s. **siyaset**

siyasal s. **siyasî;** ~ **coğrafya** politische Geographie ≗ **Bilgiler Fakültesi** *n.pr.* Volkswirtschaftliche Fakultät (der Universität Ankara) (Hervorgegangen aus ≗ **Bilgiler Okulu,** *fr.* **Mülkiye Mektebi,** Verwaltungshochschule); seit 1978: **Mülkiye Üniversitesi** (mit sechs Fakultäten) ~ **özgürlük** politische Freiheit *siyasî hürriyet

siyaset, -ti [ā] 1. Politik *f* 2. *pr.* kluge Politik; Gewandtheit, Diplomatie *f* 3. (in best. Füg.) Hinrichtung *f* ~ **erbabı** Politiker *pl.* ~ **meydanı** Richt-platz *m,* -stätte *f* ≗ **Çeşmesi** s. **Cellât Çeşmesi**

siyasetçi [ā] 1. Politiker, Staatsmann *m* 2. wer diplomatisch geschickt vorgeht

siyaseten [·×··] *z. va. Adv.* 1. aus politischen Gründen 2. in politischer Hinsicht 3. auf diplomatische Art

siyasetgâh [·–·–] *va.* Richt-platz *m,* -stätte *f*

siyasî [·––] 1. politisch 2. *fig.* gewandt, diplomatisch 3. Politiker, Staatsmann *m* ~ **akide** politisches Glaubensbekenntnis, politische Überzeugung ~ **evrak** politische Dokumente *pl.* ~ **gerginlik** politische Spannung ~ **grev** s. **genel grev;** ~ **haklar** politische Rechte *pl.* ~ **hürriyet** s. **siyasal özgürlük;** ~ **iktisat** Volkswirtschaft *f* *ekonomi politik ~ **muvazene** politisches Gleichgewicht ~ **münasebetlerin kesilmesi** Abbruch *m* der diplomatischen Beziehungen ~ **müsavat** politische Gleichberechtigung ~ **müsteşar** parlamentarischer Staatssekretär ~ **parti** politische Partei ~ **pasaport** Diplomatenpaß *m* ~ **rical; ricali siyasiye** *va.* Politiker, Staatsmänner *pl.* *rical, devlet adamları ~ **suç** politisches Vergehen (Delikt, Verbrechen)

siyasiyat, -tı [·–·–] *z. va. Pl.* politische Angelegenheiten (Fragen) *pl.,* Politik, Diplomatie *f*

siyasiyun [·–·–] *va. Pl.* Politiker, Staatsmänner, Diplomaten *pl.* *rical, devlet adamları

siyatik (*franz.* **sciatique**) 1. *an.* **(siniri)** Hüftnerv, Nervus ischiadicus 2. **(hastalığı)** *med.* Ischias *f (F a. m, n),* Hüftweh *n* 3. *P gel.* s. **nıkris**

siyek *an.* Harnröhre, Urethra *f* *ihlil, uretra

siyele(-k) *dial.* Leinsamen *m* *kenevir tohumu

siyenit, -ti *min.* Syenit *m* (ein Tiefengestein)

siyer *va. Pl.* zu **siyret** (*q.v.*) *spez.* 1. Charaktere *pl.* 2. kanonische Gesetze *pl.* im Islam 3. Biographie *f* Mohammeds *sire

siyerci *va.* Biograph *m* Mohammeds

siyest, -ti *selt.* Siesta *f*

siyim siyim s. **siğim siğim**

siymek pissen (Hunde, Katzen)

Siyon *n.pr.* 1. der Tempelberg Zion in Jerusalem 2. Jerusalem

Siyonculuk s. **Siyonizm**

siyonist, -ti 1. Zionist(-in *f*) *m* 2. zionistisch ~ **hareket** zionistische Bewegung; Zionismus *m* ~ **kongresi** zionistischer Kongreß; Zionistenkongreß *m*

Siyonistlik; Siyonizm Zionismus *m;* zionistische Bewegung

siyret, -ti *z. va.* 1. Charakter *m,* Verhalten, Benehmen *n* 2. innerer Wert e–s Menschen 3. Lebensbeschreibung, Biographie *f* 4. ≗ *mV, wV* ≗**i suretine uymaz.** Sein Charakter ist anders als sein Äußeres vermuten läßt.

siyyan(-en) s. **seyyan(-en)**

siz 1. ihr 2. Sie ≗ **bilirsiniz.** Das hängt ganz von Ihnen ab. Wie Sie wollen (wünschen, meinen). Das können Sie besser entscheiden als ich. ≗ **sağ olun!** 1. (bei dem Verlust e–s Nahestehenden) „Möge Gott Sie am Leben erhalten!" Mein aufrichtiges Beileid! 2. (wegwerfend) Na, wenn schon! ≗ **siz olun!** s. **Sen sen ol!** **-den iyi olmasın!** *P Hfl.* ohne Sie (mit dem Lob e–s Dritten) herabsetzen zu wollen! **-den sonra** (*a.* als *Hfl.*) nach Ihnen (!) **-e** Dat. 1. euch 2. Ihnen **-e göre** nach eurer (Ihrer) Ansicht ≗**e hilâf olmaz!** *F* Sie dürfen mir glauben! ≗**e yalan bana gerçek!** Ob Sie es glauben oder nicht! **-i** *Akk.* 1. euch 2. Sie **-in** *Gen.* 1. eurer 2. Ihrer 3. euer 4. Ihr **-inki** 1. eurig- 2. Ihrig- **-inkiler** 1. die euren 2. die Ihrigen **-ler** 1. Sie alle 2. *gel. pej.* Leute wie ihr, Leute eures Schlages 3. *mel.* (ehrende Anrede für e–e einzelne Person) ≗**lere ömür!** s. Stw. **ömür**

-siz, (-sız, -suz, -süz) ohne; -los, un-

sizce Ihrer Meinung nach

sizcileyin *va.* wie Sie

Sizifa *n.pr. griech. Myth.* Sisyphus ~ **kayası** *fig.* Sisyphusarbeit *f*

-sizin, (-sızın) ohne zu ...

sizli bizli förmlich, steif, zeremoniell

sizsiz 1. ohne euch 2. ohne Sie

skafi [×·] *naut.* kleineres Fahrzeug (für Küstenschiffahrt od. Schwammfischerei)

Skajerrak, -kı *n.pr.* Skagerrak *n*

skala s. **ıskala**

skalpel s. **neşter**

skamonya [·×·] s. **sakamonya, mahmude**

skandal 1. Skandal(-affäre *f*) *m* *rezalet 2. (Damen-)Hüfthalter *m* ~ **gazetesi** Revolverblatt *n*

skandalize entrüstet, empört ~ **etmek** in Entrüstung, Empörung versetzen

skandallı 1. skandalös, Skandal erregend 2. *selt.* mit Hüfthalter

Skandinav(-ya) s. **İskandinav(-ya)**

skandiyum [×··] *chem.* Scandium *n*

skarabgiller s. **düzlemduyargalılar**

skarlatin(-a) s. **iskarlatin**

skarlatinella *med.* scharlachähnliche Röteln, Rubeola scarlatinosa *dördüncü hastalık; kızılımsı yalancı kızamık

skavut, -tu (*engl.* **scout**) Erkundungs-, Aufklärungs-fahrzeug, -boot, -flugzeug *n*

skayskreyper (*engl.* **sky-scraper**) *selt.* Wolkenkratzer *m,* Hochhaus *n* *gratsiyel

skeç, -çi Sketch *m,* lustiger Einakter

skeleton Skeleton *m* (niedriger, schwerer Sportrennschlitten)

skerzo [×·] *mus.* Scherzo *n*

sketing (*engl.* **skating**) 1. Schlittschuh- od. Rollschuh-laufen *n* 2. Eisbahn od. Rollschuhbahn *f*

sketing rink (*engl.* **skating-rink**) s. **sketing** (2)

skeptik skeptisch *reybî, septik
skeptisizm Skeptizismus *m* *reybiye, septisizm
ski *z. va.* 1. Skier, Schneeschuhe *pl.* 2. Ski-sport *m,* -lauf (-en *n*) *m* *(1, 2) kayak ~ **ile atlama** Skispringen *n* ~ **yapmak** Ski laufen
skif Skiff *n,* Renn-Einer *m*
skink, -ki Skink *m zo.* Scincus scincus
skinkgiller Wühl-, Glatt-echsen *zo.* Scincidae
Skiros (adası) *n.pr.* Skyros (griech. Insel)
skit [ī] (*engl.* **skeet**) Ton-, Wurf-taubenschießen *n*
skiyametre (*franz.* **skiamètre**) Skiameter *n* (Instrument zur Messung der Intensität der Röntgenstrahlen)
skiyatron (*franz.* **skiatron**) Radarempfänger *m*
skiyörin Skijöring *n*
sklera Sklera *f* *gözakı
skleranşim (*franz.* **sclérenchyme**) s. **sertdoku**
skleroz *med.* Sklerose, Verkalkung *f*
Skoç s. **İskoç;** ~ **viski** schottischer Whisky
Skoçya s. **İskoçya**
skolastik s. **iskolastik**
Skolotlar s. **İskitler**
skolyotik (*franz.* **scoliotique**) *med.* mit Skoliose behaftet
skolyoz *med.* Skoliose *f;* seitliche Verkrümmung der Wirbelsäule
Skopçina [×··] *n.pr.* Skupschtina *f* (jugoslawisches Parlament)
skopolamin *pharm., med.* Skopolamin *n* (Alkaloid des Bilsenkrautes)
skor (*engl., franz.* **score**) *(Sport)* Punktzahl *f,* Spielstand *m,* Ergebnis *n,* (geschossenes) Tor *(Fb.)* ~ **levhası** Punkttabelle *f*
skorbüt s. **iskorbüt**
skota s. **ıskota**
skoter s. **skuter**
sköl 1. Skull *n,* kurzes Ruder (zwei pro Person) 2. Skullboot, *n,* Skuller *m*
skraç, -çı (*engl.* **scratch**) *(Radrennen)* Startlinie *f* ~ **yarışı** Rennen *n* ohne Vorgabe
skraper; skreyper (*engl.* **scraper**) *techn.* 1. Schrapper *m* (im Bergwerk) 2. Schürfbagger *m*
skrofüloz s. **sıraca** (1)
skuner (*engl.* **schooner**) *naut.* Schoner *m*
skunk, -ku 1. s. **kokarca** (2) 2. Fell *n* des Skunks
Skupçina s. **Skopçina**
skuter (*engl.* **scooter**) 1. Motorroller *m* 2. (Kinder-)Roller *m* 3. Skooter *m* (auf Jahrmarkt)
slalom Slalom(-lauf) *m*
slang *selt.* Slang *m,* saloppe Umgangssprache
Slav 1. Slawe *m,* Slawin *f* 2. slawisch
Slavca 1. das Slawische, slawische Sprachgruppe 2. slawisch 3. von slawischer Art
Slavistik *ling.* Slawistik *f*
Slavizm 1. *ling.* Slawismus *m* 2. *pol.* Panslawismus *m* 3. Slawentum *n*
Slavlaşmak slawisiert werden
Slavlaştırmak slawisieren
Slavlık, -ığı 1. Slawentum *n* 2. *selt.* Panslawismus *m* *(1, 2) Slavizm **cenup -ı âleminde** im Südslawentum, bei den Jugoslawen
Slavon 1. Slawonier(-in *f*) *m* 2. slawonisch
Slavonca [·×·] *ling.* Slawonisch(-e) *n*
Slavonya [·×·] *n.pr.* Slawonien (jugoslaw. Landschaft)
slayt, -dı (*engl.* **slide**) *phot.* s. **diyapozitif**
slip, -pi Slip *m,* kurze Unterhose
sliping-kar (*engl.* **sleeping-car**) *selt.* Schlafwagen *m* *yataklı vagon, vagon-li
slogan Slogan *m,* Werbespruch *m,* Schlagwort *n*
sloganlı *pej.* mit Schlagwörtern gespickt (z.B. Rede)
slov Slow-Fox *m* (Tanz)
Slovak, -kı 1. Slowake *m,* Slowakin *f* 2. slowakisch
Slovakça [·×·] *ling.* Slowakisch(-e) *n*
Slovakya [·×·] *n.pr.* Slowakei *f*
Slovakyalı 1. Slowake *m,* Slowakin *f* 2. slowakisch, aus der Slowakei stammend
Sloven 1. Slowene *m,* Slowenin *f* 2. slowenisch
Slovence [·×·] *ling.* Slowenisch(-e) *n*
Slovenya [·×·] *n.pr.* Slowenien
Slovenyalı 1. Slowene *m,* Slowenin *f* 2. slowenisch, aus Slowenien stammend
sloyd (*engl.* **sloyd**) *päd.* Werkunterricht *m spez.* Schnitzen *n*
S. M. (*franz.* **Sa Majesté**) Seine bzw. Ihre Majestät
smaç (*engl.* **smash**) *(Tennis, Volleyball usw.)* Schmetterball *m*
smalt, -tı 1. Schmalt *m* (= Email) 2. Schmalte *f* (= Kobaltschmelze) 3. Kobaltglas *n* *(1–3) safr
smitsonit, -ti *min.* Smithsonit *m*
smokin [×·] Smoking *m*
smokinli 1. e–n Smoking tragend (z.B. Kellner) 2. *Ch.* fein gekleidet, elegant (in der Füg.:) ~ **bey** *Ch.* feiner Pinkel
snayp, -pı (*engl.* **snipe**) e–e best. Segelbootart (mit zwei Segeln)
snobizm Snobismus *m,* Geckenhaftigkeit, Vornehmtuerei *f*
snobut, -tu (*engl.* **snow-boot**) Schneestiefel *pl.* (gefütterte Gummi-Überschuhe)
snop, -bu Snob, Fatzke, Geck *m* *züppe
snopluk s. **snobizm**
soba [×·] 1. Ofen *m* 2. *gel.* Herd *m* 3. Treib-, Gewächs-haus *n,* Wintergarten *m* *limonluk 4. *V fr.* Versammlungsort der **tulumbacı** ~ **anahtarı** Ofenklappe *f* ~ **borusu** 1. Ofenrohr *n* 2. *fig.* Hohlkopf *m* ~ **tablası** Ofen-blech *n,* -vorlegplatte *f,* -untersatz *m* **-yı bir ağız yakmak** den Ofen einmal anheizen **-yı kaldırmak** den Ofen wegnehmen (zu Beginn der warmen Jahreszeit) **-yı kurmak** den Ofen setzen, aufstellen **-yı yakmak** den Ofen anstecken; (ein-)heizen
sobacı [×··] wer Öfen herstellt, verkauft, setzt od. repariert; Ofen-setzer, -händler *m*
sobacılık [×···] Gewerbe *n* e–s **sobacı**
sobalı [×··] mit Ofen (bzw. Öfen) ausgestattet, mit Ofenheizung
sobalık 1. für e–n Ofen passend (Holz) 2. für den Ofenbau bestimmt od. geeignet 3. ein Ofen voll
Sobe! (Ruf des Anschlägers **(ebe)** bei dem Ksp. **saklambaç**)
sobra [×·] *naut.* 1. Anluven! 2. Gegenbrassen *n* der Rahen ~ **etmek** 1. das Großbramsegel backholen 2. beidrehen bzw. beigedreht liegen (Schiff)
sobramani çuha *fr.* grünes Tuch (für die Wintermäntel höherer Janitscharen-Offiziere)
Sobranya; Sobranye [·×·] *n.pr.* Sobranje *f, n* (bulgarisches Parlament)
soda [×·] *chem.* 1. Soda *n, f,* Natriumkarbonat *n* 2. Sodawasser *n* (künstliches Mineralwasser)
sodalı 1. *chem.* Soda, Natriumkarbonat enthaltend 2. mit Sodawasser (Mineralwasser) verdünnt ~ **su** Sodawasser *n,* Natronlauge *f*
sodaotu, -nu Salzkraut *n bot.* Salsola *tuzotu
Sodom *n.pr.* Sodom (Bibel)
sodomi Sodomie *f*
sodomik Sodomit *m;* sodomitisch
sodyum [×·] (*franz.* **sodium**) *chem.* Natrium *n* ~ **bikarbonat** s. **bikarbonat dö sut;** ~ **bromür** Bromnatrium *n* ~ **klorür** Chlornatrium, Kochsalz *n* ~ **sülfat** Natriumsulfat *n,* Glaubersalz *n* (Abführmittel)

sof aus Ziegen- od. Kamel-wolle hergestellter Stoff wie Kamelott *m,* Mohär-, Alpaka-stoff *m;* s. a. **Ankara sofu**
sofa 1. Vorraum *m,* Diele, Halle *f* *hol 2. Steinbank *f* 3. Sofa, Kanapee *n* 4. (*a.* **aile -sı**) Familiengrab *n* ~ **kurmak** *fr.* (anläßlich des falschen Verhaltens e–s **tulumbacı** *q.v.*) e–e Versammlung einberufen (Disziplinarkommission)
sofalı 1. mit **sofa** ausgestattet 2. *fr.* Diener *m* in dem Saal, in dem der Mantel Mohammeds aufbewahrt wird ~ **çeşme** Brunnen *m* mit vorspringendem Dach
sofi 1. isl. Mystiker *m* 2. mystisch
sofilik 1. isl. Mystik *f* *tasavvuf 2. Mystizismus *m*
sofist, -ti (im alten Athen) Sophist *m* 2. *pej.* Sophist, Klügler, Wortverdreher *m*
sofistik 1. sophistisch, spitzfindig 2. *hist.* Sophistik *f*
sofita [·×·] *Th.* Soffitte *f*, Deckendekorationsstück *n*
sofiyane mystisch
sofizm Sophismus *m*
Sofokl *n.pr.* Sophokles (altgriech. Tragiker)
sofra 1. (Eß-)Tisch *m* bzw. mit Speisen besetztes Tablett od. andere Unterlage, Tafel *f* 2. Essen *n,* Speisen *pl.* 3. Tischgruppe *f* (beim Essen), Tafelrunde *f* 4. rundes Nudelbrett mit kleinen Untersätzen 5. After *m* *anus Zu 3: **Kalabalıktık, üç ~ olduk.** Wir waren recht zahlreich und bildeten drei Tischgruppen. ~ **başına geçmek** sich zu Tisch setzen ~ **başında** bei Tisch, an der Tafel ~ **bezi** s. ~ **örtüsü;** ~ **donatmak** den Tisch vollständig decken, alles auf den Tisch stellen ~ **iskemlesi** *fr.* niedriger Untersatz für *sini (q.v.)* (bei Essen auf dem Boden) ~ **kapları** Tisch-, Tafel-geschirr *n* ~ **kurmak** den Tisch dekken, die Tafel richten ~ **örtüsü** Tisch-decke *f*, -tuch *n* ~ **sahibi adam** reicher und gastfreundlicher Mann ~ **sohbeti** Unterhaltung *f* bei Tisch ~ **suyu** Tafelwasser *n* ~ **takımı** Eß-service, -besteck, Tafelgeschirr, Besteck *n* ~ **tuzu** Tafelsalz *n* **-da** bei Tisch, an der Tafel, beim Essen (**²da böyle lakırdı konuşulmaz.** Das ist kein Tischgespräch.) **-dan kalkmak** vom Tisch aufstehen, sich von der Tafel erheben **-nın altına düşmek** unter den Tisch fallen (rollen) (in betrunkenem Zustand) **²nıza bereket!** *F* Besten Dank für Speis' und Trank! **-sı açık** (*od.* **meydanda**) gastfreundlich, freigebig, ein gastfreies Haus führend **-sını açık tutmak** ein gastfreies Haus führen **-ya bakmak** bei Tisch bedienen **²ya buy(u)runuz!** Bitte (kommen Sie) zu Tisch! **-ya oturmak** sich zu Tisch setzen, zu Tisch gehen **-yı kaldırmak** (*od.* **toplamak**) den Tisch abräumen, abdecken
sofracı wer bei Tisch bedient bzw. die Bedienung zu überwachen hat, (Butler *m*)
sofracıbaşı *fr.* erster Butler (z. B. im Serail)
sofracılık Tätigkeit *f* od. Aufgaben *pl.* e–s **sofracı**
sofralı Teppich *m* mit rundem Mittelmuster, auf den das Essen gestellt wird
sofralık Speise-, Eß- (z. B. Trauben)
softa 1. *fr.* Medrese-Student 2. *fr. pej.* Angehöriger des geistlichen Standes, *pej.* Pfaffe *m* 3. *fig.* Fanatiker (e–r Idee), Intransigent *m* 4. s. **garp -sı** 5. rückständig, stockkonservativ
softalaşmak bigott *bzw.* fanatisch werden
softalık 1. *fr.* Gesamtheit *f* der Medrese-Studenten 2. *fr. pej.* Pfaffentum *n,* pfäffisches Wesen 3. *fig.* Fanatismus *m,* Intransigenz *f*
softbol [×–] (*engl.* **softball**) e–e amerikanische Baseball-Art
sofu wer die kirchlichen Vorschriften genau beachtet, (kirchen-)gläubig, (fromm); *pej.* bigott; Frömmler(-in *f*) *m*
sofuluk genaue Beachtung der Kirchenvorschriften, (Kirchen-)Gläubigkeit, (Frömmigkeit *f*) *pej.* Bigotterie, Frömmelei *f* ~ **satan** (*od.* **satıcı**) Frömmler(-in *f*) *m*
sofur s. **yabanî yasemin** (3)
Sofya [×·] *n.pr.* 1. Sofia (bulgar. Hauptstadt) 2. Sophie, Sophia Zu 2: s. **Ayasofya**
Sofyalı 1. Sofiaer(-in *f*) *m* 2. *(Adj.)* Sofiaer
soğan 1. Zwiebel *f bot.* Allium cepa *basaliye 2. Zwiebel, Knolle *f* 3. *an.* Bulbus *m* ~ **dizisi** (an e–r Schnur befestigtes) Bund Zwiebeln ~ **doğramak** *V* sich die nötigen Lebensmittel zusammenstehlen (*P* organisieren) ~ **zarı** 1. Zwiebelhäutchen *n* 2. *fig.* dünner, leichter und durchsichtiger Stoff **-a çevirmek** s. **soyup -a çevirmek; -a dönmek** gänzlich ausgeplündert werden, nichts mehr haben
soğancı wer Zwiebeln anbaut od. verkauft, Zwiebelhändler *m*
soğancık s. **arpacık soğanı**
soğanilik *an.* verlängertes Rückenmark; Nachhirn *n;* Medulla oblongata *sonbeyin
soğanlı e–e Zwiebel (bzw. Zwiebeln) enthaltend 2. mit Zwiebeln zubereitet, Zwiebel- ~ **çorba** Zwiebelsuppe *f* ~ **maydanoz** knolliger Kälberkropf *bot.* Chaerophyllum bulbosum
soğanlık 1. Zwiebelbeet *n* 2. Aufbewahrungsort *m* für Zwiebeln 3. Zwiebelkorb *m*
soğansı zwiebelförmig
soğra s. **sokra**
soğrumsama *chem.* Adsorption *f* *adsorpsiyon
soğrumsamak *chem.* adsorbieren *yüze soğurmak
soğuk, -uğu 1. kalt 2. *fig.* kalt, kühl, ohne Herzlichkeit, zurückhaltend, reserviert; unsympathisch berührend 3. kränkend, verletzend, beleidigend 4. *med.* ohne Entzündung, nicht entzündet 5. frigid(-e) (Frau) 6. kaltes Wetter; Kälte *f* *bürudet 7. **-lar** *a.:* Winter *m* Zu 1: s. **buz gibi** ~ Zu 2: **Bu söz ~ kaçtı.** Das war recht kaltschnäuzig dahingesagt. **Bana pek ~ muamele ettiler.** Man behandelte mich recht kühl. Zu 3: ~ **söz** verletzendes Wort; Kränkung *f* Zu 4: s. ~ **çıban** Zu 6: **Bugün ~ var.** Es ist heute kalt. **Bu seneki ~ gibi ~ görmedim.** Eine Kälte wie dieses Jahr habe ich noch nicht erlebt. Zu 7: **²lar bastı.** Der Winter hat eingesetzt. ~ **algınlığı** (*od.* **alma**) Erkältung *f* ~ **alın** (*od.* ~ **cephe**) *met.* Kaltfront *f* ~ **almak** sich erkälten, sich e–e Erkältung zuziehen ~ **bulak** eiskalte Quelle ~ **büfe** kaltes Büfett ~ **çıban** (harmloser) Pickel (vgl. **sıcak çıban**); ~ **dalgası** Kältewelle *f* ~ **damga** Trocken-, Preß-, Präge-stempel *m* ~ **damla** Blase *f* (bei Metallguß) ~ **davranmak** sich reserviert verhalten ~ **demirci** Grobschmied *m* ~ **derecesi** Kältegrad *m* ~ **döküm** Kaltguß *m* (in der Eisengießerei) ~ **durmak** kalt zusehen, unbeeindruckt bleiben ~ **duş etkisi yapmak** wie e–e kalte Dusche wirken ~ **düşmek** (*od.* **kaçmak**) unangebracht (geschmacklos, unfein) sein ~ **hadde** Kaltwalzwerk *n* ~ **harp** (*od.* ~ **savaş**) kalter Krieg ~ **hava deposu** Kühlanlage *f* ~ **hava dolabı** Kühlschrank *m* ~ **hava mahzenleri** Kühlanlagen *pl.* ~ **hava makinesi** Kaltluft-apparat *m,* -maschine *f* ~ **hava vagonu** Kühlwagen *m* *frigorifik vagon ~ **ısırması** leichte Rötung und Schwellung (der Finger, Ohren usw.) durch Kälte ~ **kaçmak** s. **soğuk düşmek;** ~ **keski** Schrotmeißel *m* ~ **kırılma** *techn.* Kaltbruch *m* ~ **laf** s. ~ **söz;** ~ **neva** (*od.* ~ **nevale**) 1. kalt, frostig, unsympathisch wirkend 2. *P* dumme Gans (Frau, Mädchen) ~ **söz** 1. unfreundliches, kränkendes Wort 2. unsympathisches od. abstoßendes Gesprächsthema **≗ su** (*od.* **Bir bardak soğuk su**) **iç!** *fig.* Das kannst du in den Schornstein schreiben! Das kannst du (für immer) abschreiben! ~ **su tulumbası** Kaltwasserpumpe *f* ~ **terler döktürmek** den kalten Schweiß ausbrechen lassen (bei j–m) ~ **testere** Kaltsäge *f* ~ **tutkal** Kaltleim *m* ~ **vurmak** (*od.* ~ **yakmak**) 1. aufgesprungene Hände (od. Füße) bekommen (infolge Kälte) 2. eingehen lassen (Frost die Blumen) ~ **yapmak** kalt sein (Wetter) **-a alışık olmak** die

Kälte gewöhnt sein **-a dayanmak** Kälte vertragen können **-a mukavim** kältefest **-tan çatlama** Aufspringen *n* der Haut (an Händen, Füßen), Schrunde *f* **-tan titremek** vor Kälte zittern
soğukbez Jaconet, Jakonett *m* (feinfädiger Baumwollfutterstoff in Leinwandbindung)
soğukça recht kalt, empfindlich kühl
soğukçul *bot.* auch bei Temperaturen unter Null gedeihend (Pflanze)
soğukkanlı 1. kaltblütig, ruhiges Blut bewahrend 2. ausgeglichen, gleichmütig (Person) 3. *pej.* frostig wirkend, mit wem man nicht recht warm werden kann ~ **hayvanlar** *zo.* Kalt-, Wechselwarm-blüter *pl.*
soğukkanlılık 1. Kaltblütigkeit *f* 2. Ausgeglichenheit *f*, Gleichmut *m;* innere Ruhe *f* 3. *selt.* unsympathische Wirkung, die von e–r Person ausgeht
soğuklama s. **soğuk algınlığı**
soğuklamak s. **soğuk almak**
soğuklaşmak 1. s. **soğumak** 2. sich kühl (abweisend) verhalten
soğukluk 1. Kaltsein *n,* Kälte *f* *soğuk 2. kühles (reserviertes, zugeknöpftes) Verhalten; Zurückhaltung *f* (betonte) Förmlichkeit Nachlassen *n* in der Herzlichkeit der Beziehungen, Abkühlung *f* (e–s vordem freundschaftlichen Verhältnisses), frostige Stimmung 4. Mangel *m* an Beseelung od. an Lebendigkeit; Starrheit, Frostigkeit *f* (unangenehme) Nüchternheit 5. Nachtisch *m,* Dessert *n,* Erfrischung *f* 6. weniger stark geheizter Teil im türk. Bad 7. s. **karhane** 8. Frigidität *f* (e–r Frau) Zu 3: **Aralarında bir ~ peyda oldu.** Ihre Freundschaft hat sich recht abgekühlt. ~ **akümülatörü** Kältespeicher *m* ~ **etmek** e–e Geschmacklosigkeit (Tapsigkeit, Dummheit) begehen ~ **kutbu** Kältepol *m* (kältester Punkt auf der Erde) ~ **tekniği** Kältetechnik *f*
soğulcan *P* s. **solucan**
soğulma *geogr.* niedrigster Wasserstand *nehirlerde suyun çekilmesi
soğulmak 1. *geogr.* den tiefsten Pegelstand erreichen (Fluß) 2. austrocknen, einschrumpfen
soğumak 1. kalt werden, erkalten 2. (m. Abl.) *fig.* das Interesse an et. od. die Sympathie für j–n verlieren, gleichgültig werden (gegen) 3. allmählich vergehen (z. B. Liebeskummer) Zu 1: **Çorba soğudu.** Die Suppe ist kalt geworden. Zu 2: **Kendisinden soğudum.** Ich habe nichts mehr für ihn übrig. **Talebeler dersten soğudular.** Die Schüler haben das Interesse am Unterricht verloren.
soğumlu(-luk) *lit.* s. **münakkah(-iyet)** (2)
soğurma Aufsaugung, Absorption *f* *absorpsiyon, emme, imtisas, mas ~ **gücü** Absorptionsvermögen *n*
soğurmak aufsaugen, absorbieren *emmek, massetmek
soğuşmak genügend mit Wasser durchtränkt sein (Boden)
soğutkan 1. abkühlend 2. s. **soğutmaç**
soğutma Kühlen *n,* Abkühlung *f,* Kühl- ~ **borusu** Kühlrohr *n* ~ **bölmeleri** Kühlrippen *pl.* ~ **ceketi** Kühlmantel *m* ~ **cihazı** Kühlvorrichtung *f,* Kühler *m* ~ **makinesi** Kältemaschine *f* ~ **odası** Kühlraum *m* ~ **sathı** Abkühlungsfläche *f* ~ **suyu** Kühlwasser *n* ~ **tesisatı** Kühlanlage *f* ~ **zayiatı** Abkühlungsverlust *m*
soğutmaç, -cı Kühl-schrank, -raum *m,* -anlage *f,* Kältemaschine *f*
soğutmak 1. kalt werden lassen, kühlen, kalt stellen (z. B. Getränk) 2. (m. Abl.) *fig.* gleichgültig werden lassen (gegen), entfremden 3. (k–ni bşle) sich die Sympathien verscherzen (durch) 4. (halkı k–den) die allgemeinen Sympathien verlieren Zu 1: **Limonatayı soğuttunuz mu?** Haben Sie die Limonade kalt gestellt? Zu 2: **O mahut hadise bizi biribirimizden soğuttu.** Djie fatale Geschichte hat uns einander entfremdet. **Sakın işin arasını soğutmayınız!** Lassen Sie die Sache nur ja nicht einschlafen!
soğutucu 1. (ab-)kühlend, Kühl- 2. s. **soğutmaç;** ~ **boru** Kühlrohr *n*
sohbet, -ti Plauderei *f,* Gespräch *n,* Unterhaltung *f* *söyleşi, yarenlik ~ **etmek** plaudern, sich unterhalten ~ **köşesi** Unterhaltungsteil *m* (in e–r Zeitung)
sohu s. **soku**
sok, -ku (*franz.* **soc**) *agr.* Pflugschar *f*
sokaç *dial.* Zahn *m* e–r (Gift-)Schlange
sokak, -ağı 1. Straße, Gasse *f* 2. die in e–r best. Straße wohnenden od. nur zufällig dort anwesenden Personen 3. *gel.* das Gebiet außerhalb des Hauses ~ **aynası** Spion *m* (außen am Fenster angebrachter Spiegel) ~ **başı** Straßenecke *f* ~ **çocuğu** Straßen-, Gassen-junge *m* ~ **dili** Umgangssprache *f* des einfachen Volkes ~ **fenercisi** Laternenanzünder *m* ~ **feneri** Straßenlaterne *f* ~ **feneri direği** Laternenpfahl *m* ~ **halkı** Pöbel, Mob *m* ~ **işlerini görmek** Besorgungen (Wege, Gänge) machen ~ **kadını** (*od.* **kızı**) Straßenmädchen *n,* Dirne, Hure *f* *orospu ~ **kapısı** Haustür *f* ~ **levhası** Straßenschild *n* ~ **muharebesi** *mil.* Straßenkampf *m* ~ **plakası** Straßenschild *n* ~ **satıcısı** Straßen-verkäufer, -händler *m* ~ **süprüntücüsü** Straßenkehrer *m* ~ **süpürgesi** „Straßenbesen" *m d. h.* Herumtreiberin, Nutte, Kokotte *f* *sürtük ~ **türküsü** Gassenhauer *m* ~ **üstü** zur Straße hin liegend, auf die Straße gehend (Zimmer usw.) **-a atmak** 1. (b–ni) j–n auf die Straße werfen 2. (bşi) zum Fenster hinauswerfen; sinnlos ausgeben **-a atsan** der geringste Preis, den man bei e–m Verkauf erzielen würde (≗**a atsan yirmi mark eder.** Dafür bekommst du mindestens zwanzig Mark, wenn du es verkaufst.) **-a çıkmak** das Haus verlassen (Geschäfte halber; um spazierenzugehen usw.) **-a çıkma yasağı** Ausgeh-, Ausgangs-verbot *n* **-a dökülmek** aus den Häusern (auf die Straße) strömen (Leute) **-a düşmek** 1. auf den Strich gehen; zur Dirne werden 2. (bş) seinen Wert verlieren **-a inmek** auf die Straße gehen (Demonstranten) **-ı sulamak** die Straße sprengen **-ta bırakmak** (j–n) nicht ins Haus hereinlassen **-ta bulmamak** et. nicht auf der Straße finden *d. h.* sehr wertvoll sein **-ta kalmak** ohne Obdach sein **-ta yemek** außerhalb (im Restaurant) essen **-taki adam** der Mann auf der Straße
sokakçık Sträßchen, Gäßchen *n*
soket (I), **-ti** (*franz.* **socquette**) knapp über den Knöchel reichende) kurze Herrensocken *pl.* (mit Gummirand)
soket (II), **-ti** (*engl.* **socket**) Fassung *f,* Sockel *m* (für Radioröhren)
sokl *selt.* (Säulen-)Sockel *m*
soklu mit (nb.) Pflugschar **üç ~ bir pulluk** Maschinenpflug *m* mit drei Pflugscharen
sokma 1. Vs. zu **sokmak** 2. Insektenstich *m* 3. Biß *m* (z. B. e–r Schlange) 4. eingeführt, importiert
sokmak, (-ar) 1. hinein-tun, -bringen, -schieben, -treiben, -pressen usw.; stecken (z. B. Hand in die Tasche); einführen (z. B. Sonde in e–e Wunde) 2. (b–nin yanına) einführen (bei), vorstellen 3. stoßen, rennen (z. B. Messer in den Leib) 4. eintauchen (z. B. Wäsche in Wasser) 5. in e–e Angelegenheit hineinziehen 6. hinein-, hereinlassen 7. stechen (Insekt), beißen (z. B. Schlange) 8. in e–e Lage, e–n Zustand bringen, versetzen 9. machen (zu) 10. *fig.* kränken, verletzen, beleidigen (z. B. durch Worte) 11. (dem Käufer et. Minderwertiges) aufhängen 12. *Sch.* (b–ne bşi) j–m et. aufbrummen (Strafe) Zu 1: **gemiyi limana ~** das Schiff in den Hafen bringen **Hayvanları çabuk ahıra sokun!** Treibt die Tiere schnell in den Stall! s. a. **başını belâya ~; burnunu bir işe ~; göz(ün)e ~** Zu 5: **Beni bu işe sokma!** Laß mich bei der Sache aus dem Spiel! Zu 6: **O herifi neden içeri soktunuz?** Warum

habt ihr nur den Burschen hereingelassen? **Sakın içeriye kimseyi sokma!** Daß du mir ja niemand hereinläßt! **Çocuğunuzu hiç denize soktunuz mu?** Haben Sie Ihr Kind schon im Meer baden lassen? Zu 7: **Çocuğu arı sokmuş.** Das Kind ist von e–r Biene gestochen worden. **Yılan gibi sokar.** Er hat ein böses Mundwerk. Zu 8: **bir şekle** ~ in e–e Form bringen **müşkül bir vaziyete** ~ in e–e schwierige Situation bringen Zu 9: **büyük bir üs haline** ~ *mil.* zu e–r bedeutenden Operationsbasis machen Zu 10: s. **diliyle** ~ Zu 11: **Satıcı, elmanın çürüklerini sokmuş.** Der Händler hat ihm (mir, euch usw.) verdorbene Äpfel aufgehängt. **Sokma akıl, sekiz adım gider!** *Spr.* s. **Koyma akıl, akıl olmaz!**

sokman hochschäftiger Turkmenenstiefel

sokra *naut.* (Planken-)Stoß *m* Dwarsnaht *f*, Lasch *n* (Stelle, an der zwei Hölzer mit der Stirnfläche zusammenstoßen)

Sokrat, -tı *n.pr.* Sokrates

Sokratça aşk gleichgeschlechtliche Liebe; Homosexualität *f*

soku Steinmörser *m* (zum Zerkleinern von **bulgur** usw.)

sokulgan 1. wer sich schnell anbiedert, wer sich leicht an andere anschließt, wer schnell gesellschaftliche Beziehungen anknüpft 2. zutraulich (Kind)

sokulganlık 1. rasches Sich-Anbiedern 2. Zutraulichkeit *f* e–s Kindes)

sokulma Vs. zu **sokulmak** *spez. geol.* Intrusion *f* ~ **kayaçları** *geol.* Intrusiva *pl.*, Intrusivgestein *n*

sokulmak 1. Pass. zu **sokmak** 2. sich heran-, vor-, ein-drängen, sich einschleichen 3. sich heranarbeiten; herankommen (an), sich nähern 4. j–n umschmeicheln; sich heranmachen (an) Zu 2: **O, her yere sokulur.** Er weiß sich überall Zutritt zu verschaffen. Zu 3: s. **düşmana** ~

sokulu 1. hinein-gesteckt, -gestopft; eingerammt 2. gestochen, gebissen

sokum 1. s. **kuyruksokumu** 2. e–e aus dünnem Brotteig und Käsefüllung hergestellte Art Roll-Sandwich (in türk. Dörfern)

sokur 1. *va.* s. **köstebek** 2. erloschen, eingesunken (Auge) *çukur 3. auf e–m Auge blind, einäugig

sokuşmak (m. Dat.) 1. sich irgendwo hinein-, dazwischendrängen 2. behutsam zu vermitteln suchen

sokuşturmak Kaus. zu **sokuşmak** *spez.* 1. et. schnell (mit Gewalt usw.) hinein-stecken, -stopfen, -zwängen 2. (eline) j–m et. in die Hand drücken 3. s. **araya** ~ 4. (b–ne bşi) j–m et. auf-schwatzen, -hängen

sol (I), **-lu** 1. links befindlich, link(s) 2. linke Seite, Linke *f* 3. *(Boxen)* Linkshaken *m* ~ **altta** links unten ~ **cenahlılar** Links-parteien, -kreise *pl.* ~ **eğilimli** *pol.* links eingestellt, nach links tendierend ~ **el** linke Hand ≗ **eli bekledik!** „Wir haben nur noch auf die linke Hand gewartet!" (*hum.* zu j–m, der erst nach Beginn e–s gemeinschaftlichen Essens kommt) ~ **kâfur** *chem.* lävogyrer Kampfer *papatya kâfuru ~ **kolağası** s. Stw. **kolağa;** ~ **kolda** linkerhand, auf der linken Seite, links ~ **kulağı sağ elle göstermek** „mit der rechten Hand auf das linke Ohr weisen" *d.h.* et. unnötig komplizieren ~ **taraf** linke Seite ≗ **tarafından kalkmış.** *fig.* Er ist wohl mit dem linken Fuß zuerst aufgestanden. ~ **üstte** links oben ~ **vuruş** s. **bekhent;** ~ **yapmak** nach links fahren (Auto) ≗**a bak!** *mil.* Augen links! **-a bükülü** links geschlagen (Tauwerk) ≗**a çark marş!** *mil.* Links schwenkt marsch! **-a dönmek** sich nach links wenden ≗**a dön!** *mil.* Linksum! **-a dönüş** *mil.* Linkswendung *f* **-a mail arpacık** *mil.* nach links verklemmtes Korn **-da sıfır** *fig.* völlige Null, reines Nichts, gänzlich unbedeutender Mensch ≗**dan gidiniz!** Links gehen! **-umda** links von mir ≗**undan kalkmış** s. ≗ **tarafından kalkmış**

sol (II), **-lü** *mus.* (Ton od. Note) G ~ **teli** G-Saite *f* (der Violine)

solaçık *Fb.* Linksaußen *m*, linker Flügelstürmer

solak 1. linkshändig, Linkshänder(-in *f*) *m* 2. (in frühosm. Zeit:) a) Name mehrerer Garderegimenter bei den Janitscharen b) Leibgardist, Hartschier *m* (*spez.* bei Prozessionen des Sultans) ~ **başı** *hist.* Kommandant *m* der Leibgarde

solaklık Linkshändigkeit *f*

solanahtarı, -nı *mus.* G-Schlüssel, Violinschlüssel *m*

solaryum [·×·] Sonnen-heilstätte, -terrasse *f*, -bad *n*

solbek *Fb.* linker Verteidiger

solcu *pol.* 1. links eingestellt (orientiert), Links- 2. Anhänger *m* od. Mitglied *n* e–r Linkspartei ~ **gazeteler** Zeitungen *pl.* der Linken, Linkszeitungen *pl.* **-lar** Links-kreise, -parteien *pl.*

solculuk *pol.* Links-einstellung, -orientierung *f*

soldurmak Kaus. zu **solmak; Güneş, boyaları soldurdu.** Die Sonne hat die Farben ausgebleicht. **Susuzluk, yaprakları soldurdu.** Die Trockenheit hat die Blätter welk werden lassen. s. a. **Allah güler yüzünü soldurmasın!**

solenoit, -di *techn.* Solenoid *n* (zylindrische Metallspule)

Solfasol *n.pr.* (< **Zül Fazıl**) O. in der Nähe von Ankara (Geburtsort von Hacı Bayram Veli)

solfatar *geol.* Solfatara, Solfatare *f* *kükürtatar

solfato s. **sulfato**

solfej *mus.* Solfeggio *n*, Gesangsübung(-sbuch *n*) *f*

solfejlemek *mus.* solfeggieren; Solfeggien singen

solgun s. **soluk** (I)

solgunluk, -uğu 1. Blässe *f* 2. Ver-, Ausge-blichensein *n*, Verschossensein *n* 3. Welkheit *f*; s. a. **beniz -u**

solhaf [×·] *Fb.* linker Läufer

Solhan *n.pr.* O. u. D. im Rbz. Bingöl

soliç *Fb.* Halblinker, linker Innenstürmer

solidarite Solidarität *f*, Gemeinschaftssinn *m*, Zusammengehörigkeitsgefühl *n*

solidarizm Solidarismus *m* *dayanışmacılık tesanüdiye

solipsizm *phil.* Solipsismus *m* *eneiye, tekbencilik

solist, -ti 1. Solist(-in *f*) *m* 2. (*a.* ~ **balerin**) Solotänzerin *f*

soliter *zo.* solitär; nicht staatenbildend

sollamak 1. (bir vasıtayı) links überholen 2. *V* entgegen den Verkehrsbestimmungen auf der linken Seite fahren

sollu s. **sağlı** ~

solmak, (-ar) 1. die Farbe verlieren, blaß (bleich) werden (Person) 2. verbleichen, verschießen, matt od. trübe werden 3. (ver-)welken Zu 1: **Zavallı kız nekadar solmuş!** Das arme Mädchen hat ja alle Farbe verloren! Zu 2: **Şu kumaş, en hafif güneşte bile solar.** Der Stoff hier verschießt beim ersten Sonnenstrahl. Zu 3: **Çiçekler susuz kalınca solarlar.** Wenn die Blumen kein Wasser bekommen, verwelken sie. **solmaz çiçek** Amarant, Fuchsschwanz *m bot.* Amarantus caudatus *horozibiği

solo [×·] *mus.* 1. Solo *n* (Einzel-gesang *m* od. -spiel *n*) 2. Solo- ~ **dansör (dansöz)** Solotänzer(-in *f*) *m* ~ **keman** 1. Primgeiger *m* 2. Konzertmeister *m* (im Orchester)

solocu *selt.* s. **solist**

solongo [·×·] *naut.* Leesegelfall *n*

Solör *n.pr.* Solothurn (Schweiz)

solstis *astr.* Solstitium, Solstiz *n*, Sonnenwende *f*

solucan (Regen-, Band-, Spul- usw.)Wurm *m* *dud, kurt ~ **bağırsak** *selt.* s. **askarit;** ~ **düşürmek** Würmer im Stuhlgang haben ~ **düşürücü** s. **kurtdöken;** ~ **gibi** blaß und schwächlich ~ **hastalığı** *med.* Wurmkrankheit, Helmintiasis *f* ~ **ilâcı** *med.* Wurmmittel *n* ~ **otu** 1. gemeiner Rainfarn *bot.* Chrysanthemum vulgare *marsıvanotu 2. **kestere** (1)

solucanbiçim wurmförmig, Wurm- *dudî

solucanbilim(-sel) s. **kurtbilim(-sel)**

solucanlar *zo.* 1. Würmer *pl.* *didan 2. *spez.* Spulwürmer, Askariden *pl.* *didanı em'a

solucanlı mit Würmern behaftet
solucansı wurmförmig *dudî ~ **hareket** *biol.* Peristaltik *f* ~ **takı** s. **körbarsak takısı**
solucanyılanları Wurmschlangen *pl. zo.* Opoterodonta
soluğan 1. keuchend, jappend (Tier) 2. *V* s. **yavşak** 3. Dünung *f*, hohle See (nach e–m Sturm)
soluk (I) 1. blaß, bleich 2. ver-, ausge-blichen, verschossen (z.B. Stoff), matt, trübe 3. welk, verwelkt (z.B. Blumen) ~ **benizli** mit blasser Gesichtsfarbe ~ **kalmak (yanında)** *fig.* verblassen (neben, gegenüber)
soluk (II), **-uğu** Atem(-zug), Hauch *m* *nefes ~ **aldırmamak** j–n nicht zu Atem kommen lassen ~ **aldırmadan** bevor der andere Atem holen konnte *d.h.* im Handumdrehen, im Nu, in e–m Augenblick ~ **alıp verme** (Ein- und Aus-)Atmen *n*, Atmung, Respiration *f* ~ **alıp vermek** (ein- und aus-)atmen ~ **alış;** ~ **alma** Ein-atmen *n*, -atmung *f* *şehik ~ **almak** atmen, zu Atem kommen, verschnaufen, sich ausruhen ~ **borucuğu** s. **bronşçuk;** ~ **borusu** *an.* Luftröhre, Trachee *f* *şiryanışezen, trakea ~ **borusu dalı** s. **bronş;** ~ **deliği** *an.* Stigma *n* (Atemöffnung der Insekten) ~ **kesici** atemberaubend ~ **soluğa** ganz außer Atem; keuchend; in aller Eile ~ **veriş;** ~ **verme** Aus-atmen *n*, -atmung *f*, Exspiration *f* *zefir ~ **zinciri** Kinnkette *f* (am Pferdegeschirr) **-u almak** (bir yerde) erst in ... wieder zu Atem kommen, in e–m Zug laufen bis ... **-u Bağdat'ta almak** *F* ausreißen, fliehen, sich auf und davon machen **-u dar almak** mit knapper Mühe und Not entkommen können **-u kesilmek** ganz außer Atem kommen **-u soluğuna** sofort, sogleich, auf der Stelle; brühwarm (z.B. hinterbringen)
solukburguca *med.* Spirillose *f* *leptospiroz
solukburgumsu *med.* Schraubenbakterie, Spirille *f* *leptospira
soluklama *phon.* Aspiration *f*
soluklanmak 1. tief und ruhig Atem holen 2. sich verschnaufen
soluklu 1. *phon.* Aspirata *f* 2. mit nb. Atem 3. *pr. (Sport)* über guten Atem verfügend; ausdauernd Zu 2: s. **kısa** ~
soluksuzlaşma *phon.* Schwund *m* der Aspiration
solumak heftig atmen, außer Atem sein, keuchen; s.a. **burnundan** ~
solungaç *an.* Kieme, Branchie *f* *galsame ~ **kapağı** Kiemendeckel *m* ~ **kovuğu** (*od.* ~ **boşluğu**) Branchialhöhle *f* *cevfi galsamî ~ **sepeti** Kiemensack *m* ~ **yaprakları** Kiemenblättchen *pl.* *galsame safihaları ~ **yarığı** Kiemenspalte *f* ~ **yayı** Kiemenbogen *m* *kavsi galsamî
solungu *naut.* Gaffelfall (Klau-, Piek-fall) *n*
solunmak (ein- und aus-)atmen *teneffüs etmek
solunum Atmung, Respiration *f* *teneffüs, respirasyon ~ **alıştırmaları** *(Turnen)* Atemübungen *pl.* ~ **aygıtı** (*od.* ~ **sistemi**) Atmungs-, Respirations-organe *pl.* *cihazı teneffüs ~ **cimnastiği** *(Turnen)* Atemgymnastik *f*
solutmak außer Atem bringen **Bu yokuş beni soluttu.** Bei diesem steilen Anstieg bin ich ganz außer Atem gekommen.
solüsyon (*franz.* **solution**) 1. Gummilösung *f* 2. *chem.* Lösung *f* *mahlul, eriyik
solvabilite (*franz.* **solvabilité**) *H* Solvenz, Zahlungsfähigkeit *f*
solvabl (*franz.* **solvable**) *H* solvent, zahlungsfähig
solvan (*franz.* **solvant**) *chem.* Lösungsmittel *n*
som (I) 1. massiv 2. unverfälscht, ohne Zusatz, ohne fremde Bestandteile, rein *katışıksız ~ **gümüş çatal bıçak** Messer und Gabeln *pl.* aus Massivsilber ~ **mermi** Vollgeschoß *n*
som (II) Stoßzahn *m*, Elfenbein *n*, Horn *n* (von Rhinozeros, Narwal usw.)
som (III) über dem Wasserspiegel liegender Teil e–s Kais
soma (I) [×·] der aus destillierter Maische zuerst erhaltene Frucht-Alkohol, der, später mit Anis versetzt und zum zweiten Mal destilliert, das Feindestillat Raki ergibt
soma (II) [×·] *biol.* (Gesamtheit *f* der) Körperzellen *pl.*, somatische Zellen *pl.*
soma (III) *va.* nutzlos, fruchtlos ~ **yere çalışmak** *va.* sich vergeblich abmühen
Soma *n.pr.* Städtchen u. D. im Rbz. Manisa
somak (I) 1. Sumach *m bot.* Rhus (coriaria u.a.) 2. Sumach-Beeren *pl.* (Gewürz) 3. Gelbholz *n* od. daraus bereiteter Farbstoff
somak (II) *dial.* Schnauze *f* (e–s Tieres)
somaki [·– –] *min.* 1. Porphyr *m* *porfir 2. gesprenkelt, geädert (Marmor)
Somaliya [·×··] *n.pr.* Somalia (*fr.* Somaliland)
somat, -tı auf e–r langen Tafel od. e–r langen Matte aufgestelltes Essen (*spez.* bei Mewlewi – und Bektaschi-Derwischen)
somata [·×·] Mandelmilch *f* (Erfrischungsgetränk *n* aus geschälten Mandeln) *badem sübyesi
somatik *med.* somatisch, körperlich
sombalığı, -nı Lachs, Salm *m zo.* Trutta salar; s.a. **Tuna** ~
sombrero [·×·] Sombrero *m*
somnambül(-izm) s. **uyurgezer(-lik)**
somnifer (*franz.* **somnifère**) *med.* 1. einschläfernd 2. Schlafmittel *n*
somnipati (*franz.* **somnipathie**) *med.* Schlaflosigkeit *f* *uykusuzluk
somon (*franz.* **saumon**) s. **sombalığı**
somun (I) 1. runder Laib Brot 2. *fig.* et. Rundes, Weiches (wie z.B. Kamelfuß) ~ **pehlivanı** kräftig aussehend, aber nicht leistungsfähig ~ **taş** abgeschliffener Kieselstein
somun (II) Schraubenmutter *f* ~ **anahtarı** Schraubenmutterschlüssel, Engländer *m* ~ **hatvesi** Schraubenmuttergewinde *n*
somurdanmak vor sich hinbrummen; knurren, maulen *homurdanmak
somurtkan mürrisch, brummig, verdrießlich; mit Schmollgesicht (Kind)
somurtkanlık Brummigkeit, Verdrießlichkeit *f*, mürrisches (brummiges, verdrießliches, schmollendes) Gesicht
somurtmak ein mürrisches (verdrießliches, brummiges schmollendes) Gesicht ziehen **Somurtmasından bu işe canının sıkıldığı anlaşılıyordu.** Seinem verdrießlichen Gesicht konnte man entnehmen, daß ihm das kein Vergnügen bereitete.
somut, -tu konkret, dinglich, anschaulich, greifbar *konkre, müşahhas ~ **ad** *gr.* Konkretum *n*, gegenständliches Hauptwort *müşahhas isim ~ **sayı** benannte Zahl *müşahhas adet
somutlaştırmak konkretisieren, veranschaulichen, verdeutlichen, im einzelnen anführen
somya (*franz.* **sommier**) 1. Sprungfeder- od. Eisenbänder-Matratze *f* 2. *mus.* a) Windkasten *m* (e–r Orgel) b) Stimmstock *m* (im Klavier)
son (I) 1. Ende *n*, Ausgang, Schluß *m*, *gel.* Ziel, Ergebnis, Resultat *n*, Folge *f*; *a.* Tod *m* 2. *math.* Entdpunkt *m*, Extremität *f* *münteha, uç 3. *biol.* Nachgeburt, Plazenta *f*, Mutterkuchen *m* *etene, meşime 4. letzt-, jüngst-, neuest- 5. hinterdreinkommend, verspätet 6. *Adv.* zuletzt Zu 1: **Bakalım -u ne olacak!** Ich bin gespannt, wie die Sache ausgeht! **Bunun -u iyi olmaz.** Das kann nicht gut gehen. **O işin -u gelmedi.** Die Angelegenheit ist noch nicht zu Ende. **Temenni edelim de -u hayırlı olsun!** Hoffen wir, daß die Sache gut ausgeht! Zu 5: s. ~ **pişmanlık;** ~ **bulmak** enden, ausgehen ~ **cemaat yeri** *arch.* Narthex *m*, Vorhalle *f* (e–r Moschee) ~ **çağ** Neuzeit *f* (1453 bis heute) ~ **çalışma** *Th.* Generalprobe *f* *genel çalışma ~

dakikada in der letzten Minute, im letzten Augenblick ~ **defa** das letzte Mal, zum letzten Mal ~ **demlerinde olmak** in den letzten Zügen liegen, dem Tode nahe sein ~ **derece(-de)** im höchsten Maße (Grad), äußerst, überaus ~ **dereceye vardırmak** *fig.* auf die Spitze treiben ~ **durak** Endstation *f* *terminüs ~ **gürlüğü verdi (Allah)** *iron.* Da kann man ja nur gratulieren! ~ **gürlük** Reichtum *m* und Behaglichkeit *f* im Alter ~ **haberler** letzte (neueste) Nachrichten *pl.* ~ **haddini bulmak** seinen Höhepunkt erreichen ~ **hız** *a. mil.* Endgeschwindigkeit *f* ~ **istek harcaması** s. **vasiyetname;** ~ **kalıtçı** s. **namzet mirasçı;** ~ **kalıtçı atama** s. **fevkalâde ikame;** ~ **kerte** letztes Stadium; Endstadium *n* ~ **kıymet** *techn.* Endwert *m* ~ **konakçı** Endwirt *m* (e–s Parasiten) ~ **kozunu oynamak** *a. fig.* seinen letzten Trumpf ausspielen ~ **körlük** vollkommene Verblendung ~ **moda** neueste Mode ~ **nefes** letzter Atemzug (e–s Sterbenden) ~ **nefese kadar** bis zum letzten Atemzug, bis zum Tod ~ **nefesini vermek** in den letzten Zügen liegen ⩍ **pişmanlık fayda vermez.** *Spr.* Reue nach der Tat kommt zu spat. *Spr.* ~ **posta** *P* das letzte Mal ~ **saat** 1. letzte Stunde 2. letztes Stündlein; Todesstunde *f* ~ **sonunda** letzten Endes, ganz zuletzt, schließlich ~ **soruşturma** s. ~ **tahkikat;** ~ **söz** 1. letztes Wort; Schlußwort *n* 2. letztes Angebot ~ **sürat** Höchstgeschwindigkeit *f* ~ **tahkikat** *jur.* Hauptverfahren *n* ~ **tahkikatın açılması kararı** *jur.* Eröffnungsbeschluß *m* ~ **tahkikatın muvakkaten tatili kararı** *jur.* vorläufige Einstellung des Verfahrens ~ **turfanda** ganz am Ende der Saison reifwerdend; Spätobst, Spätgemüse *n* ~ **uğurlama görevini yerine getirmek** (*od.* ~ **veda görevini yapmak**) (e–m Toten) die letzte Ehre erweisen ~ **ürün** Endprodukt *n* *kuyruk ürünü ~ **vermek** 1. ein Ende setzen, beenden 2. schließen (Brief) ~ **yenilik** allerneueste Mode, letzte Neuheit, Dernier cri *m* ~ **yinelemesi** *rhet., stil.* Epiphora *f* (Wiederholung *f* e–s od. mehrerer Wörter am Ende aufeinanderfolgender Sätze oder Satzteile) ~ **zamanlar** neueste (jüngste) Zeit **-a erdirmek** zu Ende bringen, vollenden **-a ermek** zu Ende gehen **-a kalmak** der letzte sein (**ºa kalan dona kalır.** *Spr.* 1. Den letzten beißen die Hunde. *Spr.* 2. Wer nicht kommt zur rechten Zeit, der muß essen (sehen, nehmen) was übrigbleibt.) *Spr.* **-dan bir evvelki** *od.* **-dan ikinci** vor-, zweit-letzte **-larına gelmek** ans Ziel gelangen **-u alınmak** beendet werden **-u gelmek** zu Ende gehen, aufhören **-u gelmeyen** 1. unzählig, zahllos 2. unendlich **ºu var.** 1. Schluß folgt 2. *abus.* Fortsetzung folgt. *bitmedi, mabadi var, devamı var **ºu yoktur (bunun).** Das führt zu nichts. **-unda** schließlich, endlich, zum Schluß **-unu düşünmek** das Ende (*od.* die Folgen) bedenken **-unu düşünmemek** ohne Überlegung handeln **-unu getirmek** (bşin) zu Ende bringen, vollenden **ºunu getiremiyordum.** *(a.)* Ich konnte meinen Satz nicht zu Ende sprechen.

son (II) *(in franz. Füg.)* sein, ihr **Son Altes** Seine (Ihre) Hoheit **Son Ekselans** Seine (Ihre) Exzellenz

son (III) *(franz.* **sone**) Sone *f* (Maßeinheit der Lautstärke) (= 40 Dezibel)

sonalmak *selt.* zu Ende gehen *sona ermek

sonar *naut.* Sonar-Gerät *n* (zur Auffindung feindlicher U-Boote usw.), Unterwasserortungsgerät *n* *asdik

sonat, -tı *mus.* Sonate *f*

sonatin *mus.* Sonatine *f*

sonbahar *mst.* [–mb–] Herbst *m* *güz, harif ~ **çiğdemi** s. **acıçiğdem;** ~ **kanavcıotu** Herbst-Adonisröschen *n bot.* Adonis autumnalis *kan damlası

son-baş yinelemesi *rhet., stil.* Anadiplose, Anadiplosis *f* (vgl. **iade** 9)

sonbeyin s. **soğanilik**

soncu *gel. T* von **finalist**

sonculuk *phil.* Finitismus *m* (Lehre von der Endlichkeit der Welt und des Menschen)

sonda [×·] 1. *med.* Sonde *f* 2. *spez.* Harnsonde *f*, Katheter *m* 3. Erdbohrer *m* bzw. Bohrmeißel *m* 4. Hohlbohrer *m* (Prüfgerät für Käse, Getreide usw.) 5. *naut. selt.* Lot *n* *iskandil ~ **kafası** s. **perforatör kafası**

sondaj 1. *med.* Sondieren *n*, Sondierung *f* 2. *spez.* Katheterisierung *f* 3. (Versuchs-)Bohrung, Schürfung *f* 4. Baugrunduntersuchung *f* 5. Probeentnahme, Stichprobe *f* (wörtl.) 6. *naut.* Lotung *f* 7. *fig.* vorsichtige Erkundung; Sondierung *f*, genauere Untersuchung ~ **balonu** selbsttätiger Registrierballon; Ballonsonde *f* ~ **kuyusu** Bohrloch *n* ~ **yapmak** 1. *med.* mittels Sonde untersuchen bzw. behandeln; sondieren 2. *spez.* katheterisieren 3. bohren, schürfen; e–e (Versuchs-)Bohrung anstellen 4. *abus.* ausgraben 5. e–e Probeentnahme, Stichprobe durchführen 6. *naut.* (aus-)loten 7. vorsichtig erkunden, vorfühlen, aushorchen, genauer untersuchen, *F* auf den Busch klopfen

sondajcı 1. Untersucher *m* 2. Bohrarbeiter *m*

sondalama(-cı) s. **sondaj(-cı)**

sondalamak s. **sondaj yapmak**

sondalı mit **sonda** *(q.v.)* ausgestattet *bzw.* durchgeführt

sondeyiş *Th.* Schlußwort(-e *pl.*) *n*

sondör s. **sondajçı**

sondördün *astr.* letztes Mondviertel *terbii ahir

sondurma 1. Vs. zu **sondurmak** 2. s. **sundurma** 3. *va.* Kaus. zu **sonmak**

sondurmak 1. nach vorne verlängern 2. vorwärts-schieben, -treiben

sone *(franz.* **sonnet**) *lit.* Sonett *n*

sonek, -ki Suffix *n* *lahikai müteahhire; pes edat; süfiks

soneri *(franz.* **sonnerie**) Klingel(-anlage) *f* *zil

songu s. **ecel**

sonkânun *va.* s. **ocak** (17)

sonlama (Fechten) Endrunde *f*

sonlu *astr., math., phil.* endlich *bitimli, mütenahi ~ **uzay** *astr.* endlicher Raum

sonluötesi, -ni *math., phil.* transfinit; im Unendlichen liegend ~ **sayı** *math.* transfinite Zahl *transfini sayı

sonmak, (-ar) *va.* seinen Glanz verlieren; matt und trübe werden

sonometre [··×·] *(franz.* **sonomètre**) Schallmeßgerät *n* *ses ölçü aleti

sonometri *(franz.* **sonométrie**) Schallmessung *f* *ses ölçümü

sonorite *(franz.* **sonorité**) *mus.* Wohlklang *m*, Klangfülle *f*

sonotek *(franz.* **sonotheque**) Schallarchiv *n*

sonra *mst.* [sora] [×·] 1. nachher, danach, später, dann 2. andernfalls, sonst 3. *Pp. m. Abl.* a) (temporal od. lokal) nach, später als ..., hinter, in; (mit Verb) nachdem b) (kausal) *selt.* da ja, nachdem 4. Folge, Fortsetzung *f* 5. Folgezeit, Zukunft *f* Zu 1: ⩍ **ne oldu bilmem.** Was dann weiter geschehen ist, weiß ich nicht. ~ **söyleyeceğim.** Ich werde es später erzählen. Zu 2: **Tembellik etmesin,** ~ **sınıfta kalacak.** Er soll nicht so faul sein, sonst bleibt er sitzen. (Schüler) Zu 3a: **bundan** ~ a) danach, hierauf b) von jetzt an, in Zukunft **şimdiden** ~ von jetzt an, von nun an **Sizden** ~ **geldik.** Wir sind nach Ihnen (später als Sie, hinter Ihnen) gekommen. **Yaşça o benden -dır.** Er ist jünger als ich. **on gün** ~ a) *(scil.* **ondan**) nach zehn Tagen, zehn Tage darauf (*od.* später) b) *(scil.* **bundan**) in zehn Tagen **sattıktan** ~ nachdem (ich, du, er usw.) verkauft hatte Zu 3b: s. **haniden** ~ Zu 4: **ºsı var.** a) Die Sache hat noch ein Nachspiel. b) Fortsetzung folgt. **Bunun -sı yok.** Weiter geht es nicht. Das ist der Schluß. **ºsı sağlık!** 1. Und damit ist die Geschichte zu Ende. Das ist alles! 2. s. **Zararı yok! ºsına soğan doğra!** Jetzt hör endlich auf mit diesem Thema. Zu 5: **-sını** (*od.* **-yı**) **düşün-**

mek an später (an die Zukunft) denken **-ya bırakmak** (*od.* **atmak**) a) auf später verschieben b) hinauszögern, auf die lange Bank schieben **-ya kalmak** auf später verschoben werden
sonraca *mst.* [soraca] [×··] *selt.* s. **sonra**
sonradan *mst.* [soradan] [×··] 1. nachträglich, nachher, erst später 2. erst neuerdings, erst seit kurzem Zu 1: **Bunu o zaman bilmiyordum, ~ öğrendim.** Damals wußte ich das noch nicht; ich erfuhr es erst später. **~ gelmek** nachkommen **~ görme** (*od.* **~ görmüş**) Emporkömmling, Parvenu *m,* Neureicher **~ olma** relativ neu **~ yetişme** s. **~ görme**
sonraki *mst.* [soraki] [×··] 1. danach (hinterdrein) kommend, später folgend; weiter 2. **-ler** *pl.* Nachfolger *pl.*, Nachkommen(-schaft *f*) *pl.* Zu 1: **o evden ~ evler** die Häuser nach (bzw. hinter) diesem Haus
sonraları *mst.* [soraları] [×···] *Adv.* 1. später, in der Folgezeit 2. erst seit kurzem
sonrasız *mst.* [sorasız] ewig *ebedî, müebbet, sermedî
sonrasızlık *mst.* [sorasızlık] Ewigkeit *f* *ebediyet, sermediyet
sonsal s. **aposteriori**
sonses *gr.* Auslaut *m* (e–s Wortes *od.* e–r Silbe) **~ düşmesi** *ling.* Apokope *f* (z.B. **kışla** < **kışlak**)
sonsuz 1. *math.* unendlich *namütenahi 2. *a. phil.* unermeßlich, endlos, ewig *binihaye, bipayan, namütenahi, bitimsiz 3. lebenslänglich (z.B. Freiheitsentzug) *müebbet **~ büyük (küçük)** *math.* unendlich groß (bzw. klein) *namütenahi *bzw.* asgarı namütenahi **~ dişli** *techn.* Schneckenrad *n* **~ küçükler geometrisi** *math.* Infinitesimalgeometrie *f* **~ küçükler hesabı** *math.* Infinitesimalrechnung *f* **~ vida** Schraube *f* ohne Ende; Schnecke *f* **~ uzay** *astr.* unendlicher Raum
sonsuzluk 1. *math.* Unendlichkeit *f* *namütenahiyet 2. Ewigkeit *f*
sontakı *gr.* Postposition *f* *edatı lâhika
sonteşrin [ī] *va.* s. **kasım** (3)
sontraş 1. Hauklinge *f* (des Hufschmieds), Wirkmesser *n* 2. Halbmondmesser *n* (des Sattlers)
sonuç, -cu Ergebnis, Resultat *n,* Folge *f* *netice **~ çıkarmak** schlußfolgern **-a etkisi bulunmak** das Ergebnis beeinflussen **bir yanlışlık -u** irrtümlicherweise **kıskançlık -u** aus Eifersucht **trafik kazası -u** infolge e–s Verkehrsunfalls
sonuçla(ndır)mak 1. zur Folge haben; herbeiführen, verursachen, veranlassen 2. beenden, erledigen *(1, 2) intaç etmek
sonuçlanmak 1. (bşle) zur Folge haben, enden (mit); ausgehen 2. beendet werden Zu 1: **iki çocuğun ölümiyle sonuçlanan bir trafik kazası** ein Verkehrsunfall, der den Tod zweier Kinder zur Folge hatte Zu 2: **Bu iş çabuk sonuçlandı.** Diese Angelegenheit wurde rasch zu e–m Abschluß gebracht.
sonuk glanzlos, trübe, matt *donuk
sonukluk Fehlen *n* des Glanzes od. trüber, matter Glanz
sonuncu letzt- (bei Aufzählung)
sonurgu (zwangsläufige) Folge, Konsequenz *f* *netice
sonurtu Folge-, Schluß-satz *m* *tali had
sonuşmaz s. **asimptot**
sonyontuk *geogr.* Endrumpf *m*
sop, -pu 1. Clan, Stammesverband *m* *klan, semiye 2. s. **soy**
sopa (I) [×·] 1. dicker Stock, Knüttel, Knüppel *m;* Schlagholz *n* (bei Basketball) 2. Schläge, Prügel, (Stock-)Hiebe *pl.* *dayak, kötek 3. *z. va.* breiter Streifen (in Stoffen) (vgl. a. **çubuk**) Zu 1: s.a. **demir ~; ~ atmak** (*od.* **çekmek**) (b–ne) j–n verprügeln **~ çekirgesi** Stabheuschrekke *f zo.* Carausius morosus *çubuk böceği; **~ düşkünü** wer e–e Tracht Prügel verdient (**Seni ~ düşkünü seni!** Du hast wohl schon lange keine Prügel mehr bezogen!) **~ örümceği** langgestreckte Strickerspinne *f zo.* Tetragnatha extensa **~ yemek** verprügelt werden; Prügel bekommen (beziehen) **-dan geçirmek** (b–ni) durchhauen, verprügeln **-ya davranmak** zum Stock greifen
sopa (II) *griech.* Ruhig! Still!
sopalama Vs. zu **sopalamak** *spez. Th.* Prügelszene *f*
sopalamak durchhauen, verprügeln
sopalı 1. mit Knüttel ausgerüstet 2. *z. va.* breitgestreift (Stoff); s.a. **eli ~**
sopiz *Zig.* Schlaf *m*
sopizban *Zig.* Bett *n*
soplu *(nur in der Füg.:)* **soylu ~** *(q. v.)*
sopor *med.* Sopor *m* (starke Benommenheit)
sopraistalya [×··×·] *naut. va.* s. **kontraistalya**
sopranist, -ti *mus.* Sopranist(-in *f*) *m*
soprano [·×·] *mus.* 1. Sopran *m* 2. s. **sopranist**
sora (I) (häufige Graphik für **sonra**)
sora (II) **sora** [·×·×] s. Stw. **sormak** (I)
Soraplar *n.pr.* Sorben, Wenden *pl.* *Wendler
Sorbon *n.pr.* 1. Robert de Sorbon (Gründer der Sorbonne) 2. Sorbonne *f* (in Paris)
sordurmak Kaus. zu **sormak** (I, II); **Doktor her gün hastasını sorduruyor.** Der Arzt läßt täglich anfragen, wie es seinem Patienten geht.
soreks Spitzmaus *f zo.* Sorex
sorgu 1. Verhör *n,* Vernehmung *f* *isticvap, istintak 2. *selt.* s. **soru; ~ hâkimi** (*od.* **yargıcı**) Untersuchungs-, Vernehmungs-richter *m* *müstantik **~ hâkiminin kararı** *jur.* Eröffnungsbeschluß *m* (für das Hauptverfahren) **~ sual** *pej.* Ausfragen *n,* Fragerei *f* **-ya çekmek** ins (Kreuz-)Verhör nehmen, verhören, vernehmen *istintak altına almak
sorguç, -cu 1. *fr.* Federbusch *m,* (Reiher-)Aigrette *f* (e–s Sultans od. e–s osm. Ministers) 2. Haube *f* (auf dem Kopf mancher Vögel) **~ otu** Federgras *n bot.* Stipa barbata *tüy otu
sorguçlu 1. *fr.* mit Federbusch, (Reiher-)Aigrette geschmückt 2. mit Haube, Hauben-(Vogel) **~ kamış** rohrartiges Glanzgras *bot.* Phalaris arundinacea **~ tarlakuşu** s. **tepeli tarlakuşu**
sorgulamak s. **sorguya çekmek**
sorgun s. **sorkun**
Sorgun *n.pr.* Städtchen u. D. im Rbz. Yozgat
sorgusuz ohne Verhör **~ sualsiz** *mil.* ohne Anruf (z.B. feuern)
sorit, -ti (*franz.* **sorite**) *log.* Sorites, Kettenschluß *m* *kıyası müselsel
sorkun 1. frische, biegsame Weidengerte 2. s. **ban ağacı**
sorkunluk e–e mit vielen Ben-Nußbäumen bestandene Stelle
sormak (I), **(-ar)** 1. (an-, be-, nach-)fragen, sich erkundigen *sual etmek 2. (b–ne od. b–den bşi) j–n nach et. fragen 3. (b–ni od. bşi) fragen, sich erkundigen (nach) 4. (bşi b–den) j–n verantwortlich machen (für), von j–m Rechenschaft verlangen (über) **sora sora** durch vieles Fragen (**Sora sora Kâbe** (*od.* **Bağdat**) **bulunur.** *Spr.* Durch vieles Fragen findet man (sogar) die Kaaba (*bzw.* Bagdad). **sorma(yın)! sorma gitsin!** (Emphatischer Ausruf zur Bez. e–s Elativs:) (**Sorma başımıza gelenleri!** Ach, wenn du wüßtest, was uns (bzw. mir) alles passiert ist! **Öyle bir sıcak oldu ki sorma gitsin!** Es herrschte e–e ganz unglaubliche Hitze! **O işi sorma sarpa sardı!** Die Geschichte ist heillos verkorkst!) **~ ayıp olmasın** wenn es gestattet ist zu fragen **Soran yanılmamış** (*od.* **yorulmamış**). *Spr.* Wer sich rechtzeitig orientiert, geht nicht fehl.
sormak (II), **(-ur)** saugen, lutschen *sorumak; s. **parmağı sormak**

sorti *el.* Anschluß-, Brenn-stelle *f*
soru 1. Frage(-n *n*) *f* *istifham, sual 2. *parl.* Interpellation, Anfrage *f* ~ **adılı** (*od.* ~ **zamiri**) *gr.* echtes (*d.h.* unverbundenes) Interrogativpronomen, Fragefürwort *istiham zamiri ~ **belirteci** (*od.* ~ **zarfı**) *gr.* interrogatives Adverb; Frageadverb *n* *istifham zarfı ~ **cümlesi** (*od.* ~ **tümcesi**) Fragesatz *m* *istifham cümlesi ~ **günü** s. **kıyamet günü;** ~ **eki** *gr.* Fragepartikel *f* *istifham lâhikası (im Türk.: **mi, mı, mu, mü**); ~ **işareti** Fragezeichen *n* ~ **kelimesi** Fragewort *n* ~ **sıfatları** *gr.* interrogative Adjektiva, verbundene Interrogativpronomina *pl.* *sıfâtı istifhamiye ~ **sorma hakkı** *jur.* Fragerecht *n* **bu -nun cevabı** die Antwort auf diese Frage **şu soruların cevaplarını bilenler** wer die folgenden Fragen beantworten kann
sorulmak Pass. zu **sormak** (I, II); **Böyle sualler sorulmaz!** Solche Fragen stellt man nicht. **sorulmağa değer** *od.* **sorulsa gerek** s. **câyı sual; Bu iş benden sorulur.** Dafür muß ich geradestehen. **Sorulur mu?** Kann man da noch fragen? Und ob!
sorulmazlık s. **ademi mesuliyet**
sorulu Fragen enthaltend, Fragen- ~ **cevaplı** in Form von Frage und Antwort ~ **görünüm** *gr.* Verwendung *f* e–s Fragesatzes in temporaler od. konditionaler Bedeutung (*z.B.* **Ali gitmem dedi mi, gitmez.** Wenn Ali einmal gesagt hat: „Ich gehe nicht dorthin!", tut er das auch nicht.) ~ **ikileme** *gr.* Verwendung *f* der Fragepartikel zur Verstärkung (*z.B.* **güzel mi güzel**); ~ **önceleme** *rhet.* Subjektion *f* (Aufwerfung und Selbstbeantwortung e–r Frage)
sorum s. **sorumluluk**
sorumak s. **sormak** (II)
sorumlu 1. haftend, verantwortlich (für), schuldig (an) *mesul 2. mit (Sperr-)Vermerk versetzt (Schüler) ~ **tutmak** (b–ni bşden) j–n verantwortlich machen (für)
sorumluluk 1. Haftung, Verantwortlichkeit, Schuld *f* 2. Versetzung *f* e–s Schülers mit (Sperr-)Vermerk
sorumsuz 1. nicht haftend, nicht verantwortlich 2. *pej.* unverantwortlich, verantwortungslos 3. ohne (Sperr-)Vermerk versetzt (Schüler)
sorumsuzluk 1. Nichthaftung, Nicht-Verantwortlichkeit *f*, Haftungsausschluß *m* *ademi mesuliyet 2. *pej.* Unverantwortlichkeit, Verantwortungslosigkeit *f* 3. Versetzung *f* e–s Schülers ohne (Sperr-)Vermerk
sorun s. **mesele;** ~ **oyunu** *Th.* Problemstück *n*
soruş Art und Weise *f* des Fragens (der Fragestellung, der Anfrage)
soruşmak (I) sich gegenseitig (ab-)fragen
soruşmak (II) 1. austrocknen (z.B. Flußlauf) 2. allmählich trocken werden (z.B. Wäsche)
soruşturma Vs. zu **soruşturmak** *spez.* 1. Rund-, Um-frage *f*, Erhebung *f* *anket 2. *jur.* Untersuchung *f* *tahkikat ~ **yargıcı** *jur.* Untersuchungsrichter *m* *tahkikat hâkimi
soruşturmak Kaus. zu **soruşmak** (I) (*selt.* zu II) 1. herumfragen, genaue Erkundigungen einziehen (bei) 2. *jur.* untersuchen Zu 1: **Herkese soruşturdum, fakat ...** Ich habe überall herumgefragt, aber ...
sorutkan; sorutmak (beides *P*) s. **somurtkan; somurtmak**
soryen (*franz.* **saurien**) *zo.* Saurier *m*
sos *selt.* Sauce *f* *salça
SOS das internationale Seenotzeichen SOS ~ **vermek** SOS-Rufe aussenden
sosis (*franz.* **saucisse**) 1. Frankfurter (Wiener) Würstchen *pl.* 2. *z. va.* länglicher Sperrballon (zum Luftschutz)
sosison (*franz.* **saucisson**) *selt.* (Schnitt-)Wurst *f*
sosyal 1. die Gesellschaft (Gemeinschaft) betreffend, gesellschaftlich, sozial, Sozial-, Volks- *içtimaî, toplumsal 2. *H* (handels-)gesellschaftlich; Gesellschafts- 3. *zo.* in Gemeinschaft lebend (Bienen, Ameisen usw.) ~ **antropoloji** Sozialanthropologie *f* ~ ~ **bilimler** Sozialwissenschaften *pl.*, Soziologie *f* *içtimaî ilimler ~ **güvenlik** soziale Sicherheit ~ **oyunlar** Gesellschaftsspiele *pl.* (der Kinder) ~ **refah devleti** *pol.* Wohlfahrtsstaat *m* ~ **sermaye** *H* Gesellschaftskapital *n* ~ **sigorta** Sozialversicherung *f* ~ **sigorta teşkilâtları** Sozialversicherungswesen *n* ~ **statü** gesellschaftliche Stellung; sozialer Status ~ **yardım** Volkswohlfahrt, Sozialfürsorge *f*
sosyaldemokrasi Sozialdemokratie *f*
sosyaldemokrat, -tı 1. Sozialdemokrat(-in *f*) *m* 2. sozialdemokratisch
sosyaldemokratlık sozialdemokratische Bewegung od. Partei
sosyalist, -ti 1. Sozialist(-in *f*) *m* 2. sozialistisch ~ **enternasyonali** sozialistische Internationale ~ **parti(-si)** sozialistische Partei
sosyalistlik 1. Sozialistentum *n* 2. s. **sosyalizm**
sosyalizasyon 1. Sozialisierung, Sozialfürsorge *f* 2. Vergesellschaftung, Verstaatlichung *f*
sosyalize sozialisiert ~ **etmek** sozialisieren, vergesellschaften, verstaatlichen *içtimaîleştirmek, toplumlaştırmak
sosyalizm Sozialismus *m*, sozialistische Lehre od. Bewegung *sosyalistlik, toplumculuk
sosyalleşmek 1. sich in e–e Gemeinschaft einfügen (z.B. Kind) 2. sozialisiert, verstaatlicht werden
sosyalleştirmek 1. an ein Gemeinschaftsleben gewöhnen (z.B. Kind) 2. sozialisieren, verstaatlichen
sosyete 1. s. **cemiyet** 2. s. **şirket** 3. gute (bessere, hohe, vornehme usw.) Gesellschaft(-sklasse) (Anm. zu 1: Füg. wie **Milletler (Uluslar, Maarif)** ≗**si** begegnen nur gel. um 1933) Zu 3: **-ye çıkmak** in die Gesellschaft eingeführt werden (z.B. junges englisches Mädchen) *-ye takdim olunmak ~ **hanımı** (*od.* **kadını**) Dame *f* der Gesellschaft ~ **hayatı** gesellschaftliches Leben; Leben *n* der höheren Gesellschaftsklassen ~ **muhabiri** Gesellschafts- (*pej. a.* Klatsch-)reporter *m* ≗ **takımadası** *n.pr.* Gesellschaftsinseln *pl.* (Südsee)
sosyetik 1. gesellschaftlich, sozial 2. *hum. od. spött.* Gesellschaftsmensch *m*
sosyolog Soziolog-e *m*, -in *f*
sosyoloji Soziologie, Sozialkunde, Gesellschaftslehre *f* *içtimaiyat, toplumbilim
sosyolojik soziologisch *toplumbilimsel
sosyüs (*franz.* **socius**) *selt.* s. **toplumdaş**
sota *V* 1. Dreh, Kniff *m*, List *f* 2. *(spez. bei Roulett)* Glückssträhne *f* **-da bırakmak** *V* verblüffen **-ya düşürmek** *V* beschwindeln **-ya getirmek** *V* et. mit List erreichen; e–e Gelegenheit ausnützen
sote (*franz.* **sauté**) (Kochkunst) 1. geschmort, gedünstet 2. geschmortes od. gedünstetes Gericht
soti (*franz.* **sotie**) *Th.* s. **çılgınlık oyunu**
sotnik *(russ.) mil.* Anführer *m* e–r Sotnie
sotniye *(russ.) mil.* Hundertschaft *f* 2. Kosakenabteilung, Sotnie *f*
sotopalanga [×··×·] *naut. z. va.* frei an Bord; fob ~ **satış** Überbordlieferung *f*, Verkauf *m* ab Schiff
sovhoz Sowchos(-e *f*) *m*, *n* (Staatsgut in der Sowjetunion)
Sovyet, -ti 1. Sowjet *m* 2. sowjetisch, Räte- ~ **Cumhuriyetleri** Sowjetrepubliken *pl.* ~ **kompozitörleri** sowjetische Komponisten *pl.* ~ **ordusu** Sowjetarmee *f*, Rote Armee ~ **Rusya** Sowjetrußland ~ **Sosyalist Cumhuriyetleri Birliği** Union *f* der Sozialistischen Sowjetrepubliken, UdSSR *f*, Sowjetunion *f* (Abk.: **-ler Birliği, -ler Cumhuriyeti** *fr. a.* **-ler Cumhuriyeti İttihadı, -ler İttihadı**); **-ler Birliği Halk Komiserler Heyeti Reisi** Vorsitzender des Rates der Volkskommissare der Sowjetunion **-ler Birliği Yüksek Şûrası Reisi** Präsident *m* des Hohen Rates der Sowjetunion

sovyetleşmek sowjetisiert werden, e–e Sowjetisierung erfahren
sovyetleştirmek sowjetisieren
soy 1. Familie *f*, Stamm *m*, Geschlecht *n* 2. Herkunft, Abstammung, Rasse *f*, Schlag *m* 3. Generation *f* 4. Familienangehörige und Verwandte, Vorfahren *pl.*, Nachkommenschaft *f* *müteallikat, taalukat, silsile, sülâle 5. Art, Sorte *f* 6. aus guter Familie stammend, vornehm, adlig (Person) 7. von guter Rasse, Rassen-, edel, erstrangig, hervorragend Zu 1: **Bu -dan şimdiye kadar öyle adam çıkmadı.** E–n solchen Mann hat dieses Geschlecht bisher nicht hervorgebracht. ~ **dönmek** entarten, degenerieren ~ **gaz** Edelgas *n* *asil gaz ~ **maden** (*od.* ~ **metal**) Edelmetall *n* *asil maden ~ **olmayan metaller** unedle Metalle *pl.* ~ **opal** Edelopal *m* *aynüşşems ~ **sop** 1. alle Familienangehörige und Verwandte *pl.* 2. Familienabstammung *f* **-a çekmek** seinen Vorfahren nachschlagen, die gleichen Eigenschaften haben wie die Vorfahren **-dan bulaşma** *med.* erbliche Belastung **-dan geçme** erblich, vererbt *kalıtsal herediter **-dan gelme monarşi** Erbmonarchie *f* **-dan prens** Prinz *m* von Geblüt ²**dur çeker** (*mit od. ohne* **boktur kokar**). *od.* **Cins cinse çeker.** *Spr.* Es liegt nun einmal in der Familie. **-u bozuk** nicht aus guter Familie stammend **-u sopu belli** aus bekannter (od. berühmter) Familie stammend **-u sopu temiz** aus guter Familie, von guter Herkunft
soya [×·] **(fasulyesi)** Sojabohne *f bot.* Glycine soja *Çin lubyası
soyaçekim 1. Vererbung *f*, Erbgang *m* *kalıtım, veraset 2. Erblichkeit, Vererbungsmöglichkeit *f* *irsiyet 3. Erbe *n*, Erbschaft *f* *irs
soyadı, -nı Familien-, Geschlechts-name *m* ~ **kanunu** Gesetz *n* über die Einführung der Familiennamen (1934)
soyağacı, -nı s. **şecere** (2)
soyca [×·] der Abstammung nach
soydaş 1. Artgenoss-e *m*, -in *f* *hemcins 2. Volksgenoss-e *m*, -in *f*
soyga ein als Lockvogel verwendeter Rabenvogel (Elster od. Häher)
soyguç, -cu Kartoffelschäler *m* (od. ein ähnl. Küchengerät)
soygun 1. Aus-, Be-raubung *f*, (Straßen-)Raub *m*, Ausplünderung *f* (durch e–n Wegelagerer) 2. bewaffneter Überfall (z. B. auf e–e Bank) 3. ausgezogen, entkleidet, beraubt ~ **odası** *fr.* Garderobenraum *m* (bei Familienfeierlichkeiten); vgl. **soyguncu** (2); ~ **vermek** ausgeraubt (ausgeplündert) werden
soyguncu 1. Wegelagerer, (Straßen-)Räuber *m* 2. *fr.* für e–e Hochzeit od. e–e andere Familienfeier engagierte Garderobiere
soygunculuk 1. s. **soygun** (1) 2. Räuberei *f*, Räuberunwesen *n* 3. *fig.* Ausbeuten *n*, *F* Ausnehmen, Rupfen, Neppen *n* 4. Aufgabe od. Tätigkeit *f* e–r **soyguncu** genannten Garderobiere
soyka *P* od. *dial.* 1. Kleidung *f* 2. die e–m Toten od. Kriegsgefangenen abgenommene Kleidung 3. Hinterlassenschaft *f* 4. schlecht, unheilbringend (Gegenstand)
soykırımı s. **jenosit**
soylu von vornehmer Abstammung, edel, adlig *asil ~ **soplu** s. **soyu sopu belli**
soyluluk vornehme Abstammung, gute Herkunft, Adel *m* *asalet
soymak 1. die Rinde (Haut, Schale, das Fell) von et. entfernen; (ab-)schälen 2. entkleiden, ausziehen 3. ausrauben, ausplündern 4. abtakeln (Segelschiff) Zu 1: **elmayı (patatesi)** ~ den Apfel (die Kartoffeln) schälen **derisini** ~ das Fell abziehen; s. a. **baklayı** ~ Zu 2: **Çocuğu soy da yatır!** Zieh das Kind aus und bring es ins Bett! Zu 3: **soyup soğana çevirmek** bis aufs Hemd ausziehen (*a. fig.* z. B. bei Ka.); völlig ausplündern; s. a. **ölüleri** ~
soymantı *P* 1. was nach Entfernen der Schale gegessen wird (z. B. Gurke) 2. die abgezogene Schale 3. entrindeter (Holz-)Knüppel
soymuk eßbare innere Rinde best. Nadelbäume (Phloem *n*) sowie der erforderliche Einschnitt an dem betr. Stamm
soyoluş *biol.* Phylogenese, Phylogenie *f*; Stammesgeschichte *f* der Lebewesen *filojenez, filojeni; tekevvünü nev'î
Soyotlar *n.pr.* s. **Tuvalar**
soysuz 1. von niedriger Herkunft (Abstammung) 2. moralisch minderwertig, charakterlich tiefstehend, gemein, niedrig denkend
soysuzlaşmak entarten, degenerieren verwildern *tereddi etmek, dejenere olmak, yozlaşmak
soysuzlaşmış entartet, degeneriert *mütereddi
soysuzluk 1. niedrige Herkunft od. Abstammung 2. moralische Minderwertigkeit, charakterlicher Tiefstand, niedriges od. gemeines Verhalten
soytarı 1. Clown, Possenreißer, Hanswurst *m* 2. *hist.* Hofnarr 3. berechnender und würdeloser Schmeichler *mütebasbıs
soytarılık 1. Clownerie *f*, Possenreißen, Hanswurstspielen *n* 2. *hist.* Rolle *f* e–s Hofnarren 3. berechnende und würdelose Schmeichelei ~ **oyunu** s. **buf**
soyucu 1. (ab-)schälend, Schäl- 2. entkleidend, ausziehend 3. ausraubend, ausplündernd, Räuber, Plünderer *m* Zu 3: s. **ölü** ~
soyuculuk, -uğu 1. (Ab-)Schälen *n* 2. Entkleiden, Ausziehen *n* 3. Ausrauben, Ausplündern *n* Zu 3: s. **ölü -u**
soyuk (anatomische) Muskelfigur *f* (ohne Haut) (für Maler od. Bildhauer)
soyulma 1. s. **kışırlanma** 2. *geol.* Desquamation *f* *tefellüs
soyulmak Pass. zu **soymak; soyulmuş soğana dönmüş olmak** ganz ausgeplündert sein, kein Geld (*od.* keine Waren) mehr besitzen
soyunma odası 1. *Th.* Umkleideraum *m* 2. *(Sport)* Kabine *f*
soyunmak 1. sich ausziehen, sich entkleiden 2. sich umziehen 3. *fr.* in den Mewlewi-Orden eintreten Zu 2: **işe** ~ Arbeitskleidung anlegen **soyunup dökünmek** Hauskleidung anziehen
soyunmalık Auskleideraum *m* (im türk. Bad)
soyuntu (entfernte) Schale (von Äpfeln, Gurken usw.) *soymantı
soyunukeski *fr.* Leibdiener *m* (im Serail) (bis zur Tanzimatperiode)
soyut, -tu 1. abstrakt *abstre, mücerret 2. *fig.* schwer verständlich ~ **ad** (*od.* ~ **isim**) *gr.* Abstraktum, Gedankendingwort *n* *mücerret isim ~ **geometricilik** Suprematismus *m* (e–e Form des Konstruktivismus) *süprematikçilik ~ **sanat** abstrakte Kunst ~ **sayı** s. **abstre sayı;** ~ **tiyatro** abstraktes Theater
soyutçuluk *lit., phil.* Abstraktionismus *m* *abstraksiyonizm
soyutlamak abstrahieren *tecrit etmek
söbe; söbü oval, eirund *beyzî, oval, yumurtamsı
söğe; söğmek s. **söve; sövmek**
söğendize an dem e–n Ende mit Leinwand umwickelter langer Stock (zum Reinigen von Backöfen)
söğüş 1. gekochtes Fleisch (das kalt gegessen wird) 2. nicht angemachter Salat; aufgeschnittene Gurken, Tomaten usw.
söğüşmek s. **sövüşmek**
söğüt, -dü Weide *f bot.* Salix (safsaf u. a.) ~ **kelebeği** Trauermantel *m* (Schmetterling) *zo.* Vanessa antiopa ~ **ötleğeni** Fitis *m zo.* Phylloscopus trochilus (Laubsängerart) ~ **yaprağı** *fr.* Bez. für ein best. Federmesser ~ **yeşil teke-**

böceği Moschusbock *m* (Bockkäferart) *zo.* Aromia moschata
Söğüt *n.pr.* O. u. D. im Rbz. Bilecik
söğütgiller Weidengewächse *pl. bot.* Salicaceae *safsafiye
söğütlük mit Weiden bestandene Stelle; Weidengehölz *n*
Söke *n.pr.* Stadt u. D. im Rbz. Aydın
sökel(-lik) *P* s. **sakat(-lık); malul(-iyet)**
sökme Vs. zu **sökmek** *spez.* Demontage *f* ~ **işleri** Abbrucharbeiten *pl.*
sökmek, (-er) 1. heraus-reißen, -ziehen, -trennen, loslösen, ab-, weg-reißen 2. auseinandernehmen, (in Einzelteile) zerlegen, de-, ab-montieren 3. abbrechen (Zelt) 4. durch et. hindurch-kommen, -fahren, sich e–n Weg bahnen, sich Bahn brechen (durch) 5. bewältigen (z.B. Steigung) 6. entziffern; lesen können, *F* herauskriegen 7. *allg.* et. fertigbringen, et. leisten können 8. auftrennen (z.B. Naht) 9. umbrechen, umpflügen (Boden) 10. *intr.* sich lösen 11. *intr. F* allmählich kommen, auftauchen, auf der Bildfläche erscheinen 12. **sökmemek** *intr. F* nichts helfen, nutzlos sein, nichts nützen Zu 1: **kitabın kabını** ~ den Buchdeckel abreißen **çivi** ~ Nägel herausziehen **elbisenin astarını** ~ das Futter (des Kleides bzw. des Anzugs) heraustrennen **Kasırga ağaçları söktü.** Der Wirbelsturm hat die Bäume entwurzelt. Zu 2: **makineyi** ~ die Maschine zerlegen (bzw. demontieren) Zu 3: **çadırı** ~ das Zelt abbrechen Zu 4: **Lokomotif karı sökemedi.** Die Lokomotive ist im Schnee steckengeblieben. **Kalabalığı sökünceye kadar hayli zahmet çektik.** Wir hatten Mühe und Not, uns e–n Weg durch die Menge zu bahnen. Zu 6: **Bu yazıyı sökemedim.** Die Schrift hier habe ich nicht entziffern (lesen) können. Zu 7: **Bu işi yalnız sen sökersin.** Das bringst nur du fertig. Zu 8: **Bu dikişi sökünüz!** Trennen Sie diese Naht auf! Zu 10: **Balgam söktü.** Der Schleim löste sich. Zu 11: **Kalabalık söktü.** Es kamen immer mehr Leute herbei. s.a. **Şafak söktü.** Zu 12: **Burada zorbalık sökmez.** Mit Gewalt ist hier nichts auszurichten. **Böyle sökmez!** So geht das nicht! **söküp atmak** mit Stumpf und Stiel vertilgen (beseitigen, ausrotten)
söktürmek 1. Kaus. zu **sökmek** 2. *P* nur mit Mühe lesen und verstehen, langsam entziffern Zu 1: s.a. **dem** ~; **sidik söktürücü**
sökük, -üğü 1. (auf-)geplatzt, aufgegangen (Naht, Gewebe usw.) 2. geplatzte Stelle; Loch *n*, Riß *m* 3. Masche *f*, die e–e Strickerin hat fallen lassen ~ **dikmek** (*od.* ~ **örmek**) ein Loch zunähen (stopfen)
sökülmek 1. Pass. zu **sökmek** 2. *V* hergeben, herausrücken Zu 2: **Sökül bakalım paraları!** *V* Her mit dem Geld! **sökülüp atılmak** vollkommen ausgerottet werden **sökülür** *techn. a.* abnehmbar **sökülür takılır mobilya** s. **portatif mobilya**
sökün etmek *F* auftauchen, auf der Bildfläche erscheinen, allmählich kommen
söküntü 1. Gerümpel *n*, alter Trödel 2. aufgeplatzte Naht 3. Stelle *f*, an der e–e Masche gefallen ist. 4. starkes Strömen; Fließen *n* 5. Zusammenrottung *f* (e–r Menschenmenge)
söküotu, -nu kleiner Vogelfuß *bzw.* Seradella *f bot.* Ornithopus perpusillus bzw. O. sativus *kuş ayağı
sölentereler s. **selentereler**
sölpük schlaff, matt, kraftlos
sölpümek erschlaffen, ermatten, kraftlos werden
Sömbeki (adası) *n.pr.* Insel *f* Simi (Dodekanes)
sömbeki *fr.* 1. leichtes Boot (wie man es auf Simi baute); Schebecke *f* 2. Schwammtaucher *m*
sömestr (Universitäts- od. Hochschul-)Semester, Halbjahr *n* ~ **karnesi** Halbjahrzeugnis *n* ~ **tatili** Semesterferien *pl.*
sömifinal(-ist) *selt.* s. **dömifinal(-ist)**
sömikok (kömürü) Halb-, Schwel-koks *m*
sömmek s. **sümmek**
sömürge Kolonie *f* *müstemleke
sömürgeci 1. *selt.* Kolonist *m*, Kolonial- 2. Vertreter *m* des kolonialen Gedankens 3. *pej.* Kolonialist *m*, kolonialistisch *(1–3) müstemlekeci ~ **devletler** Kolonialmächte *pl.*
sömürgecilik 1. Kolonisation, Kolonialpolitik *f* 2. *pej.* Kolonialismus *m*, koloniale Ausbeutung *(1, 2) müstemlekecilik
sömürgeleştirmek zur Kolonie machen, kolonisieren
sömürgen ausbeutend, Ausbeuter *m*
sömürme Vs. zu **sömürmek** *spez.* Ausbeutung *f* ~ **kökleri** *bot.* Saugwurzeln *pl.* (pflanzlicher Parasiten), Haustorien *pl.*
sömürmek 1. (ein-)schlürfen 2. alles aufessen, nichts übriglassen 3. *fig.* ausbeuten, rücksichtslos ausnutzen
sömürücü ausbeutend, Ausbeuter *m*
sömürücülük Ausbeutung *f*
söndürge *fr.* Löschhütchen *n* (spez. für Kerzen in e–r Moschee)
söndürme Vs. zu **söndürmek;** ~ **aleti** Löschgerät *n* ~ **ameliyesi** Löschtätigkeit *f* ~ **ekipi** Löschtrupp *m*
söndürmek Kaus. zu **sönmek:** 1. (aus-)löschen (Feuer, Licht usw.) 2. (ab-)löschen (Kalk) 3. ausmachen, abstellen, ausdrehen (Gas, Elektrizität usw.) 4. die Luft herauslassen (z.B. aus e–m Ballon) 5. *fig.* in den Schatten stellen; verdunkeln 6. schwinden lassen, zum Erlöschen bringen (z.B. Gefühle) 7. völlig vernichten, auslöschen, verschwinden lassen
söndürücü 1. löschend, Lösch- 2. Löschgerät *n*, Feuerlöscher *m*
söndürüm s. **itfa** (2)
sönmek, (-er) 1. er-, ver-löschen, ausgelöscht werden, ausgehen (Feuer, Licht usw.) 2. gelöscht werden (Kalk) 3. *fig.* schlaff werden, zusammenfallen (z.B. Segel, Ballonhülle usw.) 4. *fig.* erlöschen (Gefühl), verrauchen (z.B. Zorn), vergehen; nicht mehr vernehmlich sein (Laut, Stimme) 5. in der Entwicklung zurückfallen, seine Bedeutung verlieren, zum Erliegen kommen 6. völlig verschwinden, zu existieren aufhören 7. dahingehen, ableben, sterben **sönmemiş kireç** ungelöschter Kalk **sönüp gitmek** dahinsiechen
sönmüş 1. erloschen, nicht mehr tätig (Vulkan) *dingin 2. gelöscht (Kalk)
sönük 1. erloschen, ausgegangen 2. schlaff geworden, zusammengefallen 3. matt, schwach, glanz-, farb-, schwung-los, *F* lahm (Ausdruck, Ovation usw.) 4. nicht sonderlich in Erscheinung tretend, unberühmt, untergeordnet (Person) ~ **kalmak** 1. in den Schatten gestellt werden, übertroffen werden 2. relativ unwichtig sein
sönükleşmek 1. allmählich erlöschen 2. schlaff werden, zusammenfallen (Hülle) 3. seinen Glanz od. Schwung verlieren 4. *fig.* matt, schwach, *F* lahm werden 5. mehr und mehr e–e untergeordnete Rolle spielen
sönüklük 1. Erloschensein *n* 2. Schlaffgeworden-Sein *n* 3. Mattigkeit, Schwäche, Glanz-, Farb-losigkeit *f*, *F* Lahmheit *f* 4. Unberühmtsein *n*, unbedeutende Stellung od. Rolle
sönüm 1. *phys.* Aufhören, Zum-Stillstand-Kommen *n* (z.B. e–r Pendelschwingung) 2. Amortisierung, Amortisation, Tilgung, Abtragung *f* (z.B. e–r Schuld) *(1, 2) itfa
sönümlemek 1. *phys.* aufhören lassen, zum Stillstand kommen lassen (Schwingung) 2. amortisieren, tilgen, abtragen (Schuld) *(1, 2) itfa etmek
sönümlü *phys.* aufhörend, zum Stillstand kommend (Schwingung) *muntafi

sönümsüz *phys.* (an)dauernd, fortgesetzt, stetig (Schwingung) *devamlı, beslenen
sör (I) [–] (*franz.* **sœur**) Nonne, Schwester *f* (in Krankenhaus, Konfessionsschule usw.)
sör (II) [–] s. **sir** (I)
söve 1. (Wagen-)Runge *f* 2. Fenster-, Tür-rahmen *m,* Leibung *f* ~ **pervazı** Türpfosten *m,* Fenstereinfassung *f* ~ **taşı** steinerner Sturz (an e–m Tor)
sövgü Fluch *m,* Verwünschung *f,* Schimpfwort *n* *küfür
sövmek (m. Dat.) ausschimpfen, verwünschen; schimpfen, fluchen (über), Verwünschungen ausstoßen (gegen) **sövüp saymak** wüst (wie ein Rohrspatz) schimpfen
sövüntü s. **sövgü, sövüş**
sövüş 1. Schimpfen, Verwünschen, Fluchen *n* 2. s. **söğüş**
sövüşlemek *V* j–m Geld abknöpfen, j–n gehörig bluten lassen *sızdırmak
sövüşmek (birbiriyle) sich gegenseitig beschimpfen *sövüşüp sayışmak
söylem 1. s. **beyanat** 2. s. **lafız**
söylemek 1. sagen, (aus-)sprechen, reden behaupten 2. sagen, auftragen, befehlen 3. verlangen, bestellen (z. B. im Restaurant) 4. singen 5. erkennen lassen, kundtun, vorhersagen Zu 1: **Bunu size kim söyledi?** Wer hat Ihnen das gesagt? **Söyleyenden dinleyen arif gerek!** *Spr.* Der Zuhörer muß weiser sein als der Sprecher! *a.* Man muß zwischen den Zeilen lesen können! **Çok iyi söylediniz!** 1. Sehr richtig! 2. Dem haben Sie es aber tüchtig gegeben! **Gayet doğru söylüyor.** Er hat vollkommen recht mit dem, was er sagt. **söylediklerine göre** e–m Ondit (Gerücht) zufolge **söyleyip durmak** ununterbrochen reden **Bu ses uzun olarak söylenir.** Dieser Laut wird lang gesprochen. **Sana söylüyorum.** He du! dich meine ich! Zu 2: **Size bir mektup yazmamı söylediler.** Man hat mir aufgetragen, e–n Brief an Sie zu schreiben. Zu 3: **Çorba söyledim.** Ich habe (e–e) Suppe bestellt. Zu 4: s. **gazel (şarkı)** ~ Zu 5: **Yüzü, ne adam olduğunu söylüyor.** Man kann ihm schon am Gesicht ablesen, was er für ein Mensch ist. **söylemediği kalmamak** (b–nin) *F* ordentlich über j–n herfahren; j–n tüchtig ausschimpfen **söylemesi benden** *F* s. **Günah benden gitti.**
söylemsel s. **lafzî;** ~ **yorum** s. **lafzî tefsir**
söylence (*kaum gebr.*) sprichtwörtliche Redensart
söylenilmek Pass. zu **söylemek** *söylenmek **Yabancıların önünde böyle söylenilir mi?** Wie kann man in Gegenwart von Fremden so reden?
söylenimsiz *mus.* unsingbar
söyleniş Aussprache *f* *telaffuz **-i güç bir isim** ein schwer auszusprechender Name
söylenk (*kaum gebr.*) *mus.* Chorkonzert *n* *koro konseri
söylenme 1. Vs. zu **söylenmek** 2. *Th.* Monolog *m* *monolog
söylenmek 1. Pass. zu **söylemek** *söylenilmek 2. a) vor sich hinreden, murren, b) daherreden (dummes Zeug) c) sich beschweren; kritisieren Zu 1: **Ben gelmem dedikten sonra söylenecek laf yok.** Nachdem ich einmal gesagt habe, ich komme nicht, ist jedes weitere Wort überflüssig. **söyleniyor ki** man redet davon, daß ...; es geht das Gerücht, daß ...
söylenti Gerücht *n,* unverbürgte Nachricht, Ondit *n* *rivayet, yayıntı
söyleşi s. **sohbet**
söyleşme 1. Vs. zu **söyleşmek** 2. *lit.* Dialog *m* *diyalog
söyleşmek 1. zu mehreren reden 2. miteinander reden; beraten, diskutieren
söyleşmeli *lit.* mit Dialog *bzw.* in Dialogform
söyleştirme *lit.* Dialog-, Gesprächs-form *f*
söyletmek 1. zulassen, daß jemand et. sagt 2. veranlassen od. erzwingen, daß jm. et. sagt, j–n zum Reden bringen, et. aus j–m herausbringen Zu 1: **Burada kimseye söz söyletmiyorlar ki!** Man läßt e–n hier ja nicht zu Wort kommen! Zu 2: **Adamı nekadar sıkıştırdılarsa da bir türlü söyletememişler.** Obwohl man ihm scharf zugesetzt hat, war doch nichts aus ihm herauszubringen.
söylev Rede, Ansprache *f* *nutuk ~ **vermek** e–e Rede halten
söyleyiş 1. Sprechen, Sagen *n,* (subjektive) Darlegung (Darstellung, Schilderung) *f* 2. Diktion, Aussprache, Sprechweise *f* *telaffuz **onun -ine göre** 1. nach seiner Darstellung; so, wie er die Sache schildert 2. seiner Sprechweise nach
söz 1. Wort *n,* Ausdruck *m* *kelime 2. Worte *pl.,* Rede *f,* Ausspruch *m* *kelâm, lakırdı 3. Redensart *f,* Sprichwort *n* 4. Gerücht *n,* unverbürgte Nachricht *rivayet, söylenti 5. gegebenes Wort; Zusage *f,* Versprechen *n* 6. kurze schriftl. od. mündl. Mitteilung 7. *gel.* leere Worte *pl.* 8. *gel.* Einfluß *m* 9. *gel.* Einwand, Widerspruch *m* Zu 1: **Bu da ~ mü?** Ist das überhaupt ein Ausdruck dafür? Es ist viel mehr als das! Zu 2: **İkide birde -ümü kesmeyiniz!** Unterbrechen Sie mich doch nicht dauernd! Zu 4: **Ortalıkta ~ dolaşıyor.** Es ist ein Gerücht in Umlauf. Zu 5: **O, -ünde duran bir adamdır.** Er ist ein Mann, der zu seinem Wort steht. Zu 6: **Kulağına bir ~ söyledim.** Ich habe ihm et. ins Ohr geflüstert. **Ona bir çift ~ yazdım.** Ich habe ihm ein paar Zeilen geschrieben. Zu 8: s. **-ü geçmek** Zu 9: **Buna kimsenin -ü yok.** Dagegen hat niemand et. einzuwenden. ~ **açmak** (bşden) 1. von et. zu sprechen beginnen, e–e Unterhaltung (Diskussion) beginnen 2. e–e Frage anschneiden, et. zur Sprache bringen (**Söz harpten açıldı.** Man kam auf den Krieg zu sprechen.) ≗ **ağızdan çıkar.** *Spr.* Ein anständiger Mensch steht zu seinem Wort. ~ **ağızdan dökülmek** *fig.* gezwungenermaßen et. sagen ~ **almak** 1. ein Versprechen abnehmen, sich e–e Zusage geben lassen 2. sich das Wort geben lassen, das Wort ergreifen (z. B. in e–r Versammlung) ~ **altında kalmamak** 1. in gleich scharfer Weise erwidern; um e–e Erwiderung nicht verlegen sein 2. sein gegebenes Wort einlösen ~ **anlamak** vernünftig (verständig) sein, e–m guten Rat zugänglich sein, mit sich reden lassen ~ **anlamaz** unvernünftig, guten Ratschlägen unzugänglich, obstinat, stur ~ **anlatmak** j–m et. klarmachen od. darlegen. (**Ona ~ anlatmak kabil değil ki!** Mit ihm ist einfach nicht zu reden!) ~ **aramızda** unter uns gesagt ~ **arası** s. **arasöz;** ~ **arasında** nebenbei bemerkt ~ **atmak** 1. j–m (e–e Beleidigung, Anschuldigung usw.) an den Kopf werfen 2. ein Mädchen od. e–e Frau ansprechen bzw. ihnen et. zurufen 3. j–m et. zurufen ≗ **ayağa düştü.** *pej.* Jeder wollte seinen Senf dazugeben. ~ **başı** 1. Absatz *m,* Alinea *n* 2. Anfang *m* e–r Rede 3. (Kapitel-)Überschrift *f* ≗ **beynimizde kalsın!** Das soll aber unter uns bleiben! ≗ **bir Allah bir!** (*Beteuerung*) Ich stehe unbedingt zu meinem Wort! Ehrenwort! ~ **bir etmek** unter sich aus-, abmachen, sich verabreden, übereinkommen ~ **bulmak** Worte finden ~ **çatmak** *va.* reden, sprechen ~ **çiğnemek** s. Stw. **çiğnemek;** ≗ **değişti.** Man kam auf et. anderes zu sprechen. ~ **değiştirmek** das Thema wechseln ~ **dinlemek** 1. gegebene Ratschläge befolgen, auf j–s Wort hören, sich belehren lassen 2. folgsam sein, gehorchen ~ **dokundurmak** Anspielungen machen ~ **düşmek** an die Reihe kommen zu sprechen ~ **düşürmek** die Sprache auf et. bringen ~ **ehli** beredt, guter Redner ~ **eri** 1. *selt.* s. **sözünün eri** 2. guter Redner 3. wer es versteht, sich Anklang zu verschaffen, sich durchzusetzen; einflußreich ~ **eslemek** *P* s. ~ **dinlemek;** ~ **etmek** 1. (b–ne bşden) reden, sprechen, berichten (von), et. erwähnen 2. (bşi) *pej.* klatschen, schwatzen (über) 3. abmachen; ein Übereinkommen treffen ~ **geçirmek** (b–ne) seinen Worten Geltung verschaffen, sich durchsetzen, Ansehen und

Einfluß haben (bei) ~ **gelmek** (m. Dat.) geredet werden (über) ~ **getirmek** (b–ne) j–n ins Gerede (in Verruf) bringen ~ **götürmek** nicht eindeutig feststehen, sich verschieden beurteilen lassen ~ **götürmez** was keiner Diskussion bedarf, absolut feststehend, unbestreitbar ♀ **gümüşse, sükût altındır.** *Spr.* Reden ist Silber, Schweigen ist Gold. *Spr.* ~ **hünerleri** *lit.* Wortkunst *f* *edebi sanat ~ **içirmek** (b–ne) sticheln; verletzende Anspielungen machen (auf) ~ **istemek** um das Wort bitten ~ **işitmek** Vorwürfe od. Tadel zu hören bekommen, ausgezankt werden, *F* gerüffelt werden ~ **kaldırmak** ein Wort (e–n Scherz, e–n Widerspruch usw.) vertragen können ~ **kaldırmaz** wer keine Gegenrede verträgt, wer sich auch im Scherz nichts sagen läßt ~ **karıştırmak** et. nicht zum Thema Gehöriges vorbringen ~ **karşılamak** gegen et. Gesagtes Stellung nehmen; kontern ~ **katmak** ein paar Worte hinzufügen (**Müsaadenizle ben de bir söz katayım.** Wenn Sie gestatten, möchte ich hierzu auch et. sagen.) ~ **kavafı** Schwätzer *m* ~ **kesilmek** 1. enden (Gespräch) 2. fest abgemacht werden ~ **kesimi** feste Absprache ~ **kesişmek** handelseinig werden, zu e–r Vereinbarung gelangen ~ **kesmek** (bş hakkında) fest abmachen, absprechen, vereinbaren, ausmachen (z.B. Eltern e–e Heirat ihrer Kinder) ~ **kitabı** Wörterbuch, Lexikon *n* *lugat, sözlük ~ **konusu** in Frage stehend; erwähnt **...** ~ **konusu değildir.** Es handelt sich nicht um ... ♀ **konusu değişiyor.** Das Thema wird gewechselt. Man kommt auf et. anderes zu sprechen. ~ **konusu etmek** s. **mevzubahis etmek;** ~ **konusu öğrenciler** die in Frage stehenden Schüler (bzw. Studenten) ~ **mü?** Das ist gar kein (entsprechender) Ausdruck. (**Güzel de** ~ **mü? Afet, afet!** Schön ist gar kein Ausdruck! Bildhübsch ist sie!) ~ **olmak** zum allgemeinen Gerede werden; breitgetreten (durchgehechelt) werden ~ **olmasın diye** damit kein Gerede entsteht ~ **olsun diye** s. **laf olsun diye;** ♀ **onun.** 1. Er hat das Wort 2. Er sagt es (und wird schon recht haben). ~ **öğrenmek** 1. instruiert werden über das, was man sagen soll 2. *fig.* zu et. bewogen werden ~ **öğretmek** 1. j–m beibringen, was er zu sagen hat 2. *fig.* antreiben, zu et. bewegen ~ **sahibi** 1. Redner, Sprecher *m* 2. einflußreiche Persönlichkeit ~ **sanatı** Rhetorik, Redekunst *f* *belâgat ~ **sanatları** s. **sanayii lafziye;** ~ **satmak** prahlen, aufschneiden ~ **sav** *selt.* Geschwätz *n,* dummes Gerede ~ **söylemek** reden, sprechen (z.B. Vortragender) ~ **söyletmek** s. Stw. **söyletmek;** ♀ **sözü açar.** 1. Man kommt (leicht) von e–m Thema auf ein anderes. 2. Man kommt auf alles mögliche zu sprechen. ~ **taşımak** 1. Klatsch verbreiten 2. Zwietracht säen, Unfrieden stiften ~ **temsili** 1. wie man zu sagen pflegt 2. allgemeine Redensart ~ **tutmak** 1. s. ~ **dinlemek** 2. s. **-ünü tutmak** ~ **ucu** Anknüpfungspunkt *m* (z.B. für ein Gespräch) ~ **üzerine** auf das gegebene Ehrenwort hin ~ **ve saz** lustige Unterhaltung, fröhliche Gesellschaft ~ **vermek** 1. sein Wort geben; zusagen, versprechen 2. das Wort erteilen (Zu 1: **Söz veriyorum!** Auf Ehrenwort!) ~ **yitimi** s. **afazi;** ♀ **yok.** Dagegen ist nichts zu sagen. Sehr richtig! ~ **yuvarlamak** Anspielungen machen **-de** s. ges. Stw. **-e girişmek** zu reden beginnen, das Wort ergreifen **-e kapılmak** sich überreden (*F* einwickeln, breitschlagen) lassen **-e karışmak** sich ins Gespräch mischen **-le** mündlich *şifahen **-lerini tartmak** seine Worte abwägen **-ü ağıza** (*od.* **ağzına**) **tıkamak** 1. j–m ins Wort fallen 2. j–m den Mund stopfen **-ü ağzından kapmak** e–m das Wort aus dem Munde nehmen ♀**ü altın değer.** *fig.* Was er verspricht, hält er unbedingt. **-ü bağlamak** seine Worte abschließen **-ü bol** leerer Schwätzer **-ü çevirmek** das Thema wechseln **-ü dinlenmek** *fig.* angesehen, einflußreich sein **-ü bozmak** das gegebene Wort brechen **-ü edilen kitap** das erwähnte Buch **-ü edilemez** (bşin) Es kann nicht gesprochen werden (von); So etwas wie ... gibt es nicht. **-ü geçen** oben-erwähnt, -genannt **-ü geçer** einflußreich, angesehen (Person) **-ü geçmek** 1. Ansehen und Einfluß besitzen, sich durchsetzen, einflußreich sein 2. besprochen (erwähnt, diskutiert) werden, (oben) genannt werden **-ü getirmek** die Rede darauf bringen, darauf zu sprechen kommen **-ü intikal ettirmek** (bşe) zu sprechen kommen (auf) **-ü kabartmak** 1. in seinen Worten ausfallend werden 2. prahlerische Töne anschlagen **-ü karışık** unzusammenhängend od. unlogisch redend **-ü kesmek** mitten im Wort innehalten ♀**ü mü olur?** (Erwiderung auf j–s Entschuldigung) Das ist doch nicht der Rede wert! **-ü özüne uymak** 1. offen und ehrlich sein 2. zu seinem Wort stehen **-ü sapıtmak** 1. den Faden verlieren 2. von et. anderem zu reden beginnen **-ü sazı yerinde** s. **sazı sözü yerinde; -ü tevcih etmek** (b–ne) das Wort richten (an), j–n apostrophieren ♀**ü uzatmağa ne hacet?** Was bedarf es noch weiterer Ausführungen (Darlegungen)? **-ü yabana atmak** et. nicht beachten (**Bu -ü pek yabana atmayalım!** Was er da sagt, kann man nicht von der Hand weisen!) **-ü yöneltmek** s. **sözü tevcih etmek; -üm meclisten dışarı** s. **sözüm yabana; -üm ona** s. **sözümona;** ♀**üm** ~ **olsun!** Ehrenwort! **-üm yabana** 1. mit Verlaub gesagt; mit Respekt zu sagen; entschuldigen Sie bitte den Ausdruck 2. sogenannt ♀**üm yok!** Nichts dagegen einzuwenden! ♀**ümü yabana atma!** Schlag meine Worte nicht in den Wind! Laß es dir gesagt sein! **-ün gelişi** 1. s. **sözgelişi** 2. im Lauf der Unterhaltung; beiläufig, nebenbei **-ün kısası** kurz gesagt **-ün sırası** s. **-ün gelişi; -ün sırası gelmişken** da wir gerade davon sprechen; à propos **-ün sonuna gelmek** (*od.* **yaklaşmak**) zum Ende (e–r Rede, e–s Vortrags usw.) kommen **-ünce amel etmek** genau nach j–s Worten handeln **-ünde durmak** das gegebene Wort (sein Versprechen) halten ♀**ünde hilâf yok.** Er spricht die Wahrheit. **-ünden çıkmak** 1. (b–nin) nicht auf j–s Rat (od. Bitte) hören 2. (kendi) s. **sözünden dönmek; -ünden çıkmamak** 1. j–s Rat nicht in den Wind schlagen 2. j–m e–e Bitte nicht abschlagen 3. sein Versprechen halten **-ünden dönmek** (*od.* **rücu etmek**) s. Stw. **dönmek; -üne atılmak** (b–nin) j–m ins Wort fallen **-üne gelmek** (b–nin) j–m nachträglich recht geben, j–m nach anfänglicher Ablehnung schließlich doch zustimmen **-üne söz** *F* dauernde Widerrede **-üne söz olmak** absolut verläßlich sein **-ünü ağzına tıkamak** j–n nicht reden lassen ♀**ünü (♀ünüzü) balla kesiyorum** *P* wenn ich e–n Augenblick unterbrechen darf **-ünü bilmek** in gesetzten Worten sprechen **-ünü bilmez** unüberlegt, unbekümmert (redend); taktlos **-ünü boğazına tıkamak** s. Stw. **boğaz; -ünü değiştirmek** 1. et. anderes als vorher sagen 2. e–n anderen Ton anschlagen 3. seiner Darstellung e–e andere Richtung geben **-ünü dinletmek** sich durchsetzen, seinen Worten Geltung verschaffen **-ünü dirhemle satmak** sich jedes Wort (sozusagen) abkaufen lassen **-ünü esirgemek** sich vorsichtig ausdrücken **-ünü esirgememek** 1. kein Blatt vor den Mund nehmen; unverblümt reden 2. ein loses Mundwerk haben **-ünü etmek** (b–nin; bşin) von j–m sprechen; über et. reden **-ünü geçirmek** 1. (b–ne) mit seinen Worten (Ausführungen, Darlegungen) Anklang finden (bei) 2. von sich reden machen **-ünü geri almak** 1. seine Zusage (sein Wort) zurückziehen 2. (harte, beleidigende usw.) Worte zurücknehmen **-ünü kesip konuşturmamak** j–m das Wort entziehen **-ünü kesmek** 1. sich unterbrechen, zu reden aufhören 2. j–n unterbrechen, j–m ins Wort fallen **-ünü sakınmamak** s. **-ünü esirgememek; -ünü şaşırmak** sich versprechen, sich verhaspeln **-ünü tartmak** seine Worte abwägen; wissen, was man zu sagen hat **-ünü tutmak** 1. (b–nin) j–s Rat befolgen 2. **(kendi)** sein Wort halten **-ünün eri** wer zu seinem

gegebenen Wort steht; ein Mann von Wort, aufrichtig, ehrlich
sözbilim s. **sözlükbilim**
sözbilimsel lexikologisch, wortkundlich *kelimebilimsel, leksikolojik
sözbirliği, -ni Abmachung, Verabredung *f*, Übereinkommen *n* ~ **etmek** s. **söz bir etmek**
sözbölükleri, -ni *gr.* Redeteile, Wortklassen *pl.* *aksamı kelâm
sözcü 1. Sprecher *m* (e–r Abordnung, Behörde usw.) 2. Referent *m* 3. *P* Schwätzer *m*
sözcük (Einzel-)Wort *n* *kelime ~ **türleri** s. **sözbölükleri**
sözcüklü s. **kelimeli**
sözcülük, -üğü Rolle *f*, Aufgaben *pl.*, Amt *n* e–s Sprechers od. Referenten 2. *P* leeres Gerede Zu 1: **hükümet -nü yapan gazete** die als Sprachrohr der Regierung fungierende Zeitung
sözde angeblich, vorgeblich, sogenannt, Pseudo- ~ **şart cümleciği** *gr.* irrealer Konditionalsatz *cümlei şartiyei faraziye
sözdizim; sözdizimi, -ni; sözdizgisi, -ni *gr.* Syntax, Satzlehre *f* *nahiv, sentaks **sözdizimi vurgusu** s. **tümce vurgusu**
sözebesi, -ni schwatzhaft, geschwätzig, Zuträger(-in *f*) *m*, Plaudertasche, Klatschbase *f*
sözel s. **söylemsel**
sözen(-lik) *(kaum gebr.)* s. **hatip; hitabet**
sözet(-çi) s. **libretto(-cu)**
sözgelimi, -ni Klatsch *m*, Gerede *n*
sözgelişi, -ni 1. (textlicher od. gedanklicher) Zusammenhang *ibarenin gelişi; karine, siyakusibak 2. zum Beispiel; angenommen, daß ...
sözlendirmek synchronisieren (Film) *dublaj yapmak
sözleşim Vertrag, Kontrakt *m*, Abmachung *f*, Abkommen *n* *mukavele, kontrat
sözleşimsel *jur.* s. **akdî**
sözleşme 1. Vs. zu **sözleşmek** 2. s. **sözleşim**; ~ **cezası** (*od.* **kıyını**) s. **cezaî şart**; ~ **kurma sözvermesi** s. **akit yapma vaadi**; ~ **özgürlüğü** s. **akit serbestisi**; **-nin kuruluşu** *jur.* Vertragsabschluß *m* *akdin inikadı
sözleşmek 1. heftige Worte wechseln 2. e–e Vereinbarung (Verabredung, ein Abkommen) treffen; übereinkommen
sözleşmeli s. **mukavelevî, akdî**
sözlü 1. mündlich *şifahî 2. verabredet, vereinbart, abgesprochen 3. gesprochen, Sprech- 4. in e–r best. Sprache (abgefaßt) 5. vertragschließend, Kontrahent *m*, Vertragspartei *f* *âkit 6. verlobt; Verlobte *m, f* *nişanlı, yavuklu Zu 3: ~ **filim** Sprechfilm *m* Zu 4: **Almanca** ~ **bir filim** ein Film in deutscher Sprache ~ **açıklama** mündliche Darlegung ~ **nota** Verbalnote *f*
sözlük Wörterbuch, Lexikon *n* *lugat; söz kitabı
sözlükbilgisi; sözlükbilim Lexikologie *f* *leksikoloji, sözbilim
sözlükçü Lexikograph *m* *leksikograf, lugatçi
sözlükçülük Lexikographie *f* *leksikografi, lugatçilik
sözsel mündlich, verbal *sözlü, kelâmî
sözsüz ohne Worte; nicht besprochen (Tonband)
sözül s. **sözsel**
sözümona *P* 1. angeblich, sogenannt 2. (Einleitung e–r iron. Bemerkung) Zu 1: ~ **mühendis** der Bursche, der sich Ingenieur nennt (*F* schimpft) ≗ **gelecekti.** Angeblich wollte er kommen. Zu 2: ≗, **o da bilgiç bir adam.** Der weiß mir auch schon gerade das Rechte! ≗, **büyük işler görmüş.** Er glaubt wunder was geleistet zu haben!
sözveren s. **müteahhit**
spagetti [·×·] *selt.* Spaghetti *pl.*
sparoner s. **siparoner**
Sparta(-lı) s. **Isparta(-lı)**

spat, -tı 1. *bot.* Spatha, Blütenscheide *f* *yen 2. *min.* Spat *m*
spatül 1. Spachtel *m, f* (*spez.* des Malers od. Apothekers) 2. Glättscheibe *f* (des Tapezierers) ~ **kuşu** Löffler *m zo.* Platalea leucorodia *kaşıklı balıkçıl
spayks *(Sport)* Spikes, Rennschuhe *pl.*
spazm *med.* Krampf, Spasmus *m*
spazmodik spasmisch, spasmodisch
spazmofili *med.* Spasmophilie *f*, kindliche Tetanie *tetani
spektaküler *selt.* spektakulär, aufsehenerregend, *pej.* marktschreierisch
spektral analiz Spektralanalyse *f*
spektrograf(-i) s. **tayfçeker; tayfçekimi**
spektrogram s. **tayf fotografı**
spektrometre [··×·] *astr.* Spektrometer *n*
spektroskop, -pu; spektroskopi s. **tayfölçer; tayfölçümü**
spektrum s. **tayf**
spekulum *med.* Spekulum *n* ~ **koltuğu** *med.* gynäkologischer Stuhl
spekülasyon 1. *H* Spekulation *f* 2. *phil.* Spekulation *f* *kurgu, nazar ~ **yapmak** 1. *H* spekulieren 2. *phil.* e–e Spekulation anstellen
spekülasyoncu *H* Spekulant *m*
spekülatif 1. *H* Spekulations- 2. *phil.* beobachtend, spekulativ, theoretisch
spekülatör s. **spekülasyoncu**
speküler (*franz.* **spéculaire**) *min.* Spiegel- ~ **demir** *min.* Eisenglanz *m* ~ **taş** *min.* Marienglas *n*
speleolog (*franz.* **spéléologue**) s. **mağarabilimci**
speleoloji(-k) s. **mağarabilim(-sel)**
sperma [×·] Same(-n) *m*, Samenflüssigkeit *f* (des Mannes), Sperma *n* *bel suyu; meni ~ **hayvancığı** *biol.* Samentierchen, Spermatozoon *n* *hüveyni menevî ~ **kanalı** Samenleiter *m* ~ **oluşması** Samenbildung, Spermiogenese *f*
spermatik s. **menevî**
spermatofor (*franz.* **spermatophore**) *biol.* Samenträger *m*
spermatogenez s. **sperma oluşması**
spermatozoit, -di (*franz.* **spermatozoïde**) s. **sperma hayvancığı**
spesifik 1. spezifisch 2. *med.* Spezifikum *n* (wirksames Mittel gegen e–e best. Krankheit)
spesifikasyon nähere Angabe, genaue Beschreibung
spesimen *selt.* Probe(-stück *n*) *f*, Muster *n*
spesyal spezial, speziell, besonder-
spesyalist, -ti Spezialist, Fach-arbeiter, -arzt, -mann *m*
spesyalite 1. Spezialität, Besonderheit *f* 2. Spezialfach *n*, Fachwissenschaft *f*
spidometre [··×·] (*engl.* **speedometer**) Tachometer *n, m*, Geschwindigkeitsmesser *m*
spiker (*engl.* **speaker**) 1. Rundfunk-, Fernseh-ansager(-in *f*) *m* 2. *(im engl. Unterhaus)* Präsident *m*
spikerlik 1. Ansage *f* (im Rundfunk od. Fernsehen) 2. *(im engl. Unterhaus)* Präsidentschaft *f*, Vorsitz *m* ~ **yapmak** 1. (Rundfunk, Fernsehen) ansagen 2. *(im engl. Unterhaus)* präsidieren
Spir (*franz.* **Spire**) *n.pr. selt.* Speyer (am Rhein)
spiral, -li 1. Spirale *f*; Schrauben-, Schnecken-linie *f* 2. Spiralfeder *f* 3. schraubenförmig, spiralisch ~ **merdiven** s. **helisel merdiven**
spiril *med.* Spirille, Schraubenbakterie *f*
spirit(-izm) (*franz.* **spirite; spiritisme**) *selt.* s. **ispritizmacı; ispritizma**
spiritüalist, -ti *phil.* Spiritualist(-in *f*) *m*, spiritualistisch *ruhiyeci, tinselci
spiritüalizm *phil.* Spiritualismus *m* *ruhiye, tinselcilik
spiritüel geist-reich, -voll; witzig
spiroketa [··×·] Spirochäte *f* (Bakterienart)
spits (köpeği) s. **lulu**
splin [–] *selt.* Spleen *m*, Verschrobenheit *f*

spont, -tu, -du (Billard-)Bande *f* *bant
spontane (*franz.* **spontané**) spontan
spontlu *Bill.* mit Bande (gespielt), Banden- *bantlı ~ **sırtüstü** Bandennachläufer *m*
spontsuz *Bill.* ohne Bande (gespielt) *bantsız
spor (I) Sport *m* ~ **centilmenliği** einwandfreies sportliches Verhalten, sportliche Fairneß ~ **çorabı** Sport-, Kniestrumpf *m* ~ **kulübü** Sportverein *m* ~ **mecmuası** Sportzeitschrift *f*, -magazin *n* ~ **meydanı** s. **spor sahası;** ~ **otomobili** Sport-auto *n*, -wagen *m* ~ **sahası** Sportplatz *m* ~ **teşkilâtı** Sportorganisation *f* ⁓ **ve Gençlik Bayramı** Sport- und Jugendfest *n* (19. Mai) ~ **yapmak** *od.* **-la meşgul olmak** Sport treiben
spor (II) *bot., biol.* Spore *f* *ispor
sporadik sporadisch, einzeln auftretend, vereinzelt, gelegentlich, ziemlich selten
Sporatlar *n.pr.* Sporaden *pl.* (Inselgruppe des Ägäischen Meeres)
sporcu sporttreibend; Sportler(-in *f*) *m*
sporculuk Sport-betrieb *m*, -wesen *n*
sporkesesi, -ni *bot.* Sporangium *n*, Sporenbehälter *m* *mahfazai büzur
sporlanmak Sporen entwickeln
sporlu sich durch Sporen weiterpflanzend ~ **bitkiler** Sporophyten *pl.*
sporlular Sporozoen, Sporentierchen *pl.* *isporiye
sporsever Sportfreund *m*
sportaşıyan yaprak *bot.* Sporophyll, Sporenblatt *n* *hamiletüsspor
sportif 1. den Sport betreffend, Sport-, sportlich, sportmäßig 2. Sportler(-in *f*) *m* ~ **faaliyet** sportliche Tätigkeit
sportmen Sportler, Sportfreund *m*
sportmence in sportlichem Geist
sportoto 1. Fußball- od. Renn-Toto *m* 2. *V* Hintern, Popo, *V* Arsch *m*
sportvumen (*engl.* **sportswoman**) *selt.* Sportlerin *f*
sprey 1. Spray *m*, Sprühflüssigkeit *f* 2. Zerstäuber *m*
sprint, -ti *(Sport)* 1. Kurzstreckenlauf, Sprint *m* *sürat koşusu 2. Endspurt *m* 3. *(Radrennen)* Sprint *m*, Fliegerrennen *n* (über 1000 Meter)
sprinter *(Sport)* 1. Kurzstreckenläufer, Sprinter *m* 2. *(Radrennen)* Kurzstreckenfahrer, Flieger *m*
sputnik Sputnik *m*
S.S. 1. *selt.* (*Abk.* für **Sa Sainteté**) Seine Heiligkeit (der Papst) 2. *hist. Abk.* für Schutzstaffel, die nationalsozialistische SS 3. *hist.* SS-Mann *m*
S/S (*Abk.* für **steamship**) Dampfer *m*
S.S.C.B. = Sovyet Sosyalist Cumhuriyetleri Birliği *(q.v.)*
SSK = Sosyal Sigortalar Kurumu Sozialversicherungsverband *m*
st! *selt.* st! Achtung! Ruhe!
stabil s. **stabl**
stabilite Stabilität *f*
stabilizasyon Stabilisierung, Konsolidierung, Festigung *f*
stabilizatör *techn.* Stabilisator *m* (z.B. zur Gleichhaltung elektrischer Größen)
stabilize stabilisiert ~ **etmek** stabilisieren, konsolidieren, festigen
stabl 1. fest, dauerhaft 2. beständig, gleichbleibend 3. stabil, standfest 4. wertbeständig
stad s. **stadyum**
stadya [×·] (*franz.* **stadia**) Entfernungsmesser, Fernmesser *m*
stadyum [×·] (Sport-)Stadion *n*
stafilokok, -ku *med.* Traubenspaltpilz, Staphylokokkus *m*
stafin(-g) boks (*engl.* **stuffingbox**) *techn.* Stopfbüchse *f*
stagflasyon Stagflation *f* (Stagnation bei steigenden Preisen)
staj (*franz.* **stage**) praktische Lehre od. Ausbildung, Vorbereitungsdienst *m*, Referendarzeit *f* ~ **görmek** *od.* **yapmak** e–e praktische Lehre (Ausbildung), seine Referendarzeit durchmachen
stajyer (*franz.* **stagiaire**) in der praktischen Ausbildung stehend, Praktikant, Referendar *m* ~ **doktor** Assistenzarzt *m* ~ **hâkim** s. **hâkim adayı;** ~ **öğretmen** 1. Volksschullehrer *m* im Probejahr 2. Studienreferendar *m*
stajyerlik 1. Tätigkeit *f* e–s **stajyer** 2. Praktikantenzeit, Vorbereitungsdienst *m*, Referendarzeit *f*
staka s. **isteka**
stakkato [·×·] *mus.* staccato, kurz abgestoßen (Ton, Note) *kakma, noktalı, pikeli
stal (*engl.* **stall;** *franz.* **stalle**) 1. Stand *m*, Box *f* (für Pferde) 2. Wand *f* (e–s Pissoirs) 3. *Th.* Sperrsitz *m*
stalagmit s. **istalagmit**
stalaktit s. **istalaktit**
Stalin orgu *mil.* Stalin-Orgel *f* (II. Weltkrieg)
Stalinci 1. stalinistisch 2. Stalinist(-in *f*) *m*
Stalincilik s. **Stalinizm**
Stalinist, -ti 1. Stalinist(in *f*) *m* 2. stalinistisch
Stalinizm Stalinismus *m*
stamen s. **ercik**
stand s. **stant**
standardist, -ti (*franz.* **standardiste**) *selt.* Telephonist(-in *f*) *m* (in e–r Zentrale)
standardizasyon Standardisierung, Normung *f*
standardize standardisiert, genormt ~ **etmek** standardisieren, normen
standart, -dı [×·] 1. Standard *m*, Norm *f*, Stand *m*, Niveau *n* 2. Standard-, genormt, Normal- *normlu 3. Maßstab *m*, Bewertungsgrundlage *f* ~ **boy** Normalformat *n* **-lar** Normen, Normalien *pl.*
standartlaşmak e–e Standardisierung (Normung) erfahren, standardisiert (genormt) werden
standartlaştırmak standardisieren, normen, typisieren
standart-model Standardmodell *n*
stant, -dı (*engl.* **stand**) 1. (Messe-, Ausstellungs-)Stand *m* 2. Zuschauertribüne *f* (bei Pferderennen) 3. Schießstand *m*
stanyol *selt.* Stanniol *n* *tinfoyl; yaprak kalay
star *selt.* (Film-)Star *m* *yıldız
starbot, -tu *naut.* Star-, Stern-boot *n*
starlet, -ti *(Film)* Starlet *n*, Filmsternchen, Nachwuchsschauspielerin *f* *yıldızcık
start, -tı Start *m* ~ **yapmak** starten (z.B. Läufer) **-la beraber** gleich vom Start an
starter 1. *techn.* Anlasser *m* 2. *(Sport)* Starter *m*
starya [×·] *naut.* Lade- od. Löschungszeit *f*, normale Liegezeit e–s Schiffes in e–m Hafen *istalya
stasyon s. **istasyon**
stasyoner 1. stationär, gleichbleibend, stillstehend, sich nicht weiter entwickelnd 2. *naut.* Wach-, Stations-schiff *n*
stat, -dı s. **stadyum**
statik, -iği 1. Statik, Gleichgewichtslehre *f* *tevazüniyet 2. statisch *duruk, dural ~ **organ** s. **denge organı**
statistik s. **istatistik**
statolit, -ti s. **denge taşı; denge tozu**
stator *mot.* Stator *m*
statoreaktör Thermodüse *f*, Statoreaktor *m*
statosist, -ti (*franz.* **statocyste**) s. **denge taşlı kesesi**
statü 1. Status, Zustand *m* 2. Statut *n*, Satzung *f* 3. Regierungsform *f* 4. Statue *f*, Bildsäule *f*, Standbild *n* ~ **kararı** *jur.* Körperschaftsbeschluß *m* ~ **nazariyesi** *jur.* Statutentheorie *f*
statüet, -ti Statuette *f*, Figürchen *n*
statüko Status quo *m*, gegenwärtiger Zustand *sürerdurum
statükocu *pol.* Anhänger (Vertreter, Verfechter) *m* des

Status quo, revisionsfeindlich, antirevisionistisch *sürerdurumcu
statükoculuk *pol.* Eintreten *n* für den Status quo, Revisionsfeindlichkeit *f*, Antirevisionismus *m*
staut, -tu Stout *m* (dunkles englisches starkgehopftes Bier)
stearik; stearin s. **istearik; istearin**
steaşist, -ti (*franz.* **steaschiste**) s. **steatit**
steatit, -ti *min.* Steatit, Speckstein *m* *sabun taşı
steatoz *med.* Steatose, Verfettung *f*
steingut *selt.* Steingut *n*
steka s. **isteka**
Sten leichtes Maschinengewehr (nach dem Namen der Herstellerfirma)
steno *Abk.* für **stenografi;** *od.* **stenograf;** ~ **defteri** Steno(gramm)block *m* ~ **kursları** Stenokurse *pl.*
stenodaktilo(-graf) Stenotypist(-in *f*) *m*
stenodaktilografi *z. va.* Kurzschrift *f* und Maschinenschreiben *n*
stenofag *bot. zo.* stenophag, auf e–e best. Nahrung angewiesen
stenograf Stenograph(-in *f*) *m*
stenografi Stenographie, Kurzschrift *f* ~ **makinesi** s. **stenotip**
stenografik stenographisch
stenografiye (*franz.* **sténographié**) stenographiert ~ **etmek** stenographieren
stenogram Stenogramm *n*
stenokardi *med.* Stenokardie *f*, Angina *f* pectoris
stenotip, -pi (*franz.* **sténotype**) Stenographiermaschine *f*
stenoz *med.* Stenose, Verengung *f* (von Öffnungen od. Kanälen)
step (I), **-pi** *geogr.* Steppe *f* *bozkır ~ **doğanı** Steppenweihe *f zo.* Circus macrourus ~ **pangolini** Steppenschuppentier *n zo.* Manis Temmincki
step (II), **-pi** *(engl.)* Step(-tanz) *m*
stepne s. **istepne**
ster *math.* Ster, Raummeter *m*
stereo *Abk. für* **stereofon(-i)**
stereofoni Stereophonie *f*
stereofonik stereophonisch
stereografi Stereographie *f* *menazırüttasvir
stereografik stereographisch *menazırüttasvirî
stereometri Stereometrie *f* *mücessem hendese
stereometrik stereometrisch
stereoskop, -pu Stereoskop *n*
stereoskopik stereoskopisch
stereotip, -pi 1. *typ., psych.* stereotyp 2. a) *typ.* Stereotypdruck *m* b) psych. Stereotyp *m, n*
stereotipi *typ., psych.* Stereotypie *f*
steril steril: 1. unfruchtbar 2. *med.* keimfrei
sterilite Sterilität *f:* 1. Unfruchtbarkeit *f* 2. *med.* Keimfreiheit *f*
sterilizasyon Sterilisation, Sterilisierung: 1) Unfruchtbarmachung *f* 2. Entkeimung *f*
sterilizatör Sterilisator, Entkeimungsapparat *m*
sterilize sterilisiert ~ **etmek** sterilisieren: 1. unfruchtbar machen 2. keimfrei machen
sterlin Pfund Sterling *n*, englisches Pfund
sterlinlik in Höhe von soundsoviel Pfund Sterling **25 milyon ~ teslihat kredisi** Rüstungskredit *m* in Höhe von 25 Millionen Pfund Sterling
sternum s. **göğüs kemiği**
stetoskop, -pu *med.* Stethoskop, Hörrohr *n*
stetoskopi (*franz.* **stéthoscopie**) *med.* Auskultation *f*, Abhorchen *n*
steyer (*engl.* **stayer**) Steher *m:* 1. Pferd *n* von sehr großer Ausdauer 2. Radfahrer *m* hinter Schrittmacher
steyşin vagon (*engl.* **station wagon**) Kombiwagen *m*
stibnit, -ti *min.* Stibnit, Antimonglanz *m*
stigmat, -tı (*franz.* **stigmate**) s. **soluk deliği**
stil 1. Stil *m* 2. *V* s. **bobstil** 3. s. **sitil** (II); ~ **möble** Stilmöbel *pl.*
stile (*franz.* **stylet**) *med.* feine Sonde
stilistik 1. Stilistik *f* 2. stilistisch
stilizasyon Stilisierung *f*
stilize stilisiert ~ **etmek** stilisieren *üsluplaştırmak
stilo [×·] (*va.* **stilograf**) Füllfeder(-halter *m*) *f* *dolmakalem
stim s. **istim**
stimülan (*franz.* **stimulant**) *a. med.* 1. stimulierend, anregend 2. Stimulans, Aufpeitschmittel *n*
stimüle (*franz.* **stimulé**) *med.* stimuliert ~ **etmek** stimulieren, anregen
stipl(-çeys) Steeplechase *f*, Hindernis-, Jagd-rennen *n*
stiptik (*franz.* **styptique**) *med.* 1. zusammenziehend 2. blutstillendes Mittel; Hämostatikum *n*
Stirya [×·] *n.pr.* Steiermark *f*
Stiryalı 1. Steirer *m*, Steierin *f*, Steiermärker(-in *f*) *m* 2. steirisch, steiermärkisch
stivart, -dı Steward *m*
stoa(-cılık) s. **istoa(-cılık)**
stoik, -ki stoisch, gleichmütig, standhaft
stoisiyen (*franz.* **stoïcien**) 1. stoisch 2. Stoiker *m*
stoisizm Stoizismus *m*
stok, -ku (*engl., franz.* **stock**) 1. (Waren-)Lager *n*, Bestand *m*, Vorrat *m*, Reserve *f* 2. Aktien-, Grund-, Stamm-kapital *n* 3. *Adj.* fehlerhaft od. zu lange gelagert (Ware) Zu 1: **altın -u** Goldreserve *f* ~ **etmek** (auf-)speichern, lagern *yığımlamak
stokaj (*franz.* **stockage**) Aufstapelung, Einlagerung *f*
stokçu Warenspekulant *m* *yığımcı
stokçuluk Warenspekulation *f* *yığımcılık
stoker (*engl.* **stoker**) (Kohlen-)Beschickungsvorrichtung *f* (bei Dampflokomotiven)
stoklamak s. **stok etmek**
stomatit, -ti *med.* Stomatitis *f*, Entzündung *f* der Mundschleimhaut *iltihabı fem
stomatoskop, -pu (*franz.* **stomatoscope**) *med.* Mundspiegel *m*
stop 1. Stopp! Halt! 2. Punkt *m* (im Telegramm) 3. Rückstrahler *m* (am Fahrrad), Katzenauge *n* *katafot ~ **etmek** 1. *intr.* stoppen, anhalten 2. *tr.* *(z. B. Fb.)* (den Ball) stoppen ~ **lambası** Rück-, Brems-licht *n* (spez. am Auto)
stopaj (*franz.* **stoppage**) s. **kaynakta kesme**
Stoper! (*engl.* **Stop her!**) *(naut. Kommando)* Anhalten! Stoppen!
stopper *Fb.* Stopper, Mittelläufer *m*
stopvaç, -çı (*engl.* **stop-watch**) *naut.* Stoppuhr *f* *dekvaç
stopvalf (*engl.* **stop-valve**) *naut.* Absperrventil *n*
stor(-lu) s. **istor(-lu)**
stotinka [·×·] Stotinka *f* (100. Teil e–r Lewa, e–s Lew)
strabizm (*franz.* **strabisme**) *med.* s. **şaşılık**
Stradivariyüs 1. *n.pr.* Stradivari (ital. Geigenbauer, 1644–1737) 2. ♀ Stradivari(-geige) *f*
stralyera [·×·] *naut. selt.* Stagsegel *n*
strangola etmek *naut.* sorren, zurren (mit Stricken, Tauen befestigen)
straponten (*franz.* **strapontin**) Klapp-, Not-sitz *m*
strapontenli mit Klapp-, Not-sitz(en)
stras (I) (*franz.* **strasse**) Flockseide *f*
stras (II) Straß *m* (Edelstein-Imitation aus Kali-Glas)
stratej Stratege, Feldherr, Heerführer *m* *sevkulceyşçi
strateji Strategie, Kriegskunst *f* *sevkulceyş
stratejik strategisch *sevkulceyşî ~ **noktalar tutmak** strategisch wichtige Punkte besetzen
stratejist, -ti (*franz.* **stratégiste**) *selt.* s. **stratej**

Strati (adası) *n.pr.* Insel *f* Hagios Eustratios (südl. von Lemnos) *Bozbaba
stratiform (*franz.* **stratiforme**) *met.* schichtenförmig, aufgeschichtet
stratigrafi *geol.* Stratigraphie, Schichtenkunde *f* *katmanbilim
stratokümülüs s. **yığınbulut**
stratosfer *met.* Stratosphäre *f* *katyuvarı; üst havaküre
stratüs [×·] s. **katmanbulut**
strayhgarn [×·] Streichgarn *n*
strep, -pi (*engl.* **strap**) Träger *m* (an Damenkleidungsstükken), Achselband *n*
streples (*engl.* **strapless**) trägerlos, ohne Achselbänder
streptokok, -ku *med.* Streptokokkus *m,* Kettenbakterie *f*
streptomisin *med.* Streptomyzin *n* (Antibiotikum)
stres *med.* Streß *m,* Überanstrengungssyndrom *n,* Managerkrankheit *f*
striknin *med., pharm.* Strychnin *n* (Alkaloid)
striptiz Striptease *n,* Entkleidungsnummer *f*
striptizci Striptease-Tänzerin *f*
stroboskop, -pu *phys., techn.* Stroboskop *n*
Strofadlar *n.pr.* Strophades-Inseln *pl.* (im Jonischen Meer)
strofoit, -di *math.* Strophoide *f,* ebene Kurve dritter Ordnung
strok, -ku (*engl.* **stroke**) *mot.* (Kolben-)Hub *m*
stronsiyum [×··] *chem.* Strontium *n*
strüktür Struktur *f,* (Auf-)Bau *m,* Gefüge *n*
strüktüralizm *biol., ling.* Strukturalismus *m* *yapısalcılık
strüktürel strukturell *yapısal
Stuka (tayyaresi, uçağı) (deutsches) Sturzkampfflugzeug; Stuka *m* ~ **teşekkülleri** Stukaverbände *pl.*
stüdyo [×·] 1. Aufnahme-, Sende-raum *m,* Studio *n* (in e–m Funkhaus) 2. Funkhaus *n* 3. Filmatelier, Studio *n* 4. Maleratelier *n* 5. Arbeitszimmer *n*
su (I), **-yu** 1. Wasser *n* 2. (kleinerer) Fluß *spez.* Nebenfluß *m* *ırmak, çay, *selt.* See *m,* Meer *n* 3. (Frucht- od. Gemüse-)Saft *m* 4. wohlriechende Essenz 5. Aufguß, Tee *m* 6. Brühe, Sauce, Flüssigkeit *f* (bei Speisen) 7. Schweiß *m* *ter 8. Speichel *m* *salya 9. Regen *m* *yağmur 10. Träne(-n *pl.*) *f* *gözyaşı 11. Reinheit *f* (bei Edelsteinen), Glanz *m,* Wasser *n* 12. Randverzierung *f* *kenar süsü 13. (*in Verb.* mit **yıkamak**) Mal *n* 14. (Eisen-)Härtung, Härte *f* 15. **-lar** a) Mineral- od. Thermal-quelle *pl.* b) Heil-, Thermal-bad *n* c) Zeit *f,* Zustand *m* d) Wasserläufe, Gewässer, Wasser *pl.* e) große Wassermengen *pl.* 16. Laune, Stimmung *f* Zu 2: s. Flußnamen wie **Incesu, Karasu, Göksu** usw. Zu 3: s. **domates (portakal) -yu** Zu 4: s. **gül -yu** Zu 5: s. **ıhlamur -yu** Zu 13: **bir (iki)** ~ **yıkamak** einmal (bzw. zweimal) waschen Zu 14: **Bu bıçağa -yunu iyi vermemişler.** Dieses Messer ist nicht richtig gehärtet worden. Zu 15c: s. **≗lar karardı; -larında; ne -larda** Zu 16: s. **huyu -yu; suyunca gitmek;** ~ **ağızlığı** Rohransatz, Stutzen *m,* Düse *f* ~ **ağzı** Hydrant *m,* Wasserzapfstellte *f* ≗ **akarken testiyi doldur(-malı)!** *Spr.* Man muß das Eisen schmieden, solange es heiß ist. *Spr.* ~ **akıntısı** Strömung *f* ~ **akışı** Wasserlauf *m* ~ **akma musluğu** Wasserabflußhahn *m* ~ **akrebi** grauer Wasserskorpion *zo.* Nepa cinerea ≗ **aktığı yerde (yine) akar.** *Spr.* Was gut war, kommt wieder. ~ **alışı** Wasseraufnahme *f* (der Pflanzen) ~ **almak** 1. Wasser aufnehmen (z.B. Pflanze) 2. sich mit Trinkwasser versehen, Wasser holen 3. lecken, ein Loch haben, Wasser eindringen lassen, voll Wasser laufen (Boot, Kahn usw.) ~ **altında bırakmak** unter Wasser setzen, überschwemmen *suya boğmak ~ **altında kalmak** überschwemmt werden ~ **ardıcı** Seggenrohrsänger *m zo.* Acrocephalus paludicola ~ **arkı** Bewässerungs-graben, -kanal *m,* -furche *f* ~ **avizeleri** s. **suaskıları;** ~ **baldıranı** Wasserschierling *m bot.* Cicuta virosa ~ **banyosu** Wasser-, Marien-, Sand-bad *n* (zur Erzeugung e–r konstanten Temperatur) *benmari; Mari banyosu; ham(m)amı Mari ~ **bardağı** Trink-, Wasser-glas *n* ~ **basıncı** hydraulischer Druck ~ **baskını** s. ~ **basması;** ~ **basmak** (m. Akk.) über-schwemmen, -fluten (**Tarlayı** ~ **bastı.** Das Feld steht unter Wasser.) ~ **basması** Überschwemmung *f* *feyezan, taşma ~ **basmış yerler** Überschwemmungsgebiet *n* ≗ **başından** (*od.* **bendinden**) **kesilir** (*od.* **bağlanır**). *Spr.* Wer et. erreichen will, muß nicht zum Schmiedchen gehen, sondern zum Schmied. ~ **bendi** Staubecken *n,* Talsperre *baraj *f* ~ **biberi** 1. Pfeffertännel *m bot.* Elatine hydropiper *yeşil biber 2. Wasserpfeffer *m bot.* Polygonum hydropiper ~ **bilgisi;** ~ **bilimi** s. **subilim;** ~ **birikintisi** Wasseransammlung, Lache, Pfütze *f,* Tümpel *m* ~ **bombası** (Unter-)Wasserbombe *f* ~ **boru hattı** Wasserleitung *f* ~ **borusu** Wasserrohr *n* ~ **boşaltma borusu** Entwässerungsrohr *n* ~ **bölümü çizgisi** *geogr.* Wasserscheide *f* *hattı taksimi miyah; suçatı ~ **buğusu** (*od.* ~ **buharı**) Wasserdampf *m* ≗ **bulanmayınca durulmaz.** *Spr.* Erst nach eingehender Debatte klärt sich e–e Angelegenheit. ≗ **bulununca** (*od.* **görülünce**) **teyemmüm bozulur.** *Spr.* (*Sinn:*) Ausnahmen können keine Norm darstellen. ~ **camı** *chem.* Wasserglas *n* (kolloidale Lösung von Natrium- od. Kalium-silikat) ~ **cenderesi** 1. hydraulische Presse 2. Wasserkran *m* (für Lokomotiven) ~ **ciridi** Fischerstechen *n* (Kampfspiel auf dem Wasser) ~ **çağıltısı** Plätschern, Rauschen *n* des Wassers ~ **çarpmak** (yüzüne) sich das Gesicht waschen ~ **çekme** *naut.* Tiefgang *m* (e–s Schiffes) ~ **çekmek** 1. Wasser ziehen (aufsaugen; eindringen lassen) 2. Wasser herauf-holen, -ziehen, -pumpen ~ **çevrisi** Strudel, Wasserwirbel *m* *burgaç, girdap ~ **çıkmak** s. **Yerinde su mu çıktı?** ~ **çobandeğneği** Wasserknöterich *m bot.* Polygonum amphibium ~ **çulluğu** Sumpfschnepfe, Bekassine *f zo.* Capella gallinago *bekasin, batak çulluğu ~ **değirmeni** Wassermühle *f* ~ **değiştirmek** in e–e andere Gegend (ein anderes Land) ziehen ~ **deliği** Leck *n* (e–s Schiffes) ~ **deposu** Wasserreservoir *n,* -speicher *m,* -depot *n,* -behälter *m* ~ **dolaşımı** *geogr.* Wasserkreislauf *m* ~ **dökecek yer** Pissoir *n* *pisuar ~ **dökmek** 1. Wasser (aus-)gießen od. verschütten 2. harnen, pissen, urinieren, sein Wasser abschlagen *işemek (Zu 1: s. a. **eline su dökememek**); ~ **dökmelik** 1. Urinflasche *f,* Harnglas *n* 2. Pissoir *n* ~ **dökünmek** sich waschen; baden; sich duschen ~ **döşemcisi** Klempner, Installateur *m* ~ **döşemi** Klempner-, Installations-arbeiten *pl.* ~ **dövmek** s. **havanda** ~ **dövmek;** ~ **düğünçiçeği** Wasserhahnenfuß *m bot.* Ranunculus aquatilis ~ **düşen** Wasserfall *m* *çağlayan ~ **düzeci** Wasserwaage, Libelle *f* ~ **düzeyi** Wasserspiegel *m* ~ **düzeyi göstergesi** Wasserstandsanzeiger *m* ~ **etmek** (*od.* ~ **yapmak**) 1. *naut.* lekken (Schiff) 2. an e–r Augenentzündung leiden ~ **farasyonu** Ufer-Wolfstrapp *m bot.* Lycopus europaeus ~ **filikası** *naut.* Wasser-, Bum-boot *n* ~ **gazı** Wasser-, Koksgas *n* ~ **gelmesi** *med.* Blasensprung *m* (e–r gebärenden Frau) ~ **gibi** kinderleicht ~ **gibi akıtmak** mit vollen Händen ausgeben (Geld) ~ **gibi akmak** im Nu vergehen (Zeit) ~ **gibi aziz ol!** *form.* Dank für denjenigen, der Wasser reicht ~ **gibi bilmek** 1. et. genau kennen 2. s. ~ **gibi okumak;** ~ **gibi ezberlemek** glänzend auswendiglernen ~ **gibi gitmek** im Handumdrehen ausgegeben (od. verbraucht) werden, nur so unter den Händen zerrinnen ~ **gibi harcamak** 1. s. ~ **gibi akıtmak** 2. sinnlos opfern (*mil. a.* verheizen) ~ **gibi okumak** fließend heruntersagen ~ **gibi satılmak** reißenden Absatz finden ~ **gibi terlemek** furchtbar schwitzen ~ **giderme** Dränage *f* ~ **gömleği** s. ~ **zarfı;** ~ **götürmek** 1. Wasser irgendwohin bringen 2. anfechtbar sein 3. verschiedene Bedeutungen besitzen, verschiedene Deutungen zulassen 4. *selt.* recht hei-

kel od. gefährlich sein (Angelegenheit) (Zu 2: **Meselenin ~ götürür tarafı kalmadı.** a) Das Ganze ist hieb- und stichfest. b) Hierbei hilft keine Ausrede mehr. Zu 3: **Bu lakırdı çok ~ götürür.** Dieses Wort kann alles mögliche bedeuten.) ~ **götürmez** unbestreitbar, unwiderleglich, unanfechtbar ~ **gücü fabrikası** Wasserkraftwerk *n* ~ **haşhaşı** Wasserschlüssel *m bot.* Hydrocleys nymphoides ~ **hattı** s. ~ **kesimi;** ~ **havuzu** Schachtsumpf *m,* Grubenwasser *n* (im Berkwerk) ~ **hazarı** mit Wasserkraft betriebene Sägemühle *f* ~ **haznesi** s. ~ **deposu;** ~ **hezareni** s. **saz otu;** ~ **ısıtıcı** *techn.* Vorwärmer *m* (an der Lokomotive) ~ **ibriği** 1. Wasserkanne *f* 2. s. **suibriği;** ~ **içer gibi** 1. ganz gemächlich 2. spielend leicht ~ **içinde** 1. mindestens; gering gerechnet, unter Brüdern 2. totsicher! unbedingt! (Zu 1: **Bu kumaş su içinde otuz mark eder.** Dieser Stoff kostet mindestens seine dreißig Mark. Zu 2: ~ **içinde yalan** faustdicke (unverschämte, freche) Lüge ~ **içinde kalmak** ganz in Schweiß gebadet sein, wie aus dem Wasser gezogen sein ~ **ikizi** vermeintliche Zwillingsschwangerschaft ~ **iktiza etmek** erforderlich sein (rituelle Ganzwaschung) ~ **ile ateş** *fig.* einander völlig entgegengesetzt ~ **ile çalkamak** s. **suda çalkamak;** ~ **incirkuşu** Wasserpieper *m zo.* Anthus spinoletta ~ **inmesi** *med.* Wasser-ansammlung, -sucht *f* ~ **isalesi** s. **su temini;** ~ **işareti** s. **suyolu** (3); ~ **kabı** Wasser-krug *m,* -kanne *f* ~ **kaçırmak** 1. leck sein, lecken 2. *V* j–m auf die Nerven fallen ~ **kaldırmak** Wasser benötigen (brauchen, aufsaugen) (*spez.* Reis beim Kochen) ~ **kapmak** 1. Wasser ziehen, nicht recht heilen wollen (Wunde) 2. sich bilden (Blase) ~ **karanfil otu** Bachnelkenwurz *f bot.* Geum rivale *~ Meryem otu ~ **karatavuğu** Wasseramsel *f zo.* Cinclus cinclus ~ **katılmadık** (*od.* **katılmamış**) *fig.* 1. rein, unverfälscht, waschecht 2. *oft iron.* hundertprozentig, ausgemacht, von reinstem Wasser 3. ungebildet, ungeschult ~ **katmak** Wasser dazugeben (daraufgießen, beifügen) ~ **kavuşağı** Zusammenfluß *m* (zweier Wasserläufe) ~ **kayağı** 1. Wasserski *m* 2. s. **kayak** (II); ~ **kayağı yapmak** Wasserski fahren ~ **kelebeği** Libelle *f zo.* Libellula ~ **keleri** Wassermolch, Salamander *m zo.* Salamandra bzw. Triturus ~ **kemeri** Aquädukt *m* ~ **kendiri** 1. virginischer Hanf *bot.* Acnida cannabina 2. dreiteiliger Zweizahn *bot.* Bidens tripartitus ~ **kerdemesi** s. **suteresi;** ~ **kerevizi** breitblätteriger Merk *bot.* Sium latifolium ~ **kesimi** *naut.* Wasserlinie *f* ~ **kesmek** (*od.* **kesilmek**) s. **sulanmak;** ~ **kestanesi** s. **göl kestanesi;** ~ **kireci** Wasserkalk (-mörtel) *m* ~ **korkusu** Wasserscheu *f* *hidrofobi ~ **kovası** Wassereimer *m* ~ **koy(u)vermek** 1. s. ~ **salmak** 2. *V* a) aufdringlich sein; belästigen; j–m die Lust verderben b) außer Rand und Band sein ~ **köstebeği** Otterspitzmaus *f zo.* Potamogale velox ~ **kudreti** (*od.* **kuvveti**) Wasserkraft *f* ~ **kurbağası** s. **yeşil su kurbağası;** ~ **kuşu** Wasservogel *m spez.* Ente *f* ~ **kuvvet merkezi** Wasserkraftwerk *n* ~ **kültürü** 1. Aufzucht *f* von Wasser-tieren od. -pflanzen 2. Wasserkultur, Hydroponik *f* (Anbau von Kulturpflanzen in Nährböden) ~ **labada otu** s. **labada** (2); ~ **mahallebisi** mit Wasser gekochter Reismehlpudding ~ **medüzleri** *zo.* Hydromedusen, Quallen *pl.* *hidromedüziye ~ **Meryem otu** s. ~ **karanfil otu;** ~ **mühendisi** Wasserbauingenieur *m* ~ **nanesi** s. ~ **yarpuzu;** ~ **neomisi** Wasserspitzmaus *f zo.* Neomys fodiens ~ **nergisi** (Sumpf-)Dotterblume *f bot.* Caltha palustris ~ **ondülesi** Wasserwelle *f* (für Haare) ~ **okutmak** das Wasser (mit angeblich heilkräftigen Zaubersprüchen) besprechen lassen ~ **otu** 1. s. **suoku** 2. schwimmendes Laichkraut *bot.* Potamogeton natans ~ **oyuğu** *geol.* Unterspülung *f* ~ **oyunları** (*a. Th.*) Wasserspiele *pl.* ~ **ölçmesi** Hydrometrie, Gewässervermessung *f* ~ **örümceği** Wasserspinne *f zo.* Agyroneta aquatica ~ **paluzesi** einfacher Stärkemehlpudding mit et. **pekmez** darauf ~ **patlangıcı** Feuerwerkskörper *m,* der im Wasser explodiert ~ **perisi** *myth.* Nixe, Wasserjungfrau *f* ~ **piresi** Daphnia *f,* Wasserfloh *m zo.* Daphnia ~ **pirinç otu** Tuscarora-Reis *m bot.* Zizania aquatica *su yulafı ~ **pişirmek** *V* s. **cima etmek;** ~ **rezenesi** 1. s. **kandulotu** 2. Wasserfenchel *m bot.* Oenanthe phellandrium 3. s. ~ **baldıranı** 4. s. **deniz rezenesi;** ~ **saati** Wasser-uhr *f,* -zähler *m* ~ **safrası** *naut.* Wasserballast *m* ~ **salmak** Wasser dazugeben (an kochendes Essen) ~ **salyangozu** Wasserschnecke *f zo.* Limnaea ~ **sarfiyatı** Wasserverbrauch *m* ~ **sarısabrı** gemeine Wasser-Aloe *bot.* Stratiotes aloides ~ **sarnıcı** Wasserbehälter *m spez. naut.* Piek-, Trimm-tank *m* ~ **sathı** Oberfläche *f* des Wassers; Wasserspiegel *m* ~ **seddi** Deich, Damm *m,* Staubecken *n,* Talsperre *f* ~ **serpmek** (m. Dat.) 1. mit Wasser bespritzen od. besprengen (z. B. Schnittblumen) 2. **(yüreğine)** beruhigen, trösten (Zu 2: **Yüreğime ~ serpildi.** Es fiel mir ein Stein vom Herzen.) ~ **seviyesi** Wasser-stand, -spiegel *m,* -höhe *f* ~ **seviyesinde** bis zur Oberfläche des Wassers reichend, vom Wasser gerade noch überspült (Felsen, Riff usw.) ~ **sıçankuyruğu** Salzbunge *f bot.* Samolus valerandi ~ **sığırcığı** s. **pembe sığırcık;** ~ **sıkmak** den Schlauch bedienen, Wasser spritzen (Feuerwehrmann) ~ **sızıntısı** Aussickern *n* des Wassers ~ **sızmaz** wasserdicht ~ **sineği** s. **suböceği;** ~ **söğüt ağacı** Wasserweide *f bot.* Salix aquatica ~ **sümbülü** Eichhornie *f bot.* Eichhornia crassipes ~ **süpürmesi** *geol.* Denudation *f* ~ **süzme borusu** Entwässerungsrohr *n* ~ **şehri** Badeort *m* ~ **şırıltısı** Plätschern, Rauschen *n* (e–s Wasserlaufes) ~ **tankeri** s. ~ **filikası;** ~ **tankı** *naut.* Frischwassertank *m* (auf Schiffen) ~ **tası** Wassernabel *m bot.* Hydrocotyle vulgaris ~ **taşkını** (*od.* ~ **taşması**) s. ~ **baskını (basması);** ~ **tedariki** s. **su temini;** ~ **tedavisi** *med.* Hydrotherapie *f,* Wasserheilverfahren *n* ~ **teknesi** 1. Brunnentrog *m* 2. Wasserfahrzeug *n* ~ **temini** Wasserversorgung *f* ~ **tespihböceği** Bachflohkrebs *m zo.* Gammarus pulex *tatlısu tekesi ≗ **testisi su yolunda kırılır.** *Spr.* 1. Der Krug geht so lange zum Brunnen, bis er bricht. *Spr.* 2. Er ist ein Opfer seines Berufes geworden. ~ **topu oyunu** Wasserballspiel *n* ~ **torpili** Wasserbombe *f* ~ **uçağı** s. **deniz uçağı;** ~ **unutmabenisi** s. **hüthüt gözü;** ~ **üstü** Wasseroberfläche *f* ~ **ütüsü** Abbrühen *n* in heißem Wasser ~ **üzerine çıkmak** ans Tageslicht kommen ~ **verici** Wasserkran *m* (auf e–m Bahnhof) ~ **vermek** 1. Wasser geben (Pflanzen, Tieren) 2. zu trinken geben od. Wasser bringen (e–r Person) 3. abschrecken, härten (Metalle) 4. erhöhte Preise verlangen (und erhalten) ~ **yalaması** s. ~ **süpürmesi;** ~ **yarpuzu** Wasserminze *f bot.* Mentha aquatica ~ **yatağı** Flußbett *n* ~ **yelvesi** Wasserralle *f zo.* Rallus aquaticus ~ **yıldızçiçeği** Froschlöffel *m bot.* Damasonium stellatum ~ **yoncası** dreiblättriger Fieberklee *bot.* Menyanthes trifoliata ~ **yosunu** Alge *f,* Aftermoos *n bot.* Alga marina *deniz yosunu, deniz otu (s. a. **suyosunları**); ~ **yulafı** s. **su pirinç otu;** ~ **yüksekliği** Wasserstand *m* ~ **yürüyor** 1. **(ağaca)** Der Saft steigt auf (im Frühling). Der Baum bekommt Knospen. 2. **(kamışa)** s. Stw. **kamış;** ~ **yüzü** Wasserspiegel *m* ~ **(yüzü) görmemiş** *P* ganz schmutzig (Hände, Gesicht) ~ **yüzünde** auf der Oberfläche des Wassers, auf dem Wasser ~ **yüzüne çıkarmak** 1. heben (z. B. gesunkenes Schiff) 2. *fig.* ans Licht bringen (z. B. Wahrheit); offenkundig werden lassen ~ **yüzüne çıkmak** 1. an die Oberfläche kommen (z. B. gesunkenes Schiff) 2. *fig.* klarwerden (Angelegenheit) ~ **zambağı** 1. s. **Floransa süseni** 2. s. **ak nilüfer;** ~ **zarfı** Kühlmantel *m* (z. B. am Maschinengewehr) **-da balık satmak** *fig.* das Fell des Bären verkaufen, bevor man den Bären hat **-da çalkamak** (ab-)spülen (et. Gewaschenes) **-da pişmiş** (in Wasser) gekocht **-dan** s. a. ges. Stw. **-dan çıkmış balığa**

dönmek s. **denizden** (usw.) **-dan çıkmış sıçana dönmek** naß sein wie e–e gebadete Maus, pudelnaß sein **-dan geçirmek** s. **suya göstermek; -dan ucuz** spottbillig **²lar karardı.** Es ist Abend geworden. Die Dämmerung hat eingesetzt. **-lar kararınca** (*od.* **kararırken**) in der Abenddämmerung; im Zwielicht **²lar kırıldı.** Es wird allmählich warm. Es gibt wärmeres Wetter. **-lara gitmek** ins (Heil-, Thermal-)Bad reisen, e–n Badeort aufsuchen, Bäder nehmen **-lara gömülmek** untergehen, versinken (z. B. Schiff) **-larda tedavi görmek** e–e Bade- bzw. Brunnenkur machen **²ları bilmiyor.** Er kennt das Fahrwasser (die Strömungsverhältnisse) nicht. **-ları yarmak** schnell fahren (Schiff) **-ların kendi kendine akması** *jur.* natürlicher Wasserablauf **-larında** etwas, gegen, ungefähr, um ... herum *raddelerinde (**saat beş -larında** um fünf herum; **öğle -larında** gegen Mittag) **-ya bakmak** aus (besprochenem) Wasser wahrsagen **-ya boğmak** unter Wasser setzen, überschwemmen *su altında bırakmak **-ya düşmek** *a. fig.* ins Wasser fallen **-ya girmek** im Freien baden **-ya göstermek** leicht durchwaschen **-ya götürür susuz getirir** *fig.* raffiniert sein; mit allen Wassern gewaschen sein **-ya indirme kızağı** Ablaufschlitten *m* (für den Stapellauf) **-ya indirmek** vom Stapel laufen lassen **-ya iniş** 1. *naut.* Stapellauf *m* 2. Wasserung *f*, Wassern *n* (e–s Flugzeugs) **-ya inmek** vom Stapel laufen (Schiff) **-ya mecburî iniş** Notwasserung *f* (e–s Flugzeugs) **-ya sabuna dokunmamak** *fig.* bei keinem anstoßen wollen, sich reserviert und neutral verhalten **-ya salmak** unnütz ausgeben (Geld), zum Fenster hinauswerfen **-ya vurmak** sich im Wasser spiegeln **²yu bardakta, gemiyi duvarda seyretmeli.** *Spr.* Wasser hat keine Balken. *Spr.* **-yu başından kesmek** *fig.* 1. et. im Keim ersticken (unangenehme Angelegenheit) 2. et. von Grund auf bereinigen od. regeln **-yu bağlamak** den Wasserzufluß absperren **-yu çekilmek** versiegen, austrocknen (**Kuyunun -yu çekildi.** Der Brunnen ist versiegt. **-yu çekilmiş değirmene dönmek** *fig.* 1. ganz still werden (z. B. im Haus) 2. unbrauchbar werden) **-yu çıkmak** (bir yerin) *fig.* ungemütlich werden, Unbehagen verursachen (**-yu mu çıktı** (bir yerin) ? Gefällt es dir nicht mehr in ...? **Bu işin artık suyu çıktı, hayır gelmez.** Die Sache wird allmählich langweilig; es kommt dabei (sowieso) nichts Rechtes heraus.) **²yu getiren de bir, testiyi kıran da.** *Spr.* (sarkastisch) Nicht jede Leistung wird gebührend bewertet. **-yu görmeden paçaları sıvamak** *fig.* das Fell verkaufen, bevor man den Bären hat **-yu ısınmak** (*od.* **kaynamak**) (Anspielung auf die Leichenwäsche:) **Senin galiba suyun ısındı!** Du bist wohl lebensmüde (*scil.* daß du dich so unverschämt benimmst)! **²yu (tokmakla) kesiyor** (**bıçak** usw.). (Das Messer usw.) ist ganz stumpf. **-yu mızrakla delmek** *fig.* sich sinn- und nutz-los abmühen **-yu seli kalmamak** ganz trocken werden (Speisen) **-yu sert** 1. gehärtet (Stahl) 2. *fig.* hart, unerbittlich; *gel. a.* jähzornig **-yu suyuna demirlemek** möglichst nahe am Ufer Anker werfen (z. B. Handelsschiff) **-yu üfleyip de içmek** *fig.* übervorsichtig sein **-yun başı** 1. (Wasser-)Quelle *f* 2. *fig.* (Gewinn-)Quelle *f* **²yun yavaş akanından, insanın yere bakanından kork** (*od.* **sakın**)! *Spr.* Stille Wasser gründen tief! *Spr.* **-yuna gitmek** s. **suyunca gitmek; ²yuna pirinç salınmaz.** *fig.* Auf ihn ist kein Verlaß. **-yuna tirit geçinmek** *fig.* sich recht und schlecht (mit Wenigem) durchschlagen **-yunca gitmek** 1. (b–nin) sich nach j–s Laune richten; sich auf j–n einstellen 2. den Mantel nach dem Wind hängen **-yunu almak** (yemeğin) das Wasser von et. Gekochtem abgießen **-yunu çekmek** 1. das ganze Wasser einkochen lassen (Gericht beim Kochen) 2. *fig.* zu Ende gehen, vollständig aufgebraucht werden, alle werden *tükenmek (Zu 2: **Param -yunu çekti.** Ich bin mit meinem Geld zu Ende. Mein Geld ist alle.) **-yunun suyu** *fig.* 1. e–e verdünnte Auflage (von); s. a. **tavşanın -yunun -yu** 2. entfernt verwandt **-yunun -yunun -yu** 1. was nur noch sehr entfernt Ähnlichkeit hat (mit) 2. sehr weitläufig verwandt

su (II) [–] (in pers. Izafetkonstruktionen) s. **suiahlâk, suikast** usw.

su (III) [–] *va.* Seite, Richtung *f*

su (IV) *selt.* Sou *m* (5 Centimes)

sual, -li [ā] 1. *allg.* Frage *f* 2. *parl.* Anfrage, Interpellation *f* ~ **açmak** ins Verhör nehmen ~ **etmek** (an-, nach-)fragen ~ **olunabilmek** fraglich sein ~ **sahibi** Fragende *m, f*, Fragesteller(-in *f*) *m* ~ **sorma hakkı** *jur.* Fragerecht *n* ~ **sormak** fragen, Fragen stellen ~ **takriri** schriftliche Anfrage *spez. parl.* Interpellation *f* *gensoru **-e cevap vermek** die Frage beantworten **-i mukaddere cevap** s. **önceleme; bir -in cevabı** Antwort *f* auf e–e Frage

sualli e–e Frage (*bzw.* Fragen) enthaltend ~ **cevaplı** in Form von Frage und Antwort

sualname [·––·] 1. schriftliche Rundfrage 2. Fragebogen *m*

sualtı 1. unterseeisch 2. Unterwasser- ~ **gemisi** *va.* s. **denizaltı (gemisi)** ~ **işleri** Unterwasserarbeiten *pl.*

suare (*franz.* **soirée**) Abend-gesellschaft, -veranstaltung *f*; s. a. **opera -sı;** ~ **dansan(-t)** Tanzabend *m*

suareli temsil Abendvorstellung *f*

suaskıları, -nı Armleuchteralgen *pl. bot.* Charophyta *su avizeleri

suaygırı, -nı Fluß-, Nil-pferd *n zo.* Hippopotamus amphibius *hipopotam

subasman (*franz.* **soubassement**) *arch.* Grundmauer *f*, Unterbau *m*, Fundament *n* *oturtmalık

subaşı, -nı 1. Quelle *f* (e–s Wasserlaufs) 2. Gutsverwalter *m* 3. *hist.* für die Wasser-versorgung und -zuteilung verantwortlicher städtischer Beamter 4. *hist.* städtischer Oberinspektor

subay 1. Offizier *m* *zabit 2. *pr.* Subalternoffizier *m* *assubay 3. ≗ türk. Zigarettenmarke ~ **hizmet eri** Offiziersbursche *m* ~ **namzedi** Fähnrich, Offiziersanwärter *m* ~ **tayinatı** Offizierskost *f*

subaykılıcı, -nı s. **evyapan**

subaylık Rang *m*, Aufgaben *pl.*, Tätigkeit *f* e–s Offiziers

subayre gestutzter Gliederblattkaktus *bot.* Epiphyllum truncatum

subesu [–·–] *va.* 1. überall 2. von überall her

subfamilya s. **altfamilya**

subha *va.* 1. was seine Existenz Gott verdankt 2. Gebetskette *f* mit 99 Perlen

subilim Hydrologie *f* *hidroloji

subilimsel hydrologisch *hidrolojik

subiti, -ni s. **su piresi**

suböceği, -ni kleiner Kolbenwasserkäfer *zo.* Hydrophilus caraboides

suböreği, -ni Blätterteigpastete *f* mit Käse- od. Hackfleischfüllung (wobei der Teig zuerst in heißem Wasser gekocht wird)

subra (< *franz.* **dessous de bras**) Schweiß-, Achsel-blatt *n* (in Kleidern od. Anzügen) *koltukluk

subre s. **sobra**

subret, -ti *Th.* Soubrette *f*

subtropikal s. **astropikal**

subuh, -phu *va.* s. **fecir; -u kâzip (sadık)** s. **fecrikâzip, fecrisadık**

subut s. **sübut**

subye [×·] (*franz.* **sous-pied**) *a. mil.* (Hosen-)Steg *m*

sucevizi, -ni s. **göl kestanesi**

sucu Wasser-verkäufer, -händler *m*

sucuk, -ğu 1. Wurst *f* 2. wurstförmige Süßigkeit (geschälte Nüsse, Mandeln usw., die auf e–r Schnur aufgereiht und in heißen, mit Stärkemehl gedickten Traubensaft getaucht sind) 3. weich, schlaff, kraftlos ~ **gibi olmak** (*od.* **ıslanmak**) *od.* ~ **kesilmek** 1. bis auf die Haut naß werden 2. in Schweiß gebadet sein **-unu çıkarmak** *F* 1. übermäßig stark in Anspruch nehmen, sehr ermüden, überanstrengen 2. tüchtig durchprügeln, windelweich hauen

sucukçu Wurst-fabrikant, -händler *m*

sucul 1. hydrophil, im Wasser lebend od. gedeihend (Tier bzw. Pflanze) 2. saugfähig (z.B. Verbandsstoff) *(1, 2) hidrofil ~ **bitki** Wasserpflanze *f*, Hydrophyt *m* *hidrofit

suç, -çu 1. Schuld *f* *kabahat 2. Vernachlässigung *f*, Verschulden, Vergehen *n*, (begangener) Fehler; strafbare Handlung, Straftat *f*, Delikt *n* 3. *abus.* Verdacht *m*, Beschuldigung, Anschuldigung *f* *töhmet, zan Zu 3: **Saltanat için tahrik yapmak -iyle yakalandı.** Er wurde unter der Anschuldigung monarchistischer Umtriebe verhaftet. ~ **atmak** j–m et. in die Schuhe schieben wollen, j–n beschuldigen ~ **eşyası** *jur.* Gegenstände od. Werkzeuge *pl.* e–s Verbrechens (Vergehens), Corpora delicti *pl.*, producta et instrumenta sceleris *pl.* ~ **etmek** s. **suç işlemek;** ~ **ihbarı** polizeiliche od. gerichtliche Anzeige ~ **işlemek** 1. sich gegen (gesetzliche, kirchliche usw.) Vorschriften vergehen 2. *spez.* straffällig werden ≗ **ondadır.** Das Verschulden trifft ihn. Er hat Schuld. ~ **ortağı** Helfershelfer, Komplize, Mittäter *m*, Mitschuldiger *şeriki cürüm ~ **ortaklığı** Mittäterschaft *f*, Komplizentum *n*, Mitschuld *f* ~ **tasnii** (*od.* **uydurma**) *jur.* falsche Anschuldigung ~ **üstü(-nde)** s. **suçüstü;** ~ **yüklemek** j–m die Schuld beimessen **-a iştirak** *jur.* Teilnahme *f* an e–r strafbaren Handlung **-ların içtimaı** *jur.* Zusammentreffen *n* strafbarer Handlungen; s.a. **hakikî** bzw. **fikrî içtima; -u birbirlerinin üzerine atmak** sich gegenseitig beschuldigen **≗u gelin etmişler, kimse güvey girmemiş.** *Spr.* s. **Kabahat samur kürk olsa, kimse sırtına almaz. -u sabit görülen** wessen Schuld als erwiesen angesehen wird **-unu bağışlamak** (*od.* b–nin **suçundan geçmek**) über j–s Vergehen hinwegsehen, j–m et. hingehen lassen **Benim ne suçum var?** Was habe ich denn verbrochen? Bin ich etwa schuld daran?

suçatı, -nı s. **su bölümü çizgisi**

suçiçeği, -ni *med.* Windpocken, Varizellen *pl.*

suçla(ndır)mak (b–ni bşle) beschuldigen, bezichtigen, verdächtigen, anklagen, j–m et. zur Last legen, j–n unter Anklage stellen *itham etmek

suçlu 1. wer schuld hat, schuldig; Schuldige *m, f* *kabahatli 2. wer e–n Fehler begangen hat, wer et. verschuldet hat, Täter, Übeltäter, Verbrecher *m* *mücrim, günahkâr, cani 3. *abus.* Angeklagter, Beschuldigter *suçlanmış ~ **çıkarmak** er-, nach-weisen, daß jemand schuldig ist ~ **çocuk** krimineller Jugendlicher; jugendlicher Täter ~ **durmak** mit Armesündermiene dastehen ~ **gibi durmak** schuldbetroffen dastehen ~ **sanılan** *selt.* Angeklagter, Beschuldigter **-ları geri verme** *od.* **-ların iadesi** *jur.* Auslieferung *f* von Verbrechern *iadei mücrimin

suçluluk 1. Schuldigsein *n;* Tatsache *f*, daß jemand et. verschuldet hat 2. Verbrechertum *n*, Kriminalität *f* ~ **duygusu (hezeyanı, kompleksi)** Schuldgefühl *n*

suçsuz schuldlos, unschuldig *masum

suçsuzluk Schuldlosigkeit, Unschuld *f* *masumiyet

suçüstü, -nü auf frischer Tat, in flagranti *cürmümeşhut halinde **Hırsız** ~ **yakalandı.** Der Dieb wurde auf frischer Tat ertappt. ~ **mahkemesi** s. **meşhut suçlar mahkemesi**

sud [–] *va.* 1. Ertrag, Gewinn *m* 2. Nutzen, Vorteil *m*

suda, -aı [ā] *va.* 1. Kopfschmerzen *pl.* 2. *fig.* Verdruß, Ärger *m*, Belästigung *f* ~ **vermek** *va.* 1. Kopfschmerzen verursachen 2. *fig.* verdrießen, ärgern

sudak Zander *m zo.* Lucioperca lucioperca *uzunlevrek

sudan nichtig, nichtssagend, leer, oberflächlich, gekünstelt, Schein- ~ **bahaneler** nichtige Vorwände *pl.* ~ **bir cevap** nichtssagende (unbefriedigende, ausweichende) Antwort ~ **bir özür** e–e faule Ausrede ~ **çalışma** oberflächliches Arbeiten ~ **şeyler** belangloses Zeug; nichts Besonderes

Sudan [– –] *n.pr.* Sudan *m* ~ **çekirgesi** ägyptische Wanderheuschrecke *zo.* Schistocerca gregaria *çöl çekirgesi ~ **otu** sudanisches Sorghogras *bot.* Andropogon sorghum sudanensis

Sudanlı [– – ·] 1. Sudanese *m*, Sudanesin *f* 2. sudanesisch

sudgî: azmı ~ s. **şakak kemiği**

sudirektör *selt.* stellvertretender (od. zweiter) Direktor *müdür muavini

sudolabı, -nı Wasser-, Schöpf-rad, Schöpfwerk *n*

Sudum [· –] s. **Sodom**

sudur (I) [· –] *va.* 1. Herauskommen, Sich-Zeigen *n* 2. Aus-, Er-gehen *n*, Erlaß *m* (e–s Befehls usw.) 3. *phil.* Emanation *f* (nach pantheistischer Lehre) *türüm ~ **etmek** *va.* 1. sich zeigen, zum Vorschein kommen 2. aus-, er-gehen, erlassen werden (Befehl, Verordnung usw.) 3. *phil.* ausströmen, ausfließen *türümek

sudur (II) [· –] (*va. Pl.* zu **sadır**) *spez. hist.* die beiden Kazasker

suf [ū] s. **sof**

sufeyha [· × ·] (*Dim.* zu **safiha**) s. **levhacık**

sufî(-lik); sufiyane s. **sofî(-lik); sofiyane**

sufle 1. souffliert, vorgesagt 2. bauschig (Haartracht) 3. mit Teigumhüllung gebacken 4. Soufflé *n*, Eierauflauf *m* 5. Luftgebäck *n* ~ **etmek** 1. soufflieren, vorsagen, zuflüstern

suflör Souffleur *m*

suflörlük Tätigkeit, Rolle *f* e–s Souffleurs ~ **etmek** s. **sufle etmek**

suflöz Souffleuse *f*

sufuf [· –] (*va. Pl.* zu **saf**) Reihen *pl.*

sugeçirir wasserdurchlässig

sugeçirmez wasser-undurchlässig, -dicht

sugülü, -nü s. **nilüfer**

suğa (*a.* ~ **volta**) *naut. Kommando* zum Belegen (Festmachen) *bzw.* Festziehen ~ **etmek** *naut.* 1. (ein Ende) belegen, (ein Tau) festmachen 2. anziehen (z.B. Schraube) **-lı izbarço bağı** *naut.* einfacher Paalsteek; Leibstich *m* **-lı** (*bzw.* **-sız**) **rigavo bağı** *naut.* innere (*bzw.* äußere) Klinsch (Ankerstich *m*)

suğra [ā] (*va. Fem.* zu **asgar**) 1. kleiner, kleinst-, jünger, jüngst- 2. s. **küçük önerme**

suhan (I) s. **sühan**

suhan (II) [– –] *va.* Feile, Raspel *f;* s. **ömür törpüsü**

suhen s. **sühan**

suhte [ū] *va.* 1. verbrannt 2. betrübt, niedergeschlagen 3. verloren, ausgegeben 4. s. **softa** (1)

suhuf, -hfu (*va. Pl.* zu **sahife, sayfa**) 1. Blätter, Seiten *pl.* 2. kleinere prophetische Schriften

Sukumkale türk. Bez. der Stadt **Suhumi** (Georgien)

suhunet s. **sühunet**

suiahlâk, -kı [– · · –] *va.* unmoralisches Verhalten, Lasterhaftigkeit *f*

suibriği, -ni Kannenpflanze *f bot.* Nepenthes (destillatoria u.a.) *bardak ağacı

suibriğigiller Kannenpflanzen *pl. bot.* Nepenthaceae *benkiye

sui generis *selt.* einzig-artig, -dastehend *nev'i şahsına münhasır

suihal, -li [– · –] *jur.* unzüchtiger (lasterhafter) Lebenswandel, schlechte Aufführung *kötü durum

suihareket, -ti [ū] *va.* schlechtes Betragen, übles Verhalten

suiidare [– · · –] *z. va.* Mißwirtschaft *f* *kötü yönetim

suiistimal, -li [– · · · –] *z. va.* 1. Mißbrauch *m* 2. *spez.* Amtsmißbrauch *m*, Veruntreuung *f* *kötü(ye) kullanma ~ **et-**

mek (bşi) mißbrauchen, Mißbrauch treiben (mit), ausnützen (z. B. j–s Geduld)
suikast, -tı Attentat *n,* Anschlag, Angriff *m* ~ **şartı** s. **Belçika şartı;** ~ **teşebbüsü** versuchter Anschlag ~ **yapmak** ein Attentat (e–n Anschlag) verüben **-ın faili** Attentäter *m* *suikastçı
suikastçı Attentäter(-in *f*) *m*
suimisal, -li [–··–] *va.* schlechtes Beispiel
suimuamele [–··–··] *z. va.* schlechte Behandlung, Mißhandlung *f*
suiniyet, -ti [ū] schlechte (böswillige) Absicht, übles Vorhaben, *jur.* böser Glaube (Wille), Verstoß *m* gegen Treu und Glauben *kötü niyet
suiniyetli böswillig
suişöhret, -ti [ū] *va.* übler Ruf, schlechter Leumund *kötü ad
suitalih [–·–·] *va.* Mißgeschick *n*
suitedbir [–··–] *va.* Unvorsichtigkeit *f*
suitefehhüm Mißverständnis *n*
suitefsir [–··–] *z. va.* falsche Auslegung, Mißdeutung *f* ~ **etmek** falsch auslegen, mißdeuten
suitelakki [–···–] *z. va.* falsche Auffassung *kötüye alma
suitesadüf [–··–·] unglückseliges Zusammentreffen (von Dingen) **Ölümü, sırf bir ~ eseridir.** Sein Tod ist nur auf das unglückselige Zusammentreffen verschiedener Umstände zurückzuführen.
suiteşekkül [ū] *z. va.* Mißbildung, Difformität *f*
suizan, -nnı [ū] *z. va.* Mißtrauen *n,* Argwohn *m,* Verdacht *m* ~ **etmek** *od.* **-da bulunmak** Mißtrauen hegen, argwöhnen
sukabağı, -nı 1. s. **asmakabağı** 2. Kalabassenbaum *m bot.* Crescentia cujete
sukamışı, -nı Rohrkolben *m bot.* Typha (latifolia u. a.) *semerci sazı
sukamışıgiller Rohrkolbengewächse *pl. bot.* Typhaceae *esediye
sukaybe [·×·] *Dim.* zu **sukbe; -i külliye** s. **kapıcık**
sukbe *med.* Öffnung *f,* Loch *n* (z. B. Einschußöffnung e–r Kugel) *delik **-i fıkariye** s. **omur deliği**
Sukkot, -tu s. **Kamış Bayramı**
sukobayı, -nı Wasserschwein *n zo.* Hydrochoerus capybara
sukulu, -nu Axolotl *m* (mexikanischer Schwanzlurch) *zo.* Amblystoma mexicanum *aksolotl
sukurbağasıgiller echte Frösche *pl. zo.* Ranidae
sukut, -tu [·–] 1. Fall(-en *n*) *m,* Sturz *m* 2. *phys.* Fall *m* *(1, 2) düşme 3. *mil.* Abschuß *m* (von Flugzeugen) 4. Zusammenbruch, Verfall *m* 5. *jur.* s. **hakkın -u** 6. *med. a.* Vorfall, Prolapsus *m* 7. s. **düşüş** (3) Zu 1: s. **kabinenin -u; merminin ~ noktası** Zu 3: ~ **miktarı** *mil.* Abschußzahl *f* Zu 4: s. **ahlâk -u** Zu 6: **-u mesane** *med.* Vorfall *m* der Harnblase **-u rahim** *med.* Scheidenvorfall *m* Prolapsus vaginae *m* ~ **etmek** 1. herab-fallen, -stürzen 2. *mil.* abgeschossen werden 3. zusammenbrechen, verfallen ~ **kanunları** s. **boşlukta düşme kanunları;** ~ **sebepleri** *jur.* Gründe *pl.* für das Erlöschen (den Untergang) (von Rechten usw.) ~ **zaviyesi** Einfallswinkel *m* **-u hak** s. **hakkın -u; -u hak müddeti** s. **ıskat edici müddet; -u hayal; hayal -u** Enttäuschung *f* *hayal kırıklığı; inkisarı hayal **-u hayale uğramak** enttäuscht werden, e–e Enttäuschung erfahren **-u hayale uğratmak** e–e Enttäuschung bereiten, enttäuschen
suküre s. **suyuvarı**
sulak 1. viel Wasser enthaltend, sumpfig, morastig (Gelände) 2. Wassertrog *m* od. Tränke *f* (für das Vieh) 3. Wassernäpfchen *n* (für Vögel)
Sulakyurt, -du *n.pr.* O. u. D. im Rbz. Ankara
sulama Vs. zu **sulamak** *spez.* Bewässerung *f* *irva ve iska ~ **arabası** Sprengwagen *m* ~ **hortumu** Gartenschlauch *m* ~ **kanalı** (künstlicher) Wassergraben ~ **kovası** Tränkeimer *m*
sulamaç 1. Bewässerungsanlage *f* 2. Sprengwagen *m*
sulamak 1. (be-)gießen, (be-)wässern, (be-)sprengen 2. tränken (Tier) *(üblicher:) suvarmak 3. *V* Geld bezahlen (*F* berappen) müssen Zu 1: s. **çiçekleri (sokakları)** ~ Zu 3: **Sabah sabah otuz lirayı suladık.** Tag für Tag haben wir morgens dreißig Pfund berappen müssen.
sulandırılmış *chem.* verdünnt *memdut
sulandırmak 1. Kaus. zu **sulanmak** 2. (mit Wasser od. e–r anderen Flüssigkeit) versetzen, verdünnen *seyreltmek, temdit etmek 3. (j–m den Mund) wässerig machen Zu 2: **hamuru (boyayı)** ~ den Teig (die Farbe) verdünnen Zu 3: s. **ağzını** ~
sulanmak 1. Pass. zu **sulamak** 2. a) *pej.* wässerig od. dünnflüssig werden b) *mel.* saftig werden (z. B. Birnen) 3. vgl. **ağzı** ~ 4. *V* (bşe) gieren (nach) 5. *V* (b–ne) in plumper Weise den Hof machen, anzubändeln versuchen (mit) 6. *V* frech, unverschämt sein 7. (tränen-)feucht werden (Augen) Zu 2: s. a. **beyni (kanı)** ~ Zu 3: s. **Ağzı sulandı.**
sulantı *V* Auf-, Zu-dringlichkeit *f*
sulb s. **sulp** (I, II)
sulbî *va.* 1. die Wirbelsäule betreffend 2. eigen, leiblich (Kind)
sulbiye *z. va.* leibliche Verwandtschaft (mit der väterlichen Linie)
sulbiyet, -ti *va.* 1. feste Konsistenz 2. Härte *f* 3. *fig.* Gefühllosigkeit, Hartherzigkeit *f*
sulfata; sulfato [·×·] *P* Chinin-sulfat od. -salz *n*
sulh, -hü 1. Friede *m* *barış 2. Prozeßvergleich *m,* gütliche Beilegung *uzlaşma 3. Ruhe *f* *huzur ~ **akdi** 1. Friedensschluß *m* 2. *jur.* Vergleich *m* *uzlaşma sözleşmesi ~ **etmek** 1. Frieden schließen 2. gütlich beilegen ~ **hâkimi** Amts-, Friedens-richter *m* *barış yargıcı ~ **havarileri** Friedens-apostel, -boten *pl.* ~ **konferansı** Friedenskonferenz *f* ~ **maddeleri** Friedensartikel *pl.* ≗ **Mahkemesi** Amts-, Friedens-gericht *n* *Barış Yargılığı ~ **muahedesi** (*od.* ~ **sözleşmesi**) Friedensvertrag *m* ~ **müzakeratı** Friedensverhandlungen *pl.* ~ **olmak** sich gütlich einigen, sich einverstanden erklären (**Elli mark alacaklı iken otuz marka sulh oldum.** Obwohl ich fünfzig Mark zu bekommen hatte, habe ich mich mit (der Zahlung von) dreißig Mark einverstanden erklärt.) ~ **perisi** Friedensengel *m* ~ **şartları** Friedensbedingungen *pl.* ~ **teşebbüsü** *jur.* Sühneversuch *m,* Güteverfahren *n* ~ **yargıcı** s. ~ **hâkimi; -ün ihlâli** Friedensbruch *m*
sulhan s. **sulhen**
sulhçu friedliebend, friedlich, pazifistisch, Frieden stiftend od. bewahrend, Friedens- ~ **emeller** friedliche Absichten *pl.* ~ **rol** Friedens-rolle, -aufgabe *f*
sulhçuluk 1. Frieden-Stiften *n* 2. Friedenspolitik *f,* friedliche Politik
sulhen [×·] *z. va. Adv.* gütlich, auf gütlichem Wege, durch e–n Vergleich, auf dem Vergleichsweg
sulhî 1. *va.* den Frieden betreffend, Friedens- 2. **Sulhi** [×·] *mV* **Sulhiye** [×··] *wV* **mukaddematı sulhiye** *va.* Friedenspräliminarien *pl.*
sulhname [ā] 1. Friedensvertrag *m* 2. (schriftlich niedergelegter) Vergleich
sulhperver friedliebend, Friedens-
sulhperverlik Friedensliebe *f*
sulhsever(-lik) s. **sulhperver(-lik)**
sulhümüsalemet [ā]; **sulhüsalâh, sulhüsükûn** *(alles va.)* ungestörter Friede
sulka kıravat Sulka-Krawatte *f* (nach dem Namen der Herstellerfirma)
sulp, -bü (I) *va.* Wirbelsäule *f,* Lenden *pl.* 2. Nachkom-

menschaft *f*, Geschlecht *n* **-ünden gelmek** j–s leibliches Kind sein
sulp, -bü (II) *va.* 1. hart, fest 2. *fig.* gefühllos, hartherzig
sulta 1. Macht *f*, Einfluß *m*, Autorität *f* 2. Staatsgewalt, Behörde, Obrigkeit *f*
sultan 1. (Titel der osm., gel. a. einiger nichttürk. Herrscher, ihrer Frauen, Töchter und Schwestern:) a) Sultan, Herrscher, Kaiser b) Sultanin, Kaiserin c) Prinzessin 2. Titel einiger Bektaschi-Heiliger (*Anm.*: Bei (1a) steht der Titel vor dem Namen, bei (1b), (1c) und (2) nach dem Namen: ~ **Selim; Hatice** ~; **Şehnaz** ~ (Persien) Zu 2: **Davut** ~; **hanım (haseki)** ~ s. die Stw. **hanım; haseki;** ~ **efendi** od. ~ **hatun** s. **sultan** (1 b, c); ~ **kethüdası** *hist.* Diener *m* in den Gemächern e–r verheirateten osm. Prinzessin ~ **sarayları** *hist.* Schlösser *pl.* der Sultansgemahlinnen **-ım** mein lieber Herr, meine liebe Dame
Sultanahmet, -di 1. s. **At Meydanı** 2. **(Camii)** Sultan-Ahmed-Moschee; Blaue Moschee *f* (in Istanbul) *Mavi Cami **-te dilenip Ayasofyada sadaka vermek** (etwa:) sein letztes Hemd verschenken
Sultandağı, -nı *n.pr.* O. u. D. im Rbz. Afyonkarahisar
Sultanhamamı, -nı *n.pr.* Geschäftsviertel im alten Istanbul (Eminönü)
Sultanhisar *n.pr.* O. u. D. im Rbz. Aydın
sultanî [·––] 1. die Sultane betreffend, Sultans- 2. e–e dem heutigen **lise** entsprechende höhere osm. Schule 3. Sultanine *f*, kernlose Rosine *(üblicher:) çekirdeksiz üzüm 4. *fr.* e–e kostbare Papierart 5. *fr.* in Ägypten, Tunis, Tripolis od. Algerien geprägte osm. Goldmünze (vgl. a. **nısfiye**); ~ **bamya (bezelye)** e–e bes. geschätzte Eibisch- bzw. Erbsen-art ~ **böğürtlen** *va.* s. **ağaççileği;** ~ **buselik (ırak, segâh, yegâh)** verschiedene melod. Weisen in der türk. Musik ~ **tembel** Erzfaulenzer *m*
sultanlık 1. (osm.) Kaisertum, Sultanat *n* 2. Regierungszeit *f* e–s Sultans *(1, 2) padişahlık 3. Sultanatsgebiet *n* e–s nicht-türk. isl. Herrschers 4. *fig.* großes Glück *mazhariyet 5. *fig.* bequemes Leben, Wohlstand *m*
sultanüşşuara [·–···–] *fr.* „König der Dichter" (Ehrentitel; z.B. für **Baki)**
sultanzade [··–·] *fr.* Sohn *m* e–r osm. Prinzessin
sulu 1. wasserhaltig, wässerig, dünnflüssig 2. frisch, saftig (z.B. Obst) 3. mit Brühe (Sauce, Flüssigkeit) (Speise) 4. *V* albern, läppisch; auf-, zu-dringlich *cıvık 5. verdünnt (z.B. Säure) 6. *chem.* hydriert *hidratlı ~ **göz(-lü) olmak** sehr rührselig (e–e Heulsuse) sein ~ **kar kırağı** 1. Schneeregen *m* 2. Frostbeschlag *m* (am Flugzeug) ~ **kireç** Kalkmilch *f* ~ **süt** gepanschte Milch
suluboya 1. Wasser-, Aquarell-farbe *f* 2. mit Wasserfarben gemalt, Aquarell- ~ **çanağı** Tuschnapf *m* ~ **fırçası** Tuschpinsel *m* ~ **kutusu** (*od.* **takımı**) Tuschkasten *m* ~ **resim** Aquarell *n* ~ **ressamı** Aquarellist(-in *f*) *m*
suluçizi getuschte Zeichnung
suluk 1. Wasserbehälter *m* z.B. Wassernäpfchen *n* (im Vogelkäfig) 2. Grind *m* (bes. bei Kleinkind) 3. Pfütze, Lache *f* 4. (*a.* ~ **zinciri**) Kinnkette *f* (am Pferdegeschirr)
sulularşmak 1. wässerig werden 2. saftig werden 3. Brühe (Sauce, Flüssigkeit) bekommen 4. *fig.* auf-, zu-dringlich werden
sululuk 1. wässerige Beschaffenheit od. Konsistenz; Flüssigkeit *f* 2. Saftig-Sein *n* 3. Umstand *m*, daß ein Essen Brühe (Sauce, Flüssigkeit) hat 4. *V* Auf-, Zu-dringlichkeit *f* ~ **derecesi** Flüssigkeitsgrad *m* ~ **etmek** *V* auf-, zudringlich werden
Suluova *n.pr.* Städtchen u. D. im Rbz. Amasya
sulusepken Schlackerregen *m*, Schneeregen *m*
sum [ū] *va.* s. **sarmısak**
sumak 1. s. **somak** 2. Sumak *m* (Wirkteppich)
sumen (*franz.* **sousmain**) Schreibunterlage *f* *el altlığı
sumercimeği, -ni 1. (kleine) Wasserlinse *f bot.* Lemna (minor) 2. Teichlinse *f bot.* Spirodela polyrrhiza
sumercimeğigiller Wasserlinsengewächse *pl. bot.* Lemnaceae *gardiriye
sumermeri, -ni Alabaster *m* *kaymaktaşı, albatr
suna 1. Enterich, Erpel *m* 2. ♀ *wV* ~ **gibi** stattlich, großgewachsen (Person)
sunak 1. (Opfer-)Altar *m* 2. ♀ *astr.* Altar *m* (Sternbild)
sunam Opfergabe *f*
Sunda boğazı *geogr.* Sunda-Straße *f*
Sunda takımadaları *geogr.* Sundainseln *pl.*
sundurma 1. Vor-, Schutz-, Wetter-, Sonnen-dach *n* (größer als **saçak**) 2. Schuppen *m*, Halle *f* (*spez.* für Lokomotiven und Eisenbahnwaggons) 3. als **sundurma** (1, 2) dienend od. in ähnlicher Form gebaut ~ **çatı** *arch.* Pultdach *n*
sundurmak 1. Kaus. zu **sunmak** 2. s. **sondurmak**
sungu 1. Ehrengeschenk *n* (für e–e hohe Persönlichkeit) *takdime, ihsan 2. *rel.* Opfer(-gabe *f*) *n*, Weihgeschenk *n* 3. ♀ *türk. Fn.*
sungur s. **akdoğan**
Sungurlu *n.pr.* Städtchen u. D. im Rbz. Çorum
sunî 1. künstlich, Kunst-, synthetisch 2. künstlich hervorgerufen (z.B. Fieber) *(1, 2) yapay, yapma ~ **çiçek** künstliche Blume *yapma çiçek ~ **dölle(n)me** *bot., med.* künstliche Befruchtung, Insemination *f* ~ **gizleme** *mil.* künstliche Tarnung ~ **gübre** Kunstdünger *m* ~ **hibernasyon** *med.* Heil-, Dauer-schlaf *m* *kış uykusu ~ **istifa** s. **yapma ayıklama;** ~ **inci** Zuchtperle *f* ~ **ipek** Kunstseide *f*, Reyon *m, n* ~ **iplikler** Chemiefasern *pl.* ~ **kauçuk** synthetischer Gummi, Buna *m, n* ~ **kauçuk fabrikaları** Fabriken *pl.* für die Herstellung von synthetischem Gummi, Bunafabriken *pl.* ~ **kösele** Kunstleder *n* ~ **mani** *mil.* künstliche Sperre ~ **mermer** s. **yalancı mermer;** ~ **örtü vasıtası** *mil.* künstliches Deckungsmittel ~ **peyk** s. **yapma uydu;** ~ **reçine** Kunstharz *n* ~ **sis** *mil.* künstlicher Nebel ~ **sis aletleri** Nebel-, Einnebelungs-geräte *pl.* ~ **solunum aygıtı** *med.* Wiederbelebungsapparat, Respirator *m* ~ **taş** Kunststein *m* *kalıplı beton ~ **tohumlama** künstliche Befruchtung
sunîlik [·–·] Künstlichkeit, Künstelei *f*, gezwungenes, unnatürliches Benehmen
sunmak, (-ar) (dar-)reichen, darbieten, schenken, erweisen, senden, unterbreiten, entbieten *vermek, göstermek, göndermek, arz etmek, yollamak, takdim etmek **Bu kitabı size** ~ **istiyorum.** Ich will Ihnen dieses Buch überreichen (= schenken). **geçen gün sunduğum mektupta dediğim gibi** wie ich in meinem Brief von neulich sagte; s.a. **Derin saygılarımı sunarım**
sunta [×·] (< **sunî tahta**) Holzfaser-, Preßholz-platte *f*
sunt(ı)raç; suntraş s. **sontraş**
suntur *va.* Lärm *m*, ausgelassene Fröhlichkeit
sunturlu schlimm, arg, bös, übel, wüst *yaman, berbat ~ **bir küfür** ein wüster Fluch **Bir sevdaya üç sene hapis cezası, oldukça** ~ **bir şey değil mi?** Wenn e–r seine Verliebtheit mit drei Jahren Gefängnis büßen muß, so ist das schon recht arg, nicht wahr? **O, dilde yapılan yanlışların en -sudur.** Das ist der übelste Sprachschnitzer, der begangen wird.
sunu (I), **-n'u** *va.* 1. Tun *n*, tätige Anteilnahme (an e–m Vergehen) 2. Erschaffen *n*, schöpferische Kraft (Tätigkeit) Zu 1: **Benim bunda ne sun'um var?** Dafür kann ich doch nichts! Zu 2: **sun'u ilâhî** Schöpferkraft *f* Gottes **sun'u taksir** Verschulden *n* (aus Fahrlässigkeit), Vergehen *n*, Schuld *f* *suç kusur (**Bizim bu işte hiç bir sun'u taksirimiz yoktur.** Wir sind an der Sache vollkommen unschuldig.)
sunu (II) 1. *H* Angebot *n* *arz 2. s. **ariza** 3. Widmung *f*

(z. B. in e–m Buch) ~ **ve istem** *H* Angebot *n* und Nachfrage *f* *arz ve talep
sunuculuk *(Neol.)* Showbusiness *n,* Unterhaltungsindustrie *f*
sunuş (an e–n Höhergestellten gerichtete schriftl. od. mündl.) Darlegung, Eingabe, Ausführung *f* *maruzat
suoku, -nu Pfeilkraut *n bot.* Sagittaria (natans u. a.)
suokugiller s. **susinirotugiller**
sup (*franz.* **soupe**) s. **supameriken, supanglez**
supa *selt.* s. **çorba**
supalan (*franz.* **sous-palan**) *naut.* Krangebühr *f*
supameriken (*franz.* **soupe américaine**) ähnliche Süßspeise wie **supanglez,** jedoch mit weißer Sauce
supanglez (*franz.* **soupe anglaise**) im Eisbecher od. auf flachem Teller servierte Süßspeise; häufig ein kleiner, mit Schokoladesauce übergossener Kuchen
supap, -pı (*franz.* **soupape**) Ventil *n* ~ **kapağı** Ventilklappe *f*
supaplı mit Ventil ausgestattet, Ventil-
supara *fr.* kleines Schulbuch *spez.* (Kinder-)Fibel *f;* s. a. **amme (elifba) -sı**
supe (*franz.* **souper**) *selt.* (spätes) Abendessen ~ **etmek** *selt.* soupieren
suphanallah s. **süphanallah**
suphî 1. *va.* den Morgen betreffend, Morgen- 2. **Suphi** [×·] *mV*
supl (*franz.* **souple**) geschmeidig, anpassungsfähig, wendig, gewandt
suples (*franz.* **souplesse**) Geschmeidigkeit, Anpassungsfähigkeit, Wendigkeit, Gewandtheit *f* 2. *(Ringen)* Bez. für e–n best. Hüftschwung
suplon (*franz.* **sous-plomb**) Blei- (z. B. Kabel)
supsulu [×··] *selt.* Verst. von **sulu** *(q.v.)*
supya s. **mürekkepbalığı**
sur (I) [ū] Stadt-, Festungs-mauer *f*
sur (II) [ū] *va.* Fest *n,* Feier *f* **-u hitan** *va.* Beschneidungsfeier *f* *sünnet düğünü **-u hümayun** *fr.* Festlichkeit *f* am Sultanshof anläßlich der Beschneidung von Prinzen od. der Heirat von Prinzessinnen
sur (III) *dial.* Glück *n* *talih, şans
sûr *va.* Horn *n,* Trompete *f* **-u İsrafil** *isl. Myth.* Trompete *f* des Jüngsten Gerichtes
Sur [–] *n.pr.* Tyrus, Sur (Städtchen im Libanon)
sura Surah *m* (Seidengewebe in Köperbindung)
surat, -tı 1. *pej.* Gesichtsausdruck *m,* Miene, *F* Visage *f* 2. *spez.* mürrisches (verdrießliches, brummiges) Gesicht 3. Bild *n,* figürliche Darstellung 4. *Spk.* Bild *n, gel. a.* Zehn *f* *kafa ~ **asmak** finster dreinschauen, ein mürrisches Gesicht aufsetzen ~ **bağlamak** ein verdrießliches Gesicht ziehen ~ **bir karış** aufgebracht, wütend ~ **düşkünü** mit häßlichem Gesicht, abstoßend, widerwärtig ~ **etmek** (b–ne) j–m böse sein, j–m gegenüber ein brummiges Gesicht aufsetzen; schmollen (mit) ~ **istemek** s. **yüz istemek;** ~ **mahkeme duvarı** s. **yüz** ~ **mahkeme duvarı; ²a bak süngüye davran!** (*Ra.*, mit der warnend auf j–s Häßlichkeit od. Brummigkeit aufmerksam gemacht wird) **-ı asık** brummig, mürrisch, verdrießlich **-ı değişmek** (*od.* **ekşimek**) mürrisch (brummig, verdrießlich) werden **-ı kasap süngeriyle silinmiş** s. **yüzü** (usw.); **²ı kaşık** (*od.* **kurabiye) kadar kaldı.** Er ist ganz abgemagert (zusammengefallen). **-ı sirke satmak** sichtlich unzufrieden sein (*F:* e–e Flappe ziehen) **-ına bakmamak** (b–nin) *fig.* nichts zu tun haben wollen (mit), nicht verkehren (wollen mit) **²ına bakanın kırk yıl işi rast gitmeyecek.** *(Nach abergl. Vorstellung)* Wenn man ihn nur anschaut, hat man ewig Unglück. **-ına çarpmak** 1. j–m ins Gesicht schlagen, j–m e–e Ohrfeige geben 2. j–m et. ins Gesicht schleudern **²ına lânet!** *V* Ich will seine (*bzw.* deine) verdammte Visage nicht mehr sehen! **²ından belli.** Man kann es ihm schon an den Augen ablesen. **²ından düşen bin parça olur.** *fig.* Er ist die Brummigkeit in Person. Man könnte sich beinahe fürchten, wenn man ihn nur ansieht. **-ını ekşitmek** (*od.* **buruşturmak**) ein sauertöpfisches (griesgrämiges, mürrisches) Gesicht aufsetzen **²ını çarşamba pazarına çeviririm!** *(Drohung) (etwa:)* Ich hau dich kurz und klein! **²ını şeytan görsün!** Der Teufel soll dich (ihn) holen!
suratlı 1. *selt.* mit *nb.* Gesicht 2. *pr. pej.* mürrisch, verdrießlich, sauertöpfisch
suratsız 1. mürrisch, brummig, verdrießlich, schmollend 2. mit häßlichem Gesicht, abstoßend, widerwärtig
suratsızlık 1. Häßlichkeit, Widerwärtigkeit *f* 2. mürrische Stimmung, schlechte Laune
surdin (*franz.* **sourdine**) *mus.* Sordine *f,* Sordino *m,* Dämpfer *m* (bei M.i.), linkes Pedal (am Klavier)
surdinli mit Dämpfer ~ **trompet** gestopfte Trompete
sure [ū] (Koran-)Sure *f*
sureli [ū] aus soundsoviel Suren bestehend
suret, -ti [ū] 1. Form, Gestalt *f,* Aussehen *n,* Äußeres 2. a) Abschrift, Kopie, Ausfertigung *f* b) Replik *f* (zweitmalige Schaffung e–s Kunstwerks) 3. Art und Weise *f* 4. Fall *m* 5. *va. math.* Zähler *m* (e–s Bruches) *pay 6. *(a. Spk.)* Bild *n,* figürliche Darstellung 7. a) Kontoauszug *m* b) *fr.* (Rechnungs-)Voranschlag *m* c) *fr.* Zahlungsanweisung *f* (für die Staatskasse) 8. *P* Gesichtsausdruck *m,* Miene *f* 9. *va.* Sternbild *n* 10. **-(y)ecek -te** so (viel, sehr), daß ... Zu 1: **insan -inde bir ağaç** ein Baum von menschenähnlicher Form Zu 3: **bu -le** auf diese Weise, so Zu 4: **o -le** in diesem Fall, dann, also **her -le** in jedem Fall ~ **almak** (*od.* **çıkarmak**) (sich) e–e Abschrift machen (anfertigen) **-ine girmek** die Form (von ...) annehmen **-i hal** 1. s. Stw. **hal, -lli** 2. Äußeres; Aussehen *n* (Zu 2: **-i hale göre** a) so, wie die Sache aussieht; dem Äußeren nach zu urteilen b) nach dieser Darstellung (Darlegung)) **-i haktan görünmek** den Unschuldigen spielen **-i istimal** Gebrauchsanweisung *f* *kullanış tarzı **-i katiyede** unbedingt, absolut **-i mahsusada** *z. va.* besonders, speziell (**-i mahsusada mezun olmak** Sondererlaubnis haben) **-i musaddaka** *va.* beglaubigte Abschrift *tasdikli kopya **-i umumiyede; umumî -le** (*od.* **-te**) im allgemeinen **-i zâhire** äußere Form, Äußere *n,* Schein *m* *görünüş zevahir **-i zâhirede** s. **sureta** (1)
sureta [×·–] *Adv.* 1. dem äußeren Eindruck nach, dem Anschein nach, anscheinend, äußerlich 2. nicht im Ernst, nur zum Schein, scheinbar *yalandan
Suretülkelim [ī] s. Stw. **kelim**
surf *(engl.)* 1. Wellenreiten *n* 2. ein dem Rock 'n' Roll ähnlicher Tanz
surfing; surf-riding *(engl.)* s. **surf** (1)
surî [– –] *z. va.* 1. äußerlich, Schein-, unwahr 2. formell, formal *şeklî ~ **kaziyei muhkeme** *jur.* formelle Rechtskraft ~ **mantık** s. **biçimsel mantık**
Suriye *n.pr.* Syrien ~ **damanı** syrischer Klippschliefer *zo.* Procavia syriaca
Suriyeli 1. Syr(i)er(-in *f*) *m* 2. syrisch
suriyye [– – ·] *lit.* die in Form e–r Kasside geschriebene **surname**
surname [– – ·] *lit. fr.* poetisches od. prosaisches Werk anläßlich der Feier der Beschneidung e–s osm. Prinzen od. der Hochzeit e–r osm. Prinzessin
surre s. **sürre**
sursak; sursuk s. das Stw. **sarsak**
Suruç *n.pr.* Städtchen u. D. im Rbz. Urfa
sus (I) 1. Still! Schweig! 2. Ruhe! 3. schweigend ~ **durmak** schweigen, nichts erwidern **² olunuz!** Seid still! Schweigt! Ruhe!
sus (II) [–] *va.* s. **meyankökü**
Sus [–] *n.pr.* Susa (altpers. Stadt)

susak 1. durstig *susamış 2. dumm, einfältig 3. hölzerner od. aus Flaschenkürbis hergestellter Trinkbecher ~ **ağızlı** unüberlegt redend ~ **burunlu** mit unförmig großer Nase (*F* mit e–m Riesenzinken im Gesicht)
susal im Wasser lebend od. wachsend, Wasser-(Tier od. Pflanze)
susam 1. Sesam *m bot.* Sesamum (indicum u. a.) 2. s. **süsen;** ~ **helvası** türk. Honig mit ganzen Sesamkörnern
Susam s. **Sisam**
susamak 1. Durst bekommen, durstig werden 2. (m. Dat.) *fig.* nach et. dürsten (lechzen, verlangen, streben) Zu 1: **Çok susadım.** Ich bin sehr durstig. Zu 2: s. **dayağa susamış**
susamcı *(im Karagözspiel)* Neger, der im türk. Bad **susam helvası** verkauft
susamgiller Sesamgewächse *pl. bot.* Pedaliaceae
susamış durstig
susamlı mit Sesam bestreut (z.B. Gebäck)
susamsı kemik *an.* Sesambein, Sehnenknöchelchen *n*
susamuru, -nu Fischotter *m zo.* Lutra lutra
susamurugiller s. **sansargiller**
susamyağı, -nı Sesamöl *n*
susanmak Pass. zu **susamak; Susanınca su içilir.** Wenn man Durst hat, trinkt man Wasser.
susarmısağı, -nı s. **kurtluca** (3)
susatangiller Trugnattern *pl. zo.* Dipsadidae
susatmak 1. Durst verursachen 2. *fig.* Schwierigkeiten in den Weg legen; querschießen
susen(-iye) s. **süsen(-giller)**
susıçanı, -nı Wasserratte, Mollmaus *f zo.* Arvicola scherman
susığırı, -nı s. **manda** (I)
susinirotu, -nu gemeiner Froschlöffel *bot.* Alisma plantago aquatica
susinirotugiller Froschlöffelgewächse *pl. bot.* Alismataceae
susku Schweigen *n,* Stille *f* *sükût
suskun schweigsam, wortkarg *sükûtî
suskunlaşmak schweigsam, wortkarg werden
suskunluk Schweigsamkeit, Wortkargheit *f*
susma (I) Vs. zu **susmak** 1. Schweigen *n (a. fig.)* 2. Sich-Ausschweigen *n* 3. fehlende Ausführung (z.B. in e–m Gesetzestext) 4. Nicht-von-sich-Hörenlassen *n* 5. *mus.* Pause *f* ~ **bölgesi** (bei Radiosendungen) Schweigezone *f* ~ **hakkı** *jur.* Recht *n* der Aussageverweigerung (e–s Zeugen, der sich selbst belasten könnte)
susma (II) e–e best. Stickart
susmak, (-ar) 1. (still-)schweigen, zu sprechen aufhören, verstummen, still sein 2. nichts sagen, den Mund halten Zu 1: **Çocuk sustu.** Das Kind wurde still. **Çalgıcılar sustu.** Das Orchester hörte auf zu spielen. Zu 2: **Sen onun sustuğuna bakma, kim bilir neler tasarlıyor.** Daß er nichts redet, besagt nichts; wer weiß, was er für Gedanken mit sich herumträgt.
susmalık; suspayı Schweigegeld *n* *hakkısükût
suspus *F* mäuschenstill ~ **olmak** *F* ganz verstummen, keinen Mucks von sich geben
susta (I) Männchenmachen *n* (Hund, *selt.* Katze) ~ **durmak** (*od.* **-ya kalkmak**) 1. sich aufrecht auf die Hinterbeine setzen; Männchen machen 2. *fig.* sich devot benehmen
susta (II) 1. Sicherung(-s.feder), Stellvorrichtung *f,* Schnappverschluß *m* 2. Wagenfederung *f* (bei Eisenbahnwagen)
sustalı mit **susta** (I, II); ~ **bıçak** (*od.* ~ **çakı**) Sprungmesser *n* ~ **kanca** Schnappring, Karabinerhaken *m* ~ **maymun gibi olmak** s. **terbiyeli maymun gibi olmak**
susturmak 1. zum Schweigen bringen, Ruhe gebieten 2. j–n durch unwiderlegliche Gründe zum Schweigen bringen, ad absurdum führen, den Mund stopfen *ilzam etmek
susturucu 1. zum Schweigen bringend; verstummen lassend 2. *mot.* Auspufftopf *m* 3. Schalldämpfer *m* (auf Pistole) 4. Abstellvorrichtung *f* (bei e–m Wecker)
susuk s. **Ganj yunusbalığı**
Susurluk *n.pr.* Städtchen u. D. im Rbz. Balıkesir
susuz 1. ohne Wasser, wasserlos 2. wasserarm, trocken (Gebiet) 3. durstig 4. *min.* Anhydrit *m,* wasserfreier Kalk *sert alçıtaşı ♎ **kaldılar.** Das Wasser war ihnen ausgegangen. Sie hatten kein Wasser mehr.
Susuz *n.pr.* O. u. D. im Rbz. Kars
susuzluk 1. völliges Fehlen von Wasser; Wasserlosigkeit *f* 2. ungenügendes Vorhandensein von Wasser, Wassermangel *m* 3. Durst *m* ~ **hissi** Durstgefühl *n*
Suşehri, -ni *n.pr.* Städtchen u. D. im Rbz. Sıvas
suşeridi, -ni Igelkolben *m bot.* Sparganium (simplex u. a.)
sut, -du (= sut kostik) (*franz.* **soude caustique**) *chem.* Natriumhydroxyd, Ätznatron *n*
sutahtakuruları, -nı Wasserwanzen *pl. zo.* Hydrocorisae
sutan Soutane *f* (der kathol. Geistlichen)
sutaşı (I), **-yı** (*franz.* **soutache**) Soutache *f,* Litzenbesatz *m,* Besatzstickerei *f* (an Kleidern) *suyolu
sutaşı (II), **-nı** s. **pamuktaş(-ı)**
sutaşır *geol.* Grundwasserleiter *m*
sutaşlı soutachiert, mit Besatzstickerei
sutavuğu, -nu Bläßhuhn *n zo.* Fulica atra
sutavuğugiller Wasserhühner *pl. zo.* Rallidae
suterazisi, -ni [ā] *fr.* Wasserturm *m* (zur Druckregelung für herbeigeführtes Wasser)
suteresi, -ni 1. Brunnenkresse *f bot.* Nasturtium officinale 2. s. **çayırteresi** 3. Bachbungenehrenpreis *m, n bot.* Veronica beccabunga *yavşanotu
sutuh [·–] 1. *va. Pl.* zu **satıh** *(q.v.)* 2. s. **maşraka**
sututmalık s. **batardo**
sutyen (*franz.* **soutien-gorge**) Büstenhalter *m* *göğüs askısı; *P* memelik
sutyenli e–n Büstenhalter tragend
suubet, -ti [·–·] *va.* Schwierigkeit, Mühe *f* *güçlük, çetinlik, zorluk **-i telaffuz** s. **anartri**
suubetli [·–··] *va.* schwierig, mit Schwierigkeiten verknüpft, mühevoll, mühselig *güç, çetin, zor
Suudî [·––] **Arabistan** *n.pr.* Saudi-Arabien
suut, -du [·–] *va.* (Auf-)Steigen, Sich-Erheben *n* (in die Luft) ~ **etmek** *va.* (auf-)steigen, sich (in die Luft) erheben *yükselmek
su(v)a (*franz.* **soie**) *selt.* Seide *f* *ipek ~ **grej** (*franz.* **soie grège**) Rohseide *f*
suvanyör (*franz.* **soigneur**) *(Sport spez. Boxen)* Betreuer *m*
suvanyörlük Tätigkeit, Aufgabe, Rolle *f* e–s (sportlichen) Betreuers
suvare(-li) s. **suare(-li)**
suvarım diejenige Wassermenge, die e–m Tier bzw. e–r Pflanze verabfolgt wird
suvarmak (m. Akk.) 1. ein Tier tränken 2. s. **sulamak**
suvat Tränke *f* (für Tiere)
suvenir Souvenir, Andenken, Erinnerungsstück *n*
suver (I) (*franz.* **sous-verre**) 1. unter Glas 2. Bild *n* unter Glas ~ **yapmak** unter Glas legen (Bild)
suver (II) *va. Pl.* zu **suret; -i muhtelifede** *va.* in verschiedenen Formen
suvla 1. Abflußrinne *f* (im Boden für Regenwasser) 2. ♎ *n.pr.* Kap und Bucht auf Gallipoli nördl. von Arıburnu (Kriegsschauplatz 1915)
suyalı *naut.* mit besonders hohem Bug (Schiff)
suyayönelim *bot.* Hydrotropismus *m* *hidrotropizm
suyılanı, -nı 1. jede im (*od.* am) Wasser lebende Schlangen-

art *spez.* Ringelnatter *f zo.* Natrix natrix 2. ⩪ *astr.* Wasserschlange, Hydra *f* (Sternbild) *Şüca
suyılanıgiller Nattern *pl. zo.* Colubridae
suykast *gel.* Graphik für **suikast**
suymanga (*franz.* **souïmanga**) s. **nektaremengiller**
suyolcu 1. wer Arbeiten od. Reparaturen an Wasserleitungen ausführt od. solche beaufsichtigt 2. Wüstling *m*
suyolu, -nu 1. Wasser-leitung *f*, -weg *m*, Kanal *m* 2. Harnweg *m spez.* Vulva, Vagina *f* 3. Wasserzeichen *n* (im Papier) *filigran 4. s. **sutaşı** (I) 5. *Ksp.*, bei dem auf Papier eingetragene Punkte mit Strichen verbunden werden 6. *V* gerader Weg; Straße *f* ~ **kapağı** Schleuse *f* **-nda yatmak** *V* ein Straßengewerbe ausüben
suyosunları, -nı Algen *pl. bot.* Algae *alklar, üşniye
suytefehhüm *gel.* Graphik für **suitefehhüm**
suyuk *biol.* Körperflüssigkeit *f* *hılt **-lar** Körpersäfte *pl.* *ahlât
suyukçuluk *med.* (die antike Lehre von der) Humoralpathologie *f* *hümorizm
suyuvarı, -nı Hydrosphäre, Wasserhülle *f* (der Erde) *hidrosfer; kürei maiye; suküre
suz (I) s. **-siz**
-suz (II) [ū] *(va. pers. Sx.)* 1. (ver-)brennend *yakan, yanan 2. zerstörend
suzan [– –] 1. *va.* brennend, verzehrend *yakan 2. ⩪ *wV*
suzeni [– · –] s. **süzeni**
suzidil [ū]; **suzidilara** [– · · – –]; **suzinak** [– · –] drei melod. Weisen in der türk. Musik
suziş [ū] 1. Brennen *n*, heftiger Schmerz 2. Glut *f spez.* Liebesleidenschaft *f*
suzişli [ū] 1. brennend, heftig schmerzend 2. wehmütig, melancholisch
sü *(ungebr.)* Soldaten *pl.*, Militär, Heer *n* *asker, ceyş ⩪ **Bakanlığı** um 1935 versuchte T. von **Millî Müdafaa Vekâleti**
sübat, -tı [ā] *va.* 1. Ruhe *f* 2. Schlaf *m*, Schläfrigkeit *f* 3. s. **koma** (I)
sübatî [· – –] s. **şiryanı** ~
sübatlantik *geol.* subatlantisch ~ **devir** *geol.* Subatlantikum *n* (jüngste Stufe des Alluviums)
sübek, -eği Urinflasche *f* (für Kinder in der Wiege) **Küçül de sübeğe** (*od.* **beşiğe**) **gir!** *spött. Ra.* für j–n, der sich für jünger ausgibt, als er ist
süberin (*franz.* **subérine**) s. **mantar özü**
sübha s. **subha**
sübjekt, -ti *gr. selt.* Subjekt *n*
sübjektif subjektiv *enfüsî, indî, öznel ~ **amme** (*od.* **kamu**) **hakkı** *jur.* subjektiv-öffentliches Recht ~ **hüsnüniyet** *jur.* guter Glaube *iyi inanç
sübjektivist, -ti subjektivistisch, Subjektivist *m* *öznelci
sübjektivizm Subjektivismus *m* *enfüsiye, öznelcilik
sübkonsiyan (*franz.* **subconscient**) *psych.* 1. unterbewußt, im Unterbewußtsein (existierend) *tahteşşuur(-î), altbilinçsel 2. s. **sübkonsiyans**
sübkonsiyans (*franz.* **subconscience**) *psych.* Unterbewußtsein *n* *altbilinç, sübkonsiyan, tahteşşuur
süblim *selt.* 1. sublim, erhaben 2. prachtvoll, großartig
süblimasyon (*franz.* **sublimation**) s. **süblimleşme**
süblime (*franz.* **sublimé**) *chem.* Sublimat *n* *aksülümen
sübliminal *psych.* subliminal, unterschwellig
süblimleşme *chem., psych.* Sublimation *f* *süblimasyon, tesaut
süblimleşmek *chem., psych.* sublimiert werden *tesaut etmek
süblimleştirmek 1. *chem.* sublimieren *tas'it etmek 2. *psych.* s. **yüceltmek**
sübsonik (*franz.* **subsonique**) s. **sesaltı**
sübstans (*franz.* **substance**) *selt. phil.* das Wesentliche; unveränderter Kern; tragender Gedanke
sübstansiyalizm *phil.* Substantialismus *m* *tözcülük
sübstantif boyarmaddeler substantive (Baumwolle ohne Beize färbende) Farbstoffe *pl.*
sübstratum Substrat *n* *alttabaka, dayanak, mabihülkıvam
sübut, -tu [ū] Erwiesensein, Sicherheit, Gewißheit *f*, Feststehen *n* ~ **bulmak** bewiesen werden, sich erweisen ~ **delili** gesicherter Beweis ~ **sebepleri** (*od.* **vasıtaları**) *jur.* Beweismittel *pl.*
sübutî [· – –] 1. positiv, inhärent 2. unbestreitbar, feststehend 3. Beweis- **esbabı sübutiye** *jur.* Beweismittel *pl.*
sübvansiyon Subvention *f*, Zuschuß *m*, Beihilfe, Unterstützung *f*
sübvansiyone subventioniert, unterstützt ~ **etmek** subventionieren, unterstützen, e–e Beihilfe (e–n Zuschuß) gewähren
sübyan s. **sıbyan**
sübyancılık [ā] Unzucht *f* mit Kindern, Pädophilie *f* *pedofili
sübye (I) [× ·] 1. aus geschälten Mandeln, Melonenkernen usw. hergestellter weißer Fruchtsaft (Scherbett) 2. *chem.* Emulsion *f*
sübye (II) [× ·] *naut. urspr.* einfach ~ **armalı** als Schoner getakelt ~ **armalı ıskuna** Gaffelschoner *m* ~ **donanım** Jolle *f*, Jolltau *n* ~ **palanga** Steerttalje *f* ~ **sapan** Bucht *f* (Tauring *m*)
sübyeci Hersteller und Verkäufer *m* von **sübye** (I, 1)
sücut, -du [ū] Prosternation *f*, Sich-Niederwerfen *n* (bei dem isl. Gebet) ~ **etmek** (*od.* **-a varmak**) sich zu Boden werfen und mit der Stirn den Boden berühren (bei dem isl. Gebet) **~una lânet!** Verflucht soll er sein!
südasî [· – –] *va.* aus sechs Teilen bestehend
südde *va.* 1. Hemmung, Verstopfung *f* 2. Polypen *pl.* (in der Nase) 3. Schwelle *f*, Eingang(-stor *n*) *m* **-i saadet** *od.* **-i seniye** *va.* Eingang *m* zum Sultanshof
Südetler *n.pr.* 1. Sudeten *pl.* (Gebirge) 2. Sudetendeutsche *pl.*
südremek 1. betrunken (berauscht) sein, e–n Schwips haben 2. lallen (Betrunkener)
südüs, -dsü *va.* Sechstel *n* *altıda bir
süel *ungebr.* s. **askerî**
süet, -di *Verk.* von **podösüet**
Süevler *n.pr. hist.* Sweben *pl.*
süfera [ā] *va. Pl.* zu **sefir;** ~ **locası** *z. va.* Diplomatenloge *f*
süfiks *gr.* Suffix *n*, Nachsilbe *f* *ek, lâhika, pes edat, sonek
süfla *ar. Fem.* zu **esfel** unter-, unterst-, Unter- *alt
süflî 1. niedrig, nieder- 2. *med.* Unter-, inferior 3. heruntergekommen, elend, schäbig gekleidet, abgerissen, zerlumpt Zu 1: s. **nebatatı -ye**
süflîleşmek 1. herunterkommen, absinken 2. sich schäbig kleiden
süflîlik Heruntergekommensein, Elend *n*, Not, Misere *f*, bettelhaftes Äußeres
süfliyat, -tı [ā] *z. va. Pl.* Niedriges **münakaşayı -a dökmek** die Diskussion auf ein niedriges Niveau herunterzerren
süfliyet, -ti s. **süflîlik**
süflü s. **süflî**
süfraj (*franz.* **suffrage**) *selt.* 1. (Wahl-)Stimme *f* 2. Stimmrecht *n*
süfrajet, -ti *hist.* Suffragette *f*
süfrajetlik *hist.* 1. Suffragettentum *n* 2. Suffragettenbewegung *f*
sügjestibilite *psych.* Suggestibilität, Beeinflußbarkeit *f*, Empfänglichkeit *f* für suggestive Eindrücke
sügjestiyon Suggestion *f*
sügjestiyone unter dem Einfluß e–r Suggestion stehend,

empfänglich gestimmt ~ **etmek** suggerieren, beeinflussen, empfänglich stimmen
Süha [ā] *n.pr.* 1. kleinster Stern im Sternbild des Großen Bären 2. *mV*
sühan *va.* 1. Wort *n,* Rede *f* *söz 2. *(Mystik)* Inspiration *f;* Gottes Gebot *n*
Süheyl *n.pr.* 1. *astr.* Kanopus *m* *Yıldırak 2. *mV*
süheyla [ā] 1. *va.* gutmütige, freundliche Frau 2. ♀ *wV*
Sühreverdiye *n.pr. rel.* ein Zweig des **Kadiriye-**Ordens
sühulet, -ti [ū] *va.* 1. Leichtigkeit, Geläufigkeit *f* 2. Erleichterung, Unterstützung *f* *(1, 2) kolaylık 3. Freundlichkeit *f,* Entgegenkommen *n* 4. geeignete Umstände *pl.* ~ **göstermek** (b–ne) j–m entgegenkommen, Entgegenkommen erweisen, behilflich sein **-le** mit Leichtigkeit, ohne Schwierigkeiten
sühuletli [ū] leicht, bequem, unschwer
sühunet, -ti [ū] Wärme(-grad *m*) *f,* Temperatur *f* *sıcaklık
süit, -ti *mus.* Suite *f*
süje (*franz.* **sujet**) 1. *gr.* Subjekt *n* 2. Thema *n,* behandelter Gegenstand 3. *mus.* Thema *n* 4. *med.* Patient(-in *f*) *m*
sükkân *va. Pl.* zu **sakin** Be-, Ein-wohner *pl.*
sükker *va.* s. **şeker**
sükkerî *va.* s. **şekersi**
süklüm püklüm 1. betroffen, betreten, kleinlaut, wie ein begossener Pudel 2. unansehnlich und still; als ob man nicht bis drei zählen könnte 3. unauffällig, leise (z. B. kommen)
sükna [ā] Wohnung *f,* Wohn-ort, -sitz *ikametgâh, konut, mesken ~ **buhranı** Wohnungsnot *f* ~ **hakkı** *jur.* Wohnrecht *n* *oturma hakkı ~ **zammı** Wohnungsgeld(-zuschlag *m*) *n* **kabili** ~ bewohnbar
sükse (*franz.* **succès**) *selt.* Erfolg *m,* Glück *n* *başarı, muvaffakıyet ~ **yapmak** Erfolg erzielen
sükseli *selt.* erfolgreich
sükûn 1. (äußere) Ruhe, Stille *f,* Ruhig-Sein *n* 2. öffentliche Ruhe 3. *(ar. Gr.)* Vokallosigkeit *f* e–s Konsonanten od. das dafür verwendete diakritische Zeichen ~ **bulmak** sich beruhigen, still werden
sükûnet, -ti 1. (innere) Ruhe, Gemütsruhe, Gelassenheit *f,* ruhiges Wesen 2. *geogr.* (äußere) Ruhe, (Wind-)Stille *f,* Unbewegtsein *n* 3. Schweigen *n* ~ **bulmak** sich beruhigen, sich legen (z. B. Schmerzen) ~ **hali** *phys.* Ruhezustand *m* **-le** ruhig, gelassen
sükûnetbahş *va.* Ruhe gewährend
sükûnetli ruhig, still, gelassen ~ **silâh başı** *mil.* stiller Alarm
sükût, -tu Schweigen *n,* Stille *f* *susma ~ **etmek** schweigen, stille sein *susmak ♀ **etmek gibi âlemde nadana cevap olmaz.** *Spr.* Keine Antwort ist auch e–e Antwort. *Spr.* ~ **hakkı** Schweigegeld *n* ♀ **ikrardan gelir.** *Spr.* Schweigen ist auch e–e Antwort. *Spr.* ~ **ile tecdit** (*od.* **yenileme**) *jur.* stillschweigende Verlängerung (e–s Abkommens) **-la geçiştirmek** mit Schweigen übergehen, (e–n Punkt) unberührt (unerwähnt) lassen **-u bozmak** das Schweigen brechen **-u ihtiyar etmek** Schweigen bewahren **-u iltizam etmek** sich in Schweigen hüllen
sükûtî 1. schweigsam, still, wortkarg 2. ♀ *mV*
sükûtîlik [·–––·] Schweigsamkeit *f,* Wortkargheit *f*
sülâle Nachkommen(-schaft *f*) *pl.,* Geschlecht *n,* Dynastie *f,* Stammbaum *m* **-si boklu** *V* Scheißkerl *m* (*V*) ♀**si kesildi.** Er hat keine Nachkommen. **-sinden başlamak** *V* s. **geçmişinden başlamak**
sülâsî *va.* 1. aus drei Teilen bestehend 2. *(ar. Gr.)* dreiradikalig 3. *chem.* tertiär ~ **küul** s. **üçüncü(-l) alkol**
Süleyman *n.pr.* 1. (**Hazreti** ~ *od.* ~ **Peygamber**) Salomo (Bibel) 2. *mV* Zu 2: s. a. **Kanunî Sultan** ~; ~ **reyhanı** Mönchsbasilie *f bot.* Ocimum filamentosum ~ **taşı** s. **Süleymanî; -ın meselleri** Sprüche *pl.* Salomonis (Bibel)
Süleymancılık, -ığı (nach dem Namen des Nakşıbendî-Scheichs Süleyman Hilmi Tunahan) ein besonders nach 1950 bei Zuwanderern in Westanatolien verbreiteter sunnitischer Orden, der strenge Ausrichtung nach dem Koran fordert
Süleymanî *z. va.* 1. Salomo betreffend, salomonisch 2. *min.* Achat *m* *akik 3. *fr.* e–e best. Papierart (z. B. für Miniaturen) 4. s. **süblime**
Süleymaniye *n.pr.* 1. (**Camii**) Süleymaniye-Moschee *f* (in Istanbul) 2. Stadtteil von Istanbul ~ **küpü** *fr.* großes, bauchiges mit Wasserhahn versehenes Tongefäß (für Wasch- od. Trink-wasser)
sülfamit, -di (*franz.* **sulfamide**) *pharm.* Sulfonamid *n* ~ **direnci** *med.* Sulfonamidenresistenz *f* ~ **tedavisi** Behandlung *f* mit Sulfonamiden
sülfat, -tı *chem.* Sulfat *n,* schwefelsaures Salz **-dalüminyum** schwefelsaure Tonerde **-döfer** Ferrosulfat *n* **-dösut** Natriumsulfat *n*
sülfata s. **sulfata**
sülfatlamak mit Kupfervitriollösung besprengen; spritzen, schwefeln (Reben)
sülfatlı *chem.* schwefelsauer
sülfidrik asit s. **hidrosülfürik asit**
sülfidrizm (*franz.* **sulfhydrisme**) *med.* Schwefel-Wasserstoff-Vergiftung *f*
sülfit, -ti *chem.* Sulfit *n,* schwefligsaures Salz **-dösut** Schwefelnatron *m*
sülfitlemek (aus-)schwefeln, mit Schwefel räuchern
sülfonal *pharm.* Sulfonal *n* (Schlafmittel)
sülfonamit, -di *selt.* s. **sülfamit**
sülfür (*franz.* **sulfure**) *chem.* Schwefelverbindung *f*
sülfürik (*franz.* **sulfurique**) Schwefel-; s. a. **asit** ~
sülfürlemek 1. *chem.* mit Schwefel verbinden 2. *agr.* ausschwefeln (Erdboden gegen Rebläuse)
süline Scheidenmuschel *f zo.* Solen *denizçakısı
sülme *va.* 1. Kerbe, Scharte *f,* Riß, Sprung *m* 2. *geogr.* s. **çentik** (5)
sülûk, -kü 1. Beschreiten *n* e–s Weges 2. Sich-Widmen *n* (z. B. e–m Studium), Einschlagen *n* (e–r best. Laufbahn) 3. *fr.* Eintritt *m* in e–n Mönchsorden Zu 2: **bir mesleğe** ~ **etmek** e–n Beruf ergreifen, e–e Laufbahn einschlagen ~ **ehli** *fr.* Derwisch(-e *pl.*) *m*
sülüğen Mennige *f,* Minium *n*
sülük, -üğü 1. Egel *m spez.* **(tıp sülüğü)** Blutegel *m zo.* Hirudo medicinalis 2. *fig.* Blutsauger, Ausbeuter, Erpresser *m* 3. Haftranke *f* *asma bıyığı; Zu 1: s. a. **at(balık) -ü;** ~ **gibi** unglaublich zudringlich; nicht abzuschütteln (**O, insana** ~ **gibi yapışır.** Er hängt sich an e–n wie e–e Klette.) ~ **koymak** (*od.* **yapıştırmak**) Blutegel setzen ~ **otu** s. **farekulağı** (2); ~ **salyangozu** s. **sümüklüböcek;** ~ **tutunmak** sich Blutegel ansetzen
sülükçü wer Blutegel sammelt, verkauft od. ansetzt
sülükgiller *zo.* Egel *pl. zo.* Hirudinidae *alâkiye
sülüklü 1. voller Egel 2. mit Haftranken
sülümen (< **Süleymanî**) s. **aksülümen;** *vgl. a.* **tatlısülümen**
sülün (Edel-, Jagd-)Fasan *m zo.* Phasianus colchicus ~ **endamlı** *od.* ~ **gibi** mit schönem Wuchs und Gang, von ebenmäßigem Wuchs ~ **karınlı** schlank, hochgewachsen
sülüngiller Fasanenvögel *pl. zo.* Phasianidae
sülünlük Fasanengehege *n,* Fasanerie *f*
sülüs, -lsü 1. *va.* Drittel *n* *üçte bir 2. (*a.* **hattı** ~) (*spez.* bei Schildern verwendete) große ar. Schriftart, bei der ursprünglich jeder Buchstabe zu zwei Dritteln gerade und zu e–m Drittel **(sülüs)** rund geschrieben wurde
sülüsan [ā] (*ar. dual* zu **sülüs**) zwei Drittel **-ı ekseriyet** Zweidrittelmehrheit *f* *üçte iki çoğunluk
sülyen s. **sülüğen**
sümbül 1. Hyazinthe *f bot.* Hyacinthus 2. *va.* Haarlocke *f* (der Geliebten) ~ **bıyık** kleiner, dünner, aufwärtsgezwir-

belter Schnurrbart ~ **otu** Haargras *n bot.* Agrostis verticillata **-ü Hindî** s. **Hint -ü; -ü Meryem** doldentraubiger Milchstern *bot.* Ornithogalum umbellatum **-ü müzekker** s. **tırtılsı; -ü rumî** Nardenbaldrian *m bot.* Valeriana celtica

sümbüle 1. s. **başak** 2. ≗ s. **Başak** 3. e–e melod. Weise in der türk. Musik

sümbülî 1. bewölkt, bedeckt, trüb (Himmel) 2. *fig.* mißgestimmt 3. e–e ar. Schriftart

Sümbülî ein Angehöriger des **Sümbüliye-**Ordens

Sümbüliye *n.pr.* ein Zweig des **Halvetî-**Ordens

sümbülteber Tuberose, Nacht-Hyazinthe *f bot.* Polianthes tuberosa

sümek *dial.* die auf dem Spinnrocken befindliche Wolle

Sümer *n.pr.* 1. Sumer (das alte Südbabylonien) 2. Sumerer *m* 3. sumerisch

Sümerce *ling.* Sumerisch(-e) *n*

sümerolog Sumerologe *m*

sümeroloji Sumerologie *f*

sümerolojik sumerologisch

sümkürmek sich die Nase putzen, sich schneuzen

sümme *va.* 1. danach, darauf 2. immer wieder; s. a. **hâşa ~ hâşa; sümmettedarik**

sümmek (m. Akk.) 1. mit dem Kopf stoßen (Tier beim Saugen) 2. *fig.* roh od. unehrerbietig stoßen

sümmettedarik [×··–·] „hinterdrein die Vorbereitung" *d.h.* im letzten Augenblick, in aller Eile beschafft, ad hoc zurechtgemacht od. erfunden

sümsük 1. mit gesenktem Kopf einhergehend; trottelhaft, schwachsinnig 2. bäurisch, unbeholfen, linkisch ~ **kuşu** Baßtölpel *m zo.* Sula bassana

sümter *dial.* e–e rötliche, roggenähnliche Weizenart *üveyik buğdayı

sümük 1. *biol.* Schleim, Mucus *m* *muhat 2. *spez.* Nasenschleim *m*

sümükdoku *an.* Schleimhaut *f* *mukoza; nesci muhatî

sümüklü 1. schleimig 2. mit dauernder Schleimabsonderung ~ **burun** Rotznase *f (wörtl.)* ~ **çocuk** Rotznase *f* (Kind) ~ **Raziye** Rotznase *f* (Mädchen, Frau)

sümüklüböcek, -eği Egel-, Acker-schnecke *f zo.* Limax (agrestis u. a.) *sülük salyangozu; (*P a.* Schnecke mit Haus) ≗ **kabuğundan çıkmış kabuğunu beğenmemiş.** *spr. Ra.* Er kennt (vor lauter Hochmut) seine alten Freunde nicht mehr.

sümüksel schleimig, Schleim- *muhatî

sümüksü s. **sümüksel;** ~ **bez** (*od.* ~ **cisim**) s. **hipofiz;** ~ **zar** *an.* Nasenschleimhaut *f*

sümülcemek s. **semelcemek**

sümün, -mnü *va.* 1. Achtel *n* *sekizde bir 2. *fr. (17. Jh.)* ein Geldstück im Wert von ⅛ Kurusch 3. *typ.* Oktavformat *n*

sünaî [·––] 1. aus zwei Teilen bestehend 2. *a. phil.* sekundär *ikincil, tali ~ **küul** s. **ikincil alkol**

sünaiye(-t); sünaiyeci s. **düalizm; düalist**

sünaîyülmesken [ā] s. **ikievcikli**

sündüs 1. *fr.* feiner Seidenbrokat 2. ≗ Name e–s isl. Engels

süne 1. der Weizenschädling Eurygaster integriceps 2. *va.* s. **suna**

sünepe schlampig, träge, nachlässig

sünepelik Schlampigkeit, Trägheit, Nachlässigkeit *f*

sünger 1. Schwamm *m zo.* Euspongia (u. a.) 2. *min.* Schwammkalk *m* ≗ **adası** *n.pr.* Insel *f* Simi (nördl. von Rhodos) *Sömbeki ~ **avcılığı** (*od.* **avı**) Schwammfischerei *f* *süngercilik ~ **geçirmek** (bşe od. bşin üzerinden) et. als ungeschehen betrachten; et. vergessen, verzeihen ~ **gibi** schwammig, spongiös, porös ~ **kâğıdı** Löschblatt *n* *papyebüvar ~ **kayığı** kleines Segelboot der Schwammfischer ~ **örücüsü** Schwammspinner *m* (Schmetterling) *zo.* Lymantria dispar *zikzak kelebeği ~ **saydı** *va.* s. **sünger avcılığı** ~ **teli** Spongin *n* (Gerüstsubstanz der Hornschwämme)

süngerci 1. Schwammfischer *m* 2. Schwammhändler *m*

süngercilik 1. Schwammfischerei *f* *sünger avcılığı 2. Schwammhandel *m*

süngerdoku *bot.* Schwammgewebe *n* *nesci isfencî

süngerler Schwammtiere *pl. zo.* Porifera *isfenciye

süngerli 1. mit Schwamm bedeckt 2. aus Schwamm hergestellt; Schwamm-

süngersi schwammähnlich, schwammig, spongiös

süngertaşı, -nı *min.* Bimsstein *m* *ponza

süngü 1. Bajonett, Seitengewehr *n* *kasatura 2. *va.* Rückgrat *n* 3. *techn.* Schürstange *f* 4. *fr.* zur Kennzeichnung angebrachtes Grabscheit ≗ **bırak!** *mil.* Seitengewehr an Ort! ≗ **davran!** *mil.* Fällt das Gewehr! ~ **hücumu** Bajonettangriff *m* ~ **muharebesi** Bajonett-, Nah-kampf *m* ~ **mübarezesi** (*od.* **talimi**) *mil.* Bajonettfechten *n* ~ **otu** Vogelfuß *m bot.* Ornithopus compressus ~ **-ye muharebe etmek** mit aufgepflanztem Seitengewehr kämpfen ~ **takılı olduğu halde** mit aufgepflanztem Bajonett ~ **takmak** das Bajonett (Seitengewehr) aufpflanzen ≗ **tak!** *mil.* Seitengewehr pflanzt auf! ~ **yatağı** (*od.* **yuvası**) Bajonetthalter *m* (am Gewehr) ≗ **yerine!** *mil.* s. ≗ **bırak! -den geçirmek** mit dem Bajonett niederstechen **-sü ağır** 1. schwerfällig, faul, träge, plump 2. unsympathisch **-sü düşük** 1. wer e–n Mißerfolg erlitten hat 2. kopfhängerisch, mutlos 3. gesundheitlich nicht auf dem Posten; kränklich ≗**sü tepreşmesin ama, …** Von Toten soll man ja nur Gutes reden, aber …

süngülemek mit dem Bajonett nieder-stechen, -machen

süngüleşme *mil.* Bajonett-, Nah-kampf *m* ~ **talimi** *mil.* Bajonettfechten *n*

süngüleşmek mit dem Bajonett aufeinander losgehen

süngülü mit **süngü** *spez.* mit aufgepflanztem Bajonett

sünmek *z. va.* 1. seine Elastizität verlieren, lose (locker) werden 2. sich dehnen (Stoff)

sünnet, -ti 1. *isl.* Sunna *f spez.* Mohammeds maßgebliches Vorbild (bei seinem Tun, Sprechen od. unausgesprochenem Gutheißen) 2. s. **Sünnîlik** 3. Beschneidung *f* *hitan ~ **çocuğu** Junge, der beschnitten worden ist od. beschnitten werden soll ~ **derisi** *an.* Vorhaut *f*, Präputium *n* ~ **düğünü** Beschneidungsfeier *f* ~ **ehli** Sunniten *pl.* ~ **ehli dört mezhep** die vier orthodoxen Rechtsschulen im sunnitischen Islam ~ **etmek** beschneiden ~ **olmak** beschnitten werden ~ **takkesi** ein best. Käppchen, das Knaben tragen, die beschnitten worden sind

sünnetçi wer die Beschneidung vornimmt, Beschneider *m*

sünnetçilik Beruf *m* od. Tätigkeit *f* e–s Beschneiders, Beschneiden *n*

sünnetlemek (m. Akk.) *P* aufessen (was auf dem Teller ist), *F* wegputzen

sünnetli beschnitten

sünnetliceotu, -nu s. **sarı yoğurtotu**

sünnetsiz nicht beschnitten

Sünnî wer die Sunna anerkennt, sunnitisch, Sunnit *m* ~ **müslümanlar** die sunnitischen (orthodoxen) Mohammedaner **-leri böyle olursa, diğerlerini düşününüz!** Wenn schon die Rechtgläubigen so sind, was kann man erst von den anderen erwarten? Vgl. a.: So man das tut am grünen Holze, was will aus dürrem werden? (Bibel)

Sünnîlik Sunnitentum *n*, isl. Orthodoxie *f*

sünter s. **sümter**

sünuh [ū] *va.* 1. Erscheinen, Auftreten *n* 2. In-den-Sinn-Kommen *n* 3. Gegeben-, Erlassen-werden *n* ~ **etmek** *va.* 1. erscheinen, auftreten 2. in den Sinn kommen 3. gegeben (erlassen) werden (Dekret des Sultans); s. a. **şerefetmek**

sünuhat, -tı [·−−] (*va. Pl.* zu **sünuh**) Einfälle, Gedanken *pl.*
süpare s. **sipare**
süper 1. erstklassig, hervorragend 2. *Abk. für.* **süperbenzin; ~ ağır sıklet** Superschwergewicht *n* (z. B. bei Gewichtheber) **~ devlet** *pol.* Supermacht *f*
süperbenzin Superbenzin *n* (mit bes. hoher Oktanzahl)
süperenfeksiyon *med.* Superinfektion *f* (erneute Infektion durch die gleichen Krankheitserreger)
süperfilm (unter großen Kosten hergestellter) Ausstattungsfilm
süperfosfat, -tı Superphosphat *n* (Phosphordüngemittel)
süpergüç *pol.* Supermacht *f* (USA bzw. Sowjetrußland)
süperheterodin Superhet *m* (Rundfunkgerät) *frekans değiştirici
süpermarket, -ti Supermarkt *m*
süpernova (*franz.* **supernova**) s. **üstnova**
süperprodüksiyon (*franz.* **superproduction**) Überproduktion *f* *üstünyapım
süpersonik (*franz.* **supersonique**) s. **sesüstü; ~ uçak** Überschallflugzeug *n*
süperspesyal (*Modewort*) mit allen Schikanen (Raffinessen) (z. B. Fahrrad)
Süphan [·−] *va.* s. **Allah, Tanrı**
Süphan dağı *n.pr.* erloschener Vulkan nördl. des Van-Sees (4058 m)
süphanallah [·×·−] (Ausruf der Verwunderung od. Stoßseufzer bei Hilflosigkeit) Herr Gott im Himmel!
süphanî [·−−] *va.* göttlich
süpleman (*franz.* **supplément**) Nachzahlung *f*, Zuschlag *m*
süpor (*franz.* **support**) *techn.* Stativ *n*
süpozituvar *med.* Suppositorium, Arzneizäpfchen *n* *fitil, şaf
süprematikçilik s. **soyut geometricilik**
süprüntü 1. Kehricht *m* 2. Müll, Abfall *m*, alter Trödel 3. *V* Weibsstück, Drecksweib *n*, Hure *f* **~ sepeti** Abfallbehälter *m* (z. B. an Autobus- od. Trambahn-haltestellen) ~ **sinekleri** Schweb-, Schwirr-fliegen *pl. zo.* Syrphidae
süprüntücü 1. Müllkutscher *m* 2. Straßen-kehrer, -feger *m* 3. Althändler, Trödler *m*
süprüntülük Kehricht-, Müll-haufen, Müllabfuhrplatz *m* *çöplük
süpürasyon (*franz.* **suppuration**) *med.* Eiterung *f*
süpürge Besen, Handfeger *m* **~ ağacı** Baumheide *f bot.* Erica arborea **~ çalısı** s. **süpürgeotu; ~ etmek** s. **saçını ~ etmek; ~ hesabı** *F* Schläge, Prügel *pl.* **~ kamışı** gemeines Schilfrohr *bot.* Phragmites communis **~ katırtırnağı** Besenginster *m bot.* Sarothamnus scoparius **~ makinesi** Staubsauger *m* *aspiratör **~ sapı yemek** Prügel beziehen **~ sopası** 1. Besenstiel *m* 2. *fig.* Tracht *f* Prügel **~ sorguç** *fr.* fächerförmiger Federbusch **-ye iğne batımak** e−e Nadel in e−n Besen stecken (und diesen hinter der Tür aufhängen) (um e−n lästigen Besucher möglichst bald wieder loszuwerden; Volksaberglaube)
süpürgeci Besen-binder od. -verkäufer *m*
süpürgedarısı, -nı Mohrenhirse *f*, Sorghum *n. bot.* Sorghum vulgare
süpürgelik Fuß-, Scheuer-leiste *f* (an e−r Wand) *döşeme pervazı
süpürgeotu, -nu 1. Heidekraut *n*, gemeine Besenheide *bot.* Calluna vulgaris *funda; süpürge çalısı 2. graue Glockenheide *bot.* Erica cinerea 3. süßes Besenkraut *bot.* Scoparia dulcis 4. s. **ağaç fundası**
süpürmek 1. zusammen-kehren, -fegen (z. B. Abfälle) 2. aus-kehren, -fegen (z. B. Zimmer) 3. bürsten (z. B. Anzug) 4. alles wegnehmen, aufessen od. verbrennen; völlig aufbrauchen, nichts übrig lassen, bis auf den letzten Rest vertilgen 5. vertreiben, verjagen (z. B. Feind) 6. entlassen (z. B. Diener, Beamte) 7. **(bütün işleri)** reinen Tisch machen Zu 4: s. a. **silip ~**
süpürücü (Straßen-)Kehrmaschine *f*
süpürülme *geol.* Denudation *f*
sür, -rrü *va.* (abgeschnittener) Nabelstrang
sürahi [·−·] Wasser- od. Wein-karaffe *f* **~ endamlı** schön gewachsen (*spez.* Mädchen)
süralimantasyon (*franz.* **suralimentation**) Überernährung *f*
sürantrene (*franz.* **surentraîné**) (*Sport*) übertrainiert **~ etmek** übertrainieren
surastarya (*franz.* **surstaries**) *naut.* Überliegezeit *f*
sürat, -ti Schnelligkeit, Geschwindigkeit *f* **~ derecesi** Geschwindigkeitsgrad *m* **~ dişli freni** Getriebebremse *f* **~ dişli mili** Getriebeachse *f* **~ dişlileri** Getriebe *n* (im Auto) **~ göstergesi** Geschwindigkeitsanzeiger *m* *takometre **~ göstermek** (bir işte) große Eile an den Tag legen (bei) **~ katarı** (offizielle, aber fast ungebr. Bez. für **ekspres** *od.* **sürat treni**) Schnellzug *m* **~ kaybı** (*od.* **zıyaı**) Geschwindigkeitsverlust *m* **~ koşusu (koçucusu)** s. **sprint(-er); ~ saati** Stoppuhr *f* **~ tahdidi** *mot.* Geschwindigkeitsbegrenzung *f* **~ tecrübesi** Geschwindigkeitsprobe *f* **~ yarışı** s. **~ koşusu; 120 km sürat yapıyorduk.** Wir fuhren (mit e−r Geschwindigkeit von) 120 Stundenkilometern. **-ini artırmak** die (Fahr-)Geschwindigkeit steigern, schneller fahren (gehen, laufen usw.) **-ini azaltmak** die Geschwindigkeit herabsetzen, langsamer fahren (gehen, laufen usw.) **-le** schnell, eilig, rasch **-i intikal** rasches Begreifen, leichte Auffassung **-i iptidaiye** Anfangsgeschwindigkeit *f* **-i tayaran** *mil.* Fluggeschwindigkeit *f* *uçuş hızı
süratlendirmek beschleunigen *hızlandırmak
süratlenmek 1. sich beschleunigen, schneller (rascher) werden 2. beschleunigt werden
süratli 1. schnell, rasch, schnell fahrend, rasch arbeitend, große Geschwindigkeit entwickelnd 2. Trab *m* Zu 1: **Bu motör çok -dir.** Dieser Motor ist sehr stark. **~ sürüm** rascher Absatz (von Waren) **Yeni kruvazörler çok -dir.** Die neuen Kreuzer sind sehr schnell. **ordunun ~ teşkilleri** schnelle Verbände *pl.* des Heeres **~ adımlarla** 1. schnellen Schrittes 2. im Laufschritt **~ ateş** *mil.* Schnellfeuer *n* Zu 2: **~ ile binmek** *od.* **~ yapmak** *mil.* Trabreiten
sürç, -cü 1. Straucheln, Stolpern, Ausrutschen *n* 2. Fehler, Irrtum *m*, Versehen *n* *sehiv **-ü kalem** *z. va.* Schreibfehler, Lapsus calami *m* *kalem sürçmesi **-ü lisan** s. **dil sürçmesi**
sürçme Vs. zu **sürçmek;** s. **dil (kalem) -si**
sürçmek 1. straucheln, stolpern, ausrutschen 2. bei e−r Tätigkeit e−n Fehler begehen z. B. sich versprechen, sich verschreiben, sich verrechnen usw.
sürdozaj *med.* Überdosierung *f*
sürdürmek Kaus. zu **sürmek** (*u. a.:*) 1. fortsetzen (z. B. Bemühungen) 2. vorbringen (z. B. Kritik) 3. (seit längerer Zeit) durchführen (z. B. Maßnahmen)
sürdürmeli *ling.* durativ (Aktionsart)
sürdürücü *med.* abführend *müshil **~ ravent** s. **papaz ravendi**
sürdürümcü (*Neol.*) s. **abone, abonman**
sürdürümlemek (*Neol.*) s. **abone olmak**
süre Zeit(-dauer, -spanne *f*, -raum *m*) *f*, Dauer *f*; *jur.* Frist *f* *müddet **~ çizelgesi** *Th.* Arbeitsplan *m* (der Bühnentechniker) **~ yargıcısı** Zeitabnehmer *m* (z. B. beim Fechten) **-si belirli iş akdi** *jur.* befristeter Arbeitsvertrag **-since: Pazarı Pazartesiye bağlayan gece süresince** während der ganzen Nacht von Sonntag auf Montag **20 gün süreyle** auf die Dauer von 20 Tagen; s. a. **bir ~**
süreaşımı *jur.* 1. Verwirkungs-, Ausschluß-frist *f* 2. Verjährung *f*

süreç (Vor-)Gang, Prozeß, Verlauf *m* *vetire, usul
süreduran im Zustand der Beharrung *atalet halinde olan
süredurum Beharrungs-zustand *m*, -vermögen *n* *atalet
süregelmek immer weiter andauernd, sich immer weiter hinausziehen
süreğen chronisch *müzmin
süreğenleşmek chronisch werden *müzminleşmek
süreğenlik chronischer Zustand *müzminlik
sürek 1. (Zeit-)Dauer, Zeit *f* 2. große Tierherde 3. schnell laufend ~ **avı** Treibjagd *f* *sürgün avı ~ **tatar** *fr.* Eilbote *m* ~ **üzere** (an-)dauernd *berdevam
sürekli 1. (an-)dauernd, anhaltend, ununterbrochen 2. dauerhaft, beständig (z.B. Liebe) 3. *math., phil.* kontinuierlich *mütemadi 4. *bot.* perennierend ~ **alkışlar** anhaltende Beifallsrufe *pl.*, andauernder Beifall ~ **ateş** 1. *mil.* Dauerfeuer *n* 2. *med.* dauerndes Fieber ~ **bas** *mus.* Basso continuo, Generalbaß *m* ~ **çürük** *mil.* dauernd dienstunfähig ~ **devrim kuramı** s. **Troçkicilik;** ~ **doku** s. **değişmezdoku;** ~ **fırın** Dauerbrandofen *m* ~ **iş bandı** (*od.* **şeriti**) *techn.* Fließband *n* ~ **mevzi** *mil.* Dauerstellung *f* ~ **ünsüz** *phon.* stimmhafter Konsonant *sesli konson ~ **yağmur** anhaltender Regen; Landregen *m*
süreklilik 1. längere Dauer; Andauern *n* 2. *math., phil.* Kontinuität *f* *mütemadiyet, temadi; ~ **fiili** s. **sürerlik eylemi**
süreksitasyon (*franz.* **surexcitation**) *med.* Überreizung *f*
süreksite (*franz.* **surexcité**) *med.* überreizt
süreksiz 1. kurze Zeit dauernd, rasch vergehend, vorübergehend, ephemer 2. *math.* diskontinuierlich *kesikli, munkatı ~ **bir saadet** ein nur kurze Zeit währendes Glück ~ **ünsüz** *phon.* stimmloser Konsonant *sert sessiz
süreksizlik kurze Dauer; Unstetigkeit *f*
sürekspoze (*franz.* **surexposé**) *phot.* überbelichtet *aşırı ışıklı ~ **etmek** überbelichten
sürekspozisyon (*franz.* **surexposition**) *phot.* Überbelichtung *f* *aşırı ışıklama
süreli 1. von e–r best. Zeitdauer 2. periodisch erscheinend (z.B. Zeitschrift) Zu 1: s. **uzun** ~
sürem s. **sezon**
süreölçer s. **kronometre**
sürerdurum(-cu) s. **statüko(-cu)**
sürerlik 1. lange Dauer; Andauern *n* 2. Dauerhaftigkeit *f* 3. *selt.* *T* von **meriyet** Gültigkeit *f*, In-Kraft-Sein *n* ~ **eylemi** (*od.* ~ **fiili**) *gr.* duratives (progressives) Verbum *fiili istimrarî (z.B. **gidedurmak, bakakalmak, olagelmek** *usw.*) ~ **görünümü** *ling.* durative Aktionsart
süresiz ohne nb. Zeitdauer, unbefristet, auf unbeschränkte Zeit, bis auf weiteres
süreyazar *astr.* Chronograph *m*
süreyre *va.* vergißmeinnichtähnliche Nabelnuß *bot.* Omphalodes scorpioides
süreyya [ā] 1. *va.* s. **sarısabır** (1) 2. ♀ a) *astr.* s. **Ülker** b) *mV, wV spez.* Soraya (pers. Kaiserin 1951–1958)
sürfe *va.* Larve, Raupe, Made *f* *kurtçuk
sürfile (*franz.* **surfilé**) Zickzackstich *m* (als Randschutz e–s Gewebes)
sürgendoku *bot.* Meristem, Bildungsgewebe *n* *ensicei müşekkile, meristem ~ **anahücreleri** *bot.* Initialzellen *pl.* *meristem anahücreleri
sürgit dauernd, ewig, für immer *ilelebet; s. a. Stw. **sürmek**
sürgü 1. Riegel *m* *sürme 2. (Straßen-, Acker- usw.)Walze *f* *loğ, yuvak 3. Traufel *f*, Reibebrett *n* (des Maurers) 4. Stell-, Schiebe-, Schraub-ring *m* 5. Schaftriemen *m* (am Webstuhl) 6. Schublade *f* 7. (Rechen-)Schieber *m* 8. Laufgewicht *n* (an e–r Waage) 9. *techn.* Schlitten *m* 10. flaches Uringefäß (für bettlägerige Kranke) 11. Gewehrverschluß *m* 12. *mus.* Posaunenzug *m* 13. Weichenspitzenverschluß *m* (bei Gleisen) ~ **mevzii** *mil.* Riegelstellung *f* ~ **sürmek** e–n Riegel vorschieben ~ **taşı** Steinwalze *f* ~ **yuvası** Riegelloch *n*
sürgüç Stäbchen *n* od. Kartonstreifen *m* (als Hilfsmittel beim Lesen)
sürgüleme Vs. zu **sürgülemek** *spez.* 1. (*a. mil.*) Abriegelung *f* 2. Blockierung *f* (e–s Eisenbahnsignals, e–r Weiche usw.)
sürgülemek 1. zu-, ab-, ver-riegeln 2. walzen (Feld) 3. glätten (Verputz)
sürgülü 1. mit Riegel (usw.) ausgestattet 2. verriegelt ~ **çizgeç** *od.* ~ **hesap cetveli** Rechenschieber m *logaritma cetveli ~ **kama** (*od.* **kapak**) Riegelverschluß *m* ~ **trombon** Zugposaune *f* ~ **vana** *techn.* Klappenventil *n*
sürgün 1. Schößling *m*, neuer Trieb (e–r Pflanze) 2. verbannt, Verbannter *menfi 3. Verbannung, Zwangsverschickung, Deportation *f* *nefiy 4. **(yeri)** Verbannungsort *m*, Exil *n* 5. *med.* Durchfall *m*, Diarrhöe *f* *amel, ishal ~ **ağı** Schleppnetz *n* ~ **avı** Treibjagd *f* *sürek avı ~ **cezası** Strafe *f* der Verbannung ~ **etmek** (*od.* **-e göndermek**) verbannen, in die Verbannung schicken ♀ **evi vurgun evi.** Das Haus e–s Verbannten ist ein Trauerhaus. ~ **olmak** Durchfall haben ~ **vermek** ausschlagen (Pflanze) ~ **yeri** Verbannungsort *m* **-e gitmek** in die Verbannung gehen **-e tutulmak** Durchfall haben **⊙ü var.** Er hat Durchfall.
sürkompansasyon s. **aşırı denkleştirme**
sürkontr (*franz.* **surcontre**) (*Bridge*) rekontra ~ **etmek** rekontrieren
sürkup, -pu (*franz.* **surcoupe**) *Ka.* Überstechen *n* ~ **yapmak** überstechen
sürme 1. Vs. zu **sürmek** 2. Augenliderschminke *f* 3. Riegel *m* *sürgü 4. kleinere Schublade *çekmece 5. a) Brandpilz *m* *bot.* Ustilago (tritici u.a.) b) **(hastalığı)** Brand *m* (Pflanzenkrankheit) *rastık, karadoğu, kör Zu 2: s. **gözlere ~ çekmek; gözden -yi çalmak;** ~ **altın** *fr.* dünner Goldbelag (z.B. auf e–m Buchdeckel) ~ **cam** Glasschiebetür *f* ~ **iskele** *naut.* Laufplanke, Gangway *f* ~ **kapı** Schiebetür *f* ~ **mili** (*od.* ~ **kalemi**) Schminkstift *m* (für die Augenlider) ~ **omurga** *naut.* Mittel-, Kiel-schwert *n* ~ **pencere** Schiebefenster *n* ~ **taşı** Antimonglanz, Stibnit *m*
sürmedan(-lık) [ā] Schminktöpfchen *n* *sürmelik (vgl. **sürme** 2)
sürmek, (-er) 1. hin-, zu-schieben 2. vorschieben (Riegel) 3. a) (vorwärts-)treiben, antreiben, vor sich her treiben, b) vertreiben, verjagen 4. fahren, steuern, lenken (Wagen, Auto usw.) 5. **(el)** berühren, anfassen 6. verbannen *nefyetmek 7. auftragen (Farbe, Salbe, Puder usw.), aufstreichen, aufschmieren; bestreichen (mit) 8. vertreiben, absetzen (Waren) 9. in Umlauf bringen (z.B. Falschgeld) 10. j–m et. aufhängen (minderwertige Ware) 11. (um-)pflügen (Feld) 12. ausfahren (z.B. Bugspriet) 13. *int.* (*a.* **sürüp gitmek**) (an-)dauern, sich hinziehen 14. *intr.* herauskommen, aufgehen (Pflanzen) 15. (in Verb. mit **iç, karın** *od.* **yürek**) Durchfall (Diarrhöe) haben 16. a) (bei Damespiel od. Scha.) ziehen, rücken b) (e–n Dominostein) ansetzen 17. (Verwendung in idiom. Fügungen) Zu 1: **Önüne bir kâğıt sürdü.** Er schob ihm ein Blatt Papier hin. s.a. **ileri** ~ Zu 2: s. **sürgü** ~ Zu 3: **koyunları** ~ die Schafe (vor sich her) treiben Zu 5: **Kirli ellerini üstüne sürme!** Faß mit deinen schmutzigen Händen nicht an deinen Anzug! s. a. **el** ~ Zu 7: s. **boya (merhem, podra)** ~ Zu 8: **O malları nerede süreceksiniz?** Wo wollen Sie diese Waren absetzen? Zu 9: **kalp para** ~ Falschgeld in Umlauf setzen; s. a. **piyasaya** ~ Zu 10:

Nekadar çürük malı varsa, hepsini bize sürdü. Er hat uns seine ganzen Ladenhüter aufgehängt. Zu 11: s. **tarla (toprağı)** ~ Zu 13: **Müzakereler üç buçuk saat sürdü.** Die Verhandlungen dauerten dreieinhalb Stunden. **Çok sürmez her şey düzelir.** In kurzer Zeit kommt alles in Ordnung. **Bu yol on kilometre sürer.** Dieser Weg ist zehn Kilometer lang. Zu 14: **Ekin sürdü.** Die Saat ist aufgegangen. s. a. **filiz** ~ Zu 17: **Onaltıyı sürüyor.** Er wird bald sechzehn Jahre alt. s. a. **hüküm (mesut bir hayat, saltanat)** ~. **Sür git dememişler, gör geç demişler.** *Spr.* Bring den strittigen Punkt bei e–r Debatte nicht dauernd aufs Tapet, sondern gehe mit Nachsicht darüber hinweg! **sür git olmak** in dieser Weise andauern, so weitergehen **Sür gitsin!** 1. Was liegt schon daran? Wenn schon! 2. dauernd, unaufhörlich **sürdükçe sürmek** sich immer weiter in die Länge ziehen **sürüp atmak** vertreiben, verdrängen, verjagen, hinauswerfen (z. B. Feind aus dem Land) **sürüp gitmek** (an-)dauern, weitergehen

sürmelemek 1. ab-, ver-, zu-riegeln 2. schminken (Augenlider)

sürmeli 1. mit Riegel(-n) 2. mit Schublade(-n) 3. geschminkt (Augenlid) 4. abge-, zuge-, ver-riegelt ~ **çalıkuşu** Sommergoldhähnchen *n zo.* Regulus ignicapillus *kızılbaş ~ **kumpas** *techn.* Schublehre, Meßkluppe *f*

sürmelik 1. s. **sürmedan(-lık)** 2. Höhlung *f* für e–e Schublade

sürmemantarıgiller Brandpilze *pl. bot.* Ustilagineae *futuru harkiye

sürmenaj (*franz.* **surmenage**) 1. Über-bürdung, -lastung, -anstrengung *f* 2. *techn.* Überbeanspruchung *f* ~ **entelektüel** geistige Überanstrengung

Sürmene *n.pr.* Hafenort am Schwarzen Meer und gln. D. im Rbz. Trabzon

sürnatürel übernatürlich

süros (*franz.* **suros**) *vet.* Überbein *n* (bei dem Pferd) *karasu

sürpriz (*franz.* **surprise**) 1. Überraschung, Überrumpelung *f* 2. Überraschungs-, Überrumpelungs- ~ **darbesi** Überrumpelungsversuch *m* ~ **kutusu** Vexierschachtel *f* ~ **parti** „Überraschungsgesellschaft *f*" (bei der sich mehrere Personen mit Essen und Trinken ohne Anmeldung bei e–m gemeinsamen Bekannten abends einfinden) ~ **seyahat** Fahrt *f* ins Blaue ~ **yapmak** (b–ne) j–m e–e Überraschung bereiten, j–n überraschen

sürprizli überraschend, Überraschung bereitend, ein unerwartetes Ergebnis zeitigend **Dünkü at yarışları çok ~ geçti.** Die gestrigen Pferderennen haben große Überraschungen gezeitigt.

sürprodüksyon (*franz.* **surproduction**) Überproduktion *f* *aşırı üretim

sürre (I) *an.* 1. Nabel *m* 2. Hilus *m* *(1, 2) göbek 3. bezaubernd, reizvoll (Frau, Mädchen) **-i bâtına** s. **içgöbek; -i rie** s. **akciğer göbeği**

sürre (II) 1. *va.* mit Geld gefüllter Beutel; Börse *f* 2. von isl. Herrschern jährlich nach Mekka entsandte Geschenke ~ **alayı** *hist.* feierliche Absendung von Geld und anderen Geschenken von Istanbul nach Mekka (bis zum I. Weltkrieg) ~ **altını** Goldmünze aus der Zeit Mahmuds II. *darülhilâfe altını ~ **devesi gibi** *iron.* wie ein Pfingstochse herausgeputzt (herausstaffiert) ~ **emini** *hist.* der mit der Überbringung der **sürre** beauftragte osm. Beamte

sürrealist, -ti 1. Surrealist(-in *f*) *m* 2. surrealistisch *(1, 2) gerçeküstücü

sürrealizm Surrealismus *m* *gerçeküstücülük

sürrenal (*franz.* **surrénal**) *med.* über den Nieren befindlich, Neben- (z. B. Nieren)

sürrevî, sürrî zum Nabel bzw. Hilus gehörig, Nabel-, Hilus- **fıtkı** ~ *med.* Nabelbruch *m;* s. a. **habli** ~

sürsaj(-lı) *häufige Entstellung von* **sürşarj(-lı)**

sürstarya [·×·] s. **sürastarya**

sürşarj (*franz.* **surcharge**) 1. *philat.* Überdruck *m* (auf Briefmarken) 2. *techn.* s. **aşırı yük;** ~ **yapmak** (m. Dat.) mit Überdruck versehen, überdrucken (*spez.* Briefmarken)

sürşarjlamak (m. Akk.) s. **sürşarj yapmak**

sürşarjlı mit Überdruck, überdruckt ~ **pullar** Überdruckmarken *pl.*

sürşofaj (*franz.* **surchauffage**) *techn.* Überhitzung *f*

sürşofŏr (*franz.* **surchauffeur**) *techn.* (Dampf-)Überhitzer *m*

sürtaks (*franz.* **surtaxe**) 1. Strafporto *n*, Nachgebühr *f* 2. Steuerzuschlag *m*

sürtakslı pul s. **artılıpul**

sürtme Vs. zu **sürtmek** *spez.* 1. *phys.* Reibung *f* *delk 2. *V* e–e best. betrügerische Art des Würfelns ~ **ağı** Grundschleppnetz *n* ~ **elektriği** Reibungselektrizität *f*

sürtmek, (-er) 1. aneinander-, ab-reiben, wischen 2. sich herumtreiben; herumstrolchen, bummeln Zu 1: **süngeri tahtaya** ~ mit dem Schwamm über die Tafel fahren Zu 2: **Akşama kadar nerelerde sürttün?** Wo hast du dich nur bis zum Abend herumgetrieben? **Sürt Allah kerim!** Man bummelt so herum.

sürtük *pej.* Herumtreiberin, Schlampe, Nutte, Kokotte *f*

sürtüklük Sich-Herumtreiben *n* (e–r Frau)

sürtünme Vs. zu **sürtünmek** *spez. phys.* Reibung *f* *delk ~ **baskısı** Reibungsbremse *f* ~ **mukavemeti** Reibungswiderstand *m* ~ **yüzü** Reibungsfläche *f*

sürtünmek 1. *selt.* kriechen, dahinschleichen, sich dahinschleppen 2. berühren, streifen, reiben 3. sich erniedrigen 4. (m. Dat.) sich heranmachen (an), in niedriger Weise sich einschmeicheln wollen 5. *P* Streit suchen

sürtünmeli (*od.* **sürtünücü**) **konson** s. **sızıcı unsüz**

sürtüşme 1. Reibung *f* 2. *fig.* Unstimmigkeit, Streitigkeit *f*

sürtüşmek aneinander anstreifen, sich gegenseitig reiben

sürtüştürmek zwei Dinge aneinander reiben

sürtüşücü sexuelle Selbstbefriedigung treibend (Frau)

sürur [ū] Freude *f*, Frohsinn *m*, Fröhlichkeit *f* *sevinç

sürurî [·– –] 1. *va.* froh, freudig 2. **Süruri** *mV*

sürûş [ū] *va.* Engel *m spez.* ♀ der (e–e Mitteilung Gottes bringende) Erzengel Gabriel

sürü 1. (Vieh-)Herde *f* 2. Schar *f*, Schwarm *m*, Rudel *n* 3. große Menge; Masse *f* (z. B. Bücher) Zu 1: **♀ye kurt salmış.** Der Wolf ist in die Herde eingefallen. **-yü beklemek** die Herde hüten Zu 2: s. **çekirge (kurt) -sü** Zu 3: **bir ~ kitap** e–e Unmenge Bücher ~ **içgüdüsü** (*od.* **insiyakı**) *psych.* Herdentrieb *m* ~ **sepet** 1. mit Kind und Kegel, alle zusammen 2. mit allem Drum und Dran ~ ~ herden-, scharen-weise, in Schwärmen, in Rudeln **-den ayrılmak** 1. sich von der Herde trennen 2. *fig.* eigene Wege gehen **-süne bereket** *V* in riesiger Zahl **-ye katılmak** sich an e–e Gemeinschaft anschließen *spez.* 1. heranwachsen und sich den anderen Jungen zugesellen 2. *fig.* dem Beispiel der großen Masse folgen

sürücü 1. Treiber m (von Lasttieren od. bei e–r Jagd) 2. mitreitender Diener e–s Pferdeverleihers 3. Fahrer *m*

sürücül in Herden (Rudeln) lebend

sürücülük Tätigkeit *f* e–s **sürücü**

sürüklemek 1. schleppen, schleifen, hinter sich herziehen 2. abtreiben (z. B. Wellen e–n Schwimmer), mit sich fortreißen 3. mitbringen, *F* mit-, hin-, her-schleifen (Person) 4. mit sich ziehen, in et. hineinziehen od. stürzen 5. im Gefolge haben, heraufbeschwören 6. mitreißen, begeistern 7. weiterführen (z. B. Leben) 8. hinhalten, verzögern, dilatorisch behandeln Zu 1: **Ayağını üzengiden kurtaramadı, at kendisini hayli sürükledi.** Er blieb mit dem Fuß im Steigbügel hängen, und das Pferd schleifte

ihn e–e gute Strecke weit. Zu 3: **Siz yalnız gelemez miydiniz, bu adamcağızı buraya kadar ne diye sürüklediniz?** Hätten Sie nicht allein kommen können? Wozu schleifen Sie den Burschen hierher mit? Zu 4: s. **felâkete (harbe, peşinden)** ~
sürüklenmek 1. Pass. zu **sürüklemek** 2. sich mühsam dahinschleppen (Person) 3. sich hin-ziehen, -schleppen 4. *pej.* ein elendes (skandalöses, erbärmliches usw.) Leben führen 5. s. **yerlede** ~ 6. *naut.* Wind und Wellen preisgegeben sein (manövrierunfähiges Schiff) Zu 2: **Şu sarhoşa bak, nasıl sürüklenerek gidiyor.** Schau dir einmal den Betrunkenen da an, wie der sich dahinschleppt. **İşte sürüklenip gidiyoruz.** Man schleppt sich so durch. Zu 3: **Bu dava iki sene sürüklendi.** Der Prozeß hat sich zwei Jahre hingezogen.
sürükleyici 1. hinter sich her ziehend 2. *fig.* bezaubernd, attraktiv, faszinierend
sürülmek Pass. zu **sürmek; sürülmemiş toprak** ungepflügter (ungerodeter, nicht kultivierter, nicht bestellter) Boden **Alnıma leke sürüldü.** Meine Ehre ist besudelt worden.
sürüm (I) 1. Vertrieb *m*, Angebot *n*, Absatz *m*, Marktgängigkeit *f* (e–r Ware) 2. Umlauf, Verkehr *m* *tedavül Zu 1: **Bu malın -ü yoktur.** Diese Ware findet keine (od. wenig) Abnehmer. Zu 2: **Bu para -den kaldırıldı.** Dieses Geld ist aus dem Verkehr gezogen worden. ~ **sahası** Absatzgebiet *n* **-ü artmak** immer stärker gefragt (verlangt) werden (Ware) **-ünü artırmak** den Absatz (e–r Ware) steigern
sürüm (II) **sürüm** (*Verst.* in Verb. mit **sürünmek**) 1. sich mühsam dahinschleppen 2. dahinvegetieren ≗ ~ **sürünsün!** (Verwünschung) Möge ihm ein elendes Leben beschieden sein!
sürümek s. **sürüklemek**
sürümlü marktgängig, gefragt (Ware)
sürümsüz nicht marktgängig, nicht (od. wenig) gefragt; schwer absetzbar (Ware)
sürünceme Verschleppung *f* (e–r Angelegenheit) **-de bırakmak** verschleppen, auf die lange Bank schieben, hinziehen **-de kalmak** verschleppt werden, auf die lange Bank geschoben werden, sich hinziehen
süründürmek Kaus. zu **sürünmek** *spez.* ins Elend stürzen, zum Bettler machen; s. a. **ayak** ~
sürünesi (*a.* **sürünesice**) 1. Möge er auf dem Bauch kriechen! 2. verdammt, verflucht ≗**nin zoruna bak!** Was sagst du zu der Unverschämtheit dieses elenden Kerls?
sürüngen kriechend, Kriech- ~ **düğünçiçeği** kriechender Hahnenfuß *bot.* Ranunculus repens ~ **hayvan** Reptil, Kriechtier *n* *zahife ~ **sap** *bot.* Kriechranke *f* *sâkı zahif
sürüngenbilim(-sel) s. **kelerbilim(-sel)**
sürüngenler Kriechtiere *pl. zo.* Reptilia *zevahif
sürünme 1. Kriechen *n* 2. *fig.* Armut *f*, Elend *n* ~ **hendeği** *mil.* Kriechgraben *m*
sürünmek 1. kriechen 2. auftragen (Salbe, Creme, Parfüm usw.) 3. (bşe) leicht berühren, streifen; kommen (an) 4. *intr.* auf dem Boden schleifen (z.B. Mantel) 5. sich dahinschleppen 6. *fig.* ein elendes und kummervolles Leben führen Zu 2: s. **krem (koku)** ~ Zu 3: **boyaya** ~ sich mit Farbe beschmieren
sürünücü kriechend ~ **beşparmakotu** kriechendes Fingerkraut *bot.* Potentilla repens ~ **gövde** *bot.* Wurzelausläufer, Stolo(-n) *m* ~ **kargaotu** Pfennigkraut *n bot.* Lysimachia nummularia
sürür *chem.* Quecksilberoxyd *n spez.* Rotoxyd *n*
sürüşmek sich (aneinander) reiben
sürüştürmek 1. zwei Dinge gegeneinander reiben 2. sanft reiben, massieren 3. in unzüchtiger Weise berühren, betasten (Frau, Mädchen)
sürütme 1. Vs. zu **sürütmek** 2. Grundschleppnetz, Trawl *n* 3. Grundrute *f* (Angel)
sürütmek Kaus. zu **sürümek;** s. a. **Köpeği öldürene sürütürler.**
sürveyan (*franz.* **surveillant**) Aufseher, Wärter *m* (*spez.* in Internatsschulen)
sürvivan (*franz.* **survivant**) 1. überlebend 2. fortbestehend
sürvivans (*franz.* **survivance**) 1. Überleben *n* 2. Fortbestehen *n*
Süryanca [·×·] s. **Süryanîce**
Süryanî [·– –] 1. (alt-)syrisch, (Alt-)Syr(i)er(-in *f*) *m* 2. syrischer Christ, syrische Christin 3. s. **Süryanîce**
Süryanîce [·– –·] 1. (alt-)syrische Sprache, (Alt-)Syrisch 2. (alt-)syrisch
süs 1. Schmuck *m*, Zier *f*, Zierat *m*, Verzierung *f*, Putz *m*, Ausschmückung *f*, Ornament *n* 2. *fig.* Zierde *f*, Ruhm *m* ~ **ağaççığı** Zierstrauch *m* ~ **bitkisi** Zierpflanze *f* ~ **çayır otu** s. **kırmızı çayır otu;** ~ **köpeği** Stuben-, Luxus-hund *m* ~ **kuşağı** Fries *m* (e–r Säule) *friz ~ **müs** *od.* ~ **püs** *pej.* Aufdonnerung, Auftakelung *f*, Tand *m*, leere Aufmachung, hohles Gepränge ~ **ocağı** s. **şömine;** ~ **pirinci** Kunstbronze *f* ~ **saltanat** großer Luxus **-e düşkün** putzsüchtig, eitel **... -ü vermek** 1. fälschlicherweise hinstellen (als), ausgeben (als) 2. (k–ne) sich ausgeben, sich aufspielen (als) Zu 1: **kaza -ü vermek** als Unglücksfall hinstellen (tarnen) Zu 2: **Kendine namuslu bir adam -ü vererek ...** Indem er sich als Ehrenmann aufspielte **kendine hasta -ü vermek** sich krank stellen
süsen Schwertlinie, Iris *f bot.* Iris (germanica u. a.) ~ **kökü** Veilchenwurzel *f* (Wurzelstock von Iris florentina)
süsengiller Schwertliliengewächse *pl. bot.* Iridaceae *suseniye
süsleme Vs. zu **süslemek** *spez.* 1. Ausschmückung, Dekoration *f*, Ornament *n* 2. *mus.* Verzierung *f* ~ **sanatı** (*od.* ~ **sanatları**) Ornamentik *f*
süslemeci Innenarchitekt *m* *dekoratör
süslemecilik s. **süsleme sanatı**
süslemek 1. (aus-)schmücken, verzieren, verschönern 2. garnieren (z.B. Speisen) 3. j–n abkanzeln, *F* heruntermachen, zusammenstauchen **süsleyip püslemek** 1. aufs schönste (heraus-)schmücken 2. *pej.* herausstaffieren, auftakeln, aufdonnern
süslenmek 1. Pass. zu süslemek 2. sich schmücken, sich putzen, große Toilette machen 3. *pej.* sich herausstaffieren
süslü 1. geschmückt, verziert, geputzt 2. mit Schmuck ausgestattet, kunstvoll (z.B. Stil), Prunk- 3. sorgfältig gekleidet ~ **böcekler** Prachtkäfer *pl. zo.* Buprestidae ~ **püslü** 1. geschmückt, geputzt 2. *pej.* geschmacklos, aufgeputzt, herausstaffiert, aufgedonnert, aufgetakelt, mit hohlem Prunk
süsmek mit den Hörnern stoßen od. aufspießen
süspans (*franz.* **suspense**) Hinausziehen *n* der Spannung (*spez.* bei Filmen)
süspansuvar (*franz.* **suspensoir**) *med.* Suspensorium *n*: 1. Tragbeutel *m* 2. Bruchband *n*
süspansyon (*franz.* **suspension**) 1. Federung *f* (z.B. e–s Autos) 2. s. **asıltı**
süspekt, -ti (*franz.* **suspect**) *med.* (tuberkulose-)verdächtig
süssüz schmucklos, unauffällig, schlicht
süt, -tü, -dü 1. Milch *f* 2. Milchsaft *m* (verschiedener Pflanzen) 3. *Ch.* Benzin *n*, Sprit *m* 4. Milch *f* (des männlichen Fisches) ~ **arabası** Milchwagen *m* ~ **artıran** milch-vermehrend, -treibend ~ **asidi** s. **laktik asit;** ~ **besüt** reinblütig, -rassig, hundertprozentig, durch und durch ~ **bezi** s. **meme bezi;** ~ **borusu** *an.* Milchbrustgang *m* ~ **camı**

Milchglas *n* *Venedik camı; ~ **çalmak** (çocuğu) nicht bekommen (schlechte Milch e–m Kind) ~ **çekmek** sich (als Milch-bruder, -schwester) in gewisser Weise ähneln ~ **çiçeği** s. **kardelen;** ~ **çocuğu** 1. Säugling *m* 2. unerfahren, verzärtelt, ohne Widerstandskraft ~ **damarları** *bot.* Milchsaft führende Gefäße (mancher Pflanzen) ~ **damlası** 1. Milchtropfen *m* 2. Verkaufsstelle *f* für hygienisch einwandfreie Säuglingsmilch 3. Säuglingsheim *n* ~ **danası** neugeborenes Kälbchen ~ **dökmüş kedi gibi** schuldbewußt und Strafe befürchtend, kleinlaut, betreten ~ **düğümlenmesi** (*od.* ~ **bağlanması**) Milchstauung *f* (bei e–r Wöchnerin) ~ **emmek** die Brust nehmen (Säugling) ~ **emzirmek** die Brust geben ~ **evi** s. **süthane;** ~ **fabrikası** Molkerei(-betrieb *m*) *f* ~ **gelmesi** *med.* Einschießen *n* der Milch (nach der Geburt e–s Kindes) ~ **gibi** schnee-, blüten-weiß ~ **güğümü** große Milchkanne (der Molkereien od. Milchhändler) ~ **hırası** *dial.* ein durch schlechte Milch krankgewordener Säugling ~ **hulâsası** kondensierte Milch ~ **humması** (*od.* ~ **sıtması**) *med.* Milchfieber *n* ~ **ineği** (gute) Milchkuh *f* ~ **kesen** die Milchabsonderung hemmend (verringernd); milchabtreibend ~ **kesilmek** sauer werden, gerinnen (Milch) ~ **kesmiği** s. **kesmik** (2); ~ **kokmak** s. **Ağzı** ~ **kokuyor;** ~ **kökü** Schlangenwurzel *f pharm.* Radix Senegae (Wurzel von Polygala Senega) ~ **kuzusu** 1. junges Lamm od. Zicklein *n* 2. Säugling *m* 3. *fig.* noch sehr jung und unerfahren, noch nicht trocken hinter den Ohren; Muttersöhnchen *n* ~ **mantarı** Blutreizker, Milchblätterling *m bot.* Lactarius deliciosus *kanlıca mantarı ~ **mavisi** blaßblau, graublau ~ **mayası** Milchferment, Lab *n* ~ **merkezi** *med.* Frauenmilch-Sammelstelle *f* ~ **mısırı** grüner Mais ~ **muayenesi** Milchuntersuchung *f* ~ **perhizi** *med.* Milchdiät *f* ~ **rejimi** Milchkur, -kost *f* ~ **renginde** opalartig ~ **sağmak** melken ~ **suyu** Molke *f*, Käsewasser *n* ~ **şekeri** Laktose *f*, Milchzucker *m* *laktoz ~ **taşır kanallar** *an.* die (zur Brustwarze führenden) Milchkanälchen ~ **taşması** *med.* Galaktorrhö(-e) *f* ~ **tenceresi** Milchtopf *m* ~ **tozu** Milchpulver *n* ~ **vermek** stillen, säugen *emzirmek ~ **vurgunu** 1. Säugling *m*, dem die Milch nicht bekommt 2. rachitisch ~ **yaymak** Butter stoßen, buttern ~ **yüzü** Häutchen *n* (auf gekochter Milch) **-e su katmak** die Milch verwässern, panschen **²ten ağzı yanan yoğurdu üfler de yer.** *Spr.* Gebranntes Kind scheut das Feuer. *Spr.* **-ten çıkma ak** (*od.* **şimşir) kaşık** blitzblank *tertemiz **-ten kesilmiş** entwöhnt **-ten kesme** Entwöhnung *f* **-ten kesmek** (der Mutterbrust) entwöhnen (Säugling) **-ü bozuk** von schlechter Herkunft, moralisch minderwertig; dunkler Ehrenmann, schräger Vogel **-ü kesilmek** keine Milch mehr haben (Frau) **-ü temiz** anständig, ordentlich, ehrlich **-ün kaymağı** s. **sütbaşı; -ün yağını çıkarmak** die Milch entrahmen **-üne bırakmak** (*od.* **havale etmek**) (bir işi b–nin) sich bei et. auf j–s Anständigkeit verlassen, an j–s Ehre appellieren

sütağacı, -nı Kuhmilchbaum *m bot.* Brosimum galactodendron

sütana; sütanne Amme *f*

sütbaba Mann *m* der Amme

sütbaşı, -nı 1. Rahm *m* (auf der Milch) 2. s. **süt yüzü**

sütbeyaz [×··] schnee-, blüten-weiß

sütçü Milch-mann *m*, -frau *f*, -verkäufer(-in *f*) *m*, -händler (-in *f*) *m* ~ **arabası** s. **süt arabası;** ~ **beygiri** *(Reitersprache)* lahmer Gaul ~ **beygiri gibi** fauler, träger Mensch ~ **beygiri gibi ayakta uyumak** 1. übermüdet sein 2. mit offenen Augen träumen ≗ **İmam** *n.pr.* türk. Freiheitskämpfer in Kahramanmaraş *Hacı İmam

Sütçüler *n.pr.* O. u. D. im Rbz. Isparta

sütçülük 1. Milchwirtschaft *f*, Molkereibetrieb *m* 2. Milchhandel, -verkauf *m*

sütdayı Bruder *m* der Amme

sütdişi, -ni Milchzahn *m* *kuzudişi

süthane [ā] Milchgeschäft *f*, Molkerei *f*, Milchtrinkhalle *f*

sütkardeş Milch-bruder *m* -schwester *f*

sütkesimi, -ni Entwöhnung *f* (e–s Säuglings)

sütkırı weißlich-grau (Pferdefarbe); Schimmel *m*

sütkızı, -nı von kinderloser Frau genährtes Mädchen

sütlaç (< **sütlü aş**) Milchreis *m*

sütleğen 1. *pharm.* Wolfsmilch-Gummi *m*, Euphorbium *n* 2. **(otu)** Wolfsmilch, Euphorbie *f bot.* Euphorbia *ferbiyon 3. **(illeti)** s. **baygınlık hastalığı**

sütleğengiller Wolfsmilchgewächse *pl. bot.* Euphorbiaceae *ferbiyoniye

sütlenme *biol., med.* Laktation *f*

sütlenmek sich mit Milch füllen (Brust, Euter)

sütliman 1. *naut.* windstill 2. *allg.* ruhig, still, regungslos

sütlimanlık 1. *naut.* Windstille *f* 2. *allg.* Ruhe, Stille *f*

sütlü 1. Milch enthaltend 2. mit Milch hergestellt, Milch- 3. Milch gebend (z. B. Kuh) *sağmal 4. unreif, grün (Weizen-, Mais-körner usw. vor der Reife) 5. milchähnlich, milchig (Flüssigkeit) 6. *(mst. im Pl.)* Milchspeise(-n *pl.*) *f* 7. s. **etliye -ye karışmak;** ~ **bira** Erfrischungsgetränk aus Bier und Milch ~ **çikolata** Milchschokolade *f* ~ **inek** gute Milchkuh *f* ~ **kahve** Milchkaffee *m* ~ **mısır** grüner Mais, grüne Maiskolben *pl.* ~ **rejim** Milch-kur, -kost *f* **²yü süründen çıkarmazlar.** *Spr.* Man schlachtet nicht das Huhn, das goldene Eier legt.

sütlüce 1. etwas milchhaltig 2. niedrige Euphorbie *bot.* Euphorbia massiliensis 3. kreuzblättrige Wolfsmilch *bot.* Euphorbia lathyris* ferbiyon otu 4. s. **düğünçiçeği** 5. ≗ *n.pr.* Stadtteil von Istanbul (am Goldenen Horn)

sütlügiller s. **sütotugiller**

sütlük 1. s. **süthane** 2. Milch-gefäß *n*, -eimer *m*

sütlüot s. **sütotu** (3)

sütne [×·]; **sütnine** Amme *f*

sütoğul, -ğlu von kinderloser Frau genährter Junge

sütotu, -nu 1. Wiesenkreuzblume *f bot.* Polygala vulgaris *çobanmayası 2. Milchdistel *f bot.* Galactites 3. Meerstrands-Milchkraut *n bot.* Glaux maritima 4. die Tragant-Art Astragalus glaux

sütotugiller Kreuzblumengewächse *pl. bot.* Polygalaceae

sütölçer Galaktometer *n* *galaktometre

sütre 1. *mil. z. va.* Deckung *f* *örtü 2. Schutz *m* für e–n im Freien ausgebreiteten Gebetsteppich

sütresiz *mil.* ungedeckt (z. B. Gelände)

sütsüz 1. keine Milch enthaltend 2. ohne Milch hergestellt 3. keine Milch habend (Mutter) 4. trockenstehend (Kuh) 5. trocken, hart (z. B. Maiskörner) 6. *fig.* s. **sütü bozuk**

sütsüzlük 1. Fehlen *n* von Milch 2. charakterliche Minderwertigkeit, unehrenhaftes Verhalten ~ **damarı tutmak** e–e Schlechtigkeit begehen wollen

sütteyze Schwester *f* der Amme

sütun [ū] 1. (Gedenk-, Triumph-, Wasser-, Rauch-, Quecksilber- usw.)Säule *f*, Pfeiler *m* 2. (Zeitungs-)Spalte, Kolonne, Kolumne, Rubrik *f* 3. Kolonne *f*, senkrechte Zahlenreihe 4. s. **direksiyon -u;** ~ **altlığı** (*od.* ~ **kaidesi**) Säulenfuß *m* ~ **başlığı** Kapitäl, Kapitell *n* ~ **bileziği** Säulenring *m* ~ **düzeni** Säulenordnung *f* ~ **gövdesi** Säulenschaft *m*

sütuncuk *arch.* Säulchen *n*, Dienst *m* (*spez.* in der Gotik)

sütunlu 1. mit Säulen (geschmückt, ausgestattet), Säulen- 2. mit nb. Säule 3. mit (nb.) Spalten, Kolonnen ~ **giriş** Portikus *m;* Säulen-, Bogen-halle *f*

sütunluk 1. mit soundso viel Säulen 2. aus soundso viel Spalten bestehend, -spaltig Zu 2: **iki sütunluk bir gazete makalesi** ein zwei Spalten umfassender Zeiungsartikel

sütümsü milchig, milchähnlich

sütür (*franz.* **suture**) *med.* Vernähen *n*, Naht *f* (e–r Operationsstelle)

sütyen s. **sutyen**
Süudî Arabistan s. **Suudî Arabistan**
süvar [ā] 1. Reiter *m* 2. **-süvar** *(Sx.)* reitend
süvari [·—·] 1. reitend, beritten 2. Reiter, Kavallerist *m* 3. **(sınıfı)** Kavallerie, Reiterei *f* 4. *naut.* Schiffer, Kapitän *m* *gemi kaptanı ~ **alayı** Kavallerie-, Reiter-regiment *n* ~ **bataryası** reitende Batterie ~ **birliği** Kavallerieverband *m* ~ **bölüğü** Schwadron *f* ~ **bülük komutanı** Schwadronsführer, -chef *m* ~ **dahilî hizmet talimatnamesi** Dienstvorschrift *f* für die Kavallerie ~ **davulu** Kesselpauke *f* ~ **grupu** (*od.* **müfrezesi**) Kavallerieabteilung *f* ~ **hastalığı** *P* s. **prostatit;** ~ **kaptan** *hist. naut.* osm. Flotillenadmiral ~ **keşfi** Kavallerieaufklärung *f* ~ **keşif kolu** Kavalleriepatrouille *f* ~ **korgenerali** General *m* der Kavallerie ~ **polisi** berittener Polizist *atlı polis ~ **subayı** Kavallerieoffizier *m* ~ **takımı** Reiterzug *m* ~ **tuğayı** Kavalleriebrigade *f* ~ **tümeni** Kavalleriedivision *f*, berittene Division ~ **ve binicilik okulu** Kavallerie- und Reit-schule *f* ~ **yüzbaşısı** Rittmeister *m*
süvarilik [ā] 1. Dienst *m* bei der Kavallerie 2. Tätigkeit *f*, Aufgaben *pl.* e–s (Schiffs-)Kapitäns
süve s. **söve**
süveter s. **sveter**
süveyda [·×–] *va.* 1. hypothetischer schwarzer Punkt im Herzen *(a. fig.)* 2. s. **besidoku** 3. s. **besiörü**
süveyk, -ki [·×] (*Dim.* zu **sâk**) s. **sapçık**
Süveyş [·×] *n.pr.* Suez ~ **berzahı** (*od.* ~ **kıstağı**) *n.pr.* Isthmus *m* von Suez ~ **kanalı** *n.pr.* Suezkanal *m*
süyek 1. *med.* Schiene, Schindel *f* (zum Richten von Knochenbrüchen) 2. Flödel *m* (Verbindungsteil von Boden und Decke bei e–r Geige)
süyeklemek *med.* schienen (Knochenbruch)
süyuf [ū] *va. Pl.* zu **seyf;** s. a. **bakiyeisüyuf**
süyüm *P* erstes ausgesponnenes Garn (bei frischem Spinnrocken)
-süz s. **-siz**
süzek Filter *m, n* (*spez.* am Wasserhahn)
süzeni Name e–r best. feinen (Seiden- und Goldfäden-) Stickerei
süzeren (*franz.* **suzerain**) *hist.* Lehnsherr *m*
süzgeç, -ci 1. Sieb *n*, Seihe(-r *m*) *f*, Durchschlag *m*, Filter *m, n* 2. Brause *f* (an e–r Gießkanne) ~ **kâğıdı** Filterpapier *n*
süzgeçli mit Sieb (Seiher, Filter); Sieb-, Filter-, Filtrier-
süzgü s. **süzgeç;** *spez.* Haarsieb *n*
süzgülü s. **süzgeçli**
süzgün 1. schmächtiger (magerer) geworden, abgezehrt 2. schmachtend ~ **bakış** schmachtender Blick
süzme 1. Vs. zu **süzmek** 2. (durch-)gesiebt, durchgeseiht, filtriert, passiert 3. *V* übler, raffinierter Bursche, verschlagener Patron ~ **bal** geschleuderter Honig
süzmek, (-er) 1. (durch-)sieben, durchseihen, (durch ein Tuch) durchdrücken, filtrieren, passieren 2. schleudern (Honig) 3. heraus-sieben, -seihen (z. B. Bodensatz) 4. musternd betrachten, mustern, prüfen 5. s. **göz** ~ Zu 4: **Herif beni bir süzüş süzdü ki sorma!** Unglaublich, wie mich der freche Kerl gemustert hat! s. a. **baştan aşağı** ~
süzülme Vs. zu **süzülmek;** ~ **uçuş(-u)** Gleitflug *m*
süzülmek 1. Pass. zu **süzmek** 2. a) durchsickern b) *(içeri, dışarı)* hinein-, hinaus-schlüpfen 3. ruhig (majestätisch) vorbeigleiten; dahinziehen (z. B. Schiff); schweben (z. B. Adler) 4. im Gleitflug heruntergehen (Flugzeug) 5. schmachtende Blicke werfen 6. körperlich abnehmen, schmal (klein, mager, spitz) werden 7. einherstolzieren Zu 6: s. a. **gözleri** ~**; süzüle süzüle** majestätisch, gravitätisch
süzüntü 1. im Sieb (Seiher, Filter) verbliebener Bodensatz 2. Filtrat *n*
süzüş Vs. zu **süzmek;** s. a. **süzmek** (4)
svastika [×··] Swastika *f*, Hakenkreuz *n* *gamalı haç
sveter [×·] Sweater, Pullover, Jumper *m, gel. a.* Strickweste *f*
sving 1. *(Boxen)* Schwinger *m* 2. Schwung *m*, Ausholen *n* (bei Golf) 3. Swing *m* (Tanz)
svipstek, -ki (*engl.* **sweepstake**) (Renn-)Lotterie *f* (Wettspiel mit Preisen aus den Einsätzen)

Ş

ş, Ş [ʃɛ] 23. Buchst. des türk. Alph.
şa [–] (*Verk.* von **yaşa, yaşasın**) Hoch! Hurra! Bravo! ~ ~ ~ hipp, hipp, hurra!
şab [ā], **-bbı** *va.* jung; Jüngling *m*, junger Mann *genç
şaban (I) [––] 1. (*a.* **-ı şerif** od. **-ülmuazzam**) 8. Monat des isl. Mondjahres 2. ♀ *mV*
şaban (II) *V* einfältig, dumm, beschränkt
şabanlamak *V* dumm dreinschauen; ganz verblüfft sein
şabanlık, -ığı *V* grenzenlose Verblüffung
Şabanözü, -nü *n.pr.* O. u. D. im Rbz. Çankırı
şabbat, -tı 1. (jüdischer) Sabbat 2. Hexensabbat *m* ~ **yılı** jedes 7. Jahr des jüdischen Kalenders
şabcı *V* Päderast *m*
şabıemred [ā] *va.* unbärtiger Jüngling
şablon Schablone *f (a. fig.)* ~ **baskısı** s. **filim baskısı**
şabrak s. **şaprak**
şad [ā] froh, fröhlich, heiter, glücklich, unbeschwert *sevinçli, bahtiyar ~ **etmek** erfreuen, glücklich machen ~ **olmak** froh und glücklich sein **Gönlünüz** ~ **olsun!** Möge euch Freude zuteil werden! **Ruhu** ~ **olsun!** *rel.* Requiescat in pace!
şadan [––] 1. *va.* s. **şad** 2. ♀ *mV, wV* 3. *va. Pl.* zu **şad**
şadırdamak *intr.* sprudeln, plätschern
şadırtı Sprudeln, Plätschern *n*
şadırvan (< şad revan) Brunnenanlage *f* in e–m Moscheehof (für die rituelle Reinigung)
şadi [––] 1. *va.* Freude, Fröhlichkeit *f* *sevinç 2. ♀ *mV*
şadman [––] 1. *va.* froh und glücklich gestimmt 2. ♀ (*a.* **Şadıman, Şaduman**) *wV*
şaf [–] *med.* s. **süpozituvar**
şafak Morgen-dämmerung *f*, -grauen *n* ♀ **atıyor** *selt.* s. ♀ **söküyor;** ~ **atmak** (b–de) j–n siedendheiß überlaufen, in peinliche Verlegenheit geraten, ganz blaß werden (vor Erregung) ♀ **söküyor.** Es wird Morgen. Der Morgen kommt herauf. Es dämmert. ~ **vakti** 1. früher Morgen 2. am frühen Morgen, frühmorgens **-la beraber** bei Tagesanbruch
şafi (I), **-ii** [ā] 1. *va.* Fürsprecher, Mittler *m* 2. ♀ *mV*
şafi (II) [––] 1. heilend, Heil-, therapeutisch 2. *va.* kategorisch, zufriedenstellend (Antwort)
Şafiî [–·–] 1. die (im sunnitischen Islam als e–e der vier orthodoxen Rechtsschulen anerkannte) Lehre des (Eş-) Şafiî, schafiitische Lehre, Schafiitismus *m* 2. Anhänger *m* der schafiitischen Lehre, Schafiit *m*, schafiitisch ~ **köpe-**

ği gibi titremek wie Espenlaub zittern, an allen Gliedern beben ~ **köpeğine dönmek** *fig.* im Gesicht ganz schmutzig werden ~ **mezhebi** s. **Şafiî** (1)

Şafiîlik; Şaffiiye s. **Şafiî** (1)

şaft, -tı (*engl.* **shaft**) *techn.* 1. Welle *f spez.* Schiffsschraubenwelle *f* 2. (Spiral-)schnecke *f* ~ **bodoslaması** *naut.* Schraubensteven *m*

şaful kleiner hölzerner Honigbehälter

Şagaz hastalığı s. **asalaklı tiroidit**

şagren Chagrin(-leder) *n*

şah (I) (in der Füg.:) **-a kalkmak** 1. sich aufbäumen, sich auf die Hinterbeine stellen, hochgehen (Pferd) 2. in überreichlicher Menge erwiesen werden (Gunstbezeugungen)

şah (II) [–] 1. Schah *m* (*fr.* Herrscher in Persien od. Afghanistan) 2. *Scha.* König *m* ~ **banu** *fr.* persische Kaiserin ~ **iken şahbaz olmak** *iron.* sich bös in die Nesseln setzen, in e–e üble Lage geraten ~ **kartal** Kaiseradler *m zo.* Aquila heliaca *karakuş ~ **kobra** Königskobra *f zo.* Naja hannah ~ **piton** Königspython *m zo.* Python regius ≗ **Sultan** *hist.* Name mehrerer osm. Prinzessinnen **≗ımı bu kadar severim** s. Stw. **ben** (I); **≗ı Merdan (≗ı Velâyet; ≗ı Zülfikar)** Beinamen *pl.* des Kalifen Ali

şahadet, -ti [·–·] 1. Zeugen-schaft *f*, -beweis *m* 2. Zeugnis *n* 3. Ablegung *f* des isl. Glaubensbekenntnisses 4. Tod *m* auf dem Schlachtfeld od. bei Ausübung e–r Berufspflicht ~ **âlemi** die sichtbare Welt ~ **etmek** Zeugnis ablegen; bestätigen, bezeugen ~ **getirmek** 1. (m. Dat.) et. bezeugen 2. das isl. Glaubensbekenntnis ablegen od. aussprechen ~ **parmağı** Zeigefinger *m* *ikinci parmak **-e nail olmak** s. **şehit düşmek**; s. a. **kelimei ~; rütbei ~**

şahadetname [·–·–·] 1. Zeugnis, Diplom *n* *diploma 2. Attest *n*, Bescheinigung *f*, Schein *m*, Zertifikat *n* *belge Zu 1: s. **lise -si** Zu 2: s. **aşı (hüsnühal, menşe, sigorta) -si**

şahane [––·] 1. den Schah betreffend, großherrlich, königlich, kaiserlich 2. großartig, prächtig, wunderbar (z.B. Aussicht) 3. prunkvoll, wie ein König ~ **hurma ağacı** Königspalme *f bot.* Oreodoxa regia **Zatı ≗leri** Seine (bzw. Ew.) Königliche Hoheit

şahap, -bı [·–] 1. *va.* Flamme, Leuchte *f* 2. (*a.* **-ı sakıp**) Sternschnuppe *f* od. Meteor *m* *akanyıldız 3. ≗ (*a. Verk.* von **Şahabettin**) *mV*

şahbaz 1. Edelfalke *m*; *va.* Federspiel *n* 2. flink und geschickt 3. kühn, verwegen 4. *va.* Renommist *m*

şahbeyt, -ti *lit.* schönster Doppelvers **(beyit)** in e–m Gedicht; vgl. a. **beytülgazel; beytülkasıt**

şahdamarı, -nı *an.* Halsschlagader, Karotis *f* *karotis, şiryanı sübatî

şahdane s. **şehtane**

şaheser 1. Meisterwerk *n* 2. meister-haft, -lich 3. *(Ausruf)* Wunderbar! Großartig!

şahım, -hmı *va.* s. **katıyağ, içyağı; -ı madenî** s. **mineral yağ**

şahıs, -hsı 1. Person, Persönlichkeit *f*, Individuum *n* 2. *gr., jur.* Person Zu 2: s. **birinci (ikinci, üçüncü)** ~; ~ **sigortası** Personenversicherung *f* ~ **zamiri** s. **kişi adılı; -a bağlı olmayan haklar** *jur.* übertragbare Rechte *pl.* **≗a mahsustur.** Persönlich. Nicht übertragbar. (z.B. Billet) **-ın hukuku** s. **kişiler türesi; -ın masuniyeti** s. **kişinin dokunulmazlığı; -ta hata** *jur.* Personenirrtum *m* **benim -ıma ait bir mesele** e–e Frage, die nur mich angeht **-ı salis** s. **üçüncü ~**

şâhıs Absteckstange, Nivellierlatte *f* (des Geometers) *jalon

şahıslan(dır)mak s. **teşahhus et(tir)mek**

şâhıslı mit **şâhıs** (*q.v.*) ~ **şamandıra** *naut.* Untiefentonne *f*

şahıslık 1. *selt.* s. **şahsiyet** 2. *(kaum gebr.)* s. **kişi adılı**

şahî [––] *va.* 1. den Schah betreffend, kaiserlich, großherrlich 2. e–e fr. pers. Münze 3. Feldschlange *f* (mittelalterliches Geschütz) 4. aus Stärke und Eiern hergestellte Helwa-Art 5. Name e–s Batiststoffes

şahide [ā] *va.* Grabstein *m*

şahik [ā] *va.* hoch (Gebäude, Berg usw.)

şahika [–··] 1. Berg-gipfel *m*, -spitze *f* *doruk, zirve 2. *fig.* Höhepunkt *m* 3. ≗ *wV*

şahin [ā] 1. *allg.* Falke *m zo.* Falco 2. Mäusebussard *m zo.* Buteo buteo 3. *va.* Zünglein *n* (an der Waage) 4. ≗ *mV* 5. **-ler** *pol.* „die Falken" (*ant.* **güvercinler;**) ~ **bakışlı** falkenäugig, mit scharfem, durchdringendem Blick ≗ **ile deve avlanmaz.** *Spr.* s. **Araba ile tavşan avlanmaz.** ~ **otu** s. **kenger otu** (4)

şahinci [ā] *fr.* Falkner, Falkenwärter, Falkenier *m* *doğancı ~ **başı** *hist.* Oberfalkenier *m*

şahincilik [ā] 1. Kunst *f*, Falken abzurichten 2. Falknerei, Falkenjagd *f*

Şahinşah [–·–] s. **Şehinşah**

şahit, -di [ā] 1. Zeuge *m* 2. Sekundant *m* (bei Duell) *(1, 2) tanık 3. Beweis, Beleg *m* *tanıt ~ **celp etmek** Zeugen laden ~ **dinlemek** Zeugen verhören (vernehmen, hören) ~ **getirmek** (*od.* **göstermek**) Zeugen beibringen ~ **ifadesi** Zeugenaussage *tanık deyimi *f* ~ **istimaı** Anhörung *f* der Zeugen, Zeugenvernehmung *f* ~ **olmak** (bşe) Zeuge sein (von) ~ **tepe** *geol.* Zeugenberg, Auslieger *m* *tanık tepe ~ **tutmak** (b–ni bşe) j–n als Zeugen für et. in Anspruch nehmen **≗iniz var mı?** Haben Sie e–n Zeugen? **-lere yemin ettirmek** die Zeugen vereidigen

şahitlik [ā] 1. Zeuge-Sein *n*, Zeugenschaft *f* 2. Zeugenaussage *f* *(1, 2) tanıklık ~ **etmek** (bşe) et. bezeugen, als (Augen-)Zeuge (von et.) auftreten

şahitsiz [ā] ohne Zeugen, unbezeugt ~ **şuhutsuz** ohne den geringsten Zeugen

şahlanmak 1. sich aufbäumen, sich auf die Hinterbeine stellen, hochgehen (Pferd) *şaha kalkmak 2. (*gel. a.* von anderen Tieren, z.B. dem Tiger gesagt) sich aufrichten 3. *fig.* auffahren, e–e drohende Haltung annehmen (Person)

şahlık [ā] 1. Würde *f*, Rang *m*, Aufgaben *pl.* e–s Schahs 2. König-, Kaiser-reich *n*

şahmeran [–·–] Schlangenkönig *m* (im Märchen)

şahmerdan 1. Fall-, Dampf-, Druckluft-hammer *m*, Ramme *f* 2. ≗ [–·–] Beiname des vierten Kalifen (Ali) ~ **kütüğü** Rammbär *m* **-la vurmak** einrammen

şahmî *va.* 1. fettig, fettreich, adipös 2. *chem.* Fett-, aliphatisch ~ **sınıf** s. **yağ serisi; nesci** ~ s. **yağdoku**

şahmühre *orient. Myth.* wunderkräftiger Edelstein in dem Rachen e–r Schlange od. in dem Kopf e–s Drachen

şahname [––·] s. **şehname**

şahne *hist.* 1. Stadtpolizist *m* 2. Ernteaufseher *m* 3. Steuereinzieher *m*

şahniş [ī]; **şahnişin** [··–] geschlossene Veranda; Erker *m* (*spez.* an alttürk. Häusern)

Şahpur Name dreier Sassanidenherrscher

şahrah [––] s. **şehrah**

şahrem şahrem 1. zerschlissen (Stoff, Kleid usw.) 2. rissig, schrundig (Haut) ~ ~ **ayrılmak (çatlamak, yarılmak, yırtılmak)** 1. zerschleißen (Stoff usw.) 2. rissig werden, Schrunden bekommen (Haut)

şahsen [×·] (*Adv.* zu **şahıs**) 1. persönlich, selbst 2. vom Sehen her (z.B. kennen) Zu 1: **Ben ~ işitmedim.** Ich selber habe es nicht gehört. Zu 2: **Onu ~ tanırım, ahbaplığımız yoktur.** Ich kenne ihn nur vom Sehen her; näher bekannt bin ich mit ihm nicht.

şahsî persönlich, Personal-, individuell, eigen *kişisel ~ **beyyine** *jur.* Zeugenbeweis *m* ~ **birleşme** *jur.* Personalunion *f* ~ **dava** *jur.* 1. obligatorischer (persönlicher) Anspruch; Forderungsklage *f* 2. Privatklage *f* ~ **dosya** Personalakt(-en *pl.*) *m* ~ **eda** *jur.* höchstpersönliche Leistung ~ **eşya** s. **zatî eşya;** ~ **hak davacısı** *jur.* Nebenkläger *m* ~ **hal** *jur.* Personenstand *m* *ahvali şahsiye; kişi durumları ~ **halefiyet** *jur.* persönliche Surrogation, gesetzlicher Rechtsübergang, Eintritt *m* e–s Dritten ~ **haller kütüğü** s. **ahvali şahsiye sicili;** ~ **hürriyet** persönliche Freiheit ~ **hürriyeti bağlayıcı ceza** *jur.* Freiheitsstrafe *f* ~ **irtifaklar** *jur.* persönliches Nutzungsrecht ~ **mallar** *jur.* eingebrachtes Gut, Mannes-, Frauen-gut *n* ~ **menfaatler** s. **kişisel yararlar** (*od.* ~ **çıkarlar**); ~ **mülkiyet** Privateigentum *n* ~ **servet** Privatvermögen *n* ~ **teminat** *jur.* persönliche Gewähr, persönliche Sicherheiten *pl.*, Personalgarantie *f* ~ **teşebbüs** persönliche Initiative, selbständiges Handeln **gayri** ~ s. **kişilikdışı**

şahsiyat, -tı [··–] *va. Pl.* 1. pesönliche Angelegenheiten *pl.*, Gebiet *n* des Persönlichen 2. pesönliche Angriffe *pl.* **-la uğraşmak** sich auf dem Gebiet des Persönlichen bewegen, persönlich werden (z. B. in e–r Debatte) **Münakaşa -a döküldü.** Die Diskussion artete in persönliche Angriffe aus.

şahsiyet, ti 1. Persönlichkeit, Individualität *f* *kişilik 2. (angesehene) Persönlichkeit *f* ~ **hakkı** s. **kişilik hakkı; -i hükmiye** s. **tüzel kişilik**

şahsüvar [–·–] *va.* geschickter und mutiger Reiter

şahtane s. **şehtane**

şahtere 1. gemeiner Erdrauch *bot.* Fumaria officinalis 2. rankender Erdrauch *bot.* Fumaria capreolata

şahteregiller (*va.* **şahtericiye**) Erdrauchgewächse *pl. bot.* Fumariaceae

şahtur Fährboot *n*, Fähre *f*

şahvar s. **şehvar**

şaır, -a'rı *va.* s. **kıl**

şaibe [ā] 1. *va.* Schmutz, Unrat *m* 2. Schandfleck, Makel *m* 3. *astr.* Sonnenfleck *m* 4. Fehler, Mangel *m*

şaibedar [–··] *va.*; **şaibeli** [ā] befleckt, mit Makel behaftet

şaik, -kı [ā] 1. *va.* begehrend, sehnsüchtig *arzument 2. ≗ *mV* **Şaika** *wV*

şair [ā] 1. (Vers-)Dichter *m* 2. *va.* umherziehender Musikant **-i azam** (*fr.* Titel) größter Dichter, Poeta laureatus (z. B. Abdülhak Hamit)

şairane [–·–·] dichterisch, poetisch

şaircik; şairimsi *pej.* Poetaster, Reimschmied, Dichterling *m*

şaire [ā] *va.* (Vers-)Dichterin *f*

şairlik [ā] Dichtkunst *f*, Dichten *n*, Dichtertum *n* ~ **damarı** dichterische Ader ≗ **davasına düştü.** Er spielte sich als Dichter auf.

şak (I), **-kı** patsch! klatsch! **Şak! diye yüzüne vurdu.** Klatsch! schlug er ihm ins Gesicht.

şak (II), **-kkı** 1. Spalten, Gespaltenwerden *n* 2. Riß, Schlitz, Spalt *m*, Spalte *f* *çatlak, yarık 3. *med.* Inzision *f*, Einschnitt *m* ~ **kündesi** e–e best. Ringertechnik **-ı şefe etmek** *va.* den Mund auftun **-ı Silviyüs** s. **Silviyüs yarığı**

şâk, -kkı (*Fem.* **şâkka**) *va.* schwer, schwierig, mühsam; s. a. **hidematı şâkka**

şaka 1. Scherz, Spaß *m* 2. Spott *m* ≗ **bir tarafa!** (*od.* **bir yana!**) Scherz beiseite! ~ **etmek** 1. (bşle) scherzen, sich lustig machen (über) 2. Spaß machen, et. Gesagtes nicht ernst meinen ~ **gelmek** (bş) *fig.* auf die leichte Schulter nehmen ~ **gibi gelmek** (bş) j–m ganz unglaublich vorkommen, et. beinahe nicht fassen können ~ **götürmek** 1. scherzhaft behandelt werden können 2. s. ~ **kaldırmak** Zu 1: **İşin ~ götürür tarafı yok.** 1. Damit treibt man keinen Spaß. 2. Das kann man nicht auf die leichte Achsel nehmen. ~ **götürmez bir iş** e–e ernste Angelegenheit ≗ **iken kaka oldu.** Aus Scherz wurde (blutiger) Ernst. ≗ **kâfi!** Jetzt aber genug mit dem Spaß! ~ **kaldırmak** Spaß verstehen, e–n Scherz vertragen können ~ **maka (derken)** ohne recht zu wissen, wie; im Nu ≗ **maka derken kışın yarısını atlattık.** Im Handumdrehen haben wir die erste Hälfte des Winters hinter uns gebracht. ~ **olsun diye** aus Spaß, zum Scherz, scherzeshalber ~ **söylemek** 1. e–n Spaß machen, et. im Scherz sagen (meinen), scherzen, spaßen 2. et. Gesagtes nicht ernst meinen ~ **yapmak** et. zum Scherz tun, spaßeshalber tun ~ **yollu** im Scherz, scherzhaft(-erweise) **-dan anlamak** Spaß verstehen **-sı yok** 1. mit wem nicht gut Kirschen essen ist, wer nicht das geringste Entgegenkommen zeigt 2. womit nicht zu spaßen ist, gefährlich **-ya almak** 1. keinen Wert beimessen, auf die leichte Achsel nehmen 2. (et. Kränkendes) nicht auf die Goldwaage legen **-ya boğmak (bozmak, çevirmek)** et. ins Scherzhafte wenden, mit e–m Scherz über et. hinweggehen **-ya gelmek** 1. Spaß verstehen 2. nicht ernst genommen werden (Zu 1: **Ben -ya gelir bir adamım.** Nicht daß ich keinen Spaß verstünde, aber ...) **-ya getirmek** in scherzhafte Form kleiden **-ya tahammülü olmamak** (bir işin) nicht ins Lächerliche gezogen werden dürfen (Angelegenheit) **-ya vurmak** 1. als Scherz auffassen 2. ins Scherzhafte verkehren **-yı aşmak** s. Stw. **bu kadar;** ≗ **-yı bırakalım!** Scherz beiseite!

şakacı Spaß-macher, -vogel, Witzbold *m*

şakacıktan *Adv.* 1. *Ki.* nicht im Ernst, nur zum Spaß 2. scheinbar im Spaß, als ob man nur spaßen wollte 3. ohne recht zu wissen, wie Zu 1: ≗ **söyledim, ağlama yavrum!** Ich habe es doch nur im Scherz gesagt; nun weine mal nicht, mein Junge! Zu 2: ≗ **adamcağızı epey hırpaladılar.** Man hat scheinbar nur Spaß getrieben, dabei aber den armen Kerl recht gequält. Zu 3: ≗ **epey iş görmüşüz!** Da haben wir ja auf einmal e–e ganze Menge geleistet.

şakadan *Adv.* zum Scherz (Spaß) ≗ **darılır gibi yaptı.** Zum Scherz tat er so, als wäre er böse.

şakak *an.* Schläfe *f* ~ **kası** Schläfenmuskel *m* ~ **kemiği** Schläfenbein *n*, Os temporale **-ları ağarmak** graue Schläfen bekommen; s. a. **el -ta**

şakalaşmak miteinander scherzen

şakaloz s. **çakaloz**

şakasız *Adv.* ohne Spaß, im Ernst ≗ **söylüyorum.** Ich meine es im Ernst.

şakavet s. **şekavet**

şakayık [·–·], **-kı, -ğı** 1. s. **gelincik** (3) 2. echte Pfingstrose, Päonie *f bot*, Paeonia officinalis *ayı gülü, yer şakayıkı, Çin şakayıkı **-ı numaniye** *va.* s. **anemon**

şakayıkiye [·–·–·] s. **şekaikiye**

şakımak 1. singen; schlagen (Nachtigall) 2. lustig plaudern, plappern Zu 2: s. **bülbül gibi** ~

şakır şakır 1. klatschend, plätschernd, prasselnd (z. B. Regen) 2. lustig zwitschernd 3. klirrend, rasselnd, klappernd Zu 1: **Yağmur ~ ~ yağıyor.** Der Regen prasselt nur so hernieder.

şakır şakur *od.* **şakır şukur** hohl rasselnd, dumpf knallend

şarkırdamak 1. klatschen, plätschern, prasseln (z. B. heftiger Regen) 2. klirren (z. B. Sporen) 3. rasseln (z. B. Waffen, Ketten) 4. klappern (z. B. Hufe, Kastagnetten) 5. lustig zwitschern

şakırdatmak Kaus. zu **şakırdamak** mit et. klappern, klirren usw.; s. a. **parmaklarını** ~

şakırtı 1. Klatschen, Plätschern, Prasseln *n* 2. Klirren *n* 3. Rasseln *n* 4. Klappern *n* 5. lustiges Zwitschern *n*

şakıt, -tı Muräne *f zo.* Muraena helena *murana

şaki [·–] 1. s. **haydut** 2. *va.* a) Übeltäter *m* b) unglücklich, elend

şâki [––] *va.* s. **şikâyetçi**

şakik [·–] *va.* 1. Hälfte *f* 2. leiblicher Bruder

şakika [·–·] *va.* 1. Spalte *f*, Riß *m* *çatlak 2. leibliche Schwester 3. Migräne *f* *yarım baş ağrısı
şakilik [·–·] s. **haydutluk**
şakikiye [·–··] s. **düğünçiçeğigiller**
şakir [ā] 1. *va.* dankbar 2. ≗ *mV* **Şakire** *wV*
şakirdan [–·–] *va. Pl.* zu **şakirt**
şakirt, -di [–·] *z. va.* 1. Schüler *m* (*ant.* Meister) 2. s. Stw. **kadın** (4); **ilk kavaitçiler ve -leri** *va.* die ersten Grammatiker und ihre Schüler
şakirtlik [ā] Schüler-Sein *n*, Tätigkeit *f* e–s Schülers
şakkadak s. **şarkadak**
şakketmek [×··] *va.* spalten, schlitzen, zerreißen *yarmak
şaklaban 1. Possenreißer, Hanswurst *m* 2. *fig.* würdeloser Schmeichler; Speichellecker *m* *dalkavuk, müdahin
şaklabanlık 1. Possenreißen *n*, Hanswursterei, Hanswurstiade *f* 2. *fig.* würdeloses Schmeicheln; Speichelleckerei *f* *dalkavukluk, müdahane
şaklamak *intr.* 1. knallen (z.B. Peitsche) 2. schallen, klatschen (z.B. Ohrfeige) **Şamar yüzünde şakladı.** Es klatschte nur so, als er e–e Ohrfeige bekam.
şaklatmak Kaus. zu **şaklamak;** s. **dil (kamçıyı, tokat)** ~
şako [×·] *fr.* Tschako *m*
şakon *mus.* Chaconne *f*
şakrak 1. lustig, fröhlich (z.B. Lachen) 2. lustig schwatzend, plappernd
şakrakkuşu, -nu Gimpel, Dompfaff *m zo.* Pyrrhula pyrrhula
şakraklık 1. Fröhlichkeit *f*, aufgeräumte Stimmung 2. lustiges Plaudern
şakramak s. **şakımak**
şakşak 1. Narrenpritsche *f* *pastav (2) 2. Holzklapper *f* 3. große Kastagnette aus Buchsbaumholz 4. *fig.* Beifall *m* od. würdeloses, kriecherisches Schmeicheln
şakşakçı 1. Hersteller od. Verkäufer *m* von **şakşak** 2. Lobhudler, Speichellecker *m*, würdeloser Schmeichler 3. Claqueur, Beifallklatscher *m*
şakşakçılık Kriechertum, Lobhudeln *n*
şakul, -lü [ā] Lot, Senkblei *n* ~ **aleti** *math., phys.* Senkblei, (Blei-)Lot *n* *çekül ~ **etmek** (ab-)loten ~ **ipi** Lot-schnur, -leine *f*
şakulî [–·–] lotsenkrecht, lot-, senk-recht, vertikal *düşey ~ **paraçol** *naut.* s. **dik paraçol**
şakulîlik; şakuliyet, -ti vertikale Richtung *düşeylik
şakullemek [ā] 1. (ab-)loten, mit dem Senkblei überprüfen 2. *fig.* über-, nach-prüfen, untersuchen, mustern, genau betrachten *yoklamak
şakur s. **şakır şakur**
şal 1. Kaschmir-stoff, -schal *m* 2. Schal *m*, Umschlagtuch *n* ~ **hırka** wattierter Hausrock mit Kaschmiraufschlägen ~ **örneği** mit Kaschmirmuster (Stoff)
şalak *P* nicht-ausgereifte Wassermelone
şalaki [·×·] dünner (*a.* imitierter) Wollstoff
şalaz s. **içgöbek**
şale Chalet, Schweizer Häuschen, Landhaus *n* ≗ **köşkü** *n.pr.* Schlößchen im Yıldız-Park (Istanbul)
şalgam 1. Kohlrübe *f bot.* Brassica napus *turp lahanası 2. Wasserrübe *f bot.* Brassica rapa *var.* esculenta 3. *V* dumm, einfältig
şalgamlı (in einigen Pflanzennamen:) ~ **frenkmaydanozu** knolliger Kälberkropf, Knollenkerbel *m bot.* Chaerophyllum bulbosum ~ **kereviz** Kohlrabisellerie *f bot.* Apium graveolens var. rapaceum
şalgamlık Kohlrübenfeld *n*
şali [–·] 1. Kamelott *m* (Mohärstoff) 2. Alpaka *n* (z.B. als Fahnentuch)
şallak 1. nackt, bloß *çıplak 2. *fig.* unverschämt, frech ~ **mallak** 1. splitterfasernackt, im Adamskostüm *çırılçıplak 2. Pöbelschar *f*
şaltak *P* streit-, zank-süchtig, zänkisch; Händelsucher, Krakeeler, Radaubruder *m* *kavgacı
şalter [×·] 1. *el.* Schalter *m* 2. *(Radio)* Antennenschalter *m*
şalterli [×··] mit Schalter ausgestattet
şalupa [·×·] Barkasse, Schaluppe *f*
şalü (*franz.* **chalut**) Grundschleppnetz, Trawl *n* (der Fischer) (*Anm.:* Verbot der Verwendung in türk. Küstengewässern)
şalümo (*franz.* **chalumeau**) 1. Strohhalm *m*, Trinkröhrchen *n* 2. Lötröhrchen, Gebläse *n*, Düse *f* 3. *mus.* a) Schalmei, Hirtenflöte *f* b) Melodiepfeife *f* des Dudelsacks c) tiefes Register der Klarinette
şalütaj (*franz.* **chalutage**) Schleppnetzfischerei *f*
şalvar weitgearbeitete Hose aus grobem Stoff (die nur an den Hüften und den Unterschenkeln fest anliegt) *(etwa:)* Pluderhose *f* ~ **gibi** sehr weit gearbeitet (Hose)
şalvarbent, -di *va.* Hosenband *n* *uçkur
şalvarlı wer **şalvar** genannte Hosen trägt
Şam *n.pr.* 1. *va.* Syrien *Suriye 2. **(şehri)** Damaskus **fr. a.* **Şamı Şerif** *od.* **Şamı Cennetmeşam;** ~ **alacası** ein gestreifter Baumvoll-Seiden-Stoff ~ **babası** *pej.* ein Familienvater ohne Autorität ~ **çöreotu** türkischer Schwarzkümmel *bot.* Nigella damascena ~ **eriği** Damaszenerpflaume *f bot.* Prunus domestica damascena ~ **fıstık ağacı** Pistazienbaum *m bot.* Pistacia vera ~ **gülü** s. **Isparta gülü;** ~ **hırkası** *fr.* kurze Männerhausjacke (aus Damaszenerstoff) ~ **işi** 1. Damaszener Arbeit 2. Damaszener Süßspeise (Marmelade usw.) ~ **kakması** Damaszener Einlegearbeit *f* ~ **kayısısı** Name e–r runden Aprikosenart ~ **kitabîsi** *fr.* feiner Damaszener Musselin ~ **şekeri** Karamellen *pl.* in Stäbchenform ~ **tabanı** gewöhnlicher Damaszenerstahl ~ **Trablusu** *selt.* s. **Trablusşam**
şam (I) [ā] *va.* Abend *akşam
şam (II), **-mmı** (ā] *va.* Geruch empfindend, Riech- s. **(kuvvei)şamme**
şama [×·] 1. Wachskerze *f* 2. *fr.* mit Wachs getränkter Docht (zum Schmelzen von Siegellack) 3. mehrdochtige Öllampe (beim Karagözspiel)
şamalı [×··] mit Wachs-, Wachs- ~ **kibrit** Wachsstreichholz *n*
şamama [·–·] ägyptische Melone *bot.* Cucumis Dudaim var. aegyptiacus ~ **gibi** klein und schmächtig (Person), Knirps, Dreikäsehoch *m*
Şamamiko s. **Karagöz**
şaman *rel.* Schamane *m*
şamandıra [·×··] 1. *naut.* Boje, Tonne *f* 2. Schwimmer *m* (in Öllampe, Spülkasten od. in der Angelfischerei) ~ **halatı** *naut.* Bojereep *n* **-ya bağlamak** an e–r Boje festmachen
şamandıralı [·×···] mit **şamandıra** ausgestattet ~ **kandil** Öllampe *f* mit schwimmendem Docht
şamanizm; şamanlık *rel.* Schamanismus *m*
şamar Ohrfeige *f* *tokat ~ **atmak (vurmak, yapıştırmak)** e–e Ohrfeige geben (versetzen, herunterhauen) ~ **oğlanı** 1. Junge *m* im Schüleralter 2. Prügelknabe, Sündenbock *m* ~ **yemek** e–e Ohrfeige bekommen (beziehen) **-ı basmak** plötzlich e–e Ohrfeige verabfolgen
şamarlamak ohrfeigen
şamata Lärm *m*, Getöse *n*, Tumult *m*, Geschrei *n* *gürültü, patırdı ~ **etmek** lärmen, schreien ~ **teli** Flittergold, Rausch-gold, -silber *n*
şamatacı Schreier, Krakeeler, Radaubruder *m*
şamatalı lärmend, geräuschvoll, unruhig, tumultuarisch ~ **bir mahalle** ein lautes Stadtviertel
şamatasız geräuschlos, ruhig, still
şambaba s. **baba tatlısı**

şambellan (*franz.* **chambellan**) *hist.* Kammerherr *m*
şambrfort, -tu (*franz.* **chambre-forte**) Panzergewölbe *n*, Stahlkammer *f*, Tresor *m* (e–r Bank)
şambrnu(v)ar (*franz.* **chambre noire**) *phot.* Dunkelkammer *f* *karanlık oda
şamdan 1. Leuchter, Kerzenhalter *m* 2. *V* s. **arkadaş;** ~ **çiçeği** s. **altıncık, aynısafa;** ~ **kaktüsler** Säulenkakteen *pl. bot.* Cereus peruvianus (u.a.) ~ **külâhı** s. **mum külâhı; -a mum dikmek** e–e Kerze in den Leuchter stecken
şamdancı 1. wer Kerzenhalter herstellt od. verkauft 2. *fr.* Diener, der für die Kerzen in e–m Palast zu sorgen hatte
şamfıstığı, -nı s. **antepfıstığı**
Şamî [– –] *va.* s. **Şamlı**
şamil [–·] 1. umfassend, in sich schließend; ebenfalls Geltung habend (für), sich (auch) erstreckend (auf) (z.B. Vorschrift, Abmachung usw.) 2. **Şamil** *mV* ~ **olmak** umfassen, in sich schließen, (auch) gelten (für), sich (auch) erstrecken (auf) **kelimenin** ~ **manasiyle** im weitesten Sinn des Wortes
Şamlı 1. *va.* Syr(i)er(-in *f*) *m*, syrisch 2. Damaszener(-in *f*) *m*, Damaszener, damaszenisch
şamme [–·] Geruchssinn *m* *koklam
şamot, -tu Schamotte *f* (feuerfester Ton) ~ **tuğlası** Schamottestein *m*
Şampanya [·×·] 1. *n.pr.* Champagne *f* 2. ≗ Champagner *m*, franz. Schaumwein (Sekt) ≗ **patlatmak** Sektkorken knallen lassen
şampiyon *(Sport)* Champion, Meister, Sieger *m*
şampiyona *(Sport)* 1. Championat *n*, Meisterschaft *f* 2. Kampf *m* bzw. Kämpfe *pl.* um die Meisterschaft Zu 2: **Avrupa -sına iştirak etmek üzmek üzere** zur Teilnahme an den Kämpfen um die Europa-Meisterschaft
şampiyonluk, -uğu s. **şampiyona; Türkiye güres, -u** 1. türkischer Meistertitel im Ringkampf 2. Kampf *m* (Kämpfe *pl.*) um den türkischen Meistertitel im Ringkampf
şampuan (*engl., franz.* **shampooing**) Schampun, Shampoo, Haarwaschmittel *n*
şamua (*franz.* **chamois**) 1. s. **dağ keçisi** 2. Chamois, Gemsleder *n* 3. *phot.* chamois (hellgelb-bräunlich)
Şamuil [ī] *n.pr.* Samuel (Bibel)
şamüseher [ā] *va.* abends und morgens, jederzeit, immer
şan (I) [ā] 1. Ruhm *m*, guter Ruf (Name), Ehre *f* 2. *va.* Stand, Rang *m*, Lage *f*, Zustand *m* 3. äußere Aufmachung; Prunk *m* 4. *va.* Naturell *n*, Charakter *m* ~ **hırsı** Ruhmsucht *f* ~ **kazanmak** Ruhm (bzw. e–n guten Namen) erwerben ~ **ve şeref** Ruhm und Ehre ~ **vermek** 1. (m. Dat.) berühmt werden (bei) 2. *V* aufmerksam sein, sich kümmern **-ına düşmek** (*od.* **yakışmak**) j–s Rang od. Würde entsprechen, e–n Ehrentitel darstellen (für) **-ından olmak** (b–nin) 1. s. **-ına düşmek** 2. charakteristisch sein (für)
şan (II) (*franz.* **chant**) Gesang *m* ~ **resitali** Gesangsvortrag *m* ~ **soloları** Sololieder *pl.*
şanday (*franz.* **chandail**) Sporttrikot *n*, Sweater, Pullover *m*
şandel (*franz.* **chandelle**) *Fb.* Kerze *f* (Steilschuß)
şandellemek *Fb.* steil in die Höhe schießen **Cevat, boş kaleye topu şandelledi.** Mit e–m Steilschuß jagte Cevat den Ball in das unbesetzte Tor.
şangır şangır *od.* **şangır şungur** mit großem Getöse, klappernd, klirrend, scheppernd
şangırdamak *intr.* klappern, klirren, scheppern (z.B. Teller, der kaputtgeht)
şangırdatmak (bşi) mit et. klappern, klirren, scheppern **pencereleri** ~ die Scheiben klirren lassen
şangırtı Klappern, Klirren, Scheppern *n*
şanj (*franz.* **change**) Geldwechsel(-n *n*) *m*, Geldhandel *m*, Wechselgeschäft *n* ~ **gişesi** Wechsel-schalter *m*, -stube *f*
şanjan(lı) 1. changeant, changierend, (in mehreren Farben) schillernd 2. Changeant *m*, changierender Stoff
şanj(ı)man (*franz.* **changement**) *mot.* Wechselgetriebe *n*, Gangschaltung *f*
şanjör (*franz.* **changeur**) Wechsler *m* (*spez.* wer bei Roulett usw. Chips verkauft bzw. solche einlöst)
şankr (*franz.* **chancre**) *med.* 1. *allg.* Geschwür *n* 2. *spez.* Schanker *m* 3. *bot.* Baumkrebs *m*
şanlı 1. ruhm-reich, -voll 2. (um 1930 *gel.* für **muhterem**) 3. von gutem Äußeren, stattlich, imponierend ~ **şöhretli** 1. ruhmreich, mit Ruhm bedeckt 2. groß und stattlich gewachsen *boyu bosu yerinde 3. prunkvoll gekleidet
şano [×·] *P* 1. (Theater-)Bühne *f* 2. *V* Einsatz *m* beim Barbut-Spiel
şans (*franz.* **chance**) Glück *n*, Chance *f* *talih ~ **eseri olarak** glücklicherweise ~ **oyunu** Glücksspiel *n* **-a kalmak** nur mehr auf e–n glücklichen Zufall rechnen können ≗**ı artık açıldı.** Das Glück begann ihm endlich hold zu sein. ≗**ı döndü.** 1. Das Glück hat ihn verlassen. 2. Er hat neue Chancen. ≗**ı yaver gitti.** Das Glück war ihm gewogen.
şanseliye(-lik) s. **şansöliye(-lik)**
şansız *P* 1. ruhmlos 2. ohne äußere Aufmachung, schlicht, bescheiden, einfach ~ **şöhretsiz** *Verst.* von **şansız** (*spez.* 2)
şansızlık *P* 1. Ruhmlosigkeit *f* 2. Fehlen *n* äußerer Aufmachung; Schlichtheit, Bescheidenheit *f*
şanslı wer Glück (Chancen) hat, wem das Glück hold ist
şanson (*franz.* **chanson**) Lied *n*, Song *m*
şansonet, -ti (*franz.* **chansonette**) 1. Liedchen *n* 2. *spez.* Kabarettschlager *m*, Couplet *n*
şansoniye (*franz.* **chansonnier**) Couplet-dichter, -sänger *m*
şansöliye 1. *fr.* Reichskanzler *m* 2. Bundeskanzler *m*
şansöliyelik 1. Amt *n*, Funktionen, Aufgaben *pl.* e–s Bundes- (*fr.* Reichs-)kanzlers 2. Bundes- (*fr.* Reichs-)kanzlei *f*
şansör *(selt. Neubildung)* Glücks-, Hasard-spieler *m* *kumarcı
şanssız wer kein Glück (keine Chancen) hat, vom Pech verfolgt; Pechvogel *m*
şanssızlık Unglück, Pech *n*
şantaj (*franz.* **chantage**) Erpressung(-sversuch *m*) *f*, Nötigung *f*
şantajcı 1. Erpresser(-in *f*) *m* 2. erpresserisch
şantajcılık 1. Handlungsweise *f* von Erpressern, Erpressung *f* 2. Erpresserunwesen *n*
şantan (*franz.* **chantant**) (in der Füg.:) **kafeşantan** *q.v.*
şante (*franz.* **chanté**) *selt.* gesungen
şantiye (*franz.* **chantier**) 1. Baustelle *f* *yapı yeri 2. Holz-, Kohlen-(usw.)lager *n* 3. Schiffswerft *f* *tezgâh
şantör (*franz.* **chanteur**) *selt.* Sänger *m* *muganni
şantöz (*franz.* **chanteuse**) Sängerin *f* *muganniye
şantrel (*franz.* **chanterelle**) *mus.* E-Saite *f* (auf der Violine)
şantung Schantung-Seide *f*
şanüşöhret, -ti [ā] *z. va.* Ruhm *m*, Herrlichkeit *f*
şanzıman (< *franz.* **changement**) 1. s. **şanj(ı)man** 2. *V* weibliche Brust
şap (I) (Lm. für e–n schmatzenden Kuß) ~ ~ schmatzend **Çocukları ikide birde** ~ ~ **öpmek çirkin bir şeydir.** Kinder alle Augenblicke abzuschmatzen, ist widerlich (anzusehen).
şap (II), **-bı, -pı** Alaun *m* 2. *va.* Korallenriff *n* ≗ **denizi** *n.pr.* Rotes Meer *Kızıldeniz ~ **gibi** vollkommen versalzen ~ **gibi donmak (kalmak)** wie zur Salzsäule erstarren, keinen Ton mehr herausbringen ~ **hastalığı** (*od.* ~ **illeti**) *vet.* Maul- und Klauenseuche *f* *hummayı kulâî ~ **ipliği** s. **kamçı başı;** ~ **kayışı** ein besonders starker Riemen ~ **kesilmek** 1. e–n strengen Geschmack annehmen 2. s. ~

gibi donmak; ~ **madeni** Alaunsteinbruch *m* ≗ **olur mu şeker?** *F* Das sind doch zwei Paar Stiefel! ~ **taşı** 1. Edelkoralle *f zo.* Corallium rubrum 2. Alaunstein *m* **-a oturmak** *F* in die Klemme kommen, nicht mehr ein noch aus wissen **-a sokmak** j–n in größte Schwierigkeiten bringen; s. a. **ne ~ ne şeker.**
şap (III) s. **şab**
şap (IV), **-pı** (*franz.* **chape**) (Fußboden-)Isolierschicht *f*
şapçı 1. Alaunsieder *m* 2. s. **şabcı**
şapel (*franz.* **chapelle**) *rel.* Kapelle *f*
şaphane [·–·] 1. Alaunhütte *f* 2. Alaunsiederei *f*
şapır şapır *od.* **şapır şupur** 1. laut schmatzend 2. schallend, laut (z. B. küssen) Zu 1: **Şapır şupur yemek iyi bir huy değildir.** Es ist e–e üble Angewohnheit, beim Essen zu schmatzen. Zu 2: **Sarılıp şapır şapır öpüştüler.** Sie umarmten sich und küßten sich schallend. **şapır şapır öpmek** abschmatzen **şapır şapır yağmak** heftig regnen
şapırdamak (ağzı, dudakları) schmatzen
şapırdatmak (ağzını, dudaklarını) schmatzen
şapırtı Schmatzen *n*
şapırtılı mit schmatzendem Geräusch
şapka [×·] 1. Hut *m* (*a.* bei Pilzen) 2. *mil.* Mütze *f* 3. Schirm *m* (e–r Lampe) 4. Verschluß *m* (e–s Hochofens) 5. Abschlußteil *m* (e–s Ofenrohres, e–r Säule, e–s Pfeilers, Mastes usw.), *naut.* Mast-, Flaggen-knopf *m* 6. *typ.* Zirkumflex *m* 7. Kaminaufsatz *m*, Schornsteinkappe *f* ~ **çıkarmak** 1. den Hut abnehmen, absetzen 2. den Hut ziehen; grüßen ~ **kalıbı** Preßform *f* (für Hüte) ~ **kurdelesi** Hutband *n* **kutusu** Hutschachtel *f* ~ **şeridi** *naut.* Mützenkordel *f* ~ **taslağı** unverarbeiteter Hut; Hutstumpen *m* **-sını giymek** seinen Hut aufsetzen **-sını ters giymek** (*od.* **yere vurmak**) in hellen Zorn geraten **-yı ütülemek** den Hut aufbügeln
şapkacı [×··] Hut-macher(-in *f*) *m*, -händler(-in *f*) *m* ~ **kadın** Hutmacherin, Modistin *f*
şapkaçılık Herstellung *f* od. Verkauf *m* von Hüten
şapkalı mit Hut (Mütze, Schirm usw. s. **şapka**); ~ **a** *typ.* **a** mit Zirkumflex **(â);** ~ **gönye** Tischlerwinkel *m* ~ **mantarlar** s. **bazitli mantarlar;** ~ **maymun** Hutaffe *m zo.* Macaca radiata *munga
şapkalık şapkalık 1. Hut-ständer *m*, -ablage *f* 2. zur Herstellung von Hüten geeignet (Stoff)
şapkasız ohne **şapka** *spez.* hutlos
şaplak schallende Ohrfeige
şaplamak (I) 1. klatschen, knallen, schallen (z. B. Ohrfeige) 2. schmatzen
şaplamak (II) mit Alaun behandeln, alaun(isier)en *spez.* 1. mit Alaunlösung durchtränken 2. *phot.* ins Alaunbad geben
şaplanma Alaunbildung *f*
şaplatmak Kaus. zu **şaplamak** (I, II); **Tokatları şaplata şaplata vuruyordu.** Er gab ihm ein paar schallende Ohrfeigen. **Yüzüne bir tokat şaplattı.** Er gab ihm e–e Ohrfeige, daß es nur so knallte. **Onu, dudaklarını şaplatarak öptü.** Er gab ihr e–n vernehmlichen Kuß.
şaplı alaunhaltig
şapoklak [··×] Klapphut, Chapeau claque *m*
şappadak [×··] plötzlich, mit e–m Mal, bauz!
şaprak Satteldecke, Schabracke *f*
şapska [×·] *hist.* Tschapka *f*, Ulanenhelm *m*
şapşal unordentlich gekleidet, liederlich, abgerissen, schlampig
şapşallık schlampige Kleidung, Unordentlichkeit *f*
şapur şupur; şapurdata şupurdata s. **şapır şupur**
Şapur s. **Şahpur**
şar (I) *va.* s. **şehir**
şar (II) (*franz.* **char**) (antiker) Kampfwagen
şar (III) **şar** s. **şarıl şarıl**

-şar s. **-şer**
şarabe s. **şerrabe**
şarabî [·––] weinrot
şaralop s. **şorolop**
şarampol 1. Schanzpfahl *m* *istihkâm kazığı 2. Palisade (-nwand) *f* 3. Einfriedung *f* mit Schanzpfählen 4. Leitplanke *f* (*spez.* an Autobahnen) ~ **çekmek** (*od.* **çevirmek**) e–e Palisade errichten
şarap, -bı Wein ~ **fabrikası** Weinkelterei *f* ~ **gibi** durch langes Lagern an Wert gewinnend ~ **hurma ağacı** Weinbeerpalme *f bot.* Oenocarpus ~ **tortusu** natürlicher Weinstein **-a su katmak** den Wein mit Wasser vermischen ≗**tan bozma sirke keskin olur.** *Spr. fig.* Wenn ein von Natur aus gutmütiger Mensch einmal in Erregung gerät, wird er besonders heftig. **-ı kevser** *va.* Göttertrank, Nektar *m*
şarapçı 1. Weinhersteller *m* 2. Weinhändler *m* 3. *F* starker Weintrinker
şarapçılık 1. Herstellung *f* von Wein 2. Weinkelterei *f* 3. Weinhandel *m* 3. *F* starke Vorliebe für Wein
şaraphane [··–·] 1. Weinkelterei *f* 2. sehr großes Weinfaß 3. Weinkeller *m* 4. Kneipe *f* *meyhane
şaraplı 1. mit Wein zubereitet 2. mit Wein (z. B. Essen)
şaraplık 1. zur Weinherstellung geeignet (bestimmt, verwendet) 2. Weinkeller *m*
şarapnel *mil.* Schrapnell *n*
şarbon (*franz.* **charbon**) 1. *med.* Milzbrand, Anthrax *m* *karakabarcık 2. *Bez.* für verschiedene Brandkrankheiten des Getreides
şardon (*franz.* **chardon**) stachlige Kratzdistel *bot.* Cirsium spinosissimum ~ **makinesi** Kratzenrauhmaschine *f* (für Tuche)
şardonlama Rauhen, Krempeln *n* (von Tuchen)
şârıfukara [–···–] Wollgras *n bot.* Eriophorum
şarıl şarıl sprudelnd, plätschernd ~ ~ **akmak** lustig dahinplätschern
şarıldamak sprudeln, plätschern
şarıltı Sprudeln, Plätschern *n*
şâri, -ii *va.* 1. Gesetzgeber *m* 2. (Beiname des Propheten Mohammed) 3. *gel.* = **Allah**
şa'rî *va.* s. **kılcal**
şarih [–·] *va.* Verfasser *m* e–s Kommentars, Kommentator, Ausleger *m*
şarip, -bi [ā] *va.* trinkend
şa'riyet, -ti va. s. **kılcallık**
şarj (*franz.* **charge**) 1. *spez. el.* Aufladen *n*, Ladung *f* 2. *selt.* Verpflichtung, Obliegenheit *f* 3. *(Sport spez. Fb.)* Vorstoß *m* (e–s Stürmers) ~ **etmek** 1. aufladen (z. B. el. Batterie) 2. **(kafası)** *V* allmählich begreifen (*F* kapieren) ~ **rolü** *Th.* Chargenrolle *f*
şarjedafer *pol.* Chargé d'affaires, Geschäftsträger *m*
şarjlı 1. *spez. el.* aufgeladen (z. B. Batterie) 2. *selt.* verpflichtet 3. *(Sport spez. Fb.)* mit vielen Vorstößen; offensiv
şarjöman (*franz.* **chargement**) *reg. (Zonguldak)* Verladen *n* von Kohlen auf Schiffe
şarjör (*franz.* **chargeur**) (*P a.* **carcur, jarjör**) Ladestreifen *m*, Magazin *n* (für Schußwaffen)
şark (I), **-kı** 1. Osten *m* *doğu 2. Orient *m*, Morgenland *n* ~ **âdetleri** orientalische Sitten (Bräuche) *pl.* ~ **çıbanı** s. **Halep çıbanı;** ≗ **denizi** *n.pr.* Ostchinesisches Meer ≗ **İmparatorluğu** Oströmisches Reich *Bizans Imparatorluğu ~ **martagonu** s. **kırmızı zambak;** ~ **mazı ağacı** morgenländischer Lebensbaum *bot.* Thuja orientalis ≗ **Meselesi** *hist.* Orientalische Frage ~ **müziği** orientalische Musik ≗**ı Aksâ** *va.* Ferner Osten *Aksâyı Şark, Uzak-Şark, Uzak-Doğu **-ı cenubî** *va.* s. **güneydoğu;** ≗**ı Karip** *va.* Naher Osten, Vorderer Orient *Yakın-Şark, Yakın-Do-

ğu **-ı şimalî** *va.* s. **kuzeydoğu; ≗ı Vusta** (*od.* **Evsat**) *va.* Mittlerer Osten *Orta Şark, Orta Duğu
şark (II), **-kı** s. **şırak**
şarkadak [×··] platsch! klatsch! bums!
şarkan [×·] *va. Adv.* 1. östlich, gegen Osten hin 2. von Osten her
şarkı 1. Singen *n*, Gesang *m* 2. Lied *n* (s. a. **fasıl**). ≗ **okundu.** Man sang ein Lied (bzw. Lieder). ~ **söylemek** singen, ein Lied vortragen ~ **tutturmak** ein Lied anstimmen, zu singen beginnen
şarkıcı 1. Lieddichter *m* 2. (Couplet-, Kabarett-, Unterhaltungs-, Varieté-, Schlager-)Sänger(-in *f*) *m*
şarkıcıkuşugiller Braunellen *pl. zo.* Prunellidae
Şarkışla *n.pr.* O. u. D. im Rbz. Sıvas
şarkî 1. östlich, Ost- *duğu(-sal) 2. morgenländisch, orientalisch ≗ **Anadolu** *n.pr.* Ostanatolien ≗ **Trakya** *n.pr.* Ostthrazien ≗ **Ürdün** *n.pr. hist.* Transjordanien *Maverayı Şeria (u. a.)
Şarkîkaraağaç *n.pr.* O. u. D. im Rbz. Isparta
şarkiyat, -tı [··–] Orientalistik *f*
şarkiyatçı [··–·] Orientalist(-in *f*) *m* *müsteşrik
şarkkâri [·––] *z. va.* von orientalischer Machart, orientalisch
şarklı 1. Orientale *m*, Orientalin *f* 2. orientalisch
şarklılaşmak zum Orientalen werden, orientalische Sitten und Gebräuche annehmen
şarklılık *mst. pej.* Orientalentum *n*, orientalisches Wesen, orientalische Sitten und Gebräuche *pl.*
Şarköy *n.pr.* O. u. D. im Rbz. Tekirdağ
Şark-ül-Ürdün *n.pr. selt. hist.* Transjordanien; vgl. **Maverayı Şeria**
şarküteri (*franz.* **charcuterie**) Delikatessengeschäft *n*
Şarl (*franz.* **Charles**) *n.pr.* Karl ~ **Ken** (*franz.* **Charles Quint**) *n.pr.* Karl V. (deutscher Kaiser) ~ **Martel** *n.pr.* Karl Martell
şarlamak s. **şarıldamak**
şarlatan Scharlatan, Quacksalber, Kurpfuscher *m* gerissener Schwindler; Großsprecher *m*
şarlatanca [··×·] marktschreierisch, großsprecherisch
şarlatanlık Scharlatanerie, Quacksalberei *f*, Kurpfuschertum *n*, Verhalten *n* e–s gerissenen Schwindlers; Prahlerei, Großsprecherei *f*
Şarlma(y)n (*franz.* **Charlemagne**) *n.pr.* Karl der Große
Şarlo (*franz.* **Charlot**) *n.pr.* 1. Karlchen, Charlie 2. *spez.* Charlie Chaplin
şarlomsu in der Art von Charlie Chaplin
şarman (*franz.* **charmant**) scharmant, anmutig, liebenswert, bezaubernd
şarmöz (*franz.* **charmeuse**) Charmeuse *f* (Stoff aus Reyon)
şarniyer (*franz.* **charnière**) 1. Scharnier *n* 2. *philat.* Briefmarkenfalz *m* (zum Einkleben der Marken)
şarnü (*franz.* **charnu**) *selt.* fleischig (*spez.* Obst)
şarpa[×·] Schärpe *f*
şarpi 1. (*franz.* **charpie**) *fr.* Scharpie *f* 2. (*engl.* **sharpie**) *naut.* Scharpie *f* (Segeljolle)
Şarrükin *n.pr. hist.* Sargon (akkadischer Herrscher)
şart (I), **-tı** 1. Bedingung *f spez.* Vertragsbedingung, Klausel *f* *koşul 2. Vorbedingung, Voraussetzung *f* *gerek 3. *fr.* e–e unter best. Voraussetzungen vollzogene Scheidung (z.B. bei falschen Angaben, Nichterfüllung e–s Versprechens usw.) 4. s. **-lar** 5. kultische Pflicht im Islam, religiöse Vorschrift (nämlich: **şahadet, oruç, namaz, hac, zekât**); ~ **bileşik zamanı** *od.* ~ **kipi** *gr.* realer Konditionalis (z.B. **gelirse**) *fiili şart ~ **cümlesi** Bedingungs-, Konditional-satz *m* *koşul tümcesi ~ **etmek** 1. sich (unter Verwendung der Formel **Şart olsun!**) hoch und heilig verschwören 2. *va.* s. ~ **koşmak;** ~ **koşmak** (*od.* ~ **koymak**) sich et. ausbedingen; Bedingungen stellen ≗ **olsun!** *fr. Bet.* Es soll die Scheidung über mich verhängt werden! (*scil.* wenn ich nicht die Wahrheit spreche bzw. dies nicht tue) ~ **şurt tanımaz** wer sich an nichts gebunden fühlt **-a bağlamak** an e–e Bedingung knüpfen **-ı şurtu olmamak** 1. keine Rücksicht üben 2. s. **şartsız şurtsuz olmak; -ınca** wie es ausgemacht war; in Erfüllung der Bedingungen; wie erforderlich (geboten, vorgeschrieben) **(yapmak) -iyle** unter der Bedingung, daß ... **-la satın almak** et. unter dem Vorbehalt eventueller Rückgabe kaufen **-la salıverme** s. **meşruten tahliye; -lar** 1. Bedingungen, Voraussetzungen *pl.* 2. Zustand *m* 3. Umstände, Gegebenheiten *pl.* 4. die mit et. verbundenen Rechte *pl.* (Zu 2: **iyi -ları haiz bir ev** ein Haus in gutem Zustand, ein gut erhaltenes Haus Zu 3: **Ben bu -lar altında çalışamam.** Unter diesen Umständen kann ich nicht arbeiten. Zu 4: s. **karılık kocalık -ları**); **-larını söylemek** (*od.* **ileri sürmek**) seine Bedingungen mitteilen, Bedingungen stellen **-ı azam** *va.* unbedingte Voraussetzung, Conditio sine qua non *f*, **-ı evvel** *va.* Vorbedingung *f*
şart (II), **-tı** (*franz.* **charte**) Charte, Charta *f* (Verfassungs-) Urkunde *f*, Staatsgrundgesetz *n*, Abkommen *n*, Pakt *m*
şartî 1. *gr.* Bedingungs-, Konditional- 2. bedingt, bedingungsweise, von e–r Bedingung od. Voraussetzung abhängig; hypothetisch *şartlı
şartiyet, -ti s. **şartlılık**
şartlamak (*a.* ~ **şurtlamak**) als rituell unrein geltende Gefäße od. Kleider mindestens dreimal in sauberem Wasser abspülen
şartlandırmak 1. bedingen, ausmachen 2. ausrichten, festlegen (z.B. auf e–e best. pol. Richtung)
şartlaşma 1. Vs. zu **şartlaşmak** 2. s. **şartname**
şartlaşmak Bedingungen vereinbaren
şartlılık Bedingt-Sein *n*
şartlı 1. (aus-)bedungen, vereinbart, an (vorher vereinbarte) Bedingungen geknüpft, vertragsmäßig bestimmt *meşrut 2. *a. log.* bedingt, bedingungsweise, von e–r Bedingung od. Voraussetzung abhängig, hypothetisch 3. nach ritueller Vorschrift abgewaschen (vgl. **sartlamak**) 4. wer sich hoch und heilig verschworen hat (durch Aussprechen der Formel **Şart olsun!**) Zu 2: ~ **önerme** *log.* hypothetisches Urteil
şart-muamele *jur.* Verwaltungsakt *m*
şartname [·–·] Lasten-, Pflichten-heft *n*, Submissionsbedingungen *pl.*
şartröz Chartreuse *f*, Kartäuserlikör
Şartrözlüler(tarikatı) Kartäuser(-orden *m*) *pl.*
şartsız bedingungslos ~ **şurtsuz olmak** die rituelle Vorschrift der Reinheit nicht beachten *d.h.* vor Dreck starren
şart-tasarruf s. **şart-muamele**
şaryo (*franz.* **chariot**) [×·] *techn.* Fahrgestell, Lauf-werk *n*, -katze *f;* Schlitten, Wagen *m* (z.B. bei Schreibmaschine); *phot.* Laufboden *m* (bei Balgkamera); *(Film)* Kamerawagen *m*, -fahrgestell *n;* s. a. **katapült** (2)
şaryolu *techn.* mit Fahrgestell (usw.), ausfahrbar
şasi (*franz.* **châssis**) 1. *phot.* Kassette *f* 2. *mot.* Fahr-, Unter-gestell, Chassis *n* 3. Schiebefenster *n* 4. Wagen, Schlitten *m* (z.B. bei Schreibmaschine) 5. Rahmen, Kasten *m* (e–s Rundfunkgerätes)
şasili mit (nb.) **şasi; uzun** ~ **yazı makinesi** Schreibmaschine *f* mit Langwagen
şasipres (*franz.* **châssis-presse**) *phot.* Kopierrahmen *m*
şasnej (*franz.* **chasse-neige**) Schneepflug *m* (Technik beim Skifahren)
şaşaa [–··] Glanz *m*, Pracht, Großartigkeit *f*
şaşaadar [–··–] *va.* s. **şaşaalı**
şaşaalandırmak [–·····] 1. glänzend (großartig, prachtvoll)

gestalten; Glanz verleihen 2. *fig.* in den prächtigsten Farben schildern (malen)
şaşaalanmak [–···] 1. glänzend (großartig, prachtvoll) gestaltet werden od. ausfallen 2. in den glänzendsten Farben erscheinen
şaşaalı [–··] glänzend, großartig, prachtvoll
şaşakalmak aus dem Staunen nicht herauskommen, von e–m Erstaunen ins andere fallen
şaşalamak ganz verblüfft (verdutzt, überrascht) sein (und sprachlos dastehen)
şaşı schielend, Schielender, *med.* Strabo *m* ~ **bakmak** 1. schielen 2. *V* nur mehr einen intakten vorderen Scheinwerfer haben (Auto) ~ **gözlü** schielend
şaşılamak *P* schielen
şaşılık Schielen *n*, *med.* Strabismus *m*
şaşılmak Pass. zu **şaşmak. Şaşılacak şey!** Wirklich erstaunlich!
şaşıntı Verwunderung *f*, (Er-)Staunen *n*, Verblüffung *f* *hayret
şaşırmak 1. (m. Akk.) durcheinanderkommen, den Faden verlieren (bei), nicht mehr weiter wissen, steckenbleiben 2. (m. Akk.) sich irren (in), abirren (von), abweichen (von) 3. *intr.* vollkommen verblüfft sein, *F* ganz verdattert dastehen 4. *gel. a.* dummes Zeug reden Zu 1: **Söyleyeceğini şaşırdı.** Er wußte nicht mehr, was er sagen wollte. Er verlor den Faden. **hesabını** ~ beim Rechnen durcheinanderkommen **Ne yapacağımızı şaşırdık.** Wir wußten nicht mehr, was wir tun sollten. **katını** ~ sich im Stockwerk irren Zu 2: s. **aklını (gününü, haritayı, mahrekini, pusulayı, yolunu, zihni)** ~ Zu 3: **Beni görünce şaşırdı.** Er war ganz verdattert, als er mich sah. Zu 4: **Bunların hepsi şaşırmış!** Die spinnen ja alle! *(F)*
şaşırtıcı verwirrend, verblüffend
şaşırtma Vs. zu **şaşırtmak;** ~ **manevrası** *mil.* Ablenkungs-, Täuschungs-manöver *n*
şaşırtmaca 1. Täuschungsmanöver *n* 2. Vexier-, Such-bild *n* 3. Vexier-, Geduld-, Puzzle-spiel *n* 4. Schnellsprechübung *f*, Zungenbrecher *m*
şaşırtmak 1. j–n durcheinanderbringen, irremachen 2. *mil.* täuschen 3. *agr.* (Stecklinge usw.) aus-, um-pflanzen; pikieren 4. s. **şaşkına dönmek**
şaşka Schaschka *m* (*fr.* langer, gekrümmter russischer Kavalleriesäbel ohne Korb mit hölzerner Scheide)
şaşkaloz *V* schielend, Schielender; (dial.:) Scheelguckel *m*
şaşkın 1. *selt.* in e–m Irrtum befangen 2. verblüfft, verwirrt, verdattert, verdutzt, wer die Fassung verloren hat 3. dumm, einfältig; blöder Kerl; *F:* Spinner *m* 4. *lit.* L'Etourdi (Molière) ~ **bir halde** vollkommen kopflos **-a çevirmek** j–n völlig aus der Fassung bringen **-a** (*od. F* ~ **tavuğa**) **dönmek** ganz ratlos (verdattert) dastehen, völlig den Kopf verlieren
şaşkınca ganz verblüfft (verdattert)
şaşkınlaş(tır)mak s. **şaşkına dönmek** (*bzw.* **çevirmek**)
şaşkınlık 1. *selt.* Befangensein *n* (in e–m Irrtum) 2. Verwirrung, Rat-, Kopflosigkeit *f* 3. Dummheit, Einfältigkeit *f*
şaşmak, (-ar) 1. (m. Dat.) verwundert (verblüfft, erstaunt) sein, sich (ver-)wundern; staunen; nicht begreifen können 2. (m. Abl.) (in neg. od. interr. Sätzen) a) abgehen, sich abbringen lassen (von) b) abweichen, unrichtig sein, nicht eintreffen 3. (m. Akk.) s. **şaşırmak** (1, 2) Zu 1: **İşin bu şekle dökülmesine şaştım.** Ich war erstaunt, daß die Sache diese Form annahm. **Şaşacak şey** s. **Şaşılacak şey;** s. a. **şaşakalmak** Zu 2a: **O bildiğinden şaşmaz, boşuna nefes tüketmeyin!** Er läßt sich nun einmal nicht davon abbringen, und wenn ihr euch den Mund fusselig redet! Zu 2b: **Benim saatim hiç şaşmaz.** Meine Uhr geht auf die Minute genau. **Bu mütehassısın dedikleri asla şaşmaz.** Die Voraussagen dieses Fachmannes treffen stets ein. Zu 3: **yolunu (gününü)** ~ s. **yolunu (gününü) şaşırmak**
şat (I), **-ttı** (*franz.* **chatte**) (*spez.* im Hafen von Izmir gebr.) flacher Lastkahn; Prahm *m*, Zille *f*
şat (II) s. **şad**
şat (III), **-ttı** 1. *va.* großer Fluß; Strom *m* 2. ≗ *va.* Tigris *m* *Dicle
şataf *va.* Schrägkante *f* *pah
şatafat, -tı äußere Aufmachung; Glanz, Prunk *m*, Pracht *f*, wunderbarer Schmuck
şatafatlı mit viel äußerer Aufmachung, glänzend ausstaffiert, prunkvoll, prächtig geschmückt
şathiyat, -tı [··–] *z. va. Pl. lit.* Scherze, Späße, Satiren, Witze *pl.*, Humor *m*
şathiyatçı [··–·] *z. va.* Humorist, Satiriker *m*
şathiye 1. *lit.* humorvolles od. satirisches Gedicht 2. *(Mystik)* unzusammenhängende Worte (in der Ekstase)
şatıh, -thı *lit.* 1. humorvolle od. satirische Gestaltung e–s ernsten Gedankens 2. s. **şathiye**
şatiye [–·–·] s. **uzunayaklıgiller**
şatır [ā] 1. *va.* lustig, heiter, fröhlich, vergnügt *şen, şakrak, şetaretli 2. *hist.* ein Diener, der neben dem Pferd e–s im Gefolge des Sultans befindlichen höheren Offiziers einherzugehen hatte
şato (*franz.* **château**) [×·] Schloß *n*, Palast *m*, *gel. a.* Burg *f*
Şatobriyan 1. *n.pr.* Chateaubriand (franz. Schriftsteller) 2. ≗ gebratenes Rinderfilet
şatranç s. **satranç**
Şattülarap, -bı *n.pr.* Schatt el-Arab (die vereinigten Flüsse Tigris und Euphrat bei der Mündung)
şatu flaches Dach; Terrasse *f*
şavalya [·×·] Kohlenkiepe *f*
şavk, -kı *dial.* Licht *n* *ışık **-a karşı** s. **gündüz niyetine**
Şavşat *n.pr.* O. u. D. im Rbz. Artvin
şavt, -tı *rel.* Umlauf *m* des Mekkapilgers um die Kaaba
şavul *P* für **şakul**
şavullamak 1. für **şakullemek** 2. (bir işi) eilig und oberflächlich erledigen
şayak Rasch *m* (grober, stapazierfähiger Wollstoff)
şayan [––] wert, würdig, verdienend (*Anm.* Die ält. Izafetkonstruktion **şayanı-** wird heute gern durch e–e Dativkonstruktion mit ~ *od.* **değer** ersetzt.) **-ı dikkat; dikkate** ~ (*od.* **değer**), *selt.* **dikkatdeğer** bemerkenswert, beachtlich **-ı gıpta** beneidenswert **-ı hayret** erstaunlich *şaşılacak **-ı hürmet** (*od.* **ihtiram**) ehrenwert, verehrungswürdig **-ı ibret** warnend, lehrreich **-ı imtisal** *va.* nachahmenswert, vorbildlich **-ı istihkar** verachtenswert, verächtlich **-ı istihkar olmayan** nicht zu verachtend **-ı itimat** vertrauenswürdig, zuverlässig *güvenilir, güvenilecek **-ı kabul** die Annahme verdienend, einleuchtend (z.B. Vorschlag) **-ı kayıt; kayda** ~ (*od.* **değer**) bemerkenswert, beachtlich, hervorzuheben (**Bilhassa şurası -ı kayıttır ki ...** Besonders hervorzuheben ist die Tatsache (der Umstand), daß ...) **-ı memnuniyet** zufriedenstellend *memnuniyet verici **-ı merhamet** erbarmungswürdig, Mitleid verdienend *acınacak **-ı nefret** verabscheuungswert **-ı sena** lobenswert **-ı şefkat** bemitleidenswert (z.B. Lage) **-ı şükran** dankenswert **-ı takdir** schätzenswert, dankenswert **-ı tavsiye** empfehlenswert **-ı tebcil** *z. va.* ehrenwert, dankenswert (z.B. Handlung) **-ı tebrik** wer e–e Gratulation verdient (**Bu muvaffakıyetten dolayı cidden -ı tebriksiniz.** Zu diesem Erfolg kann man Ihnen wirklich gratulieren.) **-ı teessüf** (*od.* **teessür**) beklagenswert, bedauernswert, schade *esefe şayan **-ı temaşa** sehenswert **-ı temenni** wünschenswert, begrüßenswert **-ı tercih** den Vorzug verdienend, vorzuziehen(d)
şayeste [ā] *va.* s. **şayan**

şayet [x·] wenn etwa, falls, für den (wenig zu erwartenden) Fall, daß ...; sollte etwa ... ~ **gelmeyecek olursanız** Falls Sie nicht kommen sollten ...

şayi, -ii [ā] 1. umlaufend, verbreitet (Gerücht) 2. nicht aufgeteilt; gemeinsam Zu 1: ~ **olan haberler** umlaufende Gerüchte *pl.* Zu 2: s. **hisseişayia;** ~ **mülkiyet** s. **müşterek mülkiyet**

şayia [–··] Gerücht *n* ~ **tellallığı etmek** ein Gerücht verbreiten, Gerüchte ausstreuen **-lar uçurmak** Gerüchte ausstreuen

şayiacı [–···] Gerüchteverbreiter(-in *f*) *m*

şayiacılık [–····] Verbreitung (Ausstreuung, Aussprengung) *f* von Gerüchten

şayian [x··] *va. Adv.* mit anderen zusammen; gemeinsam (z.B. ein Haus besitzen) ~ **tasarruf** s. **müşterek mülkiyet**

şayiat, -tı [–·–] *va. Pl.* zu **şayia**

şayka [×·] *fr.* auf dem Schwarzen Meer verwendetes kleineres Schiff mit einigen Kanonen und e–r Besatzung von ca. 50 Mann

şayner *phot.* Scheiner *m* (Maßzahlen für die Lichtempfindlichkeit e–s Films)

şaz, -zzı [–] 1. unregelmäßig, Ausnahme- 2. Ausnahme *f* Zu 2: **Bu, bir** ~ **teşkil eder.** Dies bildet e–e Ausnahme von der Regel. ~ **olarak** ausnahmsweise, gegen die Regel

Şazeliye *rel.* Name e–s Derwischordens

Şazenuş [–·–] *n.pr.* s. Stw. **Ashabı Kehf**

şe Name bzw. Lautung des Buchst. Ş

şeamet, -ti [ā] schlechte Vorbedeutung, böses Zeichen; Unstern *m* *uğursuzluk ~ **baykuşu** Unglücksvogel *m*

şeametli [ā] von schlimmer Vorbedeutung, unheilvoll, ominös, unter e–m Unstern stehend, unglück-bringend, -selig

şeb s. **şep**

şebabet, -ti [ā] *va.* Jugend(-zeit) *f* *gençlik

şebap, -bı [ā] *va.* s. **şebabet**

şebbaz [ā] *va.* Karagöz-Spieler *m*

şebboy Levkoje *f bot.* Matthiola (livida u.a.)

şebboyluk mittelgroßer Blumentopf (oben 15 cm Durchmesser)

şebeh s. **şibih**

şebek 1. Bärenpavian, Tschakma *m zo.* Papio porcarius *çakma 2. *fig.* häßlicher und dreister Mensch 3. *naut.* Schebecke *f* (mehrmastiges Mittelmeerfahrzeug mit langem, schmalem Achterschiff)

şebeke 1. *selt.* Netz *n* *ağ 2. *fig.* (Telephon-, Straßenbahn-, Eisenbahn- usw.)Netz *n* 3. Studenten- od. Schüler-ausweis *m* (für verbilligte Fahrten usw.) 4. *fig.* (Verbrecher-, Räuber-, Diebes-, Gangster- usw.)Bande *f* 5. Gitter(-werk) *n spez.* Grabgitter *n*

şebekî *z. va.* netzförmig, Netz- *ağsı

şebekiye [··–·] Muscharabie *f* (*spez.* in Ägypten)

şebeş *dial.* Trense *f*, Halfter *m, n*

Şebinkarahisar *n.pr.* Städtchen u. D. im Rbz. Giresun

şebistan [ā] *va.* 1. Frauengemächer *pl.* *harem dairesi 2. Raum *m*, Zimmer *n spez.* Schlafzimmer *n* 3. Ort *m*, wo das Abendgebet verrichtet wird

şebiyelda s. Stw. **şep**

şebnem 1. *va.* Tau *m* *çiy 2. ≗ *wV*

şebrek Rainkohl *m bot.* Lapsana communis

şecaat, -ti [·–·] *va.* Mut *m*, Tapferkeit, Kühnheit *f* *cesaret, yiğitlik

şecaatli [·–··] *va.* mutig, tapfer, kühn *cesur, yiğit

şecer *va.* Baum *m* *ağaç; **-i ketira** s. **geven; -i mışmış** s. **kayısı ağacı; -i remman** s. **nar ağacı; -i Süleyman** s. **Lübnan sediri; -ülhür** s. **kavak ağacı**

şecere 1. *va.* (einzelner) Baum 2. Stammbaum *m*, Ahnenreihe *f* *silsilename, soyağacı **-i hayat** s. **hayat ağacı**

şecereci Ahnenforscher, Genealoge *m*

şecereli 1. mit langer Ahnenreihe, aus altem Geschlecht 2. *mel.* berühmt 3. *pej.* berüchtigt

şeceristan [ā] *va.* Wald, Hain *m* *orman

şeci, -ii [ī] *va.* mutig, tapfer, kühn *cesur, yiğit

şed s. **şet**

şedait, -di [ā] (*va. Pl.* zu **şedide**) Widerwärtigkeiten, Unannehmlichkeiten, Unbilden (z.B. der Witterung) *pl.*

şedaraban [···–] (*a.* **şeddi araban**) e–e elegische Tonfolge in der türk. Musik

şeddadî *va.* riesig, kolossal (Gebäude)

şedde Verdoppelungszeichen *n* (für Konsonanten in der ar. Schrift) *teşdit ~ **belirlemesi** Geminationsschreibung *f* (z.B. **hissetmek, zannetmek** gegenüber **his, zan**)

şeddeli 1. mit Verdoppelungszeichen geschrieben (Konsonant in der ar. Schrift) 2. gedehnt (Konsonant) ~ **eş(ş)ek** *hum.* Esel *m* im Quadrat, ausgemachter Dummkopf

şedide [ī] *va.* 1. *med.* Trauma *n*, Stoß, Schock *m*, Gewalteinwirkung *f* 2. Widerwärtigkeit, Unannehmlichkeit *f;* schweres Unglück

şedidüşşekime [·–··–·] *va.* widerstandsfähig, von fester Haltung, unnachgiebig, eigenwillig

Şedir *astr.* der Stern Alpha im Sternbild der Kassiopeia

şedit, -di [–] *va.* s. **şiddetli**

şedövr (*franz.* **chef-d'œuvre**) *selt.* Meisterwerk *n*, großes Kunstwerk *şaheser

şef (*franz.* **chef**) 1. Führer *m; pr.* Atatürk *bzw.* İnönü 2. Chef, Leiter, Vorstand *m*, Vorgesetzter 3. Kapellmeister, Dirigent *m* *şefdorkestr Zu 1: s. **Ebedî** ≗; vgl. a. **Millî** ≗ Zu 2: s. **büro (istasyon) -i;** ~ **değneği** *mus.* Taktstock *m* ~ **kürsüsü** *mus.* Dirigentenpult *n* ~ **orkestra** (*selt.* u. von Puristen beanstandet) s. **-dorkestr; orkestra -i**

şefaat, -ti [·–·] Fürsprache, Fürbitte *f* ~ **etmek** (b–ne) Fürbitte einlegen (für)

şefaatçi [·–··] Fürsprecher(-in *f*) *m*, Fürbitter(-in *f*) *m*

Şefaatli *n.pr.* O. u. D. im Rbz. Yozgat

şefbagaj (*franz.* **chef de bagages**) Packmeister *m* (bei der Eisenbahn)

şefdorkestr (*franz.* **chef d'orchestre**) Kapellmeister, Dirigent *m* *orkestra şefi

şefdögar (*franz.* **chef de gare**) Bahnhofsvorsteher *m* *istasyon şefi

şefdötren (*franz.* **chef de train**) s. **şeftren**

şefe *va.* 1. Lippe *f* *dudak 2. *fig.* Rand *m* *kenar

şefevî *va.* 1. die Lippen betreffend, Lippen-, labial 2. (*a.* ~ **samit**) s. **dudak ünsüzü**

şefeviye [ī] s. **ballıbabagiller**

şeffaf [ā] durch-sichtig, -scheinend, transparent *saydam **gayri** ~ undurchsichtig, opak *saydamsız

şeffafımsı ziemlich durchsichtig

şeffaflık [ā] Durchsichtigkeit, Transparenz *f* *saydamlık

şefgarson (*Neubildung:* **chef-garçon**) Oberkellner *m*

şefi, -ii [ī] *va.* 1. s. **şefaatçi** 2. wer das Vorkaufsrecht **(şuf'a hakkı)** hat *yeğ-alıcı, -ön-alıcı

şefik, -kı [ī] 1. gütig, liebevoll, zärtlich, mitleidig, teilnahmsvoll *müşfik, şefkatli 2. ≗ [×·] *mV* **Şefika** [×··] *wV*

şefkat, -ti Liebe und Güte *f* (*spez.* der Eltern) Zärtlichkeit *f*, Mitleid *n*, Anteilnahme, Freundlichkeit, Mildtätigkeit, Barmherzigkeit *f* *sevecenlik ~ **çiçeği** s. **muhabbetçiçeği** (2); ≗ **Nişanı** *fr.* von Abdülhamit II. gestifteter, nur an Frauen verliehener Orden ~ **pulları** *philat.* Wohltätigkeitsmarken *pl.*

şefkatli 1. gütig, liebevoll, zärtlich, mitleidig, teilnahmsvoll

*müşfik, sevecen 2. *(osm. Briefstil)* Titul. der Mutter durch den Sohn
şefkatsiz ohne Liebe und Güte, gefühllos, lieblos
şefkatsizlik fehlende Liebe und Güte; Gefühl-, Lieb-losigkeit *f*
şeflik, -iği 1. Führung *f*, Führertum *n* 2. *pr.* Atatürks Staatsführung *f* 3. Rang *m*, Stellung *f*, Aufgaben *pl.* e–s Chefs (Vorstandes, Vorgesetzten usw.) Zu 2: ~ **devrinde** zu Atatürks Regierungszeit Zu 3: **Berlin'de orkestra -i etti.** In Berlin war er als Dirigent tätig.
şeftali [ā] 1. Pfirsich *m* 2. *fig.* Kuß *m* ~ **ağacı** Pfirsichbaum *m bot.* Prunus persica ≗**nin olmuşlarını toplayıp hamlarını meydana attılar.** *(türk. Mf.)* Sie liebten sich ohne Ende.
şeftren (*franz.* **chef de train**) Zugführer *m* (bei der Eisenbahn)
şegaf s. **şigaf**
şehadet(-name) s. **şahadet(-name)**
şehamet, -ti [ā] *va.* Mut *m*, Tapferkeit, Kühnheit *f* *cesaret, yiğitlik
şehametli [ā] 1. *va.* mutig, tapfer, kühn *cesur, yiğit 2. (*a.* **şehametlü**) (offizielle Titul. des Schahs von Persien:) ≗ **Iran Şahı Hazretleri** Seine Majestät der Schah von Persien
şehap s. **şahap**
şehbal, -li [ā] 1. *va.* Flügel *m*, Schwinge *f*, Schwungfeder *f* *kanat 2. ≗ *wV*
şehbaz s. **şahbaz**
şehbender *z. va.* Konsul *m* *konsolos ~ **vekili** *z. va.* Vizekonsul *m*
şehbenderhane [ā] *z. va.* 1. Konsulatsgebäude *n* 2. konsularische Vertretung; Konsulat *n* *(1, 2) şehbenderlik, konsoloshane, konsolosluk
şehbenderlik *z. va.* 1. s. **şehbenderhane** 2. Amt *n*, Würde *f*, Aufgaben *pl.* e–s Konsuls
şehbeyt s. **şahbeyt**
şehdiye *fr.* größeres Segelschiff (*spez.* zum Transport von Bauholz) *çitiha
şehevî sinnlich, wollüstig, geil *kösnül
şehevîlik Sinnlichkeit, Wollust *f*
şehik, -kı [ī] 1. *biol.* Einatmen *n*, Einatmung *f* *soluk alma 2. s. **hıçkırık**
Şehinşah [ā] „König der Könige": 1. Titel des Schahs von Persien 2. *selt.* Gott Zu 1: **Iran -ı** der Schah von Persien
şehir (I), **-hri** Stadt *f* ~ **çekirdeği** Stadtkern *m*, Altstadt *f* ~ **haberleri** *(Zeitung):* Lokales ~ **halkı** Stadtbevölkerung *f* ~ **kırlangıcı** s. **pencere kırlangıcı;** ~ **meclisi** Stadtrat, Magistrat *m* ~ **mimarlığı** s. **şehircilik;** ~ **mütehassısı** Fachmann *m* für Städtebauwesen, Städtebauer *m* *şehirci, ürbanist ~ **takımı** *(Sport)* Städtemannschaft *f* ≗ **Tiyatrosu** *n.pr.* Städtisches Theater (in Istanbul) (*fr.*: bis 1934 **Darülbedayi**); ~ **uşağı** in der Stadt geboren und aufgewachsen **-lere nüfus akımı** Zustrom *m* zur Stadt; Landflucht *f*
şehir (II), **-hri** *va.* Monat *m* *ay **-i mart** *va.* Monat *m* März
şehîr *va.* berühmt *meşhur, şöhretli
şehirci s. **şehir mütehassısı**
şehircilik Städtebau(-wesen *n*) *m* *ürbanizm
şehirdışı, -nı Vorort *m* (e–r Stadt)
şehirlerarası, -nı Städte- ~ **boks müsabakaları** Boxkämpfe *pl.* zwischen Vertretern verschiedener Städte, Städteboxkämpfe *pl.*
şehirleşme Verstädterung *f*
şehirli 1. Städter(-in *f*) *m* 2. städtisch, Stadt- ~ **çocuk** Stadtkind *n*
şehirlileşmek zum Städter werden; verstädtern

şehislâm s. **şeyhülişlâm**
şehit, -di *urspr.* [ī] Märtyrer, Blutzeuge *m;* auf dem Feld der Ehre Gefallener; in Erfüllung seiner Berufspflichten Getöteter ~ **düşmek (gitmek, olmak)** 1. auf dem Feld der Ehre fallen 2. in Erfüllung seiner (Berufs-)Pflichten den Tod finden ~ **etmek** töten, zum Märtyrer machen **-i bâde** *hum. va.* Opfer *n* des Alkohols
şehitlik, -iği 1. Tod *m* auf dem Schlachtfeld od. bei Ausübung e–r Berufspflicht 2. Soldaten-, Ehren-friedhof *m* 3. Kriegerdenkmal *n*
şehka *va.* (einzelner) lauter Schrei
şehkâr *va.* Haupt-, Meister-werk *n* (e–s Schriftstellers)
şehlâ 1. *(im Ar.)* bläulich-grau (Auge) od. mit bläulichgrauen Augen (Person) 2. leicht schielend ~ **bakışlı** (*od.* **gözlü**) s. **şehlâ** (2)
şehname [ā] 1. dichterische Darstellung der Geschichte von Herschern 2. ≗ *spez.* Königsbuch *n* (pers. Nationalepos von Firdevsi)
şehnameci [ā] Dichter-Historiograph *m*
şehnaz [ā] 1. e–e melod. Weise in der türk. Musik 2. ≗ *wV*
şehnişin s. **şahnişin**
şehper s. **şehbal**
şehrah [ā] *va.* 1. Königsweg *m*, Land-, Heer-straße *f* 2. Prachtstraße *f*
şehrayin [·––] *va.* festliche Beleuchtung (e–r Stadt), Illumination *f* (anläßlich e–r Gedenkfeier) ~ **etmek** *va.* illuminieren
Şehrazat Sultan *n.pr.* Scheherazade (1001 Nacht)
şehremaneti, -ni [ā] *fr.* Stadtverwaltung *f* (von Istanbul od. Ankara) *belediye
şehremini, -ni 1. *fr.* Oberbürgermeister *m* (von Istanbul od. Ankara) *belediye reisi 2. ≗ *n.pr.* Stadtteil von Istanbul
şehreminliği, -ni T. von **şehremaneti**
şehrî (I) *va.* 1. städtisch *şehirli 2. in Istanbul geboren und aufgewachsen 3. vornehm, elegant 4. **Şehri** [×·] *mV*
şehrî (II) *va.* monatlich, Monats- *aylık; s. a. **muhassasatı şehriye**
şehriyar [ā] *va.* Herrscher, König, Kaiser *m*
şehriyarî [·––] *va.* königlich, kaiserlich
şehriye Suppenteigwaren, Fassonnudeln *pl.;* s.a. **arpa (tel, yıldız)** ~; ~ **çorbası** Nudelsuppe *f*
şehsüvar s. **şahsüvar**
şehtane [ā] 1. große Perle 2. Hanfsamen *m*
şehtiye s. **şehdiye**
şehvanî [·––] s. **şehevî**
şehvaniyet, -ti [ā] *va.* s. **şehvet**
şehvar [ā] *va.* 1. e–s Königs würdig 2. große Perle
şehvet, -ti fleischliche (sinnliche) Lust, Sinnlichkeit, Lüsternheit, Wollust *f*, sinnliche Begierde, Geilheit *f* *kösnü ~ **damarları kabarmak** sinnliche Begierde empfinden
şehvetengiz [ī] *va.* Lust (Appetit, Begierde) erregend, sinnlich aufreizend, aphrodisisch
şehvetli sinnlich, wollüstig, geil *kösnücül
şehvetperest, -ti sinnlich veranlagt, der Wollust frönend, wollüstig, geil, lüstern, unzüchtig
şehvetperestlik 1. Lüsternheit, Geilheit *f* 2. unzüchtiges Verhalten
şehzade [ā] 1. orient. Prinz, Königssohn *m* 2. ≗ **(camii)** *n.pr.* Prinzenmoschee *f* (in Istanbul; Frühwerk von Sinan)
Şehzadebaşı [·–··] *n.pr.* Stadtteil in Istanbul
şehzadegân [·–·–] *va. Pl.* zu **şehzade**
şein, -e'ni *va.* 1. Sache, Angelegenheit *f* 2. Vorfall *m*, Ereignis *n*
şek, -kki Zweifel *m*, Ungewißheit *f* *şüphe **Hiç ~ ve şüphe**

yok. Es steht außer allem Zweifel. Es unterliegt keinem Zweifel.

şekaik s. **şakayık**

şekaikiye [ā] s. **denizşakayıkları**

şekavet, -ti [ā] 1. (Straßen-)Raub *m*, Räuberei *f* 2. *va.* Übeltat *f* 3. *va.* Unglück *n*

şeker 1. Zucker *m* Zuckerware, Süßigkeit *f spez.* Bonbon *m, n* 3. lieb, nett, süß, wunderbar, fein Zu 2: s. **badem -i** Zu 3: ~ **kardeşim!** mein lieber Freund! ~ **ağacı** Zuckerpalme *f bot.* Arenga saccharifera ~ **akçaağacı** Zucker-Ahorn *m bot.* Acer saccharum ~ **asidi** *fr.* Bez. für **asit oksalik;** ≗ **bayramı** isl. Zuckerfest *n* (unmittelbar nach dem Fastenmonat Ramazan) *ramazan bayramı ~ **çiğnemek** s. Stw. **çiğnemek;** ~ **darısı** Zuckerhirse *f bot.* Sorghum saccharatum *sorgun ~ **fabrikası** Zuckerfabrik *f* ~ **gibi** 1. zuckersüß 2. *fig.* zum Anbeißen schön, wunderschön, großartig ~ **hastalığı** Zuckerkrankheit *f*, Diabetes *m* *diyabet ~ **hastası** zuckerkrank, Diabetiker(-in *f*) *m* ~ **hokkası** Zuckerschale *f* ~ **kellesi** Zuckerhut *m* ~ **kestirmek** Zucker läutern ~ **koymak** Zucker hinein-tun, -geben, dazutun; zuckern ~ **lokumu** *fr.* e–e Art leichtes Gebäck (aus Mehl, Butter und Zucker) ~ **maşası** Zukkerzange *f* ~ **mısırı** Zuckermais *m bot.* Zea saccharata ~ **pancarı** Zuckerrübe *f bot.* Beta vulgaris subsp. rapa altissima ~ **pekmezi** Melasse *f* ~ **pembesi** lebhaftes, leuchtendes Rosarot ~ **şerbeti** Zuckerlösung *f* **-im** (Kosewort *spez.* in der Frauensprache) mein Liebling! mein Süßes! **-ler** Zuckerwerk *n*, Zuckerwaren *pl.* (einschließlich Gelee, Konfitüre usw.)

şekerci 1. Zucker-fabrikant, -verkäufer *m* 2. Süßwaren-fabrikant, -verkäufer *m* ~ **dükkânı** Süßwarengeschäft *n*, Konditorei *f*

şekerciboyası, -nı (otu) gemeine Kermesbeere *bot.* Phytolacca (decandra) *Amerika üzümü

şekerciboyasıgiller Kermesbeergewächse *pl. bot.* Phytolaccaceae *fitolakasiye

şekercilik 1. Zucker-industrie *f*, -handel *m* 2. Herstellung *f* und Verkauf *m* von Süßigkeiten

şekerdan(-lık) [ā] s. **şekerlik**

şekergevrek ayvası e–e birnenförmige Quittenart

şekerkamışı, -nı Zuckerrohr *n bot.* Saccharum officinarum *kasabı sükker

şekerleme 1. Vs. zu **şekerlemek** 2. Süßware *f*, Bonbon *m, n*, kandierte Frucht 3. kurzer, leichter Schlaf; Schläfchen, Nickerchen *n* ~ **kestirmek** (*od.* **yapmak**) ein Nikkerchen machen **-ye varmak** einnicken, ein Schläfchen halten

şekerlemeci Süßwaren-hersteller, -händler *m*

şekerlemecilik Süßwaren-herstellung *f*, -handel *m*

şekerlemek (über-)zuckern, versüßen, kandieren

şekerlenmek 1. Pass. zu **şekerlemek** 2. *intr.* in Zucker übergehen, Zuckerkrusten bilden (z. B. Konfitüre)

şekerleşmek 1. zu Zucker werden, in Zucker übergehen 2. *fig.* die Höflichkeit selber werden, besondere Höflichkeit an den Tag legen 3. *fig.* wunderbar schön und liebenswert werden

şekerli 1. mit Zucker, gezuckert, süß 2. (*a.* ~ **hasta**) s. **şeker hastası** 3. **-ler** *Pl.* s. **şekerler;** ~ **çörek** süßes Gebäck ~ **kahve** süßer (gesüßter) Kaffee; Kaffee *m* mit Zucker

şekerlik 1. Aufbewahrungsgefäß *n* für Zucker *spez.* Zukkerdose *f* *şekerdan(-lık) 2. woraus Zucker gewonnen werden kann

şekerpare [ā] 1. *urspr.* Stück *n* Zucker 2. ein mit Zukkerlösung übergossenes süßes Gebäck 3. sehr süße Aprikosen- od. Pfirsich-art 4. beste Qualität **pastırma**

şekerrenk [··×], **-gi** 1. *urspr.* ins Gelbliche spielend (Farbe) 2. *fig.* getrübt, nicht mehr so herzlich wie früher (Beziehung, Freundschaft usw.)

şekersi zucker-artig, -förmig, -körnig

şekersiz 1. ungesüßt 2. nur wenig Zucker enthaltend; wenig gesüßt

şekil, -kli 1. Form, Gestalt *f* *biçim, form 2. Figur, Abbildung, Zeichnung *f* *resim 3. Form *f*, Art und Weise *f* 4. *math.* Figur *f* *biçim 5. *mil.* Formation *f* 6. *log.* Form *f* des Schlusses 7. *va.* Gesichtsausdruck *m*, Erscheinung *f* Zu 1: **Arzın -i yuvarlaktır.** Die Erde hat (eine) runde Form. **-i zâhirî** *z.va.* äußere Form **bir -e girmek** Form und Gestalt gewinnen **bir -e koymak** (*od.* **sokmak**) Form und Gestalt gewinnen lassen, et. irgendwie fertigbringen **-e riayeten** der Form halber Zu 2: **Kitapta birçok -ler var.** In dem Buch sind viele Abbildungen. Zu 3: **Bu -de hareket doğru değildir.** Diese Handlungsweise ist nicht richtig. ~ **almak** sich gestalten, Form gewinnen ~ **birliği** s. **şekildeşlik;** ~ **bozukluğu** *med.* Mißbildung, Deformation *f* ~ **unsuru** *ling.* Morphem *n* ~ **ve şemail** Äußeres; Aussehen *n* ~ **vermek** formen, gestalten **-de noksanlık** *jur.* Formfehler *m* **-e bağlı akitler** *jur.* formgebundene Verträge *pl.* **-ini değiştirmek** umformen, umwandeln, transformieren *dönüştürmek, istihale ettirmek

şekilbilim(-sel) s. **morfoloji(-k)**

şekilci(-lik) s. **biçimci(-lik)**

şekildeğişimcilik s. **transformizm**

şekildeğişimi, -ni Umformung, Umwandlung, Transformation *f* *dönüşüm, tebdili şekil

şekildeş(-lik) s. **biçimdeş(-lik)**

şekillendirmek formen, gestalten, bilden

şekillenmek Form und Gestalt gewinnen, sich formen (gestalten, herausbilden)

şekilli 1. geformt, gestaltet 2. von nb. Gestalt 3. mit Abbildungen 4. von nb. Art, in der Form von ...

şekillilik (in Füg. wie:) **çok** ~ Vielzahl *f* der Formen; Formenreichtum *m*

şekilperest, -ti 1. Formalist *m* 2. formalistisch

şekilperestlik formalistische Einstellung; Formalismus *m*

şekilsiz 1. formlos, ohne feste Form 2. häßlich, mißgestaltet 3. *chem., phil.* amorph *bişekil 4. ohne bildliche Darstellungen

şekilsizlik 1. Formlosigkeit *f*, Fehlen *n* e–r festen Form 2. Häßlichkeit, Mißbildung *f* 3. Fehlen *n* bildlicher Darstellungen

şekime [ī] *va.* 1. s. **gem** 2. *fig.* Widerstand(-skraft *f*) *m*, Entschlossenheit *f* Zu 2: s. **şedidüşsekime**

şekip, -bi [ī] 1. *va.* Geduld *f* 2. ≗ [×·] *mV* **Şekibe** [×··] *wV*

şeklen [×·] *Adv.* 1. der Form (der Figur, dem Aussehen, Äußeren) nach 2. scheinbar (*scil.* in Wirklichkeit aber ...)

şeklî formal, formell ~ **hedef** *mil.* formales Ziel ~ **kaziyei muhkeme** *jur.* formelle Rechtskraft ~ **suç** *jur.* Formaldelikt *n*

şekliyat, -tı [ā] Morphologie *f* *morfoloji, şekilbilim ~ **unsuru** *va.* s. **morfem**

şekliyye *va.* s. **biçimcilik**

şekör s. **seyker**

Şekspir *n.pr.* Shakespeare

Şekspirci Shakespeareforscher *m*

şekva [ā] Klage, Beschwerde *f*; Äußerung *f* der Unzufriedenheit *sızıltı, şikâyet ~ **etmek** 1. seine Unzufriedenheit äußern; klagen, murren 2. (b–den b–ne) sich über j–n bei j–m beschwerden (beklagen)

şekvacı *va.* s. **şikâyetçi**

şelak, -kı [×·] Schellack *m* *gomalaka

şelâle Wasserfall *m*, Kaskade *f* *çavlan

şelel *an.* Fleck *m* *benek **-i asfar** s. **sarı benek; -i intaşiye** s. **çimlenme beneği; -i sem'î** s. **işitme beneği**

şeleme *Th.* Aussprache *f* des „s" als „ş" od. „u" (Zischeln *n*)
şelf *geogr.* Schelf *m, n,* Kontinentalsockel *m* (Flachseegürtel um Landmassen)
Şelyak [ā] s. **Çalgı** (7); ≗ **kuşu** s. **lir kuşu**
şem, -mmi *biol.* 1. Riechen *n* *koklama 2. s. **şamme**
şema [×·] 1. Schema *n* 2. Modell *n* 3. Plan *m,* Zeichnung, Skizze *f,* Diagramm *n*
şem'a s. **şama**
şemacı schematisch denkend (handelnd, arbeitend usw.), schematisierend
şemacılık Schematismus *m* ~ **zihniyetiyle** in schematisierender Auffassung
şemail [ā] *va. Pl.* 1. *urspr.* Wesen *n,* Charakter *m* 2. Äußeres, äußere Erscheinung
şemalaştırmak schematisieren
şemame s. **şamama**
şema-tablo (*franz.* **schéma-tableau**) Übersichts-tafel, -tabelle *f*
şematet, -ti [ā] *va.* 1. s. **şamata** 2. Schadenfreude *f*
şematik schematisch
şematize schematisiert ~ **etmek** schematisieren
şematizm Schematismus *m,* Schematisieren *n*
Şemdinli *n.pr.* O. u. D. im Rbz. Hakkâri
şem'î 1. *va.* Kerzen-, Wachs- 2. *va.* Kerzen-zieher, -händler *m* 3. **Şemi** [×·] *mV*
şemigrafi *typ.* Chemigraphie *f* (Metallätzverfahren)
şemme 1. Nasevoll *f* 2 e–e Spur, ein klein wenig, nur etwas, nur das geringste, ein Atom **Onda utanmanın -si da yok.** Er hat nicht das geringste Schamgefühl.
şemmî Geruchs-, olfaktorisch *kokusal
şempanze (*franz.* **chimpanzé**) Schimpanse *m zo.* Pan troglodytes
şems *va.* Sonne *f* *güneş ≗ **suresi** Name der 91. Koran-Sure
şemse 1. Rosette *f* (*fr.* oft als Verzierung auf Buchdeckel) 2. Medaillon *n* (als Stickerei)
şemseli mit ovalem Mittelteil (Teppich)
şemsî 1. die Sonne betreffend, Sonnen- 2. **Şemsi** [×·] *mV* (*a.* als *Verk.* von **Şemsettin**)
şemsiper s. **şemssiper**
şemsiye 1. (Sonnen-, Regen-, Markt-, Garten- usw.)Schirm *m* 2. *gel. mil.* Fallschirm(-hülle *f*) *m* 3. *bot.* Dolde *f* *sayvan 4. s. **günsüler;** ~ **ağacı** japanische Sophore *bot.* Sophora japonica (Zierbaum) *Japon soforası ~ **demiri** *naut.* Pilz-, Schirm-anker *m* ~ **mantarı** Parasol-, Riesenschirm-pilz *m bot.* Lepiota procera ~ **örtüsü** Bespannung *f* (e–s Schirms) ~ **palmiye** Fächer-, Schirm-palme *f bot.* Livistona (chinensis u.a.)
Şemsiye *n.pr.* ein Zweig des Halvetiye-Ordens
şemsiyeci Schirm-fabrikant, -händler, -flicker *m*
şemsiyecilik Schirm-fabrikation *f,* -handel *m,* -flickerei *f*
şemsiyeli mit Schirm ~ **tenvir bombaları** *mil.* Fallschirm-Leuchtbomben *pl.*
şemsiyelik 1. zur Herstellung von Schirmen geeignet 2. Schirmständer *m*
şemssiper 1. Mützenschild *n* 2. Kopf- od. Nacken-schutz *m* (gegen Sonne)
Şemsun *n.pr.* Simson (Bibel) *Samson
şemşahmer *P reg.* Sonnenblume *f* *ayçiçeği, günçiçeği, günebakan
şemşir s. **şimşir**
Şem'un *n.pr.* Simeon (Bibel)
şen 1. fröhlich, heiter, lustig, munter, aufgeräumt 2. *z. va.* blühend, kultiviert (Land) ~ **adam** fröhlicher Mensch ~ **sesler** muntere Stimmen *pl.* ~ **şakrak** (*od.* ~ **şatır**) lustig, fröhlich, aufgeräumter Stimmung ≗ **ve esen kalın!** (Abschiedsgruß) Alles Gute! Bleiben Sie gesund und munter!
şe'n s. **şein**
şenaat, -ti [·–·] *va.* Gemeinheit, Niedertracht, Schändlichkeit, Abscheulichkeit *f,* gemeine (niederträchtige, abscheuliche) Handlung
şenaj (*franz.* **chaînage**) Vermessung *f* (mit der Meßkette)
şenayi, -ii [ā] *va. Pl.* zu **şenia**
şencar [ā] *va.* s. **havacıva (otu)** (1)
şendere 1. Furnier *n,* Furnitur *f* 2. (Faß-)Daube *f* 3. e–e Abart der Streifenbarbe **(tekir balığı)**
şenelmek *P* 1. s. **nüfuslanmak** 2. sich entwickeln, wachsen, gedeihen (Pflanze)
şengil; sengül 1. *dial.* angenehm plaudernd 2. ≗ *wV; Fn*
şeni, ii [ī] gemein, niederträchtig, schändlich, abscheulich, verwerflich
şe'nî *va.* real, wirklich, tatsächlich, gegeben *gerçek
şenia [ī] gemeine (niederträchtige, abscheuliche, verwerfliche) Tat
şe'niyet, -ti *va.* s. **realite, gerçeklik**
Şenkaya *n.pr.* O. u. D. im Rbz. Erzurum
şenlendirmek 1. er-, auf-heitern, aufmuntern, erfreuen, belustigen, fröhlich stimmen 2. beleben, Leben bringen (in), aufleben (aufblühen) lassen 3. *selt.* festlich begehen, feiern (üblicher: kutlamak, tesit etmek)
şenlenmek 1. fröhlich (munter, lustig, heiter, aufgeräumt) werden 2. aufleben, aufblühen (z.B. Stadt)
şenlik 1. Fröhlichkeit *f,* heitere (lustige, aufgeräumte) Stimmung, Frohsinn *m,* Freude *f* *şetaret 2. Illumination, Beflaggung *f,* Festschmuck *m* *donanma 3. *dial.* Volks-belustigung *f,* -fest *n* 4. Bevölkerung, Einwohnerzahl *f* 5. Belebtsein, Leben *n* (z.B. in e–r Gegend) 6. Feier(-lichkeit) *f,* Festival *n* *ihtifal, merasim, tören 7. *V* gegrillte Widderhoden *pl.* ~ **görmemiş** unerfahren, unbeholfen, weltfremd, tolpatschig, ohne gutes Benehmen *görgüsüz, terbiyesiz
şenlikli 1. heiter, fröhlich, freudig, lustig 2. belebt, bevölkert
şenliksiz 1. freudlos, stimmungslos, ohne Fröhlichkeit (Freude, Frohsinn, die richtige Stimmung), still (z.B. Festtag) 2. dünn bevölkert od. unbewohnt
şep, -bi *va.* Nacht *f* *gece **-iarus** *fr.* Gedenkfeier der Mewlewi-Derwische anläßlich des Todestages von Mevlâna **-iyelda** *va.* e–e der (sechs) längsten Winternächte (20.–26. Dezember) 2. *(Diwanlit.)* schönes, langes schwarzes Haar (e–s Mädchens)
şepçırağ *Myth. va.* helleuchtender Edelstein, den das Nilpferd nachts bei sich hat
şephun [ū] *va.* nächtlicher Angriff, nächtliches Blutvergießen
şeprenk, -gi *va.* 1. schwarz wie die Nacht 2. Rappe *m*
şer (I), **-rri** 1. Böses; Übel *n,* Schlechtigkeit, Bosheit *f,* böse Tat *fenalık, kötülük 2. *va.* Streit, Zank *m* **²ine lânet!** *od.* **Allah -inden saklasın!** (*Ra.* bei Ablehnung des Verkehrs mit e–m üblen Burschen) **²ine ninni!** *(Abw.)* Gott bewahre uns vor seiner Bosheit!
şer (II), **-r'i** *va.* s. **şeri** (I)
şer (III) (*franz.* **cher, chère**) in Füg. wie **monşer, maşer**
şer, -şar *Sx.* der Distributivzahlen (bei vokalisch auslautenden Zahlwörtern); s. a. **-er, -ar**
şerafet, -ti 1. Hoheit, Würde *f,* vornehme Abstammung 2. direkte Nachkommenschaft des Propheten Mohammed (über Imam Hasan) *şeriflik 3. Würde *f* e–s Scherifen
şerait, -ti [ā] *Pl.* (Vor-)Bedingungen, Voraussetzungen, Umstände, Verhältnisse *pl.* **Bu** ~ **dahilinde çalışamam.** Bei solchen Verhältnissen kann ich nicht arbeiten. **-i hayatiye** *va.* Lebens-bedingungen, -verhältnisse *pl.* **-i mevkiiye** s. **mevki şartları**
şer'an [×·] *Adv.* nach dem Scheriatsrecht (Religionsgesetz)

şerare [ā] *phys.* Funken *m* *kıvılcım
şeraret, -ti [ā] *va.* s. **fenalık, kötülük**
şerayin [·––] *va. Pl.* zu **şiryan**
şerbet, -ti 1. Scherbett, Sorbett *m, n,* (Fruchtsaft-Erfrischungsgetränk) 2. *allg.* Lösung, Flüssigkeit *f* Zu 2: s. **gübre (kireç) -i;** ~ **gibi** lau, mild (Luft) ~ **içme** *P* Verlobungsfeier *f*
şerbetçi Scherbett-hersteller, -verkäufer *m*
şerbetçilik Scherbett-herstellung *f*, -verkauf *m*
şerbetçiotu, -nu gemeiner Hopfen *bot.* Humulus lupulus *ömer otu, hublon, maya otu ~ **yoncası** s. **sarı yonca**
şerbethane [ā] *fr. hum.* Weinschenke, Kneipe *f* *meyhane
şerbetli 1. (durch e–n Trunk angeblich) gegen Schlangenbiß gefeit 2. zu et. Schlechtem neigend 3. *P* abgebrüht, dickfellig *pişkin Zu 2: s. **yalana** ~
şerbetlik zur Herstellung von Scherbett geeignet (z. B. Früchte)
şerbetsiz 1. ohne Scherbett 2. *agr.* a) ohne Jauche b) ohne Kalklösung 3. nicht gefeit (gegen Schlangenbiß)
şerç, -ci *an.* After, Anus *m* *anus
şercî After-, Anal-
şeref 1. Ehre *f* 2. Ehrenhaftigkeit *f* 3. Achtung, Würde *f* 4. Zierde *f*, Ruhm, Stolz *m* 5. Wert *m* 6. ᘓ *mV, selt. wV* Zu 1: **O** ~ **bana aittir.** Die Ehre ist ganz meinerseits. **Bu, sizin -inizle mütenasip değildir.** Das ist mit Ihrer Ehre nicht vereinbar. ~ **bulmak** 1. geehrt werden 2. im Wert steigen (z. B. Grundstück) ~ **duymak** (bşden) sich et. zur Ehre anrechnen ~ **kazanmak** Ehre gewinnen ~ **kürsüsü** *(Sport)* Sieger-podest *m, n,* -treppchen *n* ~ **mevkii** Ehrenplatz *m* ~ **meydanı** Feld *n* der Ehre, Schlachtfeld *n* ~ **misafiri** (*od.* ~ **konuğu**) Ehrengast *m* ~ **sahibi insan** Mann *m* von Ehre ~ **sözü** Ehrenwort *n* *namus sözü ~ **sözü vermek** das Ehrenwort geben ~ **tribünü** Ehrentribüne *f* ~ **turu** *(Sport)* Ehrenrunde *f* ~ **vermek** (m. Dat.) 1. Ehre machen (z. B. seiner Familie) 2. beehren, besuchen ~ **yeri** Ehrenplatz *m* **-e nail olmak** der Ehre teilhaftig werden, die Ehre haben (**Kendileriyle tanışmak -ine nail oldum.** Ich hatte die Ehre, mit ihm bekannt zu werden.) **ºinize!** Auf Ihr Wohl! Prosit! **ºle!** Habe die Ehre! Auf Wiedersehen!
şerefbahş *va.* Ehre erweisend **Meclisimize** ~ **oldunuz.** Es ist uns e–e hohe Ehre, daß Sie zu unserer Versammlung gekommen sind.
şerefe 1. Galerie *f*, Umgang *m* (an e–m Minarett) 2. *fr.* Brustwehr *f* mit Zinnen (auf e–r Burg)
şerefefza [ā] *va.* s. **şerefbahş**
şerefeli mit **şerefe: üç** ~ **minare** Minarett *n* mit drei Umgängen
şerefiye (städtische) Wertzuwachssteuer *f*
şereflendirmek 1. Ehre erweisen, (be-)ehren 2. mit seinem Erscheinen (seinem Besuch) beehren; besuchen *teşrif etmek 3. im Wert steigen lassen
şereflenmek 1. ge-, be-ehrt werden, Ehre gewinnen 2. im Wert steigen (z. B. Grundstück)
şerefli 1. ehrenvoll (Friede, Aufgabe usw.) 2. ehren-wert, -haft 3. geschätzt, beliebt (z. B. Früchte) ~ **insan** Mann *m* von Ehre
Şereflikoçhisar *n.pr.* Städtchen u. D. im Rbz. Ankara
şerefresan [ā] *va.* s. **şerefbahş**
şerefsâdır (*od.* **şerefsanih**) **olmak** *hist.* erlassen werden (Sultansdekret)
şerefsiz 1. ohne Ehren 2. unwürdig (z. B. Benehmen), ehrlos
şerefsizlik Unehrenhaftigkeit, Unwürdigkeit, Ehrlosigkeit *f*
şerefsudur [···–] *od.* **şerefsünuh** [ū] **etmek** *hist.* erlassen werden (Sultansdekret)
şerefvârit (*od.* **şerefvâsıl**) **olmak; şerefvusul etmek; şerefvürut etmek** *(alles osm. Stil)* eintreffen (Brief, Erlaß usw.)
şerefyap, -bı [ā] *va.* die Ehre erlangend, geehrt ~ **olmak** *va.* die Ehre haben (zu)
şeremet, -ti *z. va.* 1. ungeschliffen, aufdringlich und geschwätzig 2. lebhaft, flink *spez.* schneller Paßgänger (Pferd)
şergil ungezogen, ungebärdig, zügellos, kaum zu bändigen, ein rechter Tunichtgut *haşarı, yaramaz
şergillik Ungezogenheit, Ungebärdigkeit, Zügellosigkeit *f*
şerh Kommentar *m*, Erläuterung(-sschrift) *f* *açım ~ **etmek** kommentieren, erläutern, auslegen *açımlamak
şerha 1. (Stoff-, Haut-, Fleisch-)Fetzen, Lappen *m* 2. Streifen *m*, Scheibe, Schnitte *f*, längliches schmales Stück *dilim 3. Riß *m*, Schnitt(-wunde *f*) *m* 4. Köperbindung *f* (Stoffdessin) ~ **doğramak** in Stücke schneiden ~ ~ 1. in Fetzen, zerfetzt 2. in Stücken
şerhli mit Kommentar (Erläuterungen), kommentiert
şeri (I), **-r'i** (*a.* **şer'i şerif**) *va.* 1. s. **şeriat** 2. breiter Weg; Straße *f* 3. Gesetz *n*
şeri (II) (*franz.* **chéri, chérie**) *snob., lev.* Liebling *m*
şer'î 1. religionsgesetzlich, islamisch-kirchlich 2. religionsgesetzlich nicht verboten Zu 2: s. **hilei şer'iye**
Şeria [ī] *n.pr.* 1. Jordan *m* (Fluß) *Erdün, Ürdün 2. *fr. abus.* Transjordanien *Maverayı Şeria 3. *(heute selt.)* Jordanien *Erdün, Ürdün ~ **Maverası** *T* von **Maverayı Şeria**
şeriat, -tı [ī] 1. isl. Religionsgesetz; Scheriatsrecht *n* *şeri 2. *va.* rechter Weg 3. *va. rel.* Gottes Gebot *n* ~ **evi** *V* weiblicher Geschlechtsteil, Scheide *f* **ºın kestiği parmak acımaz.** *Spr.* Eine gerechte Strafe muß man in Kauf nehmen.
şeriatça religionsgesetzlich
şeriatçı 1. Anhänger (bzw. Verfechter) *m* des Scheriatsrechts 2. *fr.* Sekretär *m* e–s Gerichtshofes, dem ein **kazasker** vorstand
şeriatçılık Kampf *m* für das Scheriatsrecht
şerif (I) [ī] 1. vornehm, erlaucht 2. heilig (z. B. Moschee, best. Monate, Fahne des Propheten usw.) 3. in gerader Linie von Mohammed abstammend, Scherif *m* (ar. Titel) 4. ᘓ [×·] *mV* **Şerife** *wV*
şerif (II) Sheriff *m* (in England od. USA)
şeriflik 1. s. **şerafet** 2. Würde *f bzw.* Aufgaben *pl.* e–s **şerif** (I, II)
şerik, -ki [ī] 1. Gesellschafter, Teilhaber, Mitinhaber, Sozius, Partner, Kompagnon *m* *ortak 2. Kamerad *m* **-i cürüm** s. **suç ortağı; -i mesai** s. **çalışma** (*od.* **iş**) **arkadaşı; -i taam** s. **ortakçı**
şeriklik s. **ortaklık**
şerir [ī] *va.* schlecht, niederträchtig, verbrecherisch; Übeltäter, Schurke *m*
şerirlik [·–·] *va.* Übeltat, Schurkerei *f*, verbrecherisches Tun
şerit, -di 1. langer, schmaler (Stoff-)Streifen, Band *n* 2. Borte *f* 3. Film(-band *n*, -streifen *m*) *m* 4. (Patronen-)Gurt *m* 5. Schreibmaschinenband *n* 6. Fließband *n* 7. Gebietsstreifen *m* 8. Bandwurm *m zo.* Taenia *dud, tenya 9. Fahr-bahn *f*, -streifen *m* (auf e–r Straße) 10. *mot.* Bremsband *n* 11. *hist.* Mumienumhüllung *f* ~ **halkası** Proglottid *m*, Bandwurmglied *n* ~ **makarası** Farbbandspule *f* ~ **makarna** Bandnudeln *pl.* ~ **metre** Bandmaß *n* ~ **otu** aufrechter Igelkolben *bot.* Sparganium erectum ~ **testere** Bandsägeblatt *n* ~ **testere makinesi** Bandsäge *f* **-ler** s. **tenyaler; -lere imlâ etmek** (cephaneyi) gurten (Patronen)
şeritçi 1. Bortenmacher *m* 2. Posamentier *m*
şeritçilik 1. Bortenmacherei *f* 2. Posamentiergeschäft *n*
şeritdöken *pharm.* Bandwurmmittel *n*

şeritlemek (m. Akk.) mit Band (Borte) versehen (verzieren), galonieren
şeritli ein Band tragend, mit Band (Borte) verziert; galoniert, betreßt ~ **eğreltiotu** Streifen-, Milz-farn *m. bot.* Asplenium onopteris
şeritsi *bot.* linear (Blatt)
şeritvari [··– –] streifen-, band-artig, -förmig (z. B. Gebiet)
şer'iye [ī] *fr.* Scheriatsangelegenheiten *pl.* ~ **hâkimi** *fr.* s. **kadı;** ⌣ **Vekâleti** *fr.* Ministerium *n* für Scheriatsangelegenheiten ⌣ **ve Evkaf Vekâletleri** *fr.* die Ministerien für religiöse Angelegenheiten (beide abgeschafft: 3. 3. 24)
şerli 1. böse, übel, schlimm (z. B. Angelegenheit) 2. streit-, händel-süchtig (Person)
şerm *va.* Scham(-haftigkeit), Züchtigkeit *f*
şermende 1. *va.* schamhaft, züchtig 2. ⌣ *wV*
şermin 1. *va.* s. **şermende** (1) 2. ⌣ *wV*
şermnak, -ki [ā] *va.* s. **şermende** (1)
şerrabe [ā] *va.* Troddel *f* *püskül
şerrabetürraiye [·–··– –·] s. **çobanpüskülügiller**
şerri Sherry *m*
şerrülhalef *va.* mißratener Sohn
şerzime *va.* Häuflein *n* (Menschen), Schar *f*, Trupp *m*
şeş *(Wü. spez. Tr.sp.)* sechs **-i beş görmek** *hum.* 1. furchtbar schielen 2. sich versehen, sich vertun, nicht richtig unterscheiden
şeşbeş *Wü.* sechs und fünf
şeşcihar [ā] *Wü.* sechs und vier
şeşidü *Wü.* sechs und zwei
şeşper *hist.* Streitkolben *m*, Keule *f*
şeşüse *Wü.* sechs und drei
şeşyek *Wü.* sechs und eins
şet (I), **-ddi** Transponierung *f* e–r melodischen Weise der orient. Musik in e–e höhere bzw. tiefere Tonlage
şet (II), **-ddi** *fr.* wollener Leibgürtel wie er von Handwerksmeistern (*spez.* Frisören) getragen wurde
şetaret, -ti [ā] 1. Fröhlichkeit *f*, heitere (lustige, aufgeräumte) Stimmung; Frohsinn *m*, Freude *f* *şenlik, neşe 2. ⌣ *fr.* häufiger Name für schwarze Dienerinnen
şetaretlendirmek [ā] erheitern, aufheitern, aufmuntern, erfreuen, belustigen, fröhlich stimmen *şenlendirmek
şetaretlenmek [ā] fröhlich (munter, heiter, aufgeräumt) werden
şetaretli [ā] fröhlich, heiter, lustig, munter *şatır, şen
şetim, -tmi Beschimpfung, Schmähung, Beleidigung *f*
şetit, -ti *va.* verstreut, verschieden, mannigfaltig
şetmetmek [×··] beschimpfen, schmähen
şetta [ā] (*va. Pl.* zu **şetit**) 1. *(Zeitungsspalte)* Verschiedenes 2. *ling.* sowohl als Sing. wie als Pl. verwendetes Wort
şev 1. (Ab-)Hang *m*, Böschung *f* 2. *mil.* Glacis *n* 3. geneigt, schräg, schief ~ **gönye dişlisi** s. **gönye dişlisi; -ine** geneigt, schräg, nicht rechtwinklig
şevk (I), **-ki** Lust und Liebe *f*, Eifer *m*, Begeisterung *f* **-e gelmek** eifrig, (begeistert) werden
şevk (II), **-ki** *va.* Dorn *m* *diken
şevket, -ti 1. kaiserliche Majestät, Erhabenheit, Würde *f* 2. ⌣ *mV* ~ **otu** Benediktenkraut *n bot.* Cnicus benedictus *mübarek dikeni
şevketli majestätisch, erhaben, würdevoll, erlaucht, glanzvoll, feierlich
Şevketlü (osm. Titul. des Sultans:) Seine Kaiserliche Majestät
Şevketmakrun [ū]; **Şevketmeap, -bı** [ā]; **Şevketpenah** [ā]; **Şevketsimat, -tı** [ā] *hist.* s. **Şevketlü**
şevkî (I) 1. *va.* dornig, dornartig 2. das Rückgrat betreffend, spinal **kanatı** ~ s. **omurga kanalı**
şevkî (II) 1. *va.* s. **şevkli** 2. **Şevki** [×·] *mV*
şevklendirmek ermuntern, ermutigen, anfeuern, anregen *teşvik etmek, tergip etmek
şevkli Lust und Liebe besitzend, eifrig, glühend, begeistert
şevksiz ohne Lust und Eifer, lustlos
şevksizlik Lustlosigkeit *f*
şevkuteheyyüç, -cü *va.* Begeisterung *f*, Enthusiasmus *m* *coşku
şevlendirmek abdachen, neigen, senken
şevlenmek sich abdachen, sich neigen, sich senken
şevlik, -iği *arch.* Abschrägung, Dossierung *f* **-ine** s. **şevine**
şevroglase (*franz.* **chevreau glacé**) Glanzchevreau, Glacéleder *n*
şevval, -li [ā] 10. Monat des isl. Mondjahres
şevyot, -tu Cheviot *m*
şey 1. Sache *f*, Ding *n*, Angelegenheit *f* *nesne, obje 2. (Füllwort) Dingsda *m, f, n* 3. (oft pej. für Personen) Kerl, Bursche *m*, Ding *n* Zu 1: s. a. **bir şey(-ler);** ~ **yerine tutmamak** keinen Deut (für od. auf et.) geben Zu 2: ~, **efendim ...** Ja, was ich sagen wollte ... **-i gördüm, arkadaşınızı ...** Da habe ich doch den Dingsda gesehen, also Ihren Freund ... Zu 3: **Ne çenesi düşük -sin!** Was bist du doch für e–e Schwatzbase! **beş, altı yaşlarında bir** ~ ein Knirps (Kerlchen) von fünf oder sechs Jahren
şeyb, -bi *va.* Grausein *n* der Haare; vorgerücktes Alter
şeybiye s. **likenler**
şeycik, -iği ein bißchen
şeyda [ā] *z. va.* 1. verrückt, wahnsinnig 2. *spez.* liebes-toll, -wahnsinnig
şeydalık [ā] *z. va.* 1. Verrücktheit *f*, Wahnsinn *m* 2. *spez.* Liebeswahnsinn *m*
şeyh 1. *va.* älterer od. alter Mann 2. Scheich *m:* a) Häuptling *m* e–s ar. Stammes b) Oberhaupt *n* e–s geistlichen Ordens 3. *va.* Ältester und Angesehenster e–r best. Berufsgruppe ⌣ **Küşterî** der Überlieferung nach der erste Karagözspieler (der aus dem pers. Städtchen **Küşter** nach Bursa übersiedelt ist) ⌣ **Küşterî meydanı** s. **Karagöz perdesi;** ⌣ **Şamil** *n.pr.* daghestanischer Freiheitskämpfer (gestorben 1871 in Medina) ⌣ **uçmamış müridi uçurmuş.** *Spr.* Der Heilige ist nicht durch die Luft geflogen, nur sein Schüler hat es von ihm behauptet. *d. h.* Wundertaten sind oft nur Erfindung späterer Zeiten. ⌣**in kerameti kendinden menkul.** *Spr.* Die Wundertaten des Scheichs sind (nur) von ihm selbst berichtet worden. *d. h.* Traue keinem, der sich selbst rühmt.
şeyhislâm s. **şeyhülislâm**
Şeyhiye *n.pr. rel.* ein Zweig des Şazeliye-Ordens
şeyhlik Rang *m* e–s Scheichs, Scheichswürde *f*
şeyhuhat, -tı; şeyhuhet, -ti; şeyhuhiyet, -ti [ū] *alles va.* (Greisen-)Alter *n* *kocalık, ihtiyarlık
şeyhülharem *hist.* Titel des osm. Gouverneurs von Medina
şeyhülislâm *hist.* Scheich ül-Islam *m* (oberster Richter in scheriatrechtlichen Angelegenheiten; rangmäßig unmittelbar nach dem Großwesir) ~ **kapısı** *hist.* Dienststelle *f*, Amtssitz *m* des Scheich ül-Islam *Dairei Meşihat, Babı Meşihat
şeyhülislâmlık s. **şeyhülislâm kapısı**
şeyhülmeşayih [ā] Großmufti *m*
şeyhülmeydan [ā] *hist.* s. **okçular şeyhi**
şeyhülmuharririn [·····–] *hist.* Titel des ältesten und angesehensten osm. Schriftstellers
şey'î; şey'iyet, -ti *va.* s. **nesnel(-lik)**
şeyker Shaker, Mixbecher *m*
şeyn *z. va.* Makel *m*, Schande *f* *ayıp, leke
şeypur [ū] *va. mus.* Horn *n* (mit dem zum Kampf geblasen wurde *od. a.* Instrument der **mehterhane** *q.v.*)

şeytan *urspr.* [ā] 1. Teufel, Satan *m* 2. *fig.* schlauer (geriebener, pfiffiger) Bursche, Satansbraten *m* 3. *fig.* (bes. im Hinblick auf Kinder gesagt) sehr temperamentvoll, ungebärdig, ein kleiner Teufel 4. *fig.* boshafte od. gefährliche Person; Teufel *m* in Menschengestalt ≗ **akıntısı** Name der starken Strömung an der europäischen Seite des Bosporus zwischen Arnavutköy und Bebek ≗ **azapta gerek.** (*Ra.* der Schadenfreude) Das geschieht ihm ganz recht! Soll er nur ruhig etwas zappeln! ~ **bezi** strapazierfähiger Baumwollsamt (Velvet) (für Männerkleidung) ~ **boku** 1. *pharm.* Asafötida *f* (Nervenberuhigungsmittel) 2. Stinkasant *m bot.* Ferula asafoetida 3. s. **kasnı otu** 4. Eisenschlacke *f* ~ **çarmığı** *naut.* Jakobsleiter *f* ~ **çarpmış keçi gibi titremek** *V* wie Espenlaub zittern ~ **çarşısı** 1. Werkstatt *f* e–s Zauberers 2. Spielwarenabteilung *f* (in e–m Geschäft) 3. voll schlechter Gedanken (Herz) ~ **çekici** (Bez. für ein intelligentes, anstelliges und flinkes Kind) Schlingel, Schelm, Teufelskerl, Satansbraten *m* ≗ **diyor ki** Der Teufel flüstert mir zu. *d. h.* Ich bin versucht, et. Unverantwortliches zu sagen od. zu tun; *a.* Am liebsten würde ich ... ~ **dürtmek** s. Stw. **dürtmek;** ~ **elması** s. **tatula;** ≗ **evleniyor.** s. ≗**ın düğünü var.** ~ **gibi** 1. *pej.* verschlagen, raffiniert, abgefeimt 2. *mel.* ein wahrer Teufelskerl ~ **havucu** Klettenkerbel *m*, Drehkraut *n bot.* Torilis (neglecta u.a.) ≗ **ile ortak buğday eken, samanını alır.** *Spr.* Unrecht Gut gedeihet nicht. ~ **keneviri** Stundeneibisch *m bot.* Hibiscus trionum *Afrika hatmisi ~ **kovmak** den Teufel austreiben ~ **kösteği** doppelte Fessel (für ein Pferd) ≗ **kulağına kurşun!** *Abw.* Unberufen, toi, toi, toi! ~ **kurusu** *fig.* Teufel *m* in Menschengestalt ~ **maymun** Satansaffe *m zo.* Pithecia satanus ~ **otu** s. **beyaz tatula;** ≗ **oyunda gerek!** *(als Warnung)* Der Teufel hat überall seine Hand im Spiel! ~ **taşlama** Steinwerfen *n* auf die drei Steinhaufen (in **Mina** *q.v.*) ~ **tüyü** 1. Talisman *m*, der angeblich Beliebtheit verleiht 2. Fähigkeit *f*, sich rasch Beliebtheit zu erwerben (**Sende ~ tüyü mü var?** Wie stellst du es nur an, dich überall so beliebt zu machen?) ~ **üçgeni** *geogr.* Teufelsdreieck *n* (zwischen den Bermuda-Inseln, San Juan u. Miami) *ölüm üçgeni; Atlantiğin mezarlığı **-a çarık giydirmek** (*od.* **taş çıkarmak** *od.* **külâhı (pabucu) ters giydirmek** *od.* **kıç attırmak** *od.* **parmak ısırtmak**) *fig.* mit allen Wassern gewaschen sein; äußerst raffiniert und verschlagen vorgehen **-a tapan** Teufelsanbeter *m* (*a. irrt.* für **Yezidî**); **-a uyma** Versuchung, Verlockung, Verführung *f* **-a uymak** dem Teufel sein Ohr leihen, sich verführen (verleiten) lassen **-ı çatlatmak** *hum.* dem Teufel das Handwerk verderben (z. B. mörderlich arbeiten) **-ı eşeğe ters bindirmek** *od.* **-ı şişeye sokmak** s. **şeytana çarık giydirmek; -ı güldürmek** *fig.* unvollendet liegen lassen (Arbeit); faul (od. bequem) werden **-ı kör etmek** sich (zu e–r guten Tat) aufraffen **-ın aksiliğine bakın ki** ausgerechnet ... **-ın art** (*od.* **kıç**) **ayağı** (*od.* **bacağı**) „des Teufels Hinterfuß" *d. h.* Unheilstifter, Teufelsbraten *m;* schlaues, durchtriebenes Kind; *a. mel.* Tausendsasa *m* **-ın ayağını** (*od.* **bacağını**) **kırmak** 1. e–r Versuchung nicht unterliegen 2. e–s Unglücks doch Herr werden 3. sich nicht länger auf et. versteifen; sich überwinden ≗**ın bol olsun!** *hum. (etwa:)* Hals- und Beinbruch! ≗**ın düğünü var.** *Ra* bei gleichzeitigem Regen und Sonnenschein ≗**ın işi yok!** Reines Mißgeschick! **-ın sözüne uymak** s. **şeytana uymak; -ın yattığı yeri bilmek** die unmöglichsten Dinge wissen ≗**ları ayaklandı.** Alle seine üblen Neigungen kamen zum Vorschein. **-ları başına toplanmak** (*od.* **tepesine çıkmak**) in hellen Zorn geraten, fuchsteufelswild werden, wütend werden

şeytanarabası, -ni *P* 1. Bez. für die Flugsamen des Löwenzahns, der Distel usw. 2. *va.* Fahrrad *n* od. Draisine *f*

şeytanca teuflisch, diabolisch, satanisch ~ **eğlenmek** sich weidlich ergötzen

şeytanet, -ti [ā] s. **şeytanlık**

şeytanetkâr [·–·–] teuflich, satanisch, diabolisch

şeytanî s. **şeytanca**

şeytaniğnesi, -ni Teufelsnadel *f zo.* Anax u.a. (Libellenart); s.a. **imparator ~**

şeytanipliği, -ni 1. s. **şeytanörümceği** (1) 2. s. **tekedikeni**

şeytankuşu, -nu s. **büyük nalburunlu yarasa**

şeytanlık, -ığı 1. Teufelei, *f*, teuflische Handlung, böser Streich 2. Ungebärdigkeit *f* 3. raffiniertes Vorgehen; Verschlagenheit *f*, Durchtriebenheit *f*

şeytanmasası, -nı *geol.* s. **perimasası**

şeytanminaresi, -ni 1. Nadelschnecke *f zo.* Cerithium vulgatum 2. konisch geformte Muschelschale

şeytanotu, -nu 1. s. **at kasnısı** 2. s. **beyaz tatula** 3. s. **uyuzotu**

şeytanörümceği, -ni 1. Altweibersommer *m* 2. Flimmern *n* der Luft über heißem Erdboden *gün çoğu

şeytansaçı, -nı Feder-, Pfriemen-gras *n*, wilder Flachs *bot.* Stipa pennata *yabanketeni

şeytanşalgamı, -nı Zaunrübe *f bot.* Bryonia (alba u.a.) *yaban kabağı

şeytantersi, -ni s. **şeytan boku** (1, 2)

şeytantırnağı, -nı Nied-, Neid-nagel *m od.* die dort entstehende Entzündung

şeytantükürüğü, -nü Schaumzikade *f zo.* Philaenus spumarius *salyalıbit

şeytaraciye s. **şıtırciye**

şezen (*a.* **şiryanı-**) s. **soluk borusu;** ~ **daralması** *med.* Stenose *f* der Luftröhre

şezlong 1. Chaiselongue *f*, Ruhebett *n*, Couch *f* 2. Liegestuhl *m*

şık (I), **-kı** 1. schick, elegant, fein (Kleidung od. Person) 2. *fig.* treffend, passend; den Nagel auf den Kopf treffend, elegant, schlagend (z. B. Antwort) 3. = **zampara** (im Ortaoyunu und im Karagözspiel) Zu 1: ~ **bir elbise** ein elegantes Kleid, ein eleganter Anzug **Bugün pek -sınız.** Heute sind Sie ja sehr elegant (gekleidet). Zu 2: **Pek ~ bir cevap verdiniz!** Darauf haben Sie e–e sehr treffende Antwort gegeben! ≗ **mı şık!** Das nenne ich elegant! Piekfein!

şık (II), **-kkı** theoretisch möglicher Fall, Möglichkeit *f spez.* e–e von zwei Möglichkeiten **İkinci -ın çok daha varit olduğu anlaşılıyor.** Man sieht, daß die zweite Möglichkeit viel eher in Frage kommt. **-ı evvel (sani, salis) defterdarı** *hist.* (15.–19. Jh.) Titel des osm. Finanzministers für Rumelien (bzw. Anatolien bzw. die Donaugebiete); s.a. **iki ~**

şık (III) **şık** s. **şıkır şıkır;** s. a. **çık çık**

şıkıltım havası s. **kaşık oyunu**

şıkır şıkır 1. Lm. des Klapperns, Knackens, Klimperns 2. *P* blitzblank Zu 1: **Cebi ~ ~ para dolu.** Es klimpert in seiner Tasche nur so von Geld. ~ ~ **oynamak** e–n Kastagnettentanz aufführen Zu 2: **Evin her tarafı ~ ~.** Das ganze Haus ist blitzblank.

şıkırdamak *intr.* klappern, klimpern, klirren

şıkırdatmak 1. Kaus. zu **şıkırdamak** 2. *P* e–e Entlohnung (Bezahlung, Belohnung) in Aussicht stellen Zu 1: s. **mahmuz (paraları, zilleri)** ~ Zu 2: **Biraz şıkırdat da bak hizmet etmeğe nasıl koşar!** Du brauchst ihm nur mit et. Geld zu winken, und du sollst einmal sehen, welchen Arbeitseifer er entfaltet!

şıkırdım *V* Strichjunge *m*

şıkırtı Klappern, Klimpern, Klirren *n*

şıkkeyn *va. Dual* zu **şık** (II); s. **iki şık;** ~ **efendiler** *hist.* die osm. Finanzminister für Rumelien und Anatolien

şıkkırık, -ığı s. **çarpma** (6)

şıklaşmak elegant, fein werden
şıklaştırmak Kaus. zu **şıklaşmak** *a. iron.* herausstaffieren
şıklık 1. Schick *m*, Eleganz *f* 2. *fig.* Treffend-, Schlagendsein *n*, Eleganz *f* (des Ausdrucks)
şıldır şıldır s. **çıldır çıldır**
şıllık dirnenmäßig gekleidetes Weib, aufgetakelte Hure *yelloz
Şılyak s. **Şelyak**
şımarık 1. naseweis, vorlaut, verwöhnt, ungezogen, frech, anmaßend 2. zu groß geworden, großspurig auftretend, dreist geworden (z. B. durch politische Erfolge)
şımarıklık 1. Ungezogenheit *f*, naseweises (vorlautes, freches) Benehmen, Anmaßung *f* 2. großspuriges Auftreten, dreiste Anmaßung
şımarmak 1. naseweis (vorlaut, verwöhnt, ungezogen, frech, anmaßend) werden 2. zu groß werden, großspurig auftreten, dreiste Anmaßung an den Tag legen
şımartmak Kaus. zu **şımarmak** z. B. verwöhnen
şıngıl einzelnes Ästchen e–r Weintraube
şıngır şıngır s. **şangır şangır**
şıngırda(t)mak s. **şangırda(t)mak**
şıngırtı s. **şangırtı**
şıp, -pı 1. Lm. e–s Tropfgeräuschs 2. *F* s. **şıpınişi;** ~ **diye** bums! mit e–m Mal (Schlag), plötzlich, unvermutet, sofort, im Nu (≗ **diye çaktı.** Er war sofort im Bild.) ~ ~ Lm. des Tropfens, Schlappens von Pantoffeln usw. **Damdan** ~ ~ **su damlıyor.** Es tropft nur so vom Dach.
şıpıdık Pantoffel *m* (ohne Absatz und ohne Fersenleder)
şıpınişi *F* sofort, sogleich **Sana ait meseleyi** ~ **hallettim.** Deine Angelegenheit habe ich sofort ins reine gebracht.
şıpır şıpır tropfend, rinnend **Alnından** ~ ~ **ter damlıyordu.** Der Schweiß rann ihm nur so von der Stirn.
şıpırtı Spritzen, Sprühen *n*
şıpırtılı spritzend, sprühend ~ **hava** regnerisches Wetter
şıpıtık s. **şıpıdık**
şıpka *naut.* aus starken Tauen geflochtenes Netz (z. B. Torpedoschutznetz)
şıplan *V* sofort, sogleich
şıppadak [×··] s. **şıp diye**
şıpsevdi wer schnell sein Herz verschenkt, wer sich schnell verliebt
şıpşak [×·] 1. *F* sofort, blitzschnell, im Handumdrehen, ruck zuck! 2. Schnappschuß *m*, Momentaufnahme *f* *enstantane
şıpşakçı *F* Straßenphotograph *m*
şıpşaklamak *V* 1. sofort von et. hören od. erfahren 2. sich sofort erinnern (an)
şıpşıp 1. s. **şıp şıp** s. **şıpıdık**
şıra [×·] 1. (*mst.* Trauben-, *jedoch a.* Apfel- *usw.*)Most *m* 2. Maische *f* (bei der Bierherstellung) 3. *V* Filteropium *n*
şıracı Hersteller od. Verkäufer *m* von **şıra**
şırak (Lm. e–s unvermuteten, heftigen Geräusches, e–s dumpfen Falles usw.; öfters mit Dehnungsgraphik wie **şırraak**) bums! bauz! ratsch! patsch!
şırakkadak [·×··] bums! bauz! klatsch! mit einem Mal, im Nu, plötzlich ≗ **düşüp bayıldı.** Bums! da fiel er hin und war ohnmächtig.
şıralı [×··] *fig.* saftig
şıramera [··×] s. **şira** (IV)
şırfıntı ordinäres Frauenzimmer, Weibsstück *n*, Dirne, Hure *f*
şırıl şırıl Lm. e–s Rieselns, Plätscherns, Tropfens **Musluk açık kalmış,** ~ ~ **akıyor.** Man hat den Wasserhahn nicht abgedreht, und jetzt tropft er in einem fort.
şırıldamak rieseln, tropfen, plätschern
şırıltı Rieseln, Plätschern, Tropfen *n*
şırınga [·×·] 1. Injektionsspritze *f* 2. Irrigator *m* 3. Klistier *n;* s. a. **toprak -sı;** ~ **etmek** 1. injizieren, einspritzen 2. (Wunde usw.) ausspritzen
şırlağan (I) Fließen, Strömen *n* *akıntı
şırlağan (II) Sesamöl *n* *susamyağı
şırlağanlı fließend, strömend; tränend (Auge); laufend (Nase)
şırlamak rieseln, plätschern, tropfen
şırlop Eier *pl.* mit Yoghurt
şırp ritsch! ratsch!
şırpadak s. **şıppadak**
şırvan; şırvanî 1. niedriges Dachstübchen 2. niedriger Raum über e–m Geschäft
şıtırciye s. **dişotugiller**
şıvgar s. **çıvgar**
şıvgın 1. großer (Baum-)Schößling 1. e–e Fichtenart, die spez. zur Herstellung von Schiffs-masten und -rahen verwendet wird
Şia [–·] *rel.* Schia *f*, Schiismus *m* *Şiîlik
şiar [ā] 1. Erkennungszeichen *n*, Losung, Parole *f* 2. Motto, Leitwort *n*, Devise *f* *parola, döviz 3. Eigenart *f*, Charakteristikum, Zeichen *n* 4. *va.* Gewohnheit *f*, Brauch *m* 5. der einzelne Ritus (*od.* alle Riten) bei der Mekka-Wallfahrt 6. *va. Sx.* gekennzeichnet (durch), ausgestattet (mit)
şibih, -bhi 1. Ähnlichkeit *f* 2. ähnlich ~ **akit** *jur.* Quasikontrakt *m* ~ **billurî** s. **billursu;** ~ **cezire** s. **yarımada;** ~ **cezrî** s. **köksü;** ~ **cürüm** *jur.* Quasidelikt *n* ~ **insaniye** s. **insanımsılar;** ~ **intifa** *jur.* Quasiususfructus *m* ~ **kalevî** s. **alkaloit;** ~ **koloidî** s. **koloidal;** ~ **kürevî** s. **toparlağımsı;** ~ **maden** s. **madensi;** ~ **menşur** *math.* Prismatoid *n* ~ **menşurî** *math.* prismatoidisch ~ **münharif** s. **yamuk;** ~**necliye** s. **buğdaysılar;** ~ **zıl** s. **yarıgölge**
şiddet, -ti 1. Heftigkeit, Stärke, Intensität, Wucht *f*, Ungestüm *n* 2. Strenge, Unnachsichtigkeit, Schärfe *f* 3. Gewalt(-anwendung) *f* 4. Eifer, Schwung *m*, Kraft *f* ~ **bulmak** sich verstärken (z. B. best. Tendenz) ~ **eylemi** Akt *m* der Gewalttätigkeit ~ **göstermek** hart vorgehen ~ **hareketleri** Gewalttaten *pl.* ~ **kullanmak** Gewalt anwenden, gewaltsam vorgehen ~ **politikası** Gewaltpolitik *f* **-e baş vurmak** Brachialgewalt anwenden **-ini artırmak** an Heftigkeit zunehmen **-le aramak** eifrig suchen **-i havas** s. **duyum keskinliği**
şiddetlendirmek 1. heftiger (strenger, rauher) werden lassen 2. steigern, verstärken, intensivieren 3. verschlimmern, verschärfen
şiddetlenmek 1. heftig(-er), streng(-er), rauh(-er) werden (z. B. Wetter) 2. sich steigern, sich verstärken, intensiviert werden 3. schlimmer werden, sich verschlimmern, sich verschärfen
şiddetli 1. heftig, stark, wuchtig, ungestüm 2. rauh, grimmig, scharf, schlimm, böse, furchtbar 3. streng, unnachsichtig 4. intensiv 5. zornig, aufgebracht, wütend ~ **arzu** lebhafter Wunsch ~ **bir ileri hareket neticesinde** *mil.* nach ungestümem Vormarsch ~ **darbeler** *mil.* wuchtige Schläge *pl.* ~ **geçimsizlik** *jur.* Zerrüttung *f* der Ehe ~ **met hareketi** s. **deniz baskını;** ~ **mukavemet** heftiger (hartnäckiger, verbissener) Widerstand ~ **sıcaklar** furchtbare Hitze ~ **soğuk** grimmige Kälte
şiddî *va.* intensiv *yeğin
şif *dial.* Samenkapsel *f* der Baumwollstaude
şifa [ā] Heilung, Genesung *f* ~ **bulmak** wieder gesund werden, geheilt werden, wiederhergestellt werden, genesen ≗ **suyu** Name e–s geschätzten Quellwassers aus **Sarıyer** ~ **vermek** Genesung bringen ~ **yurdu** (privates) Krankenhaus ≗**lar olsun!** (Wunschformel beim Niesen od. bei Verabreichung von Heilmitteln) Möge es helfen! Zum Wohl! **-yı bulmak** (*od.* **kapmak**) *iron.* 1. krank werden 2.

sich bedrohlich verschlimmern (Krankheit) **-yı âcil** *z. va.* baldige Genesung **gayri kabili** ~ unheilbar

şifabahş [·–·] *va.* Heilung bringend, heilend ~ **olmak** *va.* heilen, die Heilung (Genesung) herbeiführen

şifahane [·––·] *va.* 1. Krankenhaus *n* 2. Heil-, Irren-anstalt *f*

şifahen [·×·] *Adv.* mündlich (z. B. mitteilen)

şifahî [·––] mündlich, verbal *sözlü ~ **emir** mündlicher Befehl ~ **ifade** 1. mündlicher Ausdruck 2. mündliche Erklärung (Darlegung) ~ **imtihan** mündliche Prüfung *sözlü sınav ~ **muhakeme usulü** *jur.* mündliches Verfahren ~ **nota** Verbalnote *f* (im diplomatischen Verkehr)

şifahîlik [·––·] Mündlichkeit *f*, Wesen *n* des Mündlichen, mündlicher Bericht, mündliche Überlieferung

şifalandırıcı [·–···] heilend, Genesung bringend

şifalandırmak [·–···] heilen, wieder gesund machen

şifalı [·–·] 1. Heilung (Genesung, Gesundung) bringend 2. heilsam, bekömmlich

şifaotu, -nu Berufskraut *n bot.* Erigeron (acer u.a.)

şifapezir [·–·–] *va.* heilbar

şifayap, bı [·––] *va.* Genesung findend ~ **olmak** s. **şifa bulmak**

şiflemek *dial.* die Baumwollfasern von den Samen trennen, egrenieren

şifon 1. Chiffon *m* (Stoff) 2. Putzlappen, Fetzen, Flicken *m*

şifoniye(-r) (*franz.* **chiffonier**) Kommode *f*, Wäscheschrank *m* *çamaşır dolabı

şifre [×·] 1. Chiffre(-schrift), Verschlüsselung *f* *gizyazı 2. Kennziffer *f* ~ **anahtarı** Chiffrier-, Geheim-schlüssel *m*, Kode *m* ~ **kalemi** Chiffrierbüro *n* ~ **kâtibi** Chiffrierbeamter **-ler** s.a. **şifre anahtarı; -ye çevirmek** verschlüsseln, chiffrieren **-yi açmak (çözmek, halletmek)** dechiffrieren, entschlüsseln

şifreci wer chiffriert od. dechiffriert

şifrelemek chiffrieren, verschlüsseln

şifreli 1. chiffriert, verschlüsselt *gizyazılı 2. mit Kenn-ziffer, -buchstaben ~ **kilit** Vexier-, Buchstaben-, Zahlenschloß *n*

şigaf [ā] *an.* Endokard *n* bzw. Perikard *n* **-ı dahilîi kalp** s. **içyürekzarı; -ı haricîi kalp** s. **dışyürekzarı**

şiğil; şiğir 1. Ring *m* (z. B. an e–r Vorhangschnur) *halka 2. (Schmuck-)Ring *m* (ohne Stein)

şihap s. **şahap**

Şiî [–] 1. Anhänger *m* der Schia, Schiit *m* 2. schiitisch

Şiîlik, -iği Schia *f*, Schiismus *m* *Şîa **-e temessük etmek** der Schia anhängen

şiir 1. Poesie *f* 2. Gedicht *n* ~ **gibi** schön wie ein Gedicht ~ **söylemek** 1. dichten 2. ein Gedicht vortragen

Şiiyet, -ti *va.* s. **Şiîlik**

şikâf *va.* Riß *m*, Spalte *f* *çatlak

şikâfe *va.* s. **mızrap**

şikak, -kı [ā] *va.* Entzweiung *f*, Zwist *m*, Zwietracht, Uneinigkeit *f*

şikan *(Bridge)* Schikane *f*

şikâr *va.* 1. Jagd *f* 2. Jagd- od. Kriegs-beute *f* 3. etwas Wertvolles, Seltenes ≗ **bir şey mi?** Ist das e–e Rarität? ~ **pazar** billiger Kauf, gutes Geschäft

şikâyet, -ti Klage, Beschwerde *f*, *jur. a.:* Antrag *m* (bei Antragdelikten) *yakınma, yakını ~ **etmek** (b–ne bşden bzw. b–ne bn–ni) sich bei j–m über et. bzw. j–n beschweren (beklagen), Klage führen, e–e Beschwerde vorbringen *yakınmak ~ **hakkı** *jur.* Petitionsrecht *n* ~ **ve mutalebe** Beanstandung *f* ≗**im yok.** Ich kann mich nicht beklagen.

şikâyetçi klageführend, sich beklagend; Kläger, Beschwerdeführer *m*, *yakınan, yakınıcı ~ **olmak** (m. Abl.) sich beklagen, sich beschweren, Klage führen (über)

şikâyetname [·–·–·] Beschwerdeschrift *f*

şike (*franz.* **chiqué**) Verstellung *f*, Bluff *m*, Täuschung *f*, Scheinkampf *m* (*spez.* Box- od. Ring-kampf, dessen Ausgang schon vorher festgelegt worden ist)

şikem *va.* Bauch *m* *karın

şikembe s. **işkembe**

şikemperest; şikemperver *z. va.* dem Bauch frönend, wer gut bzw. viel ißt; Feinschmecker *m* bzw. Vielfraß *m*, Gourmand, Gourmet *m*

-şiken *va. pers. Sx.* (zer-)brechend, zerreißend

şikence s. **işkence**

şikeste 1. *va.* a) gebrochen, zerbrochen *kırık b) besiegt, geschlagen c) gekränkt, verletzt, betrübt 2. in Persien üblicher Duktus der ar. Schrift

şil *va.* blutunterlaufen, entzündet (Auge)

şile echter Staudenmajoran *bot.* Majorana maru

Şile *n.pr.* kleiner Hafenort am Schwarzen Meer und gln. D. im Rbz. Istanbul ~ **bezi** ein spez. zu Hemden, Blusen usw. verarbeiteter Stoff

şilep(-çi) s. **şlep(-çi)**

Şili *n.pr.* Chile ~ **arokaryası** Andentanne *f bot.* Araucaria imbricata *maymun ağacı ~ **güherçilesi** Chilesalpeter *m*

Şilili 1. Chilene *m*, Chilenin *f* 2. chilenisch

şilin Schilling *m* (in England od. Österreich)

şilinlik in Höhe von soundso viel Schilling

şilt, -di Schild *m* (als Wettspielpreis) **C.H.P.** ~ **maçları** Wettkämpfe *pl.* um den Schild der Republikanischen Volkspartei

şilte 1. (Auflege-)Matratze *f* 2. Polster *n*

şim *Ki.:* **Benim** ~ **var.** „Ich muß mal" (*scil.* ein kleines Geschäft verrichten).

şimal (I), **-lı** *dial.* kräftiger, gerader (Baum-)Schößling

şimal (II), **-li** [ā] 1. Norden *m* *kuzey 2. nördlich, Nord- *kuzey, şimalî 3. linke Seite Zu 3: s. a. **ashabı** ~; ≗ **Afrika(-sı)** *n.pr.* Nordafrika ≗ **Amerika** *n.pr.* Nordamerika *spez.* USA ~ **batı** s. **-i garbî;** ≗ **buz okyanusu** *n.pr.* Nördliches Eismeer ≗ **denizi** *n.pr.* Nordsee *f* ~ **doğu** s. **-i şarkî;** ~ **fecri** Nord-, Polar-licht *n*, Mitternachtssonne *f* *fecrişimalî ~ **garp** s. **-i garbî;** ~ **kutbu** Nordpol *m* *kutbu şimalî ~ **kutbu mıntıkası** s. **arktik kuşak;** ~ **şark** s. **-i şarkî;** ~ **yıldızı** Polarstern *m* **-i garbî** s. **kuzeybatı; -i garbî istikametinde** in nordwestlicher Richtung **-i şarkî** s. **kuzeydoğu; Ankara'nın -i şarkîsinde** nordöstlich von Ankara

şimalen [ā] *va. Adv.* 1. nördlich, nach Norden hin, von Norden her 2. (von, nach) links (vgl. **şimal** 3). **Anadolu** ~ **Karadeniz'le muhattır.** Anatolien wird im Norden vom Schwarzen Meer begrenzt.

şimalî [·––] nördlich, Nord- *kuzey, kuzeysel, şimal ≗ **Amerika** *n.pr.* Nordamerika *spez.* USA **şarkı** ~ Nordosten *m* **garbı** ~ Nordwesten *m*

şimalli [ā] Anhänger *m* des Nordens (*spez.* in Korea)

şimden *P* s. **şimdiden**

şimdengeri; şimdensonra *(beid. P)* von jetzt an, von nun an, künftighin, hinfort

şimdi [×·] 1. jetzt, sofort, sogleich 2. gerade eben, vor e–m Augenblick 3. (als Folge) daraufhin, nun, jetzt, also ~ ~ erst seit ganz kurzer Zeit **-den** 1. schon jetzt 2. nunmehr **-den tezi yok** unverzüglich, schleunigst, ohne auch nur e–n Augenblick zu verlieren **-lerde** in der jetzigen Zeit, augenblicklich **-ye kadar (dek, değin)** bis jetzt **-ye kadarki** bisherig

şimdicik [×··] *P* 1. gerade jetzt, gerade eben, in diesem Augenblick 2. sofort, (so-)gleich

şimdiden s. Stw. **şimdi**

şimdik [×·] *P* für **şimdi**

şimdiki [×··] jetzig, augenblicklich, gegenwärtig, momentan, heutig ~ **gibi** wie bisher ~ **halde** augenblicklich, bei der gegenwärtigen Lage, vorläufig ~ **zaman kipi** *gr.* Präsens *n*, Gegenwart *f* *hal

şimdilik [×··] 1. für jetzt 2. augenblicklich, vorläufig, einstweilen Zu 1: ≗ **bu kadar yeter.** Das reicht für jetzt. ≗ **Allaha ısmarladık.** Für jetzt also auf Wiedersehen!

şîme *va.* Charakter *m*, Veranlagung *f*, Natur(-anlage) *f* **bir ~ edinmek** sich et. angewöhnen

şimendifer (*franz.* **chemin de fer**) 1. (Eisen-)Bahn *f* *demiryolu 2. Zug *m* *tren 3. (Bakkarat) Übergehen *n* der Bank an den Nebenspieler ~ **istasyonu** Bahnhof *m* ~ **işletmek** Züge fahren lassen ~ **kazası** Eisenbahn-, Zugunglück *n* **-i raya sokmak** *V* s. **cima etmek**

şimer (*franz.* **chimère**) (*Myth., bildende Kunst*) Chimäre *f*

şimi (I) (*franz.* **chimie**) *selt.* Chemie *f* *kimya

şimi (II) Shimmy *m* (früherer Modetanz)

şimigrafi *typ.* Chemiegraphie *f*

şimik (*franz.* **chimique**) chemisch *kimyevî

şimio- s. **şimyo-**

şimşek 1. Blitz *m* 2. *fig.* Blitzen *n* (z.B. der Augen) ~ **ağacı** stacheliger Ginster *bot.* Calycotome spinosa ≗ **çakıyor.** 1. Es blitzt. 2. **(kafada, zihinde)** Es geht ihm ein Licht (*F* Seifensieder) auf. 3. **(gözlerinde)** Zornesblitze schießen (Augen); erregt, wütend werden ≗ **çakmadan gök gürlemez.** *Spr.* Jedes Ereignis hat sein Vorspiel. ~ **gibi** blitzschnell ~ **harbi** Blitzkrieg *m* *yıldırım harbi ~ **taşı** s. **havataşı; -leri üstüne çekmek** *fig.* heftiger Kritik ausgesetzt sein

şimşeklenmek blitzen, funkeln (Augen, Edelsteine usw.)

şimşekli Blitz-, Blink- ~ **fener** *naut.* Blinkfeuer *n*

şimşir 1. **(ağacı)** gemeiner Buchsbaum *bot.* Buxus sempervirens 2. aus Buchsbaumholz, Buchsbaum- ~ **bordür** (*od.* **kenar**) Buchsbaumeinfassung *f*

şimsîr *va.* Schwert *n*, Degen, Säbel *m*

şimşirgiller Buchsbaumgewächse *pl. bot.* Buxaceae

şimşirlik *hist.* (*bis 1808*) gefängnisartige, mit hohen Mauern und Buchsbaumgewächsen umgebene Räume im Topkapı Sarayı für osm. Prinzen, deren Väter verstorben waren *kafes

şimyotaksi (*franz.* **chimiotaxie**) s. **kimyagöçümü**

şimyoterapi *med.* Chemotherapie *f* *kimya tedavisi

şimyoterapik chemotherapeutisch

şimyotropizm s. **kimyayönelim**

şîn (I) s. **şeyn**

şîn (II) 16. Buchst. des osm. Alph. (*fr. a.* **-i karaşet** *od.* **-i mûceme** genannt)

şinanay *F* 1. wunderbar! großartig! fein! 2. aufgeputzt, herausstaffiert 3. mit hübschen Mustern (z.B. Stoff) 4. ein refrainartig wiederholtes Wort 5. *V* überhaupt nicht vorhanden Zu 5: **Onda mangiz ~.** *V* Er hat keinen Pfennig Geld.

-şinas [ā] *pers. Sx.* (aner-)kennend; Kenner *m* *bilir

şinaver [ā] *va.* schwimmend; Schwimmer *m* *yüzen

şine Chiné *m* (Kunstseidengewebe mit verschwommener Musterung)

şinel *va.* ärmelloser Pelzüberwurf

şinik, -iği *fr.* Getreide- od. Flüssigkeits-maß (*reg.* von verschiedener Größe); *fig. a.* Scheffel *m*

şinitsel [·×·] Schnitzel *n* ~ **pane** paniertes Schnitzel, Wiener Schnitzel

şinşila [·×·] s. **çinçilya**

Şinto s. **Şintoizm**

Şintoist, -ti 1. Schintoist(-in *f*) *m* 2. schintoistisch

Şintoizm *rel.* Schintoismus *m*

şinyon Chignon *m* (im Nacken getragener Haarknoten)

şip (I), **-pi** Name e–s Lamé-Stoffes (Seidengewebe mit eingelassenen Metallfäden)

şip (II), **-pi; şip balığı** die Stör-Art Acipenser nudiventris

Şipendal Chippendale *n* (Möbelstil)

şipşak(-lamak) s. **şıpşak(-lamak)**

şipşander (< *engl.* **ship-chandler**) *naut.* Schiffslieferant *m* (für Schiffe im Hafen)

şipşirin [×– –] sehr nett, reizend, wunderhübsch, allerliebst

şîr (I) *va.* 1. Löwe *m* *aslan 2. löwenmutig, tapfer ≗**i huda** *va.* „Löwe des Herrn" (Beinahme des Kalifen Ali) **-ühurşit** *va.* „Löwe und Sonne" (pers. Hoheitszeichen)

şîr (II) *va.* Milch *f* *süt **-üşeker** *va.* in denkbar bestem Einvernehmen

şira (I), **-aı** [ā] *va.* Kauf(-en *n*) *m* *satın alma

şira (II), **-aı** [ā] *va.* 1. Segel *n* *yelken 2. Saite *f* (e–s M.i.)

şira (III) *gel. irrt.* für **şıra**

şira (IV) [×·] *naut.* Ruf des Ausguckmanns zum Einziehen des **dalyan** genannten Netzes *vira

Şira *n.pr.* die Kykladeninsel Syros

Şîra [– –] *astr.*: **-yı Samî** s. **Öncü** (4); **-yı Yemanî** s. **Akyıldız**

şiraî [·– –] *ling. va.* velar

Şiran *n.pr.* O. u. D. im Rbz. Gümüşane

şîrane [– –·] *va.* löwenmutig, tapfer

şiraülhanek [·–··] s. **damak eteği**

şiraze [– –·] 1. (*Buchbinderei*) Kapitalband *n* (Zierband an der oberen Kante des Buchrückens) 2. *fig.* Ordnung *f*, Gleichgewicht *n* 3. Bein *n* e–r Ringerhose **-den çıkmak** aus dem seelischen Gleichgewicht kommen **-si bozulmak** (*od.* **-sinden çıkmak**) (bir iş) aus dem Leim gehen, aus dem Gleichgewicht (aus der richtigen Ordnung) kommen

şirazelemek [– –··] (*Buchbinderei*) mit Kapitalband versehen

şirden *urspr.* [ī] *an.* Labmagen *m* (der Wiederkäuer) *abomasum; bezli mide

şirin [– –] 1. lieb, liebenswert, lieblich, nett, hübsch, anmutig, süß, sympathisch *sevimli, cana yakın 2. ≗ *wV*

şiringa s. **şırınga**

şirinlik [– –·] liebe (liebenswerte, nette, anmutige) Art, sympathisches (zusagendes, gewinnendes) Wesen; Anmut *f*, Reiz, Charme *m*, Lieblichkeit *f*, Liebreiz *m* ~ **muskası** 1. Talisman *m*, den e–e Frau trägt, die sich die Liebe e–s Mannes erwerben will 2. s. **şeytan tüyü**

şiriş yeli *naut. va.* Nordostwind *m*

şirk, -ki Vielgötterei *f*, Polytheismus *m* ~ **koşmak (Allaha** *od.* **Tanrıya)** Vielgötterei treiben

şirket, -ti (Handels-)Gesellschaft *f* *ortaklık ~ **adı** Firma *f*, Geschäftsname *m* *ticaret unvanı ~ **kurmak** *H* e–e Gesellschaft gründen ~ **merkezi** *H* Sitz *m* der Gesellschaft ~ **mukavelenamesi** *H* Gesellschaftsvertrag *m*, Statuten *pl.* *ortaklık sözleşmesi ~ **sermayesi** *H* Geschäftskapital *n* **-e ait olmayan sermaye** *H* Kreditkapital *n* *itibar sermayesi ≗**i Hayriye** *n.pr. fr.* Istanbuler Dampfschiffahrtsgesellschaft (gegr. 1850, verstaatlicht 1944)

Şirnak *n.pr.* O. u. D. im Rbz. Siirt

şiroloji (*franz.* **chirologie**) s. **daktiloloji**

şiromansi (*franz.* **chiromancie**) s. **kiromansi**

şirpençe [ī] *med.* Karbunkel *m*

şirret, -ti unverträglich, launisch, zänkisch, streitsüchtig, bösartig, boshaft, frech; mit wem man sich besser nicht in e–e Auseinandersetzung einläßt, übler Bursche

şirretlik Unverträglichkeit, Launenhaftigkeit *f;* zänkisches (streitsüchtiges, bösartiges, boshaftes) Wesen, übler Charakter ~ **etmek** unverträglich od. boshaft sein, schikanieren

şirting s. **şörting**

şirürji Chirurgie *f* *cerrahi, cerrahlık

şirürjik chirurgisch *cerrahî

şirürjiyen Chirurg *m* *cerrah, operatör

Şirvan *n.pr.* 1. O. u. D. im Rbz. Siirt 2. Landstrich im südöstl. Aserbeidschan
şiryan [ā] s. **atardamar; -ı rievî** s. **akciğer atardamarı; -ı sübatî** s. **şahdamarı; -ı tahtetterkova** s. **köprücükaltı atardamarı**
şiryanışezen s. **(ana) soluk borusu**
şiryanî [·– –] Arterien-
şirzime s. **şerzime**
Şis s. **Şit**
şist, -ti (*franz.* **schiste**) *min.* Schiefer(-gestein *n*) *m* *yaprak kayaç ~ **yağı** Schieferöl *n*
şistiyet, -ti s. **şistlilik**
şistli schieferig, Schiefer-
şistlilik *geol.* Schieferung *f* *yapraklanma
şistozom(-a) *med., zo.* Schistosoma *n;* s. **kan kelebeği**
şistosomyaz *med.* Schistosomiasis *f;* s. **kan kelebeği hastalığı**
şiş (I) 1. (Brat-)Spieß *m* 2. Stricknadel *f* 3. Stoßdegen *m* 4. Stechbohrer *m* ~ **kebap** (*bzw.* ~ **köfte**) am Spieß gegrillte kleine Hammelfleischstückchen bzw. Hackfleischklößchen *pl.* **-e geçirmek** auf den Spieß stecken (Fleischstückchen)
şiş (II) 1. (an-)geschwollen, dickgeworden 2. (An-)Schwellung, Beule *f* (durch Stoß, Insektenstich usw.)
şişane s. **şişhane**
şişe 1. Flasche *f* 2. Zylinder *m* (e–r Petroleumlampe) 3. (Porzellan-)Isolator *m* (z. B. an Telegraphenmasten) 4. *med.* Schröpfkopf *m* 5. schmale Leiste 6. *V* s. **göt** (1); ~ **burunlu yunusbalığı** Großtümmler *m zo.* Tursiops truncatus ~ **çekmek** Schröpfköpfe setzen ~ **depozitosu** Flaschenpfand *n* ~ **dibi** s. **göbekli cam;** ~ **kapağı** Flaschen-verschluß *m*, -kapsel *f* ~ **tapası** Flaschenkorken *m*
şişeci 1. Flaschenfabrikant *m* 2. Flaschen-händler, -aufkäufer *m* 3. Glasbläser *m* 4. *V* s. **kulampara**
şişecilik 1. Flaschenfabrikation *f* 2. Flaschenhandel *m*, Ankauf *m* von Flaschen 3. Glasbläserei *f*
şişehane [ā] 1. Flaschenfabrik *f* 2. Glasbläserei *f*
şişek *dial.* Lamm *n* im zweiten Jahr
şişen engerek Puffotter *f zo.* Bitis arietans
şişhane [ā] (< **şeşhane)** *fr.* 1. sechszügiger Gewehrlauf 2. Karabiner *m*
şişhaneci [ā] *fr.* Hersteller od. Verkäufer *m* von Karabinern
şişhaneli [ā] *fr.* 1. gezogen (Lauf) 2. mit Karabiner ausgerüstet
şişinmek 1. et. übelnehmen und ein hochmütiges Gesicht aufsetzen 2. anmassend, überheblich sein 3. e–e Schreckstellung einnehmen (Tier)
şişirmek 1. anschwellen lassen, aufblähen 2. aufblasen, aufpumpen, füllen 3. et. übermäßig ausspinnen, sich langatmig ergehen (über ein Thema) 4. übertreiben, übermäßig loben 5. et. eilig und oberflächlich erledigen 6. j–m den Kopf heiß machen 7. *V* a) s. **şişlemek** (2) b) s. **cima etmek** 8. *P* s. **esnetmek** (3) Zu 1: s. **karnını** ~ Zu 2: s. **topu (lastiği)** ~ Zu 6: s. a. **kafasını** ~
şişkin (an-)geschwollen, dickgeworden
şişkinlik, -ği 1. (An-)Schwellung, Beule, Geschwulst *f* 2. Druck *m*, Aufblähung *f* Zu 2: s. a. **karın -i**
şişko [×·] *hum.* feist, fett, dick; Dicker; Dickwanst *m*
şişleme 1. Vs. zu **şişlemek** 2. *med.* Nagelung *f* (e–s Knochenbruches)
şişlemek 1. (auf-)spießen 2. *V* mit e–m Meser od. e–m anderen spitzen Gegenstand stechen
şişli mit Spieß (Stricknadel, Stoßdegen) ~ **baston** *fr.* Stockdegen *m*
Şişli *n.pr.* Stadtteil in Istanbul u. D. im Rbz. Istanbul
şişlik s. **şişkinlik**
şişman dick, fett, feist, rundlich, korpulent; Dicker ~ **göstermek** dick aussehen lassen (erscheinen lassen, machen) (Kleidung)
şişmanla(ş)mak dick (fett, feist, korpulent) werden
şişmanlık Beleibtheit, Körperfülle, Korpulenz *f*
şişme 1. Vs. zu **şişmek** 2. *bot., med.* Turgor *m*
şişmek, (-er) 1. (an-, auf-)schwellen, dick werden 2. an Leibesumfang zunehmen, dicker (korpulenter) werden 3. müde werden und zurückfallen (im Rennen, Wettkampf usw.) 4. sich unbehaglich fühlen (nach zu reichlichem Essen) 5. *V* blamiert dastehen 6. *Sch.* **Şişti.** (nur in dieser Form) Er hat nichts gewußt und hat e–e schlechte Note bekommen. *F* Er ist „aufgeplatzt". 7. *P* aufgeblasen, hochmütig sein
Şit, -ti [ī] *n.pr.* Seth (Adams Sohn)
şita [ā] *va.* Winter *m* *kış
şitaban [·– –] *va.* eilend, hastend
şitaî [·– –] *va.* winterlich, Winter- *kışlık
şitaiye [ā] *va.* 1. Aufenthalt *m* während des Winters; Winterquartier *n* 2. *fr.* Gedicht *n* auf den Winter
şitap, -bı [ā] *va.* Eile, Hast *f;* (bşi yapmağa) ~ **etmek** *va.* herbeieilen (zu), sich (be-)eilen (et. zu tun)
şitevî *va.* s. **şitaî**
şitiye s. **şehdiye**
şive [ī] 1. Sprechweise *f*, Ton *m* 2. Ausdrucksweise *f*, Stil *m* 3. Wesen *n* od. Geist *m* e–r Sprache 4. Spracheigentümlichkeit *f*, sprachliche Eigenart; Kolorit, Idiom *n*, Akzent *m* 5. Dialekt *m* (als nahe verwandter Sprachzweig) 6. Anmut, Lieblichkeit, Grazie *f*, Charme *m* *işve Zu 1: ²si **bozuk.** Er spricht nicht korrekt. **zaferinden emin bir adam -siyle** im Ton e–s seines Sieges sicheren Mannes Zu 2: **Wagner, yeni bir musiki -si yaratmıştır.** Wagner hat e–e neue musikalische Ausdruckweise geschaffen. Zu 3: **Bu tabir, -mize uygun değildir.** Dieser Ausdruck entspricht nicht dem Geist unserer Sprache (ist sprachwidrig). Zu 4: ²si, **Arapçaya çalıyor.** Er spricht mit arabischem Akzent. **-ye uygunsuzluk** (*od.* **mugayeret**) Sprachwidrigkeit *f*
şivekâr [–·–] 1. anmutig, charmant, graziös, liebreizend *işveli 2. ≗ *wV*
şiveli [–··] s. **şivekâr** (1)
şiven [ī] *va.* (Weh-)Klage *f*
şivesiz [–··] 1. sprachwidrig 2. ohne Anmut, ungraziös
şivesizlik [–···] 1. Sprachwidrigkeit *f* 2. Fehlen *n* von Anmut und Grazie
şivgar s. **çıvgar**
şiyem *va. Pl.* zu **şîme**
şizofren *med.* schizophren, spaltungsirre
şizofreni *med.* Spaltungsirresein *n*, Bewußtseinsspaltung, Schizophrenie *f*
şizotim schizothym
şizotimi Schizothymie *f*
şizoyit, -di schizoid; seelisch gespalten
Şkipetar s. **Arnavut**
Şkipniya (offizielle Bezeichnung für Albanien) *Arnavutluk
şlager *mus.* Schlager *m*
şlem *(Bridge)* Schlemm *m* (höchstes Spiel)
şlep 1. Frachtdampfer *m* 2. Schleppkahn *m*
şlepçi Besitzer *m* von Frachtdampfern od. Schleppkähnen
şlepçilik 1. Frachtschiffahrt *f*, Tramp-, Linien-schiffahrt *f* 2. Schlepp-schiffahrt *f*, -dienst *m*
şlit, -ti Schlitten *m* (zum Holztransport im Gebirge)
şnelbot, -tu *mil.* Schnellboot *n* *seri bot
şnitsel s. **şinitsel**
şnorkel Schnorchel *m* (im U-Boot *od.* beim Tauchen)
şobara s. **şubara**

şof (Lm. des Aufklatschens e–s schweren Körpers) patsch! platsch! klatsch!
şofaj 1. Heizung *f* 2. (~ **santral**) Zentralheizung *f* *kalorifer
şofar Schofar *m* (Widderhorn der Juden)
şofben (*franz.* **chauffe-bain**) 1. Warmwasserbereiter, Durchlauferhitzer *m*, Boiler *m* 2. Gasbadeofen *m*
şofo (*franz.* **chauffeau**) s. **şofben**
şoför Chauffeur, Fahrer *m* ~ **muavini** Beifahrer *m* ~ **okulu** Fahrschule *f* *otoekol
şoförlük Beruf *m*, Tätigkeit *f* e–s Fahrers ~ **ehliyetnamesi** Führerschein *m*
şogun *hist.* Shogun *m* (in Japan) *taykun
şok, -ku 1. *med.* Schock *m*, plötzliche Lähmung *spez.* Herzlähmung *f* 2. *med.* Elektroschock *m* ~ **tedavisi** *med.* Schockbehandlung *f* ~ **tesiri yapmak** (b–ne) e–e Schockwirkung ausüben (auf)
şoke (*franz.* **choqué**) schockiert, unangenehm berührt, entrüstet ~ **etmek** schockieren, unangenehm berühren, j–s Entrüstung hervorrufen
şoking shocking, schockant, anstößig, peinlich, unerhört, empörend
şokola (*franz.* **chocolat**) Schokolade *f*, Kakao *m* (als Getränk)
şol *va.* s. **şu**
şom von böser Vorbedeutung, Unheil verkündend *uğursuz ~ **ağızlı** unkend; Unglücksprophet *m* ~ **tutmak** ein böses Omen in et. erblicken
şomluk üble Vorbedeutung, böses Omen *uğursuzluk
şop, -pu (*franz.* **chope**) Schoppen *m* (Bier-)Seidel *n*
şopar *V Zig.* Kind *n*, Junge *m*
şor şor s. **şarıl şarıl**
şorlamak s. **şarıldamak**
Şorlar *n.pr.* Schoren *pl.* (Abakan-Tataren)
şorolo *V* 1. Junge, Knabe, Bursche *m* 2. hübsches Mädchen 3. *allg.* = **çocuk** (im Ortaoyunu) 4. s. **şıkırdım**
şorolop 1. *P* (Lm. e–s gierigen Hinunterschlingens od. e–s plötzlichen Verschwindenlassens) schwapp! schwupp! 2. *V* Aufschneiden, Prahlen *n*, Lüge *f*
şort, -tu 1. Shorts *pl.* 2. Kurzfilm *m* (bis 200 m Länge) 3. *gel.* Badehose *f*
şorulu s. **şorolo**
şos Schußfahrt *f* (beim Skilauf)
şose [×·] Landstraße, Chaussee *f* ~ **kenar hendeği** Chaussee-, Straßen-graben *m*
şoset, -ti (*franz.* **chaussette**) (Herren-)Socke *f*
şoson (*franz.* **chausson**) Überschuh *m*
şot, -ttu (*franz.* **chott**) Schott *m* (ausgetrockneter Salzsee in Nordafrika) *tuzlu bataklık
şotiş Schottisch (*fr.* Tanz)
şov Show *f*
şovel (*engl.* **shovel**) Baggerlöffel *m*
şoven (*franz.* **chauvin**) Chauvinist, Hurra-, Bierbank-patriot, Kriegshetzer *m*
şovenlik Chauvinismus, Hurrapatriotismus *m*, Kriegshetze *f*
şovinist, -ti 1. chauvinistisch 2. s. **şoven**
şovinizm s. **şovenlik**
şöhret, -ti 1. Ruf *m*, Renommee *n* 2. *mel.* Berühmtheit *f* 3. *pej.* schlechter Ruf; Berüchtigtsein *n* 4. (Bei-)Name *m* (unter dem jem. bekannt ist) Zu 1: **iyi bir -e sahip olmak** e–n guten Ruf haben ~ **almak (bulmak, kazanmak, kesp etmek)** berühmt werden, sich e–n Namen machen ~ **düşkünü** Ehrgeizling, Streber *m* ~ **sahibi** berühmte Persönlichkeit; Berühmtheit *f* **-i afakı tutmak** *pej.* od. *mel.* allgemein bekannt sein (z.B. j–s Charakter) **-i dünyayı tutmak** weltberühmt sein
şöhretgir [ī] *va.* s. **şöhretli**
şöhretlendirmek berühmt (bzw. berüchtigt) machen
şöhretlenmek berühmt (bzw. berüchtigt) werden
şöhretli 1. berühmt, von Ruf 2. *pej.* berüchtigt
şöhretsiz unberühmt, wenig bekannt
şölen 1. s. **ziyafet** 2. s. **potlaç**
şömendötabl (*franz.* **chemin de table**) (gestickter) Tischläufer
şömine (*franz.* **cheminée**) Kamin *m*, offenes Feuer
şömiz (*franz.* **chemise**) 1. Hemd *n* *gömlek 2. (Brief-)Umschlag *m* *zarf 3. Aktendeckel *m* *dosya 4. Buchdecke *f*, Schutzumschlag *m* ~ **kulağı** Umschlagklappe *f* (e–s Buches)
şömizet, -ti Chemisett(-e *f*) *n*
şömiziye (*franz.* **chemisier**) Hemdbluse *f*
şönt, -tü (*engl.* **shunt**) *el.* Nebenschluß *m*
şörting (*engl.* **shirting**) Hemdenstoff *m*
şövale (*franz.* **chevalet**) 1. (Maler-)Staffelei *f* 2. Messerbänkchen *n* 3. Sägebock *m* 4. Montagebock *m* 5. Traggestell *n* (z.B. e–s fliegenden Händlers)
şövaleresk, -ki chevaleresk, ritterlich
şövalman (*franz.* **chevalement**) Schachtgerüst *n*, Förderturm *m* (in e–m Bergwerk)
şövalye (*franz.* **chevalier**) 1. Ritter *m* a) des Mittelalters b) (Ordensträger) c) unterster engl. Adelstitel **(knight)** 2. s. **kavalye;** ~ **haçı** Ritterkreuz *n* (s. a. Stw. **demirhaç**); ~ **oyunu** *Th.* Ritterdrama *n* ~ **rütbesi** Rittergrad *m* (z.B. bei der franz. Ehrenlegion) ~ **yüzüğü** (eckiger) Siegelring
şövalyelik 1. Rittertum *n* (des Mittelalters) 2. Rang *m* e–s Ritters 3. Ritterorden *m* 4. Ritterlichkeit *f*
şövalyer (*franz.* **chevalière**) s. **şövalye yüzüğü**
şöyle 1. solch, so ein, derartig 2. derart, auf solche Weise, so 3. folgendes Zu 3: **... şöyle söylemiştir.** Er erklärte folgendes ... ~ **bir.** 1. obenhin, flüchtig 2. genau, eingehend ≗ **bir baktı.** 1. Er betrachtete es sich oberflächlich. 2. Er schaute ihn prüfend (od. mit Verachtung) an. ~ **bir davranmak** sich sonderbar benehmen ~ **bir düşündükten sonra** nachdem er e–n Augenblick nachgedacht hatte ~ **bir göz atmak** (bşe) flüchtig ansehen ~ **bir göz gezdirmek** flüchtig durchlesen, überfliegen ~ **böyle** 1. leidlich, mittelmäßig, so ziemlich, nicht besonders, ziemlich gewöhnlich, soso lala 2. ungefähr, circa, etwa, rund ~ **dursun** 1. Jetzt aber genug des ... (od. mit ...)! ... beiseite! 2. anstatt zu; und nicht etwa 3. (oft mit folg. **bile**) gar nicht zu reden von ..., geschweige denn 4. (oft mit folg. **bilâkis**) nicht nur nicht ... (sondern sogar) Zu 1: **Şaka ~ dursun, işimize bakalım!** Jetzt aber Spaß beiseite, gehen wir an die Arbeit! Zu 2: **Kızmak ~ dursun, bana teşekkür etmelisin!** Danken mußt du mir und nicht etwa böse sein. Zu 3: **Uyumak ~ dursun, biraz dinlenmek bile mümkün olmadı.** Nicht einmal ein bißchen ausruhen konnte man, geschweige denn schlafen. Zu 4: **... vaziyetini sarsmak ~ dursun, bilâkis takviye etmiştir.** ... hat seine Stellung nicht nur nicht erschüttert, sondern im Gegenteil gefestigt. ~ **ki** 1. derart, daß ... 2. wie folgt; das heißt; nämlich ≗ **oturunuz, rica ederim.** Nehmen Sie doch bitte Platz.
şöylece [×··] 1. derart, auf solche Weise, so 2. leicht, oberflächlich, sachte, etwas, einfach, ohne viel Aufhebens, rund **elini ~ uzatmak** die Hand etwas ausstrecken ~ **sayacak olursak** rund gerechnet
şöylelikle [··×·] auf diese Weise, so
şöylesinden s. **öylesinden**
şöylesine so übermäßig (arg, schrecklich)
... Şti = ... şirketi
ştrayhgarn Streichgarn *n* *karde
şu, -nu (Demonstratives Adj. od. Pron. zur Bez. von Dingen od. Personen, die sich weder in unmittelbarer Nähe

des Sprechenden noch in weiterer Entfernung von ihm befinden) 1. dieser, der (da) 2. (bei Bez. von Personen oft pej.) 3. folgender ~ **bu** 1. dies oder das 2. dieser oder jener, Krethi und Plethi, alle möglichen Leute (⩲ **bu karışırsa iş yürümez.** Wenn sich alle möglichen Leute hineinmischen, geht die Sache nicht voran.) ~ **günlerde** in der nächsten Zeit ~ **kadar** 1. so viel 2. und et. mehr (darüber) 3. so alt Zu 2: **bin** ~ **kadar lira** tausend Pfund und et. darüber **otuz** ~ **kadar sene evvel** von einigen dreißig Jahren Zu 3: ~ **kadar çocuk** ein Kind in diesem Alter ~ **kadar ki** aber, jedoch, indessen; nur muß man beachten, daß ... ~ **kadarcık** so gering (klein, wenig) ~ **karşıda** da gegenüber, da drüben ~ **şartla ki** unter der Bedingung, daß; mit der Einschränkung, daß; *jur. a.* mit der Auflage zu ~ **var ki** s. **şu kadar ki; ⩲dur budur diyecek yok.** Dagegen läßt sich nichts sagen (einwenden). **⩲na bak!** Nun schau dir einmal den Kerl da (bzw. das da) an! **-ndan bundan** über alles mögliche (z.B. sprechen) **-nu bunu bilmemek** (*od.* **dinlememek**) Einwendungen nicht beachten *itiraz dinlememek (**Ben -nu bunu bilmem.** Das ist mir vollkommen gleichgültig! Nichts da!) **-nun bunun -su busu ile alâkadar olmayan** *F* wer sich nicht um anderer Leute Angelegenheiten kümmert **-nun şurası** *P pej.* das vor uns liegende ... **-nun şurasında** 1. in der kurzen Zeit, wo ... 2. jetzt, augenblicklich **⩲su busu var.** Er hat alles mögliche.
şua, -aı [ā] 1. *math., phys.* Strahl *m* *ışın 2. *math., phys.* Vektor *m* *vektör
şuaî [·––] 1. s. **ışınsı** 2. s. **vektörel**
şuaiye [·––·] s. **ışınlılar**
şuara [··–] *va. Pl.* zu **şair;** ⩲ **suresi** Name der 26. Koran-Sure *Camia suresi
Şuayp, -bı *n.pr.* 1. Regnel od. Jethro (Schwiegervater von Moses) 2. im Koran erwähnter Prophet 3. *mV*
şubara *fr.* rundliche, aus Stoff- bzw. Filz-streifen zusammengesetzte Kopfbedeckung (e–e Kalpak-Art)
şubat, -tı Februar *m*
şube [ū] 1. Abteilung *f*, Zweig *m* 2. Zweigniederlassung, Filiale *f* 3. Ver-, Ab-zweigung *f* (z.B. e–r Bahnstrecke) 4. Sektion *f*, Büro, Amt *n* 5. *H* Branche *f* ~ **cereyanı** *el.* Abzweigstrom *m* ~ **müdürü** Abteilungsleiter *m*
şubede [ū] *va.* Taschenspielerei *f* *hokkabazlık
şubedebaz [–··–] *va.* Taschenspieler *m* *hokkabaz
şubelemek [ū] 1. ausbreiten 2. e–e Filiale gründen
şubelenmek [ū] sich ausbreiten, sich verzweigen
şuf'a (hakkı) *jur.* Vorkaufsrecht *n* (bei e–m Haus od. Grundstück, das man mit anderen zusammen besitzt od. das an den eigenen Besitz angrenzt) *yeğ-alım (*od.* önalım) hakkı
şufeyre [·×·] s. **nemf(-a)**
şuh [ū] neckisch, schelmisch, heiter, lustig, munter, nett (Frau od. Mädchen)
şuhluk [–·] schelmische (neckische, heitere, lustige, kecke) Art; Schelmerei, Keckheit *f* (e–r Frau od. e–s Mädchens)
Şuhut *n.pr.* O. u. D. im Rbz. Afyonkarahisar
şuhutsuz *Verst.* zu **şahitsiz**
şukrut, -tu (*franz.* **choucroute**) Sauerkraut *n*
şukur s. **şakır şukur**
şulamera s. **şıramera**
şule [ū] 1. Flamme(-n.schein *m*) *f* *alev 2. weiße Stelle (im Fell e–s Pferdes) 3. ⩲ *wV*
şuledar [–·–] *va.* flammend
şulelenmek [ū] 1. aufflammen *alevlenmek 2. hell erstrahlen
şuleli [ū] 1. flammend, mit Flamme 2. hell leuchtend, glänzend
Şumnu *n.pr.* Schumen, Kolarowgrad (bulgar. Stadt)

şuna Dat. zu **şu**
şunca [×·] s. **şu kadar**
şuncağız dieses kleine Ding da; das dort
şunda (şundan, şunlar, şunu, şunun) s. Stw. **şu**
şura [×·] dieser Ort, diese Stelle, die Gegend da ~ **adamları** die Leute da **-larda** ganz in der Nähe; hier in der Nachbarschaft **⩲m ağrıyor.** Da tut es mir weh. **-nın havası** das Klima dort **-da, -dan, -sı, -ya** s. die ges. Stw.
şûra [––] Rat *m* (als Körperschaft) **Rus ⩲ları** russische Räte, Sowjets *pl.* ⩲ **suresi** Name der 42. Koran-Sure **-yı saltanat** Kronrat *m* **-yı ümmet** *fr.* Deputiertenkammer *f*, Parlament *n*
şuraca *selt.* (mst. mit Verb im Pass.) 1. da, dort 2. von dort
şuracık, -ığı [×··] dieser Punkt, die Stelle da **-a** hierher, hierhin **-ta** (gleich) hier, da
şurada da, dort ~ **burada** hier und da, an verschiedenen Stellen, verschiedenerorts
şuradan von da, von dort ~ **buradan** 1. von da und dort, von allen möglichen Orten 2. von allen möglichen Dingen (z.B. reden)
şuralı [×··] aus der Gegend da, aus diesem Ort ~ **buralı** aus dieser oder jener Gegend, aus verschiedenen Gegenden (stammend)
şurası, -nı [×··] 1. die Gegend da, diese Örtlichkeit 2. dieser (wichtige) Punkt, diese (wichtige) Tatsache, dies ~ **burası derken** s. **derken** (Stw. **demek**); ⩲ **muhakkak ki** Soviel steht fest, daß ...; jedenfalls ~ **senin burası benim** (türk. Mf.) indem er sich bald hierhin, bald dorthin wandte; Tür ein, Tür aus ~ **var ki** s. **şu kadar ki; ⩲nı unutmayınız ki** Vergessen Sie dabei nicht die wichtige Tatsache, daß ...
şuraya hierher, hierhin, dahin, dorthin ~ **buraya** hierhin und dorthin, nach verschiedenen (od. allen möglichen) Orten
Şûrayıdevlet, -ti s. **Devlet Şûrası, Danıştay**
şurda(-n) s. **şurada(-n)**
şûre; şûrezar [ā] *(beid. va.)* saurer Boden, unfruchtbares Land
şuride [––·] *va.* 1. verwirrt, zerrüttet, in Unordnung 2. erregt, bestürzt, verstört 3. rasend verliebt
şuriş [–·] Wirrwarr *m*, Durcheinander *n*, Unordnung, Unruhe *f*, Aufruhr *m* *kargaşalık, karışıklık
şurup, -bu 1. Fruchtsaft *m* (mst. dickflüssiger als **şerbet**) 2. gesüßter Arzneitrank; Sirup *m*
şurut, -tu [·–] *va. Pl.* zu **şart**
şut, -tu 1. (*engl.* **shoot**) *Fb.* scharfer Schuß (*spez.* auf das Tor) 2. *(Film)* Drehen *n*, Aufnahme *f* ~ **atmak** (*od.* **çekmek**) *Fb.* schießen
şuting (*engl.* **shooting**) 1. *(Jagdsport)* Taubenschießen *n* 2. *(Film)* Dreharbeiten *pl.* *çevirim
şutör (*engl., franz.* **shooter**) *Fb.* Torschütze *m*
şuun [·–] s. **şüun**
şuur [·–] 1. Bewußtsein *n* *bilinç 2. Verstand *m* *akıl ~ **çevreci** *psych.* Schwelle (Grenze) *f* des Bewußtseins *bilinç çevresi ~ **nüvesi** *psych.* Bewußtseinszentrum *n* *bilinç ocağı **-u bozuk** ganz von Sinnen **-u gitmek** (b–nin) das Bewußtsein verlieren **-u muhtel** in geistiger Umnachtung, geistesgestört *muhtelli şuur **⩲una halel geldi.** Er hat den Verstand verloren. **-una hiffet getirmek** s. Stw. **hiffet; gayri** ~ *psych.* Unbewußtes, unbewußte seelische Tatbestände *pl.*
şuuraltı, -nı Unterbewußtsein *n* *tahteşşuur, altbilinç **-na itmek** ins Unterbewußtsein verdrängen
şuurdışı s. **bilinçdışı**
şuurî [·––] bewußt **gayri** ~ unbewußt
şuurlandırmak s. **şuurlaştırmak**
şuurlanmak; şuurlaşmak sich bewußt werden **kendiliğinden**

~ sich des eigenen Wertes bewußt werden, sich auf sich selbst besinnen

şuurlaştırmak bewußt machen; klar zum Bewußtsein bringen (z. B. vage Eindrücke)

şuurlu bewußt, überlegt *bilinçli

şuursuz 1. unbewußt *bilinçsiz, gayri meş'ur 2. *selt.* ohne sich Gewissensbisse zu machen, gefühllos 3. willenlos 4. unüberlegt, achtlos 5. bewußtlos Zu 5: ≗ **bir halde hastaneye kaldırılmıştır.** Er wurde in bewußtlosem Zustand ins Krankenhaus gebracht.

şuursuzluk 1. Unbewußtheit *f* 2. *selt.* Gefühllosigkeit *f* 3. Willenlosigkeit *f* 4. Unüberlegtheit, Achtlosigkeit *f* 5. Bewußtlosigkeit *f*

şüca, -aı [ā] 1. *va.* tapfer, mutig 2. ≗ *astr.* s. **Suyılanı** (2)

şüceyre [·×·] *va. Dim.* zu **şecer(e);** s. **ağaççık**

şüf'a s. **şuf'a**

şühudî [·— —] durch Augenschein wahrgenommen; s. **mazii** ~

şühut, -du [ū] *va. Pl.* zu **şahit**

şükran [ā] 1. (*va. a.* **-ı nimet**) Dankbarkeit *f* 2. Dank (-sagung *f*) *m* 3. ≗ [×·] *mV, wV* ~ **ve minnettarlıklar** aufrichtige Dankbarkeit

şükretmek [×··] (m. Dat.) danken, Dank sagen, loben, lobpreisen (Gott) **Halimize şükredelim!** Wir wollen Gott danken, daß es uns so geht!

Şükriye *wV*

Şükrü *mV*

şükûfe 1. *va.* Blume *f* *çiçek 2. ≗ *wV*

şükûfedan [ā] *z. va.* Blumenvase *f* *çiçeklik; çiçek vazosu

şükür, -krü Dank(-sagung *f*) *m*, Lob *n*, Lobpreisung *f* (Gottes) ~ **ki** Gott sei Dank *Allaha şükür **Nail olduğu nimetin -ünü bilmiyor.** Er zeigt sich nicht dankbar für die Wohltaten, die ihm erwiesen worden sind.

şümul, -lü [ū] 1. Sich-Erstrecken *n* (auf), Umfassen *n;* Gelten *n* (für) 2. *log.* Umfang *m* (e–s Begriffs) *ittisa, kaplam 3. Ausdehnung *f*, Bereich *m*, Tragweite, Bedeutung *f* Zu 3: **Bu kanunun** ~ **ve ehemmiyetini anlamak için ...** Um die Tragweite und die Bedeutung dieses Gesetzes richtig würdigen zu können ...; s. a. **sahai** ~**; -ü olmak** (m. Dat.) sich erstrecken (auf); umfassen; gelten (für)

şümulî [·— —] umfangreich, ausgedehnt, umfassend *ittisaî, kaplamlı

şümuliyet, -ti [ū] Ausgedehntsein *n*, Ausdehnung *f*, Umfang, Bereich *m*, Extensität *f* *ittisaiyet, kaplamlılık

şümullendirmek [ū] 1. (weiter) ausdehnen 2. (m. Dat.) einbeziehen; ausdehnen (auf) (z. B. Untersuchung, Bestimmung usw.)

şümullenmek [ū] 1. sich weiter ausdehnen 2. (m. Dat.) auf et. ausgedehnt werden

şümullü [ū] 1. umfassend, weitreichend (z. B. Plan), weitgesteckt (z. B. Ziel) 2. bedeutsam, inhaltsreich

şüphe 1. Zweifel *m*, Unsicherheit, Ungewißheit *f* 2. Verdacht *m* Zu 2: **Casusluk -si ile yakalandı.** Er wurde als spionageverdächtig verhaftet. ~ **bırakmak** 1. Zweifel hervorrufen 2. Verdacht erregen ~ **etmek** (m. Abl.) zweifeln (an); nicht recht wissen, ob ... ~ **götürmeyen (götürmez)** unbezweifelbar, unanfechtbar, unbestritten ~ **hâsıl olmak** auftauchen, entstehen (Zweifel, Verdacht) ~ **kurdu** nagender Verdacht, Argwohn *m*, bohrender Zweifel ≗ **mi var?** *od.* ≗ **yok!** *od.* **Ona ne** ~? zweifellos! ganz gewiß! sicherlich! freilich! *elbette, şüphesiz **-den ari olmak** außer Zweifel stehen **-ye düşmek** (m. Abl.) zu zweifeln beginnen (an), in Zweifel geraten

şüpheci 1. zweiflerisch, skeptisch; Skeptiker *m* 2. argwöhnisch, mißtrauisch

şüphecilik Skeptizismus *m* *hisbaniye, septisizm

şüphelendirmek 1. Zweifel aufkommen lassen 2. verursachen, daß jemand Verdacht schöpft

şüphelenmek (m. Abl.) 1. zweifeln (od. zu zweifeln beginnen) (an) 2. Verdacht hegen (schöpfen) (gegen); mit Argwohn betrachten 3. vermuten, ahnen, j–m so vorkommen Zu 2: **Kimden şüpheleniyorsun diye sormuşlar.** Wen hast du im Verdacht?, fragte man ihn. Zu 3: **Bu adamın adının takma olmasından şüpheleniyorum.** Ich möchte annehmen, daß dies nicht sein eigentlicher Name ist.

şüpheli 1. zweifelhaft, unsicher, ungewiß 2. verdächtig 3. ungläubig, Verdacht hegend, argwöhnisch, mißtrauisch ~ **bakışlar** argwöhnische Blicke *pl.* ~ **bir şahıs** ein verdächtiges Individuum ~ **görmek** (*od.* **saymak**) für zweifelhaft halten, in Zweifel ziehen ~ **gözlerle bakmak** ungläubigen (bzw. argwöhnischen) Blickes betrachten ~ **hareketler** verdächtiges Benehmen (e–r Person) ~ **olmak** 1. (bşle) in Verdacht stehen (et. begangen zu haben) 2. Zweifel hegen **Bana** ~ ~ **baktı.** Er schaute mich voller Zweifel an.

şüphesiz 1. unzweifelhaft, unbezweifelt 2. [×··] (Ausruf) zweifellos! bestimmt! gewiß! freilich! natürlich! selbstverständlich! *elbette!

şüphesizlik Tatsache *f*, daß et. nicht bezweifelt werden kann; Sicherheit, Gewißheit *f*

şürekâ *z. va. Pl.* zu **şerik; Kemal ve -sı** *H* Kemal und Cie.

şürfe s. **şerefe**

şüru, -uu [ū] *va.* Anfangen, Beginnen *n* ~ **etmek** (bşe) *va.* anfangen, beginnen (mit) *başlamak

şürut s. **şurut**

şüt, -tü (I) 1. Förderrinne *f* 2. Wasser-fall *m*, -kraft *f* (z. B, bei Kraftwerken) ~ **tesisatı** Wassereinlaßanlage *f* (z. B. bei e–m Stausee)

şüt, -tü (II) s. **şut**

şütum [ū] *va. Pl.* zu **şetim; -u galiza** *va.* wüste Schmähungen *pl.*

şütür, -trü *va.* Kamel *n* *deve

şütürban [ā] *va.* Kameltreiber *m* *deveci

şüun [ū] (*va. Pl.* zu **şein**) 1. Zeitereignisse *pl.* 2. Nachrichten *pl.* 3. Vorfälle, Ereignisse *pl.*

şüunat, -tı [·— —] (*va. dopp. Pl.* zu **şein**) s. **şüun**

şüyu, -uu [ū] 1. Sich-Verbreiten *n* (e–s Gerüchtes, e–r Nachricht usw.), Bekannt-, Publik-werden *n* 2. Anteiligkeit *f* (an e–m Besitz) Zu 2: **şüyuu izale etmek** die Anteiligkeit (an e–m Besitz) beseitigen ~ **bulmak** sich verbreiten, Verbreitung finden, unter die Leute kommen, publik werden ~ **hali** *jur.* ungeteilte Gemeinschaft; Miteigentumsgemeinschaft *f* nach Bruchteilen **-un izalesi** *jur.* Aufhebung *f* der Miteigentumsgemeinschaft

şüyulu [·–·] anteilig ~ **mülkiyet** s. **müşterek mülkiyet**

şvester 1. Kinderschwester *f* 2. Krankenschwester, Pflegerin *f*

T

t, T [tɛ] 24. Buchst. des türk. Alph.
T cetveli (Hand-)Reißschiene *f;* **T demiri** T-Eisen *n*; **T parçası** T-Stück *n*
ta (I) [ā] Intensitätspartikel *spez.* in Verb. mit **kadar (dek, değin)** od. **beri:** 1. (m. Abl.) a) schon seit ...; schon von ... an b) von ... an; weit von ... her 2. (m. Dat.) bis zu ...; bis auf ... 3. gerade, genau, ganz Zu 1a: ~ **eskiden beri** schon seit alter Zeit Zu 1b: ~ **Edirne'den Basra körfezine varıncaya kadar** von Edirne (Adrianopel) bis zum Persischen Golf ~ **Hindistan'dan** weit von Indien her Zu 2: ~ **sabaha kadar** bis zum (frühen) Morgen *tabesabah **Dağın** ~ **tepesine kadar çıktı.** Er kletterte bis ganz auf den Gipfel des Berges hinauf. Zu 3: ~ **karşısında** genau gegenüber von ihm ⚲ **kendisi!** [kurzes a] Das ist er, wie er leibt und lebt! **Uçaklar bu şehrin** ~ **göbeğini bombalamışlardır.** Die Flugzeuge haben gerade den inneren Stadtbezirk mit Bomben belegt. ~ **ki** 1. damit; auf daß ... 2. *va.* bis 3. (in neg. Sätzen) *va.* solange nicht ... Zu 1: **Açık söylüyorum** ~ **ki herkes anlasın.** Ich spreche ganz offen, damit mich jeder versteht.
ta (II) *ält. Graphik* für **da**
-ta s. **-da, -de**
taabbüt, -dü Anbetung *f* Gottes, Gottesverehrung *f*, göttliche Verehrung ~ **etmek** anbeten, göttliche Ehren erweisen, wie ein göttliches Wesen verehren
taaccüp, -bü (Er-)Staunen *n*, Verwunderung *f* ~ **etmek** (m. Dat.) staunen, sich verwundern (über)
taaddi Übergriff *m*, Gewalttat, (Rechts-)Verletzung *f* ~ **etmek** unterdrücken, Gewalt antun, verletzen (z.B. Rechte)
taaddüt, -dü Mehrfach-Sein *n*, Vielheit *f* *çokluk, çoğalma ~ **etmek** (zahlenmäßig) anwachsen, zunehmen, sich häufen, sich steigern, sich erhöhen *çoğalmak **-ü ezvaç** s. **çokkocalılık; -ü zev(e)cat** s. **çokkarılılık**
taaffün 1. Fauligwerden *n*, Fäulnis, Verwesung, Zersetzung *f* 2. Stinken *n*, Gestank *m* ~ **etmek** 1. faulig werden, in Fäulnis (Verwesung) übergehen, verwesen, sich zersetzen 2. Gestank verbreiten, stinken
taahhüdat, -tı [···−] *va. Pl.* zu **taahhüt;** *a.:* Gebühren, Beiträge *pl.* **-a girişmek** Verpflichtungen übernehmen
taahhüt, -dü Übernahme *f* (e−r Verpflichtung, Lieferung usw.), Verpflichtung *f*, Versprechen *n*, Zusage *f* *sözleşme, yüklenim ~ **altına almak** verpflichten, engagieren, festlegen ~ **altına girmek** sich festlegen ~ **etmek** (m. Akk.) übernehmen, auf sich nehmen, sich verpflichten (zu) *deruhte etmek, üzerine almak ~ **muamelesi** s. **iltizamî muamele;** ~ **senedi** Verpflichtungsschein *m*, Revers *m* **mevcut -lerin kaydı ihtirazîsi altında** unbeschadet der bestehenden Verpflichtungen
taahhütlü 1. eingeschrieben, Einschreib- (Postsache) 2. *V* gut funktionierende od. genau schießende Pistole ~ **gitmek** *F* verhaftet (abgeführt) werden (auf die Polizei) ~ **göndermek** eingeschrieben (als Einschreiben) schicken ~ **mektup** Einschreibebrief *m* ~ **müraselât** Einchreibsendungen *pl.* ~ **ücreti** Einschreibegebühr *f* ~ **vermek** (bir mektup) eingeschrieben aufgeben (Brief)
taahhütname [···−·] schriftliche Verpflichtung, Revers *m*
taakkul, -lü *va.* 1. Verstehen, Begreifen *n* 2. Denken, Sich-Erinnern *n* (an) ~ **etmek** *va.* 1. verstehen, begreifen 2. denken, sich erinnern (an) *akıl etmek
taakup s. **teakup**
taalâ s. **teâlâ**
taalluk, -ku nähere Beziehung, engeres Verhältnis; Verbundensein *n*, Verbindung *f*, Zusammenhang *m* ~ **etmek** (m. Dat.) angehen, betreffen, sich beziehen (auf), zu tun haben (mit), in Zusammenhang stehen (mit) *ilişkin olm. **-u olmak** s. ~ **etmek; (Bu işin bana -u yoktur.** Damit habe ich nichts zu tun. Das geht mich nichts an. Das gehört nicht in mein Ressort.)
taallukat, -tı [···−] Verwandte, (Familien-)angehörige *pl.*
taallül Ausflüchte-Machen *n*, Vorbringen *n* von Entschuldigungen, Vorschützen *n* (von Hinderungsgründen) ~ **etmek** (*od.* **göstermek**) (bşde) Ausflüchte machen, Ausreden erfinden, Hinderungsgründe vorschützen (**Borcunu vermekte** ~ **ediyor.** Wenn er seine Schulden bezahlen soll, findet er immer e−e Ausrede.)
taallüm *va.* Lernen, Studieren *n* ~ **etmek** *va.* lernen, studieren
taam [·−] *va.* Essen *n* *yemek ~ **etmek** *va.* essen, speisen
taamiye [·−··] *va.* 1. für Lebensunterhalt gewährte Vergütung, Kostgeld *n* 2. *spez. fr.* Staatszuschüsse *pl.* an isl. Klöster zur Armenspeisung
taammüden [·×··] *va. Adv.* vorsätzlich, wissentlich, mit Absicht (Vorbedacht) ~ **katil** s. **kasten katil**
taammüdî *va.* s. **kastî**
taammüm *z. va.* Sich-Verbreiten, Allgemeinwerden *n* ~ **etmek** s. **genelleşmek, umumîleşmek**
taammüt, -dü *va.* Vorbedacht, Vorsatz *m*, Absicht, Überlegung *f*
taannüt, -dü *va.* Halsstarrigkeit *f*, Eigensinn, Trotz *m*, Starrköpfigkeit *f* ~ **etmek** *va.* halsstarrig (trotzig, eigensinnig) sein, hartnäckig bestehen (auf), sich versteifen (auf) *ayak diremek
taap, -bı Ermüdung, Abspannung *f* *yorgunluk **-ı zihnî** s. **zihin yorgunluğu**
taarruz 1. Angriff *m*, Offensive *f*, Vorstoß *m* 2. Anschlag *m*, tätlicher Angriff 3. Vergewaltigung *f* (e−r Frau) Zu 2: **Bugün burada beş** ~ **vakası olmuş ve her beşinde de mütecavizler kaçmak imkânını bulmuşlardır.** Heute wurden hier fünf Anschläge verübt, und die Attentäter konnten in jedem Fall entkommen. ~ **bölgesi** Angriffsraum, -bereich *m*, -feld *n* ~ **cephesi** Angriffsfront *f* ~ **çıkış mevzii** Ausgangsstellung *f* zum Angriff ~ **dalgası** Angriffs-, Sturm-welle *f* ⚲ **durduruldu.** Die Offensive wurde zum Stehen gebracht. ~ **emri** Angriffsbefehl *m* ~ **etmek** 1. (m. Dat.) angreifen, anfallen 2. (m. Dat.) vergewaltigen, notzüchtigen 3. **(ile)** *selt.* in Widerspruch stehen (zu), kollidieren (mit) ~ **hedefi** Angriffsziel *n* ~ **istikameti** Stoßrichtung *f* (des Angriffs) ~ **kudreti** Angriffskraft *f* ~ **ordusu** Angriffsarmee *f* ~ **planı** Angriffsplan *m* ~ **silâhı** Angriffswaffe *f* ~ **teşebbüsü** Angriffsunternehmen *n* ~ **zamanı** Zeitpunkt *m* des Angriffs **-a duçar olmak** angegriffen (bzw. überfallen) werden **-a geçmek** zum Angriff übergehen, die Offensive ergreifen **-a kalkmak** zum Angriff ansetzen **-da bulunmak** die Offensive eröffnen; angreifen
taarruzcu Angreifer *m* *mütecaviz
taarruzî Angriffs-, Offensiv-, offensiv ~ **faaliyet** (*od.* **harekât**) Offensivaktion *f* ~ **harp** Offensiv-, Angriffs-krieg *m* ~ **keşif** Erkundungsvorstoß *m*, gewaltsame Erkundung ~ **ve tedafüî ittifak** Schutz- und Trutz-bündnis *n*
taaruz s. **tearuz**
taassup, -bu 1. Bigotterie *f* 2. *allg.* Fanatismus *m* *bağnazlık, fanatizm
taassupkâr 1. bigott 2. *allg.* fanatisch *bağnaz, fanatik
taaşşuk, -ku *va.* Sich-Verlieben *n* ~ **etmek** (b−ne) sich verlieben (in)
taat, -ti [−·] *va.* 1. Gehorsam *m* gegenüber Gott; Gottesverehrung *f* 2. fromme Tat

taayyün 1. Bestimmt-, Präzisiert-, Festgelegt-werden *n* 2. Augenfälligkeit *f;* klarer Tatbestand 3. Aufsteigen *n* zu e–m geachteten Rang ~ **etmek** 1. bestimmt (präzisiert, festgelegt) werden 2. klar (deutlich, augenfällig) werden, als klarer Tatbestand vorliegen Zu 1: **Bir müstakim iki noktasiyle** ~ **eder.** Eine Gerade wird durch zwei Punkte bestimmt.
taayyüş *va.* Bestreitung *f* des Lebensunterhaltes, Leben (-sunterhalt *m*) *n*, Auskommen *n* ~ **etmek** *va.* den Lebensunterhalt bestreiten, auskommen, sich durchschlagen *geçinmek
taazzi [··–] 1. *selt.* Organisch-werden-Lassen *n* 2. s. **taazzuv;** ~ **etmek** 1. *selt.* organische Gestalt gewinnen lassen 2. s. **taazzuv etmek**
taazzum (I) *biol.* Ossifikation, Knochenbildung, Verknöcherung *f* *kemikleşme
taazzum (II) *va.* Stolz *m*, Anmaßung *f*
taazzum (III) *va.* Entschluß(-fassung *f*) *m*
taazzumî *med.* ossifizierend (z.B. Muskelentzündung)
taazzuv Organisch-Werden *n*, Entwicklung *f* *organlaşma ~ **etmek** organische Gestalt annehmen; sich entwikkeln
taazzür *va.* 1. Vorbringen *n* e–r Entschuldigung 2. große Schwierigkeit; Undurchführbarkeit, Unmöglichkeit, Entschuldbarkeit *f* ~ **etmek** *va.* 1. e–e Entschuldigung vorbringen 2. undurchführbar, entschuldbar sein
tab, -bı [–] *z. va.* 1. Kraft *f* *takat, güç 2. Glanz *m* *revnak, parlaklık 3. Jugendfrische *f* *taravet, tazelik **²ü tüvanı kalmadı.** *va.* Er hat keine Kraft mehr.
taba (*franz.* **tabac**) *mod.* tabak-farben, -braun
tabaa s. **tebaa**
tabaat, -ti [·–·] 1. Druckereigewerbe *n* 2. Buchdruckerkunst *f* *basım
tababet, -ti [·–·] ärztlicher Beruf; Medizin, Heilkunde *f* *hekimlik **-i ruhiye** s. **psikiyatri**
tabahat, -ti [·–·] Kochkunst *f*
tabak (I), **-ağı** 1. Teller *m* 2. Tellervoll *m* ~ **altlığı** s. **nihale;** ~ **gibi** ganz eben und offen (Gegend, Weg usw.) ~ **salyangozu** Tellerschnecke *f zo.* Tropidium planorbis ~ **yalamak** *F* faul herumlungern **-ın içi** Höhlung (Vertiefung) *f* des Tellers
tabak (II) [·–] Gerber *m* *sepici ~ **muştası** s. **iskefe demiri;** **ᵒ sevdiği deriyi yerden yere çarpar** (*od.* **vurur**). *Spr. fig.* Wer sein Kind liebhat, der züchtigt es. *(Bibel)*
tabaka (I) 1. *(a. geol.)* Schicht(-ung) *f* *katman 2. (Volks-) Schicht, Klasse *f*, Stand *m* *sınıf 3. *biol.* Schicht, Haut *f* 4. Bogen *m* (Papier, Briefmarken usw.) Zu 4: **bir** ~ **kâğıt** ein Bogen Papier **200 pulluk bir** ~ **kâğıt** ein Bogen mit 200 Briefmarken **-i karniye** 1. s. **korun tabakası** 2. s. **saydam tabaka; -i kuzahiye** s. **iris; -i mantariye** s. **mantar tabakası; -i meşimiye** s. **damar tabaka; -i müvellide** s. **büyütkendoku; müvellidei felliniye** s. **mantar doğuran; -i palisadiye** s. **palisat tabakası; -i sulbe** s. **sert tabaka; -i şebekiye** s. **ağtabaka**
tabaka (II) [·×·] Zigarettenetui *n*, Tabaksdose *f*
tabakalanma s. **katmanlaşma, tetabbuk**
tabakat (I), **-tı** [··–] *Pl.* zu **tabaka** (I) 1. Erdschichten *pl.* 2. *va. lit.* Biographie(-n *pl.*) *f* **-ülarz ilmi** s. **jeoloji**
tabakat (II), **-ti** s. **debagat** bzw. **tabaklık**
tabakça; tabakçe Tellerchen *n*
tabakhane [··–·] Gerberei, Gerberwerkstatt *f*
tabaklamak gerben (Häute) *sepilemek
tabaklık (I) Tellerbrett *n*
tabaklık (II) Gerbereigewerbe *n*, Beruf *m*, Tätigkeit *f* e–s Gerbers *debagat, sepicilik
taban 1. Fußsohle *f* 2. Schuhsohle *f* 3. Fußboden *m* (*ant.* **tavan**) 4. Untersatz, Sockel *m* 5. Grund, Boden *m* 6. Sohle *f* (e–s Bergwerks) 7. Flußbett *n* *ırmak yatağı 8. Damaszenerstahl *m* od. daraus hergestellt 9. Fläche *f* auf e–m Berg od. Hügel 10. auf Berg od. Hügel liegend (z.B. Feld) 11. *geom.* Grundlinie *f*, Basis-, Grund-fläche *f* *kaide 12. Unter-, Boden-fläche *f* *dip, oturak 13. *ling.* Ableitung *f* (von e–m best. Stamm) 14. *arch.* Mauerplatte *f* 15. *agr.* Rolle, Walze *f* 16. *naut.* Spur *f* (e–s Ankers od. Mastes) 17. *naut.* Anker-hand, -schaufel *f*, -pflug *m*, Flunke *f* 18. Beherztheit *f*, Mut *m* Zu 11: **piramidin -ı** Grundfläche *f* der Pyramide **üçgenin -ı** Grundlinie *f* des Dreiecks Zu 13: **Taşra ile dışarı aynı kökten olma iki ayrı -dır. Taşra** und **dışarı** sind zwei verschiedene Ableitungen aus der gleichen Wurzel. ~ **açıları** Basiswinkel *pl.* (z.B. e–s Dreiecks) ~ **ağacı (hatılı, kirişi, oku)** *arch.* Unterzug, Träger *m* ~ **atmak** s. **-ları kaldırmak;** ~ **basma** *(Ringen)* Überwurf *m* ~ **boya** s. **altboya;** ~ **buzu** Grundeis *n* ~ **çalmak** 1. eilig marschieren (*od.* laufen); eilen 2. s. ~ **tepmek;** ~ **çukuru** Wölbung *f* des Fußes ~ **demiri** Damaszenerstahl *m* ~ **döşeği** (*od.* ~ **pabucu**) s. **oturtmalık** (3); ~ **etmek** den Mut haben (zu); wagen ~ **fiyatı** Mindestpreis *m* ~ **halısı** *V* Tausendpfundschein *m* ~ **hattı** *(Tennis)* Grundlinie *f* ~ **inciri** kleine, spät reifende besonders süße Feigen ~ **izi** s. **ayak izi;** ~ **karşısı** s. **antipot;** ~ **kılıç** Schwert *n* aus Damaszenerstahl ~ **suyu** Grundwasser *n* ~ **sürtmek** sich die Sohlen ablaufen; dauernd auf der Walze sein ~ **tabana zıt** diametral entgegengesetzt ~ **tahtası** s. ~ **ağacı;** ~ **tepmek** (*od.* ~ **patlatmak**) 1. auf Schusters Rappen daherkommen (*bzw.* hingehen) 2. sich die Sohlen ablaufen 3. s. **kaldırımları aşındırmak;** ~ **terazisi** (beim Bau verwendete) Wasserwaage ~ **zemini** Baugrund *m* **-a kuvvet** 1. zu Fuß, auf Schusters Rappen 2. *(Ausruf)* Jetzt aber nichts wie weg! (**Haydi bakalım, tabana kuvvet!** Also pilgern wir halt los! **Üç saatlik yol tabana kuvvet geçilir mi?** Sollen wir vielleicht drei Stunden lang tippeln?) **-ının altına takılmak** *V* j–m nicht von der Seite weichen **-ları dikmek** *F* ins Gras beißen müssen **-ları ensesine dövmek** s. **pabuçları ensesine dövmek; -ları** (*a.* **-ı**) **kaldırmak** *F* Fersengeld geben; sich schleunigst aus dem Staub machen **ᵒları patladı** (*od.* **sızladı**). *fig.* Er ist todmüde. **-ları yağlamak** *hum.* 1. s. **-ları kaldırmak** 2. sich anschicken, e–n langen Fußmarsch zu unternehmen, *F* lostippeln **ᵒların kaşınıyor galiba!** (Anspielung auf die Bastonade) Dich juckt wohl das Fell!
tâbân *va.* leuchtend, strahlend, glänzend
tab'an [×·] *Adv.* von Natur aus, der Naturanlage nach
tabanca [·×·] 1. Revolver *m*, Pistole *f* 2. Spritzpistole *f* (der Maler usw.) *pistole 3. *V* Flasche *f* Raki od.Wein 4. *techn.* Preßluftbohrer, Bohrhammer *m* 5. *va.* Ohrfeige *f* *tokat ~ **boyası** aufgespritzte Farbe (z.B. Spritzlack) ~ **kılıfı** Pistolentasche *f* ~ **kabzası** Pistolengriff *m* ~ **mermisi** Revolver-, Pistolen-kugel *f* ~ **namlusu** Pistolenlauf *m*
tabancalı [·×··] mit Revolver (Pistole) bewaffnet
tabancalık Pistolen-tasche *f*, -halfter *m, n*
tabandırak Holzsandale *f*
tab'aniye *phil.* Natur-glaube *m*, -religion *f*, Naturalismus *m* *doğacılık
tabankeş *va.* zu Fuß gehend
tabanlı mit **taban** *spez.* mutig, beherzt, tapfer, unerschrocken
tabanlık s. **travers** (1)
tabansız ohne **taban** *spez.* furchtsam, ängstlich, feige; Hasenfuß *m* *korkak, yüreksiz
tabansızlık Fehlen *n* von **taban** *spez.* Furchtsamkeit, Ängstlichkeit *f* ~ **etmek** ein Hasenfuß sein
tabanvayla *hum.* auf Schusters Rappen, zu Fuß
Tabariye *n.pr.* Tiberias (im alten Palästina) ~ **gölü** *n.pr.* See *m* Tiberias
tabasbus würdeloses Schmeicheln; Kriecherei *f* ~ **etmek** (b–ne) vor j–m kriechen, um j–n herumschwänzeln

tabassur *va.* 1. genaue Betrachtung, sorgfältige Prüfung 2. Bedächtigkeit, Umsicht *f*
tabbal [·–] s. **tabılzen**
tabe (I) [ā] bis; s. a. **tabesabah**
tabe (II) [ā] *(ar.)* Möge angenehm sein! (nur in dem *va.* Ausdruck:) **Tabe serahü.** „Möge sein Grab angenehm sein!" *d.h.* der hochselige ... (nur auf führende Persönlichkeiten angewandt)
tabela [·×·] 1. Firmen-, Laden-schild *n* 2. Verpflegungsliste *f* (in Internat, Krankenhaus, bei mil. Einheit usw.) 3. Kontrollaufstellung *f* (z.B. über verabfolgte Medizinen) od. laufende Behandlung
tabelacı [·×··] 1. Hersteller *m* von Firmenschildern, Schildermaler *m* 2. wer e–e Verpflegungsliste zu führen od. e–e Kontrollaufstellung zu überwachen hat 3. Markör, Schreiber *m* (z.B. bei Barbutspiel)
tabelacılık Tätigkeit *f* e–s **tabelacı**
tabesabah bis zum (frühen) Morgen *ta sabaha kadar
Taberiye s. **Tabariye**
tabes *med.* Tabes, Rückenmarkschwindsucht *f*
tabetmek [×··] drucken *basmak
tabhane (I) [––·] *va.* 1. geheiztes Zimmer 2. Alten-, Rekonvaleszenten-heim, Waisenhaus *n*
tabhane (II) [·–·] *va.* s. **basımevi, matbaa**
tabhetmek [×··] *va.* kochen *pişirmek
tabı, -b'ı 1. Druck(-en *n*) *m* *baskı 2. Auflage *f* 3. Natur (-anlage) *f*, Naturell *n* Zu 3: **Tab'ıma muvafık değil.** Das entspricht nicht meinem Geschmack. Das ist nichts für mich. ~ **erörü** *philat.* Fehldruck *m*
tabıh, -bhı *va.* Kochen *n*
tabıl *va.* 1. s. **davul** 2. s. **kulak davulu** 3. s. **kulak zarı**
tabılbaz [··–] s. **tabılzen**
tabıldot 1. Table d'hôte, (gemeinsame) Tafel, Speisetafel *f* 2. Menü *n*
tabılhane [··–·] *fr.*s. **mehterhane**
tabılzen *hist.* wer die große Trommel zu schlagen hatte; Paukenschläger *m*
tabi (I), **-ii** [ā] 1. Drucker *m* 2. Verleger bzw. Herausgeber *m* Zu 1: ~ **müellif** *va.* wer seine Werke im Selbstverlag erscheinen läßt Zu 2: **mesul** ~ *va.* verantwortlicher Herausgeber
tabi (II), **-ii** [ā] 1. (nach-)folgend, nachahmend, sich anschließend; Anhänger *m* 2. abhängig; unterworfen, unterliegend (z.B. e–r Bestimmung) 3. subordiniert, untergeordnet *altasıralı 4. *math.* Funktion *f* *fonksiyon 5. s. **tabiin;** ~ **cümle** *gr.* untergeordneter Satz, Nebensatz *m* *tali cümle, bağımlı cümle, yan cümle ~ **kılmak** unterwerfen, sich untertänig machen ~ **olmak** 1. (b–ne) Anhänger sein (von), zugehören (zu) 2. (b–ne) sich unterwerfen, politisch abhängig sein (bzw. werden) (von) 3. (bşe) abhängen, abhängig sein (von) *bağlı olmak (Zu 3: **Bu, babasının iznine -dir.** Das hängt von der Einwilligung seines Vaters ab.) ~ **su** 1. Zufluß *m* (z.B. zu e–m See) *geleğen 2. Nebenfluß *m* ~ **tutmak** unterwerfen (z.B. Einschränkungen, Kontrolle, Rationierung usw.) (**sıkı bir kontrola** ~ **tutmak** e–r strengen Kontrolle unterwerfen, scharf kontrollieren **vergiye** ~ **tutulmak** zur Steuer(-leistung) herangezogen werden) **gayri** ~ unabhängig
tabiat, -tı [·–·] 1. Natur *f* *doğa 2. natürliche Beschaffenheit (z.B. e–r Gegend) 3. Natur *f*, Wesen *n*, Charakter (-anlage, -eigenschaft *f*, -zug *m*) *m*, Gewohnheit *f* 4. guter Geschmack, ästhetisches Empfinden 5. Stuhlgang *m* 6. *gel. irrt.* für **tabiiyat;** ~ **adamı** Naturmensch *m* ~ **edinmek** (m. Akk.) *selt.* sich et. zur Gewohnheit machen ~ **sahibi** ein Mensch mit ästhetischem Empfinden **-a aykırı** naturwidrig, widernatürlich **-a aykırı suç** widernatürliche Unzucht **-iyle** *Adv.* 1. natürlicherweise 2. von selber 3. selbstverständlich **-tan** von Natur aus, von Geburt an **-ı eşyaya mugayir** *va.* der Natur der Dinge zuwiderlaufend **-ı saniye hükmüne girmek** *z. va.* j–m zur zweiten Natur werden
tabiatçı s. **doğa bilgini**
tabiatlı 1. mit nb. Charaktereigenschaft 2. *pr.* guten Geschmack besitzend, von ästhetischem Empfinden Zu 1: **çocuk** ~ **kalmak** ein ewiger Kindskopf sein
tabiatsız ohne ästhetisches Empfinden
tabiatsızlık Mangel *m* an ästhetischem Empfinden; Geschmack-losigkeit, -sverirrung *f*
tabiatüstü, -nü s. **doğaüstü**
tabiî [·––] 1. die Natur betreffend, natürlich, von selbst entstanden *doğal 2. naturgemäß, natürlich, selbstverständlich 3. naturrein (z.B. Wein) *lit.* kunstlos 4. (Ausruf) natürlich! selbstverständlich! aber gewiß! klar! freilich! *elbette ~ **afetler** Naturkatastrophen *pl.* ~ **armonik sesler** *mus.* Flageolett-Töne *pl.* auf leerer Saite ~ **borçlar** *jur.* Naturalobligationen, natürliche Verbindlichkeiten *pl.* ~ **cesamette** (*od.* **büyüklükte**) in natürlicher Größe, in Lebensgröße ~ **coğrafya** s. **doğal coğrafya;** ~ **gaz** Petroleum, Erdöl *n* ~ **hal** Normalzustand *m* ~ **hukuk** *jur.* Naturrecht *n* *aklî hukuk ~ **ilimler** s. **doğal bilimler:** ~ **liman** natürlicher Hafen ~ **mani** *mil.* natürliches Hindernis ~ **netice** natürliche Folge ~ **ölüm** natürlicher Tod ~ **örtü** *mil.* natürliche Deckung ~ **semereler** *jur.* natürliche Früchte *pl.* *doğal verim ~ **senatör** *pol.* Senator *m* auf Lebenszeit (Türkei) ~ **servetler** Bodenschätze *pl.* ~ **ses** s. **göğüs sesi;** ~ **şahıs** *jur.* natürliche Person *gerçek kişi ~ **tarih** Naturgeschichte *f* **gayri** ~ 1. unnatürlich 2. widernatürlich
tabiîleşmek sich natürlich(-er) gestalten
tabiîleştirmek natürlich(-er) gestalten, den natürlichen Ablauf e–r Angelegenheit fördern
tabiîlik, -iği [·––·] 1. natürlicher Zustand, Naturzustand *m* 2. Natürlichkeit *f* Zu 1: **Bu bina, manzaranın -ini bozuyor.** Das Gebäude hier verschandelt die ganze Gegend. Zu 2: **İnsan, sözünde ve davranışında -ten ayrılmamalıdır.** Man soll sich immer natürlich geben.
tabiin [–·–] *va. Pl.* die den Genossen Mohammeds zeitlich folgenden Persönlichkeiten der isl. Tradition
tabiiyat, -tı [·––] Naturwissenschaften *pl.* *tabiî ilimler
tabiiye [·–··] 1. Natur-kunde, -geschichte *f* (als Schulfach) 2. *phil.* Naturalismus *m* doğalcılık
tabiiyeci [·–···] 1. Lehrer(-in *f*) *m* für Naturkunde 2. Natur-forscher(-in *f*) *m*, -wissenschaftler(-in *f*) *m*
tabiiyet (I) [–···], **-ti** 1. Abhängigkeit, Botmäßigkeit *f* 2. Staats-angehörigkeit, -bürgerschaft, -zugehörigkeit *f* Zu 1: **k–ni b–nin -i altına koymak** sich in j–s Botmäßigkeit begeben **ademi** ~ Unabhängigkeit *f* *istiklâl Zu 2: **İsviçre -ini haiz olmak** die schweizerische Staatsangehörigkeit besitzen **Amerikan -ine girmek** die amerikanische Staatsangehörigkeit annehmen **-ten çıkarmak** (*od.* **ıskat etmek**) j–m die Staatsangehörigkeit aberkennen, j–n ausbürgern ~ **vesikası** Staatsangehörigkeitsausweis *m* *patenta; uyrukluk belgesi
tabiiyet (II) [·–··], **-ti** *va.* s. **tabiîlik**
tabiiyetli [ā] mit nb. Staatsangehörigkeit **Alman** ~ **öğrenciler** Schüler (bzw. Studenten) deutscher Staatsangehörigkeit
tabiiyetsiz [ā] staatenlos
tabiiyetsizlik [ā] Staatenlosigkeit *f*
tabiiyun [·–·–] *va. Pl.* 1. Natur-wissenschaftler, -forscher *pl.* 2. *phil.* Naturalisten *pl.*
tabip, -bi [ī] Arzt *m* *hekim, doktor ~ **raporu** ärztliche Bescheinigung, (ärztliches) Attest **-i adlî; adlî** ~ Gerichtsarzt, -mediziner *m*, medizinischer Sachverständiger (bei Gericht) **-i adlîlik** 1. Tätigkeit, Funktion *f* e–s Ge-

richtsarztes bzw. e–s medizinischen Sachverständigen 2. gerichtsmedizinisches Institut ²i **Aşk** „L'Amour Médecin" (Molière, Übersetzer: Ahmet Vefik Paşa)
tabiplik *T* von **tababet**
tabir [–·] 1. Ausdruck *m*, Benennung, Bezeichnung *f* 2. idiomatischer Ausdruck, (feststehende) Redensart *deyim 3. Deutung, Auslegung *f* (z. B. e–s Traums) (Zu 1: **-i veçhile** (b–nin) wie ... zu sagen pflegt(-e) **-i diğerle** (*od.* **âharla**) mit anderen Worten, anders gesagt **en hafif -le** gelinde ausgedrückt ²**imi mazur görünüz.** Entschuldigen Sie den (harten) Ausdruck. Mit Verlaub gesagt. Zu 2: **Türkçe** ²**ler Sözlüğü** Wörterbuch *n* der türkischen Redensarten) ~ **caiz ise** wenn man so sagen darf; sozusagen ~ **etmek** 1. nennen, bezeichnen, ausdrücken 2. deuten, auslegen (*spez.* Traum)
tabirat, -tı [–·–] *va. Pl.* zu **tabir**
tabirci [ā] Traumdeuter *m*
tabircilik [ā] 1. Gewerbe *n* e–s Traumdeuters 2. Traumdeutung *f*
tabirleşmek zum feststehenden Ausdruck werden
tabirname [–·–·] Traum(deutungs)buch *n*
tabiye [–··] *spez. mil.* Taktik *f* ~ **baskını** taktischer Überfall ~ **birliği** taktische Einheit ~ **etmek** *mil.* aufstellen ~ **evamir ve tertibatı** taktische Anordnungen *pl.* ~ **görüşü** taktischer Blick ~ **grupu** Gefechtsgruppe *f* ~ **hedefi** taktisches Ziel ~ **icabı** (*od.* **zarureti**) taktisches Erfordernis ~ **keşfi** taktische Aufklärung ~ **manevrası** taktisches Manöver ~ **tatbikatı** taktische Übung
tab'iye Druckkosten *pl.*
tabiyeci [ā] geschickter Taktiker *m* *taktisiyen
tabiyevî [–··–] taktisch *taktik
tabl s. **tabıl**
tabla [×·] 1. Tablett *n* (z. B. für Speisen) 2. Tragbrett *n* (z. B e–s Straßenhändlers) 3. Untersatzplatte *f* (für Ofen, Kohlenbecken usw.) 4. Aschen-becher *m*, -schale *f* 5. flacher, breiter Teil bei verschiedenen Dingen wie z. B.: Waagschale *f*, Abakus *m*, Deckplatte *f* (e–r Säule), Kopf *m* (e–s Nagels), Bahn *f* (e–s Hammers) usw. 6. Tafel *f*, Täfelchen, Schild(-chen) *n* (z. B. als Bedienungsanweisung an e–r Maschine), Scheibe *f* 7. oberer Abschluß e–s Pfostens, Mastes usw. 8. Unruh(e) *f* in Taschenuhr)
tablakâr 1. wer Waren auf e–m Tragbrett feilhält 2. *fr.* Diener *m*, der die Speisen auf- bzw. ab-zutragen hatte
tablakârlık Tätigkeit *f* e–s **tablakâr**
tablalı [×··] 1. mit **tabla** 2. oben breit und rund gearbeitet (Damenhut, Fes usw.)
tabldot s. **tabıldot**
tablet, -ti 1. Tablette *f*, (Pfefferminz- usw.)Pastille *f*, (Schokoladen-)Tafel *f* 2. Tafel *f*, Täfelchen *n* (*spez.* beschriftete Tontafel aus früheren Zeiten)
tabliye (*franz.* **tablier**) Schürze *f* (e–r Bedienerin)
tablo [×·] (*franz.* **tableau**) 1. Gemälde, Bild *n* 2. Ansicht *f*, Bild *n* *manzara 3. Übersicht, Aufstellung, Tafel *f* 4. *Th.* Bühnenbild *n* 5. *fig.* Schilderung *f*, Bild *n*, Szene *f* 6. Brett *n*, Tafel *f* 7. *med.* Krankheitsbild *n* ~ **kancası** X-Haken *m* ~ **kasnağı** Keilrahmen *m* (des Malers) ~ **verniği** Firnis *m* ~ **yapmak** (*od.* **çizmek**) ein Bild malen (entwerfen)
tablovivan (*franz.* **tableau vivant**) lebendes Bild *canlı tablo
tâbnak, -ki [––] *va.* s. **tâbân**
tabu tabu; Tabu *n* *tekinsiz
tabulga s. **tavulga**
tabur 1. *mil.* Bataillon *n* 2. geordnete Schar; Abteilung *f*, Reih und Glied 3. *hist. mil.* Karree *n* ~ **ağası** *hist.* Gendarmeriemajor *m* ~ **aramerkezi** (*od.* **santralı**) Abteilungsvermittlung *f* ~ **hekimi** Bataillonsarzt *m* ~ **imamı** Bataillonsfeldprediger *m* ~ **karagâhı** Bataillonsstab *m* ~ **muhabere takımı** Bataillonsnachrichtenzug *m* ~ **olmak** in Reih und Glied antreten
taburcu 1. wer als genesen aus dem Krankenhaus (*spez.* Militärlazarett) entlassen wird 2. *V* aus dem Gefängnis entlassener Sträfling ~ **olmak** 1. *mil.* wieder truppendienstfähig werden 2. *allg.* aus dem Krankenhaus entlassen werden 3. *V* aus dem Gefängnis entlassen werden
tabure (*franz.* **tabouret**) 1. Fußbank *f*, Schemel *m* 2. Sitzschemel *m*, Klavierstuhl, (Bar-)Hocker *m*
tabut, -tu 1. Sarg *m* 2. *va.* Schrein *m*, (Bundes-)Lade *f* (Bibel) 3. lange Eierkiste ~ **kolu** Sargbahre *f*
tabutluk 1. für die Herstellung von Särgen (*bzw.* Schreinen, Eierkisten) geeignet od. best. 2. Aufbahrungsplatz *m* für Särge (in e–r Moschee) 3. *P* Folterzelle *f* (engster Raum, in dem man sich nicht bewegen kann)
tabülatör Tabulator, Spaltensteller *m* (an der Schreibmaschine)
tabütüvan s. Stw. **tab**
tabya [×·] Vorwerk *n*, Schanze *f*, Fort *n* ~ **sepeti** *mil. fr.* Schanzkorb *m* **-lar muhiti** Fortgürtel *m*
tacdar [––] gekröntes Haupt; Herrscher *m*
tacıdar; tacidar *irrt.* für **tacdar**
Tacik 1. Tadschike *m*, Tadschikin *f* 2. tadschikisch
Tacikî *ling.* Tadschikisch(-e) *n*
Tacikistan *n.pr.* Tadschikistan (Sowjetrepublik; Teil von Turkestan)
tacil [––] 1. Drängen, Zur-Eile-Treiben *n* 2. *phys.* Beschleunigung *f* ~ **etmek** 1. zur Eile antreiben; drängen 2. beschleunigen *hızlaştırmak
tacilî [–––] Beschleunigungs-; ~ **hareket** s. **ivmeli devim;** s. a. **fiili** ~
tacir [ā] Kaufmann *m* *tüccar, satman, satkan, tecimer
tacirbaşı [–···] Großkaufmann, Kaufherr *m*
tacirlik [ā] kaufmännische Tätigkeit
taciz [––] Belästigung, Störung *f* ~ **ateşi** *mil.* Störungsfeuer *n* ~ **etmek** stören, belästigen *tedirgin etmek ~ **taarruzu** *mil.* Störangriff *m* ~ **uçağı** *mil.* Störflugzeug *n*
tacizat, -tı [–·–] *z. va. Pl.* dauernde Störungen od. Belästigungen *pl.*
tacizlik [–··] Belästigen, Stören *n* ~ **getirmek** 1. über Belästigung(-en) Klage führen 2. e–r Sache überdrüssig werden *usanç getirmek ~ **vermek** stören, belästigen *tedirgin etmek
tacüssin [ā] s. **diştacı**
taç (I), **-cı** 1. Krone *f* (e–s Herrschers) 2. Kopfputz *m* e–r Braut 3. *fr.* Kopfbedeckung *f* verschiedener Derwische und Scheichs *spez.* e–s Bektaschi-Scheichs 4. *bot.* Blumenkrone, Korolla *f* *tüveyç 5. s. **güneş tacı** 6. ² *astr.* Krone *f* *İklil 7. *mus.* s. **org noktası** 8. s. **taçbeyt** 9. Krönchen *n*, Haube *f* (mancher Vögel) 10. Kranz *m* (an Möbeln) ~ **giydirmek** krönen ~ **giymek** 1. gekrönt werden 2. sich die Krone aufs Haupt setzen ~ **giyme merasimi** Krönungsfeierlichkeiten *pl.* **-ından feragat etmek** der Krone entsagen; abdanken **-ı şahî** s. **tuğ lâlesi**
taç (II), **-çı** (*engl.* **touch**) 1. *Fb.* Einwurf *m* 2. *mus.* s. **tuşe;** ~ **atmak** *Fb.* (den Ball) einwerfen ~ **çizgileri** *Fb.* Seitenlinien *pl.*
taçbeyt, -ti *lit.* derjenige Vers e–r Kasside od. e–s Gasels, der den Namen des Dichters enthält
taççeker *astr.* Koronograph *m*
taçkemer s. **başkemer kaburgası**
taçlamak krönen
taçlanmak 1. gekrönt werden 2. sich krönen
taçlı mit **taç;** ~ **turna** Kronenkranich *m zo.* Grus balearica ~ **yılan** Glattnatter *f zo.* Coronella austriaca
taçlıpas Kronenrost *m bot.* Puccinia coronata
taçsız 1. ohne **taç** *spez.* ungekrönt 2. *spez. bot.* Apetale *f*

-lar *bot.* Apetalen *pl.* (Blütenpflanzen ohne Blumenkrone) *adimettüttüveyç
taçvari [·––] kronenähnlich ~ **aşı** *agr.* s. **çoban aşısı**
taçyaprağı, -nı; taçyaprak *bot.* Kron-, Blumen-blatt, Petal (-um) *n* *petal, yapırgan; varakı tüveycî
taçyapraklı mit nb. Blumenblättern s. **ayrı (bitişik) -lar**
tadadî [–––] *va.* aufzählend ~ **hükümler** s. **tahdidî hükümler**
tadalmak s. **tat almak**
tadat, -dı [––] *va.* (Auf-)Zählung, Zählweise *f* ~ **etmek** *va.* (auf-)zählen *saymak ~ **ve terkim** *math.* Zählen *n* *sayılama **(gayri) kabili** ~ *z. va.* (un-)zählbar
tadıcı 1. wer e–e Kostprobe nimmt 2. Küchenmeister *m*
tadım Geschmack(-ssinn) *m* *zaika ~ **cisimcikleri** s. **tat alma cisimcikleri**
tadımlık 1. Kostprobe *f* 2. *fig.* sehr wenig (*F* gerade genug für e–n hohlen Zahn)
tadil [––] 1. Revidierung, (Ab-)Änderung, Modifikation *f* 2. Mäßigung, Milderung *f* 3. *chem.* Neutralisierung *f* ~ **etmek** 1. revidieren, (ab-)ändern, modifizieren *değişkemek 2. ermäßigen, mildern (z.B. Strafe) 3. *chem.* neutralisieren *nötrlemek ~ **takriri** s. **tadilname**
tadilât, -tı [–––] *(Pl., oft in sg. Bed.)* Änderung(-en *pl.*) *f*, Modifikation(-en *pl.*) *f* **Diğer tarifelerde bir ~ yoktur.** Die anderen Tarife sind unverändert geblieben. ~ **yapmak** (bşde) (Ab-)Änderungen (Modifikationen) vornehmen (bei)
tadilci [ā] *pol.* 1. revisionistisch 2. Revisionist(-in *f*) *m* *revizyoncu, revizyonist ~ **program** revisionistisches Programm
tadilcilik [ā] *pol.* Revisionismus *m* *revizyonculuk, revizyonizm
tadilen [––·] *z. va. Adv.* 1. in Abänderung 2. in Ermäßigung 3. sinngemäß
tadilname [–––·] *parl.* Abänderungsantrag *m* (bei Gesetzentwurf) *değişiklik önergesi; tadil takriri
tadiye [ā] *va.* 1. Übergehenlassen *n* (aus e–m Zustand in e–n anderen) 2. *ling.* a) Transitivwerdenlassen *n* b) kausative (faktitive) Verbalform; s. a. **lâzımdan (müteaddiden)** ~
taekvon Taekvon *n* (dem Judo ähnliche Form der Selbstverteidigung; im türk. Sport seit Ende der 60er Jahre)
tafahhus *va.* Forschen *n*, wissenschaftliche Forschung ~ **etmek** *va.* forschen (nach), wissenschaftlich erforschen
tafdil [ī] *va.* Höherstellen, Vorziehen *n* ~ **etmek** 1. den Vorrang geben; höherstellen 2. vorziehen; s. a. **edatı** ~; **ismi** ~
tafdilî *va.* mit Höherbewertung; s. **teşbihi** ~
taflan (ağacı) echter Kirschlorbeer *bot.* Prunus laurocerasus *karayemiş (ağacı); Gürcü (*od.* Laz) kirazı
tafra 1. Prahlerei, Angabe, Großsprecherei *f* 2. *hist.* bevorzugte Beförderung von Söhnen hoher geistlicher Würdenträger ~ **satmak** sich aufblasen; aufschneiden
tafracı 1. großsprecherisch, prahlerisch; Prahler, Angeber *m* 2. dünkelhaft, aufgeblasen
tafracılık 1. s. **tafra** (1) 2. Dünkel *m*, Aufgeblasenheit *f*
tafrafüruş(-luk) s. **tafracı(-lık)**
tafsil [ī] 1. ausführliches Erzählen, eingehende Darlegung 2. Einzelheit *f*, Detail *n* ~ **etmek** ausführlich erzählen, eingehend darlegen
tafsilât, -tı [·––] *Pl.* Einzelheiten, Details, nähere Umstände *pl.* *ayrıntılar, detaylar ~ **vermek** Einzelheiten mitteilen, in allen Einzelheiten schildern, detaillierte Angaben machen **-a gir(iş)mek** auf Einzelheiten eingehen **-iyle** mit allen Einzelheiten, eingehend, ausführlich, genau
tafsilâtlı mit Einzelheiten, eingehend, ausführlich, detailliert (z.B. Bericht)

tafsilen [ī] *va. Adv.* eingehend, ausführlich
tafta [×·] 1. Taft *m* 2. aus Taft hergestellt 3. Taft-, Tuchbindung *f*; s. a. **kauçuklu** ~
tagaddi [ī] *z. va.* Sich-Nähren *n*, Ernährung *f* *tağdiye, besi ~ **etmek** *z. va.* sich (er-)nähren *beslenmek
tagallüp, -bü Gewalttätigkeit, Gewaltherrschaft, Tyrannei, Despotie *f* *zorbalık ~ **etmek** (m. Dat.) Gewalttätigkeiten verüben (gegen); unterjochen, tyrannisieren
taganni [ī] Singen *n*, Gesang *m* ~ **etmek** singen *şarkı söylemek
tagayyüp, -bü *va.* Verschwinden *n* (z.B. e–r Person) ~ **etmek** *va.* verschwinden
tagayyür 1. Sich-Ändern, Anderswerden *n* 2. *pej.* Schlechterwerden *n*, Zersetzung *f*, Verderben *n* (z.B. von Substanzen) ~ **etmek** 1. sich ändern 2. *pej.* sich zersetzen; verderben
tagayyürat, -tı [···–] *va. Pl.* Veränderungen *pl.* (mst. zum Schlechteren hin)
tağdiye *z. va.* 1. Ernähren *n*, Ernährung *f* *tagaddi, besi 2. Versorgung *f* (z.B. e–r Stadt mit Wasser) ~ **etmek** *z. va.* 1. ernähren 2. *a. techn.* versorgen, speisen *(1, 2) beslemek
tağlip [ī], **-bi** *va.* Zusammenfassung *f* verschiedener Begriffe in e–m Oberbegriff (*z. B.* **ebeveyn = ana ile baba**)
tağlit [ī], **-ti** *va.* 1. Irreführen *n* 2. Aufzeigen *n* e–s Fehlers ~ **etmek** *va.* 1. irreführen 2. e–n Fehler aufzeigen
tağrip, -bi [ī] *va.* Landesverweisung, Ausbürgerung *f* ~ **etmek** *va.* des Landes verweisen, ausbürgern
tağşiş [ī] Verschlechterung, (Waren-)Verfälschung *f* ~ **etmek** verschlechtern, verfälschen
tağyir [ī] 1. Verändern *n*, Veränderung *f* 2. *pej.* Schlechterwerden-Lassen, Zersetzen, Verderben-Lassen *n* ~ **edici** *chem.* denaturierend *denşiren ~ **etmek** 1. verändern 2. *pej.* schlechter werden lassen, zersetzen, verderben, entstellen (z.B. Tatsachen)
Ta-Ha suresi Name der 20. Koran-Sure *Suretülkelim
tahaccür *va.* 1. Versteinerung *f* 2. *med.* Verschorfung *f* (e–r Wunde) ~ **etmek** s. **taşlaşmak**
tahaddüp, -bü *va.* Sich-Herauswölben *n*, (Aus-)Wölbung *f*, Bauch *m*, Ausbuchtung *f*
tahaddüs 1. Auftreten, Geschehen, Entstehen *n* 2. Intuition *f*, unmittelbare Erkenntnis *sezgi ~ **etmek** auftreten, in Erscheinung treten, entstehen, geschehen, vorfallen
tahaddüsî intuitiv *sezgili, sezgisel
tahaddüsiye *phil.* Intuitionismus *m* *sezgicilik
tahaf [·–] s. **tüybulut**
tahaffuz 1. Sich-Schützen, Sich-Hüten *n* 2. Schutz *m*, Erhaltung, Prophylaxe *f* Zu 2: **kudretin -u;** ~ **etmek** (m. Abl.) sich hüten, sich schützen, sich in acht nehmen (vor)
tahaffuzhane [···–·] Quarantäne-station, -anstalt *f* *karantina yeri
tahaffuzî verhütend, prophylaktisch, Vorbeugungs- ~ **ilâçlar** prophylaktische Mittel *pl.* ~ **tedbirler** Vorbeugungsmaßnahmen *pl.*
tahaffüf *va.* 1. Leichterwerden *n*, Abschwächung *f* 2. Schuhanziehen *n* ~ **etmek** *va.* 1. leichter werden, sich abschwächen (z.B. Krankheit) *hafifleşmek 2. Schuhwerk anziehen
tahakkuk, -ku 1. Bewahrheitung, Verifizierung *f* 2. Verwirklichung, Realisierung *f* 3. Berechnung und Feststellung *f* e–r zu zahlenden Summe (z.B. Steuerveranlagung, Gehaltsberechnung usw.) 4. Fälligkeit *f* (e–r Zahlung) ~ **etmek** 1. sich als wahr herausstellen, sich bewahrheiten 2. sich verwirklichen, Wirklichkeit werden, tatsächlich eintreten 3. sich als zu zahlende Endsumme ergeben 4. erfüllt sein (Bedingung) (Zu 3: **tahakkuk**

eden faiz aufgelaufene Zinsen) ~ **ettirmek** 1. verwirklichen, realisieren, zur Ausführung bringen *gerçekleştirmek, hakikatleştirmek, realize etmek 2. e–e zu zahlende Summe berechnen ~ **memuru** Steuerveranlagungsbeamter ~ **tarihi** Fälligkeitstermin *m* (z.B. für Steuern) **kabili** ~ realisierbar, ausführbar *gerçekleşir

tahakküm despotisches Regime; Tyrannei, Gewalt-, Vorherrschaft *f* ~ **etmek** (m. Dat.) 1. Gewalt haben (über), beherrschen 2. sich zum Herrscher aufwerfen (über)

tahal, -li *va.* Milz *f* *dalak

tahallus 1. Befreiung, Errettung, Erlösung *f* 2. Annahme *f* e–s schriftstellerischen Pseudonyms ~ **etmek** 1. befreit (errettet, erlöst) werden 2. sich ein Pseudonym zulegen (Schriftsteller)

tahallül Aufgelöst-Werden, Sich-Lösen *n*, Zersetzung *f*, Zerfall *m* *ayrışım ~ **etmek** sich (auf-)lösen, sich zersetzen, zerfallen *ayrışmak ~ **ettirmek** (auf-)lösen, zersetzen, zerlegen *ayrıştırmak **kabili** ~ *chem.* löslich *ayrışabilir

tahammuz *chem.* Oxydation *f* *oksitlenme ~ **etmek** oxydieren *oksitlenmek **kabili** ~ oxydierend *oksitlenir

tahammül 1. Aushalten, Ausharren, Ertragen, Erdulden *n* 2. Ausdauer, Geduld *f* ~ **etmek** 1. ausharren, dulden 2. (m. Dat.) et. aushalten, er-, ver-tragen, erdulden, auf sich nehmen ~ **olunamaycak derecede** *(Adv.)*; **gayri kabili** ~ *(Adj.)* unerträglich

tahammülfersa [···–] unerträglich, unausstehlich

tahammüllü 1. geduldig, ausdauernd 2. nachsichtig

tahammülsuz [ü] *va.* was e–n die Geduld verlieren läßt, unerträglich

tahammülsüz 1. wer et. nicht aushalten (ertragen, erdulden) kann 2. ungeduldig, ohne Ausdauer

tahammülsüzlük 1. Unfähigkeit *f*, et. zu ertragen (auszuhalten, zu erdulden) 2. Ungeduld *f*, mangelnde Ausdauer

tahammür Gären *n*, Gärung *f* ~ **etmek** gären od. in Gärung übergehen

tahan s. **tahin**

taharet, -ti [·–·] 1. Reinheit, Sauberkeit *f* 2. rituelle Reinigung (nach dem Stuhlgang) ~ **almak** s. **taharetlenmek**

taharetlenmek [·–··] die rituelle Reinigung nach dem Stuhlgang vornehmen

taharri [ī] 1. (Durch-)Suchen, Durch-, Unter-suchung, Visitation, Nachforschung, Schürfung *f* 2. s. ~ **memuru**; ~ **etmek** (durch-)suchen, untersuchen, visitieren, nachforschen, Nachforschungen anstellen ~ **memuru** Geheimpolizist, Detektiv *m* ~ **vesikası** s. **arama belgesi**

taharriyat, -tı [···–] *Pl. spez. jur.* Durch-, Haus-suchung *f* *araştırma

taharrüf *astr.* Aberration *f* *aberasyon, sapınç

taharrük, -kü *va.* Sich-Bewegen *n*, Bewegung *f*

taharrükiyet, -ti 1. *psych.* Hast, Unruhe *f* 2. *biol.* Bewegungsfähigkeit, Bewegung *f* *devinirlik

taharrüş *biol., med.* Gereiztwerden *n*, Reizung *f*, Reiz (-barkeit *f*) *m* *irkilme ~ **etmek** gereizt werden (und anschwellen), e–e Reizung aufweisen (z.B. Haut) *irkilmek

taharrüşiyet, -ti *med.* Reizbarkeit *f*

tahassul, -lü Sich-Ergeben, Zustandekommen *n* ~ **etmek** sich ergeben, sich bilden, zustandekommen

tahassun Sich-Verschanzen, Schutzsuchen *n* ~ **etmek** sich verschanzen, Schutz suchen

tahassür (I) Sich-Sehnen *n*, Sehnsucht *f* *hasret, özlem ~ **etmek** sich grämen (z.B. um et. Verlorenes), sich sehnen (nach), et. vermissen

tahassür (II) *med.* Gerinnen *n*, Koagulation *f* *pıhtılaşma

tahassüs seelischer Eindruck; Impression, Beeindruckung, (Sinnes-)Empfindung *f* *duygulanım, duyma, his

tahassüsat, -tı [···–] *Pl.* Eindrücke *pl.*

tahaşşüp, -bü *bot.* Verholzung *f* *odunlaşma ~ **etmek** *va. intr.* verholzen

tahaşşüt, -dü 1. Ansammlung, Konzentration *f* 2. *mil.* Aufmarsch *m* ~ **etmek** 1. sich ansammeln, sich zusammenziehen 2. zusammengezogen, konzentriert werden (Truppen) ~ **kampı** Konzentrationslager *n* ~ **planı** *mil.* Aufmarschplan *m*

tahattur *va.* Sich-Erinnern *n* ~ **etmek** (m. Akk.) *va.* sich erinnern (an) *hatırlamak

tahavvül 1. Sich-Verändern, Anderswerden *n*, (Ver-)Änderung *f*, Wandel *m*, Wandlung *f* 2. *math.* Variation *f* *değişim 3. *math.* Umformung, Umwandlung, Transformation *f* *dönüşüm ~ **etmek** 1. sich verändern, anders werden, sich wandeln 2. *math.* e–e Umformung (Umwandlung, Transformation) erfahren *dönüşmek **-ü şems(-î)** s. **gün durumu, gündönümü**

tahavvülât, -tı *va. Pl.* zu **tahavvül**

tahayyül 1. Phantasievorstellung, Illusion *f* 2. Phantasie *f* ~ **etmek** sich et. (in der Phantasie) ausmalen; träumen (von)

tahayyülât, -tı *z. va. Pl.* (leere) Phantasien, Illusionen *pl.*

tahayyür *z. va.* Verwunderung *f*, Staunen *n* ~ **etmek** *z. va.* sich (ver-)wundern, staunen, verdutzt (verblüfft, verwirrt) sein *şaşmak; şaşalamak

tahayyüz (I) 1. *phys.* Einnehmen *n* e–s Raumes 2. *fig.* Bedeutungsgewinnen, Berühmtwerden *n* ~ **etmek** 1. *phys.* e–n Raum einnehmen 2. *fig.* Bedeutung gewinnen, berühmt werden

tahayyüz (II) *med.* Menstruation *f*

tahdidat, -tı [·––] *(Pl., a. in sg. Bed.)* Einschränkung(-en *pl.*) *f*, Beschränkung(-en *pl.*) *f*, Rationierung *f* **Matbuata vazedilen yegâne** ~ **budur.** Das ist die einzige Einschränkung, die der Presse auferlegt worden ist. s.a. **iaşe -ı**

tahdidî einschränkend, begrenzend, restriktiv, limitativ *sınırlayıcı, tüketici ~ **hükümler** *jur.* einschränkende Vorschriften *pl.* *tadadî hükümler

tahdiş [ī] 1. *va.* (Zer-)Kratzen *n* (mit den Nägeln) 2. *z. va.* Verwirren, Beunruhigen *n*, Verwirrung, Beunruhigung *f*, Erregung *f* (des Gemüts) **-i ezhan** *va.* Beunruhigung *f* der Gemüter **-i hatır etmek** *va.* in Verwirrung stürzen (Person)

tahdit, -di [ī] 1. Fest-legen, -setzen, Ziehen *n* (e–r Grenze), *jur. a.* Abgrenzung, Grenzfestsetzung *f* 2. *math.* Begrenzung, Definierung *f* *tarif, sınırlama 3. Begrenzung, Be-, Ein-schränkung, Rationierung *f* Zu 1: **-i hudut komisyonu** Grenzziehungskommission *f* Zu 3: **-i teslihat** Rüstungsbeschränkung *f* od. Abrüstung *f* **Benzin -leri kalktı.** Die Benzinrationierung ist aufgehoben worden. **-i sin** Altersgrenze *f* *yaş haddi **-i sinne tabi tutmak** wegen Erreichung der Altersgrenze entlassen ~ **çivisi** *techn.* Anschlagstift *m* ~ **etmek** 1. fest-legen, -setzen, ziehen (Grenze) 2. *math.* begrenzen, definieren *tarif etmek, tariflemek, sınırlamak 3. ab-, be-grenzen, ein-, beschränken, rationieren *daraltmak Zu 1: ~ **edilen hat** Demarkationslinie *f* ~ **somunu** *techn.* Begrenzungsmutter *f* ~ **vidası** *techn.* Begrenzungsschraube *f*

tahfif [ī] 1. Erleichtern *n*, Erleichterung *f* 2. *arch.* Aussparung *f* ~ **etmek** 1. erleichtern, mildern (z.B. Strafe) *hafifletmek, hafifleştirmek 2. *arch.* aussparen **Yükünü -e çalışacaktır.** Er wird sich bemühen, ihm seine Last zu erleichtern. **-i tekâlif** *va.* Herabsetzung *f* der Abgaben (Steuern usw.)

tahıl Korn, Getreide *n* *hububat

tahın, -hnı *va.* Mahlen *n* (von Getreide)

tahin [ā] 1. gemahlene Sesamkörner *pl.* 2. Sesamöl *n* ~ **helvası** e–e aus Sesamöl, Zucker bzw. **pekmez** sowie Seifenkraut-Absud hergestellte Helwa-Art

tahinî [–·–] von der Farbe des Sesamöls, gelblich-grau
tahir [ā] 1. *va.* rein, sauber 2. ≗ *mV* **Tahire** *wV*
tahiyyat, -tı [··–] *va. Pl.* zu **tahiyye;** s. a. **ettahhiyat**
tahiyye, tahiyyet, -ti *va.* 1. Begrüßung *f* und Segenswünsche *pl.* 2. ein aus zwei **rekât** bestehendes supererogatorisches Gebet (beim Betreten e–r Moschee) ~ **etmek** *va.* begrüßen und Segenswünsche aussprechen
tahkik [ī], **-ki** 1. Nachforschung, Untersuchung *f* 2. Ermittlung, Verifikation *f* ~ **etmek** 1. nachforschen, untersuchen 2. ermitteln, verifizieren
tahkikat, -tı [·––] *Pl., a. in sg. Bed., spez. jur.* Untersuchung *f* *soruşturma ~ **evrakı** Untersuchungsakten *pl.* ~ **hâkimi** Untersuchungsrichter *m* *soruşturma yargıcı ~ **yapmak** *od.* **-ta bulunmak** Untersuchungen (Ermittlungen) anstellen **-ı derinleştirmek** genauere Untersuchungen (Nachforschungen) anstellen **-ı evveliye** s. **ön soruşturma**
tahkim [ī] 1. Befestigen *n*, Befestigung *f fin. a.* Konsolidierung *f* 2. *jur.* Schieds-verfahren *n*, -gerichtsbarkeit *f* ~ **cıvatası** *techn.* Hammerkopfschraube *f* ~ **etmek** 1. (be-)festigen, verstärken *fin. a.* konsolidieren 2. *jur.* zum Schiedsrichter bestimmen ~ **edilmiş mevzi** *mil.* befestigte Stellung ~ **kararı** schiedsgerichtliches Gutachten ~ **muahedesi** s. **tahkimname;** ~ **şartı** *jur.* Schieds(gerichts)-, Arbitrage-klausel *f*
tahkimat, -tı [·––] *(Pl., a. in sg. Bed.)* Befestigung(-en *pl.*) *f*, Festungsanlage *f* ~ **edevatı** Schanz-zeug, -gerät *n* ~ **faaliyeti** Schanzarbeiten *pl.* ~ **inşası** Festungs-, Befestigungs-, Schanzen-bau *m* ~ **işleri** Schanz-, Verstärkungsarbeiten *pl.* ~ **seddi** Befestigungswall *m* ~ **tesisleri** Befestigungsanlagen *pl.* ~ **yapmak** Befestigungen anlegen **en mühim müdafaa -ı** die wichtigsten Verteidigungsanlagen *pl.*
tahkimli [·–·] befestigt, verstärkt *müstahkem
tahkimname [·––·] *jur.* Schieds-vertrag *m*, -abrede *f* *yargıcı sözleşmesi
tahkir [ī] Beschimpfung, (Ehren-)Beleidigung *f* ~ **etmek** beschimpfen, beleidigen
tahkiramiz [·–––] *va.* beleidigend, ehrverletzend, ehrenrührig
tahkiye *va.* Erzählungskunst *f* *hikâyeleme
tahlif [ī] Vereidigen *n*, Vereidigung *f* ~ **etmek** vereidigen *ant içirmek ~ **varakası** *z. va.* Affidavit *n*
tahlifli vereidigt
tahlil [ī] Analyse *f* *analiz ~ **etmek** 1. analysieren *analizlemek 2. *phys.* zersetzen, zerlegen *ayrıştırmak **-i aslî** s. **asal analiz; -i elektrikî** s. **elektroliz; -i hacmî** s. **hacim analizi; -i kemmî** s. **nicel analiz; -i keyfî** s. **nitel analiz; -i ruhî** s. **psikanaliz; -i unsurî** s. **elemansel analiz; -i veznî** s. **tartı analizi**
tahlilî [·––] analytisch *analitik, çözümsel ~ **hendese** analytische Geometrie *analitik geometri
tahlis [ī] (Er-)Retten *n*, (Er-)Rettung *f* ~ **etmek** (er-)retten **-i giriban etmek** *va.* et. Unangenehmes glücklich überstehen, gerade noch davonkommen
tahlisiye [·–··] 1. s. **tahlis** *spez. jur.* Bergung und Hilfeleistung *f* in Seenot *kurtarma ve yardım 2. Rettungsstation *f* ~ **aleti** Rettungsgerät *n* ~ **kemeri (sandalı simidi, yeleği)** s. **cankurtaran kemeri (sandalı, simidi, yeleği);** ~ **uçağı** Rettungsflugzeug *n* ~ **yüzücülüğü** Rettungsschwimmen *n*
tahlisiyeci [·–···] wer zur Rettung herbeieilt, Helfer, Retter *m* **-ler** *a.:* Rettungsmannschaft *f*
tahlisiyecilik Rettungswesen *n*
tahlit, -ti [ī] *va.* (Ver-)Mischen, Verfälschen, Panschen *n* ~ **etmek** *va.* (ver-)mischen, verfälschen, panschen
tahliye 1. (Aus-)Leeren *n* 2. Aus-, Ab-laden *n*, Löschung *f* (e–r Schiffsfracht) 3. (Aus-)Räumen *n*, Räumung *f*, Evakuieren *n*, Evakuation *f* 4. *mil.* (Auf-)Räumung *f*, Abschub *m* 5. Frei-, Ent-lassung *f* (z. B. e–s Häftlings) ~ **ameliyesi** *naut.* Löschung(-sarbeiten *pl.*) *f* ~ **davası** *jur.* Räumungsklage *f* ~ **etmek** 1. (aus-)leeren 2. aus-, ab-laden, löschen 3. (aus-)räumen, evakuieren 4. *mil.* (auf-)räumen 5. frei-, ent-lassen ~ **işleri** Aufräumungsarbeiten *pl.* ~ **nakliyatı** *mil.* Räumungstransport *m* ~ **olmak** Pass. zu ~ **etmek;** ~ **talebi** Ansuchen (Ersuchen, Gesuch) *n* um Entlassung (aus der Haft) ~ **tertibatı** (Ver-)Ladeeinrichtung *f* **-i mecur** *va.* Zwangsräumung *f* (e–r Wohnung), Exmittierung *f*
tahmil [ī] 1. Auf-, Ver-laden *n*, Aufbürden *n* 2. Ver-, Beladen *f* 3. Auferlegen *n* ~ **ambarı** Laderaum *m* ~ **etmek** 1. aufladen, aufbürden, beladen 2. verladen 3. auferlegen (z. B. Pflichten) ~ **iskelesi** (Ver-)Ladestelle *f* ~ **kabiliyeti** Ladefähigkeit *f* ~ **kolu** Ladebaum *m* ~ **konişmentosu** Abladekonnossement *n* ~ **menfezi** Ladeluke *f*
tahmin [ī] 1. Vermutung, Mutmaßung *f* 2. Schätzung, Taxierung *f* 3. Voraussage, Prognose *f* *previzyon ~ **bedeli** Tax-, Schätz-wert *m*, veranschlagter Preis ~ **etmek** 1. vermuten, mutmaßen 2. schätzen, veranschlagen, taxieren, raten 3. angeben, voraussagen, voraussehen (Zu 1: **Emin Beyin kaçtığı** ~ **olunmaktadır.** Es wird vermutet, daß Emin Bey geflohen ist. ~ **edildiğine göre** wie man annimmt, vermutlich Zu 2: **Beni kaç yaşında** ~ **edersiniz?** Für wie alt halten Sie mich? Zu 3: **Yeni bir harbin vukua gelip gelmeyeceğini kimse** ~ **edemez.** Es kann niemand sagen, ob ein neuer Krieg kommen wird. **evvelce** ~ **edilemeyen** nicht voraussehbar) **-ime göre** meiner Schätzung nach, meines Erachtens **-ler yapmak** (*od.* **yürütmek**) 1. Vermutungen anstellen 2. Voraussagen machen **-i mesafe** Entfernungs-, Distanz-schätzung *f* **-i mesafe aleti** s. **telemetre; gayri kabili** ~ 1. nicht vorherzusehen(d) 2. unerwartet
tahminci [·–·] Schätzer, Taxator *m* *muhammin
tahminen [·×·] *Adv.* schätzungsweise, circa, etwa, ungefähr, annähernd
tahminî geschätzt, Schätz-, annähernd, approximativ ~ **kıymet** Schätzwert *m* ~ **konuşmak** sich in Vermutungen ergehen
tahmir [ī] Gärenlassen *n*, Säuerung *f* ~ **etmek** gären lassen, säuern
tahmis (I) [ī] *va.* 1. Dörren, Rösten *n* 2. Kaffeerösterei *f* *spez.* Verkaufsstelle *f* für gerösteten Kaffee
tahmis (II) [ī] (in der ält. Lit.) Anhängung *f* von drei Halbversen an jeden Doppelvers des Gedichtes e–s anderen Autors (*spez.* e–s Gasels) (wodurch ein **muhammes** entsteht)
tahmisçi [·–·] *fr.* wer Kaffee röstet und mahlt (*fr.* stampft) (zum Verkauf an Kleinhändler)
tahmishane [·––·] *va.* s. **tahmis**
tahmiz [ī] Oxydierenlassen *n*, Oxydation *f* *oksitleme ~ **etmek** oxydieren lassen, zur Oxydation bringen *oksitlemek
tahnetmek [×··] *va.* mahlen (Getreide)
tahnit, -ti [ī] 1. Einbalsamieren, Mumifizieren *n* 2. Ausstopfen *n* (von Tieren) ~ **etmek** 1. einbalsamieren, mumifizieren 2. ausstopfen (Tiere)
tahra Gartenmesser *n*, Hippe *f* (zum Ausholzen von Bäumen) *serpet
Tahran [·–] *n.pr.* Teheran
tahrat; tahret *P* für **taharet**
tahretsiz *V Schi.* ungläubig, Ungläubiger
tahribat, -tı [··–] *Pl.* Zerstörung, Verwüstungen, Verheerungen *pl.* (z. B. durch schädliche Insekten) ~ **yapmak** Zerstörungen vornehmen, Verwüstungen (Verheerungen) anrichten
tahrif [ī] willkürliche Abänderung (e–s Textes), (Urkun-

den-)Fälschung *f*, Entstellung, Verstümmelung *f* ~ **etmek** willkürlich abändern, fälschen, entstellen, verstümmeln
tahrifat, -tı [·––] (*va. Pl.* zu **tahrif**); ~ **yapmak** Änderungen (Fälschungen) vornehmen (z. B. an der Nummer e–s Lotterieloses)
tahrik [ī], **-ki** 1. In-Bewegung-Setzen *n*, *mil.* In-Marsch-Setzen *n* 2. Einsetzen *n* (z. B. e–s Zuges) 3. Antrieb *m* 4. Aufwiegelung, Hetze, Provokation, Agitation *f*, Umtriebe *pl.* ~ **etmek** 1. in Bewegung setzen, *mil.* in Marsch setzen 2. einsetzen (z. B. Verkehrsmittel) 3. in Gang setzen (Maschine) 4. erregen, erwecken, hervorrufen (z. B. Mitleid) 5. auslösen (Krise) 6. aufwiegeln, aufhetzen, aufreizen, provozieren Zu 6: ~ **edilmiş bir tecavüz** ein provozierter Angriff ~ **edici mahiyette haberler** Hetznachrichten, -meldungen *pl.* ~ **motörü** Antriebsmotor *m* ~ **tekerleği** Antriebsrad *n* ~ **tertibatı** Stellvorrichtung *f* (z. B. für Eisenbahnsignale) ~ **ve teşvik** *jur.* Auf-, Anreizung *f*, Aufhetzung und Anstiftung *f* ~ **ve teşvik etmek** aufhetzen und anstiften
tahrikâmiz [··–] aufwieglerisch, subversiv, hetzerisch, provokatorisch (z. B. Verhalten)
tahrikât, -tı *Pl. pol.* Umtriebe *pl.*, Hetze, Provokation, Agitation *f*, Machenschaften *pl.* ~ **ocağı** Herd *m* der Umtriebe, Unruhenherd *m*
tahrikâtçı Aufwiegler, Unruhestifter, Hetzer, Agitator, Provokateur *m* *muharrik, kışkırtıcı
tahrikâtçılık agitatorische Tätigkeit; Aufhetzen, Aufwiegeln *n*, Umtriebe, Machenschaften *pl.*
tahrikçi(-lik) s. **tahrikâtçı(-lık)**
tahril Linie *f*, Zug, Strich *m* *çizgi
tahrilli mit Linien (Strichen, Zügen), gestreift, geriefelt, geflammt ~ **göz** ein Auge, dessen Iris feine Farbstreifen aufweist
tahrim [ī] *va.* Verbieten, Untersagen *n*;; (rituelles) Verbot ~ **etmek** *va.* verbieten, untersagen ≗ **suresi** Name der 66. Koran-Sure
tahrime [ī] 1. **(tekbiri)** s. **iftitah tekbiri** 2. Anlegen *n* des **ihram** (3) *(Mekkapilger)*
tahrip, -bi [ī] 1. Zerstörung, Verwüstung, Verheerung *f* 2. *mil.* Sprengung *f* 3. *fig. spez. Pl.* Unheil *n* ~ **ateşi** *mil.* Zerstörungsfeuer *n* ~ **birliği** *mil.* Sprengtrupp *m* ~ **bombası** Sprengbombe *f* ~ **etmek** 1. zerstören, verwüsten, verheeren 2. *mil.* sprengen 3. ruinieren, kaputtmachen, Raubbau treiben (an) ~ **fişeği** *mil.* Sprengpatrone *f* ~ **maddesi** Spreng-stoff, -körper *m* ~ **mermisi** Sprenggeschoß *n* ~ **müfrezesi** *mil.* Sprengkommando *n* ~ **tanesi** Sprenggranate *f* ~ **tesiri** Sprengwirkung *f* ~ **uçağı** *mil.* Zerstörerflugzeug *n*
tahripçi [·–·] s. **tahripkâr**
tahripkâr [·––] 1. zerstörend, verwüstend, verheerend, Zerstörungen (Verwüstungen, Verheerungen) im Gefolge habend 2. e–n best. Grad von Zerstörungen hervorrufend; von best. Stärke (z. B. Erdbeben) 3. *fig.* destruktiv, subversiv (z. B. Tätigkeit) Zu 2: **dokuzuncu dereceden** ~ **bir zelzele** ein Erdbeben von der Stärke 9
tahrir [ī] 1. Schreiben *n* 2. Niederschrift *f*, schriftliche Darstellung, Registrierung, Bestandsaufnahme *f* 3. freie schriftliche Wiedergabe e–s Stoffes, schriftliche Nacherzählung 4. Verfassen, Aufsetzen, Redigieren *n*, Redaktion *f* (z. B. e–s Artikels, Schriftstückes usw.) 5. s. **tahril** 6. *fr.* Freilassung *f* (von Leibeigenen) ~ **heyeti** s. **redaksiyon** (1); ~ **etmek** 1. niederschreiben, abfassen, aufsetzen 2. *fr.* freilassen (Leibeigene) 3. registrieren; e–e Bestandsaufnahme vornehmen ~ **müdürü** Hauptschriftleiter *m* ~ **vazifesi** (Schul-)Aufsatz *m* *kompozisyon **-i emlâk** *va.* Landaufnahme *f* **-i nüfus** s. **nüfus sayımı**
tahrirat, -tı [·––] *va.* (*urspr. Pl.*, jedoch mst. als Sg. verwendet) amtliches Schreiben (Schriftstück) ~ **kalemi** *va.* Sekretariat *n* ~ **müdürü** *va.* leitender Sekretär **-ı umumiye** *va.* Runderlaß *m*, allgemeine Verwaltungsanweisung *tamim
tahriren [·×·] *va. Adv.* schriftlich *yazı ile, yazılı olarak
tahrirî [·––] *z. va.* schriftlich *yazılı ~ **beyyine** *jur.* Urkundenbeweis *m* ~ **emir** schriftlicher Befehl ~ **ifade** 1. schriftlicher Ausdruck 2. schriftliche Erklärung (Darlegung) ~ **imtihan** schriftliche Prüfung *yazılı sınav ~ **şekil** s. **yazılı şekil** (*od.* **biçim**)
tahrirli s. **tahrilli**
tahriş [ī] Reiz(-en *n*) *m*, Reizung *f* *irkiltme ~ **etmek** 1. *med.* reizen (und mehr od. minder anschwellen lassen) 2. *fig.* anreizen, aufstacheln ~ **tesiri** Reizwirkung *f*
tahsil [ī] 1. Erwerben *n*, Erwerbung *f* (von Kenntnissen) 2. Studium *n*, Ausbildung *f* 3. Einziehen, Erheben *n*, Einkassierung, Eintreibung *f* (von Geldern) ~ **derecesi** Bildungsgrad *m*, Ausbildung *f* ~ **etmek** 1. erwerben, sich aneignen (Kenntnisse) 2. studieren 3. erheben, einziehen (z. B. Steuern) 4. abheben, einkassieren (z. B. Geldbetrag) 5. eintreiben (z. B, Schulden) ~ **görmek** e–e Ausbildung erfahren; studieren ~ **masrafları** Inkassospesen *pl.* ~ **salâhiyeti** Inkasso-Vollmacht *f* ~ **senetleri** *H* e–r Bank zum Einzug übergebene Papiere, Inkasso-Papiere *pl.* ~ **ücreti** Studiengebühr *f* **-e gitmek** die Hochschule beziehen, auf die Universität gehen **-i kaydiyle** *H* Eingang vorbehalten (Bankvermerk) **-i emval kanunu** *jur.* Gesetz *n* über die Einziehung von Steuern und Abgaben
tahsilât, -tı [·––] *Pl.* 1. einkassierte Beträge *pl.* (z. B. Steuern) 2. Einzahlungen *pl.* (bei e–r Bank) (*ant.* **tediyat**); ~ **gişesi** Einzahlungsschalter *m* ~ **memuru** Steuereinnehmer *m* ~ **yapmak** erheben, eintreiben (z. B. Steuern)
tahsildar [·––] Kassierer *spez.* Steuereinnehmer *m*
tahsilli wer ein nb. Studium nachweisen kann
tahsin [ī] 1. *va.* Verschönerung *f*, Schmuck *m* 2. *z. va.* Bewunderung, Billigung *f*, Beifall *m* 3. *fr.* Belobigungsurkunde *f* (in der Schule) 4. ≗ [×·] *mV* ~ **etmek** 1. *va.* verschönern, schmücken 2. für gut (schön) finden, bewundern, billigen
tahsinî [·––] *va.* lobend, rühmend; s. **vasfı** ~
tahsis [ī] Zuteilung; Zu-, An-weisung, Widmung; Ein-, Aus-setzung; Bewilligung *f* ~ **etmek** 1. zuteilen, bestimmen, zu-, an-weisen 2. aussetzen, bewilligen, auswerfen (Geldsumme, Gehalt usw.) 3. zur Verfügung stellen, einsetzen (Personen od. Mittel) 4. widmen Zu 1: **Bu odayı size ~ ettim.** Dieses Zimmer habe ich für euch bestimmt. Zu 2: **Onun zevcesine maaş ~ edildi.** Seiner Frau wurden regelmäßige Zahlungen bewilligt. **-in kaldırılması** *jur.* Widerruf *m* der Widmung; Kassierung *f*, Ausreihung *f*
tahsisat, -tı [·––] (*Pl., a. in Sg.bed.*) Budgetkredite *pl.*, Fonds *m*, bewilligte Gelder *m*, (Budget-)Mittel *pl.* *ödenek ~ **vermek** Mittel zur Verfügung stellen (z. B. Nationalversammlung) **-ı mesture** Geheim-, Dispositionsfonds *m* *örtülü ödenek **-ı munzamma** *va.* nachbewilligte Gelder; s. a. **hükümdarlık -ı**
tahsisen [ī] *va. Adv.* speziell, ausschließlich
tahşidat, -tı [·––] *Pl.* zu **tahşit** *ling. va.* Verwendung *f* e–s Plurals in Singularfunktion ~ **yapmak** zusammenziehen, konzentrieren (Truppen)
tahşit, -di [ī] Zusammenziehung, Konzentration *f* (von Truppen) ~ **etmek** zusammenziehen, konzentrieren (Truppen)
tahşiye *z. va.* Anbringung *f* von Fußnoten od. Anmerkungen ~ **etmek** *z. va.* mit Fußnoten (Anmerkungen) versehen
taht (I), **-tı** Thron *m* ~ **tepeliği** Baldachin *m* (über e–m Thron) **-a çıkmak (geçmek, oturmak)** den Thron bestei-

gen **-a oturtmak** (*od.* **çıkarmak**) auf den Thron setzen (bringen) **≗ını kurduk, bahtını kuramadık.** *Spr.* Wir haben ihn in den Sattel gesetzt, reiten können muß er selber. **-tan feragat** Thronverzicht *m*, Abdankung *f* **-tan indirmek** entthronen, absetzen

taht (II), **-tı** unter, sub- *alt **-ında müstetir** *va.* nicht ausdrücklich festgelegt, implicite verstanden **-ı beşerevî** s. **üsterialtı; -ı emniyete almak** s. **emniyet altına almak; -ı fasile** s. **altfamilya; -ı medar** s. **astropika; -ı medarî** s. **astropikal; -ı muhafazaya alınmak** in Schutzhaft genommen werden **-ı mümas** s. **teğet altı; -ı mütezat** s. **altkarşıt; -ı nâzım** s. **normalaltı; -ı sınıf** s. **altsınıf; -ı şube** s. **altşube; -ı temine almak** et. sicherstellen, verbürgen **-ı tevkife almak** *va.* j–n verhaften

tahta 1. Brett *n* (*a.* z.B. Spielbrett), Planke, Diele *f* 2. Wand-, Schiefer-tafel *f* 3. gewalzte Metallplatte; Blech *n* 4. Beet *n* 5. Untersatz *m* (für Ofen, Kohlenbecken usw.) 6. Sarg *m* *tabut 7. aus Holz, Holz-, hölzern 8. aus Brettern bestehend, Bretter-, Planken- 9. *med.* Schiene, Schindel *f* 10. Pelzfutter *n* 11. s. **iman -sı** 12. s. **tecrübe -sı** Zu 1: ~ **döşemek** Dielen legen; s. a. **satranç -sı** Zu 2: s. **taş** ~; **yazı -sı** Zu 4: **bostan -sı** Gemüsebeet *n* ~ **balığı** Blei, Brachsen *m zo.* Abramis brama ~ **bezi** Scheuerlappen *m*, -tuch *n* ~ **bölme** Holztrennwand *f* ~ **böceği** s. **ağaç kurdu;** ~ **çivi** Holz-nagel, -stift *m* (z.B. des Schusters) ~ **döşeli** mit Dielen belegt, gedielt, beplankt ~ **döşemek** Dielen legen; *naut.* be-, auf-planken ~ **fırçası** Scheuerbürste *f*, Schrubber *m* ~ **güvercini** Ringeltaube *f zo.* Columba palumbus ~ **havale** s. **tahta perde;** ~ **kaldırım** Holz(klotz)pflaster *n* ~ **kanepe** Holzbank *f* ~ **kaplama** Holzbekleidung, Beplankung *f* ~ **kaplamak** mit Holz be-, ver-kleiden; *naut.* be-, auf-planken ~ **kehlesi** s. **tahtakurusu;** ~ **kurdu** s. **ağaç kurdu;** ~ **kuşak** s. **fıçı tahtası;** ~ **makara** Holz-rolle, -spule *f* ~ **mandal** Holzklammer *f* ~ **mantarı** (Haus-)Schwamm *m bot.* Merulius lacrymans ~ **nefes sazları** *mus.* Holzblasinstrumente *pl.* ~ **pabucu** s. **terlik;** ~ **perde** 1. spanische Wand 2. Lattenverschlag *m*, Bretterwand, Planke *f*, (Bau-)Zaun *m* ~ **sakal** quadratisch geschnittener Vollbart ~ (*od.* **-ları**) **silmek** die Dielen scheuern, den Boden aufwischen **-sı eksik** *hum.* e–n Sparren zuviel (zuwenig), nicht ganz bei Trost, etwas verrückt **-ya çamaşıra gitmek** sich als Wäscherin verdingen (bei) **-ya çıkmak** (*od.* **kalkmak**) an die Tafel gehen (kommen, gerufen werden) (Schüler) **-ya kaldırmak** an die Tafel holen (rufen, kommen lassen) (Schüler) **-ya vurmak** *(Abergl.)* auf Holz klopfen; *(od.)* toi, toi, toi sagen

tahtabiti, -ni s. **tahtakurusu;** ~ **otu** schwarzes Wanzenkraut *bot.* Cimicifuga racemosa *boynuz otu

tahtaboş 1. Holzterrasse *f*, Balkon *m* aus Holz 2. flacher, mst. mit Zink belegter Teil des Daches (zum Wäschetrocknen)

tahtacı 1. Holzfäller *m* 2. ≗ Bez. für anatolische Alauiten

tahtakoz *V* Polizist, Gendarm, *V* Polyp, Bulle *m*

tahtakuruları, -nı s. **değişikkanatlılar**

tahtakurusu, -nu (Bett-)Wanze *f zo.* Cimex lectularius *tahtabiti

tahtalaşmak 1. *selt.* zu Holz werden 2. *fig.* sich abstumpfen (Gefühl) 3. *fig.* gefühlsroh werden

tahtalı 1. mit Brett(-ern), Brett- 2. s. **tahta güvercini;** ~ **köy** *V* Friedhof *m* *mezarlık ~ **köye gitmek** *od.* ~ **köyü boylamak** *beid.* *V* abkratzen; ins Gras beißen müssen (= sterben) ~ **köye yollamak** *V* ins Jenseits befördern; ermorden, umbringen

tahtanî [·––] *va.* darunter befindlich, Unter- ~ **geçit** (Bahn-)Unterführung *f* *altgeçit ~ **kat** unteres Stockwerk

tahtapuş s. **tahtaboş**

tahtelarz unterirdisch *yeraltı

tahtelbahir, -hri *va.* s. **denizaltı (gemisi)**

tahtelcilt, -di s. **derialtı**

tahtelfekkî vgl. **guddei tahtelfekkiye**

tahtelhıfız, -fzı unter Bewachung

tahtellisan [···–] vgl. **guddei** ~

tahterevalli [···×·] (Schaukel-)Wippe *f*

tahtessıfır *va.* unter Null *sıfır altında

tahteşşuur 1. Unterbewußtsein *n* *altbilinç 2. unterbewußt, im Unterbewußtsein existierend *altbilinçsel

tahteşşuurî s. **tahteşşuur** (2); ~ **bir surette** im Unterbewußtsein

tahtezzemin [ī] 1. *geogr.* Untergrund *m* *toprakaltı 2. unterirdisch *yeraltı ~ **kablo(-su)** Erdkabel *n*, unterirdisches Kabel ~ **su seviyesi** Grundwasserspiegel *m*

tahtgâh 1. *va.* die Stelle des Thrones (im Palast) 2. Hauptstadt, Residenz *f*

tahtırevan [···–] 1. Sänfte *f* 2. Rikscha *f* (in Ostasien) 3. *astr.* die vier Sterne, die das Rechteck des Großen Bären bilden

tahtie *va.* 1. Kritisieren, Aussetzen, Tadeln *n* 2. Berichtigung *f* ~ **etmek** *z. va.* 1. j–n e–s Fehlers zeihen, tadeln, kritisieren 2. berichtigen (z.B. Zeitungsmeldung)

tahtim [ī] *va.* (Ver-)Siegeln *n*, Versiegelung *f* ~ **etmek** *va.* (ver-)siegeln, mit Siegel versehen *mühürlemek, temhir etmek

tahtit, -ti [ī] *va.* 1. Linieren *n*, Linierung *f* 2. Beschriftung *f* ~ **etmek** 1. mit Linien od. Streifen versehen 2. nieder-, auf-schreiben, beschriften

tahtnişin [··–] *va.* auf dem Thron sitzend; regierend; Herrscher *m*

tahvif [ī] *va.* Einschüchtern *n* ~ **etmek** *va.* einschüchtern

tahvil [ī] 1. Umwandeln *n*, Um-, Ver-wandlung, Transformation *f*, Wechseln *n* 2. *fin.* Konversion *f* 3. *fin.* Obligation, Anleihe, Schuldverschreibung *f* 4. *math.* Umformen *n*, Umwandlung, Transformation *f* *dönüştürüm Zu 2: **Alman Haricî Borçları** ≗ **Sandığı** *hist.* Konversionskasse *f* für deutsche Auslandsschulden Zu 3: **hazine -lerinin kuponları** Kupons *pl.* der Schatzanweisungen ~ **etmek** (m. Dat.) 1. um-, ver-wandeln (in), transformieren 2. wechseln (Geld in andere Währung) 3. *math.* umwandeln, umformen, transformieren *dönüştürmek ~ **kolu** *techn.* Umschalthebel *m* ~ **sahibi** s. **tahvildar; -i düyun** Umwandlung (Konvertierung, Konversion) *f* von Staatspapieren **kabili** ~ konvertierbar (Währung)

tahvilât, -tı (*Pl., gel. a.* **tahvilâtlar**) Obligationen, Schuldverschreibungenen *pl.* **-ı mümtaze** Prioritätsobligationen *pl.*

tahvildar [·––] Zeichner od. Inhaber *m* von Obligationen, Schuldverschreibungen; Obligationär *m* **-lar sermayesi** *H* Obligationskapital *n*

tahzir [ī] *va.* Warnung *f* ~ **etmek** (b–ni bşden) *va.* j–n warnen (vor)

Tâ'î [––] s. **Tayyı**

taif [–·] 1. *va.* s. **tavaf eden** 2. ≗ *n.pr.* Taif (Stadt in Saudi-Arabien)

taife [ā] 1. *va.* Gruppe od. Klasse *f* von Menschen 2. *va.* Volksstamm *m* 3. s. **tayfa** Zu 1: **-i nisa** *va.* schönes Geschlecht

taip, -bi [ā] 1. *va.* bußfertig 2. ≗ *mV*

tair [–·] *va.* 1. fliegend *uçan, uçar 2. leicht verfliegend, flüchtig 3. Vogel *m* *kuş

Taj *n.pr.* Tajo, Tejo (span.-portugies. Fluß)

tak (I), **-kı** [–] *arch.* Bogen *m* **-ı ebru** *va.* s. **kemer kaş;** s. a. **takızafer**

tak (II), **-kı** Lm. e–s scharfen Pochens od. heftigen Polterns, mst. ~ ~ *od.* ~ **tuk.** ≗ ~ **kapı vuruldu.** Es wurde heftig an der Tür geklopft. ≗ **tuk kapıları açıp kapamağa**

başladı. Mit viel Getöse riß er Türen auf und warf sie wieder zu.

tak (III) s. **Süngü ~!**

taka (I) *dial.* 1. kleines Motorboot od. einmastiges Segelboot (*spez.* im östlichen Teil des Schwarzen Meeres) 2. Wandnische *f* 3. kleines Oberlicht 4. *fr.* ein Seidenstoff für Brautkleider

taka (II) (*franz.* **tacot**) 1.Treiber, Schneller *m* (am Webstuhl) 2. *V* alter Klapperkasten (*spez.* Auto) *takaturist

takabbuz 1. Kontraktion, Zusammenziehung (z.B. der Pupille, des Herzmuskels usw.), Systole *f* 2. Verstopfung, Konstipation *f* *peklik ~ **etmek** sich zusammenziehen *kısılmak

takabbül s. **tekabbül**

takacı Bootsmann *m* (vgl. **taka**)

Takaddes! *va. rel.* Heilig sei er! (Gott)

takaddüm 1. Voran-, Voraus-, Vorher-gehen *n*, Priorität *f* 2. schnelleres Handeln; Zuvorkommen *n* 3. *mil.* Vorsprung *m* ~ **etmek** (m. Dat.) 1. voran-, voraus-, vorhergehen 2. schneller handeln, zuvorkommen

takallüp, -bü *va.* (Ver-)Änderung *f*, Wandel, Wechsel *m* ~ **etmek** *va.* sich ändern, sich wandeln; wechseln

takallüs *med.* 1. Krampf *m*, Kontraktion *f* 2. Kontraktur *f*, dauernde Verkürzung, Versteifung ~ **etmek** *med.* 1. sich krampfen, sich zusammenziehen 2. sich verkürzen (z.B. Sehne), sich versteifen (z.B. Gelenk) **-ü mafsal** *med.* Gelenkkontraktion *f*

takallüsat, -tı [···–] *Pl. med.* 1. Krämpfe *pl.* 2. *spez.* Wehen *pl.*

takamaka [··×·] *pharm.* Takamahak *m* (Harz)

takanak s. **takıntı**

takarruh *med.* Auftreten *n* von Geschwüren ~ **etmek** *med.* schwären

takarrüp, -bü *z. va.* 1. Sich-Nähern *n*, Annäherung *f*, Herannahen *n* 2. Anmarsch *m* 3. Konvergenz *f* ~ **etmek** *z. va.* sich nähern, näherkommen *yaklaşmak, yanaşmak ~ **hendeği** *mil.* Annäherungsgraben *m* ~ **yolları** *mil.* Anmarschwege *pl.* ~ **yürüyüşü** *mil.* 1. Anmarsch *m* 2. Annäherungsmarsch *m* **-ü ilelarz** s. **geotropizm**

takarrür 1. Beschlossen-Werden *n* 2. Zur-Ruhe-Kommen *n* (e–r Angelegenheit), Entscheidung *f* (in e–r schwebenden Angelegenheit), Annahme *f* endgültiger Form ~ **etmek** 1. beschlossen werden 2. zur Ruhe kommen (Angelegenheit), sich entscheiden (schwebende Angelegenheit), endgültige Form annehmen

takas 1. [·–] *urspr.* Kompensation, Ausgleichung, Aufrechnung *f*, Verrechnung *f* von gegenseitigen Forderungen, *H a.:* Liquidation *f* 2. [··] (heute in Ländern mit Devisenrestriktionen:) (Waren-)Kompensationsgeschäft (*d. h.* Beschaffung freier Devisen durch Ausfuhr wenig gefragter Waren, verbunden mit dem Recht, für diese Devisen Waren zu importieren, deren Einfuhr sonst nicht gestattet ist) ~ **etmek** s. ~ **tukas etmek;** ~ **itilâfnamesi** Clearing-, Verrechnungs-abkommen *n* ~ **odası** Ab-, Ver-rechnungsstelle *f* ~ **rayici** Verrechnungskurs *m* ~ **tukas etmek** (*od.* **olmak**) ab-, ver-rechnen, kompensieren *hesaplaşmak, sayışmak ~ **ve mahsup çeki** Verrechnungsscheck *m*

takaslamak gegenseitig verrechnen, kompensieren, ausgleichen

takaşşür etmek *va.* sich mit e–r Rinde (Schale, Kruste) umgeben *kabuk bağlamak, kabuklanmak

takat, -ti [–·] 1. Kraft, Stärke *f*, Vermögen *n*, Leistungsfähigkeit, Ausdauer *f* 2. *phys.* Kraft, Energie, Leistung *f* *(1, 2) güç ~ **amplifikatörü** *(Radio)* Leistungsverstärker *m* ~ **getirmek** (bşe) ertragen, aushalten *dayanmak, tahammül etmek ~ **nakli** Kraftübertragung *f* ~ **zayiatı** Kraftverlust *m* **-i kalmamak (kesilmek, tükenmek)** keine Kraft mehr haben; ganz erschöpft sein **-tan düşmüş** übermüdet **-tan düşürmek** übermüden

takatfersa [–··–] *va.* unerträglich, drückend (Hitze), schwül (Wetter)

takatsız [–··] kraftlos, erschöpft, abgespannt

takatsızlık [–···] Kraftlosigkeit, Erschöpfung *f*, Abgespanntsein *n*

takattur etmek *va.* destilliert werden

takatuka [··×·] 1. Klappern, Knattern, Rasseln *n* 2. Lärm *m*, Getöse, Gepolter *n*, Krach *m* *gürültü, patırdı 3. *fr.* runde Metallschale mit kleinerem Metallträger in der Mitte, auf dem ein etwa apfelgroßer, mit Werg gefüllter Lederball befestigt war (zum Ausklopfen der Tschibuks) 4. *typ.* Klopfholz *n*

takaturist, -ti *V* s. **taka** (II, 2)

takav *dial.* 1. Hufeisen *n* *nal 2. Holzschuh *m* 3. s. **takunya**

takavcı *dial.* Hufschmied *m* *nalbant

takayyüdat, -tı [···–] *z. va. Pl.* Vorsichtsmaßregeln *pl.* ~ **icra etmek** Vorsichtsmaßregeln treffen

takayyüh *med.* Eiterigwerden, Eitern *n* ~ **etmek** *med.* eiterig werden, eitern *irinlenmek

takayyüt, -dü *z. va.* Aufpassen *n*, Achtsamkeit, Sorgfalt *f* ~ **etmek** (bşe) *z. va.* sorgfältig vorgehen (bei), aufpassen (auf), sich gedanklich konzentrieren (auf)

takaza [·––] 1. *va.* dringendes Erfordernis 2. Verlangen *n*, Forderung *f* 3. ungestümes Mahnen (e–s Gläubigers) 4. Vorhalten *n* (erwiesener Wohltaten) ~ **etmek** 1. ungestüm mahnen (Gläubiger) 2. j–m erwiesene Wohltaten vorhalten

takbih [ī] Mißbilligen *n*, Mißbilligung *f*, Tadel(-n *n*) *m*, Verweis *m* ~ **etmek** mißbilligen, tadeln, für schlecht (od. verwerflich) erklären

takbil [ī] *va.* Küssen *n* ~ **etmek** *va.* küssen

takdim [ī] 1. Voran-, Voraus-stellen, Vorangehenlassen *n* (z.B. e–r Handlung); Vorzug, Vorrang *m* 2. Anerbieten, Angebot *n*, Offerte *f* 3. Überreichung, Unterbreitung, Vorlegung *f* 4. Vorstellen *n* 5. Bekanntmachen *n* ~ **etmek** 1. voran-, voraus-stellen, vorangehen lassen, den Vorrang (Vorzug) geben 2. anbieten, offerieren 3. überreichen, übergeben (Geschenk, Beglaubigungsschreiben usw.), Ausdruck geben (z.B. der Hochachtung), unterbreiten, vorlegen 4. (b–ni) vorstellen (Person) Zu 1: **Çalışmayı daima eğlenceye ~ etmek gerektir.** Zuerst die Arbeit, dann das Vergnügen. Zu 2: **Bir sigara ~ edebilir miyim?** Darf ich Ihnen e–e Zigarette anbieten? Zu 3: **İstenilen listeler ~ olundu.** Die gewünschten Listen sind überreicht (vorgelegt) worden. **Hürmetlerimi ~ ederim.** Mit verbindlichen Grüßen (Empfehlungen) Zu 4: **Size arkadaşımı ~ edebilir miyim?** Darf ich Ihnen meinen Freund vorstellen? ~ **(ve) tehir** *stil.* Umstellung, Inversion *f* (von der syntaktischen Norm abweichende Wortstellung) *evirtim

takdime [ī] Ehrengeschenk *n* (für höherstehende Persönlichkeit)

takdimen [·×·] *z. va. Adv.* unter Voranstellung; vorrangig *öncelikle ~ **müzakere** *parl.* Dringlichkeitsdebatte *f*

takdimütehir [·–·––] s. **takdim (ve) tehir**

takdir [ī] 1. Schätzung, Würdigung, Hochachtung, Anerkennung *f* 2. Schätzen, Bewerten, *jur.* Ermessen *n* 3. (*a.* **-i ilâhî, -i Huda, -i Rabbanî**) Gottes Ratschluß, göttliche Fügung; Vor(her)sehung *f* 4. Meinung, Annahme *f* 5. *(im Lok.)* Fall *m* 6. *z. va.* Pünktchen *pl.* (nach unvollendetem Satz) *sıra noktalar Zu 1: **bşden -le bahsetmek** mit Hochachtung von et. sprechen **her türlü -in fevkinde** über alles Lob erhaben Zu 5: **bu(o) -de** 1. in diesem Falle 2. also **geldiği -de** falls er kommt; s. a. **lüzumu -inde;** ~

etmek 1. schätzen, würdigen, hochachten, anerkennen 2. (ab-)schätzen, bewerten 3. **(not)** e–e Note festsetzen, e–e Leistung bewerten (Schule) 4. der Ansicht sein, meinen, denken, annehmen (Zu 2: ~ **edilmiş kıymet** Schätzwert *m*) ~ **hakkı** *jur.* richterliches Ermessen ~ **noktaları** Auslassungspunkte *pl.* ~ **salâhiyeti** *jur.* Ermessen *n* (der Verwaltungsbehörden) ², **tedbiri bozar.** *od.* ²**de yazılan, tedbirle bozulmaz.** *Spr.* Der Mensch denkt, Gott lenkt. *Spr.* **-e bağlı muamele** *jur.* Ermessens-handlung *f*, -akt *m* **-e lâyık** schätzenswert, dankenswert *şayanı takdir **-i kıymet** Schätzung *f* (der Wertes), Veranschlagung, Bewertung *f* *değer biçme

takdiren [·×·] *z. va. Adv.* als (od. in) Anerkennung

takdirî [·––] 1. nominell, Nenn-, Nominal-, konventionell *itibarî 2. die göttliche Fügung betreffend 3. *jur.* in das Ermessen des Richters gestellt

takdirkâr [·––] 1. schätzend, hochachtend, würdigend, anerkennend 2. Verehrer *m*, treuer Anhänger

takdirname [·––·] Anerkennungs-, Belobigungs-schreiben *n*

takdis [ī] 1. Heiligung, Heiligsprechung *f* 2. Segnen *n*, Segnung *f* 3. abgöttische Verehrung ~ **etmek** 1. heiligen, für heilig erklären, heiligsprechen 2. segnen 3. abgöttisch verehren ~ **edilmiş su** Weihwasser *n* (der Katholiken)

takeometre [···×·] Tacheometer, Tachymeter *n* (Schnellgerät des Vermessungswesens)

takeometri Tacheometrie, Tachymetrie *f* (Schnellaufnahme in der Geodäsie)

takfiye Reimen *n* *uyaklama ~ **etmek** reimen, in Reime bringen

takı 1. *P* ein (mst. als Brautgeschenk überreichtes) Schmuckstück wie Armreif *m*, Ring *m*, Brosche *f* usw. 2. *gr.* a) Postposition *f* *sontakı b) Präposition *f* *öntakı c) Kasussuffix *n* *ad durumu eki 3. selt. s. **apandis;** ~ **takmak** *P* der Braut (od. dem Bräutigam) ein Schmuckstück anstecken

takıldak Sperr-klinke, -vorrichtung *f*, -hebel *m* (an e–m Rad) *çakıldak

takılgan wer gerne andere Leute hänselt (neckt, foppt)

takılı hängengeblieben (z.B. an Stacheldraht), angehängt ~ **kalmak** hängenbleiben

takılmak (m. Dat.) 1. Pass. zu **takmak** 2. unterwegs aufgehalten werden 3. a) sich wie e–e Klette an j–n hängen b) hängenbleiben c) nicht vorangehen 4. sich heften (an, auf) (Augen, Gedanken usw.) 5. sich fest-, ver-beißen; anbeißen 6. *fig.* (bş üzerinde) zäh festhalten (z.B. an e–r Bedingung), sich versteifen (auf) 7. necken, hänseln, foppen, zum besten haben 8. ein Mädchen od. e–e Frau ansprechen bzw. ihnen et. zurufen (um anzubändeln) *söz atmak Zu 2: **İki saat yolda takıldım kaldım.** Ich bin unterwegs zwei Stunden aufgehalten worden. Zu 4: **Gözleri bir küfe üstüne takıldı.** Seine Blicke hefteten sich auf e–n Tragkorb. Zu 5: **Oltaya ağırca bir balık takıldı.** Ein recht schwerer Fisch hatte angebissen. Zu 7: **Kendisine takılmağa başladılar.** Man fing an, ihn zu necken.

takım 1. Gruppe *f* zusammengehöriger Dinge: a) (Pferde-, Web- usw.)Geschirr *n* b) (Sattel-, Silber- usw.)Zeug *n* c) Handwerkszeug, Gerät *n*, Ausrüstung *f* d) Mobiliar *n*, Möbel *pl.* e) (Wäsche- usw.)Garnitur *f* f) (Eß- usw.)Service, Besteck *n* g) *naut.* Takelage *f*, Takelwerk *n* h) *Scha.* Brett *n* mit Figuren i) Spiel *n* Karten; *a. allg.* Spielzubehör *n* (wie Würfel, Spielkarten, Schreibtafel usw.) 2. größere od. kleinere Zahl irgendwie zusammengehöriger Lebewesen: a) Gruppe, Schar *f*, (Volks-)haufen *m* b) (Arbeits-)Schicht *f* c) (Turn-)Riege, Abteilung *f* d) (Theater-)Truppe *f*, Ensemble *n* e) (Sport-)Mannschaft *f* f) *mil.* Zug *m*, *va.* Peloton *n* 3. *bot., zo.* Ordnung *f* *fırka 4. Zigarettenspitze *f* *ağızlık 5. *(gr.)* sb. od. adj. Fügung *f* *terkip, tamlama 6. *hist.* (in der osm. Kriegsmarine) vierter Teil der **posta** genannten Gruppe Zu 1: **bir ~ ciğer** Leber und Lunge *f* (mit Luftröhre) (e–s geschlachteten Tieres); s. a. **at (çatal, bıçak, çay, eyer, gemi, kahve, marangoz, mutfak, satranç, sofra, suluboya, yatak, yazı, yemek odası) -ı** Zu 2: **ortaoyunu -ı** Spielerschar, Schauspielertruppe *f*, Ensemble *n* bei dem Ortaoyunu; s. a. **ayak -ı; bir ~; muhtelit ~; tabur muhabere -ı** Zu 5: (Typen der sb. und adj. Fügung:) **bahçe kapısı, bahçenin kapısı, Çanakkale, güzel çiçek;** ~ **açmak** *V fr.* in geordnetem Lauf eilen **(tulumbacı);** ~ **ateşi** *mil.* Pelotonfeuer *n* ~ **çeliği** Werkzeugstahl *m* ~ **ile** mit sämtlichem Zubehör, das ganze ..., alles ~ **klasmanı** (*od.* ~ **sıralaması**) *(Sport)* Mannschaftswertung *f* ~ **komutanı** *mil.* Zugführer *m* ~ **kutusu** Werkzeugkasten *m* ~ **mukavelesi** (*od.* ~ **sözleşmesi**) *jur.* Gruppenarbeitsvertrag *m* ~ ~ in Gruppen od. Trupps, gruppen-, trupp-weise ~ **oyunu** *Th.* Ensemblespiel *n* *topluluk oyunu ~ **taklavat** 1. alles Werkzeug und Gerät 2. alles Zubehör, alles; mit allem Zubehör, mit allem Drum und Dran 3. mit allen Familienangehörigen; mit allen zusammen ~ **tezgâhı** *techn.* Werkzeugmaschine *f* ~ **yelken(-ler)** *naut.* Stell *m (od.)* Satz *m* Segel **-ı yatırmak** *V* siegen, Sieger bleiben

takımada(-lar) Archipel *m*, Insel-meer *n*, -gruppe *f* *cezairi müçtemia

takımerki, -ni s. **oligarşi**

takımhane [··–·] 1. Lager *n* für Zubehörteile 2. Werkzeughalle *f* (in Fabriken)

takımpare yelken kullanmak *naut. fr.* alle Segel setzen

takımyıldız *astr.* Sternbild *n* *cümlei kevkebiye

takın düzen Flitter(-kram), Firlefanz *m*

takınacak s. **takıncak**

takınak, -ğı *psych.* Besessenheit, Zwangsvorstellung *f* *musallat fikir; obsesyon

takınaklı *psych.* besessen (von e–r best. Idee)

takıncak, -ğı Schmuckstück *n* *bezenlik

takınmak 1. (sich) et. anstecken od. anhängen, umbinden, umgürten 2. annehmen, zur Schau tragen, zeigen (Benehmen, Geste), zusammenraffen, aufbieten (z.B. Willen) Zu 2: **ciddîliğini** ~ e–e ernste Miene aufsetzen **bütün iradesini** ~ seine ganze Willenskraft aufbieten **Terbiyeni takın!** Benimm dich! **Amirane bir tavır takındı.** Er trug ein herrisches Wesen zur Schau.

takıntı 1. was in Zusammenhang mit et. steht, was dabei ist; Beiwerk *n* 2. *pej.* überflüssiges Drum und Dran 3. *F* noch zurückzuzahlende Schuld 4. *V* noch abzulegende Prüfung **-sı bulunmak** *V* e–e (Nach-)Prüfung ablegen müssen

takıntılı (m. Abl.) *V* wer die Prüfung (in e–m best. Fach) nicht bestanden hat **tek dersten ~ öğrenciler** diejenigen Schüler (bzw. Studenten), die in e–m einzigen Fach nicht bestanden haben

takıntısız ohne überflüssiges Beiwerk (z.B. Stil)

Takır *geogr.* Takyr *m* (Salztonsteppe in der Turkmenenwüste)

takır takır klappernd, knatternd, schnarrend, rasselnd; tack, tack! klapp, klapp!

takır tukur *pej.* mit lautem und störendem Klappern (Knattern, Schnarren, Rasseln), mit Gepolter

takırdamak klappern (z.B. Holzschuhe, Topfdeckel usw.), knattern (z.B. Maschinengewehr), schnarren, rasseln

takırdatmak mit et. klappern od. knattern, et. schnarren od. rasseln lassen

takırdayan Part. Präs. zu **takırdamak;** ~ **kuyrukkakan** Schwarzkehlchen *n zo.* Saxicola torquata

takırtı Klappern, Geklapper, Knattern, Geknatter, Schnarren, Rasseln *n*

takırtılı von Klappern (Knattern, Schnarren, Rasseln) begleitet
takısız ohne **takı** *(q.v.)*; ~ **tamlama** nichtsuffigierte substantivische Fügung (Typus: **tozsabun**)
takışkan wer dauernd et. auszusetzen hat, ewiger Nörgler; Meckerer, Querulant *m*
takışmak 1. sich aneinanderhängen 2. (m. Dat.) *dial.* Einwände erheben, kritisieren, et. auszusetzen haben (an) 3. e–n Streit (od. e–n Ringkampf) beginnen
takıştırmak 1. Kaus. zu **takışmak** 2. montieren, zusammensetzen, aufbauen *montaj yapmak 3. anlegen (Schmuck), *pej.* sich et. aufhängen
takızafer [–···] Triumphbogen *m* *yengikemeri, yengitakı
taki [·–] 1. *va.* fromm, gottesfürchtig 2. ♀ [×·] *mV*
takibat, -tı [– – –] *(Pl.; durchweg in sg. Bed.)* 1. Verfolgung(-smaßnahmen *pl.*) *f* 2. *jur.* Strafverfolgung *f* *kovuşturma Zu 2: **... hakkında -ı kanuniye icra etmek** j–n strafrechtlich verfolgen
takiben [–×·] *z. va. Adv.* folgend, nach **bu merasimi** ~ nach dieser Feierlichkeit
takibî [– – –] *va.* konsekutiv, Folge-
takigraf *(franz.* **tachygraphe**) Schnellschreiber, Stenograph *m*
takim [– –] Sterilisieren *n*, Sterilisation *f*: a) Unfruchtbarmachen *n* b) Keimfreimachen *n* ~ **etmek** sterilisieren: a) unfruchtbar machen *kısırlaştırmak b) keimfrei machen *mikropsuzlamak
takimetre [··×·] *(franz.* **tachymètre**) 1. Geschwindigkeitsmesser, Tachometer *m* 2. s. **takeometre**
takip, -bi [– –] 1. (Ver-)Folgen *n*, Verfolgung *f*, Hinterdreinkommen *n* 2. *jur.* (Zwangs-)Beitreibung, (Zwangs-) Vollstreckung *f* ~ **ateşi** *mil.* Verfolgungsfeuer *n* ~ **etmek** (m. Akk.) 1. folgen, hinterdrein-kommen, -gehen 2. begleiten, mitgehen (z. B. in die Verbannung) 3. Schritt (gleiches Tempo) halten (mit) 4. sich et. anhören; zuhören (z. B. e–r Rede) 5. besuchen, durchmachen (z. B. Kurs) 6. entlang gehen (fahren, reiten, verlaufen usw.) 7. sich (e–r Richtung) anschließen; (e–r Organisation) beitreten 8. sich richten (nach) 9. ausüben, tätig sein 10. verfolgen a) (Spur, Ziel, Methode) b) (feindlich) z. B. j–m nachsetzen, j–n jagen c) (mit den Blicken) d) *fig.* e–n Verlauf beobachten 11. gerichtlich vorgehen (gegen) Zu 1: **Siz öne geçiniz, ben sizi** ~ **ederim.** Gehen Sie nur voran, ich komme schon hinterdrein. **Kış, sonbaharı** ~ **eder.** Auf den Herbst folgt der Winter. Nach dem Herbst kommt der Winter. Zu 6: **Bu yol, nehri** ~ **ediyor.** Der Weg verläuft etwa parallel zu dem Fluß. **Bu yolu** ~ **ediniz, sonra sağa sapınız!** Gehen Sie diese Straße entlang, und dann biegen Sie rechts ab! Zu 8: **modayı** ~ **etmek** sich nach der Mode richten, sich modisch kleiden Zu 9: **bir meslek** ~ **etmek** e–n Beruf ausüben, in e–m Beruf tätig sein ~ **hukuku** s. **icra hukuku;** ~ **müfrezesi** *mil.* Verfolgungsdetachement *n* ~ **rabıtası** *va. gr.* temporales Gerund (**görünce, bağlayınca** usw.); ~ **yarışması** *(Radrennen)* Verfolgungsrennen *n* **-e geçmek** zur Verfolgung übergehen **-e memur etmek** zur Verfolgung ansetzen (Truppen) **ademi** ~ **kararı** s. **takipsizlik kararı**
takipçi [ā] 1. Verfolger *m* 2. Anhänger *m*
takipne *(franz.* **tachypnée**) *med.* Tachypnose, Kurzatmigkeit *f*
takipsizlik [ā] (in der Füg.:) ~ **kararı** gerichtlicher Beschluß, von e–r Strafverfolgung abzusehen
takit, -di [– –] *z. va.* 1. Verknüpfung, Verknotung *f* 2. Abschluß *m* (e–s Geschäfts usw.) 3. Durcheinanderbringen *n* 4. unklare sprachliche Anordnung (von Wörtern od. Sätzen); Verworrenheit *f* *düğümleme ~ **etmek** *z. va.* 1. verknoten 2. ein heilloses Durcheinander anrichten *kördüğüm etmek
takiyye [ā] *va.* s. **takke**
takkapı [–··] *arch.* prunkvolles Eingangstor
takke 1. kleines, dünnes Käppchen (unter dem Turban od. als Nachtmütze) 2. *math.* Kugelkappe, Kalotte *f* *kapak ~ **cümudiyesi** s. **içbuzul.** ♀ **düştü kel göründü** (*od.* **açıldı**). Die Mängel traten nunmehr unverhüllt zutage. ~ **kapıcı** *fig.* verschlagen, listig, abgefeimt, raffiniert; Schwindler, Gauner *m* ~ **kapmak** 1. j–m die Mütze vom Kopf nehmen 2. *fig.* j–m et. abluchsen **-sini havaya** (*od.* **göğe) atmak** *fig.* sich halbtot freuen, wie närrisch sein vor Freude
takla s. **taklak**
taklabaz s. **taklacı** (1)
taklaböceği, -ni Schnellkäfer *m zo.* Agriotes lineatus *demirciböceği
taklacı 1. (Parterre-)Akrobat *m* 2. Purzeltaube *f zo.* Columba livia gyratrix 3. schmeichlerisch; Schmeichler *m*
taklak 1. Purzelbaum *m* *perende 2. Looping *m, n* 3. Sich-Überschlagen *n* (e–s Autos) 4. *(Turnen)* Rolle *f*, Überschlag *m* ~ **atmak** (*od.* **kılmak**) 1. e–n Purzelbaum schlagen 2. *fig.* sich unbändig freuen 3. *fig.* a) den Hanswurst spielen, sich zum Narren machen b) (b–nin önünde) sich kriecherisch benehmen; sich einschmeicheln wollen 4. sich überschlagen (z. B. Auto) 5. ein(-en) Looping machen (Flugzeug) ~ **attırmak** (b–ne) *fig.* j–n nach seiner Pfeife tanzen lassen ~ **durmak** s. **tepe taklak durmak;** ~ **olmak** s. **tepe taklak olmak**
taklavat, -tı in der Verb. **takım** ~ *q.v.*
takliden [·×·] *va. Adv.* unter Nachahmung (von), nach dem Vorbild (von)
taklidî [·– –] 1. nachgeahmt, imitiert 2. nachgemacht, gefälscht 3. lautmalerisch, schallnachahmend, onomatopoetisch 4. unselbständig
taklil [ī] *va.* Verminderung, Reduktion *f* ~ **etmek** *va.* vermindern, reduzieren
taklip, -bi [ī] *va.* 1. In-Unordnung-Bringen, Durcheinanderbringen *n* 2. Umwandlung, Umänderung *f spez. chem.* Umwandlung, Inversion *f* *evirtim 3. Sturz *m* (der Regierung), Umsturz *m* ~ **etmek** *va.* 1. durcheinanderbringen, in Unordnung bringen *altüst etmek 2. umwandeln, umändern 3. stürzen (z. B. Regierung) *devirmek **-i hükümet teşebbüsü** *va.* Umsturzversuch, Putsch *m*, versuchter Staatsstreich
taklit, -di [ī] 1. *va.* Umhängen *n* (um den Hals) 2. *va.* Umgürten *n* (des Schwertes) 3. *va.* Übertragung *f* (e–s Amtes) 4. a) Nachahmung, Imitation *f* b) *ling.* Lehnübersetzung *f* 5. Fälschung *f* 6. Nachahmen, Nachäffen *n* 7. Nacheifern *n* 8. nachgemacht, imitiert, gefälscht 9. unselbständig Zu 2: **-i seyf** *hist.* Umgürtung *f* des Sultans mit Eyüps Schwert *d. h.* feierliche Inthronisation (zuletzt: 31. 8. 1918) Zu 8: ~ **inci** unechte Perle ~ **etmek** 1. *va.* um den Hals hängen 2. *va.* umgürten (Schwert) 3. *va.* übertragen (Amt) 4. nachahmen, imitieren 5. nachmachen, fälschen (z. B. Unterschrift) 6. nachmachen, nachäffen 7. e–m Vorbild folgen, nacheifern ~ **para** Falschgeld *n* **-ini yapmak** (b–nin) j–n nachmachen, nachäffen, j–s Sprechweise und Gebärden nachahmen **-i kelâm** s. **ekolali; gayri kabili** ~ unnachahmlich
taklitçi 1. nachahmend, nachäffend 2. Nachahmer, Nachbeter, Imitator *m* *(1, 2) mukallit
taklitçilik Nachahmen, Nachbeten, Nachäffen, Imitieren *n* *mukallitlik
takma 1. Vs. zu **takmak** 2. angemacht, angebracht 3. *spez.* falsch, künstlich, unecht ~ **ad** angenommener Name; Pseudonym *n* ~ **baca** *naut.* aufgesetzter Schornstein (*a.* zur Täuschung) *yalancı baca ~ **bacak** künstliches Bein;

Holzbein *n* ~ **cep** aufgesetzte Tasche *üstten cep ~ **diş** Stiftzahn *m* ~ **ev** Fertighaus *n* ~ **göz** Glasauge *n* ~ **kirpik** falsche Wimpern *pl.* ~ **mercek** *phot.* Vorsatzlinse *f* ~ **motör** Außenbordmotor *m* ~ **saç** Perücke *f* ~ **sakal** angeklebter Bart ~ **yaka** Anknöpfkragen *m*

takmak, (-ar) (m. Akk.) 1. an-, auf-, ein-hängen, befestigen, anmachen, anbringen, *techn.* anschließen 2. einsetzen (Fenster, Grammophonnadel usw.) 3. aufsetzen, tragen (z.B. Brille), überstülpen (z.B. Gasmaske) 4. anlegen, anstecken, tragen (Orden, Ehrenzeichen, Schmuck usw.) 5. umgürten (z.B. Schwert) 6. beilegen, geben (z.B. Spitznamen) 7. beigeben (Person zur Begleitung) 8. montieren, zusammensetzen *monte etmek 9. als Brautgeschenk überreichen, zur Hochzeit schenken (was man aufsetzen, anstecken, tragen kann) 10. *V* Schulden hinterlassen, schuldig bleiben 11. (in Verb. mit **arka, art, peş**) j–n mitbringen, Leute im Gefolge haben 12. (m Abl.) ein Prüfungsfach nicht bestehen; durchfallen (in) *çakmak 13. (b–ni od. bşi) **takmamak** *V* sich an niemand (nichts) kehren, auf niemand (nichts) Rücksicht nehmen, sich nicht kümmern (um) Zu 1: s. **çengele (evin pencerelerini, iğneye iplik, kapıyı, kulp, perde, süngü, topu ağlara)** ~ Zu 2: s. **cam (gramofona iğne)** ~ Zu 3: s. **gözlük** ~ Zu 4: s. **küpe (nişan, yüzük)** ~ Zu 5: s. **kılıç** ~ Zu 6: s. **ad** ~ Zu 9: **Geline pırlanta yüzük takmışlar.** Die Braut hat e–n Brillantring geschenkt bekommen. Zu 10: **Bakkalın elli lirasını takarak gitti.** *V* Er ist fortgezogen und hat dem Kaufmann die geschuldeten 50 Pfund nicht bezahlt. Zu 11: **Peşine on kişi takarak geldi.** Er kam mit weiteren zehn Leuten im Gefolge. Zu 12: **Üç dersten takmış.** Er ist in drei Fächern durchgefallen (*F* hängengeblieben). **takıp takıştırmak** sich fein herausputzen, sich herausstaffieren, *pej.* sich auftakeln

tako [×·] s. **taka** (II)

takoz 1. Holzkeil *m* 2. Holzklotz *m* (z.B. zum Aufbocken e–s Autos) 3. Hobelkasten *m* 4. Stau-, Hemm-, Bremskeil, Hemmschuh, Bremsklotz *m* 5. (Holz-)Dübel *m* 6. Holzunterlage *f* (für Möbel, die nicht feststehen) 7. *naut.* die einzelnen Hellingsbalken (auf denen ein Schiff ruht); Schiffs- od. Boots-klampe *f*, Aufklotzung *f* 8. *naut.* (ein größeres Stück) Pökelfisch (*spez.* Bonito) *telfin, tilfin 9. *mus.* s. **topuk** 10. s. **takatuka** (4)

takozlu mit **takoz** ausgestattet ~ **fren** (*od.* **baskı**) Klotzbremse *f*

takriben [·×·] *Adv.* ungefähr, annähernd, etwa, circa, approximativ *aşağı yukarı

takribî [·––] annähernd, Annäherungs-, approximativ, ungefähr *yaklaşık ~ **bir surette** annähernd, ungefähr **Bu rakamlar -dir.** Diese Zahlen stellen nur Annäherungs-(Approximativ-)Werte dar. s. a. **fiili** ~

takribiyet, -ti [·–··] *phil.* Approximation *f* *yaklaştırım

takrip, -bi [ī] *z. va.* 1. Näher-bringen, -heranrücken, Nähern *n* 2. indirektes Zuverstehengeben, passende Gelegenheit, günstiger Augenblick Zu 2: s. **bir -le;** ~ **etmek** *va.* näher heranbringen (heranrücken), nähern *yaklaştırmak, yanaştırmak

takrir [ī] 1. Vortrag *m* (e–s Lehrstoffes), mündliche Darstellung od. Erläuterung 2. (auf dem Grundbuchamt abgegebene) Erklärung des bisherigen Besitzers über den Verkauf seines Grundstückes 3. (Be-)Festigung *f*, Beständigmachen *n* 4. *parl.* Antrag *m* 5. Bericht *m*, Darlegung *f* 6. *z. va. pol.* Note *f* Zu 1: **Bu profesörün maalesef hiç -i yok.** Dieser Professor hat leider e–n schlechten Vortrag. Zu 2: **Mal sahibi yarın ~ verecek.** Der (bisherige) Besitzer wird morgen auf dem Grundbuchamt e–e Erklärung (über den Verkauf seines Grundstückes) abgeben. Zu 3: **-i sükûn kanunu** Gesetz *n* betreff Sicherung der öffentlichen Ruhe Zu 4: **bir ademi itimat -i tevdi etmek** ein Mißtrauensvotum einbringen **bir ~ vermek** *parl.* e–n Antrag einbringen; s. a. **sual -i;** ~ **etmek** 1. (den Unterrichtsstoff) vortragen, darstellen 2. berichten, darlegen ~ **sahibi** *parl.* Antragsteller, Interpellant *m*

takrirlik [·–·] was für e–n (schriftlichen) Antrag geeignet ist ~ **kâğıt** Kanzlei-, Akten-papier *n*

takriz [ī] lobendes Geleitwort (e–r führenden Persönlichkeit zu dem Werk e–s Autors) *beğence, övmelik

taksa [×·] (*franz.* **taxe**) 1. Strafporto *n*, Nachgebühr *f* (für unfrankierten Brief) 2. *naut.* Versicherungswert *m* *sigorta değeri ~ **pulu** Briefmarke *f* für Strafporto od. Nachgebühr

taksalı [×··] mit Strafporto bzw. Nachgebühr (Brief)

takse s. **taksa** (2)

taksi (I) [×·] 1. Taxi *n*, Taxe *f*, (Autodroschke *f*) 2. *selt.* Taxameter *m*, Taxi-Uhr *f*, Fahrpreisanzeiger *m* ~ **işletmecisi** Taxi-Unternehmer *m*

taksi (II) *bot., zo.* Taxis, Richtungsbewegung *f* *göçüm

taksicilik, -iği Taxi-Unternehmen *n*

taksidermi Taxidermie *f*, Ausstopfen *n* (von Tieren)

taksidermist, -ti (Tier-)Ausstopfer *m*

taksim [ī] 1. (Ein-, Ver-, Auf-)Teilung *f* 2. *math.* Teilung, Division *f* *bölme 3. *math.* geteilt (dividiert) durch *bölü 4. Improvisation *f* in der orient. Musik zu Beginn und in der Mitte e–s **fasıl** 5. *fr.* Wasserverteilungsstelle *f* ~ **dairesi** Teilkreis *m* ~ **davası** *jur.* Teilungsklage *f* ~ **etmek** 1. (ein-, ver-, auf-)teilen, zerlegen 2. *math.* teilen, dividieren *bölmek Zu 1: **Kâr, hissedarlar arasında ~ edilecektir.** Der Gewinn wird unter die Aktionäre verteilt. **bşi üç kişiye ~ etmek** et. auf drei Personen aufteilen Zu 2: **üçe ~ etmek** in drei Teile zerlegen, durch drei dividieren ~ **işareti** s. **bölme işareti;** ~ **kabiliyeti** Teilbarkeit *f* ~ **yapmak** 1. improvisieren (vgl. **taksim** 4) 2. dividieren, teilen **-i amal** *va.* Arbeitsteilung *f* *iş bölümü **-i arazi** *va.* s. **jeodezi; -i gurema** *fr.* proportionale Verteilung des Besitztums e–s Schuldners an die Gläubiger **-i kuva** 1. *mil.* Truppengliederung *f* *bölüm 2. *jur.* Gewaltenteilung *f* **-i mesai** s. **-i amal; -i miyah hattı** Wasserscheide *f* **-i müsemma** s. **ikili bölü; -i vezaif** s. **taksimi amal; kabili** ~ teilbar *bölünebilir **gayri kabili** ~ unteilbar *bölünemez

Taksim [×·] *n.pr.* Platz in Istanbul (nach e–r fr. Wasserverteilungsstelle genannt)

taksimat, -tı [·––] *(Pl., oft in sg. Bed.)* 1. innere Aufteilung e–s Hauses, Raumverteilung *f* 2. Ein-, Ver-, Auf-Teilung *f*, Teile *pl.* e–s zerlegten Ganzen Zu 2: **grup -ı** Gruppeneinteilung, (Spiel-)Gruppierung *f* **Nüfusun -ı şudur.** Die Bevölkerung verteilt sich folgendermaßen. **-ı mülkiye; mülkî** ~ administrative Einteilung (e–s Landes)

taksimetre [··×·] Taxameter *m*, Zähl-, Taxi-Uhr *f*, Fahrpreisanzeiger *m*

taksir [ī] 1. *va.* Verkürzen, Kürzermachen, Verringern, Vermindern *n* 2. Pflichtversäumnis, Verfehlung, Unterlassung(-ssünde), Schuld *f* *kusur Zu 2: **Bunda benim hiç bir -im yoktur.** Bei dieser Angelegenheit trifft mich keine Schuld. Dafür kann ich nichts.

taksirat, -tı [·––] *(Pl., oft in sg. Bed.)* 1. Verfehlung(-en *pl.*) *f*, Unterlassung(-en *pl.*) *f*, Sünde, Schuld, Gesetzesübertretung *f* 2. *P* Schicksal, Geschick, Los *n*

taksiratlı [·–––·] durch eigenes Verschulden herbeigeführt, schuldhaft, selbstverschuldet ~ **iflâs** *H* selbstverschuldeter (leichtfertiger) Bankrott; vgl. **adi (hileli) iflâs**

taksirli [·–·] schuldhaft, fahrlässig ~ **suçlar** *jur.* Verbrechen *pl.* aus Unvorsichtigkeit; Fahrlässigkeitsdelikte *pl.*, fahrlässige Strafsachen *pl.*

taksit, -ti Rate *f* *ödence **-e bağlamak** Ratenzahlung vereinbaren **-le** auf Teil-, Raten-zahlung **-le ödemek** in Raten zahlen; abzahlen **üç -le** in drei Raten

taksitçilik Ratenzahlungs-, Abzahlungs-system *n*
taksitli in Raten bezahlt *mukassat
takt, -tı Takt *m*, Feingefühl *n* ∼ **sahibi bir adam** taktvoller (feinfühliger) Mensch
taktak 1. s. **tak tak** 2. Schlagholz *n* (beim Waschen)
taktaklamak *P* verprügeln, zusammenschlagen
takti, -ii [ī] 1. *va.* (Zer-)Schneiden, Teilen, Sezieren, Zerlegen *n* 2. Skandieren *n* (von Versen) *durgu, kesimleme ∼ **etmek** 1. *va.* (zer-)schneiden, (zer-)teilen, sezieren, zerlegen *kesmek, parçalamak 2. skandieren (Verse) *kesimlemek
taktik 1. Taktik *f* *tabiye 2. taktisch *tabiyevî
taktikçi (geschickter) Taktiker *taktisiyen, tabiyeci
taktir (I) [ī] *chem.* Destillieren *n*, Destillation *f* *damıtma ∼ ∼ **balonu** s. **damıtma balonu;** ∼ **cihazı** Destillationsgerät *n* ∼ **etmek** destillieren ∼ **posası** Schlempe *f* (Brennereirückstand) **-i tedricî** s. **ayrımsal damıtma; -i yabis** s. **kuru damıtma**
taktir (II) [ī] *gel. irrt.* für **takdir**
taktirhane [·−−·] Branntweinbrennerei *f*
taktisiyen (*franz.* **tacticien**) (geschickter) Taktiker *tabiyeci
taktsız taktlos, ungehörig, ohne Feingefühl
taktsızlık Taktlosigkeit, Ungehörigkeit *f*, mangelndes Feingefühl
taktuka s. **takatuka**
takuk, -kü [−−] Füllhorn-Schmelzkraut *n bot.* Fedia cornucopiae
takunya [·×·] türk. Holzpantoffel (niedriger als **nalın**)
takunyacı Hersteller od. Verkäufer *m* von **takunya**
takunyalı 1. wer **takunya** trägt 2. *fig.* s. **mahalle karısı**
takva [·−] strenge Frömmigkeit **ehli** ∼ Fromme *pl.*
takvallah *va.* Gottesfurcht *f*
takvim [ī] 1. *va.* Anordnung *f*, In-Ordnung-Bringen *n* 2. Kalender *m* ∼ **yılı** Kalenderjahr *n* **≗i Vakayi** *n.pr.* „Kalender *m* der Ereignisse" (osm. Amtsblatt und erste türk. Zeitung: 1831−1921; entsprechend heute: **Resmî Gazete**)
takviye 1. Festigung, Kräftigung, (Ver-)Stärkung *f* 2. Bestätigung, Bekräftigung *f* ∼ **bataryası** *mil.* Verstärkungsbatterie *f* ∼ **edilmiş mevziler** *mil.* ausgebaute Stellungen *pl.* ∼ **etmek** 1. festigen, kräftigen, be-, ver-stärken, stärker machen *kuvvetlendirmek 2. bestätigen, bekräftigen Zu 1: **Bu hadiseler, kanaatimi** ∼ **etti.** Diese Ereignisse haben mich in meiner Überzeugung bestärkt. ∼ **kıtaları** *mil.* Verstärkungstruppen *pl.*
takviyeli mit Festigung, Verstärkung; verstärkt ∼ **alay** *mil.* verstärktes Regiment
takyidat, -tı [·−−] *(Pl., a. in sg. Bed.)* Ein-, Be-schränkung(-en *pl.*), Rationierung *f* **-a tabi tutmak** rationieren (Mangelware) *tayınlamak
takyidî [·−−] *va.* einschränkend, restriktiv, limitativ
takyit, -di [·−] 1. Ein-, Be-schränkung *f* *daraltım 2. *H* Belastung *f* ∼ **etmek** 1. ein-, be-schränken 2. **(hipotekle)** hypothekarisch belasten
tal *bot.* Thallus *m;* vgl. **tallı bitkiler**
talabık *va.* 1. Pulsieren, Schlagen, Klopfen, Zucken *n*, Erregung *f* 2. Empor- od. Hin- und Her-schnellen *n* (z.B. von Fischen) 3. Sprung, Satz *m*
talabımak *va.* 1. pulsieren, schlagen, klopfen, zucken 2. erregt sein 3. empor- od. hin- und her-schnellen (z.B. Fische) 4. *fig.* auf et. aus sein
talâk, -kı *fr.* Verstoßung *f* der Frau, Ehescheidung *f* ∼ **davası** Ehescheidungsprozeß *m* ∼ **davasını ikame etmek** die Scheidungsklage einreichen **≗ suresi** Name der 65. Koran-Sure ∼ **vermek (zevcesine)** seine Frau verstoßen **-ı selâse** *fr.* die vom Mann dreimal ausgesprochene und damit rechtskräftig gewordene Verstoßung der Frau
talâkat, -tı (*fr. a.* **-ı lisan**) Redegewandtheit, Beredsamkeit *f*
talâkatlı beredt, redegewandt
talâkname [·−−·] *fr.* Scheidungsbrief *m*
talamak *va.* rauben, plündern, e−n Raubzug unternehmen
talamus s. **görme yatağı**
talan (Aus-)Plündern, Ausrauben *n*, Raub-, Beute-zug *m* *çapul, yağma ∼ **etmek** (aus-)plündern, ausrauben
talancı *va.* Plünderer, Marodeur *m*
talapsımak läufig sein (weibliches Tier)
talaş (Holz-, Hobel-, Eisen- usw.)Späne, Abfälle *pl.* ∼ **sabun(-u)** Seifenflocken *pl.*
talaşkebabı, -nı kleingeschnittenes Fleisch, das nach dem Dünsten in Blätterteig gewickelt und im Backofen gebacken wird
talat, -tı 1. *va.* schöne Erscheinung 2. **≗** *mV, wV*
talâvet, -ti *va.* Schönheit, Anmut *f*
talaz 1. *naut.* schäumende Welle, Woge *dalga 2. *naut.* wogende (schwere) See 3. Sich-Abschaben *n* (von Seidenstoffen)
talazlanmak 1. Wellen schlagen; wogen *dalgalanmak 2. *fig.* sich ausdehnen; weiteren Umfang annehmen 3. sich abschaben, sich abnutzen (und dadurch die Glätte verlieren) (Seidenstoff)
talazlı wogend, schwer (See, Meer)
talazlık *naut.* 1. Wogen *n* (des Meeres) 2. Schandeck(-el *m*) *n* ∼ **ağacı** (*od.* **tahtası**) *naut.* 1. Wasch-, Schäl-, Setz-bord *n* 2. Planken-gang, -strak *m* 3. Tauwulst *m*, Schamfilkissen *n*, Fender *m*
talebe (*urspr. Pl.* zu **talip,** *seit langem a. in sg. Bed.*) 1. Schüler(-in *f*) *m* 2. Schüler(-innen *f*) *pl.* 3. Student(-in *f*) *m* 4. Studenten *pl.*, Studentinnen *pl.* *(1−4) öğrenci (-ler) ∼ **birliği** (*od.* **cemiyeti**) 1. Schülervereinigung *f* 2. Studentenbund *m*, studentische Vereinigung ∼ **pilot** Flugschüler *m* ∼ **yurdu** Schüler- bzw. Studenten-heim *n* **-yi mektepten tart etmek** den Schüler dimittieren (relegieren, der Schule verweisen); s. a. **kız** ∼**; burslu** ∼
talebelik 1. Aufgabe, Stellung *f* (usw.) e−s Schülers bzw. Studenten 2. Schul-, Schüler- bzw. Studenten-zeit *f*
talep, -bi 1. Verlangen, Begehren, Fordern *n*, Forderung *f*, Anspruch *m* 2. An-, Er-suchen, Gesuch *n* 3. (Heirats-) Antrag *m* 4. *H* Nachfrage *f* 5. *H* Bestellung *f* Zu 1: **-lerde bulunmak** Forderungen stellen Zu 2: **Reisicumhur, mahkûmların -ini is'af eylemiştir.** Der Staatspräsident hat dem Gesuch der Sträflinge stattgegeben. s. a. **tahliye -i** Zu 4: s. **arz ve** ∼**;** ∼ **etmek** 1. verlangen, fordern, begehren, beanspruchen 2. an-, er-suchen 3. um die Hand e−s Mädchens (e−r Frau) anhalten ∼ **üzerine** auf (sein) Ansuchen (hin) ∼ **vukuunda** auf Ersuchen, bei Anforderung, auf Verlangen (z.B. vorzeigen)
talepkâr *z. va.* 1. begierig, verlangend 2. Bewerber, Interessent, Reflektant *m*
talepname [··−·] 1. *selt.* An-, Auf-forderungsschreiben *n* 2. schriftliches Er-, An-suchen, Bewerbungsschreiben *n*
taler [×·] Taler *m* (fr. Silbermünze in verschiedenen Ländern)
talet, -ti Tallith, Tallis *m* (jüdischer Gebetsmantel)
tali (I), **-l'i** *bot.* Pollen *m*
tali (II) [−−] 1. (nach-)folgend, hinterherkommend 2. sekundär *ikincil, sünaî 3. weiterführend (Schule) 4. *va.* Koranrezitator *m* ∼ **cihet** Zwischenhimmelsrichtung *f* *asyön ∼ **cümle** s. **tabi cümle;** ∼ **darülharp** *mil.* Nebenkriegsschauplatz *m* ∼ **darülharekât** s. **mıntıkaülharekât;** ∼ **encümen** Unterkommission *f*, Ausschuß *m* ∼ **had** *phil.* Folge-, Schluß-satz *m* *sonurtu ∼ **hat** Nebengeleis *n* ∼ **kesim** *mil.* Neben-, Unter-abschnitt *m* ∼ **komisyon** Unterkommission *f*, Ausschuß *m* ∼ **madde** Nebenprodukt *n*

~ **mesail** sekundäre Fragen *pl.*, Fragen *pl.* sekundärer Bedeutung ~ **mıntıka** *mil.* Nebenabschnitt *m* ~ **şirket** *H* Tochtergesellschaft *f* ~ **tahsil** s. **orta tahsil;** ~ **üs** *mil.* Nebenstützpunkt *m*

talia [–··] *va. mil.* s. **öncü**

talibat, -tı [–·–] *va. Pl.* Schülerinnen *pl.* *kız talebe (-ler)

talibe [ā] *va.* Schülerin *f* *kız talebe

talih [ā] 1. Horoskop *n* 2. Schicksal, Geschick *n* 3. *mel.* Glück(-sstern *m*) *n* ~ **eseri** s. **bir** ~ **eseri olarak;** ~ **küskünü** wer mit seinem Schicksal hadert ~ **oyunu** Glücks-, Hasard-spiel *n* **-e bağlı** vom Glück abhängig **-e** (*od.* **tecelliye**) **küsmek** 1. seinem Schicksal grollen 2. lebensmüde sein **ºi açıktır.** Er ist unter e–m glücklichen Stern geboren. Er ist ein Sonntagskind. **ºi açıldı.** Das Glück begann ihm zu lächeln. **-i yaver** vom Glück begünstigt; Glücksvogel *m* **ºi yok.** Er hat kein Glück. Er ist ein Pechvogel. **-in cilvesi** launisches Glück; Ironie *f* des Schicksals **-ine bakmak** (b–nin) j–m das Horoskop stellen **ºine küssün!** Er hat wirklich Pech! **-ine tân etmek** sein Geschick verfluchen **-i harp** Kriegsglück *n*

talihli [ā] vom Glück begünstigt, glücklich, glücklicher Gewinner

talihsiz [ā] vom Unglück verfolgt, unglücklich; Pechvogel, Unglücksrabe *m* ≗ **hacıyı deve üstünde yılan sokar.** s. **Onmadık hacıyı** (usw.)

talihsizlik, -iği [ā] Unglück *n*, Unstern *m*, Pech *n*, Mißgeschick *n* **-ine vermek** (kendi) es seinem Unstern zuschreiben

talik, -kı [––] 1. *va.* An-, Auf-hängen, Anheften *n* 2. *jur.* Aushang, Anschlag *m* 3. Abhängigmachen *n* (von e–r Bedingung) 4. *jur.* Verschiebung, Vertagung, Aussetzung *f* 5. (*a.* **hattı** ~ *od.* ~ **yazı**) ar. Schriftart, wie sie spez. in pers. Gedichten und von best. Behörden verwendet wurde ~ **etmek** 1. *va.* an-, aufhängen, anheften (z. B. Orden) 2. *jur.* aushängen, anschlagen 3. (bşi, bşe) et. abhängig machen (von) 4. verschieben, vertagen, aussetzen **-ı muhasamat** *mil.* Waffenruhe *f*

talika (I) [·×·] leichter, vierrädriger, überdachter Pferdewagen

talika (II) [–··] *fr.* geschiedene Frau

talikat [–·–], **-tı** *va.* Randbemerkungen, Notizen *pl.*

talikî [–––] *va.* verschiebend, aufschiebend ~ **şart** *jur.* aufschiebende Bedingung, Suspensivbedingung *f* *geciktirici şart

talil [––] *z. va.* 1. Begründung *f* 2. *log.* deduktiver Schluß; Deduktion *f* *tümdengelim ~ **etmek** *z. va.* begründen, Gründe od. Vorwände anführen (für) ~ **yapmak** *log.* deduzieren *tümden getirmek

talili s. **talihli**

talim *urspr.* [––] *mst.* [–·] 1. Unterricht *m* *öğretim 2. Ausbildung *f* 3. Übung *f* 4. *mil.* Exerzieren *n* ~ **arazisi** Übungsgelände *n* ~ **atışı** *mil.* Schul-, Übungs-schießen *n* ~ **bataryası** *mil.* Lehr-, Ausbildungs-batterie *f* ~ **düzeni** (*od.* **nizamı**) Exerzierordnung *f* ~ **etmek** (*od.* **yapmak**) 1. unterrichten, lehren 2. ausbilden 3. üben 4. exerzieren 5. **(… liraya)** für den geringen Lohn (von … Türkpfund) schuften müssen ~ **fişeği** Übungs-, Exerzier-, Platz-patrone *f* ~ **gemisi** Schulschiff *n* ~ **görmek** ausgebildet werden, e–e Ausbildung erfahren (*spez.* Soldaten) ~ **heyeti** Lehrkörper *m* *öğretim kurulu ~ **meçi** italienisches Florett (mit Knopf) *eskrim meçi ~ **mermisi** Übungsgeschoß *n* ~ **meydanı** Exerzierplatz *m* ~ **tüfeği** *mil.* Instruktionsgewehr *n* ~ **uçuşu** *mil.* Schulflug *m* ~ **ve terbiye** 1. Unterricht und Erziehung 2. *a. mil.* Ausbildung *f* ~ **ve terbiye eşhası** Ausbildungspersonal *n* ~ **ve terbiye talimnamesi** *mil.* Ausbildungsvorschrift(-en *pl.*) *f* ~ **ve terbiye etmek** *a. mil.* ausbilden ~ **yürüyüşü** Exerziermarsch *m*

talimar s. **talyamar**

talimat [–·–] *Pl.* Instruktionen, Direktiven, Verhaltungsmaßregeln, Bestimmungen, Anordnungen, (An-)Weisungen, Richtlinien *pl.*, Dienstanweisung *f* *yönerge ~ **dairesinde** im Rahmen der erhaltenen Instruktionen ~ **vermek** Anweisungen erteilen

talimatname [–··–·] schriftliche Instruktionen (Direktiven, Bestimmungen), amtliche Bestimmungen od. Vorschriften, Ausführungsbestimmungen *pl.*, Ordnung *f*, (Verwaltungs-)Verordnung *f*, Statut(-en *pl.*) *n* *yönetmelik

talimgâh [–·–]; **talimhane** [–·–·] *mil.* Übungs-, Exerzierplatz *m*

talimî [–·–] *va.* didaktisch *didaktik, öğretsel

talimli [ā] ausgebildet, geschult, gedrillt ~ **maymun** *pej.* abgerichteter Affe *d. h.* maschinenmäßig (ohne eigene Initiative) handelnd

talimname [–·–·] Vorschrift, Ordnung *f*, Reglement *n* **-ye mugayir** vorschriftswidrig **-ye uygun** vorschriftsmäßig

talip, -bi [–·] 1. wer et. erreichen (erlangen, kaufen usw.) will; wer sich um et. bewirbt; Interessent, Reflektant, Bewerber, Käufer, Kunde *m* *isteyen, istekli 2. Freier *m* 3. ≗ *mV* ~ (*od.* **talibi**) **çıkmak** als Freier auftreten ~ **olmak** (m. Dat.) 1. Interesse haben (für), reflektieren (auf) 2. sich bewerben (um) 3. (bir kıza) um die Hand e–s Mädchens anhalten

talipli *P* für **talip**

talisiz(-lik) s. **talihsiz(-lik)**

talk, -kı 1. *min.* Talk *m* 2. Talkum *n* (Streupuder)

talkım *bot.* Dolde *f* *mevciyei unkudiye

talkın *P* für **telkin** (4); vgl. **Ele verir talkını** (usw.)

talkşist (*franz.* **talcschiste**), **-ti** *min.* Talkschiefer *m*

tallahi [×–·] bei Gott! fürwahr! wahrhaftig!

tallıbitkiler Lagerpflanzen *pl. bot.* Thallophyta *tallofitler; yatık bitkiler

Tallin *n.pr.* Tallin, Reval (Estland)

tallofitler s. **tallıbitkiler**

Talmut, -du Talmud *m*

talon Talon *m* (Erneuerungsschein für Kuponsbogen)

taltif [ī] Auszeichnen *n*, Auszeichnung *f* ~ **etmek** 1. b–ni bşle) j–n mit et. auszeichnen (für ein Verdienst), ehren 2. loben

Talût, -tu [––] *n.pr.* Saul (Bibel)

talvar *dial.* gedeckte Laube

talveg [×·] *geogr.* Talweg *m*, Strombahn *f*, Fahr-wasser *n*, -rinne *f* ~ **hattı** *jur.* Talweg *m* (tiefste Stelle e–s Flusses als Grenze zwischen zwei Ländern)

talyamar *naut.* Schiffsschnabel *m*, Schegg *n*, Vorsteven *m*, Brustholz *n*, Bug *m* ~ **başlığı** Galion *n* *kemane **-da kıçlı** Schiff mit bugähnlichem Heck (*spez.* Kutter *m*)

talyasan *fr.* herabhängendes Ende am Turban hoher Geistlicher od. Ordensältester; Turbanzipfel *m*

talyon *bot.* s. **sarı hatmi**

talyum [×·] *chem.* Thallium *n*

tam, -mmı *urspr.* [–] 1. ganz, vollständig, total 2. voll, ganz 3. vollkommen, durch nichts gemindert 4. tadellos, makellos, hervorragend, erstklassig 5. *mus.* rein (Intervall, Stimme, Spiel) 6. *pej.* ausgemacht, vollendet 7. *Sb.* Vollständigkeit, Vollkommenheit *f* 8. *Adv.* genau 9. *Adv.* gerade 10. *Adv.* gerade noch, knapp, in der letzten Minute Zu 1: ~ **bir ekmek** ein ganzes Brot ~ **bir devir** eine ganze Umdrehung Zu 2: **Bu iş, ~ iki yıl sürdü.** Die Geschichte hat volle zwei Jahre gedauert. Zu 3: ~ **saadet** vollkommenes Glück Zu 4: ~ **adam** tadelloser Kerl ~ **şarap** erstklassiger Wein Zu 6: ~ **bir külhani** ein ausgemachter Gauner Zu 7: **Saadetin -ı olmaz.** Ein vollkommenes Glück gibt es nicht. Zu 8: ~ **nişan almak** genau zielen ~ **istediğiniz şey** genau, was Sie sich gewünscht haben ~ **yirmi gün süren** genau zwanzig Tage dauernd **Saat** ~ **üçtür.** Es ist genau drei Uhr. Zu 9: ~ **o aralık** gerade in dieser Zeit ~ **kalkacağı sırada** gerade als er aufstehen wollte Zu 10: ≗ **geldiniz!** Na, Sie haben es ja gerade noch geschafft! ≗ **adamına düşmüşsün!** (*od.* ≗ **adamını bulmuşsun!**) *mst. iron.* Da hast du dir ja gerade den Richtigen ausgesucht! ~ **adet** s. **tamsayı** (1); ~ **alabanda!** *(naut. Kommando)* Hart nach der Seite! (Back- bzw. Steuer-bord) Ganz luvwärts (windwärts)! ~ **armalı** *naut.* voll getakelt (Mast) ~ **armalı gemi** *naut.* Vollschiff *n* ~ **arpacık** *mil.* Vollkorn *n* *dolu arpacık ~ **ay tutulması** totale Mondfinsternis *husufu küllî ~ **ayar** *fig.* von echtem Schrot und Korn ~ **benzeri** (bşin, b–nin) genaues Ebenbild (von) ~ **bir saat** e–e volle Stunde ~ **boy** ungefalzt (Papierbogen) ~ **bölen** *math.* Divisor *m*, der e–e best. Zahl ohne Rest teilt ~ **burs** Vollstipendium *n* ~ **ciro** *H* Vollindossament *n* ~ **cümle** *gr.* ganzer Satz (von e–m Punkt bis zum anderen) ~ **çalışma** Vollbeschäftigung *f* ~ **daire** Vollkreis *m* ~ **dalgalı redresör** *(Radio)* Vollweggleichrichter *m* ~ **gelmek** 1. genau passen 2. *pej.* etwas knapp sitzen (z. B. Schuhe) ~ **geride** *naut.* recht achteraus ~ **gömlekli mermi** *mil.* Vollmantelgeschoß *n* ~ **gün tutulması** totale Sonnenfinsternis *küsufu küllî ~ **imkânsızlık** völlige Unmöglichkeit ~ **isabet almak** e–n Volltreffer erhalten ~ **isabet kaydetmek** e–n Volltreffer erzielen ~ **istihdam** s. ~ **çalışma;** ~ **kadrolu** *a. mil.* vollzählig ~ **karar** ganz richtig ~ **karşılıklı akit** *jur.* gegenseitiger (synallagmatischer) Vertrag; Austauschvertrag *m* ~ **kaza davaları** *jur.* verwaltungsrechtliche Klagen, Verwaltungsklagen *pl.* ~ **kenarlı** *bot.* vollrandig (Blatt) ~ **kısım** *math.* 1. s. **karakteristik** 2. Quotient *m* ohne Rest ~ **maaşla tekaüt** *iron.* („Pensionierung mit vollem Gehalt") *d. h.* fette Pfründe ~ **manasiyle** streng betrachtet; genau genommen ~ **mevcutlu** mit vollem Bestand, voll-zählig, -ständig, voll, *mil.* kriegsstark (~ **mevcutlu iki Yunan tümeni** zwei kriegsstarke griechische Divisionen) ~ **numara almak** die beste Note bekommen (Schüler) ~ **numaralık bir oyun** *(Sport)* ein hervorragendes Spiel ~ **okka dörtyüz dirhemlik bir adam** ein in jeder Hinsicht zuverlässiger Mensch ~ **pansiyon** Vollpension *f* ~ **rotasında** 1. *naut.* genau auf Kurs laufend (Schiff) 2. *fig.* im richtigen Geleis, gut vorangehend (z. B. Arbeit) ~ **sakal** Vollbart *m* ~ **salâhiyet** unbeschränkte Vollmacht ~ **senet** *H* rediskontierbarer Wechsel ~ **siper** *mil.* volle Deckung ~ **süratle** mit voller Geschwindigkeit, mit Höchstgeschwindigkeit ~ **tabiriyle** im vollsten Sinn des Wortes ~ (*od.* **-ı**) **tamına** s. **tastamam.** ≗ **tanıdığım adamsın!** *(a. iron.)* Das sieht dir ähnlich! ~ **tertip** ganz und gar, vollständig, gründlich; genau so, wie es sich gehört ~ **teşebbüs** *jur.* vollendeter Versuch ~ **teşekküllü** voll ausgebaut (z. B. Schule) ~ **üstüne basmak** *F* haargenau das erreichen, was man angestrebt od. sich gewünscht hat ~ **üye** s. **tamsayı;** ~ **vaktinde** (*od.* **zamanında**) gerade zur rechten Zeit, gerade (noch) rechtzeitig ≗ **yerine çatmışsın!** s. ≗ **adamına düşmüşsün!** ~ **yol** Volldampf *m*, volle Geschwindigkeit ~ **yüklü** voll beladen

tama, -aı *fr. Graphik* für **tamah**

tamaan; tamaen [·×·] *z. va. Adv.* (m. Dat.) aus Gier (Sucht) nach, in der Hoffnung (auf)

tamah Sucht, Gier *f spez.* Hab-sucht, -gier *f*, Unersättlichkeit *f* *açgözlülük, hırs ~ **etmek** 1. habsüchtig (habgierig, gierig, unersättlich) sein 2. (m. Dat.) gierig sein (auf, nach), et. unbedingt haben wollen

tamahan; tamahen s. **tamaan; tamaen**

tamahkâr 1. hab-gierig, -süchtig, gierig, unersättlich *açgözlü 2. geizig, knickerig

tamahkârlık 1. Gier, Hab-gier, -sucht, Unersättlichkeit *f* *açgözlülük 2. Geiz *m*, Knickerigkeit *f*

tamalgı *psych.* Apperzeption *f*, bewußte Wahrnehmung (od. Aneignung) *idrakı dakik

tamalgısal *psych.* wahrnehmungsfähig

tamam *urspr.* [·–] 1. fertig, beendet, vollendet 2. vollständig, ganz, gesamt, restlos, total, vollzählig, ganz genau 3. Vollständigkeit, Vollzähligkeit, Vollkommenheit *f* 4. Ergänzung *f*, *math.* Komplement *n* 5. Gesamtheit *f*, Gesamt- Zu 1: ≗! 1. Fertig! Schluß! Aus! 2. Richtig! So ist es! 3. *iron.* So ist es recht! Schon ist es geschehen! Da haben wir den Salat! Zu 2: **Bu kitap** ~ **değildir.** Das Buch hier ist nicht vollständig. **Bu ayakkabı size** ~ **geldi.** Dieser Schuh paßt Ihnen ganz genau. ~ **tayfa** vollzählige Besatzung Zu 3: s. **Allah -ına yetiştirsin!** Zu 4: s. **-ıceyp, -ıkatı, -ımümas** Zu 5: **memleketin -ı** das ganze Land ~ **etmek** zu Ende führen, beendigen, fertigmachen ~ **gelmek** genau passen ≗ **mı?** 1. Fertig? 2. Stimmt es? (bei Bezahlung) ~ **olmak** 1. fertig (beendet) werden, zu Ende gehen, sich vollenden 2. vollständig sein (bzw. werden) Zu 1: **Vakit** ~ **oldu.** Die Zeit ist abgelaufen (vorüber, um). **Ben -ım.** Ich bin fertig (bereit, so weit). Zu 2: **Ay dün gece** ~ **olmuştur.** Vergangene Nacht war Vollmond. **Bir kilonun** ~ **olması için on gram eksiktir.** Am vollen Kilo fehlen noch zehn Gramm. **-ı tamamına** s. **tastamam; -ına yetiştirmek** zur Vollendung führen (s. a. Stw. **Allah**)

tamamen [·×·] *Adv.* gänzlich, ganz und gar, vollkommen, restlos, vollständig, genau **Borcumu** ~ **ödedim.** Ich habe meine Schulden auf Heller und Pfennig bezahlt. ~ **dolu gemiler** vollbesetzte Schiffe *pl.* ~ **denecek derecede** so gut wie vollständig

tamamıceyp, -bi [·–··] *trig.* Kosinus *m* *kosinüs, teceyp

tamamıkatı, -ıı [·–·–·] *trig.* Kosekans *m* *kosekant

tamamımümas [·–··–] *trig.* Kotangens *m* *kotangent

tamamî [·––] 1. vollständig, genau 2. *math.* integral, Integral- 3. *math.* Integrale *f* 4. Gesamtheit *f* Zu 1: **ahkâmın** ~ **icrası** genaue Durchführung der Bestimmungen ~ **hesabı** Integralrechnung *f* ~ **işareti** Integralzeichen *n* ~ **muadele** Integralgleichung *f* ~ **sabit miktarı** Integrationskonstante *f* ~ **teoremi** Integralsatz *m*

tamamiyet, -ti [·–··] 1. Vollständigkeit *f* 2. Unversehrtheit, Integrität *f* **-i mülkiye** territoriale Integrität *mülkî tamamlık, toprak bütünlüğü

tamamiyle [··×·] *Adv.* gänzlich, ganz und gar, restlos, vollkommen

tamamlama Vs. zu **tamamlamak** *spez. phil.* Integration *f*

tamamlamak 1. vervollständigen, ergänzen, vollmachen (z. B. Zahl) 2. vollenden, zum Abschluß bringen Zu 1: s. **tamamlayan**

tamamlayıcı vervollständigend, ergänzend, komplementär ~ **ceza** *jur.* Zusatzstrafe *f* *mütemmim ceza ~ **kitap adı** Untertitel *m* (e–s Buches) ~ **parça** s. **mütemmim cüz;** ~ **renkler** Komplementärfarben *pl.*

tamamlık *T* von **tamamiyet**

tamanuar (*franz.* **tamanoir**) s. **büyük karıncayiyen**

tamarin (*franz.* **tamarin**) s. **pembe maymun**

tambul s. **tembul**

tambur (I) *mus.* ein mit Bogen od. Schlagring gespieltes M. i. mit besonders langem Hals

tambur (II) (*franz.* **tambour**) 1. *mus. (nicht allg. gebr.)* Trommel *f* *trampete 2. *techn.* a) Trommel *f* *kasnak b) Radkasten *m* c) *naut.* Kabeltrommel *f* ~ **freni** *techn.* Trommelbremse *f* ~ **kapı** Drehtür *f*

tambura [·×·] *mus.* e–e mittels Schlagring gespielte Gitarre mit ovalem Resonanzkörper und Metallsaiten (umfaßt folgende Arten: **bağlama, bozuk, bulgari, cura, çöğür, meydan sazı**)

tamburacı [·×··] 1. Gitarren-hersteller, -händler, -spieler *m* 2. *allg. fr.* Musikant *m* *çalgıcı
tamburata [··×·] *naut.* 1. Führungsklampe *f* 2. Pfortenöffnung *f* (am Bug)
tamburen (*franz.* **tambourin**) Tamburin *n*, Handtrommel *f*
tamburî Tamburspieler *m*
tamgün ganztägig, hauptberuflich *fultaym
Tamışvar s. **Tamşuvar**
tamik, -kı [−−] *va.* 1. Vertiefen *n* 2. gründliche Erforschung, genaue Untersuchung ~ **etmek** *va.* 1. vertiefen 2. genau untersuchen (verfolgen), e−r Sache auf den Grund gehen *(1, 2) derinleştirmek
tamim [−−] 1. Verbreitung *f* (z.B. von Kenntnissen) 2. Förderung, Popularisierung *f* (z.B. e−r Sportart) 3. Rundschreiben, Zirkular *n*, (Rund-)Erlaß *m*, Verwaltungsanweisung *f* *genelge 4. *log.* Verallgemeinerung, Generalisierung *f* *genelleme ~ **etmek** 1. (allgemein) verbreiten 2. fördern, popularisieren; Allgemeingut werden lassen 3. weitere Ausmaße annehmen lassen, ausweiten, -dehnen 4. e−n Runderlaß ergehen lassen 5. *log.* verallgemeinern, generalisieren
tamimen [−×·] *z. va. Adv.* durch Rundschreiben, mittels Zirkular
tamir *urspr.* [−−] *mst.* [−·] Reparieren *n*, Reparatur, Ausbesserung, Instandsetzung *f* *onarım ~ **atelyesi** 1. Ausbesserungswerk *n*, Reparaturwerkstätte *f* 2. *V* Dirne, Hure *f* ~ **etmek** reparieren, ausbessern, instandsetzen *onarmak ~ **görmek** repariert (ausgebessert, instandgesetzt) werden ~ **kabul etmez gemi** reparaturunfähiges Schiff ~ **masrafları** Reparaturkosten *pl.* ~ **planı** Instandsetzungsplan *m* **-e değmez gemi** reparaturunwürdiges Schiff **-e kalkmak** *fig. F* j−m beispringen, et. wieder einrenken **-e vermek** zur Reparatur (Ausbesserung) geben **-i imkânsız** irreparabel **-ini almak** die Reparatur (Ausbesserung) von et. übernehmen
tamirat, -tı [−−−] *(Pl., a. in sg. Bed.)* 1. Reparatur(-en *pl.*) *f*, Instandsetzung(-sarbeiten *pl.*) *f* 2. *pol.* Reparation(-en *pl.*) *f* ~ **konferansı** *pol.* Reparationskonferenz *f* ~ **planı** *a. mil.* Reparatur-, Instandsetzungs-plan *m*
tamirci [ā] Ausbesserer, Reparateur *m spez.* Flickschuster *m* od. Klempner *m*
tamirhane [−·−·] Reparaturwerkstätte *f*
Tamiz (*franz.* **La Tamise**) *n.pr. selt.* Themse *f* *Taymis
tamlama *gr.* sb. od. adj. Fügung *takım, terkip; belirtme grupu; s. **isim (sıfat) -sı; belirtili (belirtisiz)** ~
tamlanan s. **belirtilen**
tamlayan s. **belirten;** ~ **durumu** s. **-in hali**
tamlık 1. Vollständigkeit *f* 2. *mus.* Reinheit *f* (des Intervalls, der Stimme, des Instruments)
tamperaman *selt.* Temperament *n*
tampliye (*franz.* **templier**) *hist.* Tempel-ritter, -herr *m*
tampon (*franz.* **tampon**) 1. *med.* Watte-, Mull-bausch, Tampon *m* 2. *med.* Tupfer *m* 3. Dichtungspfropf, Stöpsel *m* 4. *typ.* Tampon, Tupf-, Einschwärz-ballen *m* 5. Stempelkissen *n* 6. Löscher *m*, Löschwiege *f* 7. Puffer *m* (an Eisenbahnwagen od. *fig.*), Stoßdämpfer *m* 8. (Auto-) Stoßstange *f* 9. *V* weibliche Brust, Busen *m* ~ **açıklığı** Pufferabstand *m* ~ **bölge** *pol.* Pufferzone *f* ~ **devlet(-i)** *pol.* Pufferstaat *m* ~ **kolu** Pufferstange *f* ~ **levhası** Pufferscheibe *f* ~ **yayı** Pufferfeder *f*
tamponlamak 1. be-, ab-tupfen 2. (aus-, zu-, ver-)stopfen, dichten 3. *med.* tamponieren 4. ablöschen (nasse Schrift)
tams *va.* Menstruation *f* *aybaşı (2)
tamsayı 1. *math.* ganze (od. natürliche) Zahl *tam adet, adedi tam 2. *jur.* Gesamtzahl *f* der stimmberechtigten Mitglieder *mürettep adet; tam üye

Tamşuvar *n.pr.* Temesvar, Temeschvar, Temeschburg (in Rumänien) *Timşovar, Tımışvar, Tamışvar
tamtakır [×··] (*gel. a. m. der Forts.* **kırmızı bakır** *od.* **kuru bakır**) vollkommen leer, gähnend leer (Zimmer, Geldbeutel usw.)
tamtam *mus.* Tamtam *n*
tamters 1. genaues Gegenteil 2. genau umgekehrt, diametral entgegengesetzt
tamu(-sal) s. **cehennem(-î)**
tamülayar [−··−] 1. *va.* genaugehend (Uhr) 2. hochkarätig (Gold), hochlötig (Silber)
tamüssıhha [−···] vollkommen gesund, kerngesund
tamzara ein spez. in den Ostprovinzen sehr beliebter Volkstanz
tan 1. Morgen(-dämmerung *f*) *m* *seher 2. ≗ *n.pr. fr.* türk. Tageszeitung (Istanbul; 1935−1956) ≗ **atıyor.** Es beginnt zu dämmern. Der Morgen bricht an.
tân 1. *z. va.* Kritik *f*, Vorwürfe *pl.* 2. Beleidigung, Schmähung, Verwünschung, Lästerung *f* ≗ **eden dinimize ...!** (Über e−n unberufenen Kritiker gesagt: Wer unseren Glauben lästert (*scil.* sollte wenigstens Mohammedaner sein) *d.h.* Davon versteht er so viel wie der Esel vom Flötenblasen!) ~ **etmek** 1. *z. va.* kritisieren 2. beleidigen, schmähen, lästern, verwünschen
Tanagra *n.pr.* Tanagra (Städtchen in Griechenland) ~ **heykelciği** Tanagra-figürchen *n*, -statuette *f*
tanassur Übertritt *m* zum Christentum ~ **etmek** zum Christentum übertreten ~ **ettirmek** zum Christentum bekehren, christianisieren
tanbur(-î) s. **tambur(-î)**
Tanca *n.pr.* Tanger (in Marokko)
tandans Tendenz, Neigung *f*
tandanslı 1. mit e−r best. Tendenz, Tendenz- 2. *pej.* tendenziös gefärbt od. entstellt (z.B. Nachricht)
tandem Tandem *n:* 1. Fahrrad *n* für zwei od. mehr Personen 2. Kutsche *f* mit zwei hintereinander gespannten Pferden, Tandemkutsche *f*
tander s. **tender**
tandır 1. in den Erdboden eingelassene Backvorrichtung aus Ton in Form e−s großen Kruges 2. *fr. bzw. reg.* Kohlenbecken *n* unter niedrigem, mit Decke (**yorgan** *od.* **kebe**) versehenem Tisch (als primitive Wärmeeinrichtung *spez.* für die Füße) ≗ **başında bağ dikmek kolay.** *Spr. (Sinn:)* Leeres Geschwätz führt zu nichts. ~ **ekmeği** im **tandır** gebackenes Brot ~ **kebabı** in festverschlossenem Topf geschmorte größere Hammelfleischstücke *pl.*
tandırname [··−·] Ammenmärchen *n* od. *pl.*, Altweibergeschwätz *n*
tane [ā] 1. Stück *n* (als Zählbegriff) 2. Korn *n*, Beere *f*, Kern *m* 3. *mil.* Granate *f;* Schrapnell-, Gewehr-, Revolver-kugel *f* 4. Lederpressung *f* 5. Kügelchen *n*, Perle *f* (e−r Gebetskette) Zu 1: **beş** ~ **karpuz** fünf Wassermelonen Zu 2: s. **buğday (üzüm) -si;** ~ **bağlamak** (*od.* **-ye gelmek**) Körner (*bzw.* Beeren, Früchte) ansetzen ~ **emniyetli** *mil.* granatsicher ~ **hunisi** *mil.* Granattrichter *m* ~ **parçası** Granatsplitter *m* ~ ~ Stück für Stück, einzeln, eins nach dem anderen ~ ~ **söylemek** langsam und deutlich sprechen ~ **tapası** Granatzünder *m*
tanecik [ā] 1. kleines Stück; Stückchen *n* 2. *geol.* Körnchen *n* *hubeybe 3. s. **bir** ~ 4. *phot.* s. **gren;** ~ **sayacı** s. **Geiger-Müller sayacı**
tanecikli [ā] 1. *geol.* körnig, gekörnt, aus Körnern bestehend *habbevî 2. *chem.* granulös, körnig *hubeybî 3. mit Pickeln und Körnchen übersät (Gesicht)
taneciklilik [ā] *phot.* s. **granülasyon**
tanecil [ā] körnerfressend *akilülhububat
tanelemek [ā] 1. auskörnen (z.B. Maiskolben) 2. abbeeren

3. die Kerne herausnehmen (z. B. bei Granatapfel) 4. pressen od. krispeln (bei der Lederfabrikation)
taneli [ā] 1. aus Körnern (Beeren, Kügelchen) bestehend 2. mit nb. Körnern (Beeren, Kügelchen) 3. gepreßt (Leder) 4. körnig (z. B. Granit) Zu 2: **küçük** (*od.* **ufak**) ~ **mısır** kleinkörniger Mais
tanen *chem.* Tannin *n*, (Gallus-)Gerbsäure *f*, Gerbstoff *m* *mazı tozu
tanenli Tannin (Gerbsäure) enthaltend
tangent, -ti s. **tanjant**
tangır tangır dumpf hallend od. schallend, hohl dröhnend (wie ein leerer Kessel) ~ ~ **etmek** dumpf hallen od. schallen, hohl dröhnen
tangır tungur dumpf dröhnend, mit Gepolter, holterdiepolter; mit großem Getöse (z. B. die Treppe hinunterfallen)
tangırdamak dumpf hallen, hohl dröhnen
tangırtı dumpfes Hallen, hohles Dröhnen
tango [×·] 1. Tango *m* (Tanz, Musik) 2. *P* herausstaffiert, aufgedonnert, übermäßig elegant (Frau, Mädchen)
tanı *med.* Diagnose *f* *teşhis
tanıdık, -ığı 1. bekannt 2. Bekannte *m, f* Zu 1: **Yolda** ~ **bir yüz göremedim.** Unterwegs habe ich kein bekanntes Gesicht erblicken können. Zu 2: **Orada hiç bir -a rastlamadım.** Ich bin dort keinem Bekannten begegnet. ≗ **çıktı.** Es stellte sich heraus, daß wir uns von früher her kannten.
tanık 1. s. **şahit** 2. s. **tanıt**; ~ **deyimi** Zeugenaussage *f* *şahit ifadesi ~ **tepe** s. **şahit tepe**
tanıkbeti *(kaum gebr.)* s. **tasdikname**
tanıklamak s. **işhat etmek** (1, 2)
tanıklık s. **şahadet, şahitlik**
tanılamak *med.* diagnostizieren *teşhis etmek
tanılmak Pass. zu **tanımak** *tanınmak **İki tarafa muhariplik hakkı tanılıyor.** Beiden Seiten wird das Recht e–s Kriegführenden zuerkannt.
tanım s. **tarif, tavsif**; ~ **harfi** s. **harfitarif**
tanıma Vs. zu **tanımak** *spez. jur.* Anerkennung *f*
tanımak 1. kennen 2. (wieder) erkennen 3. kennenlernen 4. an-, zu-erkennen 5. einsehen, zugeben 6. sich fügen, sich unterwerfen (z. B. dem Gesetz); *a.:* glauben (an) 7. j–n verantwortlich machen 8. sich einlassen (auf) 9. trennen, unterscheiden Zu 1: **Onu on yıldan beri tanıyorum.** Ich kenne ihn seit zehn Jahren. Zu 2: **Arkadaşımı yirmi yıl sonra görünce, hemen tanıdım.** Als ich meinen alten Freund zwanzig Jahre später wieder sah, erkannte ich ihn gleich wieder. **Onu sesinden tanıdım.** Ich erkannte ihn an der Stimme. Zu 3: **Sen hâlâ insanları tanıyamadın.** Du hast die Menschen noch immer nicht kennengelernt. Zu 4: **Mirasçılar, bu borcu tanımamışlar.** Die Erben haben diese Schuld nicht anerkannt. Zu 5: **Haksızlıklarını tanıdılar.** Sie haben eingesehen, daß sie unrecht haben. Zu 6: **kanunu** ~ sich den Gesetzesvorschriften fügen **O, Allah Peygamber tanımaz.** a) Er glaubt weder an Gott noch an den Propheten (Mohammed). b) *fig.* Er nimmt auf niemand Rücksicht. Zu 7: **Ben arkadaşımı tanımam, alacağımı senden istiyorum.** Ich halte mich nicht an deinen Freund; was ich zu bekommen habe, verlange ich von dir. Zu 8: **Ben öyle şey tanımam.** Auf so etwas lasse ich mich nicht ein. Zu 9: **iyiyle kötüyü tanıyacak yaşta olmak** alt genug sein, um das Gute von dem Bösen unterscheiden zu können
tanımamazlık Nicht-Kennen *n* **-tan gelmek** so tun, als ob man j–n nicht kennte; j–n schneiden
tanımlama Vs. zu **tanımlamak** *spez. phil.* Definition *f* *tanım, tarif
tanımlamak erklären, beschreiben, definieren, begrifflich bestimmen, charakterisieren, kennzeichnen *tarif etmek, tavsif etmek
tanımlanamaz undefinierbar *gayri kabili tarif
tanımlayıcı sıfat *ling.* determinierendes Adjektiv
tanımlı definiert, determiniert *muarref
tanımlık 1. Auf-, In-schrift *f* 2. Titel *m* (e–s Buches)
tanımsız nicht definiert; nicht determiniert
tanınmak Pass. zu **tanımak** *spez.* 1. bekannt werden (bzw. sein) 2. anerkannt werden 3. zuerkannt werden (vgl. a. **tanılmak**) Zu 1: **geçimsiz diye** ~ als unverträglich bekannt sein (gelten) **O, iyi bir doktor olarak tanınmıştır.** Er ist als tüchtiger Arzt bekannt. **Bu şehirde para kazanmak için** ~ **lâzım.** Wer in dieser Stadt Geld verdienen will, muß schon bekannt sein. Zu 2: **Yeni kurulan devlet henüz tanınmadı.** Der neugegründete Staat ist noch nicht anerkannt.
tanınmazlık *T* von **meçhuliyet**
tanınmış 1. bekannt, berühmt 2. in e–r best. Eigenschaft bekannt; bekannt (als) 3. anerkannt Zu 2: **doğru** ~ **bir hâkim** ein als korrekt bekannter Richter **hasis diye** ~ **bir adam** ein als geizig verschrieener Mensch
tanısızlık s. **agnozi**
tanış *P* Bekannte *m, f* *tanıdık
tanışık sich gegenseitig kennend, miteinander bekannt
tanışıklık, -ığı Bekanntsein *n*, Bekanntschaft *f* (mit), gegenseitiges Sich-Kennen **Onunla hiç -ım yok.** Ich bin mit ihm nicht bekannt. Wir kennen uns nicht.
tanışma Vs. zu **tanışmak**; ~ **işareti** Erkennungszeichen *n*
tanışmak 1. sich gegenseitig kennen, einander kennen 2. sich kennenlernen, bekannt werden (mit) Zu 1: **Siz tanışmıyor musunuz?** Kennen Sie sich nicht? **yalnız şahsen** ~ sich nur vom Sehen her kennen Zu 2: **Kendisiyle** ~ **ister misiniz?** Wollen Sie mit ihm bekannt werden?
tanıştırmak miteinander bekannt machen, einander vorstellen **Müsaade ederseniz, sizi tanıştırayım.** Gestatten Sie, daß ich Sie miteinander bekannt mache.
tanıt 1. Beweisstück, Dokument, Argument *n* *beyyine 2. *log.* Beweis *m* *ispat ~ **yükü** s. **ispat külfeti**
tanıtıcı einführend; Einführer *m* ~ **yayın** s. **tanıtmalık, prospektüs**
tanıtlama Beweis(-en *n*) *m*, Beweisführung *f* *ispat ~ **yeteneği** *jur.* Beweiskraft *f* *ispat kudreti
tanıtlamak beweisen, unter Beweis stellen *ispat etmek
tanıtma Vs. zu **tanıtmak** *spez.* (kritische) Besprechung *f* ~ **belgesi** Einführungsschreiben *n* ~ **filmi** Firmvorschau *f* *treyler ~ **oynatımı** *(spez. Film)* Vorführung *f* für e–n geladenen Kreis ~ **yazıları** *(Film)* Regieangaben *pl.*, Vorspann *m* *jenerik
tanıtmak Kaus. zu **tanımak** *spez.* bekannt machen, vorstellen
tanıtmalık s. **prospektüs**
tanin [ī] 1. *va.* metallener Klang; Schallen, Dröhnen *n* 2. ≗ *n.pr. fr.* türk. Zeitung (Istanbul)
taninendaz [·–·–] *va.* klingend, schallend
tanjan(-t) *trig.* Tangens *m* *mümas
tank, -kı 1. Tank *m*, Flüssigkeitsbehälter *m* 2. Panzer (-wagen), Kampfwagen, Tank *m* ~ **birliği** Panzer-, Kampf-wagenverband *m* ~ **defi topu** Pak *f* (Panzerabwehrkanone) ~ **defütardı** Panzerabwehr *f* ~ **kapanı** (*od.* **tuzağı**) Panzerfalle *f* ~ **manii** (*od.* **mâniası**) Tanksperre *f* ~ **taarruzu** Panzerangriff *m* ~ **topu** Tank-, Panzer(wagen)-geschütz *n* ~ **tümeni** Panzerdivision *f* *zırhlı tümen
tankçı Angehöriger der Panzerwaffe *spez.* Tankführer *m*
tanker 1. *naut.* Tanker *m*, Tankschiff *n* 2. Tank(kraft)wagen *m* *akaryakıt kamyonu
tanklı mit **tank** ausgestattet ~ **vagon** Kesselwagen *m*

tanksavar Panzer-, Tank-abwehr- ~ **silâh** Tankabwehrwaffe *f* ~ **top** Pak *f* (Panzerabwehrkanone)
tan(la)mak *va.* s. **şaşmak, şaşakalmak**
tanlayın *va. Adv.* im Morgengrauen, bei Tagesanbruch
tannan [·–] *z. va.* 1. klingend, tönend, schallend, dröhnend *çınlayan, tınlayan 2. *ling.* Sonant *m* *selenli **gayri** ~ nur dumpf klingend, ohne Resonanz *boğunuk
tannane [·–·] *va.* s. **senfoni**
tannaniyet, -ti [·–··] *va.;* **tannanlık** [·–·] Klingen, Tönen *n*, Resonanz *f*
Tanrı Gott; Herrgott *m*, Herr *m* *Allah ~ **buyruğu** 1. Gottes Gebot *n* 2. Koran *m* ~ **deveciği** *va.* s. **tespihböceği;** ≗ **hakkı için!** *Bet.* Bei Gott! ~ **kayrası** göttliche Vorsehung *inayeti rabbaniye ~ **kulu** 1. Gottesgeschöpf *n* 2. frommer, rechtschaffener Mensch ~ **kuşu** *va.* s. **tavus kuşu;** ~ **misafiri** unerwarteter Gast, der um Nachtquartier ersucht ~ **vergisi** Gottesgeschenk *n* **-da görme** Schauen *n* Gottes *rüyet fillah **≗dan korkan kuldan korkmaz.** *Spr.* Fürchte Gott und sonst nichts auf der Welt! **≗dan rahmet dileriz.** Gott sei ihm gnädig! **-lar tanrısı** *myth.* der Göttervater (Zeus) **-nın afeti** Gottesgeißel *f* (Attila) **-nın günü** 1. den lieben langen Tag 2. jeden Tag, den der Herrgott werden läßt Zu 2: (entsprechend a. **-nın akşamı**); **-nın kuzusu** Gotteslamm *n* (= Jesus) **-sına kavuşmak** zu seinem Schöpfer eingehen; sterben
tanrı (heidnischer) Gott; Gottheit *f* *ilâh
tanrıbilim(-sel) s. **teoloji(-k)**
tanrıcalık *Th.* Apotheose *f* (prächtiges Schlußbild z. B. e–s Märchenstückes)
tanrıcı gottgläubig, Theist(-in *f*) *m*
tanrıcılık *rel.* Theismus *m* *ilâhiye
tanrıça (heidnische) Göttin *ilâhe
Tanrıdağı koyunu Pamirschaf *n zo.* Ovis ammon poli
tanrıkayral s. **inayeti rabbaniyeye ait**
tanrılaşmak zum Gott werden, göttliche Ehren erfahren
tanrılaştırmak zum Gott machen, vergotten, deifizieren *ilâhîleştirmek, telih etmek
tanrılı mit nb. Göttern
tanrılık Göttlichkeit *f*, Wesen *n* Gottes, Gott-sein *n* *ülûhiyet
tanrısal göttlich *ilâhî
tanrısamak 1. wie e–n Gott ehren 2. verherrlichen, vergöttern
tanrısız(-lık) s. **tanrıtanımaz(-lık)**
tanrıtanımaz Gottesleugner(-in *f*) *m*, Atheist(-in *f*) *m* *mülhit
tanrıtanımazlık Atheismus *m* *ilhat
tansık Wunder *n* *mucize, harika ~ **oyunu** s. **mirakl oyunu**
Tansık *astr.* Mira *f* (Stern Alpha im Sternbild des Walfisches)
tansif [ī] *va.* Halbierung *f* ~ **etmek** *va.* halbieren *ikiye bölmek
tansis [ī] *va.* 1. genaue Überprüfung der Belege 2. *rel.* Belege anführen (aus Koran od. **hadîs**)
tansiyometre [···×·] s. **gerilimölçer**
tansiyon (*franz.* **tension**) 1. *med.* Blutdruck *m* 2. *el.* Spannung *f* 3. *fig.* Spannung *f* (z. B. im Publikum) ~ **düşüklüğü** zu geringer Blutdruck; Blutdruckerniedrigung, Hypotonie, -tension *f* *hipotansiyon ~ **ölçme aleti** *med.* Sphygmomanometer *n*, Blutdruckmesser *m* ~ **yüksekliği** (*od.* **fazlalığı**) erhöhter Blutdruck; Blutdruckerhöhung, Hyper-tonie, -tension *f* *hipertansiyon **-u düşürmek** den Blutdruck senken (herabsetzen)
tansiyonlu *med.* an Blutdruckbeschwerden leidend
tantal, -li *chem.* Tantal *n* ~ **lambası** Tantallampe *f*
Tantal *n.pr. griech. Myth.* Tantalus
tantana Prunk, Pomp *m*, Pracht *f*, Gepränge *n* *debdebe, ihtişam
tantanalı 1. prunkvoll, pompös, prächtig, großartig 2. hoch-tönend, -trabend (z. B. Worte)
tantun (in der Füg.:) **-a gitmek** *P* 1. getötet werden, umkommen *öldürülmek 2. ins Unglück geraten, sich Unannehmlichkeiten zuziehen *başı belâya uğramak
tanuki Marderhund *m zo.* Canis procynoides
tanyeli, -ni s. **badısaba**
tanyeri, -ni Stelle *f* des Sonnenaufgangs, Osten *m* ≗ **ağarıyor.** Der Morgen graut.
tanzif [ī] *va.* Säubern, Reinigen *n* ~ **etmek** *va.* säubern, reinigen *temizlemek
tanzifat, -tı [·––] *(Pl., mst. in sg. Bed.)* Straßenreinigung *f* ~ **amelesi** Straßenkehrer *m* ~ **arabası** Müllabfuhrwagen *m* ~ **resmi** Straßenreinigungs-, Müll-abgabe *f* *P* çöp vergisi
tanzifiye [·–··] Kosten (Abgaben, Umlagen usw.) *pl.* für die Straßenreinigung
tanzim [ī] 1. Ordnen, Regeln *n*, (An-)Ordnung *f* 2. Aufstellung *f* 3. Ausstellung, Ausfertigung *f* (z. B. e–s Vertrags) 4. Ausrichtung *f* (z. B. der Politik nach e–m Vorbild) 5. genaue Einstellung (z. B. e–s Zeitzünders) ~ **atışı** *mil.* Einschießen *n* *ateş tanzimi ~ **edici muamele** *jur.* normativer (rechtsetzender) Staatsakt ~ **etmek** 1. ordnen, regeln, in Ordnung bringen, aneinanderreihen 2. aufstellen (Liste, Formular usw.) 3. ausstellen, ausfertigen (z. B. Bescheinigung) 4. ausrichten (z. B. Politik) 5. genau einstellen (z. B. Zeitzünder) ~ **tertibatlı valf** *techn.* gesteuertes Ventil ~ **vidası** *techn.* Stellschraube *f*
Tanzimat, -tı (*fr. a.* **-ı Hayriye**) [·––] *hist.* 1. die 1839 durch e–n Erlaß des Sultans Abdülmecit **(Gülhane Hattı Hümayunu)** eingeleitete pol. Reform 2. die (reformistische) Tanzimat-Periode
Tanzimatçı [·–··] Befürworter *m* od. aktiver Verfechter der politischen Reform von 1839
tanzir [ī] 1. Abfassung *f* e–r Nachdichtung (s. **nazire**) 2. *fig.* Nachahmung, Wiedergabe *f* ~ **etmek** 1. e–e Nachdichtung schaffen 2. *fig.* nachahmen, wiedergeben
TAO = Türk Anonim Ortaklığı
Tao Tao *n* (das All-Eine in der chinesischen Philosophie)
Taocu; Taoist, -ti 1. Taoist(-in *f*) *m* 2. taoistisch
Taoculuk; Taoizm *rel.* Taoismus *m* (chinesische Volksreligion)
tap s. **tab**
tapa [×·] 1. Korken, Stöpsel, Pfropfen, (Flaschen-)Verschluß *m* 2. (Granat-, Bomben- usw.)Zünder *m* 3. *techn.* Pflock, Dübel, Bolzen, Zapfen *m* ~ **ateşleme iğnesi** Zündnadel *f* ~ **burgusu** s. **tirbuşon;** ~ **deliği** Spundloch *n* (e–s Fasses) ~ **gövdesi** Zündkörper *m* ~ **tanzim anahtarı** Zünderstellschraube *f* **-yı tanzim etmek** den Zünder einstellen
tapacı Pyrotechniker, Feuerwerker *m* (bei der Artillerie)
tapalı mit Zünder ausgestattet, Zünd-
tapan (I) Part. Präs. zu **tapmak**
tapan (II) *dial.* Ackerwalze *f*
tape (*franz.* **tapé**) 1. maschinenschriftlich, *F* getippt 2. *mus.* geklimpert ~ **etmek** 1. mit der Maschine schreiben, *F* tippen 2. *mus.* (auf dem Klavier) herumklimpern
tapeci *mus.* (Klavier-)Klimperer *m*
tapı *va.* (der Angebetete), Gott *m*, Gottheit *f* *mabut
tapıcı anbetend, verehrend
tapınak Tempel *m*, Gotteshaus *n* *mabet
tapıncak(-çı, -çılık) s. **fetiş(-ist, -izm)**
tapınç; tapınış Gottesverehrung *f*, Anbetung *f* Gottes, Gottesdienst *m* *ibadet, taabbüt, kült
tapınmak (m. Dat.) 1. anbeten, göttliche Ehren erweisen

*ibadet etmek, tapmak 2. *fig.* anbeten, verehren (Frau, Mädchen) *tapmak
tapir Tapir *m*, Wasserschwein *n zo.* Tapirus (indicus u.a.)
tapisiye (*franz.* **tapissier**) 1. Tapezierer, Dekorateur *m* 2. Möbelhändler, Polsterer *m*
tapkur (kolanı) *z. va.* Haltegurt *m* für die Pferdedecke
tapmak (m. Dat.) s. **tapınmak; güneşe** ~ die Sonne anbeten
tapon (*franz.* **tapon**) *F* 1. minderwertig, Ausschuß- 2. *fig.* unbrauchbar, unnütz 3. *V* Ladenhüter *m*, Gelump *n* 4. *V* alter Kracher (Knacker) (= alter gebrechlicher Mensch) *külüstür Zu 1: ~ **mal** Ausschußware *f*
taponcu *F* wer minderwertige Ware liefert od. Schund verkauft; Ramschhändler *m*
taponculuk *F* Herstellung *f* od. Verkauf *m* von minderwertigen Waren
tapote (*franz.* **tapoté**) *mus.* geklimpert, gehackt ~ **etmek** (auf dem Klavier) herum-klimpern, -hacken
tapşı *va.* Opfertisch, Altar *m*
taptaze [×–·] 1. ganz frisch, ganz grün 2. ganz neu 3. jugend-, tau-frisch 4. ganz unbeschädigt (z. B. zurückgegebenes Buch)
tapu 1. **(sicili)** Grundbuch *n* *tapu kütüğü, taşınmaz kütüğü 2. **(senedi)** Grundbuchauszug *m*, amtliche Urkunde über Grundbesitz 3. Grundbuchamt *n* 4. *dial.* s. **hizmet** 5. *dial.* s. **ibadet;** ~ **dairesi** Grundbuchamt *n* *tapu kütükçülüğü, tapu kütüğü görevgesi ~ **kılmak** ehren, huldigen *biat etmek, ululamak ~ **memuru** Grundbuchbeamter *tapu kütükçüsü, tapu kütüğü görevlisi ~ **ve kadastro dairesi** Grundbuch- und Kataster-amt *n*
tapulamak im Grundbuch eintragen
tapulu im Grundbuch eingetragen
tapyoka [·×·] Tapioka *f* ~ **çorbası** Tapiokasuppe *f*
tar (I) [–] *va.* s. **iplik, tel**
tar (II) [–] *va.* dunkel *karanlık
tar (III) (*franz.* **tare**) (physischer od. charakterlicher) Fehler, Mangel, Makel *m*
tara s. **dara**
Tarabya [·×·] *n.pr.* Therapia (Ortschaft am Bosporus)
taraç, -cı [––] *va.* Raub *m*, Plünderung *f* ~ **etmek** *va.* rauben, plündern
taraça [·×·] 1. Terrasse, Veranda *f* 2. Dachterrasse *f*, Flachdach *n* 3. Garten-, Café-Terrasse *f* 4. *geol.* Terrasse, Erdstufe *f* 5. Oberteil *n* des Fußgestelles (z. B. e–r Statue) Zu 1: **cam** ~ Glasveranda
taraf 1. Seite, Gegend, Richtung *f* *yön 2. Gebiet *n*, Gegend *f*, Abschnitt, Teil *m* *bölge 3. *math.* Seite *f* (e–r Gleichung) *yan 4. Partei *f* (z. B. vor Gericht; nicht pol.), (irgendwie zusammengehörige) Gruppe *f*, Seite *f* 5. (Verwandtschafts-)Linie *f* 6. *H* Art *f* der Buchführung 7. Meinung, Seite *f* 8. *fig.* Beziehungen *pl.* 9. **(-ından)** a) von seiner Seite her, seinerseits b) (beim Passiv) von, durch c) im Auftrag, im Namen (von) d) (s. Zu 7 unten) e) in gleicher Bedeutung (soviel) wie Zu 1: **Istanbul -larına giderken** wenn man in Richtung Istanbul fährt; nach Istanbul hin **O -a gitti.** Er ist nach (in) dieser Richtung gegangen. **cami -ında** in der Nähe (od. bei) der Moschee **bu memleketin her -ı** alles und jedes in diesem Land; s.a. **arka (ön)** ~; **bir -tan ... diğer -tan** Zu 2: **Istanbul -larında** in der Istanbuler Gegend **Ne -tansın?** Aus welcher Gegend stammst du? **her parçası bir -ta** jedes Stück woanders **Şişli -ında oturuyorum.** Ich wohne in Şişli. **Bunda hayret edecek ~ yok.** Das ist nicht weiter verwunderlich. **işin asıl garip -ı** das Sonderbare dabei **hem de bol -ından** und zwar reichlich; s.a. **alt (baş, her, üst)** ~; **şehrin her -ı; dünyanın hemen her -ında** Zu 4: **İki ~ ağır zayiat verdi.** Beide Seiten hatten hohe Verluste. **-lar** 1. *jur.* die Prozeßgegner *pl.* 2. *Fb.* die beiden Mannschaften; s. a. **hasım** ~ Zu 5: **ana -ı** mütterliche Linie Zu 6: s. **tek (iki) -lı defter tutma** Zu 7: **Ben sizin -ınızdanım.** Ich stehe auf Ihrer Seite. Ich bin Ihrer Meinung. Zu 8: **≗ınız var mı?** Haben Sie Beziehungen? ~ ~ in einzelnen Gegenden, strichweise ~ **tutarak** in parteiischer Weise *f* **tutmak** parteiisch sein (handeln, vorgehen) **-a çıkmak** (*od.* **olmak**) (b–den) auf j–s Seite stehen, j–n unterstützen, für j–n Partei ergreifen **-ından olmak** (b–nin) s. **tarafa çıkmak; -ını tutmak** (b–nin) j–s Partei ergreifen
tarafçı *selt.* *T* von **taraftar**
tarafeyn *z. va. Dual.* beide Partner (Parteien, Seiten, Teile) *spez.* 1. junges Ehepaar od. Verlobtenpaar *n* 2. *math.* beide Seiten e–r Gleichung *yanlar 3. *stil.* die beiden Hauptteile e–s Vergleichs (nämlich **müşebbeh** und **müşebbehünbih); -in rızasiyle** unter Zustimmung beider Teile (Parteien, Partner), mit beiderseitiger Zustimmung **-i âkideyn** s. **iki âkit taraf**
tarafeynli *va.* gegenseitig, reziprok, (mutual, mutuell)
tarafgir [ī] Partei ergreifend, parteiisch
tarafgirlik [··–·] parteiisches Verhalten; Parteilichkeit *f*, einseitige Begünstigung ~ **etmek** Parteilichkeit an den Tag legen, parteiisch handeln, einseitig begünstigen
taraflı 1. mit soundsoviel Seiten, -seitig 2. wer gute Beziehungen hat 3. Anhänger, Parteigänger, Freund *m* *taraftar 4. aus e–r best. Gegend stammend 5. geneigt, die Absicht habend (et. zu tun) 6. mit nb. Aspekten (Einzelheiten) *yönlü Zu 1: s. **iki(tek)** ~; **o** ~ **olmamak** Zu 3: **Onun -ları çok.** Er hat viele Anhänger (Freunde). Zu 4: **Siz ne -sınız?** Aus welcher Gegend stammen Sie? Zu 5: **Bunu yapmak -sı görünüyordu.** Er hatte offenbar die Absicht, dies zu tun. Zu 6: s. **çok** ~
tarafsız 1. neutral 2. unparteiisch
tarafsızlaşmak neutral(-isiert) werden
tarafsızlaştırmak neutralisieren (z. B. Gebiet)
tarafsızlık, -ığı 1. Neutralität *f* 2. Unparteilichkeit *f* **-ı ihlâl** *pol.* Neutralitätsverletzung *f*
taraftar [··–] Anhänger, Parteigänger, Freund *m* ~ **olmak** (m. Dat.) Anhänger sein (von), befürworten, sich einsetzen (für) **edebiyat -ı** Literaturfreund *m*
taraftarlık [··–·] 1. Umstand *m*, daß jm. Anhänger (Parteigänger, Freund) ist (von) 2. Parteilichkeit *f*, parteiisches Verhalten
tarak, -ağı 1. Kamm *m* 2. Weberkamm *m*, Webblatt *n* 3. Kamm *m* (bei manchen Vögeln) 4. Mittel-fuß *m*, -hand *f* 5. (Fisch-)Kieme *f* *solungaç 6. Harke *f*, Rechen *m*, Egge *f*; *a.:* Rechen *m* e–s Croupiers 7. Hechel *f* (des Seilers) 8. Riffel *f* (bei der Flachsbereitung) 9. Karde, Kämm-Maschine *f* (in der Baumwollspinnerei) 10. Kamm-Muschel *f zo.* Pecten 11. **(makinesi)** Bagger(-maschine *f*) *m* 12. Scharrier- od. Flächen-eisen *n* (Steinmetzwerkzeuge) 13. Zahnmuster *n* (auf e–m Stoff) 14. Scharrnetz *n* (der Fischer) 15. Oberleder *n* (des Schuhs) 16. *mus.* (Geigen-) Dämpfer *m* *surdin 17. (Minen-)Suchgerät *n* Zu 4: s. **ayak(el) -ı** Zu 6: s. **saplı** ~; **tarla -ı;** ~ **ameliyatı** (Aus-) Baggern *n* ~ **dubası** Schwimmbagger *m* ~ **gemisi** Baggerprahm *m* ~ **kepçesi** Baggerschaufel *f* ~ **kovası** Baggereimer *m* ~ **vurmak** (*od.* ~ **geçirmek**) *spez.* sich kämmen **-la temizlemek** ausbaggern **-ta bezi olmak** 1. s. **Kırk (Seksen, Bin) -ta bezi var.** 2. s. **O -ta bezi yok. Her tarakta bezi var.**
taraka [·–·] *va.* Lärm, Krach *m*, Getöse, Gepolter *n*
tarakçı 1. wer Kämme (usw. s. **tarak**) herstellt, verkauft od. verwendet z. B. Kamm-macher, -händler *m* 2. wer et. harkt (ausbaggert usw.)
tarakçılık Gewerbe *n* od. Tätigkeit *f* e–s **tarakçı**
tarakişi, -ni Strichmuster-, Schraffur-arbeit *f*, Arbeit *f* im Riffelmuster (beim Färben od. bei Handarbeiten)

taraklama 1. Vs. zu **taraklamak** 2. strichweise, im Riffelmuster, in Schraffur (aufgetragen) (z.B. Farbe)
taraklamak 1. harken, rechen, eggen 2. (die Einsätze) zusammenrechen (Croupier) 3. (aus-)baggern 4. schraffieren, riffeln 5. Muscheln fischen 6. hecheln (beim Spinnen), riffeln, kämmen, kardätschen, krempeln 7. scharrieren
taraklı 1. mit Kamm (bzw. Kämmen) im Haar 2. mit Kamm (Vogel) 3. strichweise bestickt, im Riffelmuster, in Schraffur, gestreift 4. breit (Fuß) ~ **kuş** *reg.* Wiedehopf *m zo.* Upupa epops ~ **semender** Kammolch *m zo.* Triturus cristatus
taraklılar Rippenquallen *pl. zo.* Ctenophora
tarakotu, -nu Kardendistel *f* bot. Dipsacus
tarakotugiller Kardengewächse *pl. bot.* Dipsaceae *müştiye
taraksı kammähnlich ~ **kas** *an.* Schneidermuskel *m*
taralı gekämmt, durchsucht, abgesucht (usw. s. **taramak**)
tarama 1. Vs. zu **taramak** 2. Exzerpt *n*, Auszug *m* 3. gesalzener Rogen des Weißfisches (e–e Art orangefarbener Kaviar) 4. schraffiert 5. Schraffierung, Schraffur *f* ~ **ateşi** *mil.* Streufeuer *n* ♀ **Dergisi** *n.pr.* (2 Bde, Istanbul 1934) Zusammenstellung des in älteren Werken nachweisbaren, im Türk. ganz od. teilweise ungebr. gewordenen turksprachlichen Wortschatzgutes ~ **hareketi** *a. mil.* Säuberungsaktion *f* ~ **osiyatörü** *(Radio)* Kippschwinger *m* ~ **resim** Umrißzeichnung *f*
taramak 1. kämmen (Haar, Wolle usw.) 2. durch-, ab-suchen (z.B. Küste nach Treibminen) 3. Auszüge, Exzerpte machen (au) 4. hecheln (beim Spinnen) 5. krempeln, kardätschen 6. riffeln (bei der Flachsbereitung) 7. harken, rechen, eggen 8. (aus-)baggern 9. scharrieren (Steine) 10. schraffieren 11. s. **demir** ~ 12. *V* stehlen, klauen 13. *V* ausgeben, *F* verpulvern (Geld) 14. beschießen; unter (Salven-)Feuer nehmen
Tarançılar *n.pr.* Tarantschi *pl.* (türk. Volksgruppe in Ostturkestan)
taranga s. **çapak balığı**
taranmak 1. Pass. zu **taramak** 2. sich kämmen
taranmış yün Kammgarn *n* *kamgarn
tarantas *fr.* Tarantas *m* (ungefederter russischer Reisewagen, der nur auf e–m Stangengestell ruht)
tarantella [··×·] *mus.* Tarantella *f*
tarantı 1. ausgekämmte Haare *pl.* 2. was beim Harken (Hecheln, Kardätschen usw.) an Abfällen zusammenkommt
Taranto [·×·] *n.pr.* Tarent (Stadt in Süditalien)
tarantula (*franz.* **tarentule**) s. **İtalyan örümceği**
tarap, -bı *va.* Freude, Fröhlichkeit, Lust *f*, Frohsinn *m*, heitere, aufgeräumte Stimmung *sevinç, şenlik
taras s. **taraça**
tarassudat, -tı [···–] *va. Pl.* Beobachtungen *pl.*
tarassut, -du 1. genaues Beobachten 2. Beobachtung *f* (z.B. der Sterne) *rasat 3. *mil.* Beobachtung *f* *gözetleme, gözleme 4. Be-, Über-wachung *f* (z.B. e–r Grenze) ~ **arabası** *mil.* Beobachtungswagen *m* ~ **dürbünü** *mil.* Scherenfernrohr *n* ~ **etmek** aufmerksam beobachten, über-, be-wachen ~ **hizmeti** *mil.* Beobachtungsdienst *m* ~ **mahalli** *mil.* Beobachtungs-stelle *f*, -stand *m* ~ **mevkii** *mil.* Beobachtungsposten *m*, vorgeschobener Posten ~ **uçağı** Beobachtungs-, Aufklärungs-flugzeug *n*, Aufklärer *m*
tarassutçu *selt.* s. **rasıt**
tarat, -tı [––] *va.* Raub *m*, Plünderung *f* *talan
tarator aus Brotkrume, zerstoßenen Nüssen od. Haselnüssen, Olivenöl, Knoblauch und Essig zubereitete Würzsauce
taravet, -ti [·–·] 1. (Jugend-)Frische *f* *körpelik, tazelik 2. ♀ *wV*
taravetli [·–··] (jugend-)frisch *körpe, taze
tarayıcı ab-, durch-kämmend, ab-, durch-suchend; s. a. **mayın** ~ **gemi**
taraz (in der Füg.:) ~ ~ **olmak** s. **tarazlanmak**
tarazlamak *tr.* ausfasern, auszupfen
tarazlanmak 1. durcheinander (in Unordnung) geraten (z.B. Haar) 2. sich abschaben, sich abnutzen (Krawatte, Seidenstoff usw.) 3. ausfransen, ausfasern *(intr.)*
tarazlı 1. wirr durcheinander 2. abgeschabt, abgewetzt 3. ausgefranst 4. belegt, heiser, rauh (Stimme)
tarbuş 1. Tarbusch *m* (rundes weiches Käppchen wie es unter dem Turban od. als Nachtmütze getragen wurde) 2. *fr.* rote Kappe mit blauer Troddel
tarçın 1. Zimt *m* 2. **(ağacı)** Zimtbaum *m bot.* Cinnamomum (cassia u.a.); s.a. **Çin (Seylan) -ı;** ~ **elması** Stachel-Anone *f bot.* Anona muricata
tarçınî *va.* zimtfarben
tarçınlı unter Verwendung von Zimt hergestellt od. mit Zimt bestreut, Zimt-
tard s. **tart** (II)
tardigradlar Bärtierchen *pl. zo.* Tardigrada (winzige Wasserinsekten)
tardiye *lit.* in ein **mesnevî** eingefügtes **gazel** o.ä.
tardüakis, -ksi s. **akis**
taren *P* für **tarhun**
taret (I), **-ti** (*engl.* **turret**) 1. *mil., naut.* Geschütz-, Panzer-, Gefechts-turm 2. *V* Brüste *pl.*, Busen *m* (e–r Frau) ~ **topu** Turmgeschütz *n*
taret (II), **-ti** (*franz.* **taret**) Pfahl-, Bohr-wurm *m zo.* Teredo navalis
targa *hist.* Tartsche *f* (mittelalterlicher Schild)
tarh 1. *math.* Subtrahieren, Abziehen *n*, Subtraktion *f* *çıkarma 2. Auferlegung *f* (von Steuern, Abgaben usw.) 3. (*a.* **çiçek -ı**) Blumen-beet, -anlage *f* ~ **etmek** 1. *math.* subtrahieren, abziehen *çıkarmak 2. auferlegen (Steuern, Abgaben usw.) 3. *selt.* mit Blumenbeeten versehen, mit Blumen bepflanzen Zu 2: s. **vergi** ~ **etmek**
tarhan 1. *(in alttürk. Zeit)* Titel für Innungsmeister, Großgrundbesitzer od. höhere Beamte 2. von vornehmer Abstammung; adlig 3. ♀ *mV* 4. ♀ *Fn.* von **Abdülhak Hamit**
tarhana [×··] 1. ein mit Beifügung von Tomaten, Pfefferschoten, Zwiebeln, Gewürzpflanzen, Joghurt od. Milch hergestellter gesäuerter Teig, der (an der Sonne getrocknet und fein zerrieben) zur Zubereitung von Suppen verwendet wird 2. (*a.* ~ **çorbası**) die mit **tarhana** (1), Wasser od. Fleischbrühe gekochte Suppe
tarhanalık für die Herstellung von **tarhana** (1, 2) geeignet od. best.
tarhun (*a.* **tarhunotu**) Estragon *m bot.* Artemisia dracunculus
tarhuncu 1. Estragon-Verkäufer *m* 2. *F* wer ein bes. Freund von Estragon ist ♀**ya tarhun satılmaz.** s. **Tereciye tere satılmaz.**
Tarık [–·] 1. *va.* s. **Çobanyıldızı** 2. *mV spez.* ~ **bin Zeyyat** isl. Heerführer, der 711 die Straße von Gibraltar überquerte; vgl. **Cebelüttarık;** ~ **suresi** Name der 86. Koran-Sure
tarım 1. Ackerbau *m*, Landwirtschaft *f* *ziraat 2. *geogr.* Anbau *m*, Kultur *f* *haraset, kültür ♀ **Bakanlığı** s. **Ziraat Vekâleti;** ~ **bilgisi** Ackerbaukunde, Agronomie *f* ~ **işçisi** Landarbeiter *m* ~ **kredi kooperatifleri** landwirtschaftliche Kreditgenossenschaften *pl.* ~ **satış kooperatifleri** landwirtschaftliche Absatzgenossenschaften *pl.* ~ **sigortası** s. **ziraî sigorta**
tarımcı s. **ziraatçi**

tarımlık für die Landwirtschaft geeignet
tarımsa s. **müstamere**
tarımsal s. **ziraî**
tari (I) [− −] *va.* kommend, auftretend, sich ereignend ~ **olmak** *va.* kommen, auf-, ein-treten, geschehen, sich ereignen
tari (II) *Zig.* Raki *m*
tarif [−·] 1. Erklärung, Beschreibung *f* 2. Definition, Begriffsbestimmung *f* 3. *math.* Begrenzung, Definierung *f* *tahdit, sınırlama 4. *va. gr.* nähere Bestimmung *f* e−s Sb. Zu 2: ⩍ **efradını cami, ağyarını mani olmalı.** Eine Definition muß alle Einzelheiten umfassen und alles Nicht-Zugehöriges ausschließen. ~ **etmek** 1. erklären, beschreiben 2. definieren, begrifflich bestimmen 3. *math.* begrenzen, definieren *tariflemek, tahdit etmek, sınırlamak 4. *va. gr.* (ein Sb.) näher bestimmen **-e gelmek** sich beschreiben lassen **-e gelmez** unbeschreiblich **-e uymak** der Beschreibung entsprechen **gayri kabili** ~ 1. undefinierbar *tanımlanamaz 2. unbeschreiblich
tarife [ā] 1. Tarif *m*, Preisliste *f* 2. Fahrplan *m* 3. Zollbestimmung(-en *pl.*) *f*, Zoll-satz *m*, -gebühr *f* 4. nähere Anweisung *spez.* Gebrauchsanweisung *f*
tarifhan [−·−] wer Lobpreisungen Mohammeds od. anderer rel. Führer mit lauter Stimme vorträgt (vor dem Gebet in der Moschee od. fr. in e−m Derwischkloster)
tariflemek [ā] s. **tarif etmek** (3)
tariflenmemiş [ā] *math.* unbegrenzt, nicht definiert *gayri muarref, namütenahi, sınırsız
tariflenmiş [ā] *math.* begrenzt, definiert *mahdut, muarref, sınırlı
tarifname [−·−·] 1. Beschreibung, Gebrauchsanweisung *f* 2. nähere Angaben *pl.*, Prospekt *m* (z.B. e−r Internatsschule)
tarifsiz unbeschreiblich
tarih [ā] 1. Geschichte, Historie, Entwicklung *f*, Werdegang *m*, Vergangenheit *f*; *gel. a.* Geschichtswerk *n*, Geschichtsunterricht *m* 2. Zeitpunkt *m* (e−r Begebenheit), Datum *n* 3. Chronogramm *n* Zu 1: **Türk -i** türkische Geschichte **hekimlik -i** Geschichte *f* der Medizin **edebiyat -i** Literaturgeschichte *f* Zu 2: **19 mayıs 1919 -inde** am 19. Mai 1919 **-i tesis** *va.* Gründungsdatum *n* *kuruluş -i **-i mezkûr** erwähnter Zeitpunkt, in Frage kommender Tag; s.a. **bir -te** Zu 3: **Bu cümle o vakaya ~ düştü.** Der vorliegende Satz ergibt ein Chronogramm für dieses Ereignis. ~ **atmak** (*od.* **koymak**) das Datum hinschreiben (daraufsetzen) ~ **aykırılığı** *Th.* Anachronismus *m* ~ **değiştirme çizgisi** s. **gün değişme çizgisi;** ~ **düşürmek** (*od.* **söylemek**) ein Chronogramm verfertigen ~ **oyunu** *Th.* historisches Schauspiel ~ **ressamı** Historienmaler *m* ⩍ **tekerrürden ibarettir.** Es wiederholt sich alles. Es ist alles schon dagewesen. **-e intikal etmek** (*od.* **karışmak**) 1. zur historischen Reminiszenz herabsinken, nur mehr historisches Interesse bieten 2. in die Geschichte eingehen (wichtiges Ereignis) **-i kadim** *va.* alte Geschichte **-i tabiî** *z. va.* Naturgeschichte *f* *tabiat tarihi **-i tevellüt** (*od.* **vilâdet**) *beid. va.* Geburtsdatum *n* *doğum günü
tarihçe [−··] kurze geschichtliche Darstellung, geschichtlicher Überblick (über), Werdegang, Abriß *m*, Entwicklung, Geschichte *f* **Türk tiyatrosunun -si** Geschichte *f* des türkischen Theaters
tarihçi [ā] 1. Geschichts-schreiber, -forscher *m*, Historiker, Historiograph *m* 2. Geschichtslehrer(-in *f*) *m* ⩍ **Hukuk Mektebi** *jur.* Historische Rechtsschule
tarihçilik [ā] Geschichts-forschung, -schreibung; Historiographie *f*
tarihen [ā] *va. Adv.* geschichtlich, historisch ~ **namdar** *va.* historisch berühmt
tarihî [−·−] geschichtlich, historisch ~ **abide** s. **tarihsel anıt;** ~ **dilbilgisi** *ling.* historische Grammatik
tarihlemek 1. (bşi) datieren; als Zeitpunkt angeben 2. s. **tarih atmak**
tarihlendirme *geol., hist.* zeitliche Einordnung; Datierung *f*
tarihli [ā] datiert, mit dem Datum des ... **18 haziran 1970** ~ **mektubunuz** Ihr Schreiben vom 18. Juni 1970
tarihnüvis [−··−] *va.* Geschichtsschreiber, Historiograph *m* *müverrih, tarihçi
tarihöncesi, -ni [ā] 1. Prähistorie, Vorgeschichte *f* *prehistorya, prehistuar 2. prähistorisch, vorgeschichtlich *prehistorik
tarihsel [ā] s. **tarihî;** ~ **anıt** historisches Monument *tarihî abide
tarihsiz [ā] 1. geschichtslos 2. ohne Datum, nicht datiert
tarihşinas [−··−] Geschichtskenner(-in *f*) *m*
tarik, -ki [·−] *z. va.* 1. Weg *m* 2. Art und Weise *f* 3. Mittel *n* 4. Laufbahn *f* ~ **bedeli** *va.* 1. s. **yolparası** 2. s. **yol mükellefiyeti; ... -iyle** *z. va.* auf dem Weg (über), via, vermittels *yoliyle **-i hak** rechter (richtiger) Weg (*fig.*) **-i has** *va.* Privatweg *m* **-i müstakim** rechter (richtiger) Weg (Koran) **-i nazenin** *fr.* andere Bez. des Bektaschi-Ordens
târik, -ki *z. va.* verlassend, aufgebend, vernachlässigend *terk eden **-i dünya** *z. va.* 1. wer sich von der Welt zurückgezogen hat; Einsiedler, Eremit *m* 2. sterbend; von der Welt scheidend **-i edep** *va.* wer es an Höflichkeit (guter Erziehung) mangeln läßt
tarikat, -tı [ī] 1. isl. Derwischorden *m* 2. christl. Mönchsorden *m* Zu 2: s. **Fransisken -ı;** ~ **kardeşi** Ordensbruder *m*
tarikatçı [ī] 1. Angehöriger e−s Derwisch- *bzw.* christl. Mönchs-ordens 2. wer die Wiedereinrichtung der rel. Orden befürwortet
tarikatçılık 1. Ordenswesen *n* 2. Befürwortung *f* der Wiedereinrichtung der rel. Orden
TARİŞ = Tarım Satış Kooperatifleri Birlikleri
tariz (I) [− −] kritische Bemerkung, verächtliche (hämische) Anspielung; Kritik *f*, Tadel *m* ~ **etmek** (m. Dat.) hämische Bemerkungen machen (über), verächtlich anspielen (auf); kritisieren, tadeln **-de bulunmak** s. ~ **etmek**
tariz (II) *Zig.* lüsternes Betrachten
tarla [×·] 1. Acker *m*, (bestelltes) Feld *mezraa 2. *fig.* Feld, Gebiet *n* Zu 2: s. **mayın -sı;** ~ **açma** s. **defrişman;** ~ **açmak** ein Feld bestellen ~ **cüce sıçanı** Brandmaus *f zo.* Micromys agrarius ~ **faresi** (*od.* ~ **sıçanı**) Feldmaus *f zo.* Microtus arvalis ~ **hardalı** s. **yaban hardalı;** ~ **hezareni** Feldrittersporn *m bot.* Delphinium consolida ~ **humması** s. **çamur humması;** ~ **nergisi** Acker-Ringelblume *f bot.* Calendula arvensis ~ **sarmaşığı** s. **gündüzsefası;** ~ **sincabı** Ziesel *m (n) zo.* Citellus citellus ~ **sürmek** pflügen ~ **tabanı** Ackerwalze *f* ~ **tarağı** Egge *f* ~ **ürünleri** Feldfrüchte, Landwirtschaftsprodukte *pl.*
tarlakoz *naut.* 1. Fischerboot *n* mit zwei Ruderpaaren 2. Schlagnetz *n* (kleiner als **manyat**)
tarlakuşu, -nu Feldlerche *f zo.* Alauda arvensis *çayırkuşu, toygar
tarlakuşugiller (Familie *f* der) Lerchen *pl. zo.* Alaudidae
tarlatan Tarlatan *m* (durchsichtiger, stark appretierter Baumwoll- od. Zellwoll-stoff)
tarmar [− −] s. **tarümar**
tarpan Tarpan *m*, tatarisches Wildpferd *zo.* Equus caballus Gmelini *Avrupa yaban atı
tarpuş s. **tarbuş**
tarraka s. **taraka**
tarsi, -ii [ī] *va.* 1. Besetzen *n* mit Edelsteinen 2. (*ält. Lit.*) Abfassung *f* in e−r best. Art Reimprosa ~ **etmek** *va.* 1. mit Edelsteinen besetzen 2. in Reimprosa abfassen

tarsin [ī] 1. Festigung, Konsolidierung *f* 2. (Ver-)Stärken, Kräftigen *n* 3. Ausbau(-en *n*) *m* ~ **etmek** 1. festigen, konsolidieren 2. (ver-)stärken, kräftigen (Lage, Rangstellung usw.) 3. ausbauen (z.B. mil. Stellung)
tarsit, -ti (*franz.* **tarsite**) *med.* Tarsitis *f* (Entzündung des Lidknorpels)
tarsus 1. *an.* s. **ayak bileği** 2. *an.* Lidknorpel *m* 3. *zo.* „Fuß" *m* des Insektenbeins
Tarsus *n.pr.* Stadt, Fluß und D. im Rbz. İçel ~ **çayı** *n.pr.* Tarsus-Fluß *m* (*hist.* Kydnos *m*)
tart (I), **-tı** (*franz.* **tarte**) Torte *f* *turta
tart II), **-dı** 1. Vertreibung, Verjagung *f* 2. Ausweisung *f* 3. Verweisung *f* (von der Schule), Dimission, Relegation *f* 4. Ausstoßung *f* (aus dem Heer) 5. Ab-, Zurück-schlagen, Abwehren, Abweisen, Vereiteln *n* (z.B. e–s Angriffs) ~ **etmek** 1. vertreiben, verjagen, *mil.* den Feind aus e–r Stellung werfen 2. ausweisen 3. (der Schule) verweisen, dimittieren, relegieren 4. ausstoßen (aus dem Heer) 5. ab-, zurück-schlagen, abwehren, abweisen, vereiteln (z.B. Angriffe) Zu 1: **düşmanı memleketten ~ etmek** den Feind aus dem Land vertreiben **Beş tümen mevzilerinden ~ olundu.** Fünf Divisionen wurden aus ihren Stellungen geworfen. Zu 3: s. **talebeyi okuldan ~ etmek** Zu 4: s. **silki askerîden ~ etmek**
tartaç s. **baskül**
tartaklamak 1. heftig schütteln (rütteln), stoßen, puffen 2. belästigen, quälen, drangsalieren, mißhandeln 3. verprügeln, durchhauen
tartan Tartan *m* (buntkarierter Wollstoff; Schottentuch)
tartana [·×·] *naut.* Tartane *f* (einmastiges Fischerboot im Mittelmeer)
Tartar *n.pr. griech. Myth.* Tartarus *m*, Schattenreich *n*, Unterwelt *f*
tartarat, -tı (*franz.* **tartrate**) *chem.* Tartrat *n* (Salz der Weinsäure)
tartarıcı *V* wer sich ungebeten in das Gespräch zweier Leute einmischt
tartarik asit *chem.* Weinsteinsäure *f*
tartı 1. (Aus-)Wiegen *n* *vezin 2. Gewicht *n* *ağırlık 3. Waage *f* 4. *fig.* Erwägung *f* 5. s. **vezin** (3); ~ **analizi** *chem.* Gewichtsanalyse *f* *gravimetri; tahlili veznî ~ **salıncağı** s. **tahterevalli;** ~ **vurgusu** *Th.* metrische Betonung **-sı eksik** mit zu geringem Gewicht, mit Untergewicht **-ya gelmez** unwägbar **-ya göre** nach Gewicht **-ya vurmak** s. **tartmak**
tartıbilim 1. Versbau *m* 2. Verslehre, Metrik, Prosodie *f*
tartıl 1. Gewichts- 2. gravimetrisch ~ **analiz** s. **tartı analizi**
tartılı 1. (ab-)gewogen *tartılmış 2. *fig.* gut erwogen, reiflich überlegt
tartılmak 1. Pass. zu **tartmak** 2. sich wiegen (lassen) 3. *va.* unschlüssig sein; zögern
tartılamazlık Unwägbarkeit *f*
tartım(-lı) s. **ritim (ritmik)**
tartısız 1. nicht (ab-)gewogen *tartılmamış 2. *fig.* nicht genügend erwogen, nicht reiflich überlegt; s.a. **eli ~**
tartışı Auseinandersetzung, Polemik *f* *münazara, polemik
tartışılmaz unbestritten (z.B. j–s Führerrolle)
tartışma Vs. zu **tartışmak** *spez.* 1. Diskussion, Debatte, Auseinandersetzung, Kontroverse *f* *münazara 2. heftiger Wortwechsel *ağız kavgası; münakaşa
tartışmacı wer sich an e–r Debatte usw. beteiligt; Kontrahent, Widersacher *m*
tartışmak 1. sich gegenseitig abtasten (z.B. Ringer) 2. diskutieren, debattieren, sich herumstreiten *münakaşa etmek
tartışmalı streitig, strittig, kontrovers *münakaşalı
tartışmasız s. **tartışılmaz**
tartkı *z. va.* 1. Gurtschnalle *f* 2. langsames Anziehen der (Pferde-)Zügel
tartma Vs. zu **tartmak** *spez. chem.* Gravimetrie, Schweremessung *f* *ağırlık ölçme; gravimetri
tartmak 1. (ab-, aus-)wiegen, *a.* in der Hand wiegen 2. *fig.* sorgsam erwägen, reiflich überlegen, prüfen 3. herumrütteln (an) (z.B. an geschlossener Tür) 4. herumprobieren, versuchen **tartarak yenme** (bei **yağlı güreş**) Sieg durch Hochheben des Gegners, den man drei Schritte weit trägt
tartölet, -ti (*franz.* **tartelette**) Tortelett, Törtchen *n*
tartrik asit s. **tartarik asit**
Tartu *n.pr.* Tartu, Dorpat (Estland)
tartura [·×·] 1. Dreh-, Drechsel-bank *f* 2. Schnurrad *n* (des Spinnrads)
tarumar [–·–] *z. va.* bunt durcheinandergewürfelt, in völliger Unordnung, ganz aufgelöst *darmadağan ~ **etmek** *z. va.* bunt durcheinanderwerfen, in völlige Unordnung bringen *darmadağan etmek
tarus e–e in der Türkei durch Kreuzung gezüchtete Kamelart
tarümar s. **tarumar**
tarz 1. Art und Weise *f*, Art, Form *f*, Modus, Weg *m* (z.B. e–s Verfahrens) 2. (künstlerischer) Stil 3. *lit.* Gattung *f*, Genre *n* Zu 1: **Bu -da konuşmak doğru olmaz.** So sollte man nicht reden. ~ **bildiren eylemlik** *gr.* modales Verbalsubstantiv (z.B. **gidiş, yürüyüş**); ~ **ve beyan zarfı** *gr.* Adverb *n* der Art und Weise, modales Adverb Zu 2: **Gotik -ında bir bina** ein Gebäude im gotischen Stil Zu 3: **hiciv -ı** *lit.* Gattung *f* der Satire, satirisches Genre **-ı hal** *z. va.* Bereinigung *f* (e–r Schwierigkeit) **-ı hareket; hareket -ı** Handlungsweise *f*, Art und Weise *f* des Vorgehens; Verfahren *n* **-ı ifade; ifade -ı** Ausdrucksweise *f* **-ı istimal** *z. va.* Gebrauchsanweisung *f* *sureti istimal, kullanış tarzı **-ı itilâf** *va.* Kompromiß *m*, *n* *anlaşıt, kompromi **-ı rüyet** *va.* Art *f* der Betrachtung, Ansicht *f*, (persönlicher) Standpunkt *m* **-ı telaffuz** *va.*; **telaffuz tarzı** (Art *f* der) Aussprache *f* **-ı telakki** (Art *f* der) Auffassung *f* **-ı telebbüs** *va.* Art und Weise *f*, sich zu kleiden; Kleidung *f*
tarziye Wiedergutmachung, Genugtuung (die man gibt), Satisfaktion, Entschuldigung, Abbitte *f* ~ **istemek** Genugtuung (Wiedergutmachung) verlangen ~ **vermek** (b–ne) j–m Genugtuung geben, sich entschuldigen (bei), Abbitte leisten
tas 1. Schale *f*, Napf *m* 2. *spez.* Trinkschale *f* od. Messingschale *f* (z.B. zum Wasserschöpfen im türk. Bad) 3. *fr.* Helm *m* *miğfer, tolga 4. halbmondförmiger Griff (z.B. an e–r Schublade) 5. (*spez.* in Mittel- u. Ostanatolien) ein verziertes od. unverziertes Käppchen (für Frauen); s.a. **kafa (hamam, sefer) -ı;** ~ **başlı** mit kahlem, glattem Kopf ~ **gibi** haarlos, ganz kahl (Kopf) ~ **giydirmek** *fr.* foltern ~ **işkencesi** mittelalterliche Tortur, bei der dem Opfer e–e erhitzte Metallschale **(kızgın tas)** auf den Kopf gestülpt wurde ~ **kebabı** in viereckige Stückchen geschnittenes und unter e–r Metallschale gedünstetes bzw. gebratenes Hammelfleisch ≗ **mı kayboldu?** (*iron.* bei Zetergeschrei e–r Frau) Ist etwa e–e Schale verlorengegangen? ~ **suratlı** mit rundem, ausdruckslosem Gesicht ~ **tasa baş başa gelmek** 1. sich in die Haare geraten; handgemein werden 2. s. Stw. **ortalık; -ı tarağı toplamak** *F* sein Bündel schnüren (müssen), mit Sack und Pack abziehen (müssen)
tasa Kummer, Gram, Schmerz *m*, Sorge *f* *gam, keder **≗mın onbeşi!** *P* Was geht das mich an? Ich pfeif' drauf! Das ist mir schnurzegal! *Bana vız gelir! Umurumda değil! **≗sı sana mı düştü?** Warum machst du dir denn Sor-

gen? Das geht dich doch gar nichts an! **sını çekmek** besorgt sein (um), beunruhigt sein (wegen)
tasabbun s. **sabunlaşma; ~ etmek** s. **sabunlaşmak**
tasaddi Sich-Unterfangen *n* ~ **etmek** (bşi yapmağa) sich unterfangen, sich unterstehen; unternehmen (et. zu tun) *kalkışmak
tasadduk *z. va.* Almosengeben *n* ~ **etmek** Almosen geben; s.a. Stw. **fukara**
tasalanmak (m. Dat.) betrübt (traurig, bekümmert) sein (wegen), sich sorgen, sich grämen (um)
tasalı voll Kummer und Sorgen, grambeschwert
tasalluf s. **tasallüf**
tasallut, -tu *va.* 1. Gewaltanwendung *f*, Übergriff *m* 2. Zudringlichkeit, Belästigung *f* ~ **etmek** (m. Dat.) *va.* 1. gewaltsam vorgehen (gegen); angreifen 2. belästigen (Frau, Mädchen)
tasallüf *va.* Anmaßung, Einbildung *f*, Dünkel(-haftigkeit *f*) *m*, großtuerisches Wesen, Protzentum *n*
tasallüfkâr *va.* anmaßend, eingebildet, protzig
tasallüp, -bü *va.* 1. Hart-, Fest-werden *n*, Verdichtung *f*, Erstarrung *f* 2. *med.* krankhafte Verhärtung; Sklerose *f* ~ **etmek** *va.* hart, fest werden, sich verdichten, erstarren *katılaşmak **-ü şerayin** s. **arteryoskleroz**
tasannu, -uu *va.* 1. gekünsteltes (gezwungenes) Wesen, (leeres) Getue, Gehabe *n*, Spiegelfechterei, Künstelei *f* *yapmacık 2. Vortäuschung, Simulation *f* Zu 2: **Hastalık -u suretiyle vazifeden kaçtı.** Er simulierte Krankheit und drückte sich von seiner Arbeit.
tasar Plan, Entwurf *m; arch.* Grundriß *m* *plan
tasarı 1. Projekt *n*, Plan *m* *proje 2. *jur.* Entwurf, Antrag *m* 3. darstellend Zu 2: s. **kanun tasarısı** Zu 3: ~ **geometri** darstellende Geometrie *hendesei resmiye, tersimî hendese, resmi hattî
tasarım (geistige) Vorstellung *f* *istihzar, tasavvur
tasarımlamak s. **tasavvur etmek**
tasarımlı die (geistige) Vorstellung betreffend, Vorstellungs- *istihzarî
tasarıvarlık Allegorie *f* (in der bildenden Kunst)
tasarlama s. **eskis**
tasarlamak 1. planen, projektieren, vorhaben, wollen, entwerfen, sich et. ausdenken, beabsichtigen *tasavvur etmek 2. behauen (Holz, Stein)
tasarlı *phil.* virtuell *bilkuvve
tasarruf 1. *jur.* Besitz *m* (tatsächliche Herrschaft über et.) 2. *jur.* Verfügung(-sgewalt), Nutznießung *f* *kullanım 3. *jur.* (Verwaltungs-)Verfügung *f* 4. Sparen *n*, Sparsamkeit, Einsparung, Ökonomie *f* Zu 4. **benzin istihlâkinden ~ için** zur Einschränkung des Benzinverbrauchs **kuvvet -u** *a. mil.* Kräfteökonomie *f* ~ **cüzdanı** Sparbuch *n* ~ **ehliyeti** *jur.* Verfügungsbefugnis *f* ~ **etmek** 1. (bşe) et. in Besitz haben 2. (bşe) die Verfügung haben (über), frei verfügen (über) 3. (bşden) (ein-)sparen *biriktirmek, iktisat etmek (Zu 3: **yünden ~ edilmek üzere** zur Einsparung von Wolle) ~ **hakkı** Verfügungsrecht *n* ~ **muameleleri** *jur.* Verfügungsgeschäfte *pl.* *harcama işlemleri ~ **nisabı** *jur.* Verfügungsfreiheit *f* (des Erblassers), verfügbare Quote *harcama özgürlüğü ~ **sandığı** Sparkasse *f* ~ **senedi** Besitzurkunde *f* **-a riayetkâr olmak** Sparsamkeitsrücksichten walten lassen, Sparmaßnahmen ergreifen **-lar** Ersparnisse *pl.* **-unda olmak** (bşin) s. **tasarruf etmek** (1, 2)
tasarrufat [···–] *va. Pl.* s. **tasarruflar**
tasarrufkâr; tasarruflu sparsam
tasasız ohne Kummer od. Sorgen, sorglos, unbesorgt, unbeschwert ≗ **baş bostan korkuluğunda olur.** *iron.* Einen Kopf ohne Sorgen hat nur die Vogelscheuche.
tasasızlık Fehlen *n* von Kummer od. Sorgen, Unbesorgtheit, Unbeschwertheit *f*
tasavvuf Sufismus *m*, isl. Mystik *f* *gizemcilik, mistisizm
tasavvufî die isl. Mystik betreffend, mystisch *gizemsel
tasavvur 1. (geistige) Vorstellung *f*, Gedanke *m*, Idee *f* *istihzar, tasarım 2. Plan *m*, Absicht *f*, Projekt *n* Zu 1: **Böyle bir şeyin -u bile ihanettir.** Der bloße Gedanke daran ist schon Verräterei. Zu 2: **Ailece öyle bir -umuz vardı.** Wir hatten im Familienkreis e–n solchen Plan gefaßt. ~ **etmek** 1. sich ein Bild (e–e Vorstellung) machen (von), sich geistig et. vorstellen 2. planen, beabsichtigen Zu 1: **Ben bu işi başka türlü ~ etmiştim.** Ich hatte mir die Sache anders gedacht. ~ **etmemek** *a.:* sich et. nicht träumen lassen ~ **halinde kalmak** nicht verwirklicht werden, unausgeführt bleiben, nicht über die Planung hinauskommen **-un izharı** *jur.* Vorstellungsäußerung *f* **-unda olmak** s. **tasavvur etmek; -u sazeç** s. **ilksezi**
tasavvurî *va.* nur in der geistigen Vorstellung vorhanden, gedacht, imaginär, spekulativ, theoretisch
tasavvut, -tu *va.* s. **perdelenme**
tasdi, -ii [ī] *z. va.* 1. Belästigung, Störung *f* 2. *Hfl.* Abstattung *f* e–s Besuches ~ **etmek** *z. va.* 1. belästigen, stören 2. *Hfl.* e–n Besuch abstatten, besuchen
tasdik, -kı [ī] 1. behördliche Bestätigung (Bescheinigung), Beglaubigung 2. Ratifizierung, Ratifikation *f* ~ **etmek** 1. behördlich bestätigen, bescheinigen, beglaubigen 2. ratifizieren **-i âli** Bestätigung *f* (z. B. e–r Ernennung) durch den Staatspräsidenten
tasdikan [ī] *z. va. Adv.* zur (in, als) Bestätigung (Bescheinigung, Beurkundung, Beglaubigung) ~ **lil meal** *va. Beh.* zu Urkund dessen
tasdikî [·––] *va.* 1. bestätigend, Bestätigungs- 2. Ratifikations-
tasdikli [·–·] 1. bestätigt, bescheinigt, beglaubigt 2. ratifiziert *(1, 2) musaddak ~ **senet** beglaubigte Urkunde ~ **suret** (*od.* **kopya**) beglaubigte Abschrift
tasdikname [·––·] 1. Bescheinigung, Bestätigung *f*, Attest, Zertifikat *n* 2. Schulentlassungs-, Abgangs-zeugnis *n* 3. Ratifikationsurkunde *f*
tasdiksiz [·–·] unbestätigt
tasfiye 1. Reinigung, Läuterung, Klärung *f* 2. *techn.* (Zukker-, Öl- usw.)Raffination, (Metall-)Frischung *f* 3. Bereinigung, Regelung *f* (schwebender Fragen, von Schulden usw.) 4. *H* Abrechnung, Abwicklung, Glattstellung *f* 5. *H* Liquidation *f* 6. Beseitigung *f* (z. B. e–r Kriegsgefahr) 7. Ausstoßung, Ausmerzung *f*, *gel. a.* Tötung, Liquidation *f* (unerwünschter Elemente) 8. Entlassung *f*, Abbau *m* (von Beamten) 9. Auflösung *f* (z. B. e–r Organisation) ~ **edilmiş çelik** Gerbstahl *m* ~ **etmek** 1. reinigen, läutern, klären 2. *techn.* raffinieren bzw. frischen 3. bereinigen, regeln 4. abrechnen, abwickeln, glattstellen 5. liquidieren 6. beseitigen 7. ausstoßen, ausmerzen, *gel. a.* töten, umbringen, liquidieren 8. entlassen, abbauen 9. auflösen ~ **fabrikası** s. **tasfiyehane;** ~ **halinde** (*od.* **hali -de**) **bulunan** in Liquidation befindlich ~ **memuru** Liquidator *m* ~ **mıntıkası** *chem.* Reduktionszone *f* ~ **müsabakası** *(Sport)* Ausscheidungskampf *m* ~ **ocağı** Raffinier-, Reduktions-ofen *m* ~ **satışı** Räumungs-, Aus-verkauf *m* (wegen Aufgabe des Geschäftes) **-ye uğrayan** *(Sport)* ausgeschieden (und daher an weiteren Wettkämpfen nicht mehr teilnehmend)
tasfiyeci Purist, Sprachreiniger *m* (radikaler Richtung) ≗**ler** *n.pr.* die vorkemalistischen radikalen Sprachreformer (unter **Fuat Raif,** späterer Name: **Fuat Köseraif**)
tasfiyecilik Purismus *m*, (radikale) Sprachreinigung *f* *pürizm
tasfiyehane [···–·] 1. Raffinerie *f* 2. Frischerei *f* (für Metalle)
tasgir [ī] *va.* 1. Kleinermachen, Verkleinern *n* 2. s. **ismi ~;** ~ **etmek** *va.* kleiner machen, verkleinern *küçültmek

tashih [ī] 1. Verbessern *n*, Verbesserung *f*, Korrigieren *n*, Korrektur *f* 2. Berichtigung, Richtigstellung *f* 3. *chem.* Rektifikation *f* (von Flüssigkeitsgemischen) 4. *typ.* Korrektur *f* 5. *jur.* Berichtigung, Klagänderung *f* 6. *naut.* Kompensieren, Regulieren *n* (des Kompasses) ~ **davası** *jur.* Berichtigungsklage *f* *düzeltim arancı (*od.* dilemi) ~ **etmek** 1. verbessern, korrigieren 2. berichtigen, richtigstellen 3. *chem.* rektifizieren 4. Korrektur lesen 5. *jur.* Klagänderung einbringen 6. *naut.* kompensieren, regulieren ~ **varakası** Korrekturbogen *m* ~ **yapmak** Korrektur lesen **-i karar** s. **kararın düzeltilmesi**
tashihat, -tı [·––] *z. va. Pl.* zu **tashih**
tashihçi [·–·] *pol. selt.* 1. revisionistisch 2. Revisionist(-in *f*) *m* *tadilci
tashihli [·–·] verbessert, korrigiert, berichtigt
tasım *log.* Syllogismus *m* *kıyas
tasımlamak planen, projektieren *tasmim etmek
tasımsal *log.* syllogistisch
tasi, -ii [ā] *va.* neunt- *dokuzuncu
tasian [–··] *va.* neuntens *dokuzuncu olarak
tas'ip, -bi [ī] *va.* Erschweren *n*, Erschwerung *f* ~ **etmek** *va.* erschweren *güçleştirmek
tasir (I) [––] Ausdrücken, Auspressen, Keltern *n* ~ **etmek** ausdrücken, auspressen, keltern
tasir (II) [––] *va.* Erschweren *n* ~ **etmek** *va.* erschweren *güçleştirmek
tasirhane [–·–·] Ölmühle *f* *ezimevi
Tasit, -ti *n.pr.* P. Cornelius Tacitus (röm. Schriftsteller, 54–120 n.Chr.)
tas'it, -di *chem.* Sublimieren *n*, Sublimation *f* ~ **etmek** *chem.* sublimieren *süblimleştirmek
taslak, -ağı 1. (erster) Entwurf *m* (e–s Schreibens, Bildes, Romans, Bühnenbildes), Skizze *f* *eskis 2. *fig.* Miniaturform *f*, Bild *n* im kleinen 3. Hutstumpen *m*, unverarbeiteter Hut 4. wer sich anmaßt, et. zu sein (ohne die erforderlichen Eigenschaften zu besitzen) 5. s. **dazlak** Zu 2: **Aile, devletin -ıdır.** Die Familie ist ein Staat im kleinen. Zu 3: s. **şapka -ı** Zu 4: **şair -ı** Dichterling *m* ~ **defteri** Skizzen-buch, -heft *n*, -block *m* ~ **kalemi** s. **çamur kalemi;** ~ **yapmak** e–e Skizze anfertigen, skizzieren
taslakçı wer Entwürfe od. Skizzen anfertigt
taslaklamak e–n Rohentwurf herstellen
taslamak 1. zur Schau tragen, vortäuschen; sich aufspielen, sich gebärden (als) 2. be-, zu-hauen (Stein) Zu 1: s. **ululuk (yiğitlik)** ~
taslit, -ti [ī] *va.* Überfallen-, Angreifen-lassen *n* ~ **etmek** *va.* j–n auf e–n anderen hetzen
tasliye *rel.* Aussprechen *n* der Formel **sallallahu aleyhi ve sellem** *od.* **aleyhisselâtü vesselâm**
tasma 1. Hals-band *n*, -ring *m* (für Hunde, Lämmer usw.) 2. Halskrause *f* (e–s Vogels) 3. Lederteil *m* e–s türk. Stelzenschuhes (vgl. **nalın, takunya**) 4. *V* Dummkopf, Gimpel *m* 5. *va.* Säulenring *m* ~ **takmak** ein Halsband anlegen (z.B. e–m Hund)
tasmim [ī] *va.* Absicht *f*, Plan *m*, fester Entschluß, Vorbedacht *m*, Überlegung *f* ~ **etmek** *va.* beabsichtigen, planen, fest entschlossen sein (zu)
tasni, -ii [ī] 1. *z. va.* geschicktes Herstellen 2. Erdichtung, (willkürliche) Erfindung *f* 3. *phil.* Fiktion, Annahme, Unterstellung *f* *yapıntı ~ **etmek** 1. *z. va.* künstlich machen, geschickt herstellen (z.B. Prothese) 2. erdichten, (willkürlich) erfinden *uydurmak
tasniat, -tı [··–] *Pl.* zu **tasni**
tasnif [ī] 1. Klassifizierung, Einteilung, Gruppierung, Sichtung, Systematik *f* *sınıflama 2. *va.* Abfassung *f* (e–s Buches) **reylerin ilk -inde** bei der ersten Sichtung der abgegebenen Stimmen ~ **dolabı** Akten-, Kartei-schrank *m* ~ **etmek** 1. klassifizieren, einteilen, gliedern, gruppieren, sichten, ordnen, katalogisieren 2. *va.* abfassen, schreiben (Buch)
tasri, -ii [ī] *(ält. Lit.)* Reimen *n* von Halbversen (vgl. **musarra**)
tasrif [ī] *gr.* Flexion, Beugung, Abwandlung, Deklination, Konjugation *f* *çekim ~ **etmek** flektieren, beugen, abwandeln, deklinieren, konjugieren *çekmek ~ **lâhikası** s. **eylem çekim eki**
tasrifî [·––] *ling.* 1. flexivisch, Flexions- 2. flektierend (Sprache) Zu 1: **lâhikai tasrifiye** s. **çekim eki**
tasrifilik [·––·] s. **bükün**
tasrifli s. **tasrifî;** ~ **fiil** s. **çekimli eylem**
tasrih [ī] 1. ausdrückliche Erklärung (Feststellung, Bestimmung) 2. nähere Angabe ~ **etmek** 1. ausdrücklich erklären (feststellen, bestimmen) 2. nähere Angaben machen (zu)
tasrihat, -tı [·––] *va. Pl.* zu **tasrih,** *a. in sg. Bed.*
tasrihen [ī] *va. Adv.* durch ausdrückliche Feststellung, erklärend, erläuternd
TASS TASS *f* (Telegraphenagentur der UdSSR)
tastamam [×··] ganz und gar, vollkommen, restlos, genau entsprechend, haargenau *noktası noktasına, upuygun, tıpatıp
tasviben [·×·] *z. va. Adv.* unter Gutheißung (Billigung, Genehmigung)
tasvip, -bi [ī] Billigung, Gutheißung, Genehmigung, Annahme *f* ~ **etmek** billigen, gutheißen, genehmigen, annehmen (z.B. Gesetzesvorschlag) **-i zımnî** *va.* stillschweigende Billigung
tasvir [ī] 1. Beschreibung, Schilderung, Darstellung *f* 2. *P* Bild, Porträt *n* 3. *lit.* dichterische Beschreibung *tavsif ~ **etmek** 1. beschreiben, schildern, darstellen 2. *va.* abbilden ~ **gibi** bildschön, wie gemalt ~ **kesmek** Karagözfiguren herstellen (aus Leder ausschneiden) **-ler kavgası** *hist.* Bilderstreit *m* (in der byzantinischen Kirche; 8./9. Jh.) **≗i Efkâr** *n.pr.* türk. Zeitung (1862–1867; mit späteren Fortsetzungen; die letzte unter dem Namen **Tevhidi Efkâr** bis 1925)
tasvirci *va.* s. **ressam**
tasvirî [·––] *va.* beschreibend, deskriptiv *betimsel, deskriptif ~ **dilbilgisi** *ling.* deskriptive Grammatik ~ **fiil** zusammengesetztes deskriptives Verbum (z.B. **yapıvermek, bakakalmak**) *ulaçlı birleşik eylem ~ **hat** Bilderschrift *f*
tasvirkâr [·––] *va.* bildhaft, anschaulich (z.B. Ausdruck)
tasvirli mit bildlichen Darstellungen (Teppiche, Stoffe)
taş 1. (roher od. bearbeiteter) Stein 2. Edelstein *m* 3. (aus Bein, Holz, Kunststoff usw. verfertigter) Stein (bei Mühle-, Dame-spiel usw.), Figur *f* (bei Schach usw.) 4. *Bez.* verschiedener chem. Stoffe 5. (Gallen-, Blasen-, Nieren-) Stein *m* 6. *fig.* boshafte Bemerkung, hämische Kritik 7. *V* Geld *n*, *F* Moneten *pl.*, Kies *m* 8. aus Stein, steinern Zu 2: s. **küpe -ı** Zu 3: **bir -ı oynamak** e–n Stein (e–e Figur) ziehen Zu 4: s. **cehennem -ı; göztaşı** Zu 5: s. ~ **düşürmek** Zu 6: s. ~ **atmak;** ~ **almak** *Scha.* e–e Figur schlagen ≗ **altında olmasın da dağ ardında olsun!** *Spr.* s. **Sağ olsun da dağ ardında olsun!** ~ **arabası** *V* Dummkopf, Blödian *m* ~ **atmak** (m. Dat.) 1. Steine werfen (auf, nach), mit Steinen bewerfen 2. *fig.* boshafte Bemerkungen machen, hämisch kritisieren, in den Schmutz ziehen 3. *F* mit dem Zaunpfahl winken ≗ **atıp da kolun yorulmadı ya!** (*od.* ≗ **atıp da kolun mu yoruldu?**) (*iron.* über angebliche Anstrengungen) Nun, du hast dir dabei ja kein Bein ausgerissen! ~ **bağa** *P* s. **kaplumbağa;** ~ **bebek** *Kspz.* Puppe *f* ~ **bebek gibi** kalte Schönheit (Frau od. Mädchen) ~ **biçici** Steinmetz *m* ~ **bina** Stein-haus, -gebäude *n* ~ **çağı** s. ~ **devri;** ~ **çatlasa** 1. unter allen Umständen, auf jeden Fall, unbedingt 2. (in neg. Satz) unter

keinen Umständen, auf keinen Fall ~ **çıkartmak** (b–ne) j–m überlegen sein, et. besser können (als) ~ **çölü** *geogr.* Geröllwüste *f* ~ **demirli göktaşı** *astr.* Siderolith, Eisensteinmeteorolith *m* ~ **devri** *geol.* Steinzeit *f* ~ **dikmek** s. **menzil dikmek;** ~ **döşeme** Steinpflaster *n* ~ **döşemek** (bir yola) e–n Weg pflastern ~ **döven** *va.* kräftig, stark ~ **dövünmek** *va.* et. sehr bereuen ꞌ **düştüğü yerde ağırdır.** *Spr.* s. ꞌ **yerinde ağırdır.** ~ **düşürmek** Steine ausscheiden (*spez.* Nierensteine im Harn) ~ **evi** Höhlung *f* in e–m Schmuckgegenstand (für e–n Edelstein) ~ **evi tırnağı** Klaue *f* (bei Klauenfassung) ~ **gazı** Petroleum *n* (*va.* Steinöl *n*) ~ **gibi** 1. steinhart 2. unbeeindruckt 3. gefühllos, roh, unbarmherzig ~ **hamuru** s. **ustuka;** ~ **hanisi** die Barsch-Art Epinephelus ruber ~ **illeti** *med.* Steinkrankheit *f* ~ **kalem** Griffel *m* (für die Schiefertafel) ~ **kazıcılığı** s. **gliptik;** ~ **kekliği** s. **kınalı keklik;** ~ **kesici** Steinmetz *m* ~ **kesilmek** 1. sich in Stein verwandeln 2. steinhart (od. gefühllos) werden 3. *fig.* wie versteinert dastehen ~ **kırıcı** Stein-klopfer, -setzer *m* ~ **kırma makinesi** *techn.* Backenbrecher *m* *konkasör ~ **koymak** *V* die Unterhaltung zweier Personen durch plötzliche Einmischung stören ~ **köprü** Steinbrücke *f* ~ **masat** Wetzstein *m* ~ **matkabı** Steinbohrer *m* ~ **merdiven** Steintreppe *f* ~ **ocağı** Steinbruch *m* *kesmelik ~ **olmak** s. **taş kesilmek;** ~ **parke** Steinpflaster *n* ~ **sürmek** 1. rücken, ziehen (Stein bzw. Figur im Dame- bzw. Schachspiel) 2. *fr.* im Bogenschießen e–n neuen Rekord aufstellen (und das alte Rekordzeichen weiterrücken) ~ **tahta** 1. (Dach-)Schiefer *m* 2. Schiefertafel *f* (der Schüler) ~ ~ **üstün(d)e bırakmamak** keinen Stein auf dem anderen lassen, alles dem Erdboden gleichmachen ~ **tekne** Stein-, Tränk-trog *m* *yalak ~ **toprak** s. **moloz;** ~ **tutmak** *V* Geld (Pinke, Kies, Moneten) haben ~ **üstünde kazı** Felszeichnung *f* *petroglif ꞌ **üstünde ~, omuz üstünde baş kalmadı.** Alle Häuser wurden dem Erdboden gleichgemacht und alle Menschen umgebracht. ~ **yağar kıyamet koparken** *fig.* in gefährlichen Zeitläuften ~ **yağdırmak** (b–ne) mit e–m Steinhagel überschütten ~ **yağmuru** Steinhagel *m* ~ **yalımı** ein bei Steinpflasterung verwendeter Zement ꞌ **yerinde ağırdır.** *Spr.* Der Wert e–r Persönlichkeit wird von denjenigen besonders geschätzt, die in seiner näheren Umgebung sind. ~ **yuvarlamak** 1. hämische Kritik üben 2. schimpfen (auf), herziehen (über) **-a bastırmak** steinigen **-a çalmak** j–n geringschätzig behandeln **-a çekmek** auf dem Wetzstein schleifen **-a dönmek** steinhart werden ꞌ**a ölç(-eyim)!** (*Abw.* bei Schilderung e–r Krankheit, Wunde u.ä.) Gott möge uns davor bewahren! furchtbar, entsetzlich **-a tutmak** (m. Akk.) 1. fortgesetzt mit Steinen bewerfen, mit Steinwürfen verfolgen 2. steinigen *recmetmek, taşlamak **-ı gediğine** (*od.* **yerine**) **koymak** 1. ein treffendes Wort im richtigen Augenblick sagen 2. e–e erlittene Kränkung heimzahlen (*F* j–m gut herausgeben) ꞌ**ı sıksa suyunu çıkarır.** 1. Er ist ein wahrer Herkules an Kräften. 2. Wenn er sich richtig anstrengt, bringt er es zu et. **-ın suyunu çıkarmak** überaus stark od. energisch sein **-tan ekmek çıkarmak** 1. sich sein Brot sauer verdienen müssen 2. sehr geschickt (wendig, lebenstüchtig) sein **-tan taşa vurmak** (*od.* **çalmak**) j–n niederträchtig behandeln

-taş, -teş s. **-daş, -deş**

T.A.Ş., TAŞ = Türk Anonim Şirketi

taşak *P* bzw. *V* Hode(-n *m*) *f* *haya

taşaklı *P bzw. V fig.* energisch, zielstrebig, wer sich durchzusetzen weiß *sözünü geçirir, tuttuğunu koparır

taşaksız *P bzw. V* Jämmerling, Waschlappen, Feigling *m*

taşalmak s. **taş kesilmek**

taşaron (*franz.* **tâcheron**) 1. Stück-, Akkord-arbeiter *m* 2. *H* Unterkontrahent *m*

taşayak *vet.* Kalkbeinkrankheit *f* (des Geflügels) *kireçayak; vgl. a. **ayak uyuzböceği**

taşbademi, -ni Mandelart mit sehr harter Schale

taşbalığı, -nı allg. Bez. für Fische in felsigen Gewässern wie Drachenkopf **(iskorpit),** Meergrundel **(kayabalığı** usw.)

taşbaskı s. **taşbasma(-sı);** ~ **kalemi** s. **litografya kalemi;** ~ **sıkmacı** Lithopresse *f*

taşbasma(-sı) Steindruck *m*, Lithographie *f* *litografya

taşbasmacı Steindrucker, Lithograph *m* *litografyacı

taşbilim Lithologie, Gesteinskunde *f* *litoloji, petrografi

taşbilimsel lithologisch, gesteinskundlich *litolojik, petrografik

taşböceği, -ni Porzellanschnecke *f zo.* Cypraea *porselen salyangozu

taşçı 1. Steinklopfer *m* 2. Steinträger *m* 3. Steinbrucharbeiter *m* 4. Steinbruchbesitzer *m* 5. Steinbildhauer, Steinmetz *m* ~ **kalemi** Steinmeißel *m* *minkar ~ **tarağı** Scharriereisen *n* (des Steinmetzen)

taşçıl 1. *bot.* auf Felsen wachsend 2. *biol., zo.* in felsigem Gebiet lebend

taşçılık 1. Gewerbe *n* od. Tätigkeit *f* e–s **taşçı** 2. Steinschneidekunst, Glyptik *f*

Taşdelen (suyu) *n.pr.* sehr beliebtes Quellwasser (in Istanbul)

taşemen s. **deniz (ırmak) -i**

taşemengiller Neunaugen *pl. zo.* Petromyzontidae

taşeron s. **taşaron**

Taşhan *n.pr.* e–s der größten Gebäude des fr. Ankara (An seiner Stelle steht heute die Sümerbank.)

taşıl Fossil *n*, Versteinerung *f* *fosil, müstehase ~ **dışkı** *geol.* Koprolith *m* *koprolit

taşıllaşma *geol.* Fossilisation, Versteinerung *f* *tahaccür

taşılsı *geol.* Subfossil *n*

taşım Aufwallen *n* (beim Kochen) **bir iki** ~ **kaynatmak** ein paarmal aufwallen lassen

taşıma 1. Vs. zu **taşımak** 2. (fort-, hin-)getragen ~ **araçları** Transport-, Verkehrs-mittel, Fahrzeuge *pl.* *vesaiti nakliye ~ **giderleri** Beförderungs-, Transport-, Fracht-kosten *pl.* ~ **makinesi** Fördermaschine *f* ~ **sözleşmesi** s. **nakliye mukavelesi.** ꞌ **su ile değirmen dönmez.** *Spr.* s. **Dökme su** (usw.). ~ **tesisatı** Förderanlage *f* ~ **ücreti** 1. Fuhrlohn *m*, Rollgeld *n* 2. Frachtkosten *pl.* 3. Porto *n*

taşımacı(-lık) s. **nakliyeci(-lik)**

taşımak 1. (von e–m Ort an e–n anderen) bringen; (hin-, hinaus-, fort-, weg-)tragen; befördern, transportieren, verlegen 2. tragen (= bei sich haben), mitnehmen, mit sich führen (Waffe, Tasche usw.) 3. tragen, besitzen (z.B. Namen) 4. ertragen, erdulden 5. weitererzählen, verbreiten (Klatsch usw.) 6. tragen, stützen (z.B. Säulen ein Gewölbe)

taşımlık soundsovieltes Auf-kochen, -wallen **sütü iki** ~ **kaynatmak** die Milch zweimal aufwallen lassen

taşımsı göktaşı *astr.* Meteorstein *m* *aerolit

taşınabilir transportabel, beweglich, tragbar *portatif

taşıncak s. **bagaj**

taşınır s. **taşınabilir;** ~ **değerler** s. **menkul kıymetler;** ~ **mallar** s. **menkul eşya;** ~ **merdiven** (tragbare) Leiter *f* *portatif merdiven

taşınmak 1. Pass. zu **taşımak** 2. um- (ein-, aus-, weg-, ver-) ziehen, um-, über-siedeln *göçmek 3. s. **düşünüp** ~ 4. immer und immer wieder irgendwohin gehen (müssen) Zu 1: **Şehirde silâh taşınmaz.** Das Waffentragen in der Stadt ist verboten. Zu 2: **Göztepe'ye taşınacağız.** Wir werden nach Göztepe übersiedeln. Zu 4: **Bir ay mahkemeye taşındım.** Einen Monat lang mußte ich aufs Gericht laufen. **Sabaha kadar aptesaneye taşındı.** Die ganze Nacht mußte er auf die Toilette.

taşınmaz s. a. **gayri menkul**

taşırı 1. überflüssig (Wörter) 2. weitschweifig, langatmig (Stil) 3. s. **aşırı** ~
taşırılık *stil.* Weitschweifigkeit *f* *iksar
taşırma Vs. zu **taşırmak** *a.* Einströmenlassen von Wasser in den Boden (zur Reblausbekämpfung) ~ **borusu** Überlaufrohr *n*
taşırmak Kaus. zu **taşmak:** 1. überlaufen lassen (z. B. kochende Milch) 2. *fig.* zum Überlaufen bringen; j–s Geduld erschöpfen; j–n aufbrausen lassen 3. e–e Hufverletzung entstehen lassen (z. B. bei e–m überanstrengten Pferd)
taşısıran Steinbeißer *m* (Schmerlenart) *zo.* Cobitis taenia *dikenli çopra
taşıt Beförderungs-, Transport-, Verkehrs-mittel, Fahrzeug *n* *nakil vasıtası, vasıtai nakliye ~ **gemisi** Transportschiff *n*, Transporter *m* ≗ **giremez.** Für alle Fahrzeuge gesperrt! ~ **kazası** Unfall *m* im Fahrzeugverkehr ~ **planörü** Lastensegler *m* ~ **uçağı** Transport-, Lasten-flugzeug *n*
taşıtan Verfrachter *m*
taşıtçı Fahrer, Chauffeur, Kutscher *m*
taşıtmacı 1. s. **nakliyeci** 2. s. **emanetçi**
taşıt(tır)mak. Eşyanı kime tasıtacaksın? Von wem willst du deine Sachen tragen lassen?
taşıyan 1. s. **nakliyeci** 2. tragend, überbringend **-a yazılı** s. **hamile muharrer**
taşıyıcı 1. tragend, überbringend 2. wer Klatsch verbreitet; Zwischen-, Zu-träger *m* 3. s. **nakliyeci** 4. *techn.* **(bant)** Förderband *n* 5. *med.* Bazillenträger *m* *portör
taşikardi *med.* Tachykardie *f* (stark beschleunigte Herztätigkeit)
Taşilama [··–·] *fr.* Taschi-Lama *m* (Tibet)
taşiliği, -ni Maserung, Äderung *f* (in Steinen)
taşist, -ti; taşizm (*franz.* **tachiste; tachisme**) s. **lekeci(-lik)** (2)
taşkesen otu 1. Ackersteinsame *m bot.* Lithospermum arvense 2. echter Steinsame *bot.* Lithospermum officinale *inci otu, lü'lü otu
taşkın 1. über den Rand laufend, über die Ufer tretend 2. *fig.* über-strömend, -schäumend, -groß 3. überstehend (z. B. Futter über den Stoffrand) 4. kein Maß und Ziel kennend, zu weit gehend, überschwenglich 5. sehr erregt, aufgeregt, exaltiert *mütemelmil 6. hyperkatalektisch (Vers) 7. übermütig, frech, unverschämt 8. Überschwemmung *f* *taşma Zu 1: **Dere ~, şimdi geçilmez.** Der Bach ist über seine Ufer getreten, man kann ihn jetzt nicht passieren. Zu 2: ~ **bir sevinç** überschäumende Freude
taşkınımsı *(Metrik)* Hypermeter *m*
taşkınlık, -ığı 1. Über-strömen, -schäumen, -maß *n* 2. Überstehen *n* (z. B. des Anzugfutters) 3. Überschwang *m* 4. starke Erregung; Aufregung, Exaltation *f* *temelmül 5. Übermut *m*, Frechheit, Unverschämtheit *f*, Übergriff *m* **-ın giderilmesi arancı** (*od.* **dilemi**) s. **men'i müdahale davası**
taşkır 1. aus Stein gebaut *kârgir 2. vorspringend, vorragend
taşkıran 1. s. **taşkıranotu** 2. *techn.* Grob(kreisel)brecher *m*, Hammermühle *f*, Hammerbrecher *m* (*spez.* in Zement- od. Kalk-werk)
taşkırangiller Steinbrechgewächse *pl. bot.* Saxifragaceae
taşkıranotu, -nu 1. Steinbrech *m bot.* Saxifraga (cymbalaria u.a.) 2. See-, Meer-fenchel *m bot.* Crithmum maritimum *deniz rezenesi
taşkızıl Steinrötel *m* (Vogel) *zo.* Monticola saxatilis *kaya ardıcı
taşkömür(-ü) Steinkohle *f* *madenkömürü
Taşköprü *n.pr.* O. u. D. im Rbz. Kastamonu
taşküre s. **taşyuvar**
taşlama 1. Vs. zu **taşlamak** 2. Satire *f*, Schmähgedicht *n*, Spottverse *pl.*, satirischer Ausspruch *hiciv, hicviye 3. Paßarbeiten *pl.* (in der Maschinenschlosserei)
taşlamak (m. Akk.) 1. Steine werfen (nach); (Scheiben usw.) einwerfen 2. steinigen *(1, 2) recmetmek 3. mit Steinpflaster versehen 4. *fig.* hämisch kritisieren, in den Schmutz ziehen 5. verlesen (z. B. Linsen), Steinchen aus et. auslesen 6. *selt.* schleifen
taşlaşmak 1. sich in Stein verwandeln, zu Stein werden, versteinern 2. *fig.* erstarren
taşlayıcı satirisch, Spott-, Schmäh-
taşlı 1. Steine enthaltend, steinig 2. mit Edelstein(-en) 3. *med.* an e–r Steinkrankheit leidend Zu 1: ~ **toprak** steiniger Boden **çok ~ pirinç** Reis mit vielen Steinchen darin Zu 2: **tek ~ yüzük** Einsteiner *m*
Taşlıçay *n.pr.* O. u. D. im Rbz. Ağrı
taşlık 1. steinige Gegend 2. Stein-flur *m*, -vestibül *n* od. andere mit Steinen ausgelegte Stellen 3. Muskelmagen, Kropf *m* (der körnerfressenden Vögel) *kansa, kursak, kuş katısı ≗ **Arabistan** s. **Necit**
taşlıklı mit nb. **taşlık; büyük ~ konak** Konak *m* mit großem Steinvestibül
taşma Vs. zu **taşmak** *spez.* 1. Überschwemmung *f* *feyezan, su baskını 2. *mil.* Über-flügeln *n*, -flügelung *f* 3. *techn.* Überlauf *m* ~ **borusu** Überlaufrohr *n*
taşmak, (-ar) 1. über die Ufer treten, über-fließen, -strömen 2. über-kochen, -laufen (z. B. Kaffee) 3. überstehen (z. B. Decke über den Tischrand) 4. sich nicht mehr bezähmen können, aufbrausen, *F* hochgehen 5. ausgehen (Geduld) 6. unruhig sein (od. werden) Zu 3: **Astar yüzünden taşıyor.** Das Futter schaut über den Rand. Zu 4: **Bu söz üzerine taştı.** Bei diesem Wort brauste er auf. Zu 5: s. **Sabrım taştı.** Zu 6: **Millet yine taştı.** Im Volk gärte es wieder.
taşmaske *arch.* Fratzengesicht *n* (*spez.* im Barock)
taşmektep, -bi *fr. Bez.* für Volksschulen (die aus Stein erbaut waren)
Taşnak (Komitesi *od.* **Cemiyeti** *od.* **Partisi)** *n.pr.* separatistische armenische Untergrundbewegung (gegr. 1889) ~ **komitacısı (komitecisi)** s. **Taşnakçı**
Taşnakçı Anhänger *m* der Taschnak-Bewegung, Taschnak-Komitadschi *m*
Taşnakçılık Taschnak-Bewegung, -Organisation *f*
Taşnakzutyun *n.pr.* separatistische armenische Untergrundbewegung (gegr. 1890)
taşnı s. **pabuçluk** (2)
taşoluş *geol.* Diagenese *f*
Taşova *n.pr.* D. im Rbz. Tokat
Taşoz (adası) *n.pr.* Insel *f* Thasos (südöstl. von Kawalla)
taşöpen s. **kuyrukkakan** (1)
taşpamuğu, -nu s. **amyant**
taşpodra Gesichtspuder *m* (in fester Form u. in Dose)
taşra [×·] Landesinnere *n*, Provinz *f* (im Gegensatz zu Istanbul od. Ankara) ~ **ağzı** bäuerliche Sprechweise; Provinzialismus *m* ~ **gazetesi** Provinzzeitung *f* ~ **Latincesi** *ling.* Vulgärlatein *n*
taşralı [×··] 1. aus der Provinz stammend od. in der Provinz lebend 2. Provinzler(-in *f*) *m*
taşralık [×··] 1. *va.* s. **taşra** 2. *reg.* Epilepsie *f* *sar'a
taşron s. **taşaron**
taştir *lit.* s. **tahmis** (II) mit dem Unterschied, daß die drei Halbverse nicht angefügt, sondern in den Doppelvers hineingestellt werden
taşyağı, -nı Petroleum *n* *gazyağı, petrol
taşyoncası, -nı s. **kokulu yonca** (2)
taşyuvar Lithosphäre *f*, Gesteinsmantel *m* (der Erde), Erdkruste *f* *litosfer, taşküre
taşyürekli hartherzig, unerbittlich, unbarmherzig, grausam

tat, -dı 1. Geschmack(-swirkung *f*) *m* (z.B. e–r Speise) 2. *pr.* angenehmer Geschmack; Wohlgeschmack, Genuß *m*, Vergnügen *n*, Reiz *m* *lezzet, zevk 3. (Grad *m* der) Süßigkeit *f* 4. Süßspeisensauce *f* Zu 2: **Ben bunda ~ bulamadım.** Ich habe keinen Geschmack daran finden können. **Bunun -ı çoktan kaçtı.** Das hat seinen Reiz seit langem verloren. Zu 3: **Bu helvanın -ı az.** Der türkische Honig hier ist nicht recht süß. ~ **alma cisimcikleri** *an.* Geschmacksknospen *pl.* ~ **almak** (bşden) Geschmack finden (an); j–m gefallen **-ı damağında kalmak** (b–nin) 1. j–m noch nachträglich munden 2. *fig.* mit Vergnügen (od. Sehnsucht) zurückdenken (an) **-ı kalmamak** kein Interesse mehr bieten **-ı tuzu yerinde** schmackhaft zubereitet (Speise) **-ı tuzu yok** geschmacklos, fad *yavan **-ına bakmak** et. kosten (abschmecken, versuchen, probieren) **-ına doyamamak** von et. nicht genug bekommen können **-ına tuzuna bakmamak** *fig.* et. (Verlockendes) nicht anrühren **-ına varmak** *fig.* auf den Geschmack kommen (bei), die Feinheiten von et. entdecken od. zu würdigen wissen **-ında bırakmak** nicht übertreiben, nicht zu weit treiben (z.B. Scherz) **-ından çıkmak** et. verleidet bekommen **-ından yenmez** 1. köstlich, delikat (Gericht) 2. *iron.* unangebracht, unpassend (z.B. Bemerkung) **-ını almak** auf den Geschmack kommen, et. zu schätzen wissen **-ını çıkarmak** et. richtig genießen **-ını kaçırmak** 1. das richtige Maß nicht innehalten, zu weit gehen 2. j–m et. verleiden **-ını tatmak** (bşin) *fig.* et. zu fühlen bekommen **-ını tuzunu kaçırmak** (*od.* **bozmak**) j–m die Freude verderben (an)

Tat, -tı *n.pr.* 1. pers. Volksstamm am Kaspisee 2. *fr. Bez.* für nicht-türk. Einzelpersonen od. Völker (*spez.* Araber od. Perser)

Tatar 1. Tatar(-in *f*) *m* 2. tatarisch ~ **akçaağacı** tatarischer Ahorn *bot.* Acer tataricum ~ **oku** (*od.* ~ **yayı**) Armbrust *f* *arbalet ~ **Pazarcığı** *fr. Bez.* von **Pazarcık** (2)

tatar *fr.* Bote, Meldereiter, Kurier *m* ~ **ağası** *fr.* Kommandant *m* der offiziellen Kuriere

tatarböreği, -ni mit Joghurt und Hackfleisch zubereitete und mit Fett übergossene Pastetenart

Tatarca [·×·] *ling.* Tatarisch(-e) *n*

tatarcık Pappataci-, Sand-fliege *f zo.* Phlebotomus pappatasii ~ **humması** Pappataci-, Dreitage-fieber *n* *üc gün humması

tatarımsı s. **tatarsı**

Tataristan *n.pr.* Tatarien (Sowjetrepublik), Tataren-Republik *f* ~ **karabuğdayı** tatarischer Buchweizen *bot.* Fagopyrum tataricum

tatarlık 1. Tatarentum *n* 2. tatarisches Gebiet

tatarsı 1. tatarisch aussehend 2. nicht ganz durchgekocht, nicht gar (Essen)

tatbik, -ki [ī] 1. Anwendung, (praktische) Durchführung, Ausführung, Realisierung, Verwirklichung *f* 2. Vergleichung *f* (von Schriftstücken), Kollation(-ierung) *f* 3. *math.* Zur-Deckung-Bringen *n*, Deckung *f*, Kongruenz *f* *uygulama ~ **etmek** 1. anwenden, (praktisch) durchführen, ausführen, realisieren, verwirklichen 2. vergleichen, kollationieren 3. *math.* zur Deckung (Kongruenz) bringen *uygulamak Zu 1: **yeni bir usul** ~ **etmek** e–e neue Methode anwenden Zu 2: **iki yazıyı birbirine** ~ **etmek** die beiden Schriftstücke kollationieren ~ **gonyometresi** Kontaktgoniometer *n* ~ **imzası** bestimmte Form der Unterschrift; Unterschriftszug *m* ~ **imzasını vermek** e–e Unterschriftsprobe geben ~ **mevkiine konulmak** in die Praxis umgesetzt werden, zur Ausführung gelangen ~ **mührü** von offiziellen Stellen anerkanntes Siegel ~ **noktası** *phys.* Angriffs-, Kraft-punkt *m* *uygulama noktası ~ **sahasına çıkarmak (koymak, vazetmek)** zur Anwendung bringen, praktisch durchführen **-i kabil; kabili** ~ anwendbar, durchführbar

tatbikan [·×·] *va. Adv.* (m. Dat.) gemäß, entsprechend, nach, zufolge

tatbikat, -tı [·––] (*Pl., oft in sg. Bed.*) 1. Durchführung, (praktische) Anwendung, Ausführung, Realisierung, Verwirklichung *f* 2. praktische Übung(-en *pl.*) *f* 3. *mil.* Felddienstübung *f* Zu 1: **programımızın -ı** Durchführung *f* unseres Programmes ~ **arazisi** *mil.* Übungsgelände *n* ~ **cümlesinden** im Rahmen der praktischen Übungen ~ **görmek** praktische Übungen machen ~ **noktası** s. **tatbik noktası;** ~ **ordugâhı** *mil.* Übungslager *n* ~ **planı** *mil.* Übungsplan *m* ~ **sahnesi** *Th.* Studiobühne *f* ~ **seyahati** *mil.* Übungsreise *f* **-a geçmek** zur Durch-, Aus-führung schreiten

tatbikatçı [··–·] wer et. anwendet, durchführt, realisiert **kanunun -sı olanlar** diejenigen, die das Gesetz anwenden

tatbikatlı [··–·] mit praktischen Übungen (z.B. Lehrbuch)

tatbikî [·––] 1. Anwendungs-, Durchführungs-; angewandt, praktisch 2. vergleichend, Vergleichs- ~ **güzel sanatlar okulu** Schule *f* für angewandte Kunst ~ **kimya** angewandte Chemie **kabiliyeti tatbikiye** *va.* Möglichkeit *f* der praktischen Durchführung

tathin [ī] *va.* Mahlen *n* ~ **etmek** *va.* mahlen (z.B. Getreide)

tathir [ī] 1. Reinigung, Säuberung *f* 2. Desinfektion *f* 3. Bereinigung, Beseitigung *f* (z.B. von feindlichen Widerstandsnestern) ~ **ameliyesi** Säuberungsaktion *f* ~ **etmek** 1. reinigen, säubern 2. desinfizieren 3. bereinigen, beseitigen ~ **kıtası** Säuberungstrupp *m* ~ **merkezi** *mil.* Entlausungsanstalt *f* *tephirhane

tatil *urspr.* [––] *mst.* [–·] 1. Arbeits-ruhe, -pause *f* 2. Ferien *pl.* 3. Aussetzung, Einstellung, Unterbrechung *f* (e–r Tätigkeit) 4. Schließung, Stillegung *f*, Verbot *n* (e–s Betriebs) Zu 1: **pazar -i** Wochenruhetag *m* **Öğleyin iki saat** ~ **var.** Mittags ist e–e Arbeitspause von zwei Stunden. **bayram -i** 1. Arbeitsruhe *f* 2. Feiertage *pl.* Zu 2: **okul -i** Schulferien *pl.* ~ **etmek** außer Tätigkeit setzen; schließen; einstellen (z.B. Bauarbeiten), stillegen (z.B. Fabrik), verbieten (z.B. Zeitung) ~ **günü** Ruhetag *m* ~ **kampı** Ferienlager *n* ~ **köyü** Feriendorf *n* ~ **olmak** Pass. zu ~ **etmek (Okul** ~ **oldu.** Die Schule hat geschlossen.) ~ **yapmak** 1. Ferien machen, sich (soundso lange) freigeben lassen 2. s. ~ **etmek; -e girmek** in die Ferien gehen (z.B. Parlament) **-i eşgal** *va.* Streik *m* *grev **-i eşgal etmek** *va.* streiken *grev yapmak **-i muhasamat** Einstellung *f* der Feindseligkeiten **-i tediyat** *va.* s. **ödemelerin -i; -i uzuv** *z. va.* Gebrauchsunfähigkeit *f* e–s Gliedes, Invalidität *f*

tatilertesi, -ni [ā] Zeit *f* nach Feiertagen od. Ferien

tatilname [–––·] *fr.* zeitweiliges Zeitungsverbot

tâtir [––] *va.* Parfümieren *n* ~ **etmek** *va.* parfümieren

tatlandırmak (m. Akk.) 1. süßen 2. *spez. pharm.* versüßen (z.B. bittere Pille) 3. *fig.* Geschmack verleihen; würzen

tatlanmak süß und schmackhaft werden (z.B. Obst)

tatlı 1. süß, wohlschmeckend (z.B. Obst) 2. sympathisch, angenehm, gefällig 3. lieblich, mild, sanft (z.B. Wind) 4. sanft ansteigend (*bzw.* abfallend) (Gelände) 5. Süßspeise *f* ~ **bakış** süßer Blick ~ **belâ** süße Last (Frau, Kinder, Familie) ~ **bir mavi** sanftes, angenehmes Blau ~ **bir ses** e–e sympathische, angenehme Stimme ~ **canından olmak** ums Leben kommen; ins Gras beißen müssen ~ **canını üzmek** sich grämen, sich Sorgen (Gedanken) machen ~ **dil** freundliche Worte, Schmeichelworte *pl.* (≗ **dil, yılanı deliğinden çıkarır.** *Spr.* Mit Schmeichelworten lockt man sogar e–e Schlange aus ihrem Loch.) ~ **dilli** unterhaltsam plaudernd, angenehm, reizend ~ **isfendan ağacı** s. **şeker akçaağacı;** ~ **kaşığı** Dessertlöffel *m* ~ **limon** süße Zitrone *bot.* Citrus medica var. lumia ~ **manyok** süßer Maniok, süße Juka: 1. ungiftige Art von Manihot utilissima 2. Manihot palmata var. aipi ~ **odun** s. **Amerika meyankökü;** ~ **patates** Batate, Süßkartoffel *f bot.* Ipomoea batatas ~ **sarımsak** s. **İspanya sarımsağı;** ~ **sert** 1. sauersüß *(a. fig.)* 2. halbsüß (z.B. Wein) 3. halb mild, halb streng (Zigaretten) 4. ruhig und bestimmt (Worte, Verhalten) ~ **söz** s. ~ **dil;** ~ ~ *Verst.* von **tatlı** *spez.* 1. hübsch, nett, gefällig, sympathisch, ansprechend 2. gemütlich, behaglich (Zu 1: **Onun** ~ ~ **anlattığına göre** Wie er es so nett geschildert hat ... **Bu aşk macerası** ~ ~ **bitmemiştir.** Dieses Liebesabenteuer fand ein böses Ende. Zu 2: ~ ~ **konuşmak** sich gemütlich unterhalten; gemütlich plaudern) ~ **yerinde bırakmak** (*od.* **kesmek** *od.* **nihayet vermek**) auf dem Höhepunkt abbrechen (bevor et. anfängt, langweilig bzw. unangenehm zu werden) ~ **yosun** s. **denizpırasası; -ya bağlamak** (bir işi) et. auf gütlichem Wege regeln (bereinigen), sich friedlich einigen (über)

tatlıca ziemlich süß

tatlıcı 1. wer Süßspeisen (wie **baklava, revani, lokma** usw.) herstellt od. verkauft, türk. Konditor *m* 2. *F* wer gerne süße Sachen ißt

tatlıkurt, -du s. **sigaraböceği**

tatlılaşmak süß (angenehm, lieblich, sympathisch, anziehend) werden

tatlılaştırmak Kaus. zu **tatlılaşmak. Güzel bir alın, âdeta çehreyi tatlılaştırır.** E–e schöne Stirn läßt geradezu das ganze Gesicht lieblich wirken. **ışığın çığlığını** ~ **için** um das grelle Licht et. abzudämpfen

tatlılı 1. gesüßt 2. mit Marmelade od. Konfitüre

tatlılık, -ığı 1. Süße *f*, Süß-Sein *n*, (Grad *m* der) Süßigkeit *f* 2. *fig.* Reiz, Charme *m*, Anmut, Lieblichkeit, Schönheit *f* *halâvet, şirinlik 3. *fig.* freundliche Behandlung Zu 2: **Ankara akşamlarına benzersiz -ını veren mavi saat** die blaue Stunde, welche die Abende in Ankara so unvergleichlich schön macht **-la** 1. im guten, mit guten Worten, gütlich 2. mit Bedacht, in aller Ruhe

tatlımsı etwas süß, süßlich

tatlısu 1. Süßwasser *n* 2. Trinkwasser *n* ~ **amirali** „Süßwasseradmiral" *m* (*Spottbez.;* u.a. für den franz. Admiral Darlan im II. Weltkrieg) ~ **balığı** Süßwasserfisch *m* ~ **bahriyelisi** *spött.* Süßwassermatrose *m* ~ **barsamı** Koppe, Groppe *f zo.* Cottus gobio ~ **çitarisi** Rotauge *n*, Plötze *f zo.* Rutilus rutilus ~ **Frengi** Levantiner(-in *f*) *m* *lövanten ~ **gelincik balığı** Quappe, Rutte, Aalraupe *f zo.* Lota lota ~ **ıstakozu** s. **karavide;** ~ **kayası** s. **yeşil sazan;** ~ **kefali** Döbel *m zo.* Leuciscus rutilus *beledi ~ **kumanyası** Trinkwasservorrat *m* (auf e–m Schiff) ~ **kurnazı** wer bei allem e–n persönlichen Gewinn herauszuschlagen versucht ~ **levreği** Flußbarsch *m zo.* Perva fluviatilis *perki ~ **polipi** s. **hidra;** ~ **sardalyası** Laube *f zo.* Alburnus Escherichi ~ **süngeri** Süßwasserschwamm *m zo.* Spongilla palustris ~ **tekesi** s. **su tespihböceği;** ~ **yengeci** Süßwasserkrebs *m zo.* Potamon fluviatilis

tatlısülümen s. **kalomel**

tatlik, -kı [ī] 1. *fr.* Verstoßung *f* der (Ehe-)Frau, Scheidung *f* 2. Befruchtung *f* der weiblichen Blüten (*spez.* bei Feigen) (vgl. **ilek sineği**); ~ **etmek** 1. *fr.* die (Ehe-)Frau verstoßen 2. die weiblichen Blüten (*spez.* bei Feigen) befruchten Zu 1: **Seni talâkı selâse ile** ~ **ediyorum.** (Formel, mit der fr. e–e Frau rechtskräftig verstoßen werden konnte)

tatliye *va.* (Farb-)Anstrich od. (Mörtel-)Bewurf *m*

tatma Vs. zu **tatmak** 1. Schmecken *n*, Geschmack *m* *zevk 2. Probieren, Kosten *n*

tatmak, (-dar) 1. schmecken, kosten, e–e Kostprobe nehmen, probieren 2. *fig.* durchmachen, erfahren, erleben

tatmin [ī] Zufriedenstellen, Befriedigen *n* ~ **etmek** zufriedenstellen, befriedigen **Verilen izahat** ~ **edici mahiyette olmadığı için ...** Da die abgegebene Erklärung nicht befriedigt ... ~ **olmak** 1. zufriedengestellt werden 2. sich (sexuell) selbst befriedigen

tatminkâr [·––] *z. va.* zufriedenstellend, befriedigend

tatminsizlik *(selt.)* Unbefriedigtsein *n; gel. a.* Abneigung, Aversion *f*

Tatra dağları *n.pr.* Beskiden *pl.*

tatsal Geschmacks- *zaikavî

tatsız 1. was keinen (guten) Geschmack hat, nicht wohlschmeckend, geschmacklos, fad 2. *fig.* unangenehm, unsympathisch, abstoßend (Worte, Person usw.) ~ **tuzsuz** *Verst.* von **tatsız**

tatsızlanmak; tatsızlaşmak 1. geschmacklos (fad, unangenehm) werden 2. ein unangenehmes Wesen an den Tag legen (Person)

tatsızlık 1. Geschmacklos-Sein *n*, Fadheit *f* 2. *fig.* unerfreuliches Verhalten z.B. Spielverderberei *f* 3. Miß-, Verstimmung *f*

tattırmak Kaus. zu **tatmak. Allah kimseye evlât acısı tattırmasın!** Möge niemand das Herzeleid erfahren, sein Kind sterben zu sehen!

tatu (I) = **kahve** (im Karagözspiel)

tatu (II) (*franz.* **tatou**) Gürteltier *n;* vgl. **üç (altı, dokuz) kemerli tatu**

tatucu = **kahveci** (im Karagözspiel)

tatugiller s. **kemerli hayvangiller**

tatula [·×·]; **tatura** 1. weichhaariger Stechapfel *bot.* Datura metel *cevzi mâsil, boruçiçeği 2. gemeiner Stechapfel *bot.* Datura stramonium *şeytan elması

Tatvan *n.pr.* Städtchen u. D. am Westufer des Van-Sees im Rbz. Bitlis

tatvil [ī] *z. va.* 1. Ausdehnen, Längermachen *n*, Verlängerung *f* 2. *phon.* Dehnung, Längung *f* *uzatı 3. *fig.* Weitschweifigkeit, Umständlichkeit *f* ~ **etmek** *z. va.* 1. (aus-)dehnen, längermachen, verlängern 2. *phon.* dehnen, längen *uzatmak **-i kelâm etmek** *va.* viele Worte machen (verlieren) **-i kelâmdan ihtirazen** s. Stw. **ihtirazen**

taun [––] *z. va.* Pest *f* *veba

taunî [–––] *va.* 1. pestartig, pestilenzialisch 2. epidemisch

Taus [ā] *n.pr.* jesidische Bez. des Teufels *Azazil

Tausî *rel.* Name e–s schiitischen Ordens

tav 1. Härte, Härtung *f* (z.B. des Stahls) 2. Anfeuchtung, Besprengung *f* (z.B. der Bügelwäsche) 3. Mästen *n*, Mast, Feistheit *f* (von Tieren) 4. jeweils richtiger Hitze-, Härte-, Feuchtigkeits-grad 5. *fig.* günstige Gelegenheit, geeigneter Augenblick 6. *V* Verleitung *f* zum Glücksspiel 7. Entlockung *f* von Geldmitteln durch Verheißung großen Gewinns; Schwindel *m*, Gaunerei *f* 8. s. **dav** (III) Zu 4: s. **Demir -ında gerek.** ~ **çeliği** *techn.* Zementstahl *m* ~ **fırını** Härteofen *m* ~ **getirmek** *fig.* die nötige Kraft finden, et. zu tun ~ **kaçırmak** 1. die Gelegenheit versäumen, den richtigen Moment verpassen 2. *V* den Störenfried spielen, e–n Streit vom Zaune brechen ~ **olmak** *V* s. **tora düşmek;** ~ **vermek** 1. tempern, härten (Stahl), ablöschen (Eisen) 2. den richtigen Feuchtigkeitsgrad geben z.B. einsprengen (Wäsche), anfeuchten (Tabak) **-a düşürmek** (b–ni) *V* hereinlegen, übers Ohr hauen **-a getirmek** 1. genügend erhitzen 2. *V* s. **-a düşürmek. -ı geçti (kaçtı, savdı).** Der geeignete Augenblick ist vorbei. Die günstige Gelegenheit ist verpaßt. **-ına getirmek** (işi) ins richtige Fahrwasser bringen, richtig deichseln **-ını bul-**

mak den richtigen Moment erwischen **-ını vermek** s. **tavına getirmek**
tava 1. Bratpfanne *f* 2. Pfannengericht *n* 3. Schmelztiegel *m* 4. Mörtelpfanne *f* 5. Abzugsgraben *m* (in e–r Saline) 6. s. **iskele -sı** 7. gebraten Zu 2: s. **balık (beyin, ciğer) -sı;** ~ (*od.* **-sını) yapmak** braten
tavaf [·–] siebenmalige Umkreisung der Kaaba ~ **etmek** 1. siebenmal die Kaabe umkreisen (Mekkapilger) 2. *fig.* in Verehrung um et. herumwandeln Zu 2: **Sevgilisinin evini her gün** ~ **ediyor.** Er macht täglich Fensterpromenade bei seiner Geliebten.
tavaif [·–·] *va. Pl.* zu **taife; -i mülûk** *hist.* Diadochenreiche *pl.* (*spez.* nach dem Tod Alexanders des Großen od. nach dem Zusammenbruch der Omaijadenherrschaft in Spanien)
tavan 1. Zimmerdecke *f*, Plafond *m* (*ant.* **taban**) 2. Deckengemälde *n*, -malerei *f*, -schnitzwerk *n* 3. (Bergwerk) Stollenfirst *m* 4. Maximal-höhe *f* (e–s Flugzeugs, Geschosses usw.), -geschwindigkeit *f* (e–s Autos usw.) 5. Verdeck *n* (e–s Wagens) ~ **aralığı** Schalholz *n*, Füllung, Balkenweite *f* ~ **arası** Dachboden, Speicher *m* ~ **başına geçmek** (*od.* **yıkılmak**) 1. zerschmettert, vernichtet werden 2. sich sehr fürchten od. schämen, entsetzt sein, in peinliche Verlegenheit geraten ~ **fiyatları** (*od.* ~ **narhları**) Preisobergrenze *f*, Höchstpreise *pl.* ~ **göbeği** Mittelstück *n* e–r Deckenverzierung ~ **ışığı** Deckenbeleuchtung *f* ~ **kaplaması** Deckenverkleidung *f* ~ **kirişi** Deckenträger *m* ~ **lambası** Deckenlampe *f* ~ **penceresi** Bodenfenster, Oberlicht *n*, Dachluke *f* *tepe penceresi ~ **pusulası** *naut.* s. **kamara pusulası;** ~ **süpürgesi** 1. Deckenbesen *m* (mit langem Stiel) 2. *fig.* reinste Bohnenstange (Person) ~ **teknesi** Deckenkassette *f* **-dan** höchst, maximal
tav'an *z. va. Adv.* aus freien Stücken, freiwillig ~ **ve kerhen** *z. va.* wohl oder übel, nolens volens, gezwungenermaßen *ister istemez
tavancı Decken-macher, -vergipser *m*
tavanlamak e–e Decke einziehen (verschalen, vergipsen)
tavanlı mit nb. Zimmerdecke (usw. s. **tavan**)
Tavas *n.pr.* O. u. D. im Rbz. Denizli
tavassut, -tu 1. Vermittlung, Intervention *f*, gute Dienste *pl.* 2. *H* Ehreneintritt *m*, Wechselintervention *f* ~ **etmek** sich ins Mittel legen; zu vermitteln suchen
tavaşi [·––] Verschnittener; Eunuch *m* *hadım
tavattun *va.* Ansässig-Werden *n* ~ **etmek** *va.* sich niederlassen, sich ansässig machen, ansässig werden *yerleşmek
tavazzuh Klärung *f*, Klarwerden *n* ~ **etmek** sich klären (z. B. Lage)
tavcı *V* wer durch Verheißung müheloser und großer Gewinne e–m anderen Geld entlockt; Schwindler, Gauner, Betrüger *m*
tavcılık *V* Schwindel *m*, Gaunerei, Betrügerei *f* (vgl. **tavcı**)
taverna [·×·] 1. Schenke, Kneipe *f* 2. (heute oft *mel.* für ein vornehmeres Restaurant mit Alkoholausschank) Taverne *f*
tavernacı Besitzer od. Pächter *m* e–r **taverna**
tavhane [·–·] 1. Gewächs-, Treib-haus *n* *ser 2. Armenhaus, -asyl *n* ~ **gibi** in Unordnung; durcheinander
tavır, -vrı 1. Haltung, Stellung *f*, Aussehen, Auftreten, Gebaren, Wesen *n*, Art *f* 2. Benehmen, Betragen, Verhalten *n* 3. Vorgehen *n*, Handlungsweise *f* 4. Ähnlichkeit *f* des Wesens 5. *pej.* Anmaßung, Dünkelhaftigkeit *f* Zu 4: **Bu çocukta babasının -ı var.** Der Junge ist im Wesen ganz der Vater. ~ **satmak** sich anmaßend benehmen ~ **ve hareket** s. **tavır** (2) *gidiş
tavırlı 1. mit nb. **tavır** 2. *pr. pej.* hochmütig, dünkelhaft, anmaßend
tav'î s. **kendiliğinden**
tavik, -kı [––] *va.* Hinauszögern *n*, Verzögerung *f*, Verschiebung *f* *asıntı ~ **etmek** *va.* hinauszögern, verschieben, nicht gleich erledigen *asıntıda bırakmak
tavikli [––·] *z. va.* mit Verschiebung (Verzögerung, Aufschub) ~ **bomba** Bombe *f* mit Spätzündung ~ **tapa** Spät-, Verzögerungs-zünder *m*
tavil [ī] *va.* 1. lang *uzun 2. (*fr. a.* **-ülkame**) hochgewachsen *uzun boylu
tav'iyet, -ti s. **kendiliğindenlik**
taviz [––] 1. Entschädigung *f*, Ersatz(-leistung *f*) *m*, Kompensation *f* *ödün 2. Zugeständnis *n*, Konzession *f* *konsesyon Zu 1: **Bu topraklar** ~ **olarak verilmiştir.** Als Entschädigung (Ersatz) wurde dieses Gebiet abgetreten. Zu 2: **-ler yapmak; -lerde bulunmak** Zugeständnisse machen ~ **etmek** ersetzen, Ersatz leisten (für)
tavizat, -tı *Pl.* zu **taviz,** *a. in sg. Bed.*
tavizci [––·] zu Zugeständnissen bereit; kompromißbereit
tavizen [––·] *va. Adv.* 1. als Ersatz, als Entschädigung 2. als Vorschuß, zur weiteren Verrechnung
tavizî [–––] Ersatz-, Ausgleichs-; ausgleichend, entschädigend, vergütend *ödünlü ~ **adalet** s. **ödünlü tüze**
tavk, -kı *va.* 1. Halskette *f* 2. s. **tasma** (1, 2) 3. *fig.* Joch *n* 4. Kraft, Macht *f* **-ı esaret** *va.* Joch *n* der Knechtschaft
tavla (I) [×·] Pferdestall *m* ~ **hizmeti** *mil.* Stalldienst *m* ~ **nöbeti** *mil.* Stallwache *f* ~ **uşağı** Stalljunge *m*
tavla (II) (*ital.* **tavola**) 1. [×·] Tricktrack(-spiel) *n* 2. das Brett für das Tr.sp. ~ **pulu** Stein *m* im Tr.sp. ~ **tahtası** s. **tavla** (2). **Bir** ~ **atalım!** Spielen wir e–e Partie Tricktrack!
tavla (III) [×·] s. **tabla**
tavlacı 1. (geschickter) Tricktrackspieler 2. Pferdewärter *m*
tavlamak 1. s. **tav vermek; tava** (bzw. **tavına**) **getirmek** 2. j–n durch Verheißung müheloser großer Gewinne zum Spiel verführen bzw. j–m Geld entlocken; betrügen, beschwindeln, begaunern 3. *P* mästen (Tier)
tavlanmak 1. Pass. zu **tavlamak** 2. *P* fett (feist) werden (Tier) *semirmek **tavlanmış cam** Hartglas *n*
tavlı 1. gehärtet (Stahl) 2. eingesprengt (z. B. Bügelwäsche) 3. *P* gemästet, genudelt, fett, feist (Tier) 4. mit dem richtigen Hitze- bzw. Feuchtigkeits-grad ~ **danayı imrendirecek kadar besli** so wohlgenährt, daß ihn ein gemästetes Kalb beneiden könnte
tavlon; tavlun *naut. fr.* Orlopdeck *n* (auf alten Kriegsschiffen)
tavrühareket, -ti s. **tavır** (2) *gidiş
tavsamak erlahmen, zum Erliegen kommen, einschlafen (z. B. Unternehmen)
tavsı durch Kreuzung entstandenes langhaariges, kräftiges Kamel
tavsız 1. nicht gehärtet (Stahl) 2. nicht eingesprengt (z. B. Bügelwäsche) 3. *P* nicht gemästet; mager, ausgemergelt (Tier) 4. ohne den nötigen Hitze- bzw. Feuchtigkeitsgrad
tavsif [ī] 1. Beschreibung, Be-, Kenn-zeichnung, Qualifizierung, Charakterisierung *f* 2. *lit.* dichterische Beschreibung *tasvir ~ **cümlesi** *gr.* qualifizierender Satz ~ **etmek** beschreiben, be-, kenn-zeichnen, qualifizieren, charakterisieren *vasıflandırmak, nitele(ndi)rmek
tavsifi [·––] qualifizierend ~ **sıfat** s. **niteleme sıfatı**
tavsit, -ti [ī] *va.* 1. j–s Heranziehung *f* als Vermittler 2. Einschreitenlassen *n* (der bewaffneten Macht) ~ **etmek** (b–ni) 1. sich j–s als Vermittler bedienen 2. (kuvvei müsellahayı) einschreiten lassen (bewaffnete Macht)
tavsiye Rat *m*, Empfehlung *f* ~ **etmek** 1. raten, e–n Rat erteilen 2. (an-)empfehlen Zu 1: **Bu fikirden vazgeçmenizi** ~ **ederim.** Ich rate Ihnen, diesen Gedanken aufzugeben. Zu 2: **Size bu arkadaşı** ~ **ederim, pek çalışkandır.** Ich kann Ihnen diesen meinen Freund empfehlen; er ist

sehr fleißig. ~ **mektubu** Empfehlungs-schreiben *n*, -brief *m* ~ **vermek** e–e Empfehlung geben **-ye şayan** empfehlenswert
tavsiyeli im Besitz e–r Empfehlung, gut empfohlen
tavsiyename [···–·] s. **tavsiye mektubu**
tavşan (I) 1. Hase *m zo.* Lepus (europaeus u. a.) 2. ≗ *astr.* Hase *m* (Sternbild) ≗ **adaları** *n.pr.* „Haseninseln" *pl.* (kleine Inselgruppe nördl. von Tenedos) *Eşek adaları ≗ **adası** *n.pr.* kleine (*fr.* unbewohnte) Prinzeninsel östl. von Büyükada, *(griech.)* Antirowito ~ **ağzı** rosarot *pembe ~ **anahtarı** Dietrich, Nachschlüssel *m* *maymuncuk ~ **ayağı** 1. *(Eisenbahn)* Herzstück *n* (bei e–r Weiche) 2. e–e beim Vergolden verwendete Hasenpfote ≗ **bayırı aştı.** s. **İş işten geçti.** ~ **beyinli** dumm, beschränkt ~ **boku** *P* ein Mensch, von dem weder Schaden noch Nutzen zu erwarten ist ≗ **boku gibi ne kokar ne bulaşır.** 1. zu nichts taugen 2. träge sein, sich um nichts kümmern ≗ **dağa küsmüş de dağın haberi olmamış.** *Spr.* (*spött.* über die Kritik e–s unbedeutenden Menschen an e–r hohen Persönlichkeit) Der Hase war böse auf den Berg, aber dieser wußte gar nichts davon. ≗ **dağda, suyu ateşte.** *Spr. fig.* Wer ununterbrochen arbeitet, sollte daran denken, daß er seine Kraft jeden Augenblick verlieren kann. ~ **derisi** Hasenfell *n* (Volksmittel bei Ohrenschmerzen) ~ **oğlanları** *fr.* junge Griechen von den Ägäischen Inseln, die in Istanbul den **tavşanca** genannten Tanz aufführten ~ **otu** indische Schama-Hirse *bot.* Panicum colonum ~ **raksı** ein dem Hasenhüpfen ähnlicher Tanz (wie er *fr.* im Serail von Haremsdamen aufgeführt wurde) ~ **sıçraması** *(Turnübung)* Hasenhüpfen *n* ~ **tüylü maymun** grauer Wollaffe *zo.* Lagothrix lagotricha *kapparo ~ **uykusu** leichter Schlummer; Halbschlaf *m* ~ **yağı** Hasenfett *n* (Volksmittel gegen Ohrenschmerzen) ~ **yatağı** *(Jagdsprache)* Lager *n* e–s Hasen ~ **yavrusu** Häschen *n*, junger Hase ~ **yemezler** Spitzname für die Kızılbaş-Sekte ~ **yılı** *hist.* 3. Jahr des alttürk. 12-Jahres-Zyklus ~ **yürekli** ängstlich, schreckhaft; Hasenfuß *m* **-a kaç tazıya tut demek** *fig.* gegeneinander aufhetzen od. ausspielen **-ı araba ile avlamak** *fig.* sich bei seiner Arbeit nicht aus der Ruhe bringen lassen, sich Zeit lassen **-ın suyunun suyu** *fig.* nur mehr ein sehr verdünnter Auszug (Aufguß), nur mehr noch schwach erinnernd (an)
tavşan (II) *P* 1. Kunsttischler, Holzschnitzer, Intarseur *m* 2. *reg. (Bursa)* Flachhobel *m*
tavşanbaşı, -nı Hasenkopf *m* (längliche Apfelsorte)
tavşanbezelyesi, -ni s. **mürdümük**
tavşanbıyığı, -nı s. **salkımotu**
tavşanca *fr.* ein dem Hasenhüpfen ähnlicher Tanz, wie er von den **tavşan oğlanları** *(q.v.)* aufgeführt wurde
tavşancıl Steinadler *m zo.* Aquila chrysaëtos *kaya kartalı ~ **tırnağı** Tragant *m bot.* Astragalus *astragal
tavşancılık Hasen- od. Kaninchen-zucht *f*
tavşancılotu, -nu s. **isfendilyon**
tavşancıltaşı, -nı *min.* Adlerstein, Aetit *m*
tavşandudağı, -nı *med.* Hasenscharte *f*
tavşankanı, -nı 1. Karminrot *n* 2. karminrot
tavşankulağı, -nı 1. s. **siklamen** 2. Hasenohr *n bot.* Bupleurum (falcatum u. a.) 3. s. **köpek dili** (2)
tavşankuyruğu, -nu eiförmiges Hasenschwanzgras *bot.* Lagurus (ovatus)
tavşanlamak abmagern (wie ein Hase)
tavşanlı reich an Hasen (Gegend)
Tavşanlı *n.pr.* Städtchen u. D. im Rbz. Kütahya
tavşanlık 1. *P* feine Schnitz- od. Tischler-arbeit, Intarsienarbeit *f* 2. Hasen- od. Kaninchen-stall *m*
tavşanmemesi, -ni s. **ölmez dikeni**
tavşanpaçası, -nı Acker-, Hasen-klee *m bot.* Trifolium arvense
tavşanvebası, -nı Hasenpest, Tularämie *f* *tülaremi
tavuk Huhn *n*, Henne *f zo.* Gallus domesticus ~ **ayağı** s. **tavşan anahtarı;** ~ **ayağı yemiş** *fig.* leeres Stroh dreschend, öder Schwätzer ~ **barı** ein bes. in den Ostprovinzen üblicher Volkstanz ~ **beslemek** Hühner halten ~ **biti** 1. Federling *m zo.* Goniocotes hologaster 2. s. **okbaşlı tavuk biti;** ~ **difterisi** Geflügeldiphtherie *f* ≗ **gelen yerden yumurta esirgenmez.** *(Sinn:)* mit der Wurst nach dem Schinken werfen ~ **gözü** Frostbeule *f* ~ **kanadı** Hühnerflügel *m d. h.* Wedel *m* für Holzkohlenfeuer ≗ **kaza bakmış da kıçını yırtmış.** *P* (*spött. Ra.* über j–n, der nicht hinter anderen zurückstehen will, sich dabei aber selber schadet) ~ **kebabı** gebratenes Huhn ~ **kolerası** Geflügelcholera *f* ~ **kümesi** Hühner-stall, -hof *m* ~ **mavuk** *F* Geflügel *n* ~ **otu** 1. spätes Rispengras *bot.* Poa serotina 2. s. **farekulağı** (2); ~ **pençesi** Kelch-Brutblatt *n bot.* Bryophyllum pinnatum ~ **suyu** Hühner-brühe, -bouillon *f* ~ **suyu tel şehriyeli** Hühnerbrühe *f* mit Fadennudeln ~ **sütü** „Hühnermilch" *f* (mit Staubzucker u. Eidotter angerührte heiße Milch; Mittel gegen Erkältungen) ~ **yahnisi** Hühnerragout *n* (nach türk. Art) ~ **yılı** *hist.* 10. Jahr des alttürk. 12-Jahres-Zyklus **-lar gibi yatmak** mit den Hühnern schlafengehen
tavukbalığı, -nı s. **mezgit**
tavukçu 1. Hühner-halter, -züchter *m* 2. Geflügelhändler *m* 3. Besitzer od. Pächter *m* e–s (kleineren) Restaurants, in dem die Gerichte fast ausschließlich aus Hühner- od. Geflügelfleisch bestehen ~ **dükkânı** Geflügelhandlung *f*
tavukçuluk Tätigkeit *f* od. Gewerbe *n* e–s **tavukçu** *spez.* Hühnerzucht, Geflügelhaltung *f*
tavukgiller *zo.* Hühner-, Scharr-vögel *pl.* *düccaciye
tavukgöğsü, -nü türk. Süßspeise aus gekochter, kleingehackter Hühnerbrust, Reismehl, Milch und Zucker
tavukgötü, -nü *P* 1. Warze *f* *siğil 2. *gel.* = **yerelması.** ≗ **tövbe tutmaz.** *P* (*spött. Ra.* über Leute, die e–n festen Vorsatz nicht durchführen)
tavukhane [··–·] s. **tavukluk**
tavukkarası, -nı Nachtblindheit, Hemeralopie *f* *gece körlüğü
tavukluk Hühner-zuchtanstalt *f*, -hof *m*, -farm *f*
tavulga 1. Rotweide *f bot.* Salix rubra 2. Purpurweide *f bot.* Salix purpurea
tavus 1. **(kuşu)** Pfau *m zo.* Pavo cristatus 2. s. **tavsı** 3. ≗ *astr.* Pfau *m* (Sternbild) ~ **çiçeği** s. **cennet ağacı;** ~ **gibi** eitel wie ein Pfau ~ **kuşu kuyruğu** Pfauentang *m bot.* Padina pavonia ~ **kuyruğu çıkarmak** *V* sich übergeben, brechen müssen, *V* kotzen (Betrunkener) ~ **kuyruklu güvercin** Pfauentaube *f* ~ **yeşili** s. **zümrüt yeşili**
tavuskelebeği, -ni s. **gece (gündüz, küçük gece, yarım)** ~
tavuslu (in der Füg.:) ≗ **Taht** Pfauenthron *m* (Persien)
tavuş Trippeln *n*, leichte Tritte *pl.*
tavuşmak (daher-)trippeln
tavvaf [·–] *va.* 1. wer (die Kaaba) umkreist (vgl. **tavaf**) 2. s. **gezgin** 3. Nachtwächter *m* (in Amtsgebäuden)
tavzif [ī] Betrauung, Verpflichtung, Übertragung *f* ~ **etmek** (b–ni bir işle) (mit e–r Aufgabe) betrauen, (zu e–r Dienstleistung) verpflichten, j–m (e–n Posten, ein Amt) übertragen *vazifelendirmek
tavzih [ī] Klarlegung, Erklärung, Erläuterung *f* ~ **etmek** klarlegen, erklären, erläutern, klar darlegen, auseinandersetzen *açıklamak, aydınlatmak, izah etmek, vuzuhlandırmak
tavzihan [ī] *va. Adv.* als Erläuterung, als Erklärung
tavzihat, -tı [·––] *va. Pl.* zu **tavzih**
tay (I) 1. Fohlen, Füllen *n* 2. ≗ *astr.* Pferdchen *n* (Sternbild) ~ **deposu** Fohlenzuchtanstalt *f*
tay (II), **-yyı** 1. Abschneiden, Wegnehmen, Tilgen, Wegstreichen *n* 2. Beschneiden, Zusammenstreichen *n* (z. B.

durch die Zensur) 3. Zurücklegen *n* (e–s Weges) 4. Durchlaufen *n* (e–s Zeitabschnittes) 5. Auf-, Zusammen-rollen *n* ~ **etmek** s. **tayyetmek**

tay (III) 1. *urspr.* Ballen *m*, Bündel *n* (als halbe Tragtierlast) 2. Gegengewicht *n* 3. gleichschwer, ausgeglichen, im Gleichgewicht, gleich ~ **durmak** aufrechtstehen (Kind, das noch nicht laufen kann) ~ ~ Zuruf an Kinder, die aufrecht stehen od. laufen sollen ~ ~ **arabası** Laufställchen *n* (mit Rädern)

taya *va.* Kinder-frau *f*, -mädchen *n* *dadı ~ **çocuğu** verwöhntes Kind

tayaran [··–] *va.* 1. Fliegen *n*, Flug *m*, Sich-Emporschwingen *n* *uçuş 2. *chem.* Verflüchtigung, Verdunstung *f* ~ **etmek** *va.* 1. fliegen, sich emporschwingen 2. *chem.* sich verflüchtigen

taycı *hist.* Fohlenzüchter *m* (im Serail)

taydaş s. **akran**

taydus [ū] (*franz.* **taille-douce**) Kupfer-druck, -stich *m* *bakır basması

tayf 1. *phys.* Spektrum *n* *spektrum 2. Phantom *n*, Traumerscheinung *f*, Gespenst *n* ~ **analizi** (*od.* ~ **tahlili**) Spektralanalyse *f* ~ **fotografı** Spektrogramm *n* *spektrogram

tayfa [×·] 1. Bemannung, Besatzung *f* (*spez.* e–s Schiffes od. Flugzeugs) 2. Matrose *m* 3. Angehöriger des Flugpersonals od. der Flugzeugbesatzung 4. *pej.* Bande, Rotte *f*, Helfershelfer, Komplizen, Spießgesellen *pl.* ~ **defteri** *naut.* 1. Mannschafts-liste, -rolle *f* 2. (*a.* ~ **kontrat defteri**) Schiffsartikel *pl.*, Heuervertrag *m* *rolo

tayfalandırmak bemannen

tayfalı mit nb. Bemannung, Besatzung usw.

tayfbin [ī] *va.* s. **tayfölçer**

tayfçeker Spektrograph *m* *spektrograf

tayfçekimi, -ni Spektrographie *f* *spektrografi

tayfölçümü, -nü Spektroskopie *f* *spektroskopi

tayfun Taifun, Wirbelsturm *m*

tayga [×·] *geogr.* Taiga *f* (die sibirischen Waldgebiete)

taygeldi *P* Kind(-er *pl.*) *n* aus der ersten Ehe e–r wiederverheirateten Frau

tayın *mil.* Ration *f* ~ **bedeli** *mil.* Gegenwert *m* e–r Monatsration ~ **ekmeği** Kommißbrot *n*

tayıncı 1. *va.* Heereslieferant *m* 2. *mil.* wer für seinen Zug die Rationen in Empfang zu nehmen hat (Soldat) 3. *V* s. **puşt**

tayınlama Rationieren *n*, Rationierung *f* ~ **usulü** Rationierung *f* (von Mangelwaren) **-ya bağlamak** s. **tayınlamak**

tayınlamak rationieren (Mangelware) *takyidata tabi tutmak

tayin [––] 1. Bestimmen *n*, Fest-setzung, -legung *f* 2. *math.* Determination *f* *belirtme 3. Ernennung, Bestallung *f* ~ **etmek** 1. bestimmen, fest-setzen, -legen 2. *math.* determinieren *belirtmek 3. ernennen, bestallen *atamak Zu 3: **Istanbul Valiliğine ~ olundu.** Er wurde zum Regierungspräsidenten von Istanbul ernannt. **-i cihet** s. **yöneltim; -i miktar** s. **düzem**

tayinat, -tı [–––] *Pl.* 1. *mil.* Rationen *pl.*, Verpflegung *f* 2. Ernennungen *pl.* ~ **icmali** *mil.* Menagebuch *n* **-ta ayniyat sistemi** *mil.* Naturalverpflegung *f*

tayinî [–––] *va.* determinierend, determinativ, näher bestimmend ~ **sıfat** s. **belirtme sıfatı**

tayinli (*bzw.* **tayinsiz**) **izafet terkibi** s. **belirtili** (*bzw.* **belirtisiz**) **tamlama**

tayip, -bi [––] *va.* scharfe Kritik, heftige Bemängelung ~ **etmek** *va.* et. als schändlich (schimpflich, entehrend) bezeichnen, scharf kritisieren, bemängeln *ayıplamak

taykun s. **şogun**

taylak *P* 1. zweijähriges Füllen (Kamel, Pferd) 2. *va.* junger Taugenichts

taylam Rhythmus *m* *ritim ~ **öbeği** rhythmische Einheit ~ **vurgusu** rhythmischer Akzent

taylambilim Rhythmik *f* *ritmik

taylamlı rhythmisch *ritmik ~ **nazım** Dichtung mit akzentuierendem Versmaß

taylan großgewachsen, von hohem, stattlichem Wuchs ~ **gibi** s. **dalyan gibi**

Taylant, -dı *n.pr.* Thailand (*fr.* Siam)

Taylantlı 1. Thailänder(-in *f*) *m* (*fr.* Siames-e *m*, -in *f*) 2. thailändisch (*fr.* siamesisch)

taylasan s. **talyasan**

Taylorculuk; Taylorizm Taylorsystem *n*, Taylorismus *m*

taymavt, -tı (*engl.* **time-out**) (*Baseballspiel*) fakultative Spielunterbrechung (von 1 Minute) *ara

Taymis *n.pr.* 1. **(nehri)** Themse *f* 2. **(gazetesi)** Times *f* (engl. Zeitung)

taymkiper [·–·] (*engl.* **timekeeper**) (*Sport*) Zeitnehmer *m*

Tayvan *n.pr.* Taiwan, Formosa

tayyar [·–] 1. *va.* fliegend, flugfähig 2. *va. chem.* leicht verfliegend (verdunstend); volatil *(1, 2) uçucu 3. ♂ *mV* ~ **balık** s. **uçarbalık**

tayyare [·–·] *va.* Flugzeug *n* *uçak ~ **ana gemisi** Flugzeugmutterschiff *n*, -träger *m* ~ **baskını** überraschender Luftangriff ~ **cinsi (çeşidi, nev'i, tipi)** Flugzeugtyp *m* ~ **dafi toplar** *od.* ~ **defi topları** Flak *f* ~ **düşürmek** Flugzeuge abschießen ~ **fotoğrafı** Luft-bild *n*, -aufnahme *f* ~ **gövdesi** Flugzeugrumpf *m* ~ **gözetleme hizmeti** 1. Luftspäh-, Flugmelde-dienst *m* 2. Fliegerbeobachtung *f* ~ **habercisi** Fliegeralarmposten *m* ~ **hangarı** Flugzeug-halle *f*, -schuppen *m* ~ **ianesi** Flugzeugspende *f* (zum Ausbau des türk. Flugwesens) ~ **ihraç yeri** Startplatz *m* ~ **imalâti** (*od.* **inşaatı**) Flugzeugbau *m* ~ **iniş yeri** Landeplatz *m* ~ **istasyonu** (*od.* **limanı**) Flughafen *m* ~ **katapültü** Abstoßbahn *f* (für Flugzeuge), Katapultanlage *f*, Startgerät *n* ~ **meydanı** Flugplatz *m* *havaalanı ~ **müdafaası** Flugzeugabwehr *f* ~ **müfrezesi** Fliegerabteilung *f* ~ **mürettebatı** Flugzeugbesatzung *f* ~ **pervanesi** Propeller *m* (e–s Flugzeugs) ~ **pulu** Zwangszuschlagsmarke *f* (für die Luftschiffahrt) ~ **seferleri** Flugverkehr *m* ~ **silâhı** Bordwaffe *f* ~ **subayı** Fliegeroffizier *m* ~ **sütresi** Fliegerdeckung *f* ~ **telsiz muhaberesi** Bordfunk(-verkehr) *m* ~ **telsizcisi** Bordfunker *m* ~ **uçuş pisti** Flugzeugstartbahn *f* ~ **yuvası** 1. Fliegerhorst *m* 2. Fliegernest *n*

tayyareci [·–··] *va.* Flieger *m* *havacı, uçman, uçakçı ~ **kombinezonu** Flieger-schutzanzug, -dreß *m*

tayyarecilik [·–···] *va.* 1. Fliegerberuf *m* od. Tätigkeit *f* als Flieger 2. Flugzeugfabrikation *f* 3. Flug(zeug)wesen *n*

tayyareli [·–··] *va.* mit Flugzeug(-en)

tayyarelik [·–··] *va.* aus soundsoviel Flugzeugen bestehend

tayyetmek [×··] 1. abschneiden, wegnehmen, tilgen, wegstreichen 2. beschneiden, zusammenstreichen 3. zurücklegen (Wegstrecke) 4. durchlaufen, hinter sich bringen (Zeitabschnitt) 5. auf-, zusammen-rollen Zu 2: **Onun nutku sansürce tayyolundu.** Seine Rede wurde von der Zensur zusammengestrichen.

Tayyı (< **Ta'î**) *hist.* dem ar. Stamm der Ta'î angehörig; s. a. **Hâtim Tayyı**

tayyip, -bi 1. *va.* gut, schön, richtig 2. ♂ *mV* **Tayyibe** *wV*

tayyör (*franz.* **tailleur**) (*a.* **kostüm** ~) (*franz.* **costume tailleur**) Schneiderkostüm *n*

tayyörlü ein Schneiderkostüm tragend **mavi ~ hanım** Dame *f* im blauen Schneiderkostüm

tazallüm *va.* Klage, Beschwerde *f*, Murren *n* ~ **etmek** *va.* klagen, sich beklagen, sich beschweren, seiner Unzufriedenheit Ausdruck geben, murren *sızlanmak, şikâyet etmek, şekva etmek

tazammun *va.* 1. Enthalten *n* 2. *log.* Implikation *f* *içerme

3. *log.* Begriffsinhalt *m* *içlem ~ **etmek** *va.* 1. enthalten, umfassen 2. *log.* implizieren, involvieren *içermek
tazarru, -uu *va.* Flehen *n* zu Gott **-da bulunmak** *va.* Gott anflehen (anrufen)
tazarrur *va.* Schaden-Erleiden *n* ~ **etmek** *va.* geschädigt werden, Schaden erleiden
tazayyuk, -ku *med.* Stenose, Verengung *f*
taze [ā] 1. frisch, nicht trocken, grün 2. frisch, neu 3. jung 4. noch lebendig (z. B. Erinnerung) 5. junge Frau, junges Mädchen ~ **bahar** Frühling, Lenz *m (a. fig.)* ~ **baharında** in der Blüte seiner Jahre, in der Vollkraft der Jugend ~ **balık** frischer Fisch ~ **balık satışı** Verkauf *m* von frischen Fischen ~ **biber** grüne Pfefferschote (unreife Frucht von Capsicum grossum) ~ **boyanmış** frisch gestrichen ~ **fasulye** grüne Bohnen *pl.* ~ **havadis** neueste Nachrichten *pl.* ~ **istim** *techn.* Frischdampf *m* ~ **kuvvetler** *mil.* frische Kräfte *pl.* ~ **ot görmüş eşek gibi sırıtmak** *V* vor Freude od. Behagen sich ganz närrisch gebärden ~ **soğan** grüne Zwiebel ~ **su** (quell-)frisches Wasser ~ **sürgün** frischer Trieb (an e–m Ast) *budak özü
tazelemek [ā] 1. erneuern, frisch auflegen (od. aufschütten) (z. B. Tee, Tabak usw.), et. Altes durch et. Neues (der gleichen Art) ersetzen 2. (noch einmal) auf-kochen, -braten, -wärmen usw. (abgestandenes Essen) 3. neu anfachen (z. B. Schmerz), wiederbeleben, zurückrufen (z. B. Erinnerung) 4. auffrischen, wieder aufnehmen, wieder aufs Tapet bringen, wiederholen (z. B. Gesagtes) 5. *techn.* regenerieren, frischen (Metalle) Zu 1: **vazodaki çiçekleri** ~ die Blumen in der Vase erneuern Zu 2: **köfteyi** ~ die Frikadellen (noch einmal) aufbraten Zu 3: **derdi** ~ den Schmerz neu anfachen Zu 4: **meseleyi** ~ die Angelegenheit neuerdings aufs Tapet bringen
tazelendirmek [ā] s. **tazelemek**
tazelenmek [ā] 1. Pass. zu **tazelemek** 2. s. **tazeleşmek**
tazeleşmek [ā] frisch(-er), jung (bzw. jünger) werden, sich verjüngen *gençleşmek
tazelik [ā] 1. Frisch-, Grün-sein *n* 2. Frische *f*, Neusein *n* 3. Jugend(-frische) *f* 4. Lebendigsein *n* (z. B. e–r Erinnerung) ~ **vermek** auffrischen (z. B. verblaßte Farben)
tazı (speziell für die Hasenjagd verwendeter) Windhund *zo.* Canis familiaris grajus hibernicus ~ **gibi** schlank und feingliedrig (Person) **-ya dönmek** 1. sehr abmagern, klapperdürr werden 2. klatschnaß werden
tazıcı *hist.* wer (im Serail) für die **tazı** zu sorgen hatte
tazıla(ş)mak abmagern, schlank werden
taz'if [ī] *va.* 1. Verdoppeln *n*, Verdoppelung *f* 2. Abmagernlassen *n*, Schwächung *f* ~ **etmek** *va.* 1. verdoppeln (Anstrengungen, Truppen usw.) 2. abmagern lassen; schwächen
tazim [–⌣] Ehrenerweisung, Ehrerbietung, Ehrung *f*, Ausdruck *m* der Hochachtung ~ **etmek** seine Ehrerbietung bezeugen, ehrerbietig grüßen, seiner Hochachtung Ausdruck verleihen; ehren *büyüklemek, ibcal etmek, ululamak
tazimat, -tı [–·–] *va. Pl.* zu **tazim;** s. a. **arzı** ~ **etmek**
tazimen [–×·] *va. Adv.* als Zeichen der Ehrerbietung (Ehrung), ehrerbietig
tazimkâr [–––] *va.* ehrerbietig, respektvoll
tazip, -bi [––] *va.* Quälen *n* ~ **etmek** *va.* quälen *azap vermek
tazir (I) [––] *va.* Tadeln *n*, Tadel *m* ~ **etmek** *va.* tadeln *azarlamak
tazir (II) [––] *va.* 1. Vorbringen *n* von Vorwänden (*F* von faulen Ausreden) 2. Lässigkeit, Säumigkeit *f* ~ **etmek** *va.* 1. Vorwände haben, *F* faule Ausreden vorbringen 2. lässig (säumig) sein (in e–r Angelegenheit)
tazirname [–––·] *va.* schriftlicher Verweis
taziyane [–·–·] *va.* 1. Peitsche *f* *kamçı, kırbaç 2. Antrieb, Sporn *m* 3. Schlagring *m* (z. B. für die Zither)
taziye [ā] Beileidsbezeugung, Kondolenz *f* ~ **etmek** kondolieren ~ **makamında** als Beileidsbezeugung ~ **ziyareti** Kondolenzbesuch *m* **-ye gitmek** e–n Kondolenzbesuch abstatten
taziyename [–·–·] Beileidsschreiben *n*, Kondolenzbrief *m*
taziyet, -ti [ā] s. **taziye; -te bulunmak** sein Beileid aussprechen, kondolieren
taziz [––] 1. *va.* zärtliche Liebe 2. (christliche) Heiligung, Heilig-sprechung, -haltung *f* 3. Feiern, Ehren *n* ~ **etmek** 1. *va.* zärtlich lieben 2. (bei Christen) heiligen, heilig sprechen, heilig halten 3. feiern, ehren
tazmin [ī] 1. Entschädigung, Schadloshaltung *f*, Schadens-, Kosten-ersatz *m* 2. *lit.* Übernahme *f* von Versen e–s anderen Dichters ~ **etmek** (*od. va.* **-i zarar etmek**) entschädigen, Schadenersatz leisten, Entschädigung zahlen, Kosten ersetzen *zarar gidermek
tazminat, -tı [·––] (*Pl.* zu **tazmin,** *a. in sg. Bed.*) *zarargiderim ~ **davası** *jur.* Schadenersatzklage *f* ~ **talebi hakkı** Anspruch *m* auf Schadenersatz ~ **vermek** Entschädigung zahlen, Schadenersatz leisten **-ı harbiye** s. **harp -ı**
tazyi, -ii [ī] *va.* 1. Verlieren *n* 2. unnütze Ausgabe ~ **etmek** *va.* 1. verlieren 2. unnütz ausgeben
tazyik, -kı [ī] 1. *phys.* Druck *m* *basınç 2. Druck, Zwang *m*, Be-, Unter-drückung *f* *baskı 3. Zusammenpressung, Kompression *f* 4. (Herz-)Beklemmung *f* ≗ **artmıştır.** Der Druck hat sich verstärkt. ~ **azaltma valfı** Druckminderungsventil *n* ~ **denkliği** Druckausgleich *m* ~ **edilmiş** *techn.* komprimiert, Preß- ~ **etmek** 1. e–n Druck ausüben (auf), j–n (be-)drängen, j–m stark zusetzen, *va. a.* peinigen, martern 2. be-, unter-drücken 3. zusammenpressen, -drängen, komprimieren; *z. va. a.* enger machen ~ **makinesi** Kompressor *m* ~ **mukavemeti** Druckfestigkeit *f* ~ **siyaseti** Gewaltpolitik *f* ~ **tulumbası** Druckpumpe *f* ~ **vidası** Druckschraube *f* ~ **yükü** Druckbelastung *f* ~ **zorlaması** Druckbeanspruchung *f* **-ını artırmak** seinen Druck steigern **-ı hava** s. **hava tazyikı; -ı havalı** *techn.* Preßluft-
tazyikli [·–·] Druck-, Preß- ~ **hava** Preßluft *f* ~ **hava çekici** Preßlufthammer *m*
Tbilisi offizieller Name von Tiflis
TBMM, T.B.M.M. = Türkiye Büyük Millet Meclisi
TC, T.C. = Türkiye Cumhuriyeti
TCDD, T.C.D.D. = Türkiye Cumhuriyeti Devlet Demiryolları
TDK = Türk Dil Kurumu
TDKP = Türkiye Devrimci Komünist Partisi, Revolutionäre Kommunistische Partei der Türkei (terroristische Untergrundorganisation)
te (I) s. **da, de**
te (II) Name bzw. Lautung des Buchstabens T
-te vgl. **-da, -de**
teadül [ā] *va.* Gleich-heit, -wertigkeit *f*, gleiches Gewicht ~ **etmek** *va.* gleich(-wertig) sein, gleiches Gewicht haben **-ü zaman** s. **zaman denklemi**
teakup, -bu [ā] *va.* Aufeinander-Folgen *n* ~ **etmek** *va.* hintereinander kommen, aufeinander folgen, einander ablösen *art arda gelmek
teâlâ [·––] *(ar.)* Möge er gepriesen (erhoben) sein! *mst.* in der Füg. **Allah** (*od.* **Hak**) ~ der Allmächtige, der Höchste
teali [·––] *va.* Sich-Erheben, Aufsteigen *n*, Aufstieg, Aufschwung *m* ~ **etmek** *va.* sich erheben, emporsteigen, sich emporschwingen, e–n Aufschwung erleben *yükselmek
teamül [ā] 1. Brauch *m*, Sitte, Gewohnheit, Übung *f* *âdet, yapılageliş 2. *chem.* Reaktion *f* *aksülamel, reaksiyon, tepkime ~ **etmek** sich einbürgern, sich verbreiten ~ **hali-**

ne gelmek allgemein üblich werden ~ **hukuku** *jur.* Gewohnheitsrecht *n* *örfüâdet hukuku
tearuz [ā] *va.* Widerstreit, Gegensatz, Konflikt *m*, Unvereinbarkeit *f* ~ **etmek** (bşle) *va.* in Widerstreit (Konflikt) stehen, unvereinbar sein (mit)
tearüf [ā] *va.* 1. (gegenseitiges) Sich-Kennen od. Grüßen 2. Allgemeinbekanntsein *n* ~ **etmek** *va.* 1. miteinander bekannt sein 2. sich gegenseitig grüßen 3. allgemein bekannt sein
teati [·––] Austausch, Wechsel *m* ~ **etmek** austauschen, wechseln (z.B. Telegramme) **tasdiknamelerin -si** Austausch *m* der Ratifikationsurkunden **-i efkâr** *z. va.* Meinungsaustausch *m* *fikir teatisi, reyleşme
teatral 1. *selt.* bühnenmäßig, Theater- 2. theatralisch (z.B. Gesten)
teavün [ā] gegenseitige Hilfeleistung, solidarisches Zusammengehen *yardımlaşma ~ **etmek** sich gegenseitig unterstützen ~ **sandığı** Unterstützungskasse *f*; s.a. **Çerkes** ⩳ **Cemiyeti**
Teb s. **Tebe**
tebaa (*urspr. Pl.* zu **tabi** (II), Verwendung als Pl. od. Sg.) Staatsangehörige *(m, f, pl.)*, Untertan(-en *pl.*) *m* *vatandaş(-lar) **Alman -sından Emil Müller** der deutsche Staatsangehörige Emil Müller **İngiliz -sından yüz kişi** hundert Personen englischer Staatsangehörigkeit **-i mahalliye** *va.* Inländer *pl.*
tebaalı mit nb. Staatsangehörigkeit (Nationalität) **ecnebi** ~ **talebe** Studenten *pl.* fremder Nationalität, ausländische Studenten *pl.*
tebaan [×··] *va. Adv.* (m. Dat.) in Befolgung, in Ausführung (z.B. des Befehls)
tebadül [ā] *va.* Austausch *m*, Ersetzung *f*
tebadür [ā] *va.* 1. In-den-Sinn-Kommen *n* 2. *lit.* s. **tevarüt;** ~ **etmek** *va.* 1. (als erstes) in den Sinn kommen, einfallen 2. *lit.* s. **tevarüt etmek**
tebah [ā] *va.* 1. zerstört, vernichtet 2. Zerstörung, Vernichtung *f* ~ **etmek** *va.* zerstören, vernichten ~ **olmak** *va.* zerstört (vernichtet) werden, zugrundegehen
tebahhur (I) Verdampfen *n*, Verdunstung *f* ~ **etmek** verdampfen, verdunsten *buharlaşmak ~ **harareti** *phys.* Verdampfungswärme *f* *buharlaşma ısısı
tebahhur (II) *va.* 1. unendlicher Reichtum 2. ausgedehntes Wissen
tebaiyet, -ti [ā] 1. Abhängigkeit *f* 2. Befolgen *n*, Befolgung *f* 3. Nach-ahmen *n*, -ahmung *f* ~ **etmek** 1. (bşe) befolgen (z.B. Brauch, Befehl), sich unterwerfen, gehorchen 2. (b–ne) nach-machen, -ahmen (z.B. Bewegungen)
tebaizm (*franz.* **thébaisme**) *med.* Opiumvergiftung *f*
tebar [ā] *va.* Familie *f*, Geschlecht *n*, Stamm *m*, Herkunft, Abstammung *f* *soy
tebarekâllah [·–··–] Gott segne es (ihn usw.)! (Gerne als Verst. nach **maşallah** verwendet.)
Tebareke suresi [ā] s. **Mülk suresi**
tebarüz [ā] klares Zutagetreten ~ **etmek** klar hervor-, zutage-treten, sich deutlich heraus-heben, -stellen ~ **ettirmek** klar herausstellen, deutlich hervorheben, an den Tag legen
tebaut, -du [ā] *va.* 1. *math.* Divergenz *f* *ıraksama 2. *phys.* Elongation *f* ~ **etmek** *va.* sich entfernen, divergieren *uzaklaşmak
tebayün [ā] *va.* Unterschied *m*, Differenz *f*, Kontrast *m*, Widerspruch *m* **-ü efkâr** *va.* Gegensätzlichkeit *f* der Auffassungen
tebbet (*ar.:* Möge verderben!) ⩳ **suresi** s. **Ebu Lehep suresi**
tebcil [ī] Verherrlichung *f* ~ **etmek** feiern, ehren, verherrlichen (z.B. j–s Andenken)
tebcilen [·×·] *z. va. Adv.* zur Verherrlichung (von)
tebdil [ī] 1. Wechsel(-n *n*) *m*, Tausch(-en *n*) *m*, Ersetzen *n*, Ersatz *m*, Verändern *n*, Veränderung *f* 2. *Adv.* in Verkleidung, verkleidet 3. *hist.* Detektiv, Agent, Polizeispitzel *m* ~ **çıkmak** s. **-e çıkmak;** ~ **etmek** 1. wechseln, (durch et. anderes) ersetzen, verändern, transformieren *değiştirmek 2. (bşi bşle) eintauschen (gegen), umtauschen (in) ~ **gezmek** 1. in Verkleidung (verkleidet) umhergehen (z.B. Spitzel) 2. *F* komisch gekleidet sein 3. *F* herumschnüffeln ~ **havalı** Kurgast *m* ~ **kayığı** *hist.* einfaches Boot, das ein Sultan od. Wesir verwendete, um sich unerkannt unter das Volk zu mischen **-e çıkmak** sich unerkannt unter das Volk mischen **-i hava,** *F a.* **tebdilhava** Luftveränderung *f*, Klimawechsel *m* **-i havaya** (*od. va.* **berayı -i hava) bir yere gitmek** sich zur Luftveränderung irgendwohin begeben **-i kıyafet etmek** sich verkleiden *kıyafet değiştirmek ⩳**i mekânda ferahlık var!** *Spr.* Eine Ortsveränderung tut ihr Gutes! **-i şekil** s. **şekildeğişimi; -i mevzi** s. **yerdeğiştirme**
tebdilen [·×·] *va. Adv.* unter Umtausch, tausch-, wechselweise, unter Vornahme e–s Austausches **Bu hüviyet vesikasını eskisiyle** ~ **verdiler.** Diesen Personalausweis hat man gegen Rückgabe des alten ausgestellt.
tebdilhavacı [ī] Kurgast *m*
Tebe *n.pr.* Theben (Stadt in Griechenland bzw. in Ägypten)
tebeddül *z. va.* Wechsel *m*, Veränderung *f* ~ **etmek** *z. va.* wechseln, sich verändern, sich anders gestalten (z.B. Verhältnisse) *değişmek
tebeh s. **tebah**
tebel *va.* Falte, Runzel *f* *kat, kıvrım
tebelleş *P* s. **musallat**
tebellüğ *va.* Erhalt *m* e–r amtlichen Mitteilung ~ **etmek** *va.* amtlich mitgeteilt bekommen
tebellür 1. *chem., geol.* Kristallisation *f* *billurlaşma 2. *fig.* klares Hervortreten ~ **etmek** 1. sich kristallisieren, zu Kristallen anschließen, Kristalle bilden *billurlaşmak 2. *fig.* sich herauskristallisieren, sich deutlich herausheben, klar hervortreten
tebenni [ī] Adoption *f* ~ **etmek** an Kindes Statt annehmen, adoptieren *evlât edinmek
teber 1. Hellebarde, Streitaxt *f* 2. Hackmesser *n* 3. Halbmond- od. Viertelmond-messer *n* (des Sattlers) 4. Tuberose *f bot.* Polyanthes tuberosa *tutya çiçeği
teberdar [ā] *hist.* 1. Hellebardier *m* 2. Liktor *m* (im alten Rom)
Tebernuş [ū] s. Stw. **Ashabı Kehf**
teberra [ā]; **teberri** [ī] *va.* 1. Fernbleiben *n* (von) 2. Nicht-Verehrung *f* von Hz. Ali *ant.* **tevellâ**
teberru, -uu Spende, Schenkung *f*, unentgeltliche Zuwendung ~ **etmek** spenden, schenken, zuwenden
teberruan [·×··] *Adv.* als Spende (Schenkung)
teberruat, -tı [ā] *Pl.* zu **teberru**
teberrük, -kü *va.* 1. Segnung *f*, Segen *m*, Gnade *f* 2. Erblikken *n* e–r glücklichen Vorbedeutung 3. gnadenreiche Reliquie, segenspendendes Heiligtum *n*
teberrükât, -tı (*Pl.* zu **teberrük** 3)
teberrüken [·×··] *Adv.* indem man et. als gutes Vorzeichen betrachtet *teyemmünen
teberrüt, -dü *va.* (langsames) Kalt-, Gekühlt-werden ~ **etmek** *va.* kalt (gekühlt) werden
teberrüz *va.* 1. Hinausgehen, Austreten *n* 2. Hinausragen *n*
teberrüzî hinausragend, Eruptions-; s.a. **mahrutu** ~
tebessüm Lächeln *n* ~ **etmek** lächeln *gülümsemek **Müstehzi bir -le gülümsedi.** Er lächelte spöttisch.
tebeşir Kreide *f* ~ **çekmek** Rechnung führen (indem man für jeden Posten e–n Kreidestrich macht) ~ **devri (dönemi, sistemi)** *geol.* Kreideformation *f* *kretase ~ **gediği** *fr. P* für **saka gediği;** ~ **tahtası** s. **yazı tahtası;** ~ **-e peynir**

bakışlı 1. dumm 2. verblüfft, perplex 3. wer aus der geringsten Sache Nutzen schlagen will
tebeşirlemek *techn.* kreiden
tebevvül *va.* Urinieren *n* ~ **etmek** *va.* urinieren, harnen, Wasser lassen **-ü dem** *med.* Hämoglobinurie *f*
tebeyyün Sich-Herausstellen *n* ~ **etmek** sich herausstellen, sich deutlich ergeben
teb'iden [ī] *va. Adv.* durch Entfernung (Ausweisung, Verbannung)
teb'it, -di [ī] 1. Entfernen *n* 2. Aus-weisen *n*, -weisung *f*, Verbannen *n*, Verbannung *f* Zu 2: ~ **kararı** Ausweisungsbefehl *m* ~ **etmek** 1. entfernen *uzaklaştırmak 2. ausweisen *ihraç etmek, çıkarmak 3. verbannen *nefyetmek, sürmek
te'bit, -di [– –] *va.* Verewigen *n* ~ **etmek** *va.* verewigen *ebedîleştirmek
tebligat, -tı [ā] (*Pl.* zu **tebliğ**, *a. in sg. Bed.*) ~ **bürosu** Zustellungsbüro *n* (*spez.* bei Gericht)
tebliğ [ī] 1. Bekanntmachung, amtliche Bekanntgabe, dienstliche (offizielle) Mitteilung, Übermittlung, Zustellung, Anzeige *f* 2. *mil.* Heeresbericht *m* 3. *stil.* die (als annehmbar geltende) erste Stufe der Hyperbel (vgl. **iğrak, gulüv**); ~ **etmek** amtlich bekannt-geben, -machen, dienstlich (offiziell) mitteilen, übermitteln, zustellen (Urteil, Befehl usw.) **-i resmî; resmî** ~ offizielle Verlautbarung, amtliches Communiqué, *mil.* Heeresbericht *m*
teblir [ī] Sich-Kristallisieren-Lassen *n* ~ **etmek** s. **billurlaştırmak;** ~ **kapsülü** s. **billurlaştırma kabı**
tebrik, -ki [ī] Glückwunsch *m*, Gratulation *f* ~ **etmek** (b–ni bşden dolayı *od.* bşi b–ne) j–m zu et. gratulieren, j–n zu et. beglückwünschen, seine Glückwünsche aussprechen (anläßlich) *kut(lu)lamak **-lerini sunmak** seine Glückwünsche entbieten
tebrikât, -tı [·– –] *va. Pl.* zu **tebrik; bayram -ı** Glückwünsche *pl.* anläßlich des Feiertags **-ta bulunmak** *va.* seine Glückwünsche aussprechen; gratulieren
tebrikname [·– –·] Glückwunsch-, Gratulations-schreiben *n*
tebrit, -di [ī] *va.* Abkühlen *n*, Abkühlung *f*, Kaltwerden-Lassen *n;* s. a. **elektrikli** ~ **makinesi;** ~ **etmek** *va.* kalt werden lassen, abkühlen *soğutmak ~ **tertibatı** Kühlanlage *f*
tebriye 1. Freisprechen *n*, Freispruch *m* 2. *H* Entlastung *f* ~ **etmek** (b–ni bşden) 1. j–n (von e–r Schuld) freisprechen 2. *H* j–n entlasten (von) **-i zimmet** Entlastung *f* (von e–m Amt) **-i zimmet etmek** 1. sich entlasten 2. Entlastung erteilen **-i zimmet varakası** 1. schriftliche Entlastung 2. Quittung *f* (über Entrichtung e–s zu zahlenden Betrages)
Tebriz [ī] 1. *n.pr.* Täbris (Stadt in Persien) 2. ≗ e–e melod. Weise in der türk. Musik
tebşir [ī] *z. va.* Überbringung *f* e–r guten Nachricht ~ **etmek** *z. va.* e–e frohe Botschaft verkünden, e–e gute Nachricht über-bringen, -mitteln, die freudige Mitteilung machen, daß ... *müjdelemek
tebyin [ī] *va.* Klarmachen *n* ~ **etmek** *va.* klarmachen, deutlich herausstellen, offen darlegen *açıklamak
tebyiz [ī] *z. va.* Reinschrift *f* ~ **etmek** *z. va.* ins Reine schreiben *beyaza çekmek
tecahül [ā] Nichtverstehenwollen *n*, gespielte Ignoranz ~ **etmek** (bşden) (*od.* **-den gelmek**) so tun, als ob man etwas nicht kennte (von et. nichts verstünde, wüßte), et. ignorieren *bilmemezlikten gelmek, bilmezlenmek **-ü arif(-ane)** *stil., rhet.* gespieltes Nichtverstehen, geflissentliche Ignorierung
tecanüs [ā] 1. Homogenität, Gleichartigkeit *f* 2. innere Geschlossenheit; Einheitlichkeit *f*
tecarip, -bi [ā] *va. Pl.* zu **tecrübe**
tecasür [ā] *va.* Wagen *n*, Mut *m* ~ **etmek** *va.* wagen, sich unterfangen (et. zu tun)
tecavüz [ā] 1. Überschreiten, Hinausgehen *n* (über) 2. Übersteigen *n* 3. Übertretung *f*, Verstoß *m*, Zuwiderhandlung *f* (gegen) 4. Übergriff *m* 5. Anpöbelung, Anrempelung *f*, aggressives Verhalten 6. Angriff, Einfall *m* (in fremdes Gebiet) 7. Anschlag, Überfall *m*, Attentat *n* ~ **etmek** 1. (m. Akk.) überschreiten (Baulinie, Befugnisse usw.) 2. übersteigen (Zahl, Kräfte usw.) 3. **(mercilerini)** den Dienstweg nicht einhalten 4. übertreten, verletzen (z. B. gesetzliche Bestimmungen), verstoßen (gegen), zuwiderhandeln 5. (m. Dat.) anpöbeln, anrempeln, sich Übergriffe erlauben (gegen), aggressiv vorgehen (gegen), einfallen (in ein Gebiet) 6. e–n Anschlag verüben (gegen), überfallen; s. a. **b–nin hakkına** ~ **etmek; zorla** ~ **etmek; -ün men'i davası** s. **müdahalenin men'i davası; ademi** ~ **misakı** Nichtangriffspakt *m* *saldırmazlık paktı
tecavüzî [·–·–] aggressiv, offensiv, Aggressions-, Angriffs- (*ant.* **tedafüî**); ~ **harp** Angriffskrieg *m* ~ **vaziyette bulunmak** sich in der Offensive befinden
tecavüzkâr [·–·–] 1. *va.* (die Grenze) überschreitend 2. s. **tecavüzî;** ~ **planlar** Aggressionspläne *pl.*
tecazüp, -bü [ā] *va.* Sympathie, Zuneigung *f*, Mitgefühl *n* *duygudaşlık
Teccal s. **Deccal**
tecdit, -di [ī] 1. Erneuern *n*, Erneuerung *f* 2. Wiederholung *f* 3. *jur.* Novation *f* (Aufhebung e–s Schuldverhältnisses durch Eingehen e–s neuen Schuldverhältnisses) ~ **etmek** erneuern *yenile(ştir)mek **-i intihabat** *va.* Neuwahlen *pl.*
tece *dial.* Schärrahmen *m* (Weberei)
tecebbür *va.* Anmaßung, Arroganz *f*
teceddüt, -dü Sich-Erneuern *n*, (Er-)Neuerung, Regeneration, Reform *f* *yenilik ~ **etmek** sich erneuern *yenileşmek ~ **taraftarı** Reformanhänger *m*
teceddütperver reformfreudig *yenilikçi
tecehhüz *va.* 1. Ausgestattet-, Ausgerüstet-, Vorbereitetwerden od. -sein *n* 2. Besitz *m* e–r Brautausstattung 3. Waschung und Aufbahrung *f* e–s Leichnams
tecelli [ī] 1. Manifestation *f* 2. Phänomen *n*, Erscheinung (-sform) *f* 3. Schicksal, Geschick, Los *n* *kader ~ **etmek** in Erscheinung treten, sich manifestieren, offenbar werden, sich ereignen
tecelligâh Ort *m* der Offenbarung
tecellisiz unglücklich; Pechvogel *m*
tecellisizlik Unglück, Pech *n*
tecelliyat, -tı [ā] *va. Pl.* Erscheinungsformen, Manifestationen *pl.*
tecellüt, -dü *va.* 1. prahlerisch markierte Standhaftigkeit (Beherztheit, Ausdauer) 2. s. **ısrar, inat;** ~ **etmek** (*od.* **göstermek**) 1. *va.* in prahlerischer Weise Standhaftigkeit markieren, den Helden spielen 2. s. **ısrar (inat) etmek**
tecemmu, -uu 1. Sich-Ansammeln *n*, Ansammlung *f* 2. *mil.* Zusammenziehung *f*, Aufmarsch *m* 3. Zusammenrottung, Auflauf *m* ~ **etmek** 1. sich (an-)sammeln, sich anhäufen 2. *mil.* zusammengezogen werden (Truppen) 3. sich zusammenrotten ~ **kampı** Konzentrationslager *n* ~ **mahalli** (*od.* **yeri**) Sammelplatz *m*
tecemmülât, -tı *va. Pl.* Schmuck, Putz *m*
tecemmüt, -dü *va.* Gefrieren, Erstarren *n*
tecen *va.* 1. s. **dağ keçisi** 2. *fig.* wild, ungezähmt (Tier)
tecennün *va.* Wahnsinnigwerden *n* ~ **etmek** *va.* wahnsinnig (geisteskrank, verrückt) werden *çıldırmak, delirmek
tecerrüt, -dü 1. Sich-Befreien, Sich-Losmachen (von), Sich-Entäußern (e–r Sache), Absehen (von) *n* 2. *a. pol.* Absonderung, Isolation *f* 3. *va.* völlige Hinwendung zu Gott 4. *va.* Ledigbleiben *n* ~ **etmek** (m. Abl.) 1. sich von

et. befreien od. losmachen, sich e–r Sache entäußern, von et. absehen 2. sich absondern (von), sich isolieren 3. *va.* sich von allem Irdischen abwenden und sich ganz Gott widmen 4. *va.* unverheiratet bleiben ~ **politikası** Isolationspolitik *f*

tecessüm 1. Verkörperung, Materialisation *f* 2. Auftauchen, In-Sicht-Kommen *n* 3. Lebendig-vor-Augen-Treten *n*, Inbegriff *m* Zu 3: **ahmaklığın -ü** Inbegriff *m* der Dummheit ~ **etmek** 1. körperliche (gegenständliche, konkrete) Form annehmen, sich konkretisieren *cisimlenmek 2. auftauchen, in Sicht kommen 3. lebendig vor Augen treten Zu 1: **Selimiye, mimar Sinan'ın ~ etmiş dehasıdır.** Die Selimiye-Moschee ist die Inkarnation (Stoffwerdung) des Sinanschen Genius. Zu 2: **Ufukta birdenbire bir gemi ~ etti.** Am Horizont tauchte plötzlich ein Schiff auf. Zu 3: **Hadise olduğu gibi gözümün önünde ~ ediyor.** Der Vorfall steht mir greifbar vor Augen.

tecessüs 1. (Hinterher-)Spionieren, Schnüffeln *n* 2. Neugier *f* 3. genaue Prüfung, aufmerksames Suchen ~ **etmek** 1. (bşi) e–r Sache nachspionieren, schnüffeln (nach), ausspionieren, auskundschaften 2. neugierig sein 3. genau prüfen, aufmerksam suchen

tecessüt, -dü *z. va.* Annahme *f* körperlicher Form, Inkarnation *f* ~ **etmek** *z. va.* körperliche Form annehmen *gövdelenmek

teceyp, -bi *trig.* Kosinus *m* *kosinüs, tamamıceyp

tecezzi, -ii [ī] 1. a) Sich-Teilen *n*, Teilung *f* b) *biol.* Zellteilung *f* *bölünme 2. *geogr.* Verwitterung *f* *ufalanma ~ **etmek** 1. sich teilen *cüzlenmek 2. verwittern *ufalanmak ~ **etmeme** *jur.* Unteilbarkeit *f*

tecfif [ī] *va.* (Aus-)Trocknen *n* ~ **etmek** *tr.* (aus-)trocknen *kurutmak; s. a. **aleti** ~

tecil [– –] 1. Auf-, Ver-schieben *n*, Aufschub *m*, Stundung *f* 2. *mil.* Zurückstellung *f* Zu 1: **cezanın -i** Strafaufschub *m* Zu 2: **muvakkat** ~ *mil.* zeitliche Zurückstellung ~ **etmek** 1. auf-, ver-schieben; stunden 2. *mil.* zurückstellen Zu 2: ~ **edilmiş mükellef** zurückgestellter Dienstpflichtiger **-i düyun** *va.* s. **moratoryum**

tecim(-el) *(beides kaum gebr.)* s. **ticaret; (ticarî)**

tecimer (tecimevi, tecimge) *(alles kaum gebr.)* s. **tüccar; (ticarethane)**

teclit, -di [ī] *va.* 1. (Ein-)Binden *n* (e–s Buches) 2. Abhäuten *n* (e–s Tieres) ~ **etmek** *va.* 1. (ein-)binden (Buch) *ciltlemek, kaplamak 2. abhäuten (Tier)

tecnis [ī] *stil.* 1. Verwendung *f* e–s Wortspiels (vgl. **cinas**) 2. Gedicht *n* mit vielen Wortspielen

tecribî s. **tecrübî**

tecridî *va.* isolierend (Sprache) *tek heceli

tecrim [ī] *va.* 1. Schuldigsprechen *n* 2. Auferlegung *f* e–r Geldstrafe ~ **etmek** *va.* 1. schuldig sprechen 2. e–e Geldstrafe auferlegen

tecrip, -bi [ī] *va.* s. **deneyim**

tecrit, -di [ī] 1. Isolierung *f* 2. Ab-schließung, -trennung, *mil. a.* -schneidung *f* 3. Befreiung, Reinigung, Losmachung, Trennung *f* (von) 4. Abstrahieren *n*, Abstraktion *f* 5. **(askerlikten)** Entmilitarisierung *f* 6. **(silâhtan)** Entwaffnung *f* 7. *chem.* Entwicklung *f* ~ **etmek** 1. *phys.* isolieren *yalıtmak 2. abschließen, abtrennen, *mil. a.* abschneiden 3. (bşden) befreien, reinigen, losmachen, trennen (von) 4. *phil.* abstrahieren *soyutlamak 5. **(askerlikten)** entmilitarisieren 6. **(silâhtan)** entwaffnen 7. *chem.* entwickeln ~ **kampı** Konzentrationslager *n* ~ **kenarı** *arch.* Bauwich *m* (Zwischenraum zwischen zwei Häusern) ~ **maddesi** Isoliermasse *f* ~ **şeridi** Isolierband *n* ~ **zinciri** Isolierkette *f*

tecrithane [· – – ·] 1. Isolierungsabteilung *f* 2. Einzelzelle *f*

tecrübe 1. Versuch *m*, Probe *f*, Experiment *n* *deney 2. Erfahrung, Praxis *f* ~ **atışı** 1. Probeschuß *m* 2. Probeschießen *n* ~ **bataryası** *mil.* Prüfbatterie *f* ~ **cihazı** Versuchsapparat *m* ~ **etmek** 1. versuchen, probieren, (er-)proben, prüfen 2. erfahren ~ **masası** Experimentiertisch *m* ~ **neticesi** Versuchsergebnis *n* ~ **sahibi** erfahren, bewandert, versiert, routiniert *tecrübedide, tecrübeli ~ **seferi** Probefahrt *f* ~ **tahtası** *fig.* Versuchskaninchen *n* ~ **uçuşu** Prüf-, Probe-flug *m* ~ **ve muayene komisyonu** *mil.* Prüfungskommission *f* ~ **veya muayene ile satış** *H* Verkauf *m* auf Probe od. auf Besichtigung *deneme ya da yoklama ile satım **-ler geçirmek** Erfahrungen machen **-sini yapmak** 1. et. ausprobieren 2. Versuche anstellen (mit) **ºyi göğe çekmediler ya!** Man kann es doch einmal probieren!

tecrübedide [ī] *z. va.;* **tecrübeli** s. **tecrübe sahibi**

tecrübeleme s. **deneyim**

tecrübesiz unerfahren, ohne praktische Erfahrung, nicht (od. nicht genügend) geschult

tecrübesizlik Unerfahrenheit *f*, Fehlen *n* praktischer Erfahrung, fehlende od. ungenügende Schulung

tecrübî experimentell, Experimental- *deneysel ~ **fonetik** Experimentalphonetik *f* ~ **ispat** experimenteller Beweis ~ **ruhiyat** (*od.* **psikoloji**) experimentelle Psychologie, Experimentalpsychologie *f*

tecvit, -di [ī] Orthoepie *f spez.* Kunst *f* der Koranrezitation *sağdeyi ~ **etmek** rezitieren (Koran)

tecviz [ī] Gutheißen *n*, Billigung *f* ~ **etmek** für erlaubt halten (od. als erlaubt erklären), gutheißen, billigen

tecziye (I) Bestrafung *f* ~ **etmek** bestrafen *cezalandırmak

tecziye (II) *va.* (Auf-)Teilen, Zerlegen *n* ~ **etmek** *va.* (auf-)teilen, zerlegen

teçhil [ī] *va.* Zuschreiben *n* von Unwissenheit ~ **etmek** *va.* j–n für unwissend erklären, j–n als unerfahren (unwissend) hinstellen, j–n der Unerfahrenheit (Unwissenheit) zeihen *bilmezlemek

teçhiz [ī] 1. Ausrüsten, Ausstatten *n* 2. Waschung und Aufbahrung *f* e–s Leichnams ~ **etmek** 1. ausrüsten, ausstatten, versehen (mit) *cihazla(ndır)mak 2. waschen und aufbahren (Leichnam)

teçhizat, -tı [· – – –] *Pl.* 1. Ausrüstung(-smaterial *n*) *f*, Ausstattung(-sgegenstände *pl.*) *f* 2. Bewaffnung *f* ~ **malzemesi** Ausrüstungsmaterial *n* ~ **tablası** Armaturenbrett *n* (spez. im Auto) **-ı harbiye** *va.* Kriegsausrüstung *f*

teçsim [ī] *va.* 1. Verkörpern *n*, Inkarnation *f* 2. Erscheinen-Lassen *n* 3. Lebendig-vor-Augen-Führen *n*

tedabir [· – –] *va. Pl.* zu **tedbir**

tedafüî [· – · –] Verteidigungs-, Schutz-; defensiv, Defensiv- ~ **harp** Defensiv-, Verteidigungs-krieg *m* ~ **ittifak** Defensiv-, Schutz-bündnis *n* ~ **mevziler** *mil.* Verteidigungsstellungen *pl.* ~ **örtme** *mil.* defensive Verschleierung ~ **vaziyette bulunmak** sich in der Defensive befinden ~ **ve tecavüzî ittifak** Schutz- und Trutzbündnis *n*

tedahül [ā] 1. Rückstand *m* (z. B. bei Gehalts- od. Mietzahlung) 2. *phys.* Interferenz *f* *girişim 3. Kollision *f* ~ **etmek** sich überschneiden; kollidieren **-de kalmak** *od.* **-e binmek** noch ausstehen, rückständig sein (Gehalt, Miete usw.)

tedai [· – ·] *psych.* (Gedanken-)Verbindung, Assoziation *f* *çağrışım **-i efkâr** Ideenassoziation *f*

tedaiye [ā] s. **teşarükiye**

tedansan (*franz.* **thé dansant**) Tanztee *m* *danslı çay, *selt.* çaylı dans

tedarik, -ki [ā] 1. Anschaffung, (Bedarfs-)Beschaffung *f*, Einkauf *m* 2. Zufuhr, Versorgung *f* 3. Vorbereitung(-en *pl.*) *f* Zu 1: **bayram -i** Feiertagseinkäufe *pl.* ~ **etmek** 1. an-, be-schaffen 2. sich et. reservieren lassen, belegen lassen ~ **görmek** 1. Einkäufe machen 2. s. **-te bulunmak;**

~ **mahalli** Bezugsquelle *f* ~ **masrafları** An-, Be-schaffungskosten *pl.* **-te bulunmak** Vorbereitungen treffen
tedarikât, -tı [·—·—] *va. Pl.* zu **tedarik**
tedarikli [ā] eingedeckt, versorgt, ausgestattet, gut ausgerüstet ~ **bulunmak** mit allem Nötigen versehen sein
tedariksiz [ā] nicht od. nur ungenügend eingedeckt (versorgt, ausgestattet), unvorbereitet
tedavi [·—·] 1. Behandlung, Kur *f* 2. Heilung *f* 3. Therapeutik *f* ~ **altına alınmak** in ärztliche Behandlung kommen ~ **bilayn** s. **homeopati;** ~ **bişşems** s. **helyoterapi;** ~ **bizzıt** s. **alopati;** ~ **etmek** 1. behandeln, kurieren 2. heilen ~ **görmek** behandelt (kuriert, geheilt) werden **gayri kabili** ~ unheilbar **-i muahhar** *med. va.* Nach-behandlung, -kur *f*
tedavihane [·—·—·] Kurheilstätte *f*, Sanatorium *n*
tedavül [ā] (Geld-)Umlauf, Kurs *m* ~ **bankası** Emissionsbank *f* *ihraç bankası ~ **etmek** in Umlauf sein, kursieren, zirkulieren ~ **senedi** *H* 1. handelsfähiges, begebbares Papier 2. Gefälligkeitswechsel *m* **-den çekmek** (*od.* **çıkarmak**) aus dem Verkehr ziehen, außer Kurs setzen (z.B. Banknoten) **-den kalkmak** Pass. zu **-den çekmek; -e** (*od.* **mevkii -e**) **çıkarmak** ausgeben, in Umlauf setzen, in Verkehr bringen, emittieren
tedavülî [·—·—] *va.* Umlaufs-, Kurs- **senedatı -ye** s. **tedavül senetleri**
tedbir [ī] 1. *z. va.* Ergreifen *n* von Maßnahmen, Voraus-, Um-sicht *f* 2. Maß-nahme, -regel *f*, Mittel *n* (zur Erreichung e–s best. Zweckes) Zu 2: **hatıra gelen her -e müracaat etmek** sich jedes nur erdenklichen Mittels bedienen ~ **almak** (*od.* **ittihaz etmek**) Maßnahmen (Maßregeln) treffen (ergreifen) **ºde kusur eden, takdire bahane bulur.** *Spr.* Wer es an Vorsicht mangeln läßt, sucht die Schuld gerne bei dem Schicksal.
tedbirli um-, vor-sichtig, vorsorglich, geschickt *müdebbir ~ **davranmak** umsichtig handeln
tedbirlilik Umsicht(-igkeit), Vorsicht, Vorsorglichkeit *f*
tedbirsiz wem es an Umsicht mangelt
tedbirsizlik Mangel *m* an Umsicht, fehlende Vorsorglichkeit, Unvorsichtigkeit *f*
tedehhüş *va.* Entsetzen *n*, Bestürzung *f* ~ **etmek** *va.* in Entsetzen (größte Bestürzung) geraten
tedenni [ī] rückläufige Entwicklung, Rückgang *m* (*a.* von Preisen), allmählicher Verfall ~ **etmek** (in der Entwicklung) zurück-bleiben, -fallen, -gehen; fallen (Preise), allmählich verfallen
tederrüs *va.* Lernen, Studieren, Studium *n* *ders alma, öğrenme ~ **etmek** *va.* 1. lernen, studieren 2. (b–den) Unterricht nehmen (bei)
tedeyyün (I) In-Schulden-Geraten *n*, Verschuldung *f* ~ **etmek** Schulden machen, sich in Schulden stürzen, in Schulden geraten (*spez.* durch Übernahme fremder Verbindlichkeiten) *borçlanmak
tedeyyün (II) *va.* Bindung *f* an e–e best. Religion ~ **etmek** sich an e–e best. Religion binden
tedfin [ī] Begraben, Begräbnis *n*, Bestattung, Beisetzung *f* ~ **etmek** begraben, bestatten, beisetzen *gömmek ~ **merasimi** feierliche Beisetzung (Bestattung)
tedhiş [ī] Schreckensregiment *n*, Terror(-isierung *f*) *m* ~ **etmek** 1. in Schrecken setzen 2. terrorisieren ~ **hücumu** Terrorangriff *m*
tedhişçi 1. Terrorist(-in *f*) *m* 2. terroristisch *(1, 2) terörist
tedhişçilik Terror(-isierung *f*, -regime *n*) *m* *terör
tedibî [———] Straf-, Züchtigungs- ~ **tedbirler** Strafmaßnahmen *pl.*
tedip, -bi [——] *z. va.* Zurechtweisung, Strafe, Züchtigung *f* ~ **etmek** *z. va.* zurechtweisen, strafen, züchtigen ~ **hakkı** Züchtigungsrecht *n* *uslama hakkı
tedirgin aufgescheucht, beunruhigt, unruhig, erschreckt ~ **etmek** aufscheuchen, beunruhigen, erschrecken
tedirginlik 1. Aufgescheucht-, Erschreckt-sein *n*, Beunruhigung, Unruhe *f* 2. *astr.* Störung *f* (des Umlaufs e–s Gestirns) *irticaf, sarsım
tediyat, -tı [—·—] *Pl.* (Aus-)Zahlungen *pl.* **-ı kesmek** die (Aus-)Zahlungen einstellen (z.B. Bank) **-ın tatili** Zahlungseinstellung *f*
tediye [—··] 1. (Be-)Zahlung *f* *akça ödeme 2. Erfüllung *f* 3. bezahlte Summe ~ **anlaşması** Zahlungsabkommen *n* ~ **emri** Zahlungsanweisung *f* ~ **etmek** (be-)zahlen *ödemek ~ **günü** Zahl-, Lohn-tag *m* ~ **kabiliyeti** *H* Zahlungsfähigkeit, Solvenz *f* ~ **senetleri** *H* Wechselverbindlichkeiten *pl.* ~ **usulü** Zahlungsverfahren *n* ~ **yerine yapılan eda** *jur.* Leistung *f* erfüllungshalber **ademi** ~ *H* Nichtzahlung *f*, Unterlassung *f* der Zahlung, Zahlungsverweigerung *f* **ademi** ~ **protestosu** s. **ödenmeme protestosu**
tedmir [ī] *va.* völlige Vernichtung (des Feindes) ~ **etmek** *va.* (dem Feind) e–e völlige Niederlage beibringen, (den Feind) völlig vernichten
Tedmir; Tedmür *n.pr.* Tadmor, Palmyra (in Syrien) ~ **hurma ağacı** Palmyra- od. Lontar-Palme *f bot.* Borassus flabelliformis *Palmir hurma ağacı, Hint hurması
tedricen [·×·] *Adv.* stufenweise, allmählich, mehr und mehr, nach und nach, in langsamem Fortschritt *derece derece
tedricî [·——] stufenweise, langsam fortschreitend, allmählich ~ **olarak** s. **tedricen;** ~ **serbesti sistemi** *jur.* Stufenstrafvollzug *m*
tedriç, -ci [ī] *z. va.* 1. langsames Werden, stufenweise Entwicklung 2. *stil.* Gradation, Stufenfolge *f* *kerteleme, tensik **-i hâbit** *stil.* fallende Stufenfolge, Antiklimax *f* *tensiki inhitatî, alçalan kerteleme **-i said** *stil.* aufsteigende Stufenfolge, Steigerung, Klimax *f* *tensiki irtikaî, yükselen kerteleme
tedrip [ī], **-bi** s. **yetiştirim**
tedris [ī] Unterricht(-serteilung *f*) *m*, Lehren *n*, Lehrtätigkeit *f*, Abhaltung *f* von Vorlesungen ~ **etmek** unterrichten, Unterricht erteilen, lehren, e–e Lehrtätigkeit ausüben, Vorlesungen halten ~ **heyeti** Lehrkörper *m*, Lehrerkollegium *n*, Fakultätsmitglieder *pl.* ~ **hürriyeti** *jur.* Lehrfreiheit *f* ~ **senesi** Schuljahr *n* *ders senesi (yılı) ~ **şubeleri** s. **öğretim kolları;** ~ **ve imtihan talimatnamesi** Unterrichts- und Prüfungs-ordnung *f* ~ **ve tederrüs** *va.* Lehren und Lernen *n*
tedrisat, -tı [·——] (*Pl., a. in sg. Bed.*) 1. Lehr-kurse, -gänge, Vorlesungen *pl.* 2. Unterricht *m* *öğretim
tedrisî *va.* Unterrichts-, Lehr- **heyeti tedrisiye** s. **tedris heyeti**
tedvin [ī] 1. Veröffentlichung *f* in gesammelter Form 2. *jur.* Kodifikation, Gesetzgebung *f* ~ **etmek** 1. in gesammelter Form herausbringen (veröffentlichen, publizieren) 2. *jur.* kodifizieren
tedvir [ī] 1. Kreisen-, Rotieren-lassen *n*, Drehung *f* 2. Leitung, Führung; Ausübung *f* (der Geschäfte) ~ **etmek** 1. kreisen (rotieren) lassen; drehen 2. (**işleri** *od.* **umuru**) (die Geschäfte) leiten, führen, ausüben **-i umur** Leitung *f* der Geschäfte
teeddüben [·×··] *va. Adv.* des Anstandes halber
teeddüp, -bü *va.* Sich-Scheuen *n* ~ **etmek** (m. Abl.) *va.* des Anstandes (der guten Sitte) wegen et. nicht tun, sich scheuen, et. zu tun **Huzurunuzda bu kelimeyi söylemekten ~ ederim.** Ich scheue mich, dieses Wort in Ihrer Gegenwart zu verwenden.
teehhül *va.* Verehelichung, Heirat, Vermählung *f* ~ **etmek** *va.* heiraten, sich verheiraten, sich vermählen *evlenmek
teehhür Verspätung, Verzögerung *f*, Aufschub *m* ~ **etmek**

sich verspäten, sich verzögern, aufgeschoben (verschoben) werden ~ **faizi** Verzugszinsen *pl.*
teehhürat, -tı [ā] *va. Pl.* zu **teehhür**
teehhürlü mit Verspätung (Verzögerung, Aufschub) ~ **bomba** Bombe *f* mit Spät-, Zeit-zünder *saatli bomba
teekküt, -dü *va.* Sich-Bestätigen *n*, Bestätigung, Bekräftigung *f*
teellüm *z. va.* (seelischer) Schmerz; Betrübnis *f*, Kummer *m* ≗ **duyuyorum.** Es schmerzt mich. ~ **etmek** (bşe) schmerzlich berührt sein (durch), betrübt (bekümmert) sein (über)
teemmül reifliche Überlegung; Nachdenken *n* ~ **etmek** reiflich überlegen, nachdenken, genau be-, durchdenken
teemmülî [ī] überlegt *düşünceli
teemmülsüz unüberlegt, unbedacht, voreilig
teemmülsüzlük Unüberlegtheit, Unbedachtsamkeit, Voreiligkeit *f*
teenni [ī] Bedächtigkeit *f* (des Vorgehens), Gemächlichkeit *f;* langsames und überlegtes Handeln ~ **etmek** ruhig und überlegt handeln, nichts überstürzen
teessüf Bedauern *n* ~ **etmek** (m. Dat.) et. bedauern, j–m leid tun *eseflenmek ≗ **ederim.** Es tut mir sehr leid. (*a.* als Ablehnungsformel)
teessür 1. seelischer Eindruck; Impression *f* *duygulanım 2. Betrübnis *f*, Schmerz *m*, Trauer *f* Zu 2: **...(olduğunu) acı bir -le haber aldık.** Wir haben zu unserem größten Leidwesen (Schmerz) erfahren, daß ... ~ **duymak** Schmerz empfinden, schmerzlich bewegt sein ~ **ve teessüfle** mit größtem Bedauern **-e gark etmek** in Trauer versetzen **-le** schmerzerfüllt
teessürat, -tı [ā] *va. Pl.* zu **teessür**
teessürî 1. seelisch wirkend, psychisch beeinflussend *duygusal 2. *ling.* affektisch, emotional *duyusal ~ **vurgu** s. **duyuş vurgusu**
teessüriyet, -ti *psych.* Sensibilität, Sensitivität, Empfänglichkeit, Affektivität *f* *duygululuk
teessüs 1. Gegründetwerden *n*, Gründung *f* 2. Fest-Begründetwerden *n* ~ **etmek** 1. gegründet werden 2. fest begründet werden, sich festsetzen, zu e–m Dauerzustand werden
teeyyüt, -dü Sich-Bewahrheiten, Sich-Bestätigen *n*, Bestätigung *f* ~ **etmek** sich bewahrheiten, sich bestätigen, seine Bestätigung finden
tef Tamburin *n*, kleine Schellentrommel ~ **çalmak** die Schellentrommel schlagen ~ **çalsan oynayacak** *fig.* ohne alle Ordnung, in wüstem Durcheinander **-e koymak** (*od.* **koyup çalmak**) 1. über j–n herziehen 2. sich auf j–s Kosten lustig machen 3. hochspielen; an die große Glokke hängen
tefahhum s. **kömürleşme**
tefahhus *va.* wissenschaftliche Untersuchung; Forschung *f*, Studium *n*, Studie *f* ~ **etmek** *va.* wissenschaftlich untersuchen od. erforschen, studieren *araştırmak, tetebbu etmek
tefahür [ā] *z. va.* Ruhmredigkeit *f* ~ **etmek** (bşle) sich e–r Sache rühmen
tefarik, -kı [ā] 1. Patschuli-Pflanze *f bot.* Pogostemon Patchouly 2. Patschuli *n* (Öl bzw. Parfüm) *(1, 2) paçuli
tefavüt, -tü [ā] 1. Ungleichheit, Disparität *f* 2. Abweichung, Differenz *f*, Unterschied *m* 3. *H* Ekart, Kursunterschied *m*, Preisspanne *f* ~ **etmek** (biribirinden) (voneinander) abweichen, verschieden sein **-ü arzeyn** *naut.* Breitenunterschied *m* **-ü tuleyn** *naut.* Längenunterschied *m*
tefazul, -lü [ā] 1. Überlegenheit *f* 2. Überschuß *m*, Differenz *f* 3. Potential *n* ~ **muadelesi** Potentialgleichung *f* ~ **sahası** Potentialfeld *n* ~ **seviyesi** Potentialniveau *n* **-ünü bulmak** *math.* differenzieren **-ü iktidar** s. **potansiyel farkı**
tefazulî [·–·–] 1. differentiell 2. *math.* Differential- *(1, 2) ayrımsal 3. potentiell, potential ~ **düstur** Differentialformel *f* ~ **eğri** Differentialkurve *f* ~ **harici kısmet** Differentialquotient *m* ~ **hendese** Differentialgeometrie *f* ~ **hesap** Differentialrechnung *f* ~ **işareti** Differentialzeichen *n* ~ **kudret** *techn.* potentiale Energie ~ **muadele** Differentialgleichung *f* ~ **palanga** Differentialflaschenzug *m* ~ **vida** Differentialschraube *f*
tefcir [ī] *va.* Entwässerung, Dränage, Trockenlegung *f* *akaçlama, drenaj ~ **etmek** *va.* entwässern, dränieren, trockenlegen ~ **havzası** s. **boşaltma havzası**
tefçi Tamburinschläger *m* (*spez.* im Karagözspiel)
tefe 1. Weblade *f* 2. Bund *n* gesponnener Seide 3. Seidenfaden-Spulmaschine *f* ~ **tarağı** Weberkamm *m*, Webblatt *n*
tefeci (Zins-)Wucherer *m* *murabahacı ~ **faizi** Wucherzinsen *pl.*
tefecik s. **ufacık tefecik**
tefecilik 1. (Zins-)Wucher *m* 2. Geschäft *n* e–s (Zins-)Wucherers
tefehhüm *va.* Begreifen, Verstehen, Verständnis *n* *anlama ~ **etmek** *va.* begreifen, verstehen *anlamak
tefek s. **ufak tefek**
tefekkür Überlegen *n*, Überlegung *f*, (Nach-)Denken *n; rel.* Kontemplation *f* ~ **etmek** überlegen, (nach-)denken *düşünmek ~ **hürriyeti** s. **düşünce özgürlüğü; -e dalmak** 1. nachdenken 2. nachdenklich werden 3. in Kummer und Sorge geraten
tefekkürat, -tı [ā] *va. Pl.* zu **tefekkür**
tefeli enggewebt, dicht (Stoff)
tefellüm s. **mantarlaşma**
tefellüs 1. *med.* Abschuppung *f* 2. *geol.* Aufblätterung *f*
tefelsüf *z. va.* Pseudo-, After-philosophie, Sophisterei *f* ~ **etmek** *z. va.* pseudophilosophische Erwägungen anstellen, Sophisterei treiben
Tefenni *n.pr.* O. u. D. im Rbz. Burdur
tefennün *va.* 1. Studium *n* der Naturwissenschaften 2. Vielseitigkeit *f* (der Bildung) 3. Mannigfaltigkeit *f* ~ **fil ibare** *stil.* Abwechslung *f* im Ausdruck *çeşitleme
teferru, -uu *va.* Ver-, Ab-zweigung *f* ~ **etmek** *va.* 1. (bşden) sich von et. abzweigen 2. (bşe) als Untergruppe zu et. gehören 3. (bşe) sich verzweigen, sich unterteilen
teferruat, -tı [ā] *Pl.* 1. Einzelheiten, Details *pl.* 2. Einzelteile *pl.*, Zubehör(-teile *pl.*) *n* *ayrıntı(-lar) 3. Nebenrechte *pl.* *yan (*od.* fer'î) haklar Zu 1: **en ufak -a varıncaya kadar** bis in die kleinsten Einzelheiten
teferruatlı [ā] mit allen Einzelheiten; detailliert
teferruğ *va.* Inbesitznahme *f* (e–s Hauses, Grundstückes usw. auf Grund von Kauf, Schenkung usw.) ~ **etmek** *va.* auf den eigenen Namen eintragen lassen
teferruk, -ku *va.* 1. Trennung, Zerstreuung *f* 2. *chem.* Dissoziation *f*
teferrüç, -cü *z. va.* Ausflug, Spazier-, Aus-ritt *m*, Spaziergang *m*, Promenade *f* ~ **etmek** *z. va.* e–n Ausflug, (Spazier-, Aus-)Ritt machen, spazierengehen, promenieren
teferrüçgâh *va.* Ausflugsort *m* od. Promenade *f*
teferrüs *va.* Ahnung *f*, Vorgefühl *n*, instinktives Wittern ~ **etmek** *va.* ahnen, wittern, allmählich merken, langsam hinter et. kommen *sezinlemek
teferrüt, -dü 1. Vereinzelung, Isolation *f* 2. Sich-Auszeichnen *n* ~ **etmek** 1. sich voneinander trennen 2. e–e verschiedene Entwicklung durchmachen 3. allmählich isoliert od. verschieden werden *(1–3) ayrılaşmak 4. sich vor anderen auszeichnen *birincileşmek
tefessüh Verfaulen *n*, Verwesung *f*, Zerfall *m* ~ **etmek** in Fäulnis übergehen, verfaulen, verwesen, zerfallen *çürümek

tefeül 1. Wahrsagung *f* 2. Erblicken *n* e–r guten Vorbedeutung ~ **etmek** 1. wahrsagen 2. (bşden) in et. ein gutes Vorzeichen erblicken *uğursamak

tefevvuk, -ku Überlegensein *n*, Überlegenheit *f* ~ **etmek** (m. Dat.) übertreffen, überragen; überlegen sein, überflügeln

tefevvüh *va.* 1. Aussprechen, Äußern *n* 2. *pr.* Aussprechen *n* von Beschimpfungen ~ **etmek** *va.* 1. aussprechen, äußern 2. sich in Beschimpfungen ergehen

tefevvühat, -tı [ā] *va. Pl.* Beschimpfungen, Schimpfworte *pl.* **-ta bulunmak** *va.* grob (ausfällig) werden, Schimpfworte gebrauchen **-ı lisaniye** *va.* Verbalinjurien *pl.*

tefeyyüz *z. va.* Voran-, Vorwärts-kommen *n*, Fortschritt *m* ~ **etmek** *z. va.* voran-, vorwärts-kommen, Fortschritte machen (im Leben)

tefviz [ī] *z. va.* Betrauung, Übergabe, Übertragung *f* ~ **etmek** *z. va.* (b–ne bşi) j–n mit et. betrauen, j–m et. übertragen **-i salâhiyet** s. **salâhiyet -i**

tefhim (I) [ī] amtliche Eröffnung, dienstliche Mitteilung, offizielle Verkündung ~ **etmek** j–m et. eröffnen, dienstlich mitteilen, offiziell verkünden **alenen** ~ **edilen karar** öffentlich verkündeter Beschluß

tefhim (II) [ī] s. **kömürleştirme**

tef'il [ī] **(babı)** *va.* Verbalsubstantiv der II. ar. Verbalform

tef'ile *(Metrik)* Versfuß *m*

tefkir [ī] *phil.* Ideation *f* *düşünceleme

teflik, -kı 1. *va.* Spalten *n* 2. *geol.* Schichtung *f* *dilinim ~ **etmek** *va.* spalten

tefrih (I) [ī] *va.* 1. Freudebereiten *n* 2. Erleichterungbringen *n* 3. Aufstoßen, Rülpsen *n* ~ **etmek** *va.* 1. Freude bereiten 2. Erleichterung bringen 3. rülpsen, aufstoßen

tefrih (II) [ī] 1. *va.* Ausbrüten *n* (von Hühnern) 2. Sprießen *n* (des Getreides) 3. *med.* Inkubation *f*

tefrik, -kı [ī] 1. Trennung, Unterscheidung, Zerlegung *f* 2. (*a.* **cemütefrik**) *stil.* Hervorhebung *f* e–s Unterschiedes nach anfänglich gleicher Beurteilung zweier Dinge od. Personen ~ **etmek** trennen, unterscheiden, zerlegen *ayırt etmek ~ **hunisi** s. **ayırma hunisi; -i kuva** *va.* Trennung *f* der Gewalten *kuvvetler ayrılığı

tefrika 1. Uneinigkeit *f*, Zwist, Hader *m*, Differenz *f* 2. Auseinandergehen *n*, Trennung *f* *nifak, bozuşma 3. Feuilleton(-fortsetzung *f*) *n* ~ **düşmek** s. **Aralarına** ~ **düştü;** ~ **kaidesi** Motto *n* „Divide et impera!" ~ **etmek** 1. in Zeitungsfortsetzungen erscheinen lassen 2. im Feuilleton abdrucken ~ **muharriri** Feuilletonist(-in *f*) *m* ~ **romanı** Feuilletonroman *m* **-ya düşmek** in zwei Parteien zerfallen, in Zwist geraten

tefrikî [·––] *med.* Differential- ~ **teşhis** *med.* Differentialdiagnose *f*

tefriş [ī] 1. Ausbreiten, Legen *n* (z.B. e–s Teppichs) 2. Möblieren *n* (e–r Wohnung) 3. Auslegen *n* des Fußbodens; Pflasterung *f* ~ **etmek** 1. auf dem Boden ausbreiten; legen 2. ausstatten, einrichten, möblieren 3. den Fußboden auslegen; pflastern

tefrişat, -tı [·––] *z. va. Pl.* Einrichtung, Ausstattung *f*, Mobiliar *n* (e–r Wohnung)

tefrit (I), **-ti** [ī] Unzulänglichkeit *f* des Handelns; unzureichendes Maß; s.a. **Ne ifrat ne ~!** sowie **ifrattan tefrit(-e)**

tefrit (II), **-di** *phil.* Individuation *bireyleme

tefsir [ī] Auslegung, Deutung, Interpretation, Erklärung, Erläuterung *f*, Kommentar *m* *yorum ~ **davası** *jur.* verwaltungsrechtliche Interpretationsklage ~ **etmek** auslegen, deuten, interpretieren, erklären, erläutern, kommentieren *yorumlamak ~ **hocası** s. **mukarrip** (3); ~ **hükümleri** *jur.* Auslegungsvorschriften *pl.*

tefsirat, -tı [·––] *z. va. Pl.* zu **tefsir; -ta bulunmak** (bş hakkında) e–n Kommentar geben (zu), et. kommentieren

tefsirci kommentierend; Kommentator *m* *müfessir

tefsire *va. med.* Urinuntersuchung *f*

tefsiren [·×·] *z. va. Adv.* (m. Akk.) bei dem Kommentar (über), in Kommentierung (e–r Sache)

tefsirî *z. va.* kommentierend, Kommentar- ~ **hükümler** *jur.* dispositives Recht; nachgiebige (nichtzwingende) Rechtsnormen *pl.*

teftih [ī] *va.* 1. Öffnen *n* 2. *med.* a) Aufstoßen, Rülpsen *n* *geğirme b) Reinigung *f* (des Darms), Beseitigung *f* von Blähungen

teftiş [ī] (Abhaltung *f* e–r) Besichtigung *f*, Inspizieren *n*, Inspektion *f*, Revision *f* *denetim ~ **amiri** *mil.* besichtigender (inspizierender) Vorgesetzter ~ **etmek** besichtigen, inspizieren, revidieren *denetlemek ~ **heyeti** 1. Inspektion(-skommission) *f* 2. Wahl-ausschuß, -vorstand *m* (bei Parlamentswahlen) ~ **seyahati** Inspektionsreise *f* ~ **ve murakabe** *jur.* Aufsicht, Beaufsichtigung, Inspektion, Kontrolle, Prüfung, Revision *f*

teftişat, -tı [·––] *va. Pl.* zu **teftiş**

teftişî [·––] *va.* Inspektions-, Revisions-; s.a. **heyeti teftişiye**

tefviz s. **tefviz;** ⩬ **suresi** s. **Fatiha suresi**

tegabün [ā] (*ar.*: gegenseitiger Betrug) ⩬ **suresi** Name der 64. Koran-Sure

tegafül [ā] fingiertes Nicht-verstehen od. -bemerken, geflissentliche Ignorierung ~ **etmek** (*od.* **göstermek**) so tun, als ob man et. nicht verstünde od. nicht bemerkte; geflissentlich übersehen, keine Notiz nehmen, unbeachtet lassen, ignorieren

Teglat-Falazar *n.pr.* Tiglatpilesar (Name mehrerer assyrischer Könige)

teğel s. **teyel**

teğelti Satteldecke *f*, Woilach *m*

teğet, -ti *geom.* Tangente, Berührungslinie *f* *mümas ~ **altı** *geom.* Subtangente *f* *tahtı mümas

teğetsel tangential

teğmen *mil.* Leutnant *m* *ikinci mülâzım; mülâzımı sani; s.a. **as-, üs-**

teğmenlik Leutnantsrang *m* *mülâzımlık

tehacüm [ā] Andrang *m*, Gedränge *n*, Ansturm, Run *m* ~ **etmek** zu mehreren od. in Massen drängen; losstürmen **Halk, fırınlara ~ etti.** Das Volk stürmte die Bäckerläden.

tehalüf [ā] 1. Widerstreit *m*, Verschiedenheit, Divergenz, Diskordanz *f* 2. *phil.* Variation *f* *değişim 3. Differenzierung, Unterscheidung *f* *ayrımlaşma ~ **etmek** verschieden sein, variieren, schwanken, differieren, divergieren (**beş ile onbeş sene arasında ~ eden kürek cezaları** Zuchthausstrafen *pl.* zwischen fünf und fünfzehn Jahren) **-ü efkâr** *va.* Widerstreit *m* der Meinungen; Meinungsverschiedenheit, Divergenz *f*

tehalük, -kü [ā] eifrige Inangriffnahme, großer Eifer ~ **göstermek** sich eifrig auf et. stürzen, großen Eifer an den Tag legen (bei) **-le arzu etmek** sich et. brennend wünschen

Tehama [·–·] *n.pr.* Niederung südl. des Hedschas am Roten Meer ~ **devesi** Rennkamel *n*

tehaşi [·––] *va.* ängstliche Zurückhaltung, Furcht, Angst *f* ~ **etmek** *va.* sich ängstlich zurückhalten (von)

tehcir [ī] Umsiedeln *n*, Umsiedelung *f* (von Bevölkerungsteilen) ~ **etmek** *tr.* umsiedeln ~ **edilenlerin sayısı** Zahl *f* der umgesiedelten Personen

tehdidamiz [·–––] *va.* Drohungen enthaltend, drohend, Droh-

tehdit, -di [ī] (An-)Drohen *n*, Bedrohung, Drohung *f* *korkutma ~ **altında bulunmak** bedroht sein ~ **etmek** 1. (b–ni) j–m drohen, j–n bedrohen 2. (b–ni bşi yapmakla) j–m drohen, et. zu tun 3. (b–ni bşle) j–m et. androhen ~ **mektubu** Drohbrief *m* **-ler yağdırmak** Drohungen über Drohungen ausstoßen **-lere kalkışmak** sich zu Drohungen versteigen

tehditçi [·—·] 1. wer Drohungen ausstößt, wer j–n bedroht 2. (be-)drohend

tehditkâr [·——] 1. drohend (Sprache, Haltung usw.) 2. bedrohlich (z.B. Seite e–r Angelegenheit)

teheccüt, -dü *va.* nächtliches Wachliegen ~ **namazı** supererogatorisches nächtliches Gebet (mst. in Verbindung mit **vitir**)

tehekküm *va.* 1. Spotten, Höhnen *n* 2. Sarkasmus *m*, sarkastische Bemerkung

tehevvür *va.* 1. blinder Eifer; Hast, Übereilung *f* 2. Jähzorn *m;* blinde Wut ~ **etmek** *va.* 1. et. überstürzt in Angriff nehmen 2. in Jähzorn (blinde Wut) geraten

teheyyücî *va.* 1. auf-, er-regend 2. begeisternd *(1, 2) heyecanlı

teheyyüç, -cü *va.* 1. Erregung, Erregtheit, Aufregung *f* 2. Begeisterung *f*, Feuer *n* ~ **etmek** *va.* 1. in Erregung (Aufregung) geraten 2. sich begeistern *(1, 2) heyecanlanmak ~ **kabiliyeti** s. **heyecanlılık**

tehi [ī] *va.* 1. leer *boş 2. ohne Kenntnisse; untalentiert *bilgisiz 3. *Adv.* umsonst, vergebens *boşuboşuna

tehidest, -ti [ī] *va.* 1. mit leeren Händen, unverrichteter Sache 2. arm, mittellos, pleite, abgebrannt

tehir [——] 1. Aufschub *m*, Zurückstellung, Verschiebung, Vertagung *f* 2. Verspätung *f* *gecikme, rötar, teehhür ~ **etmek** 1. aufschieben, zurückstellen, verschieben (z.B. Wahlen), vertagen (z.B. Gerichtssitzung) 2. et. sehr spät od. zu spät tun, sich verspäten (mit), auf sich warten lassen (mit) *geciktirmek **-i icra** s. **yürütmenin durdurulması**

tehirli [—··] mit Verschiebung (Verspätung, Verzögerung, Aufschub) ~ **bomba** s. **saatli bomba**

tehiye *va.* Vorbereitung, Organisation *f* ~ **etmek** *va.* vorbereiten, organisieren

tehlike Gefahr *f*, bedrohte Lage ~ **anı** (*od.* **hali**) Notfall *m* ~ **çanı** Alarmglocke *f* ~ **düdüğü** Alarmpfeife *f* ~ **freni** (*od.* **baskısı**) Notbremse *f* ~ **işareti** 1. *mil.* Alarm-zeichen, -signal *n* 2. Notsignal *n* 3. Sirene *f* (bei Luftwarnung) 4. Fliegeralarm *m* ~ **merdiveni** Nottreppe *f* ~ **sahası** Gefahrenbereich *m* ≗ **yok.** Es ist nichts zu befürchten. **-ye atmak** aufs Spiel setzen, riskieren, wagen **-ye atılmak** sich in Gefahr begeben, sich e–r Gefahr aussetzen **-ye düşmek** in Gefahr geraten, gefährdet werden, bedroht werden, in Frage gestellt werden (z.B. Weiterbestand) **-ye koymak** (*od.* **sokmak**) in Gefahr bringen, gefährden **-ye maruz bırakmak** e–r Gefahr aussetzen **-ye maruz kalmak** (*od.* **olmak**) e–r Gefahr ausgesetzt sein **-yi atlatmak** der Gefahr entrinnen

tehlikeli gefährlich, bedrohlich ~ **bölge** (*od.* **mıntıka**) Gefahrenzone *f*, *mil.* bestrichener Raum ~ **durum** bedrohliche Lage ≗ **iniş!** Gefährliches Gefälle! (Warnungszeichen) ~ **mevzi** *mil.* bedrohte Lage

tehlikesiz ungefährlich, gefahrlos

tehlikesizleşmek ungefährlich (gefahrlos, unschädlich) werden, keine Gefahr mehr darstellen

tehlikesizleştirmek ungefährlich (gefahrlos, unschädlich) machen; den Giftzahn ausbrechen *(fig.)*

tehlil [ī] Aussprechen *n* der Formel **lâ ilâha illallah**

tehniye; tehniyet, -ti *va.* 1. Glück-, Segens-wunsch *m*, Gratulation *f* *tebrik, kutlama 2. Willkommensgruß *m*

tehvin [ī] *va.* 1. Erleichtern *n*, Erleichterung, Milderung, Linderung *f* (z.B. der Not) 2. Verringerung, Verbilligung, Preisherabsetzung *f* ~ **etmek** *va.* 1. (b–ni) j–m Erleichterungen verschaffen od. gewähren 2. (bşi) erleichtern, leichter machen, lindern, mildern 3. (bşi) verringern, herabsetzen (Preise), verbilligen *ucuzlatmak

tehyiç, -ci [ī] *z. va.* 1. Auf-, Er-regen *n*, Auf-, Er-regung *f* 2. Begeistern *n*, Begeisterung *f* ~ **etmek** *z. va.* 1. in Erregung (Aufregung) versetzen, er-, auf-regen 2. in Begeisterung versetzen, begeistern *(1, 2) heyecanlandırmak

tehyie s. **tehiye**

tehzil [ī] *z. va.* 1. Verspotten, Verlachen *n*, Spott, Hohn *m* 2. Parodieren *n* 3. Parodie, Travestie *f* *gülünçleme ~ **etmek** *z. va.* 1. verspotten, verlachen 2. parodieren, travestieren

tehzip, -bi [ī] *z. va.* Verbesserung, Verfeinerung, Ausbildung, Vervollkommnung, Läuterung *f* ~ **etmek** *z. va.* verbessern, verfeinern, ausbilden, vervollkommnen, läutern **-i ahlâk** *va.* Sittenreform *f*, moralische Erziehung

tehziz [ī] *z. va.* Schwingen-Lassen *n* ~ **etmek** *z. va.* schwingen lassen, in Schwingung versetzen

tein (*franz.* **théine**) *chem.* Tein *n*

teist, -ti theistisch; Theist(-in *f*) *m*

teizm *rel.* Theismus *m*

tek (I), **-ki** 1. einzeln, Einzel- 2. einzig, alleinig 3. einzig in seiner Art, einzig dastehend: a) *mel.* alle weit überragend b) eigenartig, sonderbar, extravagant, schnurrig 4. ungerade (Zahl) 5. der e–e Teil e–s Paares 6. *Adv.* bloß, nur, lediglich 7. (in Verb. mit **atmak**) Gläschen *n* (Raki) 8. (in Verb. mit **oturmak** *od.* **durmak**) ruhig, still 9. *als Verst.;* vgl. **da, de** (17) 10. umsichtig, bedächtig 11. ausgemacht, vollkommen Zu 2: **bir** ~ **misal** ein einziges Beispiel **cinayetin** ~ **suçlusu** der Alleinschuldige bei dem Verbrechen Zu 3a: **Arkadaşları arasında -tir.** Unter seinen Kameraden steht er unerreicht da. Zu 3b: **Vallahi -sin, eşin yok!** Du bist schon ein sonderbarer Kauz, so e–n wie dich gibt es nicht noch einmal! Zu 4: s. ~ **sayı** Zu 5: **terliğin -i** der eine Pantoffel **Araba atlarının bir -i hastalanmış.** Das e–e der beiden Wagenpferde ist krank geworden. Zu 6: ~ **bu iş sonuna ersin diye ...** Bloß damit die Geschichte einmal ein Ende findet ... Zu 10: Vgl. **adımını** (*od.* **ayağını**) ~ **almak** Zu 11: **enayinin -i** ausgemachter Dummkopf ~ **adam şirketi** *jur.* Einmanngesellschaft *f* ~ **adammışçasına** wie ein Mann; einmütig, geschlossen ~ **adet** s. **tek sayı;** ~ **başına** ganz allein: a) unbegleitet b) ohne fremde Hilfe c) isoliert d) einsiedlerisch ~ **başlı iş ihtilâfı** *jur.* Einzelarbeitsstreitigkeit *f* ~ **bir** 1. (in positiven Sätzen) nur ein 2. (in neg. Sätzen) kein ~ **cepheli** einheitlich, gleichmäßig ~ **çapraz** *(Ringen)* Unterarmgriff *m* ~ **çift oynamak** raten, ob gerade oder ungerade (Spiel) ~ **çifte** *(Rudersport)* Einer *m* ~ **değerli** *chem.* einwertig ~ **dereceli seçim** direkte Wahl ~ **dilimli yol** Einbahnstraße *f* ~ **dişli** *techn.* einhiebig (Feile) ~ **durmak** sich ruhig verhalten, still sein ~ **elden** einheitlich, von e–r Seite aus ~ **gözlü** einäugig ~ **gözlük** 1. Monokel *n* 2. Stieleinglas, Lorgnon *n* ~ **hadli** s. **birterimli;** ~ **hat** (*od.* **hatlı demiryolu**) eingleisige Bahn (Strecke) ~ **hörgüçlü deve** s. **hecin (devesi);** ~ **istikametli yol** Einbahnstraße *f* ~ **kanatlı uçak** Eindecker *m* (Flugzeug) *monoplan; tek satıhlı tayyare ~ **konişmento** Durch-, Durchfracht-konnossement *n* ~ **koymak** j–n allein lassen ~ **kültürlü tarım** *agr.* Monokultur *f* ~ **kürek Yalova yapmak** *V* masturbieren ~ **kürekle mehtaba çıkmak** 1. et. ohne genügende Vorbereitung in Angriff nehmen 2. et. verspotten wollen, sich dabei aber ungeschickt benehmen ~ **meclisli hükümet sistemi** *pol.* Einkammersystem *n* ~ **meçhullü muadele** *math.* Gleichung *f* mit e–r Unbekannten ~ **motörlü** einmotorig ~ **mümessil** *H* Alleinvertreter *m* ~ **nöbetçi** *mil.* Einzelposten *m* ~ **oturmak** s. **tek durmak;** ~ **parçalar** Einzelteile *pl.* (s.a. **tekparça);** ~ **partili devlet** *pol.* Einparteienstaat *m* ~ **satıhlı tayyare** s. ~ **kanatlı uçak;** ~ **sayı** ungerade Zahl *tek adet ~ **silindirli** einzylindrig ~ **taraflı** einseitig (z.B. Lö-

sung e–s Problems) ~ **taraflı akit** *jur.* einseitiger (einseitig verpflichtender) Vertrag ~ **taş** 1. Einsteiner, Solitär *m* (*spez.* Brillantring) 2. *arch.* Monolith *m* ~ **tek** einzeln ~ **teke** s. **baş başa;** ~ **tip ekmek** Einheitsbrot *n* ~ **torno** *naut.* einscheibiger (od. einfacher) Block ~ **tük** nur ganz vereinzelt; spärlich, selten; nur wenig ~ **yanlı** s. ~ **taraflı;** ~ **yön** s. **mecburî istikamet;** ~ **yönlü** s. ~ **taraflı;** ~ **yumurta ikizleri** s. **gerçek ikizler; -e düşürmek** *V* e–n reichen Mann zum privaten Glücksspiel verleiten **-e tek** s. **teketek**
tek (II) s. **tik** (II)
tekabbelallah [·×··–] s. **Allah kabul etsin!**
tekabbül *va.* 1. Annahme *f* 2. Übernahme *f* ~ **etmek** *va.* 1. annehmen (z.B. Geschenk) 2. auf sich nehmen, übernehmen (z.B. Aufgabe)
tekabül [ā] 1. Entsprechung *f* 2. *va.* Begegnung *f* ~ **etmek** 1. (m. Dat.) entsprechen; in angemessenem Verhältnis stehen (zu) 2. (birbirine) einander entsprechen; korrespondieren Zu 1: **Yapılan masraf, edilen kâra** ~ **etmiyor.** Die Kosten stehen in keinem Verhältnis zu dem erzielten Gewinn. ~ **vaziyeti** *astr.* s. **karşıkonum**
tekaddüm s. **takaddüm**
tekâfül *va.* s. **dayanışma**
tekâlif [·––] *va. Pl.* zu **teklif; -i harbiye** Kriegsauflagen *pl.*, Requirierung(-en *pl.*) *f*
tekâmül 1. langsame, organische Entwicklung; Evolution *f* 2. Vervollkommnung, Entwicklung *f*, Reifwerden *n* ~ **devri** Entwicklungsphase *f* ~ **etmek** 1. sich organisch entwickeln *evrimlenmek, evrinmek 2. sich vervollkommnen, reif werden, heranreifen ~ **nazariyesi** s. **evrim kuramı**
tekâmülî *va.* s. **evrimsel**
tekâmüliye *va.* s. **evrimcilik**
tekanlamlı ein-begrifflich, -deutig (Wort)
tekâpu [·––] würdelose Schmeichelei; Speichelleckerei *f*, Liebedienern *n* ~ **etmek** (b–ne) j–m in würdeloser Weise schmeicheln; Kotau machen, katzbuckeln (vor)
tekarüp, -bü [ā] *z. va.* 1. Annäherung *f*, Näherkommen *n* 2. s. **yakınsama**
tekâsüf 1. Verdichtung, Konzentration, Kondensation *f* 2. Menschenmenge *f*, Gedränge *n* ~ **etmek** sich verdichten, sich konzentrieren, sich kondensieren *derişmek, yoğuşmak **Manevî tazyik bu iki memleket üzerinde** ~ **etmiştir.** Der moralische Druck hat sich auf diese beiden Länder konzentriert.
tekâsül mangelnde Sorgfalt; Mangel *m* an Eifer, Nachlässigkeit, Laxheit *f* *terahi ~ **göstermek** mangelnde Sorgfalt an den Tag legen, nachlässig sein
tekâsür (I) *va.* 1. s. **tekessür** (I) 2. Ruhmredigkeit *f* ≗ **suresi** Name der 102. Koran-Sure
tekâsür (II) (*a.* **-ü ziya**) s. **difraksiyon**
tekatomlu einatomig
tekatu, -uu [ā] Sich-Schneiden, Sich-Kreuzen *n* ~ **etmek** sich gegenseitig schneiden (kreuzen, überkreuzen) *çaprașmak, çatışmak, kesişmek ~ **noktası** *a. math.* Schnittpunkt *m*, Kreuzung *f*
tekaüden [ā] *va.* unter Versetzung in den Ruhestand
tekaüdiye [ā] Pension *f*, Ruhegehalt *n* *emekli aylığı, tekaütlük
tekaüt, -dü [ā] 1. Pensionierung *f* 2. *P* Pensionär, Ruhegehaltsempfänger *m* *emekli ~ **etmek** pensionieren, in den Ruhestand versetzen *emekliye ayırmak ~ **maaşı** Pension *f*, Ruhegehalt *n* ~ **maaşına müstahak** pensions-berechtigt, -fähig ~ **olmak** pensioniert werden, in den Ruhestand treten *emekliye ayrılmak ~ **sandığı** Pensionskasse *f* **-e sevk etmek** s. **tekaüt etmek**
tekaütlük [ā], **-üğü** 1. s. **tekaüdiye** 2. Ruhestand *m*, Pension(-ierung) *f* **-ünü istemek** um Pensionierung einkommen; *mil.* seinen Abschied einreichen
tekbencilik s. **solipsizm**
Tekbıyık e–e dem **Tuzsuz Deli Bekir** ähnliche Figur im Karagözspiel
tekbir [ī] Aussprechen *n* der Formel **Allahu ekber;** ~ **almak** (*od.* **getirmek**) die Formel **Allahu ekber** aussprechen
Tekboynuz *astr.* Einhorn *n* (Sternbild)
tekboynuzlu yunusbalığı Narwal *m zo.* Monodon monoceros
tekçe *H* Einzelposten *m* (z.B. e–r Rechnung)
tekçenekli *bot.* einkeimblättrig
tekdelikliler Kloakentiere *pl. zo.* Monotremata *vahidüssukbe
tekdillilik Einsprachigkeit *f*
tekdir [ī] Verweis, Tadel *m* (*stärker* als **ihtar**); ~ **etmek** (b–ni) j–m e–n Verweis (Tadel) erteilen, j–n tadeln
tekdüşüncelik *psych.* Monoideismus *m* *monoideizm; vahdeti fikir
tekdüzen monoton, eintönig, ein-, gleich-förmig, langweilig *yeknesak, monoton
teke 1. Ziegenbock *m* *erkeç 2. s. **küçük karides** 3. e–e durch Kreuzung in der Türkei gezüchtete Kamelart ~ **bıçağı** großes Messer mit mst. gebogener Klinge ~ **burunlu** mit großer Hakennase ~ **gibi kokmak** wie die Pest stinken **-den süt çıkarmak** *fig.* 1. et. Unmögliches möglich machen, Wunder verrichten 2. trotz scheinbarer Unmöglichkeit e–n persönlichen Gewinn herausschlagen
Teke *n.pr.* 1. ein Turkmenenstamm östl. des Kaspischen Meeres 2. *astr.* s. **Oğlak** (2); ~ **oyunları** *reg.* *(Antalya, Burdur)* Volkstänze *pl.* der Turkmenen
tekebbür *z. va.* Hochmut *m*, Selbstüberschätzung, Anmaßung, Arroganz *f* ~ **etmek** hochmütig werden, Arroganz an den Tag legen
tekeböceği, -ni s. **büyük (büyük kavak; ev)** ~
tekeböceğigiller Bockkäfer *pl. zo.* Cerambycidae
tekedikeni, -ni Bocksdorn, Teufelszwirn *m bot.* Lycium (europaeum u.a.) *atlangaç, şeytanipliği
tekeffül Sich-Verbürgen *n*, Bürgschaft, Garantie, Gewährleistung *f* *sağlama ~ **etmek** bürgen, sich verbürgen, Gewähr (Garantie) bieten (für) *kefil olmak; sağlamak
tekekmek [×··] s. **tek tip ekmek**
tekel (I) Monopol *n (a. fig.)* *inhisar ~ **bayii** 1. Verkäufer *m* von Monopolwaren 2. *V* betrunken *sarhoş ~ **maddeleri** Monopol-waren, -erzeugnisse *pl.*
tekel (II) (deutscher) Dachshund, Dackel *m*
tekel (III) s. **mene, tekel, feres**
tekelci monopolistisch, Monopol- ~ **kapitalizm** Monopolkapitalismus *m*
tekelcilik Monopolismus *m* *inhisarcılık
tekelemek 1. zum ausgewachsenen Ziegenbock werden 2. brünftig sein (Ziegenbock)
tekelenmek 1. s. **tekelemek** 2. *V* a) angreifen b) renommieren
tekelik 1. *selt.* Verhalten *n* e–s Ziegenbocks 2. *V* Prahlerei, Überheblichkeit *f*
tekelleştirmek monopolisieren *inhisara almak
tekelli 1. einhändig 2. monopolisiert 3. allein, vereinzelt
tekellüf 1. Sich-Zwang-Antun *n;* konventioneller Zwang; Umstände *pl.*, Förmlichkeit *f*, steifes Benehmen 2. Künstelei, Gesuchtheit *f*
tekellüflü 1. mit viel Förmlichkeit, sehr zeremoniell 2. gekünstelt, gesucht, gezwungen
tekellüfsüz ungezwungen, einfach, schlicht
tekellüm *va.* 1. Sprechen *n* 2. s. **tekerleme** (4) 3. (*a.* **-ü samit**) Worte *pl.* e–s lebenden Literaten, der sich in den Zustand des Verstorbenseins versetzt 4. *P* Aussprüche

pl. e–s mittlerweile Verstorbenen auf dessen Grabstein ~ **etmek** *va.* sprechen *konuşmak ~ **kabiliyeti** Sprechfähigkeit *f* ≗ **kabiliyeti felce uğradı.** Durch e–n Schlaganfall hat er die Sprache verloren.
tekellüs *va.* 1. Verkalkung *f* 2. Kalzination *f* **-ü şerayin** *va.* s. **arteryoskleroz**
tekemmül Vervollkommnung, Vollendung *f* ~ **etmek** 1. sich vervollkommnen 2. abgeschlossen werden (z.B. Verkauf)
tekemmülât, -tı *z. va. Pl.* wunderbare Erfolge, große Errungenschaften *pl.*
tekemmüş *va. med.* Schrumpfung *f*
teker (I) 1. (sich um e–e Achse drehendes) Rad, Scheibe *f* 2. *astr.* (scheinbare) Scheibe (e–s Gestirns) 3. radähnliche Form (z.B. bei **kaşar peyniri**); ~ **meker** *Lm.* e–s Rollens od. Purzelns ~ **meker yuvarlanmak** hinunterpurzeln, -rollen **-ine taş koymak** *P* j–m e–n Knüppel zwischen die Beine werfen; querschießen
teker (II) **teker** einzeln, gesondert, getrennt *ayrı ayrı, birer birer, alelinfirat
tekerdilli kurbağagiller Scheibenzüngler *pl. zo.* Discoglossidae
tekerklik s. **monarşi**
tekerlek 1. (das sich um e–e Achse drehende) Rad; Scheibe *f* 2. radförmig, rund 3. *V* Strichjunge *m* ~ **arası** Radabstand *m*, Spurweite *f* ~ **baskısı** (*od.* **freni**) Radbremse *f* ~ **başlığı** (*od.* **göbeği**) s. **poyra;** ~ **çemberi** s. **jant;** ~ **çenesi** Rad-, Spur-kranz *m* (bei Eisenbahnwagen) *buden ~ **flançı** Radflansch *m* ~ **ispiti** (Rad-)Speiche *f* ~ **işkencesi** *hist.* Rädern *n* (als Todesstrafe) ~ **izi** Radspur *f* ≗ **kırıldıktan sonra ...** s. **Araba kırılınca** (usw.); ~ **kolları** Fahrgestell *n* (e–s Flugzeugs) ~ **mihveri** Radachse *f* ~ **pabucu** Brems-, Hemm-schuh *m* ~ **parmağı** (Rad-)Speiche *f* ~ **perdesi** Radkappe *f* (bei Autorädern) ~ **peynir** Radkäse *m* ~ **takımı** Radsatz *m* ~ **zinciri** Hemmkette *f*
tekerlekli mit Rad (Rädern) ausgestattet, Rad-, Räder-, -rädrig ~ **iskemle** Rollstuhl *m* ~ **köprü** *techn.* Laufkran *m*, Schiebebühne *f* ~ **kriko** *techn.* fahrbarer Autoheber; Rangierheber *m* ~ **kundak** *mil.* Räderlafette *f* ~ **paten** Rollschuh *m* ~ **servis masası** Teewagen *m*, fahrbarer Teetisch ~ **teşkiller** *mil.* fahrende Formationen *pl.*
tekerleksi *bot.* radförmig (Blüte)
tekerleme 1. Vs. zu **tekerlemek** 2. ster. Formel *spez.* die Eingangsformel des türk. Märchens **(Bir varmış bir yokmuş, evvel zaman içinde, kalbur saman içinde, deve tellal iken, katır silâhtar iken, ben annemin beşiğini tıngır mıngır sallar iken ...)** 3. witzige Erwiderung(-en) a) der Volkssänger beim Wettstreit b) bei dem Dialog zwischen **Kavuklu** und **Pişekâr** im Ortaoyunu 4. Schnellsprechübung *f* Zu 4: z.B. **Bir berber, bir berbere bre beri gel, beraber bir berber dükkânı açalım demiş.** Vgl. a. die Stw. **imamelemek** und **sarmısaklamak**
tekerlemek (m. Akk.) 1. rollen *yuvarlamak 2. unbesonnen herausplatzen (mit)
tekerlenmek 1. Pass. zu **tekerlemek** 2. rollen *(intr.)* 3. *V* abkratzen (= sterben) 4. *V* fristlos entlassen werden
tekerli s. **tekerlekli**
tekerrür 1. Sich-Wiederholen *n*, Wiederholung *f* 2. *jur.* Rückfall *m*, Rückfälligkeit *f* 3. *stil.* Anaphora, Tautologie *f*, Pleonasmus *m* ~ **etmek** sich wiederholen, noch einmal vorkommen **-ü halinde** im Wiederholungsfall
tekesakalı, -nı Bocksbart *m bot.* Tragopogon (pratensis u.a.)
tekessüf s. **tekâsüf**
tekessür (I) *va.* 1. Sich-Vermehren *n* 2. s. **bölünme** (3); ~ **etmek** *va.* sich vermehren, sich häufen, ansteigen *artmak, çoğalmak
tekessür (II) *va.* Gebrochen-Werden *n*
tekeş Einzelstück *n* (e–s Paares wie Handschuhe, Pantoffeln usw.)
tekeşlilik s. **tekkarılılık**
teketek „einer gegen einen", Einzel *n* (z.B. bei Tennis) ~ **ilişki** besondere Verbundenheit (z.B. e–s Kindes mit der Mutter od. dem Vater)
tekevcikli s. **birevcikli**
tekevli in Einehe lebend, monogam
tekevvün *va.* Werden *n*, Entstehung, Genese, Verwirklichung *f* *oluş, oluşum, türüm ~ **etmek** *va.* werden, entstehen, ins Dasein treten, sich verwirklichen *olmak, oluşmak **-ü cibal** s. **dağoluş, orojeni; -ü evvel** s. **önoluş (-um); -ü ferdî** s. **bireyoluş; -ü nev'î** s. **soyoluş**
tekevvünî *va.* genetisch, Entstehungs- *oluşul
tekezlemek s. **tökezlemek**
tekfazlı *phys.* einphasig
tekfil etmek *va.* s. **kefil göstermek**
tekfin [ī] Einhüllen *n* e–s Toten in das Leichentuch **(kefen)** ~ **etmek** (e–n Toten) in das Leichentuch einhüllen *kefenlemek
tekfir [ī] *va.* Anschuldigung *f* der Ketzerei od. der Gotteslästerung ~ **etmek** *va.* j–n der Ketzerei od. der Gotteslästerung bezichtigen
tekfur *hist.* byzantinischer Prinz (Fürst, Statthalter) ≗ **Sarayı** *n.pr.* Palast *m* des Konstantin Porphyrogenetos (Istanbul, in der Nähe des Adrianopler Tores; a. byzantinisches Kaiserschloß od. Blachernenpalast genannt)
tekgözlü einäugig
tekgözlülük Einäugigkeit *f*
tekheceli *ling.* 1. monosyllabisch, einsilbig (Wort) 2. isolierend (Sprache)
tekhecelilik *ling.* Einsilbigkeit *f* (der isolierenden Sprachen)
tekhücreli *biol.* einzellig *birhücreli
tekiden [–×·] *va. Adv.* 1. verstärkend, bekräftigend, bestätigend 2. in Wiederholung (z.B. e–s früheren Schreibens); erneut
tekidî [– – –] *va.* 1. bestätigend 2. wiederholt
tekil 1. *gr.* Singular *m*, Einzahl *f* *müfret 2. *phil.* singulär *müfret, ferdî
tekin 1. (menschen-)leer, unbewohnt (z.B. Insel) *ıssız, tenha 2. s. **uğurlu** 3. ruhig, still 4. (bei Eigennamen wie **Tekinalp, Tekiner** usw.) einzig in seiner Art, unübertrefflich 5. ≗ *mV* ~ **değil** 1. von Geistern bewohnt, nicht geheuer (Örtlichkeit) 2. übernatürliche Kräfte besitzend (Person) 3. vor wem man sich in acht nehmen muß, mit wem man besser nicht anbindet Zu 1: **Bu ev ~ değil.** In dem Haus hier spukt es. Zu 3: **Onunla zıt gitme, ~ değildir.** Komm ihm nicht in die Quere; mit ihm ist nicht gut Kirschen essen. ~ **durmak** *P* s. **uslu durmak**
tekinsiz 1. nicht geheuer, unheimlich 2. s. **tabu**
tekir 1. schwarzgrau (Katze), getigert, *a.* Rufname e–r solchen Katze 2. Irbis, Schneeleopard *m zo.* Uncia uncia 3. **(balığı)** Streifenbarbe *f zo.* Mullus surmuletus; in Istanbul *a. gel.* rote Meerbarbe *f zo.* Mullus barbatus 4. *P* für **tekfur;** ~ **kayası** die Meergrundelart Gobius cruentatus ~ **ördeği** Trauerente *f zo.* Melanitta nigra
Tekirdağ (< Tekfurdağı) *n.pr.* Stadt am Nordufer des Marmarameeres (*fr. a.* **Rodosto** genannt), im gln. Rbz. (Bekannt und beliebt sind die Weine und Melonen dieser Gegend.) ~ **kurabiyeleri!** (traditioneller Ruf der Wassermelonen-Verkäufer)
tekit, -di [– –] 1. Bestätigung, Bekräftigung *f* 2. Wiederholung, Erneuerung *f* (e–r Bitte, e–s Befehls usw.) ~ **etmek** 1. bestätigen, bekräftigen *pekitmek 2. wiederholen, erneuern *tekrarlamak ~ **sıfatı** s. **pekiştirmeli sıfat**
tekkafiyeli [ā] überall den gleichen Reim aufweisend (Verse)

tekkarılılık Einehe, Monogamie *f*
tekkaynakçılık Herleitung *f* der Menschheit aus e–m gemeinschaftlichen Ursprung; *biol.* Monophylie *f*
tekke 1. Derwischkloster *n* 2. *F* Haus *n*, in dem man kostenloses Essen erhält 3. *fr.* Übungsstätte (für Ringen, Schießen usw.) 4. *V* Haschischhöhle *f* ~ **edebiyatı** mystische Dichtung **≗ye kurban geldi.** Durch Gottes Gnade hat sich e–e günstige Gelegenheit geboten. **≗yi bekleyen çorba içer.** *Spr. (etwa:)* Geduld bringt Rosen. *Spr.*
tekkol *(Judo)* Armhebel *m*
teklemek 1. unregelmäßig arbeiten, spucken (Motor) 2. *V* stottern (Mensch) 3. pikieren (Pflanzen)
tekleşme 1. Vs. zu **tekleşmek** 2. *ling.* Entdoppelung *f* (z. B. **hammal** > **hamal**)
tekleşmek 1. zu e–m einheitlichen Ganzen werden 2. s. **teferrüt etmek**
tekli: ~ **alıştırmalar** *(Turnen)* Einzelübungen *pl.* ~ **kayak** *(Rudersport)* Einer-Kajak *m, (n)*
teklif [ī] 1. Vorschlag *m*, Anerbieten *n* *öneri 2. *H* Offerte *f*, Angebot *n* 3. *parl.* Antrag *m*, Vorlage *f* 4. (zu leistende) Abgabe, (geforderter) Beitrag; Auflage, Steuer *f* 5. konventioneller Zwang; Umstände *pl.*, Zeremoniell *n* Zu 5: **Aramızda** ~ **yok.** Bei uns geht es ganz zwanglos zu. ~ **etmek** 1. vorschlagen, in Vorschlag bringen 2. offerieren, anbieten 3. beantragen 4. auferlegen ~ **mektubu** schriftliches Angebot ~ **sahibi** Antragsteller *m* ~ **tekellüf** Förmlichkeit *f;* steifes, formelles Verhalten od. Benehmen **-lerde bulunmak** Vorschläge machen **-i kanunî** *z. va.* Gesetzesvorlage *f*, Gesetzentwurf *m* *kanun lâyihası
teklifli [·–·] förmlich, steif, zeremoniell, konventionell *resmî **Kendisiyle** ~ **görüşüyorum.** Ich stehe mit ihm auf rein konventionellem Fuß.
teklifname [·––·] 1. *selt.* schriftlicher Vorschlag 2. vorgedrucktes Formular e–s Versicherungsantrags
teklifsiz 1. wer sich ungezwungen benimmt 2. *pej.* reichlich ungeniert 3. ungezwungen, zwanglos, ohne Umstände (steifes Zeremoniell, Förmlichkeit)
teklifsizlik 1. ungezwungenes Verhalten; Zwanglosigkeit *f*, Fehlen *n* des konventionellen Zwanges 2. *pej.* Ungeniertheit *f;* ungehöriges Benehmen
teklik 1. *phil.* Tatsache (bzw. Anschauung, Lehre) *f*, daß et. allein vorhanden ist; Alleinigkeit *f* 2. *V* Ein-Pfund-Schein *m*, Ein-Pfund-Note *f*
teklis [ī] *chem.* Kalzination, Kalzinierung *f* *kireçsileme ~ **etmek** kalzinieren
Tekman *n.pr.* O. u. D. im Rbz. Erzurum
tekme 1. Fußtritt *m* 2. *va.* s. **çifte** (8); ~ **atmak (indirmek, vurmak)** e–n Fußtritt geben, mit Fußtritten behandeln, treten ~ **yemek** 1. e–n Fußtritt (bzw. Fußtritte) bekommen 2. *fig.* in Ungnade fallen
tekmelemek (m. Akk.) 1. s. **tekme atmak** 2. *va.* s. **çifte atmak**
tekmil [ī] 1. Vollenden *n*, Vollendung *f*, Beendigen *n*, Beendigung *f* 2. vollzählig, all, gesamt, sämtlich, vollständig, ganz Zu 2: **yazıların -i** alle Schriftstücke ~ **donanma** Gesamtflotte *f* ~ **sınıf** die ganze Klasse ~ **etmek** *z. va.* vollenden, beenden, abschließen *bitirmek, tamamlamak ~ **haberi** 1. *mil.* Vollzugsmeldung *f* 2. Meldung od. Mitteilung *f* über den Abschluß e–r Tätigkeit ~ **kuvvet** *mil.* Gesamtstärke *f* ~ **vermek** Vollzugsmeldung erstatten
tekmillemek 1. vollenden, beenden, abschließen 2. vollzählig machen, voll machen (Zahl) 3. *V* umbringen, töten
tekne 1. (Back-, Wasch-, Tränk-, Brunnen- usw.)Trog *m*, Mulde *f* 2. Schiffsrumpf *m* 3. Wasserfahrzeug *n* 4. *typ.* Setzschiff *n* 5. *geol.* Synklinale, Mulde *f*, Becken *n* *havza, ineç, senklinal 6. ovaler Resonanzkörper (bei best. S.i.), Korpus *m* ~ **boyu** Bootslänge *f* (*spez.* bei Bewertung e–s Bootsrennens) ~ **kâğıdı** handgeschöpftes Papier, Büttenpapier *n* ~ **kazıntısı** *hum.* Spätling *m*, später Nachkömmling (e–s älteren Ehepaares) ~ **taşı** Tränktrog *m* ~ **tavan** *arch.* Kassettendecke *f* *çökertme tavan **-de hamur** *fig.* dringende Arbeit
tekneleşme *geol.* Muldenbildung *f*
tekneli deniz uçağı Flugboot *n*
teknetyum *chem.* Technetium *n*
teknik 1. Technik *f* (als angewandte Naturwissenschaft od. als Methode) 2. technisch, Fach- 3. technisch auf der Höhe stehend, technisch entwickelt (ausgefeilt) 4. ≗ *F* s. **Teknik Üniversite** Zu 3: **çok** ~ **oyun çıkaran takım** die (Fb.-)Mannschaft, die großes technisches Können zeigte ~ **harbi** technischer Krieg ~ **ihtiyatlar** *jur.* technische Reserven *pl.* (e–r Versicherungsgesellschaft) ~ **lise** technische Fachoberschule ~ **memur** technischer Beamter ~ **ressam** technischer Zeichner *desinatör ~ **tabir** (*od.* **terim**) (fach-)technischer Ausdruck; Fachbezeichnung *f*, Terminus technicus *m* ≗ **Üniversite** Technische Hochschule ≗ **Üniversiteliler** Studenten *pl.* der Technischen Hochschule
teknikçi; tekniker Techniker, Ingenieur *m*
teknikleşmek 1. sich technisieren, technisiert werden 2. sich technisch vervollkommnen
teknikleştirmek 1. technisieren 2. technisch vervollkommnen
teknikokul Technikum *n*, technische Fachschule
teknikögretim technischer Unterricht
teknikum (Poly-)Technikum *n*, (höhere) technische Fachschule; Ingenieurschule *f*
teknisyen (*franz.* **technicien**) Techniker, Ingenieur *m*
teknokrasi Technokratie *f*
teknokrat, -tı Technokrat *m*
teknolog Technologe *m*
teknoloji 1. Technologie, Gewerbekunde *f* 2. Gesamtheit *f* der technischen Fachausdrücke e–s best. Gebietes
teknolojik technologisch
tekomple (*franz.* **thé complet**) (komplettes) Frühstück mit Tee
tekörnek regelmäßig, gleich-mäßig, -förmig *muttarit
tekparça aus e–m Stück bestehend, ein Stück, ein Ganzes *yekpare ~ **boru** nahtloses Rohr
tekparmaklılar Unpaarhufer *pl. zo.* Perissodactyla *ferdîyülesabi
tekrar [ā] 1. [×–] nochmals, von neuem, wiederum, erneut, wiederholt, noch einmal *gene, bir daha 2. Wiederholung, Repetition *f;* erneuter Beginn 3. Rekonstruktion *f* 4. s. **kesreti** ~ 5. *ling.* s. **ikileme** Zu 3: **Bu resim, cürüm sahnesinin polis tarafından -ı esnasında alınmıştır.** Obiges Bild wurde bei der polizeilichen Rekonstruktion des Tatortes aufgenommen. ~ **çokluğu** *stil.* überflüssige Wiederholung ~ **doldurmak** nachfüllen (Glas usw.) ~ **etmek** 1. wiederholen, repetieren, von neuem beginnen, nochmals anfangen 2. rekonstruieren ~ **ısmarlamak** *H* nachbestellen ~ **olmak** sich wiederholen (z. B. Vorgang) ~ **sigorta** s. **mükerrer sigorta;** ~ ~ immer wieder von neuem, dauernd (z. B. j–m et. sagen) **-ı harekât** s. **ekopraksi**
tekraren [ā] *va. Adv.* wiederholt, erneut ~ **ihraç** *H* Wiederausfuhr *f* (eingeführter Waren) ~ **işlenmiş basım** *typ.* verbesserte (und erweiterte) Auflage ~ **yollama** (postalische) Weiterleitung an die neue Adresse des Empfängers
tekrarlama Vs. zu **tekrarlamak** *spez.* 1. *Th.* Wiederaufführung *f* *röpriz 2. *med.* Wiederauftreten *n* (e–r Krankheit)
tekrarlamak [·–··] wiederholen, repetieren, noch einmal

tun, von neuem beginnen, nochmals anfangen *yinelemek
tekrarlanmak 1. Pass. zu **tekrarlamak** 2. sich wiederholen, noch einmal vorkommen *tekerrür etmek
tekrarlı [ā] von neuem begonnen, wiederholt, mit Wiederholung(-en *pl.*) *yinelemeli ~ **sigorta** s. **reasürans;** ~ **uyaklama** Doppelreim *m* *mükerrer kafiye
tekrende Schlichthobel *m*
tekrenkli monochrom(-atisch), einfarbig *vahidüllevin
tekrenklilik Monochromie, Einfarbigkeit *f*
tekri s. **derici sumağı**
tekrim [ī] *va.* Achtung *f*, Respekt *m*, Ehrerbietung *f*, (erwiesene) Ehre ~ **etmek** *va.* achten, respektieren, Ehre erweisen, ehren
tekrir [ī] 1. *va.* Wiederholen *n* 2. *stil., rhet.* Epanalepse bzw. Anadiplose *f*, (überflüssige) Wiederholung e–s best. Wortes bzw. e–r best. Wortgruppe *yineleme **-i merdut** s. **geneleme**
tekruhçuluk s. **ünanimizm**
teksesleşme *ling.* Reduktion *f* e–s Diphthongs zum einfachen Vokal
teksif [ī] Verdichten *n*, Verdichtung *f*, Kondensation, Konzentration *f* ~ **cihazı** Kondensationsapparat *m* ~ **etmek** verdichten, kondensieren, konzentrieren ~ **edilmiş süt** Kondensmilch *f*
teksifî [·––] *va.* intensiv
teksir [ī] 1. Vermehren *n*, Vermehrung *f*, Ansteigen-Lassen, Häufen *n*, Häufung *f* 2. Vervielfältigen *n*, Vervielfältigung *f*, Hektographieren *n* ~ **etmek** 1. vermehren, ansteigen lassen 2. vervielfältigen, hektographieren ~ **kâğıdı** 1. (dünnes) Durchschlagspapier *n* (für Schreibmaschine) 2. Hektographier-, Abzugs-papier *n* ~ **makinesi** Vervielfältigungs-, Hektographier-apparat *m*, Hektograph *m*
teksirhane [·––·] *va.* Münze, Münzstätte *f*
teksirî [·––] *va.* flektierend (Sprache) *bükülgen
tekst, -ti Text *m* *metin
tekstil Textilien *pl.* *mensucat ~ **fabrikası** Textilfabrik *f* ~ **sanayii** Textilindustrie *f*
tektanrıcı(-lık) s. **monoteist (monoteizm)**
tektanrılı mit einem Gott, monotheistisch
tektojenez s. **yapıoluş**
tektonik 1. Tektonik *f* 2. tektonisch
tektonlu Camaieu *f* (Bild in Abtönungen ein und derselben Farbe) *kamayö
tektoynaklılar *zo.* Einhufer *pl.* (pferdeartige Unpaarhufer)
tekuyaklı s. **müselsel** (2)
tekvin [ī] *va.* 1. Entstehen-Lassen *n*, Erschaffung *f* 2. *spez.* Erschaffung *f* der Erde, Schöpfung *f* 3. ≗ Genesis, Schöpfungsgeschichte *f* (1. Buch Mosis) ~ **etmek** *va.* entstehen lassen, erschaffen, ins Dasein rufen *oluşturmak, yaratmak ~ **ilmi** s. **kozmogoni**
tekvinî [·––] *va.* 1. s. **kozmogonik** 2. *geogr.* genetisch, Entwicklungs- *türümsel
tekvir [ī] (*ar.*: Rund-Machen, Zusammenfalten *n*) ≗ **suresi** Name der 81. Koran-Sure
tekzip, -bi [ī] 1. Anschuldigung *f* der Lüge 2. Dementi *n*, offizielle Berichtigung; Richtigstellung *f*, Widerruf *m* (e–r Behauptung) ~ **etmek** 1. (b–ni) j–n Lügen strafen, j–n der Lüge zeihen (bezichtigen) 2. (bşi) dementieren, für unrichtig erklären, offiziell berichtigen *yalanlamak
tekzipname [·––·] schriftliche Richtigstellung; das (z.B. e–r Zeitung zugesandte) Dementi
tel 1. (pflanzliche, tierische, Muskel- usw.)Faser, Fiber *f* *lif 2. einzelnes Haar 3. Draht *m*, Drahtgeflecht *n* 4. Saite *f* 5. Gold-, Silber-, Metall-faden *m*, Lametta *f* 6. einzelner Zwirns-, Garn-, Woll- usw. Faden; *naut.* Garn *n* (e–s Kardeels) 7. *F Verk.* von **telgraf** Telegramm *n*, Depesche *f* 8. aus Draht(-geflecht) hergestellt 9. fadenförmig, Faden- 10. s. **magnetik tel** Zu 1: s. **bitkisel (hayvansal)** ~; **kas -i** Zu 2: **Başında tek ~ saç kalmadı.** Er hat kein einziges Haar mehr auf dem Kopf. s. a. **saç -i** Zu 3: s. **dikenli** ~; **telgraf (tramvay, elektrik) -i** Zu 5: s. **gelin -i;** ~ **başlık** 1. Fechtmaske *f* 2. Korkenhalter *m* (Drahtverschluß auf Sektflaschen) ~ **çekmek** 1. Draht ziehen (z.B. um e–n Garten) 2. telegraphieren, depeschieren, drahten 3. *V* urinieren, pissen ~ **çit** *mil.* Flandernzaun *m* ~ **çivi** Drahtstift *m* (des Schuhmachers) ~ **dikiş** Drahtheftung *f* (Buchbinderei) ~ **dikiş makinesi** Heftmaschine *f* (in der Buchbinderei) ~ **dilekçe** telegraphisches Gesuch ~ **duvak takmak** (*od.* **kuşatmak**) fröhliche Hochzeit feiern (Mädchen) ~ **ehli** Brokatwirker(-innen *f*) *pl.* ~ **elek** (*od.* **süzgeç**) Drahtsieb *n* ~ **fırça** Drahtbürste *f* ~ **gibi** fadenförmig ~ **halat (ip, kablo)** Drahtseil *n* ~ **havalesi** telegraphische (Geld-)Überweisung ~ **irtibatı** *mil.* Drahtverbindung *f* ~ **izbiro** *naut.* 1. Garn-, Want-stropp *m* 2. Drahtschlinge *f* ~ **kadayıf** frisch gemachte süße Fadennudeln, die in Sirup und heißer Butter gekocht und dann überbacken werden ~ **kafes** 1. Draht-gitter, -geflecht *n* 2. Drahtkäfig *m* 3. Maschendraht *m* ~ **kakma** s. **Şam kakması;** ~ **keskisi** Zwickzange *f*, Vorschneider *m* ~ **kırma** Gold- od. Silber-stickerei *f* ~ **kırmak** 1. e–n Lapsus begehen 2. *V* kränken, verletzen, beleidigen, verärgern ~ **kıskacı** Drahtzange *f* ~ **makarası** (*od.* **bobini**) Drahtspule *f* ~ **makası** Drahtschere *f* ~ **mani** *mil.* Drahthindernis *n* ~ **matkap** Drahtbohrer *m* ~ **örgü** 1. Drahtzaun *m*, -sperre *f* 2. Drahtverhau, Stacheldraht *m* ~ **süs** Filigranarbeit *f* ~ **şehriye** Faden-, Suppen-nudeln *pl.* ~ **şehriyeli çorba** (Faden-)Nudelsuppe *f* ~ **vurmak** s. **tel çekmek** (2); ~ **yazısı** Drahtnachricht *f*, Telegramm *n* ~ **yay** Drahtfeder *f* ~ **yolu** (*od.* **hattı**) *mil.* Drahtleitung *f* **-e almak** auf (Magnetophon-)Band aufnehmen **-ine dokunmak** s. **bamteline dokunmak; -ler takınmak** (*od.* **takmak**) *fig.* 1. sich vor Freude nicht mehr kennen 2. schadenfroh lachen; s. a. **Başına -ler tak(ın)sın!**
Tel dağları *n.pr.* Tell-Atlas *m* (in Algerien) *Küçük Atlaslar
tela [×·] Steifleinen *n*, Roßhaareinlage *f* (z.B. im Anzug) ~ **çatmak** Steifleinen einsetzen
telaffuz Aussprache *f* ~ **etmek** aussprechen ~ **tarzı** Art *f* der Aussprache, Sprechweise *f*
telâfi [·––] Nachholen *n* (von et. Versäumtem), Ersetzen *n*, Ersatz *m* (z.B. e–s Verlustes), Wettmachen, Ausgleichen, Wiedergutmachen *n* (z.B. e–s Schadens), Wiedereinbringung *f* (dessen, was e–m entgangen ist), Ausgleich *m*, Kompensation *f* (z.B. e–s Mangels), Aufholung *f* (z.B. e–r Verspätung) ~ **etmek** nachholen, ersetzen, wieder einholen (einbringen), ausgleichen, wettmachen, wiedergutmachen, kompensieren **gayri kabili** ~ *z. va.* unersetzlich (z.B. Verlust), nicht wiedergutzumachen(-d), nicht mehr ausgleichbar *telâfisi kabil olmayan, telâfisi imkânsız
telâfiimafat, -tı [·––·––] *z. va.* Wiedereinbringung *f* (dessen, was e–m entgangen ist) ~ **etmek** wieder einbringen
telâhuk, -ku *va.* 1. Verbindung, Vereinigung *f* 2. *jur.* Konkurrenz *f* *yarışma **-u efkâr** *va.* Ideenassoziation *f* *tedaii efkâr
telâki [·––] Zusammen-treffen *n*, -kunft *f*, Begegnung *f*, Rendezvous, Stelldichein *n* ~ **etmek** zusammen-treffen, -kommen, sich treffen, sich ein Stelldichein geben ~ **noktası** Treffpunkt *m*
telâkigâh 1. Treffpunkt *m* 2. *pej.* Absteig-, Stunden-hotel *n*
telakki 1. An-, Auf-, Entgegen-nahme *f* 2. Auffassung, Anschauung *f* 3. s. **kavrayış** Zu 1: s. **hüsnü-** Zu 2: **≗ler değişti.** Die Auffassungen haben sich geändert. **-ye bağlı ol-**

mak Anschauungssache sein ~ **etmek** 1. *z. va.* an-, auf-, entgegen-nehmen 2. aufnehmen (z.B. e–e Nachricht mit Freuden) 3. auffassen, ansehen, betrachten (als)
telâmiz [·––]; **telâmize** [·–··] *va. Pl.* zu **tilmiz**
telamon s. **atlante**
telâsuk, -ku *va.* 1. Festhaften, Kleben *n* 2. Aneinandergrenzen *n* ~ **etmek** *va.* 1. festhaften, kleben *yapışmak 2. aneinanderstoßen, unmittelbar aneinandergrenzen *bitişmek
telâş 1. Hast und Aufregung *f* 2. Erregung, Beunruhigung, Verwirrung *f*, Entsetzen *n*, Panik *f* Zu 2: **Ortalığı bir -tır aldı.** Es brach e–e Panik aus. ~ **etmek** 1. in Aufregung (Beunruhigung, Verwirrung, Panik) geraten, sich aufgeregt benehmen 2. in Aufregung versetzen, beunruhigen Zu 2: **Hastanın halinde ~ edecek bir şey yok.** Der Zustand des Patienten gibt zu keinerlei Befürchtungen Anlaß. ~ **göstermek** Aufregung an den Tag legen **-a düşmek** s. **telâşlanmak; -a gelmek** in aller Eile erledigt werden müssen; drängen (Angelegenheit) **~a lüzum yok.** Es ist kein Grund zur Aufregung da. **-a vermek** (m. Akk.) in Unruhe (Aufregung) versetzen, beunruhigen
telâşçı wer Panikgerüchte verbreitet
telâşçılık Verbreitung *f* von Panikgerüchten
telâşe *P* für **telâş;** ~ **müdürü** (*od.* ~ **nazırı**) *P* 1. wie ein aufgescheuchtes Huhn 2. Panikverbreiter(-in *f*) *m*
telâşi [·––] 1. Wertlos-, Bedeutungslos-werden *n* (vgl. **lâşey**) 2. s. **telâş**
telâşlanmak in Aufregung (Entsetzen) geraten
telâşlı aufgeregt, verwirrt, beunruhigt
telâşsız 1. ruhig, gelassen, kaltblütig 2. *Adv.* ohne jegliche Aufregung, in aller Ruhe
telatin [·–·] 1. Juchtenleder *n* 2. Juchten-
telâtum *va.* Wogen, Unruhigwerden *n* des Meeres *çalkantı ~ **etmek** *va.* wogen, Wellen schlagen *dalgalanmak
telbiye *rel.* Aussprechen *n* der Formel **lebbeyk Allahümme lebbeyk** *(q.v.)* bei der Mekka-Pilgerfahrt
telci 1. Drahtzieher *m (wörtl.)* 2. wer Metallfäden herstellt od. verkauft
telcik 1. Muskel- od. Wurzel-fäserchen *n* 2. s. **lifçik** 3. s. **ipçik**
telcikli faserig, Faser-
teldolap, -bı Fliegenschrank *m*
telebbüs *va.* 1. Sich-Kleiden *n* 2. Kleidung *f* ~ **etmek** *va.* sich kleiden, sich anziehen *giyinmek
teleben (*franz.* **télébenne**) s. **telekabin**
teledifüzyon (*franz.* **télédiffusion**) Drahtfunk *m*
teledinamik (*franz.* **télédynamique**) kraftübertragend ~ **kablo** Starkstromkabel *n*
teleemprimör (*franz.* **téléimprimeur**) Fern-schreiber, -schreibapparat, -drucker *m* ~ **ile** fernschriftlich
teleenterüptör (*franz.* **téléinterrupteur**) Fernausschalter *m*
telef 1. Verlust *m* 2. Verschwendung, Vergeudung *f* 3. Vernichtung *f*, Verderben *n*, Ruin, Tod *m* 4. Stoffe (Tuche) *pl.* zweiter Qualität ~ **edilen maddeler** Abfall *m* ~ **etmek** 1. vergeuden, verschwenden 2. vernichten, zugrunderichten, töten ~ **olmak** 1. vergeudet (verschwendet) werden 2. verlorengehen, zugrundegehen 3. umkommen, ums Leben kommen ~ **payı** s. **fire payı**
telefat, -tı [ā] *Pl.* (Menschen-)Verluste *pl.* ~ **verdirmek** 1. Verluste beibringen (zufügen) 2. zum Tod führen Zu 2: **Bu hastalık yüzde yirmibeş derecesinde ~ verdirmektedir.** Diese Krankheit hat in 25% aller Fälle den Tod zur Folge. ~ **vermek** Verluste haben
telefatlı [ā] was (große) Menschenverluste im Gefolge hat
teleferik (*franz.* **téléférique**) 1. Seilschwebebahn, Drahtseilbahn *f* 2. Skilift *m* 3. *Adj.* mittels Drahtseilbahn (od. Skilift) ausgeführt (z.B. Transport)
telefon 1. Fernsprechwesen *n*, Telephonie *f* 2. Telephon *n*, Fernsprecher *m* 3. Telephonanruf, Fernruf, Fernspruch *m*, Telephonat *n* ~ **açmak** den Hörer abnehmen ~ **ara merkezi** *mil.* Vermittlungsstation *f* ~ **arızalanmak** *V* dazwischenkommen (unerwartetes Hindernis) ~ **çağırması** Telephonanruf *m* ~ **dairesi** (Fern-)Sprechstelle *f* ~ **etmek** 1. telephonieren, anrufen 2. *V* s. **işemek;** ~ **hattı** Telephon-, Fernsprech-leitung *f* ~ **iltisakı** Telephonanschluß *m* ~ **irtibatı** telephonische Verbindung, (Fern-)Sprechverbindung *f* ~ **kabini** Telephon-zelle *f*, -häuschen *n* ~ **konuşması** Telephongespräch *n* ~ **kordonu** Telephonschnur *f* ~ **kulaklığı** Telephonhörer *m* ~ **kulübesi** s. ~ **kabini;** ~ **makinesi** Telephonapparat, Fernsprecher *m* ~ **merkezi** (*od.* ~ **santralı**) 1. Telephon-, Fernsprechzentrale *f* 2. Fernsprechamt *n* ~ **muhaberatı** Fernsprechverkehr *m* ~ **muhaveresi** Telephongespräch *n* ~ **mübeddile sandığı** Klappenschrank *m* (in der Telephonzentrale) ~ **operatrisi** Telephonistin *f* ~ **rehberi** Fernsprechverzeichnis, Telephonbuch *n* ~ **şebekesi** Telephon-, Fernsprech-netz *n* ~ **teli** Telephondraht *m* ~ **tesisatı** Telephoneinrichtung *f* **-la** telephonisch, auf telephonischem Weg **-la aramak** telephonisch zu erreichen suchen **-u kapamak** den Hörer auflegen (bzw. einhängen)
telefoncu 1. Telephonarbeiter *m* 2. Telephonist(-in *f*) *m*, Telephon-beamte *m*, -beamtin *f* ~ **kız** Telephonfräulein *n*
telefonculuk 1. Beruf *m* od. Tätigkeit *f* e–s (e–r) **telefoncu** 2. Fernsprechwesen *n*
telefone (*franz.* **téléphoné**) telephoniert ~ **etmek** telephonieren
telefonist, -ti (*franz.* **téléphoniste**) s. **telefoncu**
telefonlamak telephonieren, anrufen
telefonlaşmak sich telephonisch verständigen, miteinander telephonieren
telefonlu 1. mit Telephon ausgestattet 2. Telephon-, telephonisch ~ **müracaat** telephonische Anfrage
telefoto 1. Fernaufnahme *f* (mit Teleobjektiv) 2. Funkbild *n*
telefotografi 1. Fernphotographie *f* 2. Funkbild-Übertragung *f*
telefotografik 1. fernphotographisch 2. Bildfunk-
telega s. **talika**
telehhüf *va.* Nachtrauern *n* ~ **etmek** *va.* (m. Dat.) nachtrauern
telejenik (*franz.* **télégénique**) telegen, bildwirksam, für Fernsehsendungen geeignet
telek *an.* Schwanz- od. Schwung-feder *f* (e–s Vogels) *riş
telekabin (*franz.* **télécabine**) Umlaufkabine *f* (bei Drahtseilbahn) *teleben
telekdamarlı yaprak s. **tüysü yaprak**
teleke Schwungfedern *pl.* (e–s Vogels) *kibarı rişat
telekinezi (*franz.* **télékinésie**) Telekinese *f*, (spiritistische) Fernbewegung *f* *uzadevim
telekomande (*franz.* **télécommandé**) s. **telekomantlı**
telekomant, -dı (*franz.* **télécommande**) Fern-steuerung *f*, -antrieb *m*, -bedienung *f*
telekomantlı fern-gesteuert, -gelenkt, -betätigt, -bedient
telekomünikasyon (*franz.* **télécommunication**) 1. Fernverbindung *f* 2. Fernmeldung *f* 3. Fernmeldewesen *n* ~ **servisi** Fernmeldedienst *m*
teleks 1. s. **teleskriptör** 2. Telex, Fernschreib-verkehr *m*, -netz *n*
telem (I) *agr., an.* Furche, Rille, Falte *f* *çizi
telem (II) s. **teleemprimör**
Telemak, -ğı *n.pr.* Telemach
Telemark, -kı 1. *n.pr.* norwegische Gebirgslandschaft 2. *(Ski)* Telemark(-schwung) *m*
teleme (*od.* ~ **peyniri**) frischer ungesalzener Käse ~ **peyniri gibi** mit üppigen Formen und weißer Haut (Frau)

telemekanik (*franz.* **télémécanique**) s. **telekomant(-lı)**
telemetre [··×·] Telemeter *n*, Entfernungsmesser *m*
telemetreci wer e–n Entfernungsmesser bedient
telemetrecilik; telemetri Telemetrie *f*, Entfernungsmessen *n*
telemotör *naut.* Telemotor *m*
telemprimör s. **teleemprimör**
teleobjektif Teleobjektiv *n*
teleoloji Teleologie *f* *erekbilim, mephası gayat
teleolojik teleologisch ~ **tefsir** *jur.* teleologische Auslegung
teleotograf(-i) s. **telotograf(-i)**
teleozor Teleosaurier *m* (ausgestorbene Gattung der Panzerechsen)
telepati Telepathie *f* *uzaduyum
telepatik telepathisch
teleradyo(-grafi) *med.* (in e–r Entfernung von 2–3 Metern aufgenommenes) Röntgenbild
teles fadenscheinig, abgenutzt (Stoff, Kleidung)
telesimek fadenscheinig werden, sich abnutzen (abwetzen, abtragen)
telesinema (*franz.* **télécinéma**) Fernsehkino *n*
telesiyej (*franz.* **télésiège**) Sessel-bahn *f*, -lift *m*, Skilift *m* (mit Sitz)
teleski (*franz.* **téléski**) Skilift *m* (mit Gurten)
teleskop, -pu 1. Teleskop, Fernrohr *n* *dürbün, ırakgörür 2. *abus.* Periskop *n* (e–s U-Bootes)
teleskopik 1. teleskopisch 2. *astr.* nur mit Hilfe e–s starken Fernrohrs erkennbar (Gestirn) 3. ineinanderschiebbar, ausziehbar (Stativ); einziehbar (Mast)
teleskriptör (*franz.* **téléscripteur**) s. **teleemprimör**
teletayp, -pı (*engl.* **teletype**); **teletip, -pi** (*franz.* **télétype**) s. **teleemprimör**
teletipi (*franz.* **télétypie**) Fernschreibtechnik *f*
Teleütler *n.pr.* Teleuten *pl.* (altaitürk. Stamm)
televizör (*franz.* **téléviseur**) Fernsehapparat, Fernseher *m*
televizyon (*franz.* **télévision**) 1. Fernsehen *n* *uzagörüm 2. s. **televizör;** ~ **alıcısı** s. **televizör;** ~ **amplifikatörü** Bildverstärker *m* ~ **başında** am Fernseher (sitzend) ~ **ekranı** Bildschirm *m* ~ **gösterisi** Fernsehschau *f* ~ **oyunu** Fernsehspiel *n* ~ **verici** Fernsehsender *m*
televizyoncu Fernsehteilnehmer *m*
televizyonculuk Fernsehen *n*
televvün *va.* 1. Farbwechsel *m* 2. *fig.* Wankelmut *m*, Unbeständigkeit, Launenhaftigkeit *f* ~ **etmek** *va.* 1. die Farbe wechseln 2. *fig.* wankelmütig (unbeständig, launenhaft) sein
teleyyün *med.* Erweichung *f* **-ü dimağî** s. **beyin sulanması**
telezzüz *va.* Genuß *m*, Ergötzen, Vergnügen *n* ~ **etmek** (bşden *od.* bşle) *va.* Genuß (Ergötzen, Vergnügen) finden (an)
telfik, -kı [i] 1. *va.* Zusammen-tragen, -stellen *n* (z.B. von Notizen) 2. *stil.* assoziativbegriffliche Reichhaltigkeit des sprachlichen Ausdrucks, „Prinzip *n* der beziehungsreichen Bildwahl" (Ritter) *itilâf, müraati nazir, mabat, beynelmaani, oranlılık, tenasüp, tevfik ~ **etmek** *va.* zusammen-tragen, -stellen
telfin *naut.* s. **tilfin; takoz** (8)
telgeren *mus.* Saitenhalter *m* (z.B. an der Geige) *kordiye, tellik
telgraf 1. Telegraphie *f* 2. Telegramm *n*, Depesche, Drahtnachricht *f* 3. Telegraph(-enapparat) *m* 4. *V* unerlaubte Zeichen des neben e–m Kartenspieler sitzenden Zuschauers zur Orientierung des Gegners ~ **çekmek** telegraphieren, depeschieren, drahten; ein Telegramm (e–e Depesche) senden (**bir taziyet -ı çekmek** ein Beileidstelegramm senden) ~ **direği** Telegraphen-mast *m*, -stange *f* ~ **haberleri** telegraphische Nachrichten, Drahtnachrichten *pl.* ~ **hattı** Telegraphen-linie, -leitung *f* ~ **kablosu** Telegraphenkabel *n* ~ **kartı** s. **pnömatik kart;** ~ **kırmak** *V* bei j–m ins Fettnäpfchen treten; j–n kränken, verletzen ~ **makinesi** Telegraph(-enapparat) *m* ~ **memuru** Telegraphen-beamter, -beamtin, Telegraphist(-in *f*) *m* ~ **şamandırası** *naut.* Telegraphentonne *f* ~ **şeridi** Telegrammstreifen *m* ~ **teli** Telegraphendraht *m* ~ **ücreti** Telegrammgebühr *f* ~ **ve telefon muhaberatı** telephonische und telegraphische Verbindung(-en *pl.*) *f* **-la** telegraphisch, auf telegraphischem Weg, durch Telegramm
telgrafçı Telegraphen-beamter, -beamtin, Telegraphist(-in *f*) *m*
telgrafçılık Beruf *m* od. Tätigkeit *f* e–s (e–r) **telgrafçı**
telgrafçiçeği, -ni Zebrine, Tradeskantia *f* *bot.* Zebrina pendula
telgrafhane [··–·] Telegraphenamt *n*
telgrafî *va.* telegraphisch, Telegraphen, Telegramm-
telgrafiyen *va. Adv.* s. **telgrafla**
telgraflamak telegraphieren, depeschieren, drahten
telgrafname [··–·] Telegramm *n*, Depesche *f*
telh *va.* bitter, herb *acı
telhis [i] 1. *z. va.* Abfassung *f* e–r gedrängten Darstellung 2. (kurze) Zusammenfassung *f*, Resümee *n* 3. *spez. hist.* das dem Sultan vom Großwesir vorgelegte Resümee irgendwelcher Vorgänge, kurze Zusammenstellung ~ **etmek** *z. va.* kurz zusammenfassen od. darstellen, e–n gedrängten Überblick geben, resümieren
telhisçi; telhisî *hist.* osm. Beamter, der ein Resümee der dem Sultan vorzulegenden Akten, Schriftstücke usw. anzufertigen hatte
telhkâm *va.* 1. bitter enttäuscht 2. betrübt, niedergeschlagen
telhnak, -ki [ā] *va.* bitter
telif [––] 1. Vereinigung *f*, Einklang *m*, Aussöhnung *f*, Ausgleich *m*, Abstimmung *f* (z.B. der beiderseitigen Interessen) 2. Verfassen *n*, Abfassung *f* (z.B. e–s Romans) 3. Werk *n* (e–s Autors) 4. in schriftlicher Form vorliegend (z.B. Volkserzählung) ~ **eser** selbständiges Werk (*Ggs.* **çeviri eser**); ~ **etmek** 1. vereinigen, aussöhnen, in Einklang bringen, e–n Ausgleich schaffen, aufeinander abstimmen 2. ver-, ab-fassen (z.B. Buch) ~ **hakkı** Urheber-, Autoren-recht *n* *yazar hakkı ~ **şiirler** eigene Gedichte **-i kabil; kabili** ~ vereinbar (mit) (**Fransa'nın şerefiyle kabili ~ görmediği için …** Da er es mit der französischen Ehre nicht für vereinbar hält … **bitaraflık sıfatiyle -i kabil olmayan hareketler** Handlungen, die mit dem Begriff Neutralität unvereinbar sind) **gayri kabili** ~ *od.* **-i kabil olmayan** *od.* ~ **kabul etmeyen** unvereinbar
telifat, -tı [–––] *va. Pl.* Werke, Schriften *pl.*
telifçi [–··] *selt.* einen Kompromiß anstrebend, kompromißbereit od. den Charakter e–s Kompromisses besitzend
telifçilik Kompromißbereitschaft *f*
telifibeyn [–––·] *z. va.* Vermittlung, Aussöhnung, Verständigung *f* ~ **etmek** *z. va.* vermitteln, e–e Verständigung (Aussöhnung) herbeiführen *ara bulmak ~ **teşebbüsü** Vermittlungsversuch *m*
telifkerde [–––·] *va.* 1. geschrieben, verfaßt 2. schriftstellerisches Erzeugnis; Werk *n* (e–s Autors)
telih [––] *va.* Vergottung, Deifikation *f* ~ **etmek** *va.* zum Gott machen, vergotten, deifizieren *ilâhîleştirmek, tanrılaştırmak
tel'in [i] Verfluchen, Verwünschen, Verdammen *n* ~ **etmek** verfluchen, verwünschen, verdammen *lânet etmek
teliz aus Pflanzenfasern geflochtener weitmaschiger Behälter od. Sack
telkâri [·––] 1. aus Gold- od. Silber-draht geflochten 2. Filigran, Zierdrahtgeflecht *n* 3. Filigran-

telkih [ī] 1. Injektion, Einspritzung, Impfung *f* 2. Befruchtung, Bestäubung *f* ~ **etmek** 1. injizieren, einspritzen, impfen 2. befruchten, bestäuben **-i cederî** *va.* Pockenimpfung *f*
telkin [ī] 1. Vorsprechen, Einflüstern *n* 2. Suggestion *f* 3. Ein-prägen, -hämmern *n* (e–s Gedankens) 4. Vorsprechen *n* der isl. Glaubensartikel durch den Geistlichen nach der Bestattung e–s Toten (damit dieser – nach isl. Auffassung – den ihn verhörenden Engeln antworten kann) 5. *fr.* ständiges Wiederholenlassen der isl. Glaubensartikel durch e–n Novizen ~ **anıklığı** *psych.* Suggestibilität *f* *telkin kabiliyeti, telkinlenirlik, sügjestibilite ~ **binefsihi** s. **otosügjestyon;** ~ **edilebilir** suggestibel *telkinlenebilir, kabili telkin ~ **etmek** 1. vor-sprechen, -reden, einflüstern 2. suggerieren *telkinlemek 3. einprägen, einhämmern ~ **kabiliyeti** s. ~ **anıklığı;** ~ **vermek** 1. vorsprechen, einflüstern 2. einführen, einweihen (Toten, vgl. **telkin** 4) 3. predigen, lehren **-lere kapılmak** Einflüsterungen unterliegen (sein Ohr leihen) **kabili** ~ s. ~ **edilebilir**
telkinat, -tı [·––] *va. Pl.* zu **telkin**
telkinlemek [ī] *psych.* suggerieren *telkin etmek
telkinlenebilir s. **telkin edilebilir**
telkinlenirlik s. **telkin anıklığı**
telkip, -bi [ī] *va.* Verleihung *f* e–s Beinamens ~ **etmek** *va.* e–n Beinamen **(lakap)** geben
telköprü Hängebrücke *f*
telkurdu, -nu Drahtwurm *m* (Made des Schnellkäfers) *keseğen, kökkurdu, toprakkurdu
telküflüce *med.* Sporotrichose *f* (Pilzerkrankung des Haut- und Unterhaut-gewebes mit Geschwürbildung)
tellak, -kı Badediener *m*
tellaklık Tätigkeit *f* e–s Badedieners
tellal 1. Vermittler, Makler *m* 2. öffentlicher Ausrufer *carcı, münadi ~ **bağırmak** mit lauter Stimme ausrufen, mit Stentorstimme verkünden ~ **çağırmak** *fig.* in aller Öffentlichkeit ausposaunen
tellaliye 1. Vermittler-, Makler-gebühr *f* 2. Entlohnung *f* e–s Ausrufers
tellallık, -ığı 1. Gewerbe *n* e–s Vermittlers; Maklerberuf *m* 2. Tätigkeit *f* e–s öffentlichen Ausrufers 3. s. **tellaliye** Zu 2: s. a. **şayia -ı etmek**
tellemek 1. mit Gold- od. Silber-fäden verzieren 2. verschönern, ausschmücken 3. telegraphieren, depeschieren, drahten *tel çekmek ~ **pullamak** (*od.* **telleyip pullamak**) 1. auf-, heraus-putzen, herausstaffieren 2. seine Erzählung mit vielen Einzelheiten ausschmücken 3. *fig.* viel Wesens machen (um), über den grünen Klee loben
tellendirmek 1. (z. B. **cıgara, çubuk, pipo** usw.) behaglich schmauchen, gemütlich rauchen 2. mit Draht(-zaun) umgeben
tellenmek 1. mit **tel** (5) geschmückt werden (z. B. Braut) 2. mit Draht(-zaun) umgeben werden 3. telegraphiert werden
telli 1. faserig 2. mit Draht(-geflecht) ausgestattet, Draht- 3. mit Saiten, -saitig 4. mit Metall-(Gold-, Silber-)Fäden durchwirkt ~ **aletler** *mus.* Saiteninstrumente *pl.* ~ **balıkçıl** s. **balabankuşu;** ~ **bebek** 1. Modepuppe *f* 2. alter Geck 3. närrisch, exzentrisch ~ **cam** Drahtglas *n* ~ **çalgı** Saiteninstrument *n* ~ **demiryolu** Drahtseilbahn *f* ~ **duvaklı** bräutlich geschmückt ~ **irtibat** Drahtverbindung *f* ~ **kavak** s. **akçakavak;** ~ **kavuk** s. **kallâvi** (1); ~ **kumaş** Lamé *m, n* ~ **muhabere** Drahtverkehr *m* ~ **otobüs** *P* für **troleybüs;** ~ **pullu** 1. auf-, heraus-geputzt, herausstaffiert, *F* aufgedonnert 2. ausgeschmückt, aufgeputzt (z. B. Erzählung) ~ **saz** Saiteninstrument *n* ~ **telgraf ağı** (*od.* **şebekesi**) (ständiges) Telegraphennetz ~ **telgrafname** Drahttelegramm *n* (*im Ggs.* zum Funktelegramm)
tellibüs *P* für **troleybüs**
tellik s. **telgeren**
telliturna Jungfernkranich *m zo.* Anthropoides virgo
tellür *chem.* Tellur *n*
tellürik 1. *chem.* tellurig (Säure) 2. tellurisch (die Erde betreffend)
telmi, -ii [ī] *va.* Abfassung *f* e–s **mülemma** genannten Gedichtes
telmih [ī] Anspielen *n*, Anspielung *f* *anıştırma ~ **etmek** (m. Dat.) anspielen, Anspielungen machen (auf)
telotograf (*franz.* **télautographe**) Fernschreiber, Bildsender *m*
telotografi (*franz.* **télautographie**) Fernschreibwesen *n*, Bildsendung *f*
telsayan Fadenzähler *m* (bei Geweben)
telsel Faser-, faserig *lifî ~ **doku** *biol.* Fasergewebe *n*
telsi aus feinen Fäserchen bestehend; kleinfaserig
telsik, -kı [ī] *jur.* Naturalisierung, Naturalisation, Einbürgerung *f* ~ **etmek** naturalisieren, einbürgern
telsiz 1. ohne **tel** *spez.* drahtlos 2. s. ~ **telefon** 3. s. ~ **telgraf;** ~ **aleti** Funkgerät *n* ~ **alıcısı** Funkempfangsgerät *n* ~ **almak** e–n Funkspruch auffangen ~ **anten direği** Funk-mast, -turm *m* ~ **arabası** Funkwagen *m* ~ **çekmek** 1. e–n Funkspruch aussenden (z. B. sinkendes Schiff) 2. ein Funktelegramm absenden ~ **dairesi** (*od.* ~ **kamarası**) *naut.* Funk-kabine *f*, -raum *m* ~ **haberleşme** s. **radyokomünikasyon;** ~ **irtibatı** Funkverbindung *f* ~ **istasyonu** Funkstation *f* ~ **kestirme aleti** Peilgerät *n* ~ **merkezi** (*od.* **mevkii**) Funkstelle *f* ~ **muhabere** s. ~ **haberleşme;** ~ **muhabereci** s. **telsizci;** ~ **telefon** s. **radyotelefon;** ~ **telgraf** 1. s. **radyotelgraf** 2. Funktelegramm *n* ~ **telgrafçı** s. **telsizci;** ~ **tesisatı** Sende-, Funk-anlage *f* ~ **ücreti** Gebühr *f* für Funktelegramme **-le bildirmek** funken **-le güdümlü** drahtlos gesteuert **-le kestirme** Funkpeilung *f* **-le kestirme postası** Peilstelle *f* **-le kestirme tesisleri** Richtempfangsanlage *f* **-le verilen rapor** Funkmeldung *f*
telsizci Funker *spez.* Bordfunker *m*
telsizlemek funken
telsizname [ā] *mil.* Funk-spruch *m*, -meldung *f*
telsolucanı, -nı Wasserkalb *n* (ein Saitenwurm) *zo.* Gordius aquaticus
telsolucanları, -nı Saitenwürmer *pl. zo.* Nematomorpha
teltik, -iği *P* Minus od. Plus *n* bei e–r Aufstellung: a) Fehl-, Minder-betrag *m* b) Mehr *n*, Überschuß, Restbetrag *m* ~ **doldurmak** ein Minus ausgleichen ~ **gelmek** s. **eksik çıkmak; -i temizlemek** die Zahl (e–r Rechnung) abrunden
teltikli *P* ein Minus od. Plus aufweisend, ungenau, unvollständig, nicht rund (Summe)
teltiksiz *P* 1. restlos, ohne Restbetrag, genau 2. auf Heller und Pfennig bezahlt Zu 1: **Bu iş bana ~ yüz liraya mal oldu.** Die Sache hat mich genau hundert Pfund gekostet.
telve Kaffeesatz *m* (der bei dem türk. Kaffee in der Tasse verbleibt) ~ **falı** Wahrsagen *n* aus dem Kaffeesatz
telvih [ī] *va. lit.* Anspielung *f*
telvin [ī] *va.* Färben, Malen, Streichen *n* ~ **etmek** *va.* färben, malen, streichen *boyamak
telvinat, -tı *va. Pl.* Anstrich *m* (z. B. e–s Hauses)
telvis [ī] *va.* 1. Beschmutzen *n* 2. Verderben *n* ~ **etmek** *va.* 1. beschmutzen, besudeln, verunreinigen *kirletmek, pisletmek 2. verderben *(tr.)*
telyin [ī] *va.* Weichmachen, Erweichen *n* ~ **etmek** *va.* 1. weichmachen, erweichen *yumuşatmak 2. *med.* e–e Verstopfung beheben
tem(-a) 1. *mus.* Thema *n* 2. (*gel.* nach dem Franz.) Übersetzung *f* in e–e Fremdsprache, Hinübersetzung *f* 3. Thema *n*, Gegenstand, Stoff *m* 4. *philat.* Motiv *n* 5. *gr.* Stamm *m* (e–s Wortes)

temadi [·–·] *va.* 1. (Weiter-, An-)Dauern *n* 2. Kontinuität *f* *süreklilik 3. Fortsetzung, Weiterführung *f* ~ **etmek** *va.* 1. (an-, weiter-)dauern, sich länger hinziehen 2. e–e Fortsetzung erfahren, weitergeführt werden ~ **ettirmek** *va.* 1. (an-, weiter-)dauern lassen, sich länger hinziehen lassen 2. fortsetzen, weiterführen 3. unterhalten (Beziehungen) Zu 3: s. **münasebetler** ~ **ettirmek**

temaruz [ā] *va.* Vortäuschung *f* e–r Krankheit, Sich-Krank-Stellen *n*, Simulation *f* ~ **etmek** *va.* e–e Krankheit vortäuschen, sich krank stellen, simulieren

temas [ā] 1. Berühren *n*, Berührung *f mil. a.* Tuchfühlung *f* 2. Fühlung(-nahme), Verbindung, Beziehung *f*, Verkehr *m*, *a.*: intimes Verhältnis; Geschlechtsverkehr *m* 3. *fig.* Berühren, Anschneiden *n* (e–s Themas) 4. Besprechung, Unterredung *f* *konuşma, görüşme 5. (Pinsel-)Strich *m* Zu 2: **Bu adamla hiç -ım yok.** Ich habe keinerlei Beziehung zu diesem Mann. **Iki şehir arasındaki ~ kesildi.** Die Verbindung (der Verkehr) zwischen den beiden Städten ist unterbrochen. Zu 5: s. **fırça -ı;** ~ **etmek** 1. sich gegenseitig berühren 2. (bşe) et. berühren 3. (bşe) *fig.* berühren, anschneiden, zu sprechen kommen (auf) 4. (b–le) Verkehr pflegen (mit), in Verbindung (Beziehung) stehen (zu) ~ **halinde kalmak** *mil.* Fühlung halten ~ **hezeyanı** *psych.* krankhafte Angst, et. zu berühren ~ **kurmak** Fühlung aufnehmen (mit) ~ **noktası** *a. math.* Berührungspunkt *m* **-a başlamak** (b–le) ein (intimes) Verhältnis anknüpfen (mit) **-a geçmek** Fühlung aufnehmen, sich ins Benehmen setzen (mit) **-a gelmek** in Kontakt kommen; sich unterhalten (mit) **-ını muhafaza etmek** (b–le olan) mit j–m in Fühlung bleiben **-ta bulunmak** (b–le) 1. Verkehr pflegen (mit), in Verbindung (Beziehung) stehen (zu) 2. Geschlechtsverkehr haben (mit)

temasül [ā] *va.* 1. Ähnlichkeit *f* *müşabehet 2. *math.* Aufteilung *f* (zweier Zahlen) ohne Rest ~ **etmek** *va.* ähneln, gleichen

temaşa [·––] 1. Betrachten *n*, Betrachtung *f*, An-, Zusehen *n* 2. Umherspazieren *n* 3. **(oyunu)** Vor-, Auf-führung *f*, Schauspiel *n*, (gespieltes) Stück, Drama *n* *piyes, temsil 4. Bühnenkunst *f* 5. s. **Yaşa yaşa gör temaşa!** Zu 1: **-sına doyum olmayan sonsuz plajlar** der unendliche Strand, an dem man sich gar nicht sattsehen kann ~ **etmek** 1. betrachten, an-, zu-sehen 2. umherspazieren

temaşagâh [·–––] *va.* 1. s. **seyir yeri** 2. Theater *n* 3. Kino *n*

temaşager [·––·] *va.* Zuschauer, Betrachter *m* *seyirci

temaşageran [·––·–] *va. Pl.* zu **temaşager**

temaşahane [·–––·] *va.* 1. s. **temaşalık** (2) 2. Welt *f* 3. Theater *n*

temaşaî [·–––] *va.* Theater-, Bühnen-

temaşalık [·––·] *va.* 1. öffentlicher Schauplatz 2. Ort *m* mit schöner Aussicht

tematik 1. thematisch, Motiv- 2. Thematik *f* 3. *gr.* Stamm- ~ **koleksiyon** (Briefmarken-)Sammlung *f* nach Motiven

temayül [ā] 1. Neigung, Tendenz *f* *tandans, yönseme 2. Zuneigung, Liebe *f* Zu 1: **Böyle bir haberin ne gibi bir ~ ifade ettiğini kolayca anlıyoruz.** Es liegt auf der Hand, welche Tendenz mit e–r solchen Nachricht verbunden ist. s. a. **tenezzüle (tereffüe) temayül;** ~ **etmek** (m. Dat.) 1. tendieren (nach) 2. sich zuwenden, sich zuneigen

temayüz [ā] Sich-Auszeichnen *n* ~ **etmek** sich (vor anderen) auszeichnen, hervorstechen

tembal (*franz.* **timbale**) *mus.* Kesselpauke *f*

tembalci; tembalist, -ti Paukenschläger, Paukist *m*

tembel faul, träge; Faulenzer *m* ~ **Raziye** Trödelliese *f* **ᵒe iş buyur** (*od.* **buyurursan**), **sana akıl öğretsin** (*od.* **öğretir**)! *Spr.* Gib dem Faulen et. zu tun, und er wird dir gute Lehren erteilen!

tembelhane [ā] 1. Faulenzerparadies, Schlaraffenland *n* 2. *fr.* Asyl *n* für Leprakranke

tembelhayvan Faultier *n zo.* Bradypus; s. a. **üçparmaklı (yakalı)** ~

tembelleşmek faul (träge) werden, im Fleiß nachlassen

tembellik, -iği Faulheit, Trägheit *f* **İş yine -e vurmuştur.** Es herrscht wieder der alte Schlendrian. ~ **etmek** auf der Bärenhaut liegen

tembih [ī] 1. *biol.* Reiz, Antrieb, Stimulus *m* *uyarma 2. Einschärfung *f*, genaue Anweisung 3. *psych.* Er-, Anregung, Reizung, Stimulation *f* ~ **etmek** 1. anregen, stimulieren *uyarmak 2. (b–ne) j–m et. einschärfen, dringend nahelegen, genaue Anweisungen geben **-lere cevap** *med.* Reizbeantwortung *f* **kabili** ~ *biol.* reizbar, erregbar *uyarılır

tembihlemek s. **tembih etmek**

tembihname [·––·] schriftliche Warnung od. Strafandrohung

tembul Betelpfeffer *m bot.* Piper betle *betel ağacı, Hint asması

temcit, -di [ī] Lobpreisung *f* Gottes *spez.* regelmäßiger Lobgesang des Müezzins nach dem morgendlichen Gebetsruf in den Monaten Recep, Şaban und Ramazan ~ **namazı** Morgengebet *n* ~ **pilavı** *fig.* ewige Leier ~ **pilavı gibi ısıtıp ısıtıp öne sürmek** et. bis zum Überdruß wiederholen ~ **yemeği** s. **sahur**

temdih [ī] *va.* Rühmen, Preisen *n* ~ **etmek** *va.* rühmen, preisen

temdihat [·––] *va. Pl.* Lobeserhebungen, Elogen *pl.*

temdin [ī] *va.* Zivilisieren *n*, Erziehung *f* zur Zivilisation ~ **etmek** *va.* zivilisieren, zur Zivilisation erziehen

temdit, -di [ī] *va.* 1. Verlängern *n*, Verlängerung *f* 2. Verdünnen *n*, Verdünnung *f* ~ **etmek** *va.* 1. verlängern (z. B. Vertrag) *uzatmak 2. mit Wasser (od. e–r anderen Flüssigkeit) versetzen; verdünnen *sulandırmak **-i hayat etmek** das Leben verlängern

temeddüh *va.* Sich-Rühmen, Aufschneiden, Prahlen *n* ~ **etmek** *va.* sich rühmen, prahlen, aufschneiden

temeddün *va.* Annahme *f* der Zivilisation ~ **etmek** *va.* Zivilisation annehmen, sich zivilisieren *medenîleşmek

temek *dial.* Stallfenster *n*

temekkün *va.* Ansässigwerden *n* ~ **etmek** *va.* sich niederlassen, sich ansiedeln, ansässig werden *yerleşmek, yurtlanmak

temel 1. Fundament *n* 2. *fig.* Grund(-lage *f*) *m*, Basis, Stütze *f*, Stützpunkt *m*, Sockel *m*, Prinzip *n* 3. Grund-, Haupt- *başlıca, esasî 4. s. ~ **çukuru;** ~ **açmak** e–e Baugrube ausheben ~ **atmak** 1. den Grundstein legen (zu) (*a. fig.*) 2. *F* a) sich häuslich niederlassen b) sich einnisten 3. et. unternehmen; e–e Arbeit beginnen ~ **cümle** s. ~ **tümce;** ~ **çivisi** (*in Ra. wie:*) ~ **çivisi çakmak** (*od.* **kakmak**) s. ~ **kakmak; bir temel çivisi gibi yerleşmiş olmak** fest verwurzelt (*od.* unausrottbar) sein (z. B. Anschauung) ~ **çukuru** Baugrube *f* ~ **direği** Stütz-, Grundpfeiler *m* ~ **duruş** (*Turnen*) Grund-stellung, -haltung *f* ~ **fikirler** Grundgedanken *pl.* ~ **geometri** Elementargeometrie *f* ~ **haklar** Grundrechte *pl.* ~ **ızgarası** Stütz-, Pfahl-rost *m* (unter e–m Gebäude) ~ **ihtiyaçlar** s. **zarurî ihtiyaçlar;** ~ **kakmak** (bir yere) *fig.* ewig irgendwo bleiben, *F* Wurzel schlagen ~ **kazmak** den Grund ausheben (für ein neu zu errichtendes Gebäude) ~ **kelime** *ling.* Grundwort *n* ~ **kemiği** *an.* Keilbein, Sphenoid *n* *azmı vetedî ~ **kural** Grundregel *f* *ana kaide ~ **müzik** untermalende Musik (*spez.* bei Filmen) ~ **okul** *gel.* (deutsche) Hauptschule ~ **plakası** Sockelplatte *f* ~ **tabanı** Grundsohle *f* ~ **taşı** (*a. fig.*) Grundstein *m* ~ **tutmak** 1. sich festsetzen, festen Fuß fassen 2. auf ein festes Fundament zu stehen kommen (z. B. Gebäude) ~ **tutturamamak** *F* s.

dikiş tutturamamak; ~ **tümce** *gr.* Hauptsatz *m* *cümlei asliye ~ **ücret** s. **brüt ücret;** ~ **yanılması** (*od.* **yanılgısı**) s. **esasta hata;** ~ **yapı** Körperbeschaffenheit, Konstitution *f* **-inden** von Grund auf
temeldoku s. **özekdoku**
temellenmek 1. sich festsetzen, festen Fuß fassen 2. (üzerine) basieren, beruhen, fußen, sich gründen (auf)
temelleşmek 1. s. **temellenmek** (1) 2. sich für dauernd irgendwo niederlassen, ansässig werden, sich ansiedeln *yerleşmek
temelleştirmek Kaus. zu **temelleşmek**
temelli 1. mit nb. Fundament 2. *pr.* mit festem Fundament, gutfundiert, fest(-gegründet) 3. ständig, dauernd, Dauer-, immerwährend, permanent *daimî 4. für immer, für dauernd Zu 1: **sağlam** ~ **bir ev** ein solid gebautes Haus Zu 3: ~ **kiracı** Dauermieter *m* ~ **bir iş** ständige Beschäftigung ~ **müşteriler** Stamm-, Dauer-kundschaft *f* Zu 4: **Buraya** ~ **geldik.** Wir sind für dauernd hierher übersiedelt. ~ **oturmak** sich für dauernd niederlassen; ansässig werden ≗ **gitti.** Er ist für immer weggezogen. ~ **senatör** *pol.* Senator *m* auf Lebenszeit (Türkei) ~ **yazar** *Th.* Hausdichter *m*
temelluk, -ku *va.* sklavische Unterwürfigkeit; Kriecherei, Speichelleckerei *f* ~ **etmek** *va.* kriecherisch schmeicheln, katzbuckeln
temellük, -kü In-Besitznahme *f* ~ **etmek** in Besitz nehmen, sich aneignen, für sein Eigentum erklären
temelmül s. **taşkınlık** (4)
temelsiz 1. ohne Fundament 2. *fig.* ohne feste Grundlage, jeder Grundlage entbehrend, unbegründet 3. nicht beständig, nicht von Dauer
temenna(-h) [ā] (mit leichter Verbeugung verbundene) orientalische Begrüßung (bei der die Finger der zuerst nach unten geführten rechten Hand die Lippen und dann die Stirn berühren) **(yerden)** ~ **etmek** ehrerbietig in orientalischer Weise grüßen
temenni [ī] 1. guter Wunsch; Segenswunsch *m* 2. Wunsch *m*, Bitte *f* 3. s. ~ **sıygası** Zu 1: **Samimî -lerimi beyana müsaraat eylerim.** *va.* Ich möchte nicht versäumen, meine aufrichtigsten Glückwünsche zum Ausdruck zu bringen. ~ **etmek** (j–m et.) wünschen (**Muvaffakıyetler** ~ **ederim.** Ich wünsche Ihnen guten Erfolg.) ~ **sıygası** s. **dilek-şart kipi**
temenniyat, -tı [ā] *va. Pl.* zu **temenni**
temerküz 1. Zentralisation *f* 2. Konzentration, Konzentrierung *f* *derişme ~ **etmek** 1. sich zentralisieren 2. sich konzentrieren (z.B. Aufmerksamkeit auf e–n best. Punkt), sich sammeln ~ **ettirmek** 1. zentralisieren 2. konzentrieren, sammeln ~ **kabinesi** Koalitionskabinett *n* *koalisyon kabinesi ~ **kampı** Konzentrationslager *n* ~ **noktası** Sammelpunkt *m* **-ü zerrevî** s. **molekül derişmesi**
temerrüt, -dü *va.* 1. Eigensinn *m*, Halsstarrigkeit, Widersetzlichkeit *f* 2. Verzug *m* (bei e–r Zahlung od. e–r anderen zu erledigenden Pflicht) ~ **etmek** *va.* 1. (bşde) eigensinnig (verstockt) beharren (bei) 2. (bşe karşı) sich stur widersetzen ~ **faizi** *H* Verzugszinsen *pl.*
temeshür *va.* 1. närrisches Benehmen 2. Verspotten, Verlachen *n*
temessük, -kü *va.* 1. In-Besitznahme *f* 2. Rechtstitel *m* (wie z.B. Schuldschein, Eigentumsurkunde, Katasterauszug, schriftliches Abkommen usw.) ~ **etmek** *va.* (bşe) fest in Besitz nehmen od. zäh festhalten (an)
temessül *va.* 1. Angleichung, Assimilation *f* 2. *biol.* s. **özümlenme;** ~ **etmek** *va.* 1. die Gestalt annehmen (von) 2. sich assimilieren, sich angleichen, aufgehen (z.B. in anderem Volk) 3. *biol.* umgewandelt werden **kabili** ~ assimilierbar **nesci** ~ s. **özümleme dokusu**
temeşşük, -kü *va.* Sich-Üben *n*, Übung *f*
temettü, -üü 1. (Rein-)Gewinn *m* *kazanç, kâr 2. Dividende *f* ~ **etmek** Gewinn ziehen, profitieren ~ **hissesi** Dividenden-, Gewinn-anteil *m* ~ **tevzii** Dividendenausschüttung *f* ~ **vergisi** *fr.* Gewinnsteuer *f* (*später:* **kazanç vergisi**)
temevvücat, -tı [ā] *va. Pl.* Schwankungen *pl.*, Auf und Ab *n* (z.B. der Ereignisse)
temevvüç, -cü 1. Wogen *n* 2. Flattern *n* 3. Fluktuation *f*, Schwanken *n* ~ **etmek** 1. wogen (Meer, Kornfeld usw.) 2. flattern (z.B. Fahne) 3. fluktuieren, schwanken, steigen und fallen (Wert, Kurs usw.)
temevvül *va.* Anhäufung *f* von Besitztum; Reichwerden *n* ~ **etmek** *va.* reich werden, zu Reichtum gelangen
temeyyü (etmek) *va.* s. **sıvılaşma(-k)**
temeyyüz *va.* Sich-Auszeichnen *n* (vor anderen) ~ **etmek** *va.* sich auszeichnen
temezzuk, -ku *va.* Zerrissen-Werden *n*, Riß *m*, Ruptur *f* **-u sıfak** *med.* Faszienriß *m* **-u tahal** *med.* Milzruptur *f* **-u veter** *med.* Sehnenriß *m*
temhil [ī] *va.* Gewährung *f* e–r Frist od. e–s Aufschubs
temhir [ī] *va.* Versiegeln *n*, Versiegelung *f* ~ **etmek** *va.* versiegeln *mühürlemek, tahtim etmek
temhit, -di [ī] *va.* 1. Ausbreiten *n* (auf dem Boden) 2. Vorbringen *n* (e–r Behauptung, Entschuldigung usw.) ~ **etmek** *va.* 1. (auf dem Boden) ausbreiten 2. sagen, darlegen, vorbringen; s.a. **bastütemhit etmek**
temin [– –] 1. Ver-, Zu-sicherung, Beteuerung *f* 2. Be-, Ver-schaffung, Deckung *f*, Zufuhr *f*, Reservieren-Lassen, Bestellen *n* 3. Sicherstellung, Garantiesumme *f* ~ **etmek** 1. (b–ni) j–m (j–n) versichern, j–m beteuern, zusichern, garantieren 2. (bşi) et. ver-, zu-sichern, beteuern, garantieren 3. (bşi) sicherstellen, sichern, herbeiführen, ver-, be-schaffen, erreichen, erlangen 4. reservieren lassen, bestellen
teminat, -tı [–·–] (*Pl., oft in sg. Bed.*) 1. Sicherheiten, Garantien *pl.* 2. Sicherheit, Garantie, Gewähr, Bürgschaft *f* ~ **akçesi** Kaution *f*, Haftgeld *n*, Sicherheit *f*, Depot *n* ~ **altına almak** gewährleisten, garantieren ~ **göstermek** Sicherheiten (Garantien) bieten od. gewähren ~ **mektubu** Garantiebrief *m* ~ **müddeti** Garantiefrist *f* ~ **vermek** Zusicherungen machen, e–e Garantie geben, garantieren **-ı nakdiye** s. **nakdî teminat**
teminatlı [–·–·] garantiert, verbürgt, gesichert, gewährleistet ~ **akreditif** *H* Dokumenten-Akkreditiv *n*
temir, -mri *va.* s. **hurma; -i Hindî** s. **demirhindi**
Temiştokl *n.pr.* Themistokles
temiz 1. rein, sauber 2. *fig.* (*a.* ~ **ahlâklı**) lauter, ordentlich, anständig, ehrenhaft, vornehm (Charakter, Mensch usw.) *nezih 3. *selt.* netto 4. s. **bir** ~ 5. *Adv.* ordentlich, anständig, korrekt 6. *V* Pokerspiel *n* ~ **çevirmek** *V* Poker spielen, pokern ~ **değil patentesi** *naut.* (Schiff mit) unreinem Gesundheitspaß ~ **hayat** anständige Lebensführung, ordentliches Leben ≗ **iş altı ayda çıkar.** *Spr.* Gut Ding will Weile haben. *Spr.* ~ **iş kâğıdı** Dienstzeugnis *n*, Referenz *f* ~ **kalpli** hochanständig, vornehm, von lauterem Charakter ~ **konuşmak** ordentlich (in gesetzten Worten) reden ~ **odun** astfreies Holz ~ **pak** sauber und anständig (z.B. Kind) ~ **para** Netto-betrag *m*, -summe *f* ~ **patenta** *naut.* reiner Gesundheitspaß ~ **raporu** Gesundheitszeugnis *n* (ärztliche Bescheinigung, daß keine Krankheit vorliegt) ~ **su döşemi** Wasserleitung *f* ~ **süt emmiş** s. **helâl süt emmiş;** ~ **taş** fleckenloser Edelstein (*spez.* Diamant) ~ **tutmak** sauberhalten **-e çekmek** ins Reine schreiben (Konzept) **-e çıkar(t)mak** 1. (k–ni) sich entlasten, sich reinwaschen 2. (b–ni) j–n entlasten, *F* herauspauken ≗**e çıktı.** 1. Seine Schuldlosigkeit hat sich erwiesen. 2. Er hat sich aus der Affäre gezogen. **-e havale etmek** *V* 1. et. kurzerhand erledigen, rasch fertigma-

chen 2. alles aufessen, was auf dem Tisch steht 3. j–n durchprügeln 4. ausplündern 5. umbringen, liquidieren
temizkan 1. *biol.* Arterienblut *n* *demi şiryanî 2. reinrassig
temizleme Vs. zu **temizlemek;** ~ **çerçevesi içinde** im Zug der Säuberung ~ **edevatı** Putzzeug *n* ~ **faaliyeti** Säuberungsaktion *f* ~ **işleri** (öffentlicher) Reinigungsdienst ~ **kıtası** *mil.* Säuberungstrupp *m* ~ **ve aydınlatma resmi** (städtische) Gebühr für Müllabfuhr, Straßen-reinigung und -beleuchtung *çöp ve fener parası
temizlemek 1. reinigen, säubern, putzen 2. *fig.* erledigen, beendigen, zu Ende bringen, bereinigen (Angelegenheit), *a.:* alles aufessen, vertilgen, *F* wegputzen, verdrükken 3. ausrauben, ausplündern 4. beseitigen, liquidieren, unschädlich machen, aus dem Weg räumen 5. weg-nehmen, -räumen 6. *V* a) j–n ausnehmen (beim Spiel) b) umbringen, totschlagen Zu 2: **Bir aylık iş vardı, bir haftada temizledim.** Ich hatte ein Monatspensum Arbeit vor mir und habe es in e–r Woche erledigt. **Bir tepsi böreği temizledi.** Er hat e–e ganze Platte Pasteten vertilgt. Zu 4: **Jandarma, eşkıyayı temizledi.** Die Gendarmerie hat die Räuber unschädlich gemacht. **İtfaiye, suları temizledi.** Die Feuerwehr hat das eingedrungene Wasser beseitigt (herausgepumpt). Zu 5: **Şu kedi pisliğini temizlesinler!** Man soll doch den Katzendreck da wegräumen!
temizlenmek 1. Pass. zu **temizlemek** 2. sich reinigen (säubern) 3. mit der Menstruation zu Ende kommen (Frau, Mädchen)
temizleyici 1. reinigend, säubernd, Reinigungs-, Putz- 2. Reiniger, Reinemacher, Putzer *m* 3. chemische Reinigung(-s.anstalt)
temizlik, -iği 1. Sauberkeit, Reinlichkeit *f* 2. Reinemachen *n* (z.B. im Haus) 3. *fig.* Säuberungsaktion *f* (z.B. in der Sprache) 4. *fig.* Anständigkeit, Vornehmheit, Lauterkeit, Ehrenhaftigkeit *f* (e–s Charakters, Menschen usw.) *nezahet Zu 1: **Bu otelin -ine diyecek yok.** An der Sauberkeit dieses Hotels ist nichts auszusetzen. ~ **amelesi** Straßen-kehrer, -reiniger *m od. pl.* ~ **işleri** (städtische) Straßenreinigung ~ **meraklısı** 1. *mel.* auf peinliche Sauberkeit bedacht 2. *pej.* Putz-närrin *f*, -teufel *m* ~ **yapmak** 1. großes Reinemachen veranstalten *spez.* Hausputz halten 2. e–e Säuberungsaktion durchführen (z.B. in der Sprache)
temkin [ī] 1. Besonnenheit, Umsicht *f*, Ernst *m*, Würde, Ruhe *f*, gesetztes Wesen *ağırbaşlılık, vakar 2. *med.* Lokalisation *f* (e–r Krankheit) **-ini bozmamak** sich nicht beirren (aus der Ruhe bringen) lassen
temkinli [·–·] besonnen, umsichtig, ernst, würdig, ruhig, gesetzt *ağırbaşlı, vakur
temkinsiz [·–·] unbesonnen, leichtfertig
temlik, -ki Besitzübergabe, Übereignung, Abtretung, Zession, Veräußerung *f* ~ **edilemeyen haklar** *jur.* unabtretbare (unveräußerliche, höchstpersönliche) Rechte *pl.* ~ **edilmemek şartı** *jur.* Veräußerungsverbot *n* ~ **etmek** et. als Besitz übergeben, übereignen, abtreten, zedieren, veräußern
temlikî [·––] Übereignungs-, Abtretungs-, Zessions- ~ **ciro** Eigentumsindossament *n* ~ **muameleler** *jur.* Zuwendungen, Zuwendungsgeschäfte *pl.*
temlikname [·––·] *hist.* Übereignungsurkunde *f* für e–e Staatsdomäne (vgl. **malikâne**)
temme(-t) *va.* Schluß *m*, Ende *n* (e–s Schreibens, Buches usw.)
temmuz Juli *m*
tempan (*franz.* **tympan**) 1. s. **kulak davulu** 2. s. **kulakzarı** 3. *arch.* s. **alınlık tablası**
tempanizm (*franz.* **tympanisme**) s. **karın şişliği**
temperleme *(Metallurgie)* Tempern *n*
tempo [×·] 1. *mus.* Tempo, Zeitmaß *n* 2. Schnelligkeit *f*, Tempo *n* 3. *fig.* Art und Weise *f* e–s Vorgangs *ezgi, tarz 4. taktmäßige Bewegung; Rhythmus *m* ~ **tutmak** 1. den Takt schlagen 2. rhythmisch begleiten (z.B. mit Händeklatschen)
tempolu mit (nb.) Tempo (usw.) ~ **saz** Schlaginstrument *n* zur Angabe des Tempos
temporal *gr. selt.* temporal, Temporal-
temre *va.* (einzelne) Dattel
temren eiserne Spitze (bei Pfeil, Speer usw.)
temrin [ī] Übung(-saufgabe, -sarbeit) *f* *alıştırma
temriye 1. Felsenflechte *f bot.* Roccella 2. *med.* (Haut-) Flechte *f*
temsil [ī] 1. Ähnlichwerden-Lassen, Angleichen *n*, Assimilation *f* *benzeşme 2. Vergleichen *n*, Vergleich *m*, Gleichnis *n*, sprichwörtliche Redensart 3. (Stell-)Vertretung, Repräsentation *f* 4. Auf-, Vor-führung *f (spez. im Th.)*, Dar-bietung, -stellung *f* 5. *log.* Analogieschluß *m* *andırış, andırma 6. *P* Beispiel *n* 7. *va.* Auflage *f*, Druck *m* (e–s Werkes) 8. s. **özümleme;** ~ **belgesi** s. **vekâletname;** ~ **etmek** 1. ähnlich werden lassen, angleichen, assimilieren 2. (sprichtwörtlich) vergleichen 3. vertreten, repräsentieren (z.B. e–e Macht, e–e Vereinigung, e–n Menschentyp usw.) 4. auf-, vor-führen, dar-bieten, -stellen 5. *biol.* umwandeln ~ **heyeti** (*od.* **kolu**) Theater-, Spiel-gruppe *f*, Schauspielerensemble *n* ~ **kudreti** *jur.* Vertretungsmacht *f* ~ **masrafları** Repräsentationskosten *pl.* ~ **olunan** *jur.* der Vertretene ~ **provası** Theater-, Bühnen-probe *f* ~ **raporu** *Th.* Aufführungsbericht *m* ~ **tahsisatı** Repräsentationsfonds *m* ~ **yetkisi** Autorisation, Ermächtigung *f* **-ler vermek** 1. Vorstellungen geben 2. gastieren
temsilci [·–·] Vertreter, Repräsentant *m* *mümessil ≗**ler Meclisi** *n.pr.* Repräsentantenhaus *n* (USA)
temsilcilik [·–··] 1. *a. H* Vertretung *f* 2. Rang *m*, Aufgaben *pl.* usw. e–s Repräsentanten 3. *pol.* Abgeordnetensitz *m*
temsilen [·×·] *z. va. Adv.* 1. in (Stell-)Vertretung (*ant.* asaleten) 2. darstellend, repräsentierend
temsilî [·––] 1. Repräsentations- 2. Vorführungs-, Darbietungs-, Schau- 3. darstellend, Anschauungs- 4. *va.* s. **sembolik** Zu 1: ~ **maç** *Fb. usw.* Repräsentationsspiel *n* Zu 2: ~ **tatbikat** Vorführungs-, Schau-übungen *pl.* Zu 3: **bu muharebeyi gösteren** ~ **resim** (zeichnerische) Darstellung (Wiedergabe) dieser Schlacht
temşiyet, -ti *va.* 1. Voranbringen, Fortschritte-Machenlassen *n*, Förderung *f* 2. Verwalten *n*, Verwaltung *f* ~ **muameleleri** (*od.* **tasarrufları**) *jur.* Verwaltungs-akte, -verfügungen *pl.* ~ **vermek** *va.* et. vorantreiben, fördern
Temuçin s. **Cengiz Han**
temyi, -ii [ī] Flüssigmachen *n*, Liquefaktion, Verflüssigung *f* ~ **etmek** s. **sıvılaştırmak**
temyiz [ī] 1. Unterscheiden *n*, Unterscheidung(-svermögen *n*) *f* (zwischen Gut und Bös) 2. *jur.* Revision, Kassation *f* 3. s. ≗ **Mahkemesi;** ~ **etmek** 1. unterscheiden (zwischen Gut und Bös) 2. **(bir kararı)** gegen ein Urteil Berufung einlegen 3. **(davayı)** e–n Prozeß zur Entscheidung an den Kassationshof verweisen ~ **cümlesi** *gr.* Restriktivsatz *m* (z.B. mit **göre, cihetle** usw.) ~ **komisyonu** *jur.* Kassationsausschuß *m* (für Steuerangelegenheiten), oberste Steuerentscheidungskommission ~ **kudreti** *jur.* Urteilsfähigkeit *f* *ayırtım gücü ~ **kudretsizligi** *jur.* fehlende Urteilsfähigkeit *ayırtım güçsüzlüğü ≗ **Mahkemesi** *jur.* Kassations(gerichts)hof *m*, Revisionsgericht *n* *Yargıtay ~ **yeteneği** s. ~ **kudreti; gayri kabili** ~ 1. nicht unterscheidbar *ayırt edilmez 2. *jur.* wogegen (keine) Berufung eingelegt werden kann
temyizen [·×·] durch Entscheid des Kassationshofes, in letzter Instanz
ten 1. *va.* Körper, Leib *m* 2. Haut *f*, Fleisch *n*, Teint *m* Zu

2: **-i beyaz** mit weißem Teint ~ **aşkı** *z. va.* rein körperliche Liebe ~ **fanilası** dünnes Unterhemd (das unmittelbar auf der Haut getragen wird)

tenafür [ā] 1. *va.* gegenseitige Abneigung 2. *va.* Mißverhältnis *n*, Widerspruch *m*, Unvereinbarkeit *f* 3. (*fr. a.* **-ü huruf** und **-ü kelimat**) unangenehmer (harter) Klang; Kakophonie *f* *kakofoni, ses kakışımı

tenakus [ā] *va.* Abnahme, Verringerung, Verminderung *f* ~ **etmek** *va.* abnehmen, sich vermindern, sich verringern *azalmak, eksilmek

tenakuz [ā] *log.* Widerspruch *m*, kontradiktorischer Gegensatz; Kontradiktion *f* *çelişme, mübayenet, tutmazlık, yıkışma **-a düşmek (ile)** in Widerspruch geraten (zu)

tenakür [ā] *va.* 1. gefühlsmäßige Abneigung; Antipathie *f* *antipati, karşıtduygu 2. fingiertes Nichtkennen

tenar (*franz.* **thénar**) Daumenballen *m*, Thenar *n* *dışayabudu

tenasübî [·–·–] *va.* proportional

tenasüh [ā] (*fr. a.* **-ü ervah**) Seelenwanderung, Metempsychose *f* *ruhgöçü, ruh sıçraması

tenasül [ā] *biol.* Zeugung, Fortpflanzung *f* *üreme, üretme ~ **aleti** Zeugungs-, Geschlechts-organ *n* ~ **bereketi** Kindersegen *m* ~ **binefsihi** s. **kendiliğinden üreme;** ~ **hastalığı** Geschlechtskrankheit *f* ~ **hücreleri** Geschlechts-, Keim-zellen *pl.* *germen gözleri ~ **uzuvları** Fortpflanzungsorgane *pl.* *üreme organları **-leri beyzî** s. **yumurtlayanlar; -leri tevellüdî** s. **doğuranlar; -ü bikrî** s. **partenojenez**

tenasülî [·–·–] Fortpflanzungs-, Zeugungs- ~ **gırize** Fortpflanzungstrieb *m*

tenasüp, -bü [ā] 1. *a. math.* Proportion, Verhältnisgleichung *f* *orantı 2. Ebenmaß *n*, Symmetrie *f*, richtiges Verhältnis, Proportionalität *f* *oran 3. schöne, gut proportionierte Form od. Gestalt 4. s. **telfik** (2)

tenasüplü [ā] ebenmäßig (bzw. symmetrisch) gebaut, von schöner, gut proportionierter Form od. Gestalt

tenasürü ziya s. **ışık dağılması**

tenavül, -lü [ā] *va.* Zu-Sich-Nehmen *spez.* Essen *n* ~ **etmek** *va.* zu sich nehmen (Speisen od. Getränke) *spez.* essen

tenavüp, -bü [ā] *va.* Wechsel *m*, Alternieren *n*

tenazur [ā] 1. *va.* Einander-Gegenüber-stehen od. -liegen *n* 2. *va.* gegenseitiger Anblick 3. *astr.* Opposition *f* 4. Symmetrie *f* *bakışım, simetri ~ **mihveri** *math.* Symmetrieachse *f* ~ **sathı** *math.* Symmetrieebene *f* **ademi** ~ Asymmetrie *f* *bakışımsızlık, simetrisizlik

tenazurî [·–·–] *a. math.* symmetrisch *bakışık, mütenazır, simetrik, simetrili

tenbih s. **tembih**

tencere [×··] Koch-topf *m*, -geschirr *n* ~ **kebabı** gedünstetes Hammelfleisch, das in e–m Topf zubereitet wird, dessen Deckel mit glühenden Kohlen bedeckt ist ≗ **tava, herkeste** (*od.* **hepsi**) **bir hava.** *Spr.* Viele Köpfe, viele Sinne. *Spr.* ≗ **dibin kara seninki benden kara.** *(Zurückweisung e–r Vorhaltung) iron.* Du hast es gerade nötig, mich zu tadeln; du sitzt ja selber im Glashaus! ≗ **tencereye** (*od.* **tavaya**) **yüzün kara demiş.** *Spr.* Ein Esel schilt den andern Langohr. *Spr.* ≗ **yuvarlanmış kapağını bulmuş.** *Spr.* 1. Gleich und gleich gesellt sich gern. *Spr.* 2. *iron.* Da haben sich ja die zwei Richtigen gefunden! **-de pişirip kapağında yemek** *fig.* sich mit wenigem begnügen müssen, sehr bescheiden leben **-nin dibi** (innerer od. äußerer) Boden des Kochtopfs (≗**nin dibi tutmuş.** Das Essen im Topf ist unten angebrannt. ≗**nin dibi islidir.** Der Kochtopf ist unten rußig.) **-si kaynarken maymunu oynarken** *fig.* behaglich und zufrieden lebend

tender [×·] Tender *m* (e–r Lokomotive)

tendovajinit, -ti *med.* Tendovaginitis, Sehnenscheidenentzündung *f*

Tendürek dağı Vulkankegel (3542 m) in Ostanatolien nördlich des Van-Sees

tendürüst, -tü gesund und kräftig

tendürüstlük Gesundheit und Kraft *f*

tenebbüh *va.* Wach-, Angeregt-Sein *n*, Er-, An-regung *f*, Reiz *m*, Stimulation *f* *uyarım ~ **kabiliyeti** *psych.* Reiz-, Erreg-barkeit *f* *uyarılganlık

tenebbüt, -tü *va.* Pflanzenwuchs *m*, Vegetation *f* *bitkilenme ~ **devresi** Vegetationsperiode *f* ~ **etmek** *va.* 1. wachsen, gedeihen (Pflanzen) 2. *fig.* dahinvegetieren

teneddüp, -bü *va.* Sich-Schließen, Zuheilen, Verharschen, Vernarben *n* (e–r Wunde)

teneffü, -üü *va.* Gewinnziehen *n*, Gewinn, Profit *m* ~ **etmek** *va.* Gewinn ziehen, profitieren

teneffür Abscheu(-Empfinden *n*), Widerwillen, Ekel *m* ~ **etmek** (m. Abl.) verabscheuen, Widerwillen haben (gegen), sich ekeln (vor) *iğrenmek

teneffüs 1. Atmung, Respiration *f* *solunum 2. (Schul-) Pause *f* ~ **cihazı** 1. Atmungs-, Respirations-organe *pl.*, Respirationsapparat *m* 2. Sauerstoffgerät *n* (z.B. im Flugzeug) ~ **etmek** 1. atmen *solunmak 2. sich kurze Zeit ausruhen, *F* sich verschnaufen, e–e Pause einlegen **-ü kasabî** s. **trake solunumu**

teneffüshane [ā] Pausen-hof *m* bzw. -halle *f* (in der Schule)

teneke 1. Weißblech *n* 2. Blech-kanister, -tank *m* 3. aus Weißblech hergestellt, Blech-, blechern 4. *V* pleite, abgebrannt, ohne Geld ~ **çalmak (arkasından)** seinem Mißfallen im Chor Ausdruck geben, ein Pfeifkonzert veranstalten *yuha çekmek ~ **huni** Blechtrichter *m* ~ **kaplamak** mit Blech beschlagen ~ **kaplı (yüzü)** mit eherner Stirn, frech, unverschämt ~ **mahallesi** ein aus Wellblechbaracken oder blechgedeckten Bretterbuden bestehender Stadtteil ~ **sazlar** *od.* **-ler** *mus.* Blechblasinstrumente *pl.* **-sini eline vermek** *F* j–n davonjagen, j–m den Laufpaß geben

tenekeci Klempner, Blechschmied *m* ~ **makası** Blechschere *f*

tenekecilik Klempnergewerbe *n*

tenekeli mit Blech beschlagen (ausgestattet, gedeckt usw.); *a.* Wellblech-

tenekkür *va.* Verkleidung *f*, Inkognito *n*

teneşir 1. Leichenwaschung *f* 2. zur Leichenwaschung dienendes niedriges Holzgestell *salacak Zu 1: **Artık onu ancak** ~ **paklar.** Nur die Leichenwaschung (der Tod) kann ihn reinigen. *d. h.* 1. Er ist nun einmal unverbesserlich. 2. Er ist ein ausgemachter Schuft. ~ **horozu** (*od.* **kargası**) spindeldürrer Mensch, nur mehr Haut und Knochen ~ **tahtası** s. **teneşir** (2); ~ **tahtası gibi** ganz ausgemergelt ≗**e gelesi!** *V (Fluch)* Krepieren soll er! Der Teufel soll ihn holen! **-e gelmek** *V* krepieren, sterben **-e (kadar) sürmek** bis zum Tode dauern (j–s Unverbesserlichkeit)

teneşirlik 1. *P* im Sterben liegend *ölümcül, *V* reif für die Würmer 2. Platz *m* für die Leichenwaschung (im Hof e–r Moschee) 3. unverbesserlich

tenevvü, -üü 1. Mannigfaltigkeit, Verschiedenartigkeit *f* 2. *biol.* Spiel-, Ab-art, Form, Varietät *f* *çeşit 3. Vielfältigkeit, Reichhaltigkeit *f* ~ **etmek** 1. verschiedenartig sein 2. in verschiedenen Spiel-, Ab-arten, Formen auftreten

tenevvür 1. Beleuchtung *f* *aydınlanma 2. *fig.* Aufklärung *f* ~ **devri** Zeitalter *n* der Aufklärung ~ **etmek** 1. beleuchtet werden 2. *fig.* erhellt, aufgeklärt werden bzw. sich erhellen, sich aufklären

tenezm *med.* Tenesmus *m*, Stuhl- bzw. Harn-zwang *m*

tenezzüh 1. Spaziergang, Ausflug *m* 2. **(arabası, otomobili)** Privatauto *n*, Vergnügungs-, Luxus-wagen *m* ~ **etmek** e–n Spaziergang (Ausflug) machen ~ **treni** Ausflüglerzug *m* ~ **vapuru** Vergnügungsdampfer *m*

tenezzül 1. Fallen *n* (z. B. der Preise), Preissturz *m*, Baisse *f*, Herabsinken, Sich-Vermindern *n* (e–r Quote, Ziffer usw.) 2. Sich-Herablassen, Sich-Herbeilassen, Geruhen *n* Zu 1: **-e temayül** fallende Tendenz (Börse) Zu 2: (bşi yapmak) **-ünde bulunmak** sich herablassen, sich herbeilassen, geruhen (z. B. anzunehmen), die Hand bieten (zu), sich einlassen (auf) ~ **etmek** 1. fallen (z. B. Preise), herabsinken, sich verringern (Quote, Ziffer usw.) 2. (m. Dat.) s. **-ünde bulunmak** Zu 2: **≗ etmem bu türlü işlere!** Auf so et. lasse ich mich nicht ein! Dafür bin ich nicht zu haben!
tenezzülcü (Börse) Baissier *m* *açıkçı
tenezzülen *Adv.* gnädigst, huldvoll
tenfir [ī] *va.* Abscheu-Einflößen *n* ~ **etmek** (bşden) *va.* Abscheu einflößen, mit Widerwillen erfüllen (gegen), die Lust benehmen (zu), j–n abbringen (von)
tenfiz [ī] 1. *va.* Eindringenlassen *n* 2. Ausführung, Vollstreckung *f* ~ **etmek** 1. *va.* eindringen lassen 2. ausführen, vollstrecken (z. B. Befehl) ~ **kararı** *jur.* Vollstreckbarkeitserklärung *f*
tenha [ā] 1. *va.* allein, abgesondert (Person) 2. einsam, öde, verlassen
tenhalaşmak [·–··] 1. *va.* allein bleiben (Person) 2. menschenleer werden, veröden
tenhalık [ā] 1. Einsamkeit, Öde *f;* Verlassen-Daliegen *n* 2. einsame (verlassene, menschenleere, öde) Gegend 3. Zeit *f*, während der nur wenig Menschen kommen (nur geringerer Verkehr stattfindet); ruhigere Stunden *pl.*
tenih *arm., Th.* s. **makyaj**
tenis [×·] Tennis(-spiel) *n* ~ **ağı** Tennisnetz *n* ~ **oynamak** Tennis spielen ~ **raketi** Tennisschläger *m* ~ **sahası** Tennisplatz *m* *kort ~ **topu** Tennisball *m*
te'nis (I) [––] Vertrautmachen, Gewöhnen, Zähmen *n* ~ **etmek** vertraut machen, gewöhnen, zähmen
te'nis (II) [––] 1. Bildung *f* der Femininform 2. s. **uzvu ~;** ~ **etmek** *gr.* in die Femininform setzen *dişilleştirmek
tenisçi Tennisspieler(-in *f*) *m*
tenkâr *chem.* Borax *m* *boraks
tenkıye 1. Klistier *n*, Einlauf *m*, Spülung *f* *lavman, ihtikan 2. Klistierspritze *f*
tenkidat, -tı [·––] *va. Pl.* Kritiken, kritische (*spez.* abfällige) Betrachtungen od. Bemerkungen *pl.*
tenkidî [·––] kritisch *eleştirimsel
tenkidiye [·–··] s. **kritisizm**
tenkih (I) [·–] *z. va.* 1. Be-, Zurecht-schneiden *n* 2. a) Reinigung *f* (z. B. von Getreide) b) Bereinigung *f* 3. Herabsetzung *f* (von Löhnen), Verminderung *f* (der Ausgaben), Einsparung *f* 4. Beamtenabbau *m* ~ **etmek** 1. be-, zurecht-schneiden 2. a) reinigen b) bereinigen 3. ausfeilen 4. herabsetzen, vermindern, reduzieren, abbauen
tenkih (II) [·–] *va.* Herbeiführung *f* e–r Verlobung od. Verheiratung ~ **etmek** *va.* verloben, verheiraten (*spez.* Mädchen)
tenkihat, -tı *z. va. Pl.* zu **tenkih** (I); **memurin maaşlarında** ~ Gehaltsabbau *m* bei Beamten
tenkihname [·–––·] Bereinigungsvertrag *m;* s. a. **Aynalık ≗si**
tenkil [ī] 1. *va.* Entfernen *n*, Entfernung *f* 2. *va.* exemplarische Bestrafung 3. Niederwerfung *f* (e–s Aufstands) ~ **etmek** 1. *va.* entfernen 2. *va.* exemplarisch bestrafen 3. nieder-werfen, -kämpfen, -schlagen (Aufstand, Rebellen usw.) *tepelemek
tenkir [ī] *va.* 1. Unkenntlichmachen *n* 2. *gr. fr.* Verwendung e–s ar. Sb. ohne Artikel ~ **etmek** *va.* 1. unkenntlich machen 2. *gr. fr.* ein ar. Sb. ohne Artikel verwenden
tenkis [ī] *va.* Vermindern *n*, Verminderung *f* *indirim ~ **etmek** *va.* vermindern, verringern (z. B. Geschwindigkeit), herabsetzen (z. B. Dosis) *azaltmak, eksiltmek

tenkit (I), **-ti** [ī] (*a.* **usulü** ~) 1. Verwendung *f* diakritischer Zeichen 2. Interpunktion *f* *noktalama ~ **işaretleri** s. **noktalama işaretleri**
tenkit (II), **-di** [ī] 1. Kritik *f* 2. *pej.* abfällige Kritik 3. *mil.* Kritik, Schlußbesprechung *f* ~ **etmek** 1. kritisieren, kritisch beurteilen (betrachten, besprechen) 2. *pej.* abfällig kritisieren
tenkitçi [·–·] 1. kritisierend; Kritiker *m* 2. *pej.* Nörgler *m*
tenkitçilik [·–··] 1. Kritisieren *n* 2. *pej.* Kritiksucht *f*, Nörgeln *n*, Nörgelei *f*
tenkitkâr [·––] *va.* kritisch (z. B. Besprechung)
Tenkyu! (*engl.* **Thank you**) Danke schön!
tenmiye *va.* 1. Gedeihenlassen *n* 2. (Kapitals-)Investition *f* 3. Pflege *f* (von Beziehungen) ~ **etmek** *va.* 1. zum Wachsen und Gedeihen bringen 2. auf Zinsen legen, arbeiten lassen, investieren (Geld, Kapital) 3. pflegen (Beziehungen)
tennubiye [ū] s. **çamgiller**
tennure [ū] *fr.* Kultgewand *n* der Mewlewi-Derwische
tenor *mus.* 1. Tenor *m* (hohe Männerstimme) 2. Tenor(-ist, -sänger) *m* ~ **saksofon** *mus.* Tenorsaxophon *n*
Tenos s. **Tinos**
tenör (*franz.* **teneur**) *chem., geogr.* usw. (Salz-, Feuchtigkeits- usw.)Gehalt *m*
tenörlü mit nb. Gehalt; -haltig
tenperver wer die Bequemlichkeit liebt; wer gern ißt und trinkt; verweichlicht
tenperverlik 1. Verhalten e–s **tenperver** 2. Verweichlichung *f*
tenrengi, -ni s. **etrengi**
tensel somatisch, körperlich *bedenî, oyrumsal
tensik, -kı [ī] 1. Reorganisation, Reform, Neuordnung *f* 2. *stil.* s. **tedriç** (2); ~ **etmek** reorganisieren, reformieren **-i inhitatî** s. **tedrici hâbit; -i irtikaî** s. **tedrici said; -üssıfât** *va. lit.* Verwendung *f* mehrerer Adj. bei e–m Sb.
tensikat, -tı [·––] (*va. Pl., a. in sg. Bed.*) durchgreifende Reform(-en *pl.*) *f spez.* Entlassung *f* von Beamten
tensikatçı [·––·] *z. va.* Reformer, Reformator *m*
tensip, -bi [ī] 1. Für-zweckmäßig-Halten *n* 2. Gutheißung, Billigung, Genehmigung *f* ~ **etmek** 1. für zweckmäßig halten 2. billigen, gutheißen, genehmigen
tenşir [ī] *va.* 1. Ausbreiten *n* 2. Ausstreuung *f* (z. B. e–s Gerüchts) 3. Umwandlung e–s Gedichtes in Prosa ~ **ateşi** *mil.* Streufeuer *n*
tenşit, -ti [ī] *va.* Erheitern, Erfreuen *n* ~ **etmek** *va.* erheitern, erfreuen *neşelendirmek
tentakül (*franz.* **tentacule**) s. **dokunaç**
tente [×·] 1. Sonnendach *n*, Markise, Plane *f* 2. *naut.* Sonnen(schutz)segel *n* ~ **vardavelası** *naut.* Spannseil *n* für das Sonnen(schutz)segel
tenteli [×··] mit Sonnen-dach, -segel, Markise
tentene [×··] (Klöppel-, Häkel- usw.)Spitze *f* *dantela ~ **ağacı** s. **dantelağacı;** ~ **örmek** Spitzen klöppeln (häkeln)
tenteneli [×···] mit Spitzenbesatz *dantelli
tentür (*franz.* **teinture**) *chem.* Tinktur *f* *sıbğ ~ **dö valeryan** (*franz.* **t. de valériane**) *pharm.* Baldriantropfen *pl.*
tentürdiyot, -du (*franz.* **teinture d'iode**) *pharm.* Jod(-tinktur *f*) *n*
tentürdiyotlu mit Jod getränkt (z. B. Watte)
tentüryot(-lu) *P* für **tentürdiyot(-lu)**
tenvim [ī] *va.* 1. Einschläfern *n* 2. Hypnotismus *m* *hipnotizm ~ **etmek** *va.* 1. einschläfern, zum Einschlafen bringen *uyutmak 2. in hypnotischen Schlaf versetzen, hypnotisieren
tenvin [ī] *ar. Gr.* Nunation *f*
tenvinli [·–·] *ar. Gr.* mit Nunation (z. B. Adv.)
tenvir [ī] 1. Erleuchten *n*, Beleuchtung, Illumination *f* 2. *fig.* Aufklärung *f* ~ **bombası** *mil.* Leuchtbombe *f* ~ **et-**

mek 1. be-, er-leuchten, erhellen, illuminieren 2. *fig.* aufhellen, erhellen, klarmachen 3. (b–ni) *fig.* j–n unterrichten, ins Benehmen setzen, belehren ~ **fişeği** *mil.* Leucht-patrone, -kugel, -rakete *f* ~ **havaî fişeği** s. ~ **raketi;** ~ **işareti** Leucht-zeichen, -signal *n* ~ **iz mermisi** *mil.* Leuchtspurgeschoß *n* ~ **makinesi** Lichtmaschine *f* ~ **mermisi** *mil.* Leuchtgeschoß *n* ~ **raketi** Leuchtrakete *f* ~ **tabancası** *mil.* Leuchtpistole *f*

tenvirat, -tı [· – –] *(Pl., in sg. Bed.)* 1. (Straßen-)Beleuchtung, Illumination *f* 2. *selt.* Aufklärung *f* ~ **resmi** Straßenbeleuchtungsabgabe *f*

tenviriye [· – ··] *va.* s. **tenvirat resmi**

tenya (*franz.* **ténia**) s. **şerit** (8)

tenzih [ī] *va.* Für-fehlerfrei-Erklären *n* ~ **etmek** *va.* 1. (b–ni bşden) j–n für erhaben (über et.) erklären od. halten 2. für untadelig (fehlerfrei) erklären

tenzil [ī] 1. Herabsetzen *n* (z.B. von Preisen), (Ver-)Mindern *n* (z.B. e–s Wertes), Erniedrigung *f* (z.B. e–s Menschen) 2. Abzug, Rabatt, Nachlaß *m* 3. Herabsendung *f* (e–r Offenbarung) 4. *(Sport)* Abstieg *m* (in e–e tiefere Klasse) 5. *va. math.* Subtraktion *f* ~ **etmek** 1. herabsetzen, (ver-)mindern, erniedrigen 2. abziehen 3. herabsenden 4. *(Sport)* den Abstieg herbeiführen 5. *va. math.* subtrahieren **-i paha** *H* Refaktie *f* (wegen Schwund; Dekalo), Abzug, Nachlaß *m*

tenzilât, -tı [· – –] *(Pl. in sg. Bed.)* Rabatt, Nachlaß *m*, Preis-herabsetzung, -ermäßigung *f* *ıskonto ~ **yapmak** Rabatt gewähren

tenzilâtlı ermäßigt, im Preis herabgesetzt, mit Preisnachlaß (Rabatt) ~ **satış** Verkauf *m* zu herabgesetzten Preisen, Räumungsverkauf *m* ~ **sipariş** Subskriptionspreis *m* ~ **tarife** ermäßigter Tarif, Sondertarif *m*

tenzilli s. **tenzilâtlı**

teodise (*franz.* **théodicée**) *phil.* Theodizee *f* *ilmi ilâhî

teodolit, -ti Theodolit *m*

Teodorik, -ki (*franz.* **Théodoric**) *n.pr.* Theoderich; s.a. **Büyük** ~

Teodoz *n.pr.* (*franz.* **Théodose**) Theodosius ~ **Taşı** *n.pr.* Obelisk *m* Theodosius des Großen (Istanbul)

teogoni Theogonie *f* (mythische Vorstellung von der Entstehung und Abstammung der Götter)

teokrasi Theokratie *f* *dincierki, hükümeti ruhaniye

teokrat, -tı Theokrat *m* (Anhänger der Theokratie)

teokratik theokratisch

teolog Theologe, Religionswissenschaftler *m* *ilâhiyatçı

teologya *(va.)*; **teoloji** Theologie *f* *ilâhiyat, tanrıbilim

teolojik theologisch

teorem *math.* (Lehr-)Satz *m*, Theorem *n* *dava

teori Theorie *f* *kuram, nazariye

teorik (*franz.* **théorique**) theoretisch *kuramsal, nazarî

teorikman (*franz.* **théoriquement**) *Adv.* theoretisch

teorisiyen (*franz.* **théoricien**) Theoretiker *m* *nazariyatçı

teorist, -ti *selt.* s. **teorisiyen**

teozofi Theosophie *f*

tepe (I) 1. Gipfel *m*, Spitze *f* (e–s Berges, Minaretts usw.) 2. Wipfel *m*, Krone *f* (e–s Baumes) 3. kleinerer Berg, (An-)Höhe *f*, Hügel *m* 4. *math.* a) Ecke *f* (e–s Vielecks od. Vielflachs) b) Spitze *f* (e–s Kegels, gleichseitigen Dreiecks usw.) c) Scheitel *m* (e–s Winkels) d) Scheitelpunkt *m* (e–r Ellipse, e–s Ellipsoids) *reis 5. Haube *f* (bei Vögeln) 6. a) Schädeldach *n*, Scheitel *m* b) *bot.* Kopf *m*, Köpfchen *n* (als Blütenstand) *kömeç c) Kopf *m* (e–s Hutes) 7. Genick *n* (bei Schlachttieren) 8. *(el., Radio)* Spitzen(-Spannung, -Strom usw.) Zu 6 a): **tam -sinin üstünde** genau über seinem Kopf ~ **açısı** *geom.* Scheitelwinkel *m* (e–s Dreiecks) ~ **altını** Goldmünze(-n *pl.*) *f* an e–r Frauenkopfbedeckung ~ **aşağı** kopfüber ~ **aşağı gitmek** *fig.* schiefgehen, bös ausgehen, mit e–m Fiasko enden ~ **aydınlığı** Oberlicht *n* ~ **çiçeği** *arch.* Kreuzblume *f* (Ornament *spez.* in der Gotik) ~ **deliği** 1. kreisförmige Öffnung in e–m Fallschirm 2. s. ~ **mazgalı;** ~ **kemiği** *an.* Schädel-decke *f*, -dach *n* ~ **kornişi** *arch.* Hohlkehle *f* ~ **köşkü** Aussichtsterrasse *f* *cihannüma ~ **mazgalı** *hist.* Pechnase *f* (an alten Burgen) ~ **noktası** Kulminations-, Gipfel-punkt *m* ~ **penceresi** s. **tavan penceresi;** ~ **saçı** s. **perçem** (1); ~ **tomurcuğu** s. ~ **çiçeği;** ~ **üstü** s. **-si üstü;** ~ **yüksekliği** *math.* Scheitelhöhe *f* **-den bakmak** von oben herab ansehen, verächtlich mustern **-den dereden su getirmek** 1. alle möglichen Entschuldigungen vorbringen 2. tausend Einwände haben **-den inme** plötzlich, unerwartet, wie ein Blitz aus heiterem Himmel; *Th.* deus ex machina **-den pervaneli uçak** Hubschrauber *m* *helikopter **-den tırnağa (kadar)** 1. vom Scheitel bis zur Sohle, von Kopf bis Fuß, vollständig, überall, ganz und gar 2. bis an die Zähne (bewaffnet) **-den tırnağa kadar donatmak** *F* j–n abkanzeln, *F* zur Schnecke machen, zusammenstauchen **-ler hattı** *a. mil.* Höhen-, Kamm-linie *f* *hattı balâ **$\stackrel{o}{\sim}$mden çekil!** *F* Hau ab! Verschwinde! **-si açılmak** sich lichten (Haare in der Schädelmitte) **$\stackrel{o}{\sim}$si aşağı gidiyor.** *fig.* Es geht bergab mit ihm. **-si atmak** (b–nin) in hellen Zorn geraten, wütend werden **-si üstü** kopfüber **-sinde bitmek** (b–nin) 1. zudringlich, lästig werden 2. s. **-sine dikilmek; -sinde boza pişirmek** 1. s. **-sinde havan dövmek** 2. schikanieren **-sinde havan dövmek** (*od.* **-sinde değirmen çevirmek**) Radau machen, lärmen, stören (*spez.* Bewohner e–s Obergeschosses) **-sinden ateşler fışkırtmak** j–n wütend machen, zur Raserei bringen **-sinden (aşağı) kaynar su (-lar) dökülmek** 1. in tödliche Verlegenheit geraten 2. tief betroffen sein (z.B. über e–e Hiobsbotschaft) **-sine binmek** (*od.* **çıkmak**) (b–nin) 1. j–m über den Kopf wachsen; frech, dreist werden (gegen); *F* j–m auf den Kopf spukken 2. j–n nicht zur Ruhe kommen lassen; piesacken, quälen **-sine dikilmek** wie aus dem Boden gewachsen vor j–m stehen **-sinin kapağı atmak** (b–nin) s. **-si atmak**

tepe (II) **tepe** s. Stw. **tepmek**

tepebaşı, -nı 1. *fr.* ein mit Borten u. Pailletten besetzter Taftstoff od. ein daraus hergestelltes Kleid 2. $\stackrel{o}{\sim}$ *n.pr.* Wohn- und Geschäfts-viertel in Istanbul-Beyoğlu

tepecamı, -nı s. **tavan penceresi**

tepecik 1. kleiner Hügel, niedrige (An-)Höhe 2. *bot.* Narbe *f*, Stigma *n* *istiğmat 3. $\stackrel{o}{\sim}$ *n.pr.* Wohnviertel in Izmir

tepedamgası, -nı s. **bıngıldak** (1)

tepedelen 1. Schloß *n* auf steilem Felsen 2. $\stackrel{o}{\sim}$ *n.pr.* Tepelena (O. u. Verwaltungsbezirk in Albanien)

tepegöz 1. mit niedriger Stirn, mit Schweinsäuglein 2. ein den Ruderfußkrebsen ähnlicher niedriger Süßwasserkrebs *zo.* Cyclops strenuus *siklops 3. *dial.* s. **hamam** (1) 4. *myth.* einäugiger Riese, Zyklop *m*

tepegözlülük *vet.* Zyklopie *f*

tepeleme 1. Vs. zu **tepelemek** 2. gehäuft (voll), bis an den Rand (gefüllt) Zu 2: ~ **dolu bir tabak** ein gehäuft voller Teller

tepelemek (m. Akk.) 1. durchprügeln, halbtot schlagen 2. j–m den Schädel einschlagen; töten 3. *mil.* e–e entscheidende Niederlage beibringen *bozguna uğratmak 4. nieder-werfen, -schlagen (z.B. Aufstand) *tenkil etmek

tepeli 1. hügelig 2. mit Häubchen, Krone (Vogel); Hauben- ~ **akbaba** s. **kondor;** ~ **balıkçıl** s. **küçük ak balıkçıl;** ~ **baştankara** Haubenmeise *f zo.* Parus cristatus ~ **bülbül** Haarvogel, Bülbül *m zo.* Pycnonotus jecosus ~ **dalgıç** s. **elmabaş;** ~ **devekuşu** Helmkasuar *m zo.* Casuarius casuarius *Avustralya devekuşu ~ **guguk kuşu** Häherkukkuck *m zo.* Clamator glandarius ~ **karabatak** Krähenscharbe *f zo.* Phalacrocorax aristotelis ~ **köstebek** Sternmull *m* (Maulwurfsart) *zo.* Condylura cristata ~ **pelikan**

Krauskopfpelikan *m zo.* Pelecanus crispus ~ **tarlakuşu** *od.* ~ **toygar** Haubenlerche *f zo.* Galerida cristata ~ **tavuk** Schopfhuhn *n zo.* Opisthocomus Hoazin
tepelik 1. Schlußperle *f* e–r Gebetskette 2. Schmuckstück *n* am Oberteil e–r Kopfbedeckung, an e–m Möbelstück od. e–m Gebäude, z.B. Helmstutz *m* 3. Krönchen *n*, Haube *f*, Häubchen *n* (bei manchen Vögeln) 4. e–e Kopfbedeckung der anatolischen Bauersfrauen (*spez.* in den Ostprovinzen) 5. hügelige Gegend
tepengi 1. breiter Sattelgurt 2. Satteldecke *f* (unter dem lose aufgelegten Sattel) od. dickes Sattelpolster
tepetaklak [×··×] 1. Hals über Kopf, kopfüber 2. drunter und drüber ~ **durmak** auf dem Kopf stehen ~ **gelmek** *fig.* in Ungnade fallen ~ **gitmek (olmak, yuvarlanmak)** kopfüber hinunterpurzeln
tephir [ī] 1. Verdampfen-, Verdunsten-lassen *n* 2. Desinfektion *f* ~ **etmek** 1. zum Verdampfen (Verdunsten) bringen, verdampfen (verdunsten) lassen *buharlaştırmak 2. desinfizieren (durch Dampf od. Heißluft) *buğulamak ~ **kazanı** s. **evaporatör;** ~ **makinesi** Desinfektionsapparat *m*
tephirhane [·––·] 1. Desinfektionsanstalt *f* 2. Dampfbad *n* 3. chemische Reinigung 4. *mil.* Entlausungsanstalt *f*
tepindirik Seitenblatt *n* (e–s Sattels)
tepinmek mit Armen und Beinen um sich schlagen, trampeln, stampfen, strampeln
tepir 1. Haarsieb *n*, feines Sieb 2. e–e Art Eß-Tablett *n*
tepirlemek durch ein Haarsieb geben, fein sieben
tepişmek 1. sich gegenseitig (z.B. mit den Hufen) treten, gegeneinander ausschlagen 2. *fig.* sich zanken (streiten, raufen)
tepke s. **refleks**
tepki Reaktion *f*, Gegen-wirkung *f*, -druck *m*, Rück-schlag *m*, -wirkung *f* *aksülamel, reaksiyon ~ **gücü** (schnelle) Reaktionsfähigkeit **bir** ~ **uyandırmak** e–e Reaktion hervorrufen
tepkili mit Gegendruck (Rückwirkung, Rückstoß) ~ **uçak** Düsen-, Raketen-flugzeug *n*
tepkime *chem.* Reaktion *f* *aksülamel, reaksiyon, teamül
tepkimek *chem.* reagieren *aksülamel yapmak
tepkin; tepkisel reaktiv *aksülamel yapan
tepkisiz ohne Rückwirkung (Rückstoß)
tepme 1. Vs. zu **tepmek** 2. Fußtritt *m* *tekme 3. festgetreten, gestampft ~ **atmak** (*od.* **vurmak**) e–n Fußtritt versetzen ~ **keçe** gestampfter Filz ~ **kuvveti** *techn.* Abstoßkraft *f* ~ **yemek** e–n Fußtritt bekommen
tepmek, (-er) 1. ausschlagen (mit den Hufen) (Tier) 2. (fest-)treten (z.B. Wolle bei Filzbereitung) 3. tanzen 4. e–n Rückstoß geben (Feuerwaffe beim Abschuß) 5. nicht zu schätzen wissen, mit Füßen treten, verschmähen 6. a) auftreten, sich einstellen (Gewissensbisse, Reue usw.) b) sich wiedereinstellen (Erinnerung) c) wieder auftreten (Krankheit) *nüksetmek 7. mühsam zurücklegen (Weg), mühsam überwinden (z.B. steile Anhöhe) Zu 3: s. **hora** ~ Zu 5: **Bu nimet tepilir mi?** Wer würde dieses Glück nicht zu schätzen wissen? **tepe tepe kullanmak** 1. grob (ohne Sorgfalt) mit et. umgehen, *F* Material schinden 2. dauernd tragen; strapazieren (Kleidung, Schuhwerk) **Teptim keçe oldu, sivrilttim külâh oldu.** (Sarkastische Ra. bei willkürlicher Interpretation zum eigenen Vorteil.)
tepre(n)mek sich heftig hin- und her-werfen (um sich von e–m lastenden Druck zu befreien), sich krampfartig bewegen, zucken; s.a. **Namus damarlarım teprendi.**
tepreşmek s. **tepmek** (6 c)
tepretmek von der Stelle bewegen, erschüttern, wegrücken
tepsi 1. Tablett, Servierbrett *n* (*fr. a.* auf e–m niedrigen Untersatz (z.B. Dreifuß) als Tisch verwendet) 2. Kuchen-, Pasteten-blech *n* ~ **kurmak** den Tisch zurechtmachen (zum Rakitrinken)
tepşir s. **tebşir**
teptemiz [×··] s. **tertemiz**
ter (I) 1. Schweiß *m* 2. Wassertröpfchen *pl.* (z.B. bei Dampfniederschlag) 3. s. **ayakteri;** ~ **alıştırmak** warten, bis der Schweiß et. trocknet ~ **bezi** Schweißdrüse *f* ≗ **boşanmaya başladı.** Der Schweiß begann ihm auszubrechen. ~ **dökmek** (*od.* ~ **basmak**) 1. Schweiß vergießen, schwitzen 2. *fig.* sich sehr anstrengen (abplagen) müssen ~ **gözü** Schweißtropfen *m* ~ **içinde kalmak** (*od.* **-e batmak** *od.* **-e gömülmek**) in Schweiß gebadet sein ~ **kebesi** s. **terlik** (3); **-e yatmak** e–e Schwitzkur machen **-i soğumadan** gleich, sofort (nach e–r anstrengenden Tätigkeit) **-ini silmek** sich den Schweiß abwischen **-ini soğutmak** sich im Kühlen ausruhen
ter (II) s. **taze;** s.a. **terbıyık; terütaze**
ter (III) (in der Füg.:) ~ ~ **tepinmek** sich vor Wut nicht mehr kennen (und wild um sich schlagen)
teracüm [ā] *va. Pl.* zu **terceme, tercüme**
teracümüahval [·–···–] *va. Pl.* zu **tercümeihal**
teracümüahvalci [·–···–·] *va.* s. **biyograf**
teradüf [ā] *va.* 1. Aufeinanderfolgen *n* 2. *ling.* Synonym-Sein *n*, Sinnverwandtschaft *f* (von Wörtern)
terafuk, -ku [ā] *va.* Koinzidenz *f* *koşalık ~ **etmek** *va.* zeitlich zusammenfallen, koinzidieren *düşümdeşmek
terahhum *va.* 1. Mitleid, Erbarmen *n* 2. das Erflehen von Gottes Gnade (für e–n Verstorbenen) ~ **etmek** (m. Dat.) *va.* 1. Mitleid (Erbarmen) haben (mit) *acimak 2. Gottes Gnade erflehen (für e–n Verstorbenen)
terahi [·––] *va.* Nachlässigkeit, Laxheit *f*, mangelnde Sorgfalt, fehlender Eifer (bei der Erledigung e–r Arbeit) *tekâsül
terakki [ī] 1. *va.* Aufstieg *m* 2. *va.* Anwachsen *n* 3. Fortschritt *m* *ilerleme ~ **etmek** 1. *va.* sich erheben, (auf-) steigen 2. *va.* anwachsen, sich vermehren 3. Fortschritte machen (erzielen) 4. *mil.* Geländegewinn erzielen; vorrücken
terakkici *selt. T* von **terakkiperver**
terakkiperver [ī] fortschrittlich, progressiv eingestellt, Anhänger(-in *f*) *m* des Fortschritts *ilerici
terakkiyat, -tı [···–] *va. Pl.* zu **terakki**
terakkup, -bu *va.* 1. Warten, Hoffen, Lauern (auf) *n* 2. Beobachtung, Bewachung *f* ~ **etmek** *va.* 1. (er-)warten, (er-)hoffen; lauern (z.B. auf e–e Gelegenheit) 2. beobachten, bewachen
terakota [··×·] Terrakotta, Terrakotte *f*
teraküm [ā] *va.* Anhäufung, Ansammlung, Speicherung *f* ~ **etmek** *va.* sich (an-)häufen, sich ansammeln *birikmek
terane [ā] 1. *z. va.* Melodie *f* 2. *pej.* ewige Leier; Litanei *f*, ewig gleiches Lied 3. *(in der älteren Lit.)* s. **rubaî; -yi değiştirmek** s. **nağmeyi değiştirmek**
terapi *med.* Therapie, Heilbehandlung *f*
terapötik 1. Therapeutik *f* *ilmi tedavi 2. therapeutisch
teraryum [·×·] Terrarium *n*
teras (*franz.* **terrasse**) s. **taraça;** ~ **katı** s. **çekme katı**
teraslamak terrassenförmig anlegen, terrassieren
teratoloji Teratologie *f*, Lehre *f* von den Mißbildungen der Lebewesen
teravet s. **taravet**
teravi [·––] (< **teravih**) im Ramazan gemeinschaftlich verrichtetes supererogatorisches nächtliches Gebet (das aus 20 **rekât** besteht) ~ **kılmak** das **teravi** genannte Gebet verrichten
terazi (I) [ā] 1. Waage *f* (mit zwei Waagschalen) 2. Balancierstange *f* (des Seiltänzers) 3. ≗ *astr.* Waage *f* (Sternbild od. Tierkreiszeichen) *Mizan 4. *va.* Gleichgewicht *n* od. Symmetrie *f* ~ **dili** (*od. va.* **şahini**) Zünglein *n* an der

Waage ~ **gözü** Waagschale *f* *kefe ~ **kolu** Waagebalken *m* **-ye koymak** *fig.* in die Waagschale werfen **-ye vurmak** 1. ab-wägen, -wiegen 2. *fig.* genau erwägen, sorgsam überlegen
terazi (II) [·——] *va.* Einvernehmen, Einverständnis *n* **-i tarafeyn** *va.* gegenseitiges Einverständnis, beiderseitige Zustimmung *rızayı tarafeyn
terazili [ā] s. **muvazeneli**
terbıyık(-lı) flaumbärtig (Jüngling)
terbi [ī], **-ii** 1. *astr.* s. **dörtlük** 2. *astr.* s. **dördün** 3. *(ält. Lit.)* Anhängung *f* von zwei Halbversen **(mısra)** an jeden Doppelvers **(beyit)** e–s Gasels (wodurch ein **murabba** entsteht) *dörtleme 4. *math.* Quadrat *n* (e–r Zahl) ~ **etmek** *math.* ins Quadrat erheben *kareye yükseltmek, karesini almak **-i âhir** s. **sondördün; -i daire** Quadratur *f* des Kreises **-i evvel** s. **ilkdördün**
terbiye 1. Erziehung, (Aus-)Bildung, Pädagogik *f* *eğitim 2. Anstand *m*, gutes Benehmen, guter Ton, korrekte Umgangsformen *pl.* *adabımuaşeret 3. scharfe Zurechtweisung od. Züchtigung 4. Name e–r weißlich-gelben, leicht säuerlichen mit Zitronen und Eiern hergestellten Sauce (wie sie z.B. für legierte Reissuppen nach türk. Art verwendet wird) 5. Zubereitung *f spez.* a) Würzen *n* (von Speisen) b) Verarbeitung *f* (z.B. von Tierhäuten) 6. Dressur, Abrichtung *f* (von Tieren) 7. Zügel *pl.* (für Zugtiere) ~ **almak** s. ~ **görmek;** ~ **etmek** 1. erziehen, (aus-)bilden 2. dressieren, abrichten (Tier) 3. zubereiten *spez.* a) würzen (Speisen) b) verarbeiten (z.B. Tierhäute) 4. scharf zurechtweisen, strafen, züchtigen ~ **görmek** e–e gute Erziehung genießen ~ **züğürdü** unerzogen, ungebildet, roh **-leri ele almak** s. **dizginleri ele almak; -sini bozmak** sich ungehörig verhalten; *F* sich vorbeibenehmen **-sini takınmak** sich anständig benehmen **-sini vermek** (b–nin) 1. j–n scharf zurechtweisen, heftig tadeln 2. strafen, züchtigen **-i bedeniye** s. **beden -si; beden eğitimi**
terbiyeci 1. Pädagog-e *m*, -in *f*, Erzieher(-in *f*) *m*, Schulmann *m*, Erziehungswissenschaftler(-in *f*) *m* *eğitimci, pedagog 2. Abrichter, Dresseur, Dompteur *m* *mürebbi
terbiyeli 1. wohlerzogen 2. abgerichtet, dressiert (Tier) 3. mit der **terbiye** genannten Sauce zubereitet (z.B. Pilaw, Reissuppe usw.) ~ **maymun gibi olmak** *fig.* unter j–s Fuchtel stehen; *F* j–m aus der Hand fressen
terbiyesiz 1. unerzogen, ungezogen, flegelhaft, Flegel, Lümmel *m* 2. nicht abgerichtet, nicht dressiert (Tier) 3. ohne **terbiye**-Sauce
terbiyesizlik Ungezogenheit, Flegelei *f* ~ **etmek** (*od.* **yapmak**) sich ungezogen (flegelhaft, lümmelhaft) benehmen
terbiyevî 1. von erzieherischem Wert, pädagogisch wertvoll *eğitimli 2. erzieherisch, pädagogisch, Erziehungs- *eğitsel, pedagojik
terbiyum [×··] *chem.* Terbium *n*
Tercan *n.pr.* O. u. D. im Rbz. Erzincan
terceme *va.* s. **tercüme**
terci (I) [ī], **-ii** *va.* 1. Drehen, Wenden *n* *döndürme 2. Wiederholung *f* ~ **etmek** *va.* 1. drehen, wenden 2. wiederholen
terci (II) *dial.* wer gegen Entgelt arbeitet, Lohnarbeiter *m* *ecir (II)
tercih [ī] Bevor-zugen *n*, -zugung *f*, Vor-ziehen *n*, -zug *m* ~ **etmek** vorziehen, bevorzugen, den Vorrang geben **-imdir** am liebsten; vorzugsweise (vgl. Stw. **Egeli**)
tercihan [ī] *Adv.* 1. vorzugsweise, insbesondere 2. (bşe) unter Bevorzugung (gegenüber)
tercihane [·—–·] *lit.* jede einzelne Strophe e–s **terciibent**
tercihli [·—·] 1. bevorzugt 2. unter Bevorzugung ~ **yol** gesonderte Fahrbahn (für Autobusse)
terciibent, -di alte (bes. in der Diwan-Lit. verwendete) Gedichtform mit refrainartigem Vers an jedem Strophenende
tercüman 1. Dolmetscher, Dragoman *m* *dilmaç 2. *fig.* Interpret *m*, Sprachrohr *n* 3. *(Mystik)* ein best. Derwischgebet **≗ı Ahval** *n.pr.* die erste türk. Zeitung (1860–1866) **≗ı Hakikat** *fr.* Name e–r türk. Zeitung (gegr. 1878; heute: **Halka ve Olaylara Tercüman**); **bir hakikate** ~ **olmak** e–e Wahrheit (Tatsache) aussprechen
tercümanlık 1. Dolmetschen *n*, Dolmetscherberuf *m* *dilmaçlık 2. Rolle *f* e–s Interpreten, Sprachrohrs ~ **etmek** 1. Dolmetscher sein 2. als Sprachrohr dienen
tercüme (*fr.* **terceme**) Übersetzung, Übertragung *f* ~ **eser** s. **çeviri eser;** ~ **etmek** übersetzen, übertragen *çevirmek ~ **kalemi** (*od.* ~ **odası**) *hist.* Übersetzerbüro *n* (in der Hohen Pforte) **gayri kabili** ~ unübersetzbar
tercümeci *mst. pej.* (schlechter) Übersetzer
tercümecilik *pej.* schlechtes (schematisches, stumpfsinniges) Übersetzen; Übersetzerei *f*
tercümeihal, -li [ā] Lebens-beschreibung *f*, -lauf *m*, -bild *n*, Biographie *f* *biyografi
terdif [ī] *va.* 1. Nachfolgenlassen *n* 2. Hintenaufsitzenlassen *n* ~ **etmek** *va.* 1. hinterherkommen (nachkommen, begleiten) lassen 2. s. **terkiye almak**
terdifen [ī] *va. Adv.* 1. als Begleitung 2. zusätzlich *ilâveten
terdit, -di [ī] 1. *va.* Ablehnung, Zurückweisung *f* 2. Wiederholung *f* e–s Wortes in zwei aufeinanderfolgenden Sätzen 3. überraschender Schluß (in der Erzählungstechnik) 4. Alternative *f* *almaş ~ **cümlesi** s. **ikircil cümle;** ~ **etmek** *va.* 1. ablehnen, zurückweisen 2. wiederholen 3. trennen, zerlegen
terditli [·—·] mit **terdit** *spez.* 1. mit überraschendem Schluß (Erzählungskunst) 2. Alternativ- *ikircil
Terdöfö (*franz.* **Terre de Feu**) *n.pr.* Feuerland *n* (in Südamerika)
terdöşeği, -ni Kindbett *n*
tere s. **bahçe (çayır, kış, yaban) -si; suteresi**
terebantin; terebentin (*franz.* **térébenthine**) s. **terementi**
tereci Kresseverkäufer *m* **≗ye tere satılmaz.** *Spr.* 1. Mir kannst du nichts weismachen. 2. Eulen nach Athen tragen.
tereddi [ī] Degeneration, Entartung *f*, Verfall *m* *istihale ~ **etmek** degenerieren, entarten, verfallen *soysuzlaşmak, dejenere etmek **-i ahlâk** *z. va.* Sittenverfall *m*
tereddüt, -dü 1. Unschlüssigkeit, Unentschlossenheit *f*, Zögern, Zaudern *n*, Zweifel *m* 2. *med. va.* Intermission *f*, zeitweiliges Aussetzen von Krankheitserscheinungen ~ **etmek** unschlüssig sein, zögern, im Zweifel sein **-e düşmek** unschlüssig zaudern **-ü olmak** unschlüssig zaudern; Bedenken hegen
tereddütsüz ohne Zögern (Zaudern), unbeirrt, entschlossen
tereffü, -üü Hinauf-gehen, -schnellen, Steigen, Anziehen *n* (der Preise), Hausse *f* (an der Börse) ~ **etmek** hinaufgehen, -schnellen, steigen, anziehen (Preise) *yükselmek **-e temayül** *(Börse)* steigende Tendenz
tereffücü *(Börse)* Haussier *m*
terek *va. od. dial.* 1. s. **raf** 2. vorstehender Rand e–r Kopfbedeckung
tereke Hinterlassenschaft *f*, Nachlaß *m* *bırakıt **-nin tahriri** *jur.* Nachlaßinventar *n* **-nin tasfiyesi** *jur.* Regelung *f* der Hinterlassenschaft
terekeme ein spez. in Nordostanatolien üblicher Volkstanz
terekküp, -bü 1. Zusammensetzung *f* 2. *chem.* Verbindung *f* *bileşim ~ **etmek** 1. sich zusammensetzen (aus) 2. *chem.* sich verbinden *bileşmek
terelelli [··×·] *F* 1. leicht-sinnig, -fertig *hoppa 2. wer e–n Sparren zuviel hat; leicht verrückt
terelik *agr.* Kressegarten *m*

terementi [··×·] Terpentin *n* ~ (*od.* ~ **sakız**) **ağacı** Terpentinpistazie *f bot.* Pistacia terebinthus *çitlembik ağacı ~ **esansı** Terpentinöl *n*
terennüm *va.* 1. Singen *n*, Gesang *m* 2. Spiel *n* (der Musik) 3. s. **ifade** Zu 2: **millî marşın -leri arasında** unter den Klängen der Nationalhymne ~ **etmek** *va.* 1. a) singen b) schlagen (Vögel) 2. spielen (Musik) 3. besingen (Dichter)
tereotu, -nu s. **dereotu**
teres 1. *va.* Hahnrei *m* 2. *V Schi.* Saukerl, Schweinehund *m* *pezevenk (2)
teressübat, -tı [ā] *Pl.* Niederschläge, Sinkstoffe, Ablagerungen *pl.* **-ı havaiye** s. **yağış**
teressüm *va.* deutliches Hervortreten ~ **etmek** *va.* sich abzeichnen, deutlich hervortreten, sich bemerkbar machen
teressüp, -bü Ablagerung *f*, Niederschlag, Bodensatz *m*, Präzipitat *n* ~ **etmek** sich ablagern, sich niederschlagen *çökelmek
tereşşüh 1. Ein-, Durch-sickern *n*, Infiltration *f* *sızım, sızıntı 2. *fig.* Enthüllung, Verbreitung *f* ~ **etmek** 1. ein-, durch-sickern 2. *fig.* durchsickern, herauskommen, sich enthüllen, sich verbreiten
tereşşühat, -tı [ā] *Pl.* 1. Ausschwitzungen *pl.* 2. *fig.* was durchgesickert (herausgekommen, sich enthüllt) hat
terettüp, -bü 1. Obliegen, Zukommen *n* 2. Zur-Last-Fallen *n* 3. Entstehen, Sich-Ergeben *n* ~ **etmek** (b–ne) 1. j–m obliegen (z.B. Verpflichtung), zukommen (z.B. Aufgabe) *düşmek 2. j–m beizumessen sein, j–n treffen (Schuld, Verantwortung), zur Last fallen 3. sich (als Folge) ergeben; resultieren
tereyağı, -nı 1. Butter *f* 2. *V* naiv, einfältig, beschränkt, dumm ~ **ağacı** 1. s. **avokado** 2. Butterbaum *m bot.* Bassia butyracea ~ **balığı** Butterfisch *m zo.* Pholis gunnellus (Schleimfischart) ~ **ceviz ağacı** graue Walnuß *f bot.* Juglans cinerea ~ **gibi** butterweich (z.B. Birne) **-ndan kıl çeker gibi** mit spielender Leichtigkeit (z.B. sich aus e–r mißlichen Affäre ziehen)
terfi [ī], **-ii** 1. Hebung *f* 2. (*fr. a.* **-i rütbe**) Beförderung *f* (e–s Beamten, Offiziers usw.) 3. Versetzung *f* (in der Schule) 4. *(Sport)* Aufstieg *m* (z.B. in die Oberliga) (*ant.* **tenzil**) 5. *math.* Erhebung *f* (in e–e best. Potenz) ~ **etmek** 1. aufsteigen; befördert werden 2. versetzt werden (in der Schule) 3. *math.* (zu e–r best. Potenz) erhoben werden Zu 1: **Yüzbaşılığa terfi etti.** Er ist zum Hauptmann befördert worden. ~ **ettirmek** 1. heben 2. (rangmäßig) befördern 3. versetzen (in der Schule) 4. *math.* (zu e–r best. Potenz) erheben ~ **maçı** *(Sport)* Aufstiegsspiel *n* ~ **ve terakki** *jur.* Beförderung *f*, Aufstieg *m* (e–s Beamten)
terfian [ī] *va. Adv.* 1. unter (rangmäßiger) Beförderung 2. unter Versetzung (in die nächsthöhere Klasse)
terfih [ī] Verbesserung *f* der Lage ~ **etmek** j–s Lage verbessern, j–n finanziell ausreichend versorgen, j–n aufbessern, ein sorgenfreies Dasein verschaffen
terfik, -kı [ī] *z. va.* Zur-Begleitung-Beigeben *n* ~ **etmek** *z. va.* als Begleiter (als Reisegefährten, zur Begleitung) beigeben
terfikan [ī] *va. Adv.* als Reisebegleiter, zur Begleitung
tergal Tergal *m* (synthetisches Gewebe)
tergip, -bi [ī] *va.* Ermunterung, Anregung *f* ~ **etmek** *va.* ermuntern, anregen, antreiben (et. zu tun); Lust und Eifer erwecken (in)
terhiben [ī] *va. Adv.* zur Abschreckung
terhibî [·––] *va.* 1. in Schrecken versetzend, abschreckend 2. drohend, einschüchternd, terrorisierend **mücazatı terhibiye** *va.* Abschreckungsstrafen *pl.*
terhin [ī] Versetzen, Verpfänden *n* ~ **etmek** versetzen, verpfänden *tutuya koymak
terhinî [·––] Pfand- ~ **ciro** *H* Pfandindossament *n*
terhip, -bi [ī] *va.* 1. In-Schrecken-Versetzen *n*, Abschreckung *f* 2. Drohung, Einschüchterung *f*, Terror *m* ~ **etmek** *va.* 1. in Schrecken versetzen, er-, ab-schrecken 2. drohen, einschüchtern, terrorisieren ~ **cezaları** s. **mücazatı terhibiye**
terhis [ī] 1. *selt.* Bevollmächtigung *f* 2. *mil.* Entlassung, Verabschiedung *f* ~ **etmek** 1. *selt.* bevollmächtigen 2. *mil.* entlassen, verabschieden, demobilisieren ~ **günü** *mil.* Entlassungstag *m* ~ **istidası (teklifi, talebi)** *mil.* Entlassungsantrag *m* ~ **nakliyatı** *mil.* Entlassungstransport *m* ~ **tezkeresi** *mil.* Entlassungsschein *m*
terike (I) s. **tereke**
terike (II) *va.* 1. unverheiratet gebliebenes Mädchen 2. Kopfbedeckung *f* der Feuerwehrleute
terilen (*franz.* **térylène**) Terylene *n* (synthetisches Gewebe)
terim (*franz.* **terme**) 1. Fach-ausdruck *m*, -bezeichnung *f*, Terminus technicus *m* *ıstılah 2. *math.* Term *m*, Glied *n* (e–s algebraischen Ausdrucks, e–r Reihe usw.) 3. *log.* Begriff *m* *had 4. *math.* Seite *f* (e–r Gleichung) *had, yan, taraf Zu 3: s. **büyük (küçük, orta)** ~
terimcilik *phil.* der spätmittelalterliche Nominalismus
terimli 1. mit (nb.) Fachwörtern 2. *math.* mit soundso viel Gliedern, -gliedrig
teritoryal 1. territorial, gebietsmäßig, Gebiets- 2. Land- *berrî ~ **ordu** *selt.* Landheer *n* *kara ordusu
terk (I), **-ki** 1. Ver-, Über-, Hinter-lassen *n*, Aufgeben *n*, Aufgabe *f* 2. *jur.* Aufgabe *f*, Abandon(-nierung *f*) *m* 3. *jur.* böswilliges Verlassen 4. *jur.* Aussetzung *f* (von Kindern od. hilflosen Personen) ~ **etmek** verlassen (z.B. Stadt), im Stich lassen, aufgeben (z.B. Belagerung, Wettkampf), hinterlassen (Vermögen), abtreten, überlassen, aussetzen (z.B. Kind) *bırakmak ~ **senedi** Abtretungsbescheinigung *f* **-i diyar etmek** sein Land verlassen, aus der Heimat fliehen **-i dünya etmek** der Welt entsagen **-i hayat** (*od.* **-i can**) **etmek** verscheiden, sterben, das Zeitliche segnen **-i saltanat** Abdankung *f*, Thronverzicht *m* **-i silâh etmek** 1. die Waffen niederlegen (strecken), kapitulieren 2. militärisch abrüsten *(1, 2) silâhları bırakmak **-i teslihat** Abrüstung *f* **-i ticaret dolayısiyle** wegen Geschäftsaufgabe
terk (II), **-ki** 1. *va.* Helm *m* *miğfer 2. Querstreifen *m* (z.B. auf e–r Bektaschi-Kopfbedeckung)
terkeş s. **tirkeş**
terki 1. Stelle *f* hinter dem Sattel 2. (Pferde-)Kruppe *f* ~ **kayışı** *mil.* Mantelriemen *m* (am Sattel) **-sine** (*od.* **-ye**) **almak** hinten aufsitzen lassen
terkibat, -tı [·––] *va. Pl.* zu **terkip**
terkibî [·––] 1. synthetisch *bireşimsel, sentetik 2. synthetisch hergestellt, künstlich *sentetik ~ **kauçuk** synthetischer Kautschuk (Gummi)
terkibibent, -di [·–··] *lit.* ähnliche Gedichtform wie **terciibent**, jedoch mit dem Unterschied, daß die letzten Strophenverse sich nicht wörtlich wiederholen
terkim [ī] *va.* 1. Zahlen- od. Nummern-Verwendung *f* 2. (schriftliche) Zählweise, Zahlennotierung *f*
terkimî [·––] *va.* Zahlen- ~ **hendese** s. **kotlu geometri**
terkin [ī] *va.* Streichen *n*, Streichung *f* (aus e–r Liste), Löschung *f* *çizim ~ **etmek** *va.* streichen (aus e–r Liste) **bir talebenin kaydını** ~ **etmek** e–n Schüler aus der (Schüler-)Liste streichen, *a.:* entlassen, dimittieren
terkip, -bi [ī] 1. Zusammen-setzung, -stellung, Fügung, Komposition *f* 2. Synthese, Zusammenfassung *f* *sentez 3. *gr.* a) sb. od. adj. Füg. *takım b) *spez.* Izafetkonstruktion nach ar. od. pers. Muster c) *gel. Bez.* für va. Fügungen (außerhalb von b) (wie z.B. **herçibadabat, kemafissabık** usw.) d) (Wort-)Zusammensetzung *f* *bileştirme ~ **etmek** 1. zusammen-setzen, -stellen, -fassen, kombinie-

ren 2. *chem.* verbinden *bileştirmek **-i izafî** s. **isim tamlaması; -i tavsifî** *gr.* adj. Füg. *f* *sıfat terkibi, (takımı, tamlaması) **-i vasfî** *gr.* 1. s. **-i tavsifî** 2. s. **vasfı terkibî**
terkiphane [·– –·] *lit.* jede einzelne Strophe e–s **terkibibent**
terkiplendirmek *gr.* 1. in e–r **terkip** genannten Füg. verwenden 2. *spez.* **(Fars kaidesiyle)** in pers. Izafetkonstruktion verwenden
terkipli 1. mit Zusammen-setzung, -fassung 2. *spez. gr.* a) mit (nb.) **terkip** b) mit ar. od. pers. Izafetkonstruktion (-en)
terkiplik *selt.* Charakter *m*, Wesen *n* e–r Izafetkonstruktion
terkipsiz 1. ohne Zusammen-setzung, -fassung 2. *spez. gr.* a) ohne **terkip** b) ohne ar. od. pers. Izafetkonstruktion
Terkos [×·] *n.pr.* 1. **(gölü)** Terkos-See *m* (nordwestl. von Istanbul, in der Nähe des Schwarzen Meeres; heute **Durusu gölü**) 2. **(suyu)** von dort beschafftes Leitungswasser (für Istanbul)
terkova (*od.* **azmı** ~) s. **köprücük kemiği**
terleme Vs. zu **terlemek** *spez.* *(a. bot.)* Transpiration *f*
terlemek 1. schwitzen, Schweiß od. Ausdünstung absondern, transpirieren 2. schwitzen, (Wasser) ausschwitzen (z. B. Wasserkrug) 3. sich beschlagen (Brille, Fenster usw.) 4. allmählich wachsen, sprossen (*spez.* Schnurrbart) 5. *fig.* sich abmühen, sich plagen, sich abquälen
terletici 1. schweißtreibend 2. *fig.* mühsam, mühselig, anstrengend
terletmek Kaus. zu **terlemek** z. B. *fig.* j–n in die Zange nehmen; j–n auspressen; j–m sehr zusetzen **Bu iş beni terletti.** Bei dieser Arbeit habe ich mich nicht schlecht plagen müssen.
terli in Schweiß gebadet, naßgeschwitzt
terlik 1. Pantoffel, Hausschuh *m* 2. *P* a) s. **takke** (1) b) leichter Überwurf (für Frauen) c) poröses Unterhemd 3. Schweißdecke *f* (für Pferde) *ter kebesi
terlikçi Pantoffel-macher, -händler *m*
terliksi 1. pantoffelförmig 2. **(hayvan)** Pantoffeltierchen *n* *zo.* Paramecium caudatum *paramesyum
termal Thermal-
terme e–e Ackerrettichart
Terme *n.pr.* Städtchen u. D. im Rbz. Samsun
termik thermisch, Wärme-, Auftrieb- ~ **cereyan** warmer Auftriebswind ~ **dağlağı** s. **termokoter;** ~ **santral** Wärmekraftwerk *n*
termim [ī] *va.* 1. Ausbesserung, Wiederherstellung, Restaurierung, Überholung *f* 2. *med.* Regeneration ~ **etmek** *va.* 1. ausbessern, wiederherstellen, restaurieren, überholen 2. *med.* regenerieren
terminal, -li (*engl.* **terminal**) Endstation *f* ~ **binası** Flughafengebäude *n*
terminoloji Terminologie, Fachsprache, Nomenklatur *f*
terminüs (*franz.* **terminus**) Endstation *f* (*spez.* bei Straßenbahn od. Autobus)
termit (I), **-ti** Termite *f*, weiße Ameise *zo.* Termes *ağaçkemiren karınca; akkarınca; beyaz karınca; divik
termit (II), **-ti** Thermit *n* (Metallgemisch)
termiye s. **acıbakla**
termodinamik 1. Thermodynamik, Wärmekraftlehre *f* 2. thermodynamisch
termoelektrik 1. Thermoelektrizität *f* 2. thermoelektrisch ~ **çift** Thermoelement *n* *termoelektrik müzdevice
termofor (*franz.* **thermophore**) 1. (Gummi- od. Metall-) Wärmflasche *f* *buyot 2. *el.* Heizkissen *n*
termojen (*franz.* **thermogène**) Wärme erzeugend; Wärmeerzeuger *m*
termokimya Thermochemie *f* *kimyayı harurî
termokoter *med.* Thermokauter, Glühapparat *m* *dağlama aleti
termoloji Wärmelehre *f*
termometre [··×·] Thermometer *n*, Wärmemesser *m* *sıcakölçer, mizanülharare; *P* derece
Termopiller *n.pr.* Thermopylen *pl.*
termoplonjör (*franz.* **thermoplongeur**) Tauchsieder *m*
termos [×·] Thermosflasche *f*
termosifon (*franz.* **thermosiphon**) Warmwasser-speicher *m*, -heizung *f*
termoskop, -pu Thermoskop *n*, Wärmezeiger *m*
termostat, -tı Thermostat, Wärmeregler *m* *ısıdenetir
termoterapi Thermotherapie *f*, Heilbehandlung *f* durch Wärme *sıcak tedavisi
Ternöv (*franz.* **Terre-Neuve**) *n.pr.* 1. Neufundland *Arzı Cedit 2. ≗ Neufundländer *m* (Hunderasse)
terofit bitki *bot.* Therophyt *m*, einjährige Pflanze
terorist, -ti 1. Terrorist(-in *f*) *m* 2. terroristisch *(1, 2) tedhişçi ~ **teşkilât** Terrororganisation *f*
terorizm 1. Terrorismus *m* 2. s. **terör**
terör 1. Terror(-regime *n*) *m* *tedhişçilik 2. ≗ *hist.* Schrekkensherrschaft *f* (während der Franz. Revolution, 1793/94)
Terpsikor *n.pr.* Terpsichore (Muse des Tanzes und des Chorgesanges)
terramisin *med.* Terramycin *n* (Antibiotikum)
ters 1. umgekehrt, verkehrt, entgegengesetzt, falsch, linksherum 2. nicht gerade; krumm, schief 3. *fig.* ungeeignet, unpassend, widrig, schief, den Erwartungen nicht entsprechend 4. *fig.* unfreundlich, grob, ungefällig, verdrießlich 5. *log., math.* umgekehrt *evrik, makûs 6. Rückseite *f*, verkehrte Seite, linke Seite (z. B. e–s Stoffes), Rücken *m* (e–s Messers, Beils usw.), Gegenteil *n* 7. falsche od. entgegengesetzte Richtung 8. Exkremente *pl.*, Kot *m* (e–s Tieres) Zu 1: **gömleği** ~ **giymek** das Hemd verkehrt (linksherum) anziehen **Ayna** ~ **gösterir.** Der Spiegel gibt ein umgekehrtes Bild. **eşeğe** ~ **binmek** verkehrt herum auf dem Esel reiten **kumaşın** ~ **yüzü** linke Seite des Stoffes **kibritin -i** falsches Ende des Streichholzes Zu 2: s. ~ **gelmek (gitmek)** Zu 4: ~ **bir cevap** grobe (abweisende) Antwort ~ **adam** grober (ungefälliger, unfreundlicher) Mensch ~ **çehre** unfreundliches (verdrießliches) Gesicht Zu 6: **bunun tam -ine düşünmek** genau entgegengesetzt denken ~ **akıllı** verschroben, exzentrisch (Person) ~ **akıntı** 1. Gegenströmung *f*, Wirbel *m* 2. *astr.* Turbulenz *f* ~ **anlamak** verkehrt verstehen ~ **bakmak** 1. verdrießlich (mürrisch, griesgrämig) dreinschauen 2. gehässig anblicken ≗ **brasa!** *naut.* Anbrassen! ~ **cephe duruşu** *(Turnen)* Liegestütz *m* rücklings ~ **çevirmek** *log., math.* umkehren ~ **dönmek** s. **altüst olmak;** ~ **düşmek** 1. unvereinbar sein 2. sich zerstreiten ~ **falso** *Bill.* Kontra-Effet *n* ~ **falsolu** *Bill.* mit Kontra-Effet gespielt (Ball) ~ **gelmek (gitmek)** nicht gelingen, mißlingen, schiefgehen *pot gelmek (**Burası bana ters geliyor.** Ich sitze hier recht unglücklich. **İşi ters gidiyor.** Er kommt mit seiner Sache nicht zurecht.) ~ **giymek** *P* verkehrt herum anziehen (Kleidungsstück) ~ **harf** *typ.* Fliegenkopf *m* ~ **kaş işareti** Bogen *m* (z. B. über **ı** od. **u** in der Handschrift) ~ **kavisli kemer** *arch.* Vorhangbogen *m* ~ **kavrama** *(Geräteturnen)* Ristgriff *m* ~ **maymun** 1. *va.* Degen *m* mit schmaler Klinge aus Damaszenerstahl 2. *naut.* zwei übereinander angebrachte, in entgegengesetzter Richtung wirkende Blöcke ~ **orantılı** *math.* umgekehrt proportional, im umgekehrten Verhältnis stehend *makûsen mütenasip ~ **pers** (*od.* ~ **pürs**) vollkommen verkehrt, *F* ganz verquer, *F* unheilbar vermasselt (**İşlerim öyle** ~ **pers gitti ki.** Bei mir ist alles ganz unglaublich verkehrt gelaufen.) ~ **pers olmak** *fig.* wie ein

begossener Pudel dastehen ~ **posta** *naut.* Kantspant *m* ~ **rüzgâr** *naut.* Gegenwind *m* ~ **somun** *techn.* Gegenmutter *f* *kontrasomun ~ **taraf** s. **verso;** ~ ~ **bakmak** 1. sehr verdrießlich dreinschauen 2. voller Gehässigkeit anblikken ~ **tarafından kalkmış** mit dem linken Bein zuerst aufgestanden ~ **tırnak** umgekehrte Form des **tırnak** genannten Ornamentes ~ **türs** *selt.* s. **ters pürs;** ~ **uçuş** s. **sırt üstü uçuş;** ~ **yapmak** et. verkehrt herum anfangen ~ **zar** *V* zum Falschspiel verwendeter Würfel mit anderer Punktverteilung als üblich **-e dönük** *P* „verkehrt herum" *(P)* (Homosexueller, Lesbierin) **-i dönmek** 1. die Orientierung verlieren 2. wie vor den Kopf geschlagen sein, Mund und Nase aufsperren (vor Verwunderung) **-i yüzü bir** zweiseitig tragbar, reversibel (Stoff, Mantel usw.) *röversibl **-inden okumak** falsch auffassen **-ine** umgekehrt, im Gegenteil, vielmehr *aksine **-ine çevirmek** 1. das Innere nach außen drehen 2. *fig.* ins Gegenteil verkehren **-ine dönmek** e–e üble Wendung nehmen, sich verschlechtern **-ine olmak** 1. j–s Wünschen nicht entsprechen (z.B. Verlauf e–r Angelegenheit) 2. sich genau umgekehrt verhalten (Angelegenheit) **-ini çevirtmek** (e–n Anzug) wenden lassen

tersa *(ital.* **terza)** *Spk.* Drei *f*

tersaçı *geom.* Scheitelwinkel *m* *re'sen mukabil zaviye

tersane [ā] (< **darüssınaa)** Marinearsenal *n*, Werft *f* ≗ **Kasrı** s. **Aynalıkavak (Kasrı);** ~ **umuru** *P* sehr wichtige Arbeit

tersaneli [ā] *fr. Bez.* für Angehörige der türk. Marine

tersdeyi *Neol.* für **tesmiye binnakîz**

terse *(franz.* **tercet)** 1. *Ka.* Sequenz *f* von drei Karten der gleichen Farbe 2. *mus.* Terzett *n* 3. *lit.* Terzine *f*

terselme *geol.* Reliefumkehr *f*

tersevirme *log.* Kontraposition *f*, conversio per contra *aksi mürekkep

tersi (I) s. **tirsi**

tersi (II) s. **tarsi**

tersim [ī] 1. Zeichnen *n*, Zeichnung *f* 2. *math.* Konstruktion *f* *çizim ~ **etmek** 1. zeichnen 2. *math.* konstruieren

tersimat, -tı [·––] *va. Pl.* 1. Zeichnungen *pl.* 2. *math.* Konstruktionen *pl.*

tersimî [·––] 1. zeichnerisch, darstellend 2. graphisch *çizgeli, grafik ~ **hendese** s. **tasarı geometri**

tersinir *phys.* reversibel, umkehrbar *kabili akis, kabili rücu

tersinirlik *phys.* Reversibilität, Umkehrbarkeit *f* *kabiliyeti akisiye

tersinleme *Th.* Ironie *f*

tersinmek *dial.* 1. zurückkehren, zurückkommen *dönmek 2. sich unfreundlich benehmen

tersinmez *phys.* irreversibel *gayri kabili akis

tersinmezlik Irreversibilität *f*

tersip, -bi [ī] *chem.* Fällung, Präzipitation *f* *çökeltme ~ **etmek** *chem.* fällen, präzipitieren *çökeltmek

tersiyer *(franz.* **tertiaire)** *geol.* s. **üçüncü zaman**

terslemek 1. (b–ni) j–n grob anfahren, j–n unfreundliche Worte (od. e–e grobe Antwort) geben 2. *intr.* Kot auswerfen (Tiere)

terslenmek 1. Pass. zu **terslemek** 2. sich ungefällig erweisen, grob werden

tersli yüzlü s. **tersi yüzü bir**

terslik der durch **ters** charakterisierte Zustand od. das entsprechende Verhalten *spez.* 1. Unfreundlichkeit, Grobheit, Ungefälligkeit, Verdrießlichkeit *f* 2. Eigensinn *m*, Sturheit *f* 3. Mißgeschick, Pech, Unglück *n;* widriger Verlauf e–r Angelegenheit Zu 3: **Bir ~ olmazsa yarın geleceğim.** Wenn nichts dazwischenkommt, bin ich morgen da. ~ **etmek** *(od.* **göstermek)** s. **terslenmek** (2)

terso [×·] *V* 1. s. **resto** (2) 2. *(a.* **tersu)** Pechsträhne *f* (beim Glücksspiel) 3. abgebrannt, pleite Zu 2: **Bugün hep tersudeyim!** Heute verliere ich dauernd!

tersyön 1. *astr.* rückläufig *ric'î 2. gegen den Strich (bei Holzarbeiten)

tersyüz 1. das Unterste zuoberst 2. das Innere nach außen ~ **etmek** 1. das Unterste zuoberst kehren 2. wenden (Anzug usw.) **-ü geri dönmek** mit leeren Händen (od. unverrichteter Sache) zurückkommen

terşih [ī] *va.* 1. Filtrieren, Klären *n* 2. Aufziehen *n* (e–s Kindes) 3. *lit.* Konzinnität *f* ~ **etmek** *va.* 1. filtrieren, klären 2. auf-, groß-ziehen 3. sich konzinn ausdrücken ~ **havuzu** Klär-becken *n*, -anlage *f*

tertemiz [×··] blitz-blank, -sauber, wie geleckt

terter s. **ter** (III)

tertibat, -tı [·––] *(Pl., oft in sg. Bed.)* 1. Dispositionen, Vorbereitungen *pl.* 2. Vorsichtsmaßnahmen *pl.* 3. Anlage(-n *pl.*) *f*, Einrichtung(-en *pl.*) *f* 4. *mil.* Gliederung, Aufstellung, Organisation *f* Zu 2: **askerî müdafaa -ı** militärische Verteidigungsanlagen *pl.* **bir askerî müdafaa -ı** e–e mil. Verteidigungsanlage ~ **almak** 1. Vorbereitungen od. Vorsichtsmaßnahmen treffen 2. *mil.* sich gliedern, sich aufstellen

tertibatlı [ā] mit nb. Anlage **sıcak su** ~ **ev** Haus *n* mit Warmwasseranlage

tertibî [·––] *va.* Ordnungs-, Organisations- ~ **heyet** Organisationskomitee *n*

tertibiye [·–··] Setzerlohn *m*

tertil [ī] Psalmodieren *n* des Korans ~ **etmek** den Koran psalmodieren

tertip, -bi [·–] 1. (An-)Ordnung, Reihenfolge *f* 2. Veranstaltung, Organisation *f*, Arrangement *n* 3. *pej.* Abkarten, Einfädeln *n*, Machenschaft *f*, Komplott *n* 4. Auf-, Zusammen-stellung *f*, Ausarbeitung *f* (z.B. e–s Gesetzes) 5. *mil.* Gliederung, Aufstellung *f* 6. Serie, Emission *f* 7. (Buchungs-)Titel, Budgetposten *m* 8. Rezept *n*, (ärztl.) Vorschrift; Anordnung *f* 9. Plan *m*, Methode *f*, System *n* 10. *typ.* Setzen *n*, (Schrift-)Satz *m*, Format *n* 11. *math.* Ordinate *f* *ordinat 12. Dosis *f* (e–s Medikamentes), Dosierung *f* 13. *arch.* Mauerverband *m* Zu 3: **Hadiseler ~ eseridir.** Die Vorfälle sind inszeniert und gelenkt. ~ **etmek** 1. (an-)ordnen 2. veranstalten, organisieren, arrangieren 3. *pej.* einfädeln, bewußt herbeiführen, vorbereiten, abkarten 4. auf-, zusammen-stellen (z.B. Programm) 5. *typ.* setzen 6. *med.* dosieren ~ **fasla sistemi** Koordinatensystem *n* ~ **hatası** Druckfehler *m* *mürettip hatası ~ **hattı** Ordinate *f* ~ **makinesi** *typ.* Setzmaschine *f* ~ **mihveri** Ordinatenachse *f*

tertipçi 1. organisatorisch begabt 2. Organisator, Veranstalter *m* 3. *pej.* Drahtzieher *m* 4. *pej.* Plänemacher, Utopist *m*

tertipçilik 1. organisatorische Begabung 2. Organisation, Vorbereitung *f* *(a. pej.* z.B. e–s Anschlags) 3. *pej.* wildes Pläneschmieden

tertiplemek [ī] 1. in e–e best. Ordnung bringen, (an-)ordnen, arrangieren, organisieren, vorbereiten 2. *pej.* einfädeln, bewußt herbeiführen 3. planmäßig durchführen 4. *mil.* gliedern, aufstellen 5. veranstalten (z.B. Treffen) Zu 3: **Eşya naklini ~ için bazı yolcu trenleri seferleri azaltıldı.** Im Personenverkehr sind einige Einschränkungen vorgenommen worden, damit der Gütertransport planmäßig durchgeführt werden kann.

tertiplenme [ī] Vs. zu **tertiplenmek** *spez. mil.* Gliederung, Aufstellung *f*

tertiplenmek [ī] 1. Pass. zu **tertiplemek** 2. *mil.* sich gliedern, sich aufstellen Zu 1: **Müsakaba 10 ravnt üzerinden tertiplenmiştir.** Der (Box-)Kampf war auf 10 Runden angesetzt.

tertipleştirmek [ī] miteinander in Einklang bringen, gegenseitig abstimmen, koordinieren
tertipli 1. geordnet, aufgeräumt 2. ordentlich, umsichtig, systematisch veranlagt (Person) 3. organisiert, systematisch durchgeführt (z. B. Presseattacke) 4. *pej.* abgekartet, vorher inszeniert, bewußt herbeigeführt; vorsätzlich 5. praktisch eingerichtet (z. B. Haus) ~ **cümleler** *gr.* s. **bağlı cümlecikler**
tertipsiz 1. unaufgeräumt (z. B. Zimmer) 2. unordentlich, zerfahren, ohne Sinn für systematisches Handeln (Person) 3. ohne System durchgeführt, nicht richtig organisiert 4. unpraktisch eingerichtet (z. B. Haus)
tertipsizlik 1. Unaufgeräumtsein *n* 2. mangelnder od. fehlender Sinn für systematisches Handeln; Unordentlichkeit, Zerfahrenheit *f* 3. Systemlosigkeit *f*, mangelnde od. fehlende Organisation 4. unpraktische Anlage (Einrichtung)
terütaze [ā] 1. jugend-, tau-frisch 2. frisch, saftig, wohlschmeckend
terviç, -ci [ī] 1. Verbreiten, Bekanntmachen *n* 2. Sich-Einsetzen (für) *n*, Befürwortung, Propagierung, Unterstützung *f* ~ **etmek** 1. verbreiten, Verbreitung finden lassen, bekannt machen 2. eintreten, sich einsetzen, sich aussprechen (für), befürworten, propagieren, unterstützen **fikrini** ~ **ettirmek** sich mit seiner Auffassung durchsetzen
tervik, -kı *va.* 1. Filtern, Seihen, Klären *n* 2. Schönen *n* (des Weins) ~ **etmek** *va.* 1. filtern, seihen, klären 2. schönen (Wein)
terye Terrier *m* (Hunderasse)
terzetto [·×·] *mus.* Terzett *n*
terzi 1. Schneider(-in *f*) *m* 2. s. ~ **evi**; ~ **evi** Schneiderei, Schneiderwerkstatt *f* *dikimhane, terzihane ~ **hanım** Schneiderin *f* ~ **kası** *an.* Schneidermuskel *m* ⁓ **kendi söküğünü** (*od.* **dikişini**) **dikemez.** *Spr.* Andern kann man meist besser raten (*od.* helfen) als sich selber. ~ **kuşu** europäischer Zistensänger *zo.* Cisticola cisticola ~ **masrafçısı** Händler *m* mit Schneiderzubehör ~ **tebeşiri** Schneiderkreide *f*
terzibaşı, -yı Schneidermeister *m*
terzihane [ā] s. **terzi evi**
terzil [ī] Verächtlichmachen, Diskreditieren *n* ~ **edici bir suç işleme** *jur.* entehrendes Verbrechen ~ **etmek** verächtlich machen, entehren, bloßstellen, diskreditieren
terzilik 1. Schneider-gewerbe, -handwerk *n*, -kunst *f*, Schneiderei *f* 2. Herstellung *f* durch e–n Schneider 3. Macherlohn *m*
tesadüf [ā] 1. zufälliges Zusammentreffen, zufällige Begegnung 2. Zufall *m* Zu 1: **Hay aksi** ~ **hay!** Was für ein verflixtes Zusammentreffen (verschiedener mißlicher Umstände). Zu 2: **Bunun öyle olması,** ~ **eseri değildir.** Es ist kein Zufall, daß das so ist. **iyi bir** ~ **eseri olarak** glücklicherweise ⁓**, onu bu masaya düşürdü.** Der Zufall führte ihn an diesen Tisch. ~ **etmek** 1. j–m zufällig begegnen, j–n zufällig treffen 2. fallen (auf) Zu 2: **martın üçüne** ~ **eden cuma günü** Freitag, den dritten März ~ **muharebesi** *mil.* Begegnungsgefecht *n*, Renkontre *n* **-e bakınız ki ...** Der Zufall wollte es, daß ... **-ün sevkiyle** durch ein Spiel des Zufalls, zufällig
tesadüfen [·×··] *Adv.* 1. durch Zusammentreffen (verschiedener Umstände) 2. zufällig ~ **rast gelmek** (gerne als Muster e–r Tautologie zitiert; s. a. Stw. **Babıâli**)
tesadüfi [·–·–] zufällig, Zufalls- ~ **galibiyet** Zufallssieg *m* ~ **şart** *jur.* zufällige Bedingung
tesadüm [ā] 1. Zusammenprallen, Aufeinandertreffen *n* 2. Kollision *f*, Konflikt, Widerstreit *m* *çatışma ~ **etmek** 1. zusammenprallen, aufeinanderstoßen 2. kollidieren *çarpışmak
tesahup, -bu [ā] 1. Begünstigung, Unterstützung, Protektion *f*, (gewährter) Schutz 2. willkürliche Aneignung (von Rechten, die anderen zustehen) ~ **etmek** 1. begünstigen, unterstützen, protegieren 2. für sich in Anspruch nehmen, sich willkürlich et. aneignen, sich aufwerfen (als)
tesahupkâr *z. va.* gönnerhaft
tesakkup, -bu *med.* Durchbohrung, Perforation *f*
tesalüf [ā] *va.* 1. s. **bacanaklık** 2. s. **eltilik**
tesalüp, -bü [ā] *va.* 1. *a. med.* kreuzweise Überlagerung 2. Rassenkreuzung, Bastardierung *f*
Tesalya [·×·] *n.pr.* Thessalien ~ **ovası** *n.pr.* Thessalische Tiefebene
tesamuh [ā] *z. va.* 1. Nachsicht, Toleranz, Duldsamkeit *f* *hoşgörü, müsamaha 2. Nachlässigkeit, Achtlosigkeit *f* *dikkatsizlik
tesanüdiye [ā] s. **dayanışmacılık**
tesanüt, -dü [ā] Solidarität *f* *tekâfül, dayanışma
tesaut, -du [ā] *va.* 1. Aufsteigen *n*, Aufstieg *m* 2. *chem.* Sublimation *f* *süblimleşme ~ **etmek** *va.* 1. aufsteigen 2. *chem.* sublimiert werden *süblimleşmek
Tesaül [ā] **suresi** s. **Nebe**
tesavi, -ii [·––] Gleichsein *n*, Gleichheit *f* **-i âra** Stimmengleichheit *f* *oy eşitliği **-i hukuk** Gleichberechtigung *f* **-i leylünehar** s. **ekinoks; -i nakîzeyn** s. **çatışkı; -i şekil** s. **izomorfizm; -i terkip** s. **izomeri; -i terkibe müteallik** s. **izomerisel**
tesbih s. **tespih**
tesbihiye [·–··] s. **tespihağacıgiller**
tesbit s. **tespit**
tescil [ī] Eintragung *f* ins Register, Registrierung, Überschreibung *f* *kütüğe yazım ~ **etmek** ins Register eintragen, registrieren, überschreiben *sicile geçirmek, kütüğe yazmak ~ **limanı** s. **bağlama limanı**
tescilli registriert, eingetragen *müseccel
tescilsiz nicht registriert, nicht eingetragen
tesciye *z. va.* Charakterisierung *f* ~ **etmek** *z. va.* charakterisieren, charakteristisch sein (für), kennzeichnen *ıralamak
tesdis [ī] *(ält. Lit.)* Anhängung *f* von vier Halbversen an jeden Doppelvers e–s fremden Gedichtes *spez.* e–s Gasels (wodurch ein **müseddes** entsteht)
teselli [ī] Trösten *n*, Tröstung *f*, Trost *m* ~ **bulmak** Trost finden, sich trösten ~ **etmek** (*od.* **vermek**) trösten, Trost spenden ~ **mükâfatı** *(Sport)* Trostpreis *m*
tesellibahş [ī] *va.* tröstlich *avutucu
tesellisiz 1. untröstlich 2. worüber nichts hinwegtrösten kann
teselliyap, -bı [··––] *va.* Trost findend ~ **olmak** *va.* s. **teselli bulmak**
tesellüm Über-, Ab-, Empfang-nahme *f* *alma, alış, ala ~ **etmek** über-, ab-nehmen, in Empfang nehmen *teslim almak ~ **heyeti** Abnahmekommission *f*, *mil.* Abnahmekommando *n* ~ **konişmentosu** Übernahmekonnossement *n* ~ **muayenesi** Abnahmeprüfung *f*
teselsül 1. Kettenbildung, Verkettung *f*, ununterbrochene Folge *zincirleme 2. *log.* petitio principii *müsadere alelmatlup 3. *jur.* gesamtschuldnerische Haftung *dayanışma ~ **etmek** e–e ununterbrochene Kette bilden, sich ununterbrochen fortsetzen, regelmäßig vorkommen **-ü efkâr** *z. va.* Gedanken-folge, -verbindung, -assoziation *f*
tesemmüm *va.* Vergiftetwerden *n*, Vergiftung, Intoxikation *f* ~ **etmek** *va.* sich e–e Vergiftung zuziehen, sich (ungewollt) vergiften *zehirlenmek
tesettür *z. va.* 1. Sich-Bedecken *n* 2. Verschleierung *f* (e–r Frau) 3. *mil.* Deckung *f* ~ **etmek** *z. va.* sich bedecken, sich verschleiern
teseül *va.* Betteln *n*, Bettelei *f* ~ **etmek** *va.* betteln, betteln gehen

teseyyüp, -bü *va.* Nachlässigkeit, Schlampigkeit, Liederlichkeit *f* ~ **etmek** *va.* nachlässig (schlampig, liederlich) sein
teshil [ī] Erleichtern *n*, Erleichterung *f* ~ **etmek** erleichtern *kolaylaştırmak
teshilât, -tı [·––] *Pl.* Erleichterungen *pl.*, Entgegenkommen *n* (*spez.* behördlicherseits) ~ **göstermek** Erleichterung gewähren, Entgegenkommen zeigen, entgegenkommen, behilflich sein
teshin [ī] Erwärmung, Heizung *f* ~ **etmek** erwärmen, heizen *ısıtmak
teshinat, -tı [·––] *Pl.* Heizung(-sanlage) *f*
teshir (I) [ī] 1. Be-, Ver-zauberung, Verhexung *f* 2. Faszinierung *f* ~ **etmek** 1. be-, ver-zaubern, verhexen *büyülemek, sihirlemek 2. faszinieren, blind verliebt machen
teshir (II) [ī] *va.* Unterwerfen, Erobern *n* ~ **etmek** *va.* unterwerfen, erobern
tesir [––] 1. Eindruck *m* 2. Wirkung *f*, Effekt *m* *etki, eser 3. *phys.* Induzieren *n*, Induktion *f* *indükleme 4. *chem., phil.* Einwirkung, Einfluß *m*, Influenz *f* *etki, eylem, fiil, işleme ~ **etmek** (m. Dat.) 1. Eindruck machen (auf), beeindrucken, seelisch ergreifen, rühren, bewegen, pakken, betrüben 2. wirken (auf) 3. *chem.* angreifen *saldırmak ~ **hâsıl etmek** *psych.* beeindrucken *izlendirmek ~ **müddeti** Wirkungsdauer *f* ~ **noktası** *techn.* Angriffspunkt *m* ~ **sahası (bölgesi, dairesi)** *spez. mil.* Wirkungsbereich, -kreis *m* **-i nüfuz sahibi olmak** *z. va.* Autorität genießen
tes'ir [ī] *va.* Festsetzung *f* e–s Höchstpreises
tesirat, -tı [–––] *va. Pl.* zu **tesir; -ı havaiye** *va.* Witterungseinflüsse *pl.*
tesirli [–··] 1. eindrucksvoll, ergreifend, bewegend, rührend 2. wirksam, wirkungsvoll, nachhaltig 3. tatkräftig (z.B. Hilfe) 4. dankbar (z.B. Rolle) ~ **menzil dahilinde** *mil.* auf wirksame Schußweite ~ **mesafe** *mil.* wirksame Entfernung ~ **surette** mit nachhaltiger Wirkung ~ **tahribat** nachhaltige Zerstörungen *pl.* ~ **yardım** tatkräftige Unterstützung
tesirlilik Wirksamkeit *f* *etkililik
tesirsiz [–··] 1. keinen Eindruck hinterlassend 2. unwirksam, wirkungslos
tesirsizlik [–···] Unwirksamkeit, Wirkungslosigkeit *f*
tesis [––] 1. Gründen *n*, Gründung *f* 2. Einführen, Einrichten *n*, Errichtung, Schaffung *f* 3. Anlage, Einrichtung, Installation *f* 4. *jur.* Stiftung *f* *bekit, turgu, vakıf 5. *va. (Metrik)* der Laut **a** in der dem **revi** *(q.v.)* vorangehenden Silbe (z.B. **cazip : gaip**) Zu 1: s. **tarihi** ~ Zu 2: **posta sansürünün -i** Einführung *f* der Briefzensur Zu 3: **sınaî -ler** Industrieanlagen *pl.* **Askerî -ler bombardıman edilmiştir.** Militärische Anlagen wurden bombardiert. ~ **etmek** gründen, einrichten, einführen, errichten, aufnehmen (z.B. Verbindungen) ~ **hisse senedi** *H* Gründungsaktie *f* ~ **senedi** s. **vakfiye;** ~ **umumî heyeti** Gründungsgeneralversammlung *f*, Versammlung *f* der Aktienzeichner
tesisat, -tı [–·–] *(Pl.; a. in sg. Bed.)* Ein-, Er-, Vor-richtung(-en *pl.*) *f*, Installation(-en *pl.*) *f*, Anlage(-n *pl.*) *f* **askerî** ~ militärische Anlagen **Liman -larına hücum edilmiştir.** Die Hafenanlagen wurden angegriffen. **-ı tahkimiye** *va. mil.* Befestigungsanlagen *pl.*
tesisatçı [–·–·] Installateur *m*
tesisatçılık [–·–··] Installation *f*
tesit, -di [ī] *z. va.* Feiern *n*, festliches Begehen ~ **etmek** *z. va.* feiern, festlich begehen *kutlamak, kutlulamak
teskere [×··] Tragbahre *f* *sedye
teskereci Krankenträger *m*
teskin [ī] Beruhigen *n* ~ **etmek** beruhigen, beschwichtigen, besänftigen, lindern *yatıştırmak
teslih [ī] *z. va.* Bewaffnen *n* ~ **etmek** bewaffnen, (mit Waffen) ausrüsten, (mit Geschützen) bestücken *silâhlandırmak
teslihat, -tı [·––] *z. va. Pl.* Bewaffnung, (Aus-)Rüstung *f* ~ **ve tahkimat planı** *mil.* Armierungsplan *m*
teslim [ī] 1. Übergeben *n*, Übergabe *f*, Ausliefern *n*, Auslieferung *f* *verme, veriş, vere 2. Anvertrauen *n* 3. Zugeben, Eingeständnis *n* 4. *jur.* Herausgabe *f* 5. Kapitulation *f* 6. *mus.* Refrain *m* e–s **peşrev** *od.* **saz semaisi** 7. *(Aufforderung)* Ergib dich! 8. Ich ergebe mich! Schieß nicht! 9. *(Mystik)* Sich-Ergeben *n* (in Gottes Willen) ~ **almak** über-, ab-nehmen, in Empfang nehmen *tesellüm etmek ~ **alma komisyonu** *a. mil.* Übernahme-, Abnahme-kommission *f* ~ **anında tediye** *H* Zahlung *f* sofort nach Lieferung ~ **bayrağı** weiße Fahne ~ **borusu çalmak** *mil. fr.* Schamade schlagen ~ **etmek** 1. übergeben, ausliefern 2. anvertrauen 3. zugeben, eingestehen 4. *jur.* herausgeben 5. aufgeben (Gepäck) Zu 3: **Benim haklı olduğumu herkes** ~ **etti.** Jeder gab zu, daß ich recht hatte. ~ **müddeti** Lieferzeit *f* ~ **olmak** 1. sich ergeben, kapitulieren 2. sich (e–m Mann) hingeben (Frau, Mädchen) ~ **şartları** 1. *mil.* Übergabe-, Kapitulations-bedingungen *pl.* 2. *H* Lieferbedingungen *pl.* ~ **talebi** (*od.* **teklifi**) Aufforderung *f* zur Übergabe ~ **taşı** 1. s. **Hacıbektaş taşı** 2. zwölfeckiger, auf der Brust getragener Kalkalabasterstein e–s Bektaschi-Derwischs ~ **(ve) tesellüm** 1. Übergabe und Abnahme *f* 2. Übergabe *f* e–s Amtes an den Nachfolger **-e davet** s. ~ **talebi; -i meşrut şekilde rehin** *jur.* Faustpfand *n* **-i ruh etmek** s. **ruhunu teslim etmek; -i silâh etmek** *va.* die Waffen strecken *silâhları bırakmak
teslimat, -tı [·––] *z. va. Pl.* 1. Lieferung(-en *pl.*) *f* (z.B. von Waren, Waffen, Kriegsgerät usw.) 2. (Raten-, An-, Teil-, Abschlags-)Zahlungen *pl.*
teslimci [·–·] *(G)* zur Unterwerfung (Kapitulation) bereit *bzw.* e–e solche befürwortend
teslimiyet, -ti [·–··] 1. Ergebung, Unterwerfung *f* (in das Schicksal) 2. Kapitulation, Waffenstreckung *f* ~ **göstermek** sich ergeben, sich fügen, sich unterwerfen (z.B. dem Willen e–s anderen)
teslimli [·–·] *mus.* mit dem **teslim** genannten Refrain
teslis [ī] 1. Dreiteilung *f* 2. Verdreifachung *f* 3. *rel.* Trinitätsglaube *m*
tesliye Trösten, Trostspenden *n*
tesliyet, -ti s. **tesliye**
tesliyetbahş *va.* tröstend, Trost spendend
tesliyetname [ā] *va.* Trost-, Kondolenz-schreiben *n*
tesmim [ī] *va.* Vergiften *n*, Vergiftung *f* ~ **etmek** *va.* vergiften *zehirlemek
Tesmin [ī] *va.* s. **Sekizlik** (4)
tesmiye (Be-)Nennen *n*, (Be-)Nennung *f* ~ **binnakîz** *stil.* Antiphrase *f* (Verwendung e–s Wortes, Ausdrucks od. Satzes in e–r ursprüngl. nicht vorhandenen gegenteiligen Bed. als Ironie, Euph. usw.) *tersdeyi ~ **etmek** (m. Dat.) (be-)nennen, e–n Namen geben, bezeichnen ~ **olunmak** ge-, be-nannt werden, bezeichnet werden, heißen
tesniye 1. *gr.* Verwendung e–s Wortes in der Dualform 2. *gr.* Dual *m* 3. *va.* Preisen, Loben, Rühmen *n*
tespih [·–] 1. *va.* Aussprechen *n* der Formel **süphanallah** 2. Gebetskette *f* mit 33 od. 99 Kügelchen 3. *V* s. **zeker;** ~ **çekmek** 1. die Gebetskette durch die Finger laufen lassen 2. *V* masturbieren ~ **etmek** dauernd wiederholen (z.B. Namen) ~ **otu** s. **yaş otu**
tespihağacı, -nı 1. Zedrach *m bot.* Melia azedarach *çinleylağı 2. gefiederte Klappernuß *bot.* Staphylea pinnata
tespihağacıgiller Zedrachgewächse *pl. bot.* Meliaceae *tesbihiye

tespihböceği, -ni Rollassel *f zo.* Armadillidium (vulgare u. a.)
tespihçi wer Gebetsketten herstellt od. verkauft
tespihçilik Herstellung *f* od. Verkauf *m* von Gebetsketten
tespihli 1. mit Gebetskette 2. mit Kügelchen, Perlen ~ **silme** s. **boncuk silme**
tespit, -ti [ī] 1. Befestigen *n*, Festmachung *f* 2. Fest-legung, -setzung, -stellung, Fixierung *f* 3. *mil.* Fesselung, Bindung *f* (feindlicher Kräfte) ~ **banyosu** *phot.* Fixierbad *n* ~ **davası** *jur.* Feststellungsklage *f* *belirtme (*od.* saptama) arancı (*od.* dilemi) ~ **etmek** 1. befestigen, festmachen 2. fest-legen, -setzen, -stellen, bestimmen, fixieren *belirtmek, saptamak 3. *mil.* fesseln, binden (feindl. Kräfte) 4. festhalten (z. B. Bild in Erinnerung) ~ **manivelası** Klemmhebel *m* ~ **vidası** Klemmschraube *f* **-i hatırat** s. **angıların saptanımı**
tesri, -ii [ī] Beschleunigen *n*, Beschleunigung *f* ~ **etmek** beschleunigen *çabuklaştırmak, tezleştirmek **meselenin -i halli** *va.* beschleunigte Erledigung der Angelegenheit
tesrir [ī] *va.* Beglücken, Erfreuen *n* ~ **etmek** *va.* beglücken, erfreuen
tessitür (*franz.* **tessiture**) *mus.* (Ton-)Umfang *m*
test, -ti *psych.* Test *m*, Eignungsprüfung *f* **-ten geçme** Testverfahren *n*
testa (*franz.* **test**) s. **tohumkabuğu**
testere [×··] 1. Säge *f* 2. *mus.* singende Säge 3. Eisendraht *m* des Töpfers (zum Abnehmen der fertigen Form) 4. sägeartig ~ **ağzı** s. ~ **laması;** ~ **çaprazı** Schränkung *f* (der Sägezähne) ~ **dişi** *(a. arch.)* Sägezahn *m* ~ **dişli** *bot.* sägeförmig gezackt (Blatt) ~ **eğesi** (Dreikant-)Sägefeile *f*, Schränkeisen *n* ~ **gagalı (ördek)** Sägerente *f zo.* Mergus (s. a. **büyük (küçük) gagalı ördek);** ~ **kanalı** (*od.* ~ **kesiği**) Sägeschnitt *m*, Schnittbreite *f* ~ **kaplaması** Sägefurnier *n* ~ **kolu** Sägebogen *m* ~ **laması** Sägeblatt *n* ~ **otu** Sägekraut *n bot.* Biserrula pelecinus ~ **şeklinde** sägeförmig ~ **talası** Sägespäne *pl.* ~ **tozu** (*od.* ~ **kepeği**) Sägemehl *n* ~ **yaprak** *bot.* gezähntes Blatt *varakı müsennen ~ **zımbası** Sägestanze *f* **-ye çapraz açmak** die Säge schränken
testerebalığı, -nı Sägefisch *m zo.* Pristis pristis *marangozbalığı
testereli mit Säge, Säge- ~ **camgöz balığı** s. **testerebalığı**
testereliarıgiller s. **yaprakarısıgiller**
testi bauchiger Tonkrug (mit engem Hals) ~ **dudağı** Tülle *f*, Ausguß *m* (an e–m Tonkrug) ~ **gibi** groß und herabhängend (z. B. Euter) ⸛ **içindekini sızar.** *fig.* 1. Mehr als man weiß kann man nicht sagen. 2. Ultra posse nemo obligatur. ~ **kabağı** s. **asmakabağı.** ⸛ **kırılsa da kulpu elde kalır.** *fig.* Auch wenn er Verluste hat, bleibt ihm noch genug. ⸛ **su yolunda kırılır.** *Spr.* 1. Der Krug geht so lange zum Brunnen, bis er bricht. 2. Der Beruf fordert Opfer. **-yi doldurmak** *F* sich die Taschen füllen, reich werden; *a.:* sich genügend zusammensparen ⸛**yi kıran da bir suyu getiren de.** (Vorwurfsvolle Ra. bei Nichtbelohnung von et. Gutem und Nichtbestrafung von et. Schlechtem.)
testilik *fr.* Holzständer *m* für (gefüllte) Tonkrüge
testis *med.* Testikel, Hoden *m* *erbezi
testlemek 1. e–e Eignungsprüfung abhalten 2. (b–ni) testen, e–r Eignungsprüfung unterziehen
testosteron (*franz.* **testostérone**) s. **androjen**
tesvil [ī] *va.* Vorspiegelung *f* falscher Tatsachen; Täuschung(-smanöver *n*), *f*, Verführung *f*
tesvilât, -tı [·––] *z. va. Pl.* zu **tesvil; -a kapılmak** sich durch falschen Schein blenden lassen, sich verführen lassen
tesvit, -di [ī] 1. *va.* Schwärzen *n* 2. *z. va.* Entwerfen, Skizzieren *n*, Anfertigung *f* im Konzept; Aufsetzen *n* ~ **etmek** 1. *va.* schwärzen *karartmak 2. *z. va.* entwerfen, im Konzept anfertigen, skizzieren *karalamak
tesviye 1. Planierung, Nivellierung *f* 2. Begleichung, Bezahlung *f* 3. *mil.* Marschbefehl *m* (gleichzeitig Fahrausweis) 4. Bereinigung, Erledigung, Beilegung *f* ~ **aleti** Wasserwaage *f* *düzeç ~ **alıştırmaları** *techn.* Paßarbeiten *pl.* ~ **atelyesi** Montage-werkstatt, -halle *f* ~ **dürbünü** Nivellierfernrohr *n* ~ **edilmiş sermaye** *H* s. **ödenmiş sermaye;** ~ **etmek** 1. (ein-)ebnen, gleichmachen, planieren, nivellieren 2. begleichen, bezahlen 3. erledigen, bereinigen, beilegen ~ **havuzu** Schleuse(-n.kammer) *f* (in e–m Kanal) ~ **münhanisi** Niveau-, Schicht-linie *f* ~ **sureti** Erledigung, Bereinigung, Beilegung, Lösung *f* (e–s Problems, Falles usw.) *sureti hal **-i türabiye** *z. va.* Planierung(-sarbeiten *pl.*) *f*, Nivellierung *f* *toprak tesviyesi
tesviyeci Maschinenschlosser, Dreher, Mechaniker *m* ~ **kalemi** Flachmeißel *m*
tesviyecilik Maschinenschlosserei, Dreherei *f* (als Beruf od. Tätigkeit) ~ **sanatı** Schlosserhandwerk *n*
tesviyehane [ā] Maschinenschlosserei, Dreherei *f* (als Werkstatt)
tesviyeruhu, -nu Libelle, Wasserwaage *f* *kabarcıklı düzeç
teşabüh [ā] 1. *math.* Homologie *f* *homologi 2. Ähnlichkeit *f* *benzerlik
teşahhus Verkörperung, Personifikation *f* ~ **etmek** sich verkörpern, sich personifizieren, greifbare Gestalt (konkrete Form) annehmen *cisimlenmek, şahıslanmak ~ **ettirmek** verkörpern, personifizieren
teşarük, -kü [ā] *va.* 1. Teilhaben *n*, Beteiligung *f* 2. *psych.* Assoziation *f* *ortaşım **-ü efkâr** *va.* Ideenassoziation *f* *tedaii efkâr
teşarükiye [ā] Assoziationspsychologie *f* *çağrışımcılık
teşaubat, -tı [···–] *va. Pl.* zu **teşaup**
teşaup, -bu *va.* 1. Verzweigung, Verästelung *f* 2. Abzweigung, Bifurkation *f* ~ **etmek** *va.* 1. sich verzweigen, sich verästeln 2. sich gabeln *çatallanmak
teşaur [ā] *va. pej.* Verseschmieden *n*, Poetasterei *f*
teşbih [ī] Vergleichen *n, stil.* Vergleich *m* ~ **etmek** (bşe) vergleichen (mit) *benzetmek ⸛**te hata olmaz** (*od.* **olmasın**)**!** Durch diesen Vergleich soll sich niemand getroffen fühlen! **-i beliğ** *stil.* Vergleich *m* mit Auslassung von Vergleichspartikel und Tertium comparationis **-i mufassal** *stil.* vollständiger Vergleich (mit allen **erkânı teşbih**); **-i mücmel** *stil.* Vergleich *m* mit Auslassung des Tertium comparationis **-i tafdilî** Vergleich *m* mit Höherbewertung des verglichenen Gegenstands od. der verglichenen Person
teşci, -ii [ī] *va.* Ermutigen *n*, Ermutigung, Ermunterung, Anfeuerung *f* ~ **etmek** *va.* ermutigen, ermuntern, anfeuern (z. B. zum Widerstand) *cesaretlendirmek
teşcir [ī] *z. va.* Bepflanzen *n* mit Bäumen, Aufforstung *f* ~ **etmek** *z. va.* mit Bäumen bepflanzen, aufforsten *ağaçlandırmak
teşdit, -di [ī] *z. va.* 1. Heftiger-Werdenlassen *n*, Verschlimmerung, Intensitätssteigerung *f* 2. s. **şedde;** ~ **etmek** *z. va.* s. **şiddetlendirmek**
teşebbüs 1. Bemühung *f*, Versuch *m*, Unternehmung, Aktion *f*, Vorstoß *m* (z. B. bei e–r Behörde) 2. Initiative, Aktivität *f*, selbständiges Handeln 3. *jur.* Versuch *m* *girişim ~ **derecesi** Versuchsstadium *n* (z. B. e–s Mordanschlags) ~ **etmek** (m. Dat.) et. versuchen, unternehmen, in Angriff nehmen ~ **hevesi** Unternehmungslust *f* ~ **sahibi** voll Initiative, unternehmungsfreudig **-e geçmek** sich auf ein Unternehmen werfen, unternehmen **-ü elde tutmak** das Gesetz des Handelns vorschreiben können **-ü ele almak** die Initiative ergreifen **-ü şahsî** persönliche Initiative; Handeln *n* aus eigenem Antrieb **-ü zatî** *a. mil.* selbständiges Handeln; Selbständigkeit, Initiative *f*

teşebbüsat, -tı [ā] *Pl.* Bemühungen, Unternehmungen, (unternommene) Schritte *pl.* **-ta bulunmak** *od.* **-a girmek** *od.* ~ **yapmak** Schritte unternehmen, sich bemühen (**Ticaret Odası, alâkadar makamat nezdinde -a girmiştir.** Die Handelskammer hat bei den zuständigen Behörden Schritte unternommen.) **-ı sınaiye** *va.* Industrieunternehmungen *pl.*

teşebbüsçü Vertreter *m* des privatwirtschaftlichen Gedankens (*ant.* **devletçi**)

teşebbüssüz wem es an Initiative mangelt, wer nicht selbständig zu handeln versteht

teşebbüssüzlük Fehlen *n* der Initiative, Mangel *m* an Aktivität

teşeddüt, -dü *z. va.* 1. Strenger-Werden *n* 2. zunehmende Intensität 3. Verschärfung, Verschlimmerung *f* ~ **etmek** *z. va.* 1. strenger werden 2. sich verstärken 3. sich verschärfen, sich verschlimmern

teşeffi [ī] *va.* Geheiltwerden *n*, Gesundung *f* ~ **etmek** wieder gesund werden

teşehhi [ī] *psych.* Begehren *n* *iştahlanma

teşehhüp, -bü Weißglut, Inkandeszenz *f* *akkorluk

teşehhüt, -tü Rezitieren *n* der **ettahiyat** genannten Lobpreisung Gottes und Mohammeds im isl. Gebet; vgl. **kelimei şahadet;** ~ **miktarı** *fig.* e–n Augenblick lang, nur kurze Zeit

teşekki [ī] *va.* Sich-Beschweren, Sich-Beklagen *n* ~ **etmek** *va.* sich beschweren, sich beklagen

teşekkül 1. Sich-Bilden, Sich-Formen, Annehmen *n* e–r Gestalt; Bildung *f* *kuruluş 2. *geol.* Werden, Entstehen *n*, Genese *f* *oluş, oluşum, tekevvün 3. *geol.* Formation, Bildung, Schichtfolge *f* *oluşuk 4. Zusammentritt *m* (e–r Versammlung) 5. Institution, Organisation *f* 6. *a. mil.* Formation *f*, Verband *m* ~ **etmek** 1. sich bilden, sich formen, werden, entstehen 2. zusammentreten, gebildet werden (z.B. Kommission) ~ **ettirmek** 1. bilden, formen, schaffen; entstehen lassen 2. zusammentreten lassen (z.B. Kommission) **-ü kablî** s. **önoluş**

teşekkülât, -tı *va. Pl.* zu **teşekkül; -ı cedide** *med.* Neubildungen *pl.*

teşekküllü 1. ausgebildet, ausgebaut 2. mit nb. Formation od. Organisation Zu 1: s. **tam** ~

teşekkür Dank(-sagung *f*) *m* ~ **borçlu** (b–ne) j–m zu Dank verpflichtet *medyunu şükran ≗ **ederim!** Danke schön! **Çok** ~ **ederim!** Vielen Dank! ~ **etmek** 1. (bşe) für et. danken 2. (b–ne bşden dolayı) j–m für et. danken ~ **otu** Purgierkraut *n*, gebräuchliches Gnadenkraut *bot.* Gratiola officinalis *Hudaverdi otu, zofa otu ~ **ve minnettarlık** aufrichtige Dankbarkeit **-e borçlandırmak** zu Dank verpflichten

teşekkürname [ā] schriftliche Danksagung, Dank-schreiben *n*, -adresse *f*

teşemmü, -üü *va. med.* Zirrhose *f* *siroz **-ü kebet** *va. med.* Leberzirrhose *f*

teşemmüs Sonnenstich *m* *güneş çarpması

teşennücî [ī] *med.* spasmisch, krampf-artig, -haft

teşennüç, -cü *med.* Spasmus, Krampf *m* ~ **etmek** *med.* sich krampfartig zusammenziehen, sich verkrampfen

teşerrüf Geehrt-Werden, Sich-Geehrt-Fühlen *n* ~ **etmek** geehrt werden, sich geehrt fühlen ≗ **ettim!** (*Hfl.* bei e–r Vorstellung) Sehr angenehm!

teşettüt, -tü *z. va.* 1. Desintegration, Spaltung, Auflösung *f* 2. Auseinandergehen *m*, Verschiedenheit, Diskrepanz *f* **-ü efkâr** *z. va.* Auseinandergehen *n* der Meinungen; Divergenz *f*

teşeüm *va.* Erblicken *n* e–s bösen Omens (in et.) ~ **etmek** *va.* (bşden) in et. ein böses Omen (Vorzeichen) erblicken

teşevvüş Durcheinander *n*, Unordnung *f*, Wirrwarr *m*, Verwirrung *f* **-ü basar** s. **astigmatizm; -ü kelimat** s. **parafazi; -ü tahattur** s. **bellek karışıklığı; -ü teheyyücî** s. **heyecan çarpısı; -ü zihnî** s. **zihin bulanıklığı**

teşevvüşat, -tı [ā] *va. Intensitätspl.* zu **teşevvüş**

teşfiye *va.* Heilen *n*, Heilung *f* ~ **etmek** *va.* heilen, wiederherstellen, wieder gesund werden lassen, Genesung bringen *iyi etmek

teşhir [ī] 1. Ausstellen, Auslegen *n* (z.B. von Waren), Vorführung *f* (z.B. bei e–r Modenschau) 2. *a. fig.* Anprangerung, Bloßstellung *f* 3. Ziehen, Zücken *n* (z.B. e–s Messers) 4. Exhibition *f;* Entblößung *f* der Geschlechtsteile *utaçımı ~ **cezası** *fr.* Strafe *f* der Anprangerung; Prangerstehen *n* ~ **etmek** 1. zur Schau stellen, ausstellen, auslegen, vorführen 2. *a. fig.* anprangern, an den Pranger stellen, bloßstellen 3. ziehen, zücken (z.B. Messer) ~ **hastalığı** *psych.* Exhibitionismus *m* *gösterme hastalığı

teşhirci 1. (Messe-)Aussteller *m* 2. Exhibitionist *m*

teşhircilik 1. Ausstellen *n*, Ausstellung *f* (von Waren) 2. Exhibitionismus *m*

teşhis [ī] 1. Identifizieren, (Wieder-)Erkennen *n*, genaue Feststellung 2. *med.* Diagnose *f* 3. *lit.* Personifikation *f* (lebloser Dinge) ~ **bezi** *mil.* Sichtzeichen *n* ~ **etmek** 1. (b–ni) identifizieren, (wieder-)erkennen 2. feststellen (Sachlage) 3. (bir hastalığı) diagnostizieren 4. personifizieren, verkörpern ~ **koymak** die Diagnose stellen; diagnostizieren ~ **ve intak** *lit.* Prosopopöie, Personifizierung *f* *canlılaştırma **-i tefrikî** *med.* Differentialdiagnose *f*

teşkil [ī] 1. Bilden, Formen, Zusammensetzen *n*, Bildung *f* 2. *gr.* Bildung *f* *yapım 3. *mil.* Formation *f*, Verband *m* ~ **etmek** 1. bilden, formieren, zusammensetzen 2. bilden, darstellen, sein ~ **lâhikası** s. **yapım eki**

teşkilât, -tı [··–] *(Pl., mst. in sg. Bed.)* Organisation(-en *pl.*) *f* *organizasyon(-lar), örgüt **komünist -ların faaliyeti** die Tätigkeit der kommunistischen Organisationen **bir terorist** ~ e–e Terrororganisation **-ı esasiye (kanunu)** *pol.* Verfassung(-sgesetz *n*) *f*, Staatsgrundgesetz *n* *kanunu esasî, esas teşkilât kanunu, anayasa **-ı esasiye hukuku** Verfassungsrecht *n* *esas teşkilât hukuku, esasiye hukuku, esasî hukuk, hukuku esasiye, anayasa **-ı mehakim** *va.* s. **mahkemeler -ı**

teşkilâtçı 1. Organisator *m* 2. organisatorisch begabt 3. organisatorisch (z.B. Tätigkeit) *(1–3) örgütçü

teşkilâtçılık 1. Organisieren *n* 2. organisatorische Begabung *(1, 2) örgütçülük

teşkilâtlandırmak organisieren *örgütlemek

teşkilâtlanmak 1. organisiert werden 2. sich organisieren

teşkilâtlı organisiert *örgütlü ~ **dilencilik** organisiertes Bettlerunwesen

teşkilâtsız nicht organisiert

teşkilâtsızlık Mangel *m* an Organisation

teşmil [ī] 1. Ausdehnen *n*, Ausdehnung *f* 2. Verallgemeinerung *f* ~ **etmek** 1. ausdehnen (auf) 2. verallgemeinern

teşne 1. *va.* durstig, dürstend 2. *fig.* begierig, begehrend ~ **olmak** (bşe) begierig sein, dürsten, lechzen (nach), et. heftig begehren

teşni, -ii [ī] *va.* Schmähen *n* ~ **etmek** *va.* schmähen, als gemein (niederträchtig, schändlich) hinstellen

teşpih s. **teşbih**

teşri, -ii [ī] Gesetzgebung *f* ~ **etmek** Gesetze geben (schaffen) ~ **kuvveti** s. **teşriî kuvvet**

teşrif [ī] Ehrung *f*, Beehren *n* (mit seiner Gegenwart), Besuch *m*, Ankunft *f*, Abreise *f* ~ **etmek** (*od.* **buyurmak**) 1. (be-)ehren (durch seine Gegenwart), besuchen 2. sich begeben, reisen (nach) 3. weggehen, abreisen ≗ **mi?** *Hfl.* Müssen Sie uns schon so früh verlassen? ≗ **nereden?** *Hfl.* Nun, wo kommen Sie her? ≗ **nereye** *Hfl.* Nun, wo gehen

Sie hin? **Yarın sabah -inize muntazırım.** Ich erwarte Ihren Besuch morgen früh.
teşrifat, -tı [·——] *Pl.* 1. (Hof-)Zeremoniell *n* 2. Protokoll *n* (in e–m Außenministerium) *protokol
teşrifatçı [ā] 1. Zeremonienmeister *m* 2. Beamter in der Protokollabteilung (e–s Außenministeriums)
teşrifatçılık [ā] 1. Aufgaben *pl.* od. Rang *m* e–s **teşrifatçı** 2. Vorliebe *f* für zeremonielles Verhalten
teşrifatî [·———] *va.* s. **teşrifatçı**
teşrifatlı 1. zeremoniell 2. protokollgemäß
teşrih [ī] 1. Autopsie, Sektion *f* *otopsi 2. **(ilmi)** Anatomie *f* 3. genaue Prüfung 4. genaue Darlegung (Schilderung, Wiedergabe) 5. *P* Skelett *n* *iskelet ~ **etmek** 1. sezieren 2. *fig.* genau prüfen 3. genau schildern (wiedergeben, beschreiben, darlegen) ~ **masasına yatırmak** zur näheren Untersuchung vorlegen (Angelegenheit) ~ **yapmak** sezieren
teşrihhane [·——·] Anatomie(-saal *m*) *f*
teşriî 1. gesetz-geberisch, -gebend 2. politisch, parlamentarisch 3. gesetzmäßig, gesetzlich, legal Zu 1: ~ **heyet** gesetzgebende Versammlung Zu 2: ~ **hayattan çekilmek** sich aus dem politischen Leben zurückziehen (z. B. Abgeordneter); s. a. **masuniyeti teşriiye** Zu 3: ~ **muamele** legales Vorgehen ~ **devre** s. **yasama dönemi;** ~ **kararlar** *jur.* Beschlüsse *pl.* der gesetzgebenden Körperschaft ~ **kuvvet** *od. va.* **kuvvei teşriiye** s. **yasama erki;** ~ **tefsir** *jur.* Legalinterpretation *f*, authentische (amtliche) Auslegung
teşrik, -ki [ī] Teilhaben-Lassen *n*, Beteiligung, Beiziehung *f* ~ **etmek** teilhaben lassen, beteiligen, beiziehen **-i mesai (etmek)** s. **işbirliği (yapmak)**
teşrin [ī] *fr.* gemeinsame Bez. für den 10. und 11. Monat des Jahres
teşrinievvel [·—···] *va.* Oktober *m* *ekim
teşrinisani [·—·——] *va.* November *m* *kasım
teşt, -ti *dial.* flaches Waschbecken
teştit, -ti [ī] *va.* Auflösen, Zersetzen, Zerstreuen *n*, Desintegration *f*
teşvik, -ki [ī] 1. *mel.* Anfeuerung, Ermunterung, Anregung *f*, An-, Auf-trieb *m*, Förderung, Ermutigung *f* 2. *pej.* Antreiben, Anstacheln, Aufhetzen *n* Zu 1: **-i sanayi** Förderung (Ankurbelung) *f* der Industrie ~ **etmek** 1. *mel.* anfeuern, ermuntern, anregen, antreiben, Auftrieb (neuen Impuls) verleihen, fördern, ermutigen 2. *pej.* antreiben, anstacheln, aufhetzen, Vorschub leisten
teşvikçi [·—·] *mel.* 1. wer ermuntert, anfeuert usw. 2. *pej.* Hetzer, Anstifter, Rädelsführer *m*
teşvikkâr [·——] *z. va.* ermunternd, anregend, fördernd
teşviş [ī] *va.* Verwirren *n*, Verwirrung *f* ~ **etmek** *va.* verwirren, in Verwirrung bringen, durcheinanderbringen *karıştırmak
teşyi, -ii [ī] 1. Geleit *n* 2. *rel.* Fasten *n* an den letzten sechs Tagen im Ramazan ~ **etmek** (b–ni) e–m Abreisenden das Geleit geben, sich an der Abfahrtstelle von j–m verabschieden (und ihm gute Reise wünschen) *uğurlamak, geçirmek
teşyici [·—·] wer e–m Abreisenden das Geleit gibt
teşyit, -di [ī] *va.* Festigen, Kräftigen, Konsolidieren *n* ~ **etmek** *va.* festigen, kräftigen, konsolidieren
tetabbuk, -ku *geogr., geol.* Schichtung, Lagerung, Stratifikation *f* *katmanlaşma; s. a. Stw. **mütevafık**
tetabu, -uu [ā] Aufeinanderfolgen *n* **-u izafet; izafet -u** s. **zincirleme ad tamlaması**
tetabuiye [ā] s. **teşarükiye**
tetabuk, -ku [ā] 1. Konformität, Übereinstimmung, Kongruenz *f* 2. Akkomodation *f* (des Auges) 3. *biol.* Sich-Anpassen *n*, Anpassung, Adaptation *f* ~ **etmek** (m. Dat.) 1. übereinstimmen, sich decken, kongruent sein (mit), e–r Sache konform sein 2. sich gegenseitig anpassen *uyarlaşmak
tetani s. **spazmofili**
tetanos [×··] *med.* Tetanus, Starrkrampf *m* *kazıklı humma
tetar (*franz.* **têtard**) *zo.* Kaulquappe *f* *dufayda, iribaş
tetavül [ā] *phys.* Elongation *f* *uzanım
tetbeş (*franz.* **tête-bêche**) *philat.* Kehrdruck *m*
tetebbu, -uu (wissenschaftliche) Untersuchung; Forschung, Studie *f* *araştırma, tefahhus ~ **etmek** (wissenschaftlich) untersuchen, erforschen, studieren *araştırmak, tefahhus etmek
tetebbuat, -tı [ā] *va. Pl.* zu **tetebbu**
tetemmüm *va.* völlige Wiederherstellung **-ü hatırat kanunu** s. **tümceleme kanunu**
tetere (die in der Gerberei verwendeten) Sumachbeeren *pl.*
tetevvüç, -cü Krönung *f* ~ **etmek** *z. va.* 1. gekrönt werden 2. sich die Krone aufs Haupt setzen ~ **merasimi** Krönungsfeierlichkeiten *pl.*
tetfin; tethiş s. **tedfin; tedhiş**
tetik, -iği 1. Abzug, Drücker *m* (an Feuerwaffen) 2. Sperre, Hebelklappe *f;* Auslöser *m* (z. B. an e–m Läutewerk) 3. schnell handelnd, blitzschnell reagierend, schlagfertig, flink, rasch bei der Hand, *F* auf dem Quivive 4. heikel, delikat, schwierig (z. B. Angelegenheit) ~ **almak** s. **ayağını** ~ **almak;** ~ (*od.* **-te**) **bulunmak** (*od.* **olmak**) (*od.* ~ **durmak**) auf der Hut (auf dem Posten, dem Quivive) sein, wachsam sein, in Bereitschaft sein ~ **davranmak** blitzschnell reagieren, schlagfertig sein, rasch handeln, schnell zupacken ~ **düşürmek** die Waffe (*spez.* das Gewehr) abfeuern ~ **ipi** Abzugsleine *f* (am Geschütz) ~ **kabzası** Abzugsgriff *m* ~ **kolu** Abzugsstange *f* ~ **korkuluğu** (*od.* **köprüsü**) Abzugsbügel *m* ~ **tertibatı** Abzugsvorrichtung *f* **-e basmak** *od.* **-i çekmek** losdrücken, Feuer geben **-i istinada almak** Druckpunkt nehmen **-ini bozmamak** *fig.* sich nicht aus der Ruhe bringen lassen, seine Kaltblütigkeit nicht verlieren, nicht nervös werden
tetikdur (*Neol.*) s. **alarm**
tetiklik 1. Wachsamkeit *f* 2. blitzschnelles Reagieren; Promptheit *f* (des Handelns)
tetimmat, -tı [ā] *va. Pl.* Zubehör *n*, Gesamteinrichtung *f*
tetimme *va.* 1. (notwendige) Ergänzung *f*, Zusatz *m*, Addendum *n* 2. Einrichtungsgegenstand *m*
tetir *dial.* 1. grüne Nußschale od. grünes Nußblatt 2. Obst- od. Gemüse-flecken *m*
tetkik, -ki [ī] 1. genaue Untersuchung, sorgfältige Prüfung 2. Besichtigung *f* (z. B. auf e–r Reise) 3. Studie, Untersuchung *f* *çalışma, inceleme ~ **etmek** genau untersuchen, eingehend prüfen ~ **encümeni** *jur.* Wahlprüfungsausschuß *m* ~ **mercii** *jur.* Aufsichtsbehörde *f*, Beschwerde-Instanz *f* bei Betreibungs- und Konkurssachen ~ **seyahati** Studienreise *f*
tetkikat, -tı [·——] *Pl.* genaue Untersuchungen, Prüfungsmaßnahmen, Erhebungen *pl.*
tetraloji *lit.* Tetralogie *f*
tetrot, -du (*Radio*) Tetrode *f*
tetümmat; tetümme s. **tetimmat; tetimme**
tetviç, -ci [ī] Krönen *n*, Krönung *f* ~ **etmek** (b–ni) krönen, j–m die Krone aufsetzen *taçlandırmak
tevabi, -ii [ā] *z. va. Pl.* zu **tabi** (II) 1. Anhänger(-schaft *f*) *pl.*, Gefolgschaft *f*, Anhang *m* 2. Adnexe, Annexe *pl.*
tevafuk, -ku [ā] Entsprechen *n*, Übereinstimmung, Konkordanz *f* ~ **etmek** (m. Dat.) entsprechen (z. B. e–m Zweck), übereinstimmen (mit), passen (zu)
tevaggul, -lü *va.* intensive Beschäftigung, genaues Studium ~ **etmek** (bşle) *va.* sich intensiv (ernstlich, geistig) beschäftigen (mit), et. genauer studieren
tevahhuş *va.* Schauder *m*, Entsetzen, Grausen *n*, Angst *f* ~

etmek *va.* 1. sich verlassen vorkommen und in Angst geraten 2. (bşden) sich entsetzen, zurückschaudern (vor)
tevakki [ī] Vermeiden *n*, Vorsicht *f* ~ **etmek** (bşden) et. vermeiden, sich (e–r Sache) enthalten; sich vorsehen, sich hüten, sich in acht nehmen (vor)
tevakkuf 1. (An-)Halten *n*, Halt *m* 2. Stillstand *m*, Stokkung *f* 3. (kürzerer) Aufenthalt 4. Abhängigkeit *f* (von) ~ **etmek** 1. (an-, ein-, inne-)halten, stehenbleiben 2. zum Stillstand kommen, ins Stocken geraten, stocken 3. sich (für kürzere Zeit irgendwo) aufhalten, verweilen 4. (m. Dat.) abhängen (von) ~ **işareti** Halte-signal, -zeichen *n* ~ **mahalli** Haltestelle *f* *durak
tevali [·––] ununterbrochene Folge ~ **etmek** 1. sich fortsetzen 2. ununterbrochen aufeinander folgen
tevarih [ā] *va. Pl.* zu **tarih**
tevarüs [ā] Erben, Vererbt-Bekommen, Überkommen *n*, *jur.* Erb-gang, -anfall *m* ~ **etmek** erben, vererbt bekommen, überkommen
tevarüt, -dü [ā] *va.* 1. Zusammen-kommen, -treffen *n* 2. *lit.* Koinzidenz *f* (bei e–m Ausspruch) ~ **etmek** *va.* 1. zusammen-kommen, -treffen 2. gleichzeitig einfallen (z. B. gleicher Vers verschiedenen Dichtern)
tevatür [ā] übereinstimmende Überlieferung, gemeinsame Bezeugung ~ **ile malum olmak** durch übereinstimmende Überlieferung bekannt sein ~ **olunduğuna göre** wie einstimmig bezeugt wird
tevatüren [ā] *z. va. Adv.* nach allgemeinem Zeugnis (Bericht) ~ **sabit** allgemein bekannt (bezeugt), stadtbekannt, notorisch, offenkundig
tevazu, -uu [ā] Schlichtheit, Einfachheit, Bescheidenheit *f* *alçakgönüllülük, gösterişsizlik ~ **göstermek** sich bescheiden verhalten, Bescheidenheit an den Tag legen
tevazukâr [·–·–] schlicht, einfach, bescheiden, ohne Hochmut od. Arroganz *alçakgönüllü, mütevazı
tevazusuz [ā] unbescheiden, aufdringlich
tevazusuzluk [ā] Unbescheidenheit, Aufdringlichkeit *f*
tevazün [ā] Gleichgewicht(-szustand *m*) *n*, Balance *f*, Ausgleich *m* ~ **bobini** *el.* Ausgleichspule *f* ~ **cereyanı** *el.* Ausgleichstrom *m* ~ **ettirmek** aus-gleichen, -balancieren
tevazünî; tevazüniyet, -ti s. **statik**
tevazünsüz [ā] nicht im Gleichgewicht, unausgeglichen
tevazünsüzlük [ā] Unausgeglichensein *n*, Fehlen *n* des Gleichgewichts
tevazzu, -uu *va.* Vornahme *f* der rituellen isl. Reinigung
tevbe s. **tövbe**
tevbih [ī] Tadel, Verweis *m*, Rüge *f* ~ **etmek** tadeln, rügen, e–n Verweis erteilen **-i adlî** *jur.* gerichtlicher Verweis
tevbihkâr [·––] tadelnd, vorwurfsvoll
tevbihname [·–––·] *z. va.* strenger schriftlicher Verweis
tevcih [ī] 1. Richten, Hinwenden *n* 2. *mil.* Ansetzen *n* 3. Verleihen, Übertragen *n*, Verleihung, Übertragung *f* 4. *rhet.* Doppeldeutigkeit *f* e–s Ausspruches (der sowohl, mel. wie pej. gedeutet werden kann) *ikizanlam, muhtemelüzzıddeyn ~ **etmek** 1. hin-wenden, -lenken, -führen, Richtung geben, richten (auf) 2. *math.* e–n best. Richtungssinn geben *yöneltmek 3. *mil.* ansetzen (Truppe auf ein Ziel) 4. verleihen, übertragen (Amt, Titel, Rang) **-i kelâm etmek** (b–ne) *va.* j–n anreden, sich mit seinen Worten an j–n wenden, das Wort richten (an)
tevcihat, -tı [·––] *va. Pl.* (in osm. Zeit) Ernennungen *pl.*
tevcihname [·–––·] *fr.* Ernennungs-schreiben *n*, -urkunde *f*, Bestallungsurkunde *f*, Patent *n* *buyrultu
tevdi, -ii [ī] 1. Übergabe, Hinterlegung *f* 2. Anvertrauen *n* 3. Übertragung, Betrauung *f* 4. Einzahlung *f* *yatırma ~ **etmek** 1. übergeben (zur Aufbewahrung, Besorgung usw.), hinterlegen 2. anvertrauen (z. B. Geheimnis) 3. übertragen (Amt, Posten usw.), betrauen (mit) 4. **(bir kanun lâyihası)** e–e Gesetzesvorlage verabschieden Zu 3: **Bazı işleri başka birini** ~ **etti.** Mit einigen Aufgaben betraute er jemand anderes.
tevdiat, -tı [·––] *Pl.* (Bank-)Einlagen, Depositengelder *pl.* *mevduat **-ta bulunmak** Geld einzahlen
teveccüh 1. Sich-Richten, Sich-Hinwenden *n*, Orientierung *f* 2. Wohlwollen *n*, Gunst, Zuneigung, Aufmerksamkeit, Liebenswürdigkeit *f* 3. Zufallen *n* (e–r Aufgabe) Zu 2: **Halkımızın güreşlere karşı büyük bir -ü vardır.** Unser Volk hat e–e große Vorliebe für Ringkämpfe. ~ **etmek** 1. sich richten, sich (hin-)wenden, sich begeben 2. j–m günstig gesinnt sein 3. j–m zufallen (Aufgabe) ~ **göstermek** j–m sein Wohlwollen (seine Gunst) bezeugen **~ünüz efendim!** (bei erteiltem Lob) Sie drücken sich sehr liebenswürdig aus! **-ü ilezziya** s. **ışığadoğrulum; -ü ilezziyaişşems** s. **günedoğrulum, fototropizm**
teveccühat, -tı [ā] *va. Pl.* Liebenswürdigkeiten, Freundlichkeiten *pl.*
tevehhüm Wahn *m*, Einbildung *f*, irrige Vorstellung, Illusion *f*, Verdacht *m* ~ **etmek** sich e–m Wahn (e–r Einbildung, irrigen Vorstellung, Illusion, e–m Verdacht) hingeben
tevek 1. Reb-, Wein-stock *m* 2. Stock *m* zum Aufbinden der Reben
tevekkel *P* auf Gott vertrauend; gottergeben; wer alles seinen Gang gehen läßt, ohne selbst einzugreifen **~in gemisi batmaz** (*od.* **~in eşeğini kurt yemez**). *Spr.* Wer Gott vertraut, hat nicht auf Sand gebaut. *Spr.*
tevekkeli (*mit folg. Neg.:*) ~ **değil** nicht ohne Grund, mit gutem Grund, nicht zufällig **... (olduğunu)** ~ **dememişlerdir.** Man hat nicht ohne Grund gesagt, daß ...
tevekkelta alallah *P* Ich ergebe mich in Gottes Willen *d. h.* Ich brauche dabei nichts zu tun
tevekkül 1. Gottvertrauen *n* 2. Ergebung *f* in die göttliche Fügung ~ **etmek** 1. auf Gott vertrauen 2. sich (in Gottes Willen) ergeben
tevekküllü s. **tevekkel**
tevella [ā]; **tevelli** [ī] *va.* 1. Annäherung *f* *yanaşma 2. freundschaftliche Beziehung 3. Verehrung *f* des Kalifen Ali (bei Alauiten und Bektaschis)
tevellüdat, -tı [ā] *Pl.* Geburten(-ziffer, -frequenz *f*) *pl.*, Geburtlichkeit *f*
tevellüt, -dü 1. Geborenwerden *n*, Geburt *f* 2. Entstehen *n* (als Folge e–r Handlung) ~ **etmek** 1. geboren werden, zur Welt kommen, das Licht der Welt erblicken 2. *fig.* entstehen (als Folge e–r Handlung) *(1, 2) doğmak ~ **tarihi** Geburtsdatum *n*
tevellütlü s. **doğumlu**
tev'em *va.* 1. *a. geol.* Zwilling *m*, Zwillinge *pl.* 2. (bşle) gepaart (mit) 3. ähnlich, gleichend **~i mukaddem** (*bzw.* **muahhar**) *astr.* s. **Kastor** (*bzw.* **Polluks**)
Tev'eman [ā] *va.* 1. *astr.* s. **İkizler** 2. ~ e–e ar. Schriftart
teverrüm *med.* Erkrankung *f* an Tuberkulose ~ **etmek** *med.* an Tuberkulose erkranken
tevessü, -üü 1. Sich-Erweitern *n*, Erweiterung *f* 2. Weiter-, Umsich-greifen *n*, weitere Ausdehnung Zu 1: **-ü mide** *med.* Magenerweiterung *f* Zu 2: **yangının -üne mani olmak** der weiteren Ausdehnung des Feuers Einhalt gebieten ~ **etmek** 1. sich erweitern, weiter werden 2. sich ausbreiten, sich ausdehnen, weiter um sich greifen *(1, 2) genişlemek
tevessül 1. Unternehmen, In-Angriff-Nehmen *n* 2. Anwenden *n*, Sich-Bedienen *n* (z. B. e–s Mittels) ~ **etmek** 1. unternehmen, in Angriff nehmen, schreiten (zu), vornehmen 2. **(bir çareye)** sich e–s Mittels bedienen, ein Mittel anwenden 3. **(bir harekete)** zu e–r Tat schreiten, e–e Handlung begehen (ausführen)
tevettür *phys.* Spannung *f*, Potential *n* *gerilim, germe

tevettürlü mit nb. Spannung; z.B. **yüksek** ~ Hochspannungs-
tevezzü, -üü *va.* Verteiltwerden, Sich-Verteilen *n*, Teilung *f* *dağılış
tevfik, -kı [ī] 1. (die Erfolg verleihende) göttliche Führung 2. Anpassen, Angleichen *n* 3. s. **telfik** (2) 4. ♀ [ˣ·] *mV* ~ **etmek** *va.* anpassen, angleichen, in Übereinstimmung bringen ~ **vermek** führen und Erfolg gewähren (Gott) **-i hareket etmek** (m. Dat.) *va.* beobachten, einhalten, befolgen (Vorschriften usw.) **-i Huda; -i ilâhî; -i rabbanî** *z. va.* göttliche Gnade; Erfolg *m* durch Gottes Hilfe
tevfikan [–··] *Pp. m. Dat.* gemäß, nach, laut, entsprechend, zufolge, in Übereinstimmung (mit) *göre
tevfikat, -tı [·––] *(va. Pl. in sg. Bed.)* göttliche Führung, göttlicher Beistand
tevhiden [·ˣ·] *va. Adv.* unter Vereinheitlichung, mit Zusammenlegung
tevhit, -di [ī] 1. (Ver-)Einigung *f*, Einswerden-Lassen *n*, Gestaltung *f* e–r Einheit, Zusammenlegung *f* (z.B. von Ämtern), Vereinheitlichung *f* (z.B. des Münzwesens) 2. **(ilmi)** s. **monoteizm** 3. *(in der Divan-Lit.)* Gedicht *n* auf den Monotheismus ~ **cephanesi** *mil.* Einheitsmunition *f* ~ **ehli** Anhänger *m, pl.* des Monotheismus ~ **etmek** (ver-)einigen, einswerden lassen, zu e–r Einheit gestalten, vereinheitlichen, zusammen-legen, -fassen ~ **kolu** *mil.* Einheitskolonne *f* ~ **silâhı** Einheitswaffe *f* **-i içtihat kararı** *jur.* Plenarentscheidung *f*, Entscheidung *f* der Vereinigten Senate *inançları (*od.* görüşleri) birleştirme kıyılgısı **♀i İçtihat Heyeti** *jur.* Plenum *n* (im Kassationsgerichtshof) **-i mahreç etmek** s. Stw. **mahreç**
tevhithane [·––·] *fr.* (in einigen Mewlewi-Klöstern) = **semahane**
tevi s. **bir teviye, biteviye, bitevi**
tevil [––] willkürliche Auslegung, gesuchte Erklärung, gekünstelte Darstellung (Interpretation) ~ **etmek** willkürlich auslegen, deuteln, e–e gewundene Darstellung geben (von) **-e kalkışmak (sözlerini)** sich herausreden wollen
tevilen [––·] *va. Adv.* unter willkürlicher Auslegung (Deutung, Interpretation)
tevilsiz [––·] woran sich nicht deuteln läßt
tevki, -ii [ī] 1. *fr. ar.* Schriftart (*spez.* für Staatsdokumente) 2. Namenszug *m* des Sultans *tuğra 3. mit dem Namenszug des Sultans versehenes Dokument, kaiserlich-osm. Erlaß *m* ~ **çekmek** *fr.* den Namenszug des Sultans auf ein Schriftstück setzen
tevkici [·–·] s. **tuğrakeş**
tevkif [ī] 1. Verhaftung, (polizeiliche) Festnahme *f* 2. Einstellung *f* (e–r Zahlung) 3. Zurückhaltung *f* (z.B. e–s Schiffes) 4. Einbehaltung *f*, Nichtzahlung *f* (e–s Teils), Gehaltsabzug *m* 5. Aufhalten *n*, Zum-Stehen-Bringen *n* ~ **ateşi** *mil.* s. **sed ateşi;** ~ **etmek** 1. verhaften, festnehmen *yakalamak, derdest etmek 2. einstellen (Zahlung) 3. zurückhalten, an der Ausfahrt hindern (Schiff) 4. einbehalten, nicht zahlen, abziehen 5. aufhalten, zum Stehen bringen (z.B. Offensive) Zu 4: **Maaşımdan borcuma mahsuben yüz lira** ~ **ettiler.** Von meinem Gehalt wurden hundert Pfund zur Verrechnung meiner Schulden einbehalten. ~ **cıvatası** *techn.* Begrenzungsstift *m* ~ **evi** s. **tevkifhane;** ~ **halkası** *techn.* Sperr-Ring *m* ~ **istihkâmları** *mil.* Sperrbefestigungen *pl.* ~ **mandalı** Sperrklinke *f* ~ **manivelası** Sperrhebel *m* ~ **müzekkeresi** Haftbefehl, Steckbrief *m* ~ **tabyası** *mil.* Sperrfort *n* ~ **vidası** *techn.* Abstell-, Begrenzungs-schraube *f* ~ **yayı** Sperrfeder *f*
tevkifat, -tı [·––] *z. va. Pl.* zu **tevkif; kütle halinde** ~ Massenverhaftungen *pl.*
tevkifhane [·––·] 1. Arrest-, Haft-lokal *n* 2. Untersuchungsgefängnis *n*
tevkiî s. **tuğrakeş**
tevkil [ī] Bevollmächtigung, Beauftragung *f* ~ **etmek** (b–ni) bevollmächtigen, beauftragen, j–m Vollmacht erteilen
tevkilî [·––] Vollmachts-, Prokura- ~ **ciro** *H* Vollmachts-, Prokura-, Inkasso-Indossament *n*
tevkir [ī] *va.* Feiern, Verherrlichen, Ehren *n*, Ehrung, Huldigung, Lobpreisung *f* ~ **etmek** *va.* feiern, verherrlichen, ehren, huldigen *tebcil etmek
tevkit [ī], **-ti** *va.* Zeitbestimmung *f* ~ **rabıtası** *va. gr.* temporale Verbalform (Typus: **okumadan evvel** *od.* **okuduktan sonra**)
tevkitî *va.* temporal, Zeit-
tevlit, -di [ī] 1. Gebären *n* 2. Entbindung *f* 3. *fig.* Hervorbringen, Zeitigen *n* 4. *fig.* Erwecken, Hervorrufen *n* ~ **etmek** 1. gebären, zur Welt bringen 2. Geburtshilfe leisten; entbinden 3. *fig.* hervorbringen, zeitigen (z.B. Folgen) 4. *fig.* erregen, erwecken, hervorrufen (z.B. Affekte)
tevliyet, -ti 1. Verwaltung *f* e–r frommen Stiftung *mütevellilik 2. Fideikommiß, Erb-, Stamm-gut *n*
Tevrat, -tı [ā] *n.pr.* 1. Thora *f*, Pentateuch *m* 2. (in Bed.-erweiterung) Altes Testament *Ahdiatik
Tevratî [·––] *va.* (alt-)biblisch
tevris [ī] *va.* Einsetzung *f* als Erben ~ **etmek** *va.* j–n als Erben einsetzen
tevriye s. **iham;** ~ **üzere söylemek** sich in Andeutungen ergehen
tevsi, -ii [ī] Erweitern *n*, Erweiterung, Ausdehnung *f* ~ **etmek** erweitern, ausdehnen *genişletmek
tevsik, -kı [ī] Verifikation, Bestätigung *f*, sichere Feststellung, Beurkundung, Dokumentation *f* ~ **etmek** verifizieren, bestätigen, als wahr nachweisen, feststellen, beurkunden, dokumentieren **kabili** ~ dokumentarisch nachweisbar
tevsikî *va.* verifizierend, bestätigend, dokumentarisch
tevsim [ī] *va.* 1. Kennzeichnung *f* (z.B. Brandmarkung) 2. Bezeichnung, Benennung, Namen-gebung, -verleihung *f* 3. Zusammenkunft *f* der Mekka-Pilger ~ **etmek** *va.* 1. kennzeichnen (z.B. brandmarken) 2. bezeichnen, benennen, e–n Namen geben (verleihen) *ad vermek
tevşih [ī] *va.* 1. (Aus-)Schmücken *n* 2. *lit.* Abfassung *f* e–s Gedichtes mit **mukayyet kafiye** *(q.v.)* 3. vorschriftsmäßiges Lesen des Korans 4. e–e Art **naat** (3)
tevşim [ī] Tätowieren *n*, Tätowierung *f* ~ **etmek** tätowieren, (tatauieren) *dövme yapmak
tevzi, -ii [ī] Verteilen *n*, Ver-, Aus-, Zu-teilung *f*, Ausgabe *f* **Benzin -ine tatbik edilen tahditler uzatıldı.** Die Benzinrationierung geht weiter. ~ **etmek** ver-, aus-, zu-teilen, aus-geben, -tragen, zustellen (Briefe) *dağıtmak, üleştirmek ~ **harcı** Zustellgebühr *f* ~ **levhası** Verteiler(-scheibe *f*) *m* *dağıtmaç ~ **merkezi** *mil.* Ausgabestelle *f* ~ **sandığı** *el.* Schaltkasten *m* ~ **tablosu** Schalt-brett *n*, -tafel *f*, Verteilertafel *f* ~ **valfı** Verteilungsventil *n* ~ **zamanı** Ausgabezeit *f*
tevziat, -tı [·––] *(Pl., a. in sg. Bed.)* Ver-, Aus-, Zu-teilung(-en *pl.*) *f*, Ausgabe *f* **Et -ı azalmıştır.** Die Fleischzuteilung ist geringer geworden. *(bei Rationierung)*
tevziî [·––] distributiv, Verteilungs- ~ **adalet** beteilende Gerechtigkeit, justitia distributiva *üleştirimli tüze ~ **sayı sıfatları** s. **üleştirme sıfatları**
tevzin [ī] Ausbalancieren *n* ~ **etmek** ins Gleichgewicht bringen, aus-balancieren, -gleichen *dengelemek
teyakkun Gewißheit, Sicherheit *f*, sicheres Wissen, feste Überzeugung *yakin
teyakkuz 1. *va.* Erwachen *n* 2. *fig.* Wachsamkeit, Umsicht *f* ~ **etmek** *va.* 1. erwachen 2. *fig.* Vorsicht walten lassen *(1, 2) gözünü açmak

teybis [ī] *va.* Trocknenlassen *n* ~ **etmek** *va.* trocknen lassen
teyel Heft-, Reih-naht *f* ~ **sökme** Herausziehen *n* der Reihfäden ~ **vurmak** *od.* **-le tutturmak** s. **teyellemek**
teyellemek heften, reihen, provisorisch zusammennähen *çatmak
teyelli geheftet, gereiht, provisorisch (zusammen-)genäht
teyelti s. **teğelti**
teyemmüm isl.-rituelle Waschung mit Sand od. Erde (beim Fehlen von Wasser), Ersatz-, Sand-waschung *f* ~ **etmek** die Ersatzwaschung vornehmen
teyemmün *va.* Erblicken *n* e–s guten Vorzeichens (in et.) ~ **etmek** *va.* in et. ein gutes Vorzeichen erblicken
teyemmünen [·×··] *va. Adv.* indem man et. als gutes Vorzeichen betrachtet
teyidî [– – –] *va.* bestätigend ~ **muameleler** *jur.* bestätigende Handlungen *pl.*
teyit, -di [– –] 1. (Be-)Festigen, Stützen *n* 2. Bekräftigung, Bestätigung, Versicherung *f* 3. Sanktion(-ieren *n*) *f*, Erteilung *f* der Gesetzeskraft *müeyyide, yaptırım ~ **edilmemiş akreditif** *H* unbestätigtes Akkreditiv ~ **etmek** 1. (be-)festigen, stützen 2. bekräftigen, bestätigen, versichern ~ **mektubu** *H* Bestätigungsschreiben *n* (z.B. e–r Bank) **-i ihtiramat eylerim** *(osm. Briefschluß)* ... gebe ich erneut meiner vorzüglichen Hochachtung Ausdruck **-i meveddet eylerim** *(osm. Briefschluß)* ... versichere ich Sie erneut meiner freundschaftlichen Gesinnung
teyp, -pi (*engl.* **tape**) 1. Tonband *n* 2. Papierstreifen *m* (z.B. bei Fernschreiber) 3. *(Sport)* Zielband *n* 4. *gel.* Kassettenrekorder *m* ~ **bandı** Tonband *n* ~ **kayıt cihazı** Tonbandgerät, Magnetophon *n* ~ **makarası** Bandspule *f* (im Tonbandgerät) **-e çekmek** auf (Ton-)Band aufnehmen
teyu großer Teju (südamerikanische Schienenechse) *zo.* Tupinambis teguixin
teyze 1. Tante *f* (Schwester der Mutter) 2. Anrede e–s Stiefsohnes an seine Stiefmutter ~ **hanım** vertrauliche Anrede für ältere Frauen, „Frau Tante"
teyzelik Aufgaben *pl.* od. Rechte *pl.* e–r **teyze**
teyzezade [ā] Sohn *m* od. Tochter *f* e–r **teyze,** Vetter *m*, Kusine *f*
tez (I) schnell, rasch, geschwind, behend ~ **beri** *P* mit Leichtigkeit, leicht, mühelos ~ **elden** rasch, unverzüglich, sofort, sogleich, auf der Stelle ~ **kroki** s. **çırpıştırma resim;** ~ **olmak** sich eilen, sich sputen, schnell machen ~ **vakitte** (*od.* ~ **zamanda**) in kürzester Zeit **-i tezine** s. **sıcağı sıcağına; -i yok** (m. Abl. der Zeit) noch am gleichen ..., noch, schon, gleich, sofort, schnurstracks (**O akşamdan -i yok mektup yazmış.** Noch am gleichen Abend schrieb er e–n Brief. **bugünden -i yok** noch heute **Yarından -i yok işe başlamalı.** Gleich (od. schon) morgen müssen wir mit der Arbeit beginnen.)
tez (II) (*franz.* **thèse**) 1. These, Behauptung, Tendenz *f* *dava, müddea, sav 2. wissenschaftliche Arbeit (*a.* kompilatorischen Charakters) wie z.B. Seminararbeit, häusliche Arbeit (beim Staatsexamen), Doktorarbeit, Dissertation *f*
tezahür [ā] 1. Sichtbarwerden, Sich-Zeigen *n* 2. Erscheinung(-sform), Manifestation *f* 3. Kundgebung, Demonstration *f*, *mel.* Ovation, Freudenkundgebung *f* 4. *a. med.* Anzeichen *n* *belirti 5. *va.* gegenseitige Hilfe ~ **etmek** 1. in Erscheinung treten, sichtbar werden, sich zeigen, sich herausstellen 2. *va.* sich gegenseitig helfen
tezahürat, -tı [·–·–] *Pl., a. in sg. Bed.)* 1. Kundgebung(-en *pl.*) *f*, Demonstration(-en *pl.*) *f*, *mel.* Ovation(-en *pl.*) *f*, Freudenkundgebung(-en *pl.*) *f* 2. *a. med.* Anzeichen *pl.* ~ **yapmak** veranstalten (Kundgebung-en, Ovation-en)
tezahüratçı [·–·–·] 1. Demonstrant(-in *f*) *m* 2. Demonstrations-, Demonstranten- **bir** ~ **grup** e–e Gruppe von Demonstranten
tezat, -dı [ā] 1. Kontrast, Gegensatz, Widerspruch, Widerstreit, Konflikt *m*, Unvereinbarkeit *f* *karşı olma, karşıolum 2. *biol.* Antagonismus *m* 3. *stil.* Antithese *f* *karşıtlama ~ **haline girmek** in Widerspruch geraten (zu) ~ **teşkil etmek** (bşle) e–n Kontrast (Gegensatz) bilden (zu), kontrastieren (mit) **-a düşmek** sich (selbst) widersprechen
tezatlaşmak in Konflikt (Gegensatz) geraten
tezatlı 1. kontrastierend, gegensätzlich, widersprüchlich 2. antagonistisch 3. antithetisch
tezauf [ā] *va.* Sich-Verdoppeln *n*, Verdoppelung *f* ~ **etmek** *va.* sich verdoppeln **-u şahsiyet** s. **benlik ikileşmesi**
tezayüt, -dü [ā] Vermehrung *f*, Anwachsen *n*, Zunahme *f*, Zuwachs *m* *artma ~ **etmek** anwachsen, zunehmen, sich vermehren
tezcanlı ungeduldig, ungestüm, lebhaft, temperamentvoll, impulsiv, hitzig *gönlü tez
tezcanlılık Ungeduld, Lebhaftigkeit, Impulsivität *f*
Teze *n.pr.* Theseus (griech. Held)
tezebzüp, -bü *va.* 1. Unentschlossenheit *f*, Schwanken *n*, Launenhaftigkeit *f* *kararsızlık 2. Unordnung *f*, Wirrwarr *m*, Durcheinander *n*, Anarchie *f* *karışıklık
tezehhür 1. (Auf-, Er-)Blühen *n* 2. *chem.* Effloreszenz, Auswitterung *f* 3. *med.* (Haut-)Ausschlag *m*, Exanthem *n*, Effloreszenz *f* *(2, 3) çiçeksime ~ **etmek** 1. (auf-, er-) blühen, zum Blühen kommen *çiçeklenmek 2. *chem.* effloreszieren, auswittern 3. *med.* sich bilden, entstehen (Hautausschlag, Exanthem) *(2, 3) çiçeksimek
tezek, -eği 1. getrockneter Kuhmist (Heizmaterial) 2. s. **kesek**
tezekkür 1. *va.* Sich-Erinnern *n*, Erinnerung *f* 2. Beratung, Beratschlagung, Erörterung, Besprechung *f* 3. Erwägung, Überlegung, Überprüfung *f* *(2, 3) oylaşım ~ **etmek** 1. *va.* sich erinnern, sich ins Gedächtnis rufen 2. beraten, beratschlagen, erörtern, besprechen 3. erwägen, überlegen, überprüfen
tezekkürî Besprechungs-, Erörterungs-, Verhandlungs-, Beratungs-, Konsultativ-
tezelden s. **tez elden**
tezellül Sich-Erniedrigen *n*, würdelose Schmeichelei ~ **etmek** sich erniedrigen, sich demütigen, in niedriger Weise schmeicheln, würdelos um et. bitten *abıru dökmek
tezelzül *va.* Erschüttert-Werden *n*, Erschütterung *f*, Zittern, Beben *n* *sarsılma ~ **etmek** 1. erschüttert werden 2. *fig.* umgeworfen od. verdorben werden 3. taumeln, schwanken **gayri kabili** ~ *va.* unerschütterlich
tezelzülî seismisch, Erdbeben- *depremsel
tezene *P* Schlagring *m* (für ein S.i.), Plektron *n* *çalgıç, mızrap
tezevvüç, -cü *va.* Sich-Verheiraten *n*, Heirat(-en *n*) *f*, Verehelichung *f* *evlenme ~ **etmek** heiraten, sich verheiraten, sich verehelichen, in den Stand der Ehe treten *evlenmek
tezeyyün *va.* Sich-Schmücken, Sich-Putzen *n* ~ **etmek** sich schmücken, sich putzen *bezenmek, süslenmek
tezgâh (< **destgâh**) 1. Werk-, Arbeits-tisch *m* 2. Ladentisch *m*, Theke *f*, Schanktisch, Tresen *m* 3. Fleischbank *f* (des Metzgers) 4. Bez. für verschiedene Werkgeräte wie *spez.:* Drehbank, Hobelbank, Töpferscheibe *f*, Webstuhl *m*; *a. allg.* Maschine *f* 5. Werft *f* *tersane, şantiye 6. Fabrik *f*, Werk *n* ~ **başı yapmak** eins im Stehen trinken (am Schanktisch) ~ **çekici** Bankhammer *m* ~ **dikişi** Fadenheftung *f* (beim Buchbinden) ~ **kayışı** Treibriemen *m* ~ **kurmak** 1. e–e Werkstatt aufschlagen 2. *V* den Geschlechtsakt ausüben ~ **mengenesi** Bankschraubstock *m* ~ **rendesi** Bankhobel *m* ~ **tesisatı** Werftanlage(-n *pl.*) *f*

-a koymak auf Stapel legen (Schiff) **-ından geçmek: O paçoz çok kimsenin -ından geçmiştir.** *V* Das Weibsstück ist schon durch viele Hände gegangen. **-ları kurmak** e–e Tätigkeit beginnen; ans Werk gehen **-tan çıkmak** vom Stapel laufen (Schiff) **-tan indirmek** vom Stapel laufen lassen (Schiff)
tezgâhçı *va.* wer an **tezgâh** arbeitet (Töpfer, Weber, *spez.* Schreiner)
tezgâhlamak 1. das Arbeitsgerät herrichten 2. *fig.* a) et. unternehmen, vorbereiten b) anzetteln (Intrigen) c) spielen (Streich)
tezgâhtar 1. Verkäufer(-in *f*) *m*, Ladenmädchen *n* 2. Büfettier *m*, Schankkellner(-in *f*) *m* ~ **ağzı** *fig.* Lobhudelei *f*
tezgâhtarlık Tätigkeit *f* als **tezgâhtar;** ~ **etmek** 1. Verkäufer(-in), Schankkellner(-in) sein 2. *fig.* zu beschwatzen suchen, j–m um den Bart gehen, *F* j–m et. vorschmusen
tezhip, -bi [ī] Goldverzierung, Vergoldung *f* ~ **etmek** vergolden, mit Gold verzieren *yaldızlamak
tezhipçi [·–·] Vergolder *m*
tezhipçilik 1. Tätigkeit *f* e–s Vergolders 2. Vergolden *n*
tezkâr *va.* 1. Erinnerung *f*, Gedenken *n* 2. Erwähnung *f* ~ **etmek** *va.* 1. sich erinnern, gedenken 2. erwähnen
tezkere [×··] 1. Notizzettel, Vermerk *m*, Notiz *f* 2. amtliche Bescheinigung; Schein, Ausweis *m* 3. *mil.* Entlassungsschein *m* 4. *va. lit.* kleineres biographisches Nachschlagewerk ~ **almak** 1. *mil.* den Entlassungsschein erhalten (Soldat) 2. *allg.* aus dem Dienst entlassen werden **-sini eline vermek** *F* j–m den Laufpaß geben, j–n davonjagen
tezkereci 1. *mil.* Reservist *m* 2. *fr.* osm. Beamter, der Prozeßauszüge zu schreiben hatte 3. *fr.* Leiter *m* e–r osm. Ministerialkanzlei
tezkerelik 1. für amtliche Bescheinigungen verwendetes Papier 2. vor der Entlassung stehend (Soldat)
tezkir [ī] *va.* 1. Lebendighalten *n* der Erinnerung; Erinnern *n (tr.)* 2. *gr.* Bildung *f* der Maskulinform 3. s. **uzvu** ~ 4. belehrende Ratschläge *pl.* Zu 1: **-i namı için** zur Erinnerung, zum Gedenken (an) ~ **etmek** 1. erinnern 2. *gr.* in die Form des Maskulinums setzen 3. gute Lehren und Ratschläge erteilen
tezkire s. **tezkere** (*spez.* 4)
tezkiye 1. Reinigung *f* 2. rituelle Reinigung (Teil des Begräbniszeremoniells, bei dem der Geistliche die Trauergemeinde bittet, die guten Eigenschaften des Verstorbenen zu bestätigen) 3. amtliche Ermittlung über Charakter und Ruf e–r P. *spez. jur.* Feststellung *f* der Glaubwürdigkeit (e–s Zeugen) 4. Leumund, Ruf *m* 5. Entrichtung *f* der Almosensteuer **(zekât);** ~ **etmek** 1. ein gutes Leumundszeugnis ausstellen 2. amtliche Ermittlungen anstellen *spez. jur.* die Glaubwürdigkeit e–s Zeugen feststellen 3. rituell reinigen (Toten) 4. die Almosensteuer entrichten ~ **evrakı** Leumundszeugnis *n* **-si bozuk** 1. keinen guten Leumund besitzend 2. (in der Bektaschi-Sprache) Raki- od. Wein-flasche *f* **-sini düzeltmek** e–n besseren Lebenswandel annehmen
tezkiyename [ā] *fr.* schriftliche Anfrage e–s Gerichts über die Glaubwürdigkeit e–s Zeugen
tezlemek *P* beschleunigen *çabuklaştırmak
tezlenmek 1. Pass. zu **tezlemek** 2. sich eilen, sich sputen, schnell machen
tezleşmek sich beschleunigen, rascher werden
tezleştirmek beschleunigen, rascher werden lassen *tacil etmek, tesri etmek
tezli 1. e–e These enthaltend od. vertretend, tendenziös 2. e–e wissenschaftliche Arbeit enthaltend ~ **bir piyes** Tendenzstück *n*
tezlik 1. Eile, Hast, Ungeduld *f* 2. Beschleunigung, Akzeleration *f* ~ **fiili** *gr.* akzeleratives Verbum (z. B. yapıvermek, söyleyivermek usw.) *fiili tacilî
tezlil [ī] Erniedrigen, Verächtlichmachen *n* ~ **etmek** erniedrigen, herabsetzen, herabwürdigen, demütigen, verächtlich behandeln *aşağılatmak
tezviç, -ci [ī] *va.* Verheiraten *n*, Verheiratung *f* *evlendirme ~ **etmek** *va.* verheiraten *evlendirmek
tezvir [ī] 1. Entstellung *f* der Wahrheit 2. Verleumdung, Intrige, Machenschaft *f*
tezvirat, -tı [·––] *va. Pl.* zu **tezvir; -ta bulunmak** Verleumdungen ausstreuen
tezvirci *P* Verleumder *m*
tezvircilik *P* Anschwärzerei, Verleumdung *f*
tezvirli [·–·] 1. die Wahrheit entstellend 2. mit Verleumdungen (Intrigen, Machenschaften)
tezyif [ī] 1. geringschätzige Behandlung 2. Spott, Hohn *m* ~ **etmek** 1. geringschätzen, verschmähen, verachten, verächtlich behandeln, als minderwertig ansehen od. hinstellen *aşağsamak 2. sich lustig machen (über), lächerlich machen *maskaraya almak
tezyil [ī] *va.* Beigabe *f* e–s Anhangs
tezyin [ī] Ausschmücken, Verzieren *n*, Ausschmückung, Verzierung *f* ~ **etmek** (aus-)schmücken, verzieren *bezemek, süslemek ~ **sanatı** s. **tezyinî sanat**
tezyinat, -tı [·––] *Pl.* Verzierungen *pl.*, Schmuck *m*, Ausschmückungen *pl.*, Dekoration *f*
tezyinatçı [·––·] Dekorateur *m*
tezyinatçılık [·––··] Dekorationskunst *f*
tezyinatlı (aus-)geschmückt, verziert
tezyinî [·––] schmückend, verzierend, dekorativ, ornamental, Ausschmückungs-, Schmuck- *bezekçil ~ **sanat** Ornamentik, Verzierungskunst *f*
tezyit, -di [ī] *z. va.* Vermehren, Steigern, Anwachsenlassen, Verstärken *n* (z. B. e–r Garnison) ~ **etmek** *z. va.* vermehren, steigern, anwachsen lassen, verstärken *artırmak, ziyadeleştirmek
TGS = Türkiye Gazeteciler Sendikası Türkische Pressegewerkschaft
THA = Türk Haber Ajansı Türkische Nachrichtenagentur *f*
THK = Türk Hava Kurumu
THKP = Türk Halk Kurtuluş Partisi Türkische Volksbefreiungspartei (terroristische Untergrundbewegung)
THY = Türk Hava Yolları
tıbak, -kı [ā] *va.* s. **mutabakat**
tıbben *z. va. Adv.* ärztlich, medizinisch
tıbbî medizinisch, ärztlich, Ärzte- ~ **bitki** Heilpflanze *f* ~ **çuhaçiçeği** gelbe Schlüsselblume *f bot.* Primula veris ~ **ecza** (*fr.* **eczayı tıbbiye**) Arzneimittel, Medikamente *pl.* ~ **hatmi** echter Eibisch *bot.* Althaea officinalis ~ **jimnastik** Heilgymnastik *f* ~ **kongre** medizinischer Kongreß ~ **toplantı** Ärzteversammlung *f*
tıbbiye 1. *fr.* Ausbildungsschule *f* für Mediziner 2. s. **Tıp Fakültesi**
tıbbiyeli 1. Medizinstudent(-in *f*) *m* 2. wer die medizinische Staatsprüfung abgelegt hat
tıfıl, -flı *va.* 1. Kind *n* 2. kindischer Mensch **-ı ebcedhan** [ā] *va.* 1. Schulanfänger *m* 2. *fig.* unwissend, unerfahren
tıflâne *va.* 1. kindlich 2. kindisch
tıflî 1. *va.* kindlich, Kinder- 2. kindisch 3. s. **tufeylî** 4. *fr.* Hofnarr, Possenreißer *m*
tıfliyet, -ti *va.* Infantilismus *m*
tıgala *pharm.* Euphorbium *n* (Milchsaft und Gummiharz des Wolfsmilchgewächses Euphorbia resinifera)
tığ 1. Häkelnadel *n* 2. Stricknadel *n* 3. Ahle *f*, Pfriem *m* *biz 4. Hobel-eisen, -messer *n* 5. *naut.* Schiffsschnabel *m* 6. Stechbohrer *m;* s. a. **tig;** ~ **gibi** schmächtig, aber ge-

sund und flink; drahtig ~ **kalemi** s. **kazı kalemi;** ~ **örgüsü** Häkelarbeit *f*

tığlamak *P* 1. heftig schmerzen (Wunde) 2. schlachten (Opfertier) 3. *med.* mit e–r Lanzette öffnen 4. durchbohren (mit Nadel od. e–m anderen spitzen Gegenstand) 5. *V* a) s. **cima etmek** b) niederstechen (mit Messer, Bajonett usw.)

tığmak *V* verschwinden, verduften, sich verdrücken

tıhal [ā] s. **tahal**

tık *mst.* in der Wiederholung ~ ~ (Lm. e–s leichten Klopfgeräusches) tack tack, pick pick **Kuş, gagasiyle** ~ ~ **cama vurdu.** Der Vogel pickte mit seinem Schnabel an die Scheibe.

tıka basa 1. **(dolu)** gestopft, gesteckt (voll) 2. **(yemek)** mit vollen Backen (kauen), *F* ordentlich in sich hineinstopfen

tıkaç, -cı 1. Stöpsel, Pfropfen, Korken, Verschluß *m* 2. *med.* Embolie *f* *samame, sımam 3. Dübel *m* 4. Knebel *m* 5. *F* Lückenbüßer *m*

tıkaçlamak mit Stöpsel (usw.) verschließen; zukorken

tıkaçlı mit **tıkaç** verschlossen; zugestöpselt

tıkalı verschlossen, zugestopft, verstopft, versperrt, *mil.* abgeriegelt

tıkamak verschließen, zu-, hinein-, ver-stopfen, versperren, *mil.* abriegeln; s. **burnunu (iştah, kulaklarını, kulaklarına pamuk)** ~

tıkanık s. **tıkalı**

tıkanıklık 1. Verschlossen-, Zugestopft-, Verstopft-sein *n* 2. Verkehrsstockung *f*, Verstopfung *f* der Verkehrswege 3. Atemnot *f*, Atembeschwerden *pl.*, Erstickungsanfall *m* 4. Appetitlosigkeit *f*

tıkanma Vs. zu **tıkanmak** *spez.* Verkehrs-stauung, -stokkung *f*

tıkanmak 1. Pass. zu **tıkamak** 2. sich verstopfen 3. keinen Appetit haben, nichts (mehr) essen können 4. an Atemnot leiden, dem Ersticken nahe sein

tıkaz s. **tırkaz**

tıkılmak Pass. od. Refl. zu **tıkmak**

tıkınmak *P* hineinstopfen, gierig essen, hinunterschlingen

tıkır 1. *F* Geld *n; F* Pinke *f*, Moneten *pl.* 2. Lm. e–s Klopfens od. Klapperns 3. *fig.* günstiger, glatter Verlauf ~ ~ 1. Lm. e–s leichten Klopfens, Klapperns, Knabberns usw. 2. *fig.* regelmäßig, ununterbrochen, pausenlos, wie geschmiert 3. bar, in bar, *F* auf den Tisch (des Hauses) (Zu 1: ~ ~ **yemek** knabbern Zu 2: **Makine** ~ ~ **işliyordu.** Die Maschine arbeitete gleichmäßig. **Çocuk** ~ ~ **cevap verdi.** Der Junge gab prompte Antworten. Zu 3: **Kesilen para cezasını** ~ ~ **ödettiler.** Die Geldstrafe mußte er gleich bar bezahlen.) **-ına girmek** ins richtige Geleise kommen, allmählich gut vorangehen **-ına koymak** (işini) seine Sache ins richtige Geleise bringen **-ında** glattgehend, gut vonstatten gehend (**Alışveriş -ında.** Das Geschäft geht gut. **Keyfi -ında.** Er ist bester Laune. **İşler -ında gidiyor.** *F* Die Sache geht in Ordnung. Es klappt alles.) **-ını** (*od.* **-ına) uydurmak** et. ins richtige Geleise bringen

tıkırdamak leise klappern od. klopfen **Cevizler çuvalın içinde tıkırdadı.** Die Nüsse klapperten im Sack.

tıkırdatmak (bşi) 1. leise mit et. klappern, et. leise klopfen od. klappen lassen 2. aufwallen lassen (beim Kochen)

tıkırtı leises Klappern, Klopfen, Klappen

tıkırtılı mit leisem Klappern, Klopfen, Klappen ~ **telgraf aleti** Klopfer *m* (am Telegraphenapparat)

tıkışık zusammen-gepreßt, -gedrängt

tıkışıklık Gedränge *n*, (Menschen-)Andrang *m* *izdiham

tıkışmak sich hineinzwängen, sich zusammen hineindrängen (Personen) **Altı kişi bir arabaya tıkıştılar.** Sechs Personen quetschten (zwängten) sich in e–n einzigen Wagen.

tıkıştırmak 1. hinein-stopfen, -zwängen, -pferchen, -quetschen 2. et. (eilig und ohne richtig zu kauen) hinunterschlingen

tıkız 1. fest, hart (Fleisch, Muskeln usw.), kompakt 2. fest gestopft, prall (z. B. Kissen) ~ **doku** *biol.* kompakte Knochensubstanz; Rinde *f* *nesci kesif

tıkızlaşmak 1. fest, hart, kompakt werden 2. prall werden, sich prall füllen 3. gedrängt voll werden (z. B. Autobus)

tıklım tıklım (dolu) gesteckt, gepfropft, gestopft (voll) (z. B. Straßenbahn)

tıkmak, (-ar) 1. (mit Gewalt) hinein-stopfen, -zwängen, -pferchen, -drücken 2. *hum.* hinein-, herein-bringen; (hinein-)stecken Zu 1: **Bütün eşyasını bir sandığa tıktı.** Er stopfte alle seine Sachen in e–e Kiste hinein. Zu 2: **Hırsızı hapse** (*F* **deliğe**) **tıkmışlar.** Den Dieb steckte man ins Kittchen.

tıknaz untersetzt, stämmig, rundlich

tıknazlık Untersetztheit *f*, stämmiger Wuchs; Rundlichkeit *f*

tıknefes *P* kurzatmig, asthmatisch

tıknefeslik *P* Kurzatmigkeit, (Dyspnoe) *f*

tıksırık unterdrücktes Niesen

tıksırıklı (in der Füg.:) **aksırıklı** ~ *q.v.*

tıksırmak unterdrückt niesen

tılâ *z. va.* 1. Bestreichen, Einreiben, Auftragen *n* 2. Goldfarbe *f* (z. B. für Miniaturen) 3. Salbe *f*, Firnis *m* od. Politur *f* ~ **etmek** *z. va.* 1. bestreichen, einreiben *sürmek 2. **(yağ ile)** einfetten, einölen 3. **(mahlulle)** beizen (Holz) 4. vergolden

tılsım 1. Talisman *m* 2. *orient. Myth.* Seelentierchen *n*, an das im Märchen das Leben e–s Dämons geknüpft ist 3. Zauber *m*, Wunderwirkung *f* **-ı bozuldu.** *fig.* Der magische Zauber ist gebrochen.

tılsımlı 1. mit Talisman (bzw. Seelentierchen) 2. *fig.* geheimnisvoll, mysteriös, magisch

tımar 1. richtige Behandlung e–r Wunde bzw. e–s Patienten 2. Landbestellung *f*, Ackerbau *m* 3. Pflege *f* e–s Tieres *spez.* Wartung *f* e–s Pferdes 4. Baum-zucht, -pflege *f* 5. *hist.* a) *urspr.* jedes Lehen, das kleiner war als **has** b) (bis 1840) Lehen *n* (mit e–m Jahresertrag zwischen 3000 und 20000 Asper) Zu 3: s. a. **deve -ı** Zu 5: s. a. **zeamet;** ~ **etmek** 1. richtig behandeln (Wunde od. Patienten) 2. gut bestellen (Land) 3. striegeln und putzen (Pferd) 4. pflegen (z. B. Bäume)

tımarcı 1. Pfleger(-in *f*) *m* 2. Pferdeknecht *m* 3. *hist.* Lehnsherr *m* 4. Baumzüchter *m*

tımarhane [··–·] Irren-anstalt *f* -haus *n* ~ **kaçkını** 1. aus dem Irrenhaus entsprungen 2. verrückter Kerl; wer e–n Sparren zuviel (zuwenig) hat **-ye düşmek** ins Irrenhaus kommen **-ye yakışır** verrückt

tımarhaneci [··–··] Aufseher (Wärter) *m* in e–m Irrenhaus **-nin gözü kör olsun!** Der gehört ja ins Irrenhaus!

tımarhanelik [··–··] reif fürs Irrenhaus

tımarlamak 1. s. **tımar etmek** (3) 2. *va.* helfen, beistehen

tımarlı 1. richtig behandelt (z. B. Wunde) 2. gut bestellt, gepflegt 3. gestriegelt und geputzt (Pferd) 4. Lehnsherr *m* *tımarcı

tımarsız 1. vernachlässigt 2. ohne Lehen

Tımışvar, Tımşovar s. **Tamşuvar**

tımtıkız [×··] *Verst.* von **tıkız**

tın tın *lm.:* ~ ~ **ötmek** *F* ein Hohlkopf sein ~ ~ **tınlamak** deutlich klingen, laut ertönen

tınaz 1. Heuhaufen *m* 2. *dial.* Getreidehaufen *m* (zum Worfeln)

tıngadak [×··] mit lautem Klirren od. Klingen (z. B. zu Boden fallen)

tıngıldamak; tıngıltı s. **tıngırdamak; tıngırtı**
tıngır 1. Lm. e–s metallenen Klingens: kling! 2. *V* a) Geld *n, (F)* Moneten *pl.* b) abgebrannt, pleite c) s. **bomboş;** ~ **elek** ~ **tas** *P* nackt und kahl (Zimmer, Haus usw.) ~ **mıngır** 1. klingend, klirrend 2. zirpend (M.i.) 3. quietschend (z.B. Ochsenkarren) 4. gegen Barzahlung; bar 5. im Zuckeltrab; langsam dahintrottend ~ ~ 1. s. ~ **mıngır** 2. s. ~ **elek** ~ **tas; -ı yolunda** *F* mit gutem Gewinn; einträglich
tıngırdamak 1. klirren, klingen 2. zirpen 3. quietschen 4. *V* abkratzen (= sterben)
tıngırtı 1. Klirren, Geklirr, Klingen *n*, Klingklang *m* 2. Zirpen *n* 3. Quietschen *n* 4. fröhliche Geselligkeit mit Musik 5. *V* Beischlaf, Koitus *m*
tını s. **tınnet** (2)
tınılı *mus.* s. **renkli;** ~ **ses** klangvolle Stimme
tınım *Th.* Intonation *f* *sesleme
tınlak *mus.* 1. tönend 2. Glockenspiel *n* *uğuldak
tınlamak 1. klingen, tönen 2. zirpen, quietschen
tınlayış *mus.* s. **renk**
tınmak e–n Laut von sich geben (Verwendung durchweg in der neg. Form **tınmamak**): 1. keinen Mucks von sich geben, mäuschenstill sein 2. *fig.* nicht reagieren 3. nichts ausplaudern, nichts verraten 4. sich nicht kümmern (um) **tınmaz melâike** 1. zurückhaltend, reserviert 2. *iron.* sanfter Heinrich
tınnet, -ti 1. Klingen, Tönen *n* 2. *phys.* Klang(-farbe *f*) *m*, Timbre *m, n* *tını
tıp (I), **-bbı** Medizin, Heilkunde *f* *hekimlik ⩪ **Fakültesi** medizinische Fakultät *f* *tıbbiye ~ **ıstılahı** medizinischer Fachausdruck ~ **kongresi** medizinischer Kongreß *tıbbî kongre ~ **sülüğü** s. **sülük** (1); **-ı adlî; adlî** ~ 1. Gerichtsmedizin *f* 2. gerichtsmedizinisches Institut **-ı adlî raporu** gerichtsmedizinischer Befund
tıp (II) **tıp** leicht schlagend (klopfend, tropfend) (**Yüreği** ~ ~ **vuruyor.** Das Herz pocht ihm vernehmlich. **Su** ~ ~ **damlıyor.** Es tropft leise.)
tıpa s. **tapa; -sı** (*od.* **-yı**) **atmak** *fig.* in hellen Zorn geraten
tıpalı zugestöpselt, verkorkt
tıpatıp, -pı [×··] ganz und gar, restlos, (haar-)genau, vollkommen *noktası noktasına, tastamam ~ **yetişmek** gerade zur rechten Zeit kommen **hakikate** ~ **uygun olmayan** nicht ganz der Wahrheit entsprechend
tıpır tıpır 1. mit kleinen, leichten Schrittchen; trippelnd 2. s. **tıp tıp**
tıpırdamak 1. daher-, dahin-, einher-trippeln 2. schwach schlagen od. klopfen (z.B. Vogelherz)
tıpırtı 1. trippelndes Geräusch; Trippeln *n* 2. schwaches Schlagen od. Klopfen
tıpış tıpış 1. mit kleinen, leichten Schrittchen, trippelnd 2. stapfend (z.B. im Schnee) Zu 1: **Çocuk** ~ ~ **geldi.** Das Kind kam angetrippelt.
tıpıştırmak (e–e Stelle) leicht betupfen
tıpkı [×·] genau derselbe, genau so, ganz gleich, genau das gleiche (Stück) *aynı ⩪ **onun gibi söyledi.** Er hat genau das gleiche gesagt. ~ **tıpkısına** *P* haargenau, vollkommen (z.B. gleichen) **-sı** 1. genau das gleiche Stück 2. ganz sein Ebenbild
tıpkıbasım Faksimile *n* *faksimile
TIR s. **TİR**
tırabzan (Treppen-)Geländer *n* ~ **ayağı** Docke *f* (e–s Geländers) ~ **babası** 1. Knauf *m* am Treppengeländer 2. *fig.* wer seine Vaterpflichten nicht erfüllt; Rabenvater *m* 3. *fig.* Familienvater *m*, der sich und die Seinen nur kümmerlich durchbringt od. der keinen Einfluß auf die Kinder hat ~ **küpeştesi** Handlauf *m* (am Geländer)
tırak patsch! klatsch! bauz! bums! knacks!
tıraka [·×·] *V* 1. Angst, Furcht *f* 2. Sich-Aufspielenwollen *n;* Angabe *f* 3. s. **traka**
tırakalı *V* furchtsam, feige, Angsthase *m*
tırakana *naut.* Anwuchs *m* (am Unterwasserschiff) ~ **tutmak** *naut.* ganz mit Anwuchs bedeckt sein
tıramola s. **tiramola**
tırandaz *P* für **tirendaz**
tırandil s. **tırhandil**
tırank, -kı Lm. e–s dumpfen, harten Schlages od. Knallens **Bahçe kapısı** ~ **diye açıldı.** Mit e–m Knall sprang die Gartentür auf.
tıraş 1. Zuschneiden, Abhobeln, Schnitzen, Behauen *n* 2. a) Rasieren *n*, Rasur *f* b) Haar-schnitt *m*, -tracht *f* 3. zugeschnitten, abgehobelt, behauen 4. rasiert *bzw.* mit geschnittenen Haaren 5. Zeitpunkt *m*, zu dem man sich rasieren (lassen) *bzw.* die Haare schneiden lassen muß 6. *in Zss.* zuschneidend, abhobelnd, schnitzend, behauend, rasierend 7. *fig.* Flunkern, Aufschneiden *n* 8. Glätten *n* des Leders (in der Gerberei od. der Schusterwerkstatt) 9. Formgebung *f*, Schliff *m* (*spez.* bei Brillanten) ~ **bıçağı** 1. Rasierklinge *f* *jilet 2. zweigriffiger Schuhmacherhobel 3. Glättschiene *f* (des Gerbers) ~ **etmek** 1. zuschneiden, abhobeln, schnitzen, behauen 2. rasieren *od.* die Haare schneiden 3. *fig. F* flunkern, aufschneiden 4. (b–ni) j–m e–n Bären aufbinden 5. j–n anöden (durch dummes Geschwätz) 6. schleifen (*spez.* Brillanten) ~ **fırçası** Rasierpinsel *m* ~ **geçmek** j–n mit ödem Geschwätz langweilen ~ **kremi** Rasiercreme *f* ~ **losyonu** Rasierwasser *n* ~ **makinesi** 1. Rasierapparat *m* 2. s. **saç kesme makinesi;** ~ **olmak** 1. sich rasieren 2. sich rasieren lassen 3. sich die Haare schneiden lassen ~ **sabunu** Rasierseife *f* ~ **takımı** Rasierzeug *n* ~ **tası** Rasier-näpfchen *n*, -schale *f* **-a tutmak** *F* j–n mit leerem Geschwätz aufhalten **-ı ağarmış** allmählich alt werdend ⩪ı **gelmiş** (*od.* **uzamış**). 1. Er ist unrasiert. 2. Er muß sich die Haare schneiden lassen. **-ı mücellâ** glattrasiert **-ı uzatmak** *fig.* um et. herumreden
tıraşçı *F* 1. Aufschneider, Flunkerer *m* 2. langweiliger Schwätzer
tıraşide [·––·] *va.* glatt, geglättet, ausgefeilt (z.B. Stil)
tıraşlama Kahlschlag *m* (in der Forstwirtschaft)
tıraşlamak s. **tıraş etmek**
tıraşlı 1. wer sich rasiert hat bzw. wer sich hat rasieren lassen; wer sich die Haare hat schneiden lassen 2. unrasiert 3. zugeschnitten, abgehobelt, geschnitzt, behauen
tıraşsız 1. unrasiert 2. mit zu langen Haaren 3. unbehauen (Stein) 4. ohne Schliff (Edelstein)
tıraz [ā] *va.* 1. Seidenstickerei *f* 2. *fig.* eingeschlagener Weg 3. Schmuckzeichen *n* (auf Ärmel od. Kragen)
tırazende [ā] *va.* schmückend
tırfıl s. **tirfil**
tırfıl s. **filenk**
Tırhala [×··] *n.pr.* Trikkala (Stadt in Thessalien)
tırhallı (in der Füg.:) ~ **hep bir hallı** 1. im gleichen Boot sitzen 2. mitgegangen, mitgefangen, mitgehangen
tırhandil *naut.* 1. Tartane *f* (kleineres, 1–2mastiges, auch zum Rudern eingerichtetes Fischerboot *spez.* ital. od. griech. Trawler) 2. (nur in best. Füg.) Hintersteven *m* ~ **postaları** *naut.* Spiegelspanten *pl.*, Rudersteven *m*
tırık (diye) patsch! klatsch! bauz! bums! ~ **tırak** *Verst.* von **tırık** *spez.* Lm. des Klatschens der Tricktracksteine
tırıklamak *V* klauen, mitgehen heißen
tırıl *F* 1. nackt, bloß od. mit dünner Kleidung 2. ohne Geld od. anderen Besitz, abgebrannt, pleite, armer Teufel ~ **gezmek** in Not und Elend leben ~ ~ 1. bibbernd 2. ohne e–n roten Heller
tırıllamak *F* 1. nackt dastehen od. nur dünn bekleidet sein 2. kein Geld od. anderen Besitz mehr haben

tırıllık *F* 1. Nacktsein *n* 2. Fehlen *n* von Geld od. anderem Besitz; Pleite *f*, Abgebranntsein *n*
tırınk s. **tırık**
tırıs (Pferde-)Trab *m* ~ **gitmek** traben (Pferd) ~ **koşusu** Trabrennen *n* **-a kaldırmak (atı)** das Pferd in Trab fallen lassen **-a kalkmak** in Trab fallen, zu traben beginnen (Pferd)
tırısa *naut.* s. **dirisa**
tırıvırı *V* dummer Kerl; Blödian *m*
tırkaz 1. Türriegel *m* 2. Querbalken *m*
tırkazlamak verriegeln; durch Querbalken sichern (Tür)
tırlamak 1. *selt.* schnurren (Katze) 2. *V* sich davonmachen, abhauen 3. *V* abkratzen (= sterben) 4. *Sch.* sitzenbleiben
tırma e–e Seidenstoffart
tırmak s. **tırmık**
tırmalamak 1. (zer-)kratzen, Kratzwunden beibringen 2. *fig.* belästigen, quälen, beleidigen Zu 1: **Çocuklar birbirinin yüzünü tırmaladılar.** Die Jungen haben sich gegenseitig das Gesicht zerkratzt. Zu 2: s. **kulakları** ~
tırmamak *z. va.* 1. mit den Krallen packen und dahinschleifen 2. an e–m Haken befestigen und schleifen (zerren, schleppen)
tırman s. **tırmık** (3)
tırmananlar s. **tırmanıcılar**
tırmanıcı kletternd ~ **bitkiler** *bot.* Kletterpflanzen *pl.* **-lar** Klettervögel *pl. zo.* Scansores *mütesellika
tırmanma 1. Klettern *n* 2. *fig.* Ansteigen *n* (z. B. der Preise) ~ **halatı** *(Turnen)* Klettertau *n* ~ **kilidi** s. **ayak kenedi;** ~ **sırığı** *(Turnen)* Kletterstange *f* *durağan sırık
tırmanmak 1. klettern 2. erklimmen 3. Höhe gewinnen (Flugzeug nach dem Start) 4. *fig.* immer größere Ausmaße annehmen; sich mehr und mehr steigern **Kedi ağaca tırmandı.** Die Katze ist auf den Baum geklettert. **Çocuklar kayanın tepesine tırmandılar.** Die Jungen sind bis oben auf den Felsen hinaufgeklettert.
tırmaşıkbalık Kletterfisch *m zo.* Anabas scandens (Indien)
tırmaşıkkuşu, -nu s. **bahçe (duvar, orman)** ~
tırmaşıkkuşugiller Baumläufer *pl. zo.* Certhiidae
tırmaşmak s. **tırmanmak**
tırmık 1. Häkchen *n* od. Kralle *f* 2. Kratzwunde *f* 3. Harke *f*, Rechen *m* 4. Egge *f* 5. *naut.* Draggen *m* (kleinerer, vierflunkiger Anker) 6. Haken *m* (zum Heben od. Heraufziehen)
tırmıklamak 1. (zer-)kratzen, Kratzwunden beibringen *tırmalamak 2. harken, rechen 3. eggen
tırnak, -ğı 1. Finger- od. Zehen-nagel *m* 2. Klaue *f* (bei Wiederkäuern, Pelzwaren od. als Haken) 3. a) Kralle *f* (z. B. e–r Katze) b) Tatze *f* (e–s Raubtieres) 4. Huf *m* (z. B. e–s Pferdes) 5. *techn.* a) Klammer, Krampe *f*, Haken *m* b) Daumen, Nocken *m* 6. Kramme, Klaue *f* (bei der Fassung von Edelsteinen) 7. Auswerfer *m* (am Gewehr od. Geschütz) 8. *naut.* a) Flunke *f* (e–s Ankers) b) s. **çipolu demir** 9. häkchenförmiges Füll-Ornament bei ar. Kunstschriften 10. *mus.* Schlagring *m* (für verschiedene M.i.) 11. *(Buchbinderei)* überstehender Rand e–s Einzelblattes 12. Trennwand *f* der einzelnen Roulettfächer ~ **ayçası** *an.* Möndchen *n* (am Fingernagel) *aycık ~ **bakımı** 1. Nagelpflege *f* 2. Hufpflege *f* ~ **batması** *med.* a) Ins-Fleisch-Wachsen *n* (der Finger- od. Zehen-nägel) b) Entzündung *f* des Nagelbetts ~ **bıçağı** *vet.* Hufmesser *n* ~ **cilâsı** *(Kosmetik)* Nagel-lack *m*, -politur *f* ~ **çekici** 1. *vet.* Beschlaghammer *m* 2. Hammer *m* mit Nagelheber ~ **dibi (matriksi, yatağı)** Nagel-bett *n*, -wurzel *f* ~ **göstermek** (be-)drohen, einschüchtern, erpressen *gözdağı vermek, tehdit etmek ~ **iliştirmek (geçirmek, takmak)** 1. mit den Nägeln irgendwo einhaken bzw. sich mit den Krallen festhalten 2. *fig.* zäh und beharrlich sein Ziel verfolgen 3. *fig.* belästigen, stören, quälen ~ **işareti** Anführungszeichen, Gänsefüßchen *(n), pl.* ~ **kakmak** straucheln (Pferd) ~ **kesintisi** abgeschnittene Teile *pl.* der (Finger- od. Zehen-)Nägel ~ **keskisi** 1. *(Kosmetik)* Nagelknipser *m* 2. Kreuzmeißel *m* ~ **kesmek** 1. (sich) die Nägel schneiden 2. *fig.* j–m die Giftzähne ausbrechen ~ **makası** Nagelschere *f* ~ **mihveri** Auswerferachse *f* (am Geschütz) ~ **muayene kerpeteni** *vet.* Hufuntersuchungszange *f* ~ **otu** s. **mercanköşk** (1); ~ **sürüştürmek** *fig.* e–n Streit neu anfachen ~ **temizleyicisi** *(Kosmetik)* Nagelreiniger *m* ~ **ucu** *naut.* Ankerspitze *f* ~ **vurmak** s. **tırnaklamak;** ~ **yalmanı** *naut.* Ankerspitze *f* ~ **yarası** 1. Kratzwunde *f* 2. jede Wunde, bei der ein Stückchen Haut lose hängt ~ **yeri** s. **tırnaklık; -ın dibinde** 1. dicht dabei; in allernächster Nähe 2. bar auf den Tisch des Hauses **²ın varsa başını kaşı!** *Spr.* Hilf dir selbst so hilft dir Gott! *Spr.* **-ına benzememek** *od.* **-ının kiri bile olamamak** s. **attığı tırnak olmamak; -ları kemirmek** (*od.* **yemek**) an den Fingernägeln kauen **²ları söküldü.** *fig.* Er hat sich die Finger wund gearbeitet. Er hat sich sehr abgequält. **-larını sökmek** (b–nin) *fig.* j–m die Giftzähne ausbrechen **-larını yaptırmak** sich maniküren lassen **-larının ucuna kadar silâhlı** bis an die Zähne bewaffnet
tırnakçı *V* Dieb, Langfinger *m spez.* Taschendieb *m*
tırnaklamak 1. die Nägel (bzw. Krallen) irgendwo einschlagen 2. (zer-)kratzen, Kratzwunden beibringen *tırmalamak 3. *V* Spielkarten in betrügerischer Absicht (mit dem Fingernagel) kennzeichnen
tırnaklı mit Nägeln (Klauen, Hufen usw. s. **tırnak**); ~ **çark** Sperrklinke *f* ~ **kavram** *techn.* Klauenkupplung *f* ~ **tekerlekli cer makinesi** *mil.* Zugmaschine *f* mit Radgreifer ~ **tirfil** e–e Abart des **tirfil** genannten Ornamentes ~ **ve ajurlu mıhlama** Klauenfassung *f* (e–s Edelsteins *spez.* an e–m Ring) **-lar** s. **toynaklılar**
tırnaklık Kerbe *f* an der Klinge e–s Taschenmessers od. am Deckel e–s Kästchens
tırnaksı nagelförmig, klauenähnlich ~ **kemik** *an.* Nagelbein *n* (des Schädels) *azmı zıfrî
tırnaksız 1. ohne Nägel (Klauen, Hufe usw.) 2. *V* wer nur auf e–e Gelegenheit wartet, anderen Böses zu tun; boshaft, hinterhältig, arglistig
tırpan 1. Sense *f* 2. *(Ringen)* Beinwegschlagen *n* ~ **atmak** 1. völlig ausrotten (Gemeinschaft) 2. *(Ringen)* den Gegner (durch Beinwegschlagen) zu Fall bringen **-dan geçirmek** s. **tırpanlamak**
tırpana [·×·] Glattrochen *m zo.* Raja batis *boz vatoz
tırpanagiller s. **özkedibalığıgiller**
tırpancı 1. Sensenschmied *m* 2. Sensenhändler *m* 3. Schnitter, Mäher *m*
tırpankurdu, -nu Saateule *f zo.* Agrotis segetum (Nachtschmetterling) *bozkurt
tırpanlamak 1. mähen (Getreide usw.) 2. *fig.* dahinmähen; völlig ausrotten
tırpanlı mit Sense(-n)
tırpanto [·×·] *naut.* Türkenbund *m* (kranzartige Umflechtung mit Tauwerk) *Türk cevizi
tırtak *reg. (Rize)* s. **Karadeniz yunusbalığı**
tırtık 1. Unebenheit *f*, rauhe Stelle 2. Kerbe *f* ~ ~ ganz rauh, ganz eingekerbt
tırtıkçı *V* (Taschen-)Dieb; Langfinger *m*
tırtıklamak 1. zerrupfen, zerpflücken 2. *V* stehlen, entwenden, klauen
tırtıklı 1. rauh, uneben 2. gezähnt, ausgezackt (z. B. ein Ufer od. der Rand e–r Wunde)
tırtıl 1. (Schmetterlings-)Raupe *f* 2. (Gold- od. Silber-)Raupe (Posamentierarbeit), Borte, Litze, Tresse *f* 3. Blumenumrankung *f* 4. Rändelung *f* (bei Münzen), Zahn *m*, Zacke *f* (bei Briefmarken) 5. Raupen-kette *f*, -antrieb *m*, Förderband *n* *palet 6. Profil *n* (e–s Autoreifens) 7.

V Nassauer, Schmarotzer *m* 8. s. **tırtılsı; ~ cer tertibatı** Raupenantrieb *m* **~ kesmek** den Rand auszacken **~ otu** s. **akrep kuyruğu**
tırtıllamak rändeln (Münzen)
tırtıllanmak 1. von Raupen befallen werden 2. Pass. zu **tırtıllamak**
tırtıllı 1. mit Raupen bedeckt 2. mit Borte(-n), Litze(-n); betreßt, galoniert 3. gerändelt, gezähnt, gezackt 4. mit Raupenantrieb, Raupen- **~ şerit** Raupenband *n* **~ tekerlekli motörlü vasıta** *mil.* Raupenkraftwagen *m* **~ traktör** Raupenschlepper *m* **~ zincir** Raupenkette *f*
tırtılsı *bot.* Kätzchen, Amentum *n* (Form des Blütenstandes) *amentum, kedicik; sümbülü müzekker
tırtılsız 1. ohne Raupen 2. ungerändelt, nicht gezackt, mit glattem Rand (z. B. Münze) 3. ohne Raupenantrieb
tırtılsinekleri, -ni Raupenfliegen *pl. zo.* Tachinidae
tırtır (sineği) Schlupfwespe *f zo.* Ichneumon pisorius
tıs 1. Fauchen *n* (der Katze) 2. Zischen *n* (der Gans od. Schlange) 3. kaum hörbares Geräusch 4. lautlos, still 5. *Int.* pst! sch! **~ dememek** 1. nicht das geringste Geräusch verursachen 2. *fig.* nicht den leisesten Einwand erheben, nicht piep sagen **~ kalmak** *z. va.* verstummen, sprachlos werden ⩍ **yok.** Alles ist mäuschenstill. **Ortalık ~.** 1. Nichts rührt sich. 2. Alle (Leute) bleiben still.
tıskırmak s. **tıksırmak**
tıslamak 1. fauchen (Katze) 2. zischen (Gans, Schlange)
tıstırmak *dial.* s. **yıldırmak**
tıyn *va.* Ton, Lehm *m*, Töpfererde *f* **-i ahmer** s. **kızıl aşıboyası; -i asfar** s. **sarı aşıboyası; -i hadidî** s. **aşıboyası**
tıynet, -ti Naturanlage *f*, Charakter(-eigenschaft *f*) *m*
tıynetsiz von schlechtem Charakter
tıynî *va.* 1. natürlich 2. Lehm-, Ton-
ti [–] **(işareti)** *mil.* Hornsignal *n* (bei Beginn e–r Feierlichkeit) **~ çekmek** das Hornsignal blasen **-ye almak** *V* verspotten, verhöhnen
Tibet, -ti *n.pr.* Tibet **~ atı** Kiang *m zo.* Equus hemionus kiang (tibetischer Halbesel) **~ ayısı** Kragenbär *m zo.* Ursus tibetanus **~ sığırı** s. **yak**
Tibetli 1. aus Tibet stammend 2. Tibet(an)er(-in *f*) *m*
tibnimeki [···–] Izkhir- od. Kamel-gras *n bot.* Andropogon schoenanthus
tibya (*franz.* **tibia**) *an.* Schienbein *n* *kaval kemiği
Ticanî [·––] 1. Angehöriger des **Ticaniye**-Ordens 2. *fig.* fanatischer Reaktionär
Ticanîlik; Ticaniye *n.pr.* ein Zweig des Halvetî-Ordens
ticaret, -ti [ā] 1. Handel *m* *satmanlık, satkanlık, tecim 2. Gewinn, Nutzen, Profit *m* Zu 2: **Bu işte çok ~ vardır.** Das Unternehmen ist sehr gewinnbringend. **~ açığı** Handelsdefizit *n* **~ ataşesi** Handelsattaché *m* ⩍ **Bakanlığı** Handelsministerium *n* **~ bayrağı** Handelsflagge *f* **~ bırakmak** Gewinn abwerfen **~ bilgisi** Handelskunde *f* **~ birliği** *jur.* Kartell *n* **~ borsası** Handels-, Waren-börse *f* **~ defterleri** s. **ticarî defterler; ~ etmek** Handel treiben **~ evi** s. **ticarethane; ~ filosu** Handelsflotte *f* **~ gemisi** Handelsschiff *n* **~ hakkı** *jur.* Recht *n* auf freien Handel **~ hukuku** Handelsrecht *n* **~ istasyonu** *va.* Güterbahnhof *m* *marşandiz istasyonu **~ itilâfnamesi** (*od.* **muahedesi**) Handels-abkommen *n*, -vertrag *m* **~ limanı** Handelshafen *m* **~ mahkemesi** Handelsgericht *n* **~ mukavelesi** Handelsvertrag *m* **~ müessesesi** s. **ticarethane; ~ odası** Handelskammer *f* **~ okulu** Handelsschule *f* **~ sicili** Handelsregister *n* **~ şirketi** Handelsgesellschaft *f* *ticarî ortaklık **~ tekeli** Handelsmonopol *n* **~ unvanı** s. **şirket adı; ~ ve sanayi hürriyeti** Handels- und Gewerbe-freiheit *f* **~ ve sanayi odası** Handels- und Industrie-kammer *f* **-e girişmek** sich auf den Handel werfen
ticaretgâh [·–·–] 1. Handels-platz *m*, -stadt *f* 2. Handelssitz *m*, -niederlassung *f* 3. s. **ticarethane** 4. geschäftlich rege, mit lebhaftem Handel Zu 4: **İzmir, ~ bir şehirdir.** Izmir ist e–e rege Handelsstadt.
ticarethane [·–·–] Handels-geschäft, -unternehmen *n*, kaufmännisches Unternehmen; Geschäft *n*, Firma *f* *ticaret müessesesi **~ levhası** Geschäfts-, Firmen-schild *n*
ticaretli [ā] 1. mit Handel 2. gewinnbringend, einträglich, lukrativ
ticarî [·––] den Handel betreffend, Handels- **~ âdetler** Handels-bräuche, -sitten *pl.* **~ akitler** handelsrechtliche Verträge *pl.* **~ alışveriş** s. **muameleler; ~ anlaşma** Handelsabkommen *n* **~ defterler** Geschäftsbücher *pl.* **~ denizcilik** Handelsschiffahrt *f* **~ eşya** Handels-waren, -artikel *pl.* **~ faaliyeti teşvik etmek için** zur Förderung des Handels **~ işler** Handelssachen *pl.* **~ işletme** Handelsbetrieb *m* **~ Japon heyeti** japanische Handelsdelegation **~ kredi** Handelskredit *m* **~ mahiyetteki ithalât** Import *m* kommerzieller Art **~ muameleler** Handelsgeschäfte *pl.* **~ muhaberat** Handelskorrespondenz *f* **~ mümessil** Prokurist *m* **~ münasebetler** Handelsbeziehungen *pl.* **~ örf ve âdetler** Handels-bräuche, -sitten *pl.* **~ rehin** Handelspfand *n* **~ senetler** Handels-, Wechsel-papiere *pl.* **~ temsil** *H* Prokura *f* **~ vekâlet** Handelsauftrag *m*, Agentur *f* **~ vekil** Handlungsbevollmächtigter
ticarîleştirmek kommerzialisieren; kaufmännisch verwerten
tifana s. **difana**
tifdruk *typ.* Tiefdruck *m* **~ usuliyle** im Tiefdruckverfahren
tiflit, -ti *med.* Typhlitis *f* (Entzündung des eigentlichen Blinddarms)
tifo [×·] *med.* Typhus *m* *karahumma **~ aşısı** Typhusimpfung *f* **~ olmak** *od.* **-ya tutulmak** Typhus haben (bzw. bekommen), an Typhus erkrankt sein (bzw. erkranken)
tifoit, -di (*franz.* **typhoïde**) typhös, typhusartig
tifolu an Typhus erkrankt, Typhuskranke *m, f*
tiftik 1. **(keçisi)** Angoraziege *f zo.* Capra hircus angorensis *Ankara keçisi 2. Ziegenwolle *f*, Mohär *m* 3. *fr.* Scharpie *f* **~ gibi** sehr weich **~ ~ etmek** in Fasern ausziehen, Scharpie zupfen, auszupfen **~ ~ olmak** s. **tiftiklenmek**
tiftiklenmek 1. sich abschaben, sich ausfasern, sich abnutzen, die Wolle verlieren (Stoff) 2. sich ausfransen (Rand)
tifüs [×·] *med.* Flecktyphus *m* *lekeli humma
tifüslü an Flecktyphus erkrankt
tig [ī] (*urspr. Form* von **tığ**) *va.* 1. Schwert *n* 2. Berggipfel *m* 3. Lichtstrahl *m*, Strahlenbündel *n* 4. *(Diwan-Lit.)* Augenbrauen, Wimpern *pl.* od. Antlitz *n* (der Geliebten) **-i teber şahı levent** (*od.* **merdan**) *fig. va.* mit leeren Händen dastehen, unverrichteter Dinge zurückkehrend
tiglon; tigron *zo.* e–e Kreuzung zwischen Löwe und Tiger
tih [ī] *va.* 1. s. **içkulak** 2. Wüste *f* 3. ⩍ *n.pr.* (*a.* ⩍ **çölü**) die Wüste Sinai
Tihame [ā] *n.pr.* 1. s. **Tehama** 2. anderer Name für Mekka
tik (I), -ki 1. *med.* nervöses Zucken; Tic *m* 2. *psych.* Tick *m*, wunderliche Eigenart, Schrulle *f* **bir -e tutulmak** 1. von e–m nervösen Zucken befallen werden 2. e–e wunderliche Eigenart annehmen, schrullig werden
tik (II) [ī] **ağacı** 1. Teakbaum *m*, indische Eiche *bot.* Tectona grandis *saç ağacı 2. Teakholz *n*
tike *P* 1. Stückchen, Teilchen (Fleisch, Brot usw.) *n* 2. wenig **~ ~** in Stücken, in Fetzen
tikel Teil-, partikulär, partiell *cüzî, kısmî **~ ardıllık** s. **cüzî halefiyet**
tiken *P* s. **diken**
tiket, -ti Karte *f*, Billett *n* *bilet
tikker (*engl.* **ticker**) Börsentelegraph *m*
TIKKO = Türkiye İşçi Köylü Kurtuluş Ordusu (Türkisches Arbeiter- und Bauern-Befreiungsheer) (illegale Organisation)

tikli 1. mit nervösem Zucken behaftet 2. wunderlich, schrullig (Person)
tiksinç; tiksindirici abstoßend, widerlich, abscheulich, ekelhaft
tiksindirmek 1. (b–ni) j–s Ekel (Abscheu, Widerwillen) hervorrufen, j–n anekeln 2. (b–ni bşden) j–m et. verekeln, bei j–m Widerwillen (Abscheu) gegen et. hervorrufen
tiksinmek (bşden) sich ekeln (vor), Widerwillen (Abscheu) empfinden (gegen, vor) *iğrenmek
tiksinti Ekel(-gefühl *n*) *m*, Abscheu, Widerwille *m* *ikrah, istikrah
tiktak, -kı 1. ticktack! 2. Ticktack, Ticken *n* ~ **etmek** ticken (Uhr)
Tikveş *n.pr. (in osm. Zeit)* D. im (damaligen) Rbz. Saloniki
tilâvet, -ti *va.* Rezitieren *n* des Korans ~ **etmek** *va.* den Koran rezitieren
tilcik *(kaum gebr.)* s. **kelime, sözcük**
tilcikçi *pej.* Wortklauber *m*
tilfin *naut.* s. **takoz** (8)
tilki 1. Fuchs *m zo.* Vulpes vulpes 2. *fig.* schlauer (verschlagener, abgefeimter) Mensch 3. Fuchs-fell *n*, -pelz *m* ~ **arjante** Silberfuchs *m* *rönar arjante ~ **balığı** s. **sabanbalığı;** ~ **buğdayı** s. **inek buğdayı;** ~ **gibi** schlau, verschlagen, abgefeimt (Person) ~ **masalı** Ammenmärchen *n* ~ **taşağı** Riemenzunge, Bocksorchie *f bot.* Orchis hircina ~ **tırnağı** Knabenkraut *n bot.* Orchis mascula ≗ **tilkiliğini anlatıncaya kadar post elden gider.** *Spr.* 1. Bis jemand seine Schuldlosigkeit darlegen kann, ist er schon zu Tode gehetzt. 2. Bis sich der wahre Sachverhalt herausstellt, ist es oft schon zu spät. ~ **uykusuna yatmak** sich schlafend stellen ~ **üzümü** Einbeere *f bot.* Paris (incompleta u.a.) ~ **yuvası** Fuchs-bau *m*, -höhle *f* ≗**nin dönüp (gezip, dolaşıp) geleceği yer kürkçü dükkânıdır.** *Spr.* Alles kommt, wie es kommen muß.
Tilkicik *astr.* Fuchs *m*, Füchschen *n* (Sternbild)
tilkikususu, -nu Fuchskusu *m*, australisches Opossum *zo.* Trichosurus vulpecula
tilkikuyruğu, -nu 1. s. **horozibiği** (4) 2. Wiesenfuchsschwanz *m bot.* Alopecurus pratensis 3. e–e best. Ringertechnik 4. e–e langbüschelige Traubenart 5. *va. med.* Ringelflechte, Trichophytie *f* 6. *va.* heimtückischer Vorschlag ~ **testere** Fuchsschwanzsäge *f*
tilkileşmek schlau (verschlagen, gerissen) werden
tilkilik 1. Wesen *n* des Fuchses, Schlauheit, Verschlagenheit, Geriebenheit *f* 2. Fuchsbau *m* 3. e–e Gegend, die reich ist an Füchsen
tilmiz [·–] *va.* Schüler *m* (im Ggs. zum Lehrer), Anhänger *m*
Tilo(-s) s. **İlyaki**
tim [ī] *(engl.* **team**) *(Sport; a. mil.)* Mannschaft *f* *ekip, takım
timar s. **tımar**
timbal s. **tembal**
timi 1. Name e–s Zigeuner- od. Neger-spiels 2. Anschwellung *f* (durch Insektenstich)
timokrasi Timokratie *f*, Herrschaft *f* der Besitzenden
timpanon *mus.* Hackbrett *n*, Zimbel *f*
timsah [ā] Krokodil *n zo.* Crocodilus ~ **bekçisi** Krokodilwächter *m zo.* Pluvianus aegyptius ~ **derisi** 1. Krokodilleder *n* 2. aus Krokodilleder hergestellt
timsahiye [ā] *(va.)*; **timsahlar** Panzerechsen *pl. zo.* Crocodilia
timsal, -li [ā] 1. Sinnbild, Symbol *n* *sembol 2. Inbegriff *m* Zu 2: **hamakat -i** Inbegriff *m* der Dummheit
timsalî *va.* symbolisch, sinnbildlich *sembolik
Timşovar s. **Tamşuvar**
Timuçin s. **Cengiz Han**
timur 1. s. **demir** 2. ≗ *n.pr.* Timurlenk, Tamerlan *Aksak (*od.* Topal) ≗; Timurlenk 3. ≗ *mV*
Timurlenk s. **Timur** (2)
Timuroğulları, -nı *hist.* Timuriden *pl.*
timüs *(franz.* **thymus**) s. **özden**
tin (I) s. **ruh**
tin (II) [ī] s. **incir;** ≗ **suresi** Name der 95. Koran-Sure
tin (III) **tin** lautlos, geräuschlos, still *sessiz, patırdısız ≗ ~ **uzaklaştı.** Er verschwand geräuschlos.
tinfoyl *(engl.* **tinfoil**) *selt.* Stanniol *n*
tingoz *V* Ohrfeige, Backpfeife *f*
tinka [×·] Schleie *f zo.* Tinca tinca
Tinnin [·–] *va.* s. **Ejderha**
Tinos (adası) *n.pr.* Insel *f* Tinos *İstindil
tinsel s. **manevî, ruhanî;** ~ **zarar giderim** s. **manevî tazminat**
tinselci(-lik) s. **spiritüalist; spiritüalizm**
tinta s. **atkı** (6)
tinto 1. rötliche spanische Trauben 2. hieraus hergestellter spanischer Wein
tinton liebenswerter Alter
tinyoloz *V* 1. von unansehnlicher Statur, von schmächtigem Körperbau, *F* mickerig 2. abgerissen, zerlumpt, jämmerlich, erbärmlich
tip, -pi 1. Typ(-us) *m*, Art *f*, Schlag *m* 2. *oft pej.* (Menschen-)Typ; Kerl *m* 3. von e–m best. Typ Zu 3: **Kabriyole** ~ **pek az kullanılmış bir otomobil satılıktır.** Wenig gebrauchtes Auto (Kabriolett) zu verkaufen.
TİP = Türkiye İşçi Partisi Türkische Arbeiterpartei
tip-bina *pej.* Mietskaserne *f*
tipi (*a.* **kar tipisi**) Schneesturm *m* **-ye tutulmak** in e–n Schneesturm geraten
tipik 1. typisch, charakteristisch, ausgeprägt, unverkennbar, bezeichnend 2. Charakteristikum *n*
tipilemek beginnen, einsetzen (Schneesturm) **Hava tipiledi.** Es hat ein Schneesturm eingesetzt.
tipleşmek e–e Typisierung (Normung, Standardisierung, Vereinheitlichung) erfahren; typisiert (genormt, standardisiert, einheitlich festgelegt) werden
tipleştirmek typisieren, normen, standardisieren, einheitlich festlegen (gestalten, regeln)
tipli *mst. pej.* von nb. Art, vom Typus ..., à la ... **Vahdettin** ~ **bir takım krallar** e–e Reihe von Königen vom Schlag e–s Vahdettin
tipo baskı s. **tipografi**
tipograf Typograph, Schriftsetzer, (Buch-)Drucker *m*
tipografi; tipografya [··×·] Typographie, Buchdruckerkunst *f*
tipografik typographisch
tipoloji Typologie *f*
tipolojik typologisch
tipometre *typ.* Typometer *n*
tipsiz *V* unförmig, häßlich
tipsizlik *V* Unförmigkeit, Häßlichkeit *f*
Tipterler *n.pr.* e–e türk. Volksgruppe in Baschkirien
tiptoloji *(franz.* **typtologie**) (spiritistisches) Tischrücken
TIR; T.I.R. (= Transport International Routier) Internationaler Transport durch Fernlaster ~ **şoförü** Fernfahrer *m*
tir (I) [ī] *va.* 1. Pfeil *m* *ok 2. *va. lit.* Wimpern *pl.* (der Geliebten)
tir (II) **tir** *lm. Verst.* ~ ~ **titremek** wie Espenlaub (zittern) *tiril tiril
Tira! [×·] *(naut. Kommando)* Anholen!
tiraj *(franz.* **tirage**) Auflage(-nhöhe) *f* (z.B. e–r Zeitung) ~ **gazetesi** Zeitung *f* mit hoher Auflage
tiraje [––·] 1. *va.* Regenbogen *m* *alâimisema 2. ≗ *wV*

tirajlı in nb. Auflage(-nhöhe); s. a. **büyük** ~
tiramola [··×·] *naut.* 1. Anholen *n* (best. Segel) und Losegeben *n* (anderer Segel) 2. Wenden *n* (e–s Segelschiffs) 3. Klarierung *f* (e–r Talje) ~ **çevirmek** s. ~ **etmek** (1); ~ **etmek** 1. (durch den Wind) wenden, über Stag gehen, auf den anderen Bug gehen 2. überholen, klarieren (Talje) ≗ **kavanço palanga!** Blöcke freilegen!
Tiran *n.pr.* Tirana (Hauptstadt von Albanien)
tiran (*franz.* **tyran**) *selt.* Tyrann, Despot *m*
tirangiller Tyrannen *pl. zo.* Tyrannidae (amerikanische Schreivögel); vgl. **kral kuş**
tiranik *selt.* tyrannisch, despotisch
tiranlık *selt.* Tyrannei *f*, Willkürherrschaft *f*
tirat, -dı (*franz.* **tirade**) 1. Wort-schwall, -erguß *m*, Tirade *f* 2. *mus.* Lauf *m* *rulat
tiratron (bei elektronischen Geräten) Thyratron *n*
tirbuşon (*franz.* **tire-bouchon**) Korkenzieher *m* *burgu
tirbuton (*franz.* **tire-bouton**) Schuhknöpfer, Knopfhaken *m*
tirdan [––] *fr.* prunkvoll ausgestatteter Köcher (für Pfeile)
tire (I) 1. (Baumwoll-)Faden, Zwirn *m* 2. Baumwoll-
tire (II) (*franz.* **tiret**) 1. s. **birleştirme çizgisi** 2. Gedankenstrich *m* *büyük çizgi 3. Strichätzung *f* (z. B. bei Kupferstichen) 4. Umriß *m* (z. B. Zeichnung ohne Schatten) 5. *mus.* Abstrich *m* (bei der Geige) *çekiş
Tire *n.pr.* Stadt u. gln. D. im Rbz. Izmir
Tirebolu *n.pr.* kleiner Hafenort am Schwarzen Meer und gln. D. im Rbz. Giresun ~ **taşı** s. **tripoli**
tirehane [ā] Zwirnerei *f*
Tiren denizi *n.pr.* Tyrrhenisches Meer
tirendaz [–·–] 1. *va.* Bogenschütze *m* 2. *fig.* geschickt, gewandt, anstellig, wer sich zu helfen weiß 3. *fig.* gut gekleidet, vornehm, elegant, schick
tirenti s. **trenti**
tireotoksikoz; tireoz *med.* Thyreotoxikose, Hyperthyreodie, Schilddrüsenüberfunktion *f*
tirfil (I) 1. Klee *m bot.* Trifolium *üçgül 2. Name e–s Schmuckzeichens in der ar. Kunstschrift (das ungefähr die Form e–s V besitzt) 3. s. **trefil** Zu 1: s. a. **çayırtirfili** Zu 2: s. a. **cezimli (mimli, tırnaklı)** ~
tirfil (II) *naut.* 1. Takel *n* und Mantel *m* 2. Rolle *f*, Rundholz *n* (zum Bewegen schwerer Gegenstände) ~ **palangası** *naut.* Talje *f* (zum Heben kleinerer Lasten)
tirfillenmek sich abschaben, sich abnutzen, sich abwetzen, die Wolle verlieren (Stoff)
tirfon (*franz.* **tire-fond**) 1. Schienenschraube *f*, Schraubenbolzen *m* 2. Deckenhaken *m*
tirgüverte *naut.* 1. Takelboden *m* 2. Takler, Takelmeister *m* 3. Deckmannschaft *f*
tirhos s. **ateşbalığı**
Tiridat s. **Mitridat**
tiril tiril 1. s. **tir tir** 2. *Adj.* sich leicht wellend (Stoff) 3. **(dolaşmak)** peinlich sauber (gekleidet); piekfein
tirildemek zittern, beben *titremek
tirim (*engl.* **trim**) *naut.* 1. Gleichgewichtslage *f*, richtige Stauung der Ladung; Trimm *m* 2. Unterschied *m* zwischen Bug- und Heck-Tiefgang (bei beladenem Schiff) ~ **tutturmak** *naut.* richtig beladen (Schiff)
tirimli *naut.* -lastig; s. **başa (kıça)** ~
tirimsiz *naut.* mit gleichmäßigem Tiefgang (Schiff)
tiringa s. **tringa**
tirişko [·×·] *V* Flunkern, Prahlen *n*, Angeberei *f*
tirit, -di 1. e–e Art Brotsuppe 2. (*a.* ~ **gibi**) altersschwach, gebrechlich **-e dönmek** *P* zum Wackelgreis werden
tiritleşmek alt und gebrechlich werden
tiriz 1. Latte, Leiste *f* 2. Zierleiste *f*, Gesims *n*, Fries *m*, Kehlung *f* 3. Besatz *m*, Borte, Litze, Paspel *f*, Zierstreifen *m* (z. B. an e–m Kleid) 4. *naut.* Bekleidung *f* mit Taugeflecht od. Holzleisten (gegen das Schamfilen)
tirkeş [ī] *va.* Köcher *m* *okluk, sadak
tirle (*franz.* **tire-lait**) *med.* Milchpumpe *f* (zum Absaugen der Muttermilch)
tirlin (*franz.* **tire-ligne**) 1. Reiß-, Auszieh-Feder *f* 2. Tuscheinsatz *m* (am Zirkel)
tirnele [·×·] *naut.* 1. Platting *f* (Tauwerk aus Kabelgarn) 2. Knüttel *m* (dünne Leine aus zwei od. mehr Kabelgarnen) 3. Reffbändsel *n* 4. Verschnürung *f* der Sonnen(schutz)-segel
Tiro işaretleri Tironische Noten *pl.* (altrömische Kurzschrift)
tiroidit, -ti (*franz.* **thyroïdite**) *med.* Schilddrüsenentzündung *f*
tiroidizm (*franz.* **thyroïdisme**) s. **tireotoksikoz**
tiroit, -di (*a.* ~ **bezi**) (*franz.* **thyroïde**) s. **kalkanbezi**
tiroksin *biol.* Thyroxin *n*
tirol s. **trol, şalü**
tirolyen (*franz.* **tyrolienne**) *mus.* Jodler *m*
tirpidin; tirpit(-il); tirpitin *agr.* kleinere Gartenhacke
tirsi (balığı) Alse *f*, Maifisch *m zo.* Alosa alosa
tirşe 1. bläulich-, meer-grün, grünlichblau 2. *fr.* Pergament *n* *parşömen ~ **kâğıdı** Velinpapier *n* *velin kâğıdı
tirşemsi grünlich-blau glänzend
tirtir s. **tir tir**
tiryak, -kı [ā] 1. Theriak *m* (opiumhaltiges Allheilmittel des Mittelalters) 2. Gegengift *n* *panzehir 3. Opium *n* *afyon
tiryakî [·––] 1. passionierter Raucher (Kaffee-, Tee-trinker, Spieler usw.) 2. *fig.* nervös, reizbar 3. ≗ *fr.* türk. Zigarettenmarke 4. ≗ Figur des Opiumrauchers im Karagözspiel ~ **fincanı** große, henkellose Kaffeetasse *kallâvi fincan **-si olmak** (bşin) (e–m Laster) verfallen sein
tiryakîlik [ā] Passion, Leidenschaft, Besessenheit *f* (vgl. **tiryakî**)
tiryandamia [·×·×·] *griech.* s. **otuzbir**
tis'a *va.* neun *dokuz
tise(le)mek *dial.* s. **çise(le)mek**
TİSK = Türk İşveren Sendikaları Konfederasyonu Türkischer Arbeitgeberverband
Tisyen (*gel. a.* **Lötisyen**) *n.pr.* Tizian (italienischer) Maler
tişört, -tü [ī] (*engl.* **T-shirt**) Trikotunterhemd, Sporthemd *n* (für Männer)
Tit Liv *n.pr.* Titus Livius (altrömischer Historiker)
titan *chem.* Titan *n*
Titanlar *n.pr. griech. Myth.* Titanen *pl.*
titanlı titanhaltig ~ **demir** s. **ilmenit**
titi Springaffe *m zo.* Callicebus personatus
titiz 1. *mel.* a) peinlich genau, minutiös b) auf peinliche Sauberkeit achtend 2. *pej.* pedantisch genau, schwer zufriedenzustellen(-d), krittelig, eigen, schwierig (z. B. Charakter)
titizlenmek; titizleşmek 1. peinliche Genauigkeit walten lassen 2. *pej.* pedantisch werden, sich an Kleinigkeiten stoßen Zu 2: **Fincanı kitabın üzerine koyma, Beyefendi titizleniyor.** Stell die Tasse nicht auf das Buch, der Herr wird sonst ärgerlich.
titizlik 1. *mel.* a) peinliche Genauigkeit b) peinliche Sauberkeit 2. *pej.* Pedanterie *f*, pedantisches Wesen, schwieriger Charakter; Gereiztheit, Laune *f* **-le çalışmak** peinlich genau arbeiten
Titocu; Titoist, -ti 1. Titoanhänger(-in *f*) *m* 2. titoistisch
Titoculuk; Titoizm Titoismus *m*
titre *chem.* titriert ~ **etmek** *chem.* titrieren
titrek 1. zitternd, zitterig, bebend 2. (b–nin üzerine) um j–s Leben zitternd; mit zärtlicher Liebe umhegend ~ **kavak** Espe, Zitterpappel *f bot.* Populus tremula
titrelemek s. **titre etmek**

titrem *phon.* Ton(-höhe *f*) *m*, Betonung *f*
titremek 1. zittern, beben, schwingen, vibrieren 2. (m. Abl.) sich sehr fürchten (vor) 3. (bşin *od.* b–nin üzerine) zittern (um), Angst haben (für), mit sorgender Liebe umgeben
titremeli s. **akıcı ünsüz;** ~ **felç** s. **Parkinson hastalığı**
titremleme *phon.* Intonation, Sprachmelodie *f*
titrersinek Zuckmücke *f zo.* Chironomus (plumosus u. a.) *tüysinek
titreşim *phys.* 1. Schwingen *n*, Schwingung, Vibration *f* *ihtizaz, vibrasyon 2. Resonanz *f* *rezonans
titreşimli 1. schwingend, vibrierend 2. *phon.* stimmhaft *ötümlü ~ **akıcı** s. **akıcı ünsüz**
titreşimsiz 1. ohne Vibration 2. *phon.* stimmlos *ötümsüz
titreşmek 1. an allen Gliedern (od. alle zusammen) zittern 2. *phys.* schwingen, vibrieren *ihtizaz etmek
titretmek Kaus. zu **titremek** *a.*: Angst und Schrecken verbreiten (bei)
titreyiş 1. Zittern, Beben *n* 2. Vibration *f*
titrilemek *chem.* titrieren, maßanalytisch bestimmen *ayar etmek
titrimetri *chem.* Maßanalyse, Titrimetrie *f*
tiyatro [·×·] 1. Theater *n*, Bühne *f* 2. dramatische Kunst; Schauspiel-, Bühnen-kunst *f* 3. Drama, Bühnenwerk, Theaterstück, Schauspiel *n* ~ **bilimi** Theaterwissenschaft *f* ~ **darbesi** Theatereffekt *m*, plötzliche, unerwartete Wendung ~ **dili** s. **sahne dili;** ~ **dönemi** (*od.* **sezonu**) *Th.* Spielzeit *f* ~ **dürbünü** Opernglas *n* ~ **eğitimi** theaterwissenschaftliche Ausbildung ~ **meraklısı** Theater-liebhaber, -freund; *pej.* -narr *m* ~ **perdesi** Bühnenvorhang *m* ~ **sanatı** Bühnenkunst *f* ~ **sezonu** s. ~ **dönemi;** ~ **sorumlusu** *Th.* Verwaltungsdirektor *m* ~ **şenliği** Festspiel *n* *festival ~ **topluluğu** Theatertruppe *f* ~ **uzmanı** Theaterfachmann *m* ~ **yönetmeni** Theaterdirektor *m* **-ya intisap etmek** zur Bühne gehen
tiyatrocu *P* 1. Theater-besitzer, -pächter *m* 2. Schauspieler(-in *f*) *m*, Bühnenkünstler(-in *f*) *m*
tiyatroculuk 1. Theaterwesen *n* 2. Schauspielkunst *f*
tiyatroluk theatralisch *teatral
tiyatrosever Theater-liebhaber, -freund *m*
tiyers (*franz.* **tierce**) *mus.* Terz *f* *üçlü
tiyis *V* Hintern, Popo, *V* Arsch *m*
tiz [ī] 1. hoch (Stimme, Ton) 2. *V* s. **tiyis** 3. s. **tez** 4. *va.* spitz, scharf 5. *va.* leicht gereizt ~ **bölge** *Th.* hohe Stimmlage ~ **perdeden** 1. in hohem Ton 2. *fig.* heftig, aufgeregt ⚘ **reftar olanın payine damen dolaşır.** (Ziya Paşa) Eile mit Weile! *Spr.*
tize [×·] *naut.* stärkste Spannung e–s Taues ~ **etmek** aufs äußerste straffen (Tau) **-ye değil** *naut.* schlaff, lose (Tau)
tizleşmek höher werden (Ton, Stimme)
tizlik [–·] *mus.* hohe Tonlage
TKEP = Türkiye Komünist Emek Partisi Türkische Kommunistische Arbeitspartei (linke Untergrundorganisation)
TKİ = Türkiye Kömür İşletmeleri Kurumu Türkisches Kohlenbetriebsamt (Abteilung in **Enerji ve Tabiî Kaynakları Bakanlığı**)
TKMO = Türkiye Kızıl Muhafızlar Ordusu Türkische Rotgardisten (linke Untergrundbewegung)
TKP = Türkiye Komünist Partisi
T.L. = Türk Lirası
TMO = Toprak Mahsulleri Ofisi Amt *n* für Bodenerzeugnisse
TNT *chem.* Trinitrotoluol *n* (Sprengstoff)
tobogan Toboggan *m* (länglich-flacher Schlitten)
toca [×·] *naut.* unklares Tau od. unklare Kette
toga *hist.* (römische) Toga *f*
toğrul 1. s. **çakırdoğan** 2. ⚘ a) Name mehrerer Seldschukenfürsten bes. des Begründers der S.dynastie b) *mV*
tohaf (und Ableitungen) s. **tuhaf** (u. Abl.)
Toharca [·×·] *ling.* Tocharisch(-e) *n*
tohum 1. *a. fig.* Samen(-korn *n*) *m* 2. Samen(-flüssigkeit *f*) *m*, Sperma *n* *sperma 3. (Insekten-)Eier *pl.* 4. *fig.* Abstammung *f*, Geschlecht *n*, Familie *f* ~ **atmak (ekmek, saçmak)** säen, den Samen ausstreuen ~ **bağlamak** Samen bilden (ansetzen) ~ **döşeği** Samenbeet *n* ~ **gömleği** Eier *pl.* des Seidenspinners ~ **ıslahı** Samenveredelung *f* ~ **taslağı** (*od.* ~ **tomurcuğu**) s. **ovül; -a çekmek** 1. Samen bilden 2. ins Kraut schießen (z. B. Salat) **-a kaçmak** 1. *F* e–e alte Jungfer werden 2. s. **-a çekmek** (2); **-larda önoluşum öğretisi** *biol.* Präformationstheorie *f* **-u dökülmek** keine Nachkommen haben
tohumcu Samenhändler *m*
tohumkabuğu, -nu *bot.* Samenkapsel *f* *testa
tohumlamak befruchten, belegen lassen (z. B. Schafe)
tohumlanmak 1. Pass. zu **tohumlamak** 2. s. **tohuma çekmek**
tohumlarıipekligiller Schwalbenwurzgewächse *pl. bot.* Asclepidiaceae
tohumlu mit (nb.) Samen ~ **bitkiler** s. **çiçekli bitkiler**
tohumluk 1. zur (Aus-)Saat geeignet od. best. 2. Saat-korn, -gut *n* 3. *V* alt, verblüht 4. *z. va.* (Garten-)Beet *n* 5. *z. va.* männl. Zuchttier *n spez.* Hengst *m* 6. Aufbewahrungsort *m* für Saatgut
tok (I), **-ku** 1. satt, gesättigt 2. dichtgewebt, dick (Stoff) 3. kräftig, voll, laut (Stimme) ⚘ **açın halinden bilmez** (*od.* **ne bilir?**) *Spr.* Der Satte kann nicht nachempfinden, wie es dem Hungrigen zumute ist. ⚘ **ağırlamak** (*od.* **ağırlaması**) **güç olur.** *Spr.* Wenn die Maus satt ist, schmeckt das Mehl bitter. *Spr.* ~ **evin aç kedisi** *fig.* 1. wohlhabend, aber unzufrieden 2. wer den Rachen nicht voll genug bekommen kann ~ **gözlü** genügsam, bescheiden *gözü tok ~ **karnına** mit vollem Magen; wenn man eben gegessen hat ~ **olmak** s. **karnı** ~ **olmak;** ~ **ses** 1. kräftige und laute Stimme 2. *fig.* Brustton *m* der Überzeugung ~ **söz** unverblümte Äußerung ~ **sözlü** unfreundlich, ungefällig, abweisend und verletzend *nobran ~ **tutmak** sättigen, sattmachen, vorhalten (*spez.* Fleischspeise)
tok (II), **-ku** Kalbs(Hammel-, Ziegen-, Schweine-)backe *f*
tok (III), **-ku** *mod.* Toque *f* (barettartiger Damenhut), Kappe *f*
toka (I) [×·] (Gürtel-, Koppel-, Westen- usw.)Schnalle *f* ~ **dili** Schnallendorn *m* ~ **köprüsü** Schnallenbügel *m*
toka (II) [×·] 1. Händedruck *m* 2. Anstoßen *n* (mit Gläsern) 3. *naut.* Hochziehen *n bzw.* Herunterlassen *n* (von Segeln, Rahen usw.) ~ **etmek** 1. sich die Hand drücken 2. *naut.* Segel, Rahen usw. in die erforderliche Stellung bringen 3. mit den Gläsern anstoßen *kadeh tokuşturmak 4. **(avucuna)** in die Hand drücken (Geld) 5. *V* (her-)geben, herausrücken (Geld) Zu 5: ⚘ **et parayı!** Rück das Geld heraus! Her mit dem Geld! ~ **ıskota gidiş** *naut.* Am-Wind-Laufen *n*
tokaç, -cı Schlagholz *n* (beim Wäschewaschen), Wäscheschlegel *m*
tokaçlamak mit dem Wäscheschlegel bearbeiten
tokalamak (I) mit e–r Schnalle befestigen, (an-, zu-, fest-)schnallen
tokalamak (II) *V* s. **toka etmek** (5)
tokalaşmak sich gegenseitig die Hand drücken
tokalı 1. mit Schnalle(-n) 2. (an-, zu, fest-)geschnallt ~ **ayakkabı** Schnallenschuh *m*
tokat (I), **-tı** 1. *va.* innere Handfläche *aya 2. Ohrfeige, *F* Backpfeife *f* 3. *V* Betrug, Schwindel *m* ~ **atmak (aşketmek, içirmek, vermek, vurmak)** j–m e–e Ohrfeige geben (versetzen), j–m e–e herunterhauen, j–n ohrfeigen ~ **çakmak** *V* s. **tokat atmak;** ~ **şaklatmak** (*od.* **şaplat-**

mak) e–e schallende Ohrfeige versetzen ~ **yapıştırmak** *F* j–m e–e kleben ~ **yemek** e–e Ohrfeige beziehen (bekommen)
tokat (II), **-tı** Triel *m* (Vogel) *zo.* Burhinus oedicnemus *kalın bacaklı kuş
tokat (III), **-tı** 1. Bergmulde *f*, breites, offenes Tal 2. *P* Sommerpferch *m* im Freien (für Herden)
tokat (IV), **-tı** e–e best. Art des Tr.sp.
Tokat, -tı *n.pr.* Stadt im gln. Rbz. (nördl. Mittelanatolien)
tokatçı *V* Schwindler, Betrüger *m*
tokatçılık *V* Betrug, Schwindel, Gaunertrick *m*
tokatlamak j–n ohrfeigen
Tokay [×·] Tokaj (in Ungarn) ~ **şarabı** Tokajer(-wein) *m*
toke (*franz.* **toquet**) *mod.* kleine Toque (Kappe) (vgl. **tok** III)
toklu Lamm *n* im ersten Jahr
tokluk, -uğu 1. Gesättigtsein *n*, Sättigung *f* 2. Dichte *f* (e–s Gewebes) **sesin -u** laute, volle Stimme
tokmak 1. Holz-hammer, -schlegel, Fleischhammer *m* 2. Türklopfer *m* (aus Holz od. Eisen) 3. Glockenschwengel, Klöppel, Paukenschlegel *m;* Hammer *m* (im Klavier) 4. Stampfer, Stößel *m*, Mörserkeule *f*, Pistill *n* 5. Stampfer *m*, Ramme *f* 6. Hack-klotz, -stock *m* 7. Untersatz *m* (für **sini**); Schemel, Hocker *m* 8. s. **çamaşır (çekmece, kapı, pencere) -ı;** ~ **gibi** von festem, prallem Körperbau ~ **kızağı** *techn.* Rammführung *f*
tokmakbaş 1. **(kaya)** die Grundelart Gobius ophiocephalus 2. *dial.* s. **çamuka** (2)
tokmakböcekleri, -ni Kurzflügler, Moderkäfer *pl. zo.* Staphylinidae *aylakböcekler
tokmakçı *P* s. **jigolo** (2)
tokmakçıklar s. **halterler**
tokmaklamak *techn.* stampfen, rammen
tokmaklaşmak sich zu Klumpen ballen (z. B. feuchtes Mehl)
toksemi (*franz.* **toxémie**) s. **kan zehirlenmesi**
toksik, -ği *med.* 1. Toxikum, Gift *n* 2. toxisch, giftig
toksikolog Toxikologe *m*
toksikoloji Toxikologie *f*, Lehre *f* von den Giften und Vergiftungen *zehirbilim
toksikolojik toxikologisch *zehirbilimsel
toksikoman (*franz.* **toxicomane**) rauschgiftsüchtig
toksikomani Rauschgiftsucht, Süchtigkeit *f* *uyuşturucu madde tiryakîliği
toksikoz (*franz.* **toxicose**) *med.* Intoxikation, Vergiftung *f*
toksin *med.* Toxin *n*, organischer Giftstoff, Bakteriengift *n*
toksisite *med.* Toxizität, Giftigkeit *f*
toktağan karlar *geogr.* ewiger Schnee *kalımlı (*od.* müstemir) karlar
toktamak *dial.* dauernd bestehen, immer vorhanden sein
Toktamış *n.pr.* 1. **(Han)** ein Führer der Goldenen Horde 2. *mV*
toktok (dumpfes) Rollen (von Wagen)
tokur alınlı *dial.* mit vorspringender Stirn
tokurcun s. **dokurcun**
tokurdamak sprudeln, bullern, glucksen (Wasser, aus dem die Luft entweicht)
tokurdatmak Kaus. zu **tokurdamak; nargilesini** ~ das Wasser in der Nargileh glucksen lassen
tokurtu Sprudeln, Bullern, Glucksen *n* (von Wasser)
tokuş 1. *va.* Zusammenstoß, Kampf *m* 2. s. **değiş tokuş**
tokuşmak 1. zusammen-prallen, -stoßen 2. mit den Köpfen gegeneinander rennen; kämpfen
tokuşturmak 1. Kaus. zu **tokuşmak** 2. *Bill.* karambolieren 3. s. **kadeh** ~
tokuz dichtgewebt, dick (Stoff)
tola *dial.* Scherling *m* (geschorenes Schaffell)
tolerans 1. Toleranz, Duldsamkeit *f* *hoşgörü 2. *techn.* Toleranz, zulässige Abweichung (von der vorgeschriebenen Norm); Spielraum *m*
toleranslı 1. tolerant, duldsam, nachsichtig 2. *techn.* mit nb. Toleranz
tolga 1. Helm *m* *miğfer 2. s. **tavulga**
tolgacı *fr.* Helmschmied *m*
tolgalı e–n Helm (bzw. Helme) tragend
tolit, -ti *chem.* Tolit *n* (Explosionsstoff)
tolun 1. voll, ganz rund (Mond) 2. ♀ *mV* od. *türk. Fn.*
tolunmak vollwerden, sich runden (Mond)
tolüen (*franz.* **toluène**) s. **tolüol**
tolüol, -lü *chem.* Toluol, Methylbenzol *n*
tomafil *anatolisch-bäuerisch* für **otomobil**
tomağa *fr.* Holzkugel *f* (am Fuß e–s Jagdfalken)
tomağı s. **duma**
tomak 1. Holzkugel *f* 2. *hist.* Keule *f*, Streitkolben *m* *gürz 3. *fr.* schwere, dicke (Reiter-)Stiefel *pl.* ~ **oyunu** ein Kampfspiel zweier Mannschaften (zu je sechs Mann)
tomakçı 1. Teilnehmer an **tomak oyunu** 2. *fr.* *(Serailsprache)* geschickt, anstellig
tomalan; tomalmak s. **domalan; domalmak**
tomaok, -ku Tomahawk *m*, Streitaxt *f*, Kriegsbeil *n* **-u gömmek** das Kriegsbeil begraben
tomar 1. (Leder-, Papier-, Schrift-)Rolle *f* 2. jeder zylindrisch geformte Gegenstand; längliches Bündel 3. *mil. fr.* a) Ladestock, Geschoßansetzer *m* (bei Vorderlader) b) Geschützwischer *m* 4. zylindrisch geformt 5. ♀ gebr. Hundename **-ı devrilmek** *z. va.* sterben
Tomarza *n.pr.* O. u. D. im Rbz. Kayseri
tomba(-dak) s. **tumba(-dak)**
tombadız von kugelrunder Gestalt, sehr dick
tombak, -kı 1. Tombak *m* 2. aus Tombak, tombaken
tombala [×··] Tombola *f*, Lottospiel *n*
tombalak 1. rundlich, dick, beleibt, drall 2. Purzelbaum *m* ~ **atmak** e–n Purzelbaum schlagen (schießen) ~ **patlıcan** s. **bostan patlıcanı**
tombay s. **dombay**
tombaz 1. flacher Kahn; Zille *f* 2. Ponton *m* ~ **arabası** Ponton-wagen, -karren *m* ~ **köprü** Pontonbrücke *f* ~ **nakliye takımı** *od.* **-lardan yapılmış sal** *mil.* Pontonfähre *f*
tombolo *geogr.* schmaler Landstreifen zwischen Festland und nahegelegener Insel
tombul rundlich, dicklich, drall, korpulent (Person) ~ **teyze** „die dicke Tante“ (Witzfigur in der Zs. Karikatür)
tombulca ziemlich dick, recht rundlich
tombulgüveler Schwammspinner *pl. zo.* Lymantriidae
tombulluk Rundlichkeit, Korpulenz *f*
Tommaso *n.pr.* Thomas von Aquin
Tommasoculuk *rel.* Thomismus *m*
Tomris 1. Name e–r Skythenkönigin (6. Jh. v. Chr.) 2. *wV*
tomrucuk s. **tomurcuk**
tomruk, -uğu 1. Baum-, Holz-klotz *m* 2. *fr.* schwerer Holzklotz am Fuß e–s Sträflings 3. *fig. fr.* Gefängnis *n* 4. (zu bearbeitender) Stein-, Fels-block *m* 5. *z. va.* Knospe *f* 6. *hist.* Stock *m* (Marterinstrument) ~ **ağası** *fr.* Gefängnisdirektor *m* ♀ **suyu** Name e–s beliebten Quellwassers (Istanbul) **-a atmak** *fr.* ins Gefängnis werfen **-a vurmak** *hist.* in den Stock schließen
tomruklanmak *z. va.* s. **tomurcuklanmak**
tomruklu 1. mit Knospen 2. *fr.* in den Stock gespannt
Tomson Thompson-Maschinenpistole *f*
tomşuk Krummschnabel *m* (e–s Adlers, Papageis usw.)
tomşurmak (m. Akk.) dem (jungen) Vogel Futter in den Schnabel stecken; füttern; atzen
tomtok [×·] *Verst.* von **tok** 1. dicksatt, vollkommen gesättigt 2. ganz dicht gewebt, sehr dick (Stoff)
tomur s. **kabarcık, papilla**
tomurcuk *bot.* Knospe *f;* s. a. **tepe tomurcuğu**

tomurcuklanmak Knospen treiben, knospen
tomuşmak 1. mit dem Schnabel das Gefieder glätten (Vogel) 2. sich schnäbeln (Vögel) *gaga gagaya vermek
ton (I) 1. *math.* Tonne *f*, 1000 kg 2. *z. va.* Tonnage *f* **-la** tonnenweise
ton (II) s. **tonbalığı;** ~ **ağı** großes, starkes Fischernetz
ton (III) *(1–6 mus.)* 1. Ton, Klang *m* 2. ganzer Ton (große Sekunde) 3. Tonleiter *f* *dizi 4. Tonart *f* 5. s. **tonalite** 6. Ton-lage, -höhe *f* 7. Ton *m*, Ausdrucksweise *f* 8. Ton *m*, Betonung *f*, Akzent, Druck *m* 9. Ton *m*, Tönung *f* (z.B. bei Bildern) Zu 4: s. **ilgili -lar;** ~ **duygusu** *mus.* Tonempfindung *f* ~ **vermek (göstermek)** *mus.* anstimmen **-dan çıkmak** disharmonieren (*spez.* Farben e–s Gemäldes) **-larda yakınlık** *mus.* Tonverwandtschaft *f* **-u yükseltmek** e–n hochmütigen od. drohenden Ton anschlagen
tona [×·] *va.* s. **ton** (I)
tonaj 1. Tonnage *f*, Schiffs-, Fracht-raum *m* 2. Fassungsvermögen *n*, Ladefähigkeit, Größe *f* (z.B. e–s Lastwagens)
tonal *mus.* tonal (*ant.* atonal)
tonalite *mus.* Tonalität *eksenlilik (2)
tonbalığı, -nı Thunfisch *m zo.* Thunnus thynnus *orkinos
tonculuk s. **tonalite**
tondaşlık s. **tonlarda yakınlık**
tondo Tondo *n* (kreisförmiges Gemälde)
tondura s. **tundra**
tonel 1. (*franz.* **tonnelle**) Gartenlaube *f* *tonoz çardak 2. *V* für **tünel** Zu 2: ~ **geçmek** *V* dösen, träumen, nicht aufpassen, mit seinen Gedanken woanders sein
tonga [×·] 1. *dial.* Docke *f* Tabaksblätter 2. *V* List, Falle *f*, Schwindel, Betrug *m* **-ya bastırmak** *V* in die Falle locken, hereinlegen, betrügen **-ya düşmek (basmak, gelmek, oturmak)** *V* in die Falle gehen, hereinfallen, e–m Schwindel zum Opfer fallen
tongur *dial.* wer bäuerliche Festlichkeiten (Tänze, Hochzeiten usw.) arrangiert
tonik 1. *med.* Tonikum, Kräftigungsmittel *n* 2. *med.* tonisch, kräftigend, stärkend 3. *med.* auf den Tonus bezüglich; tonisch 4. *mus.* Tonika *f* *eksen, tonika Zu 3: ~ **kasılma** *med.* tonischer Krampf
tonika s. **tonik** (4)
tonilato [··×·] *naut.* Frachttonnage *f* (in Registertonnen)
tonilatoluk von soundso viel Registertonnen (Schiff)
tonka (baklası) Tonkabohne *f* (der zum Parfümieren *spez.* von Schnupftabak verwendete Samen von Dipteryx odorata bzw. Dipteryx oppositifolia)
tonlanma Intonation *f* *perdelenme, tasavvut
tonluk soundso viele Tonnen ausmachend (schwer)
tonluluk *phon.* Tonhöhe *f*
tonmayster Tonmeister *m* (im Rundfunk)
tono (I) *va.* s. **ton** (I)
tono (II) (*franz.* **tonneau**) Rolle *f* (bei Kunstflug)
tonoz 1. Gewölbe *n*, bogenförmige Decke; Bogen *m* 2. *naut.* Warpen *n* (Verholen e–s Schiffes mittels Anker) 3. (untereinander verbundene) Fischernetze *pl.* ~ **çardak** s. **tonel** (1); ~ **demiri** *naut.* Warp-, Bugsier-anker *m* ~ **etmek** *naut.* (ein Schiff) warpen ~ **halatı** *naut.* Warp(-leine *f*) *m*, Verholtau *n* *vardakavo ~ **kıtası** *arch.* Gewölbe-, Bogen-abschnitt *m*
tonozlamak *naut.* s. **tonoz etmek**
tonsilektomi *med.* Tonsillektomie *f* (vollständiges Herausschälen der Rachenmandeln)
tonsilit, -ti (*franz.* **tonsillite**) s. **amigdalit**
tontin *jur.* Tontinenversicherung *f*
tonton (*franz.* **tonton**) 1. Onkelchen, mein Lieber, mein Guter usw. 2. liebenswert 3. *hist.* (1890–1900) Istanbuler Bez. für die Inseldampfer **Gel, -um, gel!** Nun komm schon, mein Bester!
tonüs *med.* Tonus *m* (nervöse Dauerspannung von Geweben od. Muskeln)
Tonya *n.pr.* Städtchen u. D. im Rbz. Trabzon
top, -pu 1. Gesamtheit *f*, Ganzes, alles zusammen 2. (Papier-, Stoff- usw.)Ballen *m* 3. kugel- od. knopf-artiger Griff; Knauf *m* 4. Laufgewicht *n* (e–r Waage) 5. Kugel *f*, Ball *m spez.* Spielball *m* 6. Kanone *f*, Geschütz *n* 7. Trommel *f* (e–s Trommelrevolvers) 8. rund(-lich), voll *toparlak Zu 1: **-unuz** ihr alle miteinander ~ **ağacı** s. **kartopu** (1); ~ **akasya** Kugelakazie *f* ~ **ambarı** *naut. fr.* drittes Unterdeck (auf alten Kriegsschiffen) ~ **arabası** 1. *mil.* Protzwagen *m* (der Feldartillerie) 2. *V* Hoden *pl.* (Zu 1: **Beni oraya ~ arabası bile götüremez.** Keine zehn Pferde bringen mich dorthin.) ~ **ateşi** Geschützfeuer *m*, Artillerie-feuer *n*, -beschuß *m* ~ **atımı** 1. *selt.* Kanonenschuß *m* 2. Reichweite *f* e–s Geschützes ~ **atmak** 1. den Ball werfen, Ball spielen 2. ein Geschütz abfeuern, e–n Schuß abgeben (vgl. a. **-u atmak** und **²lar atılsın!**); ~ **baş kefal** dicklippige Meeräsche *zo.* Mugil chelo ~ **beşiği** *mil.* Rohrwiege *f* ~ **bindirmek** *mil.* aufprotzen ~ **burun kefal** s. **dubar;** ~ **cephanesi** Geschützmunition *f* ~ **çakmağı** Geschützverschluß *m* ~ **çehre** 1. rundes (rundliches, volles) Gesicht 2. mit rundlichem Gesicht ~ **dökümhanesi** Geschützgießerei *f* ~ **döşemesi** Gechützbettung *f* ~ **etmek** (hepsini) (alles) zusammen-tun, -werfen, auf e–n Haufen bringen ~ **gibi** 1. wie e–e Kanonenkugel 2. ohne Zögern, sofort 3. wohl oder übel ~ **gibi gitmek** schleunigst irgendwohin gehen (**² gibi gidersin!** Jetzt machst du dich aber schleunigst auf die Beine! Ich werde dir gleich Beine machen!) ~ **gibi gürlemek** losdonnern, -schimpfen ~ **gibi patlamak** wie e–e Bombe einschlagen (z.B. überraschende Nachricht) ~ **güllesi** Kanonenkugel *f* ~ **gürültüsü** Kanonendonner *m* ~ **indirmek** *mil.* abprotzen ~ **kademesi** *mil.* Geschützstaffel *f* ~ **kaması** Geschützverschluß *m* ~ **kandil** Kronleuchter *m* (*spez.* in der Mitte e–r Moschee) ~ **kurmak** Artillerie auffahren ~ **lahana** s. **kıvırcık lahana;** ~ **lombarı** *naut.* Stückpforte *f* ~ **menzili** Reichweite *f* e–s Geschützes ~ **mermisi** s. **obüs;** ~ **namlusu** Geschützrohr *n* ~ **nişangâhı** Geschützvisier *n* ~ **numara erleri** Geschützbedienung (-smannschaft) *f* ~ **olmak** Pass. zu ~ **etmek;** ~ **otu** 1. Pulverladung *f* (für e–e Kanone) 2. *fig.* Prahlerei *f* ~ **oynamak** Ball (*spez.* Fußball) spielen ~ **oyunu** Ballspiel *n spez.* Fußballspiel *n* ~ **ölçme kıtası** *mil.* Artillerie-Meßtrupp *m* ~ **patlamak** 1. losgehen (Kanone) 2. ausbrechen (Feindseligkeiten) ~ **sakal** dichter Vollbart ~ **salata** Kopfsalat *m bot.* Lactuca sativa var. capitata ~ **sesleri** Kanonendonner *m* ~ **silgisi** *mil.* Kanonenwischer *m* ~ **takımı** *mil.* Geschützzug *m* ~ **talimi** Artillerie-Übungsschießen *n*, artilleristisches Exerzieren ~ **teçhizatı** *od.* ~ **teslihatı** Bestückung *f* ~ **tırnaklı** *zo.* Einhufer *m* ~ ~ 1. in Gruppen, in Haufen 2. in ganzen Stücken ~ **toplayıcı** *(Tennis)* Balljunge *m* ~ **trakası** *naut.* Brok *f* (Sicherungstau e–s Schiffsgeschützes) ~ **tüfek** (Schuß-)Waffen *pl.* ~ **yatağı** s. ~ **döşemesi;** ~ **yoluna gitmek** (*od.* **gürlemek**) 1. unschuldig mitbestraft werden 2. unschuldig getötet werden, jämmerlich umkommen ~ **yüzlü** mit rundem (vollem) Gesicht **-a tutmak** (m. Akk.) beschießen, bombardieren, unter Artilleriefeuer nehmen **-la selâmlamak** Salutschüsse abgeben **²lar atılsın!** *F* Gott sei's getrommelt und gepfiffen! **-tan** s. ges. Stw. **-u** *P* 1. alle zusammen 2. insgesamt *cem'an **-u ağlara takmak** 1. *Fb.* den Ball ins Netz setzen 2. *(Tennis)* den Ball ins Netz schlagen **-u atmak** *urspr.* den Ball in die Höhe werfen *d.h.* 1. Bankrott machen, seine Zahlungen einstellen müssen *iflâs etmek 2. sitzenbleiben, nicht versetzt werden (Schüler) od. in e–r Prüfung durchfallen 3. *F* draufgehen, dran glauben müssen (= sterben) **-u ayakta çiğnemek** *Fb.* dau-

ernd am Ball bleiben **-u kesmek** 1. *Fb.* den Ball stoppen 2. *(Tennis, Pingpong)* den Ball schneiden **-u şişirmek** den Ball aufpumpen (aufblasen) **-u** insgesamt **-u -u** alles in allem, insgesamt, wenn man alles zusammenrechnet (**2u -u iki gün kalabildim.** Alles in allem habe ich zwei Tage bleiben können.) **-un ağzına gelmek** 1. unschuldig mitbestraft werden 2. unschuldig getötet werden **-un ağzında** *fig.* an der gefährlichsten Stelle, am stärksten exponiert **-un müceffi** Seele *f* des Geschützrohres

topaç, -cı 1. *Kspz.* Kreisel *m* 2. rundliche Verdickung an den Kaik-Rudern 3. runder Korb od. kleine Kiepe ~ **çevirmek** Kreisel spielen (schlagen) (Kinder) ~ **gibi** dick und rund, wohlgenährt und gesund, *F* Pummelchen *n*

topak 1. Klumpen, Ballen *m* (Teig, Butter usw.) 2. Ballen *m* (des Pferdehufs) 3. Holz-kugel, -keule *f* 4. kurz und dick; rundlich 5. *reg.* Flasche *f*, Glas *n* 6. s. **aglomera**

topaklama 1. s. **aglomerasyon** 2. *techn.* Pelletisieren *n*

topal 1. hinkend, lahm; Hinke-bein *n*, -fuß *m* 2. wackelig (z.B. Tisch mit e–m zu kurzen Bein) ~ **eşekle kervana katılmak** *fig.* trotz Unzulänglichkeit auch mitmachen wollen **2 ile gezen aksamak öğrenir.** *Spr.* Böses Beispiel verdirbt gute Sitten. *Spr.* **2 Timur** s. **Timurlenk;** ~ ~ **yürümek** (daher-, fort-)hinken, lahmen

topalak, -ağı 1. rundliches Stück 2. s. **siklamen** 3. die Kreuzdornart Rhamnus chlorophorus globosus (aus deren Blättern chinesisches Grün gewonnen wird)

Topalar *n.pr.* Topas *pl.* (alttürk. Volksstamm im nördl. China)

topallamak 1. hinken, lahmen 2. *V* sich ungeschickt anstellen

topallık Hinken, Lahmen *n*

topaltı, -nı 1. Schußbereich *m* (der Artillerie) 2. nähere Umgebung e–r Stadt 3. *fr.* Binnenraum *m* (e–r Verschanzung)

topan *dial.* 1. rund *yuvarlak 2. s. **bostan patlıcanı**

toparak s. **alacabalıkçıl**

toparlacık rundlich (*a.* Person)

toparlağımsı sphäroidisch, kugelähnlich *şibih kürevî

toparlak, -ağı 1. rund, (zusammen-)geballt 2. Kugel *f*, Ball *m* 3. rund, kugelförmig 4. aufgerundet (Zahl, Rechnung), rund 5. *mil.* Protze *f* ~ **dingili** Protzachse *f* ~ **hesap** runde Rechnung ~ **rabıt çengeli** Protzhaken *m* ~ **rakam** (*od.* ~ **sayı**) runde Zahl ~ **sandığı** Protzkasten *m* **-ına bindirmek** aufprotzen (Geschütz) **-ından indirmek** abprotzen (Geschütz)

toparlaklık 1. Gerundetsein *n*, Rundung *f* 2. Auf-, Abgerundetsein *n* (e–r Zahl usw.)

toparlamak 1. zusammen-raffen, -packen 2. *mil.* aufrollen (feindliche Front) 3. in Ordnung bringen, aufräumen *çekidüzen vermek Zu 1: **k–ni** ~ sich fassen, sich zusammen-nehmen, -reißen **Çocukları toparla da getir!** Pack die Kinder auf und bring sie her! Zu 2: s.a. **yandan** ~

toparlanmak 1. Pass. zu **toparlamak** 2. sich zusammen-nehmen, -reißen 3. wieder gesund werden, wieder auf die Beine kommen *(a. fin.)*

toparlatmak 1. Kaus. zu **toparlamak** 2. ab-, auf-runden, rund machen

topatan (kavunu) längliche, gelbe, aromatische Frühmelone (Zuckermelone)

topaz *min.* Topas *m*

topbıçak *techn.* Messerkopf *m*

topçeker 1. *naut.* Kanonenboot *n* *gambot 2. Zugpferd(-e *pl.*) *n* od. Traktor *m*, Zugmaschine *f* (für Geschütze)

topçu 1. Artillerist, Kanonier *m* 2. Artillerie *f* 3. Bankrotteur *m* 4. durchgefallen (in e–r Prüfung) od. sitzengeblieben (Schüler) ~ **alayı** Artillerieregiment *n* ~ **ateş tanzimi** Regelung (Korrektur) *f* des Artilleriefeuers ~ **ateşi** Artillerie-feuer *n*, -beschuß *m* ~ **atış okulu** Artillerie-Schießschule *f* ~ **ayvası** Name e–r bes. geschätzten Quittenart ~ **cephanesi** Artilleriemunition *f* ~ **dürbünü** Scherenfernrohr *n* ~ **gözcüsü** Artilleriebeobachter *m* ~ **gözetleme uçağı** Artilleriebeobachtungsflugzeug *n* ~ **gözetleme yeri** Artilleriebeobachtungsstand *m* ~ **korgenerali** General *m* der Artillerie ~ **mareşali** Generalfeldzeugmeister *m* ~ **mermisi** Artilleriegeschoß *n* ~ **mesaha** (*od.* **ölçme**) **kıtası** Artilleriemeßtrupp *m* ~ **mevzii** Artilleriestellung *f* ~ **neferi** Artillerist, Kanonier *m* ~ **subayı** Artillerieoffizier *m* ~ **taburu** Artillerieabteilung *f* ~ **yardımı** Artillerieunterstützung *f* **-ya ayrılmak** zur Artillerie kommen (z.B. Rekrut)

Topçular *n.pr.* Industrieviertel in Istanbul (am Goldenen Horn)

topçuluk Dienst *m* bei der Artillerie, Artilleriedienst *m*

topdolu s. **dopdolu**

tophane [ā] 1. Geschützgießerei *f* 2. Arsenal, Zeughaus *n* 3. **2** *n.pr.* Stadtteil in Istanbul ~ **güllesi** 1. (traditioneller Ruf der Orangenverkäufer) 2. *Sch.* Note *f* Null (schlechteste Note) ~ **güllesini almak** *Sch.* in e–r Prüfung durchfallen ~ **müşürü** *fr.* Generaldirektor *m* der Geschützgießerei in Istanbul ~ **patlıcanı** s. **bostan patlıcanı**

topik (I) Klößchen *pl.* aus Kichererbsen, Zwiebeln und Sesamöl (ein arm. Gericht)

topik (II) (*franz.* **topique**) *med.* 1. örtlich wirkend, lokal 2. örtliches Heilmittel

Topkapı *n.pr.* 1. „Kanonentor“ *n* (an der Landmauer von Istanbul) 2. Stadtviertel in Istanbul 3. Tor *n* an der Nordspitze des Serails in Istanbul (hiernach die Benennung des Serails als **2 Sarayı**)

topkeşan [ā] *fr.* Zugpferd *n* (für ein Geschütz)

topla *agr.* große, dreizinkige Gabel (z.B. zum Worfeln des Getreides)

toplaç, -cı s. **kolektör**

toplak, -ağı 1. s. **koleksiyon** 2. *geogr.* Bodenvertiefung *f* am Anfang e–s Flußlaufes (wo sich das Wasser sammelt)

toplam 1. insgesamt, total, Gesamt- 2. *math.* Additionsergebnis *n*, Gesamtzahl, Summe *f* *yekûn ~ **maliyet** *H* Gesamtkosten *pl.* (e–r Herstellung) ~ **yanlışı** Additionsfehler *m* *cemi hatası **-lar toplamı** *math.* Gesamtsumme *f* *umumî yekûn

toplama Vs. zu **toplamak** *spez. math.* Addition *f* *cemi ~ **faaliyeti** Sammeltätigkeit *f* ~ **kampı** 1. Auffanglager *n* 2. Konzentrationslager *n* ~ **makinesi** Addiermaschine *f* ~ **merkezi** Sammelstelle *f* ~ **yeri** Sammelplatz *m*

toplamak 1. (auf-)sammeln, zusammenlesen, bergen (z.B. Verwundete) 2. in Ordnung bringen, aufräumen (z.B. Zimmer) 3. versammeln, zusammen-rufen, *F* -trommeln 4. pflücken (Obst, Blumen) 5. abdecken (z.B. Eßtisch), wegräumen (z.B. Bettzeug), abbrechen (z.B. Zelt, Brücke usw.) 6. anhäufen, ansammeln, (er-, zusammen-)sparen 7. zum Kriegsdienst einberufen, mobilisieren, mobilmachen 8. (auf-, zusammen-)raffen (z.B. Rock) 9. *a. math.* addieren, zusammen-zählen, -rechnen *cemetmek 10. einsammeln (z.B. Geschenke), einkassieren, eintreiben (Steuern, Abgaben) 11. konfiszieren, beschlagnahmen, einziehen 12. *intr.* zunehmen (an Körpergewicht) 13. *intr.* eitern (z.B. Wunde) 14. *techn.* zusammensetzen (z.B. Motor) 15. konzentrieren (Gedanken) 16. **(direksiyonu)** geradeaus steuern (Auto) Zu 2: **Bu odayı biraz toplamalı.** Das Zimmer hier gehört etwas aufgeräumt. Zu 3: s. **bir araya** ~ Zu 6: **Epey servet topladı.** Er hat sich ein ganz schönes Vermögen zusammengespart. Zu 7: s. **asker** ~ Zu 8: s.a. **k–ni** ~ Zu 11: **Gazetenin bugünkü nüshaları toplanmıştır.** Die heutige Ausgabe der Zeitung ist konfisziert worden. Zu 12: **Çocuk bir haftada epeyce toplamış.** Der Junge hat in e–r Woche recht schön zugenommen.

toplanık vereinigt, versammelt, konzentriert
toplanılmak 1. Pass. zu **toplanmak** 2. Pass. zu **toplamak** Zu 1: **Bugün saat ikide toplanılacak.** Man trifft sich heute um zwei Uhr. Zu 2: **Eşyalar toplanıldı.** Die Sachen wurden zusammengepackt.
toplanma Vs. zu **toplanmak** *spez.* 1. *mil.* Aufmarsch *m* 2. *phon.* Verschmelzung *f* zweier Vokale zu e–m Diphthong ~ **bölgesi** s. **birikme havzası;** ~ **hattı** *mil.* Aufmarschlinie *f* ~ **hürriyeti** *jur.* Versammlungsfreiheit *f* ~ **işareti** *mil.* Sammelsignal *n* ~ **yeri** Sammelpunkt *m* ~ **yolları** *mil.* Aufmarschstraßen *pl.*
toplanmak 1. Pass. zu **toplamak** 2. zusammen-kommen, -treten, -treffen, sich versammeln *içtima etmek 3. sich aufraffen, sich zusammen-nehmen, -raffen, *F* sich aufrappeln 4. sich ansammeln, sich anhäufen, sich zusammenziehen *tahaşşüt etmek, tecemmu etmek 5. sich verdichten, sich kondensieren *tekâsüf etmek 6. sich konzentrieren *temerküz etmek 7. einlaufen (z.B. Stoff beim Waschen) 8. aufräumen; seine Sachen in Ordnung bringen 9. zunehmen; dicker werden (Personen) Zu 2: **asamblenin toplanması** Zusammentritt *m* der Versammlung *meclisin içtimaı Zu 3: s.a. **derlenip** ~ Zu 6: **Bütün meraklar şimdi Türkiye üstünde toplanmıştır.** Das ganze Interesse hat sich jetzt auf die Türkei konzentriert.
toplantı 1. Zusammenkunft, Versammlung, Sitzung, Tagung, Konferenz *f* 2. *parl.* Sitzungsperiode *f* ~ **ve gösteri hürriyeti** *jur.* Versammlungs- und Demonstrationsrecht *n*
toplardamar *an.* Vene, Blutader *f* *verit; ~ **genişlemesi** s. **varis**
toplaşma 1. *geogr., geol.* Agglomeration *f* 2. *ling.* Synärese *f* *ünlü çatışması
toplaşmak 1. s. **toplanmak** 2. rundlich werden 3. sich zusammenballen, Klumpen bilden 4. sich zusammenrollen (z.B. Igel)
toplatmak Kaus. zu **toplamak** *spez.* konfiszieren
toplayıcı sammelnd, wegräumend (usw. s. **toplamak**); ~ **ışık** *Th.* (Punkt-)Scheinwerfer *m;* s.a. **mayın** ~ **gemi**
toplu 1. mit kugelartigem Griff (rundem Kopf, Knauf) 2. aufgeräumt (z.B. Zimmer), in Ordnung gehalten, ordentlich 3. versammelt, vereinigt, alle zusammen, kollektiv, Gesamt- 4. wohlgenährt, dick und rund, voll (z.B. Gesicht) 5. *mil.* zusammen-gefaßt, -geballt, geschlossen 6. mit soundso viel Geschützen bestückt (ausgerüstet) 7. *P* s. **topluiğne** Zu 2: s. **derli** ~ Zu 4: **Yüzünüz zayıf mı** ~ **mu çıksın?** Soll Ihr Gesicht (auf dem Bild) et. schmaler od. voller herauskommen? Zu 6: **16 pusluk 9** ~ **35.000 ton hacminde bir zırhlı** ein Panzerkreuzer von 35000 Tonnen, der mit neun 40-cm-Geschützen bestückt ist ~ **alıştırmalar** *(Turnen)* Gruppenübungen *pl.* *grup alıştırmaları ~ **ateş** *mil.* zusammengefaßtes Feuer ~ **bakış** Gesamtbetrachtung *f*, Über-blick *m*, -sicht *f* ~ **birlik** *mil.* geschlossener Verband ~ **dağlar** *geogr.* Gebirgsstock *m* *kütlevî dağlar ~ **durum** 1. Gesamtlage *f* 2. Konjunktur *f* *konjonktür ~ **emir** *mil.* Gesamtbefehl *m*, geschlossener Befehl ~ **gezi** Gruppen-reise, -fahrt *f* ~ **görüşme** *H* Tarifverhandlungen *pl.* (zwischen Arbeitgeber und Arbeitnehmer) ~ **haber** (*od.* **rapor**) *mil.* Sammelmeldung *f* ~ **hava hücumları** geballte Luftangriffe *pl.* ~ **hücum tabiyesi** *mil.* Rudeltaktik *f* ~ **ışık** *(Th., Film)* Spotlight *n*, Punktscheinwerfer *m* ~ **irsalât** Sammelladung *f* ~ **iş sözleşmesi** *H* Tarifvertrag, Kollektivarbeitsvertrag *m* *umumî mukavele ~ **kıta** *mil.* geschlossene Truppe ~ **mahkeme** *jur.* Gerichtshof *m*, Kammer *f* (im Ggs. zum Einzelrichter) ~ **olarak** s. **topluca;** ~ **pazarlık** s. ~ **görüşme;** ~ **rehin** *jur.* Gesamt-grundpfandrecht *n*, -hypothek *f* ~ **sigorta** *jur.* Gruppenversicherung *f* ~ **taarruz** *mil.* massierter Angriff ~ **tabanca** Trommelrevolver *m* ~ **tartışma** s. **forum** (4); ~ **yaklaşma uçuşu** geschlossener Anflug ~ **yaşayış** Gemeinschaftsleben *n* ~ **yerleşme** dichte Besiedelung
topluca 1. alle zusammen 2. alles in allem; in großen Zügen 3. recht rundlich; etwas dicklich (Person)
topluiğne 1. Stecknadel *f* 2. ♀ Pseudonym des Journalisten Nurettin Artam (Zeitung **Ulus**); ~ **başı** Stecknadelkopf *m*
topluiğnelik Stecknadelkissen *n* od. Stecknadelbehälter *m*
topluk Gesamtheit *f*, Ganzes, alle zusammen *heyeti mecmua
toplulaştırmak *mil.* zusammenfassen, konzentrieren, verdichten (z.B. Artilleriefeuer)
topluluk 1. Gesamtheit *f*, Ganzes, Kollektiv *n*, Gemeinschaft *f* 2. Zusammenkunft, (Menschen-)Ansammlung *f* 3. Volksgruppe *f* 4. Gemeinschaft, Gesellschaft; *zo.* Kolonie *f* 5. *mus.* Ensemble *n* 6. *geol.* Aggregat *n* ~ **adı** (*od.* ~ **ismi**) Kollektivum *n*, Sammelbegriff *m* *ismi cemi; ismi cami ~ **iyeliği** *jur.* gemeinschaftliches Eigentum *birden ziyade kimselerin bir şey üzerinde mülkiyeti ~ **korkusu** s. **agorafobi;** ~ **oyunu** *Th.* Ensemblespiel *n* *takım oyunu ~ **sayısı** *gr.* kollektives Zahlwort (wie **ikiz, üçüz** usw.) **-la iş ihtilâfı** (*od.* **uyuşmazlığı**) *jur.* Gesamtarbeitsstreitigkeit *f*
topluluklu gemeinsam, gemeinschaftlich, kollektiv
toplum Volksgemeinschaft, Gesellschaft *f* ~ **baskısı** konventioneller Zwang ~ **polisi** (*od.* ~ **zabıtası**) Sicherheitspolizei *f* ~ **sözleşmesi** Gesellschaftsvertrag, Contrat social *m*
toplumbilim(-sel) s. **sosyoloji; sosyolojik**
toplumcu 1. sozial 2. sozialistisch, Sozialist(-in *f*) *m* ~ **gerçekçilik** sozialistischer Realismus ~ **oyun** *Th.* soziales Drama
toplumculuk s. **sosyalizm**
toplumdaş Volksgenoss-e *m*, -in *f* *sosyüs
toplumdışılama *(Neol.)* s. **aforoz**
toplumlaştırmak s. **sosyalleştirmek**
toplumsal s. **sosyal;** ~ **düzen** Gesellschaftsordnung *f* ~ **oyun** *Th.* Gesellschaftsstück *n* ~ **yaşayış** soziales Leben *içtimaî hayat
toplumsallaştırmak s. **sosyalleştirmek**
toplumsallık 1. soziales Verhalten 2. soziale Einordnung
topo *naut.* flaches italienisches Fischerboot (in der Adria)
topofobi *psych.* Topophobie, Ortsangst *f*
topograf Topograph, Vermessungsingenieur *m*
topografi s. **topografya**
topografik topographisch, Gelände-
topografist, -ti s. **topograf**
topografya [··×·] 1. Topographie, Ortskunde, Gelände-, Lage-beschreibung *f* 2. *mil.* Geländekunde *f* ~ **haritası** topographische Karte
topografyacı s. **topograf**
topoloji Topologie *f* *durum geometrisi; konum analizi
topolojik topologisch
toponim (*franz.* **toponyme**) Ortsname *m*
toponimi Toponomastik, Ortsnamenkunde *f*
toponimik toponymisch, ortsnamenkundlich
toponimist, -ti *ling.* Ortsnamenforscher(-in *f*) *m*
toprak, -ağı 1. Erde *f*, (Erd-)Boden *m* 2. *(Radio)* Erde *f* 3. festes Land (im Ggs. zum Meer) *kara 4. Boden *m*, Gebiet, Land, Territorium *n* 5. *V* minderwertiges Heroin, Haschisch usw. 6. irden, tönern, Ton- 7. ungepflastert (Straße, Weg) *bzw.* ohne (Holz-)Fußboden (Zimmer) 8. erdfarben Zu 3: **-a ayak basmak** festes Land betreten Zu 4: **köylüye** ~ **vermek** dem Bauern Land geben ~ **açısı** s. **mermi yolu;** ~ **ağası** türk. Großgrundbesitzer ~ **altında kalmak** verschüttet werden (Person) ~ **aşınması** *geol.* Bodenerosion *f* ~ **bütünlüğü** territoriale Integrität *mülkî tamamiyet (**müstemleke topraklarının bütünlüğünü**

korumak için zur Wahrung des kolonialen Besitzstandes) ~ **dilimi** (schmaler) Gebietsstreifen ~ **esası** *jur.* Bodenprinzip *n* (bei Staatsangehörigkeit; *ant.* **kan esası**); ~ **eşya** s. **seramik;** ~ **etmek** erden (Antenne) ≗ **doyursun gözünü!** Der kann auch bis zu seinem Tod den Rachen nicht voll genug kriegen! ~ **hukuku** *jur.* Bodenrecht *n* ~ **işi** s. **çanak çömlek;** ~ **kabul etmez** (*od.* **etmeyecek**) ein ganz übler Kerl ~ **kap** irdenes Gefäß; Tongefäß *n* ~ **kandil** kleinere, irdene Öllampe *pesüs ~ **kayıpları** Gebietsverluste *pl.* ~ **kayması** Erdrutsch *m* ~ **kazanmak** Bodengewinn erzielen ~ **kontağı** *el.* Erdschluß *m* ~ **korunması** Bodenschutz *m* (gegen Erosion) ~ **kurdu** s. **telkurdu;** ~ **mutalebesi** territoriale Forderung; Gebietsanspruch *m* ~ **ocak** Schmelzofen *m* (bei Erzverhüttung) ~ **olmak** 1. die Erde berühren (Draht e–r el. Leitung) 2. zu Erde (Staub) werden (Verstorbener) ~ **reformu** Bodenreform *f* ~ **sıçanı** Erdmaus *f zo.* Microtus agrestis ~ **sokak** ungepflasterte Straße ~ **şırıngası** *agr.* Reblauslanze *f* (Bodenspritze gegen Rebläuse) ~ **tabya** *mil.* Bollwerk *n* ~ **tahtakuruları** Landwanzen *pl. zo.* Geocorisae ~ **tamamlığı** s. **toprak bütünlüğü;** ~ **teli** Erdleitung *f* ~ **telsizi** Bodenfunker *m* ~ **tesviyesi** Planierung, Nivellierung(-sarbeiten *pl.*) *f* *tesviyei türabiye ~ **üstünde** auf dem nackten Boden ~ **yabanarısı** Erdhummel *f zo.* Bombus terrestris *sarman **-a bağlamak** erden **-a bağlı** geerdet (z. B. Antenne) **-a bakmak** *fig.* mit dem e–n Fuß schon im Grabe stehen **-a düşmek** (*od.* **girmek**) ins Grab sinken; das Zeitliche segnen; sterben **-a gömmek** vergraben (z. B. Gold) **-a karışmak** tot und begraben sein **-a merbutiyet** Bodenverbundenheit *f* **-a vermek** begraben, bestatten, beisetzen, beerdigen ≗ı **bol olsun!** (*Ra.* bei Erwähnung e–s Toten, dem man nicht sonderlich gewogen war; *spez.* von Mohammedanern auf verstorbene Nicht-Mohammedaner angewandt) **-ı kabartmak** die Erde lokkern ≗ı **nur olsun!** Er ruhe in Frieden! Möge ihm die Erde leicht sein! **-ı sürmek** pflügen ≗ına **ağır gelmesin!** *spött. Ra.* bei Erwähnung e–s Toten, den man nicht sonderlich geschätzt hat

toprakaltı, -nı 1. unterirdisch (*a. fig.*) 2. Untergrund *m* *(1, 2) tahtezzemin, yeraltı ~ **gövdesi** s. **rizom;** ~ **hattı** Erdkabel *n* ~ **servetleri** Bodenschätze *pl.*

toprakbastı (parası) *fr.* 1. e–e Abgabe, der ankommende Reisende od. eintreffende Gegenstände unterlagen; Oktroi *m, n,* Einreise-, Einfuhr-gebühr *f* *ayakbastı (parası) 2. *fr.* Kleinviehsteuer *f* *ağnam vergisi

toprakbilim Bodenkunde, Pedologie *f* *pedoloji

toprakboya Erd-, Mineral-farbe *f*

topraklamak 1. mit Erde bedecken (zuschütten, zuwerfen, zudecken) 2. erden (z. B. Antenne)

topraklandırmak (b–ni) Land verteilen (an)

topraklı 1. mit Erde untermischt 2. Ackerland besitzend (Bauer)

toprakoluş *geol.* Bodenbildung *f*

toprakpiresi, -ni Erdfloh *m zo.* Haltica

topraksarısı, -nı Ockergelb *n*

topraksız 1. nicht mit Erde untermischt 2. kein Ackerland besitzend (Bauer)

toptan *Adv.* 1. alle zusammen, als Gesamtheit, auf einmal 2. en gros Zu 1: ≗ **gittiler.** Sie gingen alle zusammen weg. Zu 2: ~ **alışveriş** Engrosgeschäft *n*, Großhandel *m;* ~ **masraf** Gesamtausgaben *pl.* ~ **ticaret evi** Engrosfirma *f*

toptancı Grossist, Großhändler *m*

toptancılık Groß-, Engros-handel *m*

Toptaşı, -nı *n.pr. fr.* Name e–r Irrenanstalt **-ndan farksız** ein richtiges Tollhaus

topu topu s. Stw. **top**

topuk, -uğu 1. Ferse *f, gel. a.* Fußknöchel *m* 2. Absatz, Hacken *m* (e–s Schuhs) 3. *naut.* Fuß *m* (e–s Mastes); *a.* Untermast *m* od. unterste Rahe 4. Strahl *m* (Wulst der Hufsohle) 5. Schlamm- und Sand-bank *f* an e–r Flußmündung; Barre *f* 6. *mus.* Frosch *m* (am Geigenbogen) ~ **çalmak** 1. beim Gehen mit den Fersen aneinander schlagen 2. sich streichen (Pferd) ~ **çatlatmak** schnell (od. weit) laufen ~ **kapma** s. **dalma** (2); ~ **kemiği** s. **ökçe kemiği;** ~ **mafsalı** Fesselgelenk *n* ~ **safası** *V* sexuelle Selbstbefriedigung (e–r Frau) **-una basmak** (b–nin) *fig.* j–m auf den Fersen sein, hinter j–m her sein, j–m scharf zusetzen **-larına çıkmak** s. Stw. **öfke; -larına kadar** knöcheltief (z. B. im Schlamm waten)

topukdemiri, -ni Zapfen *m* der Türangel

topuklamak *Ch.* Gas geben

topuklu mit nb. **topuk** *spez.* hockhackig (Schuh)

topuktabanlılar Schwielensohler *pl. zo.* Tylopoda

topur *P* äußere, stachelige Kastanienschale

toput, -tu *chem.* Bodensatz *m* *çökel(-ti), rüsup, tortu

topuz 1. *hist.* Keule *f,* Streitkolben *m,* Morgenstern *m* *bozdoğan, gürz 2. Knauf, Knopf *m* 3. runder Haarknoten; Chignon, Dutt *m* 4. Klöppel, Torklopfer *m* 5. Pauken-, Gong-schlegel *m* 6. **(gibi)** klein und dick; *F* pummelig 7. *naut.* Toppflagge *f* (an Nationalfeiertagen) 8. *zo.* verdicktes Fühlerende (z. B. bei Tagschmetterlingen) ~ **altında** unter Druck ~ **burun** Knollennase *f* ~ **mantarı** Keulenschwamm *m bot.* Clavaria coralloides

topuzlu mit **topuz** *spez.* mit Knauf

topveyt, -ti (*engl.* **top-weight**) *(Rennsport)* Pferd *n,* das beim Handikap die schwerste Ausgleichslast bekommt

topyekûn 1. Gesamtsumme *f* 2. total, gesamt, samt und sonders, sämtlich ~ **harp** totaler Krieg

topyekûncu totalitär *totaliter **-lar** totalitäre Staaten *pl.*

tor (I) 1. **(-ağ)** engmaschiges Fischernetz 2. aus Netzgeflecht, Netz-; gestrickt 3. *V* Schwindel, Betrug *m* ~ **başlık** geflochtene Kopfbedeckung; Strickkappe *f* **-a düşmek** *V* e–m Schwindel zum Opfer fallen; hereinfallen

tor (II) 1. nicht zugeritten (Pferd) 2. s. **toy** (III); ~ **tay** wildes Füllen

torak, -ağı (Kohlen-)Meiler *m*

toraks (*franz.* **thorax**) *an.* Brustkorb *m* *göğüs kafesi

toraman 1. grobschlächtig, robust (junger Mann) 2. *va.* plump, unwissend 3. *va.* s. **zeker**

torasan inciri e–e bes. geschätzte Feigenart (aus der Gegend von Trabzon)

torasik (*franz.* **thoracique**) thorakal

torba 1. Sack *m,* Säckchen *n,* Beutel *m* (*Anm.* kleiner als **çuval,** größer als **kese**) 2. *va. med.* Zyste *f* 3. *an.* Hodensack *m,* Skrotum *n* Zu 1: **bir** ~ **dolusu** ein Sackvoll, Beutelvoll ~ **peruka** *fr.* Haarbeutelperücke *f,* Mozartzopf *m* ~ **yatak** Schlafsack *m* ~ **yoğurdu** Joghurt *m,* den man in e–m Sack abtropfen läßt **-da keklik** *fig.* was man fest in der Tasche hat, was man sich gesichert hat **-ya koymak** *F* in Sicherheit bringen, *F* einsackeln

torbalamak 1. in Säcke füllen; ab-, ein-füllen 2. ausbeuteln (z. B. Hosen)

torbalanmak 1. sich ausbeuteln; wie Sack werden (Kleidungsstück) 2. faltig werden; schlaff herunterhängen (z. B. Wange)

torbalı mit Sack (Säckchen, Beutel)

Torbalı *n.pr.* Städtchen u. D. im Rbz. Izmir

torbavari [··– –] sackartig (z. B. *mil.* Stellung)

toreador; torero [·×·] Toreador, Torero, (spanischer) Stierkämpfer

torgu *va.* Name e–r kleineren Sperlingsart

tori [×·] *pol. hist.* Tory *m* (England)

torik, -iği 1. s. Stw. **palamut** (I, 1) und Anm. 2. *V* a) Kopf, Verstand *m* b) s. **zeker; -ini çalıştırmak** *Sch.* seinen Ver-

stand anwenden (*ant.:* mechanisch auswendig lernen) **-ini kaşımak** *V* nachdenken
toriksiz *V* unvernünftig, dumm
torina [·×·] *va.* 1. Königsfisch, Gotteslachs *m zo.* Lampris luna 2. Schwertwal *m zo.* Grampus orca
torist, -ti 1. Anhänger(-in *f*) *m* der Tories (in England) 2. torystisch
torizm Tory-Politik *f* (in England)
torlak 1. jung, unerfahren und vergnügungssüchtig 2. s. **tor** (II, 1) 3. *fr.* wer in den Bektaschi-Orden aufgenommen wurde
Torlaklar *n.pr. fr.* ein umherziehender Derwischorden
torluk 1. s. **toyluk** 2. *dial.* s. **torlak** 3. *dial.* primitive Hütte
torna [×·] 1. Dreh-, Drechsel-bank *f* 2. *naut.* (ganze) Umdrehung der Schiffsschraubenwelle 3. Schleifapparat *m* (des Goldschmieds) 4. s. **çömlekçi -sı;** ~ **etmek** drehen, drechseln ~ **mili** Drehspindel *f* ~ **talaşı** Dreh-, Drechselspäne *pl.* ~ **tezgâhı** Drehbank *f*
tornacı [×··] 1. (Eisen-)Dreher *m* 2. Drechsler *m*
tornacılık [×···] 1. Tätigkeit *f* e–s (Eisen-)Drehers 2. Drechslerhandwerk *n*
tornado [·×·] Tornado, Wirbelsturm *m*
tornahit, -di (*engl.* **turn ahead**) (*naut. Kommando*) gerade aus!
tornalamak s. **torna etmek**
tornat, -dı (*franz.* **tornade**) s. **tornado**
tornavida [··×·] Schraubenzieher *m* *vida çevireceği
tornistan (*engl.* **turn astern**) 1. (*naut. Kommando*) achteraus! rückwärts! nach hinten! 2. *naut.* Bewegung *f* achteraus, Deinsen *n* 3. Rückwärts-fahrt *f*, -gang *m* 4. Wenden *n* (e–s Kleidungsstückes) 5. Rückgängigmachung *f* (e–s Versprechens); Abgehen *n* (von e–m Gedanken) ~ **dişli donanımı** Umkehrgetriebe *n*, Rückwärtsgang *m* ~ **etmek** 1. rückwärtsfahren 2. *fig.* (von e–m Plan usw.) abkommen 3. umstülpen, wenden 4. rückgängig machen (Versprechen) ~ **sürgü mekanizması** Rückwärtssteuerung *f* ~ **türbini** Rückwärtsturbine
torno [×·] 1. s. **torna** (1) 2. *naut.* einfacher (einscheibiger) Block (e–r Talje)
Toros [×·] *n.pr.* 1. (*a.* **Toroslar**) Taurus *m* 2. Taurus-Expreß *m* 3. *fr.* türk. Zigarrenmarke ~ **göknarı** s. **Adana göknarı;** ~ **sediri** s. **Lübnan sediri;** ~ **semenderi** Bandmolch *m zo.* Triturus vittatus
torpedo (*franz.* **torpédo**) *selt.* großer Aussichtswagen (Gesellschaftsautobus)
torpido [·×·] s. **torpidobot;** ~ **filotillası** Torpedobootsflotille *f* ~ **gözü** Handschuhfach *n* (im Auto) ~ **muhribi** Torpedobootszerstörer *m* *destroyer, muhrip
torpidobot, -tu (*engl.* **torpedoboat**) Torpedoboot *n*
torpil (*franz.* **torpille**) 1. Torpedo *m* 2. Mine *f* *mayn 3. a) Helfer, Protektor *m* b) Protektion *f* 4. *V* faustdicke Lüge Zu 2: **bir -e çarpmak** 1. auf e–e Mine auflaufen (Schiff) 2. *V* e–n Anpfiff bekommen (von dem Vorgesetzten) ~ **almak** *V* e–e wirksame Empfehlung bekommen; Protektion haben ~ **atış kovanı** Torpedoausstoßrohr *n* ~ **atmak** e–n Torpedo abfeuern ~ **dökmek** Minen legen ~ **isabeti** Torpedotreffer *m* ~ **muhafaza ağı** Torpedoschutznetz *n* ~ **patlatmak** *V* Protektion genießen ~ **uçağı** Torpedo-, Zerstörer-flugzeug *n* ~ **yapmak** *V* protegieren **-i olmak** *P* gute Beziehungen haben
torpilbalığı, -nı Zitterrochen *m zo.* Torpedo (marmorata u.a.) *elektrik balığı; uyuşturanbalığı
torpilci 1. Torpedoschütze *m* (Matrose) 2. Minenwerfer *m* (Soldat) 3. Torpedo-, Minen-
torpillemek 1. durch Torpedo versenken, torpedieren 2. *fig.* j–n zu Fall bringen 3. *Sch.* sitzenbleiben, die Klasse wiederholen müssen *sınıfta kalmak
torpiyyör *va.* 1. Torpedoboot *n* *torpido(-bot) 2. s. **torpilci** 3. s. **torpil uçağı**
Torr Torr *n* (Maßeinheit des Luftdrucks)
torsolom *naut.* Reff *n* ~ **palangası** *naut.* Refftalje *f*
torta s. **turta**
tortikoli [··×·] *med.* Torticollis, Schiefhals *m*
tortop, -pu [×·] ganz rund, kugelrund ~ **etmek** kugelrund gestalten; in Kugelform bringen ~ **olmak** sich zusammenrollen (z.B. Igel)
tortu 1. (Boden-)Satz, Senkstoff *m* 2. *geogr.* Sediment *n*, Ablagerung *f* *(1, 2) rüsup
tortul Sedimentär-, Ablagerungs- ~ **külte** *geol.* Sedimentärgestein *n* *rüsubî sahre
tortulanmak sich absetzen, sich ablagern **mürekkebi tortulanmış bir kalem** e–e Feder mit eingetrockneter Tinte
tortulaşma *geol.* Ablagerung, Sedimentation *f* *sedimantasyon
tortulu 1. (Boden-)Satz, Senkstoffe enthaltend 2. Sedimentär-, Ablagerungs- *rüsubî 3. trüb, schlammig (Wasser)
Tortum *n.pr.* O. u. D. im Rbz. Erzurum
tortusal s. **tortul**
tortusuz 1. frei von Ablagerungen 2. klar, rein (Wasser)
Torul *n.pr.* O. u. D. im Rbz. Gümüşane
torum *dial.* Kamelfüllen *n*
torun Enkel(-in *f*) *m*, Enkelkind *n* *hafit, hafide ~ **çocuğu** Urenkel(-in *f*) *m* ~ **torba** (*od.* ~ **tosun**) **sahibi olmak** 1. Kinder und Enkel haben 2. *F* ein alter Sack (e–e alte Schachtel) sein ~ **torunu** Ururenkel(-in *f*) *m* **-lar** 1. Enkel *pl.* 2. spätere Generationen *pl.*
Torun *n.pr.* Thorn (Stadt in Polen)
toryum [×·] *chem.* Thorium *n*
tos 1. Stoß(-en *n*) *m* (mit Kopf od. Hörnern) 2. *Fb.* Köpfen *n* ~ **vurmak** mit dem Kopf od. den Hörnern stoßen (Schafe, Ziegen) ~ **yapmak** *Fb.* köpfen
tosbağa *P* Schildkröte *f* *kaplumbağa ~ **çiçeği** Schildkraut *n bot.* Chelone glabra *çoban sakalı
Toskalar *n.pr.* südalbanischer Volksstamm (die Tosken)
toslamak 1. (m. Akk.) mit dem Kopf od. den Hörnern stoßen (Schaf, Ziege) 2. (m. Dat.) anfahren (an), streifen (z.B. Schiff die Kaimauer) 3. *V* (her-, zurück-)geben, herausrücken (Geld) 4. *Sch.* nicht recht Bescheid wissen; hängen bleiben (seine Lektion nicht ordentlich gelernt haben)
tost (I), **-tu** Toast *m*, geröstete (Weiß-)Brotschnitte
tost (II), **-tu** Toast, Trinkspruch *m*
tostoparlak [×···] ganz rund, kugelrund
tosun 1. junger Ochse 2. (*a.* ~ **gibi**) kräftiger, mutiger junger Mann ≗ **Ağa** s. **Baba Himmet;** ~ **tersi** *fr.* e–e Turbanart, wie sie in Rumelien getragen wurde
tosuncuk neugeborenes, ungewöhnlich großes Kind
Tosya *n.pr.* Städtchen u. D. im Rbz. Kastamonu
total *selt.* total, allgemein, Gesamt- ~ **af** *selt.* allgemeine Amnestie, Generalamnestie *f*
totalitarizm Totalitarismus *m*, totalitäres Regime
totaliter 1. totalitär *topyekûncu 2. *hist.* Achsen- **-ler** totalitäre Staaten *spez. hist.* Achsenmächte *pl.* (bis Ende des II. Weltkriegs) *mihver devletleri
totaliterci *selt.* s. **totaliter**
totalizatör Totalisator *m*
totem Totem *n* *ongun
totemcilik; totemizm Totemismus *ongunculuk
toto (I) (Fußball-)Toto *m*
toto (II) *V* Hinterteil *n*, Popo *m*
totocu wer im Toto spielt, Tipp-, Toto-freund *m*
totogram *lit.* Tautogramm *n* (Gedicht mit denselben Anfangsbuchstaben in jeder Zeile)
totoloji *ling.* Tautologie *f*
totolojik *ling.* tautologisch

toy (I) *va.* s. **ziyafet;** ~ (*od.* ~ **düğün) etmek** *va.* s. **ziyafet vermek**
toy (II) (*a.* ~ **kuşu)** Trappe *f zo.* Otis; s. a. **küçük (büyük)** ~ **kuşu**
toy (III) jung und unerfahren, ohne Lebenserfahrung od. Menschenkenntnis; Grünschnabel *m*
toyaka *P (Spinnerei)* Garnkörper, Kops, Kötzer *m*
toydan; toydan große Trappe *f zo.* Otis tarda
toygar s. **tarlakuşu**
toyka s. **toyaka**
toyluk Unerfahrenheit *f* (e–s jungen Menschen), Mangel *m* an Lebenserfahrung, fehlende Menschenkenntnis ~ **yapmak** sich ungeschickt benehmen
toynak Huf *m* (z. B. bei Pferd, Esel usw.)
toynaklılar Huftiere *pl. zo.* Ungulata *muzallefe
toyspanyel (*engl.* **toy-spaniel)** Zwergspaniel *m* (Hunderasse)
toyterye (*engl.* **toy-terrier)** Chihuahua *m* (mexikanischer Zwergterrier)
toz 1. Staub *m* 2. *a. chem., pharm.* Pulver *n* 3. in Pulverform, pulverartig, pulverisiert, fein gemahlen *toz halinde, toz şeklinde 4. Flocken *pl.* 5. *V* Heroin *n* 6. *lm. Verst.* von **iz** 7. **(<düz)** s. **kulaktozu** 8. s. **dökken** Zu 1: **altın -u** Goldstaub *m* **kömür -u** Kohlenstaub *m* **çay -u** Teestaub *m* (z. B. unten in der Teebüchse) Zu 2: **diş -u** Zahnpulver *n* ~ **ağacı** Zitterpappel, Espe *f bot.* Populus tremula ~ **almak** (*od.* **silmek)** Staub wischen, abstauben ~ **bezi** Staubtuch *n* ~ **biber** feingemahlener Pfeffer ~ **bulutsu** *astr.* Staubnebel *m* ~ **duman** Staubwolke *f* ~ **duman içinde kalmak** in dichte Staubwolken gehüllt sein ~ **emme makinesi** Staubsauger *m* *aspiratör ~ **etmek** *V* vernichten, zerstören ~ **filtresi** Staubfilter *n* ~ **geçmez** staubdicht ~ **halinde** s. **toz** (3); ~ **halini alan** s. **tozlaşır;** ~ **hardal** gemahlene Senfkörner *pl.* ~ **kaldırmak** (*od.* **koparmak)** Staub aufwirbeln ~ **kar** Pulverschnee *m* ~ **kondurmamak** (b–nin *od.* bşin üzerine *od.* üstüne; b–ne *od.* bşe) *fig.* nichts kommen lassen (auf) ~ **koparmak** s. ~ **kaldırmak;** ~ **kopmak** aufgewirbelt werden (Staub) ~ **olmak** 1. zu Staub werden 2. *V* verschwinden, verduften, abhauen ~ **silmek** s. ~ **almak;** ~ **şeklinde** s. **toz** (3); ~ **toprak** *fig.* Verdacht, Argwohn *m* (**Hatırına belki** ~ **toprak konar düşüncesiyle ...** In der Befürchtung, er könnte vielleicht argwöhnisch werden ...) ~ **tozutmak** Staub aufwirbeln ~ **tüyü** Staubwedel *m* **-a boğmak (ortalığı)** alles zustauben lassen, unter Staub setzen **-dan dumandan ferman okunmamak** sich nicht vernehmlich machen können, mit seiner Stimme nicht durchdringen können **-u çalmak** abstäuben, den Staub wegnehmen **-u dumana** (*od.* **toprağa) katmak** (*od.* **karıştırmak)** 1. Staubwolken aufwirbeln 2. *fig.* alles in Unordnung bringen, alles mit Lärm und Tumult erfüllen 3. viel Getue machen 4. e–n Wirbel machen; herumwettern **-unu almak (atmak, silkmek, silkelemek)** *V* verprügeln, durchbleuen
tozak *va.* 1. **(fırtınası)** Staub-wirbel, -sturm *m* 2. Staubkörnchen, Stäubchen *n* 3. Fäserchen *n* 4. Flaumfeder *f* (e–s Vogels)
tozamak 1. s. **tozumak** 2. *reg. (Thrazien)* sich eiligst davonmachen; verschwinden 3. *va.* s. **tozutmak**
tozan 1. Staubkörnchen, Stäubchen *n* *zerre 2. staubige Stelle
tozarmak 1. zu Staub (od. Pulver) werden 2. nieseln *çise(le)mek
tozboya Farbpulver *n*
tozkoparan Wirbelwind *m*
tozla s. **lös**
tozlanmak staubig werden; ein-, ver-stauben
tozlaşır pulverförmig *toz halini alan
tozlaşma 1. *bot.* Bestäubung *f* *istiğbar 2. *chem.* s. **çiçeksime**
tozlaşmak 1. s. **tozarmak** (1, 2) 2. *bot.* bestäubt werden
tozlayıcı s. **pülverizatör**
tozlu 1. mit Staub bedeckt; staubig, verstaubt 2. pulverisiert, pulverförmig ~ **mantar** s. **kurtmantarı**
tozluk, -uğu 1. Gamasche *spez.* (kurze) Straßengamasche *getir 2. mit Staub bedeckte Stelle
tozmak 1. *va.* s. **tozarmak** (1, 2) 2. s. **gezip (koşup)** ~
tozpembe hell-, matt-rosa ~ **görmek (dünyayı, etrafı, ortalığı)** alles in den rosigsten Farben sehen
tozsabun Seifenpulver *n*
tozşeker Kristallzucker *m* *kristal şeker, kristalize şeker (vgl. aber **podraşeker)**
tozumak *intr.* stauben, stäuben, Staub machen od. verbreiten
tozumsu staubartig, pulverig
tozuntu 1. aufgewirbelter Staub 2. et. Staubfeines 3. Staub-, Sprüh-regen *m* 4. s. **gezinti** ~
tozutmak 1. Staub aufwirbeln, mit Staub erfüllen, staubig machen 2. *V* dummes Zeug reden, faseln, quatschen, Stuß verzapfen
töhmet, -ti 1. (Schuld-)Verdacht *m* *suçlanma 2. Vergehen *n*, Schuld *f* Zu 1: **Onun bu iste -i var mıdır?** Besteht dabei ein Verdacht gegen ihn? ~ **altında bırakmak** schuldig erscheinen lassen
töhmetlendirmek s. **suçlamak**
töhmetli 1. unter Schuldverdacht stehend; beschuldigt, angeklagt *suçlanmış 2. schuldig *kabahatli, suçlu ~ **kalmak** unter Schuldverdacht stehen, als schuldig gelten
töhmetsiz 1. nicht unter Schuldverdacht stehend, unverdächtig 2. unschuldig
tökezleme Vs. zu **tökezlemek;** ~ **manii** *mil.* Stolperhindernis *n* ~ **teli** *mil.* Stolperdraht *m*, Drahtschlinge *f*
tökezlemek 1. stolpern, straucheln 2. *Th.* ins Stottern geraten
tömbeki persischer Tabak (für die Wasserpfeife) *bot.* Nicotiana persica
tömbekici wer **tömbeki** verkauft
tör *va.* Ehrenplatz *m* *baş sedir
töre Sitten und Gebräuche *pl.* *âdat ve ahlâk ~ **komedisi** *Th.* Sittenkomödie *f* ~ **resmi** Sittenbild *n* ~ **romanı** Sittenroman *m*
törebilim Moral, Ethik *f* *ahlâkiyat
törebilimsel moralisch, ethisch
töredışçılık s. **amoralizm**
töredışı s. **amoral**
törel moralisch, ethisch *ahlâkî
törelcilik Moralismus *m* *moralizm
törellik Sittlichkeit, Moralität *f*
törelsiz sittenlos, unmoralisch *gayri ahlâkî
törelsizcilik s. **immoralizm**
törelsizlik s. **ahlâksızlık**
tören Zeremonie, Feierlichkeit *f* *ihtifal, merasim ~ **kılıcı** Paradedegen *m*
tören-düzen *(kaum gebr. Neol.)* s. **teşrifat, protokol**
törenci başı *Th.* Zeremonienmeister *m*
törenli zeremoniell, feierlich ~ **oturum** Tagung *f* der Großen Nationalversammlung unter Vorsitz des Staatspräsidenten
töresel s. **törel**
törpü Grobfeile, Raspel *f* ~ **sesi** *med.* Rasselgeräusch *n* ~ **talaşı** (grobe) Feilspäne *pl.* ~ **tozu** Feilstaub *m*
törpülemek 1. abraspeln 2. abwetzen *aşındırmak 3. *fig.* abschleifen (z. B. rauhe Sitten)
törpülü abgeraspelt
TÖS = Türkiye Öğretmenler Sendikası Türkische Lehrergewerkschaft

tös (Zuruf an Zugtiere) huf (= zurück)! tschess! tscho!
töskürmek rückwärts gehen lassen, zurückhufen lassen (Zugtiere)
töskürtmek 1. Kaus. zu **töskürmek** 2. zurückschlagen, abwehren (Feinde)
tösküru rückwärts, zurück *gerisin geriye
Tötonlar *n.pr. hist.* Teutonen *pl.*
tötonik 1. *hist.* teutonisch 2. nordisch
tövbe reumütige Sinnesänderung; Bekehrung *f;* Gelöbnis *n,* et. nicht wieder zu tun, Bußversprechen *n* *dönü ~ **ayları** *z. va.* gemeinsame Bez. für **cemaziyelevvel** und **cemaziyelâhır;** s. a. **büyük (küçük) ~ ayı;** ~ **(-yi, -sini) bozmak** seinem festen Vorsatz (et. nicht wieder zu tun) untreu werden ~ **etmek** (bşe) geloben (sich fest vornehmen) et. nicht wieder zu tun, e–r Sache abschwören ≗ **suresi** Name der 9. Koran-Sure ~ **(ve) istiğfar ettirmek** die Beichte abnehmen (Imam) ≗ **~!** Ich will's gewiß nicht wieder tun! **≗ler olsun!** *od.* **≗ler -si!** Einmal und nie wieder! *(gel. a. Ausruf)* Du lieber Himmel! **-ye gelmek** s. ~ **etmek**
tövbekâr reumütiger Sünder
tövbeli wer e–r Sache abgeschworen hat; wer sich gelobt hat, et. Best. nicht mehr zu tun **≗yim, kimseye para vermem!** Ich leihe kein Geld mehr her, das habe ich mir geschworen.
töz 1. (unveränderliche) Substanz, Dauerndes, Wesenhaftes *cevher 2. s. **kulaktozu**
tözcülük Substantialismus *m* *cevheriye, sübstansiyalizm
tözel substantiell *cevherî
TPAO = Türkiye Petrolleri Anonim Ortaklığı Türkische Petrol A.-G.
trabako [·×·] *naut. hist.* Trabakel *m* (Zweimaster der Adria)
Trablus [×·] *n.pr.* Tripolis bzw. Tripoli (vgl. **-garp, -şam**); ~ **taşı** *(od.* ~ **toprağı)** s. **Malta taşı**
Trablusgarp, -bı *n.pr.* Tripolis (Stadt und Land in Nordafrika) *Batı Trablus, Garp Trablusu
Trablusşam *n.pr.* Tripoli (Stadt in Syrien) *Şam Trablusu
Trabzon *n.pr.* Trabzon, Trapezunt (Stadt im gln. Rbz.; östl. Schwarzmeerküste) ~ **çayı** Trapezunt-, Brussa-Tee *m bot.* Vaccinium arctostaphylos *çobanüzümü; Sapanca çayı ~ **hurması** Kakipflaume *f,* chinesische Dattelpflaume *bot.* Diospyros kaki *Japon hurması ~ **patatesi** e–e weiße, rundliche Kartoffelart ~ **yaban mersini** s. **Trabzon çayı;** ~ **yağı** Kochbutter *f* aus Trabzon
tradisyon *selt.* Tradition, Überlieferung *f* *anane, gelenek
trafik, -iği (Straßen-)Verkehr *m* *seyrüsefer ~ **adası** Verkehrsinsel *f* ~ **haftası** Verkehrs(erziehungs)woche *f* ~ **işaretleri** Verkehrszeichen *pl.* ~ **kazası** Verkehrs-unfall *m,* -unglück *n* ~ **kurallarına uymak** die Verkehrsregeln beachten ~ **memuru** Verkehrspolizist *m* ~ **mütehassısı** Sachverständiger für Verkehrsfragen **-e elverişli** befahrbar **-in tıkamasına yol açmak** zu Verkehrsstauungen führen
trafikçi Verkehrspolizist *m*
trafo Trafo *m* (Abk. von Transformator bzw. **transformatör**); ~ **istasyonu** Trafostation *f*
trahom *med.* Trachom *n,* ägyptische Augenkrankheit; Körnerkrankheit *f*
trahoma s. **drahoma**
trahomlu trachomkrank, von der ägyptischen Augenkrankheit befallen
trajedi 1. *Th.* Tragödie *f,* Trauerspiel *n* 2. *fig.* Tragödie *f,* Unglück *n*
trajedyen Tragöde *m,* Tragödin *f,* Darsteller(-in *f*) *m* tragischer Rollen
trajik 1. tragisch 2. *fig.* verzweifelt (z.B. Lage), erschütternd, ergreifend, unheilvoll *(1, 2) hailevî 3. Tragiker, Tragödiendichter *m* *facianüvis, hailenüvis
trajikomedi Tragikomödie *f*
trajikomik tragikomisch
trak (I) s. **tırak**
trak (II) (*franz.* **trac**) *Th.* Lampenfieber *n*
traka [×·] 1. s. **tıraka** 2. *naut.* Hänger *m* (Tau zum Dirigieren von Kranlasten) ~ **tutmak** *naut.* Kranlasten dirigieren
trake(-a) 1. *an.* Luftröhre *f* *nefes borusu 2. *bot., zo.* Trachee *f* ~ **solunumu** *biol.* Tracheenatmung *f* *teneffüsü kasabî
trakeal *med.* tracheal
trakeit, -ti *med.* Tracheitis, Luftröhrenentzündung *f* *iltihabı kasabai rie
trakeli *biol.* mittels Tracheen atmend
trakeliler *zo.* Tracheaten, Tracheentiere *pl.* *zatülkasabat
trakeotomi *med.* Tracheotomie *f,* Luftröhrenschnitt *m*
trakit, -ti *min.* Trachyt *m* (Ergußgestein)
Traklar *n.pr. hist.* Thrazier *pl.*
trakonya s. **trakunya**
traktör Traktor *m,* Zugmaschine *f,* Trecker, Schlepper, Bulldogg *m*
traktörlü mit Traktor(-en) ~ **topçu** *mil.* Kraftzugartillerie *f*
trakunya [·×·] Petermännchen *n zo.* Trachinus (draco *bzw.* vipera) *çarpanbalığı
trakunyagiller Drachenfische *pl. zo.* Trachinidae *çarpanbalığıgiller
Trakya [×·] *n.pr.* Thrazien *spez.* europäische Türkei *Avrupa Türkiyesi, Rumeli, Doğu Trakya
Trakyalı 1. aus Thrazien stammend, thrazisch 2. Thrazier (-in *f*) *m*
tram (*franz.* **trame**) *techn.* Raster *m (n)*
tramp, -pı (*engl.* **tramp**) *naut.:* ~ **gemi** Trampdampfer *m* ~ **seferi** Trampschiffahrt *f*
trampa [×·] Tausch(-handel) *m* ~ **etmek** 1. Tauschhandel treiben 2. (bşle) ein-, aus-tauschen (gegen et.)
trampacı Tauschhändler *m*
trampet, -ti *mus.* (kleine) Trommel ~ **çalmak** die Trommel schlagen; trommeln ~ **bageti** (*od.* ~ **değneği**) Trommelstock, -schlegel *m* ~ **derisi** Kalbsfell *n* (der Trommel) ~ **işareti** Trommelsignal *n*
trampetbalığı, -nı Trommelfisch *m zo.* Pogonias cromis
trampetçi; trampetist, -ti Trommler *m*
tramping (*engl.* **tramping**) s. **tramp seferi**
tramplen (*franz.* **tremplin**) 1. Sprungbrett *n (a. fig.)* *sıçrama tahtası 2. s. **kayak -i;** ~ **atlaması** Kunstspringen *n*
trampolin *(Sport)* Trampolin *n*
tramvay (*engl.* **tramway**) 1. Straßenbahn, Tram(-bahn) *f* 2. *selt.* Bergbahn *f* 3. Name e–s türk. Ka. Zu 2: s. **asma ~;** ~ **arabası** Straßenbahnwagen *m* ~ **caddesi** von der Straßenbahn durchfahrene Straße ~ **münakalâtı** Straßenbahnverkehr *m* ~ **teli** Hochspannungsleitung *f* der Straßenbahn ~ **treyleri** Anhänger, Beiwagen *m* (bei Straßenbahn) ~ **yolu** 1. Straßenbahngeleise *n* 2. s. ~ **caddesi; -a asılmak** sich an die Straßenbahn anhängen **-a atlamak** auf die Straßenbahn aufspringen **-dan atlamak** von der Straßenbahn abspringen
tramvaycı Straßenbahnangestellter, *F* Straßenbahner *m*
trança [×·] **(balığı)** die Brassenart Pagrus Ehrenbergii
trandil s. **tırhandil**
trank s. **tırank**
trankilizan (*franz.* **tranquillisant**) **ilâç** *med.* Beruhigungsmittel *n*
trans Trance *f* (bei spiritistischen Medien)
transandant, -tı *math.* transzendent *üstün
transandantal(-izm) s. **deneyüstü(-cülük)**
transatlantik 1. überseeisch, Übersee-, Transozean-, trans-

atlantisch 2. Übersee-, (Trans-)Ozeandampfer *m* ~ **hava seferleri** Flugverkehr *m* über den Ozean, überseeischer Luftverkehr ~ **kablo** Überseekabel *n* ~ **vapur sosyetesi** Gesellschaft *f* für Überseeschiffahrt
transatlantikçi wer im Überseeverkehr tätig ist *spez.* Matrose *m* od. Angestellter auf e–m Überseedampfer
transbordör (*franz.* **transbordeur**) *techn.* Umlader *m*, Schiebebühne *f*
transdüktör *el.* Transduktor *m*
transept, -ti (*franz.* **transept**) s. **çapraz sahın**
transfer 1. *H* Transfer(-ierung *f*) *m*, Übertragung *f* 2. Überwechseln *n* 3. a) Berufssportler, der zu e–m anderen Verein überwechselt b) Künstler, der sich auf e–m neuen Gebiet versucht 4. Verbringung *f* Reisender von der Ankunftsstelle ins Hotel od. aus dem Hotel an die Abfahrtsstelle ~ **edilebilirlik** *H* Transferierbarkeit *f* ~ **etmek** 1. transferieren 2. hinbringen, hinüberschaffen (z. B. Rohstoff zur Maschine), überstellen ~ **hattı** (*od.* ~ **zinciri**) *techn.* Transferstraße *f* (bei Fließbandarbeit) ~ **moratoryumu** Transfermoratorium *n* ~ **olmak** überwechseln (*vgl.* **transfer** 3 a,b)
transfini (sayı) s. **sonluötesi (sayı)**
transformasyon Transformation, Umwandlung, *el.* Umformung *f* *dönüştürüm
transformatör Transformator, Umspanner *m* *muhavvile ~ **anahtarı** Transformatorschalter ~ **dairesi** Transformator-, Trafo-häuschen *n* ~ **mahfazası** Transformatorgehäuse *n*
transformist, -ti 1. transformistisch 2. Anhänger *m* der Transmutationslehre *dönüşümcü
transformizm Lamarckismus *m*, Transmutationslehre *f* *dönüşümcülük, istihaliye, şekildeğişimcilik
transfüzyon *med.* Transfusion, Blutübertragung *f* *kanaktarım; kan nakli
transgresyon *geol.* Transgression *f* (Meeresvorstoß)
Transilvanya [··×·] *n.pr.* Siebenbürgen ~ **Alpları** *n.pr.* Südkarpaten *pl.*
Transiraniyen transiranisch ~ **hattı** transiranische Eisenbahn(-linie)
transistor *techn.* Transistor *m* ~ **radyosu** Transistorgerät *n*
transistorlu mit Transistoren ausgestattet
transit, -ti Transit *m*, Transit-, Durchgangs-verkehr *m* ~ **bölgesi** Freizone *f* (im Hafen) ~ **geçmek** 1. durchfahren (ohne Halt zu machen) 2. *Ch.* ein Haltezeichen überfahren ~ **olarak geçmek** (bir yerden) auf der Durch-fahrt, -reise e–n Ort berühren ~ **vizesi** Transitvisum *n* ~ **yol** Durchfahrtsstraße *f*
Transjordanya [··×·] *n.pr. hist.* Transjordanien *Maverayı Şeria
Transkafkasya [··×·] *n.pr. selt.* Transkaukasien
Transkarpat, -tı s. **Karpatlar(-altı) Ukranyası**
Transkaspiyen *geogr.* jenseits des Kaspi-Sees gelegen
transkripsiyon 1. *mus.* Transkription, Umsetzung, Bearbeitung *f*, Arrangement *n* *aranjman, uyarım 2. *ling.* Transkription, Umschrift *f* ~ **fonetik** Lautschrift *f* ~ **yapmak** 1. *mus.* transkribieren 2. *ling.* transkribieren, in Umschrift geben
translasyon (*franz.* **translation**) s. **ötele(n)me**
transliterasyon Transliteration *f* (Umschrift mittels Lateinbuchstaben und diakritischen Zeichen)
transmetör (*franz.* **transmetteur**) 1. Gebe-Apparat *m* (in der Telegraphie), Geber, Sender *m* 2. Funker *m*
transmisyon 1. *techn.* Transmission, Übertragung *f* 2. *mil.* Nachrichtenübermittlung *f* ~ **mili** Transmissionswelle *f*
transmütasyon 1. Transmutation, Umwandlung *f* 2. *biol.* Gen-Mutation *f*
transparan 1. transparent, durchsichtig 2. Transparent, Spruchband, Leuchtbild *n*
transplantasyon *med.* Überpflanzung, Transplantation *f*
transplante *med.* überpflanzt, transplantiert ~ **etmek** überpflanzen, transplantieren
transport, -tu Transport *m*
transpoze (*franz.* **transposé**) *mus.* transponiert ~ **etmek** transponieren, in e–e andere Tonart setzen *aktarmak
transpozeci *mus.* transponierend (M.i. wie Englischhorn usw.) *aktarımcı
transpozisyon *mus.* Transponierung *f* *aktarım
transpozitör s. **aktarımcı**
transsonik (*franz.* **transsonique**) schall-nah, -schnell *sesyakını
transvestizm Transvesti(ti)smus *m*
tranş Tranche, Gruppe, Serie *f* (z. B. bei Wertpapieren)
tranzisyon (*franz.* **transition**) Übergang *m* *intikal
trap s. **baltrap**
trapez (*franz.* **trapèze**) 1. Trapez, Schaukelreck *n* 2. s. **yamukkas**
trapezcı Trapezkünstler(-in *f*) *m*
trapist, -ti *rel.* Trappist *m*
trapola [·×·] *V* Päckchen *n* Spielkarten
tras *min.* Traß *m* ~ **harcı** Traßmörtel *m*
traş s. **tıraş**
trata (I) [×·] *H* Tratte *f*, gezogener Wechsel
trata (II) [×·] *naut.* 1. (von Dampfer od. Motorboot gezogenes) Grund-, Schlepp-netz (die Verwendung im Bosporus und im Marmarameer ist untersagt) 2. Fischkutter *m*
travalya [·×·] *naut.* mühevolle Arbeit (auf e–m Schiff)
travay (*franz.* **travail**) 1. *snob.* Arbeit *f* *iş 2. wissenschaftliche Untersuchung; Studie *araştırma, tetkik, röşerş
traveling (*engl.* **travelling**) (*Film*) 1. Schwenken *n* der Kamera bei der Aufnahme 2. mit Kamerastandwechsel gedrehte Szene
travers (*franz.* **traverse**) 1. Eisenbahnschwelle *f* 2. Querholz *n*, Traverse *f* 3. *selt.* Durchquerung *f* (z. B. des Meeres)
traverslik zur Herstellung von Eisenbahnschwellen geeignet (z. B. Holz)
traverten *min.* Travertin *m* *pamuktaş(-ı)
travesti 1. Verkleidung, Maskierung *f* 2. *lit.* Travestie *f* (e–s Gedichtes) *gülünçleme 3. *Th.* Hosenrolle *f*
travma *psych.* Trauma *n;* seelischer Schock
trayler s. **treyler**
tredünyon 1. (*franz.* **trait d'union**) s. **birleştirme çizgisi** 2. (*engl.* **trade-union**) Trade-Union, Gewerkschaft *f*
tref(i)l (*franz.* **trèfle**) 1. s. **çayırtirfili** 2. kleeblattförmige Verzierung 3. *Ka.* Kreuz, Treff *n* *sinek, ispati
trema Trema *n* (Trennpunkte *pl.* über e–m Vokal)
tremalı mit Trema geschrieben
trematodlar s. **emici kurtlar**
trementi s. **terementi**
tremolit, -ti *min.* Tremolit *m*
tremolo *mus.* Tremolo *n*
tren (*franz.* **train**) (Eisenbahn-)Zug *m* ~ **fasılası** Zug-abstand *m*, -folge *f* ~ **hattı** Schienenweg *m* ~ **korsanları** Eisenbahn-, Zug-räuber *pl.* ≗ **münakalâtı kesildi.** Der Zugverkehr wurde eingestellt. ~ **şefi** Zugführer *m* *kondüktör ~ **yolu** Eisenbahnlinie *f* **-i kaçırmak** 1. den Zug versäumen 2. *fig.* e–e Gelegenheit verpassen **-lerin teselsülü** Zugfolge *f*
trençkot, -tu Trenchcoat *m*
treno (*franz.* **traîneau**) *selt.* (großer) Schlitten
tren-pilot (*franz.* **train pilote**) Vorzug *m* (Eisenbahn)
trent, -di Trend *m* (Entwicklungsgrundrichtung)
trenti [×·] *naut.* holende Part (e–s Jolltaues), lockeres Ende e–s Takels
Trento [×·] *n.pr.* Trient

trepan *med.* Trepan, Schädelbohrer *m*
trepanasyon *med.* Trepanation *f*
treponema [··×·] Treponema *n* (e–e Spirochäte)
tret (*franz.* **traite**) *H* s. **trata** (I)
trete (*franz.* **traité**) 1. (wissenschaftliche) Abhandlung, Untersuchung 2. Lehr-, Hand-buch *n* ~ **etmek** wissenschaftlich genau behandeln, untersuchen (**Kısa bir musahabede bunların ilim şartlarınca ~ edilmesine imkân yoktur.** Es ist unmöglich, diese Punkte in e–r kurzen Plauderei wissenschaftlich genau zu behandeln.)
tretuvar; tretüvar *hyperkorrekt* für **trotuvar**
Trev (*franz.* **Trèves**) *n.pr.* Trier
treyler (*engl.* **trailer**) 1. Anhänger *m* (*spez.* bei Lastkraftwagen) 2. Wohnwagen *m* 3. (Film-)Vorschau *f* *tanıtma filmi
triatlon (*franz.* **triathlon**) *La.* Dreikampf *m*
tribadizm (*franz.* **tribadisme**) s. **sevicilik**
tribün (Redner-, Zuschauer-, Zuhörer-)Tribüne *f*
trifaze (*franz.* **triphasé**) *techn.* Dreiphasen- ~ **cereyan** Dreiphasen-, Dreh-strom *m*
triglif *arch.* Triglyph(-e *f*) *m* *üçüz yiv
trigona [·×·] dreieckförmiges Stück e–r in Prismaform gebackenen Schichttorte
trigonometri Trigonometrie *f* *müsellesat
trigonometrik trigonometrisch *müsellesata ait
trikar (*franz.* **tricar**) Dreirad-Kabinenroller *m*
triko 1. Trikot *m, n* 2. Sporthemd *n* (der Turner usw.) 3. Strumpfhose *f* 4. Stricken *n*, Strickarbeit *f* 5. gestrickt, Strick- ~ **yelek** Strickweste *f*
trikoman Haarfarn *m bot.* Trichomanes radicans
trikorn (*franz.* **tricorne**) Dreispitz *m*
trikosefal (*franz.* **tricocéphale**) s. **kırbaçkurdu**
trikotaj 1. Trikotage *f*, Woll- und Strick-waren *pl.* 2. Stricken *n*
trikromi (*franz.* **trichromie**) s. **üç renkli baskı; üçrenk**
tril (*franz.* **trille**) *mus.* Triller *m* ~ **etmek** (*od.* **yapmak**) e–n Triller spielen (ausführen), trillern
triloji *lit.* Trilogie *f* *üçleme
trilyon 1. (nach deutschem Muster) Trillion *f* (e–e Million Billionen) 2. (nach amerikan. Vorbild) Billion *f* (tausend Milliarden)
trim s. **tirim**
trimestir, -stri [·×·] Trimester *n*
trimestirlik soundso viele Trimester ausmachend
tringa (I) [×·] *F* elegant, schick ~ **giyinmek** *F* sich elegant kleiden, *V* sich in Schale werfen
tringa (II) [×·] *naut.* Bugsprietzurring *f;* vgl. Stw. **cıvadra**
tringa (III) Rotstrandläufer, Knutt *m zo.* Calidris canutus
trinite (*franz.* **trinité**) s. **teslis** (3)
trinitrofenol, -lü *chem.* Trinitrophenol *n*, Pikrinsäure *f* *asit pikrik
trinitrotolüen (*franz.* **trinitrotoluène**) *chem.* Trinitrotoluol *n* (Sprengstoff) *trotil
trinket(-a) [·×·] *naut.* 1. **(sereni)** Fockrah *f* 2. **(direği)** Fockmast *m* 3. **(yelkeni)** Focksegel *n*
trinketin(-a) (flok) *naut.* 1. Fockstagsegel *n*, Stagfock *f* 2. Binnenklüver *m*
tripanozomalar s. **burgumsu kamçılılar**
tripçarter (*engl.* **trip-charter**) *naut.* Reisechartervertrag *m*
triplet, -ti (*franz.* **triplette**) dreisitziges Fahr- od. Motor-rad
tripling s. **dribling**
triplkroş (*franz.* **triple croche**) *mus.* Zweiunddreißigstelnote *f* *üççengelli, otuzikilik
tripo (*franz.* **tripot**) [×·] *V* Kaschemme, Spelunke *spez.* Spielhölle *f*
tripoli [×··] (*franz.* **tripoli**) Tripel *m*, Kieselerde *f* (*spez.* als Poliermittel verwendet)
tripsler s. **kirpikkanatlılar**
triptik, -ki Triptyk *n* (Grenzübertrittsschein für Kraftfahrzeuge) *gir-çık belgesi
triptikli mit Triptyk versehen, im Besitz e–s Triptyks
trisikl (*franz.* **tricycle**) Dreirad *n*
trişin Trichine *f zo.* Trichinella spiralis
trişinli trichinös, trichinenhaltig
trişinoz *med.* Trichinose
trişör (*franz.* **tricheur**) Mogler, Gauner, Betrüger *m*
trişörlük Mogelei *f* (beim Spiel), Gaunerei, Betrügerei *f* ~ **etmek** (be-)mogeln
triton [×·] *(Atomlehre)* Triton *n*
trityum *chem.* Tritium *n*
triyaj garı (*franz.* **gare de triage**) Rangierbahnhof *m*
triyangel *mus.* Triangel *m* *üçköşe
triyangülasyon s. **nirengi**
triyas [×·] *geol.* Trias(-formation) *f*
triyazik (*franz.* **triyasique**) *geol.* triassisch
Triyeste *n.pr.* Triest
Triyesteli [·×··] 1. aus Triest stammend 2. Triest(in)er(-in *f*) *m*
triyo [×·] *mus. od. allg.* Trio *n* 2. *(Gesang)* Terzett *n* *(1, 2) üçlü
triyole (*franz.* **triolet**) 1. *mus.* Triole *f* *üçleme 2. *lit. hist.* Triolett *n*
triyomvira Triumvirat *n*
triyot, -du *(Radio)* Triode *f* *odyon
triyör Trieur *m*, Getreidereinigungsmaschine *f*
Troçki *n.pr.* Trotzki
Troçkici; Troçkist, -ti 1. trotzkistisch 2. Trotzkist(-in *f*) *m*
Troçkicilik; Troçkizm Trotzkismus *m;* Theorie *f* der permanenten Revolution *sürekli devrim kuramı
trofe (*franz.* **trophée**) Trophäe *f*, Siegeszeichen *n*
troglodit, -ti Troglodyt, Höhlenmensch *m*
trokanter *an.* Trochanter, Rollhügel *m* *uyluk yumrusu
trokar *med.* Trokar *m* (Instrument bei Punktionen)
trokofor *zo.* Trochophora *f* (Larve der Ringelwürmer)
trol (*engl.* **trawl**) s. **şalü**
troley [×·] (*engl.* **trolley**) 1. Kontakt-, Stromabnehmer-rolle 2. Kontaktstange *f*, Stromzuführer *m* 3. Lauf-rad *n*, -katze *f* ~ **arabası** s. **troleybüs**
troleybüs (*franz.* **trolleybus**) Obus *m* (Oberleitungsomnibus)
tromba Trombe, Wasser-, Wind-hose *f*
trombamarina [××·×·] *naut.* Sprachrohr, Megaphon *n*
tromboflebit, -ti *med.* Thrombophlebitis *f* (Venenentzündung im Zusammenhang mit e–r Thrombose)
trombon (*franz.* **trombone**) *mus.* Posaune *f*
tromboncu; trombonist, -ti Posaunist *m*
trombosit, -ti (*franz.* **thrombocyte**) s. **kan pulcuğu**
tromboz *med.* Thrombose *f*
trombüs *med.* Thrombus *m* (Blutpfropf innerhalb e–s Blutgefäßes)
trommel *techn.* (Maschinen-)Trommel *f*
trompet, -ti (*franz.* **trompette**) Trompete *f* (im Orchester)
trompetçi; trompetist, -ti Trompeter *m* (als Orchestermusiker)
trop, -pu *ling.* Trope *f*, bildlicher Ausdruck
tropik 1. tropisch 2. s. **tropika**
tropika 1. *geogr.* Tropen *pl.* *medar 2. tropische Zone *tropikal kuşak ~ **hastalığı** s. **sarıhumma;** ~ **sıcağı** Tropenhitze *f*
tropikal tropisch, Tropen- *medarî ~ **Afrika** tropisches Afrika ~ **bitki** Tropenpflanze *f* ~ **kuşak** *geogr.* tropische Zone *medarî mıntıka
tropikkuşugiller Tropikvögel *pl. zo.* Phaetontidae
tropiklerarası, -nı *geogr.* zwischen den Wendekreisen befindlich *beynelmedareyn
tropizm (*franz.* **tropisme**) s. **yönelim**

troposfer Troposphäre *f* (unterster Abschnitt der Atmosphäre) *alt havaküre
trotil *chem.* Trotyl, Trinitrotoluol *n* (Sprengstoff)
trotinet, -ti (*franz.* **trottinette**) *Kspz.* Roller *m* *patinet
trotuvar Trottoir *n*, Geh-, Bürger-steig *m* *yaya kaldırımı
Trova(-lı, -lılar) s. **Truva(-lı, -lılar)**
troyka [×·] Troika *f* (russisches Dreigespann) ~ **politikası** (*od.* **usulü**) Dreierpolitik *f*
tröst, -tü *H* Trust, Konzern *m*
TRT = Türkiye Radyo Televizyon Kurumu Türkische Rundfunk- und Fernseh-Gesellschaft (gegr. 1964)
trubadur *hist. od. iron.* Troubadour *m*
trup, -pu (Schauspieler-)Truppe *f*, Ensemble *n*
trusa s. **turusa**
trust, -tu s. **tröst**
Truva (*franz.* **Troie**) *n.pr.* Troja
Truvalı 1. trojanisch 2. Trojaner(-in *f*) *m* **-lar** (*a. astr.*) Trojaner *pl.*
truvakar (*franz.* **trois-quarts**) 1. dreiviertel (lang) 2. *spez.* dreiviertellanger Mantel ~ **kollu** mit dreiviertellangen Ärmeln (Damenkleid)
trük, -kü (*franz.* **truc**) (Bühnen- od. Film-)Trick *m*
trükaj (*franz.* **trucage**) (*Film*) Trickaufnahme *f*
tsetse (sineği) s. **çeçe (sineği)**
tsigan (*franz.* **tsigane**) 1. Zigeuner(-in *f*) *m* 2. s. **çingene palamudu;** ~ **müziği** Zigeunermusik *f*
TTK = Türk Tarih Kurumu
tu [−] (Lm. des verächtlichen Ausspuckens) *Int.* pfui! *yazıklar olsun! ≗ **kaka!** Pfui Teufel!
tual s. **tu(v)al**
Tuaregler *n.pr.* Tuaregs *pl.* (in der Sahara)
tuba *mus.* Tuba *f spez.* Baßtuba *f* (im Orchester)
Tuba [−−] *isl. Myth.* 1. Name e−s Paradiesbaumes, dessen Wurzeln oben und dessen Zweige unten sind 2. ≗ *fig.* was seine Kraft von oben her bezieht 3. ≗ Glückseligkeit *f*
Tubalar s. **Koyballar**
tubifeks Bachröhrenwurm, Tubifex *m zo.* Tubifeks tubifeks
tufa *V* fette Beute, reicher Gewinn
tufacı *V* Räuber *m spez.* Einbrecher *m*
tufacılık *V* Raub *m spez.* Einbruchdiebstahl *m*
tufalamak *V* unter Bedrohung et. an sich bringen; gewaltsam rauben
tufan [−−] 1. Sünd-, Sint-flut *f* 2. *fig.* wolkenbruchartiger Regen; Überschwemmung *f* 3. *fig.* Brausen, Donnern *n* Zu 3: s. **alkış -ı**
tufana s. **difana**
Tufanbeyli *n.pr.* O. u. D. im Rbz. Adana
tufeyl *va.* 1. kleines Kind 2. Tischgast *m* 3. ≗ **bin Zilâl** *n.pr.* Prototyp des notorischen Schmarotzers
tufeylî 1. Schmarotzer, Parasit *m* *asalak, parazit 2. schmarotzend, schmarotzerhaft ~ **bir surette yaşamak** ein Schmarotzerleben führen
tufeylîlik 1. Schmarotzertum, Parasitentum *n* 2. *bot.* Parasitismus *m* *(1, 2) asalaklık
tufeyliyat, -tı [ā] *va.* pflanzliche od. tierische Schmarotzer *pl.*
tuffah [ā] *va.* Apfel *m* *elma **-ı Âdem** s. **Âdem elması**
tufûl(iy)et, -ti *va.* 1. Kindesalter *n*, Kindheit *f* 2. Jugendfrische *f*
tugay *mil.* Brigade *f* *liva ~ **emir subayı** Brigadeadjutant *m* ~ **emri** Brigadebefehl *m* ~ **karargâhı** Brigadestab *m*
tuğ Helm-, Feder-busch, Roßschweif *m* (*spez.* osm. Rangabzeichen für e−n Sultan, Großwesir od. Pascha) ~ **lâlesi** Schachblume *f bot.* Fritillaria meleagris *tacı şahî
tuğamiral, -li Flottillenadmiral *m*
tuğamirallik Rang *m*, Stellung *f*, Aufgaben *pl.* usw. e−s Flottillenadmirals
tuğbay *mil.* Oberst *m* (als Brigadekommandeur) *liva kumandanı miralay
tuğbaylık Rang *m*, Stellung *f*, Aufgaben *pl.* usw. e−s **tuğbay**
tuğcu *hist.* Standartenträger *m*
tuğgeneral, -li *mil.* Brigadegeneral *m* *liva paşa
tuğgenerallik Rang *m*, Stellung *f*, Aufgaben *pl.* usw. e−s Brigadegenerals
tuğkomutan *mil.* Brigadeführer, Brigadier *m* *liva kumandanı
tuğla [×·] 1. Ziegel(-stein) *m* 2. aus Ziegelsteinen erbaut, Ziegel- ~ **bina** Ziegel(stein)bau *m* ~ **fabrikası** Ziegelei *f* ~ **harmanı** (*od.* **ocağı**) Ziegelbrennerei, Ziegelei *f* ~ **kırmızısı** ziegelrot
tuğlacı [×··] 1. Ziegelbrenner, Ziegler *m* 2. Ziegelhändler *m*
tuğlacılık 1. Ziegelbrennen *n* 2. Handel *m* mit Ziegeln
tuğlu mit (nb.) Helm-, Feder-busch, Roßschweif; s.a. **iki (üç)** ~ **paşa**
tuğra *hist.* Namenszug *m* des Sultans *tevki ~ **çekmek** *fr.* den Namen des Sultans auf e−e Urkunde setzen ~ **keşidesi** Paraphe *f*, Namensschnörkel *m*
tuğracı; tuğraî; tuğrakeş *hist.* osm. Beamter, der den Namenszug des Sultans auf amtliche Dokumente zu setzen hatte *nişancı, tevkiî, tevkici, tuğranüvis
tuğrakeşlik *hist.* Aufgabe od. Tätigkeit *f* e−s **tuğrakeş**
tuğralı mit dem Namenszug des Sultans versehen (z.B. Schriftstück)
tuğranüvis s. **tuğracı**
Tuğrul s. **Toğrul**
tuğyan [ā] 1. s. **taşkınlık** 2. Überschwemmung *f* 3. *fig.* Auflehnung, Rebellion, Revolte *f* ~ **etmek** 1. s. **taşmak** 2. über die Ufer treten (Fluß) 3. sich auflehnen, revoltieren, rebellieren
tuh s. **tu**
tuhaf sonderbar, eigenartig, merkwürdig, komisch, spaßig, schnurrig (z.B. Erzählung), seltsam, lächerlich ~ **kaçmak** sonderbar od. lächerlich sein ~ **olmak** *fig.* nicht mehr ein noch aus wissen **-ına gitmek** (bş b−nin) j−m sonderbar vorkommen, j−n sonderbar anmuten **işin -ı** das Sonderbare dabei ist, daß ...
tuhafiye Kurzwaren, Posamenten *pl.*
tuhafiyeci Kurzwarenhändler, Posamentier *m*
tuhafiyecilik Herstellung *f* od. Handel *m* mit Kurzwaren, Posamenten; Posamenterie *f*
tuhaflaşmak eigenartig werden; bizarre Formen annehmen
tuhaflık, -ığı 1. Eigenartigkeit, Merkwürdigkeit *f*, Komisches, Komik *f*, Spaßiges, Seltsames 2. sonderbares (eigentümliches usw.) Benehmen od. Verhalten 3. Spaß, Scherz *m* Zu 1: **işin -ı** das Komische an der Sache (bei der Angelegenheit; hierbei) **Bir -ım var.** Ich fühle mich heute nicht recht wohl. Ich bin nicht ganz auf dem Posten. ~ **etmek** (*od.* **yapmak**) komische Dinge anstellen (über die man lachen muß)
tuhfe *va.* 1. Gabe *f*, Geschenk *n* 2. et. unvergleichlich Schönes und Neues
tukan 1. Tukan, Pfefferfresser *m zo.* Ramphastos toco 2. ≗ *astr.* Tukan *m* (Sternbild)
tul, -lü [−] *math.* Länge *f* *uzunluk ~ **dairesi** Längenkreis *m* ~ **derecesi** Längengrad *m*, geographische Länge *boylam **-ü emel sahibi** *va.* von Begierde od. Habsucht erfüllt **-ü garbî** westliche Länge **-ü mevç, tulmevç; mevç -ü** Wellenlänge *f* *dalga uzunluğu, dalga boyu **-ü şarkî** östliche Länge
tulâ *va.* sehr lang; s.a. **yeditulâ**
tulânî [−−−] *z. va.* in der Längenrichtung verlaufend, der

Länge nach, Längs-, longitudinal *boyuna ~ **inhiraf** Längenabweichung *f* ~ **makta** Längsschnitt *m* ~ **mihver** Längsachse *f*
tularemi *med.* Tularämie, Hasenpest *f*
tulen [ū] *va. Adv.* der Länge nach
tuleyn [ū] *va. Dual* zu **tul** *naut.* die beiden Längengrade, zwei Längengrade; s. a. **tefavütü** ~
tulga s. **tolga**
tulî [– –] *va.* longitudinal, Längs-
tullü [ū] von e–r best. Länge; s. a. **mevç tullü**
tulmevç s. Stw. **tul**
tulu, -uu [· –] *va.* Aufgang *m* (von Gestirnen) ~ **etmek** *va.* aufgehen (Gestirn)
tuluat, -tı [· – –] *Pl.* 1. *va.* Erscheinungen *pl.* 2. *z. va.* plötzliche Einfälle *pl.* 3. Stegreifdramen, schauspielerische Improvisationen *pl.* ~ **kumpanyası** Schauspielerensemble *n*, das Stegreifdramen spielt ~ **patlatmak** s. ~ **yapmak;** ~ **tiyatrosu** Schmierentheater *n* ~ **yapmak** *Th.* improvisieren
tuluatçı [· – – ·] improvisierender Schauspieler, Improvisator, Volksschauspieler *m*
tuluk *P* für **tulum**
tulum 1. Schlauch od. Sack *m* aus Schaf- od. Ziegen-fell (Behälter für Wasser, Öl, Käse od. als Träger von **kelek**) 2. *mus.* (*a.* ~ **düdük** *od.* ~ **zurna**) Dudelsack *m* *gayda 3. Tube *f* (für Salbe, Creme, Zahnpasta usw.) 4. Overall, Überziehanzug, Arbeitskittel *m* (für Arbeiter od. Kinder) 5. *F* Dickwanst *m* 6. *mil.* Schlauchboot *n* 7. schlauch-förmig, -artig ~ **atmak** *fig.* aufschneiden, prahlen ~ **çıkarmak** 1. ein Tier so abhäuten, daß man die Haut als Schlauch od. Sack verwenden kann 2. *fig.* durchprügeln, verhauen ~ **çıkmak** (bir işte) *fig.* sein Ziel ganz erreichen ~ **gibi** dick wie ein Faß ~ **peyniri** weißer Käse in Ledersack **-a dönmek** *fig.* dick wie ein Faß werden
tulumba [· × ·] 1. Wasserpumpe *f* 2. Kraft-, Motor-spritze *f* 3. Luftpumpe *f* (für Autoreifen, Fußbälle usw.) 4. Spritze *f*, Zerstäuber *m* 5. Federhaus *n* (e–r Uhr) Zu 1: s. **kuyu -sı** Zu 2: s. **yangın -sı** Zu 3: s. **lastik -sı** Zu 4: s. **flit -sı;** ~ **ceketi** Pumpenkragen *m* ~ **çekmek** pumpen ~ **deposu** Pumpenkasten *m* ~ **gövdesi** Pumpengehäuse *n* ~ **haznesi** Pumpenstiefel *m* ~ **kolu** Pumpenschwengel *m* ~ **marnel** s. **trombamarina;** ~ **mekanizması** Pumpengestänge *n* ~ **pistonu** Pumpenkolben *m* ~ **siası** Pumpenhub *m* ~ **tatlısı** mit Zuckerwasser durchtränkter, geriefelter türk. Spritzkuchen ~ **üstüvanesi** s. ~ **haznesi;** ~ **valfı** Pumpenventil *n*
tulumbacı 1. Pumpen-fabrikant, -verkäufer *m* 2. *hist.* Feuerwehrmann *m* (bei der berüchtigten osm. freiwilligen Volksfeuerwehr) 3. *fig.* Rohling, Rüpel, Grobian *m* 4. *fig.* roh, rüpelhaft ~ **kancası** Einreißhaken *m* der Feuerwehr ~ **lehçesi** Rotwelsch, Argot *n*, Gaunersprache *f*
tulumbacılık 1. Herstellung *f* und Verkauf *m* von Pumpen 2. *hist.* Mitgliedschaft *f* bei der freiwilligen Volksfeuerwehr 3. *fig.* Grobheit, Gemeinheit, Flegelhaftigkeit *f*
tulumcu Dudelsackpfeifer *m* *gaydacı
tulumcuk *an.* Utriculus *m* (oberes Vorhofsäckchen im inneren Ohr) *kureybe
tulumlu Seescheide *f zo.* Ascidia ~ **alklar** s. **fiküsgiller**
tulumlular Aszidien, Seescheiden *pl. zo.* Ascidiaceae
tulumsu röhrenartig, schlauchförmig
tulyum s. **tülyum**
tumağı s. **duma; dumağı**
tuman 1. *P* s. **iç don** 2. s. **tümen** (3)
tumba [× ·] 1. das Oberste zuunterst gekehrt 2. *Ki.* Hineinplumpsen *n* (ins Bett) 3. *(Bergwerk)* Entladungsstelle *f* (der Kipploren) 4. *naut.* Kielobenstellung *f* (e–s Bootes) ~ **düşmek** hinfallen und ausgestreckt liegenbleiben *spez.* ins Bett plumpsen ~ **etmek** 1. *naut.* kieloben stellen (Boot zur Reparatur) 2. *(Bergwerk)* die Kipploren entleeren
tumbadak [× · ·] plumps! **Haydi** ~ **yatak!** *Ki.* Husch, husch, ins Bettchen!
tumbadız *F* klein und dick, rundlich (Person)
tumşuk s. **tomşuk**
tumturak übermäßige Emphase, gesuchte Ausdrucksweise; Phrasengedresche *n*, Schwulst *m*
tumturaklı übermäßig emphatisch; hochtrabend, schwulstig, bombastisch, *F* geschwollen (Ausdrucksweise) ~ **konuşma** *Th.* pathetische Sprechweise
tun *(va.; nur mehr in der Füg.:)* **-dan tuna** von Ort zu Ort; hierhin und dorthin
Tuna [× ·] *n.pr.* 1. Donau *f* 2. *wV* ~ **sombalığı** Huchen *m zo.* Hucho hucho
Tunalı [× · ·] aus der Donaugegend stammend, im Donaugebiet geboren
Tunca *geogr.* Tundscha *f* (Nebenfluß der Maritza)
Tunceli, -ni *od.* **-yi** [× · ·] *n.pr.* Rbz. in Ostanatolien
tunç, -cu 1. Bronze *f* (Kupfer-Zinn-Legierung) *bronz 2. aus Bronze hergestellt, Bronze-, bronzen 3. bronzefarben ~ **bilekli** mit kräftigen Armen ~ **devri** Bronzezeitalter *n* ~ **dökümü** Bronzeguß *m* ~ **kafiye** s. **zengin kafiye;** ~ **kaplamak** bronzieren
tunçlanmak; tunçlaşmak Bronzefarbe annehmen; gebräunt werden
tunçlu Bronze enthaltend, mit Bronze überzogen, Bronze- ~ **çelik** Bronzestahl *m*
tund(u)ra *geogr.* Tundra, Tundrensteppe *f*
tungsten s. **volfram**
Tunguzca *ling.* Tungusisch(-e) *n*
Tunguzlar *n.pr.* Tungusen *pl.*
Tunus *n.pr.* 1. Tunis (Stadt) 2. Tunesien ~ **Beyi** *hist.* Bey *m* von Tunis ~ **gediği** 1. einträgliches Geschäft, fette Pfründe 2. ältere Frau, die ihres Geldes wegen geheiratet wird
Tunuslu 1. tunisisch, Tuniser(-in *f*) *m* 2. tunesisch, Tunes(i)er(-in *f*) *m*
tunyât *(albanischer Gruß)* s. **merhaba**
tur (I) [–] 1. Tour, Rund-, Stern-fahrt *f* (z. B. bei Radrennen) 2. Promenade *f*, Spaziergang *m*, Auf- und Abschreiten, Hin- und Her-gehen *n* 3. *(Sport)* Runde *f*, Gang *m* (z. B. beim Fechten) 4. Wahlgang *m* ~ **atmak** *P* promenieren, spazierengehen ~ **elektrik** Bohrmaschine *f* (des Zahnarztes)
tur (II) [–] 1. *va.* Berg *m* *dağ 2. ♀ **suresi** Name der 52. Koran-Sure
tura 1. s. **tuğra** 2. Rückseite *f* (Revers *m*) e–r Münze (mit dem Wappen) 3. (Garn-)Docke *f*, *a.:* dem Kokon entnommenes Seidenknäuel 4. Plumpsack *m (im gln. Ksp.)* 5. Peitsche *f* für e–n Kreisel ~ **kamçı** Riemenpeitsche, Karbatsche *f* ~ **oyunu** Plumpsack *m* od. Der Plumpsack geht um.
turaç, -cı Halsbandfrankolin *n zo.* Francolinus francolinus *çil
turakolar s. **muzculgiller**
turalamak *P* s. **dolaşmak**
Turan [– –] *n.pr.* Turan (zentralasiatische Urheimat der Türken)
Turanca [– × ·] turanische Sprachgruppe; Ural-Altaiische Sprachen *pl.* *Ural-Altay dilleri
Turancı [– – ·] Anhänger(-in *f*) *m* des Turanismus *panturanist
Turancılık [– – · ·] Turanismus *m* (der die turanischen Völker zusammenschließen will) *panturanizm
Turanî [– – –]; **Turanlı** [– · ·] 1. aus Turan stammend, turanisch 2. Turanier(-in *f*) *m*

turanlaşmak turanisiert werden (Sprache)
turba (*franz.* **tourbe**) Torf *m* *bataklık kömürü; turp
turbalık, -ığı Torf-boden *m*, -moor *n* *turpluk
turbit s. **bitkisel (madenî)** ~
turbiyon (*franz.* **tourbillon**) *selt.* Wirbelwind *m*
turel (*franz.* **tourelle**) *mil.* Geschütz-, Panzer-turm *m*
turfa treife (für Juden rituell unrein, nichtkoscher) ~ **olmak** *fig.* in Ungnade fallen, an Ansehen (Wertschätzung) verlieren **-sı çıkmak** *F* keinen Staat mehr machen können (mit); aus der Mode sein
turfalamak über die Achsel ansehen, links liegen lassen
turfanda 1. Früh-obst, -gemüse *n* 2. außerhalb der üblichen Jahreszeit vorhanden; s. a. **son** ~
turfandacı wer Frühobst bzw. Frühgemüse anpflanzt, damit handelt oder solches gerne ißt
turfandacılık Anpflanzung *f*, Verkauf *m* von Früh-gemüse, -obst od. Vorliebe *f* für solches
turfandalık 1. Frühbeet *n* 2. Treibhaus *n*
turgay s. **toygar**
turgor [×·] 1. *bot.* s. **şişme** 2. *med.* Turgor *m* (Spannungszustand der Gewebe)
Turgovya [·×·] *n.pr.* Thurgau *m* (Schweizer Kanton)
turgu 1. s. **torgu** 2. s. **vakıf;** ~ **belgiti** (*od.* **dayancı**) s. **vakıfname**
turgucu s. **vâkıf**
turgulanmış = vakfedilmiş
Turgut *mV*
Turgutlu *n.pr.* Stadt u. D. im Rbz. Manisa
Turhal *n.pr.* Stadt u. D. im Rbz. Tokat (Zuckerindustrie)
turhan 1. *va.* von edler Abstammung 2. ≗ *mV*
turing (*franz., engl.* **touring**) Reise *f*, Ausflug *m* (*Anm.* Fast nur in dem Namen des türk. Automobilklubs verwendet: **Türkiye** ≗ **ve Otomobil Kurumu**)
Turingya [·×·] *n.pr.* Thüringen
turist, -ti 1. Vergnügungsreisender, Tourist *m* 2. *selt.* Wanderer, Bergsteiger *m* 3. *V* Besucher, der die Nacht über bleibt ~ **mevkii** (*od.* ~ **sınıfı**) Touristenklasse *f* (im Flugzeug)
turistik 1. Reise-, Fremden-verkehrs- *gezimsel 2. s. **turizm** Zu 1: **beş** ~ **bölge** fünf Zonen des Reise-, Fremdenverkehrs Zu 2: ~ **kabiliyeti** Möglichkeit *f* der Erschließung für den Fremdenverkehr ~ **depliyan** (*franz.* **dépliant**) Faltprospekt *m* (Werbeprospekt für Kurorte, Hotels usw.) ~ **gezi** Rundreise *f* ~ **otel** Touristenhotel *n* ~ **ödenek** Reisedevisen *pl.* (bei Devisenbewirtschaftung)
turizm 1. Reise-, Fremden-verkehr *m*, Touristik *f* *gezim 2. Zivilflugwesen *n* Zu 1: **iç -in teşviki** Förderung *f* des Inlandreiseverkehrs ~ **brövesi** Patent *n* als Verkehrsflieger ~ **bürosu** 1. Reisebüro *n* 2. Verkehrsamt *n* ~ **danışma bürosu** Auskunftsbüro *n* (für Reisende) ~ **derneği** (*od.* ~ **kurumu**) Verkehrsverein *m* ~ **endüstrisi** Fremdenindustrie *f* ~ **pilotluğu** 1. Tätigkeit *f*, Beruf *m* e–s Verkehrsfliegers 2. Verkehrsflugwesen *n* ~ **pilotu** Verkehrsflieger *m* ~ **tesisleri** Touristenunterkünfte *pl.* ≗ **ve Tanıtma Bakanlığı** Ministerium *n* für Fremden-verkehr und -werbung (Türkei) ~ **vizesi** Touristenvisum *n*
turizmci wer im Reiseverkehrswesen tätig ist
turluk (I) über soundso viele Runden gehend *(Sport)*
turluk (II) s. **durluk**
turmalin *min.* Turmalin *m*
turna 1. Kranich *m zo.* Grus grus 2. ≗ *astr.* Kranich *m* (Sternbild) ~ **gözü gibi** 1. hellgelb 2. *F* glasklar (Wasser) ~ **katarı** 1. Kranichzug *m* 2. *fig.* Gänsemarsch *m* 3. Name e–s türk. Ksp. ~ **kırı** weißlich-grau (Pferdefarbe) ~ **olmak** *V* draufgehen (Geld im Spiel) **-yı gözünden vurmak** *fig.* e–n glücklichen Griff tun, e–n Haupttreffer erzielen, ins Schwarze treffen; den Vogel abschießen
turnaayağı, -nı s. **düğünçiçeği**
turnabalığı, -nı Hecht *m zo.* Esox lucius
turnacı [×··] *urspr.* Kranichhalter *m* (im Sultanspalast) ~ **ortası** *hist.* Name der 68. Janitscharenformation
turnagagası, -nı 1. italienischer Reiherschnabel *bot.* Erodium gruinum *dönbaba 2. Ruprechtskraut *n bot.* Geranium Robertianum
turnagagasıgiller Storchschnabelgewächse *pl. bot.* Geraniaceae *ibreviye, sardunyagiller
turnageçidi, -ni Name e–s period. Seesturms im Frühling
turne 1. Tournee, Gastspielreise *f* 2. Rundreise *f* 3. Geschäfts- od. Dienst-reise *f* *(1–3) dolaşı **-ye çıkmak** *od.* ~ **yapmak** e–e Gastspiel-, Rund-, Geschäfts-, Dienstreise machen; auf Tournee gehen
turnike (*franz.* **tourniquet**) 1. Dreh-kreuz *n*, -sperre *f* *çevirgeç 2. *Bill.* Quart *f* 3. *med.* Aderpresse *f* **-den geçmek** durch die (Dreh-)Sperre gehen, die (Dreh-)Sperre passieren
turno [×·] *naut.* einscheibige Rolle (e–s Flaschenzugs)
Turnu Roşu *n.pr.* Roter-Turm-Paß (Südkarpaten)
turnusol, -lü 1. Lackmuskraut *n*, Färberkroton *m*, Tournesolpflanze *f bot.* Crozophora tinctoria 2. Lackmus *n, m* ~ **kâğıdı** Lackmuspapier *n*
turnuva (*franz.* **tournoi**) Turnier, Wett-spiel *n*, -kampf *m* (*spez.* bei Tennis und Schach)
turnür (*franz.* **tournure**) 1. *selt.* Redewendung, Redensart *f*, Ausdruck(-sweise *f*) *m* 2. *mod.* Turnüre *f*, (Gesäß-) Polster *n* (an Damenkleidern)
turosa s. **turusa**
turp (I), **-pu** Gartenrettich *m* od. Radieschen *n bot.* Raphanus sativus ~ **gibi** *F* gesund wie der Fisch im Wasser ~ **kelebeği** s. **küçük lahana kelebeği;** ~ **lahanası** s. **şalgam** (1); ~ **salatası** Rettichsalat *m* ~ **sıkmak** (bşe) *F* gerne verzichten (auf), keinen Wert legen (auf), *F* pfeifen (auf); (s. a. **Aklına** ~ **sıkayım!**) ~ **solucanı** Rübenälchen *n zo.* Heterodera Schachtii **≗un sıkından seyreği iyidir.** *Spr. (etwa:)* Reden ist Silber, Schweigen ist Gold. *Spr.*
turp (II), **-bu** Torf *m* *turba
turpgiller Kreuzblütler *pl. bot.* Cruciferae *salibiye
turpluk s. **turbalık**
turre *va.* 1. Stirnlocke *f* 2. Saum *m*, Borte, Webkante *f*
tursulum s. **torsolom**
turşu 1. Mixed Pickles *pl.*, Essiggemüse *n* 2. *fig.* abgespannt, müde, ohne Energie 3. *V* sinnlos betrunken ~ **gibi** ganz abgespannt, todmüde ~ **kesilmek** (*od.* **olmak**) 1. sauer werden (z. B. Essen) 2. *fig.* ganz abgespannt (todmüde, wie gerädert) sein ~ **kurmak** (*od.* **basmak**) Essiggemüse einlegen ~ **lapası** Reisbrei *m* mit feingewiegtem Essiggemüse ~ **suratlı** (*od.* **yüzlü**) mit e–m Gesicht wie drei Tage Regenwetter, verdrießlich (mürrisch) dreinschauend ~ **suyu** Essigwasser *n* (*a.* als Erfrischungsgetränk) **-su çıkmak** sich wie gerädert fühlen **-sunu kurmak** (*spött. Ra.* gegenüber demjenigen, der et. nicht hergeben will) z. B. **Niye vermiyorsun? ≗sunu mu kuracaksın?** Warum willst du es denn nicht hergeben? Willst du es dir vielleicht einsalzen (damit es sich ja gut hält)?
turşucu wer Essiggemüse einlegt od. verkauft
turşuculuk Herstellung *f* und Verkauf *m* von Essiggemüse
turşulu mit Mixed Pickles (als Beilage)
turşuluk zur Herstellung von Mixed Pickles geeignet
turta [×·] Torte *f* *tart
turuk, -ku [·–] (*va. Pl.* zu **tarik**) 1. Wege *pl.* 2. **= tarikatlar; -u kanuniye** *va.* gesetzlich vorgeschriebene (bzw. zulässige) Wege
turuncu rötlich-gelb; orangerot ~ **şahin otu** orangerotes Habichtskraut *bot.* Hieracium aurantiacum
turunç, -cu bittere Orange, Pomeranze, Bigarade *f bot.* Citrus aurantium var. amara ~ **çiçeği esansı** Neroliöl *n*
turunçgiller s. **narenciye**

turusa [·×·] (*a.* ~ **çemberi**) *naut.* 1. Rack *n* (e–r Rah) *od.* Gaffelschuh *m* 2. Stropp *m*, Tauschlinge *f* 3. Klaufall *n* 4. Eisenreifen *m* (für das Verladen von Torpedos)
Tur(u)sina *n.pr.* Sinaigebirge *n*, Berg *m* Sinai
tustep, -pi Twostep *m* (Tanz)
tuş (*franz.* **touche**) 1. Taste *f* (bei Klavier, Schreib-, Buchungs-maschine usw.) 2. *(Ringen)* Niederwurf *m* auf beide Schultern 3. Pinselstrich *m* (des Malers) 4. *Bill.* a) Touchieren *n*, versehentliches Berühren e–s Balles b) Berührung *f* der anderen Bälle durch den Spielball c) Preß-Liegen *n* des Spielballs 5. Treffer *m* (beim Fechten) 6. Griffbrett *n* (an S.i.) **-a getirmek** *od.* **-la galip gelmek** den Gegner auf beide Schultern legen (und dadurch beim Ringen gewinnen)
tuşe 1. (*franz.* **touché**) angeschlagen (Taste) 2. (*franz.* **(le) toucher**) Anschlag *m* (*spez.* bei Klavier) *dokunuş 3. *spez. med.* Befühlen, Abtasten *n* ~ **etmek** 1. anschlagen (*spez.* Klaviertasten) 2. befühlen, abtasten
tuşlamak s. **tuşe etmek**
tuşlayış s. **tuşe** (2)
tuta zur Verrechnung, unter entsprechender Anrechnung *mahsuben **borca** ~ als Teilzahlung der Schuldsumme
tutacak, -ağı Halter, Spanner *m;* s. a. **gazete -ı**
tutaç, -cı 1. Pinzette *f* *pens 2. *P* s. **tutak** (2)
Tutak *n.pr.* O. u. D. im Rbz. Ağrı
tutak 1. Griff *m* (z.B. e–s Schwertes), Heft *n* (z.B. e–s Messers), Sterz *m* (am Pflug), Kolbenhals *m* (am Gewehr) u.ä.m. 2. Topflappen *pl.* 3. Backe *f* (e–r Zange) 4. Geisel *m, f*, Leibesbürge *m* *rehine
tutam 1. Hand-, Faust-voll *f* 2. Fingerspitze *f* (voll), Prise *f* 3. *z. va.* Stiel, Griff *m* 4. Art *f* des Haltens od. Ergreifens Zu 2: **bir** ~ **tuz** e–e Prise Salz
tutamaç Griff *m* (zum Ziehen)
tutamak 1. Griff *m* (zum Anfassen) 2. Handhabe, Unterlage *f* 3. Festhalten *n*, Ausdauer, Beharrlichkeit *f* *sebat 4. eingeschlagener Weg: a) Beruf *m*, berufliche Tätigkeit *meslek b) Naturell *n*, Wesens-, Lebens-, Gemüts-art *f* *meşrep 5. *F* Stütze *f*, Helfer *m* 6. Dokument *n*, Urkunde *f*, Beweis *m*, Unterlage *f* ~ **bulmak** e–e Ausrede finden ~ **noktası** Punkt *m*, an dem man einhaken kann; Handhabe *f*, Anhaltspunkt *m* ~ **vermek** e–n Vorwand liefern
tutamaklı 1. mit Griff 2. was e–e Handhabe bietet, wofür Unterlagen vorhanden sind, verläßlich 3. zäh, beharrlich, ausdauernd
tutamaksız 1. ohne Griff 2. was keine Handhabe bietet, wofür keine Unterlagen vorhanden sind, ungesichert 3. ohne Beharrlichkeit, ohne Ausdauer 4. berufslos 5. ohne Stütze (Helfer)
tutamlamak nach Prisen messen od. dazugeben
tutanak 1. Protokollierung *f*, Protokoll(-aufnahme *f*) *n* *zabıt, zabıt ceridesi 2. unterzeichnetes Protokoll; Niederschrift *f* *zabıt varakası 3. (von mehreren Personen unterzeichneter) Bericht *mazbata ~ **dergisi** s. **zabıt ceridesi; -ları inceleme komisyonu** *jur.* Wahlprüfungsausschuß *m*
tutar 1. ausmachende Menge; Gesamtmenge *f* *miktarı baliğ 2. (Geld-)Betrag *m*, Summe *f* *meblağ
tutarak, -ağı 1. psychopathischer Anfall 2. Epilepsie, Fallsucht *f* *sara 3. *va.* was zum Feueranmachen dient (z.B. Streichhölzer, Kienholz, Holzspäne, Zunder usw.) **-ı tuttu.** 1. Sie hat e–n hysterischen Anfall bekommen. Er hat e–n Rappel bekommen. 2. Er (sie) hat e–n epileptischen Anfall bekommen.
tutaraklı 1. wer e–n psychopathischen Anfall hat 2. Epileptiker(-in *f*) *m* *saralı
tutarga, tutarık s. **tutarak**
tutarlı 1. konsequent, folgerichtig *insicamlı 2. gleichmäßig, übereinstimmend
tutarlık logische Anordnung; Konsequenz, Folgerichtigkeit *f* *insicam
tutarlılık, -ığı 1. Konsequenz, Folgerichtigkeit *f* 2. Gleichmäßigkeit, Übereinstimmung *f*
tutarsı s. **erzats**
tutarsız unzusammenhängend, unlogisch, inkonsequent, widerspruchsvoll *gayri müntiç, insicamsız, mütenakız, tutmaz
tutarsızlık, -ığı Nichtübereinstimmung, Widersprüchlichkeit, Inkonsequenz *f* *insicamsızlık, tutmazlık
tuti [– –] *va.* Papagei, Sittich, Kakadu *m*
Tutiname [– – – ·] 1. *lit.* Papageienbuch *n* 2. ≗ Unsinniges, Ungereimtes
tutiye [ū] s. **dutgiller**
tutkal (Tischler-)Leim *m* ~ **boyası** Leimfarbe *f* ~ **çanağı** Leimtiegel *m* ~ **çizgisi** (*od.* ~ **arakesiti**) Leimfuge *f* ~ **fırçası** Leimpinsel *m* ~ **gibi** lästig, zudringlich (Person) ~ **kabı** Leimtopf *m* ~ **mengenesi** Leimzwinge *f*
tutkallamak 1. mit Leim bestreichen 2. (an-, zusammen-, auf-)leimen
tutkallı 1. mit Leim bestrichen od. Leim enthaltend 2. (an-, auf-, zusammen-)geleimt ~ **boya** Leimfarbe *f*
tutkanlık s. **zilyetlik**
tutku s. **ihtiras;** ~ **romanı** *lit.* Roman *m* e–r Leidenschaft
tutkulu s. **ihtiraslı;** ~ **aşk** leidenschaftliche Liebe
tutkun (mit Ausnahme der Bed. 3 u. 4 *selt.* od. *va.*) 1. befallen (von e–r Krankheit) 2. verfallen (e–m Laster) 3. hingerissen, entzückt 4. verliebt, *F* verschossen 5. aufgehalten, behindert, gehemmt, unfrei 6. gelähmt 7. verwirrt, bestürzt, beklommen 8. betrogen, beschwindelt 9. gefangen, Kriegsgefangener 10. verdunkelt (z.B. Sonne) ~ **avlamak** *va.* e–n Dummen suchen ~ **vermek** *va.* sich überraschen (düpieren) lassen
tutkunluk der durch **tutkun** ausgedrückte Zustand *spez.* 1. Entzücken *n*, Begeisterung *f* 2. Verliebtheit *f*
tutma 1. Vs. zu **tutmak** 2. *psych.* Hemmen *n*, Hemmung *f*, Beeinträchtigung, Erschwerung, Verhinderung *f*, Verbot *n*, Inhibition *f* *ket vurma, nehiy 3. Griff *m* 4. *jur.* s. **tevkif**
tutmaç 1. kleingeschnittenes, gedünstetes Hammelfleisch mit Kichererbsen 2. viereckige Ravioli *pl.* mit Joghurt
tutmak, (-ar) 1. in die Hand nehmen, anfassen, packen, (er-)greifen *ele almak 2. zu fassen bekommen, fassen, erwischen, festnehmen, verhaften, gefangennehmen; abfangen (z.B. Briefe) *ele geçirmek, yakalamak, tevkif etmek 3. a) (in der Hand, im Zaum, in e–m best. Zustand, den Mund, ans Ohr, sein Wort usw.) halten; einhalten, beachten (z.B. Fastengebot) b) fest-, be-halten c) zurückhalten d) bewahren (Geheimnis), aufbewahren, verwahrt halten (z.B. Geld) e) nicht aus-, durch-sickern lassen (z.B. Tonkrug e–e Flüssigkeit) 4. innehaben (Amt), leiten, verwalten (z.B. Restaurant), führen (z.B. Kasse, Register) 5. bedecken, überziehen, erfüllen; sich ausbreiten (in) *kaplamak; (räumlich) umfassen; sich erstrecken (auf) 6. annehmen (z.B. Holz e–e aufgetragene Farbe) 7. besetzen, sperren, abriegeln (z.B. Zufahrtsstraßen) 8. Partei ergreifen (für), sich auf j–s Seite stellen, j–m die Stange halten 9. achten, schätzen 10. aufrecht(er)halten, stützen (z.B. Preise) 11. mitmachen, (be-)folgen, e–r Sache anhängen, einschlagen (z.B. Weg) 12. sich et. beschaffen, finden, bekommen, ergreifen 13. übereinstimmen (mit), nicht in Widerspruch stehen (zu) 14. mieten, anheuern, an-, ein-stellen 15. (vor-)bestellen, reservieren (lassen), belegen, sich et. sichern 16. anfangen, beginnen; (et. auf e–e best. Art) anlegen 17. zur Frau haben, verheiratet sein (mit) 18. e–e Wir-

kung ausüben (auf), wirken (bei) 19. befallen (Krankheit, Schmerzen) 20. erreichen, gelangen (zu), hinkommen *varmak 21. (an-)halten, anlegen (in) (Dampfer) 22. ausmachen, ergeben, betragen, sich belaufen (auf) (z.B. Summe) 23. annehmen; den Fall setzen *farz etmek 24. zum Ziel nehmen (für) 25. rechnen, halten (für), betrachten, ansehen (als) 26. an-, ver-rechnen (auf e–e Schuld od. Forderung) 27. verwenden, gebrauchen 28. bilden (z.B. Fettschicht), ansetzen (z.B. Beeren), entstehen lassen, hervorbringen *bağlamak, peyda etmek 29. (*Hv.* des Tuns in best. Füg.) 30. hegen (Gefühle) **intr.:** 31. beginnen, anfangen, einsetzen; bekommen (z.B. Anfall) 32. stimmen, richtig sein 33. Geld haben, bei Kasse sein 34. Wurzel schlagen, angehen (Pflanze, Impfung) 35. kleben (Leim), halten (Nagel); fest sein (Fundament) 36. liegenbleiben (Schnee) 37. dauern 38. Erfolg haben, einschlagen, (bei dem Publikum) ankommen 39. sich (unangenehm) bemerkbar machen, e–e starke Wirkung haben, *a.:* wieder zu schmerzen beginnen 40. sich mit e–r Kruste bedecken 41. sich bewegen können, intakt sein 42. (als selbständiges Verb od. in Verb. mit e–m anderen Verb zur Bez. von et. Unerwartetem od. als unpassend Betrachtetem) *kalkmak 43. (*Hv.* zum Ausdruck e–r spontanen Anwandlung) befallen, ankommen, anwandeln 44. *F* sich mit j–m im Ringkampf messen; ringen Zu 1: **Maşayı tutma, elini yakar!** Faß die Feuerzange nicht an, du verbrennst dir sonst die Finger! Zu 2: **Polis, hırsızı tuttu.** Die Polizei konnte den Dieb fassen. **Düşmanın iki askerini tuttuk.** Wir nahmen zwei gegnerische Soldaten gefangen. s.a. **kuş tutmak** Zu 3 a: s. **ağzını (dilini, el üstünde, lafa) ~; ferah (pis, sıcak, temiz, tok) ~; saati kulağına ~** die Uhr ans Ohr halten; s.a. **oruç ~** Zu 3 b: s. **aklında ~** Zu 3 c: s. **göz yaşlarını ~** Zu 3 d: s. **sır ~** Zu 3 e: **Bu testi hiç su tutmuyor.** Der Krug rinnt dauernd. Zu 4: **Kasayı tutuyor.** Er führt die Kasse. **kayıt ~** Register führen Zu 5: **Duman ortalığı tuttu.** Alles ist von Rauch erfüllt. **Bu kanepe çok yer tutuyor.** Die Bank hier hat Platz für viele Leute. **Şöhreti âlemi tuttu.** Er wurde in der ganzen Welt berühmt. Zu 6: **Bu tahta boya tutmaz.** Das Holz hier nimmt die Farbe nicht an. Zu 7: **Düşman, bütün geçitleri tuttu.** Der Feind hat alle Übergänge besetzt. Zu 8: **Filoda, amirali tutan birçok erkân vardır.** Viele höhere Marineoffiziere stehen auf der Seite des Admirals. Zu 9: **Bu aktörü çok tutuyorlar.** Dieser Schauspieler ist sehr beliebt. Zu 10: **buğdayın fiyatını ~** den Weizenpreis stützen Zu 11: **Bu modayı kimse tutmadı.** Diese Mode hat niemand mitgemacht. **tuttuğumuz yol** der Weg, den wir verfolgen **Sağdaki yolu tutup doğru gidiniz.** Die Straße rechts gehen Sie immer gerade aus. s.a. **caddeyi (yolu) ~; nasihat ~** Zu 12: **Daha bir iş tutamadı.** Er hat noch keine Arbeit finden können. **Artık bir iş tutsan!** Du könntest dich einmal nach einer (geregelten) Beschäftigung umsehen! **Müşteri tutamadık.** Wir haben keine (bzw. nicht genügend) Kundschaft finden können. Zu 13: **Bu imzalar birbirini tutmuyor.** Diese beiden Unterschriften stimmen nicht überein. **birbirini tutmaz şeyler** ungereimtes Zeug Zu 14: **Çocuğuma bir sütne tuttum.** Für mein Kind habe ich e–e Amme genommen. **aşçı ~** e–n Koch nehmen (einstellen) **araba ~** e–n Wagen mieten; s.a. **ev (kira ile, sandal, şahit) ~** Zu 15: **Masaları ... tarihine kadar tutunuz.** Tischbestellungen bis zum ... erbeten. Zu 16: **Küçüğünden tutunuz da en büyüğüne kadar ...** Alle vom Jüngsten bis zum Ältesten ... **Yapıyı geniş tuttu.** Er hat den Bau zu weitläufig angelegt. Zu 17: **Emin Beyin kız kardeşini tutar.** Er hat die Schwester von Emin Bey zur Frau. Zu 18: **Beni deniz tutmaz.** Ich werde nicht seekrank. **Onu otobüs tuttu.** Vom Fahren im Autobus ist ihm ganz schlecht geworden. **Bu uyku ilâcı beni tutmadı.** Dieses Schlafmittel hat bei mir nicht gewirkt. **Burasını rüzgâr tutmaz.** Hier kommt der Wind nicht her. s.a. **Ahı tutuyor.** Zu 19: s. **sancı (sıtma) ~** (b–ni) Zu 20: **O şimdi köyü çoktan tutmuştur.** Jetzt muß er das Dorf schon lange erreicht haben. Zu 21: **Vapur, Kandilli'yi tutacak mı?** Legt der Dampfer in Kandilli an? Zu 22: **Yekûnu iki bin lira tutuyor.** Die Summe beträgt 2000 Pfund. Zu 23: **tutalım ki** angenommen, gesetzt den Fall (daß ...) *faraza Zu 24: s. **taşa (topa) ~** Zu 25: **Bunu kaça tutuyorsun?** Was darf das kosten? **Bu işi olmuş tutuyorum.** Für mich ist die Sache erledigt. **Böyle bir komplimanı hakaret tutarım.** Ein solches Kompliment ist für mich e–e Beleidigung. Zu 26: **Aylığınızdan elli lirayı borcunuza mahsuben tutarım.** Von Ihrem Gehalt habe ich 50 Pfund auf Ihre Schulden verrechnet. Zu 27: s. **ustura (yaşmak) ~** Zu 28: s. **buz (et, can, kaymak, tane) ~** Zu 29: s. **dümen (hesap, kayıt, maya, mesul, not, zabıt) ~** Zu 30: s. **kin ~** Zu 31: s. **damarı (sancısı, sarası, yağmur) ~** Zu 32: **Hesap tutmuyor.** Die Rechnung stimmt nicht. Zu 33: **Galiba tutuyorsun.** Du scheinst gut bei Kasse zu sein. Zu 34: **Bu ağaçlar tutmadı.** Die Bäume hier sind nicht angegangen. s.a. **Aşı tutmadı.** Zu 35: **Bu zamk tutmuyor.** Dieser Klebstoff hält nicht. **Demir tutuyor.** *naut.* Der Anker faßt. Zu 36: **Dün kar yağdı, fakat tutmadı.** Gestern hat es geschneit, aber der Schnee ist nicht liegengeblieben. Zu 37: **Bu iş, iki saat tuttu.** Diese Arbeit hat zwei Stunden gedauert. Zu 38: **Bu roman hiç tutmadı.** Dieser Roman hat bei dem Publikum keinen Gefallen gefunden. Zu 39: **Bu, çok sert bir şaraptır; bir bardağı bile tutar.** Das ist ein sehr schwerer Wein; ein Glas davon wirft e–n schon um. **Dişim tuttu.** Ich habe (wieder) Zahnschmerzen. Zu 40: s. **Tencerenin dibi tutmuş.** Zu 41: **Hiç bir yerim tutmuyor.** Ich fühle mich wie zerschlagen. s.a. **eli ayağı ~** Zu 42: **Tuttu bütün parasını harcadı.** Ich weiß nicht, was ihm in den Sinn gekommen ist, jedenfalls hat er sein ganzes Geld ausgegeben. **İkide birde tutar ziyafetler verir.** Dauernd veranstaltet er Gelage, als ob er sein Geld nicht nötiger brauchte. **Durup dururken tutup ortaya öyle bir laf attı ki ...** Er hat sich dauernd so protzig aufgeführt, daß ... Zu 43: s. **güleceği (öksüreceği) ~. Tut kelin perçeminden!** 1. Wo nichts ist, hat der Kaiser sein Recht verloren. 2. Da ist wirklich guter Rat teuer. **tutar kolu kanadı olmamak** *fig.* hilflos dastehen **tutar yerini bırakmamak** (b–nin) kein gutes Haar an j–m lassen *aleyhinde gıybet etmek **Tuttuğu dal elinde kaldı.** *fig.* Worauf er gebaut hat, hat sich als brüchig erwiesen. **tuttuğunu koparmak** *fig.* zäh sein, nicht locker lassen, sich durchzusetzen verstehen; durchführen, was man sich vorgenommen hat

tutman(-lık) s. **vazıyülyet(-lik)**

tutmaz(-lık) s. **tutarsız(-lık)**

tutsak *va.* Kriegsgefangener *esir ~ **etmek** 1. *va.* gefangennehmen 2. *fig.* j–n aufhalten

tutsaklık *va.* 1. Kriegsgefangenschaft *f* 2. *fig. gel.* Sklaverei *f*, Ketten *pl.*

tutsu *dial.* s. **vasiyet**

tutturaç Halter, Träger *m* (z.B. bei e–m Isolator an e–r Telegraphenstange)

tutturma demiri s. **armatür** (3)

tutturmak 1. Kaus. zu **tutmak** 2. anfangen, beginnen 3. einschlagen (z.B. Weg) 4. beharren (bei), bestehen (auf) 5. festmachen (z.B. festnageln, annadeln, zusammenreihen usw.) 6. ans Ziel gelangen lassen Zu 1: **Aklınca bu gibi tedbirlerle gazetesini tutturacak.** Mit solchen Mitteln glaubt er seine Zeitung halten zu können. s.a. **eski hesaplardan ~** Zu 2: **Bir şarkı tutturmuş hep onu söyler.** Er hat ein Lied angestimmt und singt es nun immer.

Hikâyeyi tutturdu. Er begann, die Geschichte zu erzählen. **Uzun bir ağlama tutturdu.** Sie brach in lang anhaltendes Weinen aus. Zu 3: **Herkes bir yol tutturmuş gidiyor.** Jeder hat e–n anderen Weg eingeschlagen. Zu 4: **Gideceğim diye tutturdu, alıkoyamadık.** Er bestand darauf hinzugehen (*bzw.* fortzugehen), und wir konnten ihn nicht zurückhalten. **tutturabildiğine** 1. soweit man es ihm plausibel machen konnte 2. **(satmak)** den höchstmöglichen Preis herausschlagen (Verkäufer)
tutturmalık was zum Festmachen von zwei Dingen dient (wie z.B. Haken, Ösen, Knöpfe usw.)
tutu s. **rehin;** ~ **alan** s. **mürtehin; -ya koyan** s. **rahin; -ya koymak** s. **terhin etmek**
tutucu(-luk) s. **muhafazakâr(-lık); sağcı(-lık)**
tutuk 1. aufgehalten, behindert, von e–r Störung befallen 2. gehemmt, unfrei, scheu, schüchtern, befangen 3. verwirrt, bestürzt 4. gelähmt 5. langsam, zögernd, schwerfällig 6. verhaftet; Arrestant, Häftling *m* 7. verstopft (Rohr, Straße usw.) 8. *va.* s. **yaşmak** (I) Zu 1: s. **dili** ~; ~ **evi** s. **tevkifhane;** ~ **su** gespanntes Grundwasser ~ **yargı** *jur.* vorbehaltene Gerichtsbarkeit, Kabinettsjustiz *f*
tutuklamak verhaften, festsetzen, einsperren
tutuklu s. **tutuk** (6)
tutukluk, -uğu 1. Störung, Stockung, Behinderung *f* 2. Schüchternheit, Befangenheit *f* 3. Verwirrung, Bestürzung *f* 4. Lähmung *f* 5. Langsamkeit, Schwerfälligkeit *f* 6. Ladehemmung *f* (bei Feuerwaffen); Aussetzen *n* (des Motors) 7. *selt.* s. **tutukluluk** 8. Verstopfung *f* (e–s Rohrs, e–r Straße usw.) Zu 1: s. **Dilinde bir** ~ **var. göğüs -u**
tutukluluk Haft *f* *mevkufiyet
tutuksuz auf freiem Fuß; nicht inhaftiert
tutulamak s. **terhin etmek**
tutulayan s. **rahin**
tutulga protokollarische Aufnahme; Protokoll *n* *ceride, protokol, zabıt, zabıtname
tutulma 1. Vs. zu **tutulmak** 2. (Sonnen-, Mond-)Finsternis *f* Zu 2: s. **ay (gün) -sı; parçalı (tam) ay (gün) -sı;** ~ **dairesi** *astr.* Ekliptik *f* *dairei husuf ~ **evreleri** Phasen *pl.* e–r Sonnen-(*bzw.* Mond-)Finsternis
tutulmak 1. Pass. zu **tutmak** 2. sich verfinstern (Sonne, Mond) 3. schüchtern (befangen) werden, sich genieren, innerlich gehemmt sein 4. gelähmt, nicht verwendungsfähig sein (Körperglied) 5. (m. Dat.) a) sich verlieben (in) b) allmählich e–e Abneigung empfinden (gegen), et. od. j–n allmählich nicht mehr ausstehen können 6. (m. Dat.) geraten, kommen, sich vertiefen, verwickelt werden 7. *Th.* steckenbleiben Zu 1: **Biletçiler para bozmağa mecbur tutulamazlar.** Die Schaffner sind nicht verpflichtet, (Geld) zu wechseln. **Kendi ağziyle tutuldu.** Er fing sich in seinen eigenen Worten. **bir hastalığa** ~ von e–r Krankheit befallen werden **Bazı eserleri çok tutuldu.** Einige seiner Werke haben großen Anklang gefunden. **tutulacak yerini bırakmamak** (bşin) kein gutes Haar an et. lassen; et. herunterreißen **Tutulmayan uğru beyden doğru.** *Spr.* Ein Dieb, dessen Schuld nicht bewiesen werden kann, ist mindestens so gut wie ein ehrlicher Mann. Zu 2: **Ay tutuldu.** Es ist Mondfinsternis. Zu 4: s. **boynu (dili, sesi)** ~ Zu 5b: **Bu işe gittikçe tutuluyorum!** Die Sache geht mir allmählich auf die Nerven. Zu 6: **bir harbe** ~ in e–n Krieg verwickelt werden; s.a. **lafa (neşeye)** ~
tutulu s. **merhun**
tutulum *astr.* Ekliptik *f* *tutulma dairesi
tutum 1. Verhalten, Benehmen, Vorgehen *n* *hattıhareket, davranış 2. ökonomisches Wirtschaften, Sparsamkeit *f* *ekonomi, idare, iktisat, tasarruf 3. Sich-Anfühlen *n* (e–s Stoffes) ~ **bankası** Sparkasse *f*
tutumlu 1. ökonomisch, sparsam, wirtschaftlich *idareli, muktesit, tasarrufkâr 2. *mus.* gehalten (Note, Akkord)
tutumluluk s. **tutum** (2)
tutumsal s. **iktisadî;** ~ **coğrafya** s. **ekonomik coğrafya**
tutumsuz verschwenderisch *müsrif
tutumsuzluk Verschwendung, Vergeudung *f* *israf
tutunak woran od. wo man sich festhalten kann
tutunmak 1. sich halten od. sich ausbreiten 2. (m. Dat.) sich (an et.) festhalten 3. et. anlegen, ansetzen, tragen Zu 1: **Düşman tepede tutunamadı.** Der Feind konnte die Anhöhe nicht halten. **O, bu gidişle hiç bir yerde tutunamaz.** Dieses Benehmen macht ihn überall unmöglich. **Bu moda çabuk tutundu.** Diese Mode hat sich schnell ausgebreitet. Zu 2: **Parmaklığa tutundu.** Er hielt sich am Geländer fest. **Sıkı tutun!** Halt dich fest! **tutunacak dalı olmamak** *fig.* keinen Helfer haben Zu 3: s. **sülük (ustura, yaşmak)** ~
tuturuk *dial.* Reisig, Anfeuerholz *n*
tutuşma Vs. zu **tutuşmak;** ~ **noktası** Zündpunkt *m*
tutuşmak 1. beiderseits halten 2. (m. Dat.) anfangen, beginnen, unternehmen *girişmek 3. sich entzünden, zünden, Feuer fangen, in Flammen geraten, aufflammen *iştial etmek 4. aneinander geraten (z.B. Raufbolde), gegeneinander kämpfen (z.B. Ringer) Zu 1: **el** ~ sich gegenseitig an der Hand halten; s.a. **bahis** ~ Zu 2: **tartışmaya** ~ sich gegenseitig abtasten (Ringer); s.a. **kavgaya** ~ Zu 3: s. **eli ayağı** (*od.* **etekleri**) ~
tutuşmazlık Nicht-Entzündlichkeit *f*
tutuşturmak Kaus. zu **tutuşmak** *spez.* in Brand stecken, e–n Brand stiften, zum Brennen bringen, entzünden **bir cıgara** ~ sich e–e Zigarette anzünden; s.a. **eline** bşi ~
tutuşturucu feuergefährlich
tutuşturuk Zunder *m* *kav
tutya [– –] *va.* Zink *n* *çinko ~ **çiçeği** 1. s. **fulya** (1) 2. s. **teber** (3)
tu(v)al (*franz.* **toile**) 1. (Maler-)Leinwand *f* 2. Ölgemälde *n*
Tuvalar *n.pr.* e–e samojedische Volksgruppe mit türk. Sprache *Soyotlar
tuvalet, -ti 1. Toilette, Körperpflege *f* 2. (große) Toilette *m;* Abendkleid *n* 3. Waschtisch *m* 4. Toilettentisch *m,* Spiegeltoilette *f* 5. Toilette *f,* Abort *m* 6. Toilettenartikel *pl.* 7. Haartracht, Frisur *f* Zu 5: **-e gitmek** auf die Toilette gehen, austreten Zu 7: s. **baş (saç) -i;** ~ **çantası** Necessaire *n,* Kulturbeutel *m* ~ **kâğıdı** Toilettenpapier *n* ~ **takımı** (*od.* ~ **malzemesi**) Toiletten-sachen, -artikel *pl.* ~ **yapmak** (große) Toilette machen
tuvaletli mit (nb.) Toilette
tuvana s. **tüvana**
tuyur [·–] (*va. Pl.* zu **tayır**) s. **kuşlar**
tuz 1. Salz *n* *milh 2. *fig.* Geschmack *m,* Würze *f* Zu 2: s. **tadı -u yok;** ~ **ağacı** Salpeterstrauch *m bot.* Nitraria tridenta ~ **biber ekmek** (bşe) *fig.* Salz in e–e offene Wunde streuen ~ **buz olmak** 1. in tausend Stücke gehen 2. ergebnislos verlaufen, kein Resultat zeitigen ~ **ekmek** 1. (bşe) Salz streuen (auf), et. salzen 2. Wohltat, Gunst *f* *ihsan, nimet ~ **ekmek haini** wer e–e empfangene Wohltat mit schnödem Undank lohnt ~ **ekmek hakkı** Verpflichtung, Dankesschuld *f* ~ **tavası** s. **tava** (5); **-la buz etmek** (*bzw.* **olmak**) in tausend Stücke zerschlagen (*bzw.* gehen) **-u biberi yerinde olmak** (bşin) wohlschmeckend, delikat sein (Essen) **-u kuru** wer sein Schäfchen im Trockenen hat, in guten Verhältnissen lebend **İstedim ki benim de çorbada -um bulunsun!** Ich wollte auch ein wenig dazu beisteuern.
tuzak, -ağı Falle, Schlinge *f* (*a. fig.*) ~ **kurmak** (b–ne) j–m e–e Falle stellen **-a düşmek** *fig.* in die Falle gehen, hereinfallen **-a düşürmek** *fig.* hereinlegen, übers Ohr hauen
tuzakçı *F* Schwindler, Gauner, Betrüger *m*

tuzcu Salzhändler *m*
tuzcul salzliebend, halophil *muhibbülmilh ~ **bitki** Halophyt *m* (Pflanze auf salzreichem Boden) *muhibbülmilh nebat
tuzculuk Salzhandel *m*
Tuzgölü, -nü Name des großen Salzsees zwischen Ankara und Konya *Koçhisar gölü
tuzla [×·] Saline *f*, Salz-garten *m*, -bergwerk *n*, -grube *f* *memleha
Tuzla [×·] *n.pr.* 1. ein durch sein Bitterwasser berühmter Ort am Golf von Izmit 2. osm. Bez. der Stadt Larnaka (Zypern) 3. Stadt im nordöstl. Bosnien
tuzlacılık, -ığı Salinenbetrieb *m*, Salzgewinnung *f*
tuzlak 1. salzig, Salz- (z.B. Boden) 2. s. **tuzla**
tuzlama 1. Vs. zu **tuzlamak** 2. Name e−s Kaldaunengerichtes 3. eingesalzen, (ein-)gepökelt 4. Pökel-fleisch *n*, -fisch *m*
tuzlamak (ein-)salzen, (ein-)pökeln **Tuzlayayım da kokmayasın!** (*od.* **kokma!**) *P* Bei dir piept's wohl?
tuzlu 1. Salz enthaltend, mit Salz bestreut, salzig 2. versalzen (Speise) 3. *fig.* teuer, *F* gesalzen Zu 2: **Bu yemek ~ olmuş.** Das Essen hier ist versalzen. ~ **bataklık** s. **şot;** ~ **bozkır** *geogr.* Salzsteppe *f* ~ **gelmek** sehr teuer sein ~ **su** Salzwasser *n* **-ya mal olmak (oturmak,** *P* **patlamak)** (b−ne) j−n teuer zu stehen kommen
tuzlubalgam *med.* Ekzem *n*, nässende Flechte, Hautausschlag *m*, Hitzebläschen *pl.* *egzama, mayasıl
tuzluca 1. ziemlich viel Salz enthaltend 2. et. versalzen (Speise) 3. recht teuer
Tuzluca *n.pr.* O. u. D. im Rbz. Kars
tuzluk 1. Salz-faß, -fäßchen *n*, -napf *m* 2. Vertiefung *f* hinter dem Schlüsselbein magerer Menschen od. über den Augen alter Pferde, (Salznäpfchen *n*)
tuzluluk Salzgehalt *m*
tuzotu, -nu s. **sodaotu**
tuzruhu, -nu *chem.* Salzsäure *f* *hidroklorik asit, kloridrik asit
tuzsever s. **tuzcul**
tuzsuz 1. ohne bzw. mit wenig Salz, ungesalzen bzw. wenig gesalzen 2. *fig.* fade, geschmacklos, dumm ≗ **Delibekir** Figur *f* des Betrunkenen im Karagözspiel (der Karagöz durch lautes Grölen einzuschüchtern versucht; Karikatur der früheren Soldateska; Vertreter staatlicher Autorität) ~ **lakırdılar** dummes Gerede ~ **rejim** *med.* salzarme Kost
tuzveren *chem.* 1. salz-erzeugend, -bildend 2. Halogen *n* *(1, 2) halojen
tü (*gel. a.* emphatisch **tüüü**) [−] (Lm. des Spuckens od. Int. der Verachtung:) 1. pfui! pfui Teufel! *yazıklar olsun! 2. (in Wiederholung) ~ ~ ~ Toi, toi, toi! Unberufen! ~ **kaka olmak** *F* in Ungnade fallen; unten durch sein (bei j−m) *gözünden düşmek ≗ **sana** Pfui, schäm dich!
tüb s. **tüp**
tübaj (*franz.* **tubage**) *med.* Intubation *f*, Einführung *f* e−r Kanüle
tüberkül *med.* Tuberkel *m (f)*, Knötchen *n*
tüberkülin *med.* Tuberkulin *n*
tüberkülinlemek *med.* die Tuberkulin-(Moro-)Probe vornehmen (zur Diagnose der Lungenschwindsucht)
tüberkülit, -di *med.* Tuberkulide *f* (gutartige Hauttuberkulose)
tüberküloz *med.* Tuberkulose *f*
TÜBITAK = Türkiye Bilimsel ve Teknik Araştırma Kurumu Türkische Gesellschaft für wissenschaftlich-technische Untersuchungen
tüccar [ā] (*urspr. Pl.* zu **tacir,** *heute mst. in sg. Bed.*) 1. Kaufmann *m* 2. Kaufleute *pl.* 3. = **çengi** (im Karagözspiel) ~ **defterleri** *H* Geschäftsbücher *pl.* ~ **gemisi** Handelsschiff *n* ~ **kaptanı** *naut.* Kapitän *m* e−s Handelsschiffes ~ **konsolos** s. **fahrî konsolos;** ~ **malı** Handelsware *f* ~ **memuru** kaufmännischer Angestellter ~ **mümessili** s. **ticarî mümessil;** ~ **zümresi** Kaufmannsstand *m*
tüccaran [·−−] *va. Pl.* zu **tüccar (= tüccarlar, tacirler)**
tüccarlık, -ığı Betrieb *m* e−s Handelsunternehmens
tüf Tuff(-stein) *m* ~ **tepesi** Aschenkegel *m* (e−s Vulkans)
tüfek (*fr.* **tüfenk**), **-eği** Gewehr *n* ≗ **al!** *mil.* Gewehr in die Hand! ≗ **as!** *mil.* Gewehr über! ≗ **ateş almıyor.** Das Gewehr versagt. ~ **ateşi** Gewehrfeuer *n* ~ **atımı** (*od.* **menzili**) Gewehrschußweite *f* ~ **atmak** ein Gewehr abfeuern ≗ **başına!** *mil.* An die Gewehre! ~ **bileziği** *mil.* Gewehrring *m* ~ **boşaltmak** ein Gewehr entladen ~ **bombası** Gewehrgranate *f* ~ **çatkısı** Gewehrpyramide *f* ≗ **çıkar!** *mil.* Gewehr ab! ~ **çubuğu** Ladestock *m* ~ **desteği** Gewehr-stütze, -auflage *f* ~ **dipçiği** Gewehrkolben *m* ~ **doldurmak** ein Gewehr laden ~ **donanımı** Gewehrzubehör *n* ~ **kayışı** Gewehrriemen *m* ~ **kızağı** Gewehrschlitten *m* (am Maschinengewehr) ~ **kundağı** Gewehrschaft *m* ~ **kurşunu** Gewehrkugel *f* ~ **memesi** Schlagbolzen *m* ~ **mesnedi** s. **desteği;** ~ **namlısı** Gewehrlauf *m* ~ **patlamaksızın** kampflos ~ **sehpası** s. ~ **desteği; -i duvara dayamak** *V* keine Kraft mehr haben, erschöpft sein **-i kurmak** den (Gewehr-)Hahn spannen **-i omuza dayamak** das Gewehr anlegen ≗**ler patladı.** Die Gewehre sind losgegangen. Der Kampf ist entbrannt. **-leri çatmak** die Gewehre (zu e−r Pyramide) zusammensetzen
tüfekçi 1. wer Gewehre herstellt, repariert od. verkauft; Büchsenmacher *m* 2. *fr.* Musketier *m* 3. *fr.* Polizist od. Leibwächter *m* (im Dienst des Sultans) ~ **başı** 1. Waffenmeister *m* 2. *fr.* Kommandant *m* der Polizei od. der Leibwache (des Sultans) bzw. der Gendarmerie in e−r Provinz ~ **ustası** *mil.* Gewehrschmied *m*
tüfekhane [ā] 1. Gewehrfabrik *f* 2. *fr.* Rüstkammer *f*, Arsenal *n*
tüfekli mit Gewehr(-en) (ausgerüstet)
tüfeklik 1. Gewehrpyramide *f* 2. Gewehr-ständer *m*, -gestell *n* 3. *selt.* Waffenarsenal *n* 4. Gewehrfutteral *n*
tüfeylî(-lik) s. **tufeylî(-lik)**
tüfenk s. **tüfek**
tüh s. **tü**
tühlemek (aus-, an-)spucken (bes. als abergläubisches Mittel zur Abwehr e−s Unheils z.B. des bösen Blicks)
tükel ganz, vollständig ~ **fiil** s. **çekimli eylem**
tükenmek vollständig ver-, aufge-braucht werden, alle werden, zu Ende gehen, enden, sich erschöpfen, zur Neige gehen (z.B. Vorräte), aufhören **tükenmiş tür** *zo.* ausgestorbene Art *cinsi münkariz
tükenmez 1. nicht enden wollend, unaufhörlich, unerschöpflich 2. erfrischendes säuerliches Hausgetränk, zu dessen Herstellung man verschiedene Früchte in e−m Topf mit Wasser übergießt und ziehen läßt; bei der Entnahme von Flüssigkeit wird das entsprechende Quantum Wasser nachgegossen 3. s. **tükenmezkalem**
tükenmezkalem 1. Kugelschreiber *m* 2. Füllbleistift *m* 3. *gel. a.* Füllfeder *f*
tüketici 1. Verbraucher, Konsument *m* *müstehlik, yoğaltman 2. *jur.* s. **tahdidî**
tüketim Verbrauch, Konsum *m* *istihlâk, yoğaltım ~ **kooperatifi** Konsum-genossenschaft *f*, -verein *m* *istihlâk kooperatifi ~ **kredisi** Konsumkredit *m* *müstehlik kredisi ~ **vergisi** Verbrauchssteuer *f*
tüketmek vollständig verbrauchen, nichts mehr übriglassen *yoğaltmak; s.a. **cephaneyi (nefesini, sıfırı)** ~
tükrük s. **tük(ü)rük**
tükürmek (aus-)spucken, (aus-)speien, auswerfen **tükürdüğünü yalamak** *fig.* 1. e−n Rückzieher machen (müssen),

klein beigeben (müssen) 2. seine Zusage nicht halten **Tükürsen yere düşmeyecek.** *fig.* Es ist furchtbar kalt.
tük(ü)rük, -üğü Speichel *m*, Sputum *n*, *F* Spucke *f* *luap ~ **bezi** *an.* Speicheldrüse *f* *guddei luabiye ~ **hokkası** Spucknapf *m* ~ **kâğıdı** *P* s. **cıgara kâğıdı; -ü kurumak** s. **ağzında -ü kurumak; -ünü yutmak** *fig.* dauerndes Verlangen haben (nach) **-lerini yalamak** s. **tükürdüğünü yalamak**
tükürüklemek mit Speichel anfeuchten
tükürükotu, -nu Milchstern *m bot.* Ornithogalum (stachyoides u.a.)
tül 1. Tüll *m* 2. aus Tüll hergestellt *spez.* Tüllgardine *f* 3. *fig.* Schleier *m* ~ **ağası** *hist.* Kammerdiener *m* des Sultans *tülbent gulâmı (*od.* oğlanı)
tülaremi s. **tavşanvebası**
tülbent, -di Musselin *m*, Turbantuch *n* ~ **bozmak** *(fr. im Bogenschießen)* e–n neuen Rekord aufstellen ~ **gulâmı** (*od.* ~ **oğlanı**) s. **tül ağası;** ~ **lâlesi** weiße Tulpe *bot.* Tulipa stellata
tülbentçi Hersteller od. Verkäufer *m* von **tülbent**
tülbentli mit Musselin umwickelt
tülbulut, -tu Zirrostratus *m* (Schleierwolke *f*) *sirrostratüs
tülemek *intr.* 1. Federn bekommen (junge Vögel) 2. sich mausern (Vögel)
tülgrek (*franz.* **tulle grec**) e–e bes. feine Tüllart (für Brautschleier u.ä.)
tüllü mit Tüll umhüllt
tülü s. **tüylü** (5)
tülyum [×·] *chem.* Thulium *n*
tüm 1. vollständig, ganz, gesamt, all, restlos, total 2. Gesamtheit *f*, Ganzes, alles 3. *Abk.* für **tümen** (Division) 4. *va.* s. **yumru;** ~ **akor** *mus.* Dreiklang *m* ~ **cahil** vollkommener Ignorant ~ **uçaklar** alle Flugzeuge *pl.* **-den getirmek** *log.* deduzieren *talil yapmak **-e varmak** *log.* induzieren *istikra yapmak **-iyle** alles in allem
tümamiral, -li Konteradmiral *m*
tümamirallik Rang *m*, Aufgaben *pl.* e–s Konteradmirals
tümbaşkalaşanlar *zo.* Holometabolen *pl.* (Insekten mit vollständiger Verwandlung) *holometabollar
tümbaşkalaşma *zo.* Holometabolie *f* *holometaboli
tümbaşlılar Seedrachen *pl. zo.* Holocephali
tümbek *P* 1. kleine, rundliche Erhebung (Beule, Knollen usw.) 2. (Hand-)Trommel *f*, kleines Tomtom, kleine Tumba *dümbelek
tümbeyin s. **ansefal, kafaiçi**
tümbültü 1. Bündel *n* (in der Mitte der beiden Teile e–r Pferdelast) 2. kleinere Pferdelast, auf der man reitet
tümce *gr.* Satz *m* ~ **titremi** *phon.* Satzmelodie *f* *cümle tonu ~ **vurgusu** Satzakzent *m* *değer (mantık, sözdizimi) vurgusu **-nin ad oluşu** *gr.* Substantivierung *f* e–s Satzes (z.B. **kim vurdu'ya gitmek**); **-nin öğeleri** *gr.* Satzteile *pl.* *cümle unsurları
tümceleme Vs. zu **tümcelemek** 1. Redintegration, Wiederherstellung *f* 2. *Th.* Phrasierung *f* ~ **kanunu** *psych.* Gesetz *n* der totalen Reproduktion *tetemmümü hatırat kanunu
tümcelemek et. wieder zu einem Ganzen werden lassen, wiederherstellen
tümcemsi *gr.* satzähnliche Konstruktion (mit Partizip od. Gerundium) *cümlemsi
tümcülük *Th.* Integralismus *m*
tümdanış s. **plebisit;** ~ **hakkı** s. **referandum**
tümdengelim *log.* deduktiver Schluß, Deduktion *f* *talil
tümefaksiyon (*franz.* **tuméfaction**) *med.* Anschwellung, Geschwulst *f* *şiş(-kinlik)
tümel *log.* universal, universell, allgemein, umfassend *küllî ~ **ardıllık** s. **küllî halefiyet;** ~ **kavramlar** *log.* Allgemein-, Universal-begriffe *pl.* **-ler** *log.* Universalien, Kategorien *pl.* *külliyat
tümellik *log.* Universalismus *m*
tümelmek *va.* e–e kleine, rundliche Erhebung bilden; leicht anschwellen
tümen 1. große Menge 2. *mil.* Division *f* *fırka 3. Toman *m* (pers. Währungseinheit im 13./14. Jh.) ~ **başhekimi** Divisionsarzt *m* ~ **başmühendisi** Divisionsingenieur *m* ~ **başveterineri** Divisionsveterinär *m* ~ **emri** Divisionsbefehl *m* ~ **karargâhı** Divisionsquartier *n* ~ **komutanı** Divisionskommandeur *m* ~ **kurmay karargâhı** Divisionsstab *m* ~ **levazım reisi** Divisionsintendant *m* ~ **muharebe idare yeri** Divisionsgefechtsstand *m* ~ **topçusu** Divisionsartillerie *f* ~ ~ 1. scharenweise, in Scharen, in hellen Haufen 2. ungeheuer viel
tümevarım *log.* induktiver Schluß, Induktion *f* *istikra
tümevarımsal *log.* induktiv *istikraî
tümgeneral, -li Generalmajor *ikinci ferik
tümgenerallik Rang *m*, Aufgaben *pl.* e–s Generalmajors
tümkomutan Divisionskommandeur, Divisionär *m* *fırka kumandanı
tümleç 1. *a. phil.* Komplement *n*, Ergänzung *f* *mütemmim 2. *gr.* nähere Bestimmung; Beifügung *f*, Attribut *n*, Objekt *n* *mütemmim, meful
tümleme 1. Vs. zu **tümlemek** 2. Anhang *m* *zeyil
tümlemek vervollständigen, ergänzen *bütünlemek, tamamlamak
tümler *math., phil.* komplementär *mütemmim ~ **açı** *math.* Komplementwinkel *m* (Ergänzungswinkel auf 90°)
tümleyici renkler Komplementärfarben *pl.*
tümör *med.* Tumor *m*, Geschwulst *f*
tümsayı Zahl *f* der Gründungsmitglieder *adedi mürettep
tümsecik *(a. an.)* kleine Erhebung; Knötchen *n*
tümsek 1. erhabene Stelle; Erhöhung *f*, Buckel *m* 2. kleine Bodenerhebung; Anhöhe *f*, Hügel *m* 3. vorspringend, herausragend ~ **burun(-lu)** mit Knollennase, *F* mit e–m Mordszinken im Gesicht
tümsekçe unförmig (Paket)
tümsekli 1. erhaben, erhöht, vorspringend 2. konvex (z.B. Spiegel)
tümselmek *intr.* e–e Erhöhung (e–n Buckel, kleinen Hügel) bilden
tümülüs s. **höyük**
tümür *an.* Zotte *f*, Villus *m* *vilüs, zugabe
tün *(fast ungebr.)* Nacht *f* *gece
tünaydın *(fast ungebr.)* Gute Nacht! *Geceniz hayrolsun!
tünek 1. Hühner-stange *f*, -balken *m*, Wiemen *m* 2. Sitzstange *f* (im Vogelkäfig) 3. *V* Strichjunge *m* ~ **biti** Vogelmilbe *f zo.* Dermanyssus gallinae *kırmızı bit, kümes biti
tüneklemek s. **tünemek**
tünel 1. Tunnel *m* 2. Tunnelbahn *f* (in Istanbul; erbaut 1874) ~ **fişi** *fr.* Zahlmarke *f* bei der Tunnelbahn ~ **geçmek** *V* s. **tonel geçmek;** ~ **kayışı** (flaches, breites) Förderband (für die Tunnelbahn)
tünelci Tunnelbauer *m*
tünelcilik Tunnelbau *m*
tünemek 1. sich setzen (Hühner auf den Wiemen, Vogel auf die Stange im Käfig, auf e–n Ast usw.) 2. nisten (z.B. Störche)
tünik 1. Tunika *f* (des Altertums) 2. *(Damenmode)* Tunika in Kasackform; Kasack *m* ~ **pantalonu** Tunika-Hosenanzug *m* (für Damen)
tünmek *va.* Abend werden
tüp, -pü, -bü (*franz.* **tube**) 1. Rohr *n*, Röhre *f*, Röhrchen *n*, Ampulle *f*, Reagenzglas *n* 2. Tube *f* (für Salbe, Zahnpa-

sta usw.) 3. Stahlflasche *f* (für Gas, Sauerstoff usw.) 4. (Elektronen-, Radio-)Röhre *f*
tüpgaz Flaschengas *n*
tüples (*engl.* **tubeless**) **lastik** schlauchloser Reifen; Vollgummireifen *m*
tüplük Ampullenständer *m od.* Reagenzglasgestell *n*
tür Art, Spezies *f* *nevi **-lerin evrimi** *biol.* Entwicklung *f* der Arten **-lerin sabitliği yasası** *biol.* Gesetz *n* der Arterhaltung *envaın sabitliği kanunu **-lerin saptanımı** *biol.* Konstanz *f* der Arten *nevilerin sabitliği, saptanımcılık **bu ~ olaylar** solche (derartige) Vorkommnisse *pl.*
türabî [·––] *va.* 1. die Erde betreffend, Erd- 2. Ton-, keramisch Zu 1: s. **tesviyei türabiye** Zu 2: s. **sanayii türabiye**
türabiye [ā] 1. s. **kara kaplumbağaları** 2. s. **karasallar**
türap, -bı [ā] *va.* Erde *f*, Staub *m* *toprak **-ı nebatî** s. **hümüs**
türban Turbantuch *n* (*spez.* als modische Kopfbedeckung bei Damen)
türbe Mausoleum, Grabmal *n*, Türbe *f*
türbedar [ā] Mausoleumswärter, Türbe-Wächter *m*
türbedarlık [ā] Aufgaben *pl.* und Tätigkeit *f* e–s Türbe-Wächters
türbeeriği, -ni e–e rötliche, runde, fleischige Pflaumenart (mit kleinem Kern)
türbelarlar s. **burgaçkurtları**
türbin Turbine *f*
türbinli mit Turbine(-n) ausgestattet, Turbinen- **~ itici** s. **türbopropülsör; ~ jet motörü** s. **türboreaktör; ~ kompresör** Turbokompressor, Kreiselverdichter *m* **~ körük** Turbogebläse *n* **~ vapur** Turbinendampfer *m* **~ uçak** Turbinenflugzeug *n*
türbofan (*franz.* **turbofan**) s. **türbovantilatör**
türbojet motörü (*engl.* **turbojet engine**)
türbokompresör (*franz.* **turbocompresseur**) s. **türbinli kompresör**
türbokörük Turbogebläse *n*
türbopomp (*franz.* **turbopompe**) Turbopumpe *f*
türbopropuçak (*engl.* **turboprop jet**) Turbopropellermaschine *f*
türbopropülsör (*franz.* **turbopropulseur**) Düsentriebwerk *n*
türboreaktör Turboreaktor *m*, T.-L.-Triebwerk *n*
türbovantilatör Turboventilator, Kreisellüfter *m*
türbülans (*franz.* **turbulence**) s. **burgaç hareketi**
türbülanslı s. **burgaçlı**
türdeş homogen, gleichartig *hemcins, homojen
türdeşlik Homogenität, Gleichartigkeit *f* *hemcinslik, homojen(e)ite
türe s. **hukuk**
türeç, -ci s. **bid'at**
türedışı s. **heteronom**
türedi 1. plötzlich aufgetaucht, von unbekannter Herkunft 2. Emporkömmling, Parvenü *m* 3. *z. va.* Bandit, Rebell *m* *haydut, asi
türek *(kaum gebr.)* s. **neolojizm**
türel s. **hukukî; ~ işlem** (*bzw.* **~ ilişki**) s. **hukukî muamele** (*bzw.* **~ münasebet**); **~ verim** s. **medenî semereler**
türeme 1. Entstehung *f* 2. *ling.* Ableitung *f* **~ ünlü** (*bzw.* **~ ünsüz**) *ling.* anaptyktischer Vokal (*bzw.* Konsonant)
türemek 1. plötzlich entstehen; auftauchen 2. *ling.* abgeleitet werden, kommen (von) 3. s. **çoğalmak, üremek;**
türemiş 1. hervorgekommen 2. *ling.* abgeleitet *müştak
Türenj (*franz.* **La Thuringe**) *n.pr.* Thüringen
Türenjiyenler (*franz.* **Thuringiens**) *n.pr. hist.* Thüringer *pl.*
türeti Erfindung *f* *icat, ihtira
türetici Erfinder *m* *mucit, muhteri
türetme 1. s. **türeti** 2. *ling.* Wortbildung, Ableitung *f*
türetmek 1. hervorbringen, erfinden 2. *ling.* ableiten (Wörter) 3. s. **çoğaltmak, üretmek** 4. *math.* differenzieren *iştikak ettirmek, müştakkını almak
türetmen s. **türetici**
türev 1. *ling.* abgeleitetes Wort, Ableitung *f* 2. *chem.* Derivat *n* 3. *math.* Differentialquotient *m*
Türk, -kü 1. Türke *m*, Türkin *f* 2. türkisch 3. *(in osm. Zeit oft pej.:)* a) tolpatschig, grob, unbeholfen, dumm b) ꝝ (Karagözspiel, Ortaoyunu) s. **Baba Himmet;** Zu 3: **Türk'ün aklı sonradan gelir.** *Spr.* Ein Türke kommt (bei e–r schwierigen Situation) erst hinterdrein darauf, was richtig gewesen wäre. **~ camiası** türkische Volksgemeinschaft **~ cevizi** s. **tırpanto; ~ Çanakkale** das türkische Çanakkale **~ dil araştırmaları** türkische (*d.h.* von türk. Seite angestellte) Sprachuntersuchungen *pl.* **~ Dil Kurultayı** Türkischer Sprachkongreß (*Anm.* Bei den ersten beiden Sprachkongressen wurde die Bez. **~ Dili Kurultayı** verwendet.) **~ Dil Kurumu** *n.pr.* Türkische Sprachgesellschaft (gegr. 1932 unter dem Namen **~ Dili Tetkik Cemiyeti**); **~ Dil(-i) Seferberliği** *n.pr.* Türkische Sprachmobilmachung (der Beginn der totalen Sprachreform in der Türkei, 1. 11. 1932) **~ dili** türkische Sprache, Türkisch **~ dili ve edebiyatı** türkische Sprache und Literatur, Turkologie *f* **~ dostu** Türkenfreund *m*, turkophil **~ düşmanı** Türken-feind, -hasser *m*, turkophob **~ eyeri** Türkensattel *m; an.* Sella turcica (Sitz der Hirnanhangdrüse) **~ fındığı** s. **ağaç fındığı; ~ gibi** (*od.* **kadar**) **kuvvetli** (stark wie ein Türke), bärenstark **~ halısı** türkischer Teppich **~ halk edebiyatı** türkische Volksliteratur **~ Halk Kurtuluş Ordusu** Türkische Volksbefreiungsarmee (illegale Organisation) **~ Hatay** das türkische Hatay (-Gebiet) **~ Hava Kurumu** Türkischer Luftflottenverein (Gesellschaft zur Förderung des Flugzeugbaus in der Türkei) **~ Istanbul'un beşyüzüncü yılı** 500-Jahr-Feier *f* des türkischen Istanbul **~ Izmir** (*a.* Name e–r Ouvertüre) das türkische Izmir **~ kanaryası** Kohlmeise *f zo.* Parus major *baştankara **~ karır, kılıcı karımaz.** *Spr.* Auch im Alter kann der Türke das Schwert führen. **~ kemeri** s. **sivri kemer; ~ kırmızısı** Türkischrot, Alizarinrot *n* *Edirne kırmızısı **~ kumrusu** Türkentaube *f zo.* Streptopelia decaocto **~ lokumu** *F* füllige Frau mit hellem Teint **~ mavisi** s. **çivit mavisi; ~ meşesi** s. **saçlı meşe; ~ mimari eserleri** türkische Bauwerke *pl.* **~ milleti** türkische Nation, türkisches Volk **~ müdür başyardımcısı** türkischer Subdirektor (e–r ausländischen od. Minderheiten-Schule in der Türkei) **~ Ocağı** Name e–r Organisation zur Hebung der türk. Volksbildung (gegr. 1911) **~ oğlu Türk** echter Türke **~ ordusu** türkisches Heer, türkische Armee **~ öğün, çalış, güven!** (Kemal Atatürk) Türke, sei stolz (auf deine Nation), arbeite und habe Selbstvertrauen! (Aufschrift auf dem **Emniyet Abidesi** in Ankara) **~ parasını koruma mevzuatı** Verordnungen *pl.* zum Schutz der türkischen Währung **~ Tarih Kurumu** *n.pr.* Türkische Geschichtsgesellschaft (gegr. 1931 unter dem Namen **Türk Tarihi Tetkik Cemiyeti**); **~ tarzı mimarisi** türkischer Baustil **~ Yurdu** Name einer Zs. **-lerin hukuku ammesi** (*od.* **kamu hakları**) *jur.* Grundrechte *pl.* der Türken **-ün şartı üçtür.** Aller guten Dinge sind drei. *Spr.* **ꝝün yasağı üç gün sürer.** s. **Padişah yasağı üç gün sürer.**
Türkân 1. *va. Pl.* zu **Türk** 2. *wV*
türkânî *fr.* e–e Art **ferace** (1) (*q.v.*)
Türkçe [×·] 1. türkische Sprache, Türkisch 2. in türkischer Sprache geschrieben (abgefaßt, erscheinend usw.), türkisch 3. der türkischen Sprache angehörig od. diese betreffend, türkisch Zu 1: **Bunun -si nedir?** Wie heißt das auf Türkisch? **-si pek zayıftır.** Sein Türkisch ist recht mangelhaft. Zu 2: **~ Tan Gazetesi** die *(fr.)* türk. Zeitung **Tan** (zur Differenzierung von der franz. Zeitung **Tan = Temps**) Zu 3: **~ gramer** türkische Grammatik **~ bilmez**

fig. 1. Er versteht nicht, was man sagt. 2. Er kann sich nicht ausdrücken. (~ **bilmez misin, be adam?** Mensch, verstehst du denn kein Deutsch?) ~ **kompozisyon** türkischer (Schul-)Aufsatz ~ **konuşmak** Türkisch sprechen ~ **kültür dersleri** die (in allen Schulen der Türkei) auf Türkisch unterrichteten Kulturfächer *pl.* ~ **öğretmeni** Türkischlehrer(-in *f*) *m* ~ **sözlük** türkisches Wörterbuch **-den Almancaya sözlük** türkisch-deutsches Wörterbuch **-si** *fig.* (also) rund herausgesagt (**ˢsi, sen bu işi beceremedin.** Also auf gut Deutsch, du hast das nicht fertigbringen können.) **-yi kaybetmek** *fig.* verwirrt werden, die Fassung verlieren

Türkeçeci [×··] 1. wer sich wissenschaftlich mit Türkisch beschäftigt, Turkolog-e *m*, -in *f* 2. Vorkämpfer *m* für ein reines Türkisch 3. *selt.* s. **Türkçe öğretmeni**

Türkçecilik 1. *selt.* wissenschaftliche Beschäftigung mit Türkisch, Turkologie *f* 2. Streben *n* nach reinem Türkisch *d. h.* nach möglichst turksprachlicher Ausdrucksweise

Türkçeleşmek 1. zu e–m türk. Wort werden 2. stärker turksprachlichen Charakter annehmen (Ausdrucksweise)

Türkçeleşmişçi (*G* in der Zeit der türk. Sprachreform) Bez. für e–n türk. Sprachreformer, der als Basis e–s empfehlenswerten Türkisch den aktiven und passiven Wortschatz e–s türk. Analphabeten zugrunde legte

Türkçeleştirmek 1. zu e–m türkischen Wort machen, türkifizieren, turkisieren 2. stärker turksprachlich gestalten (Ausdrucksweise) 3. ins Türkische übersetzen

Türkçelik, -iği türkischer Charakter (e–s Wortes, e–r Wortbildung) **Birçok hatipler „Denizbank" ın -ini izah ettiler.** Verschiedene Redner legten dar, daß die Bildung „Denizbank" echt-türkisch ist. (1937 in der Großen Nationalversammlung)

Türkçü 1. *allg.* wer sich für nationaltürkische Belange einsetzt 2. *spez.* a) (in osm. Zeit) Anhänger *m* von Ziya Gökalp, gemäßigter Sprachreformer (*ant.* **fasahatçı, Osmanlıcacı** *bzw.* **tasfiyeci**) b) Anhänger *m* der rechtsradikalen turkvölkischen Bewegung (s.a. **Türkçülük**)

Türkçülük, -üğü 1. *allg.* nationaltürkische Bewegung, türkischer Nationalismus 2. *spez.* a) (in osm. Zeit) der von Ziya Gökalp programmatisch vertretene türkische Nationalismus; auf sprachlichem Gebiet: gemäßigter Reformismus (vgl. Ziya Gökalp, **-ün Esasları,** Ankara 1339, Neudruck Istanbul 1939/40 u. öfters) b) die rechtsradikale turkvölkische Bewegung (vgl. Remzi Oğuz Türkkan, **-e Giriş** Istanbul 1940)

Türkdanış (teşkilâtı) Beratungsstelle *f* für türkische Gastarbeiter (*spez.* in Deutschland); Türkische Arbeiterwohlfahrt *f*

Türkeli, -ni [×··] 1. *(kaum gebr.)* Türken-land *n*, -heimat *f* (*Anm.* Der während der Sprachreform gemachte Vorschlag, **Türkiye** durch **Türkeli** zu ersetzen, ist nicht durchgedrungen.) 2. *n.pr.* O. u. D. im Rbz. Sinop

Türkî [ī] 1. *va.* türkisch 2. *mus.* Name e–r best. melodischen Weise Zu 1: **Kamusu** ~ (Titel des berühmten einsprachigen Wörterbuchs von Şemsettin Sami)

Türkistan [ā] *n.pr.* Turkestan (bestehend aus Kazachstan, Usbekistan, Turkmenistan, Tadschikistan, Kirgisistan)

Türkistanlı [ā] 1. turkestanisch 2. Turkestaner(-in *f*) *m*

Türk-İş = Türkiye İşçi Sendikaları Konfederasyonu Vereinte Türkische Gewerkschaften

Türkiyat, -tı [ā] *z. va. Pl.* türkische Sprache und Literatur; Turkologie *f* *Türkoloji

Türkiyatçı [ā] *selt.* s. **Türkolog**

Türkiye *n.pr.* Türkei *f* ~ **Birlik Partisi** Türkische Unionspartei ~ **Büyük Millet Meclisi** Große Türkische Nationalversammlung, türkisches Parlament *Kamutay ~ **Cumhuriyeti** *n.pr.* Türkische Republik ~ **Hayvanları Koruma Cemiyeti** Türkischer Tierschutzverein *Türkiye Himayei Hayvanat Cemiyeti ~ **İşçi Partisi** Türkische Arbeiterpartei (gegr. 1961) ~ **Radyo Difüzyon Postaları** *n.pr.* die türkischen Rundfunksender *pl.* ~ **Türkçesi** Türkeitürkisch *n* (Sprache)

Türkiyeli 1. aus der Türkei stammend, türkisch 2. Türke *m*, Türkin *f*

Türkkârî *va.* Handarbeit *f* (u.ä.) mit türk. Ornamenten

Türkkuşu, -nu Türkvogel *m* (Gesellschaft zur Förderung des türk. Flugwesens (gegr. 1925)

Türkleşmek 1. zum echten Türken werden (in Sitten und Gebräuchen), sich türkifizieren, sich turkisieren 2. s. **Türkçeleşmek** zu 2: **Yazımız, sözümüzden daha çabuk Türkleşecektir.** Unsere schriftliche Ausdrucksweise wird rascher echt-türkisch werden als unsere gesprochene Sprache.

Türkleştirmek türkifizieren, turkisieren

Türklük 1. türkisches Wesen, Türkentum *n* 2. Gesamtheit *f* der Türken, Türkentum *n* 3. türkische Staatsangehörigkeit

Türkmanî [·––] *mus.* e–e turkmenische Volksweise

Türkmen 1. Turkmene *m*, Turkmenin *f* 2. turkmenisch ~ **pilavı** s. **çektirme** (4)

Türkmence *ling.* Turkmenisch(-e) *n*

Türkmenistan *n.pr.* Turkmenistan (Sowjetrepublik)

Türkofis *n.pr.* Türkische Zentralstelle für Handel und Wirtschaft

Türkoğlu, -nu *n.pr.* O. u. D. im Rbz. Maraş

Türkolog Turkologe *m*, Turkologin *f*

Türkoloji Turkologie *f*

Türkolojik turkologisch

Türköri (*franz.* **turquerie**) *hist.* 1. Begeisterung *f* für das Türkentum 2. (*lit.* od. *Malerei*) türkisches Motiv

türku(v)az 1. Türkis *m* *firuze 2. **(renkli)** türkisfarben 3. ꙮ Name e–s best. Cafés in Istanbul (*fr.* zwei des gleichen Namens) 4. *fr.* Ruhebett *n*, Liegestuhl *m* ~ **mavisi** türkisblau

türkü (Volks-)Lied *n* (s.a. Stw. **fasıl**); ~ **bağlamak** (*od.* **yakmak**) ein Lied komponieren ~ **çağırmak (okumak, söylemek)** ein Lied singen (vortragen) **-sünü çağırmak** (b–nin) *fig.* j–m nach dem Mund reden; j–s Partei ergreifen

Türkvari [·––] *selt.* nach türk. Art

türleşme *biol.* Entwicklung *f* der Arten

türlü 1. verschieden(-artig) 2. Art, Sorte *f* 3. nb. Art, auf soundso viele Arten 4. *Abk.* für ~ **güveç** 5. s. **bir** ~ Zu 1: ~ **yemekler** verschiedene Gerichte (Speisen) *pl.* Zu 2: **Tenezzül etmem bu ~ işlere!** Zu so et. gebe ich mich nicht her! Zu 3: **Bu fikir iki ~ anlatılabilir.** Dieser Gedanke läßt sich auf zweierlei Weise interpretieren. ~ **güveç** Fleischgericht *n* mit Mischgemüse (in kleinem Tontopf), *etwa:* Olla Potrida ~ ~ aller-lei, -hand, ganz verschieden-(artig)e **-sü** allerhand **-süne rastlamak (rast gelmek, düşmek)** *fig.* hereinfallen (**Bu işte dikkat et, -süne rastlamayasın!** Nimm dich in acht hierbei, du könntest bös hereinfallen! **Bu kadın -süne düştü.** Diese Frau ist (mit ihrer Ehe) hereingefallen.) **-sünü görmek** seine Erfahrungen mit et. machen

türrehat, -tı [ā] *va. isol. Pl.* dummes Geschwätz, Gefasel *n*, *F* Quatsch, Stuß *m*

türsel(-lik) s. **özgül(-lük)**

türüm 1. Werden, Entstehen *n*, Genese *f* *tekevvün 2. *phil.* Emanation *f* *sudur

türümcülük *phil.* Emanatismus *m*

türümek *phil.* ausströmen, ausfließen, emanieren *sudur etmek

türümsel genetisch, Entwicklungs- *tekvinî
türüzotu, -nu Glyzinie *f bot.* Wistaria floribunda
tüs(-süz) s. **tüy(-süz)**
Tüsidit, -di *n.pr.* Thukydides (altgriech. Historiker)
tüsor (*franz.* **tussor**) Tussah-, Roh-seide *f* od. hieraus hergestellt
tüssüle(n)mek s. **tütsüle(n)mek**
tüten *geol.* Fumarole *f* *fümerol
tütme Vs. zu **tütmek** *spez.* Solfatara *f* *solfatar
tütmek, (-ter) 1. rauchen, dampfen (z.B. Tabakspfeife) 2. rauchen, Rauch verbreiten 3. *fig.* vor dem geistigen Auge stehen od. dahinziehen Zu 2: **Soba tütüyor.** Der Ofen raucht. Zu 3: s. **burnunda (gözünde) ~**
tütsü 1. Räuchern *n*, (Aus-)Räucherung *f* 2. Räucherwerk *n* 3. *V* alkoholisches Getränk *içki ~ **vermek** 1. räuchern 2. Dämpfe inhalieren
tütsülemek 1. (aus-)räuchern 2. Dämpfe inhalieren lassen 3. s. **kafayı ~**
tütsülenmek 1. Pass. zu **tütsülemek** 2. Dämpfe inhalieren
tütsülü 1. (aus-)geräuchert 2. *V* betrunken *sarhoş
tütsülük, -üğü Räuchergefäß *n* (mit Lochdeckel)
tüttürmek Kaus. zu **tütmek** *spez.* schmauchen (Pfeife usw.)
tütü (*franz.* **tutu**) Ballettröckchen *n*
tütün 1. *z. va.* Rauch *m od.* Dampf *m* 2. echter langblättriger Tabak *bot.* Nicotiana tabacum Zu 1: ≗ **çok kebap yok.** Viel Geschrei und wenig Wolle. *Spr.* ~ **harmanı** Tabakmischung *f* ~ **içmek** (*od.* **kullanmak**) (Tabak) rauchen ~ **inhisarı** Tabakmonopol *n* ~ **kesesi** Tabaksbeutel *m* ~ **kıyıcısı** Tabak-(zer)schneider, -zerkleinerer *m* ~ **kullanmamak** Nichtraucher sein ~ **kutusu** Tabaksdose *f* ~ **mildiyüsü** s. **mavi küf;** ~ **zeriyatı** Tabakanbau *m* **-ü bırakmak** das Rauchen aufgeben **-ü çıkmak** aufsteigen (Rauch) **-ü doğru çıkmak** *fig.* in bester Ordnung sein
tütünbalığı, -nı geräucherter Fisch *spez.* **ringa**
tütüncü 1. Tabakpflanzer *m* 2. Tabak-, Zigaretten-, Zigarren-händler, -verkäufer *m* 3. *fr.* Diener *m*, dem die Sorge für Tabak, Pfeifen usw. oblag ~ **başı** *fr.* Diener *m* im Sultanspalast, dem die Sorge für Pfeifen, Tabak usw. oblag
tütüncülük 1. Tabakanbau *m* 2. Tabak-, Zigaretten-, Zigarren-handel, -verkauf *m* 3. Aufgaben *pl.* e–s **tütüncü** (3)
tütünlük beste Qualität **pastırma** (aus Filet-Stücken)
tüvan [ā] *va.* Kraft, Stärke *f*
tüvana [·––] *va.* stark, kräftig, stattlich
tüveycî *va.* die Blumenkrone betreffend, Kron-, Blumen-
tüveyç, -ci 1. Krönchen *n* 2. *bot.* Blumenkrone, Korolla *f*
tüvönan (*franz.* **tout-venant**) **(kömürü)** Förderkohle *f*, nicht-verlesene Kohle
tüy 1. Feder(-n *pl.*) *f*, Flaumfeder(-n *pl.*) *f*, Daune(-n *pl.*) *f* 2. Haar *n* (z.B. e–r Katze), Wolle *f* (z.B. bei Schaf, Kamel) 3. Flaum *m* (z.B. bei Pfirsichen) *hav 4. Bartflaum *m* ~ **atmak (dökmek, değiştirmek)** ein anderes Fell bekommen; sich mausern ~ **bayrağı** Fahne *f*, Vexillum *n* (der Vogelfeder) ~ **bitmek** s. **dilinde ~ bitmek;** ~ **dikmek** (bşin üzerine) 1. e–r Sache die Krone aufsetzen 2. et. völlig verkorksen ~ **dökümü** Mauser(-ung) *f* ~ **düzmek** s. **-ü düzmek;** ~ **ekseni** Schaft *m* (e–r Vogelfeder) ~ **fırça** Haarpinsel *m* ~ **gibi** 1. leicht wie e–e Feder 2. beweglich, flink, behende ≗ (*od.* **yüz**) **güzelliği hamamdan eve, huy** (*od.* **öz**) **Urum'dan Şam'a.** *Spr.* 1. Äußere Schönheit ist vergänglich, ein edler Charakter bleibt bestehen. 2. Äußere Schönheit wird nur in der nächsten Umgebung gewürdigt, ein edler Charakter wird weithin gerühmt. ~ **hücreleri** *an.* Haarzellen *pl.* (im Cortischen Organ) *işitme kılları ~ **kabası olmak** *F* nur mehr ein Strich sein (z.B. Person nach schwerer Krankheit) ~ **kalem** 1. Gänsefeder *f* Federkiel *m* 2. Haarpinsel *m* (der Kalligraphen) ~ **kamışı** s. **pampa otu;** ~ **otu** s. **sorguç otu;** ~ **sıklet** *(Boxen, Ringen, Pferderennen)* Federgewicht *n* ~ **süpürge** Staubwedel *m* ~ **yolmak** (e–n Vogel) rupfen ~ **yosunu** Astmoos *n bot.* Hypnum **-ler ürpertici** haarsträubend, grausig, entsetzlich **≗leri diken diken oldu.** *od.* **≗leri ürperdi.** Die Haare standen ihm zu Berge. Es überlief ihn kalt. Es grauste ihn. **-leri ürpertmek** *od.* **-lerini diken diken etmek** (b–nin) j–m die Haare zu Berge stehen lassen **-ü düzmek** 1. sich glätten (Fell e–s Tieres) 2. besser gekleidet gehen 3. *fig.* zu Wohlstand kommen **-ü tüsü yok** unbärtig; Milchbart, Grünschnabel *m*
tüybitleri, -ni Haarlinge, Federlinge *zo.* Mallophaga *kılbitleri
tüybulut, -tu *met.* Zirrus(-wolke *f*) *m*, Feder-, Faser-wolke *f* *saçakbulut, sirrüs, tahaf
tüycük Federchen, Härchen *n*
tüydöken *V* Kratz-, Schab-eisen *n* (= Rasiermesser)
tüydürmek Kaus. zu **tüymek** *V* 1. klauen, stehlen, entwenden 2. fort-schaffen, -bringen, aus den Augen schaffen (Person)
tüylenmek 1. Federn (Wolle, Haare, Flaum) bekommen 2. *fig.* reich werden, zu Wohlstand kommen 3. *V* widerspenstig, aufsässig sein
tüylü 1. gefiedert, mit (nb.) Federn 2. flaumig, Flaum- 3. *F* reich, wohlhabend 4. langhaariger Teppich 5. **(deve)** langhaariges, bes. starkes Kamel (in der Türkei durch Kreuzung gezüchtet; in Aydın werden die Hengste während der Brunft zu Kamelkämpfen verwendet) ~ **boya** s. **havacıva otu;** ~ **fiğ** zottige Wicke *bot.* Vicia villosa ~ **huş** Moosbirke *f bot.* Betula pubescens ~ **isfendilyon** flaumiges Herkuleskraut *bot.* Heracleum pubescens ~ **karanfil** rauhe Nelke *bot.* Dianthus armeria ~ **kartopu** wolliger Schneeball *bot.* Viburnum lantana ~ **kısamahmut** Poleigamander *m bot.* Teucrium polium ~ **laden** s. **Girit ladeni;** ~ **meşe** Flaumeiche *f bot.* Quercus pubescens ~ **yermeşesi** s. ~ **kısamahmut;** ~ **yoğurtotu** Kreuz-Labkraut *n bot.* Galium cruciata
tüylük *hist.* Metallplättchen *n* zur Befestigung e–r Feder an der Kopfbedeckung der Janitscharen *yünlük
tüymek *V* sich aus dem Staub machen, ausreißen, auskneifen, abhauen, türmen
tüyo (*franz.* **tuyau**) 1. *mus.* Orgelpfeife *f* 2. *F* vertraulicher Wink; Tip *m*
tüysinek s. **titrersinek**
tüysü 1. flaumartig 2. *bot.* gefiedert ~ **yaprak** *bot.* fiedernerviges Blatt *telekdamarlı yaprak; varakı rişî
tüysüz 1. federlos, ungefiedert, ohne Flaum 2. blutjung; Milchbart, Grünschnabel *m* ~ **kadife** kurzhaariger Samt ~ **şeftali** Pfirsich mit glatter Schale *spez.* Nektarine *f* ~ **tüssüz** s. **tüyü tüsü yok**
tüyup, -bu (*engl.* **tube**) *mil.* Torpedoausstoßrohr *n*
tüze 1. Gerechtigkeit *f* *adalet, hakkaniyet 2. Gerichtswesen *n*, Rechtsprechung, Justiz *f* *adliye
tüzel 1. Justiz-, Gerichts-, *adlî 2. juristisch
tüzelkişi juristische Person *hükmî şahıs
tüzelkişilik juristische Persönlichkeit *şahsiyeti hükmiye
tüzük s. **nizamname**
tüzüklü 1. statutengemäß 2. der Vorschrift (Verordnung, den Bestimmungen) entsprechend
tüzüksel s. **nizamî**
tüzüksüz s. **nizamsız**
TV s. **televizyon**
tvist, -ti Twist *m* (Modetanz)
tvit, -di [–] Tweed *m* (Woll- od. Misch-gewebe)

U

u, U 25. Buchst. des türk. Alph.
U – koyağı *geol.* U-förmiges Flußtal; Trogtal *n*
ubeyt, -di (*Dim. zu* **abit**) 1. bescheidener, demütiger Diener 2. ≗ (*Verk. von* **Ubeydullah**) *mV*
ubudiyet, -ti [·–··] *va.* 1. Sklaverei, Knechtschaft *f* 2. Bindung *f*, Band *n*, Ergebenheit *f* 3. Frömmigkeit *f*
ubur (I) [·–] *va.* Hinübergehen, Überschreiten *n*, Übergang *m*, -fahrt *f* ~ **etmek** *va.* hinüber-gehen, -fahren, überschreiten *aşmak, geçmek
ubur (II); **uburluk** s. **obur; oburluk**
ucu *va.* s. **pöç**
ucaylanma Polarisation *f* *ıstıktap
ucra s. **ücra**
ucube [·–·] Kuriosität, Merkwürdigkeit **-i hilkat** Naturwunder, Monstrum *n*
ucubelik [·–··] 1. Fremdartigkeit *f* 2. Mißbildung, Monstrosität *f*
ucun ucun *Adv.* gerade noch, mit Mühe und Not
ucuz 1. billig, wohlfeil 2. *fig.* billig, leicht erworben, mühelos gewonnen ≗ **alan pahalı alır** (*a. mit der Forts.* **pahalı alan aldanmaz**). *Spr.* Wohlfeil erstehen heißt teuer kaufen. ~ **atlatmak** *od.* ~ **kurtulmak** gerade noch einmal (*od.* mit einem blauen Auge) davonkommen ≗ **etin yahnisi** (*od.* **suyu**) **tatsız** (*od.* **kara, pek, yavan**) **olur.** *Spr.* Wenn man et. Gutes haben will, muß man schon tiefer in den Geldbeutel greifen. ~ **para** *H* billiges Geld ~ **satmak** 1. billig verkaufen 2. *fig.* et. für leicht erhältlich (leicht ausführbar, gringfügig) halten ~ **zafer** billiger (mühelos errungener) Sieg **-a çıkmak** billig zu stehen kommen **-a mal etmek** (*od.* **düşürmek**) (bşi) et. billig erstehen ≗**dur vardır illeti, pahalıdır vardır hikmeti.** *Spr.* Billiges hat meistens e–n Fehler; ist et. teuer, so hat es seinen guten Grund.
ucuzcu 1. wer seine Waren billig verkauft, *F* billiger Jakob 2. wer alles billig erstehen will *od.* wer billige Ware ausfindig macht
ucuzlamak 1. billig(-er) werden, im Preis fallen, wohlfeil (-er) werden (Waren) 2. heruntergehen, sich senken (Preis) 3. *fig.* leicht (erreichbar od. zu bewerkstelligen) sein 4. im Wert sinken
ucuzlatmak 1. verbilligen 2. (die Preise) herabsetzen 3. erleichtern
ucuzluk, -uğu 1. Billig-, Wohlfeil-sein *n*, Billigkeit *f*, geringer Preis 2. Ort *m* (Land *n*, Zeit *f*), wo man billig lebt Zu 1: **-una kapılmak** (bşin) sich durch die Billigkeit (e–r Ware) bestechen lassen Zu 2: **İtalya -tu.** In Italien hat man früher billig leben können.
uç, cu 1. (Messer-, Lanzen-, Feder-, Kegel-, Zehen-, Zungen- usw.)Spitze *f*, Zacke *f* 2. Wipfel *m*, Krone *f* (e–s Baumes) 3. äußerstes Ende; Ecke *f* 4. *math.* Endpunkt *m*, Extremität *f* *münteha, son 5. (Mund-, Augen-)Winkel *m* 6. *hist.* Grenzgebiet *n* 7. *va.* Grund *m*, Ursache *f* Zu 1: s. **kalem -u; ayaklarının -una basarak; dil ucu** Zu 3: **şehrin bir -undan öbür -una kadar** von e–m Ende der Stadt bis zum anderen Zu 5: s. **ağız (göz) -ları** Zu 7: **Tamah -undan belâya uğradı.** *va.* Seine Habsucht hat ihn ins Verderben gestürzt. ~ **bölüğü** *mil.* Spitzenkompanie *f* ~ **noktaları** *geom.* Endpunkte *pl.* e–r Strecke ~ **-a gelmek** 1. mit Mühe und Not erreichen, gerade noch rechtzeitig kommen 2. knapp ausreichen ~ **-a karşılamak** s. **-u -una getirmek;** ~ **vermek** 1. sich zusammenziehen (und e–n gelben Punkt bilden) (Geschwür) 2. sich herausstellen, an den Tag kommen 3. herauskommen, aufgehen (Pflanzen) 4. e–n Anhaltspunkt liefern 5. in Fetzen (Stücken) herunterhängen Zu 5: **Yanık kollarından deriler** ~ **vermiştir.** Von seinen verbrannten Armen hing die Haut in Fetzen herunter. **-tan -a** von e–m Ende (*bzw.* Extrem) bis zum anderen **-u bucağı olmamak** (*od.* **gelmemek**) endlos sein, kein Ende nehmen wollen (Weg, Gebiet, Wald usw.) **-u dokunmak** (m. Dat.) zu j–s Schaden (od. Nachteil) sein ≗**u bana dokundu.** Ich bin der Dumme dabei. An mir geht es hinaus. **aklının ucundan bile geçirmiş değildi** *(m. Akk.)* Er hatte nicht im entferntesten (an ...) gedacht **-u ortası belli olmamak** nicht recht wissen, wo man beginnen soll **-u -una gelmek** s. ~ **-a gelmek; -u -una getirmek** auskommen (z.B. mit dem, was man verdient) **-u uzundur** s. **Dünyanın -u uzundur. -unda** schließlich, endlich, im Endergebnis **-unda olmak** 1. dahinterstecken, hinter et. verborgen sein (Absicht) 2. mit et. enden, et. zur Folge haben Zu 1: **Bu iltifatların -unda mutlaka bir şey var.** Mit diesen ganzen Liebenswürdigkeiten ist doch bestimmt etwas bezweckt. Zu 2: **Bunun -unda ölüm yok va!** Das kostet ja schließlich nicht den Kopf! **-unu altına kaçırmak** auf dem absteigenden Ast sein (infolge Mißwirtschaft) **-unu bulmak** mit e–r Sache zu Rande kommen (**Ucunu bul da yağa bala ver!** *iron.* Es sollte mich wundern, wenn du damit zu Rande kämest!) **-unu kaçırmak** (bir işin) den Faden verlieren (bei), nicht weiter kommen (mit, bei, in) **-unu koklatmamak** 1. nicht das Geringste (von seinem Besitztum) abgeben 2. kein Sterbenswörtchen verlauten lassen **-unu kulpunu kaybetmek** *fig.* sich verhaspeln, sich verheddern **-unu ortasını bulmak** 1. e–r Sache auf den Grund kommen 2. mit et. zu Rande kommen, *F* et. deichseln
uçabilir flugtüchtig (Flugzeug) *havalanabilir
uçak Flugzeug *n* *tayyare ~ **alanı** Flug-hafen, -platz *m* ~ **alayı** Flugzeuggeschwader *n* ~ **alayı komutanı** Geschwaderkommodore *m* ~ **bombası** Fliegerbombe *f* ~ **bölüğü** (Flugzeug-)Staffel *f* ~ **bölük komutanı** Staffel-führer, -kapitän *m* ~ **defi bataryası** Flakbatterie *f* ~ **defi topçusu** Flugartillerie *f* ~ **filosu** Flugzeugverband *m* ~ **gemisi** Flugzeugträger *m* ~ **gözcüsü** Flugzeugbeobachter *m* ~ **ile** mit Luftpost ~ **kaçırma** Flugzeugentführung *f* *hava korsanlığı ~ **makinisti** Bordmechaniker *m* ~ **postası** Luftpost *f* ~ **seferleri** Flugverkehr *m* ~ **telsizcisi** Bordfunker *m* ~ **torpili** Lufttorpedo *m* ~ **yolcuları** Fluggäste *pl.*
uçakçı Flieger *m* *tayyareci ~ **başlığı** Fliegerhaube *f* ~ **subay** Fliegeroffizier *m*
uçakçılık 1. Fliegerberuf *m* od. Tätigkeit *f* als Flieger 2. Flugzeugfabrikation *f* 3. Flugwesen *n* *(1–3) tayyarecilik
uçaklı mit (nb.) Flugzeug(-en)
uçaklık aus soundso viel Flugzeugen bestehend
uçaksavar Flugabwehr-, Flak- ~ **baraj** Flaksperre *f*
uçan fliegend, Flug- ~ **kuşa borcu olmak** *fig.* mehr Schulden als Haare auf dem Kopf haben, bei Gott und der Welt verschuldet sein ~ **kuştan medet ummak** *fig.* sich an e–n Strohhalm klammern
uçanbalık 1. s. **uçarkefal** 2. ≗ *astr.* Fliegender Fisch (Sternbild)
uçandaire fliegende Untertasse
uçankale fliegende Festung (Flugzeugtyp)
uçankeseli Flugbeutler *m*, Beuteleichhörnchen *n zo.* Petaurus sciureus
uçar 1. fliegend od. zum Fliegen befähigt 2. fliegender Vogel 3. sich leicht veflüchtigend, rasch verfliegend (Flüssigkeit) ~ **kül** Flugasche *f* **-a atmak** den Vogel im Flug schießen

uçara s. **vole;** ~ **kaçara** hierhin und dorthin; überallhin *sağa sola
uçarbalık Flughahn *m zo.* Dactylopterus volitans
uçarı 1. Schürzenjäger, Lebemann, Playboy, Don Juan *m* 2. ausgemacht Zu 2: ~ **çapkın** ein ausgemachter Don Juan
uçarılık ausschweifende Lebensführung
uçarkefal fliegender Fisch *zo.* Exocoetus volitans
uçarköpek Flughund *m zo.* Pteropus wampyrus
uçarkurbağa Flugfrosch *m zo.* Racophorus Reinwardti
uçarmaki Flattermaki *m zo.* Galeopithecus volans
uçarsincap, -bı Flughörnchen *n zo.* Sciuropterus russicus *bzw.* Glaucomys volans
uçbeyi, -ni *hist. mil.* Kommandant *m* e–r Grenzmark
uçdemiri, -ni *agr.* Pflugschar *f* *saban demiri
uçkun (herausspritzender) Funke
uçkur (< iç kur) 1. Sack-, Beutel-schnur *f* 2. Hosen-, Taillen-band *n*, Leibschnur *f* ~ **çözmek** 1. *F* auf die Toilette gehen 2. *V* den Geschlechtsakt ausüben **-una gevşek** *F* Don Juan, Schürzenjäger *m* **-una sağlam** *F* tugendhaft
uçkurlu mit **uçkur**
uçkurluk 1. Schnürrinne *f*, Durchziehsaum *m* (an e–m Kleidungsstück) 2. Hilfsmittel *n* zum Durchziehen 3. Fahnensaum *m* (zum Durchziehen der Schnur)
uçlama s. **akrostiş**
uçlanmak *V* zahlen, geben, herausrücken, *F* berappen (Geld)
uçlu 1. mit (nb.) Spitze 2. mit Feder (z.B. Federhalter) Zu 1: **iki** ~ **örs** zweihörniger Amboß
uçma teleği Schwungfeder *f* (e–s Vogels)
uçmak (I), **(-ar)** 1. fliegen, schweben, in der Luft kreisen (Vogel); schwingen (Luftschaukel) 2. weg-, fort-fliegen 3. sich verflüchtigen, verfliegen (z.B. Äther) 4. verblassen, ausbleichen (Farbe) 5. ab-, hinunter-, ins Meer usw. stürzen *(intr.)* 6. niedergehen, zu Tal gehen (Lawine) 7. vornübernicken (z.B. beim Schlafen auf e–m Stuhl) 8. weggerissen od. fortgetragen werden 9. a) (*a.* Person) verschwinden b) abhanden kommen, gestohlen werden 10. *selt.* in den Himmel auffahren (Heiliger) 11. in die Luft gehen, gesprengt werden, explodieren *berhava olmak 12. *z. va.* sich Ausschweifungen ergeben Zu 4: s. **Beti benzi (rengi) uçtu.** Zu 8: **Bu gece tahta perde uçmuş.** Heute nacht hat es den Zaun weggerissen. **Uç baba torik** (*a. mit der Forts.* **etme de telâş!**) *V (hänselnde Ra., etwa:)* Tu's doch, wenn du kannst! *od.* Und das soll ein Mensch glauben? **uçan** s. ges. Stw. **Uçsa da kuş değil.** *F* Und wenn er sich auf den Kopf stellt, bringt er doch nichts Rechtes zuwege.
uçmak (II) *va.* s. **cennet**
uçman *selt.* Flieger *m* *uçakçı
uçsuz 1. ohne Spitze 2. ohne Feder (z.B. Federhalter) 3. *mst. in der Verst.* ~ **bucaksız** endlos, nicht enden wollend; grenzen-, ufer-los; unzählig
uçtuuçtu *Ksp.* Alle Vögel fliegen.
uçucu 1. fliegend od. zum Fliegen befähigt 2. Flieger *m*, *mil. a.* Fliegeroffizier 3. *chem.* sich leicht verflüchtigend, rasch verfliegend, volatil *tayyar 4. *fig.* schnell vergehend; nicht beständig 5. ≗ **astr.** Atair *m* (Stern Alpha im Sternbild des Adlers) *Eltayır
uç-uç böceği s. **hanımböceği**
uçuk 1. verblaßt, verschossen (Farbe) 2. Bläschen-ausschlag *m*, -flechte *f*, *med.* Herpes *f* *erpes ~ **beniz(-li); benzi** ~ blaß, *F* käsig
uçuklamak Bläschen-ausschlag, -flechte, Herpes bekommen (an Lippen und Nasenlöchern)
uçuksamak verfliegen (z.B. Wirkung), sich verflüchtigen
uçuksu bläschen-, herpes-artig
uçun äußerer (*bzw.* unterer) Fahnenrand
uçurma *hist. naut.* kleinstes, sehr schnelles Kriegssegelschiff
uçurmak Kaus. zu **uçmak** *spez.* 1. fliegen (steigen) lassen (z.B. Drachen), aufsteigen lassen (Flugzeug) 2. abschneiden, -trennen, -schlagen 3. verfliegen lassen (z.B. Äther) 4. ausbleichen *(tr.)* 5. hinunterstürzen *(tr.)* (z.B. in e–n Abgrund) 6. in die Luft fliegen lassen; sprengen *atmak, berhava etmek 7. **(havalara)** über alles Maß, (*F* über den grünen Klee) loben 8. *F* hinauswerfen, an die Luft befördern 9. *F* aufschneiden, lügen 10. *F* verlieren, sich et. entwenden lassen 11. *V* klauen, entwenden Zu 1: s. **haber (şayialar)** ~; **kuş uçurmamak** Zu 2: s. **kellesini** ~
uçurtma 1. Vs. zu **uçurtmak** 2. *Kspz.* (*od. va.* Mittel der Flugabwehr) Drachen *m* ~ **demir** *naut.* s. **sal demir;** ~ **mâniası** *mil. fr.* Drachensperre *f* ~ **uçurmak** Drachen fliegen (od. steigen) lassen
uçurum 1. Abgrund, Schlund *m*, Tiefe *f* (von oben betrachtet) 2. *fig.* Abgrund *m*, Verderben, Unglück *n* 3. *fig.* gewaltiger Unterschied **-un dibi** 1. Boden *m* (tiefste Stelle) des Abgrundes 2. *fig.* tiefstes Verderben od. Unglück **-un kenarında** am Rande des Abgrunds; *fig.* in größter Gefahr
uçurumlu abgründig
uçuş Fliegen *n*, Flug *m*, Sich-Emporschwingen *n* *tayaran ~ **emniyet hizmeti** Flugsicherungsdienst *m* ~ **haber verme hizmeti** Flugmeldedienst *m* ~ **hareketi** Abflug *m* (e–s Flugzeugs) ~ **hızı** (*od.* **sürati**) Fluggeschwindigkeit *f* *süratı tayaran ~ **irtifaı** Flughöhe *f* ~ **istikameti** Flugrichtung *f* ~ **kulesi** Kontrollturm *m* (im Flugwesen) ~ **menzili** Flug-bereich *m*, -weite *f* ~ **mesafesi** Flug-strecke, -weite *f* ~ **meydanı** Flugplatz *m*, Landefeld *n*, Startplatz *m* ~ **müddeti** Flugzeit *f* ~ **nısıf kutru** Flugweite *f* ~ **öğretmeni** Fluglehrer *m* ~ **pisti** Startbahn *f*, Rollfeld *n* ~ **platosu** Startfläche *f* (z.B. auf e–m Flugzeugträger) ~ **sahası** Flugbereich *m* ~ **şartları** Flugwetter *n* ~ **yolu** Flugbahn *f* (e–s Geschosses) *mermi yolu **-a gitmek** *V* den Beischlaf ausüben
uçuşçu *selt.* Flieger *m* *tayyareci, uçakçı
uçuşmak 1. umherfliegen, hin- und herfliegen 2. (herum-) flattern, im Winde flattern
ud s. **ut** (I)
udade [ā] beweglicher Arm e–s Sextanten; Diopter-, Visier-lineal *n*
udcu s. **utçu**
udhiye *isl. va.* 1. das am Vormittag geschlachtete Opfertier 2. s. **Kurban Bayramı** *ıydı udhiye, ıydı adha
udî [– –] *(türk. Bild.)* Lautenspieler *m*
Udiler *n.pr.* e–e kleine Volksgruppe im östl. Kaukasus
udul, -lü [· –] (I) *va.* 1. Zurückziehen, Widerrufen *n* (des gegebenen Wortes) 2. Abweichen *n* vom rechten Weg ~ **etmek** *va.* 1. sein Wort zurücknehmen 2. vom rechten Weg abweichen
udul [· –] (II) *va. Pl.* zu **âdil; heyeti** ~ *va.* s. **jüri**
uf (Ausruf bei Überdruß, Abspannung, Schmerzen, Erleichterung usw.) o je! au! mein Gott! ≗**, parmağım yandı.** Autsch, ich habe mir den Finger verbrannt. ~ **puf demek** stöhnen, ächzen
ufacık winzig klein, lächerlich gering
ufacık (*Dim.* zu **ufak**) winzig, ganz klein *küçücük ~ **tefecik** winzig klein
ufak 1. klein *küçük 2. jünger (*spez.* Geschwister) 3. unbedeutend, untergeordnet 4. kleinlich 5. kleines Stückchen, Bröckchen *n* ~ **adam** kleiner Geist, et. beschränkter Mensch ~ **bakla** s. **acı bakla;** ~ **balıkçıl** s. **gece balıkçılı;** ~ **çapta** 1. Kleinkaliber- 2. *mst. iron.* in Miniaturausgabe, im Westentaschenformat, en miniature ~ **çapta tüfeklerle endaht** Kleinkaliberschießen *n* ~ **çocuk** kleines Kind ~ **göstermek** 1. j–n für jünger ausgeben, als er

ist 2. jünger aussehen, als man ist ~ **kardeşim** mein jüngerer Bruder ~ **memur** kleiner Beamter (in untergeordneter Stellung) ~ **para** Kleingeld *n* *ufaklık ~ **rol** *Th.* Nebenrolle *f* ~ **tefek** 1. klein und unwichtig; allerhand Kleinigkeiten *pl.* 2. klein und schmächtig gebaut (Zu 1: ~ **tefek almak** ein paar Kleinigkeiten einkaufen ≗ **tefek işlerim var.** Ich habe noch ein paar Kleinigkeiten zu erledigen. ≗ **tefek gördün de karamusal sepeti mi sandın?** Dem hättest du das wohl nicht zugetraut, was? Zu 2: ~ **tefek bir adam** ein kleiner, schmächtiger Kerl) ~ ~ 1. in kleinen Mengen, allmählich (nur), langsam 2. in kleinen Teilen, ganz klein ~ ~ **doğramak** 1. ganz klein schneiden (z.B. Fleisch) 2. *F* e–n gemäßigten Ton anschlagen, sich in Grenzen halten ~ **yonca** Fadenklee *m bot.* Trifolium filiforme

ufakça s. **ufarak**

ufaklı s. **irili** ~

ufaklık 1. Kleinsein *n*, Kleinheit *f* 2. Kleingeld *n* *ufak para 3. *hum.* Ungeziefer *n spez.* Läuse *pl.* 4. *V* kleiner Junge; Knirps *m* *bızdık

ufalamak 1. zerkleinern, in kleine Stücke brechen; zer-bröseln, -krümeln, -bröckeln, -reiben *parçalamak 2. verwittern lassen

ufalanma Verwitterung, Zersetzung *f* *tecezzi

ufalanmak 1. Pass. zu **ufalamak** 2. verwittern, sich zersetzen *tecezzi etmek **ufalanmış** verwittert

ufalmak kleiner werden, sich verkleinern, zusammenschrumpfen, an Umfang (Volumen, Größe) abnehmen *küçülmek

ufanmak (von selbst) in kleinere Teile zerfallen, (zer-) bröckeln, zerbröseln

ufantı kleineres Teilchen (e–s größeren Ganzen), Krümchen *n*, Brösel *m*, Krümel *m* *kırıntı

ufarak recht klein, winzig; Knirps *m*

ufkan [×·] *va. Adv.* horizontal, waagerecht

ufkî horizontal, waagerecht ~ **çizgi;** ~ **hat** s. **yatay;** ~ **makta** horizontaler Schnitt, Grundriß *m* ~ **zelzele** Horizontalbeben *n* *yatay deprem

ufkîlik; ufkiyet, -ti horizontale Lage (Stellung, Richtung usw.), Horizontale *f*

uflamak ächzen, stöhnen **uflayıp puflamak** ächzen und stöhnen

ufucuk olmak *Ki.* krank werden bzw. sein

ufuk, -fku 1. Horizont, Gesichtskreis *m (a. fig.)* 2. *(Malerei)* Horizontlinie *f*, Himmel *m* ~ **açmak** *fig.* den Horizont erweitern **-a mürtesem düşmek** sich gegen den Horizont abzeichnen **-u geniş** *fig.* aufgeschlossen **-u mer'i** s. **görünen çevren**

ufuksuz *fig.* mit engem Horizont, et. beschränkt

ufunet, -ti [·–·] 1. übler Geruch, Fäulnisgeruch, Gestank *m* *pis koku 2. *med.* Entzündung und Eiterung *f* *iltihap, yangı

ufunetlenmek [·–···] 1. übel riechen, stinken, faulig zu riechen beginnen 2. *med.* sich entzünden und eiterig werden

ufunetli [·–··] 1. übel riechen, stinkend, nach Fäulnis riechend 2. *med.* entzündet und eiterig

uğlamak *P* s. **uğuldamak**

uğra *P* (beim Ausrollen des Teiges verwendetes) Streumehl *irve

uğrak, -ağı 1. Ort *m*, an dem man vorbeikommt od. der der Witterung ausgesetzt ist 2. häufig besuchter Ort Zu 1: **sert rüzgârlar -ı bir iklim** e–e Gegend mit heftigen Stürmen Zu 2: s. **seyyah(yol) -ı;** ~ **liman** Hafen *m* mit viel Schiffsverkehr

uğralamak (den auszurollenden Teig) mit Mehl bestreuen *irvelemek

uğramak (m. Dat.) 1. vorbeikommen, vorsprechen (bei), j–n besuchen 2. berühren (Ort), Halt machen, anlegen (in) (z.B. Schiff) 3. vorbei-gehen, -führen (an) 4. eilig hinausstürzen 5. betroffen (befallen) werden, et. erleiden, e–r Sache zum Opfer fallen, stoßen (auf), zu kämpfen haben (mit) 6. *intr.* in die Gewalt von bösen Geistern kommen Zu 1: **Öğleden sonra bir kere uğrayayım mı?** Soll ich heute nachmittag einmal vorbeikommen (*F* vorbeischauen)? **Eve giderken biraz da size uğrayayım.** Auf dem Nachhauseweg will ich e–n Sprung bei Ihnen vorbeikommen. **Sütçü her gün uğrıyor.** Der Milchmann kommt jeden Tag. Zu 2: **Bu vapur İzmir'e de uğrar.** Dieser Dampfer legt auch in Izmir an. s.a. **b–nin semtine** ~ Zu 3: **Bu yol, Kızılay'a uğrayarak Çankaya'ya çıkar.** Die Straße hier führt am Roten Halbmond vorbei nach Çankaya hinauf. Zu 4: **Bunu duyunca hemen sokağa uğradı.** Dies hören und auf die Straße stürzen war eins. s.a. **dışarı** ~ Zu 5: **Japonların uğradıkları büyük zorluklar** die großen Schwierigkeiten, mit denen die Japaner zu kämpfen haben; s.a. **bir felâkete (hastalığa, kazaya)** ~ Zu 6: **Orada dolaşma, uğrarsın.** Geh' nicht in der Gegend dort herum, es spukt.

uğraş; uğraşı 1. Bestrebung, Bemühung, Anstrengung *f*, Kampf *m* 2. Beschäftigung, Tätigkeit *f*

uğraşmak 1. sich große Mühe geben, sich anstrengen, sich ab-, be-mühen 2. (bşle) sich beschäftigen (mit), sich e–r Sache widmen 3. (b–le) j–m nicht in Ruhe lassen 4. kämpfen *savaşmak Zu 1: **Bu, olmayacak bir iş değil, ancak** ~ **ister.** Das kann man schon fertigkriegen, man muß sich nur sehr viel Mühe geben. Zu 2: **Benim başka işlerim var, bununla uğraşamam.** Ich habe anderes zu tun, ich kann mich damit nicht abgeben. Zu 3: **Bu zavallı ile ne uğraşıp duruyorsun?** Warum läßt du denn den armen Kerl nicht in Ruhe?

uğraştırmak bemühen; Anstrengungen verursachen **Bu iş beni çok uğraştırdı.** Diese Angelegenheit hat mir viel zu schaffen gemacht.

uğratmak Kaus. zu **uğramak** *spez.:* 1. besuchen lassen 2. verursachen, daß jm. et. erleidet 3. fortjagen, entlassen Zu 1: **Bizi köye uğratmadılar.** Man hat uns den Zutritt zum Dorf verwehrt. Zu 2: *vgl.* **hasara (mağlubiyete, sukutu hayale)** ~ Zu 3: **Geçimsizliği yüzünden daireden uğrattılar.** Da er mit jedem Menschen Streit anfängt, hat man ihn aus dem Amt hinausgeworfen.

uğru *va.* 1. Richtung *f*, Weg *m* 2. Dieb *m* *hırsız Zu 1: s. **samanuğrusu** Zu 2: *vgl.* **Tutulamayan** ~ (usw.)

uğrulamak *va.* stehlen, entwenden *çalmak

uğruluk *va.* Diebstahl *m*

uğrun *va. Adv.* 1. heimlich, verstohlen 2. schrittweise, allmählich

uğuldak s. **tınlak** (2)

uğuldamak sausen, brausen, brummen, heulen, dröhnen **Rüzgâr uğulduyordu.** Der Sturm heulte. **O gürültü hâlâ kulaklarımda uğulduyor.** Von dem Lärm habe ich jetzt noch Ohrensausen. **Atılan toplardan ortalık uğulduyordu.** Die ganze Gegend dröhnte von Geschützfeuer.

uğultu Sausen, Brausen, Brummen, Heulen, Dröhnen *n; a.:* Unruhe *f* (z.B. unter den Zuhörern)

uğur (I), **-ğru** (nur im Dat. od. Lok. zur Bez. e–s finalen Aspektes) **Bu -da çok para sarf edildi.** Hierfür ist viel Geld ausgegeben worden. **yurt -unda can vermek** sein Leben für das Vaterland opfern **bir gaye -unda** zur Erreichung e–s Ziels; für ein Ziel **Onun -una her sıkıntıya katlandı.** In Verfolgung dieses Ziels nahm er alle Mühe auf sich. **izzetinefis -una** aus Stolz; der Ehre zuliebe

uğur (II) gutes An-, Vor-zeichen, Omen, gute Vorbedeutung **Kurt görmek -muş.** Es gilt als gutes Vorzeichen, wenn man Wölfe sieht. **Bu atta** ~ **var.** Das Pferd hier bringt Glück. ~ **getirmek** Glück bringen ~ **heykeli** Göt-

zenbild *n*, Fetisch *m* ≈ **ola!** *od.* **≈lar olsun!** Alles Gute! Viel Glück auf den Weg! Gute Reise! **-u açık** vom Glück begünstigt, glücklich *talihli
uğurböceği, -ni 1. s. **hanımböceği** 2. s. **müjde böceği**
uğurlamak (b–ni) e–m Abreisenden das Geleit geben, sich an der Abfahrtsstelle von j–m verabschieden (und ihm gute Reise wünschen) *teşyi etmek, geçirmek
uğurlu von guter Vorbedeutung, glückbringend ≈ **kademli olsun!** (Glückwunschformel bei der Geburt e–s Kindes, beim Umzug in e–e andere Wohnung, bei e–r bedeutenderen Anschaffung usw.) Mögen Sie viel Freude erleben!
uğursamak et. als gutes Vorzeichen betrachten *tefeül etmek
uğursuz von übler Vorbedeutung, ominös, unter e–m Unstern stehend, unheilvoll, unglückbringend, unglückselig *meşum, şeametli ~ **kadın** *(a. Th.)* Femme fatale *f*; Vamp *m* **Ne ~ ayağım varmış!** Man könnte beinahe meinen, ich bringe Unglück mit mir!
uğursuzluk üble Vorbedeutung, böses Omen, schlechtes Anzeichen; Unstern *m;* Eigenschaft *f*, Unglück zu bringen od. zu verbreiten **Bazı insanlar, baykuş ötmesinde ~ görürler.** Manche Menschen halten den Eulenschrei für ein böses Omen.
uh *Int.* a! ei!
uhde 1. Übernahme *f* e–r Verpflichtung 2. Verantwortung *f* **-sinde olmak** (b–nin) j–m obliegen, betraut sein (mit) **-sinden gelmek** (bşin) et. zustande-, fertig-bringen, et. leisten können **-sine almak** (bşi) übernehmen, auf sich nehmen, sich verpflichten (zu) *deruhte etmek, üstüne almak **-sine düşmek** (b–nin) j–m zukommen, obliegen **-sine geçirmek** übertragen (z. B. Aufgabe), betrauen (mit), verpflichten (zu) **-sine müterettip vazife** *va.* die ihm zufallende Aufgabe **El'uhdetü alerravi.** *va.* Die Verantwortung für die Richtigkeit liegt bei dem Erzähler.
uhra [ā] *va. Fem.* zu **âhir** s. **kurunu-; nefhayı ~**
uhrevî das Jenseits (die andere Welt) betreffend od. dazugehörig; jenseitig
Uhud gazası *hist.* der unglückliche Kampf Mohammeds und seiner Anhänger aus Medina am Berge Uhud (Ohod) gegen die Kureyş aus Mekka (625 n. Chr.), wobei der durch einen Steinwurf verletzte Mohammed mit seinen Gefährten fliehen mußte
uhut, -du [·–] *va. Pl.* zu **ahit; -u atika** *va.* s. **kapitülasyonlar**
uhuvvet, -ti *va.* Brüderlichkeit, Fraternität *f* *kardeşlik
uistiti s. **uvistiti; ipekmaymun**
ukadat, -tı [··–] *(va. Pl.* zu **ukde**) Knoten, Ganglien *pl.* **-ı asabiye** s. **sinir boğumları; -ı lenfaiye** s. **lenf boğumları; -ı şibih muhiye** s. **beyinsi boğumlar**
ukalâ *(urspr. Pl.* zu **akil** (II); seit langem in sg. Bed.) *(a.* ~ **dümbeleği**) *pej.* Neunmal-, Super-kluger, Übergescheiter, *F* wer die Weisheit mit Löffeln gefressen hat, *V* Klugscheißer *m*
ukalâlık *pej.* Übergescheitheit, Superklugheit, Besserwisserei *f* ~ **etmek (satmak, taslamak, yapmak)** alles besser wissen wollen; *F* das Gras wachsen hören
ukap, -bı [ā] 1. *va.* Adler *m* *kartal 2. Mohammeds schwarze Fahne (als Reliquie in Istanbul aufbewahrt) 3. ≈ *astr.* s. **Kartal** (2)
ukaz 1. *hist.* Ukas *m* (des russ. Zaren) 2. *allg.* Erlaß *m*, Anordnung *f*, strikter Befehl
Ukâz *n.pr.* O. nahe bei Mekka
ukba [ā] *va.* Jenseits *n*, Ewigkeit *f*
ukde 1. *bot., phys.* Knoten *m*, *düğüm 2. *an.* Knoten *m*, Ganglion *n* *boğum 3. seelischer Schmerz; Pein *f*, Stachel *m* (z. B. des erlittenen Unrechts) 4. *z. va.* Schwierigkeit *f*, Hindernis *n* Zu 2: **-i şevkiye** *an.* Spinalganglion *n* Zu 3: **Senin bu sözün bana ~ oldu.** Dies von dir zu hören, war sehr schmerzlich für mich. **Bu, içinde ~ oldu.** Er kann das kaum verwinden.
uknum [·–] *phil., rel.* Hypostase, Erscheinungsform *f*, Wesen *n* *hipostaz
Ukranca [·×·] 1. ukrainische Sprache, Ukrainisch 2. ukrainisch
Ukranya [·×·] *n.pr.* Ukraine *f*
Ukranyalı 1. aus der Ukraine stammend, ukrainisch 2. Ukrainer(-in *f*) *m*
Ukrayna(-lı) s. **Ukranya(-lı)**
ukubet, -ti [·–·] 1. Bestrafung, Strafe *f* (im Jenseits) 2. Qual, Pein, Marter *f* 3. *P* grob und häßlich
ukubetli [·–··] Strafe od. Qual nach sich ziehend
ukul, -lü [·–] *va. Pl.* zu **akıl; -ü selime erbabı** *va.* wer über gesunden Menschenverstand verfügt
ukut, -du [·–] *va. Pl.* zu **akit; -u ticariye** s. **ticarî akitler**
Ula *n.pr.* O. u. D. im Rbz. Muğla
ula [––] *(ar. Fem.* zu **evvel**) 1. erster, frühester 2. *hist.* osm. Beamtenrang unmittelbar unter **balâ,** mit zwei Stufen: ~ **sanisi** und ~ **evveli**
ulaç *gr.* Gerundium *n* (z. B. Formen des Typus **edip, ederek, ederken, edince**) *bağfiil, rabıt sıygası, sıla sıygası, zarffiil
ulaçlı birleşik eylem s. **tasvirî fiil**
Ulah 1. Walache *m*, Walachin *f* 2. walachisch
ulak, -ağı 1. Bote, Meldereiter, Kurier *m* 2. s. **el -ı**
ulaklık Kurier-, Melde-dienst *m*
ulam 1. *dial.* Klasse, Gruppe *f* (zusammengehöriger Dinge) *grup, takım, zümre 2. *log.* Kategorie, Begriffsform *f* *kategori, makule ~ ~ in Gruppen, gruppenweise
ulama (I) 1. Vs. zu **ulamak** 2. Anfügung *f*, Ansatz, Anhang *m* *eklenti, ilâve 3. lange Kette od. langes Seil 4. *gr.* Bindung, Verschleifung *f* (zweier Wörter) *vasıl 5. angefügt, angesetzt, angehängt 6. ununterbrochen, fortlaufend
ulama (II) **(yonca)** s. **atkuyruğu** (1)
ulamak 1. anfügen, ansetzen, anhängen *ilâve etmek 2. *phon.* verschleifen (z. B. **tat almak > tadalmak**); **Sırığın ucuna bir değnek ulayıp uzattılar.** Man machte die Stange et. länger, indem man an das e–e Ende e–n Stock anfügte
ulan *P* he! heda! Mensch!
ulantı 1. Anfügung *f*, Ansatz, Anhang *m* 2. *(Metrik)* Enjambement *n*
ulaş 1. Aneinanderstoßen, Angrenzen *n*, Berührung, Kontiguität *f* 2. aneinanderstoßend, sich berührend, angrenzend *bitişik
ulaşılmak Pass. zu **ulaşmak; ulaşılmaz** unerreichbar, unzugänglich, unwegsam
ulaşım 1. Erreichen *n*, Ankunft *f* *vusul 2. Verkehr *m* *münakale 3. Berührung *f*, Kontakt *m*
ulaşmak 1. gelangen (zu), hinkommen, erreichen *varmak 2. erreichen, erlangen, bekommen 3. (hin-, aus-)reichen Zu 1: **Mektup yerine ulaştı.** Der Brief hat seinen Bestimmungsort erreicht. **Bayrama ulaşabilecek mi?** Wird er die Feiertage noch erleben? s. a. **Dağ dağa ulaşmaz** (usw.) Zu 2: **İnsan ulaşamayacağı şeylerin peşinde koşmamalıdır.** Man soll nicht unerreichbaren Dingen nachjagen. Zu 3: **Bu ip karşı tarafa ulaşmıyor.** Dieser Strick reicht nicht bis hinüber.
ulaştırı *va. Adv.* in ununterbrochener Folge; pausenlos
ulaştırma 1. *a. mil.* Übermittlung *f* 2. Transport *m* 3. Verkehr *m* *münakalât ~ **araçları** Verkehrsmittel *pl.* ≈ **Bakanlığı** Verkehrsministerium *n* *Münakalât Vekâleti ~ **yolu** Verbindungs-straße *f*, -weg *m*

ulaştırmak 1. erreichen lassen 2. übermitteln, zustellen; zukommen lassen Zu 1: **Hedefimiz, en emin yoldan memleketi refah ve terakkiye -tır.** Unser Ziel ist es, das Vaterland auf dem sichersten Weg zu Wohlstand und Fortschritt zu führen.
ulema [ā] *Pl.* zu **alim** (II) 1. Gelehrte *pl.* 2. *fr. Bez.* der isl. Theologen *a. sing.* isl. Geistlicher
ulemalık [ā] *P* Gelehrsamkeit *f*, profundes Wissen ~ **taslamak** sich als Gelehrten aufspielen *bilgiçlik etmek
ulleyk 1. s. **kahkahaçiçeği** 2. *va.* s. **ağaççileği** 3. *va.* s. **böğürtlen**
ultimatom; ultra s. **ültimatom; ültra**
ulu 1. (in bezug auf Rang od. Stand) groß, hoch, erhaben 2. (zur Bez. materieller Größe nur in best. Fügungen) groß 3. hohe Persönlichkeit Zu 1: ~ **Tanrı!** Großer Gott! ~ **Başbuğumuz** der Oberbefehlshaber unserer Armee **-larımız** unsere großen Männer *pl.* Zu 2: ~ **ağaç** großer Baum ≗ **Cami** *n.pr.* Große Moschee *f* (*spez.* in Bursa) ~ **dağlar** hohe Berge *pl.* ≗ **sözü dinlemeyen uluyakalır.** *Spr.* Wer nicht hören will, muß fühlen. *Spr.* ≗**larla havuç** (*od.* **keşir**) **ekenin yoğunu götüne gider.** *Spr.* Mit großen Herren ist nicht gut Kirschen essen. *Spr.*
Ulubat gölü *n.pr.* See im D. Karacabey (westl. von Bursa) *Apolyont gölü
Ulubey *n.pr.* O. u. D. im Rbz. Uşak
Uluborlu *n.pr.* O. u. D. im Rbz. Isparta
Uludağ *n.pr.* Bithynischer Olymp (bei Bursa) (2543 m) *Keşiş dağı ~ **pastası** ein Tortelett aus Kastanienpüree mit Schlagsahne
Uludere *n.pr.* O. u. D. im Rbz. Hakkâri
ulufe [·–·] *(in frühosm. Zeit)* 1. Pferdefutter *n* od. das den Kavalleristen hierfür ausgezahlte Geld 2. *(später)* Wehrsold *m*
ulufeci [·–··] *hist.* Söldner *m bzw.* Angehöriger der regulären Kavallerie
ulufeli *fr.* besoldet (Janitschar)
ulufesiz *fr.* unbesoldet (Janitschar)
ulûhiyet, -ti *va.* Göttlichkeit *f*, göttliches Wesen
Ulukışla *n.pr.* O. u. D. im Rbz. Niğde
ululamak (m. Akk.) 1. ehrenvoll aufnehmen und reichlich bewirten (Gast) *ağırlamak, izaz ve ikram etmek 2. (ver-)ehren, hochachten, j–m Ehre erweisen, seine Ehrerbietung bezeugen *ibcal etmek, ihtiram göstermek, tazim etmek
ululanmak 1. geehrt, hochgeachtet werden 2. *z. va.* überheblich (anmaßend, hochmütig) werden
ululuk Größe, Erhabenheit *f* ~ **taslamak** sich als großen Herrn aufspielen
ulum [·–] (*va. Pl.* zu **ilim**) Wissenschaften *pl.* ≗ **Akademisi** *va.* Akademie *f* der Wissenschaften **-u âliyei ticariye** *va.* höhere Handelswissenschaften *pl.* **-u diniye** s. **ilâhiyat; -u hafiye** s. **gizli bilimler**
ulumak heulen (Hunde, Wölfe, Schakale; *gel. a.* Menschen)
ulumüfünun [·–··–] *va.* Wissenschaften und Künste *pl.*
uluorta 1. aufs Geratewohl geäußert, aus der Luft gegriffen, unbegründet, willkürlich erfunden 2. irgendein, x-beliebig 3. unbedacht, unüberlegt
ulus 1. Nation *f*, Volk *n* *millet 2. ≗ *n.pr.* Nachfolgerin der Zeitung **Hâkimiyeti Milliye** *(q.v.)* bis 15.12.1953. Unter dem Namen **Yeni Ulus:** 1953–1955. Ab 10.6.1955 wieder unter dem Namen **Ulus** bis 28.7.1971. Ersetzung durch die Zeitung **Barış.** 3. ≗ *n.pr.* O. u. D. im Rbz. Zonguldak
ulusal s. **millî;** ~ **bayram** s. **millî bayram;** ~ **egemenlik** s. **hâkimiyeti milliye**
ulusallaş(tır)mak s. **millîleş(tir)mek**
ulusallık s. **milliyet**
ulusçu 1. s. **milliyetçi, milliyetperver** 2. (in Ankara) Austräger od. Verkäufer *m* der Zeitung Ulus
ulusçuluk s. **milliyetçilik**
uluslararası, -nı s. **milletlerarası**
uluslaş(tır)mak s. **milletleş(tir)mek**
ulusöz *lit.* berühmter Ausspruch, Denkspruch *m*, Wort *n*, Apophthegma *n* *kelamıkibar
uluşmak zu mehreren od. gegenseitig heulen (Hunde, Wölfe)
uluyan Part. Präs. zu **ulumak;** ~ **maymun** roter Brüllaffe *zo.* Alouatta seniculus *aluatta; böğürenmaymun
ulüv, -vvü *(in alt. Füg.)* Größe, Erhabenheit *f*
ulüvvücenap, -bı [ā] *z. va.* Großmut, Hochherzigkeit *f*, Edelmut, vornehme Gesinnung, edelmütige Handlung
ulüvvühimmet, -ti *va.* edles (ideales) Streben
ulvan *P* Hochmut *m*, Anmaßung *f* ~ **satmak** (b–ne) großtun, sich aufspielen (j–m gegenüber)
ulvî 1. erhaben, hoch, hehr, sublim *yüce 2. *va.* zu den Himmelsregionen gehörig, Himmels-, zölestisch, himmlisich 3. ≗ [×·] *mV*, **Ulviye** *wV*
ulviyat, -tı [ā] *va. Pl.* hohe (erhabene, sublime) Dinge *pl.*
ulviyet, -ti Erhabenheit, Sublimität *f* *yücelik
ulya [·–] 1. *va.* Fem. zu **âlâ** *(q.v.)* 2. ≗ *wV*
umacı 1. schwarzer (od. böser) Mann (als Schreckgespenst für kleine Kinder) 2. ≗ *astr.* der Stern Algol im Sternbild Perseus *Algol ≗ **geliyor!** Der schwarze Mann kommt! ~ **gibi** furchtbar anzusehen, häßlich gekleidet ≗ **seni kapar!** Gleich kommt der böse Mann und holt dich!
umar(-sız, -sızlık) s. **çare(-siz, -sizlik)**
umde 1. Stütze *f*, Pfeiler, Stützpunkt *m* 2. *fig.* Prinzip *n*, Grundlage *f*, Grundsatz *m* *ilke, mebde, prensip
umdurucu verheißungsvoll, vielversprechend
umk, -ku *va.* Tiefe *f* *derinlik
umkan [×·] *va. Adv.* der Tiefe nach
umkî *va.* der Tiefe angehörig od. diese betreffend, Tiefen- ~ **sahre** s. **derinlik kayaçları**
umma Vs. zu **ummak;** ~ **illetine uğratmak** (b–ni) *F* j–n enttäuschen **-ya uğramak** *F* enttäuscht werden
ummadık [×··] 1. unverhofft 2. unerwartet, unvermutet, plötzlich, unvorhergesehen *(1, 2) umulmayan
ummak (m. Akk.) 1. (er-)hoffen 2. mit e–r Möglichkeit od. Wahrscheinlichkeit rechnen (bei), et. erwarten, vermuten, annehmen, glauben, meinen, sich e–r Sache versehen *(1, 2) ümit etmek Zu 1: s. **Misafir umduğunu değil, bulduğunu yer. Uma uma döndük muma.** *spr. Ra.* Hoffen und Harren macht manchen zum Narren. *Spr.* Zu 2: **Halit Bey'den böyle bir şey umulur muydu hiç?** Hätte man je von Halit Bey so et. etwarten dürfen? **Ummadığım dağlara kar yağdı.** Darauf war ich nicht gefaßt. **Ummadığın çotuk** (*od.* **kütük**) **araba devirir.** *Spr.* Der unerwartete Baumstumpf läßt den Wagen umkippen. **Ummadığın taş baş yarar.** Der Stein, auf den man nicht gefaßt ist, schlägt e–m ein Loch in den Kopf. Kleine Ursachen, große Wirkungen
umman [ā] 1. *va.* Ozean *m*, Weltmeer *n* *okyanus 2. ≗ *n.pr.* Oman (in Südostarabien) 3. ≗ Umman (Stadt in der Ukraine)
umran [ā] *va.* blühender Zustand, kulturelle Entwicklung, Blühen, Gedeihen *n*, Blüte, Kultur *f* (e–s Landes) *abadanlık, bayındırlık
umranî [·––] *va.* blühend, gedeihend, Kultur-
umre *z. va. rel.* verkürzte Wallfahrt (außerhalb der für **hac** bestimmten Jahreszeit und unter Beschränkung auf die Zeremonien in Mekka selbst)
-(u)msu, -(u)mtırak s. **-(i)msi, -(i)mtırak**

umulmadık; umulmayan s. **ummadık; umulmayan hal** *jur.* 1. Zufall *m*, unvorhergesehenes Ereignis 2. höhere Gewalt

umum *urspr.* [·–] 1. Gesamtheit *f* 2. gesamtes Volk, Publikum *n* 3. *Adj.* ganz, alle, sämtlich, allgemein, General- Zu 1: **Hadiselerin -unu ele alırsak ...** Wenn wir die Vorfälle in ihrer Gesamtheit betrachten ... Zu 2: **-a açık yer** *jur.* öffentlicher Ort, öffentliches Lokal, Öffentlichkeit *f* ~ **askerî kuvvet** *mil.* Gesamtmacht *f* ~ **kuvvet** *mil.* Gesamtstärke *f* ~ **millet** die ganze Nation, das gesamte Volk ~ **muvacehesinde** vor aller Augen, in aller Öffentlichkeit ~ **müdür** 1. s. **genel direktör** 2. *Sch.* Dicker, Fettwanst *m* (Schüler) ~ **müdürlük** s. **genel direktörlük;** ~ **müfettiş** Generalinspektor *m* ~ **müfettişlik** Generalinspektion *f* ~ **talebe** alle Schüler ~ **yürüyüş umku** *mil.* Gesamtmarschtiefe *f*

umumen [·×·] *va. Adv.* allgemein, insgesamt, generell

umumhane [ā] (öffentliches) Bordell *n* *genelev

umumhaneci [ā] Besitzer(-in *f*) bzw. Pächter(-in *f*) *m* e–s (öffentlichen) Bordells

umumî [·––] 1. allgemein, gesamt, total, generell, General-, Haupt-, Gesamt- *genel 2. öffentlich *kamul, kamusal ~ **acenta** *H* 1. Generalvertreter *m* 2. Generalvertretung *f* ~ **adaba mugayir fiiller** *jur.* Sittlichkeitsdelikte *pl.*, Verstöße *pl.* gegen die Sittlichkeit ~ **âdetler** Verkehrssitte *f*, Brauch *m* ~ **af; affı umumî** s. **genel af;** ~ **bahçe** s. **halk bahçesi;** ~ **çerçeve dahilinde** im Rahmen des Ganzen ~ **çizgili çek** *H* allgemein gekreuzter Scheck ~ **efkâr; efkârıumumiye** öffentliche Meinung *halk efkârı, efkâr ~ **efkâr enstitüsü** Institut *n* zur Erforschung der öffentlichen Meinung ~ **emniyet** s. **emniyeti -ye;** ~ **ev** s. **umumhane;** ~ **grev** Generalstreik *m* ~ **harp; harbi** ~ Weltkrieg *m* *cihan harbi, dünya harbi, büyük harp ~ **harita** Übersichtskarte *f*, Gesamtplan *m* ~ **heyet** General-, Haupt-, Mitglieder-, Gesellschafter-versammlung *f* *genel kurul; s.a. **heyeti -ye;** ~ **hıfzıssıhha hukuku** *jur.* Sozialgesundheitsrecht *n* ~ **hizmet müddeti** *mil.* Gesamtdienstzeit *f* ~ **hukuk** *jur.* allgemeines (gemeines) Recht ~ **istifade hakkı** *jur.* Gemeingebrauchsrecht *n*, öffentliches Gebrauchsrecht ~ **kaideler** allgemeine Grundsätze *pl.* ~ **kanaat** s. **yaygın inanç;** ~ **karagâh** 1. *mil.* Hauptquartier *n* 2. *selt.* Wohnviertel *n* ~ **kâtip(-lik)** s. **genel sekreter(-lik);** ~ **kroki** Übersichtsskizze *f* ~ **kuvve; kuvvei -ye** *mil.* Stärkenachweisung *f* ~ **kültür** Allgemeinbildung *f* ~ **mağaza** s. **gümrük antreposu;** ~ **maksat** *a. mil.* allgemeine Absicht ~ **manzara** Gesamt-, Total-ansicht *f* ~ **meclis toplantısı** Plenarversammlung *f* ~ **mecra** Kanalisationsnetz *n* ~ **menfaat** s. **kamu yararı;** ~ **menfaatlere hadim cemiyet** s. **kamuya yararlı dernek;** ~ **mukavele** s. **toplu iş sözleşmesi;** ~ **müdür (-lük)** *selt.* s. **umum müdür(-lük);** ~ **müfettişlik** Gesamtinspektion *f* ~ **mümessil** *H* Generalvertreter *m* ~ **netice** Gesamtergebnis *n* ~ **plan** Übersichtsplan *m* ~ **prova** s. **genel prova;** ~ **sargı yeri** *mil.* Hauptverbandplatz *m* ~ **seferberlik** allgemeine (od. totale) Mobilmachung ~ **senetler** *H* Staatspapiere, Fonds *pl.* ~ **surette** (*od.* **suretle**); *va.* **sureti -yede** (ganz) allgemein, im allgemeinen ~ **taarruz** *mil.* Groß-, General-angriff *m* ~ **talimat** *a. mil.* allgemeine Anweisung ~ **tarife** *a.:* Einheitszolltarif *m*, autonomer Tarif ~ **tarih** Weltgeschichte *f* ~ **vali; valii** ~ General-gouverneur, -resident, Statthalter *m hist. a.* Reichsprotektor *m* ~ **valilik** Generalgouvernement *n* ~ **vaziyet** allgemeine Lage *genel durum ~ **vekâlet** Generalvollmacht *f* ~ **yekûn** *math.* Gesamt-summe *f*, -betrag *m* *toplamlar toplamı ~ **yol** öffentliche Straße, öffentlicher Weg ~ **zayiat** *a. mil.* Gesamtverluste *pl.*

umumîleşmek [·–––·] s. **genelleşmek; Harp mevziî mi kalır yoksa umumîleşir mi?** Wird der Krieg lokal beschränkt bleiben oder wird er weitere Ausmaße annehmen? **Taarruz dün umumîleşmiştir.** Die Offensive hat sich gestern auf alle Frontabschnitte ausgedehnt.

umumîleştirmek [·–––··] s. **genelleştirmek; Bunu -ten çekinmeliyiz.** Wir müssen uns hüten, dies verallgemeinern zu wollen.

umumîlik; umumiyet, -ti [·–··] Allgemein-, Generell-sein *n*, Allgemeinheit, Gesamtheit *f* ~ **itibariyle** 1. alles in allem, als Ganzes betrachtet, im ganzen 2. allgemein gesprochen **-le** im allgemeinen

umunmak *P* Hoffnung schöpfen

umur [·–] *Pl.* zu **emir** (I, 3) 1. Sachen, Angelegenheiten, Geschäfte *pl.* *işler 2. Sorge *f*, Kummer *m* ~ **etmek** 1. (m. Akk.) sich kümmern (um) *aldırış etmek 2. e–r Sache Bedeutung beimessen, et. für wichtig halten *mühimsemek 3. viel Lärm um nichts machen ~ **görmüş** erfahren, bewandert, geschult, versiert, routiniert ~ **olmak** *(in Ra. wie:)* **Artık bu da ~ oldu?** Was ist schon groß daran? Wozu so viel Aufhebens? **-u tedvir etmek** die Geschäfte führen (wahrnehmen, leiten, ausüben) **-umun teki** *(Ra. der Geringschätzung) (etwa:)* Das mache ich mit der linken Hand allein! **-una gelmemek** (b–nin) j–m unwichtig erscheinen **-unda olmak** (b–nin) s. ~ **etmek;** (**Bu mesele onun -unda değil.** Darum kümmert er sich überhaupt nicht.) **-u belediye** *va.* städtische Angelegenheiten *pl.* *belediye işleri **-u devlet** *va.* Staatsangelegenheiten *pl.* **-u nafıa** *va.* öffentliche Arbeiten *pl.* *bayındırlık işleri

umuraşina [·––·–] *va.* Sachkenner *m*

umurdide [·–––·] *va.* s. **umur görmüş**

umursamak s. **umur etmek**

umursamamak 1. et. auf die leichte Achsel nehmen, et. nicht tragisch nehmen 2. j–n links liegen lassen, nicht beachten

umursamaz gleichgültig, indifferent

umursamazlık, -ığı Gleichgültigkeit, Indifferenz *f*

umut, -du s. **ümit;** ~ **Kafdağının ardında** (*od.* **arkasında**) *F* vollkommen aussichtslos

umutlan(dır)mak; umutlu; umutsuz(-luk) s. **ümitlen(dir-) mek; ümitli; ümitsiz(-lik)**

un Mehl *n* ~ **akarı** Mehlmilbe *f zo.* Tyroglyphus farinae ~ **böceği** Mehlkäfer *m zo.* Tenebrio molitor ~ **çuvalı** Mehlsack *m* ~ **güvesi** Mehlmotte *f zo.* Ephestia Kühniella ~ **helvası** e–e Helwa-Art, bei der bes. Mehl, Butter und Sirup zur Verwendung kommen ~ **kurdu** 1. Mehlwurm *m* (Made von **un böceği** *od.* von **un güvesi**) 2. *P* s. ~ **akarı;** ~ **şeker** s. **podraşeker;** ~ **ufak** staubfein ~ **ufak etmek** in tausend Stücke schlagen, kurz und klein schlagen **-a bulamak** in Mehl wälzen ²**umu eledim** (*a. mit der Forts.* **eleğimi duvara astım**). 1. Mit solchen Dingen habe ich nichts mehr zu tun. 2. Dafür bin ich zu alt. 3. Das habe ich schon alles getan.

unalmak; unarmak s. **onalmak; onarmak**

uncu Mehl-händler, -verkäufer *m*

unculuk Mehl-handel, -verkauf *m*

UNESCO [·×·] Unesco *f* (= **United Nations Educational, Scientific, and Cultural Organization,** Organisation der Vereinten Nationen für Erziehung, Wissenschaft und Kultur; *türk.:* **Birleşmiş Milletler Eğitim, Billim ve Kültür Örgütü**)

unf *va.* Härte, Strenge, Barschheit, Grobheit *f*

unfen *(Adv.)*; **unfî** *(Adj.) va.* hart, barsch, grob

unfuvan [ā] *va.* 1. Jugendfrische *f* 2. Glanz *m*, Schönheit *f*

UNICEF = United Nations International Children's Emergency Fund, Kinderhilfswerk der Vereinten Nationen (Sonderbriefmarken 1961)

unk, -ku *va.* Hals, Nacken *m* *boyun

Unkapan *n.pr.* Stadtteil von Istanbul am Goldenen Horn (wo sich fr. e–e städtische Mehlwaage befand)

unkî [ī] *va.* Hals-, Nacken-, Zervikal- s. **fıkaratı unkiye**

unkudî; unkut, -du s. **salkımsı; salkım**

unlamak mit Mehl bestreuen, in Mehl wälzen

unlu 1. Mehl enthaltend 2. mit Mehl bestreut, in Mehl gewälzt 3. mit Mehl zubereitet, Mehl-, mehlig ~ **çuhaçiçeği** Mehlprimel *f bot.* Primula farinosa

unlubitler Wolläuse *pl. zo.* Pseudococcidae *mumlubitler, pamuklubitler, yünlübitler

unmadık; unmak; unmaz s. **onmadık; onmak; onmaz**

UNO UNO *f* (= **United Nations Organization);** s.a. **Birleşmiş Milletler (Teşkilâtı)** sowie **ONU**

unsur 1. Grund-stoff, -bestandteil *m*, Element *n* *öğe 2. Bevölkerungselement *n* 3. (Lehr-, Bühnen-, Büro- usw.) Kraft *f* *(1–3) eleman 4. *ling. va.* Morphem *n* *morfem Zu 3: **Cephenin muhtelif kısımlarında iki taraf keşif -larının faaliyeti kaydedilmiştir.** An verschiedenen Frontstellen wurde beiderseitige Aufklärungstätigkeit gemeldet.

unsurî elementar, Grund-, eigentlich, ursprünglich, primär *elemansel, öğesel

unsuz 1. kein Mehl enthaltend 2. nicht mit Mehl bestreut

unutkan vergeßlich

unutkanlık Vergeßlichkeit *f*

unutmabeni Alpen-Vergißmeinnicht *n bot.* Myosotis alpestris *kuş gözü

unutmak, (-ur) vergessen: 1. aus dem Gedächtnis verlieren, sich nicht mehr erinnern 2. verlernen 3. aus dem Gedächtnis streichen; beiseitelassen 4. (aus Unachtsamkeit) liegenlassen 5. (beim Lesen od. Schreiben) auslassen, übersehen 6. nicht mehr eingedenk sein (m. Gen.) 7. vernachlässigen, sich nicht (mehr) kümmern (um) Zu 1: **Adını unuttum.** Ich habe vergessen, wie er heißt. **Size uğramayı unuttum.** Ich habe ganz vergessen, bei Ihnen vorbeizukommen. **Saati unuttum.** Ich merkte gar nicht, wie spät es schon war. **unutmasına unutmadım** nicht, daß ich (es) vergessen hätte Zu 2: **Fransızcasını unuttu.** Er hat sein Französisch verlernt. Zu 3: **Büyüklüğünü unutup halk arasına karıştı.** Ohne Rücksicht auf seine hohe Stellung mischte er sich unter das Volk. **uğradığı haksızlıkları** ~ nicht mehr an das erlittene Unrecht denken wollen Zu 4: **Çantamı tramvayda unuttum.** Ich habe meine Aktentasche in der Straßenbahn liegenlassen. Zu 5: **Listede bir isim unuttunuz.** Sie haben in der Liste e–n Namen ausgelassen. Zu 6: **İnsan, gördüğü iyilikleri unutmamalı.** Erfahrener Wohltaten soll man immer eingedenk bleiben. **Babanın nasihatlerini unutuyorsun.** Du solltest an die Ratschläge deines Vaters denken. Zu 7: **vazifesini** ~ seine Pflicht vernachlässigen **arkadaşlarını** ~ sich nicht mehr um seine Freunde kümmern.

unvan [ā] 1. Überschrift *f*, Titel *m* *başlık, serlevha 2. Name *m*, Anschrift *f* (z. B. e–r Firma) 3. Titulierung *f*, Titel *m*, Anrede *f* 4. *ling.* Apposition *f* *san 5. ≗ *va. mV* ~ **grupu** *gr.* Titelfügung *f* (wie z. B. **Bay Yıldız, Doktor Sezgin** usw.) ~ **satmak** sich als ... ausgeben ~ **tezkeresi** Gewerbeschein *m*

unvalı [ā] mit nb. Überschrift (Anschrift, Titulierung), betitelt, tituliert

UP = United Press (amerikanische Nachrichtenagentur)

UPI = United Press International

upufak [×··] winzig klein

upuryan [×··] splitterfasernackt

upuslu [×··] ganz brav

upuygun [×··] vollkommen entsprechend; haargenau, adäquat *mutabık

upuygunluk [×···] *phil.* Adäquatsein *n* *mutabakat

upuzun [×··] 1. unendlich lang 2. *Adv.* der ganzen Länge nach, längelang (z. B. daliegen)

ur 1. nicht-entzündete Schwellung, Geschwulst *f*, Tumor *m*, *gel. a.* Kropf *m* 2. Auswuchs *m* (z. B. an Bäumen) 3. Gallapfel *m* ~ **arıları** s. **mazıarıları**

urağan Hurrikan, Orkan, Wirbelsturm *m*

Ural *n.pr.* Ural *m* ~ **dağları** *n.pr.* Uralgebirge *n*

Ural-Altay dilleri ural-altaiische Sprachen *pl.*

uran 1. s. **sanat** 2. s. **sanayi** 3. s. **bulvar**

urancılık *(kaum gebr.)* s. **endüstriyalizm**

Uranus 1. *griech. Myth.* Uranus (Göttervater) 2. *astr.* Uranus *m* (Planet)

uranyum [·×·] *chem.* Uran *n* ~ **sonrası** (*od.* **ötesi**) **elementler** *chem.* transuranische Elemente *pl.*

urasa *(kaum gebr.)* s. **hurafe**

uray *(kaum gebr.)* s. **belediye**

urba s. **elbise, espap, giysi**

Urban [ā] (*va. Pl.* zu **Arap**) Araber *pl. spez.* Beduinen *pl.*

Urdu *ling.* Urdu, Hindustani *n* (Amtssprache in Pakistan) *Ordu dili

ureter *med.* s. **sidik borusu**

uretra [·×·] *med.* s. **siyek**

Urfa *n.pr.* Stadt (das alte Edessa) im gln. Rbz. (Südanatolien) ~ **çıbanı** s. **Halep çıbanı;** ~ **yağı** Urfa-Kochbutter *f* (in Kanistern)

urgan dicker Strick, Seil *n*, *naut. a.* Reep, Tau *n*

urgancı Seiler *m*, *naut. a.* Reepschläger *m*

urgancılık Seilerei *f*

urgun *P* für **uğrun, oğrun**

Urla *n.pr.* Städtchen u. D. im Rbz. Izmir

urlu mit Schwellung(-en), Auswuchs, Auswüchsen

urmak *va.* s. **vurmak**

urolog; oruloji(-k) s. **ürolog; üroloji(-k)**

ursinekleri, -ni Gallmücken *pl. zo.* Cecidomydae; Itonidae

uruba *va.* Kleider *pl.*, Kleidung *f*

uruç, -cu [·–] Aufsteigen, Auffahren *n* (in den Himmel) ~ **etmek** *va.* auf-steigen, -fahren (zum Himmel) **-u İsa** Christi Himmelfahrt *f*

uruk [·–] *va.* 1. s. **aile** 2. s. **boy, kabile** 3. s. **ırklar**

Urum *P* für **Rum**

urup, -bu *va. P* achter Teil e–s **arşın**

urve *va.* 1. Griff, Henkel *m* *kulp 2. s. **kangal** (3)

uryan s. **üryan**

urzon Urson *m* (kanadisches Baumstachelschwein) *zo.* Erethizon dorsatus

us 1. Verstand *m*, Vernunft *f* *akıl 2. *va.* gutes Benehmen, anständiges Verhalten 3. *va.* Besonnenheit, Gelassenheit *f* ~ **pahası** Strafe *f* für e–e unüberlegte Handlung, warnende Lehre **Bu, sana** ~ **pahası olsun!** Das soll dir e–e Lehre für später sein! **-a vurmak** *phil.* urteilen *uslamlamak, muhakeme etmek

usaaykırılık, -ığı s. **irrasyonalizm**

usanç, -cı 1. Überdruß *m* 2. *va.* (e–r Sache) überdrüssig ~ **getirmek** (*od.* **gelmek**) s. **usanmak;** ~ **vermek** s. **usandırmak**

usandırıcı Überdruß hervorrufend, verdrießlich, lästig, ärgerlich

usandırmak (m. Akk.) Überdruß hervorrufen (bei), j–n verdrießen, ärgern, j–m auf die Nerven gehen; s. **Çok naz âşık usandırır.**

usanılmak Pass. zu **usanmak; Bu işten çabuk usanıldı.** Die Sache wurde man bald leid.

usanmak (m. Abl.) e–r Sache überdrüssig werden, et. leid werden **Hayatın zorluklarını yenebilmek için uğraşmaktan usanmamalı.** Wer das Leben meistern will, muß immer wieder kämpfen.

usare [ā] Saft *m* (spez. in Pflanzen od. Früchten) **-i hücreviye** s. **hücre özsuyu;** ~ **i mideviye** s. **mide salgısı; -i nevatiye** s.**çekirdek özsuyu**
usareli [ā] 1. Saft enthaltend, saftig 2. mit Saft zubereitet
usat [·–], **-tı** *va. Pl.* zu **asi**
usavurma(-k) s. **uslamlama(-k)**
usbu, -uu *va.* Woche *f* *hafta
usbuî *va.* wöchentlich, Wochen- *haftalık
usçu(-luk) s. **rasyonalist (rasyonalizm)**
usdışı irrational ~ **tiyatro** s. **absürt tiyatro**
usdışıcılık, -ığı s. **irrasyonalizm**
useybat, -tı [ā] *bot.* Nervatur *f* *yaprak damarları
uskufa *naut.* Boot *n* (e–s Schiffes) *spez.* Warpankerboot *n*
uskumru 1. Makrele *f zo.* Scomber scomber 2. *V* Zuhälter *m* ~ **füme** Räuchermakrele *f* ~ **turnası** Makrelenhecht *m zo.* Scombresox saurus
uskuna s. **ıskuna**
uskunca *hist. naut.* Rohrreiniger, Wischer *m* (für Geschütze)
uskuncalamak *hist. naut.* ein Geschützrohr reinigen
uskundura [·×··] *naut.* Stützspiere *f*
uskupador *hist. naut.* mit der Reinigung von Schiffsarmierung beauftragter Matrose
uskupumar s. **ıskopamar**
uskur (*engl.* **screw**) Schraube *f* (e–s Dampfers) *pervane
uskurlu Schraubendampfer *m*
uskuru Schraubengewinde *n* ~ **mapa** Schraubenbolzen *m* ~ **parakete** *naut.* Patentlog *n*
uskut *V* 1. Halt's Maul! 2. Jetzt reicht es aber! Nun ist es aber genug!
uskuta s. **ıskota**
uskutlamak *V* den Mund (*V* das Maul) halten, schweigen *susmak
uslama hakkı s. **tedip hakkı**
uslamak s. **irşat etmek**
uslamlama *phil.* Urteil *n*, Beurteilung *f* *muhakeme, usavurma
uslamlamak *phil.* urteilen *muhakeme etmek, usa vurmak
uslandırmak zur Vernunft bringen, bessern
uslanmak artig (brav, sittsam) werden (z.B. Kinder), verständig (vernünftig) werden, Vernunft annehmen, sich bessern
uslu 1. brav, artig (*spez.* Kinder) 2. lammfromm (Pferd) ~ **akıllı** Verst. von **uslu;** ~ **durmak** (~ **oturmak**) Ruhe halten, sich ordentlich benehmen, still sitzen ~ **puslu** still und ruhig
usluluk 1. Bravheit, Artigkeit *f* vernünftiges Verhalten 2. Gehorsam *m* (e–s Pferdes)
usret, -ti *va.* Schwierigkeit *f* **-i teneffüz** *med.* Atemnot, Dyspnoe *f* *nefes darlığı
ussal auf Vernunft beruhend, Vernunft-, vernunftgemäß, rational *aklî, makul
usta 1. handwerklich geschickt, kunstfertig *mahir 2. selbständiger (Handwerks-)Meister (der Lehrlinge ausbilden kann) 3. wer Arbeitern Anweisungen gibt: Chef *m*, Aufseher, Vorarbeiter, Polier, Meister *m* usw. 4. wer Hervorragendes leistet; Meister *m* 5. *fr.* wer die Dienerinnen und Sklavinnen unter sich hatte 6. *hist.* s. **kadın** (4) 7. *fr.* Leutnant *m* (bei den Janitscharen) 8. *Bez.* für Karagözspieler ~ **çıkmak** (*od.* **olmak**) seine handwerkliche Ausbildungszeit beendet haben ~ **işi** Meisterwerk *n* ²**mın adı Hıdır, elimden gelen budur.** *Spr.* Mehr kann ich nicht tun. Ultra posse neme obligatur.
ustabaşı, -nı Werkmeister, Vorarbeiter, Polier *m*, *naut.* Vormann *m*
ustaca geschickt, meisterhaft
ustalaşmak zum Meister werden
ustalık 1. Meister-Sein *n*, Meisterschaft *f* 2. Geschicklichkeit, Kunstfertigkeit *f* *beceriklilik 3. Meister-, Bravourstück *n* 4. Stellung e–s (bzw. e–r) **usta;** ~ **satmak** sich als Meister (in et.) aufspielen wollen ≗ **sınavını verdi.** Er hat die Meisterprüfung abgelegt. **-la** 1. meisterhaft, geschickt 2. schlau
ustalıklı meisterhaft angefertigt, mit großer Kunstfertigkeit geschaffen ~ **iş** meisterhafte Arbeit; Meister-arbeit *f*, -stück *n*
Ustaşi *n.pr.* Ustaschi *m* (Anhänger der serbenfeindlichen, separatistischen kroatischen Ustaschi-Organisation, bes. während des II. Weltkriegs)
ustrugut, -tu Tropferverschluß *m* (an e–r Parfümflasche)
Ustruma *n.pr.* Struma *f* (Balkanfluß)
Ustrumca *n.pr.* Strumiza *f* (Balkanfluß)
ustufato [··×·] Schmorfleich *n*, Stufata *f*
ustuka Stuck *m*, Stukkatur *f* *yalancı mermer
ustukacı Stukkateur, Stuckarbeiter *m*
ustunç, -cu (chirurgisches, anatomisches, mikroskopisches usw.) Besteck
ustupa s. **üstüpü**
ustura [×··] 1. Rasiermesser *n* 2. *V* scharfes, alkoholisches Getränk 3. *V* Lüge *f*, Schwindel *m*, Geflunker *n* ~ **çalıştırmak** *V* schwindeln, aufschneiden, angeben ~ **gagalı alk** Tordalk *m zo.* Alca torda ~ **kayışı** Streichriemen *m* ~ **midyesi** Messerscheide *f zo.* Solen ensis ~ **tutmak** ein Rasiermesser verwenden ~ **tutunmak** sich rasieren (unter den Armen usw.) **-yı kayışa çekmek** das Rasiermesser (am Streichriemen) abziehen
usturacı *V* Aufschneider, Angeber, Renommist *m*
usturlap, -bı [ā] Astrolabium *n* (altes astr. Instrument)
usturmaça s. **istromaça**
usturpa [·×·] 1. *naut.* (aus zwei od. vier Duchten geflochtenes) Taugarn *n*, Schiemannsgarn *n* 2. Schlagriemen, Totschläger *m* 3. s. **üstüpü**
usturubiya [··×··] *Bill.* Fuchs, Zufallstreffer *m*
usturuplu *F* 1. ordentlich, wie es sich gehört 2. geschickt, meisterhaft, treffend (z.B. Antwort)
usul, lü [·–] (*urspr. Pl.* zu **asıl,** jedoch seit langem als selbständiges Wort verwendet) 1. *va.* Prinzipien, Elemente *pl.* (z.B. e–r Wissenschaft) 2. Methode *f*, Verfahren *n* *metot, yöntem, süreç 3. System *n* *sistem 4. Form, Art, Mode *f* 5. a) *va.* Behutsamkeit, Vorsicht *f* b) *P* langsam, behutsam, vorsichtig Zu 4: **eski** ~ **bir saat** e–e altmodische Uhr ~ **erkân** Usancen; Bräuche und Gepflogenheiten *pl.* ~ **hukuku** *jur.* Verfahrens-, Prozeß-recht *n* *yargılama türesi; ~ ~ (*od.* **-la**) s. **usulcacık; -ü dairesinde** planmäßig, ordnungsgemäß, regelmäßig, regulär, **-ü defterî** *H* Buchhaltung *f* **-ü gayri müstakime** *H* retrograde Methode (beim Kontokorrent) **-ü muhakeme** *jur.* Prozeß *m*, Verfahren *n* *yargılama süreci, yargılayış **-ü muhakematı cezaiye** *jur.* Strafprozeß(-ordnung *f*) *m* **-ü muzaafa** s. **çift girişli muhasebe; -ü müstakime** *H* progressive Methode (beim Kontokorrent) **-ü tedris** Lehrmethode *f* *öğretme metodu **-ülfıkıh** *va.* Wurzeln *pl.* des isl. Rechts
usûl, -lü *jur.* Vorfahren, Aszendenten, Verwandte *pl.* aufsteigender Linie *ağanlar ~ **ve füru hısımlığı** *jur.* Verwandtschaft *f* in gerader Linie
usulcacık [·×··] still und leise, behutsam, sorgfältig, vorsichtig, unauffällig *yavaşçacık
usulen [·×·] *va. Adv.* ordnungsgemäß (z.B. aburteilen)
usulî *va.* verfahrensrechtlich
usuliyat, -tı [·–·–] s. **metodoloji**
usullacık s. **usulcacık**
usullü [·–·] 1. *selt.* methodisch, systematisch *metodik, sistematik 2. mit (*od.* nach) e–r best. Methode *yollu
usulsüz [·–·] 1. unmethodisch, systemlos 2. vorschrifts-,

regel-widrig, inkorrekt, den Bestimmungen nicht entsprechend ~ **tevdi** *jur.* Summendepot *n*, irreguläres Depot, unregelmäßiger Verwahrungsvertrag
usulsüzlük 1. Regelwidrigkeit, Ungesetzlichkeit *f*, Vergehen *n* 2. *jur.* Verfahrensmangel *m*
usulünce s. **usulü dairesinde**
us'us (*a.* **azmı** ~) s. **kuyruksokumu**
us'usî *an.* Steißbein-; s. **fıkaratı us'usiye**
uşak (I), **ağı** 1. Kind *n*, Junge, Knabe *m* *çocuk 2. (an zweiter Stelle e–r sb. Füg.) aus e–r best. Gegend stammender junger Mann 3. Diener, Haus-knecht, -bursche, Kammerdiener, Lakai, Lehrling, Gehilfe *m* 4. *pej.* feiler Knecht; Helfershelfer *m* Zu 1: s. **-kapan** Zu 2: **Anadolu -ı** junger Anatolier ~ **köpek** junger Hund ~ **odası** Dienerzimmer *n* ~ **tabiatı** *fig. pej.* Lakaienseele *f* ~ **üniforması** Livree *f*
uşak (II), **-ağı** *z. va.* s. **çadır uşağı**; ~ **ağacı** s. **çadır uşağı otu**
Uşak *n.pr.* Stadt im gln. Rbz. (Westanatolien)
uşakkapan s. **sakallı akbaba**
uşaklık, -ığı 1. Stellung *f*, Tätigkeit *f*, Aufgaben *pl.* e–s Dieners (Hausknechtes usw.) 2. *pej.* knechtischer Gehorsam 3. *P* Kindheit, Jugend *f* 4. *dial.* s. **rahim**
uşkun s. **ışkın**
uşşak -kı [ā] 1. *va. Pl.* zu **âsık** 2. e–e melod. Weise in der türk. Musik
Uşşakıye *n.pr.* ein Zweig des Halvetiye-Ordens
ut (I), **-du** orient. Laute *f* (mit sechs Doppelsaiten und großem Resonanzkörper; mit Schlagring gespielt) ~ **çalmak** Laute spielen
ut (II), **-tu** Scham(-gefühl *n*) *f* ~ **yeri** Schamgegend *f*, Geschlechtsteile *pl.*
ut (III) *mus.* s. **do**
utaçıcılık, -ığı Exhibitionismus *m* *egzibisyonizm; gösterme hastalığı
utaçımı, -nı Exhibition *f*, Entblößung *f* der Geschlechtsteile *teşhir
utanacak schändlich, schmählich, schmachvoll
utanç, -cı 1. Scham(-haftigkeit), Scheu, Befangenheit, Schüchternheit *f* 2. Schande, Schmach *f* ~ **biti** s. **kasıkbiti; -ından yere geçmek** sich in Grund und Boden schämen **≗ından yüzünü ateş bastı.** Das trieb ihm die Schamröte ins Gesicht. Er hätte vor Scham in den Boden sinken mögen.
utandırmak 1. schamrot werden lassen 2. j–m Schande machen 3. mit Wohltaten überhäufen od. durch Großmut beschämen Zu 2: **Bu genç bir düziye ailesini utandırıyor.** Der junge Mann macht seiner Familie dauernd Schande.
utangaç verschämt, schamhaft, scheu, schüchtern, befangen, verlegen, sich genierend *mahcup, sıkılgan
utangaçlık Schamhaftigkeit, Schüchternheit, Scheu, Befangenheit, Verlegenheit *f*, Sich-Genieren *n* *mahcubiyet, sıkılganlık
utangan s. **utangaç**
utanma 1. Scham(-empfinden *n*) *f*, Sich-Schämen *n* 2. Sich-Genieren *n*
utanmak 1. (m. Abl.) sich schämen, schamrot werden (über) 2. (m. Dat.) sich genieren (et. zu tun) **utana sıkıla** ganz beschämt *od.* ganz verlegen **Utananın oğlu kızı olmamış.** *Spr.* s. **Üşünenin** (usw.)
utanmaz schamlos, unverschämt, frech
utanmazlık Schamlosigkeit, Unverschämtheit, Frechheit *f*
Utarit, -di [ā] 1. *astr.* s. **Merkür** (1) 2. *isl. Myth.* die zweite Stufe des Himmels
utçu 1. Lauten-macher, -händler *m* 2. s. **udî**
uteromani (*franz.* **utéromanie**) s. **nemfomani**
uterus *med.* s. **dölyatağı**

utkan s. **muzaffer**
utku 1. Sieg, Triumph *m* 2. ≗ *wV*
utmak (be-)siegen *yenmek
utme s. **zeytinimsi meyve**
utopya, (-cı, -lık) s. **ütopya, (-cı, -lık)**
utufet, -ti [·–·] *va.* Güte, Freundlichkeit *f*
utufetlü [·–··] (*im osm. Briefstil* Titul. für Divisionsgeneräle, Schwiegersöhne des Sultans sowie Beamte der höchsten Rangstufe, **rütbei ula**) *(etwa:)* Exzellenz; s.a. **devletlü** ~
uvalamak s. **ovalamak**
uvertür 1. *mus.* Ouvertüre *f*, Vorspiel *n* 2. *fig.* Einleitung *f* 3. Beginn *m* des Pokerspiels
uvistiti [·×··] s. **ipekmaymun**
uv(uştur)mak s. **ov(uştur)mak**
uyak, -ğı (u. Ableitungen) s. **kafiye** (u. Ableit.) ~ **meraklısı** s. **kafiyeci**
uyandırıcı 1. (auf-)weckend 2. erweckend, erregend ~ **ilâç** *med.* Anregungsmittel *n* ~ **saat** Wecker *m*, Weckuhr *f*
uyandırma 1. Vs. zu **uyandırmak** 2. *psych.* Evokation *f*, Erweckung *f* von Vorstellungen, Erinnerungen usw. *isticlâp
uyandırmak 1. (auf-)wecken, wach machen 2. *fig.* erwekken, erregen, hervorrufen, wachrufen (z.B. Erinnerungen) 3. anzünden, anstecken (Licht, Lampe, Ofen usw.) 4. aufrütteln (z.B. j–n aus seiner Gleichgültigkeit) Zu 2: s. **dikkati** ~
uyanık 1. wach, nicht schlafend 2. *fig.* (auf-)geweckt, rege, (lebens-)klug 3. wachsam, achtsam 4. wer sich nicht hereinlegen läßt, *F* gewieft
uyanıklık 1. Zustand *m* des Wachseins 2. *fig.* (Auf-)Gewecktheit, Regheit, (Lebens-)Klugheit *f* 3. Wachsamkeit, Achtsamkeit *f*
uyanış 1. Erwachen *n* 2. Vortragsbeginn *m* e–s Volkssängers (**âşık**) *(1, 2) uyanma ≗ **Çağı** Renaissance *f*
uyanma s. **uyanış**; ~ **aminleri** *pharm.* Weckamine, Aufputschmittel *pl.*
uyanmak, (-ır) 1. er-, auf-wachen, wach werden 2. *fig.* zur Vernunft kommen *aklı başına gelmek 3. erweckt (erregt, hervorgerufen) werden (z.B. Lust) 4. aufgeweckt, rege, lebensklug werden 5. herauskommen, aufgehen, sprießen, wachsen (Pflanzen) 6. sich wieder einstellen (Schmerzen, Kummer usw.) 7. angehen, aufflammen (z.B. Licht)
uyar 1. passend, angemessen, geeignet, entsprechend *uygun 2. *P* ähnlich, gleich *benzer Zu 1: **Bu,** ~ **iş değil.** Das ist keine passende Beschäftigung. Zu 2: **Bunun -ı yoktur.** *P* Et. Gleiches (Ähnliches) existiert nicht. ~ **uymaz** alle Augenblicke *pl.*, bei jeder sich bietenden Gelegenheit
uyaran nervenanregend; Reizmittel, Stimulans *n* *münebbih
uyarca *bot.* Tropophyt *m*
uyarı 1. Warnung *f* 2. Alarm *m* ~ **aracı** *Th.* Alarmvorrichtung *f* ~ **grevi** Warnstreik *m*
uyarıcı 1. stimulierend, anregend 2. *el.* Erreger(-dynamo) *m*
uyarılgan s. **uyarılır**
uyarılganlık *biol.* Reizbarkeit, Erregbarkeit *f* *tenebbüh kabiliyeti
uyarılır *biol.* reizbar, erregbar *kabili tembih
uyarılmak 1. angeregt, stimuliert werden 2. *P* geweckt werden
uyarım 1. *biol.* Erregung, Anregung, Reizung, Stimulation *f* *tembih, tenebbüh 2. *mus.* s. **aranjman**
uyarımcı *mus.* s. **aranjör**
uyarınca gemäß, nach *gereğince, mucibince, tevfikan
uyarlama 1. *biol.* Adaptation *f*, Sich-Anpassen *n*, Anpas-

sung *f* *tetabuk 2. *(Th., Film)* Adaptation, Bearbeitung 3. adaptiert, bearbeitet
uyarlamacı s. **uyarlayıcı**
uyarlamak 1. et. an et. anderes anpassen *intibak ettirmek 2. *lit.* frei übertragen und bearbeiten *adaptasyon yapmak, adapte etmek
uyarlanmak 1. Pass. zu **uyarlamak** 2. sich anpassen *intibak etmek
uyarlaşmak sich gegenseitig anpassen *tetabuk etmek
uyarlayıcı *Th.* Bearbeiter *m*
uyarma 1. Vs. zu **uyarmak** 2. *biol.* Reiz, Antrieb, Stimulus *m* *tembih 3. Mahnung, Warnung, Einschärfung *f* *ihtar, tembih
uyarmak 1. *P* für **uyandırmak** 2. *biol.* anregen, stimulieren *tembih etmek 3. mahnen, warnen, einschärfen
uyarsız nicht anpassungsfähig (z.B. Kind in der Schule)
uyartı 1. *med.* Reiz, Stimulus *m* 2. s. **uyarı**
uydu(-luk) s. **peyk(-lik)**
uydulaştırmak *astr., pol.* zum Satelliten machen
uydurma 1. Vs. zu **uydurmak** 2. willkürlich erfunden, aus den Fingern gesogen, erdichtet 3. zusammengestoppelt, zurechtgeschustert, ad hoc zurechtgemacht, improvisiert
uydurmacılık *pej.* sprachliche Willkür (bei der Bildung von Neologismen)
uydurmak 1. passend machen, anpassen, angleichen, in Übereinstimmung bringen (mit) 2. willkürlich erfinden, aus den Fingern saugen, erdichten 3. zusammenstoppeln, zurechtschustern, behelfsmäßig herrichten, ad hoc zurechtmachen, improvisieren 4. *F* et. auftreiben, aufgabeln 5. geschickt durchführen, *F* deichseln, hinkriegen 6. zum Beischlaf verführen (Frau, Mädchen) 7. *techn.* einpassen Zu 1: s. **ayak (anahtar, pazarlığı)** ~ Zu 2: s. **havadis** ~ Zu 4: **Bu vazoyu nereden uydurdun?** Wo hast du denn diese Vase aufgetrieben? Zu 5: **Yine işini uydurdu.** Er hat seine Sache wieder einmal richtig hingekriegt!
uydurmasyon *F* 1. Schwindel *m*, Geflunker *n*, 2. willkürliche Erfindung, et. Zurechtgeschustertes, zusammengestoppeltes Zeug
uydurmasyoncu *F* 1. Flunkerer, Schwindler, Angeber, Aufschneider *m* 2. wer willkürlich et. erfindet (z.B. neue Wörter), zurechtschustert, zusammengestoppelt
uydurmasyonculuk *F* 1. Schwindelei, Angeberei *f* 2. willkürliches Erfinden; Zurechtschustern, Zusammenstoppeln *n*
uyduruk *P* willkürlich erfunden, erdichtet, aus den Fingern gesogen
uydurukça *P* 1. willkürlich zusammengebastelt (*spez.* Neologismus) 2. willkürliche Erfindung
uydurukçu *P* Schwindler, Lügner *m*
uygar(-laşmak, -lık) s. **medenî(-leşmek, -lik)**
uygu Entsprechung *f* *tekabül
uygulama 1. *math.* Deckung, Kongruenz *f* 2. *jur.* Schriftenvergleichung *f* 3. Anwendung *f*, praktische Durchführung *(1–3) tatbik ~ **noktası** *phys.* Angriffs-, Kraftpunkt *m* *tatbik noktası
uygulamak 1. anwenden, praktisch durchführen 2. *math.* zur Deckung bringen (z.B. zwei Dreiecke) *(1, 2) tatbik etmek
uygulamalı angewandt, praktisch *tatbikî
uygulanış praktische Anwendung *tatbik
uygulayıcı s. **tatbikatçı**
uygulayıcılık *phil.* Pragmatismus *m* *pragmatizm
uygulu 1. angewandt, praktisch durchgeführt 2. *math.* zur Deckung gebracht
uygun 1. passend, entsprechend, angemessen 2. geeignet, tauglich 3. gleichartig, übereinstimmend, adäquat, harmonierend 4. vernünftig, anständig, angemessen (Preis) 5. günstig, in Ordnung, ganz richtig, gut Zu 1: **iki tarafın menfaatine** ~ **olmak** den beiderseitigen Interessen entsprechen Zu 5: **hali** ~ in guten Umständen **İşimiz** ~. Es klappt bei uns. ~ **adım** *mil.* Gleichschritt *m* ~ **bulmak** s. ~ **görmek;** ~ **düşmek** passen, entsprechen, angemessen sein, sich gut ausnehmen ~ **gelmek** passen, harmonieren, übereinstimmen ~ **görmek** 1. passend finden 2. für gut befinden, anordnen, zustimmen ~ **illiyet** *jur.* adäquater Kausalzusammenhang ~ **katmanlaşma** *geol.* konkordante Lagerung *mütevafık tetabbuk ~ **olmak** *a.:* (e–r Norm) entsprechen
uygunculuk *phil.* Konformismus *m*
uygunluk 1. Passend-, Angemessen-sein *n*, Entsprechen *n* 2. Eignung, Tauglichkeit *f* 3. Übereinstimmung, Harmonie, Konformität *f* 4. *gr.* Kongruenz *f* *mutabakat 5. *geol.* Konkordanz *f* 6. Ordnung, Richtigkeit *f* ~ **belgesi** Anerkenntnis *f* (e–s Bankauszuges)
uygunsuz 1. unpassend, unschicklich, ungehörig 2. ungeeignet, untauglich 3. nicht adäquat, unharmonisch 4. nicht angemessen (Preis) 5. nicht in Ordnung, ungünstig ~ **adam** Übeltäter *m* ~ **kadın** Dirne, Hure *f* ~ **saat** ungelegene (unpassende) Zeit
uygunsuzluk 1. unpassendes (unschickliches, ungehöriges) Verhalten 2. liederlicher Lebenswandel 3. Bösartigkeit *f* (e–s Menschen) 4. Untauglichkeit *f* 5. Fehlen *n* der Harmonie, mangelnde Übereinstimmung 6. Nicht-Angemessensein *n* (z.B. von Preisen) 7. Umstand *m*, daß et. nicht so ist, wie es sein sollte
Uygur *hist.* 1. Uigure *m*, Uigurin *f* 2. uigurisch ~ **Türkçesi** uigurisches Türkisch
Uygurca *ling.* Uigurisch(-e) *n*
uyku 1. Schlaf *m* 2. *fig.* Unachtsamkeit, Gedankenlosigkeit *f* *gaflet 3. *gel.* Unwissenheit, Ignoranz *f* **~su bastı (bastırdı).** Der Schlaf übermannte ihn. **(iyi)** ~ **çekmek** gut schlafen ~ **çuvalı** 1. Langschläfer *m* 2. Schlafmütze *f*, Faulenzer *m* ~ **durak** Ausruhmöglichkeit *f* ~ **düzensizliği** *med.* Schlafstörung *f* ~ **girmemek** s. **gözlerine** ~ **girmemek; ~su gözünden akıyor.** s. **Gözünden** ~ **(su gibi) akıyor.** ~ **hastalığı** Schlafkrankheit, Nalanane *f* *med.* Trypanosomiasis gambiense ~ **hastalığı sineği** s. **çeçe sineği;** ~ **hapı** Schlaftablette *f* ~ **ilâcı** Schlaf-mittel *n*, -trunk *m* ~ **kestirmek** ein kurzes Schläfchen halten; *F* ein Nickerchen machen ~ **sersemliği** Schlaftrunkenheit *f* ~ **tedavisi** *med.* Schlafkur *f* ~ **tulumu** 1. Schlafsack *m* 2. *fig.* Langschläfer *m*, Schlafratte *f* ~ **tutmamak** s. **gözlerini** ~ **tutmamak;** ~ **uyumak** schlafen, e–n Schlaf halten ~ **vermek** schläfrig werden lassen ~ **yüzü görmemek** *F* nicht ins Bett kommen (vor lauter Arbeit) **-da olmak (iş)** vernachlässigt werden, nicht weiterbetrieben werden, nicht vorankommen (Angelegenheit) **-dan kalkmak** aufstehen **~su açıldı** (*od.* **dağıldı**). Er war mit e–m Mal hellwach. **-su ağır** wer tief schläft **-su başına vurmak** (b–nin) 1. Schlaf bekommen, schläfrig werden 2. quengelig werden (übermüdetes Kind) **-su bölünmek** nur halb ausgeschlafen sein **-su gelmek** (b–nin) Schlaf bekommen, schläfrig werden **-su hafif** wer bei dem geringsten Geräusch wach wird (Schlafender) **-su kaçmak** 1. nicht (wieder ein-)schlafen können (ohne ersichtliche Ursache) 2. sich Sorgen machen **-su kırılmak** nicht wieder einschlafen können **-su olmak** schläfrig sein **-sunu açmak** die Schläfrigkeit abschütteln **-sunu almak** sich tüchtig ausschlafen (**Uykumu alamadım.** Ich habe nicht genug Schlaf gehabt.) **-sunu başına sıçratmak** j–n um den Schlaf bringen **-ya dalmak** (*od.* **varmak**) ein-schlafen, -schlummern, -nicken, in Halbschlaf fallen **-ya yatırmak** 1. schlafenlegen 2. *fig.* et. einschlafen lassen (z.B. e–n abgelaufenen Vertrag nicht mehr erneuern) **-ya yatmak** sich schlafenlegen

uykucu wer gerne od. lange schläft; Langschläfer(-in *f*) *m*
uykulu 1. schlafend, in Schlaf liegend 2. schlaftrunken, (ganz) verschlafen **en ağır ~ adam** jemand, der ganz fest schläft **~ ~** noch ganz verschlafen
uykuluk 1. *Bez.* für Thymus- und Bauchspeicheldrüse 2. Lammbries *n* 3. Unreinlichkeit *f* in der inneren Handfläche von Säuglingen
uykusuz 1. wer nicht schläft bzw. nicht geschlafen hat 2. wer nicht genug Schlaf (gehabt) hat, unausgeschlafen, übernächtigt 3. ohne Schlaf verbracht, schlaflos Zu 1: **Dün gece ~ kaldım.** Gestern nacht habe ich überhaupt nicht geschlafen. Zu 3: **~ geceler** schlaflose Nächte *pl.*
uykusuzluk Schlaflosigkeit *f*, Insomnie *f*
uylaşım Konvention, Abmachung *f* *mukavele
uyluk *an.* Oberschenkel *m* *fahiz **~ kası** *an.* Oberschenkelmuskel *m* *adalei fahziye **~ kemiği** *an.* Oberschenkelbein *n* *azmı fahiz **~ yumrusu** s. **trokanter; ~ zırhı** Diechling *m* (bei e–r Rüstung)
uyma 1. Anpassung *f* *intibak 2. Beachtung, Einhaltung *f* (z.B. e–r Vorschrift) *riayet
uymak, (-ar) 1. passen, entsprechen 2. sich (ein-)fügen, sich schicken (in), sich anpassen (an), sich unterwerfen (z.B. der Disziplin), sich richten (nach), hören (auf), (be-)folgen 3. gleich(-artig) sein, harmonieren Zu 1: **Sözleri birbirine uymuyor.** Er widerspricht sich in seinen Ausführungen. **Bu kapak, kutuya uydu.** Dieser Deckel paßte auf den Kasten. Zu 2: **Namazda cemaat imama uyar.** Bei dem Gebet richtet sich die Gemeinde nach dem Imam. **O, kimseye uymaz.** Er richtet sich nach niemand. Er ist ein Eigenbrötler. **İyi ki size uymadım!** Gut, daß ich nicht auf Sie gehört habe! s.a. **şeytana (zamana) ~** Zu 3: **Bu renkler birbirine uymaz.** Diese Farben harmonieren nicht. s.a. **Pazarlık uymadı. Günü gününe** (*od.* **Dakikası dakikasına**) **uymaz. uyup ulaşmak** nach-drängen, -stoßen
uymama; uymazlık s. **aykırılık; ademi mutabakat; riayetsizlik** (2)
uyruk(-lu, -luk) s. **tebaa (tabiiyetli, tabiiyet)**
uysal nachgiebig, gefügig, fügsam, willfährig, friedliebend, ruhig, verträglich; (Pferd) lammfromm *yumuşak başlı
uysallaşmak Nachgiebigkeit zeigen; willfahren; (Pferd) lammfromm werden
uysallık 1. Nachgiebigkeit, Fügsamkeit, Willfährigkeit, Verträglichkeit *f* 2. *pej. va.* Opportunismus *m*
uyuklamak vom Schlaf übermannt werden; einnicken
uyum 1. Harmonie *f* (zwischen den Einzelteilen und dem Ganzen) 2. Akkommodation *f* (des Auges) *akomodasyon, tetabuk 3. *gr.* Harmonie *f*, Ausgleich *m* *ahenk Zu 3: s. **sesli (sessiz) -u; ~ alıştırmaları** s. **koordinasyon alıştırmaları; ~ tahtası** *mus.* s. **ahenk kapağı**
uyumak 1. schlafen 2. einschlafen 3. eingeschläfert, narkotisiert werden 4. *fig.* schlummern, ruhen (Tote) 5. *fig.* unachtsam (träge, nachlässig) sein, *F* schlafen 6. *fig.* nicht vorangehen (Angelegenheit), einschlafen Zu 1: **Çocuk uyuyor.** Das Kind schläft. **Uyuyan yılanın kuyruğuna basma!** *Spr.* 1. Gefährlich ist's, den Leu zu wecken. (Schiller) 2. Rühr doch die alten Geschichten nicht wieder auf! Zu 6: **İş gene uyudu.** Die Sache ist wieder eingeschlafen. **Uyusun da büyüsün!** (aus e–m Wiegenlied) Schlaf, Kindlein, schlaf! (*a.* scherzhaft für unerledigt Gebliebenes)
uyumlu harmonisch, übereinstimmend; *geol.* konkordant; *mus.* konsonant **~ düzen** *mus.* konsonanter Akkord **~ katlaşma** *geol.* s. **uygun katmanlaşma; ~ koyak** *geol.* konsequentes (Fluß-)Tal **~ sokulma** *geol.* konkordante Injektion
uyumsuz unharmonisch; *geol.* disharmonisch, diskordant; *mus.* dissonant **~ düzen** *mus.* dissonanter Akkord **~ katlaşma** *geol.* s. **aykırı katmanlaşma; ~ kıvrımlar** *geol.* disharmonische Faltung **~ sokulma** diskordantes Tiefengestein
uyumsuzluk Fehlen *n* der Harmonie; Disharmonie *f; geol.* Diskordanz *f; mus.* Dissonanz *f* **~ yüzeyi** *geol.* Diskordanzfläche *f*
uyunmak Pass. zu **uyumak; Bu saatte uyunur mu?** Gehört es sich, daß man um diese Zeit schläft?
uyuntu s. **uyuşuk**
uyur 1. schlafend 2. stehend (Gewässer) *durgun
uyurgezer Schlaf-, Nacht-wandler(-in *f*) *m*, Somnambule *m, f* *sairfilmenam, somnambül
uyurgezerlik Schlaf-, Nacht-wandeln *n*, Somnambulismus *m* *seyrifilmenam, somnambülizm
uyuşamamazlık mangelndes Einvernehmen *anlaşamamazlık, ademi itilâf
uyuşkan nachgiebig, gefügig, gefällig, willfährig, friedliebend, ruhig, verträglich *mümteziç
uyuşma Vs. zu **uyuşmak** *spez.* Einigung, Verständigung *f*, Vergleich *m*
uyuşmak 1. steif und bewegungsunfähig werden, klamm werden (z.B. Hände infolge Kälte), einschlafen (z.B. Fuß) 2. faul (träge, nachlässig) werden 3. nachlassen, erträglich werden (*spez.* Schmerzen durch Beruhigungsmittel) 4. miteinander auskommen (können), sich vertragen, sich verstehen *imtizaç etmek 5. sich einig werden, sich einigen, zu e–r Einigung gelangen, sich verständigen *mutabık kalmak Zu 1: **Soğuktan ellerim uyuştu.** Meine Hände sind (von der Kälte) ganz klamm geworden. Zu 4: **Bu çiftin uyuşacağı hiç umulmazdı.** Man hätte nicht erwarten können, daß sich dieses Paar vertragen werde. Zu 5: **Alıcı ile satıcı beş bin liraya uyuştular.** Käufer und Verkäufer einigten sich auf den Preis von fünftausend Pfund.
uyuşmaz nicht übereinstimmend
uyuşmazlık 1. Nichtübereinstimmung *f*, Fehlen *n* der Konformität *ademi mutabakat 2. *med.* Unverträglichkeit, Kontraindikation *f* (bei Arzneien) 3. *ling.* Schwund *m* e–s auslautenden **k** bei Antritt der Diminutivendung **-cik** (z.B. **bebekçik > bebecik; küçükçük > küçücük**); **~ mahkemesi** s. **ihtilâf mahkemesi**
uyuşturanbalığı, -nı s. **torpilbalığı**
uyuşturma Vs. zu **uyuşturmak** *spez. med.* Narkose, Anästhesie *f* *anestezi; iptali his
uyuşturmak 1. steif (klamm, bewegungsunfähig) werden lassen 2. faul (träge, nachlässig) werden lassen 3. lindern, stillen, beruhigen (*spez.* Schmerzen) 4. betäuben, einschläfern 5. e–e Verständigung herbeiführen (zwischen)
uyuşturucu 1. beruhigend, schmerzstillend 2. betäubend **~ ilâç** schmerzstillendes Mittel; Beruhigungsmittel *n* **~ madde** Betäubungsmittel, Rauschgift *n* **~ madde tiryakîliği** s. **toksikomani**
uyuşuk 1. steif, klamm, bewegungsunfähig, eingeschlafen (z.B. Bein) 2. *fig.* faul, träge, schwerfällig, schlafmützig
uyuşukluk 1. Steifheit, Bewegungsunfähigkeit *f* (e–s Körpergliedes), Klammsein *n*, Eingeschlafensein *n* (z.B. des Beines) 2. *fig.* Faulheit, Trägheit, Schwerfälligkeit, Schlafmützigkeit *f*
uyuşum *(Film)* Harmonie, Gleichmäßigkeit *f* (bei Teilaufnahmen)
uyuşumsuz disharmonisch **~ akort** s. **uyumsuz düzen**
uyuşumsuzluk Disharmonie, Dissonanz *f*
uyutmak, (-ur) 1. einschläfern, zum Schlafen bringen, schlafen legen (z.B. Kind) 2. *fig.* langweilen 3. beruhigen, hinhalten, vertrösten 4. einschlafen lassen, allmäh-

lich aufhören lassen, verzögern, verschleppen, absichtlich vernachlässigen 5. lindern (Schmerzen)
uyutucu 1. einschläfern, Schlaf-, hypnotisch, narkotisch 2. langweilig ~ **ilâç** *pharm.* Schlafmittel *n*
uyuyakalmak 1. über die Zeit schlafen; die Zeit verschlafen 2. einnicken
uyuz 1. *med., vet.* Milbenbefall *m spez.* Krätze, Räude, Akariase *f* 2. von Milben befallen, krätzig, räudig 3. s. **bitki -u** 4. s. **-böceği** 5. *fig.* Jämmerling, Waschlappen, Schlappschwanz *m* *beceriksiz, pısırık ~ **herif!** *V* räudiger Hund! ~ **merhemi** *pharm.* Schwefelsalbe *f* (gegen Krätze) ~ **olmak** 1. von der Krätze befallen sein 2. *V* a) abgebrannt, pleite sein *parasız kalmak b) wütend werden
uyuzböceği, -ni 1. Krätzmilbe *f zo.* Sarcoptes scabiei 2. Gallmilbe *f* (vgl. **yumruakarları**)
uyuzlanmak *V* (beim Glücksspiel) Lunte riechen; argwöhnisch werden
uyuzlaşmak 1. räudig werden (z.B. Katze) 2. *fig.* sich zaghaft und ungeschickt anstellen
uyuzluk, -uğu 1. mit Krätze Behaftet-Sein *n* 2. *fig.* Energielosigkeit *f;* fehlender Schneid
uyuzotu, -nu 1. Skabiose *f*, Grindkraut *n bot.* Scabiosa (arvensis u.a.) 2. gemeiner Teufelsabbiß *bot.* Succisa pratensis
uyuzsineği, -ni vgl. **kaplanböcek**
Uyvar *n.pr. (osm. Bez.)* Neuhäusel, Nové Zamky (Stadt in der südl. Slowakei)
uz (I) 1. gut, geeignet, brauchbar, tüchtig *iyi, yarar, uygun 2. (beruflich) geschickt, gewandt; Sachkenner *m* *mahir, iş eri 3. richtig, korrekt (z.B. Darstellung) *fasih 4. *dial.* s. **uysal** 5. Eignung, Fähigkeit *f* Zu 1: **Az olsun ~ olsun!** Soll es wenig sein, wenn es nur gut ist!
uz (II) dial. = **çok; Az gitti, ~ gitti dere tepe düz gitt.** *(Mf.)* Er ging immer weiter.
uzadevim s. **telekinezi**
uzaduyum s. **telepati**
uzagörüm s. **televizyon**
uzak, -ağı 1. weit, entfernt, fern, entlegen, abgelegen 2. e–r Sache fernstehend, ungeeignet, unfähig, nicht zuständig, inkompetent 3. unwahrscheinlich, nicht gegeben, abwegig 4. fernliegend, fremd 5. abweichend, verschieden, anders 6. Ferne *f* 7. Entfernung *f* Zu 1: **Orası -tır, yayan gidilmez.** Es ist weit bis dorthin; man kann nicht zu Fuß gehen. ≗ **bir gelecekte neler olacağı bilinemez.** Was in ferner Zukunft eintreten wird, kann man nicht wissen. ~ **bir ihtimal** e–e entfernte Möglichkeit Zu 2: **O, böyle işlerden pek -tır.** Er steht solchen Dingen ganz fern. Zu 3: **Ben, bu işi çok ~ görüyorum.** Ich halte das für recht unwahrscheinlich. Zu 4: **Kötülük, o adamdan çok -tır.** Bosheit liegt ihm völlig fern. Zu 6: **-a** in die Ferne **-tan** aus der Ferne, von weit her Zu 7: **Düşman kuvvetleri, şehre 55 km -ta bulunuyor.** Die feindlichen Streitkräfte stehen 55 km vor der Stadt. ~ (*od.* **-tan**) **akraba** weitläufig verwandt, entfernter Verwandte ~ **benzeşme** *ling.* Fernassimilation *f* (z.B. **etmek** (Brot) > **ekmek;** ~ **benzeşmezlik** *ling.* Ferndissimilation *f* (z.B. **birader > bilader**); ~ **çekim** *(Film, phot.)* Fernaufnahme *f* ~ **durmak** e–r Sache fernbleiben; sich nicht einmischen ~ **düşmek** (birdirinden) weit voneinander entfernt sein ~ **göçüşme** *ling.* Fernmetathese *f* (z.B. *P* **rüvelver > lüverver**); ~ **görmek** für recht unwahrscheinlich halten ~ **hedefler** *a. mil.* entfernte Ziele *pl.* ~ **keşif** *mil.* Fernaufklärung *f* ~ **keşif uçağı** *mil.* Fernaufklärer *m* ~ **mesafeli bomba uçağı** Fernkampfbomber *m* ~ **muharebe bataryası** *mil.* Fernkampfbatterie *f* ~ **sefer** *mil.* Fernfahrt *f* ~ **taciz ateşi** *mil.* Fernstörungsfeuer *n* ~ **tutmamak** (bşi gözden) et. im Auge behalten **-a** (*od.* **-lara**) **gitmek** *fig.* vom Thema abschweifen **-ı görmek** die Zukunft ins Auge fassen; weit vorausblicken **-ta oturmak** weit entfernt wohnen **-tan ateş** *mil.* Fernfeuer *n* **-tan bakmak** (*od.* **seyirci kalmak**) sich abseits halten, sich nicht in et. einmischen ≗**tan merhaba!** Von weitem betrachtet, ganz schön! Immer in sicherer Entfernung! Nur nicht zu nahe heran! **-tan merhabası olmak** (ile) nur auf dem Grüßfuß stehen (mit) **-tan sevk ve idare** (*od.* **-tan kumanda**) Fernsteuerung *f* **-tan tanımak** nur oberflächlich (z.B. vom Sehen her) kennen **-tan -a** 1. nur ganz entfernt, nicht näher, von fern, nur oberflächlich 2. aus der Ferne, von weit her Zu 1: ≗**tan -a tanışıklığımız var.** Wir sind nur oberflächlich miteinander bekannt. Zu 2: ≗**tan -a bir ses geldi.** Aus der Ferne kam eine Stimme.
uzakça [·×·] ziemlich weit, ziemlich entfernt, recht abgelegen
Uzak-Doğu, Uzak-Şark Ferner Osten *Şarkı Aksâ, Aksâyı Şark
uzakgörmez(-lik) s. **miyop(-luk)**
uzaklaşmak 1. weggehen, sich entfernen 2. (bir işten) e–e Tätigkeit aufgeben 3. (bşden) vermeiden (z.B. bestimmte Speisen od. Getränke) 4. sich in die Länge ziehen (z.B. Weg)
uzaklaştırıcı *an.* Abduktor, Abziehmuskel *abdüktör
uzaklaştırmak 1. entfernen (Person od. Sache) 2. abwenden (z.B. tödliche Gefahr)
uzaklı (in der Füg.:) ~ **yakınlı** nah und (*bzw.* oder) fern
uzaklık 1. Fern-, Entfernt-, Abgelegen-sein *n* 2. Entfernung, Distanz *f*, Abstand *m* *mesafe 3. Abweichung, Verschiedenheit *f*, Unterschied *m*
uzaksamak et. für fern (weit, entfernt, abgelegen, unwahrscheinlich) halten *istib'at etmek
uzaltmak (durch Ansetzen e–s Stückes) verlängern
uzam *math., phil.* Ausdehnung *f* *hayyiz, imtidat, vüsat
uzamak 1. länger werden (z.B. Tage), sich ausdehnen 2. viel Zeit in Anspruch nehmen, sich lang hinziehen, lange dauern 3. groß werden, wachsen (Kind)
uzangaç *zo.* weit herausschnellbar (Zunge)
uzanım 1. *astr.* Elongation, Digression *f* *beynuneti azamiye 2. *phys.* Elongation *f* *tetavül
uzanmak 1. sich erstrecken, sich ausdehnen (*a.* z.B. Feuersbrunst) 2. sich der Länge nach ausstrecken, sich lang hinlegen 3. sich zum Schlafen hinlegen (ohne sich auszuziehen) 4. (bir yere) den Weg fortsetzen (bis), weitergehen (bis) 5. die Hand ausstrecken 6. sich vorbeugen 7. reichen *(intr.)* Zu 2: **Ben biraz uzanacağım.** Ich will mich ein bißchen hinlegen (*F* langlegen). Zu 4: **Ta köye kadar uzandık.** Wir gingen weiter bis zum Dorf hin. Zu 7: **Bu ip oraya kadar uzanmaz.** Dieser Strick ist nicht lang genug. **Saçları omuzların üzerinde uzanıyordu.** Die Haare hingen ihm (ihr) über die Schultern.
uzanmalık s. **şezlong**
uzantı *an.* Verlängerung *f*, Ausläufer *m* *istitale
uzatı s. **ıtnap** od. **tatvil**
uzatım 1. *stil.* Verst. e–s Ausdrucks durch ein Wort gleicher Bed. (z.B. **Gözümle gördüm**) 2. *mus.* Verlängerung *f*, Weiterklingen *n* (z.B. e–s Akkords)
uzatma 1. Vs. zu **uzatmak** 2. *ling.* a) Dehnung, Längung *f* b) lange Vokalquantität 3. **(ağı)** Fischernetz *n* mit e–m am Ufer festgemachten Ende ~ **işareti** Dehnungs-, Längungs-zeichen *n*, Zirkumflex *m* *düzeltme işareti ~ **parçası** Verlängerungsstück *n*
uzatmak 1. lange (*bzw.* länger) machen, lang werden lassen 2. verlängern *temdit etmek 3. die Haare lang wachsen lassen 4. dehnen, längen (z.B. Laut) 5. aus-, hinausstrecken 6. zu-, hinüber-reichen 7. hinauszögern, verschieben (z.B. Zahlung) 8. *(oft. ohne Obj.)* viel Worte machen, lang herumreden Zu 2: **mukaveleyi** ~ den Ver-

trag verlängern Zu 3: s. **sakal** ~ Zu 5: s. **dil (el, başını pencereden, kolunu)** ~ Zu 8: **Uzatmayalım!** Machen wir es kurz! s.a. **Sözü uzatmağa ne hacet?**
uzatmalı 1. verlängert 2. mit Dienstzeitverlängerung ~ **nişan** s. **deneme evliliği**
uzay 1. (Welt-)Raum *m* *feza, mekân 2. räumlich, Raum- ~ **açı** *astr.* Raumwinkel *m* *katı açı ~ **aracı** s. ~ **gemisi;** ~ **doğrular** s. **aykırı doğrular;** ~ **dolmuşu** Raumfähre *f* ~ **eğrisi** *math.* Raumkurve *f* *yesarî münhani ~ **gemicisi** s. **astronot;** ~ **gemisi** s. **astronef;** ~ **geometri** Geometrie *f* des Raumes; Raumlehre *f* *hendesei mücesseme ~ **hızı** Raumgeschwindigkeit *f* ~ **uçuşu** Weltraumflug *m* ~ **üssü** s. **kozmodrom**
uzaycı(-lık) s. **astronot; astronotik** (1)
uzaysal räumlich ~ **yoğunluk** *astr.* räumliche Dichte
uzbilim s. **ihtisas** (1), **uzmanlık**
uzgörür weitblickend, weit voraussehend *durendiş
uzgörürlük Weitblick *m*, Voraussicht *f* *durendişlik
uzileti̇şim s. **telekomünikasyon**
uzlanım s. **ihtisas** (1)
uzlaşım; uzlaşma Einvernehmen *n*, Verständigung *f*, Vergleich *m*, Einigung, Aus-, Ver-söhnung *f* ~ **sözleşmesi** s. **sulh akdi** (2)
uzlaşmak zu e–r Einigung (Verständigung, Aussöhnung) kommen, e–n Vergleich schließen, sich einigen (über strittige Punkte)
uzlaşmazlık Nicht-Übereinkommen *n*
uzlaştırma kurulu Schlichtungskommission *f* (bei Tarifstreitigkeiten)
uzlaştırmak e–e Einigung (Verständigung, Aussöhnung) herbeiführen, vermitteln, schlichten (zwischen)
uzlet, -ti *va.* Einsiedlerleben *n*, Zurückgezogenheit, Einsamkeit *f*, zurückgezogenes Leben *inziva
uzletgâh *va.* Ort *m* der Zurückgezogenheit, Einsiedelei, Einsiedlerklause *f* *inzivagâh
uzletnişin [···–] *va.* als Einsiedler lebend, ein zurückgezogendes Leben führend
uzluk s. **hazakat, maharet**
uzma [ā] *ar. Fem.* zu **azam;** s. **felâketi (saadeti)** ~
uzman(-lık) s. **mütehassıs(-lık)**
uzsöz Sinnspruch *m*, Sentenz *f* *hikmet
uzun 1. (räumlich od. zeitlich) lang, weit 2. *pej.* weitschweifig, umständlich 3. groß (gewachsen) Zu 3: **O, Emin'den bir baş -dur.** Er ist e–n Kopf größer als Emin. ~ **atlama** *La.* Weitsprung *m* ~ **ayaklı lamba** Stehleuchte *f* ~ **ayakotu** Riedgrad *n. bot.* Carex extensa ~ **badıçlı sinameki** s. **yaşamba** (1); ~ **biber** lange Pfefferschote, Paprikaschote *f bot.* Capsicum ~ **boylu** 1. groß(-gewachsen), *F* lang 2. s. **uzun uzadıya** 3. lange (Zeit) ≗ **Çarşı** *n.pr.* Gegend im alten Istanbul (mit vielen Drechslerläden) ~ **çizgi** Gedankenstrich *m* ~ **darı** s. **serçe yem otu;** ~ **dilli** geschwätzig, indiskret ~ **dörtnal** gestreckter Galopp ~ **drayv** *(Tennis)* Treiberschlag *m*, *F* langer Ball ~ **drayvlı bir oyun** *(Tennis)* ein Spiel, in dem beide Gegner lange (langgezogene) Bälle schlagen ~ **durak** *mus.* Fermate *f* ~ **eleyip sık dokumak** s. **ince eleyip** (usw.); ~ **etmek** 1. lange um et. herumreden, die Sache in die Länge ziehen 2. zu weit gehen ~ **filim** s. **uzun metrajlı filim;** ~ **gelmek** zu lang sein ~ **hamla** *naut.* weiter Schlag (beim Pullen, Rudern) ≗ **Hasan** *n.pr.* ein Khan der Turkmenen vom Weißen Hammel (15. Jh.) ~ **hayvan** *(urspr. Euph.)* Schlange *f* ~ **hikâye** lange Geschichte ~ **huzmeli far** Fernlicht(-scheinwerfer *m*) *n* (am Auto) ~ **iğne yapraklı çam** Sumpfkiefer *f* (liefert Pitchpine) *bot.* Pinus palustris *bataklık çamı ≗ **Kemer** *n.pr.* Langer Aquädukt (bei Istanbul) ~ **koltuk** 1. Liegestuhl *m* *şezlong 2. Liegesofa *n* *kanepe ~ **kulaklı** 1. mit langen Ohren 2. Langohr *n*, Esel *m* *eşek ~ **kulaktan haber almak** 1. Wind bekommen von et. 2. Lunte riechen ~ **lafın kısası** der langen Rede kurzer Sinn; kurz und gut ~ **matkap** Bohrstange *f* ≗ **Mehmet** *n.pr.* der Entdecker der Kohlenlager von Zonguldak (1829) ~ **menzilli bomba uçağı** *mil.* Fernkampfbomber *m* ~ **menzilli keşif uçağı** *mil.* Fernaufklärer *m* ~ **menzilli topçu** *mil.* weittragende Artillerie ~ **menzilli toplar** *mil.* weittragende Geschütze, Fernkampfgeschütze *pl.* ~ **menzilli uçak** *od.* ~ **mesafe uçağı** Langstreckenflugzeug *n* ~ **metrajlı filim** Spielfilm *m* ~ **mukavemet koşusu** Langstreckenlauf *m* ~ **namlulu top** *mil.* Langrohrgeschütz *n* ~ **oturmak** 1. mit ausgestreckten Beinen dasitzen, *F* sich hin-fläzen, -lümmeln 2. seinen Besuch ungehörig lang ausdehnen ~ **ömürlü** 1. langlebig 2. widerstandsfähig, stabil (z.B. Grammophonplatte) (Zu 1: **Kadınlar erkeklerden daha** ~ **ömürlü olurlar.** Frauen erreichen (im Durchschnitt) ein höheres Alter als Männer.) ~ **ömürlü papatya** Gänseblümchen *n bot.* Bellis perennis ~ **planya** Langhobel *m* ~ **sesli** s. ~ **ünlü;** ≗ **söyleme!** Red nicht lange herum! ~ **sözün kısası** s. ~ **lafın kısası;** ~ **süreli** lange dauernd, langwierig (z.B. Krankheit) ~ **süreli durdurma** Beförderungssperre *f* (Disziplinarstrafe für Beamte) ~ **süreli hürriyeti bağlayıcı ceza** *jur.* längere Freiheitsstrafe ~ **tutmak** 1. umständlich vorgehen 2. unnötig lange über et. reden, vom Hundertsten ins Tausendste kommen ~ **uzadıya** lang und breit, ausführlich, eingehend, ganz genau, *pej.* umständlich ~ ~ s. ~ **uzadıya;** ~ **ünlü** langer Vokal *memdut sâit ~ **vadeli istikraz** langfristige Anleihe ~ **vadeli senet** *H* Wechsel *m* mit langer Laufzeit, langfristiger Wechsel (zwei Monate und mehr) ~ **yapraklı nane** Roßminze *f bot.* Mentha longifolia
Uzunada *n.pr.* Insel im Golf von Izmir (mit mil. Anlagen) *Kösten adası
uzunayaklıgiller; uzunbacaklıgiller 1. Stelzvögel *pl. zo.* Grallatores *şatıiye 2. s. **uzunbacaklı makiler**
uzunboynuzlu çekirge grünes Heupferd *zo.* Tettigonia viridissima *yeşilçekirge
uzunboynuzlu çekirgegiller Laubheuschrecken *pl. zo.* Tettigoniidae
uzunburunlu maymun Nasenaffe *m zo.* Nasalis larvatus
uzunca [·×·] 1. recht lang 2. ziemlich weit 3. *fig.* sehr umständlich
uzunçalar Langspielplatte *f*
uzunçiçekli zambak s. **Amerika beyaz zambağı**
uzuneşek *Ksp.*, bei dem einige Jungen in gebückter Stellung hintereinander stehen und sich anfassen, während andere auf deren Rücken (bzw. über sie hinweg) springen
uzungün bitkileri *bot.* Langtagpflanzen *pl.*
uzunhava elegische Begleitmusik (z.B. bei Trauergesängen)
uzunkafalı(-lık) s. **dolikosefal(-lık)**
uzunkollu maymungiller Langarmaffen *pl. zo.* Hylobatidae *jibongiller
Uzunköprü *n.pr.* Städtchen u. D. im Rbz. Edirne
uzunkulaklı yarasa Langohrfledermaus *f zo.* Plecotus auritus
uzunkuyruklu balıkgiller Langschwänze *pl. zo.* Macruridae (Tiefseefische)
uzunkuyruklu baştankara Schwanzmeise *f zo.* Aegithalos caudatus
uzunkuyruklu maymungiller Meerkatzenartige *pl. zo.* Cercopithecidae
uzunlaşmak lange (*bzw.* länger) werden
uzunlaştırmak lange (*bzw.* länger) werden lassen
uzunlevrek Zander *m zo.* Lucioperca lucioperca *sudak
uzunluk, -uğu 1. Länge *f* *boy, tul 2. *pej.* Weitschweifigkeit, Umständlichkeit *f* 3. Größe *f* (des Wachstums) ~

birimi Längeneinheit *f* ~ **kesimi** Längsschnitt *m* ~ **ölçüsü** Längenmaß *n* **-una ateş** *mil.* Längsfeuer *n* **-una inhiraf** Längenabweichung *f* **-una mihver** Längsachse *f* **-unca** längs, entlang (**bütün cephe -unca** auf der ganzen Front)
uzunparmaklı hayvan s. **ay-ay**
uzunparmaklıgiller Fingertiere *pl. zo.* Daubentoniidae
Uzunsu *n.pr.* türk. Bez. für den Fluß Osma (Bulgarien)
uzuntelekliler Sturmvögel *pl. zo.* Tubinares
uzuv, -zvu 1. Glied *n* 2. *an., jur.* Organ *n* *organ 3. *selt.* Einheit *f* *cüzütam 4. Mitglied *n* *üye Zu 3: **İngiliz donanmasının iki mühim -u** zwei wichtige Einheiten der englischen Flotte **-u te'nis** 1. s. **arkegon** 2. s. **dişiorgan; -u tezkir** s. **erkekorgan; -u zait** überzähliges Glied *n*
uzvaniye [ā] s. **örgencilik**
uzvî organisch *organik, örgensel ~ **sahre** s. **organik külte; gayri ~** s. **inorganik**
uzviyet, -ti Organismus *m* *organizma, örgenlik
uzyazı s. **hüsnühat**

Ü

ü, Ü 26. Buchst. des türk. Alph.
übbehet, -ti 1. *va.* Erhabenheit, Größe *f*, Ruhm *m* 2. ≗ (mst. in der Form **Übhet**) *wV*
übbehetlü *va.* ruhmreich, erlaucht ~ **devletlü** osm. Titulierung e–s verabschiedeten Großwesirs
übeyt s. **ubeyt**
übhet(-lü) s. **übbehet(-lü)**
übüvvet, -ti *va.* Vaterschaft *atalık, babalık
ücra [·–] abgelegen, ganz entlegen, äußerst (entfernt)
ücret, -ti 1. (Arbeits-)Lohn *m*, Gage *f* (z.B. e–s Schauspielers), Honorar *n* (e–s Arztes, Rechtsanwalts usw.), Gehalt *n* (e–s nicht-pensionsberechtigten Beamten od. Angestellten), Sold *m* 2. Gebühr *f* 3. Preis *m*, Bezahlung *f* 4. *selt.* Lösegeld *n* *fidyeinecat ~ **dereceleri** Gebührentarif *m* (z.B. bei der Post) ~ **ödeme makinesi** Frankiermaschine *f;* s.a. **abone (mektep, posta, telgraf) -i; -e tabi** gebührenpflichtig
ücretli 1. wer für seine Tätigkeit **ücret** erhält; Lohnempfänger, Angestellter 2. gebührenpflichtig 3. unter Weiterzahlung des Lohnes; bezahlt ~ **asker** Söldner *m* (in fremden Diensten) ~ **birlik** Söldnertruppe *f* ~ **izin** bezahlter Urlaub ~ **okul** Lehranstalt, die Schuldgeld erhebt ~ **mektuplar** frankierungspflichtige (freizumachende) Briefe ~ **memurlar** nicht-pensionsberechtigte (auf Zeit tätige) Beamte od. Angestellte *pl.* ~ **ordu** Söldnerheer *n*
ücretlilik, -ği 1. Stellung *f* e–s Lohnempfängers 2. Gebührenpflichtigkeit *f*
ücretsiz 1. wer für seine Tätigkeit kein **ücret** erhält 2. kostenlos, gratis 3. wer nichts zu zahlen braucht (z.B. schulgeldfrei)
üç, -çü 1. drei 2. Zahl *f* Drei ~ **adım atlama** *La.* Dreisprung *m* ≗ **ahbap çavuşlar** Die drei Unzertrennlichen (Filmtitel) ~ **as'la mahkûm olmak** *V* sich das dumme Gerede von jemand anhören müssen ~ **aşağı beş yukarı** 1. ungefähr, etwa, ein bißchen mehr oder weniger 2. nach einigem Feilschen (**Üç aşağı beş yukarı uyuşun da mesele bitsin!** Soll es etwas darüber oder darunter sein, jetzt einigt euch endlich einmal, damit die Sache zu e–m Abschluß kommt! **üç aşağı beş yukarı dolaşmak** (unschlüssig) auf- und abgehen, hin- und herschlendern) ~ **ayaklı kundak** *mil.* Dreifußlafette *f* ~ **aylar** 1. die (heiligen) drei Monate Recep, Şaban und Ramazan 2. *z. va.* die drei Monate der Pilgerfahrt nach Mekka (**Şevval, Zilkade** und **Zilhicce); ~ aylık** 1. drei Monate alt (Kind) 2. Trimester- ~ **beş** ein paar, einige, etliche, wenige ~ **beyazlar** die drei (in der Weltwirtschaft wichtigen) weißen Stoffe (Zucker, Baumwolle, weiße Kohle *gel. a.* Mehl, Zucker, Salz) ~ **birlik kuralı** *lit.* Reel *f*, (Gesetz *n*) der drei Einheiten (der Zeit, des Ortes, der Handlung) ~ **buçuk** *fig.* ein paar, e–e Handvoll (Leute) ~ **buçuk atmak** (m. Abl.) dauernd Angst haben (vor), *F* e–n Bammel haben (vor) ≗ **Büyücü** *astr.* Jakobsstab *m* (Gürtel des Sternbilds Orion) *Oriyon kuşağı; Üç Krallar ~ **büyükler** die drei Großen ~ **çizgili kertenkele** Riesen-Smaragdeidechse *f zo.* Lacerta trilineata ~ **dikenli balık** großer Stichling *zo.* Gasterosteus aculeatus ~ **dilimli kemer** *arch.* Kleeblattbogen *m* ~ **dilli makara** *naut.* dreischeibiger Block ~ **durum yasası** s. ~ **hal kanunu; ~ eğimli dizge** *geol.* triklines System ≗ **göç bir yangın demektir.** *Spr.* Dreimal umgezogen ist so gut wie einmal abgebrannt. ~ **gün humması** s. **tatarcık humması;~ gün sıtması** *med.* Tertiana *f*, Dreitagewechselfieber *n* ≗ **gün yatak dördüncü gün toprak!** Hoffentlich braucht er nicht lange zu leiden! ~ **günlük seyisliği var, kırk, yıllık at boku eşeler!** *V* Dieser Grünschnabel will doch bei allem mitreden! ~ **hal kanunu** Dreistadiengesetz *n* (Auguste Comte) ~ **haneli** dreistellig (Zahl) ~ **kanatlı tablo** Triptychon *n* (dreiteiliges (Altar-)Bild) ~ **kardeşler** die drei (bekannten) Brüder ~ **kat etmek** 1. verdreifachen 2. dreimal falten 3. in drei Stockwerken errichten (Haus) ~ **katlı** 1. dreifach 2. mit drei Stockwerken ≗ **keçili Kürt gibi kurulma!** Blas dich nicht auf wie ein Kurde, der (ganze) drei Ziegen besitzt! ~ **kemerli tatu** Kugelgürteltier *n zo.* Tolypeutes tricinctus *armadilyo ≗ **Krallar** s. ≗ **Büyücü;** ≗ **Kuruşluk Opera** Dreigroschenoper *f* ~ **nalla bir ata kalmak** (in Füg. wie:) **İşimiz üç nalla bir ata kaldı demektir.** *iron.* Also ein Hufeisen hätten wir schon; jetzt fehlen nur noch die drei anderen und das Pferd! ~ **namlulu taret** *mil.* Drillingsturm *m* ~ **nokta** drei (Auslassungs-)Punkte *pl.* ~ **otuzunda** (neunzigjährig), sehr alt, recht gebrechlich ~ **palavracılar** *(Filmtitel)* die drei Prahlhänse ~ **parmak kuralı** *el.* Dreifingerregel, Rechte-Hand-Regel *f* ~ **parmaklı tembelhayvan** Dreizehenfaultier *n zo.* Bradypus tridactylus ~ **renk ışıkölçümü** *astr.* Dreifarbenphotometrie *f* ~ **renkli baskı** Dreifarbendruck *m* *trikromi ~ **safhalı** s. **üçfazlı;** ~ **selviler** (als Ortsbezeichnung) die drei (zusammenstehenden) Zypressen ≗ **Silâhşorlar** Die drei Musketiere (Alexandre Dumas, Çeviren: K.M. Vasıf, Istanbul 1932) ~ **şeytanlar** *(Filmtitel)* die drei Teufel ~ **taşlı dolmen** Trilith *m* ≗ **Tepeler** *n.pr.* die drei Hügel (in der Nähe von Izmir; möglicherweise Grabstätte der bithynischen Könige) ~ **tuğlu paşa** *hist.* osm. Pascha mit drei Roßschweifen (höchste Rangstufe, Wesir) ~ **vecihli zaviye** s. **üçdüzlemli açı;** ~ **yol ağzı** Straßenkreuzung *f*, Knotenpunkt *m* **-e beşe bakmamak** es nicht so genau nehmen (*spez.* Verkäufer bei geringer Preisdifferenz) ≗**ler** 1. Allah, Mohammed und der Erzengel Gabriel 2. Mohammed, Fatma und Ali 3. s. **ekanimi selâse; -ler heyeti** 1. Dreierkommission *f* 2. Triumvirat *n* **-ler paktı** Dreier-pakt *m*, -abkommen *n* *üçlü pakt **-te iki** zwei Drittel **-te iki çoğunluk** Zweidrittelmehrheit *f* *sülüsanı ekseriyet **-ü de** alle drei

üçambarlı *naut.* 1. *selt.* ein Schiff mit drei Laderäumen 2. Dreidecker *m* (Linienschiff mit drei Batterien übereinander)
üçayak s. **sehpa**
üçbaşlı kol kası *an.* dreiköpfiger Oberarmmuskel, Trizeps *m* *adalei zatürrüusu selâse *kol üçbaşlısı
üçboyutlu; üçbuutlu dreidimensional ~ **feza** dreidimensionaler Raum ~ **filim** plastischer Film ~ **geometri** s. **uzay geometri;** ~ **gözlüğü** Farbfilterbrille *f* ~ **ses** stereophonischer Klang ~ **seslendirme** stereophonische Aufnahme ~ **sineması** Breitwandkino *n*
üççengelli *mus.* Zweiunddreißigstelnote *f* *otuzikilik, triplkroş
üçdeğerli *chem.* dreiwertig, trivalent
üçdörtlük *mus.* 1. 3/4-Takt 2. Komposition *f* im 3/4-Takt
üçdüzlemli açı *math.* Triederwinkel *m* *üç vecihli zaviye
üçer je drei, zu dreien **Çocuklara üçer elma verdim.** Jedem Kind gab ich drei Äpfel. ~ ~ in Dreier-gruppen, -reihen
üçerleme *naut.* (große) Dreifachwelle
üçerli aus je drei Einheiten bestehend
üçfazlı *phys.* dreiphasig, Dreiphasen- *üç safhalı ~ **cereyan** *el.* Drehstrom *m*
üçgen 1. *math.* Dreieck *n* *müselles 2. *math.* drei-eckig, -seitig *müsellesî 3. *mus.* Triangel *m* 4. *Th.* Dreiecksstück *n* 5. s. **üçüz sinir** 6. ♁ *astr.* Dreieck *n* (Sternbild) ~ **oyma kalemi** s. **keçitırnağı;** ~ **piramit** *math.* dreiseitige Pyramide *müsellesî ehram
üçgen(s)el 1. dreieckig 2. auf ein Dreieck bezüglich
üçgensi *bot.* in Dreiecksform (Blatt)
üçgül s. **tirfil** (1); ~ **yaprak** *bot.* dreiteiliges Blatt; s.a. **mor (kırmızı)** ~
üçkâgıt, -dı vgl. **Bul karayı, al parayı!** ~ **açmak** *V* beschwindeln, betrügen
üçkâğıtçı *F* Bauernfänger *m* (der auf drei Spielkarten Wetten abschließt), Schwindler, Betrüger *m*
üçkâğıtçılık *F* Bauernfängerei *f*, Gimpelfang *m* (vgl. **üçkâğıtçı**)
üçköşe *techn.* 1. Dreieck *n* 2. Dreikant- 3. *mus.* Triangel ~ **eğe** Dreikantfeile *f* ~ **raspa** Dreikantschaber *m*
üçköşeli *techn.* 1. dreieckig 2. dreikantig ~ **midye** Wandermuschel *f* *zo.* Dreissensia (polymorpha u.a.) ~ **randa** *naut.* Feldermaussegel *n* (*hum.* Schafschinken *m*)
üçkuyucu *V* s. **kulampara**
üçleme 1. Vs. zu **üçlemek** 2. dreifach (gedreht), drei-schäftig, -strängig (z.B. Tau) 3. *selt.* Dreieinigkeit *f* *teslis 4. *lit.* Trilogie *f* 5. *(türk. Volkslit.)* Gedicht *n* mit dreizeiligen Strophen (e–e Art Terzine) 6. *mus.* Triole *f* *triyole 7. *gr.* Dreierfügung *f* (z.B. **inim inim inlemek**); ~ **yonca** Weißklee *m* *bot.* Trifolium repens
üçlemek 1. auf drei erhöhen 2. gegen ein Drittel des Ertrages verpachten (Äcker) 3. sich auf drei erhöhen (Zahl) 4. *selt.* durch drei teilen 5. dreifach drehen (Tau) 6. dreimal falten 7. dreimal pflügen 8. verdreifachen Zu 1: **Evlerini üçledi.** Er hat es jetzt auf drei Häuser gebracht. Er hat sich ein drittes Haus zugelegt. Zu 7: **Üçlenmemiş eken olmamış biçer.** *Spr.* Ohne Fleiß kein Preis. *Spr.*
üçleşmek sich auf drei erhöhen (Zahl)
üçlü drei Einheiten umfassend *spez.:* 1. *Spk.* Drei *f* 2. *mus.* a) Terz *f* *tiyers b) Trio *n* c) Terzett *n* 3. *lit.* Terzine *f* 4. dreistellig *üç haneli 5. *lit.* aus drei Halbversen bestehende Strophe 6. *Ka.* a) *(Poker)* drei Karten der gleichen Rangstufe b) Dreiersequenz *f* ~ **çatal** 1. dreizackige Harpune 2. Dreizack, Trident *m* ~ **ekran** Bildwand *f* für Stereofilm ~ **fiş** *el.* Dreifachstecker *m* ~ **görüşme** Dreierkonferenz *f* ~ **kaidesi** (*od.* **kuralı**) *math.* Regeldetri, Dreisatzrechnung *f*, einfache Schlußrechnung *basit selâse kaidesi ~ **kalıp** Schusterdreifuß *m* ~ **kama uçuşu** Kettenkeil *m* (Flugzeugformation) ~ **kapacık** *an.* dreizipflige Klappe, Valvula tricuspidalis *dessamı zuselâsetüşşerafe ~ **pakt** s. **üçler paktı;** ~ **taret** s. **üç namlulu taret;** ~ **ünlü** *phon.* Triphthong *m*
üçlük 1. Dreiheit *f* 2. Dreieinigkeit, Dreifaltigkeit, Trinität *f* 3. drei Einheiten umfassend 4. *lit.* Trilogie *f* *triloji ~ **bir cezve** ein Kaffeekocher, der drei Täßchen Kaffee faßt ~ **tempo** *mus.* dreiteiliger Takt
Üçmüneccimler *astr. va.* die drei Gürtelsterne des Orion; Jabobsstab *m*
Üçok *n.pr.* 1. *hist.* Bez. für die e–e Hälfte der Oghusenstämme 2. türk. Fn. (vgl. **Bozok**)
üçrenk, -gi Dreifarbendruck *m* *trikromi
üçsekizlik, -iği *mus.* 1. 3/8-Takt 2. Komposition *f* im 3/8-Takt
Üçşehitler Tepesi *n.pr.* Hügel *m* der drei Gefallenen (Gedenkstätte bei Inönü für die im Türk. Freiheitskrieg Gefallenen)
üçüncü dritt- ~ **alkol** s. **üçüncül alkol;** ~ **çelgi**(*od.* ~ **siper**) *(Fechten)* Terz *f* ~ **çeşit kaldıraç** *phys.* Winkelhebel *m* ~ **dereceden muadele** *math.* Gleichung *f* dritten Grades, kubische Gleichung ~ **ihtimalin yokluğu prensipi** (*od.* ~ **şıkkın imkânsızlığı**) der Satz vom ausgeschlossenen Dritten, principium exclusi tertii ~ **kaptan** *naut.* zweiter Maat (Offizier der Handelsmarine) ~ **olarak** drittens *salisen, üçüncüleyin ~ **şahıs** 1. *gr.* dritte Person *şahsı gaip 2. *jur.* dritte Person, Drittperson *f* *üçüncü kişi ~ **şahıs lehine şart** *jur.* Vertrag *m* zugunsten Dritter *üçüncü kişi yararına sözleşme ~ **şahsın fiilini taahhüt** *jur.* Vertrag *m* zuungunsten Dritter *üçüncü kişi zararına sözleşme ~ **zaman** *geol.* Braunkohlenzeit *f* Tertiär *n*
üçüncül *chem., med.* tertiär ~ **alkol** *chem.* tertiärer Alkohol *sülâsî küul ~ **olay** *med.* Tertiärerscheinung *f* (bei Syphilis)
üçüncüleyin *Adv.* drittens *salisen, üçüncü olarak
üçüncülük 1. Rang *m* des Dritten, dritte Stelle, dritter Platz 2. dritter Preis (z.B. bei Wettkämpfen)
üçürdüm *naut.* Dreiteilung *f* des Reingewinns (im Seehandel)
üçüz Drilling(-e *pl.*) *m*, Drillings- ~ **kemer** *arch.* Triforium *n* ~ **sinir** *an., med.* Trigeminus, Drillingsnerv *m* ~ **yiv** s. **triglif**
üçüzleme *lit.* Trilogie *f* *triloji
üçüzlü 1. mit Drillingen gesegnet (Mutter) 2. dreifach 3. drei Einheiten besitzend, dreiteilig, dreiarmig usw. 4. *gel. irrt.* für **üçlü** Zu 2: ~ **bir başarı** ein dreifacher Erfolg Zu 3: ~ **bir şamdan** ein dreiarmiger Leuchter ~ **bir taret** ein mit drei Geschützen bestückter Panzerturm Zu 4: ~ **görüşme** *irrt.* für **üçlü görüşme**
üçyüzlü *geom., min.* 1. drei-seitig, -flächig 2. *gel.* = **üçdüzlemli**
üdeba [ā] *va. Pl.* zu **edip**
üf s. **püf**
üfleç s. **hamlaç, şalümo**
üflemeler (*od.* **üflemeli sazlar**) s. **nefesli çalgılar**
üflemek 1. (m. Dat.) blasen, pusten (auf) 2. aus-blasen, -pusten (z.B. Kerze) 3. an-blasen, -fachen (z.B. Feuer) 4. weg-, fort-blasen (z.B. Staub) 5. blasen (Flöte, Schalmei usw.) *çalmak 6. aufblasen (z.B. Gummiballon) 7. schwer atmen, keuchen 8. *V* s. **üfürmek** (4)
üftade [ā] *va.* 1. gefallen 2. ins Elend geraten, unglücklich 3. verliebt 4. ♁ *wV*
üfteri s. **kartal eğreltisi**
üful, -lü [ū] *va.* Verschwinden, Untergehen, Dahingehen, Erlöschen, Ableben, Hinscheiden *n* ~ **etmek** *va.* verschwinden, untergehen, dahingehen, erlöschen, ableben, dahinscheiden *batmak, sönmek, vefat etmek **-u ebedî** Dahingehen *n* für immer

üf'ule *phil.* Funktion *f* *görev, işlev, vazife
üf'ulevî *phil.* funktionell *görevsel, işlevsel ~ **terbiye** funktionelle Erziehung *görevsel eğitim, işlevsel eğitim
üfürmek 1. an-blasen, -hauchen, -pusten 2. weg-, fort-blasen 3. blasen, wehen 4. *V* den Beischlaf ausüben
üfürtmek Kaus. zu **üfürmek; Amma da üfürttün ha!** *F* Nun übertreib mal nicht!
üfürük 1. An-blasen, -pusten, -hauchen *n* 2. Weg-, Fortblasen *n* 3. *geol.* Exhalation *f*
üfürükçü wer durch magischen Anhauch Krankheiten heilen zu können vorgibt, *F* Wunderdoktor *m*
üfürükçülük Tätigkeit *f* e–s **üfürükçü**
üfürüklü mit Anblasen (usw.)
üğendire(-k) s. **üvendire**
üğrüm s. **nütasyon**
ülen *reg.* s. **ulan**
üleş(-mek) s. **pay(-laşmak)**
üleştirimli tüze s. **tevzii adalet**
üleştirme Verteilung *f* ~ **sıfatları** *gr.* Distributiva, Distributivzahlen *pl.* *adadı tevziiye; tevziî sayı sıfatları
üleştirmek aus-, ver-teilen *tevzi etmek
ülfet, -ti 1. Gewöhntsein *n* (an), gewohnheitsmäßiger Brauch 2. Verkehr *m* (mit), Beziehung *f* (zu) 3. freundschaftlicher Verkehr, persönliche Kenntnis 4. ≗ *wV* ~ **etmek** 1. freundschaftlich verkehren 2. sich gewöhnen (an)
ülger s. **ölker**
Ülis *n.pr.* Odysseus, Ulixes, Ulysses
ülke 1. Land *n* *memleket 2. *jur.* Staatsgebiet, Territorium *n* 3. Heimat *f*, Vaterland *n* 4. Leute *pl.*, Bevölkerung *f* (e–s Gebietes)
ülkelerarası, -nı international *milletlerarası
ülker s. **ölker**
Ülker *n.pr.* 1. *astr.* Plejaden *pl.*, Siebengestirn *n* *Pervin, Süreyya 2. *türk. Fn. bzw. mV, wV* 3. **(fırtınası)** Name e–s period. Seesturms gegen 23. Mai bzw. 29. Oktober
ülkü 1. Gedanke *m*, Idee *f* *düşünce 2. Wunsch *m*, Hoffnung *f* *emel 3. Muster, Vorbild *n* *örnek 4. Ideal *n* *ideal, mefkûre 5. ≗ *n.pr.* a) *türk. Fn.* b) *mV, wV* c) *fr.* vom Halkevi herausgegebene Zeitschrift (1933–1950) ~ **kardeşi** Gesinnungs-freund, -genosse *m*
ülkücü 1. idealistisch gesinnt 2. Idealist(-in *f*) *m* 3. Vertreter *m* des phil. Idealismus *(1–3) idealist, mefkûreci
ülkücülük Idealismus *m* *idealizm, mefkûrecilik ~ **hareketi** aus Idealismus begangene Tat
ülküdeş wer das gleiche Ideal verfolgt; Gesinnungsgenoss-e *m*, -in *f*
ülküev ideales Heim, ideales Wohnhaus
ülküleştirmek idealisieren
ülküpark, -kı Gartenanlagen *pl.* mit Vergnügungsstätten, Sportplätzen usw. *lunapark, kültürpark
ülküsel ideal(-istisch) *mefkûrevî
ülser (*franz.* **ulcère**) *med.* Geschwür, Ulkus *n* *karha
ülserasyon (*franz.* **ulcération**) *med.* Ulzeration, Geschwürbildung *f*
ültimatom Ultimatum *n* ~ **vermek** ein Ultimatum stellen
ültimatomvari [·····––] e–m Ultimatum nahekommend, an ein Ultimatum gemahnend (z.B. Vorschläge)
ültra Extremist, Radikaler, Ultra *m*
ültrakırmızı ultra-, infra-rot
ültrakomik dummer August (im Zirkus)
ültramikroskop, -pu Ultramikroskop *n*
ültramodern hyper-, ultra-modern
ültramonten *z.va.* ultramontan, klerikalistisch
ültramor s. **ültraviyole**
ültrases; ültrason (*franz.* **ultrason**) Ultraschall *m* *sesüstü (1)
ültrasonik (*franz.* **ultrasonique**) Ultraschall- (z.B. Wellen)
ültrasonoterapi (*franz.* **ultrasonothérapie**) *med.* Ultraschallbehandlung *f*
ültraviyole 1. ultraviolett *maverayı benefşevî, morötesi 2. ultraviolette Strahlen *pl.* ~ **seansları** *med.* Behandlung *f* mit ultravioletten Strahlen
üluhiyet, -ti *va.* Göttlichkeit *f*, Wesen *n* Gottes, Gottsein *n* *tanrılık
ülüşmek *va.* sich mit j–m in et. teilen
ülüştürmek *va.* ver-, aus-teilen
ülüştürü *Adv. selt.* hier und da; strichweise
üm, -mmü *va.* Mutter *f* *anne **-ü sübyan** *med.* „Mutter der Kinder" *d.h.* Gichtern, Fraisen *pl.*, Spasmophilie *f* (bei Kindern) **-ü sübyan duası muskası** niedergeschriebenes, als Talismann gegen den bösen Blick verwendetes Gebet um Abwehr der Fraisen
ümanist; ümanite(-r); ümanizm s. **hümanist; hümanite(-r); hümanizm**
ümen (*franz.* **humain**) *selt.* menschlich, human
ümera [ā] *Pl.* zu **emir** (II) und **amir** (I) 1. Vorgesetzte, Leiter, Chefs *pl.* *amirler 2. *mil.* Stabsoffiziere *pl.* *üssubaylar
ümit, -di [ī] 1. Hoffnung, Zuversicht *f* 2. Erwartung, Vermutung, Annahme *f* 3. ≗ *mV, wV* ~ **bağlamak** seine Hoffnung setzen (auf); erhoffen, erwarten ~ **beslemek** Hoffnung hegen ≗ **burnu** *n.pr.* Kap *n* der Guten Hoffnung ≗ **dünyası bu!** Der Mensch hofft immer auf Besserung! ~ **etmek** 1. (er-)hoffen 2. erwarten, annehmen *(1, 2) ummak ≗ **etmediği felâket başına geldi.** Er wurde von e–m unerwarteten Unglück betroffen. ~ **ışığı** Hoffnungsschimmer *m* ~ **kesilecek bir hal** hoffnungsloser Zustand ~ **vermek** j–m Hoffnungen machen, in Aussicht stellen **-e düşmek** (*od.* **kapılmak**) Hoffnung schöpfen, zu hoffen beginnen **-i dışında** (b–nin) entgegen j–s Hoffnungen ≗**i kırıldı.** Seine Hoffnung zerbrach (erfüllte sich nicht). **-i olmak** Hoffnung haben (**Bu çocuğun adam olacağına -im var.** Ich habe die feste Hoffnung, daß aus diesem Jungen ein ordentlicher Mensch wird.) **-ini kesmek** (bşden) die Hoffnung (auf et.) aufgeben **-le yaşamak** von der Hoffnung leben (≗ **ile yaşayan mihnet ile can verir.** *Spr.* Wer nur von der Hoffnung lebt (*scil.* aber nichts tut), geht elend zugrunde.)
ümitbahş *va.* Hoffnung (Zuversicht) erweckend, hoffnungsvoll
ümitgâh *va.* worauf sich alle Hoffnungen konzentrieren (Person od. Sache)
ümitlendirmek hoffen (erhoffen, erwarten) lassen, Hoffnungen erwecken (bei)
ümitlenmek Hoffnung schöpfen, zu hoffen beginnen, sich Hoffnung(-en) machen
ümitli hoffnungsvoll, erwartungsvoll ~ **olmak** (m. Abl.) vertrauen (auf), hoffnungsvoll erwarten, daß ...; setzen (auf)
ümitsiz 1. wer keine Hoffnung mehr hat, hoffnungslos, verzweifelnd, verzweifelt 2. wer od. was keine Hoffnung mehr bietet, hoffnungslos (z.B. Krankheit), verzweifelt (z.B. Lage) Zu 1: **atiden** ~ an der Zukunft verzweifelnd Zu 2: ~ **hasta** hoffnungslos daniederliegender Kranker
ümitsizlenmek die Hoffnung aufgeben; verzweifeln
ümitsizlik, -iği Hoffnungslosigkeit, Verzweiflung *f* **-e kapılmak** ganz verzweifelt sein, alle Hoffnungen fahren lassen
ümitvar [·––] *z. va.* hoffend, voller Hoffnung, zuversichtlich ~ **olmak** (bşden) hoffen (auf), voll Hoffnung sein (auf) (**Bizde operanın istikbalinden ~ mısınız?** Glauben Sie, daß die Oper bei uns e–e Zukunft hat?)
ümmehat, -tı [ā] *va. Pl.* zu **üm:** 1. Mütter *pl.* 2. Quellen, Grundlagen *pl.* 3. wertvolle wissenschaftliche Werke *pl.*

ümmet, -ti 1. Religionsgemeinschaft *f* 2. *va.* s. **millet -i Muhammet** 1. Mohammedaner *pl.* 2. *P* Leute *pl.* Zu 2: **≃i Muhammet yok mu?** Will denn gar keiner helfen? **Aç kapıyı da -i Muhammet dışarı çıksın!** Mach doch die Tür auf, damit die Leute hinauskönnen.
ümmetçi klerikalistisch eingestellt
ümmetçilik Klerikalismus *m*
ümmî des Lesens und Schreibens unkundig, Analphabet (-in *f*) *m*
ümmîlik Analphabetentum *n*
Ümmügülsüm *wV*
Ümmühan *wV*
ümmülkitap; ümmülkur'an = fatiha suresi
ümniye *va.* 1. Hoffnung *f* 2. Wunsch *m*, Absicht *f*, Zweck *m*
ümoristik humoristisch, witzig, lustig
ün 1. *va.* Stimme *f*, Klang, Ton *m* 2. Ruhm *m*, Ehre *f*, Ansehen *n* **Onun -ü dünyayı tutmuştur.** Er ist in der ganzen Welt berühmt geworden. ~ **sahibi** berühmt; Berühmtheit *f* ~ **salmak** überall berühmt (geehrt, angesehen) werden **-üne gitmek** nach Ruhm streben
ünanimizm *lit.* Unanimismus *m* (Jules Romains) *tekruhçuluk
Üngüros *(altosm. Bez.)* 1. Ungar(-in *f*) *m* 2. ungarisch
üni uni, einfarbig, nicht-gemustert
ünifiye (*franz.* **unifié**) 1. vereinheitlicht 2. s. **Üni-Türk**
üniforma [··×·] Mil.- od. Schüler-Uniform *f*
üniformalı [··×··] Uniform tragend, in Uniform, uniformiert
ünilateral unilateral, einseitig
ünitarizm Unitarismus *m*
ünite 1. Einheit *f spez.* Flotteneinheit *f* *birlik, cüzütam 2. Begriffseinheit, Gesamtvorstellung *f*
üniter (*franz.* **unitaire**) 1. einheitlich, Einheits- 2. *rel., pol.* Unitarier *m* ~ **devlet** Einheitsstaat *m*
Üni-Türk *n.pr.* Unifizierte Osmanische Schuldverschreibungen *pl.*
üniversal s. **üniversel**
üniversalist, -ti Universalist *m* *evrenselci
üniversalizm Universalismus *m* *evrenselcilik
üniversel *spez. techn.* universal, Universal- ~ **kavram** *techn.* Universalkupplung *f*
üniversite 1. (mit der Reformierung der Istanbuler Universität 1933 eingeführte Bez.) Universität *f* *darülfünun 2. *Sch.* Vergnügungsstätte, Bar *f*, Nachtlokal *n*, *a.* Bordell *n* ~ **talebesi** 1. Student(-in *f*) *m* 2. Studenten, Studentinnen *pl.* ~ **yılı** akademisches Jahr; Studienjahr *n*
üniversitecilik Universitätswesen *n*
üniversiteli Student(-in *f*) *m* *darülfünunlu
üniversiter (*franz.* **universitaire**) Universitäts-; akademisch
ünlem *gr.* Interjektion *f* *nida ~ **işareti** Ausrufezeichen *n* *nida işareti, haykırı işareti
ünlemek *P* laut (zu-)rufen *seslenmek
ünlü 1. berühmt, geehrt, geachtet, angesehen 2. *gr.* Vokal *m* *sesli ~ **boşluğu** *ling.* Hiatus *m* *ses bosluğu, ses gediği ~ **çatışması** *ling.* Synärese *f* ~ **düşmesi** *ling.* Vokalausstoßung, Elision *f* ~ **uyumu kuralı** *gr.* Gesetz *n* der Vokalharmonie *ahenk kaidesi ~ **üçgeni** *phon.* Vokaldreieck *n*
ünlüarası, -nı *phon.* intervokalisch ~ **ulaması** *phon.* vokalische Verschleifung
ünlüleşme *phon.* Vokalisierung *f* (e–s Konsonanten)
ünlüleştirmek *phon.* zum Vokal werden lassen; vokalisieren
ünnabiye; ünnap s. **hünnapgiller; hünnap**
üns *va.* 1. Gewöhnung, Gewohnheit *f* 2. *(Mystik)* das von Gott Erfülltsein (e–s Menschen)
ünsî *va.* 1. vertraut, anschmiegsam 2. Freund *m* 3. **Ünsi** *mV* **Ünsiye** *wV*
ünsiyet, -ti 1. Vertrautheit, Zutraulichkeit, Gewöhnung *f*, Gewohntsein *n* 2. Freundschaft *f* *ahbaplık, arkadaşlık ~ **etmek (kesp etmek, peyda etmek)** 1. (bşle) vertraut werden (mit), sich gewöhnen (an) 2. (b–le) sich anfreunden (mit)
ünsüz 1. unberührt 2. nicht-vokalisch 3. *gr.* Konsonant *m* *konson, sessiz ~ **değiş(tir)imi** s. **Grimm kanunu;** ~ **düşmesi** *ling.* Konsonantenschwund *m*, Ekthlipsis *f* (z.B. **çiftçi** > **çifçi**); ~ **uyumu** *ling.* Konsonantenharmonie *f* (vgl. z.B. **sütçü : dilci**)
ünsüzlerarası, -nı *ling.* interkonsonantisch
ünsüzleşmek *ling.* zum Konsonanten werden (Vokal)
ünük *dial.* 1. s. **boğaz, gırtlak** 2. Geschwulst *f* im Hals
ünvan s. **unvan**
Ünye *n.pr.* Hafenstädtchen u. D. im Rbz. Ordu
ünyon (*franz.* **union**) Vereinigung *f spez.* Gewerkschaft *f* *sendika
ünyonist, -ti (*franz.* **unioniste**) organisierter Arbeiter *sendikacı
üphet(-lü) s. **übbehet(-lü)**
üraninit, -ti (*franz.* **uraninite**) s. **pekblent**
üranist, -ti Uranist *m* *homoseksüel
üranizm Uranismus *m* *homoseksüellik
üranografi *astr.* Himmelsbeschreibung *f* (*va.* Uranographie)
ürat, -tı (*franz.* **urate**) Salz *n* der Harnsäure; Urat *n*
ürbanist, -ti (*franz.* **urbaniste**) 1. Städte-planer, -bauer *m* 2. *selt.* s. **ürbanistik**
ürbanistik städtebaulich *şehirciliğe müteallik
ürbanizm (*franz.* **urbanisme**) Städtebau(-wesen *n*) *m* *şehircilik
ürcufe [ü] *va.* Lüge *f*, willkürliche Erfindung, falsches Gerücht
Ürdün s. **Erdün**
üre (*franz.* **urée**) *biol., chem.* Harnstoff *m*, Urea *f* *bevle, karbamik
ürem s. **faiz**
üreme 1. Vs. zu **üremek** 2. *biol.* Fortpflanzung *çoğalma, reprodüksiyon, tenasül ~ **hücresi** s. **germen** ~ **organları** *an.* Fortpflanzungsorgane *pl* *tenasül uzuvları
üremek *biol.* sich durch Fortpflanzung vermehren
üremi (*franz.* **urémie**) *med.* Harnvergiftung, Urämie *f*
üremik (*franz.* **urémique**) *med.* harnvergiftet, urämisch
üren s. **döl, nesil**
üreteç, -ci s. **generator**
üreter (*franz.* **uretère**) s. **sidik borusu**
üretici Erzeuger, Produzent *m* *müstahsil
üretim Erzeugung, Produktion *f* *istihsal, yetiştirme ~ **kooperatifi** Produktionsgenossenschaft *f*
üretken 1. fortpflanzungsfähig 2. reproduktiv
üretme 1. *biol.* Fortpflanzung *f* 2. Aufzucht *f* (e–s Waldes) ~ **inci** Zuchtperle *f*
üretmek 1. durch Fortpflanzung vermehren; züchten *yetiştirmek 2. erzeugen, produzieren, herstellen *istihsal etmek
üretmen s. **üretici**
üretra [·×·] (*franz.* **urètre**) s. **siyek**
üretral *an., med.* urethral; die Harnröhre betreffend
Ürgüp *n.pr.* O. u. D. im Rbz. Nevşehir
ürik (*franz.* **urique**) *med.* Harn- ~ **asit** Harnsäure *f* ~ **taşı** (< **ürik asit taşı**) *med.* Harnstein *m*
üriner (*franz.* **urinaire**) *med.* den Harn betreffend, Harn-
ürjan (*franz.* **urgent**) 1. dringend, dringlich 2. (als Aufschrift) Eilt!
ürkek 1. scheu, furchtsam 2. schüchtern, zurückhaltend,

sich genierend *çekingen ~ ~ 1. scheu und furchtsam 2. schüchtern und zögernd
ürkeklik 1. Scheu, Furcht(-samkeit) *f* 2. Schüchternheit, Zurückhaltung *f* 3. Rauhfußhuhn *n zo.* Tetrao gallus caspius
ürkmek, (-er) 1. scheuen, scheu werden (z. B. Pferd) 2. (m. Abl.) zusammen-, zurück-fahren, zurückschrecken, sich entsetzen (bei, vor, über) 3. keine Früchte tragen (Baum) Zu 2: **Hasta öyle zayıflamıştı ki, ilk görünüşte halinden ürktüm.** Der Kranke war so abgemagert, daß ich mich über seinen Zustand entsetzte, als ich ihn zum ersten Mal sah. Zu 3: **Şeftaliler bu yıl ürkmüş.** Die Pfirsichbäume tragen dieses Jahr nicht.
ürkü s. **panik**
ürkünç s. **korkunç**
ürküntü plötzlicher Schrecken; Zusammenfahren *n*
ürkürük *dial.* s. **merdümgiriz**
ürkütmeden sayılmaz *hum.* überfüllt *pek kalabalık
ürkütmek 1. scheu machen, e–n Schrecken einjagen, zusammenfahren (zurückschrecken) lassen, erschrecken, aufscheuchen, verprellen 2. e–n Baum stutzen
ürodeller (*franz.* **urodèles**) s. **kuyruklular**
ürolog Urologe *m*, Urologin *f*, Spezialist(-in *f*) *m* für Krankheiten der Harnorgane
üroloji *med.* Urologie *f*
ürolojik *med.* urologisch
ürolojist, -ti s. **ürolog**
ürperme Vs. zu **ürpermek;** s.a. **yer ürpermesi**
ürpermek sich sträuben, zu Berge stehen (Haare), (zusammen-)schaudern, zittern
ürperti Schaudern, Zittern *n*
ürpertici s. **tüyler ~**
ürpertmek Kaus. zu **ürpermek;** s.a. **tüyleri ~**
ürtiker (*franz.* **urticaire**) *med.* Nessel-fieber *n*, -sucht *f*, -ausschlag *m* *kurdeşen, encüriye
ürümek heulen (*od.* bellen) (Hunde, Schakale) **Ürüyen köpek ısırmaz.** *Spr.* Hunde, die viel bellen, beißen nicht. *Spr.* **Ürümesini bilmeyen köpek sürüye kurt getirir.** *Spr. (Sinn:)* Ungeschicklichkeit auch e–s gutwilligen Menschen bringt Schaden.
ürün 1. Erzeugnis, Produkt *n*, Ernte *f* *mahsul 2. *spez.* Milch-, Molkerei-produkte *pl.* 3. *fig.* Ergebnis, Resultat *n*
üryan [ā] nackt, bloß *çıplak, yalın
üryanî [·– –] **(eriği)** enthäutete, getrocknete Pflaumen *pl.* (die spez. zu **hoşaf** verwendet werden)
üryanlık [ā] Nacktheit, Blöße *f*
üryanülbüzur [·–··–] s. **açıktohumlular**
üs, -ssü 1. Grundlage, Basis *f* 2. *math.* Exponent *m*, Hochzahl *f* 3. Heimathafen *m* (z. B. e–s Kriegsschiffes) 4. *mil.* Stützpunkt *m*, (Flotten-, Operations-, Luft- usw.) Basis *f*
üsalize s. **üstalize, karşıtalize**
üsbitken s. **epifit**
üsbu(-î) s. **usbu(-î)**
üsçavuş *mil.* Stabsunteroffizier *m*
üsçeken; üsçene; üsderi(-altı) s. **üstçeken; üstçene; üstderi(-altı)**
üsera [ā] *Pl.* zu **esir** (I) 1. Kriegsgefangene *pl.* 2. *va.* Sklaven *pl.* ~ **gemisi** *va.* Sklavenschiff *n* ~ **kampı** (*od.* **karargâhı**) Kriegsgefangenenlager *n*
Üsküdar *n.pr.* Üsküdar, Skutari (Teil von Istanbul auf dem kleinasiatischen Ufer und gln. D. im Rbz. Istanbul) **-'da sabah oldu!** *F* Jetzt ist es zu spät! Da hättest du früher aufstehen müssen!
üsküf 1. *hist.* hohe, goldverzierte Filzmütze e–s Janitscharenoffiziers (mit langem, rechteckigem, nach hinten überfallendem Teil) 2. *fr.* Haube *f* (e–s Jagdfalken) 3. Drahtschutz *m* über dem Kopf e–r Wasserpfeife 4. *naut. hist.* Matrosenmütze *f*
üsküflü 1. e–n **üsküf** tragend 2. *fig.* Hauben-, Kronen- ~ **doğan** Rohrweihe *f zo.* Circus aeruginosus *kırmızı doğan
üskül (*a.* **keten üskülü**) *dial.* gehechelter, spinnfertiger Flachs
Üsküp *n.pr.* Skopje (in Jugoslawien)
üsküre s. **öskire**
üsle(ndir)mek *mil.* stationieren
üslenmek 1. *mil.* stationiert werden 2. sich niederlassen; seinen Wohnsitz nehmen
üslup, -bu Stil *m* **²u beyan ayniyle insan** *od.* **², insanın kendisidir.** „Le style, c'est l'homme." (Buffon)
üslupbilim 1. Stilkunde *f* 2. Methodologie *f*
üslupçu glänzender Stilist
üslupçuluk Stilkunst *f*
üsluplaştırmak stilisieren *stilize etmek
üsluplu 1. mit nb. Stil 2. stilistisch 3. *pej.* geziert, umständlich Zu 2: **Bu kitap, Fransızcanın en parlak ~ yazılarından sayılır.** Dieses Werk rechnet zu den stilistischen Meisterleistungen des Französischen.
üslü *math.* exponential ~ **denklem** *math.* Exponentialgleichung *f*
üsmut Glückseligkeit *f* *saadeti uzma
üssubaylar *mil.* Stabsoffiziere *pl.*
üssübahrî s. **deniz üssü**
üssülesas [ā] Grundprinzip *n*, fundamentales Prinzip, unbedingte Voraussetzung
üssülhareke; üssülharekât *mil.* Operationsbasis *f*
üssümizan [··– –] *fr.* die für das Bestehen e–r Prüfung vorgeschriebene Durchschnittsnote aus allen in Frage kommenden Fächern **-ı doldurmak** *fr.* die vorgeschriebene Durchschnittsnote erreichen (Prüfling)
üst, -tü 1. Ober-seite, -fläche *f* 2. Außenseite *f*, Äußeres 3. Kleidung *f*, Kleider *pl.* *giysi 4. *spez. mil.* Vorgesetzter *mafevk 5. Ehrenplatz *m* (in e–r Versammlung) 6. was übrigbleibt, Rest *m*, restlich 7. *a. Px.* ober, Ober-, Über- 8. ander, weiter, hinter, folgend 9. (in einigen Füg. zur Bez. des Eintritts e–r Handlung, e–r unmittelbar bevorstehenden Zeit od. Nähe) 10. (in einigen Füg.) Verantwortung, Verpflichtung, Obliegenheit *f* 11. **-ünde, -ünden, -ünes** s. unten Zu 1: s. **evin (masanın) -ü** Zu 2: **portakalın -ü** Außenseite (Schale) *f* der Orange; s.a. **mektup -ü** Zu 3: **Çocuk, -ünü çamur etti.** Das Kind hat seine Kleidung (*od.* sich) ganz schmutzig gemacht. s.a. **ne ~ bırakmak ne baş** Zu 6: **paranın -ü** das restliche Geld; Restbetrag *m* **²ü sizde kalsın!** (beim Bezahlen) Der Rest für Sie! Stimmt schon! s.a. **kalbur -ü** Zu 7: s. ~ **dudak (kat); -insan** Zu 8: s. ~ **yan** Zu 9: s. **bayram -ü; akşamüstü; kış -ü; suçüstü; yol -ü** Zu 10: s. **Ne -üme lâzım** (*od.* **vazife**)? ~ **ağırlık** *techn.* Obergewicht *n* ~ **akıntı** Ober(flächen)strömung *f* (z. B. im Bosporus) ~ **ana toplardamar** *an.* obere Hohlvene *veridi ecvefi ulya ~ **ayak** (*od.* ~ **basamak**) oberste Treppenstufe ~ **balkon** *Th.* s. **galeri;** ~ **baş** An-, Auf-zug *m*, Äußeres; Kleidung, Tracht *f* *kılık kıyafet ~ **baş aramak** von oben bis unten durch-, ab-suchen ~ **baş araştırması** Leibesvisitation *f* ~ **başa çıkmak** den Ehrenplatz einnehmen ~ **bilezik** *arch.* Astragal *m* (Rundprofil zwischen Säulen-schaft u. -kapitell) ~ **çıkmak** (*od.* **gelmek**) (b–ne) sich j–m überlegen erweisen, j–n übertreffen ~ **direk** *Fb.* Querlatte *f* (des Tors) ~ **durumlu yumurtalık** *bot.* oberständiger Fruchtknoten *mebizi âlâ ~ **eşik** *mus.* s. **köprücük;** ~ **fırçası** Kleiderbürste *f* ~ **gelmek** s. **üst çıkmak;** ~ **güvert** *naut.* Oberdeck *n* ~ **hakkı** *jur.* Überbau-, Erbbau-recht *n* ~ **havaküre** s. **stratosfer;** ~ **inşaat** s. ~ **yapı;** ~ **kalıp** *typ.* Patrize *f* ~ **kapak** Deckblatt *n* (e–r Zigarre) ~ **kat** 1.

oberes Stockwerk; Obergeschoß *n* 2. obere Schicht ~ **katmanbulut** *met.* hohe Schichtwolke; Altostratus *m* *altostratüs ~ **kısım** oberer *bzw.* oberster Teil ~ **kiriş** Oberbalken *m* ~ **kol** Oberarm *m* *adut, karaca, kol, pazı ~ **köşe** s. **baş köşe;** ~ **kundak** *mil.* Oberlafette *f* ~ **perde** *fig.* höchster Grad; Gipfel ~ **perdeden atıp tutmak** großtun, prahlen ~ **perdeden başlamak** (*od.* **konuşmak**) 1. zu schreien (od. zu schimpfen) anfangen 2. anmaßend werden, *F* große Töne spucken ~ **taban** *arch.* Architrav *m* ~ **taraf** 1. Rest *m* (z.B. e–r Schuld) 2. das Weitere (Zu 2: ≗ **tarafı malum.** Das Weitere ist bekannt.) ~ **tetikte** mit gespanntem (Gewehr-)Hahn ~ **üste** 1. aufeinander 2. nacheinander ~ **yan** die et. weiter entfernte Stelle z.B. nächste Tür (auf e–r Straßenseite) (**pınarın** ~ **yanında** gleich hinter der Quelle **hikâyenin** ~ **yanı** Fortsetzung *f*, Rest *m* der Geschichte **Bunun** ~ **yanı yalan.** Alles Übrige ist erlogen. **Evimiz, eczanenin** ~ **yanındadır.** Unser Haus ist das nächste nach der Apotheke.) ~ **yapı** Ober-, Auf-, Über-bau *m* ~ **yargılık** s. **istinaf mahkemesi**

(üste): ~ **çıkmak** 1. selber schuldig sein, aber e–n anderen der Tat bezichtigen 2. (b–den daha) j–n übertreffen 3. s. **zeytin yâğı gibi üste çıkmak** 4. immer recht haben wollen ~ **gelmek** wichtiger sein ~ **istemek** obendrein noch et. verlangen ~ **koymak** drauflegen, draufzahlen (müssen) ~ **varmak** in flagranti ertappen ~ **vermek** 1. dazutun, hinzufügen 2. draufzahlen müssen, Schaden haben (beim Kauf od. Verkauf) ~ **vurmak** 1. steigern, erhöhen, vermehren 2. hinzutun

(üstte): 1. obendrauf 2. weiter oben ~ **başta kalmamak** zerlumpt sein (Kleider)

(üstten): 1. von oben her 2. obenhin, flüchtig, oberflächlich 3. aufgesetzt ~ **almak** zu prahlen beginnen ~ **cep** s. **takma cep;** ~ **pervaneli uçak** Hubschrauber *m*

(üstü): ~ **başı dökülmek** in Lumpen gehen ~ **başı kalmamış** ganz abgerissen; zerlumpt ~ **başı perişan** in zerlumptem Aufzug ~ **kapalı** (*od.* **örtülü**) nicht offen ausgesprochen, unausgesprochen, verblümt ausgedrückt, nur andeutend (Worte) ~ **kaval altı şişane** s. **altı kaval üstü şişane;** ~ **kirli** 1. in schmutzigem Aufzug 2. mit schmutzigen Händen (Kind) ~ **temiz** sauber angezogen **Üstümde kalmasın!** Daß ich es nicht vergesse (z.B. Ich soll Ihnen Grüße bestellen von ...) **Üstümden (üstümüzden, üstünüzden) ırak!** (*Abw.* bei Erwähnung e–s Unglücks, e–r Krankheit usw.) Möge mir (uns, euch, Ihnen) ein solches Unglück erspart bleiben! **Üstüme iyilik sağlık!** *P* 1. Möge Gott mich vor e–m solchen Unglück bewahren! 2. Das ist doch die Höhe!

(üstünde): 1. über 2. auf 3. an 4. nach (Richtung) 5. über, betreff 6. über, mehr als 7. erhaben über 8. bei (Zu 1: **Bulutlar başımızın** ~**.** Die Wolken stehen über uns. Zu 2: **su** ~ auf dem Wasser Zu 3: **Tuna** ~ **bir şehir** e–e Stadt an der Donau Zu 4: **sokak** ~ **bir pencere** ein Fenster nach der Straße hin, ein Straßenfenster Zu 5: **bir mesele** ~ **münakaşa** Diskussion *f* über ein Problem Zu 6: **yüz lira** ~ **bir tablo** ein Bild im Preis von mehr als hundert Pfund **beş yaş -ki çocuklar** Kinder über fünf Jahre Zu 7: **her türlü iftiranın** ~ über alle Verleumdung erhaben Zu 8: ≗**para yok.** Er hat kein Geld bei sich. ~ **durmak** (bir işin) 1. bei e–r Sache bleiben, et. nicht aufgeben, sich mit et. abmühen 2. eigensinnig beharren (auf); herumreiten (auf) ~ **kalmak** den Zuschlag bekommen (bei e–r Versteigerung) ~ **olmak** (in Füg. wie:) **Muzipliği** ~ **idi.** Er war zu Lausbübereien aufgelegt.

(üstünden): 1. über ... hinweg 2. von ... herab ~ **akmak** j–m et. vom Gesicht ablesen können ~ **atmak** e–e Verpflichtung nicht übernehmen *bzw.* sich ihrer entledigen; sich von e–r Aufgabe drücken; von sich abwälzen (z.B. Schuld) ~ **dökülmek** 1. *allg.* nicht passen 2. wie ein nasser Sack anhängen (Kleidungsstück) ~ **geçmek** 1. (b–nin) vergewaltigen, notzüchtigen, schänden *ırzına geçmek 2. darüber hingehen (Zeit) ≗ **kibarlık akıyor.** s. **Paçalarından kıbarlık akıyor.**

(üstüne): 1. auf 2. über, betreff 3. nach, gemäß, entsprechend 4. auf, bei (schwören) 5. zusätzlich zu ... 6. (temporal) nach 7. zu sich (z.B. Geld stecken) 8. vgl. **ısrar** ~ **ısrar etmek** Zu 1: **örsün** ~ **vurmak** auf den Amboß schlagen Zu 2: **Tevfik Fikret** ~ **yazılan eserler** Werke über Tevfik Fikret Zu 3: **aldığı emir** ~ in Ausführung des erhaltenen Befehls Zu 4: **namus** ~ **yemin etmek** bei seiner Ehre schwören Zu 5: **kabahat** ~ **kabahat işlemek** e–e weitere Schuld auf sich laden Zu 6: **Çay** ~ **ayran içilir mi?** Trinkt man vielleicht Ayran auf (nach) Tee? ~ **ağırlık basmak** 1. j–m wie ein Alpdruck auf der Seele lasten 2. überkommen (Schläfrigkeit) ~ **almak** 1. et. auf sich beziehen *alınmak 2. et. über sich decken od. legen; *a.:* anziehen, aufsetzen 3. übernehmen, auf sich nehmen (z.B. Verantwortung), sich verpflichten (zu) *deruhte etmek ~ **atılmak** sich stürzen (auf); an-fallen, -greifen ~ **atmak** (b–nin) 1. j–m die Schuld zuschreiben, *F* in die Schuhe schieben wollen 2. j–m et. aufhalsen ~ **basmak** *F* das Richtige treffen (mit e–r Vermutung) ~ **başına etmek** (b–nin) *V* j–n mit Schimpfworten überhäufen ~ **başında** (unmittelbar) darüber ~ **bırakmak** 1. aufgeben, verzichten 2. anvertrauen, übergeben ~ **bir bardak (soğuk) su içmek** (bşin) *fig.* die Hoffnung auf et. aufgeben, *F* et. in den Schornstein schreiben *fatiha okumak ≗ **bir iki güneş doğdu.** *P* Darüber vergingen ein paar Tage. ~ **çekmek** 1. s. **kapıyı** ~ **çekmek** 2. auf sich lenken (z.B. Aufmerksamkeit) ~ **çevirmek** (*od.* **geçirmek**) übertragen, e–n Übertrag machen (auf) ~ **çıkmak** 1. sich durchsetzen, die Oberhand gewinnen, an die Spitze gelangen 2. aufstocken (Haus) ~ **düşmek** 1. e–e Leidenschaft bekommen (für), sich mit Eifer werfen (auf), sich sehr interessieren (für) 2. et. mit Beharrlichkeit verfolgen (betreiben) 3. j–n drängen, j–m stark zusetzen (et. zu tun) 4. sehr besorgt sein (um) ~ **evlenmek (karısının)** *fr.* e–e Nebenfrau nehmen ~ **gelmek** (bşin) plötzlich dazukommen (auftauchen, erscheinen) ~ **giymek** 1. anziehen (Kleidungsstück) 2. aufsetzen (Hut) ~ **gül koklamamak** (b–nin) keine andere Frau berühren ~ **güneş doğmamak** immer vor Tagesanbruch aufstehen ≗ **iyilik sağlık!** Weiter geht es nicht mehr! ~ **kanat germek** *fig.* j–n unter seine Fittiche nehmen ~ **koymak** 1. hinzufügen, dazutun 2. zusetzen (draufzahlen) müssen; verlieren, einbüßen ~ **mal etmemek** 1. sich nicht um j–n kümmern 2. et. nicht als seine Aufgabe (Obliegenheit) ansehen ~ **oturmak** 1. genau darauf passen 2. *F* sich widerrechtlich et. aneignen, et. mit Gewalt an sich reißen od. et. nicht herausgeben wollen (fremdes Eigentum); *gel. a.:* unterschlagen, veruntreuen ~ **ölü toprağı serpilmiş gibi** 1. stocksteif, regungslos 2. wie ein Toter (*z.B.* schlafen) ~ **örtmek** et. über sich decken (z.B. Mantel), sich mit et. zudecken ~ **perde çekmek** *fig.* den Schleier der Vergessenheit über et. breiten ~ **pervane olmak** 1. zärtlich hegen und pflegen, liebevoll betreuen und hüten (z.B. Mutter ihr Kind) 2. *fig.* sich sehr (um e–e Frau) bemühen ~ **soğuk su içmek** s. ~ **bir bardak (soğuk) su içmek;** ~ **tekrar işlemek** ausbessern (*z.B.* Bild) ~ **titremek** 1. (b–nin) zittern (um) Angst haben (für), mit sorgender Liebe umgeben 2. (bşin) et. wie seinen Augapfel hüten ~ **toz kon-**

durmamak s. Stw. **toz;** ~ **uğramak** *F* j–m passieren (**Üstüme ne uğrayacak var?** Was soll mir passieren?) ~ **üstlük** obendrein, zu allem Überfluß, zu allem Unglück ~ **varmak** 1. nahe herankommen, nahe an j–n herangehen 2. j–n drängen, j–m zusetzen 3. aufschlagen (mit dem Preis) 4. mehr bieten, höher gehen (bei e–r Versteigerung) (Zu 1: **Üstüme varma!** Bleib mir vom Leib!) ≗ **vazife değil!** Darum brauchst du dich nicht zu kümmern! ~ **vermek** s. ~ **koymak;** ~ **yapmak** 1. sich vollmachen (Kind) 2. *(als Erbe)* vermachen ~ **yatmak** s. **üstüne oturmak;** ~ **yığmak** (*od.* ~ **yıkmak**) s. ~ **atmak** (2); ≗ **yok!** 1. Et. Besseres gibt es nicht! 2. Dagegen (bzw. Gegen ihn) ist nichts zu sagen. ~ **yormak (kendi)** et. auf sich beziehen *alınmak ~ **yürümek** auf j–n losgehen, zornig losfahren (auf)

(üstünü): ~ **aramak** j–n e–r Leibesvisitation unterziehen ~ **başını pisletmek** sich von oben bis unten schmutzig machen, *F* sich ganz eindrecken ~ **başını yolmak** 1. j–n an den Haaren ziehen (reißen, zerren) 2. **(kendi)** sich die Haare raufen ~ **değiş(tir)mek** sich umziehen, sich umkleiden ~ **görmek** menstruieren, die Periode haben *âdet görmek ~ **kirletmek** sich schmutzig machen *spez.* sich in die Hose machen (Kind) ~ **vermek** herausgeben (**Yüz liranın** ~ **verebilir misiniz?** Können Sie auf hundert Pfund herausgeben?) **Üstünüze afiyet (sağlık, şifalar)!** (*Abw.* bei Erwähnung e–s Unglücks, e–r Krankheit usw.) Mögen Sie nie davon betroffen werden!

üstadane [·−−·] meisterlich, meisterhaft, Meister-

üstalize s. **karşıtalize**

üstat, -dı *urspr.* [ā] Meister *m* (in e–r geistigen Disziplin od. bei Freimaurern); häufig *a.* Anrede od. Bez. für hervorragende Literaten od. erstklassige Schauspieler ≗ **kim doğar?** *Spr.* Es ist noch kein Meister vom Himmel gefallen. *Spr.* **-ı azam** Hochmeister *m* (bei Freimaurern) **-ı kül** 1. unbestrittener Meister 2. *hum. F* gelehrtes Haus

üstatlaşmak sich immer mehr zum Meister entwickeln

üstatlık Meisterschaft *f*

üstaydınlık Oberlicht *n*

üstaz [ā] *va.* s. **üstat**

üstçeken *mus.* s. **dominant**

üstçene *an.* Oberkiefer *m*, Maxille *f* *fekki âlâ; maksile

üstderi *an.* Oberhaut, Epidermis *f* *beşere, epidermis

üstderialtı, -nı unter der Oberhaut befindlich *tahtı beşerevî

üstdudak 1. *an.* Oberlippe *f* 2. Labrum *n* (bei Insekten)

üste (in der Füg.:) **-sinden gelmek** (bşin od. b–nin) *P* fertig-, zustande-, hin-bringen, *F* deichseln, fingern; fertig werden (mit)

üstecelik [·×··] *P* Zugabe *f* *üstelik

üsteğmen *mil.* Oberleutnant *m* *birinci mülâzım, mülâzımı evvel

üstel s. **üslü**

üstelemek 1. (m. Dat.) hinzu-, dazu-kommen 2. erneut auftreten (Krankheit) 3. beharren, bestehen (auf e–r Bitte, e–m Verlangen usw.), weiter in j–n dringen 4. et. obendrauf setzen Zu 1: **Sıkıntıya bir de hastalık üsteleyince ...** Wenn zu der pekuniären Not noch e–e Krankheit hinzukommt ... Zu 2: **Sıtması üsteledi.** Er bekam erneut e–n Malariaanfall. Zu 3: **Bu cevabı alınca fazla üstelemedim.** Als ich diese Antwort bekam, drang ich nicht weiter in ihn. Zu 4: **Ahmet, lafı üstelemedi.** Ahmet erwiderte nichts mehr.

üstelik 1. Zugabe *f* 2. Überschuß *m* 3. *Adv.* obendrein, noch dazu, außerdem noch, zu allem Überfluß

üstenci s. **müteahhit**

üstenmek s. **taahhüt etmek, uhdesine almak**

üstermek 1. s. **ihale etmek** 2. s. **teffiz etmek**

üstgeçiş *astr.* obere Kulmination *müruru balâ; yücelim

üstgeçit (Straßen-, Eisenbahn- usw.)Überführung *f*

üstinsan [ā] Übermensch *m* *fevkalbeşer

üstjura *geol.* Malm *m* *malm

üstkarın (bölgesi) *an.* Oberbauchgegend *f*, Epigastrium *n* *epigastr(-iyum); mide çukuru

üstkuşak *geol.* Epizone *f*

üstlenmek 1. (e–e Aufgabe) übernehmen 2. sich (z. B. zu e–m Attentat) bekennen

üstlü s. **altlı** ~

üstlük, -üğü 1. Zugabe *f* 2. Überzieher, Sommer-, Übergangs-mantel *m* *pardesü 3. Übergeordnetsein *n* 4. *fr.* (Frauen-)Überwurf *m* *ferace, yeldirme Zu 1: s. **üstüne** ~

üstneojen *geol.* s. **pliyosen**

üstnova *astr.* Supernova *f*

üstnümülit, -ti *geol.* s. **miyosen**

üstperm *geol.* Zechstein *m* *zehştayn

üstsüz başsız kalmak nichts anzuziehen haben

üsttabaka *spez. ling.* Superstrat *n*

üsture [ū] *va.* Mythe, Legende *f*

üsturevî *va.* mythologisch, legendarisch *esatirî, efsanevî, mitolojik

üstübeç, -ci *chem.* Bleiweiß *n* *isfidaç ~ **macunu** Leimkitt *m*

üstün 1. über-treffend, -ragend, -legen *faik 2. Vokalisierungszeichen für **a** od. **e** in der ar. Schrift *fetha 3. *math.* transzendent *transandant Zu 1: **O, hepsinden üstündür.** Er ist allen überlegen. ~ **adam** Herrenmensch *m* ~ **gelmek** übertreffen, überragen, überlegen sein, sich überlegen zeigen, die Oberhand gewinnen, überflügeln ~ **ırk** Herrenrasse *f* ~ **kaliteli** qualitativ hervorragend, besonders gut ~ **oynamak** *a. Fb.* überlegen spielen ~ **tutmak** s. **tercih etmek;** ~ **tutulmak** 1. den Vorrang verdienen 2. den Ausschlag geben; überwiegen ~ **uçan kale** fliegende Superfestung ~ **yetenekliler** besonders Begabte *pl.* *çok kabiliyetliler

üstünbeslenen; üstünbeslenme s. **hipertrof(-i)**

üstünde, üstünden, üstüne s. Stw. **üst**

üstünkörü (< **üstün görü**) oberflächlich, flüchtig; nur so obenhin, schlampig

üstünkörülük Oberflächlichkeit, Flüchtigkeit *f*

üstünlemek 1. mit dem **üstün**-Zeichen versehen (Konsonant in der ar. Schrift) 2. mit dem Vokal **a** od. **e** sprechen

üstünlü mit **üstün** (2) *fethalı, meftuh

üstünlük Überlegenheit *f*, Überragen, Übertreffen *n* ~ **derecesi** *gr.* Superlativ, Elativ *m* *derecei tafdil, mübalağa sıfatı

üstünyapım s. **süperprodüksiyon**

üstüpü Werg *n*, Hede, Putzwolle *f* ~ **kalemi** Stopfmesser *n*

üstüpülemek mit Werg ausstopfen, abdichten

üstüpülü mit Werg ausgestopft; abgedichtet

üstüste s. **üst üste**

üstüva s. **istiva**

üstüvane [ā] 1. Walze *f*, Zylinder *m* 2. *math.* Zylinder *m* *(1, 2) silindir ~ **müvellidi** *math.* Zylindererzeugende *f*

üstüvanî [··−−] walzenförmig, zylindrisch *silindirsel ~ **irtisam** *math.* Zylinderprojektion *f*

üşek, -eği eine kleinere Luchsart

üşekâ *hum. pseudoar. Pl.* zu **eşek**

üşenç 1. s. **üşengen** 2. s. **üşengenlik**

üşengeç(-lik); üşengen(-lik) s. **üşenik(-lik)**

üşenik zu faul (um et. zu tun); träge, energielos

üşeniklik Schlaffheit, Energielosigkeit, Faulheit, Trägheit *f*

üşenmek (m. Dat.) zu schlaff (energielos, faul, träge) sein (um et. zu tun) **Lakırdı söylemeye üşeniyor.** Er ist zu faul, den Mund aufzutun. **Üşenenin (Utananın, Erine-**

nin) oğlu kızı olmamış. *Spr.* (Nur) Beharrlichkeit führt zum Ziel. *Spr.* **üşenmeden** unverdrossen
üşmek (m. Dat.) 1. in Scharen irgendwohin laufen (eilen), strömen) 2. angelaufen kommen (e–r nach dem andern) Zu 2: **Herkes başıma üştü.** Jeder kam zu mir gelaufen.
üşnan [ā] *va.* 1. s. **dikenli çöven** 2. s. **çöven otu**
üşne *va.* s. **yosun**
üşniye s. **suyosunları; -i berriye** 1. s. **karayosunları** 2. s. **yapraklı karayosunları; -i hadra** s. **diyatomeler**
üştür *va.* s. **deve**
üştürban s. **şütürban**
üşümek 1. frieren 2. sich erkälten
üşüntü 1. scharenweises Strömen; Massenstrom *m* 2. Angelaufenkommen *n* 3. viele, sehr viele Zu 1: **karınca -sü** Massenstrom *m* der Ameisen Zu 3: ≗ **köpek mandayı paralar.** *Spr.* Viele Hunde zerreißen sogar e–n Büffel. *d.h.* Einigkeit macht stark. *Spr.* ~ **etmek** von allen Seiten zusammenströmen, von überall her kommen
üşür s. **öşür**
üşürmek Kaus. zu **üşmek; köpekleri b–nin üstüne** ~ die Hunde auf j–n loslassen (hetzen)
üşüşmek 1. von allen Seiten zusammenströmen, in Massen gelaufen kommen 2. (b–nin üzerine od. başına) sich auf j–n stürzen
üşüştürmek Kaus. zu **üşüşmek; hançer** ~ sich mit gezücktem Dolch auf j–n stürzen
üşütmek 1. Kaus. zu **üşümek** 2. sich erkälten *soğuk almak 3. *V* = **kafayı** ~ *(q.v.)*
üterüs *med.* s. **uterus; dölyatağı**
ütilitarist, -ti 1. utilitaristisch "*nef'î, faydacıl 2. Utilitarist (-in *f*) *m*
ütilitarizm(-a) Utilitarismus *m*, Nützlichkeits-lehre *f*, -standpunkt *m* *faydacılık, nef'iye, yararcılık
ütme 1. Vs. zu **ütmek** 2. s. **ütüme**
ütmek (I) 1. der Einwirkung von Feuer od. Hitze unterwerfen 2. et. über e–e Flamme halten (zur Absengung der Haare)
ütmek (II) *P* im Spiel gewinnen
ütopi s. **ütopya**
ütopik utopisch, unerfüllbar, unerreichbar *ütopyalık
ütopist, -ti Utopist(-in *f*) *m*, Schwärmer(-in *f*) *m* *ütopyacı
ütopya [·×·] Utopie, Schwärmerei *f*, Hirngespinst *n* *hayali muhal ~ **sosyalizmi** utopischer Sozialismus
ütopyacı s. **ütopist**
ütopyalık s. **ütopik**
ütü 1. Bügeln *n* 2. Bügel-, Plätt-eisen *n* 3. Bügelfalte *f* 4. Muldenpresse *f* (für die Stoffappretur) 5. s. **ütüv** 6. Absengen, Abbrennen *n* Zu 1: ~ **bezi** (feuchtes) Bügeltuch ~ **bilmek** sich aufs Bügeln verstehen, bügeln können ~ **masası** Bügeltisch *m* ~ **tahtası** Bügelbrett *n* ~ **yapmak** s. **ütülemek;** ~ **yastığı** Bügelkissen *n* (des Schneiders) Zu 3: **Bu kumaş,** ~ **tutmuyor.** Dieser Stoff hält keine Bügelfalten. **Pantalonun -sü bozuldu.** Die Hose hat die Bügelfalte verloren.
ütücü 1. Bügler(-in *f*) *m* 2. wer Hammelbeine durch Absengen der Haare herrichtet ~ **kadın** Büglerin *f*
ütücülük Gewerbe *n* od. Tätigkeit *f* e–s (e–r) **ütücü**
ütelemek 1. (aus-, auf-)bügeln 2. die Haare absengen (z.B. an e–r Tierhaut) *alazlamak 3. *fr.* Knochen einrenken 4. s. **kafa** ~
ütülmek 1. Pass. zu **ütmek** 2. *V* (beim Spiel) verlieren
ütülü 1. (auf-, aus-)gebügelt 2. abgesengt (Haare)
ütüme leicht gerösteter grüner Weizen od. Mais
ütüsüz 1. ungebügelt 2. nicht abgesengt (Haare)
ütüv s. **etüv**
üveç *dial.* 1. verschnittener Hammel od. Ziegenbock 2. drei od. vier Monate altes Lamm
üvelik kleine Motte
üvendire Ochsenstachel, Stachelstock *m*
üvey Stief- ~ **amca** Stiefonkel *m* *amcalık ~ **ana;** ~ **anne** Stiefmutter *f* *analık ~ **ana dilimi** dünne Brotschnitte ~ **baba** Stiefvater *m* *babalık ~ **evlât** Stiefkind *n* *evlâtlık ~ **evlât gibi tutmak** (*od.* ~ **evlât muamelesi yapmak**) stiefmütterlich behandeln ~ **kardeş** Stief-bruder *m*, -schwester *f* ~ **kız** Stieftochter *f* ~ **oğul** Stiefsohn *m* ≗ **öz olmaz, kemha bez almaz.** *Spr.* 1. E–e Stiefmutter kann nie die leibliche Mutter ersetzen. 2. Ein grundehrlicher Mensch begeht keine Schlechtigkeit. ~ **peder** s. ~ **baba;** ~ **valide** s. ~ **ana**
üvey(i)k 1. s. **kumru** 2. *reg.* s. **tahtalı** (2) 3. taubengrau ~ **buğdayı** s. **sümter**
üveykkırı, -nı Grauschimmel *m* (et. heller als **baklakırı**)
üveylik Stiefverwandtschaft *f*
üveymek gurren (Tauben)
üvez 1. Speierling, Spierling *m bot.* Sorbus (domestica u.a.) 2. die lederbraunen Früchte von (1); s.a. **kuş (kuşçu) -i; yabanî** ~
üye 1. Mitglied *n* (e–r Versammlung, Familie usw.) *aza 2. Körper-glied *n*, -teil *m*, Organ *n* *organ
üyelik Mitgliedschaft *f* *azalık
üzanî [ā] *va. hum.* mit langen Ohren (Person)
üzdeklemek (in der Füg.:) **üzdekleyip büzdeklemek** *F* in Schwierigkeiten geraten, hilflos dastehen
üzengi 1. Steigbügel *m* 2. Steigeisen *n* (zum Erklettern von Leitungsmasten, Bäumen usw.) ~ **ağası** *hist.* Steigbügelhalter *m* (des Sultans) *rikâptar ~ **kayışı** Steigbügelriemen *m* ~ **tabanı** Steigbügelsohle *f*
üzengikemiği, -ni *an.* Steigbügel *m* (im Ohr), Stapes *azmı rikâbî
üzengilemek mit dem Steigbügel antreiben; spornen
üzengilik, -iği 1. s. **üzengitaşı** 2. *fr.* e–e vor dem Wegreiten genommene Prise Haschisch od. Schnupftabak
üzengitaşı *arch.* s. **kemer üzengisi**
üzer (nur mit Pronominalendungen; zur Bed. vgl. **üst** 1–3, 9–11) **mektubun -i** 1. Briefumschlag *m* 2. (Brief-)Anschrift, Adresse *f* ≗**i temiz.** Er ist sauber (anständig) gekleidet. **masanın -i** s. **masanın üstü; Hırsızın -ini aradılar.** Man durchsuchte den Dieb. ≗**inizde kaç lira var?** Wie viele Pfund haben Sie bei sich? **-inde kalmak; -inden atmak; -ine almak** usw. s. **üstünde kalmak; üstünden atmak; üstüne almak** usw. Zu **-inde, -inden, -ine** vgl. die ges. Stw.
üzere 1. *(final)* damit; um ... zu; mit der Absicht, zu ... 2. *(konditional)* unter der Bedingung (Voraussetzung), daß ...; nach Maßgabe, mit der Bestimmung, daß ... 3. *(modal)* wie, entsprechend, nach, gemäß 4. *(detaillierend)* wobei, hierbei, wovon, hiervon 5. ~ **olmak** *(temporal)* im Begriffe (gerade dabei) sein (et. zu tun); gerade et. tun wollen 6. s. **olmak** ~ Zu 1: **Gitmek** ~ **kalktı.** Er stand auf, um wegzugehen. **Bir cevap yazmak** ~ **masaya oturdu.** Mit der Absicht, e–n Brief zu schreiben, setzte er sich an den Tisch. Zu 2: **Akşama geri vermek** ~ **bu kitabı alabilirsiniz.** Sie können dieses Buch an sich nehmen, wenn Sie es mir bis zum Abend wieder zurückgeben. **filanca gün ödenmek** ~ mit der Bestimmung, daß (der Betrag) an dem und dem Tag bezahlt wird; zahlbar (fällig) am soundsovielten Zu 3: **Yukarıda yazıldığı.** ~ Wie oben dargelegt worden ist ... **emriniz** ~ Ihrem Befehl gemäß **Türkçe kaidesi** ~ nach den Regeln der türkischen Grammatik Zu 4: **İkisi kız olmak** ~ **üç çocuğu vardır.** Er hat drei Kinder; davon sind zwei Mädchen. Zu 5: **Yemek pişmek -dir.** Das Essen kocht gerade. **Gitmek** ~ **idi.** Er wollte gerade weggehen.
üzerinde *Pp.* 1. über, hinsichtlich, betreff, zu *hakkında, üzerine 2. an (z.B. Fluß) 3. auf 4. über; mehr als Zu 1:

kimya ~ araştırmalar Untersuchungen *pl.* zur Chemie, chemische Untersuchungen *pl.* Zu 2: **Somme ~** an der Somme (franz. Fluß) Zu 3: **yer ~** auf der Erde Zu 4: **Bu toplantıya iki binin ~ Müslüman katılmıştır.** An dieser Versammlung haben mehr als zweitausend Mohammedaner teilgenommen.
üzerinden *Pp.* seit **Bu edibin ölümü ~ kırk sene geçmiştir.** Seit dem Tod dieses Schriftstellers sind vierzig Jahre vergangen.
üzerine *Pp.* 1. über, hinsichtlich, betreff, zu *hakkında, üzerinde 2. *(temporal)* nach 3. *(kausal)* auf ... hin, da, nachdem 4. gegen 5. auf Zu 1: **dil ~ bir yazı** ein sprachwissenschaftlicher Artikel, e–e philologische Abhandlung Zu 2: **Bunca hazırlık ~ yola çıkamamak insanı üzer.** Es muß e–n verdrießen, wenn man nach so vielen Vorbereitungen doch nicht abreisen kann. Zu 2/3: **bunun ~** a) *(temporal)* hiernach, danach b) *(kausal)* daraufhin, hierdurch Zu 3: **Onun gelmesi ~ ortalık düzeldi.** Mit seinem Erscheinen klärte sich die Lage. Zu 4: **düşman ~ asker göndermek** Truppen gegen den Feind schicken **~ yürümek** auf j–n losgehen Zu 5: **~ düşmek** *naut.* (auf ein anderes Schiff) auffahren **~ geçirmek** sich et. aneignen; unterschlagen
üzerlik (otu) 1. s. **duvar sedefi** 2. syrische Steppenraute *bot.* Peganum harmala *mahmurçiçeği, nazarotu Anm. (Die Samen von (2) **(sipent)** ergeben Gewürz und den Farbstoff Harmalarot; auch zu abergläubischen Räucherungen gegen den bösen Blick verwendet.)
üzeyma s. **ödema**
üzeyn s. **kulacık**
üzgeç Strickleiter *f* (die nach Benutzung wieder eingeholt wird)
üzgü Qual, Plage, Pein, Mühseligkeit *f*, ungerechte (harte) Behandlung; Quälerei, Mißhandlung *f* *eza, eziyet, cefa
üzgülü qualvoll, mühselig
üzgün 1. traurig, betrübt, bekümmert *mağmum, mahzun, müteessir 2. schwach, matt, kraftlos *argın, bitkin, dermansız **~ yüzlü şövalye** *lit.* Ritter *m* von der traurigen Gestalt
üzgünbalığı, -nı Leierfisch *m zo.* Callionymus lyra; vgl. a. **mineli balık**
üzgünlük 1. Trauer, Betrübnis *f*, Kummer *m* 2. Schwäche, Mattigkeit, Kraftlosigkeit *f*
üzgüsüz ohne Mühsal, ohne Plage *eziyetsiz
üzin *(franz.* **usine***)* *selt.* Fabrik *f*, Werk *n* *fabrika
üzlük, -üğü *P* 1. kleines Tongefäß 2. Weihrauch *m* od. anderes Räucherwerk
üzmek (m. Akk.) 1. an et. reißen, et. lockern, an et. herumarbeiten (um es loszubekommen) 2. peinigen, quälen, bekümmern, verdrießen
üznî *va.* das Ohr betreffend, Ohr-
üzre s. **üzere**
üzücü peinigend, peinlich (z. B. Lage), quälend, Verdruß bereitend, verdrießlich
üzülmek 1. Pass. zu **üzmek** 2. *selt.* fadenscheinig werden, sich abtragen 3. (m. Dat.) betrübt sein, bedauern, j–m leid tun 4. sich ärgern 5. sich Sorgen machen 6. durch Krankheit stark geschwächt werden
üzüm (I) (Wein-)Trauben *pl.* **~ asması** s. **asma** (I, 2); **~ çöpü** Traubenstielchen *n* (der einzelnen Beere) **~ kızı** (poetisierend) Wein *m* *şarap **~ mengenesi** Trauben-kelter, -presse *f* **~ salkımı** Traube(-nbüschel *n*) *f* **~ sirkesi** Weinessig *m* **~ suyu** Traubensaft *m* **~ şekeri** s. **glikoz; ~ şırası** Weinmost *m* **~ tanesi** (einzelne) Weinbeere *f* **~ üzüme baka baka kararır.** *Spr.* Schlechte Gesellschaft verdirbt gute Sitten. *Spr.* **~ zamanı** Trauben-zeit, -ernte *f* **-ün çepelini ayıklamak** die Trauben abbeeren **-ün çöpü, armudun sapı var demek** *fig.* an allem et. auszusetzen haben, mit nichts zufrieden sein **~ünü ye de bağını sorma!** *Spr.* Iß die Trauben, und frage nicht aus welchem Weinberg sie stammen!
üzüm (II) **üzüm** *(in Verb.* mit **üz(ül)mek:***)* sehr, furchtbar, schrecklich
üzümcü 1. Weinbauer, Winzer *m* 2. Traubenverkäufer *m*
üzümlü 1. Trauben enthaltend, mit Trauben (z. B. Törtchen) 2. Trauben hervorbringend 3. mit Rosinen, Rosinen- **~ çörek** Rosinenbrötchen *n*
üzümsü Beeren- **~ meyve** *bot.* Beerenfrucht *f* *bakka; semeri inebî
üzün (I), **-znü** *va.* Ohr *n* *kulak
üzün (II), **-znü** s. **hüzün**
üzünç Enttäuschung *f*, Verdruß *m*
üzünleme s. **eleji**
üzünlü 1. s. **hüzünlü** 2. *lit.* elegisch
üzüntü (seelische) Beunruhigung, Unruhe, Sorge, Besorgnis *f*, Kummer, Verdruß *m* **~ çekmek** Kummer (Sorge, Verdruß) haben od. durchmachen müssen **~ vermek** Kummer (Sorge, Verdruß) bereiten
üzüntülü 1. beunruhigend, betrüblich, bekümmerlich, verdrießlich, mühevoll 2. beunruhigt, betrübt, bekümmert, verdrießlich
üzüntüsüz 1. nicht beunruhigend, keinen Verdruß bereitend 2. nicht beunruhigt, ohne Betrübnis (Kummer, Verdruß), sorglos

V

v, V [vɛ] 27. Buchst. des türk. Alph.
vaat, -di 1. Versprechen, Gelöbnis *n* 2. *jur.* Schuldversprechen *n* **~ almak** ein Versprechen abnehmen **~ etmek** 1. versprechen, geloben 2. erhoffen lassen **-e vefa etmek** *od.* **-inde durmak** sein Versprechen halten **-inden nükûl etmek** sein Versprechen zurückziehen **-ini yerini getirmek** sein Versprechen erfüllen *(od.* einlösen) **Bana bir -iniz vardı; hatırlıyor musunuz?** Sie hatten mir doch et. versprochen; erinnern Sie sich noch daran?
vaatkâr vielversprechend, verheißungsvoll
vaatleşmek sich gegenseitig et. versprechen, et. miteinander fest ab-, aus-machen
vabeste [ā] *va.* (m. Dat.) abhängig (von), gebunden (an) *bağlı, mütevakkıf, menut
vacibe [–··] 1. *va.* Pflicht *f* 2. **~** *wV*
vacip, -bi [–·] 1. rituell vorgeschrieben 2. als Pflicht obliegend; unerläßlich 3. notwendig, zwingend, zwangsläufig 4. **~** *mV* **-üleda** *va.* zahlbar, fällig **-ülicra; -ülifa; ülinfaz** *(alles va.)* unbedingt aus-, durch-zuführen **-ülittiba** *va.* unbedingt zu befolgen (z. B. Anordnung) **-ülvücut** *va.* Gott *Allah, Tanrı **-üttediye** *va.* s. **üleda**
vacit, -di [ā] 1. *va.* schaffend, Schöpfer *m* 2. **~** *mV* **Vacide** *wV*
vade [–·] Frist *f*, Termin *m* **~ bitimi** *H* Verfallstag *m* **~ defteri** *H* Wechselbuch *n*, Terminkalender *m* (e–r Bank) **~ ile** mit e–r Frist, auf Frist, befristet, auf Termin **~ sonu** äußerster Termin **-si geçmek** (senedin, bononun) verstreichen (Verfalltag e–s Wechsels) **-si gelmek** 1. (se-

nedin, bononun) fällig sein, eingelöst werden müssen (Wechsel) 2. *fig.* zum Sterben kommen, sterben müssen **-si yetmek** s. **-si gelmek** (2)
vadeli [–··] auf best. Zeit (z.B. ausgestellt), mit e–r best. Frist od. Laufzeit (Wechsel) ~ **istikraz** Darlehen *n* auf Zeit **kısa** ~ **kredi** kurzfristiger Kredit ~ **mevduat** *H* Kündigungsgelder *pl.* ~ **muamele** Termin-, Zeit-geschäft *n* (bei Effekten), Lieferungsgeschäft *n* (bei Waren)
vademekum [··×·] *selt.* Vademecum, Taschenbuch *n*
vadesiz [–··] ohne Zahlungstermin, *H* auf Sicht
vadetmek s. **vaat etmek**
vadi [––] 1. Tal *n* 2. *fig.* Gebiet *n* 3. *fig.* Art und Weise *f*, Sinn *m* Zu 2: **-i gaflette puyan** *va.* im Irrtum befangen Zu 2/3: **bu -de** über dieses Thema (Gebiet), in dieser Art und Weise, in diesem Sinn Zu 3: **-i kadim** *va.* frühere Art und Weise, alte Methode
Vafd (Partisi) *n.pr. hist.* Wafd *f* (fr. ägyptische Nationalpartei)
Vafdî *hist.* Wafd-Anhänger, Wafdist *m*
vafi [––] 1. wer sein Versprechen erfüllt 2. dem Äußeren entsprechend, nicht enttäuschend 3. aus-, hin-reichend, genügend 4. reichlich, in großer Menge, viel
vafir [ā] *va.* viel(-e), zahlreich, reichlich ~ **miktarda** *va.* in großer Zahl, reichlich
vaftiz (christliche) Taufe *f* ~ **anası** Taufpatin *f* ~ **babası** Taufpate *m* ~ **etmek** taufen ~ **kurnası** Taufbecken *n* ~ **yeri** s. **vaftizhane**
vaftizhane [··–·] *arch.* Baptisterium *n*, Taufkapelle *f*
vagina [·×·] Vagina *f*, weibliche Scheide *hazne
vagon 1. Waggon, Eisenbahnwagen *m* 2. *V* die Zahl 20 (bei dem **fitil**-Spiel)
vagon-bar s. **varlı vagon**
vagonet, -ti (*franz.* **wagonnet**) 1. Kipplore *f* 2. Förderwagen *m*
vagon-li (*franz.* **wagon-lit**) 1. Schlafwagen *m* *yataklı vagon 2. **Vagon-Li** *n.pr. Abk.* des franz. Namens der Internationalen Schlafwagengesellschaft
vagonlu aus soundso viel Waggons bestehend
vagonluk Wagen-, Waggon-ladung *f* **üç** ~ **eşya** drei Waggons voll Möbel
vagon-restoran (*franz.* **wagon-restaurant**) Speisewagen *m* *lokantalı (*od.* yemekli) vagon
vagon-rezervuar (*franz.* **wagon-réservoir**) Kessel-, Tankwagen *m* (für Flüssigkeiten)
vagon-salon Salonwagen *m* *salonlu vagon
vagotoni *med.* Vagotonie *f*
vagus s. **akciğer-mide siniri**
vah [ā] (Ausruf des Mitleids, Bedauerns usw.) ach! ≗ ~ **çok yazık olmuş!** Ach, so ein Jammer! ≗ **zavallı genç!** Ach, der arme junge Mann! s. a. **ahüvah (etmek)**
vaha [–·] Oase *f*
vahamet, -ti [·–·] Ernst *m*, Schwere, Gefährlichkeit *f*
vahametli [·–··] ernst, schwer, gefährlich, kritisch, riskant *vahim
vahdaniye [·–··] s. **monoteizm**
vahdaniyet, -ti [·–··] Einheit, Alleinigkeit *f* (Gottes) *birlik **-e inanmak** Monotheist sein
vahdet, -ti 1. Einheit, Einigkeit, Geschlossenheit *f* *birim, birlik 2. *z.va.* Einsamkeit, Abgeschlossenheit, Isolierung *f* 3. ≗ *mV* **-i fikir** s. **tekdüşüncelik; -i vücut** Pantheismus *m*, pantheistischer Monismus
vahdetiye s. **monizm**
Vahdettin *n.pr.* letzter osm. Sultan, der als Mehmet VI. von 1918–1922 regierte
Vahhabî [·––] 1. Wahhabit *m* 2. wahhabitisch
Vahhabiye [·–··] *rel.* 1. Wahhabitentum *n* 2. wahhabitische Lehre

vahi [–·] 1. leer, eitel, nichtig *boş 2. nutzlos, vergeblich *faydasız
Vahideddin s. **Vahdettin**
vahim [ī] ernst, (folgen-)schwer, gefährlich, kritisch, besorgniserregend, riskant *vahametli **bu** ~ **anda** in diesem kritischen Augenblick ~ **buhran** ernste (schwere) Krise ~ **karışıklıklar** schwere Unruhen *pl.* ~ **neticeler doğurmak** gefährliche Folgen zeitigen
vahime [–··] 1. *selt.* Einbildungskraft *f* 2. Wahn *m*, irrige Vorstellung; Illusion *f*, falsche (leere) Einbildung *kuruntu
vahimleşmek [·–··] ernst (schwer, kritisch, gefährlich, riskant) werden, sich zuspitzen, sich verschärfen, (allmählich) zu Besorgnissen Anlaß geben (z.B. Lage)
vahimleştirmek [·–···] Kaus. zu **vahimleşmek** *gel. a.*: steigern, erhöhen, vermehren, anwachsen lassen (z.B. Verantwortung)
vahimlik [·–·] s. **vahamet**
vahip, -bi [–·] 1. *jur. va.* s. **bağışlayan** 2. ≗ *mV* **Vahibe** *wV*
vahit, -di [–·] 1. ein, einzig 2. Einheit *f* *birim 3. ≗ *mV* **Vahide** *wV* **-i kıyasî** Maßeinheit *f* *ölçme birimi **-i kıyasîi nârî** s. **kalori; -ülfilka nebatat** s. **birçenekliler; -ülfiraş** s. **ortoklaz; -üllevin** s. **tekrenkli; ülmana** s. **tekanlamlı; -ülmesken** s. **birevcikli; üssukbe** s. **tekdelikliler**
vahiy, -hyi (*a.* **-i ilâhî**) göttliche Eingebung (Offenbarung) ~ **süvarileri** *rel.* die apokalyptischen Reiter (nach der Offenbarung Johannis) **-i münzel = Kur'an**
vahşet, -ti *z. va.* 1. Wild-Sein *n*, Wildheit *f* 2. Grausamkeit *f* 3. Einsamkeit, Öde, Wildnis *f* 4. Angst *f*, Gefühl *n* der Verlassenheit
vahşetengiz [···–] *va.* schrecklich (anzusehen), furchtbar
vahşetgâh *va.* einsamer und furchterregender Ort, Einöde *f*, Wildnis *f*
vahşi 1. wildwachsend (Pflanze) 2. wild, nicht gezähmt, scheu (Tier) 3. Wilde *m*, *f* 4. wild, grausam, tierisch, viehisch, bestialisch, brutal
vahşîleşmek barbarische Sitten annehmen
vahşîleştirmek verrohen lassen
vahşilik 1. Wildwachsen *n* (e–r Pflanze) 2. Wildheit *f*, Wild-Leben *n* (von Tieren) 3. Grausamkeit, Wildheit, Bestialität, Brutalität *f*; tierisches (viehisches) Verhalten
vahyetmek [×··] offenbaren, eingeben (Gott e–m Propheten)
vaız, -a'zı Predigt *f* ~ **kürsüsü** 1. Predigerkanzel *f* 2. Ambo(-n) *m* (in christl. Kirchen) **≗lar kitabı** der Prediger Salomo (Buch des Alten Testamentes)
vaiz [–·] Prediger *m*
vaizlik [–··] Amt *n*, Aufgaben *pl.* e–s Predigers
vajinizm *med.* Vaginismus, Scheidenkrampf *m*
vaka 1. Geschehnis, Ereignis, Vorkommnis *n*, (Vor-)Fall *m* *hadise, olay 2. Zusammenstoß, Kampf *m* 3. *med.* akute Krankheit ~ **şahidi** Augenzeug-e *m*, -in *f* (e–s Vorfalles) ~ **yeri** *jur.* Tatort *m* **≗i fil** *isl. hist.* Feldzug *m* des jemenitischen Herrschers Abraha gegen Mekka. Vgl. 105. Koran-Sure **≗i Hayriye** *osm. Bez.* für die Niederwerfung der Janitscharen im Jahre 1826 durch Sultan Mahmut II. **≗i vakvakiye** s. **Çınar vakası**
vakaa s. **vakıa** (I, 2)
vakalı ereignisreich
vakans (*franz.* **vacances**) *selt.* 1. Schulferien *pl.* *tatil 2. Ruhezeit *f* *paydos
vakanüvis [ī] Chronist, (Hof-)Historiograph, Annalist *m* *resmî tarihçi
vakar [·–] Ernst *m*, Würde *f*, gemessenes (würdevolles) Auftreten (*od.* Benehmen) **-ını muhafaza etmek** seine Würde (be-)wahren **-ü haysiyet** *va.* Würde und Ehre *f*

vakarlı [·–·] s. **vakur**
vakarsız [·–·] ohne die nötige Gemessenheit
vakarsızlık [·–··] mangelnde Würde, fehlende Gemessenheit
vakayi, -ii *va. Pl.* zu **vakıa** (I, 1)
vakayiname [·–·–·] *va.* Chronik *f*, Zeitgeschehen *n*, Annalen *pl.*
vaketa [·×·] Vachette-Leder *n* (dünnes Leder für Taschen, Möbel usw.)
vakfe 1. Pause, Unterbrechung *f*, Aufenthalt *m* 2. Aufenthalt *m* der Mekkapilger in Arafat 3. Pausenzeichen *n* (für das Koran-Lesen)
vakfeli mit Unterbrechung(-en) ~ **saat** *(Sport)* Stoppuhr *f* *kronometre
vakfetmek [×··] 1. in Stiftungsgut umwandeln 2. vermachen, stiften 3. widmen, weihen Zu 2: **Bütün servetini Kızılay'a vakfetti.** Sein ganzes Vermögen vermachte er dem Roten Halbmond. Zu 3: **Hayatını ilme vakfetti.** Sein Leben widmete er der Wissenschaft.
Vakfıkebir [ī] *n.pr.* O. u. D. im Rbz. Trabzon
vakfiye s. **vakıfname**
vakfiyet, -ti Besitz *m* der Toten Hand
vakıa (I) 1. [–··] (wirkliches) Vorkommnis; Tatsache, Realität *f* 2. [–·–] zwar *gerçi Zu 1: **Bu, bir -dır, inkâra mahal yok.** Das ist e–e unbestreitbare Tatsache. Zu 2: ≗ **ben o sözü söyledim ama ...** Das habe ich zwar gesagt, aber ...
vakıa (II) (*ar.*: die eintreffende Stunde) ≗ **suresi** Name der 56. Koran-Sure
vakıf, -kfı 1. *va.* Anhalten, Stillstehen(-Lassen) *n* 2. *va.* Pause *f* (*z.B.* beim Lesen) 3. fromme Stiftung; Vermächtnis *n* *turgu, bekit 4. allg. Stiftung *f* 5. Widmen *n* Zu 4: **Ford -ı** Ford-Stiftung *f* Zu 5: **-ı vücut etmek** (b–nin hizmetine) *va.* dauernd zu j–s Diensten bereitstehen; sich dauernd zur Verfügung halten ≗**lar Umum Müdürlüğü** Generaldirektion *f* für die frommen Stiftungen; s.a. **mazbut (mülhak) -lar**
vâkıf 1. wer et. in e–e fromme Stiftung umwandelt *turgucu, bekitçi 2. *allg.* Stifter *m* 3. et. genau kennend, vertraut (mit), bewandert (in), Einblick habend (in), Sachkenntnis besitzend 4. in Arafat Rast machend (Mekkapilger) 5. ≗ *mV* Zu 3: ~ **gözlerle** mit Kennerblicken
vâkıfane [–·–·] sachkundig, Sachverständnis erkennen lassend, mit Sachkenntnis (z.B. geschrieben)
vâkıflık genaue Kenntnis, tieferer Einblick; Sachkenntnis, Vertrautheit *f*, Bewandert-Sein *n*
vakıfname [··–·] Stiftungs-, Vermächtnis-urkunde *f* *vakfiye; turgu (*od.* bekit) dayancı (*od.* belgiti)
vakıt, -ktı s. **vakit, -kti**
vaki (I), **-ii** [ā] 1. geschehend, sich ereignend, passierend, vorkommend, stattfindend 2. geschehen, passiert, vorgekommen, stattgefunden, tatsächlich 3. liegend, gelegen 4. *(spez. Beh.)* vorliegend Zu 1: **Bu gibi şeyler ekseriyetle ~ olur.** Derartiges passiert sehr oft. Zu 2: **Onun yalan söylediği ~ değildir.** Es ist nie vorgekommen, daß er gelogen hätte. s.a. **emri-** Zu 3: **şehir civarında ~ köyler** die Dörfer nahe der Stadt Zu 4: **Sovyet hükümetinin ~ daveti üzerine** auf die Einladung der Sowjetregierung hin **gayri** ~ 1. nicht vorkommend, nicht stattfindend 2. nicht vorgekommen, nicht stattgefunden 3. nicht gegeben od. nicht der Wahrheit entsprechend ~ **olmak** 1. sich ereignen, geschehen, passieren, vorkommen, stattfinden 2. liegen, gelegen sein
vaki (II) [––] schützend, Schutz verleihend, vorbeugend, verhütend, prophylaktisch ~ **tedbir** (bşe karşı) Vorsichtsmaßnahme *f*, Schutzmittel *n*, Prophylaktikum *n* (gegen)
vakit, -kti 1. Zeit *f* 2. freie Zeit, Muße *f* 3. richtige (passende, geeignete) Zeit; Gelegenheit *f* 4. für et. festgesetzte Zeit 5. damalige Zeit; gegebene Umstände *pl.*, Sachlage *f* 6. pekuniäre Lage 7. (*in Verb.* mit Zeitbegriffen zur Bildung temporaler Adverbialausdrücke) 8. *(temporal)* als, wenn Zu 1: ≗ **dar.** Die Zeit drängt (ist knapp). s.a. **her (hiç bir, ne)** ~ Zu 2: **Şimdi -im yok.** Ich habe jetzt keine (freie) Zeit. Zu 3: **Şimdi bunun -i değildir.** Das ist jetzt nicht der richtige Zeitpunkt dafür. Zu 4: **yemek -i** Essenszeit *f* Zu 5: **-in bilginleri** die Gelehrten *pl.* der damaligen Zeit; s.a. **o** ~ Zu 6: **Onun bu kadar para vermeğe -i yok.** Er ist nicht in der Lage, soviel Geld herzugeben. Zu 7: **gece -i** nachts, in der Nacht **kış -i** im Winter, während des Winters Zu 8: **geldiği** ~ 1. als es kam 2. wenn er kommt **Gideceğiniz ~ bana haber verin!** Wenn Sie wegfahren, verständigen Sie mich bitte! ~ **almak** (*od.* **yemek**) viel Zeit in Anspruch nehmen ≗ **daraldı.** Die Zeit drängt (*od.* ist knapp geworden). ~ **doldurmak** die Zeit ausfüllen (hinbringen, totschlagen) ≗ **geçer, sular durulur.** *Spr.* Die Zeit bringt alles wieder ins Geleise. ~ **geçirmek** 1. die Zeit verbringen, sich beschäftigen 2. Ablenkung suchen, sich die Zeit vertreiben (Zu 1: **Ne ile ~ geçiriyorsunuz?** Womit beschäftigen Sie sich? Was treiben Sie?) ~ **ihtilâs etmek** *z. va.* trotz anderweitiger Inanspruchnahme Zeit für et. finden ≗ **insana her şeyi öğretir.** *Spr.* Die Zeit ist die beste Lehrmeisterin. ~ **kaybetmeden** unverzüglich ~ **kazanmak** 1. Zeit gewinnen 2. Zeit sparen ~ **kollamak** auf e–e günstige Gelegenheit lauern ≗ **nakittir.** *Spr.* Zeit ist Geld. *Spr.* ~ ~ von Zeit zu Zeit; gelegentlich **-i dolmak** um (abgelaufen) sein (festgesetzte Zeit) ≗**i geldi** 1. (bşi yapmanın) Es ist an der Zeit zu ... 2. (b–nin) a) Ihre schwere Stunde (der Entbindung) ist gekommen. b) (Kızın) Das Mädchen ist ins heiratsfähige Alter gekommen. c) Er (Sie) ist dem Tode nahe. ≗**i hali müsaittir.** 1. Er lebt in auskömmlichen Verhältnissen. 2. Seine Mittel erlauben ihm das. ≗**i hali yerinde.** Er ist gut situiert (recht wohlhabend). **-i olmamak** 1. keine Zeit haben 2. (bir hale uğramağa) j–m nicht passen; keine Lust haben zu ... 3. (bşi yapmağa) pekuniär nicht in der Lage sein zu ... Zu 2: **Benim başıma belâ almağa vaktim yok!** Was soll ich mir e–e Plage auf den Hals laden! **-inde** 1. zu seiner Zeit, damals 2. zur geeigneten Zeit 3. rechtzeitig **-inde ve yerinde** im günstigsten Augenblick **-inden evvel** zu früh, verfrüht, vorzeitig ≗**ine göre sıçan deliği bin altın olur.** *Spr.* Wenn es darauf ankommt, ist ein Mauseloch seine tausend Goldstücke wert. **-ine hazır olmak** zum Sterben bereit sein **-ini almak** (*od.* **yemek**) (bir iş b–nin) j–m die Zeit rauben (*bzw.* nicht lassen) (für e–e andere Beschäftigung) **-ini doldurmak** 1. seine Beamtenzeit abdienen (bis zur Pensionierung) 2. seine Strafe verbüßen 3. ausdienen (Zu 2: **-ini doldurarak hapishaneden çıktı.** Er hat seine Strafe verbüßt und ist jetzt wieder auf freiem Fuß. Zu 3: **Bu palto, artık, -ini doldurdu.** Der Mantel hier hat jetzt ausgedient) **-ini geçirmek** (bşle) seine Zeit mit et. verbringen **-ini kaybetmek** die Zeit vertrödeln **-ini öldürmek** die Zeit totschlagen **-ini şaşmamak** genau im richtigen Augenblick kommen od. handeln **-inin çoğu** sehr viel Zeit ≗**ler hayrolsun!** (*od. z. va.* ≗**i şerifler hayırlar olsun!**) Guten Tag (Morgen, Abend)! **-i âhara bırakmak** auf später verschieben **-i merhununda** *(Beh.)* zur gegebenen Zeit **-i zamanında** einst(-mals)
vakitli 1. rechtzeitig, pünktlich 2. zur richtigen (passenden) Zeit ausgeführt ~ **vakitsiz** 1. ohne Rücksicht auf die Zeit; wann es j–m gerade paßt; alle Augenblicke; mir nichts, dir nichts 2. ungelegen (z.B. kommen)
vakitsiz 1. un-, vor-, früh-zeitig, verfrüht, unerwartet früh 2. (zeitlich) unangebracht, unpassend ≗ **öten horozun başını keserler.** *Spr.* Dem Hahn, der zu früh kräht, wird

der Hals umgedreht. ~ **yapmak** (bşi) et. zur unrechten Zeit tun
vaks (Bienen-, Pflanzen-)Wachs *n*
vaksin *med.* Vakzine *f*, Impfstoff *m*
vaktaki [·×̲·] *z. va. (temporal)* als, wenn *-diği vakit
vakten *va. Adv.* s. **vaktiyle**
vaktihal, -li s. **vakti hali ...**
vaktiyle 1. rechtzeitig, pünktlich 2. seinerzeit, früher einmal, einstmals ~ **görmüş geçirmiş** wer früher einmal bessere Zeiten gesehen hat
vaktüzamaniyle *z. va.* 1. rechtzeitig, zur gegebenen Zeit 2. im günstigen Augenblick
vakum [×·] 1. luftleerer Raum; Vakuum *n* *boşluk, halâ 2. *techn.* Unterdruck *m* ~ **freni** Vakuumbremse *f* ~ **kalorifer sistemi** Vakuumheizung *f* ~ **tulumbası** Vakuumpumpe *f* ~ **tübü** Vakuumröhre *f* ~ **usulü** Vakuumdruckverfahren *n*
vakummetre [··×·] Vakuummeter *n*, Unterdruckmesser *m*
vakur [·–] ernst, würdig, würdevoll, gemessen, ruhig, gesetzt *vakarlı
vakuol s. **koful**
vakvak 1. Lm. des Knarrens, Schnarrens, Quarrens, Quakens (von Fröschen), Schnatterns (von Enten) 2. *P* Autohupe *f* (mit Gummiball) ~ **ağacı** *isl. Myth.* Baum *m* mit menschenähnlichen Früchten ~ **çiçeği** großes Löwenmaul *bot.* Antirrhinum majus *aslanağzı
vakvaka s. **vakvak**
vakvaklamak 1. knarren, schnarren; schnattern (Enten); quarren, quaken (Frösche) 2. *P* hupen
vâlâ 1. *va.* hoch, erhaben, erlaucht 2. ≗ *mV*
Valans *n.pr.* Valens (römischer Kaiser; 4. Jh.n.Chr.) ~ **kemeri** s. **Bozdoğan kemeri**
valans (*franz.* **valence**) *chem.* Valenz, Wertigkeit *f* *birleşme değeri
valde 1. s. **valide** 2. *V* s. **külhan;** ~ **çeşmesi** *P* 1. Hilfe, Unterstützung *f* 2. Einkommen *n* *irat
vale (*franz.* **valet**) 1. *Spk.* Junge, Bube *m* *bacak, oğlan 2. *selt.* Diener, Lakai *m*
Vale (*franz.* **Le Valais**) Wallis *n* (Schweizer Kanton)
valerik asit (*franz.* **acide valérique**) *chem.* Baldriansäure *f*
valeryan (*franz.* **valériane**) Baldrian *m bot.* Valeriana officinalis *kediotu (1)
valeryanik asit (*franz.* **acide valérianique**) s. **valerik asit**
valf (*franz., engl.* **valve**) 1. Ventil *n* *supap 2. (Radio-)Röhre *f* ~ **ağızlığı** Ventilstutzen *m* ~ **aralığı** Ventildurchgang *m* ~ **çanağı** Ventilteller *m* ~ **hücresi** Ventilkammer *f* ~ **kapağı** Ventilklappe *f* ~ **mahfazası** Ventilgehäuse *n* ~ **mahrutu** Ventilkegel *m*
valflı 1. Ventil- 2. Röhren-
vali [ā] 1. türk. Regierungspräsident, Gouverneur, Präfekt, Wali *m* *ilbay 2. *hist.* (nationalsozialistischer) Gauleiter *m* **-i umumî** s. **umumî vali; -i vilâyet** *va.* amtierender Regierungspräsident (Wali)
valide [ā] Mutter *f* *ana, anne ~ **alayı** *hist.* feierliche Einholung der Mutter e–s neuen Sultans in das Topkapı Sarayı ≗ **hanım afiyetteler mi?** Geht es Ihrer Frau Mutter gut? ~ **kraliçe** Königinmutter *f* ~ **sultan** *hist.* Mutter *f* des regierenden Sultans **-i Hıdivî** *hist.* Mutter *f* des Khediven
validelik [ā] Mutterschaft *f*
valideyn [ā] (*va. Dual* zu **valit**) Eltern *pl.* *ebeveyn, anababa
valih [ā] *va.* verblüfft, erstaunt, betroffen
valilik [ā] 1. Amt *n*, Stellung *f*, Aufgaben *pl.* e–s türk. Regierungspräsidenten 2. türk. Regierungsbezirk *m*, Wilajet *n*
valit, -di [ā] *va.* Vater, Erzeuger *m*
valiz (*franz.* **valise**) Reisetasche *f*, Reise-, Abteil-koffer *m*
valkiri (*franz.* **valkyrie**) *germ. Myth.* Walküre *f*
vallah [×–] *va.;* **vallahi** [×–·] bei Gott! fürwahr! wahrhaftig! weiß Gott! **vallah billah cebi** *V* sichtbare Tasche (im Ggs. zu e–r Innentasche)
valorizasyon *H* Valorisation *f* (staatliche Preisbeeinflussung zugunsten der Produzenten)
valör (*franz.* **valeur**) 1. *selt.* Wert *m* *değer, kıymet 2. (bei Gut- od. Last-schriften) Wert *m*
vals (*franz.* **valse**) 1. Walzer *m* (Tanz od. Musik) 2. *techn. selt.* Walze *f* ~ **etmek** Walzer tanzen
valsör (*franz.* **valseur**) Walzertänzer *m*
valsöz (*franz.* **valseuse**) Walzertänzerin *f*
valuta [·×·] *selt.* (Gegen-)Wert *m*
valvül (*franz.* **valvule**) *selt.* s. **kapacık**
valvüler (*franz.* **valvulaire**) *selt.* Herzklappen-
vamık [ā] 1. *va.* verliebt; Liebhaber *m* 2. ≗ *mV* **Vamıka** *wV*
vamp, -pı Vamp *m*, dämonische Frau
vampir 1. Vampir *m zo.* Desmotus (rufus u.a.) 2. *fig.* Vampir *m* (legendäres, blutsaugendes Gespenst) 3. *fig.* Wucherer, Blutsauger *m*
vampirizm *psych.* Vampirismus *m* (e–e Form des Sadismus)
Van *n.pr.* Stadt im gln. Rbz. (Ostanatolien) ~ **gölü** *n.pr.* Van-See *m* ~ **gülü** 1. s. **beyaz yağ gülü** 2. Zentifolie *f bot.* Rosa centifolia 3. s. **nesrin;** ~ **kavunu** s. **dilimli kavun;** ~ **kedisi** s. **Ankara kedisi**
-van (< **-ban**) *va. pers. Sx.* pflegend, wartend; vgl. **bahçıvan**
vana (*franz.* **vanne**) *techn.* 1. (Zieh-)Schütze *m* (e–s Wasserkanals) 2. Schieber *m*, Klappe *f*, Ventil *n;* s.a. **güvenlik -si**
vanadyum [·×·] *chem.* Vanadium, Vanadin *n* ~ **çeliği** Vanadiumstahl *m*
Vandal Vandale *m (a. fig.)* **-lar** *n.pr.* Vandalen *pl.*
vandalist, -ti vandalisch, zerstörungswütig ~ **hareketler** Akte *pl.* des Vandalismus
vandalizm; vandallık Vandalismus *m*, Zerstörungswut *f*
vandöz (*franz.* **vendeuse**) *selt.* Verkäuferin *f*
Vaniköy *n.pr.* Ortschaft am Bosporus ~ **suyu** Name e–s beliebten Quellwassers
vanilin; vanilal *chem.* Vanillin *n*
vanilya [·×·] 1. echte Vanille *bot.* Vanilla planifolia 2. die Frucht von (1) ~ **çiçeği** s. **akrep otu** (2); ~ **şekeri** Vanillenzucker *m*
vanilyalı Vanille enthaltend *od.* mit Vanille zubereitet
vanite (*franz.* **vanité**) *selt.* 1. eitler Tand 2. Eitelkeit *f*
vanstep, -pi Onestep *m* (Tanz)
vantilasyon Ventilation, (Durch-)Lüftung *f*
vantilatör Ventilator *m*
vantrikül (*franz.* **ventricule**) s. **karıncık**
vantr(i)lok (*franz.* **ventriloque**) Bauchredner, Ventriloquist *m*
vantuz (*franz.* **ventouse**) 1. Schröpfkopf *m* *şişe 2. s. **çekmen;** ~ **çekmek** s. **şişe çekmek**
vantuzbalığı, -nı s. **yapış(k)an balığı**
vapesin [–·–] *va.* ganz am Ende befindlich
vaporizasyon (*franz.* **vaporisation**) Verdampfung, Verdunstung *f*
vaporizatör (*franz.* **vaporisateur**) 1. (Parfüm-)Zerstäuber *m* 2. *chem.* Verdunster *m*, Abrauchschale *f*
vaporize 1. verdampft, verdunstet, zerstäubt 2. evaporiert, eingedampft (*spez.* Milch) ~ **etmek** 1. verdampfen (verdunsten) lassen, zerstäuben 2. evaporieren, eindampfen
vapur 1. Dampfschiff *n*, Dampfer *m* 2. *V* sinnlos betrunken, *F* sternhagelvoll ~ **acentası** 1. Vertreter *m* e–r Schiffsagentur 2. Schiffsagentur *f* ~ **asansörü** Schiffshe-

bewerk *n* ~ **bileti** Schiffs-billett *n*, -karte *f* ~ **dumanı** s. **keçi otu;** ~ **iskelesi** Dampferanlegestelle, Landungsbrücke *f* ~ **kafilesi** Geleitzug *m* ~ **seyahati** Seereise *f* ~ **tarifesi** Dampferfahrplan *m* ~ **yolcusu** Schiffspassagier *m*
vapurcu Reeder *m* *armatör
vapurculuk Reederei *f*
var 1. bestehend, vorhanden, existierend, anwesend 2. (= **vardır**) es gibt (besteht, exisiert, ist vorhanden), er ist anwesend (da) usw. 3. was man besitzt; Besitztum, Hab und Gut *n* 4. *gel.* statt **olmak** Zu 1: **Eğer kendisi -sa ...** Wenn er selbst da ist ... Zu 2: **Bu kalemden sizde** ~ **mı?** Haben Sie diese Art Bleistifte? **Dün stadyumda on bin kişi -dı.** Im Stadium waren gestern zehntausend Menschen. **Kibritiniz** ~ **mı?** Haben Sie Streichhölzer? **Cevat Bey** ~ **mı?** Ist Herr Cevat da? **O adamda para** ~. Der Mann hat Geld. Zu 3: **Bu yolda bütün -ını harcadı.** So hat er sein ganzes Hab und Gut durchgebracht. Zu 4: **Erzurum'a gittiğin** ~ **mı?** Bist du je nach Erzurum gefahren? (Bist du jemals in E. gewesen?) **Kaç yaşında kadar** ~? Wie alt ist er ungefähr? ~ **etmek** (er-)schaffen, hervorbringen, ins Dasein rufen *yaratmak ~ **kuvveti** seine ganze Kraft ~ **kuvveti pazıya vermek** alle nur erdenklichen Anstrengungen machen ~ **kuvveti pazıya verip küreklere asılmak** aus Leibeskräften rudern ~ **kuvvetiyle** mit aller Kraft (z.B. sich widersetzen) ≗ **mı bana yan bakan?** *V* Will jetzt noch e–r was? (*scil.* so soll er herkommen!) (bş yapmağa) ~ **mısın?** Hast du Lust (zu)? Willst du ... (z.B. e–e Partie Schach spielen?) ≗ **ne bilsin yok halinden?** *Spr.* s. **Tok acın halinden bilmez.** ≗ **ol!** 1. *urspr.* Mögest du lange leben! 2. Bravo! *Yaşa! 3. Danke schön! *Teşekkür ederim ~ **olmak** 1. dasein, existieren, bestehen 2. entstehen, geschaffen werden (Zu 2: **Türkiye Cumhuriyeti yoktan** ~ **olduğu gün ...** An dem Tag, als die Türkische Republik aus dem Nichts entstand ...) ≗ **olsun!** Bravo! *Yaşasın! s.a. **Ağzın** ~ **olsun!** ≗ **varanın** (usw.) s. Stw. **varmak;** ≗ **varlatır, yok söyletir.** *Spr.* Wer wohlhabend ist, kann leicht reicher werden (und großspurig tun), wer arm ist, kann nur klagen. ~ **yok** 1. alles mögliche, jeder (noch so unbedeutende) Anlaß 2. vielleicht, etwa, ungefähr, kaum (Zu 1: **-a yoğa ağlayan bir çocuk** ein Kind, das bei dem geringsten Anlaß gleich weint Zu 2: **Yaşı on iki** ~ **yok.** Er ist kaum zwölf Jahre alt. **Otuzunda** ~ **yok.** Er ist um die Dreißig. ≗**a var yoğa yok denilir.** *Spr.* Man muß die Dinge schon beim richtigen Namen nennen. **-a yoğa karışmak** seine Nase in alles stecken **-a yoğa sinirlenmek** sich für nichts und wieder nichts aufregen) **-ı olanlar** Besitzende *pl.* **-ı olmayanlar** Habenichtse *pl.* **-ı yoğu** sein gesamtes Hab und Gut, sein gesamter Besitz *mamelek **Bu iş için -ını yoğunu feda etti.** Hierfür hat er sein ganzes Hab und Gut geopfert. ≗**ını veren utanmaz.** *Spr.* Wer alles gibt, was er besitzt, braucht sich nicht zu schämen (*scil.* auch wenn es wenig ist). Ultra posse nemo obligatur. **-la yok arasında giymek** et. sehr Dünnes (Durchsichtiges) anziehen **-sa yoksa** nichts anderes als; ausschließlich (**Oğlum için maalesef varsa yoksa yalnız futbol.** Mein Sohn interessiert sich leider nur für Fußball. **Varsa kızı yoksa kızı, oğlunun yüzüne baktığı yok.** Für ihn existierte nur seine Tochter; für seinen Sohn hatte er keinen Blick übrig.)
-var [–] *pers. Sx.* 1. besitzend 2. gleichend, ähnlich 3. passend, zukommend
varagele 1. *techn.* sich hin- und herbewegender Maschinenteil 2. Hin- und Herbewegung *f* 3. Seilfähre *f* 4. Schwebebahn *f* (z.B. zur Kohlenförderung) 5. Schrägaufzug *m* (z.B. zur Erzförderung) ~ **halatı** Zugseil *n*
varageleli mit **varagele** ausgestattet
varak, -kı, -ğı Blatt *n* (e–s Baumes, Buches, aus Metall usw.) **-ı keffî** s. **eldamarlı yaprak; -ı ke'sî** s. **çanakyaprağı; -ı mefsus** s. **oymalı yaprak; -ı mürekkep** s. **bileşik yaprak; -i müsennen** s. **testere yaprak; -ı rişî** s. **tüysü yaprak; -ı sümeyrî** s. **meyvayaprak; -ı tüveycî** s. **taçyaprağı; -ı zühre** s. **çiçek yaprağı**
varaka kleiner, beschriebener Zettel, Schein
varakçı 1. Vergolder *m* 2. Goldschläger *m* ~ **kursağı** Goldschlägerhäutchen *n*
varakî *min.* blätterig, schieferig
varaklamak mit Blattgold überziehen; vergolden
varaklı mit Blattgold überzogen; vergoldet
varakpare [··–] 1. *selt.* Einzelblatt *n* 2. Billett *n*, Zettel *m* 3. *pej.* Fetzen *m* Papier, Käseblatt *n* (Zeitung)
varan (I) *F* (bei Aufzählungen) Da hätten wir also ...; Nummer ... **Karşı taraf „≗ bir!" dedi ama, arkasını getiremedi.** Die Gegenseite rief: „Nummer eins!" Aber weiter brachten sie es nicht.
varan (II) Waran *m zo.* Varanus (griseus u.a.)
varant, -tı *H* Warrant, Lagerschein *m*
vararak 1. Gerundium zu **varmak** 2. Lm. des Froschquakens ≗ ~ **kurbağa olur.** (*Ra.* zur Verspottung e–s eitlen, jungen Gecken) Wenn er lange genug gequakt hat, was wird er? Ein Frosch!
varatika [··×·] **(otu)** s. **koyungözü** (2)
varda [×·] *naut.* 1. Wache *f*, (Wach-)Posten *m* 2. Achtung! Vorsicht! Aufgepaßt! Vorsehen! *naut.* Wa(h)rschau! ~ **topu** *fr.* Signalgeschütz *n* (das bei Sonnenuntergang abgefeuert wurde zum Zeichen, daß kein Schiff mehr in den Hafen einlaufen durfte) ~ **topu gibi yatsıda patlamak** losgehen wie die Kanone beim Abendgebet ≗**da kim vardır?** Wer hat die Wache?
vardabandıra [··×··] naut. Signalgast *m*
vardabaşo [··×·] *naut.* 1. Achtung unten! (beim Ankerwerfen od. Verladen) 2. a) Disziplinlosigkeit *f* b) träge und achtlos umhergehender Matrose ~ **bir gemi** ein Schiff mit disziplinloser Bemannung
vardacı 1. *naut.* (Schiffs-, Deck-)Wache *f* 2. Wächter, Wärter *m* 3. *fr.* wer vor dem Wagen e–s hohen Herrn (vor der Pferdestraßenbahn, vor der freiwilligen Feuerwehr) herlief und durch **Varda**-Rufen Platz schaffte ~ **gibi bağırmak** gellend schreien
vardafogo [··×·] *naut. hist.* Luntenstock *m*, Zündrute *f* (für alte Geschütze)
vardaduman *naut.* Persenning *f* (als Rauchschutz an e–m Kombüsenschornstein)
vardakavo [··×·] *naut.* 1. Schlepptrosse *f* 2. Bootstau *n* 3. Vertäuleine *f* 4. Fang-, Sicherheits-leine *f*, -tau *n* (am Rettungsboot) 5. Warpleine *f*, Verholtau *n* *tonoz halatı ~ **cevizi** *naut.* Türkenbund *m*
vardakorda [··×·] *naut.* Eisen- od. Holz-kausche *f* (zum Schutz der unteren Takelung)
vardakosta [··×·] 1. *fr.* Küstenwachschiff *n* 2. schmuckes Segelschiff 3. *F* von stattlichem Wuchs und auffälliger Kleidung (Frau), *F* Fregatte 4. rauher, aber zuverlässiger Bursche 5. Name e–s Tanzes und der zugehörigen Musik 6. Hornpfeife *f* (altes Holzblasinstrument)
vadalumbar [×···] *naut. hist.* e–e Art Bajonett an langer Stange zur Verteidigung der Stückpforte gegen enternde Feinde ~ **baltası** *naut. hist.* e–e Art Streitaxt auf alten Kriegsschiffen
verdamana; verdamano [··×·] *naut.* 1. Handläufer *m* (e–r Reling od. e–s Fallreeps), Mann-, Leit-tau *n* 2. *z. va.* lederne Handschuhe *pl.* (*spez.* für die Segelbedienung)
verdamanacı [··×··] *naut.* Matrose, der e–m Besucher zum Übersteigen auf das Fallreep das lange Ende des (Tau-)Handläufers entgegenhält
vardapruva [··×·] *naut. hist.* 1. Stückpforte *f* am Bug 2. nach vorne gerichtetes Geschütz

Vardar(nehri) *n.pr.* Wardar *m* (Fluß in Mazedonien)
vardarlı *hist.* Leibwächter *m* (im Dienst byzantinischer Kaiser)
vardasilo [··×·]; **vardasol** *naut.* 1. Seitenteil *n* e–s Sonnen-(schutz)segels 2. Persenning *f*, Schutz-, Schauer-kleid *n*
vardavela [··×·] *naut.* 1. Reling *f* (umfassend: Relingsstützen, Durchzüge, Handläufer) 2. Jackstag *n*, Gleitschiene *f*; s.a. **seren (tente) -sı**
vardırılmak Pass. zu **vardırmak; İhtilâf bu dereceye vardırılırsa ...** Wenn man zuläßt, daß sich der Konflikt so sehr verschärft ...
vardırmak Kaus. zu **varmak; İşi o hale vardırmamalı.** Soweit soll man es nicht kommen lassen.
vardiya [×··] 1. *naut.* Schiffs-, Deck-wache *f* 2. *naut.* Ausguck, Beobachtungsposten *m* 3. (Arbeits-)Schicht *f* ~ **beklemek (durmak, kes(tir)mek, tutmak)** Wache (halten) **-da** auf Wache
vardiyabono [···×·] s. **bonovardiya**
vardiyalı işçi Schichtarbeiter(-in *f*) *m*
vardiyan *naut.* 1. *hist.* Aufseher *m* für Galeerensklaven 2. Bootsmannsmaat *m* 3. Leuchtturmwärter *m* 4. Quarantäneaufseher *m* 5. **(demiri)** *va.* Hilfs- od. Zusatz-anker *m* ~ **halatı** Vorleine *f* (vom Bugspriet zu dem Festmachring e–r Ankerboje)
vardiyanbaşı *naut. hist.* Kommandant *m* der Schiffsmannschaft
vardiyanlık Aufgaben *pl.*, Rang *m* od. Tätigkeit *f* e–s **vardiyan**
vardiyapruva [···×·] *naut.* (in der Füg.:) ~ **feneri** kleineres Licht auf dem Vorderteil e–s Schiffes
vardula Brandsohle *f* (am Schuh)
varek, -ki (*franz.* **varech**) Tang *m*, Seegras *n bot.* Fucus
varel sehr großer Blumentopf (oben mit ca. 40 cm Durchmesser)
vareste [ā] *va.* frei, befreit, ledig, los **nakdî endişeden** ~ aller Geldsorgen ledig ~ **tutmak** *jur.* entbinden (z.B. von der Verpflichtung des persönlichen Erscheinens in e–r Hauptverhandlung)
vargel(-e) s. **varagele** (spez. 3–5)
vargı *log.* Schlußfolgerung, Konklusion *f* *neticei istidlâl
varılmak Pass. zu **varmak; Oraya üç saatte varılır.** In drei Stunden kann man dorthin gelangen. **varılması kolay (güç)** leicht (bzw. schwer) erreichbar (Ort)
varış 1. Erreichen *n*, Ankunft *f* 2. *fig.* rasches Verstehen; schnelle Auffassung ~ **hakemi** *(Sport)* Zielrichter *m* ~ **hattı** *(Sport)* Ziellinie *f* ~ **memleketi** (*bzw.* **merkezi**) Bestimmungs-land *n* (*bzw.* -ort *m*) **ºına gelişim, tarhana aşına bulgur aşım.** *Spr.* Wie du mir, so ich dir. *Spr.*
varışgidiş 1. Kommen und Gehen *n* 2. intime Kenntnis, genaues Vertrautsein
varışlı klug, intelligent, von schneller Auffassung, wer rasch versteht *kiyasetli, seriülintikal
varışlılık Klugheit, Intelligenz *f*, schnelle Auffassung(-sgabe), rasches Verstehen *kiyaset
vari Vari *m zo.* Lemur variegatus (e–e Maki-Art)
-vari [– –] *Sx.* den Charakter von et. tragend, an et. gemahnend; -artig, -istisch, -förmig, -ähnlich
varidat, -tı [–·–] *(Pl., a. in sg. Bed.)* 1. Einkünfte, Erträgnisse *pl.*, (Gesamt-)Einkommen *n* 2. (einzelne) Einnahmequelle *f* 3. *selt.* Einfälle, Ideen *pl.* Zu 2: **bir** ~ **temin etmek** sich e–e Einnahmequelle verschaffen (erschließen)
varide [ā] 1. (*Verk.* aus **evrakı** ~) (Post-)Eingänge *pl.*, Eingang, Einlauf *m* (*ant.* **sâdıra**) 2. *selt.* Gedanke, Einfall *m*, Idee *f* ~ **defteri** Einlaufbuch *n*
varikosel (*franz.* **varicocèle**) *med.* Varikozele *f*, Krampfaderbruch *m*
varil *spez. naut.* mittelgroßes Faß (z.B. für Essig) (in der Größe zwischen **mancana** und **kartel**); ~ **şamandıra** *naut.* Tonnenboje *f*
varilci wer kleinere Fässer herstellt od. verkauft; Böttcher, Faßbinder, Küfer *m*
-varilik [– – ·] an et. (*bzw.* j–n) gemahnender Zustand
varis (*franz.* **varice**) *med.* Krampfader *f* *devali; toplardamar genişlemesi
vâris Erbe *m*, Erbin *f* *mirasçı; ~ **prens** s. **veliaht**
varisli *med.* mit Krampfadern behaftet
varit, -di [ā] 1. ein-laufend, -gehend (z.B. Schreiben) 2. einge-laufen, -gangen 3. sich ereignend, kommend 4. *phys.* ein-, auf-fallend (z.B. Licht) *gelen 5. als möglich in Betracht kommend; denkbar, möglich, gegeben Zu 1/2: **vekâletten** ~ **evrak** die vom Ministerium kommenden (bzw. eingelaufenen) Akten *pl.* Zu 5: **Bu ihtimal** ~ **değildir.** Diese (theoretische) Möglichkeit entfällt. ~ **olmak** *va.* 1. ein-laufen, -treffen 2. geschehen, stattfinden **-i hatır olmak** *va.* j–m in den Sinn kommen, einfallen **gayri** ~ nicht in Betracht kommend, unmöglich, ausgeschlossen, undenkbar
variyet, -ti [ā] *P* Vermögen *n*, Besitz *m*, Wohlhabenheit *f*, Reichtum *m* *varlık, servet
variyetli [ā] *P* vermögend, reich, ein gutes Einkommen besitzend
varka [×·] *naut.* (Ausschiffungs-, Küsten-)Boot *n*
varlatmak noch mehr Reichtum erwerben; s. **Var varlatır, yok söyletir.**
varlık, ığı 1. Sein *n*, Existenz *f* *mevcudiyet 2. Wesen, Geschöpf *n* *mevcut 3. Persönlichkeit *f* 4. Wichtiges, Wesentliches 5. Vermögen *n*, Besitz *m*, Wohlhabenheit *f*, Reichtum *m* *servet, zenginlik 6. Können *n*, Fähigkeit, Geschicklichkeit *f* Zu 1: **Bütün -ımızla dileriz** Wir wünschen von ganzem Herzen ... Zu 5: **Böyle işler -la olur!** Zu so et. braucht man viel Geld! ~ **göstermek** 1. sich bemerkbar machen; die Aufmerksamkeit auf sich lenken 2. sich bewähren; leisten (was erwartet wird) (b–nin karşısında *od.* önünde) **hiç bir** ~ **gösterememiştir** *(Sport)* ... hatte nichts zu bestellen (gegenüber) ~ **içinde yaşamak** im Wohlstand leben, reich sein ~ **içinde yetişmek** das Kind reicher Eltern sein ~ **vergisi** (einmalige) Vermögensabgabe (1942) ~ **yargısı** *log.* Existentialurteil *n* *mevcudiyet hükmü **-a çıkarmak** ins Leben rufen, schaffen **ºa darlık olmaz.** *Spr.* Dem Reichen ist alles möglich.
varlıkbilim(-cilik, -sel) s. **ontoloji (ontolojizm, ontolojik)**
varlıklı wohlhabend, reich ~ **yokluklu** arm und reich; Arme und Reiche *pl.*
varlıksız ohne Besitztum; Habenichts *m*
varma Vs. zu **varmak;** ~ **limanı** *jur.* Bestimmungshafen *m*
varmak, (-ır) (m. Dat.) 1. gelangen, hinkommen (zu); ankommen (in); erreichen (Ort, best. Punkt, Zeitabschnitt, Grad usw.) 2. führen (zu), ausgehen, enden (mit) 3. kommen (auf od. hinter et.) 4. tun können 5. heiraten (Frau, Mädchen) 6. beginnen Zu 1: **Köye vardığımız zaman akşam olmuştu.** Als wir das Dorf erreichten, war es Abend geworden. **Tren, Ankara'ya yedide varır.** Der Zug kommt um sieben (Uhr) in Ankara an. **en küçük kapıcıya varıncaya kadar bütün müessese** die ganze Firma bis herunter zum kleinsten Portier **Yaşı elliye vardı.** Er hat die Fünfzig erreicht. **Bugünkü masrafım beş yüz liraya vardı.** Heute habe ich nicht weniger als fünfhundert Pfund ausgegeben. **Yarım saate varmadan döndü.** Ehe e–e halbe Stunde um war, kehrte er zurück. Zu 2: **Bu iş nereye varacak?** Wo soll das hinführen? Wie soll das noch enden? **İş dövüşmeğe kadar vardı.** Schließlich kam es zu e–r Schlägerei. Zu 3: s. **farkına (sırrına, tadına)** ~ Zu 4: s. **ağzı (eli, dili)** ~ Zu 5: **Kız, komşunun oğluna vardı.** Das Mädchen heiratete den Sohn des

Nachbarn. Zu 6: s. **secdeye (uykuya) ~; Var (varın, varsın, vasınlar)** 1. (Ausdruck der Indifferenz od. e–s Anheimstellens) 2. (Verst. e–s Imper.) nur einmal (Zu 1: **Var bildigini yap!** Tu was du nicht lassen kannst! **Var varanın, sür sürenin, destursuz bağa girenin hali yaman olurmuş.** (türk. Mf.) Übel ergeht es e–m, der ohne Erlaubnis in e–n Weinberg eindringt (der et. Verbotenes unternimmt). **Varsın gelmesin!** Wenn er nicht kommen will, soll er es bleiben lassen! **Varsın müdüre şikâyet etsin!** Mag er sich doch bei dem Direktor beschweren! **Vasın olsun!** Na, wenn schon! **Var babana selâm söyle!** *F* Da haben wir den Salat! Zu 2: **Var kıyas et!** Darauf kannst du dir selber e–n Reim machen! **Varın hesap edin!** Rechnet es euch nur einmal aus! **Var da düşün!** Überleg dir nur einmal!) **vara vara** mit der Zeit, nach und nach **vararak** auf die Dauer **varan** s. ges. Stw. **Vardığın yer körse, gözünü kapa!** *Spr.* Mit den Wölfen muß man heulen! *Spr.*

varoğlu var (nach Einzelaufzählung) und was noch alles mehr; und noch unendlich viel mehr

Varol (I) s. **Var ol!**

Varol (II) **köprüsü** *an.* Varolsbrücke *f*, Pons Varolii *beyin tümseği; kantarai Varol

varolma *phil.* Sein *n*, Existenz *f* *mevcudiyet, vücut

varoluş 1. Dasein *n*, Existenz *f* 2. dauernde od. sich wiederholende Erscheinung

varoluşçu(-luk) s. **egzistansiyalist; egzistansiyalizm**

varoş 1. *fr.* außerhalb der Stadtmauer gelegener Stadtteil 2. Vorstadt *f*, Außenbezirk *m*

varsağı 1. *mus.* (nach dem Nomandenstamm der **Varsak** benannte) türk. Liedform 2. e–e bes. Art des Krummschwertes

Varsaklar *n.pr.* turkmenische Volksgruppe in Südanatolien

varsam s. **barsam**

varsayılan; varsayılı s. **varsayımlı**

varsayım; varsayış *phil.* (Arbeits-)Hypothese, Annahme, Voraussetzung *f* *faraziye, hipotez

varsayımlı; varsayımsal *phil.* hypothetisch, angenommen *farazî, hipotetik

varsayma Annahme, Voraussetzung *f* *faraziye, farzetme

varsaymak annehmen, voraussetzen *farz etmek

varsın s. Stw. **varmak**

Varşova [×··] *n.pr.* Warschau

varta 1. *va.* Abgrund *m* 2. Gefahr *f*, gefährliche Lage **-ya düşmek** in e–e gefährliche Lage (in Gefahr) geraten **-yı atlatmak** die Gefahr überstehen

Varto *n.pr.* O. u. D. im Rbz. Muş

Varyaglar *n.pr. hist.* Waräger *pl.*

varyabilite (*franz.* **variabilité**) s. **değişebilme**

varyant, -tı 1. Variante, Ab-, Spiel-art *f* 2. (Eisenbahn) Umleitungsstrecke *f* ~ **planı** *mil.* Umleitungsplan *m*

varyasyon *a. mus.* Variation *f* *çeşitleme

varyemez geizig, knauserig, knickerig *cimri

varyete 1. Varieté *n* 2. *selt.* Varietät, Spiel-, Ab-art *f*

varyometre [··×·] Variometer *n*, Variator *m*

varyos s. **balyoz**

vasal *hist.* Vasall, Lehnsmann *m* ~ **devlet** Vasallenstaat *m*

vasallık Vasallentum *n*

vasat, -tı 1. Mitte *f* 2. Milieu *n*, Nährboden *m* 3. Durchschnitt *m* 4. *phys.* Mittel, Medium *n* *orta, ortalık 5. *math.* Innenglied *n* (e–r Proportion) *orta 6. mittler-, Mittel- 7. mittelmäßig, durchschnittlich, Durchschnitts- Zu 7: ~ **bir talebe** ein Durchschnittsschüler ~ **güverte** *naut.* Mitteldeck *n* **-ın ununda** (*od.* **altında**) *od.* **-tan aşağı** unterdurchschnittlich **-ı arzeyn** *naut.* mittlere Breite **-ı mütenasip** s. **orantılı orta**

vasateyn *va. Dual* s. **ortalar**

vasatî 1. Mittel-, Zentral-, mittler-, in der Mitte gelegen, zentral *orta 2. *math.* durchschnittlich, Durchschnitt *m* *ortalama Zu 2: **numaraların -sini almak** die Durchschnittsnote berechnen ≗ **Asya** Mittel-, Zentral-asien ~ **çek fiyatları** Scheckmittelkurse *pl.* ~ **kıymet** *math.* Mittelwert *m* ~ **mesafe** *mil.* mittlere Entfernung ~ **mütenasip** s. **vasatı mütenasip;** ~ **olarak** im Durchschnitt, durchschnittlich ~ **saat** die von Mitternacht an gerechnete Zeit (bzw. Stunde) ~ **sürat** *phys.* mittlere Geschwindigkeit *ortalama hız ~ **vade** *H* mittlerer Verfalltag ~ **vuruş noktası** *mil.* mittlerer Treffpunkt

Vaserman s. **Wassermann**

vasfetmek [×··] 1. beschreiben, kennzeichnen, charakterisieren, qualifizieren 2. *z. va.* die guten Eigenschaften aufzählen; loben, preisen, rühmen

vasfî 1. beschreibend, qualifizierend 2. *gr.* adjektivisch 3. **Vasfi** [×·] *mV* **Vasfiye** [×··] *wV* ~ **terkip; terkibi** ~ s. Stw. **terkip**

vasıf, -sfı 1. Eigenschaft, Qualität *f* *nitelik 2. Charakter (-zug) *m*, Merkmal *n* *ıra, karakter, seciye 3. *z. va.* Lobpreisung, Lobrede *f* 4. *z. va. gr.* Adjektiv *n* 5. Epitheton *n* **-a gelmez** unbeschreiblich **-ı mümeyyiz** s. Stw. **mümeyyiz; -ı tahsinî** *lit.* Epitheton ornans *n*, schmückendes Beiwort **-ı terkibî** *gr.* adjektivische Zss. nach pers. Muster

vâsıf 1. *va.* beschreibend *spez.* wer die guten Eigenschaften e–r Person aufzählt; Lobredner *m* 2. ≗ *mV* **Vâsıfa** *wV*

vasıflandırma Qualifizierung *f* ~ **sıfatı** s. **niteleme sıfatı**

vasıflandırmak s. **nitele(ndir)mek**

vasıflanmak s. **nitelenmek**

vasıflı 1. mit nb. Merkmalen (Eigenschaften); von best. Qualität 2. Fach- ~ **emek** Facharbeit *f*, qualifzierte Arbeit ~ **işçi** Facharbeiter(-in *f*) *m* *kalifiye işçi

vasıfname [··–·] *va.* s. **monografi**

vasıfsız ungelernt (Arbeiter)

vâsık, -kı 1. *va.* fest, stark 2. vertrauensvoll, zuversichtlich 3. ≗ **Billah** *n.pr.* der 9. Abbasiden-Kalif

vasıl, -slı 1. Verbinden *n*, Verbindung *f* 2. *gr.* Bindung, Verschleifung (zweier Wörter) *ulama

vâsıl (an-)kommend, eintreffend, einlaufend, gelangend, erreichend ~ **olmak** (m. Dat.) (an-)kommen, eintreffen, einlaufen, gelangen, erreichen **Buraya** ~ **olan haberlere göre ...** Nach den hier eingelaufenen Nachrichten ... **Şehre kaç saat sonra** ~ **olacağız?** Wieviel Stunden brauchen wir bis zur Stadt?

vâsıt, -tı *va.* in der Mitte befindlich; s. a. **hattı** ~

vasıta [–··] 1. Mittel, Werkzeug, Instrument *n* *araç 2. Mittelsperson *f*, Vermittler *m* *aracı, mütevassıt 3. Vermittlung *f* *aracılık 4. *lit.* verbindender Doppelvers bei den Gedichtformen **terciibent** und **terkibibent** 5. Fahrgelegenheit *f*, -zeug *n* Zu 1: **-i ifham** *va.* Verständigungsmittel *n* **-i maişet** s. **geçinecek; -i muhabere** *z. va.* Nachrichtenmittel *n* **-i nakliye** Transport-, Verkehrs-mittel, Fahrzeug *n* *taşıt, nakil vasıtası **-i teşbih** s. **edatı teşbih** Zu 2: ~ **olmak** (m. Dat.) sich hergeben (zu) Zu 3: **sizin -nızla** durch Ihre Vermittlung ... **-siyle** mittels; durch Vermittlung (von)

vasıtalı [–···] mit **vasıta** *spez.* mittelbar, indirekt *bilvasıta ~ **vergiler** indirekte Steuern *pl.*

vasıtalık [–···] Rolle od. Aufgabe *f* e–s Vermittlers, Vermittlung *f* *aracılık, vesatet

vasıtasız [–···] ohne **vasıta** *spez.* unmittelbar, direkt ~ **vergiler** direkte Steuern *pl.*

vasıtasızlık [–····] Fehlen von **vasıta** *spez.* Mittellosigkeit, Entbehrung *f*

vasi [·–] 1. *jur.* Vormund *m* 2. Erblasser *m* (*jur.* **muris**) 3.

Treuhänder *m* (*jur.* **yediemin**) 4. Testamentsvollstrecker *m* (*jur.* **vasiyeti tenfiz memuru**)
vâsi, -ii 1. geräumig, groß, weit, breit, ausgedehnt 2. reichlich 3. ≗ Beiname Gottes ~ **salâhiyet** weitgehende Vollmacht
vasilik [·–·] Amt *n*, Aufgabe, Tätigkeit *f* e–s **vasi**
vasistas s. **vazistas**
vasiyet, -ti 1. *z. va.* Rat *m*, Gebot *n*, Einschärfung *f* 2. Testament *n*, letztwillige Verfügung, letzter Wille 3. letzte Ermahnungen *pl.* e–s Sterbenden 4. Vermächtnis, Legat *n* ~ **alan** s. **musaleh;** ~ **etmek** 1. *z. va.* raten, gebieten, einschärfen 2. testamentarisch festlegen (anordnen, vermachen), letztwillig verfügen 3. auf dem Sterbebett zu et. ermahnen ≗ **ölüm getirmez.** *Spr.* Wer sein Testament macht, braucht deswegen nicht gleich zu sterben. **-i tenfiz memuru** *jur.* Testaments-, Willens-vollstrecker *m* **-ini söylemiş olmak** seinen letzten Willen ausgesprochen haben
vasiyetname [···–·] Testament *n*, schriftliches Vermächtnis, letztwillige Verfügung *son istek harcaması
vasiyetsiz 1. ohne ein Testament gemacht zu haben 2. ohne ein Legat erhalten zu haben
Vaskonlar *n.pr. hist.* Vaskonen (Basken, Gaskogner) *pl.*
Vaskonya [·×·] *n.pr. hist.* Gaskogne *f*
vasküler *med.* vaskular; zu den Blutgefäßen gehörig od. diese betreffend
vasletmek [×··] (miteinander) verbinden **ondokuzu yirmiye vasleden gece** in der Nacht vom 19. zum 20.
vassaf [·–] 1. *va.* (Intensivierung von **vâsıf**) 2. ≗ *mV*
vassal(-lık) s. **vasal(-lık)**
vaşak, -ğı 1. s. **karakulak** (1) 2. ≗ *astr.* Luchs *m* (Sternbild); s.a. **Avrupa (İspanya) -ı**
Vaşington 1. *n.pr.* Washington (1. Präsident der USA; Staat bzw. Bundeshauptstadt der USA) 2. (in der Füg.:) ~ **tipi** *V* neuartig, komisch, hypermodern
vat, -tı *el.* Watt *n*
vat-saat *el.* Wattstunde *f*
vatan 1. Vaterland *n*, Heimat *f* 2. Ursprungsland *n*, ursprüngliche Heimat; Herkunftsland *n* (z.B. e–s Baumes, Tanzes usw.) 3. ≗ *n.pr.* führende Istanbuler Zeitung ~ **barcu** patriotische Pflicht ~ **edinmek** in e–m Land ansässig werden ~ **hainliği** s. **vatana hıyanet;** ~ **hasretini çekmek** sich nach der Heimat sehnen, Heimweh haben ~ **hizmetleri** Dienste *pl.* für das Vaterland *hidematı vataniye ~ **muhabbeti** Vaterlandsliebe *f* **-a hıyanet** (*od.* **ihanet**) Vaterlands-, Landes-, Hoch-verrat *m* *hıyaneti vataniye **-ı kurtarmak** *V* die Sache ins richtige Geleis bringen, *F* et. deichseln, fingern
vatandaş 1. Lands-mann *m*, -männin *f* 2. Volks-genosse *m*, -genossin *f*, Mitbürger(-in *f*) *m* 3. Staatsangehörige *m*, *f*, Staatsbürger(-in *f*) *m*, Untertan *m* *(1–3) yurttaş Zu 3: **Alman devleti -larından ...** der (die) deutsche Staatsangehörige ... **Birleşik Devletlerin -ları** USA-Bürger *pl.*
vatandaşlık, -ığı 1. Landsmannschaft *f* 2. Volksgemeinschaft *f* 3. Staats-bürgerschaft, -angehörigkeit, -zugehörigkeit *f* *(1–3) yurttaşlık Zu 3: **Fransız -ından ıskat edildi.** Er wurde der französischen Staatsbürgerschaft für verlustig erklärt. ~ **hakları** *jur.* (Staats-)Bürgerrechte *pl.* **-a kabul** Einbürgerung *f*
vatanî das Vaterland betreffend, vaterländisch, patriotisch, Landes- *yurtsal ~ **marşlar** vaterländische Märsche *pl.* ~ **vazife** patriotische Pflicht *spez.* Wehrdienst *m;* s.a. **hıyaneti vataniye**
vatanlaşmak *selt.* zum Vaterland werden
vatanperver vaterlandsliebend, patriotisch, Patriot(-in *f*) *m* *yurtsever
vatanperverlik Vaterlandsliebe *f*, vaterländische (patriotische) Gesinnung, Patriotismus *m* *yurtseverlik
vatansever(-lik) s. **vatanperver(-lik)**
vatansız 1. vaterlandslos, ohne Vaterland 2. *pej.* vaterlandsloser Geselle, Vaterlandsverräter *m* 3. staatenlos
vaterklozet, -ti (*engl.* **water-closet**) (Wasser-)Klosett *n*, europäische Toilette
vaterpolo (*engl.* **water-polo**) *va.* Wasserballspiel *n* *su topu oyunu
vaterpruf (*engl.* **water-proof**) 1. wasserdicht 2. Regenmantel *m*
Vatikan *n.pr.* Vatikan *m* (in Rom) ~ **Sitesi Devleti** *n.pr.* Vatikanstadt *f*
vatka [×·] Wattierung *f* (bei Kleidern)
vatkalı wattiert (*spez.* Schultern)
vatkasız unwattiert
vatlık *el.* mit soundso viel Watt
vatman (*engl., franz.* **wattman**) Straßenbahn-, Wagen-führer, Fahrer *m* ~ **yeri** Führer-stand, -sitz *m* (im Triebwagen der Straßenbahn)
vatmetre [·×·] *el.* Wattmeter *n* (Meßgerät)
vatoz Nagelrochen *m zo.* Raja clavata; s. a. **boz(yıldızlı)** ~
vav 29. Buchst. des osm. Alph. (mit den Lautungen o, ö, u, ü, v) **-ı mefsule** *gr. va.* Trennungs-**vav** *n d.h.* das Wörtchen **ve; -ı mevsule** (*od.* **âtıfa**) *gr. va.* Bindungs-**vav** *n* (*d.h.* der Vokal **u** od. **ü** in Füg. wie **arzutalep, terütaze** usw.)
vavî *va.* den Laut [v] darstellend; vgl. **kâfı** ~
vaveylâ [–·–] (Weh-)Geschrei *n*, lautes Jammern **-yı koparmak** ein Wehgeschrei anstimmen (erheben) **Bir -dır koptu.** Ein Wehgeschrei ging los (erhob sich).
vavlı *va.* 1. mit dem Buchst. **vav** versehen (geschrieben) 2. *hum.* mit „vav" schreibend ~ **Türkler** *hist.*osm. Spottbez. für diejenigen, die bei dem Wort **Türk** den Silbenträger entgegen der ar. Graphik ausdrücklich (mittels **vav**) schrieben
vavsız *va.* ohne den Buchst. **vav;** ~ **evliya** *va.* wer nur dem Anschein nach gläubig ist
vay *Int.* 1. (Ausruf der Überraschung) nanu! Donnerwetter! na so etwas! oha! 2. (Ausruf des Schmerzes) au! 3. (m. Dat.) (zum Ausdruck der Vermutung, daß es mit e–r Person od. Sache ein schlimmes Ende nehmen wird) Zu 1: ≗ **sen burada mısın?** Nanu, du bist hier? Zu 2: ≗ **başım** ~**!** Au, mein Kopf! Au, was tut mir der Kopf weh! Zu 3: ≗ **o gibi kimselerin haline!** In der Haut von solchen Leuten möchte ich nicht stecken! ≗ **anam vay!** *od.* ≗ **anasını!** *od.* ≗ **canına!** Ja, so etwas! ≗ **anasının herifi!** Ha, der verfluchte Kerl! ~ **babacığım** nun, Väterchen ... ≗ **babanın aşık kemiğine!** Oh, du verdammter Kerl! ≗ **(babasının) canına!** (Ausruf der Verwunderung, des Wohlgefallens od. Mißfallens, *a.* Fluch) Donnerwetter! Zum Teufel auch! ≗ **benim köse sakalım!** *P* s. **Tut kelin perçeminden!** ≗ **bize olanlar!** Ach, wie ärgerlich ist das doch! Was macht man nicht alles an Enttäuschungen durch! ≗ **gebeş arabaya yerleş.** *ster. Ra.* bei **dübeş;** ≗ **halime!** Weh mir! ~ ~ 1. *Verst.* von ~ 2. *fig.* Unglück, Pech *n;* s.a. **Kimine hayhay, kimine** ~ ~
vaybaba(cığı)mcılık *F* plump-vertrauliche Annäherung (zwecks Taschendiebstahl)
vayvaylı s. **dışı kalaylı (hayhaylı), içi alaylı (vayvaylı)**
vaz [ā] (nur mehr in **vazgeç(ir)mek**) Verzicht *m*
vazahat [·–·], **-tı** s. **vazıhlık**
vazaif [·–·] *va. Pl.* zu **vazife; ilmi** ~ s. **deontoloji**
vaz'an *va. Adv.* 1. in (nach, durch) Stellung od. Haltung 2. in der urspr. Bed. des Wortes
vazelin *pharm.* Vaseline *f*, Vaselin *n* ~ **borike** *pharm.* Borsalbe *f*
vazelinlemek mit Vaselin bestreichen
vazetmek *z. va.* 1. setzen, stellen, legen 2. gründen, einrichten, aufstellen

va'zetmek e–e Predigt halten, predigen
vazgeçilmez unverzichtbar
vazgeçirmek j–n von et. abbringen, zum Verzicht auf et. bewegen, j–m et. ausreden
vazgeçmek (m. Abl.) 1. verzichten, Verzicht leisten (auf) 2. von et. abkommen od. ablassen, et. aufgeben (z. B. Gewohnheit) 3. Abstand nehmen (von urspr. Absicht)
vazgeçti Zwist *m*, Auseinandersetzung, Differenz, Animosität *f*, Groll *m*, Rankünе *f* **Senin kendisiyle bir -n mi var?** Hast du dich mit ihm überworfen? Hast du e–e Differenz mit ihm?
vazgelmek *va.* s. **vazgeçmek**
vazı (I) *va.* 1. Setzen, Stellen, Legen *n* 2. Stellung, Haltung *f* *duruş 3. Verhalten, Benehmen *n* ~ **ve tertip** *mil.* Aufstellung *f*
vazı (II), **-ıı** [ā] *va.* 1. setzend, stellend, legend 2. gründend, einrichtend, aufstellend
vazıesas [···–] *va.* Grundsteinlegung *f* *temel atma
vazıh [ā] 1. klar, deutlich, eindeutig, anschaulich *açık, belli, vuzuhlu 2. *phys.* klar, deutlich, scharf *net **gayrı** ~ unklar, verschleiert, mehr angedeutet als ausgesprochen
vazıhamil, -mli [··×·] Niederkunft, Entbindung *f*
vazıhamletmek [··×··] niederkommen (mit), entbunden werden (von), zur Welt bringen, gebären *doğurmak
vazıhan [–··] *va. Adv.* zu **vazıh**
vazıikanun [–··––] *va.* Gesetzgeber *m* *yasaman, yasayıcı, yasa koyucu
vazıisahne [–··×·] *va.* s. **sahne yönetmeni**
vazıülimza [–····–] *va.* Unterzeichn(et)er, Signatar *m*
vazıülyet, -di [ā] *jur.* tatsächlicher Besitzer; Inhaber *m*, Verfügungsberechtigter *eldeci, zilyet, tutman
vazıülyetlik [ā] *jur.* tatsächlicher Besitz *tutmanlık
vazıyet, -di 1. Handlegen *n* (auf), Eingreifen *n* 2. Beschlagnahme, Requisition *f* ~ **etmek** (m. Dat.) 1. Hand legen (auf), eingreifen (bei), in die Hand nehmen 2. beschlagnahmen, requirieren Zu 1: **Müddeiumumî meseleye ~ etti.** Der Staatsanwalt hat die Sache in die Hand genommen.
vazife *urspr.* [·–], *heute mst.* [–··] 1. Pflicht, Verpflichtung, Obliegenheit, Aufgabe *f* *ödev 2. Funktion *f*, Dienst *m* *görev, üf'ule 3. Amt *n*, Dienst *m*, Anstellung *f*, Posten *m* 4. (Schul-)Aufgabe *f* 5. *mil.* Auftrag *m* 6. *jur.* sachliche Zuständigkeit 7. *va.* Lohn *m*, Gehalt *n*, Bezahlung *f* Zu 1: **²miz!** Ich habe nur meine Pflicht getan! s. a. **Ne üstüme ~!** Zu 2: **aynı -yi görebilmek** dieselben Dienste leisten können; s. a. **köprü -si görmek** Zu 3: **Saat onda ~ alacağım.** Um zehn Uhr muß ich den Dienst antreten. **²sine geç geldi.** Er ist zu spät zum Dienst gekommen. **bir -ye tayin edilmek** e–e feste Anstellung erhalten Zu 4: **-lerini hazırlamak** seine Aufgaben machen, sein Pensum erledigen (Schüler); s. a. **tahrir -si** Zu 5: **bir -ye memur etmek** mit e–r Aufgabe betrauen ~ **addetmek** es für seine Pflicht halten ~ **aşkı** Pflicht-eifer *m*, -treue *f* ~ **başında** in Erfüllung seiner (Amts-)Pflichten (seines Berufes); in den Sielen (z. B. sterben) ~ **bilmek** (k–ne bşi) es als seine Pflicht ansehen zu ... ~ **edinmek** 1. sich et. angelegen sein lassen 2. sich et. zur Pflicht machen ~ **etmek** (bşi) sich kümmern (um), e–r Sache Bedeutung schenken (**Bunu hiç ~ etmiyor.** Er kümmert sich nicht im geringsten darum (*scil.* obwohl er es tun müßte).) ~ **görmek** (*od.* **yapmak**) Dienst leisten ~ **hissi** Pflicht-gefühl, -bewußtsein *n* ~ **ihtilâfı** *jur.* Streit *m* über die sachliche Zuständigkeit ~ **kurbanı** (*od.* ~ **şehidi**) Opfer *n* seines Berufes (getreuer Pflichterfüllung) ~ **şümulü** (*od.* **sahası**) *spez. mil.* Aufgaben-bereich *m*, -gebiet *n* ~ **ve salâhiyet ihtilâfı** (*od.* **uyuşmazlığı**) *jur.* Kompetenzkonflikt *m* ~ **vermek** beauftragen **²si mi!** Was kümmert es ihn? Er tut so, als ginge ihn das gar nichts an. (**Biz burada beklemişiz onun -si mi!** Wir warten hier auf ihn, und er kümmert sich überhaupt nicht darum!) **-sinden ayrılmamak** seinen Posten nicht verlassen (z. B. Kapitän das sinkende Schiff) **-sinden olmak** 1. (bş) 1. zu seinen Pflichten gehören 2. (bir kimse) um seine Stellung kommen **-sini müdrik olmak** Pflichtbewußtsein besitzen **-sini suiistimal** *jur.* Mißbrauch *m* der Amtsgewalt **-ye aykırı** (*od.* **muhalif**) pflichtwidrig **-yi ihmal** Pflichtversäumnis *f* **-i hamiyet** *va.* patriotische Pflicht **-i zevciyet** eheliche Pflicht
vazifedar [·–·–] *z. va.* 1. dienstlich tätig, im Dienst 2. dienstlich bearbeitend, zuständiger Beamter Zu 1: **Siz burada ~ mısınız?** Sind Sie in dienstlicher Eigenschaft hier? Zu 2: **Bu işin -ı kimdir?** Wer ist der zuständige Beamte hierfür? Wer bearbeitet diese Angelegenheit?
vazifelendirmek (bir iş ile) (mit e–r Aufgabe) betrauen, beauftragen, (zur Ausführung von et.) verpflichten, j–m e–n Posten (ein Amt) übertragen **Belediyeler yeni işlerle vazifelendirilecektir.** Die Stadtverwaltungen werden mit neuen Aufgaben betraut werden. **Bunu yapmakla vazifelendirildi.** Er wurde beauftragt, dies auszuführen.
vazifeli 1. s. **vazifedar** 2. *jur.* sachlich zuständig
vazifesiz 1. ohne (feste) Anstellung 2. gleichgültig, nachlässig 3. *jur.* sachlich nicht zuständig
vazifesizlik 1. Stellungslosigkeit *f* 2. Gleichgültigkeit, Nachlässigkeit *f* 3. *jur.* (sachlich) Nicht-Zuständig-Sein *n*
vazifeşinas [·–··–] pflichttreu, pünktlich und korrekt arbeitend, gewissenhaft *ödevcil
vazifeşinaslık [·–··–·] Pflichttreue, Gewissenhaftigkeit, Korrektheit, Pünktlichkeit *f*
vazifeten [·×··] *z. va. Adv.* in dienstlicher Eigenschaft, dienstlich, in offizieller Mission
vazifevî [·–·–] *va.* e–e Pflicht od. Obliegenheit betreffend, pflichtgemäß, Pflicht *görevsel
vazistas [×··] (*franz.* **vasistas**) Klappfenster, Oberlicht *n*
vaziyet, -ti 1. Lage, Situation *f*, Zustand *m* *durum 2. *math.* Lage *f* *konum 3. Haltung, Stellung *f* Zu 1: **²e bağlıdır.** Es kommt auf den betreffenden Fall an. Zu 3: **bir ~ almak** (*od.* **ittihaz etmek**) 1. e–e Haltung einnehmen 2. Stellung nehmen (zu) ~ **almak** 1. mil. Haltung annehmen 2. (b–ne karşı) sich gegen j–n stellen ~ **haritası** *mil.* Lagekarte *f* **-e hâkim** Herr *m* der Lage (z. B. Regierung bei Aufstand) **-i incelemek** die Sachlage näher prüfen, *F* das Terrain sondieren **-in (takdir ve) muhakemesi** *mil.* Beurteilung *f* der Lage **-in münakaşası** *mil.* Lagebesprechung *f* **-i ezhar** s. **çiçek durumu; -i harbiye** Kriegslage *f* **-i hazıra** gegenwärtige (augenblickliche, jetzige) Lage *f*
vazo [×·] (Blumen-)Vase *f*; s. a. **kül(mezar)vazosu**
vazodilatasyon (*franz.* **vasodilatation**) *med.* Gefäßerweiterung *f* *damar genişlemesi
vazodilatör (*franz.* **vasodilateur**) *med.* gefäßerweiternd(-er Nerv *m*), Vasodilatator *m*
vazokonstriktör (*franz.* **vasoconstricteur**) *med.* gefäßverengend(-er Nerv), Vasokonstriktor *m*
vazomotor (*franz.* **vasomoteur**) *med.* 1. vasomotorisch 2. Gefäßnerv *m*
va'zünasihat, -ti *va.* dringende Ermahnungen
v.b. = ve başkaları; ve benzerleri; ve bunun gibi
v.d. = ve devamı; ve diğer
ve (I) und ~ **başkaları,** ~ **benzerleri** und andere mehr ~ **bu da ...** (spezifizierend) und zwar ... ~ **de** und auch; und noch ~ **devamı** und folgende, ff. ~ **fakat** aber, jedoch, indessen, allein, bloß, nur *fakat ~ **illâ felâ** *va.* so und nicht anders ~ **kıs alâ hâzâ** *va.* s. Stw. **kıs;** ~ **saire** und so weiter, etc. ~ **ya(-hut)** s. **veya; veyahut**

ve (II) Name bzw. Lautung des Buchst. V
veba [ā] 1. Pest *f* *taun 2. *allg.* Seuche, Epidemie *f* ~ **mikrobu** *med.* Pesterreger *m* *Yersin basili ~ **otu** gebräuchliche Pestwurz *bot.* Petasites officinalis **-yı bakarî** Rinderpest *f* *sığır vebası
vebaî [·−−] *va.* 1. Pest- 2. epidemisch
vebal, -li [ā] 1. Verantwortlichkeit *f* für e−e schlechte Tat 2. Sünde *f* 3. Strafe *f* für e−e schlechte Handlung od. Sünde **ºi boynuna!** s. **Günahı boynuna! Bu işin -i vardır.** Diese üble Tat wird er einmal büßen müssen! **-ini çekmek** die Folgen e−r schlechten Tat zu tragen haben
vebalı [ā] mit Pest behaftet, pestkrank
veballi [ā] sündhaft, sündig
veca, -aı [ā] 1. Schmerz *m* 2. *spez.* Leibschmerzen *pl.*, Kolik *f* **-yı cenp** *va.* Seitenstechen *n*, *med.* Pleurodynie *f* **-yı katanî** s. **lumbago**
vecahet, -ti [ā] 1. *z. va.* schönes Äußeres 2. *va.* Ansehen *n*, Ehre *f*, Ehrgefühl *n* 3. ♀ mst. in Form und Lautung **Vecahat** [×··] *wV*
vecahetli [ā] 1. *z. va.* gut aussehend, äußerlich imponierend 2. s. **şerefli**
vecaip, -bi [ā] *va. Pl.* zu **vecibe**
vecalı [ā] schmerzhaft, schmerzvoll
vecazet, -ti [ā] *z. va.* s. **vecizlik**
vecdaver [ā] *va.* in Ekstase versetzend, begeisternd, ekstatisch
vecdet, -ti 1. *va.* s. **vecit** 2. *va.* Reichtum *m* 3. ♀ *mV, wV*
vecdî 1. *va.* ekstatisch 2. **Vecdi** [×·] *mV* **Vecdiye** [×··] *wV*
vecdühal [ā] *va.* mystische Verzückung ~ **sahibi** wer zeitweise in mystische Verzückung gerät *ehlihal
vecdüistiğrak, -kı [ā] *va.* Ekstase, Verzückung *f*
vecenî *va.* die Wange betreffend **azmı** ~ s. **elmacık (kemiği)** (1)
vecibe [ī] 1. Verpflichtung *f*, (obliegende) Pflicht (z. B. Dankes-, Ehren-pflicht) 2. *jur.* Obligation *f*, Schuldverhältnis *n*, Verpflichtung, Schuld *f* **-i vicdaniye** Gewissenspflicht *f*
vecih, -çhi 1. *va.* Gesicht *n* *çehre, yüz 2. Hinsicht, Art und Weise *f*, Grund *m* 3. *geom.* (ebene Seiten-)Fläche *f* *yüz Zu 2: **bu veçhile** auf diese Weise; so **her veçhile** auf jede Weise **tahminimiz veçhile** wie wir vermutet hatten; s. a. **hiç bir (lâyıkı, arzusu) veçhile; ne veçhile olursa olsun; berveçhi muharrer (peşin); malumuâliniz veçhile; ºi karabetiniz nedir?** Wie sind Sie miteinander verwandt? **-i tesmiye** *va.* Grund *m* der Benennung **-i şebeh** s. **benzetme yönü**
vecîh 1. *va.* Stammeshäuptling *m* 2. *va.* gut aussehend; imponierend 3. *va.* entsprechend, passend 4. **Vecih** [×·] *mV* **Vecihe** [×··] *wV*
vecihî [·−−] 1. *va.* den Stammeshäuptling betreffend 2. *va.* vornehm aussehend 3. **Vecihi** [×··] *mV*
vecihli *math.* mit soundsoviel (ebenen Seiten-)Flächen; s. **çok** ~
vecit, -cdi Ekstase, Verzückung *f* *esirme **-e gelmek** (bzw. **getirmek**) in Ekstase (Verzückung) geraten (bzw. versetzen)
veciz [ī] kurz und treffend (Ausdruck), konzis, prägnant
vecize [ī] 1. Aphorismus, Gedankensplitter *m* 2. Motto *n*, Devise *f*, Leit-, Kern-spruch *m*, Maxime *f* *özdeyiş
vecizlik [·−·] treffende Kürze (des Ausdrucks), Prägnanz *f*, konzise Darstellung
veçhe 1. *va.* Gesicht *n* 2. Richtung, Seite *f* (z. B. e−r Angelegenheit), Weg, Verlauf *m* 3. Weisung, Direktive, Richtlinie(-n *pl.*) *f* ~ **vermek** 1. j−m die Richtung weisen 2. j−m Hinweise (Fingerzeige, Richtlinien) geben
veçhen *va. Adv.* 1. dem Gesicht nach 2. in e−r best. Richtung od. Art ~ **minelvücuh** *va.* auf irgendeine Weise; (mit Negation) auf keine Weise, durchaus nicht
veçhî *va.* das Gesicht betreffend, Gesichts-, fazial
veçhile s. Stw. **vecih**
veda, -aı [ā] Sich-Verabschieden *n*, Abschied(-Nehmen *n*) *m* ~ **etmek** (m. Dat.) 1. Abschied nehmen (von), sich verabschieden (von) 2. *fig.* scheiden, sich trennen (von et. Liebem) ~ **konseri** Abschiedskonzert *n* ~ **müsameresi** Abschiedsfeier *f* ~ **ziyafeti** Abschiedsbankett *n* **-a gitmek** (b−ne) e−n Abschiedsbesuch machen (bei) **-da bulunmak** sich verabschieden, Abschied nehmen
vedaat [·−·], **-tı** 1. *va.* hinterlegtes Gut; Deposit *n* 2. *va.* Ruhe *f* **-iyle** durch Vermittlung (von)
Vedacılık Wedismus *m*, wedische Religion
vedalaşmak [·−··] 1. sich voneinander verabschieden 2. (b−le) sich von j−m verabschieden
vedaname [·−−·] 1. Abschieds-brief *m*, -schreiben *n* 2. *jur.* Abberufungsschreiben *n* (für e−n Diplomaten)
vedat, -dı [ā] 1. *va.* Liebe, Freundschaft *f* 2. **Vedat** [×·] *mV*
Veddua baki! (*osm. Briefschluß*) Meine gute Wünsche begleiten Dich fürderhin
vedet, -ti (*franz.* **vedette**) 1. *naut.* Vorpostenboot *n* 2. Filmstar *m*
vedi, -ii [ī] *jur.* Verwahrer *m* *müstevda
vedia [ī] 1. Depositum, Depot *n*, hinterlegtes (anvertrautes) Gut *saklama konusu 2. Verwahrungsantrag *m* 3. ♀ [×··] *wV* ~ **akdi** Verwahrungsvertrag *m* *saklama sözleşmesi ~ **alan** s. **müstevda**
vedit, -di [ī] 1. *va.* liebend; Freund *m* 2. ♀ [×·] *mV* **Vedide** [×··] *wV*
vedre *dial.* Melkeimer *m*
vedut, -du [ū] 1. *va.* sehr liebend, liebevoll 2. All-Liebender (Beiname Gottes)
vefa [ā] 1. Treue, Loyalität *f* 2. Beständigkeit *f* (in Liebe, Freundschaft usw.) 3. Genügen, Ausreichen *n* ~ **etmek** halten (Versprechen, Abkommen usw.) 2. ausreichen Zu 1: s. **ahde (vaade)** ~ **etmek** Zu 2: **Başladığı eserin ikmaline ömrü** ~ **etmedi.** Es war ihm nicht vergönnt, das angefangene Werk zu vollenden. ~ **hakkı** *jur.* Rückkaufsrecht *n* *geri-alım hakkı
Vefa [×·] *n.pr.* Stadtteil in Istanbul ~ **bozacısı** Firmenname des Boza-Verkäufers, der sein Geschäft auf den Erfinder des Boza-Getränks zurückführt ~ **bozası** das von dem **Vefa bozacısı** hergestellte und verkaufte altrenommierte Boza-Getränk
vefadar [·−−]; **vefakâr** [·−−] s. **vefalı**
vefadarlık [·−−·]; **vefakârlık** [·−−·] s. **vefa**
vefaen [ā] *selt. Adv.* zu **vefa;** ~ **alacaklı** Pfandgläubiger *m* ~ **borçlu** Pfandschuldner *m* ~ **ferağ etmek** s. **istiğlâl etmek**
vefalı [ā] treu, loyal, beständig
vefasız [ā] treulos, ungetreu, unbeständig
vefasızlık [ā] Treulosigkeit, Untreue, Unbeständigkeit *f*
vefaşiar [·−·−] *va.* treu, durch Treue ausgezeichnet
vefat, -tı [ā] Ableben, Hinscheiden *n*, Tod *m* *irtihal, ölüm ~ **etmek** ableben, verscheiden, sterben ~ **ilmühaberi** *jur.* Sterbeurkunde *f*, Totenschein *m* **ºiyle birçok kimseleri ağlattı.** Viele Menschen haben seinen Tod beweint.
Vefd; Vefdî s. **Vafd, Vafdî**
vefi [·−] *va.* 1. s. **vefalı** 2. genau, vollkommen
vefik, -kı 1. *va.* Genosse, Gefährte *m* 2. **Vefik** [×·] *mV* **Vefika** *wV*
vefiyat, -tı [ā] *isol. Pl.* 1. Todes-, Sterbe-fälle *pl.* 2. Sterblichkeit, Mortalität *f*
vefk, -kı *va.* 1. Passen *n*, Übereinstimmung, Konformität *f* 2. beschriebener, mst. quadratischer od. rechteckiger Talisman **-ı dilhah üzere** *va.* wie es sein Herzenswunsch war

vefret, -ti *va.* reichliches Vorhandensein, (Über-)Fülle *f*
vega [ā] *va.* 1. Lärm *m*, Getöse *n* 2. Streit, Zank, Hader *m*
Vega *astr.* Wega *f* (Stern Alpha im Sternbild der Leier) *Nesrivakı
Vehabî [·––] s. **Vahhabî**
vehamet s. **vahamet**
vehbî 1. angeboren *doğuştan 2. von Gott gegeben; Gottesgabe *f* 3. **Vehbi** [×·] *mV*
vehbiye 1. s. **nativizm** 2. ≗ *wV*
vehham [ā] *va.* überaus mißtrauisch, krankhaft argwöhnisch, an Wahnvorstellungen leidend
vehhamlık [ā] *va.* ständiges Mißtrauen, krankhafter Argwohn
vehhap, -bı [ā] 1. *va.* unvergleichlicher Spender (Beiname Gottes) 2. ≗ (< **Abdülvehhap**) *mV*
vehim, -hmi 1. falsche (leere) Einbildung, irrige Annahme; Illusion, Täuschung *f*, Wahn *m* 2. Verdacht, Argwohn *m* 3. grundlose Furcht; Hypochondrie, Schwermut *f*, Trübsinn *m* **-e düşmek** argwöhnisch werden **-e kapılmak** sich in irrigen (argwöhnischen schwermütigen) Vorstellungen ergehen **... olduğu vehminde olmak** sich einbilden, ... zu sein **-i havas** s. **yanılsama**
vehimli 1. argwöhnisch, mißtrauisch 2. hypochondrisch, schwermütig, trübsinnig
vehimnak, -ki [ā] *va.* s. **vehimli**
vehip, -hbi 1. Schenken, Spenden *n*, Geschenk *n*, Gabe *f*, Spende *f* 2. ≗ *mV*
vehle *va.* 1. Augenblick, Moment *m* 2. (erstes) Gewahrwerden, Bemerken *n* **-i ulada** *va.* im ersten Augenblick
vehleten [×··] *va.* 1. im ersten Augenblick 2. unvermutet, plötzlich *birdenbire
vehmetmek [×··] 1. wähnen, sich einbilden 2. argwöhnen, befürchten
vehmî imaginär, gedacht, fiktiv, mutmaßlich, Phantasie-
vehmiyat, -tı [ā] *Pl.* fiktive Vorstellungen *pl.*, leerer Wahn; unbegründete Mutmaßungen *pl.*
vejetalin (*franz.* **végétaline**) Pflanzen-fett *n*, -butter *kokayağı, nebatî yağ
vejetaryen(-lik) s. **etyemez(-lik)**
vejetasyon 1. Vegetation *f*, Pflanzen-wuchs *m*, -welt *f* 2. *med.* Wucherung *f* Zu 2: s. a. **burun -ları;** ~ **konisi** s. **büyüm konisi**
vejetatif sinir sistemi *med.* vegetatives Nervensystem
vekâlet, -ti 1. (Stell-)Vertretung *f* 2. Vollmacht *f*, Auftrag *m*, Mandat *n* 3. Prozeßvertretung, Anwaltspraxis *f* 4. türk. Ministerium *n* *bakanlık 5. Amt *n* e–s türk. Ministers *vekillik Zu 1: ~ **etmek** (b–ne) j–n vertreten Zu 2: **-i mutlaka** Generalvollmacht *f* ~ **vermek** Vollmacht erteilen Zu 3: ~ **yapmak** die Anwaltspraxis ausüben Zu 4: ≗**ler** Ministerien *pl.* (Gebäudekomplex in Ankara-Yenişehir) *Bakanlıklar **-in emrine alınmak** zur Disposition gestellt werden (zeitweilige Amtsenthebung zur Sicherung offizieller Untersuchungen) Zu 5: **Ticaret ≗ine tayin edildi.** Er wurde zum Handelsminister ernannt. **Münakalât ≗inden istifa etti.** Er legte sein Amt als Verkehrsminister nieder. **-i olmadan başkası hesabına tasarruf** *jur.* Geschäftsführung *f* ohne Auftrag *vekilliksiz işgörme ~ **ücreti** *jur.* Anwaltshonorar *n* **-i mutlaka** (*od.* **-i uzma**) *hist.* Amt *n* des Großwesirs
vekâleten [·×··] *Adv.* 1. interimistisch, vertretungsweise (z. B. ein Amt ausüben) 2. in Vollmacht, in Vertretung
vekâletmeap, -bı [·–··–] *hist.* Titul. des Großwesirs
vekâletname [·–·–·] schriftliche Vollmacht, Bevollmächtigungsschreiben *n*, Vollmachtsurkunde *f*, Kommitiv *n*
vekâletpenah [·–··–] s. **vekâletmeap**
vekâletpenahî *hist.* 1. den Großwesir betreffend 2. *hist.* Amt *n* des Großwesirs
vekâletsiz s. **vekilliksiz**

vekar(-lı, -sız, -sızlık) s. **vakar(-lı, -sız, -sızlık)**
vekil *urspr.* [ī] 1. (Stell-)Vertreter *m* 2. Nuntius *m* 3. (*a.* **dava -i**) Beauftragter; (Rechts-)Anwalt *m* 4. türk. Minister *m* *bakan Zu 1: s. **başvekil vekili** Zu 2: s. **Papa -i;** ~ **etmek** (b–ni bşe) j–n als Vertreter mit et. betrauen ~ **marifetiyle** durch e–n Vertreter (*ant.* **şahsen**); ~ **olmak** (b–ne bş için) j–n in e–r Sache vertreten **-e çıkmak** zum Minister gehen **-i olmak** (b–nin bşe) j–s Vertreter in e–r Sache sein ≗**ler Heyeti** *od. va.* **Heyeti Vekile** Ministerrat *m*, Kabinett *n* *Bakanlar Kurulu **-i mutlak** 1. Vertreter *m* mit unbeschränkten Vollmachten 2. *hist.* Großwesir *m* *sadrazam
vekilharç Haushofmeister, Verwalter, Intendant *m*
vekillik, -ği 1. Amt *n*, Tätigkeit, Würde *f*, Funktionen *pl.* e–s **vekil** 2. Ministerium *n* Zu 1: s. **başvekillik; dava -i** Zu 2: s. **Maarif ≗i;** ~ **konusu** s. **müvekkelünbih;** ~ **veren** s. **müvekkil**
vekilliksiz ohne Auftrag ~ **işgörme** s. **vekâleti olmadan başkası hesabına tasarruf**
vektoriyel *techn.* vektoriell
vektör *math., phys.* Vektor *m* *şua ~ **analizi** (*od.* **tahlili**) Vektorenanalyse *f* ~ **diyagramı** Vektordiagramm *n*
vektörel *phys.* zum Vektor gehörig, Vektor- *şuaî
vela [×·] *naut.* (mst. in Zss.) Segel *n*
velâdet(-name) s. **vilâdetname**
velâdî s. **vilâdî**
Veladika s. **Vladika**
velâkin und doch, aber, jedoch
velansa s. **velense**
velâyet, -ti 1. Vormundschaft *f* 2. Amt *n* e–s Bevollmächtigten 3. Heiligkeit *f*, Stellung *f* e–s **evliya** 4. Autorität *f*, Ansehen *n* *otorite, yetke 5. *jur.* Erziehungsgewalt *f*, elterliche Gewalt *egelik
veledeş *hist.* Bez. für Söhne od. Verwandte, die ein hochgestellter Janitschar in die Organisation einschreiben ließ
veledibarka [···×·] *naut.* Vorstengestagsegel *n*, Binnenklüver, Klüver od. Außenklüver *m* ~ **flok** Sturmstagsegel *n*
veledifırtına *naut.* (in der Füg.:) ~ **yelkeni** Sturmsegel *n*
veleh *va.* Erstaunen *n*, Verblüffung, Bestürzung *f*
velena [·×·] **(yelkeni)** *naut.* Stagsegel *n* ~ **donanımı** *naut.* Schrat-, Schoner-takelung *f*
Velense [·×·] 1. *n.pr. ar. Bez.* für Valencia (Spanien) 2. ≗ schwere Wolldecke mit dicken Noppen od. langen Haaren (auf der einen Seite)
velespit s. **velospit**
velestralya [··×·] **(yelkeni)** *naut.* Stag-, Try-segel *n*
velet, -di 1. *urspr.* Kind *n*, Sohn *m* *çocuk, oğul 2. *Schi.* frecher Lausbub, Bankert *m* 3. ≗ *mV* **-i zina** *va.* un-, außer-eheliches Kind, Bankert *m*
veleta [·×·] *naut.* kleines Lateinsegel
velev (*od.* ~ **ki**) selbst wenn; sei es auch nur; wenn auch nur **Bu sözü söylemedim** ~ **söylemiş olsam ne çıkar?** Ich habe das nicht gesagt, und selbst wenn ich es gesagt hätte, was wäre schon dabei? **Böyle ağır bir cürmü irtikâp edenler,** ~ **ki kasıtları iyi bir masruf olsun, mutlaka tecziye edilmelidir.** Wer ein solches schweres Verbrechen – sei es auch in bester Absicht – begangen hat, muß unbedingt bestraft werden.
velfecri (die ersten beiden Worte der Sure 89 des Koran); s. **Gözleri** ~ **okuyor.**
velhasıl [×–·] kurz, mit e–m Wort, kurz und gut ≗ **bu olacak şey değil!** Mit einem Wort: Das geht nicht!
veli (I) [ī] 1. Vormund *m* 2. Erziehungsberechtigter, Inhaber *m* der elterlichen Gewalt *ege 3. wer als heiliger Mann angesehen wird; Heiliger *evliya 4. s. **sahip** 5. ≗ *mV*
veli (II) [·–] *va.* s. **fakat, lâkin**

veli (III) [·–] *va.* 1. Annäherung *f* 2. Aufeinanderfolgen *n;* s. a. **velyetmek**
veliaht, -dı [ī] Kronprinz, Thronfolger *m*
velilik [·–·] 1. Tätigkeit *f*, Rechte *pl.*, Stellung *f* e–s Vormunds, Vormundschaft *f* 2. Rechte *pl.*, Stellung *f*, Aufgaben *pl.* e–s Erziehungsberechtigten 3. Rolle *f*, Ansehen *n*, Würde *f* e–s Heiligen
velime [ī] *va.* Hochzeit(-s.fest *n*, -s.schmaus *m*) *f*
velin kâğıdı Velin(-papier) *n* *tirşe kâğıdı
velinimet, -ti [·–––·] Wohltäter(-in *f*) *m*
veliye 1. *va.* Heilige *f* 2. ⩯ *selt.* *wV*
veliyullah [·–·–] *va.* Freund Gottes, Heiliger
veliyülemir [·–··] *va.* s. **amir**
veliyünniam [·–··–] 1. *va.* strenggläubig 2. ⩯ *hist.* ein Titel des **Şeyhülislam**
velo (*franz.* **vélo**) 1. *va.* Abk. für **velosipet, velospit** 2. (in Zss.) Fahrrad-, Rad-
velodrom (*franz.* **vélodrome**) Radrennbahn *f*
velomotosiklet, -ti; velomotör (*franz.* **vélomotocyclette, vélomotör**) leichtes Motorrad, Moped *n*, Fahrrad *n* mit Hilfsmotor
velosipet, -di (*franz.* **velocipède**) *z. va.* Fahrrad *n* *bisiklet
velospit, -ti *P* für **velosipet**
velter *(Boxen)* Weltergewicht *n*
veludiyet, -ti [ū] 1. Gebärfähigkeit, Zeugungskraft *f* 2. *fig.* Produktivität, Fruchtbarkeit *f* (z.B. e–s Schriftstellers) ~ **çağında** im gebärfähigen Alter stehend (Frau)
velur Velours *m*, echter Samt ~ **dö len** Velours de laine *m* (weiches tuchartiges Gewebe aus Wollstreichgarn) ~ **şifon** Velours-Chiffon *m*, Seidensamt *m*
velut, -du [·–] 1. gebärfähig, zeugungskräftig *doğurgan 2. *fig.* produktiv, fruchtbar (z.B. Schriftsteller)
velvele Lärm *m*, Getöse *n*, lautes Geschrei, *F* Krach *m* *gürültü, patırdı ~ **çıkarmak** (*od.* **koparmak**) Lärm machen, ein Getöse verursachen, ein Geschrei erheben **-ye vermek** in Aufregung stürzen
velveleci Ruhestörer, Krakeeler *m* *gürültücü
velveleli voll Lärm, mit Getöse erfüllt, mit lautem Geschrei, laut, lärmend, geräuschvoll
velvelesiz 1. ruhig, still 2. einfach, schlicht, bescheiden
velveten (*engl.* **velveteen**) Baumwollsamt *m*
velyetmek [×··] *va.* 1. sich nähern 2. (birbirini) aufeinander folgen; nacheinander auftreten
vena *med.* s. **toplardamar**
venatka [·×·] Fischernetz *n* mit großen Maschen ~ **gözü** 15 mm große Masche (e–s Fischernetzes)
vendetta [·×·] Vendetta, Blutrache *f*
Venedik [×··] *n.pr.* Venedig ~ **okulu** *(Malerei)* venezianische Schule ~ **terementi ağacı** s. **melez ağacı;** ~ **terementisi** Lärchen- od. venezianischer Terpentin
Venedikli 1. Venezianer(-in *f*) *m* 2. venezianisch
veneryen *med.* venerisch
Venezüela *n.pr.* Venezuela
Venezüelalı 1. Venezolaner(-in *f*) *m* 2. venezolanisch
Vensan *n.pr.* Vinzenz
ventil *selt.* Ventil *n* *supap, valf
ventilasyon; ventilatör s. **vantilasyon; vantilatör**
vento [×·] *naut.* 1. Geitau *n*, Backstag *n*, Gaffelgeer *f* 2. Toppnant *f* od. Kranleine, Dirk *f*
Venüs [×·] *n.pr.* 1. Venus (Göttin) 2. *astr.* Venus *f*, Morgenstern *m* *Çobanyıldızı, Çulpan, Zühre ~ **çubuğu** Pfeifenwinde *f bot.* Aristolochia sipho ~ **hastalıkları** venerische Krankheiten, Geschlechtskrankheiten *pl.* *zührevî hastalıklar ~ **tepesi** *an.* Venushügel *m*
venüsçarığı, -nı s. **hanım pabucu**
venüsgöbeği, -ni Venusnabel *m bot.* Umbilicus pendulinus
venüskemeri, -ni Venusgürtel *m zo.* Cestus Veneris (Quallenart)
venüssaçı, -nı s. **baldırıkara**
venüssepeti, -ni Venuskorb *m zo.* Euplectella aspergillum (e–e Glasschwammart)
-ver *pers. Sx.* s. **-var**
vera [ā] *va.* 1. Hinterteil *n* 2. der rückwärtige Teil; s. a. **mavera**
veranda [·×·] Veranda, Glasterrasse *f*, Wintergarten *m*
veraset, -ti [ā] 1. Erb-schaft *f*, -anfall *m*, -folge *f*, Erbe *n* *kalıtım 2. Vererbung *f*, Erbgang *m* *irs, soyaçekim, kalıtım ~ **hakkı** Erbrecht *n* ~ **harbi** Erbfolgekrieg *m* ~ **ilâmı (senedi, vesikası)** *jur.* Erbschein *m* ~ **ilmi** s. **genetik** (1); ~ **ve intikal vergisi** Erbschafts- und Schenkungssteuer *f* **-ten ıskat** (*od.* **mahrum**) **etmek** enterben **-ten mahrumiyet** s. **mirastan mahrumiyet**
verbal *selt. gr.* verbal, Verbal-
verbalizm 1. Verbalismus *m* 2. Wortschwall *m*, leeres Gerede
verdi s. **debi**
verdî *va.* rosenfarben, rosig, Rosen-
verdirilmek Pass. zu **verdirmek; Bütün bu hücumlar, ağır zayiat verdirilerek geri püskürtülmüştür.** Alle diese Angriffe wurden unter hohen Verlusten für den Gegner zurückgeschlagen.
verdirmek Kaus. zu **vermek;** s. a. **telefat** ~
verdiye 1. s. **gülgiller** 2. s. **kızamıkçık**
vere 1. *fr.* Übergabe, Kapitulation *f* 2. s. **vira** (2); ~ **bayrağı** *va.* weiße Fahne, Kapitulationsflagge *f* ~ **vermek** *va.* kapitulieren
verece s. **alaca verece**
verecek zu bezahlende Schuld *borç
verecekli Schuldner(-in *f*) *m* *borçlu
verek, -ki 1. *an.* Sitzbein, Ischium *n* *iskiyon; oturga kemiği 2. *V* s. **puşt**
verem 1. **(hastalığı)** (Lungen-)Tuberkulose, Schwindsucht *f* *tüberküloz 2. Geschwulst, Beule *f*, Tumor *m* 3. tuberkulosekrank, schwindsüchtig Zu 3: ~ **bir kız** ein an Tuberkulose erkranktes Mädchen ~ **dutu** s. **piyan** (III); ~ **olmak** die Tuberkulose (Schwindsucht) haben bzw. bekommen *teverrüm etmek ~ **otu** s. **canavarotu; -le mücadele etmek** die Tuberkulose bekämpfen **-i adalî** Myom, Muskel-fasergewächs *n*, -geschwulst *f* **-i asabî** Neurom *n*, Nervengeschwulst *f* **-i azmî** Osteom *n*, Knochengeschwulst *f* **-i şahmî** Lipom *n*, Fettgeschwulst *f*
veremli tuberkulös, schwindsüchtig
verese *va. Pl.* zu **vâris**
veresi *selt.* s. **veresiye**
veresiye *Adv.* 1. auf Kredit, auf Borg 2. ohne Sorgfalt, ohne Genauigkeit, nur so obenhin, oberflächlich 3. ungern, widerwillig Zu 1: **Bu elbiseyi** ~ **yaptırdım.** Diesen Anzug habe ich mir auf Kredit machen lassen. Zu 2: **Pek** ~ **iş görüyor.** Er arbeitet recht oberflächlich. ~ **almak** auf Borg kaufen, anschreiben lassen ~ **satış** Verkauf *m* auf Ziel ~ **tekâlif** *mil.* Requirierung *f* ohne Zahlung ~ **satmak** auf Kredit verkaufen
verev schräg, diagonal ~ **kırık** *geol.* Querverwerfung *f*
verevlenis *mus.* s. **aşım** (2)
vergi 1. Geschenk *n*, Spende, Gabe *f*, Opfer *n*, Zoll *m* *(fig.)* 2. Naturanlage, Gabe *f* 3. Steuer, Abgabe *f* 4. *va.* Freigebigkeit *f* ~ **bakayası** Steuerrückstände *pl.* ~ **beyannamesi** Steuererklärung *f* ~ **cezası** Bestrafung *f* wegen Steuerhinterziehung ~ **dairesi** Steuerbehörde *f*, Finanzamt *n* ~ **değeri** Steuerwert *m* ~ **emaneti** *fr.* Generaldirektion *f* der Steuern ~ **emini** *fr.* Generaldirektor *m* der Steuern ~ **hukuku** *jur.* Steuerrecht *n* ~ **kaçakçılığı** Steuerhinterziehung *f* ~ **kesmek** Steuern abziehen ~ **matrahı** *jur.* Steuer-bemessungsgrundlage, -veranlagung *f* ~ **muafiye-**

ti Steuer-freiheit, -befreiung *f* ~ **mükellefi** steuerpflichtig ~ **mükellefiyeti** Steuerpflicht *f* ~ **olmak** (b–ne bş) 1. e–e bes. Veranlagung (Begabung) haben (für), sich besonders auszeichnen (in) 2. einzig und allein fähig sein (zu) Zu 1: **Türkiye'de ahçılık, Bolululara -dir.** In der Türkei haben sich die Einwohner von Bolu von jeher in der Kochkunst ausgezeichnet. **Güzel yazı yazmak bu adama -dir.** Er hat die Gabe meisterlicher Darstellung. Zu 2: **Bu, ona vergidir.** Nur er kann das machen. **Allaha ~.** Nur Gott kann das fertigbringen. ~ **oranı** Steuersatz *m* ~ **salmak (koymak, tarh etmek)** Steuern auferlegen, besteuern ~ **tahakkuku** Steuerveranlagung *f* ~ **tahsil etmek** (*od.* **toplamak**) Steuern einziehen (erheben) ~ **tahsildarı** Steuereinnehmer *m* ~ **ve harçlar** Steuern und Abgaben *pl.* ~ **yükü** Steuerlast *f* **-ye tabi** steuerpflichtig **-nin emaneten idaresi** Steuerpacht *f* **-ler temyiz komisyonu** s. **temyiz komisyonu**

vergici *P* Steuer-erheber, -einnehmer *m*

vergileme Besteuerung *f*

vergilendirmek besteuern

vergili 1. **(Allahtan)** begabt, talentiert 2. freigebig, großherzig

veri 1. Gegebenes, bekannte Größe *muta 2. Voraussetzung *f*, Grund-lage *f*, -gedanke *m* Zu 1: **-ler** Angaben, Daten *pl.*

verici 1. gebend, schenkend, spendend 2. Geber(-in *f*) *m*, Spender(-in *f*) *m* 3. Sende- Zu 1: s. **memnuniyet** ~ Zu 2: s. **kan** ~ Zu 3: ~ **istasyon** Sendestation *f*, Rundfunksender *m* ~ **lamba** *(Radio)* Senderöhre *f* ~ **musluk** *techn.* Ablaßhahn *m* ~ **radyo** Sendegerät *n* *mürsile

veridî [·––] *va.* die Venen betreffend, Venen-, venal; s. **demi** ~

verile s. **ita emri**

verilmiş *a. phil.* gegeben *muta ≗ **sadakası varmış.** „Sein Almosen ist von Gott wohlgefällig angenommen worden." *d.h.* Wie durch ein Wunder ist er mit dem Leben davongekommen. Er muß e–n Schutzengel haben.

verim 1. Ertrag *m* (z.B. e–s Baumes) 2. *fig.* Erfolg *m* (positives) Resultat; Frucht *f*, Gewinn *m* 3. Leistung *f* (e–s Menschen, e–r Maschine usw.), Produktion *f* 4. Leistungsfähigkeit, Produktivität *f*

verimli 1. guten Ertrag bringend, fruchtbar (z.B. Boden) 2. *fig.* ertragreich, einträglich, ergiebig, fruchtbringend, gewinnbringend, lohnend 3. leistungsfähig (z.B. Fabrik), produktiv ~ **kılmak** ertragreich gestalten

verimlilik 1. reicher Ertrag 2. Einträglichkeit, Ergiebigkeit *f* 3. Leistungsfähigkeit, Produktivität *f*

verimsiz 1. keinen od. nur wenig Ertrag bringend, unfruchtbar 2. *fig.* keinen od. nur wenig Gewinn abwerfend, nicht einträglich, kaum lohnend, unergiebig (z.B. Tätigkeit) 3. nicht mehr leistungsfähig, wenig produktiv

verimsizlik 1. Unfruchtbarkeit *f* 2. *fig.* Unergiebigkeit *f*, geringe Rentabilität 3. Mangel *m* an Leistungsfähigkeit, fehlende Produktivität

verinmek *dial.* sich ergeben *teslim olmak

verismo *lit.* Verismus *m*

verismocu *lit.* veristisch, Verist(-in *f*) *m*

veriş Vs. zu **vermek** *teslim; s. a. **alışveriş**

verişmek (m. Akk.) sich gegenseitig et. geben, (aus-)tauschen, wechseln (z.B. Briefe)

veriştirmek 1. Kaus. zu **verişmek** 2. (bşi b–ne) (mit Worten) überhäufen, sich (in langen Reden) ergehen 3. (m. Dat.) auszanken, ausschimpfen, heruntermachen, heftig angreifen (mit Worten) Zu 2: s. **pohpohları** ~ Zu 3: **Arkadaşına adamakıllı veriştirdi.** Er schimpfte seinen Freund tüchtig aus.

verit, -di [ī] *an.* Vene, Blutader *f* *toplardamar ~ **iltihabı** *med.* Venenentzündung, Phlebitis *f* *filibit ~ **tevessüü** (*od.* **genişlemesi**) *med.* Venenerweiterung, Phlebektasie *f* **-i bap** s. **kapı toplardamarı; -i ecvefi süfla** s. **alt ana toplardamar; -i ecvefi ulya** s. **üst ana toplardamar; -i keylusî** s. **kilüs damarı; -i rievî** s. **akciğer toplardamarı; -i vidacî** s. **boyun toplardamarı**

verizm s. **verismo**

verkaç *Fb.* kurzes, gegenseitiges Abspielen (der Angreifer)

vermaht, -tı *hist.* deutsche Wehrmacht (II. Weltkrieg)

vermek, (-ir) 1. geben, leihen 2. schenken, spenden, überlassen 3. zuschreiben, zu-, bei-messen, zugutehalten *atfetmek, isnat etmek 4. richten, e–e Richtung geben, zuwenden, zudrehen 5. verursachen, veranlassen, hervorrufen, verschaffen, machen 6. zeitigen (z.B. Ergebnis), liefern, ergeben (z.B. Resultat), tragen (z.B. Früchte), schaffen (z.B. Werke) 7. (e–e Handlung von j–m) erwarten *yakıştırmak 8. geben, veranstalten (Ball, Bankett, Festlichkeit, Konzert usw.) 9. zur Frau geben 10. bezahlen (Waren, Schuld usw.), zurückzahlen 11. verbreiten, von sich geben, ausstrahlen lassen, ertönen lassen, halten (Rede), veröffentlichen, bringen 12. hingeben müssen, verlieren (z.B. Angehörige), erleiden (z.B. Verluste) 13. übertragen (z.B. Krankheit) 14. widmen, verwenden (z.B. seine Zeit auf et.) 15. angeben, festlegen (z.B. Treffpunkt od. Zeit) 16. verabfolgen, verabreichen (z.B. Medizin) 17. (m. Dat.) in e–n best. Zustand versetzen 18. (in verschiedenen idiom. Ra.) 19. *Hv.* rasch, schnell, sofort, gleich, ganz plötzlich 20. hergeben, verkaufen *satmak Zu 1: **Kitabı verir misiniz?** Würden Sie mir das Buch geben? **Size kimyayı kim veriyor?** Bei wem habt ihr Chemie(-unterricht)? s. a. **cevap (ders, emir, fikir, haber, rey)** ~ Zu 2: **Bu evi bana babam verdi.** Dieses Haus hat mir mein Vater geschenkt (*od.* überlassen). s. a. **k–ni** ~ Zu 3: **Onun bütün bu huysuzluklarını çocukluğuna veriyorum.** Seine ganze Unausgeglichenheit schreibe ich seiner Jugend zu. s. a. **ihtimal ~; talihsizliğine** ~ Zu 4: **sırtını sobaya** ~ sich mit dem Rücken zum Ofen stellen, den Rücken dem Ofen zuwenden Zu 5: s. **ferahlık (zevk, zahmet)** ~ Zu 6: s. **netice (eser, meyve)** ~ Zu 7: **Ben bu hareketi size veremedim.** Das habe ich nicht von Ihnen erwarten können. Zu 8: s. **balo (konser, ziyafet)** ~ Zu 9: **Kızını ona ~ istemiyor.** Er will ihm seine Tochter nicht (zur Frau) geben. Zu 10. s. **borcunu** ~ Zu 11: s. **ışik (koku, nutuk, ses) ~; Gazete yeni bir roman veriyor.** Die Zeitung bringt e–n neuen Roman. Zu 12: **Anasını babasını enkazın altına verdikten sonra ...** Nachdem er seine Eltern durch das Erdbeben hatte verlieren müssen, ...; s. a. **telefat (zarar, zayiat)** ~ Zu 14: **Sabahlarını bu işe veriyor.** Jeden Vormittag verwendet er auf diese Tätigkeit. Zu 15: **gün** ~ e–n best. Tag festsetzen; s. a. **randevu** ~ Zu 17: s. **ateşe ~; ortalığı heyecana** ~ Zu 18: s. **açık (ara, arka arkaya, başbaşa, bel, mana, kâğıt)** ~ Zu 19: **yazıvermek** schnell (hin-)schreiben **Ölüvermiştir.** Er ist ganz unerwartet gestorben. **verivermek** sofort geben Zu 20: **Arabanızı kaça verdiniz?** Zu welchem Preis haben Sie Ihren Wagen verkauft? **ver elini** (mit Ortsangabe) unverdrossen, unermüdlich (**İkide birde ver elini Istanbul!** Unverdrossen fährt er nach Istanbul.) **Ver yesin, ört yatsın, bekle canı çıkmasın!** *P* ein Erzfaulenzer sein; keinen Finger krumm machen **Veren el alandan üstündür.** *Spr.* Geben ist seliger denn nehmen. *Spr.* **Verip (de) pişman olmaktan vermeyip (de) düşman olmak yeğdir.** *Spr.* Es ist besser, sich j–n durch Abschlagen e–r Bitte (um Geld) zum Feind zu machen, als die Erfüllung dieser Bitte später zu bereuen. **verip veriştirmek** 1. unhöfliche (od. kränkende) Worte aussprechen 2. viel und unüberlegt reden **Verir-**

sen doyur, vurursan duyur! *Spr.* Was du auch tust, besorge es gründlich. **Vermeyince Mabut, neylesin Mahmut?** *Spr.* Was kann der Mensch schon tun, wenn Gott es nicht gewollt hat? Es hat eben nicht sollen sein.

vermey (*franz.* **vermeil**) 1. feuervergoldetes Silber 2. aus feuervergoldetem Silber angefertigt

vermut, -tu Wermut(-wein) *m*

vermiyon (*franz.* **vermillon**) Zinnober *m*

verni (*franz.* **verni**) 1. lackiert, poliert, glasiert 2. Lackleder *n*

vernik 1. Firnis, Lack, Schellack *m*, Politur *f* 2. Farbanstrich *m* (z. B. am Rand von Schuhsohlen od. am Absatz) ~ **ağacı** 1. s. **aylandız** 2. verschiedene Sumachgewächse

vernikçi Lackierer *m*

verniklemek 1. mit Firnis (Lack, Schellack, Politur) bestreichen 2. lackieren, e–n Farbanstrich geben

vernikli 1. mit Firnis (Lack, Schellack, Politur) bestrichen 2. glänzend ~ **boya** Lackanstrich *m*

vernisaj (*franz.* **vernissage**) 1. Lackierung *f*, Glasieren *n* 2. Vorbesichtigung *f* (e–r Kunstausstellung), Vernissage *f*

verniye (*franz.* **vernier**) 1. Nonius *m* 2. *(Radio)* Feineinsteller *m*

Veronez yeşili (*franz.* **vert Véronais**) s. **zümrüt yeşili**

veronika [·×··] 1. blasser Ehrenpreis *bot.* Veronica anagalloides 2. Wasser-Ehrenpreis *m bot.* Veronica anagallis aquatica *yavşanotu

verrü (*franz.* **verrue**) *med.* Warze *f* *siğil

versan (*franz.* **versant**) *geogr.* Abdachung *f*, Abhang *m* *aklan, maile **Kafkas dağlarının şimal -ında** am Nordabhang des Kaukasus

Versay *n.pr.* Versailles ~ **Muahedesi** *hist.* Versailler (Friedens-)Vertrag *m*

versiyon (*franz.* **version**) 1. Übersetzung *f* in die Muttersprache 2. Lesart, Auffassung *f* 3. *med.* Wendung *f* (des ungeborenen Kindes im Mutterleib)

verso [×·] (*franz.* **verso**) 1. Rückseite *f* (z. B. e–r Banknote) 2. Revers *m* (e–r Münze) *yazı tarafı

verst, -ti Werst *f* (*fr.* russisches Längenmaß; 1067 m)

verstlik soundso viele Werst betragend

verteks (*engl.* **vertex**) s. **tepe noktası**

vertigo (*franz.* **vertigo**) *vet.* Dummkoller *m* (unheilbare Pferdekrankheit)

vertij (*franz.* **vertige**) *med.* Schwindel(-anfall) *m*

veryansın etmek *P* 1. verschwenden 2. (m. Dat.) mitleidslos vernichten 3. aufgeregt (*od.* begeistert) sein 4. sich gehen lassen 5. übertreiben 6. unflätig beschimpfen

vesaik, -kı [ā] *z. va. Pl.* zu **vesika**

vesait, -ti [ā] *z. va. Pl.* zu **vasıta; kendi -iyle** mit eigener Kraft **-i nakliye** Verkehrs-, Transport-, Beförderungsmittel *pl.*, Fahrzeuge *pl.* *nakil vasıtaları, taşıtlar

vesaitli [ā] mit Mitteln ausgestattet, Mittel besitzend **zengin** ~ reich ausgestattet (z. B. Laboratorium)

vesatet, -ti [ā] *z. va.* Vermittlung *f* *aracılık, vasıta

vesaya [·––] (*va. Pl.* zu **vasiyet**) Gebote, Ratschläge, Vorhaltungen, Verwarnungen *pl.*

vesayet, -ti [·–·] Aufgabe, Tätigkeit *f* e–s **vasi,** *spez.* Vormundschaft *f* ~ **altındaki devlet** *pol.* Mandatsgebiet *n* ~ **hesabı** Konto *n* für Mündelgelder

vesi, -ii [ī] *va.* weit, geräumig

vesika 1. Dokument *n*, Urkunde *f*, Beleg *m* *belge 2. Ausweis *m* 3. Bezugs-karte *f*, -schein *m spez.* Lebensmittelkarte *f* (bei Rationierung) ~ **ile** auf Bezugsschein, rationiert ~ **usulü** Karten-, Bezugsschein-system *n*, Rationierung *f*

vesikalandırmak dokumentieren, belegen

vesikalı 1. mit Ausweis (Beleg, Bezugskarte) 2. dokumentarisch, urkundlich *belgesel, dokümanter 3. gewerbsmäßige Dirne, registriertes Straßenmädchen ~ **kredi** *H* Rembourskredit *m* ~ **poliçe** *H* dokumentierte Tratte; Begleittratte *f*

versikalık 1. für ein **vesika** geeignet 2. als **vesika** dienend ~ **fotoğraf** Paßbild *n*

vesile [ī] 1. Anlaß *m*, (passende) Gelegenheit *f*, günstiger Umstand *fırsat 2. Vorwand *m* *bahane 3. ≗ *wV* Zu 1: **Buraya gelmeniz tanışmamıza ~ oldu.** Ihre Reise hierher hat dazu geführt, daß wir uns kennenlernten. **Bu -den faydalanarak şunu da söyleyeyim ki ...** Bei dieser Gelegenheit möchte ich noch sagen, daß ... **bu~ ile** bei diesem Anlaß, bei dieser Gelegenheit, in Zusammenhang hiermit, hierbei, auf diese Weise, hierdurch *bilvesile **her ~ ile** bei jedem Anlaß, bei jeder Gelegenheit Zu 2: **Bizimle gelmemek için türlü -ler icat etti.** Er erfand alle möglichen Vorwände, um uns nicht begleiten zu müssen. ~ **etmek** (bşi) et. zum Anlaß nehmen ~ **nedenler teorisi** s. **vesilecilik**

vesileci [·–··] *phil.* Okkasionalist *m* *okazyonalist

vesilecilik [·–···] *phil.* Okkasionalismus *m* *ittifakıye; neden birliği; okazyonalizm; vesile nedenler teorisi

vesilecu [·–·–] *va.* 1. wer e–n Vorwand sucht 2. wer auf e–e Gelegenheit (e–n Anlaß) lauert

vesim [ī] 1. *va.* hübsch, nett, anmutig 2. ≗ [×·] *mV* **Vesime** [×··] *wV*

vesme *va.* 1. Brandmarkung *f* (e–s Tieres) 2. s. **rastık**

vesselâm 1. Und damit basta! Und damit Punktum! Jedes weitere Wort ist überflüssig! 2. *(va. osm. Briefschluß)* Mit herzlichen Grüßen ... **Size gelmeyeceğim ~.** Ich komme nicht zu Ihnen, und damit basta!

vest, -ti (*franz.* **veste**) Jacke, Joppe *f*, Jackett *n*

Vestal, -li *hist.* Vestalin *f*

vestern Wildwestfilm, Western *m* *kovboy filmi

Vestfalya [·×·] *n.pr.* Westfalen

vestibül (*franz.* **vestibule**) s. **dalan, dehliz**

vestiyer (*franz.* **vestiaire**) 1. Kleiderablage, Garderobe *f* (im Theater usw.) 2. *selt.* s. **vestiyerci**

vestiyerci Garderobier(-e *f*) *m*, Garderobenfrau *f*

veston (*franz.* **veston**) s. **vest**

vesvas [ā] *va.* Teufel, Satan *m* *iblis, şeytan

vesvese 1. Einflüsterung, Versuchung *f* des Teufels 2. Argwohn *m*, Mißtrauen *n*, böser Verdacht, aufsteigende Sorge; Besorgnis *f*, Zweifel *m*, innere Unruhe ~ **etmek** Befürchtungen hegen; argwöhnisch (mißtrauisch, unruhig) sein **-ler** *a.* Ängste *pl.*

vesveseci wer immer Besorgnisse hegt, wer dauernd argwöhnisch, mißtrauisch ist

vesveselenmek s. **vesvese etmek**

vesveseli 1. argwöhnisch, mißtrauisch 2. besorgt, unruhig

-veş *va. pers. Sx.* gemahnend (an), wie; -ähnlich, -förmig, -artig

veşim, -şmi *va.* 1. Tätowieren *n* 2. Tätowierung *f*

veşime [ī] *va.* böswillige Absicht, Feindschaft *f*

veta [×·] *naut.* Läufer *m* (= Ende, das durch e–n Block fährt), Lose *f*

vetedî *va.* 1. Keilbein- 2. Pfahl- **azmı** ~ s. **vetet** (2); s. a. **cezri** ~

veter 1. *an., math.* Sehne *f* *kiriş 2. *va.* Sehne *f* (e–r Armbrust, e–s Bogens) 3. *va.* Saite *f* (e–s M.i.) ~ **iltihabı** *med.* Sehnenentzündung, Tendinitis *f* **-i kaime** s. **yatıkkenar**

veteriner 1. Tierarzt, Veterinär *m* *baytar 2. tierärztlich, Veterinär- ~ **albay** Oberstveterinär *m* ~ **binbaşı** Oberstabsveterinär *m* ~ **hizmeti** (*od.* **işleri**) *mil.* Veterinärdienst *m* ~ **korgeneral** *mil.* Generaloberstabsveterinär *m* ~ **müfettişi** *mil.* Veterinärsinspektor *m* ~ **subayı** *mil.* Veterinäroffizier *m* ~ **tuğgeneral** *mil.* Generalveterinär *m* ~ **tümgeneral** *mil.* Generalstabsveterinär *m* ~ **üsteğ-**

men *mil.* Oberveterinär *m* ~ **yarbay** *mil.* Oberfeldveterinär *m* ~ **yüzbaşı** *mil.* Stabsveterinär *m*
veterinerlik 1. tierärztliche Tätigkeit, Praxis 2. Veterinärwesen *n*, Tierheilkunde *f*
vetet, -di 1. Pfahl, Pflock *m spez.* Absteckpfahl *m* des Geometers 2. *an.* Keil-, Grund-bein, Sphenoid *n* *temel kemiği, azmı vetedî **-lerle tespit etmek** verpflocken
vetetlemek mit Pfählen abstecken
vetire [ī] *va.* 1. schmaler Gang; Weg *m* 2. (Vor-)Gang, Prozeß, Werdegang, Ab-, Ver-lauf *m* *süreç 3. *an.* Nasenwand *f*, Septum *n* 4. Art und Weise *f*, Methode *f*
veto [×·] Veto *n*, Einspruch *m* ~ **etmek** (m. Akk.) ein Veto einlegen (gegen) ~ **hakkı** Veto-, Einspruchs-, Ablehnungs-recht *n*
vetolamak (m. Akk.) ein Veto einlegen (gegen)
veya [×·]; **veyahut** [·×·] oder
veyl wehe! ⁓ **mağluplara** Wehe den Besiegten! Vae victis! ⁓ **size** Wehe euch!
veymut çamı s. **ak çam ağacı** (3)
Veysel *mV*
Veyselkaranî [···−−] *n.pr.* ein Zeitgenosse Mohammeds; s. a. Stw. **Yemen**
veysî 1. *va.* arm, bedürftig 2. ⁓ [×·] *mV*
veyyöz (*franz.* **veilleuse**) kleines Nachtlicht; Nachtlämpchen *n* (*spez.* in e−m Krankenhaus)
vezaif s. **vazaif**
vezaret, -ti [ā] 1. *hist.* osm. Wesirat *n* 2. Ministerium *n* (in Ländern wie Persien u. fr. a. Afghanistan od. Ägypten) ~ **beratı (fermanı, menşuru)** *hist.* Bestallungsurkunde *f* für e−n Wesir **-i uzma** *hist.* osm. Großwesirat *n*
vezin, -zni 1. Gewicht *n* *ağırlık 2. (Aus-)Wiegen *n* *tartı 3. Vers-, Silben-maß *n* Zu 1: **-i mahsus** spezifisches Gewicht *özgül ağırlık, sıkleti izafiye **-i zerrevî** Molekulargewicht *n* Zu 3: ~ **bilimi** Verslehre, Metrik *f* ~ **düşüklüğü** Fehler *m* im Versmaß
vezinli 1. s. **tartılı** 2. in e−m best. Versmaß
vezinsiz 1. s. **tartısız** 2. ohne ein best. Versmaß
vezir *urspr.* [ī] 1. *hist.* osm. Wesir 2. Minister *m* (in Ländern wie Persien u. fr. a. Afghanistan od. Ägypten) 3. *Scha.* Dame, Königin *f* *ferz ~ **ağaları** *hist.* Bedienstete *pl.* e−s Wesirs ~ **evlâdı** *hist.* besoldete Boten im Dienst e−s Wesirs ⁓ **Kapısı** *hist.* s. **Paşa Kapısı;** ~ **parmağı** Name e−r türk. Süßspeise (in der Art von **tulumba tatlısı**); **-i azam** *hist.* s. **sadrazam;** ~ **vüzera** *va.* die führenden Persönlichkeiten *pl.*
Vezirköprü *n.pr.* Städtchen u. D. im Rbz. Samsun
vezirlik 1. Würde *f*, Rang *m* e−s **vezir** 2. s. **vezaret**
vezne 1. Kasse(-n.schalter *m*) *f* *kasa 2. *va.* Waage *f* *terazi 3. Pulver-behälter *m*, -horn *n* od. Schrotbeutel *m* 4. Zündpfanne *f* (bei alten Gewehren) ~ **boşaltan** *va.* e−e schwer zu jagende Wildentenart
vezneci wer Waagen herstellt od. verkauft
veznedar [ā] Kassenbeamt-e *m*, -in *f*, Kassierer(-in *f*) *m* *kasadar, kasiyer
veznedarlık [ā] Stellung, Tätigkeit *f* e−s Kassenbeamten, Kassierers
veznetmek [×··] *va.* s. **tartmak** (1, 2)
veznî *va.* 1. *va.* Gewichts- *tartıl 2. *va.* was abgewogen wird (z. B. Honig) Zu 1: s. **tahlili** ~
vezniyet, -ti *phys.* Moment *n* *moment
vezu (*franz.* **vesou**) Zuckerrohrsaft *m*
Vezüv *n.pr.* Vesuv *m*
vıcık weich, breiig, klebrig, (quatschig) ~ ~ 1. ganz klebrig, vollkommen beschmutzt od. beschmiert 2. *Lm.* des Durchschreitens von Schlamm, quatschigem Boden usw.: quietsch, quatsch! ~ ~ **etmek** s. **vıcıklamak**
vıcıklamak (m. Akk.) weich (breiig, klebrig, quatschig) werden lassen
vıcır vıcır *dial.* massenhaft, sehr viel *çok çok, bol bol
vıdıvıdı *dial.* Schwätzer *m*, *a.* Nörgler *m*
vık halbunterdrückter Laut, Mucks *m* ~ **dememek** keinen Mucks von sich geben ~ ~ *Lm.* des Halbersticktseins; s. a. **içi** ~ ~ **etmek**
vıklamak unter e−r Last stöhnen
vın Summen, Brummen *n* (e−s Kreisels)
vıngırtı Greinen *n* (e−s Kleinkinds)
vınlamak surren, burren, schnurren, summen, sausen **vınlayan kuyrukkakan** Braunkehlchen *n zo.* Saxicola rubetra
vır Schwirren, Surren *n* ~ ~ 1. schwirrend, surrend 2. ununterbrochen redend (murrend usw.) 3. lästig, störend ~ ~ **etmek** 1. schwirren, surren 2. ununterbrochen reden (murren usw.) (und anderen dadurch auf die Nerven fallend) *spez.* quengeln (Kinder), nörgeln Zu 2: ⁓ ~ **edip durma!** Nun quengel doch nicht dauernd!
vırılda(n)mak s. **vır vır etmek**
vırıltı dauerndes lästiges Reden *spez.* Quengelei, Nörgelei *f*
vırlamak s. **vır vır etmek**
vıyy! (Int. e−r unangenehmen Überraschung) ei!
vız *Lm.* e−s Sausens, Summens, Surrens: sst! brr! **Kurşun ~ diye geçti.** Die Kugel zischte an seinem Ohr vorbei. ~ **gelmek** *od.* ~ **gelip tırıs gitmek** (b−ne bş) *F* j−m völlig gleichgültig (*F* egal, wurst, schnuppe) sein ~ ~ **vızlamak** (dauernd) herumsummen (Fliegen usw.)
vızıldak *techn.* Summer *m*
vızıldamak 1. sausen, summen, surren 2. *fig.* dummes Zeug daherreden 3. quengeln, nörgeln
vızıltı 1. Sausen, Summen, Surren *n* 2. Quengeln, Nörgeln *n* 3. *V* unwichtig, belanglos ~ **levhası** Summerplatte *f* (am Feldtelephon) ~ **makinesi** Summer *m* als Signalapparat)
vızıltılı sausend, summend, surrend ~ **telefon** Summer *m*
vızır vızır lm. Darstellung e−r sich leicht und schnell abspielenden Geschäftigkeit od. e−s Surrens **Asfalt yollarda otomobiller ~ ~ işlemektedir.** Auf den Asphaltstraßen sausen die Autos nur so dahin. **Karaborsa ~ ~ işliyor.** Am schwarzen Markt geht es zu wie in e−m Bienenstock. ~ ~ **uçuşmak** herumsurren (Fliegen usw.) ⁓ ~ **yaparsın!** Und wie schnell du das tun wirst!
vızırda(n)mak; vızlamak s. **vızıldamak**
via (I) [ā] *va.* 1. Behälter *m*, Behältnis *n* 2. *med.* Blutgefäß *n*, Ader *f* 3. *bot.* Gefäß *n* *(2, 3) damar ~ **huzmesi** *bot.* Leitbündel *n* **ismi** ~ *va. gr.* Sb. der Inhaltsbezeichnung (z. B. biberlik, tuzluk)
via (II) (*lat.* **via**) *selt.* auf dem Weg über; durch *yoliyle
vibrafon *mus.* Vibraphon *n*
vibrasyon (*franz.* **vibration**) s. **titreşim**
vibrato [·×·] *mus.* vibrato; Vibrato *n*
vibratör (*franz.* **vibrateur**) 1. Vibrator *m* Vibriermaschine *f* 2. Rüttler *m* (für Betonmischung)
vibriyon (*franz.* **vibrion**) *med.* Vibrio *m* (begeißelte Kommabakterie) *virgül basili
vibromasör (*franz.* **vibromasseur**) Punktroller *m* (Massagegerät)
vicah [ā] *va.* 1. Gegenüberstehen *n* 2. persönliche Anwesenheit; Präsenz *f* **-ında** *va.* in seiner Gegenwart; vor seinen Augen
vicahen [ā] *va. Adv.* 1. von Angesicht zu Angesicht *yüz yüze 2. in persönlicher Anwesenheit, in praesentia (z. B. e−s Beklagten)
vicahî [·−−] in praesentia geführt (Gerichtsverhandlung) *od.* ausgesprochen, verhängt (z. B. Urteil) *yüzlemece ~ **hüküm** *jur.* kontradiktorisches Urteil; Entscheidung *f* auf Grund mündlicher Verhandlung

vicdan [ā] 1. Gewissen *n* *bulunç 2. ≗ *wV* ~ **azabı** Gewissens-bisse *pl.*, -qual *f* ~ **azabı çekmek** Gewissensbisse bekommen ~ **borcu** moralische Verpflichtung ~ **meselesi** Gewissensfrage *f* ~ **özgürlüğü** s. **din hürriyeti;** ~ **sesi** Stimme *f* des Gewissens **-a danışmak** sich e–e Gewissensfrage vorlegen **-ı kabul etmemek** (b–nin bşi) et. vor seinem Gewissen nicht verantworten können **-ını kirletmek** sich das Gewissen beschweren (belasten) (z. B. durch e–n Meineid) **-ını satmak** käuflich sein (Person) **her** ~ **sahibi** wer auch nur e–n Funken Verantwortungsgefühl in sich trägt
vicdanen [·×̣·] *Adv.* 1. gewissensmäßig 2. nach bestem Wissen und Gewissen ≗ **muazzep oluyorum.** Ich habe Gewissensbisse. ~ **müsterih** reinen Gewissens
vicdanî [·– –] Gewissens- ~ **akide** (*od.* **kanaat**) ehrliche (innere, aufrichtige) Überzeugung ~ **vazife** Gewissenspflicht *f*, Gefühl *n* der Verpflichtung
vicdanlı [ā] 1. gewissenhaft, gewissensmäßig *bulunçlu 2. gerecht, menschlich
vicdansız [ā] 1. gewissenlos, skrupellos 2. brutal, unmenschlich 3. gemein, niederträchtig
vicdansızlık [ā] 1. Gewissenlosigkeit, Skrupellosigkeit *f* 2. Brutalität, Unmenschlichkeit *f* 3. Gemeinheit, Niedertracht *f*
vida [×·] 1. Schraube *f* 2. (Schrauben-)Gewinde *n* Zu 2: **Bu somunun -sı bozuk.** Die Schraubenmutter ist ausgeleiert. ~ **adımı** s. ~ **dişi;** ~ **ağacı** Schrauben-baum *m*, -palme *f bot.* Pandanus (utilis u.a.) ~ **anahtarı** Schraubenschlüssel *m* ~ **aynası** Schraubenfutter *n* ~ **başı** Schraubenkopf *m* ~ **boğazı** Schraubenhals *m* ~ **çevireceği** s. **tornavida;** ~ **dişi** (*od.* **hatvesi**) Schrauben-, Bolzen-gewinde *n*, Schneckenantrieb *m* ~ **paftası** Schrauben(schneid)kluppe *f* ~ **somunu** Schraubenmutter *f* **-ları gevşemek** (b–nin) *V* herausprusten (vor Lachen) **-sını sökmek** ab-, los-schrauben **-yı sıkmak** einschrauben **-yı sıkıştırmak** die Schraube anziehen
vidaç, -cı [ā] *va.* s. **boyun karadamarı**
vidala [·×·] Boxkalf *n*
vidalamak (an-, fest-)schrauben, mit Schrauben befestigen
vidalı 1. mit Schraube(-n), Schrauben- 2. mit (Schrauben-) Gewinde 3. (an-, fest-)geschraubt, mit Schrauben befestigt ~ **cıvata** Schraubenbolzen *m* ~ **çivi** (Holz-)Schraube *f* ~ **kama** Schraubverschluß *m* ~ **kapak** Schraubdeckel *m* ~ **kaplama presi** Spindelpresse *f* (des Tischlers) ~ **kapsül** Zündschraube *f* ~ **kavram** Schraubenkupplung *f* ~ **kerpeten** Feilkloben *m* (des Schlossers) ~ **mil** Schraubenspindel *f* ~ **nişangâh** Schraubvisier *n*
vidanj (*franz.* **vidange**) Entleerung *f* der Abortgruben
vidanjör (*franz.* **vidangeur**) Abort-leerer, -räumer *m*
videla s. **vidala**
video(-bant) Video(-Recorder *m*)
vido *Ka.* Verdopplung *f* des Einsatzes ~ **çekmek** e–e Verdopplung des Einsatzes vorschlagen
vidolu *Ka.* mit doppeltem Einsatz gespielt
vifak, -kı [ā] *va.* 1. Entsprechen *n*, Übereinstimmung *f* *uygunluk 2. Eintracht *f*, Friede *m* *barış, sulh 3. freundschaftliche Beziehungen *pl.*
Vig *n.pr.* 1. *hist.* Anhänger(-in *f*) *m* der Whig-Partei (England) 2. *selt.* antikonservativ, liberal
vigla [×·] *naut.* 1. Ausguck *m*, Krähennest *n* *karga yuvası 2. Beobachtungsplatz *m* für das **dalyan** genannte Fischernetz 3. *allg.* Wache *f*
viglacı *naut.* 1. Ausguckmann *m* 2. Beobachtungsposten *m* (vgl. **vigla** 2) 3. *allg.* Wachposten, Wärter *m*
vikaye [ā] Schützen, Bewahren, Vorbeugen *n*, Schutz *m*, Prophylaxe *f* ~ **etmek** (m. Abl.) schützen, bewahren (vor), vorbeugen ~ **harfi** s. **kaynaştırma harfi**

vikent, -di Wochenende, Weekend *n*
vikentlik für ein Weekend bestimmt (geeignet) od. an e–m Weekend stattfindend, Weekend-, Wochenend-
Vikingler *n.pr. hist.* Wikinger *pl.*
vikont, -tu (Adelsrang zwischen Graf und Baron; ohne deutsche Entsprechung) Vicomte *m* (in Frankreich), Viscount *m* (in England), Visconte *m* (in Italien)
vikontes Vicomtesse, Viscountess, Viscontessa *f* (vgl. **vikont**)
viktorya [·×·] 1. *va.* Viktoria *f* (zweisitziger Einspänner) 2. *bot.* (*a.* ~ **su tepsisi**) s. **Amazon su zambağı**
vikunya [·×·] Vikunja *f*, *n zo.* Lama vikugna
vilâ *va.* 1. Aufeinanderfolge *f* 2. nahe Beziehung; Freundschaft *f*
vilâdet, -ti *va.* Geburt *f* *doğum
vilâdetname [·–·–·] *va.* Geburtsurkunde *f*
vilâdî 1. Geburts- 2. von Geburt an bestehend, angeboren, kongenital *anadan doğma ~ **katarakt** *med.* angeborener grauer Star, Cataracta congenita
vilâyet, -ti 1. türk. Regierungsbezirk *m*, Provinz *f*, Wilajet *n* *il 2. Regierungspräsidium *n*, Wilajetverwaltung *f* *valilik 3. *va.* s. **velâyet;** ~ **bütçesi** Provinzetat *m* ~ **daimî encümeni** Provinzialausschuß *m* ~ **hususî idaresi** Provinzialverwaltung *f* ~ **umumî meclisi** Provinzialversammlung *f*
vilâyetli 1. aus e–m nb. türk. Rbz. stammend 2. aus soundso viel türk. Rbz. bestehend 3. Landsmann *m*
vildan [ā] 1. *va.* neugeborene Kinder *pl.* 2. *va.* Diener, Sklaven *pl.* 3. ≗ [×·] *mV, wV*
villa [×·] Villa *f*, Landhaus *n*
villüs (*franz.* **villus**) s. **tümür**
vilonavilo [×··×·] *naut.* Umladen *n* von Fracht (von e–m Schiff auf ein anderes)
vim Vim *n* (Scheuermittel)
vimlemek mit Vim scheuern
vinç, -çi (*engl.* **winch**) (Hebe-)Kran *m*, (Anker-)Winde *f*, Spill, Hebewerk *n* ~ **çengeli** Lasthaken *m* (am Kran) ~ **kirişi** Kranbaum *m* ~ **kolu** Ausleger *m* (am Kran), Ladebaum *m* ~ **operatörü** Kranführer *m* ~ **şasisi** Krangestell *n* ~ **tevkif mandalı** Pall *m* (Sperrklinke an e–r Winde) ~ **vagonu** Kranwagen *m* ~ **zinciri** Krankette *f*
vinççi Kranführer *m*
vinçester Winchester-büchse *f*, -gewehr *n*
vinçli mit Kran (bzw. Kränen) ausgerüstet ~ **kamyon** Kranwagen *m*
vinter 1. Kül *n* (sackähnliches Fischernetz) 2. Reuse *f*
vintfank *arch.* Windfang *m* (an der Haustür)
vinyet, -ti *typ.* Vignette *f*
vira [×·] 1. (*Kommando* zum Anlassen e–s Gangspills, zum Heben schwerer Lasten, zum Einziehen e–s Fischernetzes usw.:) Holt auf! (Ein-)hieven! Hiev ob! Los! (Nur) zu! Hoch! 2. *Adv.* (*a.* ~ ~) in e–m fort, ununterbrochen, dauernd, fortwährend *biteviye Zu 2: ≗ **söylüyor.** Er redet in e–m fort. ~ **akova** *naut.* s. **akova;** ≗ **demir** (*od.* **salpa**)! Anker auf! ~ **etmek** hoch-holen, -ziehen, einhieven; lichten (Anker)
virago [·×·] (*franz.* **virago**) *selt.* Mannweib *n*
viraj (*franz.* **virage**) 1. Kurve, Biegung *f* (e–s Wegs, Geleises usw.) *dönemeç 2. **(banyosu)** *phot.* Tonbad *n*, Tonung *f* ~ **almak** die Kurve nehmen, in die Kurve fahren (Auto); s. a. **fazla** ~ **almak**
viran [– –] verfallen, halb eingestürzt *harap, yıkık
virane [ā] s. **harabe, ören; -ye çevirmek** in ein Trümmerfeld verwandeln
viranelik [·–··] Trümmerfeld *n*
viranlık [– –·] 1. Verfallen-, Halbeingestürzt-sein *n*, Verfall *m* 2. Ruine *f*, Trümmer *pl.*

Viranşehir *n.pr.* Städtchen u. D. im Rbz. Urfa
Vircinya [·×·] *n.pr.* Virginia (USA) ~ **geyiği** Weißwedelhirsch *m zo.* Odocoileus virginianus ~ **süt otu** Senega-Kreuzblume *f bot.* Polygala senega
virdizeban [ā] *va.* 1. dauernde Wiederholung, ewige Litanei 2. überflüssiges Flickwort ~ **etmek** *va.* et. beständig wiederholen, dauernd im Munde führen; immer wieder sagen, dauernd reden (von)
vire 1. s. **vira** (1, 2) 2. s. **vere**
viremi (*franz.* **virémie**) *med.* Viruskrankheit *f*
virgasyon (*franz.* **virgation**) *geol.* Auseinandertreten *n* der Gebirgsfalten *çatallanma
virgül (*franz.* **virgule**) 1. Komma *n*, Beistrich *m* 2. kommaförmig ~ **basili** s. **vibriyon**
virilizasyon (*franz.* **virilisation**) s. **erkekleşme**
Virjil *n.pr.* Vergil, Virgil (röm. Dichter)
virjinite (*franz.* **virginité**) Jungfräulichkeit, Unberührtheit, Virginität *f*
virman (*franz.* **virement**) *H selt.* Umbuchung, Übertragung *f*
virofiksaj (*franz.* **viro-fixage**) *phot.* Tonung und Fixierung *f* ~ **kâğıdı** *phot.* Tonpapier *n*
viroloji (*franz.* **virologie**) Virologie *f*, Lehre *f* von den Viren
virolojist, -ti Virologe, Virusforscher *m*
virt, -di 1. Gebete od. Koransprüche *pl.*, die täglich gelesen od. rezitiert werden 2. dauernde Wiederholung religiöser Wendungen (z.B. der Fügung **süphanallah** bei Verwendung der Gebetskette) 3. *fig.* ewige Litanei 4. Wechselfieber *n* od. Tag *m*, an dem dieses wiedereinsetzt ~ **çekmek** 1. best. Gebete, Koransprüche od. religiöse Formeln immer wieder hersagen 2. *pej.* et. herleiern ~ **etmek (diline)** beständig wiederholen, immer wieder sagen
virtüoz Virtuos-e *m*, -in *f*
virtüozite; virtüozluk Virtuosität, Meisterschaft *f*
virülans *med.* Virulenz *f*
virüs [×·] *med.* Virus *m*, *n*, (Krankheits-)Erreger *m*
visal, -li [ā] *va.* Zusammen-kommen *n*, -kunft *f*, -sein *n*, Vereinigung *f* (zweier Liebenden) *vuslat
visamiral, -li Vizeadmiral *m*
viseral (*franz.* **viscéral**) s. **içorgansal**
viski [×·] 1. Whisky *m* 2. Wisky *m* (leichter zweirädriger Wagen, Sport-Einsitzer)
viskonsolos; viskonsül Vizekonsul *m*
viskoz 1. *chem.* Viskose *f* 2. s. **çingülü** (2)
viskozimetre [···×·] Viskosimeter *n*
viskozimetri Viskosimetrie *f;* Bestimmung *f* des Grades der Zähflüssigkeit
viskozite Viskosität; Dick-, Zäh-flüssigkeit *f* *ağdalık, lüzuc(iy)et, yapışkanlık
vismareşal, -li Vizemarschall *m*
visrua (*franz.* **vice-roi**) Vizekönig *m*
vist, -ti *Ka.* Whist(-spiel) *n*
Vistül (*franz.* **La Vistule**) *n.pr.* Weichsel *f*
vişnap, -bı [ā] *z. va.* Scherbett (Sorbett) *m*, *n* aus Sauerkirschen *vişne şerbeti
vişne [×·] Sauerkirsche *f* ~ **ağacı** Sauerkirschbaum *m bot.* Prunus cerasus ~ **rengi** 1. kräftiges Dunkelrot 2. von kräftigem Dunkelrot ~ **şerbeti** s. **vişnap;** ~ **tiridi** e–e Süßspeise aus Brot und Sauerkirschen
vişneçürüğü, -nü bläulich-rot, rötlich-violett
vitalist, -ti *phil.* 1. Vitalist(-in *f*) *m* 2. vitalistisch *(1, 2) dirimselci
vitalite Vitalität, Lebens-kraft, -fülle *f*
vitalizm *phil.* Vitalismus *m*, Eigengesetzlichkeit *f* des organischen Lebens *dirimselcilik, hayeviye
vitamin Vitamin *n*
vitaminlendirmek vitaminisieren; mit Vitaminen anreichern
vitaminli 1. ein best. Vitamin (*bzw.* best. Vitamine) enthaltend 2. *pr.* vitaminreich
vitaminsiz keine od. nur wenig Vitamine enthaltend, vitaminarm
vitaminsizlik 1. Vitaminmangel *m* 2. Vitaminmangelkrankheit, Avitaminose *f*
vitellin (*franz.* **vitelline**) zum Eidotter gehörig
vitellüs [·×·] (*franz.* **vitellus**) *biol.* Nahrungsdotter *m*, *n* ~ **zarı** Dotterhaut *f*, Eihäutchen *n* *gışayı vitellin
vites (*franz.* **vitesse**) 1. Gang *m* (im Auto) 2. *V* männlicher Geschlechtsteil ~ **değiştirmek** 1. (um-)schalten (Gang) 2. *V* die Geschlechtsteile auf die andere Seite der Hose bringen (Mann) ~ **kolu** Schalthebel *m* ~ **kutusu** Getriebegehäuse *n* (im Auto) ~ **küçültmek** herunterschalten (Gang) ~ **takmak** e–n best. Gang einschalten (Auto)
vitir, -tri 1. isl. Zusatzgebet *n* (zwischen dem letzten Gebet am Abend und dem Morgengebet) 2. Vorabend *m* des **Kurban bayramı**
vitray (*franz.* **vitrail**) bleigefaßtes buntes Fenster; gemaltes Kirchen- od. Moschee-fenster
vitrin (*franz.* **vitrine**) 1. Schaufenster(-kasten *m*) *n* 2. Schaufensterscheibe *f* 3. Auslage *f* (im Schaufenster) 4. Glasschrank *m*, Vitrine *f*, Schaukasten *m* ~ **müsabakası** Schaufensterwettbewerb *m* ~ **süslemecisi** Schaufensterdekorateur *m* ~ **tenviratı** Schaufensterbeleuchtung *f* ~ **yapmak** Waren im Schaufenster auslegen
vitriyol, -lü (*franz.* **vitriol**) 1. *va.* s. **sülfat** 2. **(yağı)** s. **zaçyağı**
vivas (*franz.* **vivace**) 1. *selt.* lebenskräftig 2. *mus.* vivace, lebhaft Zu 1: ~ **çiçek** s. **ömürlü çiçek**
vivipar (*franz.* **vivipare**) *zo.* s. **doğurucu**
viviseksyon *med.* Vivisektion *f*
viya [×·] *(naut. Kommando:)* Komm auf! **²sına al (dümeni)!** Mitschiffs das Ruder!
viyabilite (*franz.* **viabilité**) *selt.* Lebensfähigkeit *f*
viyadük, -kü (*franz.* **viaduc**) Viadukt *m*, Talbrücke, Überführung *f*
viyak viyak 1. quäkend, schreiend 2. quakend, quarrend Zu 1: **Çocuk** ~ ~ **ağladı.** Das Kind quäkte und weinte.
viyaklamak 1. quäken, schreien (z.B. neugeborenes Kind od. junge Katze) 2. quaken, quarren (Frösche)
Viyana [·×·] *n.pr.* Wien ~ **Kongresi** *hist.* Wiener Kongreß *m* ~ **muhasaraları** *hist.* Belagerungen *pl.* von Wien
Viyanalı [·×··] 1. Wiener(-in *f*) *m* 2. wienerisch
Viyetnam *n.pr.* Vietnam
Viyetnamlı *n.pr.* Vietnames-e *m*, -in *f*, vietnamesisch
Viyetnamlılaştırmak *fr. Gel.* vietnamisieren
viyola [·×·] Bratsche, Viola *f* *alto
viyolacı; viyolist, -ti (*franz.* **violiste**) Bratschist(-in *f*) *m*
viyole (*franz.* **violet**) violett
viyolon (*franz.* **violon**) 1. Geige, Violine *f* *keman 2. s. **viyolonist**
viyolonist, -ti (*franz.* **violoniste**) Geiger(-in *f*) *m*, Geigenspieler(-in *f*) *m*, Violinist(-in *f*) *m* *kemancı
viyolonsel (*franz.* **violoncelle**) *mus.* Cello *n*
viyolonselci; viyolonselist, -ti (*franz.* **violoncelliste**) *mus.* Cellist(-in *f*) *m*
viza(-lı) s. **vize(-li)**
vizajist, -ti (*franz.* **visagiste**) Gesichts-, Schönheits-chirurg *m*
vizavi Visavis, Gegenüber *n* (Tanzfigur)
vize [×·] 1. Visum *n*, Sichtvermerk *m* 2. Ab-, Gegen-zeichnung, Abstempelung *f* (z.B. durch amtliche Stelle) 3. Testat *n* (Universität) 4. *allg.* Genehmigung *f* ~ **etmek** 1. visieren (Paß), das Visum (den Sichtvermerk) eintragen 2. ab-, gegen-zeichnen (z.B. Zahlungsanweisung) 3. te-

stieren ~ **vermek** 1. ein Visum ausstellen (erteilen) 2. (bşe) genehmigen **-lerini yaptırmak** sich die (erforderlichen) Visen beschaffen
Vize *n.pr.* O. u. D. im Rbz. Kırklareli
vizeli 1. mit Visum versehen, visiert (Paß) 2. ab-, gegengezeichnet (z.B. Zahlungsanweisung) 3. testiert (z.B. Universitätsvorlesung) 4. genehmigt
Vizigotlar (*franz.* **Wisigoths**) *n.pr. hist.* Westgoten *pl.*
vizit, -ti (*franz.* **visite**) 1. Besuch *m* (vgl. **kartvizit**) 2. *phot.* Visitenkartengröße *f*
vizita; vizite [×··] 1. Besuch *m* 2. ärztlicher Besuch; Visite *f* 3. Honorar *n* für e–n ärztlichen Besuch 4. *naut.* offizieller Besuch 5. *naut.* Untersuchung *f* der Schiffsmannschaft durch den Arzt 6. *naut.* Überprüfung, Kontrolle *f* von Schiffszubehör od. Reinigung *f* von Maschinenteilen ~ **etmek** *naut.* 1. offiziell besuchen 2. ärztlich untersuchen 3. überprüfen, kontrollieren, inspizieren ~ **kartı** Visiten-, Besuchs-karte *f* *kartvizit
vizitacı (in der Füg.:) ~ **erler** *naut.* Überprüfer, Kontrolleure *pl.*
viziyer (*franz.* **visière**) Schirm *m*, Schild *n* (z.B. an e–r Mütze)
viziyerli Schirm-, Schild- ~ **şapka** Schildmütze *f*
vizo *typ.* Schließrahmen *m*
vizon (*franz.* **vison**) 1. Mink, Nerz *m zo.* Mustela (lutreola, sibirica, vison) 2. (*a.* ~ **kürk**) Nerz-fell *n*, -pelz, -mantel *m* Zu 1: s. **Amerika (Avrupa, Sibirya) -u**
vizoncu Nerzzüchter *m*, Besitzer *m* e–r Nerzfarm
vizör (*franz.* **viseur**) 1. *phot.* Sucher *m* 2. Zielgerät *n* (z.B. in e–m Flugzeug 3. Zielfernrohr *n*
vizyon *selt.* 1. Vision *f*, flüchtige Erscheinung 2. Ansicht *f*, Bild *n* **-a girmek** *(Film)* zu sehen sein; gezeigt werden
vizyoner (*franz.* **visionnaire**) Geisterseher, Schwärmer, Phantast *m*
Vladika *hist.* Wladika *m* (Titel des fr. Herrschers und Kirchenoberhauptes von Montenegro)
Vo (*franz.* **Vaud**) *n.pr.* Waadt *f* (schweizerischer Kanton)
Vodina *n.pr.* Edessa, (Wodena) (Städtchen in Mazedonien)
vodvil Vaudeville *n* (Singspiel *n*, Posse *f*)
vodvilci Dichter *m* von Gassenhauern, Singspielen, Possen
Voj (dağları) (*franz.* **Les Vosges**) *n.pr.* Vogesen *pl.*
vokabüler 1. Vokabular, Wörterverzeichnis *n* 2. Wortschatz *m* *lugat hazinesi
vokal, -li 1. Vokal *m* *sesli, ünlü, vuayel 2. gesangsmäßig, Vokal-, Stimm-, Gesangs-
vokaliz *mus.* Vokalise *f* (Singübung nur mit Vokalen)
vokalizasyon; vokalizleme 1. *mus.* Stimmübung *f* 2. *ling.* Vokalisierung *f*
vokalizlemek 1. *mus.* Stimmübungen machen 2. *ling.* vokalisieren
vokalli mit (nb.) Vokal(-en)
vokalmüzik, -iği Vokalmusik *f* *ses müziği
vokatif *selt.* s. **seslenme durumu**
vokitoki [–·–·] (*engl.* **walkie-talkie**) tragbares Sprechfunkgerät
vokover [·–·] (*engl.* **walk-over**) leichter kampfloser Sieg; „Spaziergang" *m*
volan (*franz.* **volant**) 1. *phys.* Schwungrad *n* *düzenteker 2. Lenk-, Steuer-rad *n* *direksiyon 3. Hebel, Knüppel *m* (im Flugzeug) 4. Volant *m*, Spitzen-, Falten-besatz *m*, Falbel *f* 5. *(Sport)* Federball(-spiel *n*) *m*, Badminton *n*
volanlı mit **volan;** *spez.* mit Volants besetzt (Kleidungsstück)
volatilizasyon (*franz.* **volatilisation**) s. **buharlaşma**
vole [×·] (*franz.* **volée**) (*spez. Tennis od. Fb.*) Flugball *m* *uçara ~ **yapmak** 1. *(Tennis)* e–n Flugball (*bzw.* Flugbälle) schlagen 2. *Fb.* volley nehmen
voleybol, -lü [×··] Volleyball(-spiel *n*) *m* ~ **topu** Volleyball *m* (als Spielgerät)
voleybolcu Volleyballspieler(-in *f*) *m*
volfram [×·] *chem.* Wolfram *n* *tungsten
Volga(nehri) *n.pr.* Wolga *f*
voli [×·] 1. von e–m Fischernetz umspannter kreisförmiger Raum im Wasser 2. *V* fetter Fang, reicher Gewinn ~ **ağı** Schleppnetz *n* ~ **çevirmek** e–n best. Raum mit e–m Fischernetz umspannen; s. a. **bir** ~ **çevirmek;** ~ **vurmak** *V* s. **vurgun vurmak**
volik *naut.* 1. einmastiger Küstensegler 2. *hist.* schnelles Piratenschiff, Polacker *m*
volizma [·×·] *naut. reg.* (İzmir) e–e best. Art Fischernetz
volkan (*franz.* **volcan**) Vulkan *m* *bürkân, yanardağ ~ **ağzı** Krater *m* *krater, müşker, yanardağ ağzı ~ **bacası** Kraterschlot, Eruptionskanal *m* ~ **bombası** vulkanische Bombe *yanardağ bombası ~ **çakılı** Lavagrus *m*, Lapilli *pl.* *haceri bürkânî ~ **çıkartısı** vulkanischer Auswurf *volkandan çıkan madde ~ **külü** vulkanische Asche *yanardağ külü ~ **sahresi** vulkanisches Gestein *volkansal külte ~ **tüfü** (Vulkan-)Tuff *m* *yanardağ tüfü **-dan çıkan madde** s. ~ **çıkartısı**
volkanbilim Vulkanologie *f*, Erforschung *f* des Vulkanismus
volkanbilimsel vulkanologisch
volkanik (*franz.* **volcanique**) vulkanisch, Vulkan- ~ **arazi** vulkanisches Gelände, Vulkangebiet *n*
volkanizm(-a) Vulkanismus *m* *bürkâniyet; yanardağ etkinliği
volkansal vulkanisch, Vulkan- *bürkânî, yanardağsal ~ **külte** s. **volkan sahresi**
Volkswagen Volkswagen *m* (deutscher Autotyp)
volonte (*franz.* **volonté**) *selt.* Wille *m*
volt, -tu *el.* Volt *n*
volta [×·] *(1–6 naut.)* 1. Schlag, Gang *m* 2. Steek, Stich, Knoten, Törn *m* 3. *(Kommando)* Belegen! (Tauende) 4. Kink *f* (in e–m Tau) 5. Unklarwerden *n* (*spez.* bei Ankerketten) 6. Kreuzen, Lawieren *n* 7. *V* Auf- und Abgehen *n bzw.* Wendung *f* hierbei Zu 2: s. **bir (iki)** ~ Zu 4: s. **yarım** ~; ~ **almak** *naut.* unklar werden (*spez.* Ankerkette) *voltalamak ~ **atmak (etmek, vurmak)** *naut.* 1. belegen, bekneifen (Tauende festmachen) 2. lavieren, kreuzen, im Zickzack fahren 3. *V* auf und ab schlendern 4. *F* e–n kleinen Rundgang machen ~ **cetveli** *naut.* Koppel-tabelle, -tafel, Grad- und Strich-tafel *f* ~ **çalmak** *naut.* kreuzen, lavieren ~ **seyri** *naut.* Koppelkurs *m* **-sını almak** *V* sich davonmachen; abhauen, türmen **-sını sarmak** s. ~ **çalmak; -yı açmak** *naut.* klaren, freimachen (Tau, Kette)
Volta pili; voltaik pil *el.* Voltaelement *n*
voltaj (*franz.* **voltage**) *el.* (Volt-)Spannung *f* ~ **dublörü** *(Radio)* Spannungsverdoppler *m* ~ **düşüşü** Spannungsgefälle *n* ~ **farkı** Spannungsdifferenz *f* ~ **regülatörü** *(Radio)* Spannungsregler *m* ~ **stabilizatörü** Spannungs-ausgleicher, -stabilisator *m* **-ı düşük** *V* Taugenichts *m*
voltalamak s. **volta almak**
voltalı 1. mit **volta** (*spez.* 2 od. 5) 2. **(bir, iki)** ~ *naut.* Name der beiden obersten Spanten ~ **bağ** s. **volta** (2); ~ **donanım** *naut.* unklare Takelage ~ **dülger bağı** *naut.* Balken-, Zimmermanns-steek *n*
voltametre [··×·] Voltameter *n* (Stromstärkemesser) *voltaölçer
voltamper *el.* Voltampere *n*
voltampermetre [···×·] *el.* Voltamperemeter *n*, Elektrizitätszähler *m*
voltaölcer s. **voltametre**

volter (*franz.* **voltaire**) 1. (*a.* ~ **koltuk**) großer Polsterstuhl mit hoher, zurückgebogener Lehne 2. ♀ Voltaire
voltmetre [·×·]; **voltölçer** s. **gerilimölçer**
volümetrie (*franz.* **volumétrie**) s. **hacimölçme**
volümlü umfangreich (z. B. Stimme)
vombat, -tı tasmanischer Wombat *zo.* Phascolomys ursinus
vomer kemiği (*franz.* **vomer**) s. **sabankemiği**
vonoz 1. junge Makrele 2. *gel. a.* Bez. für andere, noch nicht ausgewachsene Fische Zu 2: s. **palamut -u**
votka [×·] Wodka *m* (russischer Schnaps)
voynuk *hist.* christl. (*spez.* bulgar.) Pferdeknecht *m* im Dienst e–s hohen osm. Würdenträgers ~ **otu** levantinische Seifenwurzel *bot.* Gypsophila struthium
voyvo [×·] *V* 1. *urspr.* faules Ei 2. *spött. Bez.* e–r Person: Laffe, Hornochse *m*, Rindvieh *n*, Hampelmann u.a.m.
voyvoda [×··] *hist.* 1. Woiwode *m* (osm. Statthalter in der Moldau und der Walachei) 2. (bis zur Tanzimat-Periode) *Bez.* für e–n dem heutigen **kaymakam** (Landrat) entsprechenden osm. Beamten in e–m Gebiet mit slawischer Bevölkerung
voyvodalık *hist.* Woiwodschaft *f*
vril (*franz.* **vrille**) (Ab-)Trudeln *n* (e–s Flugzeugs) ~ **yapmak** (ab-)trudeln (Flugzeug)
v. s., vs. = ve saire
vual 1. Voile *m* (Schleierstoff), Flor *m* 2. aus Voile, Flor hergestellt 3. *phot.* Schleier *m* (auf e–r Aufnahme) *sis Zu 2: ~ **çorap** Florstrumpf *m*
vuale (*franz.* **voilé**) *phot.* mit Schleier bedeckt, verschleiert, unklar (Film) *sisli
vualet, -ti (*franz.* **voilette**) Schleier *m* (an Damenhüten)
vuayajör (*franz.* **voyageur**) *selt.* Reisende *m*
vuayel (*franz.* **voyelle**) Vokal *m* *sesli, vokal, ünlü
vuayelleşmek zum Vokal werden
vuyelleştirmek zum Vokal werden lassen, vokalisieren
vuayelli 1. mit Vokal, vokalisch 2. vokalisiert
vuhuş [·–] (*va. Pl.* zu *ungebr.* **vahş**) 1. wilde Tiere *pl.* 2. öde Gegenden; Wildnis *f*
vuku, -uu [·–] Sich-Ereignen, Stattfinden, Geschehen, Vorfallen *n* ~ **bulmak** *od.* **-a gelmek** sich ereignen, stattfinden, geschehen, vorfallen, passieren **Bunun -u vardır.** Derartiges ist schon vorgekommen. **-u hal** *z. va.* Sachverhalt, Vorgang *m*
vukuat, -tı [·––] *(Pl., a. in sg. Bed.)* 1. Vorfälle, Vorkommnisse, Ereignisse *pl.* 2. Kriminalfälle *pl.* 3. kriegerische Ereignisse *pl.* 4. Vorkommnis, Zwischenfall, Ereignis *n*, (Kriminal-)Fall *m*
vukuatsiz [ā] 1. ohne Vorfälle 2. ohne besonderes Vorkommnis
vukuf [·–] 1. Kenntnis, Kunde *f*, Informiert-, Unterrichtet-, Vertraut-sein, Wissen *n* *bilme 2. *va.* Anhalten, Zum-Stillstand-Kommen *n*, Pause *f* 3. *va.* Verweilen *n* der Mekkapilger in Arafat ~ **kesp etmek** (bşe) sich Kenntnis verschaffen (von), sich informieren, sich unterrichten (über), sich Einblick verschaffen (in) **-u tammı olmak** (b–nin bşe) genau kennen, vollkommen vertraut sein (mit), ein ausgezeichneter Kenner (von et.) sein **Almancaya** ~ genaue Kenntnis des Deutschen; Beherrschung *f* der deutschen Sprache
vukuflu kundig, vertraut (mit), informiert, unterrichtet (über), Kenntnis besitzend (von)
vukufsuz unkundig, nicht od. nur schlecht informiert (unterrichtet), nicht vertraut (mit), unerfahren, unwissend
vukufsuzluk Unkenntnis *f*, fehlende Information, Schlecht-Unterrichtetsein *n*, Unerfahrenheit, Unwissenheit *f*
vulkan fibresi *techn.* Vulkanfiber *f*
vulkanizasyon Vulkanisierung *f*
vulkanize vulkanisiert ~ **etmek** vulkanisieren ~ **kauçuk** vulkanisierter Kautschuk *kükürtlü kauçuk
vulva s. **ferç**
vurdumduymaz 1. beschränkt, dumm, schwer von Begriff 2. indifferent, gleichgültig, dickfellig, wer auf Ermahnungen od. Anspielungen nicht reagiert, unverbesserlich
vurdumduymazlık 1. Beschränktheit, Dummheit *f* 2. Indifferenz, Gleichgültigkeit, Dickfelligkeit, Unverbesserlichkeit *f*
vurgu *gr.* Wortakzent, Ton *m*, Betonung *f*, Druck *m*
vurgulamak betonen; *fig.* hervorheben, unterstreichen
vurgulu betont ~ **çalgılar** s. **vurma çalgılar**
vurgun 1. verliebt, *F* verschossen 2. geschlagen (*spez.* Stein im Tr.sp.) 3. fette Beute, reicher Gewinn 4. Wucher *m*, Preis-treiberei, -spekulation *f* *ihtikâr 5. s. **dalgıç hastalığı** 6. *va.* geschlagen, verletzt; Verletzung *f* 7. *va.* befallen (von e–r Krankheit) ~ (*od.* **-u) vurmak** *F* e–n ordentlichen Fischzug tun ~ **yemek** von der Taucherkrankheit befallen werden **-la mücadele** Kampf *m* gegen die Preistreiberei
vurguncu Wucherer, Preis-treiber, -spekulant *m* *ihtikârcı, muhtekir *spekülâtör
vurgunculuk Wucher *m* (mit Waren, *spez.* mit Lebensmitteln), Preis-treiberei, -spekulation *f* *ihtikâr *spekülasyon
vurgusuz unbetont (z. B. Silbe)
vurgusuzluk Unbetontheit *f*
vurma 1. Vs. zu **vurmak** 2. *mus.* Schlaginstrument *n* ~ **çalgılar** *od.* **-lar** *mus.* Schlag-zeug *n*, -instrumente *pl.*
vurmak, (-ur) 1. (mit der Hand, der Faust, e–m Gegenstand) schlagen (auf), 2. abschlagen (z. B. Kopf) 3. einschlagen (z. B. Nagel) 4. (mit Absicht od. versehentlich) stoßen, streifen, ankommen (an) 5. (m. Dat. od. Akk.) klopfen (an die Tür, an die Scheibe usw.) 6. ab-, einbiegen, e–e best. Richtung einschlagen 7. (an e–n unrechten Ort) geraten 8. sich erstrecken (Wirkung), (ein-) dringen, kommen 9. zutagetreten, sich zeigen 10. multiplizieren *çarpmak 11. auflegen (z. B. Sattel), anlegen (z. B. Handschellen), anbringen (z. B. Stütze, Plombe usw.), aufsetzen (z. B. Flicken) 12. auftragen, streichen (z. B. Farbe) *sürmek 13. drehen, wenden, verkehren (z. B. ins Scherzhafte) 14. sich stellen, als ob ... 15 (hinein-)stoßen (hinein-)stechen, hineinbohren 16. sich widerspiegeln 17. schlagen (z. B. Uhr die Stunde *od.* Stein im Tr.sp. usw.) 18. sich unrechtmäßig in den Besitz von Geld setzen: entwenden, stehlen, rauben, prellen, erpressen 19. herausschlagen, ergattern, sich geschickt zu verschaffen wissen (z. B. Gewinn) 20. treffen (Ziel); entfallen (z. B. Lotteriegewinn auf j–n) 21. schießen, erlegen (z. B. Tiere auf der Jagd); beschießen, bombardieren (z. B. Festung) 22. töten *öldürmek 23. körperlich in Mitleidenschaft ziehen (z. B. erkranken lassen, wundreiben usw.) 24. verwunden, verletzen *yaralamak 25. *(ohne Objekt)* klopfen, pochen, schlagen (Herz, Puls usw.) 26. *Ch.* trinken, heben, genehmigen 27. (in verschiedenen idiom. Ra.) 28. s. **vurgulamak** Zu 1: **masaya** ~ auf den Tisch schlagen Zu 2: s. **boynunu** ~ Zu 3: s. **çivi** ~ Zu 4: **b–nin göğsüne** ~ j–n vor die Brust stoßen **Kolumu duvara vurmuşum.** Ich bin wohl mit dem Arm (*bzw.* Ärmel) an die Wand gekommen. Zu 5: **kapıya** (*od.* **kapıyı**) ~ an der (die) Tür klopfen; anklopfen **cama** (*od.* **camı**) ~ an die Scheibe klopfen Zu 6: **sola** ~ nach links abbiegen **Bu taraftan vurdu.** Er hat diese Richtung eingeschlagen. Er ist in dieser Richtung davongegangen. **Eyüp'e gidelim! – Peki, Ramiz'den vurur gideriz.** Gehen wir doch nach Eyüp! – Gut, wir können e–n Abstecher über Ramiz machen und so hinkommen. **ormana** ~

den Weg durch den Wald nehmen Zu 7: **Balık karaya vurdu.** Der Fisch geriet aufs Land (auf Trockene). Zu 8: **Yağmur içeriye vuruyor.** Es kommt Regen herein. Es regnet durch. **Işık dışarıya vurdu.** Es drang Licht nach außen. **Rüzgâr buraya vurmuyor.** Hier kommt der Wind nicht her. Hier ist man gegen Wind geschützt. Zu 9: **Kalbinin temizliği çehresine vurmuş.** Man kann ihm die Ehrlichkeit am Gesicht ablesen. s.a. **açığa** ~ Zu 10: **ikiyi sekize** ~ zwei mit acht multiplizieren Zu 11: s. **eyer (yük, kelepçe, destek, damga, yama)** ~ Zu 12: s. **boya (cilâ)** ~ Zu 13: s. **şakaya** ~ Zu 14: s. **anlamamazlığa (bilmemezliğe, deliliğe, görmemezliğe, hastalığa, işitmemezliğe, sağırlığa)** ~ Zu 15: s. **bıçak (iğne)** ~ Zu 16: **Dağlar suya vurdu.** Die Berge spiegelten sich im Wasser. Zu 17: **Saat beşi vurdu.** Die Uhr schlug fünf. Zu 18: **b–nin yüz lirasını** ~ j–n um hundert Pfund prellen Zu 19: **iyi bir parti** ~ e–n günstigen Gelegenheitskauf machen, et. besonders billig erstehen **O işten müthiş para vurdular.** Sie haben dabei unheimlich viel Geld herausgeschlagen. s. a. **vurgun** ~ Zu 20: **yüz metreden yumurtayı** ~ aus e–r Entfernung von hundert Metern das Ei treffen Zu 21: **kuşu** ~ den Vogel schießen (erlegen) Zu 22: **Haydudu vurmuşlar.** Man hat den Räuber getötet. Zu 23: **Onu güneş vurdu.** Er bekam den Sonnenstich. **Dünkü yürüyüşte pabuçlar ayaklarımı vurdu.** Ich habe mir gestern die Füße wundgelaufen. **Atın sırtını eyer vurmuş.** Der Sattel hat das Pferd wundgerieben. Das Pferd hat Satteldruck. s.a. **kömür başa** ~; **başına** ~ Zu 24: **Hırsızı kolundan vurmuşlar.** Man hat den Dieb am Arm veletzt. Zu 25: **Yürek (nabız) vuruyor.** Das Herz (der Puls) schlägt. Zu 26: **Bir tane daha vurayım!** Ich will noch e–n heben! Zu 27: s. **baş vurmak; dem (karaya, yalpa, yola, yüzüne)** ~; **Vur abalıya!** s. Stw. **abalı; Vur aşağı tut yukarı** *fig.* nach langem Herumfeilschen **Vur dedimse öldür demedim ya!** Warum denn gleich übertreiben? **vur kör Ayvaz** *F* wer keine Gefühlsregung zeigt; indifferent **Vur patlasın çal oynasın** mit Tschingtara und Bummtara **vurduğu yerden ses getirmek** schlagen, daß es nur so knallt; derb zuschlagen **Vurduğu yeri kırıyor.** Wo er hinschlägt, da wächst kein Gras mehr. **Vurduğun av, ürküttüğün kurbağaya değmiyor.** *spött.* Viel hast du ja gerade nicht erreicht. **Vurdukça tozar.** 1. Je mehr man schlägt, desto mehr Staub kommt heraus. 2. *fig.* Je länger man sich mit der Sache beschäftigt, um so komplizierter wird sie. **Vurursan acıt, yedirirsen doyur!** *Spr.* Was du tust, besorge gründlich!

vurtut 1. (wilde) Schießerei 2. nach langem Herumfeilschen Zu 1: **O** ~ **içinde o da gitti.** Bei der Schießerei hat auch er daran glauben müssen. Zu 2: ⁓ **elli liraya aldım.** Nach langem Feilschen erstand ich es für fünfzig Pfund.

vuru Klopfen, Schlagen *n spez.* Schlagen *n* des Herzens, Pulsschlag *m* *daraban

vurucu s. **militan;** ~ **kuvvet** *mil.* 1. Schlagkraft *f* 2. schlagkräftige Truppe ~ **ruhlar** Klopfgeister *pl.*

vuruk 1. geschlagen (z. B. Stein im Tr.sp.) 2. *vet.* Beule od. Verletzung *f* am Unterschenkel e–s Pferdes od. Rinds

vurulmak 1. Pass. zu **vurmak** 2. (b–n) sich verlieben (in)

vurum s. **nabız**

vuruntu Klopfen *n* (e–s Automotors)

vuruş 1. Vs. zu **vurmak** *spez.* Schlag *m* 2. *selt.* s. **vurgu** 3. *mus.* Einzelteil *m* e–s Taktes 4. *Fb.* Anstoß *m* 5. Treffer *m* (*spez.* bei Fechten od. Boxen) ~ **hızı** Aufschlaggeschwindigkeit *f* (z. B. e–s Geschosses) ~ **noktası** Aufschlagpunkt *m* ~ **noktasının kaydırılması** *mil.* Treffpunktverlegung *f* ~ **zaviyesi** Auftreffwinkel *m*

vuruşkan *selt.* kriegerisch, kriegstüchtig

vuruşlu 1. treffend, angebracht, schlagend *isabetli 2. *mus.* aus nb. Einzelteilen bestehend (Takt) Zu 2: **iki** ~ **ölçü** Zweiertakt *m*

vuruşmak 1. sich (*od.* einander) schlagen 2. miteinander kämpfen 3. *V* s. **cima etmek**

vuruşturmak Kaus. zu **vuruşmak** *spez.* 1. miteinander kämpfen lassen (z. B. Hähne) 2. *V* gemeinsam zechen 3. *V* sich gegenseitig et. vorflunkern

vuslat, -tı 1. s. **visal** 2. ⁓ *wV* ~ **gecesi** Liebesnacht *f*

vusta (*ar. Fem.* des *va.* Elativs **evsat;** nur in ält. Füg.) Mittel- s. **kurunu** ~

vustaî *va.* (in Füg. wie:) **kurunu** ~

vusul, -lü [·–] *z. va.* 1. Ankunft *f* *varma 2. Erreichen *n* (des Ziels) 3. *H* Eingang, Erhalt *m* (e–r Ware usw.) ~ **bulmak** ankommen ~ **nazariyesi** *jur.* Zugangstheorie *f* **Adana'ya -ümde** bei meiner Ankunft in Adana

vuzu, -uu [·–] *va.* s. **aptes**

vuzuh [·–] *va.* Klarheit, Deutlichkeit *f*, leichte Verständlichkeit; Anschaulichkeit *f* (z. B. e–r Schilderung) **-u nazar** *va.* klarer Blick, scharfes Erkennen; Scharfsinn *m* *firaset, isabeti rey

vuzuhlandırmak klären, klarmachen, Klärung bringen (in), deutlich werden lassen, anschaulich darlegen

vuzuhlanmak sich klären, leicht verständlich werden, anschaulich werden

vuzuhlu klar, deutlich, leicht verständlich, anschaulich *vazıh

vuzuhsuz unklar, verworren, nicht leicht verständlich ~ **vaziyet** *mil.* ungeklärte Lage

vuzuhsuzluk Unklarheit, Verworrenheit *f*

vücubî [·––] 1. *gr.* nezessitativ 2. *phil.* bejahend, positiv, affirmativ *mucibe, müspet, olumlu **fiili** ~ *gr.* Nezessitativ *m* *gereklik kipi

vücudiye [ū] s. **panteizm**

vücuh [ū] *va. Pl.* zu **vecih;** *a.:* führende Persönlichkeiten, Notabeln, Honoratioren *pl.*

vücup, -bu [ū] 1. religionsgesetzliche Vorschrift 2. Notwendigkeit, Unerläßlichkeit, Zwangsläufigkeit *f* 3. Pflicht *f*

vücut, -du (*selt.* **-dü**) *urspr.* [·–] 1. (Da-)Sein, Existieren *n*, Existenz *f* *mevcudiyet, varolma, varlık 2. lebender Körper; Leib *m* 3. *z. va.* Anwesenheit, Gegenwart *f* Zu 1: ⁓**u ile ademi birdir.** Es ist ohne Belang, ob es existiert oder nicht. ~ **arızası** körperliches Gebrechen ~ **biti** s. **giyim biti;** ~ **bulmak** s. **-a gelmek;** ~ **hücreleri** Gesamtheit *f* der Körperzellen, somatische Zellen *pl.* *soma ⁓ **kocar, gönül kocamaz.** *Spr.* Das Herz bleibt immer jung. ~ **mayii (sıvısı, suyu)** Körperflüssigkeit *f* ~ **vermek** 1. s. **vücuda getirmek** 2. *z. va.* übertriebene Bedeutung beimessen **-a gelmek** zustandekommen, entstehen **-a getirmek** zustande-, hervor-bringen, errichten (z. B. Barrikaden), schaffen, produzieren, erzeugen, erfinden **-tan düşkün** körperlich heruntergekommen, abgemagert **-tan düşmek** körperlich herunterkommen, abmagern ⁓**um kırık.** Ich bin ganz zerschlagen. **-un bükülmesi** *(Turnen)* Rumpfbeuge *f* **-unu (ortadan) kaldırmak** umbringen, töten **ademi** ~ *va.* Nichtvorhandensein, Nichtexistieren, Fehlen *n* *ademi mevcudiyet, yokluk

vücutça körperlich **Kendisini** ~ **çok zayıf buldum.** Ich fand ihn sehr abgemagert.

vücutlandırmak *selt.* verkörpern

vücutlu 1. von nb. Körperbau 2. *pr.* korpulent und stattlich, dick und groß Zu 1: s. **iri** ~

vücutsuz 1. nicht existierend 2. körperlos 3. klein und zart; schmächtig

vükelâ 1. *va. Pl.* zu **vekil** 2. *hum.* Vornehme, *F* große (hohe) Tiere *pl.*

vükelâlık *va.* Ministerrang *m* ~ **etmiş bir adam** ein Mann, der es bis zum Minister gebracht hat

vülgarizasyon Gemeinverständlichmachen *n*, allgemeine Verbreitung
vülgarize gemeinverständlich gemacht ~ **etmek** gemeinverständlich machen, allgemein verbreiten
vülger *selt.* vulgär, gewöhnlich, ordinär, unfein
Vülken *n.pr. myth.* Vulkan, Hephästus
vüreyka [·×·] (*va. Dim.* zu **varaka**) Blättchen *n*
vüreykat, -tı [ā] *va. Pl.* zu **vüreyka**
vürut, -dü [ū] *va.* 1. Ankunft *f*, Eintritt *m* 2. Ein-laufen, -gehen *n* (z.B. von Post) 3. Ein-, Auf-fallen *n* (z.B. von Licht) ~ **etmek** *va.* 1. ankommen, eintreten 2. einlaufen, eingehen (z.B. Schriftstücke) 3. ein-, auf-fallen (z.B. Licht) ~ **zaviyesi** Einfallswinkel *m*
vüsat, -ti 1. Ausdehnung *f* *imtidat, uzam 2. Geräumigkeit, Weite *f* *genişlik 3. Umfang *m* (z.B. e–s Begriffes) 4. *phys.* Amplitude, Schwingungsweite *f*, Ausschlag *m* *genlik 5. *va.* Fähigkeit, Kraft *f*, Mittel *pl.* **-i hal** *va.* Wohl-stand *m*, -habenheit *f*
vüsatli geräumig, ausgedehnt, weit, groß
vüsatsiz ohne genügende Weite od. Ausdehnung, eng, beschränkt (z.B. Raum)
vüsatsizlik Fehlen *n* genügender Weite od. Ausdehnung; Enge, Beschränktheit *f* (z.B. des Raumes)
vüsu, -s'u *va.* Kraft, Fähigkeit *f* *güç, kudret **vüs'um yettiği kadar** *va.* soweit es meine Kräfte gestatten, soweit meine Fähigkeiten reichen
vüsuk, -ku [ū] *va.* Echtheit, Glaubwürdigkeit, Zuverlässigkeit, Richtigkeit, Authentizität *f* ~ **bulmak** *z. va.* bestätigt (verifiziert) werden
vüzera [ā] *va. Pl.* zu **vezir**

W

w, W [dubl vɛ] od. [çifte vɛ] (kein Buchst. des türk. Alph.; nur in Wörtern fremden Ursprungs, *spez.* in Eigennamen; mst. Ersetzung durch **v**)
Wagnerci; Wagneryen 1. Wagnerianer(-in *f*) *m* 2. wagnerianisch, an Wagner gemahnend
Wallon 1. *n.pr.* Wallone *m*, Wallonin *f* 2. wallonisch ~ **bölgesi** *geogr.* Wallonien
Wassermann tepkimesi *med.* Wassermann'sche Reaktion *f*
Watt s. **vat**
Welfler *n.pr.* Welfen *pl.*
Wendler s. **Soraplar**
Werner kuramı s. **neptünizm**

X

x, X [iks] (kein Buchst. des türk. Alphabets; nur in Wörtern fremden Ursprungs)
x *math.* (die Unbekannte) x
X ışınları s. **rontken ışınları** (*od.* ~ **şuaları**)

Y

y, Y [yɛ] 28. Buchst. des türk. Alph.
y *math.* (die Unbekannte) y
ya (I) [–] (*Int.*) o ... ≗ **Allah!** 1. O Gott! 2. (bei Beginn e–r Arbeit) Na, dann mit Gott(-es Hilfe)! ~ **Mevlâsını almak** *fig.* auf nichts hören, nur nach seinem eigenen Kopf gehen ≗ **Musa!** (*etwa:*) O Herr, gib mir Geduld! ~ **Rabbi!** 1. (als Anrede Gottes im Gebet) o mein Gott! 2. (als Ausruf der Verwunderung, Verzweiflung od. e–s anderen Affektes) mein Gott! (Zu 1: ≗ **Rabbi, sen bize acı!** O mein Gott, erbarme dich unser! Zu 2: ≗ **Rabbi, bu ne hal?** Mein Gott, was ist denn das? **Ben şimdi ne yapayım,** ~ **Rabbi?** Mein Gott, was soll ich nur tun?) ≗ **sabur** (Ausruf, mit dem man sich selbst zur Geduld mahnt *bzw.* von Gott Geduld erfleht) 1. Nur Geduld! 2. O Herr, gib mir Geduld! ~ **sabur çekmek** aushalten, erdulden ≗ **sabur çekmenin de bir hududu var.** Alle Geduld hat schließlich einmal ein Ende.
ya (II) *öfters* [–] *spez. bei (5) und (6)* 1. (im zweiten Teil e–r Alternative) oder *ya da, veya, yahut 2. **ya ... ya** a) entweder ... oder *gel. a.* sowohl ... als auch b) (bei Wiederholung des ersten Verbs in neg. Form) etwa, ungefähr, circa, vielleicht, kaum, höchstens 3. (in adversativem Fragesatz) Aber wie steht es mit ...? Ja, aber ...? Und ...? 4. (zur Hervorhebung) ganz besonders aber; und vor allem; und gar; und erst; gar nicht zu reden von ... 5. (bei affektischer Bestätigung) a) Ja! Gewiß! Tatsächlich! Ganz recht! Stimmt! Und ob! Genau! b) Ja, leider! Ach, ja! Und ob! c) (enklitisch wie **a**, jedoch nach Wörtern, die auf Vokal enden) 6. (bei freudiger od. unangenehmer Überraschung *bzw.* bei iron. Zusammenfassung od. Frage) a) Ja, was muß ich hören! Was du nicht sagst! Nicht möglich! b) so, also c) (bei Fragen oft:) denn; (in 7–9 nachgestellt:) 7. (bei bekräftigender Antwort) a) Aber gewiß! Na klar! Selbstverständlich! Natürlich! Ja! Doch! Gewiß! Freilich! b) (bei adversativer Weiterführung) schon, richtig, ja, zwar 8. (berichtigend od. leicht vorwurfsvoll) doch, ja, eben, schließlich doch, jedoch, leider 9. (*iron.* in rhet. Fragesätzen) Zu 2a: ≗ **bu deveyi gütmeli** ~ **bu diyardan gitmeli!** Vogel friß oder stirb! ≗ **deve ya deveci ya da üstündeki hacı** (*scil.* **ölebilir**). *F* Bis dahin fließt noch viel Wasser den Rhein hinab. ≗ **devlet başa** ~ **kuzgun leşe!** *od.* ≗ **taht** ~ **tahta!** *od. P* ≗ **lort** ~ **mort!** *od. P* ≗ **herrü** ~ **merrü!** Sieg oder Tod! Alles oder nichts! Auf Biegen oder Brechen! ≗ **huyundan ya suyundan.** Genau wie die übrige Familie. Zu 2b: **Yaşı yirmi beş** ~ **var** ~ **yok.** Er ist kaum (*od.* höchstens) 25 Jahre alt. **Daha masasına oturalı beş dakika** ~ **olmuştu** ~ **olmamıştı.** Er saß vielleicht fünf Minuten an seinem Tisch. Zu 3: **Sen geldin,** ~ **Ahmet?** Du bist ja da, aber was ist mit Ahmet? **Siz karnınızı doyurdunuz,** ~ **ben ne yapayım?** Ihr habt euch sattgegessen, und was soll ich tun? **Bu ekmek yetişir diyorsunuz,** ~ **yetişmezse?** Das Brot hier reicht, sagen Sie. Wenn aber nicht, was dann? ≗ **sonra?** Ja, und wie geht es weiter? ≗ **bu çocuk ne**

olacak? Was soll aber aus dem Jungen werden? Zu 4: **O çocuğun terbiyesine, zekâsına, çalışkanlığına diyecek yok, ~ inceliği!** Der Junge hat e–e gute Erziehung, er ist intelligent und fleißig. Daran ist nicht zu tippen. Und erst sein höfliches Benehmen! Zu 5a: **Hava bugün çok güzel! ≗, hakikaten öyle!** Prachtvolles Wetter haben wir heute! – Ja, tatsächlich! Zu 5b: **Rahatsiz mısınız yoksa? – ≗, biraz başım ağrıyor.** Fühlen Sie sich vielleicht nicht ganz wohl? – Ja, leider habe ich et. Kopfweh. Zu 5c: **Dünya bu ~!** So ist nun einmal die Welt! Zu 6a: **≗, sınıfta kaldın ha, yazık.** Was muß ich hören? Sitzengeblieben bist du! Na, so etwas! Zu 6b: **≗, demek o kadar vaatlerin sonu böyle olacaktı!** Das ist also alles, was aus den vielen Versprechungen herausgekommen ist! Zu 6c: **≗ niçin böyle koşuyorsun?** Warum rennst du denn so? Zu 7a: **Ben de geleyim mi? – Gel ~!** Soll ich auch kommen? – Aber klar! Zu 7b: **Bugün arkadaşım hasta. – Hasta ~, onu biliyorum, fakat hastalığı nedir?** Mein Freund ist heute krank. – Ja, das weiß ich schon, aber was fehlt ihm denn? Zu 8: **Kıyamet kopmadı ~!** Deshalb ist doch die Welt nicht untergegangen! *(od.)* So groß ist das Unglück nun auch wieder nicht! **Paranı aldın ~, daha ne bekliyorsun?** Du hast doch dein Geld bekommen, worauf wartest du dann noch? **Çocuk nerede kaldı? – Demin gelmiş ~!** Wo steckt denn der Junge? – Er ist ja gerade eben gekommen! Zu 9: **Gördün mü ~?** Siehst du jetzt ein, wie recht ich hatte? *(od.)* Das kommt davon!

yâ (ar. Lautung des letzten Buchst. des *osm.* Alph.; in türk. Lautung: **ye**); ~ **sîn** die Buchstaben **yâ** und **sîn** am Anfang der 36. Sure des Koran; *a.* Name dieser Sure **yâyı nispî** s. **nispet eki**

yaba Wurfschaufel, Getreideschwinge, Worfel *f* ~ **gibi** groß und breit (Hand, Fuß)

Yaba-Der Name e–r linken Untergrundbewegung

yabalamak worfeln (Getreide)

yaban 1. Wildnis, Öde *f* 2. *(in sb. Füg.:)* a) wild(-lebend), Wild- (Tier) b) wildwachsend, Wiesen-, Feld-(Pflanze) 3. *reg.* fremd; Fremder, Fremdling *m* 4. die Leute *pl.* außerhalb des Verwandten- und Freundeskreises (Zu 3: ≗ Roman von Yakup Kadri Karaosmanoğlu 1932, deutsch von Max Schulz, „Der Fremdling", Leipzig 1939) ~ **ağacı** *reg.* (Izmir) s. **akasya;** ~ **armudu** s. **ahlat** (2); ~ **asması** s. **akasma;** ~ **defnesi** Seidelbast *m bot.* Daphne mezereum ~ **domuzdikeni** Eberwurz *f bot.* Carlina vulgaris (*bzw.* C. acaulis) *zivircik ~ **domuzu** Wildschwein *n zo.* Sus scrofa ~ **ellerde** in der Fremde ~ **eriği** s. **çakaleriği** (2); ~ **eşeği** 1. Wildesel *m zo.* Equus onager 2. s. **zebra;** ~ **hardalı** 1. s. **tarla hardalı** 2. s. **çalgıcı otu** (1, 2) 3. s. **kuşekmeği;** ~ **havucu** Pastinak(-e *f*) *m bot.* Pastinaca sativa *karakavza ~ **kabağı** s. **şeytanşalgamı;** ~ **kazı** Graugans *f zo.* Anser anser ~ **keçisi** Bezoarziege *f zo.* Capra aegagrus ~ **kedisi** Wildkatze *f zo.* Felis catus ~ **kerevizi** 1. s. **selâm otu** 2. s. **yabanî kereviz;** ~ **keteni** 1. s. **şeytansaçı** 2. s. **koyun pıtrağı** 3. s. **yabanî keten;** ~ **koyunu** s. **argali;** ~ **marulu** Giftlattich *m bot.* Lactuca virosa *acı (*bot.* zehirli) marul ~ **mersini** 1. Heidelbeere *f* bot. Vaccinium myrtillus *ayıüzümü 2. Moosbeere *f bot.* Vaccinium oxycoccus ~ **muşmulası** s. **ekşi muşmula;** ~ **mürveri** Attich *m*, Zwergblatt *n bot.* Sambucus ebulus *bodur mürver; yer mürveri ~ **nanesi** 1. Roßminze *f bot.* Mentha longifolia 2. s. **su yarpuzu;** ~ **ördeği** Stockente *f zo.* Anas platyrhynchos *yeşilbaş ~ **pancarı** s. **pazı** (I); ~ **pelini** wilde Stabwurz *bot.* Artemisia campestris ~ **sarmısağı** 1. wilder Knoblauch *bot.* Allium xiphopetalum 2. s. **İspanya sarmısağı** 3. s. **geyik sarmısağı;** ~ **sığırı** indisches Wildrind; Gaur *m zo.* Bibos gaurus *gevir ~ **soğanı** s. **adasoğanı** (1); ~ **sülüğü** s. **atsülüğü;** ~ **sümbülü** 1. s. **kampana çiçeği** 2. s. **kedinanesi;** ~ **tavşanı** s. **adatavşanı;** ~ **teresi** Feldkresse *f bot.* Lepidium campestre *çayırteresi, horozcuk ~ **turpu** Ackerrettich *m bot.* Raphanus raphanistrum segetum *acırga ~ **yasemini (üvezi, zeytin ağacı)** s. **yabanî yasemin (üvez, zeytin ağacı);** ~ **yulafı** Windhafer *m bot.* Avena fatua **-a atmak** (bşi) verwerfen, ablehnen, nicht in Erwägung ziehen **-a atılmaz ihtimaller** Möglichkeiten, die nicht von der Hand zu weisen sind **Bu teklifi -a atmayalım!** Dieser Vorschlag läßt sich hören (*F* ist gar nicht so übel). **-a atılacak şey** et. Belangloses (Unwichtiges) **-a gitmek** 1. zu e–m Fremden *bzw.* in die Fremde gehen 2. nutzlos aufgewandt sein (Geld, Worte usw.) 3. umkommen, zugrundegehen **-a söylemek** Unsinn reden, *F* Stuß verzapfen **≗dan değil!** (Antwort auf die Frage **Kimsiniz?**) Gut Freund! **-ın iti** übler Bursche *edepsiz adam; s. a. **sözüm -a**

Yabanabat, -dı *fr.* Name von **Kızılcahamam**

yabanarısı, -nı 1. Wespe *f zo.* Vespa (vulgaris u.a.) 2. Hummel *f zo.* Bombus (agrorum u.a.)

yabancı 1. fremd, Fremde *m, f* 2. ausländisch, Ausländer (-in *f*) *m* *ecnebi 3. fremd, nicht gewöhnt (an), nicht vertraut (mit) 4. *geol.* allochthon, bodenfremd *alokton Zu 1: **Ben bu eve ~ gibi gelmiyorum.** Ich komme nicht als Fremder in dieses Haus. **Galiba buranın -sınız?** Sie sind wohl fremd hier? Zu 3: **Ben bu usullere -yım.** *(od.)* **Ben bu usullerin -sıyım.** Ich bin mit diesen Methoden nicht vertraut. **bana ~ olan bu usuller** diese mir fremden (ungeläufigen) Methoden *pl.* ~ **cisim** *spez. med.* Fremdkörper *m* ~ **çıta** Feder *f* (bei Holzverbindungen) ~ **çökelti** *geol.* Konkretion(-en *pl.*) *f* ~ **dil imtihanları** Prüfungen *pl.* in den (modernen) Fremdsprachen ~ **diller** (moderne) Fremdsprachen *pl.* (*spez.* Deutsch, Englisch, Französisch) ~ **gazeteler** ausländische Zeitungen *pl.* ~ **gelmek** fremd vorkommen; nicht kennen ~ **gibi durmak** kein Interesse zeigen; sich reserviert verhalten ~ **işçi** Fremd-, Gast-arbeiter(-in *f*) *m* ~ **kanı** fremdes Blut, fremde Blutbeimischung ~ **karikatürleri** ausländische Karikaturen *pl.*, Karikaturen *pl.* anderer Völker ~ **Kelimeler Lûgati** Fremdwörterbuch (Verfasser: Haydar Tolun, Bursa 1939) ≗ **Lejyonu** die (*franz. bzw. spanische*) Fremdenlegion) ~ **memleketler** fremde Länder *pl.*, Ausland *n* ~ **profesörler** ausländische Professoren *pl.* ~ **renkler** unharmonische Farben *pl.* ~ **ülkeler** Ausland *n* *memaliki ecnebiye

yabancıl s. **egzotik**

yabancılaşmak 1. fremdartigen Charakter annehmen 2. e–e Überfremdung erfahren (z.B. Sprache)

yabancılaştırmak 1. fremdartigen Charakter verleihen 2. überfremden (z.B. Sprache)

yabancılık 1. Fremd-, Ausländisch-Sein *n* 2. Fremde *f* 3. Gefühl *n* der Fremdheit ~ **çekmek** 1. sich fremd fühlen 2. infolge Unerfahrenheit Schwierigkeiten bei et. haben

yabangülü, -nü Hundsrose *f bot.* Rosa canina *köpekgülü, örengülü

yabanıl 1. wild-wachsend, -wüchsig (Pflanze) 2. wild, nicht gezähmt (Tier) 3. Wilde *m, f*

yabanıllık 1. Wildwachsen *n* (von Pflanzen) 2. Wild-Leben *n* (von Tieren od. Menschen) 3. Zustand *m* der Wildheit, primitive Kulturstufe

yabanî [·– –] 1. wild(-lebend), Wild-(Tier) 2. wildwachsend, Wiesen-, Feld-(Pflanze) 3. *fig.* (menschen-)scheu 4. *fig.* plump, täppisch, ungewandt ~ **adaçayı** Wiesensalbei *m, f bot.* Salvia pratensis ~ **akdiken** Faulbaum *m*, Pulverholz *n bot.* Rhamnus frangula *barut ağacı ~ **altınkökü** s. **kan çiçeği;** ~ **ananas** wilde Ananas *bot.* Bromelia silvestris ~ **ardıç** Zedern-Wacholder *m bot.* Juniperus oxycedrus *katran ardıcı ~ **armut ağacı** s. **ahlat** (1); ~ **çam ağacı** s. **çıralı çam;** ~ **çilek** s. **orman çileği;** ~

çivitotu s. **mavi boya kökü;** ~ **çörek otu** Braunblümchen *n bot.* Melanthium ~ **dalakotu** salbeiblättriger Gamander *bot.* Teucrium scorodonia ~ **darı** Flattergras *n bot.* Milium effusum ~ **ebegümeci** s. **büyük ebegümeci;** ~ **elma ağacı** Holzapfelbaum *m bot.* Pirus malus var. silvestris ~ **enginar** Kardenartischocke *f bot.* Cynara cardunculus *büyük devedikeni, kenger otu, dikenli ot ~ **fesleğen** 1. Steinquendel *m bot.* Calamintha acinos *yabanî reyhan 2. Wirbeldost *m bot.* Clinopodium vulgare 3. s. **yerfesleğeni;** ~ **fındık ağacı** wilde Hasel *bot.* Corylus silvestris ~ **frenkmaydanozu** 1. Waldkerbel *m bot.* Anthriscus silvestris 2. wilder Kälberkropf *bot.* Chaerophyllum silvestre ~ **glayöl** Feldsiegwurz *f bot.* Gladiolus segetum ~ **gül** s. **yabangülü;** ~ **hanımeli** rote Heckenkirsche *bot.* Lonicera xylosteum ~ **hardal** 1. s. **çalgıcı otu** (1) 2. Akkersenf *m bot.* Sinapis arvensis ~ **hercaîmenekşe** wildes Stiefmütterchen *bot.* Viola tricolor arvensis ~ **hindiba** s. **acı marul;** ~ **Hint yerelması** zottige Yamwurzel *bot.* Dioscorea villosa ~ **hünnap ağacı** s. **lotus** (2); ~ **ıspanak** 1. guter Heinrich *bot.* Chenopodium bonus Henricus 2. s. **pazı** (1); ~ **iğde ağacı** Seedorn *m bot.* Hippophaes rhamnoides ~ **incir ağacı** 1. Bocksfeige *f bot.* Caprificus 2. Rangun-Kautschuk-Feigenbaum *m bot.* Ficus hispida ~ **iskorçina** Bocksbart *m*, Haferwurz *f bot.* Tragopogon (crocifolius u.a.m.) ~ **kaba yonca** Hornigel *m*, Dornenkrone *f bot.* Medicago ciliaris ~ **kadife çiçeği** gemeiner Erdamarant *bot.* Amaranthus Blitum ~ **karanfil** Waldnelke *f bot.* Dianthus silvester ~ **keçiboynuzu** Christusdorn *m bot.* Gleditsia triacanthus ~ **kekeş** wilde Rauke *bot.* Chamaelina silvestris ~ **kekik** Feldthymian *m bot.* Thymus serpyllum *kayakekiği, saterotu ~ **kenevir** Hanfstockmalve *f bot.* Althaea cannabina ~ **kereviz** 1. wilde Sellerie *bot.* Apium montanum 2. s. **mürbuy kereviz;** ~ **kestane** s. **atkestanesi;** ~ **keten** 1. s. **nevruzotu** 2. schmalblättriger Lein *bot.* Linum angustifolium ~ **kiraz** Vogelkirsche *f bot.* Prunus avium *kuşkirazı ~ **kuşkonmaz** 1. Strauchspargel *m bot.* Asparagus acutifolius 2. *selt.* echter Mäusedorn *bot.* Ruscus aculeatus ~ **kuzukulağı** peruanische Oca *bot.* Oxalis crenata ~ **küşne** wilde Linsenwicke *bot.* Vicia palaestina ~ **lahana** 1. s. **deniz lahanası** 2. Feld-Morikandie *f bot.* Moricandia arvensis ~ **lâle çiçeği** wilde Tulpe lutea ~ **maydanoz** Hecken-Kälberkropf *m bot.* Chaerophyllum temulum ~ **mercanköşk** Dost *m bot.* Origanum vulgare ~ **meyan otu** süßer Tragant *bot.* Astragalus glycyphyllos ~ **nar ağacı** wilder Granatapfel *bot.* Balaustion ~ **nerdin** s. **kediotu** (3); ~ **nergis** s. **çayır nergisi** (1); ~ **numan çiçeği** Waldwindröschen *n bot.* Anemone silvestris ~ **oğulotu** s. **su nanesi;** ~ **otlar** Unkraut *n* ~ **pancar** wilder Mangold *bot.* Beta silvestris ~ **patlıcan** wilde Eierfrucht *bot.* Solanum cordatum ~ **pazı** rauhhaariger Amarant *bot.* Amarantus retroflexus ~ **pelin** s. **amberiye;** ~ **pırasa** 1. Porree, Aschlauch *m bot.* Allium ampeloprasum 2. Weinbergslauch *m bot.* Allum vineale 3. s. **aslankuyruğu;** ~ **reyhan** s. ~ **fesleğen;** ~ **rezeda** wilder Wau *bot.* Reseda asolaich ~ **roka salata** 1. stumpfkantige Hundsrauke *bot.* Erucastrum obtusangulum 2. schmalblätterige Rampe *bot.* Diplotaxis tenuifolia 3. Waldbrunnenkresse *f bot.* Nasturtium silvestre ~ **safran** wolliges Spornblatt *bot.* Carthamus lanatus ~ **saparna** amerikanische Kraftwurz *bot.* Aralia nudicaulis ~ **sedefotu** wilde Raute *bot.* Ruta montana ~ **semizotu** Wasserportulak *m bot.* Peplis portula ~ **sina** amerikanische Sennakassie *bot.* Cassia marylandica ~ **sümbül çiçeği** s. **kampana çiçeği;** ~ **şalgam** s. **yer lahanası;** ~ **şeker havucu** 1. gemeiner Pastinak *bot.* Pastinaca sativa *cezir 2. Zuckerwurzel *f bot.* Sium sisarum ~ **tarçın ağacı** weißer Kaneelbaum *bot.* Canella alba ~ **tereotu** s. **çayır teresi;** ~ **termiye** blaue Lupine *bot.* Lupinus angustifolius ~ **tütün** Bauerntabak *m bot.* Nicotiana rustica ~ **üvez** Elsbeere *f bot.* Sorbus terminalis ~ **yasemin** 1. strauchiger Jasmin *bot.* Jasminum fruticans 2. Bittersüß *n bot.* Solanum dulcamara *sofur ~ **zeytin ağacı** wilder Ölbaum *bot.* Olea silvestris

yabanîkimyon 1. Hasenkümmel *m bot.* Lagoecia cuminoides 2. s. **Karaman kimyonu** (3)

yabanîkimyongiller Jochblattgewächse *pl. bot.* Zygophyllaceae *zigofilliye

yabanîlik 1. Wildwachsen *n* (von Pflanzen) 2. Wild-Leben *n* (von Menschen od. Tieren) 3. Menschenscheu *f* 4. Plumpheit, Ungewandtheit *f*, täppisches Benehmen

yabanlık Besuchs-, Feiertags-, Ausgeh-(Kleidung)

yabansı befremdlich, sonderbar *acayip, garip

yabansılık Fremdartigkeit, Merkwürdigkeit *f* *acayiplik, garabet

yavansımak fremdartig anmuten; befremdlich finden *garipsemek, istiğrap etmek

yabansineği, -ni s. **atsineği**

yabantırak Meerfenchel *m bot.* Crithmum maritimum

yabis [–·] *va.* trocken *kuru ~ **iltihabı mafsal** *med.* trockene Gelenkentzündung, Arthritis sicca

yad [ā] 1. ander *başka 2. fremd, ausländisch *ecnebi, yabancı 3. entgegengesetzt, Gegen-, Nicht-, un-, in-, a-, ent-, de- *gayri (...), ademi (...), karşın, muhalif ~ **elde** in fremdem Land, fern der Heimat ~ **eller** Fremde *f*, Ausland *n* **Allah kimseyi gördüğünden yad etmesin!** Möge Gott niemand dessen berauben, was er besitzt.

yâd *va.* 1. Erinnerung *f*, Gedenken *n* 2. Erwähnung *f* ~ **etmek** (m. Akk.) 1. sich erinnern (an), gedenken, zurückdenken (an) 2. sprechen (von), erwähnen ~ **ettirmek** (m. Akk.) denken lassen (an), gemahnen (an) **-a getirmek** *z. va.* in die Erinnerung zurückrufen **-ı mazi** *va.* Erinnerung *f* an vergangene Zeiten

yada taşı 1. *min.* Jade *m (f)* 2. *myth.* ein von dem Erzengel Gabriel an Noah gegebenes Jade-Stück, das ihm Macht über den Regen verlieh *yağmur taşı

yadcıl s. **aykırı**

yaderk, -ki abhängig; unter Fremdherrschaft stehend

yaderklik Fremdherrschaft, Heteronomie *f* *iğtiyar, heteronomi

yades [ā] s. **lâdes**

yadestetik unästhetisch

yadgerekirci *phil.* Anhänger *m* des Indeterminismus *lâicabiyeci

yadgerekircilik *phil.* Indeterminismus *m*, Lehre *f* von der Willensfreiheit des Menschen *gerekmezcilik, indeterminizm, lâicabiye

yadımlama s. **katabolizm(-a)**

yadımlamak *biol.* dissimilieren *muzaddı temsile uğratmak

yadınkurun s. **asenkron**

yadırgamak (m. Akk.) 1. (b–ni) Scheu haben (vor), scheu sein (z.B. Kind gegenüber Fremden) 2. (bşi) et. als fremd (ungewohnt) empfinden Zu 2: **Bunu hiç kimse yadırgamaz.** Das befremdet niemand(-en).

yadırgatıcı befremdlich

yadigâr [–·–] 1. Andenken, Erinnerungsstück *n* 2. übler Kerl; Gauner, Schurke *m*

yadrasyonel sayı s. **orandışı sayı**

yadsılı *phil.* negiert, negativ, verneint, verneinend *menfi, olumsuz, salibe ~ **tikel önerme** *log.* partikulär-verneinendes Urteil *kaziyei sâlibei cüziye ~ **tümel önerme** log. universell-verneinendes Urteil *kaziyei sâlibei külliye

yadsıma 1. Vs. zu **yadsımak** 2. *log.* Negation, Verneinung *f* *nefiy

yadsımak 1. (ab-)leugnen, in Abrede stellen, bestreiten 2. verleugnen (z. B. sein Volk) *(1, 2) inkâr etmek

yafta [×·] 1. Etikett *n*, Anhänge-, Aufklebe-zettel *m*, Flaschenschildchen, Schild *n*, Auszeichnung *f* *etiket 2. *fr.* e–m zum Tod Verurteilten um den Hals gehängtes Plakat mit Angabe des Verbrechens ~ **gibi** enorm groß; riesig ~ **tahtası** Anschlagbrett *n*

yağ 1. Fett *n*, Talg *m*, Butter *f* 2. Schmiere *f*, Schmiermittel *n* 3. Öl *n*, Tran *m* 4. (unverdünntes) Parfüm; Essenz *f*, Öl *n* 5. Salbe *f* Zu 1: s. **don (Halep, iç, kuyruk, mum, tere) -ı** Zu 2: s.a. **yağcı** Zu 3: s. **balık (Hint, makine, neft, susam, zeytin) -ı** Zu 4: s. **gül (karanfil, nane) -ı** Zu 5: s. **yanık -ı;** ~ **ağacı** s. ~ **hurma ağacı;** ~ **akması** (*od.* **boşaltma yeri**) Ölabfluß *m* (an e–r Maschine) ~ **asitleri** *chem.* aliphatische Verbindungen *pl.* *hamızatı şahmiye ~ **ayırma cihazı** *od.* ~ **ayıran** Ölabscheider *m* ~ **bağlamak** 1. e–e Fettschicht ansetzen (bilden, absetzen) 2. Fett ansetzen, dick werden, zunehmen ~ **bal** angenehm, erfreulich (s.a. **Araları yağ bal**) ≗ **bal olsun!** Ich freue mich, daß es Ihnen schmeckt! Wohl bekomm's! ~ **baldan kelimat etmek** j–m gut zureden ~ **basmak** 1. Butter (Fett) in ein Gefäß einstampfen 2. s. **semirmek;** ~ **başı** qualitativ feinstes Öl ~ **borusu** Öl-rohr *n*, -leitung *f* ~ **cenderesi** Ölpresse *f* ~ **çanağı** s. **düğünçiçeği;** ~ **çekmek** (*od.* ~ **yapmak**) s. **yağcılık etmek;** ~ **çıbanı** *med.* Ölkrätze, Schmieröldermatitis *f* ~ **değirmeni** Ölmühle *f* ~ **deliği** Öl-, Schmier-loch *n* ~ **deposu** Öl-behälter *m*, -reservoir *n* ~ **filtresi** (*od.* **süzgeci**) Ölsieb *n* ~ **gazı** Ölgas *n* ~ **geçirmez** öldicht ~ **gibi gitmek** (*od.* **kaymak**) wie geschmiert laufen (Fahrzeug) ~ **gülü** s. **Isparta gülü;** ~ **hamızı** (*od.* ~ **asidi**) Ölsäure *f* ~ **hamlacı** (*od.* **memesi**) Öldüse *f* ~ **hunisi** Öltrichter *m* ~ **hurma ağacı** Ölpalme *f* *bot.* Elais guineensis *mayaağacı ~ **hücresi** (*od.* ~ **gözesi**) *biol.* Fettzelle *f* ~ **ibriği** Öl-, Schmier-kanne *f* ≗ **ile yavşan, sirke ile tavşan.** *Spr.* Für ein gutes Essen darf man nicht an den Zutaten sparen. ~ **kabı** Öl-, Schmiergefäß *n* ~ **kanalı** Ölleitung *f* ~ **kutusu** Schmierbüchse *f* ~ **küpü** s. ~ **tulumu;** ~ **küspesi** Ölkuchen *m* ~ **lambası** Öllampe *f* ~ **marulu** Stachellattich *m bot.* Lactuca scariola ~ **maşrapası** Öl-kanister *m*, -kanne *f* ~ **olmak** fettig (speckig) werden (z. B. Rockkragen) ~ **oranı** Fettgehalt *m* (z. B. der Milch) ~ **palmiyesi** Ölpalme, Fiederpalme *f* (wie z. B. Dattelpalme) ~ **pompası** s. **gresör;** ~ **sarnıcı** Öl-behälter, -tank *m* ≗ **satarım** *türk. Ksp.* Kaufmann spielen ~ **serisi** *chem.* aliphatische Reihe, Reihe *f* der aliphatischen Verbindungen *açık zincir serisi, gayri devrî sınıf, şahmı sınıf ~ **seviyesi müş'iri** Ölstandsanzeiger *m* ~ **siperi** Ölfänger *m* ~ **supapı** Ölventil *n* ~ **sürmek** s. **ekmeğine yağ sürmek;** ~ **şalgamı** s. **rapistra;** ~ **tortusu** Bodensatz *m* des Olivenöls; Ölhefe *f* ~ **tulumbası** Ölpumpe, -spritze *f* ~ **tulumu** *hum.* Dick-, Fett-wanst *m* ~ **veremi** *med.* Lipom *n*, Fettgeschwulst *f* ~ **veren bitki** Ölpflanze *f* ~ **yakma** Ölfeuerung *f* ~ **yakmak** braune Butter herstellen (die an fertige Speisen gegeben werden soll) ~ **yedirmek** gut einölen, gut einfetten ~ **yuvarı** *biol.* Fett-körnchen, -kügelchen *n* *küreyvei şahmiye **-a bala vermek** *fig.* sich glücklich preisen können (wenn ...); s.a. **ucunu bulmak; -dan kıl çeker gibi bir işten çıkmak** sich spielend leicht aus e–r Affäre ziehen **-ı erimek** abmagern; schwach werden ≗**ına kıymayan çöreğini yoz** (*od.* **kuru**) **yer.** *Spr.* Ohne Fleiß kein Preis. *Spr.* **-iyle baliyle** 1. mit allem, was dazugehört, mit allem Zubehör 2. ordentlich

yağanmak s. **yağınmak**

yağbezi, -ni *an.* Talgdrüse *f* *guddei düheniye

yağcı 1. wer Fett (Butter, Öl) herstellt od. verkauft 2. wer e–e Maschine ölt od. schmiert; Wagenschmierer *m* 3. *V* vor Ergebenheit triefend, würdeloser Schmeichler *dalkavuk 4. *va.* s. **sünnetçi**

yağcılık Tätigkeit *f bzw.* Verhalten *n* e–s **yağcı;** ~ **etmek** *V* j–m um den Bart gehen; kriecherisch schmeicheln

yağdan(-lık) 1. Öl-kanne *f*, -kännchen *n*, Öler *m* 2. Fettdöschen, Salbenbüchschen *n* 3. Schmierbüchse *f*

yağdırmak 1. regnen lassen 2. *fig.* überschütten, überhäufen (mit), herunterprasseln lassen (auf), in großen Mengen werfen Zu 2: **Bu fabrika piyasaya kumaş yağdırdı.** Diese Fabrik hat große Mengen von Stoff auf den Markt geworfen. s.a. **ateş (kurşun, para, taş, tehditler)** ~

yağdoku *an.* Fettgewebe *n* *nesci şahmî

yağgüvesi, -ni Fettschabe *f zo.* Aglossa pinguinalis

yağhane [·–·] 1. Ort *m*, wo Butter, Fett, Öl hergestellt wird *spez.* Molkerei *f od.* Ölmühle *f* 2. Aufbewahrungsort für Öl usw.

yağı *va.* Gegner, Feind *m*

yağılaşmak *va.* in Feindseligkeit leben

yağılık *va.* Feindschaft *f*

yağımcur Name e–r aus Brot, Fett und **pekmez** hergestellten türk. Speise

yağımsı fett-artig, -ähnlich, fettig, ölig

yağınmak *P* 1. s. **diş bilemek** (2) 2. planen, beabsichtigen 3. prahlen

yağır, -ğrı 1. Widerrist *m* (des Pferdes) 2. Satteldruck *m* (wundgeriebene Stelle auf dem Rücken des Pferdes) ≗**ı olan kocunur.** vgl. **Al kaşağıyı** (usw.)

yağış 1. Regnen *n* *yağmur yağması 2. atmosphärischer Niederschlag (Regen-, Schnee-fall usw.) *teressübatı havaiye 3. (*a.* ~ **miktarı**) Niederschlags-, Regen-menge *f*

yağışlı 1. regnerisch *yağmurlu 2. mit nb. Niederschlagsmenge 3. *pr.* niederschlagsreich

yağışsız 1. ohne Regen, regenlos *yağmursuz 2. niederschlagsarm

yağışsızlık Fehlen *n* od. ungenügendes Vorhandensein von Regen

yağız von dunkelglänzender (Haut-)Farbe, dunkelbraun ~ **doru** von dunklem Kastanienbraun, dunkelbraun (Pferdefarbe); s.a. **kara** ~

yağkapanı, -nı *fr.* Fettmarkt *m* (für Wiederverkäufer)

yağlama Vs. zu **yağlamak;** ~ **cihazı** Ölvorrichtung *f*, Öler *m*, Schmierapparat *m* ~ **maddesi** Schmiermittel *n* ~ **yağı** Schmieröl *n*

yağlamak 1. einfetten, ölen, schmieren 2. mit Öl od. Fett beschmieren *od.* beschmutzen 3. *F* loben, preisen, rühmen; *pej.* *a.* schöntun; schmeicheln **yağlayıp ballamak** über den grünen Klee loben, in den höchsten Tönen preisen

yağlanmak 1. Pass. zu **yağlamak** 2. Fett ansetzen 3. sich einölen (z. B. Ringer bei **yağlı güreş**) 4. ölig (fettig, speckig) werden 5. *F* Gewinne erzielen; gut verdienen

yağlavı große Fettpfanne

yağlayıcı Öler, Schmierer *m*

yağlı 1. fett-, öl-haltig 2. *pr.* viel Fett od. Öl enthaltend, fett(-ig), ölig 3. mit Fett (Öl, Butter) beschmiert (bestrichen), eingefettet, (ein-)geölt 4. fettig, speckig (z. B. Rockkragen) 5. mit Fett od. Öl hergestellt (Speise) 6. dick, feist, rundlich, fett (z. B. Schaf) 7. einträglich, gewinnbringend, lohnend, rentabel, lukrativ 8. *V* reich, wohlhabend, gut zahlend ~ **ballı** ungezwungen, vertraut, intim *içlidışlı ~ **bez** s. **muşamba;** ~ **bitkiler** Ölpflanzen *pl.* ~ **çıra** harziges Kienholz ~ **çarık** *V* voller Beutel, volle Brieftasche ~ **direk** (mit Öl glitschig gemachter) Klettermast (bei Volksbelustigungen) ~ **ekmek böceği** s. **hanımböceği;** ~ **fener** Lampion *m*, *n* ~ **göte kuyruk bağlamak** *V* e–n Reichen geldlich unterstützen ~ **güreş** türk. Freistilringen *n*, bei dem der Körper mit Öl eingerieben wird ~ **kadife çiçeği** Kohl-, Gemüse-amarant *m* *bot.* Amarantus oleraceus ~ **kâğıt** Ölpapier *n*, wasserdichtes Packpapier ~ **kalem** Fett-, All-stift *m* ~ **kapı** gute Stelle, einträglicher Posten ~ **kapıya çatmak** e–e gute Stelle (ein einträgliches Amt) finden ~ **kol** e–e Ringertechnik bei **yağlı güreş** ~ **kömür** Fettkohle *f* ~ **kuyruk** 1. Fettschwanz *m* 2. *F* a) fetter Posten, einträgliche Stelle, melkende Kuh b) schwerreicher Mann 3. gute (Heirats-)Partie; Goldfisch *m* ~ **lokma** *fig.* fetter Bissen, unerwarteter Glücksfall ~ **madenkömürü** fette Steinkohle ~ **müşteri** *F* guter Kunde (e–s Geschäftes) ~ **taş** Speckstein *m* ~ **vernik** Ölfirnis *m*

yağlıboya 1. Ölfarbe *f* 2. Ölmalerei *f* 3. Ölfarbenanstrich *m* 4. mit Ölfarbe gestrichen 5. *V* Aufgepaßt! Vorsicht! ~ **bezi** Malerleinwand *f* *tual ~ **resim** Ölgemälde *n* ~ **ressamı** (Kunst-)Maler *m*

yağlık 1. Behälter *m* (für Butter, Öl, Fett usw.) 2. feines reichgesticktes Tuch (et. größer als ein Taschentuch; *urspr.* um sich Mund und Finger nach dem Essen abzuwischen)

yağlıkçı 1. Hersteller od. Verkäufer *m* der **yağlık** genannten Tücher 2. wer Braut-kleider, -schmuck usw. gegen Entgelt verleiht

yağma (I) Vs. zu **yağmak**

yağma (II) [×·] (Aus-)Plünderung *f*, (Aus-)Rauben *n* ~ **etmek** (aus-)plündern, (aus-)rauben ~ **gitmek** reißenden Absatz finden (Ware) ≗ **Hasan'ın böreği!** 1. Eine fette Beute! 2. Greif(-t) ordentlich zu! ≗ **yok.** (bes. als Ablehnung e–r ungehörigen Forderung) So etwas gibt es ja nun nicht, mein Lieber! Nichts da! Das schlag dir aus dem Kopf! ≗ **yok kapar da kaçar mısın.** Du kannst mich nicht hinters Licht führen. Das kannst du mir nicht weismachen. ≗**ya gidiyorlardı, harbe rast geldiler.** *Spr.* Man wollte (mühelos) plündern und wurde in e–n (erbitterten) Krieg verwickelt.

yağmacı [×··] Plünderer, Räuber *m;* s.a. **banka -sı**

yağmacılık Plünderung *f*, (Aus-)Plündern *n*, (Aus-)Rauben *n*

yağmager *va.* s. **yağmacı**

yağmak, (-ar) 1. regnen, schneien, hageln, graupeln 2. *fig.* nur so regnen (od. hageln), herunterprasseln, überschüttet (überhäuft, ganz eingedeckt) werden (mit) Zu 1: s. **Yağmur (Kar, Dolu) yağıyor.** Zu 2: **Üstümüze kurşun yağıyordu.** Wir kamen in e–n richtigen Kugelhagel. **Bugün mektuplar yağdı gene!** Heute hat es wieder einmal Briefe gehagelt! **Yağmasa da gürler!** *hum.* Etwas bringt er schon zustande!

yağmalamak s. **yağma etmek**

yağmur 1. Regen *m* 2. *fig.* Regen, Hagel *m*, Flut, Masse *f* Zu 2: s. **iltifat (itiraz, kurşun, taş) -u;** ~ **borusu** Regenabfallrohr *n* (am Haus) ≗ **boşanıyor.** Es gießt in Strömen. ~ **çağı** *geogr.* Pluvialzeit *f* ~ **duası** (Bitt-)Gebet *n* um Regen ≗ **durdu** (*od.* **kesildi**). Der Regen hat aufgehört. Es regnet nicht mehr. ~ **kervan çulluğu** Regenbrachvogel *m zo.* Numenius phaeopus ~ **mevsimi** Regenzeit *f* ≗ **olsa kimsenin tarlasına** (*od.* **düşmez**) 1. Er ist unglaublich knickerig. 2. Für niemand macht er einen Finger krumm. ~ **taşı** s. **yada taşı** (2); ~ **turpu** Raps *m bot.* Brassica napus *kolza ~ **yağarken küpünü doldurmak** *fig.* e–e günstige Gelegenheit ausnützen (um sich zu bereichern) ≗ **yağıyor.** Es regnet. ~ **yemek** in den Regen kommen (geraten) **-a tutulmak** (*od.* **yakalanmak**) von e–m Regenguß überrascht werden **-dan kaçıp** (*od.* **kaçarken**) **doluya tutulmak** *fig.* vom Regen in die Traufe kommen

yağmurca *P* s. **alageyik**

yağmurkuşağı, -nı s. **gökkuşağı**

yağmurkuşu, -nu Regenpfeifer *m zo.* Charadrius; s. a. **altın (gümüşî; kesik yakalı; yakalı büyük)** ~

yağmurlamak regnerisch werden, in Regenwetter umschlagen

yağmurlu regnerisch, Regen- ~ **hava** Regenwetter *n* ~ **gün** Regentag *m*

yağmurluk 1. Regenmantel *m* 2. Regen-Schutzbrett *n* über den Fenstern des vorspringenden Teiles e–s alttürk. Hauses

yağmurölçer s. **plüviyometre**

yağmursuz ohne Regen, regenlos

yağotu, -nu s. **semizotu** (2)

yağölçer Butyrometer *n* (Meßrohr zur Fettgehaltsbestimmung bei Butter u. Käse) *bütirometre

yağsız 1. kein Fett od. Öl enthaltend, fettlos, mager 2. nicht mit Fett od. Öl zubereitet 3. schmächtig (Person) ~ **madenkömürü** magere Steinkohle; Magerkohle *f*

yağtaşı, -nı Abziehstein *m* (zum Schleifen von Werkzeugen)

yahey [–·] Oh, wunderbar! Ja großartig!

yahni Ragout *n* (aus Fleisch od. Fisch mit Gemüse, Knoblauch und gerösteten Zwiebeln)

yahnilik 1. zur Herstellung von Ragout geeignet 2. *V* Einfaltspinsel *m; a.:* unerfahrener Spieler; Neuling, Gimpel *m*

yahşi *P* hübsch, schön, anmutig, gut, nett, angenehm ~ **yaman** s. **iyi kötü**

yahu [×·] 1. he! heda! holla! *hey, bana bak 2. *F* (*Verst.* e–r Frage, e–s Ausrufs, Vorwurfs, *gel. a.* e–r Bitte), denn, doch, nur, ja, aber, Herrschaft (noch mal), Donnerwetter zu 1: ≗**, neredesin?** He, wo steckst du denn? Zu 2: **Bu ne sıcak,** ~**!** Herrschaft, ist das e–e Hitze hier! ≗**, nerede kaldın?** Wo steckst du denn die ganze Zeit? ≗**, sen bunu hâlâ anlayamadın mı?** Hast du denn das noch immer nicht begriffen? **Ayıp** ~**!** Du sollst dich aber was schämen! Ja gehört sich denn so etwas? **Yapmayın** ~**!** Tut das doch nicht!

Yahuda [·––] **(İskaryot)** *n.pr.* Judas Ischariot (Bibel)

Yahudhane [–––·] *va.* s. **Yahudi mahallesi**

Yahudi 1. Jude *m*, Jüdin *f* 2. jüdisch 3. *fig.* ängstlich, furchtsam, feige ~ **aklı** *pej.* Gerissenheit, Verschlagenheit *f* ~ **Almancası** *ling.* Judendeutsch, Jiddisch(-e) *n* ~ **baklası** s. **acı bakla** (1); ~ **balığı** *P* s. **mezgit;** ~ **düşmanı (düşmanlığı)** s. **antisemitik; (antisemitizm);** ~ **İspanyolcası** *ling.* Spaniolisch(-e) *n* ~ **kalpağı** s. **yer kestanesi;** ~ **mahallesi** Judenviertel *n* ~ **menşeli** von jüdischer Abstammung ~ **meselesi** jüdische Frage, Judenproblem *n* ~ **mülteciler** jüdische Flüchtlinge *pl.* ~ **pazarlığı** jüdisches Handeln, hartnäckiges Feilschen ~ **tapınağı** Synagoge *f* *sinagog ≗ **züğürtleyince eski defterleri** (*od.* **hesapları**) **karıştırır.** *Spr.* Wenn ein Jude pleite geht, gräbt er längst erledigte Dinge wieder aus. (*a. spött.* über j–n, der sich früherer Erfolge od. ehemaligen Reichtums rühmt)

Yahudice [··×·] 1. nach jüdischer Art 2. jüdische Sprache: Hebräisch, Spaniolisch *bzw.* Jiddisch 3. in Hebräisch, Spaniolisch od. Jiddisch abgefaßt 4. das Hebräische, Spaniolische od. Jiddische betreffend

Yahudîleşmek 1. zum Juden werden 2. den jüdischen Religionsgebräuchen folgen

Yahudileştirmek verjuden

Yahudilik 1. jüdische Abstammung 2. jüdische Religion 3. Judentum *n* 4. jüdisches Benehmen od. Geschäftsgebahren *spez.* Knickerigkeit, Knauserigkeit *f*

yahudiotu, -nu s. **altın başak**

yahut [×·] 1. oder *veya 2. oder aber, oder besser

Yahya [×·] *n.pr.* 1. **(Vaftizci)** Johannes der Täufer (Bibel) 2. *mV*

Yahyalı *n.pr.* Städtchen u. D. im Rbz. Kayseri

yâi *va.* den Buchstaben **yâ** betreffend; vgl. **kâfı** ~

yak, -kı Jak, Grunzochse *m zo.* Bos grunniens *Tibet sığırı

yaka 1. Kragen *m* (bei Kleidungsstücken) 2. Fluß-, See-ufer *n* *sahil 3. *naut.* Seite, Saumkante *f* (e–s Segels) 4. abfallendes (abschüssiges) Gelände Zu 2: s. **karşı ~; Anadolu (Rumeli) -sı; İki -sı bir yere gelmez; ~ balinası** Kragenstäbchen *n* **~ bir tarafta paça bir tarafta** (*gel. a.* **~ paça bir taraf**) zerlumpt, abgerissen **~ devriği** Revers *n* (am Anzug) **~ halatı** *naut.* Liek *n* **~ ısırmak** 1. ganz verblüfft (verdutzt, betroffen) sein (und die Formel **Allah esirgesin!** aussprechen) 2. für unschicklich finden **~ paça** gewaltsam, unerbittlich, ohne auf j–s Einwände zu hören (**Adamı ~ paça götürdüler.** Man schleppte ihn gewaltsam fort. **~ paça etmek** 1. mit Gewalt fortschleppen, gewaltsam hinausexpedieren, hochkant hinauswerfen 2. *hum.* j–n „anschleifen" (mitbringen) **~ paça olmak** sich herumraufen, sich prügeln) **~ silkmek** (b–den; bşden) „den Rockaufschlag schütteln" (orient. Geste zum Zeichen, daß man mit e–r Person od. Sache nichts zu tun haben will od. ihrer überdrüssig ist) **~ yakaya gelmek** einander am Kragen packen, sich prügeln **-dan atmak** *fig.* abwimmeln, abschütteln, sich vom Hals schaffen (z.B. lästigen Menschen) **-dan geçirmek** an Kindes Statt annehmen, adoptieren *evlâtlığa kabul etmek **≗mı bırak!** Laß mich in Ruhe! **≗na tükür!** „Spuck schnell auf deinen Kragen!" (*scil.* damit dir bei deinem Hochmut nichts Böses passiert!) **-sı açılmadık** s. Stw. **açılmadık; -sı kesilmedik lakırdı** unvernünftiges Gerede **-sı yırtık** mit Kräuselhaaren am Hals od. an der Brust (Pferd) **-sına asılmak (sarılmak, yapışmak)** (b–nin) 1. befallen, überkommen (z.B. Müdigkeit) 2. sich j–n vornehmen, *F* vorknöpfen, j–n beim Kragen packen, Rechenschaft verlangen (von) **-sından atmak** (bşi) et. nicht übernehmen, sich drücken (von) **-sından** (*od.* **sını**) **tutmak** j–n zu fassen bekommen (z.B. säumigen Schuldner) **-sını bırakmamak** (b–nin) sich wie e–e Klette an j–n hängen, j–n nicht mehr loslassen **-sını kaptırmak** 1. s. **sakalı ele vermek** 2. nicht loskommen können (von); sich auf et. einlassen (z.B. Schulden machen) **-sını koy(u) vermek** von e–r weiteren Verfolgung Abstand nehmen **-sını kurtarmak** 1. (bşden) sich von et. freimachen, et. ablegen (z.B. schlechte Gewohnheit) 2. (b–nin elinden) j–m entwischen, entkommen **-sını sıyırmak** 1. (bşden) sich aus e–r Affäre ziehen, mit heiler Haut davonkommen (bei) 2. s. **-dan atmak; -ya almak (rüzgârı)** *naut.* anluven, näher an den Wind drehen **-ya kürk geçirmek** den Kragen mit Pelz besetzen **-yı açmak** ausschneiden (Damenkleid) **-yı ele vermek** 1. verhaftet (dingfest gemacht) werden 2. ertappt werden (z.B. bei e–r Lüge) **-yı kurtarmak** (*od.* **sıyırmak**) sich gerade noch retten können, glimpflich (*od.* mit einem blauen Auge) davonkommen

Yaka *n.pr. fr.* türk. Zigarettenmarke (mit schwarzem Papier und Goldmundstück)

yakacak Brennstoff *m*, Heizmaterial *n* *mahrukat **~ odun** Brennholz *n*

yakacı wer Kragen anfertigt od. verkauft

Yakacık *n.pr.* 1. Städtchen im D. Kartal (Rbz. Istanbul) (Sommerfrische) 2. ≗ e–e mittelgroße rötlich-schwärzliche Kirschenart **~ suyu** Name e–s sehr geschätzten Quellwassers

yakalama Vs. zu **yakalamak** *spez. jur.* (vorläufige) Festnahme *f* **~ müzekkeresi** *jur.* Haftbefehl, Steckbrief *m*

yakalamak 1. ergreifen, packen, fassen 2. zu fassen kriegen, erwischen, fangen; *F a.* finden, begegnen, treffen 3. verhaften, festnehmen *derdest etmek, tevkif etmek 4. überraschen (z.B. Regen) 5. ertappen (z.B. bei e–r Unwahrheit) 6. (ab-)bekommen (z.B. Schnupfen) 7. überkommen, befallen (z.B. Krankheit) 8. a) zufällig erfahren (z.B. Geheimnis) b) wahrnehmen (z.B. verräterisches Zublinzeln) 9. Rechenschaft fordern (von), verantwortlich machen, sich halten (an) Zu 9: **Ben başkasını değil, seni yakalarım.** Ich fordere nicht von jemand anderen Rechenschaft, sondern von dir.

yakalanmak Pass. zu **yakalamak; İşte yakalanacak bir nokta.** Das ist ein Punkt, auf den man näher eingehen muß.

yakalı mit (nb.) **yaka; ~ agama** Kragenechse *f zo.* Chlamydosaurus Kingii **~ büyük yağmurkuşu** Flußregenpfeifer *m zo.* Charadrius dubius **~ tembelhayvan** Kragenfaultier *n zo.* Bradypus torquatus

yakalık 1. zur Herstellung von Kragen bestimmt (geeignet) (Stoff) 2. (abknöpfbarer) Hemdkragen 3. *fr.* der lang auf den Rücken herabfallende Kragen e–r **ferace**

yakalıklı mit Kragen

yakamoz Aufleuchten *n* des Meeres zur Nachtzeit (durch Fische, Ruderschläge usw.) **~ olmak** *V* erwischt (geschnappt, gefaßt) werden **~ yapmak** s. **yakamozlanmak**

yakamozlanmak zur Nachtzeit aufleuchten (Meer)

yakarca *dial.* s. **tatarcık**

yakarı; yakarış inständige Bitte; Flehen, Stoßgebet *n*

yakarışlı flehentlich, inständig

yakarmak (m. Dat.) 1. sich in j–s Schutz flüchten, bei j–m Schutz (Zuflucht) suchen, sich flüchten (zu) 2. inständig bitten, anflehen *yalvarmak

yakaza *va.* 1. Wachsein, Wachen *n* 2. Wachsamkeit *f* *(1, 2) uyanıklık

yakı 1. Ätzmittel *n* 2. (Zug-)Pflaster *n* **~ açmak** 1. ein Ätzmittel anwenden 2. ein Zugpflaster auflegen **~ ağacı** s. **kurtbağrı** (2); **~ sineği** s. **kuduzböceği; ~ yakmak** (ab-)ätzen **~ yapıştırmak** (*od.* **vurmak**) (ein (Zug-)Pflaster auflegen

yakıcı 1. brennend, sengend, beißend, scharf 2. *chem.* ätzend, kaustisch *muhrik 3. wer (Zug-)Pflaster herstellt od. verkauft 4. wirksam, nachhaltig **~ düğünçiçeği** scharfer Hahnenfuß *bot.* Ranunculus acer **~ kapsüller** Nesselkapseln *pl.* (bei Hohltieren) **~ orman asması** s. **kokulu filbahar; ~ potas** *chem.* Ätzkali *m*

yakıcılık Brennen *n*, Glut *f* (z.B. der Sonne)

yakılmak 1. Pass. zu **yakmak** 2. s. **yanıp ~; yakılacak ispirto** Brennspiritus *m* **yakılmış yağ** zerlassenes Fett, braune Butter

yakın 1. (räumlich od. zeitlich) nahe, nahe gelegen, nahe liegend 2. *fig.* nahekommend, ganz ähnlich, fast, beinahe, nahezu 3. *fig.* naheliegend (z.B. Möglichkeit) 4. *fig.* nahestehend 5. Nähe, Nachbarschaft *f* 6. naher Angehöriger, Verwandter Zu 1: **akşama ~ bir saatte** zur Abendzeit, gegen Abend Zu 2: **Buna ~ bir söz söyledi.** So ähnlich hat er sich ausgedrückt. **beyaza ~ bir renk** e–e weißliche Farbe **elli milyona ~ bir servet** ein Vermögen von nahezu 50 Millionen **yirmiye ~ ev** an die zwanzig Häuser Zu 3: **~ bir ihtimal** e–e naheliegende Möglichkeit Zu 4: s. **~ akraba; cana ~** Zu 5: **evimizin -ında** in der Nähe unseres Hauses, nahe bei unserem Haus **≗ımızda otururlar.** Sie wohnen ganz in unserer Nähe. **bu -larda** in der letzten Zeit, vor kurzem Zu 6: **Arkadaşımız Adil ve -larına başsağlar dileriz.** Unserem lieben Kollegen Adil sowie seinen (werten) Angehörigen sprechen wir unser aufrichtiges Beileid aus. **≗larından kimse kalmadı.** Von seinen Angehörigen ist niemand mehr am Leben. **~ akraba** 1. nahe Verwandte *m, f* 2. nahe Verwandte *pl.* **~ amir** *mil.* unmittelbarer Vorgesetzter **~ anlamlı** sinnverwandt (Wörter) **~ benzeşme** *ling.* Nahassimilation *f* **~ benzeşmezlik** *ling.* Dissimilation, Differenzierung *f* (z.B. **muşamba < muşamma**); **~ bölüm** *geol.* Pleistozän *n* **~**

dost naher (intimer) Freund ~ **gezegen** s. **içgezegen;** ~ **görmez** s. **hipermetrop** (*bzw.* **presbit**); ~ **görmezlik** s. **hipermetropi** (*bzw.* **presbitlik**); ~ **gözetleme** *mil.* Nahbeobachtung *f* ~ **keşif** *mil.* Nahaufklärung *f* ~ **keşif uçağı** *mil.* Nahaufklärer *m* ~ **muharebe** (*od.* **savaş**) *mil.* Nahkampf *m* ~ **muharebe** (*od.* **savaş**) **silâhı** Nahkampfwaffe *f* ~ **olan** *zo.* proximal ~ **yakına** ganz nahe beieinander; nach der Körpermitte zu gelegen *proksimal ~ **yurt** *päd.* die nähere Umgebung (e–s Kindes) ~ **zamanda** vor nicht langer Zeit, unlängst **-a gelmek** nahe herankommen, nahekommen **-a getirmek** 1. (an-)nähern, nahe (*od.* näher) bringen 2. vergrößern (Fernrohr) **-da** 1. in der Nähe, nahe 2. demnächst, bald, in Kürze 3. vor kurzem, in den letzten Tagen, neuerdings, neu (Zu 1: **ºda mı oturuyorsunuz?** Wohnen Sie hier in der Nähe? Zu 2: **ºda görüşürüz.** Wir sprechen uns bald. Zu 3: **ºda mı geldiniz?** Sind Sie neu gekommen?) **-dan** aus der Nähe, aus nächster Entfernung, von ganz nahe **-dan alâkadar olmak** sich stark interessieren, lebhaft interessiert sein **-dan bilmek** aus unmittelbarer Anschauung kennen, genau wissen **-dan tanımak** 1. genau (*od.* gut) kennen 2. aus unmittelbarer Anschauung kennenlernen **-ına düşmek** (b–nin) in j–s Nähe zu sitzen kommen **-lara kadar** bis vor kurzem **-larda** 1. in der letzten Zeit 2. in der Nähe 3. in naher Zukunft (Zu 1: **Bu -larda onu hiç görmedim.** In der letzten Zeit habe ich ihn überhaupt nicht gesehen. Zu 2: **ºlarda lokanta var mı?** Ist hier in der Nähe ein Restaurant?)

yakınan s. **müşteki, şikâyetçi**

yakınca(-cık) recht nahe, ganz nahe

yakınçağ Neuzeit; neueste Zeit (ab 1789)

yakındaş *(Neol.)* s. **akraba**

Yakın-Doğu Naher Osten, Vorderer Orient *Şarkı Karip

yakınlaşma Annäherung *f* ~ **teşebbüsü** Annäherungsversuch *m*

yakınlaşmak 1. näher kommen, herankommen, sich nähern 2. *fig.* engere Fühlung nehmen, sich näherkommen

yakınlaştırmak 1. annähern, näher kommen lassen, sich nähern lassen 2. *fig.* näherbringen, engere Fühlung gewinnen lassen

yakınlık 1. Nahe-Sein *n*, Nähe *f* 2. Verwandtschaft *f* ~ **duymak** 1. (b–ne karşı) j–n sympathisch finden 2. (bşe karşı) et. ansprechend finden ~ **eylemi** s. **yaklaşma fiili (eylemi);** ~ **göstermek** *fig.* sich aufgeschlossen zeigen, Anteil nehmen, mitempfinden

yakınma Vs. zu **yakınmak;** s. **şikâyet**

yakınmak (I) klagen, sich beklagen, sich beschweren *şikâyet etmek

yakınmak (II) et. an e–r Körperstelle anbringen, auftragen

yakınsak *math., phys.* konvergent, konvergierend *mütekarip

yakınsaklık; yakınsama *math., phys.* Konvergenz *f* *mütekariplik, tekarüp

yakınsamak 1. et. für nahe halten, mit dem Eintritt e–s Ereignisses für die nächste Zeit rechnen 2. konvergieren

Yakın-Şark s. **Yakın-Doğu**

yakıotu, -nu Weidenröschen *n bot.* Epilobium (angustifolium u.a.) *mera gülü; mukaddes defne; s.a. **bataklık (dağ, kıllı)** ~

yakışık 1. Angemessensein, Passendsein, Entsprechen *n*, Schicklichkeit *f* 2. gutes Aussehen; Schönheit *f* ~ **alan** passend, geziemend, entsprechend, schicklich, anständig ~ **almayan** unpassend, unziemlich, unschön, unschicklich, unanständig ~ **almak** sich passen, sich ziemen, sich gehören, sich schicken, in der Ordnung sein

yakışıklı 1. passend, geziemend, schicklich, anständig 2. (nur in bezug auf Männer) gut aussehend, von angenehmer (guter) Erscheinung, stattlich, ansehnlich

yakışıksız 1. unpassend, unziemlich, ungehörig, unschicklich, unanständig 2. keine gute Erscheinung machend (Person)

yakışıksızlık 1. unpassendes Benehmen; Unziemlichkeit, Ungehörigkeit *f* 2. wenig ansprechende Erscheinung (e–r Person)

yakışmak (m. Dat.) 1. passen, entsprechen, angemessen sein, sich ziemen, sich schicken, sich gehören 2. gut stehen, kleidsam sein, sich gut ausnehmen *(1, 2) yaraşmak Zu 1: **Bu gibi sözler bir delikanlıya yakışmaz.** Solche Reden schicken sich nicht für e–n jungen Mann. Zu 2: **Resim bu odaya yakıştı.** Das Bild hat gut zu dem Zimmer gepaßt. **O şapka size yakışmaz.** Der Hut steht Ihnen nicht.

yakıştırma lautliche od. begriffliche Parallelität (z.B. in Sprichwörtern wie: **Azıcık aşım kaygısız başım.**)

yakıştırmaca willkürliche Interpretation *od.* wilde Erfindung

yakıştırmak 1. Kaus. zu **yakışmak** 2. et. von j–m erwarten; passend finden (zu der Vorstellung, die man von j–m hat) 3. *Ch.* hinuntergießen (Alkohol) Zu 1: **Giydiğini yakıştırır.** Er zieht sich gut an. **yakıştırıp takıştırmak** verschönern, zieren, schmücken Zu 2: **Bunu ona yakıştıramadım.** Das hätte ich nicht von ihm erwartet. **Bu rivayetlerin ikisi de yakıştırma kabilinden görünürse de ...** Wenngleich beide Versionen et. für sich haben ...

yakıt Brennstoff *m*, Heizmaterial *n* *mahrukat, yakacak ~ **ikmali** Auftanken *n* (z.B. e–s Flugzeugs) ~ **kartı** s. **benzin tiketi;** ~ **motörü** *techn.* Verbrennungsmotor *m*

yakıtlı mit Brennstoff (ausgestattet, betrieben usw.)

yakin [·–] Gewißheit, Sicherheit *f*, sicheres Wissen *teyakkun, kesin bilgi

yakinen [·×·] *Adv.* mit Sicherheit (Bestimmtheit), sicher, bestimmt (wissen)

yakinî [·––] *va.* 1. mit Sicherheit anzunehmen 2. bestimmt, genau, positiv

yakiniyat, -tı [·–·–] *va. Pl.* positive Wissenschaften *pl.*

yaklaşık ungefähr, rund, approximativ, Näherungs- *takribî ~ **bir hesap** e–e runde Rechnung ~ **bir sayı** e–e runde Zahl ~ **değer** *math.* Näherungswert *m* *kıymeti takribiye ~ **olarak** annähernd, etwa, ungefähr

yaklaşıklık *math.* Approximation *f*

yaklaşım Annäherung *f*

yaklaşma Vs. zu **yaklaşmak** 1. Näher-, Heran-kommen *n*, Herannahen *n*, Annäherung *f* 2. *mil.* Anmarsch *m* ~ **fiili** (*od.* ~ **eylemi**) *gr.* approximatives Verbum (z.B. **düşeyazmak, kırılayazmak**) *fiili mukarebe, fiili takribî ~ **görünüm** *ling.* Aspekt *m* des unmittelbaren Bevorstehens; Approximativum *n* (z.B. **Tren geldi gelecek.** Der Zug wird jeden Augenblick kommen.) ~ **hendeği** *mil.* Annäherungsgraben *m* ~ **imkânı** *mil.* Annäherungsmöglichkeit *f* ~ **istikameti** *mil.* Anmarschrichtung *f* ~ **yolları** *mil.* Anmarschstraßen *pl.*

yaklaşmak 1. (räumlich od. zeitlich) näher kommen, sich nähern, heran-kommen, -nahen 2. ähneln

yaklaştırıcı (kas) *an.* Adduktor, Anziehmuskel *m* *adüktör

yaklaştırım *math.* Approximation *f* *takribiyet

yaklaştırma 1. s. **yaklaştırım** 2. annähernd, approximativ *takribî ~ **usulü** Nährungsverfahren *n*

yaklaştırmaca annähernd, approximativ, ungefähr *takribî

yaklaştırmak 1. annähern, näher kommen lassen, herankommen lassen, nahe (*od.* näher) bringen 2. *fig.* einander näherbringen, engere Fühlung gewinnen lassen 3. ähneln lassen Zu 1: **piyadeyi düşmana** ~ *mil.* die Infanterie näher an den Feind heranführen **ihtiyatı** ~ *mil.* Reserve heranziehen

yakma Vs. zu **yakmak;** ~ **resim** Brandmalerei *f* *pirogravür ~ **yağı** Heizöl *n*

yakmaç s. **brülör**

yakmak (I), **(-ar)** 1. verbrennen 2. anbrennen lassen 3. ver-, ab-sengen (z.B. Haare e–s Fells) 4. vernichten (z.B. Frost die Saaten), umbringen 5. zerfressen (z.B. Säure e–n Stoff) 6. bräunen, braun werden lassen 7. ätzen 8. beizen 9. brennen (auf der Haut, z.B. Sonne; auf der Zunge, im Magen usw.) 10. anzünden, anstecken 11. andrehen, anschalten 12. verliebt machen 13. durchprügeln 14. prellen, betrügen, begaunern 15. schießen Zu 1: **çöpleri** ~ den Abfall verbrennen **elini** ~ sich die Hand verbrennen; s.a. *fig.* **başını ateşe** ~; **can (canını)** ~ Zu 2: s. **yemeği** ~ Zu 4: **Soğuk ekinleri yaktı.** Der Frost hat die Saat vernichtet. Zu 5: **Boya, kumaşı yaktı.** Die Farbe hat den Stoff zerfressen. Zu 6: **güneşsiz yakan ilâç** das Bräunungsmittel, das ohne Sonnenbestrahlung wirkt Zu 9: **Biber ağzı yakar.** Pfeffer brennt im Mund. s.a. **mideyi** ~ Zu 10: s. **lambayı (ocağı, sobayı)** ~; **bir sigara** ~ sich e–e Zigarette anzünden Zu 11: s. **elektriği** ~ Zu 12: s. **abayı** ~ Zu 13: s. **götünü** ~ Zu 14: **Hain dolandırıcı beni yaktı!** Der elende Gauner hat mich ordentlich hereingelegt! Zu 15: **Yaklaşma yakarım!** Halt oder ich schieße! **yakıp yıkmak** völlig ausrotten, mit Stumpf und Stiel vernichten

yakmak (II), **(-ar)** 1. anbringen, auflegen 2. dichten, komponieren, vertonen Zu 1: s. **kına (yakı)** ~ Zu 2: s. **türkü** ~

yakşi s. **yahşi**

Yakubî [– – –] Jakobit *m* (Anhänger e–r christl. Sekte im Irak)

Yakup, -bu [– –] *n.pr.* 1. Jakob (Bibel) 2. *mV* ~ **çiçeği** Jakobsblume *f bot.* Jacobaea ~ **otu** s. **kanarya otu** (1); ~ **zambağı** Jakobslilie *f bot.* Sprekelia formosissima

yakut, -tu [– ·] Rubin *m*

Yakut, -tu 1. Jakute *m*, Jakutin *f* 2. jakutisch

Yakutça *ling.* Jakutisch(-e) *n*

Yakutistan *n.pr.* Jakutien (nordöstl. Sibirien)

yakzan [· –] *va.* s. **uyanık**

yal (I) *dial.* Fressen *n* für den (Hirten-)Hund

yal (II) [–] *va.* 1. Genick *n* 2. Widerrist *m* od. Mähne *f* (des Pferdes) 3. Kraft, Stärke *f*

yalabık *P* 1. glänzend, leuchtend *parlak, parıltılı 2. Glanz *m*, Leuchten *n* *parlaklık, parıltı 3. züngelnde Flamme 4. Blitz *m* *şimşek

yalabımak *P* glänzen, leuchten, strahlen *parlamak, parıldamak

yaladerma (balığı) Gabelmakrele *f*, Bläuel *m zo.* Lichia glauca

yalak, -ağı 1. Trog *m*, Tränke *f* 2. (Brunnen-)Becken *n* 3. *geol.* rundliche Mulde an e–m Gebirgshang 4. *V* s. **oğlan** (4) Zu 3: s. **buz yalağı**

yalama 1. Vs. zu **yalamak** 2. *med.* Faulwinkel *m* 3. ausgeleiert (z.B. Gewinde) 4. Sepia-, Wasserfarben-, Tusch- (z.B. Zeichnung) 5. *V* betrügerisches Kennzeichnen von schmutzigen Spielkaten (die an e–r Stelle saubergerieben werden) 6. *fr.* wer den Feuerwehrleuten **(tulumbacılar)** mit e–r Laterne den Weg zur Brandstelle zeigte ~ **olmak** *F* unempfindlich werden; abstumpfen ~ **yapmak** tuschen; e–e Tuschzeichnung anfertigen ~ **yazı** s. **peneplen**

yalamacı *V* vor Ergebenheit triefend, würdeloser Schmeichler

yalamak 1. (auf-, ab-, aus-)lecken 2. *mil.* bestreichen (mit Feuer) 3. lecken, züngeln (Flammen) 4. streifen (z.B. Kugel den Arm) 5. schlagen (Wellen) **yalayıp yutmak** 1. mit Appetit verzehren 2. *F* sich et. gefallen lassen; et. einstecken; (stillschweigend) hinunterschlucken

yalamuk *dial.* 1. s. **soymuk** 2. süßer Kiefernsaft

yalan 1. Lüge *f* 2. *Adj.* falsch, unwahr, unrichtig 3. *bot.* unecht ~ **abanoz ağacı** Goldregen *m bot.* Laburnum anagyroides ~ **akağaç** Bergahorn *m bot.* Acer pseudoplatanus ~ **atmak** (*od.* **savurmak**) das Blaue vom Himmel herunterlügen ~ **beyan** *jur.* falsche Aussage ~ **çıkarmak** e–e Lüge in die Welt setzen, Lügen ausstreuen ~ **çıkmak** sich als unwahr (unrichtig) herausstellen ~ **dolan** Lug und Trug; Schwindeleien *pl.* ~ **dünya** *P* s. **yalancı dünya;** ~ **haber** falsche Zeitungsmeldung; „Ente" *f* ~ **karanfil çiçeği** Lichtnelke *f bot.* Lychnis ~ **kıvırmak** *F* Lügen auftischen ~ **makinesi** Lügendetektor *m* ~ **söylemek** 1. lügen 2. *V* trotz gefälschter Würfel nicht die gewünschte Augenzahl erhalten ≗ **söyleyen unutkan olmamalı.** *Spr.* Ein Lügner muß ein gutes Gedächtnis haben. ~ **veba** s. **kuş vebası;** ~ **yanlış** völlig falsch (unrichtig, verkehrt) (**Türkiye'ye dair** ~ **yanlış haberler** von Fehlern strotzende Nachrichten *pl.* über die Türkei ≗ **yanlış bir şeyler yazmış.** Er hat einfach etwas zusammengeschmiert. ≗ **yanlış bir iki dil biliyor.** Er kennt ein paar Sprachen mehr schlecht als recht.) ~ **yere şahadet** (*od.* **tanıklık**) *jur.* falsches Zeugnis, falsche Zeugenaussage ~ **yere yemin** Mein-, Falsch-eid *m* ~ **yere yemin etmek** e–n Meineid schwören ~ **yutmak** sich e–n Bären aufbinden lassen, sich düpieren lassen ~ **yutturmak** (b–ne) j–m e–n Bären aufbinden **-a sapmak** sich aufs Lügen verlegen **-a şerbetli** lügnerisch, verlogen (Person) **-dan** s. ges. Stw. ≗ **dinlemek, söylemekten daha güçtür.** *Spr.* Lügen anhören zu müssen, ist schwerer, als solche selber auszusprechen. ≗**ın bini bir paraya (onda).** Er lügt wie gedruckt. **-ını çıkarmak** (b–nin) j–n Lügen strafen **-ını tutmak** (*od.* **yakalamak**) (b–nin) j–n auf e–r Lüge ertappen

yalancı 1. lügnerisch, verlogen; Lügner(-in *f*) *m* 2. nachgemacht, imitiert, unecht 3. trügerisch 4. Pseudo-, Schein- Zu 3: ~ **bir emniyet havası ile uyumuşlarken ...** Während sie sich in trügerischer Sicherheit wiegten ... ~ **akasya** gemeine Robinie, Scheinakazie *f bot.* Robinia pseudoacacia *ak salkım, beyaz çiçekli akasya, salkım ağaçı, salkım çiçekli ağaç ~ **altın mantar** Fliegenpilz *m bot.* Amanita muscaria ~ **asalak(-lık)** Pseudoparasit(-ismus) *m* ~ **ayak** (*od.* ~ **bacak**) *biol.* Pseudopodium, Scheinfüßchen *n* (mancher Einzeller) *ricli kâzip ~ **baca** s. **takma baca;** ~ **bağırganlar** unechte Schreivögel *pl. zo.* Subclamatores ~ **biber ağacı** s. ~ **karabiber;** ~ **biçimli** *geol.* pseudomorph ~ **cep** blinde Tasche ~ **çıkarmak** 1. j–n entlarven, Lügen strafen 2. j–n der Lüge bezichtigen 3. (ungewollt) Ursache oder Veranlassung sein, daß jm. als Lügner angesehen wird ~ **çıkmak** als Lügner dastehen ~ **çınarımsı akçaağaç** Bergahorn *m bot.* Acer pseudoplatanus ~ **çivit ağacı** Bastardindigo *m bot.* Amorpha fruticosa (Zierstrauch) ~ **delibaş** *vet.* falsche Drehkrankheit ~ **dolma** mit Reis (aber ohne Fleisch) farcierte Weinbeerblätter in Olivenöl ~ **dünya** trügerische, vergängliche Welt ~ **güneş** Nebensonne *f* ~ **inci** unechte (imitierte) Perle ~ **jalapa** s. **gecesefa(-sı)** (2); ~ **kanıtı** *log.* Trugschluß *m* Sophisma *n* ~ **karabiber** peruanischer Pfefferbaum *bot.* Schinus molle *Peru biberi (auch in Anatolien angepflanzt) ~ **kemer** s. **kör kemer;** ~ **kendir** Bastardhanf *m bot.* Datisca cannabina ≗ **kim? İşittiğini söyleyen.** *Spr.* Wer einfach nacherzählt, was er von anderen gehört hat, steht oft selbst als Lügner da. ~ **krup** *med.* Pseudokrupp *m* ~ **kuş kirazı** s. **mahlep;** ~ **melez** Goldlärche *f bot.* Pseudolarix amabilis *Çin altın melez ~ **mermer** s. **ustuka;** ~ **meyve** *bot.* Scheinfrucht *f* *semeri kâzip ~ **odun** Splintholz *n* ~ **ödağacı** s. **kalembek** (2); ~

ötücüler unechte Singvögel *pl.* *zo.* Suboscines ~ **pehlivan (gibi)** 1. Prahlhans, Windbeutel *m* 2. wer et. vortäuscht; Esel *m* in der Löwenhaut ~ **ravent** Wiesenraute *f bot.* Thalictrum (flavum u.a.) ~ **safran** Färberdistel *f*, Saflor *m bot.* Carthamus tinctorius *asfur, aspur, papağanyemi ~ **servi** s. **yer servisi;** ~ **sinameki** baumförmiger Blasenstrauch *bot.* Colutea arborescens *patlangaç çalısı sinayı kâzip ağacı ~ **sinikanatlılar** *zo.* Pseudoneuropteren, Urflügler *pl.* *kâzip asabîyülcenah ~ **şahit** falscher Zeuge ~ **şahitlik yapmak** (b—nin aleyhinde) falsches Zeugnis ablegen (gegen) ~ **şemsiye** Dolden-Schirmtraube *f bot.* Corimbus *koremb ~ **tırtıl** Afterraupe *f* (Raupe der Blattwespen) ~ **yasemin** Wilder Jasmin; Pfeifenstrauch *m bot.* Philadelphus coronarius *filbahri **≗nın evi yanmış da kimse inanmamış!** *Spr.* Wer einmal lügt, dem glaubt man nicht, und wenn er auch die Wahrheit spricht. *Spr.* **≗ mumu yatsıya kadar yanar.** *Spr.* Lügen haben kurze Beine. *Spr.* **-sı olmak** (b—nin) et. Falsches, was man von j—m gehört hat, gutgläubig weitererzählen

yalancıktan *Adv.* zum Schein, nur dem Schein nach, nicht ernstlich, nur im Spaß

yalancılık 1. Lügenhaftigkeit, Verlogenheit *f* 2. Lügen *n*, Lüge(-n *pl.*) *f* Zu 2: **-la ittiham etmek** j—n der Lüge bezichtigen (zeihen) **≗la iş görülmez.** Mit Lügen kommt man nicht weiter.

yalandan 1. nicht im Ernst, nicht ernstgemeint 2. fingiert, fiktiv, erdichtet, falsch, simuliert, vorgetäuscht 3. nur zum Schein, oberflächlich, improvisiert, obenhin, nicht gründlich Zu 1: ~ **söylemek** nicht im Ernst meinen (was man sagt) Zu 2: **İşine gitmemek için ~ hasta haberi verdi.** Um nicht zum Dienst gehen zu müssen, entschuldigte er sich als angeblich krank. Zu 3: ~ **süpürmek** oberflächlich zusammenkehren ~ **topallamak** Lahmheit simulieren; so tun, als ob man hinken müßte ~ **sofu** Frömmler, Mucker *m*, Scheinheiliger Zu 3: **≗ bir takım evler yapıldı.** Man stellte ein paar improvisierte Häuser hin. Man errichtete ein Potemkin'sches Dorf.

yalankoz s. **kanatlı ceviz**

yalanlamak dementieren, für unrichtig erklären *tekzip etmek

yalanmak 1. Pass. zu **yalamak** 2. sich lecken (z. B. Katze) 3. *F* e—n (kleineren) Gewinn machen, ein wenig profitieren Zu 1: **Tabak hiç yalanır mı?** Leckt man etwa e—n Teller aus? Zu 2: **Kedi yalanıyor.** Die Katze leckt sich (putzt sich).

yalap yalap s. **parıl parıl**

yalaşmak s. **kan** ~

yalav 1. züngelnde Flamme 2. Wimpel *m* (an e—r Lanze od. e—m Schiffsmast)

yalavaç s. **yalvaç**

yalayıcı leckend ~ **ateş** *mil.* rasantes Feuer, Streichfeuer *n*

yalaz(-a) Flamme *f* *alev

yalazlanmak aufflammen, auflodern

yalçın 1. kahl und unfruchtbar 2. unbewachsen und steil aufragend, schroff (z. B. Felsen) 3. **≗** *türk. Fn, mV*

yaldırak *P* glänzend, strahlend

yaldız 1. Goldstaub *m*, Baltt-gold, -silber *n* 2. Vergoldung, Versilberung *f* Dublee *n* 3. *fig.* Firnis, Schein *m*, Maske *f* Zu 3: **Onun kibarlığı, -dan ibarettir.** Seine Vornehmheit ist nur Firnis (Maske). **Bu hadise, -ını sıyırdı.** Dieses Ereignis hat ihn entlarvt. ~ **altını** *va.* 1. reines Gold 2. Venezianer Dukaten *m*

yaldızcı 1. wer et. dubliert; Vergolder, Versilberer *m* 2. *fig.* wer bei seiner Tätigkeit nicht auf Solidität, sondern nur auf äußeren Schein Wert legt; Blender *m*

yaldızcılık 1. Tätigkeit *f* e—s Vergolders, Versilberers; Dublieren *n* 2. *fig.* in die Augen stechende, aber wertlose Arbeit

yaldızlamak 1. vergolden, dublieren, mit Gold od. Silber überziehen (od. verzieren) 2. *fig.* mit viel Aufmachung versehen (um über die innere Wertlosigkeit hinwegzutäuschen)

yaldızlı 1. vergoldet, dubliert, mit Gold od. Silber überzogen (od. verziert) 2. *fig.* mit leerer äußerer Aufmachung, mit viel Blendwerk, trügerisch ~ **hap** *fig.* 1. Köder *m*, Lockspeise *f* 2. *fig.* verzuckerte Pille ~ **kurt** s. **çakal;** ~ **söz** glänzend formuliert, aber inhaltlich wertloser Ausspruch ~ **pisibalığı** Scholle *f*, Goldbutt *m zo.* Pleuronactes platessa ~ **vaatler** trügerische Versprechungen *pl.* ~ **yağmurkuşu** s. **altın yağmurkuşu**

yalelli [—×·] (in Füg. wie:) ~ **gibi** *od.* **Arabın -si gibi** immer das gleiche Lied; ewige Leier

yalgın *dial.* 1. Fata Morgana *f*, Luftspiegelung *f* in der Wüste *serap, ılgım 2. s. **alev**

yalı 1. (flaches) Ufer; Strand *m*, Küste *f* 2. Sommerhaus *n* am Strand; Strandvilla *f* ~ **ağası** *hist.* für den Küstenschutz verantwortlicher mil. Befehlshaber ~ **boyu** Gestade *n*, Meeresstrand *m* ~ **boyunca gitmek** den Strand entlanggehen ~ **çamı** s. **sahil çamı;** ~ **kazığı (gibi)** (spött. Bez. für bes. große Personen *spez.* Frauen) reine Hopfenstange, lange Latte ~ **kazığı gibi dikilip durmak** *F* untätig herumstehen ~ **kütüğü** *naut.* Wassergang *m*, Leibholz *n* ~ **mevsimi** Sommer *m* ~ **uşağı** 1. am Meer geboren und aufgewachsen 2. *selt.* Diener *m* in e—r Strandvilla

-(y)alı, -(y)eli seitdem (Konj.) **geleli** *od.* **geleliden beri** (*od. selt.* **geleli beri** *od. z. va.* **geleliden**) seitdem ... gekommen ist **oldum olalı** seitdem ich am Leben bin; meiner Lebtag **onu görmeyeli** seitdem ich ihn nicht mehr gesehen habe

yalıçapkını, -nı s. **iskelekuşu**

yalım 1. Flamme *f* *alev 2. Schneide *f* (e—s Messers, Schwertes usw.) 3. Stufe *f*, Rang, Grad *m* *derece, mertebe 4. Besonnenheit *f*, Ernst *m*, Würde *f* *ağırbaşlılık, vakar 5. Ansehen *n*, Achtung, Wertschätzung, Vertrauenswürdigkeit *f* *itibar 6. Abstammung *f*, Ursprung *m* 7. Veranlagung *f*, Charakter *m* 8. steiler Felsabhang **-ı alçak** 1. *fig.* moralisch minderwertig, charakterlich tiefstehend, niedrig denkend 2. demütig (bescheiden, klein) geworden

yalımlı 1. geachtet, angesehen 2. ernst, besonnen, würdig

yalımsız 1. verächtlich, gering, wertlos *hakir, değersiz 2. ohne den nötigen Ernst, ohne Würde und Gemessenheit, ohne Ehrgefühl, würdelos *vakarsız, onursuz

yalın (I) 1. Flamme *f* *alev 2. Glanz *m*, Leuchten *n*

yalın (II) 1. einfach, ohne Beimischung, rein *sade 2. nüchtern, schmucklos (Worte, Stil) 3. *P* nackt, bloß *çıplak, uryan ~ **ad** (*od.* ~ **isim**) *gr.* einfaches Sb. im Casus rectus (z. B. **el, kol**); ~ **belirteç** (*od.* ~ **zarf**) *gr.* einfaches Adverb (z. B. **en, pek**); ~**boya** dünner Farbanstrich ~ **cümle** (*od.* ~ **tümce**) *gr.* einfacher Satz *basit cümle ~ **durum** (*od.* ~ **hal**) *gr.* Nominativ, Casus rectus *mücerret hal ~ **güzellik** schlichte Schönheit ~ **ova** *geogr.* Hammada *f* (durch Deflation entstandene Stein- u. Felsen-wüste) ~ **önerme** log. assertorisches Urteil *mutlakai amme ~ **üslup** vorwiegend abstrakter, gedanklicher Stil ~ **yankı** einfaches Echo

yalınayak barbuß, mit bloßen Füßen ~ **başıkabak** 1. barfuß und ohne Kopfbedeckung 2. *fig.* abgerissen, zerlumpt, heruntergekommen

yalınca(-k) *dial.* 1. s. **çırılçıplak** 2. mutterseelenallein 3. arm wie e—e Kirchenmaus

yalınç 1. nicht zusammengesetzt 2. *fig.* einfach (zu verstehen, zu lösen) *basit

yalınçlık Einfachheit *f* *besatet

yalındişli Biberhörnchen *n zo.* Aplodontia rufa (Nordamerika)
yalıngaç *P* mit aufplatzender und sich abblätternder Rinde (z.B. Platane)
yalıngöz 1. ohne Augenlider 2. Name e–r Eidechsenart
yalınız s. **yalnız**
yalınkat, -tı 1. einzelne (od. einzige) Schicht, einschichtig 2. *fig.* nicht fest (solid, haltbar, dauerhaft) *dayanıksız 3. nicht gefüllt (Blume)
yalınkılıç mit dem blanken Schwert in der Hand
yalınlamak (I) s. **alevlenmek**
yalınlamak (II) von den verschiedenen Eigenschaften e–r Person od. Sache nur e–e bestimmte betrachten od. untersuchen
yalıtkan *phys.* isolierend; Isolator, Nichtleiter *m* *izolatör, mücerrit ~ **şerit** s. **izolebant**
yalıtkanlık *phys.* Isolierung *f* *izolasyon
yalıtma kusuru *techn.* mangelhafte Isolierung
yalıtmak *phys.* isolieren *tecrit etmek
yalıyar s. **falez**
yalız glatt *emles, melsa ~ **kas** *an.* glatter Muskel *adalei mesla
yallah [×·] voran! los! vorwärts! auf! ≗ **sofraya!** Los, setzen wir uns an den Tisch! ≗ **sokağa!** Vorwärts jetzt! Wir wollen hinausgehen!
yalman 1. geneigt, schräg, schief *mail 2. steil, abschüssig 3. steiler Berggipfel 4. Schneide od. Spitze *f* (von Hieb- und Stichwaffen) 5. ≗ *türk. Fn.*
yalnız [×·] 1. nur, bloß, lediglich, (einzig und) allein 2. allein, ohne Begleitung, ohne Angehörige, ohne fremde Hilfe 3. einzeln, gesondert, allein-, einzeln-stehend 4. (auf e–r Quittung, e–m Zahlungsbeleg usw.) in Worten 5. aber, indessen, jedoch, allein, nur *ama Zu 1: ≗ **ben geldim.** Nur i c h bin gekommen (*scil.* und sonst niemand). ≗ **buraya uğradım.** Ich bin bloß hierher gekommen (*scil.* sonst nirgendswohin). ~ **ve yalnız** einzig und allein Zu 2: ~ (z.B. als Paßeintragung) allein, ohne Begleitung **Buraya ~ geldim.** Ich bin allein (*d.h.* ohne Begleitung) hierhergekommen. ~ **baş edememek** et. nicht allein leisten (bewältigen) können ~ **başına** 1. ganz allein 2. alleinstehend (z.B. Wort) 3. ohne fremde Hilfe, ohne die Unterstützung anderer (**Orada ~ başınıza mı oturuyorsunuz?** Wohnen Sie dort ganz allein?) Zu 2: ~ **uçuş** Alleinflug *m* (e–s Piloten od. Flugschülers) ≗**ların arkadaşı şeytan olur.** *Spr.* Wer alleinsteht, bekommt den Teufel zum Gefährten. Zu 3: **şu tepedeki ~ ev** das einzelnstehende Haus auf dem Hügel da Zu 4: ~ **üçbinyediyüzkuruş** in Worten dreitausendsiebenhundert Kurusch Zu 5: **Giderim, ~ arkadaş isterim.** Ich fahre weg, aber ich möchte jemand bei mir haben. ≗ **şu var ki ...** Dabei ist jedoch zu beachten (bemerken, erwähnen): ...
yalnızca 1. nur, lediglich 2. s. **yalnız başına**; ~ **kişiye bağlı haklar** *jur.* höchstpersönliche Rechte *pl.*
yalnızcı(-lık) *pol.* s. **infirat(-çılık)**
yalnızcıl yengeç Einsiedlerkrebs *m zo.* Eupagurus anachoretus
yalnızlı 1. nur von e–m einzelnen Mann betreut (Familie) 2. *va.* e–e Familie, deren einziges männliches Mitglied zum Militärdienst einberufen ist
yalnızlık 1. Allein-sein, -stehen *n;* Zustand *m* dessen, der keine Verwandte od. Freunde hat, Verwaist-sein *n* *kimsesizlik, bikeslik 2. Sich-Isolieren *n*, Isolation, Isolierung *f* (z.B. *pol.*) 3. Einsamkeit, Leere, Öde, Verödung *f* Unbewohntsein *n* *ıssızlık ≗ **Allaha mahsustur** (*od.* **yaraşır**). *Spr.* Alleinsein ist Gott vorbehalten. *d.h.* Der Mensch kann nur in e–m sozialen Gefüge leben. ~ **illeti** *psych.* krankhafte Menschenscheu
Yalova *n.pr.* Städtchen u. D. im Rbz. Istanbul (bekannt durch seine Thermalbäder und seine schöne Lage) ~ **kaymakamı** (*spött. Bez.* für e–n maßlos Eingebildeten) ~ **mercanı** s. **at dili**
yalpa [×·] 1. *naut.* Schlingern *n* (e–s Schiffes) 2. *techn.* leichte Verkrümmung e–s Rads (am Fahrrad: „Achter" *m*) ~ **etmek** s. ~ **vurmak;** ~ **omurgası** *naut.* Kimm-, Schlinger-kiel *m* ~ **palangası** *naut.* s. **palangarola;** ~ **vurmak** 1. schlingern (Schiff) 2. hin- und herschwanken, torkeln (z.B. Betrunkener)
yalpak 1. s. **sokulgan** 2. *va.* nachlässig, schlampig (gekleidet)
yalpalamak s. **yalpa vurmak**
yalpalı 1. ein Schlingern verursachend 2. von e–m Schlingern begleitet
yalpalık, -ığı Kardanringe *pl.*, kardanische Aufhängung; s.a. **pusula -ığı**
yalpı *dial.* 1. s. **yamaç** 2. oben et. nach vorne geneigt (Mauer, Wand)
yalpık 1. schalenförmig, flach 2. seicht (Gewässer)
yalpılı *dial.* mit e–r et. höheren *od.* dickeren Seite
yaltak(-çı) kriecherisch, schmeichelnd, unterwürfig, servil; Speichellecker *m* *mütebasbıs
yaltakçılık s. **yaltaklık**
yaltaklanmak sich kriecherisch benehmen, würdelos schmeicheln, katzbuckeln *tabasbus etmek
yaltaklık kriecherisches Benehmen; Unterwürfigkeit, Servilität, Speichelleckerei *f* *tabasbus
yalvaç Prophet *m*, Gesandter Gottes *resul
Yalvaç *n.pr.* Städtchen u. D. im Rbz. Isparta
yalvaçlık Prophetentum *n* *nübüvvet, risalet
yalvane [– – ·] *va.* s. **kırlangıç**
yalvarıcı inständig bittend, flehend
yalvarılmak Pass. zu **yalvarmak; Böyle şeyler için yalvarılır mı?** Um so et. bettelt man nicht!
yalvarış inständiges Bitten; Flehen *n*
yalvarışmak zusammen inständig bitten, gemeinsam flehen
yalvarmak (m. Dat.) inständig bitten, flehentlich ersuchen, (an-)flehen **yalvarıp yakarmak** (*od.* **yalvar yakar olmak**) in allen Tönen (an-)flehen
yalvartmak Kaus. zu **yalvarmak; Beni yalvartma dediğimi yapıver!** Laß mich nicht lange bitten, sondern tu gleich, was ich gesagt habe! **Yapacak ama, biraz ~ istiyor.** Er tut es schon, aber er will gebeten sein.
yam [ā] *va.* 1. Postpferd *n* 2. Relaisstation *f*
yama 1. Flicken *m* (zur Ausbesserung) 2. größerer Flecken auf der Haut (z.B. Pigmentflecken) 3. *fig.* unzureichender Ersatz ~ **gibi durmak** zu der (betr.) Stelle nicht recht passen ≗ **küçük delik büyük.** *F* Der aufgesetzte Flicken ist für das Loch zu klein. *d.h.* Es reicht hinten und vorne nicht. ~ **vurmak** e–n Flicken aufsetzen
yamacı 1. Flickschneider *m* 2. Flickschuster *m*
yamacılık Tätigkeit *f* od. Verhalten *n* e–s **yamacı**
yamaç, -cı 1. *P* Seite *f* *yan 2. Bergwand *f*, Abhang *m* Zu 1: **Gel, -ıma otur!** Komm, setz dich neben mich!
yamak 1. Helfer, Gehilfe *m* 2. *hist.* Grenz-posten, -wächter *m* ~ **terliği** *va.* spitz zulaufende Filzpantoffel *pl.*
yamaklık 1. Tätigkeit *f* e–s Gehilfen 2. *hist.* Grenzwache *f*
yamalak s. **yarım** ~
yamalamak (m. Akk.) (aus-)flicken, e–n Flicken aufsetzen (auf)
yamalı 1. (aus-)geflickt, mit e–m Flicken besetzt 2. mit größeren Hautflecken ~ **bohça (gibi)** buntscheckig, nicht zueinander passend
yamamak 1. s. **yamalamak** 2. j–m et. aufhängen (aufschwatzen, aufladen, aufbürden) 3. *F* j–m et. in die Schuhe schieben 4. *z. va.* geben, herunterhauen (z.B. Ohrfeige) Zu 2: **Bu bozuk saati sana kim yamadı?** Wer

hat dir denn diese kaputte Uhr aufgehängt (angedreht)? **Bu kızı bana ~ istiyorlar.** Man will mir dieses Mädchen andrehen.
yaman 1. heftig, arg, streng, schlimm 2. erstaunlich, wunderbar, fabelhaft, ausgezeichnet, hervorragend, großartig 3. überaus geschickt; raffiniert (z.B. Dieb) 4. *z. va.* schlecht, übel, bös *kötü, fena 5. ♀ *türk. Fn.*, *mV* Zu 1: ~ **bir kış** ein strenger Winter **Halim** ~ Ich bin in e–r üblen Lage. Zu 2: ~ **bir güzellik** e–e fabelhafte Schönheit ~ **herif** Teufelskerl *m* ~ **bir asker** ein großartiger Soldat ~ **yahşi** s. **yahşi yaman**
yamanmak 1. geflickt werden 2. (b–ne) j–m nicht von der Seite gehen; j–m lästig fallen
yambolu *V* dumm, stupid; Idiot *m*
yamcı 1. *va.* Postkutscher *m* 2. langhaariger dicker Umhang (Regenmantel)
yamımak *P* krümmen, umbiegen
Yampala Zeydün! Da steht er wie der Ochse vor dem Berg!
yampiri [×··] schief, krumm (Körperhaltung)
yampirilik Verwachsensein *n*, schiefer Gang
yamru yumru 1. krumm und schief 2. verbeult und eingedrückt 3. erbärmlich, elend ~ ~ **etmek** ein-, ver-beulen, eindrücken
yamrulmak verbeult, eingedrückt werden
yamruluk Verbeult-, Eingedrückt-Sein *n*
yamuk 1. nach der e–n Seite hin geneigt 2. *math.* Trapez *n* *şibih münharif; trapez ~ **yumuk** krumm und schief; ganz verbeult
yamukkas *an.* Kapuzen-, Kappen-muskel *m* *trapez
yamukluk Trapezform *f*
yamuksu trapezförmig
yamulmak schief werden; sich verziehen (z.B. Holz)
yamyam Menschenfresser, Kannibale *m*
yamyamlık Menschenfresserei *f*, Kannibalismus *m*
yamyassı [×··] ganz platt, vollkommen flach, platt wie ein Pfannkuchen, flach wie ein Nudelbrett *dümdüz
yamyaş [×·] klatsch-, patsch-, pudel-naß; wie aus dem Wasser gezogen
yan 1. Seite, Flanke *f* 2. Richtung, Gegend *f* *taraf, yön 3. Ort *m*, Stelle *f*, Platz *m* *yer 4. *math.* Seite *f* e–r Gleichung 5. seitlich, Seiten- 6. unmittelbare Nähe 7. jetzige Zeit 8. s. **yanında** 9. s. **fer'î** Zu 1: **İki -ında birer asker gidiyordu.** Er war von zwei Soldaten flankiert. **Bir -ı hiç tutmıyor.** Auf der e–n Seite ist er völlig gelähmt. s.a. **bir -dan bir -a; bir -dan ... bir -dan da** Zu 2: **Bu -dan gitti.** Er ist nach dieser Richtung gegangen. s.a. **Bu -a.** Zu 3: **Hiç bir -da yok.** Er ist nirgends zu sehen. ~ **ağrısı** Seitenstechen *n* ~ **arabası** Beiwagen *n* (am Motorrad) *saytkar ~ **ateşi** *mil.* Flankenfeuer *n* ~ **atmak** sich behaglich ausstrecken, sich räkeln ~ **bakmak** schief ansehen, scheelen Blickes betrachten (s.a. **Var mı bana ~ bakan?**) ~ **basmak** et. nicht ganz richtig machen, e–n Lapsus begehen (♀ **bassam kabahat!** Wenn ich et. nicht ganz richtig mache, rechnet man das gleich als schweres Vergehen!) ~ **belirtiler** *med.* Nebensymptome *pl.* ~ **bölme** (Pferde-) Stand *m*, Box *f* (im Stall) ~ **cebi** Seitentasche *f* (s.a. **İstemem, ~ cebime koy!**) ~ **cephe** Seitenwand *f* (e–s Gebäudes) ~ **cümle** *gr.* untergeordneter Satz, Nebensatz *m* *bağınlı (tabi, tali) cümle, yantümce ~ **çıkarmak** s. ~ **olmak;** ~ **çizgi** *Fb.* Seitenlinie *f* ~ **çizgi hısımlığı** s. **civar kan hısımlığı;** ~ **çizmek** (bir işten) *F* 1. sich von der Arbeit drücken, nicht zur Arbeit (zum Dienst) erscheinen 2. nicht an et. heranwollen, *a.* dilatorisch behandeln 3. (*a.* ~ **sallamak**) *V* sich nicht kümmern (um), nicht beachten, links liegen lassen; so tun, als ob man j–n nicht sähe ~ **dere** Nebenfluß *m* ~ **durmak** verrutscht sein, schiefsitzen (z.B. Krawatte) ~ **durumlu** *bot.* achsel-, winkel-ständig, axillar ~ **duruşu** Seitenansicht *f*, Profil *n* ~ **duvar** Seitenwand *f* ~ **emniyeti** *mil.* Flankensicherung *f* ~ **flüt** *mus.* Querflöte *f* *eğik flüt ♀ **gel de çubuğunu iç!** Mach dir nichts draus! ~ **gelmek** (*od.* ~ **gelip oturmak,** *od.* ~ **gelip yatmak**) es sich bequem machen, sich auf die faule Haut legen, faulenzen ~ **görünüş** Seitenansicht *f*, Profil *n* ~ **gözle bakmak** 1. schief ansehen, scheelen Blickes mustern 2. verstohlen hinblicken (schielen) (nach) ~ **haf** *Fb.* Außenläufer *m* ~ **hakemi** *Fb.* Linienrichter *m* ~ **haklar** s. **fer'î haklar;** ~ **hareketi** *mil.* Flankenbewegung *f* ~ **hendek** *mil.* Seitengraben *m* ~ **istikamet dümeni** Seitenleitwerk *n* (beim Flugzeug) ~ **kafa kemiği** (*od.* ~ **kemiği**) *an.* Scheitelbein *n* *azmı cidarî, çeper kemiği, duvar kemik ~ **kalemi** Ausdrehstahl *m* (des Drechslers) ~ **kesmek** *V* Taschendiebstahl begehen ~ **korunması** *mil.* Flanken-deckung *f*, -schutz *m* ~ **kurulmak** sich hinfläzen, sich räkeln ~ **metaforası** s. **borda metaforası;** ~ **mevzi** *mil.* Flankenstellung *f* ~ **olmak** j–s Partei ergreifen, e–n unterstützen ~ **rüzgâr** Seitenwind *m* ~ **sahın** *arch.* Seitenschiff *n* (e–r Kirche) ~ **sallamak** s. **yan çizmek;** ~ **sokak** Seiten-, Neben-straße *f* ~ **taarruzu** *mil.* Flankenangriff *m* ~ **taraf** Seite *f* ~ **tehdidi** *mil.* Flankenbedrohung *f* ~ **vizör** *phot.* Seitensucher *m* ~ ~ 1. seitwärts (z.B. gehen), nach der Seite hin 2. krumm und schief ~ ~ **bakmak** gehässigen (mißgünstigen) Blikkes betrachten, scheel ansehen ~ **yana** nebeneinander ~ **yapı** Nebengebäude *n* ~ **yatıp keyfine bakmak** einmal richtig faulenzen ~ **yatmak** 1. sich weit seitwärts beugen 2. stark auf der Seite liegen (Schiff) 3. auf der (rechten od. linken) Seite schlafen ~ **yelkenleri** *naut.* Schratsegel *pl.* ~ **yüzme** Seitenschwimmen *n* **-a** (mit vorhergehendem Abl.) 1. in der Richtung auf; zu ... her; auf ... zu 2. a) zur Seite stehend, schützend, unterstützend, helfend, protegierend b) sich für et. aussprechend; eintretend (für) 3. in bezug (auf), hinsichtlich, betreff; wenn es auf ... ankommt 4. seit ... bis heute 5. Vgl. **Orası ne -a düşer?** (Zu 1: **benden -a** a) auf mich zu, zu mir her b) von mir aus, meinetwegen Zu 2a): **Ben senden -ayım.** Ich stehe ganz auf deiner Seite. **Sen ondan -a çıkma!** Stell dich nicht auf seine Seite! Zu 2b): **ondan yana olanlar** seine Anhänger *pl.* Zu 3: **Yalan söylemeden -a seni mahcup etmem!** Wenn es aufs Lügen ankommt, werde ich dir keine Schande machen! **Ondan -a hiç korkum yok.** Davor (*bzw.* vor ihm) habe ich nicht die geringste Angst. **Benden -a helâl olsun!** Von mir aus soll alles vergessen und verziehen sein!) **-a basınç** *phys.* Seitendruck *m* **-a çarpılmış** nicht in der richtigen Lage, verrutscht (z.B. Krawatte) **-a doğru** seit-lich, -wärts **-a ve karşı** für und gegen **-daki harita** nebenstehende Karte **-dan** von der Seite her, im Profil **-dan ayırmak** (saçı) das Haar auf der Seite scheiteln; e–n Seitenscheitel ziehen **-dan çarklı** 1. **(vapur)** Raddampfer *m* 2. *F* Krüppel *m* (der beim Gehen sich bald nach der e–n, bald nach der anderen Seite wenden muß) 3. *F* schwerfällig dahinratternd (Fahrzeug) 4. *F* Kaffee od. Tee mit gesondert seviertem Zucker **-dan fırlama** *V* Tunichtgut, Faulenzer, Lump, Schuft *m* **-dan kuşatma harekâtı** *mil.* Umgehung *f* **-dan toparlamak** *mil.* von der Seite her aufrollen (z.B. feindliche Front) **-ı sıra** 1. neben ihm her, nebenher (z.B. marschieren) 2. zusammen (mit ihm) 3. (bşin) neben, außer **♀ıma düş!** Komm mit! **♀ıma otur!** Setz dich zu mir! **-ına** an seine Seite, in seine Nähe, zu ihm (hin), nahe heran **-ına almak** (b–ni, bşi) mitnehmen (j–n, et.) **-ına bırakmak** 1. unausgeführt lassen 2. ungestraft hingehen lassen **-ına bırakmamak** 1. et. gleich erledigen 2. j–m et. heimzahlen, eintränken **-ına çağırmak** zu sich rufen; kommen lassen **-ına düşmek** 1. **(düşmanın)** dem Feind in die Flanke fallen 2. (b–nin) neben j–n zu stehen (sitzen) kommen 3.

s. ≗ına düş! -ına gitmek 1. (b–nin) zu j–m gehen 2. (bşin) e–m Gedanken nähertreten; denken (an) (**Bu sene ayakkabının -ına gidilmez.** In diesem Jahr kann man gar nicht daran denken, sich Schuhe zu kaufen.) **-ına kalmak** 1. unausgeführt bleiben 2. ungesühnt bleiben **(olduğu) -ına kâr kaldı.** *iron.* Alles, was er davon gehabt hat, ist ... **-ına katmak** (b–ni) j–n als Begleiter mitgeben **-ına koymak** (in Füg. wie:) **Bunu -ına koymam.** Das verzeihe ich dir (*bzw.* ihm) nicht! Das sollst du (*bzw.* soll er) mir büßen! **Yapacağını -ına koyma!** Tu nur, was du vorhast! (*scil.* Ich habe keine Angst *od.* Es ist mir gänzlich gleichgültig.) **≗ına salavatla varılır** (*od.* **gidilir**). s. Stw. **salavat; -ına varılmaz** 1. unerschwinglich teuer 2. schrecklich hochmütig **-ına vermek** s. **-ına katmak; -ında** 1. neben ihm, an seiner Seite, daneben 2. bei sich *üstünde 3. bei ihm, in seinem Haus 4. in seinen Augen, nach seiner Meinung 5. im Vergleich (zu) (Zu 2: **Saatiniz -ınızda mı?** Haben Sie Ihre Uhr bei sich? Zu 4: **Benim -ımda bu şeyin hiç değeri yoktur.** Meiner Meinung nach ist das Ding vollkommen wertlos. **Benim sözümün senin -ında bir kıymeti yoktur.** Was ich sage, gilt bei dir ja doch nichts. Zu 5: **Bu fotoğraf makinesi diğerinin -ında bir çocuk oyuncağından ibarettir.** Im Vergleich zu der anderen Kamera ist diese hier das reinste Kinderspielzeug.) **-ında oturmak** (b–nin) 1. neben j–m sitzen 2. bei j–m wohnen **-ından bile geçmemiş** (bşin) 1. was nicht den geringsten Zusammenhang hat (mit) 2. wer keine blasse Ahnung hat (von) **-lar** s. **dışterimler**

-(y)an, -(y)en Endung des Part. Präs.; (dieses mit präsentischem od. perfektivischem Sinn:) **ölen** a) sterbend b) verstorben **Dün nutuk söyleyen Bay ...** Herr ..., der gestern eine Rede gehalten hat. – 1. **-da, -de** *dial.* sobald als; wenn 2. **-a, -e kadar** (*od.* **dek, değin**) *P* bis (Konj.) 3. ~ **... -a, -e** (elativisch) um die Wette; was sie nur konnten u.ä.m. Zu 2: **ben gelene kadar** *P* für **ben gelinceye kadar** bis ich komme Zu 3: **Ona söven sövene.** Sie verfluchten ihn um die Wette. **Kaçan kaçana.** Sie stoben alle davon.

yana 1. s. Stw. **yan** 2. s. Stw. **yanmak;** ~ ~ s. **yanayakıla**

yanaçlar s. **sanayii edebiye**

yanak, -ağı 1. Backe, Wange *f* 2. Seitenwand *f* (z. B. e–r Schießscharte) ~ **çukuru** Grübchen *n* in der Wange ~ **-a** Wange an Wange (z. B. tanzen) ~ **yumrucuğu** s. **elmacık kemiği** (1); ~ **zülüfleri** Schläfenlocken, Peies *pl.* **-ı keseli sincap** Burunduk *m* (sibirisches Eichhörnchen) *zo.* Eutamias asiaticus **-ından kan damlamak** pausbäckig sein wie ein Posaunenengel; von Kraft und Gesundheit strotzen

yanaklı mit nb. Wangen, -wangig, -backig, -bäckig

yanal *math., biol.* seitlich, lateral, Seiten- *canibî ~ **çizgi** *biol.* Seitenlinie *f* (z. B. bei Fischen) *hattı canibî ~ **yükseklik** *math.* Seitenhöhe *f* (e–r Pyramide) *nısfı kutru kaim ~ **yüzey** *math.* Seitenfläche *f* *canibî satıh

yanar 1. brennend 2. leicht entzündlich; feuergefährlich

yanardağ Vulkan *m* *bürkân, volkan ~ **ağzı (bacası, bombası, külü, tüfü)** s. **volkan ağzı (bacası, bombası, külü, tüfü);** ~ **ağzı gölü** Maar *n* ~ **bölgesi** vulkanisches Gebiet ~ **depremi** vulkanisches Erdbeben ~ **etkinliği** s. **volkanizm;** ~ **patlaması** Vulkanausbruch *m* ~ **püskürmesi** vulkanische Tätigkeit

yanardağbilim(-sel) s. **volkanbilim(-sel)**

yanardağsal vulkanisch, Vulkan- *bürkânî, volkansal

yanardöner schillernd, in verschiedenen Farben spielend, changeant, changierend

yanaşık 1. anstoßend, anliegend, dicht (bei) 2. *mil.* geschlossen ~ **birlik** *mil.* geschlossener Verband ~ **düzen** *mil.* geschlossene Ordnung ~ **düzenden dağınık düzene yayılmak** *mil.* ausschwärmen ~ **kıta** *mil.* geschlossene Truppe ~ **nizam** *mil.* geschlossene Formation ~ **şekil** *mil.* geschlossene Form ~ **takarrüp uçuşu** s. **toplu yaklaşma uçuşu**

yanaşıklık, -ığı Angrenzen *n*, Berührung *f*, Kontiguität *f*

yanaşılmaz unzugänglich, unnahbar

yanaşlık, -ığı *naut.* Anlegestelle *f* *iskele

yanaşma 1. Vs. zu **yanaşmak** 2. Gehilfe, Diener, Lehrling *m* 3. Taglöhner *m* (z. B. bei Landarbeit) ~ **köpek** zugelaufener Hund

yanaşmak (m. Dat.) 1. seitlich an et. herankommen, heranrücken, anlegen (z. B. Schiff am Kai, an e–r Landungsbrücke usw.) 2. (allg.) sich nähern, herantreten (z. B. ans Mikrophon) 3. *fig.* eingehen, sich einlassen (auf) 4. sich an j–n heranmachen 5. *mil.* a) sich heranarbeiten (z. B. an den Feind) b) (sich) anschließen Zu 3: **O böyle işlere yanaşmaz.** Auf so etwas läßt er sich nicht ein. **bir teklife** ~ auf e–n Vorschlag eingehen Zu 5b: **Sağa yanaş!** Rechts an-, auf-schließen!

yanaşmalık Tätigkeit *f* e–s **yanaşma**

yanay *geol., math.* Profil *n* (senkrechter Schnitt) *profil ~ **doğruları** *math.* Profillinien, Seitengerade *pl.* *cephe müstakimleri, profil doğruları

yanayakıla s. Stw. **yanmak**

yanbolu 1. s. **yambolu** 2. ≗ *n.pr.* Jambol (bulgarische Stadt)

yanbul *dial.* 1. dicker Mohairteppich 2. Bettvorleger *m*

yancı *mil.* die Seitendeckung bildend, Seiten- ~ **kıta(-sı)** *mil.* Seitentruppe *f*

yancık 1. Flanke, Weiche *f* (*spez.* des Pferdes) 2. *va.* Satteltasche *f* 3. *fr.* Flankenschutz *m* (e–s Roßharnisches)

yandaş(-lık) s. **taraftar(-lık)**

yandık 1. s. Stw. **yanmak** 2. der dornige Steppen- und Wüstenstrauch Alhagi (*spez.* camelorum)

yandıran s. **itüzümü**

yandırmak *P* s. **yakmak**

Yandoros s. **Niandros; Sedef adası**

yangaboz; yangabuç *F* schiefgewachsen, verkrüppelt; Krüppel *m*

Yangçe(-kiyang) *n.pr.* Jangtsekiang *m* (Fluß in China) *Mavi Nehir

yangeldizm *hum.* Faulenzen *n*, faules Herumliegen (vgl. **yan gelmek**)

yangı(-lanma) *med.* Entzündung *f* *iltihap

yangılanmak *med.* sich entzünden *iltihaplanmak

yangılı *med.* 1. entzündet *mültehip 2. Entzündungen hervorrufend (Krankheit)

yangın 1. Feuersbrunst *f*, Brand *m* 2. Fieber *n* *ateş, hararet 3. *P* a) verliebt *âşık, tutkun b) heiße Liebe c) Fieber *n* *ateş 4. *pol.* Wirren, Unruhen *pl.* 5. wer Unrecht erlitten hat; leidend, klagend ~ **bastırmak** den Brand löschen ~ **bekçisi** *hist.* Feuerwärter *m* (vgl. ~ **kulesi**); ~ **bombası** *mil.* Brandbombe *f* ~ **bonosu** Feuerversicherungspolice *f* ~ **bölmesi** feuersichere Trennwand ~ **çıkarmak** Feuer legen, Brandstiftung verüben ~ **çıkışı** Notausgang *m* ~ **çıkmak** ausbrechen (Brand) ~ **duvarı** Brandmauer *f* ~ **ekipi** Lösch-zug, -trupp *m*, -mannschaft *f* ~ **hasarı** Brandschaden *m* ~ **kovası** Löscheimer *m* ~ **kulesi** (*od.* **köşkü**) Feuerwarte *f* (*fr.* e–e der drei Beobachtungsstationen der Feuerwehr in Istanbul: Galataturm, Turm des Seraskerats, Hügel hinter Kandilli) ~ **merdiveni** Feuer-, Rettungs-leiter *f* ~ **musluğu** Hydrant *m* ~ **perdesi** *Th.* eiserner Vorhang ~ **sahası** Brand-feld *n*, -stätte *f* ~ **sigortası** Feuer-, Brandschaden-versicherung *f* ~ **söndürme aleti** Feuerlöschgerät *n* ~ **tanesi** Brandgranate *f* ~ **tesiri** Brandwirkung *f* ~ **topu** *hist.* Kanone *f*, mit der beim Ausbruch e–s Brandes ein Signal gegeben wurde ~ **tulumbası** Feuerspritze *f* ≗ **var!** Feuer! Es brennt! **-a gitmek** *fig.* sich sehr eilen **-a körükle** (*od.* **kazma kürekle**)

gitmek *fig.* Öl ins Feuer gießen; den Streit schüren **-a vermek** in Brand stecken **-dan çıkmış** abgebrannt, Abgebrannte *m, f* **-dan çıkmış gibi** ganz verarmt, mittellos **-dan mal kaçırır gibi** mit auffälliger Hast; Hals über Kopf; in größter Eile
yangıngörmüş *selt.* s. **harikzede**
yangona s. **kava biberi**
yanıbaşında 1. dicht dabei, unmittelbar daneben 2. nebenbei (z. B. gesagt) 3. (b–nin) an der Seite (von), Schulter an Schulter (mit) (z. B. in den Krieg ziehen)
yanıcı 1. brennend, in Brand geratend (usw. s. **yanmak**) 2. *T* von **müştail** leicht entzündlich, feuergefährlich
yanık, -ığı 1. ver-, ange-brannt, ver-, ange-sengt 2. verliebt 3. wer viel Leid erduldet hat 4. zu Herzen gehend, rührend, traurig, sehnsüchtig (Lied, Stimme usw.) 5. in der Entwicklung zurückgeblieben (z. B. Kind infolge Erkrankung) *kavruk 6. brennend (z. B. Zigarette) 7. verdorben, unbrauchbar (Fische) 8. braungebrannt; sonnengebräunt 9. Brand *m* (Pflanzenkrankheit) 10. Brandwunde, Verbrennung *f* (Zu 6: **lambayı ~ bırakmak** die Lampe brennen lassen Zu 10: **Elindeki ~ iyi oldu.** Die Brandwunde an seiner Hand ist verheilt. **Halıdaki -ı ördürmeli.** Die verbrannte Stelle im Teppich muß man stopfen lassen. **ekmek -ı** verbrannter Teil der Brotrinde) **~ al** Brandfuchs *m* (Pferd) **~ âşık** ganz verrückter Liebhaber **~ çukur** s. **krater; ~ ekin** verdorrte Saat **~ kokmak** 1. leicht angebrannt riechen (Essen) 2. verbrannt (versengt) riechen **~ kokusu** brenzliger Geruch (*od.* Geschmack) **~ rüzgâr** nicht lange anhaltender Wind **~ sesle** mit bewegter Stimme **~ söylemek** in bekümmertem Ton sprechen **~ yağı** Brandsalbe *f* **~ ~** zu Herzen gehend, rührend, beweglich **~ yarası** Brandwunde *f* ≗ **yerin otu tez biter.** *Spr.* Die Zeit heilt (alle) Wunden. *Spr.* **~ yürekli** s. **yüreği yanık**
yanıkara 1. s. **karakabarcık** 2. *fr.* Pestbeule *f*
yanıkçı s. **sikâyetçı, müşteki**
yanıkmak s. **yakınmak**
yanıklık, -ığı 1. Verbrannt-Sein *n*, Verbrennung *f* 2. *fig.* Kummer, Gram *m*
yanılgı s. **yanılma** (2), **hata**
yanılma 1. Vs. zu **yanılmak** 2. Fehler *m*, Versehen *n*, Irrtum *m* *hata, galat, sehiv, zühul, kusur
yanılmaca *spez. lit.* Verwechslung, Qui(d)proquo *n*
yanılmak 1. sich irren, e–n Fehler machen (begehen), et. falsch machen, sich bei et. vergreifen 2. unbedacht (voreilig, überstürzt) handeln Zu 1: **Yanıldım, bu kapıyı çalacağıma ötekini çaldım.** Ich habe e–n Fehler gemacht, ich hätte mich nicht an die andere Stelle, sondern an diese hier wenden müssen. Zu 2: **Nasıl yanıldınız da bu işe peki dediniz?** Wie konnten Sie nur so unbedacht sein und hierzu Ihre Zustimmung geben! **Yanılmayan bir Allah.** *Spr.* Nur Gott kann nicht irren.
yanılmaz wer sich nicht irrt; fehlerlos arbeitend; unfehlbar
yanılmazlık Unfehlbarkeit *f*
yanılsama *psych.* Sinnestäuschung, Illusion *f* *galatıhis, vehmi havas
yanıltı (relativ unbedeutender) Fehler, Irrtum, Mißgriff, Schnitzer *m*
yanıltıcı täuschend, irreführend **~ izlenim** *psych.* erster, fälschlicher Eindruck *hal etkisi
yanıltıcılık s. **paralojizm**
yanıltma 1. Vs. zu **yanıltmak** 2. *mil.* Täuschung *f*
yanıltmaca s. **mugalata**
yanıltmaç Schnellsprechübung *f*, Zungenbrecher *m*
yanıltmak Kaus. zu **yanılmak** a) Ursache od. Anlaß sein, daß sich jm. irrt b) zu unbedachtem (voreiligem, überstürztem) Handeln veranlassen
yanıt(-lamak) s. **cevap(-landırmak)**
yanı [×·] 1. das heißt, nämlich, das will sagen *demek, şu demek ki 2. *P* kurz gesagt
Yani [×·] *griech. Vn.* Johannes, Hans
yankesici Taschendieb *m*
yankesicilik Taschendiebstahl *m*
yankı 1. *phys.* Echo *n*, Widerhall *m* *aksiseda 2. *fig.* Echo *n*, Widerhall *m* (z. B. e–r Rede), Reaktion *f* ≗**lar** *fr.* Überschrift des kritischen Feuilletons der Zeitung Ulus (seit 1.1.1937; *etwa:*) Tagesspiegel *m* **~ ile yönelme** s. **ekolokasyon; ~ makinesi** *naut.* Echolot *n* **~ vermek** s. **yankıla(n)mak**
yankıca s. **ekolali**
yankıla(n)mak *a. fig.* widerhallen, ein Echo haben (finden) *aksiseda vermek
Yanki 1. *selt.* Yankee *m* (Nordamerikaner) 2. (*engl.* **yankee)** *naut.* großer Klüver e–r Segeljacht
yankök *bot.* Seiten-, Neben-wurzel *f*
yanlamasına seitlich angeordnet (z. B. Sitze)
yanlı s. **taraflı**
yanlık, -ığı 1. Hirtentasche *f* 2. Tür- od. Fenster-wange *f* 3. Armstütze, Seitenlehne *f*
yanlış 1. Fehler, Irrtum *m*, Versehen *n* *galat, hata, sehiv 2. falsch, irrig, unrichtig, fehlerhaft, verkehrt, fälschlich 3. *va.* wild, furchtbar, gefährlich (Zu 3: **~ bakışlı** *va.* wild aussehend, mit drohender Miene **~ herif** *va.* mit wem nicht gut Kirschen essen ist) **~ ata oynamak** *fig.* auf das falsche Pferd setzen **~ bilmek** falsch unterrichtet sein **~ bir düşünceye kapılmak** sich von e–r falschen (*od.* abwegigen) Idee bestimmen lassen ≗ **bizim de olsa, elin de olsa, -tır.** (*Ra.* bei Eingeständnis e–s Versehens, Irrtums usw.) Was recht ist, muß recht bleiben. **~ çıkış** (*od.* **~ depar**) *(Sport)* Fehlstart *m* *fodepar **~ çıkmak** sich als falsch erweisen **~ doğru cetveli** Druckfehlerverzeichnis *n* *hata savap cetveli ≗ **hesap Bağdat'tan döner.** *Spr.* 1. Was falsch ist, stellt sich früher oder später heraus. 2. Wer sich auf falschem Weg sieht, sollte schleunigst umkehren. **~ kapı çalmak** 1. sich an die falsche Adresse (Stelle) wenden 2. e–e verkehrte Wahl treffen, et. verkehrt machen 3. an den Unrechten kommen **~ konum kuralı** s. **eğreti konum kuralı; ~ tamamisi** *techn.* Fehlerintegral *n* **~ üstüne ~ yapmak** Fehler über Fehler begehen **~ yere** fälschlich, zu Unrecht (z. B. beschuldigen) **~ yola** (*od.* **yolda) gitmek** *fig.* nicht richtig handeln **-ını çıkarmak** j–s Fehler enthüllen (aufzeigen)
yanlışlık falsche Handlungsweise; Versehen *n*, Fehler, Irrtum *m* **~ etmek** e–n Fehler begehen, et. falsch (verkehrt) machen **Siz böyle hareket etmekle ~ ettiniz.** Das hätten Sie nicht tun sollen (*bzw.* dürfen). **-la** irrtümlicherweise, versehentlich, fälschlich ≗**lar komedyası** *lit.* Komödie *f* der Irrungen (Shakespeare)
yanma 1. Verbrennung *f* (*a. med.*) 2. *chem.* Oxydation *f* **~ fırını** (*od.* **ocağı**) Verbrennungsofen *m* **~ gazları** Verbrennungsgase *pl.*
yanmak, (-ar) *intr.* 1. (ver-, ab-, herunter-, nieder-)brennen 2. in Brand geraten, angehen (z. B. Feuer) 3. angezündet (angesteckt, angeschaltet, angedreht) werden; brennen (Lampe, Ofen, Zigarette, Kerze usw.); (b–ne karşı) vor j–m aufleuchten (z. B. Verkehrsampel) 4. ganz od. teilweise zu Kohle werden: a) vollkommen verbrennen b) anbrennen (z. B. Essen), angesengt (versengt) werden 5. Brandwunden bekommen, sich verbrennen, *a.:* den Sonnenbrand bekommen 6. braun werden, bräunen, gebräunt werden (z. B. von der Sonne) 7. (bşden) vernichtet werden (z. B. durch Frost) 8. (bşden) zerfressen werden (z. B. durch e–e Säure) 9. heftigen Durst bekommen 10. wie Feuer brennen (Zunge, Gaumen, Magen usw.) 11. a) ungültig werden b) erlöschen

(Recht) 12. j–m schlecht ergehen, bös hereinfallen, großen Schaden erleiden 13. *F* zu Ende gehen, kaputtgehen, draufgehen, auffliegen 14. (m. Dat.) Schmerz empfinden (über), bedauern, j–m leid tun, j–n reuen 15. (m. Dat.) verliebt sein (in) 16. (m. Dat.) sein Herz ausschütten 17. **(derdini)** sein Leid klagen 18. **(yapmak için)** von heftigem Verlangen erfüllt sein; sich vor Sehnsucht verzehren 19. aus dem Spiel ausscheiden (*bei Ksp.* od. dem *Ka.* Einunddreißig) Zu 1: **Son yangında iki ev yandı.** Bei der letzten Feuersbrunst sind zwei Häuser abgebrannt. Zu 2: **Ateş yandı mı?** Ist das Feuer angegangen? Zu 3: **Elektrik yanmıyor.** Das elektrische Licht brennt nicht. Zu 4: **Yemek yandı.** a) Das Essen ist verbrannt. b) Das Essen ist angebrannt. Zu 5: **Ateşe dokundu, eli yandı.** Er kam zu nahe ans Feuer und verbrannte sich die Hand. Zu 5/6: **Güneşten kolları yandı.** a) Seine Arme sind von der Sonne eingebräunt. b) An den Armen hat er Sonnenbrand bekommen. Zu 7: **Ekinler dondan yanmış.** Die Saat ist durch den Frost vernichtet worden. Zu 8: **Kumaş boyadan yanmış.** Der Stoff ist von der Farbe ganz zerfressen worden. Zu 9: **Yanıyorum, biraz su versenize!** Ich bin ganz verdurstet; geben Sie mir doch et. Wasser! Zu 10: **Boğazım yanıyor.** Die Kehle brennt mir wie höllisch Feuer. Zu 11: **Vaktinde değiştirilmeyen kâğıt paralar yandı.** Nicht rechtzeitig umgewechseltes Papiergeld ist ungültig. Zu 12: **Vaktinde yetişemezsek yandık.** Wenn wir nicht rechtzeitig hinkommen, sind wir aufgeplatzt! **Fakat arada masunlar da yanmaktadır.** Aber in der Zwischenzeit müssen auch Unschuldige leiden. Zu 13: **Haydi, yandı!** Schluß, die Zeit ist um! **Kaparomuz yandı.** Unsere Anzahlung ist futsch! Zu 14: **Kaybettiğim fırsata hâlâ yanarım.** Es tut mir jetzt noch leid, daß ich die Gelegenheit verpaßt habe. s. a. **canı (haline) ~; yana yakıla** 1. sein Leid klagend; schmerzerfüllt erzählend 2. sich bitterlich beklagend **yanar külte** *geol.* Brenze *f*, Inflammabilien *pl.* *sahrei müştaile **yanıp kavrulmak** s. **yanıp yakılmak** (3); **yanıp kebap olmak** *F* ganz eingebrannt sein (von der Sonne) **yanıp tutulmak** in Liebe entbrennen **yanıp tutuşmak** (birisi için) sich heftig verlieben (in) **yanıp tütmek** schweres Leid erfahren **yanıp** (*od.* **yana**) **yakılmak** 1. laut klagen, schmerzerfüllt erzählen; fortgesetzt jammern 2. sich bitterlich beklagen 3. (bş ile) von et. ganz erfüllt (besessen) sein (Zu 3: **Istanbul'a gitmek emeliyle yanıp yakılmaktadır.** Er ist von dem heißen Wunsch erfüllt, nach Istanbul zu fahren.) **Yanmış harmanın öşrü alınmaz.** *Spr.* Wo nichts ist, hat (selbst) der Kaiser sein Recht verloren. *Spr.* **yanmış kurşun** *min.* Bleiglätte *f*, Bleigelb *n*, Massicot *n*

yanmayan toprak s. **ateş toprağı**

yanmaz unentzündlich, nicht feuergefährlich ~ **taş** s. **amyant**

yanolay *lit.* Nebenhandlung, Episode *f*

yanpiri s. **yampiri**

yansı 1. *biol.* s. **refleks** 2. Widerschein *m*, Spiegelung *f*, Reflex *m* *akis 3. *z. va.* nach e–r Seite hängend, schief

yansıca s. **ekopraksi**

yansılama 1. Vs. zu **yansılamak** 2. *lit.* s. **parodi**

yansılamak 1. j–s Gebärden nachahmen und verspotten, nachäffen 2. parodieren 3. reflektiert werden (Licht) 4. *z. va.* gekrümmt dahingehen

yansıma 1. Vs. zu **yansımak** 2. *phys.* Reflexion, Rückstrahlung *f* (von Licht, Wärme, Kraft usw.) *inikâs 3. *ling.* s. **onomatope; ~ yoliyle zarar** *jur.* mittelbarer Schaden

yansımak *phys.* reflektiert werden, sich (wider-)spiegeln, zurückstrahlen, zurückgeworfen werden, widerhallen *aksetmek, inikâs etmek

yansımalı 1. *phys.* reflektierend 2. *ling.* reflexiv

yansımasız *phys.* nicht reflektierend

yansıtaç s. **reflektör**

yansıtmak *phys.* reflektieren, zurückwerfen; s. a. *aksettirmek

yansıtmalı *phys.* reflektierend ~ **foto makinesi** Spiegelreflexkamera *f* *reflektör tipi foto makinesi ~ **ırakgörür** (*od.* ~ **teleskop**) Spiegelteleskop *n*, Reflektor *m* *aynalı teleskop; reflektör

yansız neutral *bitaraf, tarafsız

yansızlaştırmak s. **nötrle(ştir)mek**

yansızlık Neutralität *f* *bitaraflık, tarafsızlık

yanşak lästiger Schwätzer

yanşaklık 1. Benehmen *n* e–s lästigen Schwätzers 2. dummes Gerede

yanşamak dummes Zeug daherreden

yantümce s. **yan cümle**

Yanya [×·] *n.pr.* Janina (Städtchen in Epirus)

Yanyalı [×··] aus Janina stammend

yanyüzergiller Plattfische *pl. zo.* Pleuronectidae

-yap, -bı [ā] *va. pers. Sx.* findend, ergreifend

yap yap *P* für **yavaş yavaş**

yapa *V* Schnurrbart *m* *bıyık

yapagörmek vgl. Stw. **görmek** (10)

yapağı Scherwolle *f* (von den im Frühling geschorenen Schafen; länger als **yün**); ~ **yağı** Wollfett *n* (Fett der Schafwolle)

yapağılı s. **yapaklı**

yapak s. **yapağı**

yapakçı wer mit (Scher-)Wolle handelt, Wollhändler *m*

yapakçılık Handel *m* mit Scherwolle

yapaklı wollig, flockig

yapalak Uhu *m zo.* Bubo bubo *puhukuşu

yapay künstlich hergestellt; Kunst-, synthetisch *sentetik, sunî ~ **reçine** Kunstharz *n*

yapayalnız [×···] 1. mutterseelenallein 2. ganz alleinstehend (z. B. Haus)

yapı 1. im Bau befindliches od. fertiggestelltes Gebäude 2. Bauarbeit *f*, Bauen, Errichten, Aufführen *n* 3. (Auf-) Bau *m*, Struktur *f* *bünye *spez.* a) Körperbau *m*, Konstitution *f* b) *gr.* Konstruktion, Bildung *f* 4. (geschaffenes) Werk 5. Herstellung, Erzeugung, Produktion *f* 6. Schiff *n* im Bau Zu 4: s. **Allah yapısı değil!** Zu 5: **Rus -sı cip** in Rußland hergestellter Jeep **Belçika -sı tabanca** Pistole *f* belgischen Fabrikats ~ **biçimi** Bauart *f* ~ **bilimi** s. **anatomi** (2); ~ **çavuşu** Polier *m* ~ **eki** s. **yapım eki;** ~ **elemanları** Bauteile *pl.* *inşaî unsurlar ~ **eteği** s. **etek duvarı;** ~ **iskelesi** Baugerüst *n* ~ **işleri** Bau-arbeiten *pl.*, -tätigkeit *f*, -wesen *n* ~ **kafesi** Rohbau *m* (e–s Hauses) ~ **kalfası** Baumeister *m* (als ausführender Architekt) ~ **kerestesi** Bauholz *n* ~ **kooperatifi** Baugenossenschaft *f* ~ **mahalli** Bauplatz *m* ~ **malzemesi** Baumaterial *n* ~ **mühendisi** Bauingenieur *m* ~ **müteahhidi** Bauunternehmer *m* ~ **taslağı** (Bau-)Entwurf, Plan *m* ~ **taşı** Baustein *m* (*spez.* aus Granit od. Granitarten) ≗ **taşı yapıdan** (*od.* **yerde**) **kalmaz.** *Spr.* Wer et. kann, findet immer Arbeit. ~ **usta okulu** Gewerbeschule *f* für Bauhandwerker ~ **yanaçları** s. **sanayii maneviye;** ~ **yapmak** e–n Bau errichten (auf-, aus-führen) ~ **yaptırmak** Bauarbeiten ausführen lassen ~ **yeri** Baustelle *f* *şantiye

yapıbilim(-sel) s. **morfoloji(-k)**

yapıcı 1. machend, verfertigend (usw. s. **yapmak**) 2. konstruktiv, aufbauend 3. Hersteller *m* 4. Erbauer *m* 5. Bauarbeiter *m* 6. *selt.* Bau-unternehmer, -meister, Architekt *m* Zu 1: s. **ev** ~ Zu 3: **Bu sandalyelerin -sı nerede bulunur?** Wo macht man diese Stühle?

yapıcılık 1. Schaffung, Herstellung *f* 2. Tätigkeit *f* e–s **yapıcı**

yapık 1. Sattel-, Regen-decke *f* (für Pferde) 2. *hist.* Militärmantel *m* der Janitscharen

yapılageliş Brauch *m*, Sitte, Gewohnheit, Übung *f* *âdet, teamül
yapılagelmek vgl. Stw. **gelmek** (24)
yapılamak *selt.* herstellen, fabrizieren
yapıldak s. die Füg. **yayan** ~
yapılı gemacht (verfertigt usw. s. **yapmak**) *spez.* gebaut, von nb. Bau; s. a. **hafif (genç)** ~
yapılıkçılık s. **konstrüktivizm**
yapılış 1. Machart, Herstellungs-weise *f* -prozeß *m* 2. Bau (-art *f*) *m*, Struktur, Konstruktion *f* *bünye, kuruluş ~ **kusuru** *med.* organische Mißbildung
yapılmak 1. Pass. zu **yapmak** 2. *va.* reich werden, zu Wohlstand kommen, ein gemachter Mann werden 3. *va.* betrunken sein **yapılmadık duvarda oturup doğmadık çocuğu konuşmak** *F* über ungelegte Eier reden
yapım 1. Vs. zu **yapmak** *spez.* Bau *m*, Erbauen *n* *inşaat 2. Anfertigung, Herstellung, Fabrikation *f* *imal 3. *gr.* Bildung *f* *teşkil, teşekkül 4. Ausübung *f* (e–s Berufs) *icra ~ **eki** *gr.* Bildungssuffix, Formans *n* *teşkil lâhikası ~ **gideri** Herstellungskosten *pl.* (z. B. e–s Films) ~ **sözleşmesi** s. **istisna akdi**
yapımcı Hersteller, Produzent *m*, *mus. a.* Instrumentenbauer *m* *imalâtçı, prodüktör
yapımcılık Herstellung, Produktion *f*, *mus. a.* Instrumentenbau *m*
yapın s. **mamulât, masnuat**
yapıncak 1. Umhang od. Mantel *m* aus grobem, zottigem Stoff 2. grobe Pferdedecke (gegen Regen od. Kälte) 3. *fr.* Roßharnisch *m* 4. Traubenart mit dünnhäutigen, gesprenkelten Beeren 5. ≗ *n.pr.* Dorf auf der Insel Marmara (berühmt durch seine hellen, gefleckten Trauben) Zu 4: s. a. **kınalı** ~
yapındırmak *V* 1. Alkohol *spez.* Raki trinken 2. s. **çifte kâğıtları** ~
yapınış s. **yapmacık** (2)
yapınmak 1. (m. Akk.) et. zum eigenen Nutzen tun 2. (m. Akk.) sich et. machen lassen (z. B. Anzug) 3. (m. Dat.) sich bemühen (zu), gerne et. tun (sein, werden) wollen Zu 3: **Kuş yavrusu uçmağa yapınıyor.** Das Vögelchen bemüht sich zu fliegen. **Bu genç, sairliğe yapınıyor.** Der junge Mann strebt nach dichterischem Lorbeer.
yapıntı Fiktion, Annahme, Unterstellung *f* *fiksiyon, tasni
yapıntılı fiktiv, angenommen, unterstellt *musanna
yapıoluş *geol.* Tektogenese *f* *tektojenez
yapırgan s. **taçyaprağı**
yapısal 1. strukturell 2. strukturbedingt
yapısalcı Strukturalist *m*
yapısalcılık Strukturalismus *m* *strüktüralizm
yapış (I) Machen, Tun *n*
yapış (II) **yapış** mit klegrigem Zeug beschmiert
yapışanbalığı s. **yapışkanbalığı**
yapışıcı haftend, klebend ~ **sap** *bot.* Haftranke *f* *sâkı mültasık
yapışık 1. (an-, auf-, zusammen-)geklebt 2. haftend, (zusammen-)klebend 3. zusammengewachsen 4. *Bill.* preß *kole 5. eng anliegend (Kleider) ~ **durmak** *Bill.* preß stehen ~ **harfler** s. **bitişik harfler;** ~ **kardeşler** siamesische Zwillinge *pl.* ~ **kulaklı** mit anliegenden Ohren ~ **külte** verkittetes Gestein *mültasık sahre ~ **vücutlar** zusammengewachsene Körper *pl.*
yapışıkçeneliler Haftkiefer *pl. zo.* Plectognathi *çengelçeneliler; kaynaşık çeneliler; mütelâsıkul fekkeyn
yapışıklık 1. Zusammen-geklebtsein, -gewachsensein *n* 2. *Bill.* Preß-Stehen *n*
yapışkan 1. klebrig, zäh haftend 2. *fig.* zudringlich, lästig, nicht abzuschütteln (Person); *hum.* seßhaft (Besuch) ~ **kızılağaç** s. **kızılağaç** (1)
yapışkanbalığı, -nı Schiffshalter, Schildfisch *m zo.* Echeneis (remora u. a.) *bzw.* Lepadogaster (bimaculatus u. a.) *engelbalığı
yapışkanbalığıgiller Scheibenköpfe, Kopfsauger *pl. zo.* Echeneidae
yapışkanlık 1. Klebrigkeit *f*, zähes Haften 2. Zähflüssigkeit, Viskosität *f* 3. *fig.* Zudringlichkeit, Lästigkeit *f* (e–r Person) *hum.* Seßhaftigkeit *f* (e–s Besuchers)
yapışkanotu, -nu 1. s. **duvar fesleğeni** 2. s. **çobansüzeği** (1)
yapışma 1. Vs. zu **yapışmak** 2. *biol.* Verwachsung *f* *iltisak 3. *techn.* Adhäsion *f* ~ **kabiliyeti** Adhäsion(-skraft), Haftfähigkeit *f*
yapışmak, (-ır) (m. Dat.) 1. kleben(-bleiben), haften 2. et. berühren, an et. kommen 3. wie angeklebt sein, kleben (z. B. Kleidungsstück am Körper) 4. sich an et. klammern 5. sich (wie e–e Klette) an j–n heften, hängen; nicht abzuschütteln sein 6. ergreifen (Werkzeug, Ruder usw.); beginnen, anfangen, sich (z. B. an die Arbeit) machen 7. packen, festhalten 8. *Bill.* preß liegen (*spez.* Spielball) 9. *V* zum Glücksspiel verleiten wollen Zu 1: **Pul iyi yapışmıyor.** Die Briefmarke klebt nicht richtig. Zu 2: **Elim sobaya yapıştı.** Ich bin mit der Hand an den (heißen) Ofen gekommen. **Alnı cama yapışmış sokağı seyrediyordu.** Die Stirn an die Scheibe gepreßt, schaute er auf die Straße hinaus. Zu 3: **Ceket vücuduna yapışıyor.** Das Jackett klebt ihm am Körper. Zu 4: **yapışacak tahta parçası araştıran kazazedeler gibi** wie Schiffbrüchige, die nach e–m Stück Holz suchen, woran sie sich klammern könnten Zu 5: **Bu adam da bize nereden yapıştı?** Wo kommt dieser zudringliche Mensch denn her? Zu 6: s. **halata (küreklere)** ~ Zu 7: **eteğine (yakasına)** ~
yapıştırıcı (kâğıt) Klebestreifen *m*
yapıştırma 1. Vs. zu **yapıştırmak** 2. *fr.* Brillantschmuck *m*, der e–r Braut ins Gesicht geklebt wurde *yapuk 3. Umdruckpapier *n* 4. Abziehbild *n* *çıkartma 5. an-, auf-geklebt ~ **ben** Schönheitspflästerchen *n*
yapıştırmaca Puzzlespiel *n* (zum Kleben), Klebespiel *n* (für Kinder)
yapıştırmak *tr.* 1. (an-, auf-, fest-, zusammen-, zu-)kleben 2. versetzen, geben, verabfolgen (Ohrfeige, Tritt, Faustschlag, Antwort usw.) Zu 1: s. **pul** ~ Zu 2: s. **cevabı (şamar, tekmeyi, tokat, yumruk)** ~
yapıt s. **eser;** ~ **sözleşmesi** s. **istisna akdi**
yapıvermek 1. leicht od. schnell tun 2. *(gel. als Bitte:)* **Şu işi yapıver!** Bitte, tu das doch!
yapkın 1. wohlhabend, reich *hali vakti yerinde olan 2. betrunken *sarhoş
yapma 1. Vs. zu **yapmak** 2. künstlich, imitiert, nachgemacht, unecht, falsch 3. gekünstelt, vorgetäuscht, hohl, gespielt (Zu 2: ~ **çiçekler** künstliche Blumen *pl.* *sunî çiçekler Zu 3: ~ **sevgi** vorgetäuschte Liebe ~ **vakar** hohle Würde, gespielter Ernst) ~ **ayıklanma** (*od.* ~ **seçim**) künstliche Auslese *ıstıfayı sınaî ~ **bebek** kalte Schönheit (Frau, Mädchen) ~ **ben** s. **yapıştırma ben;** ~ **dil** Kunst-, Welthilfs-sprache *f* ~ **geçişli** s. **oldurgan;** ~ **uydu** künstlicher Erdsatellit
yapmacık 1. gespielt, erkünstelt, vorgetäuscht, unecht (Benehmen, Verhalten, Geste usw.) 2. gekünsteltes (gezwungenes) Wesen; Spiegelfechterei *f*, leeres Getue; Gehabe *n*, Künstelei *f* *tasannu ~ **bir öfke** gespielter Ärger ~ **fiili** (*od.* ~ **görünümü**) *gr.* Aktionsart *f* der gespielten Ignoranz; Simulativum *n* (z. B. **görmemezlikten** (*od.* **görmemezliğe**) **gelmek**)
yapmacıkçı(-lık) s. **maniyerist; maniyerizm**
yapmacıklı s. **maniyere**
yapmak, (-ar) 1. machen, tun 2. schaffen, zustandebringen, verfertigen, herstellen, zurechtmachen, zubereiten 3. verursachen, bewirken, entstehen lassen 4. arbeiten, e–e Tätigkeit ausüben 5. reparieren, wieder instand set-

zen, ausbessern 6. (er-)bauen, errichten, aufführen 7. konstruieren (z.B. Maschine) 8. veranstalten 9. geben 10. ausführen, praktisch anwenden 11. zuteil werden lassen, angedeihen lassen 12. j–m (et. Gutes od. Böses) (an-)tun *spez.* j–m et. zuleide tun 13. leisten, zuwegebringen 14. handeln, verfahren, vorgehen, (daran)tun *hareket etmek 15. sich ver-, an-schaffen, sich et. beilegen 16. (mit Streckenangabe) machen, fahren, zurücklegen 17. machen (zu), werden lassen, umwandeln, umwechseln (in) 18. *Hv.* zur Bez. e–s Tuns *etmek 19. sein 20. *P* den Beischlaf ausüben 21. studieren Zu 1: **İstediğini yap!** Tu doch was du willst! **Yol kavis yapıyor.** Der Weg macht e–n Bogen. **Ben uyumakta devam ediyor gibi yapardım.** Ich tat so, als ob ich weiter schliefe. Zu 2: **kanun** ~ Gesetze schaffen; s.a. **yatak (yemek)** ~ Zu 3: **Durgun sular sıtma yapar.** Stehende Gewässer sind die Brutstätten von Malaria. Zu 4: **Orada ne yapıyorsunuz?** Was für e–e Tätigkeit haben Sie dort? Zu 5: **Saatçı benim saatımı yapamadı.** Der Uhrmacher hat meine Uhr nicht reparieren können. **Bozuk yolu yaptılar.** Die schlechte Straße hat man wieder instandgesetzt. Zu 6: **yol yapmak** e–e Straße bauen; s.a. **yapı yapmak** Zu 8: **Büyük bir resmi kabul yapılmıştır.** Es wurde ein großer Empfang veranstaltet. Zu 9: **Kâğıdı kim yaptı?** *Ka.* Wer hat gegeben? **Haydi razı ol, şu kızı sana yapalım!** Nun sag schon ja; wir wollen dir dieses Mädchen zur Frau geben! Zu 10: **kanunun dediğini yapmak** ausführen, was das Gesetz vorschreibt Zu 11: **Bu muamele ona yapılmamalı.** So darf man ihn nicht behandeln. Zu 12: **Ben ona bir şey yaptım mı?** Habe ich ihm et. zuleide getan? **Bana yapacağını yaptı.** Er hat mir alles nur erdenkliche Böse angetan. Zu 13: **Açlık neler yapmaz!** Was bringt der Hunger nicht alles zustande! **büyük bir fedakârlık** ~ ein großes Opfer bringen Zu 14: **İyi yapmıyorsunuz, çocuğu çok azarlıyorsunuz.** Sie tun nicht gut daran, den Jungen so sehr zu schelten. Zu 15: s. **çocuk (para)** ~ Zu 16: **Vapur saatte on iki mil yapıyor.** Der Dampfer macht (fährt) 12 Meilen die Stunde. Zu 17: **İnsanı insan yapan iyi ahlâkıdır.** Was den Menschen erst zum Menschen macht, ist seine ethische Grundhaltung. **Çocuğumu hukukçu yaptım.** Ich habe meinen Jungen Jurist werden lassen. **tarlayı bağ yapmak** aus dem Feld e–n Weinberg machen **Bunu lira yapar mısınız?** Könnten Sie das in Pfundscheine (*bzw.* Pfundstücke) umwechseln? Zu 18: **Ben şimdi hesap yapıyorum.** Ich rechne jetzt. (Aber: **Neyi hesap ediyorsunuz? – Masrafımı hesap ediyorum.** Was rechnen Sie jetzt? – Ich rechne meine Ausgaben zusammen.) Zu 19: **Geçen gün çok soğuk yaptı.** Neulich war es sehr kalt. **Dün üç hava yaptı.** Gestern hatten wir dreimal ganz verschiedenes Wetter. Zu 21: **İsviçrede hukuk yapıyor.** In der Schweiz studiert er Rechtswissenschaft. – **Yapacağını yap!** *iron.* Tu, was du nicht lassen kannst! Treib es so schlimm, wie du willst! **yapamamak** nicht tun können *spez.* 1. nicht fertigbringen, nicht leisten können, nicht auskommen können 2. (etmeden) a) nicht umhin können; müssen b) sich in den Kopf setzen (et. zu tun) 3. nicht aushalten können (Zu 1: **Ben onsuz yapamam.** Ohne das (*bzw.* ohne ihn) komme ich nicht zu Rande. Zu 2: **Bir üçüncü mevzuu ele almadan yapamayacağım.** Ich kann nicht umhin, ein drittes Thema anzuschneiden. **Gülmeden yapamadım.** Ich mußte (unwillkürlich) lachen. Zu 3: **Ben yapamam, bu gürültü beni hasta eder.** Ich halte es einfach nicht mehr aus; der Lärm da macht mich ja richtiggehend krank.) **yapıp yapıp** mit allen Mitteln (s.a. **ne yapıp yapıp**); **Yapma (Yapmayınız, Yapmayın)** 1. Nicht doch! Laß(t) das! Laß(t) die Finger davon! 2. Was du nicht sagst! Was Sie nicht sagen! Ist so et. möglich? **yapmadığını bırakmamak** (*od.* **koymamak**) nur Übles anstellen; nichts (Schlechtes) ungetan lassen **yaptığı ayağına dolaşmak** *fig.* selber in die Grube fallen, die man e–m anderen gegraben hat **Yaptığı hayır ürküttüğü kurbağaya değmez.** s. **Aldığı aptes** (usw.); **yaptığını bilmemek** *fig.* nicht ganz bei Trost sein

yapracık 1. Blättchen *n* 2. dünne Schicht

yaprak, -ğı 1. Blatt *n* (e–r Pflanze) 2. *spez.* Weinbeerblatt *n* 3. Blätterteigschicht *f* (bei **baklava, börek** usw.) 4. (Papier-)Blatt *n* (bei Büchern, Heften usw.) 5. Folie *f spez.* Metallfolie *f* 6. Schicht *f* (bei Gestein, Furnierung usw.) 7. Teilstück *n* 8. *naut.* Bahn *f* (= Breite) des Segeltuchs (Zu 4: **Bu defterin -ları eksik.** In dem Heft hier fehlen einige Blätter. **O -ı çevirelim!** *fig.* Davon wollen wir nicht mehr reden! s.a. **Kapat o -ları!** Zu 7: **beş -tan bir yelken** ein fünfteiliges Segel **eteğin arka -ı** hinterer Teil des Rokkes) ~ **aşısı** *agr.* Okulieren *n*, Okulation *f* ~ **ayası** *bot.* Blattspreite *f* *kursu varak; lamina ~ **boynuzlu böcekgiller** s. **düzlemduyargalılar;** ~ **çiçeği** Blattblume *f bot.* Phyllanthus ~ **damarları** *bot.* Blattrippen *pl.* ~ **dolması** s. ~ **sarması;** ~ **döken orman** Laubwald *m* ~ **dökümü** Laubfall, Herbst *m* ~ **dut ağacı** s. **kâğıt dutu;** ~ **fırtınası** Name e–s period. Seesturms (gegen 30. Juni) ~ **halı** Streifenteppich *m* ~ **kalay** 1. Stanniol *n* 2. Silberpapier *n* ~ **kayaç** s. **şist;** ~ **kını** *bot.* Blattscheide *f* ~ **kurmak** Weinbeerblätter einlegen ~ **kurusu** welkes Blatt ~ **makinesi** *techn.* Folienpreßmaschine *f* ≗ **oynamaz** (*od.* **kıpırdamaz**). Es rührt sich kein Blättchen. Es ist ganz windstill. ~ **pası** Mehltau *m* *mildiyu ~ **resim** Bildtafel *f* (in e–m Buch) *levha ~ **salamurası** eingelegte Weinbeerblätter *pl.* ~ **sarması** (*F a.* ~ **sarma**) farcierte Weinbeerblätter *pl.* ~ **sapı** Blatt-stiel, -stengel *m* *petiyol; zenebi varak ~ **sigarası** Zigarre *f* *puro, sigar ~ **tütün** Blättertabak *m* ~ ~ Blatt für Blatt ~ **yüzü** s. ~ **ayası**

yaprakarısıgiller Säge-, Blatt-wespen *pl. zo.* Tenthredinidae *bıçkılısinekgiller; testerearıgiller

yaprakbiti, -ni Blattlaus *f zo.* Aphis laburni *çiçek (*od.* akasya) biti; basra; humul; kumuş; püseron; zenk

yaprakböceğigiller Blattkäfer *pl. zo.* Chrysomelidae

yaprakböcek wandelndes Blatt *zo.* Phyllium

yaprakburunlu yarasagiller Blattnasen *pl. zo.* Phyllostomatidae (Fledermausart)

yaprakbüken Blattroller, Trichterwickler *m zo.* Cacoecia rosana

yaprakçık s. **yapracık**

yaprakkesenarı (Rosen-)Blattschneiderbiene *f zo.* Megachile centuncularia

yapraklamak s. **yapraklanmak** (3)

yapraklanma Vs. zu **yapraklanmak** *spez. geol.* Schieferung *f* *kavlanma, şistiyet

yapraklanmak 1. sich belauben, Blätter bekommen (z.B. Spinat), ausschlagen (Bäume) 2. sich in dünnen Schichten bilden 3. im Wind flattern (Segel, Fahne usw.)

yapraklı 1. mit Blättern, belaubt 2. mit nb. Blättern 3. aus dünnen Schichten bestehend 4. mit Blattmuster verziert Zu 2: **yüz** ~ **bir defter** ein Heft mit hundert Blättern ~ **ağaç** Laubbaum *m* ~ **karayosunları** *bot.* Laubmoose, Musci *pl.* *üşniyei berriye

Yapraklı *n.pr.* O. u. D. im Rbz. Çankırı

yaprakpiresigiller Blattflöhe *pl. zo.* Psyllidae

yapraksı blatt-ähnlich, -förmig ~ **kayaç** s. **fillat**

yapraksız ohne Blätter, blattlos, entlaubt *bzw.* unbelaubt, kahl

yapraksızlandırmak entblättern

yapraksızlanmak sich entblättern, die Blätter verlieren

yapraksolucanlar s. **emici kurtlar**

yapraktaş s. **fillat**

yaptırıcı 1. machend, (er-)schaffend 2. ergiebig *verimli

yaptırım 1. Vs. zu **yaptırmak** 2. Sanktion(-ieren *n*) *f*, Erteilung *f* der Gesetzeskraft *müeyyide, teyit
yapuk 1. s. **yapıştırma** (2) 2. s. **yapık**
yapyabancı [×···] ganz (vollkommen) fremd
yapyalnız [×··] s. **yapayalnız**
yar- (*Verk.* von **yardımcı**) Hilfs-, Vize-, stellvertretend *muavin (vgl. **yarbay, yardirektör** usw.)
yar 1. Schlucht *f*, Abgrund *m* 2. s. **falez; -dan atmak** j–n ins Verderben (Unglück) stürzen; *fig.* durch Intrigen zu Fall bringen **-dan uçmak** 1. in den Abgrund stürzen *(intr.); fig.* Opfer e–r Intrige werden 2. *fig.* in schwere Bedrängnis geraten
yâr, -ri 1. Freund, Gefährte, Helfer, Beistand *m* 2. Geliebte, Freundin *f* Zu 1: s. **Aklın başına ~ ise ...; ~ da ağyar da** Freund und Feind, alle Leute *pl.* **≗ beni ansın bir koz ile, o da çürük çıksın!** *Spr.* s. **Yarım elma gönül** (*od.* **hatır**) **alma.** ~ **olmak** helfen, unterstützen ~ **tekmesi** s. **kuş yuvası** (3); **≗dan mı geçersin serden mi?** sich für e–e von zwei Möglichkeiten entscheiden müssen, in e–m Dilemma sein **-i gar** *va.* 1. Freund *m* in der Höhle (= Ebubekir) 2. *allg.* treuer Freund **-ü ağyara karşı** 1. gegen jedermann 2. vor allen Leuten
yara (I) 1. Wunde, Verwundung, Verletzung *f* 2. Leck *n* (bei e–m Schiff), Loch *n* (z.B. in e–m Stoff) 3. *fig.* kaum vernarbte Wunde; Schmerz, Kummer, Gram *m* 4. *abus.* Narbe *f* *yara izi, nedbe 5. *selt.* Beleidigung, Kränkung, Schande *f* Zu 1: s. **bıçak (kurşun) -sı** Zu 2: **Bu kumaşta çivi -sı var.** In den Stoff hier hat ein Nagel ein Loch gerissen. Zu 3: **Bu hal, içime ~ oldu.** Das hat mir großen Kummer bereitet. s. a. **yürek -sı** Zu 4: s. **kılıç -sı;** ~ **açmak** 1. verwunden 2. *fig.* Wunden schlagen, Kummer und Leid verursachen ~ **akması** *med.* Wundabsonderung *f* ~ **bere içinde** ganz zerschunden (z.B. im Gesicht) ~ **çengeli** *med.* Wundklammer *f* ~ **etmek** verwunden, *a.:* wund-, auf-reiben ~ **içinde** über und über mit Wunden bedeckt ~ **intanı** Wundinfektion *f* ~ **işlemek** (*od.* **toplamak**) eitern (Wunde) ~ **izi** Narbe *f* ~ **kabuğu** Wundschorf *m*, Kruste *f* ~ **kapanmak** sich schließen (Wunde) ~ **nişanı** s. ~ **izi;** ~ **paleti** *naut.* s. **müsademe paleti;** ~ **süngeri** roter Kreis um den Mittelpunkt e–r Entzündung ~ **yeri** s. ~ **izi; ≗sı olan kocunur.** (Verdeutlichung von **Yağrı olan kocunur.**) **-sı olmak** *V* (im Glücksspiel) verloren haben **-sına dokunmak** (b–nin) j–n an seiner empfindlichsten Stelle (seiner Achillesferse) treffen **-sını deşmek** *fig.* e–e kaum vernarbte Wunde wieder aufreißen **-ya merhem sürmek** Salbe auf die Wunde streichen **-ya parmak basmak** *fig.* den Finger auf die wunde Stelle legen **-ya tuz biber ekmek** *fig.* Salz in e–e offene Wunde streuen **-yı sarmak** die Wunde verbinden
yara (II) [– –] *va.* 1. wirksame Tat od. Hilfe 2. Kraft, Stärke *f*
yarabbi s. **ya Rabbi**
Yaradan Schöpfer *m*, Gott *mübdi ~ **hakkı için** bei Gott! so wahr mir Gott helfe! **≗a kurban olayım!** *P* (Ausruf der Bewunderung od. der hilflosen Trauer:) 1. Großartig! Wunderbar! Donnerwetter! 2. O mein Gott! Schrecklich! **-a sığınıp** (bir iş yapmak) 1. mit allen Kräften, aus Leibeskräften 2. mit Gottvertrauen, mit Todesverachtung Zu 1: **≗a sığınıp bir tokat aşketti.** Er gab ihm e–e gesalzene Ohrfeige. **-a yan bakmak** 1. leicht schielen, e–n Silberblick haben 2. die Nase hoch tragen
yaradancı(-lık) s. **deist; deizm**
yaradılış 1. Schöpfung, Erschaffung *f* 2. Konstitution *f*, Körperbau *m* 3. Natur(-anlage) *f*, natürliche Begabung *fıtrat, hilkat 4. *psych.* Temperament *n* *mizaç **-tan** von Natur aus, auf Grund natürlicher Veranlagung *fıtraten, hilkaten
yarak, -ağı 1. *va.* Werkzeug, Instrument, Gerät *n*, Waffe *f* *alet, silâh 2. *va.* Geräte, Werkzeuge *pl.*, Rüstung *f*, Waffen *pl.*, Munition *f* 3. *V* männliches Glied; Penis *m*
yaralamak 1. verwunden, verletzen, e–e Wunde (Verletzung) beibringen 2. ein Leck verursachen; beschädigen (Schiff) 3. ein Loch reißen (z.B. Nagel) 4. wund-, aufreiben 5. *fig.* kränken, verletzen (z.B. j–s Stolz)
yaralanmak Pass. zu **yaralamak; Başından yaralandı.** Er trug e–e Kopfverletzung davon.
yaralı 1. verwundet, verletzt; Verwundeter, Verletzter 2. beschädigt (Schiff, Stoff usw.) 3. wund-, auf-gerieben, wundgelegen 4. *fig.* wund, weh, zerrissen (Herz) Zu 4: s. **kalpten ~;** ~ **bereli** ganz zerschunden ~ **kuşa kurşun sıkmak** *fig.* sich an e–m Wehrlosen vergreifen ~ **nakliyatı** *mil.* Verwundetentransport *m*
yaramak (m. Dat.) 1. sich eignen, taugen, brauchbar (nützlich, dienlich) sein 2. der Gesundheit förderlich sein, bekömmlich sein, bekommen 3. angezeigt sein, am Platze sein (bei) Zu 1: **Bu kitap işime çok yarıyor.** Dieses Werk ist mir bei meiner Arbeit sehr dienlich. **İşime yarar.** a) Ich kann ihn gut gebrauchen. b) Es kommt mir sehr zustatten. c) Es paßt mir in den Kram. Zu 2: **Buranın havası bana yaramadı.** Das hiesige Klima ist mir nicht gut bekommen. **Yarasın!** Wohl bekomm's! Guten Appetit! *Afiyet olsun! Zu 3: **Ona iyilik yaramaz.** Wohltaten sind bei ihm nicht angebracht.
yaramaz 1. unbrauchbar, untauglich, unhandlich 2. mutwillig, unartig, ungezogen 3. Schlingel, Taugenichts *m*
yaramazlık 1. Unbrauchbarkeit, Untauglichkeit, Unhandlichkeit *f* 2. kindlicher Mutwille; Unart, Ungezogenheit *f* ~ **etmek** sich ungezogen benehmen; ungezogen (unartig, mutwillig) sein
yâran [– –] *va. Pl.* zu **yâr** 1. Freunde *pl.* 2. *fr.* Gesinnungsgenossen *pl.*, Gruppe *f* (die das gleiche Ziel verfolgt), Helfer *pl.*
yaranış; yaranma Gefälligkeit, Aufmerksamkeit *f*
yaranmak (m. Dat.) 1. j–n zufriedenstellen, j–m zu Gefallen sein 2. sich einschmeicheln (bei), j–s Gunst gewinnen **Ne yaptımsa kendisine yaranamadım.** Ich habe alles versucht, es ihm recht zu machen, aber ohne Erfolg.
yaraotu, -nu 1. s. **kılıç otu** (2) 2. echter Wundklee *bot.* Anthyllis vulneraria
yarap s. **ya Rabbi**
yarar 1. geeignet, brauchbar, tauglich, verwendbar, nützlich, dienlich, tüchtig 2. Nutzen, Vorteil, Gewinn, Profit *m* *fayda, nefi, menfaat Zu 1: **çiçek koymağa ~** als Blumenvase (Blumenkasten usw.) verwendbar Zu 2: **Bu taşların hiç bir işe -ı yoktur.** Die Steine hier sind zu nichts zu verwenden. **Kızılay -ına bir balo** ein zu Gunsten des Roten Halbmonds veranstalteter Ball
yararcılık s. **ütilitarizm**
yararlanmak 1. sich e–n Gewinn (Vorteil) verschaffen, Nutzen ziehen (aus) 2. verwenden, benutzen
yararlı nützlich, gewinnbringend, vorteilhaft *faydalı
yararlık 1. Fähigkeit, Tüchtigkeit *f*, Verdienst *n*, Bewährung *f*, Vorzug *m*, Vortrefflichkeit *f* *değim, liyakat, meziyet 2. Brauchbarkeit *f*, Nutzen, Vorteil *m*
yararsız unnütz, nutzlos, nichts einbringend, unrentabel *faydasız
yarasa Fledermaus *f zo.* Vespertilio (u.a.m.) **-lar** Flattertiere, Fledermäuse *pl. zo.* Chiroptera
yaraşık 1. Angemessen-, Passend-sein, Entsprechen *n*, Schicklichkeit *f* 2. *va.* angemessen, passend, schicklich ~ **almak** s. **yaraşmak**
yaraşıklı passend, geziemend, entsprechend, schicklich, anständig
yaraşıksız unpassend, unziemlich, ungehörig, unschicklich, unanständig
yaraşmak (m. Dat.) 1. (sich) passen, geziemen, sich zie-

men, sich gehören, sich schicken 2. entsprechen, im Einklang stehen (zu) 3. gut stehen, kleidsam sein, gut passen Zu 1: **Bu hareket sana yaraşmaz.** Dieses Benehmen schickt sich nicht für dich. Zu 2: **Türk misafirperverliğine yaraşan bir surette** in e-r der türk. Gastfreundlichkeit entsprechenden Form Zu 3: **Güzele ne yaraşmaz?** *Spr.* E-r schönen Frau steht alles gut.

yaraştırmak 1. Kaus. zu **yaraşmak** 2. ausschmücken, verschönern 3. erwarten; passend finden (zu der Vorstellung, die man von j-m hat), zutrauen Zu 3: **Bu sözü size yaraştıramadım.** Dieses Wort hätte ich aus Ihrem Mund nicht erwartet.

yaratan schaffend, hervorbringend **bu eseri ~ sanatçı** Schöpfer *m* dieses Kunstwerks; s. a. **Yaradan**

yaratıcı 1. schöpferisch, produktiv 2. schöpferischer Kopf; Schöpfer *m* Zu 2: s. **moda -sı; ~ hayalgücü** schöpferische Phantasie

yaratıcılık Schöpferkraft *f*, schöpferische Tätigkeit

yaratık Geschöpf *n*, Kreatur *f* *mahluk

yaratılış s. **yaradılış**

yaratım Schöpfung *f*

yaratımcılık Lehre *f* von der göttlichen Erschaffung der Arten *ibdaiye

yaratmak 1. hervorbringen, (er-)schaffen 2. *fig.* zustandekommen lassen, verursachen, hervorrufen, bewirken Zu 1: s. a. **Allah yarattı dememek**

yarbay *mil.* Oberstleutnant *m* *kaymakam ~ **deniz hekimi** Flottillenarzt *m*

yarbaylık *mil.* Rang *m* und Würde *f* e-s Oberstleutnants

yarda [×·] Yard *n* (engl. und amerikan. Längenmaß von 0,9144 m)

yardak Helfer, Gehilfe *m spez. pej.* Helfershelfer, Komplize *m*

yardakçı *pej.* Helfershelfer, Komplize *m*

yardakçılık Dienste *pl.* e-s Helfershelfers ~ **etmek** Helfershelfer sein

yardalık soundso viel Yard betragend (ausmachend, weit, lang)

yardım 1. Hilfe *f*, Beistand *m*, Unterstützung *f* 2. *fig.* Ein-, Mit-wirkung, Mithilfe *f* Zu 2: **rüzgârın -iyle** durch die Einwirkung (od. infolge) des Windes (Sturms) ~ **antlaşması** (*od.* **paktı**) Subsidienvertrag, Beistandspakt *m* ~ **elini uzatmak** hilfreiche Hand bieten ~ **etmek** 1. (b-ne) j-m helfen, beistehen, Beistand leisten, j-n unterstützen 2. (bşe) et. unterstützen, fördern; beitragen (zu) ~ **görmek** Hilfe bekommen, geholfen bekommen, unterstützt werden, Unterstützung erfahren (von) ~ **göstermek** (b-ne) j-m helfen, Hilfe leisten, j-n unterstützen ~ **hizmeti** Hilfsdienst *m* ~ **istemek** um Hilfe bitten ~ **sandığı** Hilfskasse *f* (z. B. für Angestellte) ~ **taarruzu** *mil.* Entlastungsangriff *m* ~ **tahsisatı** Unterstützungsfonds *m* ~ **vazifesi** Fürsorgepflicht *f* (z. B. der Eltern) **-ı dokunmak** 1. (b-ne) helfen, hilfreiche Hand gewähren, beistehen 2. (bşe) beitragen (zu) **-ına koşmak** (b-nin) j-m zu Hilfe eilen **-ına yetişmek** (b-nin) j-m zu Hilfe kommen

yardımcı 1. helfend, Hilfs-, Behelfs-, Not- 2. Helfer, Gehilfe *m*, Hilfs-person, -schwester *f*, -arbeiter *m* 3. Stellvertreter *m*, Vize- 4. **-lar** *pl. a.:* Rettungsmannschaft *f* Zu 3: **Alman Başbakan -sı** deutscher Vizekanzler ~ **alet** Hilfsgerät *n* ~ **bez** *an.* Anhangsdrüse *f* ~ **ders** Nebenfach *n* (z. B. für das Staatsexamen) ~ **fiil** (*od.* ~ **eylem**) *gr.* Hilfsverbum *n* (wie z. B. **etmek, eylemek, olmak, bulunmak** usw.) *fiili iane ~ **gereç** Hilfsmaterial *n* (z. B. Farbe, Leim usw. bei Holzbearbeitung) ~ **hava korunma tedbirleri** *mil.* behelfsmäßiger Luftschutz ~ **hücreler** (*od.* ~ **gözeler**) *bot.* Helferinnenzellen, Synergiden *pl.* *hüceratı muavine ~ **kıta** Hilfstruppe *f* ~ **kız** Assistentin *f* (z. B. im Zirkus) ~ **köprü** Not-, Behelfs-brücke *f* ~ **kruvazör** Hilfskreuzer *m* ~ **metöransen** *(Film, Th.)* Hilfsregisseur *m* ~ **olmak** behilflich sein ~ **ordu** Hilfsarmee *f* ~ **pervane** Hilfspropeller *m* ~ **rampa** Behelfsrampe *f* ~ **ses** *gr.* s. **kaynaştırma harfi(sesi);** ~ **teorem** *math.* Hilfssatz *m*, Lemma *n* *mehuze

yardımcılık Tätigkeit *f* e-s **yardımcı**

yardımcısız ohne Hilfspersonal

yardımlaşmak sich gegenseitig helfen, zusammenarbeiten

yardımsamak um Hilfe bitten *istiane etmek

yardımsever hilfsbereit, nächstenliebend, philanthropisch

yardımseverlik Hilfsbereitschaft, Nächstenliebe *f*

yardirektör zweiter Direktor; Direktorstellvertreter, Unterdirektor *m* *müdür muavini

yaren [ā] Freund, Kamerad, Genosse, Gefährte *m* *arkadaş

yarenlik [ā] 1. Freundschaft, Kameradschaft *f* 2. freundschaftliche Unterhaltung, gemütliche Plauderei ~ **etmek** sich freundschaftlich unterhalten, gemütlich plaudern

yarga [×·] fast ausgewachsenes junges Huhn; Masthuhn, Poulet *n*

yargı 1. *va.* Spalten *n* 2. *va.* Splitter, Span *m* 3. *jur., phil.* Urteil *n* *hüküm, muhakeme, yargılama 4. Gerichtsbarkeit *f* *kaza ~ **çevresi** *jur.* Gerichtsbezirk *m* *kaza dairesi ~ **gücü** *jur.* richterliche Gewalt *kaza kuvveti ~ **hakkı** s. **kaza hakkı;** ~ **işlemi** s. **kazaî muamele;** ~ **organları** Justizbehörden *pl.* *kaza mercileri ~ **yeri** Gericht(-shof *m*) *n* *mahkeme ~ **yolu** *jur.* Rechtsweg *m* **-ların metatezi** *log.* Umkehrung *f* der Urteile

yargıcı Schiedsrichter *m* *hakem ~ **sözleşmesi** *jur.* Schiedsvertrag *m* *tahkimname

yargıcılık s. **hakemlik**

yargıç, -cı *jur.* Richter *m* *hâkim **-ın hukuk yapıcılığı** *jur.* richterliche Rechtsfindung **-ların bağımsızlığı** *jur.* Unabhängigkeit *f* der Richter **-ların sorumluluğu** s. **hâkimlerin mesuliyeti**

yargıçlık, -ığı Amt *n*, Pflichten *pl.* e-s Richters

yargıevi, -ni Gericht(-shof *m*) *n*

yargılama 1. Vs. zu **yargılamak** 2. *phil., jur.* Urteil *n* 3. Gerichtsverhandlung *f* ~ **erki** s. **yargı gücü;** ~ **kararı** s. **kazaî karar;** ~ **masrafları** (*od.* **gideri**) s. **muhakeme masrafları;** ~ **süreci** s. **muhakeme usulü;** ~ **türesi** s. **usul hukuku; -nın açıklığı** Öffentlichkeit *f* der Gerichtsverhandlungen *muhakemelerin aleniyeti **-nın iadesi** s. **muhakemenin iadesi; -nın men'i** s. **men'i muhakeme**

yargılamak 1. *phil.* urteilen *hüküm (muhakeme) etmek 2. vor Gericht stellen, aburteilen

yargılayış s. **yargılama süreci**

yargılı s. **mahkûm**

yargılık s. **mahkeme**

yargısal s. **kazaî** (2); ~ **erginlik** s. **kazaî rüşt**

Yargıtay s. **Temyiz Mahkemesi**

yarı 1. Hälfte *f* 2. halb, Halb-, halbwegs, zur Hälfte 3. *Fb.* Halbzeit *f* Zu 1: **Ekmeğin -sını yedi.** Er aß das halbe Brot (*od.* das Brot zur Hälfte). ~ **anlamak** nur halb(-wegs) verstehen ~ **aydın** Halbgebildeter ~ **bele kadar** hüfthoch ~ **beline kadar dışarı sarkmak** sich mit dem ganzen Oberkörper hinauslehnen ~ **çekili bayrak** Fahne (Flagge) *f* auf Halbmast ~ **deli** halbverrückt ~ **gece** Mitternacht *f* ~ (*od.* **orta**) **mukavemet koşusu** *(Sport)* Mittelstreckenlauf *m* (800–3000 m) ~ **otomatik top** *mil.* Selbstladegeschütz *n* ~ **ova** s. **peneplen;** ~ **ömür** halbes Leben; Hälfte *f* des Lebens ~ **pişmiş** nur halb gekocht, nur halb gar ~ **sâit** *(va.);* ~ **ünlü** *phon.* Halbvokal *m* ~ **vakit** 1. Hälfte *f* der Zeit 2. *(Sport)* Halbzeit *f* ~ **-ya** 1. ungefähr die Hälfte 2. halb und halb, zu gleichen Teilen, in zwei Hälften ~ **yol** halber Weg; Hälfte *f* des Weges ~ **yolda bırakmak** 1. (b-ni) j-n (im entscheidenden Moment) im Stich lassen 2. (bşi) et. unvollendet lassen, aufgeben, nicht zu Ende führen ~ **yolda kalmak** 1. auf halbem Wege stehenbleiben, nicht bis zu Ende gehen 2. halbfertig liegenbleiben, nicht fertiggestellt werden, mittendrin abgebrochen werden ~ **yoldan çevirmek** veranlassen (*od.* zulassen), daß jm. auf halbem Wege umkehrt ~ **yoldan dönmek** auf halbem Weg umkehren ~ **yuvarlak** halbrund **-da bırakmak** 1. abbrechen (z.B. Urlaub, Schachpartie usw.) 2. unvollendet liegenlassen **-da kalmak** halbfertig liegenbleiben, nicht fertiggestellt werden, mittendrin abgebrochen werden **-ya çekmek** (*od.* **indirmek**) **(bayrağı)** halbmast flaggen

yarıbuçuk *F* 1. sehr wenig, e–e Handvoll, kaum ein paar, nur ein paar Brocken 2. unzureichend, ungenügend ~ **askerlerle** mit e–r Handvoll Soldaten ♀ **sermayesi var, kendini milyoner zannediyor.** Er hat kaum ein paar Groschen (*F* Kröten) und hält sich schon für e–n Millionär.

yarıcı 1. (zer-)spaltend, durchbrechend 2. Holz-hauer, -hacker *m* 3. wer unter Halbpart-Bedingung arbeitet Zu 1: **üstat bir** ~ *mil.* ein Meister im (strategischen) Durchbruch Zu 2: s.a. **odun** ~

yarıcılık Tätigkeit *f* e–s **yarıcı;** ~ **mukavelesi;** ~ **yoliyle kira** *jur.* Teilpacht *f* *iştirakli icar; ortakçılık

yarıçap, -pı *math.* Halbmesser, Radius *m* *nısfı kutur ~ **vektörü** Radiusvektor, Leitstrahl *m*

yarıdoğru s. **yarım doğru**

yarıfinal(-ist, -istlik) s. **dömifinal(-ist, -istlik)**

yarıgölge *astr., phys.* Halbschatten *m* *şibih zıl

yarık 1. gespalten, geschlitzt, aufgerissen 2. Spalte *f*, Spalt, Riß, Schlitz *m* 3. *phys.* kleiner rechteckiger Spalt in dem Schirm vor e–r Lichtquelle

yarıküre s. **yarımküre**

yarılama 1. Vs. zu **yarılamak** 2. *chem.* Spaltung *f* in optisch aktive Komponenten ~ **müddeti** *chem.* Halbwertzeit *f* (bei radioaktiven Stoffen)

yarılamak (m. Akk.) bis zur Hälfte kommen (bei); et. zur Hälfte vollenden **İşimizi yarıladık.** Die Hälfte der Arbeit ist getan. **Yolu yarıladık.** Die Hälfte des Wegs haben wir zurückgelegt.

yarılmak 1. Pass. zu **yarmak** 2. *intr.* sich (auf-)spalten; zer-, auf-, ein-reißen

yarım 1. halb 2. *fig.* halb, unvollständig, unfertig, unzureichend 3. Hälfte *f*, Halbes 4. (Uhrzeit) halb eins Zu 3: **İki ~ bir bütün eder.** Zwei Halbe machen ein Ganzes. Zu 4: **Saat -dır.** Es ist halb eins. **saat -da** um halb eins ~ **adam** (nur) ein halber Mensch *d.h.* gebrechlich, verkrüppelt, abgemagert, schwach ~ **ağır sıklet** *(Boxen)* Halbschwergewicht *n* ~ **ağızla** mit halbem Herzen; nur der Höflichkeit halber, pro forma ~ **akılı** halbverrückt ~ **aklını kaybetmek** halbverrückt werden ~ **banyo** Sitzbad *n* ~ **baş ağrısı** *med.* Migräne *f* *migren ~ **başlık** *typ.* Schmutztitel *m* (e–s Buches) ~ **bez cilt** *typ.* Halbleinband *m* ~ **bilgi** Halbwissen *n* ~ **bos** Basrelief, Flachbildwerk *n* ~ **daire** *math.* Halbkreis *m* *nısfı daire ~ **daire kanalları** *an.* Bogengänge *pl.* (im Gehörgang der Wirbeltiere), Canales semicirculares *kanatı nısfı daireviye ~ **deri cilt** *typ.* Halbleder-, Halbfranz-band *m* ~ **diba** *fr.* Brokatell *m* ~ **doğru** *math.* Richtungsgerade *f* *nısfı müstakim ~ **eldiven** Fausthandschuh *m* ♀ **elma gönül** (*od.* **hatır**) **alma.** *Spr.* Kleine Geschenke erhalten die Freundschaft. *Spr.* ♀ **elmanın yarısı o, yarısı bu.** Sie gleichen sich wie ein Ei dem andern. ~ **kafiye** Halbreim *m*, Assonanz *f* ~ **kalmak** 1. abgebrochen werden (Urlaub, Wettspiel usw.) 2. unvollendet bleiben (z.B. Gebäude) ~ **kan** Halbblut *n*, Mischling *m* ~ **kârgir** *arch.* Fachwerk *dolma ahşap ~ **kerte** *naut.* halber (Kompaß-)Strich (= 5°37′30″) ~ **kutur** Radius, Halbmesser *m* ~ **latin yelkeni** s. **poyratlı latin yelkeni;** ~ **orta sıklet** *(Boxen)* Halbweltergewicht *n* ~ **pabuç(-lu)** 1. zerlumpter Vagabund, Landstreicher *m* 2. Straßendirne *f* ~ **porsiyon** *V* e–e halbe Portion (Mensch) ~ **saat** e–e halbe Stunde ~ **sağ** *Fb., mil. usw.* halbrechts ~ **seren** *naut.* Spiere *f* ~ **ses** *mus.* Halbton *m* ~ **siyah** *typ.* halbfett ~ **sol** *mil., Fb. usw.* halblinks ~ **takım** *mil.* Halbzug *m* ~ **tavuskelebeği** Abendpfauenauge *n*, Weidenschwärmer *m zo.* Smerinthus ocellata ~ **uçara** (*od.* ~ **vole**) *(spez. Tennis)* Halbflugball *m* ~ **volta** *naut.* Knick *m* in e–r Ankerkette, Bättingsschlag *m* ~ **yamalak** nur halb, unvollkommen, unzureichend, mangelhaft (~ **yamalak bir Türkçe ile** in gebrochenem Türkisch) ~ **yelken** *naut.* Schratsegel *n* ~ **yırtık yapmak** *fig.* et. nur schlampig erledigen ♀ **yol ileri!** *naut.* Halbe Kraft voraus! ~ **yuvarlak** halbrund

yarımada Halbinsel *f* *şibih cezire

yarımay 1. Halbmond *m* 2. *naut.* Gaffelklaue *f* ~ **ıskarmoz** *naut.* Ruderklampe, (Dreh-)Dolle *f* ~ **şeklinde** halbmondförmig ~ **tabya** *hist.* Ravelin *m* (halbmondförmiges Außenwerk e–r fr. Befestigungsanlage)

yarımaymunlar Halbaffen *pl. zo.* Prosimiae

yarımca 1. einseitige Lähmung; *med.* Hemiplegie *bzw.* Paraplegie *f* 2. Migräne, *med.* Hemialgie, Hemikranie *f* *yarım baş ağrısı

yarımkanatlılar Halbflügler, Wanzen *pl. zo.* *nısfülcenah

yarımküre 1. Kugelhälfte *f* 2. *astr., geogr.* Hemisphäre, Halbkugel *f* *nısıf küre, yarıküre

yarımlamak (m. Akk.) 1. in zwei Teile zerlegen; halbieren 2. zur Hälfte beenden (vgl. **yarılamak**)

yarımlık 1. Halb(-iert)-Sein *n* *nısfiyet 2. Halbheit *f* 3. *P* Leistenbruch *m* *fıtık

yarımşar je ein halb-

yarımton *mus.* Halbton *m*

yarımyuvar s. **yarımküre**

yarın [×·] 1. morgiger Tag 2. *fig.* Morgen *n*, Zukunft *f* 3. *Adv.* morgen, am morgigen Tag Zu 1: **İşinizi -a bırakmayın!** Verschiebt eure Arbeit nicht auf morgen! Zu 2: **İnsan, daima -ı düşünmeli.** Man soll immer das Morgen (die Zukunft) bedenken. ~ **değil öbürgün** übermorgen ~ **öbürgün** in den nächsten Tagen, demnächst, bald, in Kürze, in ein paar Tagen ~ **sabah** (*va. a.* ~ **alessabah**) morgen früh, morgen vormittag **-a** (spätestens) bis morgen **-a atmak** *fig.* auf-, ver-schieben, auf die lange Bank schieben, hinhalten **-dan tezi yok** gleich morgen

yarınki morgig

yarıntı Spalte, Furche *f*

yarıorta s. **yarım orta sıklet**

yarıresmî halbamtlich, offiziös *nimresmî

yarısaydam *phys.* trans-luzent, -luzid, durchscheinend *nim şeffaf

yarısaydamlık Lichtdurchlässigkeit *f*

yarıson(-cu) s. **dömifinal(-ist)**

yarış 1. Vs. zu **yarmak** 2. Wett-kampf, -streit *m*, -spiel *n* *müsabaka 3. *spez.* Rennen *n* *koşu Zu 2: s.a. **boğa (çene) -ı** Zu 3: s.a. **at (bisiklet, kayık) -ı;** ~ **atı** Rennpferd *n* *koşu atı ~ **direği** Klettermast *m* (mit oben angebrachtem Gewinn) ~ **etmek** e–n Wettkampf ausführen ~ **kayığı** Rennboot *n* ~ **otomobili** Rennwagen *m* ~ **yatı** Rennjacht *f* ~ **parkuru** Rennstrecke *f* **-a kalkmak** (b–le) sich auf e–n Wettkampf einlassen (mit)

yarışan haklar s. **mütelâhik haklar**

yarışçı 1. Teilnehmer(-in *f*) *m* an e–m sportlichen Wettbewerb (z.B. Rennfahrer, Schnelläufer usw.) *müsabık 2. s. **yarışıcı**

yarışçılık 1. Teilnahme *f* an e–m sportlichen Wettbewerb 2. s. **rekabet**

yarışıcı Rivale, Konkurrent, Mitbewerber, Nebenbuhler *m* *rakip

yarışıcılık s. **rekabet;** ~ **yasağı** s. **rekabet memnuiyeti**

yarışlık Fechtbahn *f* ~ **yaygısı** Fechtbahnbelag *m*
yarışma 1. Vs. zu **yarışmak** 2. Wettkampf *m* *müsabaka 3. Konkurrenz(-kampf *m*) *f* *rekabet 4. *jur.* Konkurrenz *f* *telâhuk ~ **sınavı** s. **müsabaka imtihanı;** ~ **yasağı** s. **yarışçılık yasağı; yarışmadan meni cezası** *(Sport)* Startverbot *n*
yarışmacı s. **müsabık**
yarışmak 1. e–n Wettkampf ausführen, um die Wette laufen (fahren, schwimmen usw.), wetteifern 2. konkurrieren, rivalisieren, Konkurrenz machen *rekabet etmek
yarıtanrı *myth.* Halbgott *m*
yarıtoptancı *H* Halbgroßist *m*
yarıyıl Halbjahr, Semester *n* *sömestr
yarkurul s. **encümen, komisyon**
yarlıgama *jur.* s. **af**
yarlıgamak s. **mağfiret etmek**
yarlığ *fr.* Erlaß *m*, Verfügung, Verordnung *f* (e–s Herrschers)
yarlık (I) 1. Nächstenliebe, Barmherzigkeit, Wohl-, Mildtätigkeit *f* *şefkat 2. gutes Werk
yarlık (II) Örtlichkeit *f* mit vielen Abgründen od. Klippen
yârlık Freundschaft, Kameradschaft *f*
yarma 1. Vs. zu **yarmak** 2. Einschnitt *m*, Aufspaltung *f* (im Gelände) 3. *mil.* Durchbruch *m* 4. gespalten (*spez.* Holz) 5. was sich leicht halbieren und vom Kern lösen läßt (Pfirsich) 6. grob gemahlen (Getreide) 7. Grütze *f* 8. s. ~ **gibi;** s. a. **çam -sı;** ~ **buğday** (*od.* **buğday -sı**) Weizengrütze *f* ~ **cephesi** *mil.* Durchbruchsfront *f* ~ **deri** Spaltleder *n* ~ **gibi** grob, ungeschlacht (Person) ~ **kaması** *mil.* Durchbruchskeil *m* ~ **meydan muharebesi** *mil.* Durchbruchsschlacht *f* ~ **odun** gespaltenes Holz ~ **şeftali** e–e Pfirsichart, deren Kern sich leicht vom Fruchtfleisch lösen läßt *bot.* Prunus persica var. argunspersica (*ant.* **et şeftalisi**); ~ **taarruzu** *mil.* Durchbruchsangriff *m* ~ **testeresi** Spaltsäge *f* ~ **teşebbüsü** *mil.* Durchbruchsversuch *m* ~ **vadi** *geogr.* Engpaß *m*, Schlucht *f* *dar boğaz; klüz ~ **yeri** (*od.* **mahalli**) *mil.* Durchbruchsstelle *f*
yarmaç, -cı Spaltkeil *m* (des Holzfällers)
yarmak, (-ar) 1. (der Länge nach) (zer-, auf-)spalten, aufreißen, aufschlitzen 2. durchschneiden, durchfurchen 3. *mil.* durchbrechen (z. B. feindliche Front) Zu 1: **odun** ~ Holz spalten (hacken) **kalabalığı** ~ sich e–n Weg durch die Menge bahnen
yarmalamak der Länge nach (durch-)schneiden, zertrennen
yarmalık zur Herstellung von Grütze geeignet od. best.
yarpuz Polei(-minze *f*) *m bot.* Mentha pulegium
yarsubay *mil.* Offizierstellvertreter, Fähnrich *m* *zabit vekili
yas Trauer *f* *matem ~ **elbisesi** Trauerkleidung *f* ~ **tutmak** trauern, Trauer haben, Trauer(-kleidung) anlegen **-a koymak** in Trauer versetzen **-ını tutmak** (b–nin) (e–n Toten) betrauern
yasa Gesetz *n* *kanun ~ **bakımından** s. **kanunen;** ~ **koyucu** s. **vazıkanun; -nın ereği** s. **kanunun ruhu; -nın söylemi** (*od.* **sözü**) s. **kanunun lafzı**
yasabilim s. **hukuk(ilmi)**
yasaca *Adv.* gesetzlich, durch Gesetz *kanunen
yasadışı illegal
yasak, -ğı 1. Verbot *n* *memnuiyet 2. verboten, untersagt *memnu Zu 1: s. **av(içki) -ı** Zu 2: **Eskiden içki -tı.** Früher war der Alkoholgenuß verboten. ~ **bölge** *mil.* Sperrgebiet *n* *mıntıkai memnua ~ **etmek** verbieten, untersagen ~ **eylemler** s. **memnu fiiller;** ~ **olmak** verboten (untersagt) sein *bzw.* werden ~ **saha** Sperrzone *f* (für Flugzeuge) ~ **savmak** 1. zur Not genügen, (in Ermangelung e–s Besseren) den Zweck erfüllen, gehen 2. et. aus Höflichkeitsgründen (pro forma) tun Zu 1: **Bu boyunbağı eskimiş ama, bugünlük ~ savar.** Die Krawatte ist zwar et. abgetragen, aber für heute geht sie noch.
yasakçı 1. *fr. Bez.* für **kavas** 2. *F* Befürworter *m* e–s Verbots 3. *hist.* a) s. **kullukçu** b) s. **karakullukçu**
yasakçılık 1. *fr.* s. **kavaslık** 2. *selt.* Befürwortung *f* e–s Verbots
yasaklama 1. Vs. zu **yasaklamak** 2. s. **hacir**
yasaklamak verbieten, untersagen
yasaklı wem et. verboten od. entzogen ist
yasaklık 1. Verboten-Sein, Verbot *n* 2. Verbotszeit *f* ~ **hükmü** gesetzliches Verbot
yasaksavan behelfsmäßig, provisorisch, Aushilfs-, vorläufig
yasal s. **kanunî;** ~ **kalıtçı** s. **kanunî mirasçı**
yasalaşmak s. **kanunlaşmak**
yasalı(-lık) s. **kanunlu(-luk)**
yasama Vs. zu **yasamak;** ~ **dokunulmazlığı** s. **milletvekilliği dokunulmazlığı;** ~ **dönemi** Legislaturperiode *f* *teşriî devre ~ **erki (gücü, yetkisi)** Legislative *f*, gesetzgebende Gewalt *teşriî kuvvet ~ **kurulu** gesetzgebende Versammlung ~ **meclisleri** (türk.) Nationalversammlung *f* und Senat *m*
yasamak 1. ordnen, regeln, in Ordnung bringen *tanzim etmek 2. Gesetze geben (schaffen) *teşri etmek
yasamalı s. **teşriî**
yasaman Gesetzgeber *m* *kanun koyucu; vazıkanun
yasan *phil.* Absicht, Intention *f* *kasıt, niyet, yasanlama
yasanal *phil.* vorsätzlich, beabsichtigt, intentional *kastî
yasanlama s. **yasan**
yasanlamak (m. Akk.) beabsichtigen, planen; fest entschlossen sein (zu) *niyet (tasmim) etmek
yasanlı beabsichtigt, geplant *musammem
yasasız ungesetzlich, illegal
yasavul; yasavur *hist.* 1. Aufsichtsbeamter (Polizist) bei feierlichen Prozessionen 2. Armeeinspektor *m* (zur Zeit der Ilhane)
yasayıcı s. **yasaman**
yasem(-en) [ā] *va.* s. **yasemin**
yasemin [–·–] 1. Jasmin *m spez.* weißer Jasmin *bot.* Jasminum officinale 2. aus Jasminholz hergestellt (z. B. Tschibuk) 3. ♀ *wV*
-(y)ası, -(y)esi 1. (*a.* **-ca, -ce**) (zum Ausdruck e–r Verwünschung; *a.* in adj. Verwendung) 2. *z. va.* in Verb. mit **olmak** als intentionales Futur 3. = **-(y)alı, -(y)eli** 4. **-ya, -ye** a) in ähnl. Bed. wie **-casına, -cesine** b) in Verb. mit **kadar** (*od.* **dek**) bis (Konj.) 5. *F* (in Verb. mit **gelmek** *od.* **tutmak**) Lust haben zu ... Zu 1: s. **kör olası, yok olası, sürünesi, geberesice.** Zu 2: **Tabancasını çıkarası imiş.** Er wollte (angeblich) seinen Revolver ziehen. Zu 3: s. **oldum olasıya** Zu 4 a: s. **bayılasıya** (gülmek), **çıldırasıya** (sevmek), **çatlatasıya** (sürmek), **doyasıya; kıyasıya** (harp etmek), **öldüresiye** (koşturmak) Zu 4 b: **bulasıya kadar = buluncaya kadar** bis er findet (*bzw.* fand) Zu 5: **Yiyesi geldi.** Er bekam Appetit. *Yiyeceği geldi.
yâsîn s. **yâ sîn**
yaslamak 1. lehnen, stützen, stemmen *dayamak 2. *naut.* auf ein anderes Schiff (die Kaimauer usw.) auffahren (manövrierunfähiges Schiff)
yaslanmak (m. Dat.) sich bequem anlehnen (an), es sich bequem machen, sich breitmachen
yaslı in Trauer(-kleidung) **Onlar şimdi yaslıdır, toplantılara gitmezler.** Sie haben jetzt Trauer und gehen zu keiner Gesellschaft. ~ **servi** s. **ağlayan servi**
yasmak 1. s. **yaymak** 2. ebnen, nivellieren
yasmık *P* s. **mercimek**
yassı (I) platt, flach ~ **burunlu maymunlar** Breitnasen *pl. zo.* Platyrhini *yenidünya maymunları ~ **burunlu yarasagiller** Glattnasen *pl. zo.* Vespertilionidae ~ **çakıl** Ufer-, Flach-kiesel *m* *kaydırak ~ **demir** Flacheisen *n* ~ **eğe**

Flachfeile *f* ~ **kadayıf** kleinere, runde, flache und et. feinere Art von **ekmek kadayıfı** (mit Ei bestrichen, in Fett gebraten, mit Zuckersaft getränkt und mit geriebenen Nüssen od. Haselnüssen dick überstreut) ~ **kalem** Flachmeißel *m* *tesviyeci kalemi ~ **lokma** andere Bez. für **lalanga;** ~ **parmaklı geko** Scheibenfinger *m zo.* Hemidactylus turcicus *körküçüren ~ **mercimek** s. **mürdümük;** ~ **ray** Flachschiene *f* ~ **saplı salkımotu** flaches Rispengras *bot.* Poa compressa

yassı (II) s. **yatsı**

Yassıada *n.pr.* Plati; Bulwer-Insel *f* (in der Nähe von Istanbul)

yassıbaş Glasaal *m zo.* Leptocephalus

yassıkurtlar s. **yassısolucanlar**

yassılanmak; yassılaşmak platt (flach, breit) werden, sich abplatten

yassılaştırmak; yassılatmak platt (flach, breit) werden lassen, abplatten, platt schlagen, abflachen

yassılık Platt-, Flach-sein *n*, Abplattung, Abflachung *f*

yassılmak 1. s. **yassılaşmak** 2. *V* Gefallen finden (an)

yassısolucanlar Plattwürmer *pl. zo.* Plathelminthes *arizülcisim

yassısolungaçlılar Muscheln *pl. zo.* Lamellibranchiata *zatülgalsamatül musaffaka

yastağaç, -cı 1. s. **çapak balığı** 2. s. **yastığaç**

yastamak stützen, lehnen, stemmen *dayamak

yastangaç *va.* 1. Kissen, Polster *n* 2. Stütze, Lehne *f*

yastanmak 1. sich stützen, sich lehnen *dayanmak 2. s. **yaslanmak**

yastığaç Nudelbrett *n*

yastık, -ığı 1. (Kopf-, Rücken-, Stuhl-, Stütz- usw.)Kissen, Polster *n* 2. Nadel-, Bügel-kissen *n* 3. Samen-, Pflanzbeet *n* 4. *techn.* Lager *n*, Unterlage *f* Zu 1: **-tan baş kaldıramamak** unpäßlich (*od.* krank) sein; s. a. **bir -a baş koymak; bir -ta kocamak** Zu 2: s. **iğne (ütü) -ı;** ~ **taşı** s. **kemer üzengisi; yüzü** Kissenbezug *m*

yastıklı mit Kissen od. Polstern ~ **geçme** Verzahnung *f;* Nut und Feder *f* (bei Holzverbindung) ~ **kapı** Polstertür *f*

yastım *va.* 1. breit und niedrig 2. flachnasig

yaş (I) 1. (Lebens-)Alter *n* 2. (Lebens-)Jahr *n* (Zu 1: **Bu -a geldim.** So alt bin ich geworden. **ben -ta** in meinem Alter **benim -ta olan** gleichaltrig mit mir **biz -takiler** Leute *pl.* unseres Alters (unserer Generation) **bu -tan sonra** in diesem (vorgeschrittenen, hohen) Alter **genç -ında** in jungen Jahren, in jugendlichem Alter **-ihtiyar -ında** im Alter, als alter Mann, als alte Frau Zu 2: **Kaş -ındasınız?** Wie alt sind Sie? **Otuz -ındayım.** Ich bin 30 (Jahre alt). **Beş -ına girdi.** Er ist jetzt fünf Jahre alt (geworden). **Dün altı -ını doldurdu** (*od.* **bitirdi**). Gestern hat er das sechste Lebensjahr vollendet. **Bir -ıma daha girdim.** *od.* **Bir** ~ **daha ihtiyarladım.** 1. Ich bin um ein Jahr älter geworden. 2. *hum.* Ich bin ganz verblüfft. **Daha -ı yok.** 1. Er ist noch nicht ein Jahr alt. 2. *fig.* Er ist noch nicht trocken hinter den Ohren. **onun beş** ~ **büyük kardeşi** sein (um) fünf Jahre älterer Bruder) ~ **basmak** herankommen (Greisenalter) ~ **dönümü** Wechseljahre *pl.*, Klimakterium *n* *adet kesilmesi; menopoz ~ **günü** (Wiederkehr *f* des) Geburtstag(s) *m* ~ **günü hediyesi** Geburtstagsgeschenk *n* ~ **haddi** Altersgrenze *f* ~ **haddini doldurmak** die Altersgrenze erreichen (z. B. Beamter) ~ **piramidi** Alters-pyramide *f*, -aufbau *m* ~ **yetmiş iş bitmiş** sehr alt (Person) **-a basmak** in ein neues Lebensjahr eintreten, ein Jahr älter werden **ı at pazarında sorarlar.** *Spr.* Nach dem Alter fragt man (nur) beim Pferdekauf. (Vgl. **Akıl yaşta değil, baştadır.**) **~ı ben diyeyim onyedi, siz deyiniz onsekiz.** Er ist 17, vielleicht auch 18 Jahre alt. **~ı benzemesin!** *Abw.* (bei Vergleich e–r lebenden Person mit e–m Frühverstorbenen) Hoffentlich bleibt er aber am Leben! **~ı ne başı ne?** 1. Will der grüne Junge vielleicht auch schon mitreden? 2. Dazu (z. B. zum Heiraten) ist er (sie) noch zu jung. **~ı yerde** (*od.* **toprakta**) **sayılası!** *(Verwünschung)* Daß ihn doch der Teufel hole! Soll er krepieren! **(...) -ına basmak** (*od.* **-ını doldurmak**) soundso alt werden **-ına başına bakmadan** ohne Rücksicht auf das Alter **-ında** ein Jahr alt, einjährig (**Çocuk daha -ında değil.** Das Kind ist noch nicht ein Jahr alt.) **-ını almak** *od.* **-ını başını almak** in ein gesetztes Alter kommen; reifer, erfahrener werden **-ını doldurmuş olan** überaltert (z. B. Schiff) **-ını küçültmek** sich (amtlich) verjüngen lassen (Türkei)

yaş (II) 1. feucht, (ziemlich) naß 2. frisch (z. B. Obst, Gemüse), grün (z. B. Holz) 3. (*a.* **göz yaşı**) Träne *f* 4. *V* a) dumm, *F* belemmert, *V* beschissen b) alkoholisches Getränk **~ ağaç eğilir.** *Spr.* 1. Was ein Häkchen werden will, krümmt sich beizeiten. *Spr.* 2. Was Hänschen nicht lernt, lernt Hans nimmermehr. *Spr.* **~ akıyor.** Die Tränen laufen ihm über die Wangen. ~ **akıtmak** (*od.* **dökmek**) Tränen vergießen ~ **deri ticarethanesi** *V* Bordell *n* *genelev ~ **istim** *techn.* Naßdampf *m* ~ **odun** grünes Holz ~ **otu** Hiobstränengras *n bot.* Coix lacrima *dökme otu, tespih otu ~ **saçmak** viele Tränen vergießen ~ **tahtaya** (*od.* **yere**) **basmak** *fig.* 1. sich auf ein unsicheres Unternehmen einlassen 2. hereinfallen, betrogen werden ~ **yere yatmak** *fig.* 1. unvorsichtig handeln 2. et. auf die leichte Achsel nehmen **-a bastırmak** *fig.* hereinlegen, betrügen **-ını içine akıtmak** 1. die Tränen hinunterschlukken 2. seinen Kummer in sich hineinfressen **-lara boğulmak** in Tränen zerfließen (aufgelöst sein)

Yaş *n.pr.* Jassy (Stadt in Rumänien)

yaşa 1. hoch! hurra! bravo! 2. Prosit! Gesundheit! (bei j–s Niesen) ~ **be** *V* s. **yaşa; yaşa be'ci** *V* lärmender Beifallsrufer

yaşam 1. Leben *n* *hayat, dirim 2. Lebenszeit *f* *hayat, ömür ~ **koşulları** Lebensbedingungen *pl.* ~ **öyküsü** s. **biyografi; yaşama gözünü yummak** s. **gözünü yummak (hayata)**

yaşama Vs. zu **yaşamak** 1. Leben *n* 2. Art *f* des Lebens, Lebensweise *f* ~ **emareleri göstermek** Lebenszeichen von sich geben ~ **isteği** Lebenswille *m* *arzuyu hayat ~ **uğraşı** (*od.* ~ **savaşı**) Kampf *m* ums Dasein *hayat kavgası; mücadelei beka ~ **ümidi** Lebenserwartung *f* **-sını bilmek** zu leben verstehen

yaşamaca *Adv.* s. **kaydıhayatla**

yaşamak 1. leben, am Leben sein 2. leben, wohnen, sich aufhalten, sein 3. (bş ile) a) von et. leben (materiell od. fig.), mit et. auskommen b) in e–r best. Weise leben müssen 4. (b–le) mit jem. zusammenleben 5. lebendig bleiben, weiterleben 6. behaglich leben, schöne Tage verbringen 7. sich glücklich preisen können, froh sein können 8. *tr.* durchmachen, erleben, erfühlen Zu 1: **Yaşasın da varsın uzakta olsun!** s. **Dağ ardında olsun** (usw.) Zu 2: **Balıklar suda yaşar.** Die Fische leben im Wasser. **köyde (şehirde)** ~ auf dem Dorf (in der Stadt) wohnen **bekâr** ~ als Junggeselle leben Zu 3 a: **Bu kazançla** ~ **kolay değildir.** Es ist nicht leicht, mit diesem (geringen) Einkommen den Lebensunterhalt zu bestreiten. Zu 3 b: **büyük mahrumiyetlerle** ~ sich im Leben viel versagen müssen Zu 5: **Onun hatırası hep yasayacak.** Sein Andenken wird immer weiterleben. Wir werden ihn nie vergessen. Zu 6: **Onlar Adalarda, Boğaziçinde yaşıyorlar.** Sie verbringen schöne Tage auf den Prinzeninseln und am Bosporus. Zu 7: **Bu iş olursa, yaşadık!** Wenn das klappt, können wir uns glücklich preisen! **Yaşadınız, çocuklar!** (bei Überbringung e–r guten Nachricht:) Ihr habt Glück gehabt (Jungens)! – **Yaşa yaşa gör temaşa!** *Spr.* Was hat man als älterer Mensch nicht alles erlebt! **yaşadığı yanına**

kâr olmak Freund Hein noch einmal von der Schippe springen; gerade noch mit dem Leben davonkommen
yaşamba 1. Röhrenkassie *f bot.* Cassia fistula *hinthıyarı; uzun badıçlı sinameki 2. Kassia-Akazie *f bot.* Acacia farnesiana
yaşamsal s. **hayatî**
yaşan(ıl)mak Pass. zu **yaşamak; Öyle yerde yaşanılır mı?** Wie kann man an so e–m Ort leben? **Burada iyi yaşanır.** Hier lebt es sich ganz gut.
yaşanmışlık (hali) *psych.* Erlebnis *n*
yaşantı 1. Leben *n*, Lebensweise *f* 2. Erlebnis *n*, persönliche Erfahrung
Yaşar *m V*
yaşardaş(-lık) s. **sembiyont; sembiyoz**
yaşarlık Lebenskraft, Vitalität *f* *hayatiyet
yaşarmak 1. feucht werden *nemlenmek 2. zu tränen beginnen, tränen, feucht werden (Augen) Zu 2: s. **Gözleri yaşardı.**
yaşartıcı feucht werden lassend, tränen lassend, Tränen-; s. **göz ~**
yaşartmak Kaus. zu **yaşarmak;** s. a. **gözleri ~**
yaşasın s. **yaşa**
yaşatkan 1. das Leben (*od.* das Wachstum) fördernd 2. *med.* vegetativ **~ sinir sistemi** *med.* das vegetative Nervensystem *otonom sinir sistemi
yaşatmak Kaus. zu **yaşamak** *spez.* 1. leben lassen 2. aufleben lassen, zum Leben bringen, erwecken 3. lebendig erhalten, am Leben erhalten 4. lebendig darstellen (z. B. auf der Bühne) 5. ein behagliches, sorgenfreies Leben gewähren 6. s. **devam ettirmek; yaşatmamak** (bir yerde) nirgends Unterschlupf finden lassen
yaşayabilirlik Lebensmöglichkeit *f*
yaşayan lebend(-ig) **~ diller** lebende Sprachen *pl.* **~ ölü** wer alle Lebenslust verloren hat
yaşayasın s. **yaşa**
yaşayış Lebens-art, -haltung *f* **~ resmi** Genrebild *n* **~ seviyesi** Lebensstandard *m*
yaşça dem Alter nach
yaşın yaşın *va.* heimlich, insgeheim *gizlice
yaşıt, -tı, -dı gleichaltrig; Altersgenoss-e *m*, -in *f* *hemsin, yaştaş
yaşlamak *va.* feucht und regnerisch werden (Wetter)
yaşlandırma Vs. zu **yaşlandırmak** *spez.* (Metallurgie) Alterung, Vergütung *f*
yaşlandırmak alt machen; altern lassen; (Metallurgie) vergüten
yaşlanma Vs. zu **yaşlanmak** *spez.* s. **yaşlandırma; ~ sertleş(tir)mesi** (Metallurgie) Aushärtung *f*
yaşlanmak alt werden; altern
yaşlı (I) 1. feucht 2. voller Tränen (Augen)
yaşlı (II) 1. in e–m nb. Alter stehend 2. *pr.* in vorgeschrittenem Alter stehend, alt, bejahrt, betagt Zu 1: **Avrupanın en küçük ~ kralı** der jüngste König Europas **~ başlı** von gesetztem Alter; reich an Erfahrung **~ gemi** überaltertes Schiff
yaşlıca in et. vorgerückterem Alter stehend; älter
yaşlık Feuchtigkeit, Nässe *f* *ıslaklık
yaşlılanmak *va.* s. **yaşlanmak**
yaşlılık hohes Alter; Betagt-, Bejahrt-sein *n* **~ bilimi** Altersforschung, Gerontologie *f* **~ bunaması** *med.* senile Demenz; Altersblödsinn *m* **~ sigortası** Altersversicherung *f*
yaşmak (I) *fr.* (als noch die **ferace** üblich war) dünner weißer Kopfschleier (der nur die Augen frei ließ) **~ tutmak** den Schleier anlegen od. tragen, verschleiert sein **~ tutunmak** sich verschleiern, verschleiert gehen
yaşmak (II) *va.* bedecken, verhüllen, verschleiern *örtmek, gizlemek
yaşmaklamak mit dem **yaşmak** genannten Schleier bedekken, verschleiern
yaşmaklanmak sich verschleiern *tesettür etmek
yaşmaklı 1. verschleiert 2. mannbar (Mädchen)
yaşmaklık für **yaşmak** geeigneter Musselin
yaştaş s. **yaşıt**
yat (I), **-tı** *va.* Schutzwaffe *f* (Panzer, Schild, Helm usw.) **~ yarak** *va.* Waffen *pl.* und Munition *f*
yat (II), **-tı** (Segel-)Jacht *f*
yat (III) Imper. zu **yatmak; ~ borusu** *mil.* Zapfenstreich *m* (*fr. a.* Retraite *f*)
yatağan Jatagan *m*, türk. Krummschwert
Yatağan *n.pr.* O. u. D. im Rbz. Muğla
yatak, -ğı 1. Bett *n*, Liegestatt *f*, Lager *n*, Koje *f*, *gel. a.* Bettzeug *n* 2. *geogr.* Bett *n* (e–s Wasserlaufs), Grund *m* (e–s Sees) 3. *geol.* Schicht *f*, schichtweise Lagerung; Lager, Vorkommen *n* 4. *techn.* Lager *n* (e–r Welle, Achse usw.) 5. (Augen-)Höhle *f* 6. Lager(-ungsort *m*) *n* 7. geheimes Versteck; Unterschlupf, Schlupfwinkel *m*, Höhle *f*, *gel. a.:* Hinterhalt *m* 8. Gebiet *n*, in dem best. Tiere zahlreich vorkommen 9. Aushöhlung, Vertiefung *f*, Loch *n*, Beet *n* (für Samen, Stecklinge usw.) 10. Garage *f* 11. Ankerplatz *m* (für Schiffe) 12. Abstand *m* der beiden Hinterbeine e–s Pferdes 13. Komplize, Helfershelfer, Hehler *m* 14. *techn.* Schlitten *m* (z. B. e–r Hobelmaschine) Zu 2: s. **nehir -ı** Zu 3: s. **maden -ı** Zu 4: s. a. **ray -ı** Zu 5: **Gözleri -larından fırlamış.** Vor Wut traten ihm beinahe die Augen vor den Kopf. s. a. **dölyatağı** Zu 6: s. **fişek (mermi) -ı** Zu 7: s. **hırsız (eşkıya) -ı** Zu 8: s. **av (aslan) -ı** Zu 10: s. **otomobil ~ ücreti** Zu 13: s. **hırsız -ı; ~ ayakucu** (*bzw.* **başucu**) Fußende *n* (*bzw.* Kopfende *n*) e–s Bettes **~ çarşafı** Bettuch, Laken *n* **~ dolabı** s. **yük** (7); **~ döşek** (*od.* **yorgan**) **yatmak** recht schwer erkrankt sein **~ esiri** bettlägerig; ans Bett gefesselt *esiri firaş **~ halısı** Bettvorleger *m* **~ hücresi** Alkoven *m* **~ kaldırmak** das Bettzeug wegräumen **~ kereveti** Bettgestell *n*, Pritsche *f* **~ koğuşu** Schlafsaal *m* (in Kasernen, Internaten usw.) **~ kovanı** *techn.* Lagerpfanne *f* **~ liman** Flotten-hafen *m*, -basis *f* **~ odası** Schlafzimmer *n* **~ örtüsü** Bettdecke *f* **~ perdesi** Bettvorhang *m* *namusiye **~ salmak** ein Bett aufschlagen **~ sayvanı** Betthimmel *m* **~ tahtakurusu** Bettwanze *f zo.* Cimex lectularius **~ takımı** 1. Bettzeug *n* 2. Schlafzimmereinrichtung *f* **~ tandırı** Bett-, Wärm-flasche *f* *buyot **~ yapmak** (*od.* **sermek**) das Bett (zurecht-)machen; das Lager bereiten **-a bağlamak** ans Bett fesseln (Erkrankung) **-a düşmek** (*od.* **-a yatmak**) bettlägerig werden; das Bett hüten müssen **-a etmek** (*od.* **-a kaçırmak**) (seinen Stuhl od. sein Wasser nicht halten können und) ins Bett machen **-a girmek** zu Bett gehen **-ı geniş** faßbeinig (Pferd) **-ın yağlanması** *techn.* Lagerschmierung *f* **-ına girmek** (b–nin) (zu j–m) ins Bett steigen **-lar çekmek** (b–ni) noch nicht aufstehen können; weiter das Bett hüten müssen **-lara serilmek** (*od.* **döşenmek**) s. **yatağa düşmek**
yatakhane [··–·] Schlaf-saal *m*, -räume *pl.* (z. B. in e–m Internat)
yataklı 1. mit Bett(-en) 2. mit nb. Betten 3. *pr.* mit tiefem Flußbett 4. wer e–n Helfershelfer hat 5. *z. va.* bettlägerig Zu 1: **~ vagon** Schlafwagen *m* Zu 2: **-iki ~ oda** Zweibettzimmer *n* **yüz ~ hastane** Krankenhaus *n* mit hundert Betten
yataklık 1. (hölzernes od. eisernes) Bettgestell *n* *karyola 2. für ein Bett (ein Lager) bestimmt 3. mit soundso viel Betten 4. Tätigkeit *f* e–s Komplizen od. Helfershelfers *spez.* Hehlerei *f* 5. Schrank od. Kasten *m* zur Aufbewahrung von Bettzeug (e–e Art Alkoven) Zu 2: **~ ot** Streu (-material *n*) *f* Zu 3: **on ~ koğuş** Schlafsaal *m* mit zehn Betten **~ etmek** (m. Dat.) Helfershelfer sein *spez.* Heh-

lerei treiben ~ **hasta** ein Kranker, der ins Bett gehört ~ **kadın** e–e Frau, die nur für das Bett taugt
yatalak bettlägerig, ans Bett gefesselt
yatar liegend, Liege- ~ **heykel** Grabskulptur, die den Verstorbenen in liegender Stellung darstellt ~ **kalkar baca** *naut.* umlegbarer Schornstein ~ **kalkar nişangâh** *mil.* Klappvisier *n* ~ **koltuk** Sitz *m* (in Autobus, Schlafwagen usw.), der in e–e Liege umgewandelt werden kann ≗ **kurttan yeler tilki yeğdir.** *Spr.* Sich regen bringt Segen. *Spr.*
yatay 1. horizontal, waagerecht *ufkî 2. *math.* Horizontallinie, Horizontale, Waagerechte *f* *ufkî çizgi ~ **deprem** *geol.* Horizontalbeben *n* *ufkî zelzele ~ **eksenli döner pencere** Kippfenster *n* *basküllü pencere ~ **kesit** *arch.* Grundriß *m* ~ **sürme pencere** Schiebefenster *n* (zum seitlichen Aufschieben) ~ **parmaklık** Sprossenwand *f* (Turngerät)
yatçılık Segelsport *m*
yatı 1. Übernachten, Über-Nacht-Bleiben *n* 2. Ort *m*, wo man anhält (sich ausruht) ~ **okulu** Internat(-sschule *f*) *n* *leylî mektep **-ya gitmek** s. **gece yatısına gitmek**
yatık 1. liegend, geneigt 2. niedrig *alçak 3. Umlege-, Umschlag- *devrik 4. *mil.* in flachem Winkel ansteigend; Flachbahn- 5. was durch langes Lagern an Qualität verloren hat (z.B. Stoff) 6. *V* wer sich sexuell mißbrauchen läßt (Mann, Frau) 7. *dial.* tragbares, hölzernes Wassergefäß ~ **ateş** *mil.* Streich-, Flachbahn-feuer *n* ~ **bitkiler** s. **tallıbitkiler;** ~ **testere** Horizontalsäge *f* ~ **uçuş yollu top** *mil.* Flachbahngeschütz *n* ~ **yaka** Umlegekragen *m* ~ **yazı** liegende (*d.h.* von rechts nach links geneigte) Schrift
yatıkkenar *geom.* Hypotenuse *f* *hipotenüs; veteri kaime
yatılı 1. Internats- 2. (*a.* ~ **öğrenci**) Internatsschüler(-in *f*) *m* *(1, 2) leylî ~ **okul** s. **yatı okulu**
yatım 1. *naut.* Schräglage *f* von Masten 2. *mus.* s. **pozisyon** (2)
yatır s. **evliya**
yatıran Einzahler *m* *mudi
yatırım 1. Einzahlung *f* *mevduat 2. Investierung, Anlage *f* *plasman
yatırımcı 1. Einzahler *m* 2. Einlagerer, Hinterleger *m* *(1, 2) mudi
yatırma Vs. zu **yatırmak** *spez.* Einzahlung *f* *tevdi; vgl. a. Stw. **akbörk**
yatırmak 1. Kaus. zu **yatmak** 2. einzahlen (Geld), deponieren *tevdiatta bulunmak 3. investieren, anlegen 4. *V* s. **takımı** ~ Zu 1: **çocuğu** ~ das Kind zu Bett bringen (*od.* hinlegen) **misafirleri** ~ die Gäste unterbringen **Yağmur ekinleri yatırdı.** Der Regen hat das Korn zu Boden gedrückt. **Hasmını bir yumrukla yatırdı.** Mit e–m Faustschlag streckte er seinen Gegner zu Boden. **tuzlu suya** ~ in Salzwasser legen Zu 2: **Parasını bankaya yatırmış.** Er hat sein Geld auf der Bank. Zu 3: **altına** ~ in Gold anlegen (z.B. Gewinn)
yatısız 1. ohne Internat 2. externer Schüler, externe Schülerin *(1, 2) neharî ~ **okul** Externat *n* *neharî mektep ~ **öğrenci** s. **yatısız** (2) *neharî talebe
yatışmak 1. sich legen, sich beruhigen, nachlassen (Sturm, Erregung usw.) 2. vorübergehen (z.B. Unruhen)
yatıştırıcı beruhigend, besänftigend, beschwichtigend (z.B. Worte)
yatıştırmak 1. niederschlagen, unterdrücken (z.B. Aufstand) 2. beruhigen, besänftigen, beschwichtigen *teskin etmek
yating (*engl.* **yachting**) s. **yatçılık**
yatkı Falte *f*, Kniff, Bruch *m*
yatkılı gefaltet, geknifft, zusammengelegt (z.B. Stoff)
yatkın 1. *va.* hingestreckt, hin-, nieder-gelegt 2. nach der e–n Seite geneigt, nicht gerade 3. zu lange gelagert (Ware) 4. nahekommend, ähnlich *yakın 5. geschickt, gewandt (Hand) 6. gut zugeritten (Pferd) Zu 4: **tuluata** ~ **bir piyes** ein Theaterstück, das für Improvisationen viel Raum läßt Zu 5: s. **eli işe** ~
yatkınlık 1. *va.* Hingestrecktsein *n* 2. Neigung, Schräge *f* 3. Zulange-Gelagertsein *n* (e–r Ware) 4. Nahekommen *n*, Ähnlichkeit *f* 5. (manuelle) Geschicklichkeit *f* 6. *päd.* Gewöhnung, Vertrautheit *f* *alışkanlık, istinas
yatkulüp, -bü Segelklub *m*
yatlı *va.* 1. bewaffnet 2. fremd, Fremder 3. schadenbringend, schädlich 4. erbärmlich, elend
yatmak, (-ar, *va. a.* **-ır)** 1. sich hin-, nieder-legen, sich hinstrecken, sich (auf den Boden) legen; *gel. a.* (hin-)fallen 2. zu Bett gehen, schlafen gehen, sich schlafen legen 3. schlafen, noch nicht aufgestanden sein *bzw.* sich schon hingelegt haben 4. über Nacht bleiben, schlafen *a.* mit j–m ins Bett gehen; Geschlechtsverkehr haben 5. an e–r best. Stelle sein; sich befinden; lagern, liegen 6. sich flach (glatt) legen (z.B. Stoff nach Bügeln) 7. bettlägerig sein, das Bett hüten müssen, daniederliegen 8. e–e Gefängnisstrafe verbüßen, *F* sitzen (brummen) müssen 9. begraben liegen, ruhen 10. (m. Dat.) sich (nach e–r Seite) legen od. neigen 11. einverstanden sein (mit), geneigt sein (zu); eingehen, sich einlassen (auf) 12. geschickt (gewandt) sein (Hand) 13. s. **üstüne** ~ 14. *z. va.* (*Hv.* in Verb. mit dem Gerundium auf **-ip** zur Bez. e–s durativen Aspekts) dauernd, unaufhörlich, weiter, lange 15. *P* schief ausgehen, nicht den gewünschten Erfolg haben, mit e–m Mißerfolg enden Zu 1: **Ekinler yattı.** Das Korn hat sich gelegt (z.B. durch Wind, Regen usw.). **Çocuk yere yattı.** Der Junge legte sich auf den Boden. Zu 2: **Çocuk yattı.** Das Kind ging zu Bett. Zu 3: **Beyefendi daha yatıyorlar.** Der Herr schläft noch (ist noch nicht aufgestanden). Zu 4: **Bu gece nerede yatacağız?** Wo schlafen (bleiben) wir heute nacht? Zu 5: **Gemi limanda yatıyor.** Das Schiff liegt im Hafen (vor Anker). **Mal depoda yatıyor.** Die Ware lagert im Depot. s.a. **açıkta** ~ Zu 7: **Sıtmadan on gün yatmış.** Er lag zehn Tage malariakrank danieder. Zu 8: **Hırsızlıktan beş yıl yatmış.** Wegen Diebstahl hat er fünf Jahre gesessen. Zu 9: **Bu türbede kim yatıyor?** Wer liegt in dieser Türbe begraben? Zu 10: **Gemi sağa yattı.** Das Schiff legte sich auf die rechte Seite. Zu 11: **Düşman sulha yattı.** Der Feind war zum Frieden geneigt. s.a. **aklı yatmak** (bşe) Zu 12: **Eli dikişe yatıyor.** Sie ist e–e geschickte Näherin. Zu 14: **düşünüp** ~ lange nachdenken, hin und her überlegen **Yatacak yeri yok.** *fig.* Er ist ein ganz übler Bursche. **Yatan aslandan gezen tilki yeğdir.** *Spr.* s. **Yatar kurttan yeler tilki yeğdir.** **yatar** s. ges. Stw. **yatıp kalkmak** 1. die Nacht verbringen 2. wohnen, hausen, sein Zuhaus haben **yattığı yeri bilmemek** s. **oturduğu yeri bilmemek**
yatsı die Zeit (von anderthalb bis zwei Stunden) nach Sonnenuntergang ~ **ezanı** Gebetsruf *m* zum **yatsı namazı;** ~ **namazı** *isl. Rel.* letztes der rituell vorgeschriebenen fünf täglichen Gebete **-dan sonra ezan okumak** *fig.* et. zu spät *bzw.* im ungeeigneten Augenblick tun
yatuğan; yatuk *allg. Bez.* für M.i., die beim Spielen auf e–n Tisch od. auf den Schoß gelegt werden wie z.B. **kanun, santur** usw.
yav *va.* s. **yağı**
yavan 1. fettlos, ohne Fett zubereitet (z. B. Pilaw) 2. mit zu wenig Fett zubereitet (z. B. Essen) 3. ohne Zukost, trocken (Brot) 4. *fig.* fade, geschmacklos *tatsız 5. *selt.* begriffsstutzig od. unerfahren (Person) ~ **çorba** Haferschleim, Wasserreis *m* u.ä. ~ **et** mageres Fleisch ~ **sözler** dürre Worte *pl.* (ohne innere Anteilnahme)

yavanlaşmak fade (geschmacklos) werden, abgeschmackt reden
yavanlık Fadheit, Geschmacklosigkeit *f*
yavaş 1. langsam 2. leicht (z. B. Tabak) 3. leise, mit gedämpfter Stimme 4. nachgiebig, gefügig, friedfertig, ruhig, verträglich *yumuşak başlı 5. gelinde, sachte, vorsichtig, leicht, behutsam 6. *(Ausruf)* Achtung! Vorsicht! langsam! Zu 1: ~ **bir yürüyüş** langsames Marschieren Zu 3: ~ **konuşmak** leise sprechen Zu 4: ~ **bir at** ein ruhiges Pferd ~ **bir adam** ein ruhiger (friedfertiger) Mensch Zu 5: ~ **tutmak** behutsam (vorsichtig) anfassen (z. B. e–n Kranken) ≗ **atın çiftesi pek olur.** *Spr.* 1. Ein gutmütiger Mensch kann im Zorn besonders heftig werden. 2. Stille Wasser gründen tief. *Spr.* ≗ **gel!** (*od.* ≗ **ol!**) *F* 1. Tu nicht so großspurig! Red' nicht so geschwollen daher! 2. Immer sachte mit den jungen Pferden! ~ **tütün** leichter Tabak ~ **yanma** *chem.* langsame Verbrennung *ihtirakı bati ~ ~ 1. *(Ausruf)* Aber nur vorsichtig! Ganz langsam! 2. allmählich, nach und nach, langsam, mit der Zeit, mehr und mehr *gittikçe 3. halblaut (z. B. reden) ~ **yürümek** 1. langsam (ruhigen, gemessenen Schrittes) gehen, in ruhigem Tempo marschieren 2. leise gehen, sachte auftreten (z. B. auf Zehenspitzen gehen)
yavaşa Nasen-bremse, -klemme *f* (für störrische Pferde beim Hufbeschlag)
yavaşça [·×·] recht (ziemlich, ganz) langsam (leise, nachgiebig usw.)
yavaşçacık [·×··] s. **usulcacık**
yavaşlamak 1. langsamer werden, sich verlangsamen, ein ruhigeres Tempo einschlagen 2. an Heftigkeit nachlassen (z. B. Regen) 3. leiser werden
yavaşlatma grevi Dienst *m* nach Vorschrift
yavaşlatmak Kaus. zu **yavaşlamak; Sesini yavaşlatmıştır.** Er dämpfte seine Stimme.
yavaşlık 1. Langsamkeit, Schwerfälligkeit *f* *ağırlık, bataet 2. Leise-sein *n* 3. Langmut, Nachgiebigkeit, Friedfertigkeit, Sanftmut, Milde, Verträglichkeit *f* *hilim 4. behutsames Handeln; Vorsicht *f* 5. geringe Intensität
yavaştırmak ein störrisches Pferd zum Parieren bringen
yave [ā] dummes Gerede, albernes Geschwätz; Gewäsch *n*
yavegû [–·–] *va.* wer dummes (albernes) Zeug daherredet; Schwätzer *m*
yaver [ā] 1. Helfer, Gehilfe *m* *yardımcı 2. *mil.* Adjutant *m* Zu 1: s. **İnsanın talihi ~ olmalı.** Zu 2: s. a. **ser-; -i has** Generaladjutant *m*
yaveran [–·–] *va. Pl.* zu **yaver**
yaverlik 1. Hilfe, Unterstützung *f* 2. Rang *m*, Tätigkeit *f* e–s Adjutanten 3. Adjutantur *f*
yavru 1. (Tier-)Junge *n* 2. kleines Kind 3. *Sch.* kleiner, ordentlicher Schüler 4. a) klein *küçük, ufak b) Gegenstand *m* in kleinerer Ausführung 5. s. **oğul döl** Zu 1: **kedi -su** Kätzchen *n* **kuş -su** Vögelchen *n* Zu 4: s. **kapı (konak) -su;** ~ **atmak** Junge werfen (bekommen, kriegen) (Tier) *yavrulamak ~ **çıkarmak** ausbrüten (junge Vögel) ~ **çürüklüğü** s. **karataban** (2); ~ **gergisi** *arch.* Kehlbalken *m* (des Dachstuhls) ~ **kule** s. **çıkma kule; -m** (zärtliche Anrede) mein Kleines (Liebling, Herzchen)
yavruağzı, -nı gelblich-rosa
yavrucak bedauernswertes Kleines (Junges, Würmchen)
yavrucuk das nette Junge, das liebe Kleine
yavrukurt, -du Pfadfinder *m* im Volksschulalter; Pimpf *m*
yavrulamak s. **yavru atmak**
yavrulu mit Jungen (Tier)
yavsı *P* s. **kene, sakırga**
yavşak, -ağı *P* 1. junge Laus od. Wanze 2. *V* a) s. **ibne** b) junges Mädchen; *P* netter Käfer *kokoniça, soluğan
yavşan 1. mit Stacheln besetzt; stachelig 2. s. **pelin**
yavşanotu, -nu 1. Ehrenpreis *m, n bot.* Veronica (officinale u. a.) *veronika 2. römischer Beifuß *bot.* Artemisia pontica *Karadeniz pelini
yavuk *z. va.* 1. Liebespfand *n spez.* Zeichen *n* der Verlobung *f* 2. Verlobung *f*
yavuklamak *z. va.* verloben **Kızını bir subaya yavukladı.** Er hat seine Tochter mit e–m Offizier verlobt.
yavuklanmak *z. va.* 1. verlobt werden, (zur Frau) versprochen werden 2. sich verloben *nişanlanmak **Dayısının oğluna yavuklanmış.** Sie hat sich mit ihrem Vetter mütterlicherseits verlobt.
yavuklu *z. va.* verlobt; Verlobte *m, f* *nişanlı, sözlü
yavukluluk *z. va.* Verlobt-Sein *n*, Verlobung *f* *nişan ~ **töreni** *z. va.* Verlobungsfeier *f*
yavuz 1. streng, hart, grausam 2. mutig, draufgängerisch, verwegen 3. ausgezeichnet, hervorragend, vortrefflich, tüchtig 4. ≗ *n.pr.* a) der Gestrenge (Beiname des Sultans Selim I.) (wegen seiner kriegerischen Neigungen) b) der ehemalige deutsche Kreuzer „Goeben“ (23000 BR), der zu Beginn des I. Weltkriegs von der Türkei angekauft wurde (zuerst ≗ **Sultan Selim,** später ≗ genannt; 1950 ausrangiert) c) *mV* ≗ **at yemini artırır.** *Spr.* s. **Yürük at** (usw.) ≗ **hırsız ev sahibini bastırır.** *Spr.* Frechheit siegt.
Yavuzca *n.pr.* Siphnos (Zykladeninsel)
Yavuzeli *n.pr.* O. u. D. im Rbz. Gaziantep
yavuzlanmak *P* s. **hırçınlaşmak**
yavuzluk 1. Strenge, Härte, Grausamkeit *f* 2. Mut *m*, Draufgängertum *n*, Verwegenheit *f* 3. Vortrefflichkeit, Tüchtigkeit *f*
yay (I) 1. Bogen *m* (Schußwaffe) 2. Bogen *m* (für S.i. od. zum Baumwollschlagen) 3. (Sprung-, Spiral-, Wagen-, Uhr- usw.)Feder *f* *zemberek 4. *math.* (Kreis-)Bogen *m* *kavis 5. *el.* Bogen *m* 6. ≗ *astr.* Schütze *m* (Sternbild od. Tierkreiszeichen) *Kavis, Keman, Nişancı, Rami 7. s. **susta** (II, 2) 8. *reg.* *(Trabzon)* ein **kemençe**-ähnliches M.i. 9. bogenförmig, gewölbt ~ **boşaltmak** 1. die Sehne von e–m Bogen nehmen 2. e–n Pfeil abschießen ~ **çekiş** *mus.* Bogenstrich *m* ~ **çekmek** 1. den Bogen spannen 2. mit dem Bogen schießen 3. *mus.* den Bogen abwärts führen (bei Geige usw.) ~ **çeliği** Feder-, Blatt-stahl *m* ~ **doldurmak** 1. den Bogen spannen und e–n Pfeil auflegen 2. die Feder spannen ~ **gerginliği** (*od.* **gerilmesi**) Federspannung *f* ~ **kaşlı** mit gewölbten Augenbrauen ~ **kılları** Roßhaarbezug *m* (des Geigenbogens) ~ **kirişlemek** (*od.* **kurmak**) 1. den Bogen bespannen 2. den Bogen spannen ~ **kuvveti** Federspannkraft *f* ~ **mahfazası** Federhülse *f* ~ **pulu** Federteller *m* ~ **salmastrası** Federringpackung *f* ~ **testeresi** Bogen-, Spann-säge *f* **-ı itmek** *mus.* den Bogen aufwärts führen (bei Geige usw.) ≗**ı pek çekme kırarsın.** *Spr.* Man soll den Bogen nicht überspannen.
yay (II) *va.* Sommer *m* *yaz
yaya 1. zu Fuß gehend, Fußgänger(-in *f*) *m* 2. *hist.* (bis Ende des 16. Jh.) Angehöriger e–r den Janitscharen angeschlossenen privilegierten Infanterieformation ~ **alt geçidi** Fußgängerunterführung *f* ~ **bırakmak** sich j–m überlegen erweisen, j–n in den Schatten stellen, übertreffen, überrunden ~ **emir neferi** (*od.* **emirber**) *mil.* Melder, Läufer *m* ~ **geçidi** Fußgängerübergang *m* ~ **geçitlerini gösteren yer çizgileri** Zebrastreifen *pl.* (auf Fußgängerübergang) ~ **gitmek** zu Fuß gehen ~ **haberci** s. **yaya emir neferi;** ≗ **kaldın tatar ağası!** 1. Jetzt bist du aber gewaltig auf dem Holzweg! 2. Jetzt stehst du da und machst ein dummes Gesicht, nicht wahr? ~ **kaldırımı** Geh-, Bürger-steig *m*, Trottoir *n* ~ **kalmak** 1. kein Gefährt od. Reittier zur Verfügung haben und zu Fuß gehen müssen 2. nicht ausführen können, was man geplant hat 3. von niemand Hilfe erhalten, et. allein bewältigen müssen 4. zurückbleiben, übertroffen werden, in Nachteil

geraten 5. zu spät daran sein ~ **köprüsü** Steg *m* (schmale Brücke für Fußgänger) ~ **yolu** Fußweg *m* ~ **yürüyüş** *a. mil.* Fußmarsch *m* ~ **zinciri** *mil.* Meldekette *f*
yayabaşı *hist.* Kommandeur *m* e–r Janitscharen-**Orta** *(q.v.)* (später **bölük başı** u. **çorbacı** genannt)
yayak, -ağı *va.* s. **yaya kaldırımı**
yayalık s. **yayanlık**
yayan 1. zu Fuß (gehend), Fußgänger(-in *f*) *m* 2. unwissend, ohne Kenntnisse, nicht bewandert *bilgisiz Zu 1: **Ben oraya kadar ~ gidemem!** Zu Fuß kann ich bis dorthin nicht gehen. Zu 2: **Arkadaşınız bu konuda pek ~ görünüyor.** Ihr Freund scheint auf diesem Gebiet wenig bewandert zu sein. ~ **giden** Fußgänger(-in *f*) *m* ~ **yapıldak** barfuß gehend
yaygara (überflüssiger) Lärm, (grundloses) Geschrei (*spez.* von Kindern od. Frauen), Radau *m* ~ **koparmak** *od.* **-yı basmak** in Geschrei ausbrechen; lärmen
yaygaracı 1. Schreier, Schreihals *m* 2. wehleidig 3. Krakeeler, Radaubruder *m*
yaygı 1. Decke *f*, Überzug *m* 2. *spez.* (Boden-)Belag *m* (Teppich, Strohmatte usw.)
yaygın 1. verbreitet (z.B. Redensart, Mode), geläufig, viel verwendet 2. ziemlich groß (z.B. Fleck), größer, ausgedehnt 3. diffus ~ **inanç** allgemeine Überzeugung *genel kanı; umumî kanaat ~ **oturmak** sich hinlümmeln, sich hinfläzen, sich hinflegeln ~ **örf ve âdet** allgemeiner Brauch
yaygınlaşmak sich ausweiten (z.B. Streik)
yaygınlık 1. Verbreitung, Geläufigkeit *f*, starke Verwendung 2. (größere) Ausdehnung 3. Diffusion *f* 4. Breit-, Gedehnt-sein *n* (der Aussprache)
yayık (I) Butterfaß *n* ~ **dövmek** buttern **-ta su dövmek** *hum.* et. Sinnloses tun
yayık (II) ausgebreitet, entfaltet, weit offen ~ ~ mit Dehnung der einzelnen Wörter od. Silben, breit (sprechen)
yayılım; yayılma 1. Vs. zu **yayılmak** 2. *phys.* Fortpflanzung *f* (z.B. der Wärme), Ver-, Aus-breitung *f* 3. *mil.* Entwicklung, Entfaltung *f* 4. Diffusion *f* *intisar ~ **ısısı** *techn.* Strahlungswärme *f* *münteşir sıcaklık ~ **kuvveti** Ausdehnungskraft *f* *kuvvei imbisatiye ~ **yeri** *mil.* Entwicklungsraum *m*
yayılmak 1. Pass. zu **yaymak** 2. sich ausbreiten, sich ausdehnen, sich ausweiten, größeren Umfang annehmen (z.B. Fleck) 3. weiden (z.B. Schafe) 4. sich verbreiten (z.B. Nachricht) 5. *mil.* sich entwickeln, sich entfalten
yayım 1. *phys.* Diffusion *f* 2. Verbreitung, Herausgabe *f*, Edieren, Veröffentlichen, Publizieren, Senden (Radio) *n* *neşir ~ **özgürlüğü** Pressefreiheit *f* *matbuat (*od.* neşir) hürriyeti ~ **sözleşmesi** Verlagsvertrag *m* *neşir mukavelesi
yayımcı Herausgeber, Verleger *m* *editör, naşir
yayımlamak s. **yayınlamak**
yayımlayan; yayımlayıcı s. **yayımcı**
yayın (I) **(balığı)** Wels *m zo.* Silurus glanis; s.a. **cüce (elektrikli, zırhlı) ~**
yayın (II) 1. Veröffentlichung, Publikation *f* 2. (Rundfunk-)Sendung *f* *(1, 2) neşriyat ~ **yasağı** Publikationsverbot *n* *neşir memnuiyeti ~ **yeri** Publikationsort *m* ~ **yoliyle hakaret** s. **basın suçu**
yayıncı s. **yayımcı**
yayındırma *phys.* Diffusion, Streustrahlung *f*
yayınevi, -ni Verlag(-shaus *n*) *m*
yayınık *chem., phys.* diffus
yayınım s. **yayınma**
yayınlamak 1. veröffentlichen, publizieren, herausgeben 2. senden, ausstrahlen (Rundfunk, Fernsehen)
yayınlayan; yayınlayıcı s. **yayımcı**
yayınma *chem., phys.* Diffusion *f*
yayıntı s. **söylenti**
yâyî s. **yâî**
yaykamak *dial.* s. **yıkamak**
yaykuyruklular Springschwänze *pl. zo.* Collembola
yayla [×·] 1. *geogr.* Hochebene *f*, Plateau *n* *plato 2. s. **yaylak** Zu 2: **Bu yaz -ya çıkamadık.** In diesem Sommer konnten wir nicht auf die Alm. ~ **buzulu** *geol.* Hochlandgletscher *m* ~ **gibi** *F* Dragoner *m* (grobschlächtig gebaute Frau) ~ **havası** (*od.* ~ **iklimi**) Höhenklima *n*
yaylacı transhumant (mit Herden wandernd), Almhirt, Senn *m*
yaylacılık Transhumanz *f* (mit Alm-auftrieb und -abtrieb) (bäuerliche Wirtschaftsform), Almwirtschaft, Sennerei *f*
yaylaçiçeği, -ni 1. wohlriechender Gänsefuß *bot.* Chenopodium ambrosioides *Meksika çayı 2. s. **amberçiçeği** (2)
Yayladağı, -nı 1. *n.pr.* O. u. D. im Rbz. Hatay 2. (in der Form **Yayladağ**) Name e–s türk. Pfeifentabaks
yaylagıç Apfelmelone *f bot.* Cucumis melo var. Dudaim
yaylak, -ağı Alm, Trift *f* *mera, otlak ~ **hakkı** s. **yaylakıye**
yaylakıye *fr.* Almgebühr *f*
yaylakuşu, -nu Waldkauz *m zo.* Strix aluco *alaca baykuş
yaylam Ausdehnung *f*, Umfang *m*, Gebiet *n*
yaylamak *P* im Sommer auf die Alm ziehen
yaylan (*od.* ~ **yer**) *dial.* Furt, Untiefe *f*
yaylandırmak elastisch werden lassen; federn lassen
yaylanmak 1. elastisch sein; federn 2. *V* verschwinden; sich davonmachen 3. sich werfen, sich verziehen (Holz) 4. mit den Beinen baumeln
yaylı 1. mit Bogen bewaffnet 2. mit Bogen gestrichen, Streich- 3. mit (Sprung-, Wagen- usw.)Feder versehen, gefedert 4. leichter, gefederter, geschlossener Wagen (zur Personenbeförderung) ~ **cıvata** Einschnappstift *m* ~ **çalgı** (*od.* **saz**) Streichinstrument *n* ~ **çekiç** Federhammer *m* ~ **gözlük** Zwicker, Kneifer *m* ~ **koşmak** den Wagen anspannen ~ **pergel** Federzirkel *m* ~ **saz kuarteti** *mus.* Streichquartett *n* ~ **sazlar** *mus.* 1. Streichinstrumente *pl.* 2. Streichorchester *n* ~ **sürgü** Falle *f* (am Türschloß) ~ **tambur** e–e mit Bogen gestrichene **tambur**-Art ~ **terazi** Federwaage *f* ~ **valf** Federventil *n*
yaylım 1. Vs. zu **yayılmak** 2. Weide(-platz *m*) *f* 3. *mil.* Salve *f* 4. *V* s. **hesap;** ~ **ateş** *mil.* Salven-, Trommel-feuer *n* ~ **atışı** Ehrensalve *f* ~ **etmek** 1. e–e Salve abfeuern 2. *V* s. **hesap etmek;** ~ **topu** Salvengeschütz *n*, Stalin-Orgel *f*
yaylımlamak *Ka. V* genau auf die gefallenen (gespielten) Karten achten und danach sein Spiel einrichten
yayma 1. Vs. zu **yaymak** 2. offene Auslage (z.B. e–s Posamentiers)
yaymacı wer seine Waren offen (z.B. auf dem Boden) zum Verkauf ausbreitet
yaymaç s. **difüzör**
yaymak, (-ar) 1. aus-, hin-breiten (Tuch, Teppich usw.) 2. verbreiten (z.B. Gerücht, Krankheit), aussprengen, in die Öffentlichkeit bringen 3. ausdehnen 4. aus-streuen, -senden (z.B. Strahlen) 5. umher-, auseinander-streuen, umherwerfen, aufwirbeln (z.B. Staub) 6. weiden lassen (Tiere) 7. *mus.* breiter werden lassen
yayvan 1. breit und flach (Schüssel, Tal usw.) 2. in der Breitenrichtung verlaufend *enine ~ ~ s. **yayık yayık**
yayvanlık 1. Breit- und Flach-sein *n* 2. gedehntes Sprechen
yaz (I) Sommer *m* ~ **astması** (*od.* ~ **nezlesi**) s. **saman nezlesi;** ~ **bağırtlak ördeği** Knäkente *f zo.* Anas querquedula *bıldırcın ördeği ~ **budaması** *agr.* Sommerschnitt *m* ~ **dönmesi** Sommersonnenwende *f* ~ **helvası** e–e mit **pekmez** (statt Zucker) zubereitete Helwa-Art ~ **ıhlamuru** Sommerlinde *f bot.* Tilia platyphyllos *büyük yapraklı ıhlamur ~ **kanavcıotu** s. **keklik gözü;** ~ **kış** das ganze Jahr hindurch ~ **papatyası** s. **koyungözü** (1); ~ **saati** Sommerzeit *f* (mst. 1 Stunde früher als die Einheitszeit)

~ **sümbülü** s. **Afrika sümbülü;** ~ **tarifesi** Sommerfahrplan *m* ~ **uykusu** (*od.* ~ **uyuşukluğu**) *zo.* Sommerschlaf *m* *estivasyon ~ **yağmuru gibi olmak** *F* schnell aufbrausen (Person) **-a çıkmak** in den Sommer kommen **-ı getirmek** sich sommerlich kleiden **²ın araması, kışın taraması olmasa herkes besler mandayı.** *Spr.* Um Erfolg zu haben, bedarf es angestrengter Arbeit, wozu sich mancher nicht versteht. **²ın başı pişenin kışın aşı pişer.** (*od.* **²ın gölge kovan kışın karın ovar.**) *Spr.* Wer im Sommer (*bzw.* in der Jugend) tüchtig arbeitet, braucht den Winter (*bzw.* das Alter od. e–e Erkrankung) nicht zu fürchten.

yaz (II) 2. Pers. Imp. zu **yazmak;** s. **-boz (tahtası)**

yazadurmak in e–m fort schreiben

yazan 1. schreibend 2. Verfasser, Autor *m* *müellif **≗ da bir bozan da bir.** *(sarkastisch)* Nicht jede Leistung wird gebührend bewertet.

yazar 1. wer schreibt od. schreiben kann 2. Schriftsteller, Literat *m* 3. Redakteur, Schriftleiter, Publizist *m* *(2, 3) muharrir Zu 1: s. **okuryazar;** ~ **bozar tahtası** Schiefertafel *f* ~ **çizer** *pej.* Schreiberling, Schmierfink *m* ~ **hakkı** s. **telif hakkı;** ~ **kasa** Registrierkasse *f* ~ **provası** *typ.* Korrekturbogen *m* für den Autor ~ **yayımı** Selbstverlag *m* (des Autors)

yazarlık 1. Tätigkeit *f*, Beruf *m* e–s Schriftstellers *bzw.* Redakteurs 2. Autorschaft *f* 3. Publizistik *f* *(1–3) muharrirlik ~ **etmek** sich schriftstellerisch betätigen

yazboz (tahtası) 1. Schiefertafel *f* (*fr. a.* zur Kontrollierung von Schülern, die zeitweilig das Klassenzimmer verließen) 2. s. **tecrübe tahtası;** **≗ tahtası sanki!** *F* Rin in die Kartoffel(n), raus aus den (die) Kartoffel(n)! ~ **tahtası yapmak** (*od.* ~ **tahtasına çevirmek**) einander widersprechende Beschlüsse (*od.* Pläne) fassen

yazçiz(-cilik) s. **bürokrasi**

yazçizci s. **bürokrat**

yazgı 1. Los, Geschick, Schicksal *n* *alınyazısı, kaza ve kader 2. s. **kayıt** (3)

yazgıcılık s. **kadercilik**

yazı (I) 1. Schreiben *n*, schriftliche Arbeit; Schreibarbeit *f* 2. Schönschrift, Kalligraphie *f* 3. graphische Fixierung; Schrift *f*, Buchstaben, Lettern, Drucktypen *pl.*, Alphabet *n* 4. Geschriebenes; Schriftstück, Schreiben *n*, Filmtitel *m*, In-, Auf-schrift *f* 5. (publizistischer) Artikel; Aufsatz *m*, Abhandlung *f* 6. Schrift(-werk *n*) *f*, literarisches Werk 7. Handschrift *f* 8. *typ.* Manuskript *n* 9. Text *m* (*im Ggs.* zu Bildern) 10. Darstellung, Ausdrucksweise *f*, Stil *m* 11. Los, Geschick, Schicksal *n* Zu 1: **Biraz -m vardı, gelemedim.** Ich hatte noch Verschiedenes zu schreiben und konnte deshalb nicht kommen. Zu 3: s. **Arap -sı; İtalik -sı; siyah** ~ Zu 4: **Şu -yı okuyamadım.** Dieses Schriftstück habe ich nicht lesen können. Zu 7: **İnci gibi bir -sı vardır.** Er schreibt wie gestochen. ~ **altlığı** Schreibunterlage *f* ~ **bölgesi** *typ.* Satzspiegel *m* ~ **dili** Schriftsprache *f* ~ **dökümhanesi** Schriftgießerei *f* ~ **ile** schriftlich *tahriren ~ **işaretleri** 1. Schriftzeichen *pl.* 2. Satzzeichen *pl.*, Interpunktion(-szeichen *pl.*) *f* *noktalama işaretleri ~ **işleri** 1. schriftliche Arbeiten *pl.* 2. (Zeitungs-)Redaktion *f* 3. Schriftverkehr *m*, Korrespondenz *f* ~ **işleri heyeti** Redaktion(-skomitee *n*) *f* *heyeti tahririye ~ **kâğıdı** Schreib- *spez.* Brief-papier *n* ~ **kalıbı** (Schrift-) Schablone *f* ~ **kurulu** Redaktion(-skomitee *n*) *f* *redaksiyon ~ **makinesi** Schreibmaschine *f* ~ **makinesi şeridi** Schreibmaschinen-, Farb-band *n* ~ **malzemesi** Schreibzeug, -gerät *n* ~ **masası** Schreibtisch *m* **≗ mı tura mı?** Kopf oder Wappen? (beim Losen durch Münzwurf) ~ **nev'i** Schriftart *f* ~ **odası** 1. Schreibstube *f*, Büro *n* 2. Studierzimmer *n* ~ **provası** 1. Schriftprobe *f* 2. *typ.* Korrekturbogen *m* ~ **sanatı** Schönschreibkunst, Kalligraphie *f* ~ **tahtası** Wand-, Schul-tafel *f* *kara tahta; tebeşir tahtası ~ **takımı** Schreib-gerät, -zeug *n* ~ **tarafı** Schrift-, Rück-seite *f* (e–r Münze) *verso ~ **taşı** Schiefer *m* ~ **tatbiki** *jur.* Schriftenvergleichung *f* ~ **tura atmak** durch Münzwurf losen ~ **yazma** Schreiben *n;* schriftliche Darstellung ~ **yazmak** schreiben ~ **yükseklik ölçüsü** *typ.* Schriftgrad *m* **-sı kötü olmak** *F* ein ausgemachter Pechvogel sein **-ya dökmek** 1. schriftlich niederlegen (*od.* fixieren) 2. schriftlich darstellen (schildern) **-ya gelmek** sich schriftlich darstellen (ausdrücken) lassen **-ya gelmez** unbeschreiblich **-yı çıkarmak** (*od.* **sökmek**) et. lesen können, heraus-bringen, -bekommen, entziffern (können)

yazı (II) ebenes Gelände; Ebene *f* *ova

yazıbilim(-sel) s. **grafoloji(-k)**

yazıcı 1. *spez. mil.* Schreiber *m* 2. *selt.* *T* von **muharrir** *od.* **müellif** 3. s. **baskıcı** (1) 4. Registrierapparat *m* *imleç, mukayyit ~ **kadın** *P* Frau, die das Gesicht e–r Braut schminkt und schmückt

yazıcıböcekler s. **kabukböcekleri**

yazıcılık Tätigkeit *f* e–s **yazıcı** od. *(P)* e–r **yazıcı kadın**

yazıhane [··–·] 1. Schreibtisch *m* *yazı masası 2. Büro, Kontor, Amtszimmer *n*

yazık 1. was mit dem Gewissen nicht vereinbar ist, was unrecht ist, Sünde (und Schande), Schuld *f*, Unrecht *n*, Ungerechtigkeit *f* *günah 2. verdorben, verschwendet, vergeudet 3. *(Ausruf)* schade! wie schade! 4. *(Ausruf)* Schäm dich! pfui! Was ist denn das! ~ **etmek** (*bzw.* **olmak**) (als Ausdruck des Bedauerns:) **Atma, -tır.** Wirf das nicht weg, es ist schade darum! **Masrafa ~ oldu.** a) Schade, daß er trotz der vielen Ausgaben sein Ziel nicht erreicht hat! b) Die ganzen Zutaten sind jetzt dahin! **Kumaşa ~ etti.** Den (wertvollen, schönen usw.) Stoff hat sie jetzt verdorben (verschnitten u. a. m.)! **Çocuğa ~ ettiniz.** Den Jungen haben Sie aber ungerecht behandelt! **paraları ~ etmek** das Geld zum Fenster hinauswerfen, verschwenden, vergeuden **≗ günah değil mi?** Das ist doch e–e Sünde und Schande, nicht wahr? Ist es nicht jammerschade (darum)? ~ **ki** leider, bedauerlicherweise *maalesef, maatteessüf **≗ sana!** Das paßt doch gar nicht zu dir! Das hätte ich nicht von dir erwartet! **≗ şu biçareye!** Der arme Kerl! **²lar olsun!** 1. Schämst du dich denn gar nicht! Aber pfui, was ist denn das? 2. sehr schade; s. a. **büyük -lar olsun**

yazıklanmak (m. Dat.) bedauern, j–n bedauern, j–m leid tun *teessüf etmek

yazıksız *P* ohne Schuld, schuldlos, unschuldig *masum

yazılı 1. (auf-, ein-)geschrieben, eingetragen 2. mit Schriftzeichen (od. Inschrift) versehen, beschrieben, beschriftet 3. schriftlich *tahrirî 4. vorherbestimmt, vom Schicksal vorgezeichnet *mukadder 5. ausgestellt (z. B. Aktie auf e–n Namen) ~ **delil** schriftlicher Beweis; *jur.* Urkundenbeweis *m* ~ **emir** 1. *mil.* schriftlicher Befehl 2. *jur.* ministerielle Anweisung ~ **hani (balığı)** Schriftbarsch *m* *zo.* Serranus scriba ~ **hukuk** *jur.* geschriebenes (kodifiziertes) Recht *hukuku mektube ~ **imtihan** (*od.* **sınav**) schriftliche Prüfung *tahrirî imtihan ~ **kurbağa** gemalter Scheibenzüngler *zo.* Discoglossus pictus ~ **olarak** (*od.* **şekilde**) schriftlich *(Adv.)* ~ **orkinos (balığı)** Name e–r kleineren Thunfischart *zo.* Euthynnus alletteratus ~ **şekil** (*od.* **biçim**) 1. schriftliche Form 2. *jur.* Schriftform *f* ~ **tanıma** *jur.* schriftliche Anerkenntnis *ikrar bilkitabe ~ **taş** beschrifteter Stein

Yazılıkaya „Beschrifteter Fels" (hethitisches Felsenheiligtum bei Boğazkale)

yazılış 1. Schreib-art, -weise *f* 2. Orthographie *f* 3. schriftliche Darstellung

yazılmak 1. Pass. zu **yazmak** 2. (m. Dat.) sich irgendwo einschreiben (eintragen) lassen Zu 1: **öğrenci yazılma şartları** Aufnahmebedingungen *pl.* (e–r Schule) Zu 2:

Siz de üye yazılınız! Lassen Sie sich auch als Mitglied eintragen! **üniversiteye** ~ sich immatrikulieren lassen *bzw.* immatrikuliert werden
yazım 1. Niederschrift *f* *tahrir 2. Orthographie *f* *imlâ
yazımcı(-lık) s. **redaktör(-lük)**
yazımlama s. **redaksiyon**
yazımlayan s. **redaktör**
yazın (I) [×·] *Adv.* im Sommer, während des Sommers, zur Sommerzeit
yazın (II) s. **edebiyat;** ~ **dili** s. **edebî dil**
Yazırlar Name e–s Turkmenenstammes
yazısız ohne Schrift (Text, Worte), unbeschrieben ~ **hikâye** Geschichte *f* ohne Worte
yazış 1. Art und Weise *f* des Schreibens, Handschrift *f* 2. schriftliche Darlegung; Niederschrift, Behandlung *f* (e–s Themas) ~ **payı** s. **telif hakkı**
yazışma Vs. zu **yazışmak** *spez.* Korrespondenz *f*, Briefwechsel *m* *muhabere
yazışmak 1. (b–le) sich gegenseitig schreiben, miteinander korrespondieren 2. gemeinsam schreiben
yazıt In-, Grab-schrift *f*, Epitaph *n* *kitabe
yazıtbilim s. **epigrafi**
yazıtlık Zierrahmen *m*
yazlak s. **sayfiye**
yazlamak den Sommer irgendwo ver-, zu-bringen, verleben
yazlı (in der Füg.:) ~ **kışlı** *Adv.* sommers und winters, (im) Sommer und Winter, das ganze Jahr über
yazlık, -ığı 1. für den Sommer bestimmt od. geeignet, Sommer- 2. sommerlich, Sommer- *sayfî 3. Sommerkleidung *f* 4. Sommerwohnung *f* 5. Sommer-aufenthalt *m*, -frische *f* ~ **elbise** Sommer-anzug *m*, -kleid *n* ~ **ev** Sommerhaus *n* ~ **şapka** Sommerhut *m* **-a çıkmak** in das Sommer-, Land-haus ziehen **-ına** den Sommer über, während des ganzen Sommers
yazlıkçı Sommerfrischler(-in *f*) *m*
yazma 1. Vs. zu **yazmak** 2. Druckkattun *m* *basma 3. *P* Mumps, Ziegenpeter *m* *kabakulak 4. (*a.* ~ **eser**) Handschrift *f*, Manuskript *n* 5. hand-geschrieben, -schriftlich 6. gebatikt (z. B. Kopftuch) ~ **yanılması** Schreibfehler *m* ~ **yitimi** s. **agrafi**
yazmacı Baumwolldrucker, Färber *m*
yazmacılık Tätigkeit *f* e–s **yazmacı**
yazmak, (-ar) 1. (auf-, nieder-)schreiben 2. einschreiben, eintragen, anmelden 3. schreiben, verfassen 4. (das Gesicht e–r Braut) schminken und schmücken 5. verbreiten, bringen (z. B. Zeitung e–e Nachricht) 6. als Schriftsteller od. Redakteur tätig sein 7. schriftlich mitteilen, schreiben 8. in Dienst stellen, einstellen 9. ausbreiten, hinlegen (z. B. Matte) *yaymak 10. batiken 11. *Hv.* (zur Bild. des approximativen Verbums) beinahe, fast; es hätte nicht viel gefehlt und ... Zu 1: **Bu kelimeyi nasıl yazarsınız?** Wie schreibt man das Wort? Zu 2: **Çocuğunu Alman Lisesine yazdı.** Er hat sein Kind in der Deutschen Schule (Istanbul) angemeldet. Zu 8: **O delikanlıyı polis yazmışlar.** Man hat den jungen Mann als Polizisten eingestellt. Zu 11: **Düşeyazdım.** Ich wäre beinahe gefallen. **öleyazmak** beinahe sterben **yazıp bozmak** 1. schreiben und wieder ausstreichen 2. anordnen und wieder verbieten 3. *fig.* launisch sein; s. a. **yazboz (tahtası); yazıp çizmek** 1. schriftlich entwerfen 2. *mst. pej.* hinkritzeln
yazman(-lık) s. **kâtip(-lik), sekreter(-lik)**
ye (I) Name bzw. Lautung des Buchst. Y
ye (II) s. **ya** (II)
Yecüç *n.pr.* Gog ~ **(ve) Mecüç** 1. Gog und Magog (Bibel) 2. *fig.* wilde Scharen, Barbaren *pl.* 3. wild, barbarisch
yed s. **yet**
yeda (yede) taşı s. **yada taşı**
yedek, -eği 1. Reserve-, Ersatz- 2. Reserve *f*, Ersatz *m* 3. Reservestück *n*, Ersatzteil *m* 4. Halfter *m*, *n*, Zaum *m* 5. Kabeltau, Zugseil *n* 6. Treideln, Bugsieren, Schleppen *n* 7. **(oyuncu)** *Fb.* Ersatz-spieler, -mann *m* 8. *Th.* Double *n* 9. *lit.* der e–m **ziyade** entsprechende Zusatz bei Gedichten der türk. Volksliteratur ~ **akçe** s. **ihtiyat akçesi;** ~ **anahtar** Ersatz-, Reserve-schlüssel *m* ~ **asker** *mil.* Reservist *m* ~ **asteğmen** *mil.* Reserveoffiziersanwärter *m* ~ **beygir** Handpferd *n* ~ **birlikler** *mil.* Reservetruppen *pl.* ~ **cephane** Munitionsvorrat *m* ~ **çapa** (*od.* **çapa demiri**) *naut.* Notanker *m* ~ **çeken gemi** Schlepp-, Bugsier-schiff *n* ~ **çekmek** treideln (Schiff) ~ **er** s. ~ **asker;** ~ **halatı** Schleppseil, Bugsiertau *n* ~ **harcama** s. **alelâde ikame;** ~ **ışıklama** *Th.* Notbeleuchtung *f* ~ **kolluk** Ersatzmanschette *f* ~ **lastik** Ersatzreifen *m* ~ **nal** Reservehufeisen *n* ~ **nesne** s. **kaim sey;** ~ **parçalar** 1. Ersatzteile *pl.* (z. B. für e–e Maschine) 2. *V* weibliche Brust ~ **pilot** s. **ikinci pilot;** ~ **salıvermek** (in ein mit heißem Wasser gefülltes Bassin) kaltes Wasser zuschütten (im türk. Bad) ~ **subay** Reserveoffizier *m* ~ **tekerlek** Reserverad *n* ~ **yem** *mil.* eiserne Ration **-e almak** (*od.* **-e çekmek** *od.* **-te çekmek**) 1. ins Schlepptau nehmen, hinter sich her ziehen, an die Leine nehmen 2. abschleppen (*spez.* manövrierunfähiges Fahrzeug) **-e çekilmek** *F* pensioniert werden **-e çekmek** 1. als Reserve zurücklegen (aufheben) 2. s. **-e almak; -e girmek** ins Schlepptau genommen werden (Schiff) **-e vermek (kayığı)** das Boot treideln lassen **-te çekmek** s. **yedeğe almak**
yedekçi 1. wer das Handpferd führt; Reitknecht *m* 2. Treidler *m* 3. (Ab-)Schlepp- ~ **yolu** Treidel-, Lein-pfad *m*
yedeklemek *naut.* treideln, bugsieren
yedekli 1. geführt, geleitet, im Schlepptau 2. mit Ersatzpferd 3. mit Reserveteilen ausgestattet 4. *lit.* die e–m **müstezat** entsprechende Gedichtform der türk. Volksliteratur
yedeklik 1. Ersatz-, Reserve- 2. Ersatz-, Reserve-stück *n* ~ **anahtar** Ersatz-, Reserve-schlüssel *m*
yedeksizlik Fehlen *n* von Ersatzteilen
yedi 1. sieben 2. Zahl *f* Sieben 3. (bei Datumsangabe) siebt- Zu 3: ~ **Eylül** 7. September ≗ **Ada(-lar)** *geogr.* 1. die sieben griech. Inseln im Jonischen Meer 2. e–e Gruppe von unbewohnten Inseln in der Kermes-(Istanköy-)Bucht ~ **alimler** die sieben Weisen (von Griechenland) ~ **başlı (yılan)** 1. siebenköpfige Hydra 2. *fig.* gefährliche Person *spez.* boshaftes Weib ≗ **Bilgeler Efsanesi** *n.pr.* Die Sage von den Sieben Weisen (orientalische Märchen) ~ **canlı** 1. langlebig 2. zäh, unverwüstlich, nicht umzubringen(d) 3. wer schon oft dem Tod ins Auge gesehen hat ≗ **ceddime tövbe ettim.** Ich habe dem bei allen Heiligen abgeschworen. ≗ **ceddine lânet!** *V* (etwa:) Saukerl! Verdammter Schuft! ~ **derde deva** Allheil-, Wunder-mittel *n* ~ **dükkân süprüntüsü** Mischung *f* aus verschiedenen Kräutern und Gewürzen für Räucherungen gegen den bösen Blick ~ **düvel** *P* 1. ganz Europa od. Europas Großmächte 2. Gott und die Welt, Tod und Teufel (Zu 2: ~ **düvele meydan okumak** Gott und die Welt herausfordern ~ **düvele borçlu olm.** überall in der Kreide stehen) ~ **göbek Istanbullu** seit sieben Generationen in Istanbul ansässig; Istanbuler *m* in der siebten Generation ~ **iklim dört bucakta** überall in der Welt ~ **iklim dört bucaktan** aus aller Herren Länder ≗ **Kardeş (-ler)** *astr.* die sieben Sterne des Großen Bären ~ **kat el** (*od.* ~ **kat yabancı) olmak** völlig unbekannt sein; wildfremd sein ~ **keçeli** (*od.* **keçili) Kürt gibi kurulmak** ungeheuer stolz sein; sich aufblähen wie ein Pfau ~ **kralla barışık** 1. *selt.* mit jedermann gut auskommend 2. *fig.* mit zahlungskräftigen Freunden (Frau) ~ **kubbeli hamam kurmak** *fig.* sich in Phantasievorstellungen ergehen; Luftschlösser bauen ~ **mahalle** die ganze Welt, alle Leu-

te *cümle âlem ≗ **mahalleden duyuldu.** Das konnte man von allen Ecken und Enden hören. ~ **mahalleye davul zurna ile duyurmak** *fig.* aus-trompeten, -posaunen ≗ **Meşaleciler** *n.pr.* die Sieben von der Fackel (lit. Kreis 1928 mit der Zs. **Meşale**); ~ **noktalı uğurböceği** s. **hanımböceği;** ~ **suda yıkamak** *fig.* sehr sorgfältig reinigen ~ **sülâlesinden bando mızıkayla geçmek** *V* s. **cima etmek;** ≗ **Şefler savaşı** *hist.* Kampf *m* der Sieben gegen Theben ≗ **Uyurlar** s. **Ashabı Kehf;** ~ **yarıklı balık** siebenbogiger Kammzähner *zo.* Heptanchus cinereus (Hai) ≗ **Yârlar** *va.* s. ≗ **Kardeş(-ler);** ≗ **Yıl Harbi** *hist.* Siebenjähriger Krieg (1756–1763) ~ **yorgan eskitmek** (*od.* **paralamak**) s. **dokuz yorgan paralamak; ≗sinde ne ise, yetmişinde de odur.** *Spr.* Der Charakter bleibt immer der gleiche. **-sinden yetmişine kadar** (*od.* **-den yetmişe kadar**) vom kleinsten Jungen bis zum ältesten Greis **-ye gitmek** am 7. Tag nach der Hochzeit das Vaterhaus besuchen (jungverheiratete Frau)

yediadil, -dli *jur.* Sequester, Treuhänder *m*

yediemin [···–] Vertrauensmann, Bevollmächtigter, Treuhänder, Verwalter, Sachwalter, Sequester *m* **-e teslim etmek** sicherstellen, deponieren

yedigen *math.* Siebeneck, Heptagon *n* *müsebba

Yedigir *n.pr. va.* s. **Yedi Kardeş(-ler)**

Yedigöller *geogr.* e–e Seengruppe 42 km östl. von Bolu

yediiktidar [ā] *z. va.* Verfügung, Kraft, Macht *f* **≗larında olan bütün yardım ve bütün muzahereti yapacaklardır.** Sie werden ihm jede nur irgendmögliche Hilfe und Unterstützung angedeihen lassen.

yedikudret, -ti *va.* 1. Menschenkraft, Gewalt *f* 2. Hand *f* des Allmächtigen **-inde olmak** (b–nin) *va.* in j–s Gewalt sein

Yedikule *n.pr.* Schloß *n* der Sieben Türme (in Istanbul) ~ **marulu** Name e–r bes. geschätzten Lattichart

yedileme *mus.* s. **sept(im)ole**

Yediler 1. s. **Ashabı Kehf** 2. *astr.* s. **Ülker** 3. *(Mystik)* s. **Hak(-ka)erenler** 4. *Myth.* e–e best. Dämonenklasse

yedili sieben Einheiten umfassend *spez.* 1. *Spk.* Sieben *f* 2. *mus.* Septime *f* ~ **şamdan** siebenarmiger Leuchter

yedilik 1. was sieben Einheiten umfaßt (kostet, wiegt usw.) 2. *fr.* von dem Bräutigam geschenkte Kleider, welche die Braut am siebten Tag der Ehe anlegte

yedinci siebt- ~ **Konstanten Abidesi** s. **Örme Taş**

yediparmak Blutwurz *f bot.* Potentilla silvestris *kurtpençesi

yedirme 1. Vs. zu **yedirmek** 2. Dichtungsmasse *f* (aus Öl, Kalk und Hanf *spez.* für Wasserleitungen)

yedirmek Kaus. zu **yemek** *spez.* 1. veranlassen od. zulassen, daß jm. ißt, j–m zu essen geben, j–n speisen 2. nähren 3. (e–m Tier) zu fressen geben 4. (bşi bşe) langsam eindringen (einziehen) lassen (Öl, Farbe usw.), durchtränken (mit), dichten; ätzen (Metalle); langsam verrühren, mischen 5. sinnlos ausgeben (Geld) 6. veranlassen od. zulassen, daß jm. et. (Verbotenes) annimmt 7. (Unangenehmes) zuteil werden lassen; verabfolgen, versetzen 8. (k–ne *od.* nefsine) a) sich et. gefallen lassen b) innerlich über et. hinwegkommen, et. verwinden 9. (namusuna, kibrine usw.) et. (mit seiner Ehre, seinem Stolz usw.) vereinbaren können, et. zulassen (j–s Ehre, Stolz usw.) 10. *naut.* abhalten, abfangen (Wellen, Sturm usw.) durch entsprechendes Umlegen des Ruders Zu 2: **çocuğu** ~ das Kind nähren Zu 3: s. **ata et, ite ot** ~ Zu 4: **yağı una** ~ Fett mit Mehl (zu e–m Brei) verrühren Zu 5: **Bütün servetini bu kıza yedirdi.** Er hat sein ganzes Vermögen an dieses Mädchen verschwendet (gehängt). Zu 6: s. **rüşvet** ~ Zu 7: **papara** ~ *P* e–n scharfen Verweis (e–n Rüffel) erteilen **ceza** ~ *F* e–e Strafe aufbrummen **dayak** ~ durchhauen, verprügeln Zu 8 b: **Bu işi kendisine yedi-remeyerek kafasına kurşun sıktı.** Er konnte dies innerlich nicht verwinden und schoß sich e–e Kugel durch den Kopf. **yedirip içirmek** verpflegen, verköstigen

Yedi-Sekiz Hasan Paşa türk. Marschall, der als Unterschrift e–e Verbindung der osmanischen Zeichen für 7 und 8 verwendete. Er schlug den Aufstand von Ali Suavi **(Çırağan vakası)** nieder.

yedişer je sieben ~ ~ zu je sieben

yeditasarruf *jur.* Verfügungsgewalt *f*

yeditulâ [··––] „sehr lange Hand" *d. h.* große Macht, weitreichende Fähigkeit, profundes Wissen **Bu sahada -sı vardır.** *z. va.* Er beherrscht dieses Gebiet vollkommen. Er ist auf diesem Gebiet ausgezeichnet beschlagen. ~ **sahibi olmak** *z. va.* mächtig sein, weitreichende Macht besitzen

yediuyuklayan Siebenschläfer *m zo.* Glis glis

yediuyuklayangiller Schlafmäuse, Bilche *pl. zo.* Gliridae

yedivahit, -di; yedivahide [ā] *beid. va.* Monopol *n* *inhisar, tekel

yediveren mehrmals im Jahr blühend und Früchte tragend ~ **gül** Monatsrose *f bot.* Rosa indica semperflorens

yedmek, (-er) 1. an e–m Strick hinter sich her führen 2. *naut.* treideln, bugsieren, schleppen

yef *va.* s. **kâfı yâî**

yefallemek *V* s. **sikmek** (1)

yegâh e–e melod. Tonfolge um das tiefe D in der türk. Musik

yegân yegân *va.* einzeln, e–r nach dem andern, Stück für Stück *birer birer

yegâne 1. einzig, allein(-ig) *biricik, birik, tek 2. ≗ *wV* Zu 1: **O benim** ~ **evlâdımdır.** Er ist mein einziges Kind.

yeğ den Vorzug verdienend, besser *müreccah **Ölüm kölelikten -dir.** Besser den Tod als die Sklaverei. ~ **tutmak** vorziehen, bevorzugen, den Vorrang geben *tercih etmek

yeğen 1. Neffe *m* 2. Nichte *f* ~ **deve** e–e in der Türkei durch Kreuzung gezüchtete Kamelart

yeğin 1. gewaltsam, gewalttätig, heftig, streng *zorlu, şiddetli 2. übertreffend, überragend, überlegen, stärker *üstün 3. *phys.* intensiv *şiddî 4. *phon.* betont (Vokal od. Silbe) ~ **deprem** starkes Erdbeben (Stärke 6)

yeğinleme *phot.* Verstärkung *f*

yeğinleşmek 1. sich verstärken; intensiviert werden 2. die Oberhand gewinnen

yeğinlik *phys.* Intensität *f* *şiddet

yeğinseme s. **za'fı surî**

yeğlemek 1. (ver-, auf-)bessern, reformieren, veredeln *ıslah etmek 2. besser werden 3. vorziehen, bevorzugen, den Vorrang geben *tercih etmek

yeğlik Überragen, Übertreffen *n*, Vorzug, Vorrang *m*, Überlegenheit *f* *evleviyet **-le** s. **evleviyetle**

yeğni(-k) *dial.* leicht *hafif

yeğnilik *dial.* s. **hafiflik**

yeğnil(t)mek *dial.* s. **hafifle(t)mek**

yeğnisemek s. **hafifsemek**

yeğrek *va.* s. **müreccah**

Yehuda [·––] *n.pr.* Juda (Sohn Jakobs; Bibel)

yeis, -e'si Hoffnungslosigkeit, Verzweiflung *f* *ümitsizlik ~ **getirmek** verzweifeln

yek *z. va.* 1. ein *bir 2. s. **birlik;** ~ **at** ~ **mızrak** *fig.* alleinstehend, ohne nähere Anverwandte ~ **beyza, sadhezar dava** *va.* ein Ei und hunderttausend Ansprüche ~ **nazarda** *va.* auf den ersten Blick, im ersten Augenblick **-ten** s. ges. Stw.

yekahenk, -gi [ā] *lit.* ein Gedicht, dessen Verse gedankliche Einheitlichkeit aufweisen

yekavaz [·––] *lit.* ein Gedicht von einheitlicher Schönheit

yekçeş(i)m *va.* 1. einäugig 2. Sonne *f* *güneş

yekdiğeri, -ni einander, gegenseitig, wechselseitig *birbiri
yekdil *va.* gleich-gesinnt, -gestimmt, ein Herz und e–e Seele, einmütig
yeke *naut.* Ruderpinne *f* ~ **halatı** *naut.* Jochleine *f*, Steuerreep *n*
yekeyek *va.* s. **birer birer**
yekli (in der Füg.:) ~ **küşat** Name e–s best. Wü.
yeknesak 1. *pej.* monoton, eintönig, ein-, gleich-förmig, langweilig 2. *selt.* gleichmäßig, einheitlich, Einheits- (z. B. Kleidung)
yeknesaklaşmak eintönig werden
yeknesaklık 1. *pej.* Monotonie, Eintönigkeit, Ein-, Gleichförmigkeit, Langweiligkeit *f* 2. *selt.* Gleichmäßigkeit, Einheitlichkeit *f*
yekpare [ā] aus e–m Stück bestehend, einheitlich, ein Stück, ein Ganzes *tekparça
yekparelik [ā] Einheitlichkeit *f*, (innere) Geschlossenheit
yekrenk, -gi *va.* 1. einfarbig 2. *fig.* wer zu seinem Wort steht 3. e–e best. Tulpenart
yeksan [ā] 1. *va.* von gleicher Erscheinung 2. gleich 3. eingeebnet ~ **etmek** (bşi yerle od. hâk ile) dem Erdboden gleichmachen
yekser(-e) *va.* 1. s. **tek başına** 2. s. **baştan başa** 3. s. **birdenbire**
yekta [ā] 1. einzig, allein(-ig) 2. einzigartig, unvergleichlich 3. ≗ *mV, wV*
yekten [×·] *Adv.* 1. mit e–m Mal, plötzlich *birdenbire 2. ohne ersichtlichen Anlaß 3. alles zusammen, auf einmal (z. B. zurückzahlen)
yekûn Additionsergebnis *n*, Summe *f* *toplam, bütün ~ **çekmek** (lafa) aufhören (zu reden), Schluß machen (mit dem Gerede) ~ **etmek** zusammenzählen, addieren ≗ **tutmadı.** Die Summe (Rechnung) stimmte nicht.
yekvücut, -du [ū] *z. va.* einheitlich, geschlossen
yekzeban [ā] *va.* 1. nur e–e Sprache sprechend 2. die gleiche Sprache sprechend 3. einstimmig, einmütig
yel 1. Wind *m* *rüzgâr 2. *P* Darmblähung *f*, Wind, *F* Furz *m* 3. *P* rheumatische Schmerzen *pl.*, Ziehen *n* ~ **aşındırması** *geol.* Korrasion *f* *itikâlı riyah ~ **değirmeni** 1. Windmühle *f* 2. *V* s. **lüp** (II, 1); ≗ **gibi gelen sel gibi gider.** *Spr.* Wie gewonnen, so zerronnen. *Spr.* ≗ **kayadan ne koparır (alır, anlar, aparır)?** *Spr.* E–e leichte Erschütterung kann e–r soliden Sache (*bzw.* e–m charakterfesten Menschen) nichts anhaben. ~ **tüfeği** Luftgewehr *n* *(Kspz.)* ≗ **üfürüp sel götürür.** 1. Es verschwindet im Handumdrehen. 2. Ein Windhauch bläst es um (z. B. baufälliges Haus). 3. leicht und mühelos ~ **yanı** Windseite *f* ~ **yeperek** (*od.* **yepelek**) **yelken kürek** *fig.* atemlos, aufgeregt **-e vermek** 1. in die Höhe werfen (schleudern) *spez.* (Getreide) worfeln *savurmak 2. *fig.* verschwenden, vergeuden, verschleudern, *F* verpulvern
yelda [ā] *va.* 1. lang und sehr dunkel 2. ≗ *wV* Zu 1: vgl. **şebiyelda**
yeldirme 1. *fr.* leichter Überwurf (wie ihn Frauen anstelle des Tscharschafs bei Spaziergängen trugen) 2. aus mehreren Einzelnetzen zusammengeknüpftes langes Fischernetz (zum Makrelenfang)
yele Mähne *f* (*spez.* e–s Pferdes od. Löwen)
yeleç s. **yeleken, havadar**
yelek, -ği 1. Weste *f* 2. Schwungfedern *pl.* (e–s Vogels) 3. Fiederung *f* (e–s Pfeils) 4. einjähriges Kamelfüllen 5. kaftanähnliches Gewand ägyptischer Frauen Zu 1: s. a. **cankurtaran -i** Zu 3: s. **ok -i**
yeleken *dial.* s. **havadar**
yeleklemek fiedern (Pfeil)
yelekli mit **yelek** *spez.* gefiedert (Pfeil)
yeleksiz ohne **yelek** *spez.* ohne Weste
yeleli mit (nb.) Mähne ~ **çita** die asiatische Gepardart Cynailurus jubatus ~ **koyun** Mähnenschaf *n zo.* Ammotragus lervia ~ **kurt** s. **sırtlan;** ~ **sırtlan** Erdwolf *m zo.* Proteles cristatus (Südafrika)
yeleme *dial.* leicht-sinnig, -lebig, oberflächlich, unbedacht, ausgelassen *havaî
yeleneklik *(kaum gebr.)* s. **diletantizm**
yelengeç s. **yalıngaç**
-(y)eli s. **-(y)alı, -(y)eli**
yelim Glasblasen *n* ~ **yeperek** 1. eiligst, in größter Eile, atemlos 2. ganz bestürzt, aufgeregt
yelimlik s. **nefeslik**
yelken 1. *naut.* Segel *n* 2. ≗ *astr.* Segel *n* (des Schiffes Argo) (Sternbild) ~ **açmak** 1. die Segel setzen (hissen) 2. *fig.* seine Schritte beschleunigen 3. *fig.* loslegen ~ **azaltmak** e–n Teil der Segel niederholen (bei Sturm) ~ **bağlamak** die Segel bergen ~ **bezi** Segeltuch *n* ~ **boğmak** s. **istinga etmek;** ~ **dibi** Unterrand *m* e–s Segels ~ **gemisi** Segel-schiff, -boot *n*, Segler *m* ~ **gömleği** Segel-bezug *m*, -persenning *f* ~ **iğnesi** Segelnadel *f* (des Segelmachers) ~ **kürek** in aller Eile, mit höchster Geschwindigkeit ~ **tabiatlı** unbeständig, unzuverlässig (Person) ~ **yarışı** Segelregatta *f* **-i aşağı almak** *naut.* das Segel abschlagen **-i indirmek** (*od.* **mayna etmek**) das Segel fieren, niederholen **-i sarmak** das Segel beschlagen, festmachen **-in altabaşo halatı** Pferd *n* (Fußtau) **-in altabaşosu** Fuß-, Unterliek *n* **-ler kapanmak** die Segel back bekommen **-leri suya indirmek** *fig.* die Segel streichen, klein beigeben
yelkenci 1. Segelmacher *m* 2. Matrose *m* auf e–m Segelschiff ~ **mağazası** Segelmacherwerkstatt *f* (an Bord e–s Schiffes) ~ **yüksüğü** Segel(macher)handschuh *m* *kefne
yelkencilik 1. Segelmacher-handwerk *n*, -arbeiten *pl.* 2. Segelsport *m*
yelkenlemek 1. mit Segeln versehen 2. die Segel hissen, in See stechen, abfahren 3. *V* in die Höhe treiben (Preise) 4. *V* sich davonmachen, abhauen 5. *V* über den grünen Klee loben
yelkenli 1. mit Segel(-n) ausgestattet 2. s. **yelken gemisi;** ~ **kayık** Segelboot *n* ~ **kızak** Segelschlitten *m* ~ **tayyare** *va.* Segelflugzeug *n* *planör
yelkensiz segellos, ohne Segel
yelkovan 1. großer Uhrzeiger; Minutenzeiger *m* 2. Wetterhahn *m*, -fahne *f* *rüzgâr fırıldağı 3. Windfänger *m* (auf e–m Schornstein) 4. Sturmtaucher *m zo.* Puffinus (puffinus u. a.); s. a. **büyük (kara gagalı, sarı gagalı) ~; İngiliz -ı**
yelleç; yelleyen s. **vantilatör**
yellemek 1. anblasen, anfachen (z. B. mit Blasebalg) 2. fächeln
yellenmek 1. Pass. zu **yellemek** 2. e–n Wind fahren lassen, pupen, furzen *osurmak
yelli 1. windig 2. *P* wer viel Blähungen hat, *F* Furzer *m* 3. *P* rheumatisch ~ **mantar** Bofist *m bot.* Lycoperdon pratense
yellim yelâlim *P Adv.* in heller Aufregung
yelloz *(mst. als Schi. verwendet)* Hure, Dirne *f*
yelme *fr.* (vorne zu öffnendes) Panzerhemd
yelmek, (-er) *P* 1. (m. Dat.) atemlos und aufgeregt auf j–n zustürzen 2. unruhig umherlaufen
yelmeşik(-lik) *dial.* s. **asalak(-lık)**
yelölçer s. **anemometre**
yelpaze [ā] 1. Fächer *m* 2. Feuerwedel *m* 3. fächerförmig 4. s. **dümen -si** 5. *naut.* Ohrholz, Judasohr *n* (Stütze des Bugspriets) ~ **hurma ağacı** Steckenpalme *f bot.* Rhapis flabelliformis ~ **kulak** großes, abstehendes Ohr ~ **merdiven** kleinere Wendeltreppe ~ **pencere** fächerförmiges Oberlicht (über e–r Tür) ≗ **sallamakla sis dağılmaz.** *Spr.* Nebel vertreibt man nicht damit, daß man mit e–m Fächer wedelt. ~ **tonoz** Fächergewölbe *n* ~ **yapraklı hurma**

ağacı Latanie, Schirmpalme *f* (beliebte Topfpflanze) *bot.* Livistona chinensis
yelpazeci [ā] wer Fächer herstellt od. verkauft
yelpazekanatlılar Fächerflügler *pl. zo.* Strepsiptera
yelpazelemek [ā] (m. Akk.) fächeln, Luft zufächeln
yelpazelenmek [ā] 1. Pass. zu **yelpazelemek** 2. sich fächeln, sich Luft zufächeln
yelpazeli [ā] mit Fächer ausgestattet
yelpazemsi; yelpazevari fächer-, strahlen-förmig
yelpik *dial.* s. **astma**
yelsel 1. den Wind betreffend, Wind- 2. *geogr.* äolisch, vom Wind bewirkt od. abgelagert *rüzgârın tesiriyle olan
yeltek *P* unbeständig, wankelmütig, flatterhaft, launenhaft, launisch *hercaî, mütelevvin
yeltemek *va.* (b–ni bşe) anfeuern, ermuntern, anstacheln, aufhetzen *kışkırtmak, teşvik etmek
yeltenmek 1. Pass. zu **yeltemek** 2. (m. Dat.) sich versuchen (in), sich unterfangen (zu), sich anmaßen (zu), sich aufspielen wollen (als)
yelve 1. Ammer *f zo.* Emberiza 2. *dial.* Zwergschnepfe *f zo.* Lymnocryptes minimus; s. a. **akbaşlı (cüce, külrengi, sarı) ~; ekin (kaya, sazlık, su) -si**
yelvegiller (Familie *f* der) Ammern *pl. zo.* Emberizidae
yelyeperek; yelyepelek s. Stw. **yel**
yelyutan *vet.* Windkolik *f* (bei Pferden)
yelyutma *med.* Aerophagie *f*
yem 1. Futter, Fressen *n* (für Tiere) 2. Lockspeise *f*, Köder m (a. fig.) 3. *fig.* Raub *m*, Opfer *n* (z. B. e–r Feuersbrunst) 4. *fr.* Zündkraut *n* (für Geschütze) *ağızotu Zu 3: s. **alevlere ~ olmak; ~ bezelyesi** Ackererbse *f bot.* Pisum arvense **~ bitkisi** Futterpflanze *f* **~ borusu** 1. *mil.* Futtersignal *n* 2. *fig.* Erwecken *n* von Hoffnungen, In-Aussicht-Stellen *n*, Hinhalten *n* **~ borusu çalmak** durch (leere) Versprechungen ködern, hinhalten **~ dökmek (koymak, vermek)** 1. e–n Köder auslegen (für Wild) 2. *fig.* j–n zu ködern versuchen, an-, ver-locken wollen **~ istemez su istemez** *fig.* keine besondere Pflege erfordernd (Besitz) (*F* Das frißt ja kein Brot weg!) **~ istihkakı** *mil.* Futterration *f* **~ kestirmek** e–e Futterpause einlegen (für Tiere) **~ kıyma makinesi** Häckselmaschine *f* **~ pancarı** Futterrübe *f* (als Viehfutter angebaute Runkelrübe) **~ tayinatı** Futterration *f* **~ teknesi** Futtertrog *m* **~ torbası** Futter-sack, -beutel *m* (für Pferde usw.) **~ vermek** füttern (Tiere) **²ini yemiş torbasını asmış.** Er hat sich von allen beruflichen Dingen zurückgezogen. (Vgl. a. **Unumu eledim** usw.)
Yemanî *va.* auf den Jemen bezüglich; s. a. **Şirayı ~**
yeme 1. Vs. zu **yemek** 2. Speise *f*, Essen, Nahrungsmittel *n* 3. Geschmack *m* (e–r Speise) Zu 1: **Onun yemek -si hoş değil.** Er hat unangenehme Tischmanieren. Zu 2: **Bu ay ~ içme masrafımız çok oldu.** In diesem Monat haben wir für Essen und Trinken viel Geld ausgegeben. Zu 3: **Bu üzümün manzarası -sinden güzeldir.** Diese Trauben sehen besser aus als sie schmecken.
yemek (I), -eği *Sb.* 1. Essen *n* (Tätigkeit) 2. Essen *n*, Speise *f*, Gericht *n*, Mahlzeit *f* 3. (Essens-)Einladung *f*, (Gast-, Fest-)Essen, Diner *n* Zu 1: **²ten henüz gelmiştim.** Ich war gerade vom Essen gekommen. **Bu akşam -e bize geliniz!** Kommen Sie doch heute abend zu uns zum Essen! Zu 2: s. **akşam (kır, öğle) -i** Zu 3: **Arkadaşımın -inde birçok tanıdığa rastladım.** Bei dem Essen, das mein Freund gegeben hat, habe ich e–e Menge Bekannte getroffen. **~ borusu** 1. *mil.* Trompetensignal *n* zum Essenfassen, Essensignal *n* *karavana borusu 2. *an.* Speiseröhre *f* *meri **~ borusu sıkışması** *med., vet.* Speiseröhrenkrampf, Kardiospasmus *m* **~ çıkarmak** Essen vorsetzen (e–m Gast) **~ dolabı** Speiseschrank *m* **~ havlusu** Serviette *f* **~ kaşığı** Eßlöffel *m* **~ kitabı** Kochbuch *n* **~ koğusu** s. **yemekhane; ~ listesi** Speisekarte *f* **~ masası** Eßtisch *m* **~ odası** Eß-, Speise-zimmer *n* **~ odası takımı** Eßzimmer *n* (als Gesamtheit des Mobiliars) **~ pişirmek** Essen kochen **~ salonu** Speisesaal *m* **~ seçmek** wählerisch sein (beim Essen) **~ tiketi** Essensgutschein *m* **~ vermek** ein Essen (Frühstück, Gast-, Fest-mahl) geben **~ yapmak** Essen zubereiten; kochen (**Bugün ne ~ yapsam?** Was soll ich heute kochen?) **~ yedirmek** zu essen geben **~ yemek** essen, speisen (**Bugün -i dışarda mı yiyeceksiniz?** Werden Sie heute im Restaurant essen? **Ben daha ~ yemedim.** Ich habe heute noch nicht gegessen.) **≗ yemekle boğaz aşınmaz!** (Aufforderung an e–n Gast, tüchtig zuzugreifen) **-e davet etmek** zum Essen einladen **-e meraklı** wählerisch im Essen **-i yakmak** das Essen anbrennen lassen **²in iyisi hazırıdır.** *Spr.* Was Gott tut, das ist wohlgetan. **²ini komşudan bekleyen, çok vakit aç kalır.** *Spr.* Hilf dir selbst, so hilft dir Gott. *Spr.*
yemek (II) (Aorist: **yer**) 1. essen, zu sich nehmen, verzehren, aufessen, fressen 2. durchbringen, ausgeben, vertun 3. verschlingen, verbrauchen, fressen 4. abnützen, an-, zer-fressen, zernagen, auswaschen, abwetzen 5. (zer-) stechen, beißen 6. (et. Unangenehmes) abbekommen, beziehen, einstecken müssen 7. et. Verbotenes annehmen od. sich an et. (Verbotenem) vergreifen 8. nicht zurückzahlen (Schulden) 9. zum Geldausgeben veranlassen (verleiten), j–n ausbeuten, (Geld) entlocken 10. *V* zugrunderichten, umbringen 11. *V* sich e–n Bären aufbinden lassen, auf et. hereinfallen Zu 1: **yiyip içmek** essen und trinken **-ten içmekten kesilmek** den Appetit verlieren Zu 2: **Parası var ama yemez.** Er hat Geld, aber er gibt es nicht aus. **Varını yoğunu kumarda yemiş.** Er hat sein ganzes Hab und Gut verspielt. Zu 3: **Bu soba, çok kömür yiyor.** Dieser Ofen schluckt (frißt, verschlingt) viel Kohle. Zu 4: **Kezzap mermeri yer.** Salzsäure zerfrißt Marmor. **Deniz sahili yemiş.** Das Meer hat das Ufer ausgewaschen. **Çıma babayı yemiş.** Das Haltetau hat den Poller abgewetzt. Zu 5: **Sivrisinekler çocuğun kollarını yemiş.** Die Mücken haben das Kind an den Armen ganz zerstochen. Zu 6: **İkinci ravntta çenesine müthiş bir sağ yedi.** In der zweiten Runde mußte er e–n furchtbaren Rechtshaken einstecken. s. a. **ceza (gam, papara, şamar, tokat, yağmur) ~** Zu 7: s. **haram (para, rüşvet) ~** Zu 8: **Bu adam benim yüz liramı yedi.** Der Kerl hat mir meine hundert Pfund nicht zurückbezahlt. Zu 9: **Dalkavuklar çok parasını yemişler.** Die Schmeichler haben ihm viel Geld entlockt. Zu 11: s. **yemez; Ye kürküm ye!** (*iron. Ra.* bei Beurteilung e–r Person nach ihrem Äußeren) (Nach e–r Nasrettin-Erzählung) Na ja, Angabe ist das halbe Leben! Kleider machen Leute! *Spr.* **Ye nimetini sorma hikmetini!** *(hum. od. iron.)* Frag nicht erst, wo dein Glück herkommt, sondern genieße es! **Yediği naneye bak!** (Hinweis auf e–e Fehlleistung) 1. Dümmer konnte er es wohl nicht anfangen! 2. Was er nur für e–n Unsinn daherredet! 3. Ja, tut man denn so etwas! 4. *iron.* Da hat er sich ja et. Schönes eingebrockt! **Yediği önünde yemediği arkasında.** *F* Er lebt im Überfluß. **Yeme de yanında yat!** Das ist beinahe zu schön zum Essen (*od.* zum praktischen Gebrauch). **yemeden içmeden** *fig.* flugs, schnurstracks, unverzüglich; brühwarm (z. B. hinterbringen) **yemeden içmeden kesilmek** vor lauter Kummer nichts zu sich nehmen **Yemedik nane bırakmadı.** 1. Er hat e–n Lapsus nach dem andern begangen. 2. Was der nicht alles angestellt hat! 3. Es geht auf keine Kuhhaut, was er daherredet! **Yemeyenin malını yerler** (*a.* mit der Forts. **demine hu çekerler** *od.* **üstüne bir bardak su içerler**). *Spr.* Was ein Geizhals sich abgeknausert hat, verschwenden nach seinem Tod die Erben. **yiyecek gibi bakmak** mit den Augen verschlingen **yiyip bitirmek** 1.

ver-, auf-zehren, nichts mehr übrig lassen, vollständig verbrauchen, aufbrauchen *tüketmek 2. ruinieren, zugrunderichten, ganz kaputtmachen **yiyip içmek** 1. sich verpflegen, sich verköstigen 2. schwelgen, schmausen, tafeln
yemekhane [ā] Speise-saal, -raum *m* (z.B. in e–m Internat)
yemeklemek mit Essen versehen; verpflegen, verköstigen
yemekli 1. mit Essen (Beköstigung, Verpflegung), Speise- 2. mit Essenspausen (z.B. Spaziergang) 3. mit soundso viel Gängen (z.B. Festmahl) ~ **vagon** Speisewagen *m* *lokantalı vagon, vagon-restoran
yemeklik 1. zur Zubereitung von Speisen geeignet od. bestimmt, Eß-, Speise- 2. Essensgeld *n* 3. *hist.* Gastmahl *n* zu Ehren e–s neuernannten Großwesirs ~ **zeytinyağı** Speiseöl *n*
yemeksiz ohne Essen (Beköstigung, Verpflegung) ~ **otel** Hotel garni *n* ≗ **yatmak borçlu kalkmaktan yeğdir.** *Spr.* Besser hungrig schlafengegangen als verschuldet aufgestanden.
Yemen *n.pr.* Jemen *m* (ar. Staat) ~ **ellerinde** (*od.* **çöllerinde**) **Veyselkaranî (gibi)** wer von Land zu Land herumirrt und vergebens sein Ziel zu erreichen sucht ~ **kahvesi** Mokka *m* (als ar. Kaffeesorte) ~ **safranı** 1. s. **cehri** 2. s. **hayıt ağacı**; ~ **taşı** *min.* Hyazinth *m* (e–e Zirkon-Art)
yemeni 1. handgefärbtes leichtes Kopftuch 2. leichter Halbschuh ohne Absätze
yemenici wer **yemeni** herstellt od. verkauft
yemenicilik Herstellung *f* und Verkauf *m* von **yemeni**
yemenili wer **yemeni** trägt
Yemenli 1. Jemenit-e *m*, -in *f* 2. jemenitisch
yemez *V* wer nicht zu düpieren ist; gerissen, schlau
yemin [ī] 1. *va.* rechte Seite (Richtung od. Hand) 2. Schwur *m*, Eid(-esleistung *f*) *m* *ant ~ **billah etmek** *P* bei dem Namen Gottes schwören ~ **bozmak** e–n Eid brechen ~ **bozucu** eidbrüchig ~ **etmek** 1. schwören, e–n Eid leisten, e–n Schwur ablegen *ant içmek 2. (bşe od. bşe dair) beschwören, beeiden, (eidlich) beteuern 3. (bşin üzerine) schwören (bei) Zu 2: **Bunu yapmadığına dair ~ etti.** Er beteuerte, er habe das nicht getan. ≗ **etsem, başım ağrımaz.** Ich kann das mit gutem Gewissen beschwören. ~ **ettirmek** *od.* **verdirmek** (b–ni bşe) j–n eidlich verpflichten (zu), j–n schwören lassen (zu), j–n vereidigen (auf) *ant içirmek ~ **tevcihi** *jur.* Eideszuschiebung *f* ~ **vermek** s. ~ **etmek; -den imtina** *jur.* Eidesverweigerung *f* **-i basmak** hoch und heilig beschwören **-i ret** *jur.* Zurückschiebung *f* des Eides **-ini nakzetmek** seinen Eid brechen, sein Wort nicht halten
yeminli [·–·] 1. durch e–n Eid gebunden 2. vereidigt Zu 1: **≗yim kimseye borç vermem!** Ich habe es mir geschworen, keinem Menschen Geld zu leihen.
yeminsiz [·–·] 1. nicht durch e–n Eid gebunden 2. unvereidigt Zu 2: **Yaşı henüz on beşi geçmediği için ~ dinlendi.** Da er noch nicht über 15 war, wurde er unvereidigt vernommen.
yemiş 1. Früchte *pl.*, Obst *n* *meyve 2. *pr.* (im Gebiet der Ägäis) Feige *f* *incir 3. *fig.* Frucht *f*, Ertrag, Gewinn *m*, Ergebnis, Resultat *n*, Leistung *f*, Erfolg *m* *semere ~ **kabuğu** s. **meyve kabuğu;** ~ **vermek** Früchte tragen *(a. fig.)* ~ **yaprağı** s. **meyveyaprak**
yemişçi Obsthändler *m*
yemişçil sich von Früchten nährend
yemişen *dial.* s. **alıç**
yemişgüvercini Fruchttaube *f zo.* Carpophaga aenea
yemişlenme *bot.* Fruchtentwicklung *f*
yemişli 1. Früchte tragend (Baum) 2. *fig.* frucht-, gewinnbringend, erfolg-, ertrag-reich, einträglich *semereli, verimli
yemişlik 1. Obstgarten *m* 2. (im Gebiet der Ägäis) Feigenplantage *f* *incirlik 3. Fruchtschale *f*, Obstteller *m* 4. Aufbewahrungsort *m* für Obst 5. obstreiche Gegend
yemişsiz *(wörtl. u. fig.)* keine Früchte tragend
yemişveren 1. fruchttragend, Obst- 2. *fig.* fruchtbar, ergiebig
yemleme 1. Vs. zu **yemlemek** 2. Köder *m*, Lockspeise *f (a. fig.)* 3. *fr.* Zündkraut *n* *ağızotu 4. Sprengmine *f* ~ **fitili** Zündschnur, Lunte *f*
yemlemek (m. Akk.) 1. füttern, atzen 2. mit Köder versehen (Angel, Falle usw.) 3. *fr.* Zündkraut auflegen od. e–e Mine legen 4. *fig.* ver-, an-locken, ködern
Yemliha *n.pr.* s. **Ashabı Kehf**
yemlik 1. als Futter geeignet od. bestimmt, Futter- 2. Futter-krippe *f*, -trog, -sack, -kasten *m;* -näpfchen *n* (für Vögel), Raufe *f* 3. *fig.* Bestechungssumme *f*, Schmiergeld *n* *rüşvet 4. *fig.* wer beim (Glücks-)Spiel dauernd verliert ~ **çimen** 1. Futtergräser *pl.* 2. Lolch *m bot.* Lolium ~ **takmak** *fig.* überholen (beim Wettlauf) ~ **torbası** Futter-sack, -beutel *m* (für Pferde usw.)
yemyeşil [×··] 1. grasgrün 2. ganz mit Grün bedeckt
yen (I) 1. (Hemd-, Rock-, Jacken-)Ärmel *m* *kol 2. *bot.* Spatha, Blütenscheide *f* *spat ~ **kapağı** *spez. mil.* Ärmelaufschlag *m*
yen (II) Yen *m* (japanische Währungseinheit)
-(y)en s. **-(y)an, -(y)en**
yençmek *z. va.* (m. Akk.) 1. den Inhalt e–s Behältnisses durch Rütteln (Schütteln, Aufstoßen) richtig ordnen 2. bunt durcheinander werfen, in völlige Unordnung bringen, zerdrücken, zerstampfen *darmadağan etmek, ezmek 3. ungerecht behandeln, benachteiligen *gadre uğratmak
yenebilir eßbar *ekle salih
yenge [×·] 1. Schwägerin *f* (Frau des Bruders) 2. angeheiratete Tante; Frau *f* des Onkels (väterlicher- od. mütterlicherseits) 3. meine (Ehe-)Frau 4. *P* Brautführerin *f* ~ **olmak** *V* 1. zu Ende gehen 2. verloren gehen 3. die Hoffnung aufgeben
yengeç Taschenkrebs *zo.* Cancer pagurus *pavurya ~ **gibi** krumm und schief (z.B. daherkommen) ~ **örümceğigiller** (Familie *f* der) Krabbenspinnen *pl. zo.* Thomisidae
Yengeç *astr.* Krebs *m* (Sternbild od. Tierkreiszeichen) *Seretan ~ **dönencesi** *astr.* Wendekreis des Krebses *medarı Seretan
yengelik Rolle *f* e–r **yenge**
yengen *V* 1. schlecht, miserabel 2. wirr durcheinander
yengi Sieg *m* *galebe, galibiyet
yengikemeri; yengitakı s. **takızafer**
yeni 1. neu, ungebraucht 2. neu, frisch, erst seit kurzem vorhanden, neuerdings, vor ganz kurzer Zeit 3. neuerworben, neuerstanden 4. neu, unausgebildet Zu 1: ~ **ayakkabı** neue Schuhe *pl.* Zu 2: ~ **harp tarzı** neue Art der Kriegsführung **Daha ~ geldim.** Ich bin erst vor kurzem angekommen. **Dikkat, kapı ~ boyanmıştır!** Vorsicht, die Tür ist frisch gestrichen! Zu 3: ≗ **eve taşındık.** Wir sind in unser neues Haus umgezogen. Zu 4: ~ **asker** Rekrut *m* ~ **adım** *od.* ~ **ayak bir çocuk** Kind, das gerade eben laufen kann (und daher noch recht unsicher auf den Beinen ist) ~ **bir iş'ara kadar** *od.* ~ **bir emre intizaren** bis auf anderweitige Verfügung, bis auf weiteres *iş'arı ahire kadar ~ **çevirim** 1. Neuübersetzung *f* 2. Neuverfilmung *f* ~ **çıkma** 1. neu herausgekommen, neu erschienen 2. *pej.* neumodisch ~ **evliler** Neuvermählte, Jungverheiratete *pl.*, *F* neugebackenes Ehepaar ≗ **Farsça** *ling.* Neupersisch(-e) *n* ~ **fikir** neue Richtung ≗ **Gine** *n.pr.* Neuguinea *Papuasya ≗ **Güney Galler** *n.pr.* Neusüdwales (Australien) ≗ **Harman** *n.pr.* türk. Zigarettenmarke mit amerikanischer Geschmacksrichtung ~ **hayvanlar zama-**

nı *geol.* Neozoikum *n* *neozoik ≗ **İbranîce** *ling.* Neuhebräisch(-e) *n* ~ **istihale** (häufiger Pleonasmus für **istihale**); ≗ **Kale** *n.pr.* osm. Bez. der Stadt Kertsch (auf der Krim) ≗ **Kaledonya** *n.pr.* Neukaledonien ~ **kızıl kumtaşı** *min.* Buntsandstein *m* *yeni kırmızı gre ~ **Latin dilleri** *ling.* romanische Sprachen ≗ **Lisancılar** *hist.* Bez. für die türk. Schriftsteller, die sich seinerzeit um die Zeitschrift **Genç Kalemler** scharten ~ **nizam** 1. s. **Nizamı Cedit** 2. *hist.* die (von den Achsenmächten im II. Weltkrieg propagierte) Neue Ordnung ~ **nizamcılar** Anhänger *pl.* der Neuen Ordnung (vgl. **yeni nizam** 2); ~ **okka** *fr. Bez.* für **kilo(-gram);** ~ **sözcük** *ling.* Neologismus *m*, Neubildung *f* ~ **taş çağı** s. **neolitik;** ~ ~ ganz neu ~ **yetişen nesil** junge Generation ~ **yetişmek** heran-, auf-wachsen ~ **yıldız** s. **nova;** ≗ **Yunanca** *ling.* Neugriechisch(-e) *n* ~ **Zağra** *n.pr.* Nowa Sagora (Städtchen in Bulgarien) ~ **zaman (-lar)** s. **yeniçağ;** ≗ **Zelanda** [···×·] *n.pr.* Neuseeland ≗ **Zelanda ıspanağı** neuseeländischer Spinat *bot.* Tetragonia expansa ≗ **Zelanda keteni** 1. Flachslilie *f bot.* Phormium tenax 2. (der aus 1 gewonnene) Neuseelandflachs ≗ **Zelanda koca papağanı** Kea *m zo.* Nestor notabilis ≗ **Zelandalı** 1. Neuseeländer(-in *f*) *m* 2. neuseeländisch **-den** s. ges. Stw. **≗si eskisini aratır.** Das (schlechte) Neue läßt e–n wehmütig an das (gute) Alte zurückdenken.

yeniay Neumond *m* *muhak

yenibahar Gewürzkörner *pl.*, Nelkenpfeffer *m* (Früchte des Pigmentbaums Pimenta officinalis)

yenibaştan *Adv.* von neuem, erneut, von vorn, wieder, noch einmal

Yenicami, -ii [ā] *n.pr.* berühmte Moschee in Eminönü (Istanbul) **-de yalan söylemiş, Ayasofya'da kendi inanmış.** *Spr.* An der Yenicami hat er es noch für e–e Lüge erklärt, an der Ayasofya hat er es selber schon geglaubt. (*spez.* in bezug auf falsche Gerüchte gesagt, die immer mehr geglaubt werden)

yenice ziemlich neu, neuer ≗ **eleğim seni nerelere asayım!** 1. Neuerworbenes behandelt man anfänglich mit übertriebener Sorgfalt. 2. Neues kommt schnell in Mode und ebenso schnell wieder aus der Mode.

Yenice *n.pr.* 1. O. u. D. im Rbz. Çanakkale 2. (*osm.* **Yenicei Vardar**) Iannitsa (griech. Städtchen) 3. Tabakgebiet *n* um Xanthi (İskeçe) 4. türk. Zigarettenmarke

yenici besiegend ~ **hamle** (Fechten) entscheidender Treffer

yenicilik *ling.* 1. Neologismus *m*, Neubildung *f* *neolojizm 2. Verwendung e–s Wortes od. e–r Ra. in neuer Bedeutung

yeniçağ 1. Neuzeit *f* (1453–1789) 2. *geol.* Quartär *n*

yeniçeri *hist. wörtl.:* neue Truppe 1. Janitscharen *pl.* 2. (einzelner) Janitschar 3. *va.* Renommist, Raufbold *m* ~ **ağası** 1. *hist.* Oberbefehlshaber *m* der Janitscharen 2. *fig.* gewalttätiger (despotischer, tyrannischer) Mensch ~ **devri** Janitscharenzeit *f* ~ **düğünü** *hist.* Janitscharenfestlichkeit *f*, bei der zum Loskauf gefangener Janitscharen Geld gesammelt wurde ~ **efendisi** *hist.* Zahlmeister *m* (bei den Janitscharen) ~ **keçesi** s. **akbörk;** ~ **kütüğü** *hist.* Stammrolle *f* der Janitscharen ~ **ocağı** *hist.* Janitscharenorganisation *f od.* -regiment *n* ~ **odaları** *hist.* Kasernen *pl.* für die Janitscharen

yeniçerilik 1. Janitscharenorganisation *f* 2. Janitscharenzeit *f* 3. *va.* Renommieren, Prahlen *n*

yenidarvinci 1. Neodarwinist(-in *f*) *m* 2. neodarwinistisch *(1, 2) neodarvinist

yenidarvincilik Neodarwinismus *m* *neodarvinizm

yeniden von neuem, erneut, neuerdings, wieder(-um), von vorn, noch einmal ~ **canlandırma** s. **ihya;** ~ **canlanma** Wiederaufleben *n* ~ **doğmak** 1. neu geboren werden 2. *fig.* wiederaufleben (*a. H,* z.B. Forderung) ~ **gruplanma** *mil.* Umgruppierung *f* ~ **kırdırmak** *H* rediskontieren (Wechsel) ~ **kıymetlendirmek** aufwerten, revalorisieren ~ **tensik etmek** *gel. Pleonasmus* für **tensik etmek;** ~ **terbiye** Umschulung *f* ~ **yeniye** 1. immer aufs neue 2. erst seit kurzer Zeit

yenidünya 1. ≗ Neue Welt *f*, Amerika 2. **(ağacı)** a) japanische Mispel *bot.* Eriobotrya japonica *maltaeriği b) gemeine Mispel *bot.* Mespilus germanica 3. traubige Schleifenblume *bot.* Iberis amara *hünkârbeğendi 4. schwarze Dahlie *bot.* Cosmos diversifolia 5. bunte Glaskugel 6. kleines Holzgitter (im Ortaoyunu) 7. s. **çaprazgaga;** ~ **akbabasıgiller** Neuweltsgeier *pl. zo.* Cathardidae ~ **aslanı** s. **puma;** ~ **maymunları** s. **yassıburunlu maymunlar**

yenieflatuncu neuplatonisch, Neuplatoniker *m* *neoplatonisiyen

yenieflatunculuk *phil.* Neuplatonismus *m* *neoplatonizm

yenigerçekçi neorealistisch, Neorealist *m* *neorealist

yenigerçekçilik Neorealismus *m* *neorealizm

yenihümanizm Neuhumanismus *m*

yeniizlenimci neoimpressionistisch; Neoimpressionist *m* *neoempresyonist, noktacı, puantiyist

yeniizlenimcilik Neoimpressionismus, Pointillismus *m*, Pünktchenmalerei *f* *divizyonizm, noktacılık, neoempresyonizm, puyantiyizm

yenik (I), **-iği** 1. abgenutzt, abgewetzt, abgeschabt 2. (von Mäusen, Milben, Motten, Würmern usw.) zernagte Stelle z.B. Mottenloch *n*, wurmstichige Stelle usw. 3. *fig.* wunde Stelle Zu 2: s. **fare (güve) -i** Zu 3: s. **bityeniği, kurtyeniği**

yenik (II) *selt.* besiegt ~ **düşmek** besiegt werden

yenikantçı Neukantianer *m*

yenikantçılık *phil.* Neukantianismus *m*

yeniklasik neoklassizistisch; Neoklassizist *m*

yeniklasikçilik Neoklassizismus *m*, Neuklassik *f*

yenilamarkçılık Neo-Lamarckismus *m*

yenileme Vs. zu **yenilemek** *spez.* Neuerung, Novation *f* ~ **davası** *jur.* Antrag *m* auf Aufnahme e–s ruhenden Verfahrens

yenilemek 1. erneuern (z.B. Vertrag) 2. durch Neues ersetzen 3. auffrischen, wiederherstellen, restaurieren, ausbessern 4. erneut bringen, wiederholen (z.B. Vorschlag)

yenilenme Vs. zu **yenilenmek** *spez. biol.* s. **rejenerasyon**

yenilenmek 1. Pass. zu **yenilemek** 2. *selt.* s. **yenileşmek**

yenileşmek sich erneuern

yenileştirmek erneuern

yenilgi Besiegt-Werden *n*, Niederlage *f* *mağlubiyet

yeniliberalizm Neoliberalismus *m*

yenilik 1. Neu-Sein, Ungebraucht-Sein *n*, Neuheit, Neuigkeit *f* 2. Neuerung, Reform *f* *teceddüt 3. Unerfahrenheit *f*, mangelnde Erfahrung, fehlende praktische Schulung ~ **korkusu** *psych.* (krankhafte) Abneigung gegen alles Neue *nefreti teceddüt

yenilikçi reformfreudig; Reformer, Neuerer *m*

yenilmek (I) Pass. zu **yemek** (II); **yenilir yutulur gibi olmamak** unerträglich (ungehörig, unzumutbar) sein

yenilmek (II) Pass. zu **yenmek** (II) (b–ne) besiegt (geschlagen, überwunden) werden (von); j–m unterliegen; verlieren (im Spiel)

yenilmez 1. unbesiegt 2. unbesiegbar

yenilmezlik 1. Unbesiegtsein *n* 2. Unbesiegbarkeit *f*

yenimaden [ā] s. **almangümüşü**

Yenimahalle *n.pr.* großes Stadviertel von Ankara u. D. im Rbz. Ankara

Yenipazar *n.pr.* 1. *osm. Bez.* für Nowipasar (jugoslaw. bzw. bulgar. Städtchen) 2. O. u. D. im Rbz. Aydın

yenipozitivist, -ti neopositivistisch; Neopositivist *m*

yenipozitivizm Neopositivismus *m* *analitik felsefe; mantıkî pozitivizm
yenir 1. eßbar 2. *med.* s. **Frengi hastalığı**
yenirce 1. die sich immer tiefer fressende Wunde; Brand *m* *(a. bot.)* 2. *med.* a) Knochenfraß *m* b) Karies *f* *(a, b) rem
yeniromantik neuromantisch; Neuromantiker *m*
yeniromantizm Neuromantik *f*
yenisimgecilik Neosymbolismus *m* *neosembolizm
yenisömürgecilik Neokolonialismus *m*
Yenişehir *n.pr.* 1. der seit 1923 erbaute Stadtteil von Ankara 2. Städtchen u. D. im Rbz. Bursa 3. (a. **-fener**) osm. Bez. der griech. Stadt Larissa
yenitmek *va.* s. **yenilemek, onarmak**
yeniüslup, -bu Jugendstil *m* (1896–1910)
yenivitalizm Neovitalismus *m* *neovitalizm
yenişememek (sich gegenseitig) nicht besiegen können, die gleiche Punktzahl erreichen, ein totes Rennen liefern, remis spielen
yeniyetme *päd.* Kind *n* vor Eintritt der Pubertät *mürahik
yeniyetmelik *päd.* Vorpubertätsalter *n* *mürahiklik
yenlenç *va.* 1. schwächlich, kränklich 2. hilflos, unfähig
yenli 1. mit Ärmel(-n) 2. mit nb. Ärmeln, -ärmelig Zu 2: **geniş ~ gömlek** weitärmeliges Hemd
yenmek (I) Pass. zu **yemek** (II); **Bu meyva yenmez.** Diese Frucht ist nicht eßbar. **Ceketin dirseği yenmiş.** Der Jakkenärmel ist am Ellbogen durchgewetzt.
yenmek (II) 1. (b–ni) besiegen, schlagen, überwinden; siegen (über) 2. (bşi) (be-)meistern (z.B. Zorn), e–r Sache Herr werden
yensiz ohne Ärmel, ärmellos
yepelek 1. *P* s. **narin** 2. s. Stw. **yel**
yepermek *P* ganz aufgeregt und atemlos umher-(dahin-, daher-)laufen
yepyeni [×··] (funkel-)nagelneu; brandneu
yer 1. Ort, Platz *m*, Stelle, Stätte, Gegend *f* 2. Raum, Platz *m*, Gebiet, Gelände *n* 3. Grund-stück *n*, -besitz *m*, Grund und Boden *m* 4. Boden *m*, Erde *f*, Land *n* 5. Narbe *f* (e–r Wunde), Spur *f* (z.B. e–r Ohrfeige) 6. Aufgabe, Rolle, Bedeutung *f* 7. Erde *f* *arz, yeryuvarlağı 8. Stelle *f*, Posten *m*, Amt *n* 9. **in(d)e** *Pp.* anstelle (von), als Ersatz (für), (an-)statt, für 10. (yapacağı) **-de** an dem Ort, wo (er tun wird) 11. (yapacak, yapacağı) **-de** anstatt daß (*bzw.* zu); nicht nur nicht ..., sondern sogar Zu 1: **Bu kitabın -i neresidir?** Wo steht dieses Buch? **tenha bir ~** e–e öde (verlassene) Gegend; s.a. **çivi (dikiş, ek) -i; duracak (kara, oturacak) ~** Zu 2: **Bu eşyaya ~ kalmadı.** Für diese Sachen ist kein Platz mehr da. **Bazı vilâyetlerimizde ormanlar geniş ~ kaplar.** In manchen Wilajets haben wir sehr ausgedehnte Wälder. Zu 3: **²imiz boldur, binayı daha geniş tutabiliriz.** Wir haben reichlich Grund und Boden zur Verfügung und können daher ein größeres Gebäude aufführen. Zu 4: **²e oturmayınız!** Setzen Sie sich nicht auf den Boden! **Çorak -de ot bitmez.** Auf dürrem Boden wächst kein Gras. **-de, havada ve suda savaşlar** Kämpfe *pl.* zu Land, in der Luft und im Wasser Zu 5: **Ona öyle bir tokat vurdu ki, parmaklarının -i yüzünde kaldı.** Er gab ihm e–e solche Ohrfeige, daß die Fingerspuren in seinem Gesicht zu sehen waren. s.a. **bıçak -i** Zu 6: **Uçağın yurt savunmasındaki -i herkesçe anlaşılmıştır.** Die Bedeutung des Flugzeugs für die Verteidigung der Heimat ist jedem bekannt. Zu 7: s. **gökte ararken -de bulmak** Zu 8: **İlk açılacak -e siz tayin edileceksiniz.** Die erste freiwerdende Stelle bekommen Sie. Zu 9: **Onun -ine ben geldim.** An seiner Stelle bin ich gekommen. Zu 10: **öleceği -de** an dem Ort, wo er sterben wird Zu 11: **Dostu gelecek -de polis gelip kendisini tevkif etti.** Statt daß sein Freund kam, erschien die Polizei und verhaftete ihn. **Hastanın hali iyileşeceği -de vahimleşti.** Der Zustand des Patienten hat sich nicht gebessert, sondern im Gegenteil verschlimmert. **~ açmak** Platz machen (durch Zusammenrücken) **~ almak** 1. Raum einnehmen, sich befinden, liegen 2. ein Gebiet erobern 3. ein Grundstück kaufen 4. e–e Rolle spielen, mitwirken, teilnehmen, mitspielen (Zu 4: **Bu gençler bir daha millî takımda ~ alamayacaklardır.** Diese jungen Leute dürfen künftig nicht mehr in der Nationalmannschaft mitspielen.) **~ basıklığı** *geogr.* Erdabplattung *f* (an den Polen) **~ beğenmek** sich e–n Platz aussuchen **~ biçimbilim(-sel)** s. **jeomorfolji(-k); ~ bileti** Platzkarte *f (Eisenbahn)* **~ birliği** *lit.* Einheit *f* des Ortes **~ bulmak** 1. Platz finden 2. e–n Posten bekommen; an-, ein-gestellt werden **~ cücesi** 1. Dreikäsehoch *m* 2. kleiner, pfiffiger Kerl, *F* klein, aber oho! **~ çağbilimi** geologische Zeitrechnung **~ çamı** s. **kurtluca** (2); **~ çapı** Erddurchmesser *m* **~ çekirdeği** Erdkern *m* **~ çizgileri** Zebrastreifen *pl.* (für Fußgänger) **~ çöküntüsü** Bodensenke *f* **≗ demir gök bakır!** 1. glühend heiß und ausgetrocknet (Landschaft) 2. Einfach nichts zu bekommen! (Arbeit) **~ durumu** örtliche Lage (z.B. e–s Gebäudes) **~ edinmek** ein Grundstück erwerben, sich irgendwo ankaufen **~ etmek** 1. Spuren hinterlassen 2. *fig.* tief beeindrucken 3. sich einnisten, sich einfressen **~ fasulyesi** Busch- od. Zwerg-bohne *f bot.* Phaseolus vulgaris var. nanus **~ fındığı** s. **yer kestanesi; ~ fiziği** Geophysik *f* *jeofizik **~ gazyuvarı** *astr.* Erdatmosphäre *f* **~ göbeği** gemeines Nabelkraut; Echeverie *f bot.* Cotyledon umbilicus *saksıgüzeli **~ göçkeni** *va.* Maulwurf *m* *köstebek **~ göçmesi** Bergsturz, Erdrutsch *m* *heyelân **~ gök titremek** 1. von Lärm erfüllt sein 2. erregt werden, empört sein (Volk) **~ gök yerinden oynamak** *fig.* aufs tiefste beeindruckt werden, in größter Erregung sein (Allgemeinheit) **~ görüşü** Erd-, Boden-sicht *f* (vom Flugzeug aus) **~ gösterici** *Th., Kino* Platzanweiser(-in *f*) *m* **~ halısı** Bodenteppich *m* **~ incisi** e–e fr. von Mekkapilgern mitgebrachte Knollenzwiebel, der besondere Heilkraft zugeschrieben wurde **~ iskemlesi** Hocker, Schemel *m* **~ işgal etmek** Platz (Raum) einnehmen **~ jimnastiği** Bodenturnen *n* **~ kabul etmez** s. **toprak kabul etmez; ~ kaplamak** sich erstrecken; e–n Raum einnehmen **~ katı** s. **zemin katı; ~ kayması** s. **heyelân, kayşa; ~ kazanmak** *mil.* Boden gewinnen **~ kestanesi** Erdkastanie *f bot.* Bunium bulbocastanum *abdülleziz, yer fındığı, yahudi kalpağı **~ kimyası** Geochemie *f* **~ kömürü** Torf *m* *turba, turp, yer tezeği **~ kündesi** s. **oturak kündesi; ~ lahanası** Steck-, Kohl-rübe *f bot.* Brassica var. esculenta *şalgam lahanası; yabanî şalgam **~ magnetizması** Erdmagnetismus *m* *jeomagnetizma **~ meşesi** s. **kurtluca** (2); **~ mürveri** s. **yaban müryeri; ~ odası** ebenerdiges Zimmer; Parterrezimmer *n* **~ oynaklığı** s. **paroksizm; ~ ölçme bilgisi** s. **jeodezi; ~ ölçme kıtası** *mil.* Vermessungstrupp *m* **~ ölçmesi** Vermessung *f* **~ öpmek** 1. *fr.* den Boden küssen (Sklaven vor ihren Gebietern) 2. sich niederwerfen (vor) **~ örümceği** Vogelspinne *f zo.* Mygale avicularia **~ parçası** s. **arazi** (3 b); **~ sarsımı** *selt.* s. **yersarsıntısı; ~ servisi** Scheinzypresse *f bot.* Chamaecyparis **~ sofrası** auf dem Boden gedeckte Tafel **~ şakayıkı** s. **şakayık** (2); **~ tepmek** s. **taban tepmek; ~ tezeği** Torf *m* **~ tutmak** 1. Wurzel schlagen, sich einwurzeln 2. Platz ein-, weg-nehmen (z.B. großes Möbelstück) 3. *fig.* e–e Rolle spielen; angesehen sein **~ ürpermesi** Erdstoß *m*, (Erd-)Erschütterung *f* **~ vermek** 1. j–m seinen Platz überlassen 2. j–m Ehre erweisen 3. Anlaß geben (zu); et. heraufbeschwören **~ yarılıp (da) içine girmek** 1. spurlos verschwinden 2. sich in Grund und Boden schämen **~ yatağı** ebenerdige Lagerstatt **~ ~** 1. an verschiedenen Orten, verschiedenerorts 2. strichweise, in einzelnen Gegenden 3. an

verschiedenen Stellen, mehrfach, öfters (Zu 1: ≗ ~ **konferanslar veriliyor.** Verschiedenerorts werden Vorträge gehalten. Zu 2: ≗ ~ **yağışlar oluyor.** Strichweise regnet es. Zu 3: **Nutku** ~ ~ **alkışlandı.** Seine Rede wurde mehrfach durch Beifall unterbrochen.) ≗ **yerinden oynadı.** 1. Es herrschte ein wüstes Durcheinander. 2. Die Wände haben nur so gewackelt (z. B. von dem Getöse). ~ **yosunu** s. **kurdayağı;** ~ **yörüngesi** Erdbahn *f* (um die Sonne) ~ **yumurtası** *bot.* die Pippau-Art Crepis bulbosa ~ **yurt** (fester) Wohnsitz; Wohnort *m* (**Sizin -iniz yurdunuz yok mu?** Haben Sie keinen festen Wohnsitz? **-i yurdu belirsiz** Landstreicher, Vagabund *m* **-inden yurdundan etmek** von Haus und Hof vertreiben; obdachlos werden lassen) ~ **zarfı** (*od.* ~ **belirteci**) *gr.* Ortsadverb *n* *zarfı mekân

(yerde): 1. auf dem Boden, auf der Erde 2. vgl. Stw. **yer** (10, 11) Zu 2: **yiyecek** ~ statt zu essen ~ **kalmak** 1. nicht angesehen sein; ziemlich verachtet sein 2. beschämt dastehen (*F* klein und häßlich werden) 3. (olduğu) ~ **kalmamak** in der Entwicklung nicht stehen bleiben ~ **sürünmek** *fig.* im Elend leben; ein jämmerliches Dasein führen

(yerden): ~ **bitme** (*od.* ~ **yapma** *od.* ~ **yapı**) 1. klein gewachsen (*F* mickriges Männchen; Würstchen *n*) *kısa boylu 2. Emporkömmling, Parvenü *m* *türedi ~ **göğe kadar** voll und ganz, vollkommen, in jeder Beziehung (≗ **göğe kadar hakkınız var.** Sie haben vollkommen recht.) ~ **kesmek** vom Boden reißen (Gegner beim Ringen) ~ **kısa pas** *Fb.* kurzer Flachpaß ~ **selâm** *fr.* ehrerbietige Begrüßung (bei der die Hände den Boden berührten) ~ **yere** von e–m Ort zum andern ~ **yere çalmak** *F* j–n wie den letzten Dreck behandeln ~ ~ **yere vurmak** 1. j–m von allen Seiten stark zusetzen 2. herunter-machen, -reißen (Kritik) 3. (k–ni) a) vor Schmerzen um sich schlagen od. sich herumwälzen b) aufs höchste erregt sein

(yere): ~ **atmak** auf den Boden (zu Boden) werfen ~ **bakan yürek** (*od.* **ciğer** *od.* **canlar**) **yakan** wer es faustdick hinter den Ohren hat; Heimlichtuer *m*, Wolf *m* im Schafspelz ~ **bakmak** 1. zu Boden sehen, die Augen niederschlagen 2. *fig.* mit e–m Fuß schon im Grabe stehen (Greis) ~ **basmak** mit dem Fuß auftreten ~ **batası** verdammt, verflucht ~ **batmak** 1. in den Boden versinken 2. *fig.* von der Bildfläche verschwinden, zugrundegehen (Zu 1: s. a. **Yerebatan);** ~ **çakılmak** am Boden zerschellen (z. B. abgestürztes Flugzeug) ~ **çalmak** (*od.* **çarpmak**) zu Boden werfen (schleudern, schlagen) ~ **dökmek** auf den Boden schütten, aus-, ver-schütten (**Barsaklarını** ~ **dökerim!** *V (etwa:)* Ich mach' Mus aus dir!) ~ **düşmek** 1. hin-fallen, -stürzen, zu Boden fallen (stürzen); zu Boden gehen (Boxer) 2. abstürzen (Flugzeug) 3. nicht beachtet werden (Befehl) 4. zunichte werden, mißlingen ≗ **düşmekle cevher sakıt olmaz kadrü kıymetten.** (Namık Kemal) Ein Edelstein verliert seinen Wert nicht, auch wenn er einmal fällt. (*Mst.* in bezug auf Personen angewandt) ~ (*od.* **yerin dibine** *od.* **yerlere**) **geçmek** 1. wie vom Erdboden verschlungen werden 2. sich unsagbar (in Grund und Boden) schämen (**Hicabımdan** (*od.* **utancımdan**) ~ **geçtim.** Ich hätte vor Scham in den Boden sinken mögen.) ≗ **geçsin!** *(Verwünschung)* Soll ihn der Teufel holen! ~ **gelmek** 1. (mit e–m Körperteil) auf dem Boden aufschlagen (s. a. **Arkası** ~ **gelmez.**) 2. s. **bir** ~ **gelmek;** ~ **göğe koyamamak** (*od.* **sığdıramamak**) sich sehr bemühen, um es e–m Gast recht zu machen ~ **inmiş süvari** *mil.* abgesessene Kavallerie ~ **kapanmak** sich zu Boden werfen ~ **oturmak** sich auf den (bloßen) Boden setzen ~ **serilmek** 1. Pass. zu ~ **sermek** 2. *intr.* der Länge nach hinschlagen ~ **sermek** 1. auf den Boden legen, auf dem Boden ausbreiten 2. niederschlagen, zu Boden strecken (z. B. Gegner) 3. über den Haufen schießen ~ **vurmak** 1. et. zu Boden schleudern 2. j–n zu Boden strecken 3. *fig.* j–n in schwere Bedrängnis bringen, j–m sehr zusetzen 4. besiegen ≗ **yat!** *mil.* Hinlegen!

(yeri): ~ **doldurmak** den Platz (die Stelle) ausfüllen ~ **doldurulmaz bir boşluk bırakmak** e–e unausfüllbare Lücke hinterlassen ≗ **göğe kattı.** s. **Yer yerinden oynadı.** ~ **göğü ben yarattım demek** maßlos eingebildet sein; furchtbar renommieren ~ **göğü titretmek** *fig.* 1. wie e–e Bombe einschlagen (z. B. Nachricht) 2. unerhört sein (z. B. abstoßende Handlung) ~ **göğü yerinden oynatmak** *fig.* Himmel und Hölle in Bewegung setzen ~ **olmak** angebracht (am Platze) sein, passen, seine Berechtigung (seinen guten Grund) haben (**Böyle sözlerin** ~ **var mı?** Sind solche Worte hier angebracht? **Burası** ~ **değil.** Das ist nicht der richtige Ort dafür. **Bunu yapsa -dir.** Er hat recht, wenn er das tut. **Nekadar takdir edilse -dir.** 1. Er verdient die höchste Anerkennung. 2. Man kann das gar nicht hoch genug anerkennen *od.* veranschlagen.) ~ **ölçmek** der Länge nach hinfallen ~ **öpmek** *hum.* hinfallen (**Ayağı kayınca** ~ **öptü.** Er rutschte aus, und schon lag er auf dem Boden.) ~ **soğumadan** ganz kurze Zeit nach seinem Weggang ≗ **var.** *fig.* 1. Das hat seinen guten Grund. Es ist berechtigt (*bzw.* notwendig). 2. Begreiflich! ≗ **yok.** 1. Dafür ist kein Platz da. 2. Das ist überflüssig (nicht angebracht). 3. Unbegreiflich!

(yerin): ~ **çevresi** Erdumfang *m* *muhiti arz ~ **dibine batırmak** in Grund und Boden kritisieren, kein gutes Haar (an j–m, an et.) lassen ~ **dibine batmak** sich maßlos schämen ~ **dibine geçirmek** j–n bloßstellen, blamieren ~ **dibine geçmek** (*od.* **girmek**) s. **yere geçmek;** ~ **dönme devimi** Erdrotation *f* ~ **kaç kulağı olduğunu göstermek** j–n Mores lehren ≗ **kulağı vardır!** Die Wände haben Ohren! ~ **üstünde** über der Erde, oberirdisch *fezkazzemin

(yerinde): 1. am rechten Fleck (Platz) *od.* zur richtigen Zeit, passend, angebracht, richtig 2. im richtigen Zustand, in der richtigen Verfassung 3. an Ort und Stelle, am Ursprungsort, am Herstellungsort (Zu 1: ~ **bir hareket** richtiges Verhalten **Çok** ~! Sehr richtig! Zu 2: **Sıhhati -dir.** Er ist vollkommen gesund. Er erfreut sich bester Gesundheit. Er ist wohlauf. Zu 3: **Bu mal** ~ **de pahalıdır.** Diese Ware ist schon am Herstellungsort nicht billig. **Bu suyu** ~ **içmeli.** Dieses Wasser muß man an der Quelle trinken.) ~ **çalışan işçi** Heimarbeiter(-in *f*) *m* ≗ **duramadı.** Es hielt ihn nicht an seinem Platz. Er ging nervös auf und ab. ~ **duramaz** wer nicht stillsitzen kann, zapplig ~ **durmak** 1. an seinem Platz stehen (z. B. Buch in Bücherei) 2. noch immer am alten Platz sein, noch immer dasein 3. ruhig auf seinem Platz sitzen, sich ruhig verhalten ~ **kala kalmak** auf dem Platz bleiben (schwerverwundet od. tot) ~ **konuşmak** das richtige Wort finden ~ **kurtlanmak** unruhig hin- und herrutschen ~ **olmak** 1. angebracht, passend sein 2. in Ordnung sein (Zu 1: **Bu söz yerindedir.** Das ist ein Wort am richtigen Platz. Zu 2: **Midem yerinde değilmiş.** Ich bin mit meinem Magen nicht ganz in Ordnung.) ~ **olsam** (*od.* **olsaydım**) wenn ich an deiner (*bzw.* seiner) Stelle wäre, wenn ich du (*bzw.* er) wäre ... ~ **oturmak** 1. am richtigen Platz sitzen 2. ordentlich (ruhig, anständig) dasitzen ~ **saydırmak** 1. *mil.* auf der Stelle treten lassen 2. *fig.* j–s Vorankommen hindern ~ **saymak** 1. auf der Stelle treten *(a. mil.)* 2. *fig.* nicht vorankommen, keine Fortschritte machen ≗ **su mu**

çıktı? *od.* **~ su çıkmadı ya!** (vorwurfsvoll gegenüber j–m, dem ohne ersichtlichen Grund et. nicht gefällt) Was paßt dir denn nicht? Wie kann man denn so unvernünftig sein? **~ yeller esiyor.** (bşin) Es existiert nicht mehr. Es ist keine Spur mehr davon übrig.

(yerinden): ~ ayrılmak 1. sich entfernen, weggehen 2. seinen Platz verlieren **~ fırlamak** von seinem Platz aufspringen **~ kımıldamak** sich von der Stelle rühren **~ olmak** um seine Stellung kommen, seinen Posten verlieren **~ oynama** *geol.* Dislokation *f* *dislokasyon, yersizme **~ oynamak** 1. sich von seinem Platz rühren, seinen Platz verlassen 2. abplatzen (z. B. Furnier) 3. ganz aufgeregt sein **~ oynamaz** *fig.* unerschütterlich, fest **~ oynatmak** 1. wegrücken (z. B. Möbelstück), von der Stelle bewegen 2. (e–n Beamten) versetzen 3. abplatzen lassen (z. B. Furnier) **~ uğramak** 1. von seinem Platz aufspringen 2. schier aus dem Kopf fallen (Augen vor Erstaunen) **~ yönetim** Regionalverwaltung *f*

(yerine): *u. a.:* für; im Namen von **~ çatmak** *iron.* gerade an den Richtigen kommen **~ geçen nesne** s. **kaim şey; ~ geçmek** an j–s Stelle treten, j–s Stelle einnehmen; ersetzen *kaim olmak **~ gelmek** 1. an die richtige Stelle kommen 2. erfüllt werden (z. B. Wunsch), vollstreckt werden (z. B. Urteil), ausgeführt werden 3. wiederkommen, wieder-, zurück-kehren (Zu 1: s. **başı ~ gelmek** Zu 2: **İsteğiniz ~ geldi.** Ihr Wunsch ist erfüllt worden. Zu 3: **Eski hal bir daha ~ gelmez.** Der alte Zustand kehrt nicht wieder.) **~ getirmek** 1. an die richtige Stelle bringen 2. erfüllen (Wunsch, Verpflichtung usw.), halten, wahrmachen (Versprechen usw.), ausführen, e–r Sache Genüge tun 3. vollstrecken (z. B. Urteil) 4. (e–n Zustand) wiederkehren lassen, zurückbringen, in den alten Zustand versetzen **~ göre konuşmak** 1. den richtigen Ton treffen 2. j–m nach dem Munde reden **~ koymak** 1. an seinen Platz legen (tun) 2. j–n an die Stelle e–s anderen setzen 3. schätzen, achten 4. ersetzen, wiederbeschaffen; Ersatz beschaffen (für) 5. (k–ni) sich an j–s Platz denken, sich in j–s Lage versetzen (Zu 3: s. **adam ~ koymak; b–ni budala ~ koymak** j–n für dumm halten (*F* verkaufen) Zu 4: **Kaybolan kitaplarımı ~ koyamadım.** Meine verlorengegangenen Bücher habe ich nicht wiederbeschaffen können. Zu 5: **Kendini benim yerime koy!** Versetz dich einmal in meine Lage!) **~ konmaz** unersetzlich, nicht wieder gut zu machen(-d) **~ masruf olmak** (para) an der richtigen Stelle (für den richtigen Zweck) ausgegeben sein (Geld) **~ oturmak** 1. sich an seinen Platz setzen 2. richtig zu stehen kommen (Apparat, Tisch usw.) 3. angebracht sein (Worte) **~ oturtmak** 1. et. richtig hinstellen (z. B. Möbelstück) 2. **(sözü)** zur richtigen Zeit von et. sprechen 3. (b–ni) j–n in seine Schranken verweisen

(yerini): ~ almak 1. an die Stelle treten, kommen (von) 2. j–s Stelle übernehmen **~ beğenmek** (*od.* **~ sevmek**) 1. mit seinem Platz (seiner Stelle, seinem Posten) zufrieden sein 2. gut gedeihen (Pflanzen) **~ bulmak** 1. e–e passende Stellung finden 2. erfüllt werden (z. B. Wunsch), vollstreckt werden (z. B. Urteil), ausgeführt werden (z. B. Befehl) (Zu 2: **âdet ~ bulsun diye** um den alten Brauch nicht zu brechen **arzunuz ~ bulsun diye** zur Erfüllung Ihres Wunsches) **~ değiştirmek** 1. seinen Platz wechseln 2. seinen Posten wechseln, *H* sich verändern **~ doldurmak** seinen (*bzw.* j–s) Posten ausfüllen **~ ısıtmak** *fig.* an seinem Posten kleben **~ satmak** sein Grundstück verkaufen **~ tutmak** (bşin) ersetzen, Ersatz sein (für)

(yerle): ~ beraber (*od.* **bir**) bis zur Erde (z. B. Verbeugung) **-le beraber** (*od.* **bir**) **etmek** (*od.* **yapmak**) dem Erdboden gleichmachen **~ gök bir olsa** was auch immer kommen mag; soll es sein, wie es mag; niemals, auf keinen Fall **~ yeksan etmek** s. **~ beraber etmek**

(yerler): -de sürünmek überall herumliegen, herumfahren, verstreut liegen **-e batırmak** et. od. j–n nach allen Regeln der Kunst schlechtmachen, herunterreißen **-e geçmek** s. **yere geçmek; -e göklere sığmamak** vor Freude rein aus dem Häuschen geraten **~e tükürmeyiniz!** Nicht auf den Boden spucken! **-i süpürmek** auf dem Boden schleifen (z. B. langer Rock)

yeraltı, -nı 1. unterirdisch *tahtelarz 2. geheim, Untergrund- 3. Grab *n* 4. **-lar** *pl.* Bodenschätze *pl.* **~ barınağı** s. **zeminlik; ~ geçidi** (Fußgänger-)Unterführung *f* **~ işletmesi** Untertagbetrieb *m* (*spez.* Bergwerk) **~ kablosu** unterirdisches Kabel **~ mevzileri** *mil.* unterirdische Stellungen *pl.* **~ suyu** Grundwasser *n* **~ su yüzü** Grundwasserspiegel *m* **~ treni** Untergrundbahn, U-Bahn *f* **-nda dinleme hizmeti** *mil.* unterirdischer Horchdienst

yerberi *astr.* Perigäum *n*, Erdnähe *f* *haziz

yerbilgini, -ni Geolog-e *m*, -in *f* *jeolog

yerbilim Geologie *f* *jeoloji **~ coğrafyası** Paläographie *f* *paleocoğrafya **~ haritası** geologische Karte

yerbilimsel geologisch *jeolojik

yercil bitki *bot.* Geophyt *m*

yerçekimi, -ni *phys.* Anziehungskraft *f* der Erde, Schwerkraft *f* *cazibei arz

yerçevresi, -ni Erdumfang *m* *muhiti arz

yerdeğişimi, -ni *ling.* s. **göçüşme**

yerdeğiştirme 1. Orts-, Platz-wechsel *m* 2. *math.* Stellungsveränderung *f* *tebdili mevzi

Yerebatan (Sarayı) *n.pr.* Basilika-Zisterne *f* (die größte bedeckte Zisterne in Istanbul)

yeredoğrulum s. **jeotropizm**

yerekan [ā] *va. med.* Gelbsucht *f*, Ikterus *m* *sarılık

yerekseni, -ni Erdachse *f* *mihveri arz

yerel lokal, örtlich *mahallî, mevziî **~ anestezi** *med.* örtliche Betäubung; Lokalanästhesie *f* **~ renk** Lokalkolorit *n* **~ saat** Ortszeit *f*

yerelleştirme *a. psych.* Lokalisierung, Lokalisation *f* *ihlâl, yerleştirme

yerelleştirmek *a. psych.* lokalisieren *mahallîleştirmek

yerellik Örtlichkeit, Räumlichkeit *f*

yerelması, -nı Topinambur *m, f bot.* Helianthus tuberosus

yereltmek s. **yerelleştirmek**

Yeremiya s. **Ermiya**

yereşeği, -ni Hirschkäfer *m zo.* Lucanus cervus *makaslıböcek

yeretmek s. **yer etmek**

Yerevan (*a.* **Revan, Erivan**) *n.pr.* Jerewan, Eriwan (Hauptstadt der Sowjetrepublik Armenien)

yerey 1. Gelände, Gebiet *n* *arazi 2. Formation, Schichtfolge *f*

yereyönelim s. **jeotropizm**

yerfesleğeni, -ni einjähriges Bingelkraut *bot.* Mercurialis annua

yerfıstığı, -nı gemeine Erdnuß *bot.* Arachis hypogaea *araşit, Amerikan (Arap) fıstığı

yergelik Pamphlet *n*, Schmähschrift *f*

yergi Satire *f* *hivic, hicviye **~ komedisi** *Th.* satirische Komödie

yergici Satiriker *m* *heccav

yergili satirisch

yergimsi e–r Satire ähnlich **~ övgü** *lit.* Lobworte *pl.*, die anfänglich an e–e Satire gemahnen *medih bimâ yüşbehüzzam

yergin schlecht, häßlich, tadelnswert, verwerflich *mezmum
yerginlik schlechte Charaktereigenschaft; Laster *n* *rezilet
yerindelik 1. *lit.* s. **mutabakat** (4) 2. treffendes Urteil; richtiges Handeln od. Verhältnis 3. *jur.* der Grundsatz, daß bei e–r staatlichen Enteignung das Gemeinwohl über den privaten Interessen steht
yerindesizlik 1. s. **ademi mutabakat** (2) 2. schiefes Urteil; unrichtiges Vorgehen od. Verhältnis
yerineç s. **jeosenklinal**
yerinmek (m. Dat.) 1. bedauern *teessüf etmek 2. sich grämen (z.B. über et. Verlorenes), et. bereuen, j–m leid tun *pişman olmak
yerkabuğu, -nu Erdrinde *f* *kışrı arz
yerkökü, -nü *reg.* für **havuç**
Yerköy *n.pr.* 1. Städtchen u. D. im Rbz. Yozgat (Bahnstation für Yozgat) 2. Giurgiu (rumänische Stadt)
yerkuşağı, -nı Regenbogenspiegelung *f* auf der Erde
yerküre Erdkugel *f*, Globus *m* *kürei arz, kürei mücesseme
yerleşik 1. fest verwurzelt, fest haftend 2. ansässig, seßhaft, wohnend *mütemekkin 3. *biol., bot., med.* endemisch *beledî 4. ständig ~ **topluluk** *Th.* ständiges Ensemble
yerleşim s. **yerleşme;** *a.* (An-)Siedlung *f*
yerleşme Vs. zu **yerleşmek:** 1. *mil.* Aufstellung *f* (von Truppen, Geschützen usw.) 2. Niederlassung *f* ~ **hürriyeti** *jur.* Freizügigkeit *f* ~ **mevkii** *mil.* Aufstellungsort *m* ~ **yeri** s. **ikametgâh**
yerleşmek 1. sich setzen, sich legen, sich stellen 2. sich festsetzen, Fuß fassen, Wurzel schlagen 3. sich niederlassen, sich ansiedeln, ansässig werden *temekkün etmek, yurtlanmak 4. e–e Anstellung finden, e–n Posten bekommen, unterkommen 5. sich einquartieren 6. sich bequem hinsetzen 7. *(ohne Obj.)* seine Möbel richtig stellen, sich fertig einrichten Zu 2: **Bu taş buraya adamakıllı yerleşmiş.** Der Stein sitzt hier wie eingemauert. Zu 3: **Kardeşim İzmir'de yerleşti.** Mein Bruder hat sich in Izmir niedergelassen. Zu 4: **Oğlu bankaya yerleşmiş.** Sein Sohn ist bei e–r Bank untergekommen. Zu 5: **Bir haftalığına otele yerleştik.** Für e–e Woche haben wir uns im Hotel einquartiert. Zu 6: **Koltuğa iyice yerleşti.** Er setzte sich bequem in den Sessel. Zu 7: **Taşındık ama, yerleşemedik.** Wir sind (in die neue Wohnung) umgezogen, aber wir sind noch nicht fertig eingerichtet.
yerleşmiş seßhaft (Stamm, Volk usw.)
yerleştirme 1. Vs. zu **yerleştirmek** 2. *a. psych.* Lokalisierung, Lokalisation *f* *ihlâl, yerelleştirme 3. *med.* Einrenkung *f*
yerleştirmek 1. Kaus. zu **yerleşmek** 2. ansiedeln *iskân etmek, yurtlandırmak 3. an seinen Platz bringen, auf-, hinstellen, einsetzen, anbringen, montieren 4. unterbringen (in e–r Dienststellung) 5. geben, verabfolgen, versetzen (Ohrfeige; treffende Antwort usw.) 6. *med.* einrenken
yerli 1. einheimisch, hiesig, inländisch 2. *geol.* an Ort und Stelle entstanden; autochthon; *geol.* protogen 3. eingeboren, von jeher (an e–m best. Ort) ansässig, einheimisch, lokal 4. ortsfest, stationär (z.B. Motor) 5. eingebaut, Einbau- (z.B. Möbel) Zu 3: **Bizim arkadaş buranın -sıdır.** Unser Freund stammt aus der hiesigen Gegend. ~ **askerlik şubesi** *mil.* Wehrbezirkskommando *n* für Ortsansässige ~ **çit** lebende Hecke ~ **dolap** eingebauter Schrank ~ **eşya** Einbaumöbel *pl.* ~ **kayaç** *geol.* protogenes Gestein ~ **kızak** *naut.* Helling *f* ~ **kiremit** gewölbter Dachziegel (einheimischer Fabrikation) ~ **kulu** *hist.* s. **gönüllü** (7); ~ **mal** (*od.* **malı**) einheimische Ware; Inlandserzeugnis, Landesprodukt *n* ~ **müstahzarat** einheimische Präparate *pl.* ~ **yerinde** jeweils am zukommenden Platz **Her şey** ~ **yerindedir.** Es steht alles dort, wo es hingehört. **Herkes** ~ **yerinde otursun.** Jeder soll an seinem Platz sitzen(-bleiben). ~ **yerinden anlamak** sich genau erkundigen, sich vergewissern ~ **yerine** jeweils an den zukommenden Platz **Eşya** ~ **yerine konuldu.** Die Möbel wurden richtig gestellt. ~ **yerlisi** Einheimischer, Ortsansässiger ~ **yersiz** aufs Geratewohl, oberflächlich, wahllos, zufällig; bei jeder sich bietenden Gelegenheit; ~ **yersiz konuşmak** ungereimtes Zeug daherreden
yerliğ s. **yarlığ**
yerlileşme Einheimischwerden *n* (Tiere, Pflanzen anderer Gegenden)
yermantarı, -nı s. **domalan**
yermeci s. **yergici**
yermek, (-ir *od.* **-er)** (m. Akk.) 1. seine Bedenken hegen (gegen) *beğenmemek 2. Abscheu, Widerwillen empfinden (gegen) *iğrenmek 3. kritisieren, schlechtmachen, diffamieren, heruntermachen, verspotten *hicvetmek, zemmetmek
yermeli *ling.* pejorativ *pejoratif
yermerkezli(-lik) s. **jeosantrik; jeosantrizm**
yermeşesi, -ni 1. s. **kısamahmut** 2. s. **kurtluca** (2)
yermumu, -nu *geol.* Ozokerit *m*, Erdwachs *n* *ozoserit
yernarı, -nı echte Blutschuppe *bot.* Cytinus hypocistis
yeröte *astr.* Apogäum *n*, Erdferne *f* *evç
yerözekçil geozentrisch *jeosantrik, lil'arziye
yerpalamudu, -nu Gamander *m bot.* Teucrium (chamaedrys u.a.)
yerpırasası, -nı 1. s. **kara** ~ 2. s. **aslankuyruğu**
yersakızı, -nı 1. Bitumen *n* *bitüm 2. Gummiharz *n* der Kardenart Acarna
yersarmaşığı, -nı efeublättrige Gundelrebe; Erd-Efeu *m bot.* Glechoma hederacea
yersarsıntısı, -nı Erdbeben *n* *deprem, hareketi arz, zelzele
yersel 1. zur Erde gehörig, Erd-, irdisch *arzî 2. lokal, örtlich *mahallî, yöresel
yersıçanı, -nı Maulwurf *m zo.* Talpa europaea *köstebek
Yersin basili *med.* Pesterreger *m* *veba mikrobu
yersiz 1. ohne genügenden Platz, eingezwängt, eingeengt 2. obdachlos 3. unangebracht, unpassend, nicht am Platz, deplaziert, nicht angezeigt, inopportun *nabeca, nabemahal ~ **ve zamansız** völlig unangebracht, in jeder Hinsicht unpassend ~ **yurtsuz** Landstreicher, Vagabund *m*
yersizlik 1. Platz-, Raum-mangel *m* 2. Obdachlosigkeit *f* 3. Unangebracht-, Unzeitig-, Unpassend-sein *n*
yersizme *geol.* Dislokation *f*
yersolucanı, -nı Regenwurm *m zo.* Lumbricus terrestris
yersomunu, -nu s. **siklamen**
yerşekli, -ni *geogr.* s. **engebelik**
yerteknesi, -ni *geol.* Geosynklinale *f* (weiträumiges Senkungsgebiet der Erdkruste)
yerüstü, -nü s. **yeryüzü**
yeryıldızı, -nı *reg.* für **mika**
yeryuvarı, -nı *geol.* Geoid *n*
yeryuvarlağı, -nı s. **yerküre**
yeryüzü, -nü Erdoberfläche *f* *sathı arz **-nde** auf der ganzen Erde, in der ganzen Welt **bir** ~ **cenneti** ein irdisches Paradies
yesar [ā] *va.* 1. Reichtum *m* 2. linke Seite
yesarî [·–‒] 1. *math.* windschief 2. *va.* linkshändig; Linkshänder *m* *solak 3. ♎ *mV* ~ **hatlar** s. **aykırı doğrular;** ~ **münhani** s. **uzay eğrisi**
Yeseviye *n.pr.* der von Ahmet Yesevî gegr. isl. Orden
-(y)esi s. **-(y)ası, -(y)esi**
yestehlemek *(hum. od. verächtl.)* 1. Kot ablagern, *V* scheißen, kacken 2. beschmutzen, *P* verdrecken
yeşermek *intr.* 1. grün werden 2. Blätter bekommen (Pflanze)
yeşerti Grünfläche *f*
yeşil 1. grün 2. Grün *n* 3. frisch (Gemüse) 4. grün, unreif

(Obst) *ham 5. Grünfutter *n* (*spez.* für Pferde) 6. *V* Hundertpfundschein *m* *keçili ≗ **Ada** *gel. Bez.* der Insel Zypern *Kıbrıs adası ~ **ağaçkakan** Grünspecht *m zo.* Picus viridis ~ **arıkusu** grüner Bienenfresser *zo.* Merops viridis ~ **ayaklı sutavuğu** Teichhuhn *n zo.* Gallinula chloropus ~ **biber** 1. grüne Pfefferschote; Paprika *m* (unreife Frucht von Capsicum grossum) 2. s. **su biberi;** ~ **bonelya** [·×·] grüner Sternwurm *zo.* Bonelia viridis ~ **çamur** *geol.* grüner Schlick ~ **çöpleme** grüne Nieswurz *bot.* Helleborus viridis ~ **çürük** s. ~ **küf;** ~ **darı** grüne Borstenhirse *bot.* Setaria viridis ~ **duvak** 1. vor das Gesicht von Neugebornen gewickelter grüner Schleier 2. *reg.* ein ähnlicher Schleier vor dem Gesicht e–s Bräutigams (bei der Hochzeitsfeier) ~ **fasulye** grüne (junge) Bohnen *pl.* ~ **feldispat** s. **amazonit;** ~ **frenküzümü** s. **bektaşiüzümü;** ~ **gömlekliler** *hist.* Grünhemden *pl.* (Eiserne Garde in Rumänien) ~ **gübre** *agr.* Gründüngung *f* *bitki gübresi ~ **haç** Grünkreuz *n* (Giftgas) ≗ **Hilâlci** *selt.* s. **Yeşilaycı;** ~ **ışık yakmak** *(a. fig.)* grünes Licht geben ~ **ispinoz** Grünfink *m zo.* Fringilla chloris ~ **kara kurbağası** Wechselkröte *f zo.* Bufo viridis ~ **karga** s. **mavi kuzgun;** ~ **kart** internationale grüne Versicherungskarte (für Autos) ~ **kertenkele** Smaragdeidechse *f zo.* Lacerta viridis ~ **kızılağaç** Grünerle *f bot.* Alnus viridis ~ **kitap** *pol.* Grünbuch *n* ~ **kurbağa** s. **yeşilbağa;** ~ **küf** Grünspan *m* ~ **lahana** Grünkohl *m* ~ **maymun** gelbgrüne Meerkatze *zo.* Cercopithecus callitrichus ~ **meşe** Steineiche *f bot.* Quercus ilex *pırnal ~ **morina** Laberdan *m* (gesalzener Kabeljau) ~ **nane** Edelminze *f bot.* Mentha viridis ~ **odun** Seiden-, Atlas-holz *n bot.* Chloroxylon Swietania ~ **ot** Gras *n* (*im Ggs.* zu Heu) ~ **oy** *pol.* Stimmenthaltung *f* ~ **ötleğen** grüner Laubsänger *zo.* Phylloscopus trochiloides ~ **saha** Grün-anlage, -fläche *f* ~ **salata** Kopfsalat *m*, grüner Salat *kıvırcık salata ~ **sazan** Schleie *f zo.* Tinca vulgaris ~ **sinek** s. **altın sinek;** ~ **su kurbağası** Wasserfrosch *m zo.* Rana esculenta ~ **suyosunları** Grünalgen *pl. bot.* Chlorophyceae *yeşilalklar ~ **sürgün** (*od.* ~ **ishal**) *med.* Säuglingsdurchfall *m* ~ **vitriyol** s. **göztaşı;** ~ **yaprak** *fig.* Geschenk *n* e–s Armen **-den gitmek** *V* gut laufen (Geschäfte) **-lere bürünmüş kız** das Mädchen im grünen Kleid

yeşilalklar s. **yeşil suyosunları**

Yeşilay (Kurumu) *n.pr.* Grüner Halbmond (türk. Antialkoholiker-Organisation, gegr. 1920 unter dem Namen **Hilâliahdar**)

Yeşilaycı Mitglied *n* des Grünen Halbmonds, Antialkoholiker(-in *f*) *m*

yeşilbağa Laubfrosch *m zo.* Hyla arborea

yeşilbaş s. **yaban ördeği**

Yeşilburun *n.pr.* Kap Verde (Afrika) ~ **adaları** *n.pr.* Kapverdische Inseln *pl.*

yeşilçekirge(-giller) s. **uzunboynuzlu çekirge(-giller)**

Yeşildirek *hist.* Versammlungssaal *m* der osm. Schatzmeister im Sultanspalast

Yeşilhisar *n.pr.* O. u. D. im Rbz. Kayseri

Yeşilırmak *n.pr.* „Grüner Fluß" (in Anatolien) (der **Iris** der Antike)

yeşilimsi; yeşilimtırak ins Grünliche spielend, grünlich ~ **mavi** grünlich-blau

Yeşilköy *n.pr.* (*fr.:* **Ayastefanos**) großer Stadtteil von Istanbul mit Flughafen

yeşillenmek 1. grün werden *yeşermek 2. *V* geil (und zudringlich) werden, e–e Frau mit sinnlichen Blicken betrachten 3. *V* nach fremdem Gut lüstern sein

yeşilli 1. Grün enthaltend, mit Grün 2. in Grün gekleidet, mit grünem Kleid (*bzw.* Anzug) Zu 1: ~ **kırmızılı kumaş** grün- und rotgemusterter Stoff Zu 2: ~ **kadın** Frau *f* im grünen Kleid

yeşillik 1. Grün *n*, grüne Farbe 2. das Grüne, Rasen *m*, Wiese *f* 3. Grünzeug *n a.* z. B. Gurken, die roh gegessen werden, grüner Salat 4. Gras *n* *yeşil ot

Yeşilova *n.pr.* O. u. D. im Rbz. Burdur

yeşil-yol Straße *f* mit Grünanlagen, Boulevard *m* (wie z. B. **Atatürk Bulvarı** in Ankara) *bahçe-sokak

Yeşilyurt *n.pr.* O. u. D. im Rbz. Malatya

yeşim(-taşı) *min.* 1. Jade *m (f)* *jad, yada taşı 2. Jaspis *m* *jasp; donuk akik

yeşimtırak s. **yeşilimtırak**

yet, -di *va.* 1. Hand *f* *el 2. *fig.* Kraft, Gewalt *f* 3. *fig.* Hilfe *f* **-in iadesi davası** s. **zilyetlik davası**

yetbeyet *va.* 1. gerade heraus; direkt 2. ohne Mittelsmann; direkt

yetenek Fähigkeit *f* *kabiliyet, ehliyet, yetiklik

yetenekli fähig, tauglich, begabt

yeteneksiz(-lik) s. **kabiliyetsiz(-lik)**

yeter 1. genügend, ausreichend, hinreichend, genug, hinlänglich *kâfi 2. Es genügt! Das ist genug! Es reicht! 3. (als Ausruf des Unwillens) Nun langt es aber! Jetzt ist es aber genug! 4. ≗ *mV, wV* ~ **bulmak (saymak, tutmak)** sich begnügen, sich beschränken ≗ **de artar (bile)!** Mehr als genug! ~ **ki ... (olsun)** vorausgesetzt, daß ...; wenn nur ...; ~ **miktar** genügende Menge **-i kadar** in ausreichendem Maße; in genügender Zahl

yeterce [·×·] s. **yeter;** ~ **uyak** normaler Reim

yeterince s. **yeteri kadar**

yeterli 1. im Besitz der erforderlichen Fähigkeiten od. Kenntnisse; befähigt, begabt, zuständig, kompetent *ehil, ehliyetli, kifayetli 2. s. **yeter** (1)

yeterlik Fähigkeit, Begabung, Zuständigkeit, Kompetenz *f* *ehliyet, kifayet ~ **belgesi** s. **ehliyetname; ehliyet vesikası;** ~ **fiili** (*od.* ~ **eylemi**) *gr.* potentiales Verbum, Verbum *n* des Könnens (wie **gelebilmek, yapabilmek** usw.) *fiili iktidarî

yeterlilik, -iği Hinlänglichkeit *f*, ausreichende Menge

yetermek (in der Füg.:) **etermek** ~ *q.v.*

yetersayı die zur Eröffnung e–r Sitzung erforderliche Zahl von Mitgliedern *nisap

yetersiz 1. nicht im Besitz der erforderlichen Fähigkeiten od. Kenntnisse; unbefähigt, unbegabt, unzuständig, inkompetent 2. unzureichend, ungenügend

yetersizlik 1. Unfähigkeit, Unbegabtheit, Unzuständigkeit *f* 2. Unzulänglichkeit *f; med.* Insuffizienz *f* 3. ungenügendes Vorhandensein; Mangel *m*

yeti (I) geistige Fähigkeit; Vermögen *n* *kuvve, meleke

yeti (II) Yeti *m* (sagenhafter Schneemensch im Himalaja) *kar adamı

yetik *selt.* fähig

yetiklik *psych.* Fähigkeit *f* *kabiliyet, yetenek

yetim [ī] 1. vater- *bzw.* eltern-loses Kind, Waise(-nkind *n*) *f*, verwaist 2. *va.* einzeln, einzigartig, selten Zu 1: ~ **kalmak** zur Waise werden, als Waise zurückbleiben, verwaisen, keinen Vater (*bzw.* keine Eltern) mehr haben Zu 2: **dürrü** ~ *va.* s. **yetime;** ≗ **malı değil!** *F* Da brauchst du dir keine Gewissensbisse zu machen!

yetime [ī] *va.* Einzelperle *f*, Solitär *m*

yetimhane [·–––·] Waisen-haus *n*, -anstalt *f*

yetimlik Verwaist-sein, Elternlos-sein *n* (vgl. **yetim**)

yetinilmek Pass. zu **yetinmek: Bununla da yetinilmez.** *(oft iron.)* Und nicht nur das! Und damit nicht genug!

yetinmek 1. (bşle) sich begnügen, sich bescheiden, zufrieden sein (mit), Genüge finden (an) *iktifa etmek 2. keine fremde Hilfe benötigen

yetişkin 1. herangewachsen, erwachsen, reif, heiratsfähig, mannbar; Erwachsene *m, f* 2. ausgewachsen (z. B. Baum) ~ **filmi** Film *m* nur für Erwachsene

yetişme 1. Vs. zu **yetişmek** 2. Wachsen, Wachstum *n* *gelişme, neşvünema 3. s. **çekirdekten (sonradan)** ~; ~ **çağın-**

da bulunan im Entwicklungsalter stehend (Kinder) ~ **ihtirası** Bildungsdrang *m*
yetişmek (m. Dat.) 1. einholen, j–s Vorsprung wettmachen 2. fertig werden (bis zu e–m best. Zeitpunkt) 3. erreichen, rechtzeitig kommen (zu) 4. er-, hin-, heranreichen, heran-, hin-langen 5. leisten, schaffen, fertigbringen 6. genügen, (aus-)reichen, langen 7. erleben (e–n Zeitpunkt od. j–n) 8. zu Hilfe kommen 9. (heran-) wachsen, großwerden, (heran-)reifen 10. ausgebildet werden (z.B. in e–r Schule), hervorgehen (aus) Zu 1: **Ben gidiyorum, sen bana yetişirsin.** Ich gehe jetzt; du wirst mich schon einholen. Zu 2: **Bu elbise yarına yetişmeli.** Der Anzug muß bis morgen fertig werden. Zu 3: **trene (vapura)** ~ den Zug (Dampfer) erreichen **Hekim yetişmeseydi, hasta kurtulamazdı.** Wenn der Arzt nicht rechtzeitig gekommen wäre, hätte der Kranke nicht gerettet werden können. **Yetişemediğin köyün alt tarafında** (*od.* **beri yanında) yat!** *Spr.* Wenn du nicht ganz zu dem Erstrebten kommst, mußt du dich mit dem bis dahin Erreichten begnügen! Zu 4: **Bu ip, kuyunun dibine yetişmez.** Das Seil reicht nicht bis ganz in den Brunnen hinab. **Ben o dala yetişemem.** Ich kann nicht bis zu jenem Ast reichen. Zu 5: **Ben bu kadar işe yetişemem.** Soviel Arbeit kann ich nicht bewältigen. **Yetişmesin inşallah!** *F* Hoffentlich glückt ihm das nicht! Zu 6: **Bu para yetişmez.** Das Geld reicht (langt) nicht. Zu 7: **Ben dedeme yetiştim, torunlarıma da yetişirim.** Ich habe meinen Großvater noch erlebt und werde auch meine Enkel noch erleben. **Bu bayrama da yetişti.** Er hat auch dieses Fest noch erleben dürfen. Zu 8: s. **Yetiş(-in); imdadına** ~ Zu 9: **Burada iyi çam yetişir.** Hier wächst gutes Fichtenholz. **Çocukları yetişti.** Seine Kinder sind herangewachsen. s.a. **yeni yetişen nesil** Zu 10: **bu okuldan yetişenler** Absolventen *pl.* dieser Schule – **Yetiş(-in)!** (zu) Hilfe! **Yetişme** (*bzw.* 3. Person: **yetişmeyesi)!** *(Fluch, etwa:)* Verdammter Kerl!
yetişmiş 1. reif (z.B. Frucht) 2. herangewachsen, erwachsen, reif, heiratsfähig, mannbar 3. ausgebildet (z.B. Soldat, Arbeiter) 4. hervorgegangen (z.B. aus e–r best. Laufbahn) Zu 4: s.a. **meslekten** ~
yetiştirici 1. Erzeuger, Produzent *m* *müstahsil, üretmen 2. Viehzüchter *m* 3. Dompteur, Dresseur *m* *mürebbi
yetiştirilmek Pass. zu **yetiştirmek; ipekböceği yetiştirilmesi** Seidenraupenzucht *f*
yetiştirim 1. Züchten *n*, Zucht *f* 2. Dressur, Abrichtung *f* (von Tieren) *tedrip
yetiştirme 1. Vs. zu **yetiştirmek** *spez.* Erzeugen, Produzieren *n*, Aufzucht *f* *istihsal, üretim 2. Zögling *m*
yetiştirmek 1. Kaus. zu **yetişmek** 2. anbauen, erzeugen, produzieren, hervorbringen *istihsal etmek, üretmek 3. hinterbringen, zutragen 4. dressieren, abrichten 5. züchten (Tiere, Blumen usw.) 6. ausbilden (z.B. Schüler) 7. s. **laf (söz, lakırdı)** ~ Zu 1: **Ben sizi trene yetiştiririm.** Ich sorge schon dafür, daß Sie rechtzeitig zum Zug kommen. **Bu yazıyı akşama yetiştirmeli.** Das muß bis zum Abend fertiggeschrieben sein. **Başka kâğıt kalmadı, bunu** ~ **lâzım.** Mehr Papier ist nicht da; wir müssen mit dem hier auskommen. **Elbisenizi yarına yetiştiririm.** Ich mache Ihnen den Anzug bis morgen fertig. (Schneider) **Kayıkçı bizi iyi yetiştirdi.** Der Bootsmann hat uns rechtzeitig hingebracht. **siparişleri yetiştirememek** den Bestellungen nicht nachkommen können Zu 2: **meşhur bestekârlar yetiştirmiş bir aile** e–e Familie, die berühmte Komponisten hervorgebracht hat Zu 5: **çiçek** ~ Blumen züchten
yetke 1. Autorität *f*, Ansehen *n* *otorite, velâyet 2. Macht *f*, Einfluß *m*, Autorität *f* *otorite, sulta
yetkeli Autorität (Macht, Einfluß) besitzend
yetki Berechtigung *f*, Recht *n* (zu), Befugnis, Zuständigkeit, Kompetenz, Vollmacht, Ermächtigung *f* *salâhiyet ~ **aşımı (devri, gasbı, ihtilâfı)** s. **salâhiyet tecavüzü (teffizi, gasbı, ihtilâfı);** ~ **sahibi** kompetente Persönlichkeit, wissenschaftliche Autorität
yetkile(ndir)mek s. **salâhiyet vermek**
yetkili zuständig, kompetent, berechtigt, befugt, ermächtigt, bevollmächtigt, autorisiert *salâhiyettar ~ **daire** (*od.* ~ **merci**) zuständige Stelle
yetkin 1. vollkommen, vollständig, vortrefflich, vorzüglich *kâmil 2. ♀ *türk. Fn.* ~ **sayı** *math.* vollkommene Zahl *kâmil adet
yetkinleşmek sich vervollkommnen, sich perfektionieren *tekemmül etmek
yetkinlik Vollendung, Reife, Vollkommenheit, Vortrefflichkeit, Vorzüglichkeit *f* *kemal
yetkinsiz unvollkommen, unvollständig, unzureichend, mit Mängeln behaftet, mangelhaft *eksik, natamam, nakıs
yetkisiz(-lik) s. **salâhiyetsiz(-lik)**
yetmek (I), **(-er)** (m. Dat.) 1. genügen, (aus-)reichen, langen 2. *P* erreichen, gelangen (zu) (Alter) Zu 1: **Bu kâğıt bana yeter.** Dieses Papier reicht mir. **Bu işe gücüm yetmez.** Hierfür reicht meine Kraft nicht aus. **yetecek kadar** genügend, ausreichend **yeter** s. ges. Stw. **Bütün bunlar yetmiyormuş gibi** Obendrein noch ...; Und damit nicht genug ... Zu 2: **Yaşı seksene yetti.** *P* Er ist 80 Jahre alt geworden.
yetmek (II) s. **yedmek**
yetmez unzureichend, ungenügend
yetmezlik 1. Ungenügend-Sein, Nicht-Ausreichen *n* 2. Unfähigkeit *f* *(1, 2) ademi kifayet, kifayetsizlik
yetmiş 1. siebzig 2. Zahl *f* Siebzig ~ **iki** zweiundsiebzig ~ **iki dereden su getirmek** s. Stw. **dere;** ~ **iki buçuk millet** *F* 1. alle möglichen Völker 2. Leute aus aller Herren Länder
yetmişer je siebzig ~ ~ in Gruppen zu je siebzig
yetmişinci siebzigst-
yetmişli siebzig Einheiten enthaltend
yetmişlik alles was siebzig Einheiten umfaßt (kostet, wiegt) *spez.* siebzigjährig
yevm *va.* Tag(-eszeit *f*) *m* *gün, gündüz **-i ihale** *va.* s. **ihale günü, eksiltme günü; -i mezkûr** *va.* der erwähnte (*od.* in Frage stehende) Tag *o gün; yukarıda yazılan gün ♀**(i) Kippur** das jüdische Versöhnungsfest **-i şemsî** *va.* s. **güneş günü; -i vilâdet** *va.* s. **doğum günü; -ün cedit rızkun cedit üzere yaşamak** *va.* s. **günü gününe yaşamak**
yevmî *va.* täglich, Tag-, Tages- *günlük, gündelik ~ **emir** *selt.* s. **emriyevmî;** ~ **gazete** *va.* Tageszeitung *f* ~ **sarfiyat** *va.* täglicher Verbrauch
yevmiye 1. Tagelohn *m* (e–s Arbeiters) 2. Tagegeld *n* (z.B. e–s Beamten auf Dienstreise) 3. (*a.* ~ **defteri**) Journal *n*, Strazze *f*, Memorial *n*, Tagebuch *n* *günlük defter; günlük; günce 4. täglich, pro Tag, an jedem Tag Zu 4: ♀ **şu kadar su harcanıyor.** Der tägliche Wasserverbrauch beträgt soundso viel.
yevmiyeci Tagelöhner(-in *f*) *m*
yevmülhesap, -bı [ā] *va.* Tag *m* des Jüngsten Gerichtes *kıyamet günü
yevmüssept, -ti *va.* (jüdischer) Samstag, Sabbat, Schabbes *m*
Yevpatorya [··×·] *n.pr.* Eupatoria (Stadt auf der Krim)
yey(-ni) s. **yeğ(-ni)**
Yezdan [ā] *va.* Gott (Ormuzd)
yezdanî [·––] *va.* göttlich
Yezidî [·––] 1. *n.pr.* kurdische Sekte, deren Lehre dualistisch-iranische Elemente mit isl. Zutaten vereinigt (*Anm.* Die Bez. „Teufelsanbeter" ist abwegig.) 2. Anhänger *m* dieser Sekte, Jeside *m*
Yezidîlik s. **Yezidî(l)**

Yezit, -di 1. Name mehrerer omaijadischer Kalifen *spez.* Jesid I. (680–683) (der als Tyrann, Ungläubiger und Mörder des Prophetenenkels Hüseyin berüchtigt ist) 2. ♀ *fig.* gottloser, grausamer Tyrann, abscheuerregender Mensch

yezitlik [·–·] *fig.* Gottlosigkeit, Grausamkeit *f* ~ **etmek** *F* Schwierigkeiten (*F* Zicken) machen

Yığılca *n.pr.* O. u. D. im Rbz. Bolu

yığılı an-, auf-gehäuft, in Haufen

yığılışma Gedränge *n*, Menschenandrang *m* *izdiham

yığılmak 1. Pass. zu **yığmak** 2. in Massen zusammenkommen, sich drängen, sich stauen 3. zusammenbrechen, zu Boden stürzen, ohnmächtig umsinken

yığım(-cı, -cılık) s. **stok(-çu, -çuluk)**

yığımlama(-k) s. **stokaj; stok etmek**

yığın 1. (Heu-, Sand-, Stein- usw.)Haufen *m* 2. Menge, Masse *f*, Haufen *m* 3. *fig.* Koloß *m* Zu 1: s. **ot (kum) -ı** Zu 2: s. **bir** ~; ~ **ruhbilim** Massenpsychologie *f* Zu 3: s. **et -ı**; ~ ~ *od.* **-la** in Haufen, haufenweise (**♀la telgraf gelmiştir.** Es hagelte nur so Telegramme.)

yığınak 1. Sammelplatz *m* *mecma 2. *bot.* Kolonie *f* *koloni 3. Ansammlung, Konzentration *f* 4. *mil.* Aufmarsch *m* *(3, 4) tahaşşüt, tecemmu ~ **caddesi** *mil.* Aufmarschstraße *f* ~ **bölgesi** *mil.* Aufmarschgebiet *n* ~ **planı** *mil.* Aufmarschplan *m* ~ **yapmak** *mil.* aufmarschieren

yığınbulut, -tu *met.* Stratokumulus *m*, Haufenschichtwolke *f* *stratokümülüs

yığınlamak in Haufen anordnen (Getreide, Heu usw.)

yığınlık (Menschen-)Masse, Menge *f*

yığınmak 1. sich ansammeln, sich anhäufen 2. s. **yığılmak**

yığıntı 1. Haufen *m*, Ansammlung, An-, Auf-häufung *f* 2. s. **yığınlık**

yığışık an-, auf-gehäuft, in Mengen *müzdahim

yığışım s. **aglomera; konglomera(-t)**

yığışmak sich anhäufen, in Haufen zusammenkommen, sich drängen

yığma 1. Vs. zu **yığmak** 2. **(-lar)** *naut.* Tothölzer, Kielklötze *pl.*

yığmak, (-ar) (m. Dat.) 1. an-, auf-häufen, aufstapeln, aufeinandersetzen, zu e–m Haufen zusammenstellen 2. hinlegen, aufspeichern (Vorrat, Reserve usw.), einfahren 3. *mil.* zusammenziehen, konzentrieren (*spez.* Truppen) Zu 1: **Eşyayı şu köşeye yığmalı.** Die Sachen sollen in der Ecke da aufgestapelt werden. Zu 2: **herkes kışlık kömürünü yığdı.** Jeder hat seine Winterkohle eingefahren.

yıkama Vs. zu **yıkamak;** ~ **banyosu** *phot.* Entwicklerbad *n* ~ **makinesi** Waschmaschine *f*

yıkamaç, -cı 1. s. **irigatör** 2. *phot.* Entwickler *m*

yıkamak 1. (aus-)waschen, ausspülen (z.B. Glas), baden (z.B. Kind) 2. *phot.* wässern, entwickeln (Film, Platte)

yıkanma eldiveni Waschhandschuh *m*

yıkanmak 1. Pass. zu **yıkamak** 2. sich waschen, (sich) baden, ein Bad nehmen

yıkanmış toprak *geol.* Podsol *m*, Bleicherde *f*

yıkayıcı 1. waschend; Wäscher(-in *f*) *m* 2. *phot.* Filme, Platten entwickelnd

yıkı s. **harabe**

yıkıcı 1. zerstörend, verwüstend, verheerend, Zerstörungen (Verwüstungen) im Gefolge habend 2. von e–r best. Stärke (Erdbeben) 3. *fig.* destruktiv, subversiv (z.B. staatsfeindliche Tätigkeit) *(1–3) tahripkâr 4. s. **yıkmacı**

yıkık 1. eingestürzt, zusammengefallen, zerfallen 2. (um-)gestürzt, nieder-, ein-, ab-gerissen

yıkılış Zusammenbruch *m*

yıkılmak 1. Pass. zu **yıkmak** 2. zusammen-brechen, -stürzen, in die Knie stürzen 3. dem Zusammenbrechen nahe sein, wanken, schwanken 4. weg-, fort-gehen, seiner Wege gehen, sich entfernen Zu 1/2: **Duvar yıkıldı.** a) Die Mauer wurde abgerissen. b) Die Mauer stürzte ein. **Köyde yıkılmadık hane kalmamıştır.** Im Dorf ist kein Haus stehengeblieben. **Hayvan yorgunluktan yıkıldı.** Das Pferd stürzte vor Erschöpfung zusammen. Zu 3: **Yıkıla yıkıla geliyordu.** Er kam dahergewankt. Zu 4: **Yıkıl karşımdan** (*od.* **şuradan**)! Troll dich! Schau, daß du weiter kommst! Verdufte! Hau ab! **yıkılıp gitmek** s. **yıkılmak** (4)

yıkım 1. Zusammenbruch, Ruin, Bankrott *m*, Pleite *f* 2. Katastrophe *f*, entscheidende Wendung (im Drama) *katastrof

yıkımlık angerichtete Zerstörungen (Verwüstungen, Verheerungen) *pl.* *tahribat

yıkın 1. s. **yıkım** 2. s. **yıkıntı** (2)

yıkıntı 1. Abgerissenwerden *n*, Abbruch *m* 2. Zusammenbruch *m* 3. Trümmer(-haufen *m*) *pl.*, Reste, Ruinen *pl.*, Schutthaufen *m* *enkaz ~ **altına gömmek** verschütten ~ **olmak** (b–ne) j–m schweren Schaden zufügen, für j–n den Bankrott bedeuten

yıkışma s. **çelişme, tenakuz**

yıkkın 1. baufällig, dem Einsturz nahe *müşrifiharap, mailiinhidam 2. verfallen *harap

yıkkınlık, -ğı Baufälligkeit *f;* Zustand *m* des Verfalls

yıkmacı wer et. auf Abbruch kauft

yıkmak, (-ar) 1. ab-, nieder-, ein-reißen 2. niederwerfen, zu Fall bringen, umwerfen, umstürzen 3. *fig.* stürzen (Minister, Regierung usw.) 4. *gel. a.* umbringen, töten 5. nach e–r Seite neigen od. schieben, schräg aufsetzen (z.B. Hut) 6. *fig.* finanziell *od.* gesundheitlich ruinieren 7. abladen (*spez.* Traglast) 8. et. Unangenehmes auf j–n abwälzen 9. seelisch niederdrücken, mutlos werden lassen Zu 1: s. a. *fig.* **ev** ~ Zu 5: s. **şapkasını ensesine** ~ Zu 6: **Bu masraf onu yıkmaz.** Diese Ausgaben ruinieren ihn noch lange nicht. Zu 8: **Hadiselerin mesuliyetini askerlerin üzerine yıkmağa çalıştı.** Er wollte die Verantwortung für die Vorgänge auf das Militär abwälzen. – **Yıktın perdeyi eyledin viran!** (Zitat aus Karagöz-Spielen) Jetzt siehst du, was du angerichtet hast!

yıktırmak Kaus. zu **yıkmak; Şu duvarı yıktırmalı.** Diese Mauer gehört niedergerissen.

yıl Jahr *n* *sene ~ **on iki ay** (bşi yapmak) tagaus, tagein; ohne Unterlaß ♀ **uğursuzundur.** *Spr.* Der dümmste Bauer hat die dicksten Kartoffel(-n). *Spr.* **-da bir** einmal im Jahr **-ına basmak** ein Jahr alt werden **-lar boyu** jahrelang **-lar yılı** seit vielen Jahren, jahrelang **-larca** jahrelang **1950 yıllarında** um 1950

yılan 1. Schlange *f* 2. *fig.* verschlagener (heimtückischer, hinterhältiger) Mensch 3. ♀ *astr.* Schlange *m* (Sternbild) ~ **akbabası** s. **sekreter kuşu;** ~ **boyunlu kuş** s. **yılankuşu;** ~ **bucağı** s. **yılanyastığı** (1) und (3) ~ **çıyan** *pej.* Schlangen *pl.* und anderes Gewürm ~ **dili** gemeine Natterzunge *bot.* Ophioglossum vulgatum ~ **fidanı** s. **yılanyastığı** (4); ~ **gibi** unsympathisch, abstoßend, widerwärtig (Person) ~ **gibi sokmak** (in heimtückischer Weise) Böses antun, Schaden zufügen (Person) ~ **gömleği** abgeworfene Schlangenhaut (auch zu abergläubischen Räucherungen verwendet) ~ **hikâyesi** *fig.* was kein Ende finden will (**Bu mesele de** ~ **hikâyesine döndü.** Die Sache zieht sich ja endlos hin. Das ist ja der reinste Bandwurm!) ~ **iğnesi** Seenadel *f zo.* Syngnathus ophidion ~ **kabağı** Haarblume *f bot.* Trichosanthes anguina ~ **kartalı** Schlangenadler *m zo.* Circaëtus gallicus ~ **kavı** *reg.* *(Çanakkale)* s. **yılan gömleği;** ~ **kemiği** nagende Gewissensbisse *pl.* ~ **oynatıcı** Schlangenbeschwörer *m* ~ **sakalı** japanischer Schlangenbart *bot.* Ophiopogon japonicus ~ **soğanı** 1. afrikanische Tulpe *bot.* Haemanthus arabicus *Afrika lâlesi 2. schmalblättriger Milchstern *bot.* Ornithogalum tenuifolium 3. Herbst-Meerzwiebel *f bot.* Scilla autumnalis ~ **yılı** *hist.* 5. Jahr des alttürk. 12-Jahres-Zyklus ~ **yiyen**

keçi Schraubenziege *f zo.* Capra Falconeri **-a ağı veren** *P* s. **semender; -a sarılmak** s. **Denize düşen yılana sarılır. ≗ın başı küçükken ezilir.** *Spr.* E–r drohenden Gefahr muß man rechtzeitig begegnen. **-ın başını ezmek** *fig.* j–m die Giftzähne ausbrechen, j–n unschädlich machen **-ın kuyruğuna basmak** *fig.* e–m üblen Kerl e–e willkommene Handhabe bieten

yılanbalığı, -nı europäischer Aal; Flußaal *m zo.* Anguilla anguilla ~ **anası** Aalmutter *f zo.* Zoarces viviparus

yılanbaşı, -nı Schlangenköpfchen *n*, Kauri *m, f zo.* Cypraea moneta (*a.* als Schmuck des Pferdegeschirrs)

yılancı 1. Schlangenbeschwörer *m* 2. ≗ *astr.* Schlangenträger *m* (Sternbild)

yılancık 1. junge Schlange 2. *med.* (Wund-)Rose *f*, Erysipel *n* 3. die Salbei-Art Salvia virgata ~ **taşı** Schlangenstein, Serpentin *m* (angeblicher Schutz gegen Erysipel)

yılancıkçı Quacksalber *m*, der Wundrosen durch Beschwörungen od. andere abergläubische Mittel zu heilen vorgibt

yılancıklı von Wundrose befallen

yılancıl (heiliger) Ibis *zo.* Threshkiornis aethiopica *ibis; Mısır turnası

yılankavî schlangenförmig, sich schlängelnd, gewunden, in Serpentinen verlaufend ~ **akmak** sich schlängeln (Wasserlauf) ~ **merdiven** Wendeltreppe *f* ~ **sürünme hendeği** *mil.* schlangenförmiger Kriechgraben ~ **yol** Serpentine (-nweg *m*) *f*

yılankavîlik [··–·] Windung, Serpentine, Schlangenlinie *f*

yılankökü, -nü 1. s. **kurtpençesi** 2. s. **zeravent** (2)

yılankuşu, -nu Schlangenhalsvogel *m zo.* Anhinga rufa

yılanlı mit Schlange(-n), Schlangen- ~ **dansöz** Schlangentänzerin *f* ≗ **Sütun** s. **Burmalı Sütun**

yılanotu, -nu 1. s. **kurtluca** (3) 2. gelber Enzian *bot.* Gentiana lutea 3. *reg.* s. **civanperçemi** 4. Bez. für verschiedene Pflanzen, die angeblich Schlangenbisse heilen

yılanperestlik, -iği Schlangen-verehrung *f*, -kult *m*

yılansı schlangenähnlich ~ **balık** Schlangenfisch *m zo.* Ophidium barbatum (Marmara- und Mittelmeer) ~ **kapan kaplumbağa** Schnappschildkröte *f zo.* Chelydra serpentina

yılantaşı *min.* Serpentin *m* *pırpı, serpantin (Steinart, die angeblich gegen Schlangenbiß hilft)

yılanyastığı, -nı 1. gefleckter Aron *bot.* Arum maculatum *danaayağı, yılan bucağı 2. Drachenwurz *f bot.* Dracunculus vulgaris 3. Kappen-, Knollen-Zehrwurz *f bot.* Arisarum vulgare *yılan bucağı 4. Marderwurzel *f*, Schlangenholz *n bot.* Ophioxylon serpentium *yılan fidanı

yılanyastığıgiller Arongewächse *pl. bot.* Araceae *kulkasiye

yılanyıldızı, -nı Schlangenstern *m zo.* Ophiothrix (fragilis u.a.)

yılbaşı, -nı Neujahr(-s.tag *m*) *n;* Jahresanfang *m* (staatlicher Feiertag)

yılçıbanı, -nı s. **Halep çıbanı**

yıldırak 1. glänzend, strahlend, funkelnd 2. Blitz *m* *şimşek 3. ≗ *astr.* s. **Süheyl**

yıldıramak *va.* s. **parıldamak**

yıldırı Kassandrarufe *pl.*

yıldırım 1. Blitz *m* 2. Blitzschlag *m* 3. *fig.* Blitz- 4. ≗ *mV* Zu 2: **İzmir'de ~ yüzünden yangın çıktı.** In Izmir ist infolge Blitzschlag ein Brand entstanden. ~ **çarpması** Blitzschlag *m* ~ **çarpmasiyle ölmek** vom Blitz erschlagen werden ≗ **düşer.** Der Blitz schlägt ein. ~ **gibi** blitzschnell ~ **harbi** (*od.* ~ **savaşı**) Blitzkrieg *m* *şimşek harbi ~ **siperi** (*od.* **nâkili**) Blitzableiter *m* ~ **telgraf** Blitztelegramm *n* **-la çarpılmışçasına** (*od.* **vurulmuşçasına**) wie vom Blitz getroffen **-ları (üstüne) çekmek** j–s Zorn auf sich laden; zu heftiger Kritik Anlaß geben

yıldırımkıran; yıldırımlık; yıldırımsavar Blitzableiter *m* *siperisaika, paratoner

yıldırımlak mit dem Blitzstrahl treffen

yıldırmak erschrecken, in Schrecken versetzen, abschrekken, einschüchtern, terrorisieren

yıldız 1. *astr.* Stern *m* *kevkep, necim 2. *fig.* (Schicksals-, Glücks-)Stern *m*, Glück *n* 3. (*a.* ~ **işareti**) Sternchen *n*, Asteriskus *m* *asterisk 4. a) (Film-)Star *m* b) *(Fb. usw.)* Spitzenspieler *m*, As *n* 5. Stern *m* (z.B. auf e–r Fahne od. auf den Achselstücken der Offiziere) 6. *naut.* Norden, Nord-, Nordwind *m* 7. e–e Versform der Volkssänger 8. s. – **çiçeği** 9. sternförmig, Stern-, Sternchen- ~ **akmak (kaymak** *od.* **uçmak)** fallen (Sternschnuppe) ~ **anasonu** 1. Sternanis *m pharm.* Fructus Anisi stellati 2. echter Sternanis *bot.* Illicium verum *Çin anasonu ~ **avcısı** *(Film)* Talentsucher *m* ~ **barışıklığı** gutes Einvernehmen, Eintracht *f* ~ **çileği** Knackelbeere *f bot.* Fragaria viridis ~ **falı** Sterndeutung, Astrologie *f* ~ **işareti** s. **yıldız** (3); ~ **kalkan** s. **salon yaprağı;** ~ **karayel** *naut.* Nordnordwest ~ **kerte karayel** *naut.* Nord zu West ~ **kerte poyraz** *naut.* Nord zu Ost ~ **poyraz** *naut.* Nordnordost (-wind *m*) ~ **kaymak** s. ~ **akmak;** ≗ **Köşkü** *n.pr.* Yıldız-Palast *m* (oberhalb von Beşiktaş, Istanbul) ~ **kümesi** *astr.* Sternhaufen *m* ~ **patı** s. **yıldızçiçeği** (1); ~ **sümbülü** schöner Blaustern *bot.* Scilla amoena ~ **şehriye** Sternchennudeln *pl.* (Suppeneinlage) ~ **tabya** *mil.* Sternschanze *f* ~ **uçmak** s. ~ **akmak;** ~ **yorumculuğu** s. ~ **falı; -ı barışık** in gutem Einvernehmen; glücklich **-ı barışmak** (*od.* **barışık olmak**) (b–le) sich mit j–m verstehen **-ı dişi** überall gern gesehen; sympathisch (wirkend) **-ı düşkün** (*od.* **düşük**) wessen Stern untergegangen ist; vom Unglück verfolgt **-ı parlak** vom Glück begünstigt; von Erfolg begleitet **-ı parlamak** 1. vom Glück begünstigt sein 2. aufgehen (j–s Stern) **≗ı söndü.** *fig.* Sein Stern ist untergegangen. **-ına bakmak** j–m das Horoskop stellen **-lar dizgesi** *astr.* Sternsystem *n* **-lar filmi** Film *m* mit Spitzenspielern **-lar fiziği** Astrophysik *f* *gök fiziği

yıldızböceği, -ni s. **ateşböceği**

yıldızcık s. **starlet**

yıldızcılık Starwesen *n (Film)*

yıldızçiçeği, -ni 1. Aster, Sternblume *f bot.* Aster *pat çiçeği 2. Strandaster *f bot.* Aster tripolium 3. s. **dalya** (I)

Yıldızeli, -ni *n.pr.* Städtchen u. D. im Rbz. Sıvas

yıldızkurdu, -nu s. **ateşböceği**

yıldızlaşmak *(spez. Sport)* zur Spitze aufrücken

yıldızlararası, -nı interstellar

yıldızlı mit Stern(-en), -sternig ~ **numan çiçeği** s. **bahçe şakayıkı; çift** ~ **general** Zweisternegeneral *m*, Generalmajor *m* ~ **vatoz** Sternrochen *m zo.* Raja asterias

yıldızlık s. **gökevi**

yıldızsı stern-förmig, -ähnlich

yıldıztaşı, -nı *min.* Aventurin *m* *avantürin

yıldıztonoz *arch.* Sterngewölbe *n* (in der Spätgotik)

yıldızyağmuru, -nu Sternschnuppenschwarm *m*

yıldızyeli, -ni Nordwind *m*

yıldönümü, -nü Jahrestag *m* *senei devriye

yılgı jäher Schrecken; Entsetzen *n* ~ **filmi** Horrorfilm *m* ~ **oyunu** *Th.* Schauer-stück, -drama *n*

yılgın eingeschüchtert, verängstigt, entsetzt, entmutigt, wie gelähmt, wie festgenagelt (z.B. vor Angst)

yılgınlık Verschüchterung, Angst *f*, lähmendes Entsetzen, Entmutigung *f*

yılgörmüş (*T* von **sâldide**) bejahrt, alt, hochbetagt

yılık *dial.* 1. s. **çarpık (ağız)** 2. s. **şaşı (göz)**

yılışık gekünstelt (schmeichlerisch, aufdringlich) lächelnd

yılışıklık; yılışkanlık gekünsteltes (schmeichlerisches, aufdringliches) Lächeln und Verhalten

yılışkın schmeichlerisch, aufdringlich

yılışmak gekünstelt (schmeichlerisch, aufdringlich) lächeln
yılkı s. **ılkı**
yılki -jährig (*vgl.* **bu yılki**)
yıllanma s. **müruruzaman**
yılla(n)mak *intr.* 1. ein Jahr alt werden 2. ein Jahr lang bleiben (dauern, liegen, lagern) 3. ewig lange bleiben (liegen, dauern, lagern) 4. veralten, alt werden Zu 1: **Kuzu daha yıllamadı.** Das Lamm ist noch nicht einjährig. Zu 2: **Bu adam orada yılladı.** Er ist ein Jahr lang dort geblieben. **Bu şarap yılladı.** Der Wein hat ein Jahr gelagert. Zu 3: **Gittiği yerlerde daima yıllanır kalır.** Wo er auch hingeht, da bleibt er immer e–e Ewigkeit.
yıllanmış 1. überaltert, veraltet (z. B. Wort), überholt (z. B. Angelegenheit) 2. bejahrt, alt, hochbetagt 3. abgelagert (*spez.* Wein) ~ **Yahudi aklı** Gerissenheit *f* e–s alten Juden
yıllık, -ığı 1. soundso viele Jahre alt, -jährig 2. ein Jahr alt, einjährig 3. jährlich, Jahres- *senelik, senevî 4. e–n Zeitraum von soundsoviel Jahren umfassend; für soundsoviel Jahre bestimmt *senelik 5. für ein Jahr bestimmt, auf ein Jahr 6. die für ein Jahr bezahlte Summe z. B. Jahres-miete *f*, -gehalt *n* usw. 7. Jahrbuch *n*, Jahresbericht *m* *almanak, sâlname Zu 1: **yüz ~ ağaç** hundertjähriger Baum Zu 2: ~ **kuzu** einjähriges Lamm Zu 3: ~ **dergi** Jahresschrift *f* ~ **halkalar** *bot.* Jahresringe *pl.* (bei Bäumen) ~ **iznini kullanmak** seinen Jahresurlaub nehmen ~ **kongre** Jahresversammlung *f* ~ **ortalama** *geogr.* Jahresmittel *n* *senevî vasatî ~ **ücretli izin** bezahlter Jahresurlaub Zu 4: **onüç ~ kocası** ihr Mann, mit dem sie seit dreizehn Jahren verheiratet ist Zu 5: **Evi ~ tuttular.** Sie mieteten das Haus auf ein Jahr. Zu 6: **Bu evin -ı beş bin liradır.** Die Jahresmiete für dieses Haus beträgt fünftausend Pfund. Zu 7: s. a. **askerî** ~
yıllıkçı 1. wer festen Jahreslohn erhält 2. wer Jahresmiete zahlt
yıllıklı wofür (*bzw.* für wen) Lohn od. Gehalt jährlich berechnet wird (Arbeit *bzw.* Arbeiter)
yılmak, (-ar) sich einschüchtern (entmutigen) lassen, abgeschreckt werden **İşin güçlüğünden yılmamalı.** Die Schwierigkeit der Angelegenheit darf e–n nicht abschrecken.
yılmaz 1. wer sich nicht einschüchtern (abschrecken) läßt, unerschrocken, furchtlos 2. ≗ *mV* od. *türk. Fn.*
-(y)ınca, -(y)ince (*usw.*) 1. sobald als, sowie, wenn; mit dem Augenblick, wo ... 2. (neg.) solange (nicht), wenn (nicht) 3. *va.* bis ... 4. (im Dat. mit **kadar** *od.* **dek**) bis (Konj. od. Präp.) 5. (m. Dat.) a) was angeht, was betrifft b) wenn es sich um ... handelt. Zu 1: **Oğlan evlenince bey oldum sanır.** *Spr.* Wenn ein junger Mann heiratet, hält er sich für einen hohen Herrn. Zu 2: **Lokma çiğnenmeyince yutulmaz.** *Spr.* Solange (*od.* wenn) man e–n Bissen nicht kaut, kann man ihn nicht schlucken. Zu 3: **Arap doyunca yer, Acemse patlayınca.** *Spr.* Der Araber ißt, bis er satt ist, der Perser aber, bis er (schier) platzt. Zu 4: **Sulh oluncaya kadar ...** Bis Frieden einkehrt ... **bundan kırk sene evveline gelinceye kadar** bis vor vierzig Jahren Zu 5: s. **gelince**
yıprak 1. abgenutzt, abgeschabt, abgetragen 2. frühzeitig gealtert
yıpranma Vs. zu **yıpranmak;** ~ **payı** *a. mil.* Abnutzungsquote *f*
yıpra(n)mak 1. sich abnutzen (z. B. Buch), sich abtragen (z. B. Schuhe), sich abwetzen (z. B. Teppich) 2. ruiniert werden, kaputtgehen (z. B. Maschine) 3. sich rasch verbrauchen, vorzeitig od. früh altern, zermürbt werden Zu 3: **Onun zekâsı hiç yıpranmamış.** Er ist geistig noch unverbraucht (noch sehr rege). **yıpranmış hale gelmiş** *mil.* abgekämpft
yıpratıcı abnützend, zermürbend, aufreibend ~ **harp** s. **yıpratma harbi**
yıpratma Vs. zu **yıpratmak;** ~ **harbi** 1. Abnützungskrieg *m* 2. Zermürbungskrieg *m*
yıpratmak 1. abnutzen, abtragen, abwetzen 2. ruinieren, kaputtmachen 3. rasch verbrauchen, vorzeitig od. früh altern lassen, zermürben, aufreiben
yır s. **ır**
yırık *P* s. **yırtık** (4)
yırılmak *P* 1. Pass. zu **yırmak** 2. e–n kleinen Ritz od. Schlitz bekommen, ein wenig ein-, auf-reißen *(intr.)*
yırlamak *P* s. **ırlamak**
yırmak, (-ar) *P* (m. Akk.) e–n kleinen Riß (Schlitz, Spalt) verursachen, ein wenig ein-, auf-reißen *(tr.)*
yırtıcı 1. reißend, Raub-(Tier) 2. *fig.* blutgierig, mordlustig (Mensch) 3. *fig.* herzzerreißend ~ **diş** Reißzahn *m* (e–s Raubtiers) ~ **hayvan** Raubtier *n* ~ **kuş** Raubvogel *m* ~ **martı** Schmarotzer-Raubmwe *f zo.* Stercocarius parasiticus ~ **sinek** s. **avcı sinek**
yırtıcılar Greifvögel *pl. zo.* Accipitridae *cariha; s. a. **gece-(gündüz) -ı**
yırtıcılık Mordlust, Blutgier *f* *iftiras
yırtık, -ığı 1. zerrissen (Stoff, Taschentuch usw.) 2. *fig.* schamlos, unverschämt 3. zugeritten (Pferd) 4. Riß *m*, Loch *n* 5. kreischend, gellend (Stimme) Zu 2: **O, -ın biridir.** Das ist auch so ein unverschämter Kerl. Zu 4: **elbisenin -ını örmek** das Loch (den Riß) in e–m Anzug stopfen ~ **pırtık** zerlumpt, zerfetzt, abgerissen, schäbig (Kleidung)
yırtıklık, -ığı 1. Zerrissensein *n* 2. *fig.* Frechheit, Unverschämtheit *f*
yırtılmak 1. Pass. zu **yırtmak** 2. platzen, (zer-)reißen, kaputtgehen 3. seine Scheu verlieren, allmählich aus sich herausgehen 4. *V* zahlen, geben, herausrücken (Geld) Zu 1: **yırtılırcasına** wie am Spieß (z. B. schreien) Zu 2: **Perde yırtıldı.** Der Vorhang ist entzweigerissen. Zu 3: **Onlarla görüşe görüşe yırtıldı.** Als er einige Zeit mit ihnen verkehrte, verlor er seine Scheu. s. a. **yüzünün perdesi** ~
yırtınmak 1. aus Leibeskräften schreien; wie am Spieß schreien 2. sich sehr bemühen, sich vor Eifer schier zerreißen
yırtışmak 1. sich gegenseitig die Kleider zerreißen 2. sich gegenseitig das Gesicht zerkratzen
yırtlak *P* 1. gerissen, aufgeplatzt 2. geschlitzt, Schlitz- (z. B. Auge)
yırtlaz(-lık) *dial.* s. **yırtık(-lık)** (2)
yırtmaç Schlitz *m* (an e–m Kleidungsstück)
yırtmaçlı geschlitzt, Schlitz- (z. B. Damenrock) ~ **balık** Fetzenfisch *m zo.* Phyllopteryx eques *büyük yosun balığı
yırtmak, (-ar) 1. zerreißen (z. B. Papier), auseinanderreißen (z. B. Stoff) 2. zerkratzen, blutig kratzen 3. einreiten (Pferd) 4. (k–ni) seine Kräfte aufs äußerste anspannen, sich vor Eifer geradezu ein Bein ausreißen 5. s. **yüzünü** ~ Zu 2: **Kedi elimi yırttı.** Die Katze hat mir die Hand blutig gerissen. s. a. **Ağzını yırtarım!**
yısa [×·] 1. (Ermunterungsruf) Hau ruck! Ho ruck! 2. s. **hisa;** ≗ **beraber** (*od.* ≗ **boca**)! Jetzt aber alle zusammen! ~ **etmek (halatı)** ziehen ~ ~ 1. wohl oder übel, nolens volens 2. gerade noch, mit knapper Müh und Not 3. höchstens, wenn es hoch kommt
Yidiş Jiddisch *n*, jiddische Sprache
yiğit, -di 1. kräftig und beherzt, schneidiger, tüchtiger Kerl; Held *m* 2. Jüngling *m*, junger Mann 3. *fig.* wer Zivilcourage hat Zu 1: s. **Geç -im, geç!** Zu 2: **Köyün -leri toplandı.** Die jungen Männer des Dorfes kamen zusammen. Zu 3: **O, ~ adamdır, hakikati söylemekten çekinmez.** Er hat Zivilcourage und scheut sich nicht, die Wahrheit auszu-

sprechen. ~ **adamı** kräftiger Schritt ² **başından devlet ırak değildir.** *Spr.* Dem Mutigen gehört die Welt. *Spr.* ² **lakabiyle anılır.** *Spr.* E–e hervorragende Persönlichkeit kennt man meist unter ihrem Beinamen (*bzw.* Spitznamen).
yiğitbaşı 1. *fr.* Innungsobmann 2. s. **başağa** (2)
yiğitlendirmek Mut einflößen; ermutigen
yiğitlenmek; yiğitleşmek mutig werden; Mut bekommen
yiğitlik, -ği Tapferkeit *f*, Schneid, Mut *m* ² **sende** (*bzw.* **bende**)! (Zuruf zur Mäßigung) Nur mal langsam! Immer mit der Ruhe! ~ **taslamak** sich als Helden aufspielen **-e leke** (*od. V* **bok**) **sür(dür)memek** *od.* **-i pislememek** nichts auf seine Ehre kommen lassen; das Gesicht wahren
yilbik *dial.* s. **sara** (I)
-(y)ince s. **-(y)ınca, -(y)ince**
yine [×·] s. **gene** (In albanischer Sprechweise häufig pleonastisch bei e–m Imp.)
yineleme s. **tekrir** (2); **tekrarlama;** ~ **eki** *ling.* das Iterativ-Infix **-ele-** (vgl. **serpmek; serpelemek; eşmek; eşelemek**)
yinelemek s. **tekrar etmek**
yinelemeli e–e Wiederholung ausdrückend, iterativ
yirmi 1. zwanzig 2. Zahl *f* Zwanzig ~ **para** *fr.* zwanzig Para, ein halber Kurusch ~ **yaş dişi** Weisheitszahn *m* *akıldişi
yirmibeşlik *fr.* 25-Kurusch-Stück *n* *mandagözü
yirmibir 1. einundzwanzig 2. Name e–s verbotenen Glücksspiels
yirmili zwanzig Einheiten umfassend
yirmilik 1. *fr.* 20-Para-Stück 2. 20 Jahre alt, zwanzigjährig 3. *fr.* im Wert von 20 Para (Kurusch, Pfund) 4. 20 Kilo (usw.) schwer 5. 20 Stück enthaltend Zu 5: ~ **sigara paketi** Zwanzigerpackung *f* Zigaretten ~ **altın** s. **mahmudiye**
yirminci zwanzigst-
yirmişer je zwanzig ~ ~ in Gruppen zu je zwanzig
yisa 1. s. **yısa** 2. s. **hisa**
yitik 1. verloren(-gegangen), abhandengekommen *kayıp, zayi 2. *jur.* verschollen
yitiklik 1. s. **yitim** 2. Verloren-Sein, Sich-verloren-Fühlen *n* 3. *jur.* Verschollenheit *f* *gaiplik ~ **hükmü** s. **gaiplik kararı**
yitim Verlust, Schwund *m* *kayıp, zıya
yitirmek 1. verlieren *kaybetmek, zayi etmek 2. ver(ab)-säumen, ungenutzt verstreichen lassen *fevt etmek 3. verschwenden, vergeuden
yitmek, (-er) 1. verlorengehen, abhandenkommen, verschwinden 2. ver(ab)säumt werden 3. verschwendet werden, *F* draufgehen
yiv 1. Auskehlung, Kannelierung, Kannelüre, Rille, Riefe, Nut *f* 2. Windung *f*, Gewinde *n* (z.B. e–r Schraube) 3. (Hand-)Linie *f* 4. Zug *m* (in Feuerwaffen) 5. Ansatz-, Umriß-linie *f* 6. (Schädel-)Naht *f* ~ **açmak** auskehlen, riefen, nuten ~ **hatvesi** Drall *m*
yivli 1. mit nb. Linien (Rillen usw.) 2. gezogen (z.B. Gewehrlauf)
yivsiz 1. ohne Linien (Rillen usw.) 2. nichtgezogen (z.B. Flintenlauf)
yiyecek 1. Eßbares 2. Eßware *f*, Nahrungsmittel *n* 3. Eßwaren, Nahrungs-, Lebens-mittel, Speisen *pl.* *mekûlât 4. *mil.* Verpflegung *f*, Proviant *m* Zu 1: ² **bir şey var mı?** Ist et. zum Essen da? ~ **ağırlığı** *mil.* Verpflegungstroß *m* ~ **ambarı** *mil.* Verpflegungslager *n* ~ **azlığı** (*od.* **fıkdanı**) Lebensmittelmangel *m* ~ **gibi bakmak** gierig betrachten ~ **güvesi** Mehlzünsler *m zo.* Asopia farinalis ~ **maddeleri** Nahrungs-, Lebens-mittel *pl.* *gıda maddeleri, iaşe maddeleri, erzak, mevaddı gıdaiye ~ **tedariki** Lebensmittelversorgung *f*
yiyici 1. essend, fressend, verzehrend 2. gefräßig 3. zerfressend, sich einfressend 4. bestechlich, käuflich *mürtekip, mürteşi Zu 1: s.a. **hazır** ~
yiyicilik 1. Gefräßigkeit *f* 2. Bestechlichkeit *f* *irtikâp, irtişa
yiyim Vs. zu **yemek** Essen *n* ~ **yeri yapmak** (bir yeri) e–e Stelle zum eigenen Vorteil ausbeuten
yiyimli schmackhaft, wohlschmeckend
yiyinti Eßbares; Eßwaren, Speisen *pl.*, Proviant *m*
yiyiş Art und Weise *f* des Essens
-ynan, -ynen *dial.* für **ile** (z.B. **arabaynan, tezkereynen = arabayla, tezkereyle**)
yo [–] (emphatische Ablehnung od. energischer Einwand) Wo denkst du hin! Aber nein! Das kommt ja nicht in Frage! Ja, was soll denn das?
yobaz 1. *z. va.* grobschlächtiger Kerl 2. aufdringlich bigott; Kirchenfanatiker *m* 3. intolerant, reaktionär, fortschrittsfeindlich *gerici (I)
yobazlık 1. *z. va.* Ungeschliffenheit *f* 2. aufdringliche Bigotterie, (abstoßender) Kirchenfanatismus 3. Intoleranz *f*, reaktionäres Verhalten, Fortschrittsfeindlichkeit *f* *gericilik
yoga Joga *m* (indisches phil. System)
yogi(-n) Jogi(-n) *m;* Anhänger *m* des Joga
yoğalmak s. **tükenmek; yok olmak**
yoğaltım s. **tüketim**
yoğaltmak s. **tüketmek; istihlâk etmek**
yoğaltman s. **tüketici; müstehlik**
yoğrulmak 1. Pass. zu **yoğurmak** 2. verbeult, eingedrückt werden (Metallgefäß) 3. sich gemeinsam mit e–m Problem befassen; Erfahrung gewinnen
yoğrum *päd.* (Aus-, Schul-)Bildung *f*
yoğun 1. dicht, dick *kesif 2. intensiv, verstärkt 3. konzentriert (z.B. *mil.* Beschuß), heftig, massiv 4. massenhaft, in großer Menge ~ **bakım bölümü** *med.* Intensivstation *f* ² **incelene kadar ince üzülür.** *Spr.* s. **Kalın incelene kadar** (usw.)
yoğunlaç, -cı s. **kondansatör**
yoğunlam; yoğunlaşma *phys.* Verdichtung, Kondensation *f* *kondansasyon, tekâsüf
yoğunlaşmak 1. sich verdichten, sich kondensieren *tekâsüf etmek 2. sich häufen (Vorfälle, Zuschriften usw.) 3. sich konzentrieren
yoğunlaştırma suyu Kondenswasser *n*
yoğunlaştırmak 1. verdichten, kondensieren *teksif etmek 2. konzentrieren
yoğunluk Dichte, Dichtigkeit, Densität *f* *kesafet
yoğunlukölçer Dens(it)ometer *n* *dansitometre
yoğurmak 1. kneten (Teig od. bei Massage) 2. *fig.* j–m e–e best. Denkrichtung geben
yoğurt, -du Joghurt *m, n* ~ **çalmak** Joghurt herstellen ~ **damızlığı** Joghurtferment *n* ~ **mayası** Lab *n* ~ **tatlısı** e–e aus Joghurt, Eiern, Mehl und Staubzucker hergestellte Süßspeise **-u üfleyerek yemek** *fig.* übervorsichtig sein (spez. nach erlittenem Unfall) ²**um ekşidir diyen olmaz.** *Spr.* s. **Ayranım** (usw.)
yoğurtçu Hersteller od. Verkäufer *m* von Joghurt
yoğurtçuluk Herstellung *f* od. Verkauf *m* von Joghurt
yoğurtlu mit Joghurt (zubereitet, serviert usw.) ~ **kebap** kleine, am Spieß gebratene Fleischstücke auf **pide** *(q.v.)* mit Joghurt
yoğurtotu, -nu Labkraut *n bot.* Galium (verum u.a.)
yoğuşma(-k) s. **yoğunlaşma(-k)**
yok, -ku, -ğu 1. nicht bestehend (vorhanden, existierend, anwesend) 2. **(= yoktur)** Es gibt (besteht, existiert) nicht; Es ist nicht vorhanden; Er ist nicht anwesend (nicht da); Er fehlt. 3. Nichts *n* 4. a) nein *hayır b) nicht 5. (oft mit emphatischer Dehnung) (als Ablehnung e–r geäußerten Meinung) Ach wo! Aber woher! Durchaus

nicht! 6. dagegen, aber, jedoch, indessen 7. (mit folgender Verbalform auf **-miş**) angeblich soll ...; es ist nicht wahr, daß ... Zu 1: **Eğer kendisi -sa** Wenn er nicht da ist, ... **Yoklamada ~ olan öğrenciler ceza görecek.** Die beim Namensaufruf fehlenden Schüler werden bestraft werden. Zu 2: **Burada kimse ~** (*od.* **yoktur**). Es ist niemand hier. **Evde yoktum.** Ich war nicht zu Hause. s. a. **Ben yoğum** (Stw. **ben**) Zu 3: **²tan iyidir.** Besser als gar nichts. **²tan ne çıkar?** Von nichts kommt nichts. Zu 4 a): **Geldiler mi? ≗ daha gelmediler.** Sind sie schon gekommen? Nein, sie sind noch nicht da. Zu 4 b): **Emin Bey ne âlemde? Kendisini uzun müddettir gördüğüm yok.** Wie geht es denn Herrn Emin? Ich habe ihn seit e–r Ewigkeit nicht mehr gesehen. Zu 5: **Yook! Öyle değil!** Ach wo! Die Sache ist ganz anders! Zu 6: **Verdiler ne âlâ, ~ vermediler döner gelirsin.** Kriegst du es, so geht die Sache in Ordnung; kriegst du es aber nicht, dann kommst du wieder hierher! ~ **eğer** (*od.* **bilakis) gelmezse ...** Wenn er aber (entgegen der zuerst geäußerten Hypothese) nicht kommen sollte ... Zu 7: **≗ kâğıdı kalmamış, ~ mürekkebi iyi değilmiş, hâsılı bir alay bahaneler!** Er will mir weismachen, daß kein Papier mehr da sei, daß die Tinte schlecht sei, alles nichts als leere Ausreden! **≗ canım!** Ach woher! Aber nein! Nicht doch! ~ **değildir.** Nicht daß ... nicht vorhanden wäre. Es fehlt nicht (an). Es finden sich einige ... ~ **denecek kadar az** so gut wie gar nichts **≗ deve!** Das ist ja ein unerhörter Preis! (*a.* zur Kennzeichnung anderer Übertreibungen:) Das geht ja auf keine Kuhhaut! Das geht nun doch über die Hutschnur! **≗ devenin başı** (*od.* **nalı**). *F* Das kannst du anderen weismachen! Das kannst du deiner Großmutter erzählen! ~ **etmek** 1. verschwinden lassen; wegschaffen 2. vernichten, zunichtemachen, zugrunde richten 3. töten, umbringen ~ **mu?** 1. Gibt es nicht? 2. Ist ... nicht da? 3. (*bes.* bei Erläuterungen) bekanntlich, wie Sie wissen, nicht wahr? **≗ oğlu ~.** Es ist überhaupt nichts da. (**Kâğıt ~, kalem ~, ~ oğlu yok!** Papier ist nicht da, Schreibzeug fehlt, es ist überhaupt nichts da.) ~ **olası(-ca)** 1. Möge ... vernichtet werden! 2. *Adj.* verflucht, verdammt, elend Zu 2: **bu ~ olası ihtiyarlık!** dieses verdammte (Greisen-)Alter! ~ **olmak** 1. nicht existieren (bestehen, vorhanden sein) 2. nicht anwesend (da) sein; fehlen 3. *gel.* sich nicht in et. einmischen, sich fernhalten 4. verschwinden 5. vernichtet werden, zunichte gemacht werden, zugrundegehen 6. getötet (umgebracht) werden, umkommen (Zu 2: **Cevat Bey -tur.** Cevat Bey ist nicht da. Zu 3: **Öyle bir mesele çıkarsa, bana bakmayın, ben yoğum.** Wenn so et. geschieht, rechnen Sie bitte nicht mit mir; ich mische mich nicht ein.) ~ **pahasına** spottbillig, fast umsonst, zu e–m Schleuderpreis, für ein Butterbrot ~ **saymak** für ungültig erachten ~ **yere** 1. für nichts und wieder nichts; unnützerweise 2. ohne alle Veranlassung (z. B. Streit anfangen) ~ **yok** 1. Aber nein! 2. (bir yerde). Es gibt nichts, was in ... nicht vorhanden wäre. **-tan bir adam** ein unbedeutender Mensch, die reine Null **-tan var etmek** schaffen, schöpfen, hervorbringen **-tan yere** s. **yok yere; ²tan yonga çıkmaz.** *Spr.* Wer nichts hat, kann nichts geben. **-una** 1. vergeblich, unnütz 2. s. **yok pahasına**

yoklam Überprüfung, Kontrolle, Inspektion *f*

yoklama 1. Vs. zu **yoklamak** 2. Feststellung *f* der Präsenz, Namensaufruf *m, mil.* (Anwesenheits-)Appell *m bzw.* Musterung *f* 3. kleinere schriftl. od. mündl. Prüfung zur Feststellung der Kenntnisse der Schüler; *a.* Klassen-, Probe-arbeit *f* ~ **balonu** selbsttätiger Registrierballon ~ **defteri** Absentenheft *n* (in der Schule) ~ **etmek** *mil.* Appell abhalten ~ **için toplanmak** zum Appell antreten ~ **mıntıkası** *mil.* Musterungsbezirk *m* ~ **yapmak** 1. die Präsenz feststellen 2. e–e kleinere (Zwischen-)Prüfung abhalten

yoklamacı *fr.* Militärbeamter, der die Personalakten zu führen hatte *od. allg.* Militärinspektor *m*

yoklamak 1. (ab-, be-)tasten, befühlen 2. (ab-, durch-, unter-)suchen 3. aushorchen; versuchen, et. in Erfahrung zu bringen; prüfen; auf den Busch klopfen (bei), sondieren, j–m auf den Zahn fühlen 4. den Wissensstand der Schüler feststellen 5. j–n auf-, be-suchen, nach j–m sehen Zu 1: **yoklaya yoklaya gitmek** sich dahintasten Zu 2: **Evin her tarafını yokladılar.** Man hat das ganze Haus abgesucht. Zu 3: **Bir yokla bakalım, belki razı olur.** Fühle ihm doch einmal auf den Zahn, vielleicht ist er einverstanden. Zu 5: **Hastayı yokladınız mı?** Haben Sie den Patienten besucht?

yoklamalık Kontrollzeichen *pl.* (an e–r auszubessernden rissigen Wand)

yoklanmak 1. Pass. zu **yoklamak** 2. überall bei sich suchen 3. sich selbst prüfen

yoklaştırmak s. **yoklamak** *spez.* (3)

yoklayın s. **gıyaben**

yokluk, -uğu 1. Nicht-vorhandensein, -existieren *n*, Fehlen *n* *adem; ademi mevcudiyet 2. Mangel *m*, ungenügendes Vorhandensein *fıkdan 3. pekuniäre Not, Armut *f*, dauernde Geldsorgen *pl.* Zu 2: s. **hizmetçi -u; ~ kâğıdı** s. **fakrıhal mazbatası**

yokluklu arm, besitzlos; s. a. **varlıklı ~**

yoksa [×·] 1. wenn (es) nicht gibt (besteht, existiert), wenn (es) nicht vorhanden ist, wenn (er) nicht anwesend (da) ist, wenn (er) fehlt 2. (in affektischen Fragen) etwa, wohl, vielleicht, am Ende, gar, denn, doch nicht etwa *acaba 3. wenn nicht, andernfalls, widrigenfalls, wo nicht, sonst *aksi takdirde 4. (in Alternativfragen) oder, oder aber 5. (adversativ) aber, jedoch, indessen 6. Jetzt braucht nur noch ... Zu 2: **Çocuk geç kaldı, ~ vapuru mu kaçırdı?** Der Junge ist noch immer nicht da; sollte er etwa den Dampfer verpaßt haben? **İş tavsadı mı ~?** Ist denn die ganze Geschichte vielleicht eingeschlafen? **Rahatsız mısınız ~?** Sie sind doch nicht etwa krank? Zu 3: **Uslu durursun ~ seni bir daha buraya getirmem.** Jetzt hältst du aber endlich einmal Ruhe, sonst nehme ich dich nicht mehr hierher mit. Zu 4: **Bugün mü ~ yarın mı gidiyorsunuz?** Fahren Sie heute weg oder morgen? Zu 5: **İnsan, hakkına güvenmeli, ~ yalnız kuvvetine değil.** Man muß das Recht hinter sich haben, nicht nur die Macht. Zu 6: **Mal çok, müşteri çıksın ~!** Es sind viele Waren da, jetzt müssen nur noch die Käufer kommen!

yoksul in kümmerlichen Verhältnissen lebend, arm, ärmlich *fakir, fukara **≗ bayırsa çanağı bayırmaz.** *Spr.* Wer sich aus Armut emporgearbeitet hat, sieht nach wie vor auf den Pfennig. ~ **uyak** *(Metrik)* der (nur aus e–m Vokal bestehende) arme Reim (*franz.* rime pauvre)

yoksullaşmak völlig verarmen

yoksulluk pekuniäre Not; Armut, Ärmlichkeit, Dürftigkeit *f*, Mangel *m* und Not *f*, kümmerliche Verhältnisse *pl.* *fakır, fakirlik, fukaralık

yoksun s. **mahrum; ~ bırakmak** (*bzw.* **kalmak**) s. **mahrum etmek** (*bzw.* **kalmak**)

yoksunlu *ling., log.* privativ ~ **ek** *gr.* Privativsuffix *n*

yoksunluk s. **mahrumiyet**

yoksunmak s. **mahrum kalmak**

yoksuz(-luk) *P* s. **yoksul(-luk)**

yoktur s. **yok** (2); **≗ tapacak Çalaptır ancak.** *z. va.* s. **Lâ ilâha illallah.**

yokumsamak s. **inkâr etmek**

yokuna s. Stw. **yok**

yokuş 1. Steigung, Anhöhe *f*, auf-, an-steigender Weg, steile Straße 2. den Berg hinauf *bzw.* herunter ~ **arazisi**

ansteigendes Gelände ~ **aşağı** bergab ~ **çıkmak** bergauf steigen, die Anhöhe erklimmen ~ **inmek** bergab gehen, die Anhöhe hinuntersteigen ~ **mukavemeti** Steigungswiderstand *m* (z. B. e–r Schraube) ~ **yukarı** bergauf ~ **zaviyesi** Steigungswinkel *m* **-a koşmak** (b–ni *od.* yorgunu) j–m Schwierigkeiten machen **≗un üst başını tutmuş.** Er hatte sich e–n steilen Weg hinaufgeschleppt.

yokuşlu (an-)steigend (z. B. Gelände)

yol (I) 1. Weg *m*, Straße, Wegstrecke, Linie *f; an.* Kanal, Gang *m* (z. B. Gehörgang) 2. Reise *f* *yolculuk 3. Fahrgeschwindigkeit *f* 4. a) Bahn *f*, Geleise *n* b) Laufbahn *f*, Beruf *m* 5. Weg, Ausweg *m*, Mittel *n*, Mittel und Wege *pl.* *çare 6. richtige Bahn, Ordnung *f* 7. Handlungsweise *f*, Vorgehen *n* *hareket tarzı 8. Art und Weise *f* 9. Methode *f*, System *n* *usul, sistem 10. Ziel *n*, erstrebtes Ende *maksat 11. Linie *f*, Streifen *m* (z. B. im Stoff) 12. Mal *n* *defa 13. **(-unda, -undaki)** besagend, ausdrückend; in dem Sinn, daß ...; hinsichtlich, betreffend, bezüglich Zu 1: s. **deniz (hava, kara) -u; sidik -ları; ≗ sonuna kadar asfalt.** Die Straße ist von Anfang bis Ende asphaltiert. Zu 2: s. **-a çıkmak; -dan kalmak;** ~ **harcı** Zu 3: **Bu vapurun -u az.** Der Dampfer fährt nicht sonderlich schnell. Zu 4: s. **-dan çıkmak** Zu 5: s. ~ **aramak (göstermek); -unu bulmak** Zu 6: s. **-una koymak; -unda; -a gelmek** Zu 7: **Tuttuğu -u beğenmedim.** Die Art seines Vorgehens hat mir nicht gefallen. Zu 8: **Bu -da yazılmış birkaç eser okudum.** Ich habe einige Werke dieser Art gelesen. **Bu konuşma -unu doğru bulmadım.** Diese Ausdrucksweise schien mir nicht die richtige. **Mesele, bu -dan halledilebilir.** Auf diese Weise läßt sich die Angelegenheit regeln. Zu 9: s. ~ **tutmak** Zu 10: **vatan -unda** um des Vaterlandes willen, für das Vaterland Zu 11: **Kumaşın ince mavi -ları vardır.** Der Stoff hat feine, blaue Streifen. Zu 12: **Bir ~ bize uğrayın!** Kommt doch einmal bei uns vorbei! Besucht uns doch einmal! Zu 13: **Böyle bir ihtimalin varit olamayacağı -unda beyanatta bulundu.** Er äußerte sich in dem Sinn, daß e–e solche Möglichkeit gar nicht in Frage komme. **onun ecnebi sermayesine düşman olduğu -undaki garazkârane havadisler** tendenziöse Nachrichten, wonach er (angeblich) ausländische Kapitalinvestitionen ablehne ... ~ **açıklığı** Spurweite *f* (e–s Eisenbahngeleises) ~ **açmak** 1. e–n Weg bahnen, Hindernisse beseitigen 2. bahnbrechend (beispielhaft) wirken; die Initiative ergreifen 3. (bşe) et. (Schlechtes) nach sich ziehen (im Gefolge haben) können, Grund od. Anlaß sein (*bzw.* werden) (zu), et. heraufbeschwören; verursachen; führen (zu) ~ **ağzı** 1. Weganfang *m* 2. Wegkreuzung *f* ~ **almak** 1. volle Fahrt aufnehmen (Schiff) 2. *fig.* gut vorankommen, gute Fortschritte machen; vorangehen 3. sich auf den Weg machen; aufbrechen ~ **aramak** Mittel und Wege suchen ~ **arkadaşı** Mitreisende *m, f*, Reisegefährt-e *m*, -in *f* ~ **arkadaşlığı etmek** zusammen reisen (mit) ~ **ayrımı** Weggabelung, Abzweigung *f* ~ **azığı** Wegzehrung *f*, Reiseproviant *m* ~ **banketi** Schotteraufschüttung *f* (bei Eisenbahngeleisen) ~ **boyu** 1. den ganzen Weg entlang 2. s. **güzergâh;** ~ **boyu köyü** Straßendorf *n* ~ **çatağı** Wegkreuzung *f* ~ **çıkmak** führen, gehen (Weg, Straße usw.) (**Bu yol nereye çıkar?** Wohin führt dieser Weg?) ~ **defteri** Fahrtenbuch *n* (e–s LKW-Fahrers) ~ **düğüm noktası** Straßenknotenpunkt *m* ~ **erkân** gesellschaftliche Konvention, Sitte *f* und Brauch *m* ~ **etmek** 1. tüchtig marschieren 2. (bir yeri) häufig irgendwohin kommen, oft besuchen ~ **evlâdı** *fr.* vom Abt aufgenommener Ordensnovize ~ **gitmek** s. ~ **almak;** ~ **görünmek** (m. Dat.) 1. aufbrechen müssen, (fort-)gehen müssen 2. e–e Reise machen müssen (**Yol görünüyor.** *(Wahrsagerei)* E–e Reise steht ins Haus.) ~ **göstermek** Mittel und Wege aufzeigen, e–n Fingerzeig geben; j–m sagen, was er tun muß; leiten, lenken, führen ~ **halısı** Läufer *m* (langer, schmaler Teppich) ~ **harcı** Reisekosten und Tagegelder *pl.*, Reiseentschädigung *f* (für Beamte) *harcırah ~ **hosteli** Rasthaus *n* (*spez.* an Autobahn) **≗ ile giden yorulmaz.** *Spr.* s. **Yoldan giden yorulmaz.** ~ **inşa etmek** (*od.* **yapmak**) e–e Straße (*bzw.* Straßen) bauen (anlegen) ~ **inşa mühendisi** Wegebau-meister, -ingenieur *m* ~ **intıbaları** Reiseeindrücke *pl.* ~ **inzibat talimatı** wegepolizeiliche Anordnungen *pl.* ~ **işareti** Weg-bezeichnung *f*, -weiser *m* ~ **iz** 1. Regeln *pl.* des gesellschaftlichen Umgangs, gute Sitten *pl.* 2. Mittel und Wege *pl.* ~ **iz bilmek** 1. sich auskennen; wissen, wie man et. anzufangen hat 2. sich zu benehmen wissen; gute Manieren haben ~ **kâğıdı** Verladeschein *m* (*spez.* bei LKW-Transport) ~ **karnesi** 1. *naut.* Logbuch *n* 2. Bordbuch *n* (e–s Piloten) ~ **kaybetmek** *naut.* an Geschwindigkeit verlieren (Schiff) ~ **keçesi** Bodenteppich *m* ~ **kesici** s. **yolkesen;** ~ **kesme** *jur.* Straßenraub *m* ~ **kesmek** 1. auf Straßenraub ausgehen 2. a) den Weg abschneiden b) j–m auflauern 3. *naut.* die Fahrtgeschwindigkeit drosseln ~ **kısmı** Abschnitt *m* (e–r Flugstrecke) ~ **kıyısı** Weg-, Straßen-rand *m* ~ **kolu** Abzweigung *f* (von e–r Straße) ~ **manii** Wege-, Straßen-sperre *f* ~ **merdanesi** Straßenwalze *f* ~ **mükellefiyeti** *jur.* Wegebau-last, -pflicht, Wegelast *f* ~ **müş'iri** *z. va.* s. ~ **işareti;** ~ **olmak** zur Gewohnheit werden (**≗ olur kalır.** Es kann zum Präzedenzfall werden.) (Vgl. a. Stw. **sıçan);** ~ **parası** 1. s. **yol harcı** 2. Wegebausteuer *f* ~ **silindiri** s. ~ **merdanesi;** ~ **sormak** nach dem Weg fragen (**≗ sormakla bulunur.** *Spr.* s. **Sora sora Bağdat (Kâbe) bulunur.**) ~ **sökmek** sich (mit Gewalt) e–n Weg bahnen; durchbrechen ~ **şaşmak** sich gabeln od. in anderer Richtung weitergehen (unbekannter Weg) ~ **şebekesi** Straßennetz *n* **≗ tamiratı!** Baustelle! ~ **tası** 1. (metallener Reise-)Trinkbecher *m* 2. s. **sefertası;** ~ **tedariki** Beschaffung *f* der für e–e Reise notwendigen Dinge ~ **tepmek** e–n weiten Weg machen (*F* tippeln) müssen ~ **tezkeresi** *fr.* Reise-genehmigung *f*, -paß *m* ~ **tutmak** 1. e–n Weg einschlagen 2. in e–r best. Art handeln, e–e best. Methode anwenden (Zu 2: **Tuttuğun ~ çıkar ~ değildir.** Mit dieser Methode kommst du nicht zum Ziel.) ~ **tutturmak** irgendwie e–n Ausweg finden ~ **uğrağı** am (auf) dem Weg liegend, auf der Reiseroute liegend ~ **üslup** Art und Weise *f* ~ **üstü** 1. s. ~ **uğrağı** 2. unmittelbar an e–r Verkehrsstraße liegend (Zu 2: **Bu oda pek ~ üstü; içinde çalışılamaz.** Das Zimmer liegt nach der belebten Straße zu; man kann dort nicht arbeiten.) ~ **varakası** s. ~ **kâğıdı;** ~ **vermek** 1. den Weg freimachen; durch-, vorbei-, passieren lassen, ausweichen 2. die Weiche stellen 3. seine Geschwindigkeit erhöhen, rascher fahren 4. Grund od. Anlaß sein (werden) (zu), et. heraufbeschwören, et. nach sich ziehen können 5. entlassen, fortjagen, hinauswerfen (Zu 1: **Lütfen ~ verir misiniz?** Würden Sie mich bitte vorbeilassen?) ~ **vurmak** s. ~ **kesmek;** ~ **yakınken** unverzüglich, sofort ~ **yapmak** s. ~ **inşa etmek;** ~ ~ mit Streifen (od. Linien), gestreift (Anzugstoff) ~ **yordam** 1. Regeln *pl.* des gesellschaftlichen Umgangs, vorgeschriebene (*bzw.* übliche) Art und Weise 2. *allg.* richtige Ordnung; Zeremonie *f*, Ritus *m* 3. richtiger Weg (Zu 1: ~ **yordam bilmez** ungeschliffener Kerl Zu 2: **Her şeyin -u yordamı var.** Es hat alles seine best. Ordnung. **-iyle yordamiyle** ordentlich, richtig; so wie es sich gehört Zu 3: **-unu yordamını şaşırmak** sich verirren, sich verlaufen) ~ **yorgunluğu** Erschöpfung *f* nach e–r Reise ~ **yöntem** s. **yol yordam;** ~ **yükümlüğü** s. ~ **mükellefiyeti;** ~ **yürümek** dahingehen, seines Weges gehen **-a çıkmak** 1. (*a.* **-a dökülmek, düzelmek, düzülmek, koyulmak,** *od. hum.* **revan olmak**) sich auf den Weg machen, aufbrechen 2. abgesandt werden;

abgehen (Schreiben); s.a. **aynı (bir) -a çıkmak; -a düşmek** sich (wohl oder übel) auf den Weg machen **-a gelmek** (*od.* **yatmak**) 1. auf den rechten Weg zurückkommen, in Ordnung kommen 2. Vernunft annehmen, sich bessern, Ermahnungen befolgen, parieren **-a getirmek** (*od.* **yatırmak**) 1. auf den rechten Weg bringen, in Ordnung bringen 2. zur Vernunft (Räson, zum Parieren) bringen, *F* j–n Mores lehren **-a gitmek** abreisen **-a hazır** *jur.* segelfertig (Schiff) **-a koymak** auf den Weg bringen, absenden **-a sokmak** in Ordnung bringen **-a vurmak** *P* an die Bahn (Abfahrtsstelle) bringen, ein Stück auf den Weg begleiten (Abreisenden) **≗da çalışma!** Erdarbeiten! (als Warnschild) **-da kalmak** liegen-, stecken-bleiben, nicht weiterkönnen **-dan çıkarmak** Kaus. zu **yoldan çıkmak; -dan çıkmak** 1. aus dem Gleis springen, entgleisen *derayman yapmak, raydan çıkmak 2. *fig.* auf die schiefe (abschüssige) Bahn, auf Abwege geraten, verführt werden **≗dan giden yorulmaz.** *Spr.* Wer seine Arbeit methodisch verrichtet, tut sich leicht. **-dan kalmak** 1. nicht abreisen können 2. *naut.* an Fahrt (Geschwindigkeit) verlieren (Schiff) **-iyle** 1. ordentlich, richtig, tüchtig, wie es sich gehört, wie ihm gebührt 2. (auf dem Weg) über **-lara dökülmek** auf die Straßen strömen, zusammenströmen (Volk) **-lara düşmek** 1. viel umherlaufen müssen 2. e–n langen Weg machen **-larda kalmak** s. **yolda kalmak; -ları tutmak** die Straßen überwachen *(od.)* absperren (z.B. Polizei) **-u açmak** die Straße (den Weg) freimachen **-u almak** den Weg zurücklegen **-u boşaltmak** die Strecke freimachen (Eisenbahn) **-u doğrultmak** seine Schritte lenken (nach) **-u düşmek** (m. Dat.) 1. vorbei-, durch-, hin-kommen 2. an die Reihe kommen (Zu 1: **≗u o köye düştü.** Sein Weg führte ihn in jenes Dorf.) **-u işgal etmek** den Weg versperren, im Weg stehen **-u kapamak** 1. die Straße (ab-)sperren 2. die (Eisenbahn-)Strecke (ver-) sperren **-u sapıtmak** vom rechten Weg abkommen *(a. fig.)* **-u tutmak** 1. sich auf den Weg machen, aufbrechen, seiner Wege gehen 2. *fig.* e–n best. Weg wählen **≗un (-uz) açık olsun!** Gute Reise! **-una** für, um ... willen **-una bakmak** (b–nin) j–n erwarten **-una çıkmak** (b–nin) 1. j–m ein Stück Wegs entgegengehen, j–n abholen 2. plötzlich vor j–m auftauchen, j–m gerade in den Weg laufen **-una girmek** ins richtige Geleis kommen (Angelegenheit) **-una koymak** in Ordnung (ins Gleis) bringen (z.B. Angelegenheit) **-una sapmak** sich e–s Mittels bedienen (**hile yoluna sapmak** zu e–r List greifen) **-unca** wie es sich gehört, in der gebührenden Weise **-unda olmak** *fig.* in Ordnung sein, richtig funktionieren, gut laufen **-unu aramak** (bir işin) sehen, wie man et. anfangen (anpacken) muß, *F* den richtigen Dreh suchen **-unu beklemek** (b–nin) j–m auflauern **-unu bilmek** 1. (bşi yapmanın) Mittel und Wege wissen, um zu ...; sich auf et. verstehen 2. (kendi) sich selber genau kennen **-unu bulmak** 1. Mittel und Wege finden (um et. zu erreichen), *F* den richtigen Dreh herauskriegen 2. *Sch.* s. **yolmak** (5); **-unu gözlemek** (b–nin) j–n ungeduldig erwarten **-unu kaybetmek** sich verlaufen, vom Weg abkommen **-unu kesmek** 1. (b–nin) j–m den Weg abschneiden (verlegen, versperren, vertreten), j–m in den Weg treten, vor j–n hintreten 2. die Fahrtgeschwindigkeit herabsetzen (verringern) (Zu 2: **Vapur -unu kesti.** Der Dampfer verlangsamte seine Fahrt. **Rüzgâr, geminin -unu kesiyor.** Der Sturm verringert die Fahrtgeschwindigkeit des Schiffes.) **-unu sapıtmak** auf Abwege geraten, auf die schiefe Bahn kommen **-unu şaşırmak** 1. e–n falschen Weg einschlagen, vom richtigen Weg abkommen, sich verirren 2. s. **-unu sapıtmak; -unu tutmak** sich auf den Weg (nach) machen (**Istanbul -unu tutmak** sich auf den Weg nach Istanbul machen) **-unu yapmak** (bir işin) et. in die Wege leiten, die nötigen Vorbereitungen treffen (für)

yol (II) *naut.* Jolle *f*

yolak *P* s. **keçiyolu, patika**

yolbilir 1. wohlerzogen, höflich, feinfühlig 2. geschickt, gewandt, *F* wer den richtigen Dreh heraushat

yolbilmez 1. wer nicht weiß, was sich gehört; unhöflich, grob, plump 2. ungeschickt, ratlos

yolcu 1. Reisender, Passagier, Fahrgast *m;* auf e–r Reise befindlich; unterwegs 2. wer sich auf e–e Reise vorbereitet 3. Kind *n*, dessen Geburt bevorsteht 4. *fig.* auf den Tod daniederliegend, mit wessen Ableben stündlich zu rechnen ist 5. *V* Prostituierte, Straßendirne, Hure *f* ~ **etmek** 1. auf den Weg bringen, ein Stück Wegs begleiten, an die Abfahrtsstelle bringen (Abreisenden) 2. fortschicken, entlassen (z.B. nach e–r Audienz) ~ **geçirmek** e–n Abreisenden an die Bahn (Abfahrtsstelle) begleiten ~ **gemisi** Passagierdampfer *m* ~ **içi** Reisefieber *n* ~ **kamyonu** Personenautobus *m (spez.* für Überlandverkehr) ~ **karşılamak** e–n Reisenden abholen, e–m Erwarteten ein Stück Wegs entgegenfahren ~ **olmak** sich zu e–r Reise anschicken, reisen müssen; *a.* sterben müssen (**Yine ~ olduk.** Ich muß mich wieder auf die Reise (*F* Socken) machen.) ~ **salonu** 1. Wartesaal *m* 2. Zoll- und Paß-abfertigungsstelle *f, a.* das ganze Gebäude (Istanbul) ~ **treni** Personenzug *m* (*F* Bummelzug *m*) ~ **uçağı** Verkehrsflugzeug *n* ~ **vapuru** Passagierdampfer *m* **≗ yolunda gerek.** *Spr.* 1. Wer reisen will, soll sich durch nichts aufhalten lassen. 2. Was man angefangen hat, soll man auch durchführen. 3. Alles, wie es sich gehört!

yolculuk, -uğu 1. Reise *f* *seyahat 2. Fahrt *f* Zu 1: **Bu yıl Istanbul -umuz iyi geçti.** Unsere diesjährige Reise nach Istanbul ist gut verlaufen. **≗ ne zaman?** Wann geht es auf die Reise? *spez.* Wann gehen Sie in Urlaub? Zu 2: **Otobüs -u, tramvay -undan rahattır.** Im Omnibus fährt es sich bequemer als in der Straßenbahn. ~ **etmek** reisen ~ **talimatı** *mil.* Fahrbestimmung *f* **-a çıkmak** e–e Reise unternehmen **-a elverişlilik** *jur.* Reisetüchtigkeit *f* **-la alâkalılar** *jur.* Reise-beteiligte, -interessenten *pl.*

yoldaş 1. s. **yol arkadaşı** 2. Kollege *m*, Kollegin *f* 3. Freund(-in *f*) *m*, Kamerad(-in *f*) *m* 4. *(in sozialistischen und kommunistischen Parteien)* Genosse *m*, Genossin *f* 5. *hist.* Anrede der Janitscharen untereinander Zu 4: (Bei e–m Namen entweder Voraus- od. Nach-stellung: **Stalin ~; ~ Molotof**); ~ **gemi** Begleit-, Geleit-schiff *n*

yoldaşlık 1. Umstand *m*, daß jm. **yoldaş** ist 2. Kollegialität *f* 3. Kameradschaft *f* 4. Begleitung *f* ~ **etmek** 1. begleiten, mitreisen 2. kameradschaftlich od. kollegial handeln

yoldüzer s. **buldozer**

yole *naut.* s. **yol** (II)

yolgeçen (in der Füg.:) ~ **hanı** *fig.* vielbesuchte, aber et. zweifelhafte Örtlichkeit **Burası ~ hanı değil!** Hier mußt du dich schon ordentlich benehmen!

yoliyle (*a.* **yoluyla**) 1. mittels, über 2. s. **usulü dairesinde**

yolkesen Wegelagerer, Straßenräuber *m*

yollama 1. Versendung *f*, Versand *m* 2. *arch.* langer Querbalken ~ **heyeti** *mil.* Versandkommando *n* ~ **işareti** *typ.* Verweis(-zeichen *n*) *m* (in e–m Text) ~ **kâğıdı** Paketkarte *f* (bei Postsendungen) ~ **memuru** Versandbeamter ~ **müdürü** Chef *m* der Expeditionsabteilung (Versandstelle)

yollamak (ab-, ver-)senden, (ab-)schicken, aufgeben (z.B. Brief), expedieren, abgehen lassen *göndermek

yollanan *T* von **muhalünleh**

yollanmak 1. Pass. zu **yollamak** 2. sich auf den Weg machen, aufbrechen, weggehen

yollayan *T* von **muhil** (II)

yollu 1. mit nb. Straße(-n) od. Weg(-en) 2. von e–r best.

Wegstrecke 3. mit Linien od. Streifen, *gel. a.* gerippt 4. schnell (Fahrzeug) 5. ordentlich, richtig, passend, regelrecht, angemessen 6. von nb. Art 7. *V* zugänglich, sich leicht mit Männern einlassend (Frau, Mädchen) Zu 2: **kısa ~ bir gezi** ein kleiner Ausflug Zu 3: **mavi ~ bir kumaş** ein Stoff mit blauen Streifen ~ **kadife** Kordsamt *m* Zu 4: ~ **bir gemi** ein schnelles Schiff Zu 5: **Bu, ~ bir iş olmadı.** Daraus ist nichts Rechtes geworden. Zu 6: **öğüt ~ sözler** mahnende Worte, Ermahnungen *pl.* ~ **yolsuz** nicht immer ganz korrekt, weitgehend inkorrekt ~ **yolunca** ordnungsgemäß, planmäßig ~ **yordamlı** in der richtigen Weise, wie es sich gehört

yolluk 1. Reiseproviant *m* 2. Gastgeschenk *n* (für e–n Durchreisenden) 3. Reisegeld *n* 4. Bodenteppich *m* 5. Abflußrinne *f* (für geschmolzenes Metall spez. Eisen)

yolmak, (-ar) 1. rupfen (z.B. Hühner) 2. aus-rupfen, -ziehen, -reißen, -raufen (Haare) 3. enthaaren, entwollen (in der Gerberei) 4. ausjäten (Unkraut) 5. *V* j–n rupfen, neppen, j–m das Geld aus der Tasche ziehen

yolsuz 1. ohne (richtige) Straßen 2. unwegsam, weglos, ohne Weg und Steg 3. langsam (Fahrzeug) 4. unpassend, unangemessen, unlauter, inkorrekt, den Vorschriften nicht entsprechend 5. *fr.* mit zeitweiligem Berufsverbot belegt (z.B. Handwerker) 6. *(Sport)* zeitweilig herausgestellt *bzw.* gesperrt 7. *V* a) pleite, blank b) ziemlich abgebrannt ~ **etmek** (b–ni) 1. j–n zeitweilig mit dem Verbot der Berufsausübung belegen (Strafe) 2. *(Sport)* e–n Spieler zeitweilig herausstellen *bzw.* sperren ~ **kalmak** *V* a) pleite, blank sein b) knapp bei Kasse sein ~ **yöntemsiz** (*od.* ~ **erkânsız**) Verst. zu **yolsuz** (4)

yolsuzluk 1. Fehlen *n* von (ordentlichen) Straßen 2. Unwegsamkeit *f* 3. Langsamkeit *f* (e–s Fahrzeugs) 4. Inkorrektheit *f*, (begangene) Unregelmäßigkeit *f* (im Amt, Dienst usw.), Verstoß *m* (gegen die Vorschriften), *a.:* Veruntreuung, Unterschlagung *f* 5. *fr.* zeitweiliges Berufsverbot 6. zeitweilige Herausstellung *bzw.* Sperrung *f* (e–s aktiven Sportlers) ~ **etmek** sich Unregelmäßigkeiten zuschulden kommen lassen *spez.* Veruntreuungen, Unterschlagungen begehen

yoluk (aus-)gerupft, ausgerissen

yolunmak 1. Pass. zu **yolmak** 2. sich die Haare raufen (vor Kummer, Ärger usw.); ganz verzweifelt sein

yoluntu 1. abrasierte (abgeschnittene, ausgerupfte) Haare *pl.* 2. gerupft (Huhn usw.)

yoluyla s. **yoliyle**

yom 1. gutes An-, Vor-zeichen, Omen *n*, gute Vorbedeutung; Glück *n* *uğur 2. freudige Nachricht, frohe Botschaft *müjde ~ **tutmak** für glückbringend ansehen, als gutes Omen betrachten ~ **vermek** s. **kutsamak; ~ yormak** s. **kehanette bulunmak**

Yom Kipur *n.pr.* Jom Kippur *m*, Versöhnungstag *m* (jüdisches Fest)

yoma *naut.* 1. Kabeltau *n*, Trosse *f* 2. (*a.* **el -sı**) Wurfleine *f* ~ **bağı** *naut.* falscher Reffknoten ~ **bükümü** *naut.* Trossenschlag *m* ~ **bükümü** (*od.* **bükme**) **halat** *naut.* dreikardeeliges (od. dreischäftiges) Tau, Kabel

yomalık für ein Kabeltau, e–e Trosse bestimmt ~ **büyük kurdağzı** *naut.* Schiffs-, Boots-klampe *f* ~ **koçboynuzu** *naut.* große Belegklampe

yomlu *selt.* 1. glückverheißend 2. glücklich

Yomra *n.pr.* O. u. D. im Rbz. Trabzon

yomsuz 1. von schlechter Vorbedeutung 2. unglücklich

yonca 1. Klee *m bot.* Trifolium 2. s. **kaba yonca** 3. s. **yonda** 4. *arch.* Dreiblattverzierung *f*, Kleeblatt *n* ~ **kemer** *arch.* Dreipaß-, Kleeblatt-bogen *m* ~ **otu** 1. Süßklee, Hahnenkopf *m bot.* Hedysarum *acı mercimek 2. gemeine Esparsette *bot.* Onobrychis sativa ~ **yaprağı kavşak** Kleeblatt *n* (auf Autobahn)

yoncalı haç Kleeblatt-, Lazarus-Kreuz *n*

yoncalık Kleefeld *n*

yonda feine Bauchfedern *pl.* e–s Vogels, Flaumfedern *pl.* ~ **kuşu** s. **yontkuşu**

yonga (Holz-, Eisen- usw.)Späne *pl.* ~ **tablası** Holzfaserplatte *f*

yongar *mus.* dreisaitiges Zupfinstrument (et. kleiner als **bulgari**)

yonmak *P* für **yontmak**

yont, -tu ungezähmte Stute ~ **yılı** das 6. Jahr des alttürk. 12-Jahres-Zyklus

Yontar *astr.* Bildhauer *m* (Sternbild)

yontkuşu, -nu s. **kuyruksallayan** (1)

yontma 1. Vs. zu **yontmak** 2. behauen (z.B. Stein), (zu-)geschnitzt, geglättet *yontulmuş 3. nach Ausschachtung verlegt (z.B. Wasserleitung) ~ **taş devri** Altsteinzeit *f*, Paläolithikum *n*

yontmak, (-ar) 1. be-, zu-hauen, glätten (z.B. Oberfläche e–s Steins); *gel. a.* ausschachten 2. spitzen (z.B. Bleistift) 3. (zu-)schnitzen 4. beschneiden, stutzen (Bäume) 5. schaffen (Bildhauer) 6. *fig.* j–m Geld aus der Tasche ziehen, j–n rupfen, neppen 7. s. **kendinden yana ~**

yontu *(kaum gebr. Neol.)* s. **heykel**

yontucu 1. s. **heykeltraş** 2. *fig.* auf den eigenen Vorteil bedacht

yontuk 1. behauene Stelle 2. beim Behauen herausgelöstes Stück 3. *geogr.* Rumpf-, Abtragungs- 4. gespitzt (z.B. Bleistift), behauen, geglättet (z.B. Stein)

yontukdağ *geogr.* Rumpfgebirge *n*

yontukdüz s. **peneplen**

yontuklaşma *geogr.* Einrumpfung *f*

yontukova; yontukyazı s. **peneplen**

yontukyöre *geogr.* Rumpflandschaft *f*

yontukyüz *geogr.* Abtragungsfläche *f*

yontulmak 1. Pass. zu **yontmak** 2. *fig.* allmählich feinere Lebensart annehmen **yontulmamış** 1. unbehauen (Stein, Holz) 2. *fig.* ungeschliffen, ungehobelt, grob, tolpatschig

yonucu *P* Steinmetz *m*

yonulmak *P* für **yontulmak**

yordam 1. Flinkheit, Behendigkeit, Beweglichkeit, Schnelligkeit *f* *çeviklik 2. arrogantes Benehmen; Prahlerei *f*, Großtun *n* *çalım 3. Geschicklichkeit, Gewandtheit, Fähigkeit *f* *alışkınlık, yatkınlık, meleke; s.a. **el -ı; yol ~**

yordamlı 1. flink, behende, beweglich, schnell 2. arrogant, prahlerisch, großtuend 3. geschickt, gewandt, fähig; s.a. **eli ~; yollu ~**

yorga leichter Trab (e–s Pferdes) ~ **gitmek** (*od.* ~ **yürümek**) traben (Pferd)

Yorgaki Dandini *n.pr.* George Dandin (Molière, Übers.: Ahmet Vefik Paşa)

yorgalamak s. **yorga gitmek**

yorgan Steppdecke *f* ~ **çarşafı** (*od.* **kabı**) Steppdeckenbezug *m* ~ **döşek yatmak** krank darniederliegen ≗ **getir üşüdü.** *ster. Ra.* bei **şeşüdü;** ≗ **gitti kavga bitti.** (nach e–r Nasrettin-Geschichte) Der Streit hat aufgehört, weil der Streitgegenstand nicht mehr da ist. ~ **iğnesi** Steppnadel *f* ~ **kaplamak** die Steppdecke beziehen ~ **kavgası** fingierter Streit zwischen zwei Personen, der e–n Dritten veranlassen soll, sich ins Mittel zu legen und Opfer zu bringen ~ **yüzü** (Außen-)Bezug *m* e–r Steppdecke **-ı başına çekmek** sich die Decke über den Kopf ziehen **-ı k-—e çekmek** *fig.* nur an den eigenen Vorteil denken **-ına göre ayağını uzatmak** *fig.* sich nach der Decke strekken

yorgancı Hersteller und Verkäufer *m* von Steppdecken, Kissen, Matratzen usw.

yorgancılık Gewerbe *n* (Tätigkeit *f*) e–s **yorgancı**

yorganlamak s. **yorgan kaplamak**

yorganlık für die Herstellung von Steppdecken geeignet *bzw.* bestimmt
yorgun müde, ermattet, matt, erschöpft, abgespannt, abgekämpft (*a.* Truppen); *agr.* ausgelaugt (Boden) ~ **argın** todmüde, ganz abgekämpft **-u yokuşa koşmak** s. Stw. **yokuş**
yorgunluk, -uğu Müdigkeit, Ermüdung, Erschöpfung, Abspannung, Mattigkeit, Ermattung *f*, Abgekämpft-Sein *n;* s. a. **hayat -u;** ~ **kahvesi** ein Kaffee zur Anregung (bei starker Ermüdung) **-unu almak** 1. sich ausruhen, sich Ruhe gönnen, ausspannen, verschnaufen *dinlenmek 2. wieder frisch werden lassen, die Lebensgeister wieder wecken *dinlendirmek
yormak (I), **(-ar)** 1. ermüden, müde (abgespannt) werden lassen, j–n mitnehmen 2. belasten, anstrengen (z. B. Medizin das Herz) Zu 1: **Beni boşuboşuna yordunuz.** Für nichts und wieder nichts haben Sie mich ins Joch gespannt. Zu 2: **Bu iş beni yordu.** Die Sache hat mich sehr angestrengt.
yormak (II), **(-ar)** deuten, auslegen, betrachten (in best. Sinn) **Bu gecikmeyi neye yoracağımı bilemiyorum.** Ich weiß wirklich nicht, wie ich diese Verspätung deuten soll. s. a. **hayra** ~
Yoros (Kalesi) *n.pr.* Genueser Schloß *n* (am Bosporus bei Beykoz) ~ **dağı** s. **Yuşa dağı**
yortmak 1. *V* sich herumtreiben, müßig herumlungern 2. *va.* traben (Pferd) 3. herumstolzieren
yortu (christlicher) Feiertag, (christliches) Fest
yortulu Feiertags-, Fest-
yorucu ermüdend, anstrengend
yorulma deneyi *techn.* Ermüdungsprüfung *f*
yorulmak (I) Pass. zu **yormak** (I) 1. müde (abgespannt, matt) werden, ermüden *(intr.) (a. techn.)* 2. sich unnütz anstrengen 3. (e–r Sache) überdrüssig werden Zu 2: **Siz yorulmayın!** Machen Sie sich keine (überflüssige) Mühe! Zu 3: **Artık yaşamaktan yoruldu.** Er ist lebensüberdrüssig geworden. **yorulmaz** unermüdlich
yorulmak (II) Pass. zu **yormak** (II)
yorum s. **tefsir; -da bulunmak** e–n Kommentar geben; s. a. **rüya -u**
yorumcu 1. s. **müfessir, tefsirci** 2. Traumdeuter *m* 3. *allg.* Deuter(-in *f*) *m,* Interpret(-in *f*) *m* (z. B. e–s Musikwerkes) 4. *spez. pol.* Kommentator *m*
yorumlamak s. **tefsir etmek**
yosma 1. jugendfrisch, anmutig, hübsch, lieblich (Frau, Mädchen) 2. elegant und modisch gekleidet, kokett 3. *pej.* **(-nın biri)** Frauenzimmer, Weibsstück *n* **-m** mein Schatz! mein Liebling!
yosmalık 1. Jugendfrische, Anmut, Grazie, Schönheit *f* (e–r Frau, e–s Mädchens) 2. Eleganz *f* und modische Kleidung
yosun 1. Moos *n bot.* Muscus arboreus 2. Algen *pl. bot.* Alge arida; vgl. a. **üşniye** 3. Flechte *f bot.* Lichen 4. *selt.* s. **sumercimeği;** ~ **asidi** *chem.* Algensäure *f* ~ **bağlamak** (*od.* **tutmak**) s. **yosunlanmak;** ~ **hayvanları** Moostierchen *pl. zo.* Bryozoa ~ **kömürü** Boghead-Kohle *f* ~ **tutmaz sular gibi** lauter, ehrlich, hochanständig (Person)
yosunbilim Algenkunde, Algologie *f* *algoloji, fikoloji
yosunbilimci Algenforscher, Algologe *m* *algolog, fikolog
yosunbilimsel algenkundlich, algologisch *algolojik, fikolojik
yosuncul von (*od.* im) Moos (*bzw.* in Algen) lebend
yosunlanmak; yosunlaşmak sich mit Moos (Algen, Flechten, Teichlinsen) bedecken
yosunlu bemoost, mit Moos (Algen, Flechten, Teichlinsen) überzogen (bewachsen) ~ **gül** Moosrose *f bot.* Rosa centifolia muscosa
yosunluk mit Moos (Algen usw.) bedeckte Stelle
yosunotu, -nu Moosfarn *m bot.* Selaginella (denticulata u. a.)
yot, -du *chem.* Jod *n* ~ **dö potasyum** *chem.* Jodkalium *n*
yoting (*engl.* **yachting**) *naut.* s. **yatçılık**
yovl (*engl.* **yawl**) *naut.* 1. Segeljolle *f* 2. Besankutter *m*
yoyo *Kspz.* Jo-Jo *n*
yoz 1. wildwachsend, nicht veredelt od. nicht gefüllt (Blume) 2. unbestellt (Boden) 3. wildlebend, nicht gezähmt (Tier) 4. von einfacher Denkart, unverbildet
Yozgat *n.pr.* Stadt im gln. Rbz. (Mittelanatolien)
yozgun entartet, degeneriert *müteređdi
yozlaşmak verwildern, degenerieren, entarten *soysuzlaşmak
yön 1. Seite, Richtung, Gegend *f* 2. Hinsicht, Seite *f* 3. *math., phys.* Richtungssinn *m* *(1–3) cihet Zu 1: **Adana -üne doğru** in Richtung auf Adana Zu 2: **İş, bu -den de incelendi.** Die Angelegenheit wurde auch von dieser Seite her genau untersucht. **ne -den** in welcher Hinsicht? wieso? **olumsuz -de etkilemek** sich negativ auswirken (auf) ~ **eki** *gr.* Richtungssuffix *n*
yöndeş *math.* gegenüberliegend, korrespondierend *mütekabil, karşılıklı ~ **açılar** *math.* Gegenwinkel, korrespondierende Winkel *pl.* *mütevafık zaviyeler
yönelim 1. *psych.* Orientierung *f* *itticah 2. *biol.* Tropismus *m* *doğrulum, tropizm
yönelme 1. Vs. zu **yönelmek** 2. Verlauf *m* in e–m best. Richtungssinn 3. Orientierung *f* *teveccüh ~ **durumu** *gr.* Dativ *m* *mefulünileyh ~ **kaybı** *psych.* Desorientierung *f*
yönelmek 1. (m.Dat.) sich richten, sich (hin-)wenden, sich begeben *teveccüh etmek 2. *math.* e–n best. Richtungssinn besitzen *cihetlenmek 3. s. **hedef almak**
yönelmeli mit best. Richtung, gerichtet, orientiert ~ **ikileme** *gr.* zweigliedrige Koordinationsgruppe mit Richtungsangabe (z. B. **göze göz; sağa sola**); ~ **tamlama** *gr.* Dativfügung *f* (z. B. **duvara asılı tablo**); ~ **tümleç** Dativobjekt *n* (z. B. **Çocuklar eve gitti.**)
yöneltik 1. gerichtet, gewendet 2. *math.* in e–m best. Richtungssinn verlaufend *cihetlenmiş, yönlü Zu 1: **rejime** ~ **tehlikeler** Gefahren, die der Staatsform drohen
yöneltim Feststellung *f* der Himmelsrichtung, Sich-Orientieren *n,* Orientierung *f* *tayini cihet ~ **yapmak** die Himmelsrichtung feststellen, sich orientieren
yöneltme 1. Vs. zu **yöneltmek** 2. *math.* Geben *n* e–s best. Richtungssinnes *cihetleme
yöneltmek 1. richten, (zu, hin-)wenden 2. *math.* e–n best. Richtungssinn geben *(1, 2) tevcih etmek
yönenme s. **iltifat** (5)
yönenmek s. **iltifat etmek** (5)
yönerge s. **direktif, talimat**
yöneşmek sich nach der gleichen Richtung wenden
yöneten; yönetici 1. Führer, Lenker, Staatsmann *m* 2. Verwaltungsbeamte *m* 3. Verwalter, Geschäftsführer *m*
yöneticilik Aufgaben *pl.,* Tätigkeit *f* e–s **yönetici**
yönetik s. **yöneltik**
yönetilen s. **tabi** (II, 2)
yönetim Verwaltung, Leitung, Lenkung, Führung *f* *idare ~ **kurulu** Verwaltungsrat, Vorstand *m* *idare heyeti ~ **sorumluluğu** s. **idarenin mesuliyeti;** ~ **türesi** s. **idare hukuku;** ~ **ve yürütüm** s. **sevk ve idare; -e katılma** Mitbestimmung *f*
yönetimli s. **kabili sevk**
yönetimsel administrativ, Verwaltungs- *idarî
yönetken telek Schwanz- od. Steuerfeder *f* (e–s Vogels) *rektris tüyü
yönetmek, (-ir) s. **idare (tedvir) etmek**
yönetmelik s. **talimatname**
yönetmen(-lik) s. **direktör(-lük), müdür(-lük)**
yönetsel s. **idarî**

yönlü 1. gerichtet, gewendet *müteveccih 2. betreffend, angehend, sich beziehend (auf) *raci 3. *math.* in e–m best. Richtungssinn verlaufend *cihetlenmiş, yöneltik 4. mit nb. Aspekt Zu 4: **çok ~ hadisenin yeni safhası** die neue Phase des verwickelten Vorgangs
yönseme Richtung, Neigung, Tendenz *f* *eğilim, temayül
yöntem Methode *f*, Verfahren *n* *metot, usul
yöntembilim s. **metodoloji**
yöntemli methodisch, systematisch *metotlu, sistematik
yöntemlilik Regelmäßigkeit *f*, normaler Gang *ittırat
yöntemsiz unmethodisch, unsystematisch
yöntemsizlik unmethodisches Vorgehen
yöre 1. Gebiet *n*, Region, Landschaft *f* 2. Umgebung *f*, Milieu *n* 3. s. **banliyö ~ gezisi bileti** Rundfahrkarte *f*
yöresel lokal, örtlich *mahallî, yersel
yörесellik Lokalität, Örtlichkeit *f*
Yörük s. **Yürük; ~ Ali Efe** *n.pr.* berühmter türk. Freiheitskämpfer (in Aydın u. Umgebung; gest. 1953)
yörük s. **yürük**
yörünge s. **mahrek; ~ belirlenmesi** *astr.* Bahnbestimmung *f* **~ dönümü** *astr.* s. **dolanma süresi**
YSE = Yol, Su ve Elektrik İşleri Genel Müdürlüğü, Generaldirektion der Straßen-, Wasser- und Elektrizitätsanlagen
Yuda [– –] (in der Füg.:) **~ Aslanı** Löwe *m* von Juda; (Beiname des *fr.* Negus; *gel. a.* **Äthiopien, Abessinien)**
yudum Schluck *m* **~ ~** schlückchenweise
yudumlamak in Schlückchen trinken
yudumluk die für e–n Schluck best. od. ausreichende Menge
yuf [–] 1. *urspr.* Trompeten- od. Horn-stoß *m* 2. (Ausdruck der Verachtung od. des Bedauerns) **~ borusu** *P* Horn *n*, Trompete *f* *nefir **~ borusu çalmak** *od.* **~ okumak** (b–ne) j–n verhöhnen, beschimpfen, verwünschen, mit Schmähungen überschütten **~ ervahına** verflucht! verdammt! verwünscht! *lânet olsun! ≗ **sana!** 1. Pfui über dich! Schäm dich! 2. Zum Teufel mit dir! **yuf(un)a** *va.* vergebens, nutzlos
yufka 1. Blätterteig *m* 2. dünn, fein, zerbrechlich 3. s. **Arkası ~; ~ açmak** Blätterteig herstellen **~ kebabı** geröstetes Hammelfleisch in Blätterteig **~ merdanesi** Nudel-, Wälger-holz *n* **~ yürekli** 1. weich-, gut-herzig 2. leicht gerührt, rührselig
yufkaböreği, -ni Blätterteigpastete *f*
yufkacı Blätterteig-hersteller od. -verkäufer
yufkalık 1. zur Herstellung von **yufka** geeignet (*spez.* Mehl) 2. dünne (feine) Beschaffenheit, Zerbrechlichkeit *f*
Yugoslav 1. Jugoslawe *m*, Jugoslawin *f* 2. jugoslawisch
Yugoslavya [··×·] *n.pr.* Jugoslawien
Yugoslavyalı aus Jugoslawien stammend, jugoslawisch
yuğ (I) *va.* s. **boyunduruk**
yuğ (II) **(töreni)** *hist.* Totenfeier *f* (bei den vorisl. Türken)
yuh s. **yuha**
yuha [×·] Pfui! Nieder! (als Publikumsruf) **~ çağırmak** s. **yuhalamak; ~ çekmek** seinem Mißfallen (im Chor) Ausdruck geben (Publikum), ein Pfeifkonzert veranstalten **-ya almak** (b–ni) s. **yuhalamak; -ya tutmak** s. **yuha çekmek**
yuhalamak (b–ni) Schmährufe ausstoßen (gegen), mit Schmährufen empfangen; auspfeifen
yukaç s. **antiklinal, semer**
yukarda(-ki) s. **yukarıda(-ki)**
yukardan s. **yukarıdan**
yukarı 1. oberer Teil (e–s Ganzen) 2. Kopf, Anfang *m* (z.B. e–s Schriftstückes) 3. Amt *n* e–r hochgestellten Persönlichkeit od. diese selber 4. ober, Ober- 5. hoch 6. nach oben, her-, hin-auf, in die Höhe hoch-, empor- *yukarıya Zu 1: **Evin -sı kirada.** Der obere Teil des Hauses ist vermietet. Zu 3: **Emir -dan.** Befehl von oben. **O, bizden -dır.** Er steht höher als wir. Zu 4: **~ kat** oberes Stockwerk, Obergeschoß *n* **Onlar bizden ~ sınıflardandır.** Sie gehören zu höheren Gesellschaftskreisen als wir. **~ çıkarmak** nach oben schaffen, hinauf-bringen, -schaffen (z.B. Kisten) **~ çıkmak** 1. hinauf-gehen, -steigen 2. *fig.* zum Chef (Minister usw.) gehen **~ enlemler** *geogr.* die höheren Breitegrade *pl.* ≗ **Kafkasya** *n.pr.* Transkaukasien (südl. Kaukasusvorland) **~ kaldırmak** in die Höhe heben; hochheben ≗ **tükürsem** (usw.) s. **Aşağı tükürsem** (usw.); **-da** 1. oben, droben 2. (in e–m Schriftsatz od. Werk) oben, vorher 3. hoch aufgerichtet (Zu 2: **yukarıda adı geçen zat** der obenerwähnte Herr Zu 3: s. **başı yukarıda**); **-daki** 1. oben befindlich 2. oben angeführt, weiter oben erwähnt **-dan** von oben, von droben **-dan almak** *fig.* von oben herab behandeln **-dan aşağı** 1. von oben bis unten 2. von Anfang bis Ende, vollständig **-dan bakmak** s. **tepeden bakmak; -ya yığmak** 1. hoch aufstapeln 2. *fig.* übertreiben
yukarıki oben befindlich, höher, ober **~ kat** oberes Stockwerk
yukarılak *mus.* s. **çıkıcı**
yukarıya s. **yukarı** (6)
yukarsı s. **yukarısı** (vgl. **yukarı** 1–3)
yulaf gemeiner Hafer *bot.* Avena sativa **~ otu** 1. hoher Glatthafer *bot.* Arrhenatherum elatius 2. Wiesenhafer *m* *bot.* Avena pratensis *yulafçık
yulafçık s. **yulaf otu** (2)
yular Halfter *m, n* **~ zinciri** Halfterkette *f* **-ı eksik** s. **başında -ı eksik; -ı (b–nin) elinde olmak** von j–m gegängelt, bevormundet werden
yularlı mit Halfter
yuma s. **yoma**
yumacıklar Nierenkörperchen *pl. an.* Glomeruli Malpighi
yumak (I) *reg.* für **yıkamak**
yumak (II) 1. Knäuel *m, n* 2. ≗ Name, der gerne kleinen, pummeligen Hunden gegeben wird, *(etwa:)* Bommel *m*
yumakbulut, -tu *met.* Zirrokumulus *m*, Schäfchenwolken *pl.* *sirrokümülüs
yumaklamak zu e–m Knäuel wickeln
yummak, (-ar) 1. schließen, zumachen, zupressen (Augen, Mund) 2. ballen (Faust); s.a. **gözünü dünyaya (hayata, yaşama) ~**
yumru 1. beulenartiger Auswuchs; Beule *f* 2. (*a.* **kök -su**) (Wurzel-)Knolle *f* 3. *geol.* Konkretion *f* *konkresyon, yumrulanma 4. Geschwulst *f*, Tumor *m* 5. knollenförmig 6. s. **yamrı yumru** Zu 1: **Alnında bir ~ vardır.** Er hat e–e Beule an der Stirn. **~ burun** Kartoffelnase *f* **~ kök** *bot.* Speicherwurzel, Wurzelknolle *f*
yumruakarları, -nı Gallmilben *pl. zo.* Eriophydae
yumruarıları, -nı s. **mazıarıları**
yumrucak s. **yumurcak**
yumrucuk Knötchen *n;* kleine Erhebung *tümsecik
yumruk, -uğu 1. (geballte) Faust *f* 2. Faustschlag *m* 3. derber Puff 4. Boxhieb, Treffer *m* 5. *fig.* brutale Gewalt; Druck *m*, (physische) Kraft, Macht, Bedrückung *f* **~ atmak (aşketmek, indirmek, vurmak,** *V* **ekmek)** (b–ne) e–n Faustschlag (*bzw.* e–n derben Puff) versetzen (**Sırtına bir ~ attı.** Er gab ihm e–n derben Puff in den Rükken.) **~ gibi** 1. faustgroß 2. dick verschwollen; verweint (Augen) **~ göstermek** *fig.* verängstigen, einschüchtern **~ hakkı** was mit Gewalt genommen worden ist **~ kadar** (nur) faustgroß **~ kadar çocuk** winziges Bürschchen, kleiner Knirps, Dreikäsehoch *m* **~ savurmak** mit den Fäusten um sich schlagen **~ sıkmak** die Faust ballen **~ yumruğa gelmek** sich gegenseitig mit den Fäusten bearbeiten **-iyle vurmak** mit der Faust schlagen **-una güven-**

mek sich auf seine Kraft verlassen, auf seine Macht bauen **-la kurtarmak** *Fb.* durch Fausten klären (Torwart)
yumrukçu 1. Fauskämpfer, Boxer *m* 2. *fig.* gewalttätiger Mensch
yumruklamak (m.Akk.) 1. mit den Fäusten bearbeiten od. mit der Faust schlagen (auf) 2. hin-schlagen, -hauen (z.B. Spielkarte auf den Tisch) 3. *Fb.* fausten (Torwart) 4. kneten *yoğurmak
yumruklaşmak sich gegenseitig Faustschläge versetzen
yumrukluk *(in der Füg.:)* **Bir yumrukluk canı var.** Ein Schlag, und er ist e–e Leiche.
yumruktopu, -nu s. **pançingbol** (2)
yumrulanma *geol.* s. **yumru** (3)
yumrulanmak; yumrulaşmak; yumrulmak an-, auf-schwellen; knollenförmig werden
yumrulu knollenförmig ~ **agarik** s. **zehirli çayırmantarı;** ~ **düğünçiçeği** knolliger Hahnenfuß *bot.* Ranunculus bulbosus
yumruluk Schwellung *f*
yumrusinekleri, -ni s. **ursinekleri**
yumşacık s. **yumuşacık**
yumşak(-lık) s. **yumuşak(-lık)**
yumşamak s. **yumuşamak**
yumuk 1. geschlossen, zugemacht, zugepreßt 2. geballt (Faust) 3. dick, fett, rundlich
yumulmak 1. Pass. zu **yummak** 2. sich von selbst schließen 3. *V* (m. Dat.) et. einschlürfen (Rauschgift) 4. *V* (m. Dat.) sich über e–e Speise hermachen; einhauen (in) 5. *V* plötzlich Tempo vorlegen 6. *V* (m. Dat.) sich anklammern (an) Zu 1: **Buna göz yumulmaz.** Das kann man nicht ungestraft hingehen lassen. Zu 2: **Gözleri yumuldu.** Seine Augen schlossen sich.
yumulu s. **yumuk**
yumurcak, -ğı 1. *F* Bengel, Junge *m,* Range *f* 2. *va.* od. *P* Pest-beule *f*, -geschwür *n* (in der Leistengegend *od.* in der Achselhöhle) ≗ *(od.* ≗ **-lar) çıkarası!** (*spez.* in der Frauensprache) Daß ihn die Pest! Die Pest über ihn! **-a gelesi!** verdammt, verflucht
yumurcuk s. **yumrucuk**
yumurmak zu e–r Beule (e–m knollenförmigen Auswuchs) werden, anschwellen
yumurta 1. Ei *n spez.* Hühnerei *n* *beyza 2. Hode(-n *m*) *f* 3. Stopfei *n* 4. Laich, Rogen *m* 5. eiförmiger Teil e–s Türklopfers 6. eiförmig, oval ~ **akı** Eiweiß, Albumin *n* ~ **bezek** *arch.* eiförmige Verzierung ~ **biçimi** s. **yumurtamsı** (1); ~ **bir kardeş** Kinder *pl.* der gleichen Mutter ~ **çalkamak** ein Ei (*bzw.* Eier) schlagen ~ **çalkantısı** geschlagenes Ei, geschlagene Eier ~ **çarpacağı** Schneebesen *m* (Küchengerät) ~ **el bombası** Eierhandgranate *f* ~ **gözesi** (*od.* ~ **hücresi**) 1. s. **oosfer** 2. s. **oosit;** ~ **jeleli** Eier *pl.* in Sülze ~ **kabuğu** Eierschale *f* ~ **kanalı** *an.* Eileiter *m* *ovidükt ~ **kapıya dayandıktan** (*od.* **geldikten**) **sonra** (*od.* **geldiği zaman**) im allerletzten Augenblick; fünf Minuten vor zwölf ~ **kömürü** Eierbrikett(-s *pl.*) *n* ≗ **küfesi yok ya!** s. **Arkasında** (*od.* **Sırtında**) usw. ~ **lambası** Eierprüfgerät *n,* -lampe *f* *ovoskop ~ **oluşması** *biol.* Entwicklung *f* der Eizelle; O(v)ogenese *f* *o(v)ojenez ~ **ökçe** mittelhoher, et. spitz zulaufender Absatz ~ **patlıcanı** weiße Eierfrucht *bot.* Solanum ovigerum ~ **piçi** Zwergtaucher *m zo.* Podiceps ruficollis ~ **sahanda** s. **sahanda yumurta;** ~ **salatası** Eiersalat *m* ~ **sarısı** 1. Ei-gelb *n,* -dotter *m, n* 2. dottergelb ~ **tokuşmak** *Ksp.* hartgekochte Eier gegeneinander stoßen ~ **zarı** Häutchen *n* im Ei (welches Eiweiß und Dotter umschließt) ≗**dan çıkan yine** ~ **çıkarır.** *Spr.* Jedes Lebewesen trägt Züge seiner Ahnen. ≗**dan çıkmış kabuğunu beğenmemiş.** Er schämt sich seiner Herkunft (*bzw.* seiner früheren Freunde) **-dan daha dün çıkmış** *fig.* noch nicht trocken hinter den Ohren, grüner Junge **-dan kesilmek** zu legen aufhören (*spez.* Hühner) **-larını çalkamak** die Eier umdrehen (brütende Henne) **-nın sarısını çalmak** *F* j–m das Bettuch unter dem Leib wegstehlen **-ya kulp takmak** *fig.* faule Ausreden vorbringen
yumurtacı Eier-aufkäufer, -händler *m*
yumurtacık *biol., med.* Ovum, Ovulum *n,* Eizelle *f* *büyeyz
yumurtalı 1. mit Eiern 2. mit Ei(-ern) zubereitet ~ **tavuk** Name e–s türk. Ksp.
yumurtalık, -ığı 1. Eierbecher *m* 2. *an.* Eierstock *m,* Ovarium *n* *mebiz, ovaryum, over 3. *bot.* Fruchtknoten *m,* Pistill *n* *mebiz 4. *bot.* Oogonium *n* (der Thallophyten) *ovogon
Yumurtalık *n.pr.* O. u. D. im Rbz. Adana
yumurtamsı 1. eiförmig, oval *beyzî, oval, söbe 2. *geol.* a) Ooid *n* b) Oolith *m*
yumurtlama Vs. zu **yumurtlamak;** ~ **alanı** Laichplatz *m* (der Fische) ~ **borusu** Lege-bohrer, -stachel *m* (mancher Insekten)
yumurtlamak 1. Eier legen 2. laichen 3. *fig.* willkürlich erfinden, e–e Ente in die Welt setzen 4. *fig.* ausplaudern, in die Welt hinausposaunen 5. *iron.* et. aushecken, e–e Weisheit von sich geben 6. *Fb.* den Ball durch die Beine durchlassen (Torwart) Zu 1: **Tavuk yumurtladı.** Das Huhn hat gelegt. Zu 4: **açık saçık latifeler** ~ dreckige Witze reißen, sich in Zoten ergehen
yumurtlayanlar; yumurtlayıcılar *zo.* Eierlegende, Oviparen *pl.* *tenasülleri beyzî
yumuş *dial.* s. **vazife, misyon**
yumuşacık [×···] mollig, samtweich
yumuşak 1. weich (z.B. Teig) 2. biegsam (z.B. grüner Ast) 3. knitterfrei, sich nicht knüllend (Stoff) 4. a) weich, leicht zu bearbeiten (Stein, Metall usw.) b) leicht, behutsam (Schritte) 5. mild (Klima) 6. ruhig, verträglich, nachgiebig, nicht störrisch 7. schmeichelnd, schmeichlerisch, angenehm (Worte) 8. *phon.* stimmhaft 9. weicher Teil (z.B. Wade) ~ **ağaç** weiches, leicht zu bearbeitendes Holz ~ **ağızlı** brav im Geschirr gehend (Zugtier) ~ **arazi** Sumpfgelände *n,* sumpfiges Gelände ~ **bakır** Weichkupfer *n* ~ **başlı** friedliebend, ruhig, verträglich, nachgiebig, gefügig *uysal ~ **buğday** s. **buğday;** ~ **damak** s. **damak eteği;** ~ **demir** Weicheisen *n* ~ **döküm** Temperguß *m* ~ **g = ğ;** ~ **ğ uzunluğu** *phon.* Dehnung des e–m ğ vorangehenden bzw. folgenden Vokals (z.B. **yağmur** > [yāmur]; **ağaç** > [aāç]); ≗ **huylu atın tekmesi yavuz olur.** *Spr.* s. **Yavaş atın çiftesi pek olur.** ~ **kurşun** Weichblei *n* ~ **lastik** Weichgummi *m* ~ **mısır** s. **nişasta mısırı;** ~ **sabun** s. **arapsabunu;** ~ **sessiz** (*od.* ~ **ünsüz**) *phon.* stimmhafter Konsonant *yumuşak samit ~ **sözler** Schmeichelworte *pl.* ~ **yüzgeçliler** Weichflosser *pl. zo.* Malacopterygii ~ **yüzlü** gutmütig; wer e–m anderen nichts abschlagen kann
yumuşakçalar Weichtiere *pl. zo.* Mollusca *naime ~ **bilimi** Weichtierkunde, Malako(zoo)logie *f* *malakoloji
yumuşaklık 1. Weichheit *f* 2. Biegsamkeit *f* 3. Knitterfrei-Sein *n* 4. Tatsache *f*, daß Steine, Metalle usw. leicht zu bearbeiten sind 5. Mild-Sein *n* 6. Nachgiebigkeit, Verträglichkeit *f* 7. schmeichlerischer Klang ~ **vermek** *med.* leicht abführend wirken
yumuşama 1. Erweichung *f* 2. *phon.* Stimmhaftwerden *n* (e–s Konsonanten) 3. *pol.* Entspannung *f* *detant
yumuşamak 1. weich werden 2. *fig.* sich besänftigen, sich beruhigen 3. *fig.* nachgiebig (verträglich, gefügig) werden 4. *phon.* stimmhaft werden (Konsonant)
yumuşatmak Kaus. zu **yumuşamak** *spez.* 1. *techn.* anlassen (Stahl) 2. mildern, erleichtern
yumuşatmalık s. **amortisör**
yuna Satteldecke *f*

Yunak *n.pr.* O. u. D. im Rbz. Konya
yunak(-lık) *dial.* 1. Waschplatz *m* (am Flußufer) 2. s. **çamaşırhane** 3. s. **hamam**
Yunan 1. Grieche *m,* Griechin *f* 2. griechisch 3. jonisch ~ **adaları** *geogr.* die Jonischen Inseln ~ **ardıç ağacı** orientalischer Sadebaum od. Berg-Wacholder *m bot.* Juniperus excelsa ~ **çayı** s. **adaçayı;** ~ **denizi** *n.pr.* Jonisches Meer ~ **haçı** griechisches Kreuz ~ **kediotu** blaue Himmelsleiter; Jakobsleiter *f bot.* Polemonium caeruleum
Yunanca [·×·] 1. griechische Sprache, Griechisch *spez.* a) die in Griechenland selbst verwendete Sprache (im Ggs. zu **Rumca**) b) Altgriechisch *Eski Yunanca, Grekçe 2. griechisch
Yunanî [·——] 1. *va.* altgriechisch 2. s. **Yunanlı**
Yunanîce *selt.* s. **Yunanca**
Yunanistan *n.pr.* Griechenland ~ **göknarı** griechische Tanne *bot.* Abies cephalonica ~ **kaplumbağası** griechische Landschildkröte *zo.* Testudo graeca
Yunanlı 1. Grieche *m,* Griechin *f* 2. griechisch
Yunanöncesi, -ni vorgriechisch
yunda s. **yontkuşu**
yunmak *P* für **yıkanmak**
Yunus [—·] 1. Jona(-s) (Bibel) 2. *mV* 3. ♀ s. **yunusbalığı** 4. *astr.* Delphin *m* (Sternbild) *Delfin ~ **suresi** Name der 10. Koran-Sure
yunusbalığı, -nı Delphin *m zo.* Delphinus delphis; s. a. **şişe burunlu(tek boynuzlu)** ~
yunusbalığıgiller Delphinartige *pl. zo.* Delphinidae
yura *dial.* steile Anhöhe
yurak (Rad-)Speiche *f*
yurdu *P* Nadelöhr *n* *iğne gözü
yurt, -du 1. Land, Vaterland *n,* Heimat *f* *memleket, vatan 2. ein Gebiet, das reich ist an ... 3. Heim *n,* Unterkunft *f,* Wohnhaus *n* 4. Heim *n,* Pflegestätte *f* 5. s. **yer** ~ 6. Liegenschaft *f,* Grundstück *n* 7. (Nomaden-)Jurte *f* Zu 2: **Bu köy pehlivanlar -udur.** Dieses Dorf hat viele Ringer hervorgebracht. ~ **bilgisi** 1. Heimatkunde *f* 2. *va.* Staatsbürgerkunde, Sozialkunde *f* (vgl. **yurttaşlık bilgisi**); ~ **dışı** auswärtig, im Ausland ~ **dışı turnesi** Auslandstournee *f* ~ **dışına** ins Ausland ~ **içi** inländisch, im Inland ~ **sahibi olmak** ein eigenes Heim haben (*bzw.* bekommen) ~ **sevgisi** Vaterlandsliebe *f,* Patriotismus *m* ~ **şehitleri günü** Heldengedenktag *m* ~ **tutmak** sich niederlassen, seßhaft werden, ansässig werden *tavattun etmek ~ **yönetimi** s. **siyaset;** ~ **yönetimine ilişkin** s. **siyasî; -a hıyanet** Landesverrat *m* **-a hizmet** Dienst *m* am Vaterland **-un müdafaa ihtiyaçları** Wehrbedarf *m*
yurtlandırmak ansiedeln *iskân etmek, yerleştirmek
yurtlanmak 1. sich niederlassen, sich ansiedeln, ansässig werden *temekkün etmek, yerleşmek 2. e—e zweite Heimat finden, heimisch werden
yurtluk Familiengut *n,* Domäne *f* (*fr.* als Lehen gegeben)
yurtsama(-k) s. **daüssıla(-ya tutulmak)**
yurtsever vaterlandsliebend, patriotisch *vatanperver
yurtseverlik Vaterlandsliebe *f,* Patriotismus *m* *vatanperverlik
yurtsuz 1. ohne Heimat, ohne Vaterland 2. obdachlos
yurttaş s. **vatandaş; -lar türesi** s. **medenî hukuk; -lar yargılama türesi** s. **medenî usul hukuku; -lar yasası** s. **medenî kanun**
yurttaşlık s. **vatandaşlık;** ~ **bilgisi** Staatsbürgerkunde, Sozialkunde *f* (*fr.* **yurt bilgisi** genannt)
yurttaşsal haklar s. **medenî haklar**
Yusuf [—·] *n.pr.* 1. Joseph (Bibel) 2. *mV* ~ **suresi** Name der 12. Koran-Sure
yusufçuk, -uğu 1. s. **kızböceği** 2. die kleinere Turteltaubenart Turtur auritus 3. *reg.* s. **mandalina**
Yusufeli, -ni *n.pr.* O. u. D. im Rbz. Artvin
yusufî [—·—] *hist.* Turban mit rotem Oberteil (wie er von höchsten Staatsbeamten getragen wurde)
yusyumru [×··] 1. dick angeschwollen, mit dicken Beulen 2. s. **yusyuvarlak**
yusyuvarlak [×···] kugelrund
Yuşa [——] *n.pr.* Josua (Bibel) ~ **tepesi** *n.pr.* Riesenberg *m* (am Bosporus bei Beykoz)
yutak, -ağı *an.* Rachen, Schlund(-kopf), Pharynx *m* *belûm, farenks ~ **burun boşluğu** *an.* Nasenrachenraum *m* ~ **iltihabı** *med.* Pharyngitis, Rachenentzündung *f* *farenjit
yutakbilim *med.* Pharyngologie *f* *farengoloji
yutargöze; yutarhücre s. **fagosit**
yutkunmak *intr.* 1. schlucken 2. mit der Sprache nicht recht herauswollen, *F* herumdrucksen 3. (bş karşısında) begehrlich werden (bei), (das Wasser läuft e—m im Mund zusammen)
yutma 1. Schlucken *n,* Nahrungsaufnahme *f, med.* Ingestion *f* *beli 2. s. **hece yutumu;** ~ **güçlüğü** *med.* Schluckbeschwerden *pl.* ~ **sistemi** *jur.* s. **beli sistemi**
yutmak, (-ar) (m. Akk.) 1. (hinunter-)schlucken, (ver-)schlingen, hinunterwürgen 2. sich et. unberechtigterweise aneignen, an sich reißen 3. *F* nichts erwidern (z. B. auf Schimpfworte), et. (ruhig) hinnehmen 4. hereinfallen (z. B. auf e—n Schwindel), sich et. weismachen lassen, sich et. andrehen lassen (z. B. minderwertige Ware) 5. e—e Anzüglichkeit nicht merken 6. im Spiel gewinnen, *F* abnehmen (Murmeln, Steine, Geld usw.) 7. *F* et. aus dem Effeff verstehen 8. vernichten (z. B. Feuer), verschlingen (z. B. Meer) 9. dämpfen, abschwächen (Schall) 10. s. **dilini (hapı, kan)** ~
yutmuşluk, -uğu (in Füg. wie:) **Dil -u var.** (*q.v.*)
yutturmaca 1. Anspielung *f,* die der Gesprächspartner nicht verstehen kann 2. Täuschungsmanöver *n,* kleiner Schwindel 3. Attrappe *f*
yutturmacı *F* wer anderen e—n Bären aufbinden will
yutturmak Kaus. zu **yutmak;** vgl. **yalan (dolma)** ~
yutulmak Pass. zu **yutmak;** s. **Ekmek bile çiğnenmeden yutulmaz; oyunda** ~; **Yutulur macun değil.** Das ist nicht glaubhaft.
yuva 1. Nest *n,* Horst *m* z. B. e—s Adlers), Bau *m* (z. B. e—s Fuchses), Laichplatz *m* (der Fische), (Ameisen-)Haufen *m* 2. Heim, Asyl *n,* Pflegestätte *f* 3. häuslicher Herd; Heim *n,* Wohnung *f* 4. eheliche Gemeinschaft; Ehe *f* *karıkoca ocağı 5. Ort *m,* wo et. in stärkerer Zahl auftritt; Heim-, Brut-stätte *f* 6. Höhle *f,* Nest *n,* Schlupfwinkel *m* 7. Höhlung *f,* (Zapfen-)Loch *n,* Keilnute *f, naut. a.* Bootsklampe *f* (am Davit) 8. *an.* Alveole *f* (vgl. **sinh**) 9. *V* Moscheehof *m* Zu 1: s. **balık (karınca, kartal, kırlangıç, leylek, sıçan, tilki) -sı** Zu 2: s. **çocuk (kimsesizler) -sı** Zu 3: **Ankara'da 169 aile, -larına kavuştular.** 169 Familien haben in Ankara ihr neues Heim beziehen können. Zu 4: s. **-sını yıkmak** Zu 5: **Orası hırsız -sı.** Dort wimmelt es nur so von Dieben. **Bu oda böcek -sı.** In dem Zimmer hier sind massenhaft Käfer. Zu 7: s. a. **göz (kilit) -sı;** ~ **açmak** ein Loch bohren; e—e Höhlung machen ~ **dili** Zapfen *m* ~ **kurmak** 1. ein Nest bauen 2. sich ein Heim schaffen **♀sı yakılmadıkça yılanın kökü kesilmez.** *Spr.* Schlangen können nur dann ausgerottet werden, wenn man ihre Nester verbrennt. **-sını yapmak** *fig.* es j—m tüchtig geben, j—n gehörig vornehmen (**Dur, şimdi senin yuvanı yaparım!** *(hum. od. drohend)* Wart', ich werd' dir helfen! Du kannst gleich et. besehen von mir!) **-sını yıkmak** (b—nin) j—s Ehe stören od. zerstören **♀yı yapan dişi kuştur.** *Spr.* 1. Man sieht gleich, wenn e—e Frau im Hause ist. 2. E—e Hausfrau muß sparsam sein.
yuvacı *hist.* wer für die Aufzucht im Serail junge Falken aus dem Nest zu holen hatte

yuvak, -ağı jeder zylindrische Körper wie: Ofenrohr, Abflußrohr *n,* Rolle, Walze *f* *merdane, silindir, üstüvane
yuvaksı walzenförmig, zylindrisch *üstüvanî
yuvalamak sein Nest bauen; nisten, horsten
yuvalanmak 1. s. **yuva kurmak** 2. *mil.* getarnt werden (Waffen) 3. sich einnisten, sich festsetzen
yuvalı mit **yuva** *(q.v.);* ~ **loça** *naut.* Ankernische *f* (unter der Ankerklüse)
yuvar (I) 1. *biol.* Blutkörperchen *n* *küreyve, kürecik 2. *mus.* s. **yuvarlak** (9) 3. a) Globus *m,* Kugel *f* b) *met.* Sphäre *f* *küre Zu 1: s. **akyuvar, alyuvar** Zu 3b): s. **değişim (hava-, iyon-, ozon) -ı**
yuvar (II) **yuvar** dahinrollend, sich wälzend, schwerfällig (gehen)
yuvarcık, -ığı Kügelchen *n; biol.* Globulin *n*
yuvarlak, -ağı 1. rund, kreis-, rad-förmig 2. kugelrund 3. *fig.* rund, abgerundet (z. B. Zahl) 4. *phon.* gerundet (Laut) 5. s. **yuvar** (I, 1) 6. *Kspz.* Murmel *f* 7. *va.* Protze *f* (e–s Geschützes) 8. Zylinderpresse *f* (in der Druckerei) 9. *mus.* ganze Note *ron Zu 5: s. **göz (yer) -ı;** ~ **bağ** *an.* rundes Leberband *ribatı müdevver ~ **başlı tekeböceği** s. **kavakoyan;** ~ **demir** Rundeisen *n* ~ **eğe** Rundfeile *f* ~ **hesap** s. **toparlak hesap;** ~ **iskemle** runder Hocker ~ **kurtlar** s. **yuvarlaksolucanlar;** ~ **mal** s. **yuvarlama** (2); ~ **masa şövalyeleri** *lit.* Ritter *pl.* der Tafelrunde (des Königs Artus) ~ **meydan** (Straßen-)Rondell *n,* Stern *m* ~ **morina** Klippfisch *m* (getrockneter Kabeljau od. Schellfisch) ~ **sayı** s. **toparlak sayı;** ~ **sesli** (*od.* ~ **ünlü**) gerundeter Vokal *yuvarlak sâit ~ **sundurma** Lokomotivschuppen *m* mit Drehscheibe ~ **tablo** Tondo *n* (kreisförmiges Bild) ~ **yapraklı ıtır** rundblättriger Storchschnabel *bot.* Geranium rotundifolium ~ **yassı konca** amerikanische Kopfblume *bot.* Cephalanthus occidentalis
yuvarlakağızlılar Rundmäuler *pl. zo.* Cyclostomata
yuvarlakça leicht gerundet; ziemlich rund
yuvarlaklaşma *phon.* Rundung *f*
yuvarlaklaşmak rund werden, kreis- *bzw.* kugel-runde Form annehmen
yuvarlaklaştırmak rund machen, rund werden lassen, abrunden, abschleifen (z. B. Wasser die Kieselsteine); *phon.* runden
yuvarlaklık 1. Rund-Sein *n,* Rundung, Kugel- od. Radform *f* 2. *phon.* Artikulation *f* mit Lippenrundung
yuvarlaksolucanlar Rund-, Hohl-würmer *pl. zo.* Nemathelminthes
yuvarlama 1. Vs. zu **yuvarlamak** 2. Rundholz *n*
yuvarlamak 1. rollen (z. B. Faß), wälzen (z. B. Stein) 2. auf-, zusammen-rollen (z. B. Teppich) 3. e–e runde od. zylindrische Form geben, rund machen 4. heftig zu Boden werfen, hinstürzen lassen 5. *F* hinunter-, ver-schlingen (Speisen); hinuntergießen, *F* hinter die Binde gießen (Getränke) 6. aus dem Dienst (Amt) entlassen, hinauswerfen 7. *intr. F* aufschneiden, das Blaue vom Himmel herunterlügen 8. **(sözler)** in den Bart murmeln
yuvarlanmak 1. Pass. zu **yuvarlamak** 2. sich rollen, sich wälzen, sich herum-rollen, -wälzen (z. B. vor Schmerzen) 3. (von selber) herunter-, herab-, hinunter-, hinab-rollen 4. *fig.* ganz unvermutet sterben 5. aus dem Dienst entlassen werden 6. hinfallen; zu Boden stürzen **Yuvarlanan taş yosun tutmaz.** *Spr.* 1. Rast' ich, so rost' ich. 2. Unbeständigkeit bringt keinen Gewinn. **yuvarlanıp gitmek** sich kümmerlich durchschlagen; sich durchfretten
yuvarsı *astr.* Sphäroid *n*
yuvgu *P* s. **yuvak**
yuvgulamak walzen (z. B. Straße) *silindiraj yapmak
yübuset, -ti [ü] *va.* Trockenheit, Dürre *f* *kuruluk, kuraklık
yüce 1. hoch 2. erhaben, hoch, hehr, sublim *ulvî Zu 1: ~ **dağlar** hohe (hoch emporragende) Berge *pl.* ~ **anıt** hochragendes (weithin sichtbares) Denkmal ≗ **Divan** s. **divanıâli;** ~ **ruhlu** edel-denken, -gesinnt, hochherzig
yüceleştirmek *psych.* läutern, sublimieren *süblimleştirmek, yüceltmek, ilâ etmek
yücelik 1. Höhe *f* 2. Erhabenheit, Sublimität, Hehre, Hehrheit *f* *ulviyet
yücelim *astr.* s. **üstgeçiş**
yücelmek hoch (erhaben, hehr) werden
yüceltmek 1. e–n höheren Rang verleihen 2. s. **yüceleştirmek**
yük, -kü 1. (Trag-)Last *f* 2. Schiffsladung, Fracht *f* 3. *phys.* Ladung *f* *hamule 4. *fig.* schwere Aufgabe od. Verantwortung; Bürde, Last *f* *külfet 5. *z. va.* Fötus *m,* Leibesfrucht *f* 6. **(akça)** *fr.* Summe von hunderttausend Kurusch 7. großer Schrank od. Kasten (zur Aufbewahrung des Bettzeugs über Tag) *yatak dolabı; yüklük 8. *va.* Schwangerschaft *f* 9. Beschickungsmenge *f* (z. B. bei e–m Hochofen) ~ **ağırlığı** Ladegewicht *n* ~ **alacaklıları** *jur.* Ladungsgläubiger *pl.* ≗ **altında eşek kalır.** *Spr. iron.* Für erwiesene Wohltaten revanchiert sich jeder anständige Mensch. ~ **arabası** Rollwagen *m,* Lastkarre *f* ~ **asansörü** Lastenaufzug *m* ~ **bağlamak** verpacken, zu e–m Paket (Packen, Ballen) zusammenschnüren ~ **diyagramı** Belastungsdiagramm *n* ~ **donanımı** *naut.* Ladegeschirr *n* ~ **gabarisi** Ladeprofil *n* (bei Güterwagen) ~ **gemisi** Last-, Fracht-schiff *n* ~ **hacmi** *naut.* Lade-, Fracht-raum *m* ~ **hayvanı** Lasttier *n, spez.* Lastpferd *n,* Packesel *m* ~ **indirme** Entladen *n* ~ **indirme yeri** Entladeort *m* ~ **istasyonu** Güterbahnhof *m* ~ **kaldırmak** e–e Last tragen *(a. fig.)* ~ **kamyonu** Lastkraftwagen, LKW *m* ~ **katarı** Güterzug *m* *marşandiz ~ **korveti** s. **gabar** (1); ~ **listesi** *a.:* Zolldeklaration *f,* Warenverzeichnis *n* ~ **lombarı** *naut.* Ladeluke *f* (e–s Schiffes) ~ **münhanisi** Belastungskurve *f* ~ **olmak** (b–ne) 1. j–m zur Last fallen, viel Mühe und Arbeit verursachen, lästig werden 2. *fig.* j–m auf der Tasche liegen ~ **otomobili** s. **yük kamyonu;** ~ **rampası** Laderampe *f* ~ **treni** s. ~ **katarı;** ~ **vagonu** Güterwagen *m* ~ **vapuru** Frachtdampfer *m* ~ **vurmak (hayvana)** ein Tier beladen ~ **yolcu gemisi** *naut.* kombiniertes Fracht- und Passagierschiff **-e elverişlilik** *jur.* Ladungstüchtigkeit *f* **-le alâkalılar** *jur.* Ladungs-beteiligte, -interessenten *pl.* **-te hafif pahada ağır** klein, aber sehr wertwoll **-ün altına girmek** sich et. aufbürden (lassen), sich e–r mühseligen Aufgabe unterziehen **-ün altından kalkamamak** von der Menge der zu leistenden Arbeiten geradezu erdrückt werden **-ünü almak** 1. (kendi) sich füllen, voll werden (*a.* z. B. mit Personen) 2. (b–nin) j–m e–e Last abnehmen; j–n entlasten **-ünü tutmak (tutturmak, yapmak, yüklenmek)** *fig.* viel Geld verdienen, reich werden, Geld scheffeln **-ünü üzerinden atmak** die Verantwortung für et. nicht übernehmen *bzw.* von sich abwälzen **-ünü yüklenmiş** 1. wer seine Last auf sich genommen hat 2. wohlhabend, reich
yükçü(-lük) s. **hamal(-lık)**
yüklem *log.* Prädikat *n* *müsnet, haber, mahmul
yükleme Vs. zu **yüklemek** *spez.* 1. Be-, Ver-ladung, Belastung *f* 2. *phys.* Laden *n,* Ladung *f* *hamule ~ **boşaltma işçisi** s. **dok işçisi;** ~ **durumu** (*od.* ~ **hali**) *gr.* s. **belirtme durumu;** ~ **istasyonu** Verladebahnhof *m* ~ **kabiliyeti** Ladefähigkeit *f* ~ **konişmentosu** Verladekonnossement *n* ~ **maçunası** (*od.* **vinçi**) Ladekran *m* ~ **mahalli** (*od.* **yeri**) Ladeort *m,* Verladestelle *f* ~ **makinesi** Hebemaschine *f* ~ **merkezi** Verladestelle *f* ~ **müddeti** (*od.* ~ **süresi**) (Ver-)Ladezeit *f* ~ **müfrezesi** *mil.* Verladekommando *n* ~ **staryası** Ladezeit *f* ~ **tertibatı** Verladeeinrichtung *f* ~ **yeteneği** s. **isnat kabiliyeti**
yüklemek 1. (auf-, ver-)laden 2. beladen, belasten, be-, vollpacken 3. *fig.* auf-packen, -laden, -halsen, -bürden 4.

fig. zuschreiben, zu-, bei-messen *atfetmek, isnat etmek Zu 1: **sandığı arbaya** ~ die Kiste auf den Wagen laden Zu 2: **arabayı** ~ den Wagen vollpacken Zu 3: **Bu işin idaresini bana yüklediler.** Die Leitung der Geschäfte hat man mir aufgehalst. Zu 4: **Bu suçu ona yüklemek istiyorlar.** Man will ihm die Schuld in die Schuhe schieben.

yüklemleşir (bşe) *log.* was ausgesagt werden kann, was ein Prädikat darstellt

yüklemli *log.* prädikativ, Prädikats- *hamlî

yüklenilmek Pass. zu **yüklemek**

yüklenme Vs. zu **yüklenmek** *spez.* Verpflichtung *f* *taahhüt

yüklenmek 1. Pass. zu **yüklemek** 2. sich et. auf-laden, -bürden, -packen, sich beladen (mit) 3. *fig.* auf sich nehmen, übernehmen *üstüne almak 4. sich mit seinem ganzen Gewicht gegen et. werfen od. stemmen, sich auf j–n werfen, über j–n herfallen 5. drücken (auf), stark zusetzen, drängen, in j–n dringen 6. s. **yükünü** ~ **(yüklenmiş)** Zu 1: **yüklenen eşya** s. **hamule** Zu 3: **Bu işi kim yüklenecek?** Wer übernimmt das? Zu 4: **Kapıya yüklendi ama, açamadı.** Er stemmte (*bzw.* warf) sich mit seinem ganzen Gewicht gegen die Tür, konnte sie aber nicht aufbringen. Zu 5: **Bana yüklenmeyin, bu işi yapamayacağım.** Drängt mich nicht, ich kann das nicht tun. **Sağ kanat düşman üzerine yüklendi.** *mil.* Der rechte Flügel drückte auf den Feind.

yüklenti s. **angarya**

yükleten *jur.* Verlader *m*

yükleyici Stapler, Auflader *m;* s. a. **çatallı** ~

yüklü 1. beladen, belastet, bepackt, mit Fracht (Ladung) 2. mit Arbeit überhäuft 3. zu umfangreich (Stoffplan, Programm usw.) 4. *z. va.* verschuldet 5. schwanger, gravid, trächtig *gebe 6. *V* betrunken *sarhoş 7. *V* wohlhabend, reich, gut bei Kasse 8. *V* wertvoll, teuer 9. beträchtlich, ansehnlich (Geldsumme) Zu 1: **kömür** ~ **bir araba** ein mit Kohle beladener Wagen Zu 9: **Portföyde para** ~ **mü?** *V* Hat er ordentlich Geld?

yüklük s. **yük** (7)

yüksecik *selt.* leicht erhöht, (etwas) höher

yüksek 1. hoch (Berg, Gebäude, Stuhl usw.) 2. hochgelegen 3. *fig.* hochgestellt, höher, Hoch- 4. *fig.* ethisch hochstehend, edel (z.B. Gefühl), hochherzig (z.B. Geschenk) 5. *fig.* weitreichend, umfassend (Blick, Einsicht usw.) 6. laut, kräftig (Stimme) 7. hochmütig, anmaßend 8. bewegt, mit hohem Seegang 9. (An-)Höhe *f* Zu 2: **Orası** ~ **olduğu için rüzgârlı olur.** Der Ort ist hochgelegen und daher den Winden ziemlich ausgesetzt. ~ **anten** Hochantenne *f* ~ **ardıç** s. **boylu ardıç;** ~ **atlama** *La.* Hochsprung *m* ≗ **Atlas** *n.pr.* Hoher Atlas *Büyük Atlas ~ **basınç** *met., phys.* Hochdruck *m* ~ **baskı** *typ.* Hochdruck *m* (Druck mit erhabenen Lettern) ~ **cebir** höhere Algebra *cebri âlâ ~ **çayır yumağı** hoher Schwingel *bot.* Festuca elatior ~ **çizme** Langschäfter, Schaftstiefel *pl.* ~ **dağ bölüğü** *mil.* Hochgebirgskompanie *f* ~ **dalgalı deniz** bewegte (hohe) See ~ **depo** Hochbehälter *m* ~ **eğitim** Hochschulausbildung *f* ~ **fırın** Hochofen *m* ~ **fiyat** übermäßig hoher Preis ~ **frekanslı cereyan** Hochfrequenzstrom *m* ~ **geometri** höhere Geometrie ~ **gotik** *arch.* Hochgotik *f* ~ **infilâklı tahrip bombası** Hochbrisanzbombe *f* ~ **irtifa** große Höhe ~ **irtifalara çıkmak** sich in große Höhen erheben, sehr hoch (hinauf-)steigen ~ **kabartma** Hochrelief *n* ~ **kademe konferansı** *od.* ~ **kademeli konferans** Gipfelkonferenz *f* *zirve konferansı ≗ **Kaldırım** „Treppenstraße" *f* (ziemlich steile, von Galata nach Beyoğlu (Pera) hinaufführende Straße; Istanbul) ~ **karargâh** *mil.* Oberer Stab ~ **komedi** *lit.* höheres Lustspiel Sitten-, Charakter-komödie *f* ~ **köprü** *(Turnen)* hohe Brücke *f* *el taban köprüsü ~ **kumanda makamı** *mil.* obere Kommandobehörde ~ **kurtlar** *zo.* höhere Würmer *pl.* ~ **levazım okulu** Intendanturakademie *f* ~ **mahfillerde** in den höheren Kreisen ~ **makamın emri üzerine** *a. mil.* auf höheren Befehl ~ **maliye** Hochfinanz *f* ~ **mektep** (*od.* **okul**) Hochschule *f* ~ **mimar** Diplomarchitekt *m* ~ **müdafaa meclisi** Oberster Rat für die Landesverteidigung ~ **mühendis** Diplomingenieur *m* ~ **omurgalılar** *zo.* höhere Wirbeltiere, Amnioten *pl.* *fıkariyei âliye ~ **ova** Hochebene *f* ~ **Öğretmen Okulu** Hochschule *f* für Lehrerbildung, Pädagogische Akademie ~ **perdeden konuşmak** von oben herab (arrogant, herausfordernd) reden ~ **reislik** hohes Präsidium *riyaseti celile ~ **sadakat** *(Schallplatten usw.)* High-Fidelity, Hi-Fi (höchste Wiedergabetreue) ~ **ses** 1. laute (kräftige, volltönende) Stimme 2. *mus.* hoher Ton ~ **sesle** mit lauter Stimme, laut ~ **sevk ve idare** *mil.* obere Führung ~ **tahsil** Hochschul-studium *n*, -bildung *f* ~ **tazyikli** *techn.* Hochdruck- ~ **tedrisat** s. **yükseköğretim;** ~ **tenor** s. **hafif tenor;** ~ **tevettür** (*od.* **voltaj**) Hochspannung *f* ~ **tevettür şebekesi** Hochspannungsnetz *n* ~ **tevettürlü cereyan** Starkstrom *m* ~ **tevettürlü kablo** Starkstromkabel *n* ~ **tiraj** *typ.* hohe Auflage(-n.ziffer) *f* ~ **tonla konuşmak** e–n arroganten Ton anschlagen ~ **ustura** *V* faustdicke Lüge ~ **vasıflı** hochwertig, Qualitäts-, Edel- ~ **vasıflı çelik** Edelstahl *m* ~ **verimli** Hochleistungs- ~ **voltaj** *el.* Hochspannung ~ **yayla** (ebenes) Hoch-, Berg-land **-lerde dolaşmak** *fig.* hoch hinaus wollen **-lerde olmak** s. **Gözü yükseklerdedir; -ten atmak** großtun, prahlen, aufschneiden, angeben **-ten bakmak** s. **tepeden bakmak; -ten kopmak** *fig.* mit großen Ansprüchen auftreten **-ten taarruz** *mil.* (Flugzeug-) Hochangriff *m* **-ten tutmak** *fig.* hochnäsig reden **-ten uçmak** *fig.* hochfliegende Pläne haben

yüksekkabuklular höhere Krebstiere *pl. zo.* Malacostraca *kısriyei âliye

yükseklik 1. Hoch-Sein *n*, Höhe, Erhöhung *f* 2. *math.* Höhe *f* (z.B. in e–m Dreieck) *(1, 2) irtifa 3. *fig.* Seelengröße *f*, Hochflug *m* (der Gedanken), Erhabenheit *f*, Schwung *m* (z.B. des Stils) 4. *fig.* Überlegenheit *f* 5. Lautstärke *f* ~ **ayarı** *typ.* Justierung *f*

yükseklikölçer s. **altimetre**

yüksekokul Hochschule *f*

Yüksekova *n.pr.* O. u. D. im Rbz. Hakkâri

yükseköğrenim s. **yüksek tahsil**

yükseköğretim 1. Hochschulunterricht *m* 2. Hochschulwesen *n*

yükselen 1. aufsteigend 2. an Intensität zunehmend ~ **kerteleme** s. **tedrici said;** ~ **titrem** *phon.* Hochton *m*

yükselim *astr.* 1. Rektaszension *f*, gerade Aufsteigung *açılım; bahar açısı; metalii müstakime 2. Deklination *f* *inhiraf

yükselme 1. Vs. zu **yükselmek** 2. *geol.* unterirdische Umwälzung (durch vulkanische Tätigkeit) 3. *geogr.* Ansteigen *n* (des Wassers), Hochwasser *n* 4. Aufschwung, Fortschritt *m* ~ **irtifaı** Steighöhe *f* ~ **kabiliyeti** Steigfähigkeit *f*, -vermögen *n* ~ **meydanı** Aufstiegplatz *m* ~ **sürati** Steiggeschwindigkeit *f*

yükselmek 1. auf-, empor-steigen, sich erheben, in die Höhe gelangen, höher werden, hinaufkommen, sich emporschwingen 2. e–n Aufschwung erleben 3. steigen, anziehen (z.B. Preise), sich erhöhen (Zahl) 4. lauter werden (Stimme) 5. an Intensität zunehmen 6. im Rang aufsteigen

yükselteç *phys.* Verstärker *m* *amplifikatör, müşeddide

yükseltge(n)mek s. **oksitle(n)mek**

yükselti 1. *geogr., math.* Höhenlage *f* (über dem Meeresspiegel) *altitüt, irtifa, kot 2. *astr.* Höhe *f* (e–s Gestirns) Zu 1: **Ankara'nın -si 850 metredir.** Ankara liegt 850 m über dem Meeresspiegel. ~ **rahatsızlığı** *med.* Höhen-, Berg-, Flieger-krankheit *f*

yükseltili geometri s. **kotlu geometri**
yükseltim Aufstockung *f* (e–s Gebäudes, e–r Mauer)
yükseltmek 1. hoch machen, hoch werden lassen, erhöhen (*a.* z.B. Preise), (auf-)steigen lassen, in die Höhe bringen 2. *fig.* steigern, rühmen, preisen 3. *math.* erheben *ikame etmek, refetmek 4. s. **yüceleştirmek** 5. schriller werden lassen (Stimme) *dikletmek 6. befördern (im Rang) 7. zu hoch einschätzen (z.B. j–s Fähigkeiten) Zu 3: **5 sayısını dördüncü kuvvete** ~ die Zahl 5 in die vierte Potenz erheben
yükserek (*selt. Dim.* zu **yüksek**) recht (ziemlich) hoch
yüksük 1. Fingerhut *m* 2. *bot.* Wurzelhaube, Kalyptra *f* *kalensöve 3. *bot.* Becher *m* (der Eichel) *kadehçik 4. (Metall-)Hülse *f* (z.B. für Brieftaubenmeldungen, Masten usw.) 5. (Metall-)Muffe *f*, (Metall-)Zylinder *m* ~ **kadar** ein Fingerhut voll; sehr wenig **-le ölçmek** nur mit dem Fingerhut zumessen *d.h.* aus Geiz nur sehr wenig geben
yüksükotu, -nu 1. Fingerhut *m bot.* Digitalis (purpurea u.a.) 2. nesselblättrige Glockenblume *bot.* Campanula trachelium *Meryemana eldiveni Zu 1: s.a. **büyük (kırmızı çiçekli** ~; **pasrenkli** ~
yüksünmek (m. Abl.) 1. unter e–r schweren Last unsicher gehen (Tier) 2. et. als beschwerlich od. lästig empfinden 3. nur widerwillig e–e Pflicht erfüllen, ein Versprechen abgeben od. et. annehmen 4. *va.* s. **kıskanmak**
yüksüz unbeladen, unbelastet
yüküm Zwang *m,* gebieterische Notwendigkeit; Verpflichtung *f* *mecburiyet, mükellefiyet
yükümlü 1. obligatorisch *mecburî, teklifî 2. verpflichtet *mükellef ~ **bağışlama** *jur.* zweckbestimmte Zuwendung *mükellefiyetli hibe
yükümlülük Verpflichtung *f* *mükellefiyet
yükünmek 1. sich tief verbeugen *huşu etmek 2. sich (vor j–m) zu Boden werfen
yülgü *va.* s. **ustura**
yülük *va.* glattrasiert
yülümek *va.* rasieren *tıraş etmek
yümnî 1. *va.* von guter Vorbedeutung 2. **Yümni** [×·] (mst. **Yümnü**) *mV* **Yümniye** [×··] *wV*
yümün, -mnü *va.* gute Vorbedeutung; Segen *m,* Glück *n*
yün 1. (Schaf-)Wolle *f* 2. *spez.* Wolle *f* der im Herbst geschorenen Schafe (vgl. **yapağı**) 3. aus Wolle hergestellt, Woll-, wollen ~ **eldiven** Wollhandschuhe *pl.* ~ **kumaş** Wollstoff *m* ~ **muslin** Wollmusselin *m*
yünlemek *z. va.* 1. mit Wolle versehen (ausstatten, ausstopfen usw.) 2. die Wolle scheren
yünlü 1. Wolle tragend, wollig (Schaf) 2. aus Wolle hergestellt, wollen, Woll- 3. mit Wollfutter 4. mit Wolle gepolstert 5. Wollstoff *m* *yün kumaş; ~ **aspir** Spornblatt *n bot.* Carthamis lanatus ~ **fidan** Schönmännchen *n bot.* Calliandra californica
yünlübitler s. **unlubitler**
yünlük s. **tüylük**
yüpürmek *P* aufgeregt hin- und herlaufen
yürek, -eği 1. *an.* Herz *n* *kalp 2. Mut *m,* Beherztheit *f,* Schneid *m* 3. Mitleid *n,* Barmherzigkeit *f* 4. Aufrichtigkeit *f* 5. *P* Magen *m,* Eingeweide *pl.,* Inneres 6. *gel.* Lust, Neigung *f,* Verlangen *n* 7. *Ka.* Herz, Cœur *(n)* *kör 8. Medaillon (u.ä.) in Herzform. Zu 3: **Sende hiç** ~ **yok mu?** Hast du denn gar kein Herz im Leib? Zu 4: s. **-ten;** ~ **acısı (ağrısı)** s. **kalp acısı (ağrısı);** ~ **bayıltan koku** betäubender Duft ~ **berkliği** *va.* s. **cesaret;** ~ **biçimi** herzförmig ~ **çarpıntısı (çırpıntısı, oynaması)** 1. (starkes) Herzklopfen *(a. fig.)* 2. böse Vorahnung ~ **çekmek** Lust haben, Verlangen tragen ~ **darlığı** Beklemmung *f,* Unbehagen *n* *zucret ~ **dayanmaz** nicht mitanzusehen, herzzerreißend ~ **dışzarı** s. **dışyürekzarı;** ~ **eğrisi** s. **kardiyoit;** ~ **ferahlığı** (seelische) Erleichterung ~ **gevşemesi** s. **diyastol;** ~ **hışıltısı** ein dem Schnurren e–r Katze ähnliches Geräusch (bei Herzkrankheiten) ~ **içzarı** s. **içyürekzarı;** ~ **kalkması** 1. starke Aufregung 2. Brechreiz *m* ~ **karası** 1. Gewissensbisse *pl.,* Reue, Zerknirschung *f* 2. *z. va.* Verderbtheit, Verruchtheit, Bosheit *f* ~ **kası** *an.* Herzmuskel *m* *adalei kalp, miyokart ~ **kasıntısı** Systole *f* (Zusammenziehung des Herzmuskels) *kısılma, sistol ~ **katılığı** Verstocktheit, Hartherzigkeit *f* ~ **katılmak** sehr leiden ~ **midyesi** Herzmuschel *f zo.* Cardium (edule u.a.) ~ **sarmaşığı** Herzsame *m,* Herzerbse *f bot.* Cardiospermum Halicacabum ~ **Selânik** (b–de) feige; Feigling, Hasenfuß *m* ~ **sıkıntısı** s. ~ **darlığı;** ~ **sürme** Durchfall *m,* Diarrhöe *f* ~ **sürücü** Abführ-, Purgativ- ~ **tüketmek** sich das Herz aus dem Leib reden, *F* sich den Mund fusselig reden ~ **vermek** Mut einflößen, neuen Mut verleihen ~ **yakıcı** herzzerreißend, schmerzlich tragisch ~ **yanıklığı** Kummer, Gram *m* ~ **yarası** Herzeleid *n;* großer Kummer, schweres Leid

(yüreği): ~ **açık** offen(-herzig), ehrlich, ohne Falsch (Hinterhältigkeit) ~ **açılmak** s. **içi açılmak;** ≗ **ağzına geldi.** Ihm blieb das Herz stehen. ~ **ağzında** furchtsam, ängstlich, feige ≗ **atıyor** (*od.* **çarpıyor**) Das Herz klopft ihm gewaltig ~ **bal bağlamak** s. ~ **yağ bağlamak;** ≗ **bayıldı.** Vor Hunger wurde ihm ganz schlecht. ~ **bulanmak** s. ~ **kabarmak;** ~ **burkulmak** tief betrübt sein ~ **bütün** s. **kalbi bütün** ~ **cız etti** (*od.* **cızladı**) s. Stw. **cız;** ~ **cızlatmak** *fig.* j–m e–n Stich ins Herz geben, j–m das Herz still stehen lassen (Schrecken, Mitleid usw.) ~ **çarpmak** Herzklopfen haben od. bekommen ~ **çıfıt çarşısı gibi olmak** s. Stw. **içi;** ~ **dağlı** bekümmert, betrübt, traurig ~ **dar** ungeduldig, hitzig, voreilig, impulsiv *içi dar ~ **dayanmak** 1. mit stoischer Ruhe ertragen 2. sich nicht erschüttern lassen, hart bleiben, et. mit ansehen können ~ **dayanmamak** nicht widerstehen können, von Mitleid überwältigt werden ~ **delik** wer Kummer (Leid, Sorgen) hat; vergrämt ~ **dolmak** 1. betrübt, traurig werden 2. zornig (wütend, rachsüchtig) werden ~ **dolu** von Rachsucht erfüllt ~ **eriten** schmerzlich, betrüblich ~ **ezilmek** s. Stw. **ezilmek;** ~ **ferahlamak** erleichtert aufatmen; heiter und froh werden ~ **geniş olmak** nicht aus der Ruhe zu bringen sein; Nerven wie Stricke haben ≗ **gitti.** Das Herz blieb ihm stehen (vor Schrecken, Überraschung usw.). ~ **götürmek** et. mit ansehen können ~ **hop etmek** (*od.* **hoplamak**) aufgeregt werden, Herzklopfen bekommen ~ **ısınmak** (b–ne) j–n sympathisch finden ~ **kabarmak** 1. Brechreiz empfinden 2. Verdacht schöpfen, argwöhnisch werden 3. Kummer bekommen, sich grämen ~ **kalkmak** 1. sich sehr aufregen, sich gar nicht mehr beruhigen können 2. Übelkeit empfinden ~ **kalmamak** den Mut verlieren ~ **kararmak** ganz niedergedrückt werden, alles schwarz in schwarz sehen ~ **katı** s. **yüreği pek** (1); ~ **katılmak** kaum mehr zu Atem kommen (vor Weinen, Kälte usw.) ~ **kopmak** (*bes.* in der Frauensprache) zu Tode erschrocken sein ~ **oynamak** aufgeregt werden, Angst bekommen, *F* j–m das Herz in die Hose fallen ≗ **parçalandı.** Es zerriß ihm das Herz. Sein Herz krampfte sich zusammen (vor Mitgefühl). ~ **pek** 1. hartherzig, herzlos, gefühllos, ohne menschliches Mitgefühl 2. beherzt, mutig, herzhaft 3. halsstarrig, verstockt ~ **serinlemek** 1. sich erfrischt fühlen, sich erleichtert fühlen ~ **sıkılmak** 1. verstimmt sein, sich ärgern, Verdruß empfinden 2. sich langweilen 3. sich bedrückt (beklommen) fühlen, in (großer) Unruhe sein 4. sich nicht wohl fühlen, *F* nicht ganz auf dem Damm (Posten) sein ~ **sızlamak** j–m das Herz zerreißen, j–m im Herzen wehtun ~ **soğumak** Abneigung empfinden (gegen) ~ **söylemek** *P* mutig (beherzt, tapfer) sein ~ **sürmek** Durchfall haben ~ **şişmek** 1. ganz niedergeschlagen sein 2. angeödet sein (z. B. von langer Debatte) ~ **tükenmek** s. **yürek tüketmek;** ~ **(karış karış) yağ bağlamak** (*mst.* in der Frauensprache) 1. j–m ein Stein vom Herzen fallen 2. große Genugtuung empfinden; *gel. a.* schadenfroh sein ~ **yanık** (*od.* ~ **yanmış**) betrübt, bekümmert (**Yüreğim yanmaz.** (Der ungerechte Vorwurf) macht mir nichts aus.) ~ **yanmak** 1. j–m ins Herz schneiden, tiefstes Mitgefühl haben 2. von e–m großen Unglück betroffen werden ~ **yaralı** von schwerem Unglück betroffen ~ **yufka** weichherzig, gutmütig, mitleidig

(yüreğinden): ~ **geçmek** s. **aklından geçmek;** ⩲ **kan damlıyor.** Das Herz blutet ihm. ~ **kan gitmek** tief bekümmert sein

(yüreğine): ~ **dert olmak** j–m fast das Herz abdrücken, j–m auf der Seele lasten ~ **inmek** 1. e–n Herzschlag bekommen 2. *fig.* j–n ins Herz treffen 3. *fig.* von lähmendem Entsetzen befallen werden ~ **işlemek** 1. zutiefst rühren, tiefen Eindruck machen, ans Herz greifen 2. schwer treffen (z. B. ungerechter Vorwurf); beinahe vom Schlag gerührt werden ~ **kar yağmak** von wütender Eifersucht (bzw. blassem Neid) befallen werden ~ **ot düşmek** s. **yüreği yanmak;** ~ **su serpilmek** j–m ein Stein vom Herzen fallen, wieder Mut schöpfen

(yüreğini): ~ **boşaltmak** (*od.* **dökmek**) sein Herz ausschütten, sich das Herz erleichtern ~ **çatlatmak** s. **yürek tüketmek;** ~ **dağlamak** (bş b–nin) j–m ins Herz schneiden, j–n zutiefst rühren ~ **geniş tutmak** unbesorgt sein; sich keine grauen Haare wachsen lassen ⩲ **halecan aldı.** Er bekam Herzklopfen. ~ **hoplatmak** Herzklopfen verursachen ~ **kaldırmak** (e–e Frau) in höchste Aufregung versetzen ~ **kırmak** entmutigen; j–m allen Mut nehmen ~ **oynatmak** erschrecken, ängstigen, j–m Angst einjagen ~ **pek tutmak** sein Herz in beide Hände nehmen ~ **sağlam tutmak** den Kopf nicht hängen lassen ~ **tüketmek** (b–nin) 1. Ursache od. Anlaß sein, daß sich jm. die Lunge aus dem Hals redet 2. (kendi) s. **yüreği tükenmek**
yüreğinin yağı erimek (*mst.* in der Frauensprache) sich schier zu Tode ängstigen (od. grämen) ~ **yağı tükenmek** s. **yürek tüketmek; yürekler acısı** kummervoll, betrüblich *içler acısı (**yürekler acısı bir facia** herzzerreißende Tragödie) **yürekler paralayıcı** herzzerreißend **yüreklerden kan akıtmak** *fig.* die Gemüter erregen **yürekten** von Herzen kommend, herzlich, ehrlich, aufrichtig
yüreklendirmek ermutigen, Mut einflößen *cesaret vermek
yüreklenmek Mut fassen (bekommen), mutig werden *cesaretlenmek
yürekli 1. mit nb. Herzen (Naturell, Charakter) 2. *pr.* mutig, beherzt, tapfer *cesur, cesaretli Zu 1: s. **deve (iyi)** ~
yüreklilik 1. Mut *m,* Beherztheit, Tapferkeit *f* 2. mutige Tat, beherztes Vorgehen, tapferes Verhalten
yüreksi herzförmig
yüreksiz 1. ängstlich, furchtsam, schüchtern, mutlos, feige *cesaretsiz 2. herzlos, grausam, unbarmherzig 3. nicht von Herzen kommend, unaufrichtig ~ **iş görmek** et. nur widerwillig tun; nur mit halbem Herzen bei der Sache sein
yüreksizlik 1. Ängstlichkeit *f*, fehlender Mut, Feigheit *f*, Schüchternheit *f* *cesaretsizlik 2. Unbarmherzigkeit, Herzlosigkeit, Grausamkeit *f* 3. Unaufrichtigkeit *f*
yürekzarı, -nı *an.* Herzhaut *f;* s. a. **dış (iç)** ~
yürük 1. schnell gehend, flott marschierend 2. schnell (Pferd, Schiff) 3. *hist.* den Janitscharen beigegebene Infanterie 4.a) ⩲ Jürüke *m* (Angehöriger e–s turkmenischen Nomadenstamms in Anatolien) b) Jürük *m* (Nomadenteppich) ~ **aksak** e–e lebhafte Taktart in der türk. Musik ⩲ **at yemini artırır.** *Spr.* Wer mehr leistet, verdient auch mehr. ⩲ **ata kamçı olmaz.** (*od.* ⩲ **at kamçı değdirmez.**) *Spr.* Ein schnelles Pferd braucht keine Peitsche. ⩲ **çadırı** Nomadenzelt *n* (aus Kamel- od. Schafwolle) *kıl çadırı; kırk pencereli konak ⩲ **pilavı** e–e Pilaw-Art mit Zusatz von Thymian od. anderen aromatischen Kräutern
yürümek 1. sich fortbewegen 2. marschieren, gehen 3. fahren (Schiff, Auto, Chauffeur usw.) 4. laufen können (Kleinkind) 5. zu Fuß gehen, spazierengehen 6. sich beeilen, rascher gehen, *F* voranmachen 7. (m. Dat.) gelangen (zu), erreichen, aufsteigen 8. (m. Dat.) los-marschieren, -gehen (auf) 9. (m. Dat.) auf et. zusteuern, sich nähern (z. B. dem Bankrott) 10. (b–nin aleyhine) gegen j–n vorgehen 11. *fig.* vorangehen, sich gut entwickeln 12. dahinfließen, verstreichen (Zeit) 13. *V* dahingehen, sterben 14. laufen, gehen, arbeiten, funktionieren (z. B. Maschine) 15. berechnet werden (Zinsen) 16. *V* den Laufpaß bekommen, entlassen werden 17. gestohlen werden, abhanden kommen 18. überschreiten Zu 1: s. **Dağ yürümezse** (usw.) Zu 3: **Yürü!** *a.:* Fahr zu! Zu 5: **Ben biraz** ~ **istiyorum.** Ich will et. spazierengehen. Zu 6: **Biraz yürüyelim, geç kaldık.** Wir wollen voranmachen, wir sind spät daran. Zu 7: s. **Su yürüyor (ağaca).** Zu 8: **Ordu İzmir'e yürüdü.** Das Heer marschierte gegen Izmir. s. a. **üstüne** ~ Zu 11: **İş yürümüyor.** Es geht nicht voran. Zu 13: **O da yürümüş.** Er ist auch schon dahingegangen. Zu 15: **Bu paranın faizi hâlâ yüzde beşten mi yürüyor?** Wird das Geld immer noch zu fünf Prozent verzinst? Zu 18: **Köprüyü yürüdükten sonra** Nachdem man die Brücke passiert hat ... – **Yürü ya kulum demiş** s. Stw. **Allah; yürüyerek kaçmak** zu Fuß entkommen (z. B. Bankräuber)
yürünmek Pass. zu **yürümek**
yürür 1. gültig, in Kraft *mer'i 2. *selt.* laufend *cari
yürürlük, -üğü Gültigkeit *f*, In-Kraft-Sein *n* *meriyet ~ **süresi** Gültigkeitsdauer *f* *meriyet müddeti **-e girmek** in Kraft treten, Gültigkeit erlangen *meriyet mevkiine girmek **-e koymak** in Kraft setzen **-te olmak** in Kraft sein (z. B. Gesetz) **-teki hukuk** *jur.* geltendes Recht **-ten kaldırmak** außer Kraft setzen
yürütme Vs. zu **yürütmek;** ~ **erki** (*od.* ~ **gücü**) s. **icra kuvveti;** ~ **organı** *pol.* Ausführungsorgan *n* **-nin durdurulması** *jur.* Vollstreckungsaufschub *m* *tehiri icra
yürütmek 1. Kaus. zu **yürümek** 2. durch-, aus-führen (z. B. Gesetz), vollstrecken (z. B. Urteil), durchsetzen (z. B. seine Idee); in Gang bringen; inszenieren (z. B. Propagandafeldzug); leiten (z. B. Orchester) 3. vorbringen (Meinung, Behauptung usw.), anstellen (Erwägungen), geben (z. B. Kommentar) 4. keinen Absatz machen, die Zeile durchsetzen, glatt weitersetzen (im Druck) 5. *V* entlassen, fortjagen, j–m den Laufpaß geben 6. *V* klauen, stehlen 7. umbringen, töten Zu 2: s. **kanunu (hükmü, fikrini)** ~ Zu 3: s. **fikir (mütalaa, muhakeme)** ~
yürütücü durch-, aus-führend (usw. s. **yürütmek**)
yürütücülük, üğü *selt.* Durch-, Aus-führung *f* (usw. s. **yürütmek**); **Mücadelenin -ünü parti genel kâtibi yapmaktadır.** Die Durchführung des Kampfes liegt in den Händen des Generalsekretärs der Partei.
yürütüm Aus-, Durch-führung *f* (z. B. e–s Gesetzes), Vollstreckung *f* (z. B. e–s Urteils) *infaz, icra
yürüyememe s. **abazi**
yürüyen gehend, marschierend (usw. vgl. **yürümek**) ~ **hesap** s. **cari hesap;** ~ **merdiven** Rolltreppe *f* ~ **sandalye** Rollstuhl *m*
yürüyüş Vs. zu **yürümek** *spez.* 1. Gang(-art *f*) *m*, Fortbewe-

gung *f* 2. Marsch *m* (*mil.* od. als körperliche Übung); *(Sport)* Schnellgehen *n 3. mil. va.* Angriff, Sturm *m* 4. Bewegung *f* (der Gestirne) 5. Funktionieren *n* (e–r Maschine), Gang *m* ~ **bölümü** Marschgliederung *f* ~ **cetveli** Marschübersicht *f* ~ **derinliği** Marschtiefe *f* ~ **emniyeti** Marschsicherung *f* ~ **etmek** 1. in Scharen wandern (z. B. Ameisen) 2. *va.* an-stürmen, -drängen (z. B. Menschenmenge) ~ **halinde** in Marschformation ~ **hazırlığı** Marschbereitschaft *f* ~ **hedefi** Marschziel *n* ~ **iaşesi** Marschverpflegung *f* ~ **inzibatı** Marschdisziplin *f* ~ **kabiliyeti** Marschfähigkeit *f* ~ **kayası** die Grundelart Gobius cruentatus ~ **kıyafeti** Marschanzug *m* ~ **kolu** Marschkolonne *f* ⩋ **kolunda toplan!** In Marschordnung angetreten! ~ **krokisi** Marschskizze *f* ~ **molası** Marschpause *f* ~ **nizamı** Marschordnung *f* ~ **sırası** Marschfolge *f* ~ **vezin ve kararı** *mil.* Marschtempo *n* **-e geçirmek** in Marsch setzen **-le almak** *mil. va.* im Sturm nehmen **-lerin tertibi** *mil.* Anordnung *f* der Märsche **-te duraklama** *mil.* Marschstockung *f*

yürüyüşçü wer marschiert; Marschierender (z. B. Teilnehmer an e–m Demonstrationsmarsch)

yürya [×·] *naut.* Anholen *n* (von Tauwerk) ⩋ **beraber!** *(naut. Kommando)* Holt an! ~ **etmek** anholen, auftaljen

yüsrü schwarzes Wurzelholz (aus dem spez. Kügelchen für Gebetsketten hergestellt werden)

yüz (I) 1. hundert 2. Zahl *f* Hundert ~ **metre yarışı** *La.* Hundertmeterlauf *m* ⩋ **Yıl Harbi** *hist.* Hundertjähriger Krieg **-de** 1. auf (je) hundert 2. Hundertstel *n*, Prozent *n* (Zu 2: **-de beş** fünf Prozent) **-de birler basamağı** *math.* zweite Dezimalstelle **-de hesabı** Prozentrechnung *f* **-de nispetinde** prozentual **-de payı** Prozentsatz *m* **-de yüz** 1. hunderprozentig, durch und durch, ganz und gar 2. zweifellos, gewiß **-lerce** Hunderte (von), zu Hunderten

yüz (II) 1. Gesicht, Antlitz *n* 2. Ober-fläche, -seite *f* 3. rechte Seite (e–s Stoffes), Außenseite *f* (z. B. e–s Kissenbezuges) 4. Vorderseite, Front *f* (z. B. e–s Gebäudes) 5. *math.* (ebene Seiten-)Fläche *f* *vecih 6. (Vorder-) Blatt *n* (am Schuh) 7. Seite *f* (e–s Baches, Berges, Blattes usw.) 8. Scham(-gefühl *n*) *f* 9. Mut *m*, Dreistigkeit, Stirn *f* 10. (im Abl.) Grund *m*, Ursache *f*, Anlaß *m* 11. Aspekt, Anblick *m* (Zu 2: s. **su -ünde; su -üne çıkarmak; yeryüzü** Zu 4: **k–ni -den görmek** sich von vorne sehen Zu 7: **derenin öte -ü** die andere Seite des Baches **kâğıtların yalnız birer -üne yazılmış olarak** nur einseitig beschrieben (z. B. Manuskriptblätter) Zu 8: **Adamda ~ yok ki!** Der Kerl hat aber auch gar kein Schamgefühl! Zu 9: s. **ne -le; ~ bulmak (vermek); -ü olmamak (kalmamak)** Zu 10: **İşim vardı, o -den gelemedim.** Ich hatte zu tun und konnte aus diesem Grund nicht kommen. **dikkatsizlik -ünden kaza** durch Fahrlässigkeit verursachter Unfall **b–nin -ünden çekmek** durch j–n viel Schlimmes erleiden; viel Leid erfahren **kıskançlık -ünden** aus Eifersucht) ~ **asmak** s. ~ **eğmek;** ~ **bağlamak** *P* s. **kaymak bağlamak;** ~ **boyama** s. **makyaj;** ~ **bulmak** 1. (b–den) Anklang (Sympathien) finden (bei) 2. frech (dreist, anmaßend) werden ⩋ **bulunca** (*od.* **bulup**) **astar istiyor.** s. **Yüz verince astar ister.** ~ **buruşturmak** 1. Grimassen schneiden 2. s. **yüzünü buruşturmak;** ~ **çevirmek** 1. (b–den) sich von j–m abwenden; j–n schneiden *(fig.)* j–m seine Gunst (sein Wollwollen) entziehen 2. (bşden) aufgeben (Meinung, Plan usw.) 3. (b–ne, bşe) das Gesicht zuwenden ~ **çizgisi** Gesichtszug *m* ~ **eğmek** ein mürrisches Gesicht aufsetzen ~ **ekşitmek** s. **-ünü ekşitmek;** ~ **etmek** 1. über-weisen, -tragen, weiter-reichen, -geben *göçürmek, havale etmek 2. anpassen, angleichen (zwei aneinanderzufügende Gegenstände) ~ **felci** *med.* Gesichts-, Fazialis-lähmung *f* ⩋ **geri!** Kehrt! ~ **geri etmek** (*od.* **dönmek**) 1. kehrtmachen, sich umdrehen 2. sich zurückziehen 3. sich abweisend verhalten ~ **göre** katzenfreundlich, mit aufdringlicher Schmeichelei, nach dem Mund (z. B. reden) ~ **göstermek** zutage treten, sich zeigen, sich herausstellen *meydana çıkmak ⩋ **güzelliği hamamdan eve, öz güzelliği Urum'dan Sam'a.** *Spr.* s. **Tüy güzelliği** (usw.); ~ **istemek** allerhand Mut erfordern (**Bunu söylemek için ~ ister.** Es erfordert schon allerhand Mut (*bzw.* e–e gute Portion Dreistigkeit), dies zu sagen.) ~ **işmizazı** Grimasse *f* ~ **kızartıcı** 1. tief beschämend 2. tief beleidigend ~ **kızartıcı suç** Ehren-beleidigung, -kränkung *f* *muhilli haysiyet cürüm ~ **kızartmak** 1. sich erniedrigen, sich demütigen, flehentlich um et. bitten 2. s. **-ünü kızartmak;** ~ **kızdırmak** s. **yüzünü kızartmak** (2); ~ **siniri** *an.* Gesichtsnerv, Fazialis *m* ~ **surat davul derisi** (*od.* ~ **surat Hak getire**) mit eherner Stirn, unverschämt ~ **surat mahkeme duvarı** finster dreinblikkend ~ **surat olmamak** (b–de) kein Schamgefühl besitzen ~ **sürmek** s. **ayağına (eşiğine)** ~ **sürmek;** ~ **taraf** 1. rechte Seite (e–s Stoffes) 2. Vorderseite *f*, Avers *m* (e–r Münze) ~ **tutmak** 1. e–e best. Richtung einschlagen; sich wenden (nach) 2. *fig.* e–e Wendung nehmen (zu), beginnen, anfangen (zu), drohen (zu) (**Hastalığı iyiliğe ~ tuttu.** Seine Krankheit hat e–e Wendung zum Besseren genommen. **yavaş yavaş ortadan kalkmağa ~ tutan eski bir âdetimiz** ein alter türkischer Brauch, der allmählich zu verschwinden droht; s. a. **inhitata ~ tutmak; -ü tutmamak**); ~ **vermek** 1. freundlich (nachsichtig) sein 2. ermutigen; *a.* Avancen machen (Frau, Mädchen) 3. (durch zuviel Freundlichkeit od. Nachsicht) verwöhnen (⩋ **verince astar ister.** Reicht man ihm den kleinen Finger, will er gleich die ganze Hand. *Spr.* Der Appetit kommt beim Essen. *Spr.*) ~ **vermemek** sich abweisend verhalten ~ **vurmak** sich wenden (an), vorstellig werden, an-, nachfragen (bei) *baş vurmak, müracaat etmek ~ **yastığı** Kopfkissen *n* ~ **yazıcı** s. **yazıcı kadın;** ~ **yazısı** 1. der e–r Braut ins Gesicht geklebte Schmuck (Brauch in türk. Dörfern) 2. der Donnerstag e–r Brautwoche ~ **yazmak** das Gesicht (e–r Braut) schminken und schmücken ⩋ **yüzden utanır.** *Spr. (Sinn:)* Persönliche Unterredung erleichtert vieles. ~ **yüze** von Angesicht zu Angesicht, unter vier Augen ~ **yüze bakmak** einander (wieder) gegenüberstehen, (wieder) mit j–m zu tun haben (**Bir gün olur, yüz yüze bakar** (*od.* **bakılır**). *Spr. (Sinn:)* Mache dir niemand zum Feind!) ~ **yüze bakacak yer bırakmamak** sich tödlich zerstreiten) ~ **yüze dikmek** steppen (Näherei) ~ **yüze gelmek** aufeinander treffen, sich begegnen

(yüze): ~ **çıkmak** 1. an die Oberfläche (z. B. des Wassers) kommen, auftauchen, hervorkommen 2. *fig.* sich herausstellen 3. *fig. selt.* sich aus der Patsche ziehen 4. frech (dreist, unverschämt) werden, sich viel herausnehmen 5. die Oberhand gewinnen; recht behalten ~ **duramamak** s. **yüzüne duramamak;** ~ **gülmek** 1. sich katzenfreundlich benehmen 2. liebenswert und anziehend erscheinen ~ **gülücü** heuchlerisch, scheinheilig *ikiyüzlü, riyakâr ~ **soğurma(k)** s. **soğrumsama(k)**

(yüzü): ~ **açılmak** (bşin) sich in seiner Schönheit (seinem ganzen Glanz) zeigen ~ **ağarmak** die Farbe verlieren (Gesicht) ~ **ak** 1. ehrenhaft, unbescholten *namuslu 2. wer sich bewährt hat ~ **ak alnı pak** mit untadeligem Ruf, mit reiner Weste ⩋ **ak olsun!** Möge es ihm immer gut gehen! ~ **astarı bellisiz bir adam** ein zweifelhaftes Individuum ~ **boyalı gelin gibi kalmak** *fig.* recht einfältig dreinschauen ~ **buruşmak** s. **yüzünü buruşturmak;** ~ **ekşi** griesgrämig, mürrisch ~ **görmek** bekommen, erlangen, erfahren (vgl. **dert** *bzw.* **rahat yüzü görmemek**); ~ **gözü açılmak** aufgeklärt werden (*spez.* sexuell) ~ **gözü**

kir (*od.* **pislik**) **içinde** im ganzen Gesicht schmutzig, über und über beschmutzt ~ **gülmek** 1. übers ganze Gesicht strahlen, sich freuen, zufrieden sein 2. erleichtert aufatmen können ~ **gülmemek** 1. ein rechter Pechvogel sein 2. ein unfreundliches Wesen haben ~ **kalmamak** nicht mehr den Mut aufbringen, keinen Schneid mehr haben (z.B. um erneut et. zu erbitten) ~ **kara** mit befleckter Ehre, ehrlos, unehrenhaft; mit Schande beladen ~ **kasap süngeriyle silinmiş** dickfellig, unverschämt ~ **kaşık kadar olmak** ganz abgezehrt aussehen ~ **kavruk** mit gebräuntem Gesicht ~ **kızarmak** schamrot werden ~ **olmamak** s. **yüzü yok olmak;** ~ **pek** ungeniert, dreist, frech ~ **pekiştirmek** unverschämt (anmaßend) werden ~ **renk bağlamak** wieder Farbe ins Gesicht bekommen ~ **sıcak** verführerisch, verlockend (**Paranın yüzü sıcaktır.** *Spr.* Geld lockt immer.) ~ **sirke satmak** s. **suratı sirke satmak;** ~ **soğuk** abschreckend, abstoßend, Angst einflößend ~ **suyu hürmetine** *od.* ~ **suyuna** zu Ehren (von) (**bayramın** ~ **suyu hürmetine** zu Ehren des Festtages) ~ **teneke kaplı** s. Stw. **teneke;** ~ **tutmak** (bşi yapmağa) sich nicht genieren, es fertig (*od.* über sich) bringen, den Mut haben (zu) ~ **tutmamak** (bşi yapmağa) sich genieren, nicht wagen (et. zu tun) ~ **yazılı kalmak** *fig.* unberührt (unangetastet) bleiben ~ **yerde** schlicht, einfach, bescheiden *alçakgönüllü, mütevazı ~ **yerde kalmak** (*od.* ~ **yere gelmek** *od.* ~ **yere düşmek**) sich (für e-n anderen) in Grund und Boden schämen ~ **yırtık** 1. schamlos 2. unverschämt ~ **yok olmak** 1. (bşe) et. nicht ertragen (aushalten) können 2. (bşi yapmağa) sich genieren, sich nicht unterfangen, nicht wagen (et. zu tun) (**Benim zaten sıcağa yüzüm yoktur.** Ich kann die Hitze schon an und für sich nicht vertragen.) ~ **yumuşak** gutmütig; wer e-m anderen et. nicht abschlagen kann

(yüzünden): ~ **akmak** (b-nin) (ein Gefühl, e-e Stimmung usw.) nicht verheimlichen können, (j-m et. am Gesicht ablesen können) ≗ **düşen bin parça olur.** Ein Gesicht wie vierzehn Tage Regenwetter machen, griesgrämig dreinschauen ~ **kan damlamak** aussehen wie das blühende Leben ~ **okumak** 1. j-m et. am Gesicht ablesen können 2. vom Blatt lesen (singen)

(yüzüne): ~ **atılmak** j-m (geradezu) ins Gesicht springen (vor Wut) ~ **bağırmak** (b-nin) j-n anschreien; losschreien (auf) ~ **bakamamak** (b-nin) j-m nicht (mehr) ins Gesicht sehen können, j-m nicht (mehr) unter die Augen treten können ~ **bakılacak gibi** *od.* ~ **bakılır** leidlich (recht, ganz) hübsch ~ **bakılmaz** häßlich wie die Nacht, grundhäßlich ~ **bakmağa kıyılmaz** wunderschön, bildhübsch ~ **bakmamak** 1. nicht ansehen, links liegen lassen, für unbedeutend ansehen 2. böse sein, schmollen ~ **bir daha bakmamak** kein Wort mehr mit e-m reden ~ **çarpmak** (b-nin) j-m et. unter die Nase reiben, j-m et. vorhalten ~ **duramamak** j-m et. nicht abschlagen können ~ **gözüne bulaştırmak** (bir işi) alles verkehrt machen (bei), et. verkorksen ~ **gülmek** (b-nin) 1. j-m ins Gesicht lachen 2. *fig.* anlachen (z.B. verlockende Gegenstände) ~ **kan gelmek** wieder Farbe ins Gesicht bekommen, wieder lebendig werden ~ **kan hücum etmek** (j-m) die Zornesröte ins Gesicht steigen ~ **kapıyı kapamak** (b-nin) j-m die Tür vor der Nase zuschlagen ~ **karşı** (b-nin) j-m ins Gesicht hinein (z.B. et. sagen) ~ **söylemek** 1. j-m et. ins Gesicht hinein sagen 2. j-m et. direkt (von Mann zu Mann, nicht auf Umwegen) sagen ~ **tükürmek** j-m ins Gesicht spucken (**Yüzüne tükürseler, yağmur yağıyor sanır.** *Spr. Ra.* Er hat keinen Funken Ehrgefühl. Vgl. a. Stw. **arsız**); ~ **vurmak** s. **yüzüne çarpmak**

(yüzünü): ~ **ağartmak** (b-nin) j-m Ehre machen ~ **asmak (buruşturmak, ekşitmek)** ein griesgrämiges Gesicht ziehen, mürrisch dreinschauen ~ **çarşamba pazarına çevirmek** vgl. **Suratını çarşamba pazarına çeviririm!** ~ **görmemek** 1. j-n nicht (mehr) sehen; mit j-m nicht (mehr) zusammenkommen ~ **gözünü açmak** (b-nin) *fig.* j-m die Augen öffnen ~ **gözünü çarpıtmak** 1. das Gesicht verziehen, sauer dreinblicken 2. j-n krumm und lahm schlagen ~ **gözünü oynatmak** Gesichter (Grimassen, Fratzen) schneiden ~ **güldürmek** (b-nin) j-m Freude machen (bereiten), j-n beglücken, erfreuen ~ **kara çıkarmak** 1. e-e Enttäuschung bereiten 2. beschämen, blamieren ~ **kızartmak** 1. (b-nin) j-n schamrot werden lassen 2. (kendi) et. Beschämendes auf sich nehmen (z.B. auch auf die Gefahr e-r Ablehnung hin j-n um et. bitten) ~ **örtmek** das Gesicht verhüllen, sich verschleiern ≗ **şeytan görsün!** Der Teufel soll ihn holen! ~ **yazmak** das Gesicht e-r Braut schminken und schmükken ~ **yere getirmek** j-n blamieren, bloßstellen ~ **yıkamak** 1. sich das Gesicht waschen 2. *Sch.* sich rasieren ~ **yırtmak** unverschämt werden

(yüzünün): ~ **akiyle çıkmak** (bir işten) mit unbefleckter Ehre aus et. hervorgehen, sich bewähren (bei e-r Probe, Prüfung usw.) ≗ **akiyle buradan çekil git!** Schau, daß du weiterkommst, bevor ich dich öffentlich blamiere! ~ **derisi kalın** dickfellig; ohne das geringste Schamgefühl ~ **perdesi yırtılmak** *fig.* unverschämt werden **Yüzünüze güller!** *P* (*Abw.* bei Erwähnung von et. Unappetitlichem, Übelriechendem usw.) *(etwa:)* mit Verlaub gesagt; wenn ich das aussprechen darf

yüzakı, -nı; yüzakluğı, -nı 1. (unbefleckte) Ehre, Ehrenhaftigkeit, Unbescholtenheit *f*, guter Ruf, guter Name *namus 2. Sich-Bewähren *n,* Bewährung *f*, Tüchtigkeit, Leistungsfähigkeit *f*, Ruhm(-esglanz) *m* **yüzakiyle bir iş yapmak** 1. et. tun, ohne seiner Ehre et. zu vergeben 2. sich bewähren (s.a. **yüzünün akiyle ...**)

yüzbaşı, -yı *mil.* Hauptmann, Rittmeister *m*

yüzbaşılık Rang *m,* Stellung *f* e-s **yüzbaşı**

yüzbeyüz *z. va.* s. **yüz yüze**

yüzde 1. s. Stw. **yüz** (I) 2. s. **yüzdelik**

yüzdelik 1. Prozentsatz *m* 2. Prozente *pl.*, prozentmäßige Entlohnung (z.B. e-s Maklers)

yüzden 1. *Adj.* oberflächlich *sathî 2. s. **yüz** (II, 10); ~ **erime** *geol.* s. **ablasyon** (2)

yüzdürme Vs. zu **yüzdürmek** (I, II); ~ **kuvveti** *phys.* Auftrieb(-skraft *f*) *m*

yüzdürmek (I) das Fell abziehen lassen, abbalgen lassen

yüzdürmek (II) 1. schwimmen lassen od. die Erlaubnis zum Schwimmen geben 2. heben (gesunkenes Schiff) 3. wieder flottmachen (aufgelaufenes Schiff 4. flößen (Baumstämme) 5. *V* fortjagen, entlassen Zu 1: **Burada kimseyi yüzdürmüyorlar.** Hier darf niemand schwimmen.

yüzegelen s. **ileri gelen**

yüzellilikler *hist.* die 150 Unerwünschten (Gegner des kemlistischen Regimes, die bis zur Amnestie, Juni 1938, aus der Türkei verbannt waren)

yüzen schwimmend, Schwimm- ~ **balık** künstlicher Köderfisch (beim Angeln von Raubfischen)

yüzer (I) je hundert **Adam başına** ~ **lira düşüyor.** Auf jeden einzelnen entfallen hundert Pfund. ~ ~ in Gruppen zu je hundert

yüzer (II) schwimmend, Schwimm- ~ **buz** *geogr.* Treibeis *n* ~ **fener** *naut.* schwimmendes Leuchtfeuer (z.B. Feuerschiff od. Leuchtboje) ~ **havuz** Schwimmdock *n* ~ **köprü** *mil.* Pontonbrücke *f*

yüzerlik *P* s. **üzerlik**

yüzey (Ober-)Fläche *f* *satıh ~ **şekilleri** Relief *n*, Unebenheiten *pl.* der Oberfläche *avarız, engebelik **-lerin eşitliği** *math.* Flächengleichheit *f*
yüzeyli çakıl s. **köşeli yel çakılı**
yüzeysel 1. die Oberfläche betreffend, Oberflächen- 2. oberflächlich, flüchtig *(1, 2) sathî
yüzgeç, -ci 1. schwimmend, Schwimm- 2. Schwimmer(-in *f*) *m* *yüzücü 3. Schwimmer *m* (z.B. an e–m Wasserflugzeug) 4. *an.* Flosse *f* (der Fische) Zu 1: ~ **kuşlar** Schwimmvögel *pl.* Zu 2: **Bu çocuk mükemmel bir -tir.** Der Junge hier ist ein ausgezeichneter Schwimmer. **Fransız ~ kadınları** die französischen Schwimmerinnen Zu 4: s. **anus (göğüs, karın, sırt) -ı**
yüzgeçayaklılar Flossenfüßer, Robben *pl. zo.* Pinnipedia *misbahîyürricil
yüzgörümlüğü, -nü Geschenk *n* des Bräutigams an seine junge Frau (*mst.* Edelstein *m*) (*urspr.* beim ersten Anblick ihres Gesichtes in der Hochzeitsnacht) ~ **almak** (*bzw.* **vermek**) 1. *fr.* ein Entschleierungsgeschenk bekommen (*bzw.* geben) 2. *hum.* (zu e–m seltenen Besucher:) **Bize gelmek için ~ mü almak istiyorsun?** Man muß dir wohl e–e eigene Einladung schicken, damit du dich wieder einmal bei uns blicken läßt!
yüzgöz *(in der Füg.:)* ~ **olmak** sich zu familiär benehmen; im Verkehr zu kameradschaftlich werden (Vorgesetzter gegenüber Untergebenen)
yüzkarası, -nı 1. Schande, Schmach, Unehre *f;* befleckte Ehre 2. Unglück, Pech, Mißgeschick *n* 3. *va.* Frechheit, Unverschämtheit *f*
yüzlemece 1. *Adv.* offen, ins Gesicht hinein *yüzüne karşı 2. *Adj.* in praesentia geführt (z.B. Gerichtsverhandlung) od. ausgesprochen (z.B. Urteil) *vicahî
yüzlemek (m. Akk.) j–m Vorhaltungen machen, j–m seine Fehler *bzw.* Vergehen auf den Kopf zusagen, j–n zur Rede stellen
yüzleşmece *Adv.* in Anwesenheit der beiden Parteien, von Angesicht zu Angesicht (z.B. erörtern)
yüzleşme Vs. zu **yüzleşmek** Konfrontierung, Konfrontation *f* *muvacehe
yüzleşmek 1. einander gegenübergestellt werden, konfrontiert werden 2. zusammen-treffen, -kommen (mit)
yüzleştirme Vs. zu **yüzleştirmek** Gegenüberstellung, Konfrontation *f*
yüzleştirmek gegenüberstellen, konfrontieren
yüzlü (I) huntert Einheiten umfassend
yüzlü (II) 1. mit nb. Gesicht; ... aussehend 2. mit nb. Oberfläche, Ober-, Außen-seite 3. unbefangen, ungeniert, dreist Zu 1: s. **masum** ~ Zu 3: **Size ~ ~ geldim.** Ich bin ganz dreist zu Ihnen gekommen.
yüzlük (I) was hundert Einheiten umfaßt (kostet, wiegt) *spez.* 1. *fr.* 100-Para-Stück (= 2½ Kurusch) 2. 100-Kurusch-Stück, Ein-Pfund-Stück *n* 3. 100-Pfund-Schein *m* 4. *math.* Hunderter 5. hundertjährig Zu 4: ~ **birimler bölüğü** *math.* die Hunderter *pl.* *miat
yüzlük (II) 1. jeder Gesichtsschutz *spez.* Gesichtsschleier *m* 2. Maske, Larve *f*
yüzlülük (in Füg. wie:) **güler** ~ lachendes Gesicht; Freundlichkeit *f*, Liebenswürdigkeit *f;* s.a. **iki-**
yüzme Vs. zu **yüzmek** (I, II) *spez.* Schwimmen *n* ~ **kesesi** *an.* Schwimmblase *f* (der Fische) *kisei sephiye ~ **müsabakası** Wettschwimmen *n*
yüzmek (I) 1. abhäuten, abbalgen, das Fell abziehen, abdecken, schinden 2. *fig.* j–m das Geld aus der Tasche ziehen. **Yüzdük yüzdük (yüze yüze; yüzüp yüzüp) kuyruğuna geldik (getirdik)!** *fig.* Kommt man über den Hund, so kommt man auch über den Schwanz! *Spr.* Wir sind gleich fertig!
yüzmek (II) 1. schwimmen 2. *fig.* sich in e–m durch Übermäßigkeit gekennzeichneten Zustand befinden Zu 2: **Kitaplar toz içinde yüzüyor.** Die Bücher sind mit e–r dikken Staubschicht bedeckt. **Ben bu elbise içinde yüzüyorum!** Der Anzug schlottert ja nur so an mir herum!
yüznumara Abort *m*, Toilette *f*
yüzölçümü, -nü 1. Flächenberechnung *f* 2. *math.* Flächeninhalt *m* *mesahai sathiye
yüzpara [×··] *fr.* 100 Para (= 2½ Kurusch)
yüzsuyu, -nu Ehre, Selbstachtung *f* ~ **dökmek** in würdeloser Weise um et. bitten, winseln und flehen; s.a. **yüzü suyu hürmetine**
yüzsüz ungeniert, dreist, frech, unverschämt
yüzsüzleşmek dreist, unverschämt werden
yüzsüzlük, -üğü Ungeniertheit, Dreistigkeit, Unverschämtheit, Frechheit *f*
yüzücü (I) Abdecker, Schinder *m* 2. *fig.* Ausbeuter *m* *sömürücü
yüzücü (II) schwimmend, Schwimmer(-in *f*) *m* ~ **keseli** Schwimmbeutler *m zo.* Chironectes minimus (e–e Beutelratte)
yüzük, -üğü 1. (Finger-)Ring *m* 2. Bauchbinde *f* (bei Zigarren) ~ **çevirmek** das Ringspiel spielen (vgl. ~ **oyunu**); ~ **kaşı** Fassung *f* e–s Ringes ~ **mastarı** Ringmaß *n* (des Goldschmieds) ~ **oyunu** Ringspiel *n* (türk. Gesellschaftsspiel, bei dem ein Ring unter Tassen versteckt wird) ~ **takmak** e–n Ring (*bzw.* Ringe) anstecken (*bzw.* tragen) **-ü geri çevirmek** den Ring zurückgeben, die Verlobung rückgängig machen
yüzükkelebeği, -ni s. **halkaören**
yüzüklü ringgeschmückt
yüzükoyun *Adv.* 1. mit der Stirn (dem Gesicht) den Boden berührend 2. *fig.* platt auf dem (den) Bauch
yüzükparmağı, -nı Ringfinger *m* *adsızparmak; dördüncü parmak
yüzüksü ringförmig, Ring- *halkavî
yüzüncü hundertst-
yüzünden vgl. **yüz** (II, 10)
yüzüpek s. **yüzü pek**
yüzüstü, -nü 1. s. **yüzükoyun** 2. nicht zu Ende geführt, unvollendet, halbfertig, unerledigt ~ **bırakmak** 1. (unerledigt) liegenlassen (z.B. Arbeit) 2. (b–ni) j–n im Stich lassen; j–n seinem Schicksal überlassen (Zu 1: **Bütün işleri ~ bırakıp gitti.** Er ließ alles stehen und liegen und ging weg.) ~ **düşmek** platt auf den Bauch fallen ~ **kalmak** (halbfertig) liegenbleiben (z.B. Arbeit) ~ **kapanmak** sich der Länge nach hinwerfen und mit der Stirn den Boden berühren
yüzyıl Jahrhundert *n* *asır **-larca** seit vielen Jahrhunderten
yüzyıllık s. **asırlık**
yüzyirmisekizlik *mus.* Hundertachtundzwanzigstelnote *f*

Z

z, Z [zɛ] 29. und letzter Buchst. des türk. Alph.
z *math.* (die Unbekannte) z
zaaf s. **zaıf**
zabıt, -ptı 1. gewaltsame Wegnahme; Besitzergreifung, Einnahme, Eroberung, Besetzung *f* 2. Beherrschung, Bezähmung *f* 3. Zusammenhalten *n* (von Kleidern, Haaren usw.) 4. Protokoll(-ierung *f*) *n* 5. Aufnahme, Registrierung *f* (z. B. e–s Erdbebens) 6. Beschlagnahme *f* 7. Abfangen *n* (z. B. e–s Schiffes im Krieg), *jur.* Aufbringung, Kondemnierung *f* 8. Im-Gedächtnis-Behalten *n* ~ **ceridesi** Sitzungs-bericht *m*, -protokoll *n* ~ **hali** *jur.* Eviktion *f* ~ **kâtibi** 1. Gerichtsschreiber *m* 2. Protokollführer *m* ~ **tutmak** 1. ein Protokoll aufnehmen 2. Protokoll führen ~ **varakası** (von den Betreffenden unterzeichnetes) Protokoll *n* ~ **ve rabıt** s. **zapturapt;** ~ **ve rabıtsız** undiszipliniert ~ **ve teshir etmek** *va.* unterwerfen, unter seine Botmäßigkeit bringen ~ **ve teshiri imkânsız bir kale** *va.* e–e uneinnehmbare Festung **-a geçirmek** zu Protokoll nehmen **-a karşı teminat** *jur.* Rechtsmängelhaftung *f* (wegen Eviktion) *elinden alıma karşı sağlama **-ı sabık** *z. va.* Protokoll *n* der vorigen Sitzung
zabıta [—··] 1. Polizei *f* (mit Einschluß der Gendarmerie, Feldhüter usw.) 2. *va.* polizeiliche Maßnahmen *pl.* ~ **cezaları** Polizeistrafen *pl.* ~ **haberi** Polizeibericht *m* (als Zeitungsmeldung) ~ **vukuatı** Kriminalfälle *pl.* **-i belediye** *va.* städtische Polizei
zabıtname [··—·] Protokoll *n*, Niederschrift *f* *protokol, tutulga, tutanak
zabit, -ti [ā] 1. *va.* Offizier *m* *subay 2. *fig.* wer sich durchzusetzen versteht, wer seinen Worten Geltung zu verschaffen weiß; energisch 3. *va. naut.* Vorgesetzter, Chef *m* (auf Handelsschiffen) ~ **namzedi** Offiziersanwärter *m* *subay namzedi ~ **vekili** Offiziersstellvertreter *m* *yarsubay
zabitan [—·—] *va. Pl.* zu **zabit**
zabitlik *va.* 1. Offiziersrang *m* *subaylık 2. *selt.* Autorität *f*
zacıkıbrıs s. **göztaşı**
zaç, -cı s. **demir sülfat**
zaçyağı, -nı rauchende Schwefelsäure *derişik sülfürik asit
zadallah [—·—] *va.* (Segensformel) Möge Gott ... vermehren!
Zadar *n.pr.* Zadar (Zara) (Hafenstadt in Dalmatien)
zade [ā] 1. *va.* geboren 2. *va.* edel, Adliger *m* 3. *Sx.* Kind *n*, Sohn *m* **-i hilkat** *va.* Geschöpf *n* der Natur
zadegân [—·—] *pl.* Adlige, Aristokraten *pl.* ~ **alayından** *F* 1. abgebrannt, pleite 2. Vagabund, Landstreicher *m* 3. verwöhntes Muttersöhnchen ~ **sınıfı** Adel(-sklasse *f*) *m* **-dan** aus adliger (vornehmer) Familie
zadegânlık [—·—·] s. **aristokratlık**
zâf s. **zaıf**
zafer 1. Sieg, Triumph *m* *utku, yengi 2. ≗ *mV* ~ **alayı** Sieges-, Triumph-zug *m* ~ **arabası** Triumphwagen *m* ≗ **Bayramı** Siegesfest *n* (gesetzlicher türk. Feiertag, 30. August) ~ **bulmak** (*od.* **kazanmak**) e–n Sieg erringen (davontragen), siegen ~ **hatırası** (*od.* **yadigârı**) Siegeszeichen *n*, Trophäe *f* ~ **sarhoşluğu** Siegesrausch *m* ~ **takı** s. **takızafer; -den -e sevk etmek** von Sieg zu Sieg führen **-i nihaî** Endsieg *m*
zafername [··—·] *fr.* das zur Verherrlichung e–s Sieges verfaßte (poetische od. prosaische) Werk
zafiyet, -ti [ā] 1. Abgemagertsein *n*, Magerkeit *f* 2. Schwäche, Mattigkeit, Kraftlosigkeit *f*, *med.* Asthenie *f* **-i kalbiye** *med.* Herzschwäche *f*
zagon s. **zakon**
zagzaga *va.* sinnloses Geschwätz; Quatsch *m*

zağ (I) *P* 1. (Schleif-)Glanz *m*, Politur *f* (z. B. e–s Schwertes) 2. Schärfe *f* (e–r Schneide) ~ **vermek** schärfen, schleifen
zağ (II) *va.* s. **karga**
zağanos 1. Sperbereule *f zo.* Surnia ulula 2. *va.* s. **çağanoz**
zağar Jagd-, Spür-hund *m*, Bracke *m*, *(f)*
zağara Pelzkragen *m* (auf e–m Mantel)
zağarcı *hist.* 1. Hundewärter *m* (im Sultanspalast) 2. ein dem ~ **ortası** angehöriger Janitschar ~ **ortası** *hist.* Name der 64. Janitscharenformation
zağarcıbaşı *hist.* 1. oberster Hundewärter 2. Kommandeur *m* des **zağarcı ortası**
zağcı *P* 1. Polierer *m* 2. Schleifer *m*
zağlamak *P* 1. glänzend machen, polieren 2. schärfen, schleifen
zağlı *P* 1. poliert 2. geschärft, geschliffen
zahır, -hrı 1. *va.* Rücken *m* *sırt 2. Rückseite *f* (e–s Blattes) **Zahrına!** Bitte wenden!
zahif [ā] schlangenartig kriechend, sich windend ~ **hayvanlar** s. **sürüngenler**
zahife [ā] s. **sürüngen**
zahip, -bi [ā] 1. *va.* gehend, folgend 2. *z. va.* denkend, meinend ~ **olmak** (m. Dat.) 1. *va.* beschreiten, einschlagen (Weg) 2. glauben, denken, meinen, vermuten, annehmen *zannetmek Zu 2: **Ben sizin gelmeyeceğinize ~ olmuştum.** Ich hatte schon geglaubt, Sie würden überhaupt nicht kommen.
zâhir 1. *Adv.* sicher, gewiß, bestimmt, zweifelsohne, natürlich, selbstverständlich, freilich 2. *Adv.* anscheinend, offenbar 3. *Adj.* klar, deutlich, offenkundig *açık, belli 4. *Adj.* äußer-, äußerlich 5. *Sb.* Äußeres; äußere Form od. Erscheinung; Äußerlichkeit *f;* äußerer Schein 6. (im Sprachgebrauch der Bektaschi) wer kein Bektaschi ist Zu 1: **Söylemeli ~, saklamak olur mu hiç?** Freilich muß man es sagen, das darf man doch nicht verbergen. Zu 2: **Ben yanlış biliyormuşum ~.** Ich bin wohl falsch unterrichtet worden. Zu 3: ~ **olmak** klar (deutlich, offenkundig) sein (*bzw.* werden) Zu 4: s. **sureti -e** Zu 5: **-i kurtarmak** den (äußeren) Schein wahren **-de** äußerlich, von außen betrachtet, scheinbar, anscheinend **-e bakmamak** nicht nur auf das Äußere achten, sich nicht von dem äußeren Eindruck blenden lassen **-e kapılmak** (*od.* **aldanmak**) sich von dem äußeren Eindruck bestechen lassen
zahîr *va.* Helfer, Protektor *m*, Stütze *f*, Rückhalt *m* *arka, yardımcı
zahire [ī] 1. Lebensmittel(-vorrat *m*) *pl.*, Proviant *m*, Nahrung *f* 2. Körnerfrüchte *pl.*, Getreide *n* *hububat, tahıl ~ **ambarı** Korn-speicher *m*, -kammer *f* ≗ **Nezareti** *hist.* Versorgungsministerium *n* ≗**nin** (*od.* **çiftçinin**) **ambarı sabanın ucundadır.** *Spr.* Sich regen bringt Segen. *Spr.*
zâhiren [×··] *Adv.* äußerlich, dem Anschein nach, scheinbar
zâhirî 1. äußer-, äußerlich 2. *a. astr.* scheinbar, Schein- *görünen Zu 1: s. **şekli** ~; ~ **muamele** s. **görünürdeki işlem**
Zâhiriye *n.pr.* isl. Rechtsschule, welche die Gesetze und Vorschriften nur nach dem äußeren Wortlaut von Koran und Sunna ableiten wollte
zâhirperest, -ti *va.* wer nur dem Äußeren Bedeutung beimißt
zahit, -di [ā] 1. fromm, gottesfürchtig, die Kirchenvorschriften genau beachtend 2. (im Sprachgebrauch der Alauiten) wer kein Alauit ist 3. ≗ *mV* **Zahide** *wV*

zahitlik [ā] Frömmigkeit, Gottesfurcht, Kirchengläubigkeit *f*
zahme *va.* 1. Schlagen *n* 2. Wunde *f* 3. s. **mızrap** 4. Paukenschlegel *m* 5. Steigbügelriemen *m*
zahmet, -ti Bemühung, Mühe, Mühsal, Anstrengung, Schwierigkeit *f*, Umstände *pl.* (die mit et. verbunden sind) ≗ **buyurdunuz!** Sie haben sich viel Mühe gemacht! ~ **çekmek** sich sehr anstrengen, sich abmühen, sich abplagen müssen, viel aushalten od. durchmachen müssen ~ **çektirmek** Mühe und Plage verursachen, j–n stark mitnehmen (schwere Arbeit) ~ **etmek** sich bemühen (~ **etmeyiniz!** Bemühen Sie sich nicht! **Boşuna** ~ **ettiniz!** Sie haben sich umsonst herbemüht!) ~ **ihtiyar etmek** sich die Mühe machen (zu); Mühen auf sich nehmen ~ **olmazsa** wenn es Ihnen keine Umstände (Mühe) macht ~ **vermek** (b–ne) j–m Mühe (Arbeit, Kosten) verursachen **-e değmek** der Mühe wert sein, sich lohnen **-e girmek** sich Mühe (*od.* Kosten) machen **-e sokmak** (b–ni) s. ~ **vermek; -ine mukabil** als Entgelt für seine Mühe **≗inizi karşılıksız bırakmam.** Ich werde Sie (natürlich) für Ihre Bemühungen entschädigen. **Size son bir -im daha olacak.** Ich muß Sie nur noch einmal belästigen.
zahmetli mühsam, mühselig, mühevoll, beschwerlich, anstrengend, schwer, schwierig
zahmetsiz mühelos, bequem, leicht ≗ **bal yenmez.** (*od.* ≗ **rahmet olmaz.**) *Spr.* Ohne Fleiß kein Preis. *Spr.* ~ **bir kazanç** ein müheloser Gewinn ~ **doğurmak** e–e leichte Geburt haben
zahre *P* für **zahire**
zahrî *va.* den Rücken betreffend, Rücken-, dorsal; s. **fıkaratı zahriye; misbahı** ~
zahriye *va.* Beschriftung *f* (auf der Außenseite e–s Heftes, e–r Akte usw.) *od.* Bemerkung *f* auf der Rückseite
zaıf, -a'fı 1. Abgemagertsein *n*, Magerkeit *f* 2. Schwäche *f*, schwacher Punkt; Nachteil *m* **tarafgirlik za'fı arzeden rivayetler** tendenziös gefärbte Berichte *pl.* **-ı surî** *stil.* Litotes *f* *yeğinseme **-ı telif** *stil.* unrichtige Wortanordnung im Satzganzen
zaika [–··] *va.* Geschmack(-ssinn) *m* *tadım
zaikavî [–··–] *va.* den Geschmackssinn betreffend, Geschmacks- *tatsal
zail [–·] 1. aufhörend, verschwindend 2. *va.* vergangen, letzt-, vorig- Zu 2: **meselei -e** *od.* **harbi** ~ *beid. va.* der vorige Krieg ~ **olmak** aufhören, vergehen, untergehen, verschwinden, verlorengehen (**İtimadım** ~ **oldu.** Ich habe das Vertrauen verloren. **Şüphem tamamen** ~ **oldu.** Ich habe keinerlei Argwohn mehr.)
zaîm 1. *hist.* Inhaber *m* e–s **zeamet,** Lehns-, Feudal-herr, Großgrundbesitzer *m* 2. **Zaim** [×·] *mV*
zair [ā] *va.* Besucher *m* *ziyaretçi
Zaire *n.pr.* Zaire (mittelafrikanischer Staat; *fr.* Belgisch-Kongo)
zait, -di [ā] 1. überflüssig, überzählig, unnötig 2. *math.* plus *artı 3. Kreuz *n* (z.B. auf Bildern zur Kennzeichnung best. Personen) Zu 1: ~ **masraflar** unnötige Ausgaben *pl.* **bir takım** ~ **sözler** e–e Menge überflüssiger Worte; s.a. **uzvu** ~ Zu 2: ~ **işareti** Pluszeichen *n* **Beş** ~ **üç müsavi sekiz.** Fünf plus drei ist acht. Zu 3: ≗ **işaretlisi Kâmil'dir.** Der (auf dem Bild) mit Kreuz Bezeichnete ist Kâmil. ~ **bulmak** (bşi yapmayı) es für überflüssig halten zu ... ~ **hadise** *va.* **gölgeolay;** ~ **kıl** Fadenkreuz *n* (im Fernrohr)
zakir [ā] 1. *va.* wer die Namen und Lobpreisungen Gottes rezitiert; Sänger *m* (in e–r Derwischversammlung) 2. ≗ *mV* **Zakire** *wV*
zakkum 1. Oleander, Rosenlorbeer *m bot.* Nerium oleander *ağıağacı, zıkkım ağacı 2. *isl. Myth.* Baum der Hölle mit bitteren Früchten, die Dämonenköpfen gleichen 3. *z. va.* Nahrung *f* der nach dem Tod Verdammten (vgl. a. die *T* **zıkkım**) 4. gallenbitter *zehir zemberek
zakkumgiller Hundsgiftgewächse *pl. bot.* Apocynaceae *meferrülkelbiye
zakon *V* Usus, Brauch *m*, gesetzliche Ordnung, richtiger Weg
zakuski [·×·] russische Hors d'œuvres *pl.*
zalâm *va.* 1. Dunkel(-heit *f*) *n*, Finsternis *f* *karanlık, zulmet 2. s. **zalimlik**
zalik, -ki [ā] (*va. ar. Demonstrativpronomen*) jener; vgl. **kezalik**
zalim [ā] grausam, tyrannisch, despotisch, Unterdrücker, Tyrann, Despot *m*
zalimlik [ā] Grausamkeit, Tyrannei, Gewalt-, Willkürherrschaft, Despotie *f*, Terror *m*
Zaloğlu Rüstem *n.pr.* 1. Rüstem, der Sohn des Zal (legendarischer pers. Held) 2. *z. va.* Prototyp *m* von Stärke und Tapferkeit
zam, -mmı 1. Hinzufügung *f* *inzimam, katım 2. Zuschlag *m* 3. Zulage *f* 4. höhere Berechnung (z.B. des Dienstalters) Zu 3: **-ı maaş** *va.* Gehaltszulage *f* Zu 4: s. **kıdem -ı;** ~ **olmak** dazu-, hinzu-kommen ~ **yapmak** (m. Dat.) erhöhen (z.B. Preise)
zamaim [·–·] *va. Pl.* zu **zamime**
zaman *urspr.* [·–] 1. Zeit *f* 2. Zeit-abschnitt *m*, -alter *n*, Periode, Epoche, Ära *f* *devir 3. Lebens- od. Jahres-zeit *f* *çağ, mevsim 4. *gr.* Zeitform *f* des Verbs, Zeit *f*, Tempus *n* 5. *geol.* Schichtfolge, Formation *f* 6. *mus.* Taktart *f* 7. (**olduğu** ~) als, wenn Zu 1: s. **bir (hiç bir, o)** ~ Zu 2: **imparatorluk -ında** zur Zeit des Kaiserreichs Zu 3: **gül -ı** Zeit *f* der Rosenblüte **çocukluk -ı** Kinderzeit, Kindheit *f* Zu 7: **babam öldüğü** ~ als mein Vater starb ~ **adamı** wer dem Zeitgeist od. den Erfordernissen der Zeit Rechnung trägt, moderner Mensch ~ **aralığı** *astr.* Zeitintervall *n* ~ **belirteci** (*od.* ~ **zarfı**) *gr.* temporales Adverb ~ **bırakmak** 1. Zeit lassen 2. e–e best. Zeit ansetzen (für et.) ~ **bildirimi** Zeitzeichen *n* ~ **birliği** *lit.* Einheit *f* der Zeit ~ **denklemi** *astr.* Zeitgleichung *f* *teadülü zaman ~ **emsali** Zeitfaktor *m* ~ **geçtikçe** mit der Zeit, allmählich ~ **kaybetmeden** unverzüglich, schnurstracks ~ **kazanmak** Zeit gewinnen ~ **kollamak** den geeigneten Zeitpunkt abpassen ~ **ölçüsü** Zeitmaß *n* ~ **öldürmek** die Zeit totschlagen ~ **rabıtası** *va. gr.* temporale Verbalfügung (Typen: **okumadan evvel; okuduktan sonra**); ≗ **sana uymazsa sen zamana uy!** *Spr.* s. **Vardığın yer körse gözünü kapa!** ~ **tutmak** Zeit erfordern ~ **ulacı** *gr.* temporales Gerundium (z.B. **gidince, gittiğinde, geleli** usw.) *rabıt sıygası ~ **ve mekân itibariyle** zeitlich und räumlich ~ **vermek** s. ~ **bırakmak;** ~ ~ von Zeit zu Zeit, manchmal ≗ **zamana uymaz.** *Spr.* Die Zeiten ändern sich. **-a uymak** sich nach den Zeitläuften richten, mit der Zeit gehen **≗ı doldu.** Die Zeit ist um. **-ı geçmek** (bşin) 1. nicht mehr erforderlich *od.* nicht mehr angebracht sein 2. überholt werden, veralten 3. verblühen, verwelken **-ı gelmiştir** (bşi yapmak) Es ist (jetzt) an der Zeit (zu) **-ımızda** zu unserer Zeit **-ın hükümdarı** der damalige (seinerzeitige) Herrscher **-ına göre mükemmel bir teksir makinesi** e–e für die damalige Zeit hervorragende Vervielfältigungsmaschine **-ında** zur rechten Zeit, rechtzeitig, im richtigen Augenblick **-la** mit der Zeit, allmählich **-la mukayyet akit** *jur.* Fixgeschäft *n*
zamân *va.* Bürgschaft, Gewähr, Garantie *f* ~ **altına almak** *va.* bürgen, Bürgschaft leisten, Gewähr bieten, garantieren **-ı rücu** *va.* s. **cayma tazminatı**
zamanaşımı, -nı Verjährung *f* *müruruzaman **-na uğramak** verjähren (z.B. Schuld)
zamandaş gleicheitig, simultan, synchron *hemzaman, senkron
zamandaşlaştırmak synchronisieren *senkronize etmek

zamandaşlık Gleichzeitigkeit, Simultaneität *f* *hemzamanlık, senkronizm
zamane [·–·] 1. *va.* s. **zaman** 2. *mst. pej.* heutige Zeit 3. *va.* Schicksalsfügung *f* ~ **adamı** 1. *selt.* moderner Mensch 2. *pej.* wetterwendisch; Opportunist *m* *eyyamcı ~ **çocukları** Jugend *f* von heute ~ **hastalığı** *lit.* Weltschmerz *m* (der Romantik) ~ **modası** jetzige Mode; Mode *f* von heute
zamanen [·–·] *va. Adv.* der Zeit nach, zeitlich
zamanlı 1. *mus.* in e–r best. Taktart 2. rechtzeitig, pünktlich 3. zur richtigen (passenden) Zeit Zu 1: **üç ~ ölçü** dreiteiliger Takt
zamansal zeitlich, Zeit-, temporal
zamansız 1. unzeitig, vorzeitig, verfrüht, unerwartet früh (od. schnell), frühzeitig 2. zeitlich unangebracht, unpassend Zu 2: **lüzumsuz ve ~ münakaşalar** überflüssige und unangebrachte Diskussionen; s. a. **yersiz ve ~**
zamazingo [··×·] *V* Freundin, Geliebte, Mätresse *f*, Verhältnis *n*
zambak, -ğı Lilie *f bot.* Lilium (martagon u. a.) ~ **yasemini** s. **Mısır yasemini**
zambakgiller (*va.* **zambakiye**) Liliengewächse *pl. bot.* Liliaceae
zambakîyüşşekil [··–···] s. **denizlâleleri**
zambuk, -uğu Boot *n* mit Lateinsegel (im Roten Meer und im Persischen Golf)
zambur *Verst.* zu **kambur**
zamime [ī] *va.* An-, Hinzu-fügung *f* **-i memalik etmek** *va.* dem eigenen Hoheitsgebiet einverleiben
zamimeten [·×··] *va. Adv.* als Zusatz, zusätzlich, außerdem, dazu, obendrein
zâmin *va.* Bürge, Garant *m*
zamir [ī] 1. *gr.* echtes (*d. h.* unverbundenes, sb. verwendetes) Pronomen, Fürwort 2. s. **içyüz**; Zu 2: **Bu sözüyle -ini meydana vurmuş.** Mit diesen Worten enthüllte er sein wahres Gesicht.
zamk, -kı 1. Gummiharz *n* 2. Klebstoff *m* ~ **ağacı** Tragant, Bocksdorn *m bot.* Astragalus tragacantha *kitre ağacı ~ **akasyası** *bot.* Name verschiedener Akazienarten, die Gummiarabikum (Akaziengummi) liefern *spez.* Acacia verek *Arabistan akasyası ~ **hastalığı** *agr.* Harzfluß *m* (übermäßige Harzabsonderung) **-ı Arabî** s. **arapzamkı**
zamkinos *V* 1. (Bez. für e–n kleineren Gegenstand, dessen Name e–m nicht gleich einfällt) Dingsda, Dingsbums *n* 2. s. **zamazingo; ~ etmek** *od.* **-u çekmek** sich aus dem Staub machen, verschwinden, verduften, sich verdrükken, abhauen, türmen
zamklamak mit Klebstoff bestreichen, gummieren
zamklı mit Klebstoff bestrichen, gummiert ~ **kâğıt** Klebestreifen *m*
zamme(-li) s. **ötre(-li)**
zammetan [··–] *ar. Gr.* das Zeichen für die Nunation **-un**
zammetmek [×··] hinzu-, bei-fügen **Eğer maaşına yüz lira zammedilirse** Wenn er e–e Gehaltszulage von hundert Pfund bekommt ...
zampara Schürzenjäger, Don Juan *m*
zamparalık Charakter *m* od. Treiben *n* e–s Schürzenjägers ~ **etmek** hinter jeder Schürze her sein
zan, -nnı 1. Meinung, Vermutung, Mutmaßung, Annahme *f* *sanı 2. Verdacht *m*, Anschuldigung, Anklage *f* ~ **altında bulunmak** im Verdacht stehen, angeklagt sein ~ **üzerine tevkif etmek** als verdächtig verhaften **-ıma göre** *od.* **-ımca** wie ich annehme, meines Erachtens, wohl **-ında olmak** s. **zannetmek; -ı galip** *z. va.* sichere Vermutung, bestimmte Annahme **-ü tahmin** s. **zan** (1)
zanaat, -tı Kunst *f*, Handwerk, Gewerbe *n*
zanaatçı Handwerker, Gewerbetreibende *m*
zangır zangır Lm. e–s heftigen Schwankens, Bebens, Zitterns, Klirrens od. Klapperns ~ ~ **sallamak** 1. auf und nieder schwanken 2. vor Angst schlottern ~ ~ **sarsılmak** in seinen Grundfesten erschüttert werden, e–n heftigen Stoß bekommen (z. B. Haus durch Erdbeben) ~ ~ **titremek** 1. wie Espenlaub zittern (vor Angst) 2. aufs höchste erregt sein, am ganzen Leib zittern (z. B. vor Wut)
zangırdamak 1. wie Espenlaub zittern, zittern und mit den Zähnen klappern 2. klirren (z. B. Fensterscheiben), klappern
zangırdatmak Kaus. zu **zangırdamak; dişlerini ~** mit den Zähnen klappern **Top sesleri camları zangırdattı.** Die Kanonenschüsse brachten die Fensterscheiben zum Klirren.
zangırtı heftiges Beben; Klappern, Geklirre *n*
zangoç, -cu (*arm.* **jamgoç**) Kirchendiener, Mesner, Küster, Glöckner *m* (in e–r christl. Kirche)
zangoçluk, -uğu Amt *n*, Aufgaben *pl.* e–s **zangoç**
zani [– –] ehebrecherisch, Ehebrecher *m*
zaniye [ā] ehebrecherisch, Ehebrecherin *f*
zanka [×·] mit zwei Pferden bespannter Schlitten
zanlı 1. verdächtig 2. angeklagt; Angeklagte *m, f*
zannetmek [×··] glauben, meinen, denken, vermuten, annehmen **Zannederim.** Das scheint mir auch so. Das glaube ich gern. Das will ich meinen. **Zannedersem gitti.** Ich glaube, er ist weggegangen. **Zannetmem ki orada olsun.** Ich glaube nicht, daß er dort ist.
zannî *va.* mutmaßlich, angenommen, (konjektural)
zannolunmak [×···] Pass. zu **zannetmek** *a.*: im Verdacht stehen **Bursa'da Osmanlı Bankasını soydukları zannolunan iki kişi** zwei Personen, die im Verdacht stehen, den Einbruch in die Filiale der Osmanischen Bank in Bursa verübt zu haben
zannüzehap, -bı [···–] *va.* Meinung, Ansicht, Vermutung, Annahme *f* **-a düşmek** meinen, denken, glauben, annehmen, vermuten
Zante *n.pr.* Zakynthos (griech. Insel u. Stadt)
zanu [– –] *va.* Knie *n* *diz **-bezemin** [– – ·· –] *va.* kniefällig, auf den Knien, kniend
zaparta s. **saparta**
zaptetmek [×··] 1. mit Gewalt (weg-)nehmen, Besitz ergreifen (von), einnehmen, erobern, besetzen, ausheben (z. B. mil. Wachposten) 2. beherrschen, bezähmen, meistern 3. zusammenhalten (Haare, Kleider usw.) 4. protokollieren, zu Protokoll nehmen 5. aufnehmen, registrieren, verzeichnen 6. beschlagnahmen 7. abfangen (z. B. Schiff im Krieg) 8. im Gedächtnis behalten Zu 1: **Malını zaptetmişler.** Man hat ihm seinen Besitz mit Gewalt weggenommen (*bzw.* beschlagnahmt). Zu 2: **Öfkesini zaptedemedi.** Er konnte seinen Zorn nicht (länger) meistern. **Kendini zaptedemiyor.** Er kann sich nicht beherrschen (*od.* zurückhalten). Zu 4: **İfadesini zaptetmişler.** Seine Aussage wurde zu Protokoll genommen. Zu 5: **Zelzele, sismograf tarafından zaptedilmiştir.** Der Seismograph hat des Erdbeben registriert. s. a. **bantla ~** Zu 8: **Söylediklerinizin hepsini zaptedemedim.** Ich habe nicht alles im Kopf behalten können, was Sie gesagt haben.
zaptiye *fr.* 1. Gendarmerie, Polizei *f* 2. Gendarm, Polizist *m* ≗ **Nezareti** *hist.* Polizeipräsidium *n* ≗ **Nazırı** *hist.* Polizeipräsident *m*
zapturapt, -tı Disziplin, Manneszucht *f*, scharfe Ordnung, genaue Kontrolle *disiplin
zar (I) 1. Häutchen *n*, Membran *f* 2. Tscharschaf *m* *çarşaf 3. dünner Vorhang, dünne Decke; Schleier *m* ~ **boşluk** *od.* ~ **labirent** *an.* häutiges Labyrinth (im inneren Ohr) ~ **duvar** *arch.* Trennwand *f*
zar (II) 1. (Spiel-)Würfel *m* 2. *V* behagliche (*od.* angeheiterte) Stimmung; Rausch *m* *keyif ~ **almak** gewinnen,

siegen ~ **atmak** würfeln ~ **fincanı** Würfelbecher *m* ~ **tutmak** mogeln (beim Würfeln)

zar (III) **zor** 1. wohl oder übel, nolens volens, recht unwillig 2. gerade noch, mit knapper Mühe und Not, mit Ach und Krach Zu 1: **İşini ~ ~ yapıyor.** Er verrichtet seine Arbeit recht unwillig. Zu 2: **Trene ~ ~ yetişti.** Er erreichte gerade noch den Zug.

zâr *va.* 1. Schluchzen, Seufzen, Klagen *n* 2. schluchzend, seufzend, klagend

-zar [ā] *va. pers. Sx.* (zur Bez. e–r an best. Dingen reichen Örtlichkeit)

Zara *n.pr.* O. u. D. im Rbz. Sıvas

zarafet, -ti [·–·] 1. Erlesenheit, Feinheit, Vornehmheit *f*, feines (vornehmes) Wesen 2. Eleganz *f*, elegante Erscheinung, *a.:* eleganter Sitz (e–s Kleidungsstückes) 3. Esprit, Geist, Witz *m* ~ **budalası** putzsüchtig, eitel

zarafetli [·–··] 1. erlesen, fein, vornehm, geschmackvoll 2. elegant 3. geistreich

zarafetsiz [·–··] 1. unfein, nicht vornehm, wenig geschmackvoll 2. ohne Eleganz 3. geistlos

zarar Schaden, Nachteil, Verlust *m* ~ **bedeli** Schadenersatz *m* ~ **çekmek** s. **ziyana uğramak;** ~ **etmek** s. ~ **görmek;** ~ **giderim** s. **tazminat;** ~ **gidermek** s. **tazmin etmek;** ~ **gören** s. **mutazarrır** (1); ~ **görmek** Schaden erleiden, geschädigt werden; bei et. draufzahlen müssen ~ **ödemek** den Schaden bezahlen, für den Schaden aufkommen ~ **ve ziyan** 1. angerichteter (*od.* entstandener) Schaden 2. Schadenersatz *m* (Zu 2: **Türkiye ~ ve ziyan talep edecek.** Die Türkei wird Schadenersatz verlangen.) ~ **vermek** Schaden verursachen, schädigen, schaden ~ **vukua getirmek** Schaden stiften (anrichten) **-a karşı sigorta** Schadensversicherung *f* **-a sebep olmak** Schaden verursachen **-a sokmak** schädigen **-da olmak** Schaden, Nachteil erleiden **≗dan korkan kâr etmez.** *Spr.* Wer nicht wagt, der nicht gewinnt. *Spr.* **-ı dokunmak** (m. Dat.) s. Stw. **dokunmak; -ı düşmek** (b–ne) für e–n Schaden (Nachteil, Verlust) aufkommen müssen **-ı olmak** 1. nachteilig sein, schaden 2. Schaden (Nachteil, Verlust) erleiden **≗ı yok!** Das schadet (macht, tut) nichts! Schon gut! Bitte sehr! **-ın giderilmesi** s. **-ın tazmini; ≗ın** (*od.* **Hatanın**) **neresinden dönülse kârdır.** *Spr.* Zur Besserung ist es nie zu spät. **-ın tazmini** Schadenersatz *m* *-ın giderilmesi **-ına satmak** mit Verlust verkaufen **-la mukabele** *jur.* Retorsion *f*

zararcı Volksschädling *m*

zarardide [ī] *va.* geschädigt; Geschädigte *m, f*

zararlı 1. Schaden verursachend, schädigend, schädlich *muzır 2. geschädigt 3. Verlierer *m* ~ **bitkiler (böcekler)** *bot. bzw. zo.* Schädlinge *pl.* ~ **çıkmak** mit Verlust od. Schaden (aus e–r Sache) herauskommen, Verluste od. Schäden erleiden ~ **enterferans** *(Radio)* Störungen *pl.* im Wellenbereich

zararsız 1. keinen Schaden verursachend, unschädlich, harmlos 2. unbeschädigt, heil 3. leidlich gut, ganz nett, nicht schlecht Zu 3: **Dün akşamki filim -dı.** Der Film gestern abend war soweit ganz nett. ~ **bir hale getirmek** unschädlich machen

zararsızlık Unschädlichkeit, Harmlosigkeit *f*

zararüziyan [····–] *va.* s. **zarar ve ziyan**

Zaratuştra [··×·] s. **Zerdüşt**

zarban [·–] *va.* s. **iltis**

zarf 1. (äußere) Hülle *f*, Überzug, Bezug *m*, Futteral, Behältnis *n* 2. s. **saat -ı** 3. (Brief-)Umschlag *m*, Kuvert *n* 4. s. **fincan (bardak) -ı** 5. *gr.* Adverb, Umstandswort *n;* adverbiale Bestimmung *belirteç 6. Hauptabsperrhahn *m* (an e–r Wasserleitung) *zarp musluğu 7. Außenseite *f*, Äußeres; Wandung *f* 8. **(zarfında)** s. ges. Stw. 9. *fr.* türk. Kornmaß (= ½ **kutu**) Zu 5: ~ **cümlesi** Adverbialsatz *m* **-ı mekân** s. **mekân -ı; -ı zaman** s. **zaman -ı** Zu 7: ~ **tazyikı** *techn.* Wandungsdruck *m*

zarfçı Gauner, Erpresser *m*

zarfçılık Gaunerei, Erpressung *f* (*Anm.* Ein Briefumschlag mit Geld wird irgendwo abgelegt und der Finder dann erpreßt.)

zarffiil s. **ulaç**

zarfında *Pp.* innerhalb, binnen **Bu müddet ~ gelmezse ...** Wenn er innerhalb dieser Zeit nicht kommt ... **üç gün ~** binnen drei Tagen, innerhalb von drei Tagen

zarfî *va.* adverbial

zarfiyet, -ti *va.* Adverbialität *f*

zarflamak in e–n Briefumschlag stecken

zarflı 1. mit Überzug (Futteral, Behältnis) 2. in e–m Briefumschlag

zargana [×··] Hornhecht *m zo.* Belone belone

zari zari [–·–·] 1. klagend, stöhnend *yana yakıla 2. laut schluchzend *hüngür hüngür ~ ~ **ağlamak** bitterlich weinen

zarif [ī] 1. erlesen, fein, vornehm, geschmackvoll (z. B. Geschenk) 2. elegant (z. B. Kleidung) 3. geistreich (z. B. Ausspruch od. Person) 4. ≗ [×·] *mV* **Zarife** [×··] *wV*

zariflik [·–·] s. **zarafet**

zariyat [–·–] (*ar.:* die Zerstreuenden) ≗ **suresi** Name der 51. Koran-Sure

zarkanatlılar Hautflügler *pl. zo.* Hymenoptera *gışaîyülcenah

zarp, -bı s. **darp** 2. *P* heftige Auswirkung *spez.* Schmerzen *pl.* Zu 2: **Yaranın -ından kolunu kımıldatamıyor.** Die Wunde schmerzt so sehr, daß er den Arm nicht bewegen kann. ~ **etmek** s. **darp etmek;** ~ **musluğu** s. **zarf** (6)

zarphane s. **darphane**

zarplı *P* mit heftigen Auswirkungen *spez.* schmerzhaft

zarsı membranähnlich, häutig, Haut-

zarta [×·] Furz, Wind *m* *osuruk **-yı çekmek** 1. e–n Wind lassen; furzen, pupen 2. *V* abkratzen, ins Gras beißen (= sterben)

zartçı *V* Angeber, Aufschneider, Schwadroneur *m*

zartzurt etmek *V* schwadronieren; sich ganz groß aufspielen

zaruret, -ti [ū] 1. Notwendigkeit *f*, Zwang *m*, Zwangsläufigkeit *f* 2. Zwangslage *f* 3. Not *f*, Elend *n*, Armut *f* ~ **görüldüğü takdirde** falls es sich als notwendig herausstellen sollte ~ **hali** s. **ıstırar hali;** ≗ **insana her şey yaptırır.** *Spr.* Not kennt kein Gebot. *Spr.* **-e duçar olmak** in Not geraten, verarmen **-inde kalmak** sich gezwungen sehen (zu), (unbedingt) müssen **-i vezin** s. **ölçü zoru; -i vezinden dolayı** aus metrischen Gründen, *fig. a.* um des Reimes willen

zarurî [·––] 1. notwendig, unvermeidlich, unausbleiblich 2. unbedingt erforderlich, lebensnotwendig, unentbehrlich 3. zwangsläufig, zwingend ~ **ihtiyaçlar** *T* von **havayici zaruriye;** ~ **kılmak** notwendig (unvermeidlich) machen ~ **levazım** *mil.* Bedarf *m* ~ **maddeler ihtiyaçları** *T* von **havayici zaruriye;** ~ **masraflar** unbedingt erforderliche Ausgaben *pl., jur.* notwendige Verwendungen *pl.* *masarifi zaruriye ~ **şart** *jur.* Conditio sine qua non *f*, unerläßliche Bedingung

zat, -tı [–] 1. Wesen *n*, Substanz *f* *öz, künh 2. et. wirklich Existierendes 3. Person, Persönlichkeit *f* 4. (*urspr.* Herrin, Besitzerin *f*) Herr, Besitzer *m*, ausgestattet (mit) od. begleitet (von) 5. *phil.* Subjekt *n* *özne 6. *med.* organische Erkrankung *spez.* Entzündung *f* ~ **işleri** Personalangelegenheiten *pl.* *özlük işleri ~ **işleri şefliği** Leitung *f* der Personalabteilung ~ **işleri şubesi** (*od.* **servisi**) Personalabteilung *f* **≗a mahsustur.** 1. Nicht übertragbar. 2. Zu eigenen Händen des Adressaten. Persönlich. **-ı âliniz** (*od.* **âlileri**) 1. Ew. Hochwohlgeboren 2. *Höfl.* Sie **-ı dev-**

letleri 1. (Anredeformel für den türk. Staatspräsidenten) Ew. Exzellenz 2. Seine Exzellenz **-ı fahîmaneleri** s. Stw. **fahîmane; -ı fehametpenahîleri** s. Stw. **fehametpenah; -ı haşmetaneleri** Ew. (*bzw.* Seine) Königl. (*bzw.* Kaiserliche) Hoheit **-ı hazreti şehriyarî** *hist.* Seine Kaiserliche Majestät der Sultan **-ı mesele** *z. va.* Wesen *n* der Sache; Kernpunkt *m* der Frage **-ı sami** *z. va.* hohe Persönlichkeit; Exzellenz *f* **-ı samileri** Ew. (*bzw.* Seine) Exzellenz *(gel. a. iron.)* **-ı şahaneniz (şahaneleri)** Ew. (*bzw.* Seine) Majestät, Ew. (*bzw.* Seine) Königl. (Kaiserliche) Hoheit **-ı şerif** 1. *urspr.* heilige Persönlichkeit 2. *mst. iron.* Ew. Hochwohlgeboren; Sie

-zat, -dı [–] *va. pers. Sx.* geboren (vgl. z. B. **maderzat**)

zaten; zati [×·] *Adv.* an und für sich schon, sowieso, ohnehin **O zaten şehre inecekti, ben de ufak tefek ısmarladım.** Er wollte sowieso in die Stadt gehen, und da habe ich ihn gebeten, mir ein paar Kleinigkeiten mitzubringen. **Bu zat Almanca iyi konuşuyor. Zaten Alman!** Der Herr spricht gut Deutsch. Nun, er ist ja Deutscher.

zatî [––] 1. zur Person gehörig od. sie betreffend, persönlich 2. *phil.* innerlich, wesentlich, eigentlich, wahr *derunî, özünlü 3. ≗ [×·] *mV* **Zatiye** [×··] *wV* ~ **eşya** *jur.* persönliche Effekten *pl.* *özel (*od.* şahsî) eşya ~ **finansman** s. **otofinansman;** ~ **hareket** selbständige Bewegung, Automatik *f* ~ **kusur** *naut.* durch schlechte Beschaffenheit des Schiffes verursachter Schaden **gayri** ~ 1. äußer-, äußerlich *dışınlı, haricî 2. sachlich, dinglich

zatül- [ā] (*bzw.* mit Assimilation des **l**-Lautes) besitzend, mit ... (*fr.* sehr häufig in Fachbez.; diese sind heute, mit Ausnahme einiger, spez. med. Bez., durchweg va.) **-cenp** s. **plörezi; -cinseyn** s. **ikicinslikli; -ercülüccezriye** s. **kökbacaklılar; -ercülülbatniye** s. **karındanbacaklılar; -ercülülkeffiye** s. **perdeayaklılar; -ercülülkesîre** s. **çokayaklılar; -ercülülmafsaliye** s. **eklembacaklılar; -ercülürre'siye** s. **kafadanbacaklılar; -filkateyn** s. **ikiçenekliler; -galsamatül musaffaha** s. **yassısolungaçlılar; -hareke** s. **otomatik; -harekiyet, -ti** s. **otomatizm; özdevim; -ilkahıhafiye** [–··–··–·] s. **çiçeksiz bitkiler; -ilkahıhafiyei hücreviye** s. **hücresel çiçeksizler; -ilkahıhafiyei viaiye** s. **damarlı çiçeksizler; -ilkahızâhire** s. **çiçekli bitkiler; -kasabat** [–···–] s. **trakeliler; -kebet** s. **hepatit; -kilye** s. **nefrit; ≗kürsî** s. **Altıkardeş; Koltuk; -mesane** s. **sistit; -metali** [–··–·] *lit.* Gedicht *n* mit mehreren **matla** *(q.v.)*

zatürree *med.* Lungenentzündung, Pneumonie *f* *pnömoni

zatüssedaya [–·––] s. **memeliler; -yı bahriye** s. **denizkızları**

zatüssukabat, -tı [–···–] s. **delikliler; -ı gayri müşa'ara** s. **matraporlar**

zavahir s. **zevahir**

zavallı [×··] 1. arm, unglücklich, bedauernswert 2. kraftlos, hilflos, schwach *âciz

zavallılık 1. bedauernswerter Zustand, bedauernswerte Lage 2. Kraft-, Hilf-losigkeit, Schwäche *f*

zaviye [ā] 1. Ecke *f*, Winkel *m* *köşe 2. *math.* Winkel *m* *açı 3. (kleineres) Derwischkloster *n* 4. Standpunkt, Gesichtswinkel *m* Zu 4: **hukukî -den** juristisch betrachtet, in juristischer Beleuchtung ~ **re'si** *math.* Scheitel *m* e–s Winkels *açı tepesi **-i dahile (hâdde, harice, kaime, merkeziye, meyyite, munzama, münferice, müsteviye)** s. **iç (dar, dış, dik, merkez, ölü, bütünler, geniş, düzlem) açı**

zaviyedar [ā, ā] *va.* Abt. *m* e–s **zaviye** (3)

zaviyeli s. **açılı**

zaviyenişin [–···–] *va.* in e–m **zaviye** (3) lebender Derwisch

zaviyevî s. **açısal;** ~ **sürat** s. **açısal hız**

zavla s. **zıvla**

zavrak s. **zevrak**

zavurt s. **avurt zavurt etmek**

zayıf 1. mager, abgemagert, dürr 2. schlank, schmal, schmächtig 3. schwach, schwächlich, kraftlos 4. *fig.* schwach, ziemlich entfernt (z. B. Möglichkeit) ~ **düşmek** 1. abmagern, mager werden 2. schwach (geschwächt) werden ~ **düşürmek** 1. abmagern lassen 2. schwächen, an Kraft od. Intensität verlieren lassen ~ **göstermek** schlank (schmal, schmächtig) erscheinen lassen ~ **ünlü** *phon.* schwacher Vokal (z. B. **-ı** in **Irak**)

zayıflama Vs. zu **zayıflamak;** ~ **rejimi** Abmagerungs-, Hunger-kur *f*

zayıflamak 1. abmagern, mager werden 2. schwach (geschwächt) werden, nachlassen (z. B. Gedächtnis)

zayıflatmak 1. abmagern lassen 2. schwächen, an Kraft od. Intensität verlieren lassen

zayıflık 1. Magerkeit *f* 2. Schlankheit *f* 3. Schwäche *f*, Geschwächtsein *n*, Schwächlichkeit, Kraftlosigkeit *f* Zu 2: ~ **meraklısı bayanlar** Schlankheitsfanatikerinnen *pl.*

zayıfülbünye *va.* schmächtig gebaut

zayi, -ii [ā] 1. verloren, abhanden gekommen *kayıp 2. Verlust *m* ~ **etmek** verlieren *kaybetmek, yitirmek ≗ **olan koyunun kuyruğu büyük olur.** *Spr.* s. **Kaçan balık büyük olur.** ~ **olmak** verlorengehen, abhandenkommen **İşbu nüfus tezkeresi zayiinden verilmiştir.** Zweite Ausfertigung (des Personalausweises) wegen Verlust des Originals.

zayiat, -tı [–·–] *Pl.* Verluste *pl. spez.* an Mannschaften od. Kriegsgerät ~ **cetveli** (*od.* **listesi**) *mil.* Verlustliste *f* ~ **miktarı** *mil.* Verlustziffer *f* ~ **verdirmek** (b–ne) Verluste beibringen (zufügen, erleiden lassen) ~ **vermek** Verluste haben (erleiden) **-a uğramak** s. ~ **vermek; -a uğratmak** s. ~ **verdirmek; Onun vefatı -tandır.** Sein Ableben bedeutet e–n großen Verlust.

zayiatlı verlustreich

zayiatsız [–·–·] verlustlos, verlustfrei

zayiçe [ā] Horoskop *n*, Stellung *f* der Gestirne zu e–m best. Zeitpunkt **-sine bakmak** (b–nin) j–m das Horoskop stellen

ze Name bzw. Lautung des Buchst. **Z**

zeamet, -ti [ā] *hist.* (bis 1840) Lehen *n* (mit e–m Jahresertrag zwischen 20 000 und 100 000 Aspern) vgl. a. **tımar, has; -i müteferrika** *hist.* besonders großes Lehen, das der Ortsbehörde nicht unterstand

zebabe [ā] *va.* s. **yaban faresi**

zeban [ā] *va.* 1. Zunge *f* 2. Sprache *f* *(1, 2) dil, lisan **-ı Farisî** *va.* persische Sprache, Persisch

zebandıraz [·–·–] *va.* frech, unverschämt, lästernd; Lästermaul *n*

zebandırazlık [·–·–·] *va.* Frechheit, Unverschämtheit *f;* Lästerreden *pl.*

zebane [ā] *va.* 1. Zünglein *n* (z. B. an der Waage) 2. Flamme, Lohe *f* *alev

zebani [·––] 1. *isl. Myth.* Höllenwärter *m* (der die Seelen der Verstorbenen quält) 2. *fig.* grausam, tyrannisch

zebanzet, -di [ā] *z. va.* gesprochen, allgemein gebräuchlich, geläufig, umgangssprachlich, volkstümlich (z. B. best. Wortform)

zebellâ *P* baumlang, ungeschlacht, Riese, Hüne *m* ~ **gibi** riesengroß und schrecklich anzusehen

zeber *va.* 1. oberer od. oberster Teil (von et.) 2. s. **üstün;** s. a. **zirüzeber etmek**

zebercet, -di *min.* 1. Chrysolith *m* *krizolit 2. Olivin, Peridot *m* *perido

zeberdest *va.* 1. wer die Oberhand hat; siegreich 2. höher (-stehend); Vorgesetzte *m*

zebhetmek s. **zephetmek**

zebih, -phi *va.* Schlachtung *f*

zebil(-ci, -hane) s. **sebil(-ci, -hane)**

zebir; zebra Zebra *n. zo.* Equus zebra

zebu Zebu *m, n,* Buckelrind *n zo.* Bos indicus
zebun [ū] *va.* 1. schwach, erschöpft, matt, erliegend 2. gefügig, willfährig, unterwürfig Zu 2: **ihtiraslara ~ olanlar** wer seine Gelüste nicht bezähmen kann **-u olmak** (b–nin) j–m liebeshörig sein
zebunküş [ū] *va.* wer über e–n Wehrlosen herfällt, wer sich an e–m Wehrlosen vergreift *düşkünezen
zebunküşlük [ū] *va.* Herfallen *n* über e–n Wehrlosen *düşkünezenlik
Zebur [ū] Psalter *m* *mezamiri Davut
zecir, -cri Zwang *m,* Gewalt *f*
zecren [×·] *Adv.* mit Gewalt, gewaltsam, zwangsweise
zecretmek [×··] zwingen, nötigen
zecrî gewaltsam, zwangsweise, Gewalt-, Zwangs- **~ tedbir** Gewaltmaßnahme *f,* (pol., wirtschaftliche usw.) Sanktion *f* **~ tedbirci** Sanktionspolitiker *m*
zecriye *fr.* 1. Verbrauchssteuer, Akzise *f* (*spez.* auf alkoholische Getränke) 2. Schutz-, Sperr-zoll *m*
-zede *pers. Sx.* geschlagen (*gel. hum.* Neubildungen wie **hazakat-, kalorifer-, plâj-zede**)
zedelemek 1. beschädigen, ramponieren, abstoßen, verbeulen, quetschen 2. zerschlagen (z.B. feindliche Armeen) 3. Schaden zufügen, schädigen, schaden, beeinträchtigen (z.B. Kampfmoral)
zefir (I) [ī] Ausatmung, Exspiration *f* *soluk verme
zefir (II) Zephir *m* (Hemden- od. Blusen-stoff)
zehadet, -ti [ā] *va.* s. **zahitlik**
zehadetlü [ā] *fr.* Titul. isl. Geistlicher (im Briefstil)
zehap, -bı [ā] *z. va.* Meinung, Ansicht, Annahme, Vermutung *f* *sanı **-ına kapılmak** (*od.* **-ına düşmek**) *z. va.* s. **sanmak; -ı batıl** *z. va.* irrige Meinung, törichte Ansicht, verkehrte Annahme
zehebî *va.* golden, Gold- *altın
zehep, -bi *va.* Gold *n* *altın
zehi [×–] *va.* bravo! wie schön!
zehir, -hri Gift *n* *ağı, sem **~ çengeli** Chelizere *f,* Kieferfühler *m* (bei Spinnen) *keliser **~ etmek** s. **zehretmek; ~ gibi** 1. sehr kalt (Wetter) 2. gallenbitter 3. ganz verteufelt gut **~ gibi acı** überaus bitter, gallenbitter **~ olmak** *fig.* nichts als Kummer verursachen (während man Erfreuliches hätte erwarten sollen) **~ yutmak** 1. Gift schlucken 2. *fig.* über et. brüten **~ zemberek** s. **zehir gibi acı; ~ zıkkım olsun (yediği)!** *V* Soll er dran krepieren! **≗den şifa, kahpeden vefa gelmez.** *Spr.* 1. Unmögliches kann man nicht erwarten. Vollkommen unmöglich! 2. Das ist e–e gefährliche Illusion! **-i katil** *va.* s. **semmi katil**
zehirbilim(-sel) s. **toksikoloji(-k)**
zehirci kadın Giftmischerin *f*
zehirleme Vergiften *n,* Giftmord *m*
zehirlemek vergiften (*a. fig.*) **kendini ~** sich vergiften, Gift nehmen
zehirlenme Vergiftung *f*
zehirlenmek 1. Pass. zu **zehirlemek** 2. sich vergiften, sich e–e Vergiftung zuziehen Zu 2: **Alkolden zehirlenerek öldü.** Er starb an Alkoholvergiftung.
zehirli Gift enthaltend, gifthaltig, giftig, Gift- **~ amanit** (*od.* **~ çayırmantarı**) weißer (*bzw.* grüner *bzw.* Frühlings-)Knollenblätterpilz *bot.* Amanita virosa (*bzw.* phalloides *bzw.* verna) *ölüm bardağı; yumrulu agarik **~ baldıran** s. **ağılı baldıran; ~ gaz** Giftgas *n* **~ gaz bombası** Giftgasbombe *f* **~ glikozit** *med., pharm.* Digitoxin *n* **~ kuzumantarı** Satanspilz *m bot.* Boletus satanas **~ marul** s. **acı marul; ~ siyah örümcek** s. **karadul; ~ yonca** Bakkenklee *m bot.* Dorycnium
zehirlilik, -iği Giftigkeit, Toxizität *f*
zehirsiz ungiftig, giftfrei **~ mantarlar** eßbare Pilze *pl.*
zehra 1. *va.* sehr schön und weiß 2. ≗ Beiname der Tochter (Fatima) des Propheten 3. ≗ *wV*
zehralûd, -du [·––] *va.* giftig (*fig.*)
zehre *va.* s. **çiçek; -i ceresiye** *va.* s. **çançiçeği**
zehretmek [×··] (b–ne bşi) (*nur fig.*) j–m et. vergiften, verbittern, vergällen **Hayatı birbirimize zehrettik.** Wir haben uns gegenseitig das Leben verbittert.
zehrihant, -dı *va.* bitteres (od. sarkastisches) Lachen
zehrolmak [×··] Pass. zu **zehretmek**
zehştayn *geol.* s. **üstperm**
zekâ Klugheit, Intelligenz *f,* Scharfsinn, Verstand *m; gel. a.* Begabung, Fähigkeit *f* **~ debilliği** *med.* Debilität *f,* leichter Schwachsinn **~ düzeyi** *psych.* geistiges Niveau **~ emsali** *psych.* Intelligenzquotient *m* **~ testi** Intelligenztest *m*
Zekâi *mV*
zekâlı 1. mit nb. Intelligenz 2. *pr.* intelligent, klug, schlau, scharfsinnig *zeki Zu 1: s. **geri ~**
zekât, -tı isl.-rituell vorgeschriebenes Jahresalmosen; Almosensteuer *f* (2½ Prozent des Jahreseinkommens)
zekâvet, -ti 1. s. **zekâ** 2. ≗ *wV*
zekâvetli s. **zeki**
zeker 1. *va.* Mann *m* *erkek 2. *an.* männliches Glied; Penis *m*
Zekeriya *n.pr.* 1. Zacharias (Bibel) 2. *mV* 3. ≗ *V* s. **zeker** (2)
zeki [ī] 1. intelligent, klug, schlau, scharfsinnig 2. ≗ [×·] *mV* **Zekiye** [×··] *wV*
zeklenmek *P* für **zevklenmek**
Zeliha (andere Form von **Züleyha**)
zelil [ī] *va.* niedrig, schändlich, verächtlich, verachtenswert, schmachvoll, gemein **~ etmek** *va.* s. **hor görmek**
zelle *va.* 1. Straucheln, Ausgleiten *n* 2. Irrtum, Fehler *m* **-i Âdem** *z. va.* Sündenfall *m* (Bibel)
zelve s. **zıvla**
zelzal [·–] (*ar.:* s. **zelzele**); ≗ **suresi** Name der 99. Koran-Sure
zelzele Erdbeben *n* *deprem, hareketi arz, yersarsıntısı, yer sarsımı **~ felâketzedeleri** die Erdbebengeschädigten *pl.*
zelzelenüvis [ī] *va.* s. **sismograf**
zem, -mmi neg. Werturteil; Herabsetzung *f,* Tadel *m,* Diffamierung *f* **Bu tabir ~ veya medih mutazammın değildir.** Dieser Ausdruck enthält kein Werturteil (ist wertfrei). **~ bimâ yüşbehül medih** *lit.* s. **övgümsü yergi; -ü kadih** *jur. va.* Beschimpfung, Beleidigung *f* *hakaret
zemaim [ā] s. **zamaim**
zeman s. **zaman**
zemberek, -eği 1. (Sprung-, Spiral-, Wagen-, Uhr- usw.) Feder *f* *yay 2. (automatischer) Türschließer 3. *Verst.* zu **zehir** 4. *fr.* schwere, maschinell bediente Armbrust für Stahlbolzen 5. *fr.* leichtes Feldgeschütz **~ otu** s. **at kuyruğu; -i boşalmak** *fig.* laut herauslachen
zemberekçi 1. wer **zemberek** herstellt, verkauft od. verwendet 2. *hist.* Angehöriger der 82. Janitscharenformation
zemberekli mit Sprung-(Spiral- usw.)Feder, gefedert
zembil 1. geflochtener (Trag-)Korb mit zwei Henkeln 2. Markt-, Einkaufs-tasche *f*
zembilci Hersteller od. Verkäufer *m* von **zembil**
zembilli mit Tragkorb *bzw.* Markttasche
zembilotu, -nu Zittergras *n bot.* Briza media
zemheri [ī] (< **zemherir**) s. **karakış; ~ fırtınası** *naut.* Name e–s period. Seesturms (gegen 8. Januar) **~ zürafası** *spött. Bez.* für j–n, der im strengen Winter elegante, aber unzweckmäßig dünne Kleidung trägt
zemim [ī] *va.* schlecht, verwerflich, tadelnswert (z.B. Charaktereigenschaft)
zemime [ī] *va.* schlechte Charaktereigenschaft; Laster *n* *rezilet, yerginlik
zemin *urspr.* [ī] 1. Erde *f,* Erdboden *m* 2. Grund-ton *m,*

-farbe *f*, Farbgrund *m* 3. Baugrund(-stück *n*) *m* 4. *fig.* Grundlage *f*, Boden *m*, Basis *f* 5. Sinn, Inhalt *m*, Thema *n*, Gegenstand *m* Zu 2: **-i beyaz bir basma** Druckkattun *m* mit weißem Grund Zu 4: **Bir anlaşma -i bulunamadı.** Es fehlt nach wie vor an e–r Verständigungsbasis. ~ **dalgası** Bodenwelle *f* ~ **etkimesi** s. **zemin tesiri;** ~ **hazırlamak** s. **kapı yapmak** (1); ~ **katı** Erdgeschoß, Parterre *n* ~ **örtüsü** Bodenbedeckung *f* ~ **rengi** Grundfarbe *f* ~ **suyu** Grundwasser *n* ~ **tesiri** *geogr.* edaphische (bodenbedingte) Wirkung *zemin etkimesi ~ **testeresi** Loch-, Laub-säge *f* ~ **teşekkülâtı** Boden-beschaffenheit, -gestaltung *f* ~ **ve zamana uygun** der Zeit und den Umständen Rechnung tragend, keinen Anstoß erregend ~ **ve zaman müsait olduğu takdirde** wenn Zeit und Umstände es erlauben **-de** (**bu** *od.* **şu**) 1. über dieses Thema 2. in diesem Sinn (Zu 1: **Bu -de bir eser yazıyorum.** Über dieses Thema schreibe ich ein Werk. Zu 2: **Bu -de bir şey yazınız!** Schreiben Sie et. in diesem Sinn!)

zeminli mit nb. Grundton, in e–r best. Grundfarbe **mavi ~ bir halı** ein Teppich mit blauem Untergrund

zeminlik *mil.* Unterstand *m* *yeraltı barınağı

zeminüzaman [·–··–] s. **zemin ve zaman**

zemistan [ā] *va.* s. **kış** (I)

zemistanî 1. *va.* s. **kıslık** 2. *hist.* s. **baranî** (2)

zemmam [ā] *va.* kritik-, nörgel-süchtig; Nörgler *m*

zemmetmek [×··] schlechtmachen, tadeln, herabsetzen, heruntermachen, anschwärzen, verdächtigen, diffamieren *karamak, yermek

Zemun *n.pr.* Semlin (nordwestl. von Belgrad)

Zemzem 1. *n.pr.* der heilige Brunnen in Mekka; Zemzembrunnen *m* 2. ⌒ das (als heilig angesehene) Wasser des Zemzembrunnens ~ **kuyusuna işemek** *fig.* e–e herostratische Tat begehen **-le yıkanmış** *fig.* ganz rein, lauter, untadelig *elmas gibi **-le yıkanmış olmak** (b–nin yanında) *fig.* unvergleichlich besser sein (als), j–n himmelweit übertreffen

zemzeme 1. s. **ezgi, nağme** 2. e–e fr. melod. Weise in der türk. Musik

zemzemlik Karaffe *f* für Zemzemwasser

zen, -nni *va.* Frau *f*, Weib *n* *kadın

-zen *z. va. pers. Sx.* schlagend, prägend

zenan [ā] *va. Pl.* Frauen *pl.*

zenanname [·–––·] *fr.* Gedicht *n* auf Frauen

zenb, -bi *va.* Ungehorsam *m* gegen Gottes Befehle, Sünde *f*

zencefil 1. Ingwerstaude *f bot.* Zingiber officinale 2. Ingwer *m* ~ **zambağı** schöne Kranzblume *bot.* Hedychium coronarium

zencefilgiller (*fr.* **zencefiliye**) Ingwergewächse *pl. bot.* Zingiberaceae

zencefilli 1. Ingwer enthaltend 2. mit Ingwer gewürzt (od. bestreut)

zenci 1. Neger *m*, Schwarzer *siyahî 2. *va.* schwarzer Sklave ~ **ırkı** s. **siyah ırk;** ~ **ticareti** *va.* Sklavenhandel *m*

zencir s. **zincir**

zendost(-luk) s. **zampara(-lık)**

zenebülhayl(-iye) s. **atkuyruğu(-giller)**

zenep, -bi 1. *va.* Schwanz *m* *kuyruk 2. *bot.* Stengel, Stiel *m* *sap ⌒**i Decace** *astr.* s. **Denep; -i varak** s. **yaprak sapı; -i zühre** s. **çiçek sapı**

Zengibar *n.pr.* Sansibar (Insel u. Stadt)

zengin 1. reich; Reiche *m, f* 2. reichhaltig (Sprache, Bibliothek, Programm usw.), erschöpfend (z.B. Aussage), farbig, anschaulich (z.B. Stil) 3. ertragreich, fruchtbar (Boden) 4. prächtig, aufwendig (z.B. Veranstaltung) ~ **kafiye** volltönender Reim (**„rime riche"**) *tunç kafiye ~ **pastırma** e–e Abart des **pastırma**-Ka. ~ **yatağı** vornehmes Viertel; Villenviertel *n* (e–r Stadt) ⌒**in malı züğürdün çenesini yorar.** *Spr.* Das Geld des Reichen ist ein unerschöpfliches Thema für den Besitzlosen.

zengince 1. ziemlich reich, recht wohlhabend 2. recht reichhaltig, ziemlich erschöpfend 3. recht fruchtbar 4. recht aufwendig

zenginerki s. **plütokrasi**

zenginle(ş)mek 1. reich werden, zu Besitz und Vermögen gelangen 2. reichhaltiger werden, e–e Bereicherung erfahren (z.B. Sprache) 3. ertragreich werden (Boden) 4. sich prächtig gestalten (z.B. Veranstaltung) 5. angereichert werden (Metalle)

zenginlik 1. Reichtum *m* 2. Reichhaltigkeit *f* 3. Farbigkeit *f*, Farbenpracht *f* (des Stils) 3. Fruchtbarkeit *f* (des Bodens) 4. Aufwendigkeit, Pracht *f* (z.B. e–r Veranstaltung)

zenit, -ti s. **başucu**

zenk s. **yaprakbiti**

zenne 1. *z. va.* Frau, Dame *f* 2. Schauspieler *m*, der im Ortaoyunu e–e Frauenrolle spielt 3. Frauentyp *m* im Karagözspiel (*spez.* Kokotte) 4. Damenartikel *pl.* ~ **çorabı** Damenstrumpf *m* ~ **fesi** *fr.* kleiner Fes (wie er von Damen getragen wurde) ~ **terliği** Hauspantoffel *m* (für Frauen) **-ye çıkmak** e–e Frauenrolle spielen (im Ortaoyunu)

zenneci wer mit Damenartikeln handelt

zennelik 1. Frauenrolle *f* (vgl. **zenne** 2) 2. Frauen-, Damen- (z.B. Kleidung)

zenperest(-lik) *va.* s. **zampara(-lık)**

zent, -di (*a.* **azmı** ~) s. **dirsek kemiği**

zeolit, -ti *geol.* Zeolith *m* (Gruppe feldspatähnlicher Mineralien)

zephetmek [×··] *va.* schlachten

zephî *va.* Schlacht- **hayvanatı zephiye** *va.* s. **kesim hayvanları**

zephiye *va.* Schlachtgebühr *f*

zeplin [×·] Zeppelin *m*, Luftschiff *n*

zer *va.* Gold *n* *altın **-i mahbup** Name e–r Goldmünze aus der Zeit Mustafa II.

zerafet s. **zarafet**

zeravent, -di [ā] 1. Osterluzei, Hohlwurz *f bot.* Aristolochia bracteata *loğusaotu, kurtluca 2. virginische Schlangenwurz *f bot.* Aristolochia serpentaria *yılankökü

zerda s. **fenek**

zerdali [ā] kleine, gelblich-rötliche Aprikose mit bitterem Kern; wilde Aprikose *bot.* Prunus pseudoarmeniaca

zerdava s. **zerdeva**

zerde mit Safran zubereitete süße Reisspeise (*spez.* beim Hochzeitsmahl)

zerdeçal; zerdeçav s. **zerdeçöp** (1)

zerdeçöp, -bü 1. Gelbwurzel, Kurkuma *f bot.* Curcuma longa *hintsafranı 2. die Ritterspornart Delphinium saniculaefolium 3. Safranbaum *m bot.* Memecylon tinctorium

zerdeva Edelmarder *m zo.* Martes martes *ağaç sansarı

zerduz [ū] *va.* mit Gold bestickt od. durchwirkt

Zerdüşt, -tü *n.pr.* Zarathustra, Zoroaster

Zerdüştçülük s. **Zerdüştlük**

Zerdüştî 1. zoroastrisch 2. Zoroastrier, Mazdaist *m*

Zerdüştlük *rel.* zoroastrische Lehre; Mazdaismus, Parsismus *m*

zerefşan [ā] *va.* 1. Gold streuend 2. mit Gold eingelegt 3. e–e Tulpenart 4. ⌒ *wV*

zeretmek [×··] *va.* 1. säen 2. bestellen, anbauen *(1, 2) ekmek

zeri, -r'i Säen, Bestellen, Anbauen *n* *ekim

zeria [ī] *va.* 1. Grund *m*, Ursache *f* 2. Anlaß *m*, Gelegenheit *f* 3. Vorwand *m*

zerik s. **ağrıma**

zeril zeril in (kleinen) Strömen ~ ~ **akmak** in Strömen fließen ~ ~ **ağlamak** heiße Tränen vergießen

zeriyat, -tı [ā] *Pl.* 1. Bestellung *f* (der Felder), Anbau *m* 2. Aussaat *f* Zu 1: **tütün -ının tahdidi** Beschränkung *f* des Tabakanbaus Zu 2: **kışlık (yazlık) -ı** Winter- (*bzw.* Sommer-)Aussaat *f*

zerk, -kı Injektion, Einspritzung *f* *enjeksiyon, içitim ~ **etmek** injizieren, einspritzen, e–e Injektion machen (mit)

zernişan [ā] *va.* mit Gold eingelegt, mit Goldschrift, vergoldet

zernüvis [i] *va.* wer Goldschriften anfertigt

zerrat, -tı [ā] *va. Pl.* zu **zerre**

zerre 1. Staubkörnchen, Stäubchen, Atom *n,* winzig kleiner Teil 2. *chem.* Molekül *n* *molekül 3. *fr.* ein sehr kleines Juwelier- od. Apotheker-gewicht Zu 1: **Bunun bir -si bile öldürür.** Ein Atom davon wirkt schon tödlich. ~ **kadar** 1. (Verst. e–r Neg.) durchaus, überhaupt (nicht) 2. **(olsaydı)** und wenn es noch so wenig wäre (Zu 1: **Avrupa malından ~ kadar farkı olmayan yerli eldivenler** Handschuhe inländischer Fabrikation, die sich nicht im geringsten von europäischer Ware unterscheiden **Bunun ~ kadar faydası yok.** Das ist vollkommen wertlos.) ≗ **kaldı düşüyordu.** Um ein Haar wäre er gefallen. **-nin -si** „Stäubchen *n* e–s Atoms" *d.h.* absolut nichts

zerrece soviel wie ein Atom ausmacht; s.a. **zerre kadar**

zerretüma [ā] *va.* (Verst. e–r Neg.) durchaus, überhaupt (nicht), (nicht) ein Atom, (nicht) die Spur

zerrevî *chem.* Molekül-, Molekular-, molekular *moleküsel

zerrin [ī] 1. golden, von Gold, goldfarben, vergoldet 2. Dichternarzisse *f*, weiße Narzisse *bot.* Narcissus poeticus 3. s. **fulya** (1) 4. ≗ *wV*

zerzevat, -tı 1. Gemüse *n* *sebze 2. *V* Dirne, Hure *f*

zerzevatçı Gemüsehändler *m* *sebzeci

Zeüs *n.pr. myth.* Zeus, Jupiter

zevahif [ā] (*Pl.* zu **zahife**) s. **sürüngenler**

zevahir [·–·] *pl.* Äußeres; äußere Form od. Erscheinung; Äußerlichkeit *f*, äußerer Schein ~ **oyalaması** Scheinmanöver *n* **-e aldanmak** sich von dem äußeren Eindruck bestechen (blenden, verführen) lassen **-i kurtarmak için** um den äußeren Schein (den Anstand, die Dehors) zu wahren

zevait, -di [ā] (*va. Pl.* zu ungebr. **zaide**) überflüssige (unnötige) Dinge *pl.* **-in zevaidi** das Überflüssigste vom Überflüssigen

zeval, -li [ā] 1. Sinken *n* der Sonne (nach Erreichen der Mittagshöhe) 2. *fig.* Abnehmen *n,* Verfall, Untergang *m* 3. Vernichtung *f*, Tod *m* Zu 3: s. **Elçiye ~ olmaz.** ~ **bulmak** abnehmen, dahinwelken, verfallen, untergehen ~ **vakti** genaue Mittagszeit, zwölf Uhr mittags ~ **vermek** nachhaltig schädigen und zugrunderichten ~ **vermemek** schützen, bewahren **-e ermek** s. ~ **bulmak; -e yüz tutmak** *fig.* den höchsten Punkt seiner Laufbahn (Entwicklung) hinter sich haben **-i olmak** (b–ne) Schaden bringen, von Schaden sein (für)

zevalî [·––] von Mittag an gerechnet (Zeit) (*ant.* **ezanî**); ~ **saat beşte** um fünf Uhr nachmittags

zevalsiz [ā] unvergänglich

zevat, -tı [ā] (*Pl.* zu **zat**) 1. Personen, Persönlichkeiten *pl.* 2. Herren *pl.* **-ı âliye** *va.* hohe Persönlichkeiten *pl.*

zevcat, -tı [ā] *va. Pl.* zu **zevce**

zevce (Ehe-)Frau, Gemahlin, Gattin *f* *karı, eş

zevcelik, -iği Ehefrau-Sein *n,* Stellung *f* e–r Ehefrau **-e kabul etmek** *va.* zur Frau nehmen

zevcî *va.* ehelich, Ehe-

zevciyet, -ti *va.* Ehe ~ **hakları** eheliche Rechte *pl.*

zevç, -ci (Ehe-)Mann, Gemahl, Gatte *m* *koca, eş

zeveban [ā] Schmelzen *n* ~ **etmek** schmelzen (*intr.*) *erimek, ergimek ~ **harareti** *phys.* Schmelzhitze *f* *ergime ısısı ~ **noktası** *phys.* Schmelzpunkt *m*

zevk, -ki 1. Schmecken *n,* Geschmack *m* *tatma 2. (ästhetischer) Geschmack; Sinn *m* Empfindung *f* 3. Reiz *m* (den et. bietet) 4. Genuß *m,* Vergnügen, Ergötzen *n,* Spaß *m* (den man an et. hat.) 5. *va.* Spott *m* *alay, istihza Zu 2: **Bu adamda ~ var.** Der Mann hat Geschmack. **ilmi ~** *va.* Ästhetik *f* Zu 3: **Bu işin hiç -i yok.** Das hat keinerlei Reiz. **Bu işin -i böyle çıkar!** So macht die Sache erst Spaß! **Para olmayınca hayatın -i kaçar.** Ohne Geld macht das Leben keinen Spaß. Zu 4: **Insan yalnız -ini düşünmemelidir.** Man darf nicht nur an sein Vergnügen denken. ~ **almak (duymak)** (bşden) Vergnügen haben, sich erfreuen (an), et. genießen ~ **ehli** Genußmensch *m* ~ **etmek** sich vergnügen, sich amüsieren ~ **için** zum Vergnügen, als Erholung ~ **meselesi** Geschmackssache *f* ~ **ve süs masrafları** Ausgaben *pl.* für Verschönerungen (z.B. Schönheitsreparaturen an e–m Haus) ~ **vermek** Vergnügen bereiten **-e almak** (m. Akk.) sich lustig machen, herziehen (über) (kendi) **-inde olmak** *od.* **-ine bakmak** auf sein Vergnügen bedacht sein **ºine doyum olmaz.** Das ist überaus fesselnd. **-ine gitmek** gefallen *hoşuna gitmek **-ine düşkün** (*od.* **meclûp**) nur auf sein Vergnügen bedacht **-ine varmak** auf den Geschmack kommen, allmählich Geschmack (Gefallen) finden (an) **-ini bozmak** j–m den Genuß verderben, j–m das Vergnügen stören **-ini çıkarmak** voll (*od.* bis zur Neige) auskosten, richtig genießen **-ini okşamak** (bş b–nin) j–m Vergnügen bereiten, j–m gefallen, j–n erfreuen **-ini sürememek** (bşin) keine rechte Freude haben (an) **ºler tartışılmaz.** De gustibus non est disputandum.

zevkibedii *va.* ästhetischer Genuß

zevkiselim [···–] ästhetischer Sinn (Geschmack), Sinn *m* für das Schöne und Gute ~ **sahibi** Mann von (gutem) Geschmack

zevklendirmek 1. Kaus. zu **zevklenmek** 2. (b–ni kendisiyle) Spott mit sich treiben lassen

zevklenmek (b–le) sich über j–n lustig machen, sich auf j–s Kosten amüsieren, j–n nachäffen

zevkli 1. ergötzlich, vergnüglich, amüsant 2. ansprechend, reizvoll, fesselnd, geschmackvoll 3. guten Geschmack besitzend

zevkperest, -ti genußsüchtig

zevkperestlik Genußsucht *f*

zevksiz 1. geschmacklos 2. fad, reizlos, uninteressant, langweilig 3. wer keinen guten Geschmack besitzt

zevksizlik 1. Geschmacklosigkeit *f* 2. mangelnder Reiz; Fadheit, Langweiligkeit *f*

zevkusefa [ā] Vergnügungs-, Genuß-sucht, Ausschweifung *f* ~ **etmek** sich vergnügen **-ya düşkün** vergnügungssüchtig, ausschweifend

zevle s. **zıvla**

zevrak, -kı *va.* 1. Boot *n,* Kahn *m* 2. Glasflasche *n* (*spez.* für Zemzemwasser) 3. Blumenvase *f*

zevrakçe *va.* kleines Boot

zevzek aufdringlicher Schwätzer; Schwadroneur *m*

zevzeklenmek aufdringliche Geschwätzigkeit an den Tag legen, schwadronieren

zevzeklik aufdringliches Geschwätz; Schwadronieren *n*

zeybak, -kı *chem.* Quecksilber *n* *cıva

zeybakî *chem.* Quecksilber-

zeybek 1. Angehöriger des alttürk. Stammes der Zeybek (in der Umgebung von Izmir) 2. *reg.* schneidiger Kerl, junger Held; Held *m* e–s Dorfes 3. ≗ Figur im Karagözspiel (Ersetzung des klassischen **Tuzsuz Deli Bekir;** Rolle des **Çakırcalı Mehmet Efe**); ~ **oyunu** Name e–s best.

türk. Volkstanzes ~ **oyunu oynamak** den Zeybek-Tanz aufführen
zeyç, -ci s. **zayiçe**
Zeyd 1. *ar. Name* 2. *fr. gr., jur.* Bez. e–r ersten männlichen Person; s. a. **Amr**
Zeydiye *n.pr.* schiitische Sekte, die Zeyd, den Sohn Ali's als rechtmäßigen Kalifen betrachtet
zeyil, yli 1. Anhang *m* (z. B. in e–m Werk) 2. *an.* s. **apandis** 3. Postskriptum *n,* Nachschrift *f* 4. *z. va.* Rockschoß, Saum, Zipfel *m*
zeylen [×·] *z. va. Adv.* als (od. im) Anhang, anhangsweise, als Nachschrift
zeylname [ā] *jur.* Versicherungsnachtrag *m* *avenan
zeyn *va.* Schmuck *m* (*Anm.* Nur mehr in Eigennamen wie **~elabidin, ~ettin, ~ünnisa**)
Zeynep, -bi 1. *wV spez.* Mohammeds älteste Tochter 2. *fr. gr., jur.* Bez. e–r ersten weiblichen Person; s. a. **Hint**
Zeyniye *n.pr.* ein Zweig des Sühreverdi-Ordens
Zeyno *F* = **Zeynep**
zeyrek 1. intelligent, geweckt, klug, schlau *zeki 2. ~ *mV*
zeyreklik Intelligenz, Gewecktheit, Klugheit, Schlauheit *f* *zekâ
zeyt, -ti *chem.* Öl *n* *sıvıyağ **-i müceffif** s. **kurur yağ; -i gayri müceffif** s. **kurumaz yağ**
zeytin 1. Olive *f* 2. Holz *n* des Ölbaums ~ **ağacı** Ölbaum *m bot.* Olea europaea ~ **sineği** Ölbaumfliege *f zo.* Dacus oleae ~ **dalı** Ölzweig *m* (als Friedenssymbol) ~ **mengenesi** Ölpresse *f* ~ **tanesi** (einzelne) Olive *f*
Zeytinburnu, -nu *n.pr.* D. im Rbz. İstanbul
zeytinci 1. wer Oliven anbaut; Besitzer *m* von Ölbäumen 2. Olivenhändler *m*
zeytincilik 1. Olivenanbau *m* 2. Olivenhandel *m*
zeytingiller Ölpflanzen *pl. bot.* Oleaceae *zeytuniye
zeytinlik, -iği Ölbaumhain *m* **~ler dağı** *geogr.* Ölberg *m* (bei Jerusalem)
zeytinsi meyve *bot.* Steinfrucht *f* *drupa, utme
zeytinyağı, -nı Olivenöl *n* ~ **gibi üste çıkmak** 1. trotz offensichtlichen Unrechtes Arroganz an den Tag legen 2. nicht zu packen sein, aalglatt entschlüpfen 3. wie e–e Katze immer auf die Füße fallen
zeytinyağlı mit Olivenöl zubereitet ~ **dolma** s. **yalancı dolma**
zeytun [ū] *va.* s. **zeytin**
zeytunî [·––] (*a.* ~ **yeşil**) olivgrün
zeytuniye [ū] s. **zeytingiller**
zıbarmak *V* 1. völlig betrunken sein und einschlafen, die Besinnung verlieren 2. krepieren, verenden, *V* verrecken *gebermek
zıbbadak s. **zıppadak**
zıbık, -bkı künstliches männliches Glied; Penis *m* (aus Kautschuk usw.)
zıbın wattiertes od. Flanell-Jäckchen *n* (für e–n Säugling)
zıddiyet, -ti 1. Gegensatz, Kontrast *m* *karşıtlık, tezat 2. *fig.* gegenseitige Abneigung
zıfır, -frı *va.* (Finger- od. Zehen-)Nagel *m,* Klaue, Kralle *f* *tırnak
zıfrî *va.* Nagel-, Klauen-, Krallen- **azmı** ~ s. **tırnaksı kemik**
zıh 1. Litze, Paspel *f,* Hosen-, Zier-streifen, (Rand-)Besatz *m* 2. schmale Randleiste (aus Holz) 3. Umrahmungslinie *f* (e–r Druckseite)
zıhlamak mit **zıh** (vgl. oben) versehen; säumen, paspelieren, einfassen
zıf *va.* das Doppelte
zıkkım (< **zakkum**) 1. widerwärtiger Fraß, elendes Gesöff, scheußliches Zeug 2. (in Verwünschungen) Gift *n* Zu 2: s. **Zehir zıkkım olsun!**
zıkkımağacı, -nı s. **zakkum**
zıkkımlanmak *pej.* 1. sich vollfressen, sich den Bauch vollschlagen 2. (m. Akk.) hinunterschlingen, (in sich) hineinstopfen, fressen Zu 1: **Herif geldi, zıkkımlandı, gitti.** Da kommt doch der Kerl daher, schlägt sich den Bauch voll und geht wieder. Zu 2: **Tuttun, o ham erikleri zıkımlandın, ya hasta olursun!** Bist du denn verrückt, daß du diese unreifen Pflaumen hinunterschlingst? Du wirst ja krank davon!
zıl, -llı *va.* 1. Schatten *m* *gölge 2. *fig.* Schutz *m*
zılgıt *F* scharfer Verweis; Rüffel *m,* Rüge *f,* Tadel *m* ~ **vermek** auszanken, schelten ~ **yemek** (b–den) e–n Anpfiff bekommen, die Leviten gelesen bekommen, ausgezankt werden (von)
zılıf, -lfı s. **toynak**
Zıllullah [ā] „Schatten *m* Gottes" (auf Erden) (*fr.* Beiname des Kalifen)
zıllühayal [···–] *va.* Schattenspiel *n*
zılva s. **zıvla**
zımba [×·] 1. Locher *m,* Lochzange *f,* Loch-, Stanz-eisen *n,* Dorn *m,* Stanze *f* 2. Lochung, Perforierung *f* 3. Patrize *f* 4. Gerät *n* zur Anbringung e–s Drahtverschlusses bei zugekorkten Sektflaschen ~ **çekici** *techn.* Splintenzieher *m* ~ **deliği** Stanzloch *n* ~ **makinesi** (*od.* **tezgâhı**) Lochmaschine, Stanzpresse *f*
zımbacı wer mittels **zımba** locht *spez.* 1. Stanzer *m* 2. Fahrkartenknipser *m*
zımbalamak 1. (durch-)lochen, mit Löchern versehen, (aus-)stanzen, perforieren, knipsen (z. B. Fahrkarten) 2. *V* a) s. **cima etmek** b) s. **bıçaklamak**
zımbalı [×··] ge-, durch-locht, mit Löchern versehen, perforiert, geknipst (Fahrkarte) ~ **defter** Heft *n* mit perforierten Blättern
zımbır zımbır rasselnd, klirrend usw. (vgl. **zımbırdatmak**)
zımbırdatmak (m. Akk.) 1. rasseln (klirren, klappern, knarren, schnarren, quietschen) lassen (so daß es dem Ohr wehtut) 2. herumklimpern (z. B. auf e–r Gitarre)
zımbırtı 1. Rasseln, Klirren, Klappern, Knarren, Schnarren, Quietschen *n* 2. Geklimper, Herumklimpern *n* (auf e–m Zupfinstrument) 3. Schnarre, *F* Quäke *f,* Klapper-, Klimper-kasten *m* 4. Dingsda *n* (bei kleinen unbedeutenden Gegenständen, deren genaue Bez. nicht gleich erinnerlich ist)
zım(ı)n, -mnı *va.* 1. Innere *n* 2. Implikation *f* 3. Absicht *f,* Zweck *m*
zımnen [×·] *Adv.* 1. indirekt, andeutungsweise, zwischen den Zeilen, durch die Blume 2. nicht ausdrücklich, implicite *(1, 2) alttan alta; altıkça Zu 1: **Meseleyi bana ~ anlattı.** Er hat mir die Geschichte andeutungsweise erzählt. Zu 2: **~ itiraf etti.** Er hat so gut wie gestanden.
zımnında *va. Pp.* wegen, halber, für, zwecks, zu, um ... zu **Buraya bir iş ~ geldim.** Ich bin geschäftehalber hierhergekommen.
zımnî 1. impliziert, involviert, mitenthalten, inbegriffen *içerik, altık 2. stillschweigend ~ **irade izharı** *jur.* stillschweigende (konkludente) Willensäußerung (Willenserklärung) ~ **muvafakat** stillschweigende Übereinkunft ~ **olarak** stillschweigend **Bu sözün ~ manası şudur: ...** Dieses Wort hat gleichzeitig folgende Bedeutung: ...
zımpara [×··] Schleifmittel *n spez.* 1. Schmirgel *m* 2. Glas-, Sand-papier *n* 3. Karborund *m* ~ **bezi** Schmirgelleinwand *f* ~ **çarkı** Schleif-, Schmirgel-scheibe *f* ~ **kâğıdı** Schleif-, Schmirgel-papier *n* ~ **taşı** Schmirgel-stein *m,* -scheibe *f* ~ **taşına vurmak** (ein-, ab-, zu-)schleifen ~ **tezgahı** Schleifbock *m* ~ **tozu** Schmirgelpulver *n* ~ **vurmak** mit Schmirgelpapier abreiben, abschmirgeln
zımparalamak s. **zımpara vurmak**
zımparalı Schmirgel- ~ **kâğıt** Schmirgelpapier *n*
zındık 1. *urspr.* Anhänger *m* der zoroastrischen Religion; Parse *m* 2. s. **Allahsız**

zındıklık, -ğı s. **Allahsızlık**
zıngadak [×··] bauz! bums! plauz! mit e–m Ruck
zıngıl zıngıl s. **zangır zangır**
zıngıldamak s. **zangırdamak**
zıngır zıngır s. **zangır zangır**
zıngırda(t)mak s. **zangırda(t)mak**
zıngırtı s. **zangırtı**
zınk, -kı lm. Darstellung e–r plötzlich zum Stillstand kommenden Bewegung ~ **diye durmak** 1. mit e–m Ruck anhalten (z.B. Auto) 2. sich mit e–m Male unterbrechen (z.B. Redner) 3. ganz verblüfft sein
zıp, -pı 1. (lm. Darstellung e–s plötzlichen Erscheinens od. Verschwindens) schwupp! mit e–m Mal, urplötzlich, wie aus dem Boden gewachsen 2. *mst.* in Wiederholung ~ ~ hüpfend, hopsend Zu 1: **Karşıma** ~ **diye bir adam çıktı.** Da stand doch plötzlich e–r vor mir, wie aus dem Boden geschossen. ~ ~ **kaçmak** im Handumdrehen verschwinden Zu 2: ≗ ~ **geliyor.** Er kommt angehüpft. ~ ~ **sıçramak** 1. vor Vergnügen in die Höhe springen 2. in helle Aufregung geraten
zıpçıktı wer mit e–m Mal aufgetaucht ist: 1. Emporkömmling, Parvenü *m* 2. Eindringling *m,* ungebetener Gast
zıpır (I) *F* verrückt, närrisch, extravagant, exzentrisch
zıpır (II) **zıpır** hüpfend, hopsend ~ ~ **zıplamak** dahinhopsen
zıpırlık närrisches, exzentrisches Wesen
zıpka e–e spez. von der Küstenbevölkerung des Schwarzen Meeres getragene Art **potur** *(q.v.)*
zıpkın Harpune *f* ~ **savlosu** *naut.* Vorläufer *m* (Leine e–r Harpune) ~ **topu** *naut.* Harpunen-, Wal-kanone *f*
zıpkıncı Harpunenwerfer, Harpunier *m*
zıpkınlamak harpunieren
zıplamak 1. (in die Höhe) springen, hüpfen 2. rikoschettieren, ab-, zurück-prallen 3. *Ch.* verschwinden, verduften **Sen bir kere zıpla bakalım!** *Ch.* Hau ja ab! (zu e–m Fahrer gesagt, der e–e best. Reihenfolge der Fahrzeuge nicht einhalten will)
zıplatmak 1. Kaus. zu **zıplamak** 2. beseitigen, wegnehmen
zıppadak [×··] *Adv.* mit e–m Mal, urplötzlich, wupp! ~ **hop** mit e–m Satz
zıpzıp, -pı 1. *Kspz.* Murmel, Marmel *f* *bilye 2. *Kspz.* Bällchen *n* an Gummiband
zır zır Lm. e–s andauernden und lästig empfundenen Geräusches od. e–r allgemeineren häufigen Wiederholung **Bütün gün** ~ ~ **öter.** Den ganzen Tag plärrt er sein Zeug daher. ~ ~ **ağlamak** leise weinen; *pej.* greinen, plärren, flennen ~ ~ **gelip gelmek** dauernd kommen und wieder gehen ~ ~ **zırlamak** unaufhörlich dummes Zeug daherreden; s.a. **zırzır**
zıraat; zıraî s. **ziraat; ziraî**
zırdeli [×··] total verrückt, vollkommen übergeschnappt
zırh 1. Panzer(-hemd *n*) *m,* Rüstung *f* 2. Panzerung *f* (z.B. e–s Kriegsschiffes) 3. Panzer- ~ **delici tane** Panzersprenggranate *f* ~ **devvar taret** Panzerdrehturm *m* ~ **giymek** e–n Panzer anlegen *bzw.* tragen ~ **gömlek** Panzerhemd *n* ~ **kaplamak** panzern (z.B. Schiff) ~ **kolluk** Armschiene *f* (bei e–r Rüstung) ~ **kule** (*od.* **taret**) Panzerturm *m* ~ **kundak** Panzerlafette *f* ~ **levha** Panzerplatte *f* ~ **mermi** Panzergeschoß *n* ~ **siper** (*od.* **sütre**) Panzerdeckung *f*
zırhkuyruklular Schildschwanzschlangen *pl. zo.* Uropeltidae
zırhla(ndır)mak panzern
zırhlanmak 1. gepanzert werden 2. e–n Panzer (e–e Rüstung) anlegen
zırhlı 1. e–n Panzer tragend, gepanzert, Panzer- 2. Panzer-, Kriegs-schiff *n* 3. Tank, Panzerkampfwagen *m* ~ **araba** Panzerwagen *m* ~ **avcı** Panzerschütze *m* ~ **balık** Panzerfisch *m* (im Silur) ~ **batarya** Panzerbatterie *f* ~ **birlik** Panzer-einheit *f*, -verband *m* ~ **birlik eri** Panzerschütze *m* ~ **bombacı** Panzergrenadier *m* ~ **defütardı** Panzerabwehr *f* ~ **elbise** Küraß *m* ~ **filo** Panzerflotte *f* ~ **gömlek** Panzerhemd *n* ~ **husufi taret** Panzerverschwindturm *m* ~ **keşif arabası** Panzerspähwagen *m* ~ **keşif bölüğü** Panzerspähkompanie *f* ~ **kıtaat** Panzertruppen *pl.* ~ **konveyör** Panzerförderer *m* (im Bergwerk) ~ **kruvazör** *naut.* Panzerkreuzer *m* ~ **kupol** (*od.* **kule**) Panzerturm *m* ~ **otomobil** Panzerkraftwagen *m* ~ **sığınak** gepanzerter Unterstand ~ **süvari** gepanzerter Reiter; Panzerreiter *m* ~ **tabya** Panzerfort *n* ~ **taret** s. **zırhlı kupol;** ~ **tren** Panzerzug *m* ~ **tugay** Panzerbrigade *f* ~ **tümen** Panzerdivision *f* ~ **vasıta defi silâhları** panzerbrechende Waffen *pl.* ~ **vasıta defi topu** Panzerabwehrgeschütz *n* ~ **yayın** Panzerwels *m zo.* Callichthys asper
zırhlıbaşlılar (die ausgestorbenen) Panzerlurche *z.* Stegocephali
zırhsız ungepanzert
zırıl zırıl 1. Lm. e–s unangenehmen Schnarrens, Schnatterns od. Schwatzens 2. lautliche Veranschaulichung e–s starken Schwitzens od. Fließens Zu 1: ~ ~ **söyleniyor.** Er redet und redet und will gar nicht mehr aufhören. Zu 2: ≗ ~ **ağladı.** Die Tränen strömten ihm nur so über die Wangen. ~ ~ **terlemek** sich schier zu Tode schwitzen
zırılda(n)mak 1. schnarren, rasseln, röcheln (*a.* z.B. Esel beim Schreien) 2. schwatzen, schnattern, dummes Zeug daherreden; *a.* murren
zırıltı 1. Schnarren, Geschnarre *n* 2. Schnattern, Geschnatter *n,* lästiges Geschwätz; *a.* Murren *n* 3. Streit, Zank *m,* Auseinandersetzung *f* 4. störendes M.i. 5. s. **zımbırtı** (4) Zu 3: ~ **çıkarmak** e–n Streit heraufbeschwören Zu 4: **Elindeki o -yı bırak!** Leg' doch dieses Klimperding weg! Zu 5: **Bu -yı ortadan kaldır!** Schaff' doch das (dumme) Ding da weg!
zırlak 1. in e–m fort redend (plärrend, schreiend); Schreihals *m* 2. eitler Schwätzer, Angeber *m* 3. s. **cırcırböceği; ocak çekirgesi**
zırlamak 1. s. **zırıldamak** 2. s. **anırmak** 3. greinen, plärren
zırnık, -ğı 1. s. **kırmızı (sarı)** ~ 2. Arsenik, Rattengift *n* 3. *fig.* roter Heller Zu 3: ≗ **bile vermem!** Keinen roten Heller gebe ich (dafür) her! ~ **bile koklatmamak** keinen Pfennig Geld herausrücken
zırpadak *P* für **zıppadak**
zırt fırt *od.* **zırt pırt** s. **zırt zırt**
zırt zırt immer wieder, immer aufs neue, alle Augenblicke, jeden Moment (und zur ungeeigneten Zeit)
zırtapoz *V* verrückt, übergeschnappt, närrisch, nicht ganz bei Trost, *F* meschugge
zırtapozluk *V* Verrücktheit, Narretei *f*
zırtullahıkermanî [··–··––] *hum.* von gottbegnadeter Dummheit; Blödian, Trottel, Narr *m*
zırva 1. *urspr.* a) Schmorfleisch *n* mit Kümmel b) Sülze *f* aus Hammelbeinen mit Safran und Knoblauch c) breiartige Süßspeise (aus Feigen, Rosinen und Datteln mit Reis und Zucker) (wie sie *fr.* in Armenküchen kostenlos ausgegeben wurde) 2. dummes Gerede; Gefasel *n, F* Blech *n,* Quatsch *m* ≗ **tevil götürmez.** *Spr.* In Narrengeschwätz ist kein Sinn zu bringen. **-ya çevirmek** 1. aufs Geratewohl (unüberlegt, in den Tag hinein) reden 2. s. **zırvalamak**
zırvalamak dummes Zeug daherreden, faseln, *F* Blech reden, Stuß verzapfen
zırvalaşmak abgeschmackt (fad, oberflächlich) werden (z.B. Unterhaltung)
zırzır (in der Füg.:) *V* ≗**ın kertas!** Hör auf mit deinem blöden Geschwätz!

zırzop, -pu *F* verrückt, übergeschnappt, nicht ganz bei Trost, *F* meschugge
zırzoplaşmak *F* verrückt werden, dummes Zeug anstellen
zırzopluk *F* Verrücktheit, Narretei *f* ~ **etmek** s. **zırzoplaşmak**
zıt, -ddı 1. entgegengesetzt 2. Gegensatz *m* (zu), Gegenteil *n* (von), Antonym(-begriff *m*) *n* 3. zuwider ~ **düşmek** das genaue Gegenteil sein ~ **elektromotor kuvvet** *phys.* Gegenspannung *f*, elektromotorische Gegenkraft ~ **gitmek** (b–le) das Gegenteil von dem tun, was ein anderer will, j–m zuwiderhandeln, sich gegen j–n stellen **-ı olmak** (bş b–nin) j–m zuwider sein, j–m gegen den Strich gehen **-ına basmak** j–m et. zum Trotz tun **-ına gitmek** 1. (bş b–nin) j–m auf die Nerven fallen, j–m zuwider sein 2. s. **zıt gitmek; -ların mecmaı** Vereinigung *f* (Sammelplatz *m*) der Gegensätze **-ı ekber** wer od. was j–m in den Tod zuwider ist
zıtanlamlılar *gr.* Antonymbegriffe *pl.* *elfazı mütezadde
zıtlaşmak s. **kutuplaşmak**
zıtlık, -ığı 1. Gegensatz, Kontrast *m* 2. gegenseitige Abneigung
zıvana [·×·] 1. beiderseits offenes Röhrchen; Hülse *f* 2. kurzes Mundstück (aus Horn, Bernstein usw.) für e–e Tabakspfeife od. e–n Tschibuk 3. (Hohl-)Mundstück *n* (an Zigaretten) ~ **deliği** Zapfenloch *n*, Nut *f* (bei Holzverbindung) *dişi zıvana ~ **dili** Zapfen *m*, Zinke *f*, Spund *m*, Feder *f* (bei Holzverbindung) *erkek zıvana ~ **teli** Draht *m* zum Reinigen e–r Zigarettenspitze ~ **testeresi** Rückensäge *f*, Fuchsschwanz *m* **-dan çıkarmak** wütend machen; j–n auf die Palme bringen **-dan çıkmak** verrückt werden, aus dem Häuschen geraten
zıvanalamak *techn.* vernuten, verzapfen
zıvanalı mit **zıvana** *(q.v.)*; ~ **birleştirme** (*od.* ~ **geçme**) Verzapfung *f* (als Holzverbindung)
zıvanalık s. **zıvana deliği**
zıvanasız [·×··] 1. ohne Hohlmundstück (Zigarette) 2. verrückt, übergeschnappt
zıvanasızlık Verrücktheit, Narretei *f*
zıvla Jochstange *f* (die das Ochsenpaar unter dem Joch zusammenhält) *zılva, zevle, zelve
zıvlamak weggehen
zıya, -aı [ā] Verlust *m* *kayıp **-ı ebedî** *va.* unersetzlicher Verlust (z. B. bei Todesfall) **-ı elem** s. **analjezi; -ı hafıza** s. **bellek yitimi, hafızasızlık; -ı his** s. **anestezi; -ı kelâm** s. **afazi; -ı kıraat** s. **aleksi; -ı savt** s. **afoni; -ı şahsiyet** s. **benlik yitimi; -ı tahrir** s. **agrafi**
zıyk, -kı *med.* 1. Enge *f* 2. Beklemmung *f*
zıykınefes 1. Atemnot, Kurzatmigkeit, Dyspnoe *f* *nefes darlığı; tıknefeslik 2. s. **tıknefes**
zıykısadır, -drı s. **zıykınefes** (1)
zıypak glitschig (Boden)
zi [ī] *va. ar.* Obliquus zu **zu, zü** (Nur mehr in Füg. wie **zikıymet, ziruh, zilhicce, zilkade** *usw.*)
ziamet, -ti s. **zeamet**
ziba (I) [––] *va.* geschmückt, schön, ornamental
ziba (II) s. **altın böcek**
zibak s. **zeybak**
zibelin (*franz.* **zibeline**) s. **samur**
zibet kedisi s. **Afrika (Asya) mis kedisi**
zibidi 1. wer lächerlich kurze und enge Kleidung trägt 2. wer sich verrückt benimmt 3. *V* wer sich als et. aufspielt (ohne es zu sein), lächerlicher Fant
zibidilik 1. Verrücktheit *f* 2. Aufgeblasenheit *f*
zibil, -bli *va.* Kehricht *m, n*, Abfall *m* *süprüntü
zifaf [ā] erstmaliges Zusammenkommen des Bräutigams mit der Braut in der Hochzeitsnacht ~ **gecesi** Hochzeits-, Braut-nacht *f* ~ **odası** Brautgemach *n*
zifin s. **sarı çiçekli ormangülü**
zifir 1. Niederschlag *m* bei Rauchentwicklung *spez.* schwarzer Nikotinniederschlag, *F* Pfeifensutter *m* 2. s. **acılık** 3. s. **karanlık;** ~ **gibi** s. **zifirî**
zifirî dunkel, finster-, pech-, kohl-, raben-schwarz ~ **karanlık** e–e Finsternis, daß man die Hand nicht vor den Augen sieht
zifos [×·] 1. *va.* wolkenbruchartiger Regen 2. Schmutzwasser *n;* Schmutz-, Dreck-spritzer *m* 3. leer, nichtig, nichtssagend, unnütz (z. B. Gerede) 4. *naut.* oberster Teil e–s Mastes Zu 2: **Hızla geçen bir otomobil üstüne ~ sıçrattı.** Ein vorübersausendes Auto bespritzte ihn mit Schmutz. ~ **atmak** (b–ne) *fig.* 1. angreifen, anpöbeln 2. beflekken, besudeln, bespritzen 3. verleumden, verunglimpfen ~ **yemek** mit Schmutz bespritzt werden (z. B. durch vorüberfahrendes Auto)
zift, -ti Pech *n* *karasakız ~ **çanağı** Pechtopf *m* ~ **fırçası** *naut.* Teerquast *m* (der Kalfaterer) *malahtar ~ **gibi** gallenbitter ~ **kepçesi** Pechlöffel *m* ≗ **yesin** *od.* **≗in pekini yesin!** 1. (Ärgerliche Antwort auf die Frage, was jm. essen soll) Von mir aus soll er Dreck fressen! 2. (als Verwünschung) Im Hals soll es ihm steckenbleiben!
ziftlemek mit Pech bestreichen, ver-, zu-pichen
ziftlenmek 1. Pass. zu **ziftlemek** 2. *pej.* a) (m. Akk.) hinunterschlingen, in sich hineinstopfen, fressen b) sich vollfressen, sich den Bauch vollschlagen 3. *fig.* bei et. e–n (mehr od. minder unrechtmäßigen) Gewinn für sich herausschlagen, *F* e–n Rebbach machen
ziftli 1. mit Pech bestrichen, ge-, ver-, zuge-picht 2. Pech- ~ **vernik** *naut.* Pechanstrich *m*
Zigetvar *n.pr.* Sigeth (ungarische Stadt)
Zigfrit hattı *n.pr.* Siegfried-Linie *f* (im II. Weltkrieg); Westwall *m*
zigofilliye s. **yabanîkimyongiller**
zigomatik kemik *med.* s. **elmacık kemiği**
zigot, -tu *biol.* Zygote *f*, befruchtete Pflanzen- od. Tierzelle *döllenmiş yumurta
zihaf [ā] *(Metrik)* Kürzung *f* e–s langen Vokals in Anpassung an das ar.-pers. Versmaß
ziham [ā] *va.* 1. s. **kalabalık** 2. s. **darlık**
zihayat, -tı [–·–] *va.* Leben besitzend, lebend(-ig), belebt
zihi s. **zehi**
zihin, -hni 1. Geist *m*, Verstand(-eskraft *f*) *m*, Sinn *m* *an, anlık 2. Gedächtnis *n* *hafıza, bellek 3. Verstehen, Verständnis *n*, Auffassungsgabe *f* Zu 1: **Zihni başka şeylerle meşgul.** Sein Geist ist mit anderen Dingen beschäftigt. Er hat andere Dinge im Kopf. ~ **açıklığı** Gewecktheit *f* ~ **açmak** den Blick (Geist, das Blickfeld) erweitern ~ **bulanıklığı** Geistesverwirrung *f*, geistige Umnachtung *teşevvüşü zihnî ~ **dağılımı** geistiger Verfall *inhilâli zihnî ~ **darlığı** geistige Stumpfheit *f* *fıkdanı temyiz ~ **hesabı** s. **zihnî hesap;** ~ **seviyesi** geistiges Niveau ~ **yorgunluğu** geistige Ermüdung *taabı zihnî ~ **yormak** sich den Kopf zerbrechen, nachgrübeln **-de kalmak** im Gedächtnis haftenbleiben **-de kalmamak** nicht mehr erinnerlich sein **-de tutmak** im Kopf behalten **-den çıkarmak** vergessen **-den çıkmak** dem Gedächtnis entschwinden **-e nakşetmek** dem Gedächtnis einprägen

(zihni): ~ **açık** mit guter Auffassungsgabe, geweckt ~ **açılmak** mehr Verständnis gewinnen; klar sehen ~ **almak** erfassen, verstehen, begreifen ~ **bulanmak** sich verwirren (Gedanken); durcheinanderkommen ~ **dağılmak** abgelenkt (verwirrt, zerstreut, zerfahren) werden *od.* sein ~ **dağınık** abgelenkt, zerfahren, verwirrt, zerstreut ~ **dolaşmak** ganz verwirrt sein ~ **durmak** wie betäubt dastehen ~ **evvel** sehr klug ~ **gıcıklanmak** argwöhnisch werden, Verdacht schöpfen ~ **kapalı olmak** nichts begreifen; *F* ein Brett vor dem Kopf haben ~ **karışmak (karışık**

olmak; şaşırmak) s. ~ **bulanmak;** ~ **saplanmak** (m. Dat.) sich (in e–e Idee) verrennen, nicht mehr loskommen können (von e–m Gedanken) ~ **takılmak** (m. Dat.) stehenbleiben (bei e–m zu lösenden Problem); dauernd an et. denken müssen ~ **yatmak** überzeugt sein; fest glauben **-nden geçirmek** et. überdenken **-nden geçmek** j–m durch den Kopf gehen, in den Sinn kommen **-ne girmek** (b–nin) 1. j–m einleuchten, verstanden werden 2. beeinflussen, suggerieren **-ni almak** (b–nin) j–n interessieren, fesseln **-ni bozmak** 1. (bş b–nin) in Zweifel stürzen 2. (biri bşle) sich e–r Sache mit Leib und Seele verschreiben **-ni bulandırmak** (bş b–nin) in Zweifel stürzen **-ni çelmek** 1. (kendi) sich anders besinnen, sich die Sache anders überlegen 2. (b–nin) a) j–n (von e–m Gedanken od. e–r Absicht) abbringen b) s. **baştan çıkarmak; -ni dinlendirmek** sich et. ausruhen, ausspannen (nach geistiger Arbeit) **-nı karıştırmak** (b–nin) j–n in Verwirrung bringen **-ni kurcalamak** 1. (bş b–nin) j–m innerlich zu schaffen machen 2. (biri kendi) sich den Kopf zerbrechen **-ni oynatmak** den Verstand verlieren, verrückt werden **-ni zorlamak** sich den Kopf zerbrechen

zihinci *selt.* mit nb. Denkweise

zihincilik, -iği *selt.* s. **zihniyet**

zihnen *va. Adv.* im Kopf (Geist, Sinn), innerlich ~ **çalışmak** geistig arbeiten ~ **hesap etmek** im Kopf ausrechnen ~ **meşgul** innerlich (mit et. anderem) beschäftigt, an et. anderes denkend

zihnî 1. geistig, innerlich, Kopf- 2. intellektuell, verstandesmäßig *anlıksal 3. **Zihni** [×·] *mV* **Zihniye** [×··] *wV* ~ **düşkünlük** *med.* Schwachsinn *m* ~ **hesap; hesabı** ~ Kopfrechnen *n* *zihin hesabı ~ **meşguliyet** geistige Arbeit; Kopfarbeit *f* ~ **takyit** *jur.* Mentalreservation *f*, geheimer (stiller) Vorbehalt

zihniye s. **intelektüalizm**

zihniyet, -ti Mentalität, Denk-, Auffassungs-weise, Sinnesart, Geisteshaltung *f* *anlayış

zikıymet [ī] *va.* wertvoll, kostbar *kıymetli, kıymettar

zikir, -kri 1. Erwähnen *n*, Erwähnung *f*, Gedenken *n* 2. wiederholte Rezitation religiöser Formeln, in denen die Namen Gottes begegnen (*fr.* bes. in Derwischklöstern) Zu 1: **Dün sizin -iniz geçti.** Gestern hat man von Ihnen gesprochen. **Bunun -i geçmedi.** Das blieb unberührt (unerwähnt). Darüber wurde nicht gesprochen. **-e şayan** erwähnenswert, bemerkenswert **-i fikri bir olmak** ebenso denken wie handeln **-i geçen** (oben-)erwähnt **-i kül iradei cüzü ve aksi** *stil.* Synekdoche *f spez.* pars pro toto; totum pro parte *kapsamlama **-i lâzım iradei melzum ve aksi** *rhet.* Metalepsis *f* *öteleme

zikretmek [×··] 1. erwähnen 2. religiöse Formeln, in denen die Namen Gottes begegnen, wiederholt rezitieren

zikricemil [···–] *va.* ehrenvolle Erwähnung; Lob *n* **²iniz geçti.** *va.* Man hat sehr anerkennend von Ihnen gesprochen.

zikzak 1. Zickzack *m* 2. im Zickzack ~ **gitmek** (*od.* **çizmek**) im Zickzack gehen (fahren) ~ **kelebeği** s. **sünger örücüsü;** ~ **seyri** *naut.* Zickzackkurs *m* (e–s Schiffes) ~ **surette** (*od.* **şekilde**) zickzackförmig ~ **viraj** Zickzackkurve *f* ~ **yapmak** im Zickzack verlaufen

zikzaklı im Zickzack (verlaufend), in Zickzackform ~ **bir rota takip etmek** im Zickzackkurs fahren (Schiff)

zikzakvari [·–·–] zickzackförmig

zil 1. Glocke, Klingel, Schelle *f*, Läutewerk *n* 2. Schelle *f* (an e–m Tamburin) 3. Kastagnette *f* 4. Becken *n*, Tschinellen, türkische Teller *pl.* 5. *V* hungrig, mit knurrendem Magen **² çalıyor.** 1. Es läutet (klingelt, schellt). 2. s. **Karnı (etekleri)** ~ **çalıyor.** ~ **çiçeği** (*od.* **otu**) Mauer-Zymbelkraut *n bot.* Cymbalaria muralis ~ **düğmesi** Klingelknopf *m* ~ **gibi** sinnlos betrunken, sternhagelvoll ~ **tablosu** 1. Nummernkasten *m* (in Hotel, Büro usw.) 2. Klingeltafel *f* ~ **takıp oynamak** *fig.* vor Freude ganz aus dem Häuschen geraten ~ **tertibatı** Klingelanlage *f*, Läutewerk *n* **-e basmak** (kräftig) an der Glocke ziehen, (stark) läuten **-i çalmak** läuten, klingeln, schellen **-leri şıkırdatmak** mit den Kastagnetten klappern **-leri takınmak** *F* frech (unverschämt, ausfällig) werden

Zile *n.pr.* Städtchen u. D. im Rbz. Tokat

Zilha (andere Form von **Züleyha)**

zilhicce 12. Monat des isl. Mondjahres; Opfermonat *m* *kurban ayı

zilkade [ā] 11. Monat des isl. Mondjahres *aralık ayı

zillet, -ti Erniedrigung, Schande, Schmach, Herabwürdigung, Würdelosigkeit, Entehrung *f*

zilli 1. mit Glocke (Klingel, Läutewerk usw.) 2. mit Schellen (Kastagnetten usw.) 3. *V* zänkisch, streitsüchtig (*bes.* Frauen) ~ **bebek** Puppe *f*, die durch Druck auf die Brust zwei Becken zusammenschlägt ~ **maşa** s. ~ (3); s.a. **zillimaşa; -yi kırmak** *V* s. **habe etmek**

zillimaşa gabelförmiges Klapperinstrument, an dessen Enden Schellen befestigt sind

zilpzalp, -pı Zilpzalp *m* (Vogel) *zo.* Phylloscopus collybita

zilsiz ohne Glocke (Klingel usw.) ~ **oynamak** *fig.* vor Freude ganz aus dem Häuschen geraten

zilve s. **zıvla**

zilyet, -di Inhaber *m*, Verfügungsberechtigter *vazıülyet, elmen ~ **bulunmak** (bşe) et. besitzen

zilyetlik, -iği *jur.* Besitz m *elmenlik ~ **davası** *jur.* Besitzschutzklage, -störungsklage *f*, Klage *f* aus dem Besitz

zilzal [ā] s. **zelzal**

zilzen *va.* Beckenschläger *m*

zilzurna (sarhoş) sinnlos betrunken, sternhagelvoll

zimam [ā] Zügel *m*, Leitseil *n* **-ı idare** *va.* Zügel *pl.* der Regierung; Staatsführung *f*

zimamdar [·––] Leiter, Führer *m*, führender Politiker; s. a. **devlet -ı**

zimmamdaran [·–––] *va. Pl.* zu **zimamdar**

zimem *va. Pl.* zu **zimmet**

zimmet, -ti 1. Obliegenheit, Pflicht, Verpflichtung *f* 2. Schuld *f* 3. Soll, Debet *n* 4. *H* Passiva *pl.* **-ine geçirmek** 1. (bir hesabı b–nin) in j–s Soll eintragen, j–n belasten 2. (bir parayı kendi) unterschlagen, hinterziehen, in die eigene Tasche stecken **²inde üçyüz lira alacağım vardır.** Er schuldet mir dreihundert Pfund. **Eski veznedarın bir hayli -i çıktı.** Es stellte sich heraus, daß der frühere Kassierer erhebliche Beträge veruntreut (unterschlagen) hatte. **-teki düyun** *H* Passiva *pl.*

zimmetlendirmek s. **zimmetine geçirmek**

zimmî *hist.* nicht-mohammedanischer Untertan im Osm. Reich (*üblicher:* **raiyye, râya)**

zina [ā] 1. illegaler Geschlechtsverkehr *spez.* Ehebruch *m* 2. s. **altın böcek;** ~ **etmek** Ehebruch begehen

zinakâr [·––] ehebrecherisch

zincef Einfassung *f*, Besatz *m*, Bordüre *f* (an Kleidern od. Stoffen)

zincifre *chem.* Zinnober *m*

zincir 1. Kette *f* 2. Aufeinanderfolge, Reihe, Kette *f;* kettenförmig, Ketten- 3. *fr.* schwere Sträflingskette, Fessel *f* (*spez.* für Galeerensklaven) *pranga 4. *fig.* Fessel *f*, Joch *n*, Zwang *m* 5. Name e–r Taktart in der orient. Musik 6. *fr.* Rändelung *f* (von Münzen) Zu 2: **yüksek dağlar -i** Hochgebirgskette *f* **söz -i** Wortfolge *f*, Satzbau *m* ~ **baklası** Kettenglied *n*, Schake *f* ~ **bosa** *spez. naut.* Kettenstopper *m* ~ **çarkı** Kettenrad *n* ~ **çengeli** Kettenhaken *m* ~ **dişlisi** Ketten-nuß *f*, -rad *n* ~ **düğümü** Kettenstich *m* ~ **gomene** *naut.* Kettenkabel *n* ~ **kasnağı** (*od.* **makarası)** Kettenrolle *f* ~ **kastanyolası** Ketten-kneifer, -stopper *m* ~ **kesir** s. **zincirleme kesir;** ~ **kilidi** verschließbarer Ket-

tenring; Schäkel *m* ~ **lokması** Kettensteg *m* ~ **tepkime** Kettenreaktion *f* **-den boşanmış bir deli gibi** wie ein dem Irrenhaus entsprungener Verrückter **-e vurmak** in Ketten legen, in Fesseln schlagen, anketten, fesseln **-i koparmak** 1. die Kette zerbrechen 2. zu toben beginnen (Irrsinniger) **-ini çözmek** losketten **-lerini kırmak** (*od.* **koparmak**) *fig.* seine Ketten sprengen
zincirbent, -di *fr.* Kettensträfling *m*
zincirbentlik Leben, Dasein *n,* Zustand *m* e–s Kettensträflings
zincirleme 1. Vs. zu **zincirlemek** 2. kettenartig aneinandergereiht 3. (in der Volkslit.) Versverbindung *f* mittels Anadiplose *iade ~ **ad tamlaması** (*od.* ~ **isim takımı**) *gr.* substantivische Kettenfügung (z. B. **evin damının kenarı**) *tetabuu izafet ~ **kaza** Kettenunfall *m,* Massenkarambolage *f* ~ **kesir** s. **devirli kesir;** ~ **satış** *H* Kettenhandel *m* ~ **sıfat tamlaması** *gr.* adjektivische Kettenfügung (z. B. **kırmızı başlıklı kız**); ~ **usulü** Arbeit *f* am laufenden Band, Fließbandarbeit *f* ~ **usuliyle** (*od.* **usulüne göre**) fortlaufend, ohne Unterbrechung
zincirlemek 1. (an-)ketten, an e–e Kette legen, mit e–r Kette befestigen, in Fesseln schlagen 2. kettenförmig aneinanderfügen
zincirleniş Vs. zu **zincirlenmek** *spez. mus.* Aufeinanderfolge *f* (von Akkorden)
zincirlenmek 1. Pass. zu **zincirlemek** 2. *fig.* fest miteinander verbunden werden
zincirli 1. mit Kette(-n) 2. an die Kette gelegt, angekettet, in Ketten 3. *hist.* e–e wegen ihrer Rändelung so genannte Goldmünze aus dem Jahr 1716 ~ **kuyu** Ketten-, Ziehbrunnen *m* ~ **gemi demiri** Kettenanker *m* ~ **oluk** *techn.* Panzer(-förderer) *m* ~ **tombaz** Kettenfähre *f* ~ **vinç** Kettenwinde *f*
zincirlik *spez. naut.* Kettenkasten *m*
zindan [ā] 1. (unterirdisches) Gefängnis *n,* Kerker *m* 2. *mil.* Arrestzelle *f* ~ **etmek** s. **dünyayı başına** ~ **etmek;** ~ **gibi** dunkel und beklemmend (wie im Kerker), stockfinster **-a atmak** (*od.* **koymak**) in den Kerker (ins Gefängnis) werfen, einkerkern
zindancı [ā] Gefängniswärter, Kerkermeister *m* (in e–m fr. unterirdischen Verlies)
zinde lebendig, frisch, munter, rüstig, kregel ~ **kuvvet** *phys.* lebendige Kraft; Energie *f*
zindelik (körperliche) Rüstigkeit, Frische *f*
zinhar [ā] *(Warnungsruf)* Um des Himmels willen, ja nicht! Um Gottes willen!
Zinnureyn *hist.* Beiname des Kalifen Omar (der mit zwei Töchtern Mohammeds verheiratet war)
zinya [×·] **çiçeği** (Schmuck-)Zinnie *f bot.* Zinnia elegans *jeneral çiçeği, kirlihanım
zip, -pi Reißverschluß *m* *fermuvar
zipzibi [×··] Trommelschlegel *m* für die linke Hand
zir [–] *va.* 1. unterer od. unterster Teil (von et.) 2. s. **esre;** 3. Diskant-Saite *f* (e–s M.i.) **-de, -inde** *va.* unten **-deki** *va.* unten angegeben **-i idaresinde** *va.* unter der Führung (Leitung, Verwaltung) von ...
zira [×–] denn, weil *çünkü
zirâ, -âı Elle *f* *arşın
ziraat, -ti [·–·] 1. Landwirtschaft *f,* Ackerbau *m* und Viehzucht *f* 2. Bestellung *f* (von Feldern) 3. Anbau *m* Zu 2: **tarla -i** Feldbestellung *f* Zu 3: **Rize'de çay -i** Teeanbau *m* in Rize ≗ **Bankası** Landwirtschaftsbank, Agrarbank *f* ~ **etmek** Ackerbau treiben ~ **okulu** Landwirtschaftsschule *f* ~ **sergisi** landwirtschaftliche Ausstellung ≗ **Vekâleti** Landwirtschaftsministerium *n* *Tarım Bakanlığı
ziraatçi 1. Ackerbau und Viehzucht treibend 2. Landwirt *m* 3. Ackerbausachverständiger 4. *selt.* Landarbeiter *m* *rençper
zirai [·––] landwirtschaftlich, Landwirtschafts-, Agrar- *tarımsal ~ **işletme** landwirtschaftlicher Betrieb; Agrarunternehmen *n* ~ **kredi** Agrarkredit *m* ~ **sigorta** landwirtschaftliche Versicherung; Agrarversicherung *f*
zirkon *min.* Zirkon *m* (blauer Edelstein)
zirkonyum [·×·] *chem.* Zirkonium *n*
zirman *V* grobschlächtiger Kerl; Tolpatsch *m*
ziruh [––] *va.* 1. lebend(-ig) 2. Lebewesen *n* **gayri** ~ unbelebt, leblos
zirüzeber etmek [ī] *va.* in Unordnung bringen, auf den Kopf stellen *altüst etmek
zirve 1. Berg-gipfel *m,* -spitze *f* *doruk, şahika 2. (Baum-) Wipfel *m* 3. (*a.* ~ **konferansı** *od.* **toplantısı**) Gipfelkonferenz *f* ~ **noktası** *fig.* Gipfel-, Höhe-punkt *m*
zirveleşmek *fig.* aufsteigen, sich aufschwingen, den Gipfel erklimmen
zisoit, -di *techn.* Zissoide, Efeublattlinie *f*
zişan [–] 1. *va.* s. **şanlı** 2. ≗ *wV*
zito [×·] *griech.* Hoch! Hurra! Bravo! *yaşa
ziver [ī] 1. *va.* Schmuck *m* 2. ≗ *mV*
zivircik s. **yaban domuzdikeni**
zivle s. **zıvla**
ziya [ā] 1. Licht *n* *ışık 2. ≗ (*a. Verk.* von **Ziyaettin**) *mV* ~ **almak** (*od.* **görmek**) Licht bekommen (z. B. Film) ~ **huzmesi** Lichtkegel *m* ~ **işareti** Licht-signal, -zeichen *n* ~ **kestirmesiyle atış** *mil.* Schießen *n* im Lichtmeßverfahren ~ **kuvveti** Lichtstärke *f* (z. B. e–s Objektivs) ~ **ölçme takımı** *mil.* Lichtmeßtrupp *m* ~ **vermek** leuchten, glänzen, strahlen **-nın sürati** Lichtgeschwindigkeit *f*
ziyadar [·––] 1. mit viel Licht, hell (z. B. Zimmer) 2. lichtstark 3. mit e–r best. Lichtstärke Zu 2: ~ **bir makine** e–e lichtstarke Kamera Zu 3: **1:4,5 kuvvetinde** ~ **bir objektif** ein Objektiv mit der Lichtstärke 1:4,5
ziyade [ā] 1. Mehr *n* 2. mehr, zu viel, höchst, äußerst, in hohem (höherem) Grade 3. (m. Abl.) mehr (als); nicht so sehr ... als viel mehr 4. kurzer rhythmischer Zusatz bei Halbversen (vgl. **müstezat**); ~ **etmek** s. **Allah** ~ **etsin!** ≗ **olsun!** (*Hfl.* bei Ablehnung von Aufforderungen wie „Bitte greifen Sie doch noch zu!") Danke sehr! Es hat ausgezeichnet geschmeckt! **-siyle** mehr als nötig; besonders groß (*od.* viel); ausnehmend
ziyadece [ā] etwas mehr, ziemlich viel, ziemlich
ziyadeleşmek [ā] sich vermehren; zunehmen, wachsen, steigen, sich verstärken (z. B. Neigung, Tendenz usw.) **Ateşi ziyadeleşti.** Sein Fieber ist gestiegen.
ziyafet, -ti [ā] 1. Gast-, Fest-mahl, Bankett, Essen, Diner *n* 2. s. **değnek -i çekmek** 3. *fig.* Genuß *m,* Zuckerlecken *n* ~ **çekmek** (*od.* **vermek**) (b–ne od. b–nin şerefine) j–m zu Ehren ein Essen geben, ein Bankett veranstalten; j–n bewirten **(futbol, müzik** usw.); **-i çekmek** (*od.* **vermek**) e–e glänzende Aufführung veranstalten (Fußball, Konzert usw.)
ziyalandırmak lichten (Forst)
ziyalanmak gelichtet werden (Forst)
ziyalı [ā] 1. Licht-, Leucht- 2. s. **ziyadar;** ~ **işaret** Leuchtfeuer *n,* -bake *f*
ziyan [ā] Schaden, Verlust *m,* (materielle) Einbuße *f* ~ **çekmek** (*od.* **görmek**) Schaden erleiden, benachteiligt werden ~ **olmak** 1. zu Schaden kommen 2. zugrunde gehen 3. s. **boşa gitmek;** ~ **zebil etmek** *P* vergeuden, verschwenden ~ **zebil olmak** *P* nutzlos ausgegeben werden, vergeudet werden **-a sokmak** (b–ni) j–m Schaden zufügen **-a uğramak** Schaden (Verluste, Einbuße) erleiden **-ı çekmek** (*od.* **görmek**) den Schaden zu tragen haben ≗**ı yok!** Das schadet (macht, tut) nichts! Schon gut! Bitte sehr!
ziyancı [ā] 1. Schaden anrichtend (verursachend), schäd-

lich, (be-)schädigend 2. wer gerne Schaden anrichtet, boshaft

Ziyaniye [ā] ein Zweig des Şazeliye-Ordens

ziyankâr [·––] s. **ziyancı**

ziyankârlık [·––·] 1. Schadenverursachung, Schädigung *f* 2. Neigung *f*, Schaden zu verursachen, Boshaftigkeit *f*

ziyanlı [ā] 1. wer den Schaden bei et. hat, geschädigt 2. schädlich, schadend Zu 1: **Bu işten ben ~ çıktım.** Den Schaden hierbei habe ich gehabt.

ziyansız [ā] 1. keinen Schaden verursachend, unschädlich, harmlos 2. recht gut, ganz nett, nicht schlecht Zu 2: **Bu çocuğun yazısı -dır.** Der Junge schreibt ganz ordentlich.

ziyaret, -ti [ā] 1. Besuch(-en *n*) *m* 2. Wallfahrt *f* ~ **etmek** 1. (b–ni) be-, auf-suchen, j–m e–n Besuch machen (abstatten) 2. (bşi) besuchen, besichtigen **-ine gelmek** (*od.* **gitmek**) (b–nin) s. **ziyaret etmek** (1); (**Yarın -inize geleceğim.** Morgen werde ich Sie besuchen.) **-lerin arasını soğutmak** *fig.* die gegenseitigen Besuche seltener werden lassen **-te kusur etmek** seinen Besuchspflichten nicht genügend nachkommen

ziyaretçi [ā] 1. Besucher(-in *f*) *m* 2. Wallfahrer *m*

ziyaretgâh [·–·–] Wallfahrtsort *m*

ziynet, -ti 1. Schmuck *m*, Zier *f* 2. ≗ *wV* ~ **altını** ein als Halsschmuck getragenes Goldstück ~ **vermek** s. **ziynetlemek**

ziynetlemek (aus-)schmücken, (ver-)zieren

ziynetli geschmückt, verziert

zizefuniye s. **ıhlamurgiller**

zloti (polnischer) Zloty *m*

zlotilik im Betrag von soundso viel Zloty

zo! *arm.* he! holla!

zobu *fr.* Diener *m* im Palast e–s Wesirs

zodyak s. **burçlar kuşağı**

zofa otu 1. s. **çördük otu** (1) 2. s. **teşekkür otu** 3. s. **Istanbul kekiği**

zoka [×·] 1. (in Form e–s Köderfisches gearbeiteter) Angelhaken (für große Fische) 2. *V* Falle *f*, Schwindel, Trick, Betrug *m*, Gaunerei *f* **-ya gelmek** *od.* **-yı yutmak** *V* anbeißen, auf den Leim gehen, sich düpieren lassen

zokita [·×·] *naut.* (einzelner, mit Senker versehener) Angelhaken für den Makrelenfang

zokum *P* für **zakkum**

zola s. **zula**

zolota [·×·] *hist.* e–e dem polnischen Zloty nachgebildete osm. Silbermünze von 30 Para

zom *V* 1. reif, ausgereift, vollendet, vollkommen 2. betrunken, *V* besoffen ~ **sarhoş** ganz betrunken, vollkommen blau, sternhagelvoll, *V* stinkbesoffen

zomlaşmış *V* ausgewachsen

zomp *dial.* viereckiger schwerer Schlaghammer (der Steinklopfer)

zona *(franz.)* Gürtelrose *f; med.;* Herpes zoster

Zonguldak *n.pr.* Hafenstadt am Schwarzen Meer im gln. Rbz. (Nordwestanatolien) (Kohlengebiet)

zonk zonk Lm. klopfender Schmerzen

zonklama Vs. zu **zonklamak** *spez. astr.* Pulsation *f*

zonklamak 1. heftig klopfen (z.B. Blut in den Schläfen) 2. stechend schmerzen

zoo *selt.* Zoo *m*, Zoologischer Garten *hayvanat bahçesi

zoobiyoloji Zoobiologie *f*, Lehre *f* vom tierischen Leben

zoocoğrafya [···×·] Tiergeographie *f* *hayvan coğrafyası

zoofit, -ti Zoophyt *m*, *n* Pflanzentier *n* *nebatî hayvan

zookimya [··×·] Zoochemie *f*, Chemie *f* der tierischen Stoffe

zoolog Zoologe *m*, Zoologin *f*

zooloji Zoologie, Tierkunde *f* *ilmi hayvanat

zoolojik zoologisch

zoolojist, -ti s. **zoolog**

zoospor *bot.* Zoo-, Schwärm-spore *f* (niederer Pflanzen) *büzuratı müteharrike

zootekni (*franz.* **zootechnie**) Zootechnik *f*, Tierzucht *f* nach wissenschaftlichen Methoden ~ **mütehassısı** s. **zooteknist**

zooteknik zootechnisch

zooteknist, -ti Tierzüchter(-in *f*) *m* (als Wissenschaftler)

zooterapi (*franz.* **zoothérapie**) Tierheilkunde *f*

zor 1. unbehagliches Gefühl; Beklemmung *f*, Druck *m* *sıkıntı 2. Zwang *m*, Gezwungensein *n*, gebieterische Notwendigkeit *ilca, mecburiyet 3. Schwierigkeit, Mühe, Anstrengung *f* 4. Stärke, Gewalt, Macht, Gewalttätigkeit *f; gel. a.* Anmaßung, Dreistigkeit, Frechheit *f* 5. schwer, schwierig, anstrengend 6. erzwungen, Zwang- 7. *Adv.* mit Mühe und Not, knapp, gerade noch eben 8. *(Ausruf)* Das wirst du wohl kaum fertigbringen! Zu 1: **Midesinden -u var.** Er hat (dauernd) Magenbeschwerden. Zu 2: **Oraya gitmek -unda idi.** Er war gezwungen, dort hinzugehen. Er mußte unbedingt hingehen. **ºun ne idi de oraya gittin?** Wer hat dich denn gezwungen, dorthin zu gehen? Zu 3: s. **-la** Zu 4: **Âlemi vahşette ~ ne ise, âlemi medeniyette para odur.** *va.* Was bei den Wilden die Stärke ist, ist in der Kulturwelt das Geld. Zu 7: **Bu sabah trene ~ yetiştim.** Heute früh habe ich den Zug nur mit Mühe und Not noch erreicht. Zu 8: **Sen mi beni döveceksin, ~!** Du willst mich schlagen? Das wirst du kaum fertigbringen! ~ **altında** unter Zwang, zwangsmäßig ~ **bazu** mit den bloßen Armen (*bzw.* Händen) *d.h.* ohne Tiere od. Maschinen ~ **belâ** s. **zar zor;** ~ **etmek** 1. seine Kraft ausüben 2. Gewalt, Zwang antun 3. **(sabahı)** die Nacht mühsam überstehen ~ **gelmek** j–n hart ankommen; j–m schwerfallen ~ **güç** s. **zar zor;** ≗ **kapıdan girerse, şeriat bacadan çıkar.** *Spr.* Not kennt kein Gebot. *Spr.* ~ **kullanmak** 1. Gewalt anwenden 2. (m. Akk.) vergewaltigen, notzüchtigen, sich vergehen (an) ~ **Nikâhı** Le Mariage forcé (Molière – Ahmet Vefik Paşa) ≗ **oyunu bozar.** (Entschuldigung bei der Nichteinhaltung e–r Zusage:) Was sollte ich schon tun? Es war eben höhere Gewalt! ~ **yutturmak** vgl. **Maymun gözünü açtı;** ~ **zar** s. **zar** (III) **zor; ºa beylerin borcu var.** *Spr.* Gewalt geht vor Recht. *Spr.* **-a bindirmek** et. erzwingen wollen; et. auf die Spitze treiben **-a düşmek** in Schwierigkeiten geraten **-a gelememek** hartes Arbeiten nicht aushalten können **-a gelmek** gezwungen sein (*bzw.* werden); müssen **-la** 1. unter Zwang (Gewaltanwendung), mit Gewalt, gezwungen(-ermaßen) 2. s. **zar zor; -la almak** gewaltsam wegnehmen **-la ele geçirme** Gewaltstreich *m* **-la gülümsemek** gezwungen lächeln **ºla güzellik olmaz.** *Spr.* Es gibt eben Dinge, die sich nicht erzwingen lassen. **-la icra** s. **cebrî icra; -la kabul ettirmek** auf-zwingen, -oktroyieren **-la keşif** *mil.* gewaltsame Aufklärung **-la tecavüz etmek** mißbrauchen (z.B. sexuell) **-la yerine getir(t)me; -la yürütüm** s. **cebrî icra; -u altında kalmak** gezwungen sein (*bzw.* werden); müssen **-u zoruna** s. 1. s. **zar zor** 2. unter Zwang; mit Gewalt **ºum ne ki oraya gideyim?** Warum sollte ich denn (Ich muß ja nicht) dort hingehen! **-uma gidiyor** (bşi yapmak). Es fällt mir schwer zu … **ºun ne?** 1. Wo drückt dich der Schuh? 2. Was ist denn mit dir los? **-una belâ davet etmek** das Unglück herausfordern (yapmak) **-unda olmak** (*od.* **kalmak**) genötigt sein; (tun) müssen

zoraki [ā] 1. unwillig, mit Widerwillen, nur gezwungen, nur dem Zwang gehorchend 2. gewaltsam, gequält ~ **bir tebessüm** ein gequältes Lächeln ≗ **iyilik teşekküre değmez.** Eine Freundlichkeit, die nicht von Herzen kommt, verdient keinen Dank. ~ **kelimeler** gewaltsam gebildete Wörter *pl.* ~ **mahrumiyet** (bşden) Verzichten-, Entbehren-müssen *n* ~ **şekilde** zwangsmäßig ≗ **Tabip** „Der Arzt

wider Willen" (Le médecin malgré lui) (Molière-Übers. Ahmet Vefik Paşa)
zorakilik [ā] Gezwungensein *n* **Tebessümünde bir zorakilik vardı.** Sein Lächeln hatte et. Gezwungenes (Gekünsteltes).
zoralım Beschlagnahme *f* *müsadere **-ına çarpmak** beschlagnahmen
zorba herrisch, räuberisch, gewalttätig, brutal; Gewalttäter *m* ~ **âşık** Zuhälter *m*
zorbalık Gewalttätigkeit *f*, (Anwendung *f* von) Gewalt, Brutalität, Ausschreitung *f* **Burada ~ sökmez.** Mit Gewalt ist hier nichts auszurichten.
zorbaz *va.* 1. kräftig, stark 2. s. **hoyrat** 3. Schwerathlet *m*
zorgulu *psych.* mit Gewalt durchgeführt, erzwungen, autoritär, diktatorisch
zorhane [ā] *fr.* Athleten- *spez.* Ringer-Schule *f*
zorilla s. **Afrika kokarcası**
zorlama 1. Vs. zu **zorlamak** 2. Sich-Überheben *n*, der (durch zu schweres Heben entstandene) Bruch 3. gewaltmäßig, gewaltsam, Gewalt- 4. *techn.* Anstrengung, Beanspruchung *f* Zu 3: ~ **yürüyüş** Gewaltmarsch *m* *cebrî yürüyüş ~ **tedbirleri** Zwangsmaßnahmen, Sanktionen *pl.* *zecrî tedbirler
zorlamak 1. nötigen, zwingen, j–m Gewalt antun 2. et. mit Gewalt zu öffnen versuchen, Gewalt anwenden (bei) 3. forcieren, erzwingen 4. **(bir nehri)** *mil.* den Übergang über e–n Fluß erzwingen 5. *techn.* anstrengen, beanspruchen 6. *Fb.* bedrängen (z.B. das Tor), drängen (auf), in Bedrängnis bringen 7. (kendini) a) sich Gewalt antun b) sich überanstrengen *spez.* sich überheben Zu 2: **kuşatmayı** ~ die Blockade brechen; s.a. **kapıyı** ~
zorlanabilir *jur.* von wem e–e Leistung gerichtlich erzwungen werden kann
zorlanma Vs. zu **zorlanmak** *spez. techn.* Anstrengung, Beanspruchung *f*
zorlanmak 1. Pass. zu **zorlamak** 2. sich Gewalt antun, sich sehr anstrengen
zorlaşmak sich erschweren, sich schwierig(-er) gestalten, schwer(-er), schwierig(-er), mühsam(-er) werden *güçleşmek
zorlaştırmak erschweren, schwer(-er), schwierig(-er), mühsam(-er) machen, (be-)hindern, Hindernisse in den Weg legen, Schwierigkeiten bereiten, hemmen, aufhalten, verzögern *güçleştirmek, çetinleştirmek
zorlayıcı zwingend *mücbir ~ **nedenler** s. **mücbir sebepler;** ~ **tedbirler** Zwangsmaßnahmen *pl.*
zorlu 1. heftig, stark (Regen, Niesen usw.); streng (z.B. Winter) 2. gewalttätig 3. wer sich durchzusetzen versteht 4. schwer, schwierig
zorluk, -uğu 1. Schwierigkeit *f*, Hindernis *n*, Beschwerden *pl.* 2. Zwang(-slage *f*) *m*, Not(-lage) *f*, Bedrängnis *f* *ıstırar Zu 1: **Bu işin -u yok.** Die Sache bietet keine Schwierigkeit. s.a. **idrar -u;** ~ **çekmek** Schwierigkeiten haben ~ **çıkarmak** j–m Schwierigkeiten machen (in den Weg legen)
zorluklu mit Schwierigkeiten (Hindernissen) verbunden, schwierig, umständlich, langwierig
zort *P* abgehende Blähung; Wind, *V* Furz *m* *osuruk ~ **vermek** *P* in roher Weise verspotten
zorunlu 1. unbedingt erforderlich; lebensnotwendig 2. unvermeidlich, zwangsläufig *(1, 2) zarurî ~ **durum** s. **ıstırar hali;** ~ **kılmak** erforderlich machen ~ **netice** unvermeidliche Folge, zwangsläufiges Ergebnis **bildirilmesi** ~ **olan** meldepflichtig (z.B. Scharlacherkrankung)
zorunluk, -uğu Notwendigkeit *f* Zwang(-s.läufigkeit *f*) *m* *zaruret ~ **durumu** s. **ıstırar hali;** ~ **mekanizması** *psych.* Zwangshandlung *f;* s.a. **çalışma(dikkat) -u**
zorunluluk, -uğu s. **zorunluk**
zorunsuz 1. *(spez. ling.)* nicht unbedingt erforderlich; entbehrlich, überflüssig (Wort, Ausdruck) 2. möglich, eventuell *mümkün, olumsal
zorunsuzluk, -uğu 1. Entbehrlichkeit, Überflüssigkeit *f* 2. Möglichkeit, Eventualität *f* *imkân, olumsallık
zoster(-a) (Zwerg-)Seegras *n bot.* Zostera (nana)
zu- [ū] *va.* 1. Herr, Besitzer, Eigentümer *m* 2. besitzend; ausgestattet (mit)
zuama [·––] *va. Pl.* zu **zaîm**
zucret, -ti *va.* Unbehagen *n*, Beklemmung *f* *iç sıkıntısı; yürek darlığı
zuerbaatüladla [–·····–] s. **dörtgen**
zuerbaatülvücuh [–·····–] s. **dörtyüzlü**
zufa otu s. **zofa otu**
zugabe [ā] s. **tümür**
zuhaddeyn [ū] s. **ikiterimli**
zuhaddi vahit s. **birterimli**
zuhaf *fr.* 1. besondere Form des Fes (ohne Verjüngung nach oben) 2. Zuave *m* (*fr.* französischer Infanterist in Algerien)
zuhruf (*ar.*: Gold *n;* Goldputz *m;* glänzender, aber wertloser Schmuck) ≗ **suresi** Name der 43. Koran-Sure
zuhududu kesîre [–·–··–·] s. **çokterimli**
zuhur (I) [·–] 1. Erscheinen, Auftreten *n* 2. Ausbruch *m* Zu 1: **böyle bir hal -unda** in e–m solchen Falle ~ **etmek** 1. erscheinen, in Erscheinung treten, auftreten, sich zeigen 2. ausbrechen (z.B. Feuer) **-a gelmek** sich ereignen **-a getirmek** auftreten lassen; veranlassen od. zulassen, daß sich et. ereignet
zuhur (II), **-hru** *va.* Mittag *m* *öğle; s.a. **badezzuhur, kablezzuhur**
zuhurat [·––] (*Pl.* zu **zuhur** (I), *a. in sg. Bed.*) 1. was sich ergeben hat 2. was sich ergibt od. ergeben wird; Gelegenheit *f*, Entwicklung *f* (der Dinge), Eventualität(-en *pl.*) *f* Zu 1: **Henüz ~ yok.** Es hat sich noch nichts ergeben. Zu 2: ~ **yazısı** Gelegenheits-schrift *f*, -artikel *m* **Benim oraya gitmem -a bağlıdır.** Ob ich hinfahre, hängt von der weiteren Entwicklung der Dinge ab.
zuhurî [·––] Schauspieler *m* im Ortaoyunu (der spez. Araber od. Perser nachahmt) ~ **kolu** Ensemble *n* e–s Ortaoyunu; Schauspielertruppe *f*
zula *V* 1. Verschwindenlassen *n*, Versteck *n* 2. Diebstahl *m* ~ **etmek** *V* 1. verschwinden lassen; verstecken, eskamotieren (z.B. Falschwürfel) 2. stehlen, klauen, entwenden
zulmanî [·––] *va.* die Dunkelheit betreffend, dunkel
zulmaniyet, -ti [ā] *va.* Dunkelheit *f*
zulmen [×·] (*va. Adv.* zu **zulüm**) in ungerechter od. grausamer Weise
zulmet, -ti Dunkel(-heit *f*) *n*, Finsternis *f* *karanlık
zulmetmek [×··] (b–ne) 1. j–m Unrecht (Gewalt) antun, j–s Rechte vergewaltigen 2. j–n grausam behandeln, (gewaltsam) unterdrücken
Zulular *n.pr.* Zulus *pl.* (in Afrika)
zulumba [·×·] Zitwer *m bot.* Curcuma zedoaria
zulüm, -lmü 1. ungerechte Behandlung; Ungerechtigkeit, Rechtsbeugung *f* 2. Grausamkeit, (gewaltsame) Unterdrückung *f* (z.B. e–r Bevölkerung) ~ **görmek** tyrannisiert werden ≗ **yüzünden lütuf oldu!** Aus Plage ward Wohltat.
zul(ü)mat, -tı [ā] *va. Pl.* zu **zulmet**
zumbur s. **kambur zumbur**
zu'metmek [×··] *va.* sich (fälschlicherweise) et. einbilden, et. (unbegründeterweise) annehmen; wähnen
zurna 1. *mus.* türk. Oboe *f* 2. s. **zil** ~ 3. *V* besonders große Nase, *F* Zinken *m*, Lötkolben *m* 4. *V* männliches Glied, Penis *m* ~ **balığı** 1. Makrelenhecht *m zo.* Scombresox saurus *uskumru turnası 2. Pfeilhecht *m zo.* Sphyraena sphyraena *ıskarmoz ~ **gibi** sehr eng, Röhren-(Hose)

²da peşrev olmaz, ne çıkarsa bahtına. *Spr.* 1. (bei Anwendung e–r bisher ungebräuchlichen Methode:) Auf der Oboe kann man keinen **peşrev** spielen; wenn doch et. Ähnliches herauskommt, ist es nur Glückssache. 2. *gel. a. hum.* Man muß hinnehmen, was der Zufall bietet. **²yı biz çaldık, parsayı başkası** (*od.* **el) topladı.** s. **Davulu biz çaldık** (usw.); **-yı muazzam** *iron.* dummer Schwätzer
zurnacı Oboebläser *m* **-nın karşısında limon yemek gibi** stören; ablenken (von e–r Betätigung)
zurnapa *P* für **zürafa**
zurnazen *va.* s. **zurnacı; ~ başı** *fr.* erster Oboist
zurt s. **zart**
zusemaniyetülvücuh [–·–···–] s. **sekizyüzlü**
zuum, -u'mu *z. va.* irrige Vorstellung, falsche Einbildung; Illusion *f*, Wahn, Verdacht *m* *kuruntu **-unca** s. **aklı sıra**
zuzenep, -bi [ū] *va.* s. **kuyruklu; kevkebi ~** s. **kuyrukluyıldız**
zü- s. **zu-**
zübde 1. *urspr.* Rahm *m*, Creme *f* 2. das Erlesenste, Beste 3. Quintessenz *f*, Hauptgedanke, Kern *m*, kurze Zusammenfassung **-i kâinat** *va.* Beiname des Propheten Mohammed
zübdelenmek sich im Kern (in der Quintessenz) darstellen
Zübeyde [·×·] *n.pr.* 1. *wV* 2. *spez.* Atatürks Mutter (gest. 1923)
Zübeyir *n.pr.* 1. Vetter und einer der ersten Anhänger des Propheten Mohammed 2. *mV*
zücacî [·––] *va.* gläsern, aus Glas, Glas-
zücaciye [ā] Glas- (und Porzellan-)Waren *pl. dial.* *cıncık
zücaç, -cı [ā] *va.* Glas *n*
zügürt, -dü 1. wer kein Geld (mehr) hat, in der Klemme, abgebrannt, pleite 2. wer et. nicht besitzt Zu 2: s. **akıl (çehre, terbiye) -ü; ~ tesellisi** schlechter Trost
züğürtle(ş)mek kein Geld mehr haben, in die Klemme geraten, pleite gehen
zügürtlük *(hum. od. spött.)* Geldverlegenheit, Klemme, Pleite *f*, Abgebranntsein *n* **-ten kazınmak** *fig.* arm wie e–e Kirchenmaus sein
Zühal, -li *n.pr. astr.* Saturn *m* *Sekendiz, Satürn
zühdî [ī] 1. *fr.* ein Mönch, der das vierzigtägige Fasten durchgemacht hat; Asket *m* 2. (in der Form **Zühtü**) *mV*
zühdiye 1. Askese *f* *çilecilik 2. Pietismus *m* *piyetizm 3. ² *wV*
zühre 1. s. **zehre** 2. ² s. **Venüs** (2)
zühreçarığı, -nı s. **hanım pabucu**
zühretarağı, -nı s. **çobantarağı** (2)
zührevî *med.* venerisch **~ hastalıklar** venerische Krankheiten, Geschlechtskrankheiten *pl.* *emrazı zühreviye, Venüs hastalıkları
zühreviye 1. Geschlechtskrankheiten *pl.* 2. Abteilung *f* für Geschlechtskranke (in e–m Krankenhaus) *(1, 2) efrenciye
züht, -dü Frömmigkeit, Gottesfurcht, Askese *f*, strenger Kirchenglaube
Zühtü s. Stw. **zühdî**
zühul, -lü [ū] Versehen *n*, Irrtum, Fehler *m* **~ etmek** sich irren, e–n Fehler (Irrtum) begehen, et. falsch machen **bir ~ eseri olarak** versehentlich, irrtümlich
zühulen [·×·] *va. Adv.* versehentlich, irrtümlich
zükâm *va.* Erkältung *f*, Katarrh *m spez.* Schnupfen *m* *nezle
zükâmlı *va.* wer e–e Erkältung (e–n Katarrh, Schnupfen) hat *nezleli
zükûr *va. Pl.* Menschen *pl.* männlichen Geschlechts **~ evlâdı** *va.* männliche Nachkommen *pl.*
zül, -llü s. **zillet**
zülâl, -li *va.* 1. klares, reines Wasser 2. Eiweiß, Albumin *n* 3. ² [×·] *wV*
zülâlî *chem.* eiweißhaltig, albuminös, Eiweiß-, Albumin- **mevaddı zülâliye** *va.* eiweißhaltige Stoffe *pl.*
zülbiye s. **zülûbiye**
Zülcelâl der Erhabene (Beiname Gottes)
zülcenaheyn [ā] s. **çiftekanatlılar**
zülehdap, -bı [ā] s. **kirpikliler**
Züleyha *wV*
zülf s. **zülüf**
zülfaris [·–·] (< **zülfü arus** Brautlocke) 1. Caracalla-Bohne *f bot.* Phaseolus caracalla (vielfach zur Bekleidung von Lauben verwendet) 2. vierkantige Grenadille *bot.* Passiflora quadrangularis
zülfe *va.* Troddel, Quaste *f*
zülfikar [ā] 1. *va.* zweiteilig, gespalten 2. ² *isl. Myth.* das angeblich vom Himmel herabgesandte Schwert Mohammeds, das er seinem Schwiegersohn Ali zum Geschenk gegeben hat
zülfüyâr „Locke *f* der Geliebten" (in der Füg.:) **-e dokunmak** 1. mißliebig werden, *F* bei j–m ins Fettnäpfchen treten 2. nicht gern gehört werden, Anstoß erregen
zülhasale s. **kavuzlular**
zülkarneyn *va.* „Herr der beiden Hörner" (*ar.* Beiname Alexander des Großen)
Zülkifil, -fli *n.pr.* e–e im Koran genannte, nicht näher bekannte Persönlichkeit, die gel. mit Propheten wie Hesekiel gleichgesetzt wird
Zülküf *n.pr.* 1. s. **Zülkifil** 2. *mV*
züllevahik, -kı [ā] s. **kamçılılar**
zülmaişeyn s. **ikiyaşayışlı**
zülûbiye mit Honig und Mandeln hergestelltes süßes Gebäck, *(etwa:)* süße Waffel
zülûbiyeci Waffel-bäcker, -verkäufer *m*
zülüf, -lfü 1. (Stirn-, Schläfen-, Hänge-, Schmacht-, Korkzieher-)Locke *f* 2. *fr.* Troddel an der Mütze von Leibwächtern 3. *lit.* Locke *f* der Geliebten
zülüflü 1. mit Stirn- (Schläfen- usw.)Locken 2. *fr.* mit Troddel an der Mütze (*spez.* **baltacı** Leibwächter)
zülveçheyn s. **ikiyüzlü**
zümer *va. Pl.* zu **zümre; ² suresi** „die Scharen" (Name der 39. Koran-Sure)
zümre 1. Klasse *f*, Stand *m*, Gruppe *f* 2. Fachgruppe *f* (in e–r Fakultät) **~ dersi** (aus verschiedenen Einzelfächern bestehendes) Gesamtfach *n*
zümrevî *va.* Klassen-, Standes-, Gruppen-
zümrüdî smaragd-farben, -grün, smaragden
zümrüdin [ī] *va.* s. **zümrüdî**
Zümrüdüanka [·×··–] s. **Anka**
zümrüt, -dü 1. *min.* Smaragd *m* 2. s. **zümrüdî; ~ gibi** s. **zümrüdî; ~ kıyısı** *n.pr.* Übersetzung von **Côte d'Emeraude** (französische Küste bei St. Malo) **~ yeşili** Schweinfurter Grün *n*
züneyp, -bi *va. Dim.* zu **zenep; -i zühre** s. **çiçek sapçığı**
zünnar [ā] Strick *m* um die Mönchskutte (bei Christen)
Zünnun [ū] *n.pr.* Beiname von Jonas (Bibel)
züppe 1. geckenhaft, stutzerhaft, dandymäßig 2. Geck, Stutzer, Dandy, Modenarr *m*
züppece *selt.* sprachliche Modetorheit, geckenhafte Ausdrucksweise
züppeleşmek ein geckenhaftes Benehmen an den Tag legen
züppelik Geckenart *f*, Stutzer-, Dandy-, Gigerl-tum *n*, Modenarrheit *f*
zürafa [·–·] 1. Giraffe *f zo.* Giraffa camelopardalis 2. ² *astr.* Giraffe *f* (Sternbild)
zürefa [ā] 1. *va. Pl.* zu **zarif** 2. (*a.* **~ kadın**) homosexuelle Frau; Lesbierin, Tribade *f*
zürefalık [ā] *z. va.* Feinheit, Eleganz *f*, Esprit *m*
zürra, -aı [ā] (*va. Pl.* zu ungebr. **zari**) Bauern, Landwirte

pl. **muhtaç -a dağıtılacak arazi** Grund und Boden, der an landarme Bauern zur Verteilung kommen soll

zürriyet, -ti Nachkommenschaft *f* **~i kesildi** (*od.* **kalmadı**). Sein Geschlecht ist ausgestorben. Er hat keine männlichen Nachkommen.

züşşekleyn s. **ikişekilli**

züyuf [ū] *va. isol. Pl.* (*a.* ~ **akçe**) minderwertige od. nachgemachte Münzen *pl.*, Falschgeld *n;* s. a. **hurde** ~

züyut, -tu [ū] (*va. Pl.* zu **zeyt**) Öle, ölartige Flüssigkeiten *pl.*

Bibliographie

Ağakay, Mehmet Ali, Türkçede Mecazlar Sözlüğü, Ankara 1949
id., Türkçe Sözlük, Ankara 1966, 4. Aufl.
id., Türkçede Yakın Anlamlı Kelimeler Sözlüğü, Ankara 1956
id., Fransızca-Türkçe Sözlük, Ankara 1971
Ahmet Hamdi, Lûgati ecnebiye, Trabzon 1325
Aksoy, Ömer Asım, Atasözleri Sözlüğü, Ankara 1971
Ali Seydi, Lûgati ecnebiye, Dersaadet 1327
id., Resimli Yeni Türkçe Lûgat, İstanbul 1929
Angelico (P.) da Smirne, Cappucino, Nuovo Dizionario Turco-Italiano, Reggio Emilia 1955
Atsız, Bedriye und Kissling, Hans-Joachim, Sammlung türkischer Redensarten, Wiesbaden 1974
Bapçum, İ. Etem, İngilizceden Türkçeye Denizcilere Sözlük, İstanbul 1938
Bedevian, Armenag K., Illustrated Polyglottic Dictionary of Plant Names, Cairo 1936
Bilginer, Sadettin, Deutsch–Türkisches Wörterbuch für technische Berufe, Essen 1966, 2. Aufl.
Denker, Arif Cemil und Davran, Bülent, Almanca–Türkçe Büyük Lûgat, 3 Bde., İstanbul 1955, 2. Aufl.
Devellioğlu, Ferit, Türk Argo Sözlüğü, Ankara 1970, 5. Aufl.
Ergene, Saadet, Türkiye Kuşları, İstanbul 1945
Ergin, Feridun (Hrsg.), Ak İktisat Ansiklopedisi, İstanbul 1973 2 Bände
Gazimihal, Mahmut R., Musiki Sözlüğü, İstanbul 1961
Gövsa, İbrahim Alâettin, Resimli Yeni Lûgat ve Ansiklopedi, İstanbul 1947–1954, 5 Bde.
Heuser – Şevket, Türkisch–Deutsches Wörterbuch, Wiesbaden 1962, 5. Aufl.
Hony, H. C., A Turkish–English Dictionary, Oxford 1954 (1. Aufl. 1947)
Jansky, Herbert, Deutsch–Türkisches Wörterbuch, Wiesbaden 1958–1961, 2. Bde.
Jørgensen, Harriet I., Nomina Avium Europaearum, Copenhagen 1958
Kahane, H. und R. – Tietze, Andreas, The Lingua Franca in the Levant, Urbana 1958
Kâmran Şerif, Türkçe Ticaret Kılavuzu, İstanbul o. J. (1936)
Karol, Sevinç, Zooloji Terimleri Sözlüğü, Ankara 1963
Kélékian, Diran, Dictionnaire Turc–Français, Constantinople 1911
Kenber, Lûtfi Arif, Pratik Çiçekçilik, İstanbul 1939
Kip, Selâhattin A., Askerî Kamus, İstanbul 1939
Kodaman, Hulûsi, Zar-Kâğıt Oyunları ve Hileleri, İstanbul 1944
Kristinus, Heinz, Die deutschen Verben mit Präpositionen und ihre Wiedergabe im Türkischen, Ankara 1965
Kuzu, Süleyman Hikmet K., Askerî Terimler, İstanbul 1955, 3 Bde.
Laude – Cirtautas, I., Der Gebrauch der Farbbezeichnungen in den Türkdialekten, Wiesbaden 1961
Mehmet Halit, İstanbul Argosu ve Halk Tabirleri, İstanbul 1934
Meydan–Larousse, Büyük Lûgat ve Ansiklopedi, İstanbul 1969–1973, 12 Bde.
Moran, A. Vahid, Türkçe–İngilizce Sözlük, İstanbul 1945
Nalbandoğlu, Ü., Türkiye Deniz Balıklarının Sözlüğü, İstanbul 1954, 2. Aufl.
Olgun, Tâhir, Edebiyat Lûgati, İstanbul 1937
Önder, Ali Rıza, Yasa Dili Sözlüğü, Ankara 1966
Önen, Yaşar, Deutsches im Türkischen, Ankara 1955
Öngör, Sami, Coğrafya Sözlüğü, İstanbul 1961
Özön, Mustafa Nihat, Türkçe Tabirler Sözlüğü, Bd. I, İstanbul 1943
id., Türk Ata Sözleri, İstanbul 1952
id., Edebiyat ve Tenkid Sözlüğü, İstanbul 1954
id., Türkçe-Yabancı Kelimeler Sözlüğü, İstanbul 1962
id., Büyük Osmanlıca–Türkçe Sözlük, İstanbul 1965, 4. Aufl.
Redhouse, James W., A Turkish and English Lexicon, Constantinople 1921
Steuerwald, Karl, Untersuchungen zur türkischen Sprache der Gegenwart, 3 Bde., Berlin (– München – Zürich) 1963, 1964, 1966
id., Taschenwörterbuch, Türkisch–Deutsch, Langenscheidt, Berlin – München – Zürich 1966
id. – Köprülü, Cemal, Taschenwörterbuch Deutsch–Türkisch, Langenscheidt, Berlin – München – Zürich 1966
id., Deutsch–Türkisches Wörterbuch, Wiesbaden 1974
Süleyman Nutku, Kamusu Bahrî, İstanbul 1917
Sungurbey, İsmet, Medenî Hukuk Terimleri Sözlüğü, Ankara 1966
Şemsettin Sami, Kamusu Türkî, Dersaadet 1317
Tarhan Kitabevi, Türkçe–İngilizce Büyük Lûgat, Ankara 1959
Tolun, Haydar, Yabancı Kelimeler Lûgati, Bursa 1939
Tuğlacı, Pars (Hrsg.), Okyanus, 20. Yüzyıl Ansiklopedik Türkçe Sözlük, İstanbul 1971–1974, 3 Bde.
Türk Dil Kurumu Yayınları, Ankara 1963–1972, 24 Broschüren
Türk Hukuk Kurumu, Türk Hukuk Lûgati, Ankara 1944
Yurdoğlu, İhsan, Almanca–Türkçe Askerî Terimler Lûgati, İstanbul 1944